13画 7画 1画
1… 画
1… 画
16 画
17画 11画 5画
12画 6画

107	皮		697
108	皿		697
109	目	（罒）	700
110	矛		710
111	矢		710
112	石		713
113	示	（礻）	722
114	内		729
115	禾		730
116	穴		739
117	立		743
◉	旡	↓无	479
◉	歺	↓歹	[illegible]61
◉	母		[illegible]
◉	氺		[illegible]
◉	牙		[illegible]
◉	罒		[illegible]
◉	衤		[illegible]
—	[illegible]		
118	竹		[illegible]
119	米		760
120	糸		767
121	缶		796
122	网	（罒・冂・罓）	796
123	羊	（⺷）	799
124	羽	（羽）	804
125	老	（耂）	806
126	而		809
127	耒	（耒）	809
128	耳		810
129	聿		814
130	肉	（月）	814
[illegible]31	臣	↓七画	1001
[illegible]	[illegible]		830
[illegible]	[illegible]		833
[illegible]	[illegible]	（臼）	834
[illegible]	[illegible]		835
[illegible]	[illegible]	（舛）	836
[illegible]	[illegible]		836
[illegible]	[illegible]		839
139	色		840
140	艸	（艹）	841
141	虍		871
142	虫		873
143	血		882
144	行		883
145	衣	（衤）	886
146	襾	（覀・西）	895
(97)	瓜		897
—	七画	—	
147	見		898
148	角		902
149	言		904
150	谷		928
151	豆		928
152	豕		929
153	豸		931
154	貝		931
155	赤		941
156	走		942
157	足	（⻊）	945
158	身		950
159	車		951
160	辛		959
161	辰		960
162	辵	（⻌・⻍）	961
163	邑	（阝（右））	987
164	酉		992
165	釆		997
166	里		998
(131)	臣		1001
◉	臼	↓臼	834
◉	舛	↓舛	836
◉	麦	↓麥	1107
—	八画	—	
167	金		1002
168	長		1020
169	門		1022
170	阜	（阝（左））	1029
171	隶		1042
172	隹		1042
173	雨		1047
174	青	（靑）	1054
175	非		1056
◉	飠	↓食	1073
◉	斉	↓齊	1114
—	九画	—	
176	面		1057
177	革		1058
178	韋	（韋）	1060
179	韭		1061
180	音		1061
181	頁		1063
182	風		1070
183	飛		1073
184	食	（飠・飠）	1073
185	首		1078
186	香		1079
—	十画	—	
187	馬		1079
188	骨		1086
189	高		1087
190	髟		1089
191	鬥		1090
192	鬯		1091
193	鬲		1091
194	鬼		1091
◉	韋	↓韋	1060
◉	竜	↓龍	1116
—	十一画	—	
195	魚		1093
196	鳥		1099
197	鹵		1105
198	鹿		1106
199	麥	（麦）	1107
200	麻	（麻）	1108
◉	黄	↓黃	1109
◉	黒	↓黑	1110
◉	亀	↓龜	1117
—	十二画	—	
201	黃	（黄）	1109
202	黍		1109
203	黑	（黒）	1110
204	黹		1111
◉	歯	↓齒	1114
—	十三画	—	
205	黽		1112
206	鼎		1112
207	鼓		1112
208	鼠		1113
—	十四画	—	
209	鼻	（鼻）	1113
210	齊	（斉）	1114
—	十五画	—	
211	齒	（歯）	1114
—	十六画	—	
212	龍	（竜）	1116
213	龜	（亀）	1117
—	十七画	—	
214	龠		1117

■編者
山田《やまだ》俊雄《としお》　成城大学名誉教授
戸川《とがわ》芳郎《よしお》　東京大学名誉教授
影山《かげやま》輝國《てるくに》　実践女子大学名誉教授
◉
伊藤《いとう》文生《ふみお》　私塾講師

■編集協力者
西《にし》　譲二《じょうじ》

■編集協力者
［初版］
岩生陽一
木原葉子
上野英二
坂梨隆三

■執筆協力者
［初版］
秋吉英理子
池上孝治
宇野文夫
大橋由美
柿市里子
片山朝雄
川嶋　優
木村由美子
倉林康子
黒河内多鶴子
古藤友子
小林保民
小松聡子
坂田恵海
島田弥生
染谷裕子
田中三雄
鶴島俊一郎
中里理子
中田浩一
西野由希子
長谷川潤治
堀江直子
松下則之
村越貴代美
山田貞雄
［第二版］
安部聡一郎
廣瀬薫雄
古橋紀宏

■校正協力者
安部いずみ
岩谷由美
小野春枝
坂田星子
菅間文乃
高坂佳太
中野のぞみ
山口英則
渡邉さゆり

組版……………三省堂データ編集室
イラスト………脇田悦朗　石塚広子
地図製作………ジェイ・マップ
装画……………内藤和美
装丁……………吉野　愛

第五版の序

近年、紙の辞書は電子辞書、辞書アプリ、ネット検索という強敵と死闘を繰り広げている。紙の辞書、とくに漢和辞典は、重い、かさばる、引きにくいという不便さを持ちながらも、懸命に自己の存在価値を主張している。値段が比較的安いこと、目当ての字や語に行き着くまでにさまざまな情報が目に入って知見を広められること、手に持って開いて見れば辞書の全体像が把握できること、さらに紙の手触りからくるそこはかとない安堵感などを武器に、検索は容易だが無機質な電子辞書、辞書アプリ、ネット検索と戦っている。ことにネット検索は無料であり、さまざまな関連分野にもすぐに飛んで行けるから、いまは多くの人々が辞書を買わずにこれを利用している。しかしネット検索には二つの大きな欠点がある。一つは、ネット上では誰でも自由に匿名で情報を公開できるため、検索で提示される情報の信頼性が必ずしも明らかでないこと。もう一つは、検索のやり方が不得手な人は、思うような情報を得られないことである。これに対し、紙の辞書をはじめとする電子辞書、辞書アプリは編者が責任を持って世に問うたものであるから、情報の信頼性は格段に高く、決まった手順で検索すれば誰でも同じ結果に到達できるという利点がある。今後、どれが生き残るのか、予断を許さない状況が続いているのである。

本書は初版以来二十二年、累計発行部数が一〇〇万部を超えた。これは多くの方々が紙の辞書の良さを評価し、本書の特色である、現代普通の文章にあらわれる漢字語を懇切丁寧に解説する、という編集方針を支持していただいたことを意味していよう。

このたびは、最新「常用漢字表」・最新「人名用漢字」に対応して漢字字体の整理、音訓表示の修訂を施したほか、従来の「使い分け」解説を「「異字同訓」の漢字の使い分け例」に整理統合した。加えて付録には「漢文とは」「熟語の構造」「助字について／助字一覧表」「漢詩について」「旧国名（州名）地図」を新規増補した。また「四字熟語索引」を新設し、読者の便を図った。

今後さらに多くの方々がこの辞書を愛用されることを希望してやまない。

二〇二〇年一〇月

編者

編者から一言

この『例解新漢和辞典』は、中学生とそれ以上の人々のために作ったものである。この辞典は、中国古典や日本古代の漢字専用の文章を学ぶには不十分であるけれども、現代普通の文章にあらわれる漢字語（いわゆる「カタカナ語」に対峙《たいじ》して、いつも漢字の連結という形であらわれる語や句）を知るには、十分であることを目標とした。

また、この辞典の内容を遥《はる》かに上まわる漢字語が、過去の文献の中に存在することは、読者が自分の知見を博《ひろ》くして行くにしたがって徐々に明らかになるであろうが、目下のところ、この辞典のようなものから出発するのが順路であると考える次第である。

漢字の単字についても熟字についても、従来の漢和辞典でいろいろの工夫が検索の便のためになされたが、日本語の中の漢字の扱いのむつかしさを、いやになるほど、学び初めから人々に知らせることになっていた。部首分類・画数順を基本とする上に、総画数の検字・音訓検索を備えることはもちろんのこと、緊要の事項を目立たせるための色刷りなども採用しているが、問題は、ただそのような形式の改善の点にのみ在るのではなかった。

字の成り立ちについては、日本語の中の漢字という点を重視して、『説文解字』に説く所を、段玉裁《ダンギョクサイ》の注の範囲でなるべく原典通りに紹介することにとどめた。現代人の好むように多く語り、興味深くするための脚色を施すことを避けたのである。また、漢字の成り立ちを説いて、その訓としての日本語の本義を、言語史上の証拠なしに敢《あえ》てするとか、その他の漢字談義を、ここではすべて捨てることとした。むしろ日本語の中に占めている漢字の役を示すのを主にしようと考え直してみたのである。

したがって、漢字を単字として説くとき、成り立ちよりも意味用法が重要となるが、その場合の単字の意味は、熟字の中のその字の負担する所をその字をふくむ多くの熟字によって観察し、帰納した所を示すことになり勝ちである。その点で、単字の意味の認定は、中国においても、本来の意味か、借用か、もしくは転用か、あるいは補助的なものか、中心をなすものか、なかなか見極めがたい。日本においての和訓にしたがう用法の場合は、なお自由で際限がないのである。よって、単字の解説の欄で、本来の意味・用法とは認めがたいものは、「日本語での用法」として、別欄を設けて収めるという工夫を施した。

熟字においても、音読するものの中に、全く和習と見えるものが少《すくな》くない。このような擬似の漢語は、従来の大きな漢和

辞典では中国に出典なしとして扱う習慣だが、それらは漢和辞典の中にこれまで意識的に十分取りこまれなかったし、一方国語辞典の方に求めがたいことも少《すくな》くなかった。最近の漢和辞典は、進んで漢語辞典の名を冠《かぶ》らせて内容を改めつつあるところであるが、本辞典もその点では、一層ひろく集録するにつとめた。

また、熟字訓といわれ、読み方の側からその特性を規定された、一部の漢字語についても、それを多く示すことが必要という見解に立って、あるいは本項目として、あるいは難訓の欄にそれらを示した。

つまり従来、国語辞典と漢和辞典との間《あわい》に取り残された、もろもろの事象を、綜合的に取り扱うという手法を採用したのである。

常用の漢字の範囲を規制する、上からの改革めいた制限を守ることを是とする世の中ではあるが、知的によりひろく、より深い日本文化の言語的世界に出入りしようとすると、到底、満足しえない筈《はず》である。現に自分の父祖の遺《のこ》した文書や書画の文字を、眺めるだけで、もはや読むことのできない人が知識人の中にも多くなって来ている世の中である。

漢字の将来について楽天的に考えてよいかどうか、当面、日本語を使い漢字を主体にした表記の制度・文化を維持する限り、この種の辞典が有用かと思う。ことに若い世代の人々に、漢字が、我々のため役に立っている文字制度であることを、実践して知ってもらいたい。

なお、この場を借りて、当初から編集企画に参加して貴重な意見・助言を寄せられ、且つ協同作業に従事せられた協力者に感謝し、また編集の実務の上で絶えず有力な支援を与えてくれた多くの方々にも深い感謝の心を捧げる。

一九九八年三月

編　者

この辞典の構成ときまり

親字・熟語の収録範囲

中学生・高校生の国語や漢文の学習に、また、一般社会人の日常生活での漢字使用に役立つことをめざし、親字約七〇〇〇字と、およそ三万六〇〇〇語の熟語を収録した。

親字には、教育漢字一〇二六字を含む常用漢字二一三六字、人名用漢字八六三字、そのほかに必要な漢字を選び、さらにそれらの異体字（旧字体・別体字・本字・古字・俗字）などを合わせて約七〇〇〇字を収録した。なお、ＪＩＳ第一・第二水準漢字の六三五五字についてはすべて収録し、一般の日本語表記に用いられる漢字の字種としては十分であることを目標とした。

熟語には、高等学校初級の国語や漢文の教科書と、中学校の国語教科書にあらわれる漢語、漢字で書きあらわされる和語、熟字訓、成句、故事成語などを取り上げ、親字の意味と熟語の意味とを関連づけながら、平明で、正確な解説文をつけることを心がけた。

部首について

1　部首と配列

①原則として『康熙字典《コウキジテン》』二一四部の部首分類に従い、部首の画数順に配列した。部首には部首番号をつけ、部首解説の初めにおいた。また、各ページの上部に部首番号の数字を示した。

②従来の部首では引きにくい新字体の漢字は、新しい部首を作ることはせず、従来の二一四の部首のいずれかに属させた。

2　部首解説には、部首の形と名称《メイショウ》を示し、部首のはたらきやその部に属する漢字の特徴《トクチョウ》を説明した。

3　部首解説のあとに、その部首に所属する漢字を部首内画数（＝部首を除いた画数）の順に並べ、常用漢字は赤い色で示した。

4　部首をまちがえやすい漢字は、**この部首に所属しない漢字**としてかかげ、所属する部首と、その漢字が掲載されているページを⇩の下に示した。

親字について

1　見出し

見出しとしてかかげたひとつひとつの漢字を、親字《おやじ》という（二字以上の熟字をなす文字列に対して、ただ一つの文字を単字《タンジ》という）。親字見出しの基本的な構成は次のとおり。

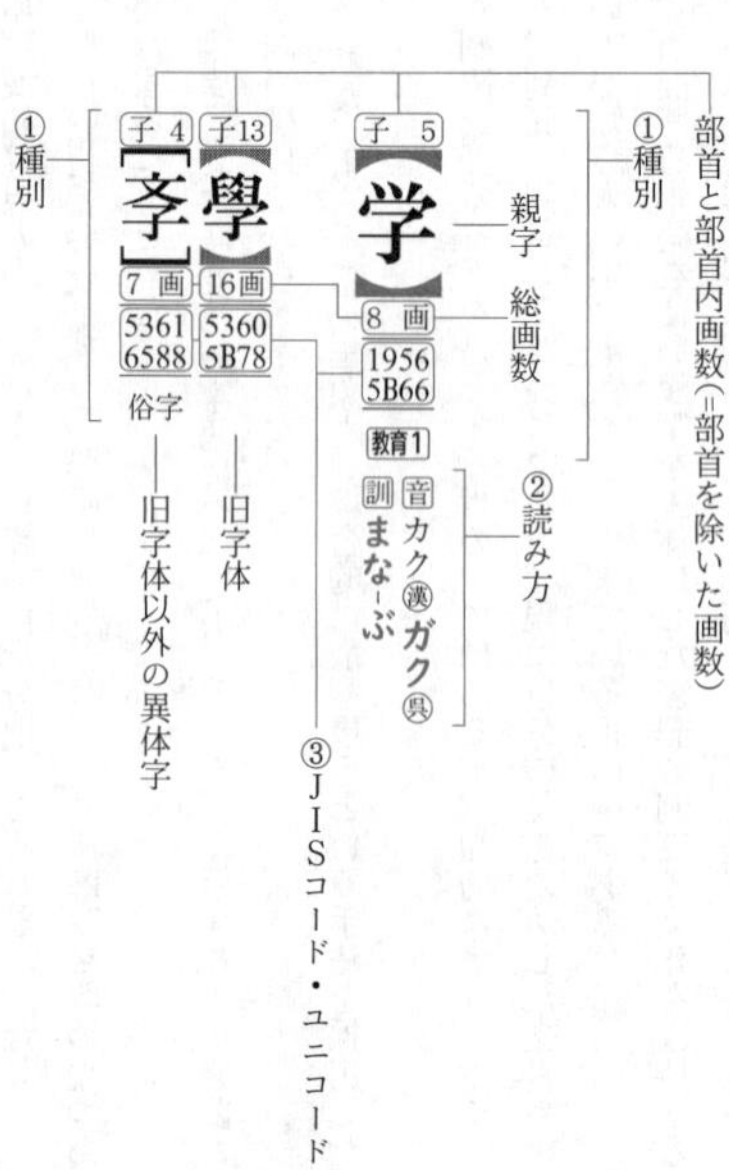

①種別

【　】常用 …常用漢字をあらわす。

【　】教育1 ～ 教育6 …常用漢字のうち小学校で習う教育漢字をあらわす。1から6までの数字は、配当学年を示している。

【　】人名 …人名用漢字をあらわす。

【　】 …常用漢字以外の漢字をあらわす。

【　】 …旧字体をあらわす。

［　］ …旧字体以外の異体字（＝見出し字と同音・同義で、字体の異なる漢字）をあらわす。

㋐異体字の種類

およそ次のような基準によって分類した。

旧字体…常用漢字・人名用漢字として新字体が採用された親字の旧来の字体。いわゆる正字・『康熙字典《コウキジテン》』体。

〈例〉廣（広）　圖（図）

別体字…親字とは点画の構造（組み立て）が異なる字体のうち、旧字体・本字・古字・俗字を除いたもの。

〈例〉烟（煙）　泪（涙）

本　字…『説文解字《セツモンカイジ》』の小篆《ショウテン》にもとづく字体。

〈例〉邨（村）　咊（和）

古　字…『説文解字』の古文・籀文《チュウブン》にもとづく字体。

〈例〉銕（鉄）　埜（野）

俗　字…字形がくずれたり簡略化されたりして形の変わった字体。

〈例〉髙（高）　觧（解）

なお、常用漢字に許容字体がかかげられた五字、謎［謎］・遡［遡］・遜［遜］・餌［餌］・餅［餅］については、［　］内の許容字体を挙げたうえで 許容 の記号を示した。

㋑旧字体では複数の字であったものが、新字体では同一の字となってしまったものは、親字の横に A B …で区別して旧字体をならべて示した。

㋒異体字はすべて空《から》見出しとしてかかげ、解説のあるページを示した。ただし、「示（しめすへん）」「辶（しんにょう）」「食（しょくへん）」の三つの部首の旧字体については、空見出しを割愛した。

㋓国字（＝日本で作った漢字）には 国字 の記号を示した。

②読み方

㋐親字の読み方は 音 訓 の下に、音はかたかな、訓はひらがなで示した。また、常用漢字表にある音訓は赤の太字で、常用漢字表外の音訓は黒の細字で示し、訓の送りがなは - の下に示した。

㋑音の種類を次のような順で示した。

慣…慣用音　漢…漢音　呉…呉音　唐…唐音

㋒音によって意味が分かれる場合は、一 二 三 …で区別し、意味と対応させた。

㋓常用漢字表の「付表」にある語は、付表 としてここに示した。

③JISコード・ユニコード

㋐JISコードは上段に、ユニコードは下段に示した。

㋑親字の字形とJISコード・ユニコードの字形とで、一部にちがいの見られるものはコードに＊を付した。

㋒その字形をあらわすコードがない場合は ― で示した。

2 配列

同じ部首に属する漢字は、部首内画数（＝部首を除いた画数）の少ない順に配列した。同じ部首内画数の漢字は、おもな読み方の五十音順に配列した。また、空見出しは、同じ部首内画数の漢字の最後にまとめて、おもな読み方の五十音順に配列した。

3 字体

字体は、見やすさを考慮して太めの明朝体を用い、筆順は筆写を考慮して教科書体を用いて、両者を見比べることができるようにした。たとえば、「切」の二画めは明朝体では跳《は》ねた形であるのに対して、教科書体では止めた形であり、「外」の五画めも明朝体と教科書体とでは明らかに違っている。明朝体（とくに旧字体）は読むための活字としてデザインされたものであり、筆写するときは教科書体を参照するほうがよい。なお、俗字の多くは筆写された文字にもとづいており、実際に用いられてきた字体である。

4 筆順

常用漢字には、標準的な筆順を教科書体の文字で最高八段階に分けて示した。常用漢字表に許容字体がかかげられた五字、謎［謎］・遡［遡］・遜［遜］・餌［餌］・餅［餅］については、［ ］内の許容字体の形で筆順を示した。

5 なりたち

なりたち…おもに常用漢字について、その漢字の起こりや組み立てを、『説文解字』（段玉裁《ダンギョクサイ》の注）にもとづいて解説し、小篆《ショウテン》（まれに、古文・籀文《チュウブン》）を示したうえで、象形・指事・会意・形声の四つに分類した。（巻末付録「漢字の基礎知識」（1120ページ）参照）（旧字体が複数あるものは、それぞれの旧字体を**A**［ ］・**B**［ ］…で示して、解説した）

6 意味

①字義は❶❷❸…で分けて示した。音によって意味が分かれる場合は、**一二三**…として、読みを示した。❶❷❸…をさらに分ける場合は、㋐㋑㋒…を使用した。（旧字体が複数あるものは、それぞれの旧字体を**A**［ ］・**B**［ ］…で示して、解説した）

②原義を最初に示し、派生して生まれた意味はあとにおくようにした。

③漢文の訓読に役立つ、助字としての用法の解説は、意味区分の最後に〔助字〕としておいて、具体的な漢文用例、および、その書き下し文と現代日本語訳をかかげた。

④意味分類と用法を明確にするために、語例をかかげ、熟語見出しにない語例には簡略な説明をつけた。

⑤㊐は同じ意味をもつ漢字、㊟は対になる意味をもつ漢字を示す。

7 日本語での用法

日本語での用法には、日本だけで使われる漢字の意味・用法の一端《イッタン》を示した。読み方を《 》の中に太字で示し、「 」の中に用例をまとめた。読みによって意味・用法が異なる場合には一二三…で区別した。また、中国で用いられている意味・用法でも、それが日本で生まれたものであることが明らかな場合は、ここに示した。

8 参考には、解説・用法の助けとなることがらを説明した。

9 使い分けには、巻末付録「「異字同訓」の漢字の使い分け例」（平成二十六年、文化審議会報告）（1157ページ）への参照指示をかかげて、読みが同じで意味の異なる漢字の現代表記としての使い分けがわかるようにした。

10 府名 県名には、常用漢字表に例示された都道府県名を示した。

11 難読には、読み方の難しい語をまとめて示した。

12 人名には、人の名前として用いられる読み方の例を挙げた。親字の音訓と同じ読みは省略した。

13 表記には、「同音の漢字による書きかえ」（昭和三十一年、国語審議会報告）で一字の書きかえとしてあるものを示した。

熟語について

1 見出し

見出し熟語には、漢語および漢字で書きあらわされる和語・外来語・熟字訓・成句・故事成語などを収録した。

①親字を一字めにもつ熟語をかかげ、その下に読みを示した。読みの五十音順に配列し、原則として音はかたかな、訓はひらがなとし、音読みを優先して示した。また、語の構成を示すため、漢字に対応した読みを二行割りにした。（常用漢字表の「付表」に示される語は、ひらがなで、均等な二行割りにした）

【千尋】《センジン|ちひろ》　【名代】[一]《ミョウダイ》…。[二]《なダイ》…。　【小豆】《あずき》

②同音の場合は、二字めの漢字の総画数順に並べた。

③四字熟語や故事成語など、ある熟語に他の語がついて別の意味をあらわす語は、熟語の左側にまとめて示した。

【光陰】《コウイン》

【光陰《コウイン》矢《や》の▽如《ごと》し】

④読みが二つ以上ある場合は、一で区切って並べ、多くは、上においた読みの五十音順に並べた。

⑤音読みの見出しに対して、送りがなをともなうものは、解説文中にあらためて見出しを立てて示した。

【生物】[一]《セイブツ》…。[二]【生き物】《いきもの》…。[三]《なまもの》…。

⑥見出し熟語の漢字が、常用漢字表にない読みの場合は▽をつけた。ただし、常用漢字表の「付表」の語と、旧国名などは無印とした。

【▽妹背】《いもせ》

⑦見出し熟語の二字め以下の漢字が、常用漢字表にない字の場合は▼をつけた。

【任▼侠】《ニンキョウ》

2　意味の記述

①見出し熟語の属する部門や分野を〔　〕に囲んで次のように示した。

〔医〕医学　〔化〕化学　〔経〕経済　〔言〕言語　〔数〕数学

〔生〕生物　〔哲〕哲学　〔仏〕仏教　〔物〕物理　〔法〕法律

②読みや語源、用法などの補足説明は〔　〕で囲んで示した。

【互角】《ゴカク》（名・形動《ナダ》）〔もとは「牛角《ゴカク》」と書き、ウシの二本のつのの長さ・太さが同じことから〕…。

③意味の分類は、①②③…を用い、それぞれさらに細かく分ける場合は㋐㋑㋒…を用いた。読み方によって意味が変わる場合、また、品詞が変わる場合は、[一][二][三]…で分けて、下に読みおよび品詞を示した。

【同行】[一]《ドウギョウ》（名）…。[二]《ドウコウ》（名・する）…。

④見出し熟語の読みのあとに、（　）で次のように品詞を示した。ただし、名詞のみに用いる語には（名）の表示を省略した。

（感）感動詞　（名）名詞　（名・する）名詞・サ変動詞

（形動《ナダ》）形容動詞　（形動《タトル》）形容動詞　（副）副詞

⑤[表記]には、見出し熟語と同じ読み方で別の書き方がある場合に、その書き方を示した。また、「同音の漢字による書きかえ」（昭和三十一年、国語審議会報告）で熟語で示されている書きかえについては、現代表記を(現)、古い表記を(旧)として示した。

【光輝】《コウキ》…。[表記]「光▼暉・光▼燿」とも書く。

【凶悪】《キョウアク》…。[表記](旧)▼兇悪

⑥(類)は見出し語と類似の意味をもつ語、(対)は見出し語と反対の意味あるいは意味のうえで対になって使われる語であることを示す。

⑦語の意味を記述したあとに、[例]としてその語の使われる場面を具体的な用例で示した。用例文中の―は、見出し熟語に相当する語であることを示す。

⑧▽はその上の語義区分すべてに共通であることを示す。

3　後熟語《あとジュクゴ》

熟語項目のあとに、親字が下につく熟語を◐印をつけてかかげた。

コラムについて

コラムとして、以下の二つを用意した。

1 漢字に親しむ 漢字に親しむ …ふだんなにげなく使っていることばの由来や意味などさまざまな問題を採り上げて、漢字に親しめるようにした。

2 故事のはなし 故事のはなし …教科書に採り上げられたり、たとえばなしの例としてしばしば引かれるような故事成語は、その典拠《テンキョ》を示し、イラストを添え、読み物として楽しめるようにした。

索引について

索引《サクイン》は、以下の十一種を収録した。

［部首索引］（前見返し）…部首から引くときに。

［音訓索引］（巻頭11ページ）…読み方から引くときに。

［総画索引］（巻頭115ページ）…総画数から引くときに。

［四字熟語索引］（巻頭148ページ）

［「漢字に親しむ」索引］（巻頭154ページ）

［「故事のはなし」索引］（巻頭154ページ）

［この部首に所属する字の索引］（各部首見出し）…その部首に所属する漢字を引く。

［「この部首に所属しない字」索引］（各部首見出し）…部首をまちがえやすい漢字を引く。

［部首番号］（本文解説の上の余白に掲示）…部首番号から引くときに。

［部首スケール］（本文解説の下の余白に掲示）…部首から引くときに。

［助字一覧表］（巻末付録1126ページ）…助字を引くときに。

［部首スケール］の使い方

部首から漢字を引く場合に用います。本文解説ページの下の余白に、前見返しの［部首索引］に示された順で、右から左に部首を配列して示しました。そのページに掲載されている部首を大きく示し、右（偶数）ページにはそれより前の部首を、左（奇数）ページにはそれより後の部首を配列しました。

①辞書の外側に見えている「つめ」に示された画数を手掛かりにして、調べたい漢字の部首の画数のページを開きます。

②［部首スケール］で、調べたい漢字の部首が右ページに示されていれば前方のページ、左ページに示されていれば後方のページ、というように、探している部首が示されている方向にページを進めます。

③探している部首まで進んだら、部首内画数（＝部首を除いた画数）から調べたい漢字を探します。

心 4画 彳彡彑弓弋廾廴广幺干巾己工巛山 部首

部首 歹止欠木月曰日无方斤斗文攴支手戸戈 心

記号一覧

▽ 常用漢字表にない音訓

▼ 常用漢字表にない漢字

〈 〉 出典書名・作品名・作者名

⇩ 本項目（解説のあるページ）への参照

↓ 関連する項目への参照

⇣ 「なりたち」で、音が、上から下へ変化したことをあらわす

音訓索引

・この辞典に収めた親字の音と訓（日本語での用法の読みも含む）を五十音順に配列し、本文のページを示しました。
・同じ読みの場合は音・訓の順、同音あるいは同訓の場合は総画数順とし、漢字の上に総画数を示しました。
・かたかなは音、ひらがなは訓であることを示します。
・赤で示した漢字は常用漢字（そのうち、○のついた漢字は教育漢字、◆のついた漢字はそれ以外の常用漢字）、△のついた漢字は人名用漢字です。

あ

う

え

か

き

け

こ

コ

こ

ゴ

こい

こいし

こいしい

こいねがう

コウ

さ

ジョ

ショウ

せ

つ

て

と

な

に

読み	画数	字	頁
にごす	16	濁◆	623
にごり	16	濁◆	623
にごりざけ	18	醪	997
にごる	11	淤	605
	13	溷	614
	16	濁◆	623
	27	黷	1111
にし	6	西○	896
	17	螺△	880
にじ	9	虹◆	874
	14	蜺	878
	16	霓	1052
にしき	16	錦◆	1012
	18	綢	794
にじむ	14	滲	618
にじゅう	4	廿△	359
にじる	23	躙	950
にしん	19	鯡	1097
	20	鰊	1097
にせ	11	修	87
		偽◆	87
	14	僞△	87
	19	贋	941
にせる	7	似○	66
ニチ	4	日○	480
にな	14	蜷	878
	17	螺△	880
になう	8	担○	433
	10	荷○	852
	16	擔	434
にび	12	鈍◆	1006
にぶい	12	鈍◆	1006
	14	銖	1010
にぶる	12	鈍◆	1006
ニャ	8	若○	847
ニャク	8	若○	847
	10	弱○	365
	13	搦	450
		蒻	861
にやす	12	煮◆	632
	13	煮△	632
ニャン	10	娘◆	277
ニュウ	2	入○	105
	4	廿△	359
	8	乳○	36
	9	柔◆	522
	10	紐△	772
ニョ	3	女○	269
	6	如◆	271
ニョウ	3	女○	269
	7	尿◆	320
	10	娘◆	277
	14	寧◆	306
		寧	306
	15	撓	454
	16	橈	549
		遶	985
	18	繞	794
	20	鐃	1018
	21	饒	1078
にら	12	韮	1061
にらぐ	11	淬	601
にらむ	9	盻	703
		眈	705
		眄	705
	10	俾	86
	13	睨	708
にる	7	似○	66
		肖◆	816
	11	烹	632
	12	煮◆	632
	13	煮△	632
		煎◆	638
にれ	8	枌	519
	13	楡	540
にわ	7	廷◆	357
	10	庭○	354
にわか	4	夲	163
	8	卒○	163
	9	俄△	76
		怱	391
	11	猝	656
	13	溘	614
	16	霍	1052
	17	遽	986
	24	驟	1085
にわかに	9	勃◆	148
にわたずみ	15	潦	622
にわとり	19	鶏◆	1102
	20	鶤	1104
	21	鷄△	1102
ニン	2	人○	48
	3	刃◆	127
	4	仁○	52
		壬△	243
	6	任○	63
	7	妊◆	272
		忍◆	386
	9	荏	850
		衽	888
	10	恁	395
		荵	853
	13	賃○	937
	14	認○	916
にんにく	13	蒜	861

ぬ

読み	画数	字	頁
ヌ	5	奴◆	270
	8	拏	286
	9	怒◆	392
ぬ	12	渟	609
ぬいとり	17	繍	795
	19	繡△	795
ぬいめ	16	縚	791
ぬう	12	黹	1111
	16	縫◆	792
ぬえ	19	鵺	1103
ぬか	10	粐	761
		粃	761
	17	糠	766
	18	額○	1067
ぬかす	7	抜◆	430
	8	拔△	430
ぬかり	7	抜◆	430
	8	拔△	430
	10	倥	83
ぬかる	7	抜◆	430
	8	拔△	430
	10	倥	83
ぬき	16	緯◆	790
ぬきあしする	17	蹐	948
ぬきんでる	17	擢△	456
ぬく	7	抜◆	430
	8	拔△	430
		抽◆	434
	10	挺△	441
	14	搴	450
	19	繹	794
ぬぐ	11	脱◆	823
	13	蛻	877
	15	褫	894
ぬぐう	9	拭◆	439
	12	揩	448
ぬけがら	13	蛻	877
ぬける	7	抜◆	430
	8	拔△	430
	11	脱◆	823
ぬげる	11	脱◆	823
ぬさ	10	秡	733
	15	幣◆	344
ぬし	5	主○	30
ぬすみ	11	盗◆	699
	12	盜△	699
ぬすむ	9	窃◆	741
	11	偸	90
		盗◆	699
	12	盜△	699
	20	攘	457
	23	竊	741
ぬた	6	汢	578
	8	垈	230
ぬなわ	8	茆	848
	14	蓴	863
ぬの	5	布○	337
ぬのこ	13	褐◆	892
	14	褐	892
	15	褞	894
ぬま	8	沼◆	584
	13	溏	615
ぬめ	12	絖	780
	17	縵	793
ぬめり	17	濘	624
ぬめる	13	滑◆	612
ぬらす	17	濡△	624
ぬり	13	塗◆	238
ぬる	13	塗◆	238
ぬるい	12	温○	606
	13	溫△	606
ぬれ	17	濡△	624

は

ひ

ふ

へ

ほ

ま

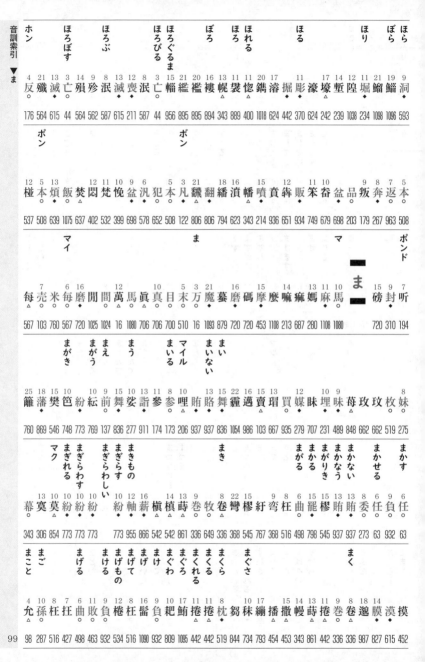

み

14 誣 916　鉾 1011　15 憮 413　舞◆ 836　蕪△ 865　16 謀◆ 922　17 朦 506　19 霧◆ 1053　鵡 1103　20 鶩 1104
む　4 六○ 110　6 牟△ 648　8 武○ 558
むい　4 六○ 110
むかう　6 向○ 187　7 対○ 308　11 晤 491　14 對 308　19 嚮 215
むかえる　7 迎◆ 963　17 邀 987
むかし　8 昔○ 485　21 曩 497
むかで　10 蚣 874　13 蜈 877
むき　6 向○ 187
むぎ　7 麦○ 1107　11 麥 1107
むぎこ　16 麺◆ 1108　20 麵 1108
むく　6 向○ 187　10 剝◆ 140　剥 140　12 椋△ 537
むくい　12 報○ 236　13 酬◆ 994
むくいぬ　7 尨 318
むくいる　12 報○ 236　13 酬◆ 994　23 讐 928
むくげ　13 椴 539　舜△ 836　15 槿 545　蕣 864
むぐら　12 葎 860
むくろ　16 骸◆ 1086　18 軀 951
むける　6 向○ 187
むこ　10 倩 85　12 婿◆ 279　18 贅 940
むごい　8 苛◆ 845　11 惨◆ 400　14 慘 400　酷◆ 995
むこう　6 向○ 187
むささび　20 鼯 1113
むさぼる　5 叨 186　11 婪 278　貪◆ 933　18 餮 1077　22 饕 1078
むし　6 虫○ 873　18 蟲 873　24 蠹 882
むしあつい　13 溽 614
むじな　13 貉 931
むしば　24 齲 1115
むしばむ　15 蝕 879　24 蠹 882
むしる　8 毟 569
むしろ　9 荐 850　10 席○ 340　莚 852　13 筵 752　14 寧◆ 306
むす　10 烝 632　13 蒸○ 861
むずかしい　18 難○ 1046　19 難△ 1046
むすび　12 結○ 778
むすぶ　12 結○ 778
むすめ　3 女○ 269　10 娘◆ 277　16 嬢◆ 281　20 孃△ 281
むせぶ　9 咽◆ 202　10 哽 204　15 噎 213　21 饐 1078
むせる　4 旡 479　9 咽◆ 202　15 噎 213
むだ　4 冗◆ 118　18 贅 940
むち　11 笞 749　18 鞭△ 1060　22 韃 1060
むちうつ　11 捶 445　笞 749　16 撻 455　18 鞭△ 1060
むつ　4 六○ 110
むつき　11 陬 1036　12 葆 858　13 裼 893　14 褓 894　16 襁 894　17 繦 792
むっつ　4 六○ 110
むつぶ　13 睦◆ 708
むつまじい　13 睦◆ 708　雍 1044
むつゆび　11 跂 945
むな　10 胸○ 820　12 棟◆ 536
むながい　14 鞅 1059
むなぎ　11 桴 532
むなしい　8 空○ 739　11 虚◆ 872　12 虛△ 872　14 廖 357　19 曠 497　20 竇 743
むね　4 心○ 382　6 匈 153　旨◆ 483　8 宗○ 294　枌 519　10 胸○ 820　12 棟◆ 536　14 膈 827　17 臆◆ 829　膺 829
むべ　8 宜◆ 292　12 棣 536
むら　7 村○ 515　邨 515　邑△ 987　13 群○ 802
むらがる　17 簇 757　18 叢△ 179
むらさき　12 紫◆ 780
むらじ　10 連○ 972
むらす　13 蒸○ 861
むれ　13 群○ 802
むれる　13 群○ 802　蒸○ 861
むろ　9 室○ 297　13 榁 540

め

メ　10 梅○ 529　馬○ 1080　11 梅△ 529　14 瑪 668　15 碼 720　罵◆ 798
め　3 女○ 269　5 目○ 700　6 牝 648　8 芽○ 846　11 眼○ 707　14 雌◆ 1045
メイ　6 名○ 191　8 命○ 199　明○ 485　9 茗 852　迷○ 968　10 冥◆ 119　13 溟 615　盟○ 699　酩 995　14 暝 495　榠 543　銘◆ 1011　鳴○ 1100　15 瞑 709　16 螟 880　謎 925

読み	画数	漢字	記号	頁
	17	謎	◆	925
めい	9	姪	△	276
メートル	6	米	○	760
めおと	10	娚		277
めかけ	8	妾		274
めくじか	18	麌		1106
めぐまれる	10	恵	◆	394
	12	惠	△	394
めぐみ	10	恵	◆	394
	12	惠	△	394
	19	寵	△	307
めぐむ	9	恤		395
	10	恩	○	392
		恵	◆	394
	12	惠	△	394
	19	寵	△	307
めぐらす	8	周	○	198
めぐり	9	廻	△	358
めくる	11	捲	△	442
めぐる	5	匝		156
	6	巡	◆	332
	8	周	○	198
		苒		847
	9	廻	△	358
		徇		375
		紆		767
	11	旋	◆	478
		週	○	974
	12	循	◆	380
		運	○	976
	14	斡	△	471
	16	圜		224
		徼		382
		遶		985
		還	◆	986
	17	環	◆	668
	18	繞		794
		繚		794
	23	邐		987
めし	5	召	◆	185
	9	食	○	1073
	12	飯	○	1075
めす	5	召	◆	185
	6	牝		648
	13	聘		812
	14	徵	◆	381
		雌	◆	1045
	15	徵	△	381
めずらしい	8	奇	◆	265
	9	珍	◆	662
メツ	13	滅	◆	615
めでる	13	愛	○	403
めどぎ	13	筴		752
		筮		753
		蓍		861
めとる	10	娉		277
	11	娶		278
めばる	17	鮴		1095
めまい	10	痃		684
	13	暈		494
メン	3	宀		288
	8	免	◆	103
	9	勉	△	149
		眄		705
		面	○	1057
	10	勉	○	149
		眠	◆	707
	11	晩	△	492
	12	晚	○	492
		棉		537
		湎		610
	13	黽		1112
	14	綿	○	786
	15	緬		790
	16	澠		623
		麺	◆	1108
	20	麵		1108
めん	6	牝		648

も

読み	画数	漢字	記号	頁
モ	5	母	○	566
	8	姆		275
		拇		435
		茂	◆	848
	9	姥	△	276
	10	莫	△	854
	13	媽		280
		摸		452
	14	模	○	543
		麼		1108
	16	模		766
	17	謨		925
も	9	面	○	1057
	12	喪	◆	211
		最	○	500
		裙		891
	14	裳	△	892
	19	藻	◆	870
モウ	3	亡	○	44
	4	毛	○	569
	6	妄	◆	272
		网		797
	7	忘	○	386
	8	孟	△	286
		盲	◆	703
		罔		797
	10	旄		477
		耄		808
		耗	◆	810
	11	惘		402
		望	○	504
		猛	◆	656
		莽		856
	12	帽	◆	343
	13	蒙	△	862
	14	網	◆	786
	15	氂		569
	16	濛		624
	17	曚		497
		朦		506
		檬		550
		蟒		880
	18	矇		710
		魍		1093
	19	艨		838
もうけ	11	設	○	907
	18	儲	△	98
もうける	11	設	○	907
	18	儲	△	98
もうす	5	申	○	676
		白	○	692
	11	啓	◆	207
もうでる	13	詣	◆	911
もえる	11	萌	△	856
		萠	△	856
	16	燃	○	642
もがさ	10	疱		685
	12	痘	◆	686
	14	靤		1058
もがり	18	殯		564
モク	4	木	○	506
	5	目	○	700
	7	沐		582
	8	牧	○	649
		苜		848
	13	睦	◆	708
	14	墨	◆	240
	15	墨	△	240
		黙	◆	1110
	16	穆		738
		默	△	1110
もく	7	杢		515
もぐさ	5	艾		841
もぐる	15	潜	◆	621
		潛		621
もし	8	若	○	847
	22	儻		98
もじ	14	綟		787
もしくは	8	若	○	847
もじり	11	捩		448
もじる	11	捩		448
	14	綟		787
もす	16	燃	○	642
もず	15	鴃		1100
	18	鵙		1102
	23	鷭		1105
もすそ	11	袞		888
	12	裙		891
	14	裳	△	892
もたい	9	瓮		669
	10	鬲		1091
	13	堽		237
	16	甌		670
	19	櫑		551
	20	罌		796
	21	罍		796
もだえ	12	悶		402
	18	懣		415
もだえる	12	悶		402
	18	懣		415

━ や ━

ら

わ

総画索引

・この辞典に収めた親字を総画数順（同画数の場合は部首順）に配列し、本文のページを示しました。
・親字の上の字はその字の部首、赤で示した漢字は常用漢字（そのうち、○のついた漢字は教育漢字、◆のついた漢字はそれ以外の常用漢字）、△のついた漢字は人名用漢字です。
・くさかんむり（艹）は、「艹」の形に統一して三画と数え、しんにょう（⻌・⻍）は、それぞれ三画・四画と数えました。
・「瓜」は字形に合わせて六画、「臣」は七画に数えました。

五画

七画

									水	毋	止										
沚	沙	沍	決	汲	沂	汽	汪	汞	求	毎	歩	李	来	杙	杢	杤	杜	村	杣	束	杉
	◆		○	△		○			○	△	△	△	○				△	○		○	◆
580	580	580	579	579	579	578	578	578	576	567	559	516	515	515	515	515	515	515	515	514	514

			火																		
灶	灼	災	灸	沪	沃	沐	沒	没	汳	汴	汨	汾	泛	沛	沌	沉	沈	沖	沢	汰	沁
	△	○	△		◆			◆							△		◆	○	◆	◆	
743	629	629	629	625	582	582	582	582	581	581	581	581	581	581	581	581	581	580	580	580	580

示	矢			白	疒				田		用	瓦	玉						犬		牛
社	矣	皂	皁	皀	疔	甸	甼	町	男	甬	甫	瓩	玖	犹	狄	狆	狃	狂	状	牢	牡
○								○	○		△		△					◆	○		△
722	711	695	695	695	683	677	676	676	676	675	675	669	662	657	653	653	653	652	652	648	648

					艸	艮							肉	网		糸	立	穴			禾
芫	芸	芹	芥	花	苅	良	肘	肚	肖	肖	肓	肛	肝	罕	糺	系	竍	究	禿	秀	私
	○	△	△	○		○	◆			◆			◆			○		○		◆	○
844	843	843	843	842	127	839	816	816	816	816	816	816	815	797	768	767	745	739	731	731	730

辛	車	身	足	走	赤	貝	豸	豕	豆	谷	言	角	見								
辛	車	身	足	走	赤	貝	豸	豕	豆	谷	言	角	見	芦	芽	芳	芬	芙	芭	芯	芟
◆	○	○	○	○	○	○			○	○	○	○	○	△		◆		△	△	◆	
959	951	950	945	942	941	932	931	929	928	928	904	902	898	870	846	844	844	844	844	844	844

			阜	臣	里	釆	酉						邑							辵	辰
阮	阨	阯	阬	臣	里	釆	酉	邪	邦	那	那	邑	邨	返	迎	近	辿	迅	迄	迂	辰
				○	○		△		◆		◆	△		○	◆	○	△		△	△	△
1030	1030	229	228	1001	998	997	992	988	987	987	987	987	515	963	963	962	962	962	962	962	960

						人		亠			二	亅		乙	丿	一			麥		
供	佶	侃	佳	価	依	侫	京	享	些	亟	亞	事	乳	乳	乖	並	八画		麦	防	阪
○		△	◆	○	◆		○	◆	△		△	○		○		○			○	○	○
73	73	73	72	72	72	69	46	46	44	44	43	38	36	36	33	25			1107	1030	1030

		儿																			
兔	兎	兒	來	侭	侠	例	侖	佯	侑	併	侮	佰	佩	佻	侘	侏	舎	侍	侈	使	佼
		△	△			○			△	◆	◆						○	◆		○	
103	103	102	515	97	77	76	76	76	76	75	75	75	75	75	75	75	74	74	74	74	73

	力											刀	凵	几	冫			八	入		
劼	効	到	刱	制	刺	刹	刷	刻	刳	券	券	刮	函	凭	冽	典	具	其	兩	免	尭
	◆	◆		○	◆	◆	○	○			○		△			○	○	△		◆	△
147	147	136	136	136	135	135	135	135	135	135	135	135	126	123	121	112	112	112	24	103	103

									口			又	厶	卩	卜				十		
周	周	咒	呪	咋	呷	呼	呟	咎	呵	叔	受	取	参	卷	卦	卑	卓	卒	協	劾	劵
	○		◆			○				◆	○	○	○	△		△	◆	○	○	○	
198	198	198	198	198	198	197	197	197	197	178	178	177	173	336	167	165	163	163	162	147	147

九画

十一画

			口	ム	厂	匸	匕		勹						力					刀	儿
啝	唯◆	啞	啄	參	厠	區	匙	匏	匐	勒	務○	動○	勗	勖	勘◆	副○	剳	剪	剩◆	剱	凰△
206	206	206	205	174	172	155	155	153	153	150	150	149	149	149	149	140	140	140	140	139	123
土			口																		
堊	圈△	圉	國△	唳	唹	問○	唸	啗	啖	啅	唾◆	啐	啜	唱○	商○	售	啌	啓	啓◆	喝◆	啀
232	224	223	221	208	208	208	208	208	208	208	208	208	208	207	207	207	207	207	207	206	206
					女	夕	士														
娶	婽	婚◆	婉	娙	婀	梦	壷	埜△	堵	堀◆	堋	埠	培◆	堂○	堆◆	埴△	執◆	埼○	埣	基○	域○
278	278	278	278	278	278	253	244	999	236	234	234	234	234	233	233	233	233	233	233	232	232
山		尸			寸							宀	子								
崗	屠	屏	尉◆	將△	專△	密○	寂◆	宿○	寇	寄○	寅△	寃	孰	婁	婁	婪	婦	婦○	婢	婆◆	娼
326	323	322	311	311	310	302	302	301	301	301	301	119	287	279	279	278	278	278	278	278	278
	广				巾	巛															
康○	庵△	帳○	常○	帷	帶△	巢△	崘	崙	崚△	崩	崩◆	崢	崇◆	崎○	崔	崑	崛	崟	崕	崖◆	崋
355	355	342	341	341	340	531	330	330	330	329	329	329	329	329	329	329	329	329	328	328	328
			心					彳						彡		彐			弓		
悠◆	悉△	患◆	悪○	徠△	徘	得○	徙	從△	彬△	彪△	彫	彫◆	彩	彩◆	彗△	粛◆	弸	張○	強○	庸◆	庶◆
399	398	398	396	377	377	377	377	376	370	370	370	370	370	370	368	368	367	367	365	355	355
戶			戈																		
扈	戝	戚◆	戛	惘	悱	惇△	悼◆	惕	悵	惆	惜◆	悽	情	情○	悴	惨◆	惚△	惓	惧◆	悸	惟△
422	932	418	418	402	402	402	401	401	401	401	401	401	400	400	400	400	400	400	399	399	399
																					手
措◆	接○	据◆	捶	推○	捷△	授○	捨	捨○	採	採○	控◆	捲△	掲◆	掘◆	掀	掬△	掎	掛◆	掩	掖	挽
446	445	445	445	444	444	443	443	443	443	443	442	442	442	442	442	442	442	442	441	441	441
			攴																		
敏△	敘	敍△	敕	掴	搔	捩	掠△	捫	捧△	描◆	掄	排◆	捻◆	捺△	掏	掟	掉	探○	掫	掃	掃◆
462	179	179	148	452	451	448	448	447	447	447	447	447	447	446	446	446	446	446	446	446	446
								日	无			方		斤		斗					
晧	晩△	晢	晨△	晤	晞	晦△	晟	書△	既	族○	旋◆	旌	断○	斬◆	斜◆	斛	敗○	敖	教	教○	救○
697	492	491	491	491	491	491	491	489	479	478	478	478	472	472	471	471	463	463	462	462	462

菘 855	菜 855	菜○ 855	菎 855	菫△ 855	菌◆ 855	菊◆ 854	萓 854	菅△ 854	菓◆ 854	萎◆ 854	華 853	菴 355	艸 蒂 338	舶◆ 838	舳 838	舵△ 838	船○ 837	舷◆ 837	舟 舸 837	臼 舂 835	脯 824
虍 處 123	葛 857	菻 857	菱△ 857	萊△ 857	萢 857	莾 856	萠△ 856	萌△ 856	菩△ 856	萍 856	菲 856	菠 856	萄△ 856	菟 856	萇 856	著○ 855	菁 855	萋 855	萃 855	菖△ 855	菽 855
袿 889	袺 889	袰 889	袤 889	袋◆ 889	袞 888	袈△ 888	衣 袛 888	術○ 885	行 衒 885	蚫 1094	蛎 882	蛉 876	蚰 876	蛋 876	蛆 875	蛇◆ 875	蛄 875	蛍◆ 875	蚯 874	虫 蚶 874	虚◆ 872
貫◆ 933	貨○ 933	貝 貮 361	豸 豼 931	豕 豚◆ 930	谷 谺 928	訳○ 908	訪○ 908	訥 907	設○ 907	訟◆ 907	訝 907	訣△ 907	許○ 907	言 訛 907	覓 900	視○ 899	見 規○ 899	裄 890	袱 890	袷 890	袴△ 889
逝 969	逍 969	逡 969	這△ 969	逧 968	逑 968	辵 逕 372	[illegible] 958	軟◆ 954	転○ 953	車 軛 953	身 躯 951	跌 945	趾 945	足 跂 945	赤 赦◆ 942	貭 938	貶 934	貧○ 934	販◆ 934	貪◆ 933	責○ 933
郵○ 991	部○ 990	都○ 990	郷○ 989	邑 郭◆ 989	逎 977	逮◆ 975	進○ 975	週○ 974	逸◆ 974	連 972	逢△ 972	逋 972	逗△ 972	透 972	途 972	逖 972	逞△ 971	通 970	逐 970	速 969	造 969
陶◆ 1036	陳◆ 1036	陬 1036	陲 1036	険○ 1035	陰◆ 1034	阜 陥△ 1033	閇 1023	閉○ 1023	門 閊 1023	釣 1005	釣◆ 1005	釧△ 1005	釶 1005	釵 1005	釦 1005	金 釼 139	里 野○ 999	釆 釈◆ 997	酘 994	酖 994	酉 酔◆ 994
麻 1108	麻 麻◆ 1108	麸 1107	麥 麥 1107	鹿 鹿○ 1106	鹵 鹵 1105	鳥 鳥○ 1099	魚 魚○ 1093	高 高 1087	首 馗 1079	食 飢 1074	頂○ 1063	頁 頃◆ 1063	雫△ 1048	雪 1048	雨 雪○ 1048	隺 1104	隹 雀△ 1042	陵◆ 1037	隆◆ 1037	陸○ 1036	陪◆ 1036
創○ 142	割 141	割○ 141	剴 141	刀 剰△ 140	儿 凱△ 123	冫 準 614	傑 93	僅 92	傍◆ 92	傅 91	備○ 91	傘◆ 91	傚 91	傀 91	人 偉◆ 91	**十二画**		龜 亀◆ 1117	齊 斎◆ 1114	黑 黒○ 1110	黃 黄○ 1109
喫◆ 209	喟 209	喜○ 209	喊 209	喚◆ 209	喀 209	喙 209	営○ 208	喝 206	口 單△ 164	厦 356	厩 173	厨△ 172	厂 厥 172	卩 卿△ 170	博 166	十 博○ 166	募◆ 151	勝 150	勝○ 150	勤○ 150	力 勞 147

十三画

十四画

十五画

十六画

十九画

四字熟語索引

・この辞書に見出しとしてかかげたおもな四字熟語を、読みの五十音順に配列し、本文のページを示しました。

― さ ―

― し ―

「漢字に親しむ」索引

「故事のはなし」索引

1/1画

一 いち部

横線一本で、数のはじめ、「ひとつ」の意をあらわす。「一」をもとにしてできている漢字と、「一」の字形を目じるしにして引く漢字とを集めた。

0 一 1 七 丁 2 下 三 上 丈 万 与 3 丐 丑 不 4 且 丘 世 丕 丙 丗 5 丞 両 7 並

この部首に所属しない漢字

二⇩二 39　十⇩十 157　兀⇩儿 98　才⇩扌 425
五⇩二 41　互⇩二 43　戸⇩戸 420　可⇩口 181
旦⇩日 482　正⇩止 556　瓦⇩瓦 669　亘⇩二 43
再⇩冂 117　吏⇩口 193　死⇩歹 561　百⇩白 694
而⇩而 809　西⇩西 896　亜⇩二 43　更⇩曰 498
求⇩氺 576　甫⇩用 675　豆⇩豆 928　酉⇩酉 992
兩⇩入 106　東⇩木 518　雨⇩雨 1047　昼⇩日 489
歪⇩止 560　面⇩面 1057　頁⇩頁 1063　爾⇩㸚 646

一 0

【一】 1画 1676 4E00 教育1

音 イツ㊥漢 イチ㊥呉
訓 ひと・ひと-つ・はじめ
付表 一日《ついたち》・一人《ひとり》

筆順 一

弌 1 [弌] 4画 4801 5F0C 古字

なりたち [指事] 横線一本で、天地・万物《バンブツ》のはじめをあらわす。

意味 ❶数の名。ひとつ。例 一葉《イチヨウ》。一計《イッケイ》。万一《マンイチ》。一《イチ》を聞《き》いて十《ジュウ》を知《し》る。❷ひとたび。例 一読《イチドク》。一回《イッカイ》。❸ひとつの。最初。はじめの。例 一月《イチガツ》。一次試験《イチジシケン》。一姫二太郎《イチひめニタロウ》。❹最高。最上の。例 一流《イチリュウ》。随一《ズイイチ》。❺ひとつにする。同じくする。例 一様《イチヨウ》。均一《キンイツ》。統一《トウイツ》。❻すべて。全部。すっかり。例 一任《イチニン》。一転《イッテン》。一変《イッペン》。❼もっぱら。ひたすら。例 一途《イチズ》。一念《イチネン》。専一《センイツ》。❽あるひとつ(の)。ほか(の)。例 一説《イッセツ》。一方《イッポウ》。❾すこし。わずか。例 一助《イチジョ》。一考《イッコウ》。❿あるいは…。…したり、…したり。例 一喜一憂《イッキイチユウ》。一長一短《イッチョウイッタン》。

参考 商売や契約《ケイヤク》の文書では、数字を書きかえられないよう、同音の「壱」や「壹」を使うことがある。

難読 一寸《ちょっと》・一口《いもあらい》・一切衆生《さしもぐさ》

人名 おさむ・か・かず・かた・かつ・くに・さね・すすむ・たか・ただ・ち・のぶ・はじむ・はじめ・ひ・ひじ・ひで・ひとし・まこと・まさし・まさる・もと・もろ

【一握】《イチアク》 ①ひとにぎり。少しの量。例 —の砂。②にぎりこぶしの中。掌中《ショウチュウ》。

【一位】《イチイ》 ①第一番の地位や順位。一等。首位。トップ。ナンバーワン。例 —で当選する。②数学で、一のくらい。「一位数」は、一から九までのひとけたの数。③イチイ科の常緑高木。表記 ③は「▼櫟」とも書く。

【一意】《イチイ》 (副) 一つのことに心を集中すること。ひたすら。もっぱら。例 —勉強にはげむ。

【一意専心】《イチイセンシン》 (副) ひたすらそのことだけに心を集中すること。例 —目標の達成に努める。

【一衣帯水】《イチイタイスイ》 〔「衣帯」は、着物の帯《おび》の意〕一本の帯のように、細くて長い川や海峡《カイキョウ》。また、そういう水にへだてられてはいるが、近い距離《キョリ》にあること。例えば、海ひとつへだてる日本と韓国《カンコク》、日本と中国、またイギリスとフランス北西部などの近さについていう。

【一因】《イチイン》 いくつかある原因のうちの一つ。例 不規則な生活も病気の—です。

【一員】《イチイン》 団体や社会を構成している、おおぜいのうちのひとり。例 家族の—になる。委員会の—に加える。

【一円】《イチエン》 ある地域や場所の、全体。全域。㊀類 一帯。例 関東—に強い地震《ジシン》があった。

【一応】《イチオウ》 (副) ①じゅうぶんではないが。ひととおり。例 —最後まで目を通した。②とりあえず。念のため。例 ご存じとは思いますが—お知らせします。参考 本来「一往」と書いたが、日本で同音の「応」をあてるようになった。

【一概】《イチガイ》 (副) 〔「一概に」の形で〕例外や小さなちがいを無視して、おおまかに。おしなべて。例 —に悪いとは言えない。—に論じると誤りをおかす。

【一月】 [一]《イチガツ》 〔「イチゲツ」とも〕一年の最初の月。類 正月《ショウガツ》・睦月《むつき》。[二]《ひとつき》 〔「イチゲツ」とも〕一か月。

【一丸】《イチガン》 (外からの力に対抗《タイコウ》する)ひとかたまり。ひとまとまり。例 全員—となって強敵に当たった。

【一義】《イチギ》 ①ある意味。ある解釈《カイシャク》。②いちばんたいせつな意味。根本の意義。第一義。例 スポーツの第—は、からだをきたえることです。

【一義的】《イチギテキ》 (形動ダナ) ①ことばや記号が一つの意味にだけ解釈《カイシャク》できるようす。例 —でない表現は混乱をまねく。②最も重要であるようす。本質的。対 二義的。例 —でないことにこだわる。

【一議】《イチギ》 一度の会議。一回の議論。例 —に及《およ》ばず(=なんら論ずるまでもなく)決定した。

【一行】 [一]《イチギョウ》 縦書きまたは横書きの文章の一つの行《ギョウ》。例 —二十字、十行の原稿《ゲンコウ》用紙。[二]《イッコウ》 連れだって行く人々。同行者全員。例 研修旅行の—。

【一隅】《イチグウ》 ①片すみ。例 大都会の—。②四すみのうちの一つ。例 —を挙《あ》げて三隅《サングウ》を反《かえ》させる(=ものの道理の一端《イッタン》を示して、他のすべてをさとらせる)。

【一軍】《イチグン》 ①あるまとまりをもった一つの軍勢。②全軍。例 —の将。③スポーツのチームの編成で、公式試合につねに出場する選手のチーム。対 二軍。

【一芸】《イチゲイ》 ある一つの技術や芸能。例 —に秀《ひい》でる(=なにか一つの技能や芸術にすぐれている)。

【一撃】《イチゲキ》 (名・する) ひとうち。一回の打撃。例 —のもとに敵をたおした。

【一元】《イチゲン》 ①ものごとや考え方のもとが一つであること。対 二元・多元。例 —論。②ある一つの元号。例 一世—(=君主一代に一つの元号を用いること)。③〔数〕代数・方程式で未知数が一つであること。対 二元・多元。

【一元論】《イチゲンロン》 〔哲〕ものごとは、ただ一つの原因や原理で説明されるという考え方。〔それを具体的になんと考えるかは、立場によって異なり、唯心論《ユイシンロン》・唯物論《ユイブツロン》などがある〕対 二元論・多元論。例 —の弱点。

【一言】《イチゲン／イチゴン》 ①ひとこと、ものを言うこと。例 —《イチゲン》あって然《しか》るべきだ(=ひとこと弁解や説明などがあるのが当然だ)。—《イチゴン》のもとにはねつける。②短いことば。一字。一語。一句。例 —《イチゴン》一句《イック》聞きもらさない。

【一言居士】《イチゲンコジ》 何ごとにも自分の意見をひとこと述べ

ないと気がすまない性格の人。〔少しからかった言い方〕例—がまた始まった。

【一言《イチゲン》▽以《もっ》て▼之《これ》を▽蔽《おお》う】ひとことで全体を要約する。〈論語《ロンゴ》〉→【思《おも》い邪《よこしま》無《な》し】(390ページ)

【一言半句《イチゴンハンク》】ちょっとしたことばの一つ一つ。例—聞きもらすまいと耳をかたむけた。類片言隻句《ヘンゲンセック》。

【一見識《イッケンシキ｜イチケンシキ》】(その人なりの)しっかりした一つの考え方。例—のある人物。—を備える。

【一期《イチゴ》】[一]一生。生まれてから死ぬまで。例—の思い出。—の不覚(＝一生涯《イッショウガイ》での大失敗)。[二]《イッキ》①いくつかに区切られている期間のなかの最初。第一期。②ある決められた期間ひとつ。例会長を—つとめる。

【一期一会《イチゴイチエ》】〔「一会《イチエ》」は、一回の出会い〕茶道で、そのときの茶会の客は一生にただ一度の出会いと心得て、主人も客も、誠意をつくすべきものだという考え。

【一▼毫《イチゴウ》】〔「毫」は、細い毛の意〕ごくわずか。ほんの少し。例—の疑いをさしはさむ余地もない。

【一座《イチザ》】①その場にいっしょにいる人のみんな。満座。例—を笑わせる。②芝居《しばい》などを興行《コウギョウ》する一団。また、その人々。例—の花形役者。

【一次《イチジ》】①なん回か続けておこなわれるものの一回目。例—試験。②〔数〕二乗またはそれ以上の項《コウ》をふくまないこと。例えば、$ax+b$ は x の一次式。例—方程式。

【一時《イチジ》】①しばらくの間。短時間。例—預かり。出発を—見合わせる。②その時。当座。例—しのぎ。—はだめかと思った。③一回に。一度に。まとめて。例—金。—払《ばら》い。④同時。いっせい。いちどき。例—にみんな消えた。⑤午前零時《レイジ》または午後零時より一時間後の時刻。

【一事《イチジ》が万事《バンジ》】一つの例を見れば他のすべてがおしはかられるということ。例—この調子で、先が思いやられる。

【一字千金《イチジセンキン》】一字だけで千金もの価値があること。みごとな文章や格言・筆跡《ヒッセキ》のたとえ。例—に値《あたい》する。

【一日】[一]《イチジツ｜イチニチ》①朝起きてから夜ねるまでの活動しているあいだ。例充実《ジュウジツ》した—《イチニチ》。よい—《イチニチ》。②午前零時《レイジ》からの二十四時間。例—《イチジツ》の長がある。③ある時刻を起点とする二十四時間。例くたびれて丸《まる》—《イチニチ》ねむりこけた。④ある日。例春の—《イチニチ》を野山で過ごす。[二]《イチジツ｜イッぴ｜ついたち》その月の最初の日。例毎月—《ついたち》に例会を開く。

【一日千秋《イチジツセンシュウ｜イチニチセンシュウ》】〔「秋」は、年の意〕一日が千年もの長さに感じられるほど、待ちどおしい。一日三秋《イチジツサンシュウ》。例—の思いで待つ。

【一日千里《イチジツセンリ｜イチニチセンリ》】一日に千里を走るという、名馬の能力。すぐれた才能をもった人のたとえ。例—の才ある人。

【一日の長《イチジツのチョウ》】年齢《ネンレイ》や経験、技能などが少しだけうわまわっていること。〔孔子《コウシ》が弟子《デシ》に、私が少しばかり早く生まれたからといって、えんりょすることはないのだよ、と言ったことばから〕〈論語《ロンゴ》〉

【一汁一菜《イチジュウイッサイ》】(主食のほかに)一杯《イッパイ》の汁《しる》と一品のおかずという質素な食事。

【一巡《イチジュン》】(名・する)ひととおりまわること。例季節の—。管内を—する。

【一助《イチジョ》】何かの足し。いくらかのたすけ。例学資の—ともなれば幸いです。

【一場《イチジョウ》】①その場。その席。例—の訓示をあたえた。②その場かぎり。その時だけ。例—の春夢(＝春の短い夜の、はかない夢)。

【一人】[一]《イチジン》〔天下にただひとりのお方という意味から〕天子。[二]《イチニン｜ひとり》人数が一であること。例—残らず退散した。[三]《ひとり》①自分だけ。単独。例—立ち。②結婚《ケッコン》していない成人。独身。例—身《み》。—者《もの》。かれはまだ—だ。表記[三]は「独り」とも書く。

【一人前《イチニンまえ》】[一](名)おとなひとり分であること。ひとりあて。例寿司《すし》—。—の日当。[二](名・形動ダ)①おとなとしての生活能力や知識をそなえていること。例口だけは—、やることは半人前。②技能などが人並みになること。例修業《シュギョウ》を積んでりっぱな—の職人になった。

【一陣《イチジン》】①雨や風が、ひとしきり降ったりふいたりすること。例—の雨。—の風。②最前線の陣地。第一陣。

【一▽途】〔ひとすじの道の意〕[一]《イチズ》(名・形動ダ)一つの方向・一つのことだけを追い求めるようす。例勉強—の生活。—な気持ち。—に思いつめる。[二]《イット》(名)方向や方針や方法が一つであること。例戦況《センキョウ》は悪化の—をたどった。

【一族《イチゾク》】血のつながりのある人々。縁戚《エンセキ》の人々。例—郎党《ロウトウ》。

【一存《イチゾン》】自分ひとりだけの考え。例わたくしの—では決められない。

【一▼朶《イチダ》】花のひとえだ。例—の桜。

【一代《イチダイ》】①人ひとりの一生。生まれてから死ぬまで。例—記。—限りの名跡《ミョウセキ》。②ひとりが、主君・主人・長などの地位にいる期間。例—で大資産家になる。③〔「一代の…」という形で〕ある時代を代表するような。例—の名工。—の碩学《セキガク》(＝大学者)。

【一大事《イチダイジ》】並々ではない、きわめて重大なできごと。例天下の—。

【一諾千金《イチダクセンキン》】いったん引き受けたことには、千金の価値がある。約束は重んじなければならないことのたとえ。

【一団《イチダン》】ひとかたまり。ひとむれ。例修学旅行の—。

【一段《イチダン》】[一](名)①階段や段階・等級のひときざみ。例—ずつのぼる。②縦と横に直線で区切られた図表の、横の同じ位。例動詞の—活用は五十音図の同じ—に活用する。③文章や物語、事件のひと区切り。例この—の大意《タイイ》をまとめる。[二](副)ひときわ。いっそう。例—(と)進歩した。

【一段落《イチダンラク》】(名・する)長く続く文章のなかの、部分的なひとまとまり。また、仕事などに一つの区切りをつけることのたとえ。ひとだんらく。例大きな仕事に—をつけた。勉強が—したらおやつにしよう。

【一度《イチド》】①一回。一遍《イッペン》。例—やってみたかった。②〔「一度に」の形で〕いっぺんに。同時に。例—に流れ出した。

【一同《イチドウ》】その立場にいる人のすべて。例職員生徒—。—、ご起立をお願いします。

【一堂《イチドウ》】一つの建物。例会員が—に会する。

【一道《イチドウ》】①一本の道路。②ある一つの専門。一つの分野。例—の達人。—をたどる。③一本のすじに見える光やけむりなどの、ひと筋。例—の光明《コウミョウ》を見いだす。

【一読《イチドク》】(名・する)ひとわたり読むこと。例ご—ください。—しただけでは、まったくわからない。

【一頓挫《イチトンザ》】(名・する)事業や計画が進行中に一つの困難にぶつかり、行きづまること。例—を来《き》たす。

【一入】[一]《イチニュウ》(名・する)①一度なかへはいること。また、いれること。②〔「イチジュウ」とも〕布などを、染料《センリョウ》のなかに一度つけること。[二]《ひとしお》(副)いちだんと。ひとしお。いっそう。ひときわ。例寒さも—身にしみる。

【一如《イチニョ》】①〔仏〕真理は、現象としてはさまざまに見えても、根本は変わらず、唯一《ユイイツ》絶対のものであるということ。②さまざまなものが一つにとけあい、分かちがたい状態であること。例物心—。渾然《コンゼン》として—である。

【一任《イチニン》】(名・する)(仕事や判断などを)すべてまかせること。

例決定は議長に—する。

【一人称】《イチニンショウ》 話し手や書き手が自分や自分たちをさすのに用いることば。「わたくし」「わたくしたち」「ぼく」「ぼくら」「われ」「われわれ」など。自称。(対)二人称・三人称。

【一念】《イチネン》 つよく一つのことを思いこむ心。ひたすらな思い。一心。例トラを射るという—が岩に矢を通した。

【一念発起】《イチネンホッキ》 (名・する) 〔仏の道に入ろうと決心する意から〕新たになにかをはじめようと一大決心をすること。

【一年草】《イチネンソウ》 一年のうちに芽が出て花がさき、かれる植物。(対)二年草・多年草。

【一番】《イチバン》 [一](名) ①順番や序列の第一。最初。または最上。例—星。—茶。明朝—に着手する。②能・狂言《キョウゲン》、囲碁《イゴ》・将棋《ショウギ》、相撲《すもう》などの、一曲・ひと勝負。例だいじな—。結びの—。③二つでひと組みとなっているもの。ひとつがい。組み合わせ。例おもしろい—。④たいせつな局面。例ここ—。[二](副) もっとも。この上なく。例—好きだ。

【一番▼槍】《イチバンやり》 最初に敵陣《テキジン》にせめ入り、やりをつきさすこと。攻撃《コウゲキ》の最前列のたとえ。例—をうけたまわる。

【一姫二太郎】《イチひめニタロウ》 一番目の子供が女の子で、二番目が男の子であること。子を育てるときの親の理想とされる。〔女の子ひとりと男の子ふたりともいう〕

【一分】 [一]《イチブ》 ごくわずかなことのたとえ。例—のすきもない。[二]《イチブン》 一身のめんぼく。例武士の—が立たない。

【一部】《イチブ》 ①書物のひとそろい。一冊で完結するもの、また、数冊にわたるものもある。例上下二冊で—。②本や新聞を数えるときの単位。例—三百円。③全体のなかのある部分。一部分。(対)全部。例—に不良品がまじる。

【一部始終】《イチブシジュウ》 「一部①」の書物の始めから終わりまで。また、事の始めから終わりまで。例事件の—を物語った。

【一物】 [一]《イチブツ》 一つの、ちょっとしたもの。例—を用意する。[二]《イチモツ》 ①たくらみ。例腹に—ある。②あれ。あのもの。言いにくいものを遠まわしにいうことば。

【一文】 [一]《イチブン》 一つのちょっとした文章。例—をものした。[二]《イチモン》 ①銅貨一枚ぶん。ごくわずかなお金。例—無し。②文字一つ。例—不知の愚鈍《グドン》(=一つの文字も読めないほどのおろか者)。

【一別】《イチベツ》 (名・する) ある時の、人との別れ。例—以来、はや十年になる。

【一▼瞥】《イチベツ》 (名・する) ちらりと見ること。例—もくれない。

【一望】 [一]《イチボウ》 (名・する) 一度、見わたすこと。また、一度で見わたすことのできる景色。例—千里。—のもとに市街地をおさめる。[二]《イチモウ》 (名) ただ一つののぞみ。例もはや私の生涯《ショウガイ》にこの—あるのみ。

【一枚】《イチマイ》 ①(平たいものの)一つ。ひとひら。②(役をになう者としての)ひとり。例かれを—加える。③一段階。一ランク。例役者が—上だ(=その役として能力がすぐれている)。

【一抹】《イチマツ》 ①はけや筆でひとなすりすること。例—の白雲。②かすかなこと。例—の不安がある。

【一味】 [一]《イチミ》 (名・する) 心を一つにして協力しあうこと。また、そのなかま。例盗賊《トウゾク》の—。謀反《ムホン》の—に加わる。[二]《イチミ》 (名) ①ちょっとしたおもむきがあること。例—の涼風《リョウフウ》。②薬種一つ。例七味《シチミ》の中の—(=唐辛子《トウがらし》だけをさす)。[三]《ひとあじ》 (名) 味わいや印象のちょっとした感じ。例—ちがう。—も二味もちがう。

【一脈】《イチミャク》 ひとすじのつながり。例—相《あい》通じるところがある(=わずかな関係や共通点が認められる)。

【一名】《イチメイ》 ①ひとり。一人《イチニン》。②別名。またの名。別の言い方。例利根川《とねがわ》、—坂東太郎《バンドウタロウ》。

【一命】《イチメイ》 たった一つのかけがえのないいのち。例—にかかわるおおけが。—をとりとめる。

【一面】《イチメン》 ①あたり全体。例—の銀世界。②ものごとの、ある方向から見えるようす。(対)多面。例それも—の真理ではある。③政治・経済などの重要な記事がのる、新聞の第一ページ。例—のトップをかざる。

【一面的】《イチメンテキ》 (形動《ダナ》) ものの見方や考え方がかたよっているようす。(対)多面的。例—な観察。

【一面識】《イチメンシキ》 一度会って、顔を見知っているというほどの、ごくうすいかかわり合い。例—もない人。

【一毛作】《イチモウサク》 〔「毛」は、植物・作物が生え育つ意〕同じ田や畑に、一年に一回作物をつくること。単作。

【一網打尽】《イチモウダジン》 〔一網《ひとあみ》でその場所の魚をとりつくす意から〕悪者の一味をそっくりとらえること。例—にする。

【一目】 [一]《イチモク》 (名・する) 一度ちょっとだけ見ること。例—瞭然《リョウゼン》。—してそれとわかる。[二]《イチモク》 (名) ①網《あみ》の目などの一つ。例—の網は以《もっ》て鳥を得《う》べからず(=網の目一つでは鳥をつかまえることはできない)。②碁盤《ゴバン》上の線が直角に交差する点。また、その一つに置く碁石。例—置く(=相手の強さ、優位をみとめて敬意をはらう)。[三]《めひと》 (名) ①一度ちょっとだけ見たり会ったりすること。例—ぼれ。—会いたい。②ある場所で一度見わたすこと。例—千本のサクラ。

【一目散】《イチモクサン》 わきめもふらず後ろも見ないで、走ること。例—ににげた。

【一目瞭然】《イチモクリョウゼン》 (名・形動《ダナ》) ひとめ見ただけではっきりとわかること。例結果は—。

【一門】《イチモン》 ①血統を同じくする人たち。一族。例平家—。②宗教・学問・武道・芸能などで、流派を同じくする人たち。例—の弟子《デシ》たち。

【一問一答】《イチモンイットウ》 (名・する) 一つ質問が出されるごとに答えること。または、それをくりかえすこと。例—形式。

【一躍】《イチヤク》 (名・副) 〔ひととび・一回の跳躍《チョウヤク》の意から〕急に。いっきょに名声などを得ること。例—名士になった。

【一葉】《イチヨウ》 ①一枚の木の葉。②紙などのように、平らで、うすいもの一枚。③小ぶね一そう。ひとはぶね。例—の軽舟《ケイシュウ》。

【一葉《イチヨウ》落《お》ちて天下《テンカ》の秋《あき》を知《し》る】 〔アオギリは他の木にさきがけて落葉する。その落ち葉一枚を見てはやくも秋のおとずれを知ることから〕わずかな前兆によって、全体の変化をいちはやく察知する。〈淮南子《エナンジ》〉

【一様】《イチヨウ》 (名・形動《ダナ》) どれも同じであること。(対)多様。例みんな—に流行を追っている。尋常《ジンジョウ》—(=なみひととおり)の努力ではだめだ。

【一陽来復】《イチヨウライフク》 (名・する) 〔易《エキ》で、陰《イン》がきわまり、陽が復活することから〕①冬が去り、春がくること。②しばらく不運が続いたあと、幸運がやってくること。例景気に—のきざしがある。

【一翼】《イチヨク》 ①鳥の左右のつばさの、どちらか片方。②大きな仕事や組織の一部分。一つの役割。例—を担《にな》う。

【一覧】《イチラン》 [一](名・する) 全体にざっと目を通すこと。例校舎内を—する。—に供《キョウ》する。[二](名) 見やすく整理して全体を簡単に見わたすことができるようにしたもの。例—表。

【一理】《イチリ》 いちおうの道理、または理由。例この反対の意見にも—がある。

【一利一害】《イチリイチガイ》 ある点では利であるが、他のある点では害があること。(類)一得一失《イットクイッシツ》。

【一律】《イチリツ》 (名・形動《ダナ》) ①すべてを同じあつかいにすること。例—には論じられない。②変化がなく、同じ調子で続くこと。例千編—。

【一里塚】《イチリづか》 ①江戸《えど》時代、江戸の日本橋を起点に、諸国へ通じる街道《カイドウ》の一里ごとにつけた道しるべ。土を盛り、エノキなどを植えた。里程標。例門松《かどまつ》は冥途《メイド》の旅の—。②大きな仕事を成しとげるとちゅうの一段階。

【一流】《イチリュウ》 ①(品質・地位・人などの評価で)最上のもの。対二流・三流。例—の人物。②ほかに例のない独特のやり方。例かれ—のやり方。③一つの流れ、流派。例華道《カドウ》の—。

【一両日】《イチリョウジツ》〔「両」は、二の意〕この一日か二日。例—中には結論が出る。

【一▼縷】《イチル》 ①ひとすじの糸。細く長く続くもの。一糸《イッシ》。例身《み》に—もまとわないまっぱだか。②たよりにならないほどの、かすかなつながり。例—の望みを託《タク》す。

【一連】《イチレン》 ①つながりのある、ことがら・ものごとなどのひと続き。例—の事件が解決した。②漢詩で、一対《イッツイ》の句。表記②は旧一▼聯

【一▼蓮▼托生】《イチレンタクショウ》 ①〔仏〕死んだあと、極楽《ゴクラク》の同じ蓮華《レンゲ》の上に生まれかわる、という希望、もしくは想像。②いっしょに行動し、最後まで運命をともにすること。例事《こと》の成否にかかわらず—を覚悟《カクゴ》する。

【一路】《イチロ》 ［一］(副)寄り道したりせず、まっすぐに。例—目的地へと急ぐ。［二］(名)ひとすじにたどる道。類一途《イット》。例真実—。向上の—。

【一《イチ》を聞《き》いて十《ジュウ》を知《し》る】 一部を聞いて、全部を理解する。聡明《ソウメイ》であることのたとえ。〈論語《ロンゴ》〉

【一家】《イッカ》 ①一つの家族を形づくる人間の集まり。一つの世帯。例—のあるじ。—を構える。②親分・子分の関係のうえに成り立つ集団。例次郎長《ジロチョウ》—。③学術・技芸などで、独立した専門家・芸術家として世に認められる地位・名声。例学問で—を成す。

【一家言】《イッカゲン》 その人独特の見解や主張。例かれは教育には—を持っている。

【一荷】《イッカ》 てんびん棒で、一回に運ぶ荷物の量。また、一度に二つをつること。ひとにない。

【一過】《イッカ》 (名・する)さっと通りすぎること。例台風—のあとの秋空。

【一過性】《イッカセイ》 一時的で、すぐに治まり、再発の可能性もほとんどないこと。例—の下痢《ゲリ》。—の非行。

【一介】《イッカイ》〔「介」は「个《カ》」に通じて、ひとつの、の意。また、「芥《カイ》」に通じて、小さな・とるにたりない意〕①ひとりの。例—の青年。②(卑下《ヒゲ》もしくは軽蔑《ケイベツ》の気持ちで)とるにたりない、ただの。例—の地方議員。

【一回】《イッカイ》 ①一度。また、いっぺんだけの。例—勝負。②継続《ケイゾク》・反復するものの一度目。例学部の—生。連載《レンサイ》—目の原稿《ゲンコウ》。

【一塊】《イッカイ》 ひとかたまり。例—の土くれ。

【一角】《イッカク》 ［一］①図形の部分の名で、一つのかく。例三角形の—。②平面や立体や空間の一つのすみ。かたすみ。一部分。例町の—。氷山の—。③一本のつの。例—獣《ジュウ》。［二］《ひとかど》ひときわすぐれていること。また、いちにんまえ。例—の人物。—の実業家。表記［二］は「一▽廉」とも書く。

【一画】《イッカク》 ①楷書《カイショ》で漢字を書くときの一回の筆の動き。ひとふでで書かれる線や点。例一点—をていねいに書く。②ひとくぎり。ひと区画。例分譲地《ブンジョウチ》の—。表記②は旧一▼劃

【一郭】《イッカク》 塀《へイ》などで囲み、ひと続きに区切った地域。表記旧一▼廓

【一獲千金】《イッカクセンキン》〔千金をひとつかみにする意〕一度に大もうけをすること。ぬれ手で粟《あわ》。例—を夢見る。表記「一▼攫千金」とも書く。

【一括】《イッカツ》 (名・する)①ひもや縄《なわ》で、ものを一つにくりまとめること。また、ひとまとまり。例書類—を預かる。②ひとまとめにあつかうこと。例議案を—して取りあつかう。

【一喝】《イッカツ》 (名・する)大声で一度しかること。例悪童どもを—する。老師の—に縮みあがる。

【一巻】《イッカン》 ①横に長い書画やフィルムなど、帯のようなものひとまき。例—の終わり(=ひとつの物語の終末。ものごとの終わり)。②書物の、第一の巻。

【一貫】《イッカン》 (名・する)始めから終わりまで、きまった一つの考えや方法でつらぬくこと。例終始—。首尾《シュビ》—。かれの態度は—して変わらない。

【一環】《イッカン》〔くさりの輪の一つの意から〕大きなまとまりのなかの一部分。例震災《シンサイ》復興事業の—として公園を造る。

【一気】《イッキ》 ［一］(名)ひといき。例—飲み。—の間《カン》。［二］(副)〔「一気に」の形で〕とちゅうで休まず。いっぺんに。ひといきに。例—に飲み干す。—に敵陣《テキジン》にせめ入る。

【一気▼呵成】《イッキカセイ》 ひといきで詩や文章を作りあげること。ものごとを急いで仕上げること。例夏休みの宿題を—にやる。

【一▼揆】《イッキ》〔考え方・やり方・程度・種類などが同じであること〕①おおぜいが心を一つにしてまとまること。一致《イッチ》団結。②昔、農民や一向宗の信徒などが支配者の圧政に対し、武装して抵抗《テイコウ》したこと。例一向—。百姓《ヒャクショウ》—。

【一喜一憂】《イッキイチユウ》 (名・する)なりゆきの変化に応じて、よろこんだり心配したりすること。例病状に—する。—しながら応援《オウエン》する。

【一▼掬】《イッキク》 (名・する)〔「掬」は、両手を合わせて水などをすくいとる意〕ひとすくい。ひとくみ。〔両手にあふれるほど「多い」という意味にも、手でくむほど「少ない」の意味にも使う〕例—の涙《なみだ》。清らかなわき水を—してのどをうるおす。

【一騎当千】《イッキトウセン》 一騎で、千人の敵を相手にできるほど武勇にすぐれていること。例—のつわもの。

【一挙】《イッキョ》 ［一］(名)①一回の動作・行動。例—一動。②一つのくわだての決行。例吉良《きら》邸《テイ》襲撃《シュウゲキ》の—。［二］(副)〔「一挙に」の形で〕いっぺんに。ひといきに。例—にかたづける。

【一挙一動】《イッキョイチドウ》 一つ一つの動作。例—に注目する。

【一挙両得】《イッキョリョウトク》 一つのことをして二つの利益をあげること。類一石二鳥。例—をねらう。

【一興】《イッキョウ》 それなりの、おもしろみ。例それもまた—か。

【一挙手一投足】《イッキョシュイットウソク》 ①〔一度手をあげ、一度足を動かす意〕わずかの労力。例他人のために—もしない人間。②動作の一つ一つ。一挙一動。例—を注視する。

【一系】《イッケイ》 昔から続く、同じ血筋《ちすじ》。一つの血統。例万世《バンセイ》—。—の天子。

【一計】《イッケイ》 一つのはかりごと。ある計画・計略。例—を案じる。—をめぐらす。

【一決】《イッケツ》 (名・する)議論・相談などが一つにまとまること。また、思い切りよく決めること。例衆議—する。今夜の襲撃《シュウゲキ》に—した。

【一件】《イッケン》 ①例のこと。あのもの。例例の—はどうなったか。②ことがらや、事件の一つ。例—落着《ラクチャク》。

【一見】 ［一］《イッケン》(名・する)①一度見ること。例百聞は—にしかず。—する価値がある。②ちらっと見ること。例—して健康そのもの。［二］《イチゲン》(名)初対面。例—の客。

【一軒家】《イッケンや》 (アパートのような集合住宅でなく)他とはなれて、独立した家の建物。ひとつ家《や》。例野なかの—。表記

「一軒屋」とも書く。

【一己】《イッコ》 自分ひとり。一個人。例 わたくし—の問題ではない。自分—の考えだが…。

【一顧】《イッコ》 (名・する) ①ちょっとふりかえって見ること。②一度は考えてみること。例 —の価値がある。—だにしない。

【一向】《イッコウ》 [一](名)「一向宗」の略。浄土真宗《ジョウドシンシュウ》の別の言い方。例 —一揆《イッキ》。[二](副)〔「一向に」の形でも用いる〕①ひたすら。ひたむき。例 —に念仏する。②すべて。まったく。例 —平気だ。③〔下に打ち消しのことばをともなって〕まるで。少しも。まったく。例 注意されても—に改まらない。—に存じませんでした。

【一考】《イッコウ》 (名・する) ちょっとかんがえてみること。例 —を要する。ぜひ—してもらいたい。

【一刻】《イッコク》 [一](名)①わずかな時間。例 刻—その時が近づく。—を争う。—も早く知らせたい。②昔の時間で、一時《イッとき》の四分の一。三十分。[二](名・形動《ダナ》)がんこで片意地なこと。例 —者《もの》。—な職人気質《かたぎ》。

【一刻千金】《イッコクセンキン》 〔ひとときに千金ものねうちがある意〕ある季節・あるもよおしの、時間の貴重な楽しさを、金額にたとえたもの。〔「春宵《シュンショウ》一刻《イッコク》直《あたい》千金《センキン》」による〕〈蘇軾《ソショク》・春夜《シュンヤ》〉

【一献】《イッコン》 ①主人が客に一回酒をすすめること。②小さな酒宴《シュエン》をもよおし、客としてもてなすこと。例 —傾《かたむ》ける。

【一切】 [一]《イッサイ》(名)持っているものすべて。かかわりのあるものすべて。全部。例 —を部下にまかせる。[二]《イッサイ・イッセツ》(副)〔下に打ち消しのことばをともなって〕まったく。全然。例 今後は—めんどうを見ない。

【一切合切】《イッサイガッサイ》 〔「一切[一]」を強調したことば〕何もかも全部。ありとあらゆるもの。例 火事のため—失った。表記「一切合財」とも書く。

【一切衆生】《イッサイシュジョウ》 〔仏〕この世に生きているすべての命あるもの。生きとし生けるもの。参考 この語を「さしもぐさ(=ヨモギの別名)」と読むことがある。

【一策】《イッサク》 一つのはかりごと。ある考え・計画。例 窮余《キュウヨ》の(=苦しまぎれの)—。わたくしに—がある。

【一札】《イッサツ》 のちの証拠《ショウコ》のために書きつけた文書。例 —入れる。—を取る。

【一散】《イッサン》 (副)〔「一散に」の形で〕わき目もふらず急ぐようす。一目散。例 —に走ってにげた。表記「逸散」とも書く。

【一糸】《イッシ》 布を組織している一本の糸。織物のごく小さな部分。例 —まとわず(=布というものをまったく身につけず、すっぱだかである)。—乱れず(=少しの乱れもない)。

【一式】《イッシキ》 道具などの、必要なものひとそろい。ひと組み。例 家具—。工作具—。

【一子相伝】《イッシソウデン》 学問や芸能などの奥義《オウギ》をわが子のひとりだけに伝えていくこと。例 —の秘術。

【一視同仁】《イッシドウジン》 人は、生物の代表であるから、聖人はすべての人やけものを、分けへだてすることなくいつくしむということ。〈韓愈《カンユ》・原人《ゲンジン》〉

【一▼瀉千里】《イッシャセンリ》 〔川の水は、いったん流れ出すとたちまち千里も走る意〕①一気にものごとが進行してしまうこと。例 —に結論が出てしまう。②文書や弁舌《ベンゼツ》の勢いがよいこと。類 立て板に水。例 —の演説。

【一種】《イッシュ》 [一](名)①たくさんある同類の中の一つ。例 高山植物の—。②いくつかに分類した中でいちばんはじめにあげてあるもの。例 第—運転免許《メンキョ》。第—郵便物。③同類ではないが、見方によっては、そのなかまに入れてよいもの。例 かれは—の天才だ。[二](副)どことなくふつうとちがうようす。例 —異様な感じ。—独特の話し方。

【一周】《イッシュウ》 (名・する) ひとまわりして、もとへもどること。ひとめぐりすること。例 世界—。場内を—する。

【一周忌】《イッシュウキ》 〔仏〕人が死んで一年目の命日。また、そのときにおこなう法要。例 —の法事《ホウジ》。

【一蹴】《イッシュウ》 (名・する) 相手の要求や抗議《コウギ》・挑戦《チョウセン》などを簡単にしりぞけること。例 抗議を—して予定どおり着手する。群小の敵をすべて—する。

【一宿一飯】《イッシュクイッパン》 旅のとちゅう、ひと晩とめてもらい、食べさせてもらうこと。例 —の恩義は生涯《ショウガイ》忘れない。

【一瞬】《イッシュン》 一回まばたきするほどのごく短い時間。一瞬間。例 あっとさけぶまもない、—のできごとだった。

【一所】《イッショ》 一つの場所。例 —不住《フジュウ》(=同じ場所に定住しないこと)の僧《ソウ》。

【一所懸命】《イッショケンメイ》 (名・形動《ダナ》) ①日本の中世、武士が主君からあたえられた土地を生計のもととしてたいせつにしたこと。例 —の地。②「一生懸命《イッショウケンメイ》」に同じ。

【一緒】《イッショ》 ①ともに同じ行動をとること。例 —に遊ぼう。帰りも—だ。②同じであること。例 君のネクタイと—のものを買った。③別々のものを一つにすること。また、その状態。例 みんな—に包んでください。なにもかも—くたにする。—になる(=共同生活をする。結婚《ケッコン》する)。

【一生】《イッショウ》 ①生まれてから死ぬまで。生物の発生から死滅《シメツ》まで。類 生涯《ショウガイ》・終生《シュウセイ》・一生涯。例 花の—。—を教育にささげる。—の宝。②〔「一生の…」の形で〕「一生にただ一度だけ」の意味で使う。例 —のお願い。—の不覚だ。

【一生懸命】《イッショウケンメイ》 (名・形動《ダナ》)〔「一所懸命《イッショケンメイ》」の変化〕いのちがけでなにかをすること。最善をつくして努力すること。例 たしかに—だが、成果が上がらない。

【一笑】《イッショウ》 (名・する) ちょっと笑うこと。例 破顔—(=急ににっこりと笑う)。—に付《フ》す(=笑うだけで相手にしない)。

【一生涯】《イッショウガイ》 生きている限り。類 終生・一生。例 —をついやした仕事。

【一将《イッショウ》功《コウ》成《な》りて万骨《バンコツ》枯《か》る】 代表者・幹部には成功の栄誉《エイヨ》があたえられるが、それをささえた多くの下づみの人々は、むなしく忘れられる。〔ひとりの将軍の功名のかげには、死体を戦場にさらした多くの兵士の犠牲《ギセイ》があるということをなげいた、晩唐《バントウ》の詩人の詩句〕〈曹松《ソウショウ》・己亥歳《キガイのとし》〉

【一唱三嘆】《イッショウサンタン》 (名・する)〔昔、中国の先祖の祭りで、一人が歌い三人がこれに合わせたことから転じて〕すぐれた詩や文を読んで、なんどもそのよさをほめること。類 一読三嘆。表記 旧一唱三▼歎

【一触即発】《イッショクソクハツ》 ちょっとしたきっかけがあると、大事が発生しそうな緊迫《キンパク》した情勢。例 ある国では政情不安で、—の情勢だという。

【一矢《イッシ》を報《むく》いる】 〔一本の矢であっても、敵に反撃《ハンゲキ》する意〕非難や攻撃《コウゲキ》に対して、わずかでも仕返しをする。例 窮境《キュウキョウ》にありながら—。

【一心】《イッシン》 [一](名・形動《ダナ》)一つのものごとに集中した心。他に心を動かさず、ひたむきであること。例 —不乱。合格したい—で、勉強する。[二](名)(ふたり以上の人が)心を一つにすること。例 —同体。

【一心同体】《イッシンドウタイ》 別の人間でありながら身も心も一つになるほど、強くむすびついていること。例 あの夫婦《フウフ》は—だ。

【一心不乱】《イッシンフラン》 (名・形動《ダナ》) 心を一つのことに集中させ、そのことだけを考えるようす。例 —に読みふける。

【一新】《イッシン》 (名・する) ①ものごとのすべてを新しくすること。例 人心を—する。②〔「ご一新」の形で〕明治維新《メイジイシン》をい

う。御維新《ゴイシン》。

【一審《イッシン》】〔法〕第一次の裁判。原則として簡易裁判所や地方裁判所でなされる。第一審。〔上級裁判所における二審・三審に対していう〕例—では有罪だった。

【一進一退《イッシンイッタイ》】(名・する)前進したり後退したりすること。また、病気などの状況《ジョウキョウ》が、よくなったり悪くなったりすること。例病状は—だ。

【一身上《イッシンジョウ》】自分の境遇《キョウグウ》に関すること。個人的な事情。例—のつごうにより辞任した。

【一睡《イッスイ》】(名・する)ひとねむり。少しのあいだねむること。例昨夜は—もできなかった。

【一炊の夢《イッスイのゆめ》】⇩【黄粱一炊の夢《コウリョウイッスイのゆめ》】(1109ページ)

【一寸】[一]《イッスン》(名)わずかな数や時間や程度をいう。例—のがれ(=その場限りの責任のがれ)。—先《さき》は闇《やみ》。—法師《ボウシ》。[二]《ちょっと》(副)①わずか。例—重さが足りない。②手軽に。時間をかけずに。すぐ。例—見当がつかない。[表記] [二]は「▽鳥渡」とも書く。

【一寸の光陰《イッスンのコウイン》】〔「光陰」は、時間の意〕きわめて短い時間。

【一寸《イッスン》の虫《むし》にも五分《ゴブ》の魂《たましい》】小さく弱いものにもそれなりの意地があるから、あなどってはいけない。

【一世】[一]《イッセ》〔仏〕①前世《ゼンセ》・現世《ゲンセ》・来世《ライセ》の三世《サンゼ》のうちの一つ。とくに現世を指す。例親子は—、夫婦《フウフ》は二世《ニセ》(=親子の縁《エン》は現世だけで、夫婦の縁は来世まで続く)。②一生。例—一代。[二]《イッセイ》①ある一つの時代。例—を風靡《フウビ》する。②ひとりの天皇の在位期間。例—一元《イチゲン》。③同名の人、とくに皇帝《コウテイ》や法王などで、その名の最初の人。例ナポレオン—。④海外移住者などで第一の世代の人。例ハワイ移民—。

【一世一代《イッセイチダイ》】〔「一世」も「一代」も一生の意。二語を重ねて、強調したもの〕①一生に一度。例—の大演説をぶった。②役者が引退にさいして演じる、生涯《ショウガイ》一度の晴れ舞台《ブタイ》。例—の舞台をつとめる。

【一斉《イッセイ》】[一](名)同時にそろって何かをすること。例—取り締《し》まり。—射撃《シャゲキ》。[二](副)〔「一斉に」の形で〕一度に。そろって。例—に飛び出す。

【一夕《イッセキ》】①ひと晩。一夜。例一朝《イッチョウ》—。②ある日の夜。ある夜。例—、懇親会《コンシンカイ》をもよおした。

【一石《イッセキ》】一つのいし。例—を投ずる(=問題を投げかける)。

【一石二鳥《イッセキニチョウ》】一つの石を投げて同時に二羽の鳥をしとめること。一つの行為《コウイ》で二つの利益を得ること。(類)一挙両得。例—の妙案《ミョウアン》。

【一席《イッセキ》】①一回の、宴会《エンカイ》・演芸・演説など。例—設ける。お笑いを—。—ぶつ(=あいさつや演説をする、の意をふざけて、もしくは大げさにいう)。②作品コンクールなどでの第一位。例—を得る。

【一隻眼《イッセキガン》】①片方の目。②ものごとを見ぬく独特の能力。ひとかどの見識。例書画には—の持ち主だ。

【一節】[一]《イッセツ》①詩・文章・音楽などの、ひと区切り。例—ずつ口ずさんで覚える。②日程を決めて連続しておこなうもよおしものや、スポーツの試合の、日程全体をいくつかに分けた、ひとまとまり。[二]《ひとふし》①竹や草木の、ふしの一つ。②音楽・舞踊《ブヨウ》などの、ひと区切り。一曲。

【一説《イッセツ》】ある一つの説。また、通説とはちがうが、成り立つ別の考え。例—によれば。それも—だろう。

【一▼閃《イッセン》】(名・する)ぴかっと光ること。ひらめくこと。例白刃《ハクジン》—。紫電《シデン》—して(=いなびかりがぱっと光って)にわかに大雨となる。

【一線《イッセン》】①一本の(まっすぐな)線。例—に並ぶ。②区切るための線。例—を画《カク》する(=はっきり区別する)。—を越《こ》える。③「第一線」の略。その方面での重要な役割や立場。例社会の—で活躍《カツヤク》する。—をしりぞく。

【一双《イッソウ》】二つでひと組みのもの。一対《イッツイ》。例—の涙《なみだ》。六曲—の屏風《ビョウブ》。雉《きじ》—を贈《おく》る。

【一掃《イッソウ》】(名・する)残らずなくすこと。すっかりとりのぞくこと。例在庫の—。沈滞《チンタイ》した気分を—する。

【一層《イッソウ》】[一](名)雲や、建物の床《ゆか》の重なりの、ひと重ね。例—を上《のぼ》るごとに視界がひらける。[二](副)①さらに。もっと。例無いと—ほしくなる。②〔「イッソ」と発音することが多い〕かえって。思い切って。例—のこと。—家を出てしまおうか。

【一体《イッタイ》】[一](名)①一つのからだ。例三位《サンミ》—。②部分と部分、部分と全体が密接に結びついて一つにまとまっていること。例渾然《コンゼン》—。表裏《ヒョウリ》—。③神仏(の像)、一つ。例金銅仏《コンドウブツ》—をまつる。④一つの様式・スタイル。[二](副)①だいたい。もともと。例—きみは人がよすぎる。②(疑問や、相手を問いつめる気持ちで)ほんとうに。例—どうしたんだ。③〔「一体に」の形で〕全般《ゼンパン》に。総じて。例今年の夏は—に暑い。

【一帯《イッタイ》】あたり一面。また、ひと続きの地域全体。(類)一円。例付近—が類焼《ルイショウ》した。北日本—は晴れるでしょう。

【一旦《イッタン》】(副)①ひとたび。もしも。(類)一朝《イッチョウ》。例—有事の際。咳《せき》が—出始めると止まらない。②(いきさつがあったあと)一度。例—決めたことは守ろう。③ひとまず。ちょっと。例—中断する。

【一端】[一]《イッタン》(名)①一方のはし。片はし。例綱《つな》の—を木にしばりつける。②全体のなかの小さな部分。例これは事件の—に過ぎない。[二]《イッぱし》(名・副)一人前(に)。人並み(に)。例—の口を利《き》く。—役に立つ。

【一致《イッチ》】(名・する)①二つ、もしくはいくつかのものごとが、ぴったり重なること。例言行—。証言が—する。②複数の人が意見や行動の上で同じになること。例—団結。満場—。

【一知半解《イッチハンカイ》】(名・形動《ナダ》)なまかじりで、じゅうぶんに理解していないこと。例—の者の誤った考え。

【一朝《イッチョウ》】[一](名)①ある朝。ひと朝。例—目覚めると変身していた。②わずかの時間。いっとき。例—にして崩壊《ホウカイ》した。[二](副)あるとき急に。ひとたび。(類)一旦《タン》。例—事《こと》有る時の用意。

【一朝一夕《イッチョウイッセキ》】(名・副)わずかの日時。例—には達成できない。—の仕事ではない。

【一長一短《イッチョウイッタン》】長所もあるが短所もあること。例どちらも—あって、いずれとも決めかねる。

【一張羅《イッチョウラ》】①とっておきの晴れ着。例これが私の—だ。②代わりがなくて、それ一着だけの着物。例夏冬—で過ごす。

【一直線《イッチョクセン》】①一本の直線。②まっすぐ。例わき見もせず—に進む。—で、ゆとりが足りない。

【一対《イッツイ》】二つでひと組みとなること。ひと組みを構成している、二つのもの。ペア。例鶴《つる》亀《かめ》で—になっている置物。好—の夫妻。

【一手】[一]《イッて・ひとて》①囲碁《ゴイ》や将棋《ショウギ》で、石や駒《こま》を一回だけ動かすこと。例次の—。②自分だけですること。例—販売《イッてハンバイ》。—に引き受ける。[二]《イッて》同一の手段。唯一《ユイイツ》の方法。例押《お》しの—。ただこの—あるのみ。

【一定《イッテイ》】(名・する)①基準が決まっていて、変わらないこと。例—の分量。—の距離《キョリ》を置く。②ある程度。例—の成果を収める。

【一丁字《イッテイジ》】〔「一丁」は、「一个《イッコ》(=一個)」の書き誤りによる〕一つの文字。一字。例—を識《し》らず(=一つの字も知らない)。

【一▼擲《イッテキ》】(名・する)すべてを一挙にほうり出すこと。または、采《サイ》を一度投げること。例乾坤《ケンコン》—。

【一▼擲《イッテキ》▽乾▼坤《ケンコン》を賭《ト》す】さいころのひと投げに天地をかける。転じて、すべてを運に任せてあぶないことをする。→【乾坤一擲《ケンコンイッテキ》】(37ページ)

【一徹《イッテツ》】(名・形動《ダナ》)一つのことを思いこんでおしとおすこと。例老いの—。—な人がら。

【一天《イッテン》】①全天。空一面。例—にわかにかき曇《くも》る。②天下すべて。全世界。一天下。例—の君《きみ》(=天子)。

【一天万乗《イッテンバンジョウ》】天下を統治する地位。または、その人。つまり、天子。〔「万乗」は、一万台の兵車を出すことのできる力。つまり絶大な権力を意味する〕

漢字に親しむ ❶ 一変《イッペン》は一度変わること？

「校庭を一周する」「前方に一転する」の「一周」「一転」は、一回の意味ですので、二周・三周…、二転・三転…ということができます。では、「状況《ジョウキョウ》が一変した」「彼《かれ》に一任する」などの「一変」「一任」はどういう意味でしょうか。一度変わること、一度任《まか》せることでしょうか。ちょっとちがうようです。これらは、すっかり変わる、すべて任せるということで、二変・三変…、二任・三任…という言い方はできません。このように「一」には、「すっかり」「すべて」「まったく」の意味があり、「一挙」「一新」「一掃《イッソウ》」などはその例です。

【一転《イッテン》】(名・する)①ひとまわりすること。一回転。②がらりと変わること。一変。例心機—。

【一等《イットウ》】㊀(名)①等級・序列などの第一。一番。最上級。例—賞。—地。—船室。②一段階。一つの等級。例休職にすべきところ—を減じて譴責《ケンセキ》とする。㊁(副)もっとも。いちばん。例—困るのは子供の病気だ。

【一統《イットウ》】㊀(名・する)世の中を一つの秩序《チツジョ》で治めること。例天下を—する。㊁(名)一つにまとまっている全員。例貴家ご—様のご多幸をいのります。

【一刀両断《イットウリョウダン》】(名・する)①ひと太刀《たち》で真っ二つに切ること。②てばやく、あざやかに、判断し処置すること。例—に裁決する。

【一派《イッパ》】①同類のなかにいながら、主張・意見のちがいをもって集まる人々。例—を立てる。日本舞踊《ブヨウ》の—。②なかま。一味《イチミ》。例一党—。あの—のしわざだ。

【一杯《イッパイ》】㊀(名)①(液体・固体を)盛り入れる容器一つを満たす分量。例—の酒。ざる—二百円のトマト。②酒を少し飲むこと。例—機嫌《キゲン》。—やろう。③ふね一そう。また、カニ・イカなどの一ぴき。㊁(副)①あふれるほど、たくさん。例目に—なみだをためている。胸が—になる。②限定をちょうど満たすまで。例制限時間—。精—やってみる。

【一敗《イッパイ》地《チ》に▽塗《まみ》れる】ただ一度の敗北《ハイボク》で、二度と立ち上がることができないほどになる。例敵首都の攻撃戦《コウゲキセン》で—。

【一髪《イッパツ》】ひと筋のかみの毛の太さ、すきま。例間《カン》—。危機—(=ひどく危険がせまっている状態)。

【一髪《イッパツ》千▼鈞《センキン》を引《ひ》く】一本のかみの毛でひじょうに重いものを引く。いつ切れるかわからず、きわめて危険であることのたとえ。

【一般《イッパン》】①全体にひろく共通していること。(類)普遍《フヘン》。(対)特殊《トクシュ》。例—教養。—性に欠ける。②ふつう。例—席。③同じであること。同列。同等。例あれもこれも—であろう。不心得なことは、どろぼうと—である。

【一斑《イッパン》を見《み》て全▼豹《ゼンピョウ》を▼卜《ボク》す】〔ヒョウの皮の斑点《ハンテン》の一つを見て毛皮全体を批評することから〕ものごとの一部を見て全体をおしはかることをいう。「一斑を見て全豹を知る」「一斑もて全豹を評す」ともいう。

【一匹《イッぴき》】①織物の長さ四丈《ジョウ》。日本では和服の布地二反《タン》。例引き出物には羽二重《はぶたえ》—。②ウマ一頭、または、その他の動物や魚・虫など一つ。例—の小犬。③「ひとりの人間」をやや強調したり、ぞんざいに表現したりすることば。例男—。表記▽「一▼疋」とも書く。

【一匹▼狼《イッぴきおおかみ》】集団に属さず、自分の力にたより、単独で行動する人のたとえ。

【一筆《イッピツ》】㊀ちょっと書くこと。また、簡単な文章や手紙。例—啓上《ケイジョウ》(=男子が手紙の初めに書くことば)。—書きそえる。㊁《イッピツ・ひとふで》とちゅうで墨《すみ》つぎをせず、一気に書くこと。例—画。—書き。

【一品《イッピン》】①一つの品。ひとしな。例みんなが—ずつ持ち寄る。②世に二つとないすぐれた品。例天下—。

【一▼顰一笑《イッピンイッショウ》】ちょっと顔をしかめたり、ちょっと笑ったりすること。顔の表情のわずかな変化。例社長や重役の—をうかがう。

【一夫《イップ》】①ひとりのおっと。例—一婦。②ひとりの男。とくに、つわもの。例—関《カン》に当たれば万夫《バンプ》も開《ひら》くなし(=きわめて要害堅固なこと)。

【一封《イップウ》】封《フウ》をしたもの一つ。例金《キン》—(=祝儀《シュウギ》や賞与《ショウヨ》など、金額を明らかにしない包み金《キン》)。

【一風《イップウ》】(副)ちょっと。なんとなくどこか。例—変わった人物。

【一服《イップク》】(名・する)①薬・茶・タバコなどを一回のむこと。また、その一回分の量。例—の清涼剤《セイリョウザイ》。お茶—めしあがれ。—盛る(=毒殺をはかる)。②ひと休みすること。例つかれたから—しよう。

【一幅《イップク》】書画などのかけじく一つ。例—の絵のような景色。

【一片《イッペン》】①平たくうすいもの一つ。ひとひら。一枚。例—の花びら。②大きなものからちぎり取られた、ひときれ。ひとかけら。例—の雲。—の氷心(=ひとかけらの氷のようにすみきった心境)。③少量。わずか。例—の良心すらない。

【一変《イッペン》】(名・する)がらりと変わること。すっかり変えること。例状況《ジョウキョウ》が—する。

【一遍《イッペン》】①一度。一回。例週に—は行く。—こっきりでやめた。②(始めから終わりまで)ひととおり。例とおり—(=形式はひととおり整っているが、内実がともなっていないこと)。

【一辺倒《イッペントウ》】一方にだけかたよること。一つのことに熱中すること。例親日《シンニチ》—。なんでも反対—では困る。

【一方】《イッポウ》①一つの方向や方面。例天の―を見つめる。②二つのうちの一つのほう。片方。例テニスかサッカーか、―を選ぶ。③ひたすら。もっぱら。例かれはまじめ―の人間だ。

【一本】《イッポン》①木・竹・針・棒・糸・ダイコンなど、細長いもの一つ。例鉛筆《エンピツ》―。マッチ―。②剣道《ケンドウ》や柔道《ジュウドウ》で、勝負を決める基準の一つとして、一つのわざが決まること。また、口論などで相手を一回やりこめること。例―勝負。―取られる。③一冊の書物。また、ある書物一冊。例書きためたものを―にまとめる。―を献呈《ケンテイ》する。④独立。ひとりだち。例―になる。⑤ひとすじ。例趣味《シュミ》は観劇―でほかには無い。

【一本気】《イッポンギ》(名・形動ダナ)ひとすじに思いこみ、妥協《ダキョウ》しない性質。また、そのようす。例若者は―だ。

【一本立ち】《イッポンだち》(名・する)独立すること。他からの助けを借りないで、ひとりでやっていくこと。例ようやく―して自分の店を持った。

【一本調子】《イッポンヂョウシ》〔「イッポンチョウシ」とも〕(名・形動ダナ)歌い方・話し方・文章などが、抑揚《ヨクヨウ》や変化にとぼしいこと。類単調・平板・千編一律。例―の話し方。

【一本▼槍】《イッポンやり》(名・形動ダナ)①槍のひとつきで勝負を決めること。②ただ一つの方法で行動をおし進めていくこと。類一点張り。例仕事―で無趣味《ムシュミ》な人。

【一際】《ひときわ》(副)多くの中で、特別に目立って。いちだんと。例―目につく美しさ。

【一筋】《ひとすじ》①細長く続く一つのもの。例―の流れ。②ただそのことだけに力をつくすようす。例学問―の人。

【一粒種】《ひとつぶだね》たいせつなひとりっ子。

●画一《カクイツ》・均一《キンイツ》・随一《ズイイチ》・専一《センイツ》・第一《ダイイチ》・択一《タクイツ》・単一《タンイツ》・逐一《チクイチ》・統一《トウイツ》・万一《マンイチ》・唯一《ユイイツ》

一 1

【七】

2画 2823 4E03 教育1

音 シツ漢 シチ呉

訓 なな・なな-つ・なの

付表 七夕《たなばた》

筆順 一 七

なりたち  [会意]「一(=陽《ヨウ》の気)」と「かすかな陰《イン》の気が内側から出てくる形」とから成る。ななつ。

意味 ❶数の名。ななつ。なな。例七五三《シチゴサン》。七福神《シチフクジン》。七草《ななくさ》。七転八倒《シチテンバットウ》。❷ななたび。また、なん回も。例七生《シチショウ》。❸ななつめ。例七夜《シチヤ》。七月《シチガツ》。

日本語での用法《ななつ》昔の時刻の名。「七《なな》つ下《さ》がり(=午後の四時すぎ)・七《なな》つ時《どき》(=午前または午後の四時ごろ)・お江戸《えど》日本橋《ニホンばし》七《なな》つ立《だ》ち(=早朝四時ごろの出発)」

参考 商売や契約《ケイヤク》の文書では、数字を書きかえられないよう、同音の「漆」や「柒」を使うことがある。

難読 七五三縄《しめなわ》・七種粥《ななくさがゆ》

人名 かず・な

【七回忌】《シチカイキ》〔仏〕死後七年目(=満六年)の命日。死者の霊《レイ》を供養《クヨウ》する法要をおこなう。例―の法要。

【七月】《シチガツ》一年の七番目の月。文月《ふみづき》。

【七賢】《シチケン》〔中国で、七人の賢人〕①周代の七賢。伯夷《ハクイ》・叔斉《シュクセイ》・虞仲《グチュウ》・夷逸《イイツ》・朱張《シュチョウ》・柳下恵《リュウカケイ》・少連《ショウレン》。②西晋《セイシン》の七賢。→【竹林の七賢】《チクリンのシチケン》(747ページ)

【七五三】《シチゴサン》①祝いなどに用いられるめでたい数。〔一・三・五・七・九の奇数《キスウ》を陽《ヨウ》の数としてめでたいと考え、その中の三つをとったもの〕②七五三の祝い。男子は三歳《サイ》と五歳、女子は三歳と七歳の年の十一月十五日に氏神《うじがみ》などに参り、成長を祝う。

【七五調】《シチゴチョウ》日本の詩や和歌、また文で、七音のことばと五音のことばとをくりかえす形式。『古今和歌集《コキンワカシュウ》』以後発達した流れるような調子で、語り物にも用いられる。対五七調。例昔ながらの―の新体詩。

【七言古詩】《シチゴンコシ》一句が七字から成り、句数に制限がなく韻律《インリツ》なども自由な漢詩の形式。七古《シチコ》。→【古詩】《コシ》(182ページ)

【七言絶句】《シチゴンゼック》唐《トウ》代に完成した漢詩の形式。一句七字、全体が四句から成る。七絶《シチゼツ》。→【絶句】《ゼック》(780ページ)

【七言律詩】《シチゴンリッシ》唐《トウ》代に完成した漢詩の形式。一句七字、全体が八句から成る。七律《シチリツ》。→【律詩】《リッシ》(376ページ)

【七七日】《シチシチニチ》〔仏〕人の死後四十九日めの日。死者の霊《レイ》を供養《クヨウ》する法要をおこなう。四十九日。なななぬか。〔この日まで死者はこの世と来世《ライセ》との間をさまようといわれる〕

【七尺《シチシャク》去《さ》って師《シ》の影《かげ》を踏《ふ》まず】弟子《デシ》が師の供《とも》をするときは、師をうやまって、七尺(=おとなの背たけ)のあいだをおいて、その影をも踏まないように、といういましめ。「七尺下がって…」ともいう。三尺去って師の影を踏まず。

【七生】《シチショウ》〔仏〕この世に七回生まれ変わること。転じて、永遠の意。例―報国(=七たび生まれ変わっても永遠に国のためにつくすこと)。―までうらむ。

【七色】[一]《シチショク｜なないろ》七つの色。いっぱんに、むらさき・あい・青・緑・黄・だいだい・赤。例虹《にじ》の―《なないろ》。[二]《なないろ》①七種類。いろいろな種類。②「七色唐辛子《なないろトウがらし》」の略。トウガラシ・ゴマ・サンショウ・ケシ・ナタネ・アサの実・陳皮《チンピ》(=ミカンの皮)をくだいてまぜた香辛料《コウシンリョウ》。七味《シチミ》唐辛子。

【七夕】《シチセキ｜たなばた》五節句の一つ。年に一度、七月七日の夜に、牽牛《ケンギュウ》星(=ひこぼし)と織女《ショクジョ》星(=おりひめ)が天《あま》の川で会うという伝説にもとづく祭り。竹に歌や願いごとを書いた短冊《タンザク》をつけて女子の手仕事がじょうずになるのを願ってかざる。乞巧奠《キッコウデン》。日本では、たなばた祭り。星祭り。

【七転八倒】《シチテンバットウ》(名・する)〔「シチテンハットウ」「シッテンバットウ」とも〕苦痛のためにあちらこちらにころげ回ること。例―の苦しみ。表記 旧七▼顛八倒

【七堂▼伽藍】《シチドウガラン》〔仏〕寺の主要な七つの建物。宗派によって異なるが、いっぱんに、金堂《コンドウ》・塔《トウ》・講堂・鐘楼《ショウロウ》・経蔵《キョウゾウ》・食堂《ジキドウ》(または中門)・僧坊《ソウボウ》を指す。例奈良《なら》七重《ななえ》―八重桜《やえざくら》。〈芭蕉《バショウ》〉

【七難】《シチナン》①〔仏〕この世であう七つの災難。経典《キョウテン》によって異なるが、風水害・火災・疫病《エキビョウ》・他国の侵入《シンニュウ》や内乱・日食・月食・日照りなど。②多くの欠点。例色の白いは―かくす。

【七福神】《シチフクジン》七人の福の神。大黒天《ダイコクテン》・恵比須《えびす》・毘沙門天《ビシャモンテン》・弁財天《ベンザイテン》・福禄寿《フクロクジュ》・寿老人《ジュロウジン》・布袋《ホテイ》。例―めぐり。―もうで。

【七変化】《シチヘンゲ》①舞踊《ブヨウ》の一形式。ひとりの役者が姿を変えながら七種のおどりをおどるもの。②アジサイの別名。

【七宝】[一]《シチホウ｜シッポウ》仏教でいう七種の宝物。金・銀・瑠璃《ルリ》(=青色の宝石)・玻璃《ハリ》(=水晶《スイショウ》)・硨磲《シャコ》(=シャコガイ)・珊瑚《サンゴ》・瑪瑙《メノウ》(=紅《くれない》・緑・白などのしま模様をもつ宝石)。玻璃の代わりに琥珀《コハク》(=樹脂《ジュシ》の化石)とすることもある。[二]《シッポウ》「七宝焼《や》き」の略。銀や銅の面にほうろうをぬって美しい模様を焼き付けたもの。

【七歩の才】《シチホのサイ》すぐれた作詩の才能。〔三国時代、魏《ギ》の文帝《ブンテイ》(=曹丕《ソウヒ》)が、弟の曹植《ソウショク》に、七歩あるく間に詩を作らなければ殺すと命じたところ、弟は、すぐにみごとな詩を作ったという故事による〕

【七面鳥】《シチメンチョウ》北アメリカ原産のキジ科の大形の鳥。頭から

首にかけて羽毛《ウモウ》がなく、はだの色が白・赤・青などに変化することからこの名がある。ターキー。

【七夜】《シチヤ》 子供が生まれて七日目の夜。命名《メイメイ》して祝う習慣がある。お七夜。例おー の祝い。

【七雄】《シチユウ》 中国の戦国時代に勢力をきそった七つの強国。秦《シン》・楚《ソ》・燕《エン》・斉《セイ》・趙《チョウ》・魏《ギ》・韓《カン》。

【七曜】《シチヨウ》 ①(宇宙を支配すると考えられた)日(=太陽)・月と、木星・火星・土星・金星・水星の、七つの天体。②一週七日のそれぞれの日に「①」を配した呼び名。順序は、日・月・火・水・木・金・土。すなわち、日曜から土曜まで。例—表。—暦《レキ》。

【七転《ななころ》び八起《やお》き】 なんど失敗しても、くじけずに立ち上がって挑戦《チョウセン》していくこと。例—の人生。

一 1

【丁】

2画 3590 4E01 教育3

音テイ漢 チョウ呉

訓ひのと

筆順 一 丁

なりたち  [象形]夏に万物《バンブツ》がさかんになるようす。借りて、十干《ジッカン》の第四に用いる。

意味 ❶十干《ジッカン》の四番目。ひのと。方位では南、五行《ゴギョウ》では火にあてる。例甲乙丙丁《コウオツヘイテイ》。❷いっぱんに、ものごとの四番目。❸成人した男子。働きざかりの若者。例壮丁《ソウテイ》。❹職人、あるいは下働きの男。下男《ゲナン》。しもべ。例園丁《エンテイ》。馬丁《バテイ》。❺出あう。あたる。あう。例丁憂《テイユウ》。

日本語での用法 《チョウ》①「町《チョウ》」の略字。地上の平面で長さをはかる単位。六十間《ケン》。約一〇九メートル。「五、六丁《ゴ、ロクチョウ》行《ゆ》くと堀《ほり》に出《で》る」②同じ町内の区分。「一丁目《イッチョウめ》・銀座《ギンザ》八丁《ハッチョウ》」③偶数《グウスウ》。「丁《チョウ》か半《ハン》か」④書物の、紙一枚(=表と裏の二ページ)を数えることば。「乱丁《ランチョウ》のある本《ホン》」⑤銃・弓・とうふなどを数える単位。「豆腐《トウフ》一丁《イッチョウ》・二丁拳銃《ニチョウケンジュウ》」⑥ものが激しくぶつかりあう音。また、打ち合う音。「丁丁発止《チョウチョウハッシ》と打《う》ち合《あ》う」

難読 丁《よほろ》—《よぼろ》・丁稚《デッチ》・丁翁《あけび》

人名 あたる・あつ・つよし・ひのと

【丁合い】《チョウあい》 (名・する)製本の前に、印刷された紙をページ順にそろえること。例—をとる(=ページが、ととのっているかどうかしらべる)。

【丁子】《チョウジ》 ①フトモモ科の熱帯産の常緑高木。つぼみを干したものはクローブといい、香料《コウリョウ》になる。油・染料《センリョウ》の原料。②「丁子油《ュ》」の略。植物の丁子のつぼみ・くき・葉からとった油。薬用ともされる。

【丁数】《チョウスウ》 ①二で割り切れる整数。偶数《グウスウ》。②(和とじの)書物の紙数。二つ折りにした紙を、折り目を同じ側にして重ねてそろえ、反対側の一辺でとじる場合の、表裏二ページ分を一丁と数える。

【丁丁】《チョウチョウ》 (副)ものを続けて打つ音のひびき。また、そのようす。例—と打ち合う。—発止《ハッシ》(=たがいに刀などではげしく打ち合うようす。また、はげしく議論を戦わせることのたとえ)。表記「▽打▽打」とも書く。

【丁度】《チョウド》 (副)①大きさ・数・時刻などが、ぴったり合っていること。例—いい洋服。—三時だ。②おりよく。つごうよく。例—いいところへ来た。③まるで。さながら。例—三日月のような形をしている。

【丁半】《チョウハン》 ①丁(=偶数《グウスウ》)と半(=奇数《キスウ》)。②二つのさいころをふり、出た目の合計が偶数か奇数かをあてて勝負を決めるばくち。例—ばくち。—に身をもちくずす。

【▽丁▼髷】《ちょんまげ》 明治時代以前の男の髪型《かみがた》の一つ。相撲《すもう》の力士がゆっている髪のかたち。

【丁定規】《テイジョウギ》 製図用の丁字形をした定規。平行線を引くのに用いる。T定規。丁字定規。

【丁字路】《テイジロ》 丁字形に交わっている道路。T字路。

【丁重】《テイチョウ》 (名・形動ダ)礼儀《レイギ》正しくていねいなようす。例—にことわる。表記 旧▼鄭重

【丁寧】《テイネイ》 (名・形動ダ)①(言動が)礼儀《レイギ》正しく心がこもっているようす。例—なもてなし。—にあいさつする。②落ち度のないよう注意が行きとどいているようす。例—に包装する。寸法を—に測る。表記▽旧▼叮▼嚀

【丁年】《テイネン》 一人前の男として認められる年齢《ネンレイ》。満二十歳《サイ》。類成年。例—に達する。

【丁夜】《テイヤ》 昔の時刻の呼び名で、五夜《ゴヤ》の一つ。およそ午前二時、およびその前後の二時間。四更《シコウ》。丑《うし》の刻《コク》。〔一夜を甲《コウ》・乙《オツ》・丙《ヘイ》・丁・戊《ボ》の五つに分けたときの四番目〕

【丁憂】《テイユウ》 〔「憂《うれ》いに丁《あ》たる」と訓読する〕父や母の死にあうこと。丁艱《テイカン》。

【▽丁稚】《デッチ》 商人や職人の家に住みこみで働く少年。小僧《こゾウ》。例—奉公《ボウコウ》。

一 2

【下】

3画 1828 4E0B 教育1

音カ漢 ゲ呉

訓した・しも・もと・さ-げる・さ-がる・くだ-る・くだ-す・くだ-さる・お-ろす・お-りる

付表 下手《へた》

筆順 一 丁 下

なりたち  [指事]ものが「一(=基準)」のしたにある。「二(=上)」を反転した形。低いところ。した。

意味 ❶位置が低い。した。しも。例下部《カブ》。下方《カホウ》。下段《ゲダン》。❷価値や程度が低い。おとっている。例下級《カキュウ》。下愚《カグ》。下品《ゲヒン》。❸地位や年齢《ネンレイ》が低い人。例下士《カシ》。下人《ゲニン》。目下《めした》。❹あるもののした。影響《エイキョウ》のおよぶ範囲《ハンイ》。そのあたり。もと。例下風《カフウ》。治下《チカ》。配下《ハイカ》。監督下《カントクカ》。❺そとから見えない部分。例意識下《イシキカ》。水面下《スイメンカ》。靴下《くつした》。❻順序があと。例下記《カキ》。下巻《ゲカン》。❼高いところから低いほうへ移動する。さげる。さがる。くだる。おろす。おりる。例下降《カコウ》。下山《ゲザン》。落下《ラッカ》。❽乗り物からおりる。例下車《ゲシャ》。下船《ゲセン》。❾命令や品物をあたえる。くだす。例下賜《カシ》。下付《カフ》。宣下《センゲ》。❿地方や民間へ行く。くだる。くだり。例下向《ゲコウ》。下野《ゲヤ》。南下《ナンカ》。

日本語での用法 一《した》あらかじめおこなっておくこと。「下見《したみ》・下絵《したエ》・下調《しら》べ・下《した》ごしらえ」二《しも》客席から見て左のほう。「舞台《ブタイ》の下手《しもて》」三《おりる・おろす》①切り離す。「枝《えだ》を下《お》ろす」②引き出す。「貯金《チョキン》を下《お》ろす」③新しくする。「新《あたら》しいタオルを下《お》ろす・下《お》ろし立《た》ての服《フク》」④上から下へ動く。「錠《ジョウ》が下《お》りる」

使い分け おりる・おろす【降・下・卸】⇩1165ページ

使い分け さげる【下・提】⇩1169ページ

使い分け もと【下・元・本・基】⇩1180ページ

難読 下枝《しずえ》・下野《しもつけ》

【下位】《カイ》 地位・順位・順序などのおとる、または、あとであること。対上位。例—分類。—にあまんじる。

【下院】《カイン》 アメリカやイギリスなど上下《ジョウカ》二院制の議会で、公選によって選ばれた議員から成る議院。日本では衆議院がこれにあたる。対上院。

【下学上達】《カガクジョウタツ》 身近なところから学びはじめて、やがて深い学問にいたること。〈論語《ロンゴ》〉

【下記】《カキ》 書類や文章で、そこよりあとに書きしるされたことがら。(対)上記。[例]—の通り。—参照。

【下級】《カキュウ》 等級・学年・段階・進度などが低いこと。(対)上級。[例]—生。—審《シン》。—裁判所。

【下弦】《カゲン》 〔「弦」は、半月の直線部分を弓のつるに見立てたもの〕満月から新月にいたる中間の、陰暦《インレキ》二十二、三日ごろの月。左半分が光りかがやく半月。(対)上弦。[例]—の月。

【下限】《カゲン》 ①数量や値段《ねダン》の下のほうの限界。[例]—を定める。—価格を割る。②過去の時代や年代の最も現在に近い時期。[例]建仁《ケンニン》二年を作品成立の—と推定する。▽(対)上限。

【下降】《カコウ》 (名・する) 段階や程度が低くなること。(対)上昇《ジョウショウ》。[例]—気流。—線をたどる。ゆっくり—しはじめる。

【下士】《カシ》 ①身分の低い武士。(対)上士。②「下士官」の略。[例]—集会所。

【下士官】《カシカン》 軍隊で、准士官《ジュンシカン》の下、兵の上の階級の武官。下士。〔日本の旧陸軍では曹長《ソウチョウ》・軍曹・伍長《ゴチョウ》、旧海軍では上等・一等・二等兵曹。自衛隊では一曹・二曹・三曹〕

【下肢】《カシ》 〔「肢」は、手足の意〕人間の足。また、四つ足動物の後ろ足。(類)脚部《キャクブ》。(対)上肢。

【下賜】《カシ》 (名・する)(ものを)くださること。たまわること。〔天皇がくださる場合に使う〕[例]—された品。

【下人】《カジン／ゲニン》 ①身分の低い者。②めしつかい。下僕《ゲボク》。しもべ。

【下層】《カソウ》 ①重なったものの下のほう。[例]—雲。②社会的地位が低く、生活が豊かでない階層。[例]—階級。—社会。▽(対)上層・上流。

【下等】《カトウ》 [一] (名・形動《ダ》) 品質が悪く、おとっていること。また、そのようす。低級。劣等《レットウ》。(対)上等。[例]—な品。[二] (名) 等級・段階、また、進化の程度などが低いこと。(対)高等。[例]—植物(=藻類《ソウルイ》・菌類《キンルイ》など)。

【下半身】《カハンシン／しもハンシン》 からだの腰《こし》から下の部分。(対)上半身。

【下▼婢】《カヒ》 めしつかいの女の人。下女《ゲジョ》。

【下付】《カフ》 (名・する) 政府・役所が文書・金品をいっぱんの人に下げわたすこと。表記「下附」とも書く。

【下部】《カブ》 下のほうの部分。(対)上部。[例]—構造。—組織。

【下風】 [一]《カフウ》 ①かざしも。②人より低い地位。[例]—に立つ。[二]《したかぜ》 ものの下をふく風。

【下方】《カホウ》 したのほう。下部。(対)上方《ジョウホウ》。[例]荻《おぎ》の—。

【下命】《カメイ》 (名・する) 下の者に何かを命じること。また、その命令。[例]ご—を受ける。

【下問】《カモン》 (名・する) 目下《めした》の者にたずねること。[例]ご—にあずかる。

【下流】《カリュウ》 川の流れの、河口に近いほう。〔「上流」「中流」に対して、社会的地位の低い階層を指すこともあるが、現代では、ふつう「下層」を使う〕(対)上流。

【下僚】《カリョウ》 役所などで、その人の下で働く職員。(類)下役《したヤク》。

【下界】《ゲカイ》 ①仏教で、(天上の仏の世界から見た)人間の世界。この世。②高いところから見た地上。[例]—を見下ろす。

【下巻】《ゲカン》 上・下二巻、また、上・中・下三巻などに分かれた書物の、最後のまき。

【下戸】《ゲコ》 生まれつきあまり酒の飲めないこと。また、その人。(対)上戸《ジョウゴ》。

【下向】《ゲコウ》 (名・する) ①都から地方へ行くこと。[例]—のみぎり。②神仏におまいりして帰ること。

【下校】《ゲコウ》 (名・する) 児童や生徒が学校から家に帰ること。(対)登校。[例]—時間。

【下獄】《ゲゴク》 (名・する) 牢獄《ロウゴク》に入れられること。実刑《ジッケイ》判決を受けて刑務所にはいること。(類)入獄。(対)出獄。

【下▼剋上】《ゲコクジョウ》 地位の低い者が、上の者をたおして勢力をふるうこと。室町《むろまち》時代から戦国時代にかけて武家社会で多くみられた。表記「下克上」とも書く。

【下座】 [一]《ゲザ／しもザ》 年齢《ネンレイ》や地位の下の人がすわる席。(類)末座・末席。(対)上座《ジョウザ／かみザ》。[例]—に下がる。[二]《ゲザ》 ①芝居《しばい》で、舞台《ブタイ》の向かって左(=下手《しもて》)にある囃子方《はやしかた》(=演技や歌の伴奏《バンソウ》をする役)のいる場所。また、その囃子方。②土下座《ドゲザ》。

【下剤】《ゲザイ》 腸にある便を体外に出す薬。通じ薬。下《くだ》し薬。[例]—をかける。

【下山】《ゲザン》 〔「ゲサン」とも〕(名・する) ①山をおりること。(対)登山。②寺での修行《シュギョウ》を終えて家へ帰ること。

【下▽知】《ゲジ／ゲチ》 (名・する) 下の者に、さしずすること。命令。

【下車】《ゲシャ》 (名・する) 自動車・列車・馬車などの乗り物からおりること。降車。(対)乗車。[例]途中《トチュウ》—。

【下宿】《ゲシュク》 (名・する) (学生や単身赴任《タンシンフニン》者などが)部屋代や食費などをはらって、他人の家の一室で一定期間生活すること。また、その部屋。[例]—屋。—人。

【下手人】《ゲシュニン》 人を殺した犯人。げしにん。[例]—をあげる。

【下旬】《ゲジュン》 〔「旬」は、十日の意〕ひと月の二十一日から終わりまでのあいだ。(対)上旬。[例]三月—。

【下女】《ゲジョ》 炊事《スイジ》や掃除《ソウジ》などの雑用をするために人の家にやとわれた女性。下婢《カヒ》。女中。(対)下男。

【下乗】《ゲジョウ》 ウマや車などの乗り物からおりること。〔神社や寺の境内《ケイダイ》に車馬の乗り入れを禁じることや、身分の高い人に敬意をあらわすためにおりることをいう〕

【下城】《ゲジョウ》 (名・する) 城《しろ》を出て家に帰ること。(対)登城《トジョウ》。

【下▽種】《ゲス》 ①身分の低い人。②品性がいやしく、心がひねくれている人。[例]—根性《コンジョウ》。—の勘繰《カンぐ》り。表記▽「下▽衆・下▽司」とも書く。

【下水】《ゲスイ》 家庭や工場で使われたあと捨てられるよごれた水。また、それを流す排水《ハイスイ》路。(対)上水。[例]—道。

【下世話】《ゲセワ》 世間でよく言われる、俗《ゾク》なことばや話。[例]—に言う。

【下船】《ゲセン》 (名・する) 船からおりること。(対)上船・乗船。

【下▼賤】《ゲセン》 (名・形動《ダ》) 身分が低く貧しいこと。また、そのような人。(対)高貴。[例]—の者。

【下足】《ゲソク》 (客の)ぬいだはきもの。また、その番をする人。[例]—札《ふだ》。—番。—を取る(=ぬいだはきものを保管する)。

【下▽駄】《ゲタ》 ①厚手の板をくりぬくか、または板をはめこんで歯とし、はなおをつけたはきもの。[例]—箱。—をはかせる。—を預ける。②印刷の校正刷りで、必要な活字がないときに、かりにその字数分、活字を逆さに入れておくもの。〔げたの歯の跡《あと》のような形「〓」になることから〕

【下段】《ゲダン》 ①下のほうの段。②刀やりの先を下にさげて構えること。[例]—の構え。▽(対)上段。

【下男】《ゲナン》 庭そうじや力仕事などの雑用をするためにやとわれた男性。下僕《ゲボク》。(対)下女。

【下馬】《ゲバ》 [一] (名) 質の悪いウマ。[二] (名・する) ウマからおりること。とくに、社寺や城門の前などで、敬意をあらわしてウマからおりること。また、その場所。(類)下乗。[例]—札《ふだ》。—先《さき》(=ウマからおりるべき場所)。

【下馬評】《ゲバヒョウ》〔下馬(=ウマをおりた場所)で、供《とも》の者たちが主人の帰りを待つあいだ、あれこれ世間話をしていたことから〕世間のうわさ。評判。また、人々のあいだで取りざたされる、いいかげんな推測。例―が高い。

【下品】［一］《ゲヒン》(名・形動ダ)言動や好みにつつしみがなく、不快な感じをあたえるようす。(対)上品《ジョウヒン》。例―な話。［二］《ゲボン》(名)〔仏〕極楽《ゴクラク》を上・中・下の三段階に分けた最下位。〔それぞれをさらに上生《ジョウショウ》・中生《チュウショウ》・下生《ゲショウ》に分ける〕(対)上品《ジョウボン》。

【下僕】《ゲボク》めしつかいの男。下男《ゲナン》。しもべ。

【下野】［一］《ゲヤ》(名・する)〔「野《ヤ》に下《くだ》る」の意。「野」は民間の意で、「朝《チョウ》」に対することば〕①(地位の高い)官職をしりぞいて民間人となること。例―して悠悠自適《ユウユウジテキ》する。②与党《ヨトウ》が政権をはなれて野党となること。例いったん―したうえで選挙で争うのが常道だ。［二］《しもつけ》(名)旧国名の一つ。今の栃木《とちぎ》県にあたる。野州《ヤシュウ》。

【下落】《ゲラク》(名・する)ものの値段や値打ちが下がること。(対)騰貴《トウキ》。例物価が―する。

【下痢】《ゲリ》(名・する)胃腸のぐあいが悪く、大便が液状になって出ること。腹くだし。腹くだり。くだり腹。例―便。―止め。

【下略】《ゲリャク》〔「カリャク」とも〕(名・する)文章や文句などの、あとの部分をはぶくこと。(対)上略。

【下劣】《ゲレツ》(形動ダ)行動や考え方に品がなく、心の貧しさを感じさせるようす。例品性―。

【下郎】《ゲロウ》人にめしつかわれる、身分の低い男。〔人をさげすんだ言い方としても使う〕例―、さがりおろう。

【下絵】《したエ》①下がきの絵。例―をもとに構図をくふうする。②下地の絵。ししゅうや彫刻《チョウコク》のめやすとなる輪郭《リンカク》をかいたもの。③詩文を書く紙に装飾《ソウショク》としてうすくかかれた絵。例―を多少変えてかく。

【下心】《したごころ》①おもてに出さずひそかに考えている、よくないことがら。たくらみ。例―がある。②漢字の部首の一つ。「恭」の「⺗」など。

【下地】《したジ》①ものごとの基礎《キソ》となる準備や教養。素養。例画家になる―がある。②(表面にはあらわれていない)本来の性質。素地《ソジ》。例―が出る。③土台となる加工。例壁《かべ》―。―塗《ぬ》り。

【下積み】《したづみ》①ほかのものの下に積むこと。また、そのもの。例―の荷物。②人に使われるばかりで、本来もっている能力を発揮する機会にめぐまれていないこと。また、その人。例―の苦労が長くつづく。

【下手】［一］《したて|したで》(名)①相手に対してへりくだった態度をとること。例―《したて》に出る。②相撲《すもう》で、四つに組んだとき、相手のうでの下に手を差し入れること。また、その手。(対)上手《うわて》。例―《したて》投げ。③囲碁《ゴイ》や将棋《ショウギ》で、段・級の下の人。また、弱いほうの人。［二］《しもて》(名)①川しも。②舞台《ブタイ》の、客席から見て左のほう。(対)上手《かみて》。［三］《へた》(名・形動ダ)①技術がおとっていること。(対)上手《じょうず》。例―の横好き。②やりかたがまずいこと。例―に手を出すな。

【下火】《したび》①火事で火の勢いがおとろえること。②ものごとのさかりが過ぎて勢いがおとろえること。例流感も―になった。

【下見】《したみ》［一］(名・する)①前もって実際に見て、調べておくこと。(類)下検分。例遠足の―に出かけた。②あらかじめ読んでおくこと。(類)下読み。［二］(名)木造家屋の外側に横長の板をはってかべとしたもの。例―板。―張《ば》り。

【下役】《したヤク》職場で、ある地位の人より低い地位の人。(対)上役《うわヤク》。

【下総】《しもうさ|しもふさ》旧国名の一つ。今の千葉県北部と茨城《いばらき》県南部にあたる。北総《ホクソウ》。

【下肥】《しもごえ》人の大小便を肥料としたもの。

●以下《イカ》・階下《カイカ》・眼下《ガンカ》・机下《キカ》・却下《キャッカ》・降下《コウカ》・傘下《サンカ》・足下《ソッカ》・直下《チョッカ》・沈下《チンカ》・低下《テイカ》・天下《テンカ》・投下《トウカ》・配下《ハイカ》・門下《モンカ》・零下《レイカ》・廊下《ロウカ》

一 2

【三】

3画 2716 4E09 教育1

音 サン(漢)(呉) 訓 み・み-つ・みっ-つ

付表 三味線《しゃみせん》

筆順 一 二 三

なりたち 〔指事〕横線一本に同様な二本をならべそえて、天・地・人を示す。すべてがそなわった数。みっつ。

意味 ❶数の名。みつ。みっつ。み。例三国《サンゴク》。三世《サンセイ|サンゼ》。三権分立《サンケンブンリツ》。❷みたび。例三顧《サンコ》。三遷《サンセン》。❸みっつめ。例三月《サンガツ》。三更《サンコウ》。❹たびたび。しばしば。例三省《サンセイ》。三嘆《サンタン》。再三《サイサン》。

日本語での用法 《サン》旧国名「三河《みかわ》(=今の愛知県中部・東部)」の略。「三州《サンシュウ》」

参考 商売や契約《ケイヤク》の文書では、数字を書きかえられないよう、同音の「参」を使うことがある。

難読 三十日《みそか》・三五月《もちづき》・三枝《さいぐさ|さえぐさ》・三毬杖《サギチョウ》

人名 かず・さ・さぶ・そ・そう・ぞう・ただ・はる・みつる

【三悪道】《サンアクドウ》〔「サンナクドウ」「サンマクドウ」とも〕〔仏〕悪事をはたらいたために、死後行くといわれる、地獄《ジゴク》道・餓鬼《ガキ》道・畜生《チクショウ》道の三つの世界。三悪趣《サンアクシュ》。

【三王】《サンオウ|サンノウ》中国古代の三人の王。夏《カ》の禹《ウ》・殷《イン》の湯《トウ》・周の文または武のこと。

【三界】《サンガイ》〔仏〕①人間をはじめすべての生き物が生死をくりかえす、欲界《ヨッカイ》・色界《シキカイ》・無色界《ムシキカイ》の三つの世界。例―流転《ルテン》。―に家なし(=どこにも安住する所がない)。②過去・現在・未来の三つの世界。三世《サンゼ》。③「三千大千世界」の略。全世界。例―をかけめぐって探す。

【三角】《サンカク》①角が三つある形。三角形。例―巾《キン》。②対立または関係しあう三者。例―関係。

【三角形】《サンカクケイ》三本の直線で囲まれた平面図形。

【三月】《サンガツ》一年の三番目の月。弥生《やよい》。例―節句(=三月三日の桃《もも》の節句)。―尽《ジン》(=陰暦《インレキ》三月の終わり。春の終わる日)。

【三韓】《サンカン》①古代、朝鮮《チョウセン》半島南部を支配した三つの部族。馬韓《バカン》・辰韓《シンカン》・弁韓《ベンカン》。②「①」の地に、のちに国を建てた三国。百済《ヒャクサイ|くだら》・高句麗《コウクリ》・新羅《シンラ|しらぎ》。

【三寒四温】《サンカンシオン》冬から春先にかけて、三日ほど寒さが続き、次の四日ほどは暖かい日が続く天候。

【三脚】《サンキャク》画板・カメラ・望遠鏡・観測鏡などをのせて安定させる、三本足の台。足の高さを調節できる。

【三教】《サンキョウ》①三つの教え。中国では、儒教《ジュキョウ》(=孔子《コウシ》の教え)・仏教(=釈迦《シャカ》の教え)・道教(=老子《ロウシ》の教え)。日本では、神道《シントウ》・儒教・仏教。例―一致《イッチ》。②三つの宗教。仏教・神道・キリスト教。

【三曲】《サンキョク》琴《こと》・三味線《しゃみせん》・尺八(または胡弓《コキュウ》)の三つの楽器。また、その合奏。例―合奏。

【三軍】《サングン》①陸軍・海軍・空軍をまとめた呼び名。②軍全体。③古代中国の兵制で上軍・中軍・下軍それぞれ一万二千五百人で、計三万七千五百人の軍隊。また、大軍《タイグン》。例―骨をさらす(=敗れて多数の兵士が死ぬ)。

【三傑】《サンケツ》三人のすぐれた人。例維新《イシン》の―(=西郷隆盛《サイゴウたかもり》・大久保利通《おおくぼとしみち》・木戸孝允《きどたかよし》)。漢の高祖の―(=張良《チョウリョウ》・蕭何《ショウカ》・韓信《カンシン》)。蜀《ショク》の―(=諸葛孔明

《ショカツコウメイ》・関羽《カンウ》・張飛《チョウヒ》）。

【三権】《サンケン》〔法〕国の統治権の三つ。立法権・行政権・司法権。例—の長。

【三権分立】《サンケンブンリツ》〔法〕国の権力を立法権（＝国会）と行政権（＝内閣）と司法権（＝裁判所）の三つに分け、それぞれに独立し、監視《カンシ》しあうことによって権力の乱用を防ぐ制度。

【三弦】《サンゲン》①三味線《しゃみせん》。〔もと、三味線のもとになった中国の弦楽器をいう〕②雅楽《ガガク》の三つの弦楽器。琵琶《ビワ》・和琴《ワゴン》・箏《ソウ》。表記▽旧三▼絃

【三原色】《サンゲンショク》まぜあわせかたによって、すべての色をあらわすことのできる三つの基本的な色。光では赤・緑・青。絵の具では赤・黄・青。

【三公】《サンコウ》①中国で、臣下として最高の三つの位。周で、太師（＝天子の教育係）・太傅《タイフ》（＝天子の補佐《ホサ》）・太保（＝天子の徳育係）。前漢で、丞相《ジョウショウ》（＝人民を教化する長官）・御史大夫《ギョシタイフ》（＝土地と民事の長官）・太尉《タイイ》（＝軍事の長官）。②日本で、太政《ダイジョウ》大臣・左大臣・右大臣。または、左大臣・右大臣・内大臣。

【三光】《サンコウ》①日と月と星。日月星《ジツゲツセイ》。②〔鳴き声を「ツキヒホシ（月日星）」と聞いたことから〕カササギヒタキ科の鳥、三光鳥のこと。また、アトリ科の鳥、イカルのこと。

【三后】《サンコウ》太皇太后《タイコウタイゴウ》（＝先々代の天皇の皇后《コウゴウ》）・皇太后（＝先代の天皇の皇后）・皇后。三宮《サングウ》。

【三更】《サンコウ》「五更①」の三番目。午前零時《レイジ》、およびその前後の二時間。子《ね》の刻《コク》。丙夜《ヘイヤ》。

【三皇】《サンコウ》中国古代の伝説上のすぐれた天子。天皇《テンコウ》・地皇《チコウ》・人皇《ジンコウ》。または、燧人《スイジン》・伏羲《フッキ》・神農《シンノウ》など、いろいろ説がある。

【三国】《サンゴク》①三つの国。②後漢《ゴカン》末におこった三つの国。魏《ギ》・呉《ゴ》・蜀《ショク》。例—志。③天竺《テンジク》（＝インド）・唐《から》（＝中国）・日本。また、全世界の意。例—伝来。—一の花嫁《はなよめ》。④「三韓《サンカン》②」に同じ。

【三国志】《サンゴクシ》晋《シン》の陳寿《チンジュ》の書いた歴史書。後漢《ゴカン》滅亡《メツボウ》の後、魏《ギ》の曹操《ソウソウ》・呉《ゴ》の孫権《ソンケン》・蜀《ショク》の劉備《リュウビ》の三者が争い、晋に統一されるまでを記したもの。「魏志」「呉志」「蜀志」の三部から成り、全六十五巻。二十四史の一つ。

【三国時代】《サンゴクジダイ》後漢《ゴカン》の滅亡《メツボウ》（二二〇年）から晋《シン》による再統一（二八〇年）までのあいだに、魏《ギ》・呉《ゴ》・蜀《ショク》の三つの国が天下を三分して争った時代。

【三顧の礼】《サンコのレイ》目上の人が礼をつくして熱心に、すぐれた人物を招くこと。草廬三顧《ソウロサンコ》。〔三国時代、蜀《ショク》の劉備《リュウビ》は、諸葛孔明《ショカツコウメイ》の家を三度おとずれ、軍師として自分につかえてほしいと頼《たの》んだ故事から〕例—をとる。—をつくす。

【三献】《サンコン》酒席の儀式《ギシキ》の一つ。酒と肴《さかな》の膳《ゼン》を出し酒を三杯《バイ》飲ませて膳を下げることを一献とし、それを三回くりかえすこと。三三九度のもとになった。式三献。

【三才】《サンサイ》（宇宙の主な要素としての）天と地と人。宇宙間の万物《バンブツ》。〈易経《エキキョウ》〉類三極・三材《サンザイ》・三儀《サンギ》。例—図絵《ズエ》。

【三彩】《サンサイ》唐《トウ》代から作られた陶器《トウキ》。赤・黄・緑・白・藍《あい》などのうわぐすりのうち、三色のとりあわせで焼かれているものが多い。例唐—。奈良《なら》—。

【三三五五】《サンサンゴゴ》（副）あちらに三人こちらに五人と、人がまばらにいるようす。ちらほら。例—連れ立って帰る。

【三思】《サンシ》（名・する）①なん度もよく考えること。②君子が考えておくべき三つのことがら。幼いときに学ばないと成長して無能になる。高年になって人に教えなければ死後慕《した》われることがない。裕福《ユウフク》なときにほどこしをしないと自分が貧乏《ビンボウ》になったときに助けてもらえない。〈荀子《ジュンシ》〉

【三次元】《サンジゲン》たて・横・高さの三つの広がりをもつ空間。立体。対二次元・四次元。例人間の住む—の世界。

【三枝の礼】《サンシのレイ》礼儀《レイギ》をわきまえる心のたとえ。〔ハトは、親鳥の留まっている枝から三本下の枝に留まる、といわれることから〕例烏《からす》に反哺《ハンポ》の孝《コウ》あり（＝親の恩にむくいることのたとえ）、鳩《はと》に—あり。

【三舎】《サンシャ》〔「舎」は、古代中国の軍隊の一日の行軍距離《キョリ》をあらわす〕古代中国の軍隊の三日分の行軍距離。約六〇キロメートル。

【三舎《サンシャ》を避《さ》ける】①相手に敬意を表する。三舎を譲《ゆず》る。〔楚《ソ》の国に亡命した晋《シン》の公子が、楚王に感謝して、今後、かりに両国が兵を交えることがあった場合でも、三舎分だけ晋の兵を引こうと約束した故事による〕〈春秋左氏伝《シュンジュウサシデン》〉②遠くおよばないと認めて引き下がる。例どんな豪傑《ゴウケツ》も—。

【三尺】《サンジャク》①一尺の三倍。約九〇センチメートル。例—店《だな》（＝間口《まぐち》三尺ほどの小さい店。また、小さい家）。②「三尺帯《おび》」の略。帯の一つ。へこおび。③長さ三尺の剣《ケン》。また、長剣の意。

【三尺《サンジャク》去《さ》って師《シ》の影《かげ》を踏《ふ》まず】⇩【七尺《シチシャク》去《さ》って師《シ》の影《かげ》を踏《ふ》まず】（8ページ）

【三秋】《サンシュウ》①（陰暦《インレキ》の）秋の三か月。初秋（＝七月）・仲秋《チュウシュウ》（＝八月）・晩秋（＝九月）。②秋が三度めぐってくること。三年。例一日—の思い（＝待ちどおしいことのたとえ）。

【三十《サンジュウ》にして立《た》つ】三十歳《サイ》になって学問や見識が身につき、ひとり立ちができた。而立《ジリツ》。〔孔子《コウシ》が、自分は三十歳でみずからの立場を確立したと述べたことから〕〈論語《ロンゴ》〉

【三十六計】《サンジュウロッケイ》兵法にある三十六の計略。いろいろなはかりごと。例—逃《に》げるにしかず（＝あれこれ策を立てるよりも、逃げて身の安全をはかるのがいちばんである）。

【三春】《サンシュン》①（陰暦《インレキ》の）春の三か月。初春（＝一月）・仲春《チュウシュン》（＝二月）・晩春（＝三月）。②春が三度めぐってくること。三年。

【三旬】《サンジュン》①月の上旬と中旬と下旬。②三十日。

【三乗】《サンジョウ》（名・する）〔数〕同じ数（式）を三個かけあわすこと。また、その積。立方。例—根《コン》。

【三親等】《サンシントウ》〔法〕親族関係の遠近をあらわす単位の一つ。曽《ソウ》祖父母や曽孫《ソウソン》、おじ・おば・おい・めいとの関係。三等親。

【三▽途の川】《サンズのかわ》〔仏〕死者が冥土《メイド》に行くとちゅうにわたる川。橋・浅瀬《あさせ》・急流の深みの三つの道が罪に応じて用意されているという。三瀬川《みつせがわ》。

【三世】［一］《サンゼ》〔仏〕①過去・現在・未来。②前世《ゼンセ》・現世《ゲンセ》・来世《ライセ》。例—の縁《エン》。［二］《サンセイ》父・子・孫の三代。［三］《サンセイ》孫の代の者。三代目。例ナポレオン—。

【三省】《サンセイ》（名・する）一日に三回反省すること。また、なんども自分をかえりみること。〔「曽子《ソウシ》曰《いわ》く、吾《われ》日に吾《わ》が身を三省す」による〕〈論語《ロンゴ》〉

【三聖】《サンセイ》①世界の三人の聖人。釈迦《シャカ》・孔子《コウシ》・キリスト。②古代中国の三人の聖人。伏羲《フッキ》・文王・孔子。あるいは、尭《ギョウ》・舜《シュン》・禹《ウ》などを指す。③その道ですぐれた三人。例和歌の—（＝柿本人麻呂《かきのもとのひとまろ》・山部赤人《やまべのあかひと》・衣通姫《そとおりひめ》）。

【三▼蹟】《サンセキ》平安時代中期の三人の書道の達人。小野道

風《おののみちかぜ》・藤原佐理《ふじわらのすけまさ》・藤原行成《ふじわらのゆきなり》。また、その筆跡《ヒッセキ》。類三筆《サンピツ》。表記「三跡」とも書く。

【三千世界】《サンゼンセカイ》 ①〔仏〕「三千大千世界」の略。一人の仏の教化する世界。須弥山《シュミセン》を中心とする広大な地域を一世界とし、それを千倍した小千世界、それをまた千倍した中千世界、さらにそれを千倍して大千世界となる。小中大の千世界を合わせて「三千大千世界」となる。②広い世界。

【三遷の教え】《サンセンのおしえ》 ⇩【孟母三遷】《モウボサンセン》（286ページ）

【三族】《サンゾク》 三つの親族。父の一族・母の一族・妻の一族。また、父・子・孫、父母・兄弟《キョウダイ》・妻子など諸説ある。例 累《ルイ》を—におよぼす。

【三尊】［一］《サンソン》 とうとぶべき三つのもの。主君・父・師。［二］《サンゾン》〔仏〕①仏・法・僧《ソウ》。三宝《サンボウ》。②三体ひと組みの仏像。中尊（＝中心の仏）と、左右の脇侍《キョウジ》。三尊仏《サンゾンブツ》。

【三体】《サンタイ》 ①三つの形体。例—詩（＝唐《トウ》代の、七言《シチゴン》絶句・七言律詩・五言《ゴゴン》律詩を集めた詩集）。②三つの書体。真（＝楷《カイ》）・行《ギョウ》・草。例—千字文《モン》。③物質の三つの状態。固体・液体・気体。表記③は「三態」とも書く。

【三代】《サンダイ》 ①親・子・孫の三つの世代。例—集。親子—。②中国古代の三王朝。夏《カ》・殷《イン》・周。③第三代。三代目。例徳川—将軍家光《いえみつ》。

【三嘆】《サンタン》（名・する）深く感心し、なんどもほめること。例一読《イチドク》—。表記旧三▼歎

【三段論法】《サンダンロンポウ》 大前提と小前提から結論を導く、論理の形式。たとえば、すべての生き物は死ぬ（＝大前提）。人は生き物である（＝小前提）。ゆえに、人は死ぬ（＝結論）のような論法をいう。

【三等】《サントウ》 三番目の等級。第三位。例—席。—車。勲《クン》—。

【三徳】《サントク》 ①三つの徳目。知・仁・勇。正直・剛克《ゴウコク》・柔克《ジュウコク》。天徳・地徳・人徳など諸説ある。②〔仏〕法身《ホッシン》・般若《ハンニャ》・解脱《ゲダツ》の三つ。③一つで三とおりの使い道のあるもの。例—ナイフ。

【三都の賦】《サントのフ》 〔「賦」は、韻文《インブン》形式の文体の一つ〕晋《シン》の左思《サシ》が十年をついやして作った、三国時代の三つの都の風物をよんだ賦。「蜀《ショク》都の賦」「呉《ゴ》都の賦」「魏《ギ》都の賦」の三編で、大いに流行し、人々が争って写したために、洛陽《ラクヨウ》の紙が値上がりしたという。

【三人《サンニン》行《おこな》えば必《かなら》ず我《わ》が師《シ》あり】 三人で何かをおこなえば、必ず学ぶべき手本がある。〈論語《ロンゴ》〉

【三人称】《サンニンショウ》 話し手が、自分と聞き手以外の人やものを指していうことば。「これ」「あれ」「あいつ」「彼《かれ》」「彼女《かのジョ》」など。他称。対一人称・二人称。

【三年】《サンネン》 一年の三倍。例—忌《キ》。石の上にも—（＝石の上でも三年もすわれば暖まるということから、しんぼう強く続ければ成果が得られるということ）。

【三拝九拝】《サンパイキュウハイ》 〔「拝」は、つつしんで礼をする意〕［一］（名・する）①三度の拝礼と九度の拝礼。②なんどもおじぎして誠意をあらわすこと。例—してたのみこむ。［二］（名）手紙の終わりに書くことばの一つ。深い敬意をあらわす。

【三杯酢】《サンバイず》 酢・しょうゆ・みりんを、それぞれ同じ分量で合わせた調味料。

【三羽▼烏】《サンばがらす》 ある部門や弟子《デシ》たちの中で、すぐれている三人。例演劇界の若手《わかて》—。

【三白眼】《サンパクガン》 黒目が上方に寄っていて、左・右・下の三方に白目が見えるまなこ。人相学的にはよくないとされる。

【三▽番▼叟】《サンバソウ》 ①能楽の「翁《おきな》」で、「千歳《センザイ》」「翁」に続く三番目の舞《まい》。狂言方《キョウゲンかた》がつとめる老人の舞。②歌舞伎《かぶき》の舞踊《ブヨウ》劇。「舌出し三番叟」「操《あやつ》り三番叟」などがある。

【三半規管】《サンハンキカン》 脊椎《セキツイ》動物の内耳《ナイジ》にある、三つの半円状の管が直角に組み合わさった器官。平衡《ヘイコウ》感覚をつかさどる。

【三筆】《サンピツ》 三人の書道の達人。とくに、平安時代初期の嵯峨《サガ》天皇・空海《クウカイ》・橘逸勢《たちばなのはやなり》。類三蹟《サンセキ》。

【三百代言】《サンビャクダイゲン》 〔「三百」は銭《ぜに》三百文《モン》で、わずかな金額、「代言」は代言人（＝弁護士）の意〕①明治のはじめごろ、資格をもたない、もぐりの弁護士、また、金もうけばかりを考える弁護士をののしっていったことば。三百。例身なりだけはりっぱな—。②つじつまの合わないことを言いくるめる人。

【三拍子】《サンビョウシ》 ①ワルツのように、強・弱・弱の三拍《サンパク》を一単位とする拍子《ヒョウシ》。②大鼓《おおかわ》・小鼓《こつづみ》・太鼓《タイコ》の三つの楽器で拍子を取ること。③三つの重要な条件。例色・形・つやの—がそろった名石。

【三▽一】《サンピン》 〔「ピン」は、ポルトガル語の pinta（＝一）ともいう〕①二つのさいころの目に三と一が出ること。②「三一侍《ざむらい》」の略。一年の給与《キュウヨ》が三両一人扶持《イチニンブチ》の侍。身分の低い侍を軽蔑《ケイベツ》して呼んだことば。類三一奴《やっこ》。

【三部】《サンブ》 三つの部分。三つの部分から成るひと組み。例—形式。—合唱。—作。

【三伏】《サンプク》 夏の最も暑い時期。〔夏至《ゲシ》の後の第三の庚《かのえ》の日（＝初伏）、第四の庚の日（＝中伏）、立秋の後の最初の庚の日（＝末伏）をあわせていう〕

【三幅対】《サンプクツイ》 〔「幅」は、かけじくを数える単位〕①三つでひと組みのかけもの。②三つでひとそろいのもの。

【三方】《サンボウ》 神仏・貴人に供えるものをのせる白木《しらき》の台。台の三方に穴がある。例—にのせて床《とこ》の間《ま》にかざる。

【三宝】《サンボウ》 仏教でいう三つのたいせつなもの。仏宝・法宝・僧《ソウ》

漢字に親しむ ❷

三五夜《サンゴヤ》の月

陶潜《トウセン》という詩人には、自分の子供のできが悪いのをなげく、次のような詩があります。「長男の舒《ジョ》はもう年が二八になったのに、まったくどうしようもないなまけ者だ」。この「二八」ですが、これを「二十八」と考えると、もういい大人ですから、話が通じませんね。実はこの「二八」は「ニハチ」と読み、かけ算をしなければならないのであって、十六歳《サイ》のことなのです。白居易《ハクキョイ》という人の詩にも「三五夜中《サンゴヤチュウ》新月《シンゲツ》の色《いろ》」という句がありますが、これも同じで「三五夜」は十五夜のことです。日本でも一杯《パイ》十六文《モン》のそばを「二八蕎麦《ニハチそば》」といいます。そういえば現代でも「四六時中（古くは二六時中）」といいますが、これもかけ算で二十四時間（古くは十二刻）すなわち一日中の意味ですね。ただし、「四六《シロク》のがま」は、前足の指が四本、後ろ足の指が六本に見えるヒキガエルのことです。

宝を合わせていう。仏法僧《ブッポウソウ》。〔「仏」はさとりを得た人。「法」は仏の教え。「僧」は仏につかえる人〕

【三盆】《サンボン》 白砂糖をさらに精製して純白の結晶《ケッショウ》にした、上等の砂糖。三盆白《じろ》。例 唐《トウ》—。和《ワ》—。

【三枚】《サンマイ》 魚を料理するとき、頭を切り、骨にそって両側の身をさいて肉二枚と骨一枚に分ける切り方。例 —におろす。

【三昧】《サンマイ》 〔仏〕〔梵語《ボンゴ》 samādhi の音訳〕①精神を集中し無我《ムガ》の境にはいった状態。例 —境。②ひとつのことに熱中すること。例 読書—《ザンマイ》。③気の向くままにすること。例 ぜいたく—《ザンマイ》。わがまま—《ザンマイ》。

【三枚目】《サンマイめ》 〔芝居《しばい》の番付の三枚目に名前がのったことから〕①滑稽《コッケイ》な役。また、その演者。例 —がぴったりという、ひょうきんな役者。②滑稽な役回りをする人。例 いつも—を演じる男。▽(対)二枚目。

【三位一体】《サンミイッタイ》 ①キリスト教で、父なる神と、子なるイエス=キリストと、聖霊《セイレイ》との三者は、本来一つの神のあらわれであるという教え。②三つのものが心を一つにすること。

【三民主義】《サンミンシュギ》 清《シン》の末期に孫文《ソンブン》がとなえた中国革命の基本的考え方。民族主義(=民族の独立)、民権主義(=国民の政治的平等)、民生主義(=国民の経済的平等)の三つからなる。

【三面】《サンメン》 ①三つの平面。例 —鏡《キョウ》。②三つの顔。例 —六臂《ロッピ》。③新聞の社会面。〔新聞が四ページだったころ第三面に社会記事がのったことから〕例 —記事。

【三面鏡】《サンメンキョウ》 正面と左右にかがみを取り付けた鏡台。

【三面六▼臂】《サンメンロッピ》 〔「臂」は、うでの意で、ひじではない〕①三つの顔と六つのうでがあること。②ひとりで数人分の働きをすることのたとえ。(類)八面六臂。例 —の大活躍《ダイカツヤク》。

【三毛作】《サンモウサク》 同じ農地に一年間に三種の作物を順次つくること。(類)多毛作。

【三文】《サンモン》 一文銭三枚。わずかのお金。きわめて価値の低いもの。例 —判。—文士。二束《ニソク》—。

【三役】《サンヤク》 ①政党・組合などで、重要な三つの役職。例 党—。(労働)組合の—。②相撲《すもう》で、大関・関脇《せきわけ》・小結。

【三余】《サンヨ》 読書するのに最適な三つの時。冬(=年の余り)、夜(=日の余り)、雨(=時の余り)。読書三余。

【三楽】《サンラク》 〔「サンゴウ」とも〕君子の三つの楽しみ。肉親が元気でいること、心にやましいことがないこと、英才を教育すること。〈孟子《モウシ》〉

【三里】《サンリ》 灸《キュウ》をすえるつぼの一つ。ひざがしらの下、外側の少しくぼんだところ。ここに灸をすえると万病に効くという。

【三流】《サンリュウ》 ①(品質・地位・人などの評価で)おとっているもの。(対)一流・二流。例 —会社。②三つの流れ、流派。例 —合同の茶会。

【三河】《みかわ》 旧国名の一つ。今の愛知県の中部と東部にあたる。三州《サンシュウ》。

【三日坊主】《みっかボウズ》 何をやってもすぐにあきて、長続きしないこと。また、そういう人。例 何をしても—で続かない。

●再三《サイサン》・七五三《シチゴサン》・無二無三《ムニムサン》

一 2

【上】

3画 3069 4E0A 教育1

音 ショウ(漢) ジョウ(呉)

訓 うえ・うわ・かみ・あ-げる・あ-がる・のぼ-る・のぼ-せる・のぼ-す・あ-がり・たてまつ-る・のぼ-り・ほとり

付表 上手《じょうず》

筆順 丨 ト 上

なりたち [指事] ものが「一(=基準)」のうえにある。たかいところ。うえ。

意味 ❶位置が高い。うえ。かみ。例 上段《ジョウダン》。上部《ジョウブ》。上方《ジョウホウ》。❷価値や程度が高い。すぐれている。例 上級《ジョウキュウ》。上品《ジョウヒン》。❸地位や年齢《ネンレイ》が高い人。例 上意《ジョウイ》。長上《チョウジョウ》。下剋上《ゲコクジョウ》。❹君主のこと。例 上《ショウ》(=天子)。今上《キンジョウ》(=現在の天子)。❺表面。…のうえ(で)。例 水上《スイジョウ》。地上《チジョウ》。理論上《リロンジョウ》。❻そのちかく。ほとり。例 海上《カイジョウ》。湖上《コジョウ》。川上《センジョウ》。❼順序がさきの。例 上巻《ジョウカン》。上記《ジョウキ》。❽低いところから高いほうへ移動する。あげる。あがる。のぼる。例 上昇《ジョウショウ》。向上《コウジョウ》。浮上《フジョウ》。❾さしあげる。たてまつる。例 上申《ジョウシン》。献上《ケンジョウ》。❿中央へ行く。のぼる。のぼり。例 上京《ジョウキョウ》。上洛《ジョウラク》。北上《ホクジョウ》。⓫舞台《ブタイ》にかける。例 上映《ジョウエイ》。上演《ジョウエン》。⓬漢字音の四声《シセイ》(=四つの音調)の一つ。例 上声《ジョウショウ/ジョウセイ》。

日本語での用法 一《ジョウ》旧国名「上野《こうずけ》(=今の群馬県)」の略。「上州《ジョウシュウ》」二《かみ》客席から見て右のほう。「舞台《ブタイ》の上手《かみて》」三《あがる・あげる》①声や音を出す。「歓声《カンセイ》が上《あ》がる・賛成《サンセイ》の声《こえ》を上《あ》げる」②終わる。「雨《あめ》が上《あ》がる・仕事《シごと》を上《あ》げる」

使い分け あがる・あげる【上・揚・挙】⇩1160ページ
使い分け のぼる【上・登・昇】⇩1176ページ

難読 上月《こうづき》(=姓《セイ》)

人名 うら・すすむ・たか・たかし・ひさ・ほず

【上げ潮】《あげしお》 満ちてくる潮。みちしお。(対)引き潮。

【上着】《うわぎ》 上半身に着る洋服。また、重ねて着るときに、いちばん上に着るもの。(対)下着《したぎ》。表記 「上▽衣」とも書く。

【上役】《うわヤク》 職場で、ある地位の人より高い地位の人。上司。(対)下役。例 —に取り入る。

【上総】《かずさ》 旧国名の一つ。今の千葉県中央部。南総。総州。

【上野】《こうずけ》 旧国名の一つ。今の群馬県全体にあたる。上州。

【上位】《ジョウイ》 地位・順位・順序などが高いこと。すぐれていること。(対)下位。例 —概念《ガイネン》。

【上意】《ジョウイ》 ①支配者や政府の、考えや命令。②江戸《えど》時代、主君である将軍や大名の命令。例 —討《う》ち。—を達する上使に立つ。

【上意下達】《ジョウイカタツ》 上意を下の者に徹底《テッテイ》させること。

【上院】《ジョウイン》 二院制の議会で下院に対する議院。アメリカでは州代表で構成され、イギリスでは貴族院が、日本では参議院がこれにあたる。(対)下院。

【上映】《ジョウエイ》 (名・する) 映画をスクリーンにうつして観客に見せること。例 はじめて—する。

【上演】《ジョウエン》 (名・する) 演劇や歌劇、舞踊《ブヨウ》などを演じて観客に見せること。例 —台本。—史。

【上巻】《ジョウカン》 上・下二巻、または、上・中・下三巻に分けた書物のうち、はじめの一巻。〔古く、書物は巻物《まきもの》であったから〕

【上気】《ジョウキ》 (名・する) 暑さや興奮《コウフン》のために顔がほてること。のぼせること。例 —した顔。

【上記】《ジョウキ》 書類や文章で、そこより前に書いてあることがら。上述。(対)下記。例 —のとおり。—のごとく。

【上機嫌】《ジョウキゲン》 (名・形動ダ) たいへん機嫌のよいこと。また、そのようす。(対)不機嫌。例 —で語る。

【上客】《ジョウキャク》 ①上《かみ》座《ザ》にすわる客。正客《ショウキャク》。例 —として招かれる。②商店などで、たくさん品物を買ってくれるたいせつな客。お得意さま。顧客《コキャク》。例 —としてあつかう。

【上級】《ジョウキュウ》 等級・程度・段階などが高いこと。(対)初級・下級。例 —生。

【上京】《ジョウキョウ》 (名・する) 地方から都会に出ること。古くは京都に行くことを、現代では東京に行くことをいう。例 —して勉

学したい。

【上空】《ジョウクウ》①空の高いところ。例―の寒気団。②ある地点の上方の空。例東京―。

【上下】㊀《ジョウゲ》(名)①位置や身分の、うえとした。例―の別なく。②うえとした、また、二部でひと組みになっているもの。例背広《せびろ》の―。―二巻の本。③鉄道の、のぼりとくだり。例―線不通。㊁《ジョウゲ》(名・する)あがったりさがったりすること。例株価《かぶカ》が―する。㊂《かみしも》(名)江戸《えど》時代の武士の礼装。肩《かた》がぴんと張った肩衣《かたぎぬ》と、はかま。表記㊂は「▼裃」とも書く。

【上掲】《ジョウケイ》(名・する)上にかかげること。また、前に述べたこと。前掲。例―の写真。説明は―する図による。

【上弦】《ジョウゲン》〔「弦」は、半月の直線部分を弓のつるに見立てたもの〕新月から満月にいたる中間の、陰暦《インレキ》七、八日ごろの月。右半分が光りかがやく半月。対下弦《カゲン》。

【上限】《ジョウゲン》①数量や値段の上のほうの限界。例年齢《ネンレイ》の―。②歴史や時代の古いほうの限界。例―までさかのぼる。▽対下限《カゲン》。

【上戸】㊀《ジョウコ》上等の家。律令制《リツリョウセイ》で、一戸に成年男子六、七人をもつ家。対下戸《ゲコ》。㊁《ジョウゴ》①大酒を飲めること。また、その人。さけのみ。対下戸《ゲコ》。②酒によったときに出るくせ。例泣き―。笑い―。

【上古】《ジョウコ》①おおむかし。古代。太古。②日本史の時代区分の一つ。大和《やまと》・奈良《なら》時代。

【上皇】《ジョウコウ》①位をゆずって退位したあとの天皇をうやまっていうことば。類太上《ダイジョウ》天皇・院。②天皇の退位等に関する皇室典範特例法により退位した天皇の称号。二〇一九(平成三十一)年、平成の天皇がこの称号を受けた。

【上告】《ジョウコク》(名・する)①上の者に申し立てること。類上申《ジョウシン》。②〔法〕裁判で、第二審《シン》の判決に対する不服を、より上級の裁判所(=高等裁判所・最高裁判所)に申し立て、最終的な判断を求めること。例不服なので―審で争う。

【上座】《ジョウザ|かみザ》年齢《ネンレイ》や地位が上の人のつく席。上席《ジョウセキ》。対下座。

【上▼巳】《ジョウシ》〔はじめの巳《み》の日の意〕五節句の一つ。三月三日の桃《もも》の節句。ひな祭り。古代中国で陰暦《インレキ》三月の最初の巳の日(=後に三月三日)におはらいをする行事が、日本に伝わったもの。

【上司】《ジョウシ》①仕事上の地位が自分より上の人。上役《うわヤク》。②上級の役所や官僚《カンリョウ》。

【上使】《ジョウシ》江戸《えど》幕府から諸大名へ、上意(=将軍の意向)を伝えるために、つかわされた者。

【上肢】《ジョウシ》〔「肢」は、手足の意〕人間の手。また、四つ足動物の前足。対下肢《カシ》。

【上▼梓】《ジョウシ》(名・する)〔版木《ハンギ》に梓《あずさ》の木を用いたことから〕書物を印刷・出版すること。類上木《ジョウボク》。例歌集を―する。

【上質】《ジョウシツ》(名・形動ダナ)品質がすぐれていること。例―紙。

【上述】《ジョウジュツ》(名・する)文章などで、前にすでにのべたこと。類上記・前述。対後述《コウジュツ》。例―のとおり。

【上首尾】《ジョウシュビ》ものごとが思いどおりにうまく運ぶこと。対不首尾。例今回の興行は―に終わった。

【上旬】《ジョウジュン》〔「旬」は、十日の意〕ひと月の一日から十日までのあいだ。類初旬。

【上書】《ジョウショ》(名・する)君主や上官へ、意見を述べた文書を差し出すこと。また、その書面。類上表。

【上声】《ジョウショウ|ジョウセイ》漢字音の四声《シセイ》(=平声《ヒョウショウ》・上声・去声《キョショウ》・入声《ニッショウ》)の一つ。初め低く終わりを高く、しり上がりに発音する。日本では高く平らな調子をいう。

【上昇】《ジョウショウ》(名・する)段階や程度が高くなること。対下降《カコウ》。例―志向。物価の―。景気が―する。

【上上】《ジョウジョウ》(名・形動ダナ)最もすぐれていてよいこと。類上乗・最上。対下下《ゲゲ》。例天気は―だ。

【上乗】《ジョウジョウ》㊀(名)〔仏〕最もすぐれた教え。類大乗。㊁(名・形動ダナ)たいへんよいこと。類上上・最上。

【上場】《ジョウジョウ》(名・する)〔経〕証券取引所や商品取引所で、株式や社債《シャサイ》、商品が売買されること。例―会社。

【上申】《ジョウシン》(名・する)上役《うわヤク》や上官に、事情説明をしたり意見をもうしたてたりすること。

【上手】㊀《じょうず》(名・形動ダナ)①技術がすぐれていること。対下手《へた》。例―な絵。②やりかたがうまいこと。例聞き―。③おせじ。例お―を言う。㊁《うわて》(名)①川かみ。かざかみ。かみて。対下手《しもて》。②相撲《すもう》で、相手の差し手の上からまわしをつかむこと。対下手《したて》。例―投げ。㊂《うわて》(名・形動ダナ)①囲碁《ゴイ》や将棋《ショウギ》の段位が高い人。②力量が他よりもすぐれていること。例―に出る。敵は一枚―だ。㊃《かみて》(名)①上《うえ》のほう。川かみ。かざかみ。②舞台《ブタイ》の、客席から見て右のほう。対下手《しもて》。

【上水】《ジョウスイ》おもに飲料用として管や水路を通して導かれる水。また、それを導く設備。対下水。例―道。

【上製】《ジョウセイ》ふつうより上等につくられたもの。例―本。

【上席】《ジョウセキ》①上位の者がつく席。類上座。対末席《マッセキ》。例―につく。②階級や等級、席次が上であること。

【上船】《ジョウセン》(名・する)船に乗ること。類乗船。対下船《ゲセン》。

【上訴】《ジョウソ》(名・する)①〔法〕裁判の判決に不服のあるとき、一定の期間内に上級の裁判所へうったえること。控訴《コウソ》・上告・抗告《コウコク》の三種がある。②上級機関や上位の者へうったえること。

【上奏】《ジョウソウ》(名・する)大臣などが天子へ、事実や意見を申し上げること。類奏上。例現在の国際情勢を―する。

【上層】《ジョウソウ》①重なったものの上のほう。例―雲《ウン》。―気流。②社会的な地位が高く、経済的に豊かな階層。例会社の―部。

【上体】《ジョウタイ》からだの腰《こし》から上の部分。類上半身。例―を前にたおす。

【上代】《ジョウダイ》日本の文学史・言語史の時代区分の一つ。仮名文字《かなモジ》が生まれる以前の、大和《やまと》時代・奈良《なら》時代をいう。参考日本史では、「古代」を用いる。

【上達】《ジョウタツ》(名・する)①練習をつんで、学芸や技術が進むこと。うまくなること。例努力して―する。②上の者に下の者の事情や意向が伝わること。対下達《カタツ》。例下意《カイ》―。

【上段】《ジョウダン》①上のほうの段。対下段《ゲダン》。例寝台《シンダイ》列車の―。②ゆかを一段高くつくったところ。例―の間《ま》。③刀などを頭上に高くふりかざして構えること。対下段《ゲダン》。例―の構え。大《ダイ》―に構える。④囲碁《ゴイ》や将棋《ショウギ》、武道などで、段位の高いこと。

【上知】《ジョウチ》知的能力の高い、すぐれた人。表記旧上▼智

【上知《ジョウチ》と下愚《カグ》とは移《うつ》らず】(人間は、生まれつき、それほどのちがいはないけれど)いたって賢《かしこ》い人と、いたっておろかな人とは、変わらない。〈論語《ロンゴ》〉

【上帝】《ジョウテイ》天上で万物《バンブツ》を支配する神。〔中国ではキリスト教の「神」の意にも用いた〕類天帝・造物主。

【上程】《ジョウテイ》(名・する)会議に議案をかけること。例予算案の―。議案を―する。

【上出来】《ジョウでき》(名・形動ダナ)できた結果や状態がよいこと。例対策は―だった。

【上天】《ジョウテン》㊀(名)①そら。天。②上帝《ジョウテイ》。天帝。造物

主。㊁（名・する）天にのぼること。類昇天《ショウテン》。例安らかな—をいのる。

【上天気】《ジョウテンキ》よく晴れたいい天気。類好天・快晴。

【上等】《ジョウトウ》㊀（名・形動《ダナ》）品質や程度がすぐれていること。また、そのようす。例—な素材。㊁（名）等級や段階が高いこと。例—兵。

【上棟式】《ジョウトウシキ》家を建てるとき、柱などを組んで建物の骨組みができた段階でおこなう神式の儀式《ギシキ》。むねあげ。類建前《たてまえ》。

【上得意】《ジョウトクイ》いつも、値段《ねダン》の高いものやたくさんの品物を買ってくれるだいじな客。類上客。

【上人】《ショウニン》〔仏〕①修行《シュギョウ》を積んで知恵《チエ》と徳をそなえたすぐれた僧《ソウ》。例お—さま。②僧の名につけてうやまっていう呼び名。例明恵《ミョウエ》—。

【上納】《ジョウノウ》（名・する）①政府に金品をおさめること。例—金。②年貢《ネング》。年貢米。

【上▼膊】《ジョウハク》ひじから肩《かた》までの部分。上腕《ジョウワン》。二の腕《うで》。例そでを—までまくり上げる。

【上半身】《ジョウハンシン｜かみハンシン》からだの腰《こし》から上の部分。対下半身。例—をきたえる。

【上皮】《ジョウヒ》動物のからだの表面をおおうかわ。うわかわ。

【上表】《ジョウヒョウ》（名・する）君主へ意見書を差し上げること。また、その文書。類上書。

【上品】㊀《ジョウヒン》（名・形動《ダナ》）やぼったさがなく、好ましい感じをあたえるようす。対下品《ゲヒン》。例—な服装。㊁《ジョウボン》（名）〔仏〕極楽《ゴクラク》を上品・中品《チュウボン》・下品《ゲボン》の三段階に分けた最上位。〔それぞれをさらに上生《ジョウショウ》・中生《チュウショウ》・下生《ゲショウ》に分ける〕対下品《ゲボン》。

【上布】《ジョウフ》上等の麻織物《あさおりもの》。例越後《エチゴ》—。薩摩《さつま》—。

【上部】《ジョウブ》上のほうの部分。組織の中で権限のあるもの。対下部《カブ》。例—構造。—団体。

【上聞】《ジョウブン》（名・する）①君主の耳に届くこと。例—に達する。②君主に申し上げること。例—に入れる。

【上分別】《ジョウフンベツ》すぐれた考え。最良の判断。

【上方】㊀《ジョウホウ》上のほう。上部。対下方《カホウ》。㊁《かみがた》〔江戸《えど》末期まで京都に皇居があったことから〕京都・大阪《おおさか》周辺。例—落語《ラクゴ》。—歌舞伎《かぶき》。

【上▼洛】《ジョウラク》（名・する）①洛陽（＝都）へ行くこと。②〔京都を洛陽になぞらえて「洛」と称し〕地方から京都へ行くこと。類上京・入洛《ジュラク》。対下洛《ゲラク》。例戦国大名《ダイミョウ》はそれぞれ—の機をうかがっていた。

【上覧】《ジョウラン》（名・する）身分の高い人がご覧になること。類天覧。例—相撲《ずもう》。

【上陸】《ジョウリク》（名・する）船や海から陸へあがること。海外からはいる人や文物・資本などや、台風についてもいう。例台風は今夜九州に—するもようです。

【上略】《ジョウリャク》（名・する）文章を引用するときに前の部分をはぶくこと。対下略《ゲリャク》。例—して引用した文章。

【上流】《ジョウリュウ》①川の流れの水源に近いほう。類川上《かわかみ》。対下流。例利根川《とねがわ》の—。②社会的地位が高く経済的に豊かな階層。類上層。対下層。例—階級。—社会。

【上▼臈】《ジョウロウ》〔「臈」は、年功による地位〕①長い年月、修行《シュギョウ》を積んだ位の高い僧《ソウ》。②地位・身分の高い人。③身分の高い婦人。女官《ニョカン》や御殿《ゴテン》女中で上位の者。表記▽「上▼臘」とも書く。
●炎上《エンジョウ》・屋上《オクジョウ》・海上《カイジョウ》・階上《カイジョウ》・逆上《ギャクジョウ》・計上《ケイジョウ》・啓上《ケイジョウ》・下剋上《ゲコクジョウ》・献上《ケンジョウ》・口上《コウジョウ》・極上《ゴクジョウ》・参上《サンジョウ》・史上《シジョウ》・紙上《シジョウ》・席上《セキジョウ》・奏上《ソウジョウ》・卓上《タクジョウ》・地上《チジョウ》・頂上《チョウジョウ》・天上《テンジョウ》・同上《ドウジョウ》・途上《トジョウ》・返上《ヘンジョウ》・無上《ムジョウ》・路上《ロジョウ》

一 2
【丈】
3画 3070 4E08 常用
音 チョウ漢 ジョウ呉
訓 たけ

筆順 一ナ丈

なりたち 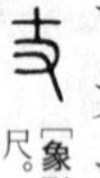 〔象形〕「又（＝手）」に「十」を持つ形。十尺。

意味 ❶長さの単位。十尺。→「度量衡表《ドリョウコウヒョウ》」（1141ページ）例丈六《ジョウロク》。方丈《ホウジョウ》。白髪三千丈《ハクハツサンゼンジョウ》。❷長さ。たけ。例丈尺《ジョウシャク》。❸一人前の男子。例丈夫《ジョウフ》。❹長老および目上の人を、うやまっていうことば。例丈人《ジョウジン》。岳丈《ガクジョウ》（＝妻の父）。

日本語での用法 ㊀《ジョウ》役者の芸名にそえて敬意をあらわすことば。「菊五郎丈《キクゴロウジョウ》」㊁《たけ》身長。「背丈《せたけ》・居丈高《いたけだか》」

難読 丈夫《ますらお》

人名 たけし・たすく・つかさ・とも・ひろ・ます

【丈尺】《ジョウシャク》①たけ。長さ。寸法。②長さ一丈のものさし。

【丈夫】㊀《ジョウフ》（名）〔周の制度で成年男子の身長を一丈としたことから〕一人前の成人男子。勇ましくりっぱな男性。ますらお。例大《ダイ》—。㊁《ジョウブ》（名・形動《ダナ》）①健康で病気にならないようす。例—なからだ。②しっかりしていてこわれにくいようす。例—な器物。

【丈余】《ジョウヨ》一丈にあまりある高さや長さ。例—の積雪。

【丈六】《ジョウロク》①立った高さが一丈六尺の仏像。〔釈迦《シャカ》の身長がふつうの人の身長の二倍にあたる一丈六尺あったとする信仰《シンコウ》から丈六を仏像の標準とする〕②〔仏像が多く足を組んですわっていることから〕あぐらをかくこと。

一 2
【万】
3画 4392 4E07 教育2
音 バン漢 マン呉
訓 よろず

筆順 一フ万

艹 9
【萬】
12画 7263 842C 人名

なりたち  〔象形〕毒虫のサソリの形。借りて、千の十倍。

参考「万」は、「卍《まん》」（＝もと、一万をあらわす印、という）の変形とされ、「萬」の俗字《ゾクジ》として古くから用いられる。

意味 ❶数の名。千の十倍。例一万《イチマン》。千万《センマン》。百万《ヒャクマン》。❷数がひじょうに多いこと。あまたの。すべての。よろず。例万感《バンカン》。万事《バンジ》。万物《バンブツ》。❸必ず。どうしても。例万《バン》止《や》むを得《え》ず。

日本語での用法《ま》「ま」の音にあてた万葉がな。「万利《まり》・也万《やま》」

難読 万里小路《までのこうじ》

人名 かず・かつ・すすむ・たか・たかし・つむ・つもる・みつる

【▽万▽年▽青】《おもと》ユリ科の常緑多年草。葉は厚くつやがあり赤い実ができる。

【万巻】《バンカン｜マンガン》多くの書物。例—の書をひもとく。

【万感】《バンカン》一度に心に起こるさまざまな気持ち。例—胸にせまる。

【万機】《バンキ》政治上さまざまのだいじなことがら。例—公論に決すべし（＝天下の政治は世論に従って決定すべきだ。明治天皇の「五箇条《ゴカジョウ》の御誓文《ゴセイモン》」の一部）。

【万金】《バンキン｜マンキン》多くの金銭。類千金。例—を費《つい》やす。

【万古】《バンコ》①大昔。大昔から今まで。永久。永遠。万世《バンセイ》。

例—不易《フエキ》(=いつまでも変わらない)。②「万古焼《やき》」の略。江戸《えど》中期に、伊勢《いせ》で作り始められた陶器《トウキ》。

【万国】《バンコク》世界じゅうのあらゆる国々。例—旗。—博覧会。

【万骨】《バンコツ》多くの人々のほね。大きな犠牲《ギセイ》。例一将功成《な》りて—枯《か》る(=将軍ひとりの戦功のかげには多くの無名の兵士の戦死がある)。

【万歳】[一]《バンザイ》(名)〔古くは、「バンゼイ」「マンザイ」とも〕長い年月。例千秋—。[二]《バンザイ》(名・する)①お祝いや喜びの気持ちをあらわすとき、おおぜいでいっしょにとなえることば。例—三唱《サンショウ》。②〔両手をあげることから〕降参すること。お手上げ。例そんな質問には—するよりしかたがない。[三]《マンザイ》(名)新年に家々をおとずれて祝いのことばを述べたりおどりをする二人組の芸人。例三河《みかわ》—。

【万策】《バンサク》考えられるかぎりのあらゆる方法や手段。例—を講じる。—つきる。

【万死】《バンシ》①助かるみこみがないこと。類九死。例—に一生《イッショウ》を得る。②なん回も死ぬこと。例罪《つみ》、—に値《あたい》する。

【万死一生】《バンシイッショウ》助かりそうもない危険からのがれて生きのびること。万死(のうち)に一生を得《う》ること。類九死一生。例—の危難をのがれる。

【万事】《バンジ》すべてのこと。あらゆること。例一事が—(=一つの事例で他のすべてのことが予想できること)。—休《キュウ》す(=もうどうすることもできない)。

【万謝】《バンシャ》(名・する)①ひじょうに感謝すること。②深くわびること。例—あるのみ。—に値《あたい》する。

【万象】《バンショウ》多くの事物のさまざまなかたち。例森羅《シンラ》—(=天地・宇宙のすべてのもの)。

【万障】《バンショウ》いろいろなさしさわり。例—を繰《く》りあわせて出席する。

【万丈】《バンジョウ》〔一丈の一万倍の意から〕①ひじょうに高いこと。例—の山。②はげしいこと。意気さかんなこと。例波乱—。—の気炎《キエン》。

【万乗】《バンジョウ》①〔「乗」は、兵車を数えることば〕兵車一万台。②〔古代中国で、天子は戦争のとき、一万台の兵車を出したことから〕天子のこと。また、天子の位。対千乗《センジョウ》。例—の君《きみ》。

【万世】《バンセイ》永久。永遠。とわ。万古《バンコ》。例—不朽《フキュウ》。

【万世一系】《バンセイイッケイ》一つの血統が永久に続くこと。

【万世不易】《バンセイフエキ》いつまでも変わらないこと。類万古《バンコ》不易。例—の真理。

【万全】《バンゼン》(名・形動《ダ》)少しの手落ちもなく完全なこと。例—を期す。—の警備態勢。

【万▼朶】《バンダ》〔「朶」は、垂れた花の枝の意〕たくさんの花がさいた枝。例—の桜。

【万端】《バンタン》ある事にかかわるあらゆることがら。例準備—整う。

【万難】《バンナン》多くの障害や困難。例—を排《ハイ》す。

【万人】《バンニン》〔「バンジン」とも〕すべての人。多くの人。例—向き。

【万能】[一]《バンノウ》〔古くは「マンノウ」とも〕①なんでもよくできること。例—選手。スポーツ—。②すべてに効き目があること。例—薬《ヤク》。[二]《マンノウ》「万能鍬《マンノウぐわ》」の略。牛馬に引かせて田畑の土を細かくする農具。

【万般】《バンパン》ある事に関するいろいろな方面のこと。例社会の—にわたる知識。

【万夫】《バンプ》多くの男子。また、多くの武士。例—不当(=多くの男でもかなわないほど強いこと)。

【万福】《バンプク》多くの幸せ。類多幸。例—を祈《いの》る。

【万物】《バンブツ》多くのもの。あらゆるもの。例—の霊長《レイチョウ》(=人間のこと)。—は流転《ルテン》する。

【万別】《バンベツ》さまざまなちがいがあること。例千差—。

【万邦】《バンポウ》あらゆる国々。万国《バンコク》。例—の共存共栄。

【万民】《バンミン》すべての国民。例—法。

【万目】《バンモク／マンモク》多くの人の目。類衆目《シュウモク》。例—の見るところ、おのずから可否は明らかだ。

【万有】《バンユウ》宇宙にあるすべてのもの。類万物《バンブツ》。例—引力(=一つの物体間のたがいに引き合う力)。

【万雷】《バンライ》たくさんのかみなり。また、そのように鳴りひびく大きな音。例—の拍手《ハクシュ》。

【万▼籟】《バンライ》〔「籟」は、音やひびきの意〕風にふかれて起こるいろいろな物音やひびき。類衆籟《シュウライ》。例—死して静寂《セイジャク》に帰《キ》する。

【万里】《バンリ》〔一万里の意から〕ひじょうに遠くて長い距離《キョリ》。例—の望み(=遠い将来への希望)。—の長城。

【万緑】《バンリョク》一面、見わたす限りの緑色。

【万緑《バンリョク》▼叢中《ソウチュウ》紅一点《コウイッテン》】①多くのものの中で一つだけがすぐれて目立つこと。〔『記纂淵海《キサンエンカイ》』に、王安石《オウアンセキ》が石榴《セキリュウ》(=ざくろ)を見て作った、という記述があることによる〕②多くの男性の中にたった一人の女性がまじっていること。紅一点。〔日本での俗用《ゾクヨウ》〕

【万一】《マンイチ》〔「マンイツ」とも。一万分の一の意〕[一](名)めったにないが、まれに起こりうること。もしものこと。万が一。例—に備える。[二](副)もしも。ひょっとして。万が一。例—試験に失敗したら…。

【万華鏡】《マンゲキョウ》長方形のガラス板三枚を三角柱状に組み入れた円筒《エントウ》に色紙やガラス片《ヘン》を閉じこめ、回しながら中にできる模様の変化をのぞいて楽しむおもちゃ。

【万言】《マンゲン》〔「バンゲン」とも〕多くのことば。例この感動は—を費《つい》やしても言いあらわせない。

【万▼劫】《マンゴウ》〔「劫《コウ》」は、きわめて長い時間の意〕ひじょうに長い年月。永久。例—末代《マツダイ》。

【万灯】《マンドウ／マントウ》①数多くのともしび。②柄《え》のついた行灯《アンドン》(=木のわくに紙をはって中に火をともす明かり)。例—会《エ》(=多くの灯明《トウミョウ》をともしておこなう供養《クヨウ》)。

【万病】《マンビョウ》あらゆる病気。例風邪《かぜ》は—のもと。

【万葉】《マンヨウ》①たくさんの木の葉。②多くの時代。万世《バンセイ》。よろずよ。ばんよう。③『万葉集《マンヨウシュウ》』の略。奈良《なら》時代以前の歌を集めた日本最古の歌集。例—調。

【万葉仮名】《マンヨウがな》〔『万葉集』に多く用いられたことから〕ひらがな・かたかながができる以前、日本語を書きあらわすために、漢字の意味は無視して、漢字の音や訓を使って日本語の音節をあらわした漢字の文字列。特に、一字で一音節をあらわしたもの。たとえば、「春《はる》」を「波流」、「山《やま》」を「也末」、「大和《やまと》」を「八間跡」と書いた。真仮名《まがな》。

【万力】《マンリキ》①工作器具で、材料をはさんでねじで締《し》め、加工しやすいように固定するもの。バイス。②船具《センぐ》で、綱《つな》のはしに鉤《かぎ》のついたもの。③「轆轤《ロクロ》」の別名。

一 2

【与】

3画 4531 4E0E 常用

音 ヨ 漢 呉
訓 あた-える・くみ-する・あずか-る

筆順 一 与 与

臼 6

【與】

13画 7148 8207 人名

なりたち 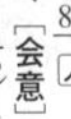 〔会意〕「両手でもちあげる形」と「与(=あたえる)」とから成る。なかまになる。

意味 ❶仲間になる。くみする。ともにする。例与国《ヨコク》。与党

《ヨトウ》。❷あたえる。例与件《ヨケン》。給与《キュウヨ》。❸加わる。かかわる。例関与《カンヨ》。参与《サンヨ》。❹〔助字〕「と」「…と…と」と読み、並列《ヘイレツ》をあらわす。例楯与レ矛《たてとほこと》。

人名 あたう・あたえ・あと・あとう・くみ・すえ・たすく・ため・とも・ひとし・もと・もろ・よし・より

【与国】《ヨコク》 たがいに助け合う約束をした国。同盟国。例ヨーロッパ連合の—となる。

【与太】《よた》〔あて字〕「与太郎《よたロウ》」「与太者《よたもの》」の略。①役に立たないこと。知恵《チエ》がない、また、不良。例うちの—はどこで何をしているやら。②いいかげんなこと。でたらめ。例—を飛ばす。

【与奪】《ヨダツ》（名・する）あたえることとうばうこと。例生殺—の権をにぎる。

【与党】《ヨトウ》①政党政治で、政権を担当している政党。また、政府を支持し助ける政党。(対)野党。例連立—。②なかま。同志。

【与力】《ヨリキ》㊀（名・する）力を貸し、助けること。例秀吉《ひでよし》軍に—する。㊁（名）江戸《えど》時代、奉行《ブギョウ》の下で部下の同心を指揮して現在の警察のような仕事をした役人。

●関与《カンヨ》・給与《キュウヨ》・寄与《キヨ》・参与《サンヨ》・授与《ジュヨ》・賞与《ショウヨ》・贈与《ゾウヨ》・貸与《タイヨ》・天与《テンヨ》・投与《トウヨ》

一 3

【丐】

4画 4802 4E10 音 カイ漢呉 訓 こ-う

意味 ❶ものをねだる。こう。例丐取《カイシュ》（＝ねだって取る）。❷ものごいをする人。例乞丐《キッカイ｜コツガイ｜ものもらい》。❸あたえる。例貸丐《タイカイ》。

一 3

【丑】

4画 1715 4E11 人名 音 チュウ漢 訓 うし

なりたち  ［象形］人が手の指を曲げて、ものをつかむ形。借りて、十二支の第二に用いる。

意味 十二支の二番目。方位では北北東、時刻では午前二時、およびその前後の二時間。月では陰暦《インレキ》の二月。動物ではウシにあてる。うし。例丑寅《うしとら》。丑三つ時《うしみつどき》。

人名 うし

【丑▼寅】《うしとら》〔「丑」「寅」はともに十二支の一つ〕丑と寅の中間の方角で、北東のこと。鬼門《キモン》にあたる。表記 易《エキ》で「艮《コン》」を配するところから「▼艮」とも書く。

［一部］3画 丐 丑 不

【丑の時参り】《うしのときまいり》 にくい人をのろい殺すために、丑の刻（＝午前二時ごろ）に、寺や神社にお参りすること。多く、相手をかたどったわら人形を神木にくぎで打ちつけると、相手は七日目の満願の日に死ぬと信じられていた。丑の刻参り。

【丑の日】《うしのひ》 十二支の丑にあたる日。とくに、立秋前の十八日間にある丑の日を土用の丑の日といい、この日に、暑さに負けない体力をつけるため、ウナギのかば焼きを食べる習慣がある。

【丑三つ】《うしみつ》 昔の時刻で、丑の刻を四つに分けたうちの三番目。午前二時から二時半ごろ。真夜中。例草木もねむる—時。表記「丑▽満」とも書く。

一 3

【不】

4画 4152 4E0D 教育4 音 ㊀ブ慣 フ漢 ㊁フウ漢 フ呉

筆順 一 ア 不 不

なりたち  ［象形］「一（＝天）」と、鳥が飛び立ってその羽や尾《お》が見える形。鳥がおりてこない。派生して「そうではない」の意。

意味〔助字〕㊀《ブ フ》「ず」と読み、…でない・…しない、の意。否定をあらわす。例人不レ知而不レ慍《ひとしらずしていからず》（＝他人が理解してくれなくても、いからない）。〈論語《ロンゴ》〉不正《フセイ》〔「ただしからず」と訓読する〕。不幸《フコウ》。㊁《フウ フ》「（や）いなや」と読み、…なのかどうか、の意。例尚在不《なおありやいなや》（＝まだあるか、どうか）。

難読 不知火《しらぬい》

【不安】《フアン》（名・形動《ダナ》）①心配なこと。気がかりで落ちつかないこと。例—におそわれる。—でねられない。②世の中が落ちつかず、これからどうなるかよくわからないこと。例政情—。

【不案内】《フアンナイ｜ブアンナイ》（名・形動《ダナ》）ものごとの内容やようす、その土地の地理などについて、よく知らないこと。例初めての土地なのでまったく—だ。貿易問題については—だ。

【不意】《フイ》（名・形動《ダナ》）思いがけないこと。とつぜんであること。例—にあらわれる。—をつかれる。—の来客。

【不一】《フイツ》①手紙の終わりに書くことば。〔じゅうぶんに内容や気持ちを述べつくしていない意〕(類)不具・不二《フジ》・不悉《フシツ》・不尽《フジン》。②同じでないこと。表記▽「不▽乙」とも書く。

【不入り】《フいり》 映画・演劇・コンサート・展示会などの興行やもよおしもので、客の数が少ないこと。(対)大入《おおい》り。

【不運】《フウン》（名・形動《ダナ》）運が悪いこと。幸せにめぐまれないこと。(対)幸運。例—な人生を送る。身の—をなげく。

【不易】《フエキ》（名・形動《ダナ》）変わらないこと。(類)不変。例—流行。万古《バンコ》—。

【不得手】《ふえて》（名・形動《ダナ》）得意でないこと。苦手《にがて》。(類)不得意。(対)得手《えて》。例—な科目。スポーツは—だ。

【不縁】《フエン》①夫婦《フウフ》や養子などの縁がきれること。(類)離縁《リエン》。例つりあわぬは—のもと。②縁組みがまとまらないこと。例あの縁談は結局—になった。

【不穏】《フオン》（名・形動《ダナ》）おだやかでないこと。事件や争いなどが起こるおそれがあること。例—な状況《ジョウキョウ》がつづく。

【不穏当】《フオントウ》（名・形動《ダナ》）不適切なこと。さしさわりがあること。例—な発言。

【不可】《フカ》①よくないこと。また、できないこと。例—抗力《コウリョク》。入室—。可もなく—もない。②試験の成績を評価することばで、不合格。例優・良・可・—。—が多くて進級できない。

【不可解】《フカカイ》（名・形動《ダナ》）理解できないこと。何がなんだかわからないこと。例—な行動。—なできごと。

【不可欠】《フカケツ》（名・形動《ダナ》）欠くことができないこと。どうしても必要なこと。例必要—。かれはわがチームにとって—だ。

【不可抗力】《フカコウリョク》 人の力ではどうすることもできない力。例—による事故。

【不可思議】《フカシギ》（名・形動《ダナ》）人間の知識ではとても理解できないこと。不思議なこと。例—な事件。

【不可侵】《フカシン》 侵害を許さないこと。例—条約。

【不可能】《フカノウ》（名・形動《ダナ》）できないこと。例計画の実現は—になった。

【不可避】《フカヒ》（名・形動《ダナ》）さけることができないこと。例これで議会の解散は—になった。—の運命。

【不可分】《フカブン》（名・形動《ダナ》）わけることができないこと。切りはなしては考えられないほど強く結びついていること。例外交問題と経済問題とは—な関係にある。

【不快】《フカイ》（名・形動《ダナ》）①おもしろくないこと。不愉快《フユカイ》なこと。例心ない発言のため—になる。②体調がよくないこと。気分がすぐれないこと。例朝からなんとなく—を感じていた。

【不快指数】《フカイシスウ》 人が不快に感じるむし暑さの程度を、温度と湿度《シツド》から割り出した数値。例—が増す。

【不覚】《フカク》(名・形動ダナ)①心がまえがしっかりできていないこと。油断して思わぬ失敗をすること。例―を取る。―にも一回戦で敗退した。②はっきり意識しないこと。思わずすること。例くやしさから―の涙《なみだ》をこぼした。③意識がないこと。おぼえがないこと。例前後―によっぱらう。

【不格好】《ブカッコウ》(名・形動ダナ)かっこうが悪いこと。見た感じが悪いこと。例その服はあまりにも大きすぎて―だ。表記「不▼恰好」とも書く。

【不換紙幣】《フカンシヘイ》それ自体が価値をもっている金貨や銀貨と、交換することのできない紙幣。(対)兌換《ダカン》紙幣。

【不完全燃焼】《フカンゼンネンショウ》(名・する)ものがもえるとき、酸素が足りなくて完全にもえきれないこと。一酸化炭素やすすなどが発生する。

【不軌】《フキ》①法や規則を守らないこと。例豪快《ゴウカイ》で―な態度。②反逆すること。例―をくわだてる。

【不帰】《フキ》二度と帰らないこと。例―の客となる(=死ぬ)。

【不▼羈】《フキ》〔「羈」は、つなぐ意〕①束縛《ソクバク》を受けず自由にふるまうこと。例奔放《ホンポウ》―。―独立の行動。②才能が人よりもはるかにすぐれていて、おさえつけられないこと。(類)非凡《ヒボン》。例―の才。

【不義】《フギ》①人としての正しい道にはずれること。例天に代わりて―をうつ。②男女間の道にはずれた関係。(類)密通。例―をはたらく。

【不機嫌】《フキゲン》(名・形動ダナ)機嫌が悪いこと。また、そのようす。(対)上機嫌。例―に口少なになる。

【不起訴】《フキソ》〔法〕検察官が起訴をしないこと。〔証拠《ショウコ》が不十分な場合や起訴猶予《ユウヨ》の場合など〕例―処分。

【不吉】《フキツ》(名・形動ダナ)何かよくないことが起こりそうなきざしがあること。えんぎが悪いこと。例―な夢を見る。

【不気味】《ブキミ》(名・形動ダナ)得体《えタイ》が知れず気味が悪い感じ。例―な古い城。―な笑いをうかべる。表記「無気味」とも書く。

【不朽】《フキュウ》(名・形動ダナ)いつまでも価値を失わないこと。のちの世に長く残ること。例―の名作。

【不況】《フキョウ》(名・形動ダナ)〔「況」は、ありさまの意〕景気が悪いこと。(類)不景気。(対)好況。例長引く―で失業者が増える。

【不興】《フキョウ》(名・形動ダナ)①目上の人の機嫌《ゲンキ》をそこねること。例上役《うわヤク》の―を買う。②おもしろくなくなること。興がさめること。例むしろ―げに説明を聞き捨てた。

【不器用】《ブキヨウ》(名・形動ダナ)①手先を使う仕事がへたなこと。ぶきっちょ。(対)器用。例―なので裁縫《サイホウ》は苦手《にがて》だ。②ものごとの取りあつかい方や人とのつきあい方がへたなこと。要領が悪いこと。例―な生き方しかできない。表記▽「無器用」とも書く。

【不行状】《フギョウジョウ》よくない、おこないやふるまい。不行跡《フギョウセキ》。例―をとがめられる。

【不行跡】《フギョウセキ》公金を使いこんだり、さわぎを起こしたり、人に非難されるようなおこないが多いこと。不行状《フギョウジョウ》。例―をはたらく。―のむくい。

【不協和音】《フキョウワオン》①同時に出された二つ以上の音が調和せず、美しくひびかないこと。また、その音。例耳ざわりな―。②転じて、なかまうちで、考え方や気持ちにくいちがいが生じるような場合にいう。例部内に―が生じる。

【不義理】《フギリ》(名・形動ダナ)①目上や恩のある人にそむくこと。また、なかまからのさそいをことわること。例世話になりながら―をかさねる。②借金を返さないこと。例兄に三万円の―がある。―をしたまま年を越《こ》した。

【不器量】《ブキリョウ》(名・形動ダナ)①才能が乏《とぼ》しいこと。②顔だちが美しくないこと。表記「無器量」とも書く。

【不謹慎】《フキンシン》(名・形動ダナ)つつしみ深くふるまうべき場面で、言動がその場にふさわしくないこと。例―な発言をたしなめられる。

【不具】《フグ》①身体の一部に障害があること。②手紙の終わりに書くことば。〔じゅうぶんに内容や気持ちを述べつくしていない意〕(類)不一《フイツ》・不二《フジ》・不悉《フシツ》・不尽《フジン》。

【不遇】《フグウ》(名・形動ダナ)能力や才能がありながら、世間からじゅうぶんな評価をうけないこと。例―をかこつ。世に出るまでに長い―の時代があった。

【不▼倶戴天】《フグタイテン》〔「倶《とも》に天を戴《いただ》かず」と訓読する〕主君や父の敵《かたき》とは、同じ天の下に生きていられない。深くうらみにくむこと。〈礼記《ライキ》〉例―の敵《かたき》。

【不屈】《フクツ》(名・形動ダナ)どんな困難や障害にもくじけないこと。例不撓《フトウ》―。―の精神。

【不敬】《フケイ》(名・形動ダナ)皇室や社寺に対して失礼な言動をとること。例昔の日本には―罪《ザイ》があった。

【不景気】《フケイキ》(名・形動ダナ)①景気が悪いこと。(類)不況《フキョウ》。(対)好景気。例―で売り上げがのびない。②繁盛《ハンジョウ》しないこと。はやらないこと。例―な店。③活気がないこと。表情などがさえないこと。例―な顔をしている。

【不経済】《フケイザイ》(名・形動ダナ)時間・労力・金銭・物品などを、むだに使うこと。例―な電力使用を改善する。

【不潔】《フケツ》(名・形動ダナ)①よごれていて、きたないこと。例―な身なり。②けがらわしいこと。例―な想像をする。▽(対)清潔。

【不結果】《フケッカ》(名・形動ダナ)結果がよくないこと。また、思わしくない結果。(類)不首尾《フシュビ》。例―に終わる。

【不見識】《フケンシキ》(名・形動ダナ)ものごとに対するしっかりした見方や考え方がないこと。例―な発言。―を暴露《バクロ》する。

【不言実行】《フゲンジッコウ》あれこれ言わずに、やるべきことをきちんとやること。例―の人。

【不▼辜】《フコ》〔「辜」は、つみの意〕つみのないこと。また、その者。無辜《ムコ》。例―の人人をしいたげる。

【不孝】《フコウ》(名・形動ダナ)親をたいせつにしなかったり、親の気持ちに逆らったりすること。(対)孝行。例親―。―者《もの》。

【不幸】《フコウ》㊀(名・形動ダナ)幸福でないこと。ふしあわせ。(対)幸福。例―中の幸い。―な一生をおくる。㊁(名)親戚《シンセキ》や知り合いの死。例―があったので会社を休む。

【不公平】《フコウヘイ》(名・形動ダナ)公平でないこと。一部の者を有利にあつかうこと。例点のつけ方が―だ。税の―感。

【不心得】《フこころえ》(名・形動ダナ)心がけが悪いこと。例―な者が多い。―をしてはいけない。

【不才】《フサイ》①才能がないこと。例みずからの―をなげく。②自分に才能がないと、へりくだっていうことば。(類)非才。例この―に大役《タイヤク》をおおせつけくださいまして光栄に存じます。

【不在】《フザイ》その場にいないこと。また、留守《ルス》であること。例ただいま―です。―証明(=アリバイ)。人間―の政治。

【不細工】《ブサイク/ブザイク》(名・形動ダナ)①できあがりぐあいが悪いこと。例―な箱。②顔かたちがよくないこと。例―な顔。表記▽「無細工」とも書く。

【不作】《フサク》①農作物のできが悪いこと。(対)豊作。例―続き。日照りのために米が―だ。②(人や作品などで)優秀《ユウシュウ》なものが見られないこと。例今年の絵画界は―だ。

【不作法】《ブサホウ》(名・形動ダナ)礼儀《レイギ》作法にはずれていること。行儀が悪いこと。表記「無作法」とも書く。

【不様】《ブざま》(名・形動ダナ)みっともない。かっこうのわるいようす。表記「無様」とも書く。

【不▽二】《フジ》①二つとないこと。ただ一つであること。②二つのように見えて、実は一つであること。③手紙の終わりに書くことば。〔用件ばかりでくわしくは述べない意〕(類)不一《フイツ》・不具・不悉《フシツ》・不尽《フジン》。④「富士山」のこと。

【不時】《フジ》思いがけないとき。予期しないとき。[例]—の来客。

【不時着】《フジチャク》(名・する) 飛行機が、故障や悪天候などで、予定外のところに着陸すること。不時着陸。〔水面の場合は「不時着水」という〕

【不思議】《フシギ》(名・形動《ナダ》) なぜそうなのかわからないこと。ふつうでは考えられない、あやしいこと。[例]世界の七—。

【不自然】《フシゼン》(名・形動《ナダ》) ものごとのありさまや、なりゆきがわざとらしくて、むりがあること。[例]—を感じる。—な姿勢。—なせりふが多すぎる。

【不死鳥】《フシチョウ》エジプト神話の霊鳥《レイチョウ》。五百年ごとに火にはいって焼け死ぬが、その灰の中からまたよみがえるという鳥。フェニックス。[例]—のごとくよみがえる。

【不▼悉】《フシツ》手紙の終わりに書くことば。〔じゅうぶんに内容や気持ちを述べつくしていない意〕(類)不一《フイツ》・不具・不尽《フジン》。

【不日】《フジツ》(副) なん日も日をへないで。なん日もたたないうち。近いうち。近日中。[例]—参上いたします。

【不実】《フジツ》(名・形動《ナダ》) ①誠実でないこと。[例]—な男。かれの—をせめる。②真実とちがうこと。[例]—の記事。

【不▼躾】《ブしつけ》(名・形動《ナダ》) しつけ・作法がよくないこと。失礼なこと。[例]—なお願い。

【不始末】《フシマツ》(名・形動《ナダ》) ①取りあつかいや、あとの処理がきちんとしていないこと。[例]火の—から火事になる。②あとあと、人にめいわくをかけるような、だらしのないこと。[例]—をしでかす。

【不死身】《フジみ》(名・形動《ナダ》) ①どんなひどい目にあっても死なないこと。また、そのようなからだ。[例]—の人間などいるはずがない。②どんな苦しみにもたえて、くじけないこと。また、そのような人。[例]苦境に立っても—の事業家。

【不自由】《フジユウ》(名・する・形動《ナダ》) 思うようにならないこと。不便なこと。[例]電気のない—な暮らし。食べるものにも—する。

【不首尾】《フシュビ》(名・形動《ナダ》) 結果がよくないこと。思わしくない結果。(類)不結果。(対)上首尾。[例]—に終わる。—をかくす。

【不純】《フジュン》(名・形動《ナダ》) ①純粋《ジュンスイ》でないこと。まじっていること。[例]—物。②純真でないこと。また、ことばやおこないに、何か下心が感じられること。[例]動機が—だ。かれのことばに何か—なものを感じた。▽(対)純粋・純真。

【不順】《フジュン》(名・形動《ナダ》) ①順調でないこと。[例]生理—。②気候が季節どおりではないこと。[例]—な毎日が続く。

【不肖】《フショウ》〔「肖」は、似る意〕[一](名・形動《ナダ》) ①親や師に似ないで、できが悪いという意味で、みずからへりくだっていうことば。[例]—の子。—の弟子《デシ》。②おろかなこと。(類)不才。[二](名) 自分をへりくだっていうことば。[例]—ながら全力をつくします。[例]—わたくしは、このたび支店長を拝命しました。

【不承】《フショウ》(名・する)「不承知」の略。承知しないこと。[例]—とあらばいたしかたない。

【不承不承】《フショウブショウ》(副) いやいやながら。しぶしぶ。[例]必死になってたのむので—承知した。

【不祥】《フショウ》(名・形動《ナダ》) ①えんぎのよくないこと。めでたくないこと。(類)不吉《フキツ》。[例]—なきざし。②好ましくないこと。よくないこと。[例]—事。

【不祥事】《フショウジ》立場上、職務上、してはいけないこと。好ましくないこと。[例]—をしでかす。—の再発をふせぐ。

【不詳】《フショウ》(名・形動《ナダ》) くわしくわからないこと。はっきりしないこと。(類)不明・未詳。[例]年齢《ネンレイ》—。身元《みもと》—。

【不浄】《フジョウ》[一](名・形動《ナダ》) 清浄でないこと。けがれていること。(対)清浄。[例]—の身。—の金。[二](名)〔女性のことば。「ご不浄」の形で〕便所。はばかり。トイレ。

【不精】《ブショウ》(名・する・形動《ナダ》) めんどうくさがって、なまけること。[例]—ひげ。筆—。—をしないで身ぎれいにする。[表記]「無精」とも書く。

【不消化】《フショウカ》(名・形動《ナダ》) ①消化が悪いこと。[例]胃が弱って—になる。②理解が不十分なこと。[例]知識のつめこみは、ただ—をもたらすだけだ。

【不条理】《フジョウリ》(名・形動《ナダ》) 道理に合わないこと。筋道が通らないこと。[例]社会の—を明らかにする。

【不如帰】《フジョキ》《ほととぎす》ホトトギス科の渡《わた》り鳥。ホトトギス。鳴き声が「不如帰去《フジョキキョ》」と聞こえるところからという。[参考]鳥の「ホトトギス」にあてる漢字には、「杜鵑《トケン》」「時鳥《ジチョウ》」「子規《シキ》」「蜀魂《ショッコン》」「蜀魄《ショクハク》」などがある。植物の「ホトトギス」には、「杜鵑草」「時鳥草」「油点草」などの漢字をあてる。

【不所存】《フショゾン》(名・形動《ナダ》) 考えがまちがっていること。思慮《シリョ》が足りないこと。(類)不心得《ふこころえ》。[例]—者《もの》。

【不信】《フシン》(名・形動《ナダ》) ①信用しないこと。信じないこと。[例]—感。人間—におちいる。②信義に反すること。[例]—を責《せ》める。

【不振】《フシン》(名・形動《ナダ》) 勢い・働き・成績などがふるわないこと。[例]成績—。食欲—。経営—の打開をはかる。

【不審】《フシン》(名・形動《ナダ》) ①不明な点があること。はっきりしないこと。[例]ご—な点はおたずねください。②疑わしいこと。あやしいこと。[例]—をいだく。—な者。

【不尽】《フジン》①つきないこと。つくさないこと。[例]審理《シンリ》—。理—。②手紙の終わりに書くことば。〔じゅうぶんに内容や気持ちを述べつくしていない意〕(類)不一《フイツ》・不具・不悉《フシツ》。

【不信心】《フシンジン》〔「ブシンジン」とも〕(名・形動《ナダ》) 神や仏を信じないこと。信仰心《シンコウシン》がないこと。[例]—でお参りなどしたことがない。

【不信任】《フシンニン》信任しないこと。[例]内閣—案。

【不寝番】《フシンバン》ひと晩じゅう、ねないで、または交代で、ねずの番をつとめること。また、その人。[例]—を命じられる。

【不随】《フズイ》からだが思うように動かないこと。[例]半身—。

【不粋】《ブスイ》(名・形動《ナダ》) 人情の機微《キビ》や風流なおもむきなどについてのこまやかな心の動きがわからないこと。(類)野暮《やぼ》。[例]—な人。—な建築。[表記]「無粋」とも書く。

【不正】《フセイ》(名・形動《ナダ》) 正しくないこと。[例]—行為《コウイ》。—が発覚する。

【不世出】《フセイシュツ》(名・形動《ナダ》) めったに世にあらわれることがないほどにすぐれていること。[例]—のピアニスト。

【不摂生】《フセッセイ》(名・形動《ナダ》) 食べすぎ・飲みすぎ・ねぶそくをするなど、健康に気をつけないこと。不健康な生活をすること。不養生《フヨウジョウ》。[例]—な生活。日ごろの—がたたる。

【不全】《フゼン》(名・形動《ナダ》) 動きがじゅうぶんでないこと。不完全。不良。[例]発育—。心《シン》—。呼吸《コキュウ》—。

【不善】《フゼン》よくないこと。[例]小人《ショウジン》閑居《カンキョ》して—を為《な》す(=徳のない人は、ひとりでいると、よくないことをする)。〈大学《ダイガク》〉

【不戦勝】《フセンショウ》競技で、すでに決定していた相手が棄権《キケン》したため、戦わないで勝ちとなること。

【不相応】《フソウオウ》(名・形動《ナダ》) ふさわしくないこと。つりあわないこと。[例]分《ブン》—な暮らし。

【不足】《フソク》[一](名・する・形動《ナダ》) たりないこと。(類)不十分。[例]準備—《ブソク》。—の金額。生活費が—する。[二](名) ものたりないこと。不満。[例]相手にとって—はない。

【不測】《フソク》 前もって知ることができないこと。予測できないこと。例—の事態におどろきあわてる。

【不即不離】《フソクフリ》（名・形動ダナ）くっつきすぎもせず、はなれすぎもしない距離《キョリ》にあること。例—の関係を保つ。

【不遜】《フソン》（名・形動ダナ）自分をすぐれた者として、まわりを見くだした態度をとること。類高慢《コウマン》。対謙遜《ケンソン》。例傲岸《ゴウガン》—。—な口のきき方をたしなめられる。

【不退転】《フタイテン》 強い意志をもち、けっしてあとに引かないこと。例改革には—の決意でのぞむ。

【不▽為】《フため》（名・形動ダナ）ためにならないこと。例—になる。—を計る。

【不断】《フダン》 ①絶えず続けること。例—の努力。②決断力がないこと。例優柔《ユウジュウ》—。③いつも。日ごろ。つねに。例—着《ぎ》。—世話になっている人。表記③は「普段」とも書く。

【不治】《フチ》〔「フジ」とも〕回復の見こみがないこと。例—の病《やまい》におかされる。

【不着】《フチャク》 到着《トウチャク》しないこと。例—郵便物。

【不忠】《フチュウ》（名・形動ダナ）主君に忠義をつくさないこと。対忠義。例—の臣。

【不調】《フチョウ》（名・形動ダナ）①調子がよくないこと。順調でないこと。対好調。例からだは最近—だ。②まとまらないこと。ととのわないこと。例交渉《コウショウ》は—に終わる。

【不調法】《ブチョウホウ》（名・形動ダナ）①てぎわが悪いこと。へたなこと。例—者《もの》ですが、よろしくお願いいたします。②不注意などによるあやまち。失敗。例—をしでかす。③酒・タバコ・芸ごとなどをたしなまないこと。例酒はとんと—でございます。表記▽「無調法」とも書く。

【不調和】《フチョウワ》（名・形動ダナ）つりあいがとれていないこと。

【不通】《フツウ》 ①鉄道や道路などの交通が通じないこと。②手紙などのやりとりがないこと。例音信—。③意味が通じないこと。例君の作文には文意—の箇所《カショ》がある。

【不都合】《フツゴウ》（名・形動ダナ）①都合が悪いこと。ぐあいが悪いこと。対好都合。例何か—がありましたらご連絡《レンラク》ください。②よくないこと。ふとどきなこと。例—をしでかす。

【不▽束】《フつつか》（名・形動ダナ）気がまわらず、行きとどかないこと。例—者《もの》ですが。—ながら精いっぱいつとめましょう。

【不定】《フテイ》（名・形動ダナ）さだまらないこと。決まっていないこと。例住所—。—形《ケイ》。

【不定冠詞】《フテイカンシ》 英語やフランス語など、ヨーロッパの言語で、冠詞の一つ。普通名詞《フツウメイシ》などのうち、数を一つ、二つということのできるものについて用いる。

【不定称】《フテイショウ》 指示代名詞の一つ。話し手と聞き手の両方にとって不確かな人・物・場所・方向などを指し示すことば。「どれ」「どこ」「どちら」「だれ」など、多くは「ど」で始まるのが特徴《トクチョウ》。対遠称・近称・中称。

【不貞】《フテイ》（名・形動ダナ）貞操を守らないこと。対貞節。例—をはたらく。

【不▼逞】《フテイ》（名・形動ダナ）心に不平不満をもつこと。ふとどきなこと。例—のやから。—の徒。

【不敵】《フテキ》（名・形動ダナ）大胆《ダイタン》でおそれないこと。にくらしいほど、ものおじしないこと。例大胆—。—な笑い。

【不手際】《フてぎわ》（名・形動ダナ）てぎわが悪いこと。へたなこと。また、やりそこなうこと。類手おち。例—をわびる。

【不当】《フトウ》（名・形動ダナ）正当でないこと。適当でないこと。対正当。例—な発言。逮捕《タイホ》は—だ。

【不倒】《フトウ》 たおれないこと。例最長—距離《キョリ》。—翁《オウ》(=起き上がりこぼし)。

【不等】《フトウ》（名・形動ダナ）ひとしくないこと。例—号。—式。

【不同】《フドウ》（名・形動ダナ）同じでないこと。また、そろわないで、ばらばらなこと。例大小—。順序—。

【不動】《フドウ》 ①動かないこと。例—の姿勢を保つ。—の地位。—の信念。②〔仏〕「不動明王《ミョウオウ》」の略。五大明王の一つ。右手に剣《ケン》、左手に縄《なわ》をもち、炎《ほのお》を背に負って、いかりの顔をあらわす。例高野山《コウヤサン》の赤《あか》—。青蓮院《ショウレンイン》の青《あお》—。園城寺《オンジョウジ》の黄《き》—。

【不動産】《フドウサン》 土地・建物・立ち木など、簡単に動かせない財産。対動産。例—屋。—を処分する。

【不統一】《フトウイツ》（名・形動ダナ）統一がとれていないこと。ばらばらであること。例動きがばらばらで—だ。

【不道徳】《フドウトク》（名・形動ダナ）道徳に反すること。類悪徳・不徳。例—な行為《コウイ》。

【不▼撓不屈】《フトウフクツ》（名・形動ダナ）〔「撓」は、曲げる・たわめる意〕どんな困難にあっても、くじけないこと。例—の精神をたっとぶ。

【不透明】《フトウメイ》（名・形動ダナ）①透明でないこと。②ものごとがはっきりしないこと。例かれの説明には—な部分が多すぎる。▽対透明。

【不徳】《フトク》（名・形動ダナ）①徳の足りないこと。例わたくしの—のいたすところです。②道徳に反すること。類背徳。例—漢。

【不得要領】《フトクヨウリョウ》（名・形動ダナ）要領をえないこと。例—な受け答えに終始する。

【不届き】《フとどき》（名・形動ダナ）①注意や心くばりが不足すること。不行き届き。例—があるかもしれません。②道徳やおきてにそむくこと。例—千万《センバン》。—な行為《コウイ》。

【不如意】《フニョイ》（名・形動ダナ）思うようにならないこと。とくに、お金の面で思うようにならず、苦しいこと。例手もと—。

【不妊】《フニン》 妊娠《ニンシン》しないこと。例—手術。—症《ショウ》。

【不人情】《フニンジョウ》（名・形動ダナ）人としての思いやりや温かみがないこと。例—な男。—な仕打ちをうける。

【不燃】《フネン》 もえないこと。対可燃。例—物。—ごみ。

【不能】《フノウ》（名・形動ダナ）①できないこと。類不可能。対可能。例再起—。回復—。使用—。②男としての性的な能力がないこと。インポテンツ。③才能や能力がないこと。類無能。

【不敗】《フハイ》 負けたことがないこと。例—をほこる。

【不買】《フバイ》 買わないこと。例—運動。

【不発】《フハツ》 ①弾丸《ダンガン》が発射されないこと。また、砲弾《ホウダン》・爆弾《バクダン》などが破裂《ハレツ》しないこと。例—弾。②ある計画などが実行されないこと。例—に終わる。

【不抜】《フバツ》（名・形動ダナ）強くてしっかりしていること。ゆるがないこと。例堅忍《ケンニン》—の精神。

【不備】《フビ》 一（名・形動ダナ）じゅうぶんにととのっていないこと。対完備。例計画には—がある。二（名）手紙の終わりに書くことば。〔じゅうぶんに内容や気持ちを述べつくしていない意〕類不一《フイツ》・不二《フジ》・不具・不悉《フシツ》。

【不評】《フヒョウ》（名・形動ダナ）評判がよくないこと。不評判。対好評。例—を買う。

【不▼憫】《フビン》（名・形動ダナ）かわいそうなこと。あわれなこと。気の毒。例残された子が—だ。表記「不▼愍・不便」とも書く。

【不服】《フフク》（名・形動ダナ）①不満なこと。納得《ナットク》できないこと。例何が—なのだ。—を申し立てる。②従わないこと。不服従。

【不文法】《フブンホウ》〔法〕文章に書きあらわしてない法律。慣習法や判例法など。不文律。対成文法。例昔から—になっていること。

【不文律】《フブンリツ》 ①「不文法《フブンホウ》」に同じ。②そのグループ内で

は、とくに言わなくてもみんなが心得ている決まり。例個人的なことは話題にしないのが―だった。

【不平《フヘイ》】（名・形動ダナ）気に入らなくて不満なこと。例―不満。ぶつぶつ―をならべる。

【不変《フヘン》】（名・形動ダナ）かわることがないこと。対可変。例―の真理。質量―の法則。

【不偏《フヘン》】（名・形動ダナ）かたよらないこと。例外交問題では―の立場を守る。

【不偏不党《フヘンフトウ》】（名・形動ダナ）中立の立場をとり、どの考え方にも、どのグループにも味方しないこと。

【不便《フベン》】（名・形動ダナ）便利でないこと。対便利。例駅から遠くて―なところにある。

【不法《フホウ》】（名・形動ダナ）法にはずれること。例―出国。―な行為《コウイ》。―に滞在《タイザイ》する。

【不本意《フホンイ》】（名・形動ダナ）自分のほんとうの気持ちではないこと。例―ながら承知する。

【不満《フマン》】（名・形動ダナ）満足できないこと。ものたりなく思ったり、納得《ナットク》できなかったりすること。例―な結果に終わる。―が爆発《バクハツ》する。―をもらす。

【不眠《フミン》】ねむらないこと。また、ねむれないこと。例―症《ショウ》。―のうちに朝をむかえる。

【不眠不休《フミンフキュウ》】ねむらず、休まず努力すること。

【不明《フメイ》】（名・形動ダナ）①あきらかでないこと。はっきりしないこと。類不詳《フショウ》。例行方《ゆくえ》―。原因―。―な点をただす。②じゅうぶんな才能や能力がないこと。〔多く、けんそんしていう〕例おのれの―を恥《は》じる。―のいたすところ。

【不名誉《フメイヨ》】（名・形動ダナ）名誉を傷つけること。また、世間的にはずかしいこと。類不面目《フメンボク》。例―を取りかえす。―な事件にまきこまれる。

【不滅《フメツ》】（名・形動ダナ）いつまでもなくならないこと。永久に消えないこと。例―の大記録。文学史上、―の作品。

【不面目《フメンボク｜フメンモク》】（名・形動ダナ）世間的にはずかしいこと。面目をつぶすこと。類不名誉《フメイヨ》。例まったく―なことです。

【不毛《フモウ》】（名・形動ダナ）①土地がやせていて作物が育たないこと。対肥沃《ヒヨク》。②成果がないこと。例―な議論。

【不問《フモン》】問題にしないこと。問いただしたりしないこと。例―に付す（＝失敗やあやまちを問題としてとりあげないこと）。

【不夜城《フヤジョウ》】①漢代、夜間にも太陽が出て照らしたという伝説上の城。②夜でも真昼のように明るく、にぎやかな場所。例都会のさかり場はまさに―だ。

【不愉快《フユカイ》】（名・形動ダナ）愉快でないこと。いやな感じ。類不快。例―になる。何かと自慢《ジマン》したがる―な男。

【不予《フヨ》】〔「予」は、もと「豫」で、よろこぶ意〕①よろこばないこと。類不快。②天子の病気。類不例。例―を報ずる。

【不用《フヨウ》】（名・形動ダナ）①使わないこと。対入用。例―の品物。②役に立たないこと。無用。例―品。―な建物をとりこわす。

【不要《フヨウ》】（名・形動ダナ）必要でないこと。いらないこと。対必要。例―不急。―になった本。

【不用意《フヨウイ》】（名・形動ダナ）じゅうぶんな用意がないこと。慎重《シンチョウ》さに欠けること。かるはずみ。類不注意。例―な発言。

【不養生《フヨウジョウ》】（名・形動ダナ）健康に気をくばらないこと。不摂生《フセッセイ》。例医者の―。

【不用心《ブヨウジン》】（名・形動ダナ）警戒《ケイカイ》がじゅうぶんではないこと。例あけっ放しでは―だ。表記「無用心」とも書く。

【不▼埒《フラチ》】（名・形動ダナ）ふるまいが人をないがしろにしていて、けしからぬこと。例―者《もの》。―なおこない。

【不利《フリ》】（名・形動ダナ）①利益がないこと。損をすること。例だまされて、―な契約《ケイヤク》をしてしまった。②戦争や試合で、勝つ見こみのないこと。例形勢―。▽対有利。

【不利益《フリエキ》】（名・形動ダナ）利益にならないこと。類損。例―をこうむる。

【不履行《フリコウ》】約束や契約《ケイヤク》などを実行しないこと。例契約―。

【不立文字《フリュウモンジ》】〔仏〕禅宗《ゼンシュウ》での考え方で、さとりは文字やことばで伝えられるものではないということ。例以心伝心《イシンデンシン》、―をたっとぶ。

【不慮《フリョ》】思いがけないこと。〔よくないことについていう〕例―の死をまねく。―の事故。

【不良《フリョウ》】（名・形動ダナ）①よくないこと。例成績―。発育―。品質―。②悪いおこないをすること。また、その人。例―少年。―少女。素行《ソコウ》―。

【不漁《フリョウ》】漁のえものが少ないこと。対大漁。例今年はサケが―だ。

【不猟《フリョウ》】狩猟《シュリョウ》のえものが少ないこと。対大猟。

【不料▽簡《フリョウケン》】（名・形動ダナ）考え方がよくないこと。例―をおこす。表記「不了▽簡」とも書く。

【不倫《フリン》】（名・形動ダナ）人として守るべき道にはずれていること。とくに、男女のゆるされない、恋愛《レンアイ》関係。

【不例《フレイ》】〔ふつうではない意〕身分の高い人の病気。類不予。例ご―。

【不労所得《フロウショトク》】労働をしないで得る収入。利息や家賃など。対勤労所得。

【不老不死《フロウフシ》】いつまでも年をとらないで、死なないこと。例―の薬をさがし求める。

【不和《フワ》】（名・形動ダナ）仲が悪いこと。例―になる。両親の―になやむ。南北両国の―。

【不惑《フワク》】四十歳《サイ》のこと。〔「四十而不レ惑《シジュウにしてまどわず》」による〕〈論語《ロンゴ》〉

【不渡り《フわたり》】手形や小切手を持っている者が、期日になってもしはらいが受けられないこと。また、その手形や小切手。例―を出して倒産《トウサン》する。

［一部］4画 且 丘

一 4
【且】
5画 1978 4E14 常用
音シャ漢呉
訓か-つ

筆順 丨 冂 月 月 且

なりたち  〔象形〕まないたの形。借りて「そのうえに、さらに」の意。

意味 〔助字〕❶「かつ」と読み、二つのことを重ねる意をあらわす。そのうえに。さらに。例富且貴《とみかつとうとし》（＝富み、そのうえ身分が高い）。❷「まさに…（せ）んとす」と読む再読文字。いまにも…しそうになる、の意。行為《コウイ》や事態がおころうとすることを示す。例餓且レ死《うえてまさにシせんとす》（＝餓えていまにも死にそうになる）。

人名 あき・あきら・すすむ

一 4
【丘】
5画 2154 4E18 常用
音キュウ漢ク呉
訓おか

筆順 ノ 亻 仁 斤 丘

なりたち  〔会意〕「北（＝人の住むところから見て北のほう）」と「一（＝地）」とから成る。自然に土の高くなっているところ。一説に、四方が高く中央が低くなった、おかの形。

意味 ❶低い山。小高い地形。おか。例丘陵《キュウリョウ》。砂丘

《サキュウ》。❷小高く土を盛った墓。つか。例丘墳《キュウフン》。丘墓《キュウボ》。❸孔子《コウシ》の名。例孔丘《コウキュウ》。❹梵語《ボンゴ》の音訳。例比丘《ビク》。比丘尼《ビクニ》。

人名 たか・たかし

【丘首《キュウシュ》】〔キツネが死ぬときには自分がすんでいる丘《おか》のほうに頭を向けるということから〕ふるさとを思うこと。首丘《シュキュウ》。

【丘墳《キュウフン》】①おか。②墓。

【丘墓《キュウボ》】はか。つか。

【丘陵《キュウリョウ》】①小さな山。おか。②なだらかな小山が続いているところ。例—地帯。

●砂丘《サキュウ》・段丘《ダンキュウ》・比丘《ビク》

一4 【世】 5画 3204 4E16 教育3 音 セイ漢 セ呉 訓 よ

一4 【丗】 5画 5034 4E17 俗字　十4 【卋】 6画 — 534B 俗字

筆順 一 十 卄 廿 世

なりたち 〔会意〕「十」を三つ合わせたもの。三十年。

参考 俗字「丗」は、数字の三十として用いられることがある。

意味 ❶三十年間。❷父のあとをついでから、その地位を子供にゆずるまでの間。例治世《チセイ》。万世《バンセイ》。❸人の一生。一代。例世代《セダイ》。終世《シュウセイ》。❹時代。時勢。とき。例世紀《セイキ》。時世《ジセイ》。中世《チュウセイ》。❺よのなか。社会。例世間《セケン》。世相《セソウ》。出世《シュッセ》。❻代々つづく。よよ。例世家《セイカ》。世襲《セシュウ》。

使い分け よ【世・代】⇩1181ページ

人名 つぎ・つぐ・とき・ひろ・ひろし

【世運《セイウン|セウン》】世の中のなりゆき。気運。例しずかに—を見定める。

【世家《セイカ》】①古代中国で、代々、君主から俸禄《ホウロク》をあたえられていた家がら。諸侯《ショコウ》の類。②中国の歴史書『史記《シキ》』で、諸侯などの家の歴史を述べた部分。

【世紀《セイキ》】①西暦《セイレキ》で、百年間をひと区切りにする年代の数え方。たとえば二十世紀は一九〇一年から二〇〇〇年まで。②(ある主題にとって特別と考えられる)時代。年代。例宇宙進出の—。技術革命の—。③〔「世紀の」の形で〕一世紀に一度しかあらわれないほどの。たいへんな。最大の。例—の大事業。—の祭典。

【世祖《セイソ》】中国で、太祖《タイソ》・太宗《タイソウ》などに次いで功績のあった皇帝《コウテイ》におくられた尊号。元《ゲン》のフビライ、清《シン》の順治《ジュンチ》帝など。

【世路《セイロ|セロ》】世わたりの道。世の中を生きて行く方法。例—の辛酸《シンサン》をなめて人間らしく成長する。

【世界《セカイ》】①地球上にあるすべての国。すべての地域。例—の平和。②すべての天体をふくみ、無限の広がりをもった空間。宇宙。例銀河系をふくむ広い—。③世の中。人間社会。生活の場。例かれとは住む—がちがう。④ある限られた範囲《ハンイ》・分野。例医学の—。⑤〔仏〕〔「世」は、過去・現在・未来の三世《サンゼ》、「界」は、東西南北上下の意〕時間的・空間的に、この世のいっさい・すべて。例三千大千—(=全宇宙・全世界のこと)。

【世界観《セカイカン》】世界や人生、ものごとの価値などについての見方や考え方。例—のちがい。

【世間《セケン》】①人々がかかわりあって生きている場。世の中。例—知らず。わたる—に鬼《おに》はない。自分で—をせまくする。②世の中の人々。例—がだまってはいない。③〔仏〕すべての生き物が寄り集まって生活するところ。類娑婆《シャバ》。

【世間体《セケンテイ》】世間の人に対する体裁《テイサイ》や見え。例—を気にする。—をつくろわない人。

【世間話《セケンばなし》】世間のできごとなどについての、気楽な話。よもやま話。

【世故《セコ》】世の中の習慣。生きていくための知恵《チエ》。例—にたけた人。

【世才《セサイ》】世の中のいろいろな事情に通じている才能。世わたりの才能。類世知。例—にたける。

【世事《セジ》】世間いっぱんのことがら。類俗事《ゾクジ》。例—にうとい学者。

【世辞《セジ》】相手を喜ばせるために言う、本心からではないことば。おべっか。ついしょうぐち。例お—がうまい。

【世襲《セシュウ》】(名・する)職業・地位・財産・名前などを子孫が代々受けつぐこと。例—制。王位を—する。

【世上《セジョウ》】世の中。世間。例—に取りざたされる。

【世情《セジョウ》】世の中の事情。世間の習慣。例—にうとい。—に通じている。

【世人《セジン》】世の中の人。世間の人。例—の批判をあびる。

【世▼塵《セジン》】世の中のわずらわしいことがら。例—にまみれる。—を避《さ》ける。

【世世《セゼ》】〔「セセ」とも〕多くの世。よよ。類代代。例—代代。生生《ショウジョウ》—。

【世相《セソウ》】世の中のありさま。その時代のようす。例文学作品は—を反映している。

【世俗《セゾク》】①世の中。世間。また、世間でおこなわれているやり方や考え方。例—的。—にこびる。②僧侶《ソウリョ》以外の人。俗人。

【世尊《セソン》】〔世の中で最も尊重される者の意〕仏、すなわち釈迦《シャカ》をうやまっていうことば。

【世帯《セタイ》】同じ家に住み、生計をともにしている者の集まり。〔「所帯《ショタイ》」と混同して用いるが、「所帯」は、もと、資産・領地の意〕例火事で百—が焼け出された。

【世帯主《セタイぬし》】世帯の中心となる人。

【世態《セタイ》】世の中のありさま。世間のようす。例—人情を文章でつづる。

【世代《セダイ》】①生まれた年や育った時期で、人々を分けたひと区切り。また、その人々。ジェネレーション。例テレビを見て育った—。②親・子・孫と続く、それぞれの代。例三—が住む住宅。

【世代交代《セダイコウタイ》】①それまで中心だった人たちがしりぞき、若い人たちがとってかわること。例歌舞伎《かぶき》の世界も—がすすむ。②〔生〕有性生殖《セイショク》をおこなう世代と無性生殖をおこなう世代とが、交互《コウゴ》にあらわれること。コケ・シダや、クラゲの類。世代交番《セダイコウバン》。

【世知《セチ》】世わたりの知恵《チエ》や才能。例—にたける。—がらい世の中(=暮らしにくい世の中)。表記 ⑪世▼智

【世道《セドウ》】世の中の人が守るべき道義。例—人心。

【世評《セヒョウ》】世の中の評判。うわさ。例—が高い。—を気にする。

【世論《セロン|よロン》】世間の多くの人々の意見。例—調査。—の動向をさぐる。—にまどわされる。参考 もともと「よロン」は「輿論」と書いたが、現代表記で「輿」を「世」に書きかえて「世論《よロン》」とした。「世論」はもともと、「セロン」または「セイロン」と読まれており、現在は、「セロン」「よロン」両方の読み方がある。

【世話《セワ》】一(名・する)人や生き物のめんどうをみること。また、気を配って、手助けすること。例—になる。—を焼く。就職を—する。ウサギの—をする。二(名)①世間でのもの言

い。〔俗《ゾク》な言い方〕例下《ゲ》—。②日常の。ふだんの。例—物《もの》。

【世話物《セワもの》】浄瑠璃《ジョウルリ》や歌舞伎《かぶき》で、江戸《えど》時代の町人社会の事件・人情・風俗《フウゾク》を取りあつかった演目。対時代物。例あの役者は—を得意とする。

【世話役《セワヤク》】ある団体や集まりなどで、中心となってものごとを進める役。また、その人。幹事。類世話人《セワニン》。例忘年会《ボウネンカイ》の—。

●隔世《カクセイ》・近世《キンセイ》・警世《ケイセイ》・現世《ゲンセ—ゲンセイ》・後世《コウセイ—ゴセ》・辞世《ジセイ》・処世《ショセイ》・絶世《ゼッセイ》・前世《ゼンセ—ゼンセイ》・早世《ソウセイ》・治世《チセイ》・中世《チュウセイ》・当世《トウセイ》・渡世《トセイ》・遁世《トンセイ》・来世《ライセ—ライセイ》・乱世《ランセ—ランセイ》

一 4

【丕】

5画 4803 4E15 音ヒ漢呉 訓おお-きい

意味 さかん。りっぱ。おおきい。多く、天子に関することがらに用いる。例丕業《ヒギョウ》。

【丕業《ヒギョウ》】大きな事業。りっぱな仕事。類洪業《コウギョウ》。

一 4

【丙】

5画 4226 4E19 常用 音ヘイ漢 訓ひのえ

筆順 一 丆 冂 丙 丙

なりたち 〔会意〕「一（＝陽《ヨウ》の気）」が「冂」に「入（＝はいる）」意。陽が欠け陰《イン》のきざしが見える。借りて、十干《ジッカン》の第三に用いる。

意味 ❶十干《ジッカン》の三番目。ひのえ。方位では南、五行《ゴギョウ》では火にあてる。例甲乙丙丁《コウオツヘイテイ》。丙午《ヘイゴ—ひのえうま》。❷ものの順序・種類で、三番目。例丙種《ヘイシュ》。

人名 あき・あきら・あきらか・ひのえ

【丙午《ヘイゴ—ひのえうま》】①〔「丙」は、ひのえ。十干《ジッカン》の三番目、「午」は、うま。十二支の七番目〕干支《えと》の一つ。乙巳《きのとみ》の次、丁未《ひのとひつじ》の前。②丙午にあたる年、または丙午の年に生まれた人。〔中国では災厄《サイヤク》のある年とされ、また、日本では、この年生まれの女性は、気性《キショウ》がつよく夫に害をあたえるという俗信《ゾクシン》がある〕

【丙種《ヘイシュ》】丙の種類。乙《オツ》に次いで三番目のもの。例徴兵検査《チョウヘイケンサ》に—合格となる。

【丙夜《ヘイヤ》】時刻の呼び名で、五夜《ゴヤ》の一つ。およそ午前零時《レイジ》、およびその前後の二時間。三更《サンコウ》。子《ね》の刻《コク》。〔日没《ニチボツ》から日の出までを、甲《コウ》・乙《オツ》・丙《ヘイ》・丁《テイ》・戊《ボ》の五つに分けたときの三番目〕

一 4

【丗】5画 ⇩【世】《セイ》（23ページ）

一 5

【丞】

6画 3071 4E1E 人名 音ショウ漢ジョウ呉 訓たす-ける・すけ

なりたち 〔会意〕両手で人を高くもちあげるようす。上位の者をつつしんでたすける。

意味 天子や長官を補佐《ホサ》する。また、その役。例丞相《ジョウショウ》。

日本語での用法《ジョウ》律令制《リツリョウセイ》の四等官《シトウカン》で、八省の第三位。「民部丞《ミンブのジョウ》・大蔵丞《おおくらのジョウ》」

人名 すけ・すすむ・たすく・つぐ

【丞相《ジョウショウ》】〔「相」も、助ける、補佐《ホサ》する意〕①昔の中国で、天子を助けて政務を執《と》った最高の官。宰相《サイショウ》。相国《ショウコク》。②大臣の、中国風の呼び名。〔古く、「ショウジョウ」と発音。たとえば、「菅丞相《カンショウジョウ》（＝右大臣菅原道真《すがわらのみちざね》）」など〕

一 5

【両】

6画 4630 4E21 教育3 音リョウ漢呉 訓ふた-つ・もろ

筆順 一 丆 冂 币 両 両

入 6

【兩】8画 4932 5169

なりたち 〔会意〕「一」と「㒳《リョウ》（＝ちょうど二つに分ける）」とから成る。古代のおもり二つの重さ。借りて「ふたつ」の意。

意味 ❶二つでひと組みになるものの双方《ソウホウ》。ふたつ。ふたつとも。もろ。例両院《リョウイン》。両眼《リョウガン》。一両日《イチリョウジツ》。❷重さの単位。一斤《キン》の十六分の一。→「度量衡表《ドリョウコウヒョウ》」（1141ページ）❸車を数えることば。同輛《リョウ》。例五両連結《ゴリョウレンケツ》。

日本語での用法《リョウ》近世の貨幣《カヘイ》の単位。金貨で一分《イチブ》の四倍、一朱《イッシュ》の十六倍。ただし、常に変動した。「千両箱《センリョウばこ》」

人名 ふた・もろ

【両院《リョウイン》】二院制の国会を構成する両方の議院。日本では、戦前の貴族院と衆議院、現在の参議院と衆議院とを指す。アメリカ合衆国やイギリスなどでは、上院と下院とをいう。例—協議会。—の決議を経る。

【両替《リョウがえ》】（名・する）①ある通貨を、別の種類の通貨に等価で取りかえること。例円をドルやポンドに—する。②大きな単位の貨幣《カヘイ》を利用しやすいように、同じ額の小さな単位の貨幣に取りかえること。例千円札を百円玉に—する。③株券や債券《サイケン》などの有価証券を現金と取りかえること。

【両側《リョウがわ》】ものの、上と下、左と右、おもてとうらなど、対立または並立《ヘイリツ》する二つのがわ。例道の—。

【両眼《リョウガン》】左右二つの目。双眼《ソウガン》。対隻眼《セキガン》。

【両極《リョウキョク》】①北極と南極。また、その地域。②電気や磁気のプラス（＝陽極）とマイナス（＝陰極《インキョク》）。例電池の—。③正反対でへだたりのある二つのもの。とくに、かけはなれた二つのもの。両極端《リョウキョクタン》。例—に分かれる。

【両軍《リョウグン》】①二つの軍隊。二隊に分かれた兵。②敵と味方の軍隊。③スポーツで、たがいに試合をする二つのチーム。

【両虎《リョウコ》相《あい》うつ】二ひきのトラが戦うことから、ふたりの英雄《エイユウ》がたがいに力をつくして戦うことのたとえ。

【両三《リョウサン》】ふたつ、みっつ。二、三。例—日《にち》。—度。

【両次《リョウジ》】〔「次」は、回数をあらわす〕二回。二度。類両度。

【両者《リョウシャ》】①ふたりのもの。また、両方の人。例—の意見が一致《イッチ》する。②二つのことがら。例—相《あい》反して共存できない。

【両親《リョウシン》】父と母。父母。ふたおや。

【両性《リョウセイ》】①〔「性」は、おすとめす、または男と女を分ける肉体上の仕組みや心理上の特質〕おすとめす。男と女。また、それら二つの仕組み・性質。②ちがいのある二つの性質。

【両性生殖《リョウセイセイショク》】おすとめすと、また、男と女とがあって新しい個体をつくること。類有性生殖。対単性生殖・単為《タンイ》生殖。

【両成敗《リョウセイバイ》】〔「成敗」は、もともと善悪・理非・当不当をさばくこと。ひいて、処罰《ショバツ》する意〕争っている両方に罰をあたえること。例けんか—。

【両生類《リョウセイルイ》】〔陸にも水中にもすむ意〕脊椎《セキツイ》動物の一種。たまごからかえったあとしばらくは水中で魚のようにえらで呼吸をし、成長すると陸にあがって肺で呼吸をする。魚やヘビのようなうろこはなく、肌《はだ》はぬるぬるしている。カエル・イモリ・サンショウウオなど。表記「両▼棲類」とも書く。

【両全《リョウゼン》】二つともに完全であること。例文武《ブンブ》に—を得

た士。忠孝の道に—の人。

【両端】《リョウタン》 ①もののはしとはし。両はし。例ひもの—を持つ。②大小・厚薄《コウハク》など、正反対のもの。また、ちがいのはなはだしいもの。③ものごとの始めと終わり。本末。④どちらにしてよいか決めかねている心。迷っている心。例—を持す(=どちらの味方をしたほうがよいか、ようすを見て態度を決めていないようす)。

【両断】《リョウダン》 (名・する)二つに切ること。まっぷたつにすること。例一刀《イットウ》—。

【両手】《リョウて》 ①左右の二本の手。もろて。例—にあせをにぎる。—に花。②〔左右の指の数から〕十の数のこと。

【両天▼秤】《リョウテンビン》 〔「天秤」は、重さを量るはかり〕①天秤ばかり。②どちらになってもよいようにふたまたをかけること。例ふたりの女性を—にかけるようなことをするな。

【両度】《リョウド》 二回。二度。類両次。

【両刀】《リョウトウ》 ①二本のかたな。②武士がこしに差した、大小の二本のかたな。③「両刀遣《づか》い」の略。

【両刀遣い】《リョウトウづかい》 ①両手にそれぞれ一本のかたなを持って戦うわざ。また、それのたくみな人。類二刀流。②技芸などで、別々の二つのことをたくみにおこなうこと。また、その人。例創作と演出との—。③甘《あま》い菓子《カシ》と酒とを、ともに好むこと。また、その人。表記▽「両刀使い」とも書く。

【両頭蛇】《リョウトウダ》 あたまが二つのヘビ。このヘビを見た者は死ぬといわれる。〔楚《ソ》の孫叔敖《ソンシュクゴウ》が子供のときに二つの頭のあるヘビを見た。他の人が見てはたいへんと思い、殺してうめた。心配そうなようすを母にたずねられ、わけを話すと、他人のためによいことをしたのだから、きっとよいむくいがあるとなぐさめられた。はたして後に、楚の国の宰相《サイショウ》になったという〕〈新書《シンジョ》〉

【両得】《リョウトク》《リョウドク》 (名・する)①一度に二つの利益をえること。例一挙—。②両方ともに利益をえること。例—で双方《ソウホウ》が満足した。▽対両損。

【両人】《リョウニン》 ふたりの者。例噂《うわさ》になっている—。

【両刃】《リョウば》《もろは》 両面または両側に刃のついている刃物。対片刃《かたば》。

【両▼鬢】《リョウビン》 〔「鬢」は、顔の左右の、耳のそばのかみの毛のこと〕左右両方のびんの毛。

【両方】《リョウホウ》 ①二つの方向。二方面。例東と南の—から城をせめる。②二つのもの、二つのことをまとめていうことば。ふたつ。ふたり。双方《ソウホウ》。両者。例—の意見を聞く。

【両面】《リョウメン》 ①平たいものにある二つの面。表と裏。例窓ガラスの—をみがく。②二つの方向。二つのやりかた。また、二つのことがら。例研究と指導の—にすぐれている。

【両雄】《リョウユウ》 ふたりの、すぐれた人物。ふたりの英雄。例—並び立たず。

【両用】《リョウヨウ》 (名・する)二つのことに用いることのできること。使い道が二つあること。類兼用《ケンヨウ》。例水陸—の乗り物。

【両様】《リョウヨウ》 ふたとおり。例—の考え方がある。

【両翼】《リョウヨク》 ①鳥の左右二つのつばさ。例—を広げると二メートルはあるワシ。②航空機などで、機体の左右両側についている主翼。③軍隊を並べるときの右手の方向と左手の方向。また、そこに配置される軍勢。④野球場で、本塁《ホンルイ》から見て左翼と右翼。例この球場は—が九五メートルある。

【両立】《リョウリツ》 (名・する)二つのことがらが、どちらも成り立つこと。また、共存すること。例勉強とスポーツを—させる。

【両両】《リョウリョウ》 (副)①二つずつ。②二つとも。あれもこれも。例—相《あい》まって(=どちらも、ともに助け合って)。

【両輪】《リョウリン》 左右両方の車輪。二つのことが、バランスよくひと組みになって役立つことをいう。例車の—のように。

【両論】《リョウロン》 ①二つの考え方。両方の意見。例賛否《サンピ》—。②二つの異なった考え方。

一 7

【並】

8画
4234
4E26
教育6

音 ヘイ漢
訓 なみ・なら-べる・なら-ぶ・なら-びに・なべ-て

筆順 、 ソ 䒑 丫 并 并 並

立 5

【竝】

10画
6777
7ADD

たなり ちり 竝 [会意]「立(=たつひと)」が二つから成る。ならぶ。

意味 ❶二つ以上のものがならび立つ。ならぶ。ならべる。例並存《ヘイソン》。並置《ヘイチ》。並列《ヘイレツ》。❷ともに。一様に。ならびに。例並受二其福一《ならびにそのフクをうく》(=ともに福をさずかる)。〈詩経《シキョウ》〉

日本語での用法《なみ》等級を分けるときの、ふつうのほう。「世間並《セケンなみ》み・上《ジョウ》でなくて並《なみ》でよい・並《なみ》の力《ちから》がある」

人名 み・みつ

【並木】《なみき》 道路にそって、一定の間隔《カンカク》でならべて植えてある木。類街路樹。例—道。イチョウ—。

【並製】《なみセイ》 特別ではなく、ふつうの作り方がしてあること。また、そのように作った品物。

【並行】《ヘイコウ》 (名・する)①二つ以上のものがならんでいくこと。例線路に—してつくった道。②二つのことがらが同時におこなわれること。例解体作業と組み立て作業を—する。

【並称】《ヘイショウ》 (名・する)すぐれたものとして、ならべていうこと。また、人などを合わせて呼ぶこと。例李白《リハク》と杜甫《トホ》は、李杜《リト》と—される。表記「併称」とも書く。

【並存】《ヘイソン》《ヘイゾン》 (名・する)二つ、または二つ以上のものが同時に存在すること。例新旧両制度が—する。

【並置】《ヘイチ》 (名・する)二つ、または二つ以上のものを同時に設置すること。例大学に研究所を—する。

【並立】《ヘイリツ》 (名・する)二つ以上のものや人がならび立つこと。例同じ党から候補が—する。

【並列】《ヘイレツ》 (名・する)①いくつかのものがならびつらなること。また、人などをならべること。②いくつかの電池やコンデンサー・抵抗器《テイコウキ》などの、同じ極どうしをつなげること。パラレル。対直列。例—接続。

2
1画

丨 ぼう たてぼう 部

縦《たて》線を引いて、上から下につらぬく意をあらわす。「丨」の字の音は、コン。「丨」をもとにしてできている漢字と、「丨」の字形を目じるしにして引く漢字とを集めた。

2 个 3 中 4 丱 巨 6 串

この部首に所属しない漢字

巾⇩巾 336 弔⇩弓 363 出⇩凵 124 半⇩十 161
旧⇩日 481 甲⇩田 675 申⇩田 676 由⇩田 676

丨 2

【个】

3画
4804
4E2A

音 カ漢 コ唐

意味 ❶人やものを数えることば。同個《カコ》・箇《カコ》。例一个条《イッカジョウ》。❷ひとり。例一个《イッコ》の臣《シン》。

参考「一ヶ所」「一ケ」などの「ケ」は、「个」の字の変形とも、「箇」の字の一部をとって省略したものともいう。

丨 3

【中】

4画 3570 4E2D 教育1

音 ジュウ(慣) チュウ(漢)(呉)

訓 なか・うち・あ-たる・あ-てる

筆順 丨 ㄇ 口 中

なりたち  〔会意〕「囗(=とりかこむ)」と「丨(=引いた一線)」とから成る。引かれた一線が貫通《カンツウ》する。うち。

意味 ❶内部。うちがわ。例 胸中《キョウチュウ》。市中《シチュウ》。❷まんなか。なか。例 中央《チュウオウ》。中核《チュウカク》。❸二つのものにはさまれたところ。あいだ。例 中間《チュウカン》。中略《チュウリャク》。上中下《ジョウチュウゲ》。❹ひと続きのもののなかほど。なかば。例 中継《チュウケイ》。中途《チュウト》。途中《トチュウ》。❺なかまうち。例 社中《シャチュウ》。連中《レンジュウ／レンチュウ》。❻ものごとの終わらないうち。さいちゅう。例 寒中《カンチュウ》。暑中《ショチュウ》。授業中《ジュギョウチュウ》。❼かたよらない。ちょうどよい。例 中正《チュウセイ》。中庸《チュウヨウ》。❽あたる。また、あてる。例 的中《テキチュウ》。命中《メイチュウ》。中毒《チュウドク》。卒中《ソッチュウ》。❾「中国《チュウゴク》」の略。例 中印《チュウイン》(=中国とインド)。訪中《ホウチュウ》。

使い分け なか【中・仲】⇩1175ページ

難読 就中《なかんずく》・人中《ニンチュウ／はなみぞ》

人名 あたる・あつ・うち・かなめ・ただ・ただし・とおる・なかば・のり・ひとし・みつる

【中位】《チュウイ》 地位や順位がなかほどであること。ちゅうくらい。例 順位は―にとどまる。

【中尉】《チュウイ》 ①秦《シン》・漢時代の官名。都の警備にあたる。②軍隊の階級で、尉官の二番目。大尉と少尉のあいだ。

【中陰】《チュウイン》〔仏〕人が死んでから四十九日のあいだ、次の生に生まれ変わるまでさまよっていること。また、その期間。中有《チュウウ》。類 七七日《シチシチニチ》・四十九日《シジュウクニチ》。

【中有】《チュウウ》〔仏〕四有《シウ》の一つ。中陰《チュウイン》。例 ―の旅(=生まれ変わるまで迷っていること。冥土《メイド》の旅)。

【中央】《チュウオウ》 ①まんなか。また、そのあたり。例 公園の―に噴水《フンスイ》がある。②ある範囲《ハンイ》の土地や人民の、政治・経済・文化の中心になる地域。国の場合、多くはその首都。対 地方。例 ―の政治。③組織《ソシキ》のうえで、ものごとの中心となる立場や位置。例 ―卸売市場《おろしうりシジョウ》。―銀行。

【中央集権】《チュウオウシュウケン》 政治上の力をすべて中央の機関に集めて、全国をまとめること。対 地方分権。例 ―国家。

【中音】《チュウオン》 高くも低くもない音や声。また、強くも弱くもない音。音楽ではテノール、またはアルトをさす。

【中夏】《チュウカ》 ①中国。中華。②⇩【仲夏】《チュウカ》(62ページ)

【中華】《チュウカ》 ①世界の中心にあり、最もすぐれているということで、自分の国について漢民族が用いたことば。中国。中州。②「中華料理」の略。例 お昼ごはんは―にしよう。

【中華人民共和国】《チュウカジンミンキョウワコク》 第二次世界大戦後の中国で、毛沢東《モウタクトウ》の率いる中国共産党が中国国民党政権〔蔣介石《ショウカイセキ》が率いていた〕をたおして一九四九年に成立した社会主義国家。首都は北京《ペキン》。

【中華民国】《チュウカミンコク》 一九一二年に辛亥《シンガイ》革命により中国に成立した共和国。政権争いが続いたが、蔣介石《ショウカイセキ》の率いる中国国民党が南京《ナンキン》に国民党政権を樹立して政治的統一をみた。その後の内戦を経て一九四九年に中国共産党の中華人民共和国が成立し、国民党政府は台湾《タイワン》へ移って現在にいたる。

【中外】《チュウガイ》 内と外。国や家庭などについていう。内外。

【中核】《チュウカク》 ものごとの中心。最も重要な部分。例 研究グループの―となる人。

【中形】《チュウがた》 大きさが中くらいのもの。例 今年のサンマは―のものが多い。

【中型】《チュウがた》 同じ様式・形式のものの大きさで、中くらいのもの。例 ―乗用車。―タンカー。

【中学校】《チュウガッコウ》 ①日本の義務教育で、小学校の六年間に続く修業年限三年の学校。中学。②日本の旧教育制度で、小学校の六年間に続く修業年限五年の男子の高等普通《フツウ》教育をした学校。〔女子は、高等女学校。高女〕

【中間】 一《チュウカン》 ①ものごとと、ものごととの、あいだ。例 ―搾取《サクシュ》。②位置や時間について、二つのちょうどまんなか。また、なかほど。例 ―テスト。東京と大阪《おおさか》の―。③ものごとの、とちゅう。なかほど。例 ―発表。―報告。二《チュウゲン》 昔、武家で下働きをした者。例 ―部屋《べや》。表記 二は「仲間」とも書く。

【中間色】《チュウカンショク》 ①原色と原色との中間に位置している色。②原色に白やグレーを混ぜた、落ちついていてやわらかい感じの色。

【中気】《チュウキ》 脳卒中。中風《チュウフウ》。

【中期】《チュウキ》 ①ある期間を三つに分けたときの二番目。まんなかにあたるころ。例 江戸《えど》時代の―。②将来について期間を定めるとき、近い将来を指していうことば。例 ―計画。

【中級】《チュウキュウ》 (おもに、ある技術について)中くらいの段階。初歩の次に進む課程。例 ―の英会話。

【中共】《チュウキョウ》「中国共産党」の略。

【中近東】《チュウキントウ》 近東(=Near East の訳語。トルコ・シリアなど)と中東(=Middle East の訳語。イラン・パキスタンなど)とをまとめていった地域。〔ヨーロッパから東方の諸国を指していったことば〕

【中空】 一《チュウクウ／なかぞら》 目で見て確認《カクニン》できる程度の範囲《ハンイ》の空。二《チュウクウ》 内部に、広い空間があること。また、その部分。からっぽ。がらんどう。

【中宮】《チュウグウ》 ①平安時代、皇后よりあとから入内《ジュダイ》した、皇后と同じ資格の女性。②皇后・皇太后《コウタイゴウ》・太《タイ》皇太后をまとめていうことば。

【中軍】《チュウグン》 戦陣《センジン》の中央に位置する大将の軍。

【中啓】《チュウケイ》 たたんでも少し開いているように作ってある、儀式用《ギシキよう》の扇《おうぎ》。

【中継】《チュウケイ》（名・する）①ものやことがらをつないで、先にわたすこと。なかつぎ。例 駅伝競走の―点。②「中継放送」の略。ある局の放送を別の放送局を通して伝えること。また、スタジオ以外の場所から放送すること。例 現場からの―。ナイターを―する。

【中堅】《チュウケン》 ①戦いのとき、総大将が率いる精鋭《セイエイ》部隊。類 中軍。②職場や会社・業界などの組織で中心となって働く部分。例 ―サラリーマン。―の企業《キギョウ》。③剣道《ケンドウ》・柔道《ジュウドウ》など武道の団体戦で、先鋒《センポウ》と副将・大将のあいだで出場する選手。④野球で、右翼《ウヨク》と左翼の中間。また、そこを守る選手。センター。

【中元】《チュウゲン》 ①三元《サンゲン》(=道教《ドウキョウ》で神をまつる日)の一つ。上元(=正月十五日)・下元《カゲン》(=十月十五日)に対して七月十五日のこと。仏教の盂蘭盆会《ウラボンエ》と重なる。②七月上旬《ジョウジュン》から十五日までに、おくりものをすること。また、その品物。お中元。例 ―大売り出し。

【中原】《チュウゲン》 ①広い平野で中央部にあたる地域。②昔の中国で、中心部にあたる、黄河《コウガ》の流域。古来、覇権《ハケン》を争う場になっていた。

【中原《チュウゲン》に鹿《しか》を▽逐《お》う】〔「鹿」は、帝位《テイイ》のたとえ〕天下の支配者になる目的で争う。鹿を逐《お》う。逐鹿《チクロク》。

【中古】 一《チュウコ》 上古と近古のあいだの時代。日本史ではふつう、平安時代についていう。例 ―文学。二《チュウコ／チュウぶる》 ほかの

人がすでに使った品物。例―品。―車。

【中古《チュウコ》品《ヒン》】ほかの人がすでに使って、手放した品物。中古。対新品《シンピン》。

【中《チュウ》耕《コウ》】(名・する) 農作物の生長をうながすために、畑のうねとうねとのあいだを浅くたがやすこと。中《チュウ》打ち。

【中《チュウ》興《コウ》】(名・する) 一度おとろえたものの、繁栄《ハンエイ》を盛り返すこと。例建武《ケンム》の―。

【中《チュウ》国《ゴク》】①「中華《チュウカ》人民共和国」の略。②国の中で中央にあたる地域。③本州の「中国地方」のこと。鳥取《とっとり》・島根・岡山《おかやま》・広島・山口の各県。例―山地。―自動車道。

【中《チュウ》腰《ごし》】腰《こし》を半分上げた状態の姿勢。例―になる。

【中《チュウ》佐《サ》】軍隊の階級で、佐官の二番目。大佐と少佐のあいだ。〔日本では明治以後の、陸海軍の制度にあった〕

【中《チュウ》座《ザ》】(名・する) 会合《カイゴウ》や宴会《エンカイ》などのとちゅうで、その場をはなれること。例急用でやむをえず―する。

【中《チュウ》止《シ》】(名・する) 計画や試合などを進行とちゅうで、とりやめにすること。また、とりやめになること。例急病で旅行を―する。博覧会が―になる。

【中《チュウ》耳《ジ》】耳の内部を三つに分けたとき、鼓膜《コマク》の内側で内耳《ナイジ》に接しているところ。例―炎《エン》。

【中食《チュウジキ｜チュウショク》】①昼に食べる食事。ひるめし。②茶席で昼に出す食事。③〔仏〕午前中に食事をすること。類斎食《サイジキ》。表記▽「昼食」とも書く。

【中《チュウ》軸《ジク》】①ものの中央部分にある軸。②組織で、中心となって働く人。例研究グループの―。

【中州】一《チュウシュウ》①「中国①」の主要な領土にあたる地域全体。中華《チュウカ》。②黄河《コウガ》流域で、現在の河南《カナン》省のあたり。中原。③日本の中央部、大和《やまと》地方を指した。二《なかす》川の中で、土や砂がたまって島のように水面上にあらわれたところ。州《す》。表記二は「中▼洲」とも書く。

【中《チュウ》秋《シュウ》】①⇩【仲秋《チュウシュウ》】(62ページ) ②陰暦《インレキ》の八月十五日。秋のまんなか。例―の名月。

【中《チュウ》春《シュン》】①⇩【仲春《チュウシュン》】(62ページ) ②陰暦《インレキ》の二月十五日。

【中《チュウ》旬《ジュン》】〔「旬」は、十日の意〕ひと月の、中《なか》の十日。十一日から二十日までのあいだ。対上旬・下旬。例十一月―のある日。

【中《チュウ》称《ショウ》】文法で、指示代名詞の一つ。話し手よりも聞き手に近い物・場所・方向を指し示すことば。「それ」「そこ」「その」「そちら」など。対近称・遠称・不定称。

【中《チュウ》傷《ショウ》】(名・する) 人の名誉《メイヨ》を傷つけようとして、悪口を言うこと。また、その悪口。例いわれのない―。

【中《チュウ》将《ジョウ》】①昔、左右の近衛府《コノエフ》(=宮中の警護などをおこなった役所)の次官。例左《サ》―。右《ウ》―。②能楽に用いられる面《おもて》の一つ。悲しみの表情をうかべた貴公子をあらわす。③軍隊の階級で、大将と少将のあいだ。〔日本では明治以後の陸海軍の制度にあった〕例海軍―。陸軍―。

【中書《チュウショ》省《ショウ》】①三国時代、魏《ギ》のころから置かれた国の役所。宮廷《キュウテイ》の文書や詔勅《ショウチョク》などをあつかった。②日本で、中務省《なかつかさショウ》の中国風の呼び名。

【中《チュウ》心《シン》】①まんなか。中央。例駅は町の―にある。②最も重要なこと。また、そういうところ。例話の―が定まらない。③指示を出したり取りまとめたりする最も重要な役目をするところ。また、その人。例田中さんを―に計画を進める。④〔数〕図形や立体のまんなかにあたるところ。また、ものを回転させるときの軸《ジク》の部分。例円の―。この点を―に九〇度回転させる。

【中身】一《チュウシン》①(人の寿命《ジュミョウ》を百歳《サイ》とみて)五十歳のころ。②身体のなかほど。胴体《ドウタイ》。二《なかみ》①中に入れてあるもの。み。例箱の―はなんですか。②〔外見に対して〕内容。実質。み。例―のない研究発表。表記二は「中味」とも書く。

【中《チュウ》水《スイ》】水をその用途《ヨウト》やよごれぐあいによって分けたときの一つ。上水と下水のあいだ。例―道(=汚水《オスイ》処理をした後の水を、そのまま使える範囲《ハンイ》で利用する施設《シセツ》や設備。また、その水)。

【中《チュウ》枢《スウ》】〔「枢」は、扉《とびら》を回転し、開閉するときの軸《ジク》となるところ〕ものごとの中心となるたいせつなところ。重要なことをつかさどる部分。例―神経。言語―。政界の―。

【中《チュウ》正《セイ》】(名・形動《ダ》) ものごとがかたよらずに正しいこと。類公正。例―な意見。

【中《チュウ》世《セイ》】時代区分の一つ。古代と近世とのあいだの時代。中国史では、唐《トウ》の滅亡《メツボウ》後から明《ミン》の末まで。日本史では、鎌倉《かまくら》・室町《むろまち》時代。西洋史では、五世紀のゲルマン民族の大移動から十六世紀の宗教改革のころまで。例―の都市国家。『徒然草《つれづれぐさ》』は―の作品。

【中《チュウ》性《セイ》】①〔化〕酸性でもアルカリ性でもない性質。例―洗剤《センザイ》。―紙《シ》。②男らしくもなく、女らしくもない性質。また、そのような人。③インドヨーロッパ語などの文法上の用語で、名詞・代名詞・形容詞などについて、男性・女性・中性の区別の一つ。④陰《イン》の電気も陽《ヨウ》の電気も帯びていないこと。

【中性子《チュウセイシ》】〔物〕素粒子《ソリュウシ》の一つ。陽子とともに原子核《ゲンシカク》をつくっているもので、電気的に中性の状態にある。ニュートロン。例―爆弾《バクダン》。

【中生代《チュウセイダイ》】地球の歴史で、地質時代の区分の一つ。古生代と新生代とのあいだの時代。三畳紀《サンジョウキ》・ジュラ紀・白亜《ハクア》紀の三つに分ける。今から約二億五千万年前から約六千六百万年前までのあいだ。例―の地層。

【中《チュウ》絶《ゼツ》】(名・する) ①進行中のものごとをとちゅうでとりやめること。また、とちゅうで止まること。例研究を―する。交友関係の―。②「人工《ジンコウ》妊娠中絶《ニンシンチュウゼツ》」の略。

【中《チュウ》退《タイ》】(名・する)「中途《チュウト》退学」の略。学校を卒業せずにやめること。例大学を―して家業をつぐ。

【中《チュウ》隊《タイ》】軍隊の編制単位の一つ。大隊の下、小隊の上のもの。ふつう、三個もしくは四個の小隊から成る。

【中《チュウ》段《ダン》】①階段・枠《わく》や、たななどを高さによって区分けした、なかほど。例はしごの―。本棚《ホンだな》の―。②剣道《ケンドウ》で、刀の先を目の高さにする構え方。正眼《セイガン》。例―に構えてにらみあう。

【中《チュウ》断《ダン》】(名・する) ①まんなかから切ること。また、半分に切ること。②進行中のものごとをとちゅうで、一時とりやめること。例ドラマを―して臨時ニュースを放送する。

【中庭】一《チュウテイ》①にわのなかほどのところ。②朝廷《チョウテイ》のにわ。二《なかにわ》敷地《しきチ》内で、建物に囲まれたにわ。

【中《チュウ》天《テン》】天のまんなか。なかぞら。中空。空中。例―の月。

【中《チュウ》途《ト》】①道のりの半ば。途中。例雨がひどいので―で引き返した。②一つの定まった課程のなか。例―退学。―半端《ハンぱ》。計画を―で変更《ヘンコウ》する。

【中《チュウ》冬《トウ》】⇩【仲冬《チュウトウ》】(62ページ)

【中《チュウ》東《トウ》】①〔Middle East の訳語〕近東《キントウ》(=トルコ・シリアなど)よりももっと東方の地域。イランやパキスタンなどがふくまれる。〔ヨーロッパから東方の諸国を指していったことば。中国や日本は極東(=Far East の訳語)という〕例日本は石油を―に依存《イソン》している。②中国と日本を一つにまとめていうやや古い言い方。

【中唐】《チュウトウ》①唐代の詩の流れを四期(=初唐・盛唐・中唐・晩唐)に分けた第三期。七六六年から八二六年のあいだ。代表的詩人に韓愈《カンユ》・柳宗元《リュウソウゲン》・白居易《ハクキョイ》らがいる。②廟《ビョウ》の門から廟に通じる中庭の道。

【中道】《チュウドウ》①中正で、かたよらないこと。例—政治。保守—。②何かをしているとちゅう。目的を達しないうち。例—にしてたおれる。

【中毒】《チュウドク》(名・する)〔毒に中《あ》たる意〕①物質の毒性を体内に取り入れたために起こる障害。死にいたることもある。例食—。一酸化炭素—。②アルコールや薬物などを用いる習慣ができて、それがなくては生きていけなくなった状態。依存症《イゾンショウ》。例アルコール—。

【中納言】《チュウナゴン》令外官《リョウゲのカン》(=律令制《リツリョウセイ》では定められていない官職)の一つ。大納言《ダイナゴン》と同じく、天皇のそばにあって、政治をおこなった。ただし、大納言とちがい、大臣の職務《ショクム》は代行《ダイコウ》できない。

【中二階】《チュウニカイ》①一階と二階との中間に作られた階。②〔楽屋の中二階に部屋をもらったところから〕歌舞伎《かぶき》の女形《おんながた》のこと。

【中肉中背】《チュウニクチュウぜい》肉づきも背の高さも中くらいであること。例—の男。

【中日】《チュウニチ》㊀①春と秋の彼岸《ヒガン》の七日間のまんなかの日。春分の日と秋分の日。お中日。例明日は彼岸の—だ。②中国と日本とをならべていうときの、中国側の表現。〔日本では「日中《ニッチュウ》」という〕例—友好。㊁《なかび》ある期間のまんなかにあたる日。とくに、芝居《しばい》や相撲《すもう》などの興行のちょうどまんなかの日。例—まで毎日満員札止《ふだど》め。

【中人】《チュウニン》入場料や、乗り物の運賃などの料金区分で、大人《ダイニン》と小人《ショウニン》のあいだ。ふつう、小・中学生を指す。

【中年】《チュウネン》青年と老年のあいだの年ごろ。四十歳《サイ》前後から五十歳代を指す。また、その人。例—太り。

【中波】《チュウハ》慣用的な電波区分の一つ。波長が一〇〇—一〇〇〇メートル。周波数は三〇〇—三〇〇〇キロヘルツの電波。おもに国内放送に用いられる。

【中盤】《チュウバン》①囲碁《ゴイ》・将棋《ショウギ》で、勝負がなかほどまで進んで、本格的な戦いにはいるころ。②ものごとで、なかほどまで進んだ時期。例選挙戦も—だ。

【中部】《チュウブ》①中央の部分。例市の—。②「中部地方」の略。本州の中央にあたる地方。静岡《しずおか》・愛知・岐阜《ぎふ》・長野・山梨《やまなし》・新潟《にいがた》・富山《とやま》・石川・福井《ふくい》の九県がある。

【中風】《チュウフウ》〔「チュウブウ」「チュウブ」とも〕脳梗塞《ノウコウソク》・脳軟化《ノウナンカ》・脳出血などによって起こるからだのまひ。中気。〔突然《トツゼン》の症状《ショウジョウ》を卒中風《ソッチュウフウ》、略して卒中《ソッチュウ》という〕

【中腹】《チュウフク》㊀(名)山の頂上とふもとまでの中間。また、そのあたり。例山の—でキャンプをする。㊁【中っ腹】《チュウっぱら》(名・形動ダナ)①腹の立つことがあって、怒《いか》りをおさえていらいらしているようす。例—な受け答え。②短気で威勢《イセイ》のよいこと。

【中編】《チュウヘン》①三つの部分からできている作品の、中間の一編。②長編と短編のあいだの長さの作品。例—小説。表記▽旧中▼篇

【中門】《チュウモン》①古代中国の宮廷《キュウテイ》の正面にあった五重の門のまんなかの門。②日本の寝殿造《シンデンづく》りで、表の門と建物とのあいだの門。③寺院で、楼門《ロウモン》と拝殿《ハイデン》とのあいだの門。

【中夜】《チュウヤ》①よなか。夜半。類中宵《チュウショウ》。②一夜を三つに分けたまんなか。午後九時ころから午前三時ころまでのあいだ。夜半。③冬至《トウジ》の呼び方の一つ。

【中庸】《チュウヨウ》㊀(名・形動ダナ)かたよらないで中正であること。例—をえた考え。㊁(名)四書《シショ》の一つ。孔子《コウシ》の孫の子思《シシ》の作といわれる。もともとは『礼記《ライキ》』の中の一編。

【中葉】《チュウヨウ》ある時代のなかごろ。中期。例十八世紀の—。

【中立】《チュウリツ》(名・する)①かたよらないこと。例—してかたよらない。②意見が対立したり戦争をしたりしている、そのどちらがわにも加わらないこと。例—国。—地帯。—を守る。

【中略】《チュウリャク》(名・する)文章を引用するとき、とちゅうを省略すること。

【中流】《チュウリュウ》①川の水源から河口までの全体をみたときのなかほどのところ。例利根川《とねがわ》の—。②川の流れのまんなかあたり。例舟《ふね》を—までこぎ出す。③その国に住む人々を、おもに経済的な面からみたときの、中くらいの位置。例—階級。

【中老】《チュウロウ》①五十歳《サイ》前後の年齢《ネンレイ》の人。②江戸《えど》時代の大名家《ダイミョウケ》で、家老に次ぐ地位の家臣《カシン》。③武家でめしつかわれた、老女に次ぐ地位の奥女中《おくジョチュウ》。

【中▼﨟】《チュウロウ》〔「﨟」は、年功による地位〕上﨟《ジョウロウ》と下﨟《ゲロウ》とのあいだ。僧《ソウ》・女官《ジョカン》・奥女中《おくジョチュウ》などについていう。

【中和】《チュウワ》(名・する)①中正でかたよらず、性格や気持ちがおだやかなこと。②〔化〕酸性とアルカリ性とがまじりあって、どちらの性質も示さないこと。③ちがう性質のものがまざりあって、それぞれの本来の性質があらわれなくなること。

【中▽山道】《なかセンドウ》江戸《えど》時代の五街道《ゴカイドウ》の一つ。江戸と京都とを結ぶ街道の一つで、江戸日本橋から上野《こうずけ》(=群馬)・信濃《しなの》(=長野)・美濃《みの》(=岐阜《ぎふ》)・尾張《おわり》(=愛知)を経て、近江《おうみ》(=滋賀《しが》)の草津《くさつ》で東海道と合流して京都へいたる道。表記「中仙道」とも書く。

●懐中《カイチュウ》・寒中《カンチュウ》・眼中《ガンチュウ》・忌中《キチュウ》・宮中《キュウチュウ》・胸中《キョウチュウ》・空中《クウチュウ》・在中《ザイチュウ》・集中《シュウチュウ》・水中《スイチュウ》・地中《チチュウ》・的中《テキチュウ》・道中《ドウチュウ》・途中《トチュウ》・日中《ニッチュウ》・熱中《ネッチュウ》・夢中《ムチュウ》・命中《メイチュウ》・喪中《モチュウ》・連中《レンジュウ》

｜4

【丱】

5画 4805 4E31

音 ㊀カン漢呉 ㊁コウ漢呉

訓 あげまき

意味 ㊀《カン》❶(たまごから生まれたばかりのように)幼い。例丱歳《カンサイ》(=幼年)。丱童《カンドウ》(=幼い子供)。❷(古代の)幼い子供の髪型《かみがた》。つのがみ。あげまき。総角。例丱角《カンカク》。童男丱女《ドウナンカンジョ》。㊁《コウ》(たまごが腹中にあるように)地中にある鉱石。あらがね。同礦《コウ》。

日本語での用法《びんずら・みずら》古代の男性の髪型《かみがた》。平安時代には少年の髪型。つのがみ。

【丱角】《カンカク》①昔の、子供の髪《かみ》のゆい方。頭の両側に二本の角《つの》のようにたばねて結ぶもの。総角《あげまき》。角髪《つのがみ》。②幼い子供。幼童《ヨウドウ》。

｜4

【巨】

5画 2180 5DE8

常用

音 コ慣 キョ漢 ゴ呉

訓 おお-きい

筆順 

工2

【巨】5画

なりたち 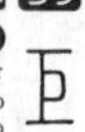 〔象形〕手に、さしがねを持つ形。借りて「おおきい」の意。

意味 ❶きわめておおきい。例巨漢《キョカン》。巨人《キョジン》。巨大《キョダイ》。❷数量がきわめて多い。例巨額《キョガク》。巨万《キョマン》。巨利《キョリ》。❸たいへんすぐれている。例巨匠《キョショウ》。巨頭《キョトウ》。

難読 巨勢《こせ》(=地名・姓《セイ》)・巨指《おおゆび》

人名 お・おお・なお・まさ・み

【巨億】《キョオク》 数量がひじょうに多いこと。〔「巨万」よりも多い意味で使う〕
【巨額】《キョガク》 けたはずれに多い金額。例 —の脱税《ダツゼイ》。
【巨漢】《キョカン》〔「漢」は、おとこの意〕なみはずれてからだの大きな男性。例 相撲《すもう》界《カイ》随一《ズイイチ》の—力士。
【巨岩】《キョガン》 きわめて大きないわ。
【巨▼軀】《キョク》 とくべつ大きなからだ。巨体。
【巨鯨】《キョゲイ》 ひじょうに大きなクジラ。
【巨材】《キョザイ》 ①きわめて大きな材木。例 —を用いた建築物。②きわめてすぐれた人物。偉大《ダイ》な人物。
【巨財】《キョザイ》(お金や土地などすべてをふくめて)きわめて多くの財産・財宝。類 巨富。
【巨刹】《キョサツ》 大きな寺院。大伽藍《ダイガラン》。大刹《タイサツ》。例 臨済《リンザイ》の—。
【巨視的】《キョシテキ》(形動《ダナ》)〔英語 macroscopic の訳語〕①人間の目で見分けられる大きさであるようす。②細部を気にせず、全体をとらえようとする見方や考え方。大局的。▽対 微視的《ビシテキ》。
【巨匠】《キョショウ》 学問・芸術・技術などの分野で、ひじょうにすぐれた人。第一人者。大家《タイカ》。例 ルネサンスの絵画の—ラファエロ。
【巨商】《キョショウ》 経済的に大きな力をもっている商人。大商人。豪商《ゴウショウ》。大賈《タイコ》。
【巨人】《キョジン》 ①からだがとくに大きい人。②伝説や物語などに登場する、なみはずれて大きな人。ジャイアント。③とくにすぐれた業績を残した偉大《ダイ》な人。例 明治の—福沢諭吉《フクざわユキチ》。
【巨星】《キョセイ》 ①恒星《コウセイ》のうち、大きさも光の強さもひじょうに大きい星。②きわめてすぐれた人物。偉大《ダイ》な人物。例 —墜《お》つ(=偉大な人物が亡《な》くなる)。
【巨体】《キョタイ》 ひじょうに大きなからだ。巨軀《キョク》。
【巨大】《キョダイ》(名・形動《ダナ》)きわめて大きいこと。例 —なクジラ。
【巨頭】《キョトウ》 ①大きなあたま。②国家や政界・財界などの大きな組織の長。大御所《おおゴショ》。例 —会談。
【巨費】《キョヒ》 きわめて多額の費用。例 —を投じた計画。
【巨富】《キョフ》 きわめて多くの富《とみ》。巨万の富。例 —を築《きず》く。
【巨編】《キョヘン》 小説や映画などで、大規模な作品。また、とくにすぐれた作品。例 —を編む。表記 旧 巨▼篇
【巨砲】《キョホウ》 とりわけ大きな大砲。
【巨万】《キョマン》 数量がひじょうに多いこと。金銭についていうことが多い。類 巨億。例 —の富。
【巨利】《キョリ》 大きな利益。ぼくだいなもうけ。大利《タイリ》。例 —をむさぼる(=ひたすら多くの利益を求める)。
【▽巨細】《コサイ》(名・形動《ダナ》)①大と小。大きいことと小さいこと。細大。大小。例 —となく事情を知らせる。②こまかくてくわしいこと。詳細《ショウサイ》。委細。また、一部始終。すべて。例 —に説明する。

丨 6
【串】
7画 2290 4E32 常用
音 一 セン 漢 呉 二 カン 漢 呉
訓 くし

筆順 丨 冂 口 口 吕 串

なりたち [象形] ものを串《くし》ざしにした形。

意味 一《セン》 穴をあけて通す。つらぬく。同 穿《セン》。二《カン》 なれ親しむ。なれる。同 慣《カン》。

日本語での用法 《くし》 ものにさし通す細い棒。「串刺《くしざ》し・竹串《たけぐし》」「串柿《くしがき》・」

【串団子】《くしダンご》 数個をつらねて串にさした、だんご。

3
1画
丶 てん部

一個の点で、「てん、しるし」の意をあらわす。「丶」の字形を目じるしにして引く漢字を集めた。

0 丶 2 丸 之 3 丹 4 主 丼

この部首に所属しない漢字

以⇩人 53
斥⇩斤 472
朮⇩木 508
永⇩水 575
氷⇩水 576
甫⇩用 675
良⇩艮 839
為⇩灬 630

丶 0
【丶】
1画 4806 4E36
音 チュ 漢 呉

意味 ❶文章の切れ目につけるしるし。てん。読点《トウテン》。❷ともしび。

丶 2
【丸】
3画 2061 4E38 教育2
音 カン 漢 ガン 呉
訓 まる・まる-い・まる-める・たま

筆順 ノ 九 丸

なりたち  [指事]「仄《ソク》(=かたむく)」を、左右反対向きにした形。かたむけると、ころがるもの。「まるい」の意。

意味 ❶円形や球形のもの。まる。まるい。例 丸薬《ガンヤク》。六神丸《ロクシンガン》(=丸薬の名)。❷銃砲《ジュウホウ》のたま。例 弾丸《ダンガン》。砲丸《ホウガン》。

日本語での用法 一《まる》 ①全部。すっかり。そっくり。「丸《まる》五年《ゴネン》・丸出《まるだ》し・丸儲《まるもう》け・丸《ま》で違《ちが》う」②完全。正解。無欠。「丸《まる》をつける・丸本《まるホン》」③何も加えない、もともとの。そのまま。「丸腰《まるごし》・丸寝《まるね》」④男子や、船・刀などの名にそえることば。「牛若丸《うしわかまる》・氷川丸《ひかわまる》・鬼丸《おにまる》」⑤城の内部。また、その一区画。「丸《まる》の内《うち》・本丸《ホンまる》・二《に》の丸《まる》・北《きた》の丸《まる》」 二《まるめる》 ①かみの毛をそる。「頭《あたま》を丸《まる》めて謝罪《シャザイ》する」②切りのいい数字にする。「端数《ハスウ》を丸《まる》める」

使い分け まるい【丸・円】 ⇩1180ページ

人名 たま・まるし・まろ・まろむ

【丸薬】《ガンヤク》 材料を練って、またはいくつかの材料を練り合わせて、小さく丸めたくすり。
【丸木】《まるき》 切り出したままの木。また、皮をはいだままのまるい材木。丸太《まるタ》。例 —橋。
【丸腰】《まるごし》 ①武士が腰に刀をさしていないこと。②武器を身につけていないこと。無防備のたとえ。例 —でたたかう。—の相手を撃《う》つなどということはできない。
【丸裸】《まるはだか》(名・形動《ダナ》)①からだに何も着ていないこと。まっぱだか。すっぱだか。②財産や身を守るものが、まったくないこと。例 焼け出されて—になった。
【丸坊主】《まるボウズ》 ①かみの毛を全体に短くした頭。また、そった頭。②山に樹木のまったくないようす。また、木の葉の全部散ったようすのたとえ。
【丸本】《まるホン》 ①内容や章・巻などが完全な形でそろっている書物。完本《カンポン》。②義太夫《ギダユウ》の一曲の全詞章を一冊にしたテキストブック。院本《インポン》。
【丸▼髷】《まるまげ》 日本髪《ニホンがみ》の髪型《かみがた》の一つ。明治・大正の時代、未婚《ミコン》の女性の島田まげに対して、人妻《ひとづま》や亭主《テイシュ》持ちの女性が結《ゆ》った。
⬭● 一丸《イチガン》・弾丸《ダンガン》・砲丸《ホウガン》

、2

【之】

3画 3923 4E4B 人名 音 シ 漢 呉 訓 の・ゆ-く・これ・こ-の

なりたち  ［象形］草が地面からのび出て、枝やくきがしだいに大きくしげる形。出る。派生して「ゆく」の意。

意味 ❶ゆく。いたる。例 子之㆓武城㆒《シブジョウにゆく》(=先生が武城にゆかれた)。❷〔助字〕㋐「これ」「この」と読み、人や物を指し示す。例 必辱㆑之《かならずこれをはずかしめん》(=きっとかれを侮辱《ブジョク》してやる)。㋑語調をととのえる。「これ」と読むが、とくに指すものはない。例 知㆑之為㆑知㆑之《これをしるをこれをしるとなす》(=知っていることを、知っていることとする)。〈論語《ロンゴ》〉㋒「の」と読み、主語や所有を示す。例 夫子之道《フウシのみち》(=先生の教え)。

難読 之遶《シニョウ｜シンニュウ》

人名 いずる・いたる・くに・すすむ・たか・つな・のぶ・ひさ・ひで・ゆき・よし・より

【之《これ》を仰《あお》げば▽弥《いよいよ》高《たか》し】 見上げれば見上げるほど高い。〔顔淵《ガンエン》が、師である孔子《コウシ》の徳が限りなく高いことをたたえて言ったことば〕〈論語《ロンゴ》〉

、3

【丹】

4画 3516 4E39 常用 音 タン 漢 呉 訓 に・あか

筆順 丿 冂 円 丹

なりたち  ［象形］井戸《いど》と、そこからとれる赤い石の形。

意味 ❶硫黄《いおう》と水銀が化合したあかい色の鉱物。例 丹砂《タンシャ》。❷丹砂を原料にしたくすり。また、ねりあげたくすり。例 丹薬《タンヤク》。仙丹《センタン》(=仙人のくすり)。❸あかい色。朱《シュ》。に。あか。例 丹英《タンエイ》。丹頂《タンチョウ》。❹まごころ。例 丹心《タンシン》。丹誠《タンセイ》。

日本語での用法 《タン》旧国名「丹波《たんば》(=今の京都府中部と兵庫《ひょうご》県中東部)」「丹後《タンゴ》(=今の京都府北部)」の略。「丹州《タンシュウ》」

難読 丹羽《にわ》(=姓)・丹生《にう》(=地名・姓)・伊丹《いたみ》(=地名・姓)

人名 あか・あかし・あきら・まこと

【丹後】《タンゴ》 旧国名の一つ。今の京都府北部。丹州《タンシュウ》。

【丹砂】《タンシャ》 〔「タンサ」とも〕水銀と硫黄《いおう》の化合物。赤色の鉱物で水銀の原料、顔料や漢方薬(=鎮痛《チンツウ》・解毒《ゲドク》用)に使われる。辰砂《シンシャ》。朱砂《シュシャ》。

【丹朱】《タンシュ》 赤い色。赤い色の絵の具。

【丹心】《タンシン》 いつわりのない心。真心。類 赤心。例 —をつくす。

【丹青】《タンセイ》 ①赤い色と青い色。〔もと、その原料となる丹砂《タンシャ》と青雘《セイワク》〕②絵の具。彩色《サイシキ》。③絵画。例 —の心得《こころえ》がある。

【丹誠】《タンセイ》 いつわりのない心。まごころ。例 —をつくす。

【丹精】《タンセイ》 (名・する・形動《ダナ》)心をこめて、ていねいにつくったり世話したりすること。例 —して育てたキクの鉢《ハチ》。

【丹前】《タンゼン》 綿《わた》を入れたそでの広い着物。室内の防寒用、また、くつろぐときなどに着る。どてら。

【丹頂】《タンチョウ》 「タンチョウヅル」のこと。からだは白色で、ほおやのどは灰色をおびた黒色、つばさのはしは黒く、頭のてっぺんは皮膚《フヒ》が露出《ロシュツ》して赤い。日本では特別天然記念物。

【丹田】《タンデン》 へその下三寸(=指のはば三本分)のあたり。道教で生命のエネルギーを集めるところとされ、東洋医学・武道などでも意識を集中させる所とされる。例 臍下《セイカ》—。

【丹毒】《タンドク》 〔医〕溶血性《ヨウケツセイ》連鎖球菌《レンサキュウキン》が傷口からはいって起こる急性化膿性《カノウセイ》炎症《エンショウ》。高熱を発し皮膚《フヒ》や粘膜《ネンマク》に痛みやかゆみをともなう赤いはれものができる。顔にできやすい。

【丹念】《タンネン》 (形動《ダナ》)細かいところにまで心をくばり、ていねいにするようす。例 —な調査。

【丹波】《たんば》 旧国名の一つ。今の京都府中部と、兵庫《ひょうご》県中東部にあたる。丹州《タンシュウ》。

【丹薬】《タンヤク》 仙人《センニン》のつくる、不老不死など、不思議な効き目があるくすり。仙薬。

、4

【主】

5画 2871 4E3B 教育3 音 シュ 漢 ス 呉 訓 ぬし・おも・あるじ

筆順 、 亠 亍 主

なりたち  ［象形］燭台《ショクダイ》で燃えている、ろうそくの火の形。借りて「あるじ」の意。

意味 ❶一家・一団のかしら・支配者。あるじ。例 主人《シュジン》。亭主《テイシュ》。盟主《メイシュ》。一国一城《イッコクイチジョウ》の主《あるじ》。❷中心的なはたらきをする。例 主査《シュサ》。主宰《シュサイ》。施主《セシュ》。❸中心となる。重要な。おもな。おもに。例 主題《シュダイ》。主賓《シュヒン》。主要《シュヨウ》。❹所有者。もちぬし。ぬし。例 株主《かぶぬし》。地主《ジぬし》。領主《リョウシュ》。

難読 主水《もんど》

人名 かず・きみ・つか・つかさ・まもる・もり

【主位】《シュイ》 ①全体の中で最も重要な地位。例 —に立つ。②中心となる地位。対 客位。例 —概念《ガイネン》。

【主意】《シュイ》 ①中心となる意味や考え。ねらい。主眼。例 論文の—をつかむ。②感情や理知よりも、意志を重んじること。対 主情・主知。例 —主義。

【主因】《シュイン》 おもな原因。対 副因・従因。例 死亡の—の認定《ニンテイ》。

【主演】《シュエン》 (名・する)映画・演劇・テレビドラマなどで主役を演じること。また、演じる人。対 助演。

【主家】《シュカ》 主人・主君の家。

【主我】《シュガ》 ①〔哲〕感じたり考えたり行動する主体としての自己。類 自我。②自分の利益だけを考えて動くこと。類 利己。例 —主義。

【主客】《シュカク｜シュキャク》 ①主人と客。例 —ともにくつろぐ。②おもなものとそうでないもの。主体と客体。③主語と客語(=目的語)。例 —の関係を理解して読む。

【主客転倒】《シュカクテントウ｜シュキャクテントウ》 (名・する)ものごとの順序や軽重が、逆にあつかわれること。例 —した議論。表記 旧 主客▽顛倒

【主格】《シュカク》 文の中で主語にあたる部分。「AがBだ」の、Aにあたることば。〔「格」は、文を構成している他のことばとの関係を示すことば〕例 —の明確な文。

【主幹】《シュカン》 中心となって仕事を進める人。例 編集—。

【主観】《シュカン》 ①その人だけの個人的な考えや感じ方。②〔哲〕ものごとを感じたり考えたりするはたらき。また、その主体。▽対 客観。

【主観的】《シュカンテキ》 (形動《ダナ》)自分だけの考え方・感じ方をもとに、ものごとを判断する状態。ひとりよがり。対 客観的。

【主眼】《シュガン》 ものごとの、最も重要な点。ねらい。眼目。かなめ。例 —点。体力増強に—を置く。

【主義】《シュギ》 ①行動のもとになる一定の方針や考え方。例 事《こと》なかれ—。自分の—をつらぬく。②〔英語 principle の訳語〕特定の原理や理念にもとづく思想・学説。また、制度・体制。例 自然—。社会—。

【主君】《シュクン》 自分が仕えている主人。類 君主。

【主計】《シュケイ》 会計を担当する役職。例 財務省—官。

【主権】《シュケン》〔法〕①国家の意思や政治のあり方を最終的に決定することのできる権利。日本の旧憲法では主権は天皇にあり、現在の憲法では主権は国民にある。例―者。―在民。②領土および国民を支配する権利。統治権。例他国の―を侵《おか》すようなことがあってはならない。

【主権在民】《シュケンザイミン》 主権が国民にあるということ。

【主語】《シュゴ》 文法で、文の成分の一つ。述語《ジュツゴ》のあらわす動作をおこなうもの、述語のあらわす状態の主体をさす。「鳥が鳴く」「花がさく」の、「鳥が」「花が」の部分。対述語。

【主査】《シュサ》 中心となって調査や審査《シンサ》をすること。また、それをする人や役職。対副査。例学位請求《セイキュウ》論文の―。

【主宰】《シュサイ》(名・する)人々の中心となって指導したり、全体をとりまとめること。また、その人。例俳句の会を―する。

【主催】《シュサイ》(名・する)中心となって会やもよおしものを運営すること。また、その人や組織や団体。例講演会の―者。

【主旨】《シュシ》 文章や語が伝えようとする肝心《カンジン》なところ。例論文の―。

【主事】《シュジ》 ①官庁・学校・研究施設《シセツ》などで一定の仕事や事務を管理・運営する職。例研究所の―。②〔仏〕禅宗《ゼンシュウ》の僧職《ソウショク》の名。

【主治医】《シュジイ》 ①患者《カンジャ》の治療《チリョウ》にあたる複数の医者の中で中心となる医者。②かかりつけの、家庭の顧問《コモン》になる医者。

【主軸】《シュジク》 ①中心となる軸。②原動機から動力を直接受けてほかに伝える軸。③ものごとを中心になって進める人。

【主従】《シュジュウ》 主人と家臣・従者。主人と使用人。例―は三世《サンゼ》(=主従のあいだがらは過去・現在・未来にわたり続くほど縁《エン》が深い)。

【主将】《シュショウ》 ①全軍の総大将。首将。②競技で、そのチームを率いる人。キャプテン。対副将。

【主唱】《シュショウ》(名・する)人々の中心になって影響力《エイキョウリョク》のある意見を述べること。例和平を―する。

【主上】《シュジョウ》 天子をうやまっていうことば。お上《かみ》。

【主情】《シュジョウ》 意志や理性よりも、感情を重んじること。対主意・主知。例―主義。

【主食】《シュショク》 日常の食事の中心となる食品。米・パン・めん類など。対副食。

【主審】《シュシン》 競技の複数の審判員の中で筆頭となる人。フットボールなどのレフェリーや野球の球審。対副審。

【主人】《シュジン》 ①一家の責任をとる立場にある人。〔妻が他人に自分の夫を指す場合にも用いる〕類あるじ・亭主《テイシュ》。②自分の仕えている人。例―の帰りを待つ忠犬ハチ公。③客をむかえるがわの人。ホスト。対客人。

【主人公】《シュジンコウ》〔もと、「主人」をうやまっていう言い方〕小説・脚本《キャクホン》・事件などの話の中でいちばん重要な人物。ヒーロー。〔女性の場合は、女《おんな》主人公また、ヒロインという〕

【主席】《シュセキ》 国や団体を代表する最高指導者。例国家―。

【主体】《シュタイ》 ①組織や団体の中心となる部分。例学生を―とした実行委員会。②自分の意志や考えをしっかりもって、他のものにはたらきかけること。対客体。例―的。―性。

【主体性】《シュタイセイ》 自分自身の意志や考えにもとづき、自主的に行動すること。また、そのような態度。例―に欠ける。

【主体的】《シュタイテキ》(形動ナダ)自分の意志によって積極的にはたらきかけるようす。類能動的・自主的。例―に参加する。

【主題】《シュダイ》 ①小説・演劇・映画などで、作者が最も強く表現しようとする思想内容。テーマ。②研究・論文などの主要な題目。対副題。③音楽で、曲全体の中心的な旋律《センリツ》。テーマ。例―と変奏。

【主題歌】《シュダイカ》 映画・テレビドラマなどの作品の主題や内容をもとに作られた歌。テーマソング。

【主知】《シュチ》 感情や意志よりも知性・理性・合理性を重んじること。対主意・主情。例―主義。

【主張】《シュチョウ》(名・する)①自分の考えを通そうとして強く述べたてること。例権利を―する。②日ごろもちつづけている考え。持論。例青年の―に耳をかたむける。

【主潮】《シュチョウ》 ある時代・社会の中で、代表的な思想や文化の傾向《ケイコウ》。例現代演劇の―。

【主調】《シュチョウ》 楽曲の中心となる調子。基調。〔いっぱんに曲の始まりと終わりがこの調子〕

【主導】《シュドウ》(名・する)中心となって他を指導したりものごとを進行させたりすること。例政府が―する経済政策。

【主導権】《シュドウケン》 集団をみちびいたり、中心となってものごとを進める力。例クラスで―をにぎる。

【主任】《シュニン》 ある範囲《ハンイ》の仕事を責任と一定の権限をもって中心になって進める人。例教務―。現場―。

【主犯】《シュハン》 二人以上でおかした犯罪の中心人物。正犯《セイハン》。例誘拐《ユウカイ》事件の―。

【主筆】《シュヒツ》 新聞社や雑誌社で、社説や重要な論説を書く第一位の記者。

【主賓】《シュヒン》 ①客の中で最上のもてなしを受ける人。類正客《ショウキャク》・正賓《セイヒン》。例―席。②主人と客。主客《シュカク》。

【主婦】《シュフ》 その一家のなかで、炊事《スイジ》・洗濯《センタク》・育児などの家庭の仕事を中心となって行っている女性。

【主部】《シュブ》 ①いちばん重要な部分。②文法で、文の構成部分の一つ。主語とそれにかかる修飾《シュウショク》語をあわせたもの。たとえば、「赤い花がさく」の「赤い花が」の部分。対述部。

【主文】《シュブン》 ①文章の中で最も重要な一文。②〔法〕裁判の判決書の中で判決の結論が書かれている部分。

【主峰】《シュホウ》 その山地・山脈の中でいちばん高い山。

【主謀】《シュボウ》 悪事や陰謀《インボウ》などを中心になって計画し、実行すること。また、その人。例―者。表記「首謀」とも書く。

【主脈】《シュミャク》 おもな山脈・鉱脈・葉脈。対支脈。

【主命】《シュメイ》 主人や主君の命令。

【主役】《シュヤク》 ①演劇・映画などの主人公を演じる役の人。対脇役《わきヤク》・端役《はヤク》。②最も重要な役目。また、その役の人。

【主要】《シュヨウ》(名・形動ナダ)最もたいせつなこと。例―科目。

【主翼】《シュヨク》 飛行機が空中でうき上がるための、胴体《ドウタイ》から両わきに張り出した、いちばん大きなつばさ。対尾翼《ビヨク》。

【主流】《シュリュウ》 ①川の中心となる流れ。類本流。対支流。②思想や学問などで、ある時期に最も有力な流派や傾向《ケイコウ》。③組織・団体で最も勢力のあるグループ。対傍流《ボウリュウ》。

【主力】《シュリョク》 ①全体の中で最も大きな部分をしめる勢力。例―部隊。二年生を―としたチーム。②もっている力の大部分。例―を注ぐ。

●君主《クンシュ》・自主《ジシュ》・城主《ジョウシュ》・施主《セシュ》・藩主《ハンシュ》・坊主《ボウズ》・民主《ミンシュ》・名主《メイシュ》・盟主《メイシュ》・喪主《もシュ》・領主《リョウシュ》

丶 4

【丼】

5画 4807 4E3C 常用

音 一 セイ 漢 二 タン 漢 トン 呉

訓 どんぶり・どん

筆順 一 二 キ 井 丼

なりたち ⇩【井】《セイ》(43ページ)

意味 一《セイ》〔「井」の本字〕いど。い。 二《タン・トン》 ものを井戸《いど》に投げこんだときの音。どんぶり。どぶん。

日本語での用法 《どんぶり・どん》①深くて口の広い陶器《トウキ》。「どん」は「どんぶり」の略。「丼鉢《どんぶりバチ》・鰻丼《うなぎどんぶり・うなどん》・天丼《テンどん》」②腹掛《はらがけ》の物入れ。「丼勘定《どんぶりカンジョウ》」

【丼勘定】丼《どんぶり》勘定《カンジョウ》〔職人が腹《はら》掛《が》けのどんぶりに金を入れて無造作に出し入れしたことから〕収入と支出を正確におさえず、大ざっぱにお金の出し入れをすること。**例**―の商売。

4 1画 丿の部

右上から左下にななめに曲がるようすをあらわす。「丿」の字形を目じるしにして引く漢字を集めた。

0 丿 乀 1 乂 乃 2 久 及 3 乏 4 乎 乍 6 乕 7 乖 8 乗 9 乘

この部首に所属しない漢字

九⇩乙 34　千⇩十 159　午⇩十 160　升⇩十 160
壬⇩士 243　天⇩大 261　尹⇩尸 318　屯⇩中 324
斤⇩斤 472　毛⇩毛 569　氏⇩氏 570　爪⇩爪 644
丘⇩一 22　失⇩大 264　生⇩生 671　白⇩白 692
矢⇩矢 711　先⇩儿 101　年⇩干 346　朱⇩木 512
自⇩自 830　舟⇩舟 836　血⇩血 882　兎⇩儿 103
我⇩戈 417　系⇩糸 767　身⇩身 950　垂⇩土 229
秉⇩禾 731　卑⇩十 165　禹⇩内 730　胤⇩月 818
重⇩里 998　奥⇩大 268

丿 0
【丿】
1画 4808 4E3F
音 ヘツ 漢

意味 漢字の左はらい。

【丿▼乀】《ヘツポツ》（形動タル）船などが左右にゆれるようす。

丿 0
【乀】
1画 2-0108 4E40
音 フツ 漢 ホツ 呉

意味 漢字の右はらい。

丿 1
【乂】
2画 4809 4E42
音 ガイ 漢
訓 おさ-める・か-る

意味 ❶草をかりとる。かる。**同**刈《ガイ》。❷悪い部分をかりとり、ととのえる。おさめる。❸おさまって、おちつく。**例**乂《ガイ》安《アン》。❹おちつきがあり、すぐれた人。**例**英《エイ》乂《ガイ》（＝おちついてすぐれた人）。

【乂安】乂《ガイ》安《アン》〔「カイアン」とも〕世の中がよく治まっていて、やすらかであるようす。**表記**「▼艾安」とも書く。

丿 1
【乃】
2画 3921 4E43 **人名**
音 ダイ 漢 ナイ 呉
訓 の・なんじ・すなわ-ち

なりたち  〔象形〕ことばがすらすらと出ない形。〔ことばを転じる場合に用いる〕

意味 ❶君。おまえ。なんじ。**例**乃《ダイ》父《フ》。❷〔助字〕「すなわち」と読み、接続のはたらきをする。㋐そこで。そういうわけで。**例**沛公《ハイコウ》乃《すなわち》入《いる》（＝そこで沛公は中にはいった）。㋑やっと。そこではじめて。**例**三往乃得レ見《みたびゆきてすなわちみるをえたり》（＝三度出かけて、やっと会うことができた）。

日本語での用法《の》「の」の音にあてた万葉がな。「乃利《のり》（＝法）・多乃牟《たのむ》（＝ねがう）」

難読 無乃《むしろ》・爾乃《しかのみならず》・木乃伊《ミイラ》

人名 いまし・おさむ・ない・ゆき

【乃翁】乃翁《ダイオウ》①子と話すときに父が自分を指して使うことば。なんじの翁（＝おまえのおやじ）の意。**類**乃父《ダイフ》・乃公《ダイコウ》。②老人が目下の者に対して自分を指して使うことば。わし。

【乃公】乃公《ダイコウ》目下の者に対して、あるいは、自分をえらい者としていうことば。なんじの君の意。〔漢の高祖が自分をこう呼んだことが始まり〕**類**而公《ジコウ》。**表記**「▼迺公」とも書く。

【乃父】乃父《ダイフ》①子に対して父が自分を指して使うことば。なんじの父の意。②いっぱんに、父。

【乃至】乃至《ナイシ》①数量の上限と下限をあげて範囲《ハンイ》を示す言い方。…から…まで。**例**三名―五名が応援《オウエン》に来る。②または。あるいは。もしくは。**例**保護者―保証人の承諾《ショウダク》が必要だ。

丿 2
【久】
3画 2155 4E45 **教育5**
音 キュウ 漢 ク 呉
訓 ひさ-しい

筆順 ノ ク 久

なりたち  〔象形〕人の両方のすねを、後ろからひきとめる形。後ろからひきとめる。派生して、「ひさしい」の意。

意味 長い時間が経過している。ひさしい。**例**久闊《キュウカツ》。久遠《クオン》。恒久《コウキュウ》。

日本語での用法《く》「く」の音にあてた万葉がな。「久野《くの》・久留島《くるしま》・久志本《くしもと》」

人名 つね・とし・なが・ひさ・ひさし・ゆき

【久▼闊】久闊《キュウカツ》〔「闊」は、へだたる意〕長いあいだ会わないこと。また、長いあいだ便りをしないこと。ぶさた。**例**―を叙《ジョ》する（＝久しぶりに会って、また、手紙であいさつをする）。

【久疾】久疾《キュウシツ》〔「疾」は、やまいの意〕長いあいだの病気。ながわずらい。**例**―をわずらう。

【久離】久離《キュウリ》江戸《えど》時代、町人や農民の家で、身持ちの悪い子やきょうだいなどの不行跡《フギョウセキ》および借金の連帯責任などをさけるため、親族の縁《エン》を切ること。**類**勘当《カンドウ》。**例**―を切る（＝親子の縁を切る）。

【久遠】久遠《クオン》過去も未来もふくめて、時間が果てしなく続くこと。〔仏教用語であり、雅語《ガゴ》としても用いる〕**類**永遠・永久・無窮《ムキュウ》・無限。**例**―の光。

◐永久《エイキュウ》・恒久《コウキュウ》・持久《ジキュウ》・耐久《タイキュウ》・悠久《ユウキュウ》

丿 2
【及】
3画 2158 53CA **常用**
音 キュウ 漢
訓 およ-ぶ・およ-び・およ-ぼす

筆順 ノ 乃 及

又 2
【及】4画

なりたち  〔会意〕「又（＝手でつかまえる）」と「人（＝ひと）」とから成る。人を後ろから手でつかまえる。およぶ。

意味 ❶追いつく。およぶ。**例**及第《キュウダイ》。追及《ツイキュウ》。❷行きわたらせる。およぼす。**例**波及《ハキュウ》。普及《フキュウ》。❸ならびに。および。

日本語での用法《およぶ》「…におよばず」「…におよばない」の形で、「（…の）必要がない」「（…するに）いたらない」の意。「とかく言《い》うに及《およ》ばず・出頭《シュットウ》に及《およ》ばない」

難読 及位《のぞき》（＝地名）・比及《ころあい》

人名 いたる・しき・たか・ちか

【及第】及第《キュウダイ》（名・する）試験に合格すること。また、まずまずの水準に達していること。**対**落第。**例**―点。運よく―した。

【及落《キュウラク》】及第と落第。合格と不合格。例―を分ける。

●過不及《カフキュウ》・追及《ツイキュウ》・波及《ハキュウ》・普及《フキュウ》

丿3

【乏】 4画 4319 4E4F 常用 音ホウ漢ボウ呉 訓とぼ-しい

筆順 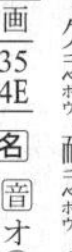

なりたち  〔指事〕「正」を、左右反対向きにした形。正常でない。とぼしい。

意味 ❶不足している。とぼしい。例窮乏《キュウボウ》。欠乏《ケツボウ》。貧乏《ビンボウ》。❷つかれる。例疲乏《ヒボウ》。

●窮乏《キュウボウ》・欠乏《ケツボウ》・耐乏《タイボウ》・貧乏《ビンボウ》

丿4

【乎】 5画 2435 4E4E 人名 音オ慣コ漢 訓か・や

意味 〔助字〕❶状態をあらわすことばにつけて、そのようなようすであることを示す。例確乎《カッコ》。断乎《ダンコ》。❷「か」「や」と読み、…であろうか、の意。疑問をあらわす。例学レ詩乎《シをまなびたるか》(＝詩を学んだか)。〈論語《ロンゴ》〉❸「や」と読み、…であろうか、そうではない、の意。反語をあらわす。例聖人之法乎《セイジンのホウならんや》(＝聖人のつくった法であろうか、そうではない)。❹「かな」と読み、詠嘆《エイタン》をあらわす。例惜乎《おしいかな》(＝残念だなあ)。❺「や」または「よ」と読み、呼びかけに用いる。例参乎《シンよ》(＝曽参《ソウシン》よ)。

難読 弖爾乎波《てにをは》

【乎古止点《をことテン》】〔「乎」は、訓読では「を」にあたる〕平安時代に、漢文を訓読するとき、のちには送りがなで示した助詞・助動詞・活用語尾《ゴビ》などを、漢字の周囲や字そのものの上に「・」「、」「¬」「レ」「フ」などのしるしをつけ、その形や位置によって、その漢字にそえて読む読み方を示す符号《フゴウ》。「博士家《はかせケ》」の流儀《リュウギ》では、漢字の右肩《かた》のしるしが「を」「こと」をあらわすのでこの名がある。表記「ヲコト点・▼乎己止点」とも書く。

丿4

【乍】 5画 3867 4E4D 音サ漢呉 訓たちま-ち・なが-ら

意味 ❶急に。さっと。ふと。たちまち。例人乍見《ひとたちまちみる》(＝ある人がふと見る)。❷〔「乍…乍…」と重ねて用いて〕あることが起こると、また別のことが起こるようす。…したり…したり。例乍寒乍暑《たちまちさむくたちまちあつし》(＝さむくなったり、あつくなったり)。

日本語での用法 一《ながら》…ではあるが。「然乍《さりなが》ら(＝そうだがしかし)」二《つつ・ながら》…する一方で。二つのことが並んでおこなわれるようす。「見《み》乍《つ》っ偲《しの》ぶ・食《た》べ乍《なが》ら眠《ねむ》る」

丿6

【乕】 7画 ⇩【虎】コ(871ページ)

丿7

【乖】 8画 4810 4E56 音カイ漢 訓そむ-く・もと-る

意味 ❶道理にはずれる。もとる。そむく。例乖乱《カイラン》。❷わかれる。はなれる。例乖離《カイリ》。

【乖違《カイイ》】(名・する)そむくこと。はなれること。類乖異。

【乖乱《カイラン》】(名・する)そむくこと。不当なおこないをすること。例旧来の秩序《チツジョ》に―する。表記「乖濫」とも書く。

【乖離《カイリ》】(名・する)ものとものとのつながりがなくなること。はなればなれ。例思考と行動とが―している。

丿8

【乗】 9画 3072 4E57 教育3 音ショウ漢ジョウ呉 訓の-る・の-せる

筆順 

丿9

【乘】 10画 4811 4E58 人名

なりたち  〔象形〕人が、木の上にのっている形。参考もと、「入」と「桀」とから成る会意文字であるという。

意味 ❶ウマ・車・船などにのる。例乗客《ジョウキャク》。乗船《ジョウセン》。同乗《ドウジョウ》。❷いきおいにのって相手につけこむ。例勝《か》ちに乗《ジョウ》じて攻《せ》める。❸かける。かけあわせる。また、かけ算。例乗法《ジョウホウ》。加減乗除《カゲンジョウジョ》。❹兵車と兵の数をあらわすことば。周代には、兵車一乗に、兵三人がのり、歩兵七十二人、輜重《シチョウ》二十五人がついた。例万乗《バンジョウ》の国《くに》。❺四頭のウマをつけた車一台をいう。❻四つでひとそろいのもの。例乗矢《ジョウシ》(＝四本ひとそろいの矢)。❼仏教で、さとりに到達《トウタツ》させる乗り物にたとえて、教えの種別を示すことば。例小乗《ショウジョウ》。大乗《ダイジョウ》。❽記録。例日乗《ニチジョウ》。

日本語での用法 一《のり・のる》調子にのってはずむ。音楽の調子に合う。「乗《の》りのいい人《ひと》・リズムに乗《の》っておどる」二《のる・のせる》①応じる。「相談《ソウダン》に乗《の》る」②勢いづく。「図《ズ》に乗《の》る・興《キョウ》が乗《の》る」

使い分け のせる・のる【乗・載】⇩1176ページ

人名 あき・かつ・しげ・のぼる・のり

【乗員《ジョウイン》】飛行機・船・自動車などの乗り物に乗って仕事をする人。類乗務員。対乗客。例―乗客あわせて五百人を乗せた旅客機《リョカッキ》。

【乗艦《ジョウカン》】一(名・する)軍艦に乗ること。対下艦《ゲカン》。二(名)乗るべき軍艦。また、乗っている軍艦。

【乗機《ジョウキ》】乗るべき飛行機。また、乗っている飛行機。

【乗客《ジョウキャク》】飛行機・船・鉄道・自動車などの乗り物に、客として乗る人。対乗員。例―の安全を優先する。

【乗降《ジョウコウ》】(名・する)鉄道やバス・エレベーターなど乗り物の、のりおり。例―客。―口《ぐち》。

【乗号《ジョウゴウ》】〔数〕かけ算であることを示す記号。×

【乗車《ジョウシャ》】(名・する)鉄道・自動車その他の車に乗ること。対下車・降車。例―券。―して発車を待つ。

【乗除《ジョウジョ》】(名・する)〔数〕かけ算と割り算。また、数をかけることと割ること。例加減―。

【乗数《ジョウスウ》】〔数〕かけ算で、かけるほうの数。かけられるほうの数を被《ヒ》乗数という。

【乗船《ジョウセン》】一(名・する)船に乗ること。対下船《ゲセン》。例横浜《よこはま》で―した。二(名)乗るべき船。また、乗っている船。例―が決まらない。

【乗馬《ジョウバ》】一(名・する)ウマに乗ること。例―クラブ。―を趣味《シュミ》としている。二(名)①ある人が乗ることに決めているウマ。また、乗っているウマ。例試合に使用する―。②四頭立ての車を引く、四頭のウマ。

【乗法《ジョウホウ》】〔数〕かけ算のこと。対除法。

【乗務員《ジョウムイン》】電車・バス・航空機・船などの乗り物に乗って運転したり操縦したり、乗客の世話をしたりする人。類乗員。例―が交代する。―の指示に従う。

【乗▼輿《ジョウヨ》】①天子の乗り物。②天子のこと。〔直接に指すことをさけて用いることば〕

【乗用《ジョウヨウ》】(名・する)人が乗るために使うこと。例―車。

●下乗《ゲジョウ》・自乗《ジジョウ》・上乗《ジョウジョウ》・相乗《ソウジョウ》・添乗《テンジョウ》・同乗《ドウジョウ》・分乗《ブンジョウ》

丿9

【乘】 10画 ⇩【乗】ジョウ(33ページ)

5 1画

乙《おつ》 おつにょう (乚《つりばり》) 部

草木が曲がりくねって芽生えるようすをあらわす。「乙」が旁《つくり》(=漢字の右がわの部分)になるときは「乚(つりばり)」となる。「乙」をもとにしてできている漢字と、「乙(乚)」の字形を目じるしにして引く漢字とを集めた。

0 乙 1 九 2 乞 也 6 乱 7 乳 乳 10 乾 12 亂

この部首に所属しない漢字

丸⇩丶 29 孔⇩子 282 胤⇩月 818 亀⇩亀 1117

乙 0

【乙】

1画 1821 4E59 常用

音 イツ漢 オツ呉

訓 おと・きのと

付表 乙女《おとめ》・早乙女《さおとめ》

筆順 乙

なりたち [象形] 春に草木の芽が曲がりくねってのび出る形。借りて、十干《ジッカン》の第二に用いる。

意味 ❶十干《ジッカン》の二番目。きのと。方位では東、五行《ギョウ》では木にあてる。❷甲《コウ》に次ぐところから、二番目。第二位。例 乙第《イツダイ》。乙種《オツシュ》。甲乙丙丁《コウオツヘイテイ》。

日本語での用法 一《オツ》いつもとちがって妙《ミョウ》に。また、気がきいている。「乙《オツ》に澄《す》ました顔《かお》・乙《オツ》な味《あじ》」 二《おと》おさない。美しい。若い。年下の。二番目の。「乙女《おとめ》・乙姫《おとひめ》」

難読 乙鳥《つばくら》・乙甲《めりかり》・乙張《めりはり》

人名 いち・いつ・お・くに・くま・たか・つぎ・つぐ・と・とどむ

【▽乙第】《イツダイ|イッテイ》 ①〔二番目のやしきの意〕別邸《ベッテイ》。しもやしき。②二番目の及第《キュウダイ》。類 乙科《イッカ》。

【▽乙鳥】《イッチョウ》 ツバメ。

【▽乙夜】《イツヤ|オツヤ》 昔の時刻の呼び名で、五夜《ゴヤ》の一つ。およそ午後十時、およびその前後二時間。二更《ニコウ》。亥《い》の刻《コク》。〔一夜を甲《コウ》・乙《オツ》・丙《ヘイ》・丁《テイ》・戊《ボ》の五つに分けたときの二番目〕

【▽乙夜の覧】《イツヤのラン|オツヤのラン》 天子の読書をいう。〔政務にいそがしく、書物を見るのは、乙夜(=夜の十時過ぎ)になるということから〕

【乙種】《オツシュ》 ものごとを甲《コウ》・乙《オツ》・丙《ヘイ》・丁《テイ》などに分類したとき、甲に次いで二番目のもの。

【▽乙姫】《おとひめ》 ①年下の姫。妹の姫。②浦島太郎《うらしまタロウ》の話に出てくる、竜宮城《リュウグウジョウ》の主である、美しい女性。表記 ①は「▽弟姫」とも書く。

【乙女】《おとめ》 ①年の若いむすめ。少女《ショウジョ》。例 うら若い―。②未婚《ミコン》の女性。処女。表記 ▽「▽少女」とも書く。

【乙女座】《おとめザ》 しし座とてんびん座のあいだにある星座。中心になる星はスピカ。例 プラネタリウムで―の位置を確かめた。

乙 1

【九】

2画 2269 4E5D 教育1

音 キュウ漢 ク呉

訓 ここの・ここの-つ

筆順 ノ 九

なりたち [象形] 曲がりくねり、つきる形。きわまる。ひとけたの数のきわまり。ここのつ。

意味 ❶数の名。ここのつ。例 九州《キュウシュウ》。九輪《クリン》。❷ここのたび。例 九拝《キュウハイ》。❸ここのつめ。例 九月《クガツ》。❹数量・程度が大きい。たくさん。あまた。例 九牛《キュウギュウ》の一毛《イチモウ》。九死《キュウシ》に一生《イッショウ》を得《え》る。❺あつまる。あつめる。同 糾《キュウ》・鳩《キュウ》。❻易《エキ》で陽の爻《コウ》をあらわす。対 六。

日本語での用法 《ここのつ》 昔の時刻の名。「九《ここの》つ時《どき》(=午前または午後の十二時ごろ)」

参考 商売や契約《ケイヤク》の文書では、数字を書きかえられないよう、同音の「玖」を使うことがある。

難読 九重《ここのえ》・九孔螺《あわび》・九十九折《つづらおり》・九十九《つくも》

人名 あつむ・かず・ここ・ただし・ちか・ちかし・ひさ・ひさし

【九夏】《キュウカ》 夏の三か月、九十日間のこと。

【九牛の一毛】《キュウギュウのイチモウ》 〔九頭(=多数)のウシの、その中の一本の毛の意〕多くのものの中のごく少ないもの。また、とるにたらないことがら。九牛毛《キュウギュウモウ》。

【九▼竅】《キュウキョウ》 〔「竅」は、あなの意〕人のからだにある九つのあな。両目・両耳・鼻の二つのあなと口、および大小便の出るあな。

【九死《キュウシ》に一生《イッショウ》を得《え》る】 死をのがれられない場面で、奇跡的《キセキテキ》に助かる。

【九州】《キュウシュウ》 ①古代中国で、中国全土を九つの州に分けたときの呼び方。転じて、中国全土を指す。②日本列島をかたちづくっている四つの大きな島の一つ。福岡《ふくおか》・佐賀《さが》・長崎《ながさき》・熊本《くまもと》・大分《おおいた》・宮崎《みやざき》・鹿児島《かごしま》の七県からなる。〔もと、筑前《チクゼン》・筑後《チクゴ》・豊前《ブゼン》・豊後《ブンゴ》・肥前《ひゼン》・肥後《ひゴ》・日向《ひゅうが》・大隅《おおすみ》・薩摩《さつま》の九国〕

【九秋】《キュウシュウ》 秋の三か月、九十日間のこと。

【九春】《キュウシュン》 春の三か月、九十日間のこと。

【九▼仞《キュウジン》の功《コウ》を一▼簣《イッキ》に▼虧《か》く】 〔「簣」は、もっこ、「虧く」は、そこなう意〕土を運んで高い山をつくろうとしても、最後にもっこ一ぱい分の土を運ぶことをおこたれば、山はできあがらない。積み重ねてきた努力も、ちょっとした気のゆるみで、だいなしになるということのたとえ。功を一簣に虧く。〈書経《ショキョウ》〉

【九星】《キュウセイ》 ①陰陽家《オンヨウケ》で、人の生まれ年にあてはめて運勢をうらなうのに用いる九つの星。一白《イッパク》・二黒《ジコク》・三碧《サンペキ》・四緑《シロク》・五黄《ゴオウ》・六白《ロッパク》・七赤《シチセキ》・八白《ハッパク》・九紫《キュウシ》の九つ。②「九曜《クヨウ》」に同じ。

【九折】《キュウセツ》 道や川などが、くねくねと折れ曲がり、長くつらなっていること。九十九《つづら》折り。例 ―の坂道。

【九族】《キュウゾク》 自分を中心として、先祖と子孫それぞれ四代の親族を指す。高祖・曽祖《ソウソ》・祖父・父・自分・子・孫・曽孫・玄孫《ゲンソン》。また、父方の親族四代・母方の親族三代・妻方の親族二代をあわせたものという。〔他の説もある〕例 わざわいが―に及《およ》ぶ。

【九重】《キュウチョウ|ここのえ》 ①雲や衣《ころも》などがいくえにもかさなること。②門を九つかさねてつくられたところから、天子の宮殿《キュウデン》。また、天子の住むところ。宮廷《キュウテイ》。

【九天】《キュウテン》 ①古代中国で、天(=空全体)を方角によって九つに分けたもの。②空の最も高いところ。③宮中。

【九天直下】《キュウテンチョッカ》 天の高いところからまっすぐに落ちること。

【九冬】《キュウトウ》 冬の三か月、九十日間のこと。

【九拝】《キュウハイ》 ①なんどもおじぎをして深い敬意をあらわすこと。例 三拝―。②手紙の終わりに書き、敬意をあらわすことば。

【九月】《クガツ》 一年の九番目の月。長月《ながつき》。例 古来―九日を菊《キク》の節句とする。

【九九】《クク》 一から九までの数をたがいにかけあわせたもの。また、かけ算のこと。例 ―を覚える。―がわかっていない。

【九寸五分】《クスンゴブ》 〔長さが九寸五分(=約二九センチメート

ル）であることから〕短刀のこと。類匕首《ヒシュ》。例ふところにした―の白鞘《しらさや》。

【九年母《クネンボ》】〔あて字〕ミカン科の常緑低木。ミカンに似て、初夏に白い花をつけ、秋に実を結ぶ。香気《コウキ》があり、あまずっぱく、食用。

【九分九厘《クブクリン》】（名・副）ほとんど確実であること。九十九パーセント。ほとんど。例合格は―まちがいない。―まで成功した。

【九曜《クヨウ》】「九曜星《クヨウセイ》」の略。陰陽道《オンヨウドウ》で、七曜（＝日・月・木・火・土・金・水の七曜星）に二星（計都《ケイト》・羅睺《ラゴ》）を加えたもの。人の生年にあてはめて、吉凶《キッキョウ》などを判断する。

【九輪《クリン》】〔仏〕寺の塔《トウ》の屋根の上にかざりとしてつける九つの金属製の輪《わ》。屋根の上の台と水煙《スイエン》とのあいだの部分にあたる。類相輪《ソウリン》。

乙 2

【乞】

3画 2480 4E5E 常用 音キツ漢 コツ呉 訓こ-う・こ-い

筆順 ノ 𠂉 乞

なりたち〔象形〕気が流れ出る形。

意味 ❶ものごいをする。人に、ものをねだる。こう。例乞丐《コツガイ》。乞食《コジキ》。❷ねがい求める。どうか…してほしいとたのむ。例乞命《キツメイ》。乞巧奠《キッコウデン》。暇乞《いとまご》い。

使い分け こう【請・乞】⇩1168ページ

【▽乞▼丐《キッカイ／コツガイ》】〔「丐」も、こう・求める意〕食べ物などを人からもらうこと。また、その人。ものごい。例―の身。

【▽乞巧▼奠《キッコウデン》】〔「キコウデン」とも。「乞巧」は、手先が器用になることを願う意。「奠」は、まつりの意〕機織《はたお》り・手習い・裁縫《サイホウ》などの上達を願う祭り。七夕祭りの古い呼び名。ほしまつり。

【▽乞食】一《キッショク》（名・する）食べ物を請《こ》い求めること。二《コツジキ》（名・する）〔仏〕僧《ソウ》が人家の門前で、ものをもらい受けながら修行《シュギョウ》すること。類托鉢《タクハツ》。三《コジキ》（名）働かずに、他人から食べ物をもらって生活する人。ものごい。

【▽乞命《キツメイ》】いのちを助けてくれと相手にたのみこむこと。

乚 2

【也】

3画 4473 4E5F 人名 音ヤ漢呉 訓なり

なりたち  〔象形〕女性の性器の形。借りて、助字に用いる。参考 水さし、あるいはヘビなどの形とする説もある。

意味〔助字〕❶「なり」と読み、…である、の意。断定をあらわす。例仁人心也《ジンはひとのこころなり》（＝仁は人の心である）。〈孟子《モウシ》〉❷「や」と読み、…は…、ということは、の意。例回也不レ愚《カイやグならず》（＝顔回《ガンカイ》は賢者《ケンジャ》だ）。〈論語《ロンゴ》〉❸「や」「か」と読み、疑問・反語・詠嘆《エイタン》をあらわす。例何謂也《なんのいいぞや》。

人名 あり・これ・なり・なる・また

乚 6

【乱】

7画 4580 4E71 教育6 音ラン漢呉 ロン唐 訓みだ-れる・みだ-す・みだ-れ

筆順 ノ 二 千 千 舌 舌 乱

乚 12

【亂】

13画 4812 4E82

なりたち  〔会意〕「乚（＝みだれをおさめる）」と「𤔔（＝おさまらない）」とから成る。おさまらない。みだれる。

意味 ❶秩序《チツジョ》やまとまりがない。いりまじる。みだれる。例乱雑《ランザツ》。混乱《コンラン》。反乱《ハンラン》。治《チ》にいて乱《ラン》を忘《わす》れず。❷争い。騒動《ソウドウ》。世のみだれ。例戦乱《センラン》。❸やたらと。むやみに。同濫《ラン》。例乱発《ランパツ》。乱用《ランヨウ》。❹おさめる。とりまとめる。例乱臣《ランシン》。

難読 胡乱《ウロン》

人名 おさむ

【乱雲《ランウン》】①天空にみだれ飛ぶくも。②あまぐも。乱層雲。

【乱獲《ランカク》】（名・する）けもの・鳥・魚などを、なんの計画も配慮《ハイリョ》もなく手当たりしだいとらえること。例北アメリカ大陸のリョコウバトは―によって絶滅《ゼツメツ》した。表記「濫獲」とも書く。

【乱菊《ランギク》】長い花弁がみだれてさいているキクの花の模様。

【乱行《ランギョウ／ランコウ》】①正常の生活を守らないで、気ままに遊びごとやかけごとなどにふけること。例あまりの―で破産した。②とりみだしてあばれること。例酒を飲みすぎて―におよんだ（＝あばれた）。表記▽「濫行」とも書く。

【乱気流《ランキリュウ》】大気中の空気の流れが不規則になったもの。例―にはいると機体がゆれる。

【乱▼杙《ランぐい》】①敵を防ぐために、地面や水べなどにふぞろいに打ちこんだくい。②「乱杙歯《ランぐいば》」の略。表記▽「乱▼杭」とも書く。

【乱▼杙歯《ランぐいば》】ふぞろいで、並びの悪い歯。表記「乱▼杭歯」とも書く。

【乱軍《ラングン》】敵と味方が入りみだれて戦うこと。類乱戦。

【乱撃《ランゲキ》】（名・する）入りみだれて打ちあうこと。

【乱高下《ランコウゲ》】（名・する）激しく上がったり下がったりすること。例今日一日株価が―した。

【乱雑《ランザツ》】（名・形動ダ）かたづいていないこと。散らかっているようす。例本が―に積んである。

【乱視《ランシ》】角膜《カクマク》や水晶体《スイショウタイ》のゆがみのために、ものがゆがんだり、重なって見えたりすること。また、そのような目。

【乱射《ランシャ》】（名・する）ねらいを定めずむやみに矢を放ったり銃《ジュウ》をうったりすること。例ピストル―事件。

【乱酒《ランシュ》】①宴会《エンカイ》などの酒の席で、入りみだれて飲みさわぐこと。どんちゃんさわぎ。②度を過ごして大酒を飲むこと。

【乱心《ランシン》】（名・する）心がみだれること。類発狂《ハッキョウ》。

【乱臣《ランシン》】①国を混乱させるような家来。悪臣。②〔「乱」は、治める意〕国をきちんと治める、よい家来。賢臣《ケンシン》。〈書経《ショキョウ》〉

【乱臣賊子《ランシンゾクシ》】〔「賊子」は、親を害する子の意〕君主や親に対して、道にはずれたことをする家来や子。例―の汚名《オメイ》を残す。

【乱酔《ランスイ》】（名・する）正気《ショウキ》を失うほど酒を飲むこと。類泥酔《デイスイ》。表記「▼爛酔」とも書く。

【乱世《ランセイ》】争いや戦いが続いて、治まらない世の中。対治世《チセイ》。例―の英雄《エイユウ》。―を治めて国を統一する。

【乱政《ランセイ》】①みだれた政治。②〔古い用法で、「乱」を「治」の意味に用いて〕正しい政治をすること。

【乱戦《ランセン》】①敵と味方が入りみだれてたたかうこと。類乱軍。②〔スポーツや勝負ごとで〕決着の予測のつかないたたかい。類混戦。

【乱造《ランゾウ》】（名・する）品質のよしあしを考えずにただ多くつくること。例粗製《ソセイ》―。表記「濫造」とも書く。

【乱層雲《ランソウウン》】暗い灰色で空一面に広がるくも。雨や雪を降らせる。雨雲《あまぐも》。乱雲。

【乱打《ランダ》】（名・する）①なんども続けて激しく打つこと。類めった打ち。例半鐘《ハンショウ》を―する。②（テニス・バレーボールなどの球技で）練習のための打ち合い。

【乱丁】《ランチョウ》 本をつくるときにページの順序をまちがえてとじること。また、そのページ。例―本。―があるので取りかえた。

【乱調】《ランチョウ》 ①リズムがくるっていること。乱調子。例―が正常にもどる。②決まりどおりにつくられていない詩歌《シイカ》。

【乱闘】《ラントウ》 （名・する）なん人かの人が入りみだれて、激しくたたかうこと。例よた者どうしの―事件。

【乱読】《ランドク》 （名・する）順序も目的もなく、手当たりしだいに本を読むこと。例ＳＦ小説を―する。表記「濫読」とも書く。

【乱入】《ランニュウ》 （名・する）建物などにむりに、また、ことわりなく、はいりこむこと。例とつぜんおおぜいの暴漢が―した。

【乱伐】《ランバツ》 （名・する）あとのことを考えもせずに手当たりしだいに樹木を切ること。例自然林の―が進む。表記「濫伐」とも書く。

【乱発】《ランパツ》 （名・する）債券《サイケン》や貨幣《カヘイ》などを無計画に発行すること。例手形を―して倒産《トウサン》した。表記「濫発」とも書く。

【乱髪】《ランパツ》 みだれたかみの毛。

【乱反射】《ランハンシャ》 （名・する）ものの表面がなめらかでないとき、そこに当たった光がいろいろの方向にはねかえること。

【乱費】《ランピ》 （名・する）お金などを無計画に使うこと。類むだづかい。例―をいましめる。表記「濫費」とも書く。

【乱筆】《ランピツ》 ていねいでなかったり、うまくない筆跡《ヒッセキ》。〔自分の手紙の文字をけんそんしていうことば〕例―乱文。

【乱舞】《ランブ》 （名・する）入りみだれて、まいおどること。おどりくるうこと。〔古くは「ラップ」とも〕例喜びのあまり狂喜《キョウキ》―する。

【乱文】《ランブン》 まとまりがなかったり、順序が整っていなかったりしている文章。〔おもに、自分の手紙の文章をけんそんしていうことば〕例―多謝。

【乱暴】《ランボウ》 （名・する・形動ダナ）①ものをこわしたり、人にけがをさせたりして、あばれること。例―者。②ことばづかいやふるまいがあらあらしくて、おだやかでないようす。例―な口のきき方。③粗雑《ソザツ》で、論理が通らないこと。例―な考え方。

【乱麻】《ランマ》 〔もつれたアサ糸の意から〕ものごとが複雑に入りみだれていたり、世の中が混乱していること。例快刀《カイトウ》―を断《た》つ（＝よく切れる刀でもつれたアサ糸のかたまりを切ることから、混乱状態を一気にすっきりさせること）。

【乱脈】《ランミャク》 （名・形動ダナ）決まりを守らずにいいかげんになっていること。また、そのようす。例経営の―を正す。

【乱用】《ランヨウ》 （名・する）必要以上に、むやみに使うこと。例職権―。薬物を―する。表記「濫用」とも書く。

【乱立】《ランリツ》 （名・する）①ある地域に同じ種類のものが必要以上に、また競争で多くできること。例―する私立大学。②多くのものがむやみに立つこと。例立候補者が―する。表記▽「濫立」とも書く。

【乱倫】《ランリン》 人として、してはならないことをすること。また、そのおこない。

●一心不乱《イッシンフラン》・狂乱《キョウラン》・混乱《コンラン》・錯乱《サクラン》・散乱《サンラン》・戦乱《センラン》・大乱《タイラン》・内乱《ナイラン》・波乱《ハラン》・反乱《ハンラン》・腐乱《フラン》

乚 7
【乳】
8画
3893
4E73
教育6
音 ジュ漢 ニュウ呉
訓 ちち・ち
付表 乳母《うば》

筆順

乚 7
【乳】 8画

なりたち

〔会意〕「孚（＝卵をかえす）」と「乚（＝ツバメ、子さずけの使者）」とから成る。人や鳥が子を生み育てる。

意味 ❶子を生む。また、やしない育てる。例乳育《ニュウイク》。乳母《うば》。❷ちち。また、ちちに似た白い液体。例乳液《ニュウエキ》。乳牛《ニュウギュウ》。母乳《ボニュウ》。❸ちぶさ。また、ちぶさの形をしたもの。例乳頭《ニュウトウ》。乳房《ニュウボウ》。鍾乳石《ショウニュウセキ》。❹生まれてまもない。おさない。例乳歯《ニュウシ》。乳児《ニュウジ》。

【乳母】《うば》 母親に代わって乳児にちちをあたえて育てる人。

【乳兄弟】《ちキョウダイ》 血のつながりはないが、同じ人のちちで育ったあいだがら。

【乳首】《ちくび》 ちぶさの先の、ちちの出るところ。また、それに似せてゴムなどで作った、赤ちゃん用のおしゃぶり。

【乳育】《ニュウイク》 子をそだてやしなうこと。

【乳液】《ニュウエキ》 ちちのような、白色でどろりとした液体。

【乳化】《ニュウカ》 （名・する）ちちのようなどろりとした液体になること。また、そうすること。

【乳▼癌】《ニュウガン》 〔医〕ちぶさの中の乳汁《ニュウジュウ》を分泌《ブンピツ》する腺《セン》に生じる悪性腫瘍《シュヨウ》。

【乳牛】《ニュウギュウ・ちちうし》 ちちをしぼるために飼うウシ。対肉牛・役牛《エキギュウ》。

【乳剤】《ニュウザイ》 油や樹脂《ジュシ》など水にとけにくい物質を乳化して製造した液剤。例石油―。

【乳酸】《ニュウサン》 糖類《トウルイ》や牛乳が発酵《ハッコウ》してできる、ねばりけのある酸味の強い物質。工業用・飲料用として使う。例―菌《キン》。

【乳歯】《ニュウシ》 生後六か月ごろから生えはじめ、二、三歳《サイ》で上下二十本がそろう歯。六歳ごろから永久歯とぬけかわる。

【乳児】《ニュウジ》 生後一年くらいまでの子供。ちのみご。

【乳質】《ニュウシツ》 ①ちちの品質。②ちちのような性質。

【乳臭】《ニュウシュウ》 ①ちちのにおい。例―児《ジ》（＝ちちくさい子供。青二才）。②経験不足で未熟なこと。

【乳汁】《ニュウジュウ》 乳腺《ニュウセン》から分泌《ブンピツ》される白くて栄養のある液体。ちち。

【乳状】《ニュウジョウ》 ちちのように、白くどろりとしている状態。

【乳腺】《ニュウセン》 ちぶさの中にあって、出産すると乳汁《ニュウジュウ》を分泌《ブンピツ》する腺。

【乳糖】《ニュウトウ》 哺乳《ホニュウ》動物のちちにふくまれる糖分。

【乳頭】《ニュウトウ》 ちぶさの先端《センタン》の部分。乳児が吸いつくところ。乳首《ちくび》。

【乳白色】《ニュウハクショク》 ちちのように不透明《フトウメイ》で白い色。

【乳鉢】《ニュウバチ》 〔「ニュウハチ」とも〕乳棒を使って薬などを、すりつぶしたり混ぜ合わせたりするための、うつわ。ガラスや陶磁器《トウジキ》などでできている。

【乳房】《ニュウボウ・ちぶさ》 哺乳《ホニュウ》動物の雌《めす》の胸（または腹部）にあるふくらみ。哺乳期には、中央の乳首《ちくび》から乳汁《ニュウジュウ》を分泌《ブンピツ》する。

【乳棒】《ニュウボウ》 乳鉢《ニュウバチ》に入れた薬などをくだいたりすりつぶしたりする、先の太い棒。ガラスや陶磁器《トウジキ》などでできている。

【乳幼児】《ニュウヨウジ》 乳児と幼児。小学校に入学前の子供。

【乳酪】《ニュウラク》 ウシやヒツジのちちからつくった食品。クリーム・バター・チーズなど。とくに、バター。

●牛乳《ギュウニュウ》・授乳《ジュニュウ》・粉乳《フンニュウ》・母乳《ボニュウ》・離乳《リニュウ》・練乳《レンニュウ》

乚 7
【乳】 8画 ⇩【乳】《ニュウ》（36ページ）

乙 10
【乾】
11画
2005
4E7E
常用
音 一カン漢呉 二ケン漢
訓 かわ-く・かわ-かす・ひ-る・ほ-す・いぬい

筆順 一 十 古 古 直 卓 卓 乾

なりたち  [形声]「乙(=上に出る)」と、音「𠦝《カン》(=日が出はじめて光りかがやく)」とから成る。上に出る。派生して「かわく」の意。

意味 一《カン》 水分がなくなる。かわく。かわかす。ほす。同 干《カン》。例 乾季《カンキ》。乾燥《カンソウ》。乾物《カンブツ》。二《ケン》 ❶易《エキ》の卦《カ》。八卦《ハッカ》の一つ。天をかたどり、天・日・男・父など、陽性・剛健《ゴウケン》をあらわす。対 坤《コン》。例 乾坤《ケンコン》。乾徳《ケントク》。❷方位の名。北西にあたる。いぬい。対 坤《コン》。例 乾位《ケンイ》。

使い分け かわく【乾・渇】⇩1167ページ

人名 いぬ・かみ・すすむ・たか・たけし・つとむ・つよし

【乾季】カンキ 一年じゅうでとくに雨の少ない季節・時期。〔熱帯や亜《ア》熱帯で、雨季に対していう〕 表記「乾期」とも書く。

【乾魚】カンギョ 保存がきくように干したさかな。干物《ひもの》。干しうお。

【乾湿】カンシツ 空気などのかわきと、しめり。乾燥《カンソウ》と湿気《シッケ》。例 —球《キュウ》湿度計。

【乾性】カンセイ かわいている性質。また、かわきやすい性質。対 湿性《シッセイ》・不乾性。例 —油《ユ》。—肋膜炎《ロクマクエン》。

【乾草】カンソウ かりとって、かわかした草。貯蔵して家畜《カチク》の飼料とする。ほしくさ。

【乾燥】カンソウ (名・する) ①かわいていること。また、かわかすこと。例 —剤《ザイ》。—機。②おもしろみがないこと。例 無味—。

【乾田】カンデン 水はけがよく、水を入れないと畑にもなる水田。対 湿田《シツデン》。

【乾電池】カンデンチ 電解液が流れ出ないようにした、とりあつかいや携帯《ケイタイ》に便利な電池。

【乾杯】カンパイ (名・する) お祝いごとや健康を祝しながら、みんなでいっせいに杯《ハイ》をさしあげてその酒を飲みほすこと。例 —の音頭《オンド》をとる。

【乾物】カンブツ 乾燥《カンソウ》させた食品。干しうお・豆《まめ》・こんぶ・かんぴょう・干ししいたけなど。ひもの。例 —屋。

【乾布摩擦】カンプマサツ かわいた手ぬぐいやタオルで皮膚《ヒフ》をなん回もこする健康法。

【乾酪】カンラク チーズ。

【乾留】カンリュウ (名・する) 空気を入れずに固体を強く熱し、固体有機物を分解する方法。石炭から石炭ガスやコールタールをとり出すなど。表記 旧 乾▼溜

【▽乾▼坤】ケンコン ①天と地。例 —日夜浮《ニチヤうかぶ》(=天地万物《バンブツ》が昼も夜も《この広大無辺の洞庭湖《ドウテイコ》の》水面に浮かんでいる)。〈杜甫《トホ》・登岳陽楼《ガクヨウロウにのぼる》〉 ②陽と陰《イン》。③日と月。④男と女。⑤いぬい(=北西)と、ひつじさる(=南西)。→【八卦】ハッカ・ハッケ(107ページ)

【▽乾▼坤一▼擲】ケンコンイッテキ 天地をかけ、のるかそるか運にまかせてやってみること。例 —の大勝負《おおショウブ》。→【一▼擲乾坤《イッテキケンコン》を賭《ト》す】(7ページ)

【▽乾徳】ケントク ①万物《バンブツ》を支配する天の徳。天の力。②天子の徳。▽対 坤徳《コントク》。

乚12 【亂】 13画 ⇩【乱】ラン(35ページ)

6 1画 亅 はねぼう部

かぎの形をあらわす。「亅」の字形を目じるしにして引く漢字を集めた。

0 亅 1 了 3 予 5 争 6 亊 7 事

この部首に所属しない漢字

丁⇩一 9　于⇩二 41　乎⇩丿 33　豫⇩豕 930

亅0 【亅】 1画 4813 4E85 音 ケツ 漢

意味 つり針のような形の鉤《かぎ》。かぎ。はり。

亅1 【了】 2画 4627 4E86 常用 音 リョウ 漢 呉 訓 お-わる

筆順 乛 了

なりたち  [象形] うでのない子供の形。足がもつれる。派生して「おわる」の意。

意味 ❶一つのことがすっかりおわる。けりがつく。おわる。おえる。例 完了《カンリョウ》。終了《シュウリョウ》。満了《マンリョウ》。❷よくわかる。さとる。例 了解《リョウカイ》。了承《リョウショウ》。…を了《リョウ》とする。

人名 あき・あきら・おさむ・さと・さとし・さとる・すみ・のり

【了解】リョウカイ (名・する) 理由や意味などがよくわかって、みとめること。理解して承知すること。例 おたがいの—事項《ジコウ》。—しました。表記 旧 ▼諒解

【了見】リョウケン 一(名) ものごとについての、その人の考え方や行動のしかた。例 —がせまい。悪い—を起こすな。いったい、どういう—なのだ。二(名・する) がまんして相手を許してやること。かんべんしてやること。例 —がならぬ。表記 ▽「料▽簡・了▽簡」とも書く。

【了察】リョウサツ (名・する) 相手の事情を思いやること。例 よろしくご—ください。表記 旧 ▼諒察

【了承】リョウショウ (名・する) 内容や事情をよく理解して納得《ナットク》すること。例 相手の—を得る。その件《ケン》は—した。表記 旧 ▼諒承

【了知】リョウチ (名・する) ことがらの内容や事情を理解していること。例 前から—していたこと。

【了得】リョウトク (名・する) よくさとり納得《ナットク》していること。

【了了】リョウリョウ (形動タルト) ①ものごとがはっきりとわかるようす。かしこいようす。②あいまいなところがなく、明らかなようす。例 —として疑いがない。

○● 完了《カンリョウ》・議了《ギリョウ》・校了《コウリョウ》・悟了《ゴリョウ》・修了《シュウリョウ》・終了《シュウリョウ》・責了《セキリョウ》・投了《トウリョウ》・読了《ドクリョウ》・満了《マンリョウ》・未了《ミリョウ》・魅了《ミリョウ》

亅3 【予】 4画 4529 4E88 教育3 音 AB ヨ 漢 呉 訓 あた-える・われ・あらかじ-め

筆順 乛 マ 予 予

A 亅3 【予】 4画 4529 4E88　B 豕9 【豫】 16画 4814 8C6B

なりたち A[予]  [象形] 手でものをおしやり、相手にあたえる形。B[豫]  [形声]「象(=ゾウ)」と、音「予《ヨ》」とから成る。ゾウの大きなもの。借りて「あらかじめ」の意。

意味 A[予] ❶あたえる。同 与《ヨ》。例 予奪《ヨダツ》。賜予《シヨ》。天予《テンヨ》。❷一人称《イチニンショウ》の代名詞。われ。自分。よ。同 余《ヨ》。例 予輩《ヨハイ》。予一人《ヨイチニン》。B[豫] ❶前もって(そなえる)。あらかじめ。同 預《ヨ》。例 予感《ヨカン》。予言《ヨゲン》。予備《ヨビ》。❷ためらう。ぐずぐずする。例 猶予《ユウヨ》。❸よろこびたのしむ。例 悦予《エツヨ》。不予《フヨ》。

日本語での用法 一《よ》「よ」の音にあてた万葉がな。「伊予

1画

[乙(乚)部] 12画 亂　[亅部] 0—3画 亅 了 予

国《いよのくに》」 二《ヨ》 旧国名「伊予《いよ》」の略。「予州《ヨシュウ》・予讃線《ヨサンセン》」

人名 かね・たのし・まさ・やす・やすし

【予価《ヨカ》】 発売前の、予定の価格。

【予科《ヨカ》】 ①本科に進む前の課程。②一部の旧制大学が学部入学の前段階としてもうけていた旧制高等学校に相当する課程。▽対本科。

【予覚《ヨカク》】（名・する）なんとなく事前にわかること。予感。例危険を—していた。

【予感《ヨカン》】（名・する）前もってなんとなく感じること。予覚。例不吉《フキツ》な—がする。—が当たる。

【予期《ヨキ》】（名・する）つぎに起こることを予想し、心の準備をすること。例—に反して失敗した。だれも—しないような事態が起きた。

【予見《ヨケン》】（名・する）将来のこと、未来のことを見通すこと。予知。例百年前に今日の日本を—していた。

【予言《ヨゲン》】（名・する）①未来を見通して言い当てること。また、そのことば。例—どおりになった。②宗教で、人の口をかりて告げられる神のことばを、人々に伝えること。また、そのことば。表記 ②は「預言」とも書く。

【予後《ヨゴ》】①病状の経過や、この先どうなるかの医学上の見通し。例症状《ショウジョウ》から見て—不良である。②治療《チリョウ》したあとの病状の経過。例—を観察する。

【予行《ヨコウ》】（名・する）儀式《ギシキ》や行事を前もって本番どおりに練習すること。リハーサル。例運動会の—演習。

【予告《ヨコク》】（名・する）何かがおこなわれることを、前もって知らせること。例新番組の—。試験期日を—する。

【予算《ヨサン》】①前もって見積もった費用。例—を組む。—を立てる。—をオーバーする。②〔法〕国家や地方公共団体などが、法律に従って立てる、つぎの年度の歳入《サイニュウ》・歳出に関する計画。例補正《ホセイ》—。

【予習《ヨシュウ》】（名・する）これから教わることを、前もって勉強しておくこと。下調べ。対復習。

【予審《ヨシン》】〔法〕旧《キュウ》刑事訴訟《ケイジソショウ》法で、公判の前に裁判官が非公開でおこなった審理。現行法では認めていない。

【予選《ヨセン》】（名・する）前もって、出場者や参加作品をふるい分けること。また、そのための試合や審査《シンサ》。対本選。例—通過。—落ち。

【予▼餞会《ヨセンカイ》】〔「餞」は、はなむけの意〕卒業や旅立ちの前に、あらかじめおこなう送別会。

【予想《ヨソウ》】（名・する）これからどうなるか、見当をつけること。また、その内容。類予測・予見。例—が的中する。十年後を—する。

【予測《ヨソク》】（名・する）ある事実をもとに、将来の見通しをつけること。また、その内容。類予想・予見。例結末は—が立たない。来年の景気を—する。

【予断《ヨダン》】（名・する）結果を、前もって判断すること。例事態は—を許さない。偏見《ヘンケン》と—を自戒《ジカイ》する。

【予知《ヨチ》】（名・する）前もって知ること。類予測・予見。例—能力。地震《ジシン》—連絡会《レンラクカイ》。

【予兆《ヨチョウ》】 何かが起こる前ぶれ。きざし。類前兆。例事件の起こる—ではないか。

【予定《ヨテイ》】（名・する）あらかじめ決めておくこと。また、その日程・行事・行動など。スケジュール。例行事—表。—が立たない。

【予備《ヨビ》】①前もって用意しておくこと。例—知識。—校。②足りない場合にそなえて多めに用意しておくこと。また、そのもの。例—費。—の人員。

【予報《ヨホウ》】（名・する）あらかじめ知らせること。また、その知らせ。例天気—。—が当たる。—が外れる。

【予防《ヨボウ》】（名・する）病気や災害などの発生を、あらかじめふせぐこと。例—注射。

【予防接種《ヨボウセッシュ》】（名・する）感染症《カンセンショウ》を予防するため、毒性を弱めた病原体などを体内に入れて、免疫《メンエキ》をつくること。

【予防線《ヨボウセン》】 あとになって批難されたりしないよう、あらかじめ用意しておく方策。例—を張る。

【予約《ヨヤク》】（名・する）前もって（売り買いなどの）約束をすること。また、その約束。例—席。結婚《ケッコン》式場を—した。

【予鈴《ヨレイ》】 授業や芝居《しばい》・業務などの開始を知らせる本鈴《ホンレイ》の少し前に鳴らす、ベルやチャイム。対本鈴。

亅5
【争】
6画 3372 4E89 教育4
音 ソウ 漢
訓 あらそ-う

筆順 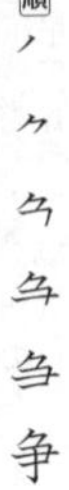

爫4
【爭】
8画 6407 722D 人名

なりたち  [会意]「爫(=両手)」と「亅(=引く)」とから成る。自分のほうに引きよせようと、あらそう。

意味 ❶勝とうとしてたがいにせりあう。また、きそう。あらそう。あらそい。例争議《ソウギ》。争奪《ソウダツ》。競争《キョウソウ》。❷（おもに目上の人の）あやまりをはっきり指摘《シテキ》し、直すように言う。忠告する。いさめる。例争臣《ソウシン》。

日本語での用法《いかで》なんとかして。「争《いか》で勝《か》たむ」

【争議《ソウギ》】①たがいに意見を主張し、議論すること。例家庭—。②使用者と労働者とのあらそい。例—権。—行為《コウイ》。労働—。

【争臣《ソウシン》】 君主に対し、自分の思っていることをはっきりと述べる臣下。

【争奪《ソウダツ》】（名・する）自分のものにしようと、力でうばい合うこと。例—戦がくり広げられる。

【争点《ソウテン》】 論争や紛争《フンソウ》の中心となっていることがら。例—をはっきりさせよう。

【争闘《ソウトウ》】 あらそい。闘争。

【争覇《ソウハ》】（名・する）①支配者になろうとしてあらそうこと。②スポーツで、優勝をあらそうこと。

【争友《ソウユウ》】 心から忠告してくれる友人。

【争乱《ソウラン》】 あらそいが起こって、世の中がみだれること。

【争論《ソウロン》】 言いあらそい。いさかい。例—では解決しない。

●競争《キョウソウ》・係争《ケイソウ》・抗争《コウソウ》・戦争《センソウ》・闘争《トウソウ》・紛争《フンソウ》・論争《ロンソウ》

亅6
［亊］
7画 ⇩【事】《ジ》（38ページ）

亅7
【事】
8画 2786 4E8B 教育3
音 シ 漢 ジ 呉 ズ 唐
訓 こと・つか-える

筆順 

亅6
［亊］
7画 4815 4E8A 俗字

なりたち 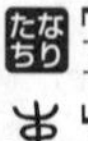 [形声]「史」と、音「之《シ》」の省略体とから成る。つとめる。

意味 ❶目上の人に奉仕《ホウシ》する。つかえる。例事大《ジダイ》。兄事《ケイジ》。師事《シジ》。❷人が専念しておこなうこと。しごと。例事業《ジギョウ》。事務《ジム》。理事《リジ》。❸できごと。ものごと。ことがら。こ

と。例事実《ジジツ》。事物《ジブツ》。時事《ジジ》。

【事柄《ことがら》】ものごと。また、ものごとのありさまや内容。事項《ジコウ》。人名 おさむ・つとむ・わざ 例たいせつな―。

【事業《ジギョウ》】①日常的な仕事よりも、社会的・計画的・組織的で、規模《キボ》の大きな仕事。例慈善《ジゼン》―。維新《イシン》政府の―。②会社経営のような、利益を上げることを目的とした経済活動。類実業。例―家。―を起こす。新規―に成功する。

【事件《ジケン》】①犯罪・争い・災害など、人々がそれの一部始終に強い関心を持つようなできごと。例大―。汚職《オショク》―。―記者。②裁判所《サイバンショ》があつかうようなことがら。例訴訟《ソショウ》―。―を起こす。―にしないで丸くおさめる。

【事故《ジコ》】①思いがけなく発生する悪いできごと。例交通―。―死。―に遭《あ》う。―を起こす。②さしつかえ。支障《シショウ》。例―あるときはやむをえない。

【事後《ジゴ》】なにかがおこなわれた、あと。対事前。例―処理をきちんとする。

【事後承諾《ジゴショウダク》】ことがおこなわれたあとで承諾すること。例―を求められた。

【事項《ジコウ》】ことがら。例注意―。

【事実《ジジツ》】□一(名)実際に起きたできごとや、現実に存在することがら。ほんとうのこと。例―は小説より奇《キ》なり。□二(副)ほんとうに。実際に。例―山の木木も枯《か》れている。

【事実無根《ジジツムコン》】根拠《コンキョ》がないこと。事実にもとづいていないこと。

【事象《ジショウ》】①事実や現象。できごと。例自然界の―を観察する。現代社会の―を批判する。②〔数〕試行の結果として起こることがら。例その―が起こる確率は六分の一だ。

【事情《ジジョウ》】ものごとの過去のいきさつや現在のようす。また、よりくわしい原因・理由など。例―を説明する。土地の―に明るい。内部の―に通じている。

【事跡《ジセキ》】ものごとのおこなわれたことを示す、あと・しるし。例聖書の中のキリストの―。表記 旧事▼蹟。「事▼迹」とも書く。

【事績《ジセキ》】〔「績」は、つむいだ糸の意。転じて、仕事の成果の意〕ある人のなしとげた仕事と、その功績。例故人の―を後世《コウセイ》に伝える。

【事前《ジゼン》】なにかがおこなわれる、まえ。対事後。例―協議。―準備。

【事態《ジタイ》】ことのなりゆき。事件のうつりかわり。類形勢・状況《ジョウキョウ》。例非常―。容易ならぬ―に立ち至る。

【事大《ジダイ》】〔大《ダイ》に事《つか》えるの意〕弱く小さい者が、強く大きい者に従うこと。自主性がなく、強大な者に身を寄せること。例―主義。

【事大主義《ジダイシュギ》】自己保存のために、権力や勢力の強い者に従おうという考えや態度。

【事典《ジテン》】ことがらを一定の基準で集めて配列し、説明した書物。〔「字典」「辞典」と区別して、俗《ゾク》に「ことてん」という〕例百科―。国宝―。→【辞典《ジテン》】(960ジペー)・【字典《ジテン》】(283ジペー)

【事物《ジブツ》】ことがらや物のようす。例個個《ココ》の―をよく観察する。〔「事物」は、「物」のほうに重点がある。「物事《ものごと》」は、逆に「事」のほうに重点がある〕

【事変《ジヘン》】①天災や突発的《トッパツテキ》な騒動《ソウドウ》など、異常で社会的影響《エイキョウ》の大きいできごと。変事《ヘンジ》。②宣戦布告をしないで始まった国家間の武力紛争《フンソウ》。例満州―。

【事務《ジム》】書類の取りあつかいや計算など、主として机の上でする仕事。例―室。―用品。―を執《と》る。

【事務的《ジムテキ》】(形動《ダナ》)①事務に関するようす。②感情をまじえずに型どおりに処理するようす。例―に応対する。―にかたづけられる。

【事由《ジユウ》】あることがらが起こった事情と理由。例病気を―に欠席する。

【事理《ジリ》】①ものごとは、こうあるべきであるというすじみち。わけ。例―を明らかにする。②〔仏〕個々の現象としての「事」と、その背後にある真理としての「理」。例―もとより二つならず(=ものごとの現象と真理は、元来別々のものではない)。〈徒然草《つれづれぐさ》〉

【事例《ジレイ》】①それぞれの具体的な実例。例似たような―はたくさんある。②過去にあったという事実。例具体的な―を示してもらいたい。

●悪事《アクジ》・火事《カジ》・家事《カジ》・幹事《カンジ》・記事《キジ》・議事《ギジ》・吉事《キチジ》・凶事《キョウジ》・行事《ギョウジ》・軍事《グンジ》・兄事《ケイジ》・刑事《ケイジ》・検事《ケンジ》・工事《コウジ》・故事《コジ》・雑事《ザツジ》・惨事《サンジ》・師事《シジ》・時事《ジジ》・従事《ジュウジ》・小事《ショウジ》・食事《ショクジ》・炊事《スイジ》・遂事《スイジ》・大事《ダイジ》・知事《チジ》・珍事《チンジ》・判事《ハンジ》・万事《バンジ》・無事《ブジ》・返事《ヘンジ》・法事《ホウジ》・有事《ユウジ》・用事《ヨウジ》・理事《リジ》・領事《リョウジ》

7
2画

二 に部

横線二本で、「ふたつ」「平行」「両端《リョウタン》」の意をあらわす。「二」をもとにしてできている漢字と、「二」の字形を目じるしにして引く漢字とを集めた。

0 二 1 于 2 云 五 互 井 4 亙 亘 5 亜 6 亟 些 亞

この部首に所属しない漢字

三⇩一 11　干⇩干 344　元⇩儿 99　夫⇩大 263
丼⇩丶 31　平⇩干 344　未⇩木 511　示⇩示 722
弐⇩弋 361

二 0

【二】

2画
3883
4E8C
教育1

音 ジ漢 ニ呉
訓 ふた・ふた-つ・ふ
付表 十重二十重《とえはたえ》・二十《はたち》・二十歳《はたち》・二十日《はつか》・二人《ふたり》・二日《ふつか》

筆順 一 二

弋 2

[弐]

5画
4817
5F0D
古字

なりたち [指事]長さが等しい線をならべ重ねて、ふたつの意をあらわす。

意味 ❶数の名。ふた。ふたつ。例二元《ニゲン》。二者択一《ニシャタクイツ》。無二《ムニ》。❷ふたたび。例二期作《ニキサク》。二言《ニゴン》。二度《ニド》。❸ふたつめ。つぎの。例二月《ニガツ》。二次《ニジ》。二世《ニセイ》。❹ふたつにする。別にする。別の。例二心《ニシン》。二分《ニブン》。

参考 商売や契約《ケイヤク》の文書では、数字を書きかえられないよう、同音の「弐」や「貳」を使うことがある。

人名 かず・さ・すすむ・つぎ・つぐ・ぶ

【二院《ニイン》】国会を構成する二つの議院。日本の衆議院と参議院、アメリカの上院と下院など。

【二王《ニオウ》】①ふたりの君主。例地に―なし。②⇩【仁王《ニオウ》】(52ジペー)

【二階《ニカイ》】建物の、地上から二番目の階。例―家《や》。―建

て。地下—。

【二月】《ニガツ・ニゲツ》 一年の二番目の月。如月《きさらぎ》。

【二期作】《ニキサク》 同じ田畑で年に二回、同じ作物をつくること。〔おもに稲作《いなサク》についていう〕→【二毛作】《ニモウサク》

【二義的】《ニギテキ》 〔形動《ダナ》〕〔第一義(=根本的で最もたいせつなこと)の次ということから〕それほど重要ではないようす。第二義的。対 一義的。例—な問題はあとまわしだ。

【二極】《ニキョク》 ①南極と北極。また、陽極と陰極《インキョク》。②中心勢力が二つあること。例一極集中か—分化か。

【二軍】《ニグン》 スポーツの社会で、予備の選手集団。ファーム。対 一軍。

【二元】《ニゲン》 ①対立する二つの根本原理。例物心《ブッシン》の—要素。②二つの別々の場所。例—放送。③〔数〕代数方程式で未知数が二つあること。例連立—一次方程式。▽対 一元・多元。

【二元論】《ニゲンロン》 〔哲〕対立する二つの根本原理によってすべてを説明しようという方法。たとえば、陰《イン》と陽、善と悪、精神と物質など。対 一元論・多元論。

【二更】《ニコウ》 「五更①」の二番目。午後十時、およびその前後の二時間。亥《い》の刻《コク》。乙夜《イツヤ》。例夕刻より—におよぶ。

【二言】㊀《ニゴン》 二度いうこと。とくに、前とちがうことをいうこと。例武士に—なし。㊁《ふたこと》 何か言いはじめると、ついでに必ず言うことば。例母は—目には勉強しろと言う。

【二三】《ニサン》 二つか三つ。少々。少しばかり。例気づいたことを—指摘《シテキ》する。

【二次】《ニジ》 ①二回目。例—募集《ボシュウ》。②根本的あるいは主要なものの、つぎ。例—的問題。—災害。③〔数〕代数方程式などの次数が二であること。例—式。

【二次元】《ニジゲン》 たてとよこだけの広がりの平面。対 一次元・三次元・四次元。

【二十世紀】《ニジッセイキ》 ①西暦《セイレキ》一九〇一年から二〇〇〇年までの百年間。②ナシの一品種。

【二者択一】《ニシャタクイツ》 二つのものごとの、どちらか一方をえらぶこと。例—をせまられる。

【二▼竪】《ニジュ》 〔「竪」は、子供の意〕重い病気をたとえていうことば。→【病《やまい》膏肓《コウコウ》に入《い》る】(685ページ)

【二重】㊀《ニジュウ》 〔同じようなものが、また、まれに正反対のものが〕かさなること。かさねること。ダブること。例—窓。—人格。㊁《ふたえ》 かさなり。重複《チョウフク》。例—まぶた。

［二部］0画 二

【二重唱】《ニジュウショウ》 ふたりが別々の声部を受け持って、いっしょに歌うこと。デュエット。

【二重人格】《ニジュウジンカク》 ひとりの人間の中に二つの人格が存在していて、まったく別人のような言動をすること。類 多重人格。例ジキル博士《はかせ》とハイド氏は—者の典型だ。

【二重奏】《ニジュウソウ》 二つの楽器で合奏すること。デュエット。同じ楽器の場合と、ちがう楽器の場合とがある。例ピアノ—。

【二十四気】《ニジュウシキ》 「二十四節気《ニジュウシセッキ》」に同じ。

【二十四孝】《ニジュウシコウ》 昔の中国で、代表的な親孝行の二十四人をいうことば。舜《シュン》、漢の文帝《ブンテイ》、曽参《ソウシン》など。〔日本には、江戸《えど》時代に作られた「本朝二十四孝」がある〕

【二十四節気】《ニジュウシセッキ》 旧暦《キュウレキ》で、一年を季節にしたがって、十五日ずつ二十四の期間に分けてあたえた名。二十四気。春から順に、立春《リッシュン》・雨水《ウスイ》・啓蟄《ケイチツ》・春分《シュンブン》・清明《セイメイ》・穀雨《コクウ》・立夏《リッカ》・小満《ショウマン》・芒種《ボウシュ》・夏至《ゲシ》・小暑《ショウショ》・大暑《タイショ》・立秋《リッシュウ》・処暑《ショショ》・白露《ハクロ》・秋分《シュウブン》・寒露《カンロ》・霜降《ソウコウ》・立冬《リットウ》・小雪《ショウセツ》・大雪《タイセツ》・冬至《トウジ》・小寒《ショウカン》・大寒《ダイカン》。

【二十八宿】《ニジュウハッシュク》 〔「ニジュウハッシュウ」とも〕古代中国で、天体の位置を示す基準とするために定めた二十八の星宿《セイシュク》(=星座)。角《カク》・斗《ト》・昴《ボウ》など。→【星宿】《セイシュク》(489ページ)

【二乗】《ニジョウ・ジジョウ》 〔名・する〕〔数〕ある数・式に、それと同じ数・式をかけ合わせること。自乗。平方。

【二心】《ニシン・ふたごころ》 主人や味方を裏切り、信頼《シンライ》にそむく心。不忠。例—を抱《いだ》く。

【二伸】《ニシン》 〔「伸」は、申す・述べる意〕手紙で、あとから書き足すときに用いることば。追って書き。追伸《ツイシン》。P.S.(=post-script)

【二親等】《ニシントウ》 血のつながりの遠近を示すことば。自分を中心にしたときの祖父母・孫、きょうだいとの関係を指す。→【親等】《シントウ》(901ページ)

【二進法】《ニシンホウ》 〔数〕数を1と0との二つだけであらわす方法。コンピューターに応用されている。十進法の2は10、3は11、4は100、5は101となる。

【二世】㊀《ニセイ》 ①欧米《オウベイ》で、同名の皇帝《コウテイ》や教皇《キョウコウ》などの二代目の人。例ドイツのウィルヘルム—。②その国に移住した初代(=一世)の子で、その国の市民権をもつ人。また、いっぱんに、二代目。例ブラジル日系《ニッケイ》移民—。③その人の子供。ジュニア。例—が誕生した。㊁《ニセ》 現世《ゲンセ》と来世《ライセ》。この世とあの世。例—の契《ちぎ》り(=夫婦《フウフ》の、あの世までも続く、という固い約束)。

【二千石】《ニセンセキ》 〔「石」は、米穀などの容積の単位で、漢代に郡の太守の年俸《ネンポウ》が二千石であったことから〕地方長官のこと。

【二千里《ニセンリ》外《ガイ》故人《コジン》の心《こころ》】 (月をながめながら)はるか遠くにいる親友の身の上を思う心。〔「故人」は、ここでは、旧友の意〕〈白居易《ハクキョイ》・八月十五日夜禁中独直対レ月憶二元九一《ハチガツジュウゴニチよるキンチュウにひとりチョクしてつきにタイしてゲンキュウをおもう》〉

【二足】《ニソク》 はきもの二対《ツイ》。

【二足の▽草▼鞋】《ニソクのわらじ》 同じ人が同時に二つの職業につくこと。例—を履《は》く〔江戸《えど》時代には、ばくち打ちが捕方《とりかた》として十手《ジッて》をあずかるような場合をいった〕。

【二束三文】《ニソクサンモン》 数は多くても値うちがないこと。〔二束《ふたたば》で三文とも、わらじが二足でも三文にしかならないの意ともいう〕例—で家財道具を売りはらう。

【二段構え】《ニダンがまえ》 一度目がだめな場合に備えて、二番目の方法も用意しておくこと。例安全装置を—にしておく。

【二▼兎】《ニト》 二ひきのウサギ。

【二▼兎《ニト》を追《お》う者《もの》は一▼兎《イット》をも得《え》ず】 同時に二つのことをしようとする者は、両方ともに失敗する。類 虻蜂《あぶはち》取らず。

【二等親】《ニトウシン》 「二親等《ニシントウ》」に同じ。

【二刀流】《ニトウリュウ》 ①両手に一本ずつの刀を持って戦う剣術《ケンジュツ》の流派。宮本武蔵《みやもとむさし》の創始で、「二天一流」ともいう。〔ふつう、右手に長い刀、左手に短い刀。逆に持つのを逆二刀という〕②酒も、あまいものも好きな人。両刀づかい。

【二人称】《ニニンショウ》 自分と話している相手を指すことば。「あなた」「きみ」「おまえ」「なんじ」など。対称《タイショウ》。対 一人称・三人称。

【二年生草本】《ニネンセイソウホン》 「二年草《ニネンソウ》」に同じ。

【二年草】《ニネンソウ》 芽を出して花がさき、実ができてかれるまで年度にして二年にまたがる植物。ムギやダイコンなど。二年生草本。越年草《エツネンソウ》。対 一年草・多年草。

【二《ニ》の足《あし》を踏《ふ》む】 〔「二の足」は、つぎに出す足〕ためらう。躊躇《チュウチョ》する。

【二番煎じ】《ニバンセンじ》 ①一度煎じた薬草や茶を、もう一度煎じること。また、そのように味もかおりもうすい飲みもの。②以前のくりかえしで新鮮《シンセン》みのないもの。例ヒット作の—。

【二百十日】《ニヒャクとおか》 立春から数えて二百十日目。九月一日ごろ。〔日本で、台風の来る時期の、厄日《ヤクび》の一つとした〕 類 二百二十日。

【二百二十日】《ニヒャクはつか》 立春から数えて二百二十日目。九月十一日ごろ。「二百十日」と同じで台風の来る時期。

【二拍子】《ニビョウシ》 強弱の二拍《ニハク》が一単位となっている拍子《ヒョウシ》。

【二部】《ニブ》 ①二つの部分。例 —合唱。—授業。②第二の部。もよおし物などの、全体を区分して、その第二を指す。③大学の、夜間部。例 —の卒業生。

【二分】《ニブン》 (名・する)二つにわけること。例 天下を—する戦い。

【二枚貝】《ニマイがい》 ハマグリやシジミなどのように二枚の貝がらをもっている貝。

【二枚舌】《ニマイじた》 舌が二枚あるかのように、平気でうそをついたり、つじつまの合わないことを言ったりすること。例 —を使う。

【二枚目】《ニマイめ》 ①美男子。やさおとこ。〔昔、芝居《しばい》の看板で二枚目に名前が書かれたことから〕 対 三枚目《サンマイめ》。②相撲《すもう》の番付で、前頭《まえがしら》・十両などの二番目の地位。

【二毛】《ニモウ》 〔白と黒のまざったかみの毛。ごま塩あたま、の意から〕老人のこと。対 黄口《コウコウ》(=子供)。例 —の嘆《なげ》き。

【二毛作】《ニモウサク》 同じ田畑で年に二回、ちがう作物をつくること。イネのあとにムギをつくるなど。〔一毛作は、年に一回、主要な作物(おもにイネ)をつくること〕→【二期作】《ニキサク》

【二流】《ニリュウ》 ①(品質・地位・人などの評価で)最上よりややおとっているもの。対 一流・三流。例 —作家。—映画。②二つの流れ。二つの流派。

【二六時中】《ニロクジチュウ》 (副)〔昔、一日を昼六時、夜六時に分けていたところから〕一昼夜。一日じゅう。不断に。類 四六時中《シロクジチュウ》。

【二葉】《ふたば》 ①芽生えたばかりの二枚の小さな葉。②幼児のころ。また、ものごとの初め。例 栴檀《センダン》は—より芳《かんば》し。悪の芽は—のうちに摘《つ》め。表記 ▽「双葉」とも書く。

【二股▼膏薬】《ふたまたゴウヤク》 〔内股《うちまた》にはった膏薬が右足についたり左足についたりするように〕あちらについたりこちらについたり、態度がはっきりしない人をたとえていう。内股膏薬《うちまたゴウヤク》。

二 1

【于】

3画 4818 4E8E

音 一ウ 漢 呉 二ク 漢 呉 訓 ここ-に・ゆ-く

参考 「干《カン》」は別の字。

意味 一ウ ❶ゆく。いく。例 君子于レ役《クンシエキにゆく》(=あなたは《命じられて》国境の守備にゆく)。〈詩経《シキョウ》〉 ❷〔助字〕「…に」「…を」「…より」と読み、場所・時間・対象・比較《ヒカク》をあらわす。例 志二于学一《ガクにこころざす》(=学問に志を立てた)。〈論語《ロンゴ》〉 二ク なげくことば。ああ。例 于嗟《ああ》。

【于▼嗟】《ああ》 (感)感動して発する声。

二 2

【云】

4画 1730 4E91 人名

音 ウン 漢 呉 訓 い-う

意味 …という。他人のことばや書物から引いていう場合に用いられることば。いう。例 云云《ウンヌン》。

人名 これ・とも・ひと

【云云】《ウンヌン》 一 (名)引用する文が長かったり、確かでなかったりして、あとを省略する場合に用いる。しかじか。これこれ。二 (名・する)あれこれ口出しすること。とやかくいうこと。例 他人が—することではない。

二 2

【五】

4画 2462 4E94 教育1

音 ゴ 漢 呉 訓 いつ・いつ-つ・い 付表 五月《さつき》・五月雨《さみだれ》

筆順 一 丆 万 五

なりたち  [指事] 陰《イン》と陽の二気が天と地との間でまじわる形。五行《ゴギョウ》(=木《モク》・火《カ》・土《ド》・金《ゴン》・水《スイ》)のこと。派生して「いつつ」の意。

意味 ❶数の名。いつ。いつつ。例 五感《ゴカン》。五山《ゴザン》。❷いつたび。例 五回《ゴカイ》。❸いつつめ。例 五月《ゴガツ》。五更《ゴコウ》。

日本語での用法 《いつつ》昔の時刻の名。辰《たつ》の刻《コク》(=今の午前八時ごろ)、および戌《いぬ》の刻(=今の午後八時ごろ)。「やがて五《いつ》つというころ」

参考 商売や契約《ケイヤク》の文書では、数字を書きかえられないよう、同音の「伍」を使うことがある。

難読 五十《いそ》・五十嵐《いがらし》・五十鈴《いすず》・五百城《いおき》・五架《うこぎ》

人名 あつみ・あつむ・いず・かず・ゆき

【五音】《ゴイン|ゴオン》 東洋音楽の五つの音階。低いほうから、宮《キュウ》・商《ショウ》・角《カク》・徴《チ》・羽《ウ》の五つ。五声《ゴセイ》。

【五戒】《ゴカイ》 〔仏〕在家《ザイケ》仏教信者が守るべき五つのいましめ。殺生戒《セッショウカイ》(=生き物を殺さない)・偸盗戒《チュウトウカイ》(=ぬすみをしない)・邪淫戒《ジャインカイ》(=夫婦《フウフ》間以外に性交をしない)・妄語戒《モウゴカイ》(=うそをつかない)・飲酒戒《オンジュカイ》(=酒を飲まない)の五つ。

【五岳】《ゴガク》 中国で、天下の鎮《しず》めとして信仰《シンコウ》された東・西・南・北と中央の、五つの霊山《レイザン》。泰山《タイザン》(=東岳)・華山《カザン》(=西岳)・霍山《カクザン》(のちに衡山《コウザン》=南岳)・恒山《コウザン》(=北岳)・嵩山《スウザン》(=中岳)。

【五月】《ゴガツ|さつき》 一年の五番目の月。皐月《さつき》。

【五官】《ゴカン》 目・耳・鼻・舌・皮膚《ヒフ》の、五つの感覚器官。

【五感】《ゴカン》 五官によって得られる五つの感覚。視覚《シカク》・聴覚《チョウカク》・嗅覚《キュウカク》・味覚《ミカク》・触覚《ショッカク》。例 —をとぎすます。

【五経】《ゴキョウ》 〔「ゴケイ」とも〕漢代、儒教《ジュキョウ》で最もたいせつとされた五つの経典《ケイテン》。『易《エキ》』『書《ショ》』『詩《シ》』『礼《ライ》』『春秋《シュンジュウ》』。→【四書】《シショ》(217ページ)

【五行】《ゴギョウ》 ①古くからの中国の考え方で、万物《バンブツ》の根源となる五つの元素。木《モク》・火《カ》・土《ド》・金《ゴン》・水《スイ》。②儒教《ジュキョウ》でいう、仁《ジン》・義《ギ》・礼《レイ》・智《チ》・信《シン》。五常《ゴジョウ》。③〔仏〕菩薩《ボサツ》の修行《シュギョウ》する五種の行《ギョウ》。たとえば、『大乗起信論《ダイジョウキシンロン》』では、布施《フセ》・持戒《ジカイ》・忍辱《ニンニク》・精進《ショウジン》・止観《シカン》。

【五刑】《ゴケイ》 ①古代中国でおこなわれた五種の刑罰《ケイバツ》。墨《ボク》(=いれずみ)・劓《ギ》(=鼻をそぐこと)・刖《ゲツ》(=足きり)・宮《キュウ》(=男子は去勢、女子は幽閉《ユウヘイ》)・大辟《タイヘキ》(=首きり)。②隋《ズイ》以後おこなわれ、また、それにならって日本の律令制《リツリョウセイ》で定められた五種の刑罰。笞《チ》(=むちで打つこと)・杖《ジョウ》(=棒たたき)・徒《ズ》(=懲役《チョウエキ》)・流《ル》(=島流し)・死《シ》(=死刑)。

【五更】《ゴコウ》 ①日没《ニチボツ》から夜明けまでを五等分して呼んだ名。初更《ショコウ》・二更《ニコウ》・三更《サンコウ》・四更《シコウ》・五更《ゴコウ》。一更の長さは季節によって長短の差がある。五夜《ゴヤ》に対応する。②「①」の五番目。午前四時、およびその前後の二時間。寅《とら》の刻《コク》。戊夜《ボヤ》。

【五穀】《ゴコク》 主食となる、五種類の主要な穀物。また、いっぱんに、穀物をまとめていうことば。日本ではふつう、コメ・ムギ・アワ・キビ・マメを指す。例 —豊穣《ホウジョウ》。

【五言】《ゴゴン》 漢詩で、漢字五字から成る一句。

【五言古詩】《ゴゴンコシ》 一句が五字から成り、句数に制限がなく、韻律《インリツ》なども自由な漢詩の形式。五古《ゴコ》。→【古詩】《コシ》(182ページ)

【五言絶句】《ゴゴンゼック》 唐《トウ》代に完成した漢詩の形式。一句が五字、全体が四句から成る。五絶《ゴゼツ》。→【絶句】《ゼック》(780ページ)

【五言律詩】《ゴゴンリッシ》 唐《トウ》代に完成した漢詩の形式。一句が

五字、全体が八句から成る。五律《ゴリツ》。→【律詩《リッシ》】（376ページ）

【五山《ゴザン》】〔「ゴサン」とも〕禅宗《ゼンシュウ》で格の高い五つの寺。京都では、天竜《テンリュウ》寺・相国《ショウコク》寺・建仁《ケンニン》寺・東福《トウフク》寺・万寿《マンジュ》寺。鎌倉《かまくら》では、建長《ケンチョウ》寺・円覚《エンガク》寺・寿福《ジュフク》寺・浄智《ジョウチ》寺・浄妙《ジョウミョウ》寺。

【五指《ゴシ》】手の五本のゆび。例 ―にはいる（＝第五位までにかぞえられる）ほどの強さ。―に余る（＝五つ以上もある）。

【五色《ゴシキ》】①中国で、青・黄・赤・白・黒の五つのいろ。②さまざまな美しいいろ。例 ―の短冊《タンザク》。―のテープが飛ぶ。

【五七調《ゴシチチョウ》】日本の和歌・詩・文などで、五音のことばと七音のことばをくりかえす形式。対 七五調。

【五十歩百歩《ゴジッポヒャッポ》】結果・結論において、たいしたちがいはないこと。

故事のはなし 戦場で陣太鼓《ジンダイコ》が鳴っていざ戦いが始まろうとするとき、よろいをぬぎすて武器を引きずってにげ出す者がいた。ある者は百歩にげて止まり、ある者は五十歩にげて止まった。このとき、五十歩にげた者が百歩にげた者を、おくびょうだと言って笑ったという。しかしそれは、たとえ五十歩でも、にげたという点では同じなのだから、百歩の者を笑ったりすることはできないのである。〈孟子《モウシ》〉

【五車《ゴシャ》】①五台の車。②蔵書の多いこと、また、博識のたとえ。戦国時代、宋《ソウ》の恵施《ケイシ》は、多方面にわたる蔵書が、五台の車に積むほどであったという故事による。五車の書。

【五十音《ゴジュウオン》】①かな文字で書きあらわす、国語の五十の音。②「五十音図」のこと。あ行《ギョウ》からわ行までの十行とあ段《ダン》からお段までの五段の、合計五十の音の表。〔今の実際の発音の種類は四十四だが、習慣で五十音といっている。また、「バ」や「パ」のような濁音《ダクオン》や半濁音、「ン」「ッ」「ゃ」などであらわされる音はふくまない〕

【五十《ゴジュウ》にして天命《テンメイ》を知《し》る】孔子《コウシ》が、五十歳《サイ》になって天が自分にあたえた使命をさとったこと。五十歳を「知命《チメイ》」ということの起こり。〈論語《ロンゴ》〉

【五常《ゴジョウ》】儒教《ジュキョウ》で、人がつねにおこなうべき五つの道徳。①仁《ジン》・義《ギ》・礼《レイ》・智《チ》・信《シン》。五行《ゴギョウ》。②父の義・母の慈《ジ》・兄の友《ユウ》・弟の恭《キョウ》・子の孝《コウ》。

【五丈原《ゴジョウゲン》】陝西《センセイ》省眉《ビ》県の南西の地。三国時代、蜀《ショク》の諸葛孔明《ショカツコウメイ》が、魏《ギ》の司馬仲達《シバチュウタツ》とここに対戦し勝利を得たが、病のため死んだ。→【死《シ》せる孔明《コウメイ》生《い》ける仲達《チュウタツ》を走《はし》らす】（561ページ）

【五衰《ゴスイ》】〔仏〕天人の臨終《リンジュウ》のときにあらわれるという五つのおとろえの相。〔涅槃経《ネハンギョウ》に説く〕衣服のけがれ、頭上の花のしぼみ、身の光の消失、わきの下のあせ、天人でありながら楽しまないというもの。天人の五衰。

【五星《ゴセイ》】五つの星。木星《モクセイ》・火星《カセイ》・土星《ドセイ》・金星《キンセイ》・水星《スイセイ》。

【五節句《ゴセック》】一年におこなわれた主要な五つの節句。人日《ジンジツ》（＝七草《ななくさ》、一月七日）・上巳《ジョウシ》（＝ひなまつり、三月三日）・端午《タンゴ》（＝五月五日）・七夕《シチセキ｜たなばた》（＝七月七日）・重陽《チョウヨウ》（＝九月九日）。

【五線《ゴセン》】もとは洋楽で、今はひろく音符《オンプ》を書きこむのに使う、平行に引いた五本の横線。

【五臓六▼腑《ゴゾウロップ》】内臓のすべて。腹の中全体を指す。五臓は、肺臓・心臓・腎臓《ジンゾウ》・肝臓《カンゾウ》・脾臓《ヒゾウ》。六腑は、大腸・小腸・胃・胆《タン》・膀胱《ボウコウ》・三焦《サンショウ》（＝呼吸・消化・排泄《ハイセツ》をつかさどる器官）。例 ―にしみわたる酒。

【五体《ゴタイ》】①人体の五つの部分。頭と両手・両足。または、頭・首・胸・手・足。②五つの書体。篆《テン》・隷《レイ》・楷《カイ》・行《ギョウ》・草《ソウ》。

【五大《ゴダイ》】宇宙を構成する五つの要素。地《チ》・水《スイ》・火《カ》・風《フウ》・空《クウ》。類 五輪《ゴリン》。

【五帝《ゴテイ》】中国古代の伝説上の五人の皇帝。『帝王世紀《テイオウセイキ》』では、少昊《ショウコウ》・顓頊《センギョク》・帝嚳《テイコク》・尭《ギョウ》・舜《シュン》。『史記《シキ》』では、黄帝《コウテイ》・顓頊・帝嚳・尭・舜。

【五徳《ゴトク》】①儒教《ジュキョウ》で、温《オン》・良《リョウ》・恭《キョウ》・倹《ケン》・譲《ジョウ》の五つの徳。②火鉢《ひばち》や炉《ロ》の灰の上にすえて、釜《かま》・鉄瓶《テツビン》などをのせる台。鉄製または陶《トウ》製で、まるい輪に三本（もとは四本）の脚《あし》をつけたもの。

【五斗米《ゴトベイ》】五斗（＝いまの五升《ショウ》、約一〇リットル）の米、つまりわずかな給料のこと。例 ―のために腰《こし》を折る（＝わずかな給料のために人の機嫌《キゲン》をとりながら仕える）。

【五覇《ゴハ》】中国、春秋時代の五人の覇者《ハシャ》。いろいろ説があるが、ふつうは、斉《セイ》の桓公《カンコウ》・晋《シン》の文公《ブンコウ》・秦《シン》の穆公《ボクコウ》・宋《ソウ》の襄公《ジョウコウ》・楚《ソ》の荘王《ソウオウ》。

【五百羅漢《ゴヒャクラカン》】〔「羅漢」は、仏教で、さとりをひらいた最高位の修行僧《シュギョウソウ》〕釈迦《シャカ》の死後、教えをまとめるために集まった五百人の弟子《デシ》。五百阿羅漢《ゴヒャクアラカン》。

【五分《ゴブ》】①一寸《イッスン》（＝約三センチメートル）の半分。例 一寸の虫にも―の魂《たましい》。②一割《イチわり》の半分。五パーセント。③互角《ゴカク》。五分五分《ゴブゴブ》。例 ―にわたりあう。―に戦っている。

【五風十雨《ゴフウジュウウ》】〔五日に一度風がふき、十日に一度雨が降るということから〕気候が順調で、作物が実《みの》り、天下太平ということ。

【五味《ゴミ》】五種のあじ。鹹《カン》（＝塩からい）・酸《サン》（＝すっぱい）・辛《シン》（＝からい）・苦《ク》（＝にがい）・甘《カン》（＝あまい）。

【五夜《ゴヤ》】日没《ニチボツ》から夜明けまでを五等分して呼んだ名。甲夜《コウヤ》・乙夜《イツヤ｜オツヤ》・丙夜《ヘイヤ》・丁夜《テイヤ》・戊夜《ボヤ》の五つ。五更《ゴコウ》に対応する。

【五里霧中《ゴリムチュウ》】五里四方にたちこめた霧《きり》の中ということで、ものごとの手がかりがなく、どの方向に進めばよいのかわからない状態をいう。

故事のはなし 後漢《ゴカン》の張楷《チョウカイ》という人は、すぐれた学者で古典の著作も多かったが、また、不思議な力をもっていて、五里四方〔中国の一里は約四二八メートル〕にわたって霧《きり》をおこすことができたという。〈後漢書《ゴカンジョ》〉

【五柳先生《ゴリュウセンセイ》】東晋《トウシン》の詩人、陶潜《トウセン》が自ら使った呼び名。〔庭に五本のヤナギが植えられていたことから〕→【陶潜《トウセン》】（1036ページ）

【五倫《ゴリン》】孟子《モウシ》の教えで、人が守るべき五つの道。父子の親《シン》・君臣の義《ギ》・夫婦の別《ベツ》・長幼の序《ジョ》・朋友《ホウユウ》の信《シン》。

【五輪《ゴリン》】①密教で、万物《バンブツ》を形づくる、地・水・火・風・空

の「五大」を、欠けるところのない輪にたとえたもの。②オリンピックのマーク。また、オリンピックのこと。世界の五大陸を五つの輪《わ》で表現したもの。例—代表に選ばれる。

【五輪塔】《ゴリントウ》 密教で、「五大」をあらわす五つの形から成る塔。墓として使われる。下から地（=四角）・風（=半円）・空（=宝珠《ホウシュ》）の順に積み上げる。三角）・風（=半円）・空

【五月雨】《さみだれ》 六月（=陰暦《インレキ》五月）ごろに降り続く雨。梅雨。

◐三三五五《サンサンゴゴ》

二 2

【互】 4画 2463 4E92 常用 音 コ㊇ ゴ㊈ 訓 たが-い

筆順 一 ㇗ 彑 互

なりたち ［象形］なわをたがいちがいに巻きとる道具の形。派生して「たがい」の意。

意味 かわるがわる。たがい（に）。例 互換《ゴカン》。交互《コウゴ》。

難読 互折《つづらおり》・互先《かたみセン—たがいセン》

【互角】《ゴカク》（名・形動《ダナ》）〔もとは「牛角《ゴカク》」と書き、ウシの二本のつのの長さ・太さが同じことから〕力にまさりおとりのないこと。㊎五分五分《ゴブゴブ》。例—のたたかい。—にわたりあう。

【互換】《ゴカン》（名・する）同じ価値やはたらきのものと取りかえること。また、取りかえて利用することができること。例—機。

【互換性】《ゴカンセイ》 ある機器の部品を他の機器の部品と取りかえても支障なく使えること。例—がある。

【互恵】《ゴケイ》 たがいに特別の利益や恩恵《オンケイ》をあたえあうこと。例—条約。

【互助】《ゴジョ》（名・する）たがいにたすけあうこと。例—会。

【互譲】《ゴジョウ》（名・する）相手の立場を考えて、たがいにゆずりあうこと。例—の精神。

【互生】《ゴセイ》（名・する）植物で、葉が、茎《くき》や枝の節ごとにたがいちがいにつくこと。キクやバラなど。㊟対生・輪生。

【互選】《ゴセン》（名・する）たがいの中からえらんで決めること。また、その選挙。例 委員長は委員の中から—される。

二 2

【井】 4画 1670 4E95 教育4 音 セイ㊇ ショウ㊈ 訓 い

筆順 一 二 ナ 井

なりたち ［象形］いどのわくの形。中央の「・」は、つるべをあらわす。

意味 ❶地面を深くほって地下水などをくみ上げるための穴。いど。い。例 井蛙《セイア》。油井《ユセイ》。❷いげたのようにきちんとくぎられた形。例 井然《セイゼン》。天井《テンジョウ》。❸人が集まって住んでいるところ。まち。〔いどの周囲に人が集まって集落ができることから〕例 郷井《キョウセイ》。市井《シセイ》。❹二十八宿の一つ。ちちりぼし。例 井宿《セイシュク》。

人名 きよし・ふかし

【井桁】《いげた》 ①井戸のまわりに「井」の字形に組んだ木のわく。②「井」の字の形や模様。例 丸に—の紋所《モンどころ》。

【井戸】《いど》 地面に穴をほって、水をくみあげるようにしたもの。例—水。—をほる。

【井《い》の中《なか》の▼蛙《かわず》大海《タイカイ》を知《し》らず】 せまい考えの人には、世の中を広く見わたす見識を語ってもわからない意。井底《セイテイ》の蛙《ア》。

故事のはなし 黄河《コウガ》の河伯《カハク》という神がはじめて海へ行って、そのはてしない広さにおどろき、「今まで黄河がいちばん大きいと思っていたのに、こんなに広いものがあるとは知らなかった」と北海《ホッカイ》の神の若《ジャク》に述べた。それを聞いて若が言った。「井戸《いど》の中のカエルには海の話をしてもわからない。それは、カエルがせまいところにいるからだ。夏の虫には、冬の氷のことを話してもわからない。それは、虫が季節というものは夏だけだと思いこんでいるからだ。今、あなたは大きな海を見て、みずからの視野のせまいことに気がついた。だから、あなたには大きな真理について語ることができるようになった」。〈荘子《ソウジ》〉

【井▼蛙】《セイア》 井戸《いど》の中のカエル。視野がせまく、先の見通しのきかないことのたとえ。井底《セイテイ》の蛙《ア》。例—の見《ケン》。→【井《い》の中《なか》の蛙《かわず》大海《タイカイ》を知《し》らず】

【井井】《セイセイ》（形動《タルト》）秩序《チツジョ》正しく、整っているようす。㊎井然《セイゼン》。例—として乱れず。

【井然】《セイゼン》（形動《タルト》）秩序《チツジョ》正しく、整っているようす。例—と並ぶ。表記「整然」とも書く。

【井底の▼蛙】《セイテイのア》「井《い》の中《なか》の蛙《かわず》大海《タイカイ》を知《し》らず」に同じ。

【井田】《セイデン》 中国、周代の土地制度。一定の土地を「井」の字の形に区切って九つに分け、周囲の八つを八戸にあたえ、中央の一つをみなで耕し、その収穫《シュウカク》を国に納める決まり、と伝えられる。例—法。

二 4

【亙】 6画 4742 4E99 人名 音 コウ㊇㊈ 訓 わた-る

なりたち ［会意］「舟（=ふね）」と「二（=水流の間）」とから成る。きわめる。

意味 一方の端《はし》から他方の端までつらなる。わたる。例 亙古《コウコ》（=昔から今にいたるまで）。半世紀《ハンセイキ》に亙《わた》る治世《チセイ》。南北《ナンボク》五千《ゴセン》キロに亙《わた》る航程《コウテイ》。

参考「亘《セン》」は、「亙《コウ》」とは別の字だが、「亘」を「亙」のかわりに用いることがある。

人名 とおる・のぶ・ひろし・わたり

二 4

【亘】 6画 4743 4E98 人名 音 一 セン㊇ 二 コウ㊇㊈ 訓 わた-る

なりたち ［会意］「二（=上下）」と「日（=まわる）」とから成る。ぐるぐるまわる。

意味 一《セン》ぐるりとめぐる。めぐらす。二《コウ》端《はし》から端へつらなる。わたる。例 半世紀《ハンセイキ》に亘《わた》る治政《チセイ》。

参考 二は、「亙《コウ》」と混同された用法。

難読 亘理《わたり》（=地名・姓《セイ》）

人名 たかし・たけ・とおる・のぶ・ひろし・もと・わたり

二 5

【亜】 7画 1601 4E9C 常用 音 ア㊇㊈ 訓 つ-ぐ

筆順 一 丆 亓 亓 亞 亜 亜

二 6

【亞】 8画 4819 4E9E 人名

なりたち ［象形］背中が曲がった人の形。一説に、「つぐ」「つぎの」の意。

意味 ❶主となるものにつぐ。準じる。二番目の。例亜聖《アセイ》。亜流《アリュウ》。亜熱帯《アネッタイ》。❷無機酸の種類を示すことば。酸素原子が通常より一つ少ないこと。例亜硫酸《アリュウサン》。❸「亜細亜《アジア》」の略。例欧亜《オウア》。東亜《トウア》。

日本語での用法《ア》外来語の「ア」の音訳。「亜刺比亜《アラビア》・亜爾加里《アルカリ》・亜歴山《アレキサンダー》」

人名 つぎ・つぐ

【亜寒帯】《アカンタイ》 寒帯と温帯のあいだの地帯。対亜熱帯。

【亜▽細亜】《アジア》〔Asia の音訳〕六大州の一つ。ユーラシア大陸のウラル山脈・カスピ海より太平洋にわたる東の部分と、そのまわりの多くの島々とからなる地域。例—の一員としての日本。

【亜聖】《アセイ》 聖人につぐ、りっぱな人。特に、孔子《コウシ》につぐ人として孟子《モウシ》をいう。

【亜熱帯】《アネッタイ》 熱帯と温帯のあいだの地帯。対亜寒帯。

【亜▼弗利加】《アフリカ》〔Africa の音訳〕地中海をへだてて、ヨーロッパの南にある大陸。表記「▼阿▼弗利加」とも書く。

【亜▽父】《アフ｜アホ》 父のつぎに尊敬する人。〔楚《ソ》の項羽《コウウ》が臣下の范増《ハンゾウ》をうやまって呼んだことから〕〈史記《シキ》〉

【亜麻】《アマ》 アマ科の一年草。茎《くき》の繊維《センイ》でリンネルなどの布をつくったり、種からアマニ油をとったりする。

【亜▽米利加】《アメリカ》〔America の音訳〕①「アメリカ合衆国」の略。北アメリカ大陸の中央部とアラスカ・ハワイから成る連《レン》邦《ポウ》共和国。首都はワシントン。米国《ベイコク》。②北アメリカ大陸と南アメリカ大陸。

【亜▼刺比亜】《アラビア》〔Arabia の音訳〕アジアの西南部にある世界最大の半島。

【亜流】《アリュウ》 独創性がなく、一流の人をまねているだけの人。エピゴーネン。例かれの—はたくさんいる。

【亜硫酸】《アリュウサン》〔化〕二酸化硫黄《いおう》を水にとかしたもの。

【亜鈴】《アレイ》 短い棒の両はしに丸くて重い球のついた体操用具。上半身、とくにうでをきたえるのに用いる。ダンベル。例鉄—。表記 本来は、英語 dumbbell の意味にあてて「▼啞鈴」と書く。

二 6

【亟】 8画 4820 4E9F

音 **一**キョク漢呉 **二**キ漢呉 訓 しばしば・すみ-やか

意味 **一**《キョク》 ❶たゆまずに急いで。すみやか。例亟疾《キョクシツ》(=すみやか。火急)。❷緊急《キンキュウ》の。さしせまった。例亟務《キョクム》。 **二**《キ》 なん回もくりかえして。しばしば。

【亟務】《キョクム》 急いでするべき重要な用事。緊急《キンキュウ》のつとめ。

二 6

【些】 8画 2619 4E9B 人名

音 サ慣 シャ漢 訓 いささ-か・すこ-し

意味 ほんのわずか。いささか。すこし。例些細《ササイ》。些少《サショウ》。

【些些】《ササ》（形動《タルト》）わずかばかり。ほんのわずか。例—たることを大げさに言いなす。

【些細】《ササイ》（形動《ダナ》）とりたてて問題とするにあたらないようす。例—なことからけんかが始まる。表記「▼瑣細」とも書く。

【些事】《サジ》 つまらないこと。とるにたりないこと。例—にこだわる。表記「▼瑣事」とも書く。

【些少】《サショウ》（名・形動《ダナ》）わずかなこと。すくないこと。例—ですがどうぞお受け取りください。

【些末】《サマツ》（名・形動《ダナ》）重要でないこと。表記「▼瑣末」とも書く。

二 6

【亞】 8画 ⇩【亜】《ア》(43ページ)

8
2画

亠 なべぶた けいさんかんむり けいさんかんむり てんいち 部

字形にとくに意味はないが、文字の整理上立てた部首。その形から「なべぶた」「けいさん・けさん(卦算《ケイサン》(=文鎮《ブンチン》))かんむり」「てんいち(、一)」という。「亠」の字形を目じるしにして引く漢字を集めた。

0 亠 1 亡 亡 2 亢 4 亦 亥 交 亥 5 亨 6 享 京 7 亭 亮 京 8 毫 11 亶

この部首に所属しない漢字

六⇩八 110
文⇩文 469
卞⇩卜 167
方⇩方 475
市⇩巾 337
玄⇩玄 659
立⇩立 743
充⇩儿 100
妄⇩女 272
衣⇩衣 886
弁⇩廾 360
忘⇩心 386
肓⇩月 816
卒⇩十 163
夜⇩夕 252
盲⇩目 703
育⇩月 816
斉⇩斉 1114
哀⇩口 201
変⇩夂 245
奕⇩大 267
帝⇩巾 339
彦⇩彡 370
衷⇩衣 887
恋⇩心 396
旁⇩方 477
畜⇩田 678
衰⇩衣 888
高⇩高 1087
商⇩口 207
毫⇩毛 569
烹⇩灬 632
牽⇩牛 651
率⇩玄 660
産⇩生 673
蛮⇩虫 876
棄⇩木 538
稟⇩示 728
稾⇩禾 736
裏⇩衣 892
膏⇩月 827
豪⇩豕 930
齊⇩齊 1114
褒⇩衣 894
襄⇩衣 894
褻⇩衣 894
甕⇩瓦 670

亠 0

【亠】 2画 4821 4EA0

音 トウ漢

意味 漢字の部首の一つ。文字としての意味はとくにない。

亠 1

【亡】 3画 4320 4EA1 教育6

音 **一**ボウ漢 モウ呉 **二**ブ漢 ム呉

訓 な-い・な-くす・な-くなる・ほろ-びる・ほろ-ぼす

筆順 丶 亠 亡

亠 1

【亡】 3画

なりたち 
[会意]「亠(=はいる)」と「乚(=かくれるところ)」とから成る。にげる。

意味 **一**《ボウ｜モウ》 ❶にげる。姿をかくす。例亡命《ボウメイ》。逃亡《トウボウ》。❷あったものがなくなる。なくす。例亡失《ボウシツ》。❸死ぬ。なくなる。例亡父《ボウフ》。亡霊《ボウレイ》。死亡《シボウ》。対存《ソン》。例亡国《ボウコク》。存亡《ソンボウ》。滅亡《メツボウ》。❹すっかりなくなる。ほろびる。ほろぼす。 **二** 無《ブ｜ム》 ない。同無《ブ｜ム》。例亡聊《ブリョウ》。

使い分け ない【無・亡】 ⇩1175ページ

【亡▽骸】《なきがら》 死んだ人のからだ。しかばね。遺体《イタイ》。

【▽亡▼聊】《ブリョウ》（名・形動《ダナ》）〔「聊」は、楽しむ意〕心配事があって楽しくないこと。→【無聊】《ブリョウ》(634ページ)

【亡君】《ボウクン》 死んだ主君。類先君。例—の墓前に供える。

【亡国】《ボウコク》 ①ほろびた国。また、国がほろびること。例—の危機。—の民《たみ》。②国をほろぼすこと。例—の徒《ト》。

【亡国の音】《ボウコクのオン》 ほろびた国の音楽。また、国をほろぼすような音楽。みだらな音楽。類鄭声《テイセイ》。

【亡妻】《ボウサイ》 死んだつま。対亡夫。例—をしのぶ。

【亡児《ボウジ》】死んだ子供。例 —の写真。

【亡失《ボウシツ》】(名・する)①わすれること。例 約束を—する。②わすれてなくしてしまうこと。例 書類を—する。

【亡者】㊀《ボウシャ》死んだ人。死者。㊁《モウジャ》①〔仏〕死後、成仏《ジョウブツ》できずに、迷っているたましい。②金銭などに異常にこだわり、とりつかれている人。例 我利我利《ガリガリ》—(=欲のかたまりになっている人)。金《かね》の—。

【亡臣《ボウシン》】国外ににげ出して、他国にいる家来。亡命の臣。

【亡年の友《ボウネンのとも》】年齢《ネンレイ》のちがいを気にせずに、信頼《シンライ》して親しくつきあう友。類 忘年《ボウネン》の交わり。表記「忘年の友」とも書く。

漢字に親しむ ❸

亜鉛《アエン》の亜とは？

「亜熱帯」「亜硫酸《アリュウサン》」などはふつうに使うことばですが、ではこの「亜」とはどのような意味なのでしょうか。改めて考えてみるとちょっとつまってしまうかもしれませんが、実はこの「亜」は「次ぐ」という意味なのです。「亜聖」は、聖人に次ぐすぐれた人、「亜熱帯」は、熱帯に次ぐ暑い地方、「亜硫酸」は、硫酸より酸素が一つ少ない物質というわけです。

独創性《ドクソウセイ》がなく、一流の人のまねをする人のことを「亜流」、鉛《なまり》に性質が似ている金属のことを「亜鉛」というのも同じことです。

「亜」にはまた「欧亜《オウア》」「東亜」などの熟語もありますが、これは「アジア」の音にあてた「亜細亜」の略語ですから、「次ぐ」の意味とはまったく関係ありません。

【亡夫《ボウフ》】死んだおっと。対 亡妻。例 —の墓にまいる。

【亡父《ボウフ》】死んだ父。対 亡母。例 —の一周忌《キ》。

【亡母《ボウボ》】死んだ母。対 亡父。例 —の形身。

【亡命《ボウメイ》】(名・する)政治的理由などから、他国をたより、自分の国からのがれること。例 大使館に—を求める。

【亡友《ボウユウ》】死んだ友達。例 —との思い出を語る。

【亡羊《ボウヨウ》】にげて見失ってしまったヒツジ。

【亡羊の嘆《ボウヨウのタン》】学問のやり方がいくつもあって、進め方がわからないこと。また、あれこれと迷って、とほうにくれること。多岐《タキ》亡羊。岐路亡羊。〔にげたヒツジを追いかけたが、別れ道が多くて見失い、とほうにくれたという話による〕〈列子《レッシ》〉

【亡霊《ボウレイ》】①死んだ人のたましい。②幽霊《ユウレイ》。例 亡《な》き王の—。

●興亡《コウボウ》・死亡《シボウ》・衰亡《スイボウ》・存亡《ソンボウ》・逃亡《トウボウ》・滅亡《メツボウ》・流亡《リュウボウ》

亠1 【亡】3画 ⇩【亡《ボウ》】(44ページ)

亠2 【亢】4画 4822 4EA2 音 コウ漢 訓 たかぶ-る

意味 ❶たかくあがる。例 亢竜《コウリョウ》。❷たかぶる。例 亢進《コウシン》。亢奮《コウフン》。❸二十八宿の一つ。あみぼし。例 亢宿《コウシュク》。
【亢進《コウシン》】(名・する)たかぶること。激しくなること。例 心悸《シンキ》—。表記「▼昂進」とも書く。
【亢奮《コウフン》】(名・する)①しげきを受けて精神やからだのはたらきがさかんになること。例 —剤《ザイ》。②しげきを受けて気持ちが激しくたかぶること。例 —した観衆。表記 ▽現 興奮
【亢▽竜《コウリョウ》悔《く》い有《あ》り】地位や富《とみ》をきわめた者は、よくよくつつしまないと、身をほろぼすことになる。〔天上にのぼりつめた竜《リュウ》は、落ちる以外に行き場を失い後悔《コウカイ》するという話による〕〈易経《エキキョウ》〉

亠4 【亦】6画 4382 4EA6 人名 音 エキ漢 ヤク呉 訓 また

なりたち 〔指事〕人の両わきの下にしるしをつけた形。わき。派生して「…もまた」の意。

意味 〔助字〕❶「…(も)また」と読み、おなじことがもう一度起こることをあらわす。例 是亦走也《これもまたはしるなり》(=⟪ただ百歩でなかっただけで⟫おなじくにげたことにちがいはない)。〈孟子《モウシ》〉❷〔「不㆓亦…㆒乎」の形で〕なんと・いかにも…ではないか、の意をあらわす。例 不㆓亦説㆒乎《またよろこばしからずや》(=なんと楽しいことではないか)。〈論語《ロンゴ》〉

難読 将亦《はたまた》

亠4 【亥】6画 1671 4EA5 人名 音 カイ漢 ガイ呉 訓 い

亠4 【亥】6画

なりたち 〔会意〕「二(=陰《イン》の気が上にある)」と、男女ふたりが子をあやす形とから成る。陰が極《きわ》まり陽が芽生える。借りて十二支の第十二に用いる。

意味 十二支の十二番目。方位では北北西、時刻では午後十時、およびその前後の二時間。月では陰暦《インレキ》の十月。動物ではブタ(=日本ではイノシシ)にあてる。い。

人名 いさ・かね・より

【亥▼豕の▼譌《ガイシのカ》】〔「譌」は、あやまりの意。「亥」と「豕」の字形が似ていることから〕似た形の漢字をまちがえること。類 魯魚《ロギョ》の誤り・焉烏《エンウ》の誤り・烏焉馬《ウエンバ》。

亠4 【交】6画 2482 4EA4 教育2 音 コウ漢 キョウ呉 訓 まじ-わる・まじ-える・まじ-る・ま-ざる・ま-ぜる・か-う・か-わす・こもごも

筆順 、 亠 亣 六 亣 交

なりたち 〔象形〕人が脛《すね》を交差させている形。まじわる。

意味 ❶まじわる。まじえる。㋐十文字に組みあう。例 交差《コウサ》。㋑つきあう。行き来しあう。また、つきあい。例 交際《コウサイ》。旧交《キュウコウ》。絶交《ゼッコウ》。❷いりくむ。いりまじる。まじる。例 交錯《コウサク》。交尾《コウビ》。混交《コンコウ》。❸やりとりする。とりかえる。かう。かわす。例 交易《コウエキ》。交換《コウカン》。交代《コウタイ》。❹かわりめ。例 殷周《インシュウ》の交《コウ》。明治《メイジ》大正《タイショウ》の交《コウ》。❺かわるがわる。こもごも。例 交互《コウゴ》。

使い分け まざる・まじる・まぜる【交・混】⇩1180ページ

難読 交趾《コウシ》《コーチ》(=ベトナムの地方の名)・交野《かたの》

人名 あう・かた・とも・みち・ゆき・よし・よしみ

【交易《コウエキ》】(名・する)物品を交換《コウカン》して、商売をすること。

〔古くは「キョウヤク」とも〕例他国の商人と―する。

【交会】《コウカイ》（名・する）まじりあうこと。であうこと。また、であうところ。例いつかまた―せん。

【交換】《コウカン》（名・する）たがいに取りかえること。入れかえること。例―条件。物物《ブツブツ》―。

【交感】《コウカン》（名・する）たがいに感じ合うこと。例―神経。

【交歓】《コウカン》（名・する）たがいに楽しむこと。うちとけて楽しく過ごすこと。例―会。海外からの留学生と―する。表記 旧交▼驩

【交▼誼】《コウギ》 親しいつきあい。心の通い合った交際。例―を結ぶ。

【交響楽】《コウキョウガク》 ①「交響曲」のこと。②交響曲・交響詩などの管弦楽《カンゲンガク》の曲をまとめていうことば。例―団。

【交響曲】《コウキョウキョク》 オーケストラのための管弦《カンゲン》楽曲。交響楽。シンフォニー。例ベートーベンの―第九番をきく。

【交互】《コウゴ》 かわるがわる。かわりばんこ。例―にボールを打つ。―にさいころをふる。

【交▼媾】《コウコウ》（名・する）陰《イン》と陽がまじわること。男女・雌雄《シユウ》のまじわり。交合《コウゴウ》。

【交合】《コウゴウ》（名・する）男女・雌雄《シユウ》のまじわり。交媾《コウコウ》。

【交▼叉】《コウサ》「交差《コウサ》」に同じ。

【交差】《コウサ》（名・する）二つ以上の線、または線状のものが、直角に、またはななめにまじわること。例―点。鉄道の路線がいくつも―する大きな駅。表記 旧交▼叉

【交差点】《コウサテン》 道が直角に、またはななめにまじわっているところ。類四つ角《かど》・十字路。例―で信号待ちをする。表記「交▼叉点」とも書く。

【交際】《コウサイ》（名・する）つきあうこと。つきあい。例―費。男女―。

【交錯】《コウサク》（名・する）いくつかのものが入りまじること。入り乱れること。例喜びと悲しみの―する思い出の場所。

【交雑】《コウザツ》（名・する）①入りまじること。②〔生〕動植物で、遺伝子の型のちがうもののあいだで受精がおこなわれること。また、受精させること。〔その結果生まれたものを雑種という〕類交配。例―育種。―によって新しい品種を作る。

【交渉】《コウショウ》（名・する）①あることがらについて、相手と話し合うこと。かけあうこと。例団体―。―にあたる。②かかわりあい。関係。

【交情】《コウジョウ》 親しいつきあい。例こまやかな―。

【交織】《コウショク》 毛と綿、毛と絹などのように、ちがう種類の糸をまぜておること。また、その織物《おりもの》。まぜおり。

【交信】《コウシン》（名・する）無線などで通信をかわすこと。例南極基地と―する。

【交接】《コウセツ》（名・する）①つきあい。類交際。②男女のまじわり。類性交・交合。

【交戦】《コウセン》（名・する）たたかいをまじえること。例両国が―状態にはいる。

【交代】《コウタイ》（名・する）ほかのものとかわること。入れかわること。例選手―。運転を―する。表記「交替」とも書く。

【交直】《コウチョク》 電気の、交流と直流。例―どちらでも使えるモーター。

【交通】《コウツウ》 一（名・する）人や乗り物などが行きかうこと。乗り物などを利用して行き来すること。例―量を調べる。二（名）①自動車・鉄道・飛行機・船など、人や荷物を運ぶ手段。例―網《モウ》。―の便《ベン》がよい。②人と人、国と国とのつきあい。類交流。例彼との―は、とだえたままだ。両国の―を拡大する。

【交点】《コウテン》 ①〔数〕二つの線がまじわる点。また、線と面がまじわる点。②惑星《ワクセイ》や彗星《スイセイ》などの軌道《キドウ》が黄道《コウドウ》とまじわる点。

【交配】《コウハイ》（名・する）〔生〕動植物で、受精がおこなわれること。類交雑。例すぐれたおすとめすを―させる。

【交尾】《コウビ》（名・する）動物のおすとめすが生殖《セイショク》のためにまじわること。例―期。トンボの―。

【交付】《コウフ》（名・する）（役所などがいっぱんの人や団体に）書類やお金をさげわたすこと。例―金。証明書を―する。

【交友】《コウユウ》 友達としてつきあうこと。また、つきあっている友達。例―関係。

【交遊】《コウユウ》（名・する）親しくつきあうこと。類交際。例学校以外での―もはば広い。表記「交▼游」とも書く。

【交流】《コウリュウ》 一（名・する）まったくちがう系統のものが入りまじること。例―を深める。国際―をはかる。東西の文化が―する町。二（名）一定時間ごとに方向を交互《コウゴ》に変える電流。対直流。

●外交《ガイコウ》・国交《コッコウ》・社交《シャコウ》・修交《シュウコウ》・手交《シュコウ》・親交《シンコウ》・絶交《ゼッコウ》・団交《ダンコウ》・断交《ダンコウ》

亠4 【亥】6画 ⇩【亥】《イガ》（45ページ）

亠5 【亨】7画 2192 4EA8 人名 音 一キョウ漢 二コウ漢 三ホウ漢 訓 とお-る・たてまつ-る

なりたち「享《キョウ》」に同じ。

意味 一《キョウ》神や客をもてなす。たてまつる。同享《キョウ》。二《コウ》（神をもてなして誠意が）通じる。とおる。例亨通《コウツウ》（＝すらすらいく）。三《ホウ》（もてなすためのごちそうを）煮《に》る。同烹《ホウ》。

人名 あき・あきら・うけ・さとる・すすむ・たかし・とし・なお・なが・まこと・みち・ゆき

亠6 【享】8画 2193 4EAB 常用 音 キョウ漢 訓 たてまつ-る・すす-める・う-ける

筆順 、 亠 亣 亡 亩 亨 享

なりたち  ［会意］本字は「亯」で、「日」と「高（＝たかくささげる）」の省略体とから成る。たてまつる。

意味 ❶ごちそうをしてもてなす。供え物をして神をまつる。たてまつる。すすめる。❷（天や他人から）あたえられ自分のものとする。うける。例享受《キョウジュ》。享年《キョウネン》。享楽《キョウラク》。

人名 あきら・すすむ・たか・たかし・つら・ゆき

【享受】《キョウジュ》（名・する）うけいれて、自分のものとして楽しむこと。エンジョイすること。例新しい生活を―する。

【享年】《キョウネン》 天からうけた年数。生きていた年数のことで、死後にいう。類行年《ギョウネン》。

【享有】《キョウユウ》（名・する）（権利・能力などを）生まれながらにもっていること。例人として―する権利。

【享楽】《キョウラク》（名・する）快楽を求め、じゅうぶんに味わうこと。例人生を―する。

亠6 【京】8画 2194 4EAC 教育2 音 ケイ漢 キョウ呉 キン唐 訓 みやこ

筆順 、 亠 亣 亡 亩 亰 京

亠7 【亰】9画 4823 4EB0 俗字

なりたち  ［象形］人がつくりあげた、とくに高い丘《おか》の形。

意味 ❶王宮や政府のあるところ。天子のいるところ。または

大都会。例京師《ケイシ》。上京《ジョウキョウ》。平安京《ヘイアンキョウ》。❷「北京《ペキン》」の略。例京劇《キョウゲキ》。❸大きい。高い。❹数の単位。一京《イッケイ》は、一兆《イッチョウ》の一万倍。〔古くは一兆の十倍をいった〕

日本語での用法《キョウ・ケイ》①「京都」の略。また、「都会的で洗練されている」の意をそえる。「京人形《キョウニンギョウ》・京風《キョウフウ》・京童《キョウわらべ》・京《キョウ》の着倒《きだおれ》」②「東京」の略。「京浜《ケイヒン》・京葉《ケイヨウ》」

人名 あつ・あつし・おさむ・たかし・ひろし

【京女】《キョウおんな》 京都の女性。〔昔から女性の代表とされ、東男《あずまおとこ》に対していう〕例東男に—。

【京劇】《キョウゲキ|ケイゲキ》 清《シン》の時代の北京《ペキン》にはじまった中国の代表的な古典劇。歌やおどりを組み合わせてにぎやかに演じられる。

【京菜】《キョウな》「水菜《みずな》」の別名。アブラナ科の一、二年草。ひと株に細い葉が数百つき、つけものやしるの実などに用いられる。〔古くから京都を中心に栽培《サイバイ》されたのでこの名がある〕

【京▼洛】《キョウラク|ケイラク》 みやこ。また、日本では京都を指す。

【京童】《キョウわらべ|キョウわらわ》 物見高くて口やかましい京都の若者たち。〔古語の「京童部《キョウわらわべ》」がもとのことばで、「京」は平安京のこと〕

【京畿】《ケイキ》 〔皇居周辺の地の意〕京都周辺の国々。畿内《キナイ》。

【京師】《ケイシ》 〔「師」は「衆」と同じで、人が多いところの意〕みやこ。京都。類帝都《テイト》。

●帰京《キキョウ》・上京《ジョウキョウ》

亠 7

【亭】

9画 3666 4EAD 常用

音 テイ漢 チョウ呉 チン唐

訓 あずまや・とど-まる

筆順 

なりたち  [形声]「高(=たかい建物)」の省略体と、音「丁《テイ》」とから成る。人が安心して休めるところ。

意味 ❶やどや。宿場《シュクば》。例駅亭《エキテイ》。郵亭《ユウテイ》。料亭《リョウテイ》。❷物見《ものみ》の台。たかどの。例亭候《テイコウ》。❸庭園などにあって、人が休むことのできる簡単な建物。あずまや。ちん。例山亭《サンテイ》。蘭亭《ランテイ》。❹あるところにとどまる。また、あるところに至る。あたる。例亭午《テイゴ》。❺高くそびえ立つようす。例亭亭《テイテイ》。

日本語での用法《テイ》旅館・料亭・寄席《よせ》などの屋号《やゴウ》や、文人・芸能人のペンネーム・芸名につけることば。「末広亭《すえひろテイ》・三遊亭《サンユウテイ》・春風亭《シュンプウテイ》・二葉亭四迷《ふたばテイシメイ》」

難読 亭《あばらや|たびや》・草亭《あばらや|わらや》

人名 あきら・たかし・とおる・ひとし・ゆき

【亭午】《テイゴ》 〔「亭」は至る、「午」は真南の意〕まひる。正午。

【亭主】《テイシュ》 ①一家の主人。あるじ。とくに宿屋や茶店の主人。例この家の—。②茶道で、茶会《チャカイ》をもよおし、接待する主人。③おっと。対女房《ニョウボウ》。

【亭主関白】《テイシュカンパク》 家庭内で、夫が最も権威《ケンイ》をもち、いばっていること。

【亭長】《テイチョウ》 中国で、宿駅の長。〔秦《シン》・漢の時代には、警察の仕事もした〕

【亭亭】《テイテイ》 (形動《タルト》)樹木が高くまっすぐにそびえたっているようす。例—たる老樹。

●席亭《セキテイ》・料亭《リョウテイ》

亠 7

【亮】

9画 4628 4EAE 人名

音 リョウ漢呉

訓 あき-らか・すけ

なりたち 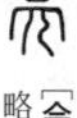 [会意]「儿(=ひと)」と「高(=たかい)」の省略体とから成る。人が高いところにいて、見とおしがあかるい。

意味 光や色がさえる。明るくはっきりしている。あきらか。まこと。例亮察《リョウサツ》。

日本語での用法《すけ》律令制《リツリョウセイ》の四等官《シトウカン》で、諸職《ショシキ》・東宮坊《トウグウボウ》の第二位。次官《すけ》。「右京亮《ウキョウのすけ》・修理亮《シュリのすけ》」

人名 あき・あきら・きよし・たすく・とおる・ふさ・まこと・よし

【亮然】《リョウゼン》 (形動《タルト》)(声などが)あきらかなようす。はっきりしているようす。例—と澄《す》んだ音。

亠 7

【京】 9画 ⇩【京】《キョウ》(46ページ)

亠 8

【亳】

10画 4824 4EB3

音 ハク漢

意味 ❶殷《イン》の都の名。例亳社《ハクシャ》。❷漢代、長安の近くにあった宿駅の名。

【亳社】《ハクシャ》 殷《イン》の土地の神。

亠 11

【亶】

13画 4825 4EB6

音 タン漢呉

訓 あつ-い・まこと

意味 ❶穀物が多い。ゆたか。❷手厚くする。あつい。❸まことに。まこと。

【亶▽父】《タンポ》 古代中国の、周の文王の祖父にあたる太王《タイオウ》の名。古公亶父《ココウタンポ》。表記「亶▼甫」とも書く。

9 / 2画

人《ひと》(亻《にんべん》・𠆢《ひとがしら|ひとやね》)部

人が立っている姿を横から見た形で、「ひと」の意をあらわす。「人」が偏《へん》(=漢字の左がわの部分)になるときは「亻(にんべん)」、上につくときは「𠆢(ひとがしら・ひとやね)」となる。「人」をもとにしてできている漢字と、「𠆢」の字形を目じるしにして引く漢字とを集めた。

0 人 2 介 仇 今 什 仍 仄 仁 仆 仏
仂 从 3 以 仕 仔 仗 仞 仙 仟 他 代
付 令 仭 仝 4 伊 仮 会 价 企 伎 休
件 伍 仰 伉 全 仲 伝 任 伐 伏 伜 5
位 佚 何 伽 估 佝 佐 作 伺 似 住 伸
佗 但 佇 体 低 佃 佞 伯 伴 佑 余 伶
伴 佛 6 依 価 佳 侃 佶 供 佼 使 侈
侍 舎 侏 侘 佻 佩 佰 侮 併 侑 佯 侖
例 侠 侭 侫 來 7 俤 俄 俠 係 俔 侯
俟 俥 俊 信 侵 俎 促 俗 便 俘 俛 保
俁 俑 俚 俐 侶 侵 侮 8 倭 倚 俺 倨
俱 倔 倪 倹 倦 個 候 倖 倥 倅 借 修
俶 倡 倩 倉 倬 値 倜 倒 俳 倍 俾 俵
俯 倣 俸 們 倆 倫 俱 併 9 偃 偕 偐
偽 偶 偈 健 做 偲 偖 偬 側 停 偵 偸
偏 偉 假 偏 10 偉 傀 傚 傘 備 傳 傍
僅 傑 11 傴 僅 傾 傑 傲 債 催 傷 僉

僧 働 傭 僂 僊 傳 ⑫ 僖 僑 僥 僭 像
僮 僕 僚 僞 儁 僣 僧 ⑬ 億 儀 僵 儂
僻 舗 儚 價 儉 ⑭ 儒 儘 儕 儔 ⑮ 償
優 儡 儖 儲 ⑯ 儲 ⑲ 儺 儷 ⑳ 儼 儻

この部首に所属しない漢字

个⇩丨25　化⇩匕154　欠⇩欠552　合⇩口188
含⇩口193　坐⇩土228　巫⇩工334　命⇩口199
念⇩心388　金⇩金1002　臾⇩臼835　臥⇩臣1001
食⇩食1073　條⇩木532　脩⇩月823　貧⇩貝934
舒⇩舌836　會⇩曰501　禽⇩内730　絛⇩糸782
斡⇩斗471　舗⇩舌836　翰⇩羽805　舘⇩舌836

人 0

【人】

2画
3145
4EBA
教育1

音 ジン 漢 ニン 呉
訓 ひと
付表 大人《おとな》・玄人《くろうと》・素人《しろうと》・仲人《なこうど》・一人《ひとり》・二人《ふたり》・若人《わこうど》

筆順 ノ 人

なりたち  [象形] うでと足のある、ひとの形。

意味 ❶霊長目《レイチョウモク》ヒト科の哺乳類《ホニュウルイ》。もっとも脳が発達した動物。ひと。例 人類《ジンルイ》。人跡《ジンセキ》。人非人《ニンピニン》。❷自分以外のひと。他人。例 不レ患三人之不二己知一《ひとのおのれをしらざるをうれえず》(=他人が自分を理解してくれないことを気にかけない)。〈論語《ロンゴ》〉人《ひと》とあり。❸能力などのすぐれたひと。例 人材《ジンザイ》。人士《ジンシ》。❹その ひとりひとり。ひとごとに。❺人を数えるのに用いることば。例 十八《ジュウハチ》人《ニン》。一人《イチニン》として志願《シガン》するものなし。

日本語での用法《て・と・たり》和語の数詞について人を数えたり、労働力としての人、しかるべき人などの意をあらわす。「稼人《かせぎて》・玄人《くろうと》・一人《ひとり》二人《ふたり》・幾人《いくたり》」

人名 さね・たみ・と・ひこ・ひとし

【人為《ジンイ》】自然のままではなく、人の力が加わること。人間のしわざ。類 人工・人造。対 自然・天然。例 —のおよばぬところ。

【人為的《ジンイテキ》】(形動ダナ) 自然のままではなく、人の力が加わっているようす。人工的。例 研究のため—になだれを起こす。

【人員《ジンイン》】会社や団体などの集団に属する人。また、その人数。例 会社の—を整理する。募集《ボシュウ》—は二十名です。

【人煙《ジンエン》】人家のかまどから立つけむり。炊事《スイジ》のけむり。例 —まれなる山里。表記「人▼烟」とも書く。

【人屋《ジンオク》】人の住んでいる家。人家。例 山中に—を見る。

【人家《ジンカ》】人が住んでいる家。例 谷川に沿って二、三軒《ゲン》の—が見える。

【人界】㊀《ジンカイ》人間の住む世界。例 —に舞《ま》いおりた天女《テンニョ》。㊁《ニンガイ》〔仏〕十界の一つ。人間の住む世界。人間界。

【人格《ジンカク》】①人がら。品性。人品《ジンピン》。例 好ましい—。②〔法〕法律上、権利や義務をもつと認められる資格。例 個人の—をふみにじるおこない。③人としての心のはたらきのまとまった全体。例 二重—。多重—。

【人格者《ジンカクシャ》】すぐれた知性・品性・情操をそなえ、信頼《シンライ》することのできる人。

【人間】㊀《ジンカン》人の住む世界。世の中。㊁《ニンゲン》①ひと。人類。例 —のいとなみと自然環境《カンキョウ》との調和をはかる。②人がら。人物。例 —ができている。—をつくる。③〔仏〕「人間道《ニンゲンドウ》」の略。六道《ロクドウ》の一つ。人としての世界。人界《ニンガイ》。人間界。㊂《ひとま》人の見ていないとき。また、人の見ていない場所。例 —をねらって、ぬすみにはいる。

【人間《ジンカン》▽到《いた》る▽処《ところ》青山《セイザン》あり】〔「ジンカン」は、「ニンゲン」とも。「青山」は、墓地の意〕広い世の中には、どこにでも骨をうずめるところはある。生まれ育った土地をはなれて、大いに活躍《カツヤク》すべきことをいうもの。

【人間性《ニンゲンセイ》】人間らしさ。人間としての性質。例 —を欠く人物。

【人間的《ニンゲンテキ》】(形動ダナ) 人間らしさを感じさせるようす。また、人間に関するようす。例 —な生活。—なあつかいを受ける。

【人間《ニンゲン》万事《バンジ》塞翁《サイオウ》が馬《うま》】〔「ニンゲン」と読みならわしているが、本来「ジンカン」〕⇩【塞翁が馬《サイオウがうま》】(238ページ)

【人間味《ニンゲンミ》】人間らしい気持ちやあたたかみ。例 —にあふれた人。

【人境《ジンキョウ》】人間の住んでいるところ。世間。例 —から遠ざかって隠居《インキョ》する。

【人君《ジンクン》】国を治め、人々をまとめる者。君主。きみ。例 —としての理想。

【人傑《ジンケツ》】すぐれた知識・才能と、強い実行力をもつ人。例 明治維新《メイジイシン》の—。

【人権《ジンケン》】〔法〕人が生まれながらにもっている生存・自由・平等などの権利。例 —侵害《シンガイ》。—を守る。

【人権▼蹂▼躙《ジンケンジュウリン》】〔「蹂」「躙」は、ともに、ふみにじる意〕人権をおかすこと。

【人件費《ジンケンヒ》】働く人にしはらう、給料・手当・交通費などの費用。

【人後《ジンゴ》】他人のあと。他人よりも下。例 遊びにかけては—に落ちない(=他人よりおとっていない)。

【人語《ジンゴ》】①人間のことば。例 —を解するイヌ。②人の話し声。例 ふと目覚めると—を耳にした。

【人口《ジンコウ》】①一定の地域に住んでいる人の総数。人の数。例 —密度。—の減少になやむ山村。②人のうわさ。人の口。例 —にのぼる。

【人口《ジンコウ》に▼膾▼炙《カイシャ》する】〔「膾」は、細かく切った生の肉で、なます。「炙」は、あぶった肉。ともに、人々が好むおいしい食べ物〕広く人々の口にのぼってもてはやされる。

【人工《ジンコウ》】人の手を加えること。人の力でつくりだすこと。類 人為《ジンイ》・人造。対 自然・天然。例 —衛星。—呼吸。

【人工衛星《ジンコウエイセイ》】気象観測や放送・通信などのために、ロケットで打ち上げ、地球のまわりを回るようにした物体。

【人工的《ジンコウテキ》】(形動ダナ) 人が手を加えておこなうようす。自然のままでないようす。類 人為的《ジンイテキ》。例 —に雪を降らす。

【人骨《ジンコツ》】人間のほね。例 遺跡《イセキ》から—が発見される。

【人災《ジンサイ》】自然の災害ではなく、人の不注意や怠慢《タイマン》が原因でおこる災害。対 天災。例 今回の土砂《ドシャ》くずれはあきらかに—だ。

【人材《ジンザイ》】才能がある人。役に立つ人。例 —登用。すぐれた—をつのる。

【人士《ジンシ》】地位や教養のある人。例 風流—。

【人事】㊀《ジンジ》①自然現象などに対して、人間に関することがら。〔俳句の分類などで用いる〕②人としてなしうることがら。例 —を尽くして天命を待つ。③会社や役所などの組織の中で、人の身分・地位・能力などに関することがら。例

—異動。—の会議。[二]《ひとごと》自分に関係のないこと。例—だと思って少しも聞いていない。表記[二]は「▽他▽人事」とも書く。

【人事不省】《ジンジフセイ》意識を失うこと。例病院に運ばれたときは—の状態だった。昏睡《コンスイ》状態におちいること。

【人事《ジンジ》を尽くして天命《テンメイ》を待《ま》つ】力の限りをつくしたうえで、その結果は天にまかせる。

【人日】《ジンジツ》五節句の一つ。陰暦《インレキ》正月七日のこと。七草がゆを食べる風習がある。ななくさ。

【人爵】《ジンシャク》位などの、人が定めた栄誉《エイヨ》。(対)天爵。例位階も勲等《クントウ》もすべて—であることに変わりはない。

【人種】《ジンシュ》①体格や皮膚《ヒフ》の色などの身体的特徴《トクチョウ》によって分けた、人類の種類。例黄色《オウショク》—。—をこえて助け合う。②社会的地位・職業・気質・趣味《シュミ》・考え方などで、人を分けたもの。例苦労を知らない—。あいつとは—がちがう。

【人寿】《ジンジュ》人間の寿命《ジュミョウ》。

【人心】《ジンシン》①人の心。②世間の人々の心。庶民《ショミン》の心。例—をまどわす。

【人心《ジンシン》の同《おな》じからざるその面《メン》の▽如《ごと》し】人の心は顔がそれぞれちがうように、みなそれぞれに異なっている。〈春秋左氏伝《シュンジュウサシデン》〉

【人臣】《ジンシン》けらい。臣下。例位《くらい》—をきわめる。

【人身攻撃】《ジンシンコウゲキ》人の身の上や日常生活のことなど、個人的な面をとりあげて、非難すること。例—に終始する。

【人世】《ジンセイ》人の世。世間。世の中。例—を夢とみて気ままに暮らす。

【人生】《ジンセイ》①人がこの世で生きていくこと。例—の目的。—を豊かにする。②人がこの世に生きている期間。人の一生。(類)生涯《ショウガイ》。例—わずか五十年。—をふりかえる。

【人生《ジンセイ》意気《イキ》に感《カン》ず】人は、金や名誉《メイヨ》のためではなく、自分を理解してくれる人の気持ちに感動し、それにこたえようとして行動するものだ。〈魏徴《ギチョウ》・述懐《ジュッカイ》〉

【人生観】《ジンセイカン》人間の生き方や人生の目的・価値についての見方・考え方。例君とは—がちがう。この本を読むと—が変わる。

【人生《ジンセイ》七十《シチジュウ》古来《コライ》▼稀《まれ》なり】人の一生は短いもので、昔から七十歳《サイ》まで生きる人は少ない。〔このことから、「七十歳」のことを「古稀《コキ》」という〕〈杜甫《トホ》・曲江《キョッコウ》〉

【人生《ジンセイ》は朝露《チョウロ》の▽如《ごと》し】人生は、あさつゆが日の光ですぐに消えてしまうように、はかないものである。〈漢書《カンジョ》〉

【人生《ジンセイ》は夢《ゆめ》の▽如《ごと》し】人の一生は夢のようにはかないものである。(類)浮生《フセイ》は夢の若《ごと》し。

【人性】《ジンセイ》人が生まれながらにもっている性質。例—はすべて同じであろう。

【人跡】《ジンセキ》人の足あと。人が通ったあと。例—まれな山おく。

【人跡未踏】《ジンセキミトウ》だれもまだ足をふみ入れていないこと。(類)前人未到《ゼンジンミトウ》。例—のジャングル。

【人選】《ジンセン》(名・する)目的に合った人をえらぶこと。例新委員の—について話し合う。

【人造】《ジンゾウ》人間がつくり出すこと。また、つくったもの。(類)人工・人為《ジンイ》。(対)自然・天然。例—人間。

【人体】[一]《ジンタイ》人のからだ。例—実験。—模型。—に有害な物質。[二]《ニンテイ》①生まれ。人品《ジンピン》。例—いやしからぬ老紳士《ロウシンシ》。②身なり。例見すぼらしい—。

【人代名詞】《ジンダイメイシ》「人称代名詞《ニンショウダイメイシ》」に同じ。

【人知】《ジンチ》人間の知恵《チエ》。例—のおよばぬ大宇宙。表記(旧)人▼智

【人畜】《ジンチク》①人間と家畜。例—に無害。農薬の—への影響《エイキョウ》を調べる。②思いやりやさしさなどのない人をののしっていうことば。ひとでなし。にんちく。(類)人畜生《ニンチクショウ》。

【人定】《ジンテイ》①人為的《ジンイテキ》にさだめること。②〔法〕その人であることを確認《カクニン》すること。例—尋問《ジンモン》。

【人的】《ジンテキ》ひとに関することがら。(対)物的《ブッテキ》。例—配慮《ハイリョ》が足りない。

【人頭】《ジントウ|ニントウ》①人のあたま。②人の数。人数。例—税。

【人頭税】《ジントウゼイ|ニントウゼイ》収入のちがいや、おとな・子供に関係なく、国民ひとりひとりに同じ額をかける税。

【人道】《ジンドウ》人として守りおこなうべき道。(類)人倫《ジンリン》。例—的。—にはずれる。

【人徳】《ジントク|ニントク》その人にそなわっている徳。人としての良さ。

【人馬】《ジンバ》人とウマ。例—一体となって進む。

【人品】《ジンピン》①人がら。品性。②(外見上の)その人のようす。例—いやしからぬ老人。

【人物】《ジンブツ》①ひと。人間。例歴史上の—。あやしい—を見かける。②人格・能力などがすぐれている人。例かれはなかなかの—だ。

【人文】《ジンブン|ジンモン》人類の文化。

【人文科学】《ジンブンカガク》広く人類の文化に関する学問をまとめていう。言語・政治・経済・制度・法律・歴史・文学・芸術などについての各科学。(対)自然科学・社会科学。

【人望】《ジンボウ》人々から寄せられる信頼《シンライ》や尊敬。例—を失う。会社内でも—のある人。

【人脈】《ジンミャク》政治・経済・学問などの世界で、一つの同じ結びつきでつながっている人間関係。例—を利用する。政界や財界に—をもつ。

【人民】《ジンミン》社会をつくっている人々。とくに、国家をつくっている、その社会の支配組織に対して、いっぱんの人々を指す。例—の—による—のための政治。〔リンカーンのことば〕

【人名】《ジンメイ》人の名前。例—事典。—用の漢字。

【人命】《ジンメイ》人のいのち。例—救助。—にかかわる事件。

【人面】《ジンメン|ニンメン》人の顔。また、人の顔に似ているもの。例—疽《ソ》(=人の顔の形に見える、悪性のできもの)。

【人面獣心】《ジンメンジュウシン》顔は人間だが、心はけものと同じであること。恩や恥《はじ》、情けを知らぬ人をののしっていうことば。

【人▼籟】《ジンライ》〔「籟」は、笛また自然界の、音やひびきの意〕人がふき鳴らす笛の音。また、人の出すさまざまな音。

【人力】[一]《ジンリキ》①(動力としての)人間の力。例—で動かす機械。②「人力車《ジンリキシャ》」の略。人を乗せて、人が引いて走る二輪車。りきしゃ。腕車《ワンシャ》。[二]《ジンリョク》〔自然の力に対する〕人間の力。人間の能力。じんりき。

【人倫】《ジンリン》①人としての道。(類)人道。例—をわきまえる。②人間。人類。例天文・地理・—の分類。

【人類】《ジンルイ》人間をほかの動物と区別していうことば。例—の幸福のため。—滅亡《メツボウ》の危機。

【人類愛】《ジンルイアイ》人種や国などのちがいをこえて広く人類を愛すること。例—の精神。

【人類学】《ジンルイガク》人類の起源や形質・文化・社会などを総合的・実証的に明らかにする学問。アントロポロジー。例文化—。

【人気】[一]《ニンキ》世間に、好ましいものとして受け入れられること。例—者《もの》。—商売。—が出る。[二]《ジンキ|ニンキ》その土地の人々に特有の気風・性質。例このあたりは—がよくない。[三]《ひとケ》人がいると感じられること。人のけはい。例閉鎖《ヘイサ》されてまったく—のなくなった工場。

【人魚】《ニンギョ》①上半身は人間で下半身は魚という想像上の

動物。日本では、多くその形をした女性をさす。マーメイド。〔男性はマーマン〕例—姫《ひめ》。②〔昔、航海者が遠くから見て、その形が「①」に似ていたということから〕ジュゴンの別名。

【人形《ニンギョウ》】[一]①人や動物のかたちに似せて作ったおもちゃ。例ひな—。着せかえ—。②自分の考えをもたず、他人の言いなりになっている人。ロボット。例イプセンの『—の家』。あいつはただの—にすぎない。[二]《ひとがた》おはらいなどに用いる、紙などで作った人のかたちをしたもの。かたしろ。ひとかた。

【人形劇《ニンギョウゲキ》】人形を糸や手・ゆびなどであやつって演じる劇。あやつり人形。文楽《ブンラク》・ギニョール・マリオネットなど。

【人称《ニンショウ》】文法で、人を指すことばのうち、話し手・相手・第三者を区別した言い方。パーソン。例第一—。

【人称代名詞《ニンショウダイメイシ》】文法で、人を指し示すことば。「わたくし」「ぼく」「きみ」「あなた」「かれ」「だれ」など。人代名詞《ジンダイメイシ》。

【人情《ニンジョウ》】人が生まれつきもっている人間らしい気持ち。また、とくに、思いやりの気持ち。例義理—。今になって見捨てることは—としてしのびない。

【人数《ニンズウ》】〔「ニンズ」とも〕人のかず。例出席者の—をかぞえる。—にものをいわせる。

【人相《ニンソウ》】①人の顔つき。顔のようす。例—のよくない男。②顔つきからわかるその人の運勢。例—見《み》。

【人足《ニンソク》】おもに力仕事をする労働者。〔古い言い方〕

【人非人《ニンピニン》】人の道にはずれたおこないを平気でやる人。類人でなし・人畜《ニンチク》・人畜生《ニンチクショウ》。

【人夫《ニンプ》】力仕事にたずさわる労働者。〔古い言い方〕

【人別《ニンベツ》】各人ひとりひとりに割り当てたり調べたりすること。例—帳（＝江戸《えど》時代の戸籍《コセキ》）。—の割り当て。

【人《ひと》▽衆《おお》ければ天《テン》に勝《か》つ】多くの人が強くまとまり、勢いがさかんなときは、天もこれをどうすることもできない。〈史記《シキ》〉

【人影《ひとかげ》】人のすがた。例荒《あ》れ果てて—もない家。

【人柄《ひとがら》】その人のもつ、人としての性質。品格。人品《ジンピン》。例—のよさで気に入られる。

【人里《ひとざと》】いなかの村などの、人が集まり住んでいるところ。例—はなれた場所。

【人質《ひとジチ》】①約束を守るという保証として、相手側に預ける、自分の側の人。例わが子を—にさし出す。②犯人が要求をとおすために、とらえておく人。

［人（亻・𠆢）部］2画 介 仇

【人▽魂《ひとだま》】死者のたましいと考えられた、青白くかがやいて空中を飛ぶ火の玉。例墓石のあいだを飛ぶ—を見た。

【人と▽為り《ひととなり》】〔漢文の、「為レ人」を訓読したもの。ふつう、「人となり」と書く〕生まれつきの人がら、また、性質。例その—に接して深く感銘《カンメイ》を受ける。

【人《ひと》の美《ビ》を成《な》す】人の美点・長所をのばしてやる。その人のやっていることを助けて成しとげさせること。例君子は—。人の悪を成さず。〈論語《ロンゴ》〉

【人柱《ひとばしら》】①昔、橋や城などの難工事を完成させるために、神へのいけにえとして人を水の底や地の中にうめたこと。また、そうされた人。②ある目的のために犠牲《ギセイ》になる人。

【人身御▽供《ひとみゴクウ》】人の生身《なまみ》をいけにえとして神にささげること。転じて、多くの人のためといって犠牲《ギセイ》を出すこと。また、欲や出世のために弱者を犠牲にすること。例社会不安を起こさないための—にする。

【人山《ひとやま》】おおぜいの人が集まっているのを、山にたとえたことば。ひとだかり。

◐悪人《アクニン》・恩人《オンジン》・各人《カクジン》・奇人《キジン》・求人《キュウジン》・巨人《キョジン》・軍人《グンジン》・芸人《ゲイニン》・下手人《ゲシュニン》・古人《コジン》・故人《コジン》・個人《コジン》・罪人《ザイニン》・防人《さきもり》・殺人《サツジン》・詩人《シジン》・死人《シニン》・支配人《シハイニン》・囚人《シュウジン》・衆人《シュウジン》・住人《ジュウニン》・主人《シュジン》・上人《ショウニン》・証人《ショウニン》・職人《ショクニン》・新人《シンジン》・先人《センジン》・仙人《センニン》・善人《ゼンニン》・達人《タツジン》・他人《タニン》・知人《チジン》・超人《チョウジン》・町人《チョウニン》・当人《トウニン》・犯人《ハンニン》・番人《バンニン》・美人《ビジン》・病人《ビョウニン》・婦人《フジン》・文人《ブンジン》・別人《ベツジン》・変人《ヘンジン》・邦人《ホウジン》・法人《ホウジン》・凡人《ボンジン》・本人《ホンニン》・無人《ムジン》・名人《メイジン》・門人《モンジン》・友人《ユウジン》・隣人《リンジン》・老人《ロウジン》

𠆢 2
【介】
4画 1880 4ECB 常用 音カイ漢呉 訓すけ・たす-ける

筆順 ノ 人 介 介

なりたち  [会意]「人（＝ひと）」と「八（＝わける）」とから成る。人があいだにわけ入る。

意味 ❶あいだにはいる。はさまる。例介在《カイザイ》。介入《カイニュウ》。仲介《チュウカイ》。人《ひと》を介《カイ》する。意《イ》に介《カイ》さない。❷あいだにはいって、たすける。例介護《カイゴ》。介錯《カイシャク》。介抱《カイホウ》。❸（人があいだにはいる）よろい。例介冑《カイチュウ》。❹（よろいのような）こうら。かいがら。例魚介類《ギョカイルイ》。❺（よろいのように）かたい。例狷介《ケンカイ》。❻一つの。とるにたりない。〔「个《カ》」と通用されたもの〕例一介《イッカイ》の学生《ガクセイ》。

日本語での用法《すけ》律令制《リツリョウセイ》の四等官《シトウカン》で、国司の第二位。次官《すけ》。「出羽介《でわのすけ》・常陸介《ひたちのすけ》」

人名 あきら・かたし・たすく・ゆき・よし

【介意《カイイ》】（名・する）気にすること。気にかけること。例ともすれば弱者に—しない政治。

【介殻《カイカク》】貝殻《かいがら》。

【介護《カイゴ》】（名・する）食事・入浴・着がえなど、身のまわりのことを自分でできない病人・老人・身体障害者に、手を貸して日常的にその世話をすること。

【介在《カイザイ》】（名・する）あいだに何かがあること。例両国間に—する長年の不信感。

【介士《カイシ》】よろいかぶとをつけた武士。

【介▽錯《カイシャク》】（名・する）①つきそって世話をすること。②切腹する人のかたわらに立ち、その首を切ること。例—人《ニン》。

【介助《カイジョ》】（名・する）病人や老人・身体障害者などに、必要に応じて手を貸して、食事・入浴・着がえ・歩行などの手助けをすること。例お年寄りの散歩の—をする。

【介添え《カイぞえ》】（名・する）人につきそって世話をすること。また、その人。例花嫁《はなよめ》の—役。

【介虫《カイチュウ》】かたいからをもつ動物。カメや貝などの類。

【介▼冑《カイチュウ》】よろいかぶと。

【介入《カイニュウ》】（名・する）割りこんではいること。しいてかかわること。例軍事—。武力で—する。

【介抱《カイホウ》】（名・する）病人やけが人などの世話をすること。例病身の父を—する。

◐一介《イッカイ》・魚介《ギョカイ》・紹介《ショウカイ》・媒介《バイカイ》・厄介《ヤッカイ》

亻 2
【仇】
4画 2156 4EC7 音キュウ漢 訓あだ・かたき

意味 ❶いっしょになるなかま。あいて。つれあい。例好仇《コウキュウ》。❷うらみのある敵。あだ。かたき。例仇敵《キュウテキ》。❸うらみ。あだ。例仇怨《キュウエン》。❹かたきとする。うらむ。

日本語での用法《あだ》相手・敵の意の「あた」と、むだ・徒労の意の「あだ」とが混同されて、すべて「あだ」というようになり、「仇」にも、いたずら・かいなし・かりそめの意を認めて用いる。「仇情《あだなさけ》・仇花《あだばな》」

【仇▽浪《あだなみ》】いたずらに立ちさわぐ波。また、人の心の変わりやすいことを、たとえていう。表記「▽徒▽浪」とも書く。

【仇怨】《キュウエン》 うらみ。怨恨《エンコン》。

【仇敵】《キュウテキ》 深いうらみやにくしみをいだいている相手。例 長年の—をたおす。

人 2
【今】
4画 2603 4ECA 教育2
音 キン漢 コン呉
訓 いま
付表 今日《きょう》・今朝《けさ》・今年《ことし》

筆順 ノ 人 亼 今

なりたち  [会意]「亼(=あわせる)」と「乛(=およぶ)」とから成る。目の前の、このとき。

意味 ❶現在。このとき。いま。例 今後《コンゴ》。今昔《コンジャク》。現今《ゲンコン》。❷いまの。この。例 今回《コンカイ》。今度《コンド》。

日本語での用法 《いま》新しい、の意。「今参《いままいり》・今入《いまいり》」

難読 今度《このたび》・今般《いまわ|このたび》

【今様】《いまヨウ》 ①いまの。いまどきの。また、いまどきの型。例 —の流行の服。②現代風。当世風《トウセイフウ》。例 —水戸黄門《みとコウモン》。③「今様歌《いまヨウうた》」の略。

【今様歌】《いまヨウうた》 〔「今様」は、現代風・当世風の意〕平安時代にでき、流行した歌。七五調の四句から成る。いまよう。

【今上】《キンジョウ》 現在、位についている天子。例 —陛下。

【今体】《キンタイ》 ①いまの時代の体裁《テイサイ》や様式。②⇩【近体】《キンタイ》(963ページ)

【今文】《キンブン》 ①現代の文字。②中国の文字で、漢の時代の隷書《レイショ》。▽対古文。

【▽今宵】《こよい》 きょうの、よる。今夜。今晩。

【今回】《コンカイ》 このたび。今度。例 —は許してやろう。

【今期】《コンキ》 ただいまの期間。この期間。現在の期間。対 先期・次期・来期。

【今暁】《コンギョウ》 きょうの夜明け方。けさ。今朝《コンチョウ》。

【今月】《コンゲツ》 この月。いまの月。類 本月。例 —から給料が上がる。

【今後】《コンゴ》 これから先。いまからのち。類 以後。例 —の予定。—の生活態度について注意する。

【今時】《コンジ|いまどき》 いま。このごろ。類 当世《トウセイ》。例 —《いまどき》の若い者には、なにかとおどろかされる。

【今昔】《コンジャク|コンセキ》 いまとむかし。現在と過去。

【今昔の感】《コンジャクのカン》 むかしといまとをくらべて、そのちがいの大きさにおどろく気持ち。例 十年ひとむかしとはいうが、やはり—にたえない。

【今秋】《コンシュウ》 ことしの秋。この秋。例 —、ヨーロッパへ旅行する予定でいる。

【今週】《コンシュウ》 この週。いまの週。例 —はなにかといそがしい。

【今春】《コンシュン》 ことしの春。この春。例 —、小学校に入学する。

【今生】《コンジョウ》 〔仏〕いまの世。この世。この世に生きているあいだ。対 後生《ゴショウ》・他生《タショウ》。例 —の見おさめ。—の別れ。

【今夕】《コンセキ|コンゆう》 きょうの夕方。この夕方。類 今晩。

【今朝】《コンチョウ|けさ》 きょうのあさ。このあさ。例 —《けさ》の冷えこみはこの冬いちばんだ。

【今度】《コンド》 ①このたび。今回。例 —来た新人だ。②この次。次回。〔近い将来を指していう〕例 —どこかへ行きましょう。—はまちがえるなよ。

【今日】 一《コンニチ》 ①いま。現代。現在。この時代。例 —の発展をだれが想像しただろうか。わたくしの—あるのは先生のおかげです。②本日《ホンジツ》。きょう。〔「きょう」より改まった言い方〕例 —、みなさまのご出席をいただき…。 二《きょう》 ①話し手にとってのいまをふくんでいる一日。本日。例 —はとくに意義のある一日になった。②日付や曜日が同じ日。例 あれはちょうど十年前の—のことだった。

【今年】《コンネン|ことし》 この年。いまの年。本年。例 —は雪が多い。

【今晩】《コンバン》 きょうの晩。今夜。今宵《こよい》。例 —は中秋の名月だ。

【今般】《コンパン》 今度。今回。このたび。〔古めかしい言い方〕対 先般。例 —の事態をうけて。

【今夜】《コンヤ》 きょうの夜。この夜。今晩。例 —は月がきれいだ。

●現今《ゲンコン》・古今《ココン|コキン》・昨今《サッコン》・当今《トウコン》

亻 2
【什】
4画 2926 4EC0
音 シュウ漢 ジュウ呉
訓 あつ-まる・とお

意味 ❶十人をひとまとまりとした、古代の兵制。また、十戸をひとまとまりとした、古代の行政単位。❷『詩経《シキョウ》』の雅《ガ》・頌《ショウ》の十編ずつのひとまとまり。また、ひとまとまりの詩文。❸数の名。とお。また、十倍。同 十《ジュウ》。❹十等分。❺たくさんの。いろいろな。日常の。例 什器《ジュウキ》。

難読 什麼《ソモ|いかん|いずれ|なにをか》

【什器】《ジュウキ》 ふだん使う、さまざまな家具や道具類。類 什物《ジュウブツ》。

【什物】 一《ジュウブツ》 日常使用する道具。類 什器。 二《ジュウモツ》 たいせつにしまっているたからもの。類 什宝。

【什宝】《ジュウホウ》 たいせつにしまっているたからもの。類 什物《ジュウモツ》。

【什▼麼】《ジュウマ|シュウモ》 〔副〕〔疑問をあらわすことばで、禅宗《ゼンシュウ》の問答などで用いる〕なに。いかなる。どんな。例 —生《ソモサン》(=いかに。どうだ。ふつう「作麼生」と書く)。

亻 2
【仍】
4画 4827 4ECD
音 ジョウ漢
訓 しき-りに・しばしば・すなわ-ち・なお・また・よ-りて・よ-る

意味 ❶そのままに従う。よる。例 仍貫《ジョウカン》。仍旧《ジョウキュウ》。❷〔助字〕㋐「よりて」と読み、そうして、の意。上文を受けて続ける。例 仍再出《よりてふたたびいず》(=そうしてまた出かけた)。㋑「また」と読み、そしてまた、の意。㋒「なお」と読み、やはり、の意。㋓「すなわち」と読み、すみやかに、の意。例 仍破《すなわちやぶる》(=すみやかに破った)。㋔「しばしば」「しきりに」と読み、なん度も、の意。例 仍見レ上《しばしばジョウをみる》(=たびたび天子にまみえる)。

【仍貫】《ジョウカン》 古くからの習慣に従うこと。今まで通りにすること。仍旧《ジョウキュウ》。〔「仍二旧貫一《キュウカンによる》」による〕〈論語《ロンゴ》〉

【仍旧】《ジョウキュウ》 古い昔のまま、変わらないこと。例 山月幾回《いくめぐり》して—円《まどか》なり。〈新撰朗詠集《シンセンロウエイシュウ》〉

【仍仍】《ジョウジョウ》 ①失意のうちにあって茫然《ボウゼン》としているようす。②多いようす。③しきりに。

【仍世】《ジョウセイ》 なん代もつづいていること。代々。世々。累代《ルイダイ》。

【仍孫】《ジョウソン》 子孫《シソン》をかぞえるときの呼び名。自分を一代目としたときの八代目。〔子・孫・曽孫《ソウソン|ひまご》・玄孫《ゲンソン|やしゃご》・来孫《ライソン》・昆孫《コンソン》・仍孫・雲孫《ウンソン》の順〕

人 2
【仄】
4画 4828 4EC4
音 ソク慣 ショク漢
訓 ほの-か

意味 ❶かたむく。かたよる。例 仄日《ソクジツ》。傾仄《ケイソク》。❷身分がひくい。❸かすかに。ほのかに。例 仄聞《ソクブン》。❹漢字音の四つの声調のうち、音の平らな平声《ヒョウショウ》を除いた、上声《ジョウショウ》・去声《キョショウ》・入声《ニッショウ》をまとめていう。例 仄声《ソクセイ》。平仄《ヒョウソク》。

【仄字】《ソクジ》 漢字で、仄韻《ソクイン》の字。対 平字《ヒョウジ》。

【仄日】《ソクジツ》 かたむいた太陽。夕日。斜陽《シャヨウ》。

【仄声】《ソクセイ》 漢字音の四声《シセイ》(=平声《ヒョウショウ》・上声《ジョウショウ》・去声《キョショウ》・入声《ニッショウ》)のうち、平声以外の三つをまとめていう。対 平声《ヒョウショウ》。→【平仄】《ヒョウソク》①(345ページ)

【仄聞】《ソクブン》 (名・する) 人づてにかすかに聞くこと。風の便り。例 —したことから想像すると…。表記「側聞」とも書く。

亻 2

【仁】

4画 3146 4EC1 教育6 音 ニ㊇ ジン㊉ ニン㊈ 訓 ひと・さね

筆順 ノ 亻 仁 仁

なりたち ［会意］「亻(=ひと)」と「二(=ならぶ)」とから成る。近づき親しむ。

意味 ❶人としてたがいに思いやる心(がある)。例 仁愛《ジンアイ》。仁者《ジンシャ》。仁政《ジンセイ》。❷ひと。同 人《ジン》。例 御仁《ゴジン》。朴念仁《ボクネンジン》。❸果実のたねの中心部。さね。例 亜麻仁《アマニ》。杏仁《キョウニン》。桃仁《トウニン》。

難読 薏苡仁《ヨクイニン》

人名 あつし・きみ・きん・しのぶ・たかし・ただし・と・とよ・のり・ひさし・ひとし・ひろし・まこと・まさ・まさし・まさる・み・めぐみ・めぐむ・やすし・よし

【仁愛】《ジンアイ》 相手を思いやり、いたわるやさしい気持ち。いつくしみ。例 ―の友情深き人。

【仁義】《ジンギ》 ①仁と義。仁愛と義理。人が守り、おこなうべき道徳。②やくざ仲間での初対面のあいさつ。また、おきて、しきたり。例 ―をきる。―にはずれる。

【仁君】《ジンクン》 仁徳のある君主。

【仁兄】《ジンケイ》 友人を尊敬していうことば。貴兄。大兄《タイケイ》。〔手紙などで用いる〕

【仁恵】《ジンケイ》 人を思いやる気持ち。めぐみ。いつくしみ。

【仁者】《ジンシャ》 仁徳のある人。また、情け深い人。類 仁人《ジンジン》。

【仁者《ジンシャ》は山《やま》を楽《たの》しむ】 仁者は天命に心をゆだねて、心が動かずに落ちついているので、どっしりと動かない山を愛する。〔「知者《チシャ》は水《みず》を楽《たの》しみ」の句の後に続く〕〈論語《ロンゴ》〉

【仁術】《ジンジュツ》 仁徳をおこなう方法。思いやりといたわりにもとづいたおこない。例 医は―。

【仁心】《ジンシン》 人を思いやり愛する心。情け深い心。

【仁人】《ジンジン》 仁徳のある人。類 仁者。

【仁政】《ジンセイ》 人々のためを考えた、情け深い政治。仁徳にもとづく政治。例 ―をしく。

【仁道】《ジンドウ》 仁をおこなう道。人の守りおこなうべき道。

【仁徳】《ジントク》 他を思いやり、いたわる徳。仁愛の徳。

【仁風】《ジンプウ》 ①情け深い徳で人々を教え導くこと。〔仁徳は風のように遠くまでおよぶのでいう〕②扇《おうぎ》の別名。

【仁王】《ニオウ》 仏法を守る神として寺の門の両わきに安置する一対《イッツイ》の金剛力士《コンゴウリキシ》の神像。例 ―立ち。表記「二王」とも書く。

●一視同仁《イッシドウジン》・御仁《ゴジン》

亻 2

【仆】

4画 4829 4EC6 音 フ㊉㊈ 訓 たお-れる・ふ-す

意味 うつぶせにばったりとたおれる。ふす。例 仆偃《フエン》(=前にたおれる)。

亻 2

【仏】

4画 4209 4ECF 教育5 音 フツ㊉ ブツ㊈ 訓 ほとけ

筆順 ノ 亻 仏 仏

亻 5

【佛】

7画 4839 4F5B 人名

なりたち ［形声］「亻(=ひと)」と、音「弗《フツ》」とから成る。似ていて見分けがつかない。

意味 ❶よく似ている。例 仿仏《ホウフツ》。❷真理をさとった人。とくに、仏教の開祖、釈迦《シャカ》をいう。ほとけ。〔仏陀《ブッダ》は梵語《ボンゴ》 Buddha の音訳〕例 仏教《ブッキョウ》。仏像《ブツゾウ》。大仏《ダイブツ》。❸フランスの貨幣《カヘイ》単位。フラン。

日本語での用法 ㊀《フツ》「仏蘭西《フランス》」の略。「仏語《フツゴ》・英仏《エイフツ》・日仏《ニチフツ》」㊁《ほとけ》俗《ゾク》に、死者をいう。「仏《ほとけ》になる」

難読 仏掌薯《つくねいも》

人名 さとし・さとる

【仏縁】《ブツエン》 仏《ほとけ》とのあいだの縁。また、仏の引き合わせ。

【仏恩】《ブツオン》 仏《ほとけ》の恩。仏のめぐみ。

【仏果】《ブッカ》 仏道を修行《シュギョウ》することによって得られる、成仏《ジョウブツ》という最高の結果。さとり。

【仏家】《ブッカ｜ブッケ》 ①僧《ソウ》の家。寺院。寺。②僧。③仏教の信者。

【仏画】《ブツガ》 仏教に関することがらをえがいた絵画。

【仏閣】《ブッカク》 てら。寺の建物。例 神社―。

【仏眼】《ブツガン｜ブツゲン》 仏《ほとけ》の目。さとりをひらいた者がもつ、すべてを見通す目。

【仏教】《ブッキョウ》 〔仏陀《ブッダ》の教えの意〕紀元前五世紀のはじめ、古代インドで釈迦《シャカ》を開祖としておこった宗教。例 ―哲学《テツガク》。―美術。

【仏経】《ブッキョウ》 仏教の経典《キョウテン》。お経。

【仏具】《ブツグ》 仏事に用いる道具。仏壇《ブツダン》に置く花びんや香炉《コウロ》など。法具。

【▽仏語】 ㊀《フツゴ》「仏蘭西《フランス》語」の略。フランス本国のほか、カナダのケベック州、スイス西部・ベルギー南部などで使われている言語。㊁《ブツゴ》 ①仏《ほとけ》のことば。仏の教えたことば。②仏教で用いることば。仏教用語。

【▽仏国】 ㊀《フッコク》 フランス。ヨーロッパ西部にある共和国。首都はパリ。フランス共和国。㊁《ブッコク》 仏《ほとけ》のいる国。それぞれの仏のいる浄土《ジョウド》。

【仏座】《ブツザ》 仏像を安置する台。蓮台《レンダイ》。

【仏刹】《ブッサツ》 仏教の寺院。てら。仏寺。

【仏師】《ブッシ》 仏像をつくる人。

【仏寺】《ブツジ》 仏教の寺院。てら。仏刹《ブッサツ》。

【仏事】《ブツジ》 仏教の行事や儀式《ギシキ》。法会《ホウエ》や法事など。

【仏式】《ブッシキ》 仏教のやりかた。仏教での方式。例 葬儀《ソウギ》は―でとりおこなう。

【仏者】《ブッシャ》 仏門にはいった人。僧《ソウ》。出家《シュッケ》。

【仏舎利】《ブッシャリ》 釈迦《シャカ》の遺骨。舎利。

【仏書】《ブッショ》 仏教に関する本。仏典。

【仏生会】《ブッショウエ》 仏《ほとけ》の誕生をいわう儀式《ギシキ》。灌仏会《カンブツエ》。

【仏心】《ブッシン》 ①仏《ほとけ》のもつ慈悲《ジヒ》深い心。②人に本来そなわっている仏の心のような慈悲深い心。

【仏跡】《ブッセキ》 ①釈迦《シャカ》に縁《エン》のある遺跡《イセキ》。また、仏教に関係のある古い遺跡。②釈迦の足あと。表記 ▽「仏▼迹・仏▼蹟」とも書く。

【仏説】《ブッセツ》 仏《ほとけ》の説いた教え。仏教の教義。例 ―阿弥陀経《アミダキョウ》。

【仏前】《ブツゼン》 仏《ほとけ》のまえ。また、仏壇《ブツダン》のまえ。

【仏祖】《ブッソ》 ①仏教をひらいた人、釈迦《シャカ》。②仏《ほとけ》と、仏の教えを受けついで各宗をひらいた人。

【仏像】《ブツゾウ》 いのりをささげるためにつくられた、仏《ほとけ》の姿をかたどった彫刻《チョウコク》や絵。例 ―を安置する。

【仏桑▽花】《ブッソウゲ》 アオイ科の常緑低木。ハイビスカス。夏から秋にかけて、五枚の花びらの赤い花をひらく。

【仏足石】《ブッソクセキ》 釈迦《シャカ》が残したという足の裏の形をきざんだ石。奈良《なら》の薬師寺に伝わるものが、最も古い。

【仏足石歌《ブッソクセキカ》】仏足石をたたえる内容の、五・七・五・七・七・七調の二十一首の和歌。七五三(天平勝宝《テンピョウショウホウ》五)年に、奈良《なら》の薬師寺の仏足石のわきに建てられた石碑《セキヒ》にきざまれている和歌。

【仏▼陀《ブッダ》】〔梵語《ボンゴ》 Buddha (=さとった人の意)の音訳〕釈迦《シャカ》をたっとんでいう言い方。ほとけ。→【釈迦《シャカ》】②(997ページ)

【仏壇《ブツダン》】①寺などで、仏像を安置するために設けた壇。②家庭の一室に、位牌《イハイ》や仏像などを安置するために小さな堂に似せてつくったもの。類厨子《ズシ》。例—に花を供える。

【仏頂面《ブッチョウづら》】不満や不機嫌《フキゲン》が見てとれる顔。ふくれっつら。例にこりともしない—。

【仏敵《ブッテキ》】仏教に敵対するもの。仏教に害をなすもの。類外道《ゲドウ》。

【仏典《ブッテン》】①仏教の経典《キョウテン》。内典。②仏教に関する書物。類仏書。

【仏塔《ブットウ》】寺院の塔。

【仏堂《ブツドウ》】仏像を安置した堂。類仏殿《ブツデン》。

【仏道《ブツドウ》】仏《ほとけ》の説いた道。仏の教え。類仏法。例—を修行《シュギョウ》する。

【仏罰《ブツバチ｜ブツバツ》】仏《ほとけ》からうける罰。

【▽仏文《フツブン》】〔「仏」は「仏蘭西《フランス》」の略〕①フランス語の文章。例—和訳。②「仏蘭西文学(科)」の略。例大学では—を専攻《センコウ》している。

【仏法《ブッポウ》】仏《ほとけ》の教え。仏の述べた道。類仏道。例—にすがる。

【仏法僧《ブッポウソウ》】①仏《ほとけ》と、仏の教えを説く経典《キョウテン》と、仏の教えを説く僧。三宝《サンボウ》。②ブッポウソウ科のわたり鳥。日本で夏をすごし、冬は南方にわたる。ハトほどの大きさで、くちばしと足が赤く、からだは青緑色。③コノハズクの別名。フクロウ科の鳥で、「ブッポーソー」と鳴く。三宝鳥。

【仏▼菩▼薩《ブツボサツ》】仏《ほとけ》と菩薩。

【仏間《ブツま》】仏壇《ブツダン》を置いてある部屋。

【仏滅《ブツメツ》】①釈迦《シャカ》の死を指す。類入滅。②「仏滅日《ブツメツニチ》」の略。陰陽道《オンヨウドウ》でいう、六曜の一つ。何ごとをするにもよくないとされる日。

【仏門《ブツモン》】仏《ほとけ》の説いた道。仏教。例—に入《い》る(=出家《シュッケ》する)。

【▽仏▼蘭▽西《フランス》】〔France の音訳〕ヨーロッパ西部にある共和国。首都はパリ。仏国《フッコク》。

●神仏《シンブツ》・大仏《ダイブツ》・念仏《ネンブツ》・秘仏《ヒブツ》

亻2 【仂】4画 4830 4EC2 音 一 リョク漢 二 ロク漢 訓 つと-める

意味 一《リョク》 はげむ。つとめる。同力《リョク》。 二《ロク》 数のあまり。はんぱ。

参考 日本では「働《ドウ》」の略字として用いられることがある。

人2 【从】4画 ⇩【従】《ジュウ》(376ページ)

人3 【以】5画 1642 4EE5 教育4 音 イ漢呉 訓 もっ-て

筆順 丨 ㇾ ㇾ丶 ㇾソ 以

なりたち 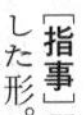 [指事]「已(=やめる)」を上下反対向きにした形。やめないで、おこなう。もちいる。

参考「以」は、さらに右側に「人」を加えてできた形。

意味 ❶使う。もちいる。❷ひきつれる。ひきいる。❸そこを基点として。より。から。例以外《イガイ》。以上《イジョウ》。❹〔助字〕「もって」「もってす」と読み、…によって・…で、の意。手段・方法を示す。例以レ刀断《トウをもってたつ》(=刀でたち切る)。

難読 以謂《おもえらく》・以呂波《いろは》・所以《ゆえん》

人名 これ・さね・しげ・とも・のり・もち・もつ・ゆき・より

【以遠《イエン》】その場所をふくみ、そこより遠いところ。そこから先のほう。〔地名の下につけて使うことが多い〕例京都—。

【以往《イオウ》】①ある時期よりのち。以後。以降。②〔すでに過ぎ去ったという意味の「已往《イオウ》」と混同して〕以前。むかし。

【以下《イカ》】①数や量を示すことばについて、それよりも少ないことをあらわす。その数や量をふくむ。類未満。対以上。例三万円—の罰金《バッキン》。②あるものを代表として、それと同類のものをひっくるめていう。…はじめ。例社長—五名。③これよりあと。例—省略。—同文。表記▽「▼已下」とも書く。

【以外《イガイ》】あることについて、それを除いたほかのもの。そのほか。例かれ—は賛成した。

【以後《イゴ》】①その時をふくみ、それよりあと。対以前。例五時—は在宅します。②今からあと。今後。例—気をつけなさい。表記▽「▼已後」とも書く。

【以降《イコウ》】ある時をふくみ、その時からあとずっと。〔「以後」よりも文語的〕例明治—。五時—入室を禁ず。表記「▼已降」とも書く。

【以上《イジョウ》】①数や量をあらわすことばについて、それよりも多いことをあらわす。その数や量をふくむ。②それまで述べてきたことすべて。例—のとおり報告いたします。③文章や話の最後につけて「おしまい」の意をあらわす。④〔「…した以上は」の形で〕「…したからには当然」の意をあらわす。表記▽「▼已上」とも書く。

【以レ心伝レ心《イシンデンシン》】①禅宗《ゼンシュウ》で、師の心から弟子《デシ》の心へ直接教えをつたえること。②無言のうちに心が通じ合うこと。

【以西《イセイ》】そこをふくみ、それよりにし。対以東。例静岡《しずおか》—では大雨になる。

【以前《イゼン》】①その時をふくみ、それよりもまえ。対以後。例八時—に電話をしてくれ。②今よりもまえ。むかし。例—はこのあたりは野原だった。—、まだ父が元気だったころ。表記▽「▼已前」とも書く。

【以東《イトウ》】そこをふくみ、それよりひがし。対以西。例岡山《おかやま》—。

【以内《イナイ》】①空間をあらわすことばについて、それをふくみ、それよりもうちがわ。例仕事場から一〇キロ—で家をさがす。②数量をあらわすことばについて、それをふくんで、それよりも少ないこと。例一時間—にもどる。旅費は一万円—におさえる。

【以南《イナン》】そこをふくみ、それよりみなみ。対以北。例九州—。

【以北《イホク》】そこをふくみ、それよりきた。対以南。例仙台《センダイ》—。

【以来《ライ》】(名・副)ある時から今までずっと。例卒業—会っていない。表記「▼已来」とも書く。

【▽以《おも》▽為《え》らく】〔…と思う意〕思うことには。思ったことには。表記「▽以▼謂らく」とも書く。

亻3 【仕】5画 2737 4ED5 教育3 音 シ漢 ジ呉 訓 つか-える・す-る

筆順 ノ イ 仁 什 仕

なりたち 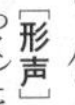 [形声]「亻(=ひと)」と、音「士《シ》(=官職につく)」とから成る。学んで官職につく。

意味 ❶役所につとめる。つかえる。例仕官《シカン》。出仕《シュッシ》。

❷(目上の人のそばについて)はたらく人。例 仕丁《シチョウ》。給仕《キュウジ》。奉仕《ホウシ》。

日本語での用法 一《し(シ)・す・する》動作・行為《コウイ》・作用・はたらきをあらわす動詞「す」「する」と、その活用形にあてる。参考 常用漢字表では「シ」を字音とするのでそのあつかいとするが、字音の「シ」と、動詞「す」「する」の未然形・連用形の「し」とは同音なので区別しにくい。近世以来の用法として、動詞「す」「する」の各活用形に「仕」を用いている。「仕合《しあい》・仕方《しかた》・仕事《しごと》・仕様《しヨウ》・仕《す》る」 二《つかまつる》「する」の意のへりくだった言い方。「失礼《シツレイ》仕《つかまつ》る」

人名 つかう・つかえ・つこう・まなぶ

【仕方《シかた》】ものごとをおこなう方法。やり方。例 運転の—。

【仕官《シカン》】(名・する)①武士が主君につかえること。②官職につくこと。役人になること。

【仕儀《シギ》】ことのなりゆき。結果。事情。例 いかなる—とあいなりましたか。やむを得ぬ—で。

【仕▽種《シぐさ》】①何かをするときの、からだの動かし方。例 かわいい—。②俳優の演技の動作。所作《ショサ》。例 ぎこちない—。

【仕事《シごと》】①ある目的のために頭やからだを使うこと。働くこと。例 いやな—。—をたのむ。②職業。例 親の—をつぐ。③〔物〕物体に力がはたらいて移動したとき、力と距離《キョリ》の積であらわされる量をいう。表記 ▽「▽為事」とも書く。

【仕度《シタク》】(名・する)用意すること。準備すること。表記「支度」が本来の書き方。

【仕丁《シチョウ／ジチョウ》】昔、雑役《ザツエキ》に従事した者。雑役夫。

【仕手《シて》】①おこなう人。する人。例 仕事の—をさがす。②〔ふつう「シテ」とかな書きにする〕能・狂言《キョウゲン》で、主役。主人公。③〔経〕大量に株の売買をおこなって相場を動かす人。例 —株。表記 ①は「▽為手」とも書く。

【仕舞《シまい》】①能楽で、装束《ショウゾク》をつけず、また、囃子《はやし》もない略式の舞。例 —のけいこにかよう。②終わりのほう。終わり。最後。例 —まで読みなさい。表記 ②は「▽終い」とも書く。

【仕様《シヨウ》】①しかた。やり方。例 返事の—がない。②機械などの方式や性能。例 —書。

【仕訳《シわけ》】(名・する)〔経〕簿記《ボキ》で、項目《コウモク》を分けて、貸し借りを記入すること。表記「仕分け」とも書く。

【仕業《シわざ》】したこと。おこない。所業《ショギョウ》。例 だれの—だ。

● 沖仲仕《おきなかシ》・給仕《キュウジ》・勤労奉仕《キンロウホウシ》・出仕《シュッシ》・致仕《チシ》・奉仕《ホウシ》

亻3
【仔】
5画 2738 4ED4 人名 音 シ (漢) 訓 こ

意味 ❶(家畜《カチク》などの)小さなこども。こ。例 仔犬《こいぬ》。仔馬《こうま》。❷小さい。くわしい。こまかい。例 仔細《シサイ》。

【仔細《シサイ》】(名・形動《ダナ》)①くわしい事情。わけ。例 事の—を語る。②くわしいこと。こまかいこと。例 —に説明する。③ふつごうなこと。こまったこと。さしつかえ。例 とくに—はない。表記 ▽「子細」とも書く。

亻3
【仗】
5画 4831 4ED7 音 チョウ (漢) ジョウ (呉) 訓 よ-る・つえ

意味 ❶(手に持って使う)武器・兵器。例 儀仗《ギジョウ》。兵仗《ヘイジョウ》。❷つえにする。よる。(同) 杖《ジョウ》。例 仗剣《ジョウケン》(=武装する)。仗策《ジョウサク》(=馬のむちをたずさえる)。

亻3
【仞】
5画 4832 4EDE 音 ジン (漢) 訓 ひろ

亻3
【仭】5画 4833 4EED 俗字

意味 ❶高さ・深さの単位。両うでを上下に広げた指先から指先までの長さ。七尺。周代では八尺。例 千仞《センジン》。❷深さを測る。はかる。

日本語での用法《ジン・ひろ》長さの単位。一仞は六尺。約一・八メートル。(同) 尋。

亻3
【仙】
5画 3271 4ED9 常用 音 セン (漢)(呉) 訓 やまびと

筆順 ノ 亻 仆 仙 仙

亻11
【僊】13画 *4902 *50CA 本字

なりたち  〔会意〕「亻(=ひと)」と「䙴《セン》(=高くあがる)」とから成る。長生きをして天高く上《のぼ》っていく。参考「仙」は、「亻(=ひと)」と「山(=やま)」とから成る「山に入って修行《シュギョウ》する人」の意。

意味 ❶俗世間《ゾクセケン》をはなれて山の中で修行《シュギョウ》し、不老不死の術や神通力を身につけた、といわれる人。例 仙人《センニン》。神仙《シンセン》。❷世間ばなれした、非凡《ヒボン》な人。例 歌仙《カセン》。詩仙《シセン》。酒仙《シュセン》。❸アメリカ合衆国の貨幣《カヘイ》単位セント(cent)の音訳。

人名 うつる・たか・たかし・のり・ひさ・ひと

【仙界《センカイ》】仙人の住む世界。また、俗世間《ゾクセケン》をはなれたところ。例 —に遊ぶ。

【仙客《センカク》】①仙人。②ツルの別名。

【仙境《センキョウ》】仙人の住むところ。俗界《ゾッカイ》からはなれた清らかなところ。仙界。例 山深く川の瀬《せ》の清い—。表記「仙郷」とも書く。

【仙骨《センコツ》】仙人のような骨相。世間いっぱんの人とはちがったようす。非凡《ヒボン》な風貌《フウボウ》。例 —をそなえた老人。

【仙術《センジュツ》】仙人がおこなうという不思議な術。

【仙籍《センセキ》】①仙人の名簿《メイボ》。②殿上《テンジョウ》に出仕する人の姓名《セイメイ》をしるした名札《なふだ》。

【仙台平《センダイひら》】男子用の上等の絹のはかま地。仙台地方で産する。

【仙丹《センタン》】飲むと不老不死の仙人になるという薬。仙薬。

【仙▽洞《セントウ》】①仙人の住んでいるところ。②退位した天皇の御所《ゴショ》。院の御所。仙洞御所。③退位した天皇。太上《ダイジョウ》天皇。上皇。

【仙女《センニョ》】〔「センジョ」とも〕女の仙人。

【仙人《センニン》】①山のおくに住み、かすみを食べて生き、神通力をもつという不老不死の人。(類) 仙客《センカク》。例 久米《くめ》の—。②欲がなく、世間ばなれしている人。

【仙人掌《センニンショウ》】サボテンの漢名。常緑の多年草で、砂漠《サバク》などに分布し、多くとげをもつ。観賞用として栽培《サイバイ》される。

【仙薬《センヤク》】①飲むと不老不死の仙人になるというくすり。仙丹《センタン》。例 —を求める。②すばらしい効き目のくすり。(類) 妙薬《ミョウヤク》・霊薬《レイヤク》。

【仙遊《センユウ》】①俗世間《ゾクセケン》を忘れさせる自然をたずねて、その美しさを楽しみ味わうこと。②天子のおでかけ。みゆき。行幸。③人が死ぬこと。(類) 仙逝《センセイ》。

亻3
【仟】
5画 4834 4EDF 音 セン (漢)

意味 ❶千人をひきいる長。かしら。おさ。例 仟佰《センパク》。❷数の名。「千」の大字《ダイジ》。商売や契約《ケイヤク》の文書で数字を書きか

えられないように使う。❸南北に通じるあぜ道。同阡《セン》。例仟佰《センパク》。

【仟▼佰】《センパク》 ①古代中国の兵制で、千人の兵の指揮者と百人の兵の指揮者をいう。②あぜ道のこと。耕地と耕地とのあいだの道。南北に通る道を仟、東西に通る道を佰《ハク》という。一説に南北を佰、東西を仟という。阡陌《センパク》。表記▽「仟伯」とも書く。

亻 3

【他】

5画 3430 4ED6 教育3

音タ漢呉 訓ほか

筆順 ノ イ 仂 他

なりたち  [象形]本字は「它」で、ヘビの形。借りて「ほか」の意。

意味 ほか(の)。それとは別の。自分以外の。例他国《タコク》。他人《タニン》。自他《ジタ》。

使い分け ほか【外・他】⇩1179ページ

難読 他眼《ひとめ》・他人事《ひとごと》・他心《あだしごころ》

人名 ひと・よそ

【他意】《タイ》 別の考え。今言っているほかに心で思っていること。類二心《ふたごころ》・異心。例—はありません。

【他界】《タカイ》 一(名)この世ではない世界。別世界。例—に移ろうとする。二(名・する)人が死ぬこと。あの世へ行くこと。例昨年—しました。

【他郷】《タキョウ》 自分の国や生まれ育ったのではないよその土地や国。類他国・異郷。例—に暮らす。

【他行】《タギョウ/タコウ》 (名・する)出かけること。外出すること。他出。

【他見】《タケン》 その人以外の人が見ること。また、他人に見せること。例—をはばかる。

【他校】《タコウ》 よその学校。例—の生徒。

【他国】《タコク》 よその国。また、生まれ故郷ではないよその土地。類異国・他郷。対自国。例—に住む。

【他言】《タゴン》 〔「タゲン」とも〕(名・する)他人に話すこと。他にもらすこと。類口外《コウガイ》。例—無用。このことは—しない決心だ。

【他殺】《タサツ》 だれかに殺されること。対自殺。例—死体。

【他山の石】《タザンのいし》 〔よその山の質の悪い石でも、砥石《といし》として使えば自分の宝玉《ホウギョク》をみがくのに役立つ、という『詩経《シキョウ》』のことばから〕他人のよくない言行も自分の反省の材料になるということ。例もって—となす。

【他日】《タジツ》 将来のいつか。別の日。例—を期す。—またお目にかかりましょう。

【他社】《タシャ》 よその会社。対自社。例—の製品。

【他者】《タシャ》 自分以外のもの。ほかの人。対自己。例—の意見をきく。

【他出】《タシュツ》 (名・する)よそへ出かけること。外出。

【他所】《タショ》 ほかの場所。よそ。例—をさがす。

【他生】《タショウ》 〔仏〕今、生きているこの世(=今生《コンジョウ》)に対し、生まれる前の世(=前世《ゼンセ》)と、死んだあとの世(=来世《ライセ》)。対今生《コンジョウ》。例—の縁《エン》。→【多生の縁】《タショウのエン》(251ページ)

【他称】《タショウ》 文法で、第三人称。「これ」「それ」「あれ」「彼《かれ》」「彼女《かのジョ》」など。対自称・対称。

【他薦】《タセン》 (名・する)本人以外の人が推薦《スイセン》すること。対自薦。例自薦でも—でもどちらでもよい。

【他動詞】《タドウシ》 文法で、動詞のうち、目的語を必要とする動詞。「本を読む」「窓を開ける」などにおける「読む」「開ける」など。対自動詞。

【他人】《タニン》 ①自分以外の人。ほかの人。例—まかせ。—のことも考えろ。②血縁《ケツエン》関係のない人。例赤の—。③そのことにかかわりのない人。第三者。例—は口出しするな。

【他人行儀】《タニンギョウギ》 (名・形動ダナ)(親しい仲なのに)他人どうしのように改まってふるまうこと。例—なあいさつはやめよう。

【他年】《タネン》 ほかの年。また、将来のいつか、ある年。類後年《コウネン》。例再会を—に期す。

【他念】《タネン》 ほかのことを考える気持ち。余念。例—なく仕事にはげむ。

【他物】《タブツ》 ほかのもの。他人のもの。例—でまにあわせる。

【他聞】《タブン》 その人以外の人が聞くこと。他人に聞かれること。例—をはばかる。

【他方】《タホウ》 一(名)①別の方向。別の方面。例—から見ると別のようにも言える。②二つのうちの、もう一方。例—の言い分も聞く。二(副)一方。別の一面として。例おだやかな人だが、—きびしい面がある。

【他面】《タメン》 一(名)別の面。また、別の見方。例—を見ると必ずしもよくない。二(副)別の面では。類他方。例おとなしいようだが、—激しいところもある。

【他用】《タヨウ》 一(名)ほかの用事。例—で外出する。二(名・する)ほかのことに用いること。例—に供《キョウ》する。

【他力】《タリキ》 ①他人の力。②〔仏〕「他力本願」の略。すべての人を救おうとする阿弥陀仏《アミダブツ》の力によって救われること。〔転じて、自分で努力することなく他人をあてにすることをもいう〕▽対自力。

【他律】《タリツ》 自分の意志でするのではなく、他人の命令や規則などに従って行動すること。対自律。例—によらず自主的に行動する。

【他流】《タリュウ》 よその流派・流儀《リュウギ》。例—試合《ジアイ》(=武芸などで、自分のうでをみがくために、ほかの流派の人と試合をすること)。

◐●自他《ジタ》・排他《ハイタ》・利他《リタ》

亻 3

【代】

5画 3469 4EE3 教育3

音タイ漢ダイ呉 訓か-わる・か-える・よ・しろ・か-わり

筆順 ノ イ 亻一 代 代

なりたち 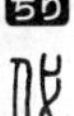 [形声]「亻(=ひと)」と、音「弋《ヨク》→《タイ》」とから成る。かわる。

意味 ❶人やものが入れかわる。かわる。かえる。例代理《ダイリ》。交代《コウタイ》。新陳代謝《シンチンタイシャ》。❷あるものを手に入れるかわりのもの。しろ。例代価《ダイカ》。代金《ダイキン》。身《み》の代《しろ》金《キン》。❸かわっていく時世。よ。例現代《ゲンダイ》。古代《コダイ》。時代《ジダイ》。❹人が、ある地位にいるあいだ。例一代《イチダイ》。先代《センダイ》。祖父《ソフ》の代《ダイ》。

使い分け かえる・かわる【変・換・替・代】⇩1166ページ

使い分け よ【世・代】⇩1181ページ

人名 とし・のり・より

【代案】《ダイアン》 それにとってかわるようなほかの案。例—を示す。

【代価】《ダイカ》 ①品物の値段。②ある事をなしとげるために、どうしてもさけられない犠牲《ギセイ》や損害のたとえ。例このトンネルの開通には大きな—がしはらわれた。

【代官】《ダイカン》 〔代理の役人の意〕江戸《えど》時代、幕府が管理する土地を治めた人。年貢《ネング》の取り立てなどをおこなった。郡代《グンダイ》の次の位。例—所《ショ》。悪—。

【代議】《ダイギ》 (名・する)①ほかの人にかわって協議すること。②公選された議員が、その組織を代表して必要なことがらについて協議すること。例—員。—制度。

【代議士】《ダイギシ》 国民から選ばれ、国民の意志を代表して国の政治について協議する人。いっぱんには衆議院議員を指

す。(類)国会議員。[例]—に出る。

【代休《ダイキュウ》】休日に出勤したとき、そのかわりに休む日。[例]—をとる。

【代金《ダイキン》】品物を買った人が、売り手にしはらうお金。[例]本の—。旅行の—。—をしはらう。

【代稽古《ダイゲイコ》】武道や芸能で、師匠《シショウ》のかわりに弟子《デシ》にけいこをつけてやること。また、その人。

【代言《ダイゲン》】[一](名・する)法廷《ホウテイ》などで、本人にかわって述べること。[二](名)「代言人《ニン》」の略。「弁護士」の古い言い方。

【代行《ダイコウ》】(名・する)ある職務を、その本来の担当者にかわっておこなうこと。また、その人。[例]—業者。外務大臣—。

【代講《ダイコウ》】(名・する)本来する人にかわって講義をすること。また、その人。

【代▼赭《タイシャ》】①赤土《あかつち》色の顔料。〔中国、山西《サンセイ》省代州《ダイシュウ》からとれる代赭石《セキ》の粉末からつくる〕②「代赭色《いろ》」の略。茶色がかっただいだい色。赤土色。

【代謝《タイシャ|ダイシャ》】(名・する)〔「謝」は、いれかわる意〕生体内で、外界から取り入れた物質をエネルギーに変え、不要なものを排出《ハイシュツ》すること。(類)物質交代。[例]—異常。新陳《シンチン》—。

【代書《ダイショ》】[一](名・する)その人にかわって書くこと。代筆。[二](名)「代書人《ニン》」の略。役所に出す書類を、その人にかわって書く職業の人。司法書士《シホウショシ》・行政《ギョウセイ》書士の旧称。

【代署《ダイショ》】(名・する)その人にかわって署名すること。また、そのサイン。代理署名。(対)自署。

【代償《ダイショウ》】①相手にあたえた損害をつぐなうために差し出すお金や品物、労力など。(類)賠償《バイショウ》・補償。[例]—を提供して和解する。②ある事をなしとげるためにはらう犠牲《ギセイ》や損害。(類)代価。[例]目的達成のために高価な—をはらう。

【代診《ダイシン》】(名・する)担当の医師にかわって診察すること。また、その医師。〔古い言い方では、代脈《ダイミャク》〕

【代数《ダイスウ》】①世代のかず。②〔数〕「代数学」の略。方程式のように未知数を文字であらわすことによって、かずの性質や計算の法則などを研究する学問。

【代走《ダイソウ》】(名・する)野球で、塁《ルイ》に出た走者のかわりに走ること。また、その人。ピンチランナー。

【代打《ダイダ》】(名・する)野球で、それまで出ていた選手にかわって打つこと。また、その人。ピンチヒッター。[例]—を出す。

【代替《ダイタイ》】(名・する)ほかのものをそのかわりにすること。[例]—品。—バス。

【代代《ダイダイ》】なん代も続いていること。よよ。(類)歴代。[例]先祖—わが家に伝わる刀。

【代地《ダイチ》】その土地のかわりの土地。代替地《ダイタイチ》。

【代読《ダイドク》】(名・する)本人にかわって読みあげること。[例]市長の祝辞を—する。

【代人《ダイニン》】本人のかわりの人。[例]—を立てる。

【代納《ダイノウ》】(名・する)①ある人のかわりにお金や品物をおさめること。②お金のかわりに品物などでおさめること。

【代筆《ダイヒツ》】(名・する)その人にかわって、手紙や書類を書くこと。また、書いたもの。代書。(対)自筆。[例]礼状を—する。

【代表《ダイヒョウ》】(名・する)①団体の性質や多くの人々の意見を外部にあらわすもの。また、その人。[例]会社の—者。②最もすぐれているとして選ばれた人やもの。[例]日本の—選手。③その一つをとり上げただけで、全体の特徴《トクチョウ》をあらわすことのできるようなもの。[例]スキーに—される冬のスポーツ。

【代品《ダイヒン》】かわりの品物。代用品。

【代物《ダイブツ》】[一]かわりのもの。代用品。[二]《しろもの》ものや人物を、いやしめおとしめた言い方。[例]とんだ—をつかまされた。

【代返《ダイヘン》】(名・する)授業で出席をとるとき、出席をよそおって、欠席者のかわりに返事をすること。[例]—をたのむ。

【代弁《ダイベン》】(名・する)本人にかわって意見を述べること。[例]委員長が不在なので、わたくしが—します。[表記](旧)代▼辯
【代名詞《ダイメイシ》】①品詞の一つ。自立語で活用はしない。人・もの・場所などを、その名前を言わないで指し示すことば。主語になることができる。「わたし」「きみ」「かれ」、「これ」「それ」「あれ」「どれ」、「ここ」「そこ」「あそこ」「どこ」など。名詞とともに体言と呼ばれる。②同類のものを代表して指し示すことば。[例]石川五右衛門《いしかわゴエモン》は盗人《ぬすっと》の—だ。

【代役《ダイヤク》】(名・する)芝居《しばい》などで、別の役者がかわってその役をつとめること。また、その役者。[例]—をつとめる。

【代用《ダイヨウ》】(名・する)本来使うもののかわりに、まにあわせに使うこと。[例]厚い紙を下じきに—する。

【代理《ダイリ》】(名・する)その人にかわって、処理すること。また、その人。[例]課長—。父の—で出席する。
●足代《あしダイ》・一代《イチダイ》・永代《エイダイ|エイタイ》・近代《キンダイ》・現代《ゲンダイ》・交代《コウタイ》・古代《コダイ》・時代《ジダイ》・初代《ショダイ》・身代《シンダイ|みのしろ》・世代《セダイ》・先代《センダイ》・総代《ソウダイ》・地代《チダイ》・当代《トウダイ》・年代《ネンダイ》・万代《バンダイ|マンダイ》・百代《ヒャクダイ|ハクタイ》・譜代《フダイ》・末代《マツダイ》・御代《みよ》・名代《ミョウダイ|なダイ》・歴代《レキダイ》

［人（亻・𠆢）部］3画 付

亻3

【付】

5画 4153 4ED8 [教育4]
[音]フ(漢)(呉) [訓]つ-ける・つ-く

[筆順] ノ 亻 仁 付 付

[なりたち]  [会意]「亻(=ひと)」と「寸(=手)」とから成る。ものを持って人とむきあう。あたえる。

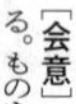

[意味] ❶手わたす。あたえる。[例]付与《フヨ》。❷(おしつけて)まかせる。たのむ。[例]付託《フタク》。❸つけくわえる。つける。つく。(同)附《フ》。[例]付録《フロク》。添付《テンプ》。

[使い分け] つく・つける【付・着・就】⇩1172ページ

[人名] とも

【付加《フカ》】(名・する)今あるものに、さらにつけくわえること。[例]—価値。注意をもう一点—する。[表記]「附加」とも書く。

【付会《フカイ》】(名・する)自分のつごうのいいようにこじつけること。[例]牽強《ケンキョウ》—。—の説。[表記]「附会」とも書く。

【付記《フキ》】(名・する)本文につけたして書くこと。また、その記事。[例]注意書きを—する。[表記]「附記」とも書く。

【付近《フキン》】ある場所の近く。そのあたり。近所。[例]現場—を調査する。[表記]「附近」とも書く。

【付言《フゲン》】(名・する)あとからつけくわえていうこと。また、そのことば。[例]さらに—すれば…。[表記]「附言」とも書く。

【付載《フサイ》】(名・する)本文のつけたしとしてのせること。[例]巻末に年表を—する。[表記]「附載」とも書く。

【付図《フズ》】付属する地図や図面・図表。[例]—参照。[表記]「附図」とも書く。

【付随《フズイ》】(名・する)つきしたがうこと。あることにともなってほとんどつねに起こること。[例]この計画にはさまざまな問題が—して生じるだろう。[表記]「附随」とも書く。

【付設《フセツ》】(名・する)おもなものにつきしたがって設置すること。[例]本部建物に計算機センターを—する。[表記]「附設」とも書く。

【付説《フセツ》】(名・する)あとにつけくわえて説明すること。また、その説明。[例]地名の由来を—する。[表記]「附説」とも書く。

【付箋《フセン》】本や書類などに疑問や目じるしのためにはりつける小さな紙切れ。[例]—をはる。[表記]「附箋」とも書く。

【付則《フソク》】本則を補うためにつけられた規則。[例]—には特別の場合がしるされている。[表記]「附則」とも書く。

【付属《フゾク》】[一](名・する)機能・機構上、おもなものにつきした

がっていること。例 ―部品。大学に―する病院。二 (名)「付属学校」の略。例 ―に通《かよ》っている。表記 固有名詞では「附属」と書くことが多い。

【付属学校】《フゾクガッコウ》 教育研究や実習のために、大学に付属して設ける高等学校・中学校・小学校など。表記 固有名詞では「附属学校」と書くことが多い。

【付属語】《フゾクゴ》 日本語の文法で、それだけでは文節をつくれず、いつもほかの自立語について使われる単語。活用しないものを助詞、活用するものを助動詞という。対 自立語。表記「附属語」とも書く。

【付帯】《フタイ》 (名・する) おもなものごとにともなってあること。例 ―条件。―決議。表記「附帯」とも書く。

【付託】《フタク》 (名・する) ほかにたのみ、任せること。とくに、議会で審議《シンギ》などを委員会などの機関に任せること。

【付置】《フチ》 (名・する) もとの機関につけくわえて設置すること。あわせて設置すること。例 大学院に―する文献《ブンケン》センター。表記「附置」とも書く。

【付着】《フチャク》 (名・する) くっついてはなれないこと。例 床《ゆか》に―したよごれ。表記「附着」とも書く。

【付注】《フチュウ》 (名・する) 注をつけること。また、その注。例 ―参照。表記「附▼註」とも書く。

【付表】《フヒョウ》 本体にあわせてつけられている表。対 本表。

【付与】《フヨ》 (名・する) (名誉《メイヨ》・権限・称号《ショウゴウ》などを)さずけあたえること。例 当事者に権利を―する。表記「附与」とも書く。

【付録】《フロク》 本体となるものにつけ加えてあるもの。例 別冊―。―として地図や年表がついている。表記「附録」とも書く。

【付和】《フワ》 (名・する) 自分の意見をもたず、他人の意見や行動につきしたがうこと。例 大家《タイカ》の意向に―する者。

【付和雷同】《フワライドウ》 (名・する) しっかりした考えも無しに他人の言動にむやみに同調すること。類 阿付迎合《アフゲイゴウ》。表記「附和雷同」とも書く。

●還付《カンプ》・寄付《キフ》・給付《キュウフ》・交付《コウフ》・送付《ソウフ》・添付《テンプ》・納付《ノウフ》・配付《ハイフ》・番付《バンづけ》

へ 3

【令】

5画 4665 4EE4 教育4 音 レイ漢 リョウ呉 訓 し-む

筆順 ノ 人 亼 今 令

たちなり  [会意]「亼(=あつめる)」と「卩(=わりふ)」とから成る。召集《ショウシュウ》の合図を発する。

意味 ❶上からの言いつけ、指示。例 令状《レイジョウ》。号令《ゴウレイ》。命令《メイレイ》。❷おきて。きまり。のり。例 禁令《キンレイ》。政令《セイレイ》。法令《ホウレイ》。❸長官。おさ。例 県令《ケンレイ》。❹りっぱな。よい。例 令色《レイショク》。令名《レイメイ》。❺他人の親族をうやまっていうことば。例 令室《レイシツ》。令嬢《レイジョウ》。❻〔助字〕「(…をして)…(せ)しむ」と読み、…に…させる、の意。使役《シエキ》をあらわす。例 令二民知一《たみをしてしらしむ》(=人民にわからせる)。

人名 おさ・さとし・さとる・つかさ・つぐる・なり・のり・はる・よし

【▽令旨】《リョウジ|レイシ》 皇太子・三后(=太皇太后・皇太后・皇后)・皇族の命令をしるした文書。

【令兄】《レイケイ》 他人の兄をうやまっていうことば。対 令弟《レイテイ》。

【令▼閨】《レイケイ》 他人の妻をうやまっていうことば。類 令室・令夫人。

【令姉】《レイシ》 他人の姉をうやまっていうことば。対 令妹《レイマイ》。

【令嗣】《レイシ》 他人のあとつぎの人をうやまっていうことば。

【令室】《レイシツ》 他人の妻をうやまっていうことば。類 令夫人・令閨《レイケイ》・内室。

【令状】《レイジョウ》 ①命令を書き付けた書状。例 召集《ショウシュウ》―。②〔法〕裁判所が出す命令の書状。逮捕《タイホ》状・捜索《ソウサク》状・差押《さしおさ》え状など。例 ―なしの逮捕。

【令嬢】《レイジョウ》 ①他人のむすめをうやまっていうことば。お嬢さん。②良家のむすめ。例 深窓の―。▽対 令息。

【令色】《レイショク》 うわべだけよくして、人にこびる顔つき。例 巧言《コウゲン》―。

【令息】《レイソク》 他人のむすこをうやまっていうことば。対 令嬢《レイジョウ》。

【令孫】《レイソン》 他人のまごをうやまっていうことば。

【令弟】《レイテイ》 他人の弟をうやまっていうことば。対 令兄《レイケイ》。

【令堂】《レイドウ》 他人の母をうやまっていうことば。ご母堂。

【令夫人】《レイフジン》 他人の妻をうやまっていうことば。類 令室・令閨《レイケイ》。

【令妹】《レイマイ》 他人の妹をうやまっていうことば。対 令姉《レイシ》。

【令名】《レイメイ》 よい評判。類 名声。例 ―が高い。―を馳《は》せる。―の聞こえた学者。

【令和】《レイワ》 平成の次の元号。二〇一九(令和元)年五月一日以降。今上天皇の時代。

●号令《ゴウレイ》・司令《シレイ》・指令《シレイ》・辞令《ジレイ》・政令《セイレイ》・伝令《デンレイ》・発令《ハツレイ》・法令《ホウレイ》・命令《メイレイ》・律令《リツリョウ|リツレイ》

亻 3 【仭】 5画 ⇩【仞】《ジン》(54ページ)

へ 3 【仝】 5画 ⇩【同】《ドウ》(189ページ)

亻 4

【伊】

6画 1643 4F0A 人名 音 イ漢呉 訓 か-れ・こ-れ

たちなり  [会意]「亻(=ひと)」と「尹(=おさめる)」とから成る。王に代わって天下を治める人。

意味 ❶殷《イン》代の賢人《ケンジン》「伊尹《イイン》」のこと。❷これ。この。かれ。かの。例 伊人《このひと|かのひと》。

日本語での用法 一《い》「い」の音をあらわす万葉がな。「伊呂波《いろは》」 二《イ》①「伊太利《イタリア》」の略。「伊国《イコク》大使・日伊《ニチイ》」②旧国名「伊賀《いが》(=今の三重《みえ》県西部)」の略。「伊州《イシュウ》」

人名 いさ・おさむ・ただ・ただし・よし・より

【伊賀】《いが》 旧国名の一つ。今の三重《みえ》県西部。伊州《イシュウ》。

【伊豆】《いず》 旧国名の一つ。今の静岡《しずおか》県伊豆半島と伊豆諸島。豆州《ズシュウ》。

【伊勢】《いせ》 旧国名の一つ。今の三重《みえ》県北・中部。勢州《セイシュウ》。

【伊予】《いよ》 旧国名の一つ。今の愛媛《えひめ》県全域にあたる。予州。

【伊呂波】《いろは》 ①「いろは歌《うた》」の略。四十七字の異なったかなを使ってつくった、七五調の歌。②〔いろは歌のはじめの三文字であることから〕四十七字の、かなのこと。江戸《えど》時代には「京」が、現代では「ん」が加わっている。例 ―順。③初歩。ABC。表記 ▽「以呂波」とも書く。

【伊▽達】《だて》 (名・形動《ダ》) 〔「だて(伊達)」は、もと「いだて」で、その頭の「い」が脱落《ダツラク》した〕①はでな身なりやようすで人目をひこうとすること。また、男気《おとこギ》をたてること。例 ―男。②みえをはること。例 ―の薄着《うすぎ》。

亻 4

【仮】

6画 1830 4EEE 教育5 音 カ漢 ケ呉 訓 かり・か-る 付表 仮名《かな》

筆順 ノ 亻 仁 仄 仮

亻 9

【假】

11画 4881 5047

たちなり 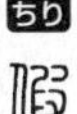 [形声]「亻(=ひと)」と、音「叚《カ》(=かりる)」とから成る。真でない。

意味 ❶ほんものでない。みせかけだけの。かり(の)。対 真《シン》。例 仮死《カシ》。仮病《ケビョウ》。❷助けをえる。借りる。例 虎《とら》の威《イ》

を仮《か》る狐《きつね》。❸まにあわせとして。かりに。例仮設《カセツ》。❹ゆるめる。おおらかにとりあつかう。例仮借《カシャク》。

【仮▼寓】《カグウ》（名・する）一時的に住むこと。また、その住まい。例おじの家に―する。

【仮言】《カゲン》 仮定して言うこと。類仮説。

【仮構】《カコウ》（名・する）①かりにかまえること。例―の舞台《ブタイ》。②現実にはないことを、かりにあるとして組み立てること。類虚構《キョコウ》。例―の世界。

【仮根】《カコン》 コケやモなどにある、根のように見えて実際は根ではないもの。他に付着したり、養分を吸収したりする。

【仮作】《カサク》（名・する）①一時的にかりにつくること。また、そのもの。②真実ではないことを、ほんとうらしくつくりあげること。類仮構・虚構《キョコウ》。例―の話。

【仮死】《カシ》 意識がなく、一時的に呼吸が止まり、外見はまるで死んでいるようになること。例―状態。

【仮字】《カジ・かな》「仮名《かな》□二」に同じ。

【仮▽借】□一《カシャ》（名）①漢字の六書《リクショ》の一つ。あることばをあらわすのに、意味とは関係なく、発音の同じ漢字を仮《か》りて用いて示すこと。たとえば、「豆《トウ》」は、もともと食物などを盛ったうつわ、「たかつき」の意であったが、同音の「マメ」の意の漢字として使った。②漢字の音を借りてことばを書きあらわす方法。たとえば、「山《やま》」を「也末《やま》」、「桜《さくら》」を「佐久良《さくら》」と書くなど。□二《カシャク》（名・する）許すこと。見のがしてやること。例―なく責めたてる。

【仮称】《カショウ》（名・する）正式の名が決まるまで、かりの名前でよぶこと。また、そのかりの名。

【仮睡】《カスイ》（名・する）うたたねすること。類仮眠《カミン》。

【仮性】《カセイ》 その病気とよく似ている症状《ショウジョウ》や性質。対真性。例―近視。―小児《ショウニ》コレラ。

【仮設】《カセツ》（名・する）①一時的にまにあわせのためにつくること。例―住宅。②実際にはないものを、かりにあるとすること。例―の登場人物。③数学や論理学で、結論をみちびくための、かりの前提条件。類仮定。

【仮説】《カセツ》 ある現象を統一的に説明するために、あらかじめたてておく、かりの説。類仮定。例―をたてる。

【仮装】《カソウ》（名・する）①歴史や物語の中の有名人や英雄《エイユウ》、また動物などの顔かたちや姿をまねて、衣装《イショウ》や面をつけたり、小道具を持ったりして身をかざること。例―行列。―舞踏会《ブトウカイ》。②別のものに見せかけること。例病院船に―して敵をあざむく。③臨時に改造・装備して、別の用途《ヨウト》に役立てること。例―巡洋艦《ジュンヨウカン》。

【仮想】《カソウ》（名・する）かりにそうだと思うこと。そのように想定すること。例―敵国。

【仮託】《カタク》（名・する）他のものにかこつけること。ことよせること。例小説の主人公に―して自分の思いを述べる。

【仮定】《カテイ》（名・する）①かりにそうだと定めること。②ある結論をみちびくための前提条件。例君がかれだったと―しよう。

【仮定形】《カテイケイ》 口語文法で、活用語（＝動詞・形容詞・形容動詞・助動詞）の活用形の一つ。「読めば」「広ければ」「静かならば」のように助詞「ば」に続く形。かりに、そうだとしたらの意味をあらわす。文語では已然形《イゼンケイ》という。〔「仮設③」よりも新しい言い方〕

【仮分数】《カブンスウ》 分母より分子のほうが大きい分数。対真分数・帯分数。

【仮眠】《カミン》（名・する）深夜勤務、長時間の仕事などのとちゅうで、休養のために一時的にねむること。類仮睡《カスイ》・仮寝《かりね》。例―室。―をとる。

【仮名】□一《カメイ》 本名《ホンミョウ》をかくして、別の名をつけること。また、別の名をなのること。また、その名。けみょう。対実名。例新聞記事には―で出た。□二《かな》〔「かりな」から「かんな」を経て「かな」になった〕①日本で日本語の音節を示すのに用いる文字。「ひらがな」「かたかな」の二種あって、漢字と併用《ヘイヨウ》する。漢字の字形の草体化・流動化したのが「ひらがな」、漢字を略記して洗練したのが「かたかな」。〔どちらも「万葉がな」を母胎《ボタイ》とする〕対漢字・真名《まな》。例―づかい。―と漢字とローマ字。②⇩【万葉仮名】《マンヨウがな》（17ページ）表記 □二は「仮▽字」とも書く。

【仮面】《カメン》 顔にかぶる面。人間や動物その他の顔に似せてつくる。転じて、本性《ホンショウ》や本心をおおいかくすものについてもいう。例―をかぶる。―をはぐ。

【仮寝】《かりね》（名・する）①「仮眠《カミン》」に同じ。②旅寝《たびね》。野宿。

【仮枕】《かりまくら》 少しだけねむること。また、旅先でねること。類仮寝《かりね》。

【仮免】《かりメン》「仮免許《かりメンキョ》」の略。

【仮免許】《かりメンキョ》 正式の免許を得るまでのあいだ、かりにあたえられる免許。自動車の運転免許についていうことが多い。

【仮病】《ケビョウ》 実際は病気ではないのに、病気のふりをすること。例―をつかう。

【▽仮▽令】《たとい・たとえ》（副）〔「たとい」が、古くからの語形〕「とも」「ども」などといっしょに使って逆接条件をあらわす。例―太陽が西から昇《のぼ》るとも…。表記「▽縦・▽縦▽令・▽設・▽設▽令」などとも書く。

［人（亻・𠆢）部］4画 会

𠆢 4 【会】 6画 1881 4F1A 教育2 音カイ漢 エ呉 訓あ-う・たまたま

日 9 【會】 13画 4882 6703

筆順 ノ 人 𠆢 亼 会 会

なりたち ［会意］「亼（＝あわせる）」と「曾（＝増す）」の省略体とから成る。あわせる。あう。

意味 ❶人と人とがいっしょになる。あつまって顔をあわせる。あう。例会見《カイケン》。再会《サイカイ》。集会《シュウカイ》。❷人のあつまり。例会員《カイイン》。同好会《ドウコウカイ》。入会《ニュウカイ》。❸人が多くあつまる場所。また、人があつまってする行事。例会式《エシキ》。都会《トカイ》。❹思いあたる。心にかなう。さとる。例会得《エトク》。会心《カイシン》。理会《リカイ》。❺かぞえる。例会計《カイケイ》。❻めぐりあった、ちょうどその時。例機会《キカイ》。

使い分け あう【会・合・遭】⇩1159ページ

難読 度会《わたらい》

人名 あい・あつむ・かず・さだ・さとる・はる・もち

【会式】《エシキ》〔仏〕①法会《ホウエ》の儀式《ギシキ》。②日蓮宗《ニチレンシュウ》で、日蓮の命日（＝十月十三日）におこなう法会。お会式。

【会釈】《エシャク》（名・する）①軽く頭を下げてあいさつすること。例ちょっと―して前を通る。②相手のことを思いやること。類斟酌《シンシャク》。例遠慮《エンリョ》―もなく。

【会者定離】《エシャジョウリ》〔仏〕会った者は必ずいつかは別れるということ。この世の無常をいうことば。例生者必滅《ショウジャヒツメツ》―は世の習い。

【会得】《エトク》（名・する）技術や知識などを、じゅうぶんに理解し、自分のものとすること。例技術を―する。

【会意】《カイイ》 漢字の六書《リクショ》の一つ。二つ以上の漢字の意味を組み合わせて新しい漢字をつくること。たとえば、「日＋月→明」「木＋木→林」など。

【会員】《カイイン》 会を構成している人。例―を募集《ボシュウ》する。

【会館】《カイカン》 会議・儀式《ギシキ》・宿泊《シュクハク》・食事・集会などに使う

建物。例市民—。学生—。

【会規】《カイキ》 会の規則。例—に従って総会を開く。

【会期】《カイキ》 会がおこなわれる期間・時期。例—を延長する。

【会議】《カイギ》 (名・する) 集まって、ある問題について話し合うこと。例—が始まる。—に出席する。

【会計】《カイケイ》 ①役所・会社などで、お金の計算・管理をあつかう仕事。また、その係。例市役所の—課。②宿泊《シュクハク》や飲食などの、代金のしはらい。類勘定《カンジョウ》。例—をすませる。

【会稽の恥】《カイケイのはじ》 〔春秋時代に、越王《エツオウ》の句践《コウセン》が会稽山で呉王《ゴオウ》の夫差《フサ》と戦って敗れ、受けた恥をのちにすすいだ故事から〕人から受けたはずかしめ・屈辱《クツジョク》。〈史記《シキ》〉例—をすすぐ。→【臥薪嘗胆】《ガシンショウタン》(1001ページ)

【会見】《カイケン》 (名・する) (公式の場で)人に会うこと。例記者—。—の日程を決める。

【会合】《カイゴウ》 (名・する) 集まり。集会。例—を開く。

【会試】《カイシ》 昔の中国で、役人の採用試験の一つ。郷試《キョウシ》に受かった人が受ける第二次試験。さらに第三次の試験として殿試《デンシ》がある。

【会社】《カイシャ》 利益を得ることを前提として、ある事業を進めるためにつくられた団体。例株式—。

【会所】《カイショ》 人やものなどの、出あうところ。また、集会所。集まって何かをする場所。例碁《ゴ》—。

【会場】《カイジョウ》 会やもよおしものが開かれる場所。例—の準備。

【会食】《カイショク》 (名・する) (行事や会などのあと)人々が集まってうちとけたふんいきで食事をすること。

【会心】《カイシン》 自分の気持ちにかなって心から満足すること。例—の笑《え》み。—の作。—の当たり。

【会席】《カイセキ》 ①会合・宴会《エンカイ》などの席。②茶道や俳諧《ハイカイ》などの席。③「会席料理」の略。簡略な宴会用の料理。例—膳《ゼン》。

【会葬】《カイソウ》 (名・する) 葬式に列席すること。例—者。

【会談】《カイダン》 (名・する) 責任のある立場にいる人々が公式に面会して話し合うこと。例首脳—。企業《キギョウ》のトップが—する。

【会長】《カイチョウ》 ①会を代表し、責任を負う立場にある人。②会社などで、社長の上に位置する人。〔社長をしりぞいた人の名誉称号《メイヨショウゴウ》として用いることもある〕

【会頭】《カイトウ》 会または大きな組織を代表する人。例商工会議所—。学会—。

【会同】《カイドウ》 (名・する) 集まって会議をすること。例裁判官—。

【会堂】《カイドウ》 ①集会のための建物。②「教会堂」の略。キリスト教の教会。

【会費】《カイヒ》 会を運営するための費用。例—を集める。

【会報】《カイホウ》 会の活動や会員の消息などを知らせるために発行する文書や雑誌。

【会友】《カイユウ》 ①会員である仲間。②会員ではないが、会に深いかかわりをもつ人。

【会話】《カイワ》 (名・する) 考えていることを相手に伝えるために、たがいにことばをかわすこと。例—文。英—。—を楽しむ。

●宴会《エンカイ》・園遊会《エンユウカイ》・開会《カイカイ》・学会《ガッカイ》・機会《キカイ》・議会《ギカイ》・協会《キョウカイ》・教会《キョウカイ》・県会《ケンカイ》・国会《コッカイ》・再会《サイカイ》・参会《サンカイ》・散会《サンカイ》・司会《シカイ》・自治会《ジチカイ》・社会《シャカイ》・集会《シュウカイ》・照会《ショウカイ》・盛会《セイカイ》・総会《ソウカイ》・大会《タイカイ》・朝会《チョウカイ》・展覧会《テンランカイ》・都会《トカイ》・入会《ニュウカイ》・閉会《ヘイカイ》・忘年会《ボウネンカイ》・面会《メンカイ》・流会《リュウカイ》・例会《レイカイ》

亻 4

【价】 6画 4835 4EF7 音 カイ漢 訓 よ-い

意味 ❶りっぱな。よい。例价人《カイジン》。❷よろいを着けた人。❸使いの者。例使价《シカイ》(=使い走りする者)。同介《カイ》。

𠆢 4

【企】 6画 2075 4F01 常用 音 キ漢呉 訓 くわだ-てる・くわだ-て・たくら-む

筆順 ノ 人 个 仐 企 企

なりたち  [会意]「人(=ひと)」と「止(=かかと)」とから成る。かかとをあげる。

意味 ❶かかとをあげて、つま先で立つ。つま立つ。また、つま立ちして待ち望む。例企望《キボウ》。❷つま立ちして待ち望むように強く願い、また、遠くまで見通すほどに考えぬいて計画する。くわだてる。例企画《キカク》。企図《キト》。

人名 たくみ・とも・のぞむ・もと

【企画】《キカク》 (名・する) 新しく仕事を始めるために計画を立てること。くわだて。例新事業の—を立てる。表記 ⑪企▼劃

【企及】《キキュウ》 (名・する) 同じ程度のことをくわだてて追いつくこと。肩《かた》を並べること。例凡人《ボンジン》の—すべからざる技《わざ》。

【企業】《キギョウ》 利益をあげることを目的としておこなう事業。会社や工場など。例大—。中小—。

【企図】《キト》 (名・する) くわだてること。類計画。

【企望】《キボウ》 (名・する) 〔つま立ちして待ちのぞむ意〕心からのぞむこと。強く願うこと。例各人の協力を—する。

亻 4

【伎】 6画 2076 4F0E 常用 音 キ漢 ギ呉 訓 わざ

筆順 ノ 亻 亻一 什 伎 伎

なりたち  [形声]「亻(=ひと)」と、音「支《シ》→キ」とから成る。くみする。派生して「わざおぎ」の意。

意味 ❶すぐれたうでまえ。わざ。同技《ギ》。例伎倆《ギリョウ》。❷歌やおどりを職業とする人。芸者。わざおぎ。同妓《ギ》。例伎女《ギジョ》。

【▽伎楽】《ギガク》 仮面をつけ音楽に合わせておどる古代の劇。中国から百済《ヒャクサイ》《くだら》をへて日本に伝えられた。例—面。

【▽伎女】《ギジョ》 ①昔、歌やおどりを演じた女性。②あそびめ。

【▽伎▼癢】《ギヨウ》 自分のうでまえを示したくてむずむずすること。うでが鳴る。例—をおぼえる。表記「技▼癢」とも書く。

【▽伎▼倆】《ギリョウ》 ⇩【技量】《ギリョウ》(427ページ)

亻 4

【休】 6画 2157 4F11 教育1 音 キュウ漢 ク呉 訓 やす-む・やす-まる・やす-める・やす-み・や-む

筆順 ノ 亻 亻一 什 休 休

なりたち  [会意]「亻(=ひと)」が「木(=き)」によりかかる。いこい、やすむ。

意味 ❶からだや心のつかれがなおるようにする。やすむ。やすまる。やすめる。例休憩《キュウケイ》。休息《キュウソク》。定休《テイキュウ》。❷一時的にやめる。例休止《キュウシ》。休戦《キュウセン》。❸さいわい。めでたい。よろこび。例休戚《キュウセキ》。❹りっぱな。よい。例休徳《キュウトク》。

人名 のぶ・やす・よし

【休暇】《キュウカ》 学校や会社などで、日曜・祝日以外のやすみ。例夏季—。有給—。—をとる。

【休学】《キュウガク》 (名・する) 学生・生徒が、外国留学や病気、家庭のつごうなどのため、一定期間、その学校をやすむこと。

【休刊】《キュウカン》 (名・する) 定期的に発行している新聞や雑誌などの刊行をやすむこと。

【休館】《キュウカン》 (名・する) 美術館・図書館・博物館などが業務

をやすむこと。例—日《び》。月曜日は—だ。

【休業《キュウギョウ》】（名・する）商店などが、仕事をやすむこと。例本日—。臨時—。

【休憩《キュウケイ》】（名・する）続けていた仕事・運動などをしばらくやすむこと。ひとやすみ。例—室。—時間。五分間—しよう。

【休校《キュウコウ》】（名・する）学校の授業がやすみになること。例感染症の拡大を予防するために—になる。

【休耕《キュウコウ》】（名・する）田畑の耕作をしばらくやめること。例—田《デン》。

【休講《キュウコウ》】（名・する）教師が病気や出張などで、講義をやすむこと。例—の掲示《ケイジ》を出す。

【休止《キュウシ》】（名・する）仕事・運動・活動などを一時的にやめること。例—符《フ》。運転—。—ののち再開する。

【休止符《キュウシフ》】楽譜《ガクフ》で、音のないところとその長さを示している記号。休符。

【休日《キュウジツ》】業務をおこなわないと定めてある日。ふつう、祝日・日曜をふくむ。例—出勤。

【休場《キュウジョウ》】（名・する）①競技場の営業や、もよおしものなどをやすむこと。②力士・選手などがやすんで出場しないこと。類欠場。対出場。例大関《おおぜき》が—する。

【休職《キュウショク》】（名・する）勤め人が、その資格を失わないで、会社や役所などをある期間やすむこと。対復職。例自己都合《つごう》により—。

【休心《キュウシン》】（名・する）心をやすめること。気をつかわないこと。〔手紙などで、「こちらはもうだいじょうぶだからご安心ください」という意味で使う〕類放念。例どうぞご—ください。
表記「休神」とも書く。

【休診《キュウシン》】（名・する）医者や病院が診察や診療《シンリョウ》をやすむこと。例本日—。

【休戚《キュウセキ》】〔「休」は、喜び、「戚」は、うれい・いたみ〕喜びと悲しみ。よいこととわるいこと。例—を分かつ。

【休戦《キュウセン》】（名・する）敵と味方が話し合って、一時的にたたかいをやめること。例—協定。クリスマス—。

【休息《キュウソク》】（名・する）仕事や運動などをやめて、からだをやすめること。例たまには—も必要だ。

【休題《キュウダイ》】それまでの話を少しのあいだやすむこと。例閑話《カンワ》—（＝むだ話はこれくらいでやめて）本筋《ホンすじ》にもどれば…。

【休廷《キュウテイ》】（名・する）法廷での裁判の審理《シンリ》を一時やすむこと。例—を宣《セン》する。

【休眠《キュウミン》】（名・する）①動物や植物が、生活に不適当な期間、活動をやめたままじっとしていること。冬眠・夏眠など。例—からさめて活動を始める。②活動・運用・利用などが、ほとんど止まっている状態。例—している会社。

【休養《キュウヨウ》】（名・する）元気を回復するために、仕事をやすんでからだのつかれをとること。類静養・保養。例—をとる。

●運休《ウンキュウ》・週休《シュウキュウ》・代休《ダイキュウ》・定休《テイキュウ》・不眠不休《フミンフキュウ》・無休《ムキュウ》・遊休《ユウキュウ》・連休《レンキュウ》

亻 4

【件】

6画 2379 4EF6 教育5

音ケン漢 訓くだり・くだん

筆順 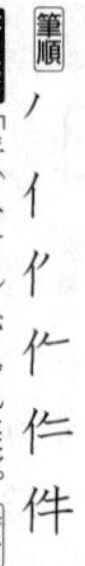

なりたち「半（＝分ける）」がくずれた形。参考 一説に、「亻（＝分ける）」と「牛（＝ウシ）」とから成り、大きなウシを「切り分けた一つ一つのもの」の意。

意味 一つ一つに分けられることがら。また、ことがらを数えることば。例案件《アンケン》。一件《イッケン》。

日本語での用法《くだり・くだん》文章や話の一部分。また、もうすでに述べたことがら。「くだん」は「くだり」の変化したもの。「物語《ものがたり》の有名《ユウメイ》な件《くだり》を暗唱《アンショウ》する・件《くだん》の人物《ジンブツ》・よって件《くだん》のごとし」

人名 かず・なか・わか

【▽件《くだん》の▽如《ごと》し】以上述べたとおりである。文書などの最後に用いることば。例よって—。

【件件《ケンケン》】あのことこのこと。どの件もみな。

【件数《ケンスウ》】ことがらや事件のかず。例犯罪—。申しこみ—。

【件名《ケンメイ》】ことがらを分類するのに用いる、一つ一つの項目《コウモク》となることば。例—目録。—索引《サクイン》。

●案件《アンケン》・一件《イッケン》・雑件《ザッケン》・条件《ジョウケン》・物件《ブッケン》・本件《ホンケン》・用件《ヨウケン》・要件《ヨウケン》

亻 4

【伍】

6画 2464 4F0D 人名

音ゴ漢呉

なりたち 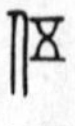 ［会意］「亻（＝ひと）」と「五《ゴ》（＝いつつ）」とから成る。五人がなかまになる。

意味 ❶五人をひとまとまりとした、古代の兵制。また、五戸をひとまとまりとした、古代の行政単位。例伍長《ゴチョウ》（＝軍隊で、五人組のかしら）。❷ひとまとまりの軍隊・なかま。例隊伍《タイゴ》。落伍《ラクゴ》。❸なかまにはいる。同列に並ぶ。例伍《ゴ》する。❹「五」の大字《ダイジ》。商売や契約《ケイヤク》の文書で、数字を書きかえられないように使う。例金《キン》伍億円《ゴオクエン》。

人名 あつむ・いつ・くみ・ひとし

【伍長《ゴチョウ》】日本の旧陸軍の下士官のうちで、最下位のもの。軍曹《グンソウ》の下、兵長の上。

亻 4

【仰】

6画 2236 4EF0 常用

音コウ慣ギョウ漢ゴウ呉 訓あお-ぐ・おお-せ

筆順 

なりたち  ［会意］「亻（＝ひと）」と「卬《ゴウ→ギョウ》（＝望む）」とから成る。あおぎ見る。

意味 ❶顔を上にむける。あおぐ。対俯《フ》。例仰視《ギョウシ》。仰天《ギョウテン》。俯仰《フギョウ》。❷自分より上のものと見なして、それにならう。あがめる。例仰慕《ギョウボ》。信仰《シンコウ》。❸上をむいて一気にのむ。あおぐ。例仰毒《ギョウドク》（＝毒薬をあおって飲む）。

日本語での用法《おおせ》ご命令。おことば。「仰《おお》せにしたがう・仰《おお》せのとおり」

人名 たか・たかし・もち

【仰《あお》いで天《テン》に▼愧《は》じず】やましいところがまったくない。心やおこないが正しいこと。例—、俯《フ》して地《チ》に怍《は》じず。〈孟子《モウシ》〉→【俯仰《フギョウ》天地《テンチ》に愧《は》じず】（87ページ）

【仰▼臥《ギョウガ》】（名・する）あおむけにねること。対伏臥《フクガ》・横臥《オウガ》。

【仰角《ギョウカク》】見上げたとき、目の高さの水平面と、目と物を結ぶ線とが作る角度。対俯角《フカク》。

【仰山《ギョウサン》】［一］（副）たくさん。大量に。とても多く。〔西日本で多く使われることば〕例雨が—降る。［二］（形動ダ）大げさ。例—なことを言う。

【仰視《ギョウシ》】（名・する）あおぎ見ること。対俯視《フシ》。

【仰天《ギョウテン》】（名・する）〔もと、天をあおいでため息をついたり、大笑いする意〕ひどくおどろくこと。あきれること。例びっくり—する。

【仰慕《ギョウボ》】（名・する）（偉大な人物を）うやまい、したうこと。例—の念。

【仰望《ギョウボウ》】（名・する）あおぎ見ること。見上げること。また、うやまうこと。例—すべき偉業《イギョウ》。

●渇仰《カツギョウ｜カツゴウ》・信仰《シンコウ》

亻4

【伉】

6画 4836 4F09 音 コウ[漢] 訓 たぐい

意味 ならぶもの。配偶者《ハイグウシャ》。たぐい。例 伉儷《コウレイ》。

【伉▼儷】《コウレイ》 つれあい。また、夫婦《フウフ》。例 —を喪《うしな》う。

へ4

【全】

6画 3320 5168 教育3 音 セン[漢] ゼン[呉] 訓 まった-く・すべ-て・まっと-うする

筆順 ノ 入 亼 仐 仝 全

へ4 【全】 6画

なりたち  [会意]「入(=みがきあげる)」と「王(=玉)」とから成る。欠けたところのないたま。

意味 ❶きずや、欠けたところがなく、そろっている。まったい。例 全知全能《ゼンチゼンノウ》。完全《カンゼン》。万全《バンゼン》。❷ことごとく。みな。すべて。例 全員《ゼンイン》。全体《ゼンタイ》。全滅《ゼンメツ》。❸完全に成しとげる。まっとうする。例 保全《ホゼン》。天寿《テンジュ》を全《まっ》とうする。

人名 あきら・たけ・たもつ・とおる・まさ・まさし・また・またし・まる・みつ・みな・やす・やすし

【全域】《ゼンイキ》 すべての地域。例 九州—で台風の被害が出る。

【全員】《ゼンイン》 すべての人々。あるところに所属しているすべての人。例 —が賛成する。

【全音】《ゼンオン》 音楽で、一オクターブを構成する、五つの広い音程と二つのせまい音程のうち、広い音程。[対] 半音。

【全科】《ゼンカ》 全部の学科・科目。例 —平均によくできる。

【全会】《ゼンカイ》 会議に出席しているすべての人。例 —一致《イッチ》の賛成。

【全快】《ゼンカイ》 (名・する) 病気や傷などが完全によくなること。[類] 全治・全癒《ゼンユ》。例 —祝い。

【全開】《ゼンカイ》 (名・する) いっぱいにあけること。また、能力いっぱいに動かすこと。[対] 半開。例 窓を—する。エンジンを—にする。

【全壊】《ゼンカイ》 (名・する) 家などが完全にこわれてしまうこと。例 地震《ジシン》で百二十戸が—した。表記「全潰」とも書く。

【全学】《ゼンガク》 学校・学園・大学の全体。学内の学生・教職員すべて。例 —あげて記念事業に取り組む。

【全額】《ゼンガク》 すべての金額。ある金額の全部。例 —を一度ではらう。

【全巻】《ゼンカン》 ①複数の巻でまとまっている書物や映画のすべて。例 —をそろいで購入《コウニュウ》する。②一巻の本のすべて。

【全館】《ゼンカン》 ①いくつかある館のすべて。例 博覧会会場は—すべて満員。②その建物全体。例 —冷房《レイボウ》。—が停電。

【全局】《ゼンキョク》 ①一つの局の全体。例 —が停電した。②囲碁《イゴ》・将棋《ショウギ》などで、すべての対局。例 —を観戦する。

【全軍】《ゼングン》 ①いくつかの部隊から成る軍隊のすべて。例 —を各地から呼びよせる。②その部隊の全員。例 —無事帰還《キカン》。

【全形】《ゼンケイ》 全体のかたち。完全なかたち。例 霧《きり》が晴れて山の—があらわれる。

【全景】《ゼンケイ》 全体のけしき。ながめ。例 山の頂上から町の—をながめる。

【全権】《ゼンケン》 ①すべての権限。例 —を委任する。②すべての権力。例 —を掌握《ショウアク》する。

【全戸】《ゼンコ》 ①うちじゅう。その家全部。例 —くまなくさがす。②ある地域のすべての家。例 —焼失《ショウシツ》。—の協力を願う。

【全校】《ゼンコウ》 ①その学校の全体。例 —いっせいテスト。②すべての学校。例 県下の—を代表して出場する。

【全国】《ゼンコク》 国の全体。くにじゅう。[類] 全土。例 —いたるところ。—に知られる。

【全山】《ゼンザン》 ①山全体。[類] 満山。例 秋になって—紅葉する。②すべての山。例 四国《シコク》の—に登る。③(規模の大きな寺の)寺全体。例 —の僧《ソウ》。

【全紙】《ゼンシ》 ①なん種類かある新聞のすべて。例 —がトップに取り上げる。②新聞の紙面全体。例 —にくまなく目を通す。③工場で、A判《エーバン》・B判などの規格に合わせて大きく切った紙。全判《ゼンパン》。

【全日】《ゼンジツ》 ①一日じゅう。まる一日。例 —営業する。②すべての日。

【全日制】《ゼンニチセイ・ゼンジツセイ》 平日の昼間に授業をおこなう、学校教育の制度。[対] 定時制。

【全集】《ゼンシュウ》 ある人、または、ある分野の著作をあつめた書物。例 シェークスピア—。日本文学—。

【全書】《ゼンショ》 その分野に関係する、ことがらや資料を広く集めた書物。例 六法—。古典—。

【全勝】《ゼンショウ》 (名・する) すべての試合や勝負にかつこと。[対] 全敗。例 —で優勝する。

【全焼】《ゼンショウ》 (名・する) 火事で、建物などが、全部やけてしまうこと。[対] 半焼。例 家が—する。

【全身】《ゼンシン》 からだ全体。頭から足の先まで。[対] 半身。例 —ずぶぬれ。

【全身全霊】《ゼンシンゼンレイ》 その人のもっている体力と精神力のすべて。例 —を打ちこんだ仕事。

【全人】《ゼンジン》 天地自然の道と合一《ゴウイツ》し、人と自分とを区別しない人。〈荘子《ソウジ》〉[類] 聖人・神人。

【全人教育】《ゼンジンキョウイク》 知識だけにかたよらないで、情操教育・体育をも重視する教育。

【全数】《ゼンスウ》 すべての数量。〔「全数調査」という場合は、国勢調査のように全体をもれなく調査の対象とすること〕

【全盛】《ゼンセイ》 勢いが最もさかんな状態にあること。例 —期。—時代。

【全線】《ゼンセン》 ①列車・電車・バスなどの路線のすべて。例 —開通。大雨で—不通。②すべての戦線。

【全然】《ゼンゼン》 (副) ①〔下に打ち消しのことばをともなって〕まったく。まるで。例 —打てなくなる。—だめだ。②〔俗《ゾク》な言い方で、打ち消しのことばをともなわず〕まったく。ぴったり。例 —失敗だった。—一致《イッチ》した。

【全速力】《ゼンソクリョク》 出せる限りのはやさ。フルスピード。例 車が—で走る。

【全体】《ゼンタイ》 ㊀(名) 全部。すべて。例 町—にとっていいことだ。からだ—を使う。㊁(副) ①もともと。元来。例 —君のほうが悪いんだ。②〔下に、相手をたしなめたり、疑問の意味をあらわすことばをともなって〕いったい。いったいぜんたい。例 —どういうわけなんだろう。

【全治】《ゼンチ》 〔「ゼンジ」とも〕(名・する) 病気やけがや故障がすっかりなおること。[類] 全快。例 —するのに二週間はかかる。

【全知全能】《ゼンチゼンノウ》 なんでも知っていて、また、なんでもできる能力。完全無欠。例 —の神。表記 [旧] 全▼智全能

【全長】《ゼンチョウ》 あるものの全体の長さ。例 —三〇メートルのクジラ。

【全通】《ゼンツウ》 (名・する) 列車・電車・バスなどの路線の全体が開通すること。全線開通。

【全的】《ゼンテキ》 (形動ダ) 全面的。全般《ゼンパン》的。例 現実の世界を—に肯定《コウテイ》するわけではない。

【全店】《ゼンテン》 ①ある地域のすべての店。例 町内の—歳末《サイマツ》大売り出し。②その店全体。例 —改装のため休業。

【全土】《ゼンド》 その国土・地域全体。例 日本—。九州—の地図。

2画

[人(亻・入)部] 4画 伉 全

【全納】《ゼンノウ》（名・する）税金・授業料などを一回で全部おさめること。(対)分納。

【全能】《ゼンノウ》なんでもできること。[例]全知―。―の神。

【全敗】《ゼンパイ》（名・する）すべての試合や勝負に負けること。(対)全勝。

【全廃】《ゼンパイ》（名・する）すべてやめること。完全に廃止《ハイシ》すること。[例]核兵器《カクヘイキ》を―する。

【全判】《ゼンバン》「全紙《ゼンシ》③」に同じ。

【全般】《ゼンパン》あることがらの全体。総体。[例]―にわたって目を通す。

【全▼豹】《ゼンピョウ》〔ヒョウのからだ全体の模様の意〕ものごとの全体のようす。→【一斑《イッパン》を見《み》て全豹《ゼンピョウ》をト《ボク》す】（7ページ）

【全部】《ゼンブ》[一]（名）ひとそろいの書物、ひとつづきのものの、すべてそろったもの。[例]―二十八冊の著作集。[二]（名・副）すべて。みな。例外なく。(対)一部。[例]宿題を―すませる。

【全幅】《ゼンプク》〔はばいっぱいの意〕あらんかぎり。最大限。[例]―の信頼《シンライ》をよせる。―の共感をもって鑑賞《カンショウ》する。

【全文】《ゼンブン》ある文章の全体。[例]―を朗読する。

【全編】《ゼンペン》詩や小説、映画などの作品全体。[例]―なみだをさそう作品。[表記](旧)全▼篇
【全貌】《ゼンボウ》ものごとの全体のようす・ありさま。(類)全容。[例]事件の―を明らかにする。

【全滅】《ゼンメツ》（名・する）①すべてほろびること。完全に滅亡《メツボウ》すること。[例]戦いに敗れ―した。②すべて悪い結果となること。[例]今度のテストは―だ。台風で作物が―した。

【全面】《ゼンメン》①あらゆる方面。すべての部門。[例]―的。―講和。②新聞・雑誌などの一ページ全体。[例]―広告を出す。

【全盲】《ゼンモウ》両眼ともにまったく見えないこと。

【全訳】《ゼンヤク》（名・する）省略をしないで、外国語の原文を全部翻訳《ホンヤク》すること。また、その訳文。(類)完訳。(対)抄訳《ショウヤク》。[例]ホメロスの詩の―。―同一訳者による。

【全容】《ゼンヨウ》全体の姿・ようす。(類)全貌《ゼンボウ》。[例]事件の―。古墳《コフン》の―が明らかになる。

【全裸】《ゼンラ》何も身につけていないこと。まるはだか。すっぱだか。あかはだか。(対)半裸。

【全力】《ゼンリョク》出しうるかぎりの力。もっているすべての力。[例]―をつくす。―を出しきる。

【全霊】《ゼンレイ》精神力のすべて。たましいのすべて。[例]全身―。
○●安全《アンゼン》・完全《カンゼン》・健全《ケンゼン》・万全《バンゼン》・不全《フゼン》・保全《ホゼン》

亻4
【仲】
6画 3571 4EF2 [教育4]
[音]チュウ(漢)
[訓]なか
[付表]仲人《なこうど》
[筆順]ノ イ 仆 亻口 仲
[なりたち]［会意］「亻(=ひと)」と「中《チュウ》(=なか)」とから成る。なか。
[意味]❶きょうだいのうちの二番目。三人きょうだいの真ん中。なか。[例]仲兄《チュウケイ》。伯仲叔季《ハクチュウシュクキ》。❷三つ並んだうちの二番目。四季それぞれの三か月の、二番目。[例]仲夏《チュウカ》。仲春《チュウシュン》。❸人と人とのあいだに立つ。なかだち。[例]仲介《チュウカイ》。仲裁《チュウサイ》。
[日本語での用法]《なか》人と人とのあいだがら。友人としての関係。「仲《なか》がいい・犬猿《ケンエン》の仲《なか》」
[使い分け]なか【中・仲】
⇩1175ページ
[人名]しずか

【仲夏】《チュウカ》暦《こよみ》のうえで、夏の三か月の真ん中の月。陰暦《インレキ》の五月(=今の六月ごろ)。また、そのころ。中夏。

【仲介】《チュウカイ》（名・する）①二つのもののあいだに立って、両者がたがいに交渉《コウショウ》できるようにとりもつこと。なかだち。[例]結婚《ケッコン》の―。②紛争《フンソウ》の当事者でない第三者が、あいだに立って、調停・解決に努力すること。[例]国連が―する停戦協議。

【仲兄】《チュウケイ》男きょうだいのうちの二番目にあたる兄。

【仲間】[一]《チュウゲン》昔、武家屋敷《ブケやしき》で下働きをした者。[例]―部屋。[二]《なかま》①仕事や遊びなどをいっしょにする人どうし。[例]仕事―。遊び―。②動物・植物で、同じたぐいとして、一つにまとめられるもの。[例]ピーマンやトマトはナスの―です。[表記][一]は「中間」とも書く。

【仲裁】《チュウサイ》（名・する）争っている人と人、国と国などのあいだに立って、なかなおりをさせること。[例]けんかの―。労使の紛争《フンソウ》を―する。

【仲▽尼】《チュウジ》孔子《コウシ》の字《あざな》(=成人してからのとおり名)。

【仲秋】《チュウシュウ》暦《こよみ》のうえで、秋の三か月の真ん中の月。陰暦《インレキ》の八月(=今の九月ごろ)。また、そのころ。中秋。

【仲春】《チュウシュン》暦《こよみ》のうえで、春の三か月の真ん中の月。陰暦《インレキ》の二月(=今の三月ごろ)。また、そのころ。中春。

【仲冬】《チュウトウ》暦《こよみ》のうえで、冬の三か月の真ん中の月。陰暦《インレキ》の十一月(=今の十二月ごろ)。また、そのころ。中冬。

【仲人】[一]《チュウニン》①仲介《チュウカイ》をする人。②仲裁をする人。[二]《なこうど》結婚《ケッコン》のなかだちをする人。(類)媒酌人《バイシャクニン》・月下氷人《ゲッカヒョウジン》。

【仲居】《なかい》料理屋などで、客の応対をしたり料理を運んだりする女の人。

【仲買】《なかがい》品物や不動産などの売り手と買い手のあいだに立って世話をし、手数料などの利益を得る職業。また、その職業の人。
○●伯仲《ハクチュウ》

亻4
【伝】
6画 3733 4F1D [教育4]
[音]テン(漢)デン(呉)
[訓]つた-わる・つた-える・つた-う・つて
[付表]手伝《てつだ》う・伝馬船《てんません》
[筆順]ノ イ 亻一 仁 伝 伝

亻11
【傳】
13画 4903 50B3 [人名]

[なりたち]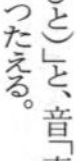［形声］「亻(=ひと)」と、音「専《セン》→《テン》」とから成る。つぎつぎにつたえる。

[意味]❶つぎからつぎへとわたしていく。つたえる。つたわる。[例]伝送《デンソウ》。伝達《デンタツ》。伝来《デンライ》。❷つたえて広める。遠くつたわる。[例]伝染《デンセン》。宣伝《センデン》。❸つたえられた話。言いつたえ。[例]伝説《デンセツ》。口伝《クデン》。❹人の言行や一生を書きつたえるもの。[例]伝記《デンキ》。自伝《ジデン》。❺古典の注釈《チュウシャク》。[例]経伝《ケイデン》。古事記伝《コジキデン》。❻宿場から宿場へと人やものを送りとどける。また、そのための施設《シセツ》やウマ。[例]伝馬《てんま》。駅伝《エキデン》。

[日本語での用法][一]《デン》受けついできて知っている方法。やりかた。「いつもの伝《デン》で」[二]《つて》目標に達するまでに、たよるもの。「伝《つて》をたよる・伝《つて》がない」

[人名]ただ・つぐ・つた・つたえ・つとう・つとむ・のぶ・のり・ひろし

【伝家の宝刀】《デンカのホウトウ》①たからものとして代々その家につたわっている刀。②いざというとき以外は用いることのない、とっておきの手段のたとえ。[例]―をぬく(=最後の手段を用いる)。

【伝奇】《デンキ》ふつうには考えられない不思議なこと。めずらしいこと。また、それを書きしるした物語。[例]唐代《トウダイ》―小説。

【伝記】《デンキ》人の一生をくわしく書いた記録や物語。(類)一代記。[例]エジソンの―を読む。

【伝言】《デンゴン》（名・する）その人に、つたえてほしいことがら。また、つ

たえてくれるよう、人にたのむこと。ことづけ。ことづて。メッセージ。例―板。

【伝賛《デンサン》】伝記を書いた人が、その伝記のあとに付け加える、批評のことば。

【伝受《デンジュ》】(名・する) (学問・武術・技芸などを)教えつたえてもらって受けつぐこと。例師匠《シショウ》からの―による秘法。

【伝授《デンジュ》】(名・する) (学問・武術・技芸などを)つたえさずけて、絶えないようにすること。例剣術《ケンジュツ》の奥義《オウギ》を―する。

【伝習《デンシュウ》】(名・する) 学問・技術などをおそわること。

【伝書《デンショ》】①手紙を届けること。例―バト。②(流派に)受けつがれてきた書物。例世阿弥《ゼアミ》の能《ノウ》―。

【伝承《デンショウ》】(名・する) 古くからつたわってきたものごとを受けつぐこと。また、そのしきたりや言いつたえ。例民間―。古代のすがたを―した祭り。

【伝▼誦《デンショウ》】(名・する) 古くからつたえられてきた物語や詩歌《シイカ》などを、語りつたえること。例―文学。

【伝世《デンセイ》】つぎつぎと世につたえること。例―品(=長い時代をたいせつにされてきた品)。

【伝説《デンセツ》】①昔からの言いつたえ。例神社につたわる―を調べる。浦島太郎《うらしまタロウ》の―。②うわさ。風評。

【伝染《デンセン》】(名・する) ①病気がうつって、広がること。例―病。②考え方ややり方などが、つぎつぎにうつり広がること。例悪い習慣が―する。

【伝染病《デンセンビョウ》】ウイルスや細菌《サイキン》などの病原体が、人から人へとうつって起こる病気。例―の予防注射。→【感染症《カンセンショウ》】(405ページ)

【伝線《デンセン》】(名・する) 毛織物やストッキングなどのほつれが、一か所から線のように広がること。また、そのほつれ。

【▽伝奏《テンソウ／デンソウ》】(名・する) 取り次いで貴人にものを申し上げること。〔たとえば、江戸《えど》時代に武家から天皇・朝廷《チョウテイ》に申し上げることを取り次ぐこと。また、その役〕

【伝送《デンソウ》】(名・する) 次から次へとつたえおくること。例荷物の―。通信を―する。

【伝達《デンタツ》】(名・する) ①意思・計画・命令や指示などをつたえること。また、その内容。例本社の意向を各支店に―する。②たがいに意思を通じあわせること。コミュニケーション。

【伝逓《デンテイ》】(名・する) つぎつぎにつたえること。宿場から次の宿場へものを送りわたすこと。逓伝。

【伝灯《デントウ》】〔仏〕〔「灯」は、世を照らすところから、仏の教えのたとえ〕仏の教えを受けつたえること。

【伝統《デントウ》】①長い歴史を通して受けつぎ、続いている文化・学問・芸術・制度・思想などの人間の活動。また、その精神。例―工芸。―を守りつたえる。②絶えることなく長く続いていること。例―のある学校。

【伝道《デンドウ》】(名・する) 宗教・政治思想にかかわる教えを広めること。例プロテスタントの―に従う。

【伝導《デンドウ》】(名・する) 〔物〕電気や熱がものを通してつたわること。例超《チョウ》―。熱―の実験をする。

【伝▼播《デンパ》】(名・する) ①ものごとが、つたわり広まること。また、ものごとをつたえ広めること。例西域の文化が東方に―した。②〔物〕波動が広がっていくこと。参考「デンパン」と読むのは誤り。

【伝票《デンピョウ》】銀行・会社・商店などで、お金や商品などの出し入れをしるして、取り引きの内容を記録しておく小さい紙。例入金―。―を切る(=とじてある書きつけの紙面に、必要な事項《ジコウ》・数字を書き入れ、切り取って発行する)。

【伝聞《デンブン》】(名・する) 直接に見たり聞いたりしたことでなく、人を通して聞くこと。㊫きさつたえ・またぎき・風聞。例―したことなので確かではない。

【伝法《デンポウ》】〔「デンボウ」とも〕㊀(名)〔仏〕仏の教えをつたえること。㊁(形動ダナ) ①言動が粗暴《ソボウ》なこと。例―な口のきき方。②言動にあらわれている、いかにも男らしい気性《キショウ》。例―肌《はだ》の下町むすめ。

【▽伝馬《てんま》】①おおやけの用のために、宿場と宿場のあいだの取り次ぎに用いられたウマ。②「伝馬船」の略。

【伝馬船《てんません》】本船に積んであり、岸に荷物をあげるのに用いる小型のふね。てんま。てんまぶね。

【伝来《デンライ》】(名・する) ①外国からつたえられること。例中国から―した道教。②その家で代々つたえてくること。例父祖―の家屋敷《いえやしき》。

【伝令《デンレイ》】軍隊などで、命令や通報をつたえること。また、その役をする人。例本隊からの―が到着《トウチャク》する。―が監督《カントク》のことばをピッチャーにつたえる。

●駅伝《エキデン》・直伝《ジキデン》・自叙伝《ジジョデン》・自伝《ジデン》・宣伝《センデン》・相伝《ソウデン》・秘伝《ヒデン》・免許皆伝《メンキョカイデン》・列伝《レツデン》

亻 4

【任】

6画　3904　4EFB　教育5

音 ジン㊥漢 ニン㊥呉

訓 まか-せる・まか-す

筆順 ノ 亻 亻 仁 仟 任

なりたち [形声]「亻(=ひと)」と、音「壬《ジン》」とから成る。かかえこんで、もちこたえる。

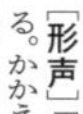

意味 ❶かかえこんで、自分の仕事とする。例兼任《ケンニン》。担任《タンニン》。❷信用して、まかせる。まかす。役目につける。㊫免《メン》。例任命《ニンメイ》。任用《ニンヨウ》。❸まかせて自由にさせる。勝手にさせる。例任意《ニンイ》。放任《ホウニン》。❹まかされた務め。役目。例任重而道遠《ニンおもくしてみちとおし》。〈論語《ロンゴ》〉

難読 任他《さもあらばあれ》・藤原公任《ふじわらのきんとう》・時任《ときとう》(=姓《セイ》)

人名 あたる・あつし・たえ・たか・たかし・ただ・たね・たもつ・とう・ひで・まかし・まこと・まさし

【任意《ニンイ》】(名・形動ダナ) ①相手から指示されるのでなく、自分自身の考えで決めること。例―に加入する保険。②数学・論理学で、どれでもかまわず、無作為《ムサクイ》に選ぶこと。例―抽出《チュウシュツ》。直線AB上の―の一点。

【任官《ニンカン》】(名・する) 官吏《カンリ》に任命されること。また、任命すること。例―して検事になる。

【任期《ニンキ》】法律・規定などに決められている、その職にある期間。例―満了《マンリョウ》。―が切れる。衆議院議員の―は四年。

【任▼侠《ニンキョウ》】弱い者を助け、乱暴者をこらしめることを好み、男らしさをほこること。㊫男だて・男気《おとこギ》・義侠。例―を重んじた江戸《えど》っ子。表記「▽仁▼侠」とも書く。

【任国《ニンゴク》】〔「ニンコク」とも〕①大使・公使・領事などの外交官が任務として、おもむく先の国。②昔、国司として勤めることを命じられて行った国。例―に下《くだ》る。

【任他《ニンタ》】〔他の人にまかせる意〕①たとえ…しても。たとい。②〔「さもあらばあれ」と訓読して〕しかたなしに、なりゆきにまかせること。どうであろうと。ままよ。

【任那《ニンナ／みまな》】〔「イムナ」とも〕昔、朝鮮《チョウセン》半島南部にあったという国の名。新羅《シンラ／しらぎ》・百済《ヒャクサイ／くだら》との間で日本との関係を深めたが、六世紀に新羅にほろぼされた。加羅《カラ》。

【任務《ニンム》】しなくてはならない仕事。例―を果たす。

【任命《ニンメイ》】(名・する) 仕事を命じること。また、役人としての仕事を命じること。㊫罷免《ヒメン》。例―権。

【任免《ニンメン》】(名・する) 任命と免職。仕事を命じることと、やめさせること。例公務員の―権。

【任用《ニンヨウ》】(名・する) 役人として採用し、仕事をさせること。例民間人を積極的に―する。

［人(亻・𠆢)部］4画 任

2画

●一任《イチニン》・委任《イニン》・解任《カイニン》・兼任《ケンニン》・後任《コウニン》・再任《サイニン》・自任《ジニン》・辞任《ジニン》・就任《シュウニン》・主任《シュニン》・常任《ジョウニン》・信任《シンニン》・新任《シンニン》・責任《セキニン》・専任《センニン》・前任《ゼンニン》・大任《タイニン》・退任《タイニン》・担任《タンニン》・着任《チャクニン》・適任《テキニン》・転任《テンニン》・赴任《フニン》・放任《ホウニン》・留任《リュウニン》・歴任《レキニン》

亻 4

【伐】

6画 4018 4F10 常用 音 ハツ漢 バツ呉 訓 う-つ・き-る・ほこ-る

筆順 ノ イ 仁 代 伐 伐

なりたち [会意]「亻(=ひと)」が「戈(=ほこ)」を持つ。うつ。きりころす。

意味 ❶(ほこで)人をきりころす。敵をうちやぶる。うつ。例 殺伐《サツバツ》。征伐《セイバツ》。❷ばっさりと木をきりたおす。きる。例 伐採《バッサイ》。乱伐《ランバツ》。❸棒などでたたく。例 伐鼓《バッコ》(=たいこを打ちならす)。❹自慢《ジマン》して、ひけらかす。ほこる。

人名 いさお・のり

【伐▼柯】《バッカ》〔「柯」は、斧《おの》の柄《え》の意。「柯《カ》を伐《き》る」と訓読する〕手に持っている斧を見本として、その斧の柄に適する木を切ること。見本・基準となるものが手近にあることのたとえ。例 —人《ジン》(=なこうど。媒酌人《バイシャクニン》)。〈詩経《シキョウ》〉

【伐採】《バッサイ》(名・する)(山林などの)木を切りたおすこと。例 森林—。

【伐木】《バツボク》(名・する)木を切ること。伐採。例 秩序《チツジョ》のない—で原生林がほろびた。

●間伐《カンバツ》・殺伐《サツバツ》・征伐《セイバツ》・討伐《トウバツ》・乱伐《ランバツ》・濫伐《ランバツ》

亻 4

【伏】

6画 4190 4F0F 常用 音 フク漢 ブク呉 訓 ふ-せる・ふ-す

筆順 ノ イ 仁 什 伏 伏

なりたち [会意]「亻(=ひと)」と「犬(=イヌ)」とから成る。イヌが、人のそばにひれふす。

意味 ❶うつぶせになる。ふせる。ふす。例 俯伏《フフク》。平伏《ヘイフク》。❷ひれふして、したがう。服従する。同 服《フク》。例 屈伏《クップク》。降伏《コウフク》。❸ふせて、かくす。かくれる。例 伏兵《フクヘイ》。潜伏《センプク》。❹陰暦《インレキ》六月の節《セツ》の名。初伏《ショフク》・中伏《チュウフク》・末伏《マップク》の三伏《サンプク》で、暑さのはげしい時期。例 九夏三伏《キュウカサンプク》の候《コウ》。

人名 ふし・やすし・より

【伏謁】《フクエツ》(名・する)平伏してお目にかかること。

【伏▼臥】《フクガ》(名・する)うつぶせにねること。対 仰臥《ギョウガ》。

【伏在】《フクザイ》(名・する)表面にあらわれないで、かくれていること。例 —する問題点をさぐる。

【伏▼屍】《フクシ》①たおれている死体。②死体に取りすがること。表記 ▽「伏▼尸」とも書く。

【伏線】《フクセン》小説・戯曲《ギキョク》などで、あとで述べることについて、あらかじめほのめかしておくこと。例 —をしく。—を張る。重要な—を読み落とす。

【伏奏】《フクソウ》(名・する)平伏して、貴人に申し上げること。

【伏兵】《フクヘイ》①敵を不意打ちにするため、かくれて待つ兵。例 —を配備する。②思いもかけない相手やことがら。例 思わぬ—に敗れた。

【伏魔殿】《フクマデン》①悪魔がかくれ住んでいる屋敷《やしき》。②悪事のたくらみのおこなわれる所。悪人のかくれが。例 政界の—。

【伏流】《フクリュウ》(名・する)地上を流れる水が、ある部分、地下をくぐって流れること。また、その地下の流れ。例 富士《ふじ》のすその—。

【伏▽竜】《フクリョウ》〔「フクリュウ」とも〕まだ天にのぼらず、池や沼《ぬま》にかくれている竜《リュウ》。まだ世間に知られずにいる、すぐれた人物のたとえ。類 臥竜《ガリョウ》・潜竜《センリョウ》。例 —鳳雛《ホウスウ》。

【伏▽竜▼鳳▼雛】《フクリョウホウスウ》〔「鳳雛」は、鳳凰《ホウオウ》のひな〕才能・人格を世に認められずにいる、すぐれた人物のたとえ。類 臥竜《ガリョウ》鳳雛。

【伏▼櫪】《フクレキ》〔「櫪」は、かいばおけ。また、うまやの意〕ウマがうまやの中で、休んでいること。人がその能力を発揮しないでいることにたとえる。

【伏▼羲】《フッキ》〔「フクギ」とも〕中国古代の伝説上の帝王《テイオウ》。人々に漁労や牧畜《ボクチク》を教え、文字を作り、八卦《ハッカ》を始めたといわれる。戯皇《ギコウ》・庖犠《ホウギ》ともいう。

●屈伏《クップク》・雌伏《シフク》・折伏《セップク|シャクブク》・潜伏《センプク》・調伏《チョウフク|チョウブク》・平伏《ヘイフク》

亻 4

【伜】

6画 ⇩【倅】《サイ》(83ページ)

亻 5

【位】

7画 1644 4F4D 教育4 音 イ漢呉 訓 くらい

筆順 ノ イ 亻 仕 位 位

なりたち [会意]「亻(=ひと)」と「立(=たつ)」とから成る。家臣が序列にしたがって立つところ。くらい。

意味 ❶その人が立つべきところ。くらい。例 位階《イカイ》。即位《ソクイ》。地位《チイ》。❷人やものの、おかれているところ。例 位置《イチ》。方位《ホウイ》。❸ある一定の評価によって、おかれるところ。例 一位《イチイ》。下位《カイ》。首位《シュイ》。❹あるべきところにおかれ(てい)る。くらいする。例 天地位焉《テンチくらいす》(=天地があるべきようにある)。〈中庸《チュウヨウ》〉❺(敬意をこめて)人を数えることば。例 各位《カクイ》。❻数のけた。例 位《くらい》どり。千《セン》の位《くらい》。

日本語での用法《くらい・ぐらい》程度・範囲《ハンイ》を示すことば。「二日《ふつか》位《くらい》待《ま》ってください・これ位《ぐらい》の痛《いた》みはがまんしろ」

難読 三位一体《サンミイッタイ》・従三位《ジュサンミ》

人名 くら・たか・たかし・ただ・ただし・つら・なり・のぞむ・のり・ひこ・ひなた・ひら

【位階】《イカイ》①国のおこなう栄典制度の一つ。国のためにつくした功績をたたえてあたえる位。死亡した人を対象とする。②中国の唐《トウ》の制度をまねた、律令制《リツリョウセイ》に基づく日本の身分制度の一つ。官人の地位・序列をあらわすしるし。例 —勲等《クントウ》。

【位官】《イカン》位階と官職。

【位勲】《イクン》位階と勲等。

【位相】《イソウ》①〔物〕周期運動で、その時々にどのような位置や状態にあるかということ。②〔言〕性別・年齢《ネンレイ》・職業などによって、ことばづかいにちがいがあること。例 ことばの—を研究する。

【位置】《イチ》(名・する)ものやことがらのある場所。また、人のいる場所。例 整列する—。学校は駅の東に—している。

【位▼牌】《イハイ》死んだ人の名前や戒名《カイミョウ》などを書いた木の札。死者をあらわすしるしとする。例 父の—に手を合わせる。

【位望】《イボウ》地位と人望。例 —がそなわる。

【位《くらい》人臣《ジンシン》を極《きわ》める】臣下として最も高い地位につくこと。例 下賤《ゲセン》より身をおこして—。

●一位《イチイ》・王位《オウイ》・下位《カイ》・各位《カクイ》・学位《ガクイ》・皇位《コウイ》・首位《シュイ》・順位《ジュンイ》・上位《ジョウイ》・水位《スイイ》・即位《ソクイ》・体位《タイイ》・退位《タイイ》・単位《タンイ》・地位《チイ》・品位《ヒンイ》・方位《ホウイ》・優位《ユウイ》

亻 5

【佚】

7画 4837 4F5A 音 イツ漢 訓 のが-れる

意味 ❶世間からのがれて、かくれている人。例 佚民《イツミン》。❷かくれて見あたらなくなる。うしなう。同 逸《イツ》。例 佚書《イッショ》。散佚《サンイツ》。❸〔一定のわくからのがれて〕気ままにする。同 逸《イツ》。例 佚楽《イツラク》。安佚《アンイツ》。放佚《ホウイツ》。

【佚書《イッショ》】書名や内容の一部が他の書物に引用されているだけで、一冊の本としては残っていないもの。表記「逸書」とも書く。

【佚民《イツミン》】①世間とのつながりを捨てて暮らす人。世捨て人。例 太平の―。②気ままに、自由に暮らす人。例 官を辞して―となる。表記 ▽「逸民」とも書く。

【佚遊《イツユウ》】(名・する)気ままにあそぶこと。例 ―して家を忘れる。表記「佚▼游・逸遊」とも書く。

【佚楽《イツラク》】(名・する)気ままにあそび、たのしむこと。例 ただ―の毎日を送る。表記「逸楽」とも書く。

【佚《イツ》を▽以《もっ》て労《ロウ》を待《ま》つ】〔中国の兵法家、孫子《ソンシ》の説いた戦争の必勝法〕味方はじゅうぶんに休養をとって力をたくわえ、つかれはてた敵を待ちうけて、せめること。

亻5

【何】

7画 1831 4F55 教育2 音 カ漢 ガ呉 訓 なに・なん・いず-れ

筆順 ノ イ 仁 仃 何 何 何

なりたち 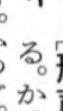 [形声]「亻(=ひと)」と、音「可《カ》」とから成る。かつぐ。

意味 ❶になう。かつぐ。同 荷《カ》。❷〔助字〕㋐「なに」「なんぞ」「いずれ」などと読み、なに・なぜ・どれ、などの意。疑問をあらわす。例 何謂二君子一《なにをかクンシという》(=何を君子というのか)。㋑「なんぞ」などと読み、どうして…か、の意。反語・詠嘆《エイタン》をあらわす。例 臣何死《シンなんぞシせんや》(=私はどうして死んだりしようか)。

難読 何首烏《カシュウ》・何程《なにほど―いかほど》・何様《いかさま》・何処《いずこ―いずく》

人名 いず・いつ

【▽何▽如《いかん》】㊀(名)どのような状態であるか。どういうことか。例 理由の―にかかわらず外出は許可できない。㊁(副)どのように。どう。例 ―ともしがたい(=どうしようもない)。

【▽何▽奈《いかん―いかんせん》】どんな。どんなか。どうしよう。

【▽何▽若《いかん》】(副)いかに。どのように。類 何如《いかん》。

【▽何▽処《いずこ》】〔「いずく」とも〕どれ。どちら。いずれのところ。例 ―ともなく立ち去った。

【何事《なにごと》】①どんなこと。どのようなこと。例 ―が起きたか。②問題とすべきこと。とりたててこれといったこと。例 修学旅行は―もなく、無事終わった。③すべてのこと。あらゆること。例 若いうちは―も勉強だ。④人をとがめる気持ちをあらわすことば。どういうつもり。例 仕事をサボるとは―だ。

【何某《なにボウ―なにがし》】㊀その人の名がわからないときや、省略して言うとき、また、理由があってはっきり言えないときに使うことば。だれだれ。だれそれ。なになに。ぼう。例 山田―の書いた文章。㊁《なにがし》はっきり示せない数量をいうことば。いくら。いくらか。例 ―かの金はしはらわねばならないだろう。

【何物《なにもの》】どういうもの。どんなもの。例 ―にもかえられない宝。

【何者《なにもの》】どんな人。いかなる人。だれ。例 君は―かね。―かがしのびこんだ。

【何時《なんジ》】㊀《なんジ》時刻をたずねるときに用いることば。例 いま―ですか。㊁《なんどき》どのようなとき。例 いつ―災難にあうかわからない。㊂《いつ》はっきり決められない時をあらわすことば。例 ―取りに来ますか。

【何▽等《なんら》】(副)〔「なにら」の変化。下に打ち消しのことばをともなって〕少しも。なにも。例 ―思いあたることがない。

●如何《いかん》・若何《いかん》・幾何《いくばく》

亻5

【伽】

7画 1832 4F3D 人名 音 キャ慣 カ漢 ガ呉 訓 とぎ

なりたち [形声]「亻(=ひと)」と、音「加《カ》」とから成る。

意味 ❶梵語《ボンゴ》の「カ」「ガ」「キャ」の音訳。例 伽藍《ガラン》。伽羅《キャラ》。閼伽《アカ》。❷ナス科の一年草。ナス。同 茄《カ》。

日本語での用法《とぎ》ともに、居る・相手をつとめる、の意。「お伽《とぎ》ばなし・御伽婢子《おとぎぼうこ》・夜伽《よとぎ》」

【伽▼耶《カヤ》】⇩【加羅《カラ》】(145ページ)

【伽藍《ガラン》】〔仏〕〔梵語《ボンゴ》の音訳〕僧侶《ソウリョ》が集まって修行《シュギョウ》をする所。寺院。精舎《ショウジャ》。例 七堂―(=寺の主要な七つの建物)。

【伽羅《キャラ》】〔梵語《ボンゴ》からという〕①インド・中国などに産する香木《コウボク》。水にしずむので、沈香《ジンコウ》・沈水香《ジンスイコウ》という。②キャラの木からつくられた香料。③〔仏〕禅宗《ゼンシュウ》の僧《ソウ》が用いる袈裟《ケサ》の一種。

亻5

【估】

7画 4838 4F30 音 コ漢呉 訓 あきな-う・う-る

意味 ❶商人。あきんど。例 估客《コカク》(=行商人)。商估《ショウコ》。書估《ショコ》(=書籍商。書賈《ショコ》)。❷ねぶみをする。みつもる。例 估価《コカ》。❸おしはかる。

日本語での用法《コ・うる・うり》「沽《コ》」と同じように売るの意味で用いる。「估券《コケン―うりケン》・估却《コキャク》(=売却)」

【估価《コカ》】①ねだんをつけること。みつもり。②ねだん。売値《うりね》。

【估券《コケン》】〔もと、土地の売買のときの証文《ショウモン》の意〕人の値打ち、体面、品位。面目《メンボク》。例 ―にかかわる。表記「▼沽券」とも書く。

亻5

【佝】

7画 4840 4F5D 音 コウ漢 ク呉

意味 背骨がまがって前かがみになる。例 佝僂《クル》。

【佝▼僂《クル》】くる病のため、背中が丸くつき出したように曲がった人。傴僂《ウル》。表記「▼痀▼瘻」とも書く。

【佝▼僂病《クルビョウ》】〔医〕背中や手足の骨が曲がる病気。幼児期のビタミンD不足による。表記「▼痀▼瘻病」とも書く。

亻5

【佐】

7画 2620 4F50 教育4 音 サ漢呉 訓 すけ・たす-ける

筆順 ノ イ 仁 仕 佐 佐 佐

なりたち [会意]「亻(=ひと)」と「左《サ》(=手でたすける)」とから成る。たすける(人)。

意味 ❶力をかす。たすける。例 佐幕《サバク》。補佐《ホサ》。❷たすける人。たすけ。例 王佐《オウサ》。僚佐《リョウサ》。

日本語での用法 ㊀《すけ》律令制《リツリョウセイ》の四等官《シトウカン》で、衛門府・兵衛府などの第二位。次官《すけ》。「衛門佐《エモンのすけ》・兵衛佐《ヒョウエのすけ》」㊁《サ》「佐渡《さど》(=今の佐渡島《さどがしま》)」の略。「佐州《サシュウ》」

人名 たすく・よし

【佐官《サカン》】軍隊の階級で、将官の下、尉官《イカン》の上。大佐・中佐・少佐をいう。

【佐渡《さど》】新潟《にいがた》県に属し、日本海にある佐渡島《さどがしま》のこと。旧国名の一つ。古くから金を産出した。佐州《サシュウ》。

【佐幕《サバク》】①将軍の陣営《ジンエイ》にいて将軍をたすけること。②江戸《えど》時代の末期、尊王攘夷《ソンノウジョウイ》派に対抗《タイコウ》して、徳川幕府を支持したたすける運動とその一派。対 勤王《キンノウ》。例 会津《あいづ》や仙台《センダイ》は―にくみした。

【佐命《サメイ》】(名・する)天子をたすけること。天子をたすけて政

治をおこなうこと。

【佐理】佐《サ》理《リ》(名・する)〔「理」は、おさめる意〕政治をたすけて国をおさめること。
●大《タイ》佐《サ》・中《チュウ》佐《サ》・補《ホ》佐《サ》

亻5 **【作】** 7画 2678 4F5C 教育2 音 サク・サ漢呉 ソ唐 訓 つく-る・な-す

筆順 ノ イ 亻 亻 作 作 作

なりたち [形声]「亻(=ひと)」と、音「乍《サ》→サク」とから成る。起《た》つ(=はじまる、おこる)。

意味 ❶ふるいおこす。おこる。例振作《シンサク》。❷おこなう。なす。おこない。はたらき。例作為《サクイ》。作用《サヨウ》。動作《ドウサ》。❸こしらえる。つくる。例作成《サクセイ》。作文《サクブン》。創作《ソウサク》。❹つくられて、できたもの。例近作《キンサク》。傑作《ケッサク》。❺農作物のできばえ。例作《サク》柄《がら》。平年作《ヘイネンサク》。❻いつわる。例作《つく》り笑《わら》い。

日本語での用法《サク》旧国名「美作《みまさか》(=今の岡山《おかやま》県北東部)」の略。「作州《サクシュウ》」

使い分け つくる【作・造・創】⇩1173ページ

難読 矢作《やはぎ》

人名 あり・おき・たつ・とも・なお・なり・のり・はじめ・ふか

【作業】作《サ》業《ギョウ》(名・する)一定の手順にしたがい、からだを動かして仕事をすること。また、その仕事。例—衣。農—。

【作為】作《サク》為《イ》(名・する)結果を予測して手を加えること。わざわざ手直しをすること。こしらえごと。つくりごと。例—のあとがうかがえる。

【作意】作《サク》意《イ》①たくらみ。例特別の—はない。②芸術作品で、作者が表現しようとする考えや意図。例一連の作品から—をくみとる。

【作男】作《サク》男《おとこ》やとわれて農作業をする男。〔古い言い方〕例多くの—をかかえた豪農《ゴウノウ》。

【作柄】作《サク》柄《がら》農作物のできぐあい。例今年の—は平年並みだ。

【作劇】作《サク》劇《ゲキ》(名・する)戯曲《ギキョク》をつくること。例近松門左衛門《ちかまつモンザエモン》の—法。

【作詞】作《サク》詞《シ》(名・する)歌のことばをつくること。対作曲。

【作者】作《サク》者《シャ》詩歌《シイカ》や小説、絵画や彫刻《チョウコク》などの作品をつくった人。例絵の—。—のねらいを読みとる。

【作条】作《サク》条《ジョウ》種をまくために畑の表面に、一定の距離《キョリ》をおいて平行にほってつける、浅いみぞのすじ。

【作新】作《サク》新《シン》(名・する)人民の心をふるい立たせて、新しくすること。〈書経《ショキョウ》〉

【作成】作《サク》成《セイ》(名・する)書類・計画などを、つくりととのえること。例報告書を—する。復興の案を—する。

【作製】作《サク》製《セイ》(名・する)ものをつくること。類製作。例彫刻《チョウコク》の—にとりかかる。

【作戦】作《サク》戦《セン》①試合やたたかいで、相手に勝つために考えておくたたかい方。例売りこみ—。—を練る。②軍隊が、戦略的規模で、ある期間、計画どおりにおこなう行動。例上陸—を展開する。〔実戦・演習いずれにも用いる〕表記▽「策戦」とも書く。

【作品】作《サク》品《ヒン》①つくり出すもの。また、つくり出されたもの。②おもに絵画・彫刻《チョウコク》・音楽・文学などで、芸術としての、創作の成果。例晩年の—。コンクールに—を出品する。

【作風】作《サク》風《フウ》作品にあらわれる作者の特徴《トクチョウ》・制作態度・芸術に対する考え方。例病気の体験によって—が変わった。

【作物】㊀作《サク》物《ブツ》(絵画・彫刻《チョウコク》・文学などの)作品。例りっぱな—をお目にかけたい。㊁作《サク》物《モツ》田や畑や温室内に植えて、育てるもの。米・野菜・くだもの・園芸草花など。類農作物《ノウサクブツ》。例—の生育。—の出来《でき》。

【作文】作《サク》文《ブン》(名・する)ある主題について、文章をつくること。また、その文章。例—教育。宣伝文句の—。

【作法】㊀作《サク》法《ホウ》詩・短歌・俳句・文章のつくり方。例俳句の—を学ぶ。㊁作《サ》法《ホウ》社会生活をおくる上で、昔から伝えられてきた、ことばや動作についての一定のきまり。類エチケット。例礼儀《レイギ》—。—にかなったやり方。お茶の—を身につける。

【作例】作《サク》例《レイ》①詩や文の模範《モハン》となる例。②辞書のことばの解説のあとに、理解を助けるために編者がつくって示す用例。

【作家】作《サッ》家《カ》①(絵画・彫刻《チョウコク》・文章などの)作品をつくることを仕事としている人。例写真—。②とくに、文芸作品をつくることを仕事としている人。類文筆家。例俳句—の随筆《ズイヒツ》。

【作曲】作《サッ》曲《キョク》(名・する)音楽の曲をつくること。また、詩や歌詞に曲をつけること。対作詞。

【作用】作《サ》用《ヨウ》㊀(名・する)力がはたらいて他に影響《エイキョウ》をおよぼすこと。また、そのはたらき。例薬の副—。㊁(名)生物が生きていくために示すはたらき。例呼吸—。消化—。

【作用点】作《サ》用《ヨウ》点《テン》〔物〕てこで物を動かすとき、力がはたらく点。→【力点】力《リキ》点《テン》(144ページ)・【支点】支《シ》点《テン》(458ページ)

【作略】作《サ》略《リャク》①相手をだましたり、やっつけたりするための計画。はかりごと。類計略・策略。例敵の—にひっかかる。②ものごとがうまく進むようにすること。うまくとりはからうこと。例私の—の通りうまくいった。表記▽「差略」とも書く。
●遺作《イサク》・合作《ガッサク》・凶作《キョウサク》・原作《ゲンサク》・工作《コウサク》・小作《こサク》・試作《シサク》・所作《ショサ》・新作《シンサク》・制作《セイサク》・操作《ソウサ》・大作《タイサク》・著作《チョサク》・動作《ドウサ》・不作《フサク》・米作《ベイサク》・豊作《ホウサク》・名作《メイサク》・輪作《リンサク》・連作《レンサク》

亻5 **【伺】** 7画 2739 4F3A 常用 音 シ漢呉 訓 うかが-う・うかが-い

筆順 ノ イ 仃 伺 伺 伺 伺

なりたち [形声]「亻(=ひと)」と、音「司《シ》」とから成る。ようすをみる。

意味 ❶人の動きをさぐる。うかがう。例伺察《シサツ》。奉伺《ホウシ》。❷そばにいて、せわをする。例伺候《シコウ》。

日本語での用法《うかがい・うかがう》たずねる・きく・命令を受けに出る、の意を、へりくだっていう。「お伺《うかが》いをたてる・ご機嫌《キゲン》を伺《うかが》う・お宅《タク》に伺《うかが》う・進退《シンタイ》を伺《うかが》う」

人名 み

【伺候】伺《シ》候《コウ》(名・する)①身分の高い人に付き従って、仕えること。例殿《との》の御前《ゴゼン》に—する。②身分の高い人・目上の人のところへ参上すること。例帰国の報告に—する。表記▽「▼祗候」とも書く。

【伺察】伺《シ》察《サツ》(名・する)ようすをうかがうこと。さぐること。また、それをする人。例敵情を—する。
●奉伺《ホウシ》

亻5 **【似】** 7画 2787 4F3C 教育5 音 シ漢 ジ呉 訓 に-る・に-せる

筆順 ノ イ 亻 亻 似 似 似

なりたち [形声]「亻(=ひと)」と、音「以《イ》→ジ」とから成る。にている。

意味 形や性質が、同じように見える。にている。にる。例疑似《ギジ》。近似《キンジ》。類似《ルイジ》。

難読 真似《まね》

【▽似▽非】《えせ》 似てはいるが、ほんものではないこと。にせ。まやかし。〔おもに、悪い意味で用いる〕 例 —学者。—を見やぶる。

表記 「▽似▼而▽非」とも書く。

【似顔絵】《にがおエ》 ①その人の顔に似せてかいた絵。②浮世絵《うきよエ》で、歌舞伎《かぶき》役者や美人をえがいたもの。

【似《に》て非《ヒ》なる者《もの》】 見た目はほんものと似ているが、実際はまったくちがうもの。にせもの。

● 酷似《コクジ》・相似《ソウジ》・空似《そらに》

亻5

【住】

7画 2927 4F4F 教育3

音 チュウ㊛ ジュウ㊐ 訓 す-む・す-まう・す-まい

筆順 ノ 亻 亻 仁 仁 仨 住

なりたち [形声]「亻(=ひと)」と、音「主《シュ》→チュウ」とから成る。人がとどまる。

意味 ❶あるところから動かないでいる。とどまる。例 一所不住《イッショフジュウ》。❷とどまり、そこで生活する。すむ。すまう。例 住宅《ジュウタク》。居住《キョジュウ》。定住《テイジュウ》。❸停止する。やむ。

難読 住江《すみのえ》・住吉《すみよし》・住家《すみか》

人名 おき・すみ・もち・よし

【住居】《ジュウキョ》 人が毎日の生活を送るためにすむこと。また、その場所。家。すまい。例 —を定める。古代人の—の跡《あと》。

【住持】《ジュウジ》 その寺のあるじである僧《ソウ》。住職。例 当山《トウザン》の—。

【住職】《ジュウショク》 寺にすみ、その寺のあるじとしてつとめる僧《ソウ》。住持。例 —に読経《どきょう》をたのむ。

【住宅】《ジュウタク》 人がふだん生活するために寝《ね》起きをする建物。家。すまい。例 集合—。分譲《ブンジョウ》—。

【住人】《ジュウニン》 その家に、また、その土地にすむ人。類 居住者。例 長屋の—。武蔵国《むさしのくに》の—。大都会の—。

【住民】《ジュウミン》 都道府県や市町村に、または、一定地域に暮らす人。例 —登録。—票。—の意思。東京の—。

● 安住《アンジュウ》・移住《イジュウ》・衣食住《イショクジュウ》・永住《エイジュウ》・居住《キョジュウ》・現住《ゲンジュウ》・在住《ザイジュウ》・先住《センジュウ》・定住《テイジュウ》

亻5

【伸】

7画 3113 4F38 常用

音 シン㊛㊐ 訓 の-びる・の-ばす・の-べる

筆順 ノ 亻 仆 们 伯 伯 伸

なりたち 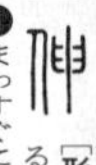 [形声]「亻(=ひと)」と、音「申《シン》」とから成る。のびる。

意味 ❶まっすぐになる。ながくなる。のびる。また、ながくする。のばす。例 伸縮《シンシュク》。伸長《シンチョウ》。屈伸《クッシン》。❷述べる。言う。同 申《シン》。例 追伸《ツイシン》。二伸《ニシン》。

日本語での用法 《のばす・のびる・のべる》「救《すく》いの手《て》を差《さ》し伸《の》べる」

使い分け のばす・のびる・のべる【伸・延】 ⇩1176ページ

人名 おさむ・すすむ・のぶ・のぶる・のぼる・ひろし

【伸縮】《シンシュク》 (名・する) のびることと、ちぢむこと。また、のびたり、ちぢんだりすること。のびちぢみ。例 —自在。—性のある素材。

【伸長】《シンチョウ》 (名・する) 力やものの長さなどがのびること。また、のばすこと。例 体力が—する。表記 ⑪伸▼暢

【伸張】《シンチョウ》 (名・する) 勢力などの範囲《ハンイ》が広がること。また、広げること。例 貿易圏《ボウエキケン》を—する。

【伸展】《シンテン》 (名・する) 勢力などが広がること。また、広げること。例 輸出産業の—。

● 屈伸《クッシン》・欠伸《ケンシン》《あくび》・追伸《ツイシン》

亻5

【佗】

7画 4841 4F57

音 タ㊛㊐ 訓 ほか・わ-びる

意味 べつの。よその。ほか。かれ。同 他《タ》。例 佗境《タキョウ》。

日本語での用法 《わび・わびる》 ①世俗《セゾク》をはなれる。風流にしたしむ。「嵯峨野《サガの》の佗《わ》び住《ず》まい・佗《わ》びや寂《さ》びを解《カイ》する」②相手に、ことば・態度で、あやまる。「罪《つみ》を佗《わ》びる」③こまる。気をつかい、くるしむ。「住《す》み佗《わ》びる・待《ま》ち佗《わ》びる」

参考 「わびる」に「佗」をあてるのは「侘」と混同した誤用によるもの。

【佗び住まい】《わびずまい》 ①世間と交渉《コウショウ》をもたずに、つつましく静かに暮らすこと。また、その家。例 古都の一隅《イチグウ》の—。②貧しくて、生活にこまっている暮らし。また、その家。例 路地裏《ロジうら》の—。

亻5

【但】

7画 3502 4F46 常用

音 タン㊛ 訓 ただ-し

筆順 ノ 亻 仆 们 伯 伯 但

なりたち 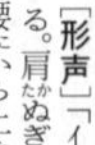 [形声]「亻(=ひと)」と、音「旦《タン》」とから成る。肩《かた》ぬぎする。

意味 ❶衣服の腰《こし》から上をぬぐ。同 袒《タン》。❷〔助字〕「ただ…(のみ)」と読み、ただ…だけ、の意。限定・強調をあらわす。例 但聞㆓人語響㆒《ただジンゴのひびきをきくのみ》(=人の声がひびいているだけだ)。〈王維《オウイ》・鹿柴《ロクサイ》〉

日本語での用法 ㊀《タン》旧国名「但馬《たじま》(=今の兵庫《ひょうご》県北部)」の略。「但州《タンシュウ》・播但《バンタン》」㊁《ただし》しかし。だが。除外や例外を付け足すときの接続詞。「但《ただ》し書《が》き」

人名 ただ

【但馬】《たじま》 旧国名の一つ。今の兵庫《ひょうご》県北部にあたり、昔の山陰道《サンインドウ》に属する。但州《タンシュウ》。例 —牛《うし》(=代表的な和牛。神戸牛《こうべうし》)。

亻5

【佇】

7画 4842 4F47

音 チョ㊛ 訓 たたず-む

立5 [竚] 10画 6776 7ADA 別体字

意味 ある場所に長いあいだ立っている。じっとたちどまる。たたずむ。例 佇立《チョリツ》。延佇《エンチョ》。

【佇立】《チョリツ》 (名・する) しばらく動かずに立っていること。たたずむこと。例 その場に—する。

亻5

【体】

7画 3446 4F53 教育2

音 テイ㊛ タイ㊐ 訓 からだ

骨13 【體】 23画 8183 9AD4

身5 [躰] 12画 7728 8EB0 別体字

身13 [軆] 20画 7729 8EC6 別体字

筆順 ノ 亻 仁 什 休 休 体

なりたち  [形声]「骨(=ほね)」と、音「豊《レイ》→テイ」とから成る。ひとのからだのすべて。

参考 「体」は、もとは「ホン」と読み、別の字であったが、「體《タイ》」の俗字《ゾクジ》として用いられるようになった。

意味 ❶人(や動物)を一つのものとして見たすべて。全身。からだ。例 体温《タイオン》。体重《タイジュウ》。肉体《ニクタイ》。❷外から見えるすがた。かたち。例 体格《タイカク》。体裁《テイサイ》。形体《ケイタイ》。❸型《かた》。形式。

例書体《ショタイ》。本体《ホンタイ》。❹(外から見えない)はたらきのおおもと。例実体《ジッタイ》。よくわきまえる。例体験《タイケン》。体得《タイトク》。意《イ》を体《タイ》する。❺自分のものとする。身をもってする。

日本語での用法《タイ》仏像や遺体などを数えることば。「数体《スウタイ》」

人名 なり・み・みる・もと

【体位】《タイイ》①体格・能力・健康など、肉体の状態をまとめていうことば。例—の向上をはかる。②運動あるいは静止しているときのからだの位置や姿勢。例—を変える。

【体育】《タイイク》①成長を助け、健康なからだをつくるためにおこなう、学校での教育。また、その教科の名。対知育・徳育。②教育の一領域としての、武道やスポーツ全体をいうことば。例—会。

【体液】《タイエキ》①動物のからだの中にある、血液・リンパ液などの液体。②〔直接に言うのをさけて〕唾液《ダエキ》・精液などのこと。

【体温】《タイオン》動物のからだの温度。例—計。—をはかる。

【体温計】《タイオンケイ》体温をはかる器具。

【体外】《タイガイ》からだのそと。対体内。例—に排出《ハイシュツ》する。

【体格】《タイカク》身長・肩《かた》はば・骨の太さ・足の長さ・肉づきなどのからだの状態。からだつき。例—がいい。貧弱《ヒンジャク》な—。

【体▼軀】《タイク》〔「軀」も、からだの意〕からだ。例大きな—をゆすって歩く。

【体刑】《タイケイ》①からだに苦痛をあたえる刑罰《ケイバツ》。昔のむち打ちの刑など。例—を加える。②犯罪者の自由をうばう刑罰。懲役《チョウエキ》・禁固・拘留《コウリュウ》の三つがある。

【体形】《タイケイ》もののかたち。すがた。また、からだ全体のすがた。フォーム。例着地のときの—。—を美しく見せる水着。

【体系】《タイケイ》調和のある、まとまった組み立て。矛盾《ムジュン》のないようにまとめられたものごとの全体。システム。例—的。—づける。学問の—。参考「古典文学大系」「漢文大系」のように、ある特定の方面の著作・論文などを集めたものには「大系」を使う。

【体型】《タイケイ》やせ型《がた》・肥満型などの体格の種類。タイプ。例やせた—。年をとって—が変わる。

【体験】《タイケン》(名・する)実際に見たり聞いたりやってみたりしていろいろなことを感じとること。例—して学習する。

【体言】《タイゲン》日本語の文法で、自立語のうち活用がなくて、文の主語になることができる語。名詞と代名詞とをまとめていうことば。対用言。

【体現】《タイゲン》(名・する)考えや思想などを形をもったものとして、あらわすこと。例みずからの希望を—する。

【体▼腔】《タイコウ》〔「タイクウ」とも〕動物の胸や腹などの内部の、内臓がおさまっているところ。〔胸のほうは胸腔《キョウコウ》、腹のほうは腹腔《フクコウ》という〕

【体質】《タイシツ》①生まれながらの、からだの性質。例アレルギー—。②組織・団体・会社などに特有の性質。例輸出依存《イソン》の—。

【体臭】《タイシュウ》からだのにおい。例—を消す。作家の—まで感じられる作品。

【体重】《タイジュウ》からだの重さ。例—測定。

【体制】《タイセイ》①国家・社会・組織・団体などをまとめて動かしている仕組み。例資本主義—。社会主義—。国家の—をゆるがす大事件。②その国を現在支配している勢力や制度を、それを否定・反対する側からいうことば。例旧—。新—。—側にくみする。③〔生〕生き物のからだの、部分をなす器官の一つ一つがそれぞれのはたらきをして、全体としてまとまっている、その仕組み。例脊椎《セキツイ》動物の—。

【体勢】《タイセイ》からだの構え。姿勢。例捕球《ホキュウ》の—を身につける。—を立て直す。

【体積】《タイセキ》空間の中に、その立体がしめる大きさ。立方メートル・立方センチメートルなどの単位であらわす。かさ。類容積。

【体操】《タイソウ》①一定の規則や計画に従ってからだを動かす運動。例準備—。ラジオ—。②学校の授業としてのスポーツの古い言い方。体育。③「体操競技」の略。鉄棒・平行棒・鞍馬《アンバ》・跳馬《チョウバ》・平均台・つり輪・ゆか運動などの種目をまとめていう。例—の種目別選手権。

【体側】《タイソク》からだの右がわと左がわ。例両手をきちんと—につけて立つ。

【体長】《タイチョウ》動物のからだの長さ。〔尾《お》を入れたときは全長という〕例—五メートルのニシキヘビ。

【体調】《タイチョウ》からだのぐあい。例—がすぐれない。—を整える。

【体得】《タイトク》(名・する)知識や技術を身をもって習いおぼえること。例柔道《ジュウドウ》の投げわざを—した。

【体内】《タイナイ》からだの中。対体外。例—にみちる元気。

【体罰】《タイバツ》からだに痛みをあたえてこらしめること。例—禁止。—を加える。

【体表】《タイヒョウ》からだの表面。

【体面】《タイメン》①世間から見られる、外見による評判。類面目《メンボク》・体裁《テイサイ》・世間体《セケンテイ》。例なんとか—だけはたもった。②名誉《メイヨ》。例—を傷つけられた。

【体力】《タイリョク》からだの運動能力・耐久力《タイキュウリョク》、また、病気やけがに抵抗《テイコウ》する力。例—測定。—のおとろえがはげしい。—の限界を感じる。

【体裁】《テイサイ》①よそから見たときの姿。かっこう。外見。例—が悪い(=はずかしい思いをする)。—をとりつくろう。②一定の形式。例—を整える。③〔ふつう、「お体裁」の形で〕人に気に入られるような、かざったことばや態度。例平然とお—を言う。

●遺体《イタイ》・一体《イッタイ》・液体《エキタイ》・解体《カイタイ》・合体《ガッタイ》・気体《キタイ》・巨体《キョタイ》・具体《グタイ》・抗体《コウタイ》・国体《コクタイ》・固体《コタイ》・個体《コタイ》・死体《シタイ》・字体《ジタイ》・自体《ジタイ》・実体《ジッタイ》・車体《シャタイ》・重体《ジュウタイ》・主体《シュタイ》・正体《ショウタイ|セイタイ》・上体《ジョウタイ》・書体《ショタイ》・身体《シンタイ》・人体《ジンタイ|ニンテイ》・図体《ズウタイ》・世間体《セケンテイ》・船体《センタイ》・全体《ゼンタイ》・総体《ソウタイ》・大体《ダイタイ》・団体《ダンタイ》・天体《テンタイ》・胴体《ドウタイ》・肉体《ニクタイ》・風体《フウタイ|フウテイ》・物体《ブッタイ》・文体《ブンタイ》・母体《ボタイ》・本体《ホンタイ》・容体《ヨウタイ》・裸体《ラタイ》・立体《リッタイ》

亻 5

低

7画 3667 4F4E 教育4

音テイ漢 訓ひく-い・ひく-める・ひく-まる

筆順 ノ 亻 亻 仜 仾 低 低

なりたち  [会意]「亻(=ひと)」と「氐《テイ》(=ねもと)」とから成る。ひくい。

意味 ❶ある基準よりも下である。ひくい。対高《コウ》。例低級《テイキュウ》。高低《コウテイ》。最低《サイテイ》。❷ある基準よりも下にする。さげる。ひくめる。また、さがる。ひくまる。例低下《テイカ》。低頭《テイトウ》。

人名 ひら

【低圧】《テイアツ》気圧・水圧・電圧などが弱いこと。または、ひくいこと。対高圧。例大気中の—部に暖かい空気が流れこむ。

【低位】《テイイ》地位・段階・等級・場所などがひくいこと。対高位。例一生涯《イッショウガイ》—にあまんじた。

【低音】《テイオン》①ひくい音や声。②音楽で、男声の最もひくい声域。バス。例—のコーラスが続く。▽対高音。

【低温】《テイオン》ひくい温度。対高温。例—殺菌《サッキン》の牛乳。

【低下】《テイカ》(名・する)①ものごとの度合いがひくくなること。例気温が—する。輸出量の—。②ものごとの程度が悪くなること。対向上。例学力の—。体力が—する。③おとろえ

ること。力がなくなること。例 肝臓《カンゾウ》のはたらきが—する。

【低回】《テイカイ》(名・する) 考えごとをしながら、立ちどまったりあちこち歩きまわったりすること。例 夕ぐれの公園を—するかれを見つけた。表記 旧▼低▼徊

【低回趣味】《テイカイシュミ》 人の生き方や芸術などについて、直接かかわりのない立場から余裕《ヨユウ》をもってながめようとする態度。〔小説家、夏目漱石《なつめソウセキ》がとなえた文学上の態度〕表記「▼低▼徊趣味」とも書く。

【低額】《テイガク》 少ない金額。対 高額。例 —の融資《ユウシ》。

【低気圧】《テイキアツ》 ①大気の中で、まわりよりも気圧のひくいところ。〔まわりの気圧の高いところから空気が流れこんで上昇《ジョウショウ》気流が起こり、風がふき、雨が降るなど、天気が悪い〕対 高気圧。例 温帯—(＝ふつうの低気圧)。熱帯—(＝台風になるまえの低気圧)。②機嫌《キゲン》の悪いことを、天気にたとえていうことば。ごきげんななめ。例 社長はいま—だよ。

【低級】《テイキュウ》(名・形動ナダ) 等級や品質・性能・程度などが、おとっていること。対 高級。例 —な話題。—な遊び。

【低空】《テイクウ》 空の、地面や水面に近いところ。対 高空。例 —を飛ぶ旅客機《リョカクキ》の騒音《ソウオン》。学校の成績はいつも—飛行(＝落第しそうで、やっと合格すること)さ。

【低血圧】《テイケツアツ》 血圧が標準よりもひくいこと。対 高血圧。

【低減】《テイゲン》(名・する) 費用や値段などの数値をへらすこと。また、へること。例 必要経費を—し、節約につとめる。

【低次元】《テイジゲン》(名・形動ナダ) ①次元(＝ものの大きさ・広がりなどをとらえるための基準)がひくいこと。②考え・おこない・話題などの、根本にある考え方の程度がひくいこと。レベルがひくいこと。例 —の争い。

【低姿勢】《テイシセイ》 ①からだの位置・姿勢をひくくすること。②自分の気持ちをおさえて、相手に対し強い態度をとらないこと。対 高姿勢。例 —でお願いする。

【低周波】《テイシュウハ》 周波数(＝電波や音波などの振動数《シンドウスウ》)のひくい波。対 高周波。例 —を用いた健康器具。

【低所】《テイショ》 ひくいところ。対 高所。例 —からものを見る。

【低速】《テイソク》 速度がおそいこと。対 高速。

【低俗】《テイゾク》(名・形動ナダ) 程度がひくく、品《ヒン》が悪いこと。下品。対 高尚《コウショウ》。例 —な内容の雑誌。

【低地】《テイチ》 まわりにくらべてひくい土地。対 高地。例 川沿いの—にひらけた工業都市。

【低調】《テイチョウ》(名・形動ナダ) ①調子が出ないこと。例 期待に反して結果は—なものだった。②緊迫感《キンパクカン》がなく、しまりのないこと。例 試合は—なまま終わった。

【低頭】《テイトウ》(名・する) あたまをひくく下げること。例 平身—。神前に—する。

【低能】《テイノウ》(名・形動ナダ) 知能の発達がおくれていること。また、その人。

【低木】《テイボク》 たけのひくい木。ツツジやアジサイなど。〔ふつう高さが人の身長以下のもの。もと、灌木《カンボク》といった〕対 高木。

【低迷】《テイメイ》(名・する) ①調子が出ないこと。素質があるのに成績が悪いこと。例 業績はここ数年—している。②株式市場などで、値が悪かったり取り引きが思わしくないこと。例 株価の—。③雲などがひくくたれこめていること。例 暗雲《アンウン》が—する。

【低利】《テイリ》 利率(＝利息のつく割合)がひくいこと。対 高利。例 —での貸し付け。

【低率】《テイリツ》(名・形動ナダ) 割合がひくいこと。率が悪いこと。対 高率。

【低劣】《テイレツ》(名・形動ナダ) 質が悪く、そのうえ品《ヒン》がよくないこと。例 —な笑い。

イ 5
【佃】
7画 3649 4F43 人名 音 テン漢 デン呉 訓 つくだ

意味 ❶他人の田畑をたがやす(人)。小作人。例 佃戸《デンコ》。❷田畑をたがやす。同 畋《デン》。例 佃作《デンサク》。❸狩《か》りをする。同 畋《デン》。例 佃漁《デンギョ》。

日本語での用法 《つくだ》開墾《カイコン》された田畑。作り田。「佃島《つくだじま》・佃煮《つくだに》」

【佃煮】《つくだに》 小魚や貝、海藻《カイソウ》などを、しょうゆ・みりん・砂糖などを用いて濃《こ》い味に煮た食品。〔現在の、東京都中央区に位置する佃《つくだ》(＝佃島)の名産として知られた〕

【佃漁】《デンギョ｜デンリョウ》 鳥やけものの猟《リョウ》と、魚をとらえる漁。表記「田漁」とも書く。

イ 5
【佞】
7画 5304 4F5E 音 ネイ漢 訓 おもね-る・へつら-う

イ 6
【侫】
8画 5305 4FAB 俗字

意味 ❶口がうまい。ことばたくみに相手にとりいる。口先だけで心がねじけている。例 佞臣《ネイシン》。佞人《ネイジン》。便佞《ベンネイ》。❷才能がある。かしこい。例 不佞《フネイ》(＝自分をへりくだっていう言い方)。

【佞悪】《ネイアク》(名・形動ナダ) 心がひねくれていて、わるがしこいこと。また、そういう人。例 性《セイ》—なる人。

【佞▼猾】《ネイカツ》(名・形動ナダ) 口先でうまく人をだまし、悪がしこいこと。また、そういう人。

【佞言】《ネイゲン》 相手にとりいるために、うまく語ることば。こびへつらうことば。類 佞弁。例 —は忠《チュウ》に似たり。

【佞才】《ネイサイ》 話しじょうずで、人にとりいることにたくみな能力。

【佞臣】《ネイシン》 話がたくみで主人にとりいることのうまい家来。

【佞人】《ネイジン》 話しじょうずで、人にとりいることのうまい人。類 佞者。例 —を近づけない。

【佞弁】《ネイベン》 ①相手にうまくとりいること。②相手にうまくとりいるためのことば。おべっか。類 佞言。例 —をもって聞こえた者。表記 ▽旧 佞▼辯

イ 5
【伯】
7画 3976 4F2F 常用 音 ハク漢 付表 伯父《おじ》・伯母《おば》

筆順 ノ イ 亻 伯 伯 伯

なりたち [形声]「亻(＝ひと)」と、音「白《ハク》」とから成る。かしらとなる人。

意味 ❶最上位に立つ人。かしら。おやかた。おさ。❷きょうだいのなかの、いちばんの年長者。例 伯兄《ハクケイ》。伯仲《ハクチュウ》。❸父の兄。対 叔《シュク》。例 伯父《ハクフ》。❹年長の男性。例 老伯《ロウハク》。❺一芸に長じた人。例 画伯《ガハク》。❻五階級の爵位《シャクイ》(＝公・侯《コウ》・伯・子・男)の第三位。例 伯爵《ハクシャク》。

日本語での用法 《ハク》①「伯剌西爾《ブラジル》」の略。「日伯《ニチハク》協会《キョウカイ》」②旧国名「伯耆《ほうき》(＝今の鳥取《とっとり》県西部)」の略。「伯州《ハクシュウ》」③律令制《リツリョウセイ》の四等官《シトウカン》で、神祇官《ジンギカン》の第一位。長官《かみ》。「神祇伯《ジンギハク》」

難読 伯林《ベルリン》・伯労《もず》(＝鳥の名)

人名 お・おさ・く・たか・たけ・とも・のり・はか・ほ・みち

【伯▼夷叔斉】《ハクイシュクセイ》 伯夷と叔斉という二人のきょうだいの名。節義を守る、清廉《セイレン》の士としてたたえられる。周王朝の創設のころ、二人が仕えていた周の武王が、天子ではあるが暴虐《ボウギャク》な殷《イン》の紂王《チュウオウ》を討《う》とうとした。二人は臣下が君主をほろぼすことの不義をいさめたが、入れられず、周が天下を平定したあと、武王から俸禄《ホウロク》を受けるのをはじとし、首陽

山《シュヨウザン》にこもり、ついに餓死《ガシ》した。〈史記《シキ》〉
【伯牙】《ハクガ》 春秋時代の琴《キン》の名手。伯牙は、自分のうでまえをよく理解していた鍾子期《ショウシキ》という友が死んだあとは、二度と琴にさわらなかったという。「伯牙絶絃《ゼツゲン》」の故事は、自分のよき理解者の死をなげく意味で使われる。
【伯魚】《ハクギョ》 孔子《コウシ》の子、孔鯉《コウリ》の字《あざな》。
【伯兄】《ハクケイ》 きょうだいの中でいちばん年上のあに。長兄。伯氏。
【伯爵】《ハクシャク》 貴族の階級の一つ。五等爵（＝公《コウ》・侯《コウ》・伯《ハク》・子《シ》・男《ダン》）の第三位。また、その位をもつ人。
【伯叔】《ハクシュク》 〔「叔」は、おとうとの意〕①兄と弟。②伯父《ハクフ》（＝父の兄）と叔父《シュクフ》（＝父の弟）。
【伯仲】《ハクチュウ》 ㊀（名）あにと、おとうと。㊁（名・する）どちらもすぐれていて優劣《ユウレツ》をつけられないこと。例—の間《カン》。両者の力は—している。
【伯仲叔季】《ハクチュウシュクキ》 きょうだいの順序をあらわすことば。〔長男を「伯」、次男を「仲」、そのつぎを「叔」、末男《マッナン》を「季」という〕
【伯父】 ㊀《ハクフ》《おじ》 両親の兄。対伯母《ハクボ》。㊁《ハクフ》 ①中国では、父親の兄をいう。対伯母《ハクボ》。②中国では、君主が同姓《ドウセイ》の諸侯《ショコウ》をうやまっていうことば。
【伯母】 ㊀《ハクボ》《おば》 両親の姉。対伯父《ハクフ》。㊁《ハクボ》 中国では、父親の兄の妻をいう。対伯父《ハクフ》。
【伯楽】 ㊀《ハクラク》 ①星の名。天馬をつかさどるという。②春秋時代の人。姓《セイ》は孫《ソン》、名は陽《ヨウ》。良馬の見分け方にすぐれていたので、「①」にちなんで呼ばれた。→【千里の馬】《センリのうま》（160ページ）③人物を見分けることにすぐれている人。㊁《バクロウ》 ウマの売り買いを仕事にする人。表記 ㊁は「馬▼喰・博労」とも書く。
【▽伯林】《ベルリン》 〔Berlin の音訳〕ドイツ連邦《レンポウ》共和国の首都。表記「▼柏林・▽伯▽霊」とも書く。
【伯耆】《ほうき》 旧国名の一つ。今の鳥取《とっとり》県西部にあたる。伯州《ハクシュウ》。

亻 5 【伴】 7画 4028 4F34 常用
音 ハン㊥ バン㊦
訓 ともな-う・とも

筆順 ノ 亻 仆 伫 伫 伴

亻 5 【伴】 7画

なりたち  〔形声〕「亻（＝ひと）」と、音「半《ハン》」とから成る。ともなう人。

意味 ❶いっしょにいて助け合える人。とも。例伴侶《ハンリョ》。❷いっしょについて行く。ともなう。例伴奏《バンソウ》。同伴《ドウハン》。

人名 すけ

【▽伴▽天連】《バテレン》 〔ポルトガル語 padre（＝父・神父）の音訳〕①（室町《むろまち》時代末期以後、布教のために来日した）カトリック教の宣教師。パードレ。パーデレ。②キリスト教のこと。また、キリスト教の信者。
【伴食】《バンショク》 ㊀（名・する）人のおともをしていっしょに食事をすること。類相伴《ショウバン》・陪食《バイショク》。㊁（名）能力がないのに、職にあって高官としての給料をもらうこと。例—大臣（＝役に立たない高官を悪くいうことば）。
【伴走】《バンソウ》 （名・する）長距離《チョウキョリ》競走の走者の近くを車などに乗って走ること。例マラソンの—車。
【伴奏】《バンソウ》 （名・する）歌や楽器の主たる演奏にそえられる、他の楽器などによる演奏。例ピアノで—する。
【伴僧】《バンソウ》 法事や葬儀《ソウギ》のとき、導師につきそう僧。
【伴侶】《ハンリョ》 ①結婚《ケッコン》している相手。夫から見た妻、妻から見た夫。つれあい。例良い—を得て、生活が落ちついた。②行動をともにする人。また、身近に持つもの。つれ。例旅の—に好適の案内記。
●相伴《ショウバン》・随伴《ズイハン》・同伴《ドウハン》

亻 5 【佑】 7画 4504 4F51 人名
音 ユウ㊥
訓 たす-ける

なりたち 〔会意〕「亻（＝ひと）」と「右《ユウ》（＝たすける）」とから成る。人をたすける。

意味 かばって、たすける。たすけ。同祐《ユウ》。例佑助《ユウジョ》。神佑《シンユウ》。天佑《テンユウ》。

日本語での用法 《ジョウ》律令制《リツリョウセイ》の四等官《シトウカン》で、司の第三位。判官《ジョウ》。「内膳司《ナイゼンシ》の佑《ジョウ》・造酒司《みきのつかさ》の佑《ジョウ》」

人名 さち・すけ・たすく・たすけ

【佑助】《ユウジョ》 たすけること。たすけ。例神仏の—をたのむ。表記「▼祐助」とも書く。

𠆢 5 【余】 7画 4530 4F59 教育5
音 ⒶⒷヨ㊥㊦
訓 あま-る・あま-す・あま-り・われ

筆順 ノ 𠆢 亼 仐 仐 佘 余

Ⓐ 𠆢 5 【余】 7画 4530 4F59　Ⓑ 飠 7 【餘】 16画 8117 9918

なりたち Ⓐ［余］  〔形声〕「八（＝口から出る語気、ことば）」と、音「舎《シャ→ヨ》」の省略体とから成る。ことばがのび広がる。派生して「われ」の意。
Ⓑ［餘］  〔形声〕「飠（＝たべもの）」と、音「余《ヨ》」とから成る。ゆたかにみちたりる。

意味 Ⓐ［余］自分を指す代名詞。われ。同予《ヨ》。例余輩《ヨハイ》。
Ⓑ［餘］❶みちたりて、あまる。あまり。例余剰《ヨジョウ》。余分《ヨブン》。残余《ザンヨ》。❷それ以外。ほか（の）。例余罪《ヨザイ》。余人《ヨジン》。

難読 余波《なごり》・余風《なごり》

人名 われ

【余威】《ヨイ》 ①ありあまった勢い。類余勢。例—をふるう。②その人の死後も残る威光。例—の大きさを感じる。
【余韻】《ヨイン》 ①鐘《かね》をついたあとなどに残るひびき。例—嫋嫋《ジョウジョウ》。②事が終わったあとまで残る、好ましい感じやあじわい。例—にひたる。③詩や文章のことばを通して伝わるおもむき。類余情。例—縹渺《ヒョウビョウ》。
【余映】《ヨエイ》 消え残るかがやき。類余光・残光。例王朝文化の—。
【余栄】《ヨエイ》 ①死後に受ける名誉《メイヨ》。②その人の死後にまで残る名誉。③先祖の名誉。
【余▼殃】《ヨオウ》 先祖の悪事のむくいとして、その子孫に残るわざわい。対余慶《ヨケイ》。例積悪の家には必ず—あり。
【余暇】《ヨカ》 仕事や勉強から解放されて、自分で楽しむ時間。ひま。レジャー。例—利用。—にギターを習う。
【余角】《ヨカク》 〔数〕二つの角の和が直角であるとき、一方の角を他方の角に対していう。
【余割】《ヨカツ》 〔数〕三角関数の一つ。コセカント。
【余寒】《ヨカン》 立春を過ぎても感じられる寒さ。例—なお厳しい時節。
【余技】《ヨギ》 （専門・職業以外の）趣味《シュミ》としてもつ技芸。例本業は医者だが—として俳句をたしなむ。
【余儀】《ヨギ》 ほかの方法。それに取って代わる方法。〔ふつう「余儀ない」「余儀なく」の形で使われる〕例責任上—なく身を引く。悪天候で運動会は中止を—なくされた。

【余興《ヨキョウ》】宴会《エンカイ》や集会で、出席者を楽しませるためにおこなう、演芸やかくし芸。類座興・アトラクション。例宴会の—に一曲歌う。

【余薫《ヨクン》】①あとまで残るかおり。残り香《が》。余香《ヨコウ》。②先人の恩恵《オンケイ》。先人の残した恩徳。類余徳・余光。例—に浴する。

【余計《ヨケイ》】㊀(形動《ナダ》)①一定の分量より多くあるようす。例少しでも—に仕事を進める。②必要以上にあるようす。不必要だ。無用だ。例—者。—なことを言うな。㊁(副)①他とくらべて程度・分量が多いようす。例人より—に働く。②ある理由が加わって、さらにいっそうその程度がますようす。例いろいろ言われたら—に気が散ってしまう。

【余慶《ヨケイ》】①先祖の善行のおかげで、その子孫にむくいとして来るよい結果。対余殃《ヨオウ》。例積善の家には必ず—あり。②他人の善行のおかげ。例先賢《センケン》の—に浴す。

【余弦《ヨゲン》】〔数〕三角関数の一つ。コサイン。例—定理。

【余光《ヨコウ》】①残った光。日没《ニチボツ》のあとに空に残る光。類余映・残光。②先人の仕事のおかげ。類余徳。例先代の—にあずかる。

【余香《ヨコウ》】あとまで残るかおり。残り香《が》。類余薫《ヨクン》。例—を拝する。—をたのしむ。

【余罪《ヨザイ》】いま問われている罪《つみ》以外におかしている別の罪。例—が発覚する。—を追及《ツイキュウ》する。

【余事《ヨジ》】①ほかのこと。別のこと。類他事。例—はさておき。②余力や余暇《ヨカ》ですること。例—を楽しむだけのゆとり。

【余日《ヨジツ》】①(期限までに)まだ残っている日数。例年内—なく。②ひまな日。③その日以外の、別の日。類他日。例あとは—を期する。

【余剰《ヨジョウ》】のこり。あまり。剰余。例—米《マイ》。

【余情《ヨジョウ》】①あとあとまで心に残るあじわい。②詩や文章の、ことばから受けるしみじみとした思い。

【余震《ヨシン》】地震のとき、大きなゆれのあとに続いて起こる小さなゆれ。ゆりかえし。また、ひゆ的に、大事件の影響《エイキョウ》をいう。例日になん度とない—におびえる。パリでの人民蜂起《ホウキ》の—は、しばらく各地でやまなかった。

【余人《ヨジン|ヨニン》】ほかの人。別の人。例—を交えず二人だけで話す。—は知らず、私は賛同する。—をもって代えがたい。

【余▼塵《ヨジン》】前人の残した影響《エイキョウ》。余風。類後塵《コウジン》。例—を拝する。

【余▼燼《ヨジン》】①(火事などで)消え残った火。燃えさし。例大火の—なお消えやらぬ。②事件などのあとに、なお残る、その影響《エイキョウ》。例反乱の—は地方でくすぶり続けた。

【余生《ヨセイ》】残りの人生。老後に残された生活。類余命。例静かな—を送る。—を楽しむ。

【余勢《ヨセイ》】何かをしたあと、まだ残っているいきおい。はずみ。例成功の—をかって、事業を拡張する。

【余接《ヨセツ》】〔数〕三角関数の一つ。コタンジェント。表記「余切」とも書く。

【余▼喘《ヨゼン》】①やっとなんとか続いている息。虫の息。②死に近づいたいのち。類余命。例—を保つ。

【余▽所《よそ》】①ほかの場所。例—へ出て行く。②見も知らぬ遠いところ。例—の国。③他人。他人の家。例—の子。④関係がないこと。無関係だとすること。例親の心配を—にむちゃをする。表記▽「▽他▽所」とも書く。

【余沢《ヨタク》】〔「沢」は、うるおい、めぐみの意〕①先人の残した恩恵《オンケイ》。類余徳。例先帝《センテイ》の—に浴す。②他人にまでおよぶ恩恵。例故人の業績の—がまだある。

【余談《ヨダン》】(本題ではない)別の話。ほかの話。例これは—ですが…。

【余地《ヨチ》】①あまっている土地。空き地。例増築する—はない。②あまっている部分。あき。すきま。例立錐《リッスイ》の—もない。③(何かができる)余裕《ヨユウ》。ゆとり。可能性。例疑いをいれる—もない。検討の—がある。

【余得《ヨトク》】余分のもうけ。利益。(その地位にあることで手にはいる)正規の収入以外の利益。類余禄《ヨロク》・役得。

【余徳《ヨトク》】先人の残した恩恵《オンケイ》。類余沢《ヨタク》。例いまだに—が残っている。

【余熱《ヨネツ》】①火を消したあともまだ残っているあたたかみ。ほとぼり。例冷却水《レイキャクスイ》の—を温水プールに利用する。②残暑。例—のいまだ厳しいころ。

【余念《ヨネン》】(よけいな)ほかの考え。類雑念・他意。例読書に—がない。—もなく絵をかいている。—を交えてはいけない。

【余波《ヨハ》】①風がおさまったあとも立っている波。なごり。例台風の—。②ものごとが済んだあとにも残っている、その影響《エイキョウ》。あおり。例地震《ジシン》の—で列車ダイヤが乱れている。

【余輩《ヨハイ》】話し手が自分をふくめた複数の人々を指すことば。わがはい。われ。また、自分たち。われわれ。類予輩。例—はそのように考えない。

【余白《ヨハク》】(文字や図などのある紙面のうち)何も書いていない白い部分。空白。例ページの—をカットでうめる。

【余病《ヨビョウ》】ある病気にともなって起こるほかの病気。例—を併発《ヘイハツ》する。

【余憤《ヨフン》】おさまらないまま残っているいかり、いきどおり。例いまだ—おさまらず。

【余分《ヨブン》】(名・形動《ナダ》)①一定の分量をこえて多い分。例—にしはらう。②必要以上で、なくてもいいもの。余計。例—のチケット。支出の—を切り捨てる。

【余程《よほど》】(副)①ふつうの程度をこえているようす。かなり。相

漢字に親しむ ❹

伯父《おじ》と叔父《おじ》と小父《おじ》

お父さんやお母さんの兄弟のことを「おじさん」と呼びますが、これにあてる漢字には「伯父」と「叔父」の二とおりがあります。どうちがうのでしょうか。これは「伯《ハク》仲《チュウ》叔《シュク》季《キ》」という、昔の中国で兄弟の順序をあらわしたことばにもとづいているのです。「伯」が長男、「仲」が次男、「叔」がその次、「季」は末の子を指します。ですから自分の父の兄にあたるおじさんは「伯父」、弟にあたるおじさんは「叔父」と書くのが正しいのです。日本では、母の兄弟も伯父・叔父と書き、おばさんもこれにならって「伯母」「叔母」のように書きわけます。また、血縁《ケツエン》をあらわさない、ふつうの呼び名としてのおじさん、おばさんは、「小父」「小母」のように書きあらわしています。

当。例―うれしかったようだ。②もう少しでそうなりそうなようす。いっそのこと。例―やめようかと思った。―のことがなければ行かない。

【余命】《ヨメイ》（これから先の）残り少ないいのち。死ぬまでに生きる年数。類余喘《ヨゼン》。例―いくばくもない。

【余裕】《ヨユウ》①ありあまっていること。また、そのあまりの部分。ゆとり。例家計に―がある。②ゆったり落ちついていること。

【余裕▼綽▼綽】《ヨユウシャクシャク》（形動《トタル》）心にじゅうぶんなゆとりがあって、ゆったり落ちついているようす。例まだまだ―たるものだ。

【余力】《ヨリョク》（使ってもなお）あまっている力。類余裕《ヨユウ》・ゆとり・余勢。例―を残してゴールする。

【余類】《ヨルイ》メンバーが欠けたあとまで残ったなかま。類残党。例頭目《トウモク》がとらえられても、なお―の跳梁《チョウリョウ》は続いた。

【余烈】《ヨレツ》死後にもほめたたえられる忠義のおこない。類余威《ヨイ》。

【余▼禄】《ヨロク》正規の収入以外の利益。類余得。例地位に相応して―がある。

【余話】《ヨワ》あるできごとについての、まだ人には知られていない話。こぼればなし。エピソード。例明治維《イ》新《シン》史の―。

●窮余《キュウヨ》・残余《ザンヨ》・剰余《ジョウヨ》・有余《ユウヨ》

亻5 **【伶】** 7画 4666 4F36 人名 音レイ漢 リョウ呉

なりたち  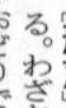 [形声]「亻(=ひと)」と、音「令《レイ》」とから成る。わざおぎ。

意味 ❶音楽やおどりで神や人の心をなごませる人。わざおぎ。例伶官《レイカン》。伶人《レイジン》。❷かしこい。同怜《レイ》。例伶俐《レイリ》。

人名 さとし

【伶官】《レイカン》音楽の演奏や作曲を仕事とする役人。

【伶人】《レイジン》（雅楽《ガガク》の）演奏者。楽人。

【伶▼俐】《レイリ》（名・形動《ナダ》）利口なこと。かしこいこと。また、そのようす。類聡明《ソウメイ》。対愚鈍《グドン》・暗愚《アング》。例―な子供。

表記「▼怜▼悧」とも書く。

亻5 **【伴】** 7画 ⇩【伴】《ハン》（70ページ）

亻5 **【佛】** 7画 ⇩【仏】《ブツ》（52ページ）

亻6 **【依】** 8画 1645 4F9D 常用 音イ漢 エ呉 訓よ-る

筆順 

なりたち   [形声]「亻(=ひと)」と、音「衣《イ》」とから成る。よる。もたれる。

意味 ❶たのみにする。よりかかる。もたれかかる。同倚《イ》。例依存《イソン》。依頼《イライ》。帰依《キエ》。❷そのことにもとづく。よりどころにする。よる。例依願《イガン》。依拠《イキョ》。❸もとのまま。例依然《イゼン》。

難読 依網《よさみ》・依田《よだ》(=地名・姓《セイ》)・玉依姫《たまよりひめ》

人名 のり・より

【依▼倚】《イイ》（名・する）よりかかること。たよること。例権勢の強いものに―する。

【依願】《イガン》（命令や強制ではなく）本人のねがいによる（ものとして取りあつかう）こと。例―退職。―免官《メンカン》。

【依拠】《イキョ》（名・する）（書物や原則などを）もとにすること。また、そのもとになるもの。例新法に―した制度。

【依嘱】《イショク》（名・する）たのむこと。たよること。例立案を―する。

【依然】《イゼン》（形動《トタル》）少しも変わらず、もとのままであるようす。例旧態―としたやり方をしている。

【依存】《イソン/イゾン》（名・する）（他の人やものごとに）たよって存在すること。例親に―する。大国に―した外交。―心。―症。

【依託】《イタク》（名・する）①あるものごとを他人にたのんでやってもらうこと。②ものにもたせかけること。例―射撃《シャゲキ》(=銃《ジュウ》を台にのせたり、胸壁《キョウヘキ》にもたせかけてうつこと)。

【依頼】《イライ》（名・する）たのむこと。たのみ。例―心。―状。執筆《シッピツ》を―する。

【依▼怙】《エコ》①たよること。②片方だけに力を貸すこと。例―の沙汰《サタ》。

【依▼怙地】《イコジ/エコジ》（名・形動《ダナ》）片意地を張ること。例―な男。―になって反対する。表記「意固地」とも書く。

【依▼怙▼贔▼屓】《エコヒイキ》（名・する）自分の好きなものだけをとくにかわいがること。

亻6 **【価】** 8画 1833 4FA1 教育5 音カ漢 ケ呉 訓あたい

筆順 

亻13 **【價】** 15画 4911 50F9 人名

なりたち 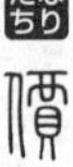 [会意]「亻(=ひと)」と「賈《コ→カ》(=あきなう)」とから成る。もののあたい。ねだん。

意味 ❶もののねだん。あたい。例価格《カカク》。定価《テイカ》。物価《ブッカ》。❷（世間でみとめられる）人・ものごとのねうち。例価値《カチ》。声価《セイカ》。評価《ヒョウカ》。

使い分け あたい【値・価】⇩1160ページ

難読 酒価《さかて》

【価格】《カカク》ねだん。ものを売り買いするときの金額。例卸売《おろしうり》―。―を据《す》え置く。

【価値】《カチ》①何かをするとき、それがどれだけたいせつであるかの程度。ものごとの意義や有用性。ねうち。例―判断。存在―。②土地や金品のもつ効用の程度。例交換《コウカン》―。

【価値観】《カチカン》そのもののもつ価値や意義についての、ひとりひとりの考え方。例―がちがう。

●安価《アンカ》・栄養価《エイヨウカ》・原価《ゲンカ》・高価《コウカ》・真価《シンカ》・代価《ダイカ》・単価《タンカ》・地価《チカ》・定価《テイカ》・特価《トッカ》・評価《ヒョウカ》・物価《ブッカ》

亻6 **【佳】** 8画 1834 4F73 常用 音カ・カイ漢 ケ・ケイ呉 訓よ-い

筆順 

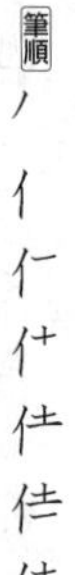

なりたち 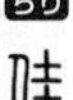  [形声]「亻(=ひと)」と、音「圭《ケイ→カ》」とから成る。よい。うつくしい。

意味 ❶すっきりと形よくととのっている。うつくしい。よい。例佳人《カジン》。佳麗《カレイ》。❷すぐれている。例佳句《カク》。佳作《カサク》。❸おいしい。例佳肴《カコウ》。❹めでたい。同嘉《カ》。例佳日《カジツ》。佳節《カセツ》。

人名 よし・よしみ・よろし

【佳会】《カカイ》気持ちのよい会合。例久しぶりの―であった。

【佳客】《カカク/カキャク》身分や教養のあるりっぱな客。また、好ましい客。類嘉客《カカク》・佳賓《カヒン》。例―をむかえて歓談《カンダン》する。

【佳期】《カキ》①よい時節。めでたい日。類佳節。②美人と会う日の意から、成婚《セイコン》の日。類吉日《キチジツ》。

【佳境】《カキョウ》ものごとが進行して気持ちのよい状態になったところ。おもしろくなったところ。類クライマックス。例いよいよ話も―にはいった。

【佳句】《カク》①歌や詩などの、よい語句。②すぐれた俳句。秀句

クシュウ。

【佳景《カケイ》】よいながめ。気持ちのよいけしき。

【佳言《カゲン》】(教訓に富む)味わいぶかいことば。また、えんぎのよいことば。

【佳▼肴《カコウ》】〔「肴」は、ごちそうの意〕おいしい料理。例 美酒—。表記「▼嘉▼肴」とも書く。

【佳作《カサク》】①できのよい作品。②(作品に等級をつけて評価する場合)入選に次いでよい作品。例 選外—。

【佳日《カジツ》】よい日。日がらのよい日。めでたい日。類 吉日《キチジツ》。例 ご結婚《ケッコン》の—。表記「▼嘉日」とも書く。

【佳▼辰《カシン》】〔「辰」は、日の意〕よい日。めでたい日。類 佳日《カジツ》・佳節・吉日《キチジツ》。表記「▼嘉▼辰」とも書く。

【佳人《カジン》】美しい女性。美人。

【佳人薄命《カジンハクメイ》】〔「薄命」は、不幸、とくに短命であること〕美人は不幸で若くして死ぬことが多いということ。美人薄命。

【佳節《カセツ》】祝日。めでたい日。類 佳日《カジツ》・佳辰《カシン》。例 重陽《チョウヨウ》の—(=九月九日)。表記「▼嘉節」とも書く。

【佳品《カヒン》】品質のよい品物。りっぱな品物。かなりすぐれた作品。

【佳編《カヘン》】(文学作品などで)よい作品。よい文章。表記 旧 佳▼篇

【佳名《カメイ》】よい名。よい評判。類 令名。例 世に—をうたわれる。表記「▼嘉名」とも書く。

【佳容《カヨウ》】よい顔だち。美しい姿かたち。例 愛すべき—の人。

【佳例《カレイ》】めでたい先例。類 吉例《キチレイ》。例 —に従って今年もとりおこなう。表記「▼嘉例」とも書く。

【佳麗《カレイ》】(名・形動《ダナ》)美しいこと。きれいなこと。また、美しい人。例 —をきそう。後宮《コウキュウ》の—三千人。

【佳話《カワ》】よいはなし。気持ちのよい内容のはなし。例 世にめずらしい—。

●絶佳《ゼッカ》

亻6

【侃】

8画 2006 4F83 人名 音 カン漢 訓 つよ-い

なりたち  〔会意〕「㐰(=信《まこと》)」と「川(=たゆまず流れる川)」とから成る。剛直《ゴウチョク》。意志が強くてまっすぐ。

意味 ❶正しくひたむきで信念をまげないようす。つよい。例 侃侃諤諤《カンカンガクガク》。❷のびのびとしてたのしむようす。やわらぐ。例 侃爾《カンジ》。

人名 あきら・すなお・たかし・ただ・ただし・つよし・なお・やす

【侃侃《カンカン》】(形動《タルト》)意志が強く、正しいと信じることを曲げないようす。類 剛直《ゴウチョク》。例 —たる正論を吐《は》く。

【侃侃▼諤▼諤《カンカンガクガク》】正しいと信じることをえんりょなく言うこと。侃諤。例 —の議論。参考 このことばを「ケンケンガクガク」と読むのは誤り。「喧喧囂囂《ケンケンゴウゴウ》(=多くの人がかってにしゃべってやかましいようす)」との混同か。

【侃▼爾《カンジ》】(形動《タルト》)ゆったりとしたようす。

亻6

【佶】

8画 4843 4F76 音 キツ漢

意味 ❶ただしい。❷「佶屈《キックツ》」は、ごつごつとしたようす。難解な文章の形容。例 佶屈聱牙《キックツゴウガ》。

【佶屈▼聱牙《キックツゴウガ》】(名・形動《ダナ》)〔「聱牙」は、語句や文章がわかりにくい意〕文章がかたくるしくて読みにくいこと。例 漢文読み下しのような、—な文章。表記「詰屈▼聱牙」とも書く。

亻6

【供】

8画 2201 4F9B 教育6 音 キョウ漢 ク・グ呉 訓 そな-える・とも・そな-え・ども

筆順 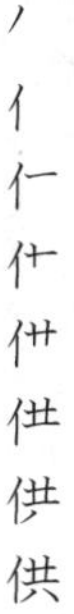

なりたち  〔形声〕「亻(=ひと)」と、音「共《キョウ》」とから成る。設ける。そなえる。

意味 ❶神仏や貴人に、ものをささげる。そなえる。例 供花《キョウカ》。節供《セック》。人身御供《ひとみゴクウ》。❷貴人につかえて用をつとめる。例 供奉《グブ》。❸求めに応じてさし出す。利用してもらうよう、さし出す。例 供給《キョウキュウ》。提供《テイキョウ》。閲覧《エツラン》に供《キョウ》する。❹わけを述べる。取り調べに対して事情を述べる。例 供述《キョウジュツ》。自供《ジキョウ》。

使い分け そなえる【備・供】⇩1171ページ

難読 御影供《みエイク》

【供応《キョウオウ》】(名・する)ごちそうをして人をもてなすこと。類 接待。例 —にあずかる。—を強《し》いる。表記 旧 ▼饗応

【供花《キョウカ・クゲ》】死者や仏に、花をそなえること。

【供給《キョウキュウ》】(名・する)①求められているものをあたえること。類 供与《キョウヨ》。例 ガスを—する。資金を—する。②販売《ハンバイ》のために商品を市場《シジョウ》に出すこと。また、その量。例 —量。—不足。▽対 需要《ジュヨウ》。

【供具《キョウグ》】仏の供養や宴会《エンカイ》の席で、飲食物をそなえるのに用いる器具。

【供出《キョウシュツ》】(名・する)〔統制経済の制度で〕①国などおおやけの求めに応じて、金品を差し出すこと。②民間の物資を定められた価格によって政府に売りわたすこと。例 —米《マイ》。金《キン》の—。

【供述《キョウジュツ》】(名・する)裁判官・検察官・司法警察官などの尋問《ジンモン》に対して、被告人《ヒコクニン》・被疑者《ヒギシャ》・証人などが意見や事実を述べること。例 —書。目撃者《モクゲキシャ》の—。

【供託《キョウタク》】(名・する)〔法〕公的な保証を得るために金銭や物品などを法律で定められた機関(=供託所)にあずけること。例 —金《キン》。

【供米《キョウマイ》】㊀生産した米を供出すること。また、その米。供出米。㊁《クマイ》神仏にそなえる米。

【供与《キョウヨ》】(名・する)(物品・資金・権利などを)提供し、あたえること。例 開発資金を—する。便宜《ベンギ》を—する。

【供養《キョウヨウ》】(名・する)㊀①父母や祖父母をやしなうこと。②祖先の廟《ビョウ》に食物をそなえること。㊁《クヨウ》〔仏〕仏や死者の霊《レイ》を、そなえものをしたり経《キョウ》を読んだりして、なぐさめること。例 亡父の一周忌《イッシュウキ》の—。

【供覧《キョウラン》】(名・する)多くの人々が見物できるようにすること。

【供御《クゴ》】①天皇や皇后などの飲食物。また、将軍家についてもいう。②〔女房詞《ニョウボウことば》で〕ごはん。米のめし。

【▽供奉《グブ》】(名・する)①天子や貴人のそば近くに仕えること。例 玉座近く—の侍従《ジジュウ》。②唐《トウ》代の官名。一芸一能にひいでていて朝廷《チョウテイ》に仕えたもの。例 翰林《カンリン》—(=詩文や学問についての天子の顧問《コモン》)。③天子の外出のおともをすること。また、その人。例 行幸《ギョウコウ》に—する。

【供物《クモツ》】神仏や死者の霊などに、供養《クヨウ》のためにそなえるもの。おそなえ。例 お—。

●子供《こども》・自供《ジキョウ》・提供《テイキョウ》・人身御供《ひとみゴクウ》

亻6

【佼】

8画 2483 4F7C 音 コウ漢

意味 ❶顔だちがうつくしい。なまめかしい。例 佼人《コウジン》(=美人)。❷わるがしこい。同 狡《コウ》。

亻 6

【使】

8画 2740 4F7F 教育3

音 シ 漢 呉　訓 つか-う・つか-い

筆順 ノ イ 仁 佢 佢 佢 伊 使

なりたち [形声]「亻(=ひと)」と、音「吏《リ→シ》」とから成る。言いつける。派生して「つかう」の意。

意味 ❶はたらかせる。もちいる。つかう。例 使役《シエキ》。使用《シヨウ》。行使《コウシ》。❷任務をおびて出かける人。つかい。例 使者《シシャ》。大使《タイシ》。❸〔助字〕「(…をして)…(せ)しむ」と読み、…に…させる、の意。使役《シエキ》をあらわす。例 使二子路問一《シロをしてとわしむ》(=子路にたずねさせる)。〈論語《ロンゴ》〉

使い分け つかう【使・遣】⇩1172ページ

【使役《シエキ》】㊀(名・する) 人を使って働かせること。人にある行為《コウイ》をさせること。例 捕虜《ホリョ》を―する。㊁(名)〔言〕人にある行為をさせることをあらわす語法。日本語では、助動詞「せる」「させる」「しめる」(文語は「す」「さす」「しむ」)を用いた言い方。

【使君《シクン》】天子の命令で地方や国外につかわされる勅使《チョクシ》を、うやまっていうことば。

【使者《シシャ》】命令や伝言を伝えたり、用を足すためにつかわす人。使い。例 ―を立てる。―をつかわす。

【使節《シセツ》】〔「節」は、使者が身につけて身分を証明する、しるし〕国家や政府を代表して、使いとして外国へ派遣《ハケン》される人。例 親善―。外交―を接遇《セツグウ》する。

【使▼嗾《シソウ》】(名・する) そそのかすこと。けしかけること。表記「指▼嗾」とも書く。

【使丁《シテイ》】(役所などで)雑役《ザツエキ》を仕事とする人。小使い。〔現在は用いない〕例 役所の―。

【使徒《シト》】①キリスト教会の初期に、キリストの救いの教えを伝える役割を果たした人々。例 十二―(=キリストにえらばれ、各地につかわされた十二人の弟子《デシ》)。②社会事業など尊い仕事にみずからをささげる人。例 平和の―。

【使途《シト》】物品や金銭の使いみち。例 ―不明金。―を明白にする。

【使命《シメイ》】①使者にあたえられる任務。例 重大な―を帯びる。②その人の果たすべき重大な任務。とくに、生涯《ショウガイ》をかけて実現すべき、人としてのつとめ。類 天職。例 ―感に燃える。研究を―として生きる。

【使用《シヨウ》】(名・する) 人・金品・施設《シセツ》などを使うこと。用いること。例 ―者(=使用する人)。―人(=使われる人)。

【使令《シレイ》】(名・する) さしずして人を使うこと。また、その命令。例 ―によって行動する。

●急使《キュウシ》・駆使《クシ》・検非違使《ケビイシ》・軍使《グンシ》・公使《コウシ》・行使《コウシ》・酷使《コクシ》・大使《タイシ》・勅使《チョクシ》・天使《テンシ》・特使《トクシ》・密使《ミッシ》・労使《ロウシ》

亻 6

【侈】

8画 4844 4F88

音 シ 漢　訓 おご-る

意味 ❶おごりたかぶる。えらそうにする。例 侈傲《シゴウ》。❷ぜいたくをする。度をすごす。例 奢侈《シャシ》。❸ほしいまま。勝手ほうだい。例 放辟邪侈《ホウヘキジャシ》。

【侈傲《シゴウ》】〔「傲」も、おごりたかぶる意〕おごりたかぶって人をあなどること。また、おごり。傲侈。

【侈▼奢《シシャ》】おごってぜいたくをすること。奢侈。

亻 6

【侍】

8画 2788 4F8D 常用

音 シ 漢 ジ 呉　訓 さむらい・はべ-る・さぶら-う

筆順 ノ イ 仁 什 佳 佳 侍 侍

なりたち [形声]「亻(=ひと)」と、音「寺《シ》」とから成る。つつしんでうけたまわる。

意味 身分の高い人のそば近くに仕える(人)。はべる。さぶらう。例 侍医《ジイ》。侍従《ジジュウ》。近侍《キンジ》。

日本語での用法 ㊀《さむらい・さぶらい》①武士。「若侍《わかざむらい》・青侍《あおざむらい》」②武士が出勤して詰めている所。「遠侍《とおざむらい|とおさぶらい》・内侍《うちさぶらい》」㊁《すけ》宮中の女官《ニョカン》の官位。律令制《リツリョウセイ》の四等官《シトウカン》で、内侍司《ナイシのつかさ》の第二位。次官《すけ》。「典侍《ナイシのすけ》」

難読 侍宿《とのい》

【侍医《ジイ》】身分の高い人についてはたらく医者。

【侍御《ジギョ》】(名・する) 主君のそば近くに仕えること。また、その人。例 ―する家臣。

【侍講《ジコウ》】天子や貴族に仕え、学問を講じる人。また、その役職。例 将軍の―。明治天皇の―。

【侍座《ジザ》】(名・する) 貴人の近くにひかえてすわること。例 ―する女官《ニョカン》。表記 旧侍▼坐

【侍史《シジ》】①貴人に専属する書記。類 右筆《ユウヒツ》。②〔直接にではなく、書記の侍史を通じて手紙を差し上げる意〕うやまうべき年長者や、師や友に差し出す手紙のあて名にそえる、ことば。類 侍曹《ジソウ》。

【侍者《ジシャ》】①貴人のそば近くに仕え、身の回りの世話をする人。②住職や高僧《コウソウ》に仕えて雑用をする僧。

【侍▼豎《ジジュ》】〔「豎」は、子供の意〕貴人のそば近くに仕える子供。侍童。類 小《こ》姓《ショウ》。

【侍従《ジジュウ》】天子や皇族のそば近くに仕えること。また、その人。例 ―職(=宮内庁《クナイチョウ》の中の部局の一つ)。―長。

【侍女《ジジョ》】貴人のそば近くに仕える女性。類 腰元《こしもと》。

【侍臣《ジシン》】国王や貴族のそばに仕える臣下。

【侍中《ジチュウ》】古代中国で、天子に申し上げることがらをつかさどった官。唐《トウ》代には宰相《サイショウ》の職となった。

【侍読《ジドク|ジトウ》】国王や貴族に仕え、書を講じること。また、その人。侍講。

【侍立《ジリツ》】(名・する) 貴人につき従って、そのそばにひかえて立つこと。例 総理大臣が―して、天皇が親任する。

【侍郎《ジロウ》】秦《シン》・漢代、宮殿《キュウデン》の門戸の守備をつかさどった官。唐《トウ》代には、侍中に次ぐ宰相《サイショウ》の職となった。

●近侍《キンジ》・典侍《テンジ》・内侍《ナイシ》

𠆢 6

【舎】

8画 2843 820E 教育5

音 ㊀シャ 漢 呉 ㊁セキ 漢　訓 やど・お-く　付表 田舎《いなか》

筆順 ノ 人 亼 今 全 全 舎 舎

舌 2

【舍】

8画 7150 820D

なりたち [会意]「亼(=集まる)」と「十(=屋根)」と「口(=囲い)」とから成る。客が集まり、とどまる建物。やど。

意味 ㊀《シャ》❶泊《と》まる。やどる。人を泊めるところ。やどや。例 舎営《シャエイ》。旅舎《リョシャ》。殿舎《デンシャ》。校舎《コウシャ》。❷いえ。建物。家屋。例 舎屋《シャオク》。❸自分の家。みうち。例 舎弟《シャテイ》。❹軍隊が行軍して泊まること。例 舎次《シャジ》。❺軍隊が一日に行軍する距離《キョリ》。周代には三十里。例 三舎《サンシャ》を避《さ》く(=軍隊が三日分の距離をしりぞく)。❻とどまる。休息する。いこう。例 逝者如レ斯夫、不レ舎二昼夜一《ゆくものはかくのごときか、チュウヤをおかず》(=過ぎ去っていくものは、みなこのとおりだ。昼も夜もとどまることがない)。〈論語《ロンゴ》〉❼すてる。同 捨《シャ》。㊁《セキ》供え物を置く。同 釈

セキ。

難読 舎人《とね》《り》・舎密《セイミ》〔オランダ語 chemie (=化学)の音訳〕

人名 いえ・や・やどる

【舎営】《シャエイ》(名・する) 軍隊などが民家の家屋内で、休養したり、宿泊《シュクハク》したりすること。対露営《ロエイ》・野営。

【舎監】《シャカン》 生徒や学生などの寄宿舎に住みこんで、生活上の指導や監督《カントク》に当たる人。例女子学生寮《リョウ》の―。

【舎兄】《シャケイ》〔「シャキョウ」とも〕実のあに。自分のあに。家兄。対舎弟《シャテイ》。

【舎人】《シャジン》 一 めしつかい。けらい。 二《とねり》 ①昔、天皇や皇族のそばに仕え雑役《ザツエキ》に従事した役人。②貴人の車馬の世話を仕事としたしもべ。牛車《ギッシャ》の牛飼いや乗馬の口取りなど。

【舎弟】《シャテイ》 ①実のおとうと。自分のおとうと。家弟。対舎兄《シャケイ》。例ご―様。②(やくざなどの)おとうとぶん。

【舎利】《シャリ》〔仏を火葬《カソウ》した骨《コツ》の意の、梵語《ボンゴ》の音訳〕①〔仏〕釈迦《シャカ》や聖者の遺骨。仏舎利。例―殿《デン》。―塔《トウ》。②白い米つぶ。ご飯つぶ。例銀―の飯《めし》。

【▽舎采】《セキサイ》 古代中国で、はじめて学校にはいるとき、昔の聖人(=周公《シュウコウ》や孔子《コウシ》)に野菜をささげること。のち、学校でおこなわれた、野菜だけをささげる、略式の孔子祭。類釈采《セキサイ》・釈菜《セキサイ》・釈奠《セキテン》。

●官舎《カンシャ》・宿舎《シュクシャ》・庁舎《チョウシャ》

亻6

【侏】

8画 4845 4F8F 音 シュ漢

意味「侏儒《シュジュ》」は、背の低い人。

【侏儒】《シュジュ》 ①人なみよりも背の低い人。こびと。一寸法師《イッスンボウシ》。②見識のない人をののしっていうことば。表記▽「朱儒」とも書く。

亻6

【侘】

8画 4846 4F98 音 タ漢呉 訓 わ-びる・わび-しい

意味「侘傺《タテイ》」は、失望して茫然《ボウゼン》とするようす。

日本語での用法 一《わび・わびる》①(にぎやかな都を)住みにくく思う。「(都《みやこ》を)住《す》み侘《わ》びる」②質素をむねとする茶の湯。「侘《わ》び茶《チャ》」 二《わびしい》豊かでなく、さむざむとした。「侘《わび》しい家庭《カテイ》」

亻6

【佻】

8画 4847 4F7B 音 チョウ漢 訓 かる-い

意味 ❶軽薄《ケイハク》な。かるがるしい。例軽佻《ケイチョウ》(=落ちつきがなく、うわついている)。❷一人で。単独。例佻佻《チョウチョウ》。

【佻巧】《チョウコウ》 軽薄《ケイハク》で、ことばがじょうずであること。

【佻佻】《チョウチョウ》 一人で旅を行くようす。一説に、往来するようす。また一説に、りっぱなようす。

亻6

【佩】

8画 4848 4F69 音 ハイ漢呉 訓 お-びる・は-く

意味 ❶貴人が帯につけるかざり玉。おびだま。例佩玉《ハイギョク》。❷身につける。腰《こし》にさげる。おびる。はく。同珮《ハイ》。例佩剣《ハイケン》。佩刀《ハイトウ》。❸しっかりと心にとどめる。例感佩《カンパイ》(=心に感じて忘れない)。

【佩玉】《ハイギョク》 古代中国で、貴人が帯にかけて腰《こし》に垂らした、かざり玉。玉佩。

【佩剣】《ハイケン》(指揮刀などの)剣を腰《こし》にさげること。また、その剣。佩刀。〔かつて軍人の士官や将官、また制服の警察官の象徴《ショウチョウ》とされた〕例―を鳴らして立ちはだかる巡査《ジュンサ》。

【佩帯】《ハイタイ》(名・する) 腰《こし》につけること。身(おもに胴《ドウ》まわり)につけること。例(刀の)大小を―する。

【佩刀】《ハイトウ》(名・する) 刀を腰《こし》につけること。また、その刀。帯刀。佩剣《ハイケン》。〔「御佩刀《みはかし|みはかせ》」は、貴人の帯刀をいう〕

【佩用】《ハイヨウ》(名・する) 身につけて用いること。例勲章《クンショウ》を―する。

亻6

【佰】

8画 4849 4F70 音 一 ハク漢 ヒャク呉 二 バク漢 ハク呉 訓 もも

意味 一《ハク|ヒャク》 ❶百人をひとまとまりとした、古代の兵制。例什佰《ジュウハク》。❷「百」の大字《ダイジ》。商売や契約《ケイヤク》の文書で、数字を書きかえられないように使う。 二《バク|ハク》 東西に通るあぜみち。同陌《バク》。例佰仟《ハクセン》(=東西・南北に通じる、あぜみち)。仟佰《センパク》。

亻6

【侮】

8画 4178 4FAE 常用 音 ブ漢 訓 あなど-る・あなど-り

筆順

亻7

【侮】

9画 1-1424 FA30 人名

たなち

〔形声〕「亻(=ひと)」と、音「毎《バイ→ブ》」とから成る。かろんじる。

意味 ばかにする。あなどる。例侮辱《ブジョク》。軽侮《ケイブ》。

【侮辱】《ブジョク》(名・する) 人をばかにし、恥《はじ》をかかせること。あなどりはずかしめること。例―を受ける。人を―する言辞。

【侮蔑】《ブベツ》(名・する) 人を軽視し、ばかにすること。あなどりさげすむこと。例―のまなざしを向ける。

●外侮《ガイブ》・軽侮《ケイブ》

亻6

【併】

8画 4227 4F75 常用 音 ヘイ漢 訓 あわ-せる・なら-ぶ・しか-し

筆順

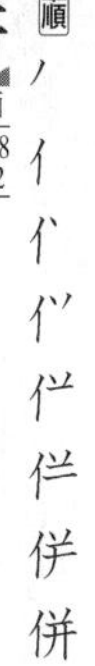

亻8

【倂】

10画 1-1428 5002

たなち

〔形声〕「亻(=ひと)」と、音「幷《ヘイ》(=あわせる)」とから成る。並ぶ。

意味 ❶一つにまとめる。あわせる。例併合《ヘイゴウ》。併呑《ヘイドン》。合併《ガッペイ》。❷すぐ近くに置く。二つのものが同時におこる。ならぶ。ならべる。同並《ヘイ》。例併記《ヘイキ》。併称《ヘイショウ》。併設《ヘイセツ》。

日本語での用法 一《しかし》けれども。逆接をあらわす。「併《しか》しそれは事実《ジジツ》と異《こと》なる」 二《しかしながら》そのまま。そっくり。すべて。「併《しか》しながら天照大神《あまてらすおおみかみ》の御《お》はからい」

使い分け あわせる【合・併】⇩1162ページ

【併願】《ヘイガン》(名・する) ①同時にいくつかの進学先や就職先に志願すること。例相変わらず―の多い傾向《ケイコウ》。②同時にいくつかのねがいをもつこと。また、そのねがい。

【併記】《ヘイキ》(名・する) いっしょにあわせて書くこと。並べて書くこと。例両論―。本人と保証人との、両名―の願書。

【併行】《ヘイコウ》(名・する) いくつかの事象が同時に進行すること。類並行。例和平交渉《コウショウ》に―する戦争の準備。

【併合】《ヘイゴウ》(名・する) いくつかのものをあわせて一つにすること。また、一つになること。例ナチスドイツのオーストリア―。

【併殺】《ヘイサツ》(名・する) 野球で、連続したプレーで二つのアウトをとること。ダブルプレー。ゲッツー。

【併称】《ヘイショウ》(名・する) ①一つの呼び方と別な呼び方を同時

にすること。並べて呼ぶこと。例 内大臣と征夷大将軍《セイイタイショウグン》とを—する。②いっしょにほめること。例 いずれあやめかかきつばた、と—される。

【併設《ヘイセツ》】（名・する）いっしょに設備をもうけること。例 大学に短期大学を—する。

【併存《ヘイソン／ヘイゾン》】（名・する）同時にいくつかのものが存在すること。類 共存。例 与党《ヨトウ》は保守派と改革派が—していた。

【併置《ヘイチ》】（名・する）いくつかのものをいっしょに置くこと。例 工場内に研修所を—する。表記「並置」とも書く。

【併読《ヘイドク》】（名・する）一つの本を読むあいまに別の本を並行《ヘイコウ》して読むこと。また、同時にいくつかの新聞をとって読むこと。例 中央紙のほかに地方紙も—する。

【併▼呑《ヘイドン》】（名・する）①一つに呑《の》みこむこと。例 大洪水《ダイコウズイ》が小さな河川《カセン》を—しておし寄せた。②他国を自国の支配下に置くこと。例 隣接《リンセツ》の国国を—する。

【併発《ヘイハツ》】（名・する）①別の病気がいっしょに起こること。例 余病を—する。②いくつかのことが同時に起こること。例 —する不祥事《フショウジ》。

【併有《ヘイユウ》】（名・する）いくつかのものをいっしょに持つこと。例 大胆《ダイタン》さと慎重《シンチョウ》さを—する。

【併用《ヘイヨウ》】（名・する）いっしょに使うこと。例 かなと漢字を—する。当面のあいだ旧制度も—する。

【併録《ヘイロク》】（名・する）おもなものに、あわせて収録すること。例 参考資料を—する。

亻6

【侑】
8画 4850 4F91 人名 音 ユウ漢 訓 すす-める・たす-ける

なりたち ［形声］「亻（＝ひと）」と、音「有《ユウ》」とから成る。そばについて、たすける。

意味 ❶たすける。同 佑《ユウ》。例 侑歓《ユウカン》（＝いっそうよろこばせる）。❷食事などをすすめる。例 侑食《ユウショク》（＝食事を相伴《ショウバン》する。また、食事をすすめる）。

人名 あつむ・すすむ・たすく

亻6

【佯】
8画 4851 4F6F 音 ヨウ漢 訓 いつわ-る・いつわ-り

意味 うわべだけそれらしく見せかける。ふりをする。いつわる。例 佯狂《ヨウキョウ》。佯言《ヨウゲン》。佯降《ヨウコウ》（＝降参したふりをする）。

難読 佯狂《そらとぼけ》

【佯狂《ヨウキョウ》】わざと気がくるったように、ふるまうこと。また、その人。例 —苦肉の計。表記「陽狂」とも書く。

【佯言《ヨウゲン》】事実をねじまげていうこと。いつわりのことば。佯語。

𠆢6

【侖】
8画 4853 4F96 音 一 リン漢 二 ロン漢

意味 一《リン》きちんとそろえる。同 倫《リン》。二《ロン》まるい。また、「昆侖《コンロン》」は山の名。

亻6

【例】
8画 4667 4F8B 教育4 音 レイ漢 訓 たと-える・たと-えば・ためし

筆順 ノ 亻 亻 仢 伢 例 例

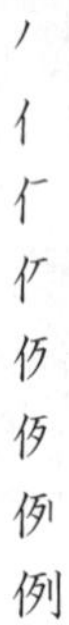

なりたち  ［形声］「亻（＝ひと）」と、音「列《レツ→レイ》」とから成る。ならべる。

意味 ❶似ているものを引き合いに出して、くらべてみせる。たとえる。例 例解《レイカイ》。例示《レイジ》。例証《レイショウ》。❷説明のために引き合いに出されることがら。たとえ。例 例文《レイブン》。実例《ジツレイ》。用例《ヨウレイ》。❸いつものとおりの。ならわし。ためし。例 慣例《カンレイ》。定例《テイレイ》。❹さだめ。決まり。例 条例《ジョウレイ》。凡例《ハンレイ》。

人名 ただ・つね

【例会《レイカイ》】時期や日程をいつも、だいたい同じように決めて開く会。例 毎月の—。

【例解《レイカイ》】（名・する）①具体的な例をあげて、ことばや文字の意味・用法などを説明すること。②（試験問題などの）解答の例。例 —を示す。

【例外《レイガイ》】決まりにあてはまらないこと。ふつうの例から、はずれること。例 —として認める。—のない規則はない。

【例月《レイゲツ》】いつもの月。毎月。

【例言《レイゲン》】一（名）書物の初めに、その本のねらいや方針、構成や表記の約束などを述べたことば。凡例《ハンレイ》。例 —に取りあつかい方を示す。二（名・する）例として述べること。

【例祭《レイサイ》】（神社で）毎年決まった時期におこなわれるまつり。

【例示《レイジ》】（名・する）例としてしめすこと。例 用紙の記入方法が—されている。

【例式《レイシキ》】通常のやり方。決まった儀式《ギシキ》。

【例証《レイショウ》】（名・する）例をあげて証明すること。また、その例。例 的確な—をあげて人を納得《ナットク》させる。

【例題《レイダイ》】（教科書や参考書で）定理や公式を習得させるために出す具体的な問題。例 —によって解法を練習する。

【例年《レイネン》】いつもの年。毎年。例 —のとおり。—になく寒い。

【例文《レイブン》】①具体的に見本となるような文章。例 案内状の—。②書物のまえがき。緒言《ショゲン》。

【例話《レイワ》】あることの説明のために実例として示す話。たとえばなし。例 朝礼の訓示《クンジ》に用いる—。

●異例《イレイ》・慣例《カンレイ》・実例《ジツレイ》・条例《ジョウレイ》・先例《センレイ》・通例《ツウレイ》・特例《トクレイ》・凡例《ハンレイ》・比例《ヒレイ》・用例《ヨウレイ》・類例《ルイレイ》

亻6 ［侠］8画 ⇩【俠】《キョウ》（76ページ）

亻6 ［侫］8画 ⇩【佞】《ネイ》（69ページ）

亻6 ［侭］8画 ⇩【儘】《ジン》（97ページ）

人6 【來】8画 ⇩【来】《ライ》（515ページ）

亻7

【俤】
9画 4863 4FE4 国字 訓 おもかげ

意味 あるものにとどめられた昔の姿や雰囲気《フンイキ》。おもかげ。例 昔《むかし》の俤《おもかげ》。母親《ははおや》の俤《おもかげ》。

亻7

【俄】
9画 1868 4FC4 人名 音 ガ漢 訓 にわ-か

意味 ❶急に。たちまち。にわかに。例 俄然《ガゼン》。俄《にわ》か雨《あめ》。❷しばらく。まもなく。例 俄頃《ガケイ》。❸「ロシア」の中国語訳である「俄羅斯《オロシャ／オロス》」の略。例 中俄辞典《チュウガジテン》。

日本語での用法《にわか》即興《ソッキョウ》の。まにあわせの。「俄狂言《にわかキョウゲン》・俄《にわ》か仕込《じこ》み」

【俄▽羅▼斯《オロシャ／オロス》】〔ロシア語 Rossiya の中国語訳〕江戸《えど》時代のロシアの呼び名。略して「俄《ガ》」「俄国《ガコク》」ともいう。

【俄▽頃《ガケイ》】しばらく。暫時《ザンジ》。また、ごく短いあいだ。瞬時《シュンジ》。俄刻《ガコク》。

【俄然《ガゼン》】（副）急に。にわかに。とつぜん。例 首位争いでレースが—白熱してきた。

【俄か雨《にわかあめ》】急に激しく降ってきてすぐにやむ雨。

【俄狂言《にわかキョウゲン》】江戸《えど》時代中期、京都・大坂《おおさか》の祭りのときに始まった、即興《ソッキョウ》的に演じられるこっけいな劇。茶番狂言《チャバンキョウゲン》。仁輪加《にわか》。

亻7

【俠】
9画 1-1426 4FE0 人名 音 キョウ漢 キャン唐 訓 おとこだて

亻 6
【俠】
8画 2202 4FA0 俗字

意味 強きをくじき、弱きを助け、一度約束したことは必ず果たす。おとこだて。おとこぎ。例 俠気《キョウキ》。義俠《ギキョウ》。任俠《ニンキョウ》。

日本語での用法 《キャン》 若い女性が活発で、おてんばなようす。「お俠《キャン》な娘《むすめ》」

【俠客】《キョウカク》 弱い者の味方を売り物に、世をわたる者。おとこだて。俠者。

【俠気】《キョウキ》 弱い者を助けて、強い者に立ち向かう気持ち。おとこぎ。俠骨。例 —に富む。

【俠骨】《キョウコツ》 俠気。例 —のある男。

亻 7
【係】
9画 2324 4FC2 教育3 音 ケイ漢 訓 かか-る・かかり・かか-わる

筆順 亻 仁 伭 伾 係 係 係

なりたち [形声]「亻(=ひと)」と、音「系《ケイ》」とから成る。しばってつなぐ。

意味 ❶つなぐ。むすびつける。同 繫《ケイ》。例 係留《ケイリュウ》。係累《ケイルイ》。連係《レンケイ》。❷かかわる。かかわり。例 関係《カンケイ》。連係《レンケイ》。

日本語での用法 《かかり》 役所や会社の、課の中の一部署。「係長《かかりチョウ》・戸籍係《コセキがかり》」

使い分け かかる・かける【掛・懸・架・係・賭】⇩1166ページ

人名 たえ

【係員】《かかりイン》 組織のなかでその仕事を担当している職員。例 —の誘導《ユウドウ》に従う。

【係官】《かかりカン》 官庁で、その仕事を担当している公務員。例 —立ち会いのもとで現地調査がおこなわれた。

【係り結び】《かかりむすび》 〔言〕文語文で、文中の係助詞《ケイジョシ》に応じて、文末が特定の活用形で結ばれること。「ぞ」「なむ」「や」「か」の「係り」には連体形の「結び」、「こそ」の「係り」には已然形《イゼンケイ》の「結び」が、それぞれ応じる。例 —の法則。

【係助詞】《ケイジョシ》 〔言〕日本語の助詞の一つ。その文の話題を示したり、疑問や強意をあらわしたりする。とくに文語では、文末の活用語に特定の活用形が用いられることがある(=係り結び)。口語の「は」「も」「しか」など、文語の「は」「も」「ぞ」「なむ」「や」「か」「こそ」など。かかりのじょし。

【係数】《ケイスウ》 ①代数で、その項《コウ》にふくまれている数字の部分。3xy の 3 のこと。②物理や化学で、比例の率をあらわす数字。例 摩擦《マサツ》—。

【係船】《ケイセン》 (名・する) ①船をつなぎとめること。また、その船。②船の使用を一時的にやめること。また、その船。表記 ▽旧▼繫船

【係争】《ケイソウ》 (名・する) あらそいが続いていること。とくに訴訟《ソショウ》が起こされ、当事者間であらそわれていること。例 現在—中の問題。表記 旧▼繫争

【係属】《ケイゾク》 (名・する) ①つながること。関係ができること。②〔法〕事件の訴訟《ソショウ》が続いていること。例 —中の事件。表記 ▽旧▼繫属

【係留】《ケイリュウ》 (名・する) 船などをつなぎとめること。表記 旧▼繫留

【係累】《ケイルイ》 ①つなぎとめること。しばること。②心身を束縛《ソクバク》するもの。③(妻子・両親・養うべき幼いきょうだいなど)身の束縛となる家族や縁者《エンジャ》。例 —のない身軽さ。表記 ▽「▼繫累」とも書く。

◐関係《カンケイ》

亻 7
【俔】
9画 4855 4FD4 音 ケン漢 訓 うかが-う・たと-える

意味 ❶のぞき見する。うかがう。❷たとえる。

亻 7
【侯】
9画 2484 4FAF 常用 音 コウ漢

筆順 亻 仁 伫 伊 伊 侯 侯

なりたち [会意]「ク(=ひと)」と「厂(=まと)」と「矢(=や)」とから成る。宴席《エンセキ》や儀式《ギシキ》で矢を射るときの、まと。

意味 ❶弓矢のまと。例 射侯《シャコウ》。❷封建《ホウケン》時代の領主や大名。例 王侯《オウコウ》。諸侯《ショコウ》。❸五階級の爵位《シャクイ》(=公・侯《コウ》・伯《ハク》・子・男)の第二位。例 侯爵《コウシャク》。

人名 きみ・よし

【侯爵】《コウシャク》 貴族の階級の一つ。五等爵(=公・侯《コウ》・伯《ハク》・子・男)の第二位。また、その位をもつ人。

【侯伯】《コウハク》 ①侯爵《コウシャク》と伯爵《ハクシャク》。②諸侯。諸大名。

◐王侯《オウコウ》・諸侯《ショコウ》・藩侯《ハンコウ》・列侯《レッコウ》

亻 7
【俟】
9画 4856 4FDF 音 シ漢 訓 ま-つ

意味 待つ。待ちうける。例 百年俟二河清一《ヒャクネンカセイをまつ》(=いつまで待っても、むだなことのたとえ)。〈春秋左氏伝《シュンジュウサシデン》〉

亻 7
【俥】
9画 4864 4FE5 音 シャ 訓 くるま

意味 中国将棋《ショウギ》の駒の一つ。

日本語での用法 《くるま・シャ》 人力車《ジンリキシャ》。「俥夫《シャフ》」

亻 7
【俊】
9画 2951 4FCA 常用 音 シュン漢 訓 すぐ-れる

筆順 亻 亻 仏 佟 佟 俊 俊

亻 12 [儁] 14画 4914 5101 別体字

なりたち [形声]「亻(=ひと)」と、音「夋《シュン》」とから成る。千人にひとりというほど、すぐれた人。

意味 才知がぬきんでてすぐれている(人)。また、ずばぬけて速いようす。例 俊才《シュンサイ》。俊足《シュンソク》。俊敏《シュンビン》。

人名 さとし・すぐる・たか・たかし・とし・ひで・まさる・よし

【俊逸】《シュンイツ》 才知がすぐれていて、りっぱなこと。また、その人。例 —のできばえ。

【俊英】《シュンエイ》 才知がすぐれていること。また、その人。類 俊秀《シュンシュウ》。例 —を輩出《ハイシュツ》している学校。

【俊▼穎】《シュンエイ》 〔「穎」は、ムギなどの穂《ほ》の先〕才知がすぐれ、ひいでていること。また、その人。例 生まれつき—の人。

【俊傑】《シュンケツ》 才知や能力がすぐれた人物。類 俊豪《シュンゴウ》。例 明治維新《イシン》の—。

【俊豪】《シュンゴウ》 才知や力量がすぐれた大人物。類 俊傑《シュンケツ》。例 —の集まる道場。

【俊才】《シュンサイ》 すぐれた才知。また、その持ち主。類 英才・秀才《シュウサイ》。例 —を選《え》りすぐる。表記 旧▼駿才

【俊材】《シュンザイ》 すぐれた人材。俊才。例 —を募《つの》る。

【俊秀】《シュンシュウ》 才知にすぐれ優秀なこと。また、その人。類 俊英。例 門下の—。

【俊足】《シュンソク》 ①足のはやいこと。また、そのような人やウマ。②弟子《デシ》のなかですぐれた人。類 高足。例 孔子《コウシ》門下の—。

表記 ①は「▼駿足」とも書く。

【俊敏】《シュンビン》 (名・形動ダナ) 頭がよくて、的確な判断がすばやくできること。例 —な動作。

【俊▼邁】《シュンマイ》 (名・形動ダナ) 才知がひじょうにすぐれていること。類 英邁《エイマイ》。例 生まれつき—の人。

【俊雄】《シュンユウ》 すぐれて強い人。

亻7
【信】
9画 3114 4FE1 教育4 音 シン 漢 呉 訓 まこと

筆順 ノ イ 仁 仨 信 信 信 信 信

なりたち  [会意]「亻(=ひと)」と「言(=いう)」とから成る。人が言うことば。うそがない。

意味 ❶うそやいつわりがない。真実。約束にそむかない。まこと。例 信義《シンギ》。忠信《チュウシン》。背信《ハイシン》。❷たしかなこととして、うたがわない。しんじる。例 信用《シンヨウ》。信頼《シンライ》。自信《ジシン》。❸神仏をあがめ、たのみとし、その教えに従う。例 信仰《シンコウ》。信者《シンジャ》。迷信《メイシン》。❹たより。手紙。あいず。例 信号《シンゴウ》。音信《オンシン》。通信《ツウシン》。❺のばす。のびる。同 伸《シン》。

日本語での用法 ㊀《シン》旧国名「信濃《しなの》(=今の長野県)」の略。「信州《シンシュウ》・信越線《シンエツセン》」㊁《し》「し」「しな」「しの」「しが」の音にあてた万葉がな。「信濃《しなの》・信太《しのだ》・信楽《しがらき》・男信《なましな》」

難読 信夫摺《しのぶずり》

人名 あき・あきら・こと・さだ・さね・しげ・しの・ただ・ちか・とき・とし・のぶ・のぶる・みち

【信濃】《しなの》 旧国名の一つ。今の長野県全体にあたる。信州《シンシュウ》。

【信愛】《シンアイ》 (名・する) 信じ愛すること。例 —する先輩《センパイ》。

【信管】《シンカン》 爆弾《バクダン》や弾丸などを、爆発させるためにつけてある装置。例 不発弾の—を取り除く。

【信義】《シンギ》 約束を誠実に果たし、人のなすべきことをきちんとおこなうこと。例 —に厚い。—を守る。

【信教】《シンキョウ》 宗教を信じること。例 —の自由を尊重する。

【信仰】《シンコウ》 (名・する) 神や仏などを、神聖なもの、絶対的なものとして信じあがめて、その教えに従うこと。類 信心《シンジン》。例 —心。—を深める。—に目ざめる。

【信号】《シンゴウ》 一定の符号《フゴウ》を約束として用い、目や耳、また手指などの感覚によって意思を伝えるしくみ。あいず。サイン。シグナル。例 交通—。

【信士】《シンジ｜シンシ》 〔仏教で「清信士《ショウシンジ》」の略〕①出家していない仏教信者の男性。優婆塞《ウバソク》。②男性の戒名《カイミョウ》の下につける称号《ショウゴウ》の一つ。▽対 信女《シンニョ》。

【信実】《シンジツ》 (名・形動ダナ) 誠実で我欲《ガヨク》のないこと。また、そのようす。まごころ。類 正直。例 —な人。

【信者】《シンジャ》 ①ある宗教を信仰《シンコウ》する人。類 信徒。例 新興宗教の—になる。②神仏を信仰するように、何かを信じる人。例 健康食品の—。

【信書】《シンショ》 個人の手紙。類 書簡・書状・私信。例 —の秘密をおかしてはならない。

【信条】《シンジョウ》 ①信仰《シンコウ》の箇条《カジョウ》。信ずべき一つ一つのことがら。類 教義。例 何か—をもつことをすすめる。②正しいと信じて、それに従って生活している、ことがら。モットー。例 思想—の自由。

【信賞必罰】《シンショウヒツバツ》 ほめるべきことをきちんとほめ、罰すべきことをきちんと罰すること。賞罰のけじめを厳正におこなうこと。例 —をもって紀律を正す。

【信心】《シンジン》 (名・する) (神仏を)神聖なものとして信じて疑わないこと。例 鰯《いわし》の頭も—から(=イワシの頭のような些細《ササイ》なものでさえ、信じこむ人にとっては、神仏同様の存在となる)。

【信託】《シンタク》 (名・する) ①信用してまかせること。例 —統治。②〔法〕一定の目的に従って財産の管理や処分をまかせること。例 —銀行。

【信天翁】《シンテンオウ｜アホウどり》 アホウドリ科の大形で白色の海鳥。特別天然記念物。〔漢名の「信天翁」は、えさの魚が来なくても場所を変えず、そこにじっとしていることから、「天翁(=神)を信じる」ということでついた名〕

【信徒】《シント》 ある宗教を信仰《シンコウ》している人。類 信者。例 —の集会。—になる。

【信女】《シンニョ》 〔仏教で「清信女《ショウシンニョ》」の略〕①出家していない仏教信者の女性。優婆夷《ウバイ》。②女性の戒名《カイミョウ》の下につける称号《ショウゴウ》の一つ。▽対 信士。

【信任】《シンニン》 (名・する) 信じて、ものごとの処理をまかせること。例 —投票。

【信任状】《シンニンジョウ》 外交使節が正当な代表であることを認めた文書。団体がその代表を大会などに送る場合にもいう。

【信認】《シンニン》 (名・する) 信頼《シンライ》し承認すること。例 前任者の方針を—する。

【信念】《シンネン》 ①信仰《シンコウ》する心。信仰心。例 —をもつ。②かたく信じこんでいる心。例 —をつらぬく。

【信▼憑】《シンピョウ》 (名・する) ものごとが確実だと信頼《シンライ》すること。例 —性が高い。

【信服】《シンプク》 (名・する) 信じて、服従すること。信伏《シンプク》。例 指導教授に—する。

【信望】《シンボウ》 信用と人望。人に信頼《シンライ》され尊敬されること。例 —が厚い。クラスの人たちの—を集める。

【信奉】《シンポウ》 (名・する) (ある教えや考え方を)信じて、たいせつにすること。例 民主主義を—する。

【信用】《シンヨウ》 (名・する) ①確かだと信じて受け入れること。信頼《シンライ》してまかせること。例 部下を—する。②社会的に認められ、よい評判を得ること。例 —が厚い。③〔経〕しはらい能力のあることを前提としておこなわれる取引。例 —貸し。

【信頼】《シンライ》 (名・する) 信じてまかせること。例 —度が高い。—を裏切る。—にこたえる。

●音信《オンシン》・確信《カクシン》・過信《カシン》・交信《コウシン》・私信《シシン》・自信《ジシン》・受信《ジュシン》・所信《ショシン》・送信《ソウシン》・通信《ツウシン》・電信《デンシン》・発信《ハッシン》・不信《フシン》・返信《ヘンシン》・迷信《メイシン》

亻7
【侵】
9画 3115 4FB5 常用 音 シン 漢 呉 訓 おか-す

筆順 ノ イ 亻 伊 伊 伊 侵 侵 侵

亻7
【侵】
9画

なりたち  [会意]「亻(=ひと)」と「𠬶(=手にほうきを持ってはく)」とから成る。しだいに進む。

意味 相手のなわばりにはいりこみ、害をあたえる。おかす。例 侵害《シンガイ》。侵攻《シンコウ》。侵入《シンニュウ》。

使い分け おかす【犯・侵・冒】⇩1164ページ

【侵害】《シンガイ》 (名・する) 人の所有物や権利を不当にそこない、害をあたえること。例 権利の—。プライバシーの—。

【侵攻】《シンコウ》 (名・する) 他国へせめ入ること。類 侵略・侵犯。例 周辺の国を—する。表記 古くは「侵▼寇」と書いた。

【侵食】《シンショク》 (名・する) しだいにおかし、そこなうこと。むしばむこと。類 蚕食。例 他国の領土を—する。表記 旧 侵▼蝕

【侵▼晨】《シンシン》 〔「晨」は、早朝の意。「晨《シン》を侵《おか》す」と訓読する〕朝早く。あさまだき。類 侵早。

【侵入】《シンニュウ》（名・する）はいるべきでないところに不法にはいりこむこと。例不法—。敵の—を許す。

【侵犯】《シンパン》（名・する）他国の権利や領土などを、不当におかしそこなうこと。類侵攻《シンコウ》・侵略。例領空—。国境を—する。

【侵略】《シンリャク》（名・する）他国にせめ入って、領土や物品をうばいとること。類侵攻《シンコウ》・侵犯。例—戦争。異民族の—を受ける。表記旧侵▼掠

○●不可侵《フカシン》

人 7

【俎】

9画 4857 4FCE 音ショ漢ソ呉 訓まないた

メ 5

［爼］ 9画 6412 723C 俗字

意味 ❶古代中国で、神にまつるときに、いけにえをのせた台。例俎豆《ソトウ》。❷魚や肉などを調理する台。まないた。

【俎上の肉】《ソジョウのニク》まないたの上の肉。相手に運命をゆだねなければならないほど、無力な存在。類俎上の魚《うお》。まないたの上の鯉《こい》。

【俎豆】《ソトウ》（「豆《トウ》」は、長い足のついたうつわの意）「俎」も「豆」も、神を祭るときの供え物をのせる、うつわ。広く、祭器いっぱんをいう。例—をつらね、礼をつくす。

亻 7

【促】

9画 3405 4FC3 常用 音ショク漢ソク呉 訓うなが-す

筆順 

なりたち  ［形声］「亻（＝ひと）」と、音「足《ショク》」とから成る。せまる。せきたてる。

意味 ❶早くするように急がせる。せきたてる。うながす。例促進《ソクシン》。催促《サイソク》。督促《トクソク》。❷間をつめる。ちぢまる。せまる。例促音《ソクオン》。

難読 促織《きりぎりす》（＝今のコオロギ）・延促《のびちぢみ》

人名 ゆき

【促音】《ソクオン》〔言〕つまるような感じで発音される音。「っ」「ッ」で書かれる、「いっぱい」「ミット」など。

【促音便】《ソクオンビン》〔言〕音便の一つ。「去りて」が「去って」、「やはり」が「やっぱり」のように、ある音が、つまる音に変わったり、二つの音のあいだにつまる音がはいったりするもの。→【音便】《オンビン》（1062ページ）

【促織】《ソクショク》コオロギの別名。〔「織」は、機織《はたお》り。鳴き声が、冬にそなえて機織りを急げと、せきたてるように聞こえるということから〕

【促進】《ソクシン》（名・する）ものごとが順調に進行するように、はたらきかけること。例計画を—する。

【促成】《ソクセイ》（名・する）自然の状態よりも生長を早めるように、はたらきかけること。例—栽培《サイバイ》。温室で—する園芸種。

○●催促《サイソク》・督促《トクソク》

亻 7

【俗】

9画 3415 4FD7 常用 音ショク漢ゾク呉

筆順 

なりたち  ［形声］「亻（＝ひと）」と、音「谷《コク→ショク》」とから成る。ならわし。

意味 ❶生活上のならわし。特有のしきたり。風習。例習俗《シュウゾク》。風俗《フウゾク》。民俗《ミンゾク》。❷世間なみの。ありふれた。例俗説《ゾクセツ》。俗解《ゾッカイ》。通俗《ツウゾク》。❸つまらない。下品な。低級の。対雅《ガ》。例俗悪《ゾクアク》。低俗《テイゾク》。卑俗《ヒゾク》。❹出家していない。いっぱんの人。対僧《ソウ》。例俗世《ゾクセ》。俗名《ゾクミョウ》。僧俗《ソウゾク》。

人名 よ

【俗悪】《ゾクアク》（名・形動《ナダ》）低級で、ひどくみにくいこと。類低俗。例—番組。—な趣味《シュミ》。—な色彩《シキサイ》。

【俗受け】《ゾクうけ》（名・する）いっぱん大衆に人気があり、評判がよいこと。例—をねらった広告。

【俗縁】《ゾクエン》世俗《セゾク》との縁。

【俗学】《ゾクガク》世間でおこなわれている通俗な学問。

【俗眼】《ゾクガン》世間いっぱんの人の見方。つまらぬ俗人の見解。

【俗気】《ゾクケ》〔「ゾッキ」「ゾッケ」とも〕金銭や地位にこだわる俗っぽい気風や根性《コンジョウ》。類俗臭《ゾクシュウ》。例—がぬけない。—のある筆づかい。

【俗言】《ゾクゲン》①ふだんの会話などに使われることば。俗語。俚言《リゲン》。対雅言《ガゲン》。②世間のうわさ。ゴシップ。例—にまどわされる。

【俗▼諺】《ゾクゲン》世間いっぱんに通用していることわざ。俚諺《リゲン》。例「三つ子の魂《たましい》百まで」という—。

【俗語】《ゾクゴ》①〔詩や文章に用いる雅語《ガゴ》に対して〕日常会話に用いることば。俗言。たとえば、吝嗇《リンショク》を「けち」というなど。類口語。②品位がなく、改まった場では使いにくいことば。くだけたことば。卑語《ヒゴ》。スラング。たとえば、子供を「餓鬼《ガキ》」、危険を「やばい」というなど。

【俗才】《ゾクサイ》世間のこまごましたことがらを、うまく処理する才能。また、世わたりの才能。類世才《セサイ》。例—にたけた人。

【俗字】《ゾクジ》正体《セイタイ》ではないが、世間に通用し、認められている漢字の字体。たとえば、「京」に対する「亰」、「回」に対する「囬」、「恥」に対する「耻」、「卒」に対する「卆」など。

【俗耳】《ゾクジ》世間いっぱんの人の理解力。例—に入《い》りやすい（＝いっぱんの人に理解されやすい）。

【俗事】《ゾクジ》人とのつきあいなど、本来の仕事とは別の、社会生活上の用事。例—にかまける（＝気をとられる）。

【俗儒】《ゾクジュ》見識のせまい学者。例—の俗見《ゾッケン》。

【俗臭】《ゾクシュウ》品《ヒン》がなくいやしい気風。俗っぽさ。俗気《ゾクケ》。例—を帯びる。—芬芬《フンプン》たる人物。

【俗習】《ゾクシュウ》世間いっぱんにおこなわれている習慣。世俗のならわし。例—に従う。

【俗書】《ゾクショ》①低級な、つまらない書物。②気品のない筆跡《ヒッセキ》。類俗筆。

【俗称】《ゾクショウ》①正式ではないが世間に通用している呼び名。類通称・俗名《ゾクメイ》。例役人は公務員の—。②僧侶《ソウリョ》が出家する前、俗人であったときの名前。俗名《ゾクミョウ》。

【俗信】《ゾクシン》世間で信じられおこなわれてきた、うらないやまじないなど。例—はなくならない。

【俗人】《ゾクジン》①金銭や名誉《メイヨ》にとらわれやすい、ふつうの人。②精神的なものに対する関心がうすく、芸術や風流を理解しない人。類俗物。③僧侶《ソウリョ》でない、世間いっぱんの人。

【俗▼塵】《ゾクジン》世間のこまごまとしたわずらわしいことがらを、塵《ちり》にたとえたことば。例—にまみれるのをきらう。

【俗世】《ゾクセ》《ゾクセイ》人間が生きていく、この世の中。俗世間。俗界《ゾッカイ》。例—をはなれ修行《シュギョウ》する。

【俗世間】《ゾクセケン》日常いっぱんの生活がいとなまれる、この世。うき世。俗世。俗世界。俗界。例—の雑事。

【俗説】《ゾクセツ》世間で言い伝えられている説。根拠《コンキョ》にとぼしい説。例源義経《みなもとのよしつね》がチンギス＝ハンと同一人物であるという—。

【俗体】《ゾクタイ》①僧侶《ソウリョ》の姿ではない、ふつうの人の姿。対法体《ホッタイ》。②漢字の、俗字の字体。

【俗▽諦】《ゾクタイ》〔仏〕世間いっぱんの人々が考える真理。対真諦。

【俗念《ゾクネン》】利益や名誉《メイヨ》などに心ひかれる考え。世俗的な欲望や関心。(類)俗心・俗情。例―を断《た》つ。

【俗輩《ゾクハイ》】良識や品位のない者たち。

【俗評《ゾクヒョウ》】世間いっぱんの人たちがくだす評価。(類)世評。

【俗物《ゾクブツ》】①世間的な地位や階級につよい関心をもち、自分より上の階級の人たちの生活態度をまねしたがる人。スノッブ。②金銭や、地位や名誉《メイヨ》などにしか関心をもたない人。(類)俗人。

【俗文《ゾクブン》】低俗な内容の文章。

【俗名】一《ゾクミョウ》①僧侶《ソウリョ》の出家する前の名前。俗称《ゾクショウ》。②戒名《カイミョウ》や法名に対して、死者の生前の名前。(対)法名《ホウミョウ》。二《ゾクメイ》①動植物などで、世間いっぱんに通用している名前。(類)俗称・異名《イミョウ》。(対)学名・和名。②世間のとるにたりない評判。つまらない名声。

【俗務《ゾクム》】社会生活上さけられないわずらわしいことがら。(類)雑務・俗用。例―に忙殺《ボウサツ》される。

【俗用《ゾクヨウ》】世間のこまごまとした用事。俗事。(類)雑用。例―に追われる。

【俗謡《ゾクヨウ》】民衆のあいだで歌われてきた歌謡。とくに、小唄《こうた》・端唄《はうた》、民謡をいう。

【俗吏《ゾクリ》】つまらない仕事をしている無能な小《こ》役人《ヤクニン》。〔官吏をいやしめていう〕(対)能吏。

【俗流《ゾクリュウ》】(学問的な態度、真実を追求する態度より、むしろ)世の中にふつうに通用しているやり方。例―にならう。

【俗論《ゾクロン》】見識《ケンシキ》の低い、とるにたりない意見。俗人の議論。例―に終始する。

【俗化《ゾッカ》】(名・する)もとのよさが失われて、俗っぽいものになること。例秘境といわれた土地が、どんどん―する。

【俗界《ゾッカイ》】わずらわしく、くだらないことの多いこの世の中。俗世間《ゾクセケン》。

【俗解《ゾッカイ》】専門的でない、いっぱんの人にわかりやすい解釈《カイシャク》。学問的ではない、通俗的な解釈。例語源―。

【俗間《ゾッカン》】いっぱんの世の中。世間。巷間《コウカン》。(類)民間。例―にもてはやされる歌。

【俗曲《ゾッキョク》】三味線《しゃみせん》などに合わせてうたう大衆的な歌。端唄《はうた》や都々逸《どどいつ》など。

◐雅俗《ガゾク》・還俗《ゲンゾク》・公序良俗《コウジョリョウゾク》・習俗《シュウゾク》・聖俗《セイゾク》・世俗《セゾク》・僧俗《ソウゾク》・脱俗《ダツゾク》・通俗《ツウゾク》・低俗《テイゾク》・道俗《ドウゾク》・反俗《ハンゾク》・卑俗《ヒゾク》・風俗《フウゾク》・凡俗《ボンゾク》・民俗《ミンゾク》

「人(亻・𠆢)部」7画 便 俘 俛

【便】
亻7 9画 4256 4FBF 教育4
音 ヘン(漢) ビン・ベン(呉)
訓 たよ-り・すなわ-ち

筆順 亻 仁 仁 佰 佰 便 便

なりたち  〔会意〕「亻(=ひと)」と「更(=あらためる)」とから成る。ふつごうを改める。

意味 ❶つごうがいい。手軽ですぐ役に立つ。例便宜《ベンギ》。簡便《カンベン》。交通《コウツウ》の便《ベン》。❷排泄物《ハイセツブツ》。例便所《ベンジョ》。便通《ベンツウ》。大便《ダイベン》。❸くつろぐ。やすらか。ふだんの。例便衣《ベンイ》。❹口が達者である。例便佞《ベンネイ》(=口さきはうまいが誠意がない)。❺〔助字〕「すなわち」と読み、すぐに・たやすく、の意。時間的連続をあらわす。例便成二一韻一《すなわちイチインをなす》(=すぐに一首の詩ができた)。

日本語での用法 一《ビン》①行ったり来たりの方法や手段。「郵便《ユウビン》・航空便《コウクウビン》・船便《ふなビン》」②手紙。「便箋《ビンセン》」 二《たより》手紙。情報。「便《たよ》りがない・花便《はなだよ》り」

難読 便《よす》が

人名 やす

【便乗《ビンジョウ》】(名・する)①ほかのものを運ぶついでに、またほかの人が乗る乗り物に、ついでに乗せてもらうこと。例同じ方向へ行くので、―させてもらう。②機会をとらえ、自分につごうよく事を運ぶこと。例―値上げ。時局に―して名を売る。

【便船《ビンセン》】ちょうどつごうよく乗ることのできる船。

【便箋《ビンセン》】手紙を書くための用紙。

【便覧《ビンラン|ベンラン》】ある分野で知りたいことがらの全体が、ひとめでわかるようにまとめられた、簡単な本。ハンドブック。例学生―。

【便衣《ベンイ》】①たけを短くして、そでを小さくした衣服。②ふだん着。私服。例―隊。―に着がえる。

【便意《ベンイ》】大小便をしたいという気持ち。例―をもよおす。

【便益《ベンエキ》】役立ち、得になること。便利。例―をはかる。

【便器《ベンキ》】大小便を受ける、うつわ。おまる。おかわ。〔便所に据《す》え付けるものと、持ち運びができるもの(=おまる・しびん)の両方を指す〕

【便宜《ベンギ》】〔「ビンギ」とも〕何かをするうえで好都合《コウツゴウ》なこと。得になること。また、特別なあつかいや取りはからい。例―をはかる。

【便宜的《ベンギテキ》】(形動ダ)とりあえずその場のつごうのよいように解決するようす。例―な処理。

【便座《ベンザ》】洋式便器で、腰《こし》をおろす長円形の輪の部分。

【便所《ベンジョ》】大小便をするための場所。(類)手洗い・トイレ・はばかり・かわや。例公衆―。移動式―。

【便通《ベンツウ》】大便が出ること。(お)通じ。例―がある。

【便殿《ベンデン》】〔「ビンデン」とも〕天子が休息するための建物。

【便秘《ベンピ》】(名・する)腸に大便がたまっているのに、出ないこと。糞《フン》づまり。例慢性《マンセイ》の―症《ショウ》。

【便便《ベンベン》】(形動タル)①太って腹が出ているようす。例―たる太鼓腹《タイコばら》。②だらだらとむだに時間を過ごすようす。例―と日を暮らす。

【便法《ベンポウ》】一時しのぎの、まにあわせの手段。例―を講じる。

【便利《ベンリ》】(名・形動ダ)何かをするのに、役に立つこと。つごうがいいこと。例―な道具。

【便利屋《ベンリや》】配達・家事・植木・塗装《トソウ》などの、日常に起こる、ちょっとした用をこなす職業の人。

◐穏便《オンビン》・簡便《カンベン》・軽便《ケイベン》・検便《ケンベン》・増便《ゾウビン》・排便《ハイベン》・船便《ふなビン》・不便《フベン》・別便《ベツビン》・方便《ホウベン》・郵便《ユウビン》

【俘】
亻7 9画 4858 4FD8
音 フ(漢)
訓 とりこ

意味 敵につかまった人。とりこ。例俘囚《フシュウ》。俘虜《フリョ》。

【俘囚《フシュウ》】捕虜《ホリョ》。とりこ。

【俘虜《フリョ》】戦争などで敵国にとらえられた人。例―を監視《カンシ》する。

【俛】
亻7 9画 4859 4FDB
音 一フ(漢) 二ベン(漢)
訓 つと-める・ふ-せる・ふ-す

意味 一《フ》身をかがめたり、顔を下の方へ向けたりする。うつぶせになる。うつむく。ふす。(同)俯《フ》。例俛仰《フギョウ》。俛伏《フフク》(=ふせる)。二《ベン》努力する。つとめ、はげむ。例俛焉《ベンエン》。

【俛仰《フギョウ》】①下を向くことと、上を向くこと。うつむくことと、あおむくこと。また、立ちいふるまい。例―周旋威儀《シュウセンイギ》の礼(=立ちいふるまいに関する礼)。〈墨子《ボクシ》〉②上がったり下がったりする。昇降《ショウコウ》。③応対する。対処する。表記▽「▼俯仰」とも書く。

【俛仰の間《フギョウのカン》】うつむいたり、あおむいたりするほどの、ごくわずかのあいだ。表記「▼俯仰の間」とも書く。

【俛首】《フシュ|くびをふす》 首をたれる。うなだれる。頭を下げる。おとなしく従ったり、罪に服したり、はずかしがったり、深く考えたりしていることを示す動作。

【俛▼焉】《ベンエン》 努力するようす。まじめにはげむようす。

亻7

【保】

9画 4261 4FDD 教育5 音 ホウ漢・ホ・ホウ呉 訓 たも-つ・やす-んじる

筆順 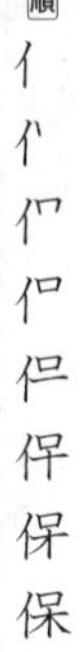

なりたち  [形声]「亻(=ひと)」と、音「呆《ホウ》」とから成る。やしなう。

意味 ❶世話をする。やしなう。まもる。やすんじる。例保育《ホイク》。保護《ホゴ》。保養《ホヨウ》。❷ある状態を変えずに続ける。たもつ。例保守《ホシュ》。保留《ホリュウ》。確保《カクホ》。❸責任をもってひきうける。うけあう。例保険《ホケン》。保証《ホショウ》。担保《タンポ》。❹やとわれ人。例酒保《シュホ》。

日本語での用法《ほ》「ほ」の音にあてる万葉がな。「伊香保《いかほ》(=地名)・宇津保物語《うつぼものがたり》・佐保姫《さほひめ》」

人名 お・すけ・まもる・もち・もり・やす・やすし・より

【保安】《ホアン》 職場・地域・社会の安全と秩序《チツジョ》をたもつこと。犯罪や非行の防止と、災害予防とがある。例—官。—林。

【保育】《ホイク》 (名・する) ①乳飲《の》み子や小さい子供の世話をし、育てること。例—器。②動物の親が、乳をあたえて子を育てること。表記 ②は「哺育」とも書く。

【保育所】《ホイクショ|ホイクジョ》 一日のうちの決められた時間、乳幼児を預かり、世話をするところ。保育園。〔児童福祉法《ジドウフクシホウ》による施設《シセツ》の一つ〕

【保温】《ホオン》 (名・する) 温度を一定にたもつこと。多く、あたたかいまま冷めないようにすること。例—装置。

【保革】《ホカク》 ①革《かわ》の表面をなめらかに、きずつかないようにすること。例—油《ユ》。②保守派と革進派。例—伯仲。

【保管】《ホカン》 (名・する) 人のものを預かり、責任をもってしまっておくこと。例—料。

【保菌者】《ホキンシャ》 発病はしていないが、病原菌をからだの中にもっている人。ほかの人に感染《カンセン》することがある。キャリア。

【保健】《ホケン》 健康をたもつこと。健康がたもたれるようにすること。例—室。—体育(=保健学科と体育実技からなる学習科目)。

【保険】《ホケン》 ふだんからお金(=掛《か》け金《キン》)を積み立てておき、事故や病気、火災や死亡などのとき、損害に応じて補償《ホショウ》金がしはらわれる制度。例—をかける。

【保護】《ホゴ》 〔「ホウゴ」とも〕(名・する) 子供や弱者、また自然や文化財などが、危険な目にあったり、被害《ヒガイ》を受けたりしないように守ること。例自然—。迷子《まいご》を—する。

【保護関税】《ホゴカンゼイ》 国内の産業を保護するために、自国の商品と競争する輸入品に対してかける税金。

【保護者】《ホゴシャ》 親、または親に代わって子供に対して責任をもつ人。例—会。

【保護色】《ホゴショク》 他の動物におそわれないよう、動物の体色が周囲の色によく似ているもの。また、周囲に合わせて体色が変化するもの。たとえば、カメレオンは状況《ジョウキョウ》によって体色が変わり、ライチョウは季節に合わせて羽の色が変わる。

【保護貿易】《ホゴボウエキ》 国内の産業を保護するために、国家が輸入を制限したり輸入品に対して税金をかけたりして、貿易を統制すること。

【保持】《ホジ》 (名・する) その状態を守りつづけること。例機密—。一位を—する。

【保釈】《ホシャク》 (名・する) 裁判の判決が出る前に、保釈金を納めさせて、勾留《コウリュウ》中の刑事被告人《ケイジヒコクニン》を釈放すること。

【保守】《ホシュ》 一(名) ものごとを急に改めたりすることを望まず、古くからのやり方を守ろうとすること。対革新。例—派。二(名・する) (機械などが)正常に動くよう、たえず注意して見ること。例—点検。—管理。

【保守的】《ホシュテキ》 (形動《ダ》) これまでの慣習や伝統を守り続けていこうとするようす。対進歩的。

【保証】《ホショウ》 (名・する) まちがいなく確かであると、うけあうこと。まちがいが生じたら責任をとると、約束すること。例—人《ニン》。身元《みもと》を—する。一年間の—つき。

【保障】《ホショウ》 (名・する) 危険や被害《ヒガイ》にあわないよう保護すること。例安全—条約。生活—。

【保身】《ホシン》 自分の社会的な地位や名声が上がることだけを考え、そのために行動すること。例—の術に長《た》けている。

【保全】《ホゼン》 (名・する) 保護して、安全や権利を守ること。

【保存】《ホゾン》 (名・する) (食品の鮮度《センド》や史跡《シセキ》などを)その状態をたもつようにとっておくこと。例永久—。冷凍《レイトウ》—。

【保母】《ホボ》 資格をもって、保育所や養護施設《シセツ》で保育の仕事をする女性保育士の旧称。

【保有】《ホユウ》 (名・する) 自分のものとして持ち続けていること。

【保養】《ホヨウ》 (名・する) ①心身をくつろがせ休養をとって、健康を回復すること。例—所。—地。病後の—に温泉に行く。②美しいものや高価なものを見たりして、心を楽しませること。例目の—をする。

【保留】《ホリュウ》 (名・する) ものごとの決定や発表など、なすべきことを先にのばすこと。ペンディング。留保。例議決を—する。

●確保《カクホ》・担保《タンポ》・留保《リュウホ》

亻7

【俣】

9画 4383 4FE3 人名 国字 訓 また

意味 川や道の分かれ目。また。例川俣温泉《かわまたオンセン》(=栃木《とちぎ》県北部にある)。俣野《またの》の五郎《ゴロウ》(=『平家物語』や『曽我《ソガ》物語』にみえる武士の名)。

亻7

【俑】

9画 4860 4FD1 音 ヨウ漢

意味 死者をほうむるとき、殉死者《ジュンシシャ》のかわりにうめる人形《ニンギョウ》。ひとがた。例陶俑《トウヨウ》。兵馬俑《ヘイバヨウ》。

【俑《ヨウ》を作《つく》る】〔死者とともにうめる木製の人形を作る、の意で、殉死《ジュンシ》の風習のもとをなったことから〕悪いことの糸口をつくることのたとえ。〈孟子《モウシ》〉

亻7

【俚】

9画 4861 4FDA 音 リ漢呉

意味 民間の。いなかくさい。俗《ゾク》っぽい。ひなびた。いやしい。対雅《ガ》。例俚言《リゲン》。俚謡《リヨウ》。

【俚言】《リゲン》 ①方言の中で、その地方独特のことば。なまり。さとことば。例—をまじえて語る昔話。②卑俗《ヒゾク》なことば。俗語。対雅言《ガゲン》。例—集覧《シュウラン》。表記 ①は「里言」とも書く。

【俚▼諺】《リゲン》 民間に伝わる通俗的《ツウゾクテキ》なことわざ。

【俚耳】《リジ》 俗人《ゾクジン》の耳。里耳。例大声《タイセイ》は—に入《い》らず(=高尚《コウショウ》な音楽は俗人には理解されない)。〈荘子《ソウジ》〉

【俚謡】《リヨウ》 民間に古くから伝わる歌。俗謡《ゾクヨウ》。類民謡。例この土地の—。表記 現里謡

亻7

【俐】

9画 4862 4FD0 人名 音 リ漢

意味 頭のはたらきがすぐれている。かしこい。さとい。するどい。

同 俐《リ》。例 伶俐《レイリ》。

亻 7

【侶】9画 4623 4FB6 常用 音 リョ(漢) ロ(呉) 訓 とも

筆順 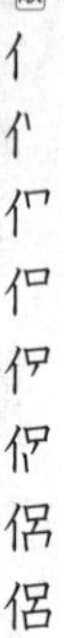

なりたち 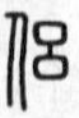 [形声]「亻(=ひと)」と、音「呂《リョ》」とから成る。連れのもの。

意味 つれあい。道づれ。とも。また、ともにする。例 学侶《ガクリョ》。僧侶《ソウリョ》。伴侶《ハンリョ》。

亻 7

【侵】9画 ⇩【侵《シン》】(78ページ)

亻 7

【侮】9画 ⇩【侮《ブ》】(75ページ)

亻 8

【倭】10画 4733 502D 人名 音 [一]イ(漢)(呉) [二]ワ(漢)(呉) 訓 やまと・しず

なりたち  [形声]「亻(=ひと)」と、音「委《イ》」とから成る。したがうようす。従順なようす。

意味 [一]イ「倭遅《イチ》」は、うねうねと曲がって遠いようす。[二]ワ 昔、中国で日本および日本人を指していったことば。やまと。「和《ワ》」に通じて用いる。例 倭寇《ワコウ》。倭国《ワコク》。倭人《ワジン》。

難読 倭文織《しずおり》・倭文機《しずはた》・倭文《しず》の苧環《おだまき》

人名 かず・くに・やす・やま

【倭▼迤《イイ》】(形動タルト) 曲がりくねって遠く長く連なるようす。

【倭漢《ワカン》】⇩【和漢《ワカン》】(200ページ)

【倭訓《ワクン》】⇩【和訓《ワクン》】(200ページ)

【倭語《ワゴ》】⇩【和語《ワゴ》】(200ページ)

【倭▼寇《ワコウ》】 鎌倉《かまくら》・室町《むろまち》時代に中国大陸や朝鮮《チョウセン》半島沿岸で私的な貿易をおこない、のちに海賊《カイゾク》化した日本人の集団を、中国や朝鮮側から呼んだ言い方。表記「和▼寇」とも書く。

【倭国《ワコク》】 ①日本の国。日本。②昔の中国で、日本を指していったことば。表記▽「和国」とも書く。

【倭字《ワジ》】⇩【和字《ワジ》】(201ページ)

【倭人《ワジン》】 昔、中国人やアイヌ民族が日本人を指していったことば。表記「和人」とも書く。

亻 8

【倚】10画 4865 501A 音 イ(漢) 訓 よ-る・たの-む

意味 ❶よりかかる。もたれる。たよる。よる。例 倚子《イシ》(=椅子《イス》)。倚門《イモン》。❷かたよる。例 偏倚《ヘンイ》。

【倚門の望《イモンのボウ》】〔「倚門」は、門に倚《よ》りかかること〕家の門に寄りかかりながら、母がわが子の帰りを今か今かと待っていること。わが子を思う母の愛のたとえ。〈戦国策《センゴクサク》〉

亻 8

【俺】10画 1822 4FFA 常用 音 エン(漢) 訓 おれ

筆順 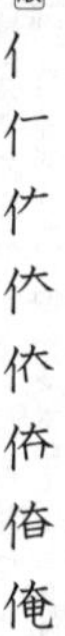

なりたち  [形声]「亻(=ひと)」と、音「奄《エン》」とから成る。大きい。

意味 われ。おれ。一人称《イチニンショウ》の代名詞。

亻 8

【倨】10画 4866 5028 音 キョ(漢) 訓 おご-る

意味 自分をほこり、人を見くだしたようなふるまいをする。おごりたかぶる。例 倨気《キョキ》。倨傲《キョゴウ》。

【倨気《キョキ》】 おごりたかぶった気持ち。例 ―のない態度。

【倨傲《キョゴウ》】(名・形動ダナ)〔「傲」は、人を見くだして、おごりたかぶる意〕他人を見くだして、えらぶった態度をとること。

【倨視《キョシ》】(名・する) おごりたかぶった目で人を見ること。

【倨色《キョショク》】 おごりたかぶった顔つき。例 ―をあらわす。

亻 8

【俱】10画 1-1401 4FF1 人名 音 ク(漢) ク・グ(呉) 訓 とも-に

亻 8

【倶】10画 2270 5036 俗字

意味 ❶いっしょにそろって。つれだって。ともに。例 倶存《グソン》。不倶戴天《フグタイテン》。❷梵語《ボンゴ》の音訳。例 倶梨迦羅《クリカラ》。

【倶存《グソン》】(名・する) そろって生存していること。

【倶発《グハツ》】(名・する) 同時に起こること。

【倶▽楽部《クラブ》】〔英語 club の音訳〕共通の趣味《シュミ》や目的をもち、一定の決まりを守る人々の集まり。また、その集会場所、もしくは、その目的の雑誌やパンフレットの名称《メイショウ》に用いることば。例 記者―。少年―。

【倶▽梨▼迦羅《クリカラ》】〔仏〕〔梵語《ボンゴ》の音訳〕不動明王《フドウミョウオウ》の化身《ケシン》。黒色の竜《リュウ》が剣《ケン》にからみついた形をしている。表記「倶利▼伽羅」とも書く。

【倶▽梨▼迦羅紋紋《クリカラモンモン》】 倶梨迦羅の絵を彫《ほ》ったいれずみ。また、そのいれずみをした人。表記「倶利▼伽羅紋紋」とも書く。

亻 8

【倔】10画 4867 5014 音 クツ(漢) 訓 こわ-い・つよ-い

意味 意地っ張りで、がんこ。強情《ゴウジョウ》な。例 倔強《クッキョウ》。

【倔強《クッキョウ》】(名・形動ダナ) 強情《ゴウジョウ》で人のいうことにしたがわないこと。表記「屈強・屈▼彊・▼倔▼彊」とも書く。

亻 8

【倪】10画 4868 502A 音 ゲイ(漢) 訓 きわ・はし

意味 ❶おさなご。かよわい。❷きわ。はし。例 端倪《タンゲイ》。❸横目で見る。流し目。同 睨《ゲイ》。

亻 8

【倹】10画 2380 5039 常用 音 ケン(漢) 訓 つづま-やか

筆順 

亻 13

【儉】15画 4913 5109 人名

なりたち  [形声]「亻(=ひと)」と、音「僉《セン→ケン》」とから成る。たばねてひきしめる。

意味 ❶きりつめて、むだづかいをしない。節約する。つましい。例 倹約《ケンヤク》。節倹《セッケン》。❷ひかえめにする。へりくだる。つづまやか。同 謙《ケン》。例 恭倹《キョウケン》。

【倹素《ケンソ》】(名・形動ダナ) むだをはぶいて質素なこと。じみでつつましいこと。

【倹約《ケンヤク》】(名・する) むだな出費をはぶいて、お金を節約すること。例 ―して旅行費用をためる。

●恭倹《キョウケン》・勤倹《キンケン》・節倹《セッケン》

亻 8

【倦】10画 2381 5026 人名 音 ケン(漢) 訓 う-む

意味 あきていやになる。つかれる。うむ。例 倦厭《ケンエン》(=あきて、いやになること)。倦怠《ケンタイ》。

【倦色《ケンショク》】 ものにあきた顔つき。また、つかれた顔つき。

【倦怠《ケンタイ》】(名・する) ①あきあきして、その動作や状態を続けるのがいやになること。また、なまけること。例 (夫婦《フウフ》の)―期。②からだがだるく気分が落ちこんで、つかれること。疲労

《ヒロウ》。例 —感。

イ 8

【個】

10画　2436　500B　教育5
音 カ(漢)(呉)　コ(唐)

筆順

なりたち ［形声］「イ(=ひと)」と、音「固《コ→カ》」とから成る。

意味 ❶固形物やうつわを数えるのに用いることば。(同)箇《コ》。例 個数《コスウ》。リンゴ三個《サンコ》。❷全体に対して、独立した一つ一つのもの。例 個人《コジン》。個性《コセイ》。個《コ》を生《い》かす。

【個個《ココ》】一つ一つ。それぞれ。おのおの。めいめい。例 —別別。

【個室《コシツ》】共同でなく、ひとりで使う部屋。

【個人《コジン》】①組織や集団を形づくる、部分や要素としての、ひとりひとりの人。個。例 国家と—。—の社会的責任。②身分や地位を別にして存在するものとしての、ひとりの人。私人《シジン》。(対)公人。例 —として神社に参拝する。—としての感想。③組織や集団に対して存在する、ひとりの人。例 —経営の商店。④属している組織や集団によって制約されない、または、それらに対して責任を生じることのない、自分だけ(の)。例 —の問題で、家族や会社には何も関係がない。

【個性《コセイ》】その人だけがもっていて、他の人と区別ができるような、特徴《トクチョウ》のある性格。パーソナリティー。例 —が強い。

【個体《コタイ》】①〔哲〕それぞれに独立して存在し、他と区別できるもの。②〔生〕独立して生存する生物。例 —の発生。

【個展《コテン》】〔個人展覧会の意〕ある人の作品だけを展示する展覧会。例 —を開く。

【個物《コブツ》】〔哲〕これ、あれ、と区別できるもの。感覚で認識《ニンシキ》できる一つ一つ。個体。(対)普遍《フヘン》。

【個別《コベツ》】一つ一つ。ひとりひとり。例 —指導。

◐好個《コウコ》・別個《ベッコ》

イ 8

【候】

10画　2485　5019　教育4
音 コウ(漢)
訓 そうろう・さぶら-う

筆順

なりたち ［形声］「イ(=ひと)」と、音「矦《コウ》」とから成る。ようすをうかがう。

意味 ❶うかがい見る。ようすをさぐる。例 斥候《セッコウ》。❷待つ。待ち受ける。例 候補《コウホ》。❸貴人のそば近くつかえる。はべる。例 伺候《シコウ》。❹とき。時節。季節。例 気候《キコウ》。時候《ジコウ》。秋冷《シュウレイ》の候《コウ》。❺きざし。しるし。ようす。例 症候《ショウコウ》。兆候《チョウコウ》。

日本語での用法 《そうろう・そろ》「あり」「なり」のていねい語として、候文《そうろうブン》に用いる。「…でございます」の意。「賀《ガ》し奉《たてまつ》り候《そうろう》・今日《きょう》は暖《あたた》かく候《そろ》」

人名 とき・まもる・よし

【候騎《コウキ》】敵情を見張り、うかがう騎馬の兵。

【候者《コウシャ》】ものみ。斥候《セッコウ》。

【候鳥《コウチョウ》】はなれた地域を季節によって往復し、すむところをかえる鳥。ツバメ・カモ・ガン・チドリなど。わたり鳥。(対)留鳥《リュウチョウ》。

【候補《コウホ》】ある地位や役職につくための素質や能力、また条件などがそろっていて、それに選ばれるのを待つこと。また、それに選ばれる範囲内《ハンイナイ》にあること。例 大統領—。立《リッ》—。—に挙がる。

【候文《そうろうブン》】文語のていねい語である「候《そうろう》」を文末に用いた文体。とくに手紙文で使う。「心中お察し申し上げ候」「恐縮《キョウシュク》に存じ奉《たてまつ》り候」のように用いる。

◐居候《いそうろう》・気候《キコウ》・伺候《シコウ》・時候《ジコウ》・天候《テンコウ》

イ 8

【倖】

10画　2486　5016　人名
音 コウ(漢)
訓 さいわ-い

なりたち ［会意］「イ(=ひと)」と「幸《コウ》(=さいわい)」とから成る。思いもよらないしあわせ。

意味 ❶思いがけない幸運。さいわい。(同)幸《コウ》。例 僥倖《ギョウコウ》。射倖心《シャコウシン》。❷へつらう(人)。(主君や天子の)お気に入り。例 佞倖《ネイコウ》。

表記 現代表記では、「幸《コウ》」に書きかえることがある。熟語は「幸」(347ページ)を参照。

難読 僥倖《こぼれざいわい》

イ 8

【倥】

10画　4869　5025
音 コウ(漢)

意味 ❶「倥侗《コウトウ》」は、おろかなようす。❷「倥偬《コウソウ》」は、苦しむようす。また、あわただしいようす。

日本語での用法 《ぬかり・ぬかる》手落ちや失敗を生じる。「倥《ぬ》からぬように手配《テハイ》する」

難読 倥侗《たわけ》・倥偬《いそがわしい》

【倥▼偬《コウソウ》】①処理すべきことが多いこと。いそがしいこと。②苦しいこと。

【倥▼侗《コウトウ》】おろかなようす。無知なようす。たわけ。

イ 8

【倅】

10画　4870　5005
音 ㊀サイ(漢)　㊁ソツ(漢)
訓 せがれ

イ 4

〔伜〕6画　4871　4F1C　俗字

意味 ㊀《サイ》そえ。たすけ。ひかえ。副。㊁《ソツ》にわか。急に。

日本語での用法 《せがれ》自分の息子《むすこ》をへりくだっていうことば。「小倅《こせがれ》・倅《せがれ》も十五《ジュウゴ》になりました」

イ 8

【借】

10画　2858　501F　教育4
音 セキ(漢)　シャク(呉)　シャ(漢)(呉)
訓 か-りる・か-り

筆順

なりたち ［形声］「イ(=ひと)」と、音「昔《セキ》」とから成る。かりる。

意味 ❶他のものを一時つかわせてもらう。かりる。かり。(対)貸《タイ》。例 借用《シャクヨウ》。借金《シャッキン》。拝借《ハイシャク》。❷べつのものを流用する。かり。例 仮借《カシャ》の文字《モジ》。❸相手をゆるす。見のがす。例 仮借《カシャク》ない責《せ》め。❹かりに。こころみに。ちょっと。例 借問《シャモン》。

【借財《シャクザイ》】事業や財産などの多額の借金。負債《フサイ》。例 —がかさむ。

【借銭《シャクセン》】かりたお金。借金。

【借地《シャクチ》】(名・する)土地をかりること。かりている土地。かり地。例 —権。

【借間《シャクま》】(名・する)部屋をかりること。かりている部屋。間借《まがり》り。例 離《はな》れを—する。

【借家《シャクや／シャッカ》】(名・する)家賃を家主にはらって、家をかりること。また、その家。例 —人《ニン》。

【借用《シャクヨウ》】(名・する)お金やものを、一時的に人からかりて使うこと。例 —証書。無断で—する。

【借款《シャッカン》】〔「款」は、金銭、経費の意〕政府間などでの、資金の貸し借り。例 対日—。政府—。

【借金《シャッキン》】(名・する)お金をかりること。また、かりたお金。例 —取り(=借金を取り立てる役の者)。

【借景《シャッケイ》】遠くに見える山や木などの自然の景色《けしき》を、自

分の庭の一部として取り入れること。例東山の峰を一とした庭園。

【▽借問】シャモン(名・する)①たずねること。問うこと。②こころみに問うこと。「それでは」と、ちょっと問うこと。

●仮借カシャク・寸借スンシャク・前借ゼンシャク・租借ソシャク・貸借タイシャク・賃借チンシャク

イ 8

【修】

10画 2904 4FEE 教育5 音シュウ漢 シュ呉 訓おさ-める・おさ-まる

筆順 イ 亻 亻 作 攸 修 修 修

なりたち [形声]「彡(=かざる)」と、音「攸ユウ→シュウ」とから成る。かざる。

意味 ❶手を入れて形をととのえる。㋐より美しくする。かざる。例修辞シュウジ・修飾シュウショク。㋑正しくなおす。おさめる。例監修カンシュウ・修正セイシュウ・修繕ゼンシュウ・修理リシュウ。㋒書物にまとめる。例編修ヘンシュウ。❷学んで身につける。心を正しくする。おさめる。例修学ガクシュウ・修養ヨウシュウ・修行ギョウシュ。❸きちんとおこなう。例修好コウシュウ。❹梵語ボンゴの音訳。例阿修羅アシュラ。修多羅タラシュ。

人名 あつむ・おさ・おさむ・おさめ・さね・すけ・なお・なが・ながき・ながし・なり・のぶ・ひさ・まなぶ・みち・もと・もろ・よし・よしみ

使い分け おさまる・おさめる【収・納・治・修】⇩1165ページ

【修学】シュウガク(名・する)学問をおさめること。知識を身につけること。例一旅行。

【修業】シュウギョウ/シュギョウ(名・する)学業や技芸などを習い、身につけること。例中学校の一年限は三年だ。

【修好】シュウコウ 国と国とが親しくつきあうこと。例一条約。表記「修交」とも書く。

【修己治人】シュウコチジン [「己おのを修おさめて人ひとを治おさむ」と訓読する]儒教ジュキョウの根本的な精神を示すことばで、自分自身がまず修養を積み人格をみがいたうえで、人々を導き世を正しくすること。〈朱熹シュキ・大学章句ダイガクショウク〉

【修斎】シュウサイ ①物忌ものいみをして祭りをいとなむこと。②〔仏〕僧ソウを招いて食事をふるまうこと。

【修士】シュウシ 大学院に二年以上在学して、定められた単位をとり、論文の審査シンサと最終試験に合格した者にあたえられる学位。マスター。例一課程。

【修辞】シュウジ ことばの使い方をくふうし、たくみに美しく表現すること。また、その技術。レトリック。例一法。一学。

【修飾】シュウショク(名・する)①めだつように、また、りっぱに美しく見えるようにかざること。例一の多い話。②文法で、他の語句や文節について、その意味や内容をくわしく説明すること。

【修飾語】シュウショクゴ 文法で、あとにくる語句の意味や内容をさらにくわしく説明する語句。たとえば、「冷たい雨がしとしと降る」という文の、「冷たい」は「雨」にかかって、どのような雨かを説明する連体修飾語、「しとしと」は、「降る」にかかって、その降り方がどのようであるかを説明する連用修飾語。修飾される語を「被ヒ修飾語」という。

【修身】シュウシン ①[「身みを修おさめる」と訓読する]心がけやおこないを正しくすること。例一斉家セイカ・治国平天下チコクヘイテンカ。②もと、小学校や中学校での教科の一つ。現在の「道徳」にあたる。

【修正】シュウセイ(名・する)まちがいや不十分なところを直して、正しくすること。例データの一。字句を一する。

【修整】シュウセイ(名・する)①ととのえ、直すこと。例文字や用語を一する。②写真の画面を鮮明センメイにしたり、美麗ビレイにしたり、手を加えること。例一の多い印画。

【修繕】シュウゼン(名・する)建物や家具などの、いたんだところを直すこと。類修理。例屋根を一する。

【修造】シュウゾウ(名・する)建物などの、いたんだところを直すこと。類修理・修築。例寺の一計画。

【修築】シュウチク(名・する)建物や橋などの、いたんだところを直すこと。例宮殿キュウデンを一する。

【修訂】シュウテイ(名・する)書籍ショセキなどで、内容の不十分なところを直して、よりよくすること。例辞書の一版。

【修道】シュウドウ(名・する)人としておこなうべき学問や芸術、また道徳などを身につけ、おさめること。

【修道院】シュウドウイン キリスト教のおもにカトリックで、清貧・貞潔テイケツ・服従のちかいを立てた修道士、または修道女が、教会の規律のもとに、それぞれに共同生活をするところ。

【修得】シュウトク(名・する)学問や技術を学び、自分のものとすること。例決められた科目を一する。

【修徳】シュウトク 一トク(名・する)すぐれた人格を身につけること。二トク(名)〔仏〕〔生まれつきもっている徳(=人格)を性徳ショウトクというのに対して〕努力して身につけた徳のこと。

【修復】シュウフク(名・する)①こわれたところを元どおりに直すこと。例仏像や絵画を一する。②ぎくしゃくしてしまった関係を、もとの良好な状態にもどすこと。例関係の一をはかる。

【修養】シュウヨウ(名・する)学問をおさめるとともに、人間性にみがきをかけること。また、人格を高めようとすること。例精神の一につとめる。

【修理】シュウリ(名・する)〔古くは「スリ」とも〕こわれたところをつくろい直すこと。類修繕シュウゼン。例パンクを一する。

【修了】シュウリョウ(名・する)学業や技芸などの、一定の課程をおさめおえること。例一証書。中学校の課程を一する。

【修練】シュウレン 武道や技芸などにはげんで技術を高め、心やからだをきたえること。表記「修錬」とも書く。類鍛錬タンレン・修養。例厳しい一を積み重ねる。

【修行】シュギョウ(名・する)①〔仏〕㋐仏道にはげむこと。例山寺で一する。㋑托鉢タクハツして歩くこと。②学問を身につけ、また、技芸をみがくために、努力しはげむこと。例武者シャ一。

【修験者】シュゲンジャ/スゲンザ〔仏〕修験道を身につけるために修行シュギョウしている人。験者ゲンジャ。山伏やまぶし。

【修験道】シュゲンドウ〔仏〕密教の一派。山中での難行ナンギョウを通して仏道を修行シュギョウし、さとりを開くことを目的とする。

【修多羅】シュタラ/スタラ〔梵語ボンゴの音訳〕〔仏〕①経文キョウモン。②袈裟ケサにつけるかざりの組みひも。

【修法】シュホウ/ズホウ/スホウ〔仏〕密教でおこなう加持祈禱カジキトウ。本尊の前で護摩ゴマをたき、供物モツをそなえて、願いがかなうようにいのる。

【修羅】シュラ〔仏〕①「阿修羅アシュラ」の略。争いを好み、仏法をほろぼそうとする、インド神話の悪神。釈迦シャカに教化されたとして、仏教では守護神とされる。②戦い。闘争トウソウ。修羅場。③大木や大石を運ぶのに用いられた車。または、そり。修羅車シュラぐるま。

【修羅場】一シュラジョウ〔阿修羅アシュラが帝釈天タイシャクテンと戦った場所の意から〕激しい戦いがおこなわれる場所。例一と化す。二シュラば〔演劇・映画・講談などで〕激しい戦いがくりひろげられる場面。例一を演じる。

【修羅道】シュラドウ ①〔仏〕「阿修羅道アシュラドウ」の略。生前のおこないによって死後に生まれ変わって住む六つの世界(=六道ロクドウ)の一つ。阿修羅が住み、つねに争いの絶えない世界。修羅界。②激しい戦いのおこなわれている場所。

●学修ガクシュウ・改修カイシュウ・監修カンシュウ・研修ケンシュウ・新修シンシュウ・専修センシュウ・必修ヒッシュウ・補修ホシュウ・履修リシュウ

亻 8
【俶】
10画 4872 4FF6
音 [一]シュク(漢) [二]テキ(漢)
訓 はじ-め・よ-い

意味 [一]《シュク》 ❶きちんと整っていて、よい。同 淑《シュク》。❷はじめる。はじめ。❸建造する。たてる。❹ととのえる。例 俶装《シュクソウ》。[二]《テキ》 すぐれている。また、束縛《ソクバク》されず、こだわらない。例 俶儻《テキトウ》。

【俶装】《シュクソウ》(名・する) 旅装をととのえること。

【俶▼儻】《テキトウ》〔「儻」は、すぐれるの意〕すぐれた頭のはたらきによって、他にぬきんでていること。表記「▼倜▼儻」とも書く。

亻 8
【倡】
10画 4873 5021
音 ショウ(漢)(呉)
訓 とな-える・わざおぎ

意味 ❶歌やおどりを職業とする人。わざおぎ。同 娼《ショウ》。例 倡伎《ショウギ》。❷うたう。❸先立って言いはじめる。となえる。同 唱《ショウ》。例 倡言《ショウゲン》。

亻 8
【倩】
10画 4874 5029
音 [一]セン(漢) [二]セイ(漢)
訓 うるわ-しい・むこ・やと-う

意味 [一]《セン》 ❶男子をほめていうことば。古代、中国人の字《あざな》に用いられた。例 長倩《チョウセン》(=蕭望之《ショウボウシ》の字)。曼倩《マンセン》(=東方朔《トウボウサク》の字)。❷愛らしく笑うようす。例 倩笑《センショウ》。倩倩《センセン》。巧笑倩兮《コウショウセンたり》(=にっこり笑うと愛らしい)。[二]《セイ》 ❶婿《むこ》。例 妹倩《マイセイ》(=妹の婿)。❷人にたのんでしてもらう。やとう。例 倩筆《セイヒツ》(=代筆をたのむ)。

日本語での用法 《つらつら》 よくよく。つくづく。「倩《つらつら》思《おも》うに」

【倩粧】《センショウ》 美しいよそおい。表記「倩▼妝」とも書く。

【倩倩】《センセン》 笑顔《えがお》のかわいらしいようす。

【倩▼盼】《センベン》 かわいらしい口もと、美しい目もと。美人を形容することば。表記「倩▼眄」とも書く。

𠆢 8
【倉】
10画 3350 5009 教育4
音 ソウ(漢)(呉)
訓 くら

筆順 

なりたち 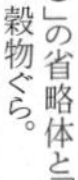  [会意]「食(=穀物)」の省略体と「口(=くらの形)」とから成る。穀物ぐら。

意味 ❶穀物をしまっておくところ。また、さまざまな品物をおさめておく建物。くら。例 倉庫《ソウコ》。穀倉《コクソウ》。米倉《こめぐら》。❷「倉卒《ソウソツ》」「倉皇《ソウコウ》」は、にわか、あわてる、の意。

【倉▼頡】《ソウケツ|ソウキツ》 ⇩【蒼頡】《ソウケツ》(862ページ)

【倉庫】《ソウコ》〔「倉」は穀物のくら、「庫」は器物を入れておくくら、の意〕物品を保管しておく建物。くら。例 資材―。

【倉皇】《ソウコウ》(形動《タル》) あわてるようす。あわただしいようす。類 倉卒。例 ―として立ち去る。表記 旧▼蒼▼惶

【倉卒】《ソウソツ》(名・形動《ナダ》) ①ものごとが急に起こること。例 ―に来客あり。②落ちつきがないこと。類 倉皇。例 ―の間《カン》に決す。表記 ▽「草卒・▼蒼卒・▼怱卒・▼匆卒」とも書く。

【倉▼廩】《ソウリン》 穀物を貯蔵しておく、くら。

【倉▼廩《ソウリン》実《み》ちて礼節《レイセツ》を知《し》る】 人は、経済的に豊かになってはじめて、礼儀《レイギ》や道徳を重んじることができる。〈管子《カンシ》〉

●穀倉《コクソウ》・酒倉《さかぐら》・船倉《センソウ》・弾倉《ダンソウ》

亻 8
【倬】
10画 4875 502C
音 タク(漢)
訓 おお-きい・あき-らか

意味 ❶目立って大きい。例 倬彼雲漢《タクたるかのウンカン》(=大きくはるかな天《あま》の川)。❷目立ってすぐれる。例 倬詭《タクキ》(=とびぬけてすぐれる)。

亻 8
【値】
10画 3545 5024 教育6
音 チ(漢)
訓 ね・あたい・あ-う

筆順 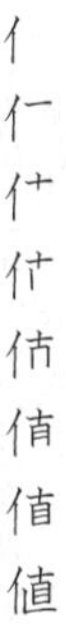

なりたち 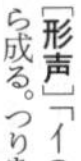  [形声]「亻(=ひと)」と、音「直《チョク》→チ」とから成る。つりあう。

意味 ❶もののねうち。そのものに見合った金額。あたい。ね。例 値段《ねダン》。価値《カチ》。❷(数学で)計算や測定の結果、得られる数。あたい。例 数値《スウチ》。近似値《キンジチ》。偏差値《ヘンサチ》。❸ある事態に出あう。当たる。あう。例 値遇《チグウ》。

使い分け あたい【値・価】⇩1160ページ

【値遇】《チグウ》 ①出会うこと。②⇩【知遇】《チグウ》(711ページ)

【値打ち】《ねうち》〔もとは、値段をつける、という意〕そのものがもつ、よいところ、役に立つ程度など。人についてもいう。価値《カチ》。例 ―が出る。なんの―もない。人の―をはかる。

【値段】《ねダン》 商品についている金額。あたい。価格。例 ―をつける。

【値幅】《ねはば》〔経〕①同じものの、最高価格と最低価格との差。②相場《ソウば》で、値が上がったり下がったりするときの、高値と安値との差。例 ―が小さい。

【値引き】《ねびき》(名・する) 商品の値段を安くすること。例 閉店まぎわに―して売る。

【値踏み】《ねぶみ》(名・する) ものの値段を見積もること。また、人の能力やものの価値を、おしはかること。例 古本を―する。

●卸値《おろしね》・価値《カチ》・近似値《キンジチ》・数値《スウチ》・絶対値《ゼッタイチ》

亻 8
【倜】
10画 2-0159 501C
音 テキ(漢)

意味「倜儻《テキトウ》」は、とびぬけてすぐれていること。

亻 8
【倒】
10画 3761 5012 常用
音 トウ(漢)(呉)
訓 たお-れる・たお-す

筆順 

なりたち  [形声]「亻(=ひと)」と、音「到《トウ》」とから成る。たおれる。

意味 ❶たおれる。たおす。つぶれる。つぶす。例 倒壊《トウカイ》。倒幕《トウバク》。打倒《ダトウ》。将棋倒《ショウギだお》し。❷上下や順序が、さかさまになる。ひっくりかえす。例 倒置《トウチ》。倒立《トウリツ》。❸程度のはなはだしい状態をあらわすことば。例 圧倒《アットウ》。傾倒《ケイトウ》。一辺倒《イッペントウ》。

【倒影】《トウエイ》(水面などに)物のかげが、さかさまに映ること。また、そのかげ。

【倒壊】《トウカイ》(名・する)(建造物が)たおれて、こわれること。例 地震《ジシン》で家屋が―する。表記「倒潰」とも書く。

【倒閣】《トウカク》(名・する) 内閣を総辞職に追いこむこと。例 野党側は―をめざしている。

【倒句】《トウク》 意味を強めるために語の順序を逆にすること。また、そのことば。たとえば、「走れ、大地を！」など。類 倒置。

【倒懸】《トウケン》 からだをさかさにつるすこと。ひじょうな苦痛をいう。例 ―の苦しみ。

【倒語】《トウゴ》 あることばの、文字や発音を、さかさまにして作ったことば。たとえば、「たね(=種)」を「ねた」、「ふだ(=札。入場券・乗車券など)」を「だふ」とするなど。

【倒錯】《トウサク》(名・する)〔ものごとの順序がさかさまになる意から〕社会的・道徳的に正しいとされる言動と正反対になること。

また、正常なものと、まったく逆になること。例かれの趣味《シュミ》は―している。

【倒産】《トウサン》（名・する）経営が行きづまって、会社などの事業が成り立たなくなること。つぶれること。

【倒置】《トウチ》（名・する）上下の位置や前後の順序などを、逆にすること。

【倒置法】《トウチホウ》 語句の順序を入れかえて、特定の語句を強く印象づけたり、文全体の意味を強めたりする修辞法。たとえば「見よ、今明けゆく東の空を」など。例英語の―を学ぶ。

【倒幕】《トウバク》 幕府をたおして政権をうばうこと。とくに江戸《えど》幕府についていうことが多い。例―運動がさかんになる。

【倒伏】《トウフク》 イネなど、立っていたものが、たおれること。例台風による―の被害《ヒガイ》が大きい。

【倒木】《トウボク》 強風のために、たおれた木。また、たおれている木。例台風で―の被害《ヒガイ》が相次ぐ。

【倒立】《トウリツ》（名・する）さかだちをすること。例―運動。組み体操で―する。―して歩いた距離《キョリ》をきそう。

●圧倒《アットウ》・一辺倒《イッペントウ》・傾倒《ケイトウ》・卒倒《ソットウ》・打倒《ダトウ》・転倒《テントウ》・面倒《メンドウ》

亻8

【俳】

10画 3948 4FF3 教育6 音ハイ漢呉 訓わざおぎ

筆順 亻 … 俳

なりたち [形声]「亻(=ひと)」と、音「非《ヒ》→ハイ」とから成る。ざれごとをいう人。芸人。

意味 ❶芸人。役者。わざおぎ。例俳優《ハイユウ》。❷たわむれ。あそび。おどけ。滑稽《コッケイ》。例俳諧《ハイカイ》。

日本語での用法《ハイ》「俳句」「俳諧《ハイカイ》」の略。「俳人《ハイジン》・俳壇《ハイダン》・俳名《ハイメイ》・俳論《ハイロン》・雑俳《ザッパイ》」

【俳画】《ハイガ》 俳句のようなおもむきをえがいた日本画。墨絵《すみエ》や、うすく色をつけた絵で、俳句を書き入れることもある。例―のような風景。

【俳諧】《ハイカイ》〔もとは、おどけ、こっけい、の意〕①「俳諧の連歌《レンガ》」の略。②俳句。また、俳句に関連する文学(=俳文・俳論など)をいう。例松尾芭蕉《まつおバショウ》は―の完成者だ。表記▽「▼誹諧」とも書く。

【俳諧の連歌】《ハイカイのレンガ》 連歌の様式の一つ。こっけいさや軽妙《ケイミョウ》さを特色とする、俳諧味のある連歌。

【俳句】《ハイク》 ふつう、五・七・五の三句十七音で完結する、日本独特の短い詩。季節をあらわすことば(=季語)を読みこむという一定の決まりを守る。例―をひねる。―をたしなむ。

【俳号】《ハイゴウ》 俳句の作者が、本名とは別に用いる雅号《ガゴウ》。例芭蕉《バショウ》は松尾宗房《まつおむねふさ》の―だ。

【俳書】《ハイショ》 俳諧《ハイカイ》や俳句に関する本。例江戸《えど》時代の―を集める。

【俳人】《ハイジン》 俳諧《ハイカイ》や俳句をつくることを専門にしている人。例正岡子規《まさおかシキ》は―としても有名だ。

【俳聖】《ハイセイ》〔「聖」は、道をきわめた人の意〕とくにすぐれた俳人として、古来定評のある人。例―松尾芭蕉《まつおバショウ》。

【俳壇】《ハイダン》 俳句をつくる人たちによって構成される社会。また、その仲間。例―にデビューする。

【俳風】《ハイフウ》 俳句の作風。作品にあらわれた作者の個性や流派の特徴《トクチョウ》。例芭蕉《バショウ》の―は、蕉風《ショウフウ》と呼ばれる。

【俳文】《ハイブン》 俳諧風《ハイカイフウ》のあじわいをもつ文章。松尾芭蕉《まつおバショウ》の『幻住庵記《ゲンジュウアンのキ》』、横井也有《よこいヤユウ》の『鶉衣《うずらごろも》』、小林一茶《こばやしイッサ》の『おらが春《はる》』など。

【俳味】《ハイミ》 俳諧《ハイカイ》特有のおもむき。おもしろみだけでなく、軽妙《ケイミョウ》・洒脱《シャダツ》・新奇《シンキ》など、さまざまなふんいきをいう。例―のある文章。

【俳優】《ハイユウ》〔もとは、こっけいな身ぶりやおどりなどで人を楽しませる芸人の意〕演劇・映画・テレビなどで、演技することを職業にする人。役者。例舞台《ブタイ》―。

【俳論】《ハイロン》 俳諧《ハイカイ》や俳句についての理論や評論。向井去来《むかいキョライ》の『去来抄《キョライショウ》』など。

【俳話】《ハイワ》 俳諧《ハイカイ》や俳句についての話。俳談。

亻8

【倍】

10画 3960 500D 教育3 音ハイ漢 バイ・べ呉 訓ま-す・そむ-く

筆順 亻 … 倍

なりたち [形声]「亻(=ひと)」と、音「咅《トウ》→ハイ」とから成る。人にそむく。

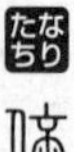

意味 ❶二つにはなれる。そむく。同背《ハイ》。例倍心《ハイシン》(=そむくこころ)。❷同じ数量を二回、またはそれ以上くわえる。ます。例倍増《バイゾウ》。人一倍《ひといちバイ》の努力《ドリョク》。

日本語での用法《へ・べ》「へ」「べ」の音にあてた万葉がな。「安倍《あべ》・女倍之《おみなへし》」

人名 かず・のぶ・ます・やす

【倍加】《バイカ》（名・する）数量などが二倍、または大はばに増えること。類倍増。例ノルマが―した。原作を読んで、おもしろみが―した。

【倍額】《バイガク》 二倍の金額。例―をしはらう。

【倍旧】《バイキュウ》 以前よりもずっと多くなること。例―のお引き立てをお願いいたします。

【倍数】《バイスウ》〔数〕ある整数の整数倍にあたる数。対約数。例十は五の―だ。

【倍増】《バイゾウ》（名・する）数量が二倍に増えること。程度などが大きくなること。倍《バイ》増《ま》し。倍加。例所得―。

【倍率】《バイリツ》 ①定員に対する希望者数の比率。競争率。例―が高い。②〔理〕顕微鏡《ケンビキョウ》や望遠鏡などで見られる像の大きさと、実際の大きさとの比。また、拡大や縮小された図や像の、もとの図や実物との大きさの比。

【倍量】《バイリョウ》 ある数量の二倍の量。例成人は子供の―を服用する。

亻8

【俾】

10画 4876 4FFE 音一ヒ漢 二ヘイ漢 訓しもべ・し-む・にら-む

意味 一ヒ ❶おぎなう。増す。同裨《ヒ》。例俾益《ヒエキ》。❷めしつかい。しもべ。同婢《ヒ》。❸〔助字〕「(…をして)…(せ)しむ」と読み、…に…させる、の意。使役《シエキ》をあらわす。例無レ俾二民憂一《たみをしてうれえしむるなかれ》(=民に心配させないように)。〈詩経《シキョウ》〉

二ヘイ 横目で見る。にらむ。同睥《ヘイ》。例俾倪《ヘイゲイ》。

【俾益】《ヒエキ》（名・する）役立って利益をあたえること。例社会に―する。表記「▼裨益」とも書く。

【俾▼倪】《ヘイゲイ》（名・する）①横目でにらむこと。②あたりをにらみつけて勢いを示すこと。例天下を―する。③城壁《ジョウヘキ》の上にある低い垣根《かきね》。表記▽「▼睥▼睨」とも書く。

亻8

【俵】

10画 4122 4FF5 教育6 音ヒョウ漢 訓たわら

筆順 亻 … 俵

なりたち [形声]「亻(=ひと)」と、音「表《ヒョウ》」とから成る。分けあたえる。

意味 分かちあたえる。わける。

日本語での用法 一《たわら》米や炭などを詰《つ》める、わらな

どをあんで作ったふくろ。「桟俵《サンだわら》・徳俵《トクだわら》」 二《ヒョウ》たわらに詰めたもの。また、それを数える単位。「米《こめ》百俵《ヒャッピョウ》・土俵《ドヒョウ》」

難読 俵子《たわらご》(=ナマコ)

亻8 **【俯】** 10画 4877 4FEF 音 フ 漢 訓 ふ-す・うつむ-く

意味 顔やからだの正面を下のほうへ向ける。うつむく。ふす。対 仰《ギョウ》。例 俯瞰《フカン》。俯仰《フギョウ》。俯伏《フフク》(=ひれふす)。

【俯角】《フカク》 見下ろしたとき、目の高さの水平面と、目と物を結ぶ線とが作る角度。対 仰角《ギョウカク》。

【俯▼瞰】《フカン》(名・する) 高いところから、下のほうを広く見わたすこと。類 鳥瞰《チョウカン》。例 山頂から、ふもとの町を—する。

【俯▼瞰図】《フカンズ》 高い視点から、地上の広い範囲《ハンイ》を見下ろしたときに見える景色を、そのままの形で写しとった図。類 鳥瞰図《チョウカンズ》。

【俯仰】《フギョウ》 〔うつむいたり、あおぎ見たりする意〕立ち居《い》ふるまいや動作。転じて、自分の行動全体。

【俯仰《フギョウ》天地《テンチ》に▼愧《は》じず】 自分の行動にうしろめたい点がない。公明正大なことをいう。〔『孟子《モウシ》』の「仰《あお》いで天に愧《は》じず、俯《ふ》して地に作《は》じず」から〕

亻8 **【倣】** 10画 4279 5023 常用 音 ホウ 漢 訓 なら-う

筆順 亻 亻 仿 仿 倣 倣

なりたち [形声]「亻(=ひと)」と、音「放《ホウ》」とから成る。まねる。

意味 あるものを手本にして同じようにする。まねる。ならう。例 模倣《モホウ》。

使い分け ならう【習・倣】 ⇩1176ページ

人名 より

亻8 **【俸】** 10画 4280 4FF8 常用 音 ホウ 漢 訓 ふち

筆順 亻 仁 仨 伊 伕 倦 俸

なりたち [形声]「亻(=ひと)」と、音「奉《ホウ》」とから成る。役人に支給される給料。

意味 役人が給料としてあたえられるお金や品物。禄《ロク》。扶持《フチ》。例 俸給《ホウキュウ》。俸禄《ホウロク》。年俸《ネンポウ》。

【俸給】《ホウキュウ》 会社員や公務員などに定期的にしはらわれるお金。給料。サラリー。例 —生活者(=俸給で生計を立てている人。サラリーマン)。

【俸▼禄】《ホウロク》 主君が家臣にあたえた給与《キュウヨ》。また、いっぱんに給料。類 扶持《フチ》。例 —を食《は》む。

◐加俸《カホウ》・減俸《ゲンポウ》・増俸《ゾウホウ》・本俸《ホンポウ》

亻8 **【們】** 10画 4878 5011 音 モン 呉

意味 (俗語《ゾクゴ》で)人を示す名詞・代名詞のあとについて、複数をあらわすことば。…ら。…ども。例 他們《タモン》(=かれら)。

亻8 **【倆】** 10画 4879 5006 音 リョウ 漢

意味 ❶「伎倆《ギリョウ》」は、うでまえ、わざ。❷ふたり。ふたつ。例 倆人《リョウニン》(=ふたりの人)。

亻8 **【倫】** 10画 4649 502B 常用 音 リン 漢 呉

筆順 亻 仒 伶 伶 倫 倫 倫 倫

なりたち  [形声]「亻(=ひと)」と、音「侖《リン》」とから成る。同類。なかま。また、人の道。

意味 ❶同類のなかま。たぐい。例 絶倫《ゼツリン》。比倫《ヒリン》。❷人のふみおこなうべき道。人と人とのあるべきあいだがら。道理。例 倫理《リンリ》。人倫《ジンリン》。不倫《フリン》。

人名 おさむ・つぐ・つね・とし・とも・のぶ・のり・ひと・ひとし・みち・みつ・もと

【倫理】《リンリ》 ①人のふみおこなうべき道。道徳をささえる原理(=根本的な理論)。モラル。例 —観。政治—。②「倫理学」の略。参考 「倫理」は原理についていい、「道徳」は実践《ジッセン》についていう。

【倫理学】《リンリガク》 〔英語 ethics の訳語〕哲学《テツガク》の一部門。人としての生き方、その原理などを研究する学問。たとえば、善悪や正邪《セイジャ》の基準、社会での人間のあり方など。

【倫理的】《リンリテキ》 (形動ダ) 人としてのあり方にかかわるようす。例 —に許されない行為《コウイ》。

【▽倫▼敦】《ロンドン》 〔London の音訳〕イギリスの首都ロンドン。

◐人倫《ジンリン》・破倫《ハリン》・比倫《ヒリン》

亻8 [倶] 10画 ⇩【倶】《ク》(82ページ)

亻8 【併】 10画 ⇩【併】《ヘイ》(75ページ)

亻9 **【偃】** 11画 4880 5043 音 エン 漢 呉 訓 ふ-せる

意味 ❶あおむけにたおれる。たおす。ふせる。例 偃臥《エンガ》。偃草《エンソウ》。❷やめる。例 偃武《エンブ》。

【偃▼臥】《エンガ》(名・する) あおむけにねる。類 偃息《エンソク》。

【偃月】《エンゲツ》 まだ、半月にならない細い月。弦月《ゲンゲツ》。弓張り月。例 —刀(=中国古代の刀。全体が弓張り月の形で、長い柄《え》がついている)。

【偃息】《エンソク》(名・する) ①ねころんで休むこと。②やめること。

【偃武】《エンブ》 〔「武《ブ》を偃《ふ》す」と訓読する〕武器をしまうこと。戦争をやめること。例 元和《ゲンナ》—(=元和一年〔一六一五〕大坂城が落ちて以後、戦乱がなくなり平和になったこと)。

亻9 **【偕】** 11画 4883 5055 音 カイ 漢 呉 訓 とも-に

意味 いっしょに。ともに。例 偕楽《カイラク》。偕老同穴《カイロウドウケツ》。

【偕楽】《カイラク》 多くの人といっしょに、たのしむ。ともにたのしむ。例 —園(=茨城《いばらき》県水戸《みと》市にある公園。観梅の名所)。

【偕老同穴】《カイロウドウケツ》 ①夫婦《フウフ》が仲よく、ともに長生きして、死後も、おなじ墓にはいること。②深海のどろの中にいる海綿動物。体内に雌雄《シユウ》一対《イッツイ》のドウケツエビがすんでいることがあり、このエビは生涯《ショウガイ》、外へ出ることがない。

亻9 **【偐】** 11画 4884 5050 音 ガン 漢 訓 にせ

意味 にせもの。にせ。同 贋《ガン》。例 『偐紫田舎源氏《にせむらさきいなかゲンジ》』〔柳亭種彦《リュウテイたねひこ》作の『源氏物語』の翻案《ホンアン》小説〕

亻9 **【偽】** 11画 2122 507D 常用 音 ギ 漢 呉 訓 いつわ-る・にせ・いつわ-り

筆順 亻 仈 伊 伪 偽 偽 偽

亻12 **【僞】** 14画 4906 50DE 人名

なりたち  [形声]「亻(=ひと)」と、音「爲《イ→ギ》」とから成る。いつわる。

意味 ❶真実でないことを、ほんとうのように見せかける。いつわる。いつわり。にせ。例 偽善《ギゼン》。真偽《シンギ》。真《ま》っ赤《か》な偽《いつわ》り。❷人間のわざ。人為《ジンイ》。例 人之性悪、其善者偽也《ひとのせイはアクなり、そのゼンなるものはギなり》(=人の本性は悪であって、その善行《ゼンコウ》は作為《サクイ》によるものである)。〈荀子《ジュンシ》〉

【偽悪《ギアク》】〔「偽善」に対してつくられたことば〕悪人のように見せかけること。対 偽善。例 ―家。―趣味《シュミ》。

【偽作《ギサク》】(名・する)にせものをつくること。また、そのにせもの。とくに、書画や骨董《コットウ》などについていう。類 贋作《ガンサク》。対 真作《シンサク》。

【偽書《ギショ》】①作者や時代をいつわって、似せて作った書物。②本人が書いたように見せかけて、別人が書いた手紙。例 蕪村《ブソン》の―。

【偽称《ギショウ》】(名・する)氏名や職業また地位などを、いつわって言うこと。また、そのいつわりの名。例 医者と―して治療《チリョウ》をおこなった。

【偽証《ギショウ》】(名・する)〔法〕裁判で、証人がいつわりの証言をすること。また、いつわりの証言。例 ―の罪に問われる。

【偽善《ギゼン》】善人のように見せかけること。また、うわべだけの善行《ゼンコウ》。対 偽悪。例 ―者。

【偽装《ギソウ》】(名・する)①相手の目をあざむくために、色や形をまわりのものに似せて、まぎらわしくすること。カムフラージュ。例 戦車を―する。②他人をごまかすための、よそおいや手段。カムフラージュ。例 ―工作。表記 ▽「擬装」とも書く。

【偽造《ギゾウ》】(名・する)通貨・印・証券・文書などの、にせものをつくること。また、そのにせもの。類 変造・模造。例 ―コイン。公文書―。

【偽足《ギソク》】アメーバなどの原生動物や白血球が、食物摂取《セッシュ》や運動のために、伸縮《シンシュク》させる突起《トッキ》。類 仮足《カソク》・虚足《キョソク》。表記 「擬足」とも書く。

【偽筆《ギヒツ》】他人の文字や絵に似せて書いたもの。対 真筆《シンピツ》。

【偽物《ギブツ|にせもの》】ほんものでないこと。類 贋物《ガンブツ》。

【偽名《ギメイ》】にせの氏名。対 実名。例 ―を使う。

●虚偽《キョギ》・真偽《シンギ》

亻 9 【偶】 11画 2286 5076 常用 音 グウ 慣 ゴウ 漢 グ 呉 訓 たぐい・たまたま

筆順 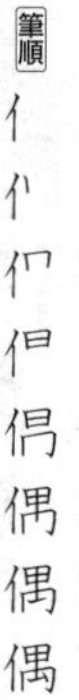

なりたち  [形声]「亻(=ひと)」と、音「禺《グ→グウ》」とから成る。桐《きり》で作った、ひとがた。

意味 ❶人の形をしたもの。でく。ひとがた。例 偶像《グウゾウ》。土偶《ドグウ》。木偶《モクグウ》。❷対《ツイ》になる。向かい合う。ならぶ。なかま。たぐい。例 偶語《グウゴ》。対偶《タイグウ》。配偶《ハイグウ》。❸二で割り切れる。対 奇《キ》。例 偶数《グウスウ》。❹思いがけず。ふと。たまたま。例 偶然《グウゼン》。偶発《グウハツ》。

難読 偶人《ひとがた》・偶奇《チョウハン》・木偶《でく》

人名 とも・ます

【偶因《グウイン》】根本の原因ではなく、たまたまそうなった原因や事情。

【偶詠《グウエイ》】(名・する)ふと心に思いうかんだままを、詩や歌によむこと。また、その作品。類 偶作。

【偶感《グウカン》】ふと心にうかんだ思い。例 ―を書き留める。

【偶語《グウゴ》】(名・する)向かい合って話をする。話し合う。

【偶作《グウサク》】ふとした機会にできた詩や歌。類 偶成・偶詠《グウエイ》。

【偶人《グウジン》】土や木で作った人形。ひとがた。でく。

【偶数《グウスウ》】〔数〕二で割り切れる整数。丁《チョウ》の数。対 奇数《キスウ》。例 ―月《づき》。

【偶成《グウセイ》】ふとした機会にできる詩や歌。類 偶詠《グウエイ》・偶作。例 ―の詩。

【偶然《グウゼン》】一(名・形動ダナ)思いがけないこと。対 必然。例 ―の一致《イッチ》。二(副)思いがけず。たまたま。例 ―出会った。

【偶像《グウゾウ》】①神仏にかたどって作り、信仰《シンコウ》の対象とする像。例 ―崇拝《スウハイ》。②崇拝やあこがれの対象。また、対象となる人。アイドル。例 ―視する。

【偶発《グウハツ》】(名・する)ものごとが思いがけずに起こること。例 ―事故。

【偶有《グウユウ》】(名・する)ある性質を本質的にもっているのではなく、たまたまそなえていること。

【偶力《グウリョク》】〔物〕方向が反対で、平行にはたらく、大きさの等しい二つの力。この力がはたらくと物体は回転する。

●対偶《タイグウ》・土偶《ドグウ》・配偶《ハイグウ》・木偶《モクグウ》

亻 9 【偈】 11画 4885 5048 音 一 ケツ 漢 二 ケイ 漢 ゲ 呉

意味 一《ケツ》❶はやく走るようす。例 偈偈《ケツケツ》。❷いさましいようす。二《ケイ|ゲ》〔梵語《ボンゴ》の音訳〕仏の教えや徳をたたえる詩。また、さとりの境地をあらわした詩。例 偈頌《ゲジュ》。頌偈《ジュゲ》。詩偈《シゲ》。四句《シク》の偈《ゲ》。

【偈▼頌《ゲジュ|ゲショウ》】仏教で、仏の徳をたたえる韻文《インブン》。また一定の曲調でとなえる文句。伽陀《カダ》。頌偈《ジュゲ》。

亻 9 【健】 11画 2382 5065 教育4 音 ケン 漢 コン 呉 訓 すこ-やか・たけ-し

筆順 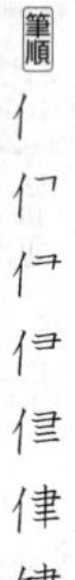

なりたち  [形声]「亻(=ひと)」と、音「建《ケン》」とから成る。つよい。

意味 ❶しっかりして力強い。たけし。例 健脚《ケンキャク》。健闘《ケントウ》。剛健《ゴウケン》。❷からだがじょうぶで元気である。すこやか。例 健康《ケンコウ》。健児《ケンジ|コンデイ》。健全《ケンゼン》。壮健《ソウケン》。❸さかんに。程度がはなはだしく。例 健啖《ケンタン》。健忘症《ケンボウショウ》。

難読 健《したたか|けなげ》・健男《ますらお》

人名 かつ・きよし・たけ・たける・たつ・たて・たる・つよ・つよし・まさる・やす・やすし

【健脚《ケンキャク》】(名・形動ダナ)足が強く、長時間歩いてもつかれないこと。例 ―家。―をほこる。

【健康《ケンコウ》】一(名)からだがいいか悪いかの状態。コンディション。例 ―診断《シンダン》。―を害する。―をそこなう。二(形動ダナ)からだや心がすこやかで、悪いところがないようす。元気。例 ―な子供。―に暮らす。

【健在《ケンザイ》】(名・形動ダナ)①いつも元気で、健康に暮らしていること。例 両親は―です。②おとろえることなく、じゅうぶんに役立っていること。例 フロンティア精神は―です。

【健児《ケンジ》】一 体力や気力にあふれた若者。例 高校―。二《コンデイ》 日本の古代の兵制で、諸国に配置された武芸にひいでた兵士。平安時代中期以後、消滅《ショウメツ》した。

【健勝《ケンショウ》】(名・形動ダナ)健康がすぐれ、からだが達者《タッシャ》なこと。〔手紙やあいさつ状で相手の安否をたずねるのに用いる〕例 ご―のことと存じます。

【健常《ケンジョウ》】心身に障害がないこと。〔障害のある状態に対していうことば〕例 ―者《シャ》。

【健全《ケンゼン》】(名・形動ダナ)①からだがじょうぶで健康なこと。②ものの考え方やものごとの状態が、かたよらず、危《あぶ》なげなく、常

識的なこと。例—経営。—な娯楽《ゴラク》。

【健▼啖《ケンタン》】(名・形動ダナ)〔「啖」は、食う意〕食欲がさかんで、なんでもたくさん食べること。類大食《タイショク》。例—家。

【健闘《ケントウ》】(名・する)力強く立ち向かって、あきらめずに精いっぱい努力し、よくたたかうこと。例予想以上に—した。

【健筆《ケンピツ》】①小説・戯曲《ギキョク》・詩・歌などの創作や評論を数多く、さかんに書くこと。例—をふるう。②文字がじょうずなこと。類達筆。例—家。

【健忘症《ケンボウショウ》】①ものわすれしやすい人。わすれっぽい人。②〔医〕ある一定の期間の記憶《キオク》を、思い出せない障害。

○●穏健《オンケン》・頑健《ガンケン》・壮健《ソウケン》・保健《ホケン》

亻9

【做】

11画 4886 505A 音 サ漢呉 訓 な-す

意味 する。おこなう。なす。例言《い》い做《な》す。見做《みな》す。

参考 もとは「作」の俗字《ゾクジ》。中国では、「作」と「做」とは併用《ヘイヨウ》されているが、日本では、「做」は「…做《な》す」という場合以外には、あまり使われない。

亻9

【偲】

11画 2837 5072 人名 音 一サイ漢呉 二シ漢 訓 しの-ぶ

なりたち 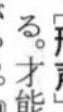 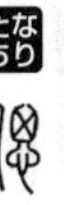 [形声]「亻(=ひと)」と、音「思《シ》」とから成る。才能がある。

意味 一《サイ》才能がある。例其人美且偲《そのひとびにしてかつサイなり》(=その人は美男で才能もある)。〈詩経《シキョウ》〉 二《シ》「偲偲《シシ》」は、相手を思い、はげます。

日本語での用法《しのぶ》思いおこして、なつかしむ。したう。「友《とも》を偲《しの》ぶ・昔《むかし》を偲《しの》ぶ・故人《コジン》を偲《しの》ぶ」

【偲ぶ草《しのぶぐさ》】思いしたう心をおこさせる、たねとなるもの。表記「忍ぶ草」とも書く。

亻9

【偖】

11画 4887 5056 音 シャ漢 訓 さて

意味 さく。ひらく。

日本語での用法《さて》発語のことば。さあ。ところで。「扠」と書くことが多い。「偖《さて》、仕事《シごと》にとりかかろうか」

亻9

【偬】

11画 4888 506C 音 ソウ漢

意味 ❶「倥偬《コウソウ》」は、苦しむようす。❷「偬恫《ソウトウ》」は、おろかなようす。❸せわしい。にわか。同怱《ソウ》。例偬偬《ソウソウ》。

難読 倥偬《いそがわしい》

亻9

【側】

11画 3406 5074 教育4 音 ソク慣 ショク漢 訓 がわ・かわ・かたわ-ら・そば

筆順 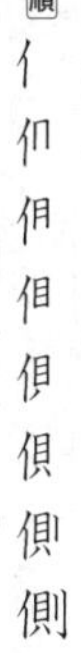

なりたち 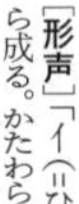 [形声]「亻(=ひと)」と、音「則《ソク→ショク》」とから成る。かたわら。

意味 ❶すぐ近くのあたり。わき。そば。かたわら。例側近《ソッキン》。君側《クンソク》。❷ものの横の面。かわ。例側面《ソクメン》。舷側《ゲンソク》。❸片方によせる。かたむける。そばだてる。そばめる。例側耳《ソクジ》。側目《ソクモク》。❹いたむ。同惻《ソク》。例側側《ソクソク》。

日本語での用法《がわ》①対《ツイ》になる一方の面。一方の立場。「右側《みぎがわ》・東側《ひがしがわ》」②中身を包んでいるもの。「金側《キンがわ》・時計《とけい》の側《がわ》」

参考「常用漢字表」では、「かわ」とも読む。

【側▼臥《ソクガ》】(名・する)①片方のわきを下にして横向きにねること。②かたわらでいっしょにねること。そいね。

【側耳《ソクジ》】(名・する)きき耳を立てて聞くこと。

【側室《ソクシツ》】身分や地位の高い人のめかけ。そばめ。対正室。例将軍の—。

【側線《ソクセン》】①列車の運転に利用する、本線以外の線路。荷の積みかえや待避《タイヒ》用の引きこみなどに使う。②両生類や魚類の、からだのわきに並ぶ感覚器官。水圧・水流・振動《シンドウ》などを感じとる。

【側側《ソクソク》】(形動タルト)(悲しみを)身にしみて感じるようす。惻惻《ソクソク》。例—として胸をうつ。

【側転《ソクテン》】(名・する)「側方倒立回転」の略。体操で、足を少し開き、両うでをななめ上方にのばした姿勢のまま、片手を順に地面につけ、それを支点として足が空中に弧《コ》をえがくように横向きに回転すること。

【側聞《ソクブン》】(名・する)うわさで、それとなく聞くこと。例—するに、彼は多趣味の人だそうだ。表記「▼仄聞」とも書く。

【側壁《ソクヘキ》】側面のかべや仕切り。

【側方《ソクホウ》】左右の方向。例—倒立回転。

【側面《ソクメン》】①上下や前後の面ではなく、横の面。数学では立体の底面以外の面を指す。例—に表示する。②わき。横のほう。例—からの援助《エンジョ》。③さまざまな性質やようすなどの中の一面。例よき父親としての—を知る。

【側目】一《ソクモク》(名・する)正面から見ず、ふし目や横目で見ること。二《そばめ》(名)わきのほうから、第三者として見ること。はため。

【側近《ソッキン》】地位の高い人や権力者のそば近くに仕え働く人。例大統領の—によれば。

【側溝《ソッコウ》】道路などの排水《ハイスイ》のため、わきにつくったみぞ。

【▽側▼杖《そばづえ》】〔けんかのそばにいて、思いもかけず、つえで打たれることから〕無関係の、思わぬ災難や被害《ヒガイ》。とばっちり。まきぞえ。例—をくう。表記「▽傍▼杖」とも書く。

○●縁側《エンがわ》・外側《そとがわ》・体側《タイソク》・反側《ハンソク》・両側《リョウがわ》

亻9

【停】

11画 3668 505C 教育5 音 チョウ慣 テイ漢 訓 とど-まる・とど-める・と-まる

筆順 

なりたち  [形声]「亻(=ひと)」と、音「亭《テイ》」とから成る。止まる。

意味 ❶一か所にとまる。じっとしている。とどまる。例停滞《テイタイ》。停泊《テイハク》。停留所《テイリュウジョ》。❷やめる。中止する。とめる。とどめる。例停止《テイシ》。停戦《テイセン》。調停《チョウテイ》。

人名 とどむ

【停学《テイガク》】学生や生徒に対する罰《バツ》として、一定の期間、登校を禁止すること。例一週間の—処分。

【停止《テイシ》】(名・する)①(動いているものが)とまること。また、とめること。例一時《イチジ》—。②(ものごとの進行を)とちゅうでやめさせること。例営業—。

【停車《テイシャ》】(名・する)①車などが一時的にとまること。また、とめること。例一時《イチジ》—して待つ。②列車やバスなどが、駅や停留所にとまること。例急行の—駅。

【停車場《テイシャジョウ｜テイシャば》】駅《エキ》。

【停職《テイショク》】(名・する)公務員などへの処罰《ショバツ》の一つ。一定期間、職務につくことをさしとめ、その間は給料をしはらわないこと。例—処分になる。

【停船《テイセン》】(名・する)航行中の船がとまること。また、船をとめること。例—命令。

【停戦《テイセン》】(名・する)戦争中に、たがいに合意のうえで、一時

的に戦いをやめること。(類)休戦。例―協定。

【停滞】《テイタイ》（名・する）ものごとが一か所にとどまって、うまく進まないこと。例景気が―する。

【停電】《テイデン》（名・する）電気の供給が、一時的にとまること。例台風の影響《エイキョウ》で、市内はいっせいに―した。

【停泊】《テイハク》（名・する）船が、港など同じ場所にとどまること。例客船が―している。表記 旧▼碇泊

【停留】《テイリュウ》（名・する）一つの場所にとどまること。

【停留所】《テイリュウジョ》バスや路面電車などが、客を乗せたり降ろしたりするために、停車する一定の場所。

●調停《チョウテイ》

亻9

【偵】

11画 3669 5075 常用 音テイ漢 訓うかが-う

筆順 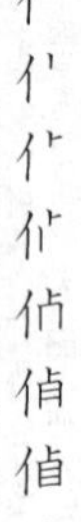

なりたち  ［形声］「亻（=ひと）」と、音「貞《テイ》」とから成る。問う。

意味 こっそりようすをさぐる（人）。うかがう。例偵察《テイサツ》。探偵《タンテイ》。内偵《ナイテイ》。

難読 遊偵《しのびのもの》

【偵察】《テイサツ》（名・する）（敵や対戦相手などの）状態やようすなどをひそかに調べること。例敵の基地を―する。―衛星。―機。

【偵人】《テイジン》敵のまわし者。スパイ。(類)偵探《テイタン》・間者《カンジャ》・間諜《カンチョウ》・斥候《セッコウ》。

【偵吏】《テイリ》ひそかに人の動静や、犯罪について調査する役人。刑事《ケイジ》。

●探偵《タンテイ》・内偵《ナイテイ》・密偵《ミッテイ》

亻9

【偸】

11画 4889 5078 音トウ漢 チュウ呉 訓ぬす-む

意味 ❶他人のものを気づかれないようにぬきとる。こっそり不正をはたらく。ぬすむ。例偸盗《チュウトウ》。偸閑《トウカン》。❷一時的に。かりそめに。いいかげんに。例偸安《トウアン》。❸人情がうすい。薄情《ハクジョウ》。

【偸盗】《チュウトウ／トウトウ》他人のものをぬすむこと。また、ぬすびと。どろぼう。

【偸安】《トウアン》〔「安《やす》きを偸《ぬす》む」と訓読する〕あとのことを考えずに、現在の安楽にひたり、一時的な気休めを求めること。例―の夢をむさぼる。―の日日を暮らす。

【偸閑】《トウカン》〔「閑《ひま》を偸《ぬす》む」と訓読する〕いそがしいときに、時間を見つけて楽しむこと。表記「偸間」とも書く。

【偸生】《トウセイ》（名・する）生命に執着《シュウチャク》して、むだに生きながらえること。例ただ―の時を過ごす。

亻9

【偏】

11画 4248 504F 常用 音ヘン漢呉 訓かたよ-る・かたよ-り・ひとえ-に

筆順 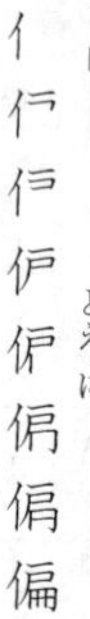

亻9

【偏】

11画

なりたち  ［形声］「亻（=ひと）」と、音「扁《ヘン》」とから成る。かたよる。

意味 ❶一方にずれる。公正でない。かたよる。例偏見《ヘンケン》。不偏不党《フヘンフトウ》（=どの主義や党派にも加わらない）。❷中央から遠くはなれたところ。同辺《ヘン》。例偏土《ヘンド》。❸漢字を構成する、左側の部分。へん。対旁《ボウ》。例偏旁冠脚《ヘンボウカンキャク》。❹ひたすら。いちずに。ひとえに。

人名 とも・ゆき

【偏愛】《ヘンアイ》（名・する）特定の人や、ものだけに愛情をそそぐこと。えこひいき。例長男を―する。

【偏奇】《ヘンキ》〔「奇」は、変わっている意〕（ふつうとはちがって）ふうがわりであること。例―を愛する。

【偏▼諱】《ヘンキ》高貴な人の名前のうちの一文字。また、その文字の使用をさけること。〔もと中国で、皇帝《コウテイ》など高貴な人の本名が漢字二字から成るとき、いっぽんでは、そのうち一文字の使用をさけたことから〕

【偏狭】《ヘンキョウ》（名・形動ダ）〔土地がせまい意〕考え方がかたよっていて、自分とは異なる考えや価値観を許そうとしないこと。(類)狭量。例―で排他的《ハイタテキ》な性格。

【偏屈】《ヘンクツ》（名・形動ダ）自分の考えにこだわって、他からは気むずかしく見えること。また、そのようす。例―な老人。

【偏見】《ヘンケン》あやまった先入観などによる、かたよったものの見方や考え方。例根強い―がある。独断と―。

【偏向】《ヘンコウ》（名・する）公正であるはずのものが、かたよった傾向《ケイコウ》を示すこと。例政治的に―している報道。

【偏差】《ヘンサ》〔数〕統計などで、数値が、標準からどれくらいはなれているかを示す数値。

【偏差値】《ヘンサチ》①偏差の度合いを示す数値。②テストの得点が全体の中でどの水準にあるかを、平均点からのへだたりによって示す値《あたい》。五〇を平均として、二〇から七〇の範囲《ハンイ》になるのがふつう。

【偏在】《ヘンザイ》（名・する）（ものごとが）ある部分だけに集中して存在すること。例集落が―する。

【偏▼衫】《ヘンサン／ヘンザン》〔「衫」は、ころもの意〕僧《ソウ》が着るころもの一種。左肩《ひだりかた》から右わきの下方へななめに着る。

【偏執】《ヘンシツ／ヘンシュウ》①一つのものごとに、異常にこだわること。例宝石についての―。②自分の考えに固執《コシツ》して、他の意見を受けつけないこと。

【偏執狂】《ヘンシツキョウ／ヘンシュウキョウ》一つのものごとに、異常なほどのこだわりを示すこと。また、そのような人。モノマニア。

【偏執病】《ヘンシュウビョウ》系統だった妄想《モウソウ》を持続する精神病。妄想による思考や行動以外には、異常がない。パラノイア。

【偏食】《ヘンショク》（名・する）食べ物の好ききらいがはげしいこと。また、好きなものだけを食べて、栄養がかたよること。例―をなおす。

【偏頭痛】《ヘンズツウ》頭の片側だけにおこる発作的《ホッサテキ》な痛み。例―になやむ。表記「片頭痛」とも書く。

【偏西風】《ヘンセイフウ》緯度《イド》三〇度から六〇度の範囲《ハンイ》の上空を、西から東へふく強い風。

【偏▼袒】《ヘンタン／ヘンダン》①片肌《かたはだ》をぬぐこと。上半身のどちらか片側だけ着物をぬぐこと。例―右肩《ウケン》の湯上がり姿。②〔仏〕法衣《ホウエ》の右肩《みぎかた》をぬぐこと。相手をうやまうときや、作業をするときなどにする。

【偏重】《ヘンチョウ》（名・する）一つのことだけを、おもく見ること。例学歴を―してはいけない。

【偏▼頗】《ヘンパ》（名・形動ダ）〔「頗」も、かたよっている意〕あつかいが不公平なこと。例両親の愛が―で、長兄《チョウケイ》びいき。

【偏▼旁冠脚】《ヘンボウカンキャク》漢字の「へん（偏）」「つくり（旁）」「かんむり（冠）」「あし（脚）」をまとめていうことば。(類)部首。表記「▼扁▼旁冠脚」とも書く。

●糸偏《いとヘン》・牛偏《うしヘン》・言偏《ゴンベン》・土偏《つちヘン》・不偏《フヘン》

亻9 【偉】11画 ⇩【偉】イ（91ページ）

亻9 【假】11画 ⇩【仮】カ（57ページ）

亻9 【偏】11画 ⇩【偏】ヘン（90ページ）

イ 10
【偉】 12画 1646 5049 常用 音 イ 漢 訓 えら-い

筆順 亻 亻 伫 伫 倍 偉 偉 偉

イ 9
【偉】 11画

なりたち [形声]「イ(=ひと)」と、音「韋《イ》」とから成る。ふつうでなく、すぐれている。

意味 なみはずれて、すぐれている。りっぱな。大きな。えらい。例 偉業《イギョウ》。偉大《イダイ》。

人名 いさむ・えら・おおい・すぐる・たけ・まさる・より

【偉観】《イカン》 圧倒《アットウ》されるほどすばらしい景色。例 ―を呈《テイ》する。

【偉挙】《イキョ》 ひじょうにすぐれた、おこない。例 ―をたたえる。

【偉業】《イギョウ》 ひじょうにすぐれた業績。例 歴史的な―をなしとげる。

【偉勲】《イクン》 大きなてがら。類 偉功・偉烈《イレツ》。例 ―をたてる。

【偉功】《イコウ》 大きなてがら。りっぱな功績。類 偉勲《イクン》。例 ―を顕彰《ケンショウ》する。

【偉効】《イコウ》 目立ったききめ。すぐれた効果。例 ―を奏する。

【偉才】《イサイ》 たいへんすぐれた才能をもつ人。類 偉材。例 かれは天下の―だ。

【偉材】《イザイ》 たいへんすぐれた人物。類 偉才。例 在野の―。

【偉丈夫】《イジョウフ》 〔「イジョウブ」とも〕①体格が大きな男。②人格がすぐれた、りっぱな男子。例 たくましい―。

【偉大】《イダイ》 (形動ダ) たいへんすぐれているようす。例 ―な貢献《コウケン》。

【偉徳】《イトク》 ひじょうにすぐれた、おこない。また、りっぱな人格。例 ―をしのぶ。―をたたえる。

【偉容】《イヨウ》 〔「容」は、姿かたちの意〕堂々としてりっぱな姿。例 富士山の―。表記「威容」とも書く。

【偉力】《イリョク》 ひじょうに大きな力。すぐれた力量《リキリョウ》。

【偉烈】《イレツ》 〔「烈」は、てがらの意〕大きなてがら。類 偉勲《イクン》・偉功。例 維新《イシン》の元勲《ゲンクン》たちの―。

●魁偉《カイイ》

イ 10
【傀】 12画 4890 5080 音 カイ 漢

意味 ❶目立って大きいようす。また、おおいにさとること)。同 魁《カイ》。例 傀然《カイゼン》(=りっぱなようす)。❷奇怪《キカイ》なようす。あやしい。❸「傀儡《カイライ》」は、あやつり人形。くぐつ。

難読 傀儡《くぐつ》

【傀▼儡】《カイライ》 ①あやつり人形。くぐつ。②(人形のように)他人の思うままに動かされる人。例 ―政権。実力者の―になってはたらく。

【傀▼儡師】《カイライシ》 ①あやつり人形を使って芸を演じる人。人形つかい。②自分は表面に立たず、背後から他人を思いのままに動かして目的を達しようとする人。類 黒幕・策士。

イ 10
【倣】 12画 4891 509A 音 コウ 漢 訓 なら-う

意味 他人をまねる。ならう。まなぶ。同 効《コウ》。例 倣慕《コウボ》。

【倣慕】《コウボ》 あるものにあこがれて、それをそっくりまねようとすること。

𠆢 10
【傘】 12画 2717 5098 常用 音 サン 漢 呉 訓 かさ

筆順 𠆢 亽 仒 仒 仒 仒 傘

なりたち [象形] かさを広げた形。

意味 からかさ・雨《あま》がさ・日《ひ》がさなど、かさの類をいう。例 傘下《サンカ》。落下傘《ラッカサン》。

【傘下】《サンカ》 〔ひろげた傘《かさ》の下の意から〕有力な人物や、大きな組織の支配下。類 翼下《ヨッカ》。例 大会社の―にはいる。

【傘寿】《サンジュ》 〔「八十」が「傘」の略字「仐」と似ていることから〕八十歳《サイ》。また、八十歳の祝い。例 ―の祝い。

●雨傘《あまがさ》・唐傘《からかさ》・番傘《バンがさ》

イ 10
【備】 12画 4087 5099 教育5 音 ヒ 漢 ビ 呉 訓 そな-える・そな-わる・そな-え・つぶさ-に

筆順 亻 亻 亻 伫 伫 俉 備 備

なりたち [形声]「イ(=ひと)」と、音「葡《ヒ》(=そなえる)」とから成る。用心してそなえる。

意味 ❶前もって用意する。そなえる。例 備品《ビヒン》。準備《ジュンビ》。備《そな》えあれば患《うれ》いなし。❷じゅうぶんにととのっている。そろっている。そなわる。例 完備《カンビ》。不備《フビ》。❸何から何まで。ことごとく。つぶさに。

日本語での用法 一《び》「び」の音にあてた万葉がな。「甘南備河《かんなびがわ》・可奈之備《かなしび》」 二《ビ》「吉備《きび》(=今の岡山《おかやま》県と広島県東部の古い呼び方)」の略。「備州《ビシュウ》・備前《ビゼン》・備中《ビッチュウ》・備後《ビンゴ》」

使い分け そなえる【備・供】⇩1171ページ

人名 くる・そなう・たる・とも・なが・なり・のぶ・まさ・みつ・よ・よし・より

【備《そな》えあれば▽患《うれ》いなし】 ふだんから、いざというときのためにじゅうぶんな準備をしていれば、心配はない。〈書経《ショキョウ》〉

【備《そな》わるを一人《イチニン》に求《もと》むるなかれ】 ひとりの人間に完全無欠であることを要求してはならない。君主の心得を説いたことば。〈論語《ロンゴ》〉

【備考】《ビコウ》 本文の理解を深め、参考のために書きそえておくことがら。例 ―欄《ラン》。

【備荒】《ビコウ》 農作物のできがよくないときや、災害が起こったときのために、あらかじめたくわえておくこと。類 救荒・備蓄《ビチク》。

【備前】《ビゼン》 旧国名の一つ。今の岡山《おかやま》県の南東部。

【備蓄】《ビチク》 (名・する) 万一のときにそなえて、ふだんからたくわえておくこと。類 備荒《ビコウ》。例 石油を―する。

【備中】《ビッチュウ》 旧国名の一つ。今の岡山《おかやま》県の西部。

【備品】《ビヒン》 建物や施設《シセツ》にそなえつけてある物品。机や本だななど。例 学校の―を購入《コウニュウ》する。

【備忘】《ビボウ》 うっかり忘れてしまったときのために、あらかじめ書きつけておくこと。例 ―のための覚え書き。

【備忘録】《ビボウロク》 たいせつなことがらを書きつけておくための記録。メモランダム。メモ。

【備後】《ビンゴ》 旧国名の一つ。今の広島県の東部。

●完備《カンビ》・軍備《グンビ》・警備《ケイビ》・兼備《ケンビ》・守備《シュビ》・準備《ジュンビ》・常備《ジョウビ》・整備《セイビ》・設備《セツビ》・装備《ソウビ》・配備《ハイビ》・不備《フビ》・防備《ボウビ》

イ 10
【傅】 12画 4892 5085 音 フ 漢 訓 もり・つ-く・かしず-く

意味 ❶そばにつきそう(役の人)。養育係。もり。かしずく。例 傅育《フイク》。師傅《シフ》(=周の時代、天子の相談役や太子の養育係)。❷くっつく。くっつける。つく。同 附《フ》。例 傅会《フカイ》。

難読 傅子《めのと》(=主人の子の養育係をする者の子ども)・抱

傅《だきもり》

【傅育】《フイク》（名・する）おもり役として、かしずき育てること。類扶育《フイク》。例—官。

【傅会】《フカイ》（名・する）①くっつけること。②こじつけること。付会《フカイ》。

亻10

【傍】12画 4321 508D 常用 音ホウ漢ボウ呉 訓かたわ-ら・はた・わき

筆順 亻 仁 伫 伫 倅 倅 傍

なりたち [形声]「亻(=ひと)」と、音「旁《ホウ》(=そば)」とから成る。そばに寄る。

意味 ❶ものごとの中心からはずれて、わきにあること。そば。かたわら。はた。例傍観《ボウカン》。傍若無人《ボウジャクブジン》。路傍《ロボウ》。傍杖《そばづえ》を食《く》らう(=とばっちりを受ける)。❷漢字を構成する右側の部分。つくり。同旁《ボウ》。

難読 畝傍《うねび》(=地名)

人名 かた

【傍観】《ボウカン》（名・する）（事件などに）かかわることをさけて、そばでなりゆきを見ていること。例—者《シャ》。騒《さわ》ぎを—する。

【傍訓】《ボウクン》漢字のそばにつける読みがな。ふりがな。ルビ。例文選《モンゼン》—。表記「▼旁訓」とも書く。

【傍系】《ボウケイ》①主になる系統から分かれ出た系統。例—の会社に再就職する。②親子関係でつながる直系に対して、そこから分かれる系統。きょうだい・おじ・おいなど。対直系。例—親族。▽類傍流。

【傍若無人】《ボウジャクブジン》（名・形動《ダ》）〔「傍《かたわ》らに人《ひと》無《な》きが若《ごと》し」と訓読する〕周囲の人の気持ちやめいわくを考えずに、自分のしたいようにふるまうこと。〈史記《シキ》〉例—の行動。表記「▼旁若無人」とも書く。

【傍証】《ボウショウ》事実や主張を裏付けるために、間接的に役立つ証拠《ショウコ》。例—を集める。

【傍線】《ボウセン》縦書きの文章で、注意をうながすために、文字や語句の右または左のわきに引く線。類下線。例—部。

【傍題】《ボウダイ》本や文章などに、主になる題とは別に、付け加える題。副題。サブタイトル。

【傍注】《ボウチュウ》本文の理解を助けるために、本文の横に書き加える注釈《チュウシャク》。表記㊐▼旁▼註

【傍聴】《ボウチョウ》（名・する）会議や裁判、公聴会《コウチョウカイ》や演説会などを、当事者でない人が、議場・法廷《ホウテイ》・会場などのなかで聞くこと。発言は許されない。例—席。公判を—する。

【傍点】《ボウテン》読者に注意をうながすために、文字のわきにつける点。例—をふる。—を付す。

【傍輩】《ボウハイ》〔「ホウバイ」とも〕①同じ主人や先生に仕え、ほぼ同じ地位にある仲間。同輩。②友人。仲間。表記▽「朋輩」とも書く。

【傍白】《ボウハク》演劇で、舞台上《ブタイジョウ》の他の登場人物には聞こえないものとして、観客だけに聞かせる形で言うせりふ。ひそかな自分の心中をあらわすときなどに用いる。わきぜりふ。類独白。

【傍流】《ボウリュウ》①本流のとちゅうから分かれた流れ。類支流。②ものごとの主流からはずれていること。類傍系。例—にあまんじる。—の者を軽《かろ》んじる。

●近傍《キンボウ》・路傍《ロボウ》

亻10【僅】12画 ⇩【僅】《キン》(92ページ)

亻10【傑】12画 ⇩【傑】《ケツ》(93ページ)

亻11

【傴】13画 4893 50B4 音ウ漢呉 訓かが-む

意味 背骨の曲がる病気。また、背を曲げて身をかがめる。例傴僂《ウル》。

【傴▼僂】《ウル・ロウ》①背骨が曲がって前かがみになっている人。佝僂《クル》。②前かがみになること。

亻11

【僅】13画 2247 50C5 常用 音キン漢 訓わず-か・わず-かに

筆順 亻 仕 仕 仕 借 借 僅

亻10

【僅】12画 俗字

なりたち [形声]「亻(=ひと)」と、音「堇《キン》」とから成る。かろうじてできる。

意味 ほんの少し。わずか。わずかに。例僅差《キンサ》。僅少《キンショウ》。

【僅僅】《キンキン》㊀(形動《タル》)(数量が)ほんの少しであるようす。㊁(副)わずかに。ほんの少し。

【僅差】《キンサ》ほとんどないといっていいくらいのわずかの差。例—で一着になる。

【僅少】《キンショウ》（名・形動《ダ》）ごくわずか。ほんの少し。また、その状態。例—の物を分け合う。

亻11

【傾】13画 2325 50BE 常用 音ケイ漢キョウ呉 訓かたむ-く・かたむ-ける・かたむ-き

筆順 亻 亻 化 化 佰 傾 傾 傾

なりたち [会意]「亻(=ひと)」と「頃《ケイ》(=かたむく)」とから成る。かたむく。

意味 ❶ななめになる。一方にかたよる。かたむく。例傾向《ケイコウ》。傾斜《ケイシャ》。右傾《ウケイ》。❷くつがえす。あやうくする。かたむける。例傾国《ケイコク》。傾城《ケイセイ》。❸一つのことに集中する。身を入れる。かたむける。例傾注《ケイチュウ》。傾聴《ケイチョウ》。傾倒《ケイトウ》。

人名 かたぶ

【傾河】《ケイガ》①川の水を飲みつくすこと。②(明け方に、ななめにかたむいて見える)天《あま》の川。また、夜明け。

【傾向】《ケイコウ》①ものごとが、ある特定の方向にかたむいていること。また、その方向の特色。例地球は温暖化の—にある。②考え方が、特定の思想にもとづいていること。とくに昭和初期の社会主義思想についていう。例—文学。

【傾国】《ケイコク》①君主がその魅力《ミリョク》におぼれて、国をほろぼしてしまうほどの美女。〔前漢の武帝《ブテイ》の李《リ》夫人の美しさをうたった詩「一顧《イッコ》すれば人の城を傾《かたむ》け、再顧《サイコ》すれば人の国を傾く(=一度見ただけで城を捨ててもいいという気になり、もう一度見たときには国などいらないという気持ちになる)」による〕〈漢書《カンジョ》〉例—の美女。②遊女のこと。▽「傾城《ケイセイ》」ともいう。

【傾斜】《ケイシャ》（名・する）①(水平なものが)ななめにかたむいていること。また、その度合いや角度。例—した土地。②あるものにばかり心がひかれること。例平和への—を深める。

【傾尽】《ケイジン》（名・する）〔すっかりかたむけてしまう意から〕持てるもののすべてを出しきること。例あらゆる努力を—して目標を達成する。

【傾▽城】《ケイセイ》「傾国《ケイコク》」に同じ。

【傾注】《ケイチュウ》（名・する）〔容器の中の液体をそそぐ意から〕一つのことに、全力で打ちこむこと。また、気持ちを集中させること。例全精力を—する。

【傾聴】《ケイチョウ》（名・する）耳をかたむけて聞くこと。心を集中して聞くこと。例かれの説は—に値《あたい》する。

【傾度】《ケイド》ものがかたむいている度合い。かたむいているものと、水平面とが成す角度。例—の測定。

【傾倒】《ケイトウ》（名・する）ものごとに一心に打ちこむこと。また、ある人や思想・主義・考え方などに深く心を寄せ、夢中になること。例フランス文学に―する。
●右傾《ウケイ》・左傾《サケイ》

イ 11
【傑】
13画 2370 5091 常用 音ケツ漢 訓すぐ-れる

筆順 亻 … 傑

イ10 【傑】 12画 ― ―
木 4 【杰】 8画 5931 6770 俗字

なりたち ［形声］「亻(＝ひと)」と、音「桀《ケツ》」とから成る。一万人に一人というほどすぐれた人。

意味 ❶人々の中できわだってぬきんでている、大人物。例豪傑《ゴウケツ》。❷すぐれる。ひいでる。例傑作《ケッサク》。傑出《ケッシュツ》。

人名 きよし・すぐる・たかし・たけし・つよし・まさる

【傑作】《ケッサク》 一（名）きわめてすぐれた作品。類名作。対愚作《グサク》・駄作《ダサク》。二（形動ダ）（当人はまじめにしているのに）こっけいでおかしくみえるようす。皮肉をこめて用いることがある。例―な事をしでかした。
【傑士】《ケッシ》 ひじょうにすぐれた人物。傑人。傑物。
【傑出】《ケッシュツ》（名・する）多くのものや人の中で、なみはずれてすぐれていること。類抜群《バツグン》。例―した才能。
【傑人】《ケツジン》 とびぬけてすぐれた人物。傑士。傑物。
【傑物】《ケツブツ》 きわだってすぐれている人物。傑士。傑人。
●怪傑《カイケツ》・豪傑《ゴウケツ》・俊傑《シュンケツ》・女傑《ジョケツ》

イ 11
【傲】
13画 4894 50B2 常用 音ゴウ漢呉 訓おご-る・あなど-る

筆順 亻 … 傲

なりたち ［形声］「亻(＝ひと)」と、音「敖《ゴウ》」とから成る。おごる。

意味 ❶自分をえらいものとして、わがままな態度をとる。おごる。ほこる。例傲然《ゴウゼン》。傲慢《ゴウマン》。❷気ままに遊ぶ。自分の思うようにして楽しむ。例傲遊《ゴウユウ》。

【傲岸】《ゴウガン》（名・形動ダ）〔「岸」は、切り立っている意〕えらそうな態度で他人を見くだすこと。へりくだることのないようす。類傲慢《ゴウマン》。例―不遜《フソン》な性格。
【傲▼倨】《ゴウキョ》（名・形動ダ）他人を見くだして、いばった態度をとること。倨傲。例―なる男。
【傲骨】《ゴウコツ》 ほこり高く、人に屈《クッ》しないこと。〔唐《トウ》の詩人李白《リハク》が人に屈しないのは、腰《こし》に傲骨があるからだという〕
【傲然】《ゴウゼン》（形動タルト）おごりたかぶって人を見くだすようす。
【傲慢】《ゴウマン》（名・形動ダ）自分だけがすぐれていると思いこんで、他人を見くだしあなどること。また、そのようなようす。類尊大・傲岸。対謙虚《ケンキョ》。例―無礼《ブレイ》な態度。
【傲遊】《ゴウユウ》（名・する）気ままにあそぶこと。例自ら心ゆくまで―する。

イ 11
【債】
13画 2636 50B5 常用 音サイ漢呉 訓か-り

筆順 亻 … 債

なりたち ［会意］「亻(＝ひと)」と「責《サク→サイ》(＝せめる)」とから成る。返済をせまられる金銭。

意味 ❶金を借りていること。返すべきつとめ。負い目。かり。例債券《サイケン》。債務《サイム》。負債《フサイ》。❷貸した金を取り立てる。例債鬼《サイキ》。債権《サイケン》。

日本語での用法 《サイ》「債券」の略。「公債《コウサイ》・公社債《コウシャサイ》・国債《コクサイ》」

【債鬼】《サイキ》 借金取り。きびしく取り立てに来る人を、鬼《おに》にたとえたことば。
【債券】《サイケン》〔経〕国や地方公共団体、会社や銀行などが、いっぱんの人から資金を集めるときに発行する有価証券。国債や公債・社債など。例国庫―。
【債権】《サイケン》〔法〕財産権の一つ。貸した金銭や財産などを返してもらう権利。対債務。例―を譲渡《ジョウト》する。
【債務】《サイム》〔法〕借りた金銭や財産などを、返さなければならない義務。対債権。例―不履行《フリコウ》。
●公債《コウサイ》・国債《コクサイ》・社債《シャサイ》・負債《フサイ》

イ 11
【催】
13画 2637 50AC 常用 音サイ漢 訓もよお-す・うなが-す・もよお-し

筆順 亻 … 催

なりたち ［形声］「亻(＝ひと)」と、音「崔《サイ》」とから成る。相手にせまって、せきたてる。

意味 ❶はやくするようにせきたてる。対応をせまる。うながす。例催告《サイコク》。催促《サイソク》。❷ある気分や状態をひきおこす。きざす。もよおす。例催眠《サイミン》。催涙《サイルイ》。

日本語での用法 《サイ・もよおし・もよおす》行事や会合(をくわだてておこなう)。「開催《カイサイ》・主催《シュサイ》・文化祭《ブンカサイ》の催《もよお》し・演説会《エンゼツカイ》を催《もよお》す」

人名 とき

【催告】《サイコク》（名・する）〔法〕相手側に一定の行為《コウイ》(＝金銭の返済や、法律上の権利の行使など)をするよう、請求《セイキュウ》すること。例債務《サイム》の履行《リコウ》を―する。
【催促】《サイソク》（名・する）早く実行するよう相手をうながすこと。せきたてること。例矢の―をされる。
【催馬▽楽】《サイバラ》 平安時代の歌謡《カヨウ》の一つ。古代の民謡や、流行の歌謡の歌詞を、唐《トウ》から伝来した雅楽《ガガク》の伴奏《バンソウ》で歌曲としたもの。
【催眠】《サイミン》 ①ねむけをもよおさせること。例―薬。②薬や暗示などで、半分目覚めたような、半分ねむったような心理状態にさせること。例―療法《リョウホウ》。
【催眠術】《サイミンジュツ》 特別なことばや動作などで、人を催眠状態にする術。病気や悪癖《アクヘキ》の治療《チリョウ》に用いる。例―師。
【催涙】《サイルイ》（ガスや薬品などで）目からなみだを出させて、行動をにぶくさせること。例―ガス。―弾《ダン》。
●開催《カイサイ》・共催《キョウサイ》・主催《シュサイ》

イ 11
【傷】
13画 2993 50B7 教育6 音ショウ漢呉 訓きず・いた-む・いた-める

筆順 亻 … 傷

なりたち ［形声］「亻(＝ひと)」と、音「煬《ショウ》」の省略体とから成る。きず。

意味 ❶けが。いたみ。きず。例負傷《フショウ》。重傷《ジュウショウ》。傷跡《きずあと》。❷けがをさせる。きずつける。いためる。例傷害《ショウガイ》。殺傷《サッショウ》。❸悲しい思いをする。心をいためる。いたむ。例傷心《ショウシン》。感傷《カンショウ》。愁傷《シュウショウ》。

使い分け いたむ・いためる【痛・傷・悼】⇩1162ページ

難読 浅傷《あさで》・深傷《ふかで》・火傷《やけど》・傷手《いたで》・刃傷《ニンジョウ》

【傷跡】《きずあと》 ①きずがなおったあとに、皮膚《ヒフ》に残るあと。②災

害や戦争による被害《ヒガイ》、また、心に受けたきずなどのなごり。

【傷▼痍《ショウイ》】〔「痍」も、きずの意〕けが。きず。きずを受けること。例—軍人。

【傷害《ショウガイ》】（名・する）人にけがをさせること。きずつけること。また、けがをすること。例—事件。—罪。—保険。

【傷寒《ショウカン》】チフスなど、高熱を出す熱病を広く指す古語。

【傷痕《ショウコン―きずあと》】きずのついたあと。例心に—を残す。

【傷▼嗟《ショウサ》】いたみなげくこと。類傷嘆《ショウタン》。例罪なき被害者《ヒガイシャ》を—する。

【傷心《ショウシン》】（名・する）苦しみや悲しみのために、心をいためること。また、その気持ち。例—をいやす。—をなぐさめる。

【傷嘆《ショウタン》】（名・する）いたみ悲しむこと。類傷嗟《ショウサ》。例母の死を—する。表記 旧傷▼歎

【傷病《ショウビョウ》】負傷と病気。けが人と病人。例—兵。

【傷兵《ショウヘイ》】きずついた兵士。負傷兵。例—をみまう。

●外傷《ガイショウ》・火傷《カショウ―やけど》・感傷《カンショウ》・軽傷《ケイショウ》・殺傷《サッショウ》・死傷《シショウ》・愁傷《シュウショウ》・重傷《ジュウショウ》・食傷《ショクショウ》・刃傷《ジンショウ―ニンジョウ》・損傷《ソンショウ》・打撲傷《ダボクショウ》・致命傷《チメイショウ》・中傷《チュウショウ》・負傷《フショウ》・無傷《ムきず》

𠆢11
【僉】
13画 4901 50C9 音セン漢 訓みな

意味 みんなで。ともに。みな。例僉議《センギ》。僉望《センボウ》（＝多くの人の期待）。

【僉議《センギ》】（名・する）多くの人があつまって相談すること。全体の会議。衆議《シュウギ》。例—の沙汰《サタ》。

亻11
【僧】
13画 3346 50E7 常用 音ソウ漢 呉 ス唐

筆順

亻12
【僧】
14画 1-1441 FA31 人名

なりたち  [形声]「亻（＝ひと）」と、音「曾《ソウ》」とから成る。仏道に帰依《キエ》した人。

意味 出家して仏道にはいった人。法師。沙門《シャモン》。比丘《ビク》。〔「僧」は、梵語《ボンゴ》の音訳「僧伽《ソウギャ》」の略。仏道修行《シュギョウ》する人の集団を指し、ひいてはそのメンバーひとりをも指すようになった〕対俗《ゾク》。例僧院《ソウイン》。僧侶《ソウリョ》。高僧《コウソウ》。

難読 売僧《マイス》

【僧▼庵《ソウアン》】僧が住む、そまつな家。

【僧衣《ソウイ―ソウエ》】僧が着る衣服。ころも。法衣。

【僧位《ソウイ》】僧としてのくらい。法印・法眼《ホウゲン》・法橋《ホッキョウ》などがあり、もとは朝廷《チョウテイ》からあたえられた。

【僧院《ソウイン》】①僧が、修行《シュギョウ》しながら住む場所。寺院。②キリスト教（おもにカトリック）で、修道院。例パルムの—。

【僧官《ソウカン》】〔仏〕朝廷《チョウテイ》から僧にあたえられた官職。僧正《ソウジョウ》・僧都《ソウズ》など。

【僧形《ソウギョウ》】頭をそった僧の姿。例出家して—となる。

【僧綱《ソウゴウ》】〔仏〕僧を統率《トウソツ》するために朝廷《チョウテイ》から任命された僧官。僧正《ソウジョウ》・僧都《ソウズ》・律師など。類僧位。

【僧正《ソウジョウ》】〔仏〕僧綱《ソウゴウ》の最上位。また、その位にある人。のちに各宗派の僧の階級の一つをいう。例大—。権《ゴン》—。

【僧都《ソウズ》】〔仏〕僧正《ソウジョウ》に次ぐ位。また、その位にある人。のちに各宗派の僧の階級の一つとなる。

【僧俗《ソウゾク》】出家した僧と、出家していない俗人。転じて、すべての人。例貴賤《キセン》—を問わず集まる。

【僧徒《ソウト》】〔「徒」は、なかまの意〕僧たち。例一山《イッサン》の—が参集する大法会《ダイホウエ》。

【僧堂《ソウドウ》】〔仏〕禅宗《ゼンシュウ》の寺で、僧が座禅《ザゼン》を組んだり、修行《シュギョウ》をしたりする建物。

【僧尼《ソウニ》】〔仏〕僧とあま。出家した男女をまとめていう。

【僧兵《ソウヘイ》】仏法保護の名のもとに、武器を持ち、戦闘《セントウ》に参加した僧。また、その集団。平安時代末の、興福寺《コウフクジ》や延暦寺《エンリャクジ》などのものが有名。

【僧坊《ソウボウ》】寺の中で、僧が日常生活を送る建物や部屋。表記「僧房」とも書く。

【僧侶《ソウリョ》】〔「侶」は、なかま。もとは、僧の集団の意〕①僧たち。坊《ボウ》さんたち。②職業としての仏教徒で、寺院や教会に役をもつ者。

●高僧《コウソウ》・小僧《こゾウ》・尼僧《ニソウ》・売僧《マイス》・名僧《メイソウ》

亻11
【働】
13画 3815 50CD 教育4 国字 音ドウ 訓はたら-く・はたら-き

筆順

なりたち [会意]「亻（＝ひと）」と「動《ドウ》（＝うごく）」とから成る。人が動いてはたらく。

意味 仕事をする。うごく。特定の作用や機能（を果たす）。はたらく。はたらき。例稼働《カドウ》。実働《ジツドウ》。労働《ロウドウ》。

人名 つとむ

●稼働《カドウ》・実働《ジツドウ》・労働《ロウドウ》

亻11
【傭】
13画 4535 50AD 人名 音ヨウ漢 呉 訓やと-う・やと-い

意味 賃金をはらって人を働かせる。やとう。例傭役《ヨウエキ》。傭兵《ヨウヘイ》。雇傭《コヨウ》。

【傭役《ヨウエキ》】（名・する）（人を）やとって働かせること。また、（人に）やとわれて使われること。例—に出て生活を立てる。

【傭耕《ヨウコウ》】（名・する）（人に）やとわれて、他人の土地を耕作すること。例陳渉《チンショウ》少《わか》き時《とき》、嘗《かつ》て人《ひと》の与《ため》に—す（＝陳渉は若いころ、小作人として働いていた）。〈史記《シキ》〉

【傭兵《ヨウヘイ》】金銭でやとわれて、戦いに参加する兵士。雇兵《コヘイ》。例—部隊。

亻11
【僂】
13画 4904 50C2 音ル漢 ロウ漢 訓かが-む

意味 ❶背骨が曲がって前かがみになる病気。→【佝僂《クル》】（65ページ）例僂背《ロウハイ》（＝病気で背骨が曲がっている）。❷まげる。前かがみになる。折る。かがむ。例僂指《ロウシ》（＝指し示す。また、指折り数える）。

亻11 【僊】13画 ⇩【仙《セン》】（54ページ）

亻11 【傳】13画 ⇩【伝《デン》】（62ページ）

亻12
【僖】
14画 4905 50D6 音キ漢 呉 訓たの-しむ

意味 よろこぶ。たのしむ。同嬉《キ》。

亻12
【僑】
14画 2203 50D1 音キョウ漢

意味 旅先でかりずまいをする（人）。他郷に身を寄せる（人）。例僑居《キョウキョ》。華僑《カキョウ》。

【僑居《キョウキョ》】（名・する）一時的に住むこと。また、そのかりずまい。仮寓《カグウ》。寓居《グウキョ》。

亻12
【僥】
14画 4907 50E5 音ギョウ慣 キョウ漢

意味 得がたいものをもとめる。ねがう。例 僥倖《ギョウコウ》。

【僥▼倖《ギョウコウ》】思いもよらぬ幸運。例 旧友に再会するという—にめぐまれた。

亻12 **【僭】** 14画 4908 50ED 音 セン(漢) 訓 おご-る

亻12 **【僣】** 14画 4909 50E3 俗字

意味 身分をこえて下の者が上の者をまねる。上の者の領分をおかす。おごる。例 僭越《センエツ》。僭主《センシュ》。僭称《センショウ》。僭上《センジョウ》の沙汰《サタ》。

【僭越《センエツ》】(名・形動《ダナ》) 自分の身分や立場、能力などをこえて、差し出た行動をとること。例 —ながら、私から提案がございます。

【僭恣《センシ》】自分の身分や立場をわきまえずに、わがままにふるまうこと。例 —のふるまい。

【僭主《センシュ》】①武力で君主の位をうばい、勝手に君主を名乗る者。②古代ギリシャで、貴族と平民の勢力争いに乗じて、非合法的に権力をにぎった独裁者。タイラント。例 —政治。

【僭称《センショウ》】(名・する) 身分をこえた称号をかってに名乗ること。また、その称号。例 王を—する。

【僭上《センジョウ》】(名・形動《ダナ》) 自分の身分をわきまえず、差し出たふるまいをすること。また、そのようす。例 —の沙汰《サタ》。

亻12 **【像】** 14画 3392 50CF 教育5 音 ショウ(漢) ゾウ(呉) 訓 かたち・かたど-る

筆順 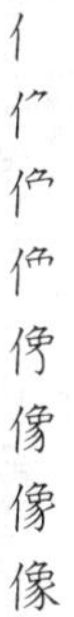

なりたち  [形声]「亻(=ひと)」と、音「象《ショウ》」とから成る。人の姿に似せる。かたどる。

意味 ❶似せて作る。かたどる。例 想像《ソウゾウ》。仏像《ブツゾウ》。❷似すがた。ありさま。かたち。例 偶像《グウゾウ》。銅像《ドウゾウ》。

難読 宗像《むなかた》(=地名・姓《セイ》)

人名 かた・すえ・のり・み

【像法《ゾウボウ》】〔仏〕正法《ショウボウ》・像法・末法《マッポウ》の「三時《サンジ》」のうち、二番目の時期。正法の次の千年間。仏教が衰退《スイタイ》にむかい、修行《シュギョウ》をしても、さとりを得る者はいなくなるという。

●映像《エイゾウ》・画像《ガゾウ》・現像《ゲンゾウ》・座像《ザゾウ》・自画像《ジガゾウ》・肖像《ショウゾウ》・塑像《ソゾウ》・彫像《チョウゾウ》・木像《モクゾウ》・立像《リツゾウ》

亻12 **【僮】** 14画 4910 50EE 音 トウ(漢) ドウ(呉) 訓 わらべ・しもべ

意味 ❶未成年の子供。わらべ。同 童《ドウ》。例 僮子《ドウシ》。❷(子供のような)おろかもの。おろかで無知なようす。例 僮然《ドウゼン》。僮蒙《ドウモウ》。❸めしつかい。しもべ。同 童《ドウ》。例 僮僕《ドウボク》。家僮《カドウ》。

【僮然《ドウゼン》】(形動《タルト》) おろかなようす。無知。

【僮僕《ドウボク》】⇩【童僕】《ドウボク》(745ページ)

【僮▼蒙《ドウモウ》】⇩【童蒙】《ドウモウ》(745ページ)

亻12 **【僕】** 14画 4345 50D5 常用 音 ホク(漢) ボク(呉) 訓 しもべ・やつがれ

筆順 

なりたち  [会意]「亻(=ひと)」と「菐《ホク》(=こまごまとはたらく)」とから成る。貴人に仕える者。

意味 ❶男のめしつかい。従者。しもべ。例 僕僮《ボクドウ》。下僕《ゲボク》。神《かみ》の僕《しもべ》。❷男子が、自分をへりくだっていうことば。やつがれ。ぼく。

【僕御《ボクギョ》】御者《ギョシャ》。馬車のウマをあやつる従者。

【僕▼妾《ボクショウ》】下男《ゲナン》と下女。めしつかい。僕婢《ボクヒ》。

【僕▼僮《ボクドウ》】しもべ。めしつかい。

【僕▼婢《ボクヒ》】下男《ゲナン》と下女。僕妾《ボクショウ》。

●下僕《ゲボク》・公僕《コウボク》・従僕《ジュウボク》

亻12 **【僚】** 14画 4629 50DA 常用 音 リョウ(漢)(呉) 訓 とも

筆順 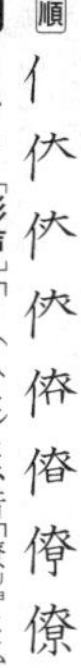

なりたち  [形声]「亻(=ひと)」と、音「尞《リョウ》」とから成る。好ましい。借りて「なかま」の意。

意味 ❶同じ仕事をしているなかま。ともがら。とも。例 僚友《リョウユウ》。同僚《ドウリョウ》。❷役人。つかさ。例 官僚《カンリョウ》。幕僚《バクリョウ》。

人名 あきら

【僚官《リョウカン》】①役人。②同じ職場で働いている仲間の役人。

【僚艦《リョウカン》】ともに参戦している味方の軍艦。例 —と合流する。

【僚機《リョウキ》】ともに参戦している味方の飛行機。例 霧《きり》で—を見失った。

【僚船《リョウセン》】ともに航行している仲間の船。例 —と通信する。

【僚友《リョウユウ》】同じ職場の仲間や友人。同僚。例 かれとは入社以来の—です。

●閣僚《カクリョウ》・官僚《カンリョウ》・属僚《ゾクリョウ》・同僚《ドウリョウ》・幕僚《バクリョウ》

亻12 **【僞】** 14画 ⇩【偽】《ギ》(87ページ)

亻12 **【儁】** 14画 ⇩【俊】《シュン》(77ページ)

亻12 **【僣】** 14画 ⇩【僭】《セン》(95ページ)

亻12 **【僧】** 14画 ⇩【僧】《ソウ》(94ページ)

亻13 **【億】** 15画 1815 5104 教育4 音 オク(漢)(呉) 訓 おしはか-る

筆順 

なりたち  [形声]「亻(=ひと)」と、音「意《オク》」とから成る。心が安らか。借りて「十万」の意。

意味 ❶数の単位。万の一万倍。きわめて多い数。古くは万の十倍を億といった。例 億兆《オクチョウ》。億万長者《オクマンチョウジャ》。巨億《キョオク》。十万億土《ジュウマンオクド》(=仏教で、この世から極楽浄土《ゴクラクジョウド》にいたるまでの間に無数にあるという仏の世界のこと)。❷心の中であれこれ考える。おしはかる。同 憶《オク》・臆《オク》。

人名 かず・はかる・やす・やすし

【億万《オクマン》】数量がひじょうに多いこと。例 —長者。

【億▼劫】㊀《オッコウ》(名)〔仏〕ひじょうに長い時間。㊁《オックウ》(形動《ダナ》) やる気が出ないようす。例 あとかたづけは—だ。

亻13 **【儀】** 15画 2123 5100 常用 音 ギ(漢)(呉) 訓 のり

筆順 

なりたち  [形声]「亻(=ひと)」と、音「義《ギ》」とから成る。法律や制度などの、決まり。

意味 ❶正しい作法(にかなった動作や行事)。手本。のり。例 儀式《ギシキ》。律儀《リチギ》。❷器械。模型。例 地球儀《チキュウギ》。

日本語での用法 《ギ》名詞や代名詞の下につけて「…に関すること」の意味をあらわす。「公儀《コウギ》・内儀《ナイギ》・余儀《ヨギ》・私儀《わたくしギ》」

人名 ただ・ただし・はかる・よし・よろし

【儀式】《ギシキ》 ①決まり。規則。②（宗教行事や伝統行事、成人式や結婚《ケッコン》式など）一定の決まりに従っておこなわれる行事。例―ばった態度。―に列席する。

【儀▼仗】《ギジョウ》〔「仗」は、武器の意〕儀式に用いる形式的なかざりの武器。例―兵を閲兵《エッペイ》する。

【儀装】《ギソウ》（名・する）儀式のために、かざりつけをすること。儀式の設備をととのえること。

【儀典】《ギテン》 儀式における決まりやしきたり。典礼。類亀鑑《キカン》。例―に精通している。

【儀表】《ギヒョウ》〔「表」は、手本の意〕模範《モハン》。手本。例哲学者《テツガクシャ》の―、ソクラテス。

【儀容】《ギヨウ》 礼儀にかなってよく整った姿や態度、ふるまい。容儀。例―を整える。

【儀礼】《ギレイ》 ①社会的習慣や伝統として、重んじられる礼儀作法。例―を尊重する。②一定の決まりに従っておこなわれる行事。例通過―（=社会生活の上で、年齢《ネンレイ》の節目に経験すべき儀礼）。

【儀礼的】《ギレイテキ》（形動ダナ）真心からではなく、ただ形式的に礼儀に従っているようす。例―なあいさつをかわす。

●威儀《イギ》・行儀《ギョウギ》・婚儀《コンギ》・祝儀《シュウギ》・葬儀《ソウギ》・大儀《タイギ》・地球儀《チキュウギ》・難儀《ナンギ》・律儀《リチギ》・流儀《リュウギ》・礼儀《レイギ》

亻 13

【僵】

15画 4912 50F5 音 キョウ漢 訓 たお-れる

意味 人が体をこわばらせる。たおれて死ぬ。たおれる。

亻 13

【儂】

15画 4915 5102 音 ドウ漢 ノウ呉 訓 わし・われ

意味 われ。おれ。わし。〔中国六朝《リクチョウ》時代の呉《ゴ》の方言にもとづく〕例儂家《ドウカ》（=わし。われ。わが家）。

亻 13

【僻】

15画 4240 50FB 音 ヘキ漢 訓 ひが-む

意味 ❶中心から遠くはなれている。かたよる。例僻遠《ヘキエン》。僻地《ヘキチ》。❷心がひねくれる。まちがっている。よこしま。例僻事《ひがごと》（=道理に合わないこと）。僻見《ヘキケン》。邪僻《ジャヘキ》。

【僻耳】《ひがみみ》 聞きちがい。聞きあやまり。

【僻目】《ひがめ》 ①視線の方向がずれている目。②見まちがい。③かたよったものの見方や考え方。例このように考えるのは、わたしの―だろうか。

【僻者】《ひがもの》 心がねじけた人。

【僻遠】《ヘキエン》（名・形動ダナ）都などから遠くへだたっていること。また、そのような土地。類僻地・辺鄙《ヘンピ》。例―の地。

【僻見】《ヘキケン》 公正でなく、かたよったものの見方や考え方。類偏見《ヘンケン》。例―に満ちた中傷。

【僻在】《ヘキザイ》（名・する）①かたよって存在すること。偏在《ヘンザイ》。②政治や文化の中心地から、遠くはなれた場所にあること。へんぴなところにいること。いなかずまい。

【僻▼陬】《ヘキスウ》〔「陬」は、かたすみの意〕都会からはなれた、へんぴな土地。類僻地。例―の地。

【僻説】《ヘキセツ》 誤った説。道理にはずれた意見。

【僻村】《ヘキソン》 ①へんぴなところにある村。寒村。②自分の住む村を、へりくだっていうことば。

【僻地】《ヘキチ》 政治や文化の中心地からはなれた、へんぴな土地。辺地。例―医療《イリョウ》。過疎化《カソカ》の進む―。

【僻論】《ヘキロン》 まちがった考え。かたよっていて、公正を欠く意見。

𠆢 13

【舗】

15画 4262 8217 常用 音 ホ漢 訓 し-く 付表 老舗《しにせ》

舌 9 【舖】 15画 7152 8216

金 7 【鋪】 15画 4263 92EA 本字

筆順 亼 仐 仐 舎 舗 舗 舗 舗

たなり  ［形声］「金（=かなぐ）」と、音「甫《ホ》」とから成る。門に引き手をつける金具《かなグ》。

意味 ❶門にはりつける金具《かなグ》。❷ぴたりとはりつける。並べる。しく。例舗装《ホソウ》。舗道《ホドウ》。❸商品を並べて売るところ。みせ。例店舗《テンポ》。本舗《ホンポ》。老舗《ロウホ》。

人名 しげ・すけ・のぶ・はる

【舗装】《ホソウ》（名・する）（歩行や車の通行をしやすくするために、また、乾燥《カンソウ》や風雨から守るために）道路の表面に、アスファルトやコンクリート、また、れんがなどをしくこと。例―工事。

表記 (旧)▼鋪装

【舗道】《ホドウ》 舗装した道。表記「▼鋪道」とも書く。

●店舗《テンポ》・本舗《ホンポ》・老舗《ロウホ》

亻 13

【儚】

15画 4919 511A 音 ボウ漢 訓 はかな-い

意味 くらい。くらくてぼんやりする。

日本語での用法 《はかない》あてにならない。かいがない。長続きしない。「儚《はか》なく消《き》えた虹《にじ》」

亻 13 【價】 15画 ⇩【価】《カ》（72ページ）

亻 13 【儉】 15画 ⇩【倹】《ケン》（82ページ）

亻 14

【儒】

16画 2884 5112 常用 音 ジュ漢

筆順 亻 仁 伒 伒 倕 儒 儒 儒

たなり  ［形声］「亻（=ひと）」と、音「需《シュ》→《ジュ》」とから成る。やわらげる。派生して、人を安らかにさせることができる人。

意味 ❶学者。人を教え導く人。先生。例通儒《ツウジュ》（=博識の学者）。碩儒《セキジュ》。大儒《タイジュ》。❷孔子《コウシ》を祖とした学問と、その学派や学者。例儒学《ジュガク》。儒教《ジュキョウ》。儒者《ジュシャ》。

難読 儒《ものしり》

人名 はか・ひと・みち・やす・よし

【儒家】《ジュカ》 儒学を専門とする学者。また、その学派。例孔子《コウシ》は―の祖だ。―と道家《ドウカ》。

【儒学】《ジュガク》 儒教。また、儒教の精神について研究する学問。例―者。

【儒官】《ジュカン》 儒学を教える官吏《カンリ》。儒学をおさめて政治上の諮問《シモン》にあずかる官。例昌平黌《ショウヘイコウ》の―となる。

【儒教】《ジュキョウ》 孔子《コウシ》に始まる、政治や道徳についての教え。「仁《ジン》」を根本理念とし、日常の人間関係、道徳や政治のあり方、教育について説く。長く中国思想の中心となり、日本や朝鮮《チョウセン》などにも大きな影響《エイキョウ》をあたえた。

【儒者】《ジュシャ》 ①儒教を研究し、それを教える人。②江戸《えど》時代、幕府の役職の一つ。文学や教育をつかさどり、将軍に儒学を講義した。林家《リンケ》（=林《はやし》氏）が世襲《セシュウ》した。

【儒道】《ジュドウ》 ①儒学のみち。②儒家《ジュカ》と道家《ドウカ》。また、儒教と道教。例―二家《ニカ》を折衷《セッチュウ》する。

【儒仏】《ジュブツ》 儒教と仏教。例―二道。

【儒林】《ジュリン》〔「林」は、人やものが多く集まるところの意〕儒学者の仲間。儒学者の社会。

○●犬儒《ケンジュ》・坑儒《コウジュ》・侏儒《シュジュ》・大儒《タイジュ》

亻 14

【儘】

16画 4854 5118 音 ジン 慣 シン 漢 訓 まま・ことごと-く

亻 6

〔侭〕

8画 4389 4FAD 俗字

意味 ❶ことごとく。みな。同 尽《ジン》。❷…するにまかせて。…のままに。

日本語での用法《まま》なりゆきにまかせる。あるがまま。思いどおりであること。「有《あ》りの儘《まま》・思《おも》いの儘《まま》・我《わ》が儘《まま》」

【儘教】《ジンキョウ》〔「さもあらばあれ」「ままよ」と訓読する〕どうにでもなれ。どうなってもかまわない。〔悪い事態を、不本意ながら受け入れる気持ちをあらわす〕類 遮莫《さもあらばあれ》。

亻 14

【儕】

16画 4917 5115 音 セイ 慣 サイ 漢 訓 たぐい・ともがら・ばら・わなみ

意味 ❶同類の人。なかま。ともがら。例 儕徒《サイト》。儕輩《サイハイ》。儕類《サイルイ》。❷いっしょに。ともに。例 儕居《サイキョ》。❸道連れ。

日本語での用法 一《ばら》熟字訓では、多数を示す接尾語《セツビゴ》「ばら」に当たる。「奴儕《きゃつばら・やつばら》・党儕《とのばら》」二《わなみ》「吾儕《わなみ》・和儕《わなみ》(=わし・わがはい)」と熟して用いる。

【儕等】《サイトウ・セイトウ》なかま。「儕輩《サイハイ・セイハイ》」に同じ。

【儕輩】《サイハイ・ハイハイ》なかま。同僚。同輩。

亻 14

【儔】

16画 4918 5114 音 チュウ 漢 呉 訓 とも・ともがら・なら-ぶ

意味 同じようななかま。ともがら。例 儔匹《チュウヒツ》。儔侶《チュウリョ》。たぐい。儔侶《チュウリョ》。儔類《チュウルイ》。

【儔匹】《チュウヒツ》〔「匹」も、なかま・たぐいの意〕仲間《なかま》。ともがら。

【儔侶】《チュウリョ》〔「侶」も、なかま・ともの意〕「儔匹《チュウヒツ》」に同じ。

亻 15

【償】

17画 2994 511F 常用 音 ショウ 漢 訓 つぐな-う・つぐな-い

筆順 亻 償

なりたち [形声]「亻(=ひと)」と、音「賞《ショウ》」とから成る。借りを返す。

意味 ❶受けた恩や労力に対して、むくいる。例 代償《ダイショウ》。報償《ホウショウ》。❷相手にあたえた損失や、罪に対するうめあわせをする。つぐなう。つぐない。例 賠償《バイショウ》。弁償《ベンショウ》。罪《つみ》を償《つぐな》う。

【償還】《ショウカン》(名・する) 借金や債務《サイム》を返済すること。償却《ショウキャク》。例 負債を―する。

【償却】《ショウキャク》(名・する) ①かかった費用などを、うめあわせること。借金などを返済すること。償還《ショウカン》。例 債務《サイム》を―する。②「減価《ゲンカ》償却」の略。

【償金】《ショウキン》①他人にあたえた損害をうめあわせるために、しはらうお金。②戦争で、負けた国や他国に損害をあたえた国が、勝った国や損害を受けた国に対してしはらうお金。賠償金《バイショウキン》。

○●代償《ダイショウ》・賠償《バイショウ》・報償《ホウショウ》・補償《ホショウ》・無償《ムショウ》・有償《ユウショウ》

亻 15

【優】

17画 4505 512A 教育6 音 ユウ 漢 ウ 呉 訓 やさ-しい・すぐ-れる・まさ-る

筆順 亻 優

なりたち [形声]「亻(=ひと)」と、音「憂《ユ》」とから成る。たっぷりとある。

意味 ❶ゆったりとして余裕《ヨユウ》がある。例 優閑《ユウカン》(=ゆったりとしていて、ひまがある)。❷上品で美しい。やさしい。例 優雅《ユウガ》。優美《ユウビ》。❸手厚《てあつ》い。親切にとくに目をかける。例 優遇《ユウグウ》。優待《ユウタイ》。❹他よりも内容や程度が上である。まさる。すぐれる。例 優越《ユウエツ》。優秀《ユウシュウ》。優劣《ユウレツ》。❺役者。芸人。例 女優《ジョユウ》。俳優《ハイユウ》。

使い分け やさしい【優・易】 ⇩1181ページ

難読 俳優《わざおぎ》

人名 あつし・かつ・ひろ・ひろし・まさ・まさし・ゆたか

【▽優曇華】《ウドンゲ》〔「優曇」は、梵語《ボンゴ》の音訳「優曇波羅《ウドンバラ》」の略〕①〔仏〕三千年に一度花がさくという植物。ひじょうにまれなことにたとえる。例 盲亀《モウキ》の浮木《フボク》、―の花(=めったにないことのたとえ。また、思いがけぬ幸運にめぐりあうこと)。②クサカゲロウのたまご。

【▽優婆▼夷】《ウバイ》〔仏〕〔梵語《ボンゴ》の音訳〕出家していない、女性の仏教信者。対 優婆塞《ウバソク》。

【▽優婆塞】《ウバソク》〔仏〕〔梵語《ボンゴ》の音訳〕出家していない、男性の仏教信者。対 優婆夷《ウバイ》。

【優形】《やさがた》①姿や形がすんなりとして優美なこと。例 色が白くーのいい男。②気だてやふるまいが上品で、やさしいこと。

【優▼渥】《ユウアク》(名・形動《ナ》ダ) 天子や君主の、人民を思いやる心が厚いこと。めぐみぶかいこと。例 ―なことばをかけてやるという態度。

【優位】《ユウイ》(名・形動《ナ》ダ) 他よりすぐれた状態。高い地位。有利な立場。類 優勢・上位。対 劣位《レツイ》。例 ―に立つ。―を誇《ほこ》る。

【優越】《ユウエツ》(名・する) 他よりすぐれていること。対 劣等《レットウ》。

【優越感】《ユウエツカン》自分が他の人とくらべてすぐれていると思う気持ち。シュペリオリティーコンプレックス。対 劣等感《レットウカン》。例 ―にひたる。―をいだく。

【優▼婉】《ユウエン》(名・形動《ナ》ダ) やさしく上品であでやかなこと。例 ―な花の季節。表記「優艶」とも書く。

【優雅】《ユウガ》(名・形動《ナ》ダ) ことばや動作などがゆったりしていて上品なこと。対 粗野《ソヤ》。例 ―な生活。―な舞《ま》い。

【優遇】《ユウグウ》(名・する) 特別に手厚いあつかいをすること。類 厚遇《コウグウ》・優待。対 冷遇。例 ―措置《ソチ》を講じる。経験者を―する。

【優秀】《ユウシュウ》(名・形動《ナ》ダ)(目立つほど)すぐれていること。とくにぬきんでていること。類 優良。例 成績―者。日本の製品は―だ。

【優柔不断】《ユウジュウフダン》(名・形動《ナ》ダ) ぐずぐずと迷って決断をなかなかくだせないこと。例 ―な態度に業《ゴウ》をにやす。

【優勝】《ユウショウ》(名・する) ①最もすぐれていること。第一位になること。例 ―杯《ハイ》。②すぐれたものが勝つこと。例 ―劣敗《レッパイ》。

【優勝劣敗】《ユウショウレッパイ》すぐれた者が勝ち、おとった者が負けること。生存競争で強いものや環境《カンキョウ》に適応したものが栄え、そうでないものがほろびること。類 適者生存。例 ―は世の習いだという。

【優▼諚】《ユウジョウ》天子のありがたいおことば。例 ―をおしいただく。

【優性】《ユウセイ》①遺伝で、親の形質が子にあらわれる形。顕性《ケンセイ》。例 ―遺伝。②すぐれた性質。▽対 劣性《レッセイ》。

【優勢】《ユウセイ》(名・形動《ナ》ダ) いきおいがまさっていること。対 劣勢《レッセイ》。例 ―を保つ。―に立つ。

【優生学】《ユウセイガク》子孫をすぐれたものにする目的から、人間の遺伝する性質のうち、悪質なものをなくし、良質なものを残すことを研究する学問。

【優先】《ユウセン》(名・する) 他をあとまわしにして、さきに対処すること。例 ―席。歩行者―。

【優先権】《ユウセンケン》 ①他の人よりもさきにすることのできる権利。例—をもつ。②〔法〕他の債権者《サイケンシャ》よりさきに、金銭や物件の処分、取り立てができる権利。例—を認める。

【優待】《ユウタイ》（名・する）特別に有利なもてなしをすること。類優遇《ユウグウ》。例—券。

【優等】《ユウトウ》（名・形動ダ）成績や能力がほかの人にぬきんでてよいこと。対劣等《レットウ》。例—賞。—生。

【優美】《ユウビ》（名・形動ダ）上品でうつくしいこと。例—な物腰《ものごし》。—な仮名《かな》の書《ショ》。

【優良】《ユウリョウ》（名・形動ダ）品質や程度がすぐれていること。類優秀《ユウシュウ》。対劣悪《レツアク》。例—品。健康—児。

【優劣】《ユウレツ》 すぐれていることと、おとっていること。どちらがすぐれ、どちらがおとっているか。類甲乙《コウオツ》。例—をつけがたい。—を争う。—がない。

●女優《ジョユウ》・声優《セイユウ》・男優《ダンユウ》・名優《メイユウ》

亻15 【儡】 17画 4920 5121 音ライ漢

意味 ❶土でつくった人形。あやつり人形。でく。例傀儡《カイライ》。❷おちぶれる。つかれる。

難読 傀儡《くぐつ》

亻15 【儖】 17画 4916 5116 音ラン漢

意味 「儖儳《ランザン》」は、みにくいようす。また、いりみだれるようす。

亻15 【儲】 17画 ⇨【儲】《チョ》（98ページ）

亻16 【儲】 18画 4457 5132 人名 音チョ漢 訓もう-け・もう-ける

亻15 【儲】 17画 —— 俗字

意味 ❶たくわえる。また、ためておいて不足したときにそなえる。同貯《チョ》。例儲積《チョセキ》（＝蓄積《チクセキ》）。❷主君になると予定されている人。太子。もうけのきみ。例儲位《チョイ》。儲君《チョクン》。

日本語での用法 一《もうけ・もうける》「金儲《かねもう》け」 二《もうける》子ができる。子をもつ。「一男一女《イチナンイチジョ》を儲《もう》ける」

【儲位】《チョイ》 東宮《トウグウ》（＝皇太子）のくらい。

【儲君】《チョクン》 皇太子。または皇位をつぐことになっている皇子や皇女。もうけのきみ。

亻19 【儺】 21画 4921 513A 音ダ漢 ナ呉 訓おにやらい

意味 疫病神《ヤクビョウがみ》を追いはらう行事。おにやらい。陰暦《インレキ》のおおみそか（＝今の節分）の行事。例追儺《ツイナ》（＝節分の夜の豆まきの行事）。

難読 追儺《なやらい｜おにやらい》

亻19 【儷】 21画 4922 5137 音レイ漢 訓なら-ぶ

意味 ❶二つが対《ツイ》になっている。ならぶ。例駢儷体《ベンレイタイ》。❷夫婦《フウフ》。つれあい。例伉儷《コウレイ》（＝つれあい）。

亻20 【儼】 22画 4923 513C 音ゲン漢呉 訓おごそ-か

意味 おもおもしくて、いかめしい。おごそか。例儼然《ゲンゼン》。

【儼然】《ゲンゼン》（形動タル）近づくことがはばかられるほど、おもおもしくいかめしいようす。例—たる態度。表記 現厳然

亻20 【儻】 22画 4924 513B 音トウ漢呉 訓すぐ-れる・たぐい・たまたま・も-し

意味 ❶「倜儻《テキトウ》」は、とびぬけて、すぐれていること。❷うっとりする。例儻乎《トウコ》（＝うっとりとしたようす）。❸たまたま。例儻来《トウライ》（＝たまたま来る）。❹〔助字〕「もし」と読み、ひょっとして、そうなったら、の意。仮定をあらわす。例儻有二他意一《もしタイあらば》（＝ひょっとすると二心をいだくかもしれず、そうなること）。〈三国志《サンゴクシ》〉

10 2画 儿 ひとあし にんにょう 部

人がひざまずいた形で、「ひと」の意をあらわす。「儿」をもとにしてできている漢字と、「儿」の字形を目じるしにして引く漢字とを集めた。

0 儿 1 兀 2 允 元 3 兄 4 兇 光 充 先 兆 5 克 児 兑 兎 売 皃 兔 6 尭 免 兒 兗 兔 8 党 9 兜 12 兢

この部首に所属しない漢字

禿⇨禾 731 見⇨見 898 虎⇨虍 871 亮⇨亠 47 鬼⇨鬼 1092 竟⇨立 745 堯⇨土 237

儿0 【儿】 2画 4925 513F 音一ジン漢 二ジ漢 訓かたむ-く・ひと

意味 一《ジン》ひと。〔「人《ジン》」の古字〕 二《ジ》「児《ジ》」の俗字《ゾクジ》として用いられる。

儿1 【兀】 3画 4926 5140 音コツ慣 ゴツ漢

意味 ❶（山が）高くつきでているようす。また、山に草木のないようす。例兀然《ゴツゼン》。兀立《ゴツリツ》。❷動かないようす。例兀兀《コツコツ》。❸足首をたち切る刑罰《ケイバツ》。例兀者《ゴッシャ》。

【兀兀】《コツコツ｜ゴツゴツ》（副・形動タル）わきめもふらず一心にうちこむようす。例—と努力する。

【兀然】《コツゼン｜ゴツゼン》（形動タル）①山などが高くつきでているようす。②動かないようす。

【兀立】《コツリツ｜ゴツリツ》（名・する）山などがつきでて、高くそびえていること。例山脈中に—する秀峰《シュウホウ》。

儿2 【允】 4画 1684 5141 人名 音イン漢 訓まこと・まこと-に・ゆる-す

なりたち 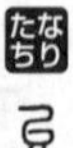 〔会意〕「厶（＝もちいる）」と「儿（＝ひと）」とから成る。信用できる人。

意味 ❶まじめに。ほんとうに。正しく道理にかなう。まこと。まことに。例允当《イントウ》。允文允武《インブンインブ》。❷ゆるす。みとめる。例允可《インカ》。允許《インキョ》。

日本語での用法《ジョウ》律令制《リツリョウセイ》の四等官《シトウカン》で、寮《リョウ》の第三位。判官《ジョウ》。「玄蕃允《ゲンバのジョウ》・内蔵允《くらのジョウ》」

人名 あえ・おか・こと・さね・じょう・すけ・たう・たか・たかし・ただ・ただし・ちか・のぶ・まこと・まさ・みつ・みつる・よし

【允可】《インカ》（名・する）許すこと。許可。類允許。

【允許】《インキョ》（名・する）認めゆるすこと。聞き届けること。許可。類認可《ニンカ》・允可。例師の—を受ける。

【允文允武】《インブンインブ》〔「允《まこと》に文《ブン》、允に武《ブ》」と訓読する〕天

子が、学問もあり武勇にもすぐれ、文武の徳を備えていることを、たたえていうことば。〈詩経《シキョウ》〉

儿 2

【元】

4画 2421 5143 教育2 音 ゲン漢 ガン呉 訓 もと

筆順 一 二 テ 元

なりたち [形声]「一(=いち。はじめ)」と、音「兀《ゴツ》…→ゲン」とから成る。始め。

意味 ❶ものごとを成り立たせているもの。もと。また、もとになるもの。例 元金《ガンキン》。元素《ゲンソ》。根元《コンゲン》。❷ものごとのはじめ。例 元祖《ガンソ》。元旦《ガンタン》。元年《ガンネン》。❸かしら。㋐いちばん上の地位にある人。例 元首《ゲンシュ》。元帥《ゲンスイ》。㋑あたま。こうべ。例 元服《ゲンプク》。❹年号。例 元号《ゲンゴウ》。紀元《キゲン》。❺よい。大きい。例 元勲《ゲンクン》。元老《ゲンロウ》。❻モンゴル族のフビライが宋《ソウ》をほろぼして建てた王朝。漢民族の明《ミン》にほろぼされた。(一二七一—一三六八) 例 元曲《ゲンキョク》。元寇《ゲンコウ》。

日本語での用法《もと》①近くの場所。「手元《てもと》に置《お》く・お膝元《ひざもと》」②もとで。「元《もと》がかかる」

使い分け もと【下・元・本・基】⇩1180ページ

人名 あき・あさ・おさむ・ちか・つかさ・なが・はじむ・はじめ・はる・まこと・まさ・ゆき・よし

【元金】《ガンキン・もとキン》①利息がつくもとになるお金。元本《ガンポン》。(対)利息・利子。例 —据《す》え置き。②商売や投資をするときの初めのお金。もとで。資本金。資金。

【元日】《ガンジツ》一年の最初の日。一月一日。

【元旦】《ガンタン》一月一日の朝。元朝《ガンチョウ》。〔誤って、元日のことを指すことがある〕例 一年の計は—にあり。

【元朝】㊀《ガンチョウ》一月一日の朝。元旦《ガンタン》。㊁《ゲンチョウ》元《ゲン》の朝廷《チョウテイ》、また、元の王朝。例『—秘史』〔元の太祖(=チンギス・ハン)・太宗《タイソウ》(=オゴタイ)とその時代の記録〕

【元年】《ガンネン》ある年号の、最初の年。例 令和—。

【元本】《ガンポン》①もとでとなるお金。元金《ガンキン》。②あとになって利益を生み出す、そのもとになる財産や権利。

【元来】《ガンライ》(副)もとからその状態であったようす。もともと。そもそも。(類)本来。例 —の正直者。

【元気】《ゲンキ》〔万物《バンブツ》の根本になる気の意〕㊀(名)活動のもとになる気力。活気。活力。例 —を出す。—いっぱい。㊁(形動《ダ》)健康で活発なようす。例 —な子供。

【元凶】《ゲンキョウ》悪事をはたらく中心人物。また、悪事のおおもと。例 公害の—。表記 (旧)元▼兇

【元曲】《ゲンキョク》元代におこった戯曲《ギキョク》。北曲。

【元勲】《ゲンクン》国につくした大きなてがら。大きな功績。また、その功績のある人。例 維新《イシン》の—。

【元▼寇】《ゲンコウ》鎌倉《かまくら》時代、中国の元軍が日本に来襲《ライシュウ》したこと。一二七四(文永《ブンエイ》十一)年と一二八一(弘安《コウアン》四)年の二度にわたり来襲したが、どちらも失敗に終わった。文永・弘安の役《エキ》。蒙古襲来《モウコシュウライ》。

【元号】《ゲンゴウ》「昭和」「平成」「令和」など、ある限られた期間を呼ぶためにつけられた年号。

【元始】《ゲンシ》①はじめ。もともと。本来。②年のはじめ。

【元首】《ゲンシュ》①国家機関の長で国を代表する主権者。例 —制。②外国に対して国を代表する人。君主国では君主、共和国では大統領など。

【元▼辰】《ゲンシン》①元旦《ガンタン》。②よい日。吉日《キチジツ》。

【元帥】《ゲンスイ》①全軍を統率《トウソツ》する総大将。②もと、天皇の軍事上の相談にあずかる陸海軍大将の称号《ショウゴウ》。

【元祖】㊀《ゲンソ》先祖。祖先。例 人間の—アダムとイブ。㊁《ガンソ》あるものごとを始めた最初の人。創始者。また、あるものごとの始まり。例 長崎《ながさき》カステラの—。『竹取物語』は、日本の物語文学の—である。

【元素】《ゲンソ》①化学的にはこれ以上分解できない物質。金・銀・酸素・水素・窒素《チッソ》など。化学元素。例 —記号。②万物《バンブツ》をつくりあげるおおもと。たとえば、ギリシャ哲学《テツガク》では土・空気・火・水、仏教では五大《ゴダイ》(=地・水・火・風・空)。

【元服】《ゲンプク・ゲンブク》(名・する)〔頭につける冠《かんむり》の意〕もと、公家《クゲ》や武家《ブケ》の男子の成人式。髪型《かみがた》を変え、冠をかぶり、服装《フクソウ》も大人《おとな》のものにあらため、大人の名をつけるなどした。十二歳《サイ》前後におこなわれることが多かった。また、町人の社会でも前髪をそるなどして、一つの通過儀礼《ツウカギレイ》とした。

【元物】《ゲンブツ》〔法〕利益を生み出すもとになるもの。利息に対する元金にあたる。乳牛・果樹・貸家など。

【元老】《ゲンロウ》①すぐれた功績があり、現役《ゲンエキ》をしりぞいても、なお強い力をもつ政治家。②明治中期から昭和初期にかけて、重要な国家の政務に、天皇を補佐《ホサ》した政治家。③長いあいだ一つの部署にいて功労のある人。

【元▼禄】《ゲンロク》①江戸《えど》時代中期、東山《ひがしやま》天皇の代の年号(一六八八—一七〇四)。文化や経済が栄えた。また、繁栄《ハンエイ》する時代のたとえ。例 —文学。昭和—。②「元禄袖《そで》」の略。和服の袖形の一つ。袖たけは短く、たもとの丸みが大きい。女性のふだん着や女児の着物に使われる。

【元締め】《もとじめ》①会計のしめくくり役。また、仕事全体のまとめ役。②ばくち打ちの親分など。

【元帳】《もとチョウ》簿記《ボキ》でいちばんもとになる帳簿。勘定《カンジョウ》の科目ごとに口座を分けて書き入れる。(類)原簿。

【元手】《もとで》商売や事業をする、もとになる資金。また、能力。資本。元金《ガンキン》。例 —のいらない商売。からだが—だ。

【元結】《もとゆい》和風の髪《かみ》を結《ゆ》うときに使う細い糸やひも。今は多く、水引《みずひき》のこよりを用いる。もとい。もっとい。例 —紙《がみ》。

●網元《あみもと》・家元《いえもと》・還元《カンゲン》・次元《ジゲン》・単元《タンゲン》・中元《チュウゲン》・版元《ハンもと》・復元《フクゲン》・身元《みもと》

儿 3

【兄】

5画 2327 5144 教育2 音 ケイ漢 キョウ呉 訓 あに 付表 兄《にい》さん

筆順 丨 口 口 尸 兄

なりたち [会意]「儿(=ひと)」と「口(=くち。ことばが尽《つ》きない)」とから成る。尽きることなく、そだつ。派生して「あに」の意。

意味 ❶先に生まれた男子。あに。また、二者をくらべてみると、ややすぐれている者のたとえ。(対)弟《テイ》。例 兄弟《キョウダイ》。義兄《ギケイ》。兄《ケイ》たりがたく弟《テイ》たりがたし。❷同輩《ドウハイ》や友人をうやまっていうことば。例 貴兄《キケイ》。大兄《タイケイ》。

難読 従兄弟《いとこ》・妹兄《いもせ》

人名 え・えだ・き・これ・さき・しげ・ただ・よし

【兄貴】《あにキ》①兄。親しみをこめて、また、うやまっていうことば。②年齢《ネンレイ》や位の低い者が、年上あるいは上位の男性を、兄としたって呼ぶことば。

【兄嫁】《あによめ》兄の妻。義姉《ギシ》。表記「▼嫂」とも書く。

【兄弟】《キョウダイ・ケイテイ》①あにとおとうと。②同じ親から生まれた子供たち。姉や妹もふくめる。例 —《キョウダイ》げんか。③おもに男性が親しい仲間を呼ぶことば。きょうだいぶん。例 おい、—《キョウダイ》。

【兄弟《ケイテイ》▼牆《かき》に▼鬩《せめ》げども外《そと》その▽務《あなど》りを▼禦《ふせ》ぐ】兄弟は、家の中では争っていても、一家が外部からあなどられるようなときには力を合わせて立ち向かう。〈詩経《シキョウ》〉

【兄事】《ケイジ》(名・する)兄として事《つか》える。相手を実の兄のように

敬愛し、つきあうこと。例先輩《センパイ》に―する。

【兄《ケイ》たり難《がた》く弟《テイ》たり難《がた》し】両者ともにすぐれていて、優劣《ユウレツ》がつけにくいことのたとえ。〈世説新語《セセツシンゴ》〉
●賢兄《ケンケイ》・次兄《ジケイ》・実兄《ジッケイ》・父兄《フケイ》

儿 4
【兇】6画 2204 5147 音キョウ漢 訓おそ-れる・わる-い
意味 ❶びくびくとこわがる。おそれる。例兇懼《キョウク》(=ふかくおそれること)。❷わるもの。わるい。また、人を傷つける。同凶《キョウ》。例兇器《キョウキ》。
表記 現代表記では、「凶《キョウ》」に書きかえることがある。熟語は「凶」(124ページ)を参照。
【兇器《キョウキ》】人を殺したり傷つけたりするのに使われる道具。また、そのおそれのある物。表記 現凶器

儿 4
【光】6画 2487 5149 教育2 音コウ漢呉 訓ひか-る・ひかり
筆順 丨 リ ⺌ 业 光
なりたち  [会意]「火(=ひ)」が「儿(=ひと)」の上にある。明るく照らす。

意味 ❶かがやく。てらす。ひかる。ひかり。例光線《コウセン》。光明《コウミョウ》。発光《ハッコウ》。❷かがやかしさ。ほまれ。例光栄《コウエイ》。栄光《エイコウ》。❸ありさま。けしき。例光景《コウケイ》。観光《カンコウ》。風光《フウコウ》。❹時間。とき。例光陰《コウイン》。消光《ショウコウ》。

人名 あき・あきら・あり・かぬ・かね・さかえ・つや・てる・ひこ・ひろ・ひろし・みつ・みつる
【光陰《コウイン》】〔「陰」は、移りゆく日影《ひかげ》から、時間の意〕過ぎ去って、もとにはもどらない時間。月日。年月。時間。例一寸の―軽《かろ》んずべからず。

【光陰《コウイン》矢《や》の▽如《ごと》し】月日のたつのは矢が飛んでいくように早い。〈李益《リエキ》・游子吟《ユウシギン》〉類光陰流水の如し。

【光栄《コウエイ》】(名・形動《ダ》)名誉《メイヨ》であること。自分が高く評価されて、ほこらしく思うこと。例身に余る―。―に浴する。―の至り。

【光炎《コウエン》】光とほのお。燃えあがる火。また、勢いがさかんなこと。例―万丈《バンジョウ》(=詩文などが、いきおいがあって、りっぱなこと)。表記 旧光▼焰
【光華《コウカ》】①美しくひかる、その光。類光彩《コウサイ》・光輝《コウキ》。②栄えること。

【光化学《コウカガク》】光によって起こる化学変化。また、それにかかわる研究の一分野。例―スモッグ。

【光学《コウガク》】光の現象を研究する学問。例―プリズム。

【光学器械《コウガクキカイ》】光の性質を利用した器械。望遠鏡・顕微鏡《ケンビキョウ》・カメラ・映写機など。

【光輝《コウキ》】ひかり。かがやき。また、かがやくような名誉《メイヨ》のたとえ。例―ある伝統。表記「光▼暉・光▼煇」とも書く。

【光景《コウケイ》】目の前に見える景色《けしき》や具体的な場面のようす。例奇妙《キミョウ》な―が脳裏《ノウリ》にうかんだ。

【光源《コウゲン》】光を出すもと。

【光合成《コウゴウセイ》】〔生〕緑色植物で、葉緑素が浴びた光をエネルギーにして、二酸化炭素と水とから炭水化物をつくること。このとき、酸素が発生する。

【光彩《コウサイ》】美しいかがやき。例―を放つ。

【光彩陸離《コウサイリクリ》】(形動《タルト》)光が入り乱れて美しくきらめくようす。例金波銀波の、―たる光景。

【光線《コウセン》】ひかり。光のすじ。例太陽―。レーザー―。

【光速《コウソク》】光が進むはやさ。真空中では一秒間に約三〇万キロメートル。光速度。

【光沢《コウタク》】ものの表面のかがやき。つや。例絹のような―。

【光度《コウド》】①光っている物体の、光の強さの程度。単位は、カンデラ。記号cd ②星の明るさ。ふつう、等級であらわす。

【光頭《コウトウ》】はげあたま。〔「禿頭《トクトウ》」のもじり。新しいことば〕

【光熱《コウネツ》】家庭や仕事場で人が活動するのに使う、照明や燃料。例―費(=電気・ガス・石油などの費用)。

【光年《コウネン》】光の一年間に進む距離《キョリ》をもとにした単位。一光年は約九兆四六〇〇億キロメートル。星と星の間の距離を示すときに使う。

【光波《コウハ》】〔物〕光の波動。

【光背《コウハイ》】仏像の後ろにあって、仏が発する光明をあらわすかざり。類後光《ゴコウ》・御光《ゴコウ》。例舟形《ふながた》―。

【光被《コウヒ》】光が行きわたるように、君主の徳が人々に行きわたること。例―隈《くま》なし。

【光風《コウフウ》】雨がやんで日が出たあとにふく、おだやかな風。また、日が当たって光る草木にふく風。

【光風▼霽月《コウフウセイゲツ》】〔雨が上がったあとの、おだやかな風と明るい月の意〕心が清らかで、こだわりがなくさっぱりしていること。〈宋史《ソウシ》〉例―の心境。

【光▼芒《コウボウ》】〔「芒」は、穀物のほさきの意〕しだいに細くなる光のすじ。例ハレー彗星《スイセイ》の―。

【光明】㊀《コウミョウ》①あかるい光。類光輝《コウキ》。②苦しんだりなやんだりしているとき、くらやみに光がさしこむようにあらわれた、問題解決の手がかり。また、希望。例前途《ゼント》に―を見いだす。③〔仏〕仏の心身から出る徳の光。知恵《チエ》や慈悲《ジヒ》をあらわす。例―遍照《ヘンジョウ》。㊁《コウメイ》ひかりかがやくこと。

【光輪《コウリン》】宗教画で、聖霊《セイレイ》や聖人の頭にえがく光のわ。

【光臨《コウリン》】(名・する)相手が自分のところに来ることを、光がさしこむようだと、うやまっていうことば。例ご―を仰《あお》ぐ。
●威光《イコウ》・栄光《エイコウ》・感光《カンコウ》・観光《カンコウ》・眼光《ガンコウ》・蛍光《ケイコウ》・月光《ゲッコウ》・後光《ゴコウ》・採光《サイコウ》・日光《ニッコウ》・発光《ハッコウ》・陽光《ヨウコウ》

儿 4
【充】6画 2928 5145 常用 音シュウ漢ジュウ呉 訓あ-てる・み-ちる・み-たす
筆順 丶 亠 亡 𠫓 充
なりたち   [形声]「儿(=ひと)」と、音「育《イク→シュウ》」の省略体とから成る。大きくなる。みちる。
意味 ❶いっぱいになる。ふさがる。みちる。例充実《ジュウジツ》。充満《ジュウマン》。❷欠けているところをうめる。あてる。みたす。例充当《ジュウトウ》。補充《ホジュウ》。
使い分け あてる【当・充・宛】⇩1161ページ
人名 あつ・たかし・まこと・みち・みつ・みつる
【充▼溢《ジュウイツ》】(名・する)満ちあふれること。例気力―。
【充員《ジュウイン》】(名・する)不足している人員をおぎなうこと。例急いで―を図る。
【充血《ジュウケツ》】(名・する)動脈内の血液の流れが、一か所に、異常に集まること。例睡眠《スイミン》不足で目が―する。
【充実《ジュウジツ》】(名・する)内容が豊かで、いっぱいに満ちていること。例―感。―度。気力が―している。
【充足《ジュウソク》】(名・する)じゅうぶんに満ちたりること。また、満たすこと。例―感。最低の条件を―する。
【充塞《ジュウソク》】(名・する)①いっぱいになって、ふさがること。②さえぎってじゃますること。例見物人が道路を―する。
【充填《ジュウテン》】(名・する)あいているところに入れて、満たすこと。例ボンベにガスを―する。
【充電《ジュウデン》】(名・する)①蓄電池《チクデンチ》に電気エネルギーをいっぱいにたくわえること。蓄電。対放電。②実力をたくわえ

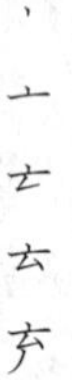

たり、次の活動にそなえて休養したりすること。[例]—期間。

【充当】《ジュウトウ》（名・する）金銭や人員などの不足を、うめあわせること。(類)充足・補塡《ホテン》。[例]欠員を新人で—する。

【充分】《ジュウブン》（形動《ダナ》・副）満ちたりているようす。[表記]「十分」とも書く。

【充満】《ジュウマン》（名・する）気体やにおい、また、ふんいきなどが、いっぱいになっている状態。[例]ガスが—して危険だ。

●拡充《カクジュウ》・補充《ホジュウ》

儿 4

【先】

6画 3272 5148 [教育1]

[音]セン(漢)(呉) [訓]さき・さき-んじる・ま-ず

[筆順] ノ ⺊ 屮 生 ⺧ 先

[なりたち]  [会意]「儿(=ひと)」と「生(=出ていく)」とから成る。前進する。

[意味] ❶場所で、前のほう。いちばん前。さき。[例]先端《センタン》。先頭《セントウ》。率先《ソッセン》。❷時間で、早いほう。他のものの前を行く。さきだつ。さきんじる。[例]先覚《センカク》。優先《ユウセン》。❸今より前。以前。過去。[例]先日《センジツ》。先例《センレイ》。❹亡《な》くなった(人)。[例]先君《センクン》。先考《センコウ》。先人《センジン》。❺いちばんはじめに。まず。[例]先決《センケツ》。先勝《センショウ》。

[日本語での用法]《さき》①これからあと。将来。「老《お》い先《さき》・先《さき》が思《おも》いやられる」②かかわりや交渉《コウショウ》をもつ相手。「先様《さきさま》・送《おく》り先《さき》」

[人名] すすむ・たかし・はじめ・はやし・ひこ・もと・ゆき

【先《さき》んずれば▽即《すなわ》ち人《ひと》を制《セイ》す】人より先に事をおこなえば、自分に有利に進めることができる。〔「後《おく》るれば即ち人の制する所となる(=後《ゴ》手《て》にまわると、人に支配されてしまう)」と続く〕〈史記《シキ》〉

【先鋭】《センエイ》（名・形動《ダナ》）①さきがするどくとがっていること。②考えや行動が過激なこと。[例]—分子。—的な思想。[表記]▽(旧)▼尖鋭

【先王】《センオウ／センノウ》①前の王。先代の王。②古代の聖王。尭《ギョウ》・舜《シュン》・禹《ウ》・湯・文・武など、儒家《ジュカ》の理想とする天子。[例]—の道。

【先覚】《センカク》①人にさきんじてものごとの価値を評価したり、さき行きを見通したうえで、それにそった行動をとること。また、その人。(類)先駆《センク》。[例]時代の—者。②学問上の先輩《センパイ》。(類)先師・先学。

【先学】《センガク》ある分野で自分よりもさきに研究をはじめ、すぐれた成果をあげている人。(類)先覚。(対)後学《コウガク》。[例]西洋医学の—。

【先期】《センキ》一つ前の期。前期。(対)今期・来期。

【先議】《センギ》（名・する）さきに審議《シンギ》すること。とくに、二院制の議会で、一方の議院が他方よりさきに法案を審議すること。[例]—権。

【先客】《センキャク》自分よりさきに相手のところに来ている客。[例]—があったので待った。

【先駆】《センク》（名・する）①いくさで、馬に乗って、本隊を先導すること。また、その人。さきがけ。(類)前駆。②人よりもさきにその価値を認め、実行すること。また、その人。(類)先覚。[例]—的作品。

【先口】《センくち》順番や申しこみの早いほう。(対)後口《あとくち》。

【先君】《センクン》①先代の君主。[例]—の遺命。②死んだ父。亡父。(類)先考。[例]—の墓に参る。③祖先。

【先決】《センケツ》（名・する）ほかのことよりさきにきめること。[例]—問題。

【先月】《センゲツ》今月の前の月。(類)前月。(対)来月。

【先見】《センケン》（名・する）このさきに起こることを予測すること。事が起こる前にそれを見ぬくこと。[例]—の明《メイ》がある。

【先遣】《センケン》（名・する）本隊を派遣するにあたり、まず少人数の部隊をさきに送ること。[例]—隊が到着《トウチャク》した。

【先賢】《センケン》昔の賢人。(類)先哲《センテツ》・前賢。

【先後】《センゴ》（名・する）あとさき。時間やできごとの起きた順番。前後。[例]事件の—関係に関する証言。

【先考】《センコウ》死んだ父。亡父。(類)先君。(対)先妣《センピ》。[例]—の墓参り。

【先行】《センコウ》（名・する）①さきにいくこと。さきに進むこと。[例]人気が—して実力がともなわない。②さき立っておこなわれること。[例]出版の前に、シンポジウムを—させる。

【先攻】《センコウ》（名・する）試合などで、さきに攻撃《コウゲキ》すること。また、その側。さきぜめ。(対)後攻《コウコウ》。

【先刻】《センコク》[一]（名）さっき。少し前。[例]—からお待ちです。[二]（副）前から。とっくに。[例]それは—承知のことだ。

【先妻】《センサイ》現在の妻に対して、前の妻。(対)後妻《ゴサイ》。

【先史】《センシ》文字などで書かれた記録のない、古い時代。有史以前。[例]—時代。

【先師】《センシ》①なくなった先生。②昔の聖人。(類)先賢《センケン》。

【先日】《センジツ》このあいだ。この前。(類)過日。[例]—はありがとう。

【先週】《センシュウ》今週のすぐ前の週。[例]—の日曜日。

【先住】《センジュウ》[一]（名・する）さきにその土地に住んでいたこと。[例]—民。[二]（名）先代の住職。

【先勝】《センショウ》[一]（名・する）なん回かおこなう試合で、まず初めにかつこと。[二]（名）「先勝日《センショウニチ》」の略。陰陽道《オンヨウドウ》でいう、六曜の一つ。午前は吉《キチ》で午後は凶《キョウ》。急用や訴訟《ソショウ》などによいとされる。せんかち。さきがち。

【先▼蹤】《センショウ》昔の人のおこないで、のちの人にとっての手本や参考や基準となるもの。(類)先例・前例。[例]古来—が多い。

【先進】《センシン》他よりも進んでいること。(対)後進《コウシン》。

【先進国】《センシンコク》工業や技術などが進んでいる国。(対)発展途上《トジョウ》国。

【先人】《センジン》〔今はいない人の意〕①昔の人。昔のえらい人。(対)後人《コウジン》。[例]—の教え。②先祖。亡父。[例]—の遺言《ユイゴン》。

【先陣】《センジン》①戦いで、本陣の前にあって最初に敵と戦う部隊。(類)先鋒《センポウ》。(対)後陣《コウジン》。[例]—をうけたまわる。②敵陣への一番乗り。さきがけ。[例]—争い。

【先生】《センセイ》①自分よりさきに生まれた人。(対)後生《コウセイ》。②学問や技芸を人に教え伝える人。師匠《シショウ》や教師のこと。③学識があり技芸にすぐれた人を、うやまっていうことば。教師・学者・医者・芸術家・作家・弁護士・議員などに使う。④からかいの気持ちをこめて人を呼ぶことば。

【先制】《センセイ》（名・する）相手よりさきに行動を起こし、有利な立場に立つこと。機先を制すること。[例]—攻撃《コウゲキ》。

【先聖】《センセイ》昔の聖人。とくに、孔子《コウシ》をいう。

【先先】《センセン》〔「先先…」の形で〕前の前。[例]—月。—代。

【先祖】《センゾ》①その家系の第一代の人。(類)始祖・初代。[例]源氏《ゲンジ》の—は嵯峨《サガ》天皇。②その家系のなかで、今の代より前の代。(対)子孫。[例]—代代の墓を守る。

【先祖返り】《センゾがえり》〔生〕生物が進化していくあいだに失った生物学上の形態や性質が、子孫にとつぜんあらわれる現象。また、祖父母などの形質が、子にはあらわれず、孫にあらわれる現象。(類)隔世遺伝《カクセイイデン》。[例]—をする。

【先代】《センダイ》①今より前の時代。前代。②今の人より一代前に、その地位にあった人。(対)当主・当代。[例]—の社長。

【先達】《センダツ／センダチ》①学問や技芸などを深く学び、後進を導く人。(類)先覚。②案内人。道案内。[例]—について山道を登る。

【先端】《センタン》 ①長いものの、いちばん前の部分。例突堤《トッテイ》の—。②とがったものの、さきの部分。例針の—。③世相や流行の先頭。例時代の最—を行く。表記▽旧▼尖端
【先着】《センチャク》（名・する）ほかの人よりさきに、そこにつくこと。また、その人。例—順。
【先手】《センて》 ①試合や勝負で、相手よりもさきに攻撃《コウゲキ》をしかけて、勢いを失わせること。例—必勝。—を打つ。②囲碁《ゴイ》や将棋《ショウギ》で、第一手《て》を打ったり指したりするほう。また、その人。先番《センバン》。▽対後手《ゴて》。
【先帝】《センテイ》 先代の天子。さきのみかど。
【先哲】《センテツ》 昔のすぐれた思想家。類先賢《センケン》。
【先天】《センテン》 学問や経験によるのではなく、生まれながらに身についている資質。生まれつき。天性。対後天《コウテン》。
【先天的】《センテンテキ》（形動ダナ）生まれながらの。もって生まれた。生得《ショウトク》的。ア-プリオリ。対後天的《コウテンテキ》。例—な才能。
【先途】《セント》 ①行き着くさき。最後。例計画の—を予想する。②勝敗や運命の決まる重要なとき。せとぎわ。例ここを—と攻《せ》めまくる。
【先頭】《セントウ》 いちばんさき。はじめ。トップ。対後尾《コウビ》。例—集団。—を切る。
【先導】《センドウ》（名・する）さきに立って案内をすること。みちびくこと。例白バイの—に従う。
【先入】《センニュウ》（名・する）その場所にさきにはいること。例—車。
【先入観】《センニュウカン》 あるものごとについて、自分で見たり聞いたり判断したりする前に、自分なりにいだいてしまっているイメージや考え。正しい観察や判断のさまたげとなる。類先入主・偏見《ヘンケン》。例—にとらわれる。
【先任】《センニン》 さきにその任務や役職についていること。また、その人。前任。対後任《コウニン》・新任。
【先年】《センネン》 過ぎ去った年。むかし。今年を基準にして、いく年か前のある年。対後年《コウネン》。例—話題になった壺《つぼ》。
【先輩】《センパイ》 ①同じ学校やクラブ、勤め先などに、自分よりさきにはいった人。例—を見習う。②ある分野で、自分よりも経験を積んでいる人。例人生の—。▽対後輩《コウハイ》。
【先発】《センパツ》（名・する）①他よりさきに出発したり、手がけたりすること。対後発《コウハツ》。例—隊。②選手の交代の認められるスポーツで、試合開始のときから出場すること。また、その選手。例—投手。
【先番】《センバン》 ①順番にものごとをおこなう場合に、さきになること。②囲碁《ゴイ》や将棋《ショウギ》で、先手《センて》。
【先般】《センパン》（名・副）このあいだ。さきごろ。せんだって。類先日・過日。対今般。例—お知らせしました件。
【先非】《センピ》 過去のあやまち。前非。例—を悔《く》いる。
【先▼妣】《センピ》 死んだ母。亡母。対先考。
【先便】《センビン》 前回のたより。
【先負】《センブ》「先負日《センブニチ》」の略。陰陽道《オンヨウドウ》でいう、六曜の一つ。午前は凶《キョウ》で午後は吉《キチ》。急用や訴訟《ソショウ》などはさけたほうがよいとされる。せんまけ。さきまけ。
【先▼鞭】《センベン》〔「鞭」は、ウマにむち打つ意〕（さきがけの手がらを立てるように）他よりさきに手がけること。例—をつける。
【先方】《センポウ》 相手側。相手の人。また、向こう。対当方。例—の意向。―に着きしだい連絡します。
【先▼鋒】《センポウ》 戦闘《セントウ》や運動などで、先頭に立って積極的に進む人。類先陣《センジン》。例急—。
【先務】《センム》 最初にしなければならない、つとめ。急務。
【先夜】《センヤ》 先日の夜。このあいだの夜。
【先約】《センヤク》 それよりさきに決めた約束。また、前からの約束。前約。例—があるので出席できません。
【先憂後楽】《センユウコウラク》〔「先二天下之憂一而憂、後二天下之楽一而楽《テンカのうれいにさきだちてうれえ、テンカのたのしみにおくれてたのしむ》」〈范仲淹《ハンチュウエン》・岳陽楼記《ガクヨウロウのキ》〉による〕政治家はだれよりもさきに国家のことを心配し、民衆が安楽に暮らせるようになってからみずから楽しむ、ということ。〔東京と岡山《おかやま》にある庭園「後楽園」の命名の由来となった〕
【先例】《センレイ》 前におこなわれた例。以前からのしきたり、ならわし。また、手本となる例。類前例。例—がない。—にならう。
【▽先《ま》ず▼隗《カイ》より始《はじ》めよ】⇩【隗《カイ》より始《はじ》めよ】（1039ページ）
●機先《キセン》・祖先《ソセン》・率先《ソッセン》・矛先《ほこさき》・優先《ユウセン》

儿 4
【兆】
6画 3591 5146 教育4 音チョウ漢 訓きざ-す・きざ-し

筆順 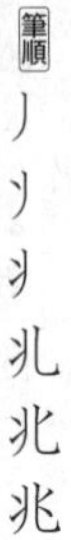

なりたち  ［会意］「八（＝わける）」を重ねた形。分かれる。亀卜《キボク》（＝カメうらない）の割れ目。

意味 ❶何かが起こる前ぶれ。きざし。しるし。例兆候《チョウコウ》。吉兆《キッチョウ》。前兆《ゼンチョウ》。❷うらない。例兆占《チョウセン》。❸はか。墓地。例兆域《チョウイキ》。❹数の単位。一兆は一億の一万倍。また、きわめて多い数。〔古くは一億の十倍をいった〕例兆民《チョウミン》。億兆《オクチョウ》。

人名 かず・はじめ・よし
【兆域】《チョウイキ》 墓地。
【兆候】《チョウコウ》 何か事が起こりそうだと予感させる、うごき。前ぶれ。きざし。しるし。例風邪《かぜ》の—があらわれる。表記「徴候」とも書く。
【兆占】《チョウセン》 うらない。
【兆民】《チョウミン》 多くの人民。類万民《バンミン》。

儿 5
【克】
7画 2578 514B 常用 音コク漢呉 訓か-つ・よ-く

筆順 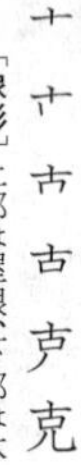

なりたち 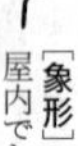 ［象形］上部は屋根、下部は木を刻む形。屋内でかたい木を刻む。できる。たえる。

意味 ❶欲望や困難にうちかつ。かつ。同剋《コク》。例克服《コクフク》。克己《コッキ》。❷じゅうぶんに。よく。例克明《コクメイ》。

人名 いそし・かつ・かつみ・すぐる・たえ・なり・まさる・よし
【克服】《コクフク》（名・する）困難な問題や状況《ジョウキョウ》を努力して解決し、乗りきること。例難病を—する。
【克復】《コクフク》（名・する）①平和なもとの状態にもどること。また、もどすこと。例やすらぎを—する。②「克己復礼《コッキフクレイ》」の略。
【克明】《コクメイ》（形動ダナ）細かく、くわしいようす。類丹念《タンネン》。例—に記録されている。
【克己】《コッキ》（名・する）〔「己《おの》れに克《か》つ」と訓読する〕意志の力で、欲望やなまけ心に勝つこと。例—心。
【克己復礼】《コッキフクレイ》 みずからにうち勝って、礼儀《レイギ》や規律に従うのが仁《ジン》の徳である、ということ。〔「己《おの》れに克《か》ちて礼《レイ》に復《かえ》るを仁《ジン》と為《な》す」から〕〈論語《ロンゴ》〉

儿 5
【児】
7画 2789 5150 教育4 音ジ漢 ニ呉 訓こ 付表稚児《ちご》

儿 6
【兒】
8画 4927 5152 人名

筆順 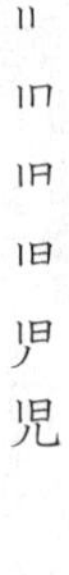

〔会意〕「儿(=ひと)」と「臼(=赤んぼうの頭の骨の形)」とから成る。乳飲《ち》み子。

意味 ❶幼い子供。こ。例児童《ジドウ》。乳児《ニュウジ》。幼児《ヨウジ》。❷親にとっての子供。例児孫《ジソン》。愛児《アイジ》。❸若者。男子。例球児《キュウジ》。風雲児《フウウンジ》。

県名 鹿児島《かごしま》

難読 天児《あまがつ》・可児《かに》(=地名・姓《セイ》)・健児《コンデイ》

人名 のり・る

【児戯】《ジギ》 子供の遊びやいたずら。また、子供じみたおこない。とるにたりないおこない。例—に等しい。

【児孫】《ジソン》 子や、まご。子孫。例—のために美田《ビデン》を買わず(=子孫に財産を残さない)。〈西郷隆盛《サイゴウたかもり》・偶成《グウセイ》〉

【児童】《ジドウ》 ①こども。幼児。また、とくに、小学校の生徒。類学童。例—文学。→【生徒】《セイト》(672ページ)・【学生】《ガクセイ》(285ページ) ②児童福祉法《フクシホウ》では、満十八歳《サイ》未満の者。例未就学—。

●愛児《アイジ》・育児《イクジ》・遺児《イジ》・園児《エンジ》・孤児《コジ》・小児《ショウニ》・女児《ジョジ》・男児《ダンジ》・幼児《ヨウジ》

儿 5 【兌】 7画 4928 514C 音タイ漢 ダ呉

意味 ❶とおる。ぬけでる。❷とりかえる。ひきかえる。例兌換《ダカン》。発兌《ハツダ》。❸易《エキ》の卦《カ》。八卦《ハッカ》の一つ。自然では沢《さわ》を、方位では西をあらわす。

【兌換】《ダカン》(名・する) ①ひきかえること。とりかえること。②紙幣《シヘイ》を正貨(=金貨や銀貨)とひきかえること。〔日本では、この制度は一九四二(昭和十七)年に廃止《ハイシ》された〕

【兌換紙幣】《ダカンシヘイ》 正貨(=金貨や銀貨)とひきかえることを約束して発行する紙幣。兌換券。対不換紙幣。

儿 5 【兎】 7画 3738 514E 人名 音ト漢呉 訓うさぎ

儿 6 【兔】 8画 本字 儿 6 【兔】 8画 4929 5154 別体字

意味 ❶ウサギ目《モク》の哺乳《ホニュウ》動物。ウサギ。例脱兎《ダット》。二兎《ニト》を追《お》う者《もの》は一兎《イット》をも得《え》ず。❷月のたとえ。〔月の中にウサギがすむという伝説から〕例兎影《トエイ》(=月。また、月の光)。兎烏《トウ》。

【兎▼烏】《トウ》 月日。歳月《サイゲツ》。光陰《コウイン》。また、太陽と月。烏兎《ウト》。〔月にはウサギ、太陽には三本足のカラスがいるという伝説による〕

【兎角】 一《トカク》(名) ウサギに角《つの》が生えるような、ありえないことのたとえ。例—亀毛《キモウ》(=カメにも毛が生えることはない)。二《とかく》(副)〔あて字〕①なにやかや。かれこれ。いろいろ。例—するうちに。②ややもすると。ともすれば。どうかすると。例人は—感情に流されやすい。

【兎走▼烏飛】《トソウウヒ》 〔「兎」は月、「烏」は日(=太陽)の意〕月日が早く過ぎていくことのたとえ。烏飛兎走《ウヒトソウ》。

儿 5 【売】 7画 3968 58F2 教育2 音バイ漢 マイ呉唐 訓う-る・う-れる

筆順 一 十 士 士 声 声 売

貝 8 【賣】 15画 7646 8CE3 人名

〔形声〕「士(=出す)」と、音「買《バイ》(=かう)」とから成る。品物を出して人に買わせる。

意味 ❶代金とひきかえに品物をわたす。あきなう。ひさぐ。うる。例売店《バイテン》。売買《バイバイ》。商売《ショウバイ》。❷自分の利益のために他をうらぎる。例売国《バイコク》。売僧《マイス》。❸宣伝する。例売名《バイメイ》。

【売り上げ】《うりあげ》 商品を売って得た金額の合計。売上金。

【売り主】《うりぬし》 品物や土地などを売る側の人。対買い主。

【売れっ子】《うれっこ》 歌手や俳優、作家などで、人気があって、あちこちから仕事をたのまれる人。例—の作家。

【売価】《バイカ》 ものを売るときの値段。うりね。対買価。

【売官】《バイカン》 平安時代、国の財源としてお金を出した人に、官位をさずけたこと。

【売却】《バイキャク》(名・する) 売りはらうこと。例土地を—する。

【売国】《バイコク》 国の秘密を敵国にもらすなど、自分の利益のために、自国に不利なおこないをすること。例—奴《ド》。

【売国奴】《バイコクド》 売国のおこないをする者を、ののしっていうことば。

【売春】《バイシュン》(名・する) お金のために、不特定の相手にからだを売ること。類売笑《バイショウ》・淫売《インバイ》。

【売店】《バイテン》 駅や劇場や公園など、人がおおぜい集まる場所で、タバコ・菓子《カシ》・雑誌・日用品などを売る、小さい店。

【売人】《バイニン》 品物の売り手。また、ひそかに麻薬《マヤク》を売りさばく役割の者。

【売買】《バイバイ》(名・する) ①売ることと買うこと。売り買い。あきない。例株の—。②〔法〕一方が商品を相手にわたし、相手が代金をしはらうこと。例—契約《ケイヤク》。

【売文】《バイブン》 自分の書いた文章を売って、収入を得ること。原稿料《ゲンコウリョウ》や印税で生活すること。〔みずから卑下《ヒゲ》したり、人の行為《コウイ》をさげすんだりしていうことが多い〕例—の徒。

【売名】《バイメイ》 見えや利益のために、自分の名を世間に広めようとすること。例—行為《コウイ》。

【売約】《バイヤク》(名・する) 商品を売る約束をすること。また、その約束。例—済みの札《ふだ》をはる。

【売薬】《バイヤク》 ①くすりを売ること。例—業。②医師の処方によらない、薬局でいっぱんに売っているくすり。例医者に行くひまがないので—で間に合わせる。

【▽売▽僧】《マイス》 〔「マイ」も「ス」も唐音《トウオン》。仏法を売りものにする堕落《ダラク》した僧《ソウ》の意〕仏につかえる気持ちを失い、欲をもとめる僧。また、僧をののしっていうことば。

●競売《キョウバイ》・商売《ショウバイ》・専売《センバイ》・即売《ソクバイ》・直売《チョクバイ》・転売《テンバイ》・特売《トクバイ》・発売《ハツバイ》・販売《ハンバイ》・密売《ミツバイ》

儿 5 【皃】 7画 ⇩【貌】《ボウ》(931ページ)

儿 5 【免】 7画 ⇩【免】《メン》(103ページ)

儿 6 【尭】 8画 2238 5C2D 人名 音ギョウ漢呉 訓たか-い

土 9 【堯】 12画 8401 582F 人名

〔会意〕「垚(=つみ上げた土)」が「兀(=上がたいらで高い)」の上にある。ひじょうに高い。

意味 ❶たかい。例尭尭《ギョウギョウ》。❷中国の伝説上の聖天子のひとり。例尭舜《ギョウシュン》。帝尭《テイギョウ》。

人名 あき・あきら・たか・たかし・のり

【尭風▼舜雨】《ギョウフウシュンウ》 古代中国の聖王《セイオウ》とされる尭と舜の徳が、広く天下に行きわたったことを、風雨のめぐみにたとえたことば。転じて、太平の世をいう。尭雨舜風《ギョウウシュンプウ》。

儿 6 【免】 8画 4440 514D 常用 音ベン漢 メン呉 訓まぬか-れる・まぬが-れる・ゆる-す

筆順 ノ ク ク 刍 刍 刍 争 免

儿 5
【兎】 7画 1-1448 FA32

なりたち  〔会意〕「兎（＝ウサギ）」がすばやく走って、「丶（＝足）」が見えない。ウサギがはやくにげて、人につかまらない。まぬがれる。

意味 ❶このましくないこと、あぶないことをしなくてすむ。のがれる。まぬがれる。例 免疫《メンエキ》。免責《メンセキ》。❷罪・罰《バツ》・義務から自由にしてやる。ゆるす。例 免罪《メンザイ》。免除《メンジョ》。放免《ホウメン》。❸やめさせる。職をとく。対 任《ニン》。例 免職《メンショク》。罷免《ヒメン》。

日本語での用法《メン》「免許」の略。「仮免《かりメン》」

参考「常用漢字表」では、「まぬがれる」とも読む。

【免疫】《メンエキ》①〔医〕ある病気にかかったり、予防接種をしたりすると、その病気に抵抗《テイコウ》する抗体が体内にできて、その後、病気にかかりにくくなること。例 ―がある。―が切れる。②なん度も経験して慣れてしまうこと。例 批判に対する―はできている。

【免官】《メンカン》（名・する）官職をやめさせること。例 依願《イガン》―。

【免許】《メンキョ》（名・する）①政府や官公庁が許可をあたえること。例 運転―証。②師匠《シショウ》が弟子《デシ》に、最もたいせつな教えをさずけること。また、それを記した文書。ゆるし。例 ―皆伝《カイデン》。

【免許皆伝】《メンキョカイデン》弟子《デシ》が師匠《シショウ》から、技能に関するたいせつな教えを、すべてつたえられること。例 ―を許される。

【免許証】《メンキョショウ》免許を持っている証明として官公庁が発行する文書。とくに、自動車の運転免許証。

【免許状】《メンキョジョウ》免許をあたえたことを証明する書類。例 教員―。

【免罪】《メンザイ》つみを許すこと。

【免罪符】《メンザイフ》①中世のローマカトリック教会が発行した証書。これを持つ者は、つみの一部が許された。②それを示せば、責任のがれや言いわけができるような行動やことがら。例 ―を買う。

【免除】《メンジョ》（名・する）義務や役割を、果たさなくてもよいと許すこと。例 授業料を―する。

【免状】《メンジョウ》①免許を証明する書類。免許状。例 調理師の―を持つ。②卒業や修了《シュウリョウ》を証明する書類。卒業証書。修了証書。例 総代で―をもらう。

【免職】《メンショク》（名・する）職をやめさせること。類 解職・解雇《カイコ》。例 ―処分。懲戒《チョウカイ》―。

【免税】《メンゼイ》（名・する）税金を納めなくてもよいとすること。税金をかけないこと。類 免租《メンソ》。例 ―品。―店。

【免責】《メンセキ》（名・する）①責任を問われることを、まぬがれること。②債務者《サイムシャ》（＝借金を返すべき人）が、法律上の義務を、一部分または全部まぬがれること。

【免租】《メンソ》（名・する）租税を一部分あるいは全部、納めなくてもよいとすること。

【免訴】《メンソ》（名・する）〔法〕刑事訴訟《ケイジソショウ》で、被告人《ヒコクニン》の有罪や無罪の判断を下さずに、訴訟を打ち切ること。その件に関する法律が裁判中に廃止《ハイシ》になったり、大赦《タイシャ》があったりしたときなどにおこなわれる。

○●仮免《かりメン》・減免《ゲンメン》・御免《ゴメン》・赦免《シャメン》・任免《ニンメン》・罷免《ヒメン》・放免《ホウメン》

儿 6 【兒】8画 ⇩【児】《ジ》（102ページ）

儿 6 【兎】8画 ⇩【兎】《ト》（103ページ）

儿 6 【兔】8画 ⇩【兎】《ト》（103ページ）

儿 8
【党】 10画 3762 515A 教育6 音 トウ 漢 呉

筆順 

黒 8
【黨】 20画 8362 9EE8

なりたち  〔形声〕「黒（＝くろ）」と、音「尚《ショウ》→トウ」とから成る。黒ずんで、あざやかでない。派生して「村里」の意。

意味 ❶同じ村里に集まって住む人々。むら。ふるさと。〔周代の行政区画で、五百家を一党といった〕例 郷党《キョウトウ》。❷同志の集まり。ともがら。なかま。例 党派《トウハ》。徒党《トトウ》。❸助けあって悪事をかくす。例 君子不レ党《クンシはトウせず》（＝君子は仲間だからといって、ひいきすることはない）。〈論語《ロンゴ》〉❹政治的な団体。例 党員《トウイン》。党首《トウシュ》。政党《セイトウ》。

人名 あきら・とも・まさ

【党員】《トウイン》政党に加わっている人。

【党紀】《トウキ》党の風紀・規律。

【党規】《トウキ》党の規則。党則。

【党議】《トウギ》政党内の会議。また、そこで決定したことがら。例 ―を経る。

【党首】《トウシュ》政党の最高責任者。政党の代表者。例 ―会談。

【党人】《トウジン》①ある党派や政党に属する人。党員。②役人や学者などから党員になった人ではなく、はじめからその政党に属して活動している政治家。

【党是】《トウゼ》その政党が、よいと判断して決めた方針。例 ―にのっとる。

【党勢】《トウセイ》政党の勢力。また、党派の勢力。

【党籍】《トウセキ》その政党の党員として、名前が登録されていること。例 ―を離脱《リダツ》する。

【党争】《トウソウ》党派どうしのあらそい。例 ―にあけくれる。

【党則】《トウソク》党の規則。党規。

【党派】《トウハ》①同じ考え方をもち、行動をともにする人々の集まり。党。セクト。類 分派。〔政治上のグループについていうことが多い〕例 ―を作る。②党がさらに細かく分かれてできた集まり。セクト。類 分派。例 党の中に―を作る。

【党費】《トウヒ》①党を運営するための費用。②党員が党を運営するために党に納めるお金。

【党利】《トウリ》党派の利益。例 ―党略。―にかたよる。

【党略】《トウリャク》党利のための謀略《ボウリャク》。例 党利―。

【党歴】《トウレキ》①党の歴史。②党員としての経歴。

○●悪党《アクトウ》・甘党《あまトウ》・一党《イットウ》・王党《オウトウ》・解党《カイトウ》・辛党《からトウ》・郷党《キョウトウ》・挙党《キョトウ》・結党《ケットウ》・公党《コウトウ》・残党《ザントウ》・小党《ショウトウ》・新党《シントウ》・政党《セイトウ》・全党《ゼントウ》・脱党《ダットウ》・徒党《トトウ》・入党《ニュウトウ》・復党《フクトウ》・不偏不党《フヘンフトウ》・分党《ブントウ》・野党《ヤトウ》・与党《ヨトウ》・立党《リットウ》・離党《リトウ》・郎党《ロウトウ｜ロウドウ》

儿 9
【兜】 11画 1985 515C 人名 音 トウ 漢 ト 呉 訓 かぶと

意味 ❶頭や首を守るためにかぶる武具。かぶと。例 鉄兜《テツかぶと》。❷布などで作ったかぶりもの。ずきん。例 兜巾《トキン》（＝山伏《やまぶし》がかぶる小さなずきん）。

儿 12
【兢】 14画 4930 5162 音 キョウ 漢 呉 訓 おそ-れる・つつし-む

意味（緊張《キンチョウ》して）つつしむ。また、おそろしさで、ふるえる。おそれる。例 戦戦兢兢《センセンキョウキョウ》。

【兢兢】《キョウキョウ》（形動《タル》）おそろしくて、びくびくしているようす。例 見えない敵に―としている。

11
2画

入 いる（入 いりがしら・いりやね）部

上から下にはいっていく意をあらわす。「入」が上につくときは「入（いりがしら・いりやね）」となる。「入」をもとにしてできている漢字を集めた。

0 入 2 内 4 全 6 兩 7 兪

この部首に所属しない漢字

鳰⇩鳥 1100

入 0

【入】

2画 3894 5165

教育1

音 ジュ（慣） ジュウ（漢） ニュウ（呉）

訓 い-る・い-れる・はい-る

筆順 ノ 入

なりたち [象形] 上から下へ、外から中へすすんでいく形。はいる。

意味 ❶外から内にはいる。ある範囲《ハンイ》の中にうつる。はいる。対 出《シュツ》。例 入院《ニュウイン》。入門《ニュウモン》。侵入《シンニュウ》。❷おさめる。いれる。例 納入《ノウニュウ》。❸達する。いたる。例 入神《ニュウシン》。❹漢字の四声《シセイ》の一つ。入声《ニッショウ》。例 入声音《ニッショウオン》。

日本語での用法 《しお》染め物を染料《センリョウ》にひたす回数を、かぞえることば。また、「いちだんと・いっそう」の意に使う。「一入《ひとしお》・寒《さむ》さが一入《ひとしお》身《み》にしみる」

使い分け いる【入・要】⇩1162ページ

人名 いり・しお・すすむ・なり

【入相】《いりあい》 ①夕ぐれ。例 —の空。②「入相の鐘《かね》」の略。夕ぐれに寺でつく鐘。

【入れ込み】《いれこみ｜いれごみ》 飲食店などで、おおぜいの人をわけへだてなく一か所に入れること。また、その場所。例 —ですわる。

【入れ墨】《いれずみ》（名・する）皮膚《ヒフ》に針で絵や文字などを彫《ほ》り、そこに墨や染料《センリョウ》をしみこませて色をつけること。また、その絵や文字など。ほりもの。黥《ゲイ》。表記「▽刺▽青・▽文▽身」とも書く。

【入れ知恵】《いれヂエ》（名・する）その人自身では思いつかない考えや策略を教えこむこと。また、他人から教えこまれた知恵や策略。例 だれかの—にちがいない。表記 旧入れ▼智▼慧

【入れ歯】《いれば》 ぬけた歯の代わりに入れた人造の歯。義歯《ギシ》。

【▽入魂】 一《ジッコン》〔「ジュコン」「ジュッコン」とも〕（名・形動《ナダ》）親しいこと。昵懇《ジッコン》。類 懇意《コンイ》。例 —の間がら。二《ニュウコン》 あることに精神を注ぎこむこと。打ちこむこと。例 —の一球。

【▽入水】（名・する）一《ジュスイ》 水にとびこんで自殺すること。にゅうすい。身投げ。類 投身。二《ニュウスイ》 ①はいってくる水。対 出水。例 —口《コウ》。②（水泳などで）水にはいること。

【▽入内】《ジュダイ》（名・する）皇后や中宮《チュウグウ》となる女性が正式に内裏《ダイリ》にはいること。

【▽入木】 一《ジュボク》〔「ニュウボク」とも〕書跡《ショセキ》や墨跡《ボクセキ》をいう。〔晋《シン》の王羲之《オウギシ》が板に書いた字は、墨《すみ》が三分（＝約一センチメートル）も木にしみこんだという故事による〕例 —道《ドウ》（＝書道のこと）。二【入れ木】《いれき》 木版画や彫刻《チョウコク》などで、手直しをするところに木をうめこむこと。

【▽入▼洛】《ジュラク》〔「ニュウラク」とも〕（名・する）〔「洛」は、昔の中国の都「洛陽《ラクヨウ》」の意〕①都にはいること。②京都にはいること。類 入京《ニュウキョウ》。

【▽入声】《ニッショウ｜ニッセイ》 漢字音の四声《シセイ》（＝平声《ヒョウショウ》・上声《ジョウショウ》・去声《キョショウ》・入声）の一つ。語尾《ゴビ》がつまるように短く発音する。入声の字は、昔からの漢字音のかな書き（＝歴史的かなづかい）では、フ・ツ・ク・チ・キで終わる。たとえば、狭《ケフ》・吉《キツ》・陸《リク》・一《イチ》・域《イキ》など。

【▽入唐】《ニットウ》〔「ニュウトウ」とも〕（名・する）日本から唐に行くこと。とくに、使者や留学生や僧《ソウ》などが行くことについていう。例 —僧。

【入院】《ニュウイン》（名・する）病気やけがを治療《チリョウ》するために、ある期間病院にはいること。対 退院。

【入営】《ニュウエイ》（名・する）兵士として働くために、兵営にはいること。類 入隊。対 除隊。

【入園】《ニュウエン》（名・する）①動物園や遊園地などにはいること。対 退園。例 —料。②幼稚園《ヨウチエン》や保育園の園児になること。対 卒園。

【入荷】 一《ニュウカ》（名・する）商品が市場や商店に届くこと。荷物がはいってくること。いりに。対 出荷。例 話題の品が—する。二【入り荷】《いりに》（名）倉庫に積まれている荷物。

【入会】 一《ニュウカイ》（名・する）会にはいり、会員になること。対 退会・脱会《ダッカイ》。例 —金。二《いりあい》（名）〔法〕一定地域の住民が、習慣として一定の山林や漁場などを共同で利用し、利益を上げること。また、その権利。入合《いりあい》。例 —権。

【入閣】《ニュウカク》（名・する）大臣になり内閣の一員となること。例 財務《ザイム》大臣として—する。

【入学】《ニュウガク》（名・する）学校にはいって、児童や生徒や学生となること。対 卒業。例 —式。—試験。

【入館】《ニュウカン》（名・する）図書館や博物館などにはいること。対 退館。例 —料。—時間。

【入居】《ニュウキョ》（名・する）住むために住宅にはいること。また、住んでいること。例 —者を募集《ボシュウ》する。

【入金】《ニュウキン》（名・する）①お金を受け取ること。また、その金銭。対 出金。例 通帳に—があった。②お金をはらいこむこと。また、その金銭。例 銀行に—する。

【入庫】《ニュウコ》（名・する）倉庫や車庫などに品物や車がはいること。また、品物や車などをいれること。対 出庫。例 —伝票。

【入貢】《ニュウコウ》（名・する）外国から使節が、みつぎものを持ってくること。類 来貢《ライコウ》。

【入港】《ニュウコウ》（名・する）船がみなとにはいること。対 出港。例 —税。

【入構】《ニュウコウ》（名・する）①かべや柵《サク》で囲まれた建物や敷地《しきチ》の中にはいること。例 —禁止。②列車がホームにはいること。類 入線。例 —する時刻。

【入稿】《ニュウコウ》（名・する）出版社が著者からの原稿を入手すること。また、組むための原稿が組版所にわたること。

【入国】《ニュウコク》（名・する）他の国にはいること。対 出国。例 密—。—するための手続き。

【入獄】《ニュウゴク》（名・する）（罪人として）牢屋《ロウや》や刑務所《ケイムショ》にはいること。類 入所・入牢《ニュウロウ》・下獄《ゲゴク》。対 出獄。

【入札】《ニュウサツ》（名・する）ものを買いたい人や工事などを引き受けたい人がなん人もいるときに、いちばんよい条件の人と契約《ケイヤク》するという約束で、その人たちに見積もりの金額を書いて出してもらうこと。いれふだ。

【入山】《ニュウザン》（名・する）①山にはいること。類 登山。例 北アルプスに—する。②僧《ソウ》が修行《シュギョウ》のために寺にはいること。

【入試】《ニュウシ》「入学試験」の略。入学させる者をえらぶためにおこなわれる試験。例 —案内。

【入質】《ニュウシチ》（名・する）①しちいれすること。例 指輪を—する。②人質《ひとジチ》をいれること。例 わが子を—させる。

【入室】《ニュウシツ》（名・する）①部屋にはいること。対 退室。例 —禁止。②研究室などの一員になること。

【入寂】《ニュウジャク》（名・する）高僧《コウソウ》の死を、うやまっていうことば。[類]入滅《ニュウメツ》・入定《ニュウジョウ》。

【入手】《ニュウシュ》（名・する）手にいれること。自分のものにすること。[例]最新情報を―した。

【入所】《ニュウショ》（名・する）①研究所や療養所《リョウヨウジョ》などに、それぞれの目的のためにはいること。[対]退所。②刑《ケイ》に服するために、刑務所や拘置所《コウチショ》にはいること。[対]出所。

【入賞】《ニュウショウ》（名・する）競技会や展覧会などで、よい成績で賞をもらうこと。[例]二位に―する。

【入定】《ニュウジョウ》（名・する）①〔仏〕〔禅定《ゼンジョウ》に入《い》る、の意〕精神を集中し、真理を考えること。②高僧《コウソウ》などの死を、うやまっていうことば。[類]入寂《ニュウジャク》・入滅《ニュウメツ》。

【入城】《ニュウジョウ》（名・する）①城の中にはいること。[例]城主が―する。②せめ落とした敵の城にはいること。

【入場】《ニュウジョウ》（名・する）競技場や会場などに、はいること。[対]退場。[例]―券。―無料。

【入植】《ニュウショク》（名・する）植民地や開拓地《カイタクチ》にはいって、その土地を開墾《カイコン》して暮らすこと。[例]南米に―した。

【入信】《ニュウシン》（名・する）信仰《シンコウ》の道にはいること。また、信者となり、その教団に属すること。[例]洗礼を受けて―する。

【入神】《ニュウシン》技術などが神わざと思われるほど、すぐれていること。[例]―の演技。

【入籍】《ニュウセキ》（名・する）結婚《ケッコン》や養子縁《エン》組《ぐ》みなどで、別の戸籍にはいること。また、いれること。

【入船】《ニュウセン》（名・する）船が港にはいること。また、その船。いりふね。[類]入港。[例]大型タンカーが―する。

【入線】《ニュウセン》（名・する）列車が始発駅の発車ホームにはいること。[類]入構。[例]まもなく十六番線に―。

【入選】《ニュウセン》（名・する）応募《オウボ》した作品が、審査《シンサ》に合格すること。[対]落選。[例]第一位―の作品。

【入隊】《ニュウタイ》（名・する）軍隊などにはいって、その一員になること。[類]入営。[対]除隊。

【入団】《ニュウダン》（名・する）劇団や球団などにはいって、その一員になること。[対]退団。[例]チームに―する。

【入朝】《ニュウチョウ》（名・する）外国の使節などが朝廷《チョウテイ》に参内《サンダイ》すること。[類]来朝。

【入超】《ニュウチョウ》「輸入超過」の略。総輸入額が総輸出額をこえること。[対]出超。

【入廷】《ニュウテイ》（名・する）裁判官や被告人《ヒコクニン》、弁護士などの関係者が法廷にはいること。[対]退廷。

【入電】《ニュウデン》（名・する）国外から電信によりニュースがはいること。また、そのニュース。[例]―したばかりの情報。

【入党】《ニュウトウ》（名・する）政党にはいり、その一員になること。[対]離党《リトウ》。

【入湯】《ニュウトウ》（名・する）ふろにはいること。とくに、温泉にはいること。[例]―税。―料。

【入道】《ニュウドウ》[一]（名・する）〔仏道にはいる意〕出家すること。また、その人。〔とくに、昔、天皇や公家《クゲ》などが出家したときの呼び名〕[例]―相国《ショウコク》（＝平清盛《たいらのきよもり》）。[二]（名）①坊主頭《ボウズあたま》の人。②坊主頭の化け物。[例]大《おお》―。

【入念】《ニュウネン》（名・形動《ダ》）細かいところまで注意深くおこなうこと。念入り。丹念《タンネン》。[例]―に仕上げる。

【入梅】《ニュウバイ》つゆの季節。また、その季節にはいること。つゆいり。[例]今年の―は、いつもの年よりも早めだ。

【入費】《ニュウヒ》あることをおこなうのに必要なお金。費用。ついえ。かかり。いりめ。[例]―をおさえる。

【入部】《ニュウブ》（名・する）学校や会社などで、体育会や文化部やクラブの一員になること。[例]野球部に―する。

【入幕】《ニュウマク》（名・する）相撲《すもう》の番付《バンづけ》で、十両の力士が昇進《ショウシン》して、幕内《マクうち》にはいること。[例]―を果たす。

【入滅】《ニュウメツ》（名・する）①釈迦《シャカ》の死。②高僧《コウソウ》の死を、うやまっていうことば。[類]入寂《ニュウジャク》・入定《ニュウジョウ》。

【入門】《ニュウモン》[一]（名・する）①門から中にはいること。②先生について学ぶこと。でしいり。[例]町道場に―する。[二]（名）学びはじめの人のために、わかりやすく書かれている本。手引き。[例]―書。社会学―。

【入用】《ニュウヨウ》[一]（名・形動《ダ》）あるものごとに必要なこと。また、必要なもの。いりよう。[対]不用。[例]旅行に―なものをそろえる。[二]（名）あるものごとをおこなうのに必要なお金。[類]費用・出費。[例]なるべく―を倹約《ケンヤク》する。

【入浴】《ニュウヨク》（名・する）ふろにはいること。湯あみ。[類]入湯《ニュウトウ》。[例]―料。食事の前に―する。

【入来】《ニュウライ》（名・する）はいってくること。[例]来賓《ライヒン》のかたがたのご―です。

【入力】《ニュウリョク》（名・する）①機械や装置を動かすために必要なエネルギーを、他からあたえること。また、そのエネルギーの量。②コンピューターなどに、情報をいれること。インプット。[対]出力。[例]―者。―ミス。

【入路】《ニュウロ》高速道路などへはいるための道路。進入路。

【入▼牢】《ニュウロウ》〔「ジュロウ」とも〕（名・する）牢にはいること。

◯●加入《カニュウ》・記入《キニュウ》・購入《コウニュウ》・収入《シュウニュウ》・出入《シュツニュウ》・進入《シンニュウ》・潜入《センニュウ》・転入《テンニュウ》・投入《トウニュウ》・導入《ドウニュウ》・突入《トツニュウ》・没入《ボツニュウ》・輸入《ユニュウ》・乱入《ランニュウ》

［入（𠆢）部］2―7画 内 全 兩 兪

入 2 【内】4画 ⇩【内】《ダイ》（114ページ）

入 4 【全】6画 ⇩【全】《ゼン》（61ページ）

入 6 【兩】8画 ⇩【両】《リョウ》（24ページ）

入 7 【兪】9画 4933 516A

[音]ユ[漢][呉] [訓]いよいよ・うつぼぶね・しか-り・やわら-ぐ

[意味]❶木をくりぬいて造った舟《ふね》。うつぼぶね。❷承諾《ショウダク》をあらわすことば。しかり。❸やすらかで、こころよい。やわらぐ。[同]愉《ユ》。[例]兪兪《ユユ》。❹しだいに。いよいよ。[同]愈《ユ》。❺病気がしだいによくなる。いえる。[同]癒《ユ》。

【兪兪】《ユユ》（形動《タル》）心がやすらかなようす。ゆったりとしたようす。〈荘子《ソウジ》〉

［八部］0画 八

12 2画 八 はち はちがしら 部

たがいにそむき合っている二本の線で、「わかれる」の意をあらわす。「八」をもとにしてできている漢字と、「八」の字形を目じるしにして引く漢字とを集めた。

[0] 八 [2] 兮 公 六 [4] 共 [5] 兵 [6] 其 具 典 [8] 兼 兼 兼 [14] 冀

この部首に所属しない漢字

分⇩刀 128　父⇩父 645　兌⇩儿 103　呉⇩口 194
巻⇩㔾 170　酋⇩酉 992　真⇩目 706　眞⇩目 707
曽⇩日 500　奠⇩大 269　巽⇩己 336　曾⇩曰 501
與⇩臼 835　興⇩臼 835　輿⇩車 958

八 0 【八】2画 4012 516B [教育1]

[音]ハツ[漢]ハチ[呉] [訓]や・や-つ・やっ-つ・よう

[付表]八百長《やおちょう》・八百屋《やおや》

筆順 ノ 八

なりたち ［象形］分かれて、たがいにそむく形。半分さらに半分と分けられる数。

意味 ❶数の名。やっつ。例 八景《ハッケイ》。八面六臂《ハチメンロッピ》。❷やたび。例 法華八講《ホッケハッコウ》。❸やっつ目。例 八月《ハチガツ》。❹八方。例 八紘一宇《ハッコウイチウ》。八達《ハッタツ》。❺数の多いこと。例 八百万《やおよろず》。

日本語での用法 《やつ》昔の時刻の呼び名。午前と午後の二時ごろ。「お八《や》つ・八《や》つの刻《コク》」

参考 商売や契約《ケイヤク》の文書では、数字を書きかえられないよう、同音の「捌」を使うことがある。

難読 八十一《クク》

人名 かず・わかつ

漢字に親しむ ❺ 入木道《ジュボクドウ》

晋《シン》の時代のことです。のちに「書聖」といわれる書の名人、王羲之《オウギシ》が地の神を祭ることばを板に書きました。その板をけずってみると、一センチ近くも板に墨《すみ》がしみこんでいたそうです。墨が木に入ったから「入木《ジュボク》」というわけで、「入木道」とは書道のことをいいます。ふつうの人が書いた字は、きっと一回けずったら消えてしまったでしょうが、王羲之が書いた文字は木の奥深くまで墨がしみとおっていました。それほどに王羲之は筆力が強かった、ということです。

【八▼佾】《ハチイツ》〔「佾」は、舞《まい》の列の意〕古代中国の舞楽《ブガク》。八人ずつ八列に並び、六十四人でおこなう。

【八音】《ハチイン／ハチオン》〔「ハッチン」とも〕中国の伝統楽器の八種の分類。金《キン》(＝鐘《かね》)・石《セキ》(＝磬《ケイ》。石でできた打楽器)・糸《シ》(＝琴《キン》など弦《ゲン》を用いた楽器)・竹《チク》(＝笛の類)・匏《ホウ》(＝笙《ショウ》の類)・土《ド》(＝土でできた楽器)・革《カク》(＝太鼓《タイコ》の類)・木《モク》(＝木でできた楽器)。転じて、楽器や音楽のこと。

【八月】《ハチガツ》一年の八番目の月。葉月《はづき》。

【八寒地獄】《ハチカンジゴク／ハッカンジゴク》〔仏〕厳しい寒さに苦しめられる八種の地獄。㊀対 八大地獄。

【八虐】《ハチギャク》律令《リツリョウ》で定められている八種の重い罪。表記「八逆」とも書く。

【八十八夜】《ハチジュウハチヤ》立春から八十八日目の日。太陽暦《レキ》の五月一、二日ごろ。種まきや茶つみに最適の時期。

【八大地獄】《ハチダイジゴク》〔仏〕厳しい熱さに苦しめられる八種の地獄。八熱地獄《ハチネツジゴク》。対 八寒地獄。

【八道】《ハチドウ》畿内《キナイ》五国を除いた、八つの地域。奈良《なら》時代の七道である、東海道《トウカイドウ》・東山道《トウサンドウ》・北陸道《ホクロクドウ》・山陰道《サンインドウ》・山陽道《サンヨウドウ》・南海道《ナンカイドウ》・西海道《サイカイドウ》に、明治以後の北海道《ホッカイドウ》を加えた八つ。

【八分】一《ハチブ》①〔「ハチブン」とも〕全体の十分の八。八割。例 ―音符《オンプ》。腹―に医者いらず。②「村八分《むらハチブ》」の略。村のきまりを破った者や家を、のけ者としてあつかうこと。二《ハップン》漢字の書体の一つ。隷書《レイショ》の一種で、八の字が分かれているような書体からつけられたという。

【八分目】《ハチブめ／ハチブンめ》①全体の八割ていど。②ひかえめにすること。例 腹―。

【八面▼玲▼瓏】《ハチメンレイロウ》〔「玲瓏」は、あざやかで美しいようす、の意〕①どの面から見ても、あざやかで美しいこと。②心の中にわだかまりのまったくないこと。例 ―の人格。

【八面六▼臂】《ハチメンロッピ》〔顔が八つで、うでが六つある仏像の意から〕ひとりで多方面にわたって、めざましく活躍《カツヤク》すること。例 ―の大活躍。

【八▼卦】《ハッカ／ハッケ》易《エキ》で、算木《サンぎ》の組み合わせでできる、八種のかたち。これで吉凶《キッキョウ》をうらなう。乾《ケン》・兌《ダ》・離《リ》・震《シン》・巽《ソン》・坎《カン》・艮《ゴン》・坤《コン》。例 ―見《ハッケみ》(＝易者)。

【八角】《ハッカク》①八つの角。また、「八角形」の略。②中華料理《チュウカリョウリ》の香辛料《コウシンリョウ》の一つ。実が八角の放射状をしている。大茴香《ダイウイキョウ》。スターアニス。

【八苦】《ハック》〔仏〕人間にとってのあらゆる苦しみ。生《ショウ》・老《ロウ》・病《ビョウ》・死《シ》の四苦に、愛別離苦《アイベツリク》(＝愛する人と別れる苦しみ)・怨憎会苦《オンゾウエク》(＝うらみのある人と顔をあわせる苦しみ)・求不得苦《グフトクク》(＝求めても得られない苦しみ)・五陰盛苦《ゴオンジョウク》(＝欲がさかんであるために受ける心身の苦しみ)を加えたもの。

【八景】《ハッケイ》一地方のなかで景色のよい八か所。〔中国の「瀟湘《ショウショウ》八景」にはじまる〕例 近江《おうみ》―。

【八▼紘】《ハッコウ》〔「紘」は、果ての意〕全世界。天下。例 ―一宇《イチウ》(＝全世界を一つの家のようにすること)。

【八▼朔】《ハッサク》①陰暦《インレキ》八月朔日《ついたち》。その年初めての収穫《シュウカク》を祝う。②ミカンの一種。ナツミカンより小さめであまみがある。

【八達】《ハッタツ》(名・する) 道が、八方へつながっていること。交通の便がひじょうによいこと。例 四通《シツウ》―。

【八珍】《ハッチン》八種類の珍味《チンミ》。

【八白】《ハッパク》運勢や吉凶《キッキョウ》をうらなうときに用いる九星の一つ。方位は北東で、土星をあてる。

【八百八町】《ハッピャクやチョウ》江戸《えど》の町全体の呼び名。〔町の数が多いことから〕

【八方】《ハッポウ》①四方と四すみ。②あらゆる方向。あらゆる方面。例 ―ふさがり。

【八方美人】《ハッポウビジン》だれからも、よく思われるように、愛想《アイソ》よく、要領よくふるまう人。無節操で、ぬけめがないという意味で使われる。

【八方破れ】《ハッポウやぶれ》すきだらけの状態。また、言動が、理にかなったところがなく、かって気ままなこと。例 ―の構え。

【八宝菜】《ハッポウサイ》ブタ肉・エビ・野菜類を八種以上用いて調味した中華《チュウカ》料理。

【八重】《やえ》①八つにかさなっていること。また、いくつにもかさなっていること。例 ―の潮路《しおじ》(＝遠い海路)。②「八重咲《やえざ》き」の略。花びらがいくつもかさなってさくこと。例 ―桜《ざくら》。

【八重歯】《やえば》ほかの歯とかさなるように生えた歯。例 笑うと―がのぞく。

【八百長】《やおちょう》試合や勝負事などで、しんけんに競《きそ》っているように見せながら、勝ち負けを前もって打ち合わせたとおりにすること。いんちき。例 ―試合。

【八百屋】《やおや》野菜やくだものなどを売る店。また、その仕事をする人。類 青果商・青物屋。

【八▽百▽万】《やおよろず》 数がひじょうに多いこと。類 千万《ちよろず》。例 ―の神神。

【八千代】《やちよ》 ひじょうに長い年月。例 千代に―に。

【八つ当たり】《やつあたり》（名・する）いかりや不満などを、かかわりのない人たちにぶつけること。例 ―に家族をしかりつける。

【八つ裂き】《やつざき》 ずたずたにさくこと。例 ―にしたいほどだ。

◒間八《カンパチ》・尺八《シャクハチ》

八 2

【兮】

4画 4934 516E

音 ケイ 漢

意味 〔助字〕韻文《インブン》のなかに用いられて、語調をととのえたり詠嘆《エイタン》の意をあらわしたりする。漢文訓読では読まない。例 力抜レ山兮気蓋レ世《ちからはやまをぬききはよをおおう》（＝力は山を引きぬくほどの勢い、意気は天下をおおいつくすほどさかんだ）。〈史記《シキ》〉

八 2

【公】

4画 2488 516C 教育2

音 コウ 漢 ク 呉

訓 おおやけ・きみ

筆順 ノ 八 公 公

なりたち 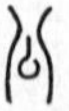 ［会意］「八（＝そむく）」と「ム（＝自分のものとする）」とから成る。自分かってにせず、平均して分ける。

意味 ❶おおやけ。㋐国・朝廷《チョウテイ》・政府・地方公共団体など。対 私《シ》。例 公営《コウエイ》。公職《コウショク》。公務員《コウムイン》。㋑社会全体に広くかかわる。対 私《シ》。例 公害《コウガイ》。公共《コウキョウ》。公衆《コウシュウ》。㋒かたよらず、ただしい。例 公正《コウセイ》。公平《コウヘイ》。㋓広く全体に共通している。例 公理《コウリ》。公約数《コウヤクスウ》。㋔外に向かって明らかなようす。おもてむき。例 公言《コウゲン》。公然《コウゼン》。公表《コウヒョウ》。❷諸侯《ショコウ》。きみ。例 公卿《コウケイ》。公子《コウシ》。❸五等爵（＝公・侯《コウ》・伯《ハク》・子・男）の最上位。例 公爵《コウシャク》。❹親族の年長者や他人をうやまっていうことば。例 貴公《キコウ》。

日本語での用法 ㊀《コウ》①おおやけ。天皇および天皇の家族。「公武合体《コウブガッタイ》」②人や動物の名前の下につけて、親しみや軽蔑《ケイベツ》の気持ちをあらわす。「熊公《くまコウ》・八公《ハチコウ》」㊁《ク》①将軍家。「犬公方《いぬクボウ》・公方家《クボウケ》」②貴族。武家に対していう。「公家《クゲ》」

難読 公孫樹《いちょう》・公魚《わかさぎ》

人名 あきら・いさお・きん・さと・たか・ただ・ただし・とおる・とも・なお・ひと・ひろ・まさ・ゆき

【公安】《コウアン》 社会の秩序《チツジョ》と安全が保たれること。例 ―委員会。

【公案】《コウアン》 ①中国で、役所が作る調書。②〔仏〕禅宗《ゼンシュウ》で、座禅修行《ザゼンシュギョウ》する者にあたえられる問題。

【公営】《コウエイ》 国や地方公共団体などが経営すること。対 私営・民営。例 ―住宅。

【公益】《コウエキ》 社会全体の利益。対 私益。例 ―事業。

【公演】《コウエン》（名・する）公衆の前で演劇や音楽などを演じること。例 定期―。

【公家】㊀《コウカ》 君主の家。また、王室。おおやけ。㊁《クゲ》 ①天皇。朝廷《チョウテイ》。おおやけ。②朝廷に仕える者。対 武家。

【公会】《コウカイ》 ①いっぱんの人々に公開しておこなう会議。②おおやけの会合や会議。例 ―堂。

【公海】《コウカイ》 どの国にも属さず、各国が自由に使用できる海。対 領海。例 ―条約。―自由の原則。

【公開】《コウカイ》（名・する）いっぱんの人が見たり聞いたりして、利用できるようにすること。例 ―質問状。―討論会。

【公害】《コウガイ》 自動車の排気《ハイキ》ガスや騒音《ソウオン》、工場から出る有毒廃棄物《ハイキブツ》や排煙《ハイエン》などが、川や海や大気をよごし、人々の健康などに害をあたえること。また、その害。例 ―病。

【公刊】《コウカン》（名・する）広くいっぱんの人々に向けて、新聞や雑誌や書籍《ショセキ》などを出版すること。

【公館】《コウカン》 役所の建物。とくに大使館や公使館や領事館をいう。例 在外―。

【公器】《コウキ》 いっぱんの人々のための機関。公共の役に立つべきもの。例 新聞は社会の―。

【公儀】《コウギ》 ①おおやけ。表向き。②政府。朝廷《チョウテイ》。例 ご―に対し、おそれ多い。③幕府。将軍家。例 ―隠密《オンミツ》。―のとがめ。

【公休】《コウキュウ》 ①休日や祝日と、そのほかに雇《やと》う側が公式に認めた休みの日。②同業者がとりきめて、いっせいに休むこと。また、その日。類 定休。例 ―日。

【公許】《コウキョ》（名・する）官公庁から許可を得ること。類 官許。例 ―を受けて開業する。

【公共】《コウキョウ》 社会いっぱん（の人々）。また、社会全体にかかわること。例 ―事業。―の福祉《フクシ》。

【公共心】《コウキョウシン》 社会全体の役に立つ、よいことをしようとする気持ち。

【公共団体】《コウキョウダンタイ》 国から特別に、その地域の政治を任されている団体。地方公共団体など。

【公共放送】《コウキョウホウソウ》 おもに受信料によって経営される、公共のために行われる放送。対 民間放送。

【公金】《コウキン》 政府や公共団体が所有するお金。おおやけのお金。例 ―横領。

【公▼卿】㊀《コウケイ》 昔、中国で、最高位の官職。公とそれに次ぐ卿。三公と九卿《キュウケイ》。㊁《クギョウ／クゲ》 日本で、太政《ダイジョウ》大臣・摂政《セッショウ》・関白や、大納言《ダイナゴン》・中納言・参議・三位《サンミ》以上の貴族をあわせていった。上達部《かんだちめ》。月卿《ゲッケイ》。

【公言】《コウゲン》（名・する）自分の気持ちや考えを、世間に対してはっきりということ。類 明言。例 ―してはばからない。

【公庫】《コウコ》 公共の目的で資金の貸し出しをするために、政府がつくった金融《キンユウ》機関。例 日本政策金融―。

【公告】《コウコク》（名・する）国や地方公共団体が公報などで、広くいっぱんの人に知らせること。例 ―手続き。

【公国】《コウコク》 ヨーロッパで「公（＝英語 duke）」の称号《ショウゴウ》をもつ者が、君主として治める国。リヒテンシュタイン公国、モナコ公国、ルクセンブルク大公国、の三国がある。

【公債】《コウサイ》 国や地方公共団体が、必要な経費をおぎなうために発行する債券。〔債券とひきかえにお金を集めるもので、国債と地方債とがある〕対 社債。

【公算】《コウサン》 ①「確率《カクリツ》」の古い言い方。②あることがらが起こる可能性の度合い。確かさ。みこみ。確率。類 蓋然性《ガイゼンセイ》。

【公子】《コウシ》 ①諸侯《ショコウ》や貴族の子。例 貴―。②天子や諸侯の庶子《ショシ》。③諸侯のむすめ。

【公私】《コウシ》 おおやけとわたくし。社会や自分が属している団体にかかわることと、個人的なこと。官と民。例 ―のけじめをつける。―混同する。

【公使】《コウシ》「特命全権公使」「弁理公使」「代理公使」などの略。国を代表して外国に派遣《ハケン》される官吏《カンリ》。大使に次ぐ地位の外交官。例 ―館。

【公示】《コウジ》（名・する）おおやけの機関が、広くいっぱんの人にしめすこと。例 総選挙の―。

【公事】㊀《コウジ》 ①おおやけの仕事。公務。②公共のことがら。対 私事《シジ》。㊁《クジ》 ①朝廷《チョウテイ》の仕事や儀式《ギシキ》。②租《ソ》庸《ヨウ》調《チョウ》などの税のこと。③うったえ。訴訟《ソショウ》。

【公式】《コウシキ》 ①役所や団体などが、ものごとをおこなうときの表

立った正式なやり方。例—発表。②〔数〕計算の決まりを記号であらわした式。例—を当てはめて解く。

【公式的】《コウシキテキ》（形動ダナ）形式や決まりにこだわって、ゆうずうがきかないようす。例—な答弁。

【公社】《コウシャ》①もと、国が資金を全額出してつくった企業体《キギョウタイ》。日本専売公社・日本電信電話公社・日本国有鉄道などがあった。②地方公共団体や財団法人などから資金を受け、公共的事業をおこなう企業体。

【公舎】《コウシャ》公務員が、在任中に住む場所としてあたえられる、家屋や宿舎。類官舎。

【公爵】《コウシャク》貴族の階級の一つ。五等爵(＝公・侯《コウ》・伯《ハク》・子・男)の最上位。また、その位をもつ人。

【公衆】《コウシュウ》国や社会を構成している人々。社会のいっぱんの人々。類大衆。例—道徳。—電話。—衛生。

【公述】《コウジュツ》（名・する）公聴会《コウチョウカイ》など公式の場で意見をのべること。例反対意見を—する。

【公序】《コウジョ》社会が安全かつ健全であるために、みんなが守るべき決まり。公共の秩序《チツジョ》。

【公序良俗】《コウジョリョウゾク》公共の秩序《チツジョ》と善良な風俗。例—に反する行為《コウイ》(＝多くふしだらな行為などをさし、はなはだしい場合は、法によって罰《バツ》せられることがある)。

【公称】《コウショウ》（名・する）（数量や名称などについて）実際は別として、表向きの発表。例発行部数は—十万部だ。

【公証】《コウショウ》①公的な証拠《ショウコ》。②公務員が職権によって事実を明らかにすること。また、その証明。

【公証人】《コウショウニン》公正証書を作成したり、個人が作った書類を認証《ニンショウ》したりする公務員。例—役場《ヤクば》。

【公傷】《コウショウ》公務の仕事中に受けたきず。対私傷。

【公職】《コウショク》おおやけの職務。とくに、公務員や議員としての仕事。例—につく。

【公人】《コウジン》公務員や議員など公職についている人。また、その立場。対個人・私人。例—の立場で発言する。

【公正】《コウセイ》（名・形動ダナ）かたよりやあいまいさがなく、社会から正しいと認められること。例—を期する。

【公正証書】《コウセイショウショ》民事上の法律行為《コウイ》や権利などについての証書。公証人が作成する。

【公選】《コウセン》（名・する）①国民、または住民の投票によって選挙すること。類民選。対官選。例知事を—する。②公開の場で、一定の資格をもつ人々によって、おこなわれる選挙。


例党の総裁を—する。

【公然】《コウゼン》（形動タルト）世間に知れわたっているようす。また、ものごとをかくさず、明らかにするようす。例—と言い放つ。

【公訴】《コウソ》（名・する）〔法〕検察官が、刑事《ケイジ》事件の起訴状を裁判所に出して、裁判をするように求めること。

【公孫樹】《コウソンジュ》《いちょう》イチョウ科の落葉高木。雌雄《シユウ》異株《イシュ》。葉はおうぎ形で切れこみがあり、秋に黄葉《コウヨウ》する。雌株《めかぶ》にできる実がギンナン。〔老木になってから実ができるので、孫の代に実る木の意で公孫樹という〕表記「いちょう」は、「▽銀▼杏・▼鴨▽脚▽樹」とも書く。

【公団】《コウダン》政府や地方公共団体の出資と、民間からの資金の借り入れとによってつくられた特殊《トクシュ》法人。国家的な規模の公共事業をおこなう。例—住宅。

【公聴会】《コウチョウカイ》国や行政機関が、重要なことがらを決めるために、関係者、中立の立場の人、学識経験者などから意見をきく、公開の会。例税制改革に関する—。

【公定】《コウテイ》（名・する）政府や公共団体などが、公式のものとして決めること。例—価格。

【公邸】《コウテイ》高級公務員の在任中の住居として、国や公共団体が提供する邸宅。類官邸。対私邸。例県知事—。

【公的】《コウテキ》（形動ダナ）おおやけのことに関するようす。対私的。例—年金。—な立場。

【公転】《コウテン》（名・する）天体が他の天体のまわりを、規則的に回ること。対自転。例地球は太陽のまわりを—する。

【公党】《コウトウ》主義や政策を公表し、社会からも党として認められている政党。

【公道】《コウドウ》①国や地方公共団体がつくって、管理している道路。だれでも通行できる。対私道。②社会に認められている正しい道理。例—をふむ。

【公徳】《コウトク》社会生活上、守るべき心がけ。公衆道徳。

【公徳心】《コウトクシン》社会生活をおくるなかで、道徳をたいせつにしようとする心。例—に欠けるおこない。

【公認】《コウニン》（名・する）①官庁や公共団体、政党などが、正式に事実や価値や資格などをみとめること。例—記録。②周囲の人々が理解し、みとめていること。例両親—の仲。

【公倍数】《コウバイスウ》二つ以上の整数に共通する倍数。例、3と4の公倍数は、12・24・36…など。対公約数。例最小—。

【公判】《コウハン》公開の法廷《ホウテイ》でおこなわれる刑事《ケイジ》裁判。例—調書。


【公費】《コウヒ》国や公共団体から出る費用。対私費。例—による出張。

【公表】《コウヒョウ》（名・する）発表して、いっぱんの人々に知らせること。類公開。例—をはばかる。事件の真相を—する。

【公賓】《コウヒン》政府が、正式に客としてもてなす、外国の王族や大臣など。〔国家元首などの「国賓《コクヒン》」に次ぐ待遇《タイグウ》〕

【公布】《コウフ》（名・する）①いっぱんの人に告げ知らせること。②法律・政令・条約・予算などを、官報などで発表して、いっぱんの人に知らせること。例日本国憲法の—。

【公武】《コウブ》公家《クゲ》と武家《ブケ》。朝廷《チョウテイ》と幕府。例—合体。

【公憤】《コウフン》社会の悪に対して、自分に直接に関係はなくても、正義のために感じるいかり。類義憤。対私憤。例道義上の—を述べる。

【公文】一《コウブン》国や地方公共団体が正式に出す文書。公文書。例—で通達する。二《クモン》昔、諸国の国司から朝廷《チョウテイ》にさし出された文書。

【公文書】《コウブンショ》国や公共団体、または公務員が、職権により一定の形式で作った文書。対私文書。例—偽造《ギゾウ》。

【公分母】《コウブンボ》二つ以上の分数で、それらに共通な分母。

【公平】《コウヘイ》（名・形動ダナ）一方にかたよることなく平等であること。えこひいきしないこと。例—な見方。

【公平無私】《コウヘイムシ》（名・形動ダナ）公平で、自分の気持ちや感情をさしはさまないこと。例—な態度。

【公募】《コウボ》（名・する）広くいっぱんから募集すること。例ボランティアを—する。

【公報】《コウホウ》①官庁から出される、国民向けの公式の通知。例選挙—。②政府が発行する官報にならい、地方公共団体が発行する広報のための文書。

【公僕】《コウボク》〔公衆に奉仕《ホウシ》する人の意〕公務員のこと。例—の意識などまるでもっていない役人。

【公民】《コウミン》①政治に参加する権利と義務とをもっている国民。例—館。—権。②高等学校の教科の一つ。また、中学校社会科の一分野。

【公民館】《コウミンカン》市町村で、住民の交流や文化の向上のためにつくられた建物。類公会堂。

【公務】《コウム》国や地方公共団体の仕事。類公用。例—執行妨害《シッコウボウガイ》。

【公務員】《コウムイン》国や地方公共団体に勤めている人。国家公務員と地方公務員とがある。

【公明正大】《コウメイセイダイ》(名・形動ダナ) やましいところがなく、公平で堂々としていること。法律や道徳を守り、はじるところがないこと。例—な生き方。
【公約】《コウヤク》(名・する) ①公衆や公共に対して、約束すること。②選挙の立候補者が、当選したら必ず実行すると約束すること。また、その約束。例減税を—にかかげて選挙に勝った。—を果たす。
【公約数】《コウヤクスウ》 ①二つ以上の整数に共通な約数。例、16と12の公約数は、1・2・4。対公倍数。例最大—。②いろいろな意見や主張の共通部分。例多数意見の—で妥協《ダキョウ》をはかる。
【公有】《コウユウ》(名・する) 国や公共団体が所有すること。類国有・官有。対私有。例—地。—林。
【公用】《コウヨウ》 ①国や公共団体の仕事や用事。例—車。—で出かける。②私的な用事ではなく、勤務先の用事。例—で海外へ行く。▽類公務。対私用。
【公用語】《コウヨウゴ》 国あるいは国際機関が、公式の場で使用する言語。例一国の—は一言語とは限らない。
【公吏】《コウリ》 地方公務員の古い呼び方。
【公理】《コウリ》 ①いっぱんに広く通用する道理。だれもがそう思う考え方のすじみち。②〔数〕証明を必要としない、明らかな真理。たとえば、二点間の最短距離《キョリ》は直線である、など。
【公立】《コウリツ》 地方公共団体が設立して、維持《イジ》し運営すること。また、そのもの。学校・病院・図書館など。類国立・都立・市立。対私立。例—高校。
【公論】《コウロン》 ①世間いっぱんが支持する意見。類世論。例万事《バンジ》—に従うべし。②公平で正しい議論。
●王公《オウコウ》・郭公《カッコウ》・貴公《キコウ》・愚公《グコウ》・君公《クンコウ》・主人公《シュジンコウ》・諸公《ショコウ》・狙公《ソコウ》・大公《タイコウ》・太公《タイコウ》・乃公《ダイコウ》・奉公《ホウコウ》・老公《ロウコウ》

八 2
【六】
4画 4727 516D 教育1
音 リク漢 ロク呉
訓 む・む-つ・むっ-つ・むい

筆順 丶 亠 亠丿 六

なりたち  [会意]「亠(=はいる)」と「八(=はち)」とから成る。「易《エキ》」で、八に変化すると考えられた数。

意味 ❶数の名。むっつ。むつ。例六書《リクショ》。六法《ロッポウ》。❷むたび。例六倍《ロクバイ》。❸むっつ目。例六月《ロクガツ》。❹易《エキ》で陰《イン》の爻《コウ》をあらわす。対九。

［八部］2画 六

日本語での用法《むつ》 昔の時刻の呼び名。午前と午後の六時ごろ。「明《あ》け六《む》つ・暮《く》れ六《む》つ」

参考 商売や契約《ケイヤク》の文書では、数字を書きかえられないよう、同音の「陸」を使うことがある。

人名 かず

【▽六義】《リクギ》 ①『詩経《シキョウ》』にある、詩の六つの分類。内容上の風《フウ》・雅《ガ》・頌《ショウ》と、表現上の賦《フ》・比《ヒ》・興《キョウ》をいう。②「六書《リクショ》①」に同じ。
【▽六経】《リクケイ》 六種の経書《ケイショ》。『易経《エキキョウ》』『詩経《シキョウ》』『書経《ショキョウ》』『春秋《シュンジュウ》』『礼記《ライキ》』『楽記《ガクキ》』。〔『楽記』の代わりに『周礼《シュライ》』を加えることもある〕
【▽六芸】《リクゲイ》 六つの技芸。周代に、士《シ》以上の人が修めた。礼《レイ》(=道徳)・楽《ガク》(=音楽)・射《シャ》(=弓術《キュウジュツ》)・御《ギョ》(=馬術)・書《ショ》(=書道)・数《スウ》(=算術)。
【▽六書】《リクショ》 ①漢字の成立と用法を説明する六種の分類。象形《ショウケイ》・指事《シジ》・会意《カイイ》・形声《ケイセイ》(=以上、構成法)・転注《テンチュウ》・仮借《カシャ》(=以上、運用法)。六義《リクギ》。②「六体《ロクタイ》」に同じ。
【▽六朝】《リクチョウ》 三国時代から南北朝時代に、建業(=のち建康と改名。今の南京《ナンキン》)を都としておこった、呉《ゴ》・東晋《トウシン》・宋《ソウ》・斉《セイ》・梁《リョウ》・陳《チン》の六つの王朝をいう。
【▽六▼韜三略】《リクトウサンリャク》〔『六韜』も『三略』も、中国の兵法の著名な古典〕兵法などの極意《ゴクイ》。また、虎《とら》の巻。
【▽六花】《リッカ》《ロッカ》 雪のこと。むつのはな。〔雪の結晶《ケッショウ》を六枚の花弁に見立てたもの〕
【六月】《ロクガツ》 一年の六番目の月。水無月《みなづき》。
【六三制】《ロクサンセイ》 一九四七(昭和二十二)年に施行《シコウ》された、小学校六年と中学校三年を義務教育とする、現行の教育制度(のとおり名)。
【六尺】 一《ロクシャク》 ①一尺の六倍。約一・八メートル。鯨尺《くじらジャク》で六尺は約二・三メートル。②「六尺褌《ロクシャクふんどし》」の略。鯨尺で六尺のさらしもめんを使ったふんどし。③身分の高い人のかごをかついだ人。また、下男。二《リクセキ》 昔の中国で、十五歳《サイ》くらいの子供。例—の孤《コ》(=父をなくして幼少で即位《ソクイ》した君主)。
【六尺棒】《ロクシャクボウ》 長さ六尺(=約一・八メートル)のカシの木の棒。罪人を取りおさえたりするのに使う。
【六親】《ロクシン》〔「リクシン」とも〕自分に最も身近な六種の親族。父・母・兄・弟・妻・子、または、父・子・兄・弟・夫・婦。例—眷属《ケンゾク》(=血族と姻族《インゾク》のすべて)。
【六体】《ロクタイ》〔「リクタイ」とも〕漢字の六種の書体。大篆《ダイテン》・小篆《ショウテン》・八分《ハップン》・隷書《レイショ》・行書・草書。または、古文《コブン》・奇字《キジ》・篆書・隷書・繆書《ビュウショ》・虫書《チュウショ》。六書《リクショ》。
【六畜】《ロクチク》〔「リクチク」「リッキク」「リッキュウ」とも〕六種の家畜。ウマ・ウシ・ヒツジ・ブタ・イヌ・ニワトリ。
【六道】《ロクドウ》〔仏〕人間をはじめすべての生物が、生きていたときのおこないによって生死をくり返すという、六つの世界。地獄《ジゴク》・餓鬼《ガキ》・畜生《チクショウ》・修羅《シュラ》・人間《ニンゲン》・天上《テンジョウ》。例—輪廻《リンネ》。
【六波羅蜜】《ロクハラミツ》〔仏〕菩薩《ボサツ》が仏になるために、修めなければならない六つの行《ギョウ》。布施《フセ》(=他人にほどこすこと)・持戒《ジカイ》(=自分をいましめること)・忍辱《ニンニク》(=苦しみをたえしのぶこと)・精進《ショウジン》(=戒律を守り信仰《シンコウ》にはげむこと)・禅定《ゼンジョウ》(=真理を観察し、心身を安定した状態におくこと)・智慧《チエ》(=ものごとを正しく認識《ニンシキ》すること)。
【六分儀】《ロクブンギ》 洋上の船などで、天体の高度を測って、緯度《イド》や経度を知るのに用いる器械。〔円周の六分の一のおうぎ形をした目盛り盤《バン》がついているところから〕
【六曜】《ロクヨウ》 その日がいい日か悪い日かをうらなうとき、基準となる六つの日。先勝《センショウ》・友引《ともびき》・先負《センブ》・仏滅《ブツメツ》・大安《タイアン》・赤口《シャック》。六輝《ロッキ》。
【六角】《ロッカク》 ①六つの角。②「六角形」の略。六本の直線で囲まれた平面図形。
【六根】《ロッコン》〔仏〕感覚や意識を生じさせる六つの器官。眼《ゲン》・耳《ジ》・鼻《ビ》・舌《ゼツ》・身《シン》・意《イ》。
【六根清浄】《ロッコンショウジョウ》 六根から起こる欲望をたちきって、きよらかになること。霊山《レイザン》に参る信者などが、登りながらこのことばをとなえる。
【六▼腑】《ロップ》〔「リクフ」とも〕漢方でいう、六種の内臓。大腸・小腸・胆《タン》・胃・三焦《サンショウ》・膀胱《ボウコウ》。例五臓《ゴゾウ》—。
【六方】《ロッポウ》 ①東西南北(=四方)と天地(=上下)の六方向。②六つの平面で囲まれた立体。六面体。例—体。③歌舞伎《かぶき》で、役者が花道から退場するときに、手を大きくふり、足を高くつきだし、おどるように進む動作。例—を踏《ふ》む。
【六法】《ロッポウ》 近代の六つの、おもな法律。憲法・民法・商法・刑法《ケイホウ》・民事訴訟法《ソショウホウ》・刑事《ケイジ》訴訟法。例—全書。
●甚六《ジンロク》・双六《すごろく》

八 4

【共】

6画 2206 5171 教育4 音 キョウ漢 ク呉 訓 とも・とも-に

筆順 一 十 廾 丗 共 共

なりたち 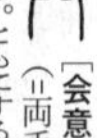 ［会意］「廿（＝二つの十が合わさる）」と「廾（＝両手でささげ持つ）」とから成る。二十人でささげ持つ。ともにする。

意味 ❶いっしょに（する）。とも。ともに。例共感《キョウカン》。共通《キョウツウ》。共同《キョウドウ》。❷「共産主義《キョウサンシュギ》」「共産党《キョウサントウ》」の略。例中共《チュウキョウ》。反共《ハンキョウ》。参考 英語の communism の日本語訳「共産主義」が、中国でも用いられた。

日本語での用法《とも・ども》複数や多数をあらわすことば。へりくだった気持ちをふくむ。「私共《わたくしども》・身共《みども》」

人名 たか

【共栄】《キョウエイ》（名・する）性質や立場が異なったり対立したりするものが、ともにさかえること。例共存—。

【共益】《キョウエキ》 共通の、また、共同の利益。

【共益費】《キョウエキヒ》 共通の利益のために、それぞれが負担する費用。たとえば、共同住宅の居住者が、外灯やエレベーターなど共用部分の維持《イジ》や管理のために支出する費用。

【共演】《キョウエン》（名・する）映画や演劇や音楽などで、（とくに人気のある）俳優や歌手などの二人以上が、いっしょに出演すること。例二大スターの—する舞台《ブタイ》。

【共学】《キョウガク》（名・する）男女が同じ学校や教室で、いっしょに学ぶこと。対別学。例男女—。

【共感】《キョウカン》（名・する）他人の考えや行動に対して、自分もまったくそのとおりだと感じること。類共鳴。例—を呼ぶ。

【共済】《キョウサイ》〔「済」は、救う意〕たがいに力を合わせ、助け合うこと。例—制度。

【共済組合】《キョウサイくみあい》 同じ種類の職業についている人々で構成され、組合員の病気や死亡などのときに、経済面で助け合う組織。例公務員—。

【共催】《キョウサイ》（名・する）「共同主催」の略。二つ以上の団体や個人が、共同で一つのもよおしをおこなうこと。

【共産】《キョウサン》 土地や財産などを共有すること。例—社会。

【共産主義】《キョウサンシュギ》 私有財産を否定し、土地や工場などを共有して、平等な社会を実現しようとする考え。コミュニズム。対資本主義《シホンシュギ》・社会主義《シャカイシュギ》。

【共生】《キョウセイ》（名・する）①いっしょに生活していくこと。例すべての生物が、みな地球上で—している。②ちがった種類の生物が、たがいに利益を受け合うなどして、共同生活をすること。例ヤドカリとイソギンチャクの—。

【共存】《キョウソン｜キョウゾン》（名・する）性質や立場の異なるものどうしが、たがいに同じ場所で、ともに生存したり存在したりすること。例平和—。

【共存共栄】《キョウソンキョウエイ》（名・する）性質や立場のちがうものが、たがいに敵対しあうことなく、ともに生存し、ともにさかえること。例—をはかる。

【共著】《キョウチョ》 二人以上の人が共同で本を書くこと。

【共通】《キョウツウ》（名・する・形動ダナ）二つ以上のものごとのどれにも当てはまること。例万人《バンニン》に—のなやみ。

【共通語】《キョウツウゴ》 ①ある国のなかで、地域や階層に関係なく通用することば。対方言。参考「標準語」のような人為的《ジンイテキ》・規範的《キハンテキ》なものとは考えない。②異なった言語を使う民族や国家のあいだで通用する言語。国際語。例国際的—としての英語。

【共闘】《キョウトウ》（名・する）「共同闘争」の略。二つ以上の組織や団体が、共通の目的のために、共同して闘争すること。例—を組む。

【共同】《キョウドウ》（名・する）①複数の人が一つの目的のために力を合わせること。例—経営。②多くの人が使用したり、かかわったりすること。例—浴場。参考 個人や団体が、共通の利益を守るために力を合わせるときは、「協同」を使う。

【共同社会】《キョウドウシャカイ》 おたがいに血のつながりのある家族や一族、また、その土地に住んでいることによって生じるつながりなどで構成される社会。ゲマインシャフト。〔ドイツの社会学者テニエスがとなえた〕対利益社会。

【共同戦線】《キョウドウセンセン》 考え方の異なる団体が、共通の目的に対して協力し合うこと。例—を張る。

【共同謀議】《キョウドウボウギ》 複数の者が共同して犯罪を計画し、そのうちのある者が実行すること。

【共犯】《キョウハン》 複数の者が共同して犯罪をおこなうこと。例—者。

【共編】《キョウヘン》（名・する）書物などを、二人以上で編集すること。例親子—の家族新聞。

【共謀】《キョウボウ》（名・する）共同で悪事をたくらむこと。例二人で—して人をだました。

【共鳴】《キョウメイ》（名・する）①〔物〕発音体が、外部から音波の刺激《シゲキ》を受けて振動《シンドウ》を起こし、音を出す現象。ともなり。共振。例音叉《オンサ》が—する。②他人の言動から影響《エイキョウ》を受けて、それに調子を合わせること。類共感。

【共有】《キョウユウ》（名・する）複数の人や団体が、一つのものを共同で所有すること。対専有。例—財産。

【共用】《キョウヨウ》（名・する）共同で使用すること。対専用。例弟と辞書を—する。

【共立】《キョウリツ》（名・する）①並び立つこと。②共同で設立すること。例三村《サンソン》—の小学校。

【共和】《キョウワ》 仲よく力を合わせて事をおこなうこと。

【共和国】《キョウワコク》 共和制をとる国家。

【共和制】《キョウワセイ》（君主が政治をおこなうのではなく）国民に主権があり、国民に選ばれた代表者が合議で政治をおこなう制度。共和政体。

【共白髪】《ともしらが》 夫婦《フウフ》がそろって白髪になるまで、長生きすること。

【共《とも》に天《テン》を▽戴《いただ》かず】父のかたきは必ず殺さなければならない。いっしょには生きていられない。〈礼記《ライキ》〉類不倶戴天《フグタイテン》。

八 5

【兵】

7画 4228 5175 教育4 音 ヘイ漢 ヒョウ呉 訓 つわもの

筆順 丿 𠂆 斤 丘 乒 兵

なりたち  ［会意］「廾（＝両手）」で「斤（＝おの）」を持つ。武器。また、それを使う人。

意味 ❶はもの。武器。例兵刃《ヘイジン》。短兵《タンペイ》（＝刀や剣《ケン》）。長兵《チョウヘイ》（＝やりや弓矢）。❷つわもの。軍人。例兵士《ヘイシ》。徴兵《チョウヘイ》。歩兵《ホヘイ》。❸いくさ。軍事。戦争。例兵法《ヒョウホウ》。兵家《ヘイカ》。

難読 兵衛《ヒョウエ｜ベ》・兵児帯《へこおび》

人名 たけ・たけし・つよし・まもる・むね

【兵部】 一《ヒョウブ》「兵部省《ヒョウブショウ》」の略。律令制《リツリョウセイ》で、八省の一つ。武官の人事など、軍事行政を担当した。二《ヘイブ》近代以前の中国で、兵事や軍政を担当した部局。

【兵法】《ヒョウホウ｜ヘイホウ》 ①用兵や戦闘《セントウ》の方法。例—を学ぶ。②武術。剣術《ケンジュツ》。例生《なま》—《ビョウホウ》は大けがのもと（＝いいかげんな知識や技術は大失敗をまねく）。

【兵糧】《ヒョウロウ》 軍隊の食糧《ショクリョウ》。また、いっぱんに、補給すべき消費財すべてを指す。例 —が足りないと勝つことができない。表記「兵▼粮」とも書く。

【兵糧攻め】《ヒョウロウぜめ》 食糧《ショクリョウ》を補給させないで、敵の戦う力を弱める戦法。

【兵員】《ヘイイン》 兵士(の数)。例 —増強。

【兵営】《ヘイエイ》 兵隊が居住するところ。兵舎のある区域。類 軍営・陣営《ジンエイ》。

【兵役】《ヘイエキ》 国民が軍隊に編入され、軍務につくこと。例 —義務。—に服する。

【兵▼戈】《ヘイカ》 ①武器。例 —を交える。②戦争。例 —の巷《ちまた》と化す。

【兵火】《ヘイカ》 戦争(による火災)。例 —がすべてを灰にした。

【兵家】《ヘイカ》 ①戦争に従事する人。軍人。②春秋戦国時代の諸子百家《ショシヒャッカ》の一つ。孫武《ソンブ》や呉起《ゴキ》らの学派。兵の用い方や戦術などを説く。

【兵器】《ヘイキ》 戦争で用いる機器。例 —庫。核《カク》—。

【兵士】《ヘイシ》 兵隊。兵卒。

【兵舎】《ヘイシャ》 兵士が日常ねおきする建物。

【兵術】《ヘイジュツ》 用兵術。戦術。類 兵法《ヒョウホウ》。

【兵書】《ヘイショ》 軍略や戦術などを記した書物。中国の古典では『孫子』『呉子《ゴシ》』『六韜《リクトウ》』『三略』などがある。

【兵刃】《ヘイジン》 武器。やいば。

【兵曹】《ヘイソウ》 旧海軍の下士官。上等・一等・二等に分ける。

【兵卒】《ヘイソツ》 兵隊。兵士。例 一—《イッペイソツ》(=ひゆ的には、命令のままに働く者)。

【兵隊】《ヘイタイ》 ①兵士や兵卒。②組織された兵の集団。軍隊。例 —にとられる。③言いつけどおりに、仕事をする人間。下っぱ。例 —が集まらない。

【兵▼站】《ヘイタン》 〔「站」は、ある業務をおこなうために作られた機構の意〕前線部隊の後方で、軍需品《グンジュヒン》の確保や補給などの任務にあたる機関。例 —部。

【兵団】《ヘイダン》 いくつかの師団や旅団を合わせた部隊。

【兵馬】《ヘイバ》 ①武器と軍馬。また、兵士と軍馬。②軍隊。軍備。戦争。例 —の権。

【兵《へい》は神速《シンソク》を貴《たっと》ぶ】 用兵で最もたいせつなのは、迅速《ジンソク》さである。〈三国志《サンゴクシ》〉

【兵備】《ヘイビ》 戦争へのそなえ。軍備。

【兵乱】《ヘイラン》 戦争で世の中が混乱すること。戦乱。

【兵略】《ヘイリャク》 いくさの作戦。類 軍略・戦略。

【兵力】《ヘイリョク》 兵員や兵器の数量や規模など、総合的な力。類 戦闘力《セントウリョク》。例 —削減《サクゲン》。—を増強する。

【▽兵▽児】《へこ》 鹿児島《かごしま》地方で、十五歳《サイ》以上二十五歳以下の男子のこと。例 —帯(=子供や男性用の、やわらかい帯)。

●衛兵《エイヘイ》・騎兵《キヘイ》・挙兵《キョヘイ》・憲兵《ケンペイ》・工兵《コウヘイ》・小兵《こヒョウ》・将兵《ショウヘイ》・神兵《シンペイ》・新兵《シンペイ》・水兵《スイヘイ》・雑兵《ゾウヒョウ》・僧兵《ソウヘイ》・徴兵《チョウヘイ》・撤兵《テッペイ》・派兵《ハヘイ》・番兵《バンペイ》・伏兵《フクヘイ》・砲兵《ホウヘイ》・歩兵《ホヘイ》・募兵《ボヘイ》・民兵《ミンペイ》・練兵《レンペイ》・老兵《ロウヘイ》

八 6

【其】

8画 3422 5176 人名

音 キ漢 ゴ呉

訓 そ-れ・そ-の

意味 〔助字〕❶「その」と読み、人やものごとを指し示す。例 無レ出二其右一《そのみぎにいずるなし》(=その上位に出るものはない)。❷「それ」と読み、意味を強めたり、語調をととのえたりする。例 従レ我者其由与《われにしたがうものはそれユウか》(=わたしについてくるのは、まあ由(=子路《シロ》)かな)。〈論語《ロンゴ》〉

人名 とき・もと

【其《そ》の子《こ》を知《し》らざれば其《そ》の友《とも》を▽視《み》よ】 どんな子かよくわからないときは、その友人を見ればよい。〈荀子《ジュンシ》〉

八 6

【具】

8画 2281 5177 教育3

音 ク漢 グ呉

訓 そな-える・そな-え・そな-わる・つぶさ-に

筆順 丨 冂 冃 月 目 且 旦 具

なりたち  〔会意〕「廾(=両手)」と「貝(=たから)」の省略体とから成る。そなえ置く。

意味 ❶欠けることなくそろう。ととのう。そなわる。そなえる。例 具備《グビ》。不具《グフ》。❷こまかに。くわしく。つぶさに。例 具申《グシン》。具答レ之《つぶさにこれにこたう》(=こまかくこたえた)。❸人の生活上、製作上に用いるもの。うつわ。例 家具《カグ》。道具《ドウグ》。文具《ブング》。❹器物などを数えることば。例 よろい一具。

人名 とも

【具眼】《グガン》 ものごとのよしあしを見分ける見識をそなえていること。例 —の士。

【具現】《グゲン》 (名・する) 実際の形としてあらわすこと。例 慈悲心《ジヒシン》を—したものが、この仏像だ。

【具象】《グショウ》 ㊀(名) 見たりふれたりできるように、現実に、ある形をもっているもの。具体。㊁(名・する) 実際的、感覚的にあらわすこと。具体。▽対 抽象《チュウショウ》。

【具象化】《グショウカ》 (名・する) 考えや感じとして頭の中にあるものなどを、現実的でわかりやすい形にしてあらわすこと。対 抽象化《チュウショウカ》。

【具象的】《グショウテキ》 (形動ダナ)「具体的《グタイテキ》」に同じ。

【具申】《グシン》 (名・する) 組織の上層部に対して意見や希望などをくわしく申し述べること。例 意見を—する。

【具足】《グソク》 ㊀(名・する) 過不足なくじゅうぶんにそなわっていること。例 円満—。条件を—する。㊁(名) ①家にそなえつけておく品物。家具。調度。②武具。とくに、よろい・かぶと。例 —武者《ムシャ》。

【具体】《グタイ》 人間の感覚でとらえられる、形や内容をそなえていること。具象。対 抽象《チュウショウ》。

【具体的】《グタイテキ》 (形動ダナ) 形や性質がくわしく示されていて、はっきりと感じられるようす。具象的。対 抽象的《チュウショウテキ》。

【具陳】《グチン》 (名・する) くわしく述べること。細大もらさず報告すること。類 具申。例 許可を得て私見を—する。

【具備】《グビ》 (名・する) (必要なものが)完全にそなわっていること。また、(必要なものを)じゅうぶんにそなえていること。類 具足。例 必要書類を—して申請《シンセイ》する。

【具有】《グユウ》 (名・する) (才能・資格・性質などを)身にそなえていること。例 両性—の神。

●家具《カグ》・器具《キグ》・敬具《ケイグ》・工具《コウグ》・寝具《シング》・建具《たてグ》・道具《ドウグ》・農具《ノウグ》・馬具《バグ》・表具《ヒョウグ》・武具《ブグ》・仏具《ブツグ》・文具《ブング》・夜具《ヤグ》・用具《ヨウグ》

八 6

【典】

8画 3721 5178 教育4

音 テン漢呉

訓 のり

筆順 丨 冂 巾 巾 曲 曲 典 典

なりたち  〔会意〕「冊(=書物)」が「丌(=台)」の上にある。台の上にのせた、だいじな書物。

意味 ❶書物。ふみ。例 典籍《テンセキ》。教典《キョウテン》。古典《コテン》。❷手本となることがら。規則。のり。きまり。例 典型《テンケイ》。典範《テンパン》。❸儀式《ギシキ》。儀礼。しきたり。例 華燭《カショク》の典《テン》。式典《シキテン》。❹つかさどる。例 典膳《テンゼン》。❺質《シチ》に入れる。例 典当《テントウ》(=

抵当《テイトウ》)。❻決まりに従って、ととのっている。みやびやか。例典雅《テンガ》。

日本語での用法《サカン》律令制《リツリョウセイ》の四等官《シトウカン》で、大宰府《ダザイフ》の最下位。主典《サカン》。

人名 おき・すけ・ただし・つかさ・つね・ふみ・みち・もり・よし・より

【典雅】《テンガ》(形動《ナダ》)ととのっていて、上品なようす。例—な文体。

【典拠】《テンキョ》(文章などの)確かな根拠《コンキョ》。よりどころ。出典。例—を示す。

【典儀】《テンギ》①式典。典礼。②儀式の係の役人。

【典型】《テンケイ》同類のものの中で、その特徴《トクチョウ》を最もよくあらわしているもの。例かれは学者の—だ。

【典獄】《テンゴク》監獄《カンゴク》の長。刑務所長《ケイムショチョウ》の古い言い方。

【典侍】《テンジ》①律令制《リツリョウセイ》で、内侍司《ナイシのつかさ》の次官。ないしのすけ。②明治以後の宮中の最高位の女官。

【典籍】《テンセキ》(尊重すべき)書物。古典。例—をひもとく。

【典膳】《テンゼン》宮中で食事をつかさどる官。

【典範】《テンパン》模範《モハン》となる規則や法律。例皇室—。

【典薬寮】《テンヤクリョウ》律令制《リツリョウセイ》で、宮中の医療《イリョウ》や医薬をつかさどった役所。くすりのつかさ。

【典礼】《テンレイ》定められている儀式《ギシキ》や作法。例—に通じた人。

【典例】《テンレイ》行事などの典拠《テンキョ》となる先例。しきたり。類典故。例—を重んじる。

【典麗】《テンレイ》(名・形動《ナダ》)ととのっていて、うるわしいこと。例—な文章。彼女《かのジョ》は—な王女を演じた。

●経典《キョウテン・ケイテン》・原典《ゲンテン》・祭典《サイテン》・字典《ジテン》・辞典《ジテン》・祝典《シュクテン》・聖典《セイテン》・特典《トクテン》

八 8

【兼】

10画 2383 517C 常用 音ケン漢呉 訓か-ねる

筆順 … 兼

八 8 【兼】10画

八 8 【兼】10画 別体字

たちなり [会意]「彐(=手)」で二本の「禾《いね》」を持つ。あわせ持つ。

意味 二つ以上のものをあわせ持つ。かねる。例兼業農家《ケンギョウノウカ》。兼務《ケンム》。才色兼備《サイショクケンビ》。

日本語での用法 一《ケン》あらかじめ。前もっての。「兼日《ケンジツ》・兼題《ケンダイ》」二《かねる》①することができそうもない。「応《オウ》じ兼《か》ねる・きょうは参上《サンジョウ》し兼《か》ねます」②(「兼《か》ねない」の形で)かもしれない状態である。「破談《ハダン》になり兼《か》ねない」③推測しきれない。おそれはばかる。「相手《あいて》の気《キ》を兼《か》ねて遠慮《エンリョ》する」

人名 かず・かぬ・かね・とも

【兼業】《ケンギョウ》(名・する)本業のほかに他の仕事もやっていること。対専業。例—農家。

【兼行】《ケンコウ》(名・する)①昼も夜も休まずに行くこと。また、仕事を急いでいること。例昼夜—のトンネル工事。②二つ以上のことを同時にすること。

【兼職】《ケンショク》(名・する)本職以外に他の職ももつこと。兼務。

【兼帯】《ケンタイ》(名・する)①同時に二つ以上の役職をかねること。兼任。例教授で事務局長を—する。②一つで二つ以上の用をかねること。類兼用。例朝食—の昼ごはん。

【兼題】《ケンダイ》歌会や句会などで、前もって出された題で作る歌や句。また、その題。対席題・即題。

【兼任】《ケンニン》(名・する)二つ以上の職務をかけもちすること。兼務。対専任。例監督《カントク》と選手の—。

【兼備】《ケンビ》(名・する)いくつもの長所を身にそなえていること。例才色《サイショク》—の女性。心技体《シンギタイ》を—した横綱《よこづな》。

【兼務】《ケンム》(名・する)同時に二つ以上の職務をもつこと。また、その職務。兼職。兼任。対本務。

【兼用】《ケンヨウ》(名・する)一つで二つ以上のはたらきをすること。対専用。例晴雨—の傘《かさ》。男女—のシャツ。

八 8 【兼】10画 ⇩【兼】《ケン》(113ページ)

八 8 【兼】10画 ⇩【兼】《ケン》(113ページ)

八 14

【冀】

16画 4935 5180 音キ漢呉 訓こいねが-う

意味 ❶そうなってほしいと思う。のぞむ。ねがう。こいねがう。例冀求《キキュウ》。冀望《キボウ》。❷古代中国の九州の一つ。今の河北《カホク》・山西《サンセイ》の二省と河南《カナン》省の一部の地域。冀州《キシュウ》。❸河北省の別の呼び方。

【冀求】《キキュウ》(名・する)望むこと。ねがいもとめること。希求。

【冀望】《キボウ》(名・する)そうなってほしいと、のぞむこと。希望。

13 2画 冂 けいがまえ まきがまえ どうがまえ えんがまえ 部

三方をとり囲んだ線によって、はるかかなたにある国境の意をあらわす。牧場の柵《サク》に形が似ている構《かまえ》(=漢字の周りを囲んでいる部分)であることから「まきがまえ」、「同」や「円」の字にある構であることから「どうがまえ」「えんがまえ」ともいう。「冂」の字形を目じるしにして引く漢字を集めた。

0 冂 2 円 内 冄 3 冊 冉 冋 册 冉 4 再 5 冏 7 冑 冒 8 冓 9 冕

この部首に所属しない漢字

巾⇩巾 336 丹⇩丶 30 用⇩用 674 同⇩口 189

肉⇩肉 814 周⇩口 198 岡⇩山 326

冂 0

【冂】

2画 4936 5182 音ケイ漢

意味 国土の最果て。国境地帯。さかい。

冂 2

【円】

4画 1763 5186 教育1 音エン漢呉 訓まる-い・つぶ-ら・まど-か・まる・まろ-やか

筆順 丨 冂 冂 円

囗10 【圓】13画 5204 5713 人名

たちなり [形声]「囗(=めぐらす)」と、音「員《エン》」とから成る。まわりに欠けたところがない。まったくまるい。

意味 ❶まるい形。まるい。まる。つぶら。例円周《エンシュウ》。円柱《エンチュウ》。半円《ハンエン》。❷かどがなく、なめらかな。また、おだやかなようす。まどか。まろやか。例円熟《エンジュク》。円満《エンマン》。大団円《ダイダンエン》。

日本語での用法《エン》日本の貨幣《カヘイ》の単位。「円高《エンだか》」

使い分け まるい【丸・円】⇩1180ページ

難読 高円山《たかまどやま》・円居《まどい》

人名 かず・のぶ・まど・まる・まろ・みち・みつ

【円価】《エンカ》〔経〕外国の貨幣《カヘイ》に対する日本円の価値。

【円貨】《エンカ》〔経〕「円」という単位の通貨。類邦貨《ホウカ》。
【円滑】《エンカツ》(名・形動ダナ) ものごとがとどこおりなく、なめらかに進行すること。例会議を—に進める。
【円形】《エンケイ》 まるいかたち。円や、円のようなかたち。
【円形劇場】《エンケイゲキジョウ》 古代ローマの円形の建物。中央でおこなわれる競技や演技などを、周囲が階段式の観客席から見物する。コロシアム。
【円弧】《エンコ》 円周の一部分。弧。
【円光】《エンコウ》 ①円形のひかり。太陽や月のひかり。②仏や菩薩《ボサツ》の身体から発する円形の光明。類後光《ゴコウ》・光背。
【円座】《エンザ》 一(名) わらなどをうずまき形や円形に編んだ敷物《しきもの》。わろうだ。二(名・する) 多くの人が、まるく向かい合ってすわること。類車座《くるまザ》。表記▽⑪円▼坐
【円周】《エンシュウ》〔数〕円を形づくる曲線。
【円周率】《エンシュウリツ》〔数〕円周の長さの、直径に対する比。約三・一四一六。記号はπ《パイ》。
【円熟】《エンジュク》(名・する) 人格や技能などがじゅうぶんにみがかれて、豊かな味わいが感じられるようになること。類熟達・熟練。例—の境地。—味《ミ》を増す。
【円陣】《エンジン》 いくさなどで、円形の陣がまえ。また、スポーツの試合などで、選手が輪になって並ぶこと。例—を組む。
【円▼錐】《エンスイ》〔数〕底面が円で、先のとがった立体。
【円卓】《エンタク》 円形のテーブル。例—会議(=席次や上下の差別のない円卓を囲んでおこなう会議)。
【円柱】《エンチュウ》 ①切り口がまるいはしら。②〔数〕円を、上方に平行移動したときにできる立体。類円筒《エントウ》。
【円頂】《エンチョウ》 かみの毛をそった、まるい頭。僧侶《ソウリョ》のこと。例—黒衣(=まるい頭と墨染《すみぞ》めの衣《ころも》。僧の姿)。
【円転】《エンテン》(名・する) ①ころころところがること。②かど立たず、なめらかに移り動くこと。
【円転滑脱】《エンテンカツダツ》(名・形動ダナ) 周囲と摩擦《マサツ》や衝突《ショウトツ》をせず、なめらかに応対したり、とどこおりなく処理したりすること。円滑。例—に事を進める。
【円筒】《エントウ》 竹づつのように、まるくて細長く、中空《チュウクウ》になっているもの。
【円盤】《エンバン》 ①円形で皿状のもの。例空飛ぶ—。②陸上競技の「円盤投げ」に用いる、円形皿状の用具。
【円舞】《エンブ》 ①おおぜいが輪になっておどるダンス。②男女がひと組みになって、円をえがきながらおどる社交ダンス。ワルツやポルカ。例—曲(=ワルツ)。
【円満】《エンマン》(名・形動ダナ) じゅうぶんにみちたりて、おだやかなこと。例—な家庭。—に解決する。
【円融】《エンユウ｜エンニュウ》〔仏〕すべての存在が、それぞれの個性を発揮しながらたがいに調和し、完全にとけあっていること。
●大円《ダイエン》・大団円《ダイダンエン》・半円《ハンエン》

冂 2
【内】
4画
3866
5185
教育2
音 一 ダイ漢 ナイ呉 二 ドウ漢 ノウ呉
訓 うち

入 2
【内】4画 — 5167

筆順 丨 冂 内 内

なりたち ［会意］「冂(=外の覆《おお》い)」と「入(=はいる)」とから成る。外からはいった中。

意味 一《ダイ｜ナイ》 ❶ものの内面。うちがわ。なか。うち。㋐ある範囲《ハンイ》のなか。例内装《ナイソウ》。内部《ナイブ》。境内《ケイダイ》。㋑家のなか。家庭のおく。妻《つま》。例内室《ナイシツ》。内助《ナイジョ》。㋒心のなか。例内省《ナイセイ》。内面《ナイメン》。㋓朝廷《チョウテイ》。宮中。例内裏《ダイリ》。内侍《ナイシ》。参内《サンダイ》。㋔(表に出さずに)うちうちで。ひそかに。例内定《ナイテイ》。内密《ナイミツ》。❷仏教関係の。〔仏教界でいう〕例内典《ナイテン》。
二《ノウ》 ❶おさめる。同納《ノウ》。❷うけいれる。同納《ノウ》。

人名 うつ・ただ・ちか・のぶ・はる・まさ・みつ

【内祝い】《うちいわい》 出産や病気回復、入学や卒業など、めでたいことがおきたときに、身内や親しい人たちだけでする祝い。また、そのときにおくる品物。
【内側】《うちがわ》 うちのほう。うちに面しているがわ。対外側。
【内金】《うちキン》 代金や報酬《ホウシュウ》などの一部として、前もってはらうお金。例—をわたす。
【内弟子】《うちデシ》 師匠《シショウ》の家に住みこんで、家事などを手伝いながら、学問や技芸などを学ぶ弟子。例—を取る。
【内▽法】《うちのり》 容器やくだなどの、内側で測った寸法。また、建物の柱の内側と内側で測った長さなど。対外法《そとのり》。
【内弁慶】《うちベンケイ》(名・形動ダナ) 他人の前では弱いが、家の中ではいばっていること。また、その人。類陰《かげ》弁慶。
【内堀】《うちぼり》 城にめぐらした二重の堀の内側のもの。対外堀。
【内幕】《うちマク》〔「ナイマク」とも〕外からは見えない内部の事情。例政界の—をあばく。
【内訳】《うちわけ》 全体の内容を、種類や項目《コウモク》ごとに分けたもの。

【内裏】《ダイリ》 ①天子の住まいである御殿《ゴテン》の古い言い方。皇居。御所《ゴショ》。例里《さと》—(=内裏の外に臨時に設ける御所)。②「内裏雛《ダイリびな》」の略。天皇と皇后の姿に似せた男女一対《イッツイ》のひな人形。例お—さま。
【内意】《ナイイ》 まだ公表はしていない、うちうちの考え。例—をうかがう。
【内因】《ナイイン》 そのものごとの内部にある原因。対外因。
【内謁】《ナイエツ》(名・する) 非公式に目上の人に会うこと。また、実力者に取り入ってたのみこむこと。
【内閲】《ナイエツ》(名・する)〔内々の閲覧または検閲、の意〕書物の内容などを公開する前に、関係者だけが調べ見ること。
【内▼苑】《ナイエン》 宮廷《キュウテイ》や寺社などの、広い中庭。対外苑。
【内縁】《ナイエン》 婚姻届《コンインとどけ》を出してない夫婦関係。例—の妻。
【内応】《ナイオウ》(名・する) ひそかに敵と心を通わせること。裏切り。内通。例徳川方に—した大名《ダイミョウ》。
【内科】《ナイカ》 内臓の病気を診断《シンダン》し、外科《ゲカ》のように手術によらずに治す医学の部門。対外科。
【内海】《ナイカイ｜うちうみ》 外海とつながってはいるが、まわりをほとんど陸地で囲まれている海。瀬戸内海《せとナイカイ》など。対外海。
【内界】《ナイカイ》 心のなかの世界。意識のなか。精神界。対外界。
【内外】《ナイガイ》 ①うちとそと。内部と外部。例校舎—の清掃《セイソウ》。②国内と国外。例—の記者団。③その前後。…ぐらい。例千円—で買える。
【内角】《ナイカク》 ①〔数〕多角形のとなりあった二辺がその内側につくる角。②野球で、ホームベースの打者に近いほう。インコーナー。インサイド。▽対外角。
【内郭】《ナイカク》 城などの、内側の囲い。内曲輪《うちぐるわ》。対外郭。表記⑪内▼廓
【内閣】《ナイカク》 国家最高の行政機関。内閣総理大臣およびその他の国務大臣によって組織される。例—総辞職。
【内患】《ナイカン》〔「患」は、心配の意〕外部からの攻撃《コウゲキ》や圧迫《アッパク》ではなく、組織や国家の内部にある心配ごと。類内憂《ナイユウ》。対外患・外憂。
【内観】《ナイカン》(名・する) 精神を集中して自分の内面を観察すること。自己観察。類内省《ナイセイ》。
【内規】《ナイキ》 その団体や組織の内部にだけ通用する決まり。例—を定める。
【内儀】《ナイギ》 他人の妻をうやまっていうことば。江戸《えど》時代では、

とくに町人の妻についていう。例 お—。

【内議】《ナイギ》 ①内々の相談。②うちうちの話。内証。内密。

【内局】《ナイキョク》 中央官庁で、大臣や次官から直接に監督《カントク》される局。対 外局。

【内勤】《ナイキン》 (名・する) 役所や会社の建物のなかで仕事をすること。また、その人。対 外勤。例 —のアルバイト。

【内▽宮】《ナイクウ》 伊勢神宮《いせジングウ》のうちの、皇大《コウタイ》神宮。天照大神《あまてらすおおみかみ》をまつる。「外宮《ゲクウ》」は、豊受《とようけ》大神宮。

【内径】《ナイケイ》 円筒《エントウ》やくだなどの内側の直径。例 水道管の—をはかる。

【内見】《ナイケン》 (名・する) いっぱんに公開せずに、関係者だけが見ること。類 内覧。例 デパートの夏物の—会。

【内向】《ナイコウ》 (名・する) 心や気持ちが外に向かわず、自分の内部にとじこもりがちであること。対 外向。例 —的な性格。

【内攻】《ナイコウ》 (名・する) 病気の症状《ショウジョウ》がからだの表面に出ないで、内部で悪化すること。例 はしかが—する。

【内▼訌】《ナイコウ》 (名・する) 〔「訌」は、もめる意〕 うちわもめ。類 内紛《ナイフン》・内乱。対 外患《ガイカン》。

【内項】《ナイコウ》 〔数〕 比例式の内側の二つの項 $a:b=c:d$ における b と c。対 外項。例 —の積。

【内剛外柔】《ナイゴウガイジュウ》 ⇩【外柔内剛】《ガイジュウナイゴウ》(249ページ)

【内国】《ナイコク》 その国のうち。自国内。国内。対 外国。例 —郵便物。

【内妻】《ナイサイ》 法律上の届け出をしていない妻。内縁《ナイエン》の妻。対 正妻。

【内済】《ナイサイ》 (名・する) 表ざたにしないで、内々で解決すること。例 お金をはらって—にする。

【内在】《ナイザイ》 (名・する) ものごとの内部に、本質として存在すること。例 —する矛盾《ムジュン》。

【内史】《ナイシ》 ①昔の中国の官名。周代は国の法律をあつかう役で、秦《シン》や漢代には都である長安を治めた。②日本で、「内記《ナイキ》(=律令制《リツリョウセイ》で、中務省《なかつかさショウ》に属した官職)」の中国風の呼び名。

【内示】《ナイジ》 (名・する) 正式に発表する前に、内々で示すこと。例 人事異動の—が出される。

【内耳】《ナイジ》 耳のいちばんおくの部分。音を感じとる器官や、からだのバランスをとる三半規管などがある。例 —炎《エン》。

【内侍】 一《ナイジ》 中国の宮中で、天子のそば近くに仕えたこと。また、その人。二《ナイシ》 ①律令制《リツリョウセイ》で、内侍司《ナイシのつかさ》に仕えた女官。②斎宮寮《サイグウリョウ》の女官。

【内室】《ナイシツ》 ①おくの部屋。②他人の妻、とくに貴人の妻をうやまっていうことば。類 令室・令夫人・令閨《レイケイ》・奥方《おくがた》。

【内実】《ナイジツ》 ①外部からは見えない、内部の実情。類 内情。例 会社の—を調べる。②〔副詞的に〕 その実。実際は。類 内心。例 それには—閉口《ヘイコウ》している。

【内需】《ナイジュ》 国内における、商品を買おうとする要求。また、その量。対 外需。例 —を拡大して経済を立てなおす。

【内柔外剛】《ナイジュウガイゴウ》 気弱でありながら、態度や話しぶりは強気なこと。外剛内柔。対 外柔内剛。例 —の人物。

【内出血】《ナイシュッケツ》 (名・する) からだのなかでおきる出血。対 外出血。例 —をおこして、はれあがる。

【内緒】《ナイショ》 〔「内証《ナイショウ》」の変化。「緒」は、あて字〕 一 (名・形動《ナダ》) 表に出さず、秘密にすること。内密。類 内内《ナイナイ》。例 —話《ばなし》。二 (名) 家のおくのほう。また、その家の暮らし向き。例 —はかなり苦しいそうだ。表記 ▽「内▽証」とも書く。

【内助】《ナイジョ》 内部から手だすけをすること。とくに、家庭にいる妻が、夫の社会的な活動をたすけること。例 —の功。

【内証】 一《ナイショウ》 〔仏〕 自分の心のうちで仏教の真理をさとること。さとり。二《ナイショウ|ナイショ》 「内緒《ナイショ》」に同じ。

【内障】《ナイショウ》 ①〔仏〕 心のうちにあって、さとりのさまたげとなるもの。類 煩悩《ボンノウ》。②眼球内におこる病気を、まとめていうことば。そこひ。例 白《ハク》—。

【内情】《ナイジョウ》 内部の事情。類 内実・内幕《うちマク》。例 会社の—にくわしい。

【内職】《ナイショク》 (名・する) ①本業のほかにする仕事。副業。サイドビジネス。アルバイト。対 本職。②主婦が自宅で、家事のあいまに賃仕事をすること。また、その仕事。例 紙袋《かみぶくろ》をつくる—をする。③俗《ゾク》に、授業中や会議中などに、ひそかにほかの作業をすること。例 —が先生に見つかった。

【内心】《ナイシン》 ①心のうち。心中《シンチュウ》。例 —を打ち明ける。②〔数〕 多角形の各辺の内側に接する円の中心。対 外心。

【内申】《ナイシン》 (名・する) ①内々に報告すること。②進学にあたって、調査書に生徒の学業成績などを校長が記載《キサイ》し、志望校に報告すること。また、その書類。例 —書。

【内診】《ナイシン》 (名・する) ①医師が婦人の生殖器《セイショクキ》の内部を診察すること。②医師が自宅で診察すること。宅診。

【内親】《ナイシン》 ①父方の親類。類 内戚《ナイセキ》。②妻の親類。類 姻戚《インセキ》。

【内陣】《ナイジン》 神社や寺院で、神体や本尊が安置されているところ。本殿《ホンデン》や本堂のおくの部分。対 外陣《ゲジン》。

【内親王】《ナイシンノウ》 天皇のむすめや、孫にあたる女子。類 皇女。対 親王。

【内政】《ナイセイ》 国内の政治。対 外交。例 —干渉《カンショウ》。

【内省】《ナイセイ》 (名・する) 自分の心のはたらきやおこないを、ふりかえって考えること。類 内観・自省・反省。例 自分の心理を—してみる。

【内戚】《ナイセキ|ナイシャク》 ①天子に仕えている女性の近親者。②父または夫の親類。類 内親。対 外戚。

【内接】《ナイセツ》 (名・する) ①ひじょうに接近すること。例 両者たがいに—する。②〔数〕 ある図形が、他の図形の内側で接すること。対 外接。例 —円。表記 ②は「内切」とも書く。

【内戦】《ナイセン》 一つの国のなかで、国民がいくつかの勢力に分かれてする戦争。類 内乱。例 町は—で破壊《ハカイ》された。

【内線】《ナイセン》 ①内側の線。②屋内の電線。③官庁や会社などで、内部だけに通じる電話線。例 —番号。▽対 外線。

【内奏】《ナイソウ》 (名・する) 非公式に天子に申し上げること。例 お上《かみ》に—する。

【内装】《ナイソウ》 (名・する) 建物や乗り物の内部の設備や装飾《ソウショク》。インテリア。対 外装。例 —工事。

【内蔵】《ナイゾウ》 (名・する) 内部にもっていたり、そなえつけてあったりすること。例 タイマー—。多くの危険を—している。

【内臓】《ナイゾウ》 動物の胸や腹のなかにある諸器官。呼吸器・消化器・泌尿器《ヒニョウキ》など。例 —の病気で入院する。

【内則】《ナイソク》 ①ある団体や組織の内部にだけ通用する決まり。類 内規。②家庭内の決まり。類 家憲。

【内孫】《ナイソン|うちまご》 あと取り息子《むすこ》に生まれた子。〔息子の親からいうことば〕 対 外孫。

【内題】《ナイダイ》 書物の扉《とびら》や本文の最初に書かれている題名。対 外題《ゲダイ》。

【内大臣】《ナイダイジン》 ①昔、左大臣や右大臣とともに政務にかかわった官職。うちのおとど。うちのおおいどの。内府。②明治以後、宮中に置かれた官職。つねに天皇を補佐《ホサ》して、国政にあたった。一九四五(昭和二十)年、廃止《ハイシ》。内府。

【内諾】《ナイダク》 (名・する) いずれ正式に承諾《ショウダク》することを、内々に明らかにすること。例 すでに—を得ている。

【内談】《ナイダン》 (名・する) 関係者だけで内密に話し合うこと。類

密談。例—を重ねる。

【内地《ナイチ》】①一国の領土内。例—留学。②〔かつて日本が植民地とした地域に対して〕本州その他の、日本固有の領土。対外地。③北海道や沖縄《おきなわ》から、本州を指していうことば。本土。

【内通《ナイツウ》】(名・する) 味方を裏切り、ひそかに敵などと通じること。類内応・密通。例—していた相手。

【内定《ナイテイ》】(名・する) 正式に発表はできないが、内部では決まっていること。また、決めてあること。例就職が—した。

【内偵《ナイテイ》】(名・する) こっそりと調査すること。内密にさぐること。例横領の疑いで関係者を—する。

【内的《ナイテキ》】(形動《ナダ》) ①内部に関するようす。内部的。例—な原因が明らかになる。②精神や心のはたらきに関するようす。内面的。例—生活。▽対外的。

【内敵《ナイテキ》】国内や組織、また、仲間のなかにかくれている敵。対外敵。例まず—を討《う》つ。

【内典《ナイテン|ナイデン》】〔仏〕〔儒教《ジュキョウ》などの経典《ケイテン》に対して〕仏教の経典《キョウテン》。対外典《ゲテン》。

【内内《ナイナイ|うちうち》】一 (名) 表立てないで、身内の者だけで何かをすること。類内密・内輪《うちわ》。例お祝いは—ですませる。二 (副) ひそかに。ないしょで。例—決めておく。

【内発《ナイハツ》】(名・する) 外部からのはたらきかけではなくて、内部から自然に生じること。例—的な行動を期待する。

【内皮《ナイヒ》】内側にあるかわ。対外皮。

【内部《ナイブ》】①ものの内側。内面。例建物の—にはいる。②組織や集団のなか。また、それを構成している人々。内輪《うちわ》。例—の意見をまとめる。▽対外部。

【内服《ナイフク》】(名・する) 薬を飲むこと。類内用。対外用。例—薬。

【内紛《ナイフン》】集団や組織の内部の、ごたごた。うちわもめ。類内訌《ナイコウ》。例—にまきこまれる。

【内分《ナイブン》】一 (名) 外部に知られないようにすること。類内密・内内。例このことは、どうかご—に。二 (名・する)〔数〕ある線分をその線分上の一点で二つにわけること。対外分。

【内聞《ナイブン》】一 (名・する) 非公式に、高貴な人の耳にはいること。例—に達する。二 (名) 外部に知られないようにすること。内分。類内密・内内。例このことは—に願います。

【内分泌《ナイブンピ|ナイブンピツ》】体内でつくられたホルモンが、直接血液中に送り出されること。対外分泌。例—腺《セン》。

［冂部］2—3画 ● 冄 冊 冉 回 册

【内壁《ナイヘキ》】①建物などの内側のかべ。内部の囲い。対外壁。例城の—。②内側の面。例胃の—。

【内包《ナイホウ》】一 (名・する) 内部にふくんでいること。例危険性を—する。二 (名)〔哲〕概念《ガイネン》の内容。たとえば「ヒト」という概念において、その意味内容としての「哺乳《ホニュウ》動物」「火を使う」「ことばを話す」などのこと。対外延。

【内密《ナイミツ》】(名・形動《ナダ》) 外部には知らせず、秘密にすること。ないしょ。例今の話は—にしてほしい。

【内務《ナイム》】①国内の政務。類内政。例—省。②会社などで、屋内でおこなう仕事。類内勤。▽対外務。

【内面】一《ナイメン》①ものの内側の面。内部。②他人からは見えない、心のうち。内心。例—描写《ビョウシャ》。▽対外面《ガイメン》・表面。二《うちづら》家族や親しい仲間にだけ見せる、顔つきや態度。対外面《そとづら》。例—はわがままだけど、友達にはやさしい子。

【内野《ナイヤ》】野球で、一塁《イル》・二塁・三塁・本塁の四つの塁を結んだ線の内側の区域。インフィールド。また、そこを守る選手。対外野。例—席。

【内約《ナイヤク》】(名・する) 内々の約束。例取り引きの—を得る。

【内憂《ナイユウ》】①心のうちのうれい。内部に起こる心配ごと。類内患《ナイカン》。②国内に起こるわざわいや心配ごと。国内のさわぎ。類内患。対外患・外憂。③母の喪《も》。類内艱《ナイカン》。

【内憂外患《ナイユウガイカン》】〔内外の憂患《ユウカン》の意〕国内や組織内に起きた心配ごとと、外国や外部とのかかわりから起きた心配ごと。例—こもごも至る。

【内用《ナイヨウ》】一 (名) 内々の用事。個人的な用事。二 (名・する) 薬を飲むこと。類内服。対外用。例—薬。

【内容《ナイヨウ》】①中に入れてあるもの。中身。例—物。②うわべや形に対する、実質。また、その意味や価値。対形式・外形。例—のある講演。

【内乱《ナイラン》】国内がみだれて、国の内部で戦争が起こること。類内戦。例—がうちつづく。

【内覧《ナイラン》】(名・する) いっぱんに公開せず、関係者だけが見ること。類内見。例中元商品の—会。

【内陸《ナイリク》】海岸から遠くはなれた陸地。例—性気候。

【内輪】一《ナイリン》二重にある円形の、内側のもの。対外輪。例—山(=噴火口《フンカコウ》をとりまく内側の山)。二《うちわ》①家族や仲間など、ごく親しい人々のあいだ。うちうち。例結婚式《ケッコンシキ》は—ですませた。②ないしょ。ないない。内密。例—の相談。③ひかえめ。また、少なめ。例—に見積もる。

●案内《アンナイ》・以内《イナイ》・屋内《オクナイ》・家内《カナイ》・境内《ケイダイ》・構内《コウナイ》・国内《コクナイ》・室内《シツナイ》・車内《シャナイ》・体内《タイナイ》・年内《ネンナイ》・幕内《マクうち》

冂2 【冄】4画 ⇨【冉】《ゼン》(116ページ)

冂3 【冊】5画 2693 518A 教育6 音 サツ 慣 サク 漢 訓 ふみ

筆順

冂3 【册】5画 4938 518C 別体字

なりたち

［象形］竹簡《チッカン》(=字を書いたふだ)をひもで編んだ形。諸侯《ショコウ》が天子から受けとる命令書。

意味 ❶天子の命令書。例冊書《サクショ》(=天子からの命令書)。冊立《サクリツ》。❷字や絵をかきつけてとじたもの。例冊子《サッシ》。短冊《タンザク》。別冊《ベッサツ》。❸書物やノートなどを数えることば。例一冊《イッサツ》。

難読 冊子《ソウシ|とじぶみ》

人名 ぶん

【冊文《サクブン》】天子が臣下に命令をくだすときの文書。

【冊封《サクホウ》】天子のみことのりによって諸侯《ショコウ》に取り立てたり、爵位《シャクイ》をさずけたりすること。例—使《シ》。

【冊立《サクリツ》】(名・する) 天子のみことのりによって、皇太子や皇后を定めること。例皇后に—する。

【冊子《サッシ》】①本。書物。例小《ショウ》—。②書いたり印刷した紙を帳面の形にとじたもの。
●合冊《ガッサツ》・短冊《タンザク》・分冊《ブンサツ》・別冊《ベッサツ》

冂3 【冉】5画 4939 5189 音 ゼン 漢 訓 おか-す・すす-む・ゆ-く

冂3 【冉】5画 — — 別体字　冂2 【冄】4画 — 5184 本字

意味 ❶やわらかく、しなやかなようす。例冉弱《ゼンジャク》。❷ゆるゆると進むようす。例冉冉《ゼンゼン》。

【冉冉《ゼンゼン》】(形動《タル》) ①ゆっくりと進むようす。②年月の過ぎていくようす。③やわらかく、しなやかなようす。

冂3 【回】5画 ⇨【回】《カイ》(218ページ)

冂3 【册】5画 ⇨【冊】《サツ》(116ページ)

冂 3 【冉】5画 ⇩【冉】ゼン(116ページ)

冂 4

【再】

6画 2638 518D 教育5 音サ慣 サイ漢 訓ふたた-び

筆順 一 丆 冂 币 再 再

なりたち 甶 [会意]「一(=いち)」と「冉(=のせ加える)」とから成る。一つのものに同じものを加えて二つとする。

意味 もう一度。かさねて(する)。くりかえし(する)。ふたたび(する)。例再会《サイカイ》。再起《サイキ》。再三《サイサン》。

難読 再従兄弟《はとこ・いやいとこ・またいとこ》・再入《ふたしお》

【再演】《サイエン》(名・する)同じ劇などを、時を経てふたたび上演すること。㊟初演。例人気のあったミュージカルが—される。

【再縁】《サイエン》(名・する)二度目の結婚《ケッコン》をすること。㊩再婚。

【再会】《サイカイ》(名・する)長いあいだ会わなかった人どうしが、ふたたび会うこと。例—を期する。

【再開】《サイカイ》(名・する)中断していたことを、ふたたび始めること。例試合が—される。

【再刊】《サイカン》(名・する)①休刊や廃刊《ハイカン》になっていた継続《ケイゾク》刊行物を、ふたたび刊行すること。②同じ内容の書物を、ふたたび刊行すること。㊩復刊・再版。

【再起】《サイキ》(名・する)病気や事故、また、失敗などののち努力して立ち直り、ふたたび活動し始めること。例—不能。

【再挙】《サイキョ》(名・する)一度失敗した事業を、ふたたびおこすこと。㊩再起。例—をはかる。

【再見】《サイケン》(名・する)①同じものをもう一度見ること。また、見直すこと。例古都—。②〔現代中国語で、別れのときのあいさつことば。ツァイチエン〕さようなら(また会いましょう)。

【再建】(名・する)㊀《サイケン》こわれた建物や、だめになった組織などを、たて直すこと。例会社の—策。㊁《サイコン》〔「コン」は、呉音《ゴオン》〕神社や仏閣をたて直すこと。例本堂を—する。

【再現】《サイゲン》(名・する)ふたたびあらわれること。また、ふたたびあらわすこと。例当時の状況《ジョウキョウ》を映像で—する。

【再検討】《サイケントウ》(名・する)もう一度くわしく調べたり、考えたりすること。㊩再検・再考。例—を要する。

【再考】《サイコウ》(名・する)もう一度考えること。考え直すこと。㊩再検討。例—の余地はない。

【再校】《サイコウ》二度目の校正。また、その校正刷り。二校。

【再興】《サイコウ》(名・する)おとろえたり、ほろびたりした国や家や文化などを、もう一度さかんにすること。例祭りを—する。

【再婚】《サイコン》(名・する)配偶者《ハイグウシャ》と死別または離婚《リコン》した人が、あらためて結婚すること。㊩再縁《サイエン》。

【再再】《サイサイ》(副)たびたび。再三。例—にわたる警告。

【再三】《サイサン》(副)二度も三度も。再再。例—再四。

【再従兄弟】《サイジュウケイテイ》親どうしがいとこである、男子どうしの関係。はとこ。またいとこ。ふたいとこ。いやいとこ。表記 年齢《ネンレイ》の上下、性別により、「再従兄《サイジュウケイ》・再従弟《サイジュウテイ》・再従姉《サイジュウシ》・再従妹《サイジュウマイ》・再従姉妹《サイジュウシマイ》」などと書く。

【再出発】《サイシュッパツ》(名・する)方針や気分を新たにして、もう一度始めること。出直すこと。例新たな気分で—する。

【再審】《サイシン》(名・する)①審査をやり直すこと。再審査。②〔法〕裁判所で判決の出た事件について、裁判をやり直すこと。例—を求める。

【再生】《サイセイ》(名・する)①ふたたびこの世に生まれ出ること。②息をふきかえすこと。㊩蘇生《ソセイ》。③心を入れかえて、生活を改めること。㊩更生《コウセイ》。④生物が、失われたからだの一部を、もとのようにつくり出すこと。例トカゲの切れたしっぽが—する。⑤心理学で、過去の経験や学習内容が、意識にあらわれ出ること。⑥録音や録画したものの音声や映像を再現すること。例ビデオを—する。⑦廃物《ハイブツ》を加工して、新たに役立たせること。リサイクル。例—紙。

【再生産】《サイセイサン》(名・する)商品を売って得た利益をもとにして、ふたたび商品をつくり出すこと。

【再選】《サイセン》(名・する)同じ人をふたたびえらび出すこと。また、同じ人がふたたびえらばれること。例苦戦して—を果たす。

【再訂】《サイテイ》(名・する)一度直した書物の内容や字句を、ふたたび訂正すること。例—版。

【再度】《サイド》ふたたび。もう一度。例—調査させる。

【再読】《サイドク》(名・する)①もう一度読むこと。読み直すこと。②漢文の訓読で、一字を二度読むこと。例—文字。

【再読文字】《サイドクモジ》漢文の訓読で、一字を二度読む文字。「猶(なお…のごとし)」「未(いまだ…ず)」など。

【再任】《サイニン》(名・する)選ばれたり命じられたりして、ふたたび前と同じ役につくこと。例委員長に—される。

【再認識】《サイニンシキ》(名・する)知っているものごとや人について、その価値や意義をみとめ直すこと。例便利さを—する。

【再燃】《サイネン》(名・する)①消えたはずの火が、ふたたびもえだすこと。②解決したはずのことが、ふたたび問題となること。例対立が—する。

【再拝】《サイハイ》(名・する)①続けて二度おがむこと。例—二拍手《ニハクシュ》。②手紙の終わりに書くあいさつのことば。

【再発】《サイハツ》(名・する)病気や事故などが、ふたたび起こること。例ガンが—する。列車事故の—を防止する。

【再発見】《サイハッケン》(名・する)それまで見過ごされていた価値や美しさなどを、改めて認めなおすこと。例日本美の—。

【再犯】《サイハン》(名・する)①ふたたび罪をおかすこと。②〔法〕懲役刑《チョウエキケイ》が終わった日から五年以内に、ふたたび懲役刑に当たる罪をおかし、有期懲役に処せられること。

【再版】《サイハン》(名・する)同じ書物をもう一度出版すること。また、その本。㊩重版・再刊。

【再販】《サイハン》「再販売価格維持《イジ》契約《ケイヤク》」の略。生産者が指定した卸値《おろしね》や小売価格を、販売業者が守るという契約。例—価格。—商品。

【再訪】《サイホウ》(名・する)以前におとずれたことのあるところを、ふたたびおとずれること。例—する機会を得た。

【再来】《サイライ》(名・する)①ふたたびくること。例ブームが—する。②生まれ変わり。再生。例釈迦《シャカ》の—か。③病院などで、初診《ショシン》ではない外来患者《ガイライカンジャ》。㊟初診。

【再臨】《サイリン》(名・する)キリスト教で、世界の終わりの日にキリストがふたたびこの世にあらわれるということ。

【再来年】《サライネン》来年の次の年。

冂 5

【冏】

7画 4940 518F 音ケイ漢 訓あき-らか

囗 4 【囧】7画 — 56E7 本字

意味 明るいようす。あきらか。例冏冏《ケイケイ》。冏然《ケイゼン》。

【冏冏】《ケイケイ》(形動タルト)ひかりかがやくようす。例—とした月の光。—たる月光。

冂 7

【冑】

9画 4941 5191 音チュウ漢 訓かぶと・よろい

意味 頭や首を守るためにかぶる武具。かぶと。例甲冑《カッチュウ》。

日本語での用法《よろい》からだをおおう武具。「甲冑《よろいかぶと》」

参考 本来、「冑」は「かぶと」であり、「よろい」の意に用いるの

[冂部] 3—7画 冉 再 冏 冑

2画

は、誤解に基づく慣用。

参考「胄《チュウ》」(819ページ)は、世つぎの意の別字。【冑甲《チュウコウ》】かぶと(=冑)と、よろい(=甲)。甲冑《カッチュウ》。

冂7【冒】9画 ⇩【冒《ボウ》】(705ページ)

冂8【冓】10画 *4942 *5193 音 コウ漢
意味 材木を交互《コウゴ》に積み重ねる。かまえる。同 構《コウ》。

冂9【冕】11画 4943 5195 音 ベン漢 訓 かんむり
意味 天子から大夫《タイフ》までが用いる、礼装の冠《かんむり》。例 冕服《ベンプク》。冠冕《カンベン》。
【冕服《ベンプク》】身分の高い人が礼装として用いた冠《かんむり》と衣服。

14 2画 冖 わかんむり部
上からおおいかぶせる形をあらわす。片仮名の「ワ」に形が似ている冠《かんむり》(=漢字の上がわの部分)であることから「わかんむり」という。「冖」をもとにしてできている漢字と、「冖」の字形を目じるしにして引く漢字とを集めた。

0 冖 2 冗 3 写 7 冠 8 冤 冢 冥 冦 9 冨 12 冩 13 冪

この部首に所属しない漢字
軍⇩車 952

冖0【冖】2画 4944 5196 音 ベキ漢 訓 おお-う
意味 おおう。同 冪《ベキ》。

冖2【冗】4画 3073 5197 常用 音 ジョウ漢 訓 むだ
筆順 丶 冖 冖 冗

宀2〔宂〕5画 — 5B82 本字
なりたち  [会意]「宀(=家)」と「儿(=ひと)」とから成る。人が家の中にいて耕作しない。時間があまる。

意味 ❶余分な。不必要な。むだ。例 冗談《ジョウダン》。冗費《ジョウヒ》。❷くどい。だらだらとして、まとまりがない。いりみだれる。例 冗長《ジョウチョウ》。冗漫《ジョウマン》。

【冗員《ジョウイン》】あまっていて、むだな人員。例 —を整理する。表記「剰員」とも書く。

【冗舌《ジョウゼツ》】(名・形動ナダ)口数が多いこと。おしゃべり。例 —をつつしめ。表記「▼饒舌」とも書く。

【冗談《ジョウダン》】①むだばなし。おしゃべり。例 —はさておいて本題にはいる。②たわむれのことば。ふざけばなし。例 —を真《ま》に受ける。③ふざけたおこない。いたずら。例 —にもほどがある。

【冗長《ジョウチョウ》】(名・形動ナダ)文章や会話などにむだが多くて、長たらしいこと。類 冗漫《ジョウマン》。対 簡潔。例 —なあいさつ。

【冗費《ジョウヒ》】むだな費用。むだな出費。例 —節減。

【冗文《ジョウブン》】むだな文句。むだが多くて、しまりのない文章。例 —を切りつめる。

【冗漫《ジョウマン》】(名・形動ナダ)文章や会話にむだが多く、しまりがないこと。類 冗長《ジョウチョウ》。対 簡潔。例 —な報告書。

冖3【写】5画 2844 5199 教育3 音 シャ漢呉 訓 うつ-す・うつ-る・うつ-し
筆順 丶 冖 冖 写 写

宀12【寫】15画 5377 5BEB
冖12【冩】14画 4948 51A9 別体字

なりたち 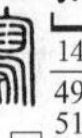 [形声]「宀(=安置するところ)」と、音「舄《サク》→シャ」とから成る。別のところへ移す。

意味 ❶別のいれものにうつし入れる。そそぐ。同 瀉《シャ》。例 写瓶《シャビョウ》(=師から弟子《デシ》に法をのこりなく伝えることのたとえ)。❷もとの姿や形をそのとおりにえがきだす。うつす。㋐文字や書物を書きうつす。例 写経《シャキョウ》。書写《ショシャ》。㋑姿や形や像をうつす。絵や文でえがく。例 写実《シャジツ》。写生《シャセイ》。描写《ビョウシャ》。

日本語での用法《うつる》透《す》ける。「裏《うら》のページが写《うつ》って読《よ》みにくい」

使い分け うつす・うつる【写・映】⇩1163ページ
難読 鉤写《かごうつし》
【写経《シャキョウ》】(名・する)経文《キョウモン》を書きうつすこと。また、書きうつした経。

【写字《シャジ》】(名・する)文字を書きうつすこと。例 —生《セイ》。

【写実《シャジツ》】(名・する)ものごとをありのままに、文章や絵画に表現すること。例 —的。徹底《テッテイ》した—主義。

【写植《シャショク・シャチョク》】「写真植字」の略。活字の組み版を用いず、写真をとる方法で文字を印画紙にうつして、印刷用の版を作ること。

【写真《シャシン》】①ものごとの真の姿や形を、うつしえがくこと。また、そのうつしとった像。②写真機で像をうつしとること。また、そのうつしとった像。例 カラー—。—をとる。

【写真機《シャシンキ》】レンズを用いて、物体の像をフィルムなどにうつしとる機械。カメラ。

【写生《シャセイ》】(名・する)ものや景色を、ありのままにうつしえがくこと。絵画や詩歌《シイカ》などについていう。例 —文。—画。

【写譜《シャフ》】(名・する)楽譜を書きうつすこと。

【写本《シャホン》】書きうつした本。また、本を書きうつすこと。対 版本・刊本。
●映写《エイシャ》・試写《シシャ》・実写《ジッシャ》・筆写《ヒッシャ》・模写《モシャ》

冖7【冠】9画 2007 51A0 常用 音 カン漢呉 訓 かんむり
筆順 丶 冖 冖 冖 冗 冠 冠 冠

なりたち 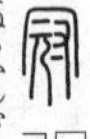 [会意]「冖(=おおう)」と「元《ゲン》(=あたま)」と「寸(=身分による、きまり)」とから成る。髪《かみ》をたばねるかんむり。
意味 ❶頭にかぶるものをまとめていうことば。かんむり。例 衣冠《イカン》。王冠《オウカン》。❷成人。元服。昔、中国で、男子は二十歳《サイ》になるとかんむりをつける、成人の儀式《ギシキ》をおこなったことによる。例 冠婚葬祭《カンコンソウサイ》。初冠《ういこうぶり》(=男子が成年になってする元服の儀式)。弱冠《ジャッカン》。❸上にかぶせる。かぶる。例 冠詞《カンシ》。冠水《カンスイ》。❹いちばん上に立つ。最もすぐれている。例 冠絶《カンゼツ》。天下《テンカ》に冠《カン》たり(=いちばんすぐれている)。
日本語での用法《かんむり》「艹・⺮」など、上にかぶさる形の、漢字の部首。「草冠《くさかんむり》・竹冠《たけかんむり》」

難読 冠付《かむりづけ|かさづけ》・鶏冠《とさか》
人名 たか・たかし・まさる
【▽冠木門】《かぶきモン》 二本の門柱の上部に、一本の木を横にわたしただけで、屋根のない門。
【冠位】《カンイ》 かんむりの色や材料などであらわした、位階。
【冠婚葬祭】《カンコンソウサイ》 元服(=昔の成人式)・結婚・葬式・祖先の祭りの、四つの重要な礼式。
【冠詞】《カンシ》 英語・フランス語・ドイツ語などで、名詞の前に置いて、数や性や格など文法的なはたらきをあらわすことば。たとえば、英語の the, a, an など。
【冠者】《カンジャ|カジャ|カザ》 ①元服して、かんむりをつけた男子。成人に達した男。②年の若いめしつかい。例 太郎—《タロウカジャ》。
【冠省】《カンショウ》 〔あたまの部分を省略する、の意〕手紙で、書きだしの時候のあいさつなどをはぶく場合に、使うことば。
【冠水】《カンスイ》 (名・する) 大雨や大水で、田野や道路などが水をかぶること。
【冠絶】《カンゼツ》 (名・する) くらべるものがなく、最もすぐれていること。例 世界に—する業績。
【冠帯】《カンタイ》 ①かんむりとおび。②かんむりをつけ、おびを結んだ礼装。③礼儀《レイギ》にあつい風俗《フウゾク》。例 —の国(=礼儀正しい国)。④役人。また、その家がら。
【冠履倒易】《カンリトウエキ》 (名・形動《ダナ》) かんむりと履《つ》くの置き場所が、いれかわっていること。上下の位置が逆になっていることのたとえ。冠履顚倒《テントウ》。
●衣冠《イカン》・栄冠《エイカン》・王冠《オウカン》・鶏冠《ケイカン》・弱冠《ジャッカン》

冖 8
【冤】
10画 4945 51A4
音 エン漢 オン呉

宀 8
〔寃〕
11画 5367 5BC3 俗字

意味 ❶無実の罪。ぬれぎぬ。例 冤罪《エンザイ》。冤死《エンシ》。❷うらみ。かたき。例 冤家《エンカ》。
【冤▼枉】《エンオウ》 〔「枉」も、無実の罪の意〕無実の罪。冤罪。
【冤獄】《エンゴク》 無実の罪で獄に入れられること。また、その人。
【冤罪】《エンザイ》 無実のつみ。ぬれぎぬ。例 —をうったえ続ける。
【冤声】《エンセイ》 無実の罪におちいった者の、うらみのこえ。

冖 8
【冢】
10画 4947 51A2
音 チョウ漢 チュウ呉
訓 つか

意味 ❶大きな墓。つか。同 塚《チョウ》。例 冢墓《チョウボ》。❷大きい。地位が高い。例 冢君《チョウクン》。冢宰《チョウサイ》。
【冢▼塋】《チョウエイ》 〔「塋」は、墓の意〕墓。墓場。つか。冢墓《チョウボ》。
表記 「▽塚▼塋」とも書く。
【冢君】《チョウクン》 君主《クンシュ》。きみ。大君《タイクン|おおきみ》。〔友好国の諸侯《ショコウ》を尊敬していうことば〕 表記 「▽塚君」とも書く。
【冢宰】《チョウサイ》 ①古代中国の周の官名。天子をたすけて政治をおこなう役。②家来の中で最も位の高い者。
【冢▼祀】《チョウシ》 〔「祀」は、まつりの意〕先祖のまつり。
【冢墓】《チョウボ》 墓。つか。冢塋《チョウエイ》。表記 「▽塚墓」とも書く。

冖 8
【冥】
10画 4429 51A5 常用
音 メイ慣 ベイ漢 ミョウ呉
訓 くら-い

筆順

なりたち

[形声]「日(=ひ)」と「六(=ろく)」と、音「冖《ベキ→メイ》」とから成る。十六日めで月が欠けはじめて、ほのぐらい。

意味 ❶光がなくてくらい。おくぶかい。くらやみ。例 冥冥《メイメイ》。晦冥《カイメイ》。幽冥《ユウメイ》。❷ものごとをよく知らない。おろか。くらい。例 頑冥《ガンメイ》。愚冥《グメイ》。❸死後の世界。死後のことがら。例 冥界《メイカイ》。冥土《メイド》。冥福《メイフク》。❹人間にはわからない、神仏のはたらき。例 冥加《ミョウガ》。冥利《ミョウリ》。
【冥加】《ミョウガ》 一(名)〔仏〕知らず知らずのうちに受ける神や仏の助け。加護。おかげ。類 冥助《ミョウジョ》・冥利。例 —金《キン》(=冥加のお礼に、寺社におさめるお金)。二(名・形動《ダナ》)不思議にしあわせであること。運がよいこと。類 好運。
【冥利】《ミョウリ》 ①〔仏〕知らず知らずのうちに受ける、神仏の助け。また、善行のむくいとして受ける、利益やしあわせ。類 冥加・冥益《ミョウヤク》。例 ありがたい—を受ける。②その立場でしか味わえない、おもしろみやしあわせ。例 役者—につきる。
【冥王星】《メイオウセイ》 太陽系の準惑星《ジュンワクセイ》の一つ。太陽系の最も外側を回る惑星とされていた。プルートー。
【冥界】《メイカイ》 〔仏〕死後の世界。あの世。冥土。
【冥想】《メイソウ》 (名・する) 目を閉じて、気持ちを静かにたもち、深く考えること。例 —にふける。表記 「▼瞑想」とも書く。
【冥土】《メイド》 〔仏〕死者のたましいが行くというところ。あの世。よみじ。類 冥界・冥府。例 —へ行く。—にも知る人(=どこにでも知り合いはいることのたとえ)。表記 「冥途」とも書く。
【冥途】《メイド》 「冥土」に同じ。
【冥府】《メイフ》 ①死んでから行くというところ。あの世。類 冥土。②地獄《ジゴク》にあり、閻魔大王《エンマダイオウ》がいるという役所。
【冥福】《メイフク》 死後の幸福。あの世でのしあわせ。例 —をいのる。
【冥冥】《メイメイ》 (形動《タルト》) ①暗いようす。例 —たる暗夜。②ものごとがよくわからないようす。例 —のうちに。

冖 8
〔冦〕
10画 ⇩【寇】《コウ》(301ページ)

冖 9
〔冨〕
11画 ⇩【富】《フ》(304ページ)

冖 12
〔冩〕
14画 ⇩【写】《シャ》(118ページ)

冖 13
【冪】
15画 4949 51AA
音 ベキ漢
訓 おお-う

罒 13
〔羃〕
18画 7018 7F83 別体字

意味 ❶おおう。かぶせる。おおいかぶせる布。例 冪冪《ベキベキ》。❷同じ数や数式をなん回もかけあわせたもの。累乗《ルイジョウ》。例 降冪《コウベキ》。
【冪冪】《ベキベキ》 (形動《タルト》) 雲などが低くたれこめるようす。暗いようす。
【冪歴】《ベキレキ》 おおうように広がるようす。

15
2画
冫 にすい部

氷の表面に、ひびわれたようにあらわれるすじ目の形をあらわす。「氵(三水 さんずい)」に対して「冫(二水 にすい)」という。「冫」をもとにしてできている漢字を集めた。

0 冫 3 冬 4 冱 決 冴 冲 冰 5 冴 冶 冷 况 6 冽 8 凅 准 凄 凋 凍 凌 10 凉 准 13 凜 凛 14 凝

この部首に所属しない漢字
冬⇩夂 245　次⇩欠 553　馮⇩馬 1080

冫 0
【冫】
2画 4950 51AB
音 ヒョウ漢呉
訓 こおり

意味 こおる。こおり。同 氷《ヒョウ》。

冫3 【冬】5画 ⇩【冬】トウ(245ページ)

冫4 【冱】6画 4952 51B1 音 コ漢 ゴ呉 訓 さ-える・こお-る

意味 こおりつくほど寒い。冷たい。こおる。同 冱《ゴ》。例 冱寒《ゴカン》(=ひじょうに寒い)。

冫4 【决】6画 ⇩【決】ケツ(579ページ)

冫4 【冲】6画 ⇩【沖】チュウ(580ページ)

冫4 【冴】6画 ⇩【冴】コ(120ページ)

冫4 【冰】6画 ⇩【氷】ヒョウ(576ページ)

冫5 【冴】7画 2667 51B4 人名 音 コ漢 ゴ呉 訓 さ-え・さ-える・こお-る

冫4 【冴】6画

なりたち [形声]「冫(=こおり)」と、音「牙《コ》」とから成る。こおる。〔「牙」は「互」が変化した形〕

意味 こおりつくほど寒い。冷たい。こおる。

日本語での用法《さえる》①頭や目のはたらきがはっきりしている。鮮明《センメイ》である。「目《め》が冴《さ》えて眠《ねむ》れない・頭《あたま》が冴《さ》える」②冷えきる。すみわたる。「霜《しも》も冴《さ》える真夜中《まよなか》・月《つき》の冴《さ》えた夜空《よぞら》」

人名 さえ

冫5 【冶】7画 4474 51B6 常用 音 ヤ漢呉 訓 い-る 付表 鍛冶《かじ》

筆順 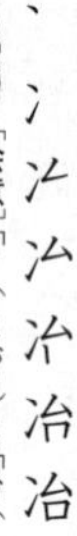

なりたち 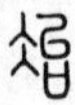 [会意]「冫(=こおり)」と「台(=やわらぎ変化する)」とから成る。とろける。

意味 ❶金属をとかして精製し、加工する。鋳物《いもの》を作る。鋳《い》る。例 冶金《ヤキン》。鍛冶《かじ》。❷なまめかしい。美しい。例 冶郎《ヤロウ》。艶冶《エンヤ》。

【冶金】《ヤキン》①鉱石から金属を取り出すこと。ふきわけ。②金属を精製し、加工すること。

【冶郎】《ヤロウ》やさ男。うわき男。遊冶郎《ユウヤロウ》。

●陶冶《トウヤ》

冫5 【冷】7画 4668 51B7 教育4 音 レイ漢 リョウ呉 訓 つめ-たい・ひ-える・ひ-や・ひ-やす・ひ-やかす・さ-める・さ-ます・ひ-ややか

筆順 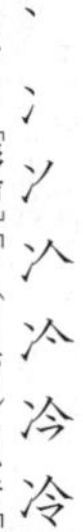

なりたち  [形声]「冫(=こおり)」と、音「令《レイ》」とから成る。こごえる。

意味 ❶温度が低い。つめたい。ひやす。ひえる。例 冷害《レイガイ》。冷却《レイキャク》。秋冷《シュウレイ》。❷心のあたたかみがない。感情を動かさない。ひややか。例 冷酷《レイコク》。冷笑《レイショウ》。冷静《レイセイ》。

日本語での用法《ひや》つめたい水や酒。「お冷《ひ》や・冷《ひ》やで一杯《イッパイ》」

使い分け さます・さめる【覚・冷】⇩1169ページ

人名 きよ・きよし・すずし

【冷暗】《レイアン》つめたく、くらいこと。例 ―所に保存する。

【冷▼罨法】《レイアンポウ》〔「罨」は、上からかぶせる意〕冷水や薬をひたした布などで、患部《カンブ》をひやす治療《チリョウ》法。

【冷雨】《レイウ》つめたい雨。例 春先の―。

【冷夏】《レイカ》例年にくらべて気温の低い夏。

【冷菓】《レイカ》ひやしたり、こおらせたりして作った菓子。また、つめたくして食べる菓子。ゼリーやアイスクリームなど。

【冷害】《レイガイ》日照不足や異常低温のためにおこる、農作物の被害《ヒガイ》。例 ―で収穫《シュウカク》がへる。

【冷汗】《レイカン》おそれたり、はじたりしたときに出るあせ。ひやあせ。例 ―三斗《サント》の思い。

【冷眼】《レイガン》人をさげすんで見る、ひややかな目つき。

【冷気】《レイキ》ひんやりとした、つめたい空気。

【冷却】《レイキャク》(名・する)①ひやして、つめたくすること。例 ―装置。②つめたい関係になること。例 両国の関係が―する。③高ぶった気持ちを、しずめること。例 ―期間を置く。

【冷遇】《レイグウ》(名・する)人を、つめたい態度で、そまつにあつかうこと。対 厚遇《コウグウ》・優遇。例 新しい職場で―される。

【冷血】《レイケツ》一(名)体温が低いこと。対 温血。二(名・形動ダナ)人間的なあたたかみが感じられず、薄情《ハクジョウ》なこと。例 ―漢(=心のつめたい男)。

【冷血動物】《レイケツドウブツ》①〔「変温動物」のもとの呼び名〕外界の温度変化によって、体温がいちじるしく変わる動物。対 温血動物。②冷酷《レイコク》な人、心のつめたい人のたとえ。

【冷厳】《レイゲン》(名・形動ダナ)①落ちついていて、おごそかなようす。例 ―な態度。②ごまかしたりすることのできない、きびしいようす。例 ―な事実。

【冷酷】《レイコク》(名・形動ダナ)人間味がなく、むごいこと。

【冷酒】《レイシュ》①燗《カン》をしていない日本酒。ひやざけ。ひや。②ひやして飲むようにつくった日本酒。冷用酒。

【冷笑】《レイショウ》(名・する)ひややかに、あざけり、わらうこと。類 嘲笑《チョウショウ》。例 ―をうかべる。

【冷水】《レイスイ》一 つめたい水。対 温水。例 ―摩擦《マサツ》。二【冷や水】《ひやみず》つめたい水。例 年寄りの―(=老人が冷水をあびることから、高齢《コウレイ》の人にふさわしくないふるまいをしようとするのを、ひやかしていうことば)。

【冷水塊】《レイスイカイ》周囲の海水よりも、水温の低い海水のかたまり。また、その水域。冷水域。

【冷製】《レイセイ》一度調理したものをさまし、つめたくして食べる西洋料理。例 ―のスープ。

【冷静】《レイセイ》(名・形動ダナ)感情に動かされず、落ちついていること。例 ―沈着《チンチャク》。―に行動する。

【冷泉】《レイセン》一 ①つめたいわき水。②(セ氏二五度未満の)つめたい鉱泉。対 温泉。→【鉱泉】《コウセン》(1007ページ) 二《レイゼイ》①平安京の東西に通じる小路《こうじ》の一つ。②藤原《ふじわら》氏の一門。

【冷戦】《レイセン》国と国とのあいだで、直接に戦争はしないものの、経済や外交など、多方面で激しく対立し、抗争《コウソウ》すること。つめたい戦争。〔第二次世界大戦後の、アメリカとソ連との関係を中心にいう〕例 ―時代。

【冷然】《レイゼン》(形動トタル)①つめたいようす。例 ―たる谷川の水。②思いやりがないようす。また、感情に動かされず、落ちついているようす。例 ―と決定を下す。

【冷蔵】《レイゾウ》(名・する)飲食物などの品質を保つために、低温でたくわえておくこと。例 食品を―する。

【冷淡】《レイタン》(名・形動ダナ)①情愛が感じられないこと。例 ―にあしらわれる。②ものごとに対する関心や熱意が感じられないこと。例 芸術に―な人。

【冷徹】《レイテツ》(名・形動ダナ)感情に動かされず、ものごとの根本を正確に見とおすこと。例 ―な目。

【冷凍】《レイトウ》(名・する)(鮮度《センド》を保つために)食品などを人工的にこおらせること。対 解凍。例 ―して保存する。

【冷肉《レイニク》】むし焼きにしたあと、ひやした肉。コールドミート。

【冷評《レイヒョウ》】（名・する）同情や思いやりをいっさいまじえず、ひややかな態度で批評すること。例 —をあびる。

【冷風《レイフウ》】はだにつめたく感じる風。例 —を送りこむ。

【冷房《レイボウ》】（名・する）室内の温度を外の気温より低くして、すずしくすること。また、その装置。対 暖房。例 弱—。

【冷麺《レイメン》】ひやして食べる麺。

冫5 ［況］7画 ⇩【況《キョウ》】（584ページ）

冫6 【冽】8画 4956 51BD 音 レツ漢 訓 きよ-い
意味 身が切られるようにつめたい。寒さがきびしい。例 清冽《セイレツ》。凜冽《リンレツ》。

冫8 【凅】10画 4957 51C5 音 コ漢 訓 こご-る・こ-る
意味 寒くて固まる。こおる。例 凅凍《コトウ》。凅陰《コイン》（=いてる。こおりつく）。

冫8 【准】10画 2958 51C6 常用 音 ジュン慣 シュン漢呉 訓 なぞら-える
筆順 
なりたち 「準《ジュン》」の一部を省略した形。
意味 ❶正式なものに次ぐ。なぞらえる。例 准将《ジュンショウ》。准三后《ジュンサンゴウ》。❷ゆるす。みとめる。例 批准《ヒジュン》。
参考 官庁用語などに限って用いられる。
人名 つぐ・のり・ひとし
【准教授《ジュンキョウジュ》】大学などで、教授に次いで置かれる職階。以前の助教授を廃して導入。
【准士官《ジュンシカン》】准尉《ジュンイ》・兵曹長《ヘイソウチョウ》。尉官《イカン》の下位で下士官の上位。
【准将《ジュンショウ》】（アメリカなどの軍隊の階級で）少将の下、大佐《タイサ》の上の位。代将《ダイショウ》。
●批准《ヒジュン》

冫8 【凄】10画 3208 51C4 常用 音 セイ漢 訓 すさ-まじい・すご-い・すご-む
筆順 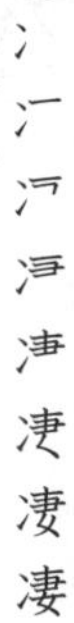
［淒］11画 6239 6DD2 本字
なりたち  ［形声］「氵（=みず）」と、音「妻《セイ》」とから成る。雨雲が起こるさま。また、寒々しいさま。
意味 さむい。ひえびえとして、ものさびしい。例 凄凄《セイセイ》（=寒く冷えているようす）。凄然《セイゼン》。
日本語での用法 《セイ》すさまじい。すごい。ていどが激しい。「凄惨《セイサン》・凄絶《セイゼツ》」
【凄艶《セイエン》】（名・形動《ナダ》）すごみを感じるほど、なまめかしく美しいこと。例 —な美女。
【凄惨《セイサン》】（名・形動《ナダ》）目もあてられないほど、いたましいこと。類 悲惨。例 —な事故の現場。
【凄絶《セイゼツ》】（名・形動《ナダ》）きわめてすさまじいこと。ものすごいこと。例 —な戦い。
【凄然《セイゼン》】（形動《タルト》）①わびしく、いたましいようす。②はだざむいようす。ひややか。
【凄涼《セイリョウ》】（形動《タルト》）ぞっとするほど、ものさびしいようす。
【凄▼寥《セイリョウ》】（形動《タルト》）すさまじく、ものさびしいようす。

冫8 【凋】10画 *3592 *51CB 音 チョウ漢 訓 しぼ-む
意味 花などがしおれる。しぼむ。また、おとろえる。おちぶれる。例 凋喪《チョウソウ》。凋落《チョウラク》。枯凋《コチョウ》。
【凋喪《チョウソウ》】（名・する）しぼみ、おとろえること。
【凋落《チョウラク》】（名・する）①草木の花や葉が、しぼんで落ちること。例 —の季節。②おちぶれること。例 —した旧勢力。

冫8 【凍】10画 3764 51CD 常用 音 トウ漢 訓 こお-る・こご-える・し-みる
筆順 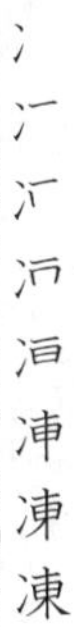

なりたち  ［形声］「冫（=こおり）」と、音「東《トウ》」とから成る。かたくこおる。

意味 ❶いてつく。こおる。例 凍結《トウケツ》。解凍《カイトウ》。❷寒さのために感覚がなくなる。こごえる。例 凍死《トウシ》。凍傷《トウショウ》。

【凍雨《トウウ》】①ひさめ。みぞれ。②にわか雨。

【凍結《トウケツ》】（名・する）①こおりつくこと。類 氷結。例 路面が—する。②現状を変えないようにすること。例 資産を—する。

【凍死《トウシ》】（名・する）寒さのために死ぬこと。こごえじに。

【凍傷《トウショウ》】きびしい寒さのために皮膚《ヒフ》に起こる、やけどに似た傷害。例 —にかかる。

【凍▼瘡《トウソウ》】軽い凍傷。しもやけ・ひび・あかぎれなど。

【凍▼餒《トウタイ・トウダイ》】〔「餒」は、飢《う》える意〕こごえ、飢えること。

【凍土《トウド》】こおった土。ツンドラ。

冫8 【凌】10画 4631 51CC 人名 音 リョウ漢 訓 しの-ぐ
なりたち  ［会意］本字は「夌」で、「夊（=すすむ）」と「圥（=高く大きい）」とから成る。越《こ》える。
意味 ❶相手をこえて上に出る。こえる。しのぐ。例 凌雲《リョウウン》。凌駕《リョウガ》。❷力ずくでおかす。あなどりはずかしめる。例 凌辱《リョウジョク》。
難読 凌霄花《のうぜんかずら》
【凌雲《リョウウン》】①雲をしのいで高くそびえること。また、雲よりも高く飛ぶこと。例 —の志《こころざし》。②俗世間《ゾクセケン》を超越《チョウエツ》すること。例 —の気。表記 「陵雲」とも書く。
【凌▼駕《リョウガ》】（名・する）競争相手よりも上に出ること。他をしのぐこと。例 他チームをはるかに—する力量。表記 「陵▼駕」とも書く。
【凌▼霄《リョウショウ》】①空高くそびえること。②志《こころざし》の高いこと。
【凌辱《リョウジョク》】（名・する）①人をあなどって、はずかしめること。例 芸術家と称《ショウ》し、平凡《ヘイボン》な人人《ひとびと》を—するやから。②婦女をおかすこと。表記 ▽「陵辱」とも書く。

冫8 ［凉］10画 ⇩【涼《リョウ》】（605ページ）
冫10 ［凖］12画 ⇩【準《ジュン》】（614ページ）

冫13 【凜】15画 8405 51DC 人名 音 リン漢
冫13 ［凛］15画 4959 51DB 人名 俗字
なりたち  ［形声］本字は「凜」で、「冫（=こおり）」と、音「廩《リン》」とから成る。さむい。
意味 身が引きしまるように、厳しく寒い。例 凜乎《リンコ》。凜冽《リンレツ》。
日本語での用法 《リ》姿や態度が、きりりとして力強くたのも

—しい。「凜凜《リリ》しい姿《すがた》」

【凜▼乎《リンコ》】(形動《トタル》)①勢いがあり、きりっとしているようす。例—たる気迫《キハク》。②寒さの厳しいようす。例—として早春らしい朝。

【凜然《リンゼン》】(形動《トタル》)①寒さが厳しいようす。例寒波、—として、身にしみる。②りりしく、勇ましいようす。例—たる態度。

【凜慄《リンリツ》】(形動《トタル》)①寒くて、ふるえるようす。②おそれおののくようす。

【凜凜《リンリン》】(形動《トタル》)①勇ましいようす。りりしいようす。例勇気—。②寒さが身にしみるようす。

【凜▼冽《リンレツ》】(形動《トタル》)寒気の厳しいようす。例玄冬《ゲントウ》—の候(=冬の寒さ厳しい季節)。表記「凜烈」とも書く。

冫13 【凜】15画 ⇩【凛】《リン》(121ページ)

冫14 【凝】16画 2237 51DD 常用 音ギョウ漢呉 訓こ-る・こ-らす

筆順 冫 冫 冫 冫 冫ヒ 冫ヒ 冫𠤎 凝 凝 凝

なりたち 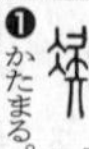 [形声]「冫(=こおり)」と、音「疑《ギ》→ギョウ」とから成る。こおって、かたまる。

意味 ❶かたまる。こごる。こる。例凝結《ギョウケツ》。凝固《ギョウコ》。凝集《ギョウシュウ》。❷考えや視線などを集中させる。こらす。例凝思《ギョウシ》。凝視《ギョウシ》。❸じっとして動かない。例凝然《ギョウゼン》。

日本語での用法《こり・こる》集中する。集中して固まる。熱中する。「肩《かた》が凝《こ》る・凝《こ》りをほぐす・趣味《シュミ》に凝《こ》る」

人名 こおる・こり

【凝血《ギョウケツ》】(名・する)体外に出た血液が固まること。また、その固まった血液。例傷口に—がある。

【凝結《ギョウケツ》】(名・する)〔化〕液体の中の小さな粒子《リュウシ》が集まり、大きな粒子となって沈殿《チンデン》すること。また、空気中の水蒸気が水滴《スイテキ》になること。類凝固・凝縮。例ガラス窓に—する露《つゆ》。

【凝固《ギョウコ》】(名・する)①こりかたまること。②〔物〕液体や気体が固体になること。類凝結・凝縮。対融解《ユウカイ》。例冷やすとすぐに—する。

【凝思《ギョウシ》】(名・する)じっと考えこむこと。

【凝脂《ギョウシ》】①こり固まった脂肪《シボウ》。②白くてつややかな美しいはだ。例温泉水《みず》滑《なめ》らかにして(=温泉の湯はなめらかで)—を洗う。〈白居易《ハクキョイ》・長恨歌《チョウゴンカ》〉

【凝視《ギョウシ》】(名・する)一つのものをじっと見つめること。類熟視。例一点を—する。

【凝集《ギョウシュウ》】(名・する)散らばっているものが、固まるように集まること。例一か所に—して、やがて拡大していく。

【凝縮《ギョウシュク》】(名・する)①ばらばらのものが、一つにまとまり固まること。例さまざまな体験を—した詩。②〔物〕気体の一部が液体になること。類凝結・凝固。

【凝然《ギョウゼン》】(形動《トタル》)じっとして動かないようす。例—と立ちつくす。

【凝滞《ギョウタイ》】(名・する)①つかえてしまって、先へ進まないこと。類渋滞《ジュウタイ》。例ものにこだわって—する性格。②少しも進歩しないで、もとのままにいること。例精神生活が—して不健康を招く。

【凝望《ギョウボウ》】(名・する)目をこらして、遠くの一点を見つめること。例遠くの山の頂上を—する。

【凝立《ギョウリツ》】(名・する)動かないで、じっと立っていること。例バルコニーに—する人影《ひとかげ》。

【凝り性《こりショウ》】(名・形動《ダナ》)ものごとに熱中する性質。また、何ごとも徹底的《テッテイテキ》にやらないと気がすまない性質。例—なのは親ゆずりです。

16 2画 几 つくえ きにょう(几 かぜかんむり かぜがまえ)部

ひじかけの形をあらわす。「几」をもとにしてできている漢字と、「几」および「几(=風の省略体)」の字形を目じるしにして引く漢字とを集めた。

0 几 1 凡 3 処 凧 4 凩 凪 6 凭 7 凰 9 凰 10 凱

この部首に所属しない漢字

冗⇩冖118 夙⇩夕250 咒⇩口201 風⇩風1070 凫⇩鳥1100 鳳⇩鳥1100

几0 【几】2画 4960 51E0 音キ漢呉 訓つくえ

意味 ❶ひじかけ。脇息《キョウソク》。例几杖《キジョウ》。❷つくえ。同机。例几案《キアン》。明窓浄几《メイソウジョウキ》。

【几案《キアン》】〔「案」も、つくえの意〕書類などをのせる台。つくえ。案几。表記「机案」とも書く。

【几帳《キチョウ》】昔、室内を仕切るのに使った、ついたてのような道具。台に立てた柱の上に、横木をわたして布の幕をたらした。

【几帳面《キチョウメン》】(形動《ダナ》)細かいところまで気をくばり、きちんとするようす。また、規則正しいようす。〔几帳の柱のけずり方が、細かくていねいであったことから〕類厳格。例—な人。

几1 【凡】3画 4362 51E1 常用 音ハン漢ボン呉 訓すべ-て・およ-そ

筆順 丿 几 凡

なりたち  [会意]「𠄎(=ならぶ)」と「乚(=及《およ》ぶ)」とから成る。たばねる。とりまとめていうときに使うことば。およそ。

意味 ❶あらゆる。すべて(の)。いろいろ(の)。例凡例《ハンレイ》。凡百《ボンピャク》。❷いっぱんに。およそ。総じて。例大凡《おおよそ》。凡《およ》そ今《いま》の人《ひと》は。❸ありふれた。ふつうの。つまらぬ。例凡才《ボンサイ》。凡人《ボンジン》。非凡《ヒボン》。

人名 ちか・つね・なみ・ひろ・ひろし

【凡例《ハンレイ》】〔「ボンレイ」とも〕本のはじめに、その本の方針や使い方などを、まとめて説明したもの。

【凡愚《ボング》】(名・形動《ダナ》)平凡でなんの取りえもなく、すぐれていないこと。また、その人。例われわれ—にできることではない。

【凡骨《ボンコツ》】人並みの素質や力量。また、その人。例—でも成しとげられる仕事。

【凡才《ボンサイ》】ありふれていて、とくにすぐれたところのない才能。また、その人。類鈍才《ドンサイ》。対天才。

【凡作《ボンサク》】すぐれた点の見られない作品。つまらない作品。類駄作《ダサク》。対傑作《ケッサク》・秀作《シュウサク》。例—ばかりの展覧会。

【凡策《ボンサク》】ありふれた策略。平凡な計画。

【凡手《ボンシュ》】平凡な、うでまえ。また、その人。対名手。

【凡人《ボンジン｜ボンニン》】〔「ハンジン」とも〕とくにすぐれたところのない、ふつうの人。平凡な人。凡俗《ボンゾク》。例—にはできないわざ。

【凡俗《ボンゾク》】一(名・形動《ダナ》)とくにすぐれた点がなく、世間並みであること。例—な暮らしぶり。二(名)凡人。俗人。例—のたわごと。知恵《チエ》の浅はかな—にすぎない。

【凡退《ボンタイ》】(名・する) 野球で、打者が出塁《シュツルイ》できなかったり、走者を進めることができなかったりして、しりぞくこと。例 三者―。

【凡百《ボンピャク》】〔「ボンビャク」とも〕①いろいろのもの。もろもろ。諸種。例 ―の知識。②あらゆる人々。例 ―の知るところとなる。

【凡夫《ボンプ》】〔「ボンブ」とも〕①平凡な、ふつうの人。②〔仏〕煩悩《ボンノウ》にとらわれ、仏の教えを理解できない人。例 ―の浅ましさ。

【凡凡《ボンボン》】(形動タル) きわめて平凡なようす。例 平平―。

【凡庸《ボンヨウ》】(名・形動ダ) ありふれていて、目立つところがないこと。類 平凡。例 ―な人間。

【凡慮《ボンリョ》】凡人の考え。平凡な考え。例 とても―のおよぶところではない。

●非凡《ヒボン》・平凡《ヘイボン》

几 3

【処】

5画 2972 51E6 教育6 音 ショ 漢 ソ 呉 訓 お-る・ところ

筆順 ノ ク 夂 夂 処

虍 5 【處】11画 4961 8655

なりたち  [会意]「夂(=あとからついて来る)」と「几(=こしかけ)」とから成る。落ちつくところを得て、とまる。おる。

意味 ❶ある場所に身をおく。一定のところにとどまっている。おる。例 処世《ショセイ》。❷官職につかずに家にいる。例 処士《ショシ》。出処進退《シュッショシンタイ》。❸結婚《ケッコン》せずに家にいる。へやずみ。例 処子《ショシ》。処女《ショジョ》。❹しかるべきところにおく。とりはからう。とりさばく。おく。例 処遇《ショグウ》。処置《ショチ》。身《み》を処《ショ》する。❺とどめる。やむ。例 処暑《ショショ》。❻場所。ところ。例 処処《ショショ》。随処《ズイショ》。

難読 処女《おとめ》・何処《いずこ》

人名 おき・さだむ・すみ・ふさ・やす

【処遇《ショグウ》】(名・する) 人の能力や人格などを評価して、待遇《タイグウ》を決めること。例 身分―。

【処刑《ショケイ》】(名・する) 刑罰《ケイバツ》を加えること。とくに、死刑を実行すること。例 判決のとおりに―する。

【処決《ショケツ》】(名・する) ①はっきりと処置をすること。例 ―を望む。②覚悟《カクゴ》を決めること。例 ―を要する大事。

【処士《ショシ》】官職につかないで、民間にいる人。例 ―の身分。

【処子《ショシ》】①まだ結婚《ケッコン》しない女性。処女。②処士。

【処処《ショショ》】あちらこちら。ここかしこ。ところどころ。例 ―方方《ホウボウ》をたずねる。表記「所所」とも書く。

【処暑《ショショ》】〔暑さがやむ意〕二十四節気の一つ。太陽暦《タイヨウレキ》で八月二十三日ごろ。

【処女《ショジョ》】①〔まだ嫁《よめ》に行かないで、家にいるむすめの意〕未婚《ミコン》の女性。とくに、男性と性的交渉《コウショウ》をもったことのない女性。きむすめ。対 童貞《ドウテイ》。②まだだれも手をつけたり、足をふみ入れたりしていないこと。例 ―地。③はじめての。最初の。例 ―作。―航海。

【処世《ショセイ》】世間の人とうまくつきあって、世の中を生きていくこと。生活していくこと。世わたり。例 ―術。

【処世訓《ショセイクン》】信念や経験などをもとにした、処世に役立つ教え。例 先輩《センパイ》から受けた―。

【処断《ショダン》】(名・する) ものごとをよく判断して、きちんと決めること。例 法律に照らして―する。

【処置《ショチ》】(名・する) ①ものごとをとりさばき、きちんとかたをつけること。類 処理・措置《ソチ》。例 ―なし(=ひどすぎて手がつけられない)。②病気や傷の手当てをすること。例 応急―。

【処罰《ショバツ》】(名・する) 罰すること。類 処分。例 違反者《イハンシャ》を―する。

【処分《ショブン》】(名・する) ①不用品を手放して整理すること。例 古い家具を―する。②規則などに違反《イハン》した者を罰《バッ》すること。類 処罰《ショバツ》。例 停学―。

【処方《ショホウ》】(名・する) 医師が患者《カンジャ》の病状にあわせて、薬の種類や分量などを指示すること。また、その指示したもの。

【処方箋《ショホウセン》】〔「箋」は、紙きれの意〕医師が処方を書いた書類。処方書。例 薬局へ―を持って行く。

【処理《ショリ》】(名・する) ①仕事や事件などを的確にあつかって、かたづけること。例 外交問題を―する。②ものをつくりだすとき、熱や圧力や薬品などで加工すること。例 熱―。

●善処《ゼンショ》・対処《タイショ》

八 3

【凧】

5画 3492 51E7 人名 国字 訓 たこ

意味 たこ。細い竹の骨に紙をはり、糸をつけて空に飛ばすもの。方言で、「はた」「いか」「いかのぼり」。

八 4

【凩】

6画 4962 51E9 国字 訓 こがらし

意味 秋の終わりから冬の初めにかけてふく寒い風。こがらし。

八 4

【凪】

6画 3868 51EA 人名 国字 訓 なぎ・な-ぐ

なりたち [会意]「風(=かぜ)」の省略体と「止(=やむ)」とから成る。風がやむ。

意味 風がやんで波がしずかになる。なぐ。なぎ。例 朝凪《あさなぎ》。夕凪《ゆうなぎ》。

几 6

【凭】

8画 4963 51ED 音 ヒョウ 漢 訓 よ-る・もた-れる

意味 (ひじかけなどに)よりかかる。よる。もたれる。例 凭几《ヒョウキ》(=つくえによりかかる)。凭欄《ヒョウラン》(=手すりにもたれる)。

几 7 [凫] 9画 ⇩【鳧《フ》】(1100ページ)

八 9

【凰】

11画 4964 51F0 人名 音 コウ 漢 オウ 呉 訓 おおとり

意味 昔の中国で、めでたいときにあらわれるとされた、想像上の鳥。おおとり。凰は、めす、鳳《ホウ》は、おす。例 鳳凰《ホウオウ》。

几 10

【凱】

12画 1914 51F1 人名 音 ガイ 慣 カイ 漢 訓 かちどき

なりたち  [形声] 本字は「愷」で、「忄(=こころ)」と、音「豈《キ→カイ》」とから成る。やすらぎ、たのしむ。

意味 ❶やわらぐ。たのしむ。例 凱風《ガイフウ》。❷戦いに勝ったときに上げる喜びの声。また、そこで奏する音楽。かちどき。例 凱歌《ガイカ》。凱陣《ガイジン》。凱旋《ガイセン》。

人名 たのし・とき・やす・やすし・よし

【凱歌《ガイカ》】戦いの勝利を祝ってうたう歌。例 ―をあげる。

【凱旋《ガイセン》】(名・する) 戦いに勝って帰ること。例 敵を破って―する。

【凱旋門《ガイセンモン》】凱旋する軍隊を歓迎《カンゲイ》し、勝利を記念するためにつくった門。

【凱風《ガイフウ》】初夏にふく、そよ風。南風《ナンプウ》。例 ―南よりきたる。

17
2画

凵 かんにょう うけばこ 部

上に向いて口のあいている形をあらわす。「凵」の字形を目じるしにして引く漢字を集めた。

0 凵 2 凶 3 凹 出 凸 6 函 7 凾

この部首に所属しない漢字

画⇩田 677 幽⇩幺 349 歯⇩歯 1114

凵 0

【凵】 2画 4965 51F5 音 一 ケン 漢 二 カン 漢

意味 一《ケン》 口をひらくこと。また、そのようす。二《カン》 土地がくぼんだ形。あな。同 坎《カン》。

凵 2

【凶】 4画 2207 51F6 常用 音 キョウ 漢 グウ 呉 訓 わる-い・わざわい

筆順 ノ メ 凶 凶

なりたち  [指事] 地面がくぼんでいて、人が落ちる危険性がある。わるい。不吉《フキツ》である。

意味 ❶縁《エン》起《ギ》が悪い。不吉《フキツ》。わざわい。対 吉《キチ》。例 凶事《キョウジ》。吉《キッ》凶《キョウ》。❷残忍《ザンニン》な。乱暴な。人を傷つける。同 兇《キョウ》。例 凶悪《キョウアク》。凶器《キョウキ》。凶暴《キョウボウ》。❸作物のできが悪い。不作。例 凶作《キョウサク》。凶年《キョウネン》。

【凶悪】《キョウアク》 (名・形動ダナ) きわめて悪いこと。残忍《ザンニン》なこと。類 極悪《ゴクアク》。例 —な犯罪。表記 旧 ▼兇悪

【凶音】《キョウイン》 悪い知らせ。死亡通知。例 —に接する。

【凶漢】《キョウカン》 〔「漢」は、おとこの意〕 人に危害を加える者。わるもの。悪漢。例 —の手にたおれる。表記 旧 ▼兇漢

【凶器】《キョウキ》 人を殺したり、傷つけたりするのに使われる道具。例 —のナイフが発見される。表記 旧 ▼兇器

【凶行】《キョウコウ》 人を殺したり傷つけたりするような、残忍《ザンニン》なおこない。例 うらみから—におよぶ。表記 旧 ▼兇行

【凶作】《キョウサク》 農作物のできが、ひじょうに悪いこと。類 不作。対 豊作。例 —で米不足となる。

【凶事】《キョウジ》 悪いできごと。また、縁起《エンギ》が悪いこと。とくに、人の死。対 吉事《キチジ》・慶事《ケイジ》。例 —の前兆《ゼンチョウ》。

【凶日】《キョウジツ》 縁起《エンギ》の悪い日。不吉《フキツ》な日。対 吉日《キチジツ》。

【凶手】《キョウシュ》 凶行をはたらく者。例 —にかかって落命する。表記 旧 ▼兇手

【凶状】《キョウジョウ》 凶悪な罪をおかした事実や経歴。例 —持ち(=殺人や傷害などの前科者。また、逃亡《トウボウ》中の凶悪犯)。表記 旧 ▼兇状

【凶刃】《キョウジン》 殺人に使われる刃物《はもの》。例 —にかかる。表記 旧 ▼兇刃

【凶相】《キョウソウ》 うらないで出る、悪いしるし。また、悪い人相。対 吉相《キッソウ》。

【凶弾】《キョウダン》 悪者がねらってうった弾丸。例 —にたおれる。表記 旧 ▼兇弾

【凶兆】《キョウチョウ》 悪いことの起こる前ぶれ。悪いきざし。対 吉兆《キッチョウ》。例 —があらわれる。

【凶徒】《キョウト》 ①凶行をはたらく悪者。②暴動に加わった者。類 暴徒。例 —を鎮圧《チンアツ》する。表記 ▽旧 ▼兇徒

【凶年】《キョウネン》 ①農作物が不作の年。類 荒年《コウネン》。対 豊年。例 二年続きの—。②悪いできごとのあった年。

【凶変】《キョウヘン》 不吉《フキツ》なできごと。例 大統領暗殺という—。表記 旧 ▼兇変

【凶報】《キョウホウ》 ①悪い知らせ。不吉《フキツ》な知らせ。対 吉報《キッポウ》・朗報。②死亡の知らせ。例 —が届いた。

【凶暴】《キョウボウ》 (名・形動ダナ) あらあらしく残忍《ザンニン》で、きわめて悪いこと。例 —な犯人を追いつめる。表記 旧 ▼兇暴

【凶猛】《キョウモウ》 (名・形動ダナ) あらあらしく、たけだけしいこと。例 —なふるまいに手をやく。表記 旧 ▼兇猛

【▽凶会日】《クエニチ》 陰陽道《オンヨウドウ》で、すべてに凶《キョウ》である日。

●吉凶《キッキョウ》・元凶《ゲンキョウ》・大凶《ダイキョウ》

凵 3

【凹】 5画 1790 51F9 常用 音 オウ 漢 訓 くぼ-む・くぼ-み・へこ-む・ぼこ 付表 凸凹《でこぼこ》

筆順 乛 凹 凹 凹 凹

なりたち [象形] ものの中央がくぼんだ形。くぼむ。

意味 中央がくぼんでいる形。へこみ。くぼみ。また、へこむ。くぼむ。対 凸《トツ》。例 凹凸《オウトツ》。凹版《オウハン》。凹面鏡《オウメンキョウ》。

【凹版】《オウハン》 印刷する文字や絵などの部分が、他の部分よりへこんでいる印刷版。対 凸版《トッパン》。

【凹面鏡】《オウメンキョウ》 反射面がなだらかにくぼんでいる反射鏡。対 凸面鏡《トツメンキョウ》。

凵 3

【出】 5画 2948 51FA 教育1 音 シュツ 漢 呉 スイ 漢 呉 訓 で-る・だ-す

筆順 丨 屮 屮 出 出

なりたち  [象形] 草木がさかんにしげって上へのびる形。すすみでる。

意味 ❶内から外へ行く。でていく。でる。対 入《ニュウ》。例 出国《シュッコク》。出発《シュッパツ》。外出《ガイシュツ》。❷あらわれる。うまれる。だす。例 出現《シュツゲン》。出納《スイトウ》。提出《テイシュツ》。❸仕事のために、ある場所に行く。参加する。臨《のぞ》む。例 出演《シュツエン》。出勤《シュッキン》。出席《シュッセキ》。❹他よりぬきんでる。すぐれている。例 出色《シュッショク》。傑出《ケッシュツ》。

人名 いず・いずる・すすむ・で

【出雲】《いずも》 旧国名の一つ。今の島根県東部。雲州《ウンシュウ》。

【出▼捐】《シュツエン》 (名・する) 〔「捐」は、手ばなす意〕 他人のためにお金や品物を出すこと。類 寄付。例 —して助け合う。

【出演】《シュツエン》 (名・する) 舞台《ブタイ》や映画・テレビなどに出て、演技をすること。また、単にテレビ番組などに出ること。

【出火】《シュッカ》 (名・する) 火事が発生すること。また、火事を出すこと。対 鎮火《チンカ》。例 —したのは深夜だった。

【出荷】《シュッカ》 (名・する) 商品を市場などへ送り出すこと。対 入荷。例 東京の市場に—する。

【出芽】《シュツガ》 (名・する) 植物の芽が、分かれて出ること。例 —を早める。

【出棺】《シュッカン》 (名・する) 葬式《ソウシキ》で、死者のひつぎを、その式場から火葬場へ送り出すこと。例 合掌《ガッショウ》して—を見送る。

【出願】《シュツガン》 (名・する) ①ねがい出ること。例 受験の—をする。②免許《メンキョ》や許可などを官庁の窓口を通じて、国や地方公共団体に求めること。例 発明品の特許を—する。

【出京】《シュッキョウ》 (名・する) ①地方から都会へ出かけること。類 上京。例 親戚《シンセキ》をたよって—する。②都会を出て地方へ行くこと。類 離京《リキョウ》。例 明日、帰省のため—の予定だ。

【出郷】《シュッキョウ》 (名・する) 郷里をはなれること。例 就職のために—する。

【出金】《シュッキン》 (名・する) 会社の経理などで、必要に応じてお金を出すこと。支出すること。対 入金。例 —伝票。

【出勤】《シュッキン》 (名・する) つとめに出ること。類 出社。対 欠勤・

退勤。[例]—簿《ボ》。九時に—する。

【出家《シュッケ》】[一]（名・する）俗《ゾク》世間《セケン》をすてて仏道にはいること。僧《ソウ》となること。[例]—して山寺にこもる。[二]（名）僧。お坊《ボウ》さん。(対)在家《ザイケ》。[例]—とその弟子《デシ》。

【出撃《シュツゲキ》】（名・する）敵を攻撃《コウゲキ》するために、味方の陣地《ジンチ》から出ること。[例]爆撃機《バクゲキキ》が—する。

【出欠《シュッケツ》】出席と欠席。[例]—を取る。

【出血《シュッケツ》】（名・する）①血管が破れて、血が体内や体外へ出ること。[例]傷口から—する。②損失や損害を考えないで、おこなうこと。[例]—サービス。

【出現《シュツゲン》】（名・する）姿をあらわすこと。あらわれ出ること。[例]空飛ぶ円盤《エンバン》が—する。

【出庫《シュッコ》】（名・する）①倉庫から品物を出すこと。くらだし。[例]—伝票。②電車や自動車が車庫から出ること。また、出すこと。[例]消防車の—。▽(対)入庫。

【出向《シュッコウ》】（名・する）①出かけること。②命令により、籍《セキ》はそのままで、他の会社や官庁などに出向いて、勤務すること。[例]子会社に—する。

漢字に親しむ ❻ 海外へ出張《でば》る

いま「海外へ出張《でば》る」などと言ったら笑われるか、けげんな顔をされるかのどちらかでしょうね。「出張《シュッチョウ》する」と言わなければなりません。しかしこの「出張」は、大和《やまと》ことばの「でばる」に漢字をあてて、日本でつくり出された漢語で、本家は「出張る」のほうなのです。同じようにしてできた熟語はほかにも「墓参り」↓「墓参《ボサン》」「心《こころ》配《くば》り」↓「心配《シンパイ》」「返り事」↓「返事《ヘンジ》」などがあります。

【出校《シュッコウ》】（名・する）①教職員が勤務のために学校へ出ること。[例]—日。②校正刷りが印刷所から出ること。

【出航《シュッコウ》】（名・する）航海や航空に出発すること。船や飛行機が出発すること。[例]—の予定時刻。

【出港《シュッコウ》】（名・する）船が港を出ること。(対)入港。[例]漁船は早朝に—する。

【出講《シュッコウ》】（名・する）出向いて講義をすること。また、講義をするために出かけること。[例]—日。午後から—する。

【出国《シュッコク》】（名・する）ある国を出て別の国へ行くこと。(対)入国。[例]手続きをすませて—する。

【出獄《シュツゴク》】（名・する）囚人《シュウジン》が釈放《シャクホウ》されて、監獄《カンゴク》や刑務所《ケイムショ》から出ること。(類)出所。(対)下獄・入獄。[例]刑期を終えて—する。

【出座《シュツザ》】（名・する）（身分の高い人が）姿をあらわして、所定の席につくこと。

【出札《シュッサツ》】（名・する）（駅や劇場などで）切符《きっぷ》を売ること。また、売りはじめること。[例]—口。

【出産《シュッサン》】（名・する）子供をうむこと。(類)分娩《ブンベン》。

【出山《シュツザン|シュッサン》】（名・する）①山にこもっていた者が、村や町に出ること。②隠者《インジャ》が世に出て、官に仕えること。③僧《ソウ》が、修行《シュギョウ》していた寺または山を出ること。

【出仕《シュッシ》】（名・する）勤めに出ること。とくに、役人になること。(類)仕官。[例]役所に—する。

【出資《シュッシ》】（名・する）資金を出すこと。[例]共同で—する。

【出自《シュツジ》】〔…から出る意〕出てきたところ。また、生まれ出た家がら。うまれ。[例]李白《リハク》の—に関する研究。

【出社《シュッシャ》】（名・する）仕事をするために、会社へ行くこと。(対)退社。[例]日曜日でも—する。

【出処《シュッショ》】[一]（名・する）世に出て官職につくこと。また、官をしりぞいて家に引っこむこと。役人をつとめるか、やめるかの、どちらかということ。[例]—進退を決断する。[二]（名）ものごとのはじまったところ。でどころ。出所。[例]—がわからない。

【出処進退《シュッショシンタイ》】現在の地位にとどまることと、やめること。身のふりかた。[例]—を明らかにする。

【出所《シュッショ》】[一]（名）①情報や品物などの出どころ。[例]—不明のニュース。②生まれたところ。[二]（名・する）「出獄《シュツゴク》」に同じ。(対)入所。

【出生《シュッショウ|シュッセイ》】（名・する）生まれてくること。[例]第一子が—した。

【出場《シュツジョウ》】（名・する）集会や競技のおこなわれる場所に出ること。(対)欠場・休場。[例]初—校。

【出色《シュッショク》】（名・形動ダナ）他にくらべてひときわ目立つこと。とくにすぐれていること。[例]—のできばえ。

【出身《シュッシン》】ある地域などから、または、ある学校や職業などから出ていること。[例]石川県—。僧侶《ソウリョ》—の議員。

【出陣《シュツジン》】（名・する）戦場に出ること。また、戦いをするために出かけること。[例]さっそうと—する。

【出▼塵《シュツジン》】（名・する）①浮《う》き世からのがれること。②俗《ゾク》世間《セケン》を超越《チョウエツ》すること。出家すること。

【出水《シュッスイ》】（名・する）①大水が出ること。洪水《コウズイ》になること。でみず。[例]堤防《テイボウ》が切れて—する。②水を外へ出すこと。(対)入水《ニュウスイ》。[例]—口。—管。

【出世《シュッセ》】（名・する）高い地位につき、財産をたくわえ、世間に認められること。[例]立身—。

【出世頭《シュッセがしら》】一族のなか、もしくは仲間のうちで、いちばん高い地位や身分になった者。[例]卒業生中の—。

【出征《シュッセイ》】（名・する）軍役《グンエキ》のために、戦地へ行くこと。[例]—兵士。

【出席《シュッセキ》】（名・する）授業や、会議・会合などに出ること。(対)欠席。[例]同窓会に—する。

【出世間《シュッセケン》】〔仏〕①ふつうの世の中の生活をはなれて、仏門にはいること。僧《ソウ》となること。②世俗的《セゾクテキ》な生き方を超越《チョウエツ》すること。また、さとりの境地にはいること。[例]—的な生活。

【出走《シュッソウ》】（名・する）競走競技や競馬などに出場し、走る、または、走らせること。[例]二十頭の馬が—する。

【出▽来《シュッタイ》】[一]（名・する）〔「シュツライ」が変化した音〕①事件が起こること。[例]惨事《サンジ》が—した。②品物や製品ができあがること。[例]重版—。[二]《でき》（名）①できること。[例]—高《だか》。②できぐあい。[例]農作物の—が悪い。

【出来心《できごころ》】ふと起こった、よくない考え。[例]ほんの—からぬすんでしまった。

【出題《シュツダイ》】（名・する）①（能力検査や学力検定などのために）問題を出すこと。(類)設問。[例]—傾向《ケイコウ》。②短歌や俳句などで、題（＝よみこむ素材や季語など）を示して作らせること。また、その題。

2画

［凵部］3画 出

【出立《シュッたつ》】(名・する)旅に出ること。旅立ち。例—の日。

【出炭《シュッタン》】(名・する)①鉱山から石炭をほり出すこと。例—量。②木炭を作り出すこと。

【出張《シュッチョウ》】(名・する)仕事のために、臨時に他のところに出かけること。例—先から帰る。

【出張所《シュッチョウジョ》】会社や官公庁などの出先機関。

【出超《シュッチョウ》】「輸出超過」の略。総輸出額が、総輸入額より多いこと。(対)入超。

【出陳】(名・する)[一]《シュッチン》展覧会などに出品し、陳列すること。[二]《シュツジン》戦場に出かけること。出陣《シュツジン》。

【出廷《シュッテイ》】(名・する)裁判の当事者(=被告《ヒコク》・原告・裁判官・証人・廷吏《テイリ》など)が法廷に出ること。(対)退廷。

【出典《シュッテン》】故事や成句、および引用した語句などの、出どころとなった書物など。例—をはっきりと示す。

【出店】[一]《シュッテン》(名・する)新しくみせを出すこと。例駅前に—する。[二]《でみせ》(名)①本店から分かれて出したみせ。支店。②道ばたで一時的に開くみせ。露店《ロテン》。

【出土《シュツド》】(名・する)遺物などが土の中から出てくること。例工事中に大量の土器が—した。

【出頭《シュットウ》】(名・する)(役所などに呼び出されて)出向いて行くこと。例警察署に—する。

【出動《シュツドウ》】(名・する)軍隊・警察隊・消防隊・救助隊などが、事件の起こっている現地へ向かうこと。また、現場で仕事をすること。例レスキュー隊が—する。

【出入】(名・する)[一]《シュツニュウ》出ることと、はいること。また、出すことと、いれること。ではいり。でいり。だしいれ。例金銭の—を記録する。[二]【出入り《でいり》】①出ることと、はいること。②商人などが得意先として、よくおとずれること。例—の業者。③もめごと。けんか。例やくざの—。

【出馬《シュツバ》】(名・する)①ウマに乗って戦場などにおもむくこと。②(指揮すべき立場にある人が)みずからその場にのぞむこと。例社長にご—を願う。③選挙に立候補すること。例知事選に—する。

【出発《シュッパツ》】(名・する)①(他の土地をめざして、また、目的地へ向かって)出かけること。(対)到着《トウチャク》。例—は午前八時だ。②なにかを始めること。例さあ、高校生活の—だ。

【出帆《シュッパン》】(名・する)帆《ほ》をあげて、船が航海に出ること。船が港を出ること。でふね。船出《ふなで》。出航。例早朝の—。

【出版《シュッパン》】(名・する)著述や、絵画・写真などを印刷して、世の中に出すこと。(類)刊行。例—物。

【出費《シュッピ》】(名・する)何かをするために、かかったお金。また、それをしはらうこと。かかり。ものいり。例—がかさむ。

【出品《シュッピン》】(名・する)博覧会・展覧会・展示会・品評会などの会場に、作品や製品を出すこと。例新製品を—する。

【出兵《シュッペイ》】(名・する)軍隊を出動させること。(類)派兵。(対)撤兵《テッペイ》。例紛争《フンソウ》地域に—する。

【出没《シュツボツ》】(名・する)姿をあらわしたり、姿をかくしたりすること。みえかくれ。例人家の近くにクマが—する。

【出奔《シュッポン》】(名・する)家を捨てて、行方《ゆくえ》をくらますこと。(類)逃亡《トウボウ》・逐電《チクデン》。例郷里を—して音信不通になる。

【出藍《シュツラン》】藍《あい》からとる青色は、原料の藍よりももっと青い。弟子《デシ》が師よりもすぐれることのたとえ。出藍のほまれ。〈荀子《ジュンシ》〉→【青《あお》は藍《あい》より出《い》でて藍《あい》より青《あお》し】(1055ページ)

【出猟《シュツリョウ》】(名・する)野生の鳥やけものをとりに、出かけること。狩《か》りに出ること。

【出漁《シュツリョウ》】〔「シュツギョ」とも〕(名・する)〔「リョウ」と読むのは、「猟《リョウ》」の意味と音とを借りたもの〕海や湖や川に、魚や貝などをとりに出かけること。例遠洋に—する。

【出力《シュツリョク》】[一](名)原動機や発電機などから出すことのできる、エネルギーの量。〔ワットや馬力《バリキ》などであらわす〕例最大—五百馬力。[二](名・する)コンピューターが処理した情報を、外部に取り出すこと。アウトプット。(対)入力。

【出塁《シュツルイ》】(名・する)野球で、打者が安打または四球や死球などで、塁に出ること。例—率。

【出▼廬《シュツロ》】(名・する)草廬《ソウロ》(=くさのいおり)を出る。世間をさけてかくれていた人が、ふたたび世の中に出て活動すること。〔三国時代、諸葛孔明《ショカツコウメイ》が、劉備《リュウビ》の三顧《サンコ》の礼に感じて、廬《いおり》を出て仕えたという故事による〕

【出師《スイシ》】(名・する)〔「師」は、軍隊の意〕軍隊を戦場に出動させること。出兵。

【出師の表《スイシのヒョウ》】三国時代、蜀《ショク》の宰相《サイショウ》の諸葛孔明《ショカツコウメイ》が出陣《シュツジン》にあたって、先帝《センテイ》劉備《リュウビ》の子の劉禅《リュウゼン》に差し出した上表文(=意見書)。忠誠の情にあふれた名文とされる。

【出納《スイトウ》】(名・する)〔古くは「シュツノウ」とも〕お金の出し入れ。例金銭—簿《ボ》。

【出稼ぎ《でかせぎ》】(名・する)一時、本業をはなれてよその土地や国に出かけて働くこと。また、その人。例—労働者。

【出方《でかた》】ものごとをおこなうときの、対応のしかたや態度。例相手の—をみる。

【出城《でじろ》】本城《ホンジョウ》の外に築いた城。(対)本城。

【出初め《でぞめ》】はじめて出ること。また、新年にはじめて出ること。例—式(=新年に、消防にかかわる人が消火演習や、はしご乗りなどを見せる、もよおし)。

【出鼻《ではな・でばな》】ものごとの、しはじめ。例—をくじく。

【出番《でバン》】①仕事をする順番。活動する場面。また、当番。②演劇などで、舞台《ブタイ》に出る順番。出《で》。例—が近づく。

【出前《でまえ》】(名・する)注文を受けた飲食物を、注文者のところに届けること。また、その料理やそれを運ぶ人。仕出し。店屋物《テンやもの》。例—持ち。

【出羽《でわ》】〔「いでは」の転〕旧国名の一つ。今の山形県と秋田県の大部分にあたる。明治以後、羽前《ウゼン》・羽後《ウゴ》の二国に分かれた。羽州《ウシュウ》。
●演出《エンシュツ》・救出《キュウシュツ》・支出《シシュツ》・進出《シンシュツ》・選出《センシュツ》・続出《ゾクシュツ》・退出《タイシュツ》・脱出《ダッシュツ》・摘出《テキシュツ》・排出《ハイシュツ》・噴出《フンシュツ》・放出《ホウシュツ》・流出《リュウシュツ》・露出《ロシュツ》

凵 3

【凸】

5画
3844
51F8
常用
音 トツ(漢)
訓 でこ
付表 凸凹《でこぼこ》

筆順
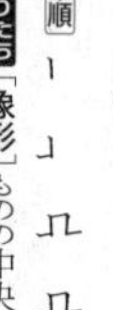

なりたち [象形]ものの中央がつき出た形。つき出る。

意味 中央が高くつき出た形。つき出る。例凸版《トッパン》。凸面鏡《トツメンキョウ》。凹凸《オウトツ》。

日本語での用法《でこ》頭が大きい。ひたいがつき出してい る。「凸坊《でこボウ》・凸助《でこすけ》・凸《でこ》ちゃん」

難読 凸《なかだか》

人名 たかし

【凸版《トッパン》】印刷する文字や絵などの部分が、他の部分より高くなっている印刷版。活版《カッパン》や木版《モクハン》など。(対)凹版《オウハン》。

【凸面鏡《トツメンキョウ》】中央がまるくもり上がっているかがみ。自動車のバックミラーなどに使われる。(対)凹面鏡《オウメンキョウ》。

凵 6

【函】

8画
4001
51FD
人名
音 カン(漢)
訓 い-れる・はこ

凵 7

【凾】

9画
4966
51FE
俗字

意味 ❶つつみこむ。入れる。例 函封《カンプウ》(=はこに入れて封《フウ》をする)。❷よろい。例 函人《カンジン》。❸手紙を入れるはこ。ふばこ。例 函書《カンショ》。投函《トウカン》。

難読 函館《はこだて》(=北海道の地名)

【函谷関】《カンコクカン》 河南《カナン》省にある関所。新旧二つあって、旧関は秦《シン》代に設けられ、霊宝《レイホウ》県の南西にある。新関は漢の武帝《ブテイ》のときに移されたもので、新安県の北東にある。

【函書】《カンショ》 ①(使者が持参する)はこに入れた書状。②手紙。書簡。

【函丈】《カンジョウ》 ①師のそばにすわるとき、敬意をあらわして一丈(=約三メートル)ほどあいだをあけること。②師または目上の人へ出す手紙の、あて名の左下にそえることば。

【函人】《カンジン》 よろいを製作する職人。具足師。函工《カンコウ》。

【函数】《カンスウ》 ⇩【関数】《カンスウ》(1027ページ)

【函▼嶺】《カンレイ》 〔「函嶺《はこね》」の音読み〕 箱根山《はこねやま》。神奈川《かながわ》県南西部にある。

口 7 [凾] 9画 ⇩【函】《カン》(126ページ)

18 2画 刀 かたな (刂 りっとう) 部

かたなの形をあらわす。「刀」が旁《つくり》(=漢字の右がわの部分)になるときは「刂(立刀 りっとう)」となる。「刀」をもとにしてできている漢字を集めた。

0 刀 1 刃 刃 刄 2 刈 切 分 3 刊 刋 4 刑 刔 刖 刎 列 5 刪 初 判 別 利 刧 判 6 刮 券 刳 刻 刷 刹 刺 制 捌 到 券 7 剄 剋 削 前 則 剃 剌 削 前 剙 8 剞 剣 剛 剤 剔 剝 剖 剥 9 剰 剪 剳 副 剱 10 剴 割 創 割 剩 11 剿 剽 12 劃 劄 13 劇 劈 劉 劍 14 劔 劒 劑

この部首に所属しない漢字

召⇩口 185 免⇩儿 103 兎⇩儿 104 辨⇩辛 960

刀 0 【刀】 2画 3765 5200 教育2

音 トウ漢呉 訓 かたな 付表 竹刀《しない》・太刀《たち》

筆順 フ刀

金 2 [釖] 10画 7859 91D6 別体字

なりたち  [象形] かたなの形。

意味 ❶片側に刃《は》のついたはもの。武器。かたな。例 短刀《タントウ》。名刀《メイトウ》。❷かたなの形をした古銭の名。例 刀泉《トウセン》。刀布《トウフ》(=古代中国の青銅銭)。

難読 剃刀《かみそり》・鉄刀木《タガヤサン》

人名 あき・はかし・わき

【刀《かたな》折《お》れ矢《や》尽《つ》く】 武器も使いはたして、これ以上はまったく手だてがなく、戦うことができない。

【刀鍛冶】《かたなかじ》 刀剣《トウケン》をきたえてつくる人。刀工《トウコウ》。刀匠《トウショウ》。

【刀▼圭】《トウケイ》 ①薬を盛るさじ。②医術。また、医者。刀圭家。

【刀剣】《トウケン》 かたなと、つるぎ。かたなの類。

【刀工】《トウコウ》 刀剣《トウケン》をつくる人。刀匠《トウショウ》。かたなかじ。

【刀痕】《トウコン》 刀によるきず。また、そのきずあと。類 刀創。

【刀匠】《トウショウ》 「刀工《トウコウ》」に同じ。

【刀泉】《トウセン》 〔「泉」は、銭《ぜに》の意〕 ①刀の形をした中国古代の貨幣《カヘイ》。刀銭。②通貨。

【刀▼俎】《トウソ》 ①包丁とまないた。料理の道具。②危険な場所や立場のたとえ。

【刀創】《トウソウ》 刀で切られたり刺《さ》されたりしてできた、きず。かたなきず。また、そのきずあと。類 刀痕《トウコン》。例 背に―のある男。

【刀筆】《トウヒツ》 ①中国で紙が発明される前、竹や木のふだに文字を書いたふでと、誤りをけずり取るのに用いた小がたな。転じて、ふで。②文書の記録。また、記録係。例 ―の吏《リ》。

【刀兵】《トウヘイ》 〔「刀」も「兵」も、武器の意〕 ①武器。兵器。②戦争。軍事。

【▽刀自】《とじ》 〔「とうじ」とも〕 古語で、中年以上の婦人をうやまっていうことば。例 母―《ははとじ》。

●快刀《カイトウ》・小刀《ショウトウ》・青竜刀《セイリュウトウ》・帯刀《タイトウ》・木刀《ボクトウ》・両刀《リョウトウ》

刀 1 【刃】 3画 3147 5203 常用

音 ジン漢 ニン呉 訓 は・やいば

筆順 フ刀刃

刀 1 【刃】 3画 ――

刀 1 [刄] 3画 4967 5204 俗字

なりたち  [象形] 刀にあるやいばの形。

意味 ❶刀などの、は。やいば。例 刀刃《トウジン》。刃物《はもの》。❷はもので切る。切り殺す。例 刃傷《ニンジョウ》。自刃《ジジン》。

難読 寝刃《ねたば》(=切れの悪くなった刃《は》)・両刃《もろは》

【刃傷】《ジンショウ|ニンジョウ》 (名・する) 刃物《はもの》で人をきずつけること。例 ―《ニンジョウ》沙汰《ザタ》(=刃物で人をきずつける事件)。

【刃物】《はもの》 包丁・ナイフや、はさみなど、ものを切ったりけずったりする、刃をつけた道具。

【刃物三昧】《はものザンマイ》 〔「三昧」は、夢中になる意〕 何かというと、刃物をふりまわしてあばれること。例 ちょっとしたことから―の大げんか。

【刃渡り】《はわたり》 ①刃物の、刃の長さ。例 ―二〇センチの出刃包丁《でばボウチョウ》。②刀の刃の上を素足《すあし》で歩いて渡る、仏道の修行《シュギョウ》や曲芸。例 修験《シュゲン》の―。

【▽刃《やいば》を迎《むか》えて解《と》く】 (竹が刃物《はもの》の動きにつれて容易に割れるように)ものごとが簡単に解決していくこと。また、勢いがあることのたとえ。「破竹《ハチク》の勢い」とも。〈晋書《シンジョ》〉

●凶刃《キョウジン》・刀刃《トウジン》・白刃《ハクジン|しらは》

刀 1 【刃】 3画 ⇩【刃】《ジン》(127ページ)

刀 1 [刄] 3画 ⇩【刃】《ジン》(127ページ)

刂 2 【刈】 4画 2002 5208 常用

音 ガイ漢 訓 か-る・か-り

筆順 ノメ刈刈

艹 4 [苅] 7画 2003 82C5 別体字

なりたち 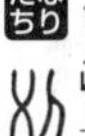 [会意] 「刂(=かたな)」と「乂《ガイ》(=草をかる)」とから成る。刀で草をかる。

意味 草をかりとる。きりとる。とりのぞく。かる。例 刈除《ガイジョ》(=草などをかる)。稲刈《いねか》り。草刈《くさか》り。
難読 刈萱《かるかや》(=イネ科の植物)

刀 2
【切】
4画 3258 5207 教育2
音 セツ漢 サイ呉
訓 き-る・き-れる・き-り・き-れ

筆順 一 七 切 切

なりたち 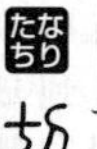 [形声]「刀(=かたな)」と、音「七《シツ》…→セツ」とから成る。たちきる。

意味 ❶刃物《はもの》でたちきる。きりさく。きる。例 切除《セツジョ》。切断《セツダン》。切磋琢磨《セッサタクマ》。❷さしせまった。例 切実《セツジツ》。切迫《セッパク》。❸ひたすら。熱心に。ねんごろに。例 切望《セツボウ》。懇切《コンセツ》。痛切《ツウセツ》。❹ぴったり合うようす。例 適切《テキセツ》。❺すべて。例 一切《イッサイ》。❻ある漢字の字音を、別の二字の字音の組み合わせによって示す方法。かえし。→【反切】《ハンセツ》(176ページ)

日本語での用法 《きり・きる》 限定する。期限をもうける。「切米《きりマイ》(=期限をきって支給する扶持米《フチマイ》)・〆切《しめきり》・日《ひ》を切《き》って履行《リコウ》をせまる」

使い分け きる【切・斬】⇩1168ページ

【切符】《きっプ》 乗車の料金や入場料などを、はらったしるしとなる、ふだ。チケット。

【切開】《セッカイ》(名・する) 医師が治療《チリョウ》のために、患者《カンジャ》のからだをメスなどできりひらくこと。例 —手術。

【切願】《セツガン》(名・する) 熱心に願うこと。例 留学を—する。

【切削】《セッサク》(名・する) 金属などの材料を、切ったりけずったりして、加工すること。例 —工具。

【切▼磋▼琢磨】《セッサタクマ》(名・する)(玉や石をみがきあげるように)自分自身で、あるいは友人と競争しながら、人格や学問の完成をめざして努力すること。〈詩経《シキョウ》〉例 たがいに—した友人。表記「切▼瑳▼琢磨」とも書く。

【切歯】《セッシ》(名・する) ①はを強くかみ合わせ、きしらせて音を立てること。はぎしり。はがみ。②ひどく残念がること。例 —したが後《あと》の祭りだった。

【切歯▼扼腕】《セッシヤクワン》(名・する)(はぎしりし、うでを強くにぎって)ひじょうにくやしがること。〈史記《シキ》〉例 —して残念がる。

【切実】《セツジツ》(形動ダ) ①身にしみて感じているようす。類 痛切。例 無力さを—に感じる。②すぐ解決しなければならないほど、さしせまっているようす。例 —なうったえに応じる。③実情にぴったりと合っているようす。類 適切。例 —に表現する。

【切除】《セツジョ》(名・する) 切って取りのぞくこと。とくに治療《チリョウ》で、患部《カンブ》を切り取ること。例 病根を—する。

【切切】《セツセツ》(形動タル) ①思いが強く胸にこみあげてくるようす。例 —たる望郷の念。②ひしひしと(相手の)心にせまってくるようす。例 苦しい胸のうちを—とうったえる。

【切断】《セツダン》(名・する) たち切ること。切りはなすこと。例 雪で電線が—される。表記「▼截断」とも書く。

【切羽】《せっぱ》 日本刀のつばの両面の、柄《つか》とさやに当たる部分につける、うすい板金《いたがね》。例 —詰《つ》まる(=ぎりぎりまで追いつめられる)。

【切迫】《セッパク》(名・する) ①期限が近づいてきて、ゆとりがないこと。例 試験の日が—する。②なんとかしないと重大な事態になるほど、追いつめられること。例 危機が—している。

【切腹】《セップク》 一(名・する) 自分で自分のはらを切りさいて死ぬこと。二(名) 江戸《えど》時代、武士に科せられた刑罰《ケイバツ》の一つ。例 —物《もの》(=大失敗のたとえ)。

【切望】《セツボウ》(名・する) 強くのぞむこと。熱望。切願。例 みなさんの努力を—する。

【切問近思】《セツモンキンシ》 的確な質問をして、身近な問題について考えることにより、仁徳《ジントク》が生まれるということ。〈論語《ロンゴ》〉

【切要】《セツヨウ》(名・形動ダ) きわめて重要なこと。例 —な助言。

【切論】《セツロン》(名・する) 熱心に論じること。
●哀切《アイセツ》・一切《イッサイ》・親切《シンセツ》・大切《タイセツ》・痛切《ツウセツ》

刀 2
【分】
4画 4212 5206 教育2
音 ブ慣 フン漢 ブン呉
訓 わ-ける・わ-かれる・わ-かる・わ-かつ

筆順 ノ 八 分 分

なりたち  [会意]「八(=わける)」と「刀(=かたな)」とから成る。刀でものをきりわける。

意味 ❶わける。わかれる。わかつ。㋐はなす。はなれる。ばらばらにする。例 分割《ブンカツ》。分散《ブンサン》。分裂《ブンレツ》。㋑わけあう。わけあたえる。例 分配《ブンパイ》。分与《ブンヨ》。㋒他と区別する。例 分析《ブンセキ》。分類《ブンルイ》。区分《クブン》。㋓えだわかれ。支流。例 分家《ブンケ》。分派《ブンパ》。❷見わける。わきまえる。例 分別《フンベツ》。検分《ケンブン》。❸わけあたえられたもの。もちまえ。㋐能力や性質。例 性分《ショウブン》。天分《テンブン》。㋑守るべきさだめ。身のほど。例 分際《ブンザイ》。分不相応《ブンフソウオウ》。身分《みブン》。㋒わけまえ。例 私《わたくし》の分《ブン》。❹二十四節気をあらわす暦《こよみ》上の点。例 秋分《シュウブン》。春分《シュンブン》。節分《セツブン》。❺十分の一。例 五分五分《ゴブゴブ》。❻単位。㋐長さでは一寸の十分の一。例 寸分《スンブン》たがわぬ。㋑面積では一畝《イッボ》の十分の一。㋒重さでは一両の百分の一。㋓角度では一度の六十分の一。→「度量衡表《ドリョウコウヒョウ》」(1141ページ) ㋔時間では一時間の六十分の一。例 分針《フンシン》。

日本語での用法 《ブ》 ①有利・不利の度合い。「分《ブ》が悪《わる》い」②単位。㋐長さでは、一寸の十分の一。㋑重さでは、一匁《もんめ》の十分の一。㋒割合では、一割の十分の一。㋓貨幣《カヘイ》では一文《モン》の十分の一。

使い分け わかれる【分・別】⇩1182ページ

県名 大分《おおいた》
難読 分葱《わけぎ》・口分田《くもで》(=地名)
人名 くまり・ちか・わか

【分陰】《フンイン》〔「陰」は、時間の意〕 わずかの時間。類 寸陰。例 —をおしむ。

【分化】《ブンカ》(名・する) 一つのものが進歩発達して、いくつにも枝わかれすること。例 機能が—する。

【分科】《ブンカ》 学問に有用な組織をつくるため、専門や科目をわけること。また、そのわけられた専門や科目。例 —会(=各専門分野にわかれておこなう会合)。

【分会】《ブンカイ》 団体や組合の内部で、地域や職種にわかれて別に設けられた会。例 —大会。

【分界】《ブンカイ》(名・する) 境目をつけて区切ること。また、その境目。例 川によって—するとなり村。

【分解】《ブンカイ》(名・する) ①一つにまとまっているものを、各部分や要素にわけること。また、わかれること。例 機械を—する。②〔化〕化合物が、二つ以上の物質にわかれること。また、わけること。例 水を酸素と水素に—する。

【分割】《ブンカツ》(名・する) 一つにまとまっているものを、いくつかにわけること。例 —払《ばら》い。

【分轄】《ブンカツ》(名・する)〔「轄」は、とりしまる意〕 いくつかにわけて、管理や支配をすること。例 列強による—統治。

【分岐】《ブンキ》(名・する)(道などが)枝わかれすること。例 —点。

【分業】《ブンギョウ》(名・する) ①手わけして仕事をすること。作業の量や、生産工程をいくつかにわけ、それぞれをちがう人が担当すること。例 医薬—。②社会のなかで職業や身分がわかれていること。例 極端《キョクタン》な—の生む弊害《ヘイガイ》。

【分教場】《ブンキョウジョウ》「分校」の古い呼び名。〔教室を「教場」といったことから〕

【分家】《ブンケ》(名・する) 一つの戸籍《コセキ》にあった家族の一部が、わかれて別の戸籍の家をつくること。また、その家。対本家。例祖父の代に—した。

【分県】《ブンケン》 日本全国を都道府県別にわけたもの。例—地図。

【分遣】《ブンケン》(名・する) 本隊の一部分を派遣すること。例—隊。

【分権】《ブンケン》 権力や権限をいくつかにわけること。対集権。例地方—。

【分限】《ブンゲン》 ①職業や地位、資格などによって決まる身分。身のほど。分際《ブンザイ》。例—をわきまえる。②〔「ブゲン」とも〕金持ち。物持ち。例—《ブゲン》者。

【分光】《ブンコウ》(名・する)〔物〕光を波長の順にわけること。また、わかれること。例—器(＝プリズムなどを用いて、光を波長の順にわける装置)。

【分校】《ブンコウ》 本校からわかれて、別の場所(多くは島や山間地など)につくられた学校。対本校。例山の—。

【分骨】《ブンコツ》(名・する) 火葬《カソウ》した死者のほねをわけて、別々のところに納めること。また、そのほね。例故郷に—する。

【分際】《ブンザイ》 身分や地位。身のほど。例学生の—でぜいたくだ。

【分冊】《ブンサツ》(名・する) 一つの書物をなん冊かにわけること。また、そのわけられたそれぞれのもの。例第一—。

【分散】《ブンサン》(名・する) わかれて散らばること。わけて散らすこと。類四散。例郊外《コウガイ》に—する工場。

【分子】《ブンシ》 ①〔化〕物質が、その化学的性質を失わないままの最小単位。②〔数〕分数で、横線の上にある数。対分母。③集団のなかの各個人。団体の構成員。例不平—。

【分枝】《ブンシ》(名・する) えだわかれすること。

【分室】《ブンシツ》 ①小さくわかれた部屋。②本部からはなれて設けられた事務所。

【分社】《ブンシャ》 本社の神霊《シンレイ》をわけて、別のところにまつった神社。対本社。

【分宿】《ブンシュク》(名・する) 一つの団体が、なんか所かにわかれて、とまること。例旅の一行は二軒《ニケン》の旅館に—した。

【分署】《ブンショ》 本署からわかれて設けられた、警察署や消防署など。対本署。例—に応援《オウエン》を出す。

【分掌】《ブンショウ》(名・する) 仕事などをわけて受け持つこと。類分担。例校務—。

【分乗】《ブンジョウ》(名・する) 一団の人が、わかれて乗り物に乗ること。例タクシー三台に—する。
【分譲】《ブンジョウ》(名・する)(土地やマンションなどで)一戸分ずつにわけて売ること。例—住宅。
【分針】《フンシン》 時計で、分を示すはり。長針。対秒針・時針。
【分身】《ブンシン》 ①一つのからだやものから、わかれること。また、そのわかれ出たもの。例この主人公は作者の—である。②神や仏がいろいろの姿をとって、あらわれること。また、その姿。
【分水界】《ブンスイカイ》 降った雨が、左右にわかれて流れる境界線。山の尾根《おね》など。分水線。
【分水▼嶺】《ブンスイレイ》 降った雨が、左右にわかれて流れる境となっている山脈。分水山脈。例—にさかのぼる。
【分数】《ブンスウ》〔数〕横線の上と下に数を書き、上の数を、下の数で割ることを示したもの。対小数・整数。
【分析】《ブンセキ》(名・する) ①ものごとを要素や成分などにわけて、その成り立ちや性質を明らかにすること。対総合。例国際情勢の—。②〔化〕ものの成分を、化学的によりわけて取り出し、その成り立ちや組み立てを明らかにすること。例使用された薬物を—する。
【分節】《ブンセツ》(名・する) ひと続きのものを、小さく区切ること。また、その区切られたもの。例思想を—して表現する。
【分相応】《ブンソウオウ》(名・形動《ダナ》) 身分や能力にふさわしいこと。例—の暮らしぶり。
【分速】《フンソク》 一分間に進む距離《キョリ》であらわす速さ。対秒速・時速。例—一〇〇メートル。
【分隊】《ブンタイ》 ①本隊からわかれている隊。類分遣隊《ブンケンタイ》。対本隊。②部隊の編制での単位。例—長。
【分担】《ブンタン》(名・する) 仕事などをわけて、受け持つこと。類分掌《ブンショウ》。例掃除《ソウジ》を—しておこなう。
【分断】《ブンダン》(名・する) 一つのものを、いくつかにたち切ること。また、まとまりを欠くようにすること。例敵の勢力を—する。
【分店】《ブンテン》 本店からわかれた店。類支店。対本店。
【分銅】《フンドウ》 てんびんなどのはかりで、ものの重さを量るときに標準とする、金属のおもり。
【分度器】《ブンドキ》 角度をはかる器具。半円形または円形の平面で、そこにつけた目盛りで角度をはかるもの。
【分捕り】《ぶんどり》 ①戦場で敵の武器・食料・装備などをうばうこと。②他人のものを、むりに自分のものにすること。例予算の—合戦《ガッセン》。

【分納】《ブンノウ》(名・する) 税金や授業料などを、なん回かにわけておさめること。対全納。例税金を—する。

【分派】《ブンパ》(名・する) わかれ出て、新しい集団をつくること。また、その集団。〔芸術・学問・技芸・政治などでいう〕

【分売】《ブンバイ》(名・する) 複数または多数でひと組みになるものを、わけて売ること。例セット販売《ハンバイ》なので—はしません。

【分配】《ブンパイ》(名・する) ①品物などをわけて、おのおのにくばること。類配分。②生産に参加した人々に、それぞれの役割に応じてわけまえをくばること。例—の公平。

【分泌】《ブンピツ／ブンピ》(名・する) 腺細胞《センサイボウ》がその生物のからだに必要な物質をつくって、体外や血液中などに出すこと。例—液。

【分秒】《フンビョウ》 一分《ブン》や一秒のような、きわめて短い時間。一分一秒。例—を争う大事(＝ひじょうに急ぐ大事なこと)。

【分布】《ブンプ》(名・する) 地理的に、また、時間的に、ある範囲《ハンイ》にわかれて、ちらばって存在すること。例人口の—。

【分不相応】《ブンフソウオウ》(名・形動《ダナ》) 身分や能力につりあっていないこと。例—な望み。

【分別】(名・する) 一《フンベツ》 こんなときはこうするものだと正しい判断をすること。道理をわきまえること。例思慮《シリョ》—。二《ブンベツ》 種類によってわけること。例ごみの—収集。

【分▼娩】《ブンベン》(名・する)〔「娩」は、産みおとす意〕胎児《タイジ》を母体の外に出すこと。子を産むこと。類出産。例—室。

【分母】《ブンボ》〔数〕分数で、横線の下にある数。対分子。

【分封】《ブンポウ》(名・する) ①天子や支配者が、領土の一部分を臣下にわけあたえること。また、その領土。②ミツバチの女王が新しい女王をそだてたあと、働きバチの一部をつれて新しい巣をつくること。

【分明】《フンミョウ／ブンメイ》(名・形動《ダナ》) まぎれもなく、あきらかであること。類明白。例理由を—にする。

【分野】《ブンヤ》 活動の範囲《ハンイ》。受け持つ領域。類部門。例自然科学の—に進みたい。

【分有】《ブンユウ》(名・する) 一つのものを、なん人かでわけて所有すること。例山林をきょうだいで—する。

【分与】《ブンヨ》(名・する) わけてあたえること。例財産—。

【分離】《ブンリ》(名・する) ①わけて、はなすこと。また、わかれ、はなれること。例中央—帯。②物質をわけて取り出すこと。例不純物を—する。

【分立】《ブンリツ》(名・する) わかれて独立すること。また、わけて独立

させること。例三権—。

【分流《ブンリュウ》】**一**(名・する) 本流からわかれて流れること。また、その川。支流。例—を一時せきとめる。**二**(名) 芸道などで、もとの流派からわかれること。(類)分派。

【分留《ブンリュウ》】(名・する)〔化〕いくつかの成分がまじっている液体を蒸留《ジョウリュウ》して、沸点《フッテン》の低い順にわけること。石油からいろいろな物質を取り出すときなどに利用する。表記「分▼溜」とも書く。

【分量《ブンリョウ》】体積や容積、また、仕事や割合などの、大きい小さい、または多い少ないの度合い。量。例目《め》—。

【分厘《フンリン》】きわめてわずか。一分《イチブ》一厘。例—の値打ちもない。

【分類《ブンルイ》】(名・する) 多くのものを、性質や形などによって、それぞれの種類にわけること。(類)類別。例大小で—する。

【分列《ブンレツ》】(名・する) 隊列にわかれて並ぶこと。また、わけて並べること。例—行進。

【分裂《ブンレツ》】(名・する) 一つのものがいくつかにわかれて、ばらばらになること。(対)統一・融合《ユウゴウ》。例細胞《サイボウ》—。国家が—する。

●塩分《エンブン》・過分《カブン》・気分《キブン》・自分《ジブン》・時分《ジブン》・処分《ショブン》・水分《スイブン》・随分《ズイブン》・寸分《スンブン》・存分《ゾンブン》・多分《タブン》・等分《トウブン》・糖分《トウブン》・配分《ハイブン》・半分《ハンブン》・部分《ブブン》・身分《みブン》・夜分《ヤブン》・養分《ヨウブン》・余分《ヨブン》

刂 3

【刊】

5画 2009 520A 教育5 音 カン(漢) 訓 けず-る・きざ-む

筆順 一 二 千 刊 刊

なりたち [形声]「刂(=かたな)」と、音「干《カン》」とから成る。けずる。

意味 ❶(誤りを)けずりとる。けずる。例刊正《カンセイ》(=文字の誤りをけずって正しくする)。❷(版木《ハンぎ》に)ほる。きる。きざむ。書物を出版する。例刊行《カンコウ》。刊刻《カンコク》。創刊《ソウカン》。

人名 える

【刊記《カンキ》】昔の版本で、刊行の年月日・刊行者・刊行地などをしるした部分。今の書物の奥付《おくづけ》などにあたる。

【刊行《カンコウ》】(名・する) 本を印刷して世に出すこと。(類)出版・上梓《ジョウシ》。例百科事典を—する。

【刊本《カンポン》】刊行された本。(対)写本。例江戸《えど》期の—。

●季刊《キカン》・既刊《キカン》・近刊《キンカン》・週刊《シュウカン》・旬刊《ジュンカン》・新刊《シンカン》・増刊《ゾウカン》・廃刊《ハイカン》・発刊《ハッカン》・復刊《フッカン》・未刊《ミカン》

刂 3

【刋】

5画 4968 520B 音 セン(漢) 訓 き-る・けず-る

意味 刀で切る。きる。

参考「刋《セン》」と「刊《カン》」とは別の字だが、「刋《セン》」を「刊《カン》」の意味で使うことがある。

刂 4

【刑】

6画 2326 5211 常用 音 ケイ(漢)ギョウ(呉) 訓 のり・しおき

筆順 一 二 チ 开 刑 刑

なりたち [会意]「刂(=かたな)」と「井《セイ》→ケイ(=法)」とから成る。法にしたがって罪を罰《バッ》する。

意味 ❶罰《バツ》を加える。罰として殺す。しおき。例刑罰《ケイバツ》。死刑《シケイ》。処刑《ショケイ》。❷守るべき法やおきて。のり。例典刑《テンケイ》。❸治める。ただす。

難読 刑部《ケイホウ|おさかべ》

【▽刑部】**一**《ギョウブ》「刑部省《ギョウブショウ》」の略。昔、太政官《ダイジョウカン》に置かれた、刑罰《ケイバツ》や裁判をつかさどった役所。明治の初めにも置かれ、のち司法省となる。**二**《ケイブ》隋《ズイ》代に置かれた、刑罰や裁判をつかさどった役所。

【刑期《ケイキ》】刑に服する期間。例—を終えて出所する。

【刑具《ケイグ》】刑罰《ケイバツ》として、からだに苦痛や傷をあたえるのに用いる道具。むちや棒、手かせや足かせなど。

【刑獄《ケイゴク》】①さばき。しおき。刑罰《ケイバツ》。例—をつかさどる。②牢屋《ロウや》。監獄《カンゴク》。

【刑死《ケイシ》】(名・する) 刑に処せられて死ぬこと。

【刑事《ケイジ》】①刑法が適用される犯罪関係のことがら。(対)民事。例—事件。②犯罪捜査《ソウサ》や犯人逮捕《タイホ》を任務とする警察官。例私服—。

【刑場《ケイジョウ》】死刑をおこなう場所。例—の露《つゆ》と消える(=死刑に処せられて死ぬ)。

【刑徒《ケイト》】刑罰《ケイバツ》を受けて働かされている者。

【刑罰《ケイバツ》】罪をおかした者に対して、国家が加える制裁。例—を科する。

【刑法《ケイホウ》】犯罪とそれに対する刑罰《ケイバツ》を定めた法律。

【刑務所《ケイムショ》】懲役《チョウエキ》や禁固など、自由をうばう刑をおこなうために使用する施設《シセツ》。

【刑名《ケイメイ》】⇩【形名《ケイメイ》】(369ページ)

【刑余《ケイヨ》】刑罰《ケイバツ》を受けた前歴があること。また、その人。前科者《もの》。例—の身《み》。—者《シャ》の救済《キュウサイ》。

●求刑《キュウケイ》・減刑《ゲンケイ》・死刑《シケイ》・実刑《ジッケイ》・処刑《ショケイ》・罰金刑《バッキンケイ》・流刑《ルケイ》

刂 4

【刔】

6画 4969 5214 音 ケツ(漢) 訓 けず-る・やぶ-る

意味 えぐりとる。きる。(同)抉《ケツ》。

刂 4

【刖】

6画 2-0323 5216 音 ゲツ(漢) 訓 あしき-る

意味 刑罰《ケイバツ》として足を切る。あしきる。例刖者《ゲッシャ》。

【刖者《ゲッシャ》】罪をおかした罰《バツ》として足を切られた人。刖人《ゲツジン》。

刂 4

【刎】

6画 4970 520E 音 フン(慣)ブン(漢) 訓 は-ねる・くびは-ねる

意味 刀で首を切る。はねる。例刎頸《フンケイ》。刎死《フンシ》。自刎《ジフン》(=みずから首を切る)。

日本語での用法《はねる》勢いよく上部にあげる。また、別にしておく。「刎《は》ね橋《ばし》・筆《ふで》を止《と》めてから刎《は》ねる・だめなものを横《よこ》に刎《は》ねておく」

【刎▼頸の交わり《フンケイのまじわり》】その人のためなら首を切られてもいいほどの、友達との強い結びつき。〈史記《シキ》〉例—を結ぶ。

故事のはなし 昔、趙《チョウ》の国に廉頗《レンパ》という将軍と藺相如《リンショウジョ》という外交官がいた。藺相如は低い身分の出身だったが、外交交渉《コウショウ》で大きなてがらを立て、廉頗より位が上になった。プライドの高い廉頗はこれが気に入らず、藺相如をばかにしてやろうと機会をねらっていたが、藺相如はいつも廉頗と顔を合わせな

いようにしていた。藺相如の部下は、そのことを歯がゆく思い、なぜ廉頗をおそれるのかとたずねると、藺相如は答えた。「わたしは廉頗将軍をおそれて、さけているわけではない。今、自分たち二人がともにいることによって趙の国が成り立っているのだ。二人が争ったら二人はともにほろびるであろう。国家の安泰《アンタイ》のために個人的な争いはさけたいのだ」。この話を聞いた廉頗は自分のせまい心をはじ、肌《はだ》ぬぎになって、いばらの杖《つえ》をせおい藺相如のところに出向いて謝罪し、ついに刎頸の交わりを結んだのだった。〈史記《シキ》〉

【刎死】《フンシ》(名・する) 自分で首をはねて死ぬこと。類自刎。

刂 4

【列】

6画 4683 5217 教育3

音 レツ 漢

訓 つら-ねる・つら-なる

筆順 一 ア 万 歹 歹 列

なりたち  [形声]「刂(=かたな)」と、音「歹《レツ》」とから成る。分解する。派生して「行列」の意。

意味 ❶順にならんだもの。れつ。例 行列《ギョウレツ》。後列《コウレツ》。隊列《タイレツ》。❷ならべる。つらねる。また、ならぶ。つらなる。例 列挙《レッキョ》。列席《レッセキ》。整列《セイレツ》。❸順序。次第《シダイ》。また、位。等級。例 列次《レツジ》。序列《ジョレツ》。❹ならび立つ多くの。たくさんの。例 列強《レッキョウ》。列国《レッコク》。

人名 しげ・つら・とく・のぶ

【列火】《レッカ》 漢字の部首の一つ。「点」や「照」の下の「灬」。連火《レンガ》。

【列記】《レッキ》(名・する) 並べて書きしるすこと。類 並記《ヘイキ》・連記。例 条件を―する。

【列挙】《レッキョ》(名・する) 一つ一つ数えたて、並べあげること。例 反対理由を―する。

【列強】《レッキョウ》 多くの強大な国。例 ―の圧力に屈《クッ》する。

【列侯】《レッコウ》 多くの大名。諸侯。

【列国】《レッコク》 多くの国。諸国。例 ―の首脳が集まる。

【列座】《レツザ》(名・する) 関係者として、並んですわること。類 列席。例 ―する名士。表記 旧 列▼坐

【列士】《レッシ》 ①多くのりっぱな人。②気性《キショウ》がはげしく、信念をもって行動する人。烈士《レッシ》。対 列女。

【列次】《レツジ》 順序。ならび。

【列車】《レッシャ》 線路上を走り、旅客《リョカク》や貨物を輸送するために編成された車両。例 夜行―。

【列女】《レツジョ》 心が強く、節操のかたい女性。烈女《レツジョ》。対 列士。例『―伝』〔漢代の書物。烈女の伝記集〕

【列序】《レツジョ》 順序。序列。

【列聖】《レッセイ》 ①歴代のすぐれた天子。また、代々の王や天皇。②カトリックで、死者を聖人に加えること。

【列席】《レッセキ》(名・する) 式や会議などに、関係者として出席すること。類 列座。例 各界の著名人が多数―した。

【列仙】《レッセン》 多くの仙人。例『―伝』〔漢代の書物。仙人の伝記集〕

【列伝】《レツデン》 ①人々の伝記を書き並べたもの。②『史記《シキ》』をはじめとする紀伝体の歴史書で、帝王《テイオウ》や諸侯《ショコウ》以外の人臣の伝記。

【列島】《レットウ》 並んでいて、ひとまとまりになっている島。例 日本―。

【列藩】《レッパン》 多くの藩《ハン》。類 諸藩。例 奥羽越《オウウエツ》―同盟。

○● 系列《ケイレツ》・参列《サンレツ》・順列《ジュンレツ》・数列《スウレツ》・陳列《チンレツ》・同列《ドウレツ》・羅列《ラレツ》

刂 5

【刪】

7画 4972 522A

音 サン 漢

訓 けず-る

意味 刃物《はもの》でけずりとる。余分な字句をとりのぞく。例 刪改《サンカイ》(=文章の字句をあらためる)。改刪《カイサン》。

【刪正】《サンセイ》(名・する) 文章やことばづかいの誤りを正すこと。訂正《テイセイ》すること。類 刪改・刪革。

刀 5

【初】

7画 2973 521D 教育4

音 ソ 漢 ショ 呉

訓 はじ-め・はじ-めて・はつ・うい・そ-める・うぶ

筆順 、 ラ ネ ネ ネ 初 初

なりたち  [会意]「刀(=かたな)」と「ネ(=ころも)」とから成る。布を裁断して衣《ころも》をつくりはじめる。はじめ。

意味 ❶ものごとのはじまり。起こり。はじめ。例 初夏《ショカ》。初志《ショシ》。最初《サイショ》。❷はじまりのころ。…したばかり。例 初期《ショキ》。当初《トウショ》。❸第一の。はじめての。はつ。例 初陣《ういジン》。初月《ショゲツ》(=新月。三日月)。初物《はつもの》。

使い分け はじまる・はじめ・はじめて・はじめる 【初・始】 ⇩1177ページ

難読 初午《はつうま》・初心《うぶ》・初心娘《おぼこ》

人名 もと

【初陣】《ういジン》 はじめて戦いに出ること。また、はじめて競技会や試合に出ること。例 ―をかざる。

【初一念】《ショイチネン》 最初に心に深く思ったこと。類 初志。例 ―をつらぬく。

【初演】《ショエン》(名・する) ある演劇や音楽などを、はじめて上演したり演奏したりすること。対 再演。例 本邦《ホンポウ》―。

【初夏】《ショカ》 夏のはじめ。五、六月ごろ。はつなつ。〔陰暦《インレキ》では夏のはじめの月、四月をいう〕対 晩夏。

【初会】《ショカイ》 ①はじめて面会すること。類 初対面。②遊女がはじめての客の相手をすること。また、その客。③はじめての会合。初《はつ》会合。

【初回】《ショカイ》 最初の回。第一回。

【初学】《ショガク》 まなびはじめること。また、その人。例 ―者。

【初巻】《ショカン》(なん巻にもわたる書物の)最初の巻。第一巻。

【初寒】《ショカン》 ①はじめて、はださむく感じるようになるころ。九月から十月ごろ。②冬のはじめ。

【初感染】《ショカンセン》 はじめて病原菌《ビョウゲンキン》に感染すること。初感。〔とくに、結核《ケッカク》についていう〕

【初期】《ショキ》 始まって間《ま》もない時期。ある期間のはじめのころ。対 末期。例 江戸《えど》―の文学。

【初級】《ショキュウ》 最初の等級。いちばん低い等級。また、最初の段階。類 初等。対 上級。例 ―コース。

【初句】《ショク》 ①短歌や俳句のはじめの句。第一句。②漢詩のはじめの句。

【初見】《ショケン》(名・する) ①はじめて見ること。例 ―の文献《ブンケン》。②はじめて会うこと。類 初会。③練習や研究なしで、楽譜《ガクフ》をはじめて見て、演奏すること。

【初更】《ショコウ》「五更①」の第一。午後八時、およびその前後の二時間。戌《いぬ》の刻《コク》。甲夜《コウヤ》。

【初校】《ショコウ》 印刷物をつくるときの、最初の校正。一校。また、その校正刷り。

【初号】《ショゴウ》 ①新聞や雑誌の第一号。類 創刊号。例 ―からそろえてある。②「初号活字」の略。号数であらわす日本の和文活字のなかで、最も大きなもの。四二ポイント(=一四・七六ミリメートル)に相当する。

【初婚】《ショコン》 はじめての結婚。

【初産】《ショサン・ういザン・はつザン》 はじめての出産。例 ―児《ショサンジ》。

【初志】《ショシ》 何かをしようと思った、最初の気持ち。最初の志

望。(類)初一念・初心。例―貫徹《カンテツ》。

【初日】㊀《ショジツ》あさひ。日の出。(対)末日。(類)旭日《キョクジツ》。㊁《ショニチ》①ものごとを始める最初の日。②大相撲《おおずもう》や演劇などの興行で、最初の日。(対)千秋楽。例―を出す（＝負け続けていた力士がはじめて勝つ）。㊂《はつひ》元日の朝の太陽。例―を拝む。

【初秋】《ショシュウ》秋のはじめ。八、九月ごろ。はつあき。〔陰暦《インレキ》では秋のはじめの月、七月をいう〕(対)晩秋。

【初出】《ショシュツ》（名・する）はじめてあらわれること。(類)新出。例この単元で―の漢字。

【初春】㊀《ショシュン》春のはじめ。三月ごろ。はつはる。〔陰暦《インレキ》では春のはじめの月、一月をいう〕(類)早春。(対)晩春。㊁《はつはる》年のはじめ。(類)新春・新年。例―を祝う。

【初旬】《ショジュン》〔「旬」は、十日間の意〕月のはじめの十日間。(類)上旬。(対)下旬。

【初心】㊀《ショシン》（名）①最初に思い立った考え。(類)初志。例―忘るべからず。②ものごとを習いはじめたばかりであること。(類)初学。例―者。㊁《うぶ》（名・形動《ダナ》）世間ずれしていないこと。純粋《ジュンスイ》であること。例―な乙女《おとめ》。

【初診】《ショシン》はじめての診察。例―料。

【初審】《ショシン》裁判で、第一回の審判。第一審。例―の判決。

【初生】《ショセイ》うまれてまもないこと。また、はじめてうまれること。例―児。

【初速】《ショソク》物体が動きはじめたときの速度。初速度。例銃弾《ジュウダン》の―。

【初代】《ショダイ》家がらや地位など、受けつがれていくものの、最初の人。第一代。例―社長。

【初対面】《ショタイメン》はじめて顔を合わせること。(類)初会・初見。例―のあいさつ。

【初太刀】《ショだち》最初に切りつける太刀。例―をかわす。

【初段】《ショダン》武道や、囲碁《イゴ》・将棋《ショウギ》などで、最初の段位。例―を取る。

【初潮】《ショチョウ》はじめての月経。初経。

【初っ切り】《ショっきり》余興としておこなう、こっけいな動作を取りこんだ相撲《すもう》。

【初手】《ショて》①囲碁《イゴ》や将棋《ショウギ》で、最初の手。②手はじめ。最初。例―からつまずく。

【初冬】《ショトウ》冬のはじめ。十一、十二月ごろ。はつふゆ。〔陰暦《インレキ》では冬のはじめの月、十月をいう〕(対)晩冬。

【初唐】《ショトウ》唐代の詩の流れを四期（初唐・盛唐・中唐・晩唐）に分けた第一期。七一二年ごろまで。代表的詩人は、陳子昂《チンスゴウ》。

【初等】《ショトウ》最初の等級。初歩の段階。(類)初級。(対)高等。例―教育（＝小学校の教育）。

【初頭】《ショトウ》ある期間のはじめのころ。はじめ。例今世紀の―。

【初七日】《ショなのか｜ショなぬか》人の死後、七日目にあたる日。また、その日に営む仏事。ひとなのか。

【初乳】《ショニュウ》出産後の数日間に出る、たんぱく質・免疫《メンエキ》物質などをふくむ特別な母乳。

【初任】《ショニン》はじめて任務につくこと。例―給。

【初年】《ショネン》①最初のとし。第一年。例―兵。②（ある時代などの）はじめのころ。(対)末年。例明治の―。

【初念】《ショネン》はじめにいだいた思い。(類)初一念・初志。

【初犯】《ショハン》はじめて罪をおかすこと。また、その犯罪。

【初版】《ショハン》刊行された書物の最初の版。第一版。(対)再版・重版。例―本《ボン》を収集する。

【初歩】《ショホ》学問や技能をまなぶ最初の段階。(類)初級。例―的なミス。

【初夜】《ショヤ》①夜のはじめのころ。(類)初更《ショコウ》。②最初の夜。とくに、結婚《ケッコン》した最初の夜。

【初訳】《ショヤク》（名・する）はじめて翻訳《ホンヤク》すること。また、その翻訳。例日本で―の推理小説。

【初許し】《ショゆるし｜はつゆるし》華道《カドウ》・茶道《チャドウ》・舞踊《ブヨウ》・音曲《オンギョク》などの芸ごとで、最初にさずけられる免許《メンキョ》。

【初涼】《ショリョウ》秋のはじめのすずしさ。(類)新涼。

【初老】《ショロウ》老人になりはじめる年ごろ。〔昔は四十歳《サイ》をいったが、現代では、さらに高齢《コウレイ》の人をいう〕例―の紳士《シンシ》。

【初▼鰹】《はつがつお》その年にはじめてとれたカツオ。初夏の味覚として珍重《チンチョウ》される。例目には青葉山ほととぎす―。〈山口素堂《やまぐちソドウ》〉表記「初▽松▽魚」とも書く。

【初恋】《はつこい》はじめての恋。例―の、あわい思い出。

【初節句】《はつゼック》生まれてはじめてむかえる節句。女子は三月三日、男子は五月五日。

【初荷】《はつに》①正月二日に、その年の商《あきな》いはじめを祝って、景気よくかざりたてて、商品を送り出すこと。また、その荷物。②季節商品の、その年はじめての出荷《シュッカ》。また、その荷物。

【初音】《はつね》その年はじめて聞く、ウグイスやホトトギスの鳴き声。例例年よりはやくウグイスの―をきく。

【初場所】《はつばしょ》正月に、東京の両国国技館で開かれる大相撲《おおずもう》の興行。一月場所。

【初舞台】《はつブタイ》①俳優や演奏家などが、はじめて舞台に出演すること。デビュー。また、その舞台。例六歳《サイ》で―をふむ。②おおぜいの前で、はじめてものごとをおこなうこと。デビュー。

【初穂】《はつほ》①その年はじめて実ったイネの穂や、その年はじめて収穫《シュウカク》した穀物や野菜やくだものなど。例お―を神棚《かみだな》に供える。②神仏に供える収穫物や生産物、また、金銭など。供え物。はつお。例―料。

【初耳】《はつみみ》はじめて聞くこと。また、はじめて聞く話。例それは―だ。

【初詣】《はつもうで》（名・する）新年になってはじめて神社や寺にお参りすること。はつまいり。例―の人でにぎわう。

【初物】《はつもの》①くだものや野菜、また、食用の魚貝など、その季節になってはじめて生産されるもの。②季節のなりもので、はじめて食べるもの。例―食《ぐ》い。

【初雪】《はつゆき》①冬になってはじめて降る雪。②年が明けてはじめて降る雪。

●原初《ゲンショ》・太初《タイショ》・当初《トウショ》

刂5

【判】

7画 4029 5224 教育5 音バン(慣)ハン(漢)(呉) 訓わ-ける

筆順 、 丷 䒑 半 半 判

刂5 【判】7画

なりたち 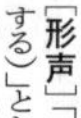 ［形声］「刂（＝かたな）」と、音「半《ハン》（＝二分する）」とから成る。分ける。

意味 ❶ものごとのよしあしなどを見分ける。区別する。わける。例判決《ハンケツ》。判別《ハンベツ》。裁判《サイバン》。❷けじめがはっきりする。わかる。例判然《ハンゼン》。判明《ハンメイ》。

日本語での用法《ハン》①紙・書物のサイズ。「A5判《エーゴハン》・B5判《ビーゴハン》」②はんこ。「書類《ショルイ》に判《ハン》をおす」

人名 さだ・さだむ・ちか・ゆき

【判官】㊀《ハンガン》①唐《トウ》代に置かれた官名。節度使・観察使などの属官。②裁判官。法官。③律令制《リツリョウセイ》で、四等官《シトウカン》の第三位。かみ（＝長官）・すけ（＝次官）の下で、さかん（＝主典）の上。じょう。また、とくに検非違使《ケビイシ》の尉《ジョウ》をいう。㊁《ホウガン》〔検非違使の尉（＝判官）であったことから〕源義経

《みなもとのよしつね》のこと。

【▽判官▼贔▼屓】《ホウガンビイキ》 源義経《みなもとのよしつね》を不運の英雄《エイユウ》として同情し、好意を寄せること。転じて、弱い者を応援《オウエン》したり、負けた者に同情を寄せたりすること。

【判型】《ハンケイ》 (A判・B判など用紙の大きさによって決まる)書物の大きさの規格。はんがた。

【判決】《ハンケツ》 (名・する) 裁判所が裁判について、判断を決定すること。また、その決定。例 —を言いわたす。

【判子】《ハンこ》 印鑑《インカン》。印形《インギョウ》。判。

【判士】《ハンシ》 柔道《ジュウドウ》や剣道《ケンドウ》などの試合で、審判《シンパン》をする人。

【判事】《ハンジ》 裁判官の官名。裁判所で裁判をおこない、判決をくだす人。

【判者】《ハンジャ》 〔「ハンザ」とも〕 判定をくだす人。とくに、歌合わせや絵合わせで、優劣《ユウレツ》を決める人。

【判然】《ハンゼン》 一 (名・する) はっきりとよくわかること。例 真相はやがて—するだろう。 二 (形動《トタル》) はっきりしているようす。例 彼女《かのジョ》の考えが—としない。

【判断】《ハンダン》 (名・する) ①ものごとについて、よく考えて決めること。例 —を下す。—がつく。—を誤らないようにする。公平に—する。—力。②うらないで決めること。例 姓名《セイメイ》—。

【判定】《ハンテイ》 (名・する) (勝ち負け・優劣《ユウレツ》・序列などについて)判断し決定すること。例 —が下りる。—を下す。成績を—する。写真—。—勝ち。

【判読】《ハンドク》 (名・する) 読み取りにくい文字や文章を、前後関係や字形などを手がかりに判断して、読み取ること。例 よごれていて—できない。

【判任官】《ハンニンカン》 昔の官吏《カンリ》の等級で、最下級のもの。

【判別】《ハンベツ》 (名・する) 種類や性質のちがいなどから、他と区別すること。類 識別《シキベツ》・鑑別《カンベツ》。例 不良品を—する。

【判明】《ハンメイ》 (名・する) はっきりわかること。あきらかになること。例 真実が—する。

【判例】《ハンレイ》 〔法〕 過去の裁判で、裁判所がくだした判決の実例。例 —にてらす。

◐大判《おおバン》・公判《コウハン》・小判《こバン》・審判《シンパン》・談判《ダンパン》・批判《ヒハン》・評判《ヒョウバン》

刂 5

【別】

7画
4244
5225
教育4

音 ヘツ漢 ベチ・**ベツ**呉
訓 **わか-れる**・わか-ち・わか-れ・わ-ける

筆順 

なりたち  [会意]「另(=肉をけずりとった骨《ほね》)」と「刂(=かたな)」とから成る。分解する。

意味 ❶ちがいに従ってわける。わかつ。わける。また、わけたもの。例 区別《クベツ》。識別《シキベツ》。性別《セイベツ》。❷はなればなれになる。はなれる。わかれる。わかれ。例 別離《ベツリ》。送別《ソウベツ》。❸ほかの。例 別人《ベツジン》。別荘《ベッソウ》。❹とりわけ。とくに。例 別格《ベッカク》。別段《ベツダン》。

使い分け **わかれる【分・別】** ⇩1182ページ

人名 のぶ・わき・わく・わけ

【別▼誂え】《ベツあつらえ》 (名・する) 特別に注文して作ること。また、その品物。類 特製。例 —の料理。

【別院】《ベツイン》 (浄土真宗《ジョウドシンシュウ》で)本山の出張所である寺院。例 東本願寺—。

【別宴】《ベツエン》 わかれをおしんで開く宴会。送別の宴。例 —を張る。

【別火】《ベッカ》 けがれをきらって、炊事《スイジ》の火を別にすること。

【別科】《ベッカ》 高等学校や専門学校などで、本科のほかに設けられた科。対 本科。

【別格】《ベッカク》 特別なあつかい。また、そうされる人や地位。例 —にあつかう。

【別学】《ベツガク》 男女が別々の学校や教室で学習すること。対 共学。例 —による指導。

【別巻】《ベッカン》 全集などで、本体のほかに付録としてつけ加える本。対 本巻。

【別館】《ベッカン》 旅館や図書館やデパートなどで、本館とは別につくられた建物。対 本館。例 連絡《レンラク》通路で—へ行く。

【別記】《ベッキ》 (名・する) 本文とは別に書きそえること。また、その文章。例 くわしくは—を見よ。

【別居】《ベッキョ》 (名・する) 夫婦《フウフ》や親子などが別々に住むこと。対 同居。例 —して一年になる。

【別業】《ベツギョウ》 ①別荘《ベッソウ》。しもやしき。例 箱根に—をもっている。②本業とちがう職業。また、今までとちがう職業。例 人に知られない—をもつ。

【別口】《ベツくち》 別の種類。別の経路や方面。例 —の話。

【別家】《ベッケ》 (名・する) 本家からわかれて、新しく一家を立てること。また、その家。類 分家。対 本家。例 三代前に—した。

【別掲】《ベッケイ》 (名・する) 別にかかげて示すこと。例 —を参照のこと。

【別言】《ベツゲン》 (名・する) 同じ内容を別のことばでいうこと。類 換言《カンゲン》。例 —すると。

【別件逮捕】《ベッケンタイホ》 ある犯罪の容疑者と思われる人を、別の犯罪の容疑で逮捕すること。

【別個】《ベッコ》 (名・形動《ダナ》) 他とはちがうものごとであること。例 —にあつかう。表記「別▽箇」とも書く。

【別項】《ベッコウ》 別に示す項目。他の条項。例 —でとりあげる。

【別号】《ベツゴウ》 ほかの呼び名。〔「松尾芭蕉《まつおバショウ》」の場合の、桃青《トウセイ》や風羅坊《フウラボウ》など〕

【別懇】《ベッコン》 (名・形動《ダナ》) 特別に親しいこと。類 昵懇《ジッコン》。例 かれとは—のあいだがらだ。

【別冊】《ベッサツ》 雑誌や全集などにつく、本体とは別の本。また、定期の本誌以外に臨時に発行する雑誌など。例 —付録。

【別使】《ベッシ》 別の使者。また、特別の使者。類 特使。

【別紙】《ベッシ》 (本紙にそえられている)ほかの紙面や文書。例 くわしくは—の解説を参照。

【別事】《ベツジ》 ①別のことがら。類 別条。②特別に変わったこと。例 —なく暮らしている。

【別室】《ベッシツ》 ほかの部屋。また、特別の部屋。例 —で待つ。

【別種】《ベッシュ》 別の種類。例 今までとは—のものだ。

【別書】《ベッショ》 別に書くこと。また、書いたもの。例 —に掲載《ケイサイ》する。

【別▼墅】《ベッショ》 別荘《ベッソウ》。例 —に月見に行く。

【別称】《ベッショウ》 別の呼び名。別名。

【別条】《ベツジョウ》 とくに変わったことがら。例 命に—ない。表記「別状」とも書く。

【別人】《ベツジン》 ほかの人。他人。例 似ているが—だ。

【別刷り】《ベツずり》 ①書籍《ショセキ》や雑誌の一部分を、本文や本体とは別に印刷したもの。抜《ぬ》き刷り。②書籍の口絵などを、本文とはちがう用紙に印刷すること。また、そのもの。

【別世界】《ベッセカイ》 ①自分が住んでいるところとは、まったくちがった世界。例 —の人。②俗世間《ゾクセケン》とはかけはなれた、理想的な世界。別天地。例 まるで—に行ったよう。

【別席】《ベッセキ》 ①席を別にすること。②ほかの席。別室。例 —に案内する。③特別の席。例 —を設けて、もてなす。

【別荘】《ベッソウ》 ふだん生活している家とは別に、避暑《ヒショ》や避寒《ヒカン》などのために建てた家。別墅《ベッショ》。例 夏は山の—で過ごす。

【別送】《ベッソウ》 (名・する) 別にして送ること。

【別宅《ベッタク》】本宅とは別に作ってある家。別邸《ベッテイ》。対本宅。

【別段《ベツダン》】㊀（名）通常のものごとと変わっていること。例―のとりあつかい。㊁（副）〔多く、打ち消しのことばをともなって〕とりわけ。格別。例―変わったようすもない。

【別珍《ベッチン》】〔英語 velveteen の音訳といわれる〕絹の本ビロードに対して、綿《メン》のビロード。

【別邸《ベッテイ》】本邸とは別に作ってある家。別宅。対本邸。

【別天地《ベッテンチ》】俗世間《ゾクセケン》からかけはなれた世界。理想郷。

【別途《ベット》】別の行き方。別の方法。例料金は―に集める。

【別当《ベットウ》】〔本官のある人が、別の役所の長官も担当したことによる職名〕①検非違使庁《ケビイシチョウ》・蔵人所《くろうどどころ》や、政所《まんどころ》・侍所《さむらいどころ》などの長官。②東大寺や仁和寺《ニンナジ》などの大寺に置かれた、寺務を統括《トウカツ》する職。③ウマの世話をする人の、古い言い方。馬丁《バテイ》。

【別動隊《ベツドウタイ》】作戦上の理由で、本隊とは別に行動する部隊。表記「別働隊」とも書く。

【別納《ベツノウ》】（名・する）料金などを別の方法でおさめること。例料金―郵便。

【別派《ベッパ》】別の流派や党派。

【別表《ベッピョウ》】別にそえた表。例地図は―に示す。

【別便《ベツビン》】別に出す郵便や宅配便など。例―で送る。

【別▼嬪《ベッピン》】顔立ちの美しい女性。美人。別品《ベッピン》。

【別封《ベップウ》】㊀（名・する）別々に封《フウ》をすること。㊁（名）別にそえた封書。例―の書面。

【別別《ベツベツ》】（名・形動《ダ》）①わかれわかれ。はなればなれ。ちりぢり。例人ごみの中で―になる。②おのおの。それぞれ。例大きさによって―にかたづける。

【別報《ベッポウ》】別の知らせ。別の報道。例―がはいる。

【別棟《ベツむね》】同じ敷地《しきチ》や構内で、母屋《おもや》とは別に建てた家。

【別名《ベツメイ》】〔「ベツミョウ」とも〕本名や学名とは別の名。類異名・別称《ベッショウ》。

【別物《ベツもの》】①別のもの。関係のないもの。例それとこれとは―だ。②例外として特別にあつかうもの。例あれだけは―だ。

【別問題《ベツモンダイ》】（いま取り組んでいるものとは関係のない）別の問題やことがら。例それとこれとは―だ。

【別離《ベツリ》】わかれて、はなればなれになること。類離別。例―の悲しみ。

【別涙《ベツルイ》】わかれをおしんで流すなみだ。例―があふれる。

【別枠《ベツわく》】正規のわく組みとは別のわく組み。別の範囲《ハンイ》。例特別の出費なので―で考える。
●格別《カクベツ》・決別《ケツベツ》・告別《コクベツ》・個別《コベツ》・差別《サベツ》・死別《シベツ》・惜別《セキベツ》・選別《センベツ》・特別《トクベツ》・判別《ハンベツ》・離別《リベツ》

刂5

【利】

7画
4588
5229
教育4
音リ 漢 呉
訓き-く・と-し
付表 砂利《じゃり》

筆順 ノ 二 千 禾 禾 利

なりたち  [会意]「刂（＝かたな）」と「和（＝ととのう）」の省略体とから成る。刀がよく切れる。

意味 ❶刃物《はもの》がするどい。よく切れる。とし。例利器《リキ》。鋭利《エイリ》。❷頭のはたらきがよい。かしこい。例利口《リコウ》。利発《リハツ》。❸役に立つ。また、つごうがよい。すんなりとはこぶ。例利害《リガイ》。便利《ベンリ》。有利《ユウリ》。❹つごうよくする。ためになるようにする。例利己《リコ》。利他《リタ》。❺うまく使う。例利用《リヨウ》。❻もうけ。例利益《リエキ》。利息《リソク》。営利《エイリ》。❼ききめがある。例利尿《リニョウ》。良薬苦二於口一、而利二於病一《リョウヤクはくちににがけれどもやまいにりあり》（＝よい薬は、にがいけれども、病気には、よくきく）。〈孔子家語《コウシケゴ》〉

日本語での用法《きき・きく》①よい結果が得られるようなはたらきをする。「目利《めき》き・利《き》き足《あし》・気《キ》が利《き》く」②可能である。「小回《こまわ》りが利《き》く・無理《ムリ》が利《き》く」

使い分け きく【利・効】⇩1168ページ

難読 利根《とね》（＝地名・姓《セイ》）・足利《あしかが》（＝地名・姓）

人名 かが・かず・さと・さとし・たくみ・と・とおる・まさ・みち・みのる・よし・より・よろし

【利き腕《ききうで》】細かい作業や力仕事が、よくできるほうのうで。利き手。例―を痛めて不便でならない。

【利運《リウン》】運がよいこと。よいめぐりあわせ。しあわせ。幸運。例―のめぐり来るきざし。

【利益】㊀《リエキ》①もうけ。利得。対損失。例―の多い商売。②ためになること。役立つこと。例公共の―。㊁《リヤク》〔仏〕神や仏が人々にあたえる幸福や恩恵《オンケイ》。例ご―がある。

【利益社会《リエキシャカイ》】会社や組合などのように、利益を得ることを目的に構成された社会。ゲゼルシャフト。〔ドイツの社会学者テニエスがとなえた〕対共同社会。

【利害《リガイ》】利益と損害。例―がからんで話がまとまらない。

【利器《リキ》】①よく切れる刃物《はもの》。するどい武器。対鈍器《ドンキ》。②便利な器具や器械。例文明の―。③すぐれた才能。役に立つ人物。例かれこそ、この困難をのりきれる―だ。

【利休色《リキュウいろ》】緑色をおびた灰色《はいいろ》。〔安土桃山《あづちももやま》時代の茶人、千利休《センのリキュウ》が好んだ色による〕

【利休▼鼠《リキュウねずみ》】緑色をおびたねずみ色。利休色にねずみ色がかったもの。例―の雨がふる。〈北原白秋《きたはらハクシュウ》〉

【利食い《リぐい》】（名・する）株などの売買によって、差額をかせぐこと。例―売り。表記「利▼喰い」とも書く。

【利剣《リケン》】①よく切れる刀やつるぎ。利刀。②〔仏〕煩悩《ボンノウ》や邪悪《ジャアク》なものを破りくだく、仏の知恵《チエ》や法力《ホウリキ》のたとえ。例降魔《ゴウマ》の―。

【利権《リケン》】大きなもうけに結びつく権利。とくに、業者が政治家や公務員と結託《ケッタク》して得たものをいう。例―をあさる。

【利己《リコ》】自分だけの利益や幸福を考えること。対利他。例―心。

【利口《リコウ》】（名・形動《ダ》）①かしこく、聡明《ソウメイ》であること。類利発。例―そうな顔つき。②子供などが、ものわかりがよくて、おとなしいこと。例お―にしていなさい。③ぬけめがなく要領のいいこと。例―な受け答えをする。表記▽旧▼悧巧。また、「利巧」とも書く。

【利▼鞘《リざや》】売り買いによって生じる差額としての利益。例土地を転売して―をかせぐ。

【利子《リシ》】「利息」に同じ。対元金。例高い―をはらう。

【利潤《リジュン》】企業《キギョウ》の総収益から、かかった経費を差し引いた残り。もうけ。純利益。例―の追求。

【利殖《リショク》】（名・する）資金をうまく運用して財産を増やすこと。例―につとめる。

【利水《リスイ》】①水の流れをよくすること。例―工事。②水を利用すること。類水利。例―組合。

【利息《リソク》】金銭を貸したり預けたりしたときに、相手が一定の割合ではらうお金。利子。対元金。例―を付けて返す。

【利他《リタ》】自分を犠牲《ギセイ》にしてまでも、他人の利益や幸福をはかること。対利己。例―主義。

【利敵《リテキ》】敵に利益をあたえるようなことをすること。例―行為《コウイ》。

【利点《リテン》】有利な点。得な点。類長所。例―が多い。

【利尿《リニョウ》】小便の出をよくすること。例―剤《ザイ》。

【利発《リハツ》】（名・形動《ダ》）〔「利口発明」の意〕かしこいこと。りこうなこと。対愚鈍《グドン》。例―な子。

【利幅《リはば》】利益の大きさや割合。例―が大きい。

【利便《リベン》】つごうがよいこと。類便宜《ベンギ》。例―をはかる。

【利回《りまわ》り】 利息や配当金の、元金に対する割合。例 ―を考えて投資する。

【利用《リヨウ》】（名・する）①ものごとのはたらきや、よいところを生かして使うこと。例 火力を―した発電。②使い方をくふうして役立たせること。例 廃物《ハイブツ》―。③自分の利益のために用いること。例 地位を―して人をだます。

【利率《リリツ》】 利息の元金に対する割合。例 ―が高い。

●営利《エイリ》・金利《キンリ》・権利《ケンリ》・高利《コウリ》・実利《ジツリ》・勝利《ショウリ》・水利《スイリ》・年利《ネンリ》・薄利《ハクリ》・不利《フリ》・暴利《ボウリ》

刀 5 【刧】7画 ⇩【劫】《ゴウ》（145ページ）

刂 5 【判】7画 ⇩【判】《バン》（132ページ）

刂 6 【刮】 8画 4973 522E 音 カツ 漢 訓 けず-る

意味 ❶けずりとる。えぐる。けずる。例 刮削《カッサク》（=けずりとる）。❷こする。例 刮目《カツモク》。

【刮摩《カツマ》】（名・する）器物などをみがいて、つやを出す。表記「刮磨」とも書く。

【刮目《カツモク》】（名・する）目をこすってよく見ること。注意してよく見ること。例 ―に値《あたい》する。

刀 6 【券】 8画 2384 5238 教育6 音 ケン 漢 呉 訓 ちぎ-る・ふみ・わりふ

筆順 丶 丷 䒑 𠔉 龹 关 券 券

刀 6 【券】 8画

なりたち [形声]「刀（=かたな）」と、音「𠔉《ケン》」とから成る。刀できざみを入れて二分し、約束の証拠《ショウコ》としたもの。わりふ。

意味 ❶昔、木のふだに約束ごとのしるしをつけて二つに割り、おのおのが一片《イッペン》を保存して後日の証拠としたもの。てがた。わりふ。例 符券《フケン》。❷切手・印紙・紙幣《シヘイ》・証文などの類。例 金券《キンケン》。沽券《コケン》。債券《サイケン》。

【券書《ケンショ》】 契約《ケイヤク》のときの書き付け。証書。

●証券《ショウケン》・乗車券《ジョウシャケン》・旅券《リョケン》

刂 6 【刳】 8画 4974 5233 音 コ 漢 訓 えぐ-る

意味 くりぬく。えぐる。例 刳腹《コフク》（=はらをさく）。刳《く》り舟《ぶね》。襟刳《えりぐ》り（=首まわりにそってくった、えりの線）。

刂 6 【刻】 8画 2579 523B 教育6 音 コク 漢 呉 訓 きざ-む・きざ-み

筆順 丶 亠 亡 亥 亥 亥 刻

なりたち [形声]「刂（=かたな）」と、音「亥《カイ→コク》」とから成る。刀で木にきざむ。

意味 ❶素材の表面に刀《トウ》を入れて形をつくる。また、模様や文字をほる。きざむ。例 刻印《コクイン》。彫刻《チョウコク》。篆刻《テンコク》。❷きびしい。むごい。例 刻薄《コクハク》。苛刻《カコク》。深刻《シンコク》。❸とき。水時計のきざみ目。中国の一刻は、昔は昼と夜のそれぞれの十二時間の百分の一。現在は十五分。例 刻漏《コクロウ》（=水時計）。時刻《ジコク》。

日本語での用法《コク》 一日の十二分の一。二時間。「子《ね》の刻《コク》・刻限《コクゲン》・刻刻《コッコク》」

人名 とき

【刻印《コクイン》】 一（名・する）印判をほること。また、しるしをきざみつけること。例 悪者の―をおされる。二（名）はんこ。印。

【刻限《コクゲン》】 ①とくに定めた時刻。指定した時間。例 約束の―。②時間。時刻。例 遅《おそ》い―。

【刻舟《コクシュウ》】 ⇩【舟《ふね》に刻《コク》して剣《ケン》を求《もと》む】（837ページ）

【刻薄《コクハク》】（名・形動ナダ）残酷《ザンコク》で薄情なこと。例 ―なしうち。表記「酷薄」とも書く。

【刻下《コッカ》】 現時点。ただいま。類 目下《モッカ》。例 ―の急務。

【刻苦《コック》】（名・する）心身を苦しめて努力すること。例 ―勉励《ベンレイ》。

●一刻《イッコク》・先刻《センコク》・即刻《ソッコク》・定刻《テイコク》・夕刻《ゆうコク》

刂 6 【刷】 8画 2694 5237 教育4 音 サツ 漢 訓 す-る・は-く・はけ

筆順 ㇆ コ 尸 尸 吊 帍 刷 刷

なりたち [形声]「刂（=かたな）」と、音「㕞《セツ→サツ》（=ぬぐう）」の省略体とから成る。ぬぐい、けずる。

意味 ❶はらってきれいにする。はく。ぬぐう。例 刷新《サッシン》。❷版木《ハンぎ》に紙を当ててこする。する。こする。例 印刷《インサツ》。増刷《ゾウサツ》。

使い分け する【刷・擦】⇩1170ページ

難読 羽《はね》を刷《かいつくろ》う（=乱れた羽をととのえる）

人名 きよ・きよむ

【刷新《サッシン》】（名・する）悪いところを取りのぞいて、まったく新しくすること。例 政界の―をはかる。

【▽刷毛《はけ》】 動物の毛をそろえ束ねて柄《え》をつけて、塗料《トリョウ》をぬったり、ほこりをはらったりするのに用いる道具。ブラシ。表記「▽刷▽子」とも書く。

●印刷《インサツ》・縮刷《シュクサツ》

刂 6 【刹】 8画 4975 5239 常用 音 サツ 漢 セツ 呉

筆順 ノ メ 㐅 杀 杀 杀 刹 刹

なりたち [形声]「刂（=かたな）」と、音「殺《サツ》」の省略体とから成る。柱。

意味 ❶梵語《ボンゴ》の音訳。はたばしら・仏塔《ブットウ》・寺などの意味をあらわす。例 古刹《コサツ》。名刹《メイサツ》。❷梵語の音訳。例 刹那《セツナ》。羅刹《ラセツ》。

人名 くに

【刹那《セツナ》】〔梵語《ボンゴ》の音訳〕〔仏〕きわめて短い時間。一瞬間《イッシュンカン》。対 劫《コウ》。例 あっと思ったその―。

【刹那主義《セツナシュギ》】 過去や未来を考えず、現在だけの充実《ジュウジツ》を求めて生きようとする考え方。例 世紀末の―。

刂 6 【刺】 8画 2741 523A 常用 音 シ 漢 セキ 漢 訓 さ-す・さ-さる・とげ

筆順 一 𠂉 帀 市 朿 朿 朿 刺

なりたち [会意]「刂（=かたな）」と「朿《シ》（=とげ）」とから成る。刀でつきさす。

意味 ❶するどい刃物《はもの》や針でさす。つきさす。例 刺客《シカク》。刺激《シゲキ》。刺繡《シシュウ》。❷相手を針でさすように言う。そしる。せめる。例 風刺《フウシ》。❸さぐる。うかがう。例 刺候《シコウ》。❹なふだ。例 名刺《メイシ》。❺とげ。例 芒刺《ボウシ》。有刺鉄線《ユウシテッセン》。

日本語での用法《さす》 野球でアウトにする。「本塁《ホンルイ》で刺《さ》される」

使い分け さす【差・指・刺・挿】⇩1169ページ

難読 刺青《いれずみ》・刺草《いらくさ》

【刺客《シカク｜シキャク｜セッカク》】殺し屋。暗殺者。例 —を向ける。

【刺激《シゲキ》】(名・する) 外部からはたらきかけて、肉体的な痛みや精神的な興奮などの、強い反応を起こさせること。また、そうさせるものや力。例 —を求める。

【刺殺《シサツ》】(名・する) ①さしころすこと。②野球で、打者や走者を直接にアウトにすること。対 補殺《ホサツ》。表記 旧 刺▼戟
【刺史《シシ》】①昔の中国の地方官。漢代では、地方監察《カンサツ》官、唐《トウ》代では、州の長官。例 柳州《リュウシュウ》—。②昔の日本で、国守《コクシュ》を中国風に呼んだ名。

【刺▼繍《シシュウ》】(名・する) 布地や衣服にさまざまの色糸で、文字や絵をぬいあらわすこと。また、その作品。ぬいとり。

【刺青《シセイ｜いれずみ》】皮膚《ヒフ》に針などで傷つけながら、墨《すみ》や朱《シュ》を入れて模様をえがきだすこと。ほりもの。

【刺絡《シラク》】静脈《ジョウミャク》から悪い血をとる、漢方の治療法《チリョウホウ》。類 瀉血《シャケツ》。例 —の効果。

【刺《シ》を通《ツウ》ず】名刺を出して面会を求める。

◐風刺《フウシ》・名刺《メイシ》

刂6
【制】
8画 3209 5236 教育5 音 セイ 漢 呉 訓 おさ-える

筆順 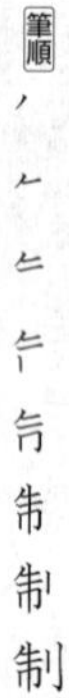

なりたち  [会意]「刂(=かたな)」と「未(=木になった果実を切り取る)」とから成る。たち切る。

意味 ❶形を切りととのえる。つくる。例 制作《セイサク》。❷従わせる。支配下におく。例 制御《セイギョ》。制限《セイゲン》。統制《トウセイ》。❸とりきめる。また、きまり。おきて。例 制定《セイテイ》。制服《セイフク》。体制《タイセイ》。❹天子の命令。みことのり。みことのりをくだす。例 制勅《セイチョク》(=みことのり)。

人名 いさむ・おさむ・さだ・さだむ・すけ・ただ・ただし・のり

【制圧《セイアツ》】(名・する) 相手の勢いや自由を、力でおさえつけること。例 武力で町を—する。

【制海権《セイカイケン》】ある範囲《ハンイ》の海上での、航海や軍事上の活動などを支配する力。例 —をにぎる。

【制▼癌《セイガン》】がん細胞《サイボウ》の活動や増殖《ゾウショク》をおさえること。

【制球《セイキュウ》】野球で、投手が自分の思うとおりのコースにボールを投げ分けること。コントロール。例 —を乱す。

【制御《セイギョ》】(名・する) ①相手をおさえつけて、自分の思いどおりにあやつること。コントロール。例 欲望を—する。②機械などがうまくはたらくように調節すること。コントロール。例 自動—装置。表記 ▽旧 制▼馭・制▼禦

【制空権《セイクウケン》】ある範囲《ハンイ》の上空での、航空や軍事上の活動などを支配する力。例 —を失う。

【制限《セイゲン》】(名・する) 限界や範囲《ハンイ》を定めて、そこからはみ出さないようにすること。また、その限界や範囲。類 規制。

【制裁《セイサイ》】(名・する) 道徳や習慣、また、規則などにそむいた者をこらしめ、罰《バツ》をあたえること。また、その罰。例 経済—。

【制作《セイサク》】(名・する) 絵画・彫刻《チョウコク》・楽曲《ガッキョク》・映画・放送番組などを作ること。例 正月用のドラマを—する。→【製作《セイサク》】(892ページ)

【制止《セイシ》】(名・する) 他人の言動をおさえたり、やめさせたりすること。例 —をふりきる。

【制定《セイテイ》】(名・する) 法律や規則などをつくりさだめること。

【制定法《セイテイホウ》】立法機関が、決められた手順に従って制定した法律。類 成文法《セイブンホウ》。

【制度《セイド》】①法として定められた決まり。例 税の—を見直す。②社会生活や団体活動の秩序《チツジョ》を保つための、仕組みや決まり。例 封建《ホウケン》—。

【制覇《セイハ》】(名・する) ①相手をおさえつけて、権力をにぎること。類 征服《セイフク》。例 世界—の野望。②競技などで優勝すること。例 全国大会を—する。

【制服《セイフク》】学校や会社などで、着用するように定められた服。ユニホーム。対 私服。例 —の女学生。

【制帽《セイボウ》】学校や会社などで、かぶるように定められた帽子。

【制約《セイヤク》】(名・する) 条件をつけて自由を制限すること。また、その条件や規定。類 制限。例 行動が—される。

【制欲《セイヨク》】(名・する) 欲望や欲情をおさえること。類 禁欲。表記 旧 制▼慾
【制令《セイレイ》】制度と法令。おきて。おふれ。例 —を定める。

◐圧制《アッセイ》・管制《カンセイ》・規制《キセイ》・強制《キョウセイ》・禁制《キンセイ》・自制《ジセイ》・節制《セッセイ》・先制《センセイ》・専制《センセイ》・抑制《ヨクセイ》

刀6
【刱】
8画 — 5231 音 ソウ 漢 訓 はじ-める

刀7
[剏]
9画 4976 524F 別体字

意味 はじめる。同 創《ソウ》。例 刱業《ソウギョウ》(=事業を始める。創業《ソウギョウ》)。刱造《ソウゾウ》(=はじめる)。

刂6
【到】
8画 3794 5230 常用 音 トウ 漢 呉 訓 いた-る

筆順 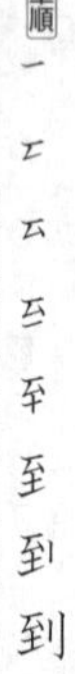

なりたち  [形声]「至(=いたる)」と、音「刂《トウ》」とから成る。行きつく。

意味 ❶目的地に行きつく。いたる。例 到着《トウチャク》。殺到《サットウ》。❷極限まで届く。行きわたる。例 到底《トウテイ》。周到《シュウトウ》。

人名 とおる・ゆき・よし

【到達《トウタツ》】(名・する) 目的とする地点・状態・結論・数量などに行きつくこと。届くこと。例 —点。技術が世界の水準に—する。

【到着《トウチャク》】(名・する) 出かけた人や送った品物などが目的地に着くこと。届くこと。対 出発。例 かれの—がおくれた。終点に—する。

【到底《トウテイ》】(副) ①〔下に打ち消しのことばをともなって〕とても。どうやってみても。例 —助からない。②つまり。結局のところ。〔やや古い言い方〕例 —死んだと思っていた。

【到頭《トウトウ》】(副) 最終的に。ついに。結局。例 —実現した。

【到来《トウライ》】(名・する) ①区切りとなるような機会が、めぐってくること。例 好機が—する。②よそからのおくりものが届くこと。例 —物《もの》ですが、おひとつどうぞ。

◐殺到《サットウ》・周到《シュウトウ》・未到《ミトウ》

刀6
【券】
8画 ⇩【券《ケン》】(135ページ)

刂7
【剄】
9画 4977 5244 音 ケイ 漢 訓 くび-きる・くび-る

意味 刀で首を切る。首をはねる。くびきる。例 剄殺《ケイサツ》(=首をはねて殺す)。

刂7
【剋】
9画 4978 524B 音 コク 漢 呉 訓 か-つ

寸7
[尅]
10画 5381 5C05 俗字

意味 ❶打ち勝つ。かつ。同 克《コク》。例 剋己《コッキ》(=自分の欲望に負けない)。下剋上《ゲコクジョウ》。❷きざみつける(ようにきびしい)。むごい。同 刻《コク》。

刂7 【削】 9画 2679 524A 常用 音シャク漢サク呉 訓けず-る・そ-ぐ

筆順 丨 丷 丷 𠫓 肖 肖 肖 削 削

刂7 【削】 9画

なりたち [形声]「刂(=かたな)」と、音「肖《ショウ》→シャク」とから成る。刀で木をけずる。

意味 ❶けずりとる。そぎおとす。けずる。例削減《サクゲン》。削除《サクジョ》。添削《テンサク》。❷書刀《ショトウ》。木や竹のふだに書いた文字をけずりおとす小刀。

難読 削《そぎ》尼《あま》・弓削《ゆげ》(=地名・姓《せい》)

【削岩機《サクガンキ》】土木工事や鉱山などで用いる、岩石に穴をあける機械。表記「▼鑿岩機」とも書く。

【削減《サクゲン》】(名・する)(予算や人員などを)けずって少なくすること。例人員―。予算を大幅《おおはば》に―する。

【削除《サクジョ》】(名・する)いったん書かれたもののなかから、一部分を取りのぞくこと。例議事録から―する。

●掘削《クッサク》・添削《テンサク》

刂7 【前】 9画 3316 524D 教育2 音セン漢ゼン呉 訓まえ・さき-に

筆順 丶 丷 𠂉 䒑 广 前 前 前

刂7 【前】 9画

なりたち [会意]本字は「歬」で、「止(=あし)」が「舟(=ふね)」の上にある。歩かないで進む。

意味 ❶すすむ。例前進《ゼンシン》。❷進んでいくほう。さき。まえ。対後《ゴ》。㋐空間上の「まえ」。顔の向いているほう。例前方《ゼンポウ》。前面《ゼンメン》。目前《モクゼン》。㋑時間上の「まえ」。過去。むかし。例前日《ゼンジツ》。前歴《ゼンレキ》。以前《イゼン》。

日本語での用法 ㊀《ゼン・ゼ》人、とくに女性をうやまっていうことば。「御前《ゴゼン・ゴゼ》・尼前《あまぜ》」㊁《まえ》わりあての量。「一人前《イチニンまえ》」

難読 車前草《おおばこ》

人名 くま・さき・すすむ・ちか

【▽前山《さきやま》】鉱山の坑内《コウナイ》で、主になってほる経験ゆたかな人。対後山《あとやま》。

【前衛《ゼンエイ》】①軍隊で、前方を守る部隊。対後衛《コウエイ》。②テニスやバレーボールなどで、前のほうの相手に近いところで、攻撃《コウゲキ》や守備にあたる人。フォワード。対後衛。③階級闘争《トウソウ》で、労働者階級の先頭に立って指導するもの。例党の―として働く。④芸術運動で、従来のやりかたにとらわれない、新しい表現を試みること。アバンギャルド。例―書道。

【前科《ゼンカ》】犯罪をおかして、刑罰《ケイバツ》を受けたことがあること。例―者《もの》。―三犯。―がある。

【前回《ゼンカイ》】この前の回。例―の調査結果。

【前額《ゼンガク》】ひたい。おでこ。例―に小さな傷がある。

【前記《ゼンキ》】文章で、前に書いてあること。類前述・上述。対後記《コウキ》。例―のとおり。

【前期《ゼンキ》】①期間を二つまたは三つに分けたとき、初めの期間。対後期。例―の試験。②一つ前の期。先期。対今期・次期・来期。例―の実績。

【前駆《ゼンク》】(名・する)行列の前方で、ウマや車などに乗って列を導くこと。また、その人。さきのり。さきがけ。類先駆《センク》。例―の白バイが見えてきた。

【前掲《ゼンケイ》】文章で、そこよりも前にかかげて示してあること。前出。例―の表《ヒョウ》を参照。

【前言《ゼンゲン》】①以前に言った、ことばやことがら。例―をひるがえす。②昔の人の言ったことば。例―往行《オウコウ》(=昔の人のことばやおこない)。

【前後《ゼンゴ》】㊀(名)まえとうしろ。あとさき。例―左右。休日の―。㊁(名・する)①どちらがあとか先かわからず、ほとんど同時におこなわれること。例相《あい》―して到着《トウチャク》する。②順序が逆になること。例話が―する。㊂〔「…前後」の形で〕だいたいそれぐらい。内外。例千円―。

【前後不覚《ゼンゴフカク》】あとさきもまったくわからなくなるほどに、正体がなくなること。例よっぱらって―になる。

【前行《ゼンコウ》】①先に行くこと。類先行。②以前のおこない。例―を悔《く》いる。

【前項《ゼンコウ》】①前にあげた項目。例―の規定。②〔数〕二つ並んだ項のうち前の項。

【前号《ゼンゴウ》】定期的に出版される新聞や雑誌などの、一つ前の号。対次号。例―で予告した記事。

【前古未曽有《ゼンコミゾウ》】(名・形動ナダ)昔から一度もなかったということ。古今未曽有。例―の大事件。

【前座《ゼンザ》】①落語で、芸の未熟な人が正式の番組の前に演じる、高座。また、その人。例―をつとめる。②おもな出演者や競技者が登場する前に、出場すること。例―試合。

【▽前栽《センザイ》】①木や草を植えてある庭。また、庭に植えてある草や木。②「前栽物《センザイもの》」の略。青物。野菜。

【前菜《ゼンサイ》】西洋料理で、おもな料理の前に出る、かるい食べ物。オードブル。

【前肢《ゼンシ》】(四本足の)動物の、前の二本の足。まえあし。対後肢《コウシ》。

【前日《ゼンジツ》】すぐ前の日。例試験の―にかぜをひいた。

【前車《ゼンシャ》】前を行く車。対後車《コウシャ》。

【前車《ゼンシャ》の覆《くつがえ》るは後車《コウシャ》の戒《いまし》め】前車がひっくりかえったのは、後車への警告となる。前を行く人の失敗は、あとから進む人の戒めとなることのたとえ。〈漢書《カンジョ》〉

【前車《ゼンシャ》の▼轍《テツ》を踏《ふ》む】前を行く車のわだちをふむ。前の人と同じ失敗をくりかえすことのたとえ。前轍《ゼンテツ》を踏む。〈漢書《カンジョ》〉例―という愚《グ》をおかす。

【前者《ゼンシャ》】二つ述べたもののうち、最初のほう。対後者《コウシャ》。

【前借《ゼンシャク》】(名・する)まえがり。例給料の―。

【前出《ゼンシュツ》】ひとつながりの文章などで、前のほうにすでに出ていること。前掲《ゼンケイ》。対後出《コウシュツ》。例―の表《ヒョウ》。

【前述《ゼンジュツ》】あることがらについて、すでにのべてあること。前掲《ゼンケイ》。対後述《コウジュツ》。例―のとおり。

【前書《ゼンショ》】①以前に出した手紙。②以前しるした文章。前に書かれた書物。

【前生《ゼンショウ》】〔仏〕この世に生まれる前の世。前世《ゼンセ》。例釈迦《シャカ》―の物語。

【前条《ゼンジョウ》】前の条項《ジョウコウ》。前項。

【前▼哨戦《ゼンショウセン》】①軍隊が休止しているあいだ、警戒《ケイカイ》のために前方に配置された部隊が、敵側と起こす小さな戦い。②本格的な活動にはいる前の、手始めの活動。こぜりあい。小手調《こてしら》べ。例選挙の―。

【前身《ゼンシン》】①〔仏〕この世に生まれる前の姿。前世《ゼンセ》のからだ。②以前の身分。また、組織や団体などの、以前の状態。対後身《コウシン》。例この商科大学の―は珠算《シュザン》学校だ。

【前進《ゼンシン》】(名・する)すすむ。前へすすむこと。対後退《コウタイ》・後進《コウシン》。例―あるのみ。

【前人《ゼンジン》】これまでの人々。類先人。対後人《コウジン》。

【前人未到《ゼンジンミトウ》】今までだれもやったことがないこと。例

―の大記録。

【前世】㊀《ゼンセ》〔仏〕三世《サンゼ》の一つ。この世に生まれる前の世。対後世《ゴセ》・来世《ライセ》・現世《ゲンセ》。例―からの運命。㊁《ゼンセイ》むかし。例―の遺物。

【前聖】《ゼンセイ》昔の聖人。先聖。例―の遺業をしのぶ。

【前説】㊀《ゼンセツ》前に述べた説。例―をひるがえす。㊁《まえセツ》本題の前にする説明。

【前線】《ゼンセン》①戦場で、いちばん前の、敵と直接向かい合っているところ。第一線。例―の兵士。②大気中で、暖・冷両方の空気のかたまりが、たがいに接しているところ。例寒冷―。

【前奏】《ゼンソウ》歌や楽器などの演奏で、主要な部分が始まる前の、伴奏《バンソウ》の部分。転じて、なにかが始まる前ぶれ。例―曲（＝プレリュード）。独立運動の―。

【前代未聞】《ゼンダイミモン》今までに聞いたこともないような、めずらしい、変わったこと。類未曽有《ミゾウ》。例―のできごと。

【前段】《ゼンダン》①はじめの段階。②文章などで、すぐ前の段落。また、前半の段落。例―の要旨《ヨウシ》をまとめる。▽対後段《コウダン》。

【前兆】《ゼンチョウ》事件が起こる前にあらわれる、しるし。きざし。前ぶれ。例大地震《おおジシン》の―と思われる。

【前提】《ゼンテイ》あることがらが成り立つために必要な条件。例結婚《ケッコン》を―として交際する。

【前▼轍】《ゼンテツ》①前に通った車の車輪のあと。②前の人がおかしたあやまち。

【前▼轍《ゼンテツ》を踏《ふ》む】「前車《ゼンシャ》の轍《テツ》を踏《ふ》む」に同じ。

【前途】《ゼント》①これから先の道のり。目的地までの距離《キョリ》。例―はほど遠い。②ゆくすえ。将来。例―洋洋。―多難。

【前途▼遼遠】《ゼントリョウエン》（形動ダナ）目的地がはるかに遠いようす。また、目的達成までに、まだ時間がかかるようす。例完成までは―だ。

【前任】《ゼンニン》すぐ前に、その任についていたこと。また、その人。類先任。対後任《コウニン》。例―者。

【前年】《ゼンネン》その年のすぐ前の年。対翌年。例―の大火《タイカ》。

【前納】《ゼンノウ》（名・する）料金などを前もっておさめること。さきばらい。対後納《コウノウ》。例会費を―する。

【前半】《ゼンハン｜ゼンパン》ある期間や距離《キョリ》を二つに分けたうちの、初めのほう。前の半分。対後半《コウハン》。例―が終わる。

【前非】《ゼンピ》以前におかしたあやまち。例―を悔《く》いる。

【前便】《ゼンビン》このすぐ前に出した、たより。例―で知らせた。

［刀（刂）部］7画 則 剃 剌

【前部】《ゼンブ》前のほうの部分。対後部《コウブ》。

【前夫】《ゼンプ》前のおっと。先夫。例―とのあいだに生まれた子。

【前婦】《ゼンプ》前のつま。先婦。

【前文】《ゼンブン》①ある記述で、主要な内容の前に置かれた文。前書き。例憲法の―。②前に書いた文。例―から引用する。③手紙で、書きだしのあいさつのことば。

【前編】《ゼンペン》書物や作品などで、二つか三つに分けたものの、前の部分。対後編。表記旧前▼篇

【前方】《ゼンポウ》前のほう。対後方《コウホウ》。例―に山が見えてきた。

【前面】《ゼンメン》前のほう。表のほう。類正面《ショウメン》。例環境《カンキョウ》政策を―におし出す。

【前門】《ゼンモン》前の門。表門。対後門《コウモン》。

【前門《ゼンモン》に虎《とら》を▽拒《ふせ》ぎ後門《コウモン》に▼狼《おおかみ》を進《すす》む】前の門でトラを防いでいると、後ろの門からオオカミがせまってくる。一つの災難が去ったかと思うと、また新たな災難がやってくる、ということのたとえ。前門の虎、後門の狼。

【前夜】《ゼンヤ》①その前の夜。昨夜。例決勝戦の―はねむれなかった。②あることが起こる直前。例革命―。

【前略】《ゼンリャク》①文章の前の部分を省略すること。対後略。②手紙で、時候のあいさつなどの前文を省略することば。〔「草草」に対応して用いられることが多い〕

【前輪】《ゼンリン》自動車や自転車などの前の車輪。対後輪。

【前例】《ゼンレイ》①以前にあったことがら。例―に従う。②（論文の中などで）前にあげた例。例―を参照されたい。

【前歴】《ゼンレキ》今までの経歴。例―をいつわって再就職した。

【前列】《ゼンレツ》前のほうの列。対後列。例最―。

【前売り】《まえうり》（名・する）入場券や乗車券などを、使用日よりも前に売ること。例―券。

【前置き】《まえおき》（名・する）本論や本題にはいる前に述べること。また、そのことばや文章。例―を述べる。

【前髪】《まえがみ》①ひたいに短く垂らしたかみの毛。例―を切りそろえる。②昔、元服前の少年や婦人が、ひたい近くのかみの毛を束ねたもの。例まだ―の少女。③元服前の少年。

【前金】《まえキン》前もってはらいこむ代金。例―制。

【前景気】《まえゲイキ》前もっての人気。例―は上上《ジョウジョウ》だ。

【前口上】《まえコウジョウ》本題や本筋にはいる前に述べることば。まえおき。例―が長すぎる。

【前付け】《まえづけ》本の前のほうにつける、序文・目次・凡例《ハンレイ》など。対後付《あとづ》け。

【前触れ】《まえぶれ》（名・する）①あらかじめ知らせること。類予告。例―もなくやって来た。②何かが起こりそうなきざし。類前兆。例地震《ジシン》の―。

◐以前《イゼン》・一人前《イチニンまえ》・一丁前《イッチョウまえ》・腕前《うでまえ》・駅前《エキまえ》・男前《おとこまえ》・眼前《ガンゼン》・気前《キまえ》・空前《クウゼン》・現前《ゲンゼン》・午前《ゴゼン》・事前《ジゼン》・自前《ジまえ》・従前《ジュウゼン》・食前《ショクゼン》・寸前《スンゼン》・生前《セイゼン》・戦前《センゼン》・直前《チョクゼン》・仏前《ブツゼン》・墓前《ボゼン》・門前《モンゼン》・霊前《レイゼン》

刂 7

【則】

9画 3407 5247 教育5 音ソク漢呉 訓すなわ-ち・のっと-る・のり

筆順 丨 冂 月 目 貝 貝 則

なりたち  [会意]「刂（＝きりわける道具）」と「貝（＝たから）」とから成る。たからの価値を定めて区別する。派生して「決まり」の意。

意味 ❶決まり。規準。道理。のり。例規則《キソク》。原則《ゲンソク》。校則《コウソク》。❷手本として従う。のっとる。例則天《ソクテン》。❸〔助字〕「すなわち」と読み、…すると・…のときには、の意。例過則改《あやまちてはすなわちあらたむ》（＝誤りをおかしたときには改める）。

人名 ただ・つね・とき・みち・みつ

【則天去私】《ソクテンキョシ》〔「天に則《のっと》って私《わたくし》を去る」と訓読する〕大きな天の道に従い、小さな私心を捨てること。夏目漱石《なつめソウセキ》が晩年に理想とした境地。

◐鉄則《テッソク》・罰則《バッソク》・反則《ハンソク》・変則《ヘンソク》・法則《ホウソク》

刂 7

【剃】

9画 3670 5243 音テイ漢 訓そ-る

意味 かみの毛やひげをそる。例剃刀《テイトウ》。剃髪《テイハツ》。

難読 剃刀《かみそり》

【剃度】《テイド》「剃髪得度《テイハツトクド》」の略。剃髪し戒《カイ》を受けて、僧《ソウ》や尼《あま》となること。類得度。

【剃刀】《テイトウ｜かみそり》頭髪《トウハツ》やひげをそるのに使う刃物《はもの》。

【剃髪】《テイハツ》（名・する）かみの毛をそること。とくに、仏門にはいってかみの毛をそること。例―して仏門に帰依《キエ》する。

刂 7

【剌】

9画 4979 524C 音ラツ漢 訓もと-る

意味 ❶そむく。さからう。もとる。❷「溌剌《ハツラツ》」は、魚のとびはねるようす。元気のよいようす。❸外国語の「ラ」の音訳

字。例 刺麻《ラマ》。亜刺比亜《アラビア》。

刂7 【削】9画 ⇩【削《サク》】(137ページ)

刀7 【刴】9画 ⇩【刴《ソウ》】(136ページ)

刂7 【前】9画 ⇩【前《ゼン》】(137ページ)

刂8 【剞】10画 4980 525E 音 キ(漢) 訓 きざ-む・けず-る

意味 彫刻《チョウコク》用の小刀。また、彫刻する。けずる。例 剞劂《キケツ》。剞劂氏《キケツシ》。

【剞▼劂】《キケツ》 〔「劂」も、彫刻《チョウコク》用の小刀の意〕 ①彫刻などに用いる小刀や、のみ。②彫刻。③印刷に用いる板をほること。また、転じて、出版すること。例 —氏《シキケツ》(=版木をほる人。出版人)。—に付す(=出版する)。

刂8 【剣】10画 2385 5263 常用 音 ケン(漢)(呉) 訓 つるぎ

刂13 【劍】15画 4988 528D 人名

刀14 【劒】16画 4990 5292 本字

刀14 【劔】16画 4989 5294 別体字

刀9 【剱】11画 4991 5271 別体字

金3 【釼】11画 7863 91FC 別体字

筆順 ノ 𠆢 亼 合 夊 矣 㑒 剣

なりたち [形声]「刃(=やいば)」と、音「僉《セン》……→ケン」とから成る。人が身につける武器。

意味 反《そ》りがなく、先がとがり両側に刃《は》のついたかたな。つるぎ。例 剣術《ケンジュツ》。真剣《シンケン》。刀剣《トウケン》。

日本語での用法 《ケン》①かたなによる武術。「剣《ケン》を使《つか》う・剣《ケン》をよくする」②かたいするどい針。「剣山《ケンザン》・蜂《はち》の剣《ケン》」

難読 擁剣《がざめ》(=ワタリガニの一種)

人名 あきら・つとむ・はや

【剣影】《ケンエイ》 刀剣のひかり。つるぎのひかり。類 剣光。

【剣客】《ケンカク|ケンキャク》 ①剣術の達人。剣術つかい。類 剣士。②剣術を学ぶ者。類 剣士。例 —として修業《シュギョウ》する。

【剣が峰】《ケンがみね》 ①相撲《すもう》で、土俵のたわらの盛り上がった部分。例 —で必死にこらえる。②噴火口《フンカコウ》の周辺。③そこをこせば危《あや》ういという境目。例 —に立たされた。

【剣▼侠】《ケンキョウ》 剣術にすぐれた、侠気のある人。

【剣▼戟】《ケンゲキ》 ①つるぎとほこ。例 —をとって戦う。②刀などの武器を使った戦い。きりあい。例 —のひびき。

【剣劇】《ケンゲキ》 刀で切り合う場面を見せどころにした、芝居《しばい》や映画。ちゃんばら。〔「剣戟《ケンゲキ》」のもじりか〕

【剣光】《ケンコウ》 刀剣のひかり。類 剣影《ケンエイ》。

【剣豪】《ケンゴウ》 剣術の達人。剣づかいの名人。例 —武蔵《むさし》。

【剣先】《ケンさき》 ①剣のさき。きっさき。例 —を合わせる。②先が、剣のようにとがったもの。例 —イカ。

【剣山】《ケンザン》 生け花で花器の中に入れ、花のくきや枝をつきさす、太い針を立て並べた道具。

【剣士】《ケンシ》 剣術を得意とする人。剣づかいのじょうずな人。類 剣客《ケンカク》。例 少年—。

【剣璽】《ケンジ》 ①所持者が天子の地位にあることを証明するものとしての、刀剣と刻印。②日本で古来、天皇の地位のしるしとした三種の神器のうち、草薙《くさなぎ》の剣《つるぎ》と八尺瓊《やさかに》の勾玉《まがたま》とをいう。

【剣術】《ケンジュツ》 刀剣を武器として戦う術。類 剣法。

【剣突】《ケンつく》 あらあらしく、しかりつけること。また、そのことば。例 —を食わせる。

【剣道】《ケンドウ》 木刀《ボクトウ》や竹刀《しない》などを持ち、防具をつけ、相手を打つなどして勝負をあらそう武道。例 —指南。

【剣難】《ケンナン》 刃物《はもの》で傷つけられたり、殺されたりする災難。例 —の相が見える。

【剣▼呑】《ケンノン》 (形動《ダナ》) あぶないようす。なりゆきが不安なようす。〔俗《ゾク》にいう「ヤバイ」〕 例 注意しないと—ですよ。表記「険▽難・険▼呑」とも書く。

【剣舞】《ケンブ》 漢詩の朗詠《ロウエイ》に合わせて、剣を持ち、それを使う形でまう舞《まい》。例 余興に—がある。

【剣法】《ケンポウ》 剣の使い方。類 剣術。例 —の達人。

【剣幕】《ケンマク》 ひどくおこったようす。例 すごい—でやって来た。表記「見幕・権幕」とも書くが、いずれもあて字という。

●懐剣《カイケン》・短剣《タンケン》・長剣《チョウケン》・木剣《ボッケン》

刂8 【剛】10画 2568 525B 常用 音 コウ(漢) ゴウ(呉) 訓 つよ-い・こわ-い

筆順 丨 冂 冂 冂 円 岡 岡 剛

なりたち [形声]「刂(=かたな)」と、音「岡《コウ》」とから成る。力を入れてたちきる。

意味 ❶力強い。例 剛健《ゴウケン》。剛直《ゴウチョク》。❷意志が強い。気性《キショウ》が激しい。例 剛毅《ゴウキ》。❸かたい。曲がらない。例 剛柔《ゴウジュウ》。剛毛《ゴウモウ》。

人名 かた・かたし・こわし・たか・たかし・たけ・たけし・ちから・つよし・まさ・よし

【剛頑】《ゴウガン》 性格が強く、かたくななこと。

【剛気】《ゴウキ》 (名・形動《ダナ》) 気持ちがしっかりしていて、たやすくくじけないこと。例 —ある老人。表記「豪気」とも書く。

【剛▼毅】《ゴウキ》 (名・形動《ダナ》) 意志が強く、気持ちがしっかりしていること。例 —な将軍の眼光。表記「豪▼毅」とも書く。

【剛▼毅木▼訥】《ゴウキボクトツ》 (名・形動《ダナ》) 気持ちがしっかりしていて、かざりけがないこと。例 —仁《ジン》に近し。〈論語《ロンゴ》〉

【剛強】《ゴウキョウ》 (名・形動《ダナ》) (身体や意志が)強く、他に負けないこと。表記「剛▼彊」とも書く。

【剛健】《ゴウケン》 (名・形動《ダナ》) (身体や心のもち方が)強く、たくましいこと。例 質実《シツジツ》—。

【剛者】《ゴウシャ》 心に守るところがあり、節を変えない者。

【剛柔】《ゴウジュウ》 かたいことと、やわらかいこと。また、強さとやさしさ。例 —両面をそなえた人。

【剛性】《ゴウセイ》 物体が、ほかから力を加えられたとき、もとの形を保とうとする性質。弾性《ダンセイ》の一種。

【剛体】《ゴウタイ》 ほかから力を加えられたとき、変形することがほとんどないと考えてよい物体。

【剛胆】《ゴウタン》 (名・形動《ダナ》) ものごとをおそれたり、事故にうろたえたりしない、強い性質。例 —無比。—な若者。表記「豪胆」とも書く。

【剛腸】《ゴウチョウ》 ものをおそれず、負けない強い気持ち。類 剛胆《ゴウタン》。例 —の人。

【剛直】《ゴウチョク》 (名・形動《ダナ》) 意志が強く、信念をまげないこと。例 —をもって聞こえる。

【剛▼愎】《ゴウフク》 (名・形動《ダナ》) 気が強く、独立自尊の心が強いこと。例 —で頭脳明晰《メイセキ》な社長。

【剛腹】《ゴウフク》 (名・形動《ダナ》) はらがすわっていて、ものに動じないこと。ふとっぱら。類 剛胆《ゴウタン》。例 —な人物。参考「剛愎《ゴウフク》」を誤解して生じたことばか。

【剛毛】《ゴウモウ》 かたくて、ごわごわとした毛。例 —が生えている。

【剛勇】《ゴウユウ》 (名・形動《ダナ》) 強くて、いさましいこと。例 —無双

ムソウ。表記「豪勇」とも書く。

【剛力《ゴウリキ》】一（名・形動ダ）力が強いこと。強い力。例かれの—にはかなわない。二（名）登山者のために荷物をかつぎ、案内をする人。表記▽「強力」とも書く。

【剛戻《ゴウレイ》】〔「戻」は、そむく意〕強情《ゴウジョウ》で、ひねくれていること。

●外柔内剛《ガイジュウナイゴウ》・金剛《コンゴウ》

刂8 【剤】 10画 2662 5264 常用 音セイ漢 ザイ呉

筆順 亠 ナ 文 产 斉 斉 斉 剤

刂14 【劑】 16画 4993 5291

なりたち 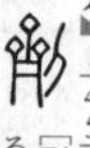 [形声]「刂(=かたな)」と、音「齊《セイ》(=そろえる)」とから成る。切りそろえる。

意味 ❶薬を調合する。ととのえる。例調剤《チョウザイ》。❷調合した薬。例錠剤《ジョウザイ》。薬剤《ヤクザイ》。

●下剤《ゲザイ》・洗剤《センザイ》・粉剤《フンザイ》・溶剤《ヨウザイ》

刂8 【剔】 10画 4981 5254 音テキ漢 訓えぐ-る

意味 悪い部分をえぐりとる。とりのぞく。えぐる。例剔出《テキシュツ》。剔抉《テッケツ》。

【剔出《テキシュツ》】（名・する）（医療《イリョウ》手術などで）えぐって取りだすこと。例社会の悪を—する。表記「摘出」とも書く。

【剔除《テキジョ》】（名・する）えぐって取りのぞくこと。例ガンにおかされた部分を—する。表記「摘除」とも書く。

【剔▼抉《テッケツ》】（名・する）えぐり出すこと。あばき出すこと。例不正を—する。

刂8 【剝】 10画 1-1594 525D 常用 音ハク漢呉 訓は-がす・は-ぐ・は-がれる・は-げる・む-く

筆順 ㇜ 彑 彑 寻 录 录 剝 剝

刂8 [剥] 10画 3977 5265 俗字

なりたち  [会意]「刂(=かたな)」と「彔(=きざむ)」とから成る。裂く。

意味 ❶皮をはぎとる。はぐ。はがす。むく。例剝製《ハクセイ》。剝《む》き栗《ぐり》。剝《む》き身《み》。❷はげ落ちる。はがれる。例剝落《ハクラク》。剝離《ハクリ》。メッキが剝《は》げる。❸うばいとる。はぎとる。例剝奪《ハクダツ》。

【剝製《ハクセイ》】動物の標本の一つで、外側の皮・羽・毛などを完全に残して、綿などをつめて、生きた姿に似せたもの。

【剝脱《ハクダツ》】（名・する）はがれておちること。例ペンキが—する。

【剝奪《ハクダツ》】（名・する）はぎ取ること。取り上げること。

【剝落《ハクラク》】（名・する）はがれておちること。例壁《かべ》が—する。

【剝離《ハクリ》】（名・する）はがれて、はなれてしまうこと。はいで、はなすこと。例網膜《モウマク》—。

刂8 【剖】 10画 4322 5256 常用 音ボウ慣 ホウ漢 訓わ-ける

筆順 亠 亠 ㇔ 立 立 咅 咅 剖

なりたち  [形声]「刂(=かたな)」と、音「咅《トウ→ホウ》」とから成る。分ける。

意味 ❶二つに割る。切りさく。分ける。例解剖《カイボウ》。❷見わける。判断する。例剖断《ホウダン》。

【剖析《ボウセキ／ホウセキ》】（名・する）細かく分けること。分析すること。

【▽剖断《ホウダン》】（名・する）善悪の区別をして裁くこと。

刂8 [剥] 10画 ⇩【剝】《ハク》（140ページ）

刂9 【剰】 11画 3074 5270 常用 音ショウ漢 ジョウ呉 訓あま-る・あま-り・あまつさ-え

筆順 ニ ⺷ 乒 乖 乗 乗 乗 剰

刂10 【剩】 12画 4984 5269 人名

なりたち [形声]「刂(=かたな)」と、音「乘《ショウ》」とから成る。余り。

意味 ❶余分。あまる。あます。あまり。例剰員《ジョウイン》。剰余《ジョウヨ》。❷その上に。それぱかりか。おまけに。あまつさえ。〔好ましくないことが重なるようす〕

人名 のり・ます

【剰員《ジョウイン》】余っている人員。表記「冗員」とも書く。

【剰語《ジョウゴ》】むだなことば。表記「冗語」とも書く。

【剰余《ジョウヨ》】①あまり。のこり。例—金。②〔数〕ある数や式を割ったとき、割り切れずに残った部分。

●過剰《カジョウ》・余剰《ヨジョウ》

刀9 【剪】 11画 4982 526A 音セン漢 訓き-る

意味 はさみなどで、きる。きりそろえる。例剪裁《センサイ》。剪紙《センシ》(=切り紙《がみ》細工)。剪刀《セントウ》。

参考 本来、「前」は「止＋舟＋刀」からなり、刀できりそろえる、という意味。それが「まえ」の意味に用いられるようになったので、さらに「刀」を加えて「剪」の字が作られた。

【剪裁《センサイ》】①布などをたちきること。②文章に手を入れること。例—の工《たくみ》がある。表記▽「▼翦裁」とも書く。

【剪定《センテイ》】（名・する）①討伐《トウバツ》して平定すること。②果樹や庭木などの枝を、その木の生育や樹形などをよくするために、切ること。類剪枝《センシ》。例ツツジを—する。表記▽「▼翦定」とも書く。

【剪刀《セントウ》】はさみ。表記「▼翦刀」とも書く。

【剪滅《センメツ》】（名・する）うちほろぼすこと。類殲滅《センメツ》。例敵を—する。表記「▼翦滅」とも書く。

刂9 【剳】 11画 4985 5273 音一トウ漢 二サツ慣 訓かま

意味 一《トウ》草を刈《か》る道具。かま。二《サツ》❶上奏文。もうしぶみ。同札《サツ》・箚《サツ》。例剳子《サッシ》(=天子や君主にたてまつる意見書。上奏文。上表文)。❷かきしるす。かきつけ。同札《サツ》・箚《サツ》。例剳記《サッキ》。

日本語での用法《あたり》囲碁《ゴ》の用語で、あと一手で相手の石が取れる状態。「剳《あた》りを打《う》つ・剳《あた》りになる」

刂9 【副】 11画 4191 526F 教育4 音一フク漢呉 二フク慣 フウ漢 訓そ-う・そ-え

筆順 一 ㇐ 口 口 㝵 畐 畐 副

なりたち  [形声]「刂(=かたな)」と、音「畐《フク》」とから成る。わける。また、二分した一方。

意味 一《フク》二つに分ける。二《フク／フウ》❶主となるもののつぎ。そえ。㋐補佐役《ホサヤク》。対正《セイ》。例副使《フクシ》。副官《フクカン》。㋑うつし。ひかえ。対正《セイ》。例副本《フクホン》。㋒二次的な。そえもの。対本《ホン》・主《シュ》。例副業《フクギョウ》。副食《フクショク》。❷主となるものにともな

って起こる。㊟主《シュ》。例 副因《フクイン》。副作用《フクサヨウ》。

日本語での用法《すけ》律令制《リツリョウセイ》の四等官《シトウカン》で、神祇官《ジンギカン》の第二位。次官《すけ》。「神祇《ジンギ》の大副《おおすけ》」

人名 すえ・すけ・たすく・つぎ・つぐ

【副因《フクイン》】主ではなく、次に考えられる原因。

【副官《フクカン》】長官や司令官を助ける役目の人。

【副業《フクギョウ》】本業のほかにする仕事。㊟本業。例―として農業をいとなむ。

【副啓《フクケイ》】書き終えた手紙のあとに、さらに書き加えるとき、書き出しにしるすことば。㊩追伸《ツイシン》・二伸。

【副査《フクサ》】審査《シンサ》の中心となる人とは別に、助ける意味で審査する人。㊟主査。例 審査には主査のほかに二名の―も出席する。

【副作用《フクサヨウ》】薬が本来の効果とはちがう作用をすること。有害な場合にいうことが多い。例 ほとんど―のない薬。

【副産物《フクサンブツ》】①目的のもののほかに得られる産物。②目的以外に得られる成果や結果。例 研究の―。

【副使《フクシ》】正使につきそう使者。㊟正使。例 入唐《ニットウ》―。

【副詞《フクシ》】品詞の一つ。自立語で活用はしない。主語や述語にならないでおもに用言（=動詞・形容詞・形容動詞）を修飾《シュウショク》する。「ゆっくり」「ぱらぱら」「たぶん」など。

【副次的《フクジテキ》】（形動《ダナ》）中心となるものにともなって出てくるようす。最重要ではないようす。㊩二次的・二義的。例―な原因。―に取りあつかう。

【副車《フクシャ》】別に用意してある車。予備の車。そえぐるま。

【副尺《フクシャク》】長さや角度を測るとき、より細かに目盛りを読むために、主尺に付けられた補助の目盛り。バーニヤ。

【副手《フクシュ》】①主になって仕事をする人を助ける人。②大学の研究室などで、授業や研究上の雑務をする職員。

【副収入《フクシュウニュウ》】副業などによって得る収入。正規の仕事以外からの収入。例 趣味《シュミ》を生かして―を得る。

【副書《フクショ》】原本の写し。㊩副本。

【副署《フクショ》】（名・する）①主たる役をつとめる人の署名の次に、署名を加えること。②〔法〕国家の公文書で、元首の署名の次に、国務大臣が署名をすること。

【副将《フクショウ》】主将を補佐《ホサ》する人。㊟主将。

【副章《フクショウ》】正式の勲章《クンショウ》にそえて、さずけられる勲章。

【副賞《フクショウ》】正式の賞にそえておくられる賞金や賞品。

【副食《フクショク》】主食にそえて食べるもの。おかず。副食物。㊟主食。例―費。

【副審《フクシン》】主審を助けて、審判に参加する人。㊟主審。

【副腎《フクジン》】左右の腎臓の上にある、小さな内分泌《ナイブンピツ》器官。

【副葬《フクソウ》】（名・する）死者を埋葬《マイソウ》するとき、遺愛の品物などを、いっしょにうめる、または、火葬すること。例―品。

【副総理《フクソウリ》】総理大臣に事故があるとき、または欠けたときに、その任務を代わってつとめるよう、あらかじめ決められている国務大臣。〔法律上の名称《メイショウ》ではない〕

【副題《フクダイ》】書名や論文、また講演などの題にそえた題目。サブタイトル。㊟主題。

【副長《フクチョウ》】①長となる人を助けて仕事をする人。②軍の艦艇《カンテイ》の、艦長を補佐《ホサ》する役の人。

【副読本《フクトクホン|フクドクホン》】正式の教科書のほかに、補助として使う本。サイドリーダー。例 英語の―。

【副都心《フクトシン》】大都市の、本来の中心地からはなれてつくられる、第二、第三の中心地。例 臨海―。

【副文《フクブン》】条約や契約書《ケイヤクショ》などの、主たる条文にそえられた文章。

【副木《フクボク|そえぎ》】骨折やねんざをしたとき、その部分にあてがってささえとするもの。

【副本《フクホン》】①正式の書類の予備として、まったく同じ内容をしるした文書。②原本の写し。ひかえ。コピー。㊩複本。

●正副《セイフク》

刀 9 【剱】11画 ⇩【剣《ケン》】（139ページ）

刂 10 【剴】12画 4983 5274 音 ガイ・カイ漢 訓 き-る・す-る

意味（よくといだ刃物《はもの》が、砥石《といし》にぴたりとつくように）ぴったりとあてはまる。例 剴切《ガイセツ》。

【剴切《ガイセツ》】（名・形動《ダナ》）よくあてはまること。適切であること。例 理《リ》にかなった―な御《ゴ》意見。

刂 10 【割】12画 1968 5272 教育6 音 カツ漢 訓 わ-る・わり・わ-れる・さ-く・わり-に

筆順 宀 宀 宀 宝 害 害 割 割

刂 10 【割】12画 ― 2F822

なりたち 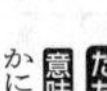 ［形声］「刂（=かたな）」と、音「害《ガイ→カツ》」とから成る。切りさく。

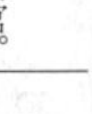

意味 ❶（刀で）切りさく。例 割腹《カップク》。割烹《カッポウ》。❷（いくつかに）分ける。わかつ。わる。例 割愛《カツアイ》。割譲《カツジョウ》。

日本語での用法 一《わり》①全体のうちのある部分のうけもち。わりあて。「部屋割《へやわり》・あたま割《わ》り」②損をしたり得になったりする比率。「割《わ》りのいい仕事《しごと》・割《わ》りをくう」 二《わり・わる》①液体などを加える。うすめる。「水割《みずわ》り・割《わ》り下《した》・お湯《ゆ》で割《わ》る」②除する。「割《わ》り算《ザン》」③十分の一。「五割六分《ゴわりロクブ》」

使い分け さく【裂・割】⇩1169ページ

【割愛《カツアイ》】（名・する）おしいものを手ばなすこと。また、おしいけれども、省略すること。例 ページ数がないので―する。

【割拠《カッキョ》】（名・する）めいめいが、それぞれの地域にたてこもって、勢力を張ること。例 群雄《グンユウ》―して、争いに明け暮れる。

【割譲《カツジョウ》】（名・する）土地などの一部を、他にゆずりあたえること。例 領土を―される。

【割賦《カップ|わっぷ》】なん回かに分けて、代金をはらうこと。分割ばらい。例―販売《ハンバイ》。

【割腹《カップク》】（名・する）腹を切ること。腹を切って死ぬこと。㊩切腹。例―自殺。

【割▼烹《カッポウ》】〔「割」は切る、「烹」は煮《に》る、の意〕食べ物の調理。ふつう、和風の料理にいう。また、和風の料理屋。例―着《ぎ》。―旅館。

【割礼《カツレイ》】（ユダヤ教などで）男子の陰茎《インケイ》の包皮を切る風習、また、その儀式《ギシキ》。

【割合《わりあい》】一（名）二つの数量をくらべるとき、一方が他方のなん倍にあたる関係にあるかということ。㊩比率・歩合《ブあい》。例 三日に一回の―で当番があたる。二（副）思ったよりも。わりあいに。比較的《ヒカクテキ》。意外に。例 今日は―あたたかい。―よくできている。

【割り当て《わりあて》】①全体をいくつかに分け、それぞれに人やものをあてること。例 部屋の―をする。②わりあてられた分量。割り前。例―が少ない。

【割り印《わりイン》】二枚の書類がひとつながりであるという証明のために、紙片《シヘン》にまたがって一つの印をおすこと。また、おした印。割り判。例 契約書《ケイヤクショ》に―をおす。

【割り勘《わりカン》】「割り前勘定《カンジョウ》」の略。費用の全体を各人均等に分けて、はらうこと。また、各人がそれぞれに要した分を、は

らうこと。例—にする。
【割り算】《わりザン》 ある数または式を、ある数または式で割ってその商を求める計算。除法。㊊掛《か》け算。
【割り下】《わりした》 「割り下地《ジした》」の略。だしじるに、しょうゆ・みりん・砂糖などを加えたもの。なべ料理や、すき焼きなどの味つけに用いる。
【割高】《わりだか》 (名・形動ダナ) 数量や品質の点からみて、値がやや高いこと。㊊割安。例雨不足で野菜が—だ。
【割り注】《わりチュウ》 本文中の語句の下に、二行に分けて小さな文字で書き入れる注。例—を引用する。表記 ㊐割り▼註
【割り付け】《わりつけ》 (名・する) 印刷物で、紙面をつくるのに文字の様式・配置・行《ギョウ》どりや、写真・図面の大小・位置・配色などを、どこにどのように置いてまとめるかを決めること。レイアウト。例新聞の家庭欄《カテイラン》の—。
【割引】《わりびき》 (名・する) 一定の値段から割合を決めて値引きすること。また、その金額。㊊割り増し。例学生—。
【割り符】《わりフ》 木の札などに文字を書き、それを二つに切りはなしたもの。のちにその二つを合わせたとき、ぴったりと合うのを証拠《ショウコ》とする。
【割普請】《わりブシン》 一つの普請をいくつかに区分けして、それぞれ分担して仕事をすること。例—の道路工事。
【割り前】《わりまえ》 負担や、取り分としてのお金や品物のわりあて。例—をもらう。—を出して仲間になる。
【割り増し】《わりまし》 (名・する) 一定の値段に、割合を決めて加えること。また、その金額。プレミアム。㊊割引。例タクシーの深夜—料金。
【割り戻し】《わりもどし》 (名・する) 受け取った金額から一部を、しはらった人にはらいもどすこと。また、その金額。リベート。例—を受け取る。
【割安】《わりやす》 (名・形動ダナ) 数量や品質の点からみて、値がやや安いこと。㊊割高。例生産過剰《セイサンカジョウ》で—になる。
●学割《ガクわり》・分割《ブンカツ》・役割《ヤクわり》

刂10
【創】
12画 3347 5275 教育6 音ソウ漢 訓つく-る・きず・はじ-める

筆順
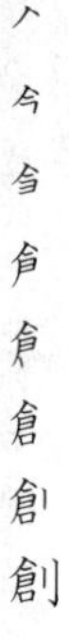

なりたち

[形声]「刂(=かたな)」と、音「倉《ソウ》」とから成る。きずつける。

意味 ❶(刃物《はもの》で)きずつける。切りきず。例創傷《ソウショウ》。絆創膏《バンソウコウ》。満身創痍《マンシンソウイ》。❷新しくはじめる。興《おこ》す。例創刊《ソウカン》。創業《ソウギョウ》。創造《ソウゾウ》。独創《ドクソウ》。
使い分け つくる【作・造・創】⇨1173ページ
人名 はじむ・はじめ
【創案】《ソウアン》 (名・する) 初めて考え出すこと。また、その思いつき。例日本で—された方式。
【創▼痍】《ソウイ》 刀などで受けた切りきず。例満身—。
【創意】《ソウイ》 初めての考え。新しい思いつき。例—に満ちる。—工夫《クフウ》。
【創刊】《ソウカン》 (名・する) 新聞や雑誌などを新たに刊行すること。㊊廃刊《ハイカン》。例—号。
【創業】《ソウギョウ》 (名・する) 新しく事業を始めること。㊊廃業《ハイギョウ》。例明治十年—の会社。
【創見】《ソウケン》 これまでにない新しい考えや意見。例—に満ちた論文集。
【創建】《ソウケン》 (名・する) 初めて建てること。例奈良《なら》時代に—された寺院。
【創作】《ソウサク》 (名・する) ①それまでになかったものを、初めてつくり出すこと。②芸術作品、とくに小説などをつくり出すこと。例—落語。③つくりごと。つくりばなし。例—にすぎない。
【創始】《ソウシ》 (名・する) ものごとを新しくはじめること。また、ものごとのおこり。はじめ。例新方式を—する。
【創唱】《ソウショウ》 (名・する) ①初めてとなえること。例社長の—で毎日朝礼をする。②初めてうたうこと。
【創傷】《ソウショウ》 刃物《はもの》などで、からだに受けたきず。例手足に数か所の—を受ける。
【創世】《ソウセイ》 神が初めて、この世界をつくること。世界のできはじめ。例—記。日本の—神話。
【創成】《ソウセイ》 (名・する) 初めて、できあがること。例会社の—期(=起こりはじめの時期)。
【創製】《ソウセイ》 (名・する) 初めて、つくり出すこと。例寛永《カンエイ》二十年—の菓子《カシ》を今に伝える。
【創設】《ソウセツ》 (名・する) 新しく設置すること。例—八十年。
【創造】《ソウゾウ》 (名・する) ①初めてつくり出すこと。自分の考えで、これまでになかったものをつくり出すこと。㊊模倣《モホウ》。例—力。—性。②神が宇宙をつくり出すこと。例天地—。
【創立】《ソウリツ》 (名・する) 新しくつくること。新しく設立すること。例—記念日。新会社を—する。
●草創《ソウソウ》・独創《ドクソウ》

刂10
【割】
12画 ⇨【割】《カツ》(141ページ)

刂10
【剩】
12画 ⇨【剰】《ジョウ》(140ページ)

刂11
【剿】
13画 4986 527F 音ソウ慣 ショウ漢
意味 たちきる。ほろぼす。例剿殺《ショウサツ》(=みな殺し)。剿滅《ソウメツ》《ショウメツ》(=残りなくほろぼす)。
参考「勦《ソウ》(=うばいとる)」と通用する。

刂11
【剽】
13画 4987 527D 音ヒョウ漢 訓さ-す・おびやか-す
意味 ❶刺《さ》す。つきさす。❷おどしてうばう。おびやかす。例剽盗《ヒョウトウ》。❸かすめとる。無断でぬすむ。例剽窃《ヒョウセツ》。❹すばやい。みがる。例剽悍《ヒョウカン》。剽軽《ヒョウキン》。
【剽▼悍】《ヒョウカン》 (名・形動ダナ) 行動がすばやくて、あらあらしいこと。例—な猟犬《リョウケン》。
【剽▽軽】《ヒョウキン》 (名・形動ダナ) 〔「キン」は、唐音《トウオン》〕①すばやいこと。例—な身のこなし。②おどけたところがあって、おもしろいこと。例—者《もの》。—なことを言う。
【剽窃】《ヒョウセツ》 (名・する) 他人の文章や学説をぬすんで、自分独自の作品のように発表すること。盗作《トウサク》。例この論文は某氏《ボウシ》の著書からの—だ。
【剽盗】《ヒョウトウ》 追いはぎ。例—におそわれる。
【剽略】《ヒョウリャク》 (名・する) おどして他人のものをうばうこと。かすめとること。例賊《ゾク》の—するところとなる。表記「剽▼掠」とも書く。

刂12
【劃】
14画 1936 5283 音カク漢 訓わか-つ
意味 はっきり分ける。くぎる。かぎる。同画《カク》。例劃然《カクゼン》。劃期的《カッキテキ》。区劃《クカク》。一線《イッセン》を劃《カク》する。
表記 現代表記では、「画《カク》」に書きかえることがある。熟語は「画」(677ページ)を参照。
【劃一】《カクイツ》 (名・形動ダナ) すべてが同じようにそろっていること。表記 ㊀画一
【劃然】《カクゼン》 (形動タルト) 区別やちがいなどが、はっきりしているようす。例—たる区別がない。表記 ㊀画然

刂 12
【剳】
14画 2-0329 5284

音 一 トウ漢 二 サツ漢 訓 さ-す・しる-す・たけばり

竹 8
［箚］
14画 6820 7B9A 別体字

意味 一 針《ウト》でさす。 二 文書《ツサ》。かきつけ。 同 札《サツ》・剳《サツ》。 例 剳記《サッキ》。剳子《サッシ》。

【剳記】《サッキ》 書物を読みながら、問題点や自分の考えなどをしるしたもの。また、特定の書物についての議論や考証などをまとめた著作。札記《サッキ》。 表記 「▼箚記」とも書く。

刂 13
【劇】
15画 2364 5287 教育6

音 ゲキ慣 ケキ漢 ギャク呉 訓 はげ-しい

筆順 丶 ⺊ 卢 虍 虏 虜 豦 劇

なりたち ［形声］「刂(＝かたな)」と、音「豦《キョ》→《ケキ》」とから成る。とりわけはなはだしい。

意味 ❶ ていどがひどい。はげしい。 例 劇務《ゲキム》。劇薬《ゲキヤク》。 ❷ しばい。げき。 例 劇場《ゲキジョウ》。劇的《ゲキテキ》。悲劇《ヒゲキ》。

【劇化】《ゲキカ》 (名・する) ①小説や事件などを映画や演劇などに仕立てること。 例 宮沢賢治《みやざわケンジ》の『風の又三郎《またサブロウ》』を―する。②はげしくなること。 例 民族運動が―する。 表記 ②は「激化」とも書く。

【劇画】《ゲキガ》 ①紙芝居《かみしばい》。②場面が順次移っていく、多数のこま絵によって表現された、長編の物語。

【劇界】《ゲキカイ》 演劇を職業とする人々の世界。演劇に関係する人々の社会。演劇界。劇壇《ゲキダン》。

【劇作】《ゲキサク》 演劇の脚本《キャクホン》をつくること。また、その作品。 例 ―家《カ》。

【劇詩】《ゲキシ》 戯曲《ギキョク》の形式で書かれた詩。

【劇暑】《ゲキショ》 はげしい暑さ。酷暑《コクショ》。 例 ―の候。 表記 「激暑」とも書く。

【劇症】《ゲキショウ》 病気の症状が急速に進むこと。 例 ―肝炎《カンエン》。

【劇場】《ゲキジョウ》 映画や演劇・舞踊《ブヨウ》などを演じ、観客に見せる場所や建造物。 例 野外―。

【劇職】《ゲキショク》 ひじょうにいそがしい職務。また、そのような地位。 対 閑職《カンショク》。 例 ―につく。 表記 「激職」とも書く。

【劇甚】《ゲキジン》 (形動《ダナ》) ひじょうにはげしいようす。はなはだしいようす。 例 ―な被害《ヒガイ》。 表記 「激甚」とも書く。

【劇団】《ゲキダン》 演劇の研究や上演を目的とする人々の団体。

【劇壇】《ゲキダン》 演劇に関係する人々の社会。演劇界。

【劇痛】《ゲキツウ》 はげしいいたみ。 例 背中に―が走る。 表記 「激痛」とも書く。

【劇的】《ゲキテキ》 (形動《ダナ》) まるで劇かと思われるような、感動のあるようす。ドラマチック。 例 ―な結末をむかえる。

【劇毒】《ゲキドク》 ひじょうに強い毒。猛毒《モウドク》。

【劇評】《ゲキヒョウ》 ①上演された演劇についての批評。②演劇いっぱんについての評論。 例 ―家《カ》。

【劇変】《ゲキヘン》 (名・する) 急激にかわること。 例 病状が―する。環境《カンキョウ》の―。 表記 「激変」とも書く。

【劇務】《ゲキム》 ひじょうにいそがしいつとめや仕事。劇職。 例 ―のためにたおれる。 表記 「激務」とも書く。

【劇薬】《ゲキヤク》 使用量や使用法を誤ると生命にかかわる、ひじょうに毒性の強い薬品。 例 ―につき、取りあつかい注意。

【劇烈】《ゲキレツ》 (名・形動《ダナ》) ひじょうにはげしいようす。 例 ―な戦い。 表記 「激烈」とも書く。

【劇論】《ゲキロン》 (名・する) はげしく議論をし合うこと。また、そのような議論。 例 ―をたたかわす。 表記 「激論」とも書く。

●演劇《エンゲキ》・歌劇《カゲキ》・活劇《カツゲキ》・観劇《カンゲキ》・喜劇《キゲキ》・新劇《シンゲキ》・寸劇《スンゲキ》・悲劇《ヒゲキ》

刀 13
【劈】
15画 4992 5288

音 ヘキ漢 訓 さ-く・つんざ-く

意味 刃物《はもの》で二つに切りさく。さく。 例 劈開《ヘキカイ》。

【劈開】《ヘキカイ》 (名・する) ①きりひらくこと。さきひらくこと。②ひびがはいって割れること。③方解石や雲母《ウンモ》などの結晶が、一定の面にそって割れたり、はがれたりすること。

【劈頭】《ヘキトウ》 ものごとのはじめ。まっさき。 例 議事は―から混乱した。

刂 13
【劉】
15画 4613 5289 人名

音 リュウ漢 ル呉 訓 ころ-す

意味 ❶ ころす。 例 虔劉《ケンリュウ》(＝ころす)。 ❷ 姓《セイ》の一つ。とくに漢の王室の姓。 例 劉邦《リュウホウ》。

人名 のぶ・みずち

【劉備】《リュウビ》 三国時代、蜀《ショク》の皇帝《コウテイ》。字《あざな》は玄徳《ゲントク》。関羽《カンウ》・張飛《チョウヒ》とともに黄巾《コウキン》の乱をしずめ、諸葛孔明《ショカツコウメイ》の助けで、魏《ギ》の曹操《ソウソウ》を赤壁《セキヘキ》で破り蜀を平定。呉《ゴ》・魏とともに天下を争ったが、白帝城《ハクテイジョウ》で病死した。(一六一―二二三)

【劉邦】《リュウホウ》 前漢《ゼンカン》の初代皇帝《コウテイ》。字《あざな》は季《キ》。項羽《コウウ》とともに秦《シン》をほろぼし、のち、項羽を破って天下を統一、長安(＝今の西安《セイアン》市)に都した。漢の高祖。(前二四七―前一九五)

刂 13
【劍】
15画 ⇩ 【剣】《ケン》(139ページ)

刀 14
【劒】
16画 ⇩ 【剣】《ケン》(139ページ)

刀 14
［劔］
16画 ⇩ 【剣】《ケン》(139ページ)

刂 14
【劑】
16画 ⇩ 【剤】《ザイ》(140ページ)

19 2画 力 ちから部

筋肉のすじをあらわす。「力」をもとにしてできている漢字を集めた。

0 力 3 加 功 4 劣 5 劬 劫 助 劭 努 励 労 劲 6 劾 劼 券 効 7 勁 勅 勃 勇 勉 勇 8 勍 勉 9 勘 勖 動 務 勒 勗 10 勤 勝 募 勝 勞 11 勦 勧 勣 勢 勤 勠 勤 13 勳 14 勵 勵 17 勸

この部首に所属しない漢字

幼⇩幺 348 男⇩田 676 協⇩十 162 舅⇩臼 835

力 0
【力】
2画 4647 529B 教育1

音 リョク漢 リキ呉 訓 ちから・つと-める

筆順 フ 力

なりたち ［象形］筋肉のすじの形。筋肉のはたらき。

意味 ❶ 筋肉のちから。 例 力役《リキエキ》。腕力《ワンリョク》。 ❷ ちからをこめる。精を出す。つとめる。 例 力説《リキセツ》。努力《ドリョク》。 ❸ 社会的なちから。いきおい。 例 権力《ケンリョク》。勢力《セイリョク》。財力《ザイリョク》。 ❹ 作用。はたらき。うでまえ。 例 力量《リキリョウ》。効力《コウリョク》。

難読 角力《すもう》・等等力《とどろき》

人名 いさお・いさむ・つとむ・つよし・まさる・ます

【力《ちから》は山《やま》を抜《ぬ》き気《き》は世《よ》を▽蓋《おお》う】力は山を引きぬくほどに強く、意気は世をおおいつくすほどにさかんである。気力のすぐれているようす。秦《シン》の末期、楚《ソ》の項羽《コウウ》が垓下《ガイカ》で、劉邦《リュウホウ》の漢軍に包囲されたときに、みずからの天運のつきたのをさとって作った詩の一節。抜山蓋世《バツザンガイセイ》。〈史記《シキ》〉

【力泳《リキエイ》】(名・する)力いっぱい、およぐこと。

【力役《リキエキ》】肉体の力を使う仕事。ちから仕事。例 心をいためる仕事よりも、―のほうが楽だ。

【力演《リキエン》】(名・する)力のこもった演技をすること。類 熱演。例 わき役の―が舞台《ブタイ》を盛り上げた。

【力学《リキガク》】①物理学の一分野。物体の運動や、物体にはたらく力と運動の関係について研究する学問。例 流体―。②いろいろな考えや思いが、個人や集団にはたらく力をたとえていう。ちから関係。ダイナミックス。例 政治―。選挙の―。

【力感《リキカン》】力強い感じ。力のこもっている感じ。例 ―のある作品。―にあふれた走り方。

【力作《リキサク》】力のこもった作品。類 労作。例 ―を書く。

【力士《リキシ》】①すもうとり。②〔仏〕「金剛力士《コンゴウリキシ》」の略。いかりの相《ソウ》をした仏教守護の神。

【力車《リキシャ》】①荷車《にぐるま》。②人力車《ジンリキシャ》。

【力説《リキセツ》】(名・する)熱心に、強く説明すること。例 選挙制度の改革の必要性を―する。

【力戦《リキセン》】(名・する)力のこもったたたかい。また、力いっぱい、たたかうこと。類 力闘《リキトウ》。例 ―奮闘《フントウ》。

【力走《リキソウ》】(名・する)力いっぱい、走ること。例 ランナーは急な上り坂を―した。

【力点《リキテン》】①〔物〕てこでものを動かすとき、力のかかる点。↓【支点《シテン》】(458ページ)・【作用点《サヨウテン》】(66ページ) ②力を入れる点。とくに注意する、たいせつなところ。例 安全性に―をおいて製作する。

【力投《リキトウ》】(名・する)がんばって、力いっぱい、投げること。例 投手はいぜんとして―を続けている。

【力闘《リキトウ》】(名・する)力いっぱい、たたかうこと。類 力戦。例 選手の―をたたえる。

【力量《リキリョウ》】ものごとを成しとげることのできる能力の大きさ。実力の度合い。腕前《うでまえ》。例 ―が問われる仕事。

【力行《リッコウ》】(名・する)努力しておこなうこと。はげんで事をおこなうこと。例 苦学―の士。

●握力《アクリョク》・圧力《アツリョク》・引力《インリョク》・協力《キョウリョク》・自力《ジリキ》・精力《セイリョク》・迫力《ハクリョク》・馬力《バリキ》・労力《ロウリョク》・腕力《ワンリョク》

力 3

【加】

5画 1835 52A0

教育4

音 カ 漢 呉

訓 くわ-える・くわ-わる

筆順 フ カ カ 加 加

なりたち

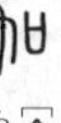

[会意]「力(=ちから)」と「口(=くち)」とから成る。ことばで相手をしのぐ。派生して「くわえる」の意。

意味 ❶ふやす。たす。くわえる。例 加減《カゲン》。加筆《カヒツ》。増加《ゾウカ》。奉加帳《ホウガチョウ》。❷仲間入りする。くわわる。例 加入《カニュウ》。加盟《カメイ》。

日本語での用法《カ》①「加賀《かが》(=今の石川県南部)」の略。「加州《カシュウ》」②外来語の「カ」の音にあてる字。「加奈陀《カナダ》・加比丹《カピタン》・加留多《カルタ》」③「カリフォルニア(州)」「カナダ(共和国)」の略。「加州米《カシュウマイ》・日加貿易《ニッカボウエキ》」

難読 五加木《うこぎ》・加之《しかのみならず》(=そのうえさらに)

人名 のぼる・まさ・ます・また

【加圧《カアツ》】(名・する)(物体・空気などに)力をくわえること。例 旅客機の内部は、地上と同じ気圧に―されている。

【加賀《かが》】旧国名の一つ。今の石川県の南部。加州《カシュウ》。

【加害者《カガイシャ》】他人にけがをさせたり、損をさせたりした人。対 被害者《ヒガイシャ》。

【加冠《カカン》】(名・する)男子が元服して、初めてかんむりをつけること。また、その儀式《ギシキ》。

【加▼笄《カケイ》】女子の十五歳《サイ》。結婚《ケッコン》にふさわしい年齢《ネンレイ》。〔「笄」は、かみかざりの意。昔の中国で、女子が十五歳になると婚約し、かみに笄《こうがい》をさしたことからいう〕

【加減《カゲン》】[一](名)①くわえることと、へらすこと。②〔数〕足し算と引き算。例 ―乗除。[二](名・する)①ちょうどよい状態や程度に調節すること。例 塩を―する。②からだのぐあい。体調。例 その後、お―はいかがですか。[三]〔「…加減」の形で〕①「…の程度」「…のころあい」の意味をあらわす。例 湯―。手―。②「少し…であること」の意味をあらわす。例 うつむき―。

【加護《カゴ》】(名・する)神や仏が人々を危難からまもり助けること。類 守護。例 神のご―がありますように。

【加工《カコウ》】(名・する)原料や材料に手をくわえること。また、手をくわえて形や種類のちがうものを作ること。例 ―食品。

【加算《カサン》】[一](名・する)もととなる数量に、いくらかの数量をつけくわえること。例 基本料金に五百円が―される。[二](名)〔数〕足し算。寄せ算。加法。対 減算。

【加▼餐《カサン》】(名・する)〔「餐」は、食べ物の意〕食べ物に気をつけて、からだをいたわること。手紙で、相手の健康を願って「ますますのご加餐をいのります。」のように用いる。

【加持《カジ》】(名・する)〔仏〕密教で、病気をなおしたり災難からのがれることを願って、僧《ソウ》が仏にいのること。加持祈禱《カジキトウ》。

【加重《カジュウ》】(名・する)重さや仕事や責任などをさらにふやすこと。例 負担を―する。

【加除《カジョ》】(名・する)くわえることと取りのぞくこと。例 条文に―がある。

【加勢《カセイ》】(名・する)力を貸して助けること。また、その人や力。類 応援《オウエン》・助勢。例 ―をたのむ。

【加増《カゾウ》】(名・する)領地や禄高《ロクだか》などをふやすこと。例 百石《ヒャッコク》―して功にむくいた。

【加速《カソク》】(名・する)スピードを上げること。対 減速。例 アクセルをふんで―する。

【加速度《カソクド》】①〔物〕ある時間内に速度が変化する割合。②進む速さが、時間をおってどんどん上がること。また、ものごとの、ある状態がどんどん進むこと。例 ―がつく。

【加担《カタン》】(名・する)陰謀《インボウ》やたくらみにくわわること。例 悪事に―する。表記「荷担」とも書く。

【加点《カテン》】(名・する)①ゲームなどで、さらに点数をくわえること。②漢文などの漢字だけで書かれている文章に、読み方を示すしるしや送りがなを書きこむこと。例 ―された経文《キョウモン》。

【加入《カニュウ》】(名・する)①団体や組織の一員として、役割をになうこと。類 加盟・入会。対 脱退《ダッタイ》。例 自然保護団体に―して活動する。②保険や年金などの契約《ケイヤク》を結ぶこと。例 国民年金に―する。

【加熱《カネツ》】(名・する)ものに熱をくわえてあつくすること。例 電子レンジで三分間―する。

【加筆《カヒツ》】(名・する)文章や絵画などで、あとからつけくわえて手直しをすること。例 後世の人による―部分がある。

【加法《カホウ》】足し算。加算。対 減法。

【加俸《カホウ》】(名・する)決まった給料以外に、さらに手当をつけくわえること。また、その手当。例 年功―。

【加味《カミ》】(名・する)①あじをつけくわえること。②別のやり方

や考え方などをつけくわえること。例先生のご意見を—してみんなで話し合う。

【加盟《カメイ》】(名・する) 団体や連盟の一員としてくわわること。対脱退《ダッタイ》。例—店。国連に—する。

【加薬《カヤク》】①薬味《ヤクミ》。②関西地方で、ごはんやうどんなどに入れる、肉や野菜。具《グ》。

【加羅《カラ》】四〜六世紀に、朝鮮半島南部にあった国。日本では任那《ニンナ》《みまな》。伽羅《カラ》。迦羅《カラ》。伽耶《カヤ》。

【加療《カリョウ》】(名・する) 病気やけがの治療をすること。例二週間の入院—を要する。

◐参加《サンカ》・増加《ゾウカ》・追加《ツイカ》・添加《テンカ》・倍加《バイカ》・付加《フカ》

力 3

【功】

5画 2489 529F 教育4 音 コウ漢 ク呉 訓 いさお

筆順 

なりたち  [形声]「力(=ちから)」と、音「工《コウ》」とから成る。国を安定させるはたらき。

意味 ❶しごと。仕事の成果。てがら。いさお。例功績《コウセキ》。功名《コウミョウ》。成功《セイコウ》。❷ききめ。はたらき。同効《コウ》。例功徳《クドク》。功能《コウノウ》。

人名 あつ・いさ・いさお・いさおし・かた・かつ・こと・つとむ・つとめ・つよし・なり・なる・のり

【功過《コウカ》】功績と過失。てがらとあやまち。類功罪。例—を論じて正しく批評する。

【功業《コウギョウ》】①てがら。類功績・業績。②りっぱな仕事。

【功勲《コウクン》】〔「勲」も、てがらの意〕大きなてがら。類功績・功労・勲功。

【功罪《コウザイ》】(ある行為《コウイ》についての)てがらとあやまち。よい点とわるい点。類功過。例—相半《あいなか》ばする。

【功臣《コウシン》】国や主君のためにてがらを立てた、すぐれた家来。例建国の—。

【功績《コウセキ》】仕事での成績。また、てがら。業績。勲功《クンコウ》。類功業・功労。例農業改革でのかれの—が世間に認められる。

【功徳】[一]《コウトク》りっぱなてがらとすばらしい人がら。[二]《クドク》〔仏〕①神仏のめぐみ。ご利益《リヤク》。例—があらわれる。②よい結果をもたらす、正しくよいおこない。例—を積む。③他人に対する慈悲《ジヒ》。例—をほどこす。

【功《コウ》成《な》り名《な》遂《と》ぐ】大きな仕事をやりとげ、あわせて名声を上げる。〈老子《ロウシ》〉

【功能《コウノウ》】〔「クノウ」とも〕はたらき。作用のききめ。類効能。例—を述べる。

【功名《コウミョウ》】〔「コウメイ」とも〕てがらを立て、よい評判を得ること。例ぬけがけの—(=他をだしぬいて得た名声)。

【功名心《コウミョウシン》】てがらを立てて有名になりたいという思い。例—にはやる。

【功利《コウリ》】もうけがあるかないかを考えて、ものごとにあたること。例—主義。—にはしる。

【功労《コウロウ》】世のためになる大きなはたらき。例—者。

【功《コウ》を一▼簣《イッキ》に▼虧《か》く】⇩【九仞《キュウジン》の功《コウ》を一簣《イッキ》に虧《か》く】(34ページ)

◐勲功《クンコウ》・奏功《ソウコウ》・年功《ネンコウ》

力 4

【劣】

6画 4684 52A3 常用 音 レツ漢 訓 おと-る

筆順 

なりたち  [会意]「力(=ちから)」と「少(=すくない)」とから成る。力が少なくて弱い。

意味 ❶力が弱い。おとる。対優《ユウ》。例劣勢《レッセイ》。劣等《レットウ》。優劣《ユウレツ》。❷品性がいやしい。質が悪い。対優《ユウ》。例劣悪《レツアク》。低劣《テイレツ》。卑劣《ヒレツ》。

【劣悪《レツアク》】(名・形動ダナ) 品質や程度がひどく悪いこと。対優良。例—な労働条件。

【劣位《レツイ》】まわりにくらべてよくない地位や立場。対優位。

【劣化《レッカ》】(名・する) 年数がたったり、なん回も使用したりして、品質がしだいに悪くなること。例故障の原因は古いプラスチックの—による。

【劣弱《レツジャク》】(名・形動ダナ) 体力や能力などが、おとっていること。例—な体格。

【劣情《レツジョウ》】いやしい、下品な気持ち。〔性的な欲望を、いやしいものとしていうことば〕例—をもよおす。

【劣性《レッセイ》】①〔生〕遺伝で、親の形質が子(=第一代)にあらわれないで、後代にあらわれるもの。「潜性《センセイ》」ともいう。例—遺伝。②他にくらべて好ましくない性質。▽対優性。

【劣勢《レッセイ》】(名・形動ダナ) いきおいがおとっていること。不利な立場。対優勢。例—をばんかいする。

【劣等《レットウ》】(名・形動ダナ) 品質や能力などが、ふつうよりおとっていること。対優等。例—生。—品。

【劣等感《レットウカン》】自分がほかの人とくらべて、おとっていると思う気持ち。インフェリオリティー-コンプレックス。コンプレックス。対優越感《ユウエツカン》。例—をもつ。

【劣敗《レッパイ》】(競争したとき)力がおとっていて、すぐれたものに負けること。例優勝—。

◐愚劣《グレツ》・下劣《ゲレツ》・拙劣《セツレツ》・低劣《テイレツ》・卑劣《ヒレツ》・優劣《ユウレツ》

力 5

【劬】

7画 5002 52AC 音 ク漢呉 訓 いたわ-る・つか-れる・つと-める

意味 ❶苦労する。つかれる。つとめる。例劬労《クロウ》。❷労をねぎらう。いたわる。

【劬労《クロウ》】(名・する) 苦しみにたえてはたらくこと。また、はたらいてつかれ病《や》むこと。

力 5

【劫】

7画 2569 52AB 人名 音 ゴウ慣 キョウ漢 コウ呉 訓 おびや-かす

刀 5 [刧] 7画 4971 5227 俗字

意味 ❶力でおどす。おびやかす。例劫奪《キョウダツ》。❷〔梵語《ボンゴ》の音訳〕きわめて長い時間。例永劫《エイゴウ》。劫《コウ》を経《へ》る(=長いあいだの経験がある)。❸囲碁《イゴ》で、相手の石を一つずつ交互《コウゴ》に取り合うことができる形。例劫争《コウあらそ》い。

【劫奪《キョウダツ》《コウダツ》】(名・する) おどして、うばい取ること。

【劫火《ゴウカ》】〔「コウカ」とも〕〔仏〕世界がほろびるとき、この世を焼きつくすという大火事。

【劫初《ゴウショ》】〔「コウショ」とも〕〔仏〕この世がはじまったとき。世界のはじまり。

力 5

【助】

7画 2985 52A9 教育3 音 ショ漢 ジョ呉 訓 たす-ける・たす-かる・すけ・たす-け

筆順 

なりたち 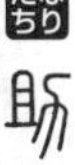 [形声]「力(=ちから)」と、音「且《ショ》」とから成る。たすける。

意味 ❶力をかす。すくう。たすかる。たすける。たすけ。例助長《ジョチョウ》。救助《キュウジョ》。助太刀《すけだち》。❷殷《イン》の時代におこなわれたとされる税法。同莇《ジョ》。例助法《ジョホウ》。

日本語での用法 《すけ》①律令制《リツリョウセイ》の四等官《シトウカン》で、

2画

「力部」3—5画 功劣劬劫助

寮の第二位。次官《すけ》。「諸陵《ショリョウ》の助《すけ》」②軽蔑《ケイベツ》やからかい、親愛の気持ちをこめて、性質や状態を示す語につけて人名らしく呼ぶことば。「飲《の》み助《すけ》・凸助《でこすけ》・おっとそいつは承知《ショウチ》の助《すけ》」

人名 たすく・ひろ・ます

【助演】《ジョエン》(名・する)(映画や演劇、テレビドラマなどで)主役をたすけて演じること。また、その俳優。脇役《わきヤク》。バイプレーヤー。㊀主演。例アカデミー—男優賞。

【助教】《ジョキョウ》①大学などで、准教授または専任講師の下の職。かつての助手から分離して導入。②旧制の代用教員などの称。

【助教授】《ジョキョウジュ》大学・短期大学・高等専門学校・研究機関などで、教授の下、専任講師や助手の上にあたった地位。また、その教員。現在では廃止され准教授となった。

【助言】《ジョゲン|ジョゴン》(名・する)たすけになるようなことをわきから言ってやること。また、そのことば。口ぞえ。アドバイス。例先輩《センパイ》の—を求める。

【助産師】《ジョサンシ》出産の手だすけや母子の健康指導をする人。〔以前は助産婦《ジョサンプ》と呼ばれていたが改称された〕

【助詞】《ジョシ》品詞の一つ。他の語につけて用いられる付属語の一つで、活用しない。語と語のつながりを示すなど、いろいろな意味を加えて、文を組み立てるうえで重要な役割をする。たとえば、「これは私の本です。」の「は」「の」が助詞。〔「です」は助動詞〕

【助字】《ジョジ》漢文で、名詞・動詞などの実質的な意味のあることばの前や後につき、文章の意味を規定したり、おぎなったりすることば。「当《トウ》」「於《オ》」「焉《エン》」「矣《イ》」など。助辞・虚字・虚辞ともいう。

【助辞】《ジョジ》①日本語の文法で、助詞・助動詞をまとめていう古い呼び方。②漢文で、「助字」のこと。

【助手】《ジョシュ》①中心となって仕事をする人のそばで、手だすけをする人。アシスタント。例カメラマンの—として働く。②大学・研究所などで、教員や研究員の仕事を手だすけする役。また、その人。

【助数詞】《ジョスウシ》ものをかぞえたり、ものの量をあらわしたりするとき、数字の下につけることば。ものによって用いることばにちがいがある。「…個」「…匹《ひき》」「…本」「…枚」「…冊」など。

【助成】《ジョセイ》(名・する)研究や大きな仕事の完成を金銭面でたすけること。例—金。文部科学省の—による研究。

［力部］5画 劭 努 励

【助走】《ジョソウ》(名・する)はばとび・高とび・やり投げや跳馬《チョウバ》などで、勢いをつけるために、ふみ切りの地点まで走ること。

【助炭】《ジョタン》炉《ロ》や火ばちの炭火《すみび》を長もちさせる道具。和紙をはった枠《わく》を炉や火ばちにかぶせて、火気をのがさないようにする。

【助長】《ジョチョウ》(名・する)①手だすけをして、かえって害をあたえること。例過保護がわがままを—した。②よい方向にのびていくように、手だすけをすること。例自立を—する方策。

故事のはなし 昔、宋《ソウ》の国に、畑の苗《なえ》の生長がおそいのを気にして、助けてやろうと苗を引っぱった人がいた。へとへとになって帰り、家の者に言った。「今日はつかれた。苗を引っぱって、助けてやったんだ。」これを聞いた息子《むすこ》が畑に走っていくと、苗はかれてしまっていた。〈孟子《モウシ》〉

【助動詞】《ジョドウシ》品詞の一つ。他の語につけて用いられる付属語の一つで、活用する。いろいろな意味を加えて、文を組み立てるうえで重要な役割をする。たとえば、「深く知りたい。」の「たい」、「学校に行かない。」の「ない」が助動詞。〔「に」は助詞〕

【助法】《ジョホウ》古代の税法の一つ。殷《イン》代、一人の農夫は七十畝《ホ》の田をたがやし、七畝ぶんの収穫《シュウカク》を税としたといわれる。

【助命】《ジョメイ》(名・する)死刑《シケイ》・死罪になる人の命をたすけること。例死刑囚《シケイシュウ》の—を嘆願《タンガン》する。

【助役】《ジョヤク》①市町村および特別区(=東京都の二十三区など)で、市長・町長・村長・区長を補佐《ホサ》し、代理の役を果たした役職。また、その人。〔今は、副市長などという〕②駅長を補佐し、代理を務める役職。また、その人。

【助力】《ジョリョク》(名・する)力をかし、たすけること。力ぞえ。手だすけ。㊇加勢。例—を求める。

●一助《イチジョ》・援助《エンジョ》・救助《キュウジョ》・互助《ゴジョ》・賛助《サンジョ》・自助《ジジョ》・内助《ナイジョ》・補助《ホジョ》

力 5

【劭】

7画 5003 52AD

音 ショウ㊥ 訓 うるわ-しい・つと-める

意味 ❶力を出して、はたらく。つとめる。❷はたらくよう、はげます。例劭農《ショウノウ》(=農業を勧《すす》める)。❸りっぱで、うつくしい。うるわしい。例劭美《ショウビ》(=うつくしい)。

力 5

【努】

7画 3756 52AA 教育4

音 ド㊥ 訓 つと-める・つと-めて

筆順 く 女 女 奴 奴 努 努

なりたち [形声]「力(=ちから)」と、音「奴《ド》」とから成る。力を出して、つとめる。

意味 力をつくす。はげむ。つとめる。例努力《ドリョク》。

日本語での用法 《ゆめ》けっして(…ない)。まったく(…ない)。「そんなことは努《ゆめ》知《し》らず・努《ゆめ》疑《うたが》う(こと)なかれ・努努《ゆめゆめ》考《かんが》えてはならない」

使い分け つとまる・つとめる【勤・務・努】⇩1173ページ

人名 つとむ

【努力】《ドリョク》(名・する)やらなければならないことを、いっしょうけんめいにおこなうこと。例—が実る。

力 5

【励】

7画 4669 52B1 常用

音 レイ㊥ 訓 はげ-む・はげ-ます

筆順 一 厂 厂 厉 厉 励 励

力14

【勵】

16画 5015 52F5

なりたち [形声]「力(=ちから)」と、音「厲《レイ》」とから成る。力をこめて、とりくむ。

意味 ❶熱心におこなう。つとめる。はげむ。例励行《レイコウ》。精励《セイレイ》。勉励《ベンレイ》。❷すすめる。勇気づける。はげます。例激励《ゲキレイ》。奨励《ショウレイ》。督励《トクレイ》。

人名 すすむ・つとむ

【励行】《レイコウ》(名・する)決められたことを、きちんと守っておこなうこと。例あいさつを—する。表記「▼厲行」とも書く。

【励声】《レイセイ》声をはり上げること。表記「▼厲声」とも書く。

【励精】《レイセイ》(名・する)努力すること。精を出すこと。精励。例多年にわたる—の功をたたえる。表記「▼厲精」とも書く。

146

◐激励《ゲキレイ》・奨励《ショウレイ》・精励《セイレイ》・督励《トクレイ》・奮励《フンレイ》・勉励《ベンレイ》

力 5
【労】
7画 4711 52B4 教育4
音 ロウ漢呉
訓 ねぎら-う・いたわ-る

筆順 、 ヽ ⺍ 𭕄 学 労

力10
【勞】
12画 5009 52DE

なりたち  [会意]「力(=ちから)」と「熒(=家屋を焼く)」の省略体とから成る。燃えさかる火を消し止めるためにはたらく。ほねおる。

意味 ❶しごとをする。ほねをおる。はたらく。ほねおり。例 労役《ロウエキ》。労働《ロウドウ》。勤労《キンロウ》。徒労《トロウ》。❷つかれる。つかれ。例 過労《カロウ》。心労《シンロウ》。疲労《ヒロウ》。❸ほねおりに対して感謝の気持ちをあらわす。いたわる。ねぎらう。例 慰労《イロウ》。

日本語での用法 《ロウ》「労働者」「労働組合」の略。「労使《ロウシ》・労組《ロウソ》・地区労《チクロウ》」

人名 いさお・つとむ・もり

【労役《ロウエキ》】強制的な肉体労働。例 —に服する。

【労▼咳《ロウガイ》】「肺結核《ハイケッカク》」の古い呼び名。例 —をわずらう。表記「▼癆▼痎」とも書く。

【労苦《ロウク》】ほねおること。つとめること。苦労。例 どんな—をもいとわない(=いやがらない)。

【労作《ロウサク》】㊀(名)苦労しながら、いっしょうけんめいにつくった作品。類 力作。例 これが先生の—です。㊁(名・する)苦しさにたえ、いっしょうけんめいに働くこと。

【労使《ロウシ》】労働者側と使用者側。例 —関係。

【労資《ロウシ》】労働(者)と資本(家)。例 —協調。

【労心《ロウシン》】気がねして、心がつかれること。また、つかれた心。例 —のあまり病気になる。

【労組《ロウソ》—《ロウくみ》】「労働組合」の略。表記「労神」とも書く。労働者が労働条件をよくするためにつくった団体。

【労賃《ロウチン》】労働に対してしはらわれる賃金。例 低い—。

【労働《ロウドウ》】(名・する)はたらくこと。賃金や報酬《ホウシュウ》を得るために、頭脳や肉体をはたらかせること。例 —者。—力。

【労働争議《ロウドウソウギ》】労働者側と使用者側とのあいだで、給料や労働時間などの条件で、意見が合わずにあらそうこと。

【労農《ロウノウ》】労働者と農民。

【労務《ロウム》】①賃金を得るためにする労働。②会社の、労働に関係する事務。例 —管理。

【労力《ロウリョク》】①働くときに使う力。例 —をいとわない。②ものをつくり出すのに必要な労働力。人手《ひとで》。例 —不足。

◐慰労《イロウ》・漁労《ギョロウ》・勤労《キンロウ》・苦労《クロウ》・功労《コウロウ》・徒労《トロウ》

力 5
[劲]
7画 ⇩【勁】《イケ》(147《ジペ》ー)

力 6
【劾】
8画 1915 52BE 常用
音 カイ漢 ガイ呉

筆順 、 亠 亡 亥 亥 亥フ 劾

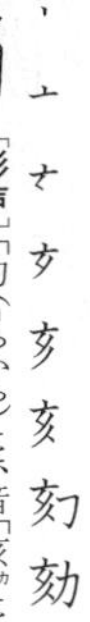

なりたち  [形声]「力(=ちから)」と、音「亥《イカ》」とから成る。罪人をとりしらべる。

意味 悪事をつきつめて調べる。罪をあばいてうったえる。例 劾奏《ガイソウ》。弾劾《ダンガイ》。

【劾奏《ガイソウ》】(名・する)役人の不正やあやまちを、天子に申し上げること。

【劾弾《ガイダン》】(名・する)〔「弾」は、相手の非をせめる意〕罪を調べて、はっきりさせること。弾劾。

力 6
【劼】
8画 5004 52BC
音 カツ漢
訓 かた-い

意味 かたくつつしむ。かたい。例 劼毖《カッピ》(=かたくつつしむようす)。

力 6
【劵】
8画 5005 52B5
音 ケン漢
訓 う-む・つか-れる

意味 あきていやになる。つかれる。うむ。同 倦《ケン》。

参考「劵」は「倦《ケン》」の本字で、「券」は別の字。日本で、「券」と混同して、「券」の訓「ちぎる・ふみ」をあてて読むことがある。

力 6
【効】
8画 2490 52B9 教育5
音 コウ漢
訓 き-く・き-きめ・なら-う

筆順 、 亠 六 交 交 交フ 効

文 6
【效】
10画 5835 6548

なりたち  [形声]「攵(=うつ)」と、音「交《コウ》」とから成る。ならう。

意味 ❶まねをする。ならう。例 顰《ひそ》みに効《なら》う。❷力をつくす。❸あるはたらきかけによってあらわれた、よい結果。しるし。ききめ。また、ききめがある。きく。例 効果《コウカ》。即効《ソッコウ》。効《コウ》を奏《ソウ》する。❹人から認められる、りっぱなはたらき。てがら。いさお。同 功《コウ》。例 効労《コウロウ》(=てがら)。報効《ホウコウ》。

使い分け きく【利・効】⇩1168《ジペ》ー

人名 いたる・かず・かた・すすむ・つとむ・のり

【効果《コウカ》】①ねらいどおりのよい結果。ききめ。しるし。例 思った以上の—をあげる。②テレビドラマや映画・演劇などで、その場面にふさわしいふんいきを出すために用いる、音楽や照明など。

【効験《コウケン》—《コウゲン》】しるし。ききめ。類 効果。例 —あらたかな(=ききめのすばらしい)薬。

【効能《コウノウ》】あるものが作用してあらわれる、ききめ。例 —書き。薬の—。

【効用《コウヨウ》】薬など、使用した結果あらわれる、ききめ。はたらき。例 どんな—があるか、研究してみる。

【効率《コウリツ》】①使った力や時間に対する、仕事や勉強などのはかどりぐあい。類 能率。例 —のよい勉強をする。②機械による仕事で、機械を動かすエネルギーと仕事のはかどりぐあいとの比率。例 古い機械なので—が悪い。

【効力《コウリョク》】効果をもたらす力。ききめ。例 古い薬なので、もう—はなくなっている。

◐時効《ジコウ》・失効《シッコウ》・実効《ジッコウ》・奏効《ソウコウ》・特効《トッコウ》・発効《ハッコウ》・無効《ムコウ》・有効《ユウコウ》

力 7
【勁】
9画 5006 52C1 人名
音 ケイ漢
訓 つよ-い

力 5
[劲]
7画 —— 2084D 俗字

なりたち  [形声]「力(=ちから)」と、音「巠《ケイ》」とから成る。つよい。

意味 力がみなぎって、つよい。しんがじょうぶである。まっすぐでかたい。例 勁草《ケイソウ》。雄勁《ユウケイ》。古勁《コケイ》(=古風な趣《おもむき》があって力強い)。

人名 たけし・つよし

【勁草《ケイソウ》】風にも負けない、しっかりした草。節操や志操のかたい人のたとえ。例 厳霜《ゲンソウ》—を被《おお》う。

【勁直《ケイチョク》】(名・形動《ナダ》)強く正しいこと。類 剛直《ゴウチョク》。例

「力部」5—7画 労劲劾劼劵効勁

2画

—な言動。

力 7 【勅】 9画 3628 52C5 常用 音 チョク漢呉 訓 いまし-める・みことのり

筆順

攵 7 【敕】 11画 5837 6555

たちなり [会意]「攵(=うつ)」と「束(=たばねる)」とから成る。いましめる。

意味 ❶いましめる。とがめる。たしなめる。例 戒勅《カイチョク》。譴勅《ケンチョク》。❷天子の命令。みことのり。例 勅語《チョクゴ》。勅命《チョクメイ》。詔勅《ショウチョク》。

難読 勅使河原《てしがわら》(=姓《セイ》)

人名 おさむ・すすむ・ただ・て・とき・まこと・みこと

【勅願】《チョクガン》 天子みずからの祈願《キガン》。例 —寺。
【勅語】《チョクゴ》 天子のことば。みことのり。類 詔書《ショウショ》。
【勅裁】《チョクサイ》 天子によるさばき。親裁。例 —をあおぐ。
【勅旨】《チョクシ》 天子の意思。例 —にそわない。
【勅使】《チョクシ》 天子の命令を直接伝えるための使者。
【勅書】《チョクショ》 天子の命令を書きつけた文書。類 勅状。
【勅宣】《チョクセン》 天子のことば。みことのり。類 勅命。
【勅▼撰】《チョクセン》（名・する）勅命によって書物をつくること。また、その書物。対 私撰。例 —集。
【勅選】《チョクセン》 天皇がみずからえらぶこと。例 —議員(=旧憲法のもとで、天皇によってえらばれた貴族院議員)。
【勅題】《チョクダイ》 天皇が出す、詩や和歌の題。とくに新年の歌会始《うたかいはじめ》で天皇から示される題。今は「御題《おダイ》」という。
【勅答】《チョクトウ》（名・する）①天子が自身で直接こたえること。②天子に対して臣下がこたえること。
【勅封】《チョクフウ》（名・する）蔵《くら》などを天子の命令で封をし、印をおすこと。また、その印。例 —蔵《ソウ》である正倉院《ショウソウイン》。
【勅命】《チョクメイ》 天子の命令。みことのり。類 勅宣。例 —を奉《ホウ》じる。
【勅諭】《チョクユ》 天子がみずからさとすことば。
【勅勘】《チョッカン》 天皇のおとがめを受け、しりぞけられること。例 —をこうむる。
【勅許】《チョッキョ》 天子による許可。例 —をたまわる。
●詔勅《ショウチョク》

力 7 【勃】 9画 4354 52C3 常用 音 ホツ漢 ボツ呉 訓 にわ-かに・お-こる

筆順

たちなり [形声]「力(=ちから)」と、音「孛《ホツ》」とから成る。力で押しのける。

意味 勢いよくおこるようす。急におこるようす。例 勃興《ボッコウ》。勃発《ボッパツ》。勃勃《ボツボツ》たる雄志《ユウシ》。

【勃起】《ボッキ》（名・する）①急に力強く立つこと。②陰茎《インケイ》がかたくなること。

【勃興】《ボッコウ》（名・する）国やグループなどが、急に勢いがさかんになって、栄えること。例 新しい政治勢力の—。

【勃然】《ボツゼン》（形動《タル》）①ある考えや気持ちなどが、急にわきおこるようす。例 なまけ心が—として頭をもたげた。②顔色を変え、むっとするようす。

【勃発】《ボッパツ》（名・する）事件や戦争などが、急におこること。〔「突発《トッパツ》」よりも大きなできごとについて用いる〕例 各地で紛争《フンソウ》が—した。
●鬱勃《ウツボツ》

力 7 【勇】 9画 4506 52C7 教育4 音 ヨウ漢 ユウ呉 訓 いさ-む・いさ-ましい

筆順

力 7 【勇】 9画

たちなり [形声]「力(=ちから)」と、音「甬《ヨウ》」とから成る。気力が体中にみちあふれる。

意味 おそれず、ひるまず、事にあたるようす。いさむ。いさましい。例 勇敢《ユウカン》。勇気《ユウキ》。勇《ユウ》を鼓《コ》しておこなう。

人名 いさ・いさお・いさみ・お・たけ・たけし・とし・はや

【勇み足】《いさみあし》 ①相撲《すもう》で、勢いあまって自分から土俵の外へ足を出して、負けになること。②調子にのりすぎて失敗すること。しくじり。例 あいつの—で計画はぶちこわしだ。

【勇み肌】《いさみはだ》 弱きを助け強きをくじくような、威勢《イセイ》のいい、いさましい性質。また、そのような人。例 —の若い衆《シュ》。

【勇往▼邁進】《ユウオウマイシン》（名・する）ものごとをおそれずに、まっすぐ目標をめざしてすすむこと。例 —あるのみ。

【勇敢】《ユウカン》（名・形動《ダ》）〔古くは「ヨウカン」とも〕勇気があって、ためらわずにものごとをすすめること。また、そのようす。例 —な戦いぶり。表記「勇▼悍」とも書く。

【勇気】《ユウキ》 危険や困難をおそれずに立ち向かう、いさましく強い心。例 —を出してがんばれ。

【勇健】《ユウケン》（名・形動《ダ》）①いさましい気持ちと健康なからだ。②心身ともに健康であること。手紙に用いることが多い。類 壮健《ソウケン》。例 ますますご—のこととおよろこび申し上げます。

【勇士】《ユウシ》〔古くは「ヨウシ」とも〕いさましい兵士。つわもの。勇者。例 歴戦の—。

【勇姿】《ユウシ》 いさましいすがた。例 晴れやかな—。

【勇者】《ユウシャ》〔古くは「ヨウシャ」とも〕勇気のある行動をする人。勇士。例 —は懼《おそ》れず(=難局にあっても、勇者はこわがることがない)。

【勇将《ユウショウ》の下《もと》に弱卒《ジャクソツ》無《な》し】 率いる人物がいさましいと、従う兵士もよわい者はいない。よい指導者には自然と人材が集まることのたとえ。強将の下に弱兵無し。

【勇戦】《ユウセン》（名・する）いさましくたたかうこと。例 —奮闘《フントウ》。

【勇壮】《ユウソウ》（名・形動《ダ》）いさましく意気さかんなこと。例 —な行進曲。

【勇退】《ユウタイ》（名・する）高い地位や官職にある人が、みずからすんでやめること。例 —を求める。社長の職を—する。

【勇名】《ユウメイ》 勇士としての評判。例 —をはせる。

【勇猛】《ユウモウ》（名・形動《ダ》）〔古くは「ユミョウ」とも〕いさましく、強いこと。例 —な若武者。

【勇猛果敢】《ユウモウカカン》（名・形動《ダ》）勇猛なことにくわえて、大胆《ダイタン》な決断力もそなわっていること。例 —につき進む。

【勇躍】《ユウヤク》（名・する）はりきって心をおどらせること。例 —してゴールにかけこむ。

【勇《ユウ》を鼓《コ》す】〔「鼓す」は、ふるいたたせる意〕勇気をふるいたたせる。例 勇を鼓して立ち向かう。
●義勇《ギユウ》・剛勇《ゴウユウ》・豪勇《ゴウユウ》・知勇《チユウ》・沈勇《チンユウ》・蛮勇《バンユウ》・武勇《ブユウ》・猛勇《モウユウ》

力 7 【勉】 9画 ⇩【勉】《ベン》(149ページ)

力 7 【勇】 9画 ⇩【勇】《ユウ》(148ページ)

力 8 【勍】 10画 5007 52CD 音 ケイ漢 訓 つよ-い・こわ-い

意味 手ごわい。つよい。こわい。例 勍敵《ケイテキ》(=強敵)。

力 8

【勉】

10画 4257 52C9 教育3

音 ベン漢 メン呉 訓 つと-める

筆順 ク ク 名 名 名 免 免 勉

力 7

【勉】

9画 1-1467 FA33 人名

なりたち [形声]「力(=ちから)」と、音「免《メン》」とから成る。しいて、つとめる。

意味 力をつくす。むりをおしてがんばる。はげむ。はげます。つとめる。例 勉学《ベンガク》。勉強《ベンキョウ》。勤勉《キンベン》。

日本語での用法《ベン》「勉強」の略。「がり勉《ベン》・蠟勉《ロウベン》(=寄宿舎で、生徒が消灯後蠟燭《ロウソク》をつけて、勉強に熱中すること)」

人名 かつ・すすむ・つとむ・つよし・まさる・ます・やす

【勉学】《ベンガク》(名・する) 学問につとめはげむこと。勉強。例 ―にいそしむ。

【勉強】《ベンキョウ》(名・する)〔むりにでもつとめはげむ、また、はげます意〕①学問・知識・技術などを学び、身につけること。例 外国語の―。②将来役立つような体験。例 よい―になる。③(むりだけれども)売値《うりね》をさらに安くすること。例 この値段でじゅうぶん―してますよ。

【勉励】《ベンレイ》(名・する) いっしょうけんめいに努力すること。はげむこと。例 刻苦―。表記「勉▼厲・勉▼礪」とも書く。

●勤勉《キンベン》・猛勉《モウベン》

力 9

【勘】

11画 2010 52D8 常用

音 カン漢呉 訓 かんが-える

筆順 一 卄 甘 甘 其 甚 甚 勘

なりたち [形声]「力(=ちから)」と、音「甚《シン→カン》」とから成る。くらべあわせて正す。

意味 ❶くらべあわせる。しらべる。かんがえる。例 勘案《カンアン》。勘定《カンジョウ》。校勘《コウカン》。❷罪をしらべて問いただす。例 勘当《カントウ》。勘問《カンモン》。

日本語での用法《カン》直感。ひらめき。第六感。「勘《カン》をはたらかせる・勘《カン》がいい」

人名 さだ・さだむ・のり

【▽勘解由使】《カゲユシ》 古代、諸役人の交替《コウタイ》のとき、事務引きつぎの文書(=解由状《ゲユジョウ》)を審査《シンサ》した官職。

【勘案】《カンアン》(名・する) あれこれといろいろなことを、考えあわせること。例 諸般《ショハン》の事情を―する。

【勘気】《カンキ》 親や主君などのいかりにふれて、とがめを受けること。例 ―をこうむる。―が解ける。

【勘考】《カンコウ》(名・する) あれこれとよくかんがえること。

【勘校】《カンコウ》(名・する) 文書・書籍《ショセキ》を照らしあわせて、誤りを正すこと。校勘。例 文字を―する。

【勘合】《カンゴウ》(名・する) 照らしあわせて、ほんものとにせものを区別すること。類 照合。

【勘合符】《カンゴウフ》 室町《むろまち》時代、明《ミン》の政府が日本の貿易船にあたえた、交易許可の証明としての割り符《フ》。

【勘定】《カンジョウ》(名・する) ①ものの数をかぞえること。例 出席者数を―する。―が合う。②飲食物や商品などの代金をはらうこと。また、その代金。例 ―をすませる。お―。―書《が》き。③あらかじめ考慮《コウリョ》しておくこと。例 危険なことも―に入れてある。

【勘違い】《カンちがい》(名・する) 思いちがいをすること。考えちがい。例 とんだ―だった。

【勘亭流】《カンテイリュウ》 歌舞伎《かぶき》の看板などに用いられる字の書き方。〔江戸《えど》時代末、中村座の岡崎《おかざき》勘亭の名による〕

【勘当】(名・する) 一《カントウ》 罪人を取り調べて罰《バツ》すること。二《カンドウ》 主人・親・師匠《シショウ》などが、おこないのよくない家来・子・弟子《デシ》などを、縁《エン》を切って追い出すこと。類 義絶《ギゼツ》。

【勘所】《カンどころ》 ①ものごとの、いちばんたいせつなところ。要点。急所。つぼ。例 ―をおさえる。②三味線《しゃみせん》などで、弦《ゲン》を指でおさえる位置。つぼ。表記 ▽「甲所・肝所」とも書く。

【勘弁】《カンベン》(名・する) ①よく考えること。②他人のあやまちや無作法を許すこと。かんにん。例 どうか―してください。表記 旧 勘▼辨

【勘問】《カンモン》(名・する) 問いただすこと。例 罪人を―する。

●校勘《コウカン》・勅勘《チョッカン》

力 9

【勖】

11画 1-1470 52D6

音 キョク漢 訓 つと-める

力 9

【勗】

11画 5008 52D7 俗字

意味 まめまめしくはげむ。つとめる。例 勖厲《キョクレイ》(=精を出してつとめる)。

力 9

【動】

11画 3816 52D5 教育3

音 トウ漢 ドウ呉 訓 うご-く・うご-かす・やや-もすれば

筆順 ニ 千 盲 盲 亘 重 動 動

なりたち [形声]「力(=ちから)」と、音「重《チョウ→トウ》」とから成る。力をはたらかせる。

意味 ❶(ゆれ)うごく。うごかす。うごき。対 静《セイ》。例 移動《イドウ》。運動《ウンドウ》。動《ドウ》じる。❷どうかするといつも…しがち。ともすると。ややもすれば。例 動弥二旬日一《ややもすればジュンジツにわたる》(=ともするといつも十日間にもなってしまう)。

人名 いつ

【動員】《ドウイン》(名・する) ①ある目的のために、多くの人を集めて組織すること。例 デモに―された人人。②軍隊を戦時の状態に編制《ヘンセイ》するため、兵員を召集《ショウシュウ》すること。対 復員。③戦時、国内の人や物などをすべて国の管理下におくこと。例 国家総―。例 ―令。

【動画】《ドウガ》 ①動くようすを順を追ってえがいた絵を、一枚ずつ撮影《サツエイ》して、それを連続して映すことによって絵が動いて見えるようにしたもの。アニメーション。アニメ。例 ―作家。②パソコンなどであつかう、動いている画像。対 静止画。

【動感】《ドウカン》 絵や彫刻《チョウコク》などにあらわされた、動きのある感じ。躍動感《ヤクドウカン》。ムーブメント。ムーブマン。

【動▼悸】《ドウキ》 どきどきしていること。自覚されるほど心臓の鼓動《コドウ》が激しいこと。例 ―や息切れでなやむ。

【動機】《ドウキ》 その行動を起こす気にさせた、直接の理由や原因。きっかけ。例 犯行の―を調べる。

【動機付け】《ドウキづけ》 ①ある行動をはじめたり、目標に向かわせたりする気持ちの、もと。また、そのはたらき。モチベーション。②授業で、やる気をおこさせる方法。例 学習の―。

【動議】《ドウギ》 会議中に、出席者が予定にない議題を出すこと。また、その議題。例 修正―。

【動向】《ドウコウ》 ものごとの動き。傾向《ケイコウ》。ようす。例 消費の―。

【動作】《ドウサ》 何かするときのからだの動き。また、からだの動かし方。例 きびきびした―。

【動産】《ドウサン》〔法〕現金・株券・商品など、持ち運べる財産。対 不動産。例 ―の一部を処分する。

【動詞】《ドウシ》 品詞の一つ。自立語で活用する。事物の存在・動作・状態をあらわすことば。現代語では、言い切りの形が五十

2画

「力部」8―9画 勉 勘 勖 動

音図のウ段の音で終わり、活用の型は五種類ある。形容詞・形容動詞とともに用言《ヨウゲン》とよばれる。たとえば、「ゆっくり歩く。」の「歩く」が動詞。

【動静《ドウセイ》】人や組織、ものごとなどの動き。ありさま。ようす。例敵の―をさぐる。―のわからなくなった友人。

【動体《ドウタイ》】①動いている物体。例―視力（＝動いているものを見る視力）。②気体や液体。流動体。

【動態《ドウタイ》】活動し、変化していること。対静態。例人口の―を調査する。

【動的《ドウテキ》】（形動《ダ》）いきいきとした動きをしているようす。また、動きが感じられるようす。ダイナミック。対静的。類活動的・躍動的《ヤクドウテキ》。

【動転《ドウテン》】（名・する）おどろきのあまり、わけがわからなくなること。あわて、うろたえること。例気が―してにげるのがやっとだった。表記「動▼顛」とも書く。

【動物《ドウブツ》】①〔生〕生物を二つに分けたときの一つ。感覚器官をもち、自分で動くことができ、他の動植物を食べて生活する。人間・けもの・鳥・魚・虫など。対植物。②「①」の中で、人間以外のもの。例―園。

【動物質《ドウブツシツ》】動物のからだをつくっている物質。たんぱく質や脂肪《シボウ》など。とくに、食物のなかで、けもの・鳥・魚の肉など。対植物質。

【動物的《ドウブツテキ》】（形動《ダ》）けもののように、本能に従って動かされやすいようす。例勘《カン》のよさは―だ。

【動脈《ドウミャク》】①〔生〕心臓からからだの各部へ血液を送る血管。対静脈《ジョウミャク》。②都市と都市、また、国と国とを結ぶ主要な交通路。例新幹線は日本の大―だ。

【動脈▼瘤《ドウミャクリュウ》】〔医〕血液の流れが悪くなって、せき止められた血が動脈のある部分で、まるくふくれたもの。

【動揺《ドウヨウ》】（名・する）①ゆれ動くこと。②心配や不安によって、気持ちがゆれること。例―をかくしきれない表情。③社会や国などが不安定になること。例―する国際情勢。

【動輪《ドウリン》】エンジンやモーターから直接に力を受けて回転し、自動車や電車などを動かす車輪。駆動輪《クドウリン》。

●活動《カツドウ》・感動《カンドウ》・言動《ゲンドウ》・行動《コウドウ》・衝動《ショウドウ》・騒動《ソウドウ》・反動《ハンドウ》・不動《フドウ》・変動《ヘンドウ》・躍動《ヤクドウ》

力 9

【務】

11画 4419 52D9 教育5

音ブ漢ム呉 訓つと-める・つと-まる

［力部］9—10画 務 勒 勖 勤 勝

筆順 マ 予 矛 矛 敄 務 務

なりたち  ［形声］「力（＝ちから）」と、音「敄《ブ》」とから成る。すみやかに事に当たる。

意味 ❶仕事にはげむ。力をつくす。つとめる。例勤務《キンム》。❷あたえられた仕事。やくめ。つとめ。例義務《ギム》。任務《ニンム》。❸あなどる。あなどり。同侮《ブ》。

使い分け つとまる・つとめる【勤・務・努】⇩1173ページ

人名 かね・ちか・つとむ・つよ・なか・みち

●業務《ギョウム》・激務《ゲキム》・残務《ザンム》・執務《シツム》・実務《ジツム》・責務《セキム》

力 9

【勒】

11画 8053 52D2

音ロク漢呉 訓おもがい・くつわ

意味 ❶ウマの頭にかける革《かわ》ひも。おもがい。とくに、くつわのついているものを指す。〔くつわのないものは「羈《キ》」という〕例羈勒《キロク》。❷おさえる。強制的におさえつける。例抑勒《ヨクロク》。❸まとめ治める。例勒兵《ロクヘイ》（＝軍隊をまとめる）。❹きざむ。彫《ほ》る。例勒石《ロクセキ》（＝石にきざむ）。❺梵語《ボンゴ》の音訳。例弥勒《ミロク》。

力 9

【勖】

11画 ⇩【勗】《キョク》（149ページ）

力 10

【勤】

12画 2248 52E4 教育6

音キン漢ゴン呉 訓つと-める・つと-まる・いそし-む

筆順 一 艹 艹 苎 芇 堇 勤 勤

力11

【勤】

13画 1-1472 FA34 人名

なりたち  ［形声］「力（＝ちから）」と、音「堇《キン》」とから成る。ほねおり、つとめる。

意味 ❶力を出しつくしてはたらく。いそしむ。つとめる。例勤勉《キンベン》。勤務《キンム》。勤労《キンロウ》。❷しごと。つとめ。例欠勤《ケッキン》。出勤《シュッキン》。通勤《ツウキン》。

使い分け つとまる・つとめる【勤・務・努】⇩1173ページ

人名 いさお・いそ・すすむ・つとむ・とし・のり・ゆき

【勤苦《キンク》】（名・する）たいへんに苦労すること。ひじょうにほねおること。

【勤倹《キンケン》】〔勤勉倹約の意〕まじめに仕事をし、生活をつつましくすること。例この一年間―につとめた。

【勤続《キンゾク》】（名・する）同じつとめ先に、つづけてつとめること。例―三十年。

【勤怠《キンタイ》】①つとめることと、なまけること。②出勤と欠勤。出席と欠席。例年間の―を点検する。

【勤王《キンノウ》】①天子のために力をつくすこと。②江戸《えど》時代末期、徳川幕府《バクフ》をたおして、天皇中心の政治をおこそうとしたこと。尊王《ソンノウ》。対佐幕《サバク》。例―の志士。表記②は「勤皇」とも書く。

【勤皇《キンノウ》】「勤王《キンノウ》②」に同じ。

【勤勉《キンベン》】（名・形動《ダ》）まじめで、いっしょうけんめいにはげむこと。対怠惰《タイダ》。例―な社員。

【勤務《キンム》】（名・する）つとめ先で、決められた仕事をすること。

【勤労《キンロウ》】（名・する）①自分のつとめとして、仕事にはげむこと。例―意欲。②からだを使って働くこと。とくに肉体労働を指す。例―奉仕《ホウシ》をする。

【勤労所得《キンロウショトク》】勤労によって得た、個人の収入や利益。対不労所得。

【勤行《ゴンギョウ》】（名・する）僧《ソウ》が、毎日決まって仏前で経《キョウ》を読むこと。例朝の―。

●皆勤《カイキン》・出勤《シュッキン》・常勤《ジョウキン》・転勤《テンキン》・夜勤《ヤキン》

力 10

【勝】

12画 3001 52DD 教育3

音ショウ漢呉 訓か-つ・まさ-る・すぐ-れる

筆順 丿 月 月 月 朕 朕 勝 勝

力10

【勝】

12画

なりたち  ［形声］「力（＝ちから）」と、音「朕《チン→ショウ》」とから成る。がんばって、たえる。

意味 ❶持ちこたえる。できる。たえる。例渾欲レ不レ勝レ簪《すべてシンにたえざらんとほっす》（＝もはやかんざしをさすこともできなくなりそうだ）。〈杜甫《トホ》・春望《シュンボウ》〉❷相手をまかす。かつ。かち。例勝敗《ショウハイ》。決勝《ケッショウ》。全勝《ゼンショウ》。❸他の上に出る。まさる。（景色などが）すぐれる。例勝景《ショウケイ》。絶勝《ゼッショウ》。名勝《メイショウ》。

人名 すぐる・ちか・つよし・とう・のり・まさ・ます・よし

【勝因《ショウイン》】勝った原因。対敗因。例監督《カントク》に―を聞く。

【勝運《ショウウン》】勝負に勝つ運勢。かち運。例―にめぐまれる。

【勝気《ショウキ》】㊀（名）すぐれた気質。㊁【勝ち気《かちキ》】（名・形動《ダ》）負けずぎらいな性質。きかん気。負けん気。

【勝機】《ショウキ》 勝てる機会。戦争や試合で、勝利に結びつくチャンス。例 ―をつかむ。―をのがす。
【勝景】《ショウケイ》 すばらしい景色。絶景。類 景勝。
【勝算】《ショウサン》 勝つ見こみ。勝ちめ。例 ―のない勝負はしない。
【勝事】《ショウジ》〔「ショウシ」とも〕すぐれてよいこと。人の注意を引くような、ふつうでないこと。また、法会《ホウエ》や祈禱《キトウ》。〔日本語では、古く悪いことについても用いられた〕
【勝者】《ショウシャ》 戦いや試合に勝った人。勝利者。また、勝った側。対 敗者。例 三回戦の―が準決勝に進む。
【勝勢】《ショウセイ》 勝ちそうな形勢。対 敗勢。
【勝絶】《ショウゼツ》 景色がすぐれていること。また、その土地。
【勝訴】《ショウソ》（名・する）裁判に勝つこと。対 敗訴。
【勝地】《ショウチ》 景色のよい土地。例 東北地方の―松島《まつしま》。
【勝敗】《ショウハイ》 勝つことと負けること。勝ち負け。勝負。例 ―にこだわるな。―は時の運。
【勝負】《ショウブ》 一（名）勝つことと負けること。勝敗。例 ―を決する。二（名・する）勝ち負けをはっきりさせること。また、その争い。例 真剣《シンケン》―。君とでは―にならない。
【勝報】《ショウホウ》 戦いや試合に勝ったという知らせ。例 待望の―が届く。表記「▼捷報」とも書く。
【勝利】《ショウリ》（名・する）戦いや試合に勝つこと。勝ち。対 敗北。例 ―を手にする。
【勝率】《ショウリツ》 試合や勝負で、戦った回数に対する勝った回数の割合。例 ―が高い。
●完勝《カンショウ》・決勝《ケッショウ》・殊勝《シュショウ》・全勝《ゼンショウ》・大勝《タイショウ》・必勝《ヒッショウ》・名勝《メイショウ》・優勝《ユウショウ》

力 10
【募】
12画 4271 52DF 常用 音 ボ 漢 訓 つの-る

筆順 一 艹 芇 苩 荁 莫 募 募

なりたち  [形声]「力(=ちから)」と、音「莫《ボ》」とから成る。広く求める。

意味 広く呼びかけて求め、集める。つのる。もとめる。例 募金《ボキン》。募集《ボシュウ》。応募《オウボ》。

日本語での用法《つのる》ますますひどく、激しくなる。「募《つの》る思《おも》い・言《い》い募《つの》る・寒《さむ》さが募《つの》る」


【募金】《ボキン》（名・する）広く呼びかけて、寄付金を集めること。例 共同―。―運動に加わる。

【募集】《ボシュウ》（名・する）広く呼びかけて、集めること。つのること。対 応募。例 社員―。アルバイトを―する。

【募兵】《ボヘイ》（名・する）広く呼びかけて、兵士を集めること。
●応募《オウボ》・公募《コウボ》

力10
【勝】
12画 ⇩【勝】《ショウ》（150ページ）

力10
【勞】
12画 ⇩【労】《ロウ》（147ページ）

力 11
【勧】
13画 2011 52E7 常用 音 ケン 漢 カン 呉 訓 すす-める

筆順 𠂉 ケ 乍 乍 乍 隺 勧 勧

力17
【勸】
19画 5016 52F8

なりたち  [形声]「力(=ちから)」と、音「雚《ケン》」とから成る。すすめ、はげます。

意味 自分がよいと思うことを、相手が実行するように説得する。すすめる。はげます。例 勧告《カンコク》。勧善懲悪《カンゼンチョウアク》。勧誘《カンユウ》。

使い分け すすめる【進・勧・薦】⇩1170ページ

人名 すすむ・つとむ・ゆき

【勧学】《カンガク》（名・する）学問を重要なものと考え、学問するようすすめること。例 ―院(=昔、大寺院が設けた教育機関)。

【勧業】《カンギョウ》 産業発展のために、積極的な取り組みをするようにすすめること。例 ―政策。

【勧化】《カンゲ》（名・する）〔仏〕①仏教の教えを信じて従うようにすすめること。②寺の建立《コンリュウ》や仏像の修理のために、信者から寄付をつのること。勧進《カンジン》。

【勧降】《カンコウ》 戦争で、相手に降伏《コウフク》をすすめること。例 ―使。

【勧告】《カンコク》（名・する）ある行動をとるように強くすすめること。例 辞職を―する。

【勧奨】《カンショウ》（名・する）そうするようにすすめること。例 転職を―する。

【勧▽請】《カンジョウ》（名・する）①神や仏のおいでを願うこと。②新しく寺や神社をつくるとき、他の寺社から仏や神を分けて、まねきまつること。例 鎌倉《かまくら》の鶴岡八幡宮《つるがおかハチマングウ》は、京都の石清水八幡宮《いわしみずハチマングウ》を―したもの。

【勧進】（名・する）一《カンシン》①さそいすすめること。②臣下が君主に帝位《テイイ》につくことをすすめること。二《カンジン》①〔仏〕仏教の道にはいるよう、さそうこと。勧化《カンゲ》。②〔仏〕堂塔《ドウトウ》などの建立《コンリュウ》のための寄付をつのること。勧化《カンゲ》。③僧《ソウ》の姿でものをもらい歩くこと。また、その人。例 ―相撲《すもう》(=寄付を集めるためにおこなわれる相撲)。

【勧進帳】《カンジンチョウ》 ①寺の建立《コンリュウ》などのための寄付について、趣旨《シュシ》を説明した巻き物などの文書。②歌舞伎《かぶき》十八番の一つ。

【勧進元】《カンジンもと》 ①勧進相撲《すもう》や、勧進芝居《しばい》などの興行《コウギョウ》を、実行する人。②ものごとをおこなうとき、その世話をする人。

【勧善懲悪】《カンゼンチョウアク》 よいおこないをすすめ、悪いおこないをこらしめること。勧懲。

【勧懲】《カンチョウ》「勧善懲悪《カンゼンチョウアク》」の略。例 ―小説。

【勧農】《カンノウ》 農業を積極的におこなうように、すすめること。

【勧誘】《カンユウ》（名・する）いろいろな説明をして、すすめさそうこと。例 悪質な―商法。

力 11
【勦】
13画 5011 52E6 音 一 ショウ 漢 二 ソウ 漢

意味 一《ショウ》 ❶つかれる。つかれさせる。例 勦民《ショウミン》(=人民をつかれさせる)。❷たちきる。ほろぼす。同 剿《ショウ》。例 勦殺《ショウサツ》(=みな殺し)。勦絶《ショウゼツ》(=残りなくほろぼす)。二《ソウ》 ❶他人のものをうばいとる。かすめる。例 勦窃《ソウセツ》。❷すばやい。
【勦窃】《ソウセツ》（名・する）〔「窃」も、ぬすむ意〕人の文章などをぬすみ、自分のものにすること。類 剽窃《ヒョウセツ》・盗作《トウサク》。

力 11
【勢】
13画 3210 52E2 教育5 音 セイ 漢 セ 呉 訓 いきお-い

筆順 土 夫 坴 坴 埶 埶 勢 勢

なりたち  [形声]「力(=ちから)」と、音「埶《ゲイ→セイ》」とから成る。さかんな力。

意味 ❶さかんな力。活気。いきおい。例 勢力《セイリョク》。威勢《イセイ》。権勢《ケンセイ》。❷なりゆき。ありさま。ようす。例 運勢《ウンセイ》。国勢《コクセイ》。情勢《ジョウセイ》。❸むれ。人数。とくに、兵力。例 加勢《カセイ》。軍勢《グンゼイ》。多勢《タゼイ》。❹動物の睾丸《コウガン》。男性の生殖器《セイショクキ》。例 去勢《キョセイ》。

日本語での用法《セイ》「伊勢《いせ》(=今の三重《みえ》県中北部)」の略。「勢州《セイシュウ》」

難読 勢子《せこ》

人名 ちから・つよし・とき・なり

【勢《いきお》いに乗《ジョウ》ず】そのときの勢いのよさをうまく利用する。勢いに乗る。

【勢《いきお》い破竹《ハチク》の▽如《ごと》し】勢いの強く激しいようすは、まるで竹を割るときのようだ。破竹の勢い。〔竹は端《はし》を少し割ると、あとはいっきに下まで裂《さ》けることから〕

【勢威《セイイ》】人をおそれさせる強い権力と力。類威勢。例—をふるう。

【勢家《セイカ》】人々を従わせる勢いや力をもつ家。また、そのような家がら。例権門—。

【勢望《セイボウ》】勢力と信望。人々を従わせる強い力と、人々から尊敬され信頼《シンライ》される人がら。例—がある。

【勢利《セイリ》】①なんでも思いのままにできる権力と多くの利益。②戦争で、土地の位置や地形が有利なこと。例—を得る。

【勢力《セイリョク》】①勢いと力。人々を従わせる強い力。例—をのばす。—をふるう。②まわりに影響《エイキョウ》をあたえる力をもつグループ。例新しい政治—。

●威勢《イセイ》・気勢《キセイ》・形勢《ケイセイ》・攻勢《コウセイ》・姿勢《シセイ》・時勢《ジセイ》・体勢《タイセイ》・態勢《タイセイ》・多勢《タゼイ》・優勢《ユウセイ》・余勢《ヨセイ》

力11 **【勣】** 13画 5010 52E3 音セキ漢 訓いさお

意味 仕事をつみかさねた結果。てがら。いさお。同績《セキ》。

力11 **【勠】** 13画 5013 52E0 音リク漢 訓あわ-せる

意味 力をあわせる。例勠力《リクリョク》。

【勠力《リクリョク》】(名・する)力を合わせる。戮力《リクリョク》。

力11 **【勤】** 13画 ⇩【勤《キン》】(150ページ)

力13 **【勲】** 15画 2314 52F2 常用 音クン漢呉 訓いさお

筆順 

力14 **【勳】** 16画 5014 52F3 人名

なりたち   [形声]「力(=ちから)」と、音「熏《クン》」とから成る。王の統治を助けるはたらき。

意味 君主や国家のためになる、りっぱなはたらき。てがら。いさお。例勲功《クンコウ》。偉勲《イクン》。

日本語での用法 《クン》勲章。「勲一等《クンイットウ》」

人名 いさ・いそ・こと・つとむ・ひろ

【勲位《クンイ》】①勲章の等級と、くらいの等級。②国家のために大きなはたらきをした者にあたえられる、くらいの等級。

【勲功《クンコウ》】国家や主君のためにつくした大きなはたらき。いさお。例—や名誉《メイヨ》に執着《シュウチャク》する人。

【勲爵《クンシャク》】①勲等と爵位。②勲功のある者にあたえられる爵位。

【勲章《クンショウ》】①国家や公共のためにつくしたはたらきを認められて、国からその人におくられる記章。例ガーター—。文化—。②その人の苦労や手がらのたとえ。例手のひらのまめは大工の—だ。

【勲臣《クンシン》】君主のために手がらをたてた家来。類功臣。

【勲等《クントウ》】日本の勲章制度の等級。大勲位《ダイクンイ》と勲一等から勲八等まであった。現在は勲章ごとにそれぞれ等級名が設けられている。

●殊勲《シュクン》・叙勲《ジョクン》・武勲《ブクン》

力14 **【勳】** 16画 ⇩【勳《クン》】(152ページ)

力14 **【勵】** 16画 ⇩【励《レイ》】(146ページ)

力17 **【勸】** 19画 ⇩【勧《カン》】(151ページ)

20 2画 勹 つつみがまえ部

人がからだを曲げてかかえこむ形をあらわす。「勹」をもとにしてできている漢字と、「勹」の字形を目じるしにして引く漢字とを集めた。

0 勹 1 勺 勺 2 勾 匂 勿 匁 3 匆 包 包 4 匈 7 匍 9 匐 匏

この部首に所属しない漢字

句⇩口 182 旬⇩日 483 甸⇩田 677

勹0 **【勹】** 2画 5017 52F9 音ホウ漢呉 訓つつ-む

意味 つつむ。同包《ホウ》。

勹1 **【勺】** 3画 2859 52FA 人名 音シャク漢

勹1 **【勺】** 3画 — 2F828

なりたち   [象形]なかに、くみとったものがはいっている柄《え》つきのひしゃくの形。

意味 ❶ひしゃく。同杓《シャク》。❷酒や水などをすくう。すくう。❸容量の単位。一合の十分の一。→「度量衡表《ドリョウコウヒョウ》」(1141ページ)

日本語での用法 《シャク》①土地の面積の単位。一坪《つぼ》の百分の一。②山岳《サンガク》の登山道程の単位。ふもとの起点から頂上までを十合としたとき、一合の十分の一。

勹1 **【勺】** 3画 ⇩【勺《シャク》】(152ページ)

勹2 **【勾】** 4画 2491 52FE 常用 音コウ漢 ク呉

筆順 ノ 勹 勾

なりたち 「句」の俗字。

意味 ❶L字形にまがったかぎ。まがる。同鉤《コウ》。例勾欄《コウラン》。❷かぎで引っかける。とらえる。同拘《コウ》。例勾引《コウイン》。❸「勾践《コウセン》」は、春秋《シュンジュウ》時代の越王《エツオウ》の名。句践《コウセン》。

日本語での用法 《コウ》かたむき。傾斜《ケイシャ》。「勾配《コウバイ》」

難読 勾玉《まがたま》(=古代の装身具)

人名 まがり

【勾引《コウイン》】(名・する)①むりやり連れて行くこと。②〔法〕裁判所が尋問《ジンモン》のために、被告人《ヒコクニン》や証人などを、強制的に連れて行く処分。表記 ▽「拘引」とも書く。

【勾当《コウトウ》】①自分の職務として担当して処理すること。②「勾当内侍《コウトウのナイシ》」の略。天皇への取り次ぎをつかさどった女官《ニョカン》。③摂政《セッショウ》・関白《カンパク》家の侍所《さむらいどころ》や、真言宗《シンゴンシュウ》・天台宗などの寺に置かれた事務官。④盲人《モウジン》の官名。検校《ケンギョウ》と座頭《ザトウ》の間の官。

【勾配《コウバイ》】(水平面に対する)かたむき。傾斜《ケイシャ》。かたむきの程度。例急—の坂道にさしかかる。この階段は—がきつい。

【勾欄《コウラン》】宮殿《キュウデン》の廊下《ロウカ》などにある手すり。欄干。表記「高欄」とも書く。

【勾留《コウリュウ》】（名・する）〔法〕裁判所が、被疑者《ヒギシャ》や被告人を取り調べるために一定の場所にとどめておくこと。

勹2
【匂】
4画 3887 5302 常用 国字 訓 にお-う・にお-い

筆順 ノ 勹 匀 匂

なりたち [会意]「匀《イン》」が変形した字。

意味 ❶つやがあって美しい。例 匂《にお》うような美《うつく》しさ。❷鼻で感じるしげき。かおりやくさみ。例 食《た》べ物《もの》の匂《にお》い。❸日本刀の刃《は》の表面の模様。❹特色をなす性質。そのものらしさ。例 パリの匂《にお》いのする街並《まちな》み。

使い分け におい・におう【匂・臭】⇩1176ページ

人名 かおる・にお

勹2
【勿】
4画 4462 52FF 人名 音 ブツ漢 モチ・モツ呉 訓 なか-れ・な-い

意味 〔助字〕❶「…（こと）なかれ」と読み、…するな、の意。禁止をあらわす。例 勿レ失《うしなうことなかれ》（＝にがすな）。❷「…（こと）なし」と読み、否定の意をあらわす。例 勿レ喪《うしなうことなし》（＝失うことがない）。

難読 勿来《なこそ》の関《せき》・勿忘草《わすれなぐさ》

【勿論《モチロン》】（副）ことさら問題にするまでもなく。むろん。

勹2
【匁】
4画 4472 5301 人名 国字 訓 もんめ

なりたち [会意]「文《モン》」の俗字「攵」と「メ」とを合わせた字。重さの単位。もんめ。

意味 ❶重さの単位。一貫《カン》の千分の一。→「度量衡表《ドリョウコウヒョウ》」（1141ページ）❷江戸《えど》時代の貨幣《カヘイ》の単位。一両の六十分の一。

勹3
【匆】
5画 5018 5306 音 ソウ漢 訓 いそが-しい

意味 あわただしい。いそがしい。同 怱《ソウ》。例 匆匆《ソウソウ》。匆卒《ソウソツ》。

【匆匆《ソウソウ》】（名・形動《ダナ》）①いそがしいこと。あわただしいこと。また、そのようす。②ていねいでないこと。また、そのようす。表記 ▽「▼怱▼怱・草草」とも書く。

【匆卒《ソウソツ》】（名・形動《ダナ》）①「匆匆《ソウソウ》①」に同じ。②とつぜんなこと。急なこと。また、そのようす。表記 ▽「倉卒・草卒・▼怱卒」とも書く。

勹3
【包】
5画 4281 5305 教育4 音 ホウ漢 訓 つつ-む・つつ-み

筆順 ノ 勹 匀 匂 包

勹3
【包】5画

なりたち [象形] 人がみごもっている形。はらむ。派生して「つつむ」の意。

意味 ❶外から全体をくるむ。つつむ。例 包含《ホウガン》。包容《ホウヨウ》。梱包《コンポウ》。❷なかに粉末・液体のようなものを入れてつつみこんだもの。つつみ。例 空包《クウホウ》。実包《ジッポウ》。薬包《ヤクホウ》。

人名 かた・かつ・かな・かぬ・かね・しげ

【包囲《ホウイ》】（名・する）にげないように、まわりを取りかこむこと。例 敵を一する。一網《モウ》。

【包括《ホウカツ》】（名・する）全体を一つにまとめること。例 全体を一する。一案。

【包含《ホウガン》】（名・する）なかにふくみ持っていること。例 矛盾《ムジュン》を一する。

【包茎《ホウケイ》】成人の陰茎《インケイ》の先が皮におおわれている状態。

【包摂《ホウセツ》】（名・する）①あることがらを、より大きな範囲《ハンイ》のなかにつつみ入れること。②論理学で、ある概念《ガイネン》を広い概念のなかに取りこむこと。たとえば、「正方形」は「四角形」に、「哺乳《ホニュウ》類」は「脊椎《セキツイ》動物」に包摂されるなど。

【包装《ホウソウ》】（名・する）品物の外側を、紙や箱などでおおうこと。例 一紙。簡易一。

【包蔵《ホウゾウ》】（名・する）なかにつつみ持っていること。つつみかくすこと。類 内蔵。例 危険を一する。

【包帯《ホウタイ》】傷やはれものの患部《カンブ》を保護するために巻く、細長いガーゼなどの布。表記 旧▼繃帯

【包丁《ホウチョウ》】〔庖厨《ホウチュウ》で働く職人の意〕料理に使う刃物《はもの》。また、料理人や料理のうでまえ。例 一を入れる。板前《いたまえ》の一を信頼《シンライ》する。表記 旧▼庖丁

【包皮《ホウヒ》】表面をつつみおおっているかわ。例 種子の一。

【包容《ホウヨウ》】（名・する）①つつみいれること。例 周囲を一した借景の庭。②心が広く、人をうけいれること。例 一力。

◐小包《こづつみ》・内包《ナイホウ》

勹3
【包】5画 ⇩【包《ホウ》】（153ページ）

勹4
【匈】
6画 5019 5308 音 キョウ漢 訓 むね

意味 ❶むね。こころ。同 胸《キョウ》。❷中国北方の民族の名。匈奴《キョウド》。

【匈奴《キョウド》】紀元前三世紀ごろから紀元後一世紀末に、モンゴル高原に住み、中国をおびやかした遊牧騎馬《キバ》民族。

勹7
【匍】
9画 5021 530D 音 ホ漢 訓 は-う

意味 手さぐりで進む。例 匍匐《ホフク》。

【匍▼匐《ホフク》】（名・する）①手をつき、腹を地面につけること。ひれふすこと。②腹ばいになって進むこと。例 一前進。

勹9
【匐】
11画 5022 5310 音 フク漢 訓 はらば-う・ふ-す

意味 地にふせる。腹ばいになる。はう。例 匍匐《ホフク》。

勹9
【匏】
11画 5023 530F 音 ホウ漢 訓 ひさご・ふくべ

意味 ❶ヒョウタン。ひさご。ふくべ。酒などの容器。例 匏樽《ホウソン》・匏尊《ホウソン》（＝酒だる）。❷楽器。笙《ショウ》の類。八音《ハチイン》の一つ。

21 2画
匕 さじ《ひ》部

さじの形をあらわす。「匕」をもとにしてできている漢字と、「匕」の字形を目じるしにして引く漢字とを集めた。

0 匕 匕 2 化 化 3 北 9 匙

この部首に所属しない漢字

比⇩比 568 尼⇩尸 319 旨⇩日 483 此⇩止 558
老⇩老 807 壱⇩士 244 皀⇩白 695 眞⇩目 707
頃⇩頁 1063 疑⇩疋 683

匕 0

【匕】 2画 5024 5315 音 ヒ漢 訓 さじ

意味 ❶さじ。スプーン。例 匕箸《ヒチョ》。匕加減《さじカゲン》。❷つばのない短刀。あいくち。例 匕首《ヒシュ》。

参考 「匕《カ》」は別の字。

難読 匕首《あいくち》

【匕首】《ヒシュ｜あいくち》 つばのない短刀。

【匕▽箸】《ヒチョ》 さじとはし。食事の道具。

匕 0

【匕】 2画 ― 2090E 音 カ漢 訓 か-わる

意味 かわる。同 化《カ》。

参考 「匕《ヒ》」は別の字。

匕 2

【化】 4画 1829 5316 教育3 音 カ漢 ケ呉 訓 ば-ける・ば-かす・か-える・か-わる

筆順 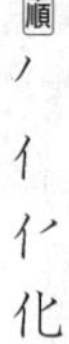

なりたち  [会意]「匕《カ》(=かわる)」と「亻(=ひと)」とから成る。人を教育して、正しいあり方に、かわるようにする。

意味 ❶人を教えみちびいて変える。例 感化《カンカ》。教化《キョウカ》。徳化《トッカ》。❷それまでとはちがった状態になる。かわる。例 化学《カガク》。変化《ヘンカ》。形式化《ケイシキカ》する。❸姿を変える。ばける。例 化粧《ケショウ》。化身《ケシン》。変化《ヘンゲ》。❹自然が万物《バンブツ》を生み出すはたらき。例 化育《カイク》。造化《ゾウカ》。

日本語での用法 《ばかす》 心をまよわせる。たぶらかす。「キツネに化《ば》かされる」

人名 のり

【化育】《カイク》 (名・する) 天地自然が、万物《バンブツ》を養いそだてること。

【化外】《カガイ｜ケガイ》 天子の教化のおよばないところ。国の支配のおよばないところ。例 ―の地。

【化学】《カガク》 自然科学の一部門で、物質の成分・構造・性質や、他の物質とのあいだに起こる反応や変化などを研究する学問。〔「科学」と区別して、「ばけがく」ということがある〕例 ―療法《リョウホウ》。

【化学反応】《カガクハンノウ》 二つ以上の物質が作用しあって、別の物質をつくったり、一つの物質が分解して別の物質になったりすること。例 薬品が―を起こして爆発《バクハツ》する。

【化学兵器】《カガクヘイキ》 毒ガス・枯葉剤《かれはザイ》など、化学を応用した兵器。

【化学変化】《カガクヘンカ》 化学反応によって、ある物質が異なる物質に変わること。対 物理変化。例 ―を起こす。

【化合】《カゴウ》 (名・する) 二つの物質が化学的に結合して、もとの物質とはちがう物質を生じること。例 水素と酸素の―物。

【化生】《カセイ》 ㊀ ①形を変えて生まれ出ること。②さなぎがチョウになるように、生物が生長するにつれて形を変えること。㊁《ケショウ》 ①〔仏〕四生《シショウ》の一つ。天人《テンニン》などの生まれ方のように、何もないところから、ひとりでとつぜん生まれること。②神や仏が姿を変えてあらわれたもの。化身《ケシン》。③ばけもの。例 ―の者。

【化成】《カセイ》 (名・する) ①形を変えて、他のものになること。②化学的につくること。例 ―肥料。

【化石】《カセキ》 ㊀ (名) ①大昔の動植物やその存在を示すものが、岩石中に残ったもの。例 魚の―。②古いしきたりや習慣で、今なお残っているもの。また、時代おくれ。例 ―人間。㊁ (名・する) 石になること。石のように動かなくなること。例 ―したようにこわばった顔。

【化繊】《カセン》 「化学繊維《カガクセンイ》」の略。天然の繊維を化学的に処理したり、石油などの原料から化学的につくり出したりした繊維。例 ―のシャツ。―がまじっている布。

【化▼膿】《カノウ》 (名・する) 炎症《エンショウ》を起こして、うみをもつこと。例 ―菌《キン》。傷口が―する。

【化粧】《ケショウ》 (名・する) ①顔に、おしろいや口紅などをぬって美しくすること。例 ―品。②外見を美しくすること。例 雪―《ゲショウ》。―まわし。

【化身】《ケシン》 ①神や仏が人間の姿で、この世にあらわれること。また、そのもの。化生《ケショウ》。例 八幡大菩薩《ハチマンダイボサツ》の―。②あるものの生まれ変わり。例 美の―。

●悪化《アッカ》・感化《カンカ》・強化《キョウカ》・激化《ゲキカ》・硬化《コウカ》・権化《ゴンゲ》・消化《ショウカ》・浄化《ジョウカ》・進化《シンカ》・退化《タイカ》・同化《ドウカ》・軟化《ナンカ》・美化《ビカ》・風化《フウカ》・文化《ブンカ》・変化《ヘンカ｜ヘンゲ》

匕 2

【化】 4画

⇩【化】《カ》(154ページ)

匕 3

【北】 5画 4344 5317 教育2 音 ホク漢呉 訓 きた・に-げる

筆順 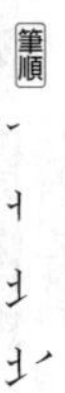

なりたち  [象形]二人の「人(=ひと)」がたがいに背を向けた形。そむきはなれる。

意味 ❶そむく。❷敵にうしろを見せる。にげる。例 敗北《ハイボク》。❸方角をあらわす。きた。例 北上《ホクジョウ》。北方《ホッポウ》。極北《キョクホク》。

人名 た

【北緯】《ホクイ》 赤道上を〇度、北極点を九〇度として測った北半球の緯度。対 南緯。例 北《きた》回帰線は、二三度二七分を通る。

【北欧】《ホクオウ》 ヨーロッパの北部。ノルウェー・スウェーデン・フィンランド・デンマーク・アイスランドなどの国々をいう。北《きた》ヨーロッパ。対 南欧。例 ―の神話を伝えるエッダ(=古典説話集)。

【北画】《ホクガ》 「北宗画《ホクシュウガ》」の略。唐《トウ》代に始まる水墨画《スイボクガ》の一派。強い線で枯淡《コタン》の味わいをえがく。日本に伝わり、雪舟《セッシュウ》派、狩野《かのう》派などが生まれた。対 南画。

【北岳】《ホクガク》 中国五岳の一つで、恒山《コウザン》の別名。山西《サンセイ》省渾源《コンゲン》県にあり、高さ二〇一七メートル。

【北▼魏】《ホクギ》 中国、南北朝時代、鮮卑《センピ》族が建てた国。都は洛陽《ラクヨウ》。仏教が栄えた。(三八六―五三四)

【北限】《ホクゲン》 生物が分布する、北の限界。対 南限。例 稲作《いなサク》の―地帯。

【北周】《ホクシュウ》 中国、南北朝時代、北魏《ホクギ》の分裂《ブンレツ》後にできた国。都は長安。隋《ズイ》にほろぼされた。(五五七―五八一)

【北上】《ホクジョウ》 (名・する) 北へ向かって進むこと。対 南下。例 サクラ前線が―する。

【北▼辰】《ホクシン》 〔「辰」は、星の意〕北極星のこと。例 ―祭《サイ》。

【北西】《ホクセイ》 北と西の中間にあたる方角。西北。〔昔の言い方で、乾《いぬい》〕

【北窓の三友】《ホクソウのサンユウ》 琴《こと》・詩・酒のこと。〈白居易《ハクキョイ》・北窓三友の詩〉

【北端】《ホクタン》 北のはし。対 南端。例 下北《しもきた》半島―の村。

【北朝】《ホクチョウ》 ①中国、南北朝時代、華北《カホク》におこった鮮卑《センピ》族による北魏《ホクギ》・西魏・東魏・北周・北斉《ホクセイ》の五王朝のこと。(三八六―五八一) ②日本で、足利《あしかが》氏が京都に

擁立《ヨウリツ》した朝廷《チョウテイ》。後醍醐《ゴダイゴ》天皇の建てた吉野《よしの》朝廷の南朝に対する。(一三三六—一三九二)→【南朝《ナンチョウ》】(165ページ)

【北▼狄《ホクテキ》】古代中国で、北方の異民族を見くだして呼んだ名。例 東夷《トウイ》・西戎《セイジュウ》・南蛮《ナンバン》・—。

【北斗《ホクト》】〔「斗」は、ひしゃくの意〕「北斗七星」の略。北の空に出る、ひしゃく形に並んだ大熊《おおぐま》座の七つの星。北斗星。

【北東《ホクトウ》】北と東の中間にあたる方角。東北。〔昔の言い方で、艮《うしとら》〕

【北堂《ホクドウ》】①古代中国で、士大夫《シタイフ》の家の主婦の居場所。転じて、主婦のこと。②母。また、他人の母をうやまっていうことば。母堂。

【北部《ホクブ》】ある地域のなかの北の部分。また、ある地域の北にとなり合う部分。(対)南部。例 関東—の山ぞい。

【北風《ホクフウ―きたかぜ》】北の方角からふく風。朔風《サクフウ》。(対)南風《ナンプウ》。

漢字に親しむ ❼ 「敗北《ハイボク》」の北とは？

「北」という字のもともとの形は、ふたりの人が背中合わせになった形「」です。つまり「北」のもともとの意味は「背を向ける」「そむく」ということです。「敗」の意味は「やぶれる」「負ける」ですから、「敗北」とは「負けて敵に背を向ける。にげる」というわけです。また、東西南北の「北」は、太陽に向かったときに背中のがわということからできた意味なのです。ついでに「背」という字は「肉(=からだ)」と「北(=後ろがわ)」とを組み合わせて作られた文字です。

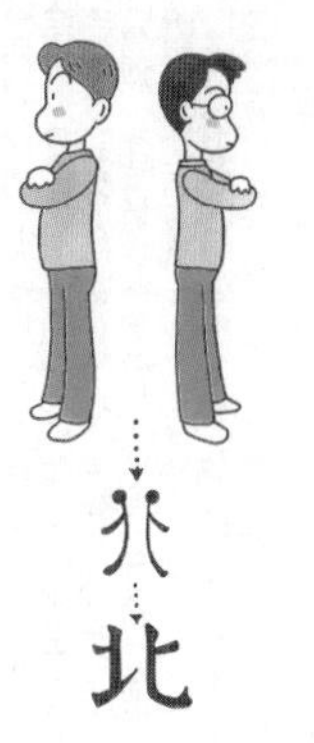

【北米《ホクベイ》】〔「米」は「亜米利加《アメリカ》」の略〕北アメリカ。カナダ・アメリカ合衆国・メキシコをいう。

【北辺《ホクヘン》】北のあたり。北のはて。例 —の守備軍。

【北冥《ホクメイ》】北のはての大海。北溟《ホクメイ》。

【北面《ホクメン》】[一](名・する)①北に向くこと。②家臣または弟子《デシ》として仕えること。〔君主や師が南を向いてすわるのに対面することから〕[二](名)「北面の武士《ブシ》」の略。院政時代、院の御所《ゴショ》を守った武士。また、その詰《つめ》所《ショ》。

【北洋《ホクヨウ》】(日本の)北方の海。例 —海域。—漁業。

【北陸《ホクリク》】中部日本の北部の地域。福井《ふくい》・石川・富山《とやま》・新潟《にいがた》の四県を指す。北陸地方。〔古代日本の「北陸道」に由来する〕例 —路《じ》。

【北▼嶺《ホクレイ》】①(高野山《コウヤサン》を南山というのに対して)比叡山《ヒエイザン》のこと。②比叡山延暦寺《エンリャクジ》の別名。例 南都(=奈良《なら》の興福寺)—。

【北海《ホッカイ》】北方の海。(対)南海。

【北極《ホッキョク》】①地球の北の極。地軸《ジジク》の北のはし。②磁石《ジシャク》の北を指している磁極。N極。▽(対)南極。

【北極星《ホッキョクセイ》】小熊《こぐま》座にある二等星。北極の空からほとんど移動しないので、北の方角を知る目じるしになる。

【北京】[一]《ホッケイ》北にある都。[二]《ホッキョウ》(奈良《なら》を南京《ナンキョウ》というのに対して)京都のこと。北都。[三]《ペキン》中華《チュウカ》人民共和国の首都。

【北▼闕《ホッケツ》】〔「闕」は宮門の意〕①宮殿の北門。②宮中。

【北国《ホッコク―きたぐに》】①北のほうにある国。北の寒い地方。(対)南国。②「北陸道」の国々。→【北陸《ホクリク》】

【北方《ホッポウ》】北の方角。(対)南方。

【北方の強《ホッポウのキョウ》】勇猛《ユウモウ》で、死をもおそれぬ強さ。厳しい気候風土に住む、気性《キショウ》の激しい北方人の強さをいう。〔おだやかな強さをそなえた「南方の強」に対する〕

○●極北《キョクホク》・東北《トウホク》・南北《ナンボク》・敗北《ハイボク》

匕 9

【匙】

11画 2692 5319 音 シ(漢) 訓 さじ

意味 ❶液体や粉末、また、食べ物をすくいとる小さな器具。スプーン。さじ。例 茶匙《チャさじ》。大匙《おおさじ》。❷かぎ。

日本語での用法 [一]《さじ》「匙加減《さじカゲン》・匙《さじ》を投《な》げる」[二]《ヒ》ショベル(shovel)の訳としての軍隊用語。字音を読み誤ったもの。「円匙《エンピ》」

22・23 2画 匚 はこがまえ・匸 かくしがまえ 部

「匚《ホウ》」は物を入れる容器をあらわし、「匸《ケイ》」はおおいかくす意をあらわす。もと「匚」と「匸」とは別の部首だったが、常用漢字では字形の区別をしない。「匚」をもとにしてできている漢字と、「匸」をもとにしてできている漢字とをあわせて集めた。

0 匚 匸 2 区 匹 匹 3 匝 4 匡 匠 5 医 匣 8 匿 匪 匿 9 區 11 匯 12 匱 13 匳

この部首に所属しない漢字

巨⇩工 28 臣⇩臣 1001 欧⇩欠 553 殴⇩殳 564

匚 0

【匚】

2画 5025 531A 音 ホウ(漢)

意味 四角形のいれもの。はこ。

匸 0

【匸】

2画 5030 5338 音 ケイ(漢) 訓 かく-す

意味 おおいかくす。かくす。

匚 2

【区】

4画 2272 533A 教育3 音 ク(漢)(呉) 訓 まち

筆順 一 フ ヌ 区

匚 9

【區】

11画

なりたち 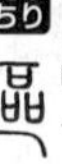 [会意]「匸(=かくす)」と「品(=多くのもの)」とから成る。いろいろなものをそれぞれに分けて、かくす。

意味 ❶わける。さかいをつける。また、さかいをつけたところ。例 区画《クカク》。区別《クベツ》。地区《チク》。❷小さい。とるにたりない。例 区区《クク》。

日本語での用法《ク》①政令指定都市または東京都の、行政上の区画。行政区または特別区。「東京都渋谷区

・京都市左京区《キョウトシサキョウク》」②法令執行《シッコウ》上の区分。「学区《ガック》・選挙区《センキョク》・通学区《ツウガック》」

【区域《クイキ》】区切られた場所。エリア。例立ち入り禁止—。

【区画《クカク》】(名・する)(土地などを)しきって分けること。また、その分けられた部分。例—整理。表記 ⑪区▼劃

【区間《クカン》】(鉄道や道路など)長く続くものを区切った部分。例駅伝競走の最終—。

【区区《クク》】(形動《タルト》)①ものごとがそれぞればらばらで、まとまりのないようす。まちまち。例—として統一性がない。②小さくてとるにたりないようす。例—たる小事にすぎない。

【区分《クブン》】(名・する)全体を区切って、小さくわけること。区わけ。例行政—。時代—。

【区別《クベツ》】(名・する)種類や、特徴《トクチョウ》・性質などによって分けること。また、そのちがい。例—をつける。

【区割り《クわり》】(名・する)(土地などを)いくつかに区切ること。例見物席を—しておく。

匚 2
【匹】
4画 4104 5339 常用 音ヒキ慣 ヒツ漢 訓ひき

筆順 一 ア 兀 匹

匚 2
【匹】
4画

なりたち [会意]「匸(=かくす)」と「八《ヒツ》(=八回数えた合計が四丈《シジョウ》)」とから成る。布地の長さの単位。四丈(=約九・二メートル)。

意味 ❶布地の長さの単位。周代では、二反《ニタン》(=四丈《シジョウ》)。例三匹《サンびき》。❷ウマを数えることば。❸つれそう。なかまになる。ならぶ。また、なかま。例匹偶《ヒツグウ》。匹敵《ヒッテキ》。❹ひとり。転じて、いやしい。身分の低い。例匹夫《ヒップ》。匹婦《ヒップ》。❺ひとつ。例匹馬隻輪《ヒツバセキリン》(=一頭のウマ、一両の車)。

日本語での用法《ひき》①金銭の単位。古くは十文《モン》、のちには二十五文。同疋《ヒキ》。②一匹《イッぴき》は反物《タンもの》二反。同疋《ヒキ》。③けもの・虫・魚などを数えることば。「三匹《サンびき》の小犬《こいぬ》」

難読 匹如《するすみ》(=何も持たず、ひとりぼっち)

人名 とも

【匹偶《ヒツグウ》】一(名・する)ぴったり合うこと。適合。二(名)①つれあい。夫婦《フウフ》。②なかま。あいて。表記 ▽「匹▼耦」とも書く。

【匹▼儔《ヒッチュウ》】一(名)①つれあい。夫婦《フウフ》。②なかま。同類。例この際—を求めてもなかなか得られない。二(名・する)対等な相手とみなすこと。匹敵。

【匹敵《ヒッテキ》】(名・する)力量がつりあうこと。対等なこと。相応。比肩《ヒケン》。例かれの腕前《うでまえ》に—する職人はいない。

【匹馬《ヒツバ》】一匹《イッぴき》のウマ。

【匹夫《ヒップ》】①ひとりの男。②特別な身分でない、ふつうの男。③ものごとの道理をわきまえない、教養のない男。

【匹夫の敵《ヒップのテキ》】ひとりだけを相手にするとるに足りない武勇。一人《イチニン》の敵《テキ》。対万人《バンニン》の敵《テキ》。

【匹夫の勇《ヒップのユウ》】礼節をわきまえず、すぐに腕力《ワンリョク》にたよる、つまらない勇気。例—にすぎない行為《コウイ》。

【匹夫匹婦《ヒップヒップ》】ひとりの男とひとりの女。いっぱんの庶民《ショミン》の夫婦《フウフ》のこと。〔なん人もの妻をめとることができる、身分の高い者とひきくらべることから〕

【匹夫《ヒップ》も志《こころざし》を奪《うば》うべからず】特別な身分や教養のない人でも、しっかりした志をもっていれば、だれにも動かすことはできない。〈論語《ロンゴ》〉

【匹婦《ヒップ》】①ひとりの女。②特別な身分でない、ふつうの女。

◯● 一匹《イッぴき》・馬匹《バヒツ》

匚 2
【匹】
4画 ⇩【匹《ヒツ》】(156ページ)

匚 3
【匝】
5画 3357 531D 音ソウ漢呉 訓あまね-し・めぐ-る

巾 1
【帀】
4画 2-0880 5E00 本字

意味 ❶(行って帰ってくるように)ぐるりと一周する。めぐる。例周匝《シュウソウ》。❷(ぐるりと取り巻くように)行きわたる。あまねく満ちる。例匝洽《ソウコウ》(=ひろく行きわたる)。

匚 4
【匡】
6画 2209 5321 人名 音キョウ漢呉 訓ただ-す・すく-う

なりたち [形声]「匚(=いれもの)」と、音「王《コウ→キョウ》」とから成る。飯を入れるうつわ。派生して「ただす」の意。

意味 ❶悪いところを直す。ただす。例匡正《キョウセイ》。❷すくう。たすける。

人名 たすく・ただ・ただし・まさ・まさし・まさる

【匡正《キョウセイ》】(名・する)ただしくすること。ただしく直すこと。

【匡▼輔《キョウホ》】(名・する)〔「輔」は、助ける意〕欠点を直して、足りないところをおぎなうこと。匡弼《キョウヒツ》。

匚 4
【匠】
6画 3002 5320 常用 音ショウ漢 ジョウ呉 訓たくみ

筆順 一 ア 戸 斤 匠

なりたち [会意]「匚(=いれもの)」と「斤(=おの)」とから成る。木工の職人。たくみ。

意味 ❶木工の職人。大工。❷手仕事をする職人。また、技芸や技術のすぐれた人。例巨匠《キョショウ》。師匠《シショウ》。鵜匠《うショウ》。❸技巧《ギコウ》。くふう。例意匠《イショウ》。

難読 内匠《たくみ》・木匠《こだくみ》・筆匠《ふでゆい》・傘匠《かさはり》・石匠《いしきり》

人名 なる

【匠気《ショウキ》】よい評判をとろうとする気持ち。(芸術家などが)才能を見せびらかそうとする気持ち。例露骨《ロコツ》な—。

◯● 意匠《イショウ》・巨匠《キョショウ》・工匠《コウショウ》・宗匠《ソウショウ》・鷹匠《たかジョウ》

匚 5
【医】
7画 1669 533B 教育3 音イ漢呉 訓いや-す・くす-し

筆順 一 ア 匚 𠂉 矢 医

酉 11
【醫】
18画 7848 91AB

なりたち [会意]「殹(=病気で苦しむすがた)」と「酉(=くすりになる酒)」とから成る。酒で、やまいを治す人。

意味 ❶病気を治す。いやす。例医術《イジュツ》。医薬《イヤク》。医療《イリョウ》。❷病気を治す人。くすし。例外科医《ゲカイ》。獣医《ジュウイ》。名医《メイイ》。

人名 おさむ

【医院《イイン》】病気の治療《チリョウ》をするところ。病院より小規模のものをいう。

【医科《イカ》】①医学に関する、いろいろの学科。②「医学部」「医科大学」の略。例—志望。

【医家《イカ》】医術を職業としている家がら。また、その人。医者。医師。例市井《シセイ》に代代開業している—。

【医学】《イガク》 人体のつくりやはたらき、病気の治療《チリョウ》や予防などを研究する学問。例 予防―。基礎《キソ》―。放射線―。

【医業】《イギョウ》 病気を治す仕事。医師という職業。例 ―をいとなむ。

【医局】《イキョク》 診療《シンリョウ》や治療を担当する部局。また、病院内の、医師がつめている部屋。

【医原病】《イゲンビョウ》 薬の副作用、病院内での感染《カンセン》、また、医師の治療《チリョウ》などが原因となって起こる病気。

【医師】《イシ》 ①病人の診察《シンサツ》や病気の治療《チリョウ》を仕事とする人。医者。例 ―国家試験。②古代中国の官名。医者の長にあたる。

【医者】《イシャ》 「医師《シイ》①」に同じ。

【医術】《イジュツ》 病気を治す技術や方法。例 最先端《サイセンタン》の―を修める。

【医書】《イショ》 医術や医学の本。医学書。

【医道】《イドウ》 ①医術や医学に従う者の倫理《リンリ》。医者がふみおこなうべき、みち。例 ―をおこたる。②医学。医術。

【医伯】《イハク》 医者をうやまっていうことば。国手《コクシュ》。

【医方】《イホウ》 病気を治す方法。医術。

【医薬】《イヤク》 ①医療《イリョウ》とくすりの調合。例 ―分離《ブンリ》。②医師と薬剤《ヤクザイ》師。例 ―分業。③治療や診断《シンダン》に用いるくすり。例 ―品。

【医療】《イリョウ》 医学で病気を治療《チリョウ》すること。例 ―費。救急―。

◐軍医《グンイ》・校医《コウイ》・主治医《シュジイ》・女医《ジョイ》・船医《センイ》

匚 5

【匣】

7画 5026 5323 音 コウ(漢) 訓 はこ

意味 ふたつきの小さなはこ。こばこ。例 鏡匣《キョウコウ》。

難読 玉匣《たまくしげ》・乱匣《みだればこ》・弗匣《ドルばこ》

匚 8

【匿】

10画 3831 533F 常用 音 トク(慣) ジョク(漢) 訓 かく-れる・かく-す

筆順 一 … 若 匿

匚 8 【匿】 10画 ━━

たなちり  [形声]「匸(=かくす)」と、音「若《ジャク》→ジョク」とから成る。かくれる。

意味 公《おおやけ》にしない。外にあらわさない。かくす。かくれる。例 匿名《トクメイ》。隠匿《イントク》。秘匿《ヒトク》。

難読 車匿《シャノク》(=釈迦《シャカ》の馬車をあつかった御者《ギョシャ》の名)・匿路《くけみち》(=人に知られないぬけ道)

【匿名】《トクメイ》 本名をかくすこと。また、本名をかくして別の名前を使うこと。例 ―希望。―の投書。

◐隠匿《イントク》・秘匿《ヒトク》

匚 8

【匪】

10画 4059 532A 音 ヒ(漢)(呉) 訓 あら-ず

意味 ❶正しくない。悪い。例 匪賊《ヒゾク》。土匪《ドヒ》。❷〔助字〕「あらず」と読み、否定の意をあらわす。例 我心匪レ石《わがこころいしにあらず》(=わたしの心は石ではない)。〈詩経《シキョウ》〉

【匪▼躬】《ヒキュウ》 (王のために)わが身をかえりみない。

【匪石の心】《ヒセキのこころ》 〔石のようにはころころ転がらない心の意〕しっかりして動かない心。

【匪賊】《ヒゾク》 徒党を組んで暴動を起こしたり、強盗《ゴウトウ》などをする悪者。匪党。匪徒。

匚 8 【匿】10画 ⇩【匿】《トク》(157ページ)

匚 9 【區】11画 ⇩【区】《ク》(155ページ)

匚 11

【匯】

13画 5027 532F 音 ワイ(慣) カイ(漢) 訓 うつわもの・あつ-まる

意味 ❶容器の一種。うつわもの。❷川の流れが(うつわに収まるように)あつまる。例 匯合《カイゴウ》。❸あつめて、ひとまとめにする。例 匯報《カイホウ》(=資料をあつめて分類した報告)。

匚 12

【匱】

14画 5028 5331 音 キ(漢)(呉) 訓 とぼ-しい・はこ・ひつ

意味 ❶大きなはこ。はこ。ひつ。同 櫃《キ》。例 匱櫝《キトク》。❷はこの中に何もない。とぼしい。例 匱窮《キキュウ》。匱乏《キボウ》。

【匱窮】《キキュウ》 必要なものが足りなくて、生活が苦しいこと。貧窮《ヒンキュウ》。

【匱困】《キコン》 (名・する)ものがとぼしくて苦しむこと。貧困《ヒンコン》。

【匱▼櫝】《キトク》 〔「櫝」も、はこの意〕はこ。ひつ。

【匱乏】《キボウ》 (名・する)とぼしいこと。不足すること。欠乏。貧乏。例 上《かみ》に積財あらば、すなわち民臣必ず下《しも》に―す(=君主が財をたくわえると、民《たみ》や臣下はその下で必ず貧乏《ビンボウ》になる)。〈韓非子《カンピシ》〉

匚 13

【匳】

15画 5029 5333 音 レン(漢)(呉) 訓 くしげ・け・はこ

竹17 【籢】 23画 ━ 7C62 本字

大11 【奩】 14画 5294 5969 別体字

意味 ❶化粧《ケショウ》道具を入れるはこ。かがみのいえ。かがみばこ。くしげ。例 匳具《レング》。鏡匳《キョウレン》(=化粧ばこ)。❷小物を入れるはこ。こばこ。け。例 碁匳《ゴけ》(=碁石《ごいし》を入れる容器)。薬匳《ヤクレン》(=くすりばこ)。

24 2画 十 じゅう部

横線と縦線とを交差させて、数の「とお」の意をあらわす。「十」をもとにしてできている漢字と、「十」の字形を目じるしにして引く漢字とを集めた。

0 十 1 千 2 午 升 卅 卆 3 卉 半 半 4 卍 卋 卌 6 協 卒 卓 卑 7 単 南 卑 10 博 博

この部首に所属しない漢字

干⇩干 344　廿⇩廾 359　支⇩支 457　斗⇩斗 471
古⇩口 182　平⇩干 344　朮⇩木 508　早⇩日 483
克⇩儿 102　尭⇩儿 103　直⇩目 701　阜⇩阜 1029
真⇩目 706　索⇩糸 770　隼⇩隹 1042　乾⇩乙 36
率⇩玄 660　幹⇩干 348　準⇩氵 614　翠⇩羽 805

十 0

【十】

2画 2929 5341 教育1 音 ジッ・ジュッ(慣) シュウ(漢) ジュウ(呉) 訓 とお・と・そ 付表 十重二十重《とえはたえ》・二十《はた》・二十歳《はたち》・二十日《はつか》

筆順 一 十

たなちり 十 [指事]「一(=東西)」と「|(=南北)」とで、四方すべてそろう。数のそなわった。

意味 ❶数の名。とお。例 十干《ジッカン》。十指《ジッシ》。❷とたび。❸

じゅうばんめ。例十月《ジュウガツ》。❹足りないところがない。完全。例十全《ジュウゼン》。十善《ジュウゼン》。十分《ジュウブン》。❺多い。例十指《ジッシ》のさすところ。

参考「常用漢字表」では、「ジュッ」とも読む。「十回《ジッカイ》」《ジュッカイ》。商売や契約《ケイヤク》の文書では、数字を書きかえられないよう、同音の「拾」を使うことがある。

難読 三十《みそじ》・三十日《みそか》・十寸鏡《ますかがみ》・十六島《うっぷるい》(=地名)・十露盤《そろばん》・十合《そごう》・十河《そごう》・十九《つづ》・十六夜《いざよい》・十八番《おはこ》・三十一文字《みそじひともじ》《みそひともじ》

人名 かず・そう・とみ・ひさし・みつ・みつる

【十戒】《ジッカイ》 ①〔仏〕仏道修行《シュギョウ》で、守らなければならない十のいましめ。②キリスト教で、神がモーゼにあたえた十のいましめ。〔『旧約聖書《キュウヤクセイショ》』にある話〕 表記 ②は ㊐十▼誡

【十干】《ジッカン》 十種類の、一定の順序をもったひとまとまりのことば。甲《コウ》・乙《オツ》・丙《ヘイ》・丁《テイ》・戊《ボ》・己《キ》・庚《コウ》・辛《シン》・壬《ジン》・癸《キ》の十種。ものの分類や、順序・等級をあらわすのに使う。五行《ゴギョウ》の木・火・土・金・水と組み合わせてそれぞれに兄《え》(=陽)・弟《と》(=陰《イン》)をあて、甲《きのえ》(=木の兄)・乙《きのと》(=木の弟)・丙《ひのえ》(=火の兄)・丁《ひのと》(=火の弟)・戊《つちのえ》(=土の兄)・己《つちのと》(=土の弟)・庚《かのえ》(=金の兄)・辛《かのと》(=金の弟)・壬《みずのえ》(=水の兄)・癸《みずのと》(=水の弟)と読む。十二支《ジュウニシ》と組み合わせて、昔から年月日などをあらわすのに用いられてきた。→【十二支】《ジュウニシ》(158ページ)・【干支】《カンシ》(344ページ)・付録「十干十二支」(1138ページ)

【十死】《ジッシ》 生きのびる見こみがほとんどないこと。例—一生《イッショウ》〔「九死《キュウシ》一生」を強めた言い方〕

【十指】《ジッシ》 ①両手のゆび。十本のゆび。例—に余る(=数えると十以上になる)。②おおぜいの人のゆび。例—のさすところ(=だれもが正しいと認めるところ)。③一番から十番まで。ベストテン。トップテン。例世界の—に数えられる選手。そのうでまえは国内で—にはいるといわれる。

【十進法】《ジッシンホウ》 十・百・千・万のように、十倍ごとに位を一つ上げていく数え方。

【十中八九】《ジッチュウハック》 十のうち八か九の割合であること。ほとんど。おおかた。例—この案は通るだろう。

【十哲】《ジッテツ》 〔「哲」は、かしこい人の意〕十人のすぐれた弟子《デシ》。例孔門《コウモン》の—(=孔子のすぐれた十人の弟子)。蕉門《ショウモン》の—(=芭蕉《バショウ》のすぐれた十人の弟子)。

【十方】《ジッポウ》 ①四方(=東・西・南・北)と四維《イシ》(=北東・南東・北西・南西)と上下とをあわせた十の方向。②あらゆる方角・場所。天下。世界。宇宙。例—浄土《ジョウド》。—世界。

【十法界】《ジッポウカイ》 〔仏〕迷いからさとりにいたる十の段階。地獄《ジゴク》・餓鬼《ガキ》・畜生《チクショウ》・修羅《シュラ》・人間《ジンカン》・天上の六界と、声聞《ショウモン》・縁覚《エンガク》・菩薩《ボサツ》・仏の四界。十界。

【十一月】《ジュウイチガツ》 一年の十一番目の月。霜月《しもつき》。

【十一面観世音】《ジュウイチメンカンゼオン》 頭部に十一の顔をもつ観音《カンノン》。十一の顔のそれぞれが人々の苦しみを救うという。十一面観音。例—菩薩《ボサツ》。

【十雨】《ジュウウ》 十日に一度雨が降ること。ほどよい雨。例五風—(=天候が順調なこと。また、世の中が太平なこと)。

【十▼駕】《ジュウガ》 〔「駕」は、馬車を走らせる意〕のろまなウマも十日走れば、一日に千里を走る名馬に追いつくように、才能のない人でも、努力すれば成功するということ。例駑馬《ドバ》—。

【十月】《ジュウガツ》 一年の十番目の月。神無月《かんなづき》。

【十五夜】《ジュウゴヤ》 ①陰暦《インレキ》八月十五日の夜。また、その夜の満月。中秋の名月といい、月見をする。②陰暦で、毎月十五日の夜。また、その夜の満月。

【十三経】《ジュウサンギョウ》 中国の聖人・賢人《ケンジン》たちが書いた十三種の経典《ケイテン》。周易《シュウエキ》(=易経《エキキョウ》)・尚書《ショウショ》(=書経)・毛詩《モウシ》(=詩経)・周礼《シュライ》・儀礼《ギライ》・礼記《ライキ》・春秋左氏伝・春秋公羊《クヨウ》伝・春秋穀梁《コクリョウ》伝・論語・孝経・爾雅《ジガ》・孟子《モウシ》。これらの注釈《チュウシャク》書を「十三経注疏《チュウソ》」という。

【十三夜】《ジュウサンヤ》 ①陰暦《インレキ》九月十三日の夜。また、その夜の月。後《のち》の月。②陰暦で、毎月十三日の夜。

【十字】《ジュウジ》 「十」の字。また、「十」の字の形。十文字《ジュウモンジ》。例南—星。木材を—に組む。—を切る。

【十字架】《ジュウジカ》 ①罪人をはりつけにする柱。木を「十」の字の形に組んだもの。例—にかける。②キリスト教のシンボル。キリストが「十字架①」にかけられたことから、救済と復活の象徴《ショウチョウ》とする十字のしるし。クロス。クルス。例いつも—を身につけている。③苦難や重い負担。また、それらを身に受けること。例—を背負って生きる。

【十字路】《ジュウジロ》 道が「十」の字の形にまじわっているところ。よつかど。よつつじ。

【十姉▽妹】《ジュウシマツ》 スズメ目《モク》の小鳥。スズメより少し小さく、白色に黒や茶のまだらがある。よく人になれ、飼い鳥とされる。

【十全】《ジュウゼン》 (名・形動《ダナ》) 手落ちがなく用意ができていること。万全《バンゼン》。例—な体制をとる。

【十代】《ジュウダイ》 ①十歳《サイ》から十九歳までの少年少女。とくに十三歳以上をいうことが多い。ティーンエージャー。②初代から数えて十番目の代。例徳川—将軍家治《いえはる》。

【十二月】《ジュウニガツ》 一年の十二番目の月。極月《ゴクゲツ》。師走《しわす》。

【十二宮】《ジュウニキュウ》 春分点を起点として黄道《コウドウ》を十二等分し、各部分を「宮」と名づけて、全天を十二宮(=十二星座)としたもの。太陽・月・惑星《ワクセイ》の位置を示すために使われたもので、西洋の占星術《センセイジュツ》はこれをもとにしている。黄道十二宮。

【十二支】《ジュウニシ》 子《シ》・丑《チュウ》・寅《イン》・卯《ボウ》・辰《シン》・巳《シ》・午《ゴ》・未《ビ》・申《シン》・酉《ユウ》・戌《ジュツ》・亥《ガイ》の十二種をいう。それぞれに動物の名をあて、子《ね》(=鼠《ねずみ》)・丑《うし》(=牛)・寅《とら》(=虎《とら》)・卯《う》(=兎《うさぎ》)・辰《たつ》(=竜《たつ》)・巳《み》(=蛇《へび》)・午《うま》(=馬)・未《ひつじ》(=羊)・申《さる》(=猿《さる》)・酉《とり》(=鶏《にわとり》)・戌《いぬ》(=犬)・亥《い》(=猪《いのしし》)と読む。昔から、十干《ジッカン》と組み合わせて年月日などを、また、「うしとら」「たつみ」など、十二支どうしの組み合わせで時刻や方位などをあらわすのに用いられてきた。→【十干】《ジッカン》(158ページ)・【干支】《カンシ》(344ページ)・付録「十干十二支」(1138ページ)

【十二▽単】《ジュウニひとえ》 平安時代に宮仕えをした女官の正装。衣《ころも》をなん枚も重ねて着て、えりやそで口が重なって見えるところからいう。〔正しくは女房装束《ニョウボウショウゾク》という〕

【十二分】《ジュウニブン》 (名・形動《ダナ》)〔「十分《ジュウブン》」を強めた言い方〕じゅうぶんすぎるほど、たっぷりとしていること。また、そのようす。例もう—にいただきました。

【十二律】《ジュウニリツ》 中国や日本の伝統音楽で使われる十二の音の調子。日本では、雅楽《ガガク》や箏曲《ソウキョク》などで用いられている。十二調子。

【十人十色】《ジュウニンといろ》 好みや考え方が人によって異なるものだということ。例食べ物の好みは—だ。

【十人並み】《ジュウニンなみ》 (名・形動《ダナ》) 顔だちや才能などがふつうであること。また、そのようす。例—の器量。

【十年一日】《ジュウネンイチジツ》 長い年月のあいだ、同じ状態であること。例—のごとく、なんの進歩もない。

【十年《ジュウネン》一剣《イッケン》を磨《みが》く】 十年間ひとふりの剣をみがき続けて武芸を練《ね》る。いざというときにそなえることをいう。〈賈島《カトウ》・剣客《ケンカク》〉

【十年一昔】《ジュウネンひとむかし》 十年たてば昔のことになる、ということ。十年をひと区切りにして移り変わりをとらえる言い方。

【十能】《ジュウノウ》 炭火《すみび》を入れて運んだりする、小型のスコップ状の道具。火とり。火かき。

【十八公】《ジュウハチコウ》 松の別名。〔「松」あるいは「枩」の字を分解すると十・八・公になるところからいう〕

【十八番】《ジュウハチバン》 ①「歌舞伎《かぶき》十八番」の略。市川(団十郎)家で代々つとめてきた十八種の出し物。「勧進帳《カンジンチョウ》」「助六《すけろく》」など。②自分の得意な芸。おはこ。

【十八史略】《ジュウハッシリャク》 歴史書。元《ゲン》の曽先之《ソウセンシ》の著。『史記《シキ》』から『宋史《ソウシ》』までの十八書の要点をまとめてある。

【十八般】《ジュウハッパン》 十八種の武芸。また、武芸全般をいう。

【十分】《ジュウブン》 ㊀(名・形動《ダ》)①不足や欠点がないこと。満ち足りていること。例費用を—にたくわえる。②相撲《すもう》で、万全《バンゼン》の体勢になること。例右四つ—になる。㊁(副)不足のないようす。余すところなく。例もう—いただきました。㊂(名・する)全体を十に分けること。例—の一《イチ》の量。表記㊀㊁は「充分」とも書く。

【十万億土】《ジュウマンオクド》 〔仏〕この世から極楽浄土《ゴクラクジョウド》に行くまでにあるという、多くの仏の国。転じて、遠いところ。極楽浄土。極楽。あの世。例病人は昨夜ことぎれて—へ旅立った。

【十目《ジュウモク》の▽視《み》る所《ところ》十手《ジッシュ》の指《ゆび》さす所《ところ》】〔「十目」「十手」は、多くの人の注意の意〕みんながそろってそうだと認めるところ。また、多くの人々の批判。判断や批判は多人数でおこなうべきである、ということのたとえ。〈大学《ダイガク》〉

【十文字】《ジュウモンジ》 二つの直線が交差した「十」の字の形。十字。例ひもで—にしばる。

【十両】《ジュウリョウ》 相撲《すもう》で、幕内《マクうち》と幕下《マクした》の間にあたる地位。〔十両以上を関取《せきとり》という〕

【十六夜】《ジュウロクヤ／いざよい》 ①陰暦《インレキ》で、毎月十六日の夜。②「十六夜《いざよい》の月」の略。陰暦の十六日の夜に出る月。〔月の出がおそくて、ためらってのぼる(=いざよう)ことから〕

【十六国】《ジュウロッコク》 中国で、三〇四年ごろから約百三十年間にわたって興亡をくりかえした、北方民族などの諸国家をいう。例五胡《ゴコ》—時代。

【▽十露盤】《そろバン》 ①おもに中国や日本で使われている計算用具。例—をはじく。②(損得・利益の)計算。例—が合わない。—ずく(=何ごとも損得を考え、行動する)。③算数のこと。算術。例読み書き—。表記▽「▽算盤」とも書く。

【十重二十重】《とえはたえ》 いくえにもとり巻いているようす。例—にとり囲む。

【十日の菊】《とおかのキク》 〔陰暦《インレキ》九月九日(=重陽《チョウヨウ》の節句)の翌日の菊の意〕機会をのがして役に立たなくなったものごとのたとえ。例六日《むいか》の菖蒲《あやめ》—。

十 1

【千】

3画 3273 5343 教育1 音セン 漢 呉 訓ち

筆順 ノ 二 千

なりたち 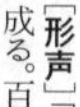 [形声]「十(=とお)」と、音「人《ジン→セン》」とから成る。百を十倍した数。

意味 ❶数の名。百の十倍。例千字文《センジモン》。千手観音《センジュカンノン》。❷ひじょうに多い数。あまた。例千金《センキン》。一日千秋《イチジツセンシュウ》。一騎当千《イッキトウセン》。

参考 商売や契約《ケイヤク》の文書では、数字を書きかえられないように、同音の「仟」や「阡」を使うことがある。

日本語での用法 《ち》「ち」の音をあらわす万葉がな。「高千穂《たかちほ》」

難読 千人石《ちびきのいわ》・千種《ちぐさ》・八千種《やちぐさ》・千歳《ちとせ》・千屈菜《みそはぎ》

人名 かず・ゆき

【千客万来】《センキャクバンライ》 客がどんどんやってきてにぎわうこと。例—の盛況《セイキョウ》。

【千金】《センキン》 ①多額なお金。大金。例一獲《イッカク》—。②ひじょうに大きな価値。例一刻—。③大金持ち。富豪《フゴウ》。例—の子(=金持ちの家の子供)。

【千金《センキン》の子《こ》は市《いち》に死《シ》せず】 金持ちの子は金の力で刑罰《ケイバツ》をまぬかれるから、町なかで処刑されることはない。また、金持ちの子は軽率《ケイソツ》なおこないをしない。〈史記《シキ》〉

【千▼鈞】《センキン》 〔「鈞」は、重さの単位〕きわめて重いこと。また、重いもの。(類)万鈞《バンキン》。例—の重みがある発言。

【千軍万馬】《セングンバンバ》 ①多くの兵士と軍馬。大軍。例—の軍勢。②多くの戦闘《セントウ》を経験してきたため、戦いのかけひきがうまいこと。転じて、社会に出ていろいろな経験を積み、場なれしていること。(類)百戦錬磨《レンマ》。例—のつわもの。

【千言】《センゲン》 ひじょうに多くのことば。千万言《センマンゲン》。例—万句《バンク》。

【千古】《センコ》 ①おおむかし。また、遠い昔から現在まで。(類)太古。例—のなぞ。②ひじょうに長い年月。永遠。永久。とこしえ。例—不滅《フメツ》の英雄《エイユウ》。

【千古不易】《センコフエキ》 大昔から今まで、ずっと変わらないこと。永遠に変わらないこと。例—の真理。

【千石船】《センゴクぶね》 米を千石も積むことのできた大型の和船。

【千歳】 ㊀《センザイ》千年。長い年月。千載《センザイ》。例—ののちまで語りつぐ。㊁《ちとせ》千年。長い年月。例—飴《あめ》。—の松。

【千載】《センザイ》 千年。長い年月。千歳《センザイ》。例名を—に残す。

【千載一遇】《センザイイチグウ》 千年に一度めぐりあうこと。ごくまれなこと。例—の好機。

【千差万別】《センサバンベツ》 さまざまな、ちがいがあること。例人人の反応は—だ。

【千思万考】《センシバンコウ》 (名・する)いろいろと考えをめぐらすこと。また、その考え。例—熟慮《ジュクリョ》を重ねる。

【千紫万紅】《センシバンコウ》 さまざまな花の色。また、色とりどりの花がさいていること。千紅万紫。例—の花ざかり。

【千姿万態】《センシバンタイ》 さまざまなすがたやかたち。例球場に向かう—の人人。

【千字文】《センジモン》 梁《リョウ》の周興嗣《シュウコウシ》の四言詩二百五十句。「天地玄黄《テンチゲンコウ》」で始まる千字の漢字には一字の重複もない。早くから日本に伝わり、明治時代まで漢字の教科書として広く使われた。

【千社札】《センジャふだ》 千社参りのとき、参詣《サンケイ》の記念に社寺の建物にはる、長方形の紙の名札。

【千社参り】《センジャまいり》 一千の社寺に次々にお参りして、祈願《キガン》すること。千社詣《もう》で。

【千種】《センシュ／ちくさ／ちぐさ》 多くの種類。いろいろ。さまざま。例—《センシュ》万様《バンヨウ》。

【千秋】《センシュウ》 千年。長い年月。例一日《イチジツ》—の思いで待つ。

【千秋節】《センシュウセツ》 天子の誕生日。唐《トウ》代におこなわれた。

【千秋万歳】《センシュウバンゼイ／センシュウマンザイ》 千年万年。長寿《チョウジュ》を祝うことば。例—の宝算《ホウサン》(=天子の年齢《ネンレイ》)をとなえる。

【千秋楽】《センシュウラク》 ①雅楽《ガガク》の曲名。②芝居《しばい》や相撲《すもう》などの興行の、最後の日。らく。〔雅楽で、最後の演奏曲が「千秋楽」だったことから〕(対)初日《ショニチ》。

【千手観音】《センジュカンノン》 ①千の手と千の目をもち、深い慈悲《ジヒ》の心で人々を救う仏。千手千眼《センゲン》観自在菩薩《ボサツ》。②シラミの別名。かんのんさま。

【千乗】《センジョウ》 〔「乗」は、兵車を数えることば〕兵車千台。(対)万乗《バンジョウ》。例—の家(=兵車千台を持っている家。諸侯《ショコウ》のこと)。

【千畳】《センジョウ》 ①山などがいくえにも重なっていること。②たたみ千枚。それほど広いこと。例—敷《じき》。

【千尋】《センジン｜ちひろ》〔「尋」は、長さの単位〕きわめて高い、また、深いこと。例 —《センジン》の谷。表記「千▼仞」とも書く。
【千辛万苦】《センシンバンク》（名・する）さまざまな苦労をすること。多くの難儀《ナンギ》や苦しみ。例 —の末、やっと望みを果たす。
【千▼朶】《センダ》 多くの花。例 —万朶《バンダ》とさき乱れる。
【千代】《センダイ｜ちよ》 長い月日。千年。永遠。例 —《ちよ》に八千代《やちよ》に。表記「ちよ」は、「千世」と書くこともある。
【千成り】《センなり》 実が群がってなること。また、なっているもの。例 —瓢簞《ビョウタン》。表記「千▽生り」とも書く。
【千日】《センニチ》 一千日。多くの日数。例 —講。—参り。
【千日手】《センニチて》 将棋《ショウギ》で、両者がたがいに同じ手順をくりかえして、勝負の決まらない状態。
【千人力】《センニンリキ》 千人分の、強いちから。また、千人力を得たように心強いこと。例 君がいてくれれば—だ。
【千年】《センネン》 一千年。長い年月。千歳《センザイ》。千載《センザイ》。千秋。例 鶴《つる》は—亀《かめ》は万年。
【千羽鶴】《センばづる》 ①たくさんの折り鶴を糸でつないだもの。病気見舞《みま》いなどに使う。②多くのツルの姿をえがいた模様。
【千波万波】《センパバンパ》 多くのなみ。次から次へと寄せてくるなみ。例 —の広がる海。
【千振】《センぶり》 リンドウ科の二年草。乾燥《カンソウ》させて健胃薬とする。〔千度煎《せン》じて振り出しても、まだにがいことから〕
【千分比】《センブンヒ》「千分率《センブンリツ》」に同じ。
【千分率】《センブンリツ》 全体を千に分けて、そのうちの一つを一単位としてあらわす割合。千分比。パーミル。記号‰
【千編】《センペン》 一千の詩や文章。多くの詩文。表記 旧千▼篇
【千編一律】《センペンイチリツ》（名・形動《ダナ》）詩や文章の語調や趣向《シュコウ》が、どれも似たような調子で、代わりばえしないこと。また、多くのものごとがみな同じ調子で、おもしろみのないこと。表記 旧千▼篇一律
【千変万化】《センペンバンカ》（名・する）次々と、さまざまに変化すること。例 —する世相。
【千万】《センマン》 ［一］（名）一万の千倍。また、ひじょうに数の多いこと。ちよろず。例 —の富。［二］《センバン》（副）①いろいろ。はなはだ。まったく。例 —かたじけない。②〔「…千万」の形で〕その程度が、この上もない、はなはだしい、の意をあらわす。例 無礼《ブレイ》—。迷惑《メイワク》—。
【千万言】《センマンゲン》 ひじょうにたくさんのことば。千言万語《センゲンバンゴ》。例 —をついやしても語りつくせない。
【千万無量】《センマンムリョウ》 数えきれないほど多いこと。はかりしれないこと。例 —の感慨《カンガイ》。
【千三つ】《センみつ》 ①〔ほんとうのことは千のうち三つしかない、の意〕うそつき。ほらふき。②〔商談が千のうち三つしか成立しない、の意〕不動産の取り引きや、金銭の貸し借りのあっせんを職業とする人。例 —屋。
【千里】《センリ》 一里の千倍。ひじょうに遠い距離《キョリ》。例 一望—。—の道も遠しとせず。
【千里眼】《センリガン》 千里も先の地のできごとを見通す力。目に見えないことでも、洞察《ドウサツ》できる力。また、その力をもつ人。
【千里同風】《センリドウフウ》〔遠方まで同じ風がふく、の意〕①太平の世。世の中がよく治まっていること。②ひじょうに広い地域にもかかわらず、風俗《フウゾク》が同じであること。
【千里の馬】《センリのうま》 ①一日に千里も走ることのできる、すぐれたウマ。千里の駒《こま》。名馬。駿馬《シュンメ》。②すぐれた人物のたとえ。例 —は常に有れども伯楽《ハクラク》は常には有らず（＝名馬は常にいても、その能力を見つけ出す人はいつもいるとはかぎらない）。〈韓愈《カンユ》・雑説《ザッセツ》〉
【千里《センリ》の行《コウ》も足下《ソッカ》より始《はじ》まる】 長い旅も足もとの一歩から始まる。どんなことでも初めが肝心《カンジン》で、遠大な事業も手近なところから始まる、ということのたとえ。〈老子《ロウシ》〉
【千里の駒】《センリのこま》「千里《センリ》の馬《うま》」に同じ。
【千両箱】《センリョウばこ》 江戸《えど》時代、金貨幣《キンカヘイ》を収納して保管した木製の容器。ふつう、小判千枚（＝千両）を入れた。
【千両役者】《センリョウヤクシャ》 ①〔千両の給金を取る役者の意〕気品があり、すぐれた演技で観客を引きつける役者。②すぐれた力量をもった人。
【千慮の一失】《センリョのイッシツ》 どんなにかしこい人でも、千の考えのなかには一つくらいのまちがいはあるということ。思わぬ失敗をすることのたとえ。〈史記《シキ》〉
【千六本】《センロッポン》〔「繊蘿蔔《センラフク｜センロフ》（＝細切りのダイコン）」の変化〕ダイコンなどを、千切りにする（＝細くきざむ）こと。また、そのもの。表記「繊六本」とも書く。
【千木】《ちぎ》 神社や宮殿《キュウデン》の屋根で、むねの両はしに×の形に交差させた、ななめにつきだしている二本の木材。
【千草】《ちぐさ》 ①いろいろな草。例 庭の—。②「千草色」の略。もえぎ色。例 —もめんの大ぶろしき。
【千鳥】《ちどり》 ①群れをなす小鳥。例 百《もも》—。②チドリ科の鳥をまとめていうことば。多くは海岸や水べで生活し、夜すんだ声で鳴く。左右の足がジグザグになるような歩き方をする。例 —足（＝酔《よ》っぱらいがふらふら歩く歩き方）。
○●一騎当千《イッキトウセン》・海千山千《うみセンやまセン》

十 2

【午】

4画
2465
5348
教育2
音 ゴ 漢 呉
訓 うま

筆順 ノ 𠂉 𠂉 午

なりたち  ［象形］陰《イン》の気が、陽の気にさからって、地からつき出る形。さからう。派生して、十二支の第七に用いる。

意味 十二支の七番目。方位では南、時刻では昼の十二時およびその前後の二時間。月では陰暦《インレキ》の五月。動物ではウマにあてる。うま。例 午後《ゴゴ》。子午線《シゴセン》。端午《タンゴ》。

人名 うし・ま

【午後】《ゴゴ》 ①正午から夜十二時までのあいだ。②正午から日没《ニチボツ》までのあいだ。昼過ぎ。例 公園で—のひとときをすごす。▽対午前。
【午▼餐】《ゴサン》 昼食。ひるめし。例 —会。
【午睡】《ゴスイ》（名・する）ひるねをすること。また、ひるね。例 —をとる。
【午前】《ゴゼン》 ①夜の十二時から昼の十二時までのあいだ。例 —中にひと仕事する。②夜明けから昼の十二時までのあいだ。▽対午後。
【午夜】《ゴヤ》 午前零《レイ》時。夜の十二時。例 —の月。
○●正午《ショウゴ》・端午《タンゴ》・丙午《ヘイゴ》

十 2

【升】

4画
3003
5347
常用
音 ショウ 漢 呉
訓 ます

筆順 ノ 𠂉 チ 升

なりたち  ［象形］とってのある「斗《ます》」の形。

意味 ❶容量の単位。一升は一合の十倍。十合《ジュウゴウ》。例 一升《イッショウ》。→「度量衡表《ドリョウコウヒョウ》」（1141ページ）❷液体や穀物をはかる方形や円形の容器。ます。例 升酒《ますざけ》。一升升《イッショウます》。❸上方へ向かって移動する。のぼる。同昇《ショウ》。例 升降《ショウコウ》。升堂《ショウドウ》。

人名 すすむ・たか・のぼる・のり・みのる・ゆき

【升堂】《ショウドウ》 堂にのぼる。学芸のレベルが高くなる。

十2 【卅】 4画 5033 5345 音 ソウ 漢 訓 さんじゅう

十4 【卌】 6画 ― 20983 本字

意味 三十。さんじゅう。例 卅日《サンジュウニチ》。―《みそ》か。卅一文字《みそひともじ》

十2 【卆】 4画 ⇩【卒】《ソツ》(163ページ)

十3 【卉】 5画 5035 5349 音 キ 漢 呉 訓 くさ

意味 くさ。草をまとめていうことば。例 花卉《カキ》。

十3 【半】 5画 4030 534A 教育2 音 ハン 漢 呉 訓 なか-ば・なから

筆順 、 丷 䒑 兰 半

十3 【半】 5画 ― ―

なりたち 半 [会意]「八(=分ける)」と「牛(=うし)」とから成る。大きな牛をまんなかで分ける。

意味 ❶二つにひとしく分ける。例 折半《セッパン》。❷なかば。なから。㋐二つに等分したものの一方。例 半分《ハンブン》。前半《ゼンハン》。小半《こなから》(=半分の半分。四分の一。一升《イッショウ》の四分の一。二合五勺《ニゴウゴシャク》)。㋑まんなか。ものごとのとちゅう。中ほど。例 半途《ハント》。夜半《ヤハン》。❸はしきれ。わずかのもの。はした。例 半銭《ハンセン》。半端《ハンぱ》。❹不十分なさま。例 半熟《ハンジュク》。半可通《ハンカツウ》。

日本語での用法《ハン》 さいころの目で、二で割り切れない数。奇《キ》。奇数。「丁《チョウ》か半《ハン》か」

難読 半被《ハッピ》・半桶《ハンぎり》・半平《ハンペン》・半靴《ホウカ》

人名 なか・なからい

【半永久】《ハンエイキュウ》 ほぼ永久に近いこと。例 ―的に使える。

【半円】《ハンエン》 円を二等分した形。例 ―形のドーム。

【半音】《ハンオン》 音楽で、全音の二分の一の音程。ハ調の場合、ミとファ、シとドの間の音程。対 全音。例 ―上げる。

【半価】《ハンカ》 定価の半分の値段。半値《ハンね》。類 半額。

【半開】《ハンカイ》 (名・する) 半分くらいひらいていること。半びらき。対 全開。例 戸を―にしておいてください。

【半解】《ハンカイ》 うわべを知っているだけで、じゅうぶんには理解していないこと。なまかじり。例 一知《イッチ》―。

【半額】《ハンガク》 全額の半分。定価や料金の、半分の値段。半値《ハンね》。例 ―セール。子供―。

【半可通】《ハンカツウ》 (名・形動《ナダ》) 〔もと、通人《ツウジン》(=遊び方の上手な、粋《いき》な人)ぶった人の意〕 よくは知らないのに、知っているかのようにふるまうこと。また、その人。知ったかぶり。なまかじり。例 ―をふりまわす。またあの―めが出しゃばった。

【半▼跏▼趺▼坐】《ハンカフザ》 片足をもう一方の足のももにのせる、すわり方。→【結跏趺坐】《ケッカフザ》(778ページ)

【半眼】《ハンガン》 目を半分ほど開けた状態。例 目を―に開く。

【半官半民】《ハンカンハンミン》 政府と民間が資本を出し合い、共同で事業をおこなうこと。例 ―の組織。

【半期】《ハンキ》 ①一定の期間の半分。例 役員を―で交代する。②半年。例 上《かみ》―。―ごとの決算。

【半旗】《ハンキ》 人の死を悲しむ気持ちをあらわすため、旗ざおの先から三分の一くらい下げて、旗をかかげること。類 弔旗《チョウキ》。例 国王の死を悼《いた》んで―をかかげる。

【半弓】《ハンキュウ》 大弓《ダイキュウ》の半分くらいの長さのゆみ。すわったままで射ることができる。対 大弓。

【半休】《ハンキュウ》 (名・する) 一日の勤務時間のうち半分を休むこと。また、半日の休み。例 土曜―。

【半球】《ハンキュウ》 ①球をその中心を通る平面で二等分したもののうちの一方。②地球を東西または南北に二等分したもののうちの一方。例 東―。北―。

【半漁】《ハンギョ》 生活のために、他の職業とかけもちで漁業を営んでいること。例 半農―。

【半玉】《ハンギョク》 まだ一人前になっていない、玉代《ギョクダイ》(=料金)も半人分の若い芸者。おしゃく。

【半句】《ハンク》 〔一句の半分の意〕 わずかなことば。例 一言《イチゴン》―聞きもらさない。

【半径】《ハンケイ》 円や球の中心から円周や球面上の一点を結んだ線分。直径の半分。例 行動―は広い。

【半夏生】《ハンゲショウ》 ①夏至《ゲシ》から十一日目。七月二日ごろ。つゆ明けの時期。②ドクダミ科の多年草。水べに生え臭気《シュウキ》がある。夏、白色の小花を穂《ほ》の形につける。片白草《かたしろぐさ》。

【半月】《ハンゲツ》 ①半円形の月。弓張り月。②半円の形。例 爪めの―(=小爪《こづめ》)。③一か月の半分。はんつき。

【半券】《ハンケン》 入場券や、領収証・預かり証の半分を切り取ったもの。料金を受け取ったり、品物を預かったりした証拠《ショウコ》としてわたす。

【半舷】《ハンゲン》 軍艦《グンカン》などの乗組員を、左舷と右舷に分けていうときの、その一方。例 ―上陸。

【半減】《ハンゲン》 (名・する) 半分にへること。また、半分にへらすこと。例 興味が―する。

【半裁】《ハンサイ》 (名・する) 紙や布などを半分に切ること。また、切ったもの。半截《ハンセツ》。

【半歳】《ハンサイ》 一年の半分。半年。

【半死】《ハンシ》 死にかかっていること。例 ―半生《ハンショウ》の状態。

【半紙】《ハンシ》 縦二四から二六センチメートル、横三二から三五センチメートルの大きさの和紙。習字などに使う。

【半寿】《ハンジュ》 数え年で八十一歳《サイ》の祝い。〔「半」の旧字「半」を分解すると「八十一」となることから〕

【半周】《ハンシュウ》 一(名) 一周の半分。二(名・する) 周囲の半分を回ること。例 グラウンドを―する。

【半熟】《ハンジュク》 ①たまごを固くならない程度にゆでること。また、そのたまご。②なかば熟してはいるが、じゅうぶんではないこと。

【半焼】《ハンショウ》 (名・する) 火事で、建物などが半分くらい焼けること。対 全焼。例 ―した家屋。

【半鐘】《ハンショウ》 火の見やぐらに取りつけられ、火災の発生などを知らせるために打ち鳴らす、小ぶりのつりがね。

【半畳】《ハンジョウ》 ①一畳の半分。例 起きて―寝《ね》て一畳。②昔、芝居《しばい》小屋で見物人がしいた、小さいたたみやござ。③非難やからかい。やじ。例 ―を入れる(=からかいや非難の声を発する。役者の演技などに不満があるとき、見物人が「半畳②」を舞台《ブタイ》へ投げたことから)。

【半身】 一《ハンシン》 全身の半分。対 全身。例 上―。二《ハンみ》 ①相撲《すもう》や剣道《ケンドウ》などで、相手に対してからだをななめに構える姿勢。例 ―に構える。②魚を二枚におろしたときの一方。

【半信半疑】《ハンシンハンギ》 (名・形動《ナダ》) 半分信じて、半分うたがうこと。例 ―でそのうわさを聞いた。

【半睡】《ハンスイ》 なかばねむっていること。意識がはっきりしない、夢うつつの状態。例 半醒《ハンセイ》―。

【半数】《ハンスウ》 全体のかずの半分。例 賛成派が―をしめる。

【半世】《ハンセイ》 生涯《ショウガイ》の半分。半生。

2画

[十部] 2―3画 卅 卆 卉 半

【半生】㊀《ハンセイ》一生の半分。半世。例—を平和運動にささげる。㊁《ハンショウ》死にかかること。例半死—。

【半切】《ハンセツ》①半分に切ること。②唐紙《トウシ》や画仙紙《ガセンシ》などを縦に半分に切ったもの。また、それにかかれた書画。半折。例—物《もの》。表記▽「半▼截」とも書く。

【半銭】《ハンセン》①一銭の半分。五厘《ゴリン》。例—で売る。②わずかなお金。例一紙《イッシ》—(=一枚の紙と半銭。わずかなもの)。

【半双】《ハンソウ》一双の半分。一対《イッツイ》となっているものの片一方。例—の屏風《ビョウブ》。

【半田】《ハンだ》金属の接合に用いられる、すずと鉛《なまり》の合金。例—づけ。表記「▽盤▼陀」とも書く。

【半濁音】《ハンダクオン》日本語でいう、パ・ピ・プ・ペ・ポの音。(対)清音・濁音。例—符《プ》。

【半濁点】《ハンダクテン》日本語で、半濁音であることを示す符号《フゴウ》。かなの右かたにつける「゜」のこと。半濁音符《プ》。

【半通夜】《ハンツヤ》時間を限っておこなう通夜。〔通夜とは本来、夜どおし、ひと晩じゅうおこなうことをいった〕

【半天】《ハンテン》①天の半分。青空の半分。②天と地のあいだ。なかぞら。(類)中天・中空・半空。③「半纏《ハンテン》」に同じ。

【半▼纏】《ハンテン》①羽織に似た上《うわ》っぱり。胸《むな》ひもを付けず、えりの折り返しや襠《まち》がない。例ねんねこ—《バンテン》。②「印半纏《しるしバンテン》」の略。えりや背中に、屋号《やゴウ》・家紋《カモン》などを染めぬいたはんてん。はっぴ。表記▽「半天・▼袢▼纏」とも書く。

【半途】《ハント》①行く道のとちゅう。例吹雪《ふぶき》のため—で引き返した。②おこなっていることのとちゅう。例学業—にして病にたおれる。表記▽「半塗」とも書く。

【半島】《ハントウ》海につきでている陸地で、岬《みさき》より大きいもの。例紀伊《きい》—。スカンディナビア—。

【半導体】《ハンドウタイ》電気伝導率が良導体と絶縁体《ゼツエンタイ》の中間にある物質。ゲルマニウムやシリコンなど。トランジスターやダイオードなどに使われる。

【半時】《ハンとき》①昔の時制で、一時《イッとき》(=約二時間)の半分。今の約一時間。例—ばかりの後。②少しのあいだ。しばらく。

【半日】《ハンニチ》〔「ハンジツ」とも〕一日の半分。また、午前中か午後のどちらか。例—仕事。

【半端】《ハンぱ》(名・形動ダナ)①数や量がそろわず不完全なこと。はした。例—な時間。②どっちつかずで徹底《テッテイ》しないこと。例中途《チュウト》—。③端数《はスウ》。はした。例—を切り捨てる。④一人前でないこと。例—な仕事。

【半白】《ハンパク》しらがまじりのかみの毛。ごましお頭。例—の老人。

【半幅】《ハンはば》並幅《なみはば》(=和服用の布地の標準の幅。約三六センチメートル)の半分の幅。例—帯《おび》。表記「半▽巾」とも書く。

【半風子】《ハンプウシ》シラミのこと。〔漢字の「虱《しらみ》」が、「風」の字の半分であることから〕

【半分】《ハンブン》①一つのものを同じ量の二つに分けたうちの一つ。二分の一。なかば。例—ずつ分ける。②〔「…半分」の形で〕なかばその気で、という意味をあらわす。例おもしろ—。ふざけ—。いたずら—。

【半璧】《ハンペキ》①半円形の璧玉《ヘキギョク》。②半月。弓張り月。

【半母音】《ハンボイン》〔言〕子音《シイン》に近い性質をもちながら、音《オン》の出し方は母音に近い音《オン》。ヤ行・ワ行の[j][w]など。

【半面】《ハンメン》①顔の半分。例—像。②ものを二面に分けたうちの片一方。例テニスコートの—。③ものごとにいくつかの面があるうちの一つ。(類)一面。例—の真理。

【半面の識】《ハンメンのシキ》わずかのあいだ会っただけの人の顔を、いつまでもよく覚えていること。また、ちょっと会っただけの知り合い。半面識。〈後漢書《ゴカンジョ》〉

【半夜】《ハンヤ》①まよなか。夜半。また、子《ね》の刻から丑《うし》の刻(=午前零《レイ》時から午前二時ごろ)までのあいだ。例—に目覚める。②一夜の半分。例やっと—のねむりを得た。

【半裸】《ハンラ》からだの半分くらいが、はだかであること。(対)全裸。

【半輪】《ハンリン》輪の半分。半円形。例—の月(=半月《ハンゲツ》)。

◐過半《カハン》・後半《コウハン》・前半《ゼンハン》・大半《タイハン》

十3 【半】5画 ⇩【半】《ハン》(161ページ)

十4 【卍】6画 5036 534D 音バン(漢)マン(呉) 訓まんじ

意味 インドの神の胸にえがかれた吉祥《キッショウ》円満のしるし。中国で、仏典を漢字に訳したとき、「万」の字にあてたもの。〔「万」と同じ字として用いられることもある〕例卍字《マンジ》。

日本語での用法《まんじ》①紋所《モンどころ》の名。「右卍《みぎまんじ》(=卐)・逆卍《ギャクまんじ》(=卐。ハーケンクロイツ。鉤十字《かぎジュウジ》。ナチスのマーク)・丸《まる》に卍《まんじ》・卍菱《まんじびし》」②入り乱れるようす。「卍巴《まんじどもえ》になる」

十4 [卋]6画 ⇩【世】《セイ》(23ページ)

十4 [卌]6画 ⇩【卅】《ソウ》(161ページ)

十6 【協】8画 2208 5354 教育4 音キョウ(漢)(呉) 訓かな-う

筆順
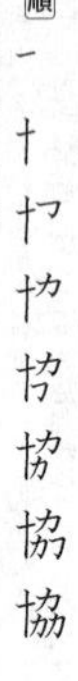

忄6 [恊]9画 5580 604A 別体字

なりたち

[会意]「劦(=力を合わせる)」と「十(=多い)」とから成る。多くの力を合わせる。

意味 ❶力を合わせる。ともにする。例協同《キョウドウ》。協力《キョウリョク》。❷調和させる。おれあう。例協調《キョウチョウ》。妥協《ダキョウ》。❸一致《イッチ》する。あてはまる。かなう。例横綱《よこづな》に協《かな》う実力《ジツリョク》。

人名 かなえ・かのう・やす・やすし

【協会】《キョウカイ》(公共の)ある目的のために、会員が協力してつくり、運営する団体。例日本放送—。

【協議】《キョウギ》(名・する)人々が集まり、相談すること。例—事項《ジコウ》。じっくり—して決める。

【協賛】《キョウサン》(名・する)〔「賛」は、たすける意〕もよおしものや事業などをおこなう目的や理由に賛成して、協力や援助《エンジョ》をすること。(類)賛助。例—金。新聞社—の美術展。

【協心】《キョウシン》(名・する)心を合わせること。

【協奏曲】《キョウソウキョク》独奏楽器とオーケストラが合奏する楽曲。コンチェルト。例ピアノ—。

【協調】《キョウチョウ》(名・する)考え方や性格の異なる者どうしが、力を合わせて折り合いをつけること。(類)協力。例労資—。

【協定】《キョウテイ》(名・する)①協議して決めること。また、その約束。例紳士《シンシ》—。—を結ぶ。②〔法〕特定の対象についての、国家間の略式のとりきめ。〔英語 agreement の訳語〕

【協同】《キョウドウ》(名・する)みんなで力を合わせて仕事をすること。(類)協約。例通商—。

例—組合。

【協約】《キョウヤク》(名・する)たがいの利害にかかわることがらについて、団体と個人、また、団体どうし、国どうしで相談して約束すること。また、その約束。(類)協定。例労働—。

【協力】《キョウリョク》(名・する)ある目的のために、いっしょに力を合わせておこなうこと。例一致《イッチ》—。—をおしまない。

【協和】《キョウワ》(名・する)心を合わせて、たがいに仲よくすること。例—音。諸民族の—。

◐妥協《ダキョウ》・農協《ノウキョウ》

十 6
【卒】 8画 3420 5352 教育4
音 一ソツ漢 ソチ呉 二ソツ慣 シュツ漢
訓 にわ-か・お-わる・お-える
筆順

十 2
【卆】 4画 5032 5346 俗字

なりたち [会意]「卒(=ころも)」と「一(=しるしをつける)」とから成る。しるしのある衣《ころも》を着たしもべ。

意味 一《ソツ・ソチ》 ❶しもべ。召《め》し使い。例卒徒《ソット》。❷身分のひくい兵士。例従卒《ジュウソツ》。兵卒《ヘイソツ》。❸にわかに。急に。とつぜん。例卒然《ソツゼン》。倉卒《ソウソツ》。二《シュツ・ソツ》 ❶終わる。終える。やむ。しめくくる。例卒業《ソツギョウ》。生卒年《セイソツネン》。❷死ぬ。また、身分の高い人の死をいう。例卒去《シュッキョ・ソッキョ》。❸ついに。最後には。

日本語での用法《ソツ》九十歳《サイ》のこと。俗字《ゾクジ》の「卆」を分けて「九十」とみなしていう。「卒寿《ソツジュ》」

難読 大卒《おおむね》

人名 たか

漢字に親しむ ❽ 「半寿《ハンジュ》」とは何歳《なんサイ》?

日本には年齢《ネンレイ》をいろいろな表現があります。「喜」の草書体が「㐂」となることから七十七歳《サイ》を喜寿、「米」の字を分解すると「八十八」となることから八十八歳を米寿、「卆(=「卒」の俗字)」を上下に分けると「九十」となることから九十歳を卒寿というのはまだわかりやすいほうですが、「百」を分解すると「一」と「白」になることから考えついて、九十九歳を白寿というのなどは、クイズの領域といってもいいでしょう。では、八十一歳を半寿、百十一歳を皇寿《コウジュ》というのはどうしてでしょうか、考えてみてください。ヒント、「半」の旧字体は「半」、「王」は分解すると「十二」。

【▽卒去】《ソッキョ・シュッキョ》(名・する)〔「シュッキョ」が本来の読み方だが、ふつう「ソッキョ」という〕①もと、四位《シイ》・五位の人が死ぬこと。②高貴な人が死ぬこと。また、「死去」の改まった言い方。例大臣の―をいたむ。

【卒園】《ソツエン》(名・する)幼稚《ヨウチ》園や保育園を卒業すること。対入園。

【卒業】《ソツギョウ》(名・する)①学校などの決められた学業を修了《シュウリョウ》すること。対入学。例―式。②あることをひととおり経験しおえること。例テレビゲームは―した。

【卒▼爾】《ソツジ》(形動《ダナ》)とつぜんなようす。例―ながらおたずねします。表記「率▼爾」とも書く。

【卒寿】《ソツジュ》九十歳《サイ》。また、その祝い。〔「卒」の俗字《ゾクジ》「卆」を「九十」とみなすことから〕

【卒然】《ソツゼン》(副)急であるようす。だしぬけに。例―と姿を消す。表記「率然」とも書く。

【卒中】《ソッチュウ》脳の血管障害などで、とつぜん意識を失ってたおれ、手足などがまひする病気。脳卒中。

【卒倒】《ソットウ》(名・する)急に気を失ってたおれること。例貧血《ヒンケツ》を起こして―した。

【▽卒▽塔婆】《ソトバ・ソトウバ》〔仏〕〔梵語《ボンゴ》の音訳〕墓に立てる、塔《トウ》をかたどった細長い板。梵字《ボンジ》・経文《キョウモン》・戒名《カイミョウ》などを書く。例―を立てる。表記「▽卒都婆・▽卒▼堵婆」なども書く。

●新卒《シンソツ》・倉卒《ソウソツ》・兵卒《ヘイソツ》

十 6
【卓】 8画 3478 5353 常用
音 タク漢呉
訓 すぐ-れる・つくえ
筆順

なりたち [会意]「卜(=くらべる)」と「早(=陽《ひ》がのぼるあさ)」とから成る。高くぬきんでる。

意味 ❶ぬきんでる。ひときわすぐれる。例卓越《タクエツ》。卓抜《タクバツ》。卓見《タッケン》。❷つくえ。台。例卓球《タッキュウ》。円卓《エンタク》。食卓《ショクタク》。

難読 卓袱台《チャブダイ》

人名 すぐる・たか・たかし・つな・とお・まこと・まさる・もち

【▽卓▼袱料理】《シッポクリョウリ》〔「卓袱」は中国音の転〕江戸《えど》時代に日本化した中華《チュウカ》料理。魚肉を主とし大鉢《おおバチ》などに盛ったもので、長崎《ながさき》の郷土料理として広まった。

【卓逸】《タクイツ》(名・する)人よりすぐれていること。例―した人物。

【卓越】《タクエツ》(名・する)他のものとはくらべものにならないほど、すぐれていること。類卓絶・卓出・卓抜《タクバツ》。例―した技術。―した能力。

【卓才】《タクサイ》人よりはるかにすぐれた才能。また、その才能のある人。類高才。例かれは―の持ち主だ。

【卓子】《タクシ》つくえ。テーブル。卓。

【卓識】《タクシキ》すぐれた意見や考え。また、すぐれた見識。類卓見《タッケン》。例―を披露《ヒロウ》した。

【卓出】《タクシュツ》(名・する)同類のなかで、ずばぬけてすぐれていること。傑出《ケッシュツ》。類卓越《タクエツ》・卓絶・卓抜《タクバツ》。例―した手腕《シュワン》。

【卓上】《タクジョウ》机や食卓などの上。机上《キジョウ》。例―日記。

【卓説】《タクセツ》りっぱな意見。すぐれた説。類卓論・高説。例名論―。―をうかがう。

【卓絶】《タクゼツ》(名・する)ひじょうにすぐれていること。類卓出・卓越《タクエツ》・卓抜《タクバツ》。例―の才。

【卓然】《タクゼン》(形動《タルト》)ずばぬけてすぐれているようす。例―たる風姿。―として他を圧する。

【卓抜】《タクバツ》(名・する・形動《ダナ》)群をぬいてすぐれていること。類卓越《タクエツ》・卓絶・卓出。例―なアイディア。

【卓立】《タクリツ》(名・する)①きわだって目立つこと。また、とくにすぐれていること。類卓出。例―した研究。②文中のある語句を強調するために、強く発音すること。プロミネンス。

【卓論】《タクロン》すぐれた論理や議論。類卓説・高説。

【卓球】《タッキュウ》台の中央に張ったネットごしに、セルロイドのたまをラケットで打ち合う室内競技。ピンポン。テーブルテニス。

【卓見】《タッケン》すぐれた意見や見識。類達見・卓識。例―の多い論説。

【卓行】《タッコウ》すぐれたおこない。例―を賞する。

【卓効】《タッコウ》薬などのすぐれたききめ。例感冒《カンボウ》に―のある薬。

●円卓《エンタク》・教卓《キョウタク》・食卓《ショクタク》・電卓《デンタク》

十 6【卑】8画 ⇩【卑】ヒ（165ページ）

十 7【単】9画 3517 5358 教育4

音 一 タン 漢 呉 二 セン 漢 ゼン 呉
訓 ひとえ

筆順 、 丷 ⺍ 𭕄 𫩏 畄 単

口 9【單】12画 5137 55AE 人名

たちなり ［会意］「吅《ケン→タン》（＝おどろきさけぶ）」と「甲」とから成る。大げさに言う。派生して「ひとつ」の意。

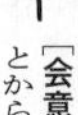

意味 一《タン》 ❶ただ一つ。ひとり。ひとつ。例 単一《タンイツ》。単身《タンシン》。単独《タンドク》。❷基本となる一つのまとまり。基準。例 単位《タンイ》。単元《タンゲン》。単語《タンゴ》。❸一様で変化がない。まじりけがない。例 単純《タンジュン》。単調《タンチョウ》。簡単《カンタン》。❹ひとえの着物。裏をつけない衣《ころも》。ひとえ。例 単衣《タンイ》。❺書きつけ。カード。例 伝単《デンタン》。
二《セン｜ゼン》「単于《ゼンウ》」は、匈奴《キョウド》の王の称号。

難読 単于《ゼンウ》・単皮《たび》

人名 ただ

【単衣《タンイ》】一 ひとえの衣服。二《ひとえ》〔「ひとえもの」の略〕裏地をつけない着物。ふつう、夏用。例 —では肌寒《はださむ》い季節になった。表記 二は「▽単」とも書く。

【単位《タンイ》】①長さ・重さ・時間などをはかるときに基準とするもの。また、数値。メートル・グラム・秒など。例 百の—。億—のお金が動く。②ある組織を構成している、基本的なひとまとまり。例 クラス—で行動する。③高等学校や大学などで学習量をはかる基準の量。例 —制高等学校。

【単一《タンイチ》】一（名）「単一型乾電池《カンデンチ》」の略。円筒形《エントウケイ》の乾電池では最大のもの。類 単二・単三・単四。二《タンイツ》（名・形動《ダ》）①それだけであること。②一種類だけで、ほかのものがまじっていないこと。例 —民族国家。

【単音《タンオン》】〔言〕音声をとらえるときの最小の単位。a・o・p・tなど、それ以上細かく分けることのできない音。

【単価《タンカ》】商品の一個、または、ある単位あたりの価格。例 —を低くおさえて発売する。

【単眼《タンガン》】昆虫《コンチュウ》類やクモ類などにみられる、明暗を見分ける程度の、単純な仕組みの目。対 複眼。

【単記《タンキ》】（名・する）（選挙などで）一枚の投票用紙に一名だけを書くこと。対 連記。例 —無記名投票。

【単騎《タンキ》】ただひとりウマに乗って行くこと。また、その人。一騎。例 —で駆《か》けて行く。

【単元《タンゲン》】ある目標のもとに一つにまとめられた、教材類や学習活動。例 —学習。詩の—。

【単語《タンゴ》】文法で、文を組み立てている一つ一つのことば。ある決まった意味やはたらきをもち、それ以上に分けることのできない、ことばとしての最小の単位。語。たとえば、「月が出る。」という文は、「月」「が」「出る」の三つの単語でできている。

【単行《タンコウ》】（名・する）①ひとりで行くこと。②ひとりでおこなうこと。③一回だけおこなうこと。

【単行本《タンコウボン》】叢書《ソウショ》や全集などではなく、それだけで刊行される本。

【単細胞《タンサイボウ》】①一つの細胞。例 —生物。②考えや行動などの単純なことをたとえていう。

【単式《タンシキ》】単純な形式。簡単な方式。対 複式。

【単車《タンシャ》】オートバイやスクーターなど、エンジン付きの二輪車。

【単純《タンジュン》】（名・形動《ダ》）①一つあるいは一種類だけで、まじりけがないこと。例 —林（＝ほとんど一種類の樹木しかない森林）。②仕組み・考え方・働き方などがこみいっていないこと。類 簡単。対 複雑。例 —な作業。原理は—だ。③複雑なことがらを理解できないこと。例 —な頭をしている。

【単身《タンシン》】ひとりであること。また、仲間や家族がいない（または連れていない）こと。例 —赴任《フニン》。—敵地に乗りこむ。

【単数《タンスウ》】①数が一つであること。②英語などの文法で、ひとりまたは一つをあらわす語形。例 —形。▽対 複数。

【単調《タンチョウ》】（名・形動《ダ》）調子が単純で変化にとぼしいこと。一本調子。例 —な仕事。—なひびき。

【単刀直入《タントウチョクニュウ》】（名・形動《ダ》）〔かたなをひとふり持ってまっすぐ敵陣《テキジン》に切りこむ意〕前置きなどなしで、いきなり本題にはいること。類 率直《ソッチョク》。例 —に質問する。

【単独《タンドク》】①ただひとり。自分ひとり。例 —行動。②それ一つだけであること。例 —にあらわれる現象。

【単発《タンパツ》】①（銃《ジュウ》などで）一発ずつ発射すること。対 連発。②一回かぎりで続きがないこと。例 —ドラマ。③航空機の発動機が一つであること。対 双発《ソウハツ》・多発。

【単文《タンブン》】文法で、主語と述語の関係がひと組みだけある文。たとえば、「花がさく。」の文など。対 複文・重文。

【単弁《タンベン》】花弁がひとえであること。また、ひとえの花弁。対 重弁。例 —花。表記 旧 単▼瓣

【単葉《タンヨウ》】①葉が一枚ずつはなれているもの。最もふつうの葉の形。②飛行機の主翼《シュヨク》が一枚であること。また、その飛行機。例 —機。▽対 複葉。

【単利《タンリ》】元金だけに対して利息をつけ、中間で計算した利息にさらに利息をつけることはしないやり方。対 複利。

●簡単《カンタン》・十二単《ジュウニひとえ》

十 7【南】9画 3878 5357 教育2

音 ダン 漢 ナ・ナン 呉
訓 みなみ

筆順 一 十 𠂇 冂 冇 冇 南

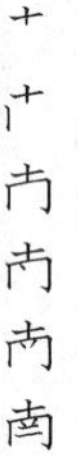

たちなり ［形声］「𢆉（＝草木がさかんにしげるようす）」と、音「羊《ジン→ダン》」とから成る。草木が枝葉を思いのままにしげらす方角。

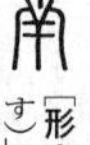

意味 方角をあらわす。みなみ。例 南極《ナンキョク》。南蛮《ナンバン》。南北《ナンボク》。

難読 南殿《ナデン》のさくら

人名 あき・あけ・なみ・みな

【▽南▼瓜《カボチャ》】ウリ科のつる性の野菜。カンボジアから伝わったのでこの名がある。とうなす。なんきん。ぼうぶら。

【南無《ナム｜ナモ》】〔仏〕〔梵語《ボンゴ》の音訳〕仏にいのるときにとなえることば。仏の教えを信じ、それに従い、すがるということ。〔漢語では「帰命《キミョウ》」〕例 —三宝《サンボウ》。

【南無▼阿▽弥▼陀仏《ナムアミダブツ》】〔仏〕〔阿弥陀仏の教えを信じ、それにすがる意〕浄土宗《ジョウドシュウ》や浄土真宗《ジョウドシンシュウ》でとなえることば。六字の名号《ミョウゴウ》。なむあみだ。

【南無妙法▼蓮華経《ナムミョウホウレンゲキョウ》】〔仏〕〔妙法蓮華経（＝法華経《ホケキョウ》）を信じ、うやまう意〕日蓮宗《ニチレンシュウ》でとなえることば。お題目《ダイモク》。

【南緯《ナンイ》】赤道を〇度、南極点を九〇度として測った南半球の緯度。対 北緯。

【南欧《ナンオウ》】ヨーロッパの南部。イタリア・スペイン・ポルトガル・フランス南部・ギリシャなどの国々。南《みなみ》ヨーロッパ。対 北欧。

【南下《ナンカ》】（名・する）南へ向かって進むこと。対 北上。例 寒気団が—してきた。

【南画《ナンガ》】「南宗画《ナンシュウガ》」の略。唐《トウ》の王維《オウイ》に始まる文人画の一派。水墨《スイボク》や淡彩《タンサイ》でおもに山水をえがく。日本では池大雅《いけのタイガ》や与謝蕪村《ヨサブソン》らが有名。対 北画。

【南海】《ナンカイ》 ①南方の海。例—の孤島《コトウ》。②「南海道」の略。

【南海道】《ナンカイドウ》 昔の七道の一つ。紀伊《きい》・淡路《あわじ》・阿波《あわ》・讃岐《さぬき》・伊予《いよ》・土佐《とさ》の六か国がふくまれる。

【南華真経】《ナンカシンケイ｜ナンゲシンギョウ》 『荘子《ソウジ》』の別名。

【南▼柯の夢】《ナンカのゆめ》 ①〔「南柯」は、南にさし出た太い枝〕唐《トウ》の淳于棼《ジュンウフン》が酒によって庭の槐《えんじゅ》の南柯の下にねたとき、槐安国《カイアンコク》の南柯郡王となって二十年の栄華《エイガ》をきわめた夢をみたが、それがアリの国であったと知り、世の中をはかないものと考えたという故事。槐安の夢。槐南の夢。②はかない夢。また、人生のたとえ。

【南極】《ナンキョク》 ①地球の南の極。地軸《チジク》の南のはし。②磁石《ジシャク》の、南を指しているほうの磁極。S極。③南極大陸。例—基地。▽対北極。

【南▽京】《ナンキン》 [一] ①中国江蘇《コウソ》省の省都。〔古くは、建業《ケンギョウ》・建康《ケンコウ》・金陵《キンリョウ》などといった〕②中国から渡来《トライ》したものをいうことば。例—繻子《ジュス》。—米《マイ》。③めずらしいものや小さくて愛らしいものをいうことば。例—ネズミ。④カボチャの別名。[二]《ナンキョウ》〔京都を北京《ホッキョウ》というのに対して〕奈良《なら》のこと。南都。

【南▽京錠】《ナンキンジョウ》 戸や金庫などに取りつけた金具の穴やくさりの輪に、棒《ボウ》などをさしこんで使う金属製の錠。

【南▽京豆】《ナンキンまめ》 落花生《ラッカセイ》。ピーナッツ。唐人豆《トウジンまめ》。〔中国を経て日本にはいったことから〕

【南国】《ナンゴク》 南のほうにある国。南の暖かい国や地方。対北国。例—育ち。

【南山】《ナンザン》 ①南の方角にある山。②陝西《センセイ》省西安《セイアン》の南にある終南山《シュウナンザン》の別名。例—の寿《ジュ》(=長寿を祝うことば)。③〔京都の比叡山《ヒエイザン》を北嶺《ホクレイ》というのに対して〕和歌山県にある高野山《コウヤサン》のこと。

【南山不落】《ナンザンフラク》 終南山《シュウナンザン》ががんじょうでくずれないように、城のとりでがしっかりしていて守りが固いことのたとえ。

【南史】《ナンシ》 中国の正史の一つ。南朝四代(=宋《ソウ》・斉《セイ》・梁《リョウ》・陳《チン》)の歴史を記した書。唐《トウ》の李延寿《リエンジュ》の著。

【南至】《ナンシ》 〔太陽が最も南にいたる意〕冬至《トウジ》。

【南西】《ナンセイ》 南と西との中間にあたる方位。西南。〔昔の言い方で、坤《ひつじさる》〕

【南船北馬】《ナンセンホクバ》 広く各地を旅すること。各地をいそがしくかけまわること。〔中国は、南は川が多いので船で、北は山や平原が多いのでウマで旅をしたということから〕類東奔西走《トウホンセイソウ》。

【南▼宋】《ナンソウ》 宋の高宗《コウソウ》が臨安《リンアン》(=今の杭州《コウシュウ》)に都を移してから、元《ゲン》にほろぼされるまでの王朝。(一一二七—一二七九)

【南端】《ナンタン》 南のはし。対北端。例日本列島の最—。

【南朝】《ナンチョウ》 ①中国で、南北朝時代に建康《ケンコウ》(=南京《ナンキン》)を都とした漢民族の四王朝。宋《ソウ》・斉《セイ》・梁《リョウ》・陳《チン》を指す。(四二〇—五八九) ②日本で、後《ゴ》醍醐《ダイゴ》天皇が吉野《よしの》に移ってから後《ゴ》亀山《かめやま》天皇までの、四代の朝廷《チョウテイ》。足利尊氏《あしかがたかうじ》の建てた北朝に対する。吉野朝。(一三三六—一三九二)→【北朝】《ホクチョウ》(154ページ)

【南天】《ナンテン》 ①南の空。②メギ科の常緑低木。冬に赤い実がなる。南天燭《ナンテンショク》。

【南都】《ナント》 ①南方のみやこ。後《ゴ》漢《カン》の南陽、南宋《ナンソウ》の臨安《リンアン》(=今の杭州《コウシュウ》)、明《ミン》代の南京《ナンキン》。②〔京都を北都というのに対して〕奈良《なら》のこと。南京《ナンキョウ》。③〔京都の比叡山《ヒエイザン》延暦寺《エンリャクジ》を北嶺《ホクレイ》というのに対して〕奈良の興福寺のこと。例—の大衆《ダイシュ》(=僧兵《ソウヘイ》)。

【南東】《ナントウ》 南と東との中間にあたる方位。東南。〔昔の言い方で、巽《たつみ》〕

【南蛮】《ナンバン》 ①南方の野蛮人。昔、中国で南方の異民族を指していった。例東夷《トウイ》・西戎《セイジュウ》・—・北狄《ホクテキ》。②室町《むろまち》時代から江戸《えど》時代にかけて、貿易の相手だった東南アジアの諸国をいう。また、そこに植民地をもち日本に来たポルトガル人やスペイン人と、日本にもたらされた西欧《セイオウ》の文化・技術・宗教をもいう。例—船《セン》。③トウガラシ。④〔関西で〕トウモロコシ。⑤「南蛮煮《ナンバンに》」の略。ネギと肉を煮た料理。例鴨《かも》—。

【南蛮▼鴃舌】《ナンバンゲキゼツ》 〔「鴃舌」は、モズのさえずりの意〕外国語を、モズのさえずりのようにうるさいだけで、意味のわからないことばとして、けいべつして言ったことば。

【南部】《ナンブ》 ①ある地域のなかの南の部分。また、ある地域の南にとなり合う部分。対北部。例『風と共に去りぬ』の舞台《ブタイ》は—だ。②もと南部氏の領地だった青森・秋田・岩手県にかけての地域。とくに盛岡《もりおか》地方。例—鉄瓶《テツビン》。

【南風】《ナンプウ｜みなみかぜ》 ①南の方角からふくかぜ。夏のかぜ。はえ。対北風。②南方の音楽。③南朝(=吉野朝《よしのチョウ》)。例—の薫《クン》(=天下が治まり平和なこと)。

【南風《ナンプウ》競《きそ》わず】 ①南方の国の勢力がふるわないこと。南方の楚《ソ》の音楽に活気がなく、北方の晋《シン》の音楽と競争できないことを、国の勢力にたとえて表現したことば。〈春秋左氏伝《シュンジュウサシデン》〉②南朝(=吉野朝《よしのチョウ》)のおとろえをいう。

【南米】《ナンベイ》 〔「米」は「亜米利加《アメリカ》」の略〕南アメリカ。ブラジル・アルゼンチン・チリ・ペルーなど。

【南方】《ナンポウ》 ①南の方角。南の方角にあたる地。対北方。②東南アジアの地域。例祖父は—を転戦した。

【南北】《ナンボク》 ①南と北。例—戦争(=一八六一年から六五年の、アメリカの北部と南部の抗争《コウソウ》)。②北半球の欧米《オウベイ》諸国と南半球のアジア・アフリカ諸国。例—問題。

【南北朝時代】《ナンボクチョウジダイ》 ①中国で、東晋《トウシン》がほろびた後、漢民族が南に、北方民族が北にそれぞれ国を建てて対立した時代。(四二〇—五八九) ②日本で、後醍醐《ゴダイゴ》天皇が吉野《よしの》に開いた南朝と、足利尊氏《あしかがたかうじ》が京都に建てた北朝とが対立した時代。(一三三六—一三九二)

【南▼溟】《ナンメイ》 南方の暗く果てしない大海。〈荘子《ソウジ》〉表記「南冥」とも書く。

【南面】《ナンメン》 (名・する) ①南に向くこと。また、南側の面。南向き。例富士《ふじ》の—。②天子や君主の位につくこと。〔天子が南向きにすわり、北向きにすわる臣下と対面することから〕例—して天下に聴《き》く。

【南洋】《ナンヨウ》 太平洋の赤道付近の海。また、そこに散在する島々をまとめていうことば。対北洋。例—漁業。

●以南《イナン》・指南《シナン》・西南《セイナン》・東南《トウナン》

十7 【卑】 9画 4060 5351 常用 音ヒ漢呉 訓いや-しい・いや-しむ・いや-しめる・ひく-い

筆順 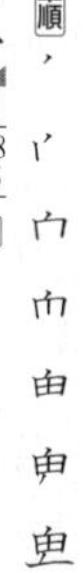

十6 【卑】 8画 1-1478 FA35 人名

たなち  [会意]「十(=右手よりおとる左手)」と「甶(=人の頭)」とから成る。身分のおとる人。いやしい。

意味 ❶身分が低い。いやしい。例卑賤《ヒセン》。尊卑《ソンピ》。❷品《ヒン》がなく、さもしい。いやらしい。例卑劣《ヒレツ》。野卑《ヤヒ》。❸いやしい者として見くだす。いやしめる。例卑屈《ヒクツ》。卑下《ヒゲ》。❹自分についてのことを、へりくだっていう。例卑見《ヒケン》。❺土地

などが低い。

【卑官】《ヒカン》 ①身分の低い官職。②役人が、自分のことをけんそんしていうことば。

【卑▼怯】《ヒキョウ》（名・形動《ダナ》）勇気や道義心がなく、やり方や心がまえがずるいこと。例―な方法。

【卑近】《ヒキン》（名・形動《ダナ》）身近なこと。手近でわかりやすいこと。例―な例を引く。

【卑金属】《ヒキンゾク》 空気中で酸化しやすい金属。鉄・亜鉛《アエン》など。対貴金属。

【卑屈】《ヒクツ》（名・形動《ダナ》）必要以上に人に気がねをし、自分を小さく弱くみて、いじけていること。例―な態度。

【卑下】《ヒゲ》（名・する）①自分を人よりもおとっているとして、ひどくえんりょした態度をとること。例―しないで堂堂と述べなさい。②他人を見くだすこと。

【卑見】《ヒケン》 自分の意見をけんそんしていうことば。わたくしのつまらない考え、の意。例―を述べさせていただきます。表記「▼鄙見」とも書く。

【卑語】《ヒゴ》 人をののしるときなどに用いる、下品なことば。品《ヒン》の悪いことば。例わざと―を使う悪いくせ。表記「▼鄙語」とも書く。

【卑高】《ヒコウ》 低いところと高いところ。たとえば、天と地、山と沢《さわ》、など。また、地位の高い者と低い者。

【卑小】《ヒショウ》（名・形動《ダナ》）とるにたりないこと。とくに問題にならないつまらないこと。例―なことにこだわる。

【卑称】《ヒショウ》 人の動作や状態、また、相手そのものをいやしめていうことば。「行く」「去る」に対して「うせる」、「…している」に対して「…やがる」、「おまえ」「あなた」「きみ」に対して「てめえ」「うぬ」「きさま」など。対尊称《ソンショウ》。

【卑▼賤】《ヒセン》（名・形動《ダナ》）身分や地位が低いこと。例―から身を起こす。表記「▼鄙▼賤」とも書く。

【卑俗】《ヒゾク》（名・形動《ダナ》）下品でいやしいこと。例―な歌。表記「▼鄙俗」とも書く。

【卑属】《ヒゾク》〔法〕親族の系統上、自分の子・孫・おい・めい、など目下の血族。対尊属。

【卑劣】《ヒレツ》（名・形動《ダナ》）性質ややり方が、ひきょうでおとっていること。例―な男。

【卑▼猥】《ヒワイ》（名・形動《ダナ》）いやしくてみだらなこと。例―な歌。―な笑い。

●男尊女卑《ダンソンジョヒ》・野卑《ヒヤ》

［十部］10画●博 博　［卜部］

十10 【博】 12画 3978 535A 教育4 音ハク漢 ハク・バク呉 訓ひろ-い 付表博士《はかせ》

筆順 博

十10 【博】 12画

忄10 【愽】 13画 5641 613D 別体字

なりたち ［会意］「十（＝そなわる）」と「専《フ》→《ハク》（＝しきのべる）」とから成る。大いに通じる。

意味 ❶ひろく行きわたる。ひろい。例博学《ハクガク》。博識《ハクシキ》。博覧《ハクラン》。該博《ガイハク》。❷得る。うける。例好評《コウヒョウ》を博《ハク》する。❸かけごと。ばくち。例博奕《バクエキ》。博徒《バクト》。賭博《トバク》。

難読 博多《はかた》（＝地名・姓《セイ》）

人名 とおる・はか・ひろ・ひろし・ひろむ

【博士】《はかせ》《ハクシ》 専門の学術について、水準以上の研究をした者にあたえられる学位。

【博愛】《ハクアイ》 すべての人を差別しないで、広く平等に愛すること。例―主義。

【博引▼旁証】《ハクインボウショウ》（名・する）論文などで、例を広い範囲《ハンイ》から引用し、証拠《ショウコ》を多くあげて自説の正当性を説明すること。

【博▼奕】《バクエキ》《バクち》 「博打《バクち》」に同じ。

【博雅】《ハクガ》 広く学問に通じ、ものごとを知っていること。例―の士。

【博学】《ハクガク》（名・形動《ダナ》）ものごとを、広くくわしく知っていること。例―多才。

【博言学】《ハクゲンガク》 「言語学」の古い言い方。〔英語 philology の訳語〕

【博才】《バクサイ》 ばくちの才能。かけごとに勝つ才能。例―がある。

【博識】《ハクシキ》（名・形動《ダナ》）広い範囲《ハンイ》にわたってものごとをよく知っていること。類多識《タシキ》。対寡聞《カブン》・浅学《センガク》。例―な研究家。

【博捜】《ハクソウ》（名・する）求める用例を見つけるために、多くの記録や文書を調べること。例文献《ブンケン》を―する。

【博大】《ハクダイ》（名・形動《ダナ》）知識や学問などが広くゆたかであること。例―な知識。

【博▽打】《バクち》 ①金品をかけて、花札やトランプなどの勝負をすること。賭博《トバク》。博奕《バクエキ》。例―打ち。②失敗したら取りかえしのつかないことに、思いきって挑戦《チョウセン》すること。例大《おお》―に出る。

【博徒】《バクト》 ばくち打ち。

【博物】《ハクブツ》 ①さまざまなことがらについて広い知識をもち、くわしく知っていること。例―誌。②「博物学」の略。

【博物学】《ハクブツガク》 動植物・地質・鉱物についての学問。

【博物館】《ハクブツカン》 ①考古学資料や歴史的遺物、美術品などを広く集めて並べ、いっぱんに公開するところ。〔英語 museum の訳語〕例科学―。②過去のことを知るために、古くなった記念物や関係資料などの材料を集めて見せるところ。例―行きの品物。

【博聞強記】《ハクブンキョウキ》 広くものごとを聞いて知っており、それをよく記憶《キオク》していること。例―の人。

【博文約礼】《ハクブンヤクレイ》 広くものごとの理を学び、さらに礼という基準にてらして、統合すること。〔孔子《コウシ》の学問観を示したもの〕〈論語《ロンゴ》〉

【博覧】《ハクラン》（名・する）①広く書物を読み、多くのことを知っていること。また、見聞を広くすること。②いっぱんの人々に公開して見聞させること。例万国《バンコク》―会。

【博覧強記】《ハクランキョウキ》 広く書物を読み、それをよく記憶《キオク》していること。例おどろくべき―。

【博労】《バクロウ》〔「伯楽《ハクラク》」の変化したことば〕①ウシやウマの売買をする人。②ウシやウマのよしあしを見分ける人。表記「馬▼喰」とも書く。

十10 【博】 12画 ⇩【博】《ハク》（166ジ《ペー》）

25
2画
卜 ぼく部

カメの甲羅《コウラ》を焼いてうらないをするとき、表面にできるひびわれの形をあらわす。「卜」をもとにしてできている字と、「卜」の字形を目じるしにして引く漢字とを集めた。

0 卜 2 卞 3 占 6 卦

この部首に所属しない漢字

上⇩一 14　止⇩止 556　外⇩夕 248　卓⇩十 163

虎⇩虍 871 貞⇩貝 932 赴⇩走 943

卜 0

【卜】

2画 4346 535C 人名 音 ホク(漢)ボク(呉) 訓 うらな-う・うらな-い

意味 カメの甲羅《コウラ》やけものの骨《ほね》などを焼いて、そのひびわれで運勢を予想する。うらなう。うらない。例 卜占《ボクセン》。亀卜《キボク》。

難読 卜部《うらべ》(=姓《せい》)

【卜辞】《ボクジ》 殷《イン》の遺跡《イセキ》から出土した亀甲獣骨《キッコウジュウコツ》にきざみつけられた、うらないの文字。

【卜者】《ボクシャ》 うらないをする人。占師《うらない》。易者《エキシャ》。

【卜人】《ボクジン》 うらないをする人。易者《エキシャ》。卜者《ボクシャ》。

【卜▼筮】《ボクゼイ》 〔「筮」は、筮竹《ゼイチク》を使ったうらない〕うらない。例 ―で身を立てる。

【卜占】《ボクセン》 うらない。占卜。例 ―の術。

【卜相】《ボクソウ》 人相や家相、また善悪や良否をうらなうこと。

【卜居】《ボッキョ》 (名・する) うらなって土地を選び、そこに住むのを決めること。

卜 2

【卞】

4画 5038 535E 音 ヘン(漢)ベン(呉)

意味 ❶かんむり。同 弁《ベン》。❷せっかちなようす。❸きまり。のり。❹姓《せい》の一つ。例 卞和《ベンカ》。

【卞▽和】《ベンカ》 春秋時代の楚《ソ》の人。すばらしい宝玉《ホウギョク》の発見者。→【和氏の璧】《カシのヘキ》(200ページ)・【完璧】《カンペキ》(290ページ)

卜 3

【占】

5画 3274 5360 常用 音 セン(漢)(呉) 訓 し-める・うらな-う・うらな-い

筆順 丨 ト ト 占 占

なりたち  [会意]「卜(=うらなう)」と「口(=くち)」とから成る。カメの甲羅《コウラ》のひびわれの形を見て問う。

意味 ❶吉凶《キッキョウ》をうらなう。うらない。例 占星術《センセイジュツ》。占卜《センボク》。❷自分のものとする。しめる。例 占拠《センキョ》。占有《センユウ》。独占《ドクセン》。

難読 辻占《つじうら》

人名 うら・しめ

【▽占形】《うらかた》 うらないの結果、あらわれ出たかたち。カメの甲羅《コウラ》やシカの骨などを焼いて、あらわれたさけ目など。

【占拠】《センキョ》 (名・する) ある場所をひとりじめにすること。例 不法に建物を―する。

【占者】《センジャ》 うらないをする人。

【占術】《センジュツ》 うらないの方法。うらない。

【占星】《センセイ》 天体の位置や運行などを見て、自然・社会・人事をうらない、吉凶《キッキョウ》を判断すること。

【占星術】《センセイジュツ》 星などの天体の動きによってうらなう術。

【占▼筮】《センゼイ》 (名・する) 筮竹《ゼイチク》によってうらなうこと。

【占兆】《センチョウ》 うらないにあらわれたかたち。例 ―を読み取る。

【占▼卜】《センボク》 うらなうこと。うらない。卜占。例 ―による。

【占夢】《センム》 夢の示すことが、吉《キチ》か凶《キョウ》か、また、どんな意味があるかを判断すること。ゆめうら。ゆめはんだん。

【占有】《センユウ》 (名・する) 自分のものとして所有すること。例 ―率《リツ》。相手を―したい欲望。

【占用】《センヨウ》 (名・する) 道路などの公《おおやけ》のものを、ある者が特別の目的のために使用すること。例 歩道を不法に―する。

【占領】《センリョウ》 (名・する) ①ある地域を兵力で完全に支配すること。②ある場所をひとりじめすること。例 部屋を―する。

卜 6

【卦】

8画 2321 5366 音 カ(漢)ケ(呉)

意味 易《エキ》のうらないで、陰《イン》(‐‐)と陽(―)を六つ組み合わせてできる六十四とおりの形。うらかた。例 八卦《ハッカ》。どんな卦《ケ》が出《で》るか。

難読 本卦還《ホンケがえ》り

26 2画 卩 わりふ ふしづくり (㔾 まげわりふ) 部

割り符《フ》(=一つのものを二つに割って、それぞれを分け持ち、後日に証拠《ショウコ》のしるしとして、合わせてみたもの)の形をあらわす。「節《ふし》」の旁《つくり》(=漢字の右がわの部分)になるので「ふしづくり」ともいう。「卩」が脚《あし》(=漢字の下がわの部分)になるときは「㔾(=まげわりふ)」となる。「卩」をもとにしてできている漢字と、「卩」の字形を目じるしにして引く漢字とを集めた。

この部首に所属しない漢字

脚⇩月 823 御⇩彳 377

卩 0

【卩】

2画 5039 5369 音 セツ(漢) 訓 ふし・わりふ

意味 符節《フセツ》。わりふ。ふし。

㔾 3

【卮】

5画 5040 536E 音 シ(漢) 訓 さかずき

巳 4

【巵】

7画 5466 5DF5 俗字

意味 酒を飲むための容器。さかずき。例 卮酒《シシュ》。玉卮《ギョクシ》。

【卮言】《シゲン》 とりとめもないことば。例 林羅山《はやしラザン》の『―抄《ショウ》』。

【卮酒】《シシュ》 さかずきについだ酒。

卩 3

【卯】

5画 1712 536F 人名 音 ボウ(漢) 訓 う

夕 2

【夘】

5画 5041 5918 俗字

なりたち 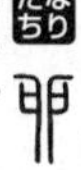 [象形] 開いた門の形。あらゆるものが地から出て、しげる。派生して、十二支の第四番に用いる。

意味 十二支の四番目。方位では東、時刻では午前六時、およびその前後の二時間。月では陰暦《インレキ》の二月。動物ではウサギにあてる。う。例 卯酒《ボウシュ》。卯年《うどし》。

日本語での用法 《う》「ウツギの花(=卯《う》の花)」の略。「卯月《うづき》・卯木《うつぎ》」

人名 あきら・しげ・しげる

【卯の花】《うのはな》 ①ウツギの花。②とうふのしぼりかす。きらず。おから。

【卯月】《ボウゲツ|うづき》 ①日本で、もと、陰暦《インレキ》四月のこと。太陽暦でもいう。②中国で、陰暦二月の別名。

【卯酒】《ボウシュ》 〔卯《う》の刻に飲む酒《さけ》の意〕朝酒《あさざけ》。

卩 4

【印】

6画 1685 5370 教育4

音 イン 漢 呉
訓 しるし

筆順 ノ 丆 F E 𠨍 印

なりたち [会意]「E(=て)」と「卩(=しるし)」とから成る。政治をおこなう者が持つ、しるし。

意味 ❶はん。はんこ。例 印鑑《インカン》。押印《オウイン》。調印《チョウイン》。❷しるしをつける。しるし。目じるし。また、その記号。例 烙印《ラクイン》。❸文字や図をほった版をおしつけて刷る。例 印画《インガ》。印刷《インサツ》。❹仏教で、さとりや願いの内容を指の形で示すもの。例 結印《ケツイン》。印《イン》を結《むす》ぶ。❺外国語の「イン」の音にあてた字。例 印度《インド》。印加帝国《インカテイコク》。

人名 あき・おき・おし・かね・しる

【印影】《インエイ》 紙などにおした、はんのあと。
【印可】《インカ》 (名・する) ①〔仏〕師が、弟子《デシ》の修行《シュギョウ》がじゅうぶんに達成されたと認めて、証明すること。例 ―を得る。②芸道や武道などで、師が弟子に免許《メンキョ》をあたえること。許し。免許。例 ―を受ける。
【印画】《インガ》 写真のネガ(=陰画《インガ》)を感光紙に焼きつけて、ふつうに見えるような写真にしあげたもの。例 ―紙。
【印花布】《インカフ》 更紗《サラサ》。とくに、インド更紗。
【印鑑】《インカン》 ①はん。はんこ。②自分の、はんであることを証明するために、地方公共団体に届け出た特定の印。例 ―証明。―登録。
【印刻】《インコク》 (名・する) きざみつけること。また、印をほること。刻印。
【印材】《インザイ》 印章をつくる材料。
【印刷】《インサツ》 (名・する) 文字や、絵・写真などを版におこして、紙や布などに刷ること。例 ―機。
【印紙】《インシ》 税や手数料をおさめたしるしとして、文書や証書にはる証紙。例 収入―。
【印字】《インジ》 (名・する) タイプライターやプリンターなどで、文字や符号《フゴウ》をしるすこと。例 ―機。
【印璽】《インジ》 ①天子の印《イン》。②日本国の印と天皇の印。
【印▼綬】《インジュ》 官職や身分をあらわす印と、それをさげるひも。例 ―を帯びる(=官職につく)。―を解く(=官職をやめる)。
【印書】《インショ》 (名・する) ①タイプライターやプリンターなどで印刷すること。②書物を印刷し、出版すること。

【印章】《インショウ》 はんこ。印判。印鑑《インカン》。
【印象】《インショウ》 見たり聞いたりしたときに心に強く残る感じ。例 第一―。初めての日本訪問の―。
【印税】《インゼイ》 文章・音楽・絵画・映像などの著作物の発行者が、その商品の発行部数や定価に応じて、著作権をもつ者にしはらうお金。
【印伝】《インデン》 「印伝革《インデンがわ》(=インドから伝来した革《かわ》)」の略。うるしで模様を染めた、ヒツジやシカなどのなめし革。例 ―の合切袋《ガッサイぶくろ》。
【印度】《インド》 〔India の音訳〕南アジアのインド半島にある国。首都はニューデリー。〔古くは、日本や中国などから天竺《テンジク》と呼ばれた〕例 ―更紗《サラサ》。
【印肉】《インニク》 印をおすときに用いる、朱《シュ》またはインクなどをしみこませたもの。肉。類 朱肉。
【印判】《インバン》 はんこ。印。印章。印形《インギョウ》。
【印版】《インバン》 印刷に使う版木。また、それで刷ること。表記「印板」とも書く。
【印譜】《インプ》 名士の用いたいろいろな印影《インエイ》を集めた本。
【印本】《インポン》 印刷した本。版本。
【印綿】《インメン》 「インド綿《わた》」のこと。インド産の綿糸や綿花。表記「印▼棉」とも書く。
【印籠】《インロウ》 (武家が正装したとき)腰《こし》にさげる小さな容器。薬などを入れ、また、かざりともした。
◐影印《エイイン》・押印《オウイン》・金印《キンイン》・刻印《コクイン》・朱印《シュイン》・調印《チョウイン》・封印《フウイン》・認印《みとめイン》

㔾 4

【危】

6画 2077 5371 教育6

音 キ 慣 ギ 漢 呉
訓 あぶ-ない・あや-うい・あや-ぶむ

筆順 ノ ⺈ 𠂊 产 产 危

なりたち [会意]「产(=人ががけの上にいる)」と「㔾(=おそれつつしむ)」とから成る。高いところにいて、おそれる。

意味 ❶よくない結果になりはしないかと心配する。あやぶむ。例 危惧《キグ》。❷安定せず、くずれそうなようす。あぶない。あやうい。対 安《アン》。例 危機《キキ》。危急《キキュウ》。危険《キケン》。❸そこなう。あやうくする。例 危害《キガイ》。❹高くけわしい。例 危峰《キホウ》。❺正しい。正しくする。例 危言《キゲン》。危行《キコウ》。❻二十八宿の一つ。うみやめぼし。うみやめぼし。例 危宿《キシュク》。

難読 大歩危小歩危《おおぼけこぼけ》(=地名)

【危《あや》うきこと累卵《ルイラン》の▽如《ごと》し】 積み重ねたたまごのように、不安定で、くずれやすいこと。〈史記《シキ》〉例 国運の―。
【危害】《キガイ》 肉体や生命を傷つけること。例 ―を加える。
【危機】《キキ》 あぶないとき。あぶない場面。ピンチ。例 生命の―。
【危機一髪】《キキイッパツ》 〔「一髪」は、かみの毛一本ほどのわずかなすきまの意〕重大な危険が目の前にせまっていること。例 ―のところを助かる。
【危急】《キキュウ》 危険がさしせまっていること。
【危急存亡の▽秋】《キキュウソンボウのとき》 生きのびられるか、ほろびるかが決まる、重大なとき。〈諸葛亮《ショカツリョウ》・出師表《スイシのヒョウ》〉例 ―が到来《トウライ》する。
【危局】《キキョク》 危険な局面。あぶない状態。例 ―に直面する。
【危惧】《キグ》 (名・する) よくないことがあるのではないかと、心配すること。例 ―の念をいだく。
【危険】《キケン》 (名・形動ナダ) あぶないこと。対 安全。例 ―信号。
【危言】《キゲン》 正しいことば。上品で程度の高いことば。例 ―をはく(=正しいことばを言う)。
【危行】《キコウ》 正しいおこない。また、おこないを正しくすること。例 危言《キゲン》―。
【危座】《キザ》 (名・する) きちんと正しくすわること。類 正座・端座《タンザ》。表記 旧 危▼坐
【危石】《キセキ》 高くきりたった石。また、いまにもたおれそうな石。
【危浅】《キセン》 (いのちなどの)はかなくてもろいこと。例 人命―。
【危▼殆】《キタイ》 とてもあぶないこと。類 危険。例 ―に瀕《ヒン》する。
【危地】《キチ》 あぶない場所や状態。窮地《キュウチ》。例 ―を脱《ダッ》する。
【危篤】《キトク》 病気がおもくて、いのちがあぶないこと。類 重態。
【危難】《キナン》 あぶないめにあうこと。類 災難。例 ―を救う。例 ―状態におちいる。
【危峰】《キホウ》 高くそびえる山のいただき。
【危亡】《キボウ》 危険と滅亡《メツボウ》。あやうくなったり、ほろびたりすること。

卩 5

【却】

7画 2149 5374 常用

音 キャク 漢
訓 しりぞ-く・しりぞ-ける・かえ-って

筆順 一 十 土 去 去 却 却

卩 7

【卻】

9画 5042 537B 本字

なりたち  [形声]「卩(=つつしむ)」と、音「谷《コク→キャク》」とから成る。さしひかえる。しりぞく。

意味 ❶あとずさりする。しりぞく。例退却《タイキャク》。❷おしかえす。しりぞける。例却下《キャッカ》。返却《ヘンキャク》。❸…しおわる。…してしまう。例売却《バイキャク》。忘却《ボウキャク》。❹予期に反して。反対に。ところで。例却説《キャクセツ》。

難読 却却《なかなか》

【却説《キャクセツ》】さて。ところで。はなし(は)変わって。〔話題を変えるときのことば〕

【却立《キャクリツ》】(名・する) あとずさりして立つこと。

【却下《キャッカ》】(名・する)(裁判所や役所などが)申し立てを取り上げないで、さしもどすこと。類棄却《キキャク》。例再審査請求《サイシンサセイキュウ》を—する。

【却行《キャッコウ》】(名・する) あとずさりすること。類却走《キャクソウ》。

●焼却《ショウキャク》・退却《タイキャク》・売却《バイキャク》・返却《ヘンキャク》・忘却《ボウキャク》

卩 5

【即】

7画 3408 5373 常用 音ショク漢 ソク呉 訓つ-く・つ-ける・すなわ-ち

筆順 

卩 7

【卽】

9画 1-1481 537D 人名

なりたち  [会意]「卩《セツ→ショク》(=つつしむ)」と「皀(=おいしい食物)」とから成る。飲食をつつしむ。派生して「つく」の意。

意味 ❶ある地位・場所に身を置く。つく。つける。例即位《ソクイ》。❷〔助字〕「すなわち」と読む。㋐すぐさま。ただちに。例兵即入レ門《ヘイすなわちモンにいる》(=兵はすぐさま門にはいった)。即答《ソクトウ》(=「すなわちこたう」と訓読する)。即断《ソクダン》。㋑…すると。…のときには。とりもなおさず。同則《ソク》。例先即《さきんずればすなわち》制レ人《ひとをセイす》(=人より先にものごとをすると相手をおさえられる)。〈史記《シキ》〉

人名 あつ・ただ・ちかし・つぐ・より

【即位《ソクイ》】(名・する) 君主・天子の、くらいにつくこと。対退位。例—の礼。

【即詠《ソクエイ》】(名・する) 題を出され、その場ですぐに詩や歌をよむこと。また、その詩や歌。類即吟《ソクギン》。

【即応《ソクオウ》】(名・する) まわりのようすにふさわしく対応すること。変化に応じて適切に行動すること。例時代に—する。

【即吟《ソクギン》】(名・する) その場ですぐに短歌や俳句をつくること。また、その短歌や俳句。類即詠《ソクエイ》。例—の名手。

【即座《ソクザ》】①その場。また、その場ですぐおこなうこと。類即刻・即時・即席。②〔「即座に」の形で〕すぐに。例—に答える。

【即死《ソクシ》】(名・する) その場ですぐに死んでしまうこと。

【即事《ソクジ》】目の前のこと。その場のできごと。また、目前の風景。例—を詠《エイ》じる。

【即時《ソクジ》】すぐそのとき。すぐさま。類即刻。例—通話。

【即日《ソクジツ》】すぐその日(に)。類当日。例—開票。

【即身成仏《ソクシンジョウブツ》】(名・する)〔仏〕〔「成仏」は、目ざめた者になる意〕凡夫《ボンプ》でも、生きたまま さとりを得ることができるということ。

【即身仏《ソクシンブツ》】人々を救うため座禅《ザゼン》を組み、瞑想《メイソウ》したままの姿で絶命した僧《ソウ》。また、そのミイラ化した身体。

【即製《ソクセイ》】(名・する) その場ですぐに作ること。例—販売《ハンバイ》。

【即席《ソクセキ》】①準備なしに、すぐおこなうこと。例—のスピーチ。②手間をかけず、すぐできあがること。例—料理。

【即題《ソクダイ》】①題をあたえられて、すぐその場で詩・和歌・俳句・文章などをつくること。類席題。対兼題《ケンダイ》。②予告なしにその場で出題して解答させる、その問題。

【即断《ソクダン》】(名・する) その場ですぐに決めること。類即決。例—即決。—をさける。

【即答《ソクトウ》】(名・する) その場ですぐにこたえること。例—をさける。

【即売《ソクバイ》】(名・する)(博覧会・展示会・品評会などの会場で見せた品物を)その場で売ること。例展示—会。

【即物的《ソクブツテキ》】(形動《ダナ》)①実際のものに即して考えたり、おこなったりするようす。例—に取りあつかう。②目に見える利害ばかりを考えるようす。例あの人は—だ。

【即妙《ソクミョウ》】(名・形動《ダナ》) とっさの機知や機転。例当意—。

【即滅《ソクメツ》】(名・する) すぐにほろびること。また、すぐに消えてなくなること。例七難—。

【即目《ソクモク》】目にふれること。また、目にふれるもの。類嘱目《ショクモク》・触目《ショクモク》。

【即急《ソッキュウ》】(名・形動《ダナ》) ひじょうに急なようす。例—の要請《ヨウセイ》に応じる。表記「速急」とも書く。

【即興《ソッキョウ》】①その場で起こる興味。類座興。②興味がわいて、その場で、詩や曲をつくったり、書画を書いたりすること。例—曲。—詩。

【即金《ソッキン》】買い物をして、その場でお金をしはらうこと。また、その現金。例—で買い取る。

【即決《ソッケツ》】(名・する) その場ですぐにきめること。類即断。例—裁判。即断—。

【即効《ソッコウ》】すぐにききめがあらわれること。例—薬。

【即刻《ソッコク》】(副) すぐに。すぐさま。類即時・即座。例—退去せよ。

【即今《ソッコン》】ただいま。いま。類目下《モッカ》・目今《モッコン》。

卩 5

【卵】

7画 4581 5375 教育6 音ラン漢呉 訓たまご

筆順 

なりたち  [象形] たまごが生まれ出る前に腹の中にある形。

意味 動物のたまご。例卵子《ランシ》。卵生《ランセイ》。鶏卵《ケイラン》。

日本語での用法《たまご》①「ニワトリのたまご」。「卵焼《たまごや》き・温泉卵《オンセンたまご》・卵色《たまごいろ》」②修業《シュギョウ》中の人。「医者《イシャ》の卵《たまご》・女優《ジョユウ》の卵《たまご》」

【卵円形《ランエンケイ》】ニワトリのたまごのような形。たまごがた。

【卵黄《ランオウ》】たまごの黄身《きみ》。対卵白《ランパク》。

【卵殻《ランカク》】たまごのから。

【卵割《ランカツ》】〔生〕受精卵が発生した初期の段階に、くりかえして起こる細胞分裂《サイボウブンレツ》。

【卵管《ランカン》】卵巣《ランソウ》から出た卵子を子宮《シキュウ》へ送るくだ。輸卵管。

【卵細胞《ランサイボウ》】「卵子《ランシ》」に同じ。

【卵子《ランシ》】めすの生殖細胞《セイショクサイボウ》。卵巣《ランソウ》でつくられ、精子と結合して新たな個体をつくる。卵《ラン》。卵細胞。対精子。

【卵生《ランセイ》】動物が、たまごの形で、母体の外にうまれ出ること。対胎生《タイセイ》。

【卵巣《ランソウ》】動物のめすが、卵子をつくりホルモンを出す、生殖《セイショク》器官。

【卵胎生《ランタイセイ》】〔生〕卵生の動物のうち、母体のなかでたまごの状態で育ち、栄養を母体から受けずに、孵化《フカ》成長してうまれてくること。マムシ・ウミタナゴ・グッピーなど。

【卵塔《ラントウ》】台座の上にたまご形の石をのせた墓石。例—場《ば》(=墓地)。表記「▼蘭塔」とも書く。

【卵▼嚢】《ランノウ》（軟体《ナンタイ》動物の）たまごがはいっているふくろ。

【卵白】《ランパク》 たまごの白身《しろみ》。対 卵黄。

【卵胞】《ランホウ・ランポウ》 卵巣《ランソウ》内で、たまごをつつんでいるふくろ。

【卵膜】《ランマク》 動物の卵細胞《ランサイボウ》をつつんでいる膜。

【卵翼】《ランヨク》 親鳥がつばさでたまごをおおってかえすように、子供をいつくしみ育てること。例 ―の恩《オン》（＝育ててくれた恩義）。

●産卵《サンラン》・排卵《ハイラン》・無精卵《ムセイラン》・累卵《ルイラン》

㔾 6 【巻】 8画 ⇩【巻】《カン》（336ページ）

冂 7 【卸】 9画 1823 5378 常用 音 シャ漢 訓 おろ-す・おろし

筆順 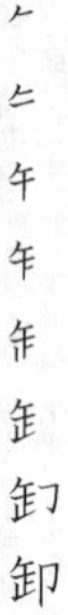

なりたち  ［形声］「冂（＝つつしむ）」と「止（＝とめる）」と、音「午《ゴ→シャ》」とから成る。馬車を止めてウマを解き放す。

意味 重い荷物をおろして楽になる。のがれる。とりのぞく。おろす。例 卸肩《シャケン》（＝かたの荷をおろす。辞職する）。卸責《シャセキ》（＝責任をのがれる）。

日本語での用法《おろし・おろす》小売店に品物を売る。「卸《おろ》し・卸売《おろしう》り・卸商《おろしショウ》・店卸《たなおろし》・棚卸《たなおろし》・安値《やすね》で卸《おろ》す」

使い分け おりる・おろす【降・下・卸】 ⇩1165ページ

【卸売り】《おろしうり》 問屋《とんや》が生産者や仲買人《なかがいニン》などから商品をたくさん買い入れて、小売商人に売りわたすこと。

【卸問屋】《おろしどんや》 卸売りをする店。

【卸値】《おろしね》 問屋《とんや》が小売商人に売るときの値段。

冂 7 【卻】 9画 ⇩【却】《キャク》（168ページ）

冂 7 【卽】 9画 ⇩【即】《ソク》（169ページ）

冂 8 【卿】 10画 ⇩【卿】《キョウ》（170ページ）

冂 10 【卿】 12画 2210 537F 人名 音 ケイ漢 キョウ呉 訓 きみ

冂 8 【卿】 10画 ―― 俗字

意味 ❶位の高い大臣。長官。貴族。例 九卿《キュウケイ》。公卿《クギョウ》。❷二人称《ニニンショウ》の代名詞。㋐天子が臣下を呼ぶ。㋑臣下どうしで相手を呼ぶ。㋒夫婦《フウフ》が相手を呼ぶ。❸姓《セイ》につけてうやまっていうことば。例 荀卿《ジュンケイ》。

日本語での用法《かみ》律令制《リツリョウセイ》の四等官《シトウカン》で、省の第一位。長官《かみ》。

人名 あき・あきら・のり

【卿相】《ケイショウ》 天子をたすけて政治をおこなう高位の人々。日本の平安時代以後は、大臣・大納言《ダイナゴン》・中納言・参議など。類 公卿《クギョウ》。例 ―雲客《ウンカク》。

【卿大夫】《ケイタイフ》 卿と大夫。政治をとりおこなう高位の人。

●公卿《クギョウ・クゲ》・枢機卿《スウキキョウ・スウキケイ》

27 2画 厂 がんだれ いしだれ 部

切り立ったがけの形をあらわす。「雁《ガン》」の字にある垂れ《たれ》（＝漢字の上から左に垂れている部分）であることから「がんだれ」、「石」の字にある垂であることから「いしだれ」ともいう。「厂《カン》」をもとにしてできている漢字と、「厂」の字形を目じるしにして引く漢字とを集めた。

0 厂 2 厄 5 厎 7 厚 厖 厘 8 原 9 厠 10 厥 厨 厦 厩 12 厭 厫 厲 厮 厰

この部首に所属しない漢字

反⇩又 176　圧⇩土 225　戊⇩戈 416　成⇩戈 417
灰⇩火 628　辰⇩辰 960　威⇩女 275　唇⇩口 205
辱⇩辰 960　雁⇩隹 1042　蜃⇩虫 877　暦⇩日 495
歴⇩止 560　贋⇩貝 941　靨⇩面 1058　魘⇩鬼 1093

厂 0 【厂】 2画 5044 5382 音 カン漢 訓 いわや

参考「庵《アン》・廠《ショウ》」の俗字《ゾクジ》として用いられる。

意味 がけ。

日本語での用法《ガン》「雁・鴈・[illegible]・鳫」の略字としても用いた。

厂 2 【厄】 4画 4481 5384 常用 音 アク漢 ヤク呉 訓 わざわい

筆順 

なりたち 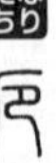 ［形声］「㔾（＝ふし）」と、音「厂《カン→アク》」とから成る。木のふし。派生して「わざわい」の意。

意味 苦しみ。災難。わざわい。例 厄難《ヤクナン》。災厄《サイヤク》。

日本語での用法《ヤク》①厄年《ヤクどし》のこと。「前厄《まえヤク》・後厄《あとヤク》・男《おとこ》の大厄《タイヤク》」②〔「厄介《ヤッカイ》」の形で〕めんどう。また、めんどうを見る。「厄介者《ヤッカイもの》・厄介《ヤッカイ》になる」

難読 科厄《ふし・きのふし》

【厄年】《ヤクどし》 ①陰陽道《オンヨウドウ》で、災難にあうのでつつしまなければならないとされる年齢《ネンレイ》。数え年で、男性は二十五歳《サイ》・四十二歳・六十一歳、女性は十九歳・三十三歳などとされる。②災厄の多く起こる年。例 去年は台風の―だった。

【厄難】《ヤクナン》 わざわい。災難。例 思いがけない―にあう。

【厄日】《ヤクび》 ①陰陽道《オンヨウドウ》で、災難にあうのでつつしまなければならないとされる日。②災難の起こる、悪い日。③江戸《えど》時代から、農業にとって、天候の悪いために災難の起こる日。二百十日《ニヒャクとおか》や二百二十日《ニヒャクはつか》などを指していった。例 ―も無事に過ぎました。

【厄介】《ヤッカイ》 〔「厄会《ヤクカイ》」の変化という〕㊀（名）他人に世話やめいわくをかけること。例 ―をかける。㊁（名・形動《ナ》）手間がかかってめんどうなこと。複雑なこと。例 ―者《もの》。―な話になる。

【厄会】《ヤッカイ》 災難にあう運命。

●災厄《サイヤク》・大厄《タイヤク》

厂 5 【厎】 7画 ⇩【砥】《シ》（715ページ）

厂 7 【厚】 9画 2492 539A 教育5 音 コウ漢呉 訓 あつ-い

筆順 

なりたち  ［会意］「厂（＝がけ）」と「㫗《コウ》（＝あつみがある）」とから成る。山のもりあがりが大きい。

意味 ❶あつみがある。あつい。程度がはなはだしい。大きい。濃い。深い。例 厚薄《コウハク》。濃厚《ノウコウ》。❷心のこもった。思いやり

のある。手あつい。[例]厚意《コウイ》。厚遇《コウグウ》。厚志《コウシ》。❸ゆたかにする。あつくする。[例]厚生《コウセイ》。

[難読] 厚朴《ほおのき／ほおがしわ》

[人名] あつ・あつし・ひろ・ひろし

【厚意】《コウイ》 思いやりのあつい気持ち。親切心。好意。(類)厚情。[例]人の―を無《ム》にするような態度。

【厚恩】《コウオン》 あつい恩。大きな恩恵《オンケイ》。[例]―にむくいる。

【厚顔】《コウガン》(名・形動ダナ) あつかましく、ずうずうしいこと。つらの皮のあついこと。(類)鉄面皮《テツメンピ》。[例]―でけちな人。

【厚顔無恥】《コウガンムチ》(名・形動ダナ) あつかましくて、はじを知らないこと。[例]―なふるまい。

【厚▼誼】《コウギ》 心のこもったつきあい。(類)厚情。[例]日ごろのご―に感謝いたします。

【厚遇】《コウグウ》(名・する) 手あつくもてなすこと。(対)冷遇。[例]―を受ける。

【厚志】《コウシ》 親切な気持ち。[例]―にあずかる。

【厚賞】《コウショウ》 手あついほうび。また、手あつくほめること。

【厚情】《コウジョウ》 親切な気持ち。(類)厚意。[例]ご―を謝す。

【厚生】《コウセイ》 人々の生活を、健康で豊かなものにすること。[例]―労働省。―年金。

【厚沢】《コウタク》 深い恩。厚恩。[例]―に浴する。

【厚徳】《コウトク》 ①広くて大きな人徳。②手あつく、めぐみをほどこすこと。

【厚薄】《コウハク》 あついことと、うすいこと。[例]人情の―にとまどう。

【厚労相】《コウロウショウ》 厚生労働大臣のこと。

●温厚《オンコウ》・重厚《ジュウコウ》・濃厚《ノウコウ》

厂 7

【厖】

9画 *5045 5396 [音]ボウ(漢)

意味 ❶ひじょうにおおきい。(同)尨《ボウ》。[例]厖大《ボウダイ》。❷いりまじる。(同)尨《ボウ》。

[難読] 厖犬《むくいぬ》

【厖大】《ボウダイ》(名・形動ダナ) ひじょうにおおきいようす。[例]―な計画。[表記](現)膨大

厂 7

【厘】

9画 4650 5398 [常用] [音]リン(慣) リ(漢)

[筆順] 

なりたち 「釐《リ》」を省略してできた字。

意味 ❶単位。㋐長さの単位。一尺の千分の一。一分《ブ》の十分の一。㋑重さの単位。一両《リョウ》の千分の一。▽→「度量衡表《ドリョウコウヒョウ》」(1141ページ) ㋒面積の単位。一畝《ボ》の百分の一。㋓割合の単位。一分《ブ》の十分の一。[例]二分《ブ》五厘《リン》。(同)釐《リ》。❷わずか。ほんの少し。[例]厘毛《リンモウ》の狂《くる》いもない。(同)釐《リ》。

日本語での用法 《リン》①尺貫法《シャッカンホウ》の重さの単位。一匁《もんめ》の百分の一。②貨幣《カヘイ》の単位。銭の十分の一。「一銭《セン》五厘《リン》」

●九分九厘《クブクリン》

厂 8

【原】

10画 2422 539F [教育2]

[音]ゲン(漢)(呉)
[訓]はら・もと・たずーねる
[付表]海原《うなばら》・河原《かわら》・川原《かわら》

[筆順] 

なりたち  [会意]「泉(=いずみ)」が「厂(=がけ)」の下からわき出る。みなもと。

意味 ❶ものごとのおこり。みなもと。もと。また、もとにさかのぼって、たずねる。(同)源《ゲン》。[例]原因《ゲンイン》。原始《ゲンシ》。起原《キゲン》。原流《ゲンリュウ》。❷広く平らな地。はら。[例]原野《ゲンヤ》。高原《コウゲン》。平原《ヘイゲン》。

[人名] おか・はじめ

【原案】《ゲンアン》 議論・検討をするための、もとの案。(類)素案・草案。[例]―を修正する。―どおり可決する。

【原意】《ゲンイ》 もとの意味。本来の意味。(類)原義。[例]―を尊重して翻訳《ホンヤク》する。

【原因】《ゲンイン》(名・する) ものごとをひき起こしてある結果をもたらす、もとになったもの。(対)結果。[例]―を究明する。住居に―する病気。

【原液】《ゲンエキ》 何かを加えたり、うすめたりするまえの、もとの液体。[例]果汁《カジュウ》の―。

【原音】《ゲンオン》 ①その語の外来語としての発音ではなくて、原語での発音。[例]―に従ってかな書きを決める。②録音や再生をしたり、加工したりするまえの、もとの音《オン》。[例]―をそのまま再生する。

【原価】《ゲンカ》 ①製品の製造にかかった費用。コスト。[例]―計算。②仕入れの値段。もとね。[例]―を割る。

【原画】《ゲンガ》 〔複製画などに対して〕もとの絵。[例]表紙の―を展示《テンジ》する。

【原器】《ゲンキ》 長さや質量の単位の基準を具体的にあらわすものとして作られた器物。[例]キログラム―。

【原義】《ゲンギ》 もともとの意味。本来の意味。(類)原意・本義。(対)転義。[例]―を離《はな》れた使い方。

【原級】《ゲンキュウ》 ①もとの等級。②学校で、進級できない人がとどまる、もとの学年。[例]―に留め置く。③〔言〕ヨーロッパ言語の形容詞・副詞の、比較級《ヒカクキュウ》・最上級に対する基本の形。たとえば、英語の better, best に対する good など。

【原拠】《ゲンキョ》 もとになったよりどころ。(類)根拠。[例]―を示す。

【原曲】《ゲンキョク》 もとの楽曲。オリジナル。[例]クラシックの―をジャズにアレンジする。

【原形】《ゲンケイ》 変化する前の、もとのかたち。[例]―をとどめない。

【原形質】《ゲンケイシツ》 〔生〕細胞《サイボウ》の中の、生命活動のもとになる物質。

【原型】《ゲンケイ》 ①発展し、改良して変わってきたものの、もとのかた。[例]ハープシコードがピアノの―である。②鋳造物《チュウゾウブツ》製造の、もとになるかた。

【原語】《ゲンゴ》 ①翻訳《ホンヤク》される前の、もとの言語。[例]―で読む。②外来語や翻訳語に対して、それにあたる、もとのことば。

【原稿】《ゲンコウ》 ①講演などや印刷の、もとになる文章。(類)草稿。②印刷物のもとになる、文章・図画・写真など。[例]―用紙。

【原告】《ゲンコク》 〔法〕裁判所にうったえ出て、法律上の争いの判断を求める人。(対)被告《ヒコク》。[例]―勝訴《ショウソ》。

【原罪】《ゲンザイ》 キリスト教で、人間が生まれながらに負っているつみ。〔アダムとイブが神の命令にそむいて、禁じられた木の実を食べたという『旧約聖書』創世記による〕

【原作】《ゲンサク》 ①翻訳《ホンヤク》・脚色《キャクショク》・改作などの、もとになった作品。②複写や複製のよりどころとした、もとのもの。

【原産】《ゲンサン》 動植物や鉱物などが、いちばんはじめはその土地で生育し、あるいは産出したこと。[例]―地。

【原子】《ゲンシ》 ①古代ギリシャの哲学《テツガク》で、物質を構成している最小の粒子《リュウシ》。②〔物〕元素がその特有の性質を保ちうる、最小単位の粒子。〔原子核《ゲンシカク》・電子などから成り、結合して分子を構成する〕[例]―爆弾《バクダン》。

【原子核】《ゲンシカク》 原子の中心部分。陽子と中性子からできている。

【原子爆弾】《ゲンシバクダン》 ウランやプルトニウムなどが核分裂《カクブンレツ》や核融合《カクユウゴウ》をするときに放出されるエネルギーを利用した、

破壊力《ハカイリョク》の大きい爆弾。核爆弾。原爆。

【原子量《ゲンシリョウ》】〔物〕各元素の原子の質量。質量数一二の炭素原子を基準にあらわしたもの。水素の原子量は1。

【原子力《ゲンシリョク》】原子核《カク》の分裂《ブンレツ》や融合《ユウゴウ》で発生する大きなエネルギー。例―発電。

【原始《ゲンシ》】①ものごとのはじまり。起こり。(類)元始。例―の仏教にさかのぼる。②人類が存在しはじめた時代。また、そのころの、未開で自然に近い状態。例―社会。

【原始時代《ゲンシジダイ》】人類全体が原始の生活をしていた時代。〔学術用語ではなく、ばくぜんと有史以前を指す〕

【原始人《ゲンシジン》】原始時代の人類。

【原始林《ゲンシリン》】人の手の加えられたことがない、自然のままの森林。(類)原生林・処女林。

【原紙《ゲンシ》】①切断したり加工したりする前のかみ。②謄写版《トウシャバン》の原版とする、ろうを引いたかみ。例―を切る。

【原詩《ゲンシ》】翻訳《ホンヤク》したり、改作したりする前のもとの詩。例―の味わいを伝える訳詞。

【原資《ゲンシ》】事業をしたり投資をしたりするときの、もとになる資金。もとで。

【原史時代《ゲンシジダイ》】考古学で、時代区分の一つ。先史時代と歴史時代の中間で、断片的な文献《ブンケン》史料が残存している時代。

【原酒《ゲンシュ》】①醸造《ジョウゾウ》したままの、アルコールや水などを加えて精製していない日本酒。②精製前のウイスキーの原液。

【原種《ゲンシュ》】飼育や栽培《サイバイ》をして改良した動植物のもとになった、野生の品種。野生種。例―をもとに品種改良する。

【原住《ゲンジュウ》】(名・する)もとからその土地にすんでいること。例―民。―民族。

【原初《ゲンショ》】ものごとのいちばんはじめ。例始祖鳥は鳥類の―の形態を備えている。

【原書《ゲンショ》】①翻訳《ホンヤク》される前の、原語で書かれた本。例シェークスピアを―で読む。②欧米《オウベイ》の書物。洋書。

【原状《ゲンジョウ》】変化する前の、もとの状態。例―回復。

【原色《ゲンショク》】①まぜあわせていろいろな色をつくり出す、もとになる色。〔色の三原色は赤・黄・青、光の三原色は赤・緑・青〕②「①」や、それに近い、強い色彩《シキサイ》。③実物・原画のままの色彩。例―に忠実に印刷する。

【原色版《ゲンショクバン》】原画や原物の色彩《シキサイ》をそのまま再現する印刷。また、その印刷物。カラー版。原色刷り。

〔厂部〕9―10画 厠 厥 厨

【原人《ゲンジン》】一五〇万年から三〇万年前にあらわれた化石人類。猿人に次ぎ、旧人の前段階。石器を使い、火を用いていた。例北京《ペキン》―。

【原図《ゲンズ》】複写したり、修正や省略をしたりする前の図。

【原寸《ゲンスン》】実物どおりの寸法。例―大の模型。

【原生《ゲンセイ》】発生したときの状態のまま、変化しないこと。例―林。

【原石《ゲンセキ》】①金属製品の原料となる鉱石。②宝石に加工する前の石。例ルビーの―。

【原籍《ゲンセキ》】①戸籍を移す前の、戸籍の所在地。②(現住所に対して)戸籍の所在地。(類)本籍。

【原則《ゲンソク》】大部分の場合に当てはまる、基本的な規則。例―論。戦争は人命尊重の大―を否定《ヒテイ》する。

【原隊《ゲンタイ》】軍隊で、はじめに所属していた部隊。例―復帰。

【原題《ゲンダイ》】改題や翻訳《ホンヤク》される前の、もとの題。

【原著《ゲンチョ》】翻訳《ホンヤク》や改作される前の、もとの著作。(類)原作。例―を参照しながら読む。

【原典《ゲンテン》】翻訳《ホンヤク》・改作・引用・筆写などのもとになった書物。例―どおりか確かめる。

【原点《ゲンテン》】①距離《キョリ》や長さを測るときの基準点。基点。②ものごとの根本にある問題点。出発点。例―にもどる。③〔数〕座標軸《ザヒョウジク》の交わる、基準の点。

【原動《ゲンドウ》】うごきを生み出すもと。運動や活動を起こす根源。例―機。―力。

【原爆《ゲンバク》】「原子爆弾《ゲンシバクダン》」の略。

【原発《ゲンパツ》】「原子力発電(所)」の略。原子力を利用した発電(所)。

【原板《ゲンパン・ゲンバン》】写真で、焼き付けや引きのばしのもとになる、乾板《カンパン》やフィルムなど。

【原盤《ゲンバン》】①レコードの製作でもととなる盤。②複製や改作がされる前のもとのレコード。コンパクトディスクなどにもいう。

【原版《ゲンパン・ゲンバン》】①印刷用の鉛版《エンバン》のもとになる、活字の組み版。②複製や翻刻《ホンコク》などのもとになる初版本。

【原票《ゲンピョウ》】事務処理上、いちばんもとになる資料や伝票。

【原品《ゲンピン》】(手を加える前の)もとのしなもの。

【原物《ゲンブツ》】①模造品や、絵画・写真などでない、もとの品物。オリジナル。②原料となる品物。③見本、または、製品の標準となる品物。

【原文《ゲンブン》】引用・改作・書きかえ・翻訳《ホンヤク》などをする前の、もとの文章。例―のまま引用する。

【原簿《ゲンボ》】①写したり、ぬき書きしたりする前の、もとの帳簿。②会計処理上、最も基本となる帳簿。(類)元帳《もとチョウ》。

【原本《ゲンポン》】①ものごとのおおもと。(類)根源。②複製や書写などをする前の、もとの文書。(対)抄本《ショウホン》・謄本《トウホン》。

【原名《ゲンメイ》】改めたり、訳したりする前の、もとのなまえ。

【原野《ゲンヤ》】人の手が加わっていない、自然のままの野原《のはら》。(類)荒野《コウヤ》。例広大な―を切り開く。

【原油《ゲンユ》】まだ精製していない採取したままの石油。(対)精油。

【原理《ゲンリ》】ものごとを成り立たせる根本的な理論や法則。例多数決の―。アルキメデスの―。

【原流《ゲンリュウ》】⇩【源流《ゲンリュウ》】(613ページ)

【原料《ゲンリョウ》】製造や加工をして製品を作る、もとになる材料。例うどんもパンも、小麦を―とする。

【原論《ゲンロン》】ある学問の基本的な問題について論じられた、根本の理論。例経済学―。
●高原《コウゲン》・湿原《シツゲン》・雪原《セツゲン》・草原《ソウゲン》・平原《ヘイゲン》

厂 9
【厠】 11画 5046 53A0 音 シ(漢) 訓 かわや

广 9
[廁] 12画 5490 5EC1 本字

意味 ❶便所。かわや。❷まじる。まぜる。例雑厠《ザッシ》(=いりまじる)。

厂 10
【厥】 12画 5048 53A5 音 [一]ケツ(漢) [二]ケツ(慣)クツ(漢) 訓 そ-の・そ-れ

意味 [一]《ケツ》❶石をほりおこす。❷額《ひたい》を地面につけておじぎをする。ぬかずく。例厥角《ケッカク》。❸〔助字〕㋐「その」と読み、人やものごとを指し示す。例厥後《ケッゴ・そののち》。㋑「それ」と読み、句調をととのえる。[二]《ケツ・クツ》「突厥《トッケツ・トックツ》」は、六―八世紀ごろ、モンゴル・中央アジアを支配したトルコ人の遊牧民がつくった国。「突厥文字」を使用した。
【厥角《ケッカク》】〔「角」は獣《けもの》のつの、また、人の額《ひたい》の意〕額を地につけておじぎをすること。ぬかずくこと。〈孟子《モウシ》〉

厂 10
【厨】 12画 3163 53A8 人名 音 チュウ(漢)ズ(呉) 訓 くりや

厂12 [廚] 15画 5504 5EDA 本字

意味 ❶調理場。台所。くりや。例 厨房《チュウボウ》。庖厨《ホウチュウ》。❷ものをしまっておく箱。ひつ。戸だな。例 厨子《ズシ》。書厨《ショチュウ》(=本箱)。

難読 御厨《みくりや》(=地名)・厨女《みずしめ》・御厨子《みズシ》

【厨子《ズシ》】①仏像や経《キョウ》をおさめる、堂の形をした左右に戸のひらく箱。②左右にひらくとびらのある置き戸だな。

【厨房《チュウボウ》】料理をするところ。台所。炊事場《スイジば》。調理場。

厂10 [厦] 12画 ⇩【廈】《カ》(356ページ《ジ》)

厂10 [厩] 12画 ⇩【厩】《キュウ》(173ページ《ジ》)

厂12 【厭】 14画 1762 53AD 音 一 ヨウ漢呉 二 エン漢呉 訓 あ-きる・いと-う・いや

意味 一《ヨウ》 おさえる。おす。まじないをして鎮《しず》める。例 厭術《ヨウジュツ》(=まじない。呪術《ジュジュツ》)。 二《エン》 ❶満足する。みちたりる。例 厭足《エンソク》。❷いやになる。あきる。いとう。例 厭世《エンセイ》。厭離穢土《エンリエド》。禁厭《キンエン》。

【厭悪《エンオ》】(名・する)きらいにくむこと。類 嫌悪《ケンオ》。例 都会の雑踏《ザットウ》には―感をもつ。

【厭人《エンジン》】他人とつきあうのをきらうこと。人間ぎらい。例 ―癖《へキ》。

【厭世《エンセイ》】世の中をきらい、生きていくのをいやだと思うこと。例 ―家《カ》(=ペシミスト)。―思想。

【厭戦《エンセン》】戦争をするのをいやだと思うこと。戦う気力を失うこと。例 ―気分。

【厭足《エンソク》】十分に足りること。満足すること。

【厭離▼穢土《エンリエド》】〔誤って「オンリエド」とも読む〕〔仏〕けがれたこの世(=穢土)をきらって、はなれようとすること。「欣求浄土《ゴングジョウド》(=極楽浄土へ行くことを願う)」と続く。

厂12 【厩】 14画 1725 53A9 人名 音 キュウ漢 訓 うまや

广12 [𢋁] 15画 ― 222C1 本字

厂10 [厩] 12画 ― ― 俗字

广11 [廐] 14画 5493 5ED0 別体字

广11 [廏] 14画 5494 5ECF 別体字

意味 ウマを飼っておく小屋。うまや。例 厩舎《キュウシャ》。

【厩舎《キュウシャ》】①ウマを飼う小屋。うまや。馬小屋。②競走用のウマを育てたり調教したりする施設《シセツ》。

厂12 【厲】 14画 1-1484 53B2 音 一 レイ漢 二 ライ漢 訓 と-ぐ・はげ-しい

意味 一《レイ》 ❶刃物《はもの》をといだり、みがいたりするための石。きめのあらいといし。同 礪《レイ》。例 厲石《レイセキ》。❷とぐ。みがく。また、はげむ。はげます。同 励《レイ》。例 厲行《レイコウ》。厲声《レイセイ》。❸はげしい。きびしい。例 子温而厲《シはオンにしてはげし》(=先生はおだやかでいて、しかもきびしい)。〈論語《ロンゴ》〉 二《ライ》 ハンセン病。同 癘《ライ》・癩《ライ》。例 漆レ身為レ厲《みにうるしして ライとなる》(=からだにウルシをぬってハンセン病をよそおう)。〈史記《シキ》〉

【厲行《レイコウ》】(名・する)①みずからのおこないをみがく。②決められたことを、厳しく守りおこなうこと。励行《レイコウ》。

【厲声《レイセイ》】声をはりあげること。励声《レイセイ》。

【厲石《レイセキ》】きめのあらいといし。

【厲民《レイミン》】民《たみ》を苦しめること。

厂12 [厮] 14画 ⇩【廝】《シ》(357ページ《ジ》)

厂12 [厰] 14画 ⇩【廠】《ショウ》(357ページ《ジ》)

28 2画 ム む部

ものをかこって私有する意をあらわす。片仮名の「ム」に形が似ていることから「む」という。「ム」の字形を目じるしにして引く漢字を集めた。

0 ム 3 去 6 参 9 參

この部首に所属しない漢字

云⇩二 41	允⇩儿 98	公⇩八 108	台⇩口 185
弁⇩廾 359	弘⇩弓 363	牟⇩牛 648	矣⇩矢 711
怠⇩心 391	畆⇩田 678	畚⇩田 679	能⇩月 822

ム0 【ム】 2画 5051 53B6 音 一 シ漢 二 ボウ漢 訓 ござ-る

意味 一《シ》 わたくし。同 私《シ》。 二《ボウ》 人の名前や日時・場所などが不明なとき、また、明らかであっても、わざとぼかしていうときに用いることば。それがし。なにがし。同 某《ボウ》。例 ム地《ボウチ》。ム年《ボウネン》ム月《ボウゲツ》。

日本語での用法 《ござる》「御座る」の意。近世の芝居《しばい》の出方《でかた》の用いた符丁《フチョウ》で、△印で御座を簡略に示したところから「ム」の形を二画で書いたのがもとという。「それで良《よ》うム《ござ》る・何《なん》でム《ござ》りますか」

ム3 【去】 5画 2178 53BB 教育3 音 キョ漢 コ呉 訓 さ-る

筆順 一 十 土 去 去

なりたち  [形声]「土(=ひと)」と、音「ム《キョ》」とから成る。人がたがいにはなれていく。

意味 ❶その場からはなれていく。時間がすぎる。例 去就《キョシュウ》。去年《キョネン》。退去《タイキョ》。❷とりのぞく。すてる。例 去勢《キョセイ》。除去《ジョキョ》。撤去《テッキョ》。❸漢字の四声《シセイ》(=四つの音調)の一つ。去声《キョショウ》。例 去声音《キョショウオン》。

難読 去年《こぞ》・去頃《さいつころ》・去去年《おととし》・去来《いざ》

人名 なる

【去月《キョゲツ》】今月のすぐまえの月。類 先月。

【去就《キョシュウ》】ある立場や党派、主義や見解などについて、それをはなれるか、それにつくか、さるかとどまるか、ということ。類 出処・進退。例 ―に迷う。―が注目される。

【去声《キョショウ|キョセイ》】漢字音の四声《シセイ》(=平声《ヒョウショウ》・上声《ジョウショウ》・去声《キョショウ》・入声《ニッショウ》)の一つ。初めを強く終わりを弱く発音する。

【去勢《キョセイ》】(名・する)①睾丸《コウガン》を取り除いて、おすの生殖《セイショク》能力をなくすこと。例 ―手術。②抵抗《テイコウ》の気力を失わせること。

【去▼痰《キョタン》】のどや気管から、たんを取り除くこと。例 ―剤《ザイ》。

【去年《キョネン|こぞ》】今年のすぐまえの年。類 昨年。

【去来《キョライ》】(名・する)行ったり来たりすること。消えたりあらわれたりすること。例 胸中に―する思い。

【去留《キョリュウ》】①立ちさるか、とどまるか。②事が成功することと失敗すること。成るか成らぬか。

【去《さ》る者《もの》は日《ひ》に▽以《もっ》て疎《うと》し】死んだ人や、はなれた人は、日ごとに忘れられていく。〈古詩十九首《コシジュウキュウシュ》〉

○●過去《カコ》・死去《シキョ》・消去《ショウキョ》・退去《タイキョ》

ム6 【参】 8画 2718 53C2 教育4 音 一 シン漢 二 サン漢呉 訓 まい-る

2画

【厂部】10―12画 ● 厦 厩 厭 厩 厲 厮 厰

【ム部】0―6画 ● ム 去 参

筆順 ㇜ ム ム 厽 弁 矣 矣 参 参

ム 9 【參】 11画 5052 53C3

なりたち  [会意]「厽（＝すんだ光）」と「㐱（＝三つの星）」とから成る。星座の一つ。

意味 一《シン》 ❶二十八宿の一つ。からすきぼし。例参宿《シンシュク》。❷ニンジン。例人参《ニンジン》。❸「参差《シンシ》」は、長さが、ふぞろいなこと。 二《サン》 ❶まじわる。かかわりあう。いりまじる。例参加《サンカ》。参画《サンカク》。❷ひきくらべる。てらし合わせる。例参考《サンコウ》。参照《サンショウ》。❸高貴の人にお目にかかる。また、社寺におまいりする。例参詣《サンケイ》。参候《サンコウ》。❹「三」の大字《ダイジ》。商売や契約《ケイヤク》の文書で、数字を書きかえられないように使う。

日本語での用法《まいる》「行く」「来る」をへりくだっていうことば。「すぐに参《まい》ります・お車《くるま》が参《まい》っております」

難読 参差《かたたがい》—《たがいちがい》

人名 いたる・かず・ちか・なか・はかる・ほし・み・みち・みつ

【参加】《サンカ》（名・する）（団体や行事などの）なかまに加わること。例—者。競技に—する。

【参稼】《サンカ》 団体や組織などの一員となり、技術や能力を提供して働くこと。例プロ野球選手の—報酬《ホウシュウ》。

【参賀】《サンガ》（名・する）皇居に行ってお祝いの気持ちをあらわすこと。例新年の一般《イッパン》—。

【参会】《サンカイ》（名・する）会合に加わること。例—者。

【参画】《サンカク》（名・する）計画を立てることに加わること。例政策の立案に—する。表記旧参▼劃

【参看】《サンカン》（名・する）くらべ合わせて、見ること。類参照。例付録の年表を—する。

【参観】《サンカン》（名・する）実地にようすを見せてもらうこと。類見学。例授業の—日。

【参議】《サンギ》 国の政治を審議《シンギ》する官職。①明治維新《メイジイシン》後、太政官《ダジョウカン》に置かれた重職の一つ。例—西郷隆盛《サイゴウたかもり》。②奈良《なら》時代以降、太政官《ダイジョウカン》に置かれた官職。大納言《ダイナゴン》・中納言の次位。

【参議院】《サンギイン》 日本の国会の二院制度で、衆議院とともに国会を構成する議院。衆議院の審議《シンギ》に対して補正する役割をもつ。解散はない。参院。対衆議院。

【参勤交代】《サンキンコウタイ》 江戸《えど》時代、幕府が大名《ダイミョウ》を一年おきに領地をはなれて江戸に居住させた制度。表記「参▼覲交替」とも書く。

【参宮】《サングウ》（名・する）神宮（とくに、伊勢《せい》神宮）におまいりすること。

【参詣】《サンケイ》（名・する）神社や寺院におまいりに行くこと。類参拝。例—人。

【参考】《サンコウ》（名・する）他の意見や別の資料などをくらべ合わせること。また、その意見や資料。例—文献《ブンケン》。

【参候】《サンコウ》（名・する）目上の人のもとに出むくこと。類参上。

【参酌】《サンシャク》（名・する）他のものとくらべ合わせて、参考にすること。類斟酌《シンシャク》。

【参集】《サンシュウ》（名・する）行事などで、人が寄り集まること。例葬儀《ソウギ》に—する。

【参照】《サンショウ》（名・する）（さらにくわしく知るために）他の資料や意見をくらべ合わせて見ること。例—項目《コウモク》。

【参上】《サンジョウ》（名・する）目上の人のところにうかがうこと。〔「行く」のへりくだった言い方〕例さっそく—いたします。

【参戦】《サンセン》（名・する）戦争に参加すること。

【参禅】《サンゼン》（名・する）①禅の修行《シュギョウ》をすること。②多くの人がいっしょに、座禅を組むこと。例—会。

【参内】《サンダイ》（名・する）〔「内」は、内裏《ダイリ》の意〕皇居に出むくこと。例宮中に—する。

【参着】《サンチャク》（名・する）主君や目上の人のところ、または集会の場所に行き着くこと。例定刻に—する。

【参堂】《サンドウ》（名・する）①社寺の堂におまいりすること。②よその家を訪問すること。例—のおりにご引見《インケン》ください。

【参道】《サンドウ》 社寺におまいりする人のためにつくった道。例表《おもて》—の玉砂利《たまじゃり》。

【参入】《サンニュウ》（名・する）①皇居にはいること。類参内《サンダイ》。②企業《キギョウ》が市場《シジョウ》に新たに参加すること。例外国資本の日本への—。

【参拝】《サンパイ》（名・する）神社や寺院におまいりすること。類参詣《サンケイ》。例明治神宮《メイジジングウ》に—する。

【参謀】《サンボウ》 高級指揮官の側近として作戦計画を立て、兵力をどう動かすかを考え、補佐《ホサ》する将校。また、いっぱんに立案や意思決定の中心となる者のたとえ。例—長。作戦—。

【参与】《サンヨ》（名・する）〔「与」は、関係する意〕学識や経験などを生かして、事業や組織などの運営に加わって、協力すること。また、その職名。例国政に—する。

【参列】《サンレツ》（名・する）儀式《ギシキ》などの、やや晴れがましい席に出ること。例祝典に—する。

【参籠】《サンロウ》（名・する）神仏に願《ガン》をかけて、一定の期間、神社や寺院にとまりこむこと。おこもり。

【▽参▽差】《シンシ》（形動《タルト》）長短や高低などの差があって、ふぞろいなようす。また、いりまじるようす。

●降参《コウサン》・古参《コサン》・持参《ジサン》・推参《スイサン》・墓参《ボサン》

ム 9 【參】 11画 ⇩【参】《サン》（173ページ）

29
2画
又 また部

右手の形をあらわす。「又」をもとにしてできている漢字と、「又」の字形を目じるしにして引く漢字とを集めた。

0 又 1 叉 2 収 双 反 友 及 6 取 受 叔 7 叙 叛 8 叟 14 叡 16 叢

この部首に所属しない漢字

及⇩丿 32　支⇩支 457　皮⇩皮 697　蚤⇩虫 874
隻⇩隹 1042　曼⇩日 500　雙⇩隹 1047

又 0 【又】 2画 4384 53C8 常用 音ユウ漢 訓また

筆順 フ 又

なりたち  [象形]三本の指で代表させた手の形。右手。派生して「さらに」「また」の意。

意味 その上。さらに。加えて。また。例十又五《ジュウユウゴ》（＝十五）。

日本語での用法《また》再び、これから後《のち》の、二重の、などの意。「且《か》つ又《また》・又《また》の日《ひ》・又家来《またゲライ》・又者《またもの》（＝家来の家来）」

人名 おさむ・すけ・たすく・やす

又 1 【叉】 3画 2621 53C9 人名 音サ漢 サ・シャ呉 訓また

意味 ❶くむ。ふたまた状・枝状にまじわる。例叉手《サシュ》。交叉点《コウサテン》。三叉路《サンサロ》。❷先がふたまた状の器物。例音叉

オン《サ》。刺《さす》叉《また》。❸梵語《ボンゴ》の音訳。例夜叉《ヤシャ》。

【叉手《サシュ|シャシュ》】(名・する)①手をこまぬくこと。うで組みをすること。類拱手《キョウシュ》。②〔仏〕両手の指を組み合わせること。例合掌《ガッショウ》―。

【叉手網《サであみ》】二本の竹を交差させて三角形のわくをつくり、網を張ったもの。魚などをすくい取るのに用いる。

又2 【収】4画 2893 53CE 教育6 音シュウ漢 シュ呉 訓おさ-める・おさ-まる

文2 【收】6画 5832 6536 人名

筆順 丨 丩 収 収

なりたち  [形声]「攵(=うつ)」と、音「丩《キュウ》→シュウ」とから成る。とらえる。

意味 ❶おさめる。おさめさせる。㋐一つにとりまとめる。例収拾《シュウシュウ》。収集《シュウシュウ》。㋑(作物を)取り入れる。手に入れる。例収益《シュウエキ》。収穫《シュウカク》。収入《シュウニュウ》。㋒(国や役所が)権力をもって取り上げる。例収税《シュウゼイ》。押収《オウシュウ》。没収《ボッシュウ》。㋓入れものの中にあつめる。例収納《シュウノウ》。収容《シュウヨウ》。❷一つにまとまる。ちぢむ。おさまる。例収縮《シュウシュク》。収束《シュウソク》。収斂《シュウレン》。

使い分け おさまる・おさめる【収・納・治・修】⇩1165ページ

人名 あつむ・おさむ・かず・さね・すすむ・なお・なか・のぶ・もと

【収益《シュウエキ》】利益をあげること。また、その利益。もうけ。例―金。―をあげる。

【収獲《シュウカク》】(名・する)漁《リョウ》や狩《か》りによって、えものをとること。また、そのえもの。例―物。魚の―。

【収穫《シュウカク》】(名・する)①農作物を取り入れること。また、その農作物。例麦を―する。②何かをして得た、よい結果。例海外視察の―。

【収監《シュウカン》】(名・する)刑《ケイ》の確定した人を監獄《カンゴク》(=刑務所)に入れること。〔現在は、収容という〕

【収差《シュウサ》】〔物〕レンズなどを通った光が正確に一点に集まらないで、像がぼやけたり、ゆがんだり、色が部分的に変わったりすること。例色《いろ》―。

【収載《シュウサイ》】(名・する)文章などを書物にのせること。例五万字を―する字典。

【収支《シュウシ》】収入と支出。はいってくるお金と出ていくお金。例―決算。―が合う。

【収受《シュウジュ》】(名・する)料金や品物を、受け取っておさめること。例運賃を―する。

【収拾《シュウシュウ》】(名・する)混乱した状態をうまくおさめて、正常な状態にすること。例政局の―に乗り出す。―がつかない。

【収集《シュウシュウ》】(名・する)①研究や趣味《シュミ》などのために、ものを集めること。また、集めたもの。例切手の―。②(ごみなどを)集めること。例ごみの―車。表記①は旧▼蒐集

【収縮《シュウシュク》】(名・する)ちぢむこと。ちぢまること。対膨張《ボウチョウ》。例血管が―する。

【収税《シュウゼイ》】(名・する)税金を取り立てること。徴税《チョウゼイ》。例―業務。

【収蔵《シュウゾウ》】(名・する)①ものをしまっておくこと。とくに、値打ちのあるものを集めて、しまっておくこと。例古書を―する。②農作物を取り入れてたくわえておくこと。

【収束《シュウソク》】(名・する)①集めてたばにすること。②しめくくりをつけること。まとまりがつくこと。類決着。例事態を―する。③〔数〕数列が限りなく、ある数に近づいていくこと。④〔物〕光が一点に向かって集まること。

【収得《シュウトク》】(名・する)受け取って自分のものとすること。例―税。

【収入《シュウニュウ》】自分のものとして、はいってくるお金。対支出。例臨時―。

【収納《シュウノウ》】(名・する)①使っていないものを、棚《たな》やおし入れなどにしまっておくこと。例―スペース。②お金や品物を受け取っておさめること。

【収用《シュウヨウ》】(名・する)公共事業のために、個人や団体の土地や物を、強制的に買い取ること。例土地―法。

【収容《シュウヨウ》】(名・する)人を一定の場所や施設《シセツ》に入れること。例―人員。

【収▼攬《シュウラン》】(名・する)〔「攬」は、とりまとめる意〕集めて自分の手ににぎること。集めて自分のほうへ引き寄せること。例人心を―する。

【収量《シュウリョウ》】収穫《シュウカク》の量。例一〇アール当たりの―。

【収▼斂《シュウレン》】(名・する)①ちぢまること。また、ひきしまること。例血管が―する。②光線の束《たば》が一点に集まること。③税を取り立てること。例過酷《カコク》な―。

【収録《シュウロク》】(名・する)①本などに載《の》せること。例論文を―する。②(放送や記録のために)録音したりビデオにとったりすること。例野鳥の声を―する。

【収賄《シュウワイ》】(名・する)わいろを受け取ること。対贈賄《ゾウワイ》。

●押収《オウシュウ》・回収《カイシュウ》・月収《ゲッシュウ》・増収《ゾウシュウ》・徴収《チョウシュウ》・領収《リョウシュウ》

又2 【双】4画 3348 53CC 常用 音ソウ漢呉 訓ふた・ふた-つ・なら-ぶ

筆順 フ ヌ ヌ 双

隹10 【雙】18画 5054 96D9

なりたち  [会意]「雔(=二羽の鳥)」を「又(=手)」にもつ。鳥が二羽ひと組み。

意味 ❶二つでひと組みのものの両方。例双肩《ソウケン》。双頭《ソウトウ》。双眼鏡《ソウガンキョウ》。❷二者が同じような力をもつ。匹敵《ヒッテキ》する。ならぶ。例双璧《ソウヘキ》。無双《ムソウ》。❸二つでひと組みになっているものを数える語。例屏風《ビョウブ》一双《イッソウ》(=二つひと組み)。

日本語での用法《ソウ》「草」や「冊」の「ソウ」の音にあてる字。「双紙《ソウシ》」

難読 双児《ふたご》・双親《ふたおや》・双手《もろて》・双岡《ならびがおか》

人名 ふ・もろ

【▽双六《スゴロク》】〔「スゴ」は、「双」の古い音の転じたもの〕①紙面に「振《ふ》り出し」から「上がり」まで多くの区画をつくって絵をかき、数人でさいころを振って駒《こま》を進め、早く上がりに到着《トウチャク》したものを勝ちとする遊び。②二人が向かい合ってさいころを振り、盤《バン》の上の駒を進めて早く敵陣《テキジン》にはいることをきそう、昔の遊び。

【双▼蛾《ソウガ》】〔「蛾」は、美人のまゆげの意〕美人の(両方の)まゆげ。また、美人。

【双眼鏡《ソウガンキョウ》】両眼にあてて見る望遠鏡。二つの小さな望遠鏡をならべてつくった光学器械。

【双魚《ソウギョ》】①二ひきのさかな。②手紙。〔遠来の客が置いていった二ひきの鯉《こい》の腹の中から手紙が出てきたという故事から〕〈文選《モンゼン》〉類双鯉《ソウリ》。

【双肩《ソウケン》】(責任や任務を負う)左右両方のかた。例日本の将来は青少年の―にかかっている。

【双▼鉤《ソウコウ》】①親指のほかに人指し指と中指の二本をかけて、筆の軸《ジク》をささえて字を書く運筆法。対単鉤。②文字を写しとるとき、文字の輪郭《リンカク》だけを細い線で書く方法。類

籠《かご》字《ジ》・籠写し。

【双紙《ソウシ》】①昔の、かな書きの物語・日記・随筆《ズイヒツ》など。②江戸《えど》時代の、絵入りの読み物。[表記]▽「草紙・草子」とも書く。

【双手《ソウシュ》】両方の手。もろて。(対)隻手《セキシュ》。

【双書《ソウショ》】同じ分野など、関係のあることがらをとりあげて、決まった体裁《テイサイ》で続けて刊行される書物。シリーズ。叢書《ソウショ》。[例]哲学―。

【双声《ソウセイ》】漢字二字の熟語で、上下二つの漢字の語頭の子音《シイン》をそろえたもの。たとえば、「髣髴《ホウフツ》」「陸離《リクリ》」「悽愴《セイソウ》」など。→【畳韻《ジョウイン》】(681ページ)

【双生児《ソウセイジ》】ふたご。[例]一卵性《イチランセイ》―。

【双頭《ソウトウ》】①一つのからだに頭が二つ並んでついていること。[例]―の鷲《わし》。―の蛇《へび》。②同時に二人の支配者が並び立つこと。[例]―政治。

【双発《ソウハツ》】発動機を二つ備えているもの。(対)単発。[例]―機。

【双幅《ソウフク》】二つでひと組みになっている掛《か》け軸《ジク》。(類)対幅《ツイフク》。

【双璧《ソウヘキ》】〔一対《イッツイ》の玉《ギョク》の意〕同じ分野で優劣《ユウレツ》のない、二人のすぐれた人物。[例]学界の―。

【双方《ソウホウ》】両方。[例]―とも非を認める。

【双▼眸《ソウボウ》】両方のひとみ。(類)両眼。

【双葉《ソウヨウ｜ふたば》】芽を出したばかりの二枚の葉。[例]梅檀《センダン》は―《ふたば》より芳《かんば》し。

【双竜《ソウリュウ｜ソウリョウ》】二ひきの竜。二人のすぐれた人物のたとえ。

又 2

【反】

4画 4031 53CD [教育3]

[音]タン(慣)ハン(漢)ホン(呉)

[訓]そ-る・そ-らす・かえ-す・かえ-る・かえ-って・そむ-く

[筆順] 一 厂 反

[なりたち]  [形声]「又(=手)」と、音「厂《カン》→ハン」とから成る。くつがえす。

[意味] ❶ひっくりかえす。うらがえす。[例]反手《ハンシュ》。反転《ハンテン》。反覆《ハンプク》。❷はねかえす。はねかえる。[例]反映《ハンエイ》。反響《ハンキョウ》。反射《ハンシャ》。❸くりかえす。[例]反芻《ハンスウ》。反復《ハンプク》。❹ふりかえる。かえりみる。[例]反省《ハンセイ》。❺そむく。さからう。(同)叛《ハン》。[例]反逆《ハンギャク》。反抗《ハンコウ》。謀《ム》反《ホン》。❻さかさまに。あべこべに。[例]反殺《ハンサツ》(=かえり討《う》ち)。反問《ハンモン》。❼ある漢字の字音を、別の漢字二字の字音の組み合わせによって示す方法。かえし。→【反切《ハンセツ》】

[日本語での用法]《タン》①「段《タン》」の草体の略。面積の単位。一町歩《イッチョウブ》の十分の一。三百坪。約一〇アール。「反《タン》当《あ》たりの収量《シュウリョウ》・反歩《タンブ》・五反百姓《ゴタンビャクショウ》」②布地や反物《タンもの》の長さの単位。一反は一人分の着物に相当する長さ。絹布では、鯨尺《くじらジャク》で長さが二丈《ジョウ》八尺(=約一〇・六メートル)、幅《はば》を九寸五分《ブ》(=約三六センチメートル)としていた。「反物《タンもの》」

[難読] 反古《ホゴ》・反吐《ヘド》

[人名] そり

【反物《タンもの》】①一反分の織物。おとなの和服一着分の布地。②和服用の織物をまとめていうことば。呉服《ゴフク》。

【反意《ハンイ》】そむこうとする気持ち。[例]―をいだく。[表記](旧)▼叛意

【反意語《ハンイゴ》】あることばの意味と反対の意味をもつことば。反対語。(類)対義語《タイギゴ》。(対)同義語。

【反映《ハンエイ》】(名・する)①反射して、色や光などがはえること。[例]夕日が湖面《コメン》に―している。②ある考えや態度が、はっきりした形となって、別のもののうえにあらわれること。[例]民意を―した選挙。ふだんの努力が成績に―する。

【反影《ハンエイ》】(名・する)夕日が反射してうつること。また、そのかげ。(類)反照。

【反歌《ハンカ》】和歌で、長歌のあとにそえた短歌。長歌の大意をまとめ、または、おぎなうもの。かえしうた。

【反間《ハンカン》】①敵の中にはいりこんで敵情をさぐること。また、その者。間諜《カンチョウ》。間者《カンジャ》。スパイ。[例]―を放つ。②敵のスパイを利用して、敵の中に裏切りを起こさせること。また、その者。逆スパイ。[例]―苦肉(=敵をだますために自らを苦しめること)。

【反感《ハンカン》】相手に対する反発や反抗《ハンコウ》の感情。[例]―を買う。―をもつ。

【反旗《ハンキ》】反逆の決心や意向を示す手段を、旗になぞらえていったことば。[例]―をひるがえす。[表記](旧)▼叛旗

【反逆《ハンギャク》】(名・する)権威《ケンイ》・慣習・常識などにそむくこと。謀反《ムホン》。[例]―児。[表記](旧)▼叛逆

【反響《ハンキョウ》】(名・する)①音が他のものに当たってはねかえって聞こえること。また、そのひびき。②反応。[例]―を呼ぶ。

【反軍《ハングン》】①軍国主義や軍部などに反対すること。[例]―思想。②反乱を起こした軍隊。反乱軍。[表記]②は(旧)▼叛軍

【反撃《ハンゲキ》】(名・する)敵の攻撃《コウゲキ》を受けて、逆に攻撃しかえすこと。[例]―に転じる。

【反語《ハンゴ》】①内容を疑う形式で表現しながら、じつは強く断定する表現法。たとえば、「そんなことがありうるであろうか。(いや、絶対にありえない)」など。②反意語。反対語。

【反抗《ハンコウ》】(名・する)人の言うことにそむき、はむかうこと。(対)服従。[例]―期。

【反攻《ハンコウ》】(名・する)守っていた側が、逆に相手をせめたてること。(類)反撃《ハンゲキ》。[例]―に転じる。

【反骨《ハンコツ》】権威《ケンイ》や権力などに従わず、自分の考えをつらぬく気持ち。[例]―の精神。[表記](旧)▼叛骨

【反魂香《ハンゴンコウ》】たくと、死者の魂《たましい》を呼びもどすという香。〔漢の武帝《ブテイ》が李《リ》夫人の死後にこの香をたいて、その姿を見たという故事による〕[表記]「▽返魂香」とも書く。

【反作用《ハンサヨウ》】〔物〕ある物体に力を加えたとき、同時に、そのところで同じ大きさで逆の方向にはたらく力。反動。

【反射《ハンシャ》】(名・する)はねかえること。[例]光が―する。

【反社会《ハンシャカイ》】社会の法律・道徳・習慣などに反抗《ハンコウ》すること。[例]―的行動。―集団。

【反掌《ハンショウ》】〔「たなごころを反《かえ》す」と訓読する〕ものごとをおこなうのが、きわめてたやすいことのたとえ。

【反証《ハンショウ》】(名・する)反対の証拠《ショウコ》を示すこと。[例]―を挙げる。

【反照《ハンショウ》】(名・する)①光が照りかえすこと。とくに、夕映《ゆうば》えのこと。②影響《エイキョウ》が他のもののうえにあらわれること。

【反▼芻《ハンスウ》】(名・する)①〔「芻」は、まぐさの意〕ウシ・ヤギ・シカなどの草食動物が、一度飲みこんだ食物を再び口にもどし、かみ直すこと。[例]―動物。②なん度も考えたり、味わったりすること。[例]師の教えを―する。幸福感を―する。

【反省《ハンセイ》】(名・する)自分のしたことや言ったこと、また、考えたり感じたりしたことが、正しいか誤っているか、また適当かどうかなどを、もう一度考えてみること。[例]―をおこたる。

【反切《ハンセツ》】一つの漢字の字音を示すために、別の漢字二字を上下にならべ、上の字で頭の音を、下の字で韻《イン》を示す方法。たとえば、「天」は「他前の切《セツ》(または反《ハン》)」とあるとき、「他(ta)」の t と、「前(zen)」の en とを組み合わせて ten を示す、など。

【反戦《ハンセン》】戦争に反対すること。[例]―運動。―論。

【反訴《ハンソ》】(名・する)〔法〕民事訴訟《ソショウ》の進行中に、被告《ヒコク》が原告を相手どって起こす訴訟。

【反則《ハンソク》】(名・する)競技などで、ルールに違反《イハン》すること。規則違反。ルール違反。例—をおかす。

【反側《ハンソク》】(名・する)ねがえりをうつこと。例輾転《テンテン》—してねむれない。

【反俗《ハンゾク》】俗世間の習慣に従わないこと。例—の気風。

【反対《ハンタイ》】㊀(名)位置・方向・順序・意味などが、たがいに対立したり、逆の関係になっていること。例—語。左右を—にする。㊁(名・する)ある意見や立場などにさからうこと。(対)賛成。例値上げ—。提案に—する。

【反体制《ハンタイセイ》】社会のしくみや政治体制に、反対する立場をとること。例—運動。

【反転《ハンテン》】(名・する)①ひっくりかえること。ひっくりかえすこと。例事故で車が—する。②反対の方向に向きをかえること。例機首を—して北上した。③写真で、ネガ(=陰画《インガ》)のフィルムをポジ(=陽画)にすること。

【反徒《ハント》】謀反《ムホン》を起こす人々。表記(旧)▼叛徒
【反騰《ハントウ》】(名・する)下がっていた相場が、急に値上がりすること。(対)反落。例株価が—する。

【反動《ハンドウ》】①ある動きに対して起こる、逆の動き。例—をつけて起き上がる。②〔物〕「反作用《ハンサヨウ》」に同じ。例急ブレーキの—でたおれる。③社会改革の進んでいく傾向《ケイコウ》のなかで、現状よりさらに前の状態に引きもどそうとする傾向。例—勢力。

【反日《ハンニチ》】他の民族や国が、日本国・日本人・日本のものに対して反感をもつこと。(対)親日。例—感情。—運動。

【反応《ハンノウ》】(名・する)①外部からのはたらきかけによって起こる動き。例連鎖《レンサ》—。レーダーに—がある。②二つ以上の物質がいっしょになったときに起こる化学変化。例酸性—。③生物が刺激《シゲキ》に対して起こす動き。例拒絶《キョゼツ》—。

【反▼駁《ハンバク》】(名・する)〔「ハンパク」とも〕相手から受けた批判に対して、逆に言いかえすこと。(類)反論。

【反発《ハンパツ》】(名・する)①はねかえすこと。また、はねかえること。②相手の意見などを受けつけないこと。(類)反抗《ハンコウ》。例親の干渉《カンショウ》に—する。表記▽(旧)反▼撥
【反比例《ハンピレイ》】(名・する)二つの数量で、一方の量が二倍、三倍になると、もう一方が二分の一、三分の一になるという関係にあること。逆比例。(対)比例・正比例。

【反復《ハンプク》】(名・する)同じことをなん度もくりかえすこと。反覆《ハンプク》。例—練習。—して覚える。

【反覆《ハンプク》】(名・する)①うらがえること。また、うらがえすこと。②同じことをなん度もくりかえすこと。反復。

【反哺《ハンポ》】〔「哺」は、口中の食物の意〕子が成長して親の恩にむくいること。親に孝行すること。反哺の孝。→【烏《からす》に反哺《ハンポ》の孝《コウ》あり】(631ページ)

【反面《ハンメン》】①反対側の面。②別の見方をした場合。例苦労した—、成果が上がらない。

【反目《ハンモク》】(名・する)たがいに仲が悪く、にらみ合うこと。(類)対立。例両者の—が続く。

【反問《ハンモン》】(名・する)相手の質問や非難に対して、逆に問いかえすこと。例—されても答えがない。

【反訳《ハンヤク》】(名・する)①記号で書いてある速記の文章を、ふつうの文章に直すこと。②翻訳《ホンヤク》すること。また、翻訳したものを、もとの外国語に直すこと。

【反落《ハンラク》】(名・する)上がっていた相場が、急に値下がりすること。(対)反騰《ハントウ》。

【反乱《ハンラン》】(名・する)政府に武力を使って反抗《ハンコウ》すること。(類)暴動・内乱。例—軍。—をくわだてる。表記(旧)▼叛乱
【反流《ハンリュウ》】㊀(名・する)水などが逆に流れること。㊁(名)ある海域で、おもな海流と反対方向に流れる海流。

【反論《ハンロン》】(名・する)相手の主張・意見に反対して議論すること。また、その議論。(類)反駁《ハンバク》。例—が多い。

【▽反故《ホゴ》】〔「ホグ」とも。「反」は裏返す。「故」は故紙で、一度使った紙を裏返して再利用したことから〕①使い古しの紙。②不用、または、無効のもの。例約束を—にする(=約束をとりやめる)。表記▽「▽反古」とも書く。

◐違反《イハン》・減反《ゲンタン》・謀反《ボウハン/ムホン》・離反《リハン》

又 2
【友】
4画 4507 53CB 教育2
音 ユウ(漢)
訓 とも
付表 友達《ともだち》

筆順 一 ナ 方 友

なりたち  〔会意〕二つの「又(=手)」から成る。手と手をたずさえて志を同じくするもの。

意味 ❶ともだち。なかま。仲よし。例友情《ユウジョウ》。友人《ユウジン》。級友《キュウユウ》。親友《シンユウ》。❷仲よくする。親しむ。ともとする。例友愛《ユウアイ》。友好《ユウコウ》。

人名 すけ・たすく

【友垣《ともがき》】友達。〔交わりを結ぶことを垣根を結ぶことにたとえた、古風で詩的なことば〕

【友達《ともだち》】いっしょに勉強をしたり遊んだり、行動をともにして、仲よくつきあっている人。友人。友。例幼《おさな》—。

【友引《ともびき》】「友引日《ともびきニチ》」の略。陰陽道《オンヨウドウ》でいう、六曜の一つ。吉《キチ》と凶《キョウ》が引き分けて勝負がない、よくも悪くもないとされる日。〔俗《ゾク》に、「友を引く」として、葬式《ソウシキ》をおこなうのをひかえる〕

【友愛《ユウアイ》】友達をたいせつにする心。友人に対する愛情。友情。

【友▼誼《ユウギ》】友人としての親しいつきあい。(類)友情。例—団体。—に厚い。

【友軍《ユウグン》】味方の軍隊。(対)敵軍。例—機。

【友好《ユウコウ》】仲のよいつきあい。例—条約。

【友情《ユウジョウ》】友人をだいじに思う心。友愛。例—に厚い。

【友人《ユウジン》】同じ学校に通ったり、同じことを仲よくいっしょにしたりする人。友達。友《とも》。

【友禅《ユウゼン》】「友禅染《ユウゼンぞめ》」の略。絹の布に花鳥や山水などをあざやかな色でそめた染め物。江戸《えど》時代、宮崎友禅斎《みやざきユウゼンサイ》の考案による。例加賀《かが》—。

【友党《ユウトウ》】ある党と行動をともにする政党。友好関係にある政党。

【友邦《ユウホウ》】友好関係にある国。例—の危機を救う。

◐学友《ガクユウ》・交友《コウユウ》・師友《シユウ》・心友《シンユウ》・親友《シンユウ》・戦友《センユウ》・盟友《メイユウ》

又 2
【及】
4画 ⇩【及《キュウ》】(32ページ)

又 6
【取】
8画 2872 53D6 教育3
音 シュ(漢)(呉)
訓 と-る

筆順 一 丅 F F E 耳 耴 取

なりたち  〔会意〕「又(=手)」と「耳(=みみ)」とから成る。手で耳をつかまえる。

意味 ❶手に持つ。自分のものにする。うけとる。とる。例取得《シュトク》。看取《カンシュ》。摂取《セッシュ》。❷とりあげる。うばいとる。例搾取《サクシュ》。奪取《ダッシュ》。❸えらびとる。(対)捨《シャ》。例取材《シュザイ》。取捨《シュシャ》。

日本語での用法《とる》①書き記す。「メモを取《と》る」②つ

なげる。「連絡《レンラク》を取《と》る」③除く。「痛《いた》みを取《と》る」

使い分け とる【取・採・執・捕・撮】⇩1174ページ

難読 取次《しどろ》筋斗《もどろ》

人名 とり

【取材】《シュザイ》(名・する) 関係者から話を聞いたり、現地に行ったりして、記事や作品の素材となる情報を集めること。例—活動。事件について—する。

【取捨】《シュシャ》(名・する) 必要なものを取り、不要なものを捨てること。例—選択《センタク》。

【取得】《シュトク》(名・する) 財産や資格などを、自分のものにすること。例不動産—税。運転免許《メンキョ》を—する。

【取引】《とりひき》(名・する) ①商人どうし、または商人と客のあいだで品物を売り買いすること。例—所。—先。②両者の得になるようなことを、たがいにやりとりすること。取り引き。例闇《やみ》—。

●採取《サイシュ》・搾取《サクシュ》・進取《シンシュ》・関取《せきとり》・奪取《ダッシュ》・聴取《チョウシュ》・頭取《トウどり》

又 6

【受】

8画 2885 53D7 教育3 音シュウ漢ジュ呉 訓う-ける・う-かる・う-け

筆順

なりたち [形声]「𠬪(=上下の手)」と、音「舟《シュウ》」の省略体とから成る。うけわたしする。

意味 ❶うけとる。さずかる。もらう。うける。例受授《ジュジュ》。受賞《ジュショウ》。伝受《デンジュ》。❷うけいれる。ひきうける。こうむる。例受諾《ジュダク》。受難《ジュナン》。甘受《カンジュ》。

日本語での用法 一《うけ・うける》評判(がいい)。人気(がある)。「上司《ジョウシ》の受《う》けがいい・女性《ジョセイ》に受《う》ける商品《ショウヒン》」二《うかる》合格する。「試験《シケン》に受《う》かる」

使い分け うける【受・請】⇩1162ページ

人名 おさ・しげ・つぐ

【受け身】《うけみ》 ①自分のほうから進んでするのではなく、他からのはたらきかけを受けること。また、その立場や状態。受動。例—の姿勢。②「受動態《ジュドウタイ》」に同じ。③柔道《ジュウドウ》などで、けがをしないように、かけられた技《わざ》を受ける方法。

【受益】《ジュエキ》(名・する) 利益を受けること。例—者負担。

【受戒】《ジュカイ》(名・する) 〔仏〕僧《ソウ》や信者となり、規律(=戒)に従うことをちかうこと。また、その儀式《ギシキ》。

【受給】《ジュキュウ》(名・する) 配給・給与《キュウヨ》・年金などを受けること。例—資格。年金—者。

【受刑】《ジュケイ》(名・する) 裁判で確定した刑を受けていること。刑務所に入れられていること。例—者。

【受験】《ジュケン》(名・する) (入学や資格を取るための)試験を受けること。例—勉強。

【受講】《ジュコウ》(名・する) 講義や講習を受けること。例—料。夏期講習を—する。

【受授】《ジュジュ》(名・する) 受け取ることとわたすこと。受けわたし。やりとり。例金銭の—。

【受章】《ジュショウ》(名・する) 勲章《クンショウ》や褒章《ホウショウ》、記念の記章などを受けること。対授章。例文化勲章—者。

【受賞】《ジュショウ》(名・する) 賞を受けること。対授賞。例皆勤賞《カイキンショウ》を—する。

【受信】《ジュシン》(名・する) 電信・電話・放送など、他から発した通信を受けること。対送信。例海外放送を—する。

【受診】《ジュシン》(名・する) 医師の診察を受けること。例早期に—する。

【受精】《ジュセイ》(名・する) 卵子《ランシ》と精子が合体すること。例—卵。人工—。

【受像】《ジュゾウ》(名・する) テレビ電波を受けて、テレビが映像を映し出すこと。類受信。例—機。—の状態が悪い。

【受贈】《ジュゾウ》(名・する) おくりものを受けること。例卒業生からの—図書。

【受胎】《ジュタイ》(名・する) 子をやどすこと。みごもること。妊娠《ニンシン》。例—告知。

【受託】《ジュタク》(名・する) 他からたのまれて引き受けること。例—販売《ハンバイ》。

【受諾】《ジュダク》(名・する) 相手の要求やたのみを受け入れること。類承諾・承知。対拒絶《キョゼツ》。例要請《ヨウセイ》を—する。

【受注】《ジュチュウ》(名・する) 品物の注文を受けること。対発注。表記 旧受▼註

【受電】《ジュデン》(名・する) 電信や電報を受け取ること。例命令を—する。

【受動】《ジュドウ》 他からのはたらきかけを受けること。受け身。対能動。

【受動態】《ジュドウタイ》 文法で、主語がある動作の対象となり、その作用を受ける関係にある動詞の様相。「喜ばれる」「ほめられる」のように、「れる」「られる」をそえてあらわす。受け身。対能動態。

【受動的】《ジュドウテキ》(形動《ナダ》) 他からのはたらきかけを受けて、何かをするようす。類消極的。対能動的。

【受難】《ジュナン》 ①苦難を受けること。迫害《ハクガイ》などの苦しみを受けること。例社会主義者の—の時代。②(キリスト教で)キリストが十字架《ジュウジカ》にかけられたこと。例マタイ—曲。

【受納】《ジュノウ》(名・する) 金銭や品物を受け取ること。例どうぞご—ください。

【受粉】《ジュフン》(名・する) おしべの花粉がめしべにつくこと。虫・鳥・風などがなかだちをする。例自家—。

【受容】《ジュヨウ》(名・する) 受け入れて自分のものとすること。例—力。外来の文物を—する。

【受理】《ジュリ》(名・する) 書類などを受け取ること。受け付けて処理すること。例辞表が—される。

【受領】《ジュリョウ》(名・する) 〔「領」も、受ける意〕金銭や品物を受け取ること。例—証。

【受話器】《ジュワキ》 電話機の、相手の話を聞くための装置。対送話器。例—をはずす。

●甘受《カンジュ》・授受《ジュジュ》・伝受《デンジュ》

又 6

【叔】

8画 2939 53D4 常用 音シク漢シュク呉 付表 叔父《おじ》・叔母《おば》

筆順

なりたち [形声]「又(=手)」と、音「尗《シュク》」とから成る。拾う。借りて「若い・おじ」の意。

意味 ❶きょうだいの、上から三番目。年下のきょうだい。例伯仲叔季《ハクチュウシュクキ》。❷父の弟。例叔父《シュクフ》。

人名 お・すえ・ひろ・よし

【叔季】《シュクキ》 ①すえの弟。末弟《マッテイ》。②すえの世。末世。

【叔斉】《シュクセイ》 殷《イン》末・周初期の賢人《ケンジン》。孤竹国《コチクコク》の王子で伯夷《ハクイ》の弟。→【伯夷叔斉】《ハクイシュクセイ》(69ページ)

【叔父】一《おじ》父母の弟。父母の妹の夫をもいう。二《シュクフ》中国で、父の弟。

【叔母】一《おば》父母の妹。父母の弟の妻をもいう。二《シュクボ》中国で、父の妹。

又 7

【叙】

9画 2986 53D9 常用 音ショ漢ジョ呉 訓の-べる

筆順 ノ 人 亼 全 余 余 叙 叙

支 7 【敍】 11画 5838 654D 人名

攵 7 【敘】 11画 5839 6558 別体字

なりたち ［形声］「攴(=うつ)」と、音「余ヨ→ジョ」とから成る。順序をつける。

意味 ❶(ことばや位などを)順序よくならべる。のべる。例 叙位《ジョイ》。叙述《ジョジュツ》。❷本のはしがき。同 序《ジョ》。

人名 のぶ

【叙位】《ジョイ》 国のためにつくした人に、くらいをさずけること。日本の現在の制度では、故人に対してのみおこなわれる。類 叙任。例 ―叙勲《ジョクン》。

【叙勲】《ジョクン》 国や社会のためにつくした人に、国が勲等をさずけ、勲章をあたえること。例 ―を受ける。―の栄に浴する。

【叙景】《ジョケイ》 (名・する) 景色のありさまを、詩や文章に書きあらわすこと。例 ―歌。

【叙事】《ジョジ》 事実を感情をまじえないで、ありのままに表現すること。対 叙情。

【叙事詩】《ジョジシ》 民族の建国や歴史、英雄《エイユウ》の活躍《カツヤク》などの歴史的事件をうたった詩。古代ギリシャの「イリアス」「オデュッセイア」、アイヌの「ユーカラ」など。対 叙情詩。

【叙述】《ジョジュツ》 (名・する) ものごとを順序だてて文章にすること。また、その文章。例 体験を詳細《ショウサイ》に―する。

【叙情】《ジョジョウ》 喜びや悲しみなどの感情を述べあらわすこと。対 叙事。例 ―的。表記 旧 ▼抒情

【叙情詩】《ジョジョウシ》 叙情を中心にして表現した詩。対 叙事詩。表記 旧 ▼抒情詩

【叙説】《ジョセツ》 (名・する) 文章で説明すること。叙述。例 デカルトの著『方法―』。

【叙任】《ジョニン》 (名・する) 位をさずけ、官職につけること。

●直叙《チョクジョ》・倒叙《トウジョ》

又 7 【叛】 9画 4032 53DB 音 ホン 慣 ハン 漢 バン 呉 訓 そむ-く

意味 ❶(味方であった者が)さからう。そむく。同 反《ハン》。例 叛逆《ハンギャク》。謀叛《ムホン》。❷はなれる。わかれる。例 離叛《リハン》。

表記 現代表記では、「反《ハン》」に書きかえることがある。熟語は「反」(176ページ)を参照。

【叛意】《ハンイ》 そむこうとする気持ち。表記 現 反意

【叛逆】《ハンギャク》 (名・する) 権威《ケンイ》・慣習・常識などにそむくこと。謀反《ムホン》。表記 現 反逆

【叛徒】《ハント》 謀反人《ムホンニン》。表記 現 反徒

【叛乱】《ハンラン》 (名・する) 政府に武力を使って反抗《ハンコウ》すること。表記 現 反乱

又 8 【叟】 10画 5055 53DF 音 ソウ 漢 訓 おきな

意味 ❶としより。老人。おきな。例 野叟《ヤソウ》。老叟《ロウソウ》。❷老人をうやまっていうことば。長老。

又 14 【叡】 16画 1735 53E1 人名 音 エイ 漢 呉 訓 あき-らか

目 9 【睿】 14画 6647 777F 古字

なりたち ［会意］「㕡(=うがつ)」と「目(=め)」と「谷(=深い)」の省略体とから成る。深くうがつほどに見通す。

意味 ❶ものごとを深く見通す。かしこい。あきらか。例 叡才《エイサイ》。叡敏《エイビン》(=かしこい)。❷天子に関することがらをうやまっていうことば。例 叡覧《エイラン》。叡慮《エイリョ》。

日本語での用法 《エイ》 京都市北東部にある山、比叡山《ヒエイザン》。「叡山《エイザン》」

人名 あきら・さとし・ただ・とおる・とし・まさ・よし

【叡感】《エイカン》 天子が感心すること。御感《ギョカン》。例 ―にあずかる。

【叡才】《エイサイ》 ①すぐれた才能。②すぐれた才能をもつ人。秀才《シュウサイ》。俊才《シュンサイ》。表記 ▽「英才」とも書く。

【叡断】《エイダン》 天子の決断。例 ―がくだる。

【叡▼智】《エイチ》 深遠な道理に通じている、深くすぐれた知恵《チエ》。例 ―を集める。表記 現 英知。また、「叡知」とも書く。

【叡明】《エイメイ》 (名・形動《ダナ》) 天子が、深くものごとの道理に通じ、すぐれていること。例 天資―。表記 「英明」とも書く。

【叡覧】《エイラン》 天子が見ること。天覧。例 ―に供する。

【叡慮】《エイリョ》 天子の考え。聖慮。例 ―をなやます。

又 16 【叢】 18画 3349 53E2 人名 音 ソウ 漢 呉 訓 くさむら・むら-がる

意味 ❶むらがって生えた草。くさむら。例 叢生《ソウセイ》。❷多くのものが一か所に集まる。むらがる。例 叢書《ソウショ》。論叢《ロンソウ》。

【叢雲】《ソウウン》 むらがり集まった雲。むらくも。

【叢書】《ソウショ》 同じ分野に属する書物を集め、判型や装丁《ソウテイ》をそろえて刊行する、一連の書籍《ショセキ》。シリーズ。双書《ソウショ》。

【叢生】《ソウセイ》 (名・する) 草木がむらがって生えること。

【叢林】《ソウリン》 ①草木がおいしげっている林。②〔仏〕僧《ソウ》の集まって住むところ。寺院。〔禅寺《ゼンでら》についていうことが多い〕

30 3画 口 くち くちへん 部

くちの形をあらわす。「口」をもとにしてできている漢字と、「口」の字形を目じるしにして引く漢字とを集めた。

0 口 2 可 𠮟 叺 叶 句 古 叩 号 司
史 只 叱 召 台 叮 叨 叭 右 叫 3 吁
各 吉 吃 吸 叫 向 后 合 吊 吐 时 同
名 吏 吉 4 吽 呀 含 吟 听 君 呉 吾
吭 吼 告 吹 吮 呈 吶 吞 吠 否 呎 吻
吩 呆 吝 呂 吸 呉 告 呈 呑 5 呵 咎
呟 呼 呷 咋 呪 周 呻 咀 呶 咄 咐 咆
味 命 和 咏 咒 周 咊 6 哀 哇 咽 咼
咳 咯 咢 咸 咥 呱 咬 哄 哈 哉 咲 哘
呰 咨 咫 哂 咤 品 咾 咲 7 員 唄 哥
哦 唏 唔 哽 哮 哭 唆 哨 唇 啄 哲 唐
哺 哩 哢 唖 唐 8 啞 唯 唳 啀 喝 啓
啌 售 商 唱 啜 啐 唾 啅 啖 啗 唸 問
唹 喉 啓 啄 9 営 喙 喀 喚 喊 喜 喟
喫 喬 喧 喉 喰 啻 啾 善 喘 喪 喞 喋
啼 喃 喩 喇 喨 喝 喞 喫 單 10 嗚 嘩
嗅 嗟 嗄 嗣 嗜 嗤 嗇 嗔 嘆 11 嘔 嘉
嗷 嘖 嘗 嗾 嗽 嘛 嗹 嘘 噌 嘆 12 噎

3画
［又部］7―16画 叛 叟 叡 叢 ［口部］

器 噓 嘱 嘶 噌 噂 嘲 嘸 噴 噐 噛 噂
13 噫 噤 嚆 嘴 嘯 噬 噪 噸 噺 器 噴
14 嚇 嚀 嚊 嚏 15 嚙 嚔 嚢 嚠 16 嚥
嚮 17 嚶 嚴 18 囂 囈 嚼 囁 囃 囀 19
噲 囊 21 囓 囑

この部首に所属しない漢字

中⇩丨 26	石⇩石 713	串⇩丨 29	邑⇩邑 987	倉⇩𠆢 85
兄⇩儿 99	回⇩囗 218	局⇩尸 319	舎⇩𠆢 74	號⇩虍 873
加⇩力 144	舌⇩舌 835	谷⇩谷 928	尚⇩⺌ 317	鳴⇩鳥 1100
占⇩卜 167	虫⇩虫 873	足⇩足 945	知⇩矢 711	轡⇩車 959

口 0

【口】

3画 2493 53E3 教育1

音 コウ㊥ ク㊦ 訓 くち

筆順 丨 𠃌 口

なりたち [象形] くちの形。人がものを言ったり食べたりする器官。

意味 ❶動物の飲食や発声の器官。くち。例 口蓋《コウガイ》。口腔《コウコウ》。経口《ケイコウ》。❷自分のくちで言う。くちに出して言う。くちで言うことば。例 口伝《クデン》。口外《コウガイ》。口吻《コウフン》。❸出入りぐち。ものを出し入れするところ。例 火口《カコウ》。銃口《ジュウコウ》。出口《でぐち》。❹人・家などの数。また、それらを数えることば。例 口分田《クブンデン》。人口《ジンコウ》。❺刀や刃物《はもの》などを数えることば。例 一口《イッコウ》。

日本語での用法 《くち》①外部にひらいたところ。また、外に接する面。「傷口《きずぐち》・木口《こぐち》・袖口《そでぐち》」②一定の量を一つと数える単位。「一口《ひとくち》千円《センエン》の寄付《キフ》・三口《みくち》で三万円《サンマンエン》」

難読 赤口日《シャックニチ》・一口《いもあらい》(=地名)

人名 あき・ひろ

【口受】《クジュ｜コウジュ》(名・する) 弟子《シデ》が師から直接、口伝えで教えを受けること。

【口授】《クジュ｜コウジュ》(名・する) 師が弟子《シデ》に直接、口伝えに教えをさずけること。例 秘伝を―する。

[口部] 0画 ● 口

【口舌】㊀《クゼツ》男女のあいだの口げんか。痴話《チワ》げんか。例 ―の徒(=口だけたっしゃな人)。㊁《コウゼツ》口先だけのものの言い方。を、悪くいうことば)。

【口当たり】《くちあたり》①飲食物を口に入れたときの、口の中の感じ。例 ―のいい酒。②人への接し方の感じ。例 ―はやわらかい。

【口入れ】《くちいれ》(名・する) 仕事を紹介《ショウカイ》すること。また、その人。周旋《シュウセン》。〔古い言い方〕例 ―屋。

【口移し】《くちうつし》(名・する) ①口にくわえたものや、口にふくんだものを、自分の口から相手の口に入れてやること。②「口伝《クデン》」に同じ。

【口裏】《くちうら》ことばのうらにかくされた真意。(その人の)ことばや話しぶりから推測できる真意。例 おまえのその―だと信用できない。―を合わせる(=話の内容がくいちがわないよう、あらかじめ打ち合わせておく)。

【口絵】《くちエ》本の最初の部分にのせる絵や写真。例 ―写真。

【口書き】《くちがき》①江戸《えど》時代、訴訟《ソショウ》の申し立てを筆記した書類。②筆を口にくわえて書や絵を書くこと。③本のまえがき。序文。

【口金】《くちがね》①ハンドバッグや財布《サイフ》などの、あけるところにある金具《かなグ》。②瓶《ビン》の口にかぶせてある、金属製のふた。㊇王冠《オウカン》。③電球の差しこみ部分などにつける金具。

【口癖】《くちぐせ》いつも言っていて、何かというとまた言うこと。例 いそがしい、いそがしいと言うのが―。

【口車】《くちぐるま》口先だけのたくみな言いまわし。例 まんまと―に乗せられた。

【口▼喧▼嘩】《くちゲンカ》(名・する) 手は出さない、ことばのうえでのけんか。言い争い。㊇口論。例 ―が絶えない。

【口巧者】《くちゴウシャ》(名・形動《ダ》) 口先のうまいこと。たくみな話術で、相手を納得《ナットク》させたり、うれしがらせたりすること。また、そのような人。口上手《くちじょうず》。

【口答え】《くちごたえ》(名・する) 目上の人の言ったことをすなおに聞かず、さからってことばを返すこと。例 親に―する。

【口三味線】《くちじゃみせん｜くちざみせん》①(チン、テン、トンなどと)口で三味線《しゃみせん》の音色をまねること。②口先だけで調子のよいことを言って人をだますこと。例 ―に乗せられる。

【口添え】《くちぞえ》(名・する) (交渉《コウショウ》や依頼《イライ》がうまくいくように)助けとなることを言ってやること。例 先生のお―で就職できた。

【口出し】《くちだし》(名・する) 他人の話のとちゅうに、横から割りこんで意見を言うこと。さしでぐち。例 いらぬ―をするな。

【口達者】《くちダッシャ》(名・形動《ダ》) ①口先のじょうずなこと。また、そのような人。口巧者《くちゴウシャ》。②よくしゃべること。また、よくしゃべる人。

【口茶】《くちヂャ》(名・する) お茶をなん回かいれたあと、新しい茶の葉を、きゅうすに足してお茶をいれること。

【口八丁】《くちハッチョウ》〔「八丁」は、八つの道具を使いこなすほど、うまいということ〕しゃべることがたくみなこと。例 ―手八丁。

【口は▽禍《わざわい》の門《かどモン》】なにげなく話したことがもとになって、のちに災難を招くことがあるから、話すことにはじゅうぶん注意すべきである、ということ。口は禍《わざわい》のもと。

【口火】《くちび》①火縄銃《ひなわジュウ》の火薬や、爆薬《バクヤク》の点火に使う火。②ガス器具で、バーナーにすぐ火がつくように、いつも燃やしておく小さな火。③ものごとの始まるきっかけ。例 話の―を切る。

【口笛】《くちぶえ》くちびるを小さくまるめ、息を強くふいて出す、ふえのような音。例 ―をふく。

【口紅】《くちべに》くちびるにぬる紅。ルージュ。

【口約束】《くちヤクソク》(名・する) (文書によるものではなくて)ことばのうえだけの約束。口約《コウヤク》。例 ―だけでは不安だ。

【口調】《クチョウ》①口で言ってみたときの調子。㊇語調・語呂《ゴロ》。例 ―のいい詩。②声の調子やことばの選び方の特色。話しぶり。口ぶり。例 演説―。改まった―。

【口伝】《クデン》(名・する) ①口でつたえること。くちづたえ。②秘伝などを、師から弟子《シデ》へ直接話して、教えさずけること。くちづたえ。また、それを書いたもの。

【口分田】《クブンデン》律令制《リツリョウセイ》で、六歳《サイ》以上のすべての人民に、国から分けあたえられた田。

【口演】《コウエン》(名・する) (演説や講義、または、講談や浪曲《ロウキョク》などを)おおぜいの前で語ること。

【口外】《コウガイ》(名・する) (秘密にしておくべきことを)ほかの人に話すこと。例 ―無用。秘密を―する。

【口蓋】《コウガイ》口の内部の上側の部分。うわあご。例 軟《ナン》―。

【口蓋垂】《コウガイスイ》うわあごのおく、のどの中央に細長くたれ下がっているもの。懸壅垂《ケンヨウスイ》。のどちんこ。

【口角】《コウカク》口のわき。口の端《はし》。また、口のまわり。例 ―泡《あわ》を飛ばす(=勢いこんで、夢中になって議論する)。

【口気】《コウキ》①口からはく息。②ものの言い方。口ぶり。例 非

難の―を示す。

【口径】《コウケイ》(蛇口《じゃぐち》・銃砲《ジュウホウ》・望遠鏡など)筒形《つつがた》のものの口の直径。例ガス管の―。

【口語】《コウゴ》①話すときに使うことば。話しことば。口頭語。音声言語。②現代の話しことばにもとづいた、読み書きのことば。例―体。▽対文語。

【口▼腔】《コウコウ》口からのどまでのあいだの部分。うわあご・舌・歯などがあり、食物をかみくだき、発音をたすける。〔医学界では「コウクウ」という〕例―外科《ゲカ》。

【口座】《コウザ》①帳簿《チョウボ》で、個人または項目《コウモク》ごとに記入し、計算するところ。②「銀行口座」などの略。例―を開く。

【口実】《コウジツ》しくじりや、うそ・誤りなど、つごうの悪いことを正当化するために、むりにつくりだした理由。言いのがれのためのりくつ。言いわけ。例欠席の―をつくる。―をもうける。

【口耳の学】《コウジのガク》耳から聞いたことを理解もせずにそのまま口に出すような、安直《アンチョク》な学問。〈荀子《ジュンシ》〉

【口臭】《コウシュウ》口から出るいやなにおい。例―予防。

【口述】《コウジュツ》(名・する)書くのではなく、口で述べること。例―試験。―筆記。

【口承】《コウショウ》(名・する)口伝えで受けつぐこと。例―文芸。

【口▼誦】《コウショウ》(名・する)詩などを声に出して読むこと。

【口上】《コウジョウ》①口で言う、一定の形式に従ったあいさつ。例切り―。②かたい調子の、ものの言い方。例―を述べる。③芝居《しばい》で、舞台《ブタイ》の上から述べる襲名披露《シュウメイヒロウ》のあいさつや出しものの説明。例前《まえ》―。

【口唇】《コウシン》くちびる。

【口数】一《コウスウ》人数《ニンズウ》。人口。二《くちかず》①ことばかず。話す分量。例―が多い。②やしなっている人の数。例―を減らす。③寄付金など、ひと口単位でかぞえるものの数。

【口銭】《コウセン》売買の仲介《チュウカイ》をして、受け取る手数料。コミッション。例八分《ハチブ》の―を取る。

【口答】《コウトウ》(名・する)その場で口で答えること。対筆答。

【口頭】《コウトウ》(書くのではなくて)口で言うこと。例―試問。

【口碑】《コウヒ》言い伝え。

【口腹】《コウフク》①〔口と腹ということから〕飲み食い。飲食。例―の欲。②口に出すことばと、腹の中で思っていること。ことばと思想。

【口▼吻】《コウフン》〔「吻」は、くちびるの意〕①口先。②その人の本心が、ことばのはしばしにあらわれている話し方。くちぶり。

例原案に反対の―をもらす。

【口訳】《コウヤク》(名・する)古文や漢文を口語体に訳すこと。口語訳。例『古事記《コジキ》』の―。

【口論】《コウロン》(名・する)言い争うこと。口げんか。例―の末、もみ合いになる。

【口話】《コウワ》耳の不自由な人が、相手のくちびるの形をよんだりして話をすること。

●糸口《いとぐち》・陰口《かげぐち》・火口《カコウ》・河口《カコウ》・小口《こぐち》・閉口《ヘイコウ》・間口《まぐち》・窓口《まどぐち》・無口《むくち》・無駄口《ムダぐち》・利口《リコウ》

口 2

【可】

5画 1836 53EF 教育5 音カ漢呉 訓べ-し・よ-い

筆順 

なりたち  [会意]「口(=くち)」と「丁《カ》(=気がのびる)」とから成る。よしと言って認める。

意味 ❶認める。ゆるす。よろしい。例可否《カヒ》。許可《キョカ》。認可《ニンカ》。❷まあよい。どうにかよい。例優良可《ユウリョウカ》。❸〔助字〕㋐「べし」と読み、…してよい、…するのがよい、の意。許可・適当をあらわす。例秦《シン》可レ伐《うつべし》(=秦は討伐《トウバツ》するのがよい)。㋑「べし」と読み、…できる、の意。可能をあらわす。例情不レ可レ抑《ジョウおさうべからず》(=気持ちをおさえきれない)。不可抗力《フカコウリョク》〔「抗《あらが》うべからざる力《ちから》」と訓読する〕。可変《カヘン》。

難読 可惜《あたら》・可《い》けない・可笑《おか》しい・可愛《かわい》い・可愛《いたいけ》ざかり・可成《なるべく》・可児《かに》(=地名・姓《セイ》)

人名 あり・とき・よく・よし・より

【可逆】《カギャク》逆もどりすることが可能なこと。対不可逆。例―的。―反応。

【可及的】《カキュウテキ》(副)できるだけ。なるべく。例―すみやかに。

【可決】《カケツ》(名・する)会議で、議案をよいものと認めて決定すること。対否決。例予算案を―する。

【可視】《カシ》目で見えること。例―光線。

【可塑性】《カソセイ》〔「塑」は、土をこねて何かの形を造る意〕粘土《ネンド》やプラスチックなどのように、力を加えると形が変わり、そのままもとにもどらない性質。塑性。

【可動】《カドウ》(船が通るときに橋が上方にひらくなど)動くしかけになっていること。動かせること。例―橋。―式。

【可燃】《カネン》(よく)もえること。対不燃。例―性。―ごみ。

【可燃物】《カネンブツ》火にもえるもの。対不燃物。

【可能】《カノウ》(名・形動ダナ)①そうすることができること。対不能。例―性。日帰りも―になる。②文法で、「…することができる」意を示す表現。助動詞「れる」「られる」や可能動詞(=「行ける」「取れる」など)を用いる。

【可否】《カヒ》①いいか悪いか。ものごとのよしあし。例―を論じる。②賛成と反対。賛否《サンピ》。例改正案の―を問う。

【可変】《カヘン》変える、または変わることのできること。対不変。

【可《カ》も無《な》く不可《フカ》も無《な》し】①ことばや行動に、行きすぎも不足もなく、ちょうどよい。②とくによくもないが、とくに悪くもない。まあまあのところである。

【可▼憐】《カレン》(形動ダナ)〔あわれむべき(=いたわりたくなる)ようす、の意〕かわいらしく、いじらしいようす。例―な少女。

【可▽哀相】《かわいそう》〔あて字〕(形動ダナ)気のどくで、同情心をさそわれるようす。ふびん。例―な身の上。

●裁可《サイカ》・生半可《なまハンカ》・不可《フカ》

口 2

【叱】

5画 2824 53F1 音カ漢

意味 口を開くさま。

参考「𠮟(=しかる)」とは別の字だが、実際には「𠮟」として用いられている。

口 2

【叺】

5画 5061 53FA 国字 訓かます

意味 穀物・肥料・塩または石炭・砂など、つぶ状のものを入れる、わらむしろで作ったふくろ。かます。

口 2

【叶】

5画 1980 53F6 人名 音キョウ漢 訓かな-い・かな-う

なりたち 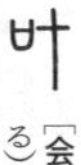 [会意]「口(=くち)」と「十(=すべてあわせる)」とから成る。みんなの力を合わせる。

参考「協」の古字。

意味 調和する。多くのものを一つにする。力をあわせる。

日本語での用法《かなう》①希望が実現する。思いどおりになる。「念願《ネンガン》が叶《かな》う・叶《かな》わぬ時《とき》の神頼《かみだの》み」②対等にあらそう。はりあう。「飛《と》び道具《ドウグ》には叶《かな》わない」③「…(て)はかなわない」の形で、たえられない。「疲《つか》れて叶《かな》わない」

難読 門叶《とが》(=姓《セイ》)

人名 かのう・とも・やす

口 2
【句】
5画 2271 53E5 教育5
音 一 コウ 漢 ク 呉 二 ク 漢 呉

筆順 ノ 勹 勹 句 句

なりたち ［形声］「口(=くち)」と、音「勹《キュウ》→コウ」とから成る。曲がる。

意味 一 コウ｜ク ❶まがる。同 勾《コウ》。例 句欄《コウラン》(=廊下《ロウカ》などにそって曲がってつけた手すり)。❷「句践《コウセン》」は、春秋時代の越王《エツオウ》の名。勾践《コウセン》。二 ク ことばや文章などのひとくぎり。例 句読点《クトウテン》。字句《ジク》。文句《モンク》。

日本語での用法《ク》「連句」「俳句」などの略。「句会《クカイ》・句作《クサク》」

【句会】《クカイ》 人々が集まって、俳句を作ったり、批評し合ったりする会。例 月並《つきなみ》の―。
【句作】《クサク》 (名・する) 俳句を作ること。例 ―に熱中する。
【句集】《クシュウ》 俳句や連句を集めた本。例 芭蕉《バショウ》の―。
【句題】《クダイ》 ①俳句の題。②有名な漢詩または和歌の一句をとって、詩歌《シイカ》の題としたもの。
【句点】《クテン》 文の終わりにつける記号。まる。「。」対 読点《トウテン》。
【句読】《クトウ》 ①文章を読む場合の、文の切れ目(=句)と、とちゅうの息の切れ目(=読)。また、句点と読点。例 漢文に―をほどこす。②文章の読み方。とくに漢文の素読《ソドク》(=意味を解釈《カイシャク》せず、文字だけを声に出して読むこと)。
【句碑】《クヒ》 俳句をきざみつけた石碑。
【句法】《クホウ》 詩文や俳句の、作り方。
●一言半句《イチゴンハンク》・語句《ゴク》・節句《セック》・絶句《ゼック》・対句《ツイク》・俳句《ハイク》・名句《メイク》

口 2
【古】
5画 2437 53E4 教育2
音 コ 漢 呉
訓 ふる-い・ふる-す・いにしえ

筆順 一 十 十 古 古

なりたち ［会意］「十(=すべてあわせる)」と「口(=くち)」とから成る。これまで語りつがれてきたこと。

意味 ❶長い年月がたっている。昔の。ふるい。同 故《コ》。例 古書《コショ》。最古《サイコ》。❷むかし。いにしえ。例 懐古《カイコ》。尚古《ショウコ》。❸現代のふつうのものでない。時代を経て味のある。例 古雅《コガ》。高古《コウコ》。

日本語での用法《ふるす》ふるくする。「着古《きふる》す・使《つか》い古《ふる》す」

人名 たか・ひさ・ひさし・ふる

【古逸】《コイツ》 (まとまっていた書物などが)古い時代に、ばらばらになって無くなってしまったこと。例 ―文献《ブンケン》の収集。表記「古▼佚」とも書く。
【古往】《コオウ》 むかし。往古。例 ―今来《コンライ》(=昔から今まで)。
【古歌】《コカ》 古い歌。古人の作った歌。例「咲《さ》く花の匂《にお》うが如《ごと》く」と―に歌われた奈良《なら》の都。
【古雅】《コガ》 (形動《ダナ》) 古風で優雅なようす。ふるびておもむきのあるようす。例 ―なことば。
【古格】《コカク》 古い格式。古来の由緒《ユイショ》正しいやり方。例 ―を保つ儀式《ギシキ》。
【古学派】《コガクハ》 江戸《えど》時代の儒学《ジュガク》の一派。宋《ソウ》代の経書《ケイショ》の解釈《カイシャク》は孔子《コウシ》や孟子《モウシ》の真意を伝えていないとして、漢や唐《トウ》の古い時代の解釈を究明すべきであると主張した。山鹿素行《やまがソコウ》・伊藤仁斎《イトウジンサイ》・荻生徂徠《おぎゅうソライ》らがとなえた。
【古希】《コキ》 七十歳《サイ》のこと。〔杜甫《トホ》の詩「曲江《キョクコウ》」の一節「人生七十古来稀《まれ》なり(=七十歳まで生きる人は少ないのだ)」による〕例 ―の祝い。表記 旧 古▼稀
【古義】《コギ》 ①古い解釈《カイシャク》。また、もともとの意義。例 ―にもとづく考証。②古い時代の正しい道理。例 ―を明らかにする。
【古曲】《コキョク》 ①古い曲。とくに箏曲《ソウキョク》の古い時代の曲。②三味線《しゃみせん》の音楽で、河東節《カトウぶし》・一中節《イッチュウぶし》・宮薗節《みやぞのぶし》・荻江節《おぎえぶし》をまとめていうことば。
【古記録】《コキロク》 史料となる古い時代の記録。日記の類。例 ―に先例をもとめる。
【古今】 一《コキン》 古代と今代《キンダイ》。今古《キンコ》。例『―和歌集』 二《ココン》 昔と今。昔から今まで。例 ―東西の別なく。
【古今東西】《ココントウザイ》 昔から今までも。東も西も。いつの時代でもどこの場所でも。例 ―に例を見ない。
【古今独歩】《ココンドッポ》 昔から今までに、他にくらべるものがないほどすぐれていること。古今無双《ココンムソウ》。
【古今未曽有】《ココンミゾウ》 〔「未曽有」は、「未《いま》だ曽《かつ》て有《あ》らず」と訓読する〕昔から今までに、あったためしがないこと。例 ―の大水害。
【古今無双】《ココンムソウ》 〔「双」は、並ぶ意〕昔から今までに、他に匹敵《ヒッテキ》する者がないこと。例 ―の英雄《エイユウ》。
【古句】《コク》 昔の人の作った俳句や詩句。
【古訓】《コクン》 ①漢字や漢文の古いよみ方。例『日本書紀《ニホンショキ》』の―。②古人の教え。
【古言】《コゲン》 ①昔のことば。古語。②古人の名言。
【古▼諺】《コゲン》 昔からのことわざ。例 ―にいわく。
【古語】《コゴ》 昔、使われていたことばで、現在は、いっぱんに使われていないことば。とくに、江戸《えど》時代までのことばについていう。古典語。例 ―辞典。
【古豪】《コゴウ》 (スポーツや競技などで)経験のゆたかな、実力のある人やチーム。ふるつわもの。ベテラン。対 新鋭《シンエイ》。例 初出場で―をたおす。
【古刹】《コサツ｜コセツ》 〔「刹」は、寺の意〕古い寺。とくに、由緒《ユイショ》のある古い寺。
【古参】《コサン》 ずっと以前からその仕事をしていること。また、その人。対 新参《シンザン》。例 ―兵。職員の中の最―。
【古▼址】《コシ》 ①昔の建物や都市などがあったあと。例 平城京《ヘイジョウキョウ》の―。②昔の建物のあとに残る礎石《ソセキ》(=土台石)。表記 ▽「古▼阯」とも書く。
【古紙】《コシ》 一度使って不用になった紙。読後の新聞紙や雑誌、使用済みの段ボールなど。例 ―回収。表記「故紙」とも書く。
【古詩】《コシ》 ①昔の詩。古代に作られた詩。②漢詩の形式の一つ。唐《トウ》代に完成した律詩《リッシ》や絶句《ゼック》などに対して、句数や韻律《インリツ》などに制限のない、古いタイプの詩をいう。古体詩。古体。対 近体・今体《キンタイ》・近体詩・今体詩。
【古字】《コジ》 昔使われたが、今はふつう使われない字体の文字。
【古寺】《コジ｜ふるでら》 古い寺。例 ―名刹《メイサツ》。
【古式】《コシキ》 古来の礼式。昔からきまっているやり方。例 ―にのっとる。
【古酒】《コシュ》 ①冬期に醸造《ジョウゾウ》した日本酒が、夏の土用をこえて秋にはいったもの。対 新酒。②味をよくするために、長年貯蔵しておいた酒。
【古書】《コショ》 ①昔の本や文書。②一度利用者の手にわたったことのある本。古本《ふるホン》。例 ―店。―展。
【古称】《コショウ》 古い名称。昔の呼び名。例「停車場《テイシャば》」は「駅」の―。

【古城《コジョウ》】 古いしろ。例小諸《こもろ》なる—のほとり。〈島崎藤村《しまざきトウソン》〉
【古色《コショク》】 年代を経たものに自然についたおもむき。古びた感じ。例—蒼然《ソウゼン》。—を帯びる。
【古人《コジン》】 昔の人。例—の名言。—曰《いわ》く、…。
【古生代《コセイダイ》】 地球の歴史で、地質時代の区分の一つ。今から約五億四千万年前から約二億五千万年前までの期間。先カンブリア時代に続く時代で、魚類・両生類・シダ類などが栄えた。
【古生物《コセイブツ》】 地質時代(=約五億七千万年前—約一万年前)に生息していて、現在は絶滅《ゼツメツ》した生物。恐竜《キョウリュウ》やマンモスなど約十三万種が、化石として報告されているが、化石として残らなかったものも多い。例—学。
【古昔《コセキ》】 むかし。往古。
【古跡《コセキ》】 歴史に残るできごとや、建物があったあと。旧跡。例名所—。表記 (旧)古▼蹟
【古拙《コセツ》】 (名・形動ダ) 美術品などで、技巧《ギコウ》はつたないが、古風で素朴《ソボク》なおもむきがあること。アルカイック。例—な美しさの仏像。
【古銭《コセン》】 昔の貨幣《カヘイ》。例—の収集家。
【古戦場《コセンジョウ》】 昔、戦いのあった場所。例川中島の—。
【古体《コタイ》】 ①昔のすがた。古いようす。古風。例かな文字の—。②「古詩《コシ》②」に同じ。(対)近体・今体《キンタイ》。
【古代《コダイ》】 ①古い時代。大昔。例—人。②歴史の時代区分の一つ。原始時代の後、中世の前の時代。日本では大和《やまと》・飛鳥《あすか》・奈良《なら》時代を指す。〔平安時代を加える場合もある〕例—史。—社会。
【古注《コチュウ》】 ①江戸《えど》時代以前の注釈《チュウシャク》。②中国で、漢代・唐《トウ》代の経典《ケイテン》の注釈をいう。▽(対)新注《シンチュウ》。表記 ▽(旧)古▼註
【古典《コテン》】 ①昔の書籍《ショセキ》。②昔に作られ、長い年月にわたって多くの人に尊重されてきた、文学作品や音楽作品など。クラシック。例—文学。—芸能。
【古典主義《コテンシュギ》】 古代のギリシャやローマの芸術を模範《モハン》とし、その精神に近づこうとした、十七、八世紀のヨーロッパにおける芸術上の主張。クラシシズム。
【古典的《コテンテキ》】 (形動ダ) ①古典としての価値をもっているようす。例映画史に残る—な名作。②(作品の制作において)伝統的な形式を重んじるようす。例—な手法。

【古都《コト》】 ①古くからの都。長い歴史のある都。例—ウィーン。②昔、都だった所。例—としての奈良《なら》。▽(対)新都。
【古刀《コトウ》】 ①古い刀。②慶長《ケイチョウ》年間(=江戸《えど》時代の初期)以前に作られた日本刀。▽(対)新刀。
【古道《コドウ》】 ①昔の道。旧道。(対)新道。②昔の聖人や賢人《ケンジン》の実践《ジッセン》した道(=道徳)。
【古筆《コヒツ》】 古人の筆跡《ヒッセキ》。とくに平安・鎌倉《かまくら》期の、和様の書道のすぐれた筆跡。例—家(=古筆鑑定《カンテイ》専門家)。
【古風《コフウ》】 (名・形動ダ) ①昔の様式であること。例—を保つ。②やり方などが、現代的でないこと。古めかしいこと。おくゆかしい、または時代おくれの意にも用いる。例—な考え。▽(類)昔風《むかしフウ》。
【古武士《コブシ》】 武士道をわきまえた、昔の侍《さむらい》。例—の風格。
【古物《コブツ》】 ①古い時代から伝わっている品物。古道具や古美術品。骨董《コットウ》。②使い古しの品。一度でも使われた品。(対)新品。例—商。表記 ▽「故物」とも書く。
【古墳《コフン》】 ①土を盛ってつくった昔の墓。②三世紀から七世紀ごろまでにつくられた、小山のように土を盛ってある墓。例—時代。
【古文《コブン》】 ①昔の文章。江戸《えど》時代以前の文語体の文章。(対)現代文。②秦《シン》の篆字《テンジ》より前の、漢字の字体。③秦・漢以前に書かれた文章。また、その文体。▽(対)今文《キンブン》。
【古文真宝《コブンシンポウ》】 先秦《センシン》から宋《ソウ》までの名詩と名文を集めた書物。黄堅《コウケン》の編。
【古法《コホウ》】 ①昔おこなわれた方法。昔からのしきたり。②昔のおきてやきまり。昔の法律。
【古木《コボク》】 長い年月を経ている立ち木。老木。例松の—。
【古墨《コボク》】 つくられてから長い年月を経て、よい色を出すようになった墨《すみ》。書家に珍重《チンチョウ》される。
【古本】 [一]《コホン》①古代の書籍《ショセキ》。②現行のよりも古い系統の、原作に近い本。例『古今集《コキンシュウ》』の—。[二]《ふるホン》一度利用者の手にわたったことのある本。古書。(対)新本《シンポン》。例—屋。
【古米《コマイ》】 収穫後《シュウカクゴ》一年以上たった米。(対)新米。
【古名《コメイ》】 昔の呼び名。例「かわず」はカジカガエルの—である。
【古文書《コモンジョ》】 昔の文書。とくに江戸《えど》時代以前の、手紙や証書の類。例旧家の—を調査する。

【古謡《コヨウ》】 ①古代の歌謡。②古くから伝わっている、節《ふし》をつけてうたう歌。例日本—。
【古来《コライ》】 (名・副) 古くからずっと。昔から。例和歌は日本—の文化。—朝焼けは雨の前兆といわれている。
【古流《コリュウ》】 ①昔から伝わる流儀《リュウギ》。②生け花の一派。江戸《えど》中期、今井宗普《いまいソウフ》が創始した。③茶道の一派。千利休《センのリキュウ》の法をそのまま伝える。
【古陵《コリョウ》】 古いみささぎ。昔の天子の墓。
【古老《コロウ》】 ①老人。年とった人。②昔のことをよく知っている老人。例土地の—にたずねる。表記 ②は「故老」とも書く。
【古顔《ふるがお》】 職場や団体などに、ずっと前からいる人。古株《ふるかぶ》。古参《コサン》。(対)新顔《シンがお》。
【古株《ふるかぶ》】 ①古くなった木や草の、かぶ。②職場や団体などに、ずっと前からいる人。ベテラン。古顔《ふるがお》。古参《コサン》。
【古巣《ふるす》】 ①古くから住んでいるところ。もとの巣。例ツバメが今年も—にもどってきた。②以前に、住んだり勤めたりしたところ。例勝手知ったる—にもどる。
◐近古《キンコ》・尚古《ショウコ》・上古《ジョウコ》・千古《センコ》・太古《タイコ》・中古《チュウコ》・復古《フッコ》

口 2
【叩】
5画 3501 53E9
(音) コウ(漢) (訓) たた-き・たた-く・はた-く

意味 ❶たたく。(ア)こつこつとたたく。例叩門《コウモン》(=門をたたく)。(イ)問いただす。❷頭を地につけるようにしてひれふす。ぬかずく。例叩頭《コウトウ》。❸ひきとめる。ひかえる。(同)扣《コウ》・控《コウ》。

難読 叩頭虫《ぬかずきむし》・叩子《ボタン—かなもの》

【叩頭《コウトウ》】 (名・する)〔頭で地をたたく意〕ひたいを地面につけて、おじぎをすること。ていねいな礼や謝罪のときにする。

口 2
【号】
5画 2570 53F7 教育3
(音) コウ(漢) ゴウ(呉) (訓) さけ-ぶ・よびな

筆順 丶 ㇕ 口 旦 号

走 7
【號】
13画 7343 865F

たなちり [号] 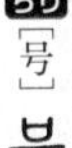 [会意]「口(=くち)」と「丂(=語気がさえぎられる)」とから成る。語気がさえ

ぎられ、口を大きくあけて声を出す。

［號］  ［会意］「号《コウ》(=さけぶ)」と「虎(=とら)」とから成る。トラのようにさけぶ。

参考 「号」と「號」とは別の字だが、古くから通じて用いられている。

意味 ❶大声でさけぶ。泣きさけぶ。例 号泣《ゴウキュウ》。怒号《ドゴウ》。❷あいず。しるし。例 号砲《ゴウホウ》。暗号《アンゴウ》。信号《シンゴウ》。❸呼び名。なまえ。例 雅号《ガゴウ》。国号《コクゴウ》。年号《ネンゴウ》。❹数字などにそえて、順序や等級などをあらわすことば。例 一号《イチゴウ》。二月号《ニガツゴウ》。毎号《マイゴウ》。❺車や船、馬や犬などの名につけることば。例 ひかり号《ゴウ》。弁慶号《ベンケイゴウ》。クイーンメリー号《ゴウ》。

難読 口号《くちずさみ》・言号《いいなずけ》

人名 すさむ・な・なづく

【号音《ゴウオン》】合図のために鳴らすおと。

【号外《ゴウガイ》】新聞社などが、特別なできごとを報道するために、臨時に発行する刷りもの。例 —が出るさわぎ。

【号泣《ゴウキュウ》】（名・する）大声をあげて泣くこと。類 慟哭《ドウコク》。

【号▼哭《ゴウコク》】（名・する）大声をあげて泣きさけぶこと。

【号数《ゴウスウ》】絵画や活字の大きさや、雑誌発行の順番などをあらわす数。例 —活字。

【号俸《ゴウホウ》】公務員の給与《キュウヨ》体系で、等級をさらに小分けした順位。例 六級職三—。

【号砲《ゴウホウ》】①合図のためにうつ大砲や鉄砲。②競技で、スタートの合図のために鳴らすピストル。

【号令《ゴウレイ》】（名・する）①多くの人に同じ動作をさせるために、大声で発する指図のことば。例 —をかける。②支配者の命令。例 天下に—する。

◐記号《キゴウ》・元号《ゲンゴウ》・称号《ショウゴウ》・等号《トウゴウ》・番号《バンゴウ》・符号《フゴウ》・略号《リャクゴウ》

口 2

【司】

5画 2742 53F8 教育4 音 シ漢呉 ス唐 訓 つかさ・つかさど-る

筆順 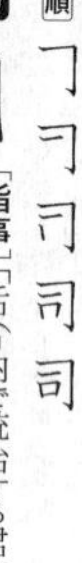

なりたち  ［指事］「后(=内で統治する君主)」を左右反対向きにした形。外で事をつかさどる臣下。

意味 ❶全体をとりしきる。つかさどる。例 司会《シカイ》。司書《シショ》。司法《シホウ》。❷職務をおこなう人やところ。役人。役所。つかさ。例 宮司《グウジ》。国司《コクシ》。

難読 庫司《クス》・東司《トウス》

人名 おさむ・つとむ・まさ・まもる・もと・もり

【司会《シカイ》】（名・する）会の進行を受け持つこと。また、その役をする人。例 披露宴《ヒロウエン》の—をする。テレビ番組の—者。

【司教《シキョウ》】カトリック教会の聖職の一つ。大司教の次、司祭の上の位。教区の最高位。

【司祭《シサイ》】カトリック教会の聖職の一つ。司教の次位。儀式《ギシキ》などをとりおこなう。

【司書《シショ》】図書館などで、本の整理や保管、また、貸し出しなどをあつかう人。例 —の資格を取る。

【司直《シチョク》】法にもとづいて正・不正をさばく官。裁判官や検察官。例 —の手にゆだねる。

【司馬遷《シバセン》】前漢の歴史家。字《あざな》は子長《シチョウ》。父、司馬談《シバタン》の仕事を受けついで歴史を編纂《ヘンサン》中に、匈奴《キョウド》に降伏《コウフク》した友人の李陵《リリョウ》を弁護したため、武帝《ブテイ》のいかりにふれ宮刑《キュウケイ》に処せられたが、こころざしをつらぬき、『史記《シキ》』を完成させた。（前一四五?—前八六?）

【司法《シホウ》】国家が法律にもとづいて民事と刑事《ケイジ》の裁判をすること。対 立法・行政。例 —権。—官。

【司令《シレイ》】（名・する）軍隊や艦隊《カンタイ》などで、指揮をすること。また、その人。例 —官。

【司令塔《シレイトウ》】①軍艦《グンカン》や航空基地で、艦長や司令官が指揮をとる塔。②競技などで、作戦を考え、指示をする人のたとえ。例 チームの—。

◐御曹司《おんゾウシ》・行司《ギョウジ》・上司《ジョウシ》・寿司《すし》

口 2

【史】

5画 2743 53F2 教育5 音 シ漢呉 訓 ふびと・ふみ

筆順 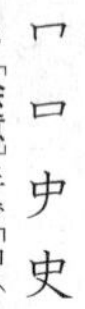

なりたち  ［会意］手で「中(=かたよらず正しいこと)」を持つ。天子の言動をしるす役人。

意味 ❶記録係の役人。ふびと。例 史官《シカン》。侍史《ジシ》。❷文書。記録。ふみ。例 史書《シショ》。修史《シュウシ》。歴史《レキシ》。

日本語での用法 《サカン》律令制《リツリョウセイ》の四等官《シトウカン》で、太政官《ダイジョウカン》・神祇官《ジンギカン》などの第四位。主典《サカン》。

人名 ちか・ちかし・ひと・ふひと・ふみお・ふみと・み

【史家《シカ》】歴史を研究している人。歴史学者。歴史家。

【史学《シガク》】歴史を研究する学問。歴史学。例 —科。

【史観《シカン》】歴史の見方。歴史上の事実を考えるときの立場。歴史観。例 日本文化—。唯物《ユイブツ》—。

【史記《シキ》】中国の歴史書。百三十巻。前漢の司馬遷《シバセン》の作。神話・伝説時代の帝王《テイオウ》から、漢の武帝《ブテイ》までの歴史をしるした書。帝王の伝記である「本紀《ホンギ》」、諸侯《ショコウ》などの伝記である「世家《セイカ》」、それらと関連の深い重要人物の伝記である「列伝」など、個人の伝記を中心に構成されており、この形式を紀伝体《キデンタイ》と呼んで、以後の正史は、これにならって記述された。

【史劇《シゲキ》】歴史上の事件や人物をあつかった演劇。歴史劇。

【史実《シジツ》】歴史のうえで実際にあったことがら。歴史上の事実。例 —にもとづく小説。

【史書《シショ》】歴史を書いた書物。歴史書。

【史上《シジョウ》】歴史上。歴史にあらわれているところ。

【史跡《シセキ》】歴史上の有名な事件や建造物のあったあと。類 遺跡《イセキ》。例 —を保存する。—をめぐる。表記 ㊐史▼蹟

【史籍《シセキ》】歴史について書いた本。史書。

【史談《シダン》】歴史に関する話。史話。

【史的《シテキ》】（形動ダ）歴史に関係があるようす。歴史的。

【史伝《シデン》】①歴史や伝記。②歴史につたえられたことがら。③歴史上の事実にもとづいて書いた伝記。

【史料《シリョウ》】歴史を研究するうえで参考になる材料。文書・遺物・遺跡《イセキ》・図像・口頭伝承など。

【史論《シロン》】歴史上のできごとについての意見や評論。

【史話《シワ》】歴史に関する話。史談。

◐国史《コクシ》・女史《ジョシ》・正史《セイシ》・戦史《センシ》・通史《ツウシ》・有史《ユウシ》

口 2

【只】

5画 3494 53EA 人名 音 シ漢 訓 ただ

なりたち 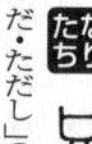 ［象形］ことばが終わって語気が引いていく形。句末や語末にそえる助字。借りて「ただ・ただし」の意。

意味 （助字）「ただ…(のみ)」と読み、ただ…だけ、の意。限定・強調をあらわす。例 只独看《ただひとりみる》(=ただ一人で見る)。

日本語での用法 《ただ》無料。金銭をはらわないこと。「只《ただ》より高《たか》いものはない・只乗《ただの》り」

人名 これ

【只管《シカン》《ひたすら》】（副）そのことだけに打ちこんでいるようす。いちず

に。例—打坐《シカンタザ》(=余念なく、いちずに座禅《ザゼン》にはげむこと)。—《ひたすら》がんばる。

【只今】《ただいま》 ①いま。現在。例—の気温は零度《レイド》です。②いますぐ。例—持参します。③いましがた。例—出かけました。④帰宅したときのあいさつのことば。

口 2 **【叱】** 5画 1-4752 20B9F 常用 音シツ(漢) 訓しか-る

筆順 叱

なりたち [形声]「口(=くち)」と、音「七《シツ》」とから成る。しかりつける。

意味 相手のよくない点を注意する。大声でどなりつける。しかる。例叱正《シッセイ》。叱責《シッセキ》。叱咤《シッタ》。

参考「叱《カ》(=口をあけるようす)」は別の字。

【叱正】《シッセイ》(名・する) しかって正す。詩文などを人に見てもらうときに、けんそんしていうことば。例御《ゴ》—を乞《こ》う。

【叱声】《シッセイ》 しかりつけることば。しかりつける声。例—を放つ。

【叱責】《シッセキ》(名・する) 上司《ジョウシ》が下の人のあやまちなどをしかること。例—を受ける。

【叱▼咤】《シッタ》(名・する) 大声でしかること。また、そうしてはげますこと。例—激励《ゲキレイ》する。

口 2 **【召】** 5画 3004 53EC 常用 音ショウ(慣)チョウ(漢) 訓め-す

筆順 召

なりたち [形声]「口(=くち)」と、音「刀《トウ→チョウ》」とから成る。声を出して呼ぶ。

意味 上の者が下の者を呼び寄せる。めす。また、目上の人のまねき。おめし。例召喚《ショウカン》。召集《ショウシュウ》。応召《オウショウ》。

日本語での用法《めし・めす》「食う・飲む・乗る・着る」などを、うやまっていうことば。「召《め》し上《あ》がり物《もの》・お召《め》し列車《レッシャ》・ややはでなお召《め》し物《もの》」

人名 めし・よし

【召喚】《ショウカン》(名・する) 裁判所が日時や場所を指定して人を呼び出すこと。例—状。証人として—する。

【召還】《ショウカン》(名・する) 大使や公使、また、領事などを、命令によって本国に呼びもどすこと。(対)派遣《ハケン》。

【召集】《ショウシュウ》(名・する) ①呼び出して集めること。例非常—。②国会をひらく手続きとして、詔書《ショウショ》によって議員に集合を命じること。③徴兵《チョウヘイ》制度で、国民に兵として軍隊に集合を命じること。例—令状。

【召致】《ショウチ》(名・する) 呼び寄せること。

口 2 **【台】** 5画 3470 53F0 教育2 音 Aタイ(漢)ダイ(呉) B一イ(漢) 二ダイ(慣)タイ(漢) 訓うてな

筆順 台

A 至 8 **【臺】** 14画 7142 81FA　B 口 2 **【台】** 5画 3470 53F0

なりたち A[臺] [形声]「至(=止まるところ)」と「高(=たかい)」の省略体と、音「士《シ→イタ》」とから成る。四角形で高い、物見《ものみ》の建物。

B[台] [形声]「口(=くち)」と、音「ム《イ》」とから成る。よろこぶ。

参考「台」と「臺」とは別の字。「台覧」「三台星」「天台宗」などは、もともと「台」であって、「臺」の代用ではない。

意味 A[臺]《ダイタイ》 ❶高いところから、周囲を見わたせるように作った建物。御殿《ゴテン》。たかどの。うてな。例台閣《ダイカク》。展望台《テンボウダイ》。灯台《トウダイ》。❷人が乗ったり、ものをのせたりする、平たい面をもつ道具。だい。例台座《ダイザ》。寝台《シンダイ》。❸高く平らな土地。例台地《ダイチ》。高台《たかダイ》。❹役所。例御史台《ギョシダイ》。鎮台《チンダイ》。❺相手に対する敬意をあらわすことば。例貴台《キダイ》。尊台《ソンダイ》。

B[台] 一《イ》 ❶よろこぶ。(同)怡《イ》。❷われ。わが。二《ダイタイ》 ❶星の名。三台星《サンダイセイ》(=北極星の近くにある、三つの星)のこと。❷相手をうやまっていうことば。例台覧《タイラン》。台臨《タイリン》。❸仏教の一派、天台宗のこと。例台教《タイキョウ》(=天台宗の教え)。

日本語での用法《ダイ》①ものごとの基礎《キソ》になるもの。「台帳《ダイチョウ》・台本《ダイホン》・土台《ドダイ》」②乗り物などを数えることば。「車《くるま》一台《イチダイ》」③金額や時間、年齢《ネンレイ》などの、数量の範囲《ハンイ》をあらわすことば。「一万円台《イチマンエンダイ》・二十歳台《ニジッサイダイ》・六時台《ロクジダイ》」

人名 たか・もと

【▽台▽詞】《せりふ》 ①俳優が劇中の人物として舞台《ブタイ》などで話すことば。例—まわし。②ものの言い方。言いぐさ。例捨て—《ぜりふ》。表記 ▽「▽科▽白」とも書く。

【台下】《ダイカ》〔「御殿《ゴテン》」の下の意〕手紙で、あて名の左下に書きそえて、相手をうやまっていうことば。

【台形】《ダイケイ》 向かい合った二辺がひと組みだけ平行な四辺形。〔もと「梯形《テイケイ》」といった〕

【台座】《ダイザ》 ①ものをのせておく台。②仏像をのせる台。ハスの花をかたどったものが多い。

【台紙】《ダイシ》 ものをはりつけるための紙。

【台車】《ダイシャ》 ①車両で、車体をささえている、車輪・ばね・枠《わく》などの部分。②荷物を運ぶための、車の付いた台。

【台所】一《ダイショ》 天子のいるところ。宮中。二《ダイどころ》 ①家の中で食事をつくるところ。②経済上のやりくり。例去年より—が苦しい。

【台地】《ダイチ》 周囲の土地より高く、表面が平らな土地。例武蔵野《むさしの》—。

【台帳】《ダイチョウ》 ①出入りを記録しておく帳簿《チョウボ》。例仕入れ—。②いちばんもとになる帳簿。(類)原簿。例土地—。

【台頭】《タイトウ》(名・する) ①新しい勢力があらわれてくること。例武士の—。②文章を書くとき、帝王《テイオウ》などに関する語を、改行してふつうの行より上に高く出して書くこと。表記 ▽「▼擡頭」とも書く。

【台盤】《ダイバン》 食物を盛った皿をのせる台。

【台盤所】《ダイバンどころ》 ①台盤を置いておくところ。宮中では女房《ニョウボウ》の詰所《つめショ》。臣下の家では台所。②貴人の夫人。奥方《おくがた》。みだいどころ。

【台風】《タイフウ》 南方の太平洋上で発生する熱帯低気圧のうちで、最大風速が毎秒一七メートル以上のもの。日本には八、九月に来ることが多い。例—の目の中にはいる。表記 (旧)▼颱風

【台本】《ダイホン》〔「演劇の土台となる本」の意〕演劇や映画、また、放送などで、せりふや動作、舞台《ブタイ》装置などについてしるした本。脚本《キャクホン》。シナリオ。例—どおりに言う。

【台覧】《タイラン》(名・する) 身分の高い人が見ることを、うやまっていうことば。例—の栄に浴する。

【台臨】《タイリン》(名・する) 身分の高い人が出席することを、うやまっていうことば。例—を仰《あお》ぐ。

●縁台《エンダイ》・鏡台《キョウダイ》・寝台《シンダイ》・土台《ドダイ》・荷台《にダイ》・舞台《ブタイ》・砲台《ホウダイ》・屋台《やタイ》

口 2
【叮】
5画 5058 53EE 音 テイ漢

意味 「叮嚀《テイネイ》」は、心をこめてたのむ。ねんごろに言う。

【叮▼嚀】《テイネイ》 ⇩【丁寧】《テイネイ》（9ページ）

口 2
【叨】
5画 5059 53E8 音 トウ漢 訓 みだ-り・むさぼ-る

意味 ❶よくばって、ほしがる。むさぼる。同 饕《トウ》。例 叨貪《トウタン》。叨冒《トウボウ》。❷分不相応に。みだりに受ける。例 叨名《トウメイ》（=虚名《キョメイ》を受ける）。❸不相応な恩恵《ケイオン》を受ける。かたじけなくする。けんそんのことば。例 叨恩《トウオン》。❹みだりにしゃべる。例 叨叨《トウトウ》。

【叨恩】《トウオン》 もったいないほどの恩恵《ケイオン》を受けること。〔訓読ではふつう、「恩《オン》をみだりにす」と読む〕

【叨窃】《トウセツ》（名・する）〔「窃」は、ぬすむ意〕分不相応のものを所有すること。また、不当に高い地位につくこと。

【叨叨】《トウトウ》（名・形動《タル》）余分なことまでしゃべること。話がくどいこと。

【叨▼貪】《トウタン・トウドン》 貪欲《ドンヨク》であること。むさぼること。

【叨冒】《トウボウ》〔「冒」も、むさぼるの意〕欲が深いこと。貪欲《ドンヨク》。

口 2
【叭】
5画 5060 53ED 音 ハツ漢 ハ唐

意味 口から発せられる声や音をあらわす。また、「ハ」や「パ」の音にあてる。例 叭喇唬《ハラカン》（=石火矢《いしびや》。大砲《タイホウ》の一種）。喇叭《ラッパ》。

口 2
【右】
5画 1706 53F3 教育1 音 ユウ漢 ウ呉 訓 みぎ

筆順 ノ ナ 才 右 右

なりたち  〔会意〕「口（=くち）」と「又（=みぎ手）」とから成る。手だけでは不十分なので、口でたすける。

意味 ❶たすける。同 佑《ユウ》・祐《ユウ》。例 右筆《ユウヒツ》。❷みぎ。みぎて。みぎがわ。対 左《サ》。例 右往左往《ウオウサオウ》。右折《ウセツ》。座右《ザユウ》。❸西。南面したときの右が西にあたることから。対 左《サ》。例 右京《ウキョウ》。❹上の位にある。たっとぶ。対 左《サ》。例 右文《ユウブン》。❺保守的な。〔フランス革命のとき、保守派が議会の右側の席にすわったことから〕対 左《サ》。例 右派《ウハ》。右翼《ウヨク》。極右《キョクウ》。

難読 左右《ソウ・まて》・右手《めて》

人名 あき・あきら・これ・すけ・すすむ・たか・たすく

【右往左往】《ウオウサオウ》（名・する）どうしたらよいかわからず、うろうろする。うろたえる。

【右岸】《ウガン》 川の下流に向かって右側の岸。対 左岸。

【右傾】《ウケイ》（名・する）①右へかたむくこと。②思想が極端《キョクタン》な保守的・民族主義的・国粋的《コクスイテキ》傾向を示すこと。▽対 左傾。

【右舷】《ウゲン》 船首に向かって右側のふなべり。対 左舷。

【右顧左▼眄】《ウコサベン》（名・する）〔「顧」はふりむいて見る、「眄」は流し目で見る意〕まわりの人の意見や、おもわくばかりを気にして、決断できないこと。左顧右眄《サコウベン》。例 いまたいせつなことは、―することなく、主体的に取り組むことだ。

【右折】《ウセツ》（名・する）道を右へ曲がること。対 左折。

【右足】《ウソク・みぎあし》 右の足《あし》。

【右側】《ウソク・みぎがわ》 ものの右のがわ。対 左側。

【右党】《ウトウ》 ①保守派の政党。②酒が飲めず、あまいものが好きな人。▽対 左党。

【右派】《ウハ》 右翼《ウヨク》の党派。対 左派。→【右翼】《ウヨク》②

【右翼】《ウヨク》 ①鳥や飛行機の右のつばさ。対 左翼。②政治思想のうえで、保守的・民族主義的・国粋的《コクスイテキ》な考え方をする人たち。また、その団体。対 左翼。③野球で、本塁《ホンルイ》から見て右側の外野。また、そこを守る選手。ライト。対 左翼。④順序や地位をきそい合う仲間の中で、有力なもの。例 大臣候補の最―。

【右手】《みぎて》 ①右の手。②右のほう。右のがわ。▽対 左手。

【右筆】《ユウヒツ》 ①昔、貴人のそばにいて文書の作成などを受け持った人。②武家《ブケ》の職名の一つ。文書や記録を受け持った人。表記 ▽「▼祐筆」とも書く。

【右文】《ユウブン》 学問や芸術をたっとぶこと。

【右文左武】《ユウブンサブ》〔「文」と「武」を右と左に配して、ともに重んじる意をあらわす〕文武両道をかねそなえること。左文右武。

●極右《キョクウ》・左右《サユウ》・座右《ザユウ》

口 2
【叫】
5画 ⇩【叫】《キョウ》（187ページ）

口 3
【吁】
6画 5062 5401 音 ウ・ク漢 訓 ああ

意味 なげき・おどろき・憂《うれ》い・疑いなどをあらわす声。ああ。例 吁嗟《ウサ》。

【吁▼嗟】《ウサ・クサ・ああ》 ああ。なげき・おどろき・憂《うれ》い・疑いなどの気持ちをあらわすときに発することば。

口 3
【各】
6画 1938 5404 教育4 音 カク漢呉 訓 おのおの

筆順 ノ ク 夂 夂 各 各

なりたち  〔会意〕「口（=ことば）」と「夂（=反する）」とから成る。発言がそれぞれ異なる。

意味 ひとつひとつ。それぞれ。めいめい。おのおの。例 各自《カクジ》。各種《カクシュ》。

難読 各務《かがみ》（=地名・姓《セイ》）・各務原《かかみがはら》（=地名）

人名 まさ

【各位】《カクイ》 みなさまがた。おおぜいの人に対して、そのひとりひとりをうやまっていうことば。例 出席者―。

【各員】《カクイン》 おのおのの人。めいめい。ひとりひとり。〔演説などでの、あらたまった言い方〕例 ―の努力によって成功した。

【各界】《カクカイ・カッカイ》 職業の種類によって分けたそれぞれ。政界・財界・学界・芸能界などのそれぞれ。例 ―の名士。

【各自】《カクジ》 なんにんかいる人の、ひとりひとり。めいめい。類 各人《カクジン》。例 文化祭では―の役目をしっかりやりなさい。

【各種各様】《カクシュカクヨウ》 いくつかある種類が、それぞれちがったようすであること。例 ―の反応がある。

【各所】《カクショ》 ①それぞれの場所。②あちらこちら。例 市内―。表記 ▽「各処」とも書く。

【各人】《カクジン》 めいめいの人。おのおの。各自。例 ―各様。

【各人各様】《カクジンカクヨウ》 人によって違うこと。人それぞれ。

【各地】《カクチ》 ①それぞれの土地。例 ―の名産。②あちらこちら。例 全国―で開催《カイサイ》する。

【各派】《カクハ》 それぞれの流派や党派。例 党内―の意見。

【各部】《カクブ》 それぞれの部分。例 人体―の名称《メイショウ》。

【各様】《カクヨウ》 それぞれにちがったようすであること。例 各人―。

【各論】《カクロン》 一つ一つの項目《コウモク》についての議論や説。対 総論。例 ―になると意見が分かれる。

口 3

【吉】

6画 2140 5409 常用 音 キツ漢 キチ呉 訓 よ-い

筆順 一 十 士 吉 吉 吉

口 3 【𠮷】 6画 20BB7 俗字

なりたち 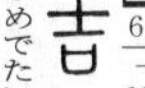 [会意]「士(=りっぱな人)」と「口(=ことば)」とから成る。りっぱな人のことば。

意味 ❶めでたい。よい。例 吉日《キチジツ》。吉報《キッポウ》。不吉《フキツ》。❷吉林《キツリン》省の別の呼び方。

日本語での用法 《き》「き」の音にあてる万葉がな。「吉備《きび》の国《くに》・吉良《きら》」

人名 さち・とみ・はじめ・よ・よし

【吉事】《キチジ|キツジ》 めでたいこと。縁起《エンギ》がよいこと。慶事《ケイジ》。対 凶事《キョウジ》。

【吉日】《キチジツ|キチニチ》 めでたい日。ものごとをするのに縁起《エンギ》のよい日。吉辰《キッシン》。対 悪日《アクニチ》・凶日《キョウジツ》。例 大安《タイアン》—《キチジツ》。

【吉▼瑞】《キチズイ|キツズイ》 めでたいしるし。類 吉祥《キッショウ》。

【吉例】《キチレイ|キツレイ》 めでたい例。よい前例。めでたいしきたり。例 —に従って…。

【吉凶】《キッキョウ》 めでたいことと、縁起《エンギ》の悪いこと。さいわいと、わざわい。例 —を占《うらな》う。

【吉慶】《キッケイ》 めでたいこと。よろこぶべきこと。

【吉祥】《キッショウ》〔「キチジョウ」とも〕めでたいしるし。よい前兆。類 吉瑞《キチズイ》。例 —があらわれる。

【吉祥天】《キッショウテン》〔「キチジョウテン」とも〕福徳をさずけるという天女《テンニョ》。もとインド神話の神が仏教にとり入れられたもの。吉祥天女。

【吉▽左右】《キッソウ》〔「左右《ソウ》」は、便りの意〕①いい知らせ。吉報。例 —を待つ。②よいか悪いか、いずれかの知らせ。

【吉相】《キッソウ》 ①うらないで出る、めでたいことの起こるしるし。例 —が生じる。②よい運勢のあらわれた人相。▽対 凶相《キョウソウ》。

【吉兆】《キッチョウ》 めでたいことの起こる前ぶれ。対 凶兆《キョウチョウ》。例 —があらわれる。表記「吉徴」とも書く。

【吉報】《キッポウ》 めでたい知らせ。喜ばしい知らせ。対 凶報《キョウホウ》。例 合格の—を待つ。

【吉備】《きび》 今の岡山《おかやま》県と広島県東部の古い呼び方。

【▽吉利支丹】《キリシタン》〔ポルトガル語の音訳。のち「切支丹」とも書いた〕日本の戦国時代にフランシスコ=ザビエルらにより伝えられたカトリック教。また、その信者。

● 大吉《ダイキチ》・不吉《フキツ》

口 3

【吃】

6画 2141 5403 音 キツ漢 訓 ども-る

意味 ❶ことばを自由に出すことができず、つかえたり、くりかえしたりする。どもる。例 吃音《キツオン》。❷たべる。のむ。すう。転じて、うけいれる。同 喫《キツ》。例 吃驚《キッキョウ》。吃水《キッスイ》。

難読 吃逆《しゃっくり》・吃驚《びっくり》

【吃音】《キツオン》 ことばが口からすらすら出ないで、発音がつかえたり、同じ音《オン》をくりかえしたりすること。どもり。

【吃驚】《キッキョウ》 (名・する) びっくりすること。おどろくこと。例 とつぜんの出現に—する。表記「喫驚」とも書く。

【吃緊】《キッキン》 (名・形動《ダ》) ひじょうにたいせつで、解決が急がれていること。例 —の問題。表記「喫緊」とも書く。

【吃語】《キツゴ》 ことばがどもる状態。また、そのことば。どもり。

【吃水】《キッスイ》 水上にある船体が、水面下にしずんでいる部分の深さ。例 —線。表記 現 喫水

口 3

【吸】

6画 2159 5438 教育6 音 キュウ漢呉 訓 す-う

筆順 丨 冂 口 叨 吸 吸

口 4 【吸】 7画

なりたち 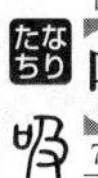 [形声]「口(=くち)」と、音「及《キュウ》」とから成る。息を内にすいこむ。

意味 息や液体をすいこむ。内にとりいれる。また、すいよせる。ひきつける。すう。対 呼《コ》。例 吸引《キュウイン》。吸収《キュウシュウ》。呼吸《コキュウ》。

日本語での用法 《すい》 日本料理の汁の一つ。「吸《す》い口《くち》(=うすくそいで、汁《しる》にうかべる、ユズ・フキノトウ・ミョウガなど)・吸《す》い物《もの》(=汁の多い、すいこんで飲むもの)」

【吸引】《キュウイン》 (名・する) ①(空気や水流などとともに)すいこむこと。例 ほこりを—する。②人をひきつけること。例 客を—する趣向《シュコウ》。

【吸音】《キュウオン》 (名・する) おとをすいとること。例 —材(=グラスウール・フェルトなど)。

[口部] 3画 ● 吉 吃 吸 叫 向

【吸気】《キュウキ》 鼻や口からすいこむ息。対 呼気。

【吸血鬼】《キュウケツキ》 ①西洋で、死体に宿り、夜なかに墓からぬけだして人の生き血をすうという悪霊《アクリョウ》。バンパイア。〔イギリスの怪奇《カイキ》小説に出てくるドラキュラが有名〕②人をひどく苦しめる、むごい人間のたとえ。例 —のような高利貸し。

【吸湿】《キュウシツ》 (名・する) 水分やしめりけを、すいとること。例 —性のある素材。

【吸収】《キュウシュウ》 (名・する) すいこむようにして、外部のものを自分の内部に取り入れること。例 知識を—する。—合併《ガッペイ》。

【吸着】《キュウチャク》 (名・する) ①すいつくこと。②〔化〕気体や液体のなかの物質を、これと接する物体の表面がすいつけること。例 —剤《ザイ》(=木炭やシリカゲルなど)。

【吸入】《キュウニュウ》 (名・する) ①すいいれること。とくに治療《チリョウ》のために、ガス状の薬物をすわせること。例 酸素—。②呼吸のように自然に、何かを取り入れること。例 エンジンの—弁。

【吸盤】《キュウバン》 (タコやイカの足、ヒルの口などにあって)ものにすいつくはたらきをする器官。また、これにならって作った、ゴムやプラスチックの器具。

口 3

【叫】

6画 2211 53EB 常用 音 キョウ漢呉 訓 さけ-ぶ

筆順 丨 冂 口 叫 叫 叫

口 2 【叫】 5画

なりたち 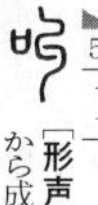 [形声]「口(=くち)」と、音「丩《キュウ》→《キョウ》」とから成る。大声で呼ぶ。

意味 大声をあげる。よぶ。さけぶ。例 叫喚《キョウカン》。叫号《キョウゴウ》。絶叫《ゼッキョウ》。

難読 雄叫《おたけ》び

【叫喚】《キョウカン》 (名・する) 大声でわめくこと。例 阿鼻《アビ》—。

【叫喚地獄】《キョウカンジゴク》〔仏〕八大地獄の一つ。ここにおちた亡者《モウジャ》は、熱湯で煮《に》られ猛火《モウカ》で焼かれ、絶え間なく泣きさけぶという。

口 3

【向】

6画 2494 5411 教育3 音 キョウ漢 コウ呉 訓 む-く・む-ける・む-かう・む-こう

筆順 ノ 丿 冂 向 向 向

3画

なりたち 向 [会意]「宀(=いえ)」と「口(=まどわく)」とから成る。北向きの出窓《でまど》。派生して「むく」の意。

意味 ❶あるほうに面する。むく。あるほうに進む。むかう。例 向上《コウジョウ》。志向《シコウ》。❷かたむき。むき。例 傾向《ケイコウ》。風向《フウコウ》。❸以前に。さきに。むかし。例 向来《キョウライ》(=これまで。また、いま)。

日本語での用法《むき・むく》にあう。適する。「小学生《ショウガクセイ》向《む》き・素人《しろうと》向《む》きのゴルフ場《ジョウ》」

難読 向坂《さきさか》・向上《みあげ》の板《いた》・向道《いうならく》

人名 ひさ

【▽向後】《キョウコウ|キョウゴ|コウゴ》(名・副)これからのち。今後。

【▽向来】《キョウライ|コウライ》(名・副)①これまで。前から。②いま。

【向学】《コウガク》学問に心をむけること。学問にはげもうと思うこと。例 —心。—の念。

【向寒】《コウカン》さむい季節にむかうこと。対 向暑。例 —のみぎり。

【向日▼葵】《コウジツキ|ひまわり》キク科の一年草。茎《くき》がまっすぐにのび、夏、茎の頂上に大きな黄色の花がさく。

【向暑】《コウショ》あつい季節にむかうこと。対 向寒。例 —の折。

【向上】《コウジョウ》(名・する)前よりもよくなること。対 低下。例 —心をもつ。成績が—する。

【向性】《コウセイ》外向性と内向性をまとめていうことば。例 —検査(=性格が外向性か、内向性かを調べること)。

【向背】《コウハイ》(「キョウハイ」とも)①従うこととそむくこと。類 去就《キョシュウ》。例 —を明らかにする。②なりゆき。類 動静。例 天下の—を決する。

●意向《イコウ》・一向《イッコウ》・趣向《シュコウ》・転向《テンコウ》・動向《ドウコウ》・風向《フウコウ》

口 3 【后】 6画 2501 540E 教育6 音 コウ 漢 ゴ 呉 訓 のち・きさき

筆順 ′ 厂 斤 斤 后 后

なりたち 后 [会意]「厂(=人の形)」と「口(=くち)」とから成る。創業した先君の体制をつぐ君主。

意味 ❶君主のあとをつぐ者。君主。諸侯《ショコウ》。❷天子の妻。きさき。例 皇后《コウゴウ》。皇太后《コウタイゴウ》。❸時間的にあとのほう。のち。同 後《ゴ》。例 午后《ゴゴ》。

人名 きさ・きみ・み

【后宮】《コウキュウ|コウグウ》皇后のいるところ。また、宮中の女官《ニョカン》のいるところ。後宮《コウキュウ》。

【后妃】《コウヒ》きさき。皇后。

口 3 【合】 6画 2571 5408 教育2 音 ガッ・カッ 慣 コウ 漢 ゴウ 呉 訓 あ-う・あ-わす・あ-わせる

筆順 ノ 人 亼 今 合 合

なりたち 合 [会意]「亼(=三つあわせる)」と「口(=くち)」とから成る。口をあわせる。

意味 ❶あつまる。あつめる。例 烏合《ウゴウ》。会合《カイゴウ》。集合《シュウゴウ》。❷一つになる。一致《イッチ》する。同じになる。例 合意《ゴウイ》。合一《ゴウイツ》。暗合《アンゴウ》。❸あてはまる。かなう。例 合格《ゴウカク》。適合《テキゴウ》。符合《フゴウ》。❹矛《ほこ》を交える。たたかう。例 切《き》りむすぶこと数合《スウゴウ》。❺ふたつきのいれもの。同 盒《ゴウ》。❻容量の単位。一升《ショウ》の十分の一。→「度量衡表《ドリョウコウヒョウ》」(1141ページ)

日本語での用法《ゴウ》登山路の高さの単位。山頂までの道のりの十分の一。「山《やま》の五合目《ゴゴウめ》」

使い分け あう【会・合・遭】⇩1159ページ

使い分け あわせる【合・併】⇩1162ページ

難読 合歓木《ねむのき》・合食禁《ガッショウキン》(=食物のくいあわせ)・合羽《カッパ》

人名 あい・はる・よし・り

【合印】《あいイン|あいじるし》①書類を他と照合したしるしにおす印。②書類が二枚以上続くとき、次の紙への移り目ごとに紙のはしにおし、続いていることを証明するための印。合判《あいハン》。

【合縁】《あいエン》たがいに縁があって、よく気が合うこと。例 —奇縁《キエン》。表記「相縁」とも書く。→【愛縁】《アイエン》(403ページ)

【合い鍵】《あいかぎ》錠《ジョウ》についている鍵と同じに作った別の鍵。複製した鍵。スペアキー。

【合気道】《あいキドウ》日本の武術の一つ。当て身技《わざ》と関節技を中心とする、柔術《ジュウジュツ》の一派から出た護身術。

【合い言葉】《あいことば》①味方であることを知らせあうための、合図のことば。例 山、川、の—。②なかまの結束を固め、主義や主張を確認《カクニン》するための標語。モットー。

【合図】《あいズ》(名・する)約束して決めた方法で、相手に知らせること。また、その決めた方法。例 —を送る。

【合服】《あいフク》春と秋に着る洋服。合着《あいぎ》。合い。表記「▽間服」とも書く。

【合間】《あいま》動作などがとぎれ、ふたたび始まるまでの短い時間。例 仕事の—に電話する。

【合切】《ガッサイ》なにもかも。残らず。例 —袋《ぶくろ》(=身のまわりの、こまごましたものを、入れておくふくろ)。一切《イッサイ》—。

【合作】《ガッサク》(名・する)共同して一つのものをつくること。また、その作品。例 日中—の映画。

【合冊】《ガッサツ》(名・する)二冊以上の本や雑誌を、とじあわせて一冊に製本すること。また、そのようにしたもの。合本。

【合算】《ガッサン》(名・する)それぞれに計算したいくつかの数を、いっしょに足しあわせて計算すること。類 加算・合計。

【合衆国】《ガッシュウコク》①二つ以上の州または国が、連合してできた国家。連邦《レンポウ》。②「アメリカ合衆国」の略。北アメリカ大陸の中央部に位置する、連邦国家。米国《ベイコク》。

【合宿】《ガッシュク》(名・する)大きな効果をあげるため、多くの人が、一定期間、同じ宿舎にとまりこんで、集中して訓練や勉強などをすること。また、その宿舎。例 強化—。

【合唱】《ガッショウ》(名・する)①ふたり以上の人が、声をあわせて歌うこと。類 斉唱《セイショウ》。②それぞれちがう高さの声のいくつかのグループが、ちがう旋律《センリツ》を同時に歌って、全体として一つの曲を歌うこと。コーラス。例 混声—。▽対 独唱。

【合掌】《ガッショウ》(名・する)(仏教で)両方の手のひらを顔や胸の前であわせておがむこと。

【合従連衡】《ガッショウレンコウ》(「従」は縦《たて》、「衡」は横の意)たての同盟と横の同盟ということから、外交手段を用いて、いろいろ交渉《コウショウ》することをいう。表記「合▽縦連衡」とも書く。

故事のはなし 中国の戦国時代、縦横《ジュウオウ》家(=外交家)の蘇秦《ソシン》は、西方の強国秦《シン》に対抗《タイコウ》するため、地図上でほぼ南北に並ぶ斉《セイ》・楚《ソ》・燕《エン》・韓《カン》・魏《ギ》・趙《チョウ》の六か国をたがいに同盟させる政策をとった。これを合従《ガッショウ》という。のち、蘇秦と同門で、秦につかえていた張儀《チョウギ》は、これに対して他の六か国を秦にそれぞ

れ個別に服従させることによって自国の安全をはかる政策をとった。これを連衡《レンコウ》という。〈戦国策《センゴクサク》〉

【合戦】《カッセン》（名・する）敵と味方がたたかうこと。例関が原の—。雪《ゆき》—《ガッセン》。

【合奏】《ガッソウ》（名・する）二種類以上の楽器で、いっしょに同じ曲を演奏すること。対独奏。

【合葬】《ガッソウ》（名・する）いっしょにほうむること。また、死者を、前に死んだ人の墓にほうむること。

【合体】《ガッタイ》（名・する）二つ以上のものが一つになること。また、一つにすること。類合併《ガッペイ》・合同《ゴウドウ》・結合。

【合致】《ガッチ》（名・する）ぴったりあうこと。類一致。例目的に—する。趣旨《シュシ》に—した意見。

【合羽】《カッパ》〔ポルトガル語の音訳〕雨のとき、上からはおるように着る、マント状のコート。〔英語でいうケープ〕

【合評】《ガッピョウ》（名・する）なんにんかが集まって、文学作品や演劇などを批評しあうこと。例—会。

【合併】《ガッペイ》（名・する）あわせて一つにすること。あわさって一つになること。類合体・併合《ヘイゴウ》。例—症《ショウ》。町村—。

【合本】《ガッポン》（名・する）二冊以上の本や雑誌をとじあわせて、一冊に製本すること。また、そのようにしたもの。合冊《ガッサツ》。

【▽合点】《ガテン／ガッテン》（名・する）①承知すること。例—《ガッテン》だ。②納得《ナットク》すること。理解して認めること。例ひとり—《ガテン》。

【合意】《ゴウイ》（名・する）おたがいの意見や考えが一致《イッチ》すること。類同意。例—に達する。

【合一】《ゴウイツ》（名・する）一体となっていること。また、一つにすること。例知行《チコウ》—（＝認識《ニンシキ》と行為《コウイ》とは、表裏《ヒョウリ》一体のものであり、二つを分けることはできないという説）。

【合格】《ゴウカク》（名・する）①試験に受かること。類及第《キュウダイ》。対落第。例—者。大学の入学試験に—する。②一定の条件や規格にかなうこと。例審査《シンサ》に—する。

【合歓】《ゴウカン》（名・する）①よろこびを共にすること。②男女が共寝《ともね》すること。③「合歓木《ゴウカンボク》」の略。マメ科の落葉高木。夜は葉を閉じる。ネムノキ。

【合議】《ゴウギ》（名・する）みんなで集まって相談すること。類協議。例—制。

【合金】《ゴウキン》二種以上の金属、または金属と非金属とを、とかしあわせてつくった金属。真鍮《シンチュウ》・ジュラルミンなど。

【合計】《ゴウケイ》（名・する）二つ以上の数を全部加えあわせて計算すること。また、その加えあわせた数。類総計。

【合憲】《ゴウケン》憲法の趣旨《シュシ》にあっていること。対違憲《イケン》。

【合▼祀】《ゴウシ》（名・する）二柱《ふたはしら》以上の神や霊《レイ》を、一つの神社にあわせてまつること。合祭。例靖国《やすくに》神社に—する。

【合資】《ゴウシ》（名・する）資本を出しあうこと。例—会社。

【合成】《ゴウセイ》（名・する）①二つ以上のものをあわせて、一つのものにすること。例—写真。②化合物をつくること。例—樹脂《ジュシ》。—洗剤《センザイ》。

【合繊】《ゴウセン》「合成繊維《センイ》」の略。石炭・石油・カーバイドなどを原料にして、合成してつくった繊維。

【合同】《ゴウドウ》㊀（名・する）二つ以上のものが一つになること。また、一つにすること。例—発表。㊁（名・形動《ダ》）〔数〕二つ以上の図形の形や大きさが、まったく同じであること。

【合板】《ゴウハン／ゴウバン》うすくけずった木の板を、木目《モク》《め》が交差するようになんまいも接着剤《セッチャクザイ》で張りあわせたもの。ベニヤ板。

【合否】《ゴウヒ》合格するかしないか。合格と不合格。例—の判定。

【合弁】《ゴウベン》共同で事業をするために資本提携《テイケイ》すること。例—企業《キギョウ》。日米—の会社。表記㊐合▼辦

【合法】《ゴウホウ》（名・形動《ダ》）法律や規則に違反《イハン》していないこと。類適法。対違法《イホウ》・非合法。例—的。

【合理】《ゴウリ》道理にかなっていること。対不合理・非合理。例—的。

【合力】《ゴウリキ／ゴウリョク》（名・する）①力を貸して助けること。例—を求める。②金銭や品物をあたえて助けること。

【合流】《ゴウリュウ》（名・する）①二つ以上の川の流れが、あわさって一つの流れになること。②いくつかの団体が集まって同じ行動をすること。③ふたり以上の人が落ちあって、いっしょに行動すること。例パリで—してアメリカに向かう。

●暗合《アンゴウ》・会合《カイゴウ》・気合《キあい》・競合《キョウゴウ》・組合《くみあい》・迎合《ゲイゴウ》・混合《コンゴウ》・集合《シュウゴウ》・照合《ショウゴウ》・総合《ソウゴウ》・調合《チョウゴウ》・都合《ツゴウ》・投合《トウゴウ》・統合《トウゴウ》・場合《ばあい》・配合《ハイゴウ》・複合《フクゴウ》・併合《ヘイゴウ》・融合《ユウゴウ》

口 3

【吊】

6画 3663 540A

音 チョウ漢呉 訓 つ-り・つ-る

意味 つり下げる。ぶら下がる。つるす。つる。例吊《つ》り革《かわ》。宙吊《チュウづ》り。

参考 もとは「弔」の俗字。日本では、「吊」は「つるす」、「弔」は「とむらう」の意に使い分けている。

口 3

【吐】

6画 3739 5410 常用

音 ト漢呉 訓 は-く

筆順 丨 冂 口 口一 叶 吐

なりたち 吐 [形声]「口（＝くち）」と、音「土《ト》」とから成る。口からはき出す。

意味 ❶口からものをはき出す。もどす。はく。例吐血《トケツ》。嘔吐《オウト》。❷ことばを口に出す。のべる。うちあける。例吐露《トロ》。音吐《オント》（＝朗詠《ロウエイ》の声）。

難読 吐月峰《はいふき》・吐嗟《トッサ》《あわや》・反吐《ヘド》

【吐血】《トケツ》（名・する）胃・食道などの出血を、口からはくこと。〔肺《ハイ》などの呼吸器系統の出血によるものは「喀血《カッケツ》」という〕

【吐月峰】《トゲッポウ》はいふき。タバコ盆《ボン》の、吸いがらを入れる竹の筒《つつ》。

【吐▼瀉】《トシャ》（名・する）食べたものをはいたり、くだしたりすること。例激しい—と発熱。

【吐乳】《トニュウ》（名・する）乳児が、飲んだちちをはくこと。

【吐哺握髪】《トホアクハツ》為政者《イセイシャ》が賢人《ケンジン》を求めようと、絶えず心がけること。握髪吐哺。吐哺捉髪《ソクハツ》。捉髪。〔周公旦《タン》は客が来ると、食事中でも口に入れた食物をはき出し、洗髪中でも髪《かみ》をにぎって、直ちに出むかえたという故事による〕〈韓詩外伝《カンシガイデン》〉

【吐露】《トロ》（名・する）心の中をかくさずに、すべて話すこと。例真情を—する。

口 3

【吋】

6画 1705 540B

音 ㊀トウ漢 ㊁スン 訓 インチ

意味 ㊀《トウ》人を口でしかる。㊁《スン》ヤードポンド法の長さの単位。インチ。一インチは、一フィートの十二分の一。約二・五四センチメートル。

口 3

【同】

6画 3817 540C 教育2

音 トウ漢 ドウ呉 訓 おな-じ・おな-じく

筆順 丨 冂 冂 冂 同 同

亼 3

【仝】5画 0124 4EDD 別体字

なりたち  [会意]「冂(=重ねておおう)」と「口(=くち)」とから成る。いっしょになる。

意味 ❶他のものと、おなじくする。ともにする。そろえる。例同行《ドウコウ》。同席《ドウセキ》。共同《キョウドウ》。❷他とちがいがない。おなじ。対異《イ》。例同一《ドウイツ》。同類《ドウルイ》。大同小異《ダイドウショウイ》。

人名 あつ・あつむ・とも・ひとし

【同位《ドウイ》】身分や地位などが、おなじであること。また、その人。

【同意《ドウイ》】一(名)おなじ意味。類同義。例—語。二(名・する)賛成すること。例父の—を得る。なかなか—してもらえない。

【同意語《ドウイゴ》】「同義語《ドウギゴ》」に同じ。

【同一《ドウイツ》】(名・形動ダ)まったくおなじであること。また、まったく等しいこと。例—人物。男女を—にあつかう。

【同一視《ドウイツシ》】(名・する)おなじと見なすこと。おなじに取りあつかうこと。例遅刻者《チコクシャ》を棄権者《キケンシャ》と—する。

【同音《ドウオン》】①おなじ発音。例—異義語(=発音がおなじで意味のちがうことば)。②おなじ高さの音。おなじ声。③ほとんど同時に言うこと。また、声をそろえて言うこと。例異口《イク》—(=人々が同時におなじことばを言うこと)。

【同音語《ドウオンゴ》】おなじ発音で、意味がちがうことば。たとえば、「成果」「正課」「生花」など。類同音異義語。

【同化《ドウカ》】(名・する)①異なった習慣や考え方が、時がたつにつれて、まわりのものとおなじようになること。例日本の社会に—した外国人もいる。②学んだものを完全に自分の知識とすること。③生物が体外から取り入れた物質を、自分のからだの成分とすること。対異化。例炭酸—作用。

【同格《ドウカク》】①資格・地位・格式がおなじであること。類同等・同列。例副社長と—の相談役を置く。②一つの文中に並んで置かれた二つ以上の語句が、たがいに説明しあう関係にあること。たとえば、「われわれ日本人は」というときの「われわれ」と「日本人」。

【同学《ドウガク》】学校や先生、または専門が、たがいにおなじであること。また、その人。例—の後輩《コウハイ》。—のよしみで手伝う。

【同額《ドウガク》】おなじ金額。例—を要求する。

【同感《ドウカン》】(名・する)おなじ感想をもつこと。おなじ意見であること。類共感。例それは私も—だ。

【同期《ドウキ》】①おなじ時期。例売り上げは昨年の—をうわまわる。②入学や卒業、また、入社などの年度が、たがいにおなじであること。また、その人。例—生。

[口部] 3画 同

【同義《ドウギ》】おなじ意味。同意。例—語。

【同義語《ドウギゴ》】語のかたちも発音もちがうが、意味がほとんどおなじことば。同意語。シノニム。たとえば、「あす」と「あした」、「本」と「書物」など。対対義語・反意語。

【同気《ドウキ》相《あい》求《もと》む】気質がおなじ者は、自然に集まる。類類は友を呼ぶ。〈易経《エキキョウ》〉

【同級《ドウキュウ》】①おなじ学級。例—生。②おなじ等級。

【同居《ドウキョ》】(名・する)①夫婦《フウフ》や親子が、いっしょに住むこと。対別居。例祖父母と—している。②家族以外の人といっしょに住むこと。例—人《ニン》。伯母《おば》の家に—する。

【同郷《ドウキョウ》】郷里がおなじであること。例—のよしみ。

【同行《ドウギョウ》】一(名)①信仰《シンコウ》や修行《シュギョウ》をおなじくするなかま。②神社や寺院に連れだって参詣《サンケイ》する人々。③文章または五十音図の、おなじ行。二《ドウコウ》(名・する)いっしょにいくこと。類同道・同伴《ドウハン》。例—者。

【同行二人《ドウギョウニニン》】四国巡礼《ジュンレイ》の遍路《ヘンロ》が、笠《かさ》に書くことば。常に弘法大師《コウボウダイシ》とともにあるということ。

【同業《ドウギョウ》】おなじ職業や職種。また、それにたずさわる人。例—者。

【同▼衾《ドウキン》】(名・する)〔「衾」は、夜具の意〕いっしょにねること。

【同君《ドウクン》】(前に述べた)その人。例—を推薦《スイセン》する。

【同訓《ドウクン》】ちがう漢字がおなじ訓をもつこと。たとえば、「表」「現」「著」が、どれも「あらわす」という訓であるなど。

【同家《ドウケ》】①(前に述べた)その家。②おなじ家すじ。類同族。

【同系《ドウケイ》】おなじ系統や系列。例—の色でまとめる。

【同型《ドウケイ》】かた・様式・タイプがおなじであること。

【同慶《ドウケイ》】相手の喜びや繁栄《ハンエイ》を、よろこんでいうことば。相手とおなじように自分もよろこばしいの意。例ご—の至り。

【同穴《ドウケツ》】夫婦《フウフ》が死後、おなじ墓あなにほうむられること。夫婦の仲がよいこと。例偕老《カイロウ》—。

【同月《ドウゲツ》】①(前に述べた)その月。例—のことであった…。②おなじ月。例前年の—と比較《ヒカク》して…。

【同県《ドウケン》】①(前に述べた)その県。例—では…。②おなじ県。例—人。

【同権《ドウケン》】おなじ権利をもっていること。例男女—。

【同好《ドウコウ》】趣味《シュミ》や興味がおなじであること。例手芸—会。

【同校《ドウコウ》】①(前に述べた)その学校。例—では二学期から…。②おなじ学校。例—の卒業生に協力を求める。

【同工異曲《ドウコウイキョク》】見た目ではちがっているようだが、実はほとんどおなじであること。似たりよったりであること。異曲同工。類大同小異。

【同国《ドウコク》】①(前に述べた)その国。例—の政府は、その後…。②おなじ国。例—人。③ふるさとがおなじであること。類同郷《ドウキョウ》。例—の出身という縁《エン》で会った。

【同根《ドウコン》】①根本はおなじであること。例愛憎《アイゾウ》の感情は—である。②おなじ根《ね》から生じていること。

【同▼梱《ドウコン》】(名・する)本体といっしょに梱包《コンポウ》すること。例—の説明書をお読みください。

【同罪《ドウザイ》】おなじつみ、または責任。例—と見なす。

【同士《ドウシ》】①おなじなかま。類同類。例—討《う》ち。②〔「…同士」の形で〕おなじ種類の人やものをあらわす。例男—。

【同氏《ドウシ》】(前に述べた)その人。例—の説明によれば…。

【同志《ドウシ》】主義や行動をおなじくすること。また、その人。〔名前の前やあとにつけて、呼びかけのことばとすることもある〕例—を集める。—諸君!

【同字《ドウジ》】おなじ文字。とくに、おなじ漢字。

【同時《ドウジ》】①おなじ時間。例—通訳。②おなじ時代。

【同室《ドウシツ》】一(名)おなじ部屋。また、(前に述べた)その部屋。二(名・する)おなじ部屋で過ごすこと。例旅館では先生方と—した。

【同質《ドウシツ》】成分や性質がおなじであること。対異質。例—の素材を用いる。

【同日《ドウジツ》】①おなじ日。例—の論ではない(=まったくちがっている)。②(前に述べた)その日。例—は雨だった。

【同車《ドウシャ》】(名・する)おなじ車にいっしょに乗ること。類同乗。例名古屋《なごや》まで—した。

【同舟《ドウシュウ》】(名・する)おなじふねに乗ること。例呉越《ゴエツ》—。

【同臭《ドウシュウ》】①おなじにおい。おなじくさみ。②おなじ趣味《シュミ》や傾向《ケイコウ》をもつなかま。同臭味《ミ》。類同類。

【同宿《ドウシュク》】(名・する)おなじ旅館などに、とまりあわせること。また、その人。例偶然《グウゼン》—した者。

【同所《ドウショ》】①おなじところ。例同日—で三件の事故があった。②(前に述べた)その場所や事務所。

【同上《ドウジョウ》】前に述べたこととおなじであること。類同前。

【同乗《ドウジョウ》】(名・する)おなじ乗り物にいっしょに乗ること。例—者。

【同情《ドウジョウ》】（名・する）他人の不幸やつらさを自分のことのように感じて、心からかわいそうだと思うこと。例—を寄せる。

【同床異夢《ドウショウイム》】なかまであっても、考え方や感じ方がちがうこと。〔寝床《ねどこ》はおなじでも、見る夢は別々である意〕表記「同▼牀異夢」とも書く。

【同心《ドウシン》】㊀（名・する）気持ちや意見がおなじであること。また、心を合わせること。㊁（名）江戸《えど》時代、与力《ヨリキ》の下で警察の仕事を担当した下級の役人。

【同人】㊀《ドウジン》同一の人物。㊁《ドウニン》（前に述べた）その人。例—の供述《キョウジュツ》によれば…。㊂《ドウジン|ドウニン》考え方や趣味《シュミ》などに共通点のある人。また、その集団の幹部。例—雑誌。

【同仁《ドウジン》】平等に愛すること。例一視—（=差別することなく、すべての人をおなじように愛すること）。

【同▼塵《ドウジン》】〔「塵」は、俗事《ゾクジ》・俗世間の意〕俗世間と調子を合わせること。例和光—。

【同心円《ドウシンエン》】中心がおなじで、半径がちがう円。

【同数《ドウスウ》】かずがおなじであること。おなじかず。例賛成と反対が—で、結論が出ない。

【同姓《ドウセイ》】みょうじがおなじであること。おなじ姓。例—同名。

【同性《ドウセイ》】①男と男、女と女のように、性がおなじであること。例—に好かれる。②性質がおなじであること。例—相《あい》親しむ。▽(対)異性。

【同性愛《ドウセイアイ》】同性の者を性的な相手とすること。また、その関係。

【同▼棲《ドウセイ》】（名・する）①一つの家や部屋にいっしょに住むこと。(類)同居。②正式に結婚《ケッコン》をしていない恋人が、いっしょに暮らすこと。

【同勢《ドウゼイ》】いっしょに行動している人々。

【同席《ドウセキ》】㊀（名）①おなじ座席。②おなじ席次。おなじ順位。㊁（名・する）会議の場などに居合わせること。例きのうの会議でかれと—した。

【同船《ドウセン》】㊀（名）①おなじふね。②（前に述べた）そのふね。㊁（名・する）おなじふねに乗ること。

【同然《ドウゼン》】（名・形動《ナダ》）おなじであること。(類)同様。例もはや勝負はついたも—だ。

【同窓《ドウソウ》】おなじ学校を卒業していること。また、その人たち。例—会。—生。

【同族《ドウゾク》】①おなじ血筋であること。おなじ一族。②おなじ部族。おなじ種族。


【同属《ドウゾク》】おなじ種属。おなじなかま。

【同体《ドウタイ》】①おなじからだ。例一心—。②相撲《すもう》で、組んだ力士が、いっしょにたおれること。例—で取り直しになる。

【同断《ドウダン》】（名・形動《ナダ》）前とおなじ判断をすること。(類)同然。例以下—。

【同着《ドウチャク》】競走で、同時にゴールにつくこと。例—で、優勝を分けあった。

【同調《ドウチョウ》】㊀（名）おなじ調子。㊁（名・する）①他人の考えや行動に賛成して、おなじことをすること。例—者《シャ》。反対意見に—する。②ラジオ・テレビなどで、外部からの電波をえらんで、合わせること。チューニング。

【同定《ドウテイ》】（名・する）ある事物が、何と一致《イッチ》し、対応するかを見きわめること。〔英語 identify の訳語〕(類)比定《ヒテイ》。

【同点《ドウテン》】おなじ点数。おなじ得点。例—引き分け。

【同等《ドウトウ》】（名・形動《ナダ》）等級や程度などがおなじであること。(類)同格・同列。例—にあつかう。—の権利を認める。

【同道《ドウドウ》】（名・する）いっしょに行くこと。(類)同行。例とちゅうまで—いたします。

【同年《ドウネン》】①おなじ年。例—同月のできごと。②おなじ年齢《ネンレイ》。おないどし。例—のいとこ。③（前に述べた）その年。

【同輩《ドウハイ》】年齢《ネンレイ》や、経歴、地位などがおなじなかま。例会社の—と旅行をする。

【同伴《ドウハン》】（名・する）いっしょに連れ立って行くこと。また、連れて行くこと。(類)同行・同道。例保護者—の入学式。

【同病《ドウビョウ》】ある人とおなじ病気。また、おなじ病気にかかっている人。例—の者どうしではげましあう。

【同病《ドウビョウ》相《あい》▼憐《あわ》れむ】おなじ苦痛になやんでいる者は、たがいに同情しあう。

【同封《ドウフウ》】（名・する）封筒《フウトウ》のなかに手紙以外のものを、いっしょに入れること。例写真—。返信用の切手を—する。

【同風《ドウフウ》】おなじ風習。おなじようす。例千里—（=天下が統一されて平和になること）。

【同腹《ドウフク》】①おなじ母から生まれたこと。また、その子。(類)同胞《ドウホウ》。(対)異腹。例—の兄妹《ケイマイ》。②おなじ考えをもつこと。また、その人。(類)同志。

【同文《ドウブン》】①おなじ文章。例以下—。②おなじ文字、またはおなじ種類の文字。例—同種。

【同胞《ドウホウ|ドウボウ》】①おなじ母から生まれた兄弟姉妹《ケイテイシマイ》。はらから。(類)同腹。②国家や民族をおなじくする人々。例世界中で活躍《カツヤク》する—に呼びかける。


【同房《ドウボウ》】①おなじ部屋。②刑務所《ケイムショ》などでの、おなじ居室。

【同▼朋《ドウボウ|ドウホウ》】①友達。友人。朋友《ホウユウ》。②室町《むろまち》・江戸《えど》時代の武家の職名。将軍や大名のそば近く仕えて、芸能・茶事・雑事をつとめた僧形《ソウギョウ》の者。例—頭《がしら》。

【同盟《ドウメイ》】（名・する）国家や組織また個人などが、共通の目的のために、おなじ行動をとる約束をすること。また、その約束。例軍事—。—を結ぶ。

【同盟罷業《ドウメイヒギョウ》】労働者が労働条件の改善などをもとめて、団結して仕事を休むこと。ストライキ。〔やや古いことば〕

【同門《ドウモン》】おなじ先生について学ぶこと。また、学んだなかま。(類)一門。例—の友人。

【同夜《ドウヤ》】①おなじ日のよる。例前年の—。②（前に述べた）そのよる。例—もうひとり訪ねて来た人がいた。

【同様《ドウヨウ》】（名・形動《ナダ》）ようすがきわめてよく似ていて、ほとんど差がないこと。(類)同然。例—の事件が起こる。

【同率《ドウリツ》】割合がおなじであること。例—の負担をする。

【同僚《ドウリョウ》】おなじ職場につとめていて、地位や役割もほぼおなじなかま。

【同類《ドウルイ》】①おなじ種類。例—項《コウ》。—をまとめる。②種類をおなじくするなかま。例みんな—と見られている。

【同列《ドウレツ》】①並んでいる列がおなじであること。②地位などがおなじであること。(類)同格・同等。例—には論じられない。

【同和《ドウワ》】①たがいに親しみ合い、仲よくすること。②〔同胞一和《ドウホウイチワ》・同胞融和《ユウワ》の意〕あらゆる差別をのりこえて、真に親しみ合うこと。
●一同《イチドウ》・異同《イドウ》・協同《キョウドウ》・合同《ゴウドウ》・混同《コンドウ》

口 3

【名】

6画 4430 540D 教育1

音 メイ(漢) ミョウ(呉)

訓 な　付表 仮名《かな》・名残《なごり》

筆順 ノ ク タ タ 名 名

なりたち

[会意]「口(=くち)」と「夕(=くらい)」とから成る。くらくて見えないので、みずから口でなのる。

意味 ❶なづける。よぶ。例名状《メイジョウ》。❷なまえ。よびな。な。例名称《メイショウ》。名字《ミョウジ》。姓名《セイメイ》。❸なだかい。ほまれ。評判。

すぐれた。例名君《メイクン》。名作《メイサク》。名馬《メイバ》。❹人数をかぞえることば。例数名《スウメイ》。

人名 あき・あきら・いさお・かた・なづく・もり

【名うて《なうて》】うでまえや名前がよく知られていること。名人。また、悪名高い意にも用いられる。例—の大工。

【名親《なおや》】親以外で、生まれた子の名をつける人。名付け親。

【名折れ《なおれ》】名誉《メイヨ》に傷がつくこと。不名誉《フメイヨ》。例学校の—になる行為《コウイ》。

【名残《なごり》】①あとまでその影響《エイキョウ》として残っているもの。余波《ヨハ》。例—をとどめる。台風の—。②別れていくものや、過ぎ去るものをおしむ気持ち。例—がつきない。—をおしむ。

【名指し《なざし》】(名・する)名前をあげて指定すること。例—で非難する。

【名題《なダイ》】①「名題看板」の略。歌舞伎《かぶき》の看板。上演する題名やおもな役者名が書いてある。②「名題役者」の略。一座の中心となる役者。

【名無し《ななし》】名前がついていないこと。また、そのもの。例—の権兵衛《ゴンベエ》。

【名無し指《ななしゆび》】薬指《くすりゆび》の別名。「紅差《べにさ》し指」とも。無名指《ムメイシ》。

【名札《なふだ》】名前を書いた札。例胸に—をつける。

【名前《なまえ》】①他のものと区別して示すために、人・もの・場所などにつけられている呼び方。②姓名《セイメイ》。氏名。③姓に対して、個々の人につけられている呼び方。

【名号】一《ミョウゴウ》〔仏〕ほとけ。とくに阿弥陀仏《アミダブツ》の名。例六字の—(=南無《ナム》阿弥陀仏)。二《メイゴウ》名と号。また、呼び名。称号《ショウゴウ》。

【名字《ミョウジ》】姓名《セイメイ》の、姓にあたる部分。その人の属する家をあらわす。姓《セイ》。〔もともとは、同じ氏族から分かれた家々の名をいった〕表記「▽苗字」とも書く。

【名字帯刀《ミョウジタイトウ》】名字を名乗り、刀を身におびる権利。江戸《えど》時代の、武士の特権。特別の恩典として農民・商人に許されることもあった。表記「苗字帯刀」とも書く。

【名代】一《ミョウダイ》代理をつとめること。また、その人。例父の—で出席する。二《なダイ》名高いこと。有名。例—のまんじゅう。

【名利《ミョウリ》《メイリ》】名誉《メイヨ》と利益。有名になることと、利益を得ること。例—に目がくらむ。

【名案《メイアン》】すぐれた思いつき。よい考え。類妙案《ミョウアン》。例—がうかぶ。

[口部] 3画 名

【名園《メイエン》】りっぱな庭園。有名な庭園。

【名演《メイエン》】すぐれた演技。すぐれた演奏。例—の舞台《ブタイ》。

【名花《メイカ》】①美しい花。②美しい女性。例文壇《ブンダン》の—の一輪。

【名家《メイカ》】①由緒《ユイショ》があり、世間によく知られ、すぐれた人を多く世に送り出してきた家がら。名門。例—の出。②学問や芸道などで、世に知られている人。

【名歌《メイカ》】すぐれた和歌や詩、また、歌曲。

【名画《メイガ》】すぐれた絵や映画。

【名鑑《メイカン》】①同じ分野の人名を集めた本。例美術家—。②同じ種類のものを集めた本。例日本刀—。

【名器《メイキ》】すぐれていて名高い器具や楽器。

【名義《メイギ》】契約書《ケイヤクショ》や通帳などに書く名前。例—人《ニン》。—変更《ヘンコウ》。兄の—で申しこむ。

【名曲《メイキョク》】すぐれた曲。有名な曲。例—鑑賞《カンショウ》。

【名吟《メイギン》】①すぐれた詩歌《シイカ》や俳句。②すぐれた吟詠《ギンエイ》。

【名句《メイク》】①すぐれた俳句。②ものごとの本質を言い当て、人を感心させる文句。名文句。類名言。例—を吐《は》く。

【名君《メイクン》】すぐれた君主。類明君。例—のほまれが高い。

【名月《メイゲツ》】①陰暦《インレキ》八月十五夜の月。例中秋の—。芋《いも》—。②明るくかがやく、丸い月。→【明月《メイゲツ》】(486ページ)

【名犬《メイケン》】りこうですぐれたイヌ。

【名剣《メイケン》】すぐれた剣。有名な剣。

【名言《メイゲン》】ものごとの本質を、的確に言いあらわしたことば。類名句。

【名工《メイコウ》】すぐれた工芸品を作る職人。類名匠《メイショウ》。

【名香《メイコウ》】すぐれた香。有名な香。例—蘭奢待《ランジャタイ》(=聖武《ショウム》天皇のころ、中国から伝わって東大寺におさめられた香の名。「東大寺」の三字が、ふくまれている)。

【名作《メイサク》】すぐれた作品や著作。例—選。—童話。

【名刹《メイサツ》】有名な寺院。例古寺—。

【名産《メイサン》】その土地の有名な産物。類特産・名物。

【名山《メイザン》】形が美しいこと、雄大《ユウダイ》なこと、歴史があること、などで名高い山。例中国の—、廬山《ロザン》。

【名士《メイシ》】その社会で尊敬され、評判の高い人。例土地の—。

【名刺《メイシ》】〔「刺」は、なふだの意〕氏名・職業・住所などを書いた小さな紙。初対面のときや訪問先などで相手にわたして、自己紹介《ショウカイ》をするために使う。例—を交換《コウカン》する。

【名詞《メイシ》】品詞の一つ。事物の名や地名・人名をあらわすことば。自立語で活用はしない。主語になることができる。代名詞とともに体言と呼ばれる。例固有—。普通《フツウ》—。

【名実《メイジツ》】名目と実質。評判と実際。見かけと内容。例—ともに備わる。—がともなわない。

【名手《メイシュ》】①すぐれたうでまえの人。名人。対凡手《ボンシュ》。例弓の—。②碁《ゴ》や将棋《ショウギ》で、すぐれた一手。例—を打つ。

【名主】一《メイシュ》賢明《ケンメイ》な君主。名君。二《なぬし》江戸《えど》時代、村や町の有力者で、年貢《ネング》の徴収《チョウシュウ》や行政事務を任された人。庄屋《ショウや》。

【名酒《メイシュ》】有名な酒。味のすぐれた酒。銘酒《メイシュ》。

【名所】一《メイショ》美しい景色や、歴史上のできごとのあった場所として、有名な土地。名勝。例—旧跡《キュウセキ》。二《などころ》器物や道具などの、各部分の名称《メイショウ》。例甲冑《カッチュウ》の—。

【名所旧跡《メイショキュウセキ》】景色がよかったり、歴史的なことがあったりして有名なところ。例—をたずねる。表記 旧名所旧▼蹟

【名匠《メイショウ》】①すぐれた工芸家。有名な芸術家。類名工。②すぐれた学者。有名な学者。

【名将《メイショウ》】武略にすぐれた武将。

【名称《メイショウ》】呼び名。名前。例会の—を決める。

【名勝《メイショウ》】景色が美しいので有名な土地。名所。景勝。

【名状《メイジョウ》】(名・する)状態をことばで言いあらわすこと。例—しがたい光景。

【名人《メイジン》】①うでまえがすぐれた人。また、ひゆ的にも用いる。例槍《やり》の—。忘れ物の—。②碁《ゴ》や将棋《ショウギ》で、最高の位の一つ。例—戦。

【名数《メイスウ》】①きまった数字を上につけて、同類のものをまとめていう呼び方。たとえば、日本三景・四天王・七福神など。②単位名や助数詞をそえた数。たとえば、一メートル・二冊・三本など。

【名声《メイセイ》】世間の高い評価。よい評判。例—を博する。

【名跡】一《メイセキ》①有名な古跡。例鎌倉《かまくら》の—をたずねる。②すぐれた筆跡。例—を鑑賞《カンショウ》する。二《ミョウセキ》代々伝えられてきた家名。例—を継《つ》ぐ。表記一は旧名▼蹟

【名僧《メイソウ》】知識と徳がともにすぐれ、尊敬されている僧。

【名族《メイゾク》】名高い家がら。類名門。例相模《さがみ》の—。

【名著《メイチョ》】高い評価を受けている著書。

【名刀《メイトウ》】すぐれた刀。名高い刀。例正宗《まさむね》の—。

【名答《メイトウ》】質問の趣旨《シュ》に合った、気のきいた答え。ぴたりと言い当てた答え。例愚問《グモン》に対して―を返す。

【名馬《メイバ》】足の速いすぐれたウマ。

【名盤《メイバン》】すぐれた、また、有名な演奏を入れたレコード盤。

【名筆《メイヒツ》】すぐれた書や絵。また、それを書いた人。例日本三大―。

【名品《メイヒン》】すぐれた、また、有名な作品や品物。類逸品《イッピン》。

【名物《メイブツ》】①その土地でできる有名な産物。類名産・特産。②その地域や社会で評判の、ものや人。例信州―のそば。③由緒《ユイショ》のある茶道具。例―裂《ぎれ》。

【名分《メイブン》】①身分によって守らなければならない、道徳上の決まり。例大義―。―をわきまえる。②表向きの理由。類名目。例―が立たない。

【名文《メイブン》】すぐれた文章。例―家《カ》。

【名聞《メイブン》】〔「ミョウモン」とも〕世間の評判。例―にこだわる。

【名簿《メイボ》】その組織に所属している人の、氏名や住所などを並べて書いた帳簿。例会員―。出席者の―。

【名宝《メイホウ》】りっぱな宝物。有名な宝物。例―展。

【名望《メイボウ》】その社会で評判がよく、尊敬されていること。名声と人望があること。例―家。―を集める。

【名木《メイボク》】①由緒《ユイショ》があり、木の形がりっぱなことなどで有名な木。②すぐれた香木《コウボク》。とくに、伽羅《キャラ》。

【名目《メイモク》】①ものごとの名前。類名称《メイショウ》。②実質のともなわない、表向きの名前や理由。対実質。例―だけの社長。

【名門《メイモン》】〔「門」は、家がらの意〕由緒《ユイショ》があって世間によく知られ、すぐれた人物を多く世に送り出してきた家がら。〔世間の評価が高い学校についていうこともある〕類名家。例―の出。歌舞伎《かぶき》界の―。

【名優《メイユウ》】演技のすぐれた俳優。

【名誉《メイヨ》】(名・形動《ナダ》)①すぐれた業績をあげて世に認められ、尊敬されるような評価。栄誉。栄光。例学校の―。―に思う。②尊敬のしるしとしておくられる地位や役職を示すことば。例―教授。―市民。

【名誉毀損《メイヨキソン》】人の評判を落とすようなことを、広く世間に知れわたるように書いたり話したりして、その名誉を傷つけること。例―罪。表記「名誉棄損」とも書く。

【名流《メイリュウ》】〔「流」は、なかま・たぐいの意〕名声のある家がらの人々。例―夫人。
●悪名《アクミョウ/アクメイ》・汚名《オメイ》・戒名《カイミョウ》・学名《ガクメイ》・仮名《カメイ》・記名《キメイ》・偽名《ギメイ》・芸名《ゲイメイ》・実名《ジツメイ》・氏名《シメイ》・指名《シメイ》・書名《ショメイ》・署名《ショメイ》・除名《ジョメイ》・人名《ジンメイ》・題名《ダイメイ》・地名《チメイ》・匿名《トクメイ》・無名《ムメイ》・有名《ユウメイ》・連名《レンメイ》

口 3

【吏】

6画 4589 540F 常用 音リ漢呉

筆順 

なりたち   [会意]「一(=すべて)」と「史《シ》→《リ》(=記録する人)」とから成る。すべてのできごとを記録し、人々を直接治める役人。

意味 (下級の)役人。上級の役人を官というのに対し、下級の役人を吏という。例吏員《リイン》。官吏《カンリ》。能吏《ノウリ》。

人名 おさ・おさむ・さと・さとし・さとる

【吏員《リイン》】公共団体の職員。例役場の―。

口 3 【吉】6画 ⇩【吉《キツ》】(187ページ)

口 4

【吽】

7画 5063 543D 音一ウン慣 二コウ漢 訓ほ-える

意味 一《ウン》梵語《ボンゴ》の音訳。口をとじて出す声をあらわす。例阿吽《アウン》。二《コウ》ウシの鳴く声。ほえる。同吼《コウ》。

口 4

【呀】

7画 5064 5440 音一ガ慣 カ漢 二ガ漢 訓くちあ-く・ほが-らか

意味 一《ガ/カ》❶口を大きくあける。くちあく。ほがらか。例呀呀《カカ》。呀口《カコウ》。❷大きくがらんとして、あけっぱなしなようす。例呀然《カゼン》。二《ガ》❶おどろきのあまり発する声。感嘆《カンタン》の声。ああ。❷笑い声・泣き声などをあらわす擬声《ギセイ》語。

【呀呀《カカ/ガガ》】(形動《タル》)①口を大きく開くようす。②猛獣《モウジュウ》がおそいかかろうとして、大きく開けている口のようす。③笑い声のようす。

【呀然《カゼン/ガゼン》】(形動《タル》)何もなく、空間がひろくがらんとしているようす。〔谷《たに》の地形などについていう〕

口 4

【含】

7画 2062 542B 常用 音カン漢 ガン呉 訓ふく-む・ふく-める・ふく-み

筆順 

なりたち  [形声]「口(=くち)」と、音「今《キン》→《カン》」とから成る。口にふくむ。

意味 ❶口の中にものを入れたままにする。ふくむ。例含味《ガンミ》。❷中につつみもつ。ふくむ。例含蓄《ガンチク》。内含《ナイガン》。包含《ホウガン》。

日本語での用法 《ふくめる》言いきかせて納得《ナットク》させる。「言《い》い含《ふく》める」

難読 含嗽《うがい》・含羞草《おじぎソウ》・含羞《はにかみ》

人名 もち

【含意《ガンイ》】(名・する)ことばや文章が、表面にはあらわれない意味をふくんでいること。また、その意味。例―を味わう。

【含羞《ガンシュウ》】はにかみ。はじらい。例―の笑《え》みをもらす。

【含水炭素《ガンスイタンソ》】「炭水化物《タンスイカブツ》」の古い言い方。

【含▼嗽《ガンソウ》】(名・する)口をすすぐこと。うがいをすること。例―剤《ザイ》。

【含蓄《ガンチク》】一(名・する)中にふくみもっていること。二(名)ことばや文章の表面にはあらわれないが、味わいのある、おくふかい意味。また、その内容。例―のあることば。

【含味《ガンミ》】(名・する)①口にふくんで、よくあじわうこと。②ものごとの意味や内容をよく考え、あじわうこと。例文章を熟読―する。表記②は「玩味・▼翫味」とも書く。

【含有《ガンユウ》】(名・する)成分として中にふくんでいること。例金の―量。

口 4

【吟】

7画 2267 541F 常用 音ギン漢呉 訓うた-う

筆順 

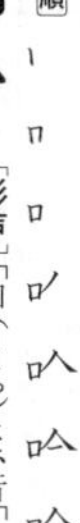

なりたち  [形声]「口(=くち)」と、音「今《キン》→《ギン》」とから成る。うめく。

意味 ❶うめく。うなる。例呻吟《シンギン》。❷低く長く声をひいてうたう。詩歌《シイカ》を口ずさむ。また、詩歌をつくる。例吟詠《ギンエイ》。苦吟《クギン》。詩吟《シギン》。❸漢詩の形式の一つ。例梁父吟《リョウホギン》。

人名 あきら・うた・おと・こえ

【吟詠《ギンエイ》】(名・する)①漢詩や和歌を、節《ふし》をつけて歌うこと。類吟唱《ギンショウ》。②詩歌《シイカ》を作ること。また、その詩歌。

【吟行《ギンコウ》】（名・する）①詩歌《シイカ》を口ずさみながら歩くこと。②俳句を作るため、野外に出かけること。例―の句会。

【吟唱《ギンショウ》】（名・する）漢詩や和歌などを、節《ふし》をつけて声高らかに読むこと。類吟詠《ギンエイ》。表記旧吟▼誦
【吟醸《ギンジョウ》】（名・する）吟味して醸造すること。日本酒を、よりすぐった材料を用いて、とくに念入りに醸造すること。

【吟声《ギンセイ》】漢詩や和歌に節《ふし》をつけて歌う声。

【吟味《ギンミ》】（名・する）〔詩歌《シイカ》を吟じて、その趣《おもむき》をじゅうぶんに味わう意〕①内容や品質などをくわしく調べ、確かめること。例材料を―する。ことばを―して話す。②容疑者の罪のあるなしを取り調べること。〔古い言い方〕例―の役人。

【吟遊詩人《ギンユウシジン》】昔、ヨーロッパで各地をめぐり、求めに応じて自作の詩を読みあげた人。
●詩吟《シギン》・放吟《ホウギン》・朗吟《ロウギン》

口 4
【听】
7画 5065 542C
音 一ギン漢 二テイ漢チョウ呉
訓 き-く・よろこ-ぶ・わら-う

意味 一《ギン》口をあけて、わらうようす。よろこぶ。わらう。例听听《ギン》。听然《ギンゼン》。二《テイ|チョウ》注意してきく。きく。同聴《チョウ》。

日本語での用法《ポンド》イギリスのヤードポンド法の、重さの単位「ポンド」にあてる字。「封土《ポンド》・英斤《ポンド》」とも。

口 4
【君】
7画 2315 541B 教育3
音 クン漢呉
訓 きみ

筆順 フ ヨ ヨ 尹 尹 君 君

なりたち 君 [会意]「尹《イン→クン》（＝治める）」と「口（＝くち）」とから成る。号令を発して、世を治める尊い人。

意味 ❶国を治める人。天子。諸侯《ショコウ》。きみ。例君臨《クンリン》。主君《シュクン》。名君《メイクン》。❷目上の人や年長者を、うやまっていうことば。例夫君《フクン》。父君《フクン》。孟嘗君《モウショウクン》。❸妻や身分の高い女性をいうことば。例細君《サイクン》。小君《ショウクン》。王昭君《オウショウクン》。❹同輩《ドウハイ》または目下の人に対していうことば。例貴君《キクン》。諸君《ショクン》。

人名 きん・すえ・なお・よし

【君《きみ》君《きみ》たり臣《シン》臣《シン》たり】君主は君主らしく、臣下は臣下らしく、それぞれの道をつくさなくてはいけない。自分にふさわしい生活をすること。また、君主がその道をつくさなければ、臣下も道をつくさなくてよい、の意にも用いる。〈論語《ロンゴ》〉
【君王《クンオウ|クンノウ》】一国の君主。
【君恩《クンオン》】主君から受ける恩。
【君国《クンコク》】①君主と国家。②君主が統治する国。
【君子《クンシ》】りっぱな人格の人。例聖人―。
【君子国《クンシコク》】①古代中国で、東方の海中にあると信じられていた、礼儀《レイギ》正しい国。②古く、「日本」がみずからをほめていったことば。例東海の―。
【君子《クンシ》に三楽《サンラク》有《あ》り】君子には三つの楽しみがある。父母やきょうだいが健在なこと、自分のおこないが天にも人にもはじるところがないこと、天下の英才を教育すること、の三つである。〈孟子《モウシ》〉
【君子《クンシ》は器《キ》ならず】器物は一つのことにしか役に立たないが、りっぱな人はどこにいても通用する広い知識や才能をもっている。君子は単なる専門家であってはならない。〈論語《ロンゴ》〉
【君子《クンシ》は▼豹変《ヒョウヘン》す】〔「豹変」は、ヒョウの毛が秋にぬけかわって、まだら模様が美しく変わる意〕①徳のある人はあやまちをさとったときは、あざやかに改めて善にうつる。②自分に不利になると、態度や主張を急に変える。変わり身の早いことのたとえ。

故事のはなし 中国の古典に『易経《エキキョウ》』という書物がある。これは「陰《イン》」と「陽《ヨウ》」という二つの元素のようなものを想定し、この二つのかねあいで宇宙のすべてのものを説明しようとする哲学《テツガク》で、全体に暗示的でなぞのような短いことばで書かれている。「君子は豹変す」は、この『易経』の中のことばで、「すぐれた人間は、あやまちをただちに改めて、よい方向に向かう」という意味であるが、現在の日本では「②」の意味に誤用されることが多い。もとの意味が大きく変わった一句である。

【君子《クンシ》は▼庖▼厨《ホウチュウ》を遠《とお》ざく】鳥やけものは料理のために殺されるとき、悲しそうな声をあげるが、徳のある人は、いつくしみの心が深いので、その声を聞くことにたえられない。君子は、鳥獣《チョウジュウ》を料理する台所には近づかない。〈孟子《モウシ》〉

【君主《クンシュ》】（世襲《セシュウ》によって）国を統治する最高位の人。

【君主国《クンシュコク》】君主を元首とする国。

【君臣《クンシン》】君主と臣下。また、その関係。

【君臣《クンシン》義《ギ》有《あ》り】君主と臣下にはそれぞれが守るべき道がある。例父子《フシ》親《シン》有《あ》り、―。〈孟子《モウシ》〉

【君側《クンソク》】君主のそば。例―の奸《カン》を除く（＝君主のそばにいる、心の正しくない家臣を排除《ハイジョ》する）。

【君▼寵《クンチョウ》】君主の寵愛。君主に特別にかわいがられること。例―を受ける。

【君民《クンミン》】君主と人民。

【君命《クンメイ》】主君の命令。例―黙《もだ》しがたく（＝無視することができないで）。

【君臨《クンリン》】（名・する）〔「臨」は、治める意〕①君主として国を治めること。②ある分野で圧倒的《アットウテキ》な勢力をもっていること。例スポーツ界に―する。
●貴君《キクン》・諸君《ショクン》・父君《フクン》・暴君《ボウクン》

口 4
【呉】
7画 2466 5449 常用
音 ゴ漢呉
訓 くれ・く-れる

筆順 丶 冂 口 吕 吕 呉 呉

口 4
【吳】
7画 ― 5433

なりたち 吳 [会意]「夨（＝まげる）」と「口（＝くち）」とから成る。事実をまげて大げさに言う。借りて、国名などに用いる。

意味 ❶長江《チョウコウ》下流域にあった国。㋐春秋時代、呉王夫差《フサ》のときに最も栄えたが、越《エツ》と戦い、越王句践《コウセン》にほろぼされた。（?―前四七三）例呉越同舟《ゴエツドウシュウ》。㋑三国時代、孫権《ソンケン》が建てた国。魏《ギ》・蜀《ショク》とともに中国を三分した。建業《ケンギョウ》（＝今の南京《ナンキン》）に都し、のち、晋《シン》にほろぼされた。（二二二―二八〇）例呉下《ゴカ》の阿蒙《アモウ》。❷昔の呉の地方。今の江蘇《コウソ》省一帯の地。例呉音《ゴオン》。呉歌《ゴカ》。❸姓《セイ》の一つ。例呉起《ゴキ》（＝戦国時代の兵法家、呉子）。

日本語での用法 一《くれ》古代、中国を指していったこと

ば。また、中国伝来のものにつけていうことば。「呉竹《くれたけ》・呉織《くれはとり》・呉藍《くれない》(=紅)」 [二]《くれる》 あたえる。「呉《く》れてやる」 [三]《くれぐれ》 念を入れる意をあらわすことば。かえすがえす。よくよく。「呉呉《くれぐれ》もよろしく」

[人名] くに・ひろ

【呉越】《ゴエツ》 ①春秋時代の呉と越の二国。②仲の悪いあいだがら。かたきどうし。〔呉と越が長く争ったことからいう〕

【呉越同舟】《ゴエツドウシュウ》 〔春秋時代に長く争った呉と越の人が同じ舟《ふね》に乗り合わせる意〕仲の悪い者どうしが、たまたまいっしょになること。また、行動をともにすること。

故事のはなし 春秋時代、長江《チョウコウ》下流域にある、呉と越とはたがいに領土を侵略《シンリャク》しあい、長く敵対してきた。そんな呉の人と越の人でも、同じ舟《ふね》に乗り合わせて大風がふいてきたら、敵どうしであることなどにこだわらず、右手と左手の関係のように協力しあうだろうということ。〈孫子《ソンシ》〉

【呉音】《ゴオン》 日本の漢字音の一つ。漢音より前に伝わった、長江《チョウコウ》下流の地方の音《オン》。人《ニン》・西《サイ》・京《キョウ》など。日常語にも多く使われるが、とくに仏教関係のことばで、いっぱん化したものは、呉音で読まれるのがふつうである。→【漢音】《カンオン》(613ページ)・

【唐音】《トウオン》(205ページ)

【呉下の▼阿▼蒙】《ゴカのアモウ》 〔「呉」は国名、「下」はそのあたり、「阿」は名前につけて親しみをあらわす接頭語。「呉にいたころの蒙さん」の意〕いつまでたっても進歩のない者をいう。〔三国時代、呉の呂蒙《リョモウ》は、孫権《ソンケン》に勧《すす》められて学問にはげんだ。のち、魯粛《ロシュク》が呂蒙に会ったとき、その学識の進歩に感服し、「呉下の阿蒙にあらず」と言った故事による〕〈三国志《サンゴクシ》〉

【呉牛月に▼喘ぐ】《ゴギュウつきにあえぐ》 呉は南方の暑い土地なので、ウシが月を見ても、太陽とまちがえてあえぐ。取りこし苦労をすること。〈世説新語《セセツシンゴ》〉

【呉須】《ゴス》 ①磁器の染め付けに用いる青藍色《セイランショク》の顔料。〔もと、中国産の本呉須という粘土《ネンド》を用いた〕②「呉須焼《ゴスやき》」の略。「①」を使って模様をえがいた中国産の磁器。

【呉服】《ゴフク》 和服用の織物。反物《タンもの》。〔もと、呉の地方からわたって来た職人が織ったことから〕 [例] ―商。―店。

口 4

【吾】

7画 2467 543E [人名] [音] ゴ(漢)(呉) [訓] われ・わ-が

[なりたち] [形声]「口(=ことば)」と、音「五《ゴ》」とから成る。自分。

[意味] ❶話し手自身を指すことば。自分。自分の。われ。わが。[例] 吾人《ゴジン》。吾《わ》が輩《ハイ》。❷親しい友人を呼ぶときに、上につけることば。[例] 吾兄《ゴケイ》(=きみ)。吾子《ゴシ》(=きみ)。

[難読] 吾子《あこ》(=自分の子)・吾妻《あづま》・吾妹《わぎも》・吾殿《わどの》・吾儕《わなみ》(=われわれ。おまえ)

[人名] あ・みち

【吾人】《ゴジン》 われわれ。われら。〔やや古いことば〕 [例] ―は等しく反省せざるを得ない。

【吾が輩】《わがハイ》 わたし。男性がややえらそうな態度で自分を指していったことば。〔現在はあまり使われない〕 [例]『―は猫《ねこ》である』〔夏目漱石《なつめソウセキ》の小説〕

口 4

【吭】

7画 5066 542D [音] コウ(漢) [訓] のど・のどぶえ・ふえ

[意味] のど。転じて、急所・要害のたとえ。[例] 吭咽《コウイン》。

口 4

【吼】

7画 5067 543C [音] コウ(漢) ク(呉) [訓] ほ-える

[意味] 猛獣《モウジュウ》がほえる。大声でさけぶ。[例] 獅子吼《シシク》。

口 4

【告】

7画 2580 544A [教育5] [音] コク(慣) コウ(漢)(呉) [訓] つ-げる

[筆順] ノ 𠂉 ⺧ 牛 牛 告 告

口 4

【告】

7画 ― 543F

[なりたち] [形声]「口(=ことば)」と、音「牛《ギュウ》→《コウ》」とから成る。ことばで知らせる。

[意味] ❶ことばで人に話して知らせる。つげる。[例] 告白《コクハク》。報告《ホウコク》。❷広く知らせる。[例] 告示《コクジ》。通告《ツウコク》。❸(裁判に)うったえる。上に申し出る。[例] 告発《コクハツ》。原告《ゲンコク》。申告《シンコク》。❹言いきかせる。おしえさとす。[例] 告諭《コクユ》。警告《ケイコク》。忠告《チュウコク》。

[難読] 告天子《ひばり》

[人名] しめす・つぐ・のり

【▽告文】 [一]《コウモン》 神に申し上げる文。つげぶみ。[二]《コクブン》 上司または役所に申し立てる文書。

【告示】《コクジ》 (名・する) 官公庁が、決まったことをいっぱんの人々に知らせること。また、その手続きや文書。[例] 内閣―。

【告訴】《コクソ》 (名・する) 〔法〕犯罪の被害《ヒガイ》者またはその代理人が、犯人をつかまえて罰《バッ》してくれるように、警察などにうったえること。→【告発】《コクハツ》

【告知】《コクチ》 (名・する) つげしらせること。[例] ―板。

【告白】《コクハク》 (名・する) 心の中に秘めていたことを人につげること。[例] 愛の―。罪を―する。

【告発】《コクハツ》 (名・する) ①社会正義のうえから、見のがすことのできない不正をあばいて、世間に公表すること。[例] 内部―。②〔法〕犯罪を知った人が、犯人を罰《バッ》するようにと、警察官や検察官にうったえること。[例] 脱税《ダツゼイ》を―する。→【告訴】《コクソ》

【告別】《コクベツ》 (名・する) (死者に)別れをつげること。いとまごい。[例] ―の辞。

【告別式】《コクベツシキ》 亡《な》くなった人の縁者《エンジャ》や知人が、死者の霊《レイ》に別れをつげる儀式《ギシキ》。

【告諭】《コクユ》 (名・する) (人民や部下に)注意すべきことがらや心がまえなどを、言いきかせること。

【告解】《コッカイ》 カトリック教会で、洗礼を受けた信者がおかした罪を告白したとき、ゆるしをあたえること。

●勧告《カンコク》・広告《コウコク》・宣告《センコク》・被告《ヒコク》・密告《ミッコク》

口 4

【吹】

7画 3165 5439 [常用] [音] スイ(漢)(呉) [訓] ふ-く [付表] 息吹《いぶき》・吹雪《ふぶき》

[筆順] 丨 ㄇ 口 口' 吵 吹 吹

[なりたち] [会意]「口(=くち)」と「欠(=あくび)」とから成る。息を出す。

[意味] ❶口をすぼめて息を強くはき出す。[例] 吹毛《スイモウ》。❷楽器をふきならす。[例] 吹奏《スイソウ》。❸風がふく。

日本語での用法 《ふく》 ①ふいごなどで、風をおくって金属を加工する。「金《かね》を吹《ふ》く(=冶金《ヤキン》をする)」 ②内部から出てくる。「粉《こ》を吹《ふ》く・柳《やなぎ》が芽《め》を吹《ふ》く」

使い分け ふく【吹・噴】⇩1179ページ

難読 吹上《ふきあげ》(=噴水《フンスイ》)

人名 かぜ・ふき

【吹管】《スイカン》 L字形の金属製の管。先端《センタン》を炎《ほのお》の中に入れて空気をふきつけ、金属の分析《ブンセキ》などをおこなう。

【吹奏】《スイソウ》 (名・する) 管楽器をふいて演奏すること。例―楽団。

【吹毛】《スイモウ》 (名・する) あらさがし。〔毛をふきわけて、かくれた疵《きず》をさがすことから〕

【▽吹聴】《フイチョウ》 (名・する) ①言い広めること。例当店のことを―ください。②無責任に多くの人に言いふらすこと。

【吹き替え】《ふきかえ》 ①(映画・演劇で)観客にわからないように、ある部分だけ代役を使うこと。また、その代役。②外国映画のせりふを日本語に直してふきこむこと。③貨幣《カヘイ》や金属器具をとかして鋳《い》なおすこと。

【吹き▼曝し】《ふきさらし》 さえぎるものがなくて、強い風がふきつけるままになっていること。また、そのような場所。ふきっさらし。

【吹き▼溜まり】《ふきだまり》 ①風でふき寄せられて、雪や木の葉がたまったところ。例―の雪。②ほかに行き場のない人々が、集まるところ。例社会の―。

【吹き流し】《ふきながし》 軍陣《グンジン》で用いた旗の一種。数本の細長い布を(半)円形の輪に取り付け、竿《さお》の先などに付けて風になびかせるもの。現在は鯉幟《こいのぼり》の上に付ける。〔もと、半円形の輪に付けたものを「吹き流し」、円形の輪に付けたものを「吹き抜《ぬ》き」と区別して用いた〕

【吹き抜き】《ふきぬき》 ①風がふきぬけること。②建物の一部に、上の階の床《ゆか》を張らず、上下でひと続きの空間をつくっている様式。ふきぬけ。③「吹《ふ》き流《なが》し」に同じ。

【吹き矢】《ふきや》 竹づつなどに紙の羽根をつけた矢を入れて、強く息をふいて飛ばすもの。また、その矢。

【吹き寄せ】《ふきよせ》 ①〔風が木の葉をふき寄せたようすに似せて〕数種類の煮物《にもの》や揚《あ》げ物、また干菓子《ひガシ》を、いろどりよく盛り合わせたもの。例―料理。②笛などをふいて一か所に集めること。例小鳥の―。

【吹雪】《ふぶき》 はげしい風で横なぐりに降る雪。また、細かいものがはげしくふき散るようすのたとえ。例花《はな》―。

口 4

【吮】

7画 5068 542E 音 セン漢 シュン漢 訓 す-う・す-する

意味 口をつけて、すいとる。すする。すう。例吮血《センケツ》。吮癰《センヨウ》。吻吮《フンセン》(=口で簫《ショウ》などの楽器を鳴らす。口で吸う)。

【吮▼疽の仁】《センショのジン》《センソのジン》 〔「疽」は、ひどいはれものの意〕大将が部下をいたわることのたとえ。〔中国の戦国時代、衛《エイ》の将軍の呉起《ゴキ》が部下の兵士のはれもののうみを吸い取ったという故事による〕〈史記《シキ》〉

【吮▼癰▼舐▼痔】《センヨウシジ》《ヨウをすいジをなむ》 〔他人のはれもののうみを吸い、痔《ジ》をなめるという意〕はなはだしく卑屈《ヒクツ》な行為《コウイ》をしてまでも、権勢ある者にこびることのたとえ。

口 4

【呈】

7画 3672 5448 常用 音 テイ漢 訓 しめ-す

筆順 

口 4

【呈】7画

なりたち  [形声]「口(=くち)」と、音「王《テイ》」とから成る。たいらか。派生して「差し出して示す」意。

意味 ❶あらわす。しめす。例呈示《テイジ》。露呈《ロテイ》。活況《カッキョウ》を呈《テイ》する。❷差し出す。すすめる。例献呈《ケンテイ》。進呈《シンテイ》。

人名 しめ・すすむ

【呈示】《テイジ》 (名・する) 書類などを差し出して見せること。例学生証を―する。類提示。

【呈出】《テイシュツ》 (名・する) ①(相手に見えるように)差し出すこと。類提出。②ある状態をあらわし出すこと。

【呈上】《テイジョウ》 (名・する) 人にものを差し上げること。類進呈。

●謹呈《キンテイ》・献呈《ケンテイ》・贈呈《ゾウテイ》

口 4

【呐】

7画 5069 5436 音 トツ慣 ドツ漢 訓 ども-る

意味 ❶口ごもって、すらすらとことばが出ないようす。どもる。同訥《トツ》。例呐呐《トツトツ》。❷ときの声をあげる。大声でさけぶ。例呐喊《トッカン》。

難読 哨呐《チャルメラ》(=管楽器の一つ)

【呐▼喊】《トッカン》 (名・する) 〔「喊」も、さけぶ意〕ときの声をあげ、銃剣《ジュウケン》をふるって敵陣《テキジン》にせめこむこと。

【呐呐】《トツトツ》 (形動《タル》) 口ごもりながら話すようす。例―とした話しぶり。表記「▼訥▼訥」とも書く。

口 4

【吞】

7画 1-4794 541E 人名 音 トン漢 ドン呉 訓 の-む

口 4

【呑】

7画 3861 5451 俗字

意味 ❶のどを通してからだの中へ入れる。のみこむ。のむ。例呑吐《ドント》。呑舟《ドンシュウ》の魚《うお》。❷外に出さないようにおさえて、がまんする。例呑声《ドンセイ》(=しのび泣く)。❸のみこんで、自分のものにする。例併呑《ヘイドン》。

難読 酒呑童子《シュテンドウジ》・呑気《ノンキ》・剣呑《ケンノン》

【呑牛の気】《ドンギュウのキ》 (トラやヒョウは幼いうちからウシを食おうとする気概《キガイ》をもつように)子供のときから気持ちの大きいことのたとえ。食牛の気。牛を食《く》らうの気。〈尸子《シシ》〉

【呑舟の魚】《ドンシュウのうお》 〔舟《ふね》をひとのみにするような大きな魚の意〕大人物。または大悪人のたとえ。

【呑吐】《ドント》 (名・する) のみこんだり、はきだしたりすること。例群衆を―する大都会の駅。

口 4

【吠】

7画 4342 5420 音 ハイ漢 バイ・ベイ呉 訓 ほ-え・ほ-える

意味 ❶イヌが大きな声を出す。ほえる。例鶏鳴狗吠《ケイメイクバイ》。❷梵語《ボンゴ》の音訳。例吠陀《ベーダ》(=インド最古の、バラモン教の聖典)。

難読 犬吠埼《いぬぼうさき》

口 4

【否】

7画 4061 5426 教育6 音 **一**ヒ慣 フ漢 **二**ヒ漢 訓 いな・いな-む

筆順 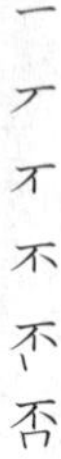

なりたち  [会意]「口(=くち)」と「不《フ》(=否定する)」とから成る。そうではないと打ち消す。

意味 **一**《ヒフ》 ❶認めない、うけいれない。同意しないことや、打ち消しをあらわすことば。例否決《ヒケツ》。否定《ヒテイ》。拒否《キョヒ》。❷(…か)そうでないか。上のことばと反対のことを示すことば。例安否《アンピ》。採否《サイヒ》。諾否《ダクヒ》。 **二**《ヒ》 よくない。わるい。例否運《ヒウン》(=不運)。

難読 運否《ウンプ》・実否《ジップ》・否然《いなせ》・否諾《いなせ》

【▽否応】《いやオウ》 ことわるのと承知するのと。例 ―なく決められた。―なしに進める。

【否決】《ヒケツ》（名・する）提出された議案を認めない決定をすること。対 可決。例 修正案を―する。

【否定】《ヒテイ》（名・する）そうでないと打ち消すこと。対 肯定《コウテイ》。例 うわさを―する。

【否認】《ヒニン》（名・する）事実でないとして、認めないこと。対 是認《ゼニン》。例 容疑を―する。

●可否《カヒ》・賛否《サンピ》・良否《リョウヒ》

口 4

【呎】

7画 5072 544E 訓 フィート

意味 ヤードポンド法の長さの単位。フィート。一フィートは三分の一ヤード。一二インチ。約三〇・四八センチメートル。

参考 国字とする説もある。

口 4

【吻】

7画 4213 543B 人名 音 フン慣 ブン漢 訓 くちさき

意味 ❶くちびる。くちさき。例 吻合《フンゴウ》。接吻《セップン》。❷くちぶり。ことばの調子。語気。例 口吻《コウフン》。

【吻合】《フンゴウ》（名・する）〔上下のくちびるがあう意〕①二つのものごとが、ぴったりとあうこと。例 話と事実が―する。②〔医〕手術して体内の二つの部分を、つなぎあわせること。

口 4

【吩】

7画 5070 5429 音 フン漢 訓 は-く

参考 「噴《フン》」の俗字《ゾクジ》とされる。

意味 「吩咐《フンプ》」は、なにかをするように命令する。いいつける。

難読 吩咐《いいつける｜いいわけする｜いいふくめる》

口 4

【呆】

7画 4282 5446 音 ボウ慣 ホウ漢 訓 おろ-か・あき-れる

意味 おろか。ぼんやり。例 阿呆《アホウ》。痴呆《チホウ》。

日本語での用法 《あきれる》予想もしないことに出会って、おどろく。「まったく呆《あき》れた話《はなし》」

難読 呆気《あっけ》

【呆然】《ボウゼン》（形動タル）予想もしないことに出会って、あっけにとられるさま。例 ―と立ちつくす。表記 「▼惘然」とも書く。

口 4

【吝】

7画 5071 541D 音 リン漢呉 訓 お-しむ・やぶさ-か

意味 ものおしみする。けち。やぶさか。同 悋《リン》。例 吝嗇《リンショク》。

日本語での用法 《やぶさか》「…にやぶさかで(は)ない」の形で、…することをためらうものではない、…する努力をおしまない、の意。「協力《キョウリョク》するに吝《やぶさ》かでない」

【吝▼嗇】《リンショク》（名・形動ナ）〔「嗇」も、おしむ意〕ひどくけちなこと。例 ―家《カ》（＝けちな人）。―漢《カン》（＝けちんぼう）。

口 4

【呂】

7画 4704 5442 常用 音 リョ漢 ロ呉

筆順 

なりたち  [象形] つながった背骨の形。

意味 ❶せぼね。同 膂《リョ》。例 脊呂《セキリョ》。❷中国古代の音階。今の一オクターブを十二分したものを十二律といい、そのうち六つの陰律《インリツ》を「六呂《リクリョ》」、六つの陽律を「六律《リクリツ》」という。対 律《リツ》。例 呂律《リョリツ》。律呂《リツリョ》。❸姓《セイ》の一つ。例 呂后《リョコウ》（＝漢の高祖の皇后）。呂不韋《リョフイ》（＝戦国時代、秦《シン》の宰相《サイショウ》）。

日本語での用法 《ろ》「ろ」の音にあてる万葉がな。「之呂多倍之《しろたへの》（＝白妙《しろたえ》の）・麻呂《まろ》・以呂波《いろは》」

人名 おと・なが・ふえ

【呂律】 一《リョリツ》 古代音楽の、呂と律。音楽の調子。律呂。 二《ロレツ》 ものを話す調子。ことばの調子。例 ―が回らない。

【▽呂▼宋】《ルソン／ルスン》〔Luzon の音訳〕フィリピン諸島の最大の島、ルソン島。

口 4 【吸】 7画 ⇩【吸】《キュウ》（187ページ）

口 4 【呉】 7画 ⇩【呉】《ゴ》（194ページ）

口 4 【告】 7画 ⇩【告】《コク》（195ページ）

口 4 【呈】 7画 ⇩【呈】《テイ》（196ページ）

口 4 【呑】 7画 ⇩【呑】《ドン》（196ページ）

口 5

【呵】

8画 5074 5475 音 カ漢呉 訓 しか-る・わら-う

意味 ❶大声でとがめる。せめる。しかる。同 訶《カ》。例 呵責《カシャク》。❷大声でわらう。また、その声。例 呵呵大笑《カカタイショウ》。❸はあっと息をふきかけて温める。例 呵筆《カヒツ》。

日本語での用法 《さいなむ》苦しめる。責めなやます。「罪人《ザイニン》を呵《さい》なむ・良心《リョウシン》が呵《さい》まれる」

難読 呵呵《からから》と笑《わら》う

【呵呵】《カカ》（副）大声で笑うようす。また、その声。例 ―大笑（＝あはは、と大笑いすること）。

【呵▽責】《カシャク》（名・する）きびしくしかりせめること。せめさいなむこと。例 良心の―。

【呵筆】《カヒツ》（名・する）〔こおったふでに息をふきかけて温める意〕寒い季節に詩文を書くこと。

口 5

【咎】

8画 5075 548E 音 キュウ漢 訓 とが・とが-める

意味 ❶わざわい。罰《バツ》。非難。とが。とがめる。例 天咎《テンキュウ》。良心《リョウシン》の咎《とが》め。❷あやまち。過失。例 罪咎《ザイキュウ》（＝つみと、あやまち）。

日本語での用法 《とがめる》傷やはれものにさわったりして、苦しみや痛みが強まる。「傷《きず》が咎《とが》める・あせもが咎《とが》める」

口 5

【呟】

8画 5076 545F 音 ゲン慣 ケン漢呉 訓 つぶや-く

意味 大きな声のようす。

日本語での用法 《つぶやく》小声で、ひとりごとを言う。「ひとりごとを呟《つぶや》く」

口 5

【呼】

8画 2438 547C 教育6 音 コ漢呉 訓 よ-ぶ

筆順 

なりたち  [形声]「口（＝くち）」と、音「乎《コ》」とから成る。息を外へ出す。

意味 ❶息をはく。はく息。例 呼気《コキ》。呼吸《コキュウ》。❷大声でさけぶ。よびかける。よぶ。例 呼応《コオウ》。歓呼《カンコ》。連呼《レンコ》。❸ため息の声。ああ。例 嗚呼《ああ》。

日本語での用法 《よび・よぶ》①名付ける。称《ショウ》する。「名《な》を五郎《ゴロウ》と呼《よ》ぶ・人《ひと》呼《よ》んで仏《ほとけ》の辰《たつ》」②引きよせる。さそう。まねく。「呼《よ》び水《みず》・人気《ニンキ》を呼《よ》ぶ」

人名 おと・こえ

【呼応】《コオウ》（名・する）①呼べばこたえること。②呼びかけにこたえる形で、行動をともにすること。例東西―して兵をあげる。③文中のある語句と対応して、決まったことばが用いられること。たとえば、「決して…ない」「まるで…ようだ」など。

【呼気】《コキ》肺《ハイ》から体外へはきだす息。対吸気《キュウキ》。例ゆっくり―を出す。

【呼吸】《コキュウ》一（名・する）①息をはいたりすったりすること。例―があらくなる。②生物が酸素をからだの中に取り入れて、二酸化炭素を出すこと。例皮膚《フヒ》―。二（名）ある行動をとるときの微妙《ビミョウ》な調子や加減、間合い。例ふたりの―がぴったり合う。

【呼号】《コゴウ》（名・する）①大声でさけぶこと。②大げさに言うこと。例軍勢三十万と―する。

【呼称】《コショウ》（名・する）名付けること。また、その呼び名。例牛若丸《うしわかまる》と―する。

【呼名】《コメイ》《よびな》一氏名を呼ぶこと。例―点呼。類通称《ツウショウ》。二【呼び名】①ふだん呼ぶのに使っている名前。②そのものを呼ぶ名前。類名称。

【呼び声】《よびごえ》①呼ぶ声。大きな声で呼び立てる声。②物売りが客を呼ぶ声。例金魚売りの―。③評判。例次期会長との―が高い。

【呼び塩】《よびじお》塩からい食品を、うすい塩水につけて塩をぬくこと。

【呼び捨て】《よびすて》人の名前を、「様《さま》」「殿《どの》」「さん」「君《クン》」「ちゃん」などをつけずに、または役職名をつけずに呼ぶこと。よびつけ。

【呼び出し】《よびだし》①さそって、そこへ来るように言うこと。例―をかける。②相撲《すもう》で、取り組む力士の名を呼び上げる役の人。土俵の整備をしたり、太鼓《タイコ》を打ったりもする。

【呼び水】《よびみず》①ポンプの水が出ないとき、水をさそい出すために、水を注ぎ入れること。また、その水。②何かをおこすきっかけとなるもの。例集会の禁止が―となって暴動が発生した。

【呼び物】《よびもの》もよおしものなどで、人気を集めているもの。人寄せに役立つもよおし。例学園祭の―の仮装行列。

●指呼《シコ》・点呼《テンコ》

口 5

【呷】8画 5078 5477 音コウ漢 訓あお-る

意味 ❶すすって飲む。例呷啜《コウセツ》（＝すする）。❷「呷呷《コウコウ》」は、カモやアヒルなどの鳴き声。

日本語での用法《あおる》休まず勢いよく飲む。「たて続《づ》けにビールを二本《ニホン》呷《あお》る・一気《イッキ》に毒《ドク》を呷《あお》って死《し》ぬ」

口 5

【咋】8画 2680 548B 音サク漢 訓く-う・くら-う

意味 ❶大きな声。例咋咋《サクサク》（＝わあわあと大声で言うようす）。❷むしゃむしゃと食う。しゃぶる。

難読 羽咋《はくい》（＝地名）

口 5

【呪】8画 2886 546A 常用 音ズ慣シュウ漢ジュ・シュ呉 訓のろ-う・のろ-い・まじな-い

筆順

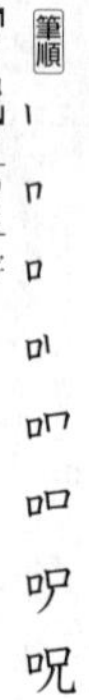

口 5

【咒】8画 5080 5492 別体字

なりたち［会意］「口（＝くち）」と「兄（＝祈る人）」とから成る。いのる。

意味 ❶うらんでいる人物にわざわいがあるように、神仏にいのる。のろう。例呪詛《ジュソ》。呪縛《ジュバク》。❷神仏の力をかりて、不思議なわざをおこなう。まじなう。また、そのことば。まじない。例呪禁《ジュゴン》。呪術《ジュジュツ》。呪文《ジュモン》。

【呪▽禁】《ジュゴン・ズゴン》まじないで病気を治したり、悪霊《アクリョウ》をはらったりすること。例―師。

【呪術】《ジュジュツ》神仏や精霊《セイレイ》などの威力《イリョク》によって、さまざまの現象を起こす方法。まじない。例―師。

【呪▼詛】《ジュソ》〔「シュソ」とも〕（名・する）神仏などにいのって、うらみに思う人にわざわいが起こるようにすること。のろい。表記 時に「呪▼咀」とも書いた。

【呪縛】《ジュバク》（名・する）①まじないで、相手を動けなくすること。②心理的な圧迫《アッパク》によって、心の自由をうばうこと。

【呪法】《ジュホウ》呪文《ジュモン》をとなえておこなう、まじないの術。呪術。

【呪文】《ジュモン》まじないをしたり、のろいをかけるための、特別のことば。例―をとなえる。

口 5

【周】8画 2894 5468 教育4 音ス慣シュウ漢シュ呉 訓まわ-り・あまね-し・めぐ-る・めぐ-らす

筆順

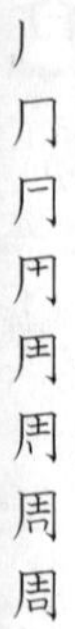

口 5

【周】8画 ― 2F83F

なりたち  ［会意］「用（＝もちいる）」と「口（＝くち）」とから成る。ことばづかいが行き届いている。

意味 ❶すみずみまで行きわたる。あまねし。例周知《シュウチ》。周到《シュウトウ》。❷ひとめぐりする。まわる。例周航《シュウコウ》。周遊《シュウユウ》。❸もののまわり。例周囲《シュウイ》。円周《エンシュウ》。❹㋐武王《ブオウ》が殷《イン》の紂王《チュウオウ》をほろぼして建てた王朝。鎬京《コウケイ》に都する。紀元前七七〇年、平王《ヘイオウ》のときに洛邑《ラクユウ》に都を移し、以後を東周《トウシュウ》という。秦《シン》にほろぼされた。（前一一〇〇?―前二五六）㋑南北朝時代の北朝の一つ。北周《ホクシュウ》。（五五七―五八一）

使い分け まわり【回・周】⇩1180ページ

人名 いたる・かぬ・かね・ちか・ちかし・なり・のり・ひろし・まこと

【周囲】《シュウイ》①もののまわり。例―八キロの池。②まわりを取り巻いている人や環境《カンキョウ》。例―の目を気にする。

【周縁】《シュウエン》もののまわり。ふち。例―部。

【周忌】《シュウキ》〔仏〕人の死後、命日が毎年めぐってくること。また、その回数をあらわすことば。類回忌。例一―。

【周期】《シュウキ》①ひとまわりする時間。②同じ現象がくりかえし起こる場合、その一回に必要な時間。

【周航】《シュウコウ》（名・する）船で各地を航海してまわること。例琵琶湖《ビワコ》―の歌。また、そのようにして、出発地へもどること。

【周章】《シュウショウ》（名・する）あわてふためくこと。例―狼狽《ロウバイ》。

【周旋】《シュウセン》（名・する）①あいだに立って、交渉《コウショウ》をまとめること。例不動産―業。②中に立って世話をすること。類斡旋《アッセン》。例両国の平和を―する。

【周知】《シュウチ》（名・する）広く知れわたっていること。

【周到】《シュウトウ》（形動ダ）すみずみまで行きとどいて、手ぬかりのないようす。例用意―。―に準備する。

【周年】《シュウネン》①満一年。まる一年。②一年じゅう。③〔「…周年」の形で〕…回目にあたる年。例創立十―記念日。

【周波】《シュウハ》電波・音波・交流電流などで、周期的にくりかえされる同じ波形の振動《シンドウ》。例―数。

【周辺】《シュウヘン》まわり。付近。例都市の―地域。―の住民。

【周密】《シュウミツ》（名・形動ダ）すみずみまで注意が行きとどいていること。周到《シュウトウ》で、綿密なこと。例―な計画を立てる。

【周遊】《シュウユウ》（名・する）各地を旅行してまわること。

【周防】《すおう》旧国名の一つ。山口県の東部・南部にあたる。防

州《シュウ》。◐一周《イッシュウ》・外周《ガイシュウ》・半周《ハンシュウ》。

口 5
【呻】
8画 5081 547B
音 シン(漢) 訓 うめ-く・うな-る

意味 痛みや苦しみのあまり声をあげる。うめく。うなる。また、声を長くのばしてうたう。[例]呻吟《シンギン》。

【呻吟】《シンギン》(名・する) ①激しい苦しみのため、うめくこと。[例]病床《ビョウショウ》に―する。②うめくほど苦心すること。[例]詩作に―する。

口 5
【咀】
8画 5082 5480
音 ショ(漢) ソ(呉) 訓 か-む

意味 かみくだいて味わう。かむ。[例]咀嚼《ソシャク》。

【咀▼嚼】《ソシャク》(名・する)〔「嚼」も、かみくだく意〕①食べ物をよくかむこと。②(ことばの)意味をよく味わって理解すること。[例]文章を―する。

口 5
【呶】
8画 5083 5476
音 ド(慣) ドウ(漢) 訓 かまびす-しい・さけ-ぶ

意味 声が大きくて、やかましい。がやがやさわぐ。かまびすしい。さけぶ。[例]載号載呶《すなわちゴウしすなわちドウす》(=どなり合い、さわぎ合う)。〈詩経《シキョウ》〉

【呶呶】《ドウドウ・ドド》(名・形動《タル・ト》) くどくどと言うこと。また、やかましくしゃべること。

口 5
【咄】
8画 5084 5484
音 トツ(漢) 訓 はなし・しか-る

意味 舌打ちする(音)。また、しかったり、おどろいたりして発する声。しかる。[例]咄嗟《トッサ》。咄咄《トツトツ》(=おどろきの声)。

日本語での用法 《**はなし・はなす**》かたる。とくに、こっけいな話や人情ばなしをかたる。「咄家《はなしカ》・小咄《こばなし》・高座《コウザ》にのぼって咄《はな》す」

【咄▼嗟】《トッサ》 とつぜんのできごとに対して、反射的に対応することにいう。一瞬《イッシュン》。[例]―に身をかわした。―の機転。

【咄家】《はなしカ》 落語家《ラクゴカ》。

口 5
【咐】
8画 5085 5490
音 ㊀ホ(漢) ブ(呉) ㊁フ(漢)(呉)

意味 ㊀《ホ・ブ》 息をふきかける。㊁《フ》「吩咐《フンプ》」は、いいつけ。また、いいつける。

口 5
【咆】
8画 5086 5486
音 ホウ(漢) 訓 ほ-える

意味 動物が、あたりにひびく声を出す。ほえる。[例]咆哮《ホウコウ》。

【咆▼哮】《ホウコウ》(名・する) 猛獣《モウジュウ》がほえること。

口 5
【味】
8画 4403 5473 教育3
音 ビ(漢) ミ(呉) 訓 **あじ・あじ-わう**
付表 三味線《しゃみせん》

筆順 丨 ロ 口 口一 口二 吽 味 味

なりたち  [形声]「口(=くち)」と、音「未《ビ》」とから成る。もろもろのあじ。

意味 ❶飲食物を口に入れたときの舌の感覚。あじ。また、あじわう。[例]味覚《ミカク》。醍醐味《ダイゴミ》。珍味《チンミ》。❷あるもの全体から感じられるようす。ふんいき。また、ものごとの内容。[例]意味《イミ》。気味《キミ》。風味《フウミ》。❸ものごとを深く感じとる。あじわう。[例]味到《ミトウ》。吟味《ギンミ》。賞味《ショウミ》。

日本語での用法 《**ミ**》ものごとの、状態《ジョウタイ》。また、気分やあじわい。「中味《なかミ》をしらべる・正味《ショウミ》のねだん・新味《シンミ》を出《だ》す」[参考] 常用漢字表では「ミ」を字音とし、「み」の訓をみとめないので、そのあつかいとするが、日本語の一音節語「み」は、「身《み》」の意味でもあり、また、状態・傾向《ケイコウ》・気分などの意の接尾語《セツビゴ》でもあるので、「味《ミ》」をあてることがあってまぎらわしい。

[人名] うまし・ちか

【味覚】《ミカク》 あじの感覚。食べ物などが舌をしげきして生じる、あまい・からい・にがい・すっぱいなどの感じ。[例]―をそそる。

【味方】《ミかた》(名・する) ①戦いで自分が所属するほう。②(戦うものの一方に)力を貸して助けること。加勢。[例]正義の―。▽[対]敵。[表記] ▽「身方」とも書く。

【味到】《ミトウ》(名・する) じゅうぶんにあじわって、知りつくすこと。[類]味得。[例]毎日歩きまわって、東京の下町を―した。

【味得】《ミトク》(名・する) じゅうぶんにあじわって、ものごとの本質を理解し、自分のものとすること。[類]味到《ミトウ》。[例]イギリス風のジョークの神髄《シンズイ》を―する。

【味読】《ミドク》(名・する) 文章の内容を、よくあじわいながら読むこと。[例]先師(=なくなった師)の遺著を―する。

【味▼蕾】《ミライ》 舌に分布している、あじを識別する感覚器官。

【味▼醂】《ミリン》 焼酎《ショウチュウ》に、もち米やこうじを加えて醸造《ジョウゾウ》した、少しとろみのあるあまい酒。料理に使う。[例]―干し。

◐加味《カミ》・興味《キョウミ》・酸味《サンミ》・趣味《シュミ》・正味《ショウミ》・新味《シンミ》・地味《チミ|ジミ》・妙味《ミョウミ》・無味《ムミ》・薬味《ヤクミ》

口 5
【命】
8画 4431 547D 教育3
音 **メイ**(漢) **ミョウ**(呉) 訓 **いのち**・みこと

筆順 ノ 人 亼 今 合 合 命 命

なりたち 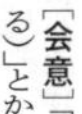 [会意]「口(=くち)」と「令《レイ→メイ》(=指図する)」とから成る。言いつけて、させる。

意味 ❶(上から)指図する。言いつける。おおせ。[例]命令《メイレイ》。君命《クンメイ》。任命《ニンメイ》。❷天の定め。めぐりあわせ。[例]命運《メイウン》。運命《ウンメイ》。天命《テンメイ》。❸いのち。[例]寿命《ジュミョウ》。生命《セイメイ》。❹名付ける。[例]命名《メイメイ》。

日本語での用法 《**みこと**》古代、神々や貴人の名につけた呼び名。「天児屋根命《あまのこやねのみこと》」

[人名] あきら・かた・とし・な・なが・のぶ・のり・まこと・みち・もり・よし・より

【命乞い】《いのちごい》(名・する) ①長生きできるよう、神仏に祈願《キガン》すること。②殺されるはずのいのちを、助けてほしいとたのむこと。[例]人質《ひとジチ》の―をする。

【命綱】《いのちづな》 高所、または水上や水中など、危険な場所で作業をするとき、用心のためにからだにつけておく綱《つな》。

【命取り】《いのちとり》 ①いのちを失うもとになるもの。[例]長年の深酒が、かれの―になった。②(社会的な)地位や信用などを失う原因。[例]スキャンダルが―で失脚《シッキャク》した。

【命《いのち》は風前《フウゼン》の▽灯《ともしび》の▽如《ごと》し】〔人のいのちは、一瞬《イッシュン》のうちに風にふき消されるともしびのようだ、ということから〕いのちがあやうい、危険がせまっていることをいう。風前の灯《ともしび》。〈楽府詩集《ガフシシュウ》〉

【命拾い】《いのちびろい》(名・する) もう少しで死ぬところを、幸いにも助かること。危ないところで助かること。[例]救急治療《チリョウ》のおかげで―した。

【命冥加】《いのちミョウガ》(名・形動《ナダ》)(神仏が守ってくれて)不思議にいのちが助かること。危機からのがれること。[例]―な奴《やつ》。

【命運】《メイウン》 そのことの存亡《ソンボウ》にかかわるめぐりあわせ。運。運命。[例]―をかける。―がつきる。

3画

「口部」5画 呻 咀 呶 咄 咐 咆 味 命

【命数《メイスウ》】①いのちの長さ。寿命《ジュミョウ》。(類)天命。例—がつきる。②運命。自然のなりゆき。例—ほぼ定まる。

【命題《メイダイ》】①題をつけること。また、題。②はたすべき課題。③〔英語 proposition の訳語〕論理学で、あることがらについての判断を、ことばあるいは記号で表現したもの。真か偽《ギ》かを決定できる。「人間は死すべきものである」など。

【命《メイ》旦夕《タンセキ》に在《あ》り】今夕か明朝かというほど、死がさしせまっていること。命旦夕に迫《せま》る。

【命中《メイチュウ》】（名・する）（弾丸《ダンガン》や矢などが）目標となる的《まと》に当たること。（予想やねらいが）的中すること。例—率。

【命日《メイニチ》】その人が死んだ日にあたる、毎月のその日。(類)忌日《キニチ》。例祥月《ショウつき》—（＝その人が死んだ月日と同じ月日）。

【命《メイ》は天《テン》に在《あ》り】運命は天の定めるものであり、人の力ではどうにもならない。〔漢の高祖が重傷を負ったとき、それを天命として受け入れ、医者の治療《チリョウ》をしりぞけて言ったことば〕〈史記《シキ》〉

【命脈《メイミャク》】いのちが続いていること。生命。例—を保つ。—が尽《つ》きる。

【命名《メイメイ》】（名・する）名前をつけること。例祖父の名の一字をとって—する。

【命令《メイレイ》】（名・する）目上の者がする指図。例—口調《クチョウ》。—をくだす。

【命令形《メイレイケイ》】文法で、活用語（＝動詞・形容詞・形容動詞・助動詞）の活用形の一つ。命令や願望をあらわす。「進め」「止まれ」「（幸い）あれ」など。

【命《メイ》を知《し》る】①天からあたえられた使命や、定められた運命をさとる。②五十歳《サイ》のこと。→【知命《チメイ》】（712ページ）
●一命《イチメイ》・革命《カクメイ》・懸命《ケンメイ》・使命《シメイ》・宿命《シュクメイ》・助命《ジョメイ》・人命《ジンメイ》・絶命《ゼツメイ》・短命《タンメイ》・長命《チョウメイ》・薄命《ハクメイ》・亡命《ボウメイ》・本命《ホンメイ》・余命《ヨメイ》

口5 【和】 8画 4734 548C 教育3
音 カ(漢) ワ(呉) オ(唐)
訓 やわ-らぐ・やわ-らげる・なご-む・なご-やか・あ-える
付表 日和《ひより》・大和《やまと》

筆順 ノ ニ 千 禾 禾 和 和

口5 【咊】 8画 2-0376 548A 本字

［口部］5画 ●和

なりたち  ［形声］「口（＝くち）」と、音「禾《カ》」とから成る。相手に応《こた》える。

意味 ❶声や調子をあわせる。例和音《ワオン》。唱和《ショウワ》。調和《チョウワ》。❷仲よくする。やわらぐ。やわらげる。なごむ。例和解《ワカイ》。親和《シンワ》。平和《ヘイワ》。❸おだやか。なごやか。例和気《ワキ》。温和《オンワ》。柔和《ニュウワ》。❹二つ以上の数をあわせたもの。例総和《ソウワ》。❺まぜあわせる。あえる。例和合《ワゴウ》。混和《コンワ》。

日本語での用法 ㊀《ワ》①日本。中国で日本を「倭《ワ》」といったのにもとづく。「和学《ワガク》・和漢《ワカン》・和算《ワサン》」②旧国名「大和《やまと》（＝今の奈良《なら》県）」の略。「和州《ワシュウ》」㊁《なぐ・なぎ》風波がおさまり、海面がおだやかになった状態。「朝和《あさなぎ》・海《うみ》が和《な》ぐ・風《かぜ》が和《な》ぐ」㊂《にき・にぎ》やわらかな、おだやかな、こまかい、などの意をあらわす。「和栲《にきたえ》・和魂《にきたま—にぎたま》・和幣《にきて—にぎて》」㊃《やまと》中国から伝来したものに対して、日本固有のものであることをあらわす。「和琴《やまとごと》・和語《やまとことば》・和歌《やまとうた》」㊄《わ》「わ」の音にあてる万葉がな。「和可米《わかめ》・和礼《われ》」

難読 和布《め—わかめ》・和波《なぎ》・和《あ》え物《もの》

人名 あい・あえ・かず・かた・かのう・すず・たか・とし・とも・な・のどか・ひとし・まさ・ます・やす・やすし・やわ・やわら・よし・より

【和泉《いずみ》】旧国名の一つ。今の大阪《おおさか》府の南部。泉州《センシュウ》。

【和尚】㊀《オショウ—カショウ—ワジョウ》〔仏〕師である僧《ソウ》。高僧。〔禅宗《ゼンシュウ》や浄土宗《ジョウドシュウ》でオショウ、天台宗や華厳宗《ケゴンシュウ》でカショウ、法相宗《ホッソウシュウ》や真言宗や律宗《リッシュウ》でワジョウという〕㊁《オショウ》僧や住職を呼ぶことば。例お寺の—さん。表記㊀は「和上」とも書く。

【▽和氏《カシ》の璧《ヘキ》】〔「璧」は輪の形をした平らな玉《ギョク》〕春秋時代、楚《ソ》の卞和《ベンカ》が発見した宝玉《ホウギョク》。彼はこの原石を二人の楚王に献じたが、いずれも認められず、各王から片足一本ずつを切られる刑を受けた。しかし次の文王はこれを研磨させ、はじめて真価を得たという。転じて、正当な評価を受けないことのたとえ。→【完璧《カンペキ》】（290ページ）・【連城《レンジョウ》の璧《ヘキ》】（973ページ）

【和英《ワエイ》】①日本と英国。日本語と英語。日英。②「和英辞典」の略。日本語からそれにあたる英語を引く辞典。

【和音《ワオン》】音楽で、高さのちがう二つ以上の音が、同時に鳴ったときに生じる音。コード。

【和歌《ワカ》】①〔漢詩に対して〕日本古来の定型詩。長歌・短歌・旋頭歌《セドウカ》などをまとめた呼び名。やまとうた。②とくに、五・七・五・七・七の三十一文字の歌。短歌。

【和解】（名・する）㊀《ワカイ》①仲直りすること。例宿敵どうしが—する。②〔法〕訴訟《ソショウ》で争っていた当事者が、話し合いで争いをやめること。また、その結果成立した契約《ケイヤク》。例裁判所が—を勧告《カンコク》する。㊁《ワゲ》外国のことばや文を日本語に訳すこと。また、そのわかりやすい解釈《カイシャク》。

【和学《ワガク》】江戸《えど》時代以来、日本古来の言語・文学・芸術・歴史・有職故実《ユウソクコジツ》などを研究した学問。(類)国学。(対)漢学・洋学。例—講談所（＝塙保己一《はなわホキのイチ》の学塾《ガクジュク》）。

【和楽】㊀《ワガク》（名）日本古来の音楽。神楽《かぐら》・能楽など。邦楽《ホウガク》。㊁《ワラク》（名・する）なごやかにたのしむこと。例一家—。

【和菓子《ワガシ》】米の粉やあんなどをおもな原料とする日本風の菓子。ようかん・もち菓子・まんじゅうなど。(対)洋菓子。

【和▼姦《ワカン》】合意のうえで交接すること。(対)強姦《ゴウカン》。

【和漢《ワカン》】①日本と中国。例—洋。②和文と漢文。表記▽「▼倭漢」とも書く。

【和漢混交文《ワカンコンコウブン》】和文の文体と漢文訓読の文体とがまじった文体。鎌倉《かまくら》時代の軍記物語などに用いられた。表記(旧)和漢混▼淆文
【和気《ワキ》】なごやかな気分。例—藹藹《アイアイ》。

【和気▼藹▼藹《ワキアイアイ》】（形動《トタル》）人々の間に、なごやかな気分があふれているようす。例話し合いは—と進んだ。表記「和気▼靄▼靄」とも書く。

【和議《ワギ》】仲直りの相談。例敵方に—を申し出る。

【和牛《ワギュウ》】日本の在来種のウシ。現在はおもに食肉用。

【和訓《ワクン》】漢字や漢語に日本語をあてて読むこと。また、その読み方。訓。(類)国訓。表記「▼倭訓」とも書く。

【和敬《ワケイ》】心をおだやかにして、うやまいの気持ちをもつこと。例—清寂《セイジャク》。

【和犬《ワケン》】日本特産のイヌ。秋田犬《あきたいぬ》・紀州犬《キシュウいぬ》・四国犬《シコクいぬ》など。日本犬。(対)洋犬。

【和子《ワこ》】高貴な人の子供（とくに男の子）を、親しみうやまっていう呼び方。例—さま。

【和語《ワゴ》】中国から漢語が伝わってくる前から、日本で使われていたことば。やまとことば。(対)漢語・外来語。表記「▼倭語」とも書く。

【和▼寇《ワコウ》】⇩【倭寇《ワコウ》】（82ページ）

【和合《ワゴウ》】（名・する）①親しくなごやかにすること。例—をは

かる。②二人、とくに夫婦《フウフ》が仲よくすること。例夫婦—。③まぜあわせること。

【和光同▼塵】《ワコウドウジン》①知徳のすぐれた人が、そのかがやきをかくして、俗世間《ゾクセケン》にまじわること。〈老子《ロウシ》〉②〔仏〕仏や菩薩《ボサツ》が人々を救うために、姿を変えてこの世にあらわれること。類本地垂迹《ホンジスイジャク》。

【和国】《ワコク》⇩【倭国】《ワコク》(82ページ)

【和事】《ワごと》歌舞伎《かぶき》で、恋愛《レンアイ》や情事を演じる演目や場面。また、その演技。例—師(=和事のうまい役者)。

【和▽琴】《ワゴン》日本の古代の六弦《ゲン》の琴《こと》。やまとごと。

【和魂漢才】《ワコンカンサイ》日本古来の精神を保ちながら、中国伝来の学問を身につけること。菅原道真《すがわらのみちざね》のことば。

【和魂洋才】《ワコンヨウサイ》日本古来の精神とともに西洋の学問の教養もあわせもつこと。〔明治時代以後、時勢に合わせて「和魂漢才」をもじって用いられた〕

【和裁】《ワサイ》和服を仕立てること。また、その技術。対洋裁。

【和算】《ワサン》古く中国から伝わり、江戸《えど》時代に発達した日本独自の数学。

【和▼讃】《ワサン》〔仏〕仏の教えをたたえる歌謡《カヨウ》。和語を用い、七五調で歌われる。対漢讃《カンサン》・梵讃《ボンサン》。

【和三盆】《ワサンボン》もと中国から伝わり、日本でもつくられた、上質の白砂糖(=三盆)。上等の和菓子《ワガシ》に用いる。徳島県の特産。和三盆糖。〔中国の「唐《トウ》三盆」と区別していう〕

【和紙】《ワシ》コウゾ・ミツマタ・ガンピなどの樹皮の繊維《センイ》を原料とした手すきの紙。日本紙。対洋紙。

【和字】《ワジ》①日本でつくられた文字。平仮名《ひらがな》と片仮名《かたかな》。②日本で漢字にならってつくられた文字。「峠《とうげ》」「辻《つじ》」など。和製漢字。国字。表記▽「▼倭字」とも書く。

【和式】《ワシキ》日本特有の様式。日本風。対洋式。

【和室】《ワシツ》たたみをしいた、日本風の部屋。対洋室。

【和《ワ》して同《ドウ》ぜず】人とは協調しておだやかにつきあうが、むやみになかまに加わったりはしない。例君子《クンシ》は—、小人《ショウジン》は同じて和せず。〈論語《ロンゴ》〉

【和臭】《ワシュウ》漢詩や漢文の文体・用語・表現などに、中国人の習慣とちがって、日本人が作ったという感じがあらわれていること。〔「和習」から変じたものか〕

【和習】《ワシュウ》①日本固有の風習やしきたり。②日本人が漢語を用いたり漢詩文を作るときにあらわれる、独特のくせ。また、日本人特有の表現。類和臭《ワシュウ》。例—のある漢詩。

【和順】《ワジュン》一(名・形動《ナ》)おだやかでむりがないこと。はげしさやきびしさがないこと。例—な色調でおちつく。二(名・する)争いをやめておだやかに従うこと。

【和書】《ワショ》①日本語で書かれた本。国書。②和綴《ワと》じの本。和本。和装本。

【和上】《ワジョウ》〔仏〕(律宗《リッシュウ》で)師である僧《ソウ》。例鑑真《ガンジン》大—。↓【和尚】《オショウ》

【和食】《ワショク》日本風の食事。日本料理。対洋食。例—弁当。

【和親】《ワシン》(名・する)したしくつきあうこと。国と国が友好関係にはいること。例—条約。

【和人】《ワジン》⇩【倭人】《ワジン》(82ページ)

【和声】《ワセイ》音楽で、一定の法則に従って和音を連ねたもの。メロディーやリズムとともに、音楽の基本要素。ハーモニー。例—法(=和音をもとにした作曲法)。

【和製】《ワセイ》日本でつくったもの。日本製。例—英語。

【和船】《ワセン》日本の昔からの形の木造船。例—のこぎ方。

【和戦】《ワセン》和睦《ワボク》することと戦うこと。平和と戦争。例—両様《リョウヨウ》の構え。

【和装】《ワソウ》①日本風の服装。和服を着ていること。例—小物の店。②和紙を用いた日本の書物の伝統的な装丁《ソウテイ》。和綴《ワと》じ。例—本《ボン》。▽対洋装。

【和俗】《ワゾク》日本の伝統的な風俗や習慣。

【和▼箪▼笥】《ワダンス》和服をたたんでしまっておくための、日本の伝統的な家具。キリ材を使ったものが多い。

【和同】《ワドウ》仲よくし、一つになること。

【和独】《ワドク》〔「独」は、「独逸《ドイツ》」の略〕①日本とドイツ。また、日本語とドイツ語。②「和独辞典」の略。日本語からドイツ語を引く辞典。

【和読】《ワドク》(名・する)漢文を日本語として意味がわかるよう、語順をかえ、日本の漢字音や訓読みを交えながら、助詞や助動詞などを補って読むこと。よみくだし。訓読。

【和▼綴じ】《ワとじ》日本の伝統的な書物のとじ方。

【和風】《ワフウ》①日本の昔からの様式。日本風。和式。対洋風。例—建築。—ドレッシング。②おだやかなかぜ。春風。

【和服】《ワフク》日本の昔からの衣服。着物。対洋服。

【和▽仏】《ワフツ》〔「仏」は、「仏蘭西《フランス》」の略〕①日本とフランス。また、日本語とフランス語。②「和仏辞典」の略。日本語からフランス語を引く辞典。

【和文】《ワブン》日本語の文章。邦文《ホウブン》。例—英訳。

【和平】《ワヘイ》戦争を終わらせて平和にすること。例—交渉《コウショウ》。—を講じる。

【和睦】《ワボク》(名・する)〔「睦」は、むつぶ意〕争いをやめて仲よくすること。仲直りすること。例敵国と—する。

【和本】《ワホン》和紙を使った和綴《ワと》じの本。和装本《ワソウボン》。

【和名】一《ワミョウ｜ワメイ》日本で昔からいわれている事物の呼び名。二《ワメイ》動物や植物の、日本語で示す呼び名。慣用によるものが多く、カタカナ書きにする。学術的には「学名(=ラテン語でつけた各国共通の呼び名)」を用いる。たとえば、佐渡《さど》にいた「トキ」は、学名「ニッポニア-ニッポン」、和名「トキ」。対漢名《カンメイ》。

【和訳】《ワヤク》(名・する)外国語を日本語に翻訳《ホンヤク》すること。また、訳した日本語。例英文—。

【和洋】《ワヨウ》①日本と西洋。例—の学問。②日本風と西洋風。例—折衷《セッチュウ》。

【和洋折衷】《ワヨウセッチュウ》(建築様式や生活様式で)日本風と西洋風をほどよくとりあわせること。例—の応接室。

【和様】《ワヨウ》日本独特の様式。和風。日本風。日本式。対唐様《からヨウ》。例—の書。

【和露】《ワロ》〔「露」は、「露西亜《ロシア》」の略〕①日本とロシア。また、日本語とロシア語。②「和露辞典」の略。日本語からロシア語を引く辞典。

【和《ワ》を▽以《もっ》て貴《たっと》しと▽為《な》す】ものごとは調和がたいせつである。また、人々がたがいになごやかに仲よくすることがたいせつである。〔聖徳太子《ショウトクタイシ》が制定した「十七条憲法」の第一条のことば〕〈礼記《ライキ》〉

◐温和《オンワ》・漢和《カンワ》・緩和《カンワ》・共和《キョウワ》・協和《キョウワ》・講和《コウワ》・混和《コンワ》・唱和《ショウワ》・親和《シンワ》・総和《ソウワ》・中和《チュウワ》・調和《チョウワ》・柔和《ニュウワ》・不和《フワ》・平和《ヘイワ》・飽和《ホウワ》

口5 ［咏］8画 ⇩【詠】《エイ》(908ページ)

口5 ［咒］8画 ⇩【呪】《ジュ》(198ページ)

口5 【周】8画 ⇩【周】《シュウ》(198ページ)

口5 ［味］8画 ⇩【和】《ワ》(200ページ)

口6 【哀】9画 1605 54C0 常用 音アイ漢呉 訓あわ-れ・あわ-れむ・かな-しい

筆順

なりたち［形声］「口(=くち)」と、音「衣《イ→アイ》」とから成る。あわれむ。

意味 ❶かわいそうだと思う。情けをかける。あわれむ。例哀愍《アイビン》。哀憐《アイレン》。❷人の同情をさそうようす。あわれ。例哀願《アイガン》。哀訴《アイソ》。❸心をいためる。かなしむ。かなしい。例哀愁《アイシュウ》。悲哀《ヒアイ》。

日本語での用法《あわれ》感動や願望、また、しみじみとした情趣《ジョウシュ》をあらわす。「物《もの》の哀《あわ》れ」


【哀歌《アイカ》】悲しみの気持ちをうたった歌。悲歌。エレジー。

【哀感《アイカン》】あわれをさそうような感じ。例—がただよう。

【哀歓《アイカン》】悲しみとよろこび。例人生の—をともにする。

【哀願《アイガン》】(名・する)相手の同情心にうったえるように、心からねがいのぞむこと。泣きつくこと。例身をかがめて—する。

【哀号《アイゴウ》】(名・する)(人の死を悲しんで)声をあげて泣きさけぶこと。例かれの死をおしむ—はしばらくやまなかった。

【哀▼哭《アイコク》】(名・する)悲しんで声をあげて泣くこと。

【哀史《アイシ》】①悲しくあわれな歴史。例吉野朝《よしのチョウ》—。②悲しくあわれなできごとの記録。例『女工—』

【哀詩《アイシ》】悲しい気持ちを詠《よ》んだ詩。エレジー。哀歌。

【哀愁《アイシュウ》】もの悲しい感じ。ペーソス。例—がただよう。

【哀傷《アイショウ》】(名・する)悲しみ、心をいためること。とくに、人の死を悲しむこと。例—歌。

【哀情《アイジョウ》】悲しみの気持ち。例—をもよおす。

【哀惜《アイセキ》】(名・する)人の死などをおしみ、悲しむこと。例—の念にたえない。

【哀切《アイセツ》】(名・形動《ダ》)この上なくあわれで、胸にせまるような感じ。例—をそそる音色《ねいろ》。

【哀訴《アイソ》】(名・する)あわれっぽく、なげきうったえること。

【哀調《アイチョウ》】詩や曲などにあらわれている、ものがなしい調子。

【哀悼《アイトウ》】(名・する)人の死に対する深いかなしみ。

【哀▼愍《アイビン|アイミン》】あわれに思って情けをかけること。

【哀楽《アイラク》】悲しいことと楽しいこと。例喜怒《キド》—。

【哀▼憐《アイレン》】同情し、あわれむこと。例—の情をもよおす。

【哀話《アイワ》】悲しくあわれなはなし。例平家滅亡《メツボウ》の—。
○●悲哀《ヒアイ》

口 6
【哇】
9画 5087 54C7 音アイ漢 ワ漢

意味 ❶みだら。みだらな音楽。❷口からものをはき出す。はく。

日本語での用法《ワ・ワイ》外国地名などの「ワ」「ワイ」にあてる字。「布哇《ハワイ》・爪哇《ジャワ》」

口 6
【咽】
9画 1686 54BD 常用 音一イン慣 エン漢呉 二エツ漢 訓のど・の-む・むせ-ぶ・むせ-る

筆順 丨 ロ 口 叮 叩 呐 咽 咽

なりたち［形声］「口(=くち)」と、音「因《イン》」とから成る。のど。

意味 一《イン・エン》❶のど。例咽喉《インコウ》。咽頭《イントウ》。❷のみくだす。のむ。同嚥《エン》。例咽下《エンカ》(=のみくだす)。二《エツ》❶息がつまる。むせる。むせぶ。❷悲しみに胸がふさがって声がつまる。むせぶ。例嗚咽《オエツ》。

【咽喉《インコウ》】〔咽頭(=のどの上部)と喉頭(=のどのおく)〕①のど。のど全体。例耳鼻《ジビ》—科。②重要な場所や通路。要所。例—の地。敵の—を扼《ヤク》する。

【咽頭《イントウ》】のどの上の部分。例—炎《エン》。

口 6
【咼】
9画 5105 54BC 音一カイ漢 二カ漢呉 訓くちゆが-む・ゆが-める

意味 一《カイ》ゆがんでいて、正しくない。例咼斜《カイシャ》。二《カ》姓《セイ》の一つ。また、「和《カ》」に通じる。例咼氏之璧《カシのヘキ》(=和氏の璧《カシのヘキ》)。

口 6
【咳】
9画 1917 54B3 音カイ漢 ガイ呉 訓せき・しわぶき

意味 せき(をする)。せきばらい。しわぶき。例咳唾《ガイダ》。謦咳《ケイガイ》。労咳《ロウガイ》。

【咳▼嗽《ガイソウ》】(名・する)〔「嗽」も、せきの意〕せき。せきをする。

【咳唾《ガイダ》】①せきとつば。また、せきばらい。類謦咳《ケイガイ》。②目上の人のことばをうやまっていうことば。

【咳唾《ガイダ》▽珠《たま》を成《な》す】〔ちょっと口から出ることばも、珠玉《シュギョク》のように美しいということから〕詩文の才能がゆたかなことのたとえ。〈後漢書《ゴカンジョ》〉

口 6
【咯】
9画 5130 54AF 音カク漢

意味 ❶鳥の鳴き声。また、その擬声《ギセイ》語。例咯咯《カッカク》。❷口からものをはき出す。はく。同喀《カク》。例咯血《カッケツ》。

口 6
【咢】
9画 5088 54A2 音ガク漢 訓おどろ-く

意味 ❶おどろく。同愕《ガク》。例驚咢《キョウガク》。❷鼓《つづみ》をどんどんと打つ。❸直言するようす。同諤《ガク》。例咢咢《ガクガク》(=信念に従って言いたてるようす)。

口 6
【咸】
9画 5089 54B8 音カン漢 ゲン呉 訓みな

意味 すべて。ことごとく。みな。例咸宜《カンギ》(=すべてみなよろしい)。

【咸陽《カンヨウ》】戦国時代の秦《シン》の都。今の陝西《センセイ》省西安市の北西にある。

口 6
【咥】
9画 5090 54A5 音一キ漢 二テツ漢 訓くわ-える・わら-う

意味 一《キ》ばかにしてわらう。あざわらうようす。例咥咥《キキ》。咥然《キゼン》。咥其笑矣《キとしてそれわらわん》(=ヒヒとあざわらうだろう)。〈詩経《シキョウ》〉 二《テツ》かじる。かむ。

日本語での用法《くわえる》上下の歯、または唇《くちびる》のあいだにはさんで、ものを宙にささえる。「煙管《キセル》を咥《くわ》える・咥《くわ》えタバコ・犬《いぬ》が棒切《ボウき》れを咥《くわ》えてくる」

口 6
【呱】
9画 5077 5471 音コ漢

意味 赤んぼうの泣き声。例呱呱《ココ》の声《こえ》(=産声《うぶごえ》)。

口 6
【咬】
9画 5091 54AC 音コウ慣 ゴウ漢 訓か-む

意味 かじる。かむ。例咬傷《コウショウ》。

難読 咬𠺕吧《ジャガタラ》(=ジャカルタの古い名。また、ジャワ島)

【咬傷《コウショウ》】動物にかまれたきず。かみきず。

口 6
【哄】
9画 5092 54C4 音コウ漢

意味 多くの人がいっせいに声をあげる。みんながどっと大声でわらう。例哄笑《コウショウ》。

【哄笑《コウショウ》】 難読 哄《どっ》と笑《わら》う （名・する）大声でどっとわらうこと。大わらい。

口 6
【哈】
9画 5093 54C8 音 ゴウ㊥ ハ㊟

意味 ❶大口をあけてからからとわらう声。例 哈哈《ハハ》。❷ハッと息をふきかける。また、ためいきをつく。例 哈気《ハキ》。❸地名・人名の「ハ」の音にあてる。例 哈爾浜《ハルビン》。哈得孫《ハドソン》。哈諾威《ハノーバー》。

口 6
【哉】
9画 2640 54C9 人名 音 サイ㊥㊐ 訓 かな・や

なりたち  [形声]「口（＝くち）」と、音「𢦏《サイ》」とから成る。ことばとことばのあいだに言う語。

意味 〔助字〕❶「かな」と読み、…だなあ、の意。詠嘆《エイタン》をあらわす。例 賢哉《ケンなるかな》（＝えらいなあ）。快哉《カイサイ》〔「こころよきかな」と訓読する〕。❷「や」「か」と読み、…であろうか、の意。疑問や反語をあらわす。例 今安在哉《いまいずくにありや》（＝今どこにいるのだろう）。

難読 不知哉川《いさやがわ》・善哉《ゼンザイ》

人名 か・き・すけ・ちか・とし・はじめ

口 6
【咲】
9画 2673 54B2 常用 音 ショウ㊥㊐ 訓 さ-く・え-む・さ-き・わら-う

筆順 

口 6
【咲】
9画

なりたち「笑《ショウ》」が変形してできた字。現在、日本では「笑」は「わらう」、「咲」は「さく」の意味に使い分ける。

意味 わらう。同 笑《ショウ》。

日本語での用法《さき・さく》花やつぼみが開く。「早咲《はやざ》き・二度咲《ニドざ》き・花《はな》咲《さ》き鳥《とり》鳴《な》く・桜《さくら》咲《さ》く・話《はなし》に花《はな》が咲《さ》く」

難読 咲《え》み割《わ》れる

口 6
【哘】
9画 5106 54D8 国字 訓 さそう

意味 さそう。〔おもに、地名・人名に用いられる〕

口 6
【呰】
9画 5079 5470 音 シ㊥㊐ 訓 そし-る・きら-う

意味 ❶大声でとがめる。しかる。そしる。あざける。例 呰呰《シシ》。❷力が弱く、はたらけない。おこたる。❸きず。同 訾《シ》。同 疵《シ》。

難読 呰部《あざえ》（＝岡山《おかやま》県の地名）

口 6
【咨】
9画 5094 54A8 音 シ㊥ 訓 と-う・なげ-く・はか-る

意味 ❶すぐれた人に意見を求める。とう。たずねる。はかる。同 諮《シ》。例 咨問《シモン》（＝意見を求める）。❷悲しんで、ため息をつく。なげく。例 咨咨《シシ》（＝ため息をついてなげく）。❸感心してほめたたえる。

口 6
【咫】
9画 5101 54AB 音 シ㊥

意味 ❶長さの単位。一咫《シ》は、八寸。約一八センチメートル。❷短いこと。近いこと。少し。わずか。例 咫尺《シセキ》。

日本語での用法《あた》日本古代の長さの単位。親指と中指とを広げた長さ。〔上にア段の母音《ボイン》があると、「あた」のアが脱落《ダツラク》して「た」となる〕「八咫《やた》の鏡《かがみ》・八咫《やた》の烏《からす》」

【咫▽尺《シセキ》】㊀（名）ごく近い距離《キョリ》。例 —の間《カン》（＝きわめて近い距離）。—を弁ぜず（＝暗くて、一寸《イッスン》先も見えない）。㊁（名・する）（天子など）高貴な人のすぐ近くまで進み出ること。拝謁《ハイエツ》すること。例 竜顔《リュウガン》に—する。

口 6
【哂】
9画 5102 54C2 音 シン㊥ 訓 あざわら-う・わら-う

意味 ❶にっこりとほほえむ。わらう。例 夫子哂レ之《フウシこれをわらう》（＝孔子《コウシ》はにっこりとほほえんだ）。〈論語《ロンゴ》〉 ❷ばかにして、わらう。あざわらう。あざける。例 哂笑《シンショウ》。

【哂笑《シンショウ》】（名・する）ばかにして、わらうこと。あざわらうこと。

口 6
【咤】
9画 5103 54A4 音 タ㊥㊐ 訓 しか-る

意味 しかりつける（声）。舌打ちする（音）。例 咤咤《タタ》。叱咤《シッタ》。

難読 咤《したうち》する

口 6
【品】
9画 4142 54C1 教育3 音 ヒン㊥ ホン㊐ 訓 しな

筆順 

なりたち   [会意]三つ（＝多い）の「口（＝くち）」から成る。もろもろ。多い。

意味 ❶（もろもろの）しなもの。しな。例 品質《ヒンシツ》。物品《ブッピン》。❷位階。クラス。等級。例 品等《ヒントウ》。上品《ジョウヒン》。❸人がら。風格。例 品格《ヒンカク》。気品《キヒン》。人品《ジンピン》。❹よしあしを決める。しなさだめする。例 品題《ヒンダイ》（＝部類を分けるときの、一つの題。また、批評して品位を定めること）。品評《ヒンピョウ》。❺〔仏〕仏典で、経文《キョウモン》の編や章などをいう。例 普門品《フモンボン》。

日本語での用法《ホン》昔、親王にたまわった位。一品《イッポン》から四品《シホン》まであった。「一品親王《イッポンシンノウ》」

人名 かず・かつ・ただ・のり・ひで・ひとし

【品薄《しなうす》】（名・形動《ダ》）買いたい人が多いのに対し、品物が少なくて行きわたらない状態。例 —のため値上がりする。

【品数《しなかず》】品物の数や種類。例 —が少ない。店頭に—をそろえる。

【品物《しなもの》】何かに使うためのもの。売買するためのもの。物品。商品。しな。例 —が足りない。お祝いの—。

【品位《ヒンイ》】①人やものにそなわっている気高い感じ。例 —がそなわる。②ものの質の程度。例 高—テレビ。③鉱石・地金《じがね》・貨幣《カヘイ》にふくまれる、その金属の割合。例 低—鉱。

【品格《ヒンカク》】人や物がもっている品のよさ、りっぱさ。例 —のある人。—を高める。

【品行《ヒンコウ》】ふだんのおこないの、よしあし。類 行状《ギョウジョウ》。例 —方正。—がよい。

【品詞《ヒンシ》】単語を、文法上の性質のちがいによって分けた種別。名詞・動詞・形容詞・助詞など。例 —分類。

【品質《ヒンシツ》】品物の性質。また、そのよしあし。例 —管理。—がよい。

【品種《ヒンシュ》】①品物の種類。例 —の少ない店。②同じ種類の動物や作物の中で、その形や性質が部分的に異なっているものを、それぞれの特徴《トクチョウ》にしたがって分けたもの。たとえば、リンゴの、「ふじ」「つがる」など。例 —改良。

【品性《ヒンセイ》】（道徳的に見た場合の）人の性格。人がら。例 —

下劣《ゲレツ》。—が疑われる言動。

【品等《ヒントウ》】①等級。②品質のよしあしの等級。

【品番《ヒンバン|しなバン》】商品の種類・形状・色などを区別して、管理するためにつけた番号。例品名と—。

【品評《ヒンピョウ》】(名・する)作品や品物のよしあしを批評し合って決めること。品定《しなさだ》め。例—会。作品を—する。

【品名《ヒンメイ》】商品など品物につけた名前。例—と品番。

【品目《ヒンモク》】品物の種類と名前。例輸出—。

◐遺品《イヒン》・金品《キンピン》・景品《ケイヒン》・下品《ゲヒン》・現品《ゲンピン》・作品《サクヒン》・出品《シュッピン》・商品《ショウヒン》・賞品《ショウヒン》・食品《ショクヒン》・新品《シンピン》・珍品《チンピン》・納品《ノウヒン》・廃品《ハイヒン》・備品《ビヒン》・返品《ヘンピン》

口 6

【咾】

9画 5104 54BE 音 ロウ漢

意味 こえ。

難読 咾別《いかんべつ》・咾分《おとなぶん》・咾倉《おばくら》

口 6

【咲】

9画 ⇩【咲】《さく》(203ページ)

口 7

【員】

10画 1687 54E1 教育3 音 イン慣 エン・ウン漢 訓 かず

筆順 丨 冂 口 口 肙 肙 員

貝 2

【貟】

9画 — 8C9F 俗字

なりたち ［形声］「貝(=たから)」と、音「口《イ→エン》」とから成る。ものの数。

意味 ❶人や品物の決められた数。かず。例員外《インガイ》。員数《インズウ》。定員《テイイン》。❷ある団体を構成している人々。例委員《イイン》。会員《カイイン》。❸まわり。はば。例幅員《フクイン》。

人名 かつ・さだ・ひと

【員外《インガイ》】定められた数にはいっていないこと。定員外。例—職員。

【員数《インズウ》】〔「インズ」とも〕決められた一定のかず。また、決まった数量だけが主眼で、内容を問わないこと。例—合わせ(=質は別として数だけはそろえること)。

【員《イン》に備《そな》わる】一員として加わっているだけで、なんの役にも立たない。〔へりくだっていう言い方〕

◐一員《イチイン》・駅員《エキイン》・議員《ギイン》・教員《キョウイン》・欠員《ケツイン》・公務員《コウムイン》・社員《シャイン》・人員《ジンイン》・全員《ゼンイン》・動員《ドウイン》・復員《フクイン》・満員《マンイン》・吏員《リイン》

口 7

【唄】

10画 1720 5504 常用 音 ハイ漢 バイ呉 訓 うた

筆順 丨 口 口冂 口日 口目 口貝 唄

なりたち ［形声］「口(=くち)」と、音「貝《ハイ》」とから成る。梵語《ボンゴ》 pāṭhaka の音訳「唄匿《バイトク》」の略で、「ほめたたえるうた」の意。

意味 仏の功徳《クドク》をほめたたえるうた。うたう。例梵唄《ボンバイ》。

日本語での用法《うた》三味線《しゃみせん》に合わせてうたううた。「小唄《こうた》・端唄《はうた》・流行《はや》り唄《うた》・盆唄《ボンうた》」

使い分け うた【歌・唄】⇩1163ページ

口 7

【哥】

10画 5107 54E5 音 カ漢呉 訓 うた-う

意味 ❶うたう。同歌《カ》。❷兄を呼ぶことば。また、男性の同輩《ドウハイ》や友人をうやまい、あるいは親しみをこめて呼ぶことば。例哥哥《カカ》。大哥《タイカ》。❸外国語の「グ」「コ」「ゴ」などにあてる字。例哥薩克《コサック》。哥天百格《グーテンベルク》。哥爾徳斯蜜士《ゴールドスミス》。

【哥沢《うたざわ》】江戸《えど》時代の末期におこった端唄《はうた》(=三味線《しゃみせん》を伴奏《バンソウ》にうたうもの)の同好の団体の一つ。二派あって、一つを「哥沢」といい、他を「歌沢」、合わせては「うた沢」という。うたざわ節《ぶし》。〔中心人物のみょうじによる呼び名〕

口 7

【哦】

10画 5108 54E6 音 ガ漢

意味 ❶詩歌《シイカ》を口ずさむ。うたう。❷「おお」という、おどろきや疑い、また、納得をあらわす。

口 7

【唏】

10画 5109 550F 音 キ漢 訓 な-く・なげ-く

意味 ❶わらう。わらうようす。❷ため息をつく。なげく。泣く。同欷《キ》。例唏嘘《キキョ》。

難読 啌唏《ためいき》

【唏▼嘘《キキョ》】(名・する)〔「嘘」も、ため息をつく意〕ため息をつくこと。また、すすり泣くこと。むせび泣くこと。欷泣《キキュウ》。例嗚咽《オエツ》—する。表記「▼欷▼歔」とも書く。

口 7

【唔】

10画 5110 5514 音 ゴ漢

意味 ❶目覚める。同寤《ゴ》。❷人や動物の発する声をあらわす。

難読 唔咿《ものよみこえ》(=読書の声)

口 7

【哽】

10画 5111 54FD 音 コウ漢 訓 むせ-ぶ

意味 食物がのどにつかえる。また、悲しみで声がつまる。むせぶ。例哽咽《コウエツ|コウエン》。哽塞《コウソク》。

【哽▽咽】(名・する) 一《コウエツ》むせび泣くこと。 二《コウエン》のどにつまること。

【哽塞《コウソク》】(名・する)悲しみで胸がふさいでしまうこと。

口 7

【哮】

10画 5112 54EE 音 コウ漢 訓 ほ-える・たけ-る

意味 けものがおどろいて大きな声を出す。ほえる。たける。例哮吼《コウコウ》。咆哮《ホウコウ》。

口 7

【哭】

10画 5113 54ED 音 コク漢呉 訓 な-く

意味 大声をあげて泣く。かなしむ。なく。例哭泣《コッキュウ》。痛哭《ツウコク》。慟哭《ドウコク》。

【哭声《コクセイ》】泣きさけぶこえ。

【哭泣《コッキュウ》】(名・する)声をあげて泣くこと。

口 7

【唆】

10画 2622 5506 常用 音 サ漢 訓 そそのか-す・そそ-る

筆順 丨 口 口ム 口允 口夋 唆

なりたち ［形声］「口(=くち)」と、音「夋《シュン→サ》」とから成る。そそのかす。

意味 その気になるようにさそって、ものごとをさせる。けしかける。そそのかす。例教唆《キョウサ》。示唆《シサ》。

口 7

【哨】

10画 3005 54E8 人名 音 ショウ漢 訓 みはり

意味 ❶軍隊で、敵の攻撃《コウゲキ》にそなえて見張りをする。もの

み。例 哨戒《ショウカイ》。哨兵《ショウヘイ》。歩哨《ホショウ》。❷小さな笛。また、口笛。例 哨子《ショウシ》(=小笛。くちぶえ)。

難読 哨吶《チャルメラ》

【哨戒】《ショウカイ》(名・する)敵の襲撃《シュウゲキ》にそなえて見張ること。例 —機。

【哨舎】《ショウシャ》 見張りの兵のいる小屋。

【哨兵】《ショウヘイ》 見張りの兵。

口 7 【唇】

10画 3116 5507 常用 音 シュン漢 シン呉 訓 くちびる

筆順 一 厂 戸 后 后 辰 辰 唇

月 7 【脣】

11画 7092 8123 本字

たちなり  [形声]「月(=肉)」と、音「辰《シン》」とから成る。口の端《はし》。

意味 くちびる。例 唇音《シンオン》。唇歯《シンシ》。口唇《コウシン》。

【唇《くちびる》▽亡《ほろ》びて歯《は》寒《さむ》し】たがいに助け合っているものの一方がほろべば、他方もあやうくなることのたとえ。→【唇歯輔車】《シンシホシャ》

【唇音】《シンオン》 音声学で、くちびる、または、くちびると歯とで調節する音。上下のくちびるを使う両唇音(=b・p・m・w)と、上の歯と下くちびるを使う歯唇音(=v・f)とがある。

【唇歯▼輔車】《シンシホシャ》〔「輔」は頬輔《キョウホ》(=ほおぼね)、「車」は牙車《ガシャ》(=あごのほね)の意〕くちびると歯、ほおぼねとあごのほねのように、たがいに助け合う関係にあること。利害関係が密接なことのたとえ。〔『春秋左氏伝《シュンジュウサシデン》』の「輔車相《あい》依《よ》り、唇《くちびる》亡《ほろ》ぶれば歯寒し」による〕

口 7 【啄】

10画 3479 5544 人名 音 タク漢呉 訓 ついば-む

口 8 【啄】

11画

たちなり 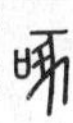 [形声]「口(=くち)」と、音「豖《タク》」とから成る。鳥がついばむ。

意味 ❶鳥がくちばしでつついてものを食う。また、その音。ついばむ。たたく。例 啄木《タクボク》。啐啄《ソッタク》。❷門や戸をたたく音。例 啄啄《タクタク》。剝啄《ハクタク》。

難読 啄木鳥《きつつき|けらつつき|けら》・青啄木鳥《あおげら》

【啄木】《タクボク》 キツツキの異名。啄木鳥《タクボクチョウ》。

【啄木鳥】《タクボクチョウ|きつつき》 アカゲラ・アオゲラなどの、キツツキ科の鳥。するどい口ばしで木の幹に穴をあけ、中にいる虫を食う。

口 7 【哲】

10画 3715 54F2 常用 音 テツ漢呉 訓 さと-い・あき-らか

筆順 一 才 扌 扩 折 折 折 哲

たちなり  [形声]「口(=くち)」と、音「折《セツ→テツ》」とから成る。ものしり。

意味 ❶ものごとの道理に通じている。さとい。かしこい。例 哲理《テツリ》。明哲《メイテツ》。❷道理に明るい人。さとい人。かしこい人。例 賢哲《ケンテツ》。聖哲《セイテツ》。先哲《センテツ》。

人名 あき・あきら・さと・さとし・さとる・のり・ひろ・まさ・よし

【哲学】《テツガク》 ①世界や人生、ものごとの根本原理を、理性の力で追究する学問。例 —者。—的。②自分の経験から築き上げた、人生やものごとに対する考え方。例 かれ一流の人生—をもっている。

【哲人】《テツジン》 ①哲学者。すぐれた思想家。②見識が高く、徳と知性をそなえた人。例 —による政治。

【哲理】《テツリ》 ①哲学上の道理。例 わかりやすい—を求める。②人生の根本にかかわる深い道理。例 老子《ロウシ》の説く—。

○●先哲《センテツ》・変哲《ヘンテツ》・明哲《メイテツ》

口 7 【唐】

10画 3766 5510 常用 音 トウ漢呉 訓 から・もろこし

筆順 亠 广 户 启 庐 唐 唐

口 7 【唐】

10画

たちなり  [形声]「口(=ことば)」と、音「庚《コウ→トウ》」とから成る。おおげさなことば。

意味 ❶でたらめなことば。大言《タイゲン》。ほら。例 荒唐無稽《コウトウムケイ》。❷李淵《リエン》が隋《ズイ》をほろぼして建てた国。都は長安(=今の西安)。(六一八—九〇七)例 唐詩《トウシ》。遣唐使《ケントウシ》。入唐《ニットウ》。

日本語での用法《トウ・から・もろこし》中国の。または、外国の。「唐音《トウオン|トウイン》・唐紙《トウシ》・唐人《トウジン》・唐猫《からねこ》・唐草《からくさ》・唐歌《からうた》・唐《もろこし》の歌《うた》」

【唐歌】《からうた》 漢詩。〔大和歌《やまとうた》(=和歌)に対していう〕

【唐傘】《からかさ》 竹で作ったほねぐみに油紙を張った、あまがさ。

【唐金】《からかね》 青銅のこと。例 —の灯籠《トウロウ》。

【唐草】《からくさ》「唐草模様」の略。つる草の、つるや葉がからんでいるようすを図案化した模様。例 —模様のふろしき。

【唐国】《からくに》 昔、日本から中国を指した呼び名。からのくに。

【唐子】《からこ》 ①中国の子供。また、中国服を着た子供。②子供の髪型《かみがた》の一つ。唐子まげ。

【唐▼獅子】《からジシ》〔「からシシ」とも〕①ライオンの昔の呼び名。〔イノシシやカノシシ(=シカ)と区別して言った〕②ライオンをもとに考えた、想像上の動物。障壁画《ショウヘキガ》やびょうぶ絵にえがかれた。例 牡丹《ボタン》に—。

【唐錦】《からにしき》 古代に中国から渡来《トライ》した、にしき。

【唐▼櫃】《からびつ》 脚《あし》が四本または六本ついた、ふたのある大形の木箱。古く衣服や調度などを入れた。

【唐様】《からヨウ》 ①中国風であること。また、そのもの。②中国風の書体。とくに江戸《えど》時代中ごろに流行した、明《ミン》の様式の書体。例 売り家と—で書く三代目(=創業の苦労を知らない三代目が、道楽にふけって家やしきを手放すはめになったことを皮肉った川柳《センリュウ》)。③鎌倉《かまくら》時代に宋《ソウ》から伝えられた禅宗《ゼンシュウ》寺院の建築様式。▽対 和様。

【唐音】《トウオン|トウイン》 日本の漢字音の一つ。平安末期以後伝わった、唐末から清《シン》までの中国音。たとえば、「行灯《アンドン》」「提灯《チョウチン》」「饅頭《マンジュウ》」「鈴《リン》」など。宋音《ソウオン》。唐宋音。→【漢音】《カンオン》(613ページ)・【呉音】《ゴオン》(195ページ)

【唐辛子】《トウがらし》 ナス科の一年草。実は熟すと真っ赤になり、激しい辛味があって、香辛料《コウシンリョウ》に使われる。表記「唐▼芥子」とも書く。

【唐▼黍】《トウきび》 ①モロコシの別名。②トウモロコシの別名。→【蜀黍】《もろこし》(877ページ)

【唐▼胡麻】《トウゴマ》 トウダイグサ科の一年草。葉はヤツデに似る。種からひまし油《ユ》をとる。

【唐桟】《トウザン》 綿織物の一種。赤やあさぎ色などの細いたてじまを織った織物。

【唐三彩】《トウサンサイ》 唐代の焼き物で、緑・黄・茶・白などのうわぐすりによる彩色《サイシキ》をした陶器《トウキ》。

【唐紙】 ㊀《トウシ》 中国特産の書画用の紙。竹の繊維《センイ》を原料とし、墨《すみ》の吸収がよく、古来日本でも書画をたしなむ人に好まれた。㊁《からかみ》 ①中国産の紙に似せてつくられた、色や模様

の美しい和紙。②「唐紙障子《からかみショウジ》」の略。ふすま。

【唐詩《トウシ》】中国の詩が最も栄えた、唐代に作られた詩。律詩《リッシ》や絶句《ゼック》の詩体がととのい、李白《リハク》・杜甫《トホ》・白居易《ハクキョイ》など多くのすぐれた詩人が活躍《カツヤク》した。

【唐人《トウジン》】①昔、日本から中国人を指した呼び名。からびと。例 —屋敷《やしき》。②(江戸《えど》時代に)外国人のこと。例 —の寝言《ねごと》(=わけのわからないことば)。

【唐▼宋八大家《トウソウハチダイカ》】唐・宋代の八人のすぐれた古文作家。唐の韓愈《カンユ》・柳宗元《リュウソウゲン》、宋の欧陽脩《オウヨウシュウ》・曾鞏《ソウキョウ》・王安石《オウアンセキ》・蘇洵《ソジュン》・蘇軾《ソショク》・蘇轍《ソテツ》。唐宋八家《ハッカ》。彼らの散文作品を唐宋八家文と呼ぶ。

【唐土《トウド》】昔、日本から中国を指した呼び名。もろこし。からの国。

【唐突《トウトツ》】(名・形動ダナ)前ぶれもなく、とつぜんであるようす。

【唐物《トウブツ》】中国や東南アジアなどから渡来《トライ》した品物。からもの。類 舶来品《ハクライヒン》。例 —屋。

【唐木《トウボク》《からき》】中国経由で日本に輸入された、熱帯産の木材。紫檀《シタン》や黒檀など。例 —《からき》細工。—《からき》作り。

【唐墨】一《トウボク》中国製の墨《すみ》。二《からすみ》ボラの卵巣《ランソウ》を塩づけにして干した食品。〔「一」に似て平たく細長いのでいう〕

【唐本《トウホン》】中国から渡来《トライ》した本。

【唐名《トウミョウ》《トウメイ》】中国風の呼び名。とくに唐代の制度による官職名の呼び方。太政《ダイジョウ》大臣を相国《ショウコク》、左右の大臣を丞相《ジョウショウ》、中納言《チュウナゴン》を黄門《コウモン》というなど。

口 7

【哺】10画 5114 54FA 常用 音 ホ漢 訓 ふく-む・はぐく-む

筆順 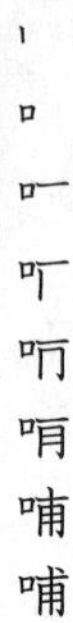

なりたち  [形声]「口(=くち)」と、音「甫フ→ホ」とから成る。口の中で食物をかみくだく。

意味 ❶口の中に食物をふくむ。また、口にふくんだ食物。ふくむ。例 含哺《ガンポ》。❷親鳥がひなに口にふくんだ食物をあたえる。ふくませる。また、そだてる。例 哺育《ホイク》。哺乳《ホニュウ》。

【哺育《ホイク》】(名・する)養いそだてること。乳を飲ませ、または口移しに食物をあたえてそだてること。表記「保育」とも書く。

【哺乳《ホニュウ》】(名・する)子に母乳を飲ませること。例 —瓶《ビン》。

【哺乳類《ホニュウルイ》】脊椎《セキツイ》動物の一種。胎生《タイセイ》で肺《ハイ》呼吸をし、母親の乳で子供をそだてる。最も高等な動物。

口 7

【哩】10画 4373 54E9 人名 音 リ 訓 マイル

意味 ヤードポンド法の距離《キョリ》の単位。マイル。一マイルは約一・六キロメートル。

口 7

【哢】10画 5115 54E2 音 ロウ漢 訓 あざけ-る・さえず-る

意味 鳥がよどみなく鳴く。さえずる。例 哢吭《ロウコウ》(=のどをのばしてさえずる)。

日本語での用法《あざける》詩歌《シイカ》を口ずさむ。「月《つき》に哢《あざけ》り、風《かぜ》にあざむく」

難読 新《はつ》哢《ね》(=春のウグイスの初音)・嚶哢《さえずる》

口 7

【唖】10画 ⇩【啞】《ア》(206ページ)

口 7

【唐】10画 ⇩【唐】《トウ》(205ページ)

口 8

【啞】11画 1-1508 555E 音 ア漢呉

口 7

【唖】10画 1602 5516 俗字

意味 ❶ことばを発することが困難な病気。また、その人。例 聾啞《ロウア》。❷おどろきの声。ああ。例 啞然《アゼン》。❸「啞啞《アア》」は、カラスの鳴き声。

【啞然《アゼン》】(形動タルト)おどろきあきれて、ことばも出ないようす。

口 8

【唯】11画 4503 552F 常用 音 イ漢 ユイ呉 訓 ただ

筆順 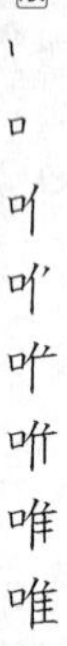

なりたち 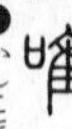  [形声]「口(=ことば)」と、音「隹スイ→イ」とから成る。承知してこたえることば。

意味 ❶かしこまってすみやかに答える返事のことば。はい。例 唯唯諾諾《イイダクダク》。❷〔助字〕「ただ(…のみ)」と読み、限定や強調の意をあらわす。例 唯見二秋月一《ただシュウゲツをみるのみ》(=ただ秋の月を見るだけだ)。唯一《ユイイツ》〔「ただひとつ」と訓読する〕。

人名 ただし

【唯唯《イイ》】(形動タルト)他人の言うことに従うようす。

【唯唯諾諾《イイダクダク》】(形動タルト)人の言うことに無批判に従うようす。例 —として従う。

【唯一《ユイイツ》《ユイツ》】ただ一つで、ほかにはないこと。例 —の例外。

【唯我独尊《ユイガドクソン》】〔「唯《ただ》我《われ》独《ひと》り尊《たっと》し」と訓読する〕①⇩【天上天下唯我独尊《テンジョウテンゲユイガドクソン》】(262ページ) ②自分だけがすぐれていると、思い上がること。ひとりよがり。

【唯識《ユイシキ》】〔仏〕すべてのものは、「識(=心)」によってとらえられて、はじめて存在するのであって、存在するのは「識」のみであるということ。法相宗《ホッソウシュウ》の考え方の根本。

【唯心論《ユイシンロン》】〔哲〕世界の本体、現象の本質は精神にあって、物質もまた心のはたらきのあらわれであるという考え。

【唯美主義《ユイビシュギ》】真実や道徳的善よりも、美が最高の価値であるとする、芸術上の立場。十九世紀後半のヨーロッパでとなえられた。耽美《タンビ》主義。例 世紀末の—。

【唯物論《ユイブツロン》】〔哲〕世界の本体は精神ではなく、独立してある物質であり、精神も物質のはたらきによるという考え。

口 8

【啝】11画 5127 555D 音 カ漢

意味 ❶子供が泣く。❷すなおにしたがう。

口 8

【啀】11画 5117 5540 音 ガイ漢 訓 いが-む

意味 イヌがかみあう。いがむ。例 啀啀《ガイガイ》(=イヌがかみあう)。

日本語での用法《いがみ・いがむ》敵意をあらわして、あらそう。「啀《いが》み合《あ》いをする」

口 8

【喝】11画 1969 559D 常用 音 カツ漢 訓 しか-る

筆順 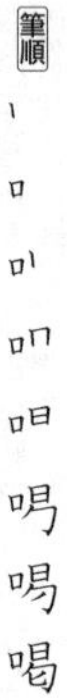

口 9

【喝】12画 1-1512 FA36

なりたち 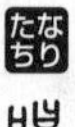 [形声]「口(=くち)」と、音「曷《カツ》」とから成る。声がかすれる。

意味 (声がかすれるほど)大声で呼びかける。しかる。おどす。例 喝采《カッサイ》。一喝《イッカツ》。恐喝《キョウカツ》。

【喝采《カッサイ》】(名・する)どっとほめそやすこと。例 拍手《ハクシュ》—。

【喝破《カッパ》】(名・する)①大声でしかりつけること。②人の説の誤りをはっきり言うこと。例 旧説の矛盾《ムジュン》を—する。③真理を見ぬき、力強くとなえること。例 人生論を—する。

●一喝《イッカツ》・大喝《タイカツ》

口 8
【啓】
11画 2328 5553 常用 音 ケイ漢呉 訓 ひら-く・もう-す

筆順 … 啓

口 8
【啓】
11画

なりたち [形声]「攵(=たたく)」と、音「启《ケイ》(=ひらく)」とから成る。教える。

意味 ❶人の目をひらいて、わからせる。おしえさとす。例啓示《ケイジ》。啓発《ケイハツ》。啓蒙《ケイモウ》。❷とじているものを、あけひろげる。ひらく。例啓蟄《ケイチツ》。❸もうしあげる。もうす。例啓上《ケイジョウ》。啓白《ケイハク》。拝啓《ハイケイ》。

人名 あきら・さとし・さとる・とおる・はじめ・はる・ひら・ひらき・ひろ・ひろし・ひろむ・よし

【啓示】《ケイジ》(名・する)天からの教え。とくにキリスト教で、人間の知ることのできない真理を、神が教えしめすこと。類黙示《モクシ》。例神の―を受ける。

【啓上】《ケイジョウ》(名・する)申し上げること。〔手紙で使うことば〕例一筆―する。

【啓▼蟄】《ケイチツ》二十四節気の一つ。三月六日ごろ。冬ごもりをしていた虫が地面にはい出る意。

【啓白】〔「白」も、申す意〕一《ケイハク》申し上げること。手紙文のはじめや終わりにも用いる。類敬白。二《ケイビャク》神仏に申し上げること。また、その文章形式の一つ。

【啓発】《ケイハツ》(名・する)知的なしげきをあたえて、だいじなことを気づかせること。教え導いて、専門的なことがらへの目をひらかせること。例講演を聞いて―されるところが多かった。

【啓▼蒙】《ケイモウ》(名・する)〔「蒙」は、道理にくらい意〕知識のない人々に正しい知識をあたえ、しっかりした考えをもつように、教え導くこと。例―主義。―書。

●行啓《ギョウケイ》・謹啓《キンケイ》・天啓《テンケイ》

口 8
【啌】
11画 5119 554C 音 コウ漢 訓 うそ

意味 ❶よくないと言って、しかる。❷ものが気管に入って、むせる。

日本語での用法 《うそ》いつわり。虚言《キョゲン》。「啌《そう》つき・啌《そう》を

言《い》う」

口 8
【售】
11画 5120 552E 音 シュウ漢 訓 あきな-う・う-る

意味 ❶売りわたす。売る。あきなう。例售出《シュウシュツ》。❷買う。❸おしすすめる。例售謗《シュウボウ》(=悪口を言いふらす)。

口 8
【商】
11画 3006 5546 教育3 音 ショウ漢呉 訓 あきな-う・あきな-い

筆順 … 商

なりたち [形声]「冏(=ゆっくり言う)」と、音「章《ショウ》」の省略体とから成る。外から内部をはかり知る。

意味 ❶ものごとをくらべあわせて考える。相談する。はかる。例商議《ショウギ》(=話し合い)。❷中国古代の殷《イン》王朝の別名。例殷商《インショウ》。❸品物を売り買いする。あきなう。あきない。また、それをする人。例商人《ショウニン》。商売《ショウバイ》。行商《ギョウショウ》。❹㋐東洋音楽の五音《ゴイン》(=宮《キュウ》・商《ショウ》・角《カク》・徴《チ》・羽《ウ》)の一つ。悲しげな調子。例商声《ショウセイ》(=悲しみの気持ちをあらわす音)。㋑四季では秋、方位では西にあてる。例商風《ショウフウ》(=秋のかぜ。西のかぜ)。❺星座の名。心宿《シンシュク》(=さそり座)。例参商《シンショウ》。❻割り算の答え。

難読 商陸《やまごぼう》

人名 あき・あつ・ひさ

【商科】《ショウカ》商業に関する学科や学部。商学部。

【商家】《ショウカ》商人の家。類商店。例―にとつぐ。

【商業】《ショウギョウ》商品を売買して利益を得る事業。あきない。例―会議所。

【商工】《ショウコウ》商業と工業。また、商人と職人。例―として栄える。

【商港】《ショウコウ》商船が出入りするみなと。例―として栄える。

【商行為】《ショウコウイ》金もうけを目的としておこなわれる、すべての行為。製造・加工・販売《ハンバイ》・不動産の取り引きなど。

【商魂】《ショウコン》どんな機会ものがさず利益をあげようとする、商人特有の気構え。例―のたくましい人。―に徹《テッ》する。

【商才】《ショウサイ》商売をする才能。例―にたけた人。

【商事】《ショウジ》①商売に関することがら。②「商事会社」の略。製造者と買い手とのあいだに立って、商品の取り引きや輸出入《ユシュツニュウ》の仕事をする会社。商社。

【商社】《ショウシャ》商品の取り引きを仕事とする会社。商事会社。

【商船】《ショウセン》商業上の目的で航海する船舶《センパク》。貨物船と客船とがある。例北米航路の―が入港する。

【商戦】《ショウセン》商業上の競争。例歳末《サイマツ》―。

【商談】《ショウダン》商売や取り引きについての相談。

【商店】《ショウテン》商品を売る店。例―街《ガイ》。

【商人】《ショウニン》品物を仕入れて売り、利益を得ることを仕事にしている人。あきんど。

【商売】《ショウバイ》(名・する)①品物を仕入れて売り、利益を得ること。売り買い。あきない。例―で身を立てる。②職業。また、専門にしていること。例教えるのがわたしの―です。

【商売柄】《ショウバイがら》①商売の種類。例―をわきまえる。②商売の内容から得た知識や習性。また、仕事の関係上。

【商売人】《ショウバイニン》①商人。あきんど。②専門におこなう人。くろうと。③水商売の女性。商売女。くろうと。

【商標】《ショウヒョウ》商品のしるしとして用いる文字・図形・記号など。トレードマーク。例―権。登録―。

【商品】《ショウヒン》売るための品物。〔形をもたないサービス・情報・金融《キンユウ》などに関するものにもいう〕例新発売の―。

【商法】《ショウホウ》①商売のやりかた。②商業活動に関する法律。

【商用】《ショウヨウ》商売上の用事。例―で外国に行く。

●外商《ガイショウ》・行商《ギョウショウ》・豪商《ゴウショウ》・隊商《タイショウ》・通商《ツウショウ》

口 8
【唱】
11画 3007 5531 教育4 音 ショウ漢呉 訓 とな-える・うた-う

筆順 … 唱

なりたち [形声]「口(=くち)」と、音「昌《ショウ》」とから成る。先に言って次をみちびく。

意味 ❶先立って言いはじめる。声高く読みあげる。となえる。みちびく。例唱導《ショウドウ》。首唱《シュショウ》。提唱《テイショウ》。❷声を上げてうたう。うた。例唱歌《ショウカ》。合唱《ガッショウ》。独唱《ドクショウ》。

人名 うた・となう

【唱歌】《ショウカ》①歌をうたうこと。また、その歌。②もと、小学校の教科の一つ。現在の「音楽」にあたる。例小学―。

【唱道】《ショウドウ》(名・する)〔「道」は、言う意〕人に先立ってとなえること。となえはじめること。例絶対平和を―した人物。

【唱導】《ショウドウ》(名・する)①先に立ってみちびくこと。②〔仏〕仏の教えを説いて仏道にみちびくこと。

【唱名】《ショウミョウ》(名・する)〔仏〕仏の名、とくに阿弥陀仏《アミダブツ》の名をとなえること。表記「称名」とも書く。

【唱和】《ショウワ》(名・する)①ひとりの人が先にとなえ、それに合わせておおぜいの人がとなえること。例万歳《バンザイ》を—する。②他の人が作った詩や和歌に対して、返答の意味で、詩や和歌を作ること。また、それについての自分の思いを詩歌《シイカ》に作ること。例—詩。

◐暗唱《アンショウ》・歌唱《カショウ》・主唱《シュショウ》

口 8

【啜】

11画 5121 555C 音セツ・テツ(漢) 訓すす-る

意味 ❶汁《しる》ものをすすってのむ。すうようにして食べる。すする。例啜汁《セツジュウ》(=しるをすう。利を得る)。渋茶《しぶチャ》を啜《すす》る。❷泣くようす。すすり泣く。例啜泣《テッキュウ》(=すすり泣く)。

口 8

【啐】

11画 1-1507 5550 音 一 サイ(漢) 二 ソツ(慣) シュツ(漢)

意味 一《サイ》❶おどろく。❷儀礼《ギレイ》で酒をすする。のむ。例啐酒《サイシュ》(=酒を飲むこと)。二《ソツ・シュツ》すする音。また、たまごがかえるとき、ひな鳥が殻《から》をつつく音。例啐啄同時《ソッタクドウジ》。

【啐▼啄同時】《ソッタクドウジ》〔たまごがかえるとき、ひな鳥がたまごの中から殻《から》をつつくのが「啐《ソツ》」、母鳥がそれに応じて外から殻をつつくのが「啄《タク》」〕禅《ゼン》で、師《シ》と弟子《デシ》の気持ちが相《あい》応じてぴたりと合うこと。

口 8

【唾】

11画 3435 553E 常用 音タ(漢) ダ(呉) 訓つば・つばき 付表 固唾《かたず》

筆順 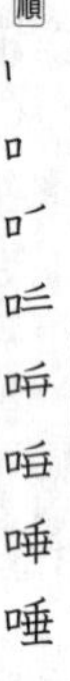

なりたち  [形声]「口(=くち)」と、音「垂《スイ→タ》」とから成る。口中の液体。つば。

意味 ❶つば。つばき。例唾液《ダエキ》。咳唾《ガイダ》。生唾《なまつば》。❷つばをはく。つばをはきすてるようにさげすみ、きらう。例唾棄《ダキ》。

難読 難唾《かたず》・唾壺《はいふき》

【唾液】《ダエキ》つば。つばき。

【唾棄】《ダキ》(名・する)いみきらうこと。軽蔑《ケイベツ》すること。例—すべき行為《コウイ》。

【唾手】《ダシュ》①手につばをはきかけて仕事につくこと。②気合を入れて取り組むことのたとえ。

口 8

【啅】

11画 5122 5545 音 一 タク(漢) 二 トウ(漢) 訓ついば-む

意味 一《タク》鳥がくちばしでつついて食う。ついばむ。二《トウ》❶鳥が鳴く。さえずる。❷(鳥がさえずるように)やかましい。さわがしい。例啅噪《トウソウ》(=やかましい)。

口 8

【啖】

11画 5123 5556 音タン(漢) 訓くら-う

意味 ❶むさぼりくう。たべる。くらう。(同)啗《タン》。例健啖家《ケンタンカ》。❷味のない食物。粗食《ソショク》。

【啖▼呵】《タンカ》(相手をおどすときに使う)発音や調子が強くはっきりして、勢いのいいことば。例—を切る(=いせいよく言いはなつ)。

口 8

【啗】

11画 5124 5557 音タン(漢) 訓くら-う

意味 くわせる。たべる。くらう。(同)啖《タン》。例呑啗《ドンタン》。

口 8

【唸】

11画 5125 5538 音テン(漢) 訓うな-る

意味 (苦しみなどのため)口を閉じたまま、ことばにならない声をあげる。うめく。うなる。

口 8

【問】

11画 4468 554F 教育3 音ブン(漢) モン(呉) 訓と-う・と-い・とん

筆順 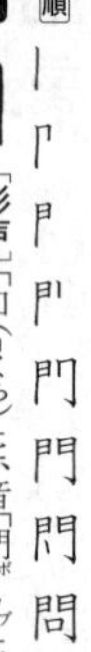

なりたち  [形声]「口(=くち)」と、音「門《ボン→ブン》」とから成る。といただす。

意味 ❶わからないことをたずねる。ききただす。しらべる。とう。とい。例問題《モンダイ》。疑問《ギモン》。質問《シツモン》。❷人をたずねる。おとずれる。みまう。例慰問《イモン》。訪問《ホウモン》。

日本語での用法《とん》商品のおろし売りをする商店。「問屋《とんや》」

人名 ただ・よ

【問屋】《とんや》〔「といや」の変化したもの〕生産者と小売商との中に立って、商品のおろし売りをする店。例船—《ふなどんや》。そうは—がおろさない(=思いどおりにうまく事が進行しない)。

【問診】《モンシン》(名・する)患者《カンジャ》と談話をしながら、診断のための手がかりを得ること。例まず—が大事。

【問題】《モンダイ》①(学習の効果や能力などをはかる目的で)答えを要求する問い。例数学の—を解く。②解決しなければならないことがら。例—が長びく。③議論のたねになることがら。例今年—となった作品。④ことがら。案件。例これは君には関係のない—だ。

【問答】《モンドウ》(名・する)①問いと答え。質問と応答。議論すること。例—無用。—体の文章。②(弟子《デシ》として)一方がたずね、(師として)他方が答えること。例老師と—する。

◐学問《ガクモン》・愚問《グモン》・検問《ケンモン》・拷問《ゴウモン》・顧問《コモン》・諮問《シモン》・尋問《ジンモン》・設問《セツモン》・弔問《チョウモン》・反問《ハンモン》

口 8

【唹】

11画 5116 5539 音ヨ(漢) オ(呉)

意味 わらうようす。わらう。

日本語での用法《お》「お」にあてる万葉がな。「噌唹《そお》(=鹿児島《かごしま》県の地名、また、郡名。今は曽於と書く)」

口 8

【唳】

11画 *5126 *5533 音レイ(漢) 訓な-く

意味 ツルなどがかん高い声で鳴く。例風声鶴唳《フウセイカクレイ》(=わずかな物音にもびくびくしておそれるたとえ)。

口 8

【啓】

11画 ⇩【啓】《ケイ》(207ページ)

口 8

【啄】

11画 ⇩【啄】《タク》(205ページ)

口 9

【営】

12画 1736 55B6 教育5 音エイ(漢) ヨウ(呉) 訓いとな-む・いとな-み

筆順 

火13

【營】

17画 5159 71DF

なりたち  [形声]「宮(=家屋)」と、音「熒《ケイ→エイ》」の省略体とから成る。まわりをかこんで、家屋をつくる。

意味 ❶兵隊のとまるところ。とりで。例陣営《ジンエイ》。兵営《ヘイエイ》。野営《ヤエイ》。❷仕事をうまくさばく。処理する。はかる。いとなむ。いとなみ。例営業《エイギョウ》。運営《ウンエイ》。経営《ケイエイ》。❸作りととのえる。例営繕《エイゼン》。造営《ゾウエイ》。

人名 おさむ・のり・まもる・よし

【営為】《エイイ》 せっせと努めること。いとなみ。仕事。例日日の―。自然の―におどろかされる。

【営営】《エイエイ》 (形動《タルト》) 休まずに励《はげ》むようす。また、あくせくするようす。例―と築きあげた事業。

【営業】《エイギョウ》 (名・する) ①利益を目的として事業をおこなうこと。また、その事業。②商売をしていること。例―中。

【営繕】《エイゼン》 (名・する) 〔「繕」は、つくろう・なおす意〕 建物を新築したり修理したりすること。例―課。

【営倉】《エイソウ》 軍隊で、規則に違反《イハン》した兵士が、罰《バツ》としてとじこめられる施設《シセツ》。また、その罰。例重―。軽―。

【営門】《エイモン》 兵営や陣営《ジンエイ》の門。例―の歩哨《ホショウ》に立つ。

【営養】《エイヨウ》 ⇩【栄養】《エイヨウ》(521ページ)

【営利】《エイリ》 金銭上の利益を目的として活動をすること。例―事業。

【営林】《エイリン》 森林の管理や経営(=保護・育成・伐採《バッサイ》など)をすること。例―署。

◐運営《ウンエイ》・経営《ケイエイ》・公営《コウエイ》・国営《コクエイ》・陣営《ジンエイ》・設営《セツエイ》・造営《ゾウエイ》・直営《チョクエイ》・民営《ミンエイ》・野営《ヤエイ》・露営《ロエイ》

口 9

【喙】

12画 5128 5599 音カイ(漢) 訓くちばし

意味 ❶鳥や虫やけものの口。くちばし。❷人の、ものを言う口。例容喙《ヨウカイ》(=横から口出しすること)。

口 9

【喀】

12画 5129 5580 音カク(漢) 訓は-く

意味 口からはき出す。はく。例喀痰《カクタン》。喀血《カッケツ》。

【喀▼痰】《カクタン》 (名・する) たんをはくこと。また、はき出したたん。

【喀血】《カッケツ》 (名・する) 肺や気管支の粘膜《ネンマク》から出た血を口からはくこと。〔「吐血《トケツ》」は、胃や食道などの消化管から出た血をはくこと〕

口 9

【喚】

12画 2013 559A 常用 音カン(漢)(呉) 訓よ-ぶ・わめ-く

筆順 丨 口 口 吶 吶 唤 喚

なりたち  [形声]「口(=くち)」と、音「奐《カン》」とから成る。よぶ。

意味 ❶大声でさけぶ。よぶ。わめく。例喚声《カンセイ》。叫喚《キョウカン》。❷めしよせる。よびつける。例喚問《カンモン》。召喚《ショウカン》。

【喚起】《カンキ》 (名・する) きっかけをあたえて呼びおこすこと。例注意を―する。

【喚呼】《カンコ》 (名・する) ①大きな声で呼ぶこと。②声に出して確認《カクニン》すること。〔鉄道員などが安全運転のために、信号を見ておこなう〕例指差し―。

【喚声】《カンセイ》 さけびごえ。わめきごえ。例―があがる。

【喚問】《カンモン》 (名・する) 呼び出して問いただすこと。また、その呼び出し。例証人を―する。

◐叫喚《キョウカン》・召喚《ショウカン》・招喚《ショウカン》

口 9

【喊】

12画 5131 558A 音カン(漢) 訓さけ-ぶ

意味 大声でさけぶ。ときの声をあげる。例喊声《カンセイ》。吶喊《トッカン》。

口 9

【喜】

12画 2078 559C 教育5 音キ(漢)(呉) 訓よろこ-ぶ・よろこ-び

筆順 一 十 士 士 吉 吉 壴 喜

なりたち 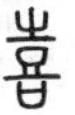 [会意]「壴(=楽器をならべて立てる)」と「口(=わらう)」とから成る。音楽をきいて、たのしむ。

意味 うれしがる。よろこぶ。よろこび。例喜悦《キエツ》。悲喜《ヒキ》。

人名 このむ・たのし・のぶ・はる・ゆき・よし

【喜雨】《キウ》 夏の土用のころ、日照り続きのときに降る雨。

【喜悦】《キエツ》 (名・する) よろこぶこと。よろこび。

【喜劇】《ゲキ》 ①機知や風刺《フウシ》の多い、こっけいなおもしろさで人間をえがく劇。例―役者。②おもしろおかしいできごと。▽(対)悲劇。

【喜捨】《キシャ》 (名・する) ①進んで社寺に財物を寄進すること。例寺に浄財《ジョウザイ》を―する。②貧しい人にほどこし物をすること。例―を乞《こ》う。

【喜寿】《キジュ》 数え年の七十七歳《サイ》。また、その祝い。〔「喜」の草書体「㐂」が、「七十七」と読めるところから〕例―を祝う。

【喜色】《キショク》 よろこびのようす。うれしそうな顔つき。例―満面。―にあふれる。

【喜怒哀楽】《キドアイラク》 よろこびと、いかりと、悲しみと、たのしみ。人間のさまざまな感情をいう。例―を顔に出さない人。

◐歓喜《カンキ》・狂喜《キョウキ》・随喜《ズイキ》

口 9

【喟】

12画 5132 559F 音キ(漢) 訓なげ-く

意味 感心して、ため息をつく。また、なげく。例喟然《キゼン》。

【喟然】《キゼン》 (形動《タルト》) 感心して、ため息をつくようす。また、なげいて気落ちしているようす。

口 9

【喫】

12画 2142 55AB 常用 音キツ(慣)ケキ(漢) 訓の-む・す-う

筆順 口 口 吐 咭 喫 喫 喫 喫

口 9

【喫】

12画

なりたち  [形声]「口(=くち)」と、音「契《ケイ→ケキ》」とから成る。食べる。

意味 ❶食べる。例満喫《マンキツ》。❷すう。のむ。例喫煙《キツエン》。喫茶《キッサ》。❸(痛手や苦痛を)受ける。こうむる。例喫驚《キッキョウ》。敗北《ハイボク》を喫《キッ》する。

【喫煙】《キツエン》 (名・する) タバコを吸うこと。例―室。

【喫驚】《キッキョウ》 (名・する) びっくりすること。おどろくこと。表記「▼吃驚」とも書く。

【喫緊】《キッキン》 (名・形動《ナダ》) たいせつで解決が急がれること。例―の問題。

【喫茶】《キッサ》 〔「キッチャ」とも〕 茶を飲むこと。

【喫茶店】《キッサテン》 〔「喫茶」は、茶を飲む意〕 紅茶やコーヒーなどの飲み物や、菓子《カシ》、かるい食事などを出す店。

【喫水】《キッスイ》 船の、水中につかる部分。ふなあし。例―線。―が深い。表記 (旧)▼吃水

口 9

【喬】

12画 2212 55AC 人名 音キョウ(漢) 訓たか-い

なりたち  [会意]「夭(=曲がる)」と「高(=たかい)」の省略体とから成る。たかくそびえる。

意味 ❶(木などが)たかくそびえる。たかい。例喬松《キョウショウ》(=高くそびえる大きなマツの木)。喬木《キョウボク》。❷おごりたかぶる。(同)驕《キョウ》。例喬志《キョウシ》(=おごった心)。

人名 すけ・たか・たかし・ただ・のぶ・もと

【喬木】《キョウボク》 ⇩【高木】《コウボク》(1088ページ)

口 9
【喧】 12画 2386 55A7 人名 音ケン(漢) 訓かまびす-しい・やかま-しい

意味 声が大きくさわがしいようす。やかましい。かまびすしい。例 喧嘩《ケンカ》。喧喧囂囂《ケンケンゴウゴウ》。

【喧▼嘩】《ケンカ》（名・する）たがいにゆずらず、激しく言い争ったり、力ずくで争ったりすること。いさかい。例 ―両成敗。表記「▼諠▼嘩」とも書く。

【喧喧▼囂▼囂】《ケンケンゴウゴウ》（形動《トタル》）おおぜいの人々が、口々にやかましくさわぎ立てるようす。例 ―たる非難。

【喧▼擾】《ケンジョウ》 さわがしいこと。さわぎ乱れること。

【喧▼噪】《ケンソウ》（名・形動《ナダ》）わいわいがやがやと、さわがしいこと。例 ―の地。ひとり―をはなれる。表記「喧騒・▼諠▼譟」とも書く。

【喧伝】《ケンデン》（名・する）さかんに言いふらすこと。例 世間に―される。

口 9
【喉】 12画 2502 5589 常用 音コウ(漢) 訓のど

筆順 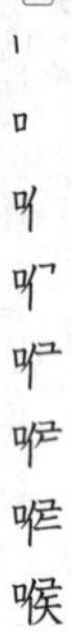

なりたち  ［形声］「口(＝くち)」と、音「侯《コウ》」とから成る。のど。

意味 声を出す部分。のど。例 喉頭《コウトウ》。咽喉《インコウ》。

【喉頭】《コウトウ》 のどのおくの、咽頭《イントウ》と気管とのあいだの部分。咽頭との境に声帯がある。

【喉▼頸】《のどくび》 ①首の前面の部分。例 ―をしめる。②急所。

【喉自慢】《のどジマン》 ①歌う声のよいことを自慢すること。②歌のうまさを人の前で披露《ヒロウ》して、優劣《ユウレツ》を決めるもよおし。

【喉笛】《のどぶえ》 のどの、声帯のある部分。例 ―に食《く》らいつく。

【喉仏】《のどぼとけ》 成人男子ののどの前の、つき出たところ。

【喉元】《のどもと》 のどのあたり。例 ―過ぎれば熱さを忘れる(＝苦しい体験も、時間がたてば忘れてしまう)。

【喉輪】《のどわ》 ①よろいの、のどに当たる部分の防具。②相撲《すもう》で、相手ののどに手のひらを当てて押《お》し立てるわざ。のどわぜめ。

口 9
【喰】 12画 2284 55B0 人名 音サン(漢) 訓く-う・くら-う

意味 たべる。くう。くらう。参考 日本では、俳諧《ハイカイ》や俗《ゾク》文学などで「くう」「くらう」意に用いる。

難読 漆喰《シックイ》・馬喰《バクロウ》

口 9
【啻】 12画 5133 557B 音シ(漢) 訓ただ・ただ-に

意味〔助字〕つねに疑問詞や否定詞のあとについて用いられる。㋐「不二啻…一」は「ただに…のみならず」と読み、ただ…だけではない、の意。例 爾不二啻不レ有二爾土一、予亦致二天之罰于爾躬一《なんじはただになんじのくにをたもたざるのみならず、われもまたテンのバツをなんじのみにいたさん》(＝汝《なんじ》たちはそれぞれの土地を所有できないばかりか、また予《われ》は汝たちの身に天の罰を加えるであろう)。〈書経《ショキョウ》〉㋑「何啻…」は「なんぞただ(に)…のみならんや」と読み、どうして…にとどまろうか、の意。

日本語での用法《ただ》ふつうにある。特別でない。「啻事《ただごと》ではない・啻《ただ》ならぬ様子《ヨウス》」

口 9
【啾】 12画 5134 557E 音シュウ(漢) 訓な-く

意味 幼い子供の泣く声。また、子供の声。虫や鳥のかすかな鳴き声。また、亡霊《ボウレイ》がうらみをこめて泣く声。例 啾啾《シュウシュウ》。鬼哭《キコク》。

【啾啾】《シュウシュウ》（形動《トタル》）小声でしくしく泣くようす。例 鬼哭《キコク》―(＝亡霊《ボウレイ》のうらみをこめて泣く声が、しくしくと聞こえてくるようす)。

口 9
【善】 12画 3317 5584 教育6 音セン(漢)ゼン(呉) 訓よ-い

筆順 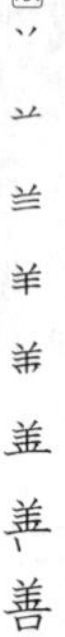

言13
【譱】 20画 7033 8B71 本字

なりたち  ［会意］「誩(＝競《きそ》って言う)」と「羊(＝めでたい)」とから成る。よい。

意味 ❶めでたい。りっぱな。正しい。すぐれている。よい。(対)悪《アク》。例 善悪《ゼンアク》。善行《ゼンコウ》。勧善《カンゼン》。❷よく(する)。うまく。りっぱに。例 善後策《ゼンゴサク》。善処《ゼンショ》。善戦《ゼンセン》。❸仲よくする。したしくする。例 善隣《ゼンリン》。親善《シンゼン》。

使い分け よい【良・善】⇩1181ページ

人名 ただし・たる・まさ・まさる・よし

【善悪】《ゼンアク》 よいこととわるいこと。(類)是非《ゼヒ》・理非《リヒ》。例 ―をわきまえる。

【善意】《ゼンイ》 ①他人のためによかれと思う気持ち。例 ―の人。②好意的な見方。よい意味。例 ―に解釈《カイシャク》する。▽(対)悪意。

【善因】《ゼンイン》〔仏〕よい結果をもたらすもとになる、よいおこない。(対)悪因。例 ―善果。

【善果】《ゼンカ》〔仏〕よいおこないをしたために受ける、よいむくい。善行の結果。(対)悪果。例 善因―。

【善言】《ゼンゲン》 りっぱなことば。有益なことば。

【善行】《ゼンコウ》 よいおこない。りっぱなおこない。(対)悪行《アクギョウ》。

【善後策】《ゼンゴサク》 失敗のあと始末をうまくつけるための、よい方策。例 ―を講じる。

【善根】《ゼンコン》〔仏〕よいむくいを受けるもととなる、よいおこない。

【善▼哉】［一］《ゼンザイ》《よきかな》 感心して、「よい」とほめることば。すばらしい。［二］《ゼンザイ》 ①(関西で)つぶしあんのしるこ。いなかじるこ。②(関東で)餅《もち》にかためのあんをかけたしるこ。

【善事】《ゼンジ》 よいこと。めでたいこと。(対)悪事。

【善処】《ゼンショ》（名・する）(仕事上の問題などを)相手に不利にならないよう、うまく解決すること。〔あまりやる気のない、その場しのぎの返事に使うこともある〕例 早急《サッキュウ》に―します。

【善心】《ゼンシン》 善良な心。正直で素《ス》直《なお》な心。(対)悪心。

【善政】《ゼンセイ》 よい政治。人民を幸せにする政治。(対)悪政。

【善戦】《ゼンセン》（名・する）(力の弱い者が)せいいっぱい力を出してたたかうこと。例 去年の優勝チームを相手に―している。

【善玉】《ゼンだま》 善人。また、よいはたらきをするもの。〔江戸《えど》時代の草双紙《くさゾウシ》などの絵で、人の顔を円であらわし、善人はその中に善、悪人は悪と書いて示したことからいう〕(対)悪玉《アクだま》。

【善知識】《ゼンチシキ》〔「知識」は、明晰《メイセキ》に知る人の意〕人を仏道に導く高僧《コウソウ》。表記 (旧)善▼智識

【善導】《ゼンドウ》（名・する）よいほうへ教えみちびくこと。

【善男善女】《ゼンナンゼンニョ》 仏教を信じる心のあつい人々。信仰《シンコウ》の深い人々。例 大法要に―が参詣《サンケイ》する。

【善人】《ゼンニン》 ①善良な人。おこないの正しい人。(対)悪人。②気のいい人。おひとよし。例 底ぬけの―。

【善美】《ゼンビ》（名・形動《ナダ》）①善と美。例 真―。②(外観や設備などが)りっぱで美しいこと。例 ―をつくした建物。

【善本】《ゼンボン》 ①内容やつくりがすぐれた本。②(書誌学で)本文の系統が正しくて、保存などがよい、価値のある本。

【善用《ゼンヨウ》】（名・する）①世の中のために使うこと。対悪用。②うまく使うこと。例余暇《ヨカ》の—。

【善良《ゼンリョウ》】（名・形動《ダナ》）性格がよいこと。正直で素直《スなお》なこと。例—な市民。

【善隣《ゼンリン》】となりの国と仲よくすること。また、仲よくしているとなりの国。例—友好。—外交。

◐改善《カイゼン》・偽善《ギゼン》・最善《サイゼン》・慈善《ジゼン》・追善《ツイゼン》・独善《ドクゼン》

口 9
【喘】12画 5135 5598 音ゼン(慣)セン(漢) 訓あえ-ぐ
意味 息切れする。せきこむ。あえぐ。例喘喘《ゼンゼン》。喘息《ゼンソク》。
【喘喘《センゼン|ゼンゼン》】あえぐようす。息がたえだえになるようす。
【喘息《ゼンソク》】[一]（名・する）①息をすること。②あえぐこと。[二]（名）のどがぜいぜい言ったり、発作的《ホッサテキ》にはげしい咳《せき》が出たりして、呼吸が苦しくなる病気。

口 9
【喪】12画 3351 55AA 常用 音ソウ(漢)(呉) 訓も・うしな-う・ほろ-びる
筆順 

なりたち 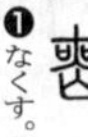［会意］「哭（=かなしむ声）」と「亾《ボウ→ソウ》（=にげる）」とから成る。うしなう。

意味 ❶なくす。うしなう。ほろびる。例喪志《ソウシ》。喪失《ソウシツ》。阻喪《ソソウ》。❷人が死んだとき、家族や親類が、ある決まった期間つつしんでいること。も。例喪礼《ソウレイ》。喪主《もシュ》。喪服《もフク》。

【喪家《ソウカ》】①家を失うこと。宿なし。②喪中《もチュウ》の家。

【喪家の▼狗《ソウカのいぬ》】喪中《もチュウ》の家で、悲しみのあまりえさを忘れられて、元気のないイヌ。一説に、家を失ったイヌ。宿なしイヌ。転じて、やせて元気のないことのたとえ。〈史記《シキ》〉

【喪失《ソウシツ》】（名・する）ささえとなっていたような、たいせつなものをうしなうこと。なくすこと。例記憶《キオク》—。

【喪心《ソウシン》】（名・する）①正気《ショウキ》を失って、ぼんやりすること。②気絶すること。類失神。表記▽「喪神」とも書く。

【喪礼《ソウレイ》】死者をほうむる儀式《ギシキ》。葬式《ソウシキ》。

【喪主《もシュ》】〔「ソウシュ」とも〕葬式《ソウシキ》をおこなうときに代表となる人。故人のあとつぎや近しい人がなる。

【喪章《もショウ》】〔「ソウショウ」とも〕死者をとむらう意をあらわしてつける、黒色の腕章《ワンショウ》またはリボン。

【喪中《もチュウ》】喪に服している期間。服喪中。

【喪服《もフク》】〔「ソウフク」とも〕死者をとむらう意をあらわして着る衣服。黒またはうすずみ色がふつう。

◐阻喪《ソソウ》・大喪《タイソウ》・服喪《フクも》

口 9
【喞】12画 5136 559E 音ソク(慣)ショク・シツ(漢) 訓かこ-つ
意味 ❶小さな虫がしきりに鳴く声。❷水をくんで、そそぐ。例喞筒《ソクトウ》。
日本語での用法《かこつ》ぐちを言う。「わが身《み》の不運《フウン》を喞《かこ》つ」
【喞筒《ソクトウ》】ポンプ。水や空気を送り出す道具。

口 9
【喋】12画 3593 558B 人名 音チョウ(漢) 訓しゃべ-る
意味「喋喋《チョウチョウ》」は、ぺらぺらと休まず話す。しゃべる。

口 9
【啼】12画 5138 557C 音テイ(漢) 訓な-く
意味 ❶悲しくて、声をあげて泣く。例啼泣《テイキュウ》。❷けものや鳥が鳴き声をあげる。例啼鳥《テイチョウ》。
【啼泣《テイキュウ》】（名・する）声をあげ、なみだを流して泣くこと。
【啼鳥《テイチョウ》】①なく鳥。②鳥のなき声。例春眠《シュンミン》暁《あかつき》を覚えず、処処《ショショ》—を聞く。〈孟浩然《モウコウネン》・春暁《シュンギョウ》〉

口 9
【喃】12画 5139 5583 音ダン(漢)ナン(呉) 訓のう
意味 細く低い声で話し続けるようす。例喃語《ナンゴ》。喃喃《ナンナン》。
日本語での用法《のう》人に呼びかけることば。もうし。
【喃語《ナンゴ》】（名・する）①男女が仲むつまじく、ささやきあうこと。また、そのことば。②乳児の、まだことばにはならないが、いかにも話しかけるように出す声。
【喃喃《ナンナン》】（副・形動《タル》）ぺちゃくちゃしゃべるようす。

口 9
【喩】12画 5140 55A9 常用 音ユ(漢)(呉) 訓さと-す・たと-える
筆順 
なりたち［形声］「口（=くち）」と、音「兪《ユ》」とから成る。たとえる。
意味 ❶知らせる。明らかにする。教えてわからせる。さとす。同諭《ユ》。例教喩《キョウユ》。告喩《コクユ》。❷他のものごとを引いて説明する。たとえる。例喩言《ユゲン》（=たとえばなし）。比喩《ヒユ》。

口 9
【喇】12画 5141 5587 音ラツ(漢)ラ(唐)
意味 ❶「喇叭《ラッパ》」は、管楽器の一種。❷外国語の音「ラ」にあてる字。例喇嘛《ラマ》。
【喇▼叭《ラッパ》】①広く、金管楽器を指す。とくに軍隊の信号用のラッパをいう。②大言壮語すること。類ほら。
【喇▼嘛教《ラマキョウ》】チベット仏教。仏教がチベットの民間信仰《シンコウ》と融合《ユウゴウ》してできたもの。

口 9
【喨】12画 5142 55A8 音リョウ(漢)(呉)
意味 明るく澄《す》んだ音声が響くようす。例嚠喨《リュウリョウ》。

口 9 【喝】12画 ⇩【喝《カツ》】(206ページ)

口 9 【啣】12画 ⇩【銜《カン》】(1009ページ)

口 9 【喫】12画 ⇩【喫《キツ》】(209ページ)

口 9 【單】12画 ⇩【単《タン》】(164ページ)

口 10
【嗚】13画 5143 55DA 音オ(漢)ウ(呉)
意味 ❶「嗚呼《ああ》」は、おどろき・感動・失望などの声。❷悲しみなげく。例嗚咽《オエツ》。
【嗚▽呼《ああ》】（感）感動やなげきなどの気持ちをあらわす声。表記「▼烏▼乎・▼烏▽呼」とも書く。
【嗚▽咽《オエツ》】（名・する）むせび泣くこと。例—をこらえる。

口 10
【嘩】13画 1862 5629 人名 音カ(漢) 訓かまびす-しい
意味 大きな声でさわぐ。やかましい。同譁《カ》。例喧嘩《ケンカ》。

口 10
【嗅】13画 5144 55C5 常用 音キュウ(漢) 訓か-ぐ
筆順 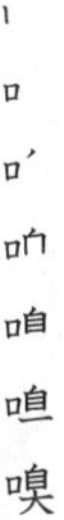
なりたち ［会意］本字は「齅」で、「鼻（=はな）」と「臭（=かぐ）」とから成る。鼻でかぐ。

意味 鼻でにおいを感じとる。かぐ。例 嗅覚《キュウカク》。

【嗅覚《キュウカク》】においを感じとる感覚。類 臭覚《シュウカク》。

口 10
【嗟】 13画 5145 55DF 音 シャ(漢) サ(呉) 訓 なげ-く

意味 ❶ 感動、また、悲しみの声。例 嗟乎《ああ》。❷ 感嘆《カンタン》する。なげき悲しむ。例 嗟嘆《サタン》。❸「咄嗟《トッサ》」は、ひと呼吸ほどの短いあいだ。

【嗟嘆《サタン》】(名・する) ①なげくこと。②感動してほめること。表記 ▽(旧)嗟▼歎

口 10
【嗄】 13画 5146 55C4 音 サ(漢) 訓 か-れる・しゃが-れる

意味 声がかすれる。しわがれ声になる。かれる。例 嗄声《サセイ》(=しわがれ声)。

口 10
【嗣】 13画 2744 55E3 常用 音 シ(漢) 訓 つ-ぐ

筆順 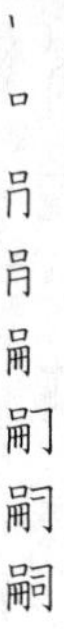

なりたち  [形声]「冊(=天子の命令)」と「口(=国)」と、音「司《シ》」とから成る。諸侯《ショコウ》の長子が、天子の命令によってあたえられた国を受けつぐ。

意味 家系をつぐ。あとをつぐ。あとつぎ。例 嗣子《シシ》。継嗣《ケイシ》。後嗣《コウシ》。

人名 さね・つぎ・よつぎ

【嗣子《シシ》】家をつぐ子。あととり。あとつぎ。

口 10
【嗜】 13画 5147 55DC 音 シ(漢) 訓 たしな-む

意味 好んで飲食する。よろこんでする。たしなむ。例 嗜好《シコウ》。

【嗜虐《シギャク》】残虐なことを好むこと。例 —性。

【嗜好《シコウ》】(名・する) すきこのむこと。このみ。例 —品(=酒・茶・コーヒー・タバコなど味わって楽しむ飲食物)。

口 10
【嗤】 13画 5148 55E4 音 シ(漢)(呉) 訓 わら-う

意味 ❶ ばかにしてわらう。あざわらう。わらう。例 嗤笑《シショウ》(=あざわらう)。❷ おろかな。同 蚩《シ》。

口 10
【嗇】 13画 5207 55C7 音 ショク(漢) 訓 お-しむ・やぶさ-か

意味 ❶ ものおしみする。やぶさか。けち。例 吝嗇《リンショク》。❷ 作物を収穫《シュウカク》する。同 穡《ショク》。

口 10
【嗔】 13画 5149 55D4 音 シン(漢)(呉) 訓 いか-る

意味 いかる。同 瞋《シン》。例 嗔恚《シンイ》(=いかり)。

口 10
【嘆】 13画 3518 5606 常用 音 タン(漢)(呉) 訓 なげ-く・なげ-かわしい・なげ-き

筆順 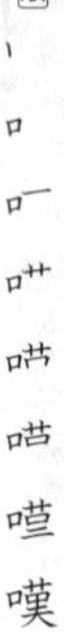

口11
【嘆】 14画 1-1515 FA37 人名

なりたち  [形声]「口(=くち)」と、音「歎《タン》」の省略体とから成る。よろこびの気持ちをぐっとおさえる。また、ため息をつく。

意味 ❶ 悲しんで、ため息をつく。なげく。なげき。例 嘆息《タンソク》。悲嘆《ヒタン》。❷ 感心してほめたたえる。同 歎《タン》。例 嘆賞《タンショウ》。感嘆《カンタン》。賛嘆《サンタン》。

参考「嘆」と「歎」とは、いずれも、喜怒哀楽《キドアイラク》の感きわまって、ため息をつくことで、古くから通じて用いられる。ただし、「嘆」は、悲しみなげく、「歎」は、ほめたたえる、という意味に用いられることが多かった。

【嘆願《タンガン》】(名・する) 事情を述べて熱心にたのむこと。例 —書。表記 (旧)▼歎願

【嘆賞《タンショウ》】(名・する) 感心して、そのすばらしさをたたえること。表記 (旧)▼歎賞。また、「嘆称・▼歎称」とも書く。

【嘆声《タンセイ》】なげいたり感心したりして、思わずもらす声。例 —を発する。表記 (旧)▼歎声

【嘆息《タンソク》】(名・する) なげいてためいきをつくこと。表記 (旧)▼歎息

【嘆美《タンビ》】(名・する) 感心してほめること。表記 (旧)▼歎美

● 詠嘆《エイタン》・慨嘆《ガイタン》・感嘆《カンタン》・驚嘆《キョウタン》

口 11
【嘔】 14画 5150 5614 音 オウ(漢) 訓 は-く

意味 ❶ 食べたものをもどす。はく。同 欧《オウ》。例 嘔吐《オウト》。❷ 歌をうたう。同 謳《オウ》。例 嘔吟《オウギン》(=大きな声で歌や詩句をうたいあげる)。

【嘔吐《オウト》】(名・する) 食べたものをはくこと。

口 11
【嘉】 14画 1837 5609 人名 音 カ(漢) 訓 よみ-する・よ-い

なりたち  [形声]「壴(=楽器をならべる)」と、音「加《カ》」とから成る。よい。

意味 ❶ めでたい。よい。りっぱな。例 嘉辰《カシン》。嘉例《カレイ》。❷ 味がよい。うまい。例 嘉肴《カコウ》。❸ よいと認める。ほめる。例 嘉賞《カショウ》。

人名 ひろ・ほむる・よし・よしみ・よみし・よろし

【嘉会《カカイ》】めでたい集まり。祝賀の会。

【嘉月《カゲツ》】陰暦《インレキ》三月の別名。

【嘉言《カゲン》】①人々のいましめとなるよいことば。類 善言。例 —善行。②縁起《エンギ》のよいことば。

【嘉▼肴《カコウ》】おいしい料理。例 珍味《チンミ》—。表記「佳▼肴」とも書く。

【嘉賞《カショウ》】(名・する) ほめたたえること。例 ご—にあずかる。

【嘉▼辰《カシン》】めでたい日。類 佳日《カジツ》。例 —令月《レイゲツ》。表記「佳▼辰」とも書く。

【嘉節《カセツ》】①よい季節。②めでたい日。類 祝日。例 —を祝う。表記 ▽「佳節」とも書く。

【嘉納《カノウ》】(名・する) 目下の人からのおくりものや進言などを快く受け取ること。例 心ばかりの品ですが、ご—ください。

【嘉名《カメイ》】よい名。よい評判。類 令名。表記「佳名」とも書く。

【嘉例《カレイ》】めでたい先例。類 吉例《キチレイ》。例 新年の—とする。表記「佳例」とも書く。

口 11
【嗷】 14画 5151 55F7 音 ゴウ(漢)

意味 人々の悲しむ声。また、がやがやさわぐようす。

口 11
【嘖】 14画 5152 5616 音 サク(漢) 訓 さけ-ぶ

意味 大声でさわぎ立てる。さけぶ。例 嘖嘖《サクサク》。

【嘖嘖《サクサク》】(形動《タル》) 口々にさわぎ立てるようす。例 好評—。

口 11
【嘗】14画 3008 5617 人名 音 ショウ漢 ジョウ呉 訓 な-める・かつ-て

甘 8
[甞] 13画 6519 751E 俗字
意味 ❶味をみる。あじわう。なめる。例 嘗味《ショウミ》（＝あじみをする）。❷ためす。こころみる。❸これまでに。以前。かつて。❹秋新しくとれた穀物を神に供えるまつり。例 新嘗祭《シンジョウサイ》。
【嘗胆】《ショウタン》 にがい胆《きも》をなめること。→【臥薪嘗胆】《ガシンショウタン》（1001ジペー）

口 11
【嗾】14画 5153 55FE 音 ソウ漢 訓 けしか-ける・そそのか-す
意味 そそのかす。けしかける。例 使嗾《シソウ》（＝けしかける）。

口 11
【嗽】14画 5154 55FD 音 ソウ漢 訓 うがい・すす-ぐ
意味 ❶口をすすぐ。うがい（をする）。同 漱《ソウ》。例 含嗽《ガンソウ》。❷せきをする。例 咳嗽《ガイソウ》。

口 11
【嘛】14画 5155 561B 音 マ呉
意味 外国語の音「マ」にあてる字。例 喇嘛《ラマ》（＝チベット仏教の僧侶《ソウリョ》）。

口 11
【嗹】14画 5156 55F9 音 レン漢
意味 「嗹嘍《レンロウ》」は、言い方があいまいで、はっきりしないようす。同 謰《レン》。
日本語での用法 《レン》 リーム（ream）にあてる字。洋紙の全紙千枚を単位としていう語。現代では多く「連」と書く。「印刷用紙《インサツヨウシ》五十嗹《ゴジュウレン》」

口11
[噓] 14画 ⇩【嘘】《キョ》（213ジペー）

口11
[噌] 14画 ⇩【噌】《ソ》（214ジペー）

口11
【嘆】14画 ⇩【嘆】《タン》（212ジペー）

口 12
【噎】15画 5157 564E 音 エツ漢 訓 むせ-ぶ・むせ-る
意味 ❶食物がのどにつかえる。むせぶ。むせる。例 因レ噎廃レ食《エツによりてショクをハイす》（＝食物がのどにつかえたために食事をやめてしまう。小さな失敗にこりて正常な活動までやめてしまうこと）。❷心配や悲しみで息がつまる。むせぶ。むせる。❸ふさがる。ふさぐ。
難読 噦噎《さくり|しゃくり|しゃっくり》

口 12
【器】15画 2079 5668 教育4 音 キ漢呉 訓 うつわ
筆順 丶 ロ 口 吅 吅 哭 器 器

口13
【器】16画 1-1522 FA38 人名

口12
[噐] 15画 5158 5650 俗字

なりたち  [会意]「㗊（＝多くのうつわ）」と「犬（＝守る役のイヌ）」とから成る。いろいろなうつわ。
意味 ❶いれもの。うつわ。例 酒器《シュキ》。食器《ショッキ》。容器《ヨウキ》。❷用具。道具。例 楽器《ガッキ》。祭器《サイキ》。武器《ブキ》。❸からだ。からだの中のあるはたらきをもった組織。例 器官《キカン》。呼吸器《コキュウキ》。❹才能。はたらき。うでまえ。例 器用《キヨウ》。才器《サイキ》。❺人物。度量。例 器量《キリョウ》。大器《タイキ》。❻一つのことにしか役に立たないもの。一つのはたらきしかしないもの。例 君子不レ器《クンシはキならず》（＝りっぱな人間は、たんなる専門家ではいけない）。〈論語《ロンゴ》〉
難読 行器《ほかい》（＝食物を持ち運ぶうつわ）・土器《かわらけ》
人名 かた

【器械】《キカイ》 ①用具。とくに武器。②実験や測定、また体操のために使う、簡単なしかけ。〔「機械」とちがって、原動力をもたないものをいう〕例 —体操。
【器楽】《キガク》 楽器を使って演奏する音楽。対 声楽。例 —合奏。
【器官】《キカン》 生物体の一部で、組織が集まって、ある特定のはたらきをする構造。例 消化—。
【器具】《キグ》 ①簡単なしかけの道具。例 電気—。②ものを入れる道具。うつわもの。
【器材】《キザイ》 ①器具を作る材料。例 照明—。②器具や材料。例 —置き場。
【器財】《キザイ》 値打ちのある道具。家財道具。
【器物】《キブツ》 道具や器具。
【器用】《キヨウ》 ①手先の細かい仕事がじょうずなこと。例 手先の—な人。②ものごとを要領よくやること。例 —に立ちまわる。▽対 不器用《ブキヨウ》。③才能のある人。④日用の道具。⑤兵器や農具。
【器用貧乏】《キヨウビンボウ》 器用で、他人から重宝《チョウホウ》がられたり、自分でもいろいろなことに手を出したりして、一つのことに集中できずにいること。
【器量】《キリョウ》 ①うつわの容量。②才能と力量。例 —にとぼしい。③（女性の）顔かたち。例 —よし。④（男性の）面目《メンボク》。例 —を下げる。
● 火器《カキ》・計器《ケイキ》・磁器《ジキ》・漆器《シッキ》・性器《セイキ》・臓器《ゾウキ》・茶器《チャキ》・鉄器《テッキ》・陶器《トウキ》・兵器《ヘイキ》・容器《ヨウキ》・利器《リキ》

口 12
【嘘】15画 1-8407 5653 音 キョ漢 コ呉 訓 うそ・うそぶ-く

口11
[噓] 14画 1719 5618 俗字
意味 ❶ゆっくり息をはく。長く息をつく。うそぶく。❷ためすすり泣くこと）。息をつく。なげく。泣く。例 嘘唏《キョキ》（＝ため息をつくこと。また、すすり泣くこと）。
日本語での用法 《うそ》 いつわり。「嘘泣《うそな》き・真《ま》っ赤《か》な嘘《うそ》・嘘《うそ》も方便《ホウベン》」
【嘘▽吐き】《うそつき》 うそを言うこと。また、その人。例 —は泥棒《どろボウ》の始まり。
【嘘八百】《うそハッピャク》 言うことがすべてうそである。例 —を並べる。
【嘘言】《キョゲン》 （名・する）うそを言うこと。うそ。そらごと。例 —癖《ヘキ》。表記「虚言」とも書く。

口 12
【嘱】15画 3092 5631 常用 音 ショク漢 ソク呉 訓 たの-む
筆順 口 口コ 口尸 叩 咟 喁 嘱 嘱

口21
【囑】24画 5186 56D1
なりたち [形声]「口（＝くち）」と、音「屬《ショク》」とから成る。たのむ。
意味 ❶ことばで依頼《イライ》する。まかせる。たのむ。例 嘱託《ショクタク》。

3画

「口部」11―12画 ● 嘗 嗾 嗽 嘛 嗹 噓 噌 嘆 噎 器 嘘 嘱

委嘱《イショク》。❷つける。よせる。同属《ショク》・矚《ショク》。例嘱望《ショクボウ》。嘱目《ショクモク》。

【嘱託《ショクタク》】(名・する)①(ある条件のもとで)仕事をまかせること。例—殺人。②正式の職員としてではなく、業務にたずさわる人。また、その身分。表記▽「▽属託」とも書く。

【嘱望《ショクボウ》】(名・する)のぞみをかけ、期待すること。例前途《ゼント》を—される青年。表記「▽属望・▼矚望」とも書く。

【嘱目《ショクモク》】(名・する)①期待して見守ること。例将来を—する。②ふと目にふれること。例—した風景。表記▽「▽属目・▼矚目」とも書く。

口 12 【嘶】15画 5161 5636 音セイ漢 訓いなな-く

意味❶声がかすれる。❷むせぶ。例嘶咽《セイエツ》(=むせび泣く)。❸ウマがなく。いななく。例嘶馬《セイバ》(=いななくウマ)。

口 12 【噌】15画 3325 564C 人名 音ソ慣ソウ漢 訓かまびす-しい

口11 「噌」14画 俗字

意味 人々の声や鐘《かね》の音のやかましいようす。

参考「味噌《ミソ》」は、もともと外来語といわれる「未曾」に、口偏《くちヘン》を加えた字。

難読 一噌《イッソウ》(=姓《セイ》)

口 12 【噂】15画 1729 5642 人名 音ソン漢 訓うわさ

口12 「噂」15画 俗字

意味 集まってあれこれとはなしあう。

日本語での用法《うわさ》他人の身の上や世間について、勝手きままに言うこと。「噂話《うわさばなし》・噂《うわさ》の種《たね》」

口 12 【嘲】15画 5162 5632 常用 音トウ漢チョウ呉 訓あざけ-る

筆順 口 口一 口十 咕 咕 啅 嘲 嘲

たちなり  [形声]「口(=くち)」と、音「朝《チョウ》」とから成る。あざける。

意味❶ばかにして笑う。からかう。あざける。例嘲笑《チョウショウ》。自嘲《ジチョウ》。❷詩歌《シイカ》を吟《ギン》ずる。

【嘲笑《チョウショウ》】(名・する)相手をあざけって、わらうこと。

【嘲罵《チョウバ》】(名・する)あざけって悪口を言うこと。

【嘲弄《チョウロウ》】(名・する)あざけってからかうこと。

口 12 【嘸】15画 5163 5638 音ブ漢 訓さぞ

意味 迷って、はっきりとしないようす。例嘸然《ブゼン》。

日本語での用法《さぞ》確信のもてる推量や想像をあらわす副詞。さだめし。多分。きっと。「嘸《さぞ》お困《こま》りになったことでしょう・みなさま嘸《さぞ》かしお喜《よろこ》びでしょう・自信《ジシン》のほども嘸《さぞ》と思《おも》われる」

口 12 【噴】15画 4214 5674 常用 音フン慣ホン漢 訓ふ-く

筆順 口 口一 口十 口土 口卉 口卉 噴 噴

口13 【噴】16画

たちなり  [形声]「口(=くち)」と、音「賁《フン→ホン》」とから成る。怒《いか》る。また、ふき出す。

意味 勢いよくふき出す。はき出す。ふく。例噴火《フンカ》。噴射《フンシャ》。噴水《フンスイ》。

使い分け ふく【吹・噴】⇩1179ページ

【噴煙《フンエン》】(火口から)勢いよくふき出すけむり。例—を上げる三原山《みはらやま》。

【噴火《フンカ》】(名・する)火山が爆発《バクハツ》して、溶岩《ヨウガン》・火山灰・水蒸気・ガスなどをふき出すこと。例—口《コウ》。

【噴射《フンシャ》】(名・する)①強くふき出すこと。②燃料の油を霧状《きりジョウ》にして圧縮空気とまぜ、爆発《バクハツ》させた排気《ハイキ》をふき出すこと。例—推進。逆—。

【噴出《フンシュツ》】(名・する)勢いよくふきだすこと。勢いよくふきでること。例原油が—する。

【噴水《フンスイ》】庭園などの池で、水をふき上げるようにした装置。また、その水。

【噴泉《フンセン》】地下水や温水が勢いよくふき出しているところ。

【噴飯物《フンパンもの》】あまりにもおかしくて、ふき出してしまうようなことがら。例とんだ—だ。

【噴霧器《フンムキ》】水や薬液を、きりのようにしてふき出す器具。きりふき。スプレー。

【噴門《フンモン》】(食道から続いている)胃の入り口の部分。↓【幽門《ユウモン》】(349ページ)

【噴流《フンリュウ》】気体や液体の、ふき出すようなはげしい流れ。例ジェット—。

口12 「噐」15画 ⇩【器《キ》】(213ページ)

口12 「噂」15画 ⇩【噂《ソン》】(214ページ)

口12 「噛」15画 ⇩【嚙《ゴウ》】(215ページ)

口 13 【噫】16画 5164 566B 音㊀イ漢 ㊁アイ漢 訓ああ

意味㊀《イ》なげき悲しみのあまり発する声。感嘆《カンタン》の声。ああ。例噫《あ》嘻《あ》。㊁《アイ》食べあきて、げっぷを出す。げっぷ。おくび。例噫気《アイキ》(=おくび)。

口 13 【噤】16画 5165 5664 音キン漢 訓つぐ-む

意味 口をかたく閉じて何も言わない。つぐむ。例噤口《キンコウ》(=口を閉じる)。

口 13 【嚆】16画 5169 5686 音コウ漢

意味(矢が)うなる。例嚆矢《コウシ》。

【嚆矢《コウシ》】①かぶら矢。先に中空のかぶら形の部品をつけ、射ると音が出るようにした矢。②〔昔、中国で、開戦の合図にかぶら矢を敵陣《テキジン》に向けて射たところから〕ものごとのはじめ。例日記文学の—となった『土左《とさ》日記《ニッキ》』。

口 13 【嘴】16画 5160 5634 音シ漢 訓くちばし・はし

意味❶鳥の口。くちばし。はし。例鶍《いすか》の嘴《はし》(=ものごとがくいちがって思いどおりにいかないことのたとえ)。❷くちばしのようにつき出た部分。はし。例砂嘴《サシ》。鶴嘴《つるはし》(=地面をほりおこす道具)。

口 13 【嘯】16画 5166 562F 音ショウ漢呉 訓うそぶ-く

意味 ❶口をすぼめて声を出す。声を長くのばして詩や歌をうたう。うそぶく。例 長嘯《チョウショウ》。❷鳥が声をのばして鳴く。けものが遠ぼえする。例 猿嘯《エンショウ》。虎嘯《コショウ》。

口 13 【噬】 16画 5167 566C 音 セイ漢 ゼイ呉 訓 か-む

意味 かみつく。かむ。例 呑噬《ドンゼイ》。

【噬▼臍】《ゼイセイ》〔「臍《ほぞ》を噬《か》む」と訓読し、「へそをかもうとしても口がとどかない」ところから〕後悔《コウカイ》しても、とりかえしのつかないこと。例 —の悔《く》い。

口 13 【噪】 16画 5168 566A 音 ソウ漢呉 訓 さわ-ぐ

意味 (鳥などが)さわがしい。やかましい。さわぐ。同 譟《ソウ》。例 噪音《ソウオン》(=騒音《ソウオン》)。喧噪《ケンソウ》。

口 13 【噸】 16画 3853 5678 音 トン

意味 ❶重さの単位。一トンは一〇〇〇キログラム。❷船の容積や積みこむ貨物の体積をあらわす単位。

参考 英語 ton の音訳字。現在は中国でも用いる。

口 13 【噺】 16画 4024 567A 国字 訓 はなし

意味 人がはじめて聞くようなことを口にする。はなし。ものがたり。例 噺家《はなしカ》。お伽噺《とぎばなし》。昔噺《むかしばなし》。

口13 【器】 16画 ⇩【器】《キ》(213ページ)

口13 【噴】 16画 ⇩【噴】《フン》(214ページ)

口 14 【嚇】 17画 1937 5687 常用 音 カク漢 訓 おど-かす・おど-す

筆順 ｜ ロ ロ' 叶 吐 咕 哧 嚇

なりたち [形声]「口(=くち)」と、音「赫《カク》」とから成る。大声を出して怒《いか》る。

意味 ❶(顔を真っ赤にして)声をあらげて激しくいかる。しかる。例 嚇怒《カクド》。❷(ことばで)おどす。おびやかす。例 威嚇《イカク》。脅嚇《キョウカク》。

【嚇怒】《カクド》(名・する) 激しくいかること。類 激怒。表記「▼赫怒」とも書く。

口 14 【嚀】 17画 5170 5680 音 ネイ漢 訓 ねんご-ろ

意味「叮嚀《テイネイ》」は、くりかえし、ねんごろにたのむ。

口 14 【嚊】 17画 5171 568A 音 ヒ漢 訓 いびき・かかあ

意味 あえぐ息。息切れして、ぜいぜいいう音。

日本語での用法《かか・かかあ》妻を親しみをこめて、または、ぞんざいに呼ぶことば。〔国字「嬶《かかあ》」はこの字の変形〕「嚊殿《かかあどの》・嚊天下《かかあデンカ》」

口14 【嚔】 17画 ⇩【嚏】《テイ》(215ページ)

口 15 【嚙】 18画 1-1526 5699 音 ゴウ・ゲツ漢 訓 か-む・かじ-る

口12 【噛】 15画 1990 565B 俗字

意味 かむ。かじる。同 齧《ゲツ》。

口 15 【嚏】 18画 5173 5694 音 テイ漢 訓 くさめ

口14 【嚔】 17画 5174 568F 俗字

意味 くしゃみをする。くさめ。はなひる。例 噴嚏《フンテイ》。

口15 【嚢】 18画 ⇩【囊】《ノウ》(216ページ)

口15 【嚠】 18画 ⇩【瀏】《リュウ》(625ページ)

口 16 【嚥】 19画 5175 56A5 音 エン漢 訓 の-む

意味 (食物を)胃にくだす。のみこむ。のむ。同 咽《エン》。例 嚥下《エンカ|エンゲ》。

口 16 【嚮】 19画 5176 56AE 音 キョウ漢 コウ呉 訓 む-かう・さき-に

意味 ❶むかう。むく。同 向《コウ》。例 嚮壁《キョウヘキ》。意嚮《イコウ》。❷まえに。以前に。さきに。同 向《コウ》。例 嚮日《キョウジツ》(=先日)。

【嚮後】《キョウコウ|キョウゴ》 今からのち。今後。表記「▽向後」とも書く。

【嚮導】《キョウドウ》(名・する) 先に立ってみちびくこと。また、その人。道案内。例 —艦《カン》。—に立つ。

口 17 【嚶】 20画 5177 56B6 音 オウ漢 訓 さえず-る・やわらぎな-く

意味 鳥が鳴く声。

口17 【嚴】 20画 ⇩【厳】《ゲン》(468ページ)

口 18 【囂】 21画 5179 56C2 音 キョウ・ゴウ漢呉 訓 かまびす-しい

意味 がやがやとさわがしい。かまびすしい。例 囂囂《ゴウゴウ》。

【囂囂】《ゴウゴウ》(形動タルト) 多くの人の声が、がやがやとさわがしいようす。例 喧喧《ケンケン》—。—たる非難を浴びる。

口 18 【囈】 21画 5184 56C8 音 ゲイ漢 訓 うわごと・たわごと

意味 ねごと。うわごと。わけのわからないことば。たわごと。例 囈語《ゲイゴ》(=ねごと)。

口 18 【嚼】 21画 5180 56BC 音 シャク漢呉 訓 か-む

意味 食べ物をかみくだく。かみしめて味わう。かむ。例 咀嚼《ソシャク》。

口 18 【囁】 21画 5181 56C1 音 ジョウ漢 訓 ささや-く

意味 小声でひそひそ話をする。ささやく。例 耳《みみ》もとに囁《ささや》く。

口 18 【囃】 21画 5182 56C3 音 ソウ漢 訓 はや-す・はやし

意味 舞《ま》いを助けるかけ声。

日本語での用法《はやし・はやす》①能楽・歌舞伎《かぶき》・寄席《よせ》・祭りなどで、拍子《ヒョウシ》をとる笛・太鼓《タイコ》・鼓《つづみ》・三味線《しゃみせん》などの音楽。「出囃子《でばやし》・囃子方《はやしかた》」②声をあげてひやかしたり、おだてたりする。「友達《ともだち》に囃《はや》されてつい得意《トクイ》になる」

【囃子▽詞】《はやしことば》 民謡《ミンヨウ》などで、歌のあいまや終わりに入れて調子をとることば。「コリャコリャ」「ヨイヨイ」「コラサ」など。

口 18 【囀】 21画 5183 56C0 音 テン漢 訓 さえず-る

意味 鳥が声を変えながら、続けて鳴く。さえずる。例 春鶯囀《シュンノウデン》(=雅楽《ガガク》の曲名)。

口 19 【囎】 22画 5185 56CE 国字 訓 そ

意味 「そ」の音をあらわす万葉がな。「贈」に口偏《くちヘン》をつけて、音を借用する文字であることを示す。例 囎唹《おそ》(=鹿児島《かごしま》県の地名、また、郡名。今は「曽於」と書く)。

口 19 【囊】 22画 1-1532 56CA 音 ドウ漢 ノウ呉 訓 ふくろ

口15 [嚢] 18画 3925 56A2 俗字

意味 ものを包み入れるもの。ふくろ。また、ふくろ状にふくれたもの。例 嚢腫《ノウシュ》。嚢中《ノウチュウ》。土嚢《ドノウ》。

【嚢腫】《ノウシュ》 分泌物《ブンピツブツ》がたまって、ふくろ状になるはれもの。

【嚢中の▼錐】《ノウチュウのきり》 〔ふくろの中の錐は、すぐにその先がつき出てくることから〕すぐれた人物は、必ず才能をあらわすことのたとえ。錐脱《スイダツ》。穎脱《エイダツ》。〈史記《シキ》〉

【嚢中無一物】《ノウチュウムイチモツ》 財布《サイフ》の中に一銭もない。無一文《ムイチモン》であること。

【嚢底】《ノウテイ》 ①ふくろのそこ。②財布《サイフ》のそこ。例 ―に一銭なし。―の智《チ》をたたく(=ありったけの知恵《エチ》をしぼる)。

口21 【囓】 24画 ⇩【齧】《ゲツ》(1115ページ)

口21 【囑】 24画 ⇩【嘱】《ショク》(213ページ)

31 3画 囗 くにがまえ部

まわりを囲んだ形をあらわす。「国」の字にある構《かまえ》(=漢字の周りを囲んでいる部分)であることから「くにがまえ」という。「囗」をもとにしてできている漢字と、「囗」の字形を目じるしにして引く漢字とを集めた。

0 囗 2 四 囚 3 因 回 団 4 囲 囮
困 図 囙 囧 5 固 国 囹 6 囿 圀 7
圄 圃 8 圉 圏 國 9 圈 圍 10 園 圓
11 團 圖 13 圜

囗 0 【囗】 3画 5188 56D7 音 一 イ漢呉 二 コク漢呉

意味 一《イ》 かこむ。同 囲《イ》。二《コク》 くに。同 国《コク》。

参考 「囲」「国」の略字として用いることがある。

囗 2 【四】 5画 2745 56DB 教育1 音 シ漢呉 訓 よ・よ-つ・よっ-つ・よん

筆順 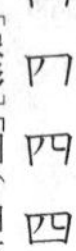

なりたち  [象形]「囗(=四方)」と「八(=分ける)」とから成り、よっつに分けた形。

意味 ❶数の名。よっ。よっつ。よん。よ。例 四角《シカク》。四季《シキ》。❷よたび。例 再三再四《サイサンサイシ》。❸よっつめ。例 四月《シガツ》。❹まわり。よも。周囲。例 四海《シカイ》。四面《シメン》。

日本語での用法 《よつ》 昔の時刻の呼び名。現在の、午前と午後の十時ごろ。「四《よ》つ時《どき》」

参考 商売や契約《ケイヤク》の文書では、数字を書きかえられないよう、同音の「肆」を使うことがある。

難読 四十雀《シジュウから》・四月一日《わたぬき》・四幅《よの》・四方《よも》

人名 かず・もち・もろ

【▽四▼阿】《あずまや》 四角形に、四本の柱を立て、屋根をふいた簡単な小屋。庭園などに休息用に建てる。参考 「四阿《シア》」は、中国で家の四周にめぐらした、ろうか。表記 「東屋・▼阿舎」とも書く。

【四▼夷】《シイ》 昔、中国で自国を中華《チュウカ》(=世界の中央にあって文明の輝《かがや》く国)といい、四方の異民族を蛮族《バンゾク》として呼んだことば。東夷《トウイ》・西戎《セイジュウ》・南蛮《ナンバン》・北狄《ホクテキ》を指す。

【四囲】《シイ》 周囲。まわり。例 日本の―はすべて海である。

【四恩】《シオン》 〔仏〕人間が受ける四つの恩。父母の恩・衆生《シュジョウ》の恩(=世の人々から受けている恩)・国王の恩・三宝《サンボウ》の恩(=仏・法・僧《ソウ》から受ける恩)のこと。〔経典《キョウテン》により一部異なる〕

【四海】《シカイ》 ①四方を取り囲んでいる海。よものうみ。②国内。世の中。天下。世界。例 ―波静か(=国内がおだやかに治まっていること)。

【四海兄弟】《シカイケイテイ》 世界中の人は、みなきょうだいだという理想。〈論語《ロンゴ》〉類 四海同胞《ドウホウ》。

【四角】《シカク》 (名・形動《ナダ》) ①四つの線で区切られて、かどが四つある形。方形。②きちんとしすぎて、かたくるしいこと。まじめすぎること。例 ―ばる。

【四角形】《シカクケイ》 四本の直線で囲まれた平面図形。四辺形。

【四角四面】《シカクシメン》 (名・形動《ナダ》) ①ま四角の形。②きまじめで、かたくるしいようす。例 ―に考える。

【四月】《シガツ》 一年の四番目の月。卯月《うづき》。例 ―馬鹿《バカ》(=エープリルフール)。

【四季】《シキ》 春・夏・秋・冬の四つの季節。類 四時。例 ―折。―咲《ざ》きのバラ。

【四球】《シキュウ》 野球で、投手が打者にストライクでないたまを四回投げて、打者が一塁《イルイ》に進むこと。フォアボール。

【四教】《シキョウ》 四つのたいせつな教え。『礼記《ライキ》』では詩・書・礼《レイ》・楽《ガク》、『論語《ロンゴ》』では文(=学問)・行(=実践《ジッセン》)・忠(=誠実)・信(=信義)など。

【四苦八苦】《シクハック》 一 (名・する) ものごとがうまくいかず、たいへん苦労すること。例 金策に―する。二 (名) 人間のすべての苦しみ。生《ショウ》・老・病・死の四苦に、愛別離苦《アイベツリク》(=愛する人と別れる苦しみ)・怨憎会《オンゾウエ》苦(=うらみにくむ人と顔をあわせる苦しみ)・求不得《グフトク》苦(=もとめるものが得られない苦しみ)・五陰盛《ゴオンジョウ》苦(=欲がさかんなために受ける心身の苦しみ)の四つの苦しみを合わせていう。

【四君子】《シクンシ》 〔気品のある姿が君子を思わせるところから〕ウメ・タケ・ラン・キクのこと。東洋画のいっぱん的な画題。

【四股】《シコ》 〔語源不明。あて字か〕相撲《すもう》で、力士が足を交互《コウゴ》に高くあげ、力強く地をふむ動作。例 土俵に上がって―をふむ。

【四顧】《シコ》 一 (名・する) あたりを見回すこと。例 座して―する。二 (名) あたり。周囲。例 ―人声なし。

【四更】《シコウ》 「五更《ゴコウ》①」の第四。およそ、午前二時、およびその前後の二時間。丑《うし》の刻《コク》。丁夜《テイヤ》。→【五更】《ゴコウ》(41ページ)

【四国】《シコク》 日本列島をかたちづくっている四つの大きな島の一つ。徳島・香川《かがわ》・愛媛《えひめ》・高知の四県からなる。

【四散】《シサン》（名・する）一か所にあったものが、四方に散らばること。ちりぢりになること。㊫離散《リサン》。例集会のあと、人人は—した。

【四肢】《シシ》動物の四本の足。前足と後足。両手と両足。

【四時】《シジ》〔「シイジ」は慣用読み〕㊀（名）①四季。春・夏・秋・冬。例—の風光。②一日のうちの四つの時《とき》。朝・昼・夕・夜。例—の勤行《ゴンギョウ》。㊁（副）つねに。いつも。例—雪をいただく高山。

【四捨五入】《シシャゴニュウ》（名・する）端数《ハスウ》の処理法の一つ。求めるけたの次のけたの数字が、四までのときは切り捨て、五以上のときは切り上げて上の位に一を加える方法。

【四十九日】《シジュウクニチ》〔仏〕〔人は死後四十九日間、この世とあの世とのあいだをさまようとされる〕死後四十九日目の日。死者が来世での生を得たとして仏事を営む。七七日《なななぬか》。

【四重唱】《シジュウショウ》四つの声部を四人の歌手でうたうこと。カルテット。例男声—。

【四重奏】《シジュウソウ》四つの独奏楽器による合奏。カルテット。例弦楽《ゲンガク》—。

【四十《シジュウ》にして惑《まど》わず】四十歳《サイ》になると、道理をわきまえて、あれこれ思いまどうことがなくなる。〈論語《ロンゴ》〉→【不惑】《フワク》（22ページ）

【四十八手】《シジュウハッて》①相撲《すもう》の伝統的な決まり手を、まとめていう言い方。現在は八十二手にまとめている。②人をあやつる種々の手段やかけひき。例商売の—を心得る。

【四書】《シショ》儒教《ジュキョウ》の経典《ケイテン》である、『大学《ダイガク》』『中庸《チュウヨウ》』『論語《ロンゴ》』『孟子《モウシ》』の四つ。

【四書五経】《シショゴキョウ》儒教《ジュキョウ》の根本とされる経典《ケイテン》である四書と五経とをまとめていうことば。→【五経】《ゴキョウ》（41ページ）

【四声】《シセイ｜シショウ》漢字音の四つの声調。平声《ヒョウショウ｜ヒョウセイ》・上声《ジョウショウ｜ジョウセイ》・去声《キョショウ｜キョセイ》・入声《ニッショウ｜ニッセイ》の別がある。

【四姓】《シセイ》〔「シショウ」とも〕①平安時代の代表的な四つの名家。源平藤橘《ゲンペイトウキツ》、すなわち源氏・平氏・藤原《ふじわら》氏・橘《たちばな》氏をいう。②インドの世襲《セシュウ》的な四つの階級。バラモン（＝司祭者）・クシャトリヤ（＝王侯《オウコウ》・武士）・バイシャ（＝庶民《ショミン》）・シュードラ（＝奴隷《ドレイ》）。カースト。

【四則】《シソク》〔数〕加（＝足し算）・減（＝引き算）・乗（＝掛《か》け算）・除（＝割り算）の四つをまとめていうことば。

【四▽諦】《シタイ》〔「諦」は、真理の意〕〔仏〕四つの真理。苦諦《クタイ》（＝人間の生は苦しみである）・集諦《ジッタイ》（＝苦の原因は煩悩《ボンノウ》である）・滅諦《メッタイ》（＝煩悩を滅することで涅槃《ネハン》に達する）・道諦《ドウタイ》（＝そのために八正道《ハッショウドウ》にはげむべきである）をいう。十二縁起《エンギ》とならぶ仏教の根本原理。苦集滅道《クジュウメツドウ》。四聖諦《シショウタイ》。

【四大】《シダイ》①〔仏〕あらゆるものを構成する四つの元素。地・水・火・風。四大種《シダイシュ》。②人間の身体を指す。例—空《クウ》に帰《き》す（＝死ぬ）。③『老子《ロウシ》』の思想で、四つの大きなもの。道・天・地・王。

【四端】《シタン》仁・義・礼・智《チ》の四つのいとぐち。それぞれ、惻隠《ソクイン》（＝あわれむ）・羞悪《シュウオ》（＝恥《は》じる）・辞譲《ジジョウ》（＝ゆずりあう）・是非（＝善悪をはっきりさせる）の心をいう。『孟子《モウシ》』の性善説のもとになっている思想。

【四知】《シチ》だれも知らないと思うことでも、天・地・我《われ》（＝自分）・子《シ》（＝あなた）の四者は必ず知っていて、悪事はやがて発覚する、ということ。〔後漢《ゴカン》の楊震《ヨウシン》が、こっそり賄賂《ワイロ》をおくろうとした人に向かって、「天知る、地知る、我知る、子知る」と言ってこれを退けた故事による〕〈後漢書《ゴカンジョ》〉

【四通八達】《シツウハッタツ》（名・する）交通や通信、また流通の便のよいこと。㊫四通五達。例—の地。

【四手】《しで》しめなわや玉ぐしにつけて垂らす紙。表記「▽幣・▽垂」とも書く。

【四天王】《シテンノウ》①〔仏〕帝釈天《タイシャクテン》に仕えて仏法を守護する四神。須弥山《シュミセン》の中腹の四方に住むという。持国天《ジコクテン》（東）・増長天《ゾウジョウテン》（南）・広目天《コウモクテン》（西）・多聞天《タモンテン》（北）をいう。四大天王。四天。②家臣や門人などのなかで、また、一つの専門について、とくにすぐれた四人。

【四百四病】《シヒャクシビョウ》仏教でいう、人がかかる、あらゆる病気。人体のもとになっている地・水・火・風の不調和により、それぞれに百一の病気がおこる。例—の外《ほか》（＝四百四病にはいらない病気、すなわち恋《こい》の病《やまい》）。

【四分五裂】《シブンゴレツ》（名・する）ばらばらになること。分裂して統一を失うこと。例統制を失って—する。

【四壁】《シヘキ》①四方のかべ。②家のまわりの囲い。

【四辺】《シヘン》①まわり。あたり。四方。例—の防備を強化する。—に気を配る。②四つの辺。例—形。

【四方】《シホウ》〔「よも」とも〕①四つの方角。東西南北。また、あちらこちら。例—の景色。②まわり。ぐるり。例—八方。③諸国。天下。例—に号令する。

【四方拝】《シホウハイ》一月一日に、天皇が四方の神々に拝礼し、災厄《サイヤク》をはらい豊作と皇位の長久とをいのる儀式《ギシキ》。

【四▽方山】《よもやま》〔「四方八方《よもやも》」の変化〕いろいろな方面。さまざま。雑多《ザッタ》。また、世間のこと。例—話《ばなし》（＝いろいろな世間話）。

【四民】《シミン》①封建《ホウケン》時代の身分制度による四つの階級。また、その人々。士・農・工・商。②すべての階級の人。国民。例—平等。

【四面】《シメン》①四つの面。例—体。②まわり。周囲。四方。例—を海に囲まれている日本。

【四面▼楚歌】《シメンソカ》敵や反対者に囲まれて、味方のないこと。㊫孤立無援《コリツムエン》。例会議に出てみると—だった。

故事のはなし
中国最初の統一王朝秦《シン》がわずか十五年でほろんだあと、漢《カン》の劉邦《リュウホウ》と楚《ソ》の項羽《コウウ》とは中国の支配権をめぐって激しくあらそった。はじめは項羽軍が強かったがしだいに劉邦軍が優勢になり、項羽はついに垓下《ガイカ》という町に追いつめられた。項羽軍は兵も少なく食料もつきてきた。夜、垓下の四方をとり囲む漢軍の兵士が、みな項羽の祖国の楚の歌をうたっているのを聞き、項羽はおどろいて言った。「漢はもう楚を占領《センリョウ》してしまったのか、漢軍の中になんと楚の人が多いんだろう。」項羽はこの状況《ジョウキョウ》に絶望し、自らの運命をなげく詩を作ったあと、この場は脱出《ダッシュツ》したが、全軍を失い、結局烏江《ウコウ》というところで自殺した。〈史記《シキ》〉

【四隣】《シリン》①となり近所。②近隣の国々。例—と友好の間がらになる。

【四緑】《シロク》陰陽道《オンヨウドウ》の九星の一つ。五行《ゴギョウ》では木に配当し、方位は南東（＝巽《たつみ》）。

【四六時中】《シロクジチュウ》（名・副）一日じゅう。一日の二十四時間じゅう。〔「二六時中《ニロクジチュウ》」の新しい言い方〕

【四六文】《シロクブン》漢文の文体の一つ。四字の句と六字の句を交互《コウゴ》に並べる文体。対句《ツイク》を多用し、典故のある語句を

ちりばめる。六朝《リクチョウ》から唐《トウ》の時代にかけて流行した。四六駢儷体《シロクベンレイタイ》。四六駢儷文。駢文《ベンブン》。

【四次元】《よジゲン》 たて・よこ・高さという三次元に、時間を加えたもの。(対) 二次元・三次元。

【四▽十路】《よそじ》 ①四十歳《サイ》。例 —の坂を越《こ》す。②四十《シジュウ》。よそ。表記 ▽「四▽十」とも書く。

【四つ切り】《よつぎり》 写真で、全紙の印画紙などを、四等分した大きさ。縦三〇・五センチメートル、横二五・四センチメートル。四つ切り判。例 写真を—に伸《の》ばす。

口 2 【囚】 5画 2892 56DA 常用 音 シュウ(漢) シュ(呉) 訓 とらわ-れる

筆順

なりたち 〔会意〕「人(=ひと)」が「口(=かこい)」の中にいる。つないでおく。

意味 ❶つかまえて自由をうばう。獄《ゴク》につなぐ。とらえる。また、とらわれる。例 囚獄《シュウゴク》。繫囚《ケイシュウ》。❷とらえられた罪人。とりこ。例 囚人《シュウジン》。虜囚《リョシュウ》。

【囚衣】《シュウイ》 囚人が着る衣服。囚人服。(類) 獄衣《ゴクイ》。

【囚役】《シュウエキ》 囚人に課せられる労働。

【囚獄】《シュウゴク》 ①牢屋《ロウや》。牢獄。②江戸《えど》時代、江戸小伝馬町《こデンマチョウ》の牢屋の長。牢屋奉行《ブギョウ》。

【囚人】《シュウジン》 ①獄《ゴク》につながれている人。とらわれびと。(類) 囚徒。②刑務所《ケイムショ》に入れられている人。(類) 服役《フクエキ》者・在監者《ザイカンシャ》。

【囚徒】《シュウト》 獄《ゴク》につながれている人。(類) 囚人。

【囚虜】《シュウリョ》 戦争で敵の手にとらえられること。また、その人。とりこ。虜囚。

●幽囚《ユウシュウ》・虜囚《リョシュウ》

口 3 【因】 6画 1688 56E0 教育5 音 イン(漢)(呉) 訓 よ-る・ちな-み・ちな-む・よ-って

筆順

なりたち 〔会意〕「口(=土台)」と「大(=おおきい)」とから成る。大きくなる土台。

意味 ❶ものごとの起こるもと。わけ。(対) 果《カ》。例 因果《インガ》。因縁《インネン》。原因《ゲンイン》。❷もとづく。ふまえる。よる。例 因習《インシュウ》。因循《インジュン》。此《こ》れに因《よ》れば。

日本語での用法 ㊀《ちなみに》その事に関連して。「因《ちな》みに申《もう》し添《そ》えますと…」㊁《イン》旧国名「因幡《いなば》(=今の鳥取《とっとり》県東部)」の略。「因州《インシュウ》」

人名 ちなみ・なむ・もと・ゆかり・よし・より

【因幡】《いなば》 旧国名の一つ。今の鳥取《とっとり》県東部にあたる。因州《インシュウ》。

【因果】《インガ》 ㊀(名) ①原因と結果。例 —関係を解明する。②〔仏〕すべてのものごとは、過去または前世のおこないによって、運命が決まるということ。とくに悪業《アクゴウ》のむくいとして悪果《アッカ》のあることをいう。例 —応報。㊁(形動《ダナ》) 不幸なようす。不運なようす。〔不幸や不運を、「㊀②」にもとづくのがれがたい運命としてとらえたことば〕例 —な身の上。

【因果応報】《インガオウホウ》 〔仏〕よいおこないにはよいむくいが、悪いおこないには悪いむくいが、必ずあるということ。

【因果律】《インガリツ》 〔哲〕すべてのことには必ず原因があり、原因と結果のあいだには必然的な関係があるという原理。例 —が支配する世界。

【因業】《インゴウ》 ㊀(名)〔仏〕むくいの原因となるおこない。ことに悪業《アクゴウ》のこと。例 —によって生ずるもの。㊁(名・形動《ダナ》) 情け容赦《ヨウシャ》のないこと。また、そのようす。例 —親父《おやじ》。

【因子】《インシ》 原因となる要素。ファクター。例 血液のRh—。不和のもとをなす—。

【因習】《インシュウ》 新しい考え方や行動のさまたげとなる、昔からの習慣やしきたり。例 —を打破する。表記「因襲」とも書く。

【因襲】《インシュウ》 「因習《インシュウ》」に同じ。

【因循】《インジュン》 ㊀(形動《ダナ》) 古いしきたりに従って、改めようとしないようす。例 —な家風。㊁(名・する・形動《ダナ》) ぐずぐずして決断しないこと。また、そのようす。例 —な態度。

【因循▼姑息】《インジュンコソク》 (名・形動《ダナ》) 古いしきたりに従うばかりで、改めようとしないこと。例 —な考え方を改める。

【因数】《インスウ》 〔数〕ある数や式が、いくつかの数や式の積の形であらわされるときの、それぞれの数や式。例 —分解。

【因縁】《インネン》 ①〔仏〕結果をまねく直接の原因(=因)と間接の原因(=縁《エン》)。例 すべてに—というものがある。②前世から定まっている運命。例 —と思ってあきらめる。③古くからのつながり。例 隣国《リンゴク》との—は浅くない。④由来。来歴。いわれ。例 いわく—。⑤言いがかり。口実。文句。例 —をつけておどす。

【因由】《インユ》 (名・する) 事の起こるもと。(類) 原因。例 すべてはそれに—する。

●一因《イチイン》・遠因《エンイン》・起因《キイン》・近因《キンイン》・原因《ゲンイン》・死因《シイン》・主因《シュイン》・心因《シンイン》・誘因《ユウイン》・要因《ヨウイン》

口 3 【回】 6画 1883 56DE 教育2 音 カイ(漢) エ(呉) 訓 まわ-る・まわ-す

口 3 【囘】 5画 4937 56D8 古字

口 4 【囬】 7画 — 56EC 俗字

筆順

なりたち 〔象形〕外も内もまわる形。

意味 ❶ぐるりとまわる。まわす。例 回転《カイテン》。回廊《カイロウ》。巡回《ジュンカイ》。❷もとにもどす。かえす。かえる。例 回想《カイソウ》。回復《カイフク》。挽回《バンカイ》。❸度数をあらわすことば。例 回数《カイスウ》。一回《イッカイ》。❹部族の名。例 回教《カイキョウ》。回紇《カイコツ》。

日本語での用法 《まわり》 ①身辺。「身《み》の回《まわ》り品《ヒン》」②小さな物の周囲。「胴回《ドウまわ》り・首回《くびまわ》り」

使い分け まわり【回・周】⇩1180ページ

難読 回毛《つむじ》

【▽回▼紇】《ウイグル・カイコツ》 七世紀ごろモンゴル高原におこった、トルコ系民族のウイグル族。現在、中国新疆《シンキョウ》ウイグル自治区などに住む。表記「▽回▼鶻」とも書く。

【回向】《エコウ》 (名・する)〔仏〕①死者の成仏《ジョウブツ》をねがって仏事を営むこと。(類) 供養《クヨウ》。例 —文《モン》。②自分の善行の結果を他にさしむけ、自他ともに極楽往生《ゴクラクオウジョウ》できるようにすること。例 —発願《ホツガン》。表記 ▽(旧)▼廻向

【回忌】《カイキ》 〔仏〕人の死後、毎年めぐってくる祥月《ショウつき》命日。また、その回数をいうことば。満一年目を一周忌または一回忌、以後三・七・十三・十七・二十三・二十七・三十三回忌などといい、法事をおこなう。(類) 年忌・周忌。

【回帰】《カイキ》 (名・する) もう一度、もとの場所や状態にもどること。例 サケやマスなどの—本能。

【回教】《カイキョウ》 七世紀の初めアラビアに起こった宗教。ムハンマド(=マホメット)を開祖とする。アッラーを唯一《ユイイツ》の神として信仰《シンコウ》し、コーランを経典《キョウテン》とする。イスラム教。〔中央アジアの回紇《カイコツ》(=ウイグル)民族をへて中国に伝わったので回教とか回回教《フイフイキョウ》と呼ばれる〕

【回顧】《カイコ》（名・する）昔をふりかえって思い起こすこと。(類)回想。[例]—録。往時《オウジ》を—する。
【回航】《カイコウ》（名・する）①船をある港から目的地まで航行させること。[例]神戸《こうべ》港から横浜《よこはま》港へ—する。②各地をめぐって航海すること。クルージング。(類)周航・巡航《ジュンコウ》。[表記]▽(旧)▼廻航
【回国】《カイコク》（名・する）①諸国をまわって歩くこと。[例]六十余州を—する。②修行《シュギョウ》のため諸国をめぐり歩くこと。[例]—行脚《アンギャ》。—巡礼《ジュンレイ》。[表記]▽(旧)▼廻国
【回春】《カイシュン》①若返ること。[例]—の秘薬。②病気がよくなること。(類)快復・快癒《カイユ》。[例]—の祝い。③冬が終わって、ふたたび春がめぐってくること。
【回章】《カイショウ》①返事の手紙。(類)回信。②順にまわして読む文書。(類)回状。[表記]▽(旧)▼廻章
【回状】《カイジョウ》多くの人に回覧させる文書。回文状。まわしぶみ。(類)回章。[例]—をまわす。[表記](旧)▼廻状
【回心】（名・する）[一]《カイシン》キリスト教で、悔《く》い改めて信仰《シンコウ》に心を向けること。[二]《エシン》〔仏〕心を改めて仏道に帰依《キエ》すること。[例]—して禅《ゼン》を学ぶ。
【回診】《カイシン》（名・する）医師が病室をまわって診察すること。[例]院長の—。
【回数】《カイスウ》同じことがくりかえし起こるときの、くりかえしの度数。[例]失敗の—を重ねて上達する。
【回生】《カイセイ》（名・する）生き返ること。[例]起死《キシ》—の秘術。
【回船】《カイセン》国内の沿岸航路を、旅客《リョカク》や商品を積んで輸送や交易をした和船。[例]—問屋《どんや》。[表記](旧)▼廻船
【回送】《カイソウ》（名・する）①届いた手紙や荷物を、そのまま別のところへ送ること。(類)転送。[例]郵便物を転居先に—する。②客を乗せないで、電車やタクシーなどを移動させること。[例]—車。[表記]▽(旧)▼廻送
【回想】《カイソウ》（名・する）昔のことを思い出すこと。(類)回顧《カイコ》。[例]亡《な》き父の—。遠い昔を—する。
【回▼漕】《カイソウ》（名・する）船で人や荷物を運送すること。(類)回航・回船。[例]江戸《えど》に米を—する。[表記](旧)▼廻▼漕
【回虫】《カイチュウ》人や家畜《カチク》の小腸に寄生する害虫。ミミズに似た形をしている。[表記](旧)▼蛔虫
【回腸】《カイチョウ》小腸を三つの部分に分けたとき、十二指腸や空腸に続く部分。曲がりくねっており、大腸につながる。
【回天】《カイテン》〔天の運行を変える意〕おとろえた勢いをふたたび盛り返すこと。[例]—の事業。
【回転】《カイテン》（名・する）①くるくるまわること。[例]空中—。モーターが—を始める。②活動や機能などのたとえ。[例]頭の—が速い。③図形や物体が、一点または直線を中心に、一定の角度だけまわること。[例]—競技。④仕入れた商品が売れて、その売り上げで次の商品を仕入れる、ということをくりかえすこと。[例]—資金。—のよい商品。[表記]▽(旧)▼廻転
【回答】《カイトウ》（名・する）質問や要求などにこたえること。(類)返答・返事。[例]—を求める。
【回読】《カイドク》（名・する）一冊の本を数人のあいだで、順々にまわして読むこと。まわしよみ。(類)回覧。
【回避】《カイヒ》（名・する）ものごとの処理や判断をさけること。また、事態の起こることを、のがれること。[例]責任—。
【回復】《カイフク》（名・する）悪くなったり失ったりしたものが、もとの状態にもどること。また、もとの状態を、とりもどすこと。[例]景気—をはかる。意識が—する。[表記](旧)▼恢復
【回文】《カイブン》①多くの人に回覧させる文書。まわしぶみ。(類)回状。②逆から読んでも、順に読んだのと同じになる文句。「しんぶんし」「たけやぶやけた」など。[表記]▽(旧)▼廻文
【回遊】《カイユウ》（名・する）①あちこちをまわって見物すること。(類)巡遊《ジュンユウ》。[例]—券。北海道を—する。②魚類がえさを求めて、あるいは越冬《エットウ》や産卵《サンラン》などのために、群れをなして定期的に移動すること。[例]—経路。—魚。[表記]②は「回▼游・▼洄▼游」とも書く。
【回覧】《カイラン》（名・する）①順々にまわして見ること。[例]町内会の—板《バン》。②あちこちを見物してまわること。(類)巡覧《ジュンラン》。[例]岩倉《いわくら》使節団の『米欧《ベイオウ》—実記《ジッキ》』。[表記]▽(旧)▼廻覧
【回流】《カイリュウ》（名・する）水などが、もとのところにめぐって流れ、ぐるぐるまわること。また、その流れ。[例]—式のプール。[表記](旧)▼廻流
【回礼】《カイレイ》（名・する）①礼を言うために、ほうぼうをまわること。お礼まわり。②年賀にまわること。年始まわり。
【回路】《カイロ》電気・磁気、また気体・液体などが流れる道すじ。サーキット。[例]集積—。
【回廊】《カイロウ》建物の中庭のふちや、外側のまわりなどにつける屋根のある通路。[例]社殿《シャデン》の—をわたる。[表記](旧)▼廻廊
【回し者】《まわしもの》相手方の内情をさぐるため、ひそかにさし向けられた者。スパイ。間諜《カンチョウ》。[例]敵の—。
【回り合わせ】《まわりあわせ—めぐりあわせ》自然にそうなる運命。[例]不幸な—。[表記](旧)▼廻り合わせ。「巡《めぐ》り合わせ」とも書く。
【回り灯籠】《まわりドウロウ》二重の枠《わく》をもつ、紙または布製のとうろう。回転する内側の枠に張られた切り絵の影《かげ》が、ろうそくや電球の光で、固定された外側の枠に次々と映る。走馬灯《ソウマトウ》。[表記](旧)▼廻り灯籠
【回り舞台】《まわりブタイ》舞台の中央部のゆかを回転させるしかけ。場面をかえるために使う。[表記](旧)▼廻り舞台
【回り道】《まわりみち》（名・する）遠回りになる道を行くこと。また、その道。(対)近道。[例]通行止めのため—して行く。[表記](旧)▼廻り道
【回り持ち】《まわりもち》順番に受け持つこと。輪番。[例]—で世話役をする。[表記](旧)▼廻り持ち
◐今回《コンカイ》・旋回《センカイ》・奪回《ダッカイ》・撤回《テッカイ》・転回《テンカイ》

囗 3
【団】6画 3536 56E3 [教育5]
(音)タン(漢) ダン(呉) トン・ドン(唐)
(訓)まる-い・かたま-り

[筆順]

囗11
【團】14画 5205 5718 [人名]

[なりたち]

[形声]「囗(=めぐる)」と、音「專《セン→タン》」とから成る。まるい。

[意味] ❶まるい。[例]団扇《ダンセン》。団子《ダンご》。団団《ダンダン》。❷ひとかたまりに集まる。組織された集まり。かたまり。[例]団結《ダンケツ》。楽団《ガクダン》。集団《シュウダン》。

[難読] 団扇《うちわ》

[人名] あつ・あつむ・まどか・まる・まろ

【団員】《ダンイン》楽団・応援《オウエン》団・視察団など、「団」という名の組織に所属している人。

【団円】《ダンエン》（名・形動ダナ）①まるいこと。また、そのようす。[例]—なる地球。②円満なこと。また、そのようす。[例]—なる人物。③めでたく終わること。[例]大—をむかえる。

【団塊】《ダンカイ》かたまり。[例]—の世代《セダイ》。

【団結】《ダンケツ》（名・する）目的を達成するために、多くの人々が力を合わせて一つにまとまること。(類)結集・連帯。[例]—権。

【団子】《ダンご》①米の粉などを水でこねて丸め、むした食べ物。[例]花より—(=実際に役立つもののほうがよい)。②「①」に似た形のもの。[例]—に目鼻(=丸顔のたとえ)。③「①」のように、

かたまっていること。例—になる。

【団《ダン》交《コウ》】(名・する)「団体交渉《ダンタイコウショウ》」の略。

【団《ダン》扇《セン》】①うちわ。②昔、武将が軍の指揮をとるのに用いた道具。軍配うちわ。

【団《ダン》体《タイ》】①多数の人の集団。例—割引。—で行動する。②同じ目的をもった人々の集まり。類集団。例—役員。

【団体交渉《ダンタイコウショウ》】(名・する)労働組合などが、使用者側に対しておこなう交渉。団交。

【団《ダン》団《ダン》】(形動タルト)①まるいようす。例—たる明月。②露《つゆ》などが多くついているようす。例露—。

【団《ダン》地《チ》】住宅や工場などを、集中して建てるために開発された土地。また、その住宅や工場。例住宅—。

【団《ダン》長《チョウ》】「団」という名をもつ団体を率いる人。例視察団の—。サーカス団の—。

【団《ダン》▼欒《ラン》】(名・する)親しい者が集まって、楽しく時を過ごすこと。例一家—。

【▽団《どん》▼栗《ぐり》】クヌギ・カシ・ナラなどの実。椀《ワン》の形のからに入っている。

【▽団▼栗の背比べ《どんぐりのせいくらべ》】どれもみな似かよっていて、とくにすぐれたものがないこと。

【▽団《まど》居《い》】①家族や親しい人々が集まって楽しく過ごすこと。団欒《ダンラン》。②円く車座《くるまザ》になってすわること。

●球団《キュウダン》・劇団《ゲキダン》・水団《スイトン》・星団《セイダン》・炭団《タドン》・布団《フトン》

囗4

【囲】7画 1647 56F2 教育5 音イ漢呉 訓かこ-む・かこ-う・かこ-い・かこ-み

筆順 

囗9

【圍】12画 5203 570D

なりたち  [形声]「囗(=めぐる)」と、音「韋《イ》」とから成る。ぐるりとかこんで、守る。

意味 ❶とりまく。かこむ。かこみ。例囲碁《イゴ》。包囲《ホウイ》。重囲《ジュウイ》。❷まわり。例胸囲《キョウイ》。四囲《シイ》。周囲《シュウイ》。❸くぎられた内側。区域《クイキ》。境界。例範囲《ハンイ》。

人名 もり

【囲《イ》碁《ゴ》】直角に交わる縦横それぞれ十九本の線が引いてある盤《バン》上の交点(=目《め》)に、二人が交互《コウゴ》に白と黒の石を置き、相手の石をかこんで取った石とかこった面積(=地《ジ》)をきそう遊戯《ユウギ》。碁。例—を一局打つ。

[囗部] 4画 囲 囮 困 図

【囲《イ》▼繞《ニョウ》|《イジョウ》】(名・する)まわりをぐるりととりかこむこと。例湖を—する峰峰《みねみね》。

【囲《イ》炉《ロ》裏《リ》】部屋のなかの床《ゆか》を方形に切って、灰《はい》を入れ、薪《まき》を燃やして家の中をあたためたり、煮《に》たきするところ。

●四囲《シイ》・範囲《ハンイ》・包囲《ホウイ》

囗4

【囮】7画 5189 56EE 音カ慣 ガ漢 訓おとり

意味 他の鳥をおびきよせ、とらえるためにつないである生きた鳥。また、人や動物をおびきよせるために使う手段。おとり。例囮《おとり》捜査《ソウサ》。囮《おとり》を使《つか》ってアユを釣《つ》る。

囗4

【困】7画 2604 56F0 教育6 音コン漢呉 訓こま-る

筆順 

なりたち  [会意]「木(=き)」が「囗(=かこい)」の中にある。古い住まいの中でくらす。派生して、「ゆきづまる」の意。

意味 ゆきづまる。くるしむ。こまる。例困窮《コンキュウ》。困難《コンナン》。貧困《ヒンコン》。

【困《コン》却《キャク》】(名・する)こまりはてること。ひじょうにこまること。類困惑《コンワク》。

【困《コン》窮《キュウ》】(名・する)①貧乏《ビンボウ》で苦しむこと。例生活—者。②手の打ちようがないほど、こまりはてること。例対策に—する。

【困《コン》苦《ク》】(名・する)お金や物が不足して、つらい思いをすること。類辛苦《シンク》。例—にたえる。

【困《コン》篤《トク》】病気が重いこと。危篤。

【困《コン》難《ナン》】(名・形動ダナ)①ものごとをするのが、ひじょうにむずかしいこと。例呼吸—。②つらく苦しいこと。苦しみなやむこと。例—に打ち勝つ。▽対容易。

【困《コン》▼憊《パイ》】(名・する)〔「憊」は、つかれる・弱る意〕つかれはてること。ひじょうにつかれて動けないこと。例疲労《ヒロウ》—。

【困《コン》厄《ヤク》】(名・する)①苦しみなやむこと。苦しみ。②わざわい。災難。

【困《コン》惑《ワク》】(名・する)どうしてよいかわからず、こまること。類困却《コンキャク》。例—の表情。とつぜんの話に—する。

囗4

【図】7画 3162 56F3 教育2 音ト漢 ズ呉 訓はか-る

筆順 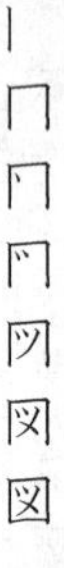

囗11

【圖】14画 5206 5716

なりたち  [会意]「囗(=計画する)」と「啚(=かるがるしくしない)」とから成る。はかりごとをくわだてるが、それがむずかしいことに苦しむ。よくよく考える。

意味 ❶くわだてる。もくろむ。はかりごと。はかる。例意図《イト》。企図《キト》。雄図《ユウト》。❷えがかれた形。え。例図画《ズガ》。絵図《エズ》。地図《チズ》。

使い分け はかる【図・計・測・量・謀・諮】⇩1177ページ

人名 なり・みつ

【図《ズ》案《アン》】形や色を組み合わせてえがく、模様や柄《がら》。また、さし絵などに利用する絵。例—集。着物の—をえがく。

【▽図《ズウ》体《タイ》】からだつき。なり。〔大きなからだについていうことが多い〕例—ばかり大きくて、役には立たない。

【図《ズ》会《エ》】ことばやことがらの説明に、絵や図などを主とした書物。例『三才《サンサイ》—』『江戸《えど》名所—』

【図《ズ》画《ガ》】①絵。また、絵をかくこと。〔法律では「トガ」という〕②旧制小学校の教科の一つ。

【図《ズ》解《カイ》】(名・する)図を用いてわかりやすく説明すること。また、それを主にした書物。絵とき。類図説。例—で示す。

【図《ズ》鑑《カン》】動物・植物・天体・機械・建築など、一つの項目《コウモク》について、絵や写真を中心にして説明した書物。例宇宙—。動物—。

【図《ズ》形《ケイ》】①かきあらわした、ものの形。例複雑な—。②〔数〕点・線・面などで、ものの形や位置関係をかきあらわしたもの。三角形・正方形・立方体・円錐《エンスイ》・球など。

【図《ズ》工《コウ》】小学校の教科の一つ。図画と工作。

【図《ズ》示《シ》】(名・する)図にかいてしめすこと。例道順を—する。内部の構造を—する。

【図《ズ》式《シキ》】複雑な、あるいは抽象的《チュウショウテキ》なことがらをわかりやすく説明した図。例—どおりに事は運ばない。

【図《ズ》説《セツ》】(名・する)図や絵を用いて説明すること。また、そうした書物。類図解。例日本文化史の—。

【図《ズ》版《ハン》】書物や雑誌などの、印刷物に掲載《ケイサイ》される図や絵

画や写真。例―の豊富な本。

【図表《ズヒョウ》】①図と表。②ものの数や量の関係を図に示したもの。グラフ。例統計―。気温の変化を―にする。

【図譜《ズフ》】動植物など同類のものについて、図を中心にして説明を加えた書物。例高山植物―。

【図星《ズぼし》】①的《まと》の中心の黒点。②ねらうべきところ。急所。例―をさされる(=最もかんじんなところを指摘《シテキ》される)。③予想がぴたりと的中すること。

【図面《ズメン》】建物や機械などの、つくりやできあがりを示した図。設計図・三面図など。

【図録《ズロク》】図や写真を主にしてのせ、解説した書物。

【図書《トショ》】①〔「ズショ」とも〕絵図と書物。また、書籍《ショセキ》。書物。本。例―館《トショカン》。図書寮《ズショリョウ》(=律令制《リツリョウセイ》で、書物などをあつかった役所)。②印章。

【図南《トナン》】〔鵬《おおとり》が翼《つばさ》を広げ、南の海へ行こうとする意から〕大事業を志すこと。〈荘子《ソウジ》〉例―の鵬翼《ホウヨク》。

◐合図《あいズ》・意図《イト》・海図《カイズ》・原図《ゲンズ》・構図《コウズ》・指図《さしズ》・縮図《シュクズ》・付図《フズ》・略図《リャクズ》

囗4 【囬】7画 ⇩【回】《カイ》(218ページ)

囗4 【囧】7画 ⇩【冏】《ケイ》(117ページ)

囗5 【固】8画 2439 56FA 教育4

音 コ漢呉 訓 かた-める・かた-まる・かた-い・かた-め

付表 固唾《かたず》

筆順 

なりたち  [形声]「囗(=かこい)」と、音「古《コ》」とから成る。守りのかたい、とりで。

意味 ❶かたい。かためる。かたまる。例固形《コケイ》。固体《コタイ》。凝固《ギョウコ》。❷気持ちがしっかりしていて、ゆるがない。かたくな。例固執《コシツ》。確固《カッコ》。頑固《ガンコ》。❸もともと。もとより。本来。例固有《コユウ》。

日本語での用法《かたまり》集まった一団。「ひと固《かた》まりになってすわる」

使い分け かたい【堅・固・硬】⇩1167ページ

人名 かた・かたし・かたむ・たか・つよし・もと・み

【固唾《かたず》】緊張《キンチョウ》したときなどに、口の中にたまるつば。例―をのむ(=事の成り行きを、息を殺して見守る)。

【固形《コケイ》】ある形にかたまっているもの。例―燃料。

【固持《コジ》】(名・する)意見や考え方などを、かたくもち続けて変えないこと。類固執《コシツ》。例自説を―する。

【固辞《コジ》】(名・する)どんなにすすめられても、かたく辞退すること。例―して受けない。

【固疾《コシツ》】長いあいだ治らないでいる病気。類持病。例―の喘息《ゼンソク》に苦しむ。表記「▼痼疾」とも書く。

【固執《コシツ|コシュウ》】(名・する)自分の考えをかたく守って、人にゆずらないこと。類固持。例自説に―する。

【固守《コシュ》】(名・する)かたく守ること。例昔からのしきたりを―する。

【固体《コタイ》】一定の形と体積をもち、変形しにくい物体。対液体・気体。

【固着《コチャク》】(名・する)①ものが他のものにしっかりとくっつくこと。例―剤《ザイ》。②一定の状態におちつくこと。類定着。

【固定《コテイ》】(名・する)①動かないようにしっかりすえること。例本だなを金具《かなグ》で―する。②一定の状態で、変わらないこと。例―資産。―客。

【固定観念《コテイカンネン》】かたく思いこんでいて、容易には変えることのできない考え。例―にとらわれる。―を捨てる。

【固有《コユウ》】(名・形動ダ)ほかにはなく、そのものだけに、もとからあること。例野生動物―の行動様式。日本に―な習慣。

【固有名詞《コユウメイシ》】人名・地名・国名・作品名など、そのものだけをあらわす名詞。対普通《フツウ》名詞。

【固▼陋《コロウ》】(名・形動ダ)新しいものを受け入れようとせず、考え方がかたくななこと。例頑迷《ガンメイ》―。―な職人。

◐強固《キョウコ》・禁固《キンコ》・堅固《ケンゴ》・断固《ダンコ》

囗5 【国】8画 2581 56FD 教育2 音 コク漢呉 訓 くに

筆順 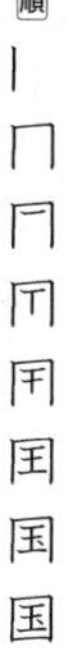

囗8 【國】11画 5202 570B 人名

囗6 【圀】9画 5191 5700 別体字

なりたち  [会意]「囗(=かこい)」と「或(=くに)」とから成る。くに。

参考 別体字の「圀」は、則天文字《ソクテンモジ》(=唐《トウ》の女帝《ジョテイ》、則天武后《ソクテンブコウ》が制定したという)の一つ。例徳川光圀《みつくに》(=水戸黄門《みとコウモン》のこと)。

意味 ❶諸侯《ショコウ》などが治める土地。くに。例国風《コクフウ》。封国《ホウコク》。領国《リョウゴク》。❷一つの政府に属する土地や社会。くに。例国籍《コクセキ》。国家《コッカ》。愛国《アイコク》。❸くにのうちで、とくにすぐれている。例国士《コクシ》。国手《コクシュ》。国色《コクショク》。❹自分のくに。例国学《コクガク》。国語《コクゴ》。

日本語での用法《コク》日本。「国学《コクガク》・国語《コクゴ》・国史《コクシ》・国文《コクブン》」

人名 とき

【国元《くにもと》】①故郷。郷里。例―の両親。②(主君の)領地。くにおもて。例―の政治。表記▽「国▽許」とも書く。

【国威《コクイ》】国が他の国に対してもつ威力。国のいきおい。例―発揚《ハツヨウ》。―を示す。

【国運《コクウン》】国の運命。国家のなりゆき。例―が傾《かたむ》く。

【国営《コクエイ》】国が事業をいとなむこと。類官営。対私営・民営。例―農場。

【国益《コクエキ》】国の利益。類国利。例―をはかる。

【国王《コクオウ》】王国の統治者。国の君主。

【国▼衙《コクガ》】奈良《なら》・平安時代に、国司《コクシ》が事務をとった役所。国府。例―の役人。

【国外《コクガイ》】国の領土のそと。対国内。例―追放。

【国学《コクガク》】①古代中国で、天子・諸侯《ショコウ》・貴族の子弟《シテイ》と国内の秀才《シュウサイ》を教育した学校。隋《ズイ》以後は国子監《コクシカン》という。②江戸《えど》時代に起こった学問。『古事記《コジキ》』『万葉集《マンヨウシュウ》』などの古典を研究して、日本固有の思想や文化を明らかにしようとした。類和学・古学。

【国技《コクギ》】その国に特有の、伝統的な武芸やスポーツ。日本では相撲《すもう》とされている。

【国劇《コクゲキ》】その国に特有の演劇。日本では歌舞伎《かぶき》や能楽。

【国語《コクゴ》】①自分の国の言語。日本では日本語。例―学。②その国で公用語として認めて用いる言語。③小学校・中学校・高等学校の教科の一つ。国語科。④春秋時代の、各国の歴史を記した書。周の左丘明《サキュウメイ》の著。

【国号《コクゴウ》】国の名。国の呼び方。類国名。

【国債《コクサイ》】国家が財政上の必要から設ける債務。また、その債券。例―を募集《ボシュウ》する。

【国際《コクサイ》】多くの国や諸国民にかかわっていること。〔ふつう、他のことばの上につけて複合語として用いる〕例―会議。―交流。

【国際色《コクサイショク》】いろいろな国の人やものが、入りまじって生じる感じ。例—豊かな万国《バンコク》博覧会会場。

【国際的《コクサイテキ》】(形動ダナ)ものごとが多くの国々や民族にかかわっているようす。例—な規模。—に活躍《カツヤク》する。

【国際連合《コクサイレンゴウ》】第二次世界大戦後の一九四五(昭和二十)年、世界の平和維持《イジ》を目的としてつくられた国際機構。国連。英語でいう、ユナイテッドネーションズ。UN。

【国産《コクサン》】その国で産出または生産すること。また、その産物。例—車。

【国士《コクシ》】①一国のなかでとくにすぐれた人物。例—無双《ムソウ》。②国のためにつくす人。憂国《ユウコク》の士。

【国士無双《コクシムソウ》】一国のなかで、他にくらべる者がいないほどすぐれた人物。

【国司《コクシ》】奈良《なら》・平安時代に、地方を治めるために朝廷《チョウテイ》から諸国に派遣《ハケン》された地方官。

【国史《コクシ》】その国の歴史。日本では日本の歴史。

【国師《コクシ》】①奈良《なら》時代、朝廷《チョウテイ》から諸国に派遣《ハケン》され、その国の寺院や僧尼《ソウニ》の監督《カントク》、経典《キョウテン》の講説などをおこなった僧侶《ソウリョ》。②徳の高い僧にあたえられる称号《ショウゴウ》。例夢窓《ムソウ》—。

【国字《コクジ》】①その国で公用語を表記するのに採用されている文字。日本では漢字とかな。例—問題。②日本でつくった漢字。「峠《とうげ》」「榊《さかき》」「畑《はたけ》」など。

【国事《コクジ》】国の政治に関することがら。例—に奔走《ホンソウ》する。

【国事犯《コクジハン》】国家の政治や秩序《チツジョ》をおかす犯罪。内乱罪など。㊫政治犯。

【国手《コクシュ》】〔国の病を治す名手の意。最高の名医とは国の病を治す人で、そのつぎは人の病を治す人であるという『国語《コクゴ》』のことばから〕すぐれた医者。名医。また、医者に対する敬意をあらわすことば。例田中—の診断《シンダン》をあおぐ。

【国主《コクシュ》】①一国の君主。②江戸《えど》時代、一国またはそれ以上の領地を持っていた大名。国持ち。国主大名。国守。

【国守《コクシュ》】①国司の長官。くにのかみ。②「国主《コクシュ》②」に同じ。

【国書《コクショ》】①一国の元首または政府が、その国の名で出す外交文書。例天皇に—を捧呈《ホウテイ》する。②図書の分類で、和・漢・洋の三種のうちの一つ、和書。日本人が日本語であらわした書籍《ショセキ》。㊫国典。

【国情《コクジョウ》】その国の政治・経済・文化などのありさま。国内の状態。例ロシアの—に明るい。

【国辱《コクジョク》】国の不名誉《フメイヨ》。例—を受ける。

【国人《コクジン》】その国の人。㊫国民。

【国粋《コクスイ》】その国または国民の文化や伝統などで、とくにすぐれたところ。例—主義。

【国是《コクゼ》】〔「是」は、正しい方針の意〕国の政治の方針。例—を定める。世界平和を—とする。

【国政《コクセイ》】国の政治。例—に参加する。

【国勢《コクセイ》】一国を人口・産業・資源などの面からみた、総合的な国の力。例—調査。

【国税《コクゼイ》】国家がその財政をまかなうために、法人や国民から徴収《チョウシュウ》する税金。

【国籍《コクセキ》】その国の国民としての、公的な身分や資格。航空機や船舶《センパク》などについてもいう。例多—軍。

【国選《コクセン》】国がえらぶこと。例—弁護人。

【国葬《コクソウ》】国の儀式《ギシキ》として国費でおこなう葬儀。

【国賊《コクゾク》】その国の国民でありながら、国に害をあたえる者。例—あつかいを受ける。

【国体《コクタイ》】①主権の所在からみた国家形態。君主制・共和制・民主制など。例—を護持する。②「国民体育大会」の略。例冬季—。

【国鳥《コクチョウ》】国を象徴《ショウチョウ》する鳥。日本ではキジ。

【国定《コクテイ》】国が指定すること。また、国が制作すること。例—公園。—教科書。

【国典《コクテン》】①国の法典。㊫国法。②国の儀式《ギシキ》。③日本の典籍《テンセキ》。㊫国書。

【国都《コクト》】その国の首都。㊫首府。

【国土《コクド》】国の統治権のおよぶ地域。国の領土。例—総合開発。—交通省。鉱物資源の豊かな—。

【国▼帑《コクド》】〔「帑」は、金ぐらの意〕国家の財産。

【国道《コクドウ》】国が建設し管理する道路。例—一号。

【国内《コクナイ》】国の領土のなか。㊬国外。例—市場《シジョウ》。

【国難《コクナン》】国家の存立にかかわるような災難。例挙国一致《イッチ》して—に当たる。

【国費《コクヒ》】国庫から支出する費用。例—留学生。

【国賓《コクヒン》】国家元首の賓客として、国費でもてなされる客。来訪する外国の元首・王・皇族・首相《シュショウ》・特使など。

【国父《コクフ》】国民から父として尊敬される主権者。例—孫文《ソンブン》。トルコの—ケマル=アタチュルク。

【国風《コクフウ》】①その国の風俗《フウゾク》や習慣。くにぶり。例—文化。②その国や地方の風俗をうたった詩歌《シイカ》や民謡《ミンヨウ》。例『詩経《シキョウ》』の—のうた。③(日本で)和歌。

【国文《コクブン》】①その国のことばで書いてある文章。日本では、日本語で書かれた文章。②「国文科」「国文学」の略。

【国文学《コクブンガク》】①その国の文学。日本では、日本文学。国文。②その国の文学を研究する学問。

【国柄】㊀《コクヘイ》一国の政権。㊁《くにがら》①その国が成立するうえでの特色。②その国またはその地方の風俗《フウゾク》の特色。〔多く「お国柄」の形で使う〕

【国歩《コクホ》】国の前途《ゼント》。国の運命。㊫国運。例—艱難《カンナン》(=国の前途の見通しが暗く厳しいこと)。

【国母《コクボ—コクモ》】①天子の母。②皇后。例—陛下《ヘイカ》。

【国宝《コクホウ》】①国のたから。例人間—。②国家が法律によって指定し、特別に管理や保護をする、すぐれた建造物・文書・美術品・工芸品など。例—に指定された仏像。

【国法《コクホウ》】国家の法律。国のおきて。とくに、憲法をいう。㊫国典。例—をおかす。—にふれる。

【国防《コクボウ》】侵略《シンリャク》から自国を守ること。また、その防備。例—力。—体制を厳重にする。

【国本《コクホン》】国の基礎《キソ》。国の根本。例—を危《あや》うくする。

【国民《コクミン》】国家を構成する人々。その国の国籍《コクセキ》をもつ人民。

【国民性《コクミンセイ》】その国民に共通してみられる、ものの考え方や気質などの特徴《トクチョウ》。

【国民投票《コクミントウヒョウ》】憲法改正など、国政にかかわる重要事項《ジコウ》について、国民がおこなう投票。

【国民の祝日《コクミンのシュクジツ》】日本の国の祝日。

【国務《コクム》】国家の政治に関する事務。例—大臣。

【国務大臣《コクムダイジン》】内閣を構成する大臣。ふつう、総理大臣以外の大臣をいう。

【国名《コクメイ》】国の名前。㊫国号。

【国命《コクメイ》】国家の命令。朝命。

【国訳《コクヤク》】(名・する)漢文で書かれた経文《キョウモン》などを、日本語の文として読みくだすこと。また、その文。例—大蔵経《ダイゾウキョウ》。

【国有《コクユウ》】国が所有していること。㊫官有。㊬公有・私有・民有。例—地。

【国利《コクリ》】国の利益。㊫国益。例—民福(=国の利益と国民の幸福)を推進する。

【国立】《コクリツ》 教育や研究などのための機関の設置者が、国であること。また、そのもの。㊉公立・私立。例—大学。
【国力】《コクリョク》 国家の勢力。とくに、軍事力や経済力をいう。例—を養う。
【国老】《コクロウ》 ①昔、中国の卿大夫《ケイタイフ》で、退官したのちも同様の待遇《タイグウ》を受けた人。②江戸《えど》時代、大名の領地にいる家老。国家老《くにガロウ》。③国家に功績のあった老臣。㊇元老。
【国論】《コクロン》 国民の意見。㊇世論。例—にうったえる。
【国花】《コッカ》 国家を象徴《ショウチョウ》するとされる花。日本ではサクラ、また、キク。

漢字に親しむ ⑨ 国字《コクジ》について

漢字は、いうまでもなく中国で、中国語を表記するためにつくられた文字ですが、そのつくり方にならってわが国でも日本語を表記するための新しい漢字がつくられました。このような漢字を国字または和製漢字といいます。国字はわれわれの祖先が考え出したものだけあって、なるほどと感心させられるようなものがたくさんあります。

人の弟が兄のおもかげをただよわせていることから「俤《おもかげ》」、神様に供える木だから「榊《さかき》」、山の上りと下りの交わる所という意味で「峠《とうげ》」、身を美しくするための「躾《しつけ》」、田にいる鳥の「鴫《しぎ》」、雪の降る季節の魚「鱈《たら》」、木をふきからす風の「凩《こがらし》」(=「几」は「風」の省略形)、風が止《や》む「凪《なぎ》」などは、実にわかりやすい傑作《ケッサク》といえるでしょう。

【国家】《コッカ》 一定の領土とそこに定住する人民から成り、公用語を定め、主権によって統治されている集団。政府。くに。
【国家試験】《コッカシケン》 一定の資格や免許《メンキョ》をあたえるために国がおこなう試験。公務員試験・司法試験や、医師・薬剤師《ヤクザイシ》・看護師の国家試験など。
【国家主義】《コッカシュギ》 個人の権利・自由よりも、国家のことを優先させる思想。
【国歌】《コッカ》 ①国家を代表するものとしてうたわれるうた。例—斉唱《セイショウ》。②和歌。
【国会】《コッカイ》 憲法が定める国家の議会。国権の最高機関であり、立法機関である。日本では衆議院と参議院から成る。例—議員。—が召集《ショウシュウ》される。
【国漢】《コッカン》 ①旧制の中等学校の教科であった「国語」と「漢文」とをまとめていうことば。②国語と漢語。
【国旗】《コッキ》 国家の象徴《ショウチョウ》として定められた、はた。例—掲揚《ケイヨウ》。—がひるがえる。
【国教】《コッキョウ》 国家が、国民の信じるべきものと認め保護する宗教。例キリスト教を—と定める。
【国境】㊀《コッキョウ》 国家と国家との領土や領海のさかい。例—を越《こ》える。㊁《くにざかい》 昔の日本の国と国とのさかい。
【国君】《コックン》 国の君主。㊇国王。
【国訓】《コックン》 ①漢字に、その意味に相当する日本語をあててよむ読み方。たとえば、「山」を「やま」、「飲」を「のむ」と読むなど。訓。㊇和訓・字訓。②漢字の本来の意味とちがって、日本でだけの意味を示す読み方。たとえば、もともとナマズをあらわす「鮎《ネン》」を「あゆ」と読むなど。
【国慶節】《コッケイセツ》 中華《チュウカ》人民共和国の建国記念日。十月一日。
【国権】《コッケン》 国内の統治や外国との交渉《コウショウ》において、国家がもっている権力。国家の統治権。例—乱用。
【国憲】《コッケン》 国家の根本となる法規。㊇憲法・国法。例—を重んじる。
【国庫】《コッコ》 国家に所属する現金や有価証券などを、保管したり出納《スイトウ》したりする機関。例—金。—支出金。
【国交】《コッコウ》 国家と国家との公式な外交関係。例—断絶。—のない国。
●異国《イコク》・王国《オウコク》・開国《カイコク》・帰国《キコク》・故国《ココク》・鎖国《サコク》・出国《シュッコク》・諸国《ショコク》・全国《ゼンコク》・祖国《ソコク》・天国《テンゴク》・万国《バンコク》・母国《ボコク》・隣国《リンゴク》・列国《レッコク》

[口部] 5—8画 囹 囿 圀 圄 圃 圉 圈 國

口 5
【囹】 8画 5190 56F9 音レイ㊌
意味 罪人をとじこめておく場所。ろうや。ひとや。例囹圄《レイギョ》。
難読 囹圉《ひとや》
【囹▼圄】《レイギョ》 〔「レイゴ」とも〕 牢屋《ロウや》。牢獄《ロウゴク》。表記「囹▼圉」とも書く。

口 6
【囿】 9画 5192 56FF 音ユウ㊌ 訓その
意味 (鳥やけものを放し飼いしている)囲いのある庭。その。例囿池《ユウチ》。苑囿《エンユウ》。
【囿▼苑】《ユウエン》 鳥やけものを飼う庭園。苑囿。
【囿人】《ユウジン》 ①『周礼《シュライ》』にある官名。宮中の動物を飼育する人。②草木の栽培《サイバイ》や手入れをする人。園丁《エンテイ》。

口 6
[圀] 9画 ⇩【国】《コク》(221ページ)

口 7
【圄】 10画 5193 5704 音ギョ㊌ ゴ㊐ 訓ひとや
意味 罪人をとじこめておく場所。ろうや。ひとや。同圉《ギョ》。例囹圄《レイギョ》

口 7
【圃】 10画 4264 5703 人名 音ホ㊌ 訓はたけ
意味 ❶菜園。野菜などを植える、はたけ。例花圃《カホ》。菜圃《サイホ》。田圃《デンポ》。❷農夫。例老圃《ロウホ》。

口 8
【圉】 11画 5194 5709 音ギョ㊌ ゴ㊐ 訓ひとや・うまかい
意味 ❶罪人をとじこめておくところ。牢屋《ロウや》。ひとや。同圄《ギョ》。例囹圉《レイギョ》(=牢屋)。❷ウマを飼育する役。うまかい。とねり。例圉臣《ギョシン》。圉人《ギョジン》。
【圉人】《ギョジン》 ①『周礼《シュライ》』にある官名。宮中のウマを飼育する人。②ウマを飼う人。馬飼い。

口 8
【圈】 11画 ⇩【圏】《ケン》(224ページ)

口 8
【國】 11画 ⇩【国】《コク》(221ページ)

3画

口 9
【圏】12画 2387 570F 常用 音ケン漢 訓かこ-い

筆順 圏

口 8
【圈】11画 5201 5708 人名

なりたち  [形声]「口(=かこい)」と、音「巻《ケン》」とから成る。家畜《カチク》やけものを飼うおり。

意味 ❶動物を飼うおり。かこい。❷しきられた区域。範囲《ハンイ》。例圏外《ケンガイ》。首都圏《シュトケン》。大気圏《タイキケン》。❸文の要点など、読者の注意を引くために、そのわきにつける丸や点。例圏点《ケンテン》。

【圏外】《ケンガイ》 一定の条件や定まった範囲《ハンイ》のそと。対圏内。

【圏点】《ケンテン》 文章中の文字のわきに、強調したり注意を引くために付ける「・」「、」「。」などのしるし。類傍点《ボウテン》。

【圏内】《ケンナイ》 一定の条件や定まった範囲《ハンイ》のうち。対圏外。例暴風雨—。合格—にはいる。

◐成層圏《セイソウケン》・対流圏《タイリュウケン》・南極圏《ナンキョクケン》・北極圏《ホッキョクケン》

口 9
【圍】12画 ⇩【囲】《イ》(220ページ)

口 10
【園】13画 1764 5712 教育2 音エン漢 オン呉 訓その

筆順 園

艹13
【薗】16画 1782 8597 人名 別体字

なりたち  [形声]「口(=かこい)」と、音「袁《エン》」とから成る。果樹を植えるところ。

意味 ❶果樹などを植えた畑や庭。その。例庭園《テイエン》。農園《ノウエン》。❷人々が楽しんで集まる場所。例学園《ガクエン》。動物園《ドウブツエン》。楽園《ラクエン》。❸天子や王妃《オウヒ》などの墓所。みささぎ。例園陵《エンリョウ》。❹私有地。例荘園《ショウエン》。

難読 祇園《ギオン》・園城寺《オンジョウジ》

【園芸】《エンゲイ》 果樹や野菜、また花などを栽培《サイバイ》すること。また、栽培や造園の技術。例—作物。家庭—。

【園児】《エンジ》 幼稚園《ヨウチエン》や保育園に通っている子供。

【園地】《エンチ》 公園や庭園になっている地域。例—を造成する。

表記 旧▼苑地

【園池】《エンチ》 庭園といけ。庭園と泉水。苑池《エンチ》。

【園長】《エンチョウ》 「園」という名のつく施設《シセツ》の長。たとえば、保育園・幼稚園《ヨウチエン》・動物園・植物園などの長。

【園丁】《エンテイ》 庭園の番や造成・手入れなどを職業とする人。庭師。

【園遊会】《エンユウカイ》 客を招いて、庭園でもよおす宴会《エンカイ》。ガーデンパーティー。

◐公園《コウエン》・菜園《サイエン》・造園《ゾウエン》・庭園《テイエン》・田園《デンエン》・閉園《ヘイエン》・霊園《レイエン》

口10
【圓】13画 ⇩【円】《エン》(113ページ)

口11
【團】14画 ⇩【団】《ダン》(219ページ)

口11
【圖】14画 ⇩【図】《ト》(220ページ)

口 13
【圜】16画 5208 571C 音一エン漢呉 二カン漢 訓まる-い・めぐ-る

意味 一《エン》 ❶天のようにまるい。まるい。同円《エン》。例圜陣《エンジン》。❷天空。天。例圜宰《エンサイ》(=天)。圜則《エンソク》(=天)。二《カン》 ぐるりとめぐらす。かこむ。例圜視《カンシ》(=まわりを見まわす。顔を見あわせる)。

32 3画 土 つち つちへん 部

つちの中から草木が芽を出した形をあらわす。「土」をもとにしてできている漢字と、「土」の字形を目じるしにして引く漢字とを集めた。

0 土 2 圧 圦 3 圩 圭 在 地 圳 4 坎 均 圻 坑 坐 址 坏 坂 坊 5 坩 坤 垂 垈 坦 坪 坡 坿 垉 坪 6 垳 垓 垣 垠 型 垢 垰 城 埕 垪 7 埃 埆 埖 埔 埋 埒 城 埀 埓 8 堊 域 基 埣 埼 執 埴 堆 堂 培 埠 堋 堀 堵 埜 9 堙 堰 堝 堺 堪 堅 場 堕 塚 堤 堵 塔 塀 堡 報 塁 堯 10 塰 塋 塩 塢 塊 塙 堽 塒 塑 塞 塡 塗 塘 墓 塚 填 11 境 塹 塾 墅 塵 増 墨 塲 12 墟 墜 墳 墹 墸 增 墫 墮 墜 墨 13 墺 壊 墾 壌 壇 壁 壅 墻 墳 14 壑 壔 壗 壓 15 壙 壘 16 壜 壟 壞 17 壢 壤

この部首に所属しない漢字

去 ⇩ 厶 173
寺 ⇩ 寸 308
至 ⇩ 至 833
赱 ⇩ 走 943
赤 ⇩ 赤 941
走 ⇩ 走 942
幸 ⇩ 干 347
奎 ⇩ 大 267
封 ⇩ 寸 310
墫 ⇩ 土 245

土 0
【土】3画 3758 571F 教育1 音ト漢 ド呉 訓つち 付表 土産《みやげ》

筆順 一 十 土

なりたち 土 [指事]「二(=地面と地中とをあらわす二本の横線)」と「丨(=ものが出る形)」とから成る。万物《バンブツ》を吐《は》き出し生じさせる地。

意味 ❶地面。大地。つち。例土壌《ドジョウ》。土地《トチ》。黄土《コウド》。❷くに。ふるさと。地方。例土着《ドチャク》。郷土《キョウド》。国土《コクド》。❸五行《ゴギョウ》の一つ。方位では中央、季節では季夏《キカ》(=夏の末)をあらわす。例土用《ドヨウ》。❹土を焼いてつくった楽器。

日本語での用法 《ト・ド》①旧国名「土佐《とさ》(=今の高知県)」の略。「土州《ドシュウ》・薩長土肥《サッチョウドヒ》」②「土耳古《トルコ》(=トルコ)」の略。「露土戦争《ロトセンソウ》」

難読 土方《ひじかた》(=姓《せい》)・土蜂《じがばち》《ゆするばち》・土竜《もぐら》《みみず》・土筆《つくし》

人名 ただ・のり・はに・ひじ

【▽土▽筆】《つくし》 早春、スギナの地下茎《チカケイ》から出る胞子茎《ホウシケイ》。筆の形に似ている。食用。ツクヅクシ。ツクシンボ。

【土煙】《つちけむり》 風で土砂《ドシャ》が空中にまいあがって煙のように見えるもの。例もうもうと—が立つ。

【土塊】《ドカイ》《つちくれ》 土のかたまり。

【土方】《ドかた》 土木工事にたずさわる人。土工。

【土釜】《ドがま》 (炊飯《スイハン》用の)土製のかま。

【土管】《ドカン》 ねん土を焼いて作った管。排水《ハイスイ》管・下水管・煙突《エントツ》などに使う。

【土器】《ドキ》［一］ねん土を焼いて作る素焼《すや》きの焼き物。低い温度で焼く。とくに、遺跡《イセキ》から出土した原始時代のものをいうことが多い。例 縄文《ジョウモン》―。［二］《かわらけ》 素焼きのさかずき。例 ―投げを楽しむ。―でお神酒《みき》をいただく。

【土偶】《ドグウ》 土製の人形。でく。とくに、縄文《ジョウモン》時代の遺跡《イセキ》から出土するどろ人形。

【土▼圭】《トケイ|ドケイ》 ⇩【時計】《とけい》（490ページ）

【土下座】《ドゲザ》（名・する）①貴人や主君などに対して、地面にすわって尊敬の意をあらわした礼。②「①」のようにして謝罪や懇願の気持ちをあらわすこと。例 ―してあやまる。

【土建】《ドケン》「土木建築」の略。例 ―業。

【土工】《ドコウ》 土や砂などをあつかう土木工事。また、その仕事をする人。

【土豪】《ドゴウ》 その土地の豪族。その土地の勢力者。

【土佐】《とさ》 旧国名の一つ。今の高知県全域。土州《ドシュウ》。

【土左▽衛門】《ドザエモン》 水におぼれて死んだ人。溺死者《デキシシャ》。水死体。〔からだが丸くふくれたようすが、江戸《えど》時代の力士の成瀬川《なるせがわ》土左衛門に似ていたところから〕

【土産】《ドサン》［一］その土地の産物。［二］《みやげ》①旅行先などから家に持って帰るその土地の産物。例 ―話《ばなし》。ヨーロッパ旅行の―。②人を訪問するときに持っていく品物。手みやげ。

【土質】《ドシツ》①作物が育つかどうかという、土の性質。例 ―を改良する。②土を構成している物質。

【土砂】《ドシャ》 土とすな。例 ―くずれ。

【土壌】《ドジョウ》①農作から見た土。例 酸性―。―の改良。肥沃《ヒヨク》な―。②才能などが育つ環境《カンキョウ》。例 すなおな子供の育つ―をつくる。

【土性骨】《ドショウぼね》 生まれつきの性質や根性を、強調していうことば。例 ―をたたきなおす。

【土人】《ドジン》①その土地に住み着いている人。②発展途上《トジョウ》国の土着の人を軽蔑《ケイベツ》していったことば。

【土星】《ドセイ》 太陽系の第六の惑星《ワクセイ》。木星の次に大きく、五十三個以上の衛星と周囲に環《わ》をもつ。サターン。

【土石流】《ドセキリュウ》 土や石が雨水《あまみず》や地下水とともにどろみず状になり、激しい勢いで斜面《シャメン》を流れくだるもの。

【土葬】《ドソウ》（名・する）死者をそのまま、または棺《カン》に入れて土の中にほうむること。対 火葬・水葬・風葬。

【土蔵】《ドゾウ》 四方のかべを、どろとしっくいでぬり固めた倉庫。つちぐら。例 ―造り。―破り。

【土足】《ドソク》 くつ・げた・ぞうりなど、戸外用のはきものをはいたままの状態。例 ―でふみにじる。

【土俗】《ドゾク》 その土地の風俗《フウゾク》・習慣。

【土地】《トチ》①陸地。②耕作地。田や畑。例 やせた―。③住むところ。地面。地所。例 ―の売買。④ある地方。あるところ。また、領地。例 ―の習慣。―の訛《なま》り。

【土地柄】《トチがら》 その地方特有の風俗《フウゾク》・習慣・人情などのようす。例 ―がよい。

【土地鑑】《トチカン》 その地域の事情にくわしいこと。例 犯人は―のある者らしい。表記「土地勘」とも書く。

【土着】《ドチャク》（名・する）その土地に住みついていること。また、根づいていること。例 ―の文化。

【土▼嚢】《ドノウ》 土を入れたふくろ。洪水《コウズイ》などのときに積んで水をせき止める。また、銃砲《ジュウホウ》の攻撃《コウゲキ》をさえぎるものとして使う。例 ―を積む。

【土俵】《ドヒョウ》①土をつめたたわら。②相撲《すもう》をとって、勝負をする場所。円形で、まわりを「①」で囲ってある。土俵場《ば》。例 ―に上がる。―を割る(=負ける)。

【土俵際】《ドヒョウぎわ》①相撲《すもう》で、土俵を囲むたわらと外側の土のさかいめ。例 ―でうっちゃる。②ものごとがうまくいくかいかないかの、さかいめ。土壇場《ドタンば》。例 ―に立たされる。

【土塀】《ドベイ》 土でつくったへい。例 家のまわりに―をめぐらす。

【土崩瓦解】《ドホウガカイ》（名・する）土がくずれ、かわらがくずれ落ちるように、ものごとが次々と崩壊《ホウカイ》していくこと。瓦解土崩。例 徳川幕府の―が、維新《イシン》の激しい勢いを示している。

【土木】《ドボク》 大きな建物の基礎《キソ》や、道路・橋・ダムなどの、大がかりな工事。例 ―工事。―技師。

【土間】《ドま》 家の内部で、ゆかを張っていなくて、土をふみ固め土足で歩くようにしてあるところ。たたき。

【土▼饅▽頭】《ドマンジュウ》 土を丸く盛り上げてつくった墓。塚《つか》。

【土用】《ドヨウ》 暦《こよみ》で、立春・立夏・立秋・立冬の前のそれぞれ十八日間をいうことば。とくに、夏の土用を指すことがある。例 ―の入《い》り。

【土用波】《ドヨウなみ》 日本で、夏の土用のころに海岸に打ち寄せる大波。遠方の台風の影響《エイキョウ》で起こる。例 ―が立つ。

【土用干し】《ドヨウぼし》 夏の土用のころ、衣服や書物に日光を当てたり風を通したりして、虫のつくのを防ぐこと。虫干し。

【土竜】《ドリュウ》［一］①土で作った竜。竜は水を呼ぶといわれ、雨乞《あまご》いに用いた。②ミミズの別名。③モグラの異名。［二］《もぐら》 モグラ科の哺乳《ホニュウ》動物。土の中にすみ、ミミズや昆虫《コンチュウ》を食べる。もぐらもち。例 ―たたき。

●郷土《キョウド》・国土《コクド》・出土《シュツド》・焦土《ショウド》・浄土《ジョウド》・全土《ゼンド》・風土《フウド》・本土《ホンド》・領土《リョウド》

土 2

【圧】 5画 1621 5727 教育5 音 アツ 慣 オウ 漢 ヨウ 呉 訓 お-す・お-さえる

筆順 一 厂 厈 圧

土14 【壓】 17画 5258 58D3

たなち  「形声」「土(=つち)」と、音「猒《ヨウ→オウ》」とから成る。おしつぶす。

意味 ❶上から強い力を加える。むりにおさえつけて自由をうばう。おさえる。おす。例 圧政《アッセイ》。圧力《アツリョク》。弾圧《ダンアツ》。❷（気体・液体などの内部に加わり、周囲に向かって）おす力。圧力のこと。例 気圧《キアツ》。血圧《ケツアツ》。水圧《スイアツ》。

【圧延】《アツエン》（名・する）金属のかたまりに機械で圧力をかけてのばし、板・棒・管などの形に加工すること。例 ―機。

【圧巻】《アッカン》〔昔、中国の科挙(=役人の採用試験)で、巻(=答案)の最もすぐれたものをいちばん上にのせたことから〕書物やもよおしものなどのうち、最もすぐれている部分。例 きょうの出し物のうちの―。

【圧搾】《アッサク》（名・する）①圧力をかけてしぼること。例 ダイズを―して油をとる。②圧力をかけて体積を小さくすること。類 圧縮。例 ―空気。

【圧殺】《アッサツ》（名・する）①おしつぶしてころすこと。②大きな力で、他人の自由をうばうこと。有無《ウム》を言わさずねじふせること。例 反対者の発言を―する。

【圧死】《アッシ》（名・する）おしつぶされて死ぬこと。

【圧縮】《アッシュク》（名・する）①物体に圧力をかけて体積を小さくすること。類 圧搾《アッサク》。例 ―空気。②文章などを短くちぢめること。例 一〇ページに収まるように、内容を―する。

【圧勝】《アッショウ》（名・する）圧倒《アットウ》的な強さで勝つこと。類 完勝・大勝。対 辛勝《シンショウ》。例 大関《おおぜき》に―した横綱《よこづな》。

【圧制】《アッセイ》（名・する）権力や武力で言動をむりにおさえつけること。例 軍部の―。

【圧政】《アッセイ》 権力で人々をむりやりおさえつけておこなう政治。例 独裁者の―に苦しむ。

【圧《アッ》倒《トウ》】（名・する）比較《ヒカク》にならない力でおしまかすこと。[例]他を―する。―的な強さ。

【圧《アッ》迫《パク》】（名・する）①強くおしつけること。[例]腹部に―感がある。物価高が家計を―する。②武力や権力で言動をおさえつけること。[例]精神的―を受ける。

【圧《アッ》伏《プク》】（名・する）武力や権力で他をおさえつけて従わせること。[例]反対勢力を―する。

【圧《アツ》力《リョク》】①ものをおす力。[例]―を加える。②目的を果たすために強くはたらきかけること。威圧《イアツ》する。[例]政治的な―をかける。
●威圧《イアツ》・重圧《ジュウアツ》・水圧《スイアツ》・制圧《セイアツ》・弾圧《ダンアツ》・鎮圧《チンアツ》・抑圧《ヨクアツ》

土 2 【圦】5画 5209 5726 [国字] [訓]いり
[参考]日本語の「いり」にあたる「入」に、土偏《つちヘン》をそえた字。
[意味]水の出入りを調節する樋《ひ》。水門。樋口《ひぐち|ひのくち》。
【圦《いり》▼樋《ひ》】水を出し入れして調節するための水門。また、そのとい。

土 3 【圷】6画 5210 5737 [国字] [訓]あくつ
[意味]あくつ。土地のひくい部分。おもに地名・姓《セイ》に用いる。

土 3 【圭】6画 2329 572D [人名] [音]ケイ(漢) [訓]たま
[なりたち] 圭 [会意]「土(=その土地)」と「土(=領土とする)」とから成る。領土をあたえるしるしの宝玉《ホウギョク》。
[意味]❶昔、天子が諸侯《ショコウ》に領土をあたえるときに、しるしとしてさずけた玉。先がとがっている玉。[例]圭角《ケイカク》。❷さじ一杯《イッパイ》ほどの量。[例]刀圭《トウケイ》(=薬をもる、さじ)。❸日時計《ひどけい》の目もりの部分。[例]土圭《トケイ》。
[人名]か・かど・きよ・きよし・はかる・よし
【圭《ケイ》角《カク》】〔玉《ギョク》のとがったところの意〕人の性格や態度にかどがあって、円満でないこと。[例]―のない人がら。

土 3 【在】6画 2663 5728 [教育5] [音]サイ(漢) ザイ(呉) [訓]あ-る・いま-す

［土部］2―3画 圦 圷 圭 在

[筆順] 一 ナ オ 在 在
[なりたち] 𡉀 [形声]「土(=つち)」と、音「才《サイ》」とから成る。その地にいる。ある。

[意味]その場にある。生存している。ある。いる。[例]在世《ザイセイ》。現在《ゲンザイ》。在《ザイ》ニューヨーク特派員《トクハイン》。

[日本語での用法]《ザイ》①いなか。「在所《ザイショ》・在《ザイ》の人《ひと》」②「在原《ありわら》」姓《セイ》の中国風の呼び方。「在五中将《ザイゴチュウジョウ》(=五は、五男の意)」

[使い分け] ある【有・在】⇩1162ページ
[人名]あき・あきら・あり・すみ・たみ・とお・みつる
【在▽処】《ありか》ものの ある場所。人のいる場所。[例]宝の―。敵の―。

【在《ザイ》位《イ》】（名・する）天子や王がその位についていること。[例]―三十年。

【在《ザイ》外《ガイ》】外国にいること。外国にあること。[例]―邦人《ホウジン》。―公館。―資本。

【在《ザイ》学《ガク》】（名・する）児童・生徒・学生として、学校の学籍《ガクセキ》に正式にその身分が登録されていること。(類)在校。[例]―証明書。

【在《ザイ》官《カン》】（名・する）官職についていること。[例]―二十五年で退職した。

【在《ザイ》京《キョウ》】（名・する）みやこ、または東京に住んでいること。また、滞在《タイザイ》していること。[例]今月末まで―する予定。

【在郷】㊀《ザイキョウ》（名・する）郷里にいること。[例]―の旧友。㊁《ザイゴウ》（名）いなか。在所。ざいご。

【在郷軍人】《ザイゴウグンジン》予備役《ヨビエキ》や退役《タイエキ》などの軍人。ふだんは家庭にあり、非常時には召集《ショウシュウ》されて軍務につく。

【在《ザイ》勤《キン》】（名・する）ある勤務についていること。(類)在職。[例]本社に―している。

【在《ザイ》家《ケ》】仏門にはいっていないふつうの人。(類)在俗《ザイゾク》。(対)出家《シュッケ》。[例]―僧《ソウ》。

【在《ザイ》庫《コ》】品物が倉庫にあること。また、その品物。[例]―を処分する。版元《ハンもと》にも―がない。

【在《ザイ》校《コウ》】（名・する）①児童・生徒・学生として、その学校にいること。(類)在学。[例]―生。②学校の中にいること。[例]きょうは六時まで―している。

【在《ザイ》国《コク》】（名・する）①郷里にいること。(類)在郷《ザイキョウ》。②江戸《えど》時代、大名やその家臣が、くにもとにいること。

【在《ザイ》室《シツ》】（名・する）①部屋の中にいること。[例]社長は―している。②「室《シツ》」という名をもつ機関に属していること。[例]調査室に―する。

【在《ザイ》住《ジュウ》】（名・する）その土地に住んでいること。[例]京都市内に―する。

【在《ザイ》所《ショ》】①郷里。いなか。[例]―に里帰りする。②すみか。ありか。あり場所。(類)所在。[例]―を問う。

【在《ザイ》職《ショク》】（名・する）ある職務についていること。(類)在勤。[例]―中のけが。

【在《ザイ》世《セイ》】〔「ザイセ」とも〕（名・する）この世に生きていること。[例]故人の―中の思い出。

【在《ザイ》昔《セキ》】むかし。(類)往昔《オウセキ》。

【在《ザイ》籍《セキ》】（名・する）学校や団体に籍があること。[例]―生徒数。

【在《ザイ》俗《ゾク》】〔仏〕出家《シュッケ》していなくて、ふつうの生活をしていること。また、その人。(類)在家《ザイケ》。(対)出家。

【在《ザイ》宅《タク》】（名・する）自分の家にいること。[例]先生はご―でしょうか。―介護。―勤務。

【在《ザイ》中《チュウ》】（名・する）封筒《フウトウ》・箱などの中に、そのものがはいっていること。[例]写真―。

【在《ザイ》朝《チョウ》】朝廷《チョウテイ》に仕えていること。官職についていること。(対)在野《ザイヤ》。[例]―在野の別なく。

【在《ザイ》天《テン》】（名・する）（この世ではなく）天にいること。[例]―の霊《レイ》。

【在《ザイ》日《ニチ》】（名・する）外国人が、日本にいること。また、日本に住んでいること。[例]―イラン人。

【在《ザイ》任《ニン》】（名・する）任務についていること。また、任地にいること。[例]―中の苦労。山形支店に―している。

【在《ザイ》米《ベイ》】米国(=アメリカ)にいること。また、米国に住んでいること。[例]―邦人《ホウジン》。

【在《ザイ》銘《メイ》】書画・刀剣《トウケン》・器物などに作者の銘がはいっていること。(対)無銘。[例]―の古刀。

【在《ザイ》野《ヤ》】①官職につかず民間にいること。(対)在朝。[例]―精神。―の士。②与党《ヨトウ》に対し、野党の立場にあること。

【在《ザイ》来《ライ》】これまでふつうにあったこと。これまでどおり。ありきたり。(類)従前・従来。[例]―線。―のものよりずっといい。

【在《ザイ》留《リュウ》】（名・する）一定の期間、外国に住むこと。[例]―邦人《ホウジン》。
●健在《ケンザイ》・現在《ゲンザイ》・自在《ジザイ》・実在《ジツザイ》・所在《ショザイ》・存在《ソンザイ》・滞

在《ザイ》・不在《フザイ》

土 3

【地】

6画 3547 5730 教育2

音 チ 漢 ジ 呉
訓 つち
付表 意気地《いくじ》・心地《ここち》

筆順 一 十 土 圠 地 地

なりたち [形声]「土(=ものを生み出す、つち)」と、音「也《ヤ》→チ」とから成る。万物《バンブツ》がならんでいるところ。

意味 ❶空の下に広がる陸。つち。対 天《テン》。例 地球《チキュウ》。大地《ダイチ》。陸地《リクチ》。❷一定の場所。ところ。例 地域《チイキ》。地方《チホウ》。農地《ノウチ》。❸位置。立場。身分。例 地位《チイ》。地歩《チホ》。境地《キョウチ》。❹形容詞や副詞のあとにつけて、その状態であることをあらわす。例 忽地《コッチ》(=不意に)。驀地《バクチ》(=まっしぐらに進むようす)。

日本語での用法《ジ・チ》①その土地。その土地産の。「地《ジ》の人《ひと》・地酒《ジざけ》・地物《ジもの》」②生まれつき。もちまえ。自然のまま。ふつうの。「地《ジ》があらわれる・地力《ジリキ》・素地《きジ|ソジ》・地道《ジみち》」③文章の中で、会話以外の部分。「地《ジ》の文《ブン》・地《ジ》を謡《うた》う」④書物や荷物の下の部分。底。対 天。「天地無用《テンチムヨウ》(=上下逆にすることは禁止)」

難読 地祇《くにつかみ》

人名 くに・ただ

【地謡《ジうたい》】能《ノウ》や狂言《キョウゲン》で、舞台《ブタイ》のすみにすわって、おもに謡曲《ヨウキョク》の地《ジ》の文を数人(=六—十二人ぐらい)でうたう謡《うたい》。また、それをうたう人。地《ジ》。地方《ジかた》。例 —座。

【地顔《ジがお》】化粧《ケショウ》をしていない顔。類 素顔《スがお》。

【地金《ジがね》】①メッキや加工の土台になっている金属。②生まれつきもっている、好ましくない性質。類 本性《ホンショウ》。例 メッキがはげて—が出る。

【地獄《ジゴク》】①仏教やキリスト教で、生前に悪いことをした人が死後に行って苦しみを受けるといわれているところ。対 極楽《ゴクラク》・天国。例 —に落ちる。②ひじょうに苦しいこと、つらいこと、おそろしいこと。また、その状態。例 受験—。通勤—。③火山や温泉で、熱湯がふき出しているところ。例 —谷。

【地獄耳《ジゴクみみ》】①他人の秘密やうわさを、すばやく聞きこんでくること。また、その人。例 かれは—だから用心しないといけない。②一度聞いたことは決して忘れないこと。また、その人。

【地酒《ジざけ》】その土地でつくられる酒。いなか酒。

【地主】一《ジシュ》その土地の守護神。例 —権現《ゴンゲン》。二《ジぬし》土地の所有者。

【地震《ジシン》】地殻《チカク》の変動や火山の活動などによって、大地がゆれうごく現象。例 —計。—予知。

【地蔵《ジゾウ》】「地蔵菩薩《ジゾウボサツ》」の略。釈迦《シャカ》の死後、弥勒《ミロク》菩薩があらわれるまでのあいだ、この世のすべての生き物を守り導くという菩薩。とくに子供を守るといわれる。おじぞうさま。

【地団駄《ジダンダ》】くやしくて、足をふみならすこと。〔「じたたら(=足でふんで空気を送る、ふいご)」のなまったことば〕例 —を踏《ふ》む。表記「地団太」とも書く。

【地鎮祭《ジチンサイ》】土木・建築の工事をはじめる前に、土地の神をまつり工事の無事をいのる儀式《ギシキ》。

【地頭《ジトウ》】鎌倉《かまくら》・室町《むろまち》時代、荘園《ショウエン》・公領《コウリョウ》を管理し、年貢《ネング》の取り立てや、治安維持《チアンイジ》などをおこなった役人。例 泣く子と—には勝てぬ(=理の通じない者を相手に争っても勝ちめはない)。

【地鳴り《ジなり》】地震《ジシン》や火山の活動によって大地が震動して鳴りひびくこと。また、その音。

【地盤《ジバン》】①建物の土台となる土地。例 —沈下《チンカ》。軟弱《ナンジャク》な—。②活動の足場となる根拠地《コンキョチ》。勢力範囲《ハンイ》。例 選挙—。—を固める。

【地味】一《ジミ》(名・形動ダ)目立たないこと。質素なこと。対 派手《はで》。例 —な服装。二《チミ》(名)作物をつくる土壌《ドジョウ》としての、土地のよしあしの状態。例 —が肥えている。

【地道《ジみち》】(名・形動ダ)〔ふつうの速さで歩く意から〕むりをせずまじめにこつこつとものごとを進めるようす。着実。堅実《ケンジツ》。例 —な努力が実る。

【地面《ジメン》】①土地の表面。例 —に腰《こし》を下ろす。②土地。地所。例 —の売買。

【地元《ジもと》】①そのことに直接関係のある土地。類 現地・当地。例 —出身者。—の住民。②自分の住んでいる地域。例 —の商店街。—に帰る。

【地位《チイ》】社会・組織のなかでの、ある人の位置。身分。くらい。立場。類 地歩。例 —が上がる。大臣の—につく。

【地異《チイ》】地震《ジシン》・噴火《フンカ》・洪水《コウズイ》など、地上に起こる異変。類 地変。例 天変《テンペン》—。

【地域《チイキ》】区切られたある一定の範囲《ハンイ》の土地。例 —社会。—の代表。

【地衣類《チイルイ》】藻類《ソウルイ》と菌類《キンルイ》が共生して一つの植物となっているもの。岩上や樹上に生育し、くき・葉の区別がない。リトマスゴケ・サルオガセなど。

【地縁《チエン》】一定の地域に住むことによってできたかかわりあい。例 —社会。→【血縁《ケツエン》】(882ページ)

【地下】一《チカ》①地面の下。対 地上。例 —の倉庫。②死後の世界。冥土《メイド》。例 —にねむる。③非合法な社会運動のおこなわれる場。例 —組織。—にもぐる。二《ジゲ》昔、宮中の御殿《ゴテン》にのぼることを許されなかった身分の低い役人。対 殿上人《テンジョウびと》・堂上。

【地下茎《チカケイ》】地中にある植物のくき。ハス・ジャガイモ・サトイモ・ユリなどにある。

【地下水《チカスイ》】地中に自然にたまった水。例 —をくみ上げる。

【地下鉄《チカテツ》】「地下鉄道」の略。都市の地下に、トンネルをほってつくった鉄道。サブウエー。メトロ。

【地価《チカ》】土地の価格。例 —が高騰《コウトウ》する。

【地階《チカイ》】建物で地下にある階。例 —の工作室。

【地核《チカク》】地球の中心部。液状の部分と固体状の部分があると考えられ、高温・高圧。核。コア。

【地殻《チカク》】地球の表層の部分。岩石からできていてかたい。例 —の変動。

【地学《チガク》】地球を研究の対象とする学問。地質学・地球物理学・鉱物学・海洋学・地震《ジシン》学など。

【地▼祇《チギ|くにつかみ》】地の神。国土の神。対 天神《テンジン|テンシン》。

【地球《チキュウ》】人類の住んでいる天体。太陽系の第三の惑星《ワクセイ》。水と大気があり、さまざまな生物が生存する。自転しながら、一年で太陽のまわりを回り、月を衛星にもつ。

【地球儀《チキュウギ》】地球の模型。表面に陸や海の分布、経線《ケイセン》や緯線《イセン》がえがいてある。

【地峡《チキョウ》】二つの大きな陸地をつなぐ、細長い陸地。パナマ地峡やスエズ地峡が有名。

【地形《チケイ》】山・川・平野・海など、土地の高低・起伏《キフク》などの形態。類 地勢。例 南北に細長い—。

【地溝《チコウ》】二つの断層にはさまれてできた、細長くくぼんだ土地。

【地誌《チシ》】ある地方の地理的特質について書いた書物。表記「地志」とも書く。

【地軸《チジク》】①地球が自転するときの回転軸。②大地をささ

えて地球をつらぬくと考えられている線。例—をゆるがす大音響《ダイオンキョウ》。

【地質《チシツ》】地殻《チカク》を構成する岩石や地層の、性質や状態。例—調査。—時代。—年代の区分。

【地上《チジョウ》】①土地の表面。対地下。例—九階建て。②この世。現世。対天上。例—の楽園。

【地図《チズ》】地形や土地利用のようすを平面上にあらわした図。例—帳。世界—。五万分の一の—。

【地勢《チセイ》】土地のありさま。山・川・海や、土地の高低・起伏《キフク》などの地形を、総合的にみたもの。例—が険しい。

【地租《チソ》】昔、土地に対して課した租税。例—改正。

【地相《チソウ》】①土地のようす。地形。例山がちの—。②土地のようすから判断される吉凶《キッキョウ》。例—がよい。

【地層《チソウ》】地殻《チカク》を形づくる層。土砂《ドシャ》や岩石が長いあいだに積もってできる。堆積物《タイセキブツ》の成分が時代によって異なるため、断面はしま模様になる。例古代の—。

【地帯《チタイ》】特定の地域や場所。例工場—。安全—。

【地底《チテイ》】地下のひじょうに深いところ。大地のそこ。例—のマグマ。—を探検する。

【地点《チテン》】ある特定の場所、位置。例調査の—を選ぶ。マラソンの折り返し—。

【地動説《チドウセツ》】地球が太陽のまわりを回転するという説。十六世紀のコペルニクスがとなえ、ガリレオ、ケプラー、ニュートンなどによって、その正しさが明らかにされた。対天動説。

【地熱《チネツ》】〔「ジネツ」とも〕地球内部の熱。例—発電。—を利用する。

【地表《チヒョウ》】地球の表面。大地の表面。例—に芽を出す。大地震《おおジシン》によって—に生じた亀裂《キレツ》。

【地平《チヘイ》】①大地の平面。広くひろがる視界。例—のかなた。②転じて、視野にはいる範囲《ハンイ》。展望《テンボウ》。

【地平線《チヘイセン》】地面と空とが一本の線のように接している部分。例—に太陽がしずむ。→【水平線《スイヘイセン》】(574ページ)

【地変《チヘン》】地震《ジシン》・火山の噴火《フンカ》など、地上に起こる異常なできごと。類地異。例天災—。

【地歩《チホ》】自分のいる立場。地位。例—を固める。—を保つ。—を占《し》める。

【地方《チホウ》】①地球上、または国内の、ある地域。例北陸—。②首都以外の土地。対中央。例—から上京する。

【地方色《チホウショク》】風土・人情・方言・産物・祭礼などによって折々にあらわれる、その地方独特の雰囲気《フンイキ》。郷土色。ローカルカラー。例—豊かな祭り。

【地目《チモク》】土地を用途《ヨウト》によって分類したときの呼び名。土地の種類の名前。田・畑・宅地・山林・原野・用水路・公園など。例—を変更《ヘンコウ》する。

【地文《チモン》】〔「チブン」とも〕大地のありさま。例—学。

【地理《チリ》】①土地のようす。例—に明るい。②山や川など地形のありさま。産業や人口、交通、気候など総合的に見た土地の状態。また、それをあつかう学問。例—学。
○●意地《イジ》・各地《カクチ》・危地《キチ》・基地《キチ》・窮地《キュウチ》・境地《キョウチ》・極地《キョクチ》・見地《ケンチ》・山地《サンチ》・産地《サンチ》・敷地《しきチ》・借地《シャクチ》・陣地《ジンチ》・戦地《センチ》・素地《ソジ》・大地《ダイチ》・着地《チャクチ》・天地《テンチ》・当地《トウチ》・土地《トチ》・無地《ムジ》・用地《ヨウチ》・余地《ヨチ》

土 3
【圸】
6画 5211 5738 国字 訓 まま
意味 地名に用いられる字。

土 4
【坎】
7画 5212 574E 音 カン漢呉 訓 あな
意味 ❶土地のくぼんだところ。あな。例坎穽《カンセイ》(=おとしあな)。❷易《エキ》の八卦《ハッカ》の一つ。自然では水、方位では北をあらわす。

土 4
【均】
7画 2249 5747 教育5 音 キン漢 訓 ひと-しい・なら-す
筆順
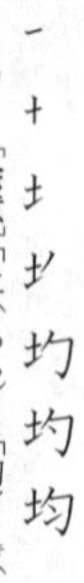
なりたち

[会意]「土(=つち)」と「匀《イン→キン》(=あまねくひとしい)」とから成る。すみずみまでひとしくそろっている。

意味 ❶平らで差がない。同じ。ひとしい。また、ひとしくする。例均一《キンイツ》。均等《キントウ》。均分《キンブン》。❷つりあいがとれて、ととのっている。ととのえる。例均衡《キンコウ》。均整《キンセイ》。

人名 ただ・なお・なり・ひとし・ひら・ひろ・ひろし・まさ
【均一《キンイツ》】(名・形動《ナダ》)すべてのものについて、同一の基準をあてはめること。類一律。例—料金。百円—。—の厚さ。

【均衡《キンコウ》】(名・する)二つ以上のもののあいだの、力や重さのつりあい。平衡。バランス。例—を保つ。—を破る。

【均質《キンシツ》】(名・形動《ナダ》)あるものの、どの部分についても性質や状態が同じであること。類等質。例—な液体。

【均整《キンセイ》】(ものの形などが)つりあいがとれて、ととのっていること。例—のとれたからだ。表記「均斉」とも書く。

【均等《キントウ》】(名・形動《ナダ》)差がなく、ひとしいこと。類平等。例—割り。機会—。たがいに—に負担する。

【均分《キンブン》】(名・する)ひとしく分けること。類等分。例—相続。土地を—する。
○●平均《ヘイキン》

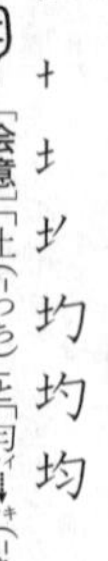

土 4
【坼】
7画 5213 573B 音 一ギン漢 二キ漢 訓 きし・さかい・ほとり
意味 一《ギン》地のはて。辺際。同垠《ギン》。二《キ》❶天子の直轄《チョッカツ》地。同畿《キ》。❷千里四方の地。❸境界。また、境界に囲まれた地域。❹きし。同碕《キ》。

土 4
【坑】
7画 2503 5751 常用 音 コウ漢 キョウ呉 訓 あな
筆順
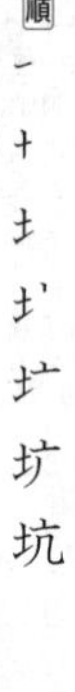

阝4
[阬]
7画 2-9162 962C 本字
なりたち

[形声]「阝(=おか)」と、音「亢《コウ》」とから成る。門が高く大きいようす。派生して「深くて大きいあな」の意。

意味 ❶地にほった穴。あな。例坑道《コウドウ》。炭坑《タンコウ》。廃坑《ハイコウ》。❷穴うめにする。生きうめにする。あなにする。例焚書坑儒《フンショコウジュ》。

【坑儒《コウジュ》】秦《シン》の始皇帝《シコウテイ》が儒学者を穴に生きうめにして殺したこと。→【焚書坑儒《フンショコウジュ》】(637ページ)

【坑道《コウドウ》】地下にほった通路。とくに、鉱山などで縦・横にほられた通路。

【坑内《コウナイ》】坑道のなか。例—作業。—火災。

【坑夫《コウフ》】鉱山、とくに炭坑で働く労働者。

土 4
【坐】
7画 2633 5750 人名 音 サ漢 ザ呉 訓 すわ-る・そぞろ-に・いま-す・おわ-す・まし-ます・ま-す
意味 ❶ひざを折りまげて、こしをおろす。すわる。例坐禅《ザゼン》。

静坐《セイザ》。端坐《タンザ》。❷すわるところ。同 座《ザ》。例 坐位《ザイ》(=すわった姿勢)。同坐《ドウザ》。❸当事者として裁判の席にすわる。罪を得る。例 連坐《レンザ》。罪《つみ》に坐《ザ》する。❹すわったままで、何もしない。例 坐視《ザシ》。坐食《ザショク》。坐《ザ》して死《シ》を待《ま》つ。❺何もしないのに、自然にそうなる。なんとなく。そぞろに。

日本語での用法 《まします・います・ます・おわす》「ある」「居《い》る」をうやまっていうことば。「天《テン》に坐《まし》ます神《かみ》・殿《との》はお車《くるま》の中《なか》に坐《おわ》す」

表記 現代表記では、「座《ザ》」に書きかえることがある。熟語は「座」(354ページ)を参照。

難読 坐睡《いねむり》

土 4 【址】 7画 5214 5740 音 シ漢 訓 あと

⻖ 4 【阯】 7画 7987 962F 本字

意味 ❶建物の土台。いしずえ。もとい。例 基址《キシ》。❷建物のあったあと。くずれて残った土台。あと。例 旧址《キュウシ》。城址《ジョウシ》。

土 4 【坏】 7画 5215 574F 音 ハイ漢 訓 つき

意味 まだ焼いていないかわらや土器。

日本語での用法 《つき》飲食物を盛るうつわ。「高坏《たかつき》」

土 4 【坂】 7画 2668 5742 教育3 音 バン慣 ハン漢 訓 さか

筆順 一 十 土 圹 圹 坂 坂

なりたち [形声]「土(=つち)」と、音「反《ハン》」とから成る。山の斜面《シャメン》。さか。

意味 傾斜《ケイシャ》した道。さか。同 阪《ハン》。例 坂道《さかみち》。急坂《キュウハン》。登坂《トウハン》。

【坂道】《さかみち》 傾斜《ケイシャ》している道。坂。

【▽坂東】《バンドウ》 (相模《さがみ》の足柄峠《あしがらとうげ》の坂および上野《こうずけ》の碓氷峠《うすいとうげ》の坂より東の地の意という) 関東地方の古い呼び名。例 —太郎《タロウ》(=利根川《とねがわ》の別名)。—声《ごえ》(=東国なまり)。—武者《ムシャ》。

●女坂《おんなざか》・急坂《キュウハン》

土 4 【坊】 7画 4323 574A 常用 音 ボッ慣 ホウ漢 ボウ呉

筆順 一 十 土 圹 圹 坊 坊

なりたち [形声]「土(=つち)」と、音「方《ホウ》」とから成る。町や村の一区画。

意味 ❶町の一区域。市街。まち。例 坊市《ボウシ》(=市街)。❷みせ。例 茶坊《サボウ》。酒坊《シュボウ》。❸(僧《ソウ》の)住まい。へや。てら。例 坊主《ボウズ》。宿坊《シュクボウ》。僧坊《ソウボウ》。

日本語での用法 《ボウ・ボッ》①僧《ソウ》。「お坊《ボウ》さん・御坊《ゴボウ》・武蔵坊《むさしボウ》」②男の子。「坊《ボウ》や・坊《ボッ》ちゃん」③人の様態などについて擬人化《ギジンカ》していうことば。「朝寝坊《あさねボウ》・けちん坊《ボウ》・風来坊《フウライボウ》」

【坊間】《ボウカン》 〔まちの中の意〕世間《セケン》。例 —の書(=通俗《ツウゾク》の書)。うわさが—に広まる。

【坊主】《ボウズ》 ①〔仏〕寺の主人である僧侶《ソウリョ》。僧坊のあるじ。②僧侶をやや、いやしめていうことば。例 生臭《なまぐさ》—。③かみの毛をそった頭。また、それに似た状態。例 —頭。毬栗《いがぐり》—。山が—になる。④男の子を親しんで呼ぶことば。例 やんちゃ—。⑤花札の八月(=ススキ)の二十点ふだ。⑥釣《つ》りで、何も釣れなかったこと。

●宿坊《シュクボウ》・僧坊《ソウボウ》・寝坊《ねボウ》・風来坊《フウライボウ》

土 5 【坩】 8画 5216 5769 音 カン漢 訓 つぼ

意味 土製のつぼ。るつぼ。例 坩堝《カンカ》。

【坩▼堝】《カンカ》《るつぼ》 ①金属や物質を高熱でとかすための、耐熱性《タイネツセイ》の容器。②熱狂《ネッキョウ》的な感情の高まりのたとえ。例 球場は興奮の—《るつぼ》と化した。③いろいろな種類がまざっていることのたとえ。例 人種の—《るつぼ》。

土 5 【坤】 8画 2605 5764 音 コン漢 訓 ひつじさる

意味 ❶大地。つち。例 坤輿《コンヨ》。乾坤《ケンコン》。❷易《エキ》の卦《カ》。八卦《ハッカ》の一つ。地をかたどり、地・女・母など、陰性《インセイ》・従順をあらわす。例 坤元《コンゲン》(=地。大地)。坤徳《コントク》。❸方位の名。南西にあたる。ひつじさる。

【坤徳】《コントク》 ①地の徳。万物《バンブツ》をはぐくむ大地の力。②皇后の徳。▽対 乾徳《ケントク》。

【坤▼輿】《コンヨ》 大地。

土 5 【垂】 8画 3166 5782 教育6 音 スイ漢 シ・ズイ呉 訓 た-れる・た-らす・なんな-んとする

筆順 ノ 二 三 千 壬 垂 垂 垂

土 7 【埀】 10画 5217 57C0 別体字

なりたち [形声]「土(=つち)」と、音「𠂹《スイ》」とから成る。遠い地のはて。

意味 ❶国土のはて。辺境。例 辺垂《ヘンスイ》。❷たれ下がる。たらす。たれる。例 垂直《スイチョク》。下垂《カスイ》。垂氷《たるひ》。❸下の人へ教えを示す。後世にのこす。例 垂訓《スイクン》。垂範《スイハン》。❹いまにも…になろうとしている。…しかかっている。なりなんとする。なんなんとする。例 垂死《スイシ》。丸三年《まるサンネン》に垂《なんな》んとする。

難読 垂乳根《たらちね》・沼垂《ぬったり》(=地名)

人名 しげる・たり・たる・たれ

【垂訓】《スイクン》 教えのことばを示すこと。また、その教え。例 師の—に従う。(キリストの)山上の—。

【垂死】《スイシ》 いまにも死にそうな状態にあること。類 瀕死《ヒンシ》。例 —の病床《ビョウショウ》にある。

【垂示】《スイジ》 (「スイシ」とも)(名・する)①教えしめすこと。②〔仏〕禅宗《ゼンシュウ》で、師が弟子《デシ》に短い教えを説くこと。また、その教え。

【垂▼迹】《スイジャク》 (名・する)〔仏〕仏が衆生《シュジョウ》を救うために、この世にかりの姿であらわれること。例 本地《ホンジ》—。

【垂線】《スイセン》 〔数〕ある直線または平面と垂直に交わる直線。垂直線。例 頂点から底面に—を下ろす。

【垂▼涎】《スイゼン》 (名・する)(「涎」は、よだれの意)①よだれをたらすこと。②あるものを、強くほしがること。例 —の的《まと》。巨額《キョガク》の賞金に—する。

【垂直】《スイチョク》 (名・形動ダナ)①直線または平面が交わってつくる角度が直角であること。例 —に二等分する直線。②重力の方向。水平面と直角に交わる。例 —に切りたった崖《がけ》。類 鉛直《エンチョク》。対 水平。

【垂範】《スイハン》 (名・する)(上の立場にある者が)模範を示すこと。手本を見せること。範を垂れる。例 率先《ソッセン》—する。

【垂柳】《スイリュウ》 シダレヤナギ。垂楊《スイヨウ》。

【垂老】《スイロウ》 やがて七十歳《サイ》になろうとする老人。〔七十歳を「老」とする〕 例 —の碩学《セキガク》。

【垂れ幕】《たれマク》 建物の内部の空間を仕切るため、または、字や絵をかいて多くの人々に見せるために、たれさげる幕。例 スタンドに応援《オウエン》の—がかかる。 対 引き幕。

●胃下垂《イカスイ》・懸垂《ケンスイ》・虫垂《チュウスイ》

土 5

【垈】

8画 5218 5788 音 タイ 漢 訓 ぬた

意味 中国で地名に用いられる字。

日本語での用法 《ぬた》 地名に用いられる字。「ぬた」は、地形上、泥《どろ》の深い沼地《ぬまチ》を指す。「藤垈《ふじぬた》（＝山梨《やまなし》県の地名）」

土 5

【坦】

8画 3519 5766 人名 音 タン 漢 呉 訓 たい-らか

意味 ❶広くて平ら。たいらか。例 坦坦《タンタン》。平坦《ヘイタン》。❷感情に起伏《キフク》がない。おだやか。例 坦懐《タンカイ》。

人名 あき・あきら・しずか・たいら・ひら・ひろ・やす・やすし

【坦懐】《タンカイ》 心の中が平らかで、何もわだかまりのないこと。例 虚心《キョシン》—。

【坦坦】《タンタン》（形動《タルト》）①土地や道が果てしなく平らなようす。例 —とした原野。②なんの変動もなく、ものごとが過ぎていくようす。波乱のないようす。例 —とした晩年の生活。

土 5

【坪】

8画 3658 576A 常用 音 ヘイ 漢 訓 つぼ

筆順

土 5

【坪】

8画

なりたち  〔会意〕「土（＝つち）」と「平《ヘイ》（＝たいら）」とから成る。土地が平ら。

意味 平らな土地。

日本語での用法 《つぼ》 ①かべ・へいなどでまわりを囲った中庭。また、宮中の部屋の一つ一つ。つぼね。「坪庭《つぼにわ》」 ②宅地や建物の面積の単位。六尺四方（＝約三・三平方メートル）。「坪数《つぼスウ》・建坪《たてつぼ》」 ③土砂《ドシャ》の体積の単位。六尺立方。「立坪《リュウつぼ》」 ④タイル・ガラスなどの建築資材や、皮革《ヒカク》の面積の単位。一尺四方。「尺坪《シャクつぼ》」 ⑤織物の錦《にしき》や、印刷・製版の面積の単位。一寸四方。「寸坪《スンつぼ》」

土 5

【坡】

8画 5219 5761 音 ハ 漢 訓 さか・つつみ

意味 （土を坂のように盛り上げた）堤防《テイボウ》。土手。つつみ。

同 陂《ハ》。例 坡塘《ハトウ》。

【坡▼塘】《ハトウ》 土手。堤防《テイボウ》。

土 5

【坿】

8画 5220 577F 音 フ 漢 訓 ま-す

意味 ❶付け加える。ます。同 附《フ》。❷石英。

土 5

【垉】

8画 5221 5789 音 ホウ 漢

意味 義未詳《ギミショウ》。

日本語での用法 《ホウ》 地名に用いられる字。「垉六《ホウロク》（＝愛知県の地名）」

土 5

【坪】 8画 ⇩【坪】《つぼ》（230ページ）

土 6

【垳】

9画 5224 57B3 国字 訓 がけ

意味 人名・地名に用いられる字。例 垳《がけ》（＝埼玉《さいたま》県の地名）。

土 6

【垓】

9画 5222 5793 音 ガイ 慣 カイ 漢

意味 ❶広大な土地。地のはて。辺境。例 九垓《キュウガイ》。❷数の単位。兆《チョウ》の一億倍。〔もとは億の一千倍〕

【垓下】《ガイカ》 秦《シン》代末、漢・楚《ソ》の戦いで、楚の項羽《コウウ》の軍が漢の高祖の軍に追いつめられた地。今の安徽《アンキ》省霊璧《レイヘキ》県付近。例 項王の軍、—に壁《ヘキ》す（＝垓下にとりでを築いてたてこもった）。→【四面楚歌】《シメンソカ》（217ページ）

土 6

【垣】

9画 1932 57A3 常用 音 エン 漢 訓 かき

筆順

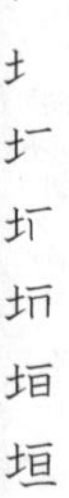

なりたち 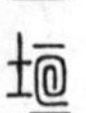 〔形声〕「土（＝つち）」と、音「亘《セン→エン》」とから成る。かきね。

意味 かきね。かき。例 垣牆《エンショウ》。石垣《いしがき》。姫垣《ひめがき》。

難読 垣間見《かいまみ》る・透垣《すいがき・すいがい》・垣内《かいと》・垣外《かいと》

人名 たか・はん・ひろ

【▽垣▼牆】《エンショウ》 かき。かきね。かこい。

【垣根】《かきね》 ①家や敷地《しきチ》の周囲に設け、他の家や敷地と区切るための囲い。例 —を結《ゆ》う。②他人とのあいだにつくったへだて。例 —を取りはずす。—をはらう。

●友垣《ともがき》・姫垣《ひめがき》

土 6

【垠】

9画 5223 57A0 音 ギン 漢 訓 かぎり・きし

意味 ❶地のはて。かぎり。同 圻《ギン》。例 垠堮《ギンガク》（＝かぎり。はて）。❷がけ。きし。同 沂《ギン》。例 垠崖《ギンガイ》。

土 6

【型】

9画 2331 578B 教育5 音 ケイ 漢 訓 かた

筆順

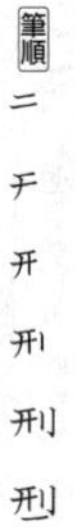

なりたち  〔形声〕「土（＝つち）」と、音「刑《ケイ》」とから成る。うつわをつくるための土の鋳《い》がた。

意味 ❶いがた。かた。例 紙型《シケイ》。型紙《かたがみ》。❷基準となるかたち。手本。かた。例 典型《テンケイ》。模型《モケイ》。

使い分け かた【形・型】⇩1167ページ

【型紙】《かたがみ》 ①洋裁や手芸などで、布を裁断するとき、あらかじめ服や模様などを製図して切りぬいた紙。例 —を裁《た》つ。②染色《センショク》で、模様を切りぬいた厚紙。

【型染め】《かたぞめ》 型紙を使って模様を染めあらわすこと。また、染めたもの。小紋《こモン》・サラサ・紅型《びんがた》など。

【型通り】《かたどおり》（名・形動《ダナ》）世間でならわしとなっている方法。形式どおり。例 —のあいさつ。—に式をとりおこなう。

【型破り】《かたやぶり》（名・形動《ダナ》）ふつうでは考えられないほど、常識の枠《わく》をこえていること。変わっていること。例 —な発言。—の性格。

【型▽録】《カタログ》〔英語 catalogue の音訳〕商品などの目録。また、営業案内書。

●大型《おおがた》・原型《ゲンケイ》・小型《こがた》・新型《シンがた》・成型《セイケイ》・体型《タイケイ》・中型《チュウがた》・定型《テイケイ》・典型《テンケイ》・判型《ハンケイ》・模型《モケイ》・類型《ルイケイ》

土 6
【垢】 9画 2504 57A2 音 コウ漢 ク呉 訓 あか

意味 ❶よごれ。けがれ。ほこり。あか。例 歯垢《シコウ》。無垢《ムク》。❷はずかしめ。はじ。例 含垢《ガンコウ》(=はじをしのぶ)。

難読 頭垢《ふけ》

【垢抜け】《あかぬけ》 (名・する) 姿や行動がすっきりとして洗練されていること。やぼったくないこと。例 —した身なり。—のした会話。

【垢衣】《コウイ》 あかのついた、きたない着物。例 蓬髪《ホウハツ》—。—をまとう。

【垢離】《こり》 神仏に祈願《キガン》する前に、心身のけがれを落とすため、水を浴びて身を清めること。例 水—《みずごり》。寒—《カンごり》。

土 6
【垰】 9画 5227 57B0 国字 訓 たお・たわ・とう・とうげ

意味 人名・地名に用いられる字。例 垰《たお》(=山口県の地名)。

土 6
【城】 9画 3075 57CE 教育4 音 セイ漢 ジョウ呉 訓 しろ

筆順 

土 7
【城】 10画 — 2F852

なりたち  [会意]「土(=つち)」と「成《セイ》(=盛る)」とから成る。(穀物《コクモツ》を盛るうつわのように)人民を入れるもの。まち。

意味 ❶土塁《ドルイ》をめぐらした町。まち。例 城市《ジョウシ》。傾城《ケイセイ》。都城《トジョウ》。❷国。❸敵をふせぐための建造物。土塁。例 城郭《ジョウカク》。城壁《ジョウヘキ》。

日本語での用法 《ジョウ》①大名の住むところ。多くは町の中心にある。「城主《ジョウシュ》・居城《キョジョウ》」②奈良《なら》時代の行政庁。「多賀城《タガジョウ》」③旧国名「山城《やましろ》(=今の京都府の南東部)」の略。「城州《ジョウシュウ》」

県名 茨城《いばらき》・宮城《みやぎ》

難読 城戸《きど》・岩城《いわき》・百磯城《ももしき》・城南《セイナン》の離宮《リキュウ》

人名 き・くに・さね・しげ・なり・まもる・むら

【城下】《ジョウカ》 ①城壁《ジョウヘキ》のきわ。城のそば。例 —の盟《ちかい》。②城のある町。城下町。例 百万石《ヒャクマンゴク》のご—。

【城下の▽盟】《ジョウカのちかい》 敵に城壁《ジョウヘキ》の下までせめこまれて、やむなく結ぶ講和。

【城下町】《ジョウカまち》 日本の中世・近世に、地方大名の城を中心に発達した町。

【城外】《ジョウガイ》 城のそと。対 城内。

【城郭】《ジョウカク》 町のまわりに、いくえにも設けた、かこい。また、城のこと。例 —都市。—を構える。表記 旧 城▼廓

【城▼狐】《ジョウコ》 城壁《ジョウヘキ》の穴ぐらにすむキツネ。君主に身を寄せて悪事をはたらく臣下のたとえ。〔退治《タイジ》しようにも城壁をこわすことはできないことから〕例 —社鼠《シャソ》。

【城塞】《ジョウサイ》 城とりで。例 —を築く。—に立てこもって戦う。表記「城▼砦・城▼寨」とも書く。

【城市】《ジョウシ》 ①城壁《ジョウヘキ》にかこまれている、中国の都市。②日本の、城のある町。城下町。

【城▼址】《ジョウシ》 しろあと。表記「城▼趾」とも書く。

【城主】《ジョウシュ》 ①城のあるじ。②江戸《えど》時代、領地に居城を持つ大名。城持《しろもち》大名。

【城代】《ジョウダイ》 ①江戸《えど》時代、幕府の支配する大坂城や駿府《スンプ》城などを、将軍に代わって治めた職。②城主の留守《ルス》のあいだ、城を守る人。とくに、江戸時代、居城にいて政務をみる家老。城代家老《ジョウダイガロウ》。

【城頭】《ジョウトウ》 城のほとり。また、城の上。例 —にひるがえる旗。

【城内】《ジョウナイ》 城の中。城中。対 城外。例 —にはいる。

【城壁】《ジョウヘキ》 城の外まわりを形づくっている、かべやへいや石がき。例 —をよじ登る。

【城門】《ジョウモン》 城の門。城の出入り口。

【城楼】《ジョウロウ|セイロウ》 城壁《ジョウヘキ》に設けてある、物見やぐら。

○●王城《オウジョウ》・開城《カイジョウ》・牙城《ガジョウ》・宮城《キュウジョウ》・居城《キョジョウ》・傾城《ケイセイ》・攻城《コウジョウ》・古城《コジョウ》・築城《チクジョウ》・長城《チョウジョウ》・不夜城《フヤジョウ》・落城《ラクジョウ》・籠城《ロウジョウ》

土 6
【埑】 9画 5225 57A4 音 テツ漢 訓 ありづか

意味 アリが穴のまわりに運び出して積み上げた土。ありの塔《トウ》。ありづか。例 蟻埑《ギテツ》(=ありづか)。

土 6
【垪】 9画 5226 57AA 訓 は・へい

意味 〔一説に、音「コウ」あるいは「ジョウ」とするが、義未詳《ミショウ》〕人名・地名に用いられる字。例 大垪和東《おおはがひがし》(=岡山《おかやま》県の地名)。

土 7
【埃】 10画 5228 57C3 音 アイ漢 訓 ちり・ほこり

意味 風でまい上がったちり。砂けむり。ごみ。ちり。ほこり。例 埃靄《アイアイ》(=砂けむり)。塵埃《ジンアイ》。

難読 埃及《エジプト》

土 7
【埆】 10画 5229 57C6 音 カク漢 訓 かた-い

意味 土地がやせている。

土 7
【埖】 10画 5234 57D6 国字 訓 ごみ

意味 人名・地名に用いられる字。例 埖渡《ごみわたり》(=青森県の地名)。

土 7
【埔】 10画 5230 57D4 音 ホ

意味 中国で地名に用いられる字。例 黄埔《コウホ》(=広東《カントン》省広州市にある地名)。大埔《ダイホ》(=広東省大埔県)。

土 7
【埋】 10画 4368 57CB 常用 音 バイ漢 マイ呉 訓 う-める・う-まる・う-もれる・うず-める・うず-まる・うず-もれる

筆順 

なりたち 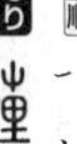 [形声] 本字は「薶」で、「艹(=くさ)」と、音「貍《リ→バイ》」とから成る。うめてしまう。

意味 ❶土の中にうめる。うずめる。うめる。例 埋葬《マイソウ》。埋蔵《マイゾウ》。❷人目にふれない。世に知られない。うもれる。例 埋伏《マイフク》。埋没《マイボツ》。世《よ》に埋《う》もれた賢人《ケンジン》。

日本語での用法 《うめる》 他のもので不足をおぎなう。うめあわせをする。「家計《カケイ》の赤字《あかジ》を埋《う》める」

【▽埋み火】《うずみび》 灰の中にうめてある炭火《すみび》。例 —をかきたてる。

【埋め合わせ】《うめあわせ》 (名・する) 足りないところを、ほかのもので

おぎなうこと。例約束をやぶった—に夕食をごちそうする。

【埋め草】《うめくさ》〔城をせめるとき、城の堀《ほり》をうめるために用いる草の意〕雑誌や新聞の編集で、紙面のあいたところをうめるための短い記事。例—に書く随筆《ズイヒツ》。

【埋骨】《マイコツ》（名・する）火葬《カソウ》にした死者のほねを墓におさめること。例—をすませる。

【埋設】《マイセツ》（名・する）水道管・ガス管などを地下にそなえつけること。例電線の—工事。

【埋葬】《マイソウ》（名・する）死者のほねやからだを、土や墓の中にほうむること。例—許可証。

【埋蔵】《マイゾウ》（名・する）①うずめてかくすこと。例—金。②天然資源などが地中にうずまっていること。例石油—量。—物。—文化財。

【埋伏】《マイフク》（名・する）うずもれかくれること。また、かくれひそむこと。待ちぶせすること。例林の中に—して敵を待つ。

【埋没】《マイボツ》（名・する）①土や砂にうまって見えなくなること。例がけくずれで多くの家が土砂《ドシャ》に—した。②ある状態にひたりきること。例趣味《シュミ》に—して過ごす。③才能などが世に知られずにいること。例世に—した偉才《イサイ》。

土 7 【埒】 10画 5231 57D2 音 ラチ・ラツ 慣 レツ 漢 訓 かこ-い

土 7 【埓】 10画 5232 57D3 俗字

意味 低いかきね。しきり。かこい。例放埒《ホウラツ》。

日本語での用法《ラチ》けじめ。さだめ。きまり。「不埒《フラチ》な男《おとこ》・埒《ラチ》があかない」

【埒外】《ラチガイ》かこいのそと。一定の範囲《ハンイ》外。対埒内。例—の行動。

【埒内】《ラチナイ》かこいのうち。一定の範囲《ハンイ》内。対埒外。例—におさまる。

土 7 【城】 10画 ⇩【城】《ジョウ》（231ページ）

土 7 【垂】 10画 ⇩【垂】《スイ》（229ページ）

土 7 【埒】 10画 ⇩【埒】《ラチ》（232ページ）

土 8 【埡】 11画 5233 580A 音 ア 慣 アク 漢 訓 しろつち

意味 表面に白土を塗《ぬ》る。しろつち。例白埡《ハクア》。

土 8 【域】 11画 1672 57DF 教育6 音 ヨク 漢 イキ 呉 訓 さかい

筆順 十 土 圹 坷 垣 域 域 域

なりたち ［会意］「土（=つち）」と「或（=くに）」とから成る。くに。
意味 ❶くぎられた土地。くぎり。また、さかい。例域内《イキナイ》。地域《チイキ》。流域《リュウイキ》。❷ある限られた範囲《ハンイ》。例音域《オンイキ》。芸域《ゲイイキ》。聖域《セイイキ》。
人名 くに・むら
【域外】《イキガイ》区域外《クイキガイ》。ある限られた場所のそと。オフショア。対域内。例—買い付け。—生産。
【域内】《イキナイ》区域内《クイキナイ》。ある限られた場所のなか。対域外。例—貿易。
●音域《オンイキ》・海域《カイイキ》・区域《クイキ》・広域《コウイキ》・職域《ショクイキ》・水域《スイイキ》・西域《セイイキ》・声域《セイイキ》・全域《ゼンイキ》・地域《チイキ》・流域《リュウイキ》・領域《リョウイキ》・霊域《レイイキ》

土 8 【基】 11画 2080 57FA 教育5 音 キ 漢 呉 訓 もと・もとい・もと-づく

筆順 一 卄 甘 甘 其 其 基 基

なりたち ［形声］「土（=つち）」と、音「其《キ》」とから成る。かきねの土台。

意味 ❶土台。根本《コンポン》。よりどころ。よりどころとする。もと。もとづく。例基準《キジュン》。基礎《キソ》。基本《キホン》。❷ものごとのはじまり。おこり。もと。もとい。例開基《カイキ》。❸化学反応のとき、一つにまとまってはたらく原子の集団。例塩基《エンキ》。水酸基《スイサンキ》。

日本語での用法《キ》塔《トウ》・墓石など、地にすえられたものを数えることば。「灯籠《トウロウ》一基《イッキ》」

使い分け もと【下・元・本・基】⇩1180ページ
人名 おさむ・のり・はじむ・はじめ・もとし・もとむ
【基因】《キイン》（名・する）何かが起こる、そもそもの原因。例地震《ジシン》に—する損害。表記「起因」とも書く。

【基幹】《キカン》おおもと。ものごとの中心。例—産業。

【基金】《キキン》①事業・計画などの経済的な基礎《ソキ》となる資金。例—を確保する。②財団法人や地方公共団体などの基礎となる資金や財産。例育英—。

【基軸】《キジク》（考えや組織などの）土台や中心となるところ。

【基準】《キジュン》①くらべたり判断したりするときに、よりどころとなるもの。例採点—を明らかにする。②最低限、それだけは満たされていなくてはならないという、一定の決まり。例建築—。—に達していない。—を満たす。

【基礎】《キソ》①建物の土台・いしずえ。例—工事。②進歩や発達をささえているもと。基本。例—を身につける。

【基地】《キチ》軍隊・探検隊・漁船などが活動するためのもととなる施設《シセツ》や場所。根拠地《コンキョチ》。例宇宙—。南極観測—。

【基調】《キチョウ》①音楽で、ある楽曲の中心となっている調子。例—音《オン》。②作品・思想・行動などに一貫《イッカン》して流れる基本的な考え方・調子。トーン。例青を—とした色彩《シキサイ》。

【基底】《キテイ》①構造の基礎《ソキ》となる底面。例ダムの—部。②思考・行動のよりどころやささえ。

【基点】《キテン》距離《キョリ》などをはかるときの、もととする地点。

【基盤】《キバン》ものごとを成り立たせるおおもと。土台。

【基肥】《キヒ》《もとごえ》種をまく前や作物を植える前に、土にすきこんでおく肥料。対追肥《ツイヒ》。

【基部】《キブ》基礎《ソキ》となる部分。例発電設備の—。

【基本】《キホン》ある形・行動・考えなどを形づくるためのおおもとの部分。基礎《キソ》。例—方針。—に忠実なプレー。

【基本単位】《キホンタンイ》種々の単位の基本となる単位。たとえば、メートル・キログラム・秒・アンペアなどがある。

【基本的人権】《キホンテキジンケン》人間が人間らしく幸福に生きていくための、基本の権利。日本国憲法では、自由権（=思想・信教の自由、集会・結社・表現の自由など）・参政権（=国民が政治に参加する権利）・社会権（=個人の生存、生活の維持《イジ》・発展に必要ないろいろなことがらを国家に要求する権利）などが保障されている。

【▽基▽督】《キリスト》「基利斯督《キリスト》」の略。イエス=キリストのこと。聖書によれば、紀元前五年ごろユダヤに生まれ、神の国の到来《トウライ》を説き、まずしい者と交わり、病《や》める者をいやし、また、ユダヤ教の指導者たちと対立して十字架《ジュウジカ》にかけられたが、三日後に復活したという。

【▽基▽督教】《キリストキョウ》イエス=キリストを、神の子・救い主と信じ、その行為《コウイ》と教えを述べ伝える弟子《デシ》たちによって始められた宗教。
●塩基《エンキ》・開基《カイキ》

土 8
【埣】
11画 5235 57E3
音 一 サイ漢 二 ソツ漢

意味 一《サイ》 ねばりけのない土。 二《ソツ》 土がくずれおちる。

土 8
【埼】
11画 2675 57FC 教育4
音 キ漢 訓 さい・さき

筆順 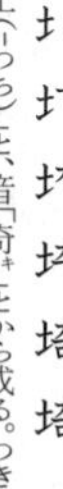

なりたち [形声]「土(=つち)」と、音「奇《キ》」とから成る。つき出た土地。

意味 海中・湖中につき出た陸地。みさき。さき。例 犬吠埼《いぬぼうさき》。

県名 埼玉《さいたま》

土 8
【執】
11画 2825 57F7 常用
音 シツ慣 シュウ漢呉 訓 と-る

筆順 

なりたち  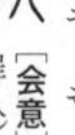 [会意]「丸(=にぎりもつ)」と「幸《ジョウ→シュウ》(=罪人)」とから成る。罪びとをとらえる。派生して「とる」の意。

意味 ❶手でにぎる。とる。例 執刀《シットウ》。執筆《シッピツ》。❷仕事や職務を引き受ける。とりあつかう。例 執権《シッケン》。執行《シッコウ》。執務《シツム》。❸かたく守る。こだわる。例 執心《シュウシン》。固執《コシツ》。

使い分け とる【取・採・執・捕・撮】⇩1174ページ

人名 たもつ・とり・まもる・もり

【執権】《シッケン》 ①政治の権力をにぎること。また、その人。②鎌倉《かまくら》幕府の、将軍の補佐役《ホサヤク》。③室町《むろまち》幕府の、管領《カンレイ》の別名。

【執行】《シッコウ》 (名・する) ①党や団体などの運営を実際におこなうこと。例 党の—部。②国家や役人が法律・裁判・処分などの内容を実際にとりおこなうこと。例 刑《ケイ》を—する。

【執行官】《シッコウカン》 さしおさえや競売などの仕事をする、裁判所の役人。

【執行猶予】《シッコウユウヨ》 〔法〕懲役《チョウエキ》もしくは禁固、または罰金刑《バッキンケイ》を受けた者に対し、情状により一定期間の範囲《ハンイ》で、刑の執行をのばすこと。この期間を無事経過したときは、刑を科さないとする。

【執事】《シツジ》 〔事務をとりおこなう意〕①身分の高い家や神社・寺院などで家政や事務をとりおこなう人。例 旧将軍家の—。②貴人への手紙のあて名に添《そ》えることば。類 机下《キカ》。

【執政】《シッセイ》 ①政治をとりおこなうこと。また、その人。一国の宰相《サイショウ》など。②江戸《えど》時代の、幕府の老中《ロウジュウ》。また、大名家《ダイミョウケ》の家老。

【執達吏】《シッタツリ》 「執行官」の古い言い方。

【執刀】《シットウ》 (名・する) メスを持ち、手術や解剖《カイボウ》をおこなうこと。例 —医。

【執筆】《シッピツ》 (名・する) (ふでをとって)文章や文字を書くこと。例 原稿を—する。

【執務】《シツム》 (名・する) 実際に、事務をとること。仕事をすること。例 —室。

【執▼拗】《シツヨウ》 (名・形動《ダ》) 〔「拗」は、ひねくれる意〕しつこいこと。また、そのようす。例 —にくいさがる。

【執心】《シュウシン》 (名・する) ①あることに心が深くとらわれること。例 名誉《メイヨ》やお金に—する。②人に深く思いを寄せること。〔「ご執心」の形で、ひやかしの意をこめていうこともある〕例 あの子にずいぶんご—のようだね。

【執着】《シュウチャク》 〔「シュウジャク」とも〕(名・する) あることに強く心がとらわれ、思い切れないこと。例 社長の地位に—する。

【執念】《シュウネン》 深く思いこんでこだわり、あきらめない心。

●確執《カクシツ》・固執《コシツ/コシュウ》・妄執《モウシュウ》

土 8
【埴】
11画 3093 57F4 人名
音 ショク漢 訓 はに

意味 ねん土。ねばりけのある土。ねばつち。はに。例 埴生《はにゅう》。埴輪《はにわ》。

【埴土】《ショクド》 粘土質《ネンドシツ》を五〇パーセント以上ふくんだ土。排水《ハイスイ》が悪く、耕作には向かない。ねばつち。

【埴師】《はにシ》 古代、埴輪《はにわ》などの土器をつくった職人。土師《はじ》。

【埴▽生】《はにゅう》 ①ねん土のある土地。また、ねん土。②(土でかべをぬったような)みすぼらしい家のたとえ。例 —の宿《やど》。

【埴輪】《はにわ》 五世紀から七世紀ごろ、貴人の墓のまわりにうめた素焼《すや》きの土器で、人・動物・家などをかたどったもの。

土 8
【堆】
11画 3447 5806 常用
音 タイ漢 ツイ呉 訓 うずたか-い

筆順 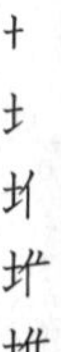

なりたち   [象形] 本字は「𠂤」で、小さな、おか。

意味 高く積み上げてある。うずたかい。例 堆積《タイセキ》。堆肥《タイヒ》。堆朱《ツイシュ》。

人名 おか・たか・たかし・のぶ

【堆積】《タイセキ》 (名・する) ①うずたかく、つみ重なること。また、つみ重ねること。例 書庫に—した典籍《テンセキ》。②風・水・氷河などによって、岩石や土砂《ドシャ》が運ばれてたまること。

【堆土】《タイド》 うずたかく積もった土。堆積土《タイセキド》。

【堆肥】《タイヒ》 わら・落ち葉・草などを積み重ねてくさらせた肥料。

【▽堆朱】《ツイシュ》 朱のうるしを厚くぬり重ねた器物に、花鳥・山水などの模様をほったもの。

土 8
【堂】
11画 3818 5802 教育5
音 トウ漢 ドウ呉

筆順 

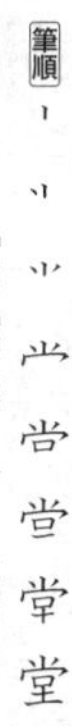

なりたち  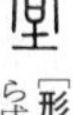 [形声]「土(=つち)」と、音「尚《ショウ→トウ》」とから成る。高い土台のある御殿《ゴテン》。

意味 ❶南向きに設けた広間。おもて向きの客間。例 堂上《ドウジョウ》。殿堂《デンドウ》。❷神仏をまつった建物。例 金堂《コンドウ》。本堂《ホンドウ》。❸大きな建物。例 議事堂《ギジドウ》。公会堂《コウカイドウ》。講堂《コウドウ》。❹大きく広いようす。勢いがさかんでりっぱなようす。例 堂堂《ドウドウ》。❺母をうやまっていうことば。また、他人の母にもいう。例 北堂《ホクドウ》。母堂《ボドウ》。

人名 たか・たかし

【堂宇】《ドウウ》 〔「宇」は、軒《のき》の意〕堂の軒先《のきさき》。また、堂そのもの。例 —を建てる。

【堂奥】《ドウオウ》 ①堂の中のおくまったところ。②学問・芸術などのおくぶかいところ。奥義《オウギ》。例 —に入《い》る(=学問などのおくぶかいところまで進む)。

【堂上】《ドウジョウ》 〔古くは「トウショウ」とも〕①堂のうえ。②公家《クゲ》。〔昇殿《ショウデン》(=清涼殿《セイリョウデン》にのぼること)を許された五位以上の人をいう〕対 地下《ジゲ》。

【堂塔】《ドウトウ》 仏堂や仏塔。また、寺そのもの。例 —伽藍《ガラン》。

【堂堂】《ドウドウ》 (名・形動《タルト》) ①力づよく、りっぱなようす。例 優勝チームの—たる行進。正正—と戦う。②おそれることな

く、はっきりと。例―と意見を述べる。③おおっぴらに。だいたんに。例白昼―と盗《ぬす》みにはいる。

【堂堂巡り】《ドウドウめぐり》 同じ場所をぐるぐるまわること。また、議論などが先に進まないこと。表記「堂堂▽回り」とも書く。

【堂《ドウ》に入《い》る】〔「堂に升《のぼ》り室に入《い》らず」から〕①学問や技芸がひじょうにすぐれている。例かれの演説はなかなか堂に入ったものだ。②すっかり慣れて身についている。

【堂《ドウ》に▽升《のぼ》り室《シツ》に入《い》らず】〔「堂」は中国の建物で表《おもて》の客間、「室」は奥《おく》の間《ま》の意〕学問や技芸が、ある水準にまでは達しているが、まだおくぶかいところまでは達していない。〈論語《ロンゴ》〉

●会堂《カイドウ》・食堂《ショクドウ》・正正堂堂《セイセイドウドウ》・聖堂《セイドウ》・殿堂《デンドウ》・母堂《ボドウ》

土 8 【培】 11画 3961 57F9 常用 音ハイ漢 バイ呉 訓つちか-う

筆順 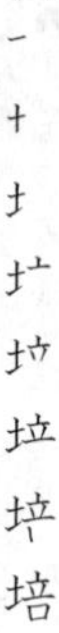

たちなり  [形声]「土(=つち)」と、音「音《ホウ→ハイ》」とから成る。土地をふやす。派生して「たすける」の意。

意味 植物などの生育をたすける。つちかう。例培根《バイコン》(=根に土をかけて生育をたすける)。培養《バイヨウ》。栽培《サイバイ》。

人名 つか・つち・ます・やす

【培地】《バイチ》 細菌《サイキン》などを人工的にふやすためにつくられた液体または固形の物質。培養基《バイヨウキ》。

【培土】《バイド》 生長した茎《くき》がたおれないように、作物の根もとに土を盛り上げること。

【培養】《バイヨウ》(名・する) ①草や木をやしない育てること。②細菌《サイキン》などを人工的に育てること。例かびを―する。

土 8 【埠】 11画 4154 57E0 音フ慣 ホ漢 訓つか・はとば

意味 船をとめておく場所。ふなつきば。はとば。例埠頭《フトウ》。

【埠頭】《フトウ》 船をつけて、客の乗り降りや貨物の積みおろし・保管などができるようにした設備。波止場《はとば》。例晴海《はるみ》―。

土 8 【堋】 11画 *5236 *580B 音ホウ漢 訓あずち・ほうむ-る

意味 ❶棺《カン》を埋葬《マイソウ》する。ほうむる。❷弓の的をかけるために土を山形に盛ったところ。あずち。

土 8 【堀】 11画 4357 5800 常用 音クツ漢 コツ漢 訓ほり

筆順 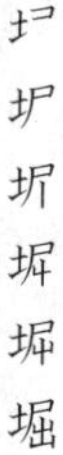

たちなり  [形声]「土(=つち)」と、音「屈《クツ》」とから成る。土の中の穴。

意味 ❶地下の部屋。あなむろ。いわや。同窟《クツ》。❷地をほる。同掘《クツ》。

日本語での用法《ほり》地面をほって、水を通したところ。城などのまわりに、水をたたえたところ。「空堀《からぼり》・外堀《そとぼり》・釣堀《つりぼり》」

【堀江】《ほりえ》 地面をほって水を通した川。運河。疎水《ソスイ》。

【堀川】《ほりかわ》 運河。疎水《ソスイ》。堀江《ほりえ》。

【堀端】《ほりばた》 ほりのそば。ほりの周辺。濠端《ほりばた》。

【堀割】《ほりわり》 ⇩【掘り割り】《ほりわり》(442ページ)

土 8 【堵】 11画 ⇩【堵】《ト》(236ページ)

土 8 【埜】 11画 ⇩【野】《ヤ》(999ページ)

土 9 【堙】 12画 *5237 *5819 音イン漢 訓ふさ-ぐ

意味 うずまる。うもれる。ふさぐ。ふさがる。例堙滅《インメツ》。

【堙滅】《インメツ》(名・する) 消えてなくなること。また、なくすこと。もみけすこと。例証拠《ショウコ》の―をはかる。表記「隠滅・▼湮滅」とも書く。

土 9 【堰】 12画 1765 5830 人名 音エン漢 訓せき・せ-く

意味 水の流れをせきとめるために土でつくった仕切り。せき。例堰堤《エンテイ》。難読 大堰川《おおいがわ》

【堰堤】《エンテイ》 川をせきとめてつくった堤防《テイボウ》。ダム。

土 9 【堝】 12画 5238 581D 音カ漢呉 訓るつぼ

意味「坩堝《カンカ》」は、金属をとかすのに用いる土製のつぼ。るつぼ。

土 9 【堺】 12画 2670 583A 人名 音カイ漢呉 訓さかい

意味 土地のくぎりめ。しきり。さかい。

参考「界」の別体字。日本では地名・人名に用いる。

土 9 【堪】 12画 2014 582A 常用 音タン慣 カン漢呉 訓た-える・こら-える

筆順 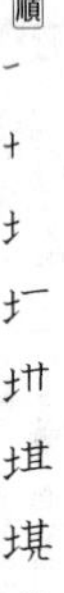

たちなり 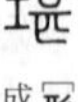 [形声]「土(=つち)」と、音「甚《シン→カン》」とから成る。高く盛りあがった土地。派生して「たえる」の意。

意味 ❶がまんする。こらえる。たえる。例堪忍《カンニン》。❷うちかつ。まさる。すぐれる。例堪能《タンノウ》。

使い分け たえる【耐・堪】⇩1171ページ

人名 たえ・とう・ひで

【堪忍】《カンニン》(名・する) ①たえしのぶ。がまんすること。こらえること。②いかりをおさえて相手のあやまちを許すこと。例どうか―してくれ。

【堪忍袋】《カンニンぶくろ》 がまんすることのできる心の広さを、袋にたとえたことば。例―の緒《お》が切れる(=もうこれ以上はがまんができない)。

【堪能】 一《カンノウ》(名) その道に通じてたくみなこと。また、才能のすぐれた人。二《タンノウ》(名・形動ナダ)〔「カンノウ」の誤読が広く使われるようになったもの〕学問や技芸にすぐれていること。例英語に―な人。三《タンノウ》(名・する)〔もと、「足《た》んぬ(=満足した)」の形で、それを「二」と重ねて、「堪能」の漢字をあてて用いるもの〕じゅうぶんに満足すること。例自然の美しさを―した。うまい料理に―した。表記 一は「勘能」とも書く。

土 9 【堅】 12画 2388 5805 常用 音ケン漢呉 訓かた-い

筆順 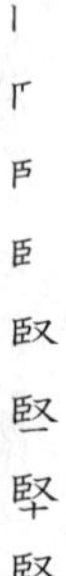

たちなり  [会意]「臤(=かたい)」と「土(=つち)」とから成る。土がかたい。

意味 ❶かたい。㋐中身がつまっていて、じょうぶな。例堅強《ケンキョウ》。堅牢《ケンロウ》。㋑しっかりした。手がたい。例堅持《ケンジ》。堅実

ケンジツ。❷しっかりしたそなえ。かため。例中堅《チュウケン》。

使い分け かたい【堅・固・硬】⇩1167ページ

難読 堅魚《かつお》

人名 かた・かたし・すえ・たか・たかし・たけし・つよし・み

【堅気】《かたギ》(名・形動《ダナ》)①心がしっかりしていてまじめな性質。②〔やくざなどに対して〕じみで、手がたい職業についている人。例―になる。

【堅物】《かたブツ》まじめすぎて、ゆうずうのきかない人。例かれは一生―で通した。

【堅焼き】《かたやき》(せんべいやビスケットなどを)かために焼くこと。また、そのもの。表記「固焼き」とも書く。

【堅強】《ケンキョウ》(名・形動《ダナ》)つよくてじょうぶなこと。また、そのようす。例―な意志。

【堅固】《ケンゴ》(名・形動《ダナ》)①心持ちや考え方などがしっかりしているようす。例意志―。―な友好関係。②(城などの)守りがしっかりしていて、せめられてもたやすく敗れないようす。例―な守り。

【堅甲】《ケンコウ》かたく、じょうぶなよろい。

【堅甲利兵】《ケンコウリヘイ》〔じょうぶなよろいと、するどい兵器の意〕強い軍隊。

【堅持】《ケンジ》(名・する)自分の考えや態度をしっかり守ってゆずらないこと。例基本方針を―する。

【堅実】《ケンジツ》(名・形動《ダナ》)手がたくて、まちがいのないようす。例―な仕事ぶり。

【堅城】《ケンジョウ》守りのかたい城。

【堅調】《ケンチョウ》(名・形動《ダナ》)①しっかりして、あぶなげのない調子。②相場《ソウば》が上がりぎみのこと。対軟調《ナンチョウ》。

【堅忍】《ケンニン》(名・する)しんぼう強くがまんすること。

【堅忍不抜】《ケンニンフバツ》(名・形動《ダナ》)〔「抜」は、変わる、ゆれ動くの意〕がまん強く、心を変えないこと。例―の志《こころざし》。

【堅白同異の弁】《ケンパクドウイのベン》戦国時代、公孫竜《コウソンリュウ》が説いた、一種の詭弁《キベン》。こじつけ。強弁。〔「堅《かた》く白い石」は、目で見たときは白いことはわかるが堅いことはわからない。手でふれたときは堅いことはわかるが色はわからない。つまり、「白い石」と、「堅い石」という概念《ガイネン》は、それぞれには成立するが、「堅くて白い」という二つの概念は、同時には成立しないということ〕〈史記《シキ》〉 表記「弁」は、旧▼辯

【堅塁】《ケンルイ》守りのかたい陣地《ジンチ》。例敵の―を抜《ぬ》く(=せめ落とす)。

【堅▼牢】《ケンロウ》(名・形動《ダナ》)〔「牢」も、かたい意〕つくりがしっかりしていて、こわれにくいこと。また、そのようす。例―な建物。―な染め。―なつくりの書物。

土 9

【場】

12画 3076 5834 教育2

音チョウ漢 ジョウ呉 訓ば 付表波止場《はとば》

筆順 

土11 【塲】 14画 5239 5872 俗字

なりたち  [形声]「土(=つち)」と、音「昜《ヨウ→チョウ》」とから成る。神をまつるために、はらい清めた土地。

意味 ❶神をまつるために、はらい清めたところ。まつりのにわ。例斎場《サイジョウ》。❷事がおこなわれ、人の集まるところ。ば。例会場《カイジョウ》。劇場《ゲキジョウ》。工場《コウジョウ》。❸ひととき。ひとしきり。夢や雨などについていう。例一場《イチジョウ》の春夢《シュンム》。

難読 場騎《のりにわ》・学《まなび》の場《にわ》

【場外】《ジョウガイ》(会場や競技場など)ある場所のそと。対場内。例観客が―にまであふれ出る。

【場景】《ジョウケイ》その場《ば》のようす。(演劇などの)場面《ばメン》。例見る人の胸をうつ―。

【場内】《ジョウナイ》(会場や競技場など)ある場所のなか。対場外。例―での飲食は禁止する。

【場▼圃】《ジョウホ》はたけ。〈詩経《シキョウ》〉

【場裏】《ジョウリ》その場《ば》。例国際―(=諸国間の交流がおこなわれている場所)。表記「場▼裡」とも書く。

【場合】《ばあい》①あることに出あったとき。例雨天の―は中止。②そのときのようす。事情。例ふざけるのも時と―による。

【場打て】《ばうて》(おおぜいの人の前などで)その場のようすに気おくれすること。例―をして声も出なかった。

【場数】《ばかず》経験の回数。例―をふむ(=経験をつむ)。

【場所】《ばショ》①ところ。位置。例なかなかいい―だ。②いるところ。すわるところ。席。例花見の―をとる。③相撲《すもう》が興行される期間。また、興行されるところ。例初―。大阪《おおさか》―。

【場末】《ばすえ》町の中心部からはなれた、うらぶれたところ。町はずれ。例―の酒場《さかば》。

【場銭】《ばセン》①劇場などの席料。②露店《ロテン》などを出すための場所代。

【場代】《ばダイ》(部屋や席などの)場所の使用料。席料。

【場違い】《ばちがい》(名・形動《ダナ》)①その場にふさわしくないこと。また、そのようす。例―な服装。―な意見。②本場の産物でないこと。

【場慣れ】《ばなれ》(名・する)(なんども経験して)場所やものごとになれること。例―した態度。表記「場▼馴れ」とも書く。

【場面】《ばメン》①その場のようす。類光景。例まずい―を見てしまった。②映画や演劇などの情景。シーン。例人を感動させる―の多い映画。

●足場《あしば》・会場《カイジョウ》・休場《キュウジョウ》・劇場《ゲキジョウ》・欠場《ケツジョウ》・現場《ゲンば》・式場《シキジョウ》・市場《シジョウ》・出場《シュツジョウ》・戦場《センジョウ》・相場《ソウば》・退場《タイジョウ》・登場《トウジョウ》・道場《ドウジョウ》・入場《ニュウジョウ》・農場《ノウジョウ》・広場《ひろば》・本場《ホンば》・満場《マンジョウ》・浴場《ヨクジョウ》・来場《ライジョウ》

土 9

【堕】

12画 3436 5815 常用

音一キ漢 二タ漢 ダ呉 訓お-ちる

筆順 

土12 【墮】 15画 5256 58AE

なりたち 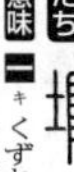 [形声]「土(=つち)」と、音「隋《タ→キ》」とから成る。くずれる。

意味 一《キ》くずれる。くずす。 二《タ・ダ》 ❶おちいる。おちる。また、おろす。おとす。例堕罪《ダザイ》(=罪をおかして罪人となる)。堕胎《ダタイ》。堕落《ダラク》。❷なまける。おこたる。同惰《ダ》。例怠堕《タイダ》。

【堕弱】《ダジャク》(名・形動《ダナ》)①気力がよわいこと。②からだがよわいこと。表記▽「惰弱・▼懦弱」とも書く。

【堕胎】《ダタイ》(名・する)おなかの子を人工的に流産させること。

【堕落】《ダラク》(名・する)①おこないが悪くなり、考え方や生活が乱れること。例―した政治家。②〔仏〕仏道を信じる心を失うこと。

土 9

【塚】

12画 3645 585A 常用

音チョウ漢 訓つか

筆順 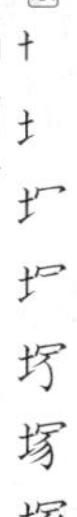

土10 【塚】 13画 1-1555 FA10

なりたち [会意]「土(=つち)」と「冢《チョウ》(=土を高く盛った

墓)」とから成る。土を高く盛った墓。

意味 墓。つか。(同)冢《チョウ》。

日本語での用法《つか》(目じるしとして)土を盛り上げたところ。もりつち。「蟻塚《ありづか》・一里塚《イチリづか》・貝塚《かいづか》」

土 9
【堤】 12画 3673 5824 常用 音 テイ(漢) 訓 つつみ

筆順 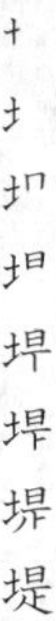

なりたち  [形声]本字は、「隄」で、「阝(=おか)」と、音「是《シ→テイ》」とから成る。つつみ。

意味 水害を防ぐために高く盛り上げた土手。つつみ。**例** 堤防《テイボウ》。堰堤《エンテイ》。防波堤《ボウハテイ》。

【堤防】《テイボウ》 洪水《コウズイ》や高潮《たかしお》の害をふせぐため、川岸や湖岸・海岸に土や石・コンクリートなどでつくった土手。**例** —が切れる。—が決壊《ケッカイ》する。

●長堤《チョウテイ》・突堤《トッテイ》

土 9
【堵】 12画 3740 5835 人名 音 ト(漢) 訓 かき

土 8
【堵】 11画 俗字

意味 土を積み上げたかきね。どべい。かき。**例** 堵牆《トショウ》。

【堵▼牆】《トショウ》 〔「牆」も、かきねの意〕かきね。**例** —を築く。

【堵《ト》の▽如《ごと》し】 かきねをめぐらしたように、多くの人が集まっているようす。堵牆《トショウ》の如し。〈礼記《ライキ》〉

【堵列】《トレツ》 (名・する) かきねのように、たくさんの人が立ち並ぶこと。**例** —して凱旋《ガイセン》将軍をむかえる。

土 9
【塔】 12画 3767 5854 常用 音 トウ(漢)(呉)

筆順 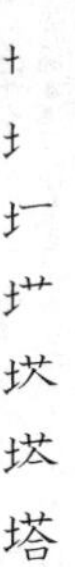

なりたち  [形声]「土(=つち)」と、音「荅《トウ》」とから成る。梵語《ボンゴ》の音訳。仏舎利《ブッシャリ》を埋蔵《マイゾウ》し、その上に土を積み上げて高くしたもの。

意味 ❶〔梵語《ボンゴ》の音訳である「卒塔婆《ソトバ》」の略〕仏舎利をおさめるための高い建造物。**例** 塔婆《トウバ》。仏塔《ブットウ》。宝塔《ホウトウ》。❷高くそびえ立つ建造物。タワー。**例** 斜塔《シャトウ》。尖塔《セントウ》。鉄塔《テットウ》。

【▽塔▽頭】《タッチュウ》 〔仏〕〔「チュウ」は唐音《トウオン》〕①禅宗《ゼンシュウ》で、その教えを開いた僧《ソウ》の死後、徳をしたって塔《トウ》のほとりに建てられた小さな建物。②大きな寺の山内《サンナイ》にある末寺《マツジ》。

【塔婆】《トウバ》 〔仏〕「卒塔婆《ソトバ》」の略。死んだ人の供養《クヨウ》のために、墓にそえて立てる塔の形をした細長い板。

●管制塔《カンセイトウ》・金字塔《キンジトウ》・仏塔《ブットウ》

土 9
【塀】 12画 4229 5840 常用 音 ヘイ

筆順 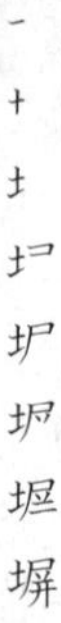

なりたち [会意]「土(=つち)」と「屏《ヘイ》(=おおい)」とから成る。土でつくった、おおい。

意味 土や板でつくった、かこい。かきね。**例** 板塀《いたベイ》。土塀《ドベイ》。練《ね》り塀《ベイ》。

土 9
【堡】 12画 5240 5821 音 ホ(慣) ホウ(漢) 訓 とりで

意味 敵の攻撃《コウゲキ》にそなえて、土や石を積んで築いた小さな城や陣地《ジンチ》。とりで。**例** 堡塁《ホウルイ》。橋頭堡《キョウトウホ》(=橋のたもとに築いた陣地)。

日本語での用法《ブルク・バラ》西洋の地名の語の一部に使用された。とりでや城市の意。「漢堡《ハンブルク》(=ドイツの地名)・彼得堡《ペテルブルク》(=ロシアの地名)・壱丁堡《エジンバラ》(=イギリスの地名)」

【堡塁】《ホウルイ》 〔「ホルイ」とも〕敵の襲撃《シュウゲキ》を防ぎ、また、せめるために築いたとりで。(類)防塁。

土 9
【報】 12画 4283 5831 教育5 音 ホウ(漢)(呉) 訓 むく-いる・むく-い

筆順 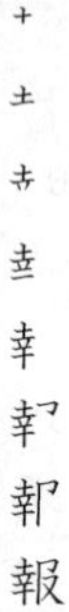

なりたち  [会意]「幸(=罪人)」と「𠬝(=治める)」とから成る。罪をさばく。派生して「むくいる・しらせる」の意。

意味 ❶しかえしをする。また、恩返しをする。むくいる。**例** 報恩《ホウオン》。報復《ホウフク》。❷しらせる。しらせ。**例** 報告《ホウコク》。報道《ホウドウ》。

人名 つぐ

【報恩】《ホウオン》 恩にむくいること。恩返し。(対)忘恩《ボウオン》。**例** —の念。—講(=仏教の諸宗派で、祖師《ソシ》の恩にむくいるため、祖師の命日におこなわれる法会《ホウエ》)。

【報告】《ホウコク》 (名・する) 任務としてあたえられた仕事の進みぐあいや結果をつげること。また、その内容。**例** 中間—。—書を作成する。

【報国】《ホウコク》 国の恩にむくいるために力をつくすこと。**例** —心。尽忠《ジンチュウ》—(=君主に忠義をつくし、国家にむくいること)。

【報謝】《ホウシャ》 (名・する)〔恩にむくい、徳に感謝する意〕①恩にむくいること。お礼。**例** 旧師の恩に—する。②〔仏〕僧《ソウ》や巡礼《ジュンレイ》にお金やものを差し出すこと。**例** 巡礼にご—。

【報酬】《ホウシュウ》 ①むくい。お礼。**例** かれは財産の代わりに名誉《メイヨ》という—をえた。②働いたことのみかえりとして出す金銭や品物。**例** 多額の—を受け取る。

【報奨】《ホウショウ》 (名・する) 努力にむくいるため、成績に応じて金品などを出してはげますこと。**例** —金。—制度。

【報償】《ホウショウ》 (名・する) 他人にあたえた損害に対して、つぐなうこと。**例** —金。

【報知】《ホウチ》 (名・する) しらせること。**例** 火災—機。

【報道】《ホウドウ》 (名・する) 新聞・テレビ・ラジオなどを通して、情報を広く知らせること。また、その知らせ。ニュース。**例** —陣《ジン》。

【報徳】《ホウトク》 徳や恩にむくいること。**例** —会。

【報復】《ホウフク》 (名・する) しかえしをすること。(類)復讐《フクシュウ》。**例** —手段。

●因果応報《インガオウホウ》・果報《カホウ》・警報《ケイホウ》・公報《コウホウ》・時報《ジホウ》・情報《ジョウホウ》・速報《ソクホウ》・悲報《ヒホウ》

土 9
【塁】 12画 4661 5841 常用 音 ルイ(漢) 訓 とりで

筆順 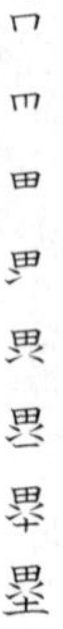

土15
【壘】 18画 5262 58D8 人名

なりたち 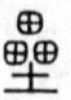 [形声]「土(=つち)」と、音「畾《ライ→ルイ》」の省略体とから成る。軍隊が駐屯《チュウトン》しているとりで。

意味 ❶土や石を積み重ねてつくった城壁《ジョウヘキ》。とりで。**例** 塁砦《ルイサイ》。孤塁《コルイ》。城塁《ジョウルイ》。❷かさなる。かさねる。また、つらなる。(同)累《ルイ》。**例** 塁塁《ルイルイ》(=墓石や岩石がいくつもつづいて

あるようす)。

日本語での用法 《ルイ》野球のベース。「一《イチ》塁《ルイ》・本《ホン》塁《ルイ》打《ダ》・残《ザン》塁《ルイ》」

人名 かさ・たか

【塁審《ルイシン》】野球で、一、二、三塁の近くにいる審判《シンパン》。

【塁壁《ルイヘキ》】とりでのかべ。とりで。

【塁《ルイ》を摩《マ》する】〔「摩する」は、せまり近づく意〕①敵のとりでに近くせまる。②それと同じくらいのうでまえになる。匹敵《ヒッテキ》する。例 名人の―(=名人と肩《かた》を並べるほどになる)。

●孤塁《コルイ》・残塁《ザンルイ》・敵塁《テキルイ》・土塁《ドルイ》・盗塁《トウルイ》・本塁《ホンルイ》・満塁《マンルイ》

土 9 【堯】12画 ⇩【尭】《ギョウ》(103ページ)

土 10 【墋】13画 5243 5870 国字 訓 あま

意味 人名・地名に用いられる字。例 墋泊《あまどまり》。

参考 地名は、「海士泊《あまどまり》(=鹿児島《かごしま》県の地名)」と書くところもある。

土 10 【塋】13画 5242 584B 音 エイ漢 訓 はか

意味 死者をほうむるところ。墓地。はか。例 塋域《エイイキ》(=はかば。墓地)。

難読 塋域《はかどころ》

土 10 【塩】13画 1786 5869 教育4 音 エン漢呉 訓 しお

筆順 一 十 土 圹 圻 垆 塩 塩

鹵14 【鹽】25画 8337 9E7D

なりたち  [形声]「鹵(=天然のしお)」と、音「監《カン》→《エン》」とから成る。海水を煮《に》てつくった人工のしお。

意味 ❶しお。例 塩分《エンブン》。塩田《エンデン》。製塩《セイエン》。❷しおづけにする。例 塩乾魚《エンカンギョ》。塩蔵《エンゾウ》。塩辛《しおから》。❸酸と金属との化合物。例 塩基《エンキ》。硝酸塩《ショウサンエン》。

日本語での用法 《エン》元素の一つ「塩素」の略。「塩酸《エンサン》」

【塩化《エンカ》】〔化〕物質が塩素と化合すること。例 ―水素。

【塩害《エンガイ》】海水やしおかぜの塩分が、農作物や電線・建物などにあたえる害。潮害。例 台風による海岸線の―。

【塩乾《エンカン》】魚などを塩づけにして干《ほ》したもの。例 ―魚。―加工品。表記「塩干」とも書く。

【塩基《エンキ》】〔化〕酸と反応して塩《エン》と水をつくる物質。

【塩魚《エンギョ》】塩づけにしたさかな。

【塩酸《エンサン》】〔化〕塩化水素を水にとかしたもの。工業用。

【塩水《エンスイ》】塩分をふくむ水。しおみず。

【塩素《エンソ》】元素の一つ。黄緑色で、強いにおいのある気体。漂白《ヒョウハク》や消毒に用いる。記号 Cl

【塩蔵《エンゾウ》】(名・する)保存のために、魚・肉・野菜などを塩づけにして、たくわえること。

【塩田《エンデン》】海水から塩をとるためにつくった、砂地の田。

【塩梅】㊀《エンバイ》食物の味をととのえる塩と梅酢《うめず》。㊁《アンバイ》①味つけ。料理の味かげん。例 ―をみる。②ものごとのぐあい。例 いい―に晴れた。③からだのぐあい。例 ―が悪い。表記 ㊁は「▼按排・▼按配」とも書く。

【塩分《エンブン》】食物にふくまれている塩の量。しおけ。

【塩加減《しおカゲン》】塩あじの程度。また、塩あじのつけぐあい。

【塩辛《しおから》】イカや魚などの、肉とはらわたを塩づけにして発酵《ハッコウ》させた食品。

【塩気《しおケ》】塩の量。また、塩の味。塩分。例 ―が強い。

【塩瀬《しおぜ》】細いたて糸に太いよこ糸を織りこんだ、うねのある絹織物。厚地の羽二重《はぶたえ》で、ふくさや帯などにする。

【塩煎餅《しおセンベイ》】①しょうゆで味つけしたせんべい。②塩あじで焼いたせんべい。

●食塩《ショクエン》・製塩《セイエン》・米塩《ベイエン》

土 10 【塢】13画 5241 5862 音 オ漢

阝10 【隖】13画 ― 9696 本字

意味 ❶土で築いた小さな防塁《ボウルイ》。例 塢壁《オヘキ》。❷四面が高く中央がくぼんだところ。山塢《サンオ》。❸村落。例 村塢《ソンオ》。

土 10 【塊】13画 1884 584A 常用 音 カイ漢 訓 かたまり・つちくれ

筆順 十 土 圹 圴 坳 坤 塊 塊

なりたち  [形声]「土(=つち)」と、音「鬼《キ》→《カイ》」とから成る。土のかたまり。

意味 ❶土のかたまり。つちくれ。例 土塊《ドカイ》。❷かたまり。例 塊茎《カイケイ》。塊根《カイコン》。金塊《キンカイ》。

難読 土塊《つちくれ》

【塊茎《カイケイ》】地下茎《チカケイ》の一つ。地中にある茎《くき》の一部が、養分をたくわえてかたまりになったもの。ジャガイモやサトイモなど。

【塊根《カイコン》】植物の根が、養分をたくわえてかたまりになったもの。サツマイモやダリアなど。

●金塊《キンカイ》・山塊《サンカイ》・団塊《ダンカイ》・氷塊《ヒョウカイ》

土 10 【塙】13画 4025 5859 人名 音 カク漢 コウ漢 訓 かた-い・はなわ

意味 土がかたい。石の多いやせた土地。

日本語での用法 ㊀《はな・はなわ》姓氏《セイシ》に用いる。「塙保己一《はなわホキイチ》・武塙《たけはな》」㊁《ばん》姓氏に用いる。「塙団右衛門《ばんダンエモン》」

土 10 【堽】13画 *5246 583D 音 コウ漢 訓 もたい

意味 ❶おか。同 岡《コウ》。❷大きな素焼《すやき》のかめ。もたい。同 缸《コウ》。

土 10 【塒】13画 5245 5852 音 シ漢 ジ呉 訓 とや・とぐら・ねぐら

意味 ニワトリのねぐら。転じて、広く鳥のねどこ。とぐら。とや。ねぐら。例 塒鶏《シケイ》。塒圏《シケン》。

土 10 【塑】13画 3326 5851 常用 音 ソ漢

筆順 丷 䒑 屰 朔 朔 塑 塑 塑

なりたち [形声]「土(=つち)」と、音「朔《サク》→《ソ》」とから成る。土でつくった人形。

意味 土をこねたりけずったりして、人やものの形をつくる。土人形。でく。例 塑像《ソゾウ》。彫塑《チョウソ》。泥塑《デイソ》。

【塑像《ソゾウ》】ねん土や石こうなどでつくった像。

土 10
【塞】
13画 2641 585E 常用
音 一 ソク漢呉 二 サイ漢呉
訓 ふさ-ぐ・ふさ-がる・せ-く・とりで

筆順 宀 宀 宑 宑 寉 実 寒 塞

なりたち [形声]「土(=つち)」と、音「𡨄《ソク》」とから成る。ふさぎ、へだてる。

意味 一《ソク》 通路をせまくふさいで、動きをさまたげる。せく。あいている部分がみたされる。ふさぐ。ふさがる。例 塞源《ソクゲン》。梗塞《コウソク》。閉塞《ヘイソク》。 二《サイ》 ❶外敵を防ぐために築かれた建造物。とりで。例 塞翁《サイオウ》が馬《うま》。要塞《ヨウサイ》。 ❷くにざかい。辺境。例 塞外《サイガイ》。塞北《サイホク》(=中国の北方の辺境)。辺塞《ヘンサイ》。

人名 せき

【塞翁が馬】《サイオウがうま》 人の世は何が幸福となり、何が不幸となるか予測できないということのたとえ。禍福《カフク》はあざなえる縄《なわ》のごとし。例 人間《ニンゲン》〔「ジンカン」とも〕万事《バンジ》—。

故事のはなし 昔、国境近くのとりでに、うらないのうまい老人が住んでいた。ある日老人の馬が国境をこえて逃《に》げ出してしまった。人々はなぐさめたが、老人は「馬の逃げたことが福になるだろう」と言った。数か月ののち馬は北方から名馬を連れて帰ってきたが、老人は「このことがわざわいになるだろう」と言った。しばらくすると老人の息子《むすこ》が、その馬から落ちて足の骨を折ってしまった。今度は、老人は「これが福となるだろう」と言って平然としていた。やがて戦いが起こり、とりで近くの若者たちは弓を引いてたたかい、ほとんどが死んでしまったが、息子はけがをしていたおかげで戦いに行かずにすみ、老人ともども無事だった。〈淮南子《エナンジ》〉

【塞外】《サイガイ》 ①とりでのそと。また、国境のそと。〔中国で、とくに万里《バンリ》の長城のそとをいう〕 対 塞内《サイナイ》。 ②都から遠くはなれた国境に近いところ。辺境。

【塞源】《ソクゲン》 (名・する) (悪や害の)おおもとをふさぐこと。

[土部] 10画 ● 塞塡塗塘墓塚塡

土 10
【塡】
13画 1-1556 5861 常用
音 テン漢
訓 は-める

筆順 一 十 土 圹 圻 坫 埴 塡

土10
[填]
13画 3722 586B 俗字

なりたち [形声]「土(=つち)」と、音「眞《シン》→《テン》」とから成る。つめこみ、ふさぐ。

意味 ❶中につめこむ。うめる。はめる。例 充塡《ジュウテン》。装塡《ソウテン》。補塡《ホテン》。 ❷「塡然《テンゼン》」は、太鼓《タイコ》を打つ音。

人名 さだ・ます・みつ・やす

【塡補】《テンポ》 (名・する) 足りない分をおぎなうこと。補塡《ホテン》。

土 10
【塗】
13画 3741 5857 常用
音 ト漢 ズ呉
訓 ぬ-る・ぬ-り・まみ-れる

筆順 氵 氵 汵 汵 涂 涂 涂 塗

なりたち [形声]「土(=つち)」と、音「涂《ト》」とから成る。どろ。

意味 ❶どろ。どろにまみれる。よごれる。例 塗炭《トタン》。 ❷(どろ状・液状のものを)ぬりつける。ぬる。例 塗装《トソウ》。塗布《トフ》。糊塗《コト》。 ❸みち。とおりみち。例 道聴塗説《ドウチョウトセツ》。

人名 みち

【塗説】《トセツ》 〔「道聴塗説《ドウチョウトセツ》」の略。道で人から聞いたことをそのまま道で会った人に話す意〕話を心にとどめて自分のものとしないで、すぐに人に話すこと。また、いいかげんな受け売りの話。〈論語《ロンゴ》〉

【塗装】《トソウ》 (名・する) 塗料をぬったり、ふきつけたりすること。

【塗炭】《トタン》 ①どろとすみ。転じて、きたないもののたとえ。 ②〔どろと炭火《すみび》の意から〕どろにまみれ火に焼かれるように、ひどく苦しむ状況《ジョウキョウ》。例 —の苦しみ。

【塗布】《トフ》 (名・する) 薬などを一面にぬりつけること。

【塗抹】《トマツ》 (名・する) ①ぬりつけること。 ②ぬって、そこにあったものを消すこと。例 画面を—する。

【塗料】《トリョウ》 ものの保護・着色のため、表面にぬるもの。

【塗り絵】《ぬりエ》 風景や人物、その他のものの、形の線だけ印刷してあって、そのなかに色を塗って遊ぶ絵。

【塗り盆】《ぬりボン》 うるし塗りの盆。

【塗り▼椀】《ぬりワン》 うるし塗りのわん。

土 10
【塘】
13画 *3768 5858
音 トウ漢
訓 つつみ

意味 ❶水があふれ出ないように、岸に土を積み上げたもの。土手。つつみ。例 堤塘《テイトウ》。 ❷土手をつくって水をたたえた、いけ。ためいけ。例 塘池《トウチ》(=用水池)。

土 10
【墓】
13画 4272 5893 教育5
音 ボ漢
訓 はか

筆順 一 艹 苩 莒 莫 莫 墓 墓

なりたち [形声]「土(=つち)」と、音「莫《ボ》」とから成る。土でおおったはか。

意味 遺体や遺骨をほうむるところ。はか。〔もと、土を高く盛り上げた「墳」に対して、地面に穴をあけてうめた平らなもの〕例 墓地《ボチ》。墓碑《ボヒ》。墳墓《フンボ》。

人名 つか

【墓穴】《ボケツ》 はかのあな。例 みずから—を掘《ほ》る(=自分で自分の身をほろぼす原因をつくる)。

【墓参】《ボサン》 (名・する) はかまいり。例 お彼岸《ヒガン》の—。

【墓誌】《ボシ》 死者の経歴や業績などを述べた文章。石板や金属板にしるして、はかの中におさめる。

【墓誌銘】《ボシメイ》 〔「銘」は、墓誌の末尾《マツビ》に加える短い韻文《インブン》〕墓誌にそえて死者をたたえた文章。例 柳子厚《リュウシコウ》—(=唐《トウ》の韓愈《カンユ》が友人の柳宗元《リュウソウゲン》のために書いたもの)。

【墓所】《ボショ》 はかば。墓地《ボチ》。

【墓石】《ボセキ》 はかのしるしとなる石。はかいし。例 —一基《イッキ》。

【墓前】《ボゼン》 はかのまえ。例 〔父の〕—でちかう。

【墓地】《ボチ》 はかのあるところ。はかば。例 外国人—。

【墓碑】《ボヒ》 ①死者の事績などをきざんで、はかのそばに立てる石。例 —銘《メイ》。 ②はかいし。

【墓碑銘】《ボヒメイ》 墓碑の文の末尾《マツビ》に加える短い韻文《インブン》。

【墓標】《ボヒョウ》 はかのしるしとして立てた柱や石。はかじるし。例 —を立てる。 表記 「墓表」とも書く。

○● 展墓《テンボ》・墳墓《フンボ》・陵墓《リョウボ》

土10
【塚】 13画 ⇩ 【塚】《つか》(235ページ)

土10
[塡] 13画 ⇩ 【塡】《テン》(238ページ)

土 11

【境】

14画 2213 5883 教育5

音 ケイ漢 キョウ呉 訓 さかい

筆順 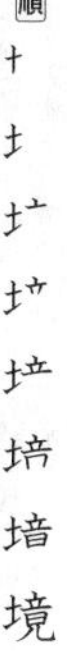

なりたち  [形声]「土(=つち)」と、音「竟《キョウ》」とから成る。土地と土地のさかいめ。

意味 ❶土地のくぎりめ。さかい。例 境界《キョウカイ》。境内《ケイダイ》。国境《コッキョウ》。❷地域。場所。例 環境《カンキョウ》。辺境《ヘンキョウ》。❸身のおきどころ。ありさま。状態。例 境遇《キョウグウ》。心境《シンキョウ》。

難読 境節《おりふし》・境迎《さかむかえ》

【境域】《キョウイキ》 ①ある範囲《ハンイ》の土地や場所。転じて、思想・好みなどの範囲や分野をいう。②土地のさかい。類 境界。

【境界】 一《キョウカイ》 土地のさかい。例 ―線を引く。 二《キョウガイ》 ①〔仏〕前世のむくいとして受けるこの世での身の上。②身の上。類 境涯《キョウガイ》。

【境涯】《キョウガイ》 生きていくうえで置かれている、人それぞれの立場。身の上。境遇《キョウグウ》。表記 一は「▼疆界」とも書く。

【境遇】《キョウグウ》 その人の生活をとりまく状況《ジョウキョウ》。〔家族・財産・友人・仕事などについていう〕例 めぐまれた―に育つ。

【境地】《キョウチ》 ①人が現在置かれている立場や状況《ジョウキョウ》。例 苦しい―を察してほしい。②心の状態。例 さとりの―。

【境内】《ケイダイ》 寺や神社の敷《しき》地《チ》の中。例 ―にある大スギ。

●越境《エッキョウ》・佳境《カキョウ》・環境《カンキョウ》・逆境《ギャッキョウ》・心境《シンキョウ》・進境《シンキョウ》・秘境《ヒキョウ》・辺境《ヘンキョウ》

土 11

【塹】

14画 5247 5879

音 ザン慣 セン漢呉 訓 ほり

意味 城のまわりのほりわり。また、防衛のために地に掘《ほ》ったみぞ。例 塹壕《ザンゴウ》。

【塹▼壕】《ザンゴウ》 戦場で敵の砲弾《ホウダン》を防いだり身をかくすためにつくる、大きなみぞ。

土 11

【塾】

14画 2946 587E 常用

音 シュク漢 ジュク呉

筆順 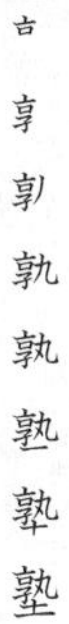

なりたち  [形声]「土(=つち)」と、音「孰《シュク》」とから成る。門の、東西両側にある建物。

意味 学問や技芸などを教える、私設で卒業しても公的資格をあたえない教育の場。まなびや。学舎。例 塾舎《ジュクシャ》。塾生《ジュクセイ》。私塾《シジュク》。

【塾舎】《ジュクシャ》 塾の学生がともに生活をするための建物。

【塾生】《ジュクセイ》 塾の生徒や学生。

【塾頭】《ジュクトウ》 〔「頭」は、かしらの意〕①塾生をとりしまる人。類 塾長。②塾生のなかで代表となる人。

土 11

【墅】

14画 5248 5885

音 一 ショ漢 二 ヤ漢呉 訓 の

意味 一《ショ》 ❶田畑の中にある、収穫《シュウカク》物をたくわえる小屋。例 田墅《デンショ》。❷別荘《ベッソウ》。しもやしき。例 別墅《ベッショ》。 二《ヤ》 のはら。の。同 野《ヤ》。

土 11

【塵】

14画 3148 5875

音 チン漢 ジン呉 訓 ちり

意味 ❶土けむり。ごみ。ちり。また、ちりのように小さなもの。例 塵芥《ジンカイ》。玉塵《ギョクジン》(=雪のこと)。砂塵《サジン》。❷俗世間《ゾクセケン》(のわずらわしさ)。この世のけがれ。煩悩《ボンノウ》や欲望。例 塵埃《ジンアイ》。俗塵《ゾクジン》。和光同塵《ワコウドウジン》。

【塵▼埃】《ジンアイ》 ①ちりやほこり。ごみ。例 ―にまみれる。②けがれたもの。俗世間《ゾクセケン》。例 ―の世をいとう。

【塵縁】《ジンエン》 俗世間《ゾクセケン》とのわずらわしい関係。

【塵灰】《ジンカイ》 ちりや、はい。灰塵《カイジン》。

【塵▼芥】《ジンカイ｜ジンガイ》 〔「芥」も、ごみの意〕①ごみ。例 ―処理。②とるにたりないもののたとえ。例 ―にひとしいもの。

【塵界】《ジンカイ》 〔仏〕ちりでよごれた世界。けがれた世。俗世間《ゾクセケン》。例 ―をはなれた心。

【塵外】《ジンガイ》 俗世間《ゾクセケン》のわずらわしさからはなれたところ。例 ―に遊びたい希望。

【塵▼劫】《ジンコウ｜ジンゴウ》 ①きわめて小さい数(=塵)ときわめて大きい数(=劫)。②〔仏〕ひじょうに長い時間。類 永劫《エイゴウ》。

【塵▼垢】《ジンコウ》 ①ちりとあか。②世の中のわずらわしいこと。

【塵土】《ジンド》 ①ちりとつち。②けがれたこの世の中。③とるにたらぬもの、つまらないもののたとえ。

【塵肺】《ジンハイ｜ジンパイ》 長い期間、肺に細かいちりなどを吸いこんだために起こる病気。炭坑《タンコウ》などで働く人の職業病の一つ。

【塵務】《ジンム》 俗世間《ゾクセケン》のわずらわしい仕事。類 俗務。例 ―に心をわずらわされる。

【塵霧】《ジンム》 ちりときり。きりのようにたちこめるほこり。転じて、行く手をさまたげるもの。

【塵労】《ジンロウ》 ①世の中のわずらわしい苦労。例 ―からのがれる。②〔仏〕心身をなやます欲望。煩悩《ボンノウ》。

●後塵《コウジン》・砂塵《サジン》・世塵《セジン》・風塵《フウジン》・微塵《ミジン》

土 11

【増】

14画 3393 5897 教育5

音 ソウ漢 ゾウ呉 訓 ま-す・ふ-える・ふ-やす

筆順 

土12

【增】

15画 1-1561 589E 人名

なりたち  [形声]「土(=つち)」と、音「曾《ソウ》」とから成る。多くなる。ます。

意味 数や量がふえる。ます。ふえる。ふやす。対 減《ゲン》。例 増加《ゾウカ》。増水《ゾウスイ》。倍増《バイゾウ》。

人名 なが・ま・まさ・まさる

使い分け ふえる・ふやす【増・殖】⇩1178ページ

【増員】《ゾウイン》 (名・する) 人数をふやすこと。人数がふえること。対 減員。例 ―計画。店員を―する。

【増益】《ゾウエキ》 (名・する) ①(会社などの)利益がふえること。対 減益。②まし加えること。また、まし加わること。例 辞典の項目《コウモク》を―する。

【増援】《ゾウエン》 (名・する) 人数をふやして助けること。例 ―部隊。

【増加】《ゾウカ》 (名・する) ふえること。ふやすこと。対 減少。例 人口が―する。

【増額】《ゾウガク》 (名・する) 金額をふやすこと。また、ふやした額。対 減額。例 予算を―する。

【増刊】《ゾウカン》 (名・する) 雑誌などを、決まった時期以外に発行すること。また、そのもの。例 ―号。

【増強】《ゾウキョウ》 (名・する) (人間や設備などの)数や量をふやして、力をつよくすること。例 兵力―。

【増血】《ゾウケツ》 (名・する) 血液がふえること。血液をふやすこと。例 ―剤《ザイ》。

【増結】《ゾウケツ》 (名・する) 列車に車両をつないでふやすこと。例 三両―する。

【増減】《ゾウゲン》 (名・する) ふえることと、へること。ふやすことと、へらすこと。例 町の人口の―を調べる。

【増刷】《ゾウサツ》 (名・する) 追加して印刷すること。ましずり。例 さ

らに五千部—する。

【増産】《ゾウサン》(名・する)生産量をふやすこと。(対)減産。[例]—計画。食糧《ショクリョウ》を—する。

【増資】《ゾウシ》(名・する)企業《キギョウ》が、資本金をふやすこと。また、ふやした資本金。(対)減資。[例]—株式。

【増収】《ゾウシュウ》(名・する)収入や収穫《シュウカク》がふえること。また、その額や量。(対)減収。[例]—が見こまれる。

【増長天】《ゾウジョウテン|ゾウチョウテン》〔仏〕四天王の一つ。須弥山《シュミセン》に住み、矛《ほこ》を持ち甲冑《カッチュウ》を身につけて南方を守護する。

【増上慢】《ゾウジョウマン》①〔仏〕まださとりを得ていないのに、得たと思っておごりたかぶること。また、その人。[例]—をいましめる。②自分の才能にうぬぼれて、いばること。[例]—の言動。

【増殖】《ゾウショク》(名・する)〔「殖」も、ふえる意〕①ふえること。ふやすこと。[例]—炉《ロ》。②生物の個体や細胞《サイボウ》などがふえること。個体の場合、生殖ともいう。

【増進】《ゾウシン》(名・する)力や勢いなどが、ますこと。また、ふやすこと。(対)減退。[例]食欲—。

【増水】《ゾウスイ》(名・する)川や池などの水の量がふえること。(対)減水。[例]大雨で川が—する。

【増税】《ゾウゼイ》(名・する)税金の額をふやすこと。(対)減税。[例]—に反対する。

【増設】《ゾウセツ》(名・する)すでにある建物や設備に加えて、さらにふやすこと。[例]電話回線を—する。

【増大】《ゾウダイ》(名・する)ふえて大きくなること。ふやして大きくすること。[例]需要《ジュヨウ》の—。輸入を—する。

【増築】《ゾウチク》(名・する)すでにある建物に加えて、さらに部屋などを建てること。建てまし。[例]子供部屋を—する。

【増長】《ゾウチョウ》(名・する)①はなはだしくなること。[例]華美《カビ》の風が—する。②いい気になってえらそうにふるまうこと。つけあがること。[例]ちょっとほめただけで—する。

【増訂】《ゾウテイ》(名・する)「増補訂正」の略。書物などで、足りない部分を加え、誤りの部分を正しく直すこと。[例]—版。

【増配】《ゾウハイ》(名・する)配当や配給量など、分け前や割り当てをふやすこと。[例]今回の決算は—になった。

【増発】《ゾウハツ》(名・する)電車・バスなどの運行数や、紙幣《シヘイ》の発行量をふやすこと。[例]特急列車を—する。

【増便】《ゾウビン》(名・する)船・飛行機・自動車などの定期便の運行回数をふやすこと。

【増幅】《ゾウフク》(名・する)①ラジオやテレビなどで、入力した電流や電圧などの振幅《シンプク》を大きくすること。[例]—器。②話の内容やものごとのようすなどを、もともとのものより大げさにすること。[例]うわさ話が—される。

【増補】《ゾウホ》(名・する)すでに出版した本の内容などについて、足りないところをおぎなうこと。[例]—改訂版《カイテイバン》。

【増俸】《ゾウホウ》(名・する)給料をふやすこと。増給。(対)減俸《ゲンポウ》。

【増量】《ゾウリョウ》(名・する)分量がふえること。分量をふやすこと。(対)減量。[例]二〇パーセントの—サービス。

●急増《キュウゾウ》・激増《ゲキゾウ》・純増《ジュンゾウ》・漸増《ゼンゾウ》・年増《としま》・倍増《バイゾウ》・微増《ビゾウ》

土 11

【墨】

14画 4347 58A8 常用

音 ボク(漢) モク(呉)
訓 すみ

筆順 冂 曰 甲 里 黒 黒 墨 墨

土12 【墨】 15画 1-1562 FA3A 人名

なりたち  〔会意〕「土(=つち)」と「黑(=くろ)」とから成る。書画をかくのに用いる、すみ。

意味 ❶油やマツを燃やしてできたすすを、にかわで固めたもの。すみ。[例]墨汁《ボクジュウ》。筆墨《ヒツボク》。❷すみでかいたもの。書画。[例]遺墨《イボク》。水墨《スイボク》。❸くろい。[例]墨車《ボクシャ》(=周代、大夫《タイフ》の乗った黒ぬりの車)。❹いれずみ。いれずみの刑罰《ケイバツ》。[例]墨刑《ボッケイ》。❺すみをつけて材木に直線を引く大工道具。すみなわ。[例]縄墨《ジョウボク》。❻戦国時代の思想家、墨子《ボクシ》。また、墨子学派のこと。[例]墨家《ボッカ》。

難読 墨斗《すみつぼ》・墨西哥《メキシコ》

【墨絵】《すみエ》すみでかいた絵。すみの濃淡《ノウタン》で山水などを表現する。水墨画《スイボクガ》。[例]—のぼかしの山のすがた。

【墨字】《すみジ》〔点字に対して〕書いたり、印刷したりした、ふつうの文字。

【墨染め】《すみぞめ》すみのような黒い色に染めること。また、その色。[例]—の衣《ころも》(=僧《ソウ》が着る黒い色の衣。また、喪服《モフク》)。

【墨▼壺】《すみつぼ》①墨汁《ボクジュウ》を入れておく容器。②(大工や石工《いしク》などが用いる)直線を引く道具。糸巻き車に巻いた糸(=墨縄《すみなわ》)を、墨汁をふくませた真綿《まわた》のはいったつぼを通して引き出し、その糸をはじいて黒線をつける。③「②」の、墨汁をふくませた真綿のはいっているつぼ。墨池《ボクチ》。

【墨縄】《すみなわ》「墨壺《すみつぼ》②」の、糸巻き車に巻いて墨池《ボクチ》から引き出す糸。墨糸《すみいと》。

【墨衣】《ボクイ》すみ染めのころも。黒い色のころも。→【墨染め】《すみぞめ》

【墨子】《ボクシ》戦国時代の思想家、墨翟《ボクテキ》をうやまっていう呼び名。生没年《セイボツネン》未詳《ミショウ》。また、墨子はじめ墨家《ボッカ》の学説を記した思想書。現存、五十三編。→【墨家】《ボッカ》

【墨守】《ボクシュ》(名・する)〔墨子《ボクシ》が、城をかたく守って楚《ソ》の軍をしりぞけた故事から〕昔からのやり方や自分の考えを、がんこに守ること。[例]旧習を—する。

【墨汁】《ボクジュウ》すみをすった、しる。また、すぐに使える製品としての、黒色の液体。

【墨書】《ボクショ》すみで書くこと。また、すみで書いたもの。すみがき。[例]大きく—する。

【墨場】《ボクジョウ》詩文を作ったり、書画をかいたりする人々。また、その人々が集まる場所。[例]—必携《ヒッケイ》。

【墨跡】《ボクセキ》すみで書いた筆のあと。日本では、とくに禅宗《ゼンシュウ》の僧《ソウ》が書いた書をいう。筆跡《ヒッセキ》。墨痕《ボッコン》。[例]—展。良寛《リョウカン》の—。表記 (旧)墨▼蹟

【墨池】《ボクチ》①すみを洗いながした池。昔の有名な書家が、筆やすずりを洗ったという池。②すずり。③すずりですったすみや水をためる、くぼみ。すずりの海。④「墨壺《すみつぼ》③」に同じ。

【墨堤】《ボクテイ》墨水(=東京都の隅田川《すみだがわ》)の土手。〔隅田川の「すみ」に「墨」の字を用いたもの〕

【墨東】《ボクトウ》東京都の隅田川《すみだがわ》より東側の地域。とくに、墨田区と江東区一帯のこと。〔区の名としては「墨田」を用い、川の名は「隅田」とする。近世後期以来「濹東」とも書く〕

【墨家】《ボッカ》戦国時代の思想家、墨子《ボクシ》の開いた学派。また、その学説をとなえた人。兼愛《ケンアイ》(=無差別の愛)、非攻《ヒコウ》(=戦争の否定)を説き、節約を重んじた。当時は儒家《ジュカ》と並ぶ大きな勢力をもっていた。

【墨海】《ボッカイ》すずりの別名。〔とくに、おおきなものをいう〕

【墨客】《ボッカク》書画や詩文にすぐれた人。(類)墨士。[例]文人—。

【墨刑】《ボッケイ》昔の中国の刑罰《ケイバツ》。五刑の一つで、罪人の額《ひたい》や腕《うで》などに、いれずみをする。

【墨痕】《ボッコン》〔「痕」は、あとの意〕すみで書いた筆のあと。筆跡《ヒッセキ》。墨跡《ボクセキ》。[例]—あざやかな書。

●遺墨《イボク》・水墨《スイボク》・白墨《ハクボク》

土11 【塲】14画 ⇩【場】《ジョウ》(235ページ)

土 12
【墟】 15画 5250 589F 音 キョ 漢 訓 あと・おか・つか
意味 大きな丘《おか》。都のあとや墓。あと。例 墟墓《キョボ》。殷墟《インキョ》。廃墟《ハイキョ》。
【墟里】《キョリ》 あれはてた村里。

土 12
【墜】 15画 3638 589C 常用 音 ツイ 漢 呉 訓 お-ちる
筆順 了 阝 阝 阝 隊 隊 墜 墜 墜

土12
【墜】 15画
たちり [形声]「土(=つち)」と、音「隊《タイ》→《ツイ》」とから成る。地におちる。
意味 ❶高いところからおちる。おちる。おとす。例 墜落《ツイラク》。撃墜《ゲキツイ》。❷うしなう。おとろえる。すたれる。例 墜典《ツイテン》。失墜《シッツイ》。
【墜死】《ツイシ》 (名・する) 高いところからおちて死ぬこと。墜落死。
【墜典】《ツイテン》 すたれた法律や制度・儀式《ギシキ》。例 —を復興する。
【墜落】《ツイラク》 (名・する) 空中や高いところなどからおちること。例 —事故。

土 12
【墳】 15画 4215 58B3 常用 音 フン 漢 訓 つか・はか
筆順 扌 扌 圹 圹 垆 埳 墳 墳

土13
【墳】 16画
たちり [形声]「土(=つち)」と、音「賁《フン》」とから成る。土を盛り上げた墓。
意味 土を高く盛り上げた墓。つか。例 墳墓《フンボ》。古墳《コフン》。
【墳墓】《フンボ》 死んだ人をほうむったところ。はか。つか。
【墳墓の地】《フンボのチ》 ①先祖代々の墓のあるところ。ふるさと。②住みついて一生を終える場所。骨をうめようとする場所。

土 12
【墹】 15画 5249 58B9 国字 訓 まま
意味 人名・地名に用いられる字。例 墹之上《ままのうえ》(=静岡《しずおか》県の地名)。

土 12
【壔】 15画 5255 58B8 音義未詳《ミショウ》
参考 一説に、「躇《チョ》」の俗字。

土12 【增】 15画 ⇩【増】《ゾウ》(239ページ《ジペー》)

土12 【墮】 15画 ⇩【堕】《ダ》(235ページ《ジペー》)

土12 【墨】 15画 ⇩【墨】《ボク》(240ページ《ジペー》)

土12 【墫】 15画 ⇩【樽】《ソン》(549ページ《ジペー》)

土12 【墜】 15画 ⇩【墜】《ツイ》(241ページ《ジペー》)

土 13
【墺】 16画 5252 58BA 音 オウ 漢 訓 きし
意味 ❶大地。おか。❷水べの地。きし。
日本語での用法 《オウ》「墺太利《オーストリア》」の略。「独墺《ドクオウ》・普墺戦争《フオウセンソウ》」

土 13
【壊】 16画 1885 58CA 常用 音 カイ 漢 エ 呉 訓 こわ-す・こわ-れる
筆順 扌 圹 圹 坤 坤 堙 壊 壊

土16
【壞】 19画 5253 58DE 人名
たちり [形声]「土(=つち)」と、音「褱《カイ》」とから成る。やぶれる。
意味 やぶれる。くずれる。こわれる。こわす。例 壊滅《カイメツ》。破壊《ハカイ》。崩壊《ホウカイ》。
【▽壊死】《エシ》 (名・する) からだの組織の一部が死ぬこと。例 凍傷《トウショウ》のため足の指先が—する。
【▽壊▼疽】《エソ》 からだの組織の一部が死んだ状態になること。
【壊血病】《カイケツビョウ》 ビタミンCの不足によって起こる病気。歯ぐきが出血し、からだが衰弱《スイジャク》する。
【壊走】《カイソウ》 (名・する) 戦いに負け、ちりぢりになって逃《に》げること。類 敗走。例 敵軍は—した。表記「潰走」とも書く。
【壊崩】《カイホウ》 (名・する) 建物や組織がこわれくずれること。つぶれること。崩壊。
【壊滅】《カイメツ》 (名・する) すっかりこわれて、ほろびること。例 地震《ジシン》で都市が—する。表記「▼潰滅」とも書く。
【壊乱】《カイラン》 (名・する) 秩序《チツジョ》がくずれみだれること。また、こわしみだすこと。例 風俗《フウゾク》を—する。表記「▼潰乱」とも書く。
●決壊《ケッカイ》・全壊《ゼンカイ》・損壊《ソンカイ》・倒壊《トウカイ》・破壊《ハカイ》・半壊《ハンカイ》・崩壊《ホウカイ》

土 13
【墾】 16画 2606 58BE 常用 音 コン 漢 訓 ひら-く
筆順 ⺈ 豸 豸 豸 豤 貇 墾 墾

たちり [形声]「土(=つち)」と、音「豤《コン》」とから成る。たがやす。
意味 あれ地をきりひらく。ひらく。たがやす。例 開墾《カイコン》。
難読 新墾《にいはり》
【墾耕】《コンコウ》 (名・する) 土地をきりひらき、たがやすこと。
【墾田】《コンデン》 新しくきりひらいた田。とくに、大化の改新(六四五年)の後、田をふやすために開墾された田地。
●未墾《ミコン》

土 13
【壌】 16画 3077 58CC 常用 音 ジョウ 漢 訓 つち
筆順 扌 扩 扩 垴 埪 埪 壌 壌

土17
【壤】 20画 5265 58E4
たちり [形声]「土(=つち)」と、音「襄《ショウ→ジョウ》」とから成る。やわらかい土。
意味 ❶農業に適したやわらかい土地。つち。例 土壌《ドジョウ》。❷大地。例 天壌無窮《テンジョウムキュウ》。鼓腹撃壌《コフクゲキジョウ》。
難読 天壌《あめつち》
【壌土】《ジョウド》 ①つち。土壌。また、土地。②粘土《ネンド》が三〇パーセントほどまじった土。水分や養分の吸収力が強く、農作物を作るのに適する。
●鼓腹撃壌《コフクゲキジョウ》・土壌《ドジョウ》

土 13
【壇】 16画 3537 58C7 常用 音 タン 漢 ダン 呉
筆順 土 圹 圹 垧 垧 壇 壇 壇

なりたち [形声]「土(=つち)」と、音「亶《タン》」とから成る。土を高く盛り上げた祭場。

意味 ❶儀式《ギシキ》をおこなうために土を小高く盛り上げて、築いたもの。だん。例 祭壇《サイダン》。❷一段高くした台。例 壇上《ダンジョウ》。教壇《キョウダン》。❸専門家たちの集団。例 文壇《ブンダン》。

【壇上】《ダンジョウ》 演壇や教壇などの壇の上。例 表彰者《ヒョウショウシャ》が―にあがる。

【壇場】《ダンジョウ》 祭礼や儀式《ギシキ》をおこなうため壇を設けた場所。

●演壇《エンダン》・歌壇《カダン》・教壇《キョウダン》・祭壇《サイダン》・仏壇《ブツダン》・文壇《ブンダン》・論壇《ロンダン》

土 13

【壁】

16画 4241 58C1 常用 音 ヘキ漢 ヒャク呉 訓 かべ

筆順 コ 尸 尸 启 辟 辟 壁

なりたち [形声]「土(=つち)」と、音「辟《ヘキ》」とから成る。直立して風や寒さを防ぐ、かき。

意味 ❶建物のまわりを囲う、または建物のなかの部屋を仕切るもの。かべ。例 壁画《ヘキガ》。壁面《ヘキメン》。障壁《ショウヘキ》。❷敵の攻撃《コウゲキ》を防ぐために作られたかべ。とりで。また、とりでを作る。例 城壁《ジョウヘキ》。項王軍《コウオウのグン》壁《ヘキす》二垓下《ガイカに》一(=項羽の軍は垓下《ガイカ》にとりでを築いてたてこもった)。〈史記《シキ》〉 ❸かべのように地面に垂直に立ったがけ。例 岩壁《ガンペキ》。岸壁《ガンペキ》。絶壁《ゼッペキ》。❹二十八宿の一つ。なまめぼし。例 壁宿《ヘキシュク》。

【壁掛け】《かべかけ》 ①室内の壁にかけるかざり。織物や絵皿など。②壁にかけること。例 ―式電話機。

【壁新聞】《かべシンブン》 学校や職場、駅や街頭など、人の集まるところの壁や掲示板《ケイジバン》にはりだす、ニュースや主張などの文書。

【壁訴訟】《かべソショウ》 〔壁に向かってうったえる意〕①ひとりでぶつぶつ不平を言うこと。②遠まわしにあてこすること。

【壁《かべ》に耳《みみ》あり】〔どこでだれが聞いているかわからないことから〕秘密のもれやすいことのたとえ。例 ―障子《ショウジ》に目あり。

【壁画】《ヘキガ》 建物や洞窟《ドウクツ》のかべや天井《テンジョウ》などにかいた絵。例 敦煌《トンコウ》石窟《セックツ》―。

【壁間】《ヘキカン》 柱と柱のあいだの、かべの部分。類 壁面。

【壁光】《ヘキコウ》 苦労して勉学にはげむこと。〔漢の匡衡《キョウコウ》が、かべに穴をあけて、となりの家からもれてくる灯火《トウカ》で書物を読んだという故事から〕類 蛍雪《ケイセツ》。

【壁書】《ヘキショ》 (名・する) ①かべに書くこと。また、そこに書かれたもの。②決まりや知らせ、またおきてなどを書いて、かべにはりつけた文書。とくに、戦国時代の大名家のおきてを記したものをいう。かべがき。

【壁中書】《ヘキチュウショ》 前漢の時代、魯《ロ》の恭王《キョウオウ》が宮殿を広げるために孔子《コウシ》の住んでいた家をこわしたとき、そのかべの中から発見された古文《コブン》(=戦国時代に使われていた書体の文字)で書かれた『書経《ショキョウ》』『孝経《コウキョウ》』などの経書《ケイショ》(=儒教《ジュキョウ》でたっとぶ書物)。壁経《ヘキケイ》。

【壁面】《ヘキメン》 ①かべの表面。例 ―のよごれ。②岩壁の表面。例 ―を登る。

【壁立】《ヘキリツ》 (名・する) ①かべのように切り立っていること。例 ―する岩。②かべがあるだけで家具や家財がないこと。貧乏《ビンボウ》暮らしのたとえ。

●外壁《ガイヘキ》・隔壁《カクヘキ》・岩壁《ガンペキ》・岸壁《ガンペキ》・障壁《ショウヘキ》・絶壁《ゼッペキ》・鉄壁《テッペキ》

土 13

【壅】

16画 5257 58C5 音 ヨウ漢 訓 つちか-う・つぶ-す・ふさ-がる・ふさ-ぐ

意味 ❶ふさいで、通れないようにする。ふさぐ。さえぎる。例 壅遏《ヨウアツ》(=じゃまをしてとめる)。❷土を根にかぶせて草木を育てる。つちかう。例 培壅《バイヨウ》。

土13 [墻] 16画 ⇩【牆】《ショウ》(646ページ)

土13 【墳】 16画 ⇩【墳】《フン》(241ページ)

土 14

【壑】

17画 5259 58D1 音 ガク慣 カク漢呉 訓 たに

意味 ❶あな。いわや。例 壑谷《ガクコク》(=岩にできた洞穴《ドウケツ》)。❷谷。

土 14

【壕】

17画 2572 58D5 人名 音 コウ漢 ゴウ呉 訓 ほり

意味 ❶城を守るために、まわりに作った池。ほり。外壕《そとぼり》。❷敵の矢や弾丸《ダンガン》をさけるために掘《ほ》った穴。からぼり。例 塹壕《ザンゴウ》。防空壕《ボウクウゴウ》。

土 14

【壗】

17画 5260 58D7 国字 訓 まま

意味 地名に用いられる字。例 壗下《ままうした》(=神奈川《かながわ》県の地名)。

土14 【壓】 17画 ⇩【圧】《アツ》(225ページ)

土 15

【壙】

18画 5261 58D9 音 コウ漢 訓 あな・つかあな

意味 ❶墓の穴。はかあな。つかあな。例 壙穴《コウケツ》(=死者を埋葬《マイソウ》するための穴)。❷がらんとした野原。❸広々としてはてしない。同 曠《コウ》。例 壙壙《コウコウ》(=がらんとしてはてしないようす)。

土15 【壘】 18画 ⇩【塁】《ルイ》(236ページ)

土 16

【壜】

19画 5264 58DC 音 タン漢 ドン呉 訓 びん

缶16 [罎] 22画 7004 7F4E 別体字

意味 酒を入れるかめ。さかがめ。

日本語での用法 《びん》 ガラス製の容器。「壜詰《びんづめ》・空《あ》き壜《びん》」

土 16

【壟】

19画 5266 58DF 音 ロウ・リョウ漢 訓 つか

意味 ❶土を盛ってつくった墓。つか。❷小高い土地。おか。例 壟断《ロウダン》。❸たねをまいたり、苗《なえ》を植えたりするために田畑の土を細長く盛り上げたところ。うね。あぜ。例 壟畝《ロウホ》(=耕地。いなか)。

【壟断】《ロウダン》 ㊀(名) 切り立った小高いおか。㊁(名・する) 利益をひとりじめにすること。〔ある男が高いおかにのぼり市場全体を見わたして商品の動きを観察し、安いものを買いしめ、それを高く売って大きな利益を得たという故事から〕〈孟子《モウシ》〉

土16 【壞】 19画 ⇩【壊】《カイ》(241ページ)

土 17

【壢】

20画 5263 58E5 音義未詳《ミショウ》

参考 一説に、「廛《テン》」の別体字。

土17 【壤】 20画 ⇩【壌】《ジョウ》(241ページ)

33
3画

士 さむらい さむらいかんむり 部

一人前の仕事のできる男の意をあらわす。「士」をもとにしてできている漢字と、「士」の字形を目じるしにして引く漢字とを集めた。

0 士 1 壬 3 壮 4 壱 声 壯 8 壷 9 壺 壹 壻 10 壼 11 壽

この部首に所属しない漢字

吉⇩口 187　売⇩儿 103　志⇩心 385　喜⇩口 209
嘉⇩口 212　臺⇩至 834　賣⇩貝 939

士 0

【士】

3画　2746　58EB　教育5

音 シ漢 ジ呉
訓 さむらい
付表 海士《あま》・居士《こじ》・博士《はかせ》

筆順 一 十 士

なりたち ［会意］「一（＝ひとつ）」と「十（＝とお）」とから成る。「十」の多事をとりまとめて「一」に統合するもの。

意味 ❶一人前の男。学識をそなえたりっぱな人。例 士君子《シクンシ》。紳士《シンシ》。名士《メイシ》。❷昔、卿《ケイ》・大夫《タイフ》につぐ位の者。役人。例 士大夫《シタイフ》。❸兵卒。つわもの。例 士卒《シソツ》。兵士《ヘイシ》。勇士《ユウシ》。

日本語での用法 《シ》①さむらい。「士道《シドウ》・武士《ブシ》」②ある資格をもった人。「栄養士《エイヨウシ》・建築士《ケンチクシ》・弁護士《ベンゴシ》」

人名 あき・あきら・お・おさむ・こと・つかさ・のり・ひと・まもる

【士官】《シカン》 兵や下士官から成る部隊を指揮《シキ》する地位の人。佐官《サカン》と尉官《イカン》。将校。例 陸軍―学校。

【士気】《シキ》 ①兵士が、積極的にたたかおうとする、強い気持ち。例 ―が上がる。―を鼓舞《コブ》する。―をそがれる。②団結して何かをやろうとする義務感や人々の意気ごみ。表記 ②は「志気」とも書く。

【士君子】《シクンシ》 学識・人格ともにすぐれた人物。〔伝統的な用法では、士と君子、したがって男子に限る〕

【士女】《シジョ》 ①男と女。紳士《シンシ》と淑女《シュクジョ》。②美女。例 ―図（＝美女画）。

【士人】《シジン》 ①地位・教養のある、一人前の男子。人士。②さむらい。

【士族】《シゾク》 明治時代に定めた四つの身分（＝皇族・華族《カゾク》・士族・平民）の一つ。明治維新《イシン》のときに、士分（＝さむらいの身分）であった家がらの家長とその家族をさす。一九四七（昭和二十二）年に、こうした身分制度は廃止《ハイシ》された。例 ―の商法（＝なれない事業に手を出して失敗することのたとえ）。

【士卒】《シソツ》 ①下士官と兵卒。②武士と雑兵《ゾウヒョウ》。③部下の兵士たち。

【士大夫】《シタイフ》 ①士と大夫《タイフ》。古代の中国では、天子・諸侯《ショコウ》・大夫・士・庶人《ショジン》の五つの身分のうち、士までを指導者あるいは支配階級とした。②学識・人格ともにすぐれ、社会的地位の高い人。

【士道】《シドウ》 士として守るべき道徳や倫理《リンリ》。世の中に独り立ちできる男子としての生き方。〔武士道・騎士道《キシドウ》の意にも使われる〕

【士農工商】《シノウコウショウ》 武士と農民と工人《コウジン》（＝職人）と商人。日本の近世初めころから、職業によって分けた四つの階級。四民《シミン》。例 江戸《えど》時代には―の区別があった。

【士《シ》は己《おのれ》を知《し》る者《もの》の▽為《ため》に死《シ》す】 一人前の男子は、自分をよく知ってくれる人のためには命さえも投げ出す。〔戦国時代、晋《シン》の予譲《ヨジョウ》が、自分に目をかけてくれた、亡《な》き主人智伯《チハク》の敵《かたき》を討《う》つときに述べたことば〕〈史記《シキ》〉

【士風】《シフウ》 ①一人前の男子としての風格。②武人らしい気風。

【士分】《シブン》 武士の身分。例 ―に取り立てられる。

【士民】《シミン》 武士と庶民《ショミン》。また、士族と平民。

○●紳士《シンシ》・戦士《センシ》・代議士《ダイギシ》・同士《ドウシ》・博士《ハクシ》・武士《ブシ》・文士《ブンシ》・兵士《ヘイシ》・弁士《ベンシ》・勇士《ユウシ》・力士《リキシ》・浪士《ロウシ》

士 1

【壬】

4画　3149　58EC　人名

音 ジン漢 ニン呉
訓 みずのえ

意味 ❶十干《ジッカン》の九番目。みずのえ。方位では北、五行《ゴギョウ》では水にあてる。例 壬申《ジンシン》。❷へつらう。おもねる。例 壬人《ジンジン》（＝へつらう人）。❸はらむ。同 妊《ニン》。

難読 壬生《みぶ》（＝姓《セイ》・地名）

士 3

【壮】

6画　3352　58EE　常用

音 ソウ漢 ショウ呉
訓 さかん

筆順 丨 丬 丬 丬 壮 壮

士 4

【壯】

7画　5267　58EF　人名

なりたち ［形声］「士（＝おとこ）」と、音「爿《ショウ→ソウ》」とから成る。大きな男。

意味 ❶元気な男子。三十歳《サイ》の男子。❷三十歳前後から、四十歳代くらいまでの人。例 壮士《ソウシ》。壮年《ソウネン》。❸勢いがよい。さかん。例 壮健《ソウケン》。勇壮《ユウソウ》。❹大きくてりっぱ。例 壮観《ソウカン》。壮麗《ソウレイ》。その意気《イキ》を壮《ソウ》とする。

人名 さかえ・さかり・たかし・たけ・たけし・つよし・まさ・もり

【壮快】《ソウカイ》（名・形動《ナ》）元気で気力にあふれていること。例 よくねむったので―な気分だ。

【壮観】《ソウカン》（名・形動《ナ》）雄大《ユウダイ》ですばらしいながめ。類 偉観《イカン》。例 ―な武者行列《ムシャギョウレツ》。

【壮挙】《ソウキョ》 規模《キボ》の大きな、勇ましい計画。すばらしい仕事。例 犬ぞりで南極大陸を横断する―。

【壮健】《ソウケン》（名・形動《ナ》）元気ですこやかなこと。〔あらたまった手紙などに使うことが多い〕例 ご―でなによりです。

【壮言】《ソウゲン》 勇ましいことば。壮語。

【壮語】《ソウゴ》（名・する）威勢《イセイ》のよいことば。また、えらそうに言うこと。壮言。例 大言《タイゲン》―する（＝できそうもないことを大げさにえらそうに言う）。

【壮行】《ソウコウ》 人の出発を祝い、はげますこと。〔遠くへ旅立つときや、試合で出発するときなどに使う〕例 オリンピックチームの―会。

【壮士】《ソウシ》 ①働きざかりの男子。血気さかんな若者。②明治時代、自由民権運動にたずさわった人。例 ―劇。③社会正義などをふりかざし、人にたのまれて、おどしたりかけあったりする人。

【壮者】《ソウシャ》 働きざかりの人。また、若者。例 老いてなお―をしのぐ意気。

【壮絶】《ソウゼツ》（名・形動《ナ》）このうえなく勇ましくはげしいこと。壮烈《ソウレツ》。例 ―な戦い。

【壮大】《ソウダイ》（名・形動《ナ》）規模《キボ》が大きくりっぱなこと。例 気宇―。―な景色。―な計画。

【壮丁】《ソウテイ》〔「丁」は、成人した男子の意〕①成年に達した男子。働きざかりの若者。②戦前、兵役《ヘイエキ》に召集《ショウシュウ》された、満二十歳《サイ》の男子のこと。

【壮図】《ソウト》 勇ましく、規模《キボ》の大きな計画。雄図《ユウト》。例 —をいだく。—空《むな》しく。

【壮途】《ソウト》 大きな目標に向かっての勇ましい出発。例 ヨットで世界一周の—につく。

【壮年】《ソウネン》 働きざかりの年ごろ。三十歳《サイ》前後から四十歳代くらいまでをいう。また、その年ごろの人。例 めざましい—期の仕事ぶり。

【壮美】《ソウビ》（名・形動ダナ）大きくりっぱで美しいこと。壮麗《ソウレイ》。例 —な大神殿《ダイシンデン》。

【壮麗】《ソウレイ》（名・形動ダナ）大きくりっぱで美しいこと。壮美。例 —な宮殿《キュウデン》。

【壮烈】《ソウレツ》（名・形動ダナ）人の心をゆり動かすような、勇ましくはげしいありさま。壮絶。例 —な最期《サイゴ》をとげる。
●強壮《キョウソウ》・広壮《コウソウ》・豪壮《ゴウソウ》・少壮《ショウソウ》・丁壮《テイソウ》・悲壮《ヒソウ》・勇壮《ユウソウ》

士 4
【壱】 7画 1677 58F1 常用 音 イツ漢 イチ呉 訓 ひと-つ
筆順 一 十 士 声 声 声 壱

士 9
【壹】 12画 5269 58F9
なりたち  〔会意〕「壺（＝酒《さか》つぼ）」と「吉《キツ→イツ》（＝よい）」とから成る。もっぱら。ひとつ。
意味 ❶ひたすら。もっぱら。例 専壱《センイツ》。❷「一」の大字《ダイジ》。商売や契約《ケイヤク》の文書で、数字を書きかえられないように使う。例 壱億円《イチオクエン》。
日本語での用法《イツ》旧国名「壱岐《いき》（＝今の長崎《ながさき》県北部、玄界灘《ゲンカイなだ》にある島）」の略。「壱州《イッシュウ》」
人名 かず・さね・はじめ・ひとし・もと
【壱岐】《いき》 旧国名の一つ。今の長崎《ながさき》県壱岐郡。玄界灘《ゲンカイなだ》にある島で、昔は対馬《つしま》とともに中国や朝鮮《チョウセン》半島との交通上の重要な地点。壱州《イッシュウ》。

士 4
【声】 7画 3228 58F0 教育2 音 セイ漢 ショウ呉 訓 こえ・こわ
筆順 一 十 士 声 声 声 声

耳11
【聲】 17画 7065 8072
なりたち  〔形声〕「耳（＝みみ）」と、音「殸《ケイ→セイ》」とから成る。耳に聞こえる自然の音。
意味 ❶音。ひびき。こえ。例 声帯《セイタイ》。鐘声《ショウセイ》。大音声《ダイオンジョウ》。❷ほまれ。評判。例 声望《セイボウ》。名声《メイセイ》。❸漢字音のアクセント。例 四声《シセイ》。平声《ヒョウショウ》。入声《ニッショウ》。❹漢字の頭子音《トウシイン》。例 声母《セイボ》。双声《ソウセイ》。
人名 かた・な・もり
【声高】《こわだか》（形動ダナ）声を高くはりあげるようす。例 —にののしる。
【声音】《こわね》 声の調子やようす。こわいろ。例 やさしそうな—で話しかける。
【声域】《セイイキ》 人の歌ごえの高低の範囲《ハンイ》。高いものから順に、女声をソプラノ・メゾソプラノ・アルト、男声をテノール・バリトン・バスに分ける。例 —が広い。
【声援】《セイエン》（名・する）声をかけてはげますこと。例 スタンドから—を送る。
【声音】《セイオン》 こえ。音声。
【声価】《セイカ》 世間の評判。
【声楽】《セイガク》 人の声による音楽。うた。独唱・重唱・合唱などがある。対 器楽。例 —家《カ》。
【声質】《セイシツ》 澄《す》んでいる、よくとおる、にごっている、などといった人の声の質。例 —がよい。
【声色】 一《セイショク》 ①声と顔いろ。例 —をやわらげる。②ようす。態度。例 —をうかがう。③健全な気持ちを乱すような音楽と女色。例 —にふける。 二《こわいろ》 ①声の調子。こわね。例 あまえるような—。②役者や有名人の声、動物の鳴き声などをまねること。また、その芸。声帯模写《セイタイモシャ》。例 —をつかう。
【声帯】《セイタイ》 のどの中央部にある声を出す器官。左右一対《イッツイ》のひだ状のもので、閉じたり開いたりする。肺からの息がここを通るときに声が出る。例 歌いすぎで—を痛める。
【声帯模写】《セイタイモシャ》「声色《こわいろ》二②」に同じ。〔大正時代末期の新造語〕
【声調】《セイチョウ》 ①声の調子。ふしまわし。例 哀感《アイカン》をおびた—。②詩歌《シイカ》のよみぶり。例 さわやかな—を持つ作品。③中国語などのアクセント。一つの音節内での、高低の変化をいう。
【声聞】 一《セイブン》 世間の評判。 二《ショウモン》〔仏〕仏の教えを聞いてさとりを開くこと。また、その人。例 —の僧《ソウ》。
【声母】《セイボ》 音韻《オンイン》学で、漢字の音節のはじめに立つ子音《シイン》。対 韻母《インボ》。
【声望】《セイボウ》 名声と人望。世間でのよい評判。例 —が高い。
【声名】《セイメイ》 よい評判。名声。例 —を得る。
【声明】 一《セイメイ》（名・する）政治や外交上の問題について、意見や立場などを発表すること。また、その内容。例 —文。共同—。 二《ショウミョウ》（名）〔仏〕①古代インドで学問を五つに分け、五明《ゴミョウ》とした中の一つ。文字・音韻《オンイン》・語法などを研究する学問。②日本の仏教で、儀式《ギシキ》に用いる古典の声楽。仏をほめたたえる歌。梵唄《ボンバイ》。
【声門】《セイモン》 のどの中央にある、左右の声帯のあいだで、息の通るせまいすきま。息をするときには開き、声を出すときにはせまいすきまとなる。
【声紋】《セイモン》 声を周波数分析《ブンセキ》装置にかけて、図にあらわしたもの。〔しま模様の図になり、指紋と同じように個人によって異なる。犯罪捜査《ハンザイソウサ》などに利用される〕
【声優】《セイユウ》 外国映画やアニメーションのふきかえ、ラジオドラマなどに、声だけで出演する俳優。
【声量】《セイリョウ》 声の大きさと豊かさ。人の出せる声の、大小・強弱の程度。例 あの役者は—が豊かだ。
【声涙】《セイルイ》 こえと、なみだ。例 —ともに下《くだ》る（＝感情が高まっておさえられなくなり、なみだを流しながら話す）。
●悪声《アクセイ》・音声《オンセイ》・歓声《カンセイ》・奇声《キセイ》・銃声《ジュウセイ》・濁声《ダクセイ》・嘆声《タンセイ》・肉声《ニクセイ》・発声《ハッセイ》・砲声《ホウセイ》・名声《メイセイ》

士 4
【壯】 7画 ⇩【壮】《ソウ》（243ページ）

士 8
【壷】 11画 ⇩【壺】《コ》（244ページ）

士 9
【壺】 12画 5268 58FA 音 コ漢 訓 つぼ
士 8
［壷］ 11画 3659 58F7 別体字
意味 水や酒を入れる、口が小さく胴《ドウ》がふくらんだ容器。つぼ。例 壺酒《コシュ》（＝つぼに入れてある酒）。銅壺《ドウコ》。
日本語での用法《つぼ》 ①要所。急所。「灸《キュウ》の壺《つぼ》・壺《つぼ》を押《お》す」②見こむところ。ずぼし。「思《おも》う壺《つぼ》にはまる」③つぼね。女官《ニョカン》などの住む部屋。〔「坪《つぼ》」とも書く〕「梅壺

・桐壺《きりつぼ》・梨壺《なしつぼ》」

難読 唾壺《はいふき》

【壺▼漿】《コショウ》 つぼに入れた飲み物。

【壺▼觴】《コショウ》 酒を入れるつぼと、さかずき。

【壺中の天】《コチュウのテン》 俗世間《ゾクセケン》とかけはなれた別天地。仙境《センキョウ》。壺中の天地。壺天。〔昔、中国の費長房《ヒチョウボウ》が市場の役人だったとき、薬売りの老人が商売を終えると、店頭にかけてあった大きな壺《つぼ》の中にはいるのを見た。そこで老人にたのんで中に入れてもらったところ、りっぱな宮殿《キュウデン》があり、酒や料理が並ぶすばらしい世界であった、という故事から〕〈後漢書《ゴカンジョ》〉

【壺焼き】《つぼやき》 ①サザエを殻《から》のまま焼いて、しょうゆ味をつけたもの。②サツマイモなどを、つぼの形のうつわに入れてむし焼きにしたもの。

士9【壹】12画 ⇩【壱】《イチ》(244ページ)

士9「壻」12画 ⇩【婿】《セイ》(279ページ)

士10【壼】13画 5271 58FC 音 コン 漢

意味 ❶宮城の中の道。また、宮中《キュウチュウ》のこと。例 壼奥《コンオウ》(=宮中のおくまったところ)。❷(宮中で)婦人の居住する内室。また、婦人のこと。例 壼訓《コンクン》(=婦人に対する教え)。壼政《コンセイ》(=後宮の婦人の仕事)。❸広くする。ひろい。

士11【壽】14画 ⇩【寿】《ジュ》(308ページ)

34・35 3画 夂 ちにょう ふゆがしら・夊 すいにょう なつあし 部

「夂」は後ろから追いつくようすをあらわし、音は、チ。「夊」は足を引きずったようすをあらわし、音は、スイ。「ちにょう」は、「冬」の頭《かしら》(=漢字の上がわの部分)に似ているので「ふゆがしら」ともいい、「すいにょう」は、「夏」の脚《あし》(=漢字の下がわの部分)であることから「なつあし」ともいう。もと別の部首だったが、常用漢字では字形の区別をしないので統一し、「夂」の字形を目じるしにして引く漢字を集めた。

0 夂 夊 2 冬 6 変 7 夏 11 夐

この部首に所属しない漢字

処⇩几123 麦⇩麦1107 愛⇩心403 憂⇩心411

夂0【夂】3画 5273 5902 音 チ 漢

意味 後ろから追いつく。

夊0【夊】3画 5274 590A 音 スイ 漢 訓 ゆくことおそし

意味 足をひきずるように、ゆっくり歩くようす。

夂2【冬】5画 3763 51AC 教育2 音 トウ 漢 訓 ふゆ

筆順 ノ ク 夂 冬 冬

冫3【冬】5画 — 2F81A

なりたち  [会意]「冫(=凍《こお》る)」と「夂《シュウ》⇣《トウ》(=終わる)」とから成る。四季のおわり。

意味 四季の一つ。立冬から立春までのあいだ。ほぼ十二月・一月・二月。陰暦《インレキ》では十月・十一月・十二月。一年のうち最も寒い季節。ふゆ。例 冬至《トウジ》。冬眠《トウミン》。暖冬《ダントウ》。

難読 冬瓜《かもうり》・冬青《もち》の木《き》

人名 かず・とし

【冬芽】《トウガ｜ふゆめ》 〔生〕夏から秋にかけて生じ、冬をこしてから生長する芽。クチナシやヤナギなどにみられる。対 夏芽。

【冬▼瓜】《トウガ｜トウガン》 ウリ科の野菜。つる性で黄色の花がさき、うす緑色の球形または長円形の大きな実がなる。漬物《つけもの》や煮物《にもの》にして食べる。

【冬季】《トウキ》 冬の季節。対 夏季。例 —オリンピック。

【冬期】《トウキ》 冬の期間。冬のあいだ。対 夏期。例 —講習会。

【冬至】《トウジ》 二十四節気の一つ。一年のうちで太陽が最も南にかたより、北半球では昼が最も短く、夜が最も長い。太陽暦《タイヨウレキ》で十二月二十二日ごろ。〔この日、ユズ湯にはいったり、カボチャを食べたりする風習がある〕対 夏至《ゲシ》。

【冬扇夏炉】《トウセンカロ》 〔冬のおうぎと夏の炉の意から〕時節に合わず、役に立たないもののたとえ。夏炉冬扇。

【冬眠】《トウミン》(名・する) ①冬のあいだ、動物が活動をやめ穴の中でねむったような状態で過ごすこと。カエル・ヘビ・クマなどにみられる。対 夏眠《カミン》。②(団体などが)名目だけで、実際の活動をしていないことのたとえ。

【冬化粧】《ふゆゲショウ》(名・する) 山野や草木などが冬らしい景色になること。とくに、雪であたりが白くなること。雪化粧。

【冬将軍】《ふゆショウグン》 寒さのきびしい冬を敵の将軍にたとえたことば。例 —の到来《トウライ》。

【冬鳥】《ふゆどり》 秋にシベリアなどの北方から日本に来て冬を過ごし、春に再び北方に帰るわたり鳥。カモ・ガン・ツル・ハクチョウなどを指して、日本でいうことば。対 夏鳥。

【冬日】《ふゆび》 一日の最低気温が〇度未満の日。対 夏日。

●越冬《エットウ》・厳冬《ゲントウ》・初冬《ショトウ》・暖冬《ダントウ》・晩冬《バントウ》・真冬《まふゆ》・立冬《リットウ》

夂6【変】9画 4249 5909 教育4 音 ヘン 漢呉 訓 か-わる・か-える

筆順 亠 亣 亣 亦 亦 亦 変

言16【變】23画 5846 8B8A

なりたち  [形声]「攵(=うつ)」と、音「䜌《レン》⇣《ヘン》」とから成る。かわる。

意味 ❶ちがうものになる。時とともにうつりゆく。あらたまる。かわる。例 変化《ヘンカ｜ヘンゲ》。変遷《ヘンセン》。転変《テンペン》。❷ちがうものにする。あらためる。うごかす。かえる。例 変革《ヘンカク》。変更《ヘンコウ》。改変《カイヘン》。❸ふつうでない。㋐ふしぎな。異常な。例 変死《ヘンシ》。変事《ヘンジ》。変人《ヘンジン》。㋑とつぜんの異常なできごと。例 変異《ヘンイ》。天変地異《テンペンチイ》。臨機応変《リンキオウヘン》。㋒政治上の事件や内乱。戦争。例 事変《ジヘン》。政変《セイヘン》。桜田門外《さくらだモンガイ》の変《ヘン》。

日本語での用法 《ヘン》音楽で、半音低い音。フラット。記号♭ 対 嬰《エイ》。「変記号《ヘンキゴウ》・変《ヘン》ホ長調《チョウチョウ》」

使い分け かえる・かわる【変・換・替・代】⇩1166ページ

【変圧】《ヘンアツ》(名・する) 圧力の強さや電圧の高さをかえること。

【変圧器】《ヘンアツキ》 交流電流の電圧を高くしたり、低くしたりする装置。トランス。

【変位】《ヘンイ》(名・する) ①位置をかえること。また、かえた位置。②〔物〕物体が位置をかえること。また、その変化の量。

【変異】《ヘンイ》 ［一］（名）かわったこと。また、かわること。類異変。［二］（名・する）同じ種類の生物の中に形や性質のちがうものがあらわれること。例突然《トツゼン》—。

【変移】《ヘンイ》（名・する）うつりかわること。例世相の—。

【変音】《ヘンオン》 音楽で、♭（＝フラット）の記号がついた、半音下がった音。

【変温動物】《ヘンオンドウブツ》（一定の体温を保つ機能をもたず）まわりの温度の変化によって体温が変化する動物。魚類・爬虫《ハチュウ》類・両生類など。冷血動物。対恒温《コウオン》動物。

【変化】（名・する）［一］《ヘンカ》 ①これまでとはちがう状態や性質になること。例天候が—する。②文法で、語形がかわること。例動詞の語尾《ゴビ》—。［二］《ヘンゲ》 ①神や仏が、かりに人の姿となってこの世にあらわれること。また、そのもの。化身《ケシン》。例—身の《シン》。②動物などが本来の姿をかえてあらわれること。また、そのもの。例妖怪《ヨウカイ》—。③歌舞伎《かぶき》などで、ひとりの役者が、次々と別の人物に早がわりすること。例七《シチ》—。

【変改】《ヘンカイ》（名・する）組織や組み立てを、大きくかえること。改変。例法則を—する。

【変革】《ヘンカク》（名・する）社会や制度などを、おおもとからかえること。例政治制度を—する。

【変格】《ヘンカク》 ①本来の規則から、はずれていること。ふつうの決まりどおりでないこと。対正格。②「変格活用」に同じ。

【変格活用】《ヘンカクカツヨウ》 動詞の活用で、不規則なかわり方をするもの。口語では「来る」「する」の二種。文語では「来《く》」「す」「死ぬ」「往《い》ぬ」「あり」「をり」などがある。例カ行—。

【変換】《ヘンカン》（名・する）ほかのものにかえること。かわること。とりかえること。例方針を—する。

【変形】《ヘンケイ》（名・する）形がかわること。形をかえること。また、そのかたち。例車体の—した事故車。

【変型】《ヘンケイ》 ①ふつうとはちがう型《かた》。例—ウイルス。②標準と少しちがう紙や書籍《ショセキ》の型《かた》。例B5—判。

【変幻】《ヘンゲン》（名・する）まぼろしのように、姿がたちまちのうちに変化したり、また、あらわれたり消えたりすること。変化のはやいこと。例—自在。

【変更】《ヘンコウ》（名・する）これまでのものをかえあらためること。また、かわること。類改変。例日付—線。日程を—する。

【変死】《ヘンシ》（名・する）病気や老衰《ロウスイ》などのふつうの死ではなく、自殺や他殺、事故・災害などによる死。類横死《オウシ》。例—体。—として司法解剖《カイボウ》する。

［夂・夊部］6画 変

【変事】《ヘンジ》 ふつうではない、よくないできごと。類異変。例—が起こる。

【変質】《ヘンシツ》 ［一］（名・する）性質がかわること。とくに、品質がかわること。例古い薬品は—することがある。［二］（名）ふつうとちがう病的な性質。例—者《シャ》。

【変種】《ヘンシュ》 ①もとの種類からかわってできた種類。また、同類の中でふつうとちがうもの。かわりだね。例中華《チュウカ》料理の一—。②〔生〕動物や植物の分類の一つ。種《シュ》（または亜種《アシュ》）の下におかれる。例—の多い園芸植物。

【変色】《ヘンショク》（名・する）色がかわること。色をかえること。例—しやすい素材。

【変心】《ヘンシン》（名・する）気持ちや考えがかわること。心がわり。例—して勉強するようになる。

【変身】《ヘンシン》（名・する）からだや姿を別のものにかえること。また、そのからだや姿。例—の術。矢が当たると急に白鳥に—して飛び去る。

【変人】《ヘンジン》 性質やおこないなどが、ふつうの人とくらべて、ひどくかわっている人。かわり者。例—あつかいされる。—をよそおってわがままを通す。表記「偏人」とも書く。

【変数】《ヘンスウ》〔数〕数式などで、ある範囲内《ハンイナイ》で自由に値《あたい》をとることのできる文字。ふつう、x・y・z などであらわす。対定数。

【変性】《ヘンセイ》 同類のふつうのものとはちがった性質をもっていること。例—アルコール。

【変成岩】《ヘンセイガン》 火成岩やたいせき岩が、地球内部の高温や高圧などで変化してできた岩石。片麻岩《ヘンマガン》・大理石など。

【変声期】《ヘンセイキ》 十代前半ごろの、声のかわる時期。声がわり。とくに、男子にめだつ。

【変節】《ヘンセツ》（名・する）①季節が移りかわること。時節の変化。②〔「節」は、節操・節義の意〕これまで固く守ってきた主義や主張をかえること。例—漢（＝変節した男）。

【変説】《ヘンセツ》（名・する）これまでの自分の意見をかえること。例発表するたびに—する学者。

【変遷】《ヘンセン》（名・する）時の流れとともに、うつりかわること。例ことばの—。流行の—。—する町の風景。

【変相】《ヘンソウ》 ［一］（名・する）姿や形をかえること。また、その姿や形。例季節によりさまざまに—する山の自然。［二］（名）〔仏〕極楽《ゴクラク》や地獄《ジゴク》のさまざまなようす。また、それを描《えが》いた図。変相図。例地獄—図〔略して「地獄変」という〕。

【変装】《ヘンソウ》（名・する）別人に見えるように、顔つきや服装などをかえること。例犯人は—して逃走《トウソウ》した。

【変造】《ヘンゾウ》（名・する）すでにあるものの形や内容に手を加えて、ちがったものにすること。例—小切手。旅券を—する。

【変奏曲】《ヘンソウキョク》 音楽で、ある主題をもとにして、メロディーやリズムなどをさまざまに変化、展開させた曲。

【変則】《ヘンソク》（名・形動ダナ）ふつうの決まりややり方からはずれていること。対正則・本則。例—的な方法。道路工事のために—なルートで通学した。

【変速】《ヘンソク》（名・する）速度をかえること。例—装置。

【変態】《ヘンタイ》 ①いろいろに形をかえること。また、その形。②ふつうとちがうようす。異常な状態。例—性欲。③〔生〕カエルやチョウなどのように、たまごや幼虫から成体になるまでに、形や生活状態をかえること。例完全—。

【変体仮名】《ヘンタイがな》 現在ふつうに使われている平がなとはちがう形の平がな。「𛀂(あ)」「𛀆(い)」「𛀙(か)」「𛀳(こ)」「𛁈(し)」「𛂁(な)」など。

【変体漢文】《ヘンタイカンブン》 漢文の形式をまねて、ほとんど漢字だけで書かれた日本語の文語文。東鑑体《あずまかがみタイ》。

【変調】《ヘンチョウ》（名・する）①調子がかわること。調子をかえること。また、その調子。②からだなどの調子がかわってぐあいが悪くなること。例—をきたす。③音楽で、曲の調子をかえること。また、その調子。類移調・転調。例長調から短調に—する。④放送などで、電波を送るとき、その振幅《シンプク》や周波数などを変化させること。振幅変調（AM）・周波数変調（FM）など。モジュレーション。

【変哲】《ヘンテツ》 変わっていること。例なんの—もない（＝とくに取り立てて言うほどではないこと）。

【変転】《ヘンテン》（名・する）次から次へと、ようすがかわること。例—きわまりない人生。

【変電所】《ヘンデンショ》 発電所から送る電流の電圧をかえる施設《シセツ》。電圧を高くして遠方に送ったり、電圧を低くして工場や家庭に送ったりする。

【変動】《ヘンドウ》（名・する）ものごとがかわること。とくに、価格や社会情勢などについていう。対安定。例株価が—する。

【変文】《ヘンブン》 中国の唐《トウ》から宋《ソウ》にかけて流行した、詩歌《シイカ》と散文を交互《コウゴ》につづった、俗語《ゾクゴ》の文章。仏教説話や故事を語っている。語り物。

【変貌】《ヘンボウ》（名・する）姿や見かけがすっかりかわること。例ここ

数年で町は見ちがえるほど―した。

【変名】《ヘンメイ》（名・する）①本名をかくして、別の名前を使うこと。また、その名。例―を使う。②名前をかえること。改名。

【変容】《ヘンヨウ》（名・する）姿や形がかわること。姿や形をかえること。例地形が―する。―する大都市。

【変乱】《ヘンラン》事件やさわぎが起こって、世の中がみだれること。

●一変《イッペン》・異変《イヘン》・有為転変《ウイテンペン》・改変《カイヘン》・急変《キュウヘン》・激変《ゲキヘン》・政変《セイヘン》・大変《タイヘン》・臨機応変《リンキオウヘン》

夂 7

【夏】

10画 1838 590F 教育2 音カ漢 ゲ呉 訓なつ

筆順 一 丆 丙 百 百 頁 夏 夏

なりたち  [会意]「夂（＝両足）」と「頁（＝あたま）」と「臼（＝両手）」とから成る。中国の人。

意味 ❶中国古代の王朝。禹王《ウオウ》が建て、桀王《ケツオウ》のとき、殷《イン》の湯王《トウオウ》にほろぼされた。約四四〇年続いたといわれる。❷四季の一つ。立夏から立秋までのあいだ。ほぼ六月・七月・八月。陰暦《インレキ》では四月・五月・六月にあたる。一年のうち最も暑い季節。なつ。例夏季《カキ》。夏至《ゲシ》。盛夏《セイカ》。❸昔の中国が自分の国をいう言い方。例華夏《カカ》。中夏《チュウカ》。

【夏雲】《カウン—なつぐも》夏の雲。夏らしい雲。積雲や積乱雲（＝入道雲）など。例―奇峰《キホウ》多し（＝夏の雲は、さまざまの変わった形でそびえ立って見える）。

【夏季】《カキ》夏の季節。対冬季。例―休業。

【夏期】《カキ》夏の期間。夏のあいだ。対冬期。例―休暇《キュウカ》。―講習会。

【夏日】[一]《カジツ》①暑い夏の日。夏。②夏の太陽。きびしくおそれつつしむべき人物などのたとえ。[二]《なつび》一日の最高気温がセ氏二五度以上になる日。対冬日《ふゆび》。

【夏虫】《カチュウ》①夏の虫。②〔夏の虫は冬の氷を知らないことから〕世の中のことをよく知らない者のたとえ。例―氷を疑う（＝夏の虫が氷を信じないことから、無知な者がむやみに疑うことのたとえ）。

【夏眠】《カミン》（名・する）熱帯地方で、夏のある期間、高温や乾燥《カンソウ》のために動物が活動をやめてねむったような状態になること。カタツムリ・肺魚《ハイギョ》などにみられる。対冬眠。

【夏炉冬扇】《カロトウセン》〔夏の炉と冬のおうぎの意〕時節に合わず、役に立たないもののたとえ。冬扇夏炉。例風雅《フウガ》は―のごとし。〈芭蕉《バショウ》〉

【夏至】《ゲシ》二十四節気の一つ。太陽が一年のうちで最も北に寄る日。北半球では昼が最も長く、夜が最も短い。太陽暦《タイヨウレキ》で六月二十二日ごろ。対冬至《トウジ》。

【夏毛】《なつげ》季節によって毛の色がかわる動物の、春から夏にはえかわる毛。ふつう、温帯の哺乳《ホニュウ》動物にみられる。例シカの―は白の斑点《ハンテン》が出る。

【夏作】《なつサク》夏に育てて秋・冬に取り入れする作物。イネ・ダイズ・トウモロコシなど。

【夏時間】《なつジカン》①夏のあいだ、標準時より時計の針を一、二時間早める制度。また、それによる時刻。サマータイム。夏時刻。②学校や会社などで、夏に始業時刻を早めること。

【夏場所】《なつばショ》日本相撲《すもう》協会興行の、年間六つの本場所の一つ。毎年五月に東京でおこなわれる。五月場所。

●今夏《コンカ》・昨夏《サクカ》・初夏《ショカ—はつなつ》・盛夏《セイカ》・常夏《とこなつ》・晩夏《バンカ》・立夏《リッカ》・冷夏《レイカ》

夂 11

【夐】

14画 5275 5910 音[一]ケン漢 [二]ケイ漢 訓とお-い・はる-か

意味 [一]《ケン》追い求める。[二]《ケイ》とおくはなれる。とおい。はるか。例夐遠《ケイエン》（＝はるかに遠い）。

36 3画 夕 ゆう ゆうべ た 部

半月の形で「ゆうぐれ」の意をあらわす。片仮名の「タ」に形が似ていることから「た」ともいう。「夕」をもとにしてできている漢字を集めた。

0 夕 2 外 夘 3 夙 多 夛 5 夜 8 梦 10 夢 11 夥

この部首に所属しない漢字

名⇩口 191 舛⇩舛 836 舞⇩舛 836

夕 0

【夕】

3画 4528 5915 教育1 音セキ漢 訓ゆう・ゆう-べ 付表 七夕《たなばた》

筆順 ノ ク 夕

なりたち  [象形] 月が半分あらわれている形。日がしずもうとするころ。

意味 ❶日の暮れがた。ひぐれ。ゆうぐれ。ゆう。ゆうべ。対朝《チョウ》。例夕陽《セキヨウ》。朝夕《チョウセキ》。一朝一夕《イッチョウイッセキ》。❷夜《よる》。よ。

人名 ゆ

【夕影】[一]《セキエイ》夕日の光。[二]《ゆうかげ》夕日を受けてかがやく姿。また、夕日を受けてできる影《かげ》。

【夕日】《セキジツ—ゆうひ》夕方の太陽。入《い》り日。

【夕照】《セキショウ》夕ばえ。夕やけの景色。例瀬田《せた》の―（＝近江《おうみ》八景の一つ）。

【夕暮】《セキボ—ゆうぐれ》日がしずんであたりが暗くなるころ。日暮れ。たそがれ。

【夕陽】《セキヨウ—ゆうひ》①夕方の太陽。入《い》り日。②山の西側。

【夕▽嵐】[一]《セキラン》夕方に立つもや。夕もや。[二]《ゆうあらし》夕方にふく強い風。例荻《おぎ》の上《うえ》ふく―。

【夕涼】[一]《セキリョウ—ゆうすず》（名）夏、夕方のすずしくなったころ。夏の夕方のすずしさ。[二]【夕涼み】《ゆうすずみ》（名・する）夏の夕方、外に出てすずむこと。例河原で―する。

【夕露】《セキロ》夕方おりる、つゆ。

【夕顔】《ゆうがお》①ウリ科の一年生つる草。夏の夕方白い花を開き、朝になるとしぼむ。大きな球形または長円形の実をかんぴょうにする。②ヒルガオ科の一年生つる草。ヨルガオの別名。夏の夕方、アサガオに似た白い大きな花を開く。

【夕▼霞】《ゆうがすみ》夕方に立つかすみ。例―が立つ。

【夕方】《ゆうがた》日の暮れるころ。夕暮れ。対朝方。

【夕▼餉】《ゆうげ》夕方の食事。夕食。夕飯。対朝餉《あさげ》・昼餉《ひるげ》。例―をしたためる。―を炊《た》く。

【夕景色】《ゆうゲシキ》夕方のけしき。例富士山の―を写真にとる。

【夕刻】《ゆうコク》夕方の時刻。日暮れ。夕方。例―には帰宅する。

【夕食】《ゆうショク》夕方の食事。対朝食・昼食。

【夕▽星】《ゆうずつ》古語で、夕方に見える金星《キンセイ》。宵《よい》の明星《ミョウジョウ》。

【夕立】《ゆうだち》夏の午後から夕方にかけて、急にはげしく降り、短時間でやむ雨。雷《かみなり》をともなうことが多い。例―は馬の背を分ける。

【夕月】《ゆうづき》夕方の空に見える月。

【夕月夜】《ゆうづきよ—ゆうづくよ》①夕方に出る月。夕月。②月の出ている夕暮れ。また、その夜。

【夕▼凪】《ゆうなぎ》海べで、夕方、海風と陸風が入れかわるとき、しばらく風がふかなくなること。

【夕波】《ゆうなみ》 夕方に立つ波。例—千鳥《ちどり》。
【夕映え】《ゆうばえ》 ①夕やけ。②風景が、夕日の光を受けて、赤く照りかがやいて、美しく見えること。例—の雲。
【夕飯】《ユウハン》《ゆうめし》 夕方の食事。夕食。
【夕間暮れ】《ゆうまぐれ》 夕方になってあたりがうす暗く見える時間。また、その時。夕暮れ。〔「まぐれ」は、目暗(=ものが見えないほど暗い)の意で、「間暮れ」はあて字〕例—に川をわたる。
【夕▼靄】《ゆうもや》 夕方に立ちこめるもや。
【夕闇】《ゆうやみ》 日が暮れて暗いこと。日が暮れてまだ月が出なくて暗いこと。例—がせまる。—にまぎれる。
●一朝一夕《イッチョウイッセキ》・今夕《コンセキ》・朝夕《チョウセキ》

夕 2
【外】
5画 1916 5916 教育2
音 ガイ漢 ゲ呉 ウイ唐
訓 そと・ほか・はず-す・はず-れる

筆順 ノ ク 夕 夕 外

なりたち 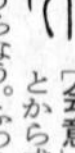 [会意]「夕(=ゆうべ)」と「卜(=うらなう)」とから成る。(うらないは明け方にすべきなのに)夕方にうらなう。ふつうから「はずれる」の意。

意味 ❶ある範囲《ハンイ》からはずれた。よそ。ほか。例外界《ガイカイ》。海外《カイガイ》。野外《ヤガイ》。❷ものの表面。そとがわ。うわべ。おもて。そと。例外観《ガイカン》。外形《ガイケイ》。外科《ゲカ》。❸とりのぞく。とおざける。はずす。例除外《ジョガイ》。疎外《ソガイ》。❹母・妻・嫁《とつ》いだ娘《むすめ》の身うち。例外舅《ガイキュウ》。外戚《ガイセキ》。外孫《ガイソン》。

使い分け ほか【外・他】⇩1179ページ

難読 外姑《しゅうとめ》・外舅《しゅうと》・外様《とざま》・外山《とやま》・外郎《ウイロウ》

人名 と・とお・との・なお・ひろ

【▽外郎】《ウイロウ》 〔「ウイ」は、唐音《トウオン》〕①江戸《えど》時代に小田原《おだわら》の名物となった、たん切りや口臭《コウシュウ》消しなどに効いたという丸薬。ういろう丸《ガン》。②米の粉などに砂糖を加えて蒸《む》した、ようかんに似た菓子《カシ》。ういろうもち。名古屋《なごや》などの名産品。
【外圧】《ガイアツ》 外部・国外から加えられる圧力。例大国《タイコク》の—に屈《クッ》する。
【外因】《ガイイン》 外部にある原因。対内因。例この病気は—性のものだ。
【外延】《ガイエン》 〔哲〕ある概念《ガイネン》があてはめられる事物の全体または範囲《ハンイ》。たとえば、「四季(=一年の四つの季節)」という概念の外延は「春」「夏」「秋」「冬」。対内包。

【外▼苑】《ガイエン》 宮廷《キュウテイ》・寺院・神社・霊地《レイチ》などに属し、そのそとまわりにある広い庭園。対内苑。例明治神宮《ジングウ》—。
【外縁】《ガイエン》 ①そと側のへり。②外部の原因で起こる欲望。③母方の親類。外戚《ガイセキ》。
【外貨】《ガイカ》 ①外国の通貨。たとえば、日本にとっての、ドル・ユーロ・ポンドなど。例—獲得《カクトク》。②外国からの輸入品。例—を排斥《ハイセキ》する。
【外界】《ガイカイ》 ①まわりの世界。そと側の世界。類環境《カンキョウ》。②〔哲〕自己の意識のそとに存在する、客観的な世界。対内界。
【外海】《ガイカイ》《そとうみ》 ①陸地に囲まれていない海。対内海。例—に出る。②陸地から遠くはなれた海。遠洋。対近海。
【外角】《ガイカク》 ①〔数〕多角形の一辺をのばした線と、これにとなりあう一辺とがつくる角。②野球で、バッターの立つ位置から遠い側。アウトサイド。例—高めの直球。▽対内角。
【外郭】《ガイカク》 ①城などのまわりを囲む塀《ヘイ》や壁《かべ》など。そと囲い。対内郭。②もののそとまわり。類輪郭《リンカク》。例—団体(=官公庁などの外部でその事業を助けながら、人事の面では密接に連絡《レンラク》し、国庫の補助金などを受ける団体)。表記▽旧外▼廓
【外殻】《ガイカク》 内部を保護するための、そと側の、から。
【外果皮】《ガイカヒ》 果実の表面を包むいちばんそと側のかわ。モモやビワのかわなど。
【外患】《ガイカン》 〔「患」は、心配の意〕外国や外部から攻撃《コウゲキ》・圧迫《アッパク》・損害などを受ける心配。外憂《ガイユウ》。対内患・内憂《ナイユウ》。例内憂—。
【外観】《ガイカン》 外部から見た全体のようす。見かけ。うわべ。類外見。例—のりっぱな建物。
【外気】《ガイキ》 屋外の空気。例窓をあけて—を入れる。
【外▼舅】《ガイキュウ》 妻の父。しゅうと。〔敬語としては「岳父《ガクフ》」〕対外姑《ガイコ》。
【外局】《ガイキョク》 中央官庁に直属するが、特別の事務をおこなうために、独立のものとして設置された機関。対内局。
【外勤】《ガイキン》 (名・する)①役所や会社などで、主としてそとに出て仕事をすること。また、その人。宣伝・販売《ハンバイ》・集金・配達などの仕事。対内勤。例—手当。②家庭外に出て働くこと。
【外形】《ガイケイ》 そとから見た形やようす。対内容。例—をととのえる。—にとらわれる。

【外兄弟】《ガイケイテイ》 ①父の姉妹《シマイ》の子。②母が同じで、父が異なるきょうだい。
【外見】《ガイケン》《そとみ》 そとから見たようす。見かけ。うわべ。例人間は—より中身がたいせつだ。—が悪いのは損だ。
【外▼姑】《ガイコ》 妻の母。しゅうとめ。対外舅《ガイキュウ》。
【外交】《ガイコウ》 ①外国との交際や交渉《コウショウ》。対内政。例—官。—問題。②他人とのつきあい。例—辞令(=相手を喜ばせるためのおせじ)。③保険会社や銀行などで、勧誘《カンユウ》・販売《ハンバイ》・交渉などをすること。また、その人。例—員。
【外向】《ガイコウ》 心がそとに向かって積極的にはたらくこと。活発で社交的なこと。対内向。例—性。—的な性格。
【外項】《ガイコウ》 〔数〕比例式の、そと側の二つの項。$a:b=c:d$ のときの a と d。対内項。例—の積は内項の積に等しい。
【外剛内柔】《ガイゴウナイジュウ》 ⇩【内柔外剛】《ナイジュウガイゴウ》(115ページ)
【外呼吸】《ガイコキュウ》 生物が呼吸器によって空気中または水中から酸素を体内に取り入れ、二酸化炭素を体外に出すはたらき。皮膚《ヒフ》呼吸・肺呼吸・えら呼吸など。
【外国】《ガイコク》 自分の国以外の国。よその国。とくに。類異国。対内国。例—語。—かぶれ。
【外国為替】《ガイコクかわせ》 外国と取り引きをするとき、代金を現金で送るかわりに手形でしはらいをすませること。また、その手形。〔略して「外為《ガイため》」〕
【外史】《ガイシ》 ①周代の官名。国外に出す文書をとりあつかった。②おおやけの立場ではなく私的に書かれた歴史。民間の人が書いた歴史。また、それを書いた人。類野史《ヤシ》・野乗《ヤジョウ》。対正史。例『儒林《ジュリン》—』『日本《ニホン》—』③文人の雅号《ガゴウ》にそえることば。例山陽—。
【外資】《ガイシ》 国内の事業に、外国または外国人が出した資金。外国資本。例—導入。—系の会社。
【外字】《ガイジ》 ①外国の文字。とくに、欧米《オウベイ》の文字をいう。例—新聞。②一定の範囲《ハンイ》の漢字の集合以外の文字。たとえば、常用漢字以外の漢字や、ジス(JIS)で標準として定めた範囲以外の文字や記号など。例—を作成する。
【外事】《ガイジ》 ①よそのこと。外部の事件やことがら。対内事。例—にくわしい。②外国や外国人に関することがら。例—課。
【外車】《ガイシャ》 外国製の自動車。
【外需】《ガイジュ》 自国の製品に対する外国からの需要。対内需。例—が増大する。

【外周】《ガイシュウ》 あるものの周囲を、外側からはかった長さ。そとまわり。例建物の—をはかる。

【外柔内剛】《ガイジュウナイゴウ》 外面はやさしく弱いように見えるが、内面の忍耐力《ニンタイリョク》・意志などが強いこと。内剛外柔。例—の人物。対内柔外剛。

【外出】《ガイシュツ|そとで》 (名・する)(用事などで)よそへ出かけること。例夕食前に—する。

【外出血】《ガイシュッケツ》 (名・する) けがなどをして、血液がからだのそとに出ること。対内出血。

【外書】《ガイショ》 ①仏教以外の書物。外典《ゲテン》。②外国の書物。例—講読。

【外相】《ガイショウ》 [一]〔「相」は、大臣の意〕外務大臣。[二]《ゲソウ》〔仏〕ことばや動作など、そとにあらわれたもの。うわべ。外形。

【外商】《ガイショウ》 ①外国の商社や商人。②デパートなどで、売り場を通さずに、直接に客と取り引きをすること。例—部。

【外傷】《ガイショウ》 (そとからの力・熱・電気・薬品などによって)からだの表面に受けたきず。切りきず・すりきず・やけどなど。例頭部に—を負う。

【外城】《ガイジョウ|とジョウ|そとじろ》 ①本城以外に、支配地の重要な地点に築いた城。出城《でじろ》。②本城を囲んでもうけられた城。外郭《そとぐるわ》。二の丸。

【外食】《ガイショク》 (名・する) 家庭内ではなく、飲食店などで食事をすること。例—産業。—が多いので家庭の味がなつかしい。

【外心】《ガイシン》 ①裏切ろうとする心。ふたごころ。異心《イシン》。②〔数〕三角形の外接円の中心。三角形の各辺の垂直二等分線が交わる点。対内心。

【外信】《ガイシン》 外国からの通信。海外通信。例—部。

【外人】《ガイジン》 ①外国の人。例—部隊。②関係のない人。第三者。他人。また、よその土地の人。よそもの。

【外陣】《ガイジン|ゲジン》 神社の本殿《ホンデン》や寺の本堂で、神仏をまつった中心の場所のそと側の部分。対内陣。

【外征】《ガイセイ》 (名・する) 外国へ軍隊を送り出して戦争をすること。また、国外へ出征すること。

【外戚】《ガイセキ|ゲシャク》 母または妻の親類。

【外接】《ガイセツ》 (名・する)〔数〕ある図形が、他の図形のそと側に接すること。〔一方が円または球のときにいう〕対内接。
表記「外切」とも書く。

【外線】《ガイセン》 建物の内部での電話に対して、内部と外部とをつなぐ電話。対内線。例—がはいっています。

【外祖】《ガイソ》 母方の祖父母。母の父母。

【外祖父】《ガイソフ》 母方の祖父。母の父。対外祖母。

【外祖母】《ガイソボ》 母方の祖母。母の母。対外祖父。

【外装】《ガイソウ》 ①荷物・商品などのそと側の包み。②建物や乗り物などの外面のかざりつけや設備。対内装。例—工事。

【外孫】《ガイソン|そとまご》 他家に嫁《とつ》いだむすめが産んだ子。〔むすめの親からいうことば〕対内孫。

【外地】《ガイチ》 ①国外の地。②第二次世界大戦の終戦まで、日本が本土以外に支配していた地。朝鮮《チョウセン》・台湾《タイワン》・樺太《カラフト》(=サハリン)・南洋群島など。▽対内地。

【外注】《ガイチュウ》 (名・する) 団体・会社・工場などで、自分のところでできない仕事、または、時間的な制約などの点で自分のところでしないほうがよいと考えられる仕事を、よそに注文すること。例部品を—する。—で、まかなう。表記旧外▼註

【外的】《ガイテキ》 (形動《ナダ》) ①外部の。そとの。例まず—条件を整える。②(精神面に対して)肉体や物質についてのようす。肉体的。物質的。例—欲求。▽対内的。

【外敵】《ガイテキ》 外国・外部からせめてくる敵。対内敵。例—から身を守る。—を警戒《ケイカイ》する。

【外伝】《ガイデン|ゲデン》 ①経書《ケイショ》(=儒教《ジュキョウ》の経典《ケイテン》)の本文の注釈《チュウシャク》である「内伝」に対して、雑記の類。例、『春秋内伝』に対しての『春秋外伝』など。②正統の歴史や伝記からもれた話。本伝以外の伝記。例忠臣蔵《チュウシンぐら》—。

【外電】《ガイデン》 外国からの電報。とくに、外国の通信社から送られてくる情報。

【外灯】《ガイトウ》 門や玄関《ゲンカン》など、家のそとに取りつけた電灯。

【外▼套】《ガイトウ》 〔「套」は、おおうものの意〕外出するとき、衣服の上に着て寒さなどを防ぐ服。オーバーコート・マントなど。

【外泊】《ガイハク》 (名・する) 決まった場所(=自宅・寮《リョウ》・入院中の病院・兵営など)以外のところに一時的に泊《と》まること。例—許可が出る。友人の家に—する。

【外皮】《ガイヒ》 ①そと側を包むかわ。対内皮。②動物の体表や、体内の器官を包んでいる細胞《サイボウ》層。

【外賓】《ガイヒン》 外国から来た客。とくに、国交上、正式に招いた賓客《ヒンキャク》をいう。

【外父】《ガイフ》 妻の父。〔敬語としては「岳父《ガクフ》」〕類外舅《ガイキュウ》。

【外侮】《ガイブ》 外国や他人から見くだされること。例—を受ける。

【外部】《ガイブ》 ①そとの部分。そと側。例建物の—。②集団や組織などのそと(の人々)。例情報が—にもれる。▽対内部。

【外物】《ガイブツ》 ①ほかのもの。そとのもの。②〔哲〕自我《ジガ》に対して、外界に存在するもの。外的事物。

【外分】《ガイブン》 (名・する)〔数〕一つの線分ABを分ける点Pが、その線分内にはなく、線分の延長上にあること。このとき、点Pは、線分ABをAP:BPに外分するという。対内分。

【外聞】《ガイブン》 ①そとにきこえること。人に知られること。②世間に知られたときの体裁《テイサイ》。例—をはばかる。—が悪い。恥《はじ》も—もなく。

【外分泌】《ガイブンピツ|ガイブンピ》 あせ・乳・なみだ・消化液などの分泌物《ブンピツブツ》を、それぞれの腺《セン》を通じて体外または消化管の中に送り出す作用。対内分泌。

【外壁】《ガイヘキ|そとかべ》 ①建物などのそと側のかべ。また、そとにある仕切りのかべ。例—をぬり替える。②火山の火口壁のうち、そと側のもの。▽対内壁。

【外編】《ガイヘン》 本の主要な部分である「内編」に書き加えられた部分。漢籍《カンセキ》に多く見られる。表記旧外▼篇

【外方】《ガイホウ》 そと側の部分。外部。対内方。

【外貌】《ガイボウ》 ①顔かたち。例—に似合わぬやさしい心の持ち主。②そとから見たようす。見かけ。類外見。

【外務】《ガイム》 ①外国との交際や交渉《コウショウ》に関する仕事。対内務。例—省。②会社などで、そとへ出てする仕事。類外交・外勤。例—員。③世の中に対するつとめ。

【外面】《ガイメン|そとづら》 ①そとに向いている面。そと側。例かべの—にタイルをはる。②そとから見たようす。世間や外部に対する態度。見かけ。例—をかざる。—《そとづら》のいい人。▽対内面。

【外面如▼菩▼薩内心如夜▼叉】《ゲメンニョボサツナイシンニョヤシャ》 顔は菩薩のようにやさしくおだやかであるが、その心は夜叉(=悪魔《アクマ》)のようにみにくくおそろしいこと。〔男性の悟《さと》りにとって邪魔《ジャマ》になる女性のたとえとして生まれたことば〕

【外野】《ガイヤ》 ①野球で、内野の後方のグラウンド。また、そこを守る選手。対内野。例—手。②〔「外野席」の意から〕少しはなれてわきで見ている人。やじ馬。例—がうるさい。

【外遊】《ガイユウ》 (名・する)〔「遊」は、旅行する意〕外国に旅行または留学すること。例アメリカに—する。

【外憂】《ガイユウ》 外国・外部から受ける心配ごと。類外患《ガイカン》。対内憂。

【外用】《ガイヨウ》 [一](名・する) 薬を、皮膚《フヒ》や粘膜《ネンマク》など、からだの表面につけて用いること。対内用・内服。例—薬。[二]

(名)ほかの用事。例―に追われる。

【外洋】《ガイヨウ》 内海や沿岸などではなく、陸地からはなれた海。類外海・大洋。例―を航海する。

【外来】《ガイライ》 ①よそから来ること。例―者。②外国から来ること。例―の文化。③入院患者《カンジャ》に対して、院外から診察《シンサツ》を受けに来る患者。例―受付。

【外来語】《ガイライゴ》 外国語を借用して、自国語の文法組織の中にとりこんで使われるようになったことば。日本語では、ガラス・コップ・ズボン・テレビ・ナイス・サボ(る)・タッチ(する)・スマート(だ)など。ふつう片かなで書く。〔中国から漢文を通じて伝わったものは漢語と呼び、その他の外来語とは区別する〕

【外力】《ガイリョク》 そとから加わる力。おもに力学的に、ある物体の材料や構造に加えられる力について使う。

【外輪】《ガイリン》 ①そと側の輪。対内輪《ナイリン》。例―山(=複式火山で、中央火口丘《カコウキュウ》のそと側をとりかこむ山)。②そとまわり。そと側。③船尾《センビ》または船側《センソク》に取りつけた車輪。その回転で船を進行させたり、後退させたりする。例―船《セン》。

【外科】《ゲカ》 手術によって治療《チリョウ》する医学の一部門。対内科。例―医。心臓―。

【外▽宮】《ゲクウ》 伊勢神宮《いせジングウ》のうちの、豊受《とようけ》大神宮。〔内宮《ナイクウ》は、皇大《コウタイ》神宮〕

【外題】《ゲダイ》 ①書物などの表紙に書かれた書名。対内題《ナイダイ》。②歌舞伎《かぶき》や浄瑠璃《ジョウルリ》などの正式な題名。類名題《なダイ》。

【外典】《ゲテン》 〔仏〕仏教界からみて、仏教の典籍《テンセキ》以外の書物。おもに儒教《ジュキョウ》の書物をいう。対内典。

【外道】《ゲドウ》 ①〔仏〕仏教以外の教え。また、それを信じる人。②真理にそむいた説。また、それを説く人。類邪道《ジャドウ》。③人をののしって言うことば。人でなし。④つりで、めざした魚以外につれた魚。

【外法】 □一《ゲホウ》 〔仏〕仏教以外の教え。例―、人を迷わす。□二《そとのり》 容器などの、そと側の寸法。対内法《うちのり》。例―ではかる。

【外側】《そとがわ》 そとのほう。そとに面しているがわ。対内側。例―から追いこす。―に出る。

【外堀】《そとぼり》 ①城のそと側を囲む、ほり。②内堀《うちぼり》に対して、そと側のほり。対内堀。例―をうめる(=目的を達成するために、まずまわりのじゃまなものをとりのぞく)。表記▽「外▼壕・外▼濠」とも書く。

【外股】《そとまた》 つま先をそと側に向けて歩くこと。

【外無双】《そとムソウ》 相撲《すもう》の決まり手の一つ。四つに組んで相手の差し手をかかえこみ、他方の手で相手の反対側のひざのそと側をおさえてひねりたおすわざ。

【▽外様】《とざま》 ①武家時代、将軍の一族や将軍に長年仕えてきた家臣ではない、大名《ダイミョウ》や武士。対親藩《シンパン》・譜代《フダイ》。例―大名。②組織の中で、中心からすこしはなれた立場にいること。また、その人。

●案外《アンガイ》・以外《イガイ》・意外《イガイ》・屋外《オクガイ》・海外《カイガイ》・言外《ゲンガイ》・号外《ゴウガイ》・国外《コクガイ》・在外《ザイガイ》・除外《ジョガイ》・心外《シンガイ》・内外《ナイガイ》・番外《バンガイ》・法外《ホウガイ》・野外《ヤガイ》・欄外《ランガイ》・例外《レイガイ》・論外《ロンガイ》

夕2 ［夘］5画 ⇩【卯】《ボウ》(167ページ)

夕3 【夙】 6画 2940 5919 音シュク漢呉 訓つと-に

意味 ❶朝早く。つとに。例夙起《シュクキ》(=朝早く起きること)。夙夜《シュクヤ》。夙《つと》に起《お》き夜半《よわ》に寝《ね》る。❷昔から。以前から。つとに。同宿《シュク》。例夙心《シュクシン》(=かねてからの心持ち)。夙昔《シュクセキ》。夙《つと》に志《こころざし》を立《た》てる。

【夙志】《シュクシ》 早くから持ち続けていたこころざし。夙心《シュクシン》。夙意。類素志・宿志。例晩年になって、やっと―を遂《と》げる。

【夙成】《シュクセイ》 若いうちからおとなびていること。類早成・早熟。例―の評判の高かった青年。

【夙昔】《シュクセキ》 ①むかし。以前。また、前々から。②ふだん。平生《ヘイゼイ》。いつも。類宿昔。

【夙夜】《シュクヤ》 朝早くから夜おそくまで。例―休むことなし。

夕3 【多】 6画 3431 591A 教育2 音タ漢呉 訓おお-い

筆順 ノ ク タ 多 多 多

夕3 ［夛］ 6画 5276 591B 俗字

なりたち  〔会意〕「夕(=ゆうべ)」を二つ重ねる。夜を重ねて、日かずが積もり、ふえておおくなる。おおい。

意味 ❶たくさん。おおい。対少《ショウ》・寡《カ》。例多数《タスウ》。多量《タリョウ》。❷功績をみとめる。ほめる。例労《ロウ》を多《タ》とする。

人名 おお・おおし・かず・とみ・な・なお・まさ・まさる

【多雨】《タウ》 雨量が多いこと。また、雨の降る日が多いこと。例高温―。

【多寡】《タカ》 多いことと少ないこと。多い少ない。例量の―をくらべる。―を問わない。

【多角】《タカク》 ①角が多いこと。例―形。②多方面にわたること。例―経営。

【多額】《タガク》 (名・形動《ダ》) 金額の多いこと。対少額。例―の借金をかかえる。

【多感】《タカン》 (名・形動《ダ》) 未経験で、ものごとに感じやすいこと。感受性が強いこと。例―な少年少女。

【多岐】《タキ》 (名・形動《ダ》) 〔「岐」は、分かれ道の意〕ものごとがいろいろな方面に分かれていること。例複雑―な国際関係。問題が―にわたる。

【多岐亡羊】《タキボウヨウ》 ⇩【亡羊の嘆】《ボウヨウのタン》(45ページ)

【多義】《タギ》 一つの語が多くの意味をもっていること。また、いろいろな意味。例―性。―語。

【多芸】《タゲイ》 (名・形動《ダ》) 学問や芸能に通じ、いろいろのことができること。対無芸《ムゲイ》。例―多才。

【多血】《タケツ》 ①体内の血液が多いこと。②すぐに感情を表にあらわし、感動・感激すること。例―漢(=血のけの多い男)。

【多血質】《タケツシツ》 活発で感激しやすく、反応が早いが気が変わりやすい性質。〔古代ギリシャの学者ヒポクラテス以来おこなわれてきた、気質の四分類の一つで、他に粘液質《ネンエキシツ》・胆汁質《タンジュウシツ》・憂鬱質《ユウウツシツ》がある〕

【多見】《タケン》 多く見ること。見聞が広いこと。例―多聞《タブン》の研究家。

【多元】《タゲン》 ①ものごとを成り立たせる要素がたくさんあること。例―放送。②根源が一つと限らず、いくつもあること。例―論。▽対一元《イチゲン》・二元。

【多元的】《タゲンテキ》 (形動《ダ》) ものごとのもとになるものがたくさんあるようす。例人類の言語は―なものである。

【多元論】《タゲンロン》 〔哲〕宇宙のすべてのものは、たがいに独立する複数の原理から成り立つとする考え方。たとえば、四大(=地《チ》・水《スイ》・火《カ》・風《フウ》)によって、また、五大(=四大に「空《クウ》」が加わる)によって、世界を説明する考え方など。対一元論・二元論。

【多言】《タゲン|タゴン》 (名・する) 多くのことばを使うこと。また、口数の多いこと。例―を要しない(=ことばを多く用いて説明する必要がない)。

【多幸《タコウ》】(名・形動ナダ) しあわせが多いこと。幸福にめぐまれること。例ごーをいのる。

【多恨《タコン》】(名・形動ナダ) うらむ心やくやむ気持ちが続くこと。例多情—。

【多才《タサイ》】(名・形動ナダ) いろいろな方面の才能にめぐまれていること。対無才。例—な人物。—ぶりを人に披露《ヒロウ》する。

【多妻《タサイ》】ひとりの男が同時にふたり以上の妻《つま》をもつこと。例一夫《イップ》—。

【多彩《タサイ》】(名・形動ナダ) ①いろどりがさまざまで美しいこと。例—な文様《モンヨウ》。②種類が多く変化に富んでいてにぎやかなこと。例—な顔ぶれが集まる。

【多作《タサク》】(名・する) 多くつくること。とくに、作家などが作品を多くつくること。対寡作《カサク》。例—家《カ》。

【多産《タサン》】一(名) 子やたまごをたくさんうむこと。例—系《ケイ》。二(名・する) 産物などがたくさんとれること。例メロンを—する地域。

【多子《タシ》】①(夫婦《フウフ》ひと組みについて)子供が多いこと。子だくさん。対少子《ショウシ》。例—家庭。②栽培《サイバイ》植物について、果実を多くつけること。

【多事《タジ》】(名・形動ナダ) ①事件が多く、さわがしいこと。例内外—。—多難の年。②すべきことが多いこと。類多用。例—多端《タタン》(=仕事が多くていそがしいこと)。

【多識《タシキ》】(名・形動ナダ) 多くのものごとを知っていること。知識が広いこと。類博識。

【多士▽済▽済《タシセイセイ》】〔「済済」は、数が多くさかんな意〕すぐれた人物がおおぜいいること。〔『詩経《シキョウ》』の「済済たる多士」による。誤って「タシサイサイ」と読むことが多い〕例—の顔ぶれ。

【多湿《タシツ》】(名・形動ナダ) 湿度の高いこと。例高温—。

【多謝《タシャ》】(名・する) ①深く感謝すること。例ご親切に—する。②深くあやまること。例乱筆—。妄言《モウゲン》—。

【多種《タシュ》】(名・形動ナダ) 多くの種類。また、種類が多いこと。例—多様。—な計画。—の品をそろえる。

【多趣《タシュ》】味わいやおもしろみの多いこと。

【多衆《タシュウ》】多くの人々。類大衆。

【多重《タジュウ》】いくつもかさねること。また、いくつもかさなること。例—人格。音声—放送。

【多趣味《タシュミ》】(名・形動ナダ) いろいろな方面の趣味をもっていること。趣味の多いこと。例—な人。


【多少《タショウ》】一(名) 多いことと、少ないこと。多いか、少ないか。例人数の—は問題ではない。—にかかわらずお届けします。二(副) いくらか。ちょっと。すこし。例—欠点もあるが、許される範囲《ハンイ》だ。

【多生《タショウ》】①〔仏〕なんども生まれ変わること。例—の縁《エン》。②多数を生かすこと。例一殺《イッセツ》—。

【多生の縁《タショウのエン》】〔仏〕〔多くの生を経《へ》てきたあいだに結ばれた縁の意〕さきざきの世からのめぐりあわせ。前世からの因縁《インネン》。例袖《そで》振り合うも—(=道行く人と袖が触れることさえ前世からの因縁であるように、すべてのものごとは宿縁によっているということ)。〔なお、「他生の縁」は、現世ではない、前世からの縁、または来世での縁の意〕

【多情《タジョウ》】(名・形動ナダ) ①愛情が深いこと。また、ものごとに感じやすいこと。例—多感な年ごろ。②気が多いこと。気持ちが移りやすいこと。浮気《うわキ》。例—な人。

【多情仏心《タジョウブッシン》】〔「仏心」は、ほとけの、衆生《シュジョウ》に対してのあわれみの心の意〕感じやすく気が変わりやすいが、薄情《ハクジョウ》なことのできない性質。

【多食《タショク》】(名・する) たくさん食べること。類大食。

【多数《タスウ》】数が多いこと。また、多くの人やもの。マジョリティー。対少数。例—決。賛成意見が—をしめる。

【多勢《タゼイ》】人数の多いこと。おおぜい。対無勢《ブゼイ》。例—に無勢(=おおぜいを相手に小人数《こニンズウ》で向かっても勝ちめはないこと)。

【多選《タセン》】(名・する) 選挙で、同じ人をなんども選ぶこと。また、選ばれること。例—議員。—禁止。

【多大《タダイ》】(名・形動ナダ) ひじょうに多いこと。例—な協力が得られた。

【多多《タタ》▽益《ますます》弁《ベン》ず】(才能があまっているので)仕事が多くなればなるほど、ますますうまく処理する。また、多ければ多いほどよい。〔漢の高祖《コウソ》に対して臣下の韓信《カンシン》が言ったことば〕〈漢書《カンジョ》〉表記「弁」は、旧▼辨(=処理する)

【多読《タドク》】(名・する) 多くの本を読むこと。例さまざまな種類の本を—する。

【多難《タナン》】(名・形動ナダ) 災難や困難が多いこと。例前途《ゼント》—。

【多人数《タニンズウ》】人数が多いこと。また、多くの人。おおぜい。類大人数《おおニンズウ》。対小人数《こニンズウ》。例—でおしかける。

【多年《タネン》】多くの年月。長年。例—にわたる努力が実る。


【多年草《タネンソウ》】葉などがかれても根は冬をこして春には芽を出す草。多年生植物。対一年草・二年草。

【多能《タノウ》】(名・形動ナダ) ①いろいろな方面の才能を身につけていること。例多芸—。—な人。②多くの機能をそなえていること。例—な機種。

【多売《タバイ》】(名・する) たくさん売ること。例薄利《ハクリ》—(=もうけを少なくして数多く売ること)。

【多発《タハツ》】(名・する) 数多く発生すること。たびたび起こること。例事故が—している。

【多病《タビョウ》】(名・形動ナダ) 病気がちなこと。病気が多いこと。例才子《サイシ》—(=才能のある人はとかくからだが弱く病気がちであること)。

【多分《タブン》】一(名) ①数や量が多いこと。たくさん。また、程度の大きいこと。類相当。例その可能性は—にある。②〔「ご多分に」の形で〕多くの例。例ご—にもれず(=世間の多くの例と同じく)。二(副)〔下に推量のことばをともなって〕おそらく。たいてい。例バスより電車のほうが—早く着くよ。

【多聞】一《タブン》ものごとを多く知っていること。見聞が広いこと。類博聞・多識。二《タモン》〔仏〕①仏の教えを多く聞き知ること。②「多聞天」の略。

【多聞天《タモンテン》】〔仏〕四天王の一つ。須弥山《シュミセン》に住み、北方を守護する神。独立して信仰《シンコウ》されるときは毘沙門天《ビシャモンテン》の名で、日本では七福神の一つとなる。

【多弁《タベン》】(名・形動ナダ) 口数の多いこと。よくしゃべること。饒舌《ジョウゼツ》。例彼女《かのジョ》はいつになく—であった。表記旧多▼辯
【多忙《タボウ》】(名・形動ナダ) 仕事が多くて、ひじょうにいそがしいこと。例—をきわめる。—な毎日を送る。

【多方面《タホウメン》】いろいろな方面や分野。例—での活躍《カツヤク》。

【多面《タメン》】①多くの平面。例—体。②いろいろな方面。対一面。

【多面的《タメンテキ》】(形動ナダ) ものの見方や考え方が、いろいろの方面にわたっているようす。対一面的。例ものごとを—にとらえる。

【多毛《タモウ》】からだに毛が多いこと。毛深いこと。例—症《ショウ》。

【多毛作《タモウサク》】〔「毛」は、植物・作物が、生えそだつ意〕同じ畑で年に三回以上別の種類の作物を植え、取り入れをすること。

【多目的《タモクテキ》】いろいろな目的や使い道をもっていること。例—ダム(=水量調節・水道・灌漑《カンガイ》・工業用水・発電など、

複数の目的に使われるダム)。—ホール。

【多用《タヨウ》】[一](名・形動《ダナ》) 用事が多いこと。いそがしいこと。[例]ご—中おそれいります。[二](名・する) 同じものを多く用いること。[例]専門用語を—するので、よくわからない。

【多様《タヨウ》】(名・形動《ダナ》) 変化に富んでいること。いろいろであること。さまざま。(対)一様。[例]—な意見が出る。

【多量《タリョウ》】(名・形動《ダナ》) 分量の多いこと。大量。(対)小量・少量。[例]出血—で死ぬ。イチゴはビタミンCを—にふくむ。
●過多《カタ》・最多《サイタ》・雑多《ザッタ》・滅多《メッタ》

夕 3 【夛】6画 ⇩【多】《タ》(250ページ)

夕 5 【夜】8画 4475 591C 教育2 [音]ヤ(漢)(呉) [訓]よ・よる

筆順 丶 亠 广 亣 亣 夜 夜 夜

なりたち 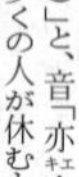 [形声]「夕(=ゆうべ)」と、音「亦《エキ》→《ヤ》」の省略体とから成る。多くの人が休むとき。

意味 ❶日がしずんでから日が出るまでの暗い時間。よる。(対)昼《チュウ》。[例]夜間《ヤカン》。夜半《ヤハン》。昼夜《チュウヤ》。❷梵語《ボンゴ》の音訳の一部にあてる。[例]夜叉《ヤシャ》。

難読 十六夜《いざよい》・終夜《よもすがら》

人名 やす

【夜陰《ヤイン》】夜の暗やみ。また、夜。[例]—に乗じてせめ入る。

【夜営《ヤエイ》】(名・する) 夜、宿泊《シュクハク》の陣営《ジンエイ》を張ること。

【夜宴《ヤエン》】夜、宴会を開くこと。また、夜の宴会。

【夜会《ヤカイ》】夜の会合。とくに、夜、開かれる西洋風の社交を目的とした集まり。

【夜会服《ヤカイフク》】夜会に着る服。ふつう、男性は燕尾服《エンビフク》またはタキシード、女性はイブニングドレス。

【夜学《ヤガク》】①夜、勉強をすること。②「夜学校」の略。昼間働いている人などのために、夜間に授業をする学校。[例]働きながら大学の—に通《かよ》った。

【夜間《ヤカン》】夜のあいだ。(対)昼間《チュウカン》。[例]—工事。—の外出を禁止する。

【夜気《ヤキ》】①夜のひんやりとした空気。[例]—にあたる。②静まりかえった夜のけはい。[例]—がせまる。③夜、すべてのものが静まることによって生まれる、静かで澄《す》んだ心。

【夜業《ヤギョウ｜よなべ》】(名・する) 夜間に仕事をすること。また、その仕事。[例]—にはげむ。農家の—。

【夜曲《ヤキョク》】夜、男性が恋人《こいびと》の家の窓の下で歌う、あまく美しい曲。また、そのような甘美《カンビ》な曲で、管弦楽器《カンゲンガッキ》のためにつくられたもの。セレナーデ。小夜曲《さよキョク》。

【夜勤《ヤキン》】夜、つとめること。また、夜間の勤務。(対)日勤《ニッキン》。[例]—の多い仕事。

【夜具《ヤグ》】ふとん・まくら・ねまきなど、ねるときに使う用具。(類)寝具《シング》。[例]—を敷《し》く。

【夜景《ヤケイ》】夜のけしき。夜のながめ。[例]百万ドルの—。大都市の—を楽しむ。

【夜警《ヤケイ》】夜、建物や町内などを見回って、火事や犯罪が起きないように注意し用心すること。また、その人。夜番《よバン》。夜《よ》まわり。

【夜光《ヤコウ》】①夜または暗いところで光ること。[例]—虫。—塗料《トリョウ》。②中国文学で、月やホタルなどの別名。③晴れた夜空の、星の光以外のうす明るい光。高層《コウソウ》の大気中の分子などが発光するもの。

【夜光の▽珠《ヤコウのたま》】昔、中国で、暗夜に光を発したという宝玉《ホウギョク》。夜光の璧《ヘキ》。

【夜光の杯《ヤコウのハイ》】夜光を発するという、玉《ギョク》で作ったさかずき。また、りっぱなさかずき。[例]葡萄《ブドウ》の美酒—。〈王翰《オウカン》・涼州詞《リョウシュウシ》〉

【夜行《ヤコウ》】[一](「ヤギョウ」とも)(名・する) 夜、出歩くこと。また、夜、活動すること。[例]百鬼《ヒャッキ》—。—性の動物。[二](名)「夜行列車」の略。夜間に走る列車。[例]青森まで—で行く。

【夜思《ヤシ》】夜の、もの思い。(類)夜想。

【夜▼叉《ヤシャ》】〔仏〕〔梵語《ボンゴ》の音訳〕インドの鬼神《キシン》。おそろしい姿で力が強く荒々しく、人を食うという。のちに仏の教えに従い、毘沙門天《ビシャモンテン》の従者となって仏法を守護した。

【夜襲《ヤシュウ》】(名・する) 夜、やみにまぎれて不意に敵をせめること。夜間の襲撃《シュウゲキ》。夜《よ》うち。[例]—をかける。

【夜色《ヤショク》】夜の景色。夜景。[例]深い—にしずむ山山。

【夜食《ヤショク》】夜おそく食べる簡単な食事。[例]—をとる。

【夜戦《ヤセン》】夜、たたかうこと。夜のいくさ。夜間の戦闘《セントウ》。[例]抵抗《テイコウ》が長びいて—になった。

【夜想曲《ヤソウキョク》】夜の静かな感じを表現した曲。ノクターン。

【夜中】[一]《ヤチュウ》夜のうち。夜間。よる。[二]《よなか》夜のなかごろ。夜《よ》ふけ。夜間。夜半《ヤハン》。[例]—の、遠いもの音。

【夜直《ヤチョク》】夜の当直。学校や会社などに泊《と》まりこんで夜の警備をすること。また、その人。(類)宿直。(対)日直。

【夜盗《ヤトウ｜よトウ》】夜、ぬすみをすること。また、そのぬすびと。

【夜半《ヤハン》】よなか。まよなか。よわ。[例]雨は—すぎまで降り続いた。

【夜番《ヤバン｜よバン》】夜、番をすること。また、その人。夜《よ》まわり。(類)夜警《ヤケイ》。

【夜分《ヤブン》】よる。夜間。[例]—におそれいります。

【夜来《ヤライ》】①前夜から引き続くこと。昨夜以来。ゆうべから。(対)朝来。[例]—の雨。②数夜このかた。毎晩。

【夜郎自大《ヤロウジダイ》】自分の力のほども知らないで、つまらない者がせまい仲間の中でいばっていること。〔昔、中国の西南地方に住む夜郎族が、漢の国の強大さも知らずに自国の勢力をほこっていたことから〕〈史記《シキ》〉

【夜話《ヤワ｜よばなし》】①夜にする話。また、気楽な、肩《かた》のこらない話。それを集めた本。[例]文学—。②〔仏〕禅宗《ゼンシュウ》で、修行《シュギョウ》のために夜おこなわれる法話。

【夜討ち《ようち》】①夜、不意に敵をせめること。夜襲《ヤシュウ》。(対)朝駆《が》け。[例]—をかける。②〔「夜討ち朝駆《が》け」の形で〕深夜または早朝に、取材先などを訪ねること。

【夜着《よぎ》】①ふとんなど、夜ねるときにかけるもの。②着物の形をして、うすい綿《わた》のはいったかけぶとん。かいまき。

【夜▽毎《よごと》】毎晩。毎夜。よなよな。[例]—見る夢。日毎《ひごと》—に恋《こ》い慕《した》う。

【夜寒《よさむ》】夜の寒さ。とくに秋のころ、夜になって急に感じる寒さ。[例]—ひとしおの候《コウ》。

【夜空《よぞら》】夜の暗い空。[例]—にかがやく星。

【夜▼伽《よとぎ》】(名・する) ①夜、ねないで人につきそうこと。また、その人。②女が男とともにねて相手をすること。[例]—をつとめる。③葬式《ソウシキ》の前夜、死者につきそって、ひと晩じゅう起きていること。通夜《ツヤ》。

【夜長《よなが》】夜が長いこと。また、その季節。[例]秋の—。

【夜更け《よふけ》】夜の、おそいころ。夜がふけた時分。深夜《シンヤ》。[例]—の訪問客。

【夜道《よみち》】夜の暗い道。[例]—に日は暮れない(=夜、帰りを急がず、ゆっくりしていくようにと勧《すす》めることば。また、おくれついでに、じっくりかまえようとするときのことば)。

【夜宮《よみや》】神社の祭礼の前夜におこなわれるもよおし。宵宮《よいみや》。宵祭り。

【夜目】《よめ》 夜、暗い中でものを見ること。また、その目。例—にも白くそれとわかる。—遠目《とおめ》笠《かさ》の内《うち》(=夜間、または遠くから、あるいは笠をかぶっているときなどに見ただけだと、女性はたいてい美しく見えるということ)。

【夜夜】《よよ》 毎夜。毎晩。夜ごと。よなよな。

【夜《よ》を▽以《も》って日《ひ》に継《つ》ぐ】〔夜の時間を昼の時間につぎ足す意〕夜も昼も休まないで続けること。夜を日に継ぐ。

●今夜《コンヤ》・昨夜《サクヤ》・終夜《シュウヤ》・除夜《ジョヤ》・深夜《シンヤ》・前夜《ゼンヤ》・昼夜《チュウヤ》・徹夜《テツヤ》・日夜《ニチヤ》・毎夜《マイよ》・連夜《レンヤ》

夕 8 【梦】 11画 ⇩【夢】《ム》(253ページ)

夕 10 【夢】 13画 4420 5922 教育5 音 ボウ漢 ム呉 訓 ゆめ

筆順 一 艹 苎 苗 苗 萬 夢 夢

夕 8 【梦】 11画 5277 68A6 俗字

なりたち  形声 本字は「㝱」で、「宀(=いえ)」と「爿(=ねどこ)」と、音「夢《ボウ》(=はっきりとは見えない)」とから成る。ねむっていて知覚されるもの。

意味 ❶ねむっているときに現実にないことを知覚する現象。ゆめ。ゆめみる。例夢中《ムチュウ》。悪夢《アクム》。正夢《まさゆめ》。❷はかないもの。例夢幻《ムゲン》。夢《ゆめ》の如《ごと》し。

【夢幻】《ムゲン》 ①ゆめとまぼろし。例—の境をさまよう。②はかないことのたとえ。例—泡影《ホウヨウ》(=いっさいのものは、すべて実体がない)。—の一生。

【夢死】《ムシ》 (名・する) ゆめでも見ているように、何もしないで死ぬこと。むなしく一生を送ること。例酔生《スイセイ》—(=何もしないで無駄に一生を過ごすこと)。

【夢想】《ムソウ》 一(名・する) ①ゆめのなかで思い見ること。例—だにしないできごと。②ゆめのような、とりとめのないことを思いうかべること。例—家。二(名) ゆめのなかでの神仏のお告げ。例—をうける。

【夢中】《ムチュウ》 一(名) ゆめのなか。例—のできごと。二(形動ナダ) あることに熱中してわれを忘れるようす。例無我《ムガ》—。

【夢▼寐】《ムビ》 ねむって、ゆめを見ること。また、そのあいだ。例—にも忘れない。

【夢魔】《ムマ》 ①ゆめのなかにあらわれて人を苦しめるという悪魔。②ひどい不安や恐怖《キョウフ》を覚えるゆめ。類悪夢。例—にうなされる。

【夢遊病】《ムユウビョウ》 ねむっているときに急に起き上がって歩きまわるなど、いろいろの行動をする病気。目が覚めてもまったくおぼえていない。例—者のように歩きまわる。

【夢裏】《ムリ》 ゆめのなか。夢中《ムチュウ》。表記「夢▼裡」とも書く。

【夢▽現】《ゆめうつつ》 ①ゆめと現実。②ゆめなのか現実なのか、はっきりしないこと。また、意識がおぼろげなこと。例—で聞く。

【夢占い】《ゆめうらない》 見たゆめによって吉凶《キッキョウ》をうらなうこと。ゆめうら。ゆめあわせ。

【夢心地】《ゆめごこち》 ゆめを見ているような、うっとりとした状態や、ぼうっとした状態。夢見心地《ゆめみごこち》。例—で舞台《ブタイ》に見入る。

【夢路】《ゆめじ》 ゆめを見ること。また、ゆめ。〔ゆめのなかのようすの移り変わりを、道を行くのにたとえたことば〕例—をたどる(=ゆめを見る)。

【夢《ゆめ》の▽如《ごと》し】 まるでゆめのようだ。はかないもののたとえ。例人生は—。

【夢見心地】《ゆめみごこち》 ゆめを見ているような気持ち。夢心地《ゆめごこち》。

●悪夢《アクム》・同床異夢《ドウショウイム》・白昼夢《ハクチュウム》・正夢《まさゆめ》

夕 11 【夥】 14画 5278 5925 音 カ漢 訓 おびただ-しい

意味 たいへん多い。おびただしい。例夥多《カタ》。

【夥多】《カタ》 (名・形動ナダ) おびただしく多いこと。あまた。

37 3画

大 だい部

人が立っている形をあらわす。「大」をもとにしてできている漢字と、「大」の字形を目じるしにして引く漢字とを集めた。

0 大 1 夬 太 天 夫 夭 2 央 失 夲 3 夷 夸 4 夾 5 奄 奇 奈 奉 奔 6 奕 奐 契 奎 奏 契 奔 7 奚 奘 套 9 奥 奢 奠 10 奨 奧 11 奪 奬 奩 13 奮

この部首に所属しない漢字

犬⇩犬 652 春⇩日 487 美⇩⺷ 800 臭⇩自 833 泰⇩氺 585 秦⇩禾 733 爽⇩爻 645 器⇩口 213

大 0 【大】 3画 3471 5927 教育1 音 タイ漢 ダイ呉 訓 おお・おお-きい・おお-いに 付表 大人《おとな》・大和《やまと》

筆順 一 ナ 大

なりたち  象形 両手両足をひろげた人の形。おおきい。

意味 ❶形や規模がおおきい。数量がおおい。対小《ショウ》。例大量《タイリョウ》。莫大《バクダイ》。大《ダイ》は小《ショウ》を兼《か》ねる。❷重要な。たいせつな。すぐれた。例大役《タイヤク》。大人物《ダイジンブツ》。❸はなはだ。おおいに。例大慶《タイケイ》。大敗《タイハイ》。❹おおよそ。あらまし。例大意《タイイ》。大体《ダイタイ》。❺天子に関することがらにつけることば。例大葬《タイソウ》。大命《タイメイ》。❻他人や、他人に関することがらをうやまっていうことば。例大兄《タイケイ》。

難読 大臣《おとど》・大仏《おさらぎ》・大角豆《ささげ》

人名 お・すぐる・たかし・たけし・とも・なが・はじめ・はる・ひろ・ひろし・ふと・ふとし・まさ・まさる・ます・もと・ゆたか

【大味】《おおあじ》 (名・形動ナダ) 食べ物に、こまやかな味わいが感じられないこと。対小味《こあじ》。例—なリンゴ。

【大一番】《おおイチバン》 その勝負によって重要な結果を生じるような、だいじな取組や試合。例力のはいった—。

【大▽銀▼杏】《おおイチョウ》 ①大きなイチョウの木。例境内《ケイダイ》の—。②昔の武家の髪型《かみがた》で、髷《まげ》の先をイチョウの葉の形に大きく開いたもの。現在は、十両以上の力士が結《ゆ》う。

【大内山】《おおうちやま》 皇居のこと。詩歌《シイカ》や古文などで用いられることば。

【大形】《おおがた》 かたちの大きいこと。また、大きいもの。対小形。例—の模様。スズメより—の鳥。

【大型】《おおがた》 規模やかたの大きいこと。また、そのもの。対小型《こがた》。例—連休。—テレビ。—の台風。

【大柄】《おおがら》 (名・形動ナダ) ①からだがふつうの人より大きいこと。対小柄《こがら》。例—な女性。②布や紙の模様が、ふつうより大きいこと。例—な縞《しま》模様。

【大鼓】《おおかわ—おおつづみ》 能や長唄《ながうた》などで使う大形のつづみ。対小鼓《こつづみ》。

【大仰】《おおギョウ》 (名・形動ナダ) おおげさで、わざとらしいこと。例—

な話。小さな傷《きず》でも—に痛がる。

【大口《おおぐち》】①大きな口。②できそうもないことを言うこと。例—をたたく。③取りあつかう量や金額などの多いこと。(対)小口《こぐち》。

【大▼袈▼裟《おおゲサ》】(形動《ダナ》)ふつうの程度をこえているようす。また、実際以上に誇張《コチョウ》するようす。例—な身ぶり。—に痛がってみせる。

【大御所《おおゴショ》】①第一線をしりぞいたあとも、その分野で大きな影響力《エイキョウリョク》をもつ人。例財界の—。文壇《ブンダン》の—。②親王や前将軍。また、その人の住むところ。〔徳川家康《いえやす》を指すことが多い〕

【大雑把《おおザッパ》】(形動《ダナ》)おおまかで、細かい点にまでおよばないようす。例かれは—な人間だ。—な予定。—に言えば。

【大時代《おおジダイ》】(形動《ダナ》)現代ばなれしていて、古めかしいようす。〔もとは浄瑠璃《ジョウルリ》などでいう「王代」、すなわち、源平時代以前の宮中・公家《クゲ》の時代を指した〕例—な言いまわし。

【大所帯《おおジョタイ》】〔「所帯」は、もとは「財産」の意だが、「世帯」と混同された〕家族の多いこと。また、その暮らし向き。例—で家計が苦しい。表記「大▽世帯」とも書く。

【大隅《おおすみ》】旧国名の一つ。今の鹿児島《かごしま》県の東部と海洋上の大隅諸島・奄美《あまみ》諸島にあたる。隅州《グウシュウ》。

【大相撲《おおずもう》】①日本相撲協会が主催《シュサイ》する、相撲の定期の興行《コウギョウ》。例—初場所。②なかなか勝負の決まらない、力のこもった、相撲の取組。例手にあせにぎる—。

【大掃除《おおソウジ》】(名・する)①ふだん手の届かない場所まで念入りに時間をかけておこなう掃除。②年末などにおこなう、大規模な掃除。すすはらい。すすはき。

【大台《おおダイ》】金額・数量などで、大きなさかいめを示す数字。たとえば、株式市場で百円単位。例—にのる。—を割る。

【大粒《おおつぶ》】つぶが大きいこと。例—のなみだを流す。

【大手亡《おおてボウ》】インゲンマメの白い品種の名。

【大道具《おおドウグ》】舞台《ブタイ》装置で、書割《かきわり》・建物・船・樹木など大がかりなもの。(対)小道具《こドウグ》。例—方《かた》(=大道具の製作・運用を担当する人)。

【大幅《おおはば》】㊀(名)ふつうのものより、はばの広い布地。㊁(形動《ダナ》)価格・数量などの開きが大きいこと。(対)小幅《こはば》。例—な値上げ。

【大判《おおバン》】①紙・布・書籍《ショセキ》などで、ふつうより寸法が大きいもの。例—のスカーフ。—の画集。②江戸《えど》時代の金貨の一つ。大形の長円形で、一枚が小判十枚にあたる。(対)小判。

［大部］0画 大

【大盤振る舞い《おおバンぶるまい》】(名・する)気前よくお金や品物をあたえたり、盛大《セイダイ》にごちそうしたりすること。表記「▼椀飯《オウバン》振る舞い」とも書く。

【大風呂敷《おおブロしき》】大きなふろしき。例—を広げる(=できるかどうかわからない大きな計画を話す)。

【大▽禍時《おおまがとき》】〔大きな禍《わざわい》の起こるときの意〕夕やみのせまる時刻。表記「▼逢魔《おうマ》が時」とも書く。

【大▼晦日《おおみそか》】一年の最後の日。十二月三十一日のこと。おおつごもり。〔「晦日《みそか》」は、毎月の最後の日の意〕

【大旨《おおむね》】(副)だいたい。おおよそ。例さいわいに経過は—良好だ。表記「▽概ね」とも書く。

【大目《おおめ》】大きな目。寛大《カンダイ》な基準。例—に見る(=厳しくとがめない)。

【大物《おおもの》】①同じ種類の中で、形の大きいもの。例きょうは—をつった。②重要な地位にあって、大きな影響力《エイキョウリョク》をもっている人。例政界の—に近づく。▽(対)小物《こもの》。

【大門《おおモン》】①〔「ダイモン」とも〕大きな門。正門。②昔の、遊郭《ユウカク》の入り口の門。

【大様《おおヨウ》】(形動《ダナ》)ゆったりしていて、目先のことにこだわらないようす。例—な人物。表記「▼鷹揚《オウヨウ》」とも書く。

【大▽凡《おおよそ》】㊀(名)ものごとのあらまし。大要《タイヨウ》。例—を説明する。㊁(副)だいたい。およそ。例—見当がついた。

【大枠《おおわく》】だいたいの、わく組み。例本年度の予算の—を決める。

【大▽童《おおわらわ》】(形動《ダナ》)なりふりかまわず、いっしょうけんめい動きまわるようす。〔いくさで、髪《かみ》をふり乱して戦うようすが、髪を結《ゆ》っていない童《わら》(=子供)のように見えることから〕例—になって仕事をかたづける。

【大安《タイアン》】〔「ダイアン」とも〕「大安日《タイアンニチ》」の略。陰陽道《オンヨウドウ》でいう、六曜の一つ。縁起《エンギ》がよく、何をしてもうまくいくという日。例—吉日《キチジツ》。

【大位《タイイ》】①天子の位。②ひじょうに高い官位。

【大尉《タイイ・ダイイ》】軍隊の階級で、尉官《イカン》の最上位。自衛官では一尉に相当する。

【大意《タイイ》】おおまかな意味。あらまし。例文章の—をつかむ。

【大雨《タイウ・おおあめ》】激しくたくさん雨が降ること。また、その雨。(対)小雨《ショウウ・こさめ》。例—《おおあめ》注意報。

【大宇宙《ダイウチュウ》】〔人間を宇宙に見立てて「小宇宙(=ミクロコスモス)」というのに対して〕宇宙そのもの。マクロコスモス。

【大円】㊀《タイエン》天のこと。天空。㊁《ダイエン》①大きな円。(対)小円。②〔数〕球《キュウ》を、その中心を通る平面で切ったときにできる円。

【大王《ダイオウ》】王をうやまっていうことば。偉大《イダイ》な王。例アレキサンダー—。

【大黄《ダイオウ》】タデ科の多年草。中国原産。夏に黄白色の花をつける。根を漢方薬として用いる。

【大往生《ダイオウジョウ》】(名・する)なやみやうらみをあらわさず、肉体の苦しみもなく安らかに死ぬこと。例—をとげる。

【大音《ダイオン》】大きなおと。大きな声。おおごえ。(類)大音声《ダイオンジョウ》。例—をあげる。

【大恩《ダイオン》】大きなめぐみ。深い恩。例—のある師。

【大▽陰《ダイオン》】「大陰神《ダイオンジン》」の略。陰陽道《オンヨウドウ》の八将神の一つ。

【大音声《ダイオンジョウ》】大きなこえ。例—で呼ばわる。—をあげる。

【大化《タイカ》】①大きな変化。②徳をもって人々を教え導くこと。③日本で最初の公式年号。(六四五—六五〇)例—の改新。

【大火《タイカ》】大規模《ダイキボ》な火災。大火事《おおカジ》。

【大夏《タイカ》】①漢代、西域にあった国。②晋《シン》代、五胡《ゴコ》十六国の一つ。五世紀初めにあった。夏《カ》。(四〇七—四三一)③宋《ソウ》代の西夏《セイカ》。十一世紀に建国された。(一〇三八—一二二七)

【大家】㊀《タイカ》ある分野で、とくにすぐれた業績を世に認められた人。例日本画の—。㊁《タイケ》勢力のある家。財産のある家。㊂《おおや》①一族の中心となる家。本家《ホンケ》。②貸家《かしや》・貸室・貸店などの所有者。(対)店子《たなこ》。

【大過《タイカ》】大きなあやまちや失敗。(対)小過。例—なく過ごす。

【大▼廈《タイカ》】〔「廈」は、いえ、ひさしの意〕大きな家。例—高楼《コウロウ》。

【大▼廈《タイカ》の▼顛《おた》れんとするは一木《イチボク》の支《ささ》うる所《ところ》にあらず】大きな家のたおれるときには、一本の木をつっかい棒にしてもささえきれるものではない。国家がほろびようというときは、ひとりの力ではどうにもならないというたとえ。

【大禍《タイカ》】大きなわざわい。例—にあう。

【大河】《タイガ》①大きな川。例—小説(=数世代にわたる時代や社会を背景にして、さまざまな人物の生き方をえがいた長編小説)。②黄河《コウガ》のこと。

【大雅】《タイガ》①あでやかで上品なこと。すぐれて正しいこと。また、そのような人。②ゆたかな教養のある人。また、文人どうしが相手をうやまって呼ぶことば。

【大会】《タイカイ》①たくさんの人の集まる会。例球技—。②ある組織がおこなう集会のなかで、全体にかかわる重要な会合。類総会。例定期—。

【大海】《タイカイ｜ダイカイ》大きな海。広々とした海。おおうみ。類大洋・海洋。例井《い》の中の蛙《かわず》—を知らず。

【大害】《タイガイ》大きな損害。例—をおよぼす。

【大概】《タイガイ》一(名)あらまし。概略。例計画の—を話す。二(副)①だいたい。おおよそ。たいてい。例昼間は—家にいる。②ほどほど。いいかげん。例悪ふざけも—にしなさい。

【大覚】一《タイカク》大いにさとること。また、さとった人。二《ダイカク》〔仏〕①仏道のさとりを正しくひらくこと。②さとりを得た人。如来《ニョライ》。仏。

【大学】《ダイガク》①古代中国の高等教育機関。太学《タイガク》。②日本の律令《リツリョウ》制で、官吏《カンリ》養成機関。大学寮《ダイガクリョウ》。③儒教《ジュキョウ》の教えを説く四書の一つ。もと、『礼記《ライキ》』の中の一編。④日本で、学校教育法や教育基本法に決められている、最高学府。最高教育機関。

【大家族】《ダイカゾク》人数の多い家族。

【大喝】《タイカツ｜ダイカツ》(名・する)大声でしかること。どなりつけること。例—一声《イッセイ》して目をさまさせる。

【大▼伽藍】《ダイガラン》①大寺院。②キリスト教の、大きな聖堂。大聖堂。カテドラル。

【大▼旱】《タイカン》長いあいだ雨が降らないこと。おおひでり。大旱魃《ダイカンバツ》。例—の雲霓《ウンゲイ》を望むがごとし(=ひどい日照りのとき、雨の前兆である雨雲《あまぐも》や虹《にじ》を待ち望む。すぐれた指導者・人格を強く待ち望むたとえ)。〈孟子《モウシ》〉

【大官】《タイカン》位の高い官職にある人。高官。

【大▼姦】《タイカン》たいへんな悪事。また、極悪人《ゴクアクニン》。表記「大▼奸」とも書く。

【大患】《タイカン》①重い病気。類大病。例—を養う(=重病の療養《リョウヨウ》をする)。②大きな心配ごと。類大憂《タイユウ》。

【大観】《タイカン》(名・する)①ものごとを全体的に見わたすこと。②広々としたながめ。雄大《ユウダイ》な景観。例国際情勢を—する。例四方の—。富士の—。

【大鑑】《タイカン》ある部門の全体を広く見通すことのできる知識を集めた書物。例邦楽《ホウガク》—。

【大願】《タイガン》①大きなねがい。例—成就《ジョウジュ》(=大願がかなうこと)。②〔仏〕仏が人々を救い、極楽《ゴクラク》へ導こうとするねがい。

【大寒】《ダイカン》二十四節気の一つ。太陽暦《タイヨウレキ》で一月二十日ごろ。一年じゅうで最も寒いころとされる。

【大気】《タイキ》地球をとりまく空気の層。例—圏《ケン》。—汚染《オセン》。

【大器】《タイキ》①大きなうつわもの。②すぐれた人格。大人物。例将来が楽しみな—。▽対小器。

【大器晩成】《タイキバンセイ》大きなうつわを作るには時間がかかる。器量の大きい人物は、人よりおそく大成する、ということのたとえ。〈老子《ロウシ》〉

【大義】《タイギ》①たいせつな意義。②人として守るべきたいせつな道。

【大義《タイギ》親《シン》を滅《メッ》す】国家や主君に対する臣下としての道を守るためには、肉親への情愛を犠牲《ギセイ》にする。また、それが必要である。〈春秋左氏伝《シュンジュウサシデン》〉

【大義名分】《タイギメイブン》①人として守るべきたいせつな道理と、その立場についての自覚。②ある行動をとるについて、他に示すにじゅうぶんな理由や根拠《コンキョ》。例—がたつ。

【大儀】《タイギ》一(名)たいせつな儀式。例即位《ソクイ》の—。二(名・形動《ダ》)①めんどうで、くたびれるようす。類苦労。例動くのも—だ。②他人の苦労をいたわりねぎらう古い言い方。例このたびは、まことに—であった。

【大吉】《ダイキチ》(うらないなどで)ひじょうに運勢・縁起《エンギ》がよいこと。めでたいこと。また、その日。大吉日《ダイキチニチ》。対大凶《ダイキョウ》。

【大規模】《ダイキボ》(名・形動《ダ》)しくみや構造・構想などが大きいようす。大がかり。対小規模。例—な事業計画。

【大逆】《タイギャク》(主君や親を殺すような)人の道にそむく最悪のおこない。例—無道《ムドウ》。いわゆる—事件。

【大逆無道】《タイギャクムドウ》人の道に反し道理にそむく、この上なく悪いおこない。とくに、謀反《ムホン》をいう。

【大弓】《ダイキュウ》長さ二メートル強の、ふつうのゆみ。対半弓。

【大休止】《ダイキュウシ》行軍のとちゅうで、長い時間の休憩《キュウケイ》をとること。対小休止。

【大挙】《タイキョ》(名・する)①おおぜいがいっせいに動き出すこと。例—しておし寄せる。②大きな計画。

【大業】《タイギョウ》①大きな事業。類偉業《イギョウ》。②帝王《テイオウ》の、天下統治の事業。

【大凶】《ダイキョウ》①うらないなどで、ひじょうに不吉《フキツ》なこと。運勢が悪いこと。対大吉《ダイキチ》。②この上もない罪悪。また、大悪人のこと。表記②は、旧大▼兇
【大恐慌】《ダイキョウコウ》①大いにおそれあわてること。大パニック。②世界的な規模《キボ》で起こる経済の混乱。例一九二九年の世界—。

【大局】《タイキョク》①囲碁《イゴ》で、盤面《バンメン》全体から見た勝負のなりゆき。②全体から見たものごとの形勢。類大勢《タイセイ》。例—を見通す。—から判断する。

【大金】《タイキン》多額のお金。例—を手に入れる。—を積む。

【大愚】《タイグ》①ひじょうにおろかなこと。また、その人。対大賢《タイケン》。②自分をへりくだっていうことば。例—良寛《リョウカン》。

【大君】一《タイクン》①昔、君主をうやまっていうことば。②江戸《えど》時代に対外的に用いた、将軍の呼び名。二《おおきみ》天皇をたっとんで呼んだことば。〔古雅《コガ》な言い方〕

【大軍】《タイグン》①多数の軍勢。例—を率いる。②大きな戦争。例—の後には必ず凶年《キョウネン》有り(=農民が徴用《チョウヨウ》されたり田畑があらされたりするので、大きな戦争の後は必ず凶作になる)。〈老子《ロウシ》〉

【大群】《タイグン》生物の、同種のものの大きなむれ。例イナゴの—。

【大勲位】《ダイクンイ》日本の、勲等のある勲章のうちの最高位。勲一等より上。例—菊花大綬章《キッカダイジュショウ》。

【大兄】《タイケイ》①いちばん上のあに。類長兄《チョウケイ》。②男性が、同輩《ドウハイ》や少し目上の人をうやまっていうことば。〔おもに手紙などで使う〕対小弟《ショウテイ》。

【大系】《タイケイ》ある分野・テーマについての著作・論文を組織的にまとめた書物につける名前。〔同音の「体系(=一定の原理にもとづく組織や構成)」のもじり〕例漢文—。

【大計】《タイケイ》大きな計画。例国家百年の—。

【大経】《タイケイ》①人のふみおこなうべき道。類大道。②巻数の多い経書《ケイショ》。唐《トウ》・宋《ソウ》代に、大学の教科または進士の試験で、経書を分量によって、大・中・小の三つに分け、唐代は『礼記《ライキ》』『春秋左氏伝《シュンジュウサシデン》』を、宋代は『詩経《シキョウ》』『周礼《シュライ》』を大経とした。

【大慶】《タイケイ》大きなよろこび。たいへんめでたいこと。例—至極《シゴク》に存じます。

【大圏】《タイケン》地球の大円《ダイエン》。地球の中心を通る平面と地表と

が交わってできる円。例—航路(=地球上の二点を結ぶ最短の航路)。

【大権《タイケン》】大きな権力。天子の権力。とくに明治憲法で、天皇が行使しうる統治権のこと。例—事項《ジコウ》。

【大憲《タイケン》】たいせつな、きまり。とくに、国の基本法である憲法のこと。

【大賢《タイケン》】ひじょうにかしこいこと。また、その人。対大愚《タイグ》。

【大言《タイゲン》】一(名)すぐれたことば。りっぱなことば。二(名・する)おおげさに言うこと。また、いばって言うこと。例—壮語《ソウゴ》。

【大言壮語《タイゲンソウゴ》】(名・する)自信のあるふうをして、えらそうなことを言うこと。また、そのことば。例つねに—する男。

【大元帥《ダイゲンスイ》】①全軍をまとめる長官。総大将。②もと、陸海軍の統率者《トウソツシャ》としての天皇の呼び名。

【大呼《タイコ》】(名・する)大声でさけぶこと。

【大故《タイコ》】①大きな不幸。父母の死。②大きな事故。大事件。③大きな悪事。大罪。

【大悟《タイゴ》】(名・する)〔仏〕迷いをすてて大いにさとること。例—徹底《テッテイ》(=さとって、すっかり迷いのなくなること)。

【大工《タイコウ》】一①大きな工事。大工事。②昔、宮殿《キュウデン》の造営などで、その工事をつかさどった役人。二《ダイク》おもに、日本風の家の建築・修理を仕事とする人。また、その仕事。例—仕事。—道具。日曜—。

【大公《タイコウ》】①ひじょうに公平なこと。類至公《シコウ》。例—無私。②ヨーロッパで、君主の一族の男子の呼び名。③ヨーロッパの小国の君主。〔英語 Grand Duchy を「大公国」と訳すのによる〕例ルクセンブルク—。

【大功《タイコウ》】①大きなてがら。りっぱな功績。②九か月間、喪《も》に服すること。また、そのとき着用する喪服。

【大江《タイコウ》】①大きな川。②長江《チョウコウ》(=揚子江《ヨウスコウ》)のこと。

【大行《タイコウ》】①大事業。②遠くへ行って帰らないこと。③「大行天皇《タイコウテンノウ》」の略。

【大行天皇《タイコウテンノウ》】天皇が崩御《ホウギョ》(=亡《な》くなる)してからおくりなが決まるまでの呼び名。大行皇帝《コウテイ》。

【大行《タイコウ》は細謹《サイキン》を顧《かえり》みず】大事を成そうというときには、こまかな気くばりにとらわれることはない。〈史記《シキ》〉

【大綱《タイコウ》】①おおづな。②だいたいの内容。あらまし。類大要。例政治改革—。本書の—を要約する。

【大剛《ダイゴウ》】ひじょうに強いこと。また、その人。例—の人。

［大部］0画 大

【大国《タイコク》】①領土の広い国。②国力のさかんな国。例いわゆる経済—。▽対小国。

【大獄《タイゴク》】重大な政治的犯罪事件で、多くの人がとらえられること。例安政の—。

【大黒《ダイコク》】①「大黒天」の略。②僧《ソウ》の妻をいう。梵妻《ボンサイ》。

【大黒頭巾《ダイコクズキン》】「大黒天②」のかぶる頭巾。また、それに似た帽子《ボウシ》。円形で低く、周囲がふくれて張り出している。

【大黒天《ダイコクテン》】①〔仏〕三宝《サンボウ》を守護し、戦いの神とされ、のち台所の神とされた。大黒。②七福神のひとり。ずきんをかぶり、右手に打ち出の小槌《こづち》、肩《かた》に大きなふくろをかついで、米俵をふまえている。福をもたらす神とされる。大黒さま。

【大黒柱《ダイコクばしら》】①日本民家の建築で、家の中心にあり、家屋の構造全体をささえるいちばん太い柱。②家族や国を、中心になってささえる人。例一家の—を失う。

【大根《ダイコン》】①野菜の一つ。太く白い根と、葉を食用にする。古くは「すずしろ」ともいい、春の七草の一つ。おおね。②「大根役者」の略。

【大根役者《ダイコンヤクシャ》】演技のへたな役者。だいこん。

【大佐《タイサ》】軍隊の階級で、佐官《サカン》の最上位。〔自衛官では一佐〕

【大差《タイサ》】大きなちがい。対小差。例—がつく。

【大宰《タイサイ》】一周代の官名。大臣。宰相《サイショウ》。二《ダザイ》「大宰府《ダザイフ》」の略。

【▽大宰府《ダザイフ》】律令制《リツリョウセイ》で、筑前《チクゼン》(=今の福岡《ふくおか》県)に置かれた官庁。九州・壱岐《いき》・対馬《つしま》を治め、国防や外交をつかさどった。参考地名は「▽太宰府」と書く。

【大祭《タイサイ》】①神社の、大きなまつり。例例—。臨時—。②天皇のおこなう皇室のまつり。

【大斎《タイサイ》】カトリック教会で、四旬節《シジュンセツ》の四十日間のものいみ。大斎節。レント。

【大罪《タイザイ|ダイザイ》】大きなつみ。類重罪。対微罪《ビザイ》。

【大作《タイサク》】①すぐれた作品。②費用を多くかけ、大がかりにつくった作品。③大事業をおこすこと。

【大冊《タイサツ》】紙数の多い書物。型の大きい、厚い書物。

【大札《タイサツ》】①他人からの手紙をうやまっていうことば。②はげしい流行病。類大疫《タイエキ》。

【大山《タイザン》】大きな山。例—鳴動してねずみ一ぴき(=大さわぎをしたわりには、結果がともなわないことのたとえ)。

【大史《タイシ》】一中国、周代の官名。天文・暦法《レキホウ》などをつかさどった。また、その長官。太史《タイシ》。二《ダイシ》律令制《リツリョウセイ》で、神祇官《ジンギカン》・太政官《ダイジョウカン》の主典《サカン》の一つ。少史の上位。


【大旨《タイシ》】だいたいの意味。類大意・大要・要旨。

【大志《タイシ》】大きなこころざし。類大望《タイボウ》。例少年よ、—をいだけ〔アメリカの教育者クラーク博士のことば、Boys be ambitious. の訳〕。

【大使《タイシ》】「特命全権大使」の略。一国の代表として外国に駐在《チュウザイ》し、外交をおこなう人。例—館。駐米《チュウベイ》—。

【大師《タイシ》】一①たくさんの軍隊。大軍。②周代の三公の一つ。天子を補佐《ホサ》する役。太師《タイシ》。二《ダイシ》〔仏〕①仏・菩薩《ボサツ》・徳の高い僧《ソウ》をうやまっていうことば。②朝廷《チョウテイ》から徳の高い僧におくられる尊号。例弘法《コウボウ》—(=空海《クウカイ》)。伝教《デンギョウ》—(=最澄《サイチョウ》)。③弘法大師のこと。例お—さま。

【大姉《ダイシ》】〔仏〕①女性の僧《ソウ》や信者をうやまっていうことば。②女性の戒名《カイミョウ》の下につけることば。対居士《コジ》。

【大字《ダイジ》】①大きい字。おおもじ。②漢数字の一・二・三などの代わりに用いる壱・弐・参などの字。〔金額・数量のまちがいを防ぐために、証書類などに用いる〕

【大事《ダイジ》】一(名)①ひじょうに重要でたいせつなこと。また、大きな事業。対小事。例—の前の小事。②たいへん重大な事件。おおごと。例お家《いえ》の—。—に至らぬように祈る。二(形動ダ)①重要なようす。たいせつ。例この問題は—だ。②気をくばって、たいせつにしているようす。例親を—にする。

【大慈《ダイジ》】〔仏〕わけへだてなく人々に示される、仏のいつくしみ。例—大悲。

【大慈大悲《ダイジダイヒ》】〔仏〕仏の、すべてのものに対する限りないいつくしみ。

【大司教《ダイシキョウ》】カトリック教会で、複数の教区を支配する僧職《ソウショク》。

【大司空《ダイシクウ》】中国古代の官名。土地や人民のことをつかさどる役人の長。

【大司▼寇《ダイシコウ》】中国古代の官名。刑罰《ケイバツ》をつかさどる。

【大自然《ダイシゼン》】その崇高《スウコウ》・威力《イリョク》・強大をほめていう、自然。例—の驚異《キョウイ》。

【大司徒《ダイシト》】中国古代の官名。土地・教育をつかさどる。

【大社《タイシャ》】①王が人々のために建てた、国土を守護するやしろ。②「出雲《いずも》大社」の略。島根県にあり、大国主神《おおくにぬしのかみ》をまつる。

【大赦《タイシャ》】恩赦の一つ。国に祝いごとなどがあったとき、ある範

囲《ハンイ》の罪について、刑罰《ケイバツ》の執行《シッコウ》を免《メン》じたり、軽くしたりすること。

【大蛇《ダイジャ》】大きなヘビ。おろち。

【大車輪《ダイシャリン》】①大きな車輪。②鉄棒の技術の一つ。鉄棒をにぎり、からだをまっすぐのばして鉄棒のまわりを回転する。③精出していっしょうけんめいに働くこと。例—でかたづける。

【大酒《タイシュ》】〔「おおざけ」とも〕（名・する）多量の酒。また、たくさんの酒を飲むこと。例—家《カ》。二日酔《ふつかよ》いするほど—する。

【大儒《タイジュ》】すぐれた儒学者。大学者。例—伊藤仁斎《イトウジンサイ》。

【大樹《タイジュ》】①大きな木。大木。例寄らば—のかげ（=たよるならば、しっかりした力をもつものにたよるほうがよい）。②将軍の別名。〔後漢《ゴカン》の馮異《フウイ》という将軍が、てがらを論じ合う席でも決してほこらず、いつも大樹の下にしりぞいていたので大樹将軍と呼ばれたという故事による〕〈後漢書《ゴカンジョ》〉

【大州《タイシュウ》】広大な陸地。大陸。例五—《ダイシュウ》（=五大陸）。表記 旧大▼洲

【大衆】[一]《タイシュウ》おおぜいの人々。また、ふつうの人々。(類)民衆《ミンシュウ》・庶民《ショミン》。例—文学。—社会。一般《イッパン》—。[二]《ダイシュ》〔仏〕〔「シュ」は、呉音《ゴオン》〕おおぜいの僧《ソウ》たち。衆僧《シュソウ》。

【大所《タイショ》】小さなことにこだわらない、広く大きな立場や視野。例—高所から判断する。

【大書《タイショ》】（名・する）文字を大きく書くこと。強調して書くこと。例特筆—する。

【大暑《タイショ》】①きびしい夏のあつさ。(類)酷暑《コクショ》。②二十四節気の一つ。太陽暦《タイヨウレキ》で七月二十三日ごろ。一年じゅうで最もあついころとされる。

【大正《タイショウ》】大正天皇の在位の元号。明治の次で、昭和の前。一九一二（明治四十五、大正元）年七月三十日から一九二六（大正十五、昭和元）年十二月二十五日まで。

【大将《タイショウ》】①全軍または一軍を指揮する人。将軍。例総—《ソウダイショウ》。侍《さむらい》—《ダイショウ》。②軍隊の階級で、将官の最上位。また、その人。例陸軍—。③ある団体・集団の長。リーダー。例がき—《ダイショウ》。お山の—。④からかって、また、親しみをこめて呼ぶことば。例魚屋の—。

【大笑《タイショウ》】（名・する）大声でわらうこと。おおわらい。例呵呵《カカ》—する。

【大勝《タイショウ》】（名・する）大差で勝つこと。大勝利。(類)圧勝。(対)大敗。表記「大▼捷」とも書く。

【大詔《タイショウ》】みことのり。詔勅《ショウチョク》。例—の渙発《カンパツ》（=みことのりを出す）。

【大賞《タイショウ》】ある分野で、最もすぐれた人や団体・作品にあたえられる賞。グランプリ。例レコード—。

【大小《ダイショウ》】①大きなものと小さなもの。また、ものの大きさ。例—さまざまあり。②大刀と小刀。例—を腰《こし》にさす。

【大乗《ダイジョウ》】〔仏〕自己の救済だけではなく、慈悲《ジヒ》と博愛の心ですべての人々を救うという仏教の教え。中国・朝鮮《チョウセン》半島をへて、日本に伝わり広まった。(対)小乗。

【大▼嘗祭《ダイジョウサイ|おおなめまつり|おおにえのまつり》】即位《ソクイ》した天皇が初めておこなう新嘗祭《シンジョウサイ》。大嘗会《ダイジョウエ》。

【大上段《ダイジョウダン》】①剣道《ケンドウ》で、剣を頭の上にふりかざす構え。例竹刀《しない》を—にふりかぶる。②相手を威圧《イアツ》するように対する態度。(類)高姿勢。例—に構えてものを言う。

【大丈夫】[一]《ダイジョウフ|ダイジョウブ》（名）一人前のりっぱな男子。[二]《ダイジョウブ》（形動ダ）しっかりしているようす。安心していられるようす。例この調子なら—だ。

【大静脈《ダイジョウミャク》】全身をまわった血液を心臓へ送る太い血管。(対)大動脈。

【大食《タイショク》】（名・する）たくさん食べること。また、その人。おおぐらい。(類)健啖《ケンタン》。(対)小食。例無芸—。

【大食漢《タイショクカン》】〔「漢」は、男の意〕たくさん食べる人。(類)健啖家《ケンタンカ》。

【大身】[一]《タイシン》身分の高い人。また、金持ちの人。(対)小身。例ご—。[二]《おおみ》刃《は》わたりの長いこと。例—の槍《やり》。

【大人】[一]《タイジン》①徳の高い人格者。身分の高い人。(対)小人《ショウジン》。②父母・長老など、目上の人をうやまっていうことば。③からだの大きな人。巨人《キョジン》。(対)小人《ショウジン》。[二]《ダイニン|おとな》一人前に成人した人。(対)小人《ショウニン》。[三]《うし》身分の高い人や師匠《シショウ》などをうやまっていうことば。例本居宣長《もとおりのりなが》—。

【大尽《ダイジン》】大金持ち。富豪《フゴウ》。資産家。例—かぜをふかす。

【大臣《ダイジン》】①内閣を構成する各省の大臣および国務大臣のこと。例総理—。外務—。②昔、太政官《ダイジョウカン》の上の官職。太政大臣・左大臣・右大臣・内大臣を指す。おとど。

【大神宮《ダイジングウ》】天照大神《あまてらすおおみかみ》をまつる神宮。伊勢《いせ》神宮のこと。皇大神宮《コウタイジングウ》。

【大人物《ダイジンブツ》】度量の大きいりっぱな人物。(対)小人物。例あっぱれ—とほめそやされる。

【大豆《ダイズ》】マメ科の一年草。実は食用。とうふ・しょうゆ・みそなどにも加工する。

【大水】[一]《タイスイ》大きい川や広い湖。[二]《おおみず》大雨などのために川の水があふれること。洪水《コウズイ》。例—が出る。

【大数《タイスウ》】①ひじょうに大きいかず。②おおよそのかず。(類)概数《ガイスウ》。

【大成《タイセイ》】（名・する）①仕事をなしとげ、大きく成功すること。人間的に成長して、世に認められること。(対)小成。②完全にしあがること。③ある分野のものを広く集めること。集大成。例随筆《ズイヒツ》—。

【大声《タイセイ》】①大きなこえを出すこと。また、大きなこえ。おおごえ。例—疾呼《シッコ》（=おおごえでさかんにさけぶこと）。②高尚《コウショウ》な音楽や高尚な言論。

【大政《タイセイ》】天下の政治。例—奉還《ホウカン》（=一八六七年、十五代将軍徳川慶喜《よしのぶ》が政権を朝廷《チョウテイ》に返したこと）。

【大勢】[一]《タイセイ》①世の中のなりゆき。おおよその形勢。例—に従う。選挙の—が判明する。②大きな勢力や権力。例—をにぎる。[二]《おおゼイ》たくさんの人数。(類)多勢《タゼイ》。

【大切《タイセツ》】（名・形動ダ）①重要なこと。例この教えは—だ。②そまつにしないこと。大事。例御身《おんみ》—に。

【大雪】[一]《タイセツ|おおゆき》ひどく降る雪。たくさん積もった雪。(対)小雪。[二]《タイセツ》二十四節気の一つ。太陽暦《タイヨウレキ》で、十二月八日ごろ。

【大戦《タイセン》】大きな戦争。大戦争。とくに、第一次世界大戦・第二次世界大戦を指す。例—前。先の—。

【大全《タイゼン》】①じゅうぶんに備わっていること。(類)十全。②あることがらについて、じゅうぶん理解できるように、関係する項目《コウモク》をすべて集めた書物。例『神学—』〔トマス=アクィナスの著作の名〕

【大千世界《ダイセンセカイ》】〔仏〕三千大千世界の一つ。この上なく広大な世界。小千世界が千個集まると中千世界。これがさらに千個集まると大千世界となる。大千界。

【大前提《ダイゼンテイ》】①論理学で、三段論法の根本になる第一の前提。たとえば、「AはBである。CはAである。ゆえにCはBである。」の「AはBである」の部分。②行動を起こしたり論理を展開するうえで、欠かすことのできない根本的な条件。例人質《ひとジチ》解放の—は、人命の尊重だ。

【大宗《タイソウ》】①ものごとのはじまり。おおもと。②ある分野の実力者。(類)大家《タイカ》。例日本画の—。

【大喪《タイソウ》】天子が、なくなった先代の天子または皇后などの喪

もに服すること。また、その葬儀《ソウギ》。

【大葬《タイソウ》】①りっぱな葬儀《ソウギ》。例—の期間。—の礼。②天子・太皇太后・皇太后・皇后の葬儀。例—がおこなわれる。

【大層《タイソウ》】[一](形動ダ)程度のはなはだしいようす。おおげさなようす。例ごーな言いぐさだ。[二](副)たいへん。ひじょうに。例—繁盛《ハンジョウ》している店だ。

【大蔵経《ダイゾウキョウ》】〔仏〕仏教の経典《キョウテン》を集めた書物。一切経《イッサイキョウ》。蔵経。

【大僧正《ダイソウジョウ》】僧の最高の位。僧正の上。

【大息《タイソク》】(名・する)大きく息をすること。大きくため息をつくこと。例長《チョウ》—する。—してなげく。—をつく。

【大卒《ダイソツ》】「大学卒業」の略。例—者の初任給。

【大▼儺《タイナ ダイナ》】古代中国で、悪鬼《アッキ》を追いはらう行事。冬至《トウジ》のあと、三回目の戌《いぬ》の日の前日におこなう。のち、日本にも伝わり、平安時代の宮中では大晦日《おおみそか》の夜におこなわれた。追儺《ツイナ》。鬼《おに》やらい。

【大体《ダイタイ》】[一](名)おおよそ。たいがい。例—はきみの言うとおりだ。—の者は反対だ。[二](副)①ほぼ。ほとんど。例宿題は—かたづいた。②もともと。そもそも。例—これはきみの仕事ではないか。

【大隊《ダイタイ》】軍隊で、多人数の部隊。規模《キボ》は連隊より下、中隊の上。例—長。—本部。

【大▼腿《ダイタイ》】足のひざから上の部分。ふともも。例—部。

【大内《ダイダイ》】「大内裏《ダイダイリ》」の略。

【大内裏《ダイダイリ》】古代の中国や日本の都で、内裏(=天子の御所《ゴショ》)を中心に役所の建ち並ぶ一区画。

【大沢《タイタク》】①大きなぬま地。広大な湿地帯《シッチタイ》。②大きなめぐみ。とくに天子のいつくしみ。

【大多数《ダイタスウ》】大部分の数。ほぼ全員。例—の賛同が得られた。

【大胆《ダイタン》】(名・形動ダ)度胸のあること。ものに動じないこと。類豪胆《ゴウタン》。対小胆。例—不敵なつらがまえ。

【大団円《ダイダンエン》】〔「団円」は、結末の意〕劇や小説などで、筋立てがめでたく終わる最後の場面。例—をむかえる。

【大地《ダイチ》】〔天空に対して〕広々と大きく広がる土地。人々が生活する場としての地上。例母なる—。

【大著《タイチョ》】ページ数が多く、すぐれた著作。例畢生《ヒッセイ》の(=生涯《ショウガイ》をかけた)—。

【大腸《ダイチョウ》】消化器官の一部。小腸から続き、肛門《コウモン》にいたるまでの部分。

［大部］0画 大

【大▼椿《ダイチン》】一本の年輪をきざむのに三万二千年かかるという伝説上の大木。例—の寿《ジュ》(=長寿を祝うことば)。〈荘子《ソウジ》〉

【大抵《タイテイ》】(副)おおよそ。ほとんど。例かれは—家に居る。

【大帝《タイテイ》】①天の神。天帝。②大きな功績のあった帝王。例明治—。

【大敵《タイテキ》】多くの敵。また、強い敵。例油断—。

【大典《タイテン》】①重要な書籍《ショセキ》。また、分量の多い書籍。例永楽—。②重要な法典。例不磨《フマ》の—。③国家のたいせつな儀式《ギシキ》。とくに即位《ソクイ》式。大礼。

【大▼篆《ダイテン》】漢字の書体、篆書の一つ。周代に、史籀《シチュウ》が作ったという。籀文《チュウブン》。対小篆。

【大度《タイド》】大きな度量。どんな人でも受け入れる心の広さ。例寛仁《カンジン》—。

【大刀《ダイトウ》】大きく長いかたな。対小刀。

【大東《ダイトウ》】東のはて。極東。とくに、日本。

【大同《ダイドウ》】[一](名)だいたい同じであること。例—小異。[二](名・する)合同すること。例—団結。

【大同小異《ダイドウショウイ》】小さなちがいがあるだけで、ほとんど同じであること。大差ないこと。

【大道《ダイドウ》】①広くにぎやかな道路。例—芸人。②〔「タイドウ」とも〕人としてふみはずしてはならない正しいみち。

【大道《ダイドウ》廃《すた》れて仁義《ジンギ》あり】「大道②」がすたれてしまったので、わざわざ仁義を説く必要が出てきた。老子が儒教《ジュキョウ》の教えを批判したことば。〈老子《ロウシ》〉

【大動脈《ダイドウミャク》】①心臓から全身へ血液を送り出す太い血管。対大静脈《ダイジョウミャク》。②主要な都市を結ぶたいせつな道路や鉄道などのたとえ。例東海道新幹線や山陽新幹線は日本の—だ。

【大統領《ダイトウリョウ》】①共和制国家の元首。②芸人や役者などの熱演・名演に対するかけ声。例よう、—。

【大都会《ダイトカイ》】人口が多く、活気のある大きな都会。

【大徳《ダイトク》】①大きな徳。また、それのある人。②人として守るべきたいせつな節義。③大きなめぐみ。④〔仏〕〔「ダイトコ」とも〕高僧《コウソウ》をうやまっていうことば。

【大都市《ダイトシ》】政治・経済などの中心になるような大きな都市。例—圏《ケン》の地価高騰《コウトウ》。

【大納言《ダイナゴン》】律令制《リツリョウセイ》の官職の一つ。太政官《ダイジョウカン》の次官で、天皇のそば近くに仕え、大臣につき従って政治をおこなった。

【大難《ダイナン》】大きな困難。ひじょうな災難。

【大日如来《ダイニチニョライ》】〔仏〕〔「大日」は、太陽の光が宇宙をあまねく照らす意〕万物《バンブツ》の根源であるとされる、真言宗《シンゴンシュウ》の本尊。

【大任《タイニン》】重大な任務。たいせつな役目。類大役《タイヤク》。例—を果たす。

【大脳《ダイノウ》】脳の一部で、精神活動や神経系などをつかさどる重要な器官。

【大農《ダイノウ》】①広い農地をもつ富裕《フユウ》な農民。類豪農《ゴウノウ》。対小農。②土地が広く、規模《キボ》の大きな農業。例—法。

【大納会《ダイノウカイ》】一年の最後におこなわれる、取引市場の売買取引。対大発会《ダイハッカイ》。

【大破《タイハ》】(名・する)大きくこわれること。また、こわすこと。例衝突《ショウトツ》して車が—する。

【大杯《タイハイ》】大きなさかずき。表記「大▼盃」とも書く。

【大敗《タイハイ》】(名・する)大きく負けること。大差で負けること。対大勝。例—を喫《キッ》する。

【大発会《ダイハッカイ》】新年の最初におこなわれる、取引市場の売買取引。対大納会《ダイノウカイ》。

【大半《タイハン》】ほとんど。大部分。過半。例—は完成した。

【大盤石《ダイバンジャク》】①ひじょうに大きな岩。②どっしりとしていてゆるがないことのたとえ。例あの社長がいるかぎり、わが社は—だ。表記▽「大▼磐石」とも書く。

【大尾《タイビ》】おわり。結末。終局。例一大長編小説の—。

【大悲《ダイヒ》】〔仏〕広く人々の苦しみを救う仏の慈悲《ジヒ》。例大慈《ダイジ》—。

【大病《タイビョウ》】(名・する)おもい病気にかかること。また、その病気。類大患《タイカン》・重病。例—をわずらう。

【大兵】[一]《ダイヒョウ》からだの大きなこと。また、からだの大きな人。対小兵《こヒョウ》。例—肥満の男。[二]《タイヘイ》おおぜいの兵隊。大軍。

【大夫】[一]《タイフ》①中国古代の官職。周代は卿《ケイ》の下位、士の上位をいった。②中国古代の爵位《シャクイ》。また、官位のある者の名につけて敬意をあらわす。③松の別名。〔秦《シン》の始皇帝《シコウテイ》が雨やどりした松に大夫の爵位をおくった故事による〕④大名《ダイミョウ》の家老の別名。[二]《タユウ》⇩【太夫《タユウ》】(261ページ)

【大部】《ダイブ》 ①書物の冊数やページ数の多いこと。例 ―の著作。 ②ほとんどの部分。大部分。例 一日の―をこの作業についやす。

【大分】《ダイブ｜ダイブン》 (副) かなり。たくさん。例 ―寄付が集まった。

【大風】 一《タイフウ》 (名) ①〔「おおかぜ」とも〕はげしく強くふく風。 ②ハンセン病のこと。 二《おおフウ》 (名・形動ダナ) 尊大で人を見くだすような態度。おうへい。

【大仏】《ダイブツ》 大きな仏像。例 奈良《なら》の―。

【大部分】《ダイブブン》 ほとんどすべて。おおかた。例 ―は目を通した。―の人が生還した。

【大別】《タイベツ》 (名・する) 大まかにいくつかに分けること。対 細別。例 生物は、動物と植物とに―される。

【大変】《タイヘン》 一 (名) 大きな変化。大事件。例 天下の―。 二 (形動ダナ) とても重大である。苦労しそうなようすだ。例 ―な混乱。あとかたづけが―だ。 三 (副) 程度のはなはだしいようす。とても。ひじょうに。例 ―ありがたい。

【大便】《ダイベン》 肛門《コウモン》から体外へ出される排泄物《ハイセツブツ》。くそ。ふん。

【大弁《タイベン》は▼訥《トツ》なるがごとし】 真に弁舌《ベンゼツ》にすぐれた者は、よけいなおしゃべりはしないので、口べたのように見える。〈老子《ロウシ》〉 表記 「弁」は、旧 ▼辯

【大方】 一《タイホウ》 (名) ①大地。〔天を「大円《タイエン》」というのに対していう〕 ②ひじょうに心の広い人。学識の高い人。例 ―の士。 二《おおかた》 (名) ①世間いっぱん。例 ―のご理解を乞《こ》う。 ②ほとんど大部分。例 会場の―は顔見知りだった。 三《おおかた》 (副) たぶん。おそらく。例 ―そんなことだろうと思った。

【大法】 一《タイホウ》 重要な法。 二《ダイホウ》 〔仏〕すぐれた教え。仏の教え。大乗《ダイジョウ》の仏法。

【大砲】《タイホウ》 大きな砲弾《ホウダン》を発射する兵器。

【大▼鵬】《タイホウ》 想像上の大きな鳥。おおとり。〈荘子《ソウジ》〉

【大望】《タイボウ｜タイモウ》 大きなのぞみ。大きな願い。例 ―をいだく。

【大木】《タイボク》 大きな木。類 大樹・巨木《キョボク》。例 うどの―(=大きいだけで役に立たないもののたとえ)。

【大本】《タイホン｜おおもと》 いちばんのもと。根本《コンポン》。例 民主政治の―。

【大本営】《ダイホンエイ》 かつて天皇のもとに置かれた、陸海軍を統帥《トウスイ》する最高司令部。例 ―発表。

【大枚】《タイマイ》 多額の金銭。例 ―をはたく。―を投じる。

【大名】 一《ダイミョウ》 ①江戸《えど》時代以前、広い領地を持った武士。 ②江戸時代、一万石《イチマンゴク》以上の領地を持った将軍の直臣。例 ―行列。―旅行(=大名のするようなぜいたくな旅行)。外様《とざま》―。 二《タイメイ》 ①大きな名声。りっぱな名誉《メイヨ》。 ②相手の名をうやまって言う。高名《コウメイ》。

【大命】《タイメイ》 君主や天子の命令。例 ―降下(=旧憲法で、天皇の命令が出されること)。

【大厄】《タイヤク》 ①大きなわざわい。類 大難《ダイナン》。例 ―にあう。 ②最も運勢が悪いとされる厄年《ヤクどし》。〔数え年で、男は四十二歳《サイ》、女は三十三歳〕

【大役】《タイヤク》 責任のある重い役目。例 ―をおおせつかる。

【大約】《タイヤク》 (名・副) おおよそ。あらまし。類 大略。例 ―の説明をする。

【大勇】《タイユウ》 大きな勇気。また、勇者。例 ―は怯《キョウ》なるがごとし(=ほんとうの勇者は慎重《シンチョウ》にして細心なので、おくびょう者のように見える)。

【大洋】《タイヨウ》 広く大きな海。類 大海・海洋。例 ―のかなたの国を夢みる。

【大要】《タイヨウ》 ①あらまし。類 概要《ガイヨウ》。例 制度改革の―を示す。 ②たいへん重要な点。例 ―を列挙する。

【大欲】《タイヨク》 大きな欲望。また、ひじょうに欲深いこと。対 小欲。 表記 旧 大▼慾

【大欲《タイヨク》は無欲《ムヨク》に似《に》たり】 ①大きな望みをもつ人は小さな利益など眼中にないので、一見無欲のようである。 ②欲の深い人は、欲張りすぎてかえって損をしがちで、結局は無欲の人と変わらない結果に終わるものだ。

【大乱】《タイラン》 革命や反乱などによる、世の中の大きなみだれ。例 応仁《オウニン》の―。

【大理】《ダイリ》 ①大きな道理。 ②中国、雲南《ウンナン》省の北西部にある地名。大理石の産地。

【大理石】《ダイリセキ》 〔産地が中国雲南《ウンナン》省大理なのでこの名がある〕石灰岩《セッカイガン》が変成作用を受けてできた岩石。建築や彫刻《チョウコク》などに用いられる。マーブル。

【大力】《ダイリキ》 〔「タイリキ」とも〕ひじょうに強い力。また、強い力をもつ人。類 怪力《カイリキ》。

【大陸】《タイリク》 ①地球上の、大きな陸地。例 北米―。南極―。 ②島国の対岸にある大きな陸地。日本から中国を、イギリスからヨーロッパを指す。

【大陸的】《タイリクテキ》 (形動ダナ) ①大陸に特有な性質であるようす。例 ―な気候。―な風土。 ②細かいことにこだわらず、ゆったりとしているようす。例 ―な性格。

【大略】《タイリャク》 一 (名・副) おおよそ。あらまし。類 概略《ガイリャク》・大要。例 ―二日の行程。計画の―は以下のとおり。 二 (名) 大きなはかりごと。すぐれた知略。

【大慮】《タイリョ》 ①厚い思いやり。 ②たくらみ。はかりごと。

【大猟】《タイリョウ》 狩《か》りで、鳥やけものがたくさんとれること。対 不猟。→【大漁《タイリョウ》】

【大量】《タイリョウ》 一 (名) ひじょうに量の多いこと。多量。例 ―生産。―に消費する。 二 (名・形動ダナ) 心が大きく広いこと。また、大きな度量。類 広量。▽対 小量・少量。

【大漁】《タイリョウ》 漁で、魚や貝などがたくさんとれること。〔「漁」の字音は「ギョ」だが、「猟《リョウ》」と類義なので、この熟語を「タイリョウ」と読む〕 対 不漁。例 ―旗《ばた》。―節《ぶし》。

【大倫】《タイリン》 人としてふむべき道。例 ―を乱《みだ》る。

【大輪】《タイリン》 ふつうより花が大きいこと。また、その花。例 ―の菊《キク》。―の花がさく。

【大礼】《タイレイ》 ①朝廷《チョウテイ》の重要な儀式《ギシキ》。たとえば、即位《ソクイ》の礼、大喪《タイソウ》の礼など。 ②人の一生で重要な儀式。成人式、結婚式《ケッコンシキ》、葬式《ソウシキ》など。

【大礼服】《タイレイフク》 明治・大正・昭和時代の皇室の重大な儀式《ギシキ》で、有資格者が着た礼服。

【大老】《タイロウ》 ①尊敬を集めるりっぱな老人。長老。 ②江戸《えど》時代、将軍の補佐《ホサ》役として、政局の多難な折に、必要に応じて老中《ロウジュウ》の上位に置かれた最高職。

【大▼牢】《タイロウ》 ⇩【太牢《タイロウ》】(260ページ)

【▽大戴礼】《ダタイレイ》 〔「ダイタイレイ」とも〕書名。前漢の戴徳《タイトク》が、周から漢までの礼に関する記録をまとめたもの。もと八十五編あったが、現在は三十九編が残る。

【大和】《やまと》 ①旧国名の一つ。今の奈良《なら》県にあたる。和州《ワシュウ》。〔もと、「倭」「大倭」などとも書いた〕 ②〔「①」に都があったことから〕日本の国の古い呼び名。例 ―ことば(=日本古来のことば)。

●偉大《イダイ》・遠大《エンダイ》・拡大《カクダイ》・強大《キョウダイ》・巨大《キョダイ》・広大《コウダイ》・公明正大《コウメイセイダイ》・最大《サイダイ》・針小棒大《シンショウボウダイ》・甚大《ジンダイ》・絶大《ゼツダイ》・壮大《ソウダイ》・増大《ゾウダイ》・尊大《ソンダイ》・雄大《ユウダイ》

大 1

【夬】

4画 5279 592C

音 一 カイ 漢 二 ケツ 漢

訓 さだ-む・わか-つ

意味 一《カイ》 きっぱりと決める。決断する。さだむ。 二《ケツ》 矢を射るとき、右手にはめて弦《つる》を引っかける道具。ゆがけ。同 抉《ケツ》。

大 1

【太】

4 画
3432
592A
教育2

音 タ 慣 タイ 漢 呉
訓 ふと-い・ふと-る
付表 太刀《たち》

筆順 一 ナ 大 太

なりたち ［形声］「、(=すべる)」と、音「大《タイ》」とから成る。なめらか。ゆったりと広い。

参考 「泰《タイ》」の古字で、「大《タイ》」とも通じて用いられた。

意味 ❶きわめて大きい。例 太鼓《タイコ》。太陽《タイヨウ》。❷おおもと。はじめ。おこり。例 太初《タイショ》。太祖《タイソ》。太郎《タロウ》(=長男)。❸おおいに。はなはだ。例 太平《タイヘイ》。❹たっとんでいうことば。例 太公《タイコウ》。太后《タイコウ》。太子《タイシ》。

日本語での用法 《ふとい》①肥えている。「太《ふと》い腕《うで》・太股《ふともも》・骨太《ほねぶと》」②ふてぶてしい。また、大胆《ダイタン》。「太《ふと》い奴《やつ》だ・肝《きも》が太《ふと》い」

難読 太秦《うずまさ》・太息《ためいき》・猶太《ユダヤ》

人名 うず・すぐる・たか・はじめ・ひろ・ふと・ふとし・ます・もと

【太一】《タイイツ》 ①宇宙・万物《バンブツ》の根源。②天の神。天帝《テンテイ》。③陰陽道《オンヨウドウ》にいう星の名。太一星《セイ》。表記 ▽「太▽乙」とも書く。

【太陰】《タイイン》 ①月。㊉太陽。②北。③冬。

【太陰暦】《タイインレキ》 月の満ち欠けをもとにしたこよみ。小の月を二十九日、大の月を三十日とする。陰暦。〔日本の陰暦は、太陰暦に太陽暦の要素を合わせたもので、厳密には太陰太陽暦という〕㊉太陽暦。

【太易】《タイエキ》 古代の考え方で、宇宙が宇宙として存在する以前の状態をいう。太易・太初・太始・太素の順に宇宙は生成されるという。

【太河】《タイガ》 黄河《コウガ》の別名。

【太虚】《タイキョ》 ①おおぞら。虚空《コクウ》。②宇宙の根源。表記 ▽「大虚」とも書く。

【太極】《タイキョク》 中国の易《エキ》および、それを受けた朱子学《シュシガク》で、宇宙・万物《バンブツ》を生成する根源をいう。

【太極拳】《タイキョクケン》 中国拳法《ケンポウ》の一つ。宋《ソウ》代に始められたという。現在では、武術としてよりも健康法として広くおこなわれている。

【太古】《タイコ》 遠い昔。大昔。有史以前。例 ―の人類。

【太鼓】《タイコ》 ①打楽器の一つ。木や金属でできた胴《ドウ》に革《かわ》を張ったもの。ばちや手で打ち鳴らす。②「太鼓持ち」の略。

【太鼓判】《タイコバン》 ①大きなはん。②絶対真実であるという保証のしるし。例 ―をおす。

【太鼓持ち】《タイコもち》 ①宴席《エンセキ》で、芸をしたりおもしろいおしゃべりをしたりして場を盛り上げることを仕事とする男。幇間《ホウカン》。たいこ。②相手にこびへつらい、取り入ろうとする者をさげすんでいうことば。例 上司の―をつとめて昇進《ショウシン》した男。

【太公】《タイコウ》 ①祖父、または父のこと。②他人の父や高齢者《コウレイシャ》をうやまっていうことば。

【太公望】《タイコウボウ》 ①周の時代、文王と武王に仕えた賢臣、呂尚《リョショウ》のこと。太公。〔世をさけて渭水《イスイ》で魚つりをしていた呂尚に、文王が出会い、子《シ》(=あなた)こそはわが太公(=祖父)が待ちのぞんでいた人物だといって、太公望と呼んだ〈史記《シキ》〉〕②魚をつる人。魚つりの好きな人。例 休日は―を決めこんでいる。

【太后】《タイコウ》 ①天子の母。②日本で、先代の天皇の皇后。

【太皇】《タイコウ》 ①天。②古代の帝王《テイオウ》のうちの、最もすぐれた帝王。③「太皇太后《タイコウタイゴウ》」に同じ。

【太皇太后】《タイコウタイゴウ》 ①天子の祖母にあたる女性。②日本では天皇の祖母。太皇后。

【太▼閤】《タイコウ》 ①摂政《セッショウ》や太政大臣《ダイジョウダイジン》を、うやまっていうことば。また、位を子にゆずった、前の関白のこと。②豊臣秀吉《とよとみひでよし》のこと。

【太宰】 一《タイサイ》 中国古代の官名。天子を補佐《ホサ》する最高官。宰相《サイショウ》。二《ダザイ》「太宰府」の略。↓【大宰府】《ダザイフ》(256ページ)

【▽太宰府】《ダザイフ》 ⇩【大宰府】《ダザイフ》(256ページ)

【太歳】《タイサイ》 ①木星の別名。②八将神の一人。木星の精。

【太山】《タイザン》 五岳《ゴガク》の一つ。中国、山東省にある名山。表記 「泰山」とも書く。

【太山《タイザン》は土壌《ドジョウ》を譲《ゆず》らず】 太山はわずかな土でもこぼまずに受け入れるので、大きな山になった。人間として大きくなるには包容力《ホウヨウリョク》をもつ必要があるというたとえ。㊫河海《カカイ》は細流《サイリュウ》を択《えら》ばず。〈史記《シキ》〉

【太山《タイザン》を▽挟《わきばさ》みて北海《ホッカイ》を超《こ》ゆ】 太山をわきにかかえて北海をこえる。不可能なことのたとえ。〈孟子《モウシ》〉

【太子】《タイシ》 ①将来、帝位《テイイ》をつぐ王子や皇子。皇太子。②聖徳太子《ショウトクタイシ》のこと。例 ―堂。

【太史】《タイシ》 昔の中国で、国の歴史を記録する官。また、天文や暦《こよみ》のことを受け持った官。

【太史公】《タイシコウ》 太史をうやまっていうことば。とくに、『史記《シキ》』の作者である、漢の司馬遷《シバセン》と、その父の司馬談《シバタン》を指す。

【太始】《タイシ》 天地のはじめ。ものごとのはじめ。↓【太易】《タイエキ》

【太守】《タイシュ》 中国古代の官名。郡の長官。

【太初】《タイショ》 天地のひらける前。宇宙の始まろうとするとき。↓【太易】《タイエキ》

【▽太政官】《ダイジョウカン|ダジョウカン》 律令制《リツリョウセイ》で、諸官庁をまとめ国政をつかさどる最高の官庁。現在の内閣に当たる。明治時代初期にも置かれたが、一八八五(明治十八)年内閣制の実施《ジッシ》により廃止《ハイシ》された。〔ふつう、明治時代に置かれたものを「ダジョウカン」と読む〕

【▽太政大臣】《ダイジョウダイジン|ダジョウダイジン》 太政官の長官。現在の総理大臣にあたる。左右大臣の上位。

【太祖】《タイソ》 ①王朝をおこした初代の帝王《テイオウ》。始祖。②ものごとのはじめ。㊫元祖《ガンソ》。例 元《ゲン》の―、チンギス=ハン。

【太素】《タイソ》 ①物質のはじめ。太始の次の状態。↓【太易】《タイエキ》②ひじょうに質素なこと。

【太息】《タイソク》 (名・する) ためいきをつくこと。ためいき。表記 「大息」とも書く。

【太白】《タイハク》 ①「太白星」の略。金星の別名。②盛唐《セイトウ》の詩人李白《リハク》の字《あざな》。③精製した白砂糖。

【太平】《タイヘイ》 (名・形動《ダナ》) 世の中がきわめて平和なこと。例 天下―。―な世の中。表記 「泰平」とも書く。

【太平楽】《タイヘイラク》 一(名) 舞楽《ブガク》の一つ。二(名・形動《ダナ》) 好きかってなことを言ったり、したいほうだいにふるまうこと。のんきなようす。例 ―を並べる。―なやつだ。

【太陽】《タイヨウ》 太陽系の中心にある恒星《コウセイ》。大量の光や熱を地球にもたらし、生命のみなもととされる。日輪。㊉太陰《タイイン》。

【太陽灯】《タイヨウトウ》 太陽光線に似た光線を発する電灯。ふつう、水銀灯をいう。医療《イリョウ》・殺菌《サッキン》などに用いられる。

【太陽暦】《タイヨウレキ》 地球の公転をもとにしたこよみ。地球が太陽を一周する時間を一年(=三百六十五日)とする。現在、世界でおこなわれているグレゴリオ暦もこの一種。新暦。陽暦。㊉太陰暦《タイインレキ》。

【太▼牢】《タイロウ》 昔の中国で、ウシ・ヒツジ・ブタの三種をそろえた神へのそなえ物。転じて、りっぱなごちそう。㊉少牢《ショウロウ》。表記 「大▼牢」とも書く。

【太刀】《たち》 長くて大きい刀。また、相手に切りかかる回数をかぞえることば。例 ―持ち。助―《すけだち》する。一《ひと》―あびせる。

3画

［大部］1画 太

【太▽夫】①律令制《セイ》で、五位(以上)の者。②能や歌舞伎《かぶき》などの役者の、おもだった者。③江戸《えど》時代、最高位の遊女。表記▽「▽大▽夫」とも書く。

【太っ腹】《ふとっぱら》(名・形動《ダナ》)ものごとにこだわらず、気持ちが広いこと。例かれは―な男だ。

【太▽股】《ふともも》足のまたから、ひざまでの部分。㊫大腿《ダイタイ》。

●根太《ねダ・ねぶと》

大 1

【天】

4画 3723 5929 教育1 音 テン 漢 呉 訓 あめ・あま

筆順 一 二 チ 天

なりたち  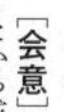 [会意]「一(=ひとつ)」と「大(=おおきい)」とから成る。それ以上高いものはない。頭のてっぺん。

意味 ❶人の頭。例天蓋《テンガイ》。脳天《ノウテン》。❷頭上高く広がる空間。宇宙。そら。あめ。あま。㊫対 地《チ》。例天空《テンクウ》。天体《テンタイ》。満天《マンテン》。天《テン》高《たか》く馬《うま》肥《こ》ゆる秋《あき》。天《あま》の川《がわ》。❸万物《バンブツ》を支配する神や霊《レイ》などのいるところ。例天国《テンゴク》。昇天《ショウテン》。❹宇宙の支配者。造物主。神。例天意《テンイ》。天罰《テンバツ》。天《テン》は二物《ニブツ》を与《あた》えず。❺天の命をうけて地上を治める者。例天顔《テンガン》。天子《テンシ》。天覧《テンラン》。❻人の手のおよばない自然。例天険《テンケン》。天災《テンサイ》。天然《テンネン》。❼自然のまま。生まれつきの。例天才《テンサイ》。天性《テンセイ》。❽空もよう。例天気《テンキ》。雨天《ウテン》。晴天《セイテン》。❾上下が決まっているものの、上のほう。例天地無用《テンチムヨウ》。

日本語での用法 一《テン》①ビロード。「天鵞絨」と書いたところから。「コール天《テン》(=うね状のすじを織り出したビロード(=ベルベット))の布地)」②「天草《テンぐさ》」の略。「寒天《カンテン》」 二《て》「て」の音にあてた万葉がな。「天流《てる》(=照る)」

難読 天花菜《すぎな・つくし》・天門冬《きじかくし・テンモンドウ》・天羽《あもう》(=姓《セイ》・地名)・告天子《ひばり》・天鵞絨《ビロード》・天蚕糸《てぐす》・天晴《あっぱれ》・天児《あまがつ》・天弓《にじ》・天窓《あたま》・天主《デウス》・天鼠《こうもり》・天明《ほのぼの》・天漢《あまのがわ》

人名 かみ・そら・たか・たかし・ひろ・ひろし

【天下り】《あまくだり》(名・する)①(神などが)天上の世界から地上におりること。②官庁の役人が、関連の深い企業《キギョウ》や団体などへ役員として就任すること。表記▽「天▽降り」とも書く。

【天衣】《テンイ》①天子の衣服。②天人《テンニン》・天女《テンニョ》の衣服。

【天衣無縫】《テンイムホウ》(名・形動《ダナ》)〔天人の衣服にはぬい目がないということ〕①詩や歌などが、自然で、技巧《ギコウ》が目立つことなくすぐれていること。②性格がのびのびしていて、細かいことにこだわらないこと。㊫天真爛漫《テンシンランマン》。例―な人物。

【天意】《テンイ》①天の心。神の意志。例―を感じる。②天子や帝王《テイオウ》の心。例―を拝する。

【天運】《テンウン》①天からあたえられた運命。さだめ。㊫天命。②天体の運行。

【天恩】《テンオン》①天のめぐみ。天恵《テンケイ》。②天子の恩恵。天恵。

【天下】《テンカ》〔天の下のすべての世界の意〕①全世界。国じゅう。世の中。世間。例―をさわがせた事件。②国を支配する権力。例―を取る。三日―(=つかのまの支配。主君織田信長《おだのぶなが》を本能寺に殺した明智光秀《あけちみつひで》が、わずかの日数で羽柴秀吉《はしばひでよし》にほろぼされたことから)。

【天下太平】《テンカタイヘイ》(名・形動《ダナ》)世の中がよく治まって平和なこと。転じて、なんのなやみもなくのんびりしていること。例あの男はいつ見ても―だ。表記「天下泰平」とも書く。

【天下無双】《テンカムソウ》(名・形動《ダナ》)天下に並ぶ者がいないほどすぐれていること。例―の力持ち。

【天下無敵】《テンカムテキ》(名・形動《ダナ》)相手としてかなう者がいないこと。例剣《ケン》をとったら―だ。

【天下分け目】《テンカわけめ》天下が、争う両者のどちらのものになるかという重大な分かれ目。今後の情勢がどうなるのか、ここで決まるという、たいせつなとき。例―の戦い(=関ケ原《せきがはら》の戦い)。―の関ケ原。

【天花】一《テンカ》雪のこと。二《テンゲ》天上の世界にさくという花。また、法会《ホウエ》のとき仏前にまく、紙でつくった花。表記▽「天華」とも書く。

【天花粉】《テンカフン》キカラスウリの根のでんぷんからつくる白色の粉。子供のあせもの予防に用いる。あせしらず。ベビーパウダー。表記「天▼瓜粉」とも書く。

【天海】《テンカイ》①〔空の広さを海にたとえて〕広い空。大空。②空と海。遠くはなれていることのたとえ。

【天界】《テンカイ》①大空。天空。②天上の世界。天上界。

【天外】《テンガイ》天のはるか遠いところ。例奇想《キソウ》―の(=思いもよらない、変わった)計画。

【天涯】《テンガイ》天のはて。はるか遠いところ。異郷の地。

【天涯孤独】《テンガイコドク》広い世の中に身寄りもなく、ひとりきりであること。例―の身。

【天蓋】《テンガイ》①天。大空。②仏像・棺《ひつぎ》・祭壇《サイダン》・ベッドなどの上をおおうかさ。③虚無僧《コムソウ》のかぶる、ふかあみがさ。

【天漢】《テンカン》〔「漢」は、天《あま》の川の意〕天の川。銀河《ギンガ》。銀漢。天河《テンガ》。

【天顔】《テンガン》天子のかお。竜顔《リュウガン》。例―を拝する。

【天眼鏡】《テンガンキョウ》①易者《エキシャ》の用いる大きな凸《トツ》レンズ。レンズが大きくて、柄《え》の付いた拡大鏡。②望遠鏡。とおめがね。

【天気】《テンキ》①天の精気。②気象状態。天候。例―図。③晴天。例今日は―だ。④天子のきげん。天機。例―うるわしくいらせられた。

【天機】《テンキ》①天の秘密。宇宙・自然の神秘。②生まれつき備わっている才知や能力。③天子のきげん。天気。

【天球】《テンキュウ》地上の観測者の立場から、空を球体とみなしていうことば。

【天金】《テンキン》書物の製本で、裁断した小口《こぐち》の天《テン》(=上方)だけに金箔《キンパク》をおすこと。〔天地(=上下)と前の小口の三方に金箔をおすのを三方金《サンボウキン》という〕

【天▼狗】《テング》①山伏《やまぶし》の姿をし、顔は赤く鼻は高く、羽うちわを持って自在に空を飛ぶという想像上の怪物《カイブツ》。例烏《からす》―。②〔鼻が高いことから転じて〕自分の才能や能力などを自慢《ジマン》し、うぬぼれること。例釣《つ》り―。―になる。

【天空】《テンクウ》広々とした大空。例―にかかる虹《にじ》。

【天空海▼闊】《テンクウカイカツ》(名・形動《ダナ》)①空も海も広々としていること。②心が広くのびのびとしていること。例―の気象。

【天刑】《テンケイ》①天の法則。自然の法則。②天が人にくだす刑罰《ケイバツ》。天罰。

【天恵】《テンケイ》①天のめぐみ。天恩。②天子の恩恵。天恩。

【天啓】《テンケイ》天からあたえられたと感じる、教訓・発見・確信など。神のみちびき。神の啓示《ケイジ》。〔キリスト教でいう「黙示《モクシ》」〕例―を受ける。―に導かれる。

【天険】《テンケン》山や谷など地形のひじょうにけわしい、自然につくられた難所。例―に拠《よ》って敵をむかえ討《う》つ。

【天元】《テンゲン》①万物《バンブツ》生成のもと。②碁盤《ゴバン》の中央にある黒い目(=点)。

【天眼通】《テンゲンツウ》〔仏〕世の中のものすべてを見通すことのできる能力。〔近ごろは「テンガンツウ」とも〕

【天工】《テンコウ》天然のわざ。自然がもたらした美や細工。

【天行】《テンコウ》天体の運行。

【天皇】一《テンコウ・テンノウ》①天の神。天帝《テンテイ》。②天子。帝王。皇

帝。[二]《テンノウ》日本の天子。明治以前は、律令制《リツリョウセイ》下で日本国の君主。明治憲法では、大日本帝国の元首。現憲法では、日本国および日本国民統合の象徴《ショウチョウ》。

【天候】《テンコウ》天気の状態。例 ―を見定める。―が回復する。

【天香国色】《テンコウコクショク》ボタンの花の別名。また、美人をほめていうことば。

【天国】《テンゴク》キリスト教などで、天上の世界。神の国。善人が死後におもむくとされ、仏教でいう、極楽浄土《ゴクラクジョウド》に似る。転じて、楽しい場所や理想的な環境《カンキョウ》などのたとえに用いられる。対 地獄《ジゴク》。例 歩行者―。―へ旅立つ。

【天才】《テンサイ》もって生まれた、人並みはずれた才能。また、そのもち主。

【天災】《テンサイ》地震《ジシン》・噴火《フンカ》・たつまき・暴風雨・洪水《コウズイ》・旱魃《カンバツ》など、自然の力がもたらす災害。例 ―地変。

【天際】《テンサイ》天のはて。はるかかなた。

【天子】《テンシ》〔天帝《テンテイ》の子の意〕天に代わって世を治める人。王。君主。皇帝。日本では天皇を指した。

【天使】《テンシ》①天からの使者。②キリスト教などで、天から地上につかわされる神の使者。エンゼル。③心がやさしく、人をいたわる人のたとえ。例 白衣の―(=女性の看護師をほめていうことば)。

【天資】《テンシ》生まれつきの資質。天質。天性。

【天▼竺】《テンジク》①インドを指していう、古い呼び名。②空。高いところ。遠いところ。③「天竺木綿《もめん》」の略。

【天▼竺木綿】《テンジクもめん》地《ジ》が厚くじょうぶな平織《ひらお》りの綿織物。〔外国からの輸入品の意味で名付けられたといわれる〕

【天日】[一]《テンジツ》①太陽。日輪《ニチリン》。例 黒煙《コクエン》おおって―暗し。②天子。[二]《テンぴ》太陽の光や熱。例 ―でかわかす。

【天爵】《テンシャク》生まれつき備わった人徳。対 人爵。

【天主】《テンシュ》キリスト教で、天の神。〔ラテン語の「デウス」を音訳したものという〕

【天主教】《テンシュキョウ》「カトリック教」の古い呼び名。

【天守】《テンシュ》「天守閣」の略。

【天守閣】《テンシュカク》城の本丸に建てられた高層のやぐら。天守。

【天寿】《テンジュ》天からあたえられた寿命《ジュミョウ》。例 ―をまっとうする。

【天授】《テンジュ》天からさずけられること。また、生まれつき備わった才能。類 天性・天賦《テンプ》。

【天象】《テンショウ》①太陽・月・星など天体の現象。例 ―儀《ギ》(=プラネタリウム)。②天気のようす。空もよう。

【天上】《テンジョウ》[一](名)①天のうえ。大空。天空。対 地上。②天人の住む世界。天上界。最高。最上。[二](名・する)天へのぼること。③程度がこのうえもないこと。また、死ぬこと。類 上天・昇天《ショウテン》。

【天上天下】《テンジョウテンゲ》天と地のあいだ。宇宙。世界。

【天上天下唯我独尊】《テンジョウテンゲユイガドクソン》〔仏〕生まれたばかりの釈迦《シャカ》が、手助けなく四方に七歩あゆみ、言ったと伝えられることば。宇宙で自分よりも尊い者はいない、という意味。

【天井】《テンジョウ》①室内から見て、屋根や、はり・けたの骨組みをかくすように、部屋の上部に張った板。対 床《ゆか》。例 ―裏《うら》。②ものの内側の最上部。③〔経〕相場《ソウば》・物価の最高の限度。例 ―知らず。

【天井川】《テンジョウがわ》川床《かわどこ》がまわりの土地よりも高い川。

【天井桟敷】《テンジョウさじき》劇場で、天井にいちばん近い最上階の座席。〔舞台《ブタイ》から遠く、せりふが聞こえにくいために、料金が安い〕

【天壌】《テンジョウ》天と地。あめつち。例 ―無窮《ムキュウ》(=天地のある限り永久に続くこと)。―のへだたり(=天と地ほどに差の大きいこと)。

【天職】《テンショク》①天体の運行や万物《バンブツ》の生成など、天のつかさどる仕事。②天からあたえられた仕事。人のなすべき職務。また、その人自身にとって最もふさわしい仕事。

【天心】《テンシン》天の中心。空のまんなか。中天。例 ―の月をながめる。

【天神】[一]《テンシン》天の神。天帝《テンテイ》。対 地祇《チギ》。[二]《テンジン》菅原道真《すがわらのみちざね》をまつった神社。天満宮《テンマングウ》。例 北野《きたの》―。

【天真】《テンシン》(名・形動ダナ)生まれたままの自然な姿、性質。

【天真▼爛漫】《テンシンランマン》(名・形動ダナ)生まれつきの心が、すなおにそのままにあらわれること。むじゃきで明るいこと。

【天水】《テンスイ》天からの水。あまみず。例 ―桶《おけ》。

【天水▼桶】《テンスイおけ》あまみずをためておく防火用のおけ。

【天成】《テンセイ》①天が順調に運行し、万物《バンブツ》の生成がさかんなこと。②自然のままで道理に合うこと。③人の手がはいらず自然であること。例 ―の要害。④生まれつき。天性。

【天性】《テンセイ》天からあたえられた生まれつきの性質。例 ―の素質。

【天祖】《テンソ》天皇の祖先。皇祖。例 ―神社。

【天孫】《テンソン》①織女星《ショクジョセイ》の別名。②天の神の子孫。③日本で、天照大神《あまてらすおおみかみ》の孫、瓊瓊杵尊《ににぎのみこと》のこと。例 ―降臨。

【天体】《テンタイ》太陽・月・星など、宇宙の空間にある物体をまとめていう。例 ―望遠鏡。

【天台】《テンダイ》①「天台山」の略。中国浙江《セッコウ》省天台県にある山で天台宗の聖地。②「天台宗」の略。隋《ズイ》の智顗《チギ》大師を開祖とする仏教の一派。日本には、平安時代に最澄《サイチョウ》が唐《トウ》から帰朝後、比叡山《ヒエイザン》延暦寺《エンリャクジ》を建てて教えを広めた。

【天地】《テンチ》①天と地。あめつち。類 天壌《テンジョウ》。②かけはなれて、差の大きいことのたとえ。類 雲泥《ウンデイ》。③世の中。世界。宇宙。例 新―。④ものの上と下。また、上下をひっくりかえすこと。

【天地開▼闢】《テンチカイビャク》世界のひらけはじめ。例 ―の神話。

【天地玄黄】《テンチゲンコウ》〔「玄」は、黒の意〕天は黒色、地は黄色。梁《リョウ》代につくられた千字文《センジモン》(=二百五十句から成る四言古詩)の第一句。

【天地人】《テンチジン》①天と地と人。宇宙の万物《バンブツ》。類 三才《サンサイ》。②一連のものの順位や程度などを区別することば。

【天地神明】《テンチシンメイ》天の神や地の神。すべての神々。例 ―に誓《ちか》って。

【天地無用】《テンチムヨウ》上下を逆にしないで取りあつかうこと。〔荷物につける、注意書き〕

【天柱】《テンチュウ》天をささえているという柱。転じて、人の世をささえる道理。例 ―折れ地維《イチ》欠く(=天をささえている柱が折れ、地をつないでいる綱《つな》が切れるように、人の世が乱れること)。

【天▼誅】《テンチュウ》①天の下す罰《バツ》。例 ―がくだる。②天に代わっておこなう罰。例 ―を加える。

【天頂】《テンチョウ》①天。頂上。いただき。てっぺん。②天頂点。地上の観測者のまうえにのばした直線と天球の交わった点。

【天朝】《テンチョウ》朝廷《チョウテイ》をうやまっていうことば。おかみ。類 皇朝。

【天聴】《テンチョウ》①天子が聞くこと。②天子の耳。また、天子の判断。例 ―に達する(=天子の耳にはいる)。

【天▼寵】《テンチョウ》天、または天子のめぐみ。例 ―を受ける。

【天長節】《テンチョウセツ》天皇誕生日の、昭和二十三年までの言い方。〔皇后誕生日を地久節《チキュウセツ》といった〕

【天長地久】《テンチョウチキュウ》〔「天は長く地は久し」と訓読する〕天

地長久の意味。天地が永遠に不滅《フメツ》であること。永遠に続くもののたとえ。〈老子《ロウシ》〉

【天帝】《テンテイ》 ①宇宙を支配する神。造物主。上帝。②〔仏〕帝釈天《タイシャクテン》のこと。③キリスト教で、神のこと。

【天敵】《テンテキ》 生物界の食物連鎖《ショクモツレンサ》の中で、捕食《ホショク》や寄生などをして相手を殺す立場にあるもの。

【天道】 ㊀《テントウ》 太陽。日輪《ニチリン》。例 お―様と米の飯はどこへ行ってもついてくる。㊁《テンドウ》 ①天地自然の道理。宇宙万物《バンブツ》をつかさどるおきて。天理。②天の神。上帝《ジョウテイ》。天帝。例 ―親《シン》なし(=天道は公平で、えこひいきすることがない)。〈老子《ロウシ》〉 ③天体の運行する道。

【天動説】《テンドウセツ》 宇宙の中心は地球であり、他の天体は地球の周囲を回っているとする考え方。コペルニクスが地動説を提唱するまでの宇宙観。(対)地動説。

【天丼】《テンどん》 「天麩羅丼《テンプラどんぶり》」の略。どんぶりに温かいごはんを盛り、テンプラをのせ、たれをかけた料理。

【天女】《テンニョ》 天上界の女性。女神《めがみ》。転じて、やさしい女性、美女のたとえ。

【天人】《テンニン》 天上の世界に住む、神々。

【天人の五衰】《テンニンのゴスイ》 〔仏〕天人が死にのぞんだときにあらわすという、五つのおとろえの姿。→【五衰】《ゴスイ》(42ページ)

【天然】《テンネン》 ①生まれつき。(類)天性。例 ―の色白。②人の手がはいらず自然そのままであること。(類)自然。(対)人工・人造・人為《ジンイ》。例 ―資源。

【天馬】《テンバ》 ①天帝《テンテイ》が乗って空をかけるというウマ。転じて、速く走る名馬。駿馬《シュンメ》。②ギリシャ神話で、つばさがあって空を飛ぶというウマ。ペガサス。

【天馬《テンバ》空《クウ》を行《ゆ》く】 天馬が大空をかけるように、さえぎるものがなく自由奔放《ホンポウ》なことのたとえ。

【天罰】《テンバツ》 天が下す罰。おかした悪事に対して受ける、自然のむくい。天のとがめ。(類)天刑《テンケイ》。例 ―がくだる。

【天罰▼覿面】《テンバツテキメン》 悪事はすぐにむくいを受けるということ。

【天火】《テンぴ》 料理用のむし焼き器。オーブン。

【天▼秤】《テンビン》 重さをはかる器具。棒の両はしに皿をつるして中央をささえ、皿の一方に重さをはかりたい物を、もう一方に分銅《フンドウ》を置いてつり合いをとる。例 ―棒。―にかける(=ものごとの損得や優劣《ユウレツ》などを調べてみる)。両―にかける(=ものごとがどちらに転んでもよいように画策《カクサク》する)。

【天▼稟】《テンピン》 生まれながらにもっているもの。(類)天分。例 ―の才。―の良質。

【天部】《テンブ》 〔仏〕諸天の神々。仏教を守護する神々をまとめていう。例 阿弥陀《アミダ》の浄土《ジョウド》に舞《ま》いあそぶ―。

【天府】《テンプ》 〔「府」は、集まったものをしまっておく倉庫〕①自然の要害で、農作物が豊かに実る土地。②学問がおくぶかく、きわめがたいこと。③天子の倉。

【天賦】《テンプ》 生まれながらに天からあたえられたもの。生まれつき。(類)天与《テンヨ》。例 ―の人権。―の玉質《ギョクシツ》(=すぐれた性質)。

【天袋】《テンぶくろ》 日本建築で、おし入れやちがいだなの上など、天井《テンジョウ》近くに作る戸だな。(対)地袋《ジぶくろ》。例 ―に軸物《ジクもの》をしまっておく。

【天▼麩羅】《テンプラ》 〔ポルトガル語 tempero のあて字〕①魚や、エビ・貝類・野菜などに、水でといた小麦粉をつけて油で揚《あ》げた料理。〔野菜のテンプラは「精進《ショウジン》揚げ」という〕②外側をメッキしたもの。また、にせもの。〔外見はかざってあるが中身は別のもの、というしゃれ〕例 ―の金時計。

【天分】《テンブン》 生まれつきの才能や素質。例 ―にめぐまれる。

【天辺】《テンペン》 大空の果て。天際。転じて、遠くはなれた地。

【天変地異】《テンペンチイ》 空や地上に起こる異変。暴風雨・日食・月食・地震《ジシン》・洪水《コウズイ》など。例 ―が続出した時代。

【天歩▼艱難】《テンポカンナン》 〔「天歩」は、天の運行・時の運の意〕天の運行が順調でないこと。国の内外の情勢が時の運にめぐまれず、苦労の多いことにたとえる。〈詩経《シキョウ》〉

【天魔】《テンマ》 〔仏〕人を悪の道にさそうという悪魔。例 ―波旬《ハジュン》(=「波旬」も、人のよいおこないをさまたげる悪魔の意)。いかなる―にみいられしか。

【天幕】《テンマク》 ①天井《テンジョウ》にかざりとして張る幕。②〔英語 tent のあて字〕屋外に、雪・雨・風・つゆなどをしのぐために、柱を立てて布を張った小屋。テント。

【天窓】《テンまど》 光をとり入れたり、換気《カンキ》のために屋根につけた、まど。

【天命】《テンメイ》 ①中国の思想で、天帝《テンテイ》の命令。天からあたえられた使命・運命。例 五十にして―を知る。〈論語《ロンゴ》〉 ②天からあたえられた寿命《ジュミョウ》。天寿。例 ―をまっとうする。

【天明】《テンメイ》 夜が明けるころ。明け方。例 ―に出発する。

【天網《テンモウ》▼恢▼恢《カイカイ》疎《ソ》にして失《うしな》わず】 天のあみは広く大きく、目はあらいけれども、どんな小さな悪事も見のがさない。悪事は必ず天罰《テンバツ》を受けるということ。天網恢恢疎にして漏《も》らさず。〈老子《ロウシ》〉

【天目】《テンモク》 「天目茶碗《テンモクヂャワン》」の略。茶の湯に用いる浅いすりばち形の茶わん。〔修行僧《シュギョウソウ》が中国の天目山から持ち帰ったことによる〕

【天文】《テンモン》 太陽・月・星など、天体の運行。宇宙の諸現象。〔地文・水文《スイモン》・人文などに対する〕例 ―学。

【天▼佑】《テンユウ》 天のたすけ。(類)天助。例 ―神助。表記「天▼祐」とも書く。

【天与】《テンヨ》 生まれつきのもの。人為《ジンイ》によらない自然のまま。(類)天賦《テンプ》。例 ―の才。―の好機会。

【天▼籟】《テンライ》 〔「籟」は笛、また自然界のひびきの意〕①自然がつくりだす風などの音。(対)人籟《ジンライ》・地籟《チライ》。例 ―を聞く。〈荘子《ソウジ》〉 ②人の力によるものとは思われないほど、詩や文章のできがすぐれていること。

【天覧】《テンラン》 天子がご覧になること。例 ―相撲《ずもう》。―をたまわる。―に供《キョウ》する。

【天理】《テンリ》 天の道理。宇宙万物《バンブツ》を支配する法則。

【天領】《テンリョウ》 ①昔、天皇の領地。②江戸《えど》時代、将軍家が直接治めた領地。幕府の直轄地《チョッカツチ》。

【天《テン》を仰《あお》いで唾《つば》きする】 〔空を向いてつばを吐《は》く意〕他人を傷つけようとして、かえって自分を傷つけてしまうことのたとえ。天に唾《つば》する。

◯●有頂天《ウチョウテン》・雨天《ウテン》・炎天《エンテン》・仰天《ギョウテン》・荒天《コウテン》・昇天《ショウテン》・晴天《セイテン》・南天《ナンテン》・脳天《ノウテン》・満天《マンテン》・露天《ロテン》

大 1

【夫】

4画 4155 592B 教育4

音 フウ(慣) フ(漢) ブ(呉)
訓 おっと・それ

筆順 一 二 チ 夫

なりたち 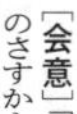 [会意]「大(=ひと)」のあたまに「一(=成人のさすかんざし)」をさす、一人前のおとこ。

意味 ❶成年に達した男子。おとこ。(対)妻《サイ》・婦《フ》。例 夫子《フウシ》。匹夫《ヒップ》。凡夫《ボンプ》。❷妻の配偶者《ハイグウシャ》。妻のある男子。おっと。例 夫妻《フサイ》。夫唱婦随《フショウフズイ》。想夫憐《ソウフレン》。❸肉体労働にたずさわるおとこ。例 坑夫《コウフ》。水夫《スイフ》。農夫《ノウフ》。❹〔助字〕㋐「それ」と読み、そもそも、の意。重要な論題を述べはじめるときに用いる。例 夫秦無道《それシンはムドウなり》(=そもそも秦は道義にはずれている)。㋑「かの」と読み、あの・例の、の意。ものごとを指示する。例 夫天命《かのテンメイ》(=あの天命)。

難読 夫婦《めおと》・信《しの》夫《ぶ》(=地名・人名)・丈《ますら》夫《お》・夫《せ》男《な》

人名 あき・お・すけ

【夫子】《フウシ》 ①男子を呼ぶことば。②師や有徳の人などを、うやまっていうことば。とくに孔子《コウシ》を指すことが多い。③妻がおっとを、子が父を呼ぶことば。

【夫婦】《フウフ》 ①おっとと妻。結婚《ケッコン》したひと組みの男女。めおと。例おしどり—。—の縁《えに》しを結ぶ。②〔「夫」は成人男子、「婦」は成人女子〕ふつうの男女。平凡《ヘイボン》な人々。類匹夫匹婦《ヒップヒップ》。

【夫君】《フクン》 おっとをうやまっていうことば。背《せ》の君《きみ》。郎君《ロウクン》。〔現在は、他人のおっとに用いられる〕

【夫権】《フケン》 旧民法で、おっとが妻に対してもっていた権利。妻の財産の管理などに関する権利や、居所指定の権利など。

【夫妻】《フサイ》 おっととつま。結婚《ケッコン》したひと組みの男女。〔おっととつまとを、同等として指す。改まった言い方〕

【夫唱婦随】《フショウフズイ》 まずおっとが言い出し、妻はそれに従ってついて行くこと。〔夫婦《フウフ》の仲のよいことの象徴《ショウチョウ》とした〕

【夫人】《フジン》 ①〔「ブニン」とも〕身分の高い人の妻。摩耶—《マヤブニン》(=釈迦《シャカ》の母)。②古代中国で、諸侯《ショコウ》の妻や皇后を指すことば。③他人の妻をうやまっていうことば。④他人の母をうやまっていうことば。

【▽夫役】《ブヤク》 〔「フエキ」「ブエキ」とも〕おおやけの仕事のために人々を強制的に働かせること。また、働かされる人々。

● 工夫《クフウ》・車夫《シャフ》・丈夫《ジョウフ|ジョウブ》・水夫《スイフ》・大夫《タイフ》・太夫《タイフ》・人夫《ニンプ》・農夫《ノウフ》・匹夫《ヒップ》・凡夫《ボンプ》

大 1

【夭】 4画 5280 592D 音ヨウ漢呉 訓わか-い

意味 ❶わかわかしく、美しい。わかい。例夭夭《ヨウヨウ》たる(=若くて美しい)美少女。❷年わかくして死ぬ。わかじに。例夭逝《ヨウセイ》。夭折《ヨウセツ》。

【夭死】《ヨウシ》(名・する) 年の若いうちに死ぬこと。夭逝《ヨウセイ》。夭折。夭没《ヨウボツ》。例流行病で—した。

【夭寿】《ヨウジュ》 若死にと長生き。短命と長寿。例いずれ—の差の生じるのが定めである。

【夭▼殤】《ヨウショウ》(名・する) 〔「殤」は、二十歳《サイ》前に死ぬ意〕年の若いうちに死ぬこと。夭折。例—をいたむ。

【夭逝】《ヨウセイ》(名・する) 年の若いうちに死ぬこと。夭死。夭折。

【夭折】《ヨウセツ》(名・する) 年の若いうちに死ぬこと。夭死。夭逝《ヨウセイ》。夭没《ヨウボツ》。例—した子を想《おも》う。

大 2

【央】 5画 1791 592E 教育3 音ヨウ漢 オウ呉

筆順 丨 冂 口 央 央

たちなり  [会意]「大(=ひと)」が「冂(=境界)」のちょうど、まんなかにいる。まんなか。

意味 ❶なかば。まんなか。例中央《チュウオウ》。年央《ネンオウ》。❷つきる。なくなる。やむ。例未央《ビオウ|ビヨウ|ミオウ》。

人名 あきら・たか・たかし・ちか・てる・なか・なかば・ひさ・ひさし・ひろし

● 震央《シンオウ》・中央《チュウオウ》

大 2

【失】 5画 2826 5931 教育4 音シツ・イツ漢 シチ呉 訓うしな-う

筆順 ノ 𠂉 牛 失

たちなり  [形声]「手(=て)」と、音「乙《イツ》」とから成る。手ばなして、なくす。

意味 ❶なくす。おとす。わすれる。うしなう。うせる。例失格《シッカク》。失礼《シツレイ》。消失《ショウシツ》。❷ふと、してしまう。もらす。例失禁《シッキン》。失笑《シッショウ》。❸やりそこなう。しくじる。あやまつ。例失敗《シッパイ》。過失《カシツ》。千慮《センリョ》の一失《イッシツ》。

【失意】《シツイ》 思うようにものごとが進まず、気落ちすること。対得意。例—のどん底《ぞこ》にある。

【失火】《シッカ》(名・する) 過失から起こした火事。対放火。例—罪。—の原因を調べる。

【失格】《シッカク》(名・する) 資格をうしなうこと。

【失却】《シッキャク》(名・する) なくすこと。ものをうしなうこと。また、忘れること。

【失脚】《シッキャク》(名・する) ①つまずくこと。足をふみはずすこと。②地位や立場をうしなうこと。例汚職《オショク》事件で—する。

【失業】《シツギョウ》(名・する) 職をうしなうこと。働きたいのに仕事がないこと。類失職。対就業。例—者。不景気で—する。

【失禁】《シッキン》(名・する) 自分の知らないうちに大小便をもらしてしまうこと。例恐怖《キョウフ》のあまり—する。

【失敬】《シッケイ》 一(形動《ダ》) 礼儀《レイギ》に反しているようす。失礼。無礼《ブレイ》。例—な男だ。—な応対。二(名・する) ①自分の非礼をわびるときのことば。また、人と別れるときのあいさつに用いることば。〔多く男性が使う〕類失礼。例このへんで—します。②他人のものをだまって使ったり、持って行ったりすること。例ちょっと—してくる。

【失血】《シッケツ》(名・する) 出血することによって多量の体内の血をうしなうこと。例—死。

【失権】《シッケン》(名・する) 権利・権力をうしなうこと。

【失言】《シツゲン》(名・する) 言ってはいけないことをうっかり口に出してしまうこと。また、そのことば。例不用意な—。

【失語】《シツゴ》(名・する) ①言いまちがいをすること。②ことばがうまく口に出ないこと。ことばを忘れること。

【失語症】《シツゴショウ》 〔医〕発音器官や聴覚器《チョウカクキ》に障害がないのにことばが出なくなったり、相手の言うことが理解できなくなったりする症状を示す脳の疾患《シッカン》。

【失効】《シッコウ》(名・する) 法律や契約《ケイヤク》などが、その効力をなくすこと。対発効。例すでに—していた約束。

【失策】《シッサク》(名・する) ①計画・方法をまちがえること。しそんじること。しくじり。②スポーツで、失敗すること。エラー。表記①は「失錯」とも書く。

【失笑】《シッショウ》(名・する) 思わずわらってしまうこと。例—を買う。

【失職】《シッショク》(名・する) ①職をうしなうこと。類失業。②職務上のしくじり。仕事のうえの怠慢《タイマン》。

【失神】《シッシン》(名・する) 気をうしなうこと。類気絶。例興奮《コウフン》のあまり—する。表記「失心」とも書く。

【失政】《シッセイ》 政治のやりかたを誤ること。悪い政治。例独裁者の—。

【失跡】《シッセキ》(名・する) どこへ行ったか、わからなくなること。行方《ゆくえ》知れず。行方《ゆくえ》不明。類失踪《シッソウ》。

【失踪】《シッソウ》(名・する) 所在がわからなくなること。行方《ゆくえ》をくらますこと。類失跡《シッセキ》。

【失速】《シッソク》(名・する) 空中を飛ぶものが浮力《フリョク》をうしなうほど、その速度が落ちること。また、急激に勢いがなくなるたとえにも用いられる。例景気の—。—して墜落《ツイラク》した。

【失態】《シッタイ》 めんぼくをうしなうこと。人に顔向けできないこと。また、ひどい失敗。類醜態《シュウタイ》。例大—を演じる。表記「失体」とも書く。

【失地】《シッチ》 うしなった土地。うばわれた領地。立場や地位にもいう。例—を回復する。

【失調《シッチョウ》】調子をくずして、調和をうしなうこと。例栄養ー。自律神経のー。

【失点《シッテン》】①スポーツの試合などで、相手に点を取られること。また、その点数。対得点。②仕事上の失敗や落ち度。

【失投《シットウ》】(名・する)野球で、投手が打者に打ちやすい球を投げてしまうこと。例ーして本塁打《ホンルイダ》を打たれる。

【失念《シツネン》】(名・する)(ちょうど必要な場合に)忘れて思い出すことができないこと。ど忘れ。

【失敗《シッパイ》】(名・する)思ったとおりの結果が得られないこと。しくじり。しそこない。対成功。例ーは成功の母。

【失費《シッピ》】何かするのにかかる費用。類経費・物入り・入り用。例努力してーを少なくする。

【失望《シツボウ》】(名・する)希望をうしなうこと。がっかりすること。類落胆《ラクタン》。例悪い結果を見てーする。

【失名《シツメイ》】名前がわからないこと。例ー氏(=無名氏。名を出したくないときにも用いる)。

【失命《シツメイ》】(名・する)いのちをうしなうこと。死ぬこと。類落命。例あやうくーするところだった。

【失明《シツメイ》】(名・する)目が見えなくなること。視力をうしなうこと。例ー者。中年になってからーした。

【失礼《シツレイ》】㊀(名・形動《ダナ》)礼儀《レイギ》にはずれること。礼儀をわきまえないこと。類失敬・無礼《ブレイ》。例ーきわまる。ーにあたる言動。ーの段、おわびいたします。㊁(名・する)①自分の非礼をわびること。類失敬。例おっとー。②人と別れること。また、そのときにあいさつとして用いることば。類失敬。

【失恋《シツレン》】(名・する)恋《こい》が、うまく進まず、だめになること。
●過失《カシツ》・消失《ショウシツ》・焼失《ショウシツ》・喪失《ソウシツ》・損失《ソンシツ》・得失《トクシツ》・紛失《フンシツ》

大 2
【夲】5画 ⇩【本】《ホン》(508ページ)

大 3
【夷】
6画
1648
5937
人名
音 イ 漢 呉
訓 えびす・えみし

意味 ❶(中国の東方に住んでいた)未開の異民族。えびす。例夷狄《イテキ》。東夷《トウイ》。蛮夷《バンイ》。❷外国人に対するさげすんだ呼び名。また、外敵。例尊王攘夷《ソンノウジョウイ》。❸ころす。みなごろしにする。きずつける。たいらげる。例夷滅《イメツ》(=みなごろしにしてほろぼす)。焼夷弾《ショウイダン》。

日本語での用法《えびす》①七福神の一人。魚をわきにかかえ、つりざおを肩《かた》にかけている姿の神。「夷講《えびすコウ》・夷大黒《えびすダイコク》」②大和朝廷《やまとチョウテイ》の支配の外にある東国の地。また、そこにもとから住んでいた人々。えぞ。「暴夷《あらえびす》・夷曲《えびすうた》」

難読 辛夷《こぶし》
人名 ひな・ひろ

【夷人《イジン》】①未開人。野蛮人《ヤバンジン》。②異民族。外国人。
【夷▼狄《イテキ》】未開の異民族。野蛮人《ヤバンジン》。〔古代中国で、「夷」は東方の異民族、「狄」は北方の異民族を指した〕
【夷《イ》を▽以《もっ》て夷《イ》を制《セイ》す】外敵を他の外国の力でおさえる。自分は何もせず他の力を利用して、敵をおさえる。

大 3
【夸】
6画
5282
5938
音 コ 慣 カ 漢
訓 おごーる

意味 ❶おごる。ほこる。同誇《コ》。❷大きい。おおげさ。例夸言《コゲン》(=おおげさな話。ほら話)。

大 4
【夾】
7画
5283
593E
音 コウ 漢 キョウ 呉
訓 はさーむ

意味 ❶ものをわきにはさんで持つ。(両側から)はさむ。同挟《キョウ》。例夾撃《キョウゲキ》。夾帯《キョウタイ》(=禁制のものを身につける)。❷はさまる。まじる。例夾雑《キョウザツ》。❸(両側からはさむように)そばにいて、たすける。例夾侍《キョウジ》。

難読 夾侍《わきだち》

【夾撃《キョウゲキ》】(名・する)両側から攻撃《コウゲキ》すること。はさみうち。表記「挟撃」とも書く。

【夾雑《キョウザツ》】余分なものがまじること。例ー物。

【夾侍《キョウジ》】〔仏〕本尊の左右両わきにひかえる仏像。阿弥陀《アミダ》像の観音と勢至《セイシ》など。脇士《わきジ》。脇立《わきだち》。表記「挟侍・▽脇侍・▽脇士」とも書く。

大 5
【奄】
8画
1766
5944
人名
音 エン 漢
訓 おおーう・たちまーち

意味 ❶おおいかぶせる。おおう。例奄有《エンユウ》(=おおって、残らず所有する)。❷ふさがる。とぎれる。例気息奄奄《キソクエンエン》。

難読 奄美《あまみ》(=地名)
人名 ひさ・ひさし

【奄奄《エンエン》】(形動《トタル》)いまにも息が絶えそうなようす。虫の息であるようす。例気息《キソク》ー。

【奄然《エンゼン》】(形動《トタル》)突然《トツゼン》であるようす。にわかなようす。

大 5
【奇】
8画
2081
5947
常用
音 キ 漢 呉
訓 めずらーしい・あやーしい
付表 数奇屋《すきや》

筆順

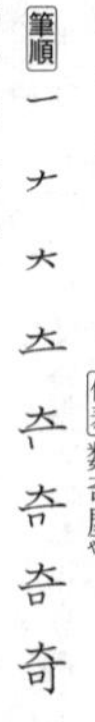

立 4
【竒】9画
5284
7AD2
俗字

なりたち
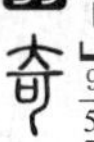
[会意]「大(=おおきい)」と「可《カ》→《キ》(=よい)」とから成る。ふつうよりすぐれている。

意味 ❶なみはずれてすぐれている。すぐれた。例奇才《キサイ》。奇人《キジン》。奇勝《キショウ》。新奇《シンキ》。珍奇《チンキ》。❷ふつうとはちがっている。めずらしい。例奇怪《キカイ》。怪奇《カイキ》。猟奇《リョウキ》。❸あやしげである。へんな。あやしい。例奇計《キケイ》。奇襲《キシュウ》。❹思いがけない。不意。例奇遇《キグウ》。❺二で割りきれないこと。対偶《グウ》。例奇数《キスウ》。❻幸運でないこと。

人名 くす・より

【奇異《キイ》】(名・形動《ダナ》)ふつうでなく不思議なようす。類奇妙《キミョウ》・奇怪《キカイ》。例ーに感じる。

【奇縁《キエン》】思いがけない不思議な縁。例合縁ー。

【奇貨《キカ》】めったにないめずらしい品物。転じて、意外な利益の見こめそうな品物や好機。

【奇貨《キカ》▽居《お》くべし】〔めずらしい品物は、とっておいて値上がりを待つべきである、の意〕好機はのがしてはならない。〔中国の戦国時代、商人だった呂不韋《リョフイ》が趙《チョウ》国の人質《ひとジチ》となっていた秦《シン》の王子子楚《シシ》を見て、「これ奇貨なり。居くべし」と言って、援助《エンジョ》した。のちに秦王となった子楚は、呂不韋を大臣として重く用いたという故事による〕〈史記《シキ》〉

【奇禍《キカ》】思いもよらない災難。例ーに遭《あ》う。

【奇怪《キカイ》】(形動《ダナ》)〔強調して「キッカイ」とも〕①不思議であやしいようす。類奇奇怪怪。例ーなできごと。②けしからぬようす。ふつごうなようす。

【奇怪千万《キカイセンバン》】(形動《ダナ》)〔「奇怪」を強めていうことば〕ひじょうに不思議なようす。ひじょうにけしからぬようす。

【奇観《キカン》】めずらしいながめ。めったにないすばらしい景色。例天下のー。ーを呈《テイ》する。

【奇岩《キガン》】めずらしい形をした岩。例ー怪石《カイセキ》。表記「奇▼巌」とも書く。

【奇奇怪怪《キキカイカイ》】(形動《ダナ》)〔「奇怪」を強めていうことば〕ひ

じょうに不思議であやしいようす。例—な事件。

【奇矯】《キキョウ》（名・形動ダナ）言動が人とちがって風変わりなこと。例—な行動をする。

【奇遇】《キグウ》思いがけない出会い。例かれとの—から物語が始まった。

【奇形】《キケイ》①めずらしいかたち。奇妙《キミョウ》なかたち。②生まれつき同類とはちがった形で生まれた個体。表記②は(旧)▼畸形
【奇計】《キケイ》ふつうでは思いつかない、変わった計略。(類)奇策・奇謀《キボウ》。例—をめぐらす。

【奇景】《キケイ》ふつうとは変わった、めずらしい景色。例天下の—。

【奇警】《キケイ》（名・形動ダナ）①ひじょうにすぐれてかしこいこと。②思いもよらないこと。(類)奇抜《キバツ》。例—の言。

【奇行】《キコウ》常識をはずれたおかしな行動。例—を演じる。

【奇骨】《キコツ》①ふつうの人とちがう骨相《コッソウ》。②風変わりで、節《セツ》を曲げない性格。例—のある男子。

【奇才】《キサイ》めったにないすぐれた才能。また、その人。

【奇策】《キサク》思いもよらない策略。(類)奇計。例—を弄《ロウ》する。

【奇襲】《キシュウ》（名・する）敵の予想しない方法や予期しないときに襲撃《シュウゲキ》すること。不意打ち。

【奇術】《キジュツ》①不思議な技術。あやしい術。②手品。マジック。

【奇書】《キショ》めずらしい書物。思いもよらない内容やおもしろさをもつ書物。例四大—（＝明《ミン》代の『水滸伝《スイコデン》』『三国志演義《サンゴクシエンギ》』『西遊記《サイユウキ》』『金瓶梅《キンペイバイ》』をいう）。

【奇人】《キジン》性質や言動が変わっている人。変わり者。変人。表記(旧)▼畸人
【奇▼瑞】《キズイ》不思議なまえぶれ。(類)吉兆《キッチョウ》。

【奇数】《キスウ》二で割りきれない整数。半の数。(対)偶数《グウスウ》。

【奇声】《キセイ》奇妙《キミョウ》なこえ。例—を発する。

【奇跡】《キセキ》ふつうにはありえないような、不思議なできごと。例—が起こる。表記(旧)奇▼蹟
【奇想】《キソウ》変わった考え。奇抜《キバツ》な思いつき。

【奇想天外】《キソウテンガイ》（形動ダナ）「奇想天外より落つ」の略。ふつうでは思いつかないほど、発想が奇抜《キバツ》なようす。例それは—な思いつきだ。

【奇態】《キタイ》（名・形動ダナ）風変わりなようす。奇妙《キミョウ》なようす。例—な夢を見た。表記「奇体」とも書く。

［大部］5画 奈 奉

【奇▼譚】《キタン》めずらしい言い伝え。不思議な話。(類)奇談。

【奇談】《キダン》めずらしく、不思議な話。(類)奇譚《キタン》。表記(旧)▼綺談
【奇知】《キチ》ふつうには考えつかないような、すぐれた知恵《チエ》。奇抜《キバツ》な知恵。表記(旧)奇▼智
【奇▽天烈】《きてれつ》（形動ダナ）〔あて字。多く「奇妙《キミョウ》奇天烈」の形で〕ひじょうに風変わりなようす。

【奇道】《キドウ》ふつうでない方法。人が思いつかないような、変わった方法。(対)正道。

【奇特】《キトク・キドク》[一]（形動ダナ）おこないや心がけがよいようす。(類)殊勝《シュショウ》。例—な人。[二]（名）神仏が見せるような不思議な力。霊験《レイゲン》。奇跡《キセキ》。ミラクル。例—をあらわす。

【奇抜】《キバツ》（名・形動ダナ）①すぐれ、ぬきんでているようす。例文才—なる人物。②ふつうでは考えられないほど風変わりなようす。例—な衣装《イショウ》。

【奇病】《キビョウ》めずらしい病気。えたいの知れない病気。

【奇聞】《キブン》不思議で、めずらしいうわさや話。(類)奇談。

【奇兵】《キヘイ》思いもよらない戦法で敵の不意をつく軍隊。例—隊。

【奇癖】《キヘキ》変わったくせ。みょうなくせ。例—の持ち主。

【奇峰】《キホウ》めずらしい形をした山の、みね。例夏雲《カウン》—多し。

【奇妙】《キミョウ》（形動ダナ）理由や性質がわからず、ふつうとちがって変な感じがするようす。例—な味。—に一致《イッチ》する。

【奇略】《キリャク》ちょっと考えつかないような、変わったはかりごと。(類)奇謀《キボウ》。例—縦横《ジュウオウ》。

【奇麗】《キレイ》（形動ダナ）①ととのっていて美しいようす。例—な花。字を—に書く。②すがすがしいようす。清潔なようす。例—な水。③てぎわがよくて気持ちがいいようす。例—なヒット。④〔「奇麗に」の形で〕何も残さないようす。すっかり。例—に平らげる。表記▽「▼綺麗」とも書く。
●怪奇《カイキ》・新奇《シンキ》・数奇《スウキ》・珍奇《チンキ》・伝奇《デンキ》

大 5 **【奈】** 8画 3864 5948 教育4 音ダイ・ダ(漢)ナ・ナイ(呉)

筆順 一 ナ 大 太 夳 夲 奈

たちなり  ［形声］本字は「柰」で、「木（＝き）」と、音「示《シ→ダイ》」とから成る。果樹の名。借りて助字に用いる。

意味（助字）「奈何」は、「いかん（せん）」「いかんぞ」と読み、どうするか、どうしたらよいか、の意。疑問・反語をあらわす。例騅不レ逝兮可二奈何一《スイのゆかざるいかんすべき》（＝愛馬の騅《スイ》が進まないのをどうしたらよいか）。〈史記《シキ》〉

人名 なに

【▽奈▽何】《いかん》[一]（名）事のなりゆき。例話—では…。[二]（副）どのように。どうするか。表記▽「▽如▽何」とも書く。

【奈辺】《ナヘン》どのあたり。どのへん。例その目的は—にあるか。表記「那辺」とも書く。

【奈落】《ナラク》〔梵語《ボンゴ》の音訳〕①〔仏〕地獄《ジゴク》。例—の底。—に落ちる。②どんぞこ。③劇場の舞台《ブタイ》の下につくられた空間。回り舞台のしかけなどがある。表記▽「那落」とも書く。

大 5 **【奉】** 8画 4284 5949 常用 音ホウ(漢)ブ(呉) 訓たてまつ-る

筆順 一 ＝ 三 丰 夫 夫 叁 奉

たちなり  ［形声］「手（＝て）」と左右の手の形と、音「丰《ホウ》」とから成る。両手でささげ持つ。

意味 ❶目上の人から、ものや命令を両手でうやうやしく受ける。うけたまわる。例遵奉《ジュンポウ》。信奉《シンポウ》。君命《クンメイ》を奉《ホウ》ずる。❷両手でうやうやしくさしあげる。たてまつる。例奉納《ホウノウ》。❸つかえる。つとめる。例奉公《ホウコウ》。奉仕《ホウシ》。職《ショク》を奉《ホウ》ずる。

日本語での用法《たてまつる》動詞に付いて、けんそんの意をあらわす、あらたまった言い方。…申し上げる。「頼《たの》み奉《たてまつ》る・敬意《ケイイ》を表《ヒョウ》し奉《たてまつ》る」

人名 うけ・たて・とも・な・よし

【奉行】《ブギョウ》①武家時代の職名。さまざまな政務を担当した。②ある部署の責任者になって、つとめること。例畳《たたみ》—。舟《ふな》—。

【奉安】《ホウアン》（名・する）神仏など、とうといものを安置すること。例—殿《デン》。

【奉加】《ホウガ》（名・する）社寺へ寄進として、お金や品物を差し出すこと。

【奉加帳】《ホウガチョウ》社寺へ寄進した金品や、寄進者の名前などを書き入れる帳面。例—を回す（＝寄付をつのる）。

【奉還】《ホウカン》（名・する）つつしんでお返しすること。例大政—。

【奉迎《ホウゲイ》】（名・する）つつしんで貴人をおむかえすること。例 女王を—する人波。

【奉公《ホウコウ》】（名・する）①国や主君などのためにつくすこと。例 滅私《メッシ》—。②やとわれて主人のために働くこと。例 丁稚《デッチ》—《ボウコウ》。

【奉仕《ホウシ》】（名・する）①神仏や主君などにつかえること。②社会や人のために、力をつくすこと。ボランティア。例 —活動。勤労—。③商店が特別に安く商品を売ること。サービス。例 —価格。

【奉伺《ホウシ》】（名・する）つつしんでおうかがいすること。ごきげんをおうかがい申し上げること。例 天機—。

【奉祝《ホウシュク》】（名・する）つつしんでおいわいすること。類 奉賀。

【奉書《ホウショ》】①主君の命令をしるした文書。②「奉書紙《ホウショがみ》」の略。

【奉書紙《ホウショがみ》】コウゾからつくる厚手の上質な和紙。〔「奉書①」に使われたのでいう〕

【奉職《ホウショク》】（名・する）（公務員や教員など）おおやけの職業につくこと。例 中学校に—する。

【奉戴《ホウタイ》】（名・する）①つつしんで、おしいただくこと。②高貴な人を、上に立つ人としておむかえすること。例 妃殿下《ヒデンカ》を総裁に—する。

【奉勅《ホウチョク》】（名・する）勅命をうけたまわること。

【奉答《ホウトウ》】（名・する）君主や貴人のおっしゃることに、つつしんでおこたえすること。

【奉読《ホウドク》】（名・する）つつしんでよみ上げること。例 詔書《ショウショ》を—する。

【奉納《ホウノウ》】（名・する）神仏に金品や技芸などをつつしんでおさめること。例 —相撲《ずもう》。常夜灯《ジョウヤトウ》を—する。

【奉納試合《ホウノウジあい》】祭礼のときなど、神仏の前でおこなわれる武術の試合。

【奉拝《ホウハイ》】（名・する）つつしんでおがむこと。例 社前で—する。

【奉幣《ホウヘイ》】（名・する）神前にぬさをたてまつること。また、神にいろいろな供え物をすること。例 —使《シ》が立つ。

●順奉《ジュンポウ》・信奉《シンポウ》

大 5

【奔】

8画 4359 5954 常用

音 ホン 漢 呉
訓 はし-る

筆順 一 ナ 大 太 本 夲 奔 奔

大 6

【奔】

9画

たちなり  [形声]「大(=曲げる)」と、音「卉《キ→ホン》」とから成る。ひざを曲げて速く走る。

意味 ❶勢いよくかけまわる。はしる。例 奔走《ホンソウ》。狂奔《キョウホン》。東奔西走《トウホンセイソウ》。❷にげる。例 出奔《シュッポン》。❸決まりを守らない。かってにふるまう。例 奔放《ホンポウ》。淫奔《インポン》。

【奔逸《ホンイツ》】（名・する）①走ってにげること。②走りまわること。

【奔出《ホンシュツ》】（名・する）勢いよくほとばしり出ること。例 水が—する。

【奔走《ホンソウ》】（名・する）①ものごとがうまくいくように、いそがしくあちらこちらを、かけまわること。類 東奔西走《トウホンセイソウ》。例 国事に—する。②あれこれと世話をすること。類 馳走《チソウ》。③はしってにげること。

【奔騰《ホントウ》】（名・する）①かけのぼること。②（物価や株価などが）急激に上がること。例 物価が—する。

【奔馬《ホンバ》】①勢いよく走りまわるウマ。例 —のような働きぶり。②すさまじい勢い。勢いのさかんなたとえ。

【奔放《ホンポウ》】（名・形動《ナダ》）周囲の目を気にせず、思いどおりに行動すること。また、そのようす。例 自由—。

【奔命《ホンメイ》】〔命令に従って奔走する意〕いそがしく活動すること。例 —に疲《つか》れる(=疲れ果てるまでいそがしく走りまわる)。

【奔流《ホンリュウ》】はげしい水のながれ。類 急流・激流。

●狂奔《キョウホン》・出奔《シュッポン》

大 6

【奕】

9画 5285 5955

音 エキ 漢 ヤク 呉

意味 ❶大きく美しいようす。❷光りかがやくようす。例 光明赫奕《コウミョウカクヤク》。❸囲碁《イゴ》。ばくち。例 博奕《バクエキ・バクち》。❹重なる。続く。例 奕葉《エキヨウ》(=代々)。

【奕奕《エキエキ》】（形動《タルト》）①大きいようす。②美しいようす。③光りかがやくようす。④連なり続くようす。

大 6

【奐】

9画 5286 5950

音 カン 漢 呉
訓 あざ-やか・おおい-なり

意味 ❶たくさんあるようす。おおいなり。❷光りかがやくようす。あざやか。例 奐奐《カンカン》(=光りかがやいて美しいようす)。輪奐《リンカン》(=建物が高大でうるわしいこと)。

大 6

【契】

9画 2332 5951 常用

音 一 ケイ 漢 二 キツ 漢 三 ケツ 漢
訓 ちぎ-る・きざ-む・ちぎ-り

筆順 一 十 丰 㓞 㓞 㓞 契 契

大 6

【契】

9画 F909

たちなり  [形声]「大(=おおきい)」と、音「㓞《カツ→ケイ》」とから成る。重大な約束。

意味 一《ケイ》 ❶かたく約束する。ちぎる。ちぎり。例 契約《ケイヤク》。黙契《モッケイ》。断金《ダンキン》の契《ちぎ》り。❷約束の証拠《ショウコ》となるしるし。割り符《フ》。割り印。例 契券《ケイケン》。契符《ケイフ》。❸文字をきざむ。また、うらなうためにカメの甲羅《コウラ》にきざむ。例 契文《ケイブン》。書契《ショケイ》。二《キツ》「契丹《キッタン》」は民族の名。三《ケツ》「契闊《ケッカツ》」は久しく会わないこと。無沙汰《ブサタ》。

人名 ひさ・ひさし

【▽契丹《キッタン》】中国東北部にいた民族。唐《トウ》代の末期に興隆《コウリュウ》し、宋《ソウ》代に国号を遼《リョウ》としたが、金《キン》にほろぼされた。キタイ。（九一六—一一二五）

【契印《ケイイン》】二枚以上から成る書類に、その続いていることの証明として、二枚にまたがらせておす印。割り印。

【契機《ケイキ》】①〔哲〕ものごとの動きや変化を決定する要因。②きっかけ。例 結婚《ケッコン》を—に転職する。

【契合《ケイゴウ》】（名・する）割り符《フ》のように、二つのものがぴったりあうこと。類 符合《フゴウ》。

【契符《ケイフ》】木片《モクヘン》や紙片《シヘン》に文字を書き、印をおして二つに割ったもの。二人の人がそれぞれ一枚を保存し、のちの証拠《ショウコ》とした。割り符《フ》。

【契文《ケイブン》】「甲骨文字《コウコツモジ》」の別名。

【契約《ケイヤク》】（名・する）売買や貸借《タイシャク》、委任などについて当事者どうしが約束をかわすこと。また、その約束。例 —書。

●書契《ショケイ》・黙契《モッケイ》

大 6

【奎】

9画 5287 594E 人名

音 ケイ 漢

たちなり  [形声]「大(=ひと)」と、音「圭《ケイ》」とから成る。両方の腿《もも》のあいだ。

意味 ❶またぐら。また。❷〔星が「また」の形にならんでいることから〕二十八宿の一つ。とかきぼし。例 奎宿《ケイシュク》。

人名 ふみ

大6 【奏】 9画 3353 594F 教育6 音 ソウ漢 訓 かな-でる

筆順 一 三 手 夫 夫 夫 奏 奏 奏

なりたち ［会意］左右の手ですすめる形と上へすすむ形とから成る。両手でつつしんで差し上げる。

意味 ❶献上《ケンジョウ》する。差し上げる。例 奏進《ソウシン》(=貴人に、すすめ差し上げる)。❷君主に申し上げる。もうす。例 奏上《ソウジョウ》。伝奏《デンソウ》。❸楽器を鳴らす。音や声をそろえて演じる。かなでる。例 演奏《エンソウ》。合奏《ガッソウ》。琴《キン》を奏《ソウ》する。❹ことがらが進行して結果があらわれる。なしとげる。例 奏効《ソウコウ》。

人名 かな・すすむ・のぶる・ふみ

【奏楽《ソウガク》】(名・する) 音楽を演奏すること。また、演奏する音楽。例 —堂。—があって式典が始まる。

【奏功《ソウコウ》】(名・する) ①功績をあげること。②ものごとが目的どおりなしとげられること。成功すること。例 調停工作が—する。

【奏効《ソウコウ》】(名・する) ききめがあらわれること。例 注射が—する。

【奏上《ソウジョウ》】(名・する) 天子や君主に申し上げること。類 奏聞《ソウモン》・上奏。

【奏請《ソウセイ》】(名・する) 天子に申し上げて、許可を願うこと。例 裁可を—する。

【奏任《ソウニン》】明治憲法下の官吏《カンリ》の任命形式で、内閣が天皇に推薦《スイセン》し、その上で任命するもの。例 —官。

【奏法《ソウホウ》】楽器を演奏する方法。演奏のしかた。

【奏聞《ソウモン》】(「ソウブン」とも)(名・する) 天子に申し上げること。類 奏上。

●演奏《エンソウ》・合奏《ガッソウ》・上奏《ジョウソウ》・吹奏《スイソウ》・前奏《ゼンソウ》・弾奏《ダンソウ》・独奏《ドクソウ》・伴奏《バンソウ》

大6 【契】 9画 ⇩【契《ケイ》】(267ページ)

大6 【奔】 9画 ⇩【奔《ホン》】(267ページ)

大7 【奚】 10画 5288 595A 音 ケイ漢 訓 いずく-んぞ・なん-ぞ

意味 ❶(女の)めしつかい。例 奚隷《ケイレイ》(=下男・下女)。❷〔助字〕「なんぞ」と読み、どうして、の意。疑問・反語をあらわす。例 奚不レ為レ政《なんぞまつりごとをなさざる》(=どうして政治をしないのか)。

【奚▽若《いかん》】(副)(「いかに」の変化。状態や程度を問うことば)どうであるか。どのようか。

大7 【奘】 10画 5289 5958 音 ジョウ慣 ソウ漢 ゾウ呉 訓 さか-ん

廾7 【弉】 10画 5518 5F09 俗字

意味 ❶大きく力強い。さかん。同 壮《ソウ》。❷「玄奘《ゲンジョウ》」は、唐《トウ》代の高僧《コウソウ》。インドへ行き、中国に仏教をもたらした。

日本語での用法 《ざ》「ざ」の音にあてた万葉がな。「伊奘諾尊《いざなぎのみこと》・伊奘冉尊《いざなみのみこと》」

大7 【套】 10画 3769 5957 人名 音 トウ漢

意味 ❶包むようにおおうもの。例 外套《ガイトウ》。手套《シュトウ》。❷衣服などのひとかさね。そろい。例 一套《イットウ》。❸使いふるされた。ありきたりの。例 套語《トウゴ》。旧套《キュウトウ》。常套《ジョウトウ》。❹かさねる。例 套印本《トウインボン》(=墨《すみ》と朱《シュ》と、二色で刷った書物)。

【套語《トウゴ》】ありきたりのことば。決まり文句。常套語。

大9 【奥】 12画 1792 5965 常用 音 一オウ漢呉 二イク漢 訓 おく

筆順 ノ 冂 冂 冂 冂 冂 奥 奥 奥

大10 【奧】 13画 5292 5967 人名

なりたち ［形声］「宀(=やね)」と、音「𢍏《ケン→オウ》」とから成る。部屋の西南のすみ。

意味 一《オウ》 ❶部屋のすみ。家の、入り口から遠いところ。おく。例 奥座敷《おくザしき》(=奥にある、広い静かなところ)。❷深くはいりこんだところ。例 奥地《おくチ》。❸おくぶかくてわかりにくい(ところ)。かくれた。例 奥義《オウギ》。深奥《シンオウ》。秘奥《ヒオウ》。堂奥《ドウオウ》。二《イク》 川の流れの湾曲《ワンキョク》したところ。くま。例 淇奥《キイク》(=淇水《キスイ》の湾曲した場所)。

日本語での用法 一《オウ》 旧国名「陸奥《みちのく|むつ》」の略。「奥州《オウシュウ》」→【陸奥《みちのく》】(1037ページ) 二《おく》 上流の生活をする人の妻。また、他人の妻をうやまっていうことば。「奥方《おくがた》・奥様《おくさま》」

難読 奥入瀬《おいらせ》(=地名)・陸奥《みちのく|むつ》

人名 うち・おき・すみ・ふか・むら

【奥義《オウギ・おくギ》】学問や技芸・武術などの根本にある最も重要な真理。類 極意《ゴクイ》。例 —をきわめる。

【奥旨《オウシ》】学問や宗教などのおくぶかい意味。類 奥義。

【奥秘《オウヒ》】ものごとのおくぶかい重要な秘密。類 奥義。例 —を伝授する。

【奥書《おくがき》】①写本などの終わりに、書写年月日・由来・筆者などを記した書き入れのことば。類 識語《シキゴ》。②芸能で、師が弟子《デシ》に奥義《オウギ》をさずけるときにあたえる証文《ショウモン》。③官公署が、書類の記載《キサイ》事項《ジコウ》が正しいことを証明して、終わりに書き加えた文。

【奥底《おくそこ》】(「オウテイ」とも)①ものごとのいちばん深いところ。②心の奥深いところ。本心。例 心の—を打ち明ける。

【奥地《おくチ》】都市や海岸から遠くはなれて、人が住まないところ。ジャングルや砂漠《サバク》など。

【奥津▽城《おくつき》】はか。墓所。例 本居宣長《もとおりのりなが》の—どころ。

【奥付《おくづけ》】書物の巻末にある、著者・出版元・発行年月日などを印刷した部分。例 —の破れた書物。

【奥伝《おくデン》】技芸や武道などで、弟子《デシ》が師から奥義《オウギ》をさずかること。奥許し。

【奥の院《おくのイン》】寺院で、本堂よりも奥にあり、たいせつな仏像や開祖の像などをまつる建物。

【奥の手《おくのて》】①最後まで見せないでとっておく、手段やわざ。例 —を出す。②学問や技芸の奥義《オウギ》。極意《ゴクイ》。例 はじめて—を見せる。

【奥歯《おくば》】口の奥に生えている歯。臼歯《キュウシ》。対 前歯。例 —に物がはさまったような言い方(=えんりょや気がねをして、思うことをはっきり言わないようす)。

【奥山《おくやま》】人里はなれた奥深い山。対 里山《さとやま》。例 —の一軒家《イッケンや》。

【奥行《おくゆき》】①建物や土地などの手前から奥への長さ。対 間口《まぐち》。②人格や知識などの厚みや深さ。例 —のある人物。

●深奥《シンオウ》・秘奥《ヒオウ》・山奥《やまおく》

大9 【奢】 12画 5290 5962 音 シャ漢呉 訓 おご-る

意味 ぜいたくをする。度をすごす。おごりたかぶる。おごる。例

奢侈《シャシ》。豪奢《ゴウシャ》。口《くち》が奢《おご》る。

日本語での用法《おごり・おごる》人にふるまう。「今夜《コンヤ》は僕《ボク》の奢《おご》りだ」

【奢▼佚】《シャイツ》 ぜいたくに暮らし、なまけて遊ぶこと。

【奢▼侈】《シャシ》(名・形動ナダ) 身分不相応なぜいたく。おごり。例 —に流れる。—な生活。

大 9

【奠】

12画 5291 5960

音 テン(漢) デン(呉) 訓 まつ-る・さだ-める

意味 ❶神仏に供え物をする。そなえもの。また、供え物をしてまつる。まつり。例 奠菜《テンサイ》。香奠《コウデン》。乞巧奠《キッコウデン》。❷おく。すえる。さだめる。例 奠都《テント》。

【奠菜】《テンサイ》 神前に野菜を供えること。

【奠都】《テント》(名・する) みやこを定めること。みやこを建設すること。類 建都。例 東京—。平安《ヘイアン》—。

大 10

【奨】

13画 3009 5968 常用

音 ショウ(漢) 訓 すす-める

筆順 丨 丬 丬 丬 将 将 将 奨

大11【奬】14画 5293 596C 人名

犬11【獎】15画 6450 734E 別体字

なりたち  [形声]本字は「獎」で、「犬(=いぬ)」と、音「將《ショウ》」の省略体とから成る。イヌをけしかける。

意味 (相手が)そうするようにしむける。すすめる。たすける。また、ひきたててほめる。例 奨学《ショウガク》。奨励《ショウレイ》。推奨《スイショウ》。

人名 すけ・すすむ・たすく・つとむ

【奨学】《ショウガク》 学問することをすすめ、はげますこと。例 —生。

【奨励】《ショウレイ》(名・する) あることをするように、すすめはげますこと。例 —事業。研究を—する。

●勧奨《カンショウ》・報奨《ホウショウ》

大10【奧】13画 ⇩【奥】《オウ》(268ページ)

大 11

【奪】

14画 3505 596A 常用

音 タツ(漢) ダツ(呉) 訓 うば-う

筆順 大 衣 夲 夲 奞 奞 奪 奪

なりたち  [会意]「寸(=手)」と「奞(=鳥がはばたく)」とから成る。手に持っていた鳥がにげる。派生して「うしなう・うばう」の意。

意味 他人のものをむりに取り上げる。うばう。例 奪取《ダッシュ》。強奪《ゴウダツ》。略奪《リャクダツ》。

【奪回】《ダッカイ》(名・する) うばわれていたものを、取りもどすこと。類 奪還《ダッカン》。例 政権を—する。

【奪還】《ダッカン》(名・する) うばいかえすこと。類 奪回。例 捕虜《ホリョ》を—する。

【奪取】《ダッシュ》(名・する) うばいとること。例 三振《サンシン》を—する。

【奪胎】《ダッタイ》(名・する) 先人の文学作品の発想や主題をもとにして、新しく作品を創作すること。例 換骨《カンコツ》—。

●強奪《ゴウダツ》・生殺与奪《セイサツヨダツ》・略奪《リャクダツ》

大11【獎】14画 ⇩【奨】《ショウ》(269ページ)

大11【奩】14画 ⇩【匳】《レン》(157ページ)

大 13

【奮】

16画 4219 596E 教育6

音 フン(漢)(呉) 訓 ふる-う・ふる-って

筆順 大 衣 夲 夲 奞 奞 奮 奮

なりたち  [会意]「奞(=はばたく鳥)」が「田(=野)」の上にいる。鳥が羽を広げて大いに飛ぶ。派生して「大いに力を出す」の意。

意味 気力をふるう。ふるいたつ。いきごむ。ふるう。例 奮起《フンキ》。奮闘《フントウ》。発奮《ハップン》。

使い分け ふるう【振・震・奮】⇩1179ページ

【奮起】《フンキ》(名・する) やる気をふるいたたせること。例 —をうながす。

【奮迅】《フンジン》 ふるいたって勢いの激しいこと。例 獅子《シシ》—の活躍《カツヤク》。

【奮戦】《フンセン》(名・する) ふるいたって力のかぎりたたかうこと。類 奮闘《フントウ》。例 ひとりになっても—する。

【奮然】《フンゼン》(形動タトル) 気力をふるいたたせるようす。例 —として攻撃《コウゲキ》に転じる。

【奮怒】《フンド・フンヌ》(名・する) 激しくおこること。類 憤怒《フンヌ》。

【奮闘】《フントウ》(名・する) 力のかぎりたたかうこと。類 奮戦。例 孤軍《コグン》—する。

【奮発】《フンパツ》(名・する) ①気力をふるいたたせること。類 奮起・発奮。②思いきって多額のお金を出すこと。例 昼食にステーキを—する。

【奮励】《フンレイ》(名・する) 心をふるいたたせて、がんばること。例 いっそう—努力せよ。

●興奮《コウフン》・発奮《ハップン》

38 3画 女 おんな おんなへん 部

両手をかさね合わせて、ひざまずいているおんなの形をあらわす。「女」をもとにしてできている漢字を集めた。

0 女 2 奴 3 奸 好 妁 如 妃 妄 妄 4 妓 妥 妊 妣 妨 妙 妖 妍 姊 妝 妥 5 委 姑 妻 姉 始 妾 姓 姐 妲 姤 姆 妹 6 娃 威 姨 姻 姶 姦 姜 姘 姮 姿 姪 姥 姚 姿 姙 姫 娄 7 娟 娥 娯 娑 娠 娜 娚 姫 娉 娩 娘 娛 8 婀 娙 婉 婚 婽 娶 娼 婆 婢 婦 婪 婁 婦 婁 9 媛 婿 媒 媚 媛 10 媼 嫁 嫌 媾 嫉 嫋 嫂 嬓 媽 嫌 11 嫣 嫗 嫡 嫩 嫖 嫦 12 嫺 嬉 嬌 嬋 嫻 13 嬢 嬖 14 嬰 嬶 嬬 嬲 嬪 16 嬾 17 孅 孀 孃

この部首に所属しない漢字

要 ⇩ 襾 896

女 0

【女】

3画 2987 5973 教育1

音 ニョウ(慣) ジョ(漢) ニョ(呉) 訓 おんな・め・むすめ 付表 海女《あま》・乙女《おとめ》・早乙女《さおとめ》

筆順 く 女 女

なりたち  [象形] ひざまずいたおんなの形。

意味 ❶おんな。め。対男《ダン》。例女性《ジョセイ》。才女《サイジョ》。天女《テンニョ》。❷むすめ。対男《ダン》。例子女《シジョ》。息女《ソクジョ》。長女《チョウジョ》。❸小さくてかよわいもののたとえ。例女牆《ジョショウ》(=低い小さなかきね。ひめがき)。女坂《おんなざか》。女波《めなみ》。❹二十八宿の一つ。うるきぼし。例女宿《ジョシュク》。❺なんじ。お前。同汝《ジョ》。

難読 女牆《ひめがき》

人名 こ・たか・よし

【▽女▽形】《おやま|おんながた》 歌舞伎《かぶき》で、女の役を演じる男の役者。

【女親】《おんなおや》 母親。

【女坂】《おんなざか》 神社や寺の参道などにある二つの坂のうち、ゆるやかなほうの坂。対男坂。例—をのぼって参詣《サンケイ》する。

【女盛り】《おんなざかり》 女性として心身ともに成熟《セイジュク》した美しさを感じさせる年ごろ。対男盛り。例二十六、七の—。

【女手】《おんなで》 ①働き手としての女性。女性の働き。例—がない。—一つで子供を育てる。②女性の筆跡《ヒッセキ》。例—の手紙。▽対男手。

【女医】《ジョイ》 女性の医師。

【女王】《ジョオウ》 ①女性の君主。例ビクトリア—。②ある分野で第一人者あるいは花形の女性。例銀幕の—。③内親王の宣下《センゲ》(=天皇の命令のことば)のない皇族の女性。

【女官】《ジョカン|ニョカン》 宮中に仕える女性。

【女給】《ジョキュウ》 カフェーやバーなどで客の接待や給仕《キュウジ》をする女性。ホステス。〔大正・昭和時代のことば〕

【女系】《ジョケイ》 母方の系統。母系。対男系。例—家族。

【女傑】《ジョケツ》 〔「傑」は、すぐれた人物の意〕気性《キショウ》が強く、知恵《チエ》と能力を備え、大胆《ダイタン》ですぐれた働きをする女性。女丈夫《ジョジョウフ》。例西太后《セイタイコウ》も—の一人にかぞえられよう。

【女権】《ジョケン》 女性が社会・法律・政治において男性と対等に認められ、力を発揮しうる権利。例—拡張。

【女工】《ジョコウ》 ①女性の工員。例—哀史《アイシ》。②女性の職人。

【女子】《ジョシ》 ①おんなの人。女性。婦人。②おんなの子。例—校。▽対男子。

【女子《ジョシ》と小人《ショウジン》とは養《やしな》い難《がた》し】 女と下々《しもじも》の者、あるいは、女召使いと下働きの者は、近づけるとなれなれしくなり、遠ざけるとうらみをもつので、扱いにくい。〈論語《ロンゴ》〉

【女史】《ジョシ》 社会的に活躍《カツヤク》し、名声のある女性。また、その女性をうやまって呼ぶことば。

【女児】《ジョジ》 おさない女の子。また、むすめ。対男児。例—服。

【女囚】《ジョシュウ》 女性の囚人。

【女将】《ジョショウ|おかみ》 料亭《リョウテイ》や旅館などの女主人。

【女丈夫】《ジョジョウフ》 〔「丈夫」は、りっぱな男子の意〕男まさりの、強い意志と能力のある女性。

【女色】《ジョショク|ニョショク》 ①女の色香《いろか》。女の性的な魅力《ミリョク》。例—に迷う。②女との情事。いろごと。例—にふける。

【女声】《ジョセイ》 ①女の声。②声楽で、女性の声の受け持つ音域。ソプラノ・アルトなど。例—合唱。▽対男声。

【女性】《ジョセイ》 人の性別で、おんな。婦人。対男性。

【女婿】《ジョセイ》 むすめの夫。むすめむこ。

【女装】《ジョソウ》 (名・する)男が女性の服装やけしょうをして女のように見せること。対男装。

【女帝】《ジョテイ》 女性の皇帝や天皇。例—称徳《ショウトク》天皇。

【女難】《ジョナン》 女性との関係がもとで男が受ける災難。例—の相がある。

【女優】《ジョユウ》 女性の俳優。対男優。

【女流】《ジョリュウ》 〔「流」は、なかまの意〕女性。専門分野で活躍《カツヤク》している女性を呼ぶときに使う。例—作家。

【女郎】《ジョロウ》 遊女。〔もと、少女・若い女性の意〕

【女郎花】 一《ジョロウカ》 モクレン・コブシの別名。 二《おみなえし|おみなめし》 オミナエシ科の多年草。秋の七草の一つ。

【▽女▼衒】《ゼゲン》 江戸《えど》時代、女を遊女屋に売る手引きをしていた者。

【女御】《ニョウゴ|ニョゴ》 平安時代、天皇の寝所《シンジョ》に仕えた女性。中宮《チュウグウ》の下位、更衣《コウイ》の上位。例弘徽殿《コキデン》の—《ニョウゴ》。

【女房】《ニョウボウ|ニョウボ》 妻。家内。〔もと、宮中に部屋をあたえられた女官や侍女《ジジョ》の意〕対亭主《テイシュ》。

【女房▽詞】《ニョウボウことば》 室町《むろまち》時代初期ごろから、宮中の女官のあいだで、衣食や日常のものについて使われた一種の隠語《インゴ》。「すし」を「すもじ」、「銭《ぜに》」を「おあし」、「髪《かみ》」を「かもじ」、「ひだるい」を「ひもじい」というなど。

【女護が島】《ニョゴがしま》 女性だけが住んでいるという想像上の島。

【女神】《めがみ》 女性の神。例自由の—。勝利の—。

●王女《オウジョ》・彼女《かのジョ》・皇女《コウジョ》・才女《サイジョ》・子女《シジョ》・次女《ジジョ》・淑女《シュクジョ》・少女《ショウジョ》・男女《ダンジョ》・長女《チョウジョ》・天女《テンニョ》・美女《ビジョ》・魔女《マジョ》・養女《ヨウジョ》

女 2

【奴】

5画
3759
5974
常用
音 ド漢 ヌ呉
訓 やっこ・やつ

筆順 く 女 女 奴 奴

なりたち  〔会意〕「女(=おんな)」と「又(=手)」とから成る。むりに働かされる男女の罪人。

意味 ❶めしつかい。下僕《ゲボク》。しもべ。「婢《ヒ》」に対して、とくに男のめしつかいを指すことがある。例奴婢《ドヒ》。奴隷《ドレイ》。農奴《ノウド》。❷自分をいやしめていうことば。例奴才《ドサイ》。私奴《わたくしめ》。❸他人をいやしめることば。例守銭奴《シュセンド》。売国奴《バイコクド》。

【奴輩】《ドハイ》 ①自分をいやしめていうことば。私ども。②他人をいやしんで呼ぶことば。やつら。きゃつら。

【奴▼婢】《ドヒ|ヌヒ》 下男と下女。〔「奴」は男の奴隷《ドレイ》、「婢」は女の奴隷の意〕

【奴僕】《ドボク|ヌボク》 下働きの男。下男《ゲナン》。

【奴隷】《ドレイ》 〔古く「ヌレイ」とも。「隷」も、しもべの意〕①牛馬のように労働力として使われ、所有者の財産として売買される人。例—商人。—解放。②ある欲望に心をうばわれてはなれられない人。とりこ。例恋《こい》の—。金《かね》の—。

●守銭奴《シュセンド》・農奴《ノウド》

女 3

【奸】

6画
5301
5978
音 カン漢

意味 ❶おかす。みだす。同姦《カン》。❷みだら。同姦。❸心がねじけている。よこしま。同姦。例奸計《カンケイ》(=わるだくみ)。

女 3

【好】

6画
2505
597D
教育4
音 コウ漢呉
訓 この-む・す-く・この-み・よ-い

筆順 く 女 女 女 好 好

なりたち  〔会意〕「女(=おんな)」と「子(=おとこ)」とから成る。男につれそう女。みめうるわしい。

意味 ❶美しい。よい。このましい。例好漢《コウカン》。絶好《ゼッコウ》。良好《リョウコウ》。❷愛する。すく。このむ。例好学《コウガク》。愛好《アイコウ》。嗜好《シコウ》。❸したしみ。よしみ。なかよし。例好誼《コウギ》。親好《シンコウ》。友好《ユウコウ》。

難読 好士《すきもの》

人名 この・すみ・たか・たかし・よし・よしみ

【好意】《コウイ》 ①相手に親しみや愛情をよせる気持ち。例—をいだく。②親切な気持ち。例—を無にする。

【好一対】《コウイッツイ》よく似合って、つりあいがとれたひと組みのもの。例—の夫婦《フウフ》。

【好運】《コウウン》(名・形動ダナ)運のよいこと。例—にめぐまれる。

【好悪】《コウオ》〔「悪」は、にくむ意〕すききらい。例—の差がはげしい。

【好学】《コウガク》学問をこのむこと。例—の士。

【好角家】《コウカクカ》〔「角」は、「角力《すもう》」の意〕相撲《すもう》のすきな人。

【好感】《コウカン》(相手にあたえる)よい印象。例—のもてる人物。—をいだく。

【好漢】《コウカン》〔「漢」は、男の意〕さわやかで男らしく、たのもしい男。快男子《カイダンシ》。

【好機】《コウキ》あることをするのにちょうどよい機会。チャンス。例—到来《トウライ》。—をにがす。

【好▼誼】《コウギ》他人の、自分に寄せる親切や思いやり。

【好奇心】《コウキシン》めずらしいことや自分の知らないことに強くひかれる気持ち。例—旺盛《オウセイ》。—が強い。

【好況】《コウキョウ》〔「況」は、ありさまの意〕経済活動がさかんで商品がよく売れ、生産がふえている状態。対不況。例—になる。

【好景気】《コウケイキ》景気のよいこと。好況《コウキョウ》。対不景気。

【好古】《コウコ》昔のものごとをこのむこと。例—趣味《シュミ》。

【好個】《コウコ》〔「個」は、語調をととのえるためのことば〕ちょうどよいこと。もってこい(の)。例—の話題を提供する。

【好好▼爺】《コウコウヤ》人のよい、やさしいおじいさん。例かつての英雄《エイユウ》もすっかり—になってしまう。

【好事】一《コウジ》①喜ばしいこと。めでたいこと。②よいおこない。善行。二《コウズ》風変わりなことをこのむこと。ものずき。→【好事家】《コウズカ》

【好事《コウジ》魔《マ》多《おお》し】よいことには、とかくじゃまがはいりやすい。

【好事《コウジ》門《モン》を▽出《い》でず、悪事《アクジ》千里《センリ》を行《ゆ》く】よいおこないはなかなか世間に知られないが、悪いおこないはたちまちのうちに知れわたる。

【好事家】《コウズカ》風変わりなものごとをこのむ人。ものずき。

【好餌】《コウジ》〔うまいえさの意〕①人をたくみにおびき寄せる手段。例—をもって人をつる。②たやすく他人の食いものにされるもの。いい鴨《かも》。例他の—になってしまう。

【好手】《コウシュ》①すぐれたわざ。②囲碁《イゴ》や将棋《ショウギ》で、うまいうち手やさし手。また、そのわざの持ち主。例—を考え出す。

【好守】《コウシュ》(名・する)(スポーツで)よい守備《シュビ》をすること。また、その守備。対拙守《セッシュ》。例—好打。

【好色】《コウショク》(名・形動ダナ)男女間の情事をこのむこと。いろごのみ。例—漢。

【好人物】《コウジンブツ》人がらのよい人。お人よし。例—の夫婦《フウフ》。

【好戦】《コウセン》戦争をこのみ、すぐ武力に訴《うった》えようとすること。例—的。

【好男子】《コウダンシ》①顔立ちのととのった男性。美男子。②快活で好感のもてる男性。男らしい人。好漢。

【好調】《コウチョウ》(名・形動ダナ)ものごとがうまくいっていること。例—な売れ行き。

【好都合】《コウツゴウ》(形動ダナ)つごうのよいようす。対不都合。例それは万事《バンジ》—である。

【好適】《コウテキ》(形動ダナ)目的にふさわしいようす。例行楽に—な季節。

【好敵手】《コウテキシュ》力量が同じぐらいで、試合や勝負にふさわしい相手。例—がほしい。

【好天】《コウテン》よく晴れて、何かをするのによい天気。対悪天。例—に恵《めぐ》まれる。

【好転】《コウテン》(名・する)状態がよいほうに変わること。例事態が—する。病状が—する。

【好投】《コウトウ》(名・する)野球で、投手が相手の攻撃《コウゲキ》をおさえた投球をすること。例—を続ける。

【好評】《コウヒョウ》評判のよいこと。対悪評・不評。例—を博する。—に意を強くする。

【好物】《コウブツ》すきな食べ物。〔もと、よいものの意〕例両親の—をととのえる。

【好例】《コウレイ》何かを説明するのに、ちょうどよい例。適例。例—を示す。

【好き勝手】《すきかって》(形動ダナ)自分のしたいようにふるまうようす。例—にする。
○●愛好《アイコウ》・最好《サイコウ》・嗜好《シコウ》・修好《シュウコウ》・絶好《ゼッコウ》・同好《ドウコウ》・友好《ユウコウ》・良好《リョウコウ》

女 3
【妁】 6画 *5302 *5981 音シャク漢呉 訓なこうど
意味 結婚《ケッコン》の仲だちをする人。なこうど。例媒妁《バイシャク》。
難読 媒妁《なかだち》

女 3
【如】 6画 3901 5982 常用 音ジョ漢 ニョ呉 訓ごと-し
筆順 
なりたち  〔会意〕「女(=おんな)」と「口(=くち)」とから成る。女は男の言うことにしたがったことから、言われたようにする。したがう。
意味 ❶…のようだ。同じである。ごとし。例如実《ニョジツ》。如是我聞《ニョゼガモン》。❷およぶ。おいつく。しく。例百聞不レ如二一見一《ヒャクブンはイッケンにしかず》。❸ゆく。行く。例如レ楚《ソにゆく》。如レ斉《セイにゆく》。❹〔助字〕㋐状態を示すときにそえることば。例欠如《ケツジョ》。突如《トツジョ》。躍如《ヤクジョ》。㋑「もし」と読み、もし…したらの意。仮定をあらわす。例如有二王者一《もしオウジャあらば》(=もし王者があらわれたならば)。㋒「如何」は、「いかん(せん)」「いかんぞ」と読み、どうするか・どうしたらよいか、の意。疑問・反語をあらわす。例如レ予何《われをいかんせん》(=私をどうするのか、どうすることもできない)。
人名 いく・きさ・すけ・なお・もと・ゆき・よし
【▽如▽何】一《いかん》〔「いかに」の転〕①(名)どうであるか。〔事の状態・なりゆき・ようすをいうことば〕例理由の—を問わない。②(副)どのように。どうするか。〔手段や方法を問うことば〕例—せん。—ともしがたい。二《いかが》〔「いかにか」の転である「いかんが」の変化〕(副・形動ダナ)①どのよう。どんなふう。例ご気分は—ですか。②すすめたり、さそったりすることば。例お一つ—ですか。③疑いや不安な気持ちをあらわすことば。例あまり反対するのも—なものか。
【▽如▽月】《きさらぎ》もと、陰暦《インレキ》で二月のこと。太陽暦でもいう。
【如雨露】《ジョウロ》草花などに水をかけるのに使う道具。如露《ジョロ》。〔もとはポルトガル語という。「如雨露」「如露」は、あて字〕
【如今】《ジョコン》ただいま。いま。現在。例—以後(=今後)。
【如意】《ニョイ》①自分の思いどおりになること。例—棒。②〔仏〕説法・読経《ドキョウ》・法会《ホウエ》などのときに講師《コウジ》の僧《ソウ》が持つ棒のような道具。
【如意棒】《ニョイボウ》思いどおりにのばしたりちぢめたりして、武器として使う架空《カクウ》の棒。孫悟空《ソンゴクウ》の持ち物。
【如意輪】《ニョイリン》「如意輪観音《カンノン》」の略。宝珠《ホウジュ》と法輪を持って人々の願いをかなえる観音。
【如実】《ニョジツ》(形動ダナ)実際のとおりであるさま。ありのまま。例戦争の惨状《サンジョウ》を—に伝える。

【如是我聞《ニョゼガモン》】〔仏〕〔「是《か》くの如《ごと》く我《われ》聞《き》く」と訓読する〕経文《キョウモン》のはじめにあることば。釈迦《シャカ》の弟子《デシ》の阿難《アナン》が、釈迦の直接の教えであることを明らかにしている。

【如▼菩▼薩《ニョボサツ》】〔「菩薩のごとし」の意〕菩薩のように慈悲《ジヒ》深いこと。例 外面《ゲメン》—内心如夜叉《ニョヤシャ》（＝顔つきはやさしいが、おそろしい心をもっているということ）。

【如来《ニョライ》】〔仏〕〔「真如《シンニョ》（＝存在の本質・真理）より来たりて衆生《シュジョウ》を教え導く人」の意〕仏をうやまって呼ぶことば。例 阿弥陀《アミダ》—。釈迦《シャカ》—。薬師—。

● 欠如《ケツジョ》・突如《トツジョ》・躍如《ヤクジョ》

女 3

【妃】

6画 4062 5983 常用 音 ヒ 漢 呉 訓 きさき

筆順 く 女 女 女 女コ 妃

なりたち ［会意］「女（＝おんな）」と「己（＝おのれ）」とから成る。女を自分につれそわせる。つれあい。

意味 ❶天子の妻で、皇后の次の位の女性。きさき。例 后妃《コウヒ》。楊貴妃《ヨウキヒ》。❷皇太子や皇族の妻。きさき。例 妃殿下《ヒデンカ》。皇太子妃《コウタイシヒ》。

人名 き・ひめ

【妃殿下《ヒデンカ》】皇族の妻をうやまっていうことば。

女 3

【妄】

6画 4449 5984 常用 音 ボウ 漢 モウ 呉 訓 みだ-り・みだり-に

筆順 丶 亠 亡 亡 妄 妄

女 3

【妄】

6画

なりたち ［形声］「女（＝おんな）」と、音「亡《ボウ》」とから成る。乱れる。

意味 ❶道理に合わない。すじが通らない。でたらめ。みだり。例 妄言《モウゲン》。妄誕《モウタン》。虚妄《キョモウ》。❷むやみに。分別《フンベツ》なくやたらに。みだりに。例 妄信《モウシン》。妄動《モウドウ》。

難読 莫妄想《マクモウゾウ|モウゾウするなかれ》

【妄言《モウゲン》】〔「ボウゲン」とも〕事実に合わない、でたらめなことば。例 —を吐《は》く。

【妄言多謝《モウゲンタシャ》】〔「ボウゲンタシャ」とも〕相手を批評したり、自分の意見をはっきり述べたりしたあとなどに、言ったり書いたりすることば。

【妄語《モウゴ》】①でたらめなことば。うそ。②〔仏〕うそをつくこと。五悪・十悪の一つ。

【妄執《モウシュウ|モウジュウ》】〔仏〕心の迷いから、ものごとに深くとらわれること。

【妄信《モウシン》】〔「ボウシン」とも〕（名・する）わけも分からず、むやみに信じること。

【妄説《モウセツ》】〔「ボウセツ」とも〕根拠《コンキョ》のないでたらめな説。

【妄想《モウソウ|モウゾウ》】（名・する）①想像で作り上げたことを、事実であるかのように信じこむこと。例 被害《ヒガイ》—。誇大《コダイ》—。②根拠《コンキョ》のない想像。夢想《ムソウ》。③〔仏〕心の迷いから生じる誤った考え。妄念。例 —を断《た》ち切る。

【妄誕《モウタン》】〔「ボウタン」とも〕でたらめ。いつわり。

【妄断《モウダン》】〔「ボウダン」とも〕（名・する）根拠《コンキョ》のない、いいかげんな判断をすること。例 —をつつしむ。

【妄動《モウドウ》】（名・する）よく考えもせずに軽々しく行動すること。また、その行動。例 軽挙—。

【妄念《モウネン》】〔仏〕迷いの心から起こる、よこしまな思いや誤った考え。妄想。例 —を去る。—をひるがえす。

【妄評《モウヒョウ》】〔「ボウヒョウ」とも〕（名・する）①でたらめな批評をすること。また、その批評。②自分のした批評をへりくだっていう言い方。例 —多謝。

● 虚妄《キョモウ》・迷妄《メイモウ》

女 3

【妄】

6画 ⇩【妄《ボウ》】（272ページ）

女 4

【妓】

7画 2124 5993 音 キ 漢 ギ 呉

意味 ❶歌やおどりで客をもてなす女性。うたいめ。わざおぎ。例 芸妓《ゲイギ》。流行《はや》りっ妓《こ》。❷遊女。例 妓楼《ギロウ》。

【妓女《ギジョ》】歌やおどりなどの芸能を演じて、客に見せた女。また、遊女など。

【妓楼《ギロウ》】遊女屋。娼家《ショウカ》。

女 4

【妥】

7画 3437 59A5 常用 音 ダ 慣 タ 漢 訓 やす-い・おだ-やか

筆順 ノ 𠂊 ⺈ 爫 妥 妥

なりたち ［会意］「⺤（＝手）」と「女（＝おんな）」とから成る。手で女をおちつかせる。安んじる。

意味 やすらか。おちつく。やすい。おだやか。例 妥協《ダキョウ》。妥結《ダケツ》。安妥《アンダ》。

人名 やす・やすし

【妥協《ダキョウ》】（名・する）たがいの主張をゆずりあって、おだやかに話をまとめること。例 —案。時には—する。

【妥結《ダケツ》】（名・する）対立する両者が、たがいにあゆみ寄って約束をむすぶこと。例 交渉《コウショウ》が—する。

【妥当《ダトウ》】（名・する・形動《ダ》）（判断や処置が）実情にむりなくあてはまること。例 —な結論。この場合にも—する見解。

女 4

【妊】

7画 3905 598A 常用 音 ジン 漢 ニン 呉 訓 はら-む

筆順 く 女 女 女 妊 妊

女 6

【姙】

9画 5312 59D9 別体字

なりたち ［会意］「女（＝おんな）」と「壬《ジン》（＝はらむ）」とから成る。女性の体内に子ができる。

意味 腹に子をやどす。みもちになる。みごもる。はらむ。例 妊娠《ニンシン》。懐妊《カイニン》。

【妊産婦《ニンサンプ》】妊婦と産婦。出産前後の女性。

【妊娠《ニンシン》】（名・する）おなかに子ができること。みごもること。

【妊婦《ニンプ》】妊娠《ニンシン》している女性。

● 懐妊《カイニン》・避妊《ヒニン》・不妊《フニン》

女 4

【妣】

7画 5306 59A3 音 ヒ 漢 訓 はは

意味 死んだ母。亡母。なきはは。対 考《コウ》。例 妣考《ヒコウ》・考妣《コウヒ》（＝亡《な》くなった父母。「考」は亡き父）。先妣《センピ》（＝死んだ母。「先」は、亡くなったの意）。

女 4

【妨】

7画 4324 59A8 常用 音 ホウ 漢 ボウ 呉 訓 さまた-げる・さまた-げ

筆順 く 女 女 女 妨 妨

なりたち  [形声]「女(=おんな)」と、音「方《ホウ》」とから成る。害する。

意味 じゃまをする。さまたげる。例 妨害《ボウガイ》。

【妨害】《ボウガイ》(名・する)じゃまをすること。例 安眠《アンミン》—。公務の執行《シッコウ》を—する。表記 (旧)妨▼碍

女 4 【妙】 7画 4415 5999 常用 音 ビョウ(漢) ミョウ(呉) 訓 たえ

筆順 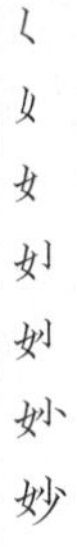

なりたち [会意]「女(=おんな)」と「少《ショウ》→ビョウ(=わかい)」とから成る。若々しく美しい。

意味 ❶若い。若くて美しい。例 妙年《ミョウネン》(=年が若いこと)。❷すぐれている。深遠。たえ。例 妙案《ミョウアン》。絶妙《ゼツミョウ》。造化《ゾウカ》の妙《ミョウ》。

日本語での用法《ミョウ》不思議な。ふつうでない。「妙《ミョウ》な事件《ジケン》・妙《ミョウ》な咳《せき》をする」

難読 白妙《しろたえ》・敷妙《しきたえ》

人名 たい・たう・ただ・とう・み

【妙案】《ミョウアン》すぐれた思いつき。例 —がうかぶ。

【妙音】《ミョウオン》なんともいえない美しい音。たえなる音。

【妙技】《ミョウギ》他人にはまねのできない、みごとなわざ。

【妙境】《ミョウキョウ》(芸術などの)なんともいえないすばらしい境地。

【妙句】《ミョウク》表現のたくみなことば。例 —が思いうかばない。

【妙計】《ミョウケイ》ふつうには考えつかないような、たくみなはかりごと。例 —を案ずる。

【妙工】《ミョウコウ》すぐれた細工《サイク》。また、それをする職人。

【妙策】《ミョウサク》たくみなはかりごと。妙計。例 —を案じる。

【妙手】《ミョウシュ》①すぐれたわざをもつ人。例 槍《やり》の—。おどりの—。②(囲碁《イゴ》や将棋《ショウギ》で)うまい手。例 —を指す。

【妙趣】《ミョウシュ》なんともいえないすぐれた味わいや、おもむき。

【妙法】《ミョウホウ》①〔仏〕仏のすぐれた教え。仏法《ブッポウ》。例 —蓮華経《レンゲキョウ》。②すぐれた方法。

【妙味】《ミョウミ》えもいわれぬ、すぐれたあじわい。うまみ。

【妙薬】《ミョウヤク》不思議なほどよくきくくすり。

【妙齢】《ミョウレイ》〔「妙」は、若い意〕(女性の)若いさかりの年齢。としごろ。例 —の婦人。

● 奇妙《キミョウ》・軽妙《ケイミョウ》・巧妙《コウミョウ》・神妙《シンミョウ》・絶妙《ゼツミョウ》・珍妙《チンミョウ》・微妙《ビミョウ》・霊妙《レイミョウ》

女 4 【妖】 7画 4537 5996 常用 音 ヨウ(漢) 訓 あや-しい

筆順 

なりたち 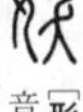 [形声] 本字は「⿰女芺」で、「女(=おんな)」と、音「芺《ヨウ》」とから成る。すぐれたさま。また、少女がほほえむさま。

意味 ❶人を迷わすほど、なまめかしい。あでやか。例 妖艶《ヨウエン》。妖婦《ヨウフ》。❷人の心をまどわす。わるい。あやしい。例 妖言《ヨウゲン》。面妖《メンヨウ》。❸ばけもの。人間以上の能力をもった、不思議な生きもの。例 妖怪《ヨウカイ》。妖精《ヨウセイ》。

使い分け あやしい【怪・妖】⇩1161ページ

【妖異】《ヨウイ》①あやしく不思議なできごと。②ばけもの。妖怪《ヨウカイ》。

【妖雲】《ヨウウン》不吉《フキツ》なことが起こりそうな、気味の悪いくも。例 —がただよう。

【妖艶】《ヨウエン》(形動《ダナ》)女性の容姿がなまめかしく美しいようす。例 —な姿。

【妖花】《ヨウカ》人を引きつける、あやしい美しさをもつ花。また、そのような女性。

【妖怪】《ヨウカイ》不気味《ブキミ》で人をおどろかす不思議なもの。ばけもの。例 —変化《ヘンゲ》。

【妖気】《ヨウキ》おそろしいことが起こりそうな、不気味《ブキミ》な気配《ケハイ》。例 —がただよう。

【妖▽姫】《ヨウキ》人をまどわすような、不思議な美しさをもつ女性。

【妖言】《ヨウゲン》人をまどわす、不吉《フキツ》であやしいことば。例 —を言いふらす。

【妖術】《ヨウジュツ》人をまどわすあやしい術。魔術《マジュツ》。例 —使い。

【妖女】《ヨウジョ》①魔法《マホウ》使いの女。魔女。②男をまどわす魔性《マショウ》の女。妖婦。

【妖精】《ヨウセイ》①西洋の伝説や童話に登場する、森に住む動物や植物などの精霊《セイレイ》。童話などでは小人《こびと》やおとめの姿をしている。フェアリー。②妖怪《ヨウカイ》。ばけもの。

【妖婦】《ヨウフ》男性をまどわす、あでやかな美女。

女 4 [妍] 7画 ⇩【妍】《ケン》(276ページ)

女 4 [姉] 7画 ⇩【姉】《シ》(274ページ)

女 4 [妝] 7画 ⇩【粧】《ショウ》(763ページ)

女 4 【妥】 7画 ⇩【妥】《ダ》(272ページ)

女 5 【委】 8画 1649 59D4 教育3 音 イ(漢)(呉) 訓 ゆだ-ねる・まか-せる・くわ-しい

筆順 

なりたち  [形声]「女(=おんな)」と、音「禾《カ》→イ」とから成る。すなおにしたがう。

意味 ❶他の人にすべてやらせる。ゆだねる。まかせる。例 委嘱《イショク》。委託《イタク》。委任《イニン》。❷なりゆきにまかせる。ほうっておく。すてる。例 委棄《イキ》。❸こまかい。つぶさに。くわしい。例 委曲《イキョク》。委細《イサイ》。

人名 くつ・すえ・つぐ・とも・もろ

【委員】《イイン》ある団体で選ばれて、特定のことがらの処理をまかされた人。例 —長。国語審議会《シンギカイ》—。

【委棄】《イキ》(名・する)①かまわないで、ほうっておくこと。②〔法〕権利を放棄《ホウキ》すること。

【委曲】《イキョク》〔「曲」も、くわしい意〕くわしくこまかなこと。詳細《ショウサイ》。委細。例 —をつくした説明。

【委細】《イサイ》(名・副)①くわしいこまごまとした事情。詳細《ショウサイ》。例 —面談。②すべて。なにもかも。例 —承知しました。—かまわず。

【委譲】《イジョウ》(名・する)権限や仕事を他の機関や人にゆずってまかせること。例 権限を地方自治体に—する。

【委嘱】《イショク》(名・する)〔「嘱」は、たのむ意〕ある仕事を外部の人にたのんで、してもらうこと。例 調査を—する。

【委託】《イタク》(名・する)ある仕事を他の人や機関にたのんで代わりにやってもらうこと。例 販売《ハンバイ》を—する。

【委任】《イニン》(名・する)①ものごとの処理を他人にまかせること。②〔法〕一方が、あることがらの処理を委託《イタク》し、他方もそれを承諾《ショウダク》することによって成立する法律行為《ホウリツコウイ》。例 —状。

女 5 【姑】 8画 2440 59D1 音 コ(漢) 訓 しゅうとめ・しばら-く

意味 ❶夫の母。しゅうとめ。〔今は、妻の母にも用いる〕例 姑舅《コキュウ》(=夫の父母)。❷父の姉妹《シマイ》。おば。例 姑夫《コフ》(=父の姉妹の夫)。❸しばらく。とりあえず。例 姑息《コソク》。

難読 慈姑《くわい》・山姑《やまうば》《やまんば》

【姑▽娘】《クーニャン》〔中国語音〕未婚《ミコン》の女性。むすめ。

【姑息】《コソク》（形動ダナ）一時の間に合わせですますようす。その場しのぎ。例因循《インジュン》—。—な手段。—をいましめる。

【姑▽射山】《コヤサン》①中国で、不老不死の仙人《センニン》が住むという伝説上の山。〈荘子《ソウジ》〉②上皇《ジョウコウ》の御所《ゴショ》。はこやの山。

女 5

【妻】

8画 2642 59BB 教育5 音セイ漢 サイ呉 訓つま

筆順 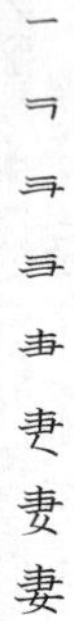

なりたち  [会意]「女（＝おんな）」と「十（＝進み出る）」と「ヨ（＝家事をする手）」とから成る。夫とならぶ女。つま。

意味 ❶夫の配偶者《ハイグウシャ》。つま。対夫《フ》。例妻子《サイシ》。妻帯《サイタイ》。正妻《セイサイ》。❷よめにやる。めあわせる。

日本語での用法《つま》①そばにそえるもの。あしらい。「刺身《さしみ》の妻《つま》」②端《はし》の部分。日本建築の、屋根の両端の三角形の面。「妻戸《つまど》・切《き》り妻《づま》」

難読 後妻《うわなり》

【妻子】《サイシ／つまこ》つまと子。例—を養う。

【妻女】《サイジョ》①人のつま。例—は母方の遠縁《とおエン》の者。②つまと、むすめ。

【妻▼妾】《サイショウ》つまと、めかけ。

【妻帯】《サイタイ》（名・する）結婚《ケッコン》してつまを持つこと。例—者。

◯●愛妻《アイサイ》・愚妻《グサイ》・後妻《ゴサイ》・先妻《センサイ》・夫妻《フサイ》・亡妻《ボウサイ》

女 5

【姉】

8画 2748 59C9 教育2 音シ漢呉 訓あね 付表姉《ねえ》さん

筆順 

女 4

【姊】

7画 — 59CA 別体字

なりたち  [形声]「女（＝おんな）」と、音「市《シ》」とから成る。あね。参考この「市《シ》」は「市《シ》（＝いち）」とは別の字。

意味 ❶年上の女のきょうだい。あね。対妹《マイ》。例姉妹《シマイ》。長姉《チョウシ》。❷女性を親しみ、また、うやまっていうことば。例諸姉《ショシ》。

難読 十姉妹《ジュウシマツ》・従姉《いとこ》

人名 え

【姉御】《あねゴ》①姉の古風な呼び方。②やくざの親分などの妻。また、女親分の呼び名。表記②は「▼姐御」とも書く。

【姉様】《あねさま》①姉をうやまっていうことば。②千代紙《ちよがみ》などで作った着物を着せた紙人形。姉様人形。

【姉娘】《あねむすめ》娘のなかで年上の者。

【姉妹】《シマイ》①あねと、いもうと。女のきょうだい。例兄弟《キョウダイ》—。②同じ系統でなんらかのつながりをもつ二つのもの。例—都市。—編。

◯●実姉《ジッシ》・大姉《ダイシ》

女 5

【始】

8画 2747 59CB 教育3 音シ漢呉 訓はじ-める・はじ-まる・はじ-まり・はじ-め

筆順 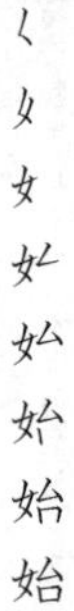

なりたち 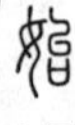 [形声]「女（＝おんな）」と、音「台《イ→シ》」とから成る。はじめに生まれた女。

意味 ❶ものごとのおこり。もと。発端《ホッタン》。はじまり。はじめ。例始末《シマツ》。原始《ゲンシ》。歌会始《うたカイはじめ》。❷新しくおこす。はじめる。はじまる。例始業《シギョウ》。開始《カイシ》。創始《ソウシ》。❸あらたに。はじめに。はじめて。㋐…してやっと。㋑やっと…したばかり。

日本語での用法《はじめ》主たるもの。「校長《コウチョウ》を始《はじ》め、教職員一同《キョウショクインイチドウ》…」

使い分け はじまる・はじめ・はじめて・はじめる

【初・始】⇩1177ページ

人名 とも・はじむ・はつ・はる・もと

【始球式】《シキュウシキ》野球で、試合をはじめる直前に、招かれた客の一人が、投手の位置から投球すること。

【始業】《シギョウ》（名・する）仕事や授業をはじめること。対終業。例—式。—時刻。

【始原】《シゲン》ものごとのはじめ。おこり。表記「始源」とも書く。

【始終】《シジュウ》一（名）はじめからおわりまでのすべて。例一部—。二（副）いつも。たえず。しょっちゅう。例あの子は—口笛《くちぶえ》をふいている。

【始祖】《シソ》①その種の最もはじめのもの。先祖。②あるものごとを最初にはじめた人。例哲学《テツガク》の—ソクラテス。③禅宗《ゼンシュウ》で、達磨《ダルマ》を指す。

【始祖鳥】《シソチョウ》鳥類の祖先と考えられる動物。カラスくらいの大きさで、つばさはあるが、するどい歯を持つなど、鳥類が爬虫《ハチュウ》類から進化したことを示している。

【始動】《シドウ》（名・する）（機械が）動きはじめること。また、動かしはじめること。例エンジンが—する。

【始発】《シハツ》①その日にいちばん早く運行する列車・バスなど。②そこから出発する列車・バスなど。例—駅。

【始末】《シマツ》一（名）①はじめと終わり。はじめから終わりまでの事情。顛末《テンマツ》。例—記。②結果の状態。例たいへんな—になる。二（名・する）①かたづけること。例火の—。きちんと—する。②むだのないように使うこと。倹約《ケンヤク》。

【始末書】《シマツショ》事故や過失があったとき、その原因やいきさつ、それに対する自分の反省などを書いて提出する書類。例—を取られる。—を書かせる。

【始末屋】《シマツや》倹約家《ケンヤクカ》。しまりや。例かれはなかなかの—だ。

【始《はじ》めは処女《ショジョ》の▽如《ごと》く後《のち》は脱▼兎《ダット》の▽如《ごと》し】はじめはうぶな処女のように静かにして敵を油断させ、最後はにげるウサギのように機敏《キビン》に行動して敵を攻撃《コウゲキ》する。はじめはおとなしいようだが、終わりはじゅうぶん力を発揮することのたとえ。〈孫子《ソンシ》〉

◯●開始《カイシ》・原始《ゲンシ》・終始《シュウシ》・創始《ソウシ》・年始《ネンシ》

女 5

【妾】

8画 3010 59BE 音ショウ漢呉 訓めかけ・わらわ

意味 ❶女のどれい、めしつかい。❷妻のような関係にある、正妻ではない女性。側室。めかけ。例妾腹《ショウフク》。妻妾《サイショウ》。❸女性が自分をへりくだっていうことば。わらわ。

【妾腹】《ショウフク》めかけから生まれること。その子供。例—の妹。

女 5

【姓】

8画 3211 59D3 常用 音セイ漢 ショウ呉 訓かばね

筆順 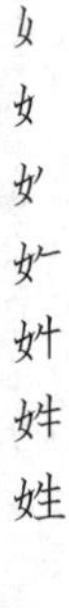

なりたち   [会意]「女（＝おんな）」と「生《セイ》（＝うまれる）」とから成る。同じ女から生まれた子孫であることの標識。

意味 血すじや家がらをあらわすことば。かばね。また、うじ。〔もと、「姓」は血すじ・家系を、「氏」は尊卑《ソンピ》による家がらをあらわし、両者は区別されたが、漢代以後、「姓」と「氏」とは混用されるようになった〕例姓名《セイメイ》。氏素姓《うじスジョウ》。

日本語での用法《かばね》古代、家がらの尊卑《ソンピ》と世襲《セシュウ》の官職とをあらわした呼び方。「姓書《かばねがき》・八色《やくさ》の姓《かばね》」

人名 うじ

【姓氏】《セイシ》①みょうじ。②〔古くは「ショウジ」〕かばねと、うじ。「かばね」は、古代氏族の地位や職名をあらわす称号《ショウゴウ》。「うじ」は、同一祖先から出た同族集団。

【姓名】《セイメイ》みょうじと、なまえ。氏名。例—判断。

●改姓《カイセイ》・旧姓《キュウセイ》・素姓《スジョウ》・同姓《ドウセイ》・百姓《ヒャクショウ・ヒャクセイ》

女 5 【姐】 8画 1625 59D0 音 ソ慣 シャ漢 訓 あね・ねえ-さん

意味 ❶年上の女のきょうだい。あね。例 姐夫《シャフ》（=あねむこ）。❷女子。むすめ。

【姐御】《あねゴ》⇩【姉御】《あねゴ》②（274ページ）

女 5 【妲】 8画 5307 59B2 音 ダツ慣 タツ漢

意味「妲己《ダッキ》」は、殷《イン》の紂王《チュウオウ》のきさき。悪女の代表とされている。

女 5 【妬】 8画 3742 59AC 常用 音 ト漢呉 訓 ねた-む・や-く・や-ける

筆順 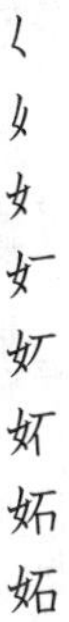

なりたち  [形声]「女（=おんな）」と、音「石《セキ》→ト」とから成る。婦人がやきもちをやく。

意味 他人をうらやみにくむ。やきもちをやく。ねたむ。やく。例 妬視《トシ》。妬心《トシン》（=ねたみごころ）。嫉妬《シット》。

【妬視】《トシ》（名・する）ねたましい気持ちで見ること。嫉視《シッシ》。

女 5 【姆】 8画 5308 59C6 音 ボ漢 モ呉 訓 うば

意味 ❶女の子にしつけをする女性。うば。例 姆教《ボキョウ》（=うばの教え）。❷母の代わりに子を育てる女性。めのと。例 保姆《ホボ》。

女 5 【妹】 8画 4369 59B9 教育2 音 バイ漢 マイ呉 訓 いもうと

筆順 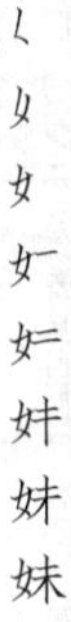

なりたち  [形声]「女（=おんな）」と、音「未《ビ》→バイ」とから成る。いもうと。

意味 年下の女のきょうだい。いもうと。例 義妹《ギマイ》。姉妹《シマイ》。弟妹《テイマイ》。

日本語での用法 一《いも》いもうと。また、妻。「妹兄《いもせ》・妹背《いもせ》」 二《せ》「せ」の音をあらわす万葉がな。「妹尾《せのお》」

人名 いも

【▽妹背】《いもせ》①夫婦《フウフ》の、古い言い方。例—を契《ちぎ》る。②親しい関係にある男女。妹と兄。また、姉と弟。

●実妹《ジツマイ》・姉妹《シマイ》・十姉妹《ジュウシマツ》・弟妹《テイマイ》

女 6 【娃】 9画 1603 5A03 人名 音 ア慣 アイ漢 訓 うつく-しい

意味 ❶みめよい。うつくしい。また、美女。❷「娃娃《アイアイ》」は、㋐四、五歳《サイ》くらいまでの子供。㋑人形。

女 6 【威】 9画 1650 5A01 常用 音 イ漢呉 訓 おど-す・たけ-し

筆順 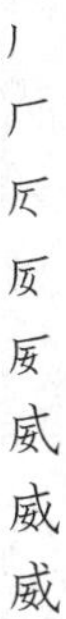

なりたち  [形声]「女（=おんな）」と、音「戌《シュツ》→イ」とから成る。夫の母。派生して「おそろしい」の意。

意味 ❶人をおそれさせる力や品格（がある）。おごそか。いかめしい。例 威厳《イゲン》。威勢《イセイ》。権威《ケンイ》。❷力ずくでおそれさせる。おどす。例 威圧《イアツ》。威嚇《イカク》。威《イ》をふるう。

人名 あきら・たか・たけ・たける・つよし・なり・のり

【威圧】《イアツ》（名・する）強大な力で相手をおどし、おさえつけること。例 人を—しようという態度。

【威嚇】《イカク》（名・する）〔「嚇」も、おどす意〕強い力を示しておどすこと。例—射撃《シャゲキ》。

【威儀】《イギ》おごそかな場所にふさわしい、作法・礼式にかなった姿や動作。例—を正す。

【威厳】《イゲン》人に尊敬とおそれをいだかせるような、りっぱで重々しいふんいき。例—を保つ。

【威光】《イコウ》人をおそれさせ従わせるふんいき。例 人の—をかさにきる。

【威信】《イシン》人々をおそれ従わせる力と、それにともなう信頼感《シンライカン》。例 国家の—をかけて問題解決にあたる。

【威勢】《イセイ》①人をおそれさせ従わせる力。例—をふるう。②生き生きして元気がよいこと。例—のいい若者。

【威武】《イブ》周囲をおそれ従わせる威力と武力。武威。

【威風】《イフウ》周囲をなびかせるような、威厳のあるふんいき。例—堂堂の行進。

【威服】《イフク》（名・する）勢力や威力を示して相手を従わせること。例 対立者を—する力。

【威望】《イボウ》威厳があり人からも信頼《シンライ》されること。

【威名】《イメイ》人をおそれさせるような名声。例—が天下にとどろく。

【威容】《イヨウ》堂々として、他を圧する姿。例—をほこる。

【威力】《イリョク》他を圧倒《アットウ》し、おそれさせる強い力。例 新兵器の—。

【威令】《イレイ》強い力をもって、よく徹底《テッテイ》する命令。例—がおこなわれる。

【威烈】《イレツ》はげしい威力。さかんな威光。例 維新《イシン》の志士の—をおもう。

●脅威《キョウイ》・権威《ケンイ》・示威《ジイ》・猛威《モウイ》

女 6 【姨】 9画 5309 59E8 音 イ漢呉 訓 おば

意味 ❶妻の姉妹《シマイ》。❷母の姉妹。おば。例 姨子《イシ》（=母の姉妹の子）。姨母《イボ》（=母の姉妹）。

日本語での用法《おば》老母。また老女。「姨捨山《おばすてやま》」

【姨捨】《おばすて》①老母または老女を養わずに、山おくに捨てること。②謡曲《ヨウキョク》の一つ。姨捨の伝説を題材としたもの。

女 6 【姻】 9画 1689 59FB 常用 音 イン漢 訓 とつ-ぐ

筆順 

なりたち  [会意]「女（=おんな）」と「因《イン》（=たよる）」とから成る。女がたよる、むこの家。

意味 結婚《ケッコン》する。縁組《エンぐ》み。とつぐ。例 姻戚《インセキ》。婚姻《コンイン》。

【姻戚】《インセキ》結婚《ケッコン》によって生じる、血のつながりのない親類。姻族。例—関係。

【姻族】《インゾク》姻戚《インセキ》。

女 6 【姶】9画 1608 59F6 音 オウ漢 訓 あい

意味 美しいようす。みめよいようす。

難読 姶《あい》良《ら》(=地名)

女 6 【姦】9画 2015 59E6 音 カン漢 訓 みだ-ら・かしま-しい

意味 ❶男女の関係が正しくない。みだら。同 姧《カン》。例 姦淫《カンイン》。姦通《カンツウ》。❷道理にはずれた。悪い。悪人。同 姧。例 姦計《カンケイ》。佞姦《ネイカン》。❸おかす。みだす。同 奸。

日本語での用法《かしましい》やかましい。「娘《むすめ》たちの姦《かしま》しい声《こえ》」

【姦悪《カンアク》】(名・形動ダナ) 心がねじけて邪悪《ジャアク》なようす。また、そのような人。表記「▼奸悪」とも書く。

【姦淫《カンイン》】(名・する) 男女が道徳に反した肉体関係を結ぶこと。

【姦計《カンケイ》】よくないはかりごと。悪だくみ。悪計。例 —をめぐらす。表記「▼奸計」とも書く。

【姦策《カンサク》】よくない策略。悪だくみ。例 —をめぐらす。—を弄《ロウ》する。表記「▼奸策」とも書く。

【姦臣《カンシン》】主君に対して悪だくみをはかるような、心のねじけた悪い家来《ケライ》。例 家中《カチュウ》の—を除く。表記「▼奸臣」とも書く。

【姦賊《カンゾク》】心のねじけた悪人。例 —をほろぼす。表記「▼奸賊」とも書く。

【姦知《カンチ》】悪がしこい知恵《チエ》。わるぢえ。例 —にたける。表記「▼奸▼智」とも書く。

【姦通《カンツウ》】(名・する) 男女が道にはずれた肉体関係をもつこと。

【姦▼佞《カンネイ》】(名・形動ダナ) 心がねじけていて人にへつらうこと。例 —邪知《ジャチ》。表記「▼奸▼佞」とも書く。

【姦物《カンブツ》】悪がしこい人物。腹黒い人。表記「▼奸物」とも書く。

【姦雄《カンユウ》】悪知恵《わるぢえ》にたけ、策略《サクリャク》によって天下を制した英雄。例 乱世の—。表記「▼奸雄」とも書く。

女 6 【姜】9画 5310 59DC 音 キョウ漢

意味 ❶陝西《センセイ》省を流れる川の名。「姜水《キョウスイ》」は「岐水《キスイ》」の別名。❷姜水のそばにいた部族の姓《セイ》。

女 6 【姸】9画 1-9490 59F8 音 ケン慣 ゲン漢 訓 うつく-しい

女 4 [妍] 7画 5311 598D 俗字

意味 顔や姿が美しい。みめうるわしい。みめよい。あでやか。例 姸艶《ケンエン》(=美しくなまめかしい)。姸《ケン》を競《きそ》う。

【姸《ケン》を競《きそ》う】あでやかさをきそう。「姸を争う」とも。

女 6 【姮】9画 2-0552 59EE 音 コウ・ショウ漢 ジョウ呉

女11 [嫦] 14画 5335 5AE6 別体字

意味「姮娥《コウガ》」は、伝説上の女。

【姮▼娥《コウガ》《ジョウガ》】月に住むという美人の名。中国古代の伝説によると、姮娥は、羿《ゲイ》という者の妻だったが、夫が西王母《セイオウボ》からさずかった不死の薬をぬすんで飲み、月ににげて行き月の精になったという。常娥《ジョウガ》。

【姮宮《コウキュウ》】月の世界にあり、姮娥《コウガ》が住むという宮殿。転じて、月のこと。

女 6 【姿】9画 2749 59FF 教育6 音 シ漢呉 訓 すがた

筆順 丶 冫 冫 次 次 姿 姿

女 6 【姿】9画

なりたち  [形声]「女(=おんな)」と、音「次《シ》」とから成る。すがた。

意味 人や物のかたち。ふうさい。ようす。すがた。例 姿勢《シセイ》。風姿《フウシ》。容姿《ヨウシ》。

人名 かた・しな

【姿勢《シセイ》】①からだのかまえ方。例 —を正す。②あるものごとに取り組む態度。心がまえ。例 前向きの—。

【姿態《シタイ》】すがた。また、ある動作をしたときのからだつき。例 なまめかしい—。

【姿形《すがたかたち》】顔だちとからだつき。見目形《みめかたち》。容姿《ヨウシ》。例 人を—で判断してはいけない。

【姿見《すがたみ》】全身を映して見るための大型の鏡。

◐絵姿《エすがた》・勇姿《ユウシ》・雄姿《ユウシ》・容姿《ヨウシ》

女 6 【姪】9画 4437 59EA 人名 音 テツ漢 訓 おい・めい

意味 自分の兄弟《キョウダイ》のむすことむすめ。おい。めい。例 姪甥《テッセイ》。女姪《ジョテツ》(=めい)。

日本語での用法《めい》自分の兄弟姉妹《ケイテイシマイ》のむすめ。対 甥《おい》。「二人《ふたり》の姪《めい》」

【姪▼甥《テッセイ》】めいと、おい。

女 6 【姥】9画 1724 59E5 人名 音 ボ漢 モ呉 訓 うば

意味 ❶年老いた女性。老婆《ロウバ》。例 姥桜《うばざくら》。山姥《やまうば》(=山おくに住むという、伝説上の、女の怪物《カイブツ》。やまんば)。❷母親の代わりに子供を育てる女性。めのと。うば。同 姆《ボ》。例 乳姥《ニュウボ》。

【姥桜《うばざくら》】若いさかりをすぎた、美しい女性。

女 6 【姚】9画 5313 59DA 音 一 ヨウ漢呉 二 チョウ漢呉 訓 うつく-しい

意味 一《ヨウ》❶姓《セイ》の一つ。中国古代の天子、舜《シュン》の姓。❷なまめかしく、うつくしい。同 妖《ヨウ》。例 姚冶《ヨウヤ》(=なまめかしく美しいようす)。二《チョウ》かるがるしい。同 窕《チョウ》。例 姚佚《チョウイツ》(=うわついている)。

女 6 【姿】9画 ⇩【姿《シ》】(276ページ)

女 6 【姫】9画 ⇩【姫《ひめ》】(277ページ)

女 6 [姙] 9画 ⇩【妊《ニン》】(272ページ)

女 6 [娄] 9画 ⇩【婁《ロウ》】(279ページ)

女 7 【娟】10画 5315 5A1F 音 エン漢 ケン漢 訓 うるわ-しい

意味 女性の美しいようす。うるわしい。例 娟娟《エンエン|ケンケン》。嬋娟《センケン》(=あでやかで美しいようす)。

難読 嬋娟《たおやか》

【娟娟《エンエン|ケンケン》】(形動タルト) ①なよなよと美しいようす。女性の美しさを形容することば。②澄《す》みきった美しいようす。月などの風景の美しさを形容することば。

女 7
【娥】
10画 5314 5A25 音 ガ 漢

意味 ❶美人。うつくしい。例 娥娥《ガガ》。娥眉《ガビ》。❷月。また、月に住むという女神《めがみ》。例 姮娥《コウガ》。❸尭《ギョウ》のむすめで、舜《シュン》の妻となった娥皇《ガコウ》の字《あざな》。

【娥娥《ガガ》】(形動タルト) 女性の顔の美しいようす。

【娥眉《ガビ》】〔「眉」は、まゆげの意〕美しいまゆげ。転じて、美人のこと。表記「▼蛾眉」とも書く。

女 7
【娯】
10画 2468 5A2F 常用 音 ゴ・グ 漢 呉 訓 たの-しむ

筆順 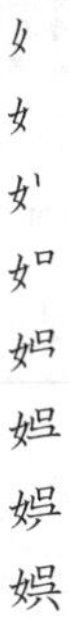

女 7
【娛】
10画 — 5A1B

なりたち  [形声]「女(=おんな)」と、音「呉《ゴ》」とから成る。たのしむ。

意味 なぐさみをしてたのしむ。たのしみ。例 娯楽《ゴラク》。

【娯遊《ゴユウ》】(名所や行楽地などに出かけて)楽しみ遊ぶこと。

【娯楽《ゴラク》】遊びとして何かを見たり聞いたりして、心をなぐさめたり楽しんだりすること。また、その楽しみ。例 大衆—。

女 7
【娑】
10画 5316 5A11 音 サ 漢 シャ 呉 訓 ま-う

意味 ❶「婆娑《バサ》」は、衣《ころも》をなびかせて舞《ま》うようす。❷梵語《ボンゴ》の音訳。例 娑羅双樹《サラソウジュ》。娑婆《シャバ》。婆娑羅《バサラ》。

【娑羅双樹《サラソウジュ|シャラソウジュ》】〔「娑羅《シャラ》」は、梵語《ボンゴ》の音訳〕釈迦《シャカ》の病床《ビョウショウ》の四方に二本ずつ生えていたという娑羅の木。釈迦の入滅《ニュウメツ》のとき、鶴《つる》の羽のように白く変わって、かれたという。表記「沙羅双樹」とも書く。

【娑婆《シャバ》】①〔仏〕〔梵語《ボンゴ》の音訳。人間が多くの苦悩《クノウ》をたえしのぶところの意〕誘惑《ユウワク》・苦しみなどの多いこの世。②刑務所《ケイムショ》・軍隊など自由のないところから見た、外部のいっぱん社会のこと。例 —の空気にふれる。

【娑婆気《シャバケ》】俗《ゾク》世間の名誉《メイヨ》や利益にとらわれる気持ち。しゃばっけ。例 —がぬけない。

【娑婆塞ぎ《シャバふさぎ》】生きていてもなんの役にも立たず、じゃまにしかならない人。ごくつぶし。

女 7
【娠】
10画 3117 5A20 常用 音 シン 漢 訓 はら-む

筆順 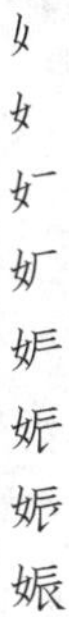

なりたち  [形声]「女(=おんな)」と、音「辰《シン》」とから成る。みごもった子が動く。

意味 腹に子をやどす。みごもる。はらむ。例 妊娠《ニンシン》。

女 7
【娜】
10画 *5317 *5A1C 音 ダ 漢 ナ 呉 訓 しなや-か

意味 「婀娜《アダ》」は、しなやかで美しいようす。

女 7
【娚】
10画 5319 5A1A 音 ダン 漢 ナン 呉 訓 おい・めおと

意味 細く低い声で話し続けるようす。同 喃《ナン》。

日本語での用法 《おい・みょうと・めおと》人名・地名に用いられる字。「娚杉《おいすぎ|みょうとすぎ|めおとすぎ》」

女 7
【姫】
10画 4117 59EB 常用 音 キ 漢 訓 ひめ

筆順 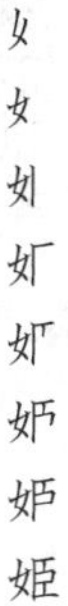

女 6
【姬】
9画 — 2F862

なりたち 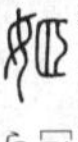 [形声]「女(=おんな)」と、音「𦣞《イ→キ》」とから成る。姓《セイ》の一つ。

意味 ❶姓《セイ》の一つ。㋐古代の黄帝《コウテイ》の姓。㋑周の王室の姓。例 姫周《キシュウ》。❷女子をほめていうことば。ひめ。例 美姫《ビキ》。❸めかけ。そばめ。例 姫妾《キショウ》。寵姫《チョウキ》。

日本語での用法 《ひめ》①上流社会でいう、むすめ。「姫君《ひめぎみ》」②美しい女性をほめていうことば。「舞姫《まいひめ》・歌姫《うたひめ》・白雪姫《しらゆきひめ》」③名詞にそえて、小さなもの、愛らしいもの、やさしいものの意をあらわすことば。「姫垣《ひめがき》・姫鏡台《ひめキョウダイ》・姫小松《ひめこまつ》・姫松《ひめまつ》」

【姫垣《ひめがき》】低いかきね。女牆《ジョショウ》。

【姫君《ひめぎみ》】貴人のむすめをうやまっていうことば。姫御前《ひめゴゼン》。

【姫鏡台《ひめキョウダイ》】たんすや机の上に置くような、小型の鏡台。

【姫御▽前《ひめゴゼン|ひめゴゼ》】①姫君。②若いむすめ。少女。例 摂関家《セッカンケ》の—。—《ひめゴゼ》のあられもない(=女の子なのに、そのような格好でお行儀《ギョウギ》の悪い)。

【姫宮《ひめみや》】天皇のむすめ。内親王《ナイシンノウ》。姫御子《ひめみこ》。

【姫▽百▽合《ひめゆり》】ユリ科の多年草。夏にだいだい色に黒いはん点のある花をつける。

◐歌姫《うたひめ》・乙姫《おとひめ》・佐保姫《さおひめ》・竜田姫《たつたひめ》・美姫《ビキ》・舞姫《まいひめ》・妖姫《ヨウキ》

女 7
【娉】
10画 5318 5A09 音 ヘイ 漢 訓 と-う・めと-る

意味 ❶女性の名や生年月日を問い、妻としてむかえる。めとる。同 聘《ヘイ》。例 娉内《ヘイノウ》。❷女性の美しいようす。例 娉婷《ヘイテイ》(=女性の美しいようす。「婷」も、みめうるわしいようす)。

【娉▽内《ヘイノウ》】〔「内」は、受け入れる意〕妻としてむかえること。

表記「娉納」とも書く。

女 7
【娩】
10画 4258 5A29 人名 音 ベン 漢 訓 う-む

意味 子を産む。出産する。例 分娩《ブンベン》。

女 7
【娘】
10画 4428 5A18 常用 音 ジョウ 漢 ニョウ 呉 ニャン 唐 訓 むすめ

筆順 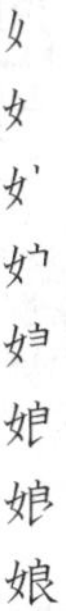

なりたち [形声]「女(=おんな)」と、音「良《リョウ→ジョウ》」とから成る。婦人に対するふつうの呼び方。

意味 ❶未婚《ミコン》の若い女性。少女。むすめ。例 娘子《ジョウシ》。❷母親。同 嬢《ジョウ》。例 爺娘《ヤジョウ》(=父母)。

【▽娘子軍《ジョウシグン》】①女性の率いる、または女性だけから成る軍隊。〔もと、唐《トウ》の平陽公主が率いた軍隊の名〕②女性だけの集団のたとえ。

【娘親《むすめおや》】①娘をもつ親。②結婚した娘の親。

【娘心《むすめごころ》】純真で感じやすい少女の心。

【娘盛り《むすめざかり》】むすめとして、最も美しく生き生きとしている年ごろ。

【娘婿《むすめむこ》】自分の娘の夫。

◐姉娘《あねむすめ》・愛娘《まなむすめ》

女 7
【娛】
10画 ⇩【娛】《ゴ》(277ページ)

女 8
【婀】 11画 5320 5A40 音ア漢 訓たお-やか
意味「婀娜《ダア》」は、なまめかしいようす。たおやか。
【婀▼娜】《ダア》(形動《ダナ》)女性のなまめかしく色っぽいようす。例—な年増《としま》。—っぽい声。

女 8
【婬】 11画 5321 5A6C 音イン漢呉 訓みだ-ら
意味(男女関係の)正しい道をふみはずす。みだら。同淫《イン》。
例婬行《インコウ》(=みだらな行為《コウイ》)。
参考「婬」は「淫《イン》(=深入りして、正しい道をふみはずす)」の意味と同じように使われてきたが、現在は「淫」が使われるようになっている。

女 8
【婉】 11画 5322 5A49 音エン漢 訓うつく-しい・したが-う
意味❶しとやかで美しい。すなお。例婉麗《エンレイ》。淑婉《シュクエン》。❷かどがたたない。遠まわし。例婉曲《エンキョク》。
【婉曲】《エンキョク》(形動《ダナ》)表現が遠まわしでおだやかなようす。例—にことわる。—な表現。
【婉然】《エンゼン》(形動《トタル》)女性のしとやかで美しいようす。例—と舞《ま》う。—たる姿。
【婉麗】《エンレイ》(名・形動《ダナ》)しとやかで、うるわしいようす。婉美。例—な文章。

女 8
【婚】 11画 2607 5A5A 常用 音コン漢
筆順 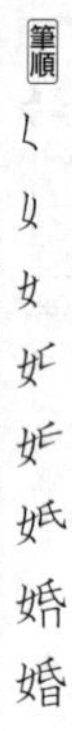
なりたち  [会意]「女(=おんな)」と「昏《コン》(=夕暮れ)」とから成る。(夕暮れに)とつぐ。
意味夫婦《フウフ》になる。縁組《エンぐ》みする。とつぐ。よめいりする。むこどりする。例婚姻《コンイン》。結婚《ケッコン》。新婚《シンコン》。
日本語での用法《コン》結婚記念の祝い。「金婚《キンコン》・銀婚《ギンコン》・ダイヤモンド婚《コン》」
難読婚《とつ》ぎ教《おし》え鳥《どり》(=セキレイ)
【婚姻】《コンイン》(名・する)法律上の手続きをして、正式に夫婦《フウフ》になること。結婚。例—届《とどけ》。

【婚家】《コンカ》嫁《よめ》入り先または婿《むこ》入り先の家。例—を去って実家にもどる。

【婚期】《コンキ》結婚するのに適した年ごろ。〔とくに女性についていわれた〕例—をのがす。

【婚儀】《コンギ》結婚の儀式。婚礼。例—をとりおこなう。

【婚約】《コンヤク》(名・する)結婚の約束をすること。エンゲージ。例—者。—指輪。

【婚礼】《コンレイ》結婚の儀式《ギシキ》。結婚式。婚儀。例—の祝宴《シュクエン》。
●既婚《キコン》・許婚《キョコン》・結婚《ケッコン》・再婚《サイコン》・未婚《ミコン》

女 8
【娵】 11画 5323 5A35 音シュ漢 訓よめ
意味美女。たおやめ。
日本語での用法《よめ》新婦。「娵入《よめい》る・兄娵《あによめ》」

女 8
【娶】 11画 5324 5A36 音シュ漢 訓めと-る
意味よめをもらう。妻にむかえる。めとる。例嫁娶《カシュ》(=よめ入りとよめ取り)。

女 8
【娼】 11画 3011 5A3C 音ショウ漢呉 訓あそびめ
意味歌やおどりで客をもてなす女。遊女。うたいめ。あそびめ。例娼妓《ショウギ》。娼婦《ショウフ》。
【娼家】《ショウカ》娼婦をかかえて客の相手をさせる家。遊女屋。女郎屋《ジョロウや》。
【娼▼妓】《ショウギ》①歌やおどりで客を楽しませる女。遊女。②公認《コウニン》の売春婦。公娼。
【娼婦】《ショウフ》売春婦。類遊女。

女 8
【婆】 11画 3944 5A46 常用 音ハ漢バ呉ポ唐 訓ばば
筆順 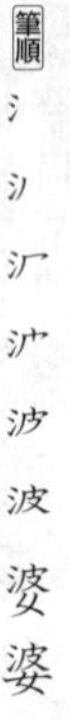
なりたち[形声]「女(=おんな)」と、音「波《ハ》」とから成る。老いた婦人。
意味❶年老いた女。また、年老いた母。ばば。例産婆《サンバ》。老婆《ロウバ》。❷〔仏〕梵語《ボンゴ》の音訳字。例婆羅門《バラモン》。娑婆《シャバ》。塔婆《トウバ》。
難読牙婆《すあい》・湯湯婆《ゆタンポ》
【婆羅門】《バラモン》〔梵語《ボンゴ》の音訳〕①古代インドの身分制度で、四階級の最上位。僧侶《ソウリョ》の階級。②「婆羅門教」の略。バラモン階級を中心におこなわれた民族宗教。③バラモン教の僧。
●産婆《サンバ》・卒塔婆《ソトバ》・老婆《ロウバ》

女 8
【婢】 11画 5325 5A62 音ヒ漢 訓はしため
意味❶女のめしつかい。下女。はしため。例婢僕《ヒボク》。奴婢《ドヒ・ヌヒ》。❷女性が自分をへりくだっていうことば。わらわ。
難読御伽《おとぎ》婢子《ぼうこ》
【婢僕】《ヒボク》下女と下男。

女 8
【婦】 11画 4156 5A66 教育5 音フ漢ブ呉 訓おんな
筆順 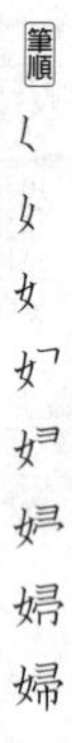

なりたち  [会意]「女(=おんな)」が「帚(=ほうき)」を持ってはき清める。家事をする女。

意味❶成人した女性。おんな。例婦女《フジョ》。婦人《フジン》。節婦《セップ》。❷夫のある女性。つま。例主婦《シュフ》。夫婦《フウフ》。❸むすこの妻。よめ。

【婦警】《フケイ》「女性警察官」の旧称「婦人警察官」の略称。

【婦女】《フジョ》おとなの女性。婦人。例—の心理。

【婦女子】《フジョシ》①女性と子供。おんなこども。②女性。

【婦人】《フジン》成人した女の人。女性。例—参政権。産—科。

【婦道】《フドウ》婦人として守るべき道。例—の鑑《かがみ》。

【婦徳】《フトク》婦人として身につけるべき道徳。例—をみがく。
●家政婦《カセイフ》・賢婦《ケンプ》・主婦《シュフ》・新婦《シンプ》・妊婦《ニンプ》・農婦《ノウフ》・夫婦《フウフ》

女 8
【婪】 11画 5326 5A6A 音ラン漢 訓むさぼ-る
意味かぎりなくほしがる。むさぼる。同惏《ラン》。例貪婪《ドンラン》(=ひじょうに欲の深いこと)。

女 8 【婁】 11画 4712 5A41 音 ロウ・ル㊇

女 6 [娄] 9画 — 5A04 俗字

女 8 [婁] 11画 — 21764 俗字

意味 二十八宿の一つ。たたらぼし。例 婁宿《ロウシュク》。

日本語での用法 《ろ》「ろ」の音をあらわす万葉がな。「牟婁《むろ》(=室《むろ》)」

女 8 【婦】 11画 ⇩【婦】フ(278ページ)

女 8 [婁] 11画 ⇩【婁】ロウ(279ページ)

女 9 【媛】 12画 4118 5A9B 教育4 音 エン㊇ 訓 ひめ

筆順 媛

女 9 【媛】 12画 — —

なりたち [形声]「女(=おんな)」と、音「爰《エン》」とから成る。美女。

意味 美しい女性。たおやめ。ひめ。例 才媛《サイエン》。

県名 愛媛《えひめ》

難読 弟橘媛《おとたちばなひめ》

女 9 【婿】 12画 4427 5A7F 常用 音 セイ㊇ 訓 むこ

筆順 婿

土 9 [壻] 12画 5270 58FB 本字

耳 8 [聟] 14画 7061 805F 俗字

なりたち [会意]「士(=おとこ)」と「胥(=才知)」とから成る。むすめをめあわせるほどの才知ある男。

意味 むすめの夫。むこ。例 女婿《ジョセイ》。

【婿養子】《むこヨウシ》 ある人の夫になって、法律上、その人の親とも養子縁組《エングみ》みをした人。

◐女婿《ジョセイ》・花婿《はなむこ》・娘婿《むすめむこ》

女 9 【媒】 12画 3962 5A92 常用 音 バイ㊇ マイ㊉ 訓 なかだち

筆順 媒

なりたち [形声]「女(=おんな)」と、音「某《ボウ→バイ》」とから成る。なこうど。

意味 ❶結婚をとりもつ(人)。なこうど。なかだち。例 媒酌《バイシャク》。❷二つのもののなかだちをする。仲介《チュウカイ》する。例 媒介《バイカイ》。触媒《ショクバイ》。風媒花《フウバイカ》。

【媒介】《バイカイ》(名・する)二つのもののあいだに立って両方の橋わたしをすること。例 契約《ケイヤク》の―。感染症《カンセンショウ》を―する。

【媒質】《バイシツ》〔物〕波動を伝えるなかだちをする物質または空間。たとえば、音波の場合の空気または水。

【媒酌】《バイシャク》(名・する)結婚《ケッコン》のなかだちをすること。また、その人。類 仲人《なこうど》・月下氷人《ゲッカヒョウジン》。例 ―人。表記「媒▼妁」とも書く。

【媒体】《バイタイ》①あるはたらきを起こさせるなかだちをする物体。②情報を伝える手段。メディア。例 宣伝の―としての、テレビや新聞。

◐触媒《ショクバイ》・溶媒《ヨウバイ》・霊媒《レイバイ》

女 9 【媚】 12画 5327 5A9A 音 ビ㊇ ミ㊉ 訓 こ-びる・こび

意味 ❶なまめかしいしぐさで人の気をひく。こびへつらう。こびる。例 媚態《ビタイ》。媚薬《ビヤク》。❷みめよい。美しい。例 風光明媚《フウコウメイビ》。

【媚態】《ビタイ》①女性の、男性にこびるなまめかしいしぐさ。例 ―を示す。②こびへつらう態度。

【媚薬】《ビヤク》 性的な欲望を起こさせるようなくすり。

女 9 【媛】 12画 ⇩【媛】エン(279ページ)

女 10 【嫗】 13画 5328 5ABC 音 オウ㊇ 訓 うば・おうな

意味 年とった女の人。おばあさん。おうな。例 嫗嫗《オウウ》。

【嫗▼嫗】《オウウ》 年をとった女性。老婆《ロウバ》。

女 10 【嫁】 13画 1839 5AC1 常用 音 カ㊇ ケ㊉ 訓 よめ・とつ-ぐ

筆順 嫁

なりたち [形声]「女(=おんな)」と、音「家《カ》」とから成る。女がとついで夫の家に行く。

意味 ❶よめにゆく。とつぐ。例 嫁娶《カシュ》(=よめ入りとよめ取り)。降嫁《コウカ》。再嫁《サイカ》。❷罪や責任を他人になすりつける。例 転嫁《テンカ》。

日本語での用法 《よめ》とつぐ女性。また、むすこの妻。「花嫁《はなよめ》」

【嫁入り】《よめいり》(名・する)女性が結婚《ケッコン》して夫の家にはいること。また、その儀式《ギシキ》。対 婿《むこ》入り。例 ―道具。

【嫁御】《よめゴ》 嫁をうやまっていうことば。お嫁さん。

【嫁取り】《よめとり》 嫁をむかえること。また、その儀式《ギシキ》。対 婿《むこ》取り。

◐兄嫁《あによめ》・許嫁《キョカ》・降嫁《コウカ》・転嫁《テンカ》

女 10 【嫌】 13画 2389 5ACC 常用 音 ケン㊇ ゲン㊉ 訓 きら-う・いや・きら-い

筆順 嫌

女10 【嫌】 13画 — —

なりたち [形声]「女(=おんな)」と、音「兼《ケン》」とから成る。心がおだやかでない。また、うたがう。

意味 ❶似ていてまぎらわしい。うたがわしい。うたがう。例 嫌疑《ケンギ》。梅嫌《うめもどき》。❷にくむ。いやがる。きらう。例 嫌煙《ケンエン》。嫌悪《ケンオ》。

【嫌気】《いやケ》〔「いやキ」とも〕もういやだ、これ以上はごめんだ、と思う気持ち。例 ―がさす。

【嫌煙】《ケンエン》 タバコのけむりから害を受けるのをきらうこと。

【嫌悪】《ケンオ》(名・する)ひどくきらうこと。例 ―の情をもつ。

【嫌忌】《ケンキ》(名・する)ひどくきらって遠ざけたいと思うこと。

【嫌疑】《ケンギ》 悪いことをしたのではないかという、うたがい。例 ―を晴らす。―不十分。

女 10 【媾】 13画 *5329 *5ABE 音 コウ㊇ 訓 あ-う

意味 ❶縁組《エングみ》みをかさねた家。❷男女が肉体的にまじわる。あう。例 媾合《コウゴウ》(=男女の性交)。❸仲よくする。よしみを結ぶ。例 媾和《コウワ》。

【媾和】《コウワ》(名・する)交戦国が戦争をやめて、平和を回復す

ること。和睦《ワボク》。表記 (現)講和

女 10 【嫉】 13画 2827 5AC9 常用 音 シツ(漢) シチ(呉) 訓 ねた-む・そね-む

筆順 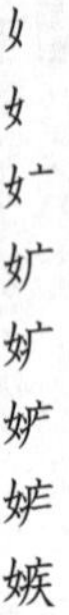

なりたち  [形声]「女(=おんな)」と、音「疾《シツ》」とから成る。ねたむ。

意味 他人のすぐれた点をにくらしく思う。やきもちをやく。ねたむ。ねたみ。例 嫉妬《シット》。

【嫉《シッ》視《シ》】(名・する) ねたましい気持ちで見ること。妬視《トシ》。

【嫉《シッ》妬《ト》】(名・する) 自分よりすぐれていたりめぐまれていたり愛されたりしている人を、うらやましくにくらしく思うこと。やきもちをやくこと。例 —心。

女 10 【嫋】 13画 5330 5ACB 音 ジョウ(漢) 訓 たお-やか

意味 なよなよとして美しい。しなやか。たおやか。例 嫋嫋《ジョウジョウ》。

【嫋嫋《ジョウジョウ》】(形動《タルト》) ①風がそよそよとふくようす。例 秋風《シュウフウ》—たり。—たる風にゆれ動くヤナギの枝。②音が細く長く続くようす。例 余韻《ヨイン》—。—たる笛の音《ね》。③なよなよとしてしなやかなようす。例 —と舞《ま》う。

女 10 【嫂】 13画 *5331 *5AC2 音 ソウ(漢) 訓 あによめ

意味 兄の妻。あによめ。

女 10 【嫐】 13画 5344 5AD0 音 ドウ(漢) 訓 なぶ-る・うわなり

意味 ❶からかう。なぶる。❷ねたむ。

日本語での用法《うわなり》先妻に対し、あとからむかえた妻。後妻《ゴサイ》。「嫐《うわなり》打《うち》(=後妻をいじめること)」

女 10 【媽】 13画 5332 5ABD 音 ボ(漢) モ(呉) マ(唐) 訓 はは

意味 ❶母の意をあらわす俗《ゾク》なことば。母親。かあちゃん。❷めしつかいの女性。例 阿媽《アマ》。

難読 阿媽港《アマコウ》(=マカオの古い呼び名にあてた字)・媽港《マカオ》(=地名)

女10 【嫌】 13画 ⇩【嫌《ケン》】(279ページ)

女 11 【嫣】 14画 5333 5AE3 音 エン(漢) 訓 うつく-しい

意味 ❶すらりと美しいようす。うつくしい。❷にこやかに笑うようす。例 嫣然《エンゼン》。

難読 嫣然《にっこり》

【嫣然《エンゼン》】(副・形動《タルト》) にっこりとほほえむようす。例 —笑《え》みをふくむ。—とわらう。表記「艶然」とも書く。

女 11 【嫗】 14画 5334 5AD7 音 オウ(慣) ウ(漢) 訓 おうな

意味 ❶年老いた女。老婆《ロウバ》。おうな。例 媼嫗《オウウ》。老嫗《ロウウ》。❷母が子を抱《だ》いてあたため、やしなう。例 嫗育《オウイク／ウイク》(=あたため、やしなう)。

女 11 【嫡】 14画 3568 5AE1 常用 音 テキ(漢) チャク(呉)

筆順 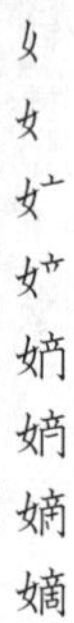

なりたち  [形声]「女(=おんな)」と、音「啇《シ→テキ》」とから成る。つつしむ。借りて「正妻」の意。

意味 ❶正妻。正式に結婚《ケッコン》した妻。本妻。例 嫡妻《チャクサイ》。嫡室《チャクシツ》(=正妻)。嫡出《チャクシュツ》。❷正妻の産んだ子。あととり。あとつぎ。よつぎ。例 嫡子《チャクシ》。嫡男《チャクナン》。❸直系の血すじ。正統の家系。対 庶《ショ》。例 嫡嫡《チャクチャク》。嫡流《チャクリュウ》。

【嫡妻《チャクサイ／テキサイ》】正妻。本妻。

【嫡子《チャクシ／テキシ》】①正妻から生まれ、家をつぐ子。②法律上婚姻《コンイン》関係にある夫婦《フウフ》の間に生まれた子。嫡出子。▽対 庶子《ショシ》。

【嫡出《チャクシュツ／テキシュツ》】法律上婚姻《コンイン》関係にある夫婦《フウフ》の間に生まれること。対 庶出《ショシュツ》。例 —子《シ》。

【嫡孫《チャクソン／テキソン》】嫡子の正妻から生まれた子。

【嫡嫡《チャクチャク》】①嫡子から嫡子へと家をついでいくこと。②正真正銘《ショウシンショウメイ》。れっきとしていること。参考「チャキチャキの江戸《えど》っ子」の「チャキチャキ」は「嫡嫡《チャクチャク》」のなまり。

【嫡男《チャクナン》】嫡出の長男。あととり息子《むすこ》。

【嫡流《チャクリュウ》】①本家の血すじ。例 源氏の—。②学問や技芸などの、正統の流派。例 流祖からの—。

●廃嫡《ハイチャク》

女 11 【嫩】 14画 5336 5AE9 音 ドン(漢) ノン(呉) 訓 わか-い

意味 新しく生まれたばかりで、やわらかい。わかい。例 嫩芽《ドンガ》。嫩葉《ドンヨウ》。嫩草《わかくさ》。

【嫩芽《ドンガ／わかめ》】生え出たばかりの若い芽《め》。若芽。

【嫩草《ドンソウ／わかくさ》】春になって芽《め》を出したばかりの草。若草。

【嫩葉《ドンヨウ／わかば》】出はじめたばかりのやわらかい木の葉。若葉。

女 11 【嫖】 14画 5337 5AD6 音 ヒョウ(漢) 訓 かる-い

意味 ❶身が軽く、すばしこいようす。かるい。例 嫖姚《ヒョウヨウ》(=すばしこい)。❷遊女を買う。例 嫖客《ヒョウカク》。

【嫖客《ヒョウカク》】芸者や遊女とあそぶ客。表記「▼飄客」とも書く。

女11 【嫦】 14画 ⇩【姮《コウ》】(276ページ)

女 12 【嫺】 15画 5338 5AFA 音 カン(漢) 訓 うるわ-しい・しず-か・なら-う・みやび-やか

女12 【嫻】 15画 5339 5AFB 別体字

意味 ❶優雅《ユウガ》で美しい。みやびやか。例 嫺麗《カンレイ》。❷習熟する。なれる。ならう。

女 12 【嬉】 15画 2082 5B09 人名 音 キ(漢)(呉) 訓 うれ-しい

なりたち [会意]「女(=おんな)」と「喜《キ》(=たのしむ)」とから成る。女とたわむれて、たのしむ。

意味 たのしむ。あそびたわむれる。よろこぶ。例 嬉嬉《キキ》。嬉戯《キギ》。嬉遊《キユウ》。

日本語での用法《うれしい》よろこばしい。満足できる。「嬉《うれ》し涙《なみだ》を流《なが》す・嬉《うれ》しい悲鳴《ヒメイ》」

難読 嬉野《うれしの》(=地名)

人名 よし

【嬉嬉《キキ》】(形動《タルト》) いかにもうれしそうに楽しむようす。例 —として遊ぶ。表記「喜喜」とも書く。

【嬉戯《キギ》】（名・する）遊びたわむれること。楽しみあそぶ。よろこびたのしむ。
【嬉遊《キユウ》】楽しみあそぶ。よろこびたのしむ。例 —曲（＝軽快な器楽合奏の曲。ディベルティメント）。

女 12
【嬌】 15画 5340 5B0C 音 キョウ 漢 訓 なまめ-かしい

意味 ❶（女性が）はなやかで美しい。あでやかで色っぽい。なまめかしい。例 嬌声《キョウセイ》。嬌態《キョウタイ》。❷かわいらしい。愛らしい。例 嬌児《キョウジ》（＝かわいらしい子供）。愛嬌《アイキョウ》。

【嬌姿《キョウシ》】女性のなまめかしい姿。例 愛すべき—。
【嬌笑《キョウショウ》】女性のなまめかしいあでやかな笑い。
【嬌声《キョウセイ》】女性のなまめかしい声。例 —がひびく。
【嬌態《キョウタイ》】女性のなまめかしく色っぽい態度。例 —を見せる。
【嬌名《キョウメイ》】（芸者などの）色っぽくあでやかだという評判。例 —を謳《うた》われる。

女 12
【嬋】 15画 5341 5B0B 音 セン 漢 訓 たお-やか

意味 「嬋娟《センケン》」は、あでやかなようす。

【嬋▼娟《センケン》】（形動《トタル》）あでやかで美しいようす。例 —たる顔《かん》ばせ。—たる少女。

女12
【嫺】 15画 ⇩【嫻】カン（280ページ）

女 13
【嬢】 16画 3078 5B22 常用 音 ジョウ 漢 訓 むすめ

筆順 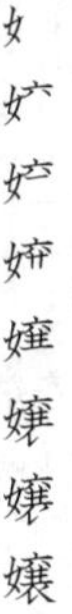

女17
【孃】 20画 5348 5B43 人名

なりたち  「形声」「女（＝おんな）」と、音「襄《ショウ→ジョウ》」とから成る。わずらわせ、かきみだす。派生して「母」の意。

意味 ❶はは。母親。例 爺嬢《ヤジョウ》（＝父母）。❷わかい女性。少女。同 娘《ジョウ》。例 愛嬢《アイジョウ》。令嬢《レイジョウ》。

日本語での用法 《ジョウ》①業務上の、ある部署で働く女性に対して、俗《ゾク》な言い方としてつけることば。「案内嬢《アンナイジョウ》・うぐいす嬢《ジョウ》（＝野球場や劇場などの女性アナウンサー）・受付嬢《うけつけジョウ》」②未婚《ミコン》の若い女性の名の下につけて敬称《ケイショウ》とする。「花子嬢《はなこジョウ》・美智子嬢《みちこジョウ》」

難読 嬢《いと》はん・小嬢《こい》さん・爺嬢《ちちはは・かぞいろ》
● 愛嬢《アイジョウ》・令嬢《レイジョウ》

女 13
【嬖】 16画 5342 5B16 音 ヘイ 漢

意味 お気に入りの臣下や女性。例 嬖臣《ヘイシン》。男女についていう。

【嬖幸《ヘイコウ》】君主のお気に入りの者。
【嬖臣《ヘイシン》】君主のお気に入りの臣下。例 —を寵愛《チョウアイ》する。
【嬖人《ヘイジン》】①お気に入りの女性。②「嬖臣《ヘイシン》」に同じ。

女 14
【嬰】 17画 1737 5B30 音 エイ 漢 ヨウ 呉 訓 みどりご

意味 ❶めぐらす。めぐる。例 嬰守《エイシュ》（＝城壁《ジョウヘキ》をめぐらす）。❷（病気に）かかる。（手で）さわる。ふれる。例 嬰疾《エイシツ》（＝病気にかかる）。❸生まれたての子。みどりご。例 嬰孩《エイガイ》。嬰児《エイジ》。

日本語での用法 《エイ》音楽で、半音高くすること。シャープ。記号♯ 対 変《ヘン》。「嬰記号《エイキゴウ》・嬰《エイ》ハ短調《タンチョウ》」

【嬰▼孩《エイガイ》】ちのみご。嬰児。
【嬰記号《エイキゴウ》】音楽で、半音高くする記号。シャープ。「♯」と書く。対 変《ヘン》記号。
【嬰児《エイジ》】生まれたばかりの赤んぼう。みどりご。
【嬰累《エイルイ》】わざわいにあう。また、わざわい。

女 14
【嬶】 17画 5346 5B36 国字 訓 かか・かかあ

意味 （おもに自分の）妻を、親しみをこめて、またはぞんざいにいうことば。かかあ。例 嬶天下《かかあデンカ》（＝その家庭内で、夫よりも妻の力のほうが強いこと）。

女 14
【嬬】 17画 3660 5B2C 音 ジュ 漢 訓 つま・よわ-い

意味 ❶弱い。❷妻。❸めかけ。そばめ。

難読 嬬恋《つまごい》（＝地名）・吾嬬《あずま》

女 14
【嬲】 17画 5343 5B32 音 ジョウ 漢 訓 なぶ-る

意味 たわむれる。からかう。なぶる。例 嬲《なぶ》り者《もの》にする。嬲《なぶ》り殺《ごろ》し。

女 14
【嬪】 17画 5345 5B2A 音 ヒン 漢 訓 ひめ

意味 ❶妻。よめ。例 嬪儷《ヒンレイ》（＝つれあい）。❷周代、天子のそば近くに仕えた女官の名称《メイショウ》の一つ。例 嬪妃《ヒンピ》（＝天子に仕える女官）。❸婦人をほめていうことば。例 別嬪《ベッピン》（＝ひじょうに美しい女性）。

女16
【嬾】 19画 ⇩【懶】ラン（416ページ）

女 17
【孅】 20画 5349 5B45 音 セン 漢 呉 訓 かよわ-い

意味 ❶ほっそりしてかよわい。例 孅弱《センジャク》（＝よわよわしい）。❷ちいさい。こまかい。同 繊《セン》。例 孅介《センカイ》（＝ごく細かい）。

難読 孅弱《かぼそ》い・孅弱《たおや》か

女 17
【孀】 20画 5350 5B40 音 ソウ 漢 訓 やもめ

意味 夫と死に別れた女性。後家《ゴケ》。寡婦《カフ》。やもめ。例 孀婦《ソウフ》。

【孀婦《ソウフ》】夫と死別した婦人。やもめ。

女17
【孃】 20画 ⇩【嬢】ジョウ（281ページ）

39
3画
子 こ こへん 部

子供の形をあらわす。「子」をもとにしてできている漢字と、「子」の字形を目じるしにして引く漢字とを集めた。

0 子 孑 1 孔 2 孕 3 字 存 4 孝 孜 孚 孛 孝 5 学 季 孥 孟 6 孩 孤 7 孫 8 孰 9 孱 孳 11 孵 13 學 14 孺

子 0

【子】

3画 2750 5B50 教育1

音 シ㊥㊉ ス㊖
訓 こ・ね
付表 迷子《まいご》・息子《むすこ》

筆順 乛 了 子

なりたち [象形] 頭・手・足のある、こどもの形。

意味 ❶こども。こ。㋐父母のあいだに生まれた人。例 子孫《シソン》。赤子《セキシ》。父子《フシ》。㋑とくに、むすこ。例 子女《シジョ》。子息《シソク》。❷おとこ。ひと。㋐徳のあるりっぱな人。例 漁子《ギョシ》。遊子《ユウシ》。❸男子を、うやまっていうことば。例 君子《クンシ》。士子《シシ》。子《シ》曰《のたまわ》く(=先生はおっしゃった)。㋑中国古代の学問・思想上、一家をなす学説を立てた人。また、その思想や言動を記した書物。例 孔子《コウシ》。荘子《ソウシ|ソウジ》。諸子百家《ショシヒャッカ》。㋒あなた。きみ。例 子奚不レ為レ政《シなんぞまつりごとをなさざる》(=あなたはどうして政治をなさらないのですか)。〈論語《ロンゴ》〉 ❹たね。たまご。実《み》。例 子房《シボウ》。種子《シュシ》。胞子《ホウシ》。❺きわめて小さいもの。こまかいもの。例 子細《シサイ》。原子《ゲンシ》。粒子《リュウシ》。❻五等爵《ゴトウシャク》(=公《コウ》・侯《コウ》・伯《ハク》・子・男)の第四位。例 子爵《シシャク》。❼十二支の一番目。方位では北、時刻では午前零時《レイジ》、およびその前後の二時間。月では陰暦《インレキ》の十一月。動物ではネズミにあてる。ね。❽名詞の下につけて調子をととのえることば。接尾辞《セツビジ》。例 椅子《イス》。菓子《カシ》。帽子《ボウシ》。

日本語での用法 《こ》親に対する子のような、従属関係にあるもの。「子分《こブン》・子会社《こガイシャ》」

難読 茄子《なすび|なす》・芥子《からし|ケシ》

人名 さね・しげ・しげる・ただ・たね・ちか・つぐ・み・みる

【子芋】《こいも》 サトイモの、親芋にできた小さい芋。芋の子。

【子牛】《こうし》 牛の子。表記「▼仔牛・▼犢」とも書く。

【子飼い】《こがい》 ①鳥やけものを、生まれたときから育てること。例 すずめの—。②やとい人や弟子《デシ》などを、未熟《ミジュク》なうちから一人前になるまで育てること。例 —の家来《ケライ》。

【子会社】《こガイシャ》 資本金の半額以上をより大きな会社に従属し、その支配を受ける会社。㊖親会社。

【子宝】《こだから》 (親にとってはどんな宝にもまさる)だいじな子供。例 —にめぐまれる。

【子沢山】《こダクサン》 (名・形動《ダナ》)夫婦《フウフ》のあいだに子供が多いこと。例 律儀者《リチギもの》の—(=律儀な人は夫婦仲もよいので子供も多くなる)。

[子部] 0—1画 子 孑 孔

【子供】《こども》 ①むすこや、むすめ。また、動物いっぽんの子。㊖親。例 うちの—。②一人前《イチニンまえ》と認められない幼児や少年少女。例 —あつかい。—のころの思い出。

【子供心】《こどもごころ》 おとなの世界の考え方や道理がわからない子供の心。例 —にもおかしいと思う。

【子福者】《こブクシャ》 子供がたくさんいる幸せな人。

【子分】《こブン》 ①ある人につき従ってその命令どおりに行動する者。手下。部下。②実の子ではないが自分の子としてあつかう者。▽㊖親分。表記 ▽「▽乾▽児」とも書く。

【子煩悩】《こボンノウ》 (名・形動《ダナ》)自分の子供をひじょうにかわいがること。また、その親。例 親は—なものだ。

【子守】《こもり》 幼児の世話をしたり遊ばせたりすること。また、その人。例 —歌。—奉公《ボウコウ》に出る。

【子役】《こヤク》 芝居《しばい》や映画の、子供の役。また、それを演ずる子供。

【子安貝】《こやすがい》 タカラガイ科の大形の巻き貝。古くから安産《アンザン》のお守りとされた。

【子音】《シイン|シオン》 〔言〕ことばを発するとき、吐《は》く息が唇《くちびる》・舌・歯などにぶつかって生じる音《オン》。声帯がゆれ動くか動かないかで、[g][b][d]などの有声子音と、[k][p][t]などの無声子音に分けられる。㊖母音《ボイン》。

【子規】《シキ|ほととぎす》 初夏に南方から来るわたり鳥で、ウグイスなどの巣にたまごを産み、自分では育てない。鳴き声は「テッペンカケタカ」「ホゾンカケタカ」などと聞こえるという。〔「ほととぎす」は、「杜鵑」「不如帰」「時鳥」などとも書く〕

【子宮】《シキュウ》 女性および哺乳《ホニュウ》動物のめすの体内にあって、胎児《タイジ》を育てる器官。

【子午線】《シゴセン》 〔子(=北)と午(=南)を結ぶ線の意〕①天球で、頭の真上を通り、真南と真北を結ぶ大円。②地球の両極を結ぶ、地球の表面の大円。経線。

【子細】《シサイ》 ①ものごとのくわしい事情や、わけ。例 —を話す。—ありげなようす。②とりたてて言うべきこと。さしつかえ。例 —はない。表記 ▽「▼仔細」とも書く。

【子子孫孫】《シシソンソン》 〔「子孫」を強めたことば〕ずっとのちのちの子孫。例 —にいたるまで語り伝えたい。

【子爵】《シシャク》 貴族の階級の一つ。五等爵(=公《コウ》・侯《コウ》・伯《ハク》・子《シ》・男《ダン》)の第四位。また、その位をもつ人。

【子女】《シジョ》 ①むすこや、むすめ。こども。例 —の教育に専念する。海外から帰国した—。②むすめ。例 良家の—。

【子息】《シソク》 (他人の)むすこ。例 ご—。

【子孫】《シソン》 子や孫、さらにその子と代々血を引いて生まれる人々。末裔《マツエイ》。㊖先祖・祖先。例 —に伝える。源氏の—。

【子弟】《シテイ》 親の保護のもとにいる年若い人。若者。例 —の教育。

【子房】《シボウ》 〔「種子の部屋」の意〕めしべの下のふくらんだ部分。おしべの花粉を受粉したのち、その部分が果実になる。

【子葉】《シヨウ》 たねが発芽して最初に出る葉。

●案山子《アンザンシ|かかし》・王子《オウジ》・菓子《カシ》・君子《クンシ》・骨子《コッシ》・妻子《サイシ》・冊子《サッシ》・里子《さとご》・実子《ジッシ》・種子《シュシ》・障子《ショウジ》・女子《ジョシ》・精子《セイシ》・扇子《センス》・息子《ソクシ》・団子《ダンゴ》・男子《ダンシ》・調子《チョウシ》・弟子《テイシ|デシ》・天子《テンシ》・鳴子《なるこ》・拍子《ヒョウシ》・父子《フシ》・胞子《ホウシ》・母子《ボシ》・様子《ヨウス》・卵子《ランシ》・利子《リシ》

子 0

【孑】

3画 5351 5B51

音 ゲツ㊝ ケツ㊥
訓 ひとり

意味 ❶右うでがない。❷わずかに残っているようす。ひとつ。ひとり。例 孑孑《ケツケツ》。

難読 孑孑《ぼうふり|ぼうふら》

【孑孑】《ケツケツ|ゲツゲツ》 ①孤立《コリツ》しているようす。②目立つようす。③小さなようす。④蚊《か》の幼虫。ぼうふら。〔正しくは「孑孒」と書く〕

子 1

【孔】

4画 2506 5B54 常用

音 コウ㊥ ク㊉
訓 あな・はなは-だ

筆順 乛 了 孑 孔

なりたち [会意]「乚(=つばめ)」と「子(=こ)」とから成る。ツバメは、子をもたらす鳥で、めでたい。派生して「あな」の意。

意味 ❶つきぬけたあな。すきま。例 孔版《コウハン》。気孔《キコウ》。鼻孔《ビコウ》。❷大きい。たいそう。はなはだ。例 孔徳《コウトク》(=大きな徳)。孔明《コウメイ》(=はなはだ明るい)。❸儒教《ジュキョウ》の祖「孔子」のこと。例 孔孟《コウモウ》。孔門《コウモン》。

難読 九孔螺《あわび》

人名 ただ・みち・よし

【▽孔▼雀】《クジャク》 東南アジア・インドなどの森林にすむキジ科の大形の鳥。おすの尾《お》には、おうぎ状に広がる美しい羽がある。

【孔子】《コウシ》 〔「クジ」とも読む〕儒教《ジュキョウ》の祖。春秋時代末期

の魯《ロ》の思想家。名は丘《キュウ》。字《あざな》は仲尼《チュウジ》。諸国を遊説《ユウゼイ》したのち、門人の教育に専念し、その言行は、死後、弟子《デシ》によって『論語《ロンゴ》』にまとめられた。(前五五一?—前四七九)

【孔版】《コウハン》〔原紙に孔《あな》をあけた印刷版の意〕謄写版《トウシャバン》。がり版。例 —印刷。

【孔▼孟】《コウモウ》 孔子と孟子。

【孔門】《コウモン》 孔子の門下に学んだ弟子《シデ》たち。

【孔老】《コウロウ》 孔子と老子。

●気孔《キコウ》・鼻孔《ビコウ》

子 2

【孕】

5画 5352 5B55

音 ヨウ(漢)　訓 はら-む

意味 胎内《タイナイ》に子供ができる。みごもる。妊娠《ニンシン》する。はらむ。例 孕婦《ヨウフ》(=妊婦《ニンプ》)。

日本語での用法《はらむ》①内部に入れてふくらませる。「風《かぜ》を孕《はら》む」②内部にふくむ。「危機《キキ》を孕《はら》む」③あらかじめ頭の中に用意しておく。「孕《はら》み句《ク》」

子 3

【字】

6画 2790 5B57 教育1

音 シ(漢) ジ(呉)　訓 あざ・あざな

筆順 

なりたち 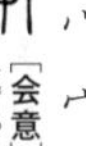 [会意]「子《シ》(=こ)」と「宀(=いえ)」とから成る。子を生み、乳を飲ませて育てる。

意味 ❶やしなう。はぐくむ。例 字育《ジイク》(=はぐくむ)。❷中国で、成人した男女が実名のほかにつけた名。あざな。例、諸葛亮《ショカツリョウ》のあざなは孔明《コウメイ》。〔古い習慣では、君主・親・先生だけが実名を呼び、それ以外の人は日常、あざなで呼んだ〕❸ことばを書きあらわす記号。もじ。とくに漢字。例 字画《ジカク》。字体《ジタイ》。漢字《カンジ》。

日本語での用法《あざ》町や村の中の小さな区画。「大字《おおあざ》・小字《こあざ》」

人名 さね・な

【字余り】《ジあまり》 和歌や俳句などで、句を構成する音節に相当するかなの字数が、定型の五もしくは七より多いこと。

【字彙】《ジイ》 ①漢字を集めて分類し、読み方や意味などを解説した書物。字書。字引。②文字の集合。③明《ミン》の梅膺祚《バイヨウソ》の漢字字典の名。

【字音】《ジオン》 ①中国語における漢字の音。②日本に伝わって定着した、日本流の漢字の発音。伝来した時代の系統によって、古音・呉音《ゴオン》・漢音・唐音《トウオン》(=宋音《ソウオン》)などがある。たとえば、「行」の字を、呉音で「ギョウ」、漢音で「コウ」、唐音で「アン」と読むなど。(対)字訓。

【字音仮名遣い】《ジオンかなづかい》 日本において、漢字の音をかなであらわすときのかなづかい。とくに伝統的な書きあらわし方を指す。たとえば「ヨウ」という音の、「陽」を「ヤウ」、「要」を「エウ」、「葉」を「エフ」と書き分けるなど。

【字解】《ジカイ》 文字、とくに漢字の意味や由来を解説すること。

【字画】《ジカク》 漢字をかたちづくる、個別の、点や線。また、その数。例 —をはっきり書く。人という字の—は二画である。

【字間】《ジカン》 文字と文字とのあいだ。また、そのへだたり。例 —をあけて書く。

【字義】《ジギ》 漢字のあらわしている意味。例 本来の—を調べる。

【字句】《ジク》 (文のなかの)文字と語句。例 —の訂正《テイセイ》。

【字配り】《ジくばり》 文を書くときや書道などの、文字の並べ方。文字の配置。例 美しい—。—に気をつける。

【字訓】《ジクン》 〔「字の意味」という意〕日本語としての漢字の読み方の一つ。その字の意味に当たる日本語。また、それがその字の読み方として決まったもの。たとえば、「山」を「やま」、「人」を「ひと」と読むなど。訓。和訓。(対)字音。

【字形】《ジケイ》 文字のかたち。単独のもの(たとえば、人・山・魚)と、複合してできたもの(たとえば、信・出・鮮《セン》)がある。また、学問的な視点から正字・略字・俗字《ゾクジ》などの区別がある。→【字体】《ジタイ》

【字源】《ジゲン》 ①漢字の成り立ちの説明。たとえば、「木」が集まったものが「森」であり、「信」は「人」と「言」から成るなど。②かなのもとになった漢字。たとえば、「ア」は「阿」の行書の偏《ヘン》から、「あ」は「安」の草書から生まれたとする類。

【字書】《ジショ》 文字(とくに漢字)を集めて、読み方・意味・用法などを説明した書物。字典。字引。→【辞書】《ジショ》(959ページ)

【字体】《ジタイ》 ①文字の書かれた形。文字の骨組み。漢字についていうことが多い。例 旧—。新—。アルファベットのイタリック—。—を変えて書く。②文字の書き方。文字を書くときに書こうとする、基準の形。(類)書体。例 —をくずさずに書く。③書いた人によってちがってあらわれる、字の形の特徴《トクチョウ》。筆跡《ヒッセキ》。例 手紙の—が本人のとちがう。→【字形】《ジケイ》

【字面】《ジづら》 ①書かれた文字や、文字の並びぐあいから受ける感じ。②文章の表面的な意味。例 —だけを読んでいる。

【字典】《ジテン》 文字(とくに漢字)を集め、字形・読み方・意味・使い方などを説明した書物。字書。字引。→【辞典】《ジテン》(960ページ)・【事典】《ジテン》(39ページ)

【字引】《ジびき》 辞書または、字書のこと。例 —と首っ引《ぴ》きで原書を読む。

【字母】《ジボ》 ①ことばの音《オン》をつづるときに、材料として用いる一つ一つの文字。また、言語の音の単位、一つ一つに当たる文字。②活字の鋳型《いがた》のもとになる文字。母型《ボケイ》。

【字幕】《ジマク》 映画やテレビで、画面に文字で映し出す題名・配役名・説明文・せりふなど。スーパーインポーズ。テロップ。

【字林】《ジリン》 漢字を集めて解説した書物。(類)字典・字書。

●活字《カツジ》・漢字《カンジ》・国字《コクジ》・誤字《ゴジ》・習字《シュウジ》・十字《ジュウジ》・数字《スウジ》・脱字《ダツジ》・点字《テンジ》・名字《ミョウジ》・文字《モジ・モンジ》

子 3

【存】

6画 3424 5B58 教育6

音 ソン(漢) ゾン(呉)　訓 あ-る

筆順 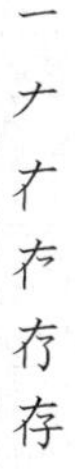

なりたち  [会意]「子(=こ)」と「在(=みまう)」の省略体とから成る。たずね見舞《みま》う。

意味 ❶見舞う。安否を問う。いたわる。例 存問《ソンモン》(=たずねて、見舞うこと)。❷ある。いる。生きている。例 存在《ソンザイ》。存亡《ソンボウ》。生存《セイゾン》。❸たもつ。そのままの状態にしておく。例 温存《オンゾン》。保存《ホゾン》。❹思う。なつかしむ。留意する。例 存外《ゾンガイ》。存念《ゾンネン》。所存《ショゾン》。

難読 命《いのち》存《なが》らえる

人名 あきら・あり・すすむ・たもつ・つぎ・なが・のぶ・のり・まさ・やす・やすし

【存外】《ゾンガイ》 (形動ナダ・副)思いのほか。予想していた以上であるようす。案外。例 —手間どる。—なことをしてしまう。—うまくいった。

【存在】《ソンザイ》 (名・する)①あること。いること。例 —を認めない。神の—を信じる。②あるはたらきや価値を持ってそこにいること、または、あること。また、その人や事物。例 貴重な—。

【存在感】《ソンザイカン》 その人がそこにいるだけで感じられる重みや安心感。例 —のある人。

【存続】《ソンゾク》 (名・する)存在しつづけること。なくならずにつづいていくこと。

【存置】《ソンチ》(名・する)制度や組織などをなくさずにそのまま残しておくこと。㋟廃止《ハイシ》。例会の—を考え直す。

【存知】《ゾンチ》(名・する)知っていること。心得ていること。例その件については、—していない。

【存念】《ゾンネン》①つね日ごろ心に思う考え。②思い。所存。例—を述べる。ご—をうかがいたい。

【存廃】《ソンパイ》このまま残しておくことと、やめること。存続と廃止《ハイシ》。例赤字路線の—について議論する。

【存否】《ソンピ》①(ある物や人が)存在するかしないか、ということ。②人が健在かどうか、ということ。安否。例遭難者《ソウナンシャ》の—の確認《カクニン》を急ぐ。例反対者の—を考慮《コウリョ》に入れる。

【存分】《ゾンブン》(形動ダナ・副)じゅうぶん。思いどおり。思いきり。例思う—。—に休む。—の処置。

【存亡】《ソンボウ》のこるか、ほろびるか、ということ。存続するか滅亡《メツボウ》するか、ということ。例危急—のとき。

【存命】《ゾンメイ》(名・する)この世に生きていること。生存。例父の—中。

【存立】《ソンリツ》(名・する)存在し成り立っていること。例国家の—を危《あや》うくする。

●異存《イゾン》・温存《オンゾン》・共存《キョウゾン》・現存《ゲンゾン》・生存《セイゾン》

子 4

【孝】

7画 2507 5B5D 教育6 音コウ㋕キョウ㋙

筆順 一 十 土 耂 耂 孝 孝

なりたち  [会意]「老(=としより)」の省略体と「子(=こ)」とから成る。子が老人をやしなう。よく父母につかえる。

意味 ❶父母によくつかえる。例孝行《コウコウ》。孝子《コウシ》。忠孝《チュウコウ》。❷祖先をあつくまつる。❸喪《も》にふくす。例孝子《コウシ》。

人名 あつ・あつし・たか・たかし・なり・のり・ゆき・よし

【孝行】《コウコウ》(名・する)父母をたいせつにし、うやまうこと。㋟不孝。

【孝子】《コウシ》①亡《な》き親をまつるときに、自分をさしていう語。〔親に対してつつしんでいる子の意〕②父母をたいせつにし、よくつくす子。例—のほまれが高い。例—息子《むすこ》。親—。

【孝心】《コウシン》父母をたいせつにし、よくつかえようとする心。例—が篤《あつ》い。

【孝▼悌】《コウテイ》父母や目上の人によくつかえること。孝弟。例—は仁《ジン》の本《もと》。

【孝《コウ》は百行《ヒャッコウ》の本《もと》】親孝行は、人間のあらゆる行為の根本であるということ。〈孝経《コウキョウ》〉

【孝養】《コウヨウ》〔「キョウヨウ」とも〕(名・する)父母をうやまい、たいせつに世話をすること。例—をつくす。

子 4

【孜】

7画 2758 5B5C 人名 音シ㋕ 訓つと-める

意味「孜孜《シシ》」は、仕事につとめ、はげむようす。

人名 あつ・あつし・ただす・つとむ

子 4

【孚】

7画 5353 5B5A 音フ㋕㋙ 訓はぐく-む・やしな-う

意味 ❶たまごがかえる。たまごをかえす。はぐくむ。㋣孵《フ》。例孚育《フイク》(=たまごをあたためる。かえす)。❷まこと。例孚信《フシン》(=まこと。真実)。

子 4

【孛】

7画 5354 5B5B 音一ホツ㋕ボツ㋙ 二ハイ㋕ 訓さか-ん・ほうきぼし

意味 一《ボツ》(子房《シボウ》がふくらむように)内にひめられた力が外にあらわれる。さかんなようす。㋣勃《ボツ》。二《ハイ》ほうきぼし。彗星《スイセイ》。例彗孛《スイハイ》。

子 4

[斈]

7画 ⇩【学】《ガク》(284ページ)

子 5

【学】

8画 1956 5B66 教育1 音カク㋕ガク㋙ 訓まな-ぶ

子13

【學】

16画 5360 5B78

子 4

[斈]

7画 5361 6588 俗字

筆順 、 ヽ ⺍ ⺍ 𭕄 学 学 学

なりたち  [形声]「斈(=ならう)」と「冖(=おおわれていて、くらい)」と、音「臼《キョク》→《カク》」とから成る。知識の足りない者が習い、さとる。

意味 ❶教えを受ける。勉強する。研究する。まなぶ。例学者《ガクシャ》。学問《ガクモン》。勉学《ベンガク》。❷まなぶ場所。校舎。まなびや。例学園《ガクエン》。学校《ガッコウ》。入学《ニュウガク》。❸組織化された知識の体系。例医学《イガク》。科学《カガク》。語学《ゴガク》。

人名 あきら・おさむ・さと・さとる・さね・たか・のり・ひさ

【学位】《ガクイ》一定の学術を修めた人にあたえられる称号《ショウゴウ》。もとは博士号《ハクシゴウ》と修士号《シュウシゴウ》をいったが、一九九一(平成三)年より学士号も追加された。例—論文。

【学院】《ガクイン》「学校」の別の言い方。また、塾《ジュク》などの名称《メイショウ》につけることば。

【学園】《ガクエン》「学校」の別の言い方。〔小学校から大学までなど、いくつかの学校や研究施設《シセツ》を経営する学校法人で用いられることが多い〕例—祭《サイ》。

【学恩】《ガクオン》学問や研究のうえで(師・友人・知人から)受けた恩。例—に感謝する。

【学外】《ガクガイ》学校、とくに大学の組織や敷地《シキチ》のそと。㋟学内。例—からの干渉《カンショウ》を防ぐ。

【学業】《ガクギョウ》学問をすること。また、学校の勉強。例—成績。—に励《はげ》む。—をおろそかにする。

【学芸】《ガクゲイ》学問と芸術。学問と技芸。例—会。

【学芸員】《ガクゲイイン》博物館や美術館などで、資料の整理や展示、もよおし物の企画《キカク》などをおこなう資格をもった職員。

【学才】《ガクサイ》学問の才能。例—に秀《ひい》でる。

【学際】《ガクサイ》〔英語 interdisciplinary の訳語〕二つ以上の学問が関係していること。二つ以上の学問分野にわたっていること。例—領域。—的研究。

【学士】《ガクシ》①学問する人。学者。②学位の一つ。大学の学部を卒業した者にあたえられる学位。また、その学位をもつ人。例—入学(=大学を卒業した人が、さらに大学の別の学部、または別の課程にはいること)。

【学資】《ガクシ》勉強を続けるために必要な資金。生活費もふくまれる。㋷学費。例—をたくわえておく。

【学事】《ガクジ》学問や学校に関することがら。また、その事務。例—課。—報告。

【学識】《ガクシキ》学問を通じて身につけた、深い知識や見識。例—経験者。

【学舎】《ガクシャ》学問・教育の場となる建物。まなびや。㋷学校。

【学者】《ガクシャ》①学問研究を専門にしている人。②学問を身につけた人。知識の深く豊かな人。例なかなかの—だ。

【学習】《ガクシュウ》(名・する)知識や技能などを学んで身につけること。とくに、学校で勉強すること。例—時間。日本語の—。

【学術】《ガクジュツ》①専門的な学問。例—書。—用語。②学問

と技術。例—優《ユウ》秀《シュウ》、品行方正。

【学殖《ガクショク》】学問によって身につけた深い知識。例豊かな—に裏打ちされた意見。

【学生《ガクセイ》】学校で教育を受けている人。とくに、大学生・短大生。→【児童《ジドウ》】(103ページ)・【生徒《セイト》】(672ページ)

【学制《ガクセイ》】学校や教育に関する制度。例—改革。

【学績《ガクセキ》】①学問上の業績。②学業の成績。

【学籍《ガクセキ》】その学校の在学者として、正式に登録すること。例—簿《ボ》。—を失う。

【学説《ガクセツ》】学問上の説。学問上の問題点について、研究の結果をまとめた理論や考え方。例新しい—を発表する。

【学窓《ガクソウ》】学問をする場所。学校。例ともに—を巣立つ。

【学僧《ガクソウ》】①学問を積んだ僧。例—としての弘法大師《コウボウダイシ》。②仏教の教義を専門に勉強する僧。修学中の僧。

【学則《ガクソク》】その学校の、教育上のことや管理上のことがらを定めた規則。

【学長《ガクチョウ》】大学で校務をつかさどり、教職員を統率《トウソツ》・監《カン》督《トク》する最高責任者。〔総合大学の学長を、古い習慣を守って「総長」ということもある〕

【学徒《ガクト》】①学生と生徒。例—動員。—出陣《シュツジン》。②学問研究にたずさわる人。学者。例—らしくない教授。

【学童《ガクドウ》】小学校でまなぶ児童。小学生。例—保育。

【学徳《ガクトク》】学問と徳行《トッコウ》。学問があることと、おこないが道にかなっていること。例—兼備《ケンビ》の聖人。

【学内《ガクナイ》】学校、とくに大学の組織や敷地《しきチ》のなか。校内。(対)学外。

【学年《ガクネン》】①一年をひと区切りとした、学校教育の期間。例—試験。—末。②修学期間によって分けた児童や生徒・学生の段階。例—主任。第三—。

【学派《ガクハ》】ある学問で、学説のちがいによって生じた系統。学問上の流派。例ヘーゲル—。

【学閥《ガクバツ》】同じ学校の出身者だけで自分たちにつごうよく事が運ぶように、他の人を排除《ハイジョ》するグループ。例—のつよい教授会。

【学費《ガクヒ》】①書籍代《ショセキダイ》など勉学に必要な費用。(類)学資。②授業料。(類)学資。例—値上げ。—をととのえる。

【学府《ガクフ》】学問を志す人が集まるところ。学問の中心となるところ。学校。例最高—。

【学部《ガクブ》】①大学で、専攻《センコウ》の分野によって大きく分けたそれぞれの部。例法—。②〔大学院に対して〕ふつうの四年制大学の課程。例—の学生。

【学風《ガクフウ》】①学問をするうえでの、考え方や方法についての特色。②学校の伝統的な気風。校風。例自由な—。

【学報《ガクホウ》】①学術上の報告。また、そのための雑誌。②大学の状況《ジョウキョウ》を知らせるための報告。また、その報告書。

【学帽《ガクボウ》】学生や生徒がかぶるものとして、学校で指定した帽子。制帽。学生帽。

【学務《ガクム》】(役所などの事務の区分で)学校や教育に関する事務。例—課。

【学名《ガクメイ》】①動植物にラテン語の形でつけた、世界共通の学術上の名前。例トキの—はニッポニア-ニッポンという。②学問上の名声。例—があがる。

【学問《ガクモン》】㊀(名・する) まなぶこと。勉強をすること。また、学んで得られた体系的な知識。例—に励《はげ》む。—がある。㊁(名) 知識の習得、情報の分析《ブンセキ》、理論の構築などの、体系的な知的活動の総体。例—的。

【学友《ガクユウ》】同じ学校でいっしょに勉強している友人。例—会。中学以来の—。

【学用品《ガクヨウヒン》】えんぴつ・消しゴム・ノート・かばんなど、学校で勉強するときに使うもの。

【学理《ガクリ》】学問上の原理や理論。例—的に説明する。

【学寮《ガクリョウ》】①学校の寄宿舎。②寺院に付属して設けられた僧尼《ソウニ》のための学校。

【学力《ガクリョク》】勉強して身につけた知識や能力。例—検査。—不足。—が向上する。

【学齢《ガクレイ》】①義務教育を受ける年齢。日本では、小学校・中学校の期間。満六歳《サイ》から十五歳まで。②小学校に初めてはいる年齢。満六歳。例—に達する。

【学歴《ガクレキ》】その人が、いつ、どこの学校を卒業し、何を勉強したかという経歴。例—社会(=学歴を重要視する社会)。—を問わない。

【学割《ガクわり》】「学生割引」の略。学生・生徒の鉄道運賃や劇場の入場料などを、安く割り引く制度。

【学科《ガッカ》】〔「学問の科目」の意〕①学校での学習科目。(類)教科。例好きな—は数学です。②教室での講義によって学ぶ科目。例看護の—より実習のほうがおもしろい。③大学の学部を、さらに専門によって分けたもの。例社会学部情報—。文学部英文—。

【学会《ガッカイ》】同じ分野の研究者でつくった、学術研究のための団体。また、その集会。例物理—。—で発表する。

【学界《ガッカイ》】学問の世界。学者の社会。

【学監《ガッカン》】学校で、校長を補佐《ホサ》し、学生・生徒の監督《カントク》をする役。また、その人。

【学館《ガッカン》】学問をするための建物。学問所《ガクモンジョ》。学校。

【学期《ガッキ》】学校で、一年間を三つまたは二つに分けた、それぞれの期間。例—試験。新—。

【学究《ガッキュウ》】ひたすら学問や研究にはげむ人。学者。例—肌《はだ》の人。

【学級《ガッキュウ》】①学校で授業のために、児童・生徒を一定の人数に分けた一団。組。クラス。例—担任。—委員。②学習のために作ったグループ。クラス。例母親—。

【学区《ガック》】公立学校別に決められている通学区域。(類)校区。例—制。

【学兄《ガッケイ》】学問の社会で、同輩《ドウハイ》・友人・後輩に対して、うやまう気持ちで使うことば。〔「学問における先輩」の意で、手紙の用語として、男性どうしが使う〕

【学校《ガッコウ》】学生・生徒・児童を、教師が教育するところ。例—図書館。各種—。

【学《まな》びて思《おも》わざれば▽則《すなわ》ち▼罔《くら》し】学問をしても、自分で考えることをしなければ、ほんとうにわかったとはいえない。〔考えてばかりいて、教えを受けようとしないと、ひとりよがりになるおそれがある、と続く〕〈論語《ロンゴ》〉

●医学《イガク》・化学《カガク》・科学《カガク》・漢学《カンガク》・共学《キョウガク》・苦学《クガク》・見学《ケンガク》・工学《コウガク》・語学《ゴガク》・国学《コクガク》・在学《ザイガク》・私学《シガク》・就学《シュウガク》・進学《シンガク》・数学《スウガク》・退学《タイガク》・哲学《テツガク》・独学《ドクガク》・入学《ニュウガク》・博学《ハクガク》・物理学《ブツリガク》・文学《ブンガク》・勉学《ベンガク》・法学《ホウガク》・夜学《ヤガク》・洋学《ヨウガク》・力学《リキガク》・留学《リュウガク》

子 5

【季】

8画 2108 5B63 教育4 音キ(漢)(呉) 訓すえ・とき

筆順 一 二 千 禾 禾 秂 季 季

なりたち  [会意]「子(=こ)」と「稚《チ》→キ(=おさない)」の省略体とから成る。きょうだいのうちで、最もおさない子。

意味 ❶きょうだいのなかでいちばん年下の者。すえ。また、年わかい。小さい。おさない。〔きょうだいを年長の者から順に、伯

《ハク》(または孟《モウ》)・仲《チュウ》・叔《シュク》・季《キ》という〕例季弟《キテイ》(=末の弟)。❷一年を三か月ずつ春夏秋冬に分けた、それぞれの終わりの月。また、ある時代の終わり。すえ。例季春《キシュン》(=陰暦《インレキ》三月)。季世《キセイ》(=末の世。まっせ)。❸春夏秋冬それぞれの期間。ある一定の期間。とき。例季節《キセツ》。雨季《ウキ》。四季《シキ》。

日本語での用法 《キ》俳句で、句に詠《よ》みこむ四季の景物。「季語《キゴ》・季題《キダイ》・季寄《キよ》せ・無季俳句《ムキハイク》」

難読 季冬《しわす》

人名 とし・みのり・みのる

【季刊】《キカン》(雑誌などを)年に四回、季節ごとに発行すること。また、その出版物。対日刊・週刊・月刊・年刊。例—誌。

【季月】《キゲツ》四季それぞれの、終わりの月。陰暦《インレキ》の、三月・六月・九月・十二月をさす。

【季語】《キゴ》俳句や連歌《レンガ》の約束ごとで、季節をあらわすことになっていることば。「霞《かすみ》」は春、「菊《キク》」は秋、など。季題。

【季候】《キコウ》季節によって変化する気象の状態。時候。例—がよい。温暖《オンダン》な—。

【季節】《キセツ》①一年を気候の変化にしたがって、いくつかに分けた期間。春夏秋冬、雨季・乾季《カンキ》など。シーズン。例若葉の—。—はずれの大雪。②あることにちょうどよい時期。また、何かが集中して起こる時期。シーズン。例苦難の—。今が—の野菜。

【季節風】《キセツフウ》毎年、季節によって決まった方向にふく風。大陸と海洋の温度の差によって生じる。日本では、夏は南東風、冬はその逆方向にふく北西風。モンスーン。

【季題】《キダイ》①句会などで、俳句を作る題として出される季語。②「季語」に同じ。例—をよみこむ。

【季寄せ】《キよせ》俳句の季語を集めた本。

●夏季《カキ》・四季《シキ》・秋季《シュウキ》・春季《シュンキ》・節季《セッキ》・冬季《トウキ》・年季《ネンキ》

子 5 【孥】 8画 5355 5B65 音ド漢 ヌ呉

意味 ❶子。また、妻子。同帑《ド》。例妻孥《サイド》。❷やっこ。しもべ。同奴《ド》。例孥輩《ドハイ》(=しもべたち)。

子 5 【孟】 8画 4450 5B5F 人名 音モウ漢 訓かしら・はじ-め・つと-む

なりたち ［形声］「子(=こ)」と、音「皿《ベイ》→《モウ》」とから成る。いちばん上の子。

意味 ❶きょうだいのなかでいちばん年上の者。長男。長女。〔きょうだいを年長の者から順に、孟(または伯《ハク》)・仲《チュウ》・叔《シュク》・季《キ》という〕❷四季の、それぞれ最初の一か月。〔季節は、孟・仲・季の順〕例孟夏《モウカ》。孟月《モウゲツ》(=四季それぞれの、はじめの月)。❸大きい。たけだけしい。同猛《モウ》。例高言孟行《コウゲンモウコウ》。❹戦国時代の儒家《ジュカ》の思想家、孟子《モウシ》のこと。例孟母三遷《モウボサンセン》。孔孟《コウモウ》。

人名 おさ・たけ・たけし・とも・なが・はじむ・はる・もと

【孟夏】《モウカ》夏の初めの月。陰暦《インレキ》四月。初夏。

【孟月】《モウゲツ》四季それぞれの最初の月。陰暦《インレキ》の、正月・四月・七月・十月をさす。

【孟子】《モウシ》①戦国時代の思想家。魯《ロ》の鄒《スウ》の人。名は軻《カ》、字《あざな》は子輿《シヨ》。孔子《コウシ》の教えをつぎ、仁《ジン》や孝悌《コウテイ》を重んじ、性善説《セイゼンセツ》をとなえた。(前三七二—前二八九)↓【孟母三遷】《モウボサンセン》・【孟母断機】《モウボダンキ》 ②〔『毛詩《モウシ》』と区別して「モウジ」ともいう〕孟子の言行をしるした書。四書《シショ》の一つ。

【孟秋】《モウシュウ》秋の初めの月。陰暦《インレキ》七月。初秋。

【孟春】《モウシュン》春の初めの月。陰暦《インレキ》一月。初春。

【孟宗】《モウソウ》①三国時代、呉《ゴ》の人。病床《ビョウショウ》の老母の求めに応じて冬にタケノコをさがし歩いたところ、その孝心の厚さゆえに、雪の中からタケノコが生えてきた、という故事で有名。〈二十四孝《ニジュウシコウ》〉②「孟宗竹《モウソウチク》」に同じ。

【孟宗竹】《モウソウチク》タケの一種。タケのなかでは最大の品種で、タケノコを食用とする。

【孟冬】《モウトウ》冬の初めの月。陰暦《インレキ》十月。初冬。

【孟母三遷】《モウボサンセン》子供の教育には環境《カンキョウ》がたいせつであるということ。三遷。三遷の教え。

故事のはなし 戦国時代の思想家、孟子《モウシ》の家は墓地の近くにあったが、幼い孟子が葬式《ソウシキ》のまねばかりして遊ぶので、母は、市場の近くにひっこした。すると孟子は商売のまねをするので、さらに学校の近くへひっこした。孟子は礼儀作法《レイギサホウ》のまねをするようになり、母は安心してここに住まいを定めた。〈列女伝《レツジョデン》〉

【孟母断機】《モウボダンキ》学問やものごとをとちゅうでやめてしまってはいけない、といういましめ。断機の戒《いまし》め。〔戦国時代の思想家、孟子《モウシ》が学業をとちゅうでやめて家に帰ってきたとき、機《はた》を織っていた母が、織りかけの糸を断《た》ち切って、学問も中途《チュウト》でやめてしまっては、この布と同じようにまったく役に立たなくなる、といましめた故事による〕〈列女伝《レツジョデン》〉

子 6 【孩】 9画 5356 5B69 音カイ漢 ガイ呉 訓ちのみご

意味 赤んぼう。ちのみご。また、赤んぼうの笑うようす。〔現代中国語で「孩子《ガイシ》」は子供をいう〕例孩嬰《ガイエイ》(=みどりご)。孩児《ガイジ》。孩提《ガイテイ》。

難読 孩児《みどりご・ちのみご》

【孩児】《ガイジ》みどりご。幼い子。

【孩提】《ガイテイ》二、三歳《サイ》ほどの幼児。

子 6 【孤】 9画 2441 5B64 常用 音コ漢呉 訓ひと-り

筆順 了 子 孑 孑 孤 孤 孤

なりたち ［形声］「子(=こ)」と、音「瓜《カ》→《コ》」とから成る。幼くして父をなくした子。

意味 ❶父または両親をなくした子。みなしご。例孤児《コジ》。六尺之孤《リクセキのコ》(=父をなくして幼少で即位《ソクイ》した君主。六尺は昔の中国で、約一三五センチメートル)。❷なかまがなくひとりぼっちでいるようす。ひとつ。ひとり。例孤高《ココウ》。孤独《コドク》。孤立無援《コリツムエン》。❸諸侯《ショコウ》が自分をへりくだっていうことば。わたし。例孤之有㆓孔明㆒、猶㆓魚之有㆑水也《コのコウメイあるは、なおうおのみずあるがごとし》(=わたしに孔明がいてくれるのは、ちょうど魚に水があるようなものだ)。〈十八史略《ジュウハッシリャク》〉

難読 孤《みなし》ご

人名 かず・とも

【孤雲《コウン》】一つだけ他とはなれてうかんでいる雲。ひとりぼっちの者のたとえ。

【孤影《コエイ》】ひとりぼっちのさびしげな姿。例—悄然《ショウゼン》。

【孤▼雁《コガン》】群れからはなれて、ただ一羽だけでいるガン。

【孤軍《コグン》】助けが得られないで、孤立している軍隊。

【孤軍奮闘《コグンフントウ》】(名・する) ①援軍《エングン》もなく、孤立した少数でよく戦うこと。例—囲みを破って帰る。②たった一人で、いっしょうけんめい努力すること。

漢字に親しむ ❿ 「雲孫《ウンソン》」ってどんな孫《まご》？

お父さんのお父さんはおじいさん、そのお父さんは曽《ひ》おじいさん、その上は？——ちょっと出てきませんね。子供のほうでやってみましょう。子供の子供は孫、その子は曽孫《ひまご》、その子はやしゃご、その子は？——これもこのあたりまでですね。しかしこれが漢語のほうになるとなかなかこんなものでなく、実に完備しています。本人を中心に上下に列挙してみましょう。

高祖—曽祖父《ソウソフ》—祖父—父—**本人**—子—孫—曽孫《ソウソン|ひまご》—玄孫《ゲンソン|やしゃご》—来孫《ライソン》—昆孫《コンソン》—仍孫《ジョウソン》—雲孫《ウンソン》

中国の「孝」の観念や「家《いえ》」の思想というものは日本よりも徹底《テッテイ》していて、血縁《ケツエン》の子孫を絶やすことは絶対にさけるべきことと考えられていたようです。そういう考え方が先祖や子孫の名称《メイショウ》にも反映し、こんなに何代にもわたってきちんとした呼び名がついたのだといえるでしょう。


【孤▼閨《コケイ》】夫が長く不在で、妻が独りねること。また、その部屋。例—を守る。

【孤月《コゲツ》】空にぽつんとうかび、ものさびしげに見える月。

【孤剣《コケン》】①たった一本の剣。②一本の剣しか身に帯びていないこと。また、その人。例—をたのみ、敵中に入る。

【孤高《ココウ》】(名・形動《ナダ》) 低俗《テイゾク》な人々からはなれて、ただ独り、けだかさを保っていること。例—の士。—を持《ジ》する。

【孤児《コジ》】両親に死に別れた子。みなしご。例戦災—。

【孤舟《コシュウ》】(広い水面にうかぶ)一艘《イッソウ》の小さなふね。

【孤愁《コシュウ》】ただ独り悲しいもの思いにしずむこと。

【孤城落日《コジョウラクジツ》】〔孤立して援軍《エングン》のない城にさびしく射《さ》している夕日〕勢いがおとろえて、心細げなようす。

【孤絶《コゼツ》】ひとりだけ取り残され、つながりがなくなること。

【孤灯《コトウ》】ただ一つさびしくともっているともしび。

【孤島《コトウ》】他の島や陸地から、ぽつんと一つだけ遠くはなれている島。はなれじま。類離島《リトウ》。例絶海の—。陸の—(=極端《キョクタン》に交通や通信が不便な土地)。

【孤独《コドク》】(名・形動《ナダ》)(身寄りや友人もなく)ひとりぼっちであること。また、心のかよう相手がいないこと。例—な生活。—感。

【孤立《コリツ》】(名・する) 行動をともにするなかまや助けがなくて、ひとりだけであること。例—感を深める。

【孤立無援《コリツムエン》】なかまや助けがまったくなく、たったひとりであること。例—で奮戦《フンセン》する。

【孤塁《コルイ》】味方からはなれて敵の中にたった一つ残っているとりで。例ひとり—を守る。

子 7

【孫】

10画 3425 5B6B 教育4

音 ソン漢呉 訓 まご

筆順

なりたち

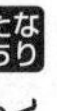

[会意]「系(=つづく)」と「子(=こ)」とから成る。子につづく子。

意味 ❶㋐子の子。まご。例外孫《ガイソン》。嫡孫《チャクソン》。㋑まご以下の血すじを引いて生まれるもの。例王孫《オウソン》(=王・貴族の子孫)。子孫《シソン》。❷姓《せい》の一つ。例孫権《ソンケン》。孫子《ソンシ》。

難読 王孫《さる》

人名 さね・そ・ただ・ひこ・ひろ

【孫権《ソンケン》】三国時代の呉《ゴ》の君主。蜀《ショク》の劉備《リュウビ》とともに魏《ギ》の曹操《ソウソウ》の南進を赤壁《セキヘキ》で阻止《ソシ》し、江南《コウナン》に勢力を確立して皇帝《コウテイ》に即位《ソクイ》した。(一八二—二五二)
【孫康《ソンコウ》】晋《シン》代の政治家。陝西《センセイ》省の人。若いころ貧乏《ビンボウ》で、ともし火の油を買うことができず、冬の夜に雪明かりで勉強したという。→【蛍雪の功《ケイセツのコウ》】(875ページ)
【孫子《ソンシ》】①春秋時代の兵法家。名は武《ブ》。呉《ゴ》王の闔閭《コウリョ》につかえ、戦功をたてた。戦法についてすぐれた論をもち、兵法の祖とあおがれる。兵法書『孫子』は、その著とされる。例—の兵法。②戦国時代の兵法家、孫臏《ソンピン》〔「臏」は、足切りの刑《ケイ》の意〕のこと。魏《ギ》の龐涓《ホウケン》の中傷により、両足を切られたが、斉《セイ》の軍師となり、龐涓を敗死させた。
【孫文《ソンブン》】中国の革命家・政治家。清朝《シンチョウ》をたおす革命運動に加わり、三民主義をとなえる。辛亥《シンガイ》革命で中華民国《チュウカミンコク》の臨時大総統に就任。数々の事績がある。(一八六六—一九二五)
【孫弟子《まごデシ》】(直接教えを受けた弟子でなく)その先生の弟子の弟子。
【孫引き《まごびき》】ほかの本に引用されている文章や学説を、もとの本で確認《カクニン》しないで、そのまま引用すること。
【孫娘《まごむすめ》】自分の子の娘。孫にあたる娘。

●初孫《ういまご|はつまご》・外孫《ガイソン》・玄孫《ゲンソン|やしゃご》・子子孫孫《シシソンソン》・子孫《シソン》・曽孫《ソウソン|ひまご|ひこ|ひいまご》・末孫《マッソン|バッソン》・令孫《レイソン》

子 8

【孰】

11画 5357 5B70

音 シュク漢 ジュク呉 訓 いず-れ・たれ

意味 ❶じゅうぶんに…する。同熟《ジュク》。例孰視《ジュクシ》。孰成《ジュクセイ》。❷〔助字〕㋐「たれ(か)」と読み、疑問・反語をあらわす。例孰能無レ惑《たれかよくまどいなからん》(=どうして疑問をもたない者があろうか)。㋑「いずれ(か)」と読み、どちらが…か、の意。選択《センタク》の疑問をあらわす。例礼与レ食孰重《レイとショクといずれかおもき》(=礼と食とではどちらが重大か)。〈孟子《モウシ》〉

子 9

【孱】

12画 5403 5B71

音 サン漢 セン漢 訓 つたな-い・よわ-い

意味 よわよわしい。よわい。例孱弱《センジャク》(=かよわい)。

子 9

【孳】

12画 5358 5B73

音 シ漢 ジ呉 訓 う-む・つと-める・つる-む

意味 ❶生まれる。うむ。例孳生《ジセイ》。❷ふえる。ふやす。

子 11
【孵】
14画 5359 5B75
音 フ 漢 訓 かえ-す・かえ-る
意味 たまごをかえす。たまごがかえる。例 孵化《フカ》。孵卵《フラン》。
【孵化《フカ》】(名・する) たまごがかえること。たまごからひなや子が産まれ出ること。
【孵卵《フラン》】(名・する) たまごがかえること。たまごをかえすこと。例 ―器(=人工的に、動物のたまごをかえす装置)。

子13
【學】
16画 ⇩【学】《ガク》(284ページ)

子 14
【孺】
17画 5362 5B7A
音 ジュ 漢 訓 ちのみご・おさな-い
意味 ❶おさない子。ちのみご。例 孺嬰《ジュエイ》(=みどりご)。孺子《ジュシ》。婦孺《フジュ》(=婦人と子供)。❷したう。つきしたがう。
【孺子《ジュシ》】①子供。幼児。②一人前《イチニンまえ》になっていない若者を見くだしていうことば。小僧《こゾウ》。若造《わかゾウ》。例 ―教《おし》うべし(=この小僧はみこみがある)。〈史記《シキ》〉

40 3画 宀 うかんむり部

屋根におおわれた家の形をあらわす。片仮名の「ウ」に形が似ている冠《かんむり》(=漢字の上がわの部分)であることから「うかんむり」という。「宀」をもとにしてできている漢字を集めた。

0 宀 2 它 宄 3 安 宇 守 宅 4 完 宏 宍 宋 5 宛 官 宜 実 宗 宙 定 宕 宝 6 客 室 宣 宥 7 宴 家 害 宦 宮 宰 宵 宸 容 害 宵 8 寅 寄 寇 宿 寂 密 寃 9 寒 寓 寔 寐 富 寒 10 寛 寝 寞 11 寡 寤 寨 察 寧 寥 寛 實 寢 寧 12 審 寮 寫 13 寰 16 寵 寳 17 寶

この部首に所属しない漢字

- 穴⇩穴 739
- 字⇩子 283
- 牢⇩牛 648
- 究⇩穴 739
- 空⇩穴 739
- 突⇩穴 740
- 窃⇩穴 741
- 突⇩穴 741
- 案⇩木 524
- 窓⇩穴 741
- 窒⇩穴 742
- 塞⇩土 238
- 窪⇩穴 742
- 蜜⇩虫 878
- 窮⇩穴 742
- 窯⇩穴 743
- 賓⇩貝 939
- 憲⇩心 412
- 賽⇩貝 940
- 蹇⇩足 948

宀 0
【宀】
3画 5363 5B80
音 ベン 漢 メン 呉
意味 高い屋根。高い屋根の家。

宀 2
【它】
5画 5364 5B83
音 タ 漢 訓 へび
意味 ❶ヘビ。マムシ。同 蛇《タ》。❷ほか。よそ。別の。同 他《タ》。例 它意《タイ》(=ふたごころ)。它人《タニン》(=ほかの人)。〔近世以後の中国語では、三人称《サンニンショウ》の事物をあらわす代名詞として用いられる〕

宀 2
【宄】
5画 ⇩【冗】《ジョウ》(118ページ)

宀 3
【安】
6画 1634 5B89
教育3
音 アン 漢 呉 訓 やす-い・やす-らか

筆順
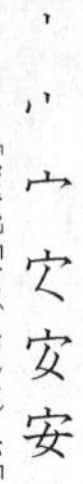

なりたち
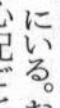
[会意]「女(=おんな)」が「宀(=いえ)」の中にいる。おちついて、やすらか。

意味 ❶事件や心配ごとがなく、心がおだやか。やすらか。やすらぐ。やすんじる。例 安心《アンシン》。安全《アンゼン》。平安《ヘイアン》。❷すえる。おく。おちつける。例 安置《アンチ》。❸〔助字〕㋐「いずくにか」と読み、どこに、の意。場所について、疑問・反語をあらわす。例 沛公安在《ハイコウいずくにかある》(=沛公はどこにいるか)。〈史記《シキ》〉㋑「いずくんぞ」と読み、どうして、の意。理由について、疑問・反語をあらわす。例 安有レ故《いずくんぞコある》(=どうして知り合いなのか)。

日本語での用法 一《あ》「あ」の音にあてる万葉がな。「安積山《あさかやま》・安達《あだち》・安倍《あべ》」二《やすい》①品物の値段が低い。「安価《アンカ》」②たやすい。てがるな。「安易《アンイ》・安直《アンチョク》」

難読 安孫子《あびこ》(=地名・姓《セイ》)
人名 さだ・しず・やす・やすし

【安芸《あき》】旧国名の一つ。今の広島県の西部にあたる。芸州《ゲイシュウ》。

【安房《あわ》】旧国名の一つ。今の千葉県南部にあたる。房州《ボウシュウ》。

【安易《アンイ》】(名・形動ダナ) ①たやすいこと。例 ―な問題。②いいかげんなこと。安直《アンチョク》。例 ―な考え。

【安逸《アンイツ》】(名・形動ダナ) 安心して楽しむこと。(仕事をせず)のんびり暮らすこと。例 ―をむさぼる。表記 旧 安▼佚
【安価《アンカ》】(名・形動ダナ) ①値段がやすいこと。類 廉価《レンカ》。対 高価。例 ―で仕入れる。②やすっぽいこと。例 ―な同情を買う。

【安▼臥《アンガ》】(名・する) 楽な姿勢で横になること。例 ―するに足る住まい。

【安閑《アンカン》】(形動トタル) ①静かでのんびりしたようす。例 ―と日をおくる。②ぼんやりしているようす。例 ―としている場合ではない。

【安危《アンキ》】安全と危険。また、安全か危険か。例 国家の―がかかっている。

【安居《アンキョ》】一(名・する) ①何もしないで家にいること。例 一日も―せず。②現状に満足して、のんきに過ごすこと。二《アンゴ》(名)〔仏〕僧《ソウ》が夏期、三か月間外出せず、座禅《ザゼン》して修行《シュギョウ》すること。

【安康《アンコウ》】〔「康」も、やすらかの意〕なにごともなく無事なこと。類 安泰《アンタイ》。例 国家―。

【安国《アンコク》】国を平和に治めること。また、よく治まっている国。例『立正―論《リッショウアンコクロン》』〔日蓮《ニチレン》の著作〕

【安座《アンザ》】(名・する) ①おちついてすわること。②あぐらを組むこと。③(危急の場合なのに)何もしないでいること。④〔仏〕仏像を堂の中に安置すること。表記 ▽旧 安▼坐
【安産《アンザン》】(名・する) 苦しみの少ない無事な出産。対 難産。例 ―のお守り。女児を―する。

【安住《アンジュウ》】(名・する) ①心やすらかに、すむこと。例 ―の地。②現状に満足して、向上心をなくすこと。例 小さな成功に―する。

【安心《アンシン》】一(名・する・形動ダナ) 心配ごとがなくて、心がおちついていること。類 安堵《アンド》。対 心配。例 ―感。二《アンジン》(名)〔仏〕さとりをひらくこと。信仰《シンコウ》が身について、心が安定すること。

【安心立命《アンシンリツメイ／アンジンリュウメイ》】〔仏〕信仰《シンコウ》によって自分の運命を知り、外部のどのようなことにも心を乱されたり迷わさ

れたりしないこと。

【安静】《アンセイ》 (名・形動ダナ) しずかにおちついていること。とくに療養《リョウヨウ》のために、からだを動かさないでねていること。例 絶対―。―にして過ごす。

【安全】《アンゼン》 (名・形動ダナ) 危なくないこと。無事。㊖安泰《アンタイ》。㊀危険。例 交通―。―な方法を考える。

【安全装置】《アンゼンソウチ》 機械や銃砲《ジュウホウ》などが、不必要な、また、危険な作動をしないようにするしかけ。

【安全弁】《アンゼンベン》 ①ボイラー内の気圧が上がりすぎないように余分な蒸気をぬくための弁。エアポンプやエアタンクにも使う。②危険を事前に防ぐ装置や方法。例 景気の―。 表記 ▽㊐安全▼瓣

【安息】《アンソク》 (名・する) 心地《ここち》よく休むこと。例 ゆっくり―する時間がほしい。

【安息日】《アンソクニチ》 〔「アンソクジツ」「アンソクび」とも〕 仕事を休んで神につかえる日。キリスト教では日曜日をいう。

【安打】《アンダ》 (名・する) 野球で、ボールを打った打者が相手のエラーなどによらずに、出塁《シュツルイ》できる当たり。ヒット。例 三打数三―。

【安泰】《アンタイ》 (名・形動ダナ) 〔「泰」も、やすらかの意〕 無事なこと。事故や危険、また不安や心配などのないこと。㊖安康・安寧《アンネイ》・安穏《アンノン》・平穏《ヘイオン》。例 一家の―を祈《いの》る。

【安宅正路】《アンタクセイロ》 仁と義。〔「仁は人の安宅(=やすらかな家)なり、義は人の正路(=ふむべき正しい道)なり」による〕〈孟子《モウシ》〉

【安置】《アンチ》 (名・する) 仏像などを一定の場所に、すえ置くこと。例 遺体《イタイ》を―する。

【安着】《アンチャク》 (名・する) 無事に到着《トウチャク》すること。例 本日、任地に―しました。

【安直】《アンチョク》 (名・形動ダナ) 〔「直」は、値段の意〕 ①やすい値段。安価。例 昼は―なランチですませた。②気軽なこと。例 ―な考え。

【安定】《アンテイ》 (名・する) ①おちついていて、変化や乱れがないこと。㊀変動。例 生活が―した。②もののすわりがよいこと。例 ―した家具。―性を欠く。

【安▼堵】《アンド》 (名・する) 〔「堵」は、垣《かき》の意〕 ①家をとりまく垣に安心して、やすらかに暮らすこと。②心配ごとがなくなり、ほっとすること。例 ―の胸をなでおろす。③封建《ホウケン》時代、将軍や領主が、家臣の領地の所有権を公認《コウニン》したこと。例 領地を―する。

【安寧】《アンネイ》 (名・形動ダナ) 〔「寧」も、やすらかの意〕 異変や不安などがないこと。㊖安心・安泰《アンタイ》。例 ―秩序《チツジョ》を守る。

【安穏】《アンノン》 (名・形動ダナ) なにごともなく平和なこと。㊖安泰《アンタイ》・平穏《ヘイオン》。例 ―無事な生活。

【安排】《アンバイ》 (名・する) 配置や処置を適切にすること。例 植木の―をよくする。 表記 「▼按排・▼按配」とも書く。

【安否】《アンピ》 無事であるか、どうか。〔とくに人の身の上についていう〕 例 ―を気づかう。

【安眠】《アンミン》 (名・する) 心地《ここち》よくねむること。例 ―を妨害《ボウガイ》する。

【安楽】《アンラク》 (名・形動ダナ) 苦痛や心配ごとがなく、心身ともに楽なこと。例 ―椅子《イス》。後世《ゴセ》―。―に暮らす。

【安楽死】《アンラクシ》 助かる見こみのない病人を、本人の依頼《イライ》、または承諾《ショウダク》を得て、人為《ジンイ》的にやすらかに死なせること。また、その死。

【安▼禄山】《アンロクザン》 唐《トウ》代の玄宗《ゲンソウ》皇帝のときの武将。七五五年に乱を起こし、翌年、皇帝を称《ショウ》したが、やがて自分の子に殺された。(?―七五七)

【安手】《やすで》 (名・形動ダナ) 値段がやすいこと。やすくて低級なこと。例 ―の品。

【安値】《やすね》 ①やすい値段。㊀高値《たかね》。②〔経〕株の取り引きで、その日のいちばんやすい値段。

【安普請】《やすブシン》 やすい費用で家を建てること。また、その家。やすっぽい建物。

【安物】《やすもの》 値段がやすく、品質の悪いもの。安手《やすで》。例 ―買《が》いの銭《ぜに》失い(=安物は質が悪いので、かえって損になる)。

● 慰安《イアン》・公安《コウアン》・大安《タイアン》・治安《チアン》・平安《ヘイアン》

宀 3

【宇】

6画 1707 5B87 教育6

音 ウ ㊡㊣ 訓 のき・いえ

筆順 

なりたち  [形声] 「宀(=いえ)」と、音「于ウ」とから成る。建物の、のき。

意味 ❶やね。のき。ひさし。また、いえ。たてもの。例 宇下《ウカ》(=のきした)。堂宇《ドウウ》。❷世界をおおう、大きい屋根のような天。空間的なひろがり。天地四方。例 宇内《ウダイ》。宇宙《チュウ》。❸器量。度量。例 気宇《キウ》。

人名 お・くに・たか・たかし・ね・ひさ・ひろ

【宇内】《ウダイ》 世界。天下。例 ―の形勢を見る。

【宇宙】《ウチュウ》 ①〔英語 universe の訳語〕すべての天体をふくむ空間のひろがり。とくに、地球の大気圏《タイキケン》外。例 ―空間。②〔英語 cosmos の訳語〕一定の秩序《チツジョ》をそなえた世界。例 小《ショウ》―。

【宇宙船】《ウチュウセン》 人間や動物が乗って、宇宙を飛ぶ飛行体。

【宇宙線】《ウチュウセン》 宇宙から地球にたえまなく降り注ぐ、高エネルギーの放射線。

宀 3

【守】

6画 2873 5B88 教育3

音 シュウ ㊡ シュ・ス ㊣ 訓 まも-る・もり・かみ・まもり

筆順 

なりたち 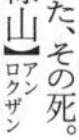 [会意] 「宀(=役所でする仕事)」と「寸(=きまり)」とから成る。役所の仕事を、きまりどおりにおこなう。

意味 ❶失わないように保つ。みまもる。みはる。例 守株《シュシュ》。守成《シュセイ》。保守《ホシュ》。❷他からおかされるのをふせぐ。防衛。まもり。例 守護《シュゴ》。守備《シュビ》。攻守《コウシュ》。❸地方長官。郡の長官。例 郡守《グンシュ》。太守《タイシュ》。

日本語での用法 ㊀《まもり》 神や仏のおまもり。「守《まも》り札《ふだ》・お守《まも》り」 ㊁《もり》 世話をする(人)。「守役《もりヤク》・子守《こもり》・墓守《はかもり》・宮守《みやもり》」 ㊂《かみ》 律令制《リツリョウセイ》の四等官《シトウカン》で「国司」の第一位。長官《かみ》。「国守《くにのかみ》・土佐守《とさのかみ》」

難読 守宮《やもり》

人名 え・おさむ・さね・たもつ・つかさ

【守衛】《シュエイ》 ㊀(名・する) まもること。まもる人。㊁(名) 学校や官庁・会社などの警備をする人。

【守旧】《シュキュウ》 古いしきたりやならわしをまもり、前例にだけ従うこと。㊖墨守《ボクシュ》・保守。

【守護】《シュゴ》 ㊀(名・する) まもること。㊖警護・警固《ケイゴ》。例 ―神《シン》。㊁(名) 鎌倉《かまくら》・室町《むろまち》時代、警備や治安などのために、地方の国々に置かれた武士の職名。のちに強大になり、やがて守護大名となる。守護職。

【守死】《シュシ》 (名・する) いのちがけでまもること。死を覚悟《カクゴ》しておこなうこと。㊖死守。

3画

[宀部] 3画 宇 守

【守▽株】《シュシュ》（名・する）古い習慣に従うだけで、進歩のないこと。ゆうずうのきかないこと。株《かぶ》を守る。

故事のはなし 昔、宋《ソウ》の国の男が畑しごとをしていると、ウサギがとんできて畑の中の切り株に頭をぶつけて死んでしまった。これを見た男はもう一ぴきつかまえてやろうと、しごとはそっちのけにして切り株の見張りをしたが、もうウサギはあらわれず、みんなの笑い者になってしまった。〈韓非子《カンピシ》〉

【守成】《シュセイ》 創業者のあとを受けついで、事業の基礎《キソ》を固め、まもること。例創業は易《やす》く—は難《かた》し。

【守勢】《シュセイ》 ①敵の攻撃《コウゲキ》を防ぎまもること。対攻勢《コウセイ》。例—に立つ。②まもりの軍勢。

【守拙】《シュセツ》 世渡《よわた》りがへたでも、自分の生き方をまもりとおすこと。

【守戦】《シュセン》 ①まもることと、たたかうこと。例—両様の構え。②敵の侵入《シンニュウ》を防ぐたたかい。類防戦。例—に徹《テッ》する。

【守銭奴】《シュセンド》 お金をたくわえるだけで、わずかな出費をもいやがる者。

【守秘】《シュヒ》（名・する）秘密を他人に知らせないこと。例—義務（=医師や弁護士などが、職務上知った他人の秘密をまもらなければならない義務）。

【守備】《シュビ》 相手の攻撃《コウゲキ》にそなえて、まもること。防備。防御《ボウギョ》。対攻撃。例—を固める。

【▽守▽宮】《やもり》 有鱗《ユウリン》目ヤモリ科の爬虫《ハチュウ》類。からだはトカゲに似る。足の指先に吸盤《キュウバン》があり、家のかべなどをはって、昆虫《コンチュウ》を捕食する。

●看守《カンシュ》・厳守《ゲンシュ》・攻守《コウシュ》・死守《シシュ》・順守《ジュンシュ》・遵守《ジュンシュ》・鎮守《チンジュ》・墨守《ボクシュ》・留守《ルス》

宀 3

【宅】

6画 3480 5B85 教育6 音タク漢

筆順 丶 丷 宀 宀 宅

なりたち [形声]「宀（=いえ）」と、音「乇《タク》」とから成る。人が身を寄せるところ。

意味 住んでいるところ。いえ。やしき。例宅地《タクチ》。自宅《ジタク》。住宅《ジュウタク》。

日本語での用法《タク》①妻が他人に対して、自分の夫または家を指していう。「宅《タク》に申《もう》し伝《つた》えます・ずっと宅《タク》におります」②相手や相手の住居・家庭・組織・会社などを指していう。「お宅《タク》さまでは…・お宅《タク》の近所《キンジョ》」

難読 三宅《みやけ》・安宅《あたか》（=地名・姓《セイ》）・大宅《おおや》（=姓）

人名 いえ・おり・やか・やけ

【宅診】《タクシン》（名・する）医師が自宅で診療《シンリョウ》すること。

【宅地】《タクチ》 住宅を建てるための土地。例—造成。

【宅配】《タクハイ》（名・する）荷物や新聞などを、あて名の人のところまで届けること。類宅送。例—便。

●帰宅《キタク》・在宅《ザイタク》・社宅《シャタク》・拙宅《セッタク》・尊宅《ソンタク》・邸宅《テイタク》・別宅《ベッタク》

宀 4

【完】

7画 2016 5B8C 教育4 音カン漢 訓まった-し・まっと-うする

筆順 丶 丷 宀 宀 宀 宇 完

なりたち [形声]「宀（=いえ）」と、音「元《ゲン》→カン」とから成る。欠けたところがない。

意味 ❶すべてそなわっていて、欠けたところがない。まったい。例完全《カンゼン》。完備《カンビ》。補完《ホカン》。❷そこなわないように保つ。まっとうする。例完璧《カンペキ》。❸ものごとをなしとげる。すっかりできあがる。しおえる。例完結《カンケツ》。完成《カンセイ》。未完《ミカン》。

人名 おさむ・さだ・たか・たもつ・とおる・ひろ・ひろし・まさる・また・まもる・みつ・みつる・ゆたか・よし

【完泳】《カンエイ》（名・する）目標として定めた距離《キョリ》の水面を、全部およぎきること。

【完結】《カンケツ》（名・する）（続いていたものが）すべて終わり、まとまること。類完了《カンリョウ》。例—編。自叙伝《ジジョデン》を—する。

【完済】《カンサイ》（名・する）借りたものを（一部分ずつ返していって）すっかり返し終わること。例借金を—する。

【完熟】《カンジュク》（名・する）果実や種子がじゅうぶんに生長しきること。例—したトマト。

【完勝】《カンショウ》（名・する）戦いやスポーツの試合で、悪いところが一つもないほど、相手をおさえきって勝つこと。類大勝《タイショウ》・圧勝。対完敗。例チーム全員の活躍《カツヤク》で—した。

【完新世】《カンシンセイ》 地球の歴史で、地質時代新生代第四紀の後半の時代。約一万一七〇〇年前から現在までの期間。沖積世《チュウセキセイ》。

【完遂】《カンスイ》（名・する）計画などを完全にやりとげること。例任務を—する。

【完成】《カンセイ》（名・する）ものごとが、すっかりできあがること。また、すっかりしあげること。類成就《ジョウジュ》・完了《カンリョウ》。例—度が高い。

【完全】《カンゼン》（名・形動《ダ》）必要な条件や要素が、すべてそろっていること。欠点がないこと。類完璧《カンペキ》・万全《バンゼン》。例—装備。

【完全燃焼】《カンゼンネンショウ》（名・する）①酸素がじゅうぶん供給されて、ものが燃えつきること。②体力や気力を使いはたして努力することのたとえ。例最後の試合で—する。

【完全無欠】《カンゼンムケツ》（名・形動《ダ》）不足や欠点がまったくないこと。〔「完全」をさらに強めていうことば〕例—な運営。

【完走】《カンソウ》（名・する）目標としていた距離《キョリ》を、最後まではしりぬくこと。例初参加のマラソンで—した。

【完治】《カンチ》〔「カンジ」とも〕（名・する）病気やけがが、完全になおること。類全治。

【完投】《カントウ》（名・する）野球で、投手として、一試合をひとりで投げ通すこと。例—勝利。

【完納】《カンノウ》（名・する）おさめる決まりになっているものを、すべておさめること。類全納。例税金を—する。

【完敗】《カンパイ》（名・する）手も足も出ない状態で、圧倒《アットウ》されて負けること。対完勝。例決勝戦で—した。

【完備】《カンビ》（名・する）必要なものが、残らずそろっていること。対不備。例冷暖房《レイダンボウ》—。

【完膚】《カンプ》 傷のない皮膚《ヒフ》。外傷の何もない状態。

【完膚《カンプ》無《な》きまで】 無傷のところがなくなるまで。徹底的《テッテイテキ》に。例—（に）相手を打ちのめす。

【完封】《カンプウ》（名・する）①相手がまったく手出しのできないようにすること。②野球で、相手チームに最後まで得点《トクテン》をあたえないこと。例—勝ち。

【完璧】《カンペキ》 一（名・形動《ダ》）〔「璧《ヘキ》」は、昔の中国で儀式《ギシキ》などに用いた宝玉《ホウギョク》〕欠点がなく、みごとなこと。例—なできばえ。二（名）借りたものを、もとのままの形で返すこと。

故事のはなし　戦国時代、趙《チョウ》の国の王が「和氏《カシ》の璧《ヘキ》」という天下の宝玉を手に入れた。これを聞いた西方の強国、秦《シン》の王が、十五の城市《ジョウシ》(=都市)とその璧とを交換《コウカン》したいと申し入れてきた。軍事力のおとる趙としてはことわるわけにもいかず、かといって応じれば璧だけを取られるおそれもある。交渉《コウショウ》のためのむずかしい使いを引きうけた趙の藺相如《リンショウジョ》は、秦王と会見し、秦王に交換条件を守る意思がないのを見てとると、「実は、その璧には、きずがあります」と言って、いったんわたした璧を取り返し、秦から脱出《ダッシュツ》して璧を無事に本国に持ち帰ったのであった。〈史記《シキ》〉

【完本《カンポン》】①複数の巻または冊から成る書物の、一巻または一冊も欠けずにそろっているもの。㊉欠本。②完全で、異版や異本の交じらない、また、落丁《ラクチョウ》や脱落《ダツラク》などのない書物。㊉零本《レイホン》・端本《はホン》。

【完訳《カンヤク》】(名・する) ①外国語の文章や古典語の一作品を、すべて翻訳《ホンヤク》または現代語訳にすること。㊝全訳。㊉抄訳《ショウヤク》。②ひとりの作品のすべてを翻訳すること。

【完了《カンリョウ》】(名・する) すべて終わること。㊝終了・完結。㊉未了。例 準備—。工事が—した。

●補完《ホカン》・未完《ミカン》

宀 4

【宏】

7画 2508 5B8F 人名 音 コウ漢 訓 ひろ-い

なりたち [形声]「宀(=いえ)」と、音「厷《コウ》」とから成る。へやがひろい。

意味 ❶場所やものごとの規模が大きい。ひろい。例 宏壮《コウソウ》。宏大《コウダイ》。❷人間の度量が大きく、すぐれている。例 宏度《コウド》。宏量《コウリョウ》。

表記 現代表記では、「広《コウ》」に書きかえることがある。熟語は「広」(350ページ)を参照。

人名 あつ・あつし・ひろ・ひろし・ひろむ・ふかし

【宏壮《コウソウ》】(名・形動ダ) 広々として、りっぱなこと。

【宏大《コウダイ》】(名・形動ダ) 広々としていること。㊉狭小《キョウショウ》。例 —無辺。—な草原地帯。表記 現 広大

【宏図《コウト》】大きな計画。㊝鴻図《コウト》・洪図《コウト》。表記 現 広図

【宏度《コウド》】〔「度」は、度量の意〕心が広く、小さなことにこだわらないこと。㊝広量。表記 現 広度

【宏量《コウリョウ》】(名・形動ダ) 〔「量」は、度量の意〕心が広く、人の失敗を必要以上にとがめないこと。㊉狭量《キョウリョウ》。例 —な人がら。表記 現 広量

宀 4

【宍】

7画 2821 5B8D 音 ジク漢 ニク呉 訓 しし

意味 にく。例 宍叢《ししむら》(=肉のかたまり)。また、肉体。

参考 「宍」と「肉」とは、もとは同じ形の字。

難読 宍戸《ししど》(=姓《セイ》)・宍村《ししむら》(=肉のかたまり)・宍粟《しそう》(=地名)・宍道湖《しんじこ》

宀 4

【宋】

7画 3355 5B8B 人名 音 ソウ漢 スウ呉

意味 ❶春秋戦国時代の国。(?—前二八六) 例 宋襄《ソウジョウ》の仁《ジン》。❷南北朝時代の王朝。(四二〇—四七九) ❸唐《トウ》末の乱世を統一し、趙匡胤《チョウキョウイン》が建てた王朝。蒙古《モウコ》に興《おこ》った元《ゲン》にほろぼされた。(九六〇—一二七九)〔北方民族の金《キン》の侵入《シンニュウ》により河南《カナン》の開封《カイホウ》から江南《コウナン》の杭州《コウシュウ》に都をうつす(一一二七)までを北宋、それ以後を南宋という〕例 宋学《ソウガク》。宋本《ソウホン》。入宋《ニッソウ》。

難読 呂宋《ルソン》

人名 おき・くに

【宋音《ソウオン》】宋から元《ゲン》の初めごろまでの中国語の発音が、日本に伝わって定着した漢字音。たとえば、「行灯《アンドン》」の「アン・ドン」、「塔頭《タッチュウ》」の「チュウ」など。唐音《トウオン》。唐宋音。

【宋学《ソウガク》】宋代におこなわれた儒学《ジュガク》。朱子《シュシ》が大成した。字句の解釈《カイシャク》を主とした漢や唐《トウ》の学問に対し、哲学《テツガク》的に人間の本性《ホンショウ》を論じた。朱子学《シュシガク》。性理学。

【宋▼襄の仁《ソウジョウのジン》】不必要な情けをかけたため、かえって損をすること。〔春秋時代、宋の襄公が楚《ソ》と戦ったとき、相手の陣《ジン》が整うのを待っていたので、結局戦いに敗れたという故事から〕〈春秋左氏伝《シュンジュウサシデン》〉

【宋朝《ソウチョウ》】①宋の王朝。②「宋朝体」の略。宋代の版本の書体にもとづく、たて長で細い楷書《カイショ》体。

宀 5

【宛】

8画 1624 5B9B 常用 音 エン漢 訓 あ-てる・あたか-も・あ-て・ずつ

筆順

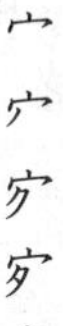

なりたち  [形声]「宀(=いえ)」と、音「夗《エン》」とから成る。草を曲げて、身を覆う。

意味 ❶まげる。まがる。かがむ。ころぶ。例 宛転《エンテン》。❷さながら。ちょうど。まるで。あたかも。例 宛然《エンゼン》。

日本語での用法 一《あて・あてる》あてはめる。また、手紙や荷物などの送り先を示す。「宛《あ》て字《ジ》・宛《あ》て名《な》」 二《ずつ》わりあて。…ずつ。「一《ひと》つ宛《ずつ》片付《かたづ》ける・二個宛《ニコずつ》食《た》べる」

使い分け あてる【当・充・宛】⇩1161ページ

【宛て先《あてさき》】手紙や書類や荷物などの、受取人の住所氏名。㊝宛《あ》て名《な》。例 —をたずねておく。

【宛て名《あてな》】手紙や書類や荷物などの、受取人の氏名。

【▽宛然《エンゼン》】(形動タル) ちょうどそれ自身のようであるようす。そっくりそのままであるようす。例 —として落花のごとし。

【▽宛転《エンテン》】(形動タル) ①ゆるやかにまがっているようす。例 —たる大河。②〔美人のまゆの形容で〕顔だちが美しいようす。例 —たる蛾眉《ガビ》。③ことばや声がよどみないようす。

宀 5

【官】

8画 2017 5B98 教育4 音 カン漢呉 訓 つかさ

筆順

なりたち 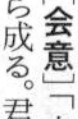 [会意]「宀(=おおう)」と「𠂤(=多い)」とから成る。君主につかえ、多くの人々をおさめる役人。

意味 ❶役人、または役職。役目。つかさ。例 官位《カンイ》。官職《カンショク》。教官《キョウカン》。❷国家の役所。政府。朝廷《チョウテイ》。例 官学《カンガク》。官権《カンケン》。官庁《カンチョウ》。❸生物体のさまざまなはたらきをする部分。例 官能《カンノウ》。器官《キカン》。五官《ゴカン》。

難読 判官《ホウガン・ジョウ》

人名 おさ・おさむ・きみ・これ・たか・ひろ・ひろし

【官位《カンイ》】①官職と位階。位官。例 —をたまわる。②役人

の職務の等級。官等。官階。例高い—につく。

【官印《カンイン》】政府の印。また、役所で使う公式の印。類公印。対私印。

【官員《カンイン》】官職にある人。役人。類官吏《カンリ》。

【官営《カンエイ》】政府が経営すること。国営。官業。対私営・民営。例明治時代前期の近代工業は、ほとんどが—事業だった。

【官界《カンカイ》】役人たちがかたちづくる社会。類官海・官場《カンジョウ》。

【官▼衙《カンガ》】〔「衙」は、役所の意〕役所。官庁。例—出身の代議士。

【官学《カンガク》】①国が運営する学校。国立大学など。対私学。②国が正しいと認めた学問。江戸《えど》時代の朱子学《シュシガク》など。

【官紀《カンキ》】役所の規則。役人が守るべき規律。類官法。例—粛正《シュクセイ》。

【官許《カンキョ》】(名・する)政府から民間の団体や個人にあたえる許可。公許。

【官業《カンギョウ》】政府が管理し、また経営する事業。官営。

【官金《カンキン》】政府や官庁が所有するお金。公金。

【官軍《カングン》】幕末や明治維新《メイジイシン》の争乱、また西南《セイナン》戦争での、政府側の軍隊。国軍。対賊軍《ゾクグン》。例勝《か》てば—(=勝ちさえすれば、正統で大義《タイギ》のあるものとみとめられること)。

【官権《カンケン》】政府や官庁、また役人の権力と権限。国家権力。例—を発動する。

【官憲《カンケン》】役所。役人。とくに警察官や検察官のこと。例—の手がはいる。

【官公庁《カンコウチョウ》】政府の役所としての官庁と、地方公共団体の役所としての公庁。

【官舎《カンシャ》】①政府や地方公共団体が建て、公務員に貸す住宅。公舎。②役所。③旅館。旅舎。

【官需《カンジュ》】政府の需要。政府が必要とする物資。対民需。

【官女《カンジョ—カンニョ》】宮中につかえる女性。女官《ニョカン》。

【官省《カンショウ》】①中央官庁。内閣の各省。②律令制《リツリョウセイ》の太政官《ダイジョウカン》と、その八省。

【官職《カンショク》】公務員としての地位と、つとめ。例—につく。

【官人《カンジン—カンニン》】役人。官吏《カンリ》。例国衙《コクガ》(=国司の役所)の—。

【官制《カンセイ》】国の行政機関についての決まり。組織・名称《メイショウ》・権限・役人の人数などの規則。例—を見直す。

【官製《カンセイ》】政府がつくること。また、つくったもの。対私製。

【官選《カンセン》】政府でえらぶこと。また、えらんだもの。類国選・公選。

【官庁《カンチョウ》】①国の事務を取りあつかうところ。各省や都道府県庁など。役所。官署。〔司法官庁・行政官庁の区別があり、さらに中央官庁・地方官庁の区別もある〕例—街。②太政官《ダイジョウカン》の役所。太政官庁。

【官邸《カンテイ》】国が大臣や長官に、その公的な職務のために使用を許す邸宅。公邸。対私邸。例総理大臣—。

【官途《カント》】①仕官の道。役人になる道。②役人の仕事や地位。例—につく(=役人になる)。

【官等《カントウ》】役人としての身分をあらわす等級。官階。官位。官級。例—の昇進《ショウシン》を望む者。

【官能《カンノウ》】①目や耳などの感覚器官のはたらき。例—障害。②肉体的なこころよさを得る感覚。例—の満足。

【官費《カンピ》】政府から出る費用。国費。類公費。対私費。例—留学。

【官房《カンボウ》】大臣や長官のすぐ下で、政府や省庁の重要な事務をおこなう機関。例内閣—。

【官報《カンポウ》】①政府が国民に知らせることがらを編集し、毎日発行する文書。②官庁や役人が公用で打つ電報。

【官民《カンミン》】政府と民間。役人と民間人。例—一体となる。

【官名《カンメイ》】役人の役職名。例—を詐称《サショウ》する。

【官命《カンメイ》】政府や役所の命令。例—による出張。

【官有《カンユウ》】政府が持っていること。また、そのもの。国有。例—地。

【官吏《カンリ》】役人。官員。公務員。例—の服務紀律。

【官立《カンリツ》】国の資金で設立し、国が経営し、管理すること。また、そのもの。国立。対私立。例旧制の—高等学校。

【官僚《カンリョウ》】役人。主として、上級の行政官。例—政治(=行政官が主導する政治)。

【官僚主義《カンリョウシュギ》】①官僚制度。また、その特質。ビューロクラシー。②官僚の思考傾向《ケイコウ》。たとえば、上位に弱く下位に強く、責任をあいまいにしがちな傾向などを批判的にいう場合が多い。

【官僚的《カンリョウテキ》】(形動ダ)①法律や規則に忠実な態度やようす。②形式にとらわれて、権威《ケンイ》を守ろうとするようす。例—な対応はよくない。

【官▼禄《カンロク》】官位と俸禄《ホウロク》。また、政府からもらう給与《キュウヨ》。

(●技官《ギカン》・警官《ケイカン》・高官《コウカン》・左官《サカン》・仕官《シカン》・神官《シンカン》・退官《タイカン》・長官《チョウカン》・武官《ブカン》・文官《ブンカン》・無官《ムカン》

宀 5

【宜】

8画 2125 5B9C 常用 音ギ漢呉 訓よろ-しい・むべ

筆順 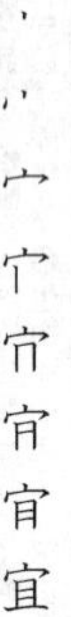

なりたち  〔形声〕「宀(=いえ)」と「一(=地)」と、音「多《タ》→ギ」の省略体とから成る。おちつくところ。

意味 ❶ちょうどよい。適当である。つごうがよい。よろしい。例時宜《ジギ》。適宜《テキギ》。便宜《ベンギ》。❷なるほど。もっともだ。当然である。むべ。例宜平《むべなるかな》。❸〔助字〕「よろしく…べし」と読み、…するのがよい・当然…すべきである・…しなさい、の意。適当・勧誘《カンユウ》をあらわす。例臣宜レ従《シンよろしくしたがうべし》(=私は当然従うべきである)。

人名 き・すみ・たか・たかし・なり・のり・よし・よろし

宀 5

【実】

8画 2834 5B9F 教育3 音ジツ漢呉 訓み・みの-る・まこと・まこと-に

筆順 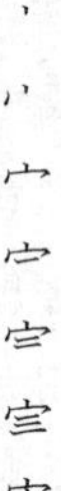

宀11

【實】

14画 5373 5BE6 人名

なりたち 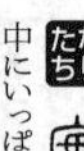 〔会意〕「宀(=いえ)」と「貫(=ものを通していっぱいにする)」とから成る。ものが、建物の中にいっぱい満ちて、富む。

意味 ❶中身がじゅうぶんに満ちる。欠けたところがない。みたす。例実線《ジッセン》。充実《ジュウジツ》。❷中身。内容。例口実《コウジツ》。有名無実《ユウメイムジツ》。❸草木の、み。草木がみをつける。みのる。例果実《カジツ》。結実《ケツジツ》。❹まごころがこもっていて、いつわりがない。まこと。例実直《ジッチョク》。誠実《セイジツ》。忠実《チュウジツ》。❺ほんとうである。ありのままである。まこと。例実際《ジッサイ》。虚実《キョジツ》。実《ジツ》の親子《おやこ》。嘘《うそ》から出《で》た実《まこと》。

日本語での用法 一《ジツ》誠意。内容を示す証拠《ショウコ》。「実《ジツ》のある男《おとこ》・勉強《ベンキョウ》の実《ジツ》を示《しめ》す」二《み》みそ汁《しる》などの具。「みそ汁《しる》の実《み》」

難読 実《げ》に恐《おそ》ろしきは…・桃《もも》の実《さね》・忠実《まめ》

人名 これ・さね・たね・ちか・つね・ま・みつ・みる・ゆたか

【実意《ジツイ》】①ほんとうの意志。本心。例—をただす。②まご

ころ。真情。例—をつくす。

【実印《ジツイン》】市区町村役場に届け出て、登録してあり、法律的な責任を負う印鑑《インカン》。

【実益《ジツエキ》】実際の利益。現実に役立つこと。㊫実利。㊟実害。例趣味《シュミ》と—を兼《か》ねる。

【実演《ジツエン》】(名・する) 舞台《ブタイ》や集会で、実際に演技や技術をして見せること。例料理の作り方を—する。

【実家《ジッカ》】生まれ育った家。実の親の家。里《さと》。里方《さとかた》。㊫生家《セイカ》。例—に帰る。

【実害《ジツガイ》】実際に受ける損害。ほんとうの害。㊟実益・実利。

【実学《ジツガク》】理論より実用性や技術を重んじた、実生活に役立つ学問。例—主義。

【実感《ジッカン》】(名・する) ①現実のものごとに接して感じること。例きびしさを—する。②実際に経験したとおりに感じ取ること。例—のこもった発言。

【実技《ジツギ》】実際におこなう演技や技術。㊫実習。例体育の—。

【実況《ジッキョウ》】いまその場所で実際におこなわれていることのようす。例サッカーの—放送。

【実業《ジツギョウ》】農業・工業・商業・水産業など、生産や経済に関係する事業。例—家。—学校。

【実兄《ジッケイ》】同じ父母から生まれた子供たちのうち、年長の男子。㊟義兄・実弟《ジッテイ》。

【実刑《ジッケイ》】執行《シッコウ》猶予《ユウヨ》のない、実際に執行を受ける刑罰《ケイバツ》。例—判決。

【実景《ジッケイ》】絵画や写真、また映像などではなく、実際に見る景色や情景。例—にもとづく構図。

【実見《ジッケン》】(名・する) 実際にそのものを見ること。例現地を—する。

【実検《ジッケン》】(名・する) ほんとうかどうかを検査すること。例首《くび》—。

【実権《ジッケン》】名目や形式のうえではなく、実際にもっている権力。例鎌倉《かまくら》幕府の—は北条《ホウジョウ》氏がにぎっていた。

【実験《ジッケン》】(名・する) ①理論や仮説を実際におこなって、確かめること。例—室。核《カク》—。②実際に経験してみること。例五分以内でできるか—する。

【実現《ジツゲン》】(名・する) 計画や理想などが実際のものになること。また、そうすること。例夢を—する。

【実行《ジッコウ》】(名・する) 実際におこなうこと。実際の場で行動すること。㊫実践《ジッセン》・実施《ジッシ》・履行《リコウ》。例—力。

【実効《ジッコウ》】実際にあらわれる効果。実際のききめ。例簡単で—のある健康法。

【実際《ジッサイ》】㊀(名) ほんとうのありさま。ほんとうの場合。例考えたことと—とはちがう。㊁(副) ほんとうに。まったく。例—あきれたものだ。

【実在《ジツザイ》】(名・する) ①実際に存在すること。現実の世の中にあること。㊫現存・実存。㊟架空《カクウ》。例—の人物。②〔哲〕人間の感覚や考えからできたものと区別して、客観的に独立して存在するもの。

【実子《ジッシ》】自分の、血のつながりのある子。㊟継子《ケイシ》・養子。

【実姉《ジッシ》】同じ父母から生まれた子供たちのうち、年長の女子。㊟義姉・実妹《ジツマイ》。

【実施《ジッシ》】(名・する) (法律・計画・予定などを)実際におこなうこと。㊫実行・実践《ジッセン》。例調査を—する。

【実字《ジツジ》】漢文で、具体的な、内容のある意味をあらわす字。

【実質《ジッシツ》】実際の内容や性質。実体。本質。㊟形式・名目。例—のともなわない、はでな外観。

【実質的《ジッシツテキ》】(形動《ナダ》) 外見よりも内容を重視するようす。㊟形式的。

【実写《ジッシャ》】(名・する) 実際のできごとや風景を、写真や映像、絵などにすること。また、そのもの。例—のフィルム。

【実社会《ジッシャカイ》】現実に活動している社会。例学校を卒業して—に出る。

【実収《ジッシュウ》】①経費などを差し引いた、実際の収入。例—はかなり少ない。②推定ではない、実際の収穫高《シュウカクだか》。

【実習《ジッシュウ》】(名・する) 聞いたり読んだりした技術を、実際の場で練習し学ぶこと。㊫演習。例教育—。

【実証《ジッショウ》】㊀(名・する) 確かであることを、事実を示して証明すること。例パスツールは免疫《メンエキ》の原理を—した。㊁(名) 実際の証拠《ショウコ》。例—を示して論破する。

【実情《ジツジョウ》】①ありのままのようす。ほんとうの事情。㊫実態。例被災地《ヒサイチ》の—を伝える。②真実の心。ほんとうの気持ち。㊫真情。例—をすなおに語る。表記①は「実状」とも書く。

【実数《ジッスウ》】①実際のかず。実際に確かめられた数量。例交通事故の—は統計より多い。②〔数〕有理数と無理数をまとめた呼び名。㊟虚数《キョスウ》。

【実生活《ジッセイカツ》】実際の生活。例—に役立つ知識。

【実績《ジッセキ》】実際にあげた成績や功績。例多くの—を残す。

【実戦《ジッセン》】実際のたたかい。実際の試合。例—に備える。

【実践《ジッセン》】(名・する) 考えを実際におこなうこと。実地におこなうこと。㊫実行。㊟理論。例—報告。

【実線《ジッセン》】切れ目なくつづいている線。㊟点線・破線。

【実相《ジッソウ》】①実際の姿。実際のありさま。㊫実態・実情。例社会の—。②〔仏〕あらゆるものの、かりの姿のおくにある真実の姿。㊫真如《シンニョ》。例—をさとる。

【実像《ジツゾウ》】①〔物〕光がレンズや鏡を通過したり、反射したのちに集まってつくる像。②ほんとうの姿。例社会の—にせまる報道。▽㊟虚像《キョゾウ》。

【実測《ジッソク》】(名・する) (高さや深さ、距離《キョリ》や面積などを)計器を使って、実際にはかること。㊟目測。例—にもとづいて作成した地図。

【実存《ジツゾン》】(名・する) 実際に存在すること。㊫実在・現存。

【実存主義《ジツゾンシュギ》】〔哲〕人間は主体的、自覚的存在である、という考えを中心とする思想。

【実体《ジッタイ》】㊀《ジッタイ》(名) ①ものごとのおくにひそむ真のすがた。正体《ショウタイ》。例—をかくしてことばでごまかす。②〔哲〕変わることのない本質的なもの。㊁《ジッテイ》(名・形動《ナダ》) まじめで正直なこと。実直。例—につとめにはげむ。

【実態《ジッタイ》】(表面からはわかりにくい)ありのままの状態。㊫実情。例自然破壊《ハカイ》の—を調査する。

【実弾《ジツダン》】①銃砲《ジュウホウ》にこめられる、ほんものの弾丸。実包。㊟空包。例—演習。②現金。〔俗《ゾク》なたとえとして使う〕

【実地《ジッチ》】①実際におこなわれる場所。または、おこなわれた場所。現場。例—研修。②身をもって経験する、実際の場合。例主義主張を—におこなう。

【実直《ジッチョク》】(名・形動《ナダ》) まじめで正直なこと。㊫律義《リチギ》・実体《ジッテイ》。例謹厳《キンゲン》—。—に働く。

【実弟《ジッテイ》】同じ父母から生まれた子供たちのうち、年下の男子。㊟義弟・実兄《ジッケイ》。

【実働《ジツドウ》】(名・する) 実際に仕事をして働くこと。例—時間(=休憩《キュウケイ》や待機時間をのぞいた労働時間)。—部隊。

【実否《ジッピ》】〔古くは「ジップ」〕ほんとうか、うそか。事実かどうか。例—を確かめる。—をただす。

【実費《ジッピ》】実際にかかる費用。実際に使った費用。例—精

算。修理に関する—はこちらで負担する。

【実父《ジップ》】血のつながっている、ほんとうの父。対義父・養父・継父《ケイフ》。

【実物《ジツブツ》】実際のもの。ほんもの。例—見本。

【実母《ジツボ》】血のつながっている、ほんとうの母。生みの母。類生母《セイボ》。対義母・養母・継母《ケイボ》。

【実妹《ジツマイ》】同じ父母から生まれた子供たちのうち、年下の女子。対義妹・実姉《ジッシ》。

【実務《ジツム》】実地におこなう事務や業務。例—経験の長い人。

【実名《ジツメイ》】〔「ジツミョウ」とも〕ほんとうの名前。本名《ホンミョウ》。対仮名《カメイ》・偽名《ギメイ》。例有名人が—で登場する小説。

【実用《ジツヨウ》】（名・する）実際に使って役に立てること。実際の場で使うこと。例—品。

【実利《ジツリ》】実際の利益。実際に役立ち、効果があること。類実益。対実害。例名目を捨てて—を取る。

【実力《ジツリョク》】実際に持っている能力。ほんとうの力量。類地力《ジリキ》。例—テスト。緊張《キンチョウ》しすぎて—が出ない。

【実力行使《ジツリョクコウシ》】（名・する）〔「実力」は、実際の行動で示される武力や腕力《ワンリョク》のこと〕目的達成のために武力などを使うこと。また、労働争議でストライキをすること。例—に出る。

【実例《ジツレイ》】実際にある例。例—をあげて説明する。

【実録《ジツロク》】①事実をありのままに記録したもの。②天子の一代の記録を編年体にまとめたもの。例三代—。

【実話《ジツワ》】ほんとうにあった話。また、事実にもとづいて記した読み物。例—小説。

【実入り《みいり》】①くだものや穀物の実が、みのること。また、みのりぐあい。②収入。利益。例苦労が多くて—が少ない。

【実生《ミショウ》】（株分け・つぎ木・さし木などではなく）種から芽が出て生長すること。また、その草木。みばえ。
●確実《カクジツ》・堅実《ケンジツ》・口実《コウジツ》・史実《シジツ》・質実《シツジツ》・写実《シャジツ》・情実《ジョウジツ》・真実《シンジツ》・切実《セツジツ》・着実《チャクジツ》・篤実《トクジツ》・内実《ナイジツ》・如実《ニョジツ》・無実《ムジツ》・名実《メイジツ》

宀 5

【宗】

8画 2901 5B97 教育6 音ソウ漢 シュウ呉 訓むね

筆順 、 ハ 宀 宀 宇 宇 宗 宗

なりたち  [会意]「宀(=いえ)」と「示(=神)」とから成る。祖先をまつる廟《ビョウ》。

意味 ❶先祖をまつるところ。祖先。同じ祖先をまつる一族。例宗社《ソウシャ》。宗族《ソウゾク》。❷一族・一国の中心となる本家。例宗家《ソウケ》。❸中心的なものとしてたっとぶ。あがめ重んずる。例宗師《ソウシ》。宗主《ソウシュ》。宗匠《ソウショウ》。❹神や仏の教え(の中心思想)。また、それを信ずる人々の集団。例宗教《シュウキョウ》。宗旨《シュウシ》。禅宗《ゼンシュウ》。

難読 正宗《まさむね》(=人名・姓《せい》)・宗像《むなかた》(=地名・人名)

人名 かず・たかし・とき・とし・のり・はじめ・ひろ・むな・もと

【宗規《シュウキ》】①宗教上の規則。②宗派の決まりやおきて。類宗法。例—を守る。

【宗教《シュウキョウ》】心のやすらぎや真理を求めて、神・仏・太陽・火・祖先など、人間の力をこえるものを信じる精神的活動。

【宗旨】一《シュウシ》①その宗教や宗派の中心となる教え。②その人が信じる宗教や宗派。類宗門。③その人の方針や好み。類主義。例—がえをする。二《ソウシ》おもな意味。最も重要な意味。類主旨。

【宗師】一《シュウシ》〔仏〕宗派の祖とあがめられる師。二《ソウシ》第一の手本として尊敬すべき人。

【宗祖】一《シュウソ》一つの宗派を開いた人。開祖。祖師。二《ソウソ》先祖。祖先。

【宗徒《シュウト》】ある宗教や宗派の信者。類信徒。

【宗派】一《シュウハ》一つの宗教のなかで、教えのちがいなどで分かれた派。宗門《シュウモン》。教派。二《ソウハ》①一族の分かれ。血族。②なかまうちでの分派。学問や芸術などの流派。

【宗法《シュウホウ》】〔仏〕①各宗派のおきて。類宗規。②宗派の祖師の教え。

【宗門《シュウモン》】〔仏〕①同じ宗教、同じ宗派のなかま。類宗派・宗旨《シュウシ》。②禅宗《ゼンシュウ》で、自分の派をほめていう語。禅門。③僧《ソウ》。

【宗論《シュウロン》】〔仏〕宗派《シュウハ》と宗派のあいだでおこなわれる、教義上の論争。例—をたたかわす。

【宗家《ソウケ》】〔「ソウカ」とも〕①一族や一門の中心となる家筋。類本家《ホンケ》。②芸道の流派の正統を伝えている人。類家元《いえもと》。

【宗子《ソウシ》】①本家をつぐ子。一門の長となる子。②同族の子。

【宗室《ソウシツ》】①一族の中心となる家。類宗家《ソウケ》・本家。②君主の一族。③先祖の霊廟《レイビョウ》。

【宗主《ソウシュ》】①本家をつぐ者。本流として尊敬をうける人物。②古代封建制《ホウケンセイ》の盟主。③宗廟《ソウビョウ》の位牌《イハイ》。

【宗主国《ソウシュコク》】他国の政治を支配する権力(=宗主権)を持っていた国家。かつての越南《エツナン》(=ベトナム)に対する清朝《シンチョウ》、第一次世界大戦前のエジプトに対するトルコなど。

【宗匠《ソウショウ》】①師として尊敬される人。②和歌・俳句・茶道・華道《カドウ》などの師匠。

【宗族《ソウゾク》】本家と分家の人々。一族一門の者。

【宗▼廟《ソウビョウ》】①祖先、とくに君主の霊《レイ》をまつったところ。おたまや。例—に報告する。②国家。天下。
●改宗《カイシュウ》・邪宗《ジャシュウ》・禅宗《ゼンシュウ》・祖宗《ソソウ》

宀 5

【宙】

8画 3572 5B99 教育6 音チュウ漢 訓そら

筆順 、 ハ 宀 宀 宁 宙 宙 宙

なりたち  [形声]「宀(=いえ)」と、音「由《ユウ→チュウ》」とから成る。建物の、むなぎと、はり。派生して「無限に続く時間」の意。

意味 地上をおおう無限の空間。おおぞら。天。例宇宙《ウチュウ》。

参考 本来、「宇」は無限の空間的ひろがりを示すのに対して、「宙」は無限の時間を意味した。

日本語での用法 一《チュウ》空中。「宙《チュウ》に浮《う》く・宙《チュウ》に舞《ま》う」二《そら》暗記している。「宙《そら》で言《い》う」

難読 宙《おおぞら》

人名 おき・たかし・ひろ・ひろし・みち

宀 5

【定】

8画 3674 5B9A 教育3 音テイ漢 ジョウ呉 訓さだ-める・さだ-まる・さだ-か・さだ-め

筆順 、 ハ 宀 宀 宁 宇 定 定

なりたち  [形声]「宀(=いえ)」と、音「疋《セイ→テイ》」とから成る。おちつく。

意味 ❶ものごとを一つにきめる。ひと所におちつく。さだめる。さだまる。例定義《テイギ》。定住《テイジュウ》。推定《スイテイ》。❷きまっていて、うごかせない。さだまっている。例定員《テイイン》。定価《テイカ》。定宿《ジョウやど》。一定《イッテイ》。❸きまり。さだめ。例規定《キテイ》。❹乱れや動揺《ドウヨウ》をおさめ、しずめる。しずまる。例安定《アンテイ》。平定《ヘイテイ》。❺

かならず。きっと。さだめて。例 必定《ヒツジョウ》。会者定離《エシャジョウリ》。❻仏教で、あらゆる考えを断《た》って無念無想になること。例 禅定《ゼンジョウ》。入定《ニュウジョウ》。

日本語での用法 一《ジョウ》…したとおり。「案《アン》の定《ジョウ》」 二《さだか》はっきりしている。「見《み》たかどうか定《さだ》かではない」

人名 おさむ・さだ・さだむ・しずか・ただし・つら・まさ・やす

【定規】《ジョウギ》 線や角を正しくえがくためにあてがう器具。ものさし。また、基準となるもの。例 三角—。表記「定木」とも書く。

【定石】《ジョウセキ》 ①囲碁《イゴ》で、最もよい打ち方としてさだまっている石の置き方。②ものごとに対するきまったやり方。例—を無視した方法。→【定跡】《ジョウセキ》

【定席】《ジョウセキ》 ①きまってすわる席。②常設の寄席《よせ》。

【定跡】《ジョウセキ》 将棋《ショウギ》で、最善の駒《こま》の動かし方として形式化した手順。〔ものごとに対するきまったやり方の意味では、ふつう「定石」と書く〕→【定石】《ジョウセキ》

【定法】《ジョウホウ》 きまっている方法。いつものやり方。例—どおりに式は進行した。

【定紋】《ジョウモン》 家によってきまっている紋章。また、その人がきまって用いる紋。紋所《モンどころ》。類 家紋。例—入りの提灯《チョウチン》。

【定宿】《ジョウやど》 いつもきまってとまる宿屋やホテル。例 駅の近くに—がある。表記「常宿」とも書く。

【定連】《ジョウレン》 ①いつも連れだって行動している仲間。②きまった飲食店などによく来る客。常客。例 あの人はこの店の—だ。表記 ▽「常連」とも書く。

【定位】《テイイ》（名・する）①あるものの位置をさだめること。また、さだめられた位置。②〔生〕生物が、ある刺激《シゲキ》に対してきまった位置や姿勢をとること。また、その位置や姿勢。

【定員】《テイイン》 規則できめられた人数。ある集団を構成する人数や、乗り物・会場などで安全に収容できる人数。例—超過《チョウカ》。—に満たない。

【定温】《テイオン》 一定の温度。例—動物。—に保つ。

【定温動物】《テイオンドウブツ》 まわりの温度変化に関係なく、体温をほぼ一定にたもつことができる動物。鳥類や哺乳類《ホニュウルイ》。恒温《コウオン》動物。

【定価】《テイカ》 商品につけられた、きまった値段。

【定額】《テイガク》 一定の金額。例 毎月—の積み立てをする。

【定款】《テイカン》〔「款」は、箇条《カジョウ》書きの意〕会社や社団法人などが、事業目的、活動内容、内部組織などについてさだめた、基本的な規則。また、それを記した文書。

【定期】《テイキ》 ①期間や期限が、あらかじめきめられていること。例—試験。人口を—的に調査する。②「定期券」の略。一定期間、さだめられた区間について有効《ユウコウ》な割引乗車券。

【定義】《テイギ》（名・する）あるものごとの内容や、用語の意味を正確にはっきりときめること。また、それを述べたもの。例 三角形の—。

【定休】《テイキュウ》 日をさだめて休むこと。また、きまっている休日。類 公休。例 理髪《リハツ》店は月曜日が—です。

【定業】 一《テイギョウ》 一定の業務や職業。定職。二《ジョウゴウ》〔仏〕むくいとして結果がきめられているおこない。

【定形】《テイケイ》 一定のかたち。例—郵便物。

【定型】《テイケイ》 きまった、かた。かたについてきまりがあること。例—詩。

【定型詩】《テイケイシ》 音の数やことばの数、また、句の配列や全体の行数などが、伝統的にさだまっている詩。短歌や俳句、漢詩の絶句や律詩、ソネットなど。対 非定型詩・自由詩。

【定見】《テイケン》 しっかりした考え方や意見。例—のない人。

【定刻】《テイコク》 きめられた時刻。類 定時。例—に始める。

【定時】《テイジ》 きまった時刻や時期。類 定刻・定期。例—に退社する。

【定時制】《テイジセイ》 夜や特定の期間に授業をおこなう学校教育の制度。対 全日制。例—高校。

【定式】《テイシキ》 一定の型にはまった方式、儀式《ギシキ》。例—化する。

【定収】《テイシュウ》 きまってはいってくる収入。定収入。例—にもとづいた生活設計。

【定住】《テイジュウ》（名・する）ある場所をさだめて住みつくこと。また、長く住むこと。例 農村に—する。

【定常】《テイジョウ》（名・形動ダナ）一定の状態を保っていること。変動しないこと。例—電流。

【定食】《テイショク》 食堂などで、（一品料理に対して）きまった献立《コンだて》で出す料理。例 焼き肉—。日がわり—。

【定植】《テイショク》（名・する）苗床《なえどこ》で育てたものを、畑などに本式に植えること。

【定職】《テイショク》 きまった職業。例—につく。

【定数】《テイスウ》 ①あらかじめさだめられたかず。例—を保つ。市議会議員の—。②自然にさだまっている運命。定分。例—に従う。③〔数〕一定の値《あたい》をとる数《スウ》。常数。対 変数。

【定説】《テイセツ》 世間で正しいと認められている説。確定した説。類 通説・定論。対 異説。例—をくつがえす新発見。

【定礎】《テイソ》 建物の工事を始めるとき、土台となる石を置くこと。また、その石。例—式。

【定則】《テイソク》 一定の法則。例 経済の—を論ずる。

【定足数】《テイソクスウ》〔法〕議会などで、会議が成立するために必要な最小限の出席者数。例 出席議員が—に満たない。

【定置】《テイチ》（名・する）さだまった場所におくこと。例—網《あみ》（＝沿岸のきまった場所にしかける網）。

【定着】《テイチャク》（名・する）①人やものが、ある地位や場所にしっかりとどまって、動かないこと。例 住民の—をはかる。②（新しい）意見や学説が社会や学界に認められること。例 まだ—していない学説。③写真で、現像したあと画像の変化を防ぐため、印画紙などの感光性をなくすこと。例—液。

【定点】《テイテン》 ①〔数〕さだまった位置にあたえられた点。②あるきまった地点。例—撮影《サツエイ》で町の変化をとらえる。③気象や海洋の観測のために、国際条約によって海洋上に設けられた、特定の地点。例—観測。

【定年】《テイネン》 会社や官庁や学校などで、そこに働いている人が職をやめるように決められている、一定の年齢《ネンレイ》。例—退職。表記「停年」とも書く。

【定番】《テイバン》 衣料品などで、流行にかかわりなく安定して売れる基本的な商品。白いワイシャツなど。定番商品。

【定評】《テイヒョウ》 人々に認められている評判や評価。例 彼《かれ》の弁舌《ゼツベン》には—がある。

【定本】《テイホン》 ①古典などで、内容や語句にちがいのあるいくつかの本を比較《ヒカク》検討して、最も適切となるように整えた本。②（著者が手を入れた）決定版。

【定訳】《テイヤク》 標準となる正しい翻訳《ホンヤク》や訳語。

【定理】《テイリ》 ①さだまった道理。動かぬ真理。②〔数〕定義や公理によって証明できる一定の理論。例 ピタゴラスの—。

【定律】《テイリツ》 ①あることがらについて、さだめられたきまり。②自然科学で、ある条件のもとで、必ずある現象がおこるということ。たとえば、純粋《ジュンスイ》な水が零度《レイド》で凍結《トウケツ》すること、など。自然法則。

【定率】《テイリツ》 一定の割合。例—の利息。

【定量】《テイリョウ》 一定の分量。きめられた分量。例—に達する。

【定例】《テイレイ》 あらかじめ日時などがきまっていて、定期的におこなわれること。対 臨時。例—の打ち合わせ会。

3画

［宀部］5画 定

【定論《テイロン》】正しいと認められている意見や考え方。(類)定説。
●安定《アンテイ》・改定《カイテイ》・確定《カクテイ》・鑑定《カンテイ》・規定《キテイ》・協定《キョウテイ》・検定《ケンテイ》・限定《ゲンテイ》・肯定《コウテイ》・固定《コテイ》・算定《サンテイ》・暫定《ザンテイ》・指定《シテイ》・所定《ショテイ》・制定《セイテイ》・設定《セッテイ》・選定《センテイ》・想定《ソウテイ》・測定《ソクテイ》・断定《ダンテイ》・特定《トクテイ》・内定《ナイテイ》・認定《ニンテイ》・判定《ハンテイ》・否定《ヒテイ》・平定《ヘイテイ》・法定《ホウテイ》・未定《ミテイ》

宀 5
【宕】
8画 3770 5B95 **人名** [音]トウ(漢) [訓]す-ぎる

意味 やりたいままに、ふるまうようす。わがまま。ほしいまま。(同)蕩《トウ》。[例] 宕子《トウシ》(=のらくら者)。

難読 浮宕《あこが》れる・愛宕《あたご》

宀 5
【宝】
8画 4285 5B9D **教育6** [音]ホウ(漢)(呉) [訓]たから

筆順 丶 丷 宀 宀 宁 宇 宝 宝

宀17 【寶】20画 5379 5BF6
宀16 [寳]19画 5380 5BF3 別体字

なりたち  [形声]「宀(=いえ)」と「玉(=たま)」と「貝(=貨幣《カヘイ》)」と、音「缶《フウ→ホウ》」とから成る。しまってある玉《ギョク》や貨幣。たから。

意味 ❶貴重でねうちのあるもの。たいせつなもの。たから。[例] 宝庫《ホウコ》。宝石《ホウセキ》。財宝《ザイホウ》。❷天子や神仏に関することがらを、うやまっていうことば。[例] 宝算《ホウサン》(=天子の年齢《ネンレイ》)。❸通貨。金銭。[例] 永楽通宝《エイラクツウホウ》。

難読 宝倉《ほこら》

人名 かね・たか・たかし・たけ・たま・とみ・とも・みち・みつ・よし

【宝の持ち腐れ《たからのもちぐされ》】役に立つものや、すぐれた才能を持ちながら、それを活用しないこと。

【宝冠《ホウカン》】①金銀・宝石でかざったかんむり。②仏像の頭部のかぶりもの。③山伏《やまぶし》や行者《ギョウジャ》が頭をつつむもの。

【宝鑑《ホウカン》】①とうとく美しい鏡。②生活に役立つ教訓や、実用的な知識を書いた本。(類)宝典。[例] 文章—。

【宝器《ホウキ》】①たいせつな器物。②貴重な人材。

【宝玉《ホウギョク》】たからとしてたいせつにする、たま。(類)宝石・宝珠《ホウシュ》。

【宝剣《ホウケン》】①たからとしてたいせつにする、貴重なつるぎ。②皇位のしるしとされた三種の神器《ジンギ》のうちの、つるぎ(=天叢雲剣《あまのむらくものつるぎ》、別名、草薙《くさなぎ》の剣《つるぎ》)。

【宝庫《ホウコ》】①たからものを納めておく、くら。(類)宝蔵。②ある産物を多量に産出するところ。また、価値あるものがたくさんあるところ。[例] 中東は石油の—だ。

【宝珠】[一]《ホウシュ》たからとする、たっとい玉。(類)宝玉《ホウギョク》。[二]《ホウジュ》〔仏〕ほしいものを、なんでも出してくれるという玉。先がとがって、ほのおの形をしている。如意《ニョイ》宝珠。

【宝飾品《ホウショクヒン》】身につける、宝石や貴金属などのかざり。

【宝石《ホウセキ》】色やつやが美しい鉱物。産出量が少なく高価で、装飾《ソウショク》に用いられる。ダイヤモンド・ルビーなど。(類)宝玉《ホウギョク》。

【宝船】[一]《ホウセン》〔仏〕①珊瑚《サンゴ》や琥珀《コハク》、宝玉《ホウギョク》などをのせたふね。②衆生《シュジョウ》を救う仏の道。[二]《たからぶね》たからものを積み七福神をのせた、ほかけぶね。また、その絵やかざりもの。縁起物《エンギもの》とされる。とくに絵は、正月の一日か二日の夜にまくらの下に入れてねると、よい初夢が見られるという。おたから。

【宝▼祚《ホウソ》】〔「祚」は、位《くらい》の意〕天子の位。

【宝蔵《ホウゾウ》】[一](名・する)たいせつにしまっておくこと。[例] 某家《ボウケ》に—する美術品。[二](名)①宝物のはいっているくら。(類)宝庫。②〔仏〕経典《キョウテン》を納めておく建物。(類)経蔵《キョウゾウ》・経堂《キョウドウ》。③〔仏〕〔「貴重なものが多くあるくら」の意から〕仏の教え。

【宝典《ホウテン》】①貴重な本。[例] 書道の—。②役に立つ便利な本。(類)宝鑑《ホウカン》。[例] 育児—。

【宝殿《ホウデン》】①宝物《ホウモツ》をしまっておく建物。②神を安置する建物。神殿。③りっぱな宮殿。

【宝刀《ホウトウ》】たいせつにしている、かたな。めったにない、すぐれたかたな。[例] 伝家の—(=その家に代々伝わってきた、たいせつなかたな。また、最後の手段のたとえ)。

【宝灯《ホウトウ》】神仏にそなえる灯火。灯明《トウミョウ》。みあかし。

【宝塔《ホウトウ》】〔仏〕①美しくかざった塔。②寺院の塔をほめていうことば。

【宝物《ホウモツ|たからもの》】たからとしてたいせつにするもの。[例] —殿《ホウモツデン》。私にとっては二つとない—《たからもの》。
●家宝《カホウ》・国宝《コクホウ》・子宝《こだから》・財宝《ザイホウ》・重宝《チョウホウ》

宀 6
【客】
9画 2150 5BA2 **教育3** [音]カク(漢)キャク(呉) [訓]まろうど

筆順 丶 宀 宀 宊 安 客 客

なりたち  [形声]「宀(=身をおくところ)」と、音「各《カク》」とから成る。他の家に身を寄せる。

意味 ❶よそからおとずれて、一時的に身を寄せる人。きゃく。まろうど。いそうろう。[例] 客人《キャクジン》。客間《キャクま》。来客《ライキャク》。❷金をはらって品物やサービスを求める人。[例] 客席《キャクセキ》。観客《カンキャク》。顧客《コキャク》。❸たび。たびびと。[例] 客地《カクチ》。過客《カカク》。❹ある方面ですぐれた人。[例] 剣客《ケンカク》。政客《セイカク》。論客《ロンカク》。❺自分を主とした場合、それに対立して外にあるもの。[例] 客語《キャクゴ》。客体《キャクタイ》。客観《キャッカン》。❻すでにすぎさった。過去の。[例] 客月《カクゲツ》。客年《カクネン》。

日本語での用法 《キャク》客用の道具や器物のひとり分を数えることば。「吸《す》い物《もの》椀《ワン》、飯茶椀《めしヂャワン》各《カク》十客《ジッキャク》・座布団《ザブトン》五客《ゴキャク》」

難読 客《まれびと|まろうど》・旅客《たびびと》

人名 ひと・まさ

【客意《カクイ|キャクイ》】旅先での思い。旅に出て感じる、ものさびしさ。(類)旅情。[例] そぞろわびしい—をおぼえる。

【客月《カクゲツ》】前の月。先月。

【客舎《カクシャ》】〔「キャクシャ」とも〕宿屋。旅館。[例] —に宿る。

【客地《カクチ》】旅先。[例] —での不自由。

【客年《カクネン》】前の年。去年。(類)客歳《カクサイ》。

【客遊《カクユウ|キャクユウ》】(名・する)よその土地にあそぶこと。[例] 先年—した地。

【客気《カッキ》】〔「キャッキ」とも〕気負い立つ心。はやる心。血気。[例] —にかられる。

【客居《カッキョ》】(名・する)客としてよその土地に仮ずまいすること。旅ずまい。

【客足《キャクあし》】芝居《しばい》やもよおしもの、商店などに集まる客の数。[例] —が遠のく(=客の集まりがわるくなる)。

【客位《キャクイ》】〔「カクイ」とも〕主に対する客の地位。(対)主位。

【客員《キャクイン》】〔「カクイン」とも〕学校や会社や団体などで、正式の構成員ではなく、客としてむかえられて参加している人。[例] —教授。

【客演《キャクエン》】(名・する)俳優や音楽家などが、専属でない団体にまねかれて、出演すること。[例] —のピアニスト。

【客語《キャクゴ》】⇩【目的語《モクテキゴ》】(701ページ)

【客死《キャクシ》】〔「カクシ」とも〕(名・する)旅先で死ぬこと。異国

で死ぬこと。例パリに—する。

【客室】《キャクシツ》①客を通す部屋。類客間・応接間。②ホテルや客船などの、客用の部屋。例—係。

【客車】《キャクシャ》鉄道で、客を乗せて運ぶ車両。対貨車。

【客商売】《キャクショウバイ》旅館や飲食店など、客をもてなす商売。例—には向いていない。

【客人】《キャクジン》客として来ている人。対主人。例—としてもてなす。

【客筋】《キャクすじ》①客として取り引き関係にある人。例—からのたのまれごと。②店に集まる客の、職業などからみた種類。類客層・客種《キャクだね》。例—のよい店。

【客席】《キャクセキ》劇場や映画館などで、客のすわる席。

【客船】《キャクセン》旅行客を乗せて運ぶ船。対貨物船。

【客膳】《キャクゼン》客に出す食事。また、それをのせた膳。例—をととのえる。

【客層】《キャクソウ》店に集まる客の、性別や年齢《ネンレイ》などからみた種類。類客種《キャクだね》・客筋《キャクすじ》。例はば広い—をねらう。

【客体】《キャクタイ》人の観察やおこないの対象となるもの。対主体。例—を正確に認識《ニンシキ》する。

【客種】《キャクだね》身分などの面からみた客の種類。類客筋《キャクすじ》・客層。例—がいい。

【客殿】《キャクデン》貴族の邸宅《テイタク》などで、客をもてなすための建物。

【客土】《キャクド》〔「カクド」とも〕やせた耕地を改良するために、よい種類の土をまぜること。また、その土。いれつち。例—をして樹林をいたわる。

【客止め】《キャクどめ》(名・する)劇場や競技場などで、満員のために客の入場をことわること。札《ふだ》止め。例開場後三十分で—となる。

【客分】《キャクブン》客としてのあつかいを受けること。また、その人。例—として世話になる。

【客間】《キャクま》客を通す部屋。類応接間・客室。

【客用】《キャクヨウ》客のために用意してあるもの。例—のふとん。

【客観】《キャッカン》〔「カッカン」とも〕①その人ひとりの感じや考えではなく、多くの人が同じように感じ、考えるようなこと。例—性。—を重んじる。②ものごとを考えたり感じたりするはたらきの対象となるもの。▽対主観。

【客観的】《キャッカンテキ》(形動《ダナ》)自分の考えによらないで、多くの人の立場から見るようす。対主観的。例—に判断を下す。

●剣客《ケンカク》・食客《ショッカク》・先客《センキャク》・船客《センキャク》・珍客《チンキャク》・墨客《ボッカク》・来客《ライキャク》・論客《ロンカク》

宀 6
【室】
9画 2828 5BA4 教育2 音 シツ 漢 呉 訓 むろ

筆順

なりたち  [形声]「宀(=いえ)」と、音「至《シ》→《シツ》(=人が行ってとどまる)」とから成る。人がいるところ。へや。

意味 ❶〔客間《キャクま》の「堂」に対して、奥《おく》にある〕居間《いま》。へや。例室内《シツナイ》。居室《キョシツ》。寝室《シンシツ》。❷〔奥の間《ま》に住んでいることから〕つま。夫人。例正室《セイシツ》。令室《レイシツ》。❸いえ。家族。一家。例王室《オウシツ》。皇室《コウシツ》。❹(ものを保存するためにつくられた)へや。あなぐら。むろ。例氷室《ひむろ》。❺二十八宿の一つ。はついぼし。例室宿《シッシュク》。

難読 石室《いわや》

人名 いえ・や

【室外】《シツガイ》部屋のそと。対室内。例エアコンの—機。

【室長】《シツチョウ》①寮《リョウ》などで、同室する人のリーダー。②官公庁や会社などの組織で、室の部署の責任者。

【室内】《シツナイ》部屋の中。また、建物の中。対室外。例—遊戯《ユウギ》(=碁《ゴ》・将棋《ショウギ》など)。

【室内楽】《シツナイガク》室内や小さな音楽堂で合奏する音楽。また、その器楽曲。

【室咲き】《むろざき》温室の中で、春の花を冬のうちにさかせること。また、その花。例—のウメを出荷する。

●暗室《アンシツ》・温室《オンシツ》・個室《コシツ》・船室《センシツ》・退室《タイシツ》・茶室《チャシツ》・入室《ニュウシツ》・病室《ビョウシツ》・洋室《ヨウシツ》・令室《レイシツ》

宀 6
【宣】
9画 3275 5BA3 教育6 音 セン 漢 呉 訓 の-べる・の-る・のたま-う

筆順

なりたち  [形声]「宀(=いえ)」と、音「亘《セン》」とから成る。天子の正殿《セイデン》。派生して「のべる」の意。

意味 ❶考えや教えを広く告げ知らせる。はっきりと示す。のべる。例宣言《センゲン》。宣誓《センセイ》。宣伝《センデン》。❷天子や神など、高貴なものの意向を告げ知らせる(ことば)。みことのり。のたまう。のる。例宣下《センゲ》。宣旨《センジ》。院宣《インゼン》。

人名 あきら・すみ・たか・つら・のぶ・のぶる・のり・ひさ・ひろ・ふさ・まさ・むら・よし・よしみ

【宣教】《センキョウ》(名・する)宗教を広め、信者をふやすこと。類布教・伝道。〔とくにキリスト教の場合にいう〕例—師。

【宣下】《センゲ》(名・する)天子がことばを述べること。

【宣言】《センゲン》(名・する)個人や団体が考えや気持ちを、多くの人に対してはっきりと述べ、知らせること。例独立—。

【宣告】《センコク》(名・する)①裁判官が判決を言いわたすこと。例無期懲役《ムキチョウエキ》を—する。②事実をはっきりと言いわたすこと。例がんの—を受ける。

【宣旨】《センジ》天子の命令を伝えること。また、その文書。〔日本では、公式文書である詔勅《ショウチョク》にくらべて内輪《うちわ》のもの〕

【宣誓】《センセイ》(名・する)みんなの前でちかいを立てて、はっきりと述べ知らせること。例選手—。証人は—してください。

【宣戦】《センセン》(名・する)戦争を始めることを、相手の国に宣言すること。例—を布告する。

【宣託】《センタク》神のお告げ。託宣。

【宣伝】《センデン》(名・する)①あることがらを、多くの人に広く知らせること。例テレビや雑誌で商品を—する。②(実際よりも大げさに)言いふらすこと。例あることないことを—する。

【宣▼撫】《センブ》(名・する)占領《センリョウ》した地域などで、占領政策を広く伝えて、人々を安心させること。例—工作。

【宣布】《センプ》(名・する)①公的なことを広く告げ知らせること。類公布。②広く世間に行きわたらせること。類流布《ルフ》。

【宣命】《センミョウ/センメイ》天子の命令を伝えること。また、その文書。日本では、漢文体の詔勅《ショウチョク》に対し、日本文で書かれたものをいう。例『続日本紀《ショクニホンギ》』の古い—。

【宣明】《センメイ》(名・する)宣言して、あきらかにすること。例党の基本方針を—する。

【宣揚】《センヨウ》(名・する)世間に広く示すこと。例民族の伝統を—する。

●院宣《インゼン》・託宣《タクセン》

宀 6
【宥】
9画 4508 5BA5 人名 音 ユウ 漢 訓 ゆる-す・なだ-める

なりたち  [形声]「宀(=おおい)」と、音「有《ユウ》」とから成る。ゆるくする。おおめにみる。

意味 罪や過失をかばって、とがめだてしない。ゆるす。おおめにみる。例宥恕《ユウジョ》。宥和《ユウワ》。寛宥《カンユウ》。

日本語での用法《なだめる》「怒《いか》りを宥《なだ》める・宥《なだ》めたり賺《すか》したりする」気持ちをやわらげる。しずめる。

人名 すけ・たすく・ひろ・ひろし・ゆたか

【宥▼恕】《ユウジョ》（名・する）〔「恕」も、ゆるす意〕広い心で、ゆるすこと。例—を請《こ》う（=おゆるしをねがう）。

【宥免】《ユウメン》（名・する）罪をゆるし、見のがすこと。例—を願う。

【宥和】《ユウワ》（名・する）相手をゆるし、仲よくすること。例—政策をとる。

宀 7 【宴】 10画 1767 5BB4 常用 音エン漢呉 訓うたげ・たの-しむ

筆順 丶 宀 宀 宀 宀 宴 宴 宴

なりたち  [形声]「宀（=おおい）」と、音「妟《エン》」とから成る。やすらか。派生して「うたげ」の意。

意味 ❶おちついた気持ちでくつろぐ。やすむ。たのしむ。例宴息《エンソク》（=くつろいでやすむ）。❷酒食をともにして、たのしむ会。集まり。うたげ。例宴会《エンカイ》。祝宴《シュクエン》。花《はな》の宴《エン》。

難読 宴会《とよのあかり》

人名 よし

【宴会】《エンカイ》いっしょにたのしく酒を飲んだり食事をしたりする集まり。うたげ。さかもり。例—場。年末で—が続く。

【宴席】《エンセキ》宴会の席や場所。例—を設ける。

【宴遊】《エンユウ》（名・する）酒や食べ物を用意して、あそぶこと。例一夕《イッセキ》—の時をたのしむ。表記「宴▼游」とも書く。

【宴楽】《エンラク》①酒宴を開いてたのしむこと。さかもり。②くつろいでたのしむこと。

●賀宴《ガエン》・酒宴《シュエン》・招宴《ショウエン》

宀 7 【家】 10画 1840 5BB6 教育2 音カ漢 ケ呉 訓いえ・や・うち 付表 母家《おもや》

筆順 丶 宀 宀 宀 宀 家 家 家

なりたち  [会意]「宀（=おおい）」と「豕（=イノシシやブタ）」とから成る。ブタを飼って入れておくところ。派生して「人がとどまりいるところ」の意。

意味 ❶人が住むための建物。住居。いえ。うち。例家屋《カオク》。民家《ミンカ》。隣家《リンカ》。❷生活をともにする血縁者《ケツエンシャ》の共同体。世帯。一族。例家族《カゾク》。家庭《カテイ》。一家《イッカ》。❸学問や芸道などの流派と、それに属する人。また、特定の職業や技能を持つ人。例家元《いえもと》。儒家《ジュカ》。作家《サッカ》。

使い分け や【屋・家】⇩1181ページ

難読 住家《すみか》・在家《ありか》・家土産《いえづと》・家鴨《あひる》・家猪《ぶた》

人名 え・やか

【家柄】《いえがら》①家の格。例—がよい。②格式の高い家。名家。例—の出だ。

【家路】《いえじ》自分の家への帰り道。例—につく。—を急ぐ。

【家▼苞】《いえづと》家に持って帰るみやげ。例名物を—にする。

【家出】《いえで》（名・する）もどらないつもりで、こっそり家を出ること。類出奔《シュッポン》。例—人。

【家刀自】《いえとうじ/いえとじ》〔「刀自」は、婦人をうやまっていうことば〕一家の主婦。例旧家の—。

【家並み】《いえなみ/やなみ》家がたちならんでいるようす。また、その家々。例古い—の町。

【家の子郎等】《いえのころうとう/いえのころうどう》①武士の家で、一族の者と家来とをまとめていうときのことば。②政治家などの有力者のもとに集まった者。子分。とりまき。例—を集める。表記▽「家の子郎党」とも書く。

【家元】《いえもと》その流派の芸道を正統として受けついでいる家。また、その人。〔茶の湯・生け花・舞踊《ブヨウ》などにいう〕例長唄《ながうた》の—。

【家運】《カウン》その一家の運命。例—がかたむきはじめる。

【家屋】《カオク》人が住むための建物。類住宅。例—の半壊《ハンカイ》。

【家学】《カガク》特定の家に代々伝えられてきた学問。家法。

【家郷】《カキョウ》ふるさと。故郷。例—をかえりみる。

【家業】《カギョウ》①その家で代々受けつがれている職業。例—をつぐ。②一家が生活するためにしている仕事。生業。例—にはげむ。

【家▼禽】《カキン》生活に役立てるために家で飼う鳥。ニワトリやアヒルなど。対野禽。

【家具】《カグ》家の中にすえて使う道具。たんす・いす・机など。類調度。

【家訓】《カクン》〔「カキン」とも〕その家で代々伝えられている教訓。類家憲。例—を守る。

【家兄】《カケイ》（他人に言うときの）自分の兄のこと。

【家系】《カケイ》代々の家族のつながり。家の系統。結婚《ケッコン》・出生・養子などによってできあがっていく。例—図。

【家計】《カケイ》家庭の、収入と支出。また、お金の面からみた、家の暮らし向き。例—簿《ボ》。—をやりくりする。

【家憲】《カケン》家族が守らねばならない決まり。一家のおきて。類家訓・家法。例—を守る。

【家財】《カザイ》①家で日常用いる道具類。家具や衣類など。例—道具。②家の財産。例—を焼失《ショウシツ》する。

【家作】《カサク》貸すためにつくった家。類貸家。例—収入。

【家産】《カサン》一家の財産。類家財・身代《シンダイ》。例事業に失敗し—を失う。

【家事】《カジ》①家の中の用事。炊事《スイジ》・洗濯《センタク》など。例—手伝い。—に追われる。②家庭内の事情。

【家集】《カシュウ》個人の和歌を集めた書物。私家集。

【家塾】《カジュク》個人が開設した塾。類私塾。

【家書】《カショ》①家から来た手紙。家信。例—万金《バンキン》（=多額のお金）にあたる。〈杜甫《トホ》・春望《シュンボウ》〉②家に所蔵する書物。

【家臣】《カシン》家に仕える臣。家来《ケライ》。例徳川の—。

【家人】㊀《カジン》同じ家に生活している家族。〔主人にあたる人が、家族（とくに妻）を指していう〕例—の希望をとり入れる。㊁《ケニン》①家来。②御家人《ゴケニン》。

【家政】《カセイ》家庭生活をこなしていくやり方。一家のきりもり。例—学。

【家政婦】《カセイフ》やとわれて、家事を専門にする職業の女性。

【家相】《カソウ》（住む人の運勢にかかわるとされる）家の建て方のよしあし。家の向きや間取りのようすをいう。例—が悪い。

【家蔵】《カゾウ》（名・する）自分の家にしまってあること。例—の珍品《チンピン》。

【家族】《カゾク》親子・夫婦《フウフ》・きょうだいなど、結婚《ケッコン》や血のつながりをもとにして、いっしょに生活をする人々。例週末は—と過ごす。—のきずな。

【家族制度】《カゾクセイド》①社会とのかかわりからみた、家族のあり方。②戸主《コシュ》を長としてまとまる家族を社会の基本とする、法律上の制度。例—の破壊《ハカイ》。

【家宅】《カタク》（人が住む）いえ。住居。すまい。例—侵入《シンニュウ》。

【家宅捜索】《カタクソウサク》（名・する）警察官や検事などが、職権によって家の中にはいり、証拠品《ショウコヒン》を調べること。

【家畜】《カチク》生活に役立てるために家で飼う動物。ウシ・ウマ・ブタ・ニワトリ・イヌ・ネコなど。〔その他の鳥類やミツバチをふくめ

ていうこともある〕

【家中】《カチュウ》 ①家の中。②家の全員。③昔、大名に仕えた家臣集団をいうのに用いられたことば。例浅野の—の者。

【家長】《カチョウ》 一家の主人。戸主《コシュ》。

【家庭】《カテイ》 夫婦《フウフ》や親子など、生活をともにする家族の集まり。また、その生活の場。例—生活。—を持つ。

【家庭教師】《カテイキョウシ》 よその子供の勉強を、その子の家で個人的に指導する人。また、その仕事。例—をつける。

【家伝】《カデン》 その家に代々伝わっていること。また、そのもの。類伝家。例—の秘法。

【家督】《カトク》 〔一家を監督《カントク》する者の意〕①家をつぐ人。あとつぎ。例やっと—が生まれた。②戸主《コシュ》の地位。例—を弟にゆずる。

【家内】《カナイ》 ①家のうち。また、家族。例—工業。②(他人に言うときの、自分の)妻のこと。

【家父】《カフ》 (他人に言うときの)自分の父のこと。

【家風】《カフウ》 その家の暮らし方にかかわる、ふんいき。例—に合わない。

【家宝】《カホウ》 家に伝わる、たからもの。例—のつぼ。

【家法】《カホウ》 ①一家の中で、家族が守らねばならない決まり。類家憲。例武家—。②その家が伝えてきた、もののやり方。家伝の秘法。③「家学」に同じ。

【家僕】《カボク》 めしつかい。類下男《ゲナン》。

【家名】《カメイ》 ①(伝統のある)家の名。②家の名誉《メイヨ》。例—をけがす。—をあげる。

【家門】《カモン》 ①一家の全体。一族。一門。例—のほまれ。②家がら。例学者の—に生まれる。

【家紋】《カモン》 その家を示すしるしとされてきた紋章。類紋所《モンどころ》・定紋《ジョウモン》。例—を染めぬいたふろしき。

【家令】《カレイ》 昔、皇族や華族《カゾク》の家で、事務や他の使用人の監督《カントク》などを担当した人。類執事《シツジ》。

【家老】《カロウ》 ①一族の中の長老。②昔、大名などの家臣で、主君を補佐《ホサ》し、家来を統率《トウソツ》した人。例国《くに》—《ガロウ》。

【家▼禄】《カロク》 昔、家来が主君から受ける、代々決められた額の給与《キュウヨ》。

【家来】《ケライ》 主人に忠誠をちかって仕える者。家臣。

【家号】《やゴウ》 その家のとおり名。表記「屋号」とも書く。

【家賃】《やチン》 家を貸し借りするときの料金。家の賃貸料《チンタイリョウ》。

【家主】《やぬし》 ①人に貸す家の所有者。おおや。対店子《たなこ》。②一家の主人。

◐王家《オウケ》・旧家《キュウカ》・金満家《キンマンカ》・好事家《コウズカ》・後家《ゴケ》・国家《コッカ》・自家《ジカ》・実家《ジッカ》・書家《ショカ》・人家《ジンカ》・生家《セイカ》・町家《チョウカ》・長家《ながや》・農家《ノウカ》・武家《ブケ》・分家《ブンケ》・本家《ホンケ》・名家《メイカ》・楽天家《ラクテンカ》

宀 7

【害】

10画 1918 5BB3 教育4 音カイ漢ガイ呉 訓そこな-う

筆順 

宀 7 【害】 10画

なりたち  [形声]「宀(=いえ)」と「口(=くち)」と、音「丯《カイ》」とから成る。家人の口からはじまるわざわい。きずつける。

意味 ❶きずつける。こわす。だめにする。そこなう。例殺害《サツガイ》。迫害《ハクガイ》。害《ガイ》する。❷じゃまをする。さまたげる。さまたげ。例障害《ショウガイ》。妨害《ボウガイ》。要害《ヨウガイ》。❸わざわい。災難。対利《リ》。例災害《サイガイ》。被害《ヒガイ》。害《ガイ》がある。

【害悪】《ガイアク》 害となるわるいこと。例社会に—を流す。

【害意】《ガイイ》 (けがや命にかかわるほどの)害を人に加えようとする気持ち。例—をいだきつづける。

【害虫】《ガイチュウ》 人や家畜《カチク》などに害をあたえる虫。カ・ハエ・ノミ・シラミなど。対益虫。例イネの—を駆除《クジョ》する。

【害鳥】《ガイチョウ》 農作物や水産物に害をあたえる鳥。スズメ・ヒヨドリなど。対益鳥。

【害毒】《ガイドク》 人や社会に悪い影響《エイキョウ》をあたえるもの。例—を流す。

◐干害《カンガイ》・寒害《カンガイ》・危害《キガイ》・公害《コウガイ》・災害《サイガイ》・自害《ジガイ》・実害《ジツガイ》・傷害《ショウガイ》・侵害《シンガイ》・水害《スイガイ》・損害《ソンガイ》・虫害《チュウガイ》・迫害《ハクガイ》・被害《ヒガイ》・百害《ヒャクガイ》・有害《ユウガイ》・利害《リガイ》

宀 7

【宦】

10画 5365 5BA6 音カン漢 訓つか-える・つかさ

意味 ❶役人として仕える。宮仕えをする。また、仕えること。役人。例宦事《カンジ》(=役人として仕える)。宦途《カント》。❷中国の王朝時代に、去勢された男子で、後宮《コウキュウ》などに仕えた者。例宦官《カンガン》。

【宦官】《カンガン》 去勢された男子で、宮廷《キュウテイ》や貴族に仕えた役人。政治にも影響《エイキョウ》をあたえるほどの勢力があった。

【宦途】《カント》 役人になる道。また、役人の地位。

宀 7

【宮】

10画 2160 5BAE 教育3 音キュウ漢ク・グウ呉 訓みや

筆順 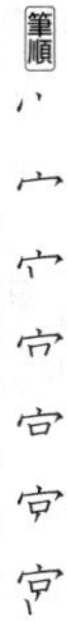

なりたち  [会意]「宀(=いえ)」と「呂(=人の背骨、からだ)」とから成る。人のからだをおさめておく、いえ。

意味 ❶いえ。家屋。また、ごてん。例宮室《キュウシツ》。❷天子や国王の住むところ。例宮廷《キュウテイ》。宮殿《キュウデン》。❸仙人《センニン》の住むところ。例蓬萊宮《ホウライキュウ》。❹皇族の呼び名。みや。例中宮《チュウグウ》。東宮《トウグウ》。❺星のやどり。星座。例白羊宮《ハクヨウキュウ》。黄道十二宮《コウドウジュウニキュウ》。❻東洋の音楽の五音《ゴイン》(=宮《キュウ》・商《ショウ》・角《カク》・徴《チ》・羽《ウ》)の一つ。例宮商《キュウショウ》(=宮と商との音。ひいて音楽)。❼中国古代の五刑《ゴケイ》の一つ。死刑に次ぐ重罰《ジュウバツ》で、男子の生殖器《セイショクキ》を取り除くもの。例宮刑《キュウケイ》。

日本語での用法 《みや》おみや。神社。「お宮《みや》参《まい》り」

難読 宮城野《みやぎの》・子宮《こつぼ》・行宮《かりみや》・守宮《やもり》

人名 いえ

【宮刑】《キュウケイ》 昔の中国で、去勢する刑。腐刑《フケイ》。→【宮】《キュウ》

意味❼

【宮▼闕】《キュウケツ》 〔「闕」は、宮殿《キュウデン》にある門の意〕天子の住まい。宮殿。皇居。

【宮司】 ［一］《キュウシ》 後宮《コウキュウ》(=宮殿《キュウデン》で、きさきなどの女性のいるところ)をつかさどる役人。［二］《グウジ》 神社をつかさどる神職。〔昔は、官幣社《カンペイシャ》や国幣社《コクヘイシャ》の神官の長を指した〕例伊勢《いせ》の大《ダイ》—。

【宮室】《キュウシツ》 ①家屋。住居。②帝王《テイオウ》の宮殿《キュウデン》。

【宮女】《キュウジョ》 宮中に仕える女性。女官《ニョカン》。

【宮城】《キュウジョウ》 天子の住まい。宮殿《キュウデン》。皇居。

【宮中】《キュウチュウ》 宮廷《キュウテイ》(のなか)。〔日本では「皇居」を指す〕例—での晩餐会《バンサンカイ》。

【宮廷】《キュウテイ》 天子や国王の住まい。類宮中。

【宮殿】《キュウデン》 天子や国王の住む、りっぱな建物。

【宮門】《キュウモン》 宮殿《キュウデン》の門。例—を守る兵士。

【宮内庁】《クナイチョウ》 皇室や天皇の国事行為《コウイ》にかかわる事務を

つかさどる役所。

【宮居】《みやい》①神のいるところ。神社。②皇居。

【宮家】《みやけ》「宮《みや》」の呼び名をもつ皇族(の一家)。

【宮大工】《みやダイク》神社や仏閣などの建築をおもな仕事とする大工。

【宮仕え】《みやづかえ》(名・する)①宮中や貴人に仕えること。②役所や会社に勤めること。

【宮柱】《みやばしら》御殿《ゴテン》や鳥居《とりい》の柱。

【宮人】《みやびと》①宮中に仕える人。②神に仕える人。神主《かんぬし》。

【宮参り】《みやまいり》(名・する)①生まれた子がはじめて、その土地を守る神におまいりすること。うぶすなまいり。②七五三の祝いに、その土地を守る神におまいりすること。

◒王宮《オウキュウ》・故宮《コキュウ》・参宮《サングウ》・内宮《ナイクウ》・迷宮《メイキュウ》・宵宮《よいみや》・夜宮《よみや》・離宮《リキュウ》

宀 7

【宰】

10画 2643 5BB0 常用 音サイ 漢 呉 訓つかさど-る・つかさ

筆順 丶 … 宰

なりたち [会意]「宀(=いえ)」と「辛(=罪《つみ》)」とから成る。貴人の家で、仕事をする罪人。

意味 ❶仕事をとりしきる。きりもりする。おさめる。つかさどる。また、そのようにする人。役人の長。つかさ。例宰相《サイショウ》。宰領《サイリョウ》。主宰《シュサイ》。❷肉などを切りさいて、料理する。例宰人《サイジン》(=料理人。また、役人)。

人名 おさ・おさむ・ただ・ただし

【宰相】《サイショウ》①昔の中国で、天子をたすけて、政治を主宰した大臣。類丞相《ジョウショウ》。②参議《サンギ》の中国風の呼び名。例―の中将。③総理大臣。首相《シュショウ》。例昭和の名―。

【宰領】《サイリョウ》(名・する)管理や監督《カントク》、また世話をすること。また、その人。例荷物を―して行く。

◒主宰《シュサイ》・大宰《タイサイ》・太宰《タイサイ》

宀 7

【宵】

10画 3012 5BB5 常用 音ショウ 漢 訓よい

筆順 丶 … 宵

なりたち [形声]「宀(=おおい)」と、音「肖《ショウ》」とから成る。日がおおわれてくらい。夜。

意味 ❶日がくれて暗くなるころ。よる。例春宵《シュンショウ》。❷夜明け前のまだ暗いうち。例徹宵《テッショウ》。

難読 今宵《こよい》・徹宵《よもすがら》・終宵《よもすがら》

【宵衣▼旰食】《ショウイカンショク》(名・する)〔夜の明けないうちに衣服を着て仕事にかかり、夜おそくなってから食事をすること。「旰」は、時刻がおそい意〕天子が政治にはげむこと。

【宵寝】(名・する)一《ショウシン》夜おそくねること。二《よいね》日が暮れて間もなく、ねてしまうこと。早寝《はやね》。

【宵越し】《よいごし》一夜をへて、翌日まで持ちこすこと。例―の金は持たない(=その日のもうけは、その日のうちに使いきってしまう)。

【宵月】《よいづき》宵に出ている月。また、月の出ている宵。宵月夜。

【宵の口】《よいのくち》夜になって間もないころ。例まだ―だ。

【宵の明星】《よいのミョウジョウ》日がしずんでから、西の空に見える金星。夕ずつ。対明けの明星。

【宵待草】《よいまちぐさ》アカバナ科の多年草。夏の夕方に黄色の花をひらき、翌朝にしぼむ。マツヨイグサ。

【宵祭り】《よいまつり》「宵宮《よいみや》」に同じ。

【宵宮】《よいみや》本祭りの前夜におこなう祭り。よみや。宵祭り。

【宵闇】《よいやみ》①陰暦《インレキ》十六日から二十日ごろの、日没《ニチボツ》から月の出までのあいだの暗さのこと。②日が暮れて暗くなること。夕やみ。例だんだん―が濃《こ》くなる。

◒今宵《こよい》・秋宵《シュウショウ》・春宵《シュンショウ》・徹宵《テッショウ》

宀 7

【宸】

10画 5366 5BB8 音シン 漢

意味 ❶天子の住む、おく深くにある御殿《ゴテン》。例帝宸《テイシン》。紫宸殿《シシンデン》。❷天子に関するものごとの上につけることば。例宸翰《シンカン》。宸襟《シンキン》。宸筆《シンピツ》。

【宸▼翰】《シンカン》〔「翰」は、手紙や文書の意〕天子が自分で書いた手紙や文書。

【宸襟】《シンキン》〔「襟」は、むね・心の意〕天子の心。類宸意。例―をなやます。

【宸筆】《シンピツ》天子が自分で書いたもの。天子の筆跡《ヒッセキ》。

宀 7

【容】

10画 4538 5BB9 教育5 音ヨウ 漢 ユウ 呉 訓い-れる

筆順 丶 … 容

なりたち [形声]「宀(=いえ)」と、音「谷《コク→ヨウ》」とから成る。ものがはいる。いれる。

意味 ❶人や物を、ある場所や器《うつわ》などにいれる。つつみこむ。例容器《ヨウキ》。収容《シュウヨウ》。❷中にはいっているもの。なかみ。例容量《ヨウリョウ》。内容《ナイヨウ》。❸うけいれる。ゆるす。提案などをとりあげる。例容認《ヨウニン》。寛容《カンヨウ》。許容《キョヨウ》。❹かたち。すがた。ありさま。例容姿《ヨウシ》。容貌《ヨウボウ》。❺かたちづくる。うつくしく、ととのえる。例美容《ビヨウ》。理容《リヨウ》。

難読 容易《たやすい》

人名 いるる・おさ・おさむ・かた・すすむ・なり・ひろ・ひろし・まさ・もり・やす・やすし・よし

【容易】《ヨウイ》(名・形動《ナダ》)簡単にできること。たやすいこと。対困難。例―に解決法が見つからない。

【容▼喙】《ヨウカイ》(名・する)〔喙《くちばし》を容《い》れる意から〕横から口出しすること。例他人の―を許さない。

【容器】《ヨウキ》物をいれるうつわ。いれもの。

【容疑】《ヨウギ》〔法〕罪をおかしたうたがい。類嫌疑《ケンギ》。例―者。―が晴れる。

【容儀】《ヨウギ》姿かたち。また、きちんとした立ち居ふるまい。礼儀正しい態度。例―を正す。

【容止】《ヨウシ》〔「止」は、姿、ふるまいの意〕立ち居ふるまい。身のこなし。例―に乱れやゆるみがない。

【容姿】《ヨウシ》顔だちと姿かたち。みめかたち。例―端麗《タンレイ》。

【容赦】《ヨウシャ》(名・する)①許すこと。とがめないこと。例品切れの節はご―願います。②手かげんすること。えんりょすること。例―なく責めたてる。▽類仮借《カシャク》。表記②は「用捨」とも書く。

【容色】《ヨウショク》顔かたち。器量。とくに、女性の美しい顔かたち。類容貌《ヨウボウ》。例―がおとろえる。

【容積】《ヨウセキ》①いれものにはいる分量。類容量。②立体の大きさ。類体積・かさ。例―を量る。

【容体】《ヨウダイ》〔「ヨウタイ」とも〕①身なり。姿かたち。例―をかざらない人。②病気のようす。例―が急変する。表記▽「容態・様体」とも書く。

【容態】《ヨウダイ》〔「ヨウタイ」とも〕「容体《ヨウダイ》」に同じ。

【容認】《ヨウニン》(名・する)許すこと。まあよいと、みとめること。例反対運動を―する。

宀 7 【宵】 10画

【容貌《ヨウボウ》】顔かたち。みめ。㊜容色。例—魁偉《カイイ》。

【容量《ヨウリョウ》】いれものにはいる分量。㊜容積。例—が不足する。
● 許容《キョヨウ》・形容《ケイヨウ》・受容《ジュヨウ》・従容《ショウヨウ》・陣容《ジンヨウ》・変容《ヘンヨウ》・包容《ホウヨウ》

宀7【害】10画 ⇩【害】《ガイ》(299ページ)

宀7【宵】10画 ⇩【宵】《ショウ》(300ページ)

宀8
【寅】
11画 3850 5BC5 人名 音イン㊥ 訓とら

なりたち  [会意]「宀(=おおい)」と「[illegible](=陽の気が上へ出ようとする形)」とから成る。陰暦《インレキ》正月、陽の気が動く時。

意味 十二支の三番目。方位では東北東、時刻では午前四時、およびその前後の二時間。月では陰暦《インレキ》の一月。動物ではトラにあてる。とら。

人名 つよし・つら・とも・のぶ・のぶる・ふさ

宀8
【寄】
11画 2083 5BC4 教育5 音キ漢呉 訓よ-る・よ-せる・よ-せ 付表 数寄屋《すきや》・最寄《もより》・寄席《よせ》

筆順 

なりたち  [形声]「宀(=すまい)」と、音「奇《キ》」とから成る。身をよせる。かりずまいをする。

意味 ❶人にたよって世話になる。身をよせる。よる。例寄宿《キシュク》。寄食《キショク》。寄生《キセイ》。❷物をあずける。まかせる。おくり届ける。よせる。例寄稿《キコウ》。寄託《キタク》。寄付《キフ》。

日本語での用法 一《よせ・よせる》①あわせる。集める。「寄《よ》せ算《ザン》・客寄《キャクよ》せ・車寄《くるまよ》せ」②近づく。せまって来る。「波《なみ》が寄《よ》せる・敵《テキ》が押《お》し寄《よ》せる」二《き》「き」の音にあてる万葉がな。「数寄屋《すきや》」

難読 寄居虫《ごうな》(=ヤドカリ)・寄生《ほや|やどりぎ》・寄人《よりうど》

人名 より

【寄金《キキン》】寄付金。例政治—。

【寄▼寓《キグウ》】(名・する)①他人の家にしばらく住まわせてもらうこと。②よそに一時的に住むこと。かりの住まい。㊜居候《いそうろう》。例友人のところに—していたころ。㊜寓居《グウキョ》。

【寄航《キコウ》】(名・する)運航中の船や飛行機が、とちゅうの港や空港にたちよること。

【寄港《キコウ》】(名・する)航海中の船が、とちゅうの港にたちよること。また、その港。例香港《ホンコン》に—する。

【寄稿《キコウ》】(名・する)たのまれて、新聞や雑誌などに原稿を送ること。また、その原稿。〔自分から原稿を書き送る場合は、投稿という〕例—家。

【寄宿《キシュク》】(名・する)①よその土地から出てきて、一時、他人の家に身をよせて生活すること。例—先。②学生や従業員のための宿舎に住むこと。また、その宿舎。例—生活。

【寄宿舎《キシュクシャ》】学校や企業《キギョウ》が、学生や従業員を生活させるために用意した建物。寮《リョウ》。

【寄書】(名・する)一《キショ》①手紙を送ること。②たのまれた原稿《ゲンコウ》を送ること。また、その文書。㊜寄稿。二【寄せ書き《よせがき》】(人に贈《おく》ったり記念にしたりするために)多くの人が一枚の紙や布に、字や絵を書くこと。また、その書いたもの。

【寄食《キショク》】(名・する)他人の家に世話になること。㊜居候《いそうろう》。例伯父《おじ》の家に—する。

【寄進《キシン》】(名・する)神社や寺などに金品を寄付すること。㊜喜捨。例社前に石どうろうを—する。

【寄生《キセイ》】(名・する)①他の生物に取りついて、そこから養分を取って生きること。②自分の力ではなく、他人にたよって生活すること。例大会社に—する。

【寄生虫《キセイチュウ》】①他の動物に取りついて、そこから養分を取って生きる動物。回虫など。②他人の力などを利用して生きる人のたとえ。

【▽寄▽生木《やどりぎ》】①ヤドリギ科の常緑低木。エノキやケヤキなどに寄生する。春にうすい黄色の花がさく。②ほかの木に寄生する木。表記▽「宿木・▼寓木」とも書く。

【寄贈《キゾウ》】〔「キソウ」とも〕(名・する)施設《シセツ》や団体などに品物をおくること。㊜贈呈《ゾウテイ》。例出身校に蔵書を—する。

【寄託《キタク》】(名・する)他人に物品を預け、その管理や処理を任せること。また、その契約《ケイヤク》。㊜委託。例書物を図書館に—する。

【寄付《キフ》】(名・する)公共事業などにお金や品物を無償《ムショウ》で提供すること。例—金を募《つの》る。表記「寄附」とも書く。

【寄与《キヨ》】(名・する)何かのために役に立つこと。他に利益をあたえること。㊜貢献《コウケン》。例—するところが大きい。

【寄留《キリュウ》】(名・する)一時的に、よその土地や他人の家に住むこと。例—して学区外で入学する。

【寄席《よせ》】落語・まんざい・講談・曲芸などの演芸場。

【寄せ木細工《よせぎザイク》】色や木目《モクめ》のちがう木切れを組み合わせ、美しい模様をあらわした細工。木切れのモザイク。

【寄せ手《よせて》】せめよせるほうの人や軍勢。

【寄せ鍋《よせなべ》】魚や肉や野菜など、いろいろなものを鍋に入れ、だしじるで煮《に》ながら食べる料理。

【寄せ棟造り《よせむねづくり》】日本建築の屋根の形式の一つ。屋根の中心の高い棟から、四方にさがった四つの傾斜面《ケイシャメン》がある屋根。また、その屋根でできている家。

宀8
【寇】
11画 5368 5BC7 音コウ漢 訓あだ-する・あだ

冖8［冦］10画 4946 51A6 俗字

意味 ❶外からせめこんできて害をあたえたり、物をうばったりして荒《あ》らしまわる。あだする。例寇略《コウリャク》(=せめこんで財物をうばう)。侵寇《シンコウ》。❷外から侵入《シンニュウ》して荒らしまわる賊《ゾク》。かたき。外敵。あだ。例元寇《ゲンコウ》。倭寇《ワコウ》。

【寇敵《コウテキ》】①国外からせめてくる敵。外敵。②かたき。

【寇《コウ》に兵《ヘイ》を▼藉《か》して盗《トウ》に糧《リョウ》を▼齎《もたら》す】敵に武器を貸し、盗賊《トウゾク》に食糧をあたえる。敵を助けて自分が不利になる。盗《トウ》に食をもたらす。〔「寇《あだ》に兵《ヘイ》を藉《か》し盗《ぬすびと》に糧《かて》を齎《もたら》す」とも読む〕〈史記《シキ》〉

宀8
【宿】
11画 2941 5BBF 教育3 音シュク漢スク呉 訓やど・やど-る・やど-す

筆順 

なりたち  [形声]「宀(=いえ)」と、音「佰《シュク》」とから成る。とどまる。

意味 ❶自分の家以外のところにとどまる。一夜とまる。やどる。例宿泊《シュクハク》。合宿《ガッシュク》。寄宿《キシュク》。❷旅人をとめるところ。やど。また、自分の家。例宿舎《シュクシャ》。宿坊《シュクボウ》。下宿《ゲシュク》。❸気持ちや考えなどを、長いあいだ心の中にとどめておく。やどす。例宿願《シュクガン》。宿根《シュクコン》。宿望《シュクボウ》。❹ずっと前からの。かねてからの。また、仏教で、前世《ゼンセ》からの。例宿縁《シュクエン》。宿敵《シュクテキ》。宿命《シュクメイ》。❺経験をつんで、すぐれた。例宿将《シュクショウ》。宿老《シュクロウ》。❻〔本来の音は「シュウ」〕星のとどまるところ。ほしのやどり。星座。例二十八宿《ニジュウハッシュク》(=中国古代の天文

学による二十八の星座)。
日本語での用法 [一]《シュク》街道筋《カイドウすじ》の休んだり泊《と》まったりする設備《セツビ》のある町・村。「宿駅《シュクエキ》・宿継《シュクつ》ぎ・宿場《シュクば》・神奈川《かながわ》の宿《シュク》」 [二]《やどす》妊娠《ニンシン》する。「子《こ》を宿《やど》す」
難読 武内宿禰《たけのうちのすくね》(=人名)・宿直《とのい》
人名 いえ・おる・すみ

【宿▼痾《シュクア》】〔「痾」は、病気の意〕長いあいだ、治らない病気。

【宿悪《シュクアク》】①以前から重ねた悪事。旧悪。②〔仏〕前世《ゼンセ》でおこなった悪事。例 ―のむくい。▽対 宿善。

【宿意《シュクイ》】①日ごろからの考えや望み。例 ―がかなう。②長いあいだいだいていたうらみ。例 ―を晴らす。

【宿因《シュクイン》】〔「スクイン」とも〕〔仏〕前世《ゼンセ》からの因縁《インネン》。宿縁《シュクエン》。

【宿雨《シュクウ》】①連日降り続いている雨。長雨《ながあめ》。②前の晩から降り続いている雨。

【宿運《シュクウン》】前世《ゼンセ》から定められている運命。宿命。例 ―がつきない。

【宿営《シュクエイ》】(名・する)①軍隊がとまる宿舎。兵舎。兵営。また、そこにとまること。②軍隊が兵営以外でとまること。

【宿駅《シュクエキ》】宿場《シュクば》。

【宿怨《シュクエン》】以前からのうらみ。つもりつもったうらみ。宿恨《シュクコン》。例 ―を晴らす。

【宿縁《シュクエン》】〔仏〕前世《ゼンセ》からの因縁《インネン》。宿因。例 めでたい―。

【宿願《シュクガン》】以前からずっと、心にいだいてきたねがい。宿望。例 ―を果たす。

【宿業《シュクゴウ》】〔「スクゴウ」とも〕〔仏〕前世《ゼンセ》でおこなった善悪の行為《コウイ》で、今の世でむくいを受けるもととなっているもの。応報《オウホウ》。

【宿恨《シュクコン》】以前からのうらみ。宿怨《シュクエン》。

【宿根草《シュクコンソウ｜シュッコンソウ》】多年草のうち、冬に枝葉がかれても根は生きていて春に再び芽を出す植物。キク・スズランなど。

【宿志《シュクシ》】前からずっと心にいだいてきたこころざし。素志《ソシ》。例 ―を実行に移す。

【宿舎《シュクシャ》】①とまるところ。やど。②職員などが住むための住宅。例 公務員―。

【宿主】[一]《シュクシュ｜やどぬし》寄生生物に寄生されるがわの生物。[二]《やどぬし》やどの主人、持ち主。

【宿所《シュクショ》】①とまるところ。やど。②住んでいるところ。住居。

【宿将《シュクショウ》】戦いの経験を積んだ将軍。

【宿酔《シュクスイ》】(名・する)酒を飲んで、翌日まで残っている酔《よ》い。ふつかよい。

【宿世《シュクセ》】〔「スクセ」とも〕〔仏〕①この世に生まれる以前の世。前世《ゼンセ》。②前世からの因縁《インネン》。

【宿善《シュクゼン》】〔仏〕前世《ゼンセ》でおこなったよい行為《コウイ》。対 宿悪。

【宿題《シュクダイ》】①家で学習するように指示された課題。②その場で解決がつかず、後に持ちこした問題。

【宿直】(名・する)[一]《シュクチョク》職場の夜の警備のために、職員などが交代でとまること。また、その人。対 日直。[二]《とのい》昔、宮中や役所などに、夜とまって、警備をしたこと。

【宿敵《シュクテキ》】前々からのかたき。例 十年来の―。

【宿場《シュクば》】江戸《えど》時代、街道《カイドウ》の要所に設けられ、旅人が宿泊《シュクハク》でき、荷物を運ぶ人足やウマなども用意していた集落。宿《シュク》。宿駅。例 ―町。

【宿泊《シュクハク》】(名・する)旅先で、旅館などにとまること。

【宿弊《シュクヘイ》】古くからの弊害や悪い習慣。例 ―をとりはらう。

【宿便《シュクベン》】排泄《ハイセツ》されずに、長く腸にたまっている便。

【宿坊《シュクボウ》】①寺院で参拝者がとまるための施設《シセツ》。②僧《ソウ》がふだん住む建物。表記 ▽「宿房」とも書く。

【宿望《シュクボウ｜シュクモウ》】①以前から心にいだいてきたのぞみ。宿願。②以前からの人望。例 ―をとげる。

【宿命《シュクメイ》】この世に生まれる以前から定められている運命。

【宿命論《シュクメイロン》】この世のあらゆる現象は、あらかじめ定められていて、さけたり変えたりすることはできないものだ、という考え方。運命論。

【宿料《シュクリョウ》】やどの代金。やどちん。宿泊料《シュクハクリョウ》。宿代《やどダイ》。

【宿老《シュクロウ》】経験を積み、ものごとをよく心得ている老人。

【宿帳《やどチョウ》】旅館で宿泊者《シュクハクシャ》の姓名《セイメイ》・住所・職業などを記入する帳面。

【宿賃《やどチン》】やどにとまる料金。宿代《やどダイ》。宿泊料《シュクハクリョウ》。

【宿屋《やどや》】旅行者から料金を取ってとめる家。旅館。
●合宿《ガッシュク》・定宿《ジョウやど》・投宿《トウシュク》・分宿《ブンシュク》・民宿《ミンシュク》

宀 8
【寂】
11画 2868 5BC2 常用
音 セキ漢 ジャク呉
訓 さび・さび‐しい・さび‐れる

筆順
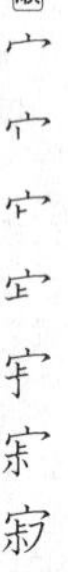

なりたち

[形声] 本字は「宋」で、「宀(=いえ)」と、音「尗《シュク→セキ》」とから成る。人の声がなく、しずか。

意味 ❶音がなくひっそりとしている。しずか。さびしい。さびれる。例 寂然《セキゼン》。寂寞《セキバク》。寂寥《セキリョウ》。❷仏教で、人が死ぬこと。煩悩《ボンノウ》をはなれた涅槃《ネハン》の境地。例 寂滅《ジャクメツ》。寂光浄土《ジャッコウジョウド》。
難読 寂寞《さびさび｜ものさび》しい
人名 しず・しずか・ちか・やす

【寂声《さびごえ》】謡《うたい》などで、かれてしぶみのある声。表記「▼錆声」とも書く。

【寂寂《ジャクジャク｜セキセキ》】(形動《タル》)しずかで、ものさびしいようす。寂然《セキゼン》。例 ―たる夜のしじま。

【寂滅《ジャクメツ》】〔仏〕①すべての煩悩《ボンノウ》を捨て去った、理想的な境地。涅槃《ネハン》。例 ―の境地に達する。②死ぬこと。

【寂滅為楽《ジャクメツイラク》】〔仏〕〔「寂滅」は、煩悩《ボンノウ》を捨てた理想の境地、涅槃《ネハン》のこと〕迷いやなやみを捨て去って、はじめて真の安楽があるということ。〈涅槃経《ネハンギョウ》〉例 ―のさとり。

【寂光《ジャッコウ》】〔仏〕①煩悩《ボンノウ》をはなれた涅槃《ネハン》の境地から生じる、知恵《エチ》の光。②「寂光浄土《ジャッコウジョウド》」の略。

【寂光浄土《ジャッコウジョウド》】〔仏〕煩悩《ボンノウ》を捨て去った、真理と知恵《エチ》の世界。仏の住むところ。寂光土。常寂光土《ジョウジャッコウド》。

【寂然《セキゼン》】(形動《タル》)〔「ジャクネン」とも〕ものさびしいようす。ひっそりと静まっているようす。寂寂。例 ―たる林。

【寂▼寞《セキバク》】(名・形動《タル》)〔「ジャクマク」とも。「寞」も、静か、さびしいの意〕ひっそりとして、ものさびしいこと。寂寥《セキリョウ》。例 ―とした風景。表記「寂漠」とも書く。

【寂▼寥《セキリョウ》】(名・形動《タル》)〔「寥」も、静か、さびしいの意〕ひっそりとして、ものさびしいこと。寂寞《セキバク》。例 ―感。
●閑寂《カンジャク》・静寂《セイジャク》・入寂《ニュウジャク》

宀 8
【密】
11画 4409 5BC6 教育6
音 ビツ漢 ミツ呉
訓 ひそ‐か・ひそ‐やか

筆順
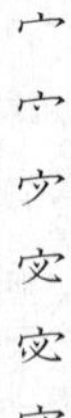

なりたち

[形声]「山(=やま)」と、音「宓《ビツ》」とから成る。堂のような山。借りて「こまかい」の意。

意味 ❶細かいところまで、ゆきとどいている。例厳密《ゲンミツ》。細密《サイミツ》。綿密《メンミツ》。❷すきまがない。ぴったりとついている。対疎《ソ》。例密集《ミッシュウ》。密接《ミッセツ》。過密《カミツ》。❸他人に知られない。ひそか。ひそやか。例密告《ミッコク》。密談《ミツダン》。秘密《ヒミツ》。❹「密教《ミッキョウ》」の略。例顕密《ケンミツ》。台密《タイミツ》。東密《トウミツ》。

難読 密語《ささやきごと｜ひめごと｜むつごと》

人名 しずか・たかし・み・みつる

【密雲《ミツウン》】厚く重なった雲。例—が低くたれこめる。

【密画《ミツガ》】細かいところまでくわしくかいた絵。細密画。ミニアチュール。対疎画《ソガ》。例インドやイランの—。

【密会《ミッカイ》】(名・する)①ひそかに会合すること。例同志との連絡《レンラク》の—。②男女が人目をしのんで、ひそかにあうこと。あいびき。しのびあい。例—を重ねる。

【密儀《ミツギ》】特定の人しか参加できない、秘密の儀式。秘儀。例宗教上の—。

【密議《ミツギ》】(名・する)ひそかに相談すること。秘密の相談。密談。例—をこらす。

【密教《ミッキョウ》】〔仏〕秘密の教法。大日如来《ダイニチニョライ》のさとりを内容とする、おく深い教え。如来の加護がなければ知ることができず、加護のために加持祈禱《カジキトウ》を重んずる。七、八世紀にインドで起こり、日本にも伝わった。対顕教《ケンキョウ》。

【密計《ミッケイ》】秘密の計略や計画。例—をさずける。

【密語《ミツゴ》】(名・する)まわりの人に聞こえないように小さな声で語り合うこと。ひそひそばなし。ないしょばなし。

【密行《ミッコウ》】(名・する)人に気づかれないように、歩き回ったり、目的地へ行ったりすること。例出発を秘《ヒ》して—する。

【密航《ミッコウ》】(名・する)①ひそかに船に乗りこんで行くこと。特にそのようにして外国へ行くこと。例—者。②船が規則をやぶって航海すること。例—船《セン》。

【密告《ミッコク》】(名・する)こっそり知らせること。例—者。

【密殺《ミッサツ》】(名・する)①ひそかに殺すこと。②法律に定められた手続きをとらずに、家畜《カチク》をひそかに殺すこと。

【密使《ミッシ》】秘密の任務をおびて、ひそかにつかわされる使者。

【密事《ミツジ》】秘密のことがら。みそかごと。例—が露見《ロケン》する。

【密室《ミッシツ》】①だれにも知られていない部屋。例—で相談する。②完全にとざされていて、外からははいれない部屋。例—殺人のなぞを解く。

【密集《ミッシュウ》】(名・する)すきまがないくらい、ぎっしりと集まること。例人家が—している地域。


【密書《ミッショ》】秘密の手紙や文書。例主君の—をたずさえる。

【密生《ミッセイ》】(名・する)(草木や毛などが)すきまなく、はえること。例野草が—する。

【密接《ミッセツ》】㊀(名・する)すきまがないくらい、ぴったりとくっつくこと。例隣家《リンカ》が—している。㊁(名・形動《ダ》)切りはなせないくらい関係が深いこと。例両者の—なあいだがら。

【密栓《ミッセン》】(名・する)かたく栓をすること。また、その栓。

【密送《ミッソウ》】(名・する)他人に知られないように、ひそかにおくること。例武器を—する。

【密葬《ミッソウ》】(名・する)親子、きょうだいなど、身内の者だけで葬式をおこなうこと。また、その葬式。対本葬。例近親者だけで—する。

【密造《ミツゾウ》】(名・する)法律を破って、こっそりとつくること。例—酒。

【密談《ミツダン》】(名・する)ひそかに相談すること。秘密の相談。密議。例—を重ねる。

【密着《ミッチャク》】(名・する)①すきまがないほど、ぴったりとくっつくこと。例板と板とを—させる。②深くかかわって、はなれないこと。例チームに—して取材する。③写真を、原板とぴったり重ねて焼き付けること。べた焼き。

【密通《ミッツウ》】(名・する)①ひそかに通じ合うこと。内通。例敵と—する。②夫または妻が、別の相手とひそかに性的関係を結ぶこと。私通。例不義—。

【密偵《ミッテイ》】(名・する)相手に気づかれないように、内情をさぐること。また、その人。スパイ。例—を送る。

【密度《ミツド》】①一定の範囲《ハンイ》内に、ものが散らばっている度合い。粗密《ソミツ》の度合い。例人口—。②〔物〕物体の単位体積あたりの物質の量。③内容のゆたかさの度合い。例—の濃《こ》い授業。

【密入国《ミツニュウコク》】(名・する)法律的な手続きを経ないで、ひそかに国内にはいること。例—を監視《カンシ》する。

【密売《ミツバイ》】(名・する)法律を破って、こっそりと売ること。例麻薬《マヤク》の—。

【密封《ミップウ》】(名・する)厳重に封《フウ》をすること。例重要書類を—して保管する。

【密閉《ミッペイ》】(名・する)すきまのないように厳重にとじること。例—状態。

【密謀《ミツボウ》】(名・する)ひそかに計画すること。秘密のはかりごと。例—が発覚する。


【密貿易《ミツボウエキ》】(名・する)法律を破って、ひそかにする貿易。例—をとりしまる。

【密命《ミツメイ》】秘密の命令や使命。例—をおびて出張する。

【密約《ミツヤク》】(名・する)ひそかに契約《ケイヤク》や条約を結ぶこと。秘密の約束。例—をかわす。

【密輸《ミツユ》】(名・する)密輸出または密輸入。密貿易。例—船。—した品を売りさばく。

【密輸出《ミツユシュツ》】(名・する)法律を破って、ひそかに輸出すること。密輸。対密輸入。

【密輸入《ミツユニュウ》】(名・する)法律を破って、ひそかに輸入すること。密輸。対密輸出。

【密猟《ミツリョウ》】(名・する)法律を破って、ひそかに狩猟《シュリョウ》をすること。例—者。ゾウを—する。

【密漁《ミツリョウ》】(名・する)法律を破って、ひそかに魚や貝をとること。例—船。

【密林《ミツリン》】熱帯地方で、樹木などがすきまなく生《お》いしげっている林。ジャングル。例—に分け入る。

【密話《ミツワ》】(名・する)まわりの人に聞かれないように、ひそひそと話すこと。ひそひそばなし。ないしょばなし。密語。
●機密《キミツ》・緊密《キンミツ》・親密《シンミツ》・精密《セイミツ》・内密《ナイミツ》

宀8 [寃] 11画 ⇩【冤】エン(119ページ)

宀9 【寒】 12画 2008 5BD2 教育3 音カン 漢 呉 訓さむ-い

筆順 

宀9 【寒】 12画

なりたち  [会意]本字は、「人(=ひと)」が「宀(=屋根)」の下にいて、二つの「艸(=くさ)」で上下からからだをおおうが、下には「冫(=こおり)」がある形。さむい。

意味 ❶気温が低くて、さむい。つめたい。さむさ。対暑《ショ》。例寒暖《カンダン》。寒冷《カンレイ》。防寒《ボウカン》。❷こごえる。ぞっとする。例寒心《カンシン》。悪寒《オカン》。❸二十四節気のうち、小寒(=一月六日ごろから)と大寒(=一月二十日ごろから)の時期。すなわち立春(=二月四日ごろ)の前の三十日間を指す。例寒中《カンチュウ》。寒卵《カンたまご》。寒《カン》の入《い》り。❹物質的にとぼしい。さびしい。例

寒村《カンソン》。貧寒《ヒンカン》。

【寒害《カンガイ》】寒さのためにおきる、農作物の被害《ヒガイ》。冷害。

【寒気】㊀《カンキ》冬の寒さ。冷たい空気。対 暑気。例 —がはいりこむ。㊁《さむけ》熱があったり、こわい思いをしたりするときに感じる、不快な寒さや気味の悪さ。悪寒《オカン》。例 —がする。

【寒菊《カンギク》】冬に黄色く小さい花をさかせるキク。冬菊。

【寒行《カンギョウ》】寒中におこなう修行《シュギョウ》。寒垢離《カンごり》など。

【寒苦《カンク》】厳しい寒さ。また、寒さや貧しさに苦しむこと。例 —にたえて働く。

【寒空《カンクウ｜さむぞら》】冬の、さむざむとした空。

【寒稽古《カンゲイコ》】寒の時期の早朝などにおこなう、武道や芸ごとのけいこ。

【寒月《カンゲツ》】冬の夜空に、さえざえとかがやく月。

【寒肥《カンごえ》】冬の寒い時期に、樹木や作物にやる肥料。

【寒▼垢離《カンごり》】寒中に、水を浴びて身を清め、神仏にいのる修行《シュギョウ》。例 —を取る。

【寒剤《カンザイ》】二つ以上の物質を混合した、強力な冷却《レイキャク》剤。たとえば、氷と食塩によるものなど。

【寒山▽拾得《カンザンジットク》】中唐《チュウトウ》時代の、寒山と拾得という二人の僧《ソウ》。ともに詩を書き、多くの奇行《キコウ》で知られる。後世、禅画《ゼンガ》の画題になる。

【寒暑《カンショ》】寒さと暑さ。また、冬と夏。寒暖。

【寒色《カンショク》】寒い感じのする色。青色やむらさき色など。冷色。対 暖色・温色。例 —を好む画家。

【寒心《カンシン》】(名・する)おそろしくて、ぞっとすること。どうなってしまうかと、心配すること。例 —にたえない。

【寒声】㊀《カンセイ》①冬のさむざむとした風や水の音。②さむざむとした感じの声。㊁《カンごえ》のどをきたえるため、寒中におこなう邦楽《ホウガク》や読経《ドキョウ》の発声練習。

【寒村《カンソン》】①さむざむとした貧しい村。②人けの少ない、さびしい村。例 山あいの—。

【寒帯《カンタイ》】地球上の寒い地域。南緯《ナンイ》・北緯それぞれ六六・五度から南極・北極までのあいだの地域。対 温帯・熱帯。

【寒暖《カンダン》】寒さと暖かさ。例 —の差がはげしい。

【寒暖計《カンダンケイ》】気温をはかる道具。

【寒地《カンチ》】気候の寒冷な地方。対 暖地。

【寒中《カンチュウ》】①寒さが厳しい期間。②小寒(＝一月六日ごろ)から大寒(＝一月二十日ごろ)をへて立春(＝二月四日ごろ)の前日までの約三十日間。▽対 暑中。

【寒天《カンテン》】①冬のさむざむとした空。さむぞら。例 —にふるえる。②テングサなどを煮《に》た汁を、こおらせてかわかした食品。

【寒波《カンパ》】周期的に流れこむ寒気によって、急激に冷えこむ現象。また、その寒気。対 熱波。例 —襲来《シュウライ》。

【寒梅《カンバイ》】寒中にさくウメ。早ざきのウメ。

【寒風《カンプウ》】冬にふく冷たい風。例 —がふきすさぶ。

【寒夜《カンヤ》】冬の寒く冷たい夜。

【寒流《カンリュウ》】①冬の冷たい川。冷たい水の流れ。②南極や北極から赤道に向かって流れる、冷たい海流。千島《ちしま》海流(＝親潮《おやしお》)など。対 暖流。

【寒林《カンリン》】冬に葉を落とした林。例 —にカラスの群れ。

【寒冷《カンレイ》】(名・形動《ダ》)気温がたいへん低く寒いこと。対 温暖。例 —地。

【寒冷▼紗《カンレイシャ》】織り目があらく、うすい生地《きジ》の綿や麻《あさ》の織物。カーテンや蚊帳《かや》などにする。

【寒冷前線《カンレイゼンセン》】冷たい空気のかたまりが、暖かい空気のかたまりをおしのけるときにできる前線。前線の通過中および通過後は、気温が急に下がり、にわか雨が降る。対 温暖前線。

【寒露《カンロ》】①二十四節気の一つ。十月八日ごろ。さむざむとしたつゆの意。②晩秋から初冬のひえびえとしたつゆ。

●厳寒《ゲンカン》・向寒《コウカン》・小寒《ショウカン》・耐寒《タイカン》・大寒《ダイカン》・避寒《ヒカン》・夜寒《よさむ》

宀 9

【寓】

12画 2287 5BD3 人名 音 グウ慣 グ漢呉 訓 よ-る・よ-せる

意味 ❶一時的に身をよせる。かりずまいをする。やどをかりる。とまる。よる。例 寓居《グウキョ》。寄寓《キグウ》。旅寓《リョグウ》。❷かこつける。他のことにこじつけて言う。よせる。例 寓意《グウイ》。寓言《グウゲン》。寓話《グウワ》。

日本語での用法《グウ》他人に対して自分の家を指す、門札などの書き方の一つ。「山田寓《やまだグウ》(＝山田氏の仮の住居。山田宅)」

難読 寓木《ほや｜やどりぎ》

人名 やどる・より

【寓意《グウイ》】自分の考えていることを、ほかのものごとにかこつけてあらわすこと。例 —小説。

【寓居《グウキョ》】かりの住まい。かりずまい。仮寓《カグウ》。〔自分の家をけんそんした言い方にも使う〕例 —を構える。

【寓言《グウゲン》】教訓や批評などを、ほかのものごとにたとえた、ことばや話。たとえばなし。寓話。

【寓目《グウモク》】(名・する)目をとめること。また、注意して見ること。類 嘱目《ショクモク》。例 —するものみなめずらしかった。

【寓話《グウワ》】教訓や風刺《フウシ》などを、動物の擬人化《ギジンカ》などによってあらわした話。たとえばなし。寓言。例 イソップの—。

宀 9

【寔】

12画 5370 5BD4 音 ショク漢 訓 まこと-に

意味 ❶ほんとうに。まさに。まことに。例 寔受二其福一《まことにそのフクをうく》(＝まことに幸福をさずけられる)。〈礼記《ライキ》〉❷これ。この。例 寔為二咸陽一《これをカンヨウとなす》(＝これが咸陽である)。

宀 9

【寐】

12画 5371 5BD0 音 ビ漢 ミ呉 訓 ね-る

意味 ねむる。ねむりこむ。ねる。対 寤《ゴ》。例 寤寐《ゴビ》。夢寐《ムビ》。

参考 「寝《シン》」の略字ではない。

難読 仮寐《かりね｜うたたね》・旅寐《たびね》

【寐語《ゴビ》】ねごと。

宀 9

【富】

12画 4157 5BCC 教育4 音 フ・フウ漢 フ呉 訓 と-む・とみ

筆順 丶 冖 宀 宀 宫 宫 富 富

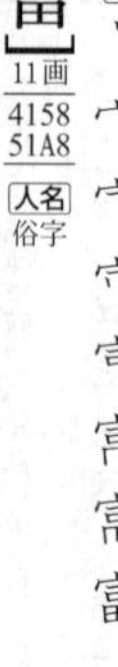

宀 9

〔冨〕

11画 4158 51A8 人名 俗字

なりたち  [形声]「宀(＝いえ)」と、音「畐《フク→フ》」とから成る。そなわる。じゅうぶんにある。

意味 ❶物がゆたかにそなわっている。とむ。対 貧《ヒン》。例 富貴《フウキ》。貧富《ヒンプ》。豊富《ホウフ》。❷財産。ゆたかさ。とみ。例 富豪《フゴウ》。富力《フリョク》。❸とませる。ゆたかにする。例 富国強兵《フコクキョウヘイ》。

県名 富山《とやま》

難読 富樫《とがし》(＝姓)・富永《とみなが》(＝姓)・富小路《とみのこうじ》

人名 あつ・あつし・さかえ・とます・とめり・とめる・ひさ・ひさし・ふく・みつる・ゆたか・よし

【富貴《フウキ｜フッキ》】(名・形動《ダ》)金持ちで、身分も高いこと。対 貧賤《ヒンセン》。

【富貴《フウキ》天《テン》に在《あ》り】財産・身分が手にはいるかどうかは天命によるもので、人の力ではどうにもならない。例 死生《シセイ》

命《メイ》有り(=人の生死は天の定めであり)、—。〈論語《ロンゴ》〉

【富家《フカ》】富んでいる家。金持ち。(対)貧家《ヒンカ》。

【富岳《フガク》】富士山のこと。

【富強《フキョウ》】[一](名・形動《ダナ》)国が富んでいて、兵力も強いこと。[二](名)「富国強兵」の略。

【富豪《フゴウ》】大金持ち。財産家。金満家《キンマンカ》。(類)長者《チョウジャ》。

【富国《フコク》】①豊かな財力のある国。②国を豊かにすること。

【富国強兵《フコクキョウヘイ》】国を豊かに富ませ、軍事力を強くすること。[例]—の政策。

【富士額《フジびたい》】ひたいのかみの生えぎわが、富士山の輪郭《リンカク》に似ていること。美人の条件の一つとされた。[例]—の美人。

【富者《フシャ》】金持ち。財産のある人。(対)貧者《ヒンジャ》。

【富農《フノウ》】広い農地を持ち、財力のある農民。豪農《ゴウノウ》。(対)貧農《ヒンノウ》。

【富有《フユウ》】(名・形動《ダナ》)富んで、財産があること。富裕《フユウ》。[例]—な農家。

【富裕《フユウ》】(名・形動《ダナ》)財産があり、豊かな生活をしていること。裕福。富有。[例]—と貧困《ヒンコン》との差。

【富力《フリョク》】金の力。財力。
●貧富《ヒンプ》・豊富《ホウフ》

宀9 【寒】12画 ⇩【寒】《カン》(303ページ)

宀10 【寛】13画 2018 5BDB 常用
音 カン(漢)
訓 ひろ-い・ゆる-やか・くつろ-ぐ
筆順 

宀11 【寬】14画 1-4758 5BEC 人名
なりたち  [形声]「宀(=いえ)」と、音「莧《カン》」とから成る。家が広くゆったりしている。

意味 ❶ゆったりしている。ひろい。[例]寛衣《カンイ》(=大きくてゆったりした衣服)。❷心がひろく度量が大きい。きびしくない。[例]寛恕《カンジョ》。寛大《カンダイ》。寛容《カンヨウ》。❸からだを楽にする。くつろぐ。

人名 とお・とも・のぶ・のり・ひと・ひろ・ひろし・ひろむ・ゆたか
【寛雅《カンガ》】(名・形動《ダナ》)おおらかで、上品なこと。[例]—な生活をたのしむ。

【寛解《カンカイ》】(名・する)〔医〕病気の症状《ショウジョウ》が軽減または消失すること。表記「緩解」とも書く。

【寛▼闊《カンカツ》】(名・形動《ダナ》)〔「闊」も、ひろい意〕①心が広く、おおらかなこと。(類)寛大《カンダイ》。②はで。はなやか。[例]—な、大名《ダイミョウ》の生活。

【寛厚《カンコウ》】(名・形動《ダナ》)心が広く、情け深いこと。

【寛▼恕《カンジョ》】(名・する)〔「恕」は、ゆるす意〕①心が広く、思いやりの深いこと。②他人のあやまちを広い心でゆるすこと。[例]つつしんでご—を請《こ》う。

【寛大《カンダイ》】(名・形動《ダナ》)心が広くおおらかで、他人をきびしくとがめたりしないこと。[例]—な処置。

【寛▼宥《カンユウ》】(名・する)〔「宥」は、ゆるす意〕他人のあやまちを広い心でゆるすこと。(類)寛赦《カンシャ》。[例]—を示す。

【寛容《カンヨウ》】(名・形動《ダナ》)他人の意見などをよく聞き入れること。また、他人のあやまちを許すこと。(対)厳格。[例]—の精神。

宀10 【寝】13画 3118 5BDD 常用
音 シン(漢)
訓 ね-る・ね-かす
筆順 

宀11 【寢】14画 5374 5BE2 人名
なりたち  [形声]本字は「寑」で、「宀(=いえ)」と、音「侵《シン》」とから成る。家で横になって休む。

意味 ❶からだをねどこに横たえる。病気で床《とこ》につく。ねる。ねかす。[例]寝台《シンダイ》。就寝《シュウシン》。寝待《ねまち》の月《つき》。❷奥《おく》ざしき。ねや。[例]寝殿《シンデン》。

【寝具《シング》】ねるときに使う用具。ふとんや、まくらなど。夜具。

【寝室《シンシツ》】ねるための部屋。寝間《ねま》。ベッドルーム。

【寝所《シンジョ》】ねるための部屋。寝室。〔寝室よりも古い言い方〕

【寝食《シンショク》】①(生活に欠かせない)ねることと食べること。②日常生活。[例]—をともにする。

【寝食《シンショク》を忘《わす》れる】ねることや、食べることを忘れるほど、何かに熱中する。[例]寝食を忘れて発明に努力する。

【寝台《シンダイ・ねダイ》】ねるための台。ベッド。

【寝殿《シンデン》】①昔、天皇が生活した、宮中内の寝室のある建物。②平安時代の、貴族の邸宅《テイタク》の正殿。その家の主人が居住し、客をむかえる建物。

【寝殿造り《シンデンづくり》】平安時代の貴族の住宅の様式。南に面した寝殿を中心に、北と東西にそれぞれ対屋《タイのや》を置き、渡殿《わたどの》という廊下《ロウカ》でつないだ。

【寝汗《ねあせ》】ねているときにかく汗。〔とくに、熱があったり、つかれていたり、こわい夢を見たりしたときにかく〕[例]—をかく。

【寝息《ねいき》】ねているときの呼吸《コキュウ》。[例]—をうかがう。

【寝起き《ねおき》】[一](名・する)ねたり起きたりすること。日常生活を送ること。[例]一つ屋根の下で—する。[二](名)目が覚めて、起きたばかりのときの気分。寝覚め。[例]—が悪い。

【寝顔《ねがお》】ねているときの顔。[例]子供の—。

【寝癖《ねぐせ》】①ねているあいだについた、かみの毛のくせ。[例]—を直す。②ねているとき、寝具《シング》が乱れるほど、からだを動かすくせ。(類)寝相《ねゾウ》。[例]—が悪い。③ひまがあれば、ねてばかりいること。[例]—がついて困ったものだ。

【寝首《ねくび》】ねている人の首。

【寝首《ねくび》を▼掻《か》く】①ねている人をおそって首を切る。②人の不意をついて、ひどい目にあわせる。

【寝心地《ねごこち》】からだを横たえてねるときの感じ。[例]—のいいベッド。

【寝言《ねごと》】①ねているあいだに無意識に話すことば。②とりとめのない話。たわごと。[例]—を言うのもいいかげんにしろ。

【寝覚め《ねざめ》】ねむりから目覚めること。目覚め。

【寝覚《ねざ》めが悪《わる》い】①目覚めたときの気分が悪い。②自分の、よくなかった言動のために、気がとがめる。あとあじが悪い。

【寝相《ねゾウ》】ねているあいだの、からだの動きやかっこう。[例]—が悪い。

【寝床《ねどこ》】ねるためにしいた、ふとん。また、ねるための場所。とこ。(類)寝具《シング》・夜具。[例]—をとる。わらの—。

【寝袋《ねぶくろ》】登山のときなどに、中にはいり、くるまってねるふくろ状のふとん。シュラーフザック。スリーピングバッグ。

【寝不足《ねブソク》】(名・形動《ダナ》)じゅうぶんに睡眠《スイミン》をとっていないこと。睡眠不足。[例]—で調子が悪い。

【寝坊《ねボウ》】(名・する・形動《ダナ》)朝、おそくまでねていること。また、その人。[例]朝—。

【寝巻《ねまき》】ねるときに着る衣服。〔洋式のものはパジャマとも〕表記「寝間着」とも書く。

【寝耳《ねみみ》】ねているときの、ぼうっとした状態で聞くこと。

【寝耳《ねみみ》に水《みず》】急な話や突然《トツゼン》のできごとに、びっくりすること。[例]—の申し入れ。

【寝技《ねわざ》】①柔道《ジュウドウ》やレスリングなどで、横になった体勢で

かけるわざ。②(政治の世界などで)裏でおこなうかけひき。裏工作。例—師。表記▽「寝業」とも書く。

●就寝《シュウシン》・宵寝《ショウシン｜よいね》・旅寝《たびね》

宀10

【寞】

13画 5375 5BDE 音バク漢マク呉 訓さび-しい

意味 人かげも声もなく、ひっそりとしたようす。静か。さびしい。例寂寞《セキバク》。

難読 寂寞《さび｜ものさび》しい・寂寞草《つれづれぐさ》

宀11

【寡】

14画 1841 5BE1 常用 音カ漢呉 訓すく-ない・やもめ

筆順 宀 宀 宵 宣 寘 寡 寡

なりたち ［会意］「宀(=おおう)」と「頒(=分ける)」とから成る。分けて、少なくなる。

意味 ❶数量が少ない。すくない。対衆《シュウ》・多《タ》。例寡作《カサク》。寡黙《カモク》。多寡《タカ》。❷諸侯《ショコウ》が、自分のことをへりくだっていうことば。〔徳が少ない意〕例寡人《カジン》。❸夫に先立たれた妻。やもめ。例寡婦《カフ》。

【寡居《カキョ》】(名・する)配偶者《ハイグウシャ》がなくなり、ひとり暮らしをすること。やもめぐらし。

【寡言《カゲン》】(名・形動ダ)ことば数が少ないこと。類無口・寡黙《カモク》。

【寡作《カサク》】(名・形動ダ)作品を少ししかつくらないこと。対多作。

【寡少《カショウ》】(形動ダ)少ないようす。

【寡占《カセン》】少数の会社が、ある商品の供給量の大部分をしめて、市場を支配していること。例大企業《キギョウ》の—化が進む。

【寡徳《カトク》】徳が少ないこと。徳望があまりないこと。

【寡夫《カフ》】妻が死んで、再婚《サイコン》しないでいる男性。男やもめ。やもお。対寡婦。

【寡婦《カフ》】夫が死んで、再婚《サイコン》しないでいる女性。未亡人。やもめ。対寡夫。

【寡聞《カブン》】見聞や知識が少ないこと。〔多く、自分の知識をけんそんしていう〕例浅見《センケン》—。—にして知らない。

【寡兵《カヘイ》】少人数の軍隊。例—をもって勝利を得る。

【寡黙《カモク》】(名・形動ダ)口数が少ないこと。類無口・寡言《カゲン》。例—だが実行力はある。

【寡欲《カヨク》】(名・形動ダ)欲望が少ないこと。例—の徳。表記 旧寡▼慾

●衆寡《シュウカ》・多寡《タカ》

宀11

【寤】

14画 5372 5BE4 音ゴ漢 訓さ-める

意味 ❶目覚める。ねむった状態から意識のある状態になる。さめる。対寐《ビ》。例寤寐《ゴビ》。醒寤《セイゴ》。❷はっと気づく。さとる。同悟《ゴ》。例覚寤《カクゴ》。❸さかさである。例寤生《ゴセイ》(=さかご)。

難読 夢寤《ゆめうつつ》

【寤▼寐《ゴビ》】〔「寐」は、寝《ね》るの意〕目が覚めているときと、ねむっているとき。ねてもさめても。例—の間《カン》も忘れることがなかった。

宀11

【寨】

14画 6045 5BE8 音サイ漢 訓とりで

意味 ❶敵の侵入《シンニュウ》を防ぐために、さくをめぐらして作ったとりで。同砦《サイ》。❷さくをめぐらした村落。

宀11

【察】

14画 2701 5BDF 教育4 音サツ漢呉

筆順 宀 … 察

なりたち ［形声］「宀(=おおいを取る)」と、音「祭《サイ》→サツ」とから成る。くわしくしらべる。

意味 ❶こまかいところまで明らかにする。よく見る。例観察《カンサツ》。検察《ケンサツ》。診察《シンサツ》。❷かんがえ、見当をつける。おしはかる。例察知《サッチ》。考察《コウサツ》。察《サッ》する。

人名 あき・あきら・み・みる

【察知《サッチ》】(名・する)ようすやふんいきなどから、おしはかって知ること。例危険を—する。

●警察《ケイサツ》・賢察《ケンサツ》・査察《ササツ》・視察《シサツ》・推察《スイサツ》・省察《セイサツ》・拝察《ハイサツ》

宀11

【寧】

14画 3911 5BE7 常用 音ネイ漢ニョウ呉 訓やす-い・むし-ろ

筆順 宀 宀 宓 宓 寍 寍 寧

宀11 【寧】14画

なりたち ［会意］本字は「寍」で、「宀(=おおう)」と「心(=こころ)」が「皿(=食器)」の上にある形とから成る。家に食物があるので安心する。やすらか。

意味 ❶おちついている。心がやすらかである。やすらかにする。やすい。例寧国《ネイコク》(=平和な国)。寧日《ネイジツ》。安寧《アンネイ》。❷心のこもったようす。ねんごろ。例丁寧《テイネイ》。❸〔助字〕㋐「むしろ」と読み、いっそ…のほうがよい・(二者を比べて)…よりはむしろ…のほうが望ましい、の意。選択《センタク》をあらわす。例寧為二鶏口一無レ為二牛後一《むしろケイコウとなるともギュウゴとなるなかれ》(=いっそニワトリの口となっても、ウシの尻《しり》となってはならない)。〈史記《シキ》〉㋑「なんぞ」「いずくんぞ」と読み、どうして…だろうか(…ではない)、の意。反語をあらわす。例寧可レ治《いずくんぞおさむべけんや》(=どうして治められようか、治められない)。

難読 只寧《かくばかり》・丁寧《ねんごろ》・寧波《ニンポー》(=中国の地名)

人名 さだ・しず・やす・やすし・よし

【寧▼馨児《ネイケイジ》】〔「寧馨」は、古い俗語《ゾクゴ》で「このような」の意〕このような子。転じて、幼いころからすぐれている子供。類麒麟児《キリンジ》・神童《シンドウ》。

【寧日《ネイジツ》】心が安らかな日。何ごともないおだやかな日。例—のない近ごろの世情。

【寧楽】㊀《ネイラク》心を安らかにして楽しむこと。㊁《なら》〔古い時代の表記で〕奈良《なら》のこと。

【寧《むし》ろ鶏口《ケイコウ》となるとも牛後《ギュウゴ》となるなかれ】⇩【鶏口《ケイコウ》となるとも牛後《ギュウゴ》となるなかれ】(1102ページ)

宀11

【寥】

14画 5376 5BE5 音リョウ漢 訓さび-しい

意味 ❶人けがなく、ひっそりとしている。さびしい。例寥寥《リョウリョウ》。寂寥《セキリョウ》。❷がらんとして広い。むなしい。例寥廓《リョウカク》(=がらんとして広いだけで、何もない)。

【寥寥《リョウリョウ》】(形動タル)①ひっそりと、ものさびしいようす。例—としてむなしき室。②数が少ないようす。例賛成者は—たるものだった。

宀11 【寛】14画 ⇩【寛】カン(305ページ)

宀11 【實】14画 ⇩【実】ジツ(292ページ)

宀11 【寢】14画 ⇩【寝】シン(305ページ)

宀11 【寧】14画 ⇩【寧】ネイ(306ページ)

宀 12

【審】

15画 3119 5BE9 常用 音 シン漢呉 訓 つまび-らか

筆順 

なりたち   [会意]「宀(=おおう)」と「番(=見分ける)」とから成る。つまびらかにする。

意味 ❶こまかい点まであきらかにする。くわしくしらべる。例 審査《シンサ》。審美《シンビ》。審理《シンリ》。❷くわしい。あきらか。つまびらか。例 不審《フシン》。

日本語での用法《シン》①「審理」の略。「一審《イッシン》・陪審《バイシン》・上告審《ジョウコクシン》」②「審判員」「審判官」などの略。「主審《シュシン》・線審《センシン》・副審《フクシン》」

難読 不審《いぶか》しい

人名 あき・あきら・ただし・ただす

【審議《シンギ》】(名・する)議案などを、こまかい点まで検討し、それがよいかどうかを話し合うこと。例 法案を―する。

【審査《シンサ》】(名・する)基準に照らし合わせて、能力や品質などを調べ、適不適や優劣《ユウレツ》などを決めること。例 資格―。

【審判《シンパン》】(名・する)①事件について調べ、法に照らして判決を下すこと。例 無罪の―が下る。②キリスト教で、神が人々の罪を裁くこと。例 最後の―。③スポーツで、反則や得点などを調べながら競技を進行させ、勝敗や順位を判定すること。また、その役。例 ―員。―は公平であるべきだ。

【審美《シンビ》】美しいものと、みにくいものとを見分けること。美の本質を見きわめること。例 ―眼。―学(=美学)。

【審問《シンモン》】(名・する)①こまかい点まで、くわしくたずねること。②〔法〕事件の詳細《ショウサイ》を調べるために、裁判所が関係者に、書面や口頭で問いたずねること。例 参考人を―する。

【審理《シンリ》】(名・する)①事実関係などをくわしく調べて処理すること。例 事件を―する。②〔法〕事件について裁判官がくわしく取り調べ、法律の適用などを判断すること。例 ―の進行をはかる。

●結審《ケッシン》・再審《サイシン》・陪審《バイシン》・塁審《ルイシン》

宀 12

【寮】

15画 4632 5BEE 常用 音 リョウ漢 訓 つかさ

筆順 

なりたち  [形声] 本字は「竂」で、「穴(=あな)」と、音「尞《リョウ》」とから成る。明かり取り用の小さなまどのある建物。派生して「役人」の意。

意味 ❶役人。官吏《カンリ》。同 僚《リョウ》。例 官寮《カンリョウ》(=官僚)。❷同役の人。なかま。同 僚《リョウ》。例 同寮《ドウリョウ》(=同僚)。

日本語での用法《リョウ》①やしき。郊外《コウガイ》の別宅。下屋敷《しもやしき》。また、料理店の名につけることば。「茶寮《サリョウ》・深川《ふかがわ》の寮《リョウ》・風流《フウリュウ》な造《つく》りの寮《リョウ》」②学校や会社が、学生や社員の住居として提供した建物。寄宿舎。「寮生《リョウセイ》・寮母《リョウボ》・独身寮《ドクシンリョウ》」③役人。律令制《リツリョウセイ》で省の下におかれた役所。つかさ。「馬寮《メリョウ》・大学寮《ダイガクリョウ》」

人名 いえ・まさ

【寮歌《リョウカ》】学生寮などで、その寮生活の理想や精神を歌うために作られた歌。〔とくに旧制の高等学校や大学予科の生徒寮の歌を指す〕

【寮舎《リョウシャ》】寮の建物。寄宿舎。

【寮生《リョウセイ》】その寮に住む学生。

【寮長《リョウチョウ》】①寮に住んでいる学生などの代表者。②寮のとりしまりをする人。

【寮費《リョウヒ》】寮に住んでいる人が、寮の運営のためにしはらうお金。

【寮母《リョウボ》】寮に住んでいる人の世話をする女性。

【寮友《リョウユウ》】同じ寮で生活するなかま。

●学寮《ガクリョウ》・典薬寮《テンヤクリョウ》・入寮《ニュウリョウ》

宀12

【寫】

15画 ⇩【写】《シャ》(118ページ)

宀 13

【寰】

16画 5378 5BF0 音 カン漢 訓 うずたか-い・おおぞら・かき

意味 ❶都の周囲千里以内の地域。例 寰内《カンナイ》。❷広大な地域。また、天下。例 寰宇《カンウ》(=天下。全世界)。

宀 16

【寵】

19画 3594 5BF5 人名 音 チョウ漢 訓 めぐ-み・めぐ-む

意味 ❶特別に思いをかけ、かわいがる。めぐむ。例 寵愛《チョウアイ》。寵児《チョウジ》。寵臣《チョウシン》。❷いつくしみ。めぐみ。例 恩寵《オンチョウ》。

人名 うつくし・よし

【寵愛《チョウアイ》】(名・する)(身分の高い人が)特別にかわいがること。例 ―を受ける。

【寵▽姫《チョウキ》】主君が特別にかわいがっている女性。寵妾《チョウショウ》。愛妾《アイショウ》。

【寵遇《チョウグウ》】(名・する)特別に目をかけて、手厚くもてなすこと。例 ―を得る。

【寵児《チョウジ》】①親からとくにかわいがられている子供。②世間でもてはやされている人。人気者。流行児。例 時代の―。

【寵▼妾《チョウショウ》】主君が特別にかわいがっている、正妻以外の女性。愛妾《アイショウ》。寵姫《チョウキ》。

【寵臣《チョウシン》】君主のお気に入りの家来。

【寵用《チョウヨウ》】(名・する)特別にかわいがって、取り立てること。例 側用人《そばヨウニン》(=将軍のそば近くに仕える江戸幕府《えどバクフ》の職名)として―する。

宀16

【寳】

19画 ⇩【宝】《ホウ》(296ページ)

宀17

【寶】

20画 ⇩【宝】《ホウ》(296ページ)

41 3画 寸 すん部

手の意味をあらわす。「寸」をもとにしてできている漢字と、「寸」の字形を目じるしにして引く漢字とを集めた。

0 寸 3 寺 4 寿 対 6 専 封 7 射 将 尅 8 尉 將 專 9 尋 尊 尋 尊 11 對 12 導 13 導

この部首に所属しない漢字

耐⇩而 809 辱⇩辰 960 奪⇩大 269

寸 0

【寸】

3画 3203 5BF8 教育6 音 ソン漢 スン呉

筆順 

なりたち  [会意]「寸(=手)」と「丶(=一《イチ》)」とから成る。手首のつけねから脈うつところまでの長さ(=一寸)。十分《ブ》。

意味 ❶長さの単位。一尺の十分の一。一分《ブ》の十倍。↓「度量衡表《ドリョウコウヒョウ》」(1141ページ) 例 一寸《イッスン》。径寸《ケイスン》。❷ほん

の少しの。ごくわずかの。例 寸暇《スンカ》。寸分《スンブン》。方寸《ホウスン》の地《チ》。

日本語での用法《スン》長さ。「寸法《スンポウ》・原寸大《ゲンスンダイ》」

難読 寸莎《すさ・つた》・寸胴《ずんどう》・火寸《つけぎ》・燐寸《マッチ》・一寸《ちょっと》・十寸鏡《ますかがみ》・三寸《みき》・七寸《みずつき》・忌寸《いみき》・寸寸《ずたずた》

人名 ちか・のり

【寸陰《スンイン》】〔「陰」は、時間の意〕わずかな時間。類 寸時・寸刻。例 ―をおしむ。

【寸暇《スンカ》】わずかな時間。例 ―をおしんで勉強する。

【寸隙《スンゲキ》】①わずかな時間。②わずかなすきま。例 ―もない。

【寸劇《スンゲキ》】上演時間のごく短い、軽い劇。

【寸言《スンゲン》】意味の深い、短いことば。例 ―で要領をつくす。―人を刺《さ》す。

【寸▼毫《スンゴウ》】〔「毫」も、わずかの意〕ほんのわずかなこと。例 ―も疑わない。

【寸刻《スンコク》】わずかな時間。類 寸時・寸陰《スンイン》・一刻。例 ―をおしむ。

【寸志《スンシ》】①少しばかりの気持ち。類 微意《ビイ》。例 ―をあらわす。②心ばかりの、おくりもの(の意で、おくりものの表書きに書くことば)。〔「①②」ともに、へりくだっていうことば。目上の人には使わない〕

【寸時《スンジ》】〔「スンシ」とも〕わずかな時間。類 寸刻・寸陰《スンイン》。例 ―も忘れぬ。

【寸借《スンシャク》】(名・する)少しばかりのお金を借りること。また、ちょっとのあいだだけ借りること。例 ―詐欺《サギ》(＝短期間の約束でお金を借りて、そのままだましとること)。

【寸書《スンショ》】短い手紙。〔自分の手紙をへりくだっていうことば〕類 寸楮《スンチョ》。

【寸前《スンゼン》】ほんの少し前。あることの起こる直前。例 発車―に飛び乗る。

【寸断《スンダン》】(名・する)ずたずたに断《た》ち切ること。例 交通網《コウツウモウ》が―された。

【寸地《スンチ》】わずかな土地。寸土。例 ―も敵にゆずらない。

【寸▼楮《スンチョ》】〔「楮」は、和紙の原料となるコウゾの意〕短い手紙。〔自分の手紙をへりくだっていうことば〕類 寸書。

【寸鉄《スンテツ》】①短い刃物《はもの》。小さな武器。例 身に―も帯びず(＝武器を持たない)。②短いが真理を言いあてたことば。類 警句。例 ―人を刺《さ》す(＝短いことばで人の急所をついたり、強い印象をあたえたりする)。

【寸土《スンド》】わずかな土地。寸地。例 ―を守る。

【寸秒《スンビョウ》】ごくわずかな時間。類 一刻。例 ―を争う。

【寸描《スンビョウ》】簡単にかくこと。また、その作品。スケッチ。例 人物―。

【寸評《スンピョウ》】短い批評。短評。例 ―を試みる。

【寸分《スンブン・スンプン》】ごくわずかなこと。例 ―もたがわない。

【寸法《スンポウ》】①ものの長さ。例 洋服の―をとる。②手順・計画。だんどり。もくろみ。例 これでうまくいくという―だ。

●原寸《ゲンスン》・採寸《サイスン》・尺寸《セキスン》・方寸《ホウスン》

寸3 【寺】 6画 2791 5BFA 教育2 音 シ㊥漢 ジ㊥呉 ス㊥唐 訓 てら

筆順 一 十 土 圭 寺 寺

なりたち [形声]「寸(＝規準)」と、音「土《シ》」とから成る。公的な規準を示す役所。

意味 ❶役所の名。つかさ。例 鴻臚寺《コウロジ》(＝外国との交渉《コウショウ》をつかさどる役所)。❷仏をまつり、仏道を修行《シュギョウ》するところ。てら。例 寺院《ジイン》。寺社《ジシャ》。❸昔、宮中のおくむきに仕えた人。宦官《カンガン》。例 寺人《ジジン》。

【寺院《ジイン》】てら。てらの建物。例 仏教―。カトリックの―。

【寺格《ジカク》】寺の格式。例 ―の高い寺。

【寺社《ジシャ》】寺と神社。例 ―に詣《もう》でる。

【寺僧《ジソウ》】寺に住んでいる僧侶《ソウリョ》。

【寺門《ジモン》】①寺の門。また、てら。②園城寺《オンジョウジ》(＝三井寺《みいでら》)のこと。

【寺男《てらおとこ》】寺で雑用をする男。

【寺子《てらこ》】寺子屋に入門した子供。

【寺子屋《てらこや》】江戸《えど》時代、庶民《ショミン》の子供に読み書き、そろばんなどを教えたところ。寺屋《てらや》。

【寺参り《てらまいり》】法事や墓参り、礼拝《ライハイ》、説法の聴問《チョウモン》などのために寺に行くこと。

●社寺《シャジ》・末寺《マツジ》・山寺《やまでら》

寸4 【寿】 7画 2887 5BFF 常用 音 ス㊥慣 シュウ㊥漢 ジュ㊥呉 訓 ことぶき・ことほ-ぐ・ひさ-しい・いのちなが-し

士11 【壽】 14画 5272 58FD 人名

筆順 一 二 三 丰 丰 寿 寿

なりたち [形声]「老(＝ながいき)」の省略体と、音「𠷎《チュウ》→《シュウ》」とから成る。長く久しい。

意味 ❶長生きである。いのちがながい。例 寿福《ジュフク》。寿夭《ジュヨウ》(＝長命と短命)。❷年齢《ネンレイ》。いのち。例 寿命《ジュミョウ》。天寿《テンジュ》。❸長命をいわう。また、いっぱんに、めでたいことをいわう。ことほぐ。例 寿宴《ジュエン》。寿詞《ジュシ》。

日本語での用法《す》「す」の音をあらわす万葉がな。「寿《す》し」

人名 かず・たか・たもつ・とし・なが・のり・ひさ・ひさお・ひさし・ひで・ひろし・ほぎ・やすし・よし

【▽寿《いのち》ながければ▽則《すなわ》ち▽辱《はじ》多《おお》し】長生きをすれば、それだけはずかしい思いをすることが多い。〈荘子《ソウジ》〉

【寿賀《ジュガ》】長生きの祝い。還暦《カンレキ》(＝六十一歳《サイ》)・古希《コキ》(＝七十歳)・喜寿《キジュ》(＝七十七歳)・米寿《ベイジュ》(＝八十八歳)・卒寿《ソツジュ》(＝九十歳)・白寿《ハクジュ》(＝九十九歳)などの祝い。

【寿詞《ジュシ》】㊀新年や長生きを祝うことばや詩文。㊁《よごと》天皇の御代《みよ》の長く栄えることを祝うことば。

【寿蔵《ジュゾウ》】生存中に作っておく墓。

【寿福《ジュフク》】長生きで幸福なこと。類 福寿。

【寿命《ジュミョウ》】①いのち。生命。天命。例 ―がつきる。②物の耐用《タイヨウ》年数。使用可能の年限。例 電池の―。

【寿齢《ジュレイ》】長いいのち。長寿。例 ―を重ねる。

【寿老人《ジュロウジン》】七福神のひとり。頭が長く短身、白いひげをたらした老人で、つえとうちわを持ち、シカを連れている。長寿をさずけるという神。

●恵比寿《エビス》・喜寿《キジュ》・長寿《チョウジュ》・天寿《テンジュ》・米寿《ベイジュ》

寸4 【対】 7画 3448 5BFE 教育3 音 タイ㊥漢 ツイ㊥呉 訓 そろ-い・こた-える・む-かう

寸11 【對】 14画 5384 5C0D

筆順 丶 亠 ナ 文 文 対 対

なりたち [会意]「丵(＝むらがり生える草)」と「士(＝役人)」と「寸(＝きまり)」とから成る。派生して「こたえる」の意。

意味 ❶こたえる。応じる。例 対策《タイサク》。応対《オウタイ》。❷向かい合う。むかう。例 対座《タイザ》。対面《タイメン》。❸相手になる。はりあう。例 対戦《タイセン》。対立《タイリツ》。敵対《テキタイ》。❹二つのものをならべてくらべる。例 対照《タイショウ》。対比《タイヒ》。❺相手と差がない。つりあ

う。例対称《タイショウ》。対等《タイトウ》。❻相手。向こうがわ。例対岸《タイガン》。対象《タイショウ》。❼二つでひとそろいとなるもの。例対句《ツイク》。一対《イッツイ》。対《ツイ》にする。

日本語での用法《タイ》旧国名「対馬《つしま》（＝今の長崎《ながさき》県に属する島）」の略。「対州《タイシュウ》」

【対案】《タイアン》 相手の案に対して、反対のがわから出す別の案。例反対するなら―を示せ。

【対応】《タイオウ》（名・する）①たがいに向き合うこと。また、一定の対立の関係にあること。例―する角《カク》。②たがいにつりあっていること。例祝賀会に―した服装。③相手のでかたや事態の変化を見ながら行動すること。例―策。

【対価】《タイカ》 財産や行為《コウイ》などによって人にあたえた利益について、受け取る報酬《ホウシュウ》。例労働の―。

【対外】《タイガイ》 外部や外国に対すること。(対)対内。例―交渉。―的問題。

【対角】《タイカク》〔数〕四辺形で、たがいに向かい合う角。また、三角形の一辺に対して向かい合った角。

【対角線】《タイカクセン》〔数〕多角形で、となり合わない二つの角の頂点を結ぶ直線。また、多面体で、同一の面上にない二つの頂点を結ぶ直線。

【対岸】《タイガン》 向こう岸。例―の火事（＝何が起こっても、自分には関係のないことのたとえ）。

【対義語】《タイギゴ》 ①反対の意味をもつことば。たとえば、「上」と「下」、「善」と「悪」、「過去」と「未来」など。反対語。対語《タイゴ》。(対)同義語。②対《ツイ》になることば。たとえば、「少年少女」「黒白」「雪月花」など。対語《ツイゴ》。

【対局】《タイキョク》（名・する）碁《ゴ》や将棋《ショウギ》で、勝負をすること。

【対極】《タイキョク》 反対側の極。対立する極。例―の位置にある。

【対空】《タイクウ》 空中からの攻撃《コウゲキ》に、地上から対応すること。(対)対地。例―射撃《シャゲキ》。

【対偶】《タイグウ》 ①二つでひとそろいのもの。対《ツイ》になっていること。夫婦《フウフ》・左右など。②論理学や数学で、「AならばBである」という命題に対して、これと論理的に等しい「BでないならばAでない」という形式の命題のこと。二つの命題は結局一致《イッチ》するので、二つでひとそろいということになる。

【対決】《タイケツ》（名・する）①二者が向かい合って、正否・優劣《ユウレツ》・強弱などを決めること。例悪と―する。②裁判で、原告と被告《ヒコク》を向かい合わせて審判《シンパン》すること。対審。

【対語】[一]《タイゴ》（名）対義語。反対語。[二]《タイゴ》（名・する）向かい合って話をすること。対談。[三]《ツイゴ》（名）熟語で、相《あい》対する意味をあらわす文字が並んだもの。たとえば、「前後」「左右」「大小」「男女」など。

【対向】《タイコウ》（名・する）向き合うこと。例―車。

【対抗】《タイコウ》[一]（名・する）相手に負けまいとして競争すること。例―手段。[二]（名）競馬《ケイバ》などで、本命《ホンメイ》（＝優勝候補）に次いで優勝の可能性の高いもの。

【対抗馬】《タイコウバ》 競馬《ケイバ》で、優勝候補のウマとせり合う実力があるウマ。転じて、競技や選挙で、実力がほぼ同じで張り合う人。(対)本命。例あとから―として出馬を表明した。

【対校】《タイコウ》[一]（名）（スポーツその他で）学校どうしできそい合うこと。例―クルー。―試合。[二]（名・する）古典などで、ほかの系統の本とくらべ合わせて、その異同を調べること。例『源氏物語《ゲンジものがたり》』の写本を―する。

【対座】《タイザ》（名・する）たがいが向かい合って、すわること。さしむかい。例両軍の将が―して語り合う。表記 (旧)対▼坐

【対策】《タイサク》 問題や事件に応じてとる、手段や方法。方策。例―をたてる。

【対▼峙】《タイジ》（名・する）①山などが、向かい合ってそびえていること。②敵対するものが、にらみ合って動かないこと。例両軍が川の両岸に―する。

【対酌】《タイシャク》（名・する）向かい合って酒をくみかわすこと。例楽しげに―して語り合っている。

【対処】《タイショ》（名・する）事件や問題に対して、うまく処理をすること。例積極的に―する。

【対▼蹠】《タイショ》〔「タイセキ」の慣用読み。「蹠」は、足の裏の意。足の裏が向かい合うことから〕正反対。また、正反対の位置に立つこと。例―的。

【対称】《タイショウ》 ①二つのものが、たがいに対応して、つりあっていること。相称。例左右―。②〔数〕二つの点や線や図形が、直線や一つの点を軸《ジク》にして、向き合っていること。シンメトリー。③文法で、「きみ」「あなた」「おまえ」など、相手を指すことば。第二人称。(対)自称・他称。

【対象】《タイショウ》 ①見たり考えたりするときに向けられる相手。研究―。②目標や目的。相手。例子供を―とした宣伝。

【対照】《タイショウ》（名・する）①共通性のあるものを、くらべあわせること。てらしあわせること。例原文と―する。②ちがいのいちじるしいものを並べてみたとき、そのちがいがいっそうはっきりしていること。とり合わせ。例好―。―の妙《ミョウ》。

【対症療法】《タイショウリョウホウ》 ①病気の原因に対する治療《チリョウ》ができないとき、とりあえず患者《カンジャ》の症状にあわせて処置をする治療方法。②比喩《ヒユ》的に、ものごとの根本的な解決をはからずに、その時々の状況《ジョウキョウ》に応じた処置をすること。また、その方法。例―のようなつたない政策。

【対人】《タイジン》 他人に対すること。例―関係。

【対陣】《タイジン》（名・する）相手と向かい合って陣をしくこと。例両軍―して決戦の時を待つ。川をへだてて―する。

【対数】《タイスウ》〔数〕aを1以外の正数とし、$N=a^b$の関係があるとき、bを、aを底《テイ》とするNの「対数」という。$b=\log_a N$の形であらわす。

【対生】《タイセイ》（名・する）植物で、くきの同じところから一対《イッツイ》の葉が向かい合って出ること。(対)互生《ゴセイ》・輪生《リンセイ》。

【対戦】《タイセン》（名・する）たがいに相《あい》対してたたかうこと。競技や試合をすること。例―相手。

【対談】《タイダン》（名・する）ふたりで向かい合って話すこと。例テレビで―する。

【対地】《タイチ》 飛行機などが、空中から地上に目標を定めること。(対)対空。例―攻撃《コウゲキ》。

【対置】《タイチ》（名・する）二つのものを向き合うようにおくこと。例―して両者をくらべる。

【対頂角】《タイチョウカク》〔数〕二本の直線が交わってできる、相《あい》対する二つの角。二つの角度はつねに等しい。

【対等】《タイトウ》（名・形動ダナ）二つのもののあいだに、優劣《ユウレツ》や高低などの差がないこと。例―の関係で交わる。

【対内】《タイナイ》 内部や国内に対すること。(対)対外。例―的な問題。

【対日】《タイニチ》 外国が日本に対すること。例―関係。

【対比】《タイヒ》（名・する）二つのものをつき合わせて、くらべること。例両チームの戦力を―する。

【対物】《タイブツ》 ものに対すること。例―レンズ。―保険。

【対辺】《タイヘン》 図形で、ある角や辺に対している辺。

【対面】《タイメン》（名・する）①顔を合わせること。面会。例久しぶりの―。②たがいに向き合うこと。例新入生との―式。

【対訳】《タイヤク》（名・する）原文に並べて訳文を示すこと。また、その訳文。例―本。

【対立】《タイリツ》（名・する）たがいに反対の立場に立って、ゆずらずに張り合うこと。例意見の―。

【対流】《タイリュウ》〔物〕液体や気体を熱したとき、温度の高くなっ

た部分が上に、低い部分が下に移動してできる流れ。この循環《ジュンカン》運動によって熱が伝わる。例大気《タイキ》の—圏《ケン》。

【対話《タイワ》】(名・する)たがいに向かい合って話すこと。また、その話。例親子の—。

【対句《ツイク》】詩や文章の中で、語形と意味とがおのおの対応し合う二つの句。音調をととのえたり、意味を強調したりする効果がある。たとえば、「山高く、海深し」「鳥鳴き、花咲《さ》く」など。例—表現。

【対丈《ツイたけ》】和服で、身のたけ(=身長)に合わせて布を裁断し、仕立てること。

【対幅《ツイフク》】二軸《ニジク》で一対《イッツイ》になっている書画のかけもの。対軸《ツイジク》。

【対馬《つしま》】旧国名の一つ。九州と朝鮮《チョウセン》半島とのあいだにあり、今の長崎《ながさき》県に属する島部にあたる。対州《タイシュウ》。

●正対《セイタイ》・絶対《ゼッタイ》・相対《ソウタイ》・敵対《テキタイ》・反対《ハンタイ》

寸6

【専】

9画 3276 5C02 教育6 音セン(漢)(呉) 訓もっぱ-ら

筆順 

寸8

【專】

11画 5383 5C08 人名

なりたち 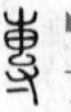 [形声]「寸(=基準)」と、音「叀《セン》」とから成る。長さ六寸の簿(=メモを書きとめるための板)。また、糸まき。借りて「もっぱら」の意。

意味 ❶一つのことに集中する。ひとすじ。もっぱら。例専一《センイツ》。専念《センネン》。専門《センモン》。❷ひとりじめにする。思うままにする。例専決《センケツ》。専制《センセイ》。専用《センヨウ》。

難読 専《とうめ》(=老女。また、老狐《ロウコ》)・専女《とうめ》

人名 あつし・あつむ・たか・まこと・もろ

【専一《センイツ》】(「センイチ」とも)(名・形動《ダ》)ただそれだけに打ちこむこと。ひたすらそのことに気を配ること。例ご自愛—に(=何よりもおからだをたいせつにしてください。手紙のことば)。

【専横《センオウ》】(名・形動《ダ》)権力者や支配的立場にいる者が、わがままに、かってなふるまいをすること。例—をきわめる。表記「▼擅横」とも書く。

【専科《センカ》】ある分野だけを専門に学ぶ課程。また、そこで学ぶ学科や科目。

【専管《センカン》】(名・する)「専属管轄《センゾクカンカツ》」の略。一手に管理し、支配すること。例—水域(=沿岸から二百海里までの水域)。

【専業《センギョウ》】①一つの職業や仕事だけに従事すること。(対)兼業《ケンギョウ》。例—農家。—主婦。②国がある人や団体だけに許可した事業。独占《ドクセン》事業。

【専決《センケツ》】(名・する)その人だけの考えや意見で決定し、処理すること。例会長の—事項《ジコウ》。

【専権《センケン》】思うままに権力をふるうこと。権力をひとりじめにすること。例—をふるう。表記「▼擅権」とも書く。

【専行《センコウ》】(名・する)その人だけの判断によっておこなうこと。かって気ままにおこなうこと。例独断—。

【専攻《センコウ》】(名・する)学問のある分野を専門に研究すること。また、その分野。(類)専修。例国文学を—する。

【専恣《センシ》】〔「恣」は、わがままの意〕かって気ままにすること。専横。例—のおこない。表記「▼擅恣」とも書く。

【専修《センシュウ》】(名・する)学問のある領域だけを専門に、学習や研究をすること。(類)専攻《センコウ》。例—学校。芸術学専攻西洋音楽史—。

【専従《センジュウ》】(名・する)専門にその仕事をすること。また、その人。(類)専任。例組合—者。

【専心《センシン》】(名・する)心をそのことに集中して、熱心におこなうこと。(類)専念。例一意—。

【専制《センセイ》】団体や集団の長が、自分だけの考えでものごとを処理しおこなうこと。例—国家。

【専属《センゾク》】(名・する)一つの会社や団体などにだけ、所属すること。例—歌手。

【専断《センダン》】(名・する・形動《ダ》)自分だけでかってに判断し、処理すること。(類)独断。例—なやり方。表記(旧)▼擅断

【専任《センニン》】(名・する)その仕事だけを受け持つこと。また、その人。(類)専従。(対)兼任《ケンニン》。例—職員。

【専念《センネン》】(名・する)ある一つのことだけに、心や力を集中して取り組むこと。(類)専心。例研究に—する。

【専売《センバイ》】(名・する)①ある商品を特定の人や会社が、一手に販売《ハンバイ》すること。例新聞の—店。②政府が特定の品物を、独占《ドクセン》して生産や販売をすること。例塩の—。

【専売特許《センバイトッキョ》】①政府が、あるものの発明者だけに、それの生産や販売《ハンバイ》の権利をあたえること。パテント。〔「特許」の古い言い方〕②その人の得意とすること。特技。十八番《おはこ》。例手品はかれの—だ。

【専務《センム》】①もっぱらその仕事だけをおこなうこと。例—車掌《シャショウ》。②「専務取締役《センムとりしまりヤク》」「専務理事」の略。

【専務取締役《センムとりしまりヤク》】社長を助け、会社の業務を全体的に管理する取締役。また、その役の人。専務。

【専門《センモン》】一つの分野に、とくに深くたずさわること。また、その学問や技術やことがら。例—的知識。

【専有《センユウ》】(名・する)自分ひとりだけで所有すること。(対)共有。例マンションの—面積。

【専用《センヨウ》】(名・する)①特定の人だけが使用すること。(対)共用。例社長の—車。②特定のことだけに使うこと。(対)兼用《ケンヨウ》。例台所—の洗剤《センザイ》。

寸6

【封】

9画 4185 5C01 常用 音ホウ(漢)フ・フウ(呉) 訓ポンド

筆順 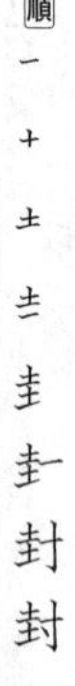

なりたち 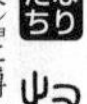 [会意]「土(=この)」と「土(=領土)」と「寸(=きまり)」とから成る。この領土によって諸侯《ショコウ》に爵位《シャクイ》をあたえる制度。

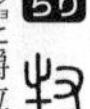

意味 ❶土地をあたえて領主とする。また、あたえられた領土。例封建《ホウケン》。封土《ホウド》。❷盛り土をする。例封禅《ホウゼン》。❸とじこめる。とじる。例封印《フウイン》。密封《ミップウ》。活動を封《フウ》じる。

日本語での用法《ポンド》①イギリスの通貨の単位。「一封《ポンド》は一〇〇ペンス」②ヤードポンド法の重さの単位。「一封《ポンド》は一六オンス」▽〔中国では「磅」をあてる〕

【封印《フウイン》】(名・する)封をして、そこに印をおすこと。また、その印。例—して手紙を出す。

【封▼緘《フウカン》】(名・する)〔「緘」も、とじる意〕封をして、とじること。封。例—紙(=封をするためにはる紙片《シヘン》。シール)。

【封切り《フウきり》】(名・する)〔「フウぎり」とも〕①封を切ること。②新制作または新輸入の映画を、はじめて上映すること。例明日—。

【封鎖《フウサ》】(名・する)①とざして出入りさせないこと。(類)閉鎖。例海上—(=相手の国の船舶《センパク》の、領海内への出入りを武力でさえぎること)。道路を—する。②流通を差し止めること。例経済—。

【封殺《フウサツ》】(名・する)野球で、相手側に進塁《シンルイ》しなければならない走者がいるとき、その走者が次の塁をふむ前に送球してアウトにすること。フォースアウト。例—打。

【封書】《フウショ》 封をした手紙。例 —をしたためる。

【封土】 一《フウド》 (古墳《コフン》をおおうためや、祭壇《サイダン》をつくるときに)盛り上げた土。二《ホウド》 君主が諸侯《ショコウ》にあたえた土地。諸侯の領地。封地《ホウチ》。

【封筒】《フウトウ》 手紙や書類などを入れる紙のふくろ。

【封入】《フウニュウ》 (名・する) 中に入れて封をすること。封じこむこと。例 小為替《こがわせ》を—して注文する。

【封建】《ホウケン》 君主が諸侯《ショコウ》に領地を分けあたえ、治めさせた制度。封土《ホウド》の所有とひきかえに、諸侯は君主に忠誠をちかった。例 —社会。—制度。

【封建的】《ホウケンテキ》 (形動《ダナ》) 上下の従属関係を重んじ、個人の権利や自由を認めないなど、封建制度に特有の性格をもっているようす。例 —な倫理《リンリ》。

【封禅】《ホウゼン》 土を盛り、壇《ダン》をつくって天子が、天や山川《サンセン》の神をまつること。

【封地】《ホウチ》 封ぜられた土地。諸侯《ショコウ》の領土。

【封▼禄】《ホウロク》 武士が主君から受けた給料。また、諸侯《ショコウ》にあたえられた米や土地など。類 知行《チギョウ》・扶持《フチ》・俸禄《ホウロク》。

●帯封《おびフウ》・開封《カイフウ》・完封《カンプウ》・素封《ソホウ》・同封《ドウフウ》・密封《ミップウ》

寸 7

【射】

10画 2845 5C04 教育6

音 一 シャ 漢 呉 セキ 漢 二 ヤ 漢

訓 い-る・さ-す

筆順 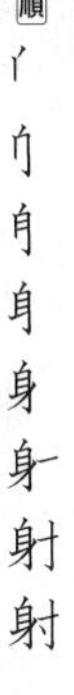

なりたち 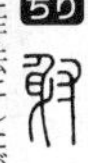 [会意]「身(=からだ)」と「寸(=決まった作法。また、手)」とから成る。手を用い、決まった作法にしたがって矢を放つ。

意味 一《シャ》 ❶弓で矢をとばす。いる。また、銃《ジュウ》などで弾《たま》をうつ。例 射撃《シャゲキ》。射殺《シャサツ》。射的《シャテキ》。❷光や熱を放つ。また、気体や液体などを勢いよくとばす。さす。例 注射《チュウシャ》。反射《ハンシャ》。噴射《フンシャ》。❸まぐれあたりをねらう。例 射幸《シャコウ》。二《ヤ》「僕射《ボクヤ》」は、中国の官名。

難読 射垜《あずち》・射干《ヤカン》《からすおうぎ》・射手《いて》

人名 い・いり

【射角】《シャカク》 弾丸《ダンガン》を発射するときの、砲身《ホウシン》(=大砲の長い筒状《つつジョウ》の部分)と水平面とが成す角。

【射御】《シャギョ》 射術と馬術。古代中国の男子の教養とされた。

【射撃】《シャゲキ》 (名・する) 弓や銃砲《ジュウホウ》などで、標的をねらってうつこと。例 実弾《ジツダン》—。一斉《イッセイ》—。

【射幸】《シャコウ—セキコウ》 (名・する) 努力によらず、ぐうぜんの成功を求めること。一獲千金《イッカクセンキン》を夢見ること。表記 旧 射▼倖

【射幸心】《シャコウシン》 思いがけない幸運や利益を望む心。例 —をあおる商法。表記 旧 射▼倖心

【射殺】《シャサツ》 (名・する) 拳銃《ケンジュウ》や弓などで、うちころすこと。

【射手】《シャシュ—いて》 弓矢をいる人。また、鉄砲《テッポウ》や拳銃《ケンジュウ》をうつ人。うちて。

【射出】《シャシュツ》 (名・する) ①弾丸《ダンガン》などをうちだすこと。発射。②水などを勢いよくだすこと。噴射《フンシャ》。③一点から放射状にでること。放射。

【射精】《シャセイ》 (名・する) 精液を出すこと。

【射程】《シャテイ》 弾丸《ダンガン》のとどく距離《キョリ》。例 —距離。

【射的】《シャテキ》 ①弓や銃《ジュウ》で、まとをうつこと。②空気銃などで、まとをうつ遊び。例 夜店の—場。

【射▽干】 一《シャガ》 アヤメ科の多年草。シャガ。五月ごろ、うすむらさきで中心が黄色の花をつける。二《ヤカン》 ①アヤメ科の多年草、ヒオウギのこと。つやのある黒い小さな実を「ぬばたま」「うばたま」という。カラスオウギ。②中国の伝説上の悪獣《アクジュウ》。姿はキツネに、鳴き声はオオカミに似ているという。表記 一は「▽著▼莪」とも、二は「野干」とも書く。

●注射《チュウシャ》・直射《チョクシャ》・発射《ハッシャ》・噴射《フンシャ》・放射《ホウシャ》

寸 7

【将】

10画 3013 5C06 教育6

音 ショウ 漢 呉

訓 はた・まさ-に・もって・ひき-いる

寸 8

【將】

11画 5382 5C07 人名

筆順 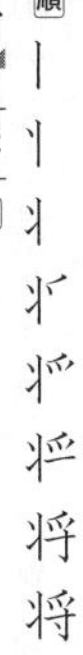

なりたち 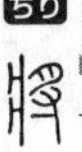 [形声]「寸(=手)」と、音「醬《ショウ》」の省略体とから成る。ひきいる。

意味 ❶(軍隊を)ひきいる(人)。例 将軍《ショウグン》。大将《タイショウ》。武将《ブショウ》。❷(助字) ㋐「まさに…す」と読む再読文字。今にも…しようとする、の意。行為《コウイ》や事態が、まもなくおころうとすることを示す。例 将レ死《まさにシせんとす》(=今にも死にそうになる)。㋑「はた」と読み、あるいは・それとも、の意。例 仕臣邪、将処士邪《シシンか、はたショシか》(=仕官している者か、それとも浪人《ロウニン》か)。

難読 女将《おかみ》

人名 すけ・すすむ・たすく・ただし・たもつ・のぶ・ひとし・まさ・まさし・もち・ゆき

【将官】《ショウカン》 軍人の階級で、大将・中将・少将をまとめていうことば。自衛隊では将・将補をいう。

【将器】《ショウキ》 大将になれる気質や才能をもった人物。

【将棋】《ショウギ》 八十一区画ある盤上《バンジョウ》に、各自二十ずつの駒《こま》を並べ、交互《コウゴ》に駒を動かし、相手の王将を取り合うゲーム。表記「象棋・象戯」とも書く。

【将棋倒し】《ショウギだおし》 ①将棋の駒《こま》を、少しの間隔《カンカク》をおいて立てて並べ、はしの駒をたおして、つぎつぎに駒をたおす遊び。②人やものが、つぎつぎと折り重なってたおれること。

【将軍】《ショウグン》 ①一軍を率い、指揮する人。②陸・海・空軍の将官。③「征夷大将軍《セイイタイショウグン》」の略。

【将校】《ショウコウ》 少尉《ショウイ》以上の地位にある軍人。

【将士】《ショウシ》 将校と兵士。将兵。

【将相】《ショウショウ》 大将と大臣。将軍と宰相《サイショウ》。

【将帥】《ショウスイ》 軍隊を指揮し、統率《トウソツ》する将軍。

【将兵】《ショウヘイ》 将校と兵士。

【将門】《ショウモン》 将軍の家がら。例 古来の—出《で》。

【将来】《ショウライ》 一(名・副) これから先。未来。さきざき。例 —のことを考える。—きっと悲しむだろう。二(名・する) ①持ってくること。もたらすこと。類 請来《ショウライ》。例 中国から—した書画。②ある結果をまねくこと。ある状態を引き起こすこと。例 やがて混乱を—することになる。

●王将《オウショウ》・大将《タイショウ》・武将《ブショウ》・名将《メイショウ》

寸 7

【尅】 10画 ⇩【剋】《コク》(136ページ)

寸 8

【尉】

11画 1651 5C09 常用

音 一 イ 漢 呉 二 ウツ 漢

訓 おさ-える・やす-んじる

筆順 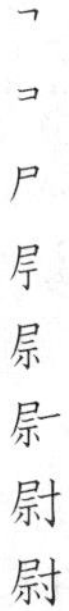

なりたち 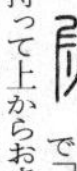 [会意]「𡰥(=自分でする)」と「寸(=手)」とで「小(=火)」を持つとから成る。火のしを手に持って上からおさえつける。おちつかせる。

意味 一《イ》 ❶火のし。同 熨《イ》。❷なぐさめる。安心させる。やすんじる。同 慰《イ》。例 尉安《イアン》(=なぐさめ、やすませる)。❸軍事や警察をつかさどる官。例 廷尉《テイイ》。❹近代の兵制で、軍隊の将校の階級。例 尉官《イカン》。少尉《ショウイ》。中尉《チュウイ》。二《ウツ》 ❶火のし。同 熨《ウツ》。❷姓《セイ》の一つ。例 尉繚子《ウツリョウシ》(=中国、戦国時代の兵法家)。

日本語での用法 《ジョウ》 律令制《リツリョウセイ》の四等官《シトウカン》で、

衛府《フエ》・検非違使《ケビイシ》の第三位。大と少とがある。判官《ジョウ》。「兵衛尉《ヒョウエのジョウ》・衛門《エモン》の大尉《ダイジョウ》」

人名 じょう・やす・やすし

【尉官】《イカン》 軍人の階級で、大尉・中尉・少尉をまとめていうことば。自衛隊では一尉・二尉・三尉をいう。

寸 8 【將】 11画 ⇩【将】《ショウ》(311ページ)

寸 8 【專】 11画 ⇩【専】《セン》(310ページ)

寸 9 【尋】 12画 3150 5C0B 常用

音 シン㊎ジン㊐ 訓 たず-ねる・ひろ

筆順 ㇕ ヨ ⺕ ⺕ ⺕ 尋 尋

寸 9 【尋】 12画

なりたち [形声]本字は「𢔶」で、「工・口(=乱れる)」と「ヨ・寸(=おさめる)」と、音「彡《サン》→《シン》」とから成る。乱れの元をさがして、おさめととのえる。

意味 ❶ さがす。たずねる。例 尋究《ジンキュウ》(=たずね求める)。尋問《ジンモン》。❷ 長さの単位。両うでを左右に広げた指先から指先までの長さ。八尺(=約一・八メートル)。七尺あるいは六尺ともいう。例 千尋《センジン》。❸ やがて。

日本語での用法 《ジン・ひろ》 長さの単位。一尋は六尺(=約一・八メートル)あるいは五尺(=約一・五メートル)。同 仞《ジン》。

使い分け たずねる【尋・訪】 ⇩1171ページ

人名 ちか・つね・のり・ひろし・ひろむ・みつ

【尋常】《ジンジョウ》(名・形動《ダ》)〔常は尋の二倍の長さ〕①ふつうであること。あたりまえ。なみ。例 ―茶飯《サハン》(=日常茶飯)。―の手段。②見苦しくないこと。りっぱ。例 ―に勝負しろ。

【尋常一様】《ジンジョウイチヨウ》(名・形動《ダ》)ごくふつうであること。例 ―の方法では解けない問題。

【尋問】《ジンモン》(名・する)〔法〕(裁判官や警察官などが)事情を明らかにするために、問いただすこと。例 主―。反対―。表記 ⑪▼訊問

寸 9 【尊】 12画 3426 5C0A 教育6

音 ソン㊎㊐ 訓 たっと-い・とうと-い・たっと-ぶ・とうと-ぶ

筆順 丷 䒑 芮 酋 酋 酋 尊 尊

寸 9 【尊】 12画

なりたち [会意]「酋(=熟成した酒)」と「寸(=きまり)」とから成る。酒を入れるうつわ。

意味 ❶ 酒を盛る古代の儀式用《ギシキヨウ》のうつわ。さかだる。同 樽《ソン》。例 酒尊《シュソン》。❷ たいせつにあつかう。たっとぶ。とうとぶ。対 卑《ヒ》。例 尊敬《ソンケイ》。尊崇《ソンスウ》。尊重《ソンチョウ》。❸ 地位や身分が高い。うやまうべき。たっとい。とうとい。対 卑《ヒ》。例 尊貴《ソンキ》。尊者《ソンジャ》。至尊《シソン》。❹ 相手への敬意をあらわすことば。例 尊意《ソンイ》。尊堂《ソンドウ》。尊父《ソンプ》。

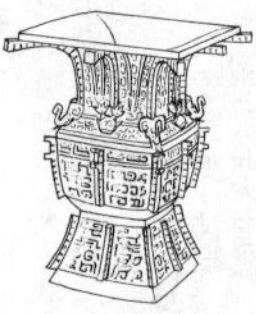

[尊❶]

日本語での用法 一《ソン》 たっとぶべき神仏。また、その像。「世尊《セソン》(=釈迦如来《シャカニョライ》)・釈迦三尊《シャカサンゾン》」 二《みこと》 神や貴人の名につけて、うやまっていうことば。「素戔嗚尊《すさのおのみこと》」

使い分け たっとい・たっとぶ・とうとい・とうとぶ【尊・貴】 ⇩1172ページ

人名 きみ・たか・たかし・たけ・たけし・たける

【尊意】《ソンイ》 他人の意志や意向を、うやまっていうことば。おぼしめし。類 尊慮《ソンリョ》。例 ―をうかがったうえで改めてご返事申し上げます。

【尊詠】《ソンエイ》 他人の作った詩歌《シイカ》を、うやまっていうことば。

【尊影】《ソンエイ》 他人の写真や肖像《ショウゾウ》を、うやまっていうことば。お写真。ご肖像。類 尊像。

【尊下】《ソンカ》 手紙で、あて名のわき付けに記すことば。類 貴下・机下《キカ》。

【尊家】《ソンカ》 他人の家をうやまっていうことば。お宅《タク》。〔ふつう、手紙文に使う〕類 尊宅。例 御《ゴ》―ますますの御発展をお祈《いの》り申し上げます。

【尊簡】《ソンカン》 他人の手紙をうやまっていうことば。類 貴翰《キカン》・玉翰《ギョッカン》。例 ―を拝受いたしました。表記「尊▼翰」とも書く。

【尊顔】《ソンガン》 他人の顔をうやまっていうことば。類 尊容。例 ご―を拝す。

【尊貴】《ソンキ》(名・形動《ダ》)とうといこと。また、とうとい人。例 ―の身分。

【尊兄】《ソンケイ》 ①他人のあにを、うやまっていうことば。②手紙で、対等の友人をうやまっていうことば。

【尊敬】《ソンケイ》(名・する)その人の人格や能力、言動や業績などをりっぱだと思い、うやまいの気持ちをいだくこと。例 ―の念をいだく。

【尊敬語】《ソンケイゴ》 敬語の一種。話している相手または話題になっている人を、うやまって表現する言い方。「言う」に対する「おっしゃる」、「見る」に対する「ごらんになる」、「食べる」に対する「召《め》し上がる」などと、ほかにも、助動詞の「れる」「られる」などがある。

【尊厳】《ソンゲン》(名・形動《ダ》)とうとくおごそかなこと。おかしてはならない、けだかいようす。例 生命の―。―死(=安楽死)。―を保つ。

【尊公】《ソンコウ》 相手をうやまっていうことば。〔男性が対等の男性に対して用いる〕類 貴公・尊君。

【尊号】《ソンゴウ》 呼び名をうやまっていうことば。とくに、皇帝《コウテイ》・皇后・皇太子などにおくられる。例 太上天皇《ダイジョウテンノウ》の―。

【尊者】《ソンジャ》〔「ソンザ」とも〕①徳の高い僧《ソウ》を、うやまっていうことば。②目上の人。身分の高い人。③昔、大臣が開いた宴会《エンカイ》で、上座にすわる人。

【尊称】《ソンショウ》 尊敬の気持ちをこめた呼び名。類 敬称。対 卑称《ヒショウ》。

【尊▼攘】《ソンジョウ》「尊王攘夷《ソンノウジョウイ》」の略。例 ―派の藩士《ハンシ》。↓

【尊王】《ソンノウ》

【尊崇】《ソンスウ》(名・する)うやまい、あがめること。例 人々の―を集める。

【尊前】《ソンゼン》 神仏や身分の高い人のまえを、うやまっていうことば。おんまえ。大前《おおまえ》。広前《ひろまえ》。例 拝殿《ハイデン》の―に進む。

【尊像】《ソンゾウ》 神仏や身分の高い人の像を、うやまっていうことば。類 尊影《ソンエイ》。例 北野天神《きたのテンジン》の―。

【尊属】《ソンゾク》 父母や祖父母、おじやおばなど、目上の血族。対 卑属《ヒゾク》。例 ―殺人(=尊属を殺すこと)。

【尊体】《ソンタイ》 ①仏像や肖像《ショウゾウ》を、うやまっていうことば。②相手のからだを、うやまっていうことば。おからだ。例 ―おだいじに。

【尊大】《ソンダイ》(名・形動《ダ》)えらそうにいばって、他人を見くだすこと。例 ―にかまえて人にさしずする。

【尊台】《ソンダイ》 年長の人をうやまっていうことば。あなたさま。類 貴

台。例—のごつごうは、いかがでございますか。

【尊重《ソンチョウ》】（名・する）とうとび重んじること。価値を認めてたいせつにすること。例人権を—する。

【尊堂《ソンドウ》】①他人の家をうやまっていうことば。類尊宅。②相手をうやまっていうことば。類尊公。

【尊王《ソンノウ》】皇室をたっとび、天皇中心の国政をおこなうこと。勤王。例—攘夷《ジョウイ》（＝王室を補佐し、異民族を追いはらおうとする思想。日本では特に、政権を幕府から天皇の手に取りもどし、西洋人を追いはらおうとした思想）。

【尊卑《ソンピ》】身分の高い者と低い者。また、とうといことと、いやしいこと。類貴賤《キセン》。

【尊父《ソンプ》】相手の父をうやまっていうことば。〔「ご尊父」の形で、多く手紙や電文に使われる〕対尊母。

【尊母《ソンボ》】相手の母をうやまっていうことば。〔「ご尊母」の形で、多く手紙や電文に使われる〕類母堂。対尊父。

【尊名《ソンメイ》】相手の名前をうやまっていうことば。例ご—はかねがねうかがっておりました。

【尊命《ソンメイ》】相手の命令をうやまっていうことば。ご命令。おおせ。例—を帯《タイ》して任務につきます。

【尊容《ソンヨウ》】①仏像や身分の高い人の、姿や顔かたち。②他人の顔かたちを、うやまっていうことば。類尊顔。例—を拝す。

【尊来《ソンライ》】他人の来訪を、うやまっていうことば。類光来・来駕《ライガ》。例拙宅《セッタク》への—をお待ち申し上げます。

【尊慮《ソンリョ》】相手の考えを、うやまっていうことば。お考え。類高慮・尊意。例—に従って実施《ジッシ》します。
●至尊《シソン》・自尊《ジソン》・釈尊《シャクソン》・独立自尊《ドクリツジソン》・本尊《ホンゾン》・唯我独尊《ユイガドクソン》

寸9【尋】12画 ⇩【尋】ジン（312ページ）

寸9【尊】12画 ⇩【尊】ソン（312ページ）

寸11【對】14画 ⇩【対】タイ（308ページ）

寸12【導】15画 3819 5C0E 教育5
音トウ漢ドウ呉 訓みちび-く・みちび-き
筆順 丷 䒑 芇 首 道 道 導 導

寸13【導】16画

なりたち [形声]「寸（＝きまり）」と、音「道《トウ》」とから成る。きまりにしたがってひきいる。

意味 手引きする。案内する。すじみちをつける。教える。みちびく。例導入《ドウニュウ》。指導《シドウ》。誘導《ユウドウ》。

人名 おさ・おさむ・とおる・みち・みつ
【導引《ドウイン》】①道案内をすること。②道教でおこなう治療《チリョウ》・養生法。手足の屈伸《クッシン》をしたり、深呼吸などにより新鮮《シンセン》な空気を体内にみちびく。③あんま。もみりょうじ。

【導火線《ドウカセン》】①爆薬《バクヤク》の点火に用いる線。口火《くちび》。②事件が起こる原因となることがら。きっかけ。例彼《かれ》の発言が争いの—になった。

【導管《ドウカン》】①水・ガス・空気などを送るくだ。パイプ。②〔生〕被子《ヒシ》植物で、根から吸いとった水分や養分を、上部に送る細いくだ。表記▽「道管」とも書く。

【導師《ドウシ》】〔仏〕①人々に仏の教えを説き、仏道にみちびく者。仏や菩薩《ボサツ》のこと。②法会《ホウエ》をとりおこなう僧《ソウ》のうちの主となる僧。例—をつとめる。③葬儀《ソウギ》を主宰《シュサイ》して、死者に引導をわたす僧。例—の一喝《イッカツ》。

【導線《ドウセン》】電流を通すために用いる針金。

【導体《ドウタイ》】〔物〕熱や電気をよく伝える性質をもった物質。伝導体。良導体。対絶縁《ゼツエン》体。

【導入《ドウニュウ》】（名・する）①外部から資金や技術などをみちびき入れること。例新方式を—する。②音楽や小説などのはじめの部分。例—部。③学習指導の最初の段階。生徒に興味をもたせ、学習の方向づけをする。例テーマにそった—。
●引導《インドウ》・伝導《デンドウ》・補導《ホドウ》・誘導《ユウドウ》

寸13【導】16画 ⇩【導】ドウ（313ページ）

42 3画 小 しょう しょうがしら（⺌ さかさしょう）部

「ちいさい」意をあらわす。「小」をもとにしてできている漢字と、「小」「⺌」と類型の「⺍」の字形を目じるしにして引く漢字とを集めた。

0 小 1 少 2 尓 3 尖 当 5 尚 尙 [illegible] 10 尠

この部首に所属しない漢字

示⇩示 722　肖⇩月 816　党⇩儿 104　掌⇩手 444　黨⇩黑 1111
光⇩儿 100　毟⇩毛 569　堂⇩土 233　甞⇩甘 671
劣⇩力 145　県⇩目 703　常⇩巾 341　當⇩田 682
糸⇩糸 767　省⇩目 705　雀⇩隹 1042　賞⇩貝 938

小0【小】3画 3014 5C0F 教育1
音ショウ漢呉 訓ちい-さい・こ・お・さ 付表小豆《あずき》
筆順 亅 小 小

なりたち [会意]「八（＝わける）」と「亅（＝わずか）」とから成る。分けられて、ちいさい。

意味 ❶形や規模がちいさい。こまかい。ちいさい。対大《ダイ》。例小国《ショウコク》。小心《ショウシン》。矮小《ワイショウ》。❷すくない。すこし。わずか。同少《ショウ》。例小雨《ショウウ》。小休止《ショウキュウシ》。小食《ショウショク》。❸身分が低い。おとっている。とるにたりない。対大《ダイ》。例小器《ショウキ》。小人《ショウジン》。❹自分のがわをへりくだっていうことば。例小社《ショウシャ》。小生《ショウセイ》。

日本語での用法 一《さ》よい、好ましい、美しいなどの意をあらわす。「小霧《さぎり》・小百合《さゆり》・小夜《さよ》」二《こ》ちょっとした程度をあらわす。「小首《こくび》をかたむける・小一時間《こイチジカン》・小耳《こみみ》にはさむ」

人名 いさら・ささ・ちいさ
【小豆《あずき》】マメ科の一年草。秋、細長いさやの中に、赤くてかたい実をつける。あんや赤飯などの食用にされる。

【小川《おがわ》】流れの細い川。

【小▼笹《おざさ・こざさ》】ササのこと。

【小味《こあじ》】（名・形動ダ）こまやかな味わいのある、おもむき。対大味《おおあじ》。例—のきいた話（＝ちょっと心にとまる話）。

【小石《こいし》】小さな石。いしころ。

【小犬《こいぬ》】①成犬になっても小さなイヌ。②イヌの子。表記②は「子犬」とも書く。

【▽小路《こうじ》】〔「ショウじ」とも〕町なかのせまい道。こみち。対大路《おおじ》。

【小形《こがた》】もののかたちが小さいこと。また、小さいもの。対大

形。例―の花もよう。

【小型】《こがた》 規模《キボ》や大きさなどが小さいこと。また、小さいもの。対大型。例―トラック。―辞書。―のテレビ。

【小金】《こがね》 ややまとまったおかね。ちょっとしたおかね。例―をためこむ。

【小柄】《こがら》 (名・形動ダナ) からだがふつうの人より小さいこと。対大柄《おおがら》。例―な女性。

【小切手】《こぎって》 〔経〕銀行に口座をもっている人が、指定の金額を受取人にしはらうことを、その銀行に依頼《ライ》した証券。例―を切る。―が不《フ》渡《わた》りになる。

【小器用】《こギヨウ》 (形動ダナ)〔「こキヨウ」とも〕ちょっと器用なようす。いちおうはうまくこなせるようす。例手先の―な人だ。

【小奇麗】《こギレイ》 (形動ダナ) 清潔で、さっぱりしているようす。例―な店。表記「小▼綺麗」とも書く。

【小口】《こぐち》 ①取りあつかう量や金額の少ないこと。対大口。例―預金。②書物で、背表紙以外の三つ(=天・地・前《まえ》)の断面。また、とくに背表紙の反対側の面。前《まえ》小口。③細い棒などを横に切断したときの、切り口。横断面。表記③は「木口」とも書く。

【小言】《こごと》 ①不平や不満をいうこと。例―が多い。②非難がましくしかること。また、そのことば。例お―をもらう。

【小細工】《こザイク》 一(名)手先でするこまごまとした細工。例きれいに―をほどこした小箱。二(名・する)すぐに見破られてしまうような、つまらないたくらみ。例―を弄《ロウ》する。

【小作】《こサク》 (名・する)「小作農」の略。地主から土地を借りて、耕作する人。対自作。例―人。

【小銭】《こぜに》 ①少額のお金。例―入れ。②少しばかりのまとまったお金。類小金《こがね》。例―をためこむ。

【小僧】《こゾウ》 ①子供の修行僧《シュギョウソウ》。類小坊主《こボウズ》。②「少年店員」の古い言い方。類でっち。③少年を見下げて、あるいは親しみをこめて、呼ぶことば。例はなたれ―。

【小包】《こづつみ》 ①小さなつつみ。②小包郵便物。国内では、現在は廃止され、ゆうパックになった。

【小粒】《こつぶ》 (名・形動ダナ) ①つぶが小さいこと。小さなつぶ。対大粒。例山椒《サンショウ》は―でもぴりりとからい。②体格や力量がふつうより小さいこと。類小柄《こがら》・小物《こもの》。例先代よりは―な当主《トウシュ》。

【小爪】《こづめ》 つめの付け根にある、白い三日月状の部分。

【小手】《こて》 ①手先。うで先。例―をかざす(=遠くを見たり、光をさえぎるときなどに、目の上に手をさしかけること)。②ひじと手首のあいだ。③剣道《ケンドウ》で、手首のあたりを打つわざ。例―を一本《イッポン》取られる。表記③は「籠手」とも書く。

【小道具】《こドウグ》 ①こまごました道具。②舞台《ブタイ》や映画などで、登場人物の身の回りの品物。対大道具。

【小鳥】《ことり》 形の小さな鳥。

【小▽半ら】《こなから》 半分の半分。四分の一。とくに、米や酒の一升《イッショウ》の四分の一(=二合五勺《シャク》)をいう。また、わずかばかりの量。例―酒《ざけ》。表記「▽二▽合▽半」とも書く。

【小荷物】《こにモツ》 (手に持てるほどの)小さな荷物。

【小人数】《こニンズウ》 人数が少ないこと。対多人数《タニンズウ》。例―で話し合う。

【小幅】《こはば》 一(名)ふつうよりはばのせまい布地。二(形動ダナ)価格・数量などの開きが小さいこと。▽対大幅《おおはば》。

【小春】《こはる》 陰暦《インレキ》十月の異名。春のような暖かい日が続くのでいう。例―日和《びより》(=初冬の、春のような暖かい日)。

【小判】《こバン》 江戸《えど》時代の金貨の一つ。うすい長円形で、一枚が一両にあたる。対大判《おおバン》。

【小兵】《こヒョウ》 ①体格が小さいこと。また、その人。類小柄《こがら》。対大兵《ダイヒョウ》。②弓を引く力が弱いこと。また、その人。対精兵《セイビョウ》。

【小股】《こまた》 歩くときの両足の開き(=歩はば)がせまいこと。対大股《おおまた》。例―の切れ上がった女(=すらりとしていて粋《いき》な感じの女性)。

【小間物】《こまもの》 (女性用の)化粧品《ケショウヒン》や装身具などのこまごました日用品。〔最近は装粧品《ソウショウヒン》ともいう〕

【小耳】《こみみ》 耳。例―にはさむ(=ちらりと聞きつける)。

【小文字】《こモジ》 ①小さな文字。②ローマ字の字体の一つ。▽対大文字《おおモジ》。

【小屋】《こや》 ①小さくて粗末《ソマツ》な建物。例掘《ほ》っ建て―《ごや》。②芝居《しばい》や見せ物の興行(=公演)のための建物。〔劇場の古い言い方〕例芝居―《ごや》。

【小雪】《こゆき》 少し降る雪。対大雪《おおゆき》。例―が舞《ま》う。

【▽小波】《さざなみ》 ①水面にこまかく立つ波。②小さな争いや行きちがいのたとえ。例―ひとつ立たない家庭。表記▽「▽細波・▼漣」とも書く。

【▽小《さ》▽百▽合《ゆり》】 ユリ(の花)。

【▽小夜曲】《さよキョク》 夜、恋人の家の窓の下で歌ったり、かなでたりする曲。また、小管弦楽のための組曲の一形式。セレナーデ。

【小▼庵】《ショウアン》 小さないおり。粗末《ソマツ》な住まい。例―を結ぶ。

【小異】《ショウイ》 わずかなちがい。例大同―(=ほとんど同じで、たいしたちがいがないこと)。

【小雨】《ショウウ｜こさめ》 少し雨が降ること。また、その雨。こまかな雨。対大雨《タイウ｜おおあめ》。

【小宇宙】《ショウウチュウ》 〔哲〕宇宙の一部でありながら、それ自身が宇宙と同じように、一つのまとまりをもった存在となっているもの。とくに、人間のことについていう。ミクロコスモス。

【小過】《ショウカ》 小さなあやまち。対大過《タイカ》。

【小学】《ショウガク》 ①「小学校」の略。②漢字の、文字の形や意味および音韻《オンイン》の学問。③古代中国の学校。八歳《サイ》以上の児童を教育した。④宋《ソウ》代に成立した、修養のための説話集。朱子《シュシ》の門人の劉子澄《リュウシチョウ》の編。

【小額】《ショウガク》 小さい単位の金額。対高額。

【小学校】《ショウガッコウ》 初等の普通《フツウ》教育をおこなう学校。日本では、国民の義務として、満六歳《サイ》から六年間おこなう。

【小寒】《ショウカン》 二十四節気の一つ。寒さがきびしくなりはじめる一月六日ごろ。寒の入り。

【小閑】《ショウカン》 少しのひま。寸暇《スンカ》。例―を得れば絵筆をとる。表記「少閑」とも書く。

【小器】《ショウキ》 ①小さな器物。②度量が小さいこと。また、その人。▽対大器《タイキ》。

【小吉】《ショウキチ》 (うらないなどで)少しいい運勢。

【小規模】《ショウキボ》 (名・形動ダナ) しくみや構造・構想などが小さいこと。対大規模《ダイキボ》。例―な改築。

【小休止】《ショウキュウシ》 (名・する)少しの時間休むこと。類小憩《ショウケイ》・少憩。対大休止。

【小曲】《ショウキョク》 短い楽曲や詩。

【小▼禽】《ショウキン》 小鳥。

【小径】《ショウケイ》 細いみち。こみち。例羊腸《ヨウチョウ》の―(=長く続く細い道)。表記「小▼逕」とも書く。

【小計】《ショウケイ》 (名・する)全体の中の、ある一部分を合計すること。また、その数量。対総計。

【小憩】《ショウケイ》 (名・する)少しのあいだ、休憩すること。類小休止。表記「少憩」とも書く。

【小康】《ショウコウ》 (病状や争いごとなどが)一時的におさまること。例―状態を保つ。

【小国】《ショウコク》 ①国土のせまいくに。②力の弱いくに。▽対大国《タイコク》。

【小差】《ショウサ》 わずかな差。(対)大差《タイサ》。[例]—で勝つ。
【小才】《ショウサイ｜こサイ》 少しばかりの才能。[例]—《こサイ》がきく。
【小策】《ショウサク》 つまらない策略。小細工。[例]—を弄《ロウ》する。
【小冊子】《ショウサッシ》 小型でうすい本。パンフレット。
【小子】《ショウシ》 ①子供。②弟子《デシ》。③自分をへりくだっていうことば。(類)小生。④先生が弟子に呼びかけることば。おまえ。
【小史】《ショウシ》 ①簡単に書かれた歴史。(類)略史。②自分の雅号《ガゴウ》の下につけることば。[例]大観《タイカン》—。
【小誌】《ショウシ》 ①小さな雑誌。②自分たちの出している雑誌をへりくだっていうことば。
【小事】《ショウジ》 ちっぽけなことがら。重要でないことがら。(対)大事。[例]—にこだわる。
【小社】《ショウシャ》 ①自分の会社をへりくだっていうことば。(類)弊社《ヘイシャ》。②小さな神社。
【小銃】《ショウジュウ》 携帯《ケイタイ》用の小型の銃。[例]自動—。
【小暑】《ショウショ》 二十四節気の一つ。しだいに暑くなりかけてくる七月七日ごろ。
【小乗】《ショウジョウ》 〔仏〕自己の人格形成と、さとりだけを目的として、他へのはたらきかけに消極的な仏教の教え。おもに東南アジアに広まった。(対)大乗。
【小食】《ショウショク》 (名・形動《ダナ》) 少ししか食べないこと。(対)大食《タイショク》。[表記]「少食」とも書く。
【小心】《ショウシン》 (名・形動《ダナ》) ①気が小さく、臆病《オクビョウ》なこと。[例]—者《もの》。②注意深いこと。細心。[例]粗大《ソダイ》に見えて実は—。
【小心翼翼】《ショウシンヨクヨク》 (形動《トタル》) ①細かく気を配って、万事《バンジ》につつしみ深いようす。②気が小さくて、びくびくしているようす。[例]—と暮《く》らす。
【小身】《ショウシン》 身分が低く、禄高《ロクだか》の少ないこと。(対)大身《タイシン》。[例]—者《もの》(=地位が低く、禄高の少ない人)。
【小人】 [一]《ショウジン》 ①度量のせまい人。人格のおとった、つまらない人。②からだの小さい人。(対)大人《タイジン》。[二]《ショウニン》 幼い子供。(対)大人《ダイニン》。[三]《こびと》 おとぎ話に出てくる、からだの小さな人。
【小人《ショウジン》間居《カンキョ》して不善《フゼン》を▽為《な》す】 つまらない人間はひまだと、よくないことをしがちである。〈大学《ダイガク》〉 [表記]「間居」は「閑居」とも書く。
【小人物】《ショウジンブツ》 度量のせまい人。人格の低い、つまらない人。(対)大人物。
【小水】《ショウスイ》 小便。尿《ニョウ》。
【小数】《ショウスウ》 〔数〕絶対値が1より小さい実数。(対)整数・分数。
【小生】《ショウセイ》 (手紙などで)男性が、自分をへりくだっていうことば。わたくし。(類)小子。
【小成】《ショウセイ》 (名・する) わずかばかりの成功。(対)大成《タイセイ》。[例]—に安んじる。
【小節】《ショウセツ》 ①つまらない節操。とるにたりない義理立て。[例]—にこだわって大義《タイギ》を見失う。②文章の、短いひと区切り。③音楽で、楽譜《ガクフ》の縦線で仕切られたひと区切り。
【小説】《ショウセツ》 ①作者が設定した人物や事件などをとおして、社会や人間のありうる姿をえがこうとする散文体の文学作品。〔坪内逍遥《つぼうちショウヨウ》が『小説神髄《シンズイ》』で「ノベル」の訳語として用いた〕②中国の古典のうちで、世間でうわさされた話などを書いた文章。[例]稗史《ハイシ》—(=民間の言い伝えや、よく知られた歴史的事件などを、おもしろく書いたもの)。
【小善】《ショウゼン》 小さな善行。
【小胆】《ショウタン》 (名・形動《ダナ》) 気が小さいこと。胆力がないこと。(対)大胆。[例]年功があるだけで—な指揮官。
【小腸】《ショウチョウ》 胃と大腸のあいだにある長い消化管。十二指腸・空腸・回腸に分けられる。食物の消化や吸収をおこなう。
【小弟】《ショウテイ》 ①おとうと。また、自分のおとうとをへりくだっていうことば。②自分をへりくだっていうことば。小生。〔手紙などに用いる〕(対)大兄《タイケイ》。[表記]▽「少弟」とも書く。
【小敵】《ショウテキ》 ⇩【少敵】《ショウテキ》(316ページ)
【小▼篆】《ショウテン》 漢字の書体の一つ。秦《シン》の李斯《リシ》が大篆《ダイテン》を改良したものという。
【小刀】 [一]《ショウトウ》 小さなかたな。わきざし。(対)大刀。[二]《こがたな》 小さな刃物《はもの》。ナイフ。
【小児】《ショウニ》 (幼い)子供。[例]—科医院。
【小児麻▼痺】《ショウニマヒ》 〔医〕おもに脊髄《セキズイ》がウイルスにおかされて、手足がまひする病気。
【小脳】《ショウノウ》 大脳と脊髄《セキズイ》とのあいだにある脳。身体各部の筋運動の調節と平衡《ヘイコウ》をつかさどる。
【小農】《ショウノウ》 土地がせまく、規模が小さい農業。(対)大農。
【小品】《ショウヒン》 ①絵画や彫刻《チョウコク》などで、規模の小さな作品。②文学や音楽などの、短くまとめた作品。[例]時代物の—。③小さな品物。
【小文】《ショウブン》 ①短い文章。[例]—を投稿《トウコウ》した。②自分の書いた文章を、へりくだっていうことば。(類)拙文《セツブン》。
【小片】《ショウヘン》 小さなかけら。切れはし。
【小編】《ショウヘン》 短い文学作品。短編。(類)掌編《ショウヘン》。[表記](旧)小▼篇
【小便】《ショウベン》 尿《ニョウ》。小水。また、小便を出すこと。
【小満】《ショウマン》 二十四節気の一つ。太陽の黄経《コウケイ》が六〇度に達する五月二十一日ごろ。〔草木がしげって、天地に満ち始める意〕
【小名】 [一]《ショウメイ》 ①とるにたりない名誉《メイヨ》。②子供のときの名。幼名。[二]《ショウミョウ》 江戸《えど》時代、領地の少ない大名。
【小勇】《ショウユウ》 つまらないことに発揮される勇気。(対)大勇《タイユウ》。[例]—にはやる。
【小用】《ショウヨウ｜こヨウ》 ①ちょっとした用事。②小便をすること。[例]—に立つ。
【小葉】《ショウヨウ》 ①小さな葉。②植物で、複葉を構成する個々の葉。
【小欲】《ショウヨク》 (名・形動《ダナ》) 小さな欲望。欲が少ないこと。(対)大欲《タイヨク》。[例]—にして足《た》るを知る。[表記](旧)小▼慾
【小量】《ショウリョウ》 [一](名) 分量や数量が少ないこと。(対)多量。[二](名・形動《ダナ》) 度量が小さいこと。気持ちがせまいこと。狭量《キョウリョウ》。▽(対)大量。[表記][一]は「少量」とも書く。
【小▼牢】《ショウロウ》 ⇩【少牢】《ショウロウ》(316ページ)
【小論】《ショウロン》 ①規模の小さい論文。小論文。②自分の論文をへりくだっていうことば。
【小話】 [一]《ショウワ》 ちょっとした話。こばなし。[二]《こばなし》 落語などで、短い笑い話。ひとくちばなし。[例]おもしろい—に客はどっと笑う。[表記][二]は「小▼咄・小▼噺」とも書く。
○●過小《カショウ》・狭小《キョウショウ》・極小《キョクショウ》・群小《グンショウ》・最小《サイショウ》・弱小《ジャクショウ》・縮小《シュクショウ》・大小《ダイショウ》・短小《タンショウ》

小 1
【少】
4画 3015 5C11
教育2
音 ショウ(漢)(呉)
訓 すく-ない・すこ-し

筆順 亅 亅 小 少

なりたち  [形声]「小(=ちいさい)」と、音「丿《ヘツ》→《ショウ》」とから成る。多くない。

意味 ❶数や量がわずか。すこし。すくない。(対)多《タ》。[例]少数《ショウスウ》。少量《ショウリョウ》。僅少《キンショウ》。❷年がわかい。幼い。[例]少年

3画

[小(⺌)部] 1画 ● 少

《ショウネン》幼少《ヨウショウ》。老少《ロウショウ》。❸同じ役職で下位の方。補佐《ホサ》する役。そえ。例少将《ショウショウ》。少傅《ショウフ》(=周代の官名)。

人名 お・すく・すくな・つぎ・まれ

【少尉】《ショウイ》 軍隊の階級で、尉官の最下位。例陸軍―。

【少額】《ショウガク》 少ない金額。わずかな金銭。対多額。

【少閑】《ショウカン》 すこしのひま。寸暇《スンカ》。例―を得る。表記「小閑」とも書く。

【少憩】《ショウケイ》(名・する) ちょっと休むこと。小休止。例山の中腹で―をとる。表記「小憩」とも書く。

【少子】《ショウシ》 ①最も年下の子。末の子。②産んだ子供の数が少ないこと。対多子。例―化社会(=一夫婦《イチフウフ》の育てる子供の数が、少なくなっている社会)。

【少時】《ショウジ》 一(名)子供のとき。幼少年時代。例―をふり返る。二(副)しばらくのあいだ。暫時《ザンジ》。例―休憩《キュウケイ》する。表記▽「小時」とも書く。

【少女】《ショウジョ》 年の若い女子。おとめ。対少年。例―雑誌。

【少少】《ショウショウ》(名・副) 量や程度がわずかであること。ちょっと。すこし。例塩を―加える。―お待ちください。

【少将】《ショウショウ》 軍隊の階級で、将官の最下位。例海軍―。

【少数】《ショウスウ》 かずの少ないこと。マイノリティー。対多数。例―意見。―派。

【少壮】《ショウソウ》(名・形動ダナ) 年が若く、元気で勢いがあること。例当時、かれは―の外交官だった。

【少長】《ショウチョウ》 年少者と年長者。

【少敵】《ショウテキ》 わずかな人数の敵。また、弱い敵。例―といえども、あなどらず。表記「小敵」とも書く。

【少納言】《ショウナゴン》 律令制《リツリョウセイ》の官職の一つ。太政官《ダイジョウカン》で事務をおこなう少納言局《キョク》に属《ゾク》し、奏宣《ソウセン》(=天皇に申し上げること)や官印の管理にあたり、侍従《ジジュウ》をかねた。

【少年】《ショウネン》 ①年の若い人。とくに、年少の男子。対少女。例―野球。②〔法〕少年法では二十歳《サイ》未満、児童福祉法《フクシホウ》では小学生から十八歳未満の男女。例―院(=家庭裁判所から保護処分として送られた少年を収容し、教育をする施設《シセツ》)。

【少年《ショウネン》老《お》い▽易《やす》く学《ガク》成《な》り難《がた》し】 若い人はたちまち年をとってしまうが、学問はなかなか完成しにくい。〔朱熹《シュキ》の作といわれる詩「偶成《グウセイ》」からとされてきたが、日本の五山の僧の作である可能性が高い〕

【少量】《ショウリョウ》 量が少ないこと。わずかの量。対多量・大量。例―の塩を加える。表記「小量」とも書く。

【少▼牢】《ショウロウ》 昔の中国で、ヒツジとブタの供え物。また、ごちそう。〔ウシとヒツジとブタの場合、「太牢《タイロウ》」という〕対太牢。表記「小▼牢」とも書く。

○●過少《カショウ》・希少《キショウ》・軽少《ケイショウ》・減少《ゲンショウ》・最少《サイショウ》・多少《タショウ》・年少《ネンショウ》・微少《ビショウ》・幼少《ヨウショウ》

小 2 [尓] 5画 ⇩【爾】《ジ》(646ページ)

小 3 【尖】 6画 3277 5C16 人名 音セン漢 訓とが-る

意味 ❶先が細くするどい。とがる。例尖鋭《センエイ》。尖塔《セントウ》。❷つき出たさき。はし。例尖端《センタン》。尖兵《センペイ》。

難読 尖《こす》む〔囲碁《イゴ》の用語〕

【尖鋭】《センエイ》(名・形動ダナ) ①先がするどくとがっていること。②思想や行動などが急進的なこと。過激なこと。例思想的に最も―なグループ。表記▽現先鋭

【尖端】《センタン》 ①先のとがった部分。類突端《トッタン》。例塔《トウ》の―。②時代や流行などの先頭。さきがけ。トップ。例―技術。流行の最―。表記▽現先端

【尖塔】《セントウ》 先のとがった塔。例遠くに教会の―が見える。

【尖兵】《センペイ》 軍隊が行軍するとき、本隊の前方を進んで、警戒《ケイカイ》や捜索《ソウサク》にあたる小部隊。表記「先兵」とも書く。

⺌ 3 【当】 6画 3786 5F53 教育2 音トウ漢呉 訓あ-たる・あ-てる・あ-たり・あ-て・まさ-に

筆順 丨 丨丨 ⺌ 当 当 当

田 8 【當】 13画 6536 7576

なりたち 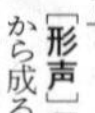 [形声]「田(=はたけ)」と、音「尚《ショウ》→《トウ》」とから成る。あたる。

意味 ❶あてはまる。かなう。あたる。あてる。例該当《ガイトウ》。正当《セイトウ》。相当《ソウトウ》。❷になう。受け持つ。事にあたる。例当直《トウチョク》。当番《トウバン》。担当《タントウ》。❸さしあたっての。現在の。例当今《トウコン》。当座《トウザ》。当世《トウセイ》。❹その。この。例当家《トウケ》。当時《トウジ》。当《トウ》の本人《ホンニン》。❺〔助字〕「まさに…べし」と読む再読文字。そうあるべきである・当然…すべきである、の意をあらわす。例及レ時当二勉励一《ときにおよびてまさにベンレイすべし》(=人間は時機においてつとめはげまなければならない)。〈陶潜《トウセン》・雑詩《ザッシ》〉

日本語での用法 《あたる・あてる》①命中する。「弾《たま》に当《あ》たる・ボールを当《あ》てる」②的中する。「予報《ヨホウ》が当《あ》たる」

使い分け あてる【当・充・宛】⇩1161ページ

難読 当帰《やまぜり》・当初《そのかみ》・当時《そのかみ》・当麻寺《たえまでら―たいまでら》

人名 あ・あつ・たえ・まさ・まつ

【当たり年】《あたりどし》 ①農業の収穫《シュウカク》や商売などの利益の多い年。例リンゴの―。②幸運にめぐまれた年。

【当たり役】《あたりヤク》 その俳優《ハイユウ》によく合っていて、評判のよい役。はまり役。例これはかれの―だ。

【当て馬】《あてうま》 ①めすうまの発情のようすを見たり、発情させたりするためにあてがう、おすうま。②相手のようすを見るためや、じゃまをするために用意されている人。例―候補。

【当て▽擦り】《あてこすり》 遠まわしに言う皮肉や悪口。例―はもう聞きあきた。いじの悪い―を言う。

【当て事】《あてこと―あてごと》 たのみにすること。当て。類期待。例―がはずれる。

【当て字】《あてジ》 ことばの本来の語源や構造、または意味に関係のない漢字を、その語の語形にあてはめて使うもの。場合によっては固定して社会に通用する。たとえば、「目出度《めでた》い」「天晴《あっぱ》れ」「荒猿《あらまし》」など。借字。表記「宛て字」とも書く。

【当て推量】《あてズイリョウ》 たしかな根拠《コンキョ》もなく、いいかげんにおしはかること。あてずっぽう。心あて。例―でものを言う。

【当て身】《あてみ》 柔道《ジュウドウ》で、こぶしやつま先などで、相手の急所を強く突《つ》くわざ。試合では禁止されている。

【当為】《トウイ》 〔ドイツ語 Sollen の訳語〕〔哲〕当然そうあるべきこと。当然そうすべきこと。

【当意即妙】《トウイソクミョウ》(名・形動ダナ) その場に最もふさわしい機転を、すばやくきかせること。例―の受け答え。

【当該】《トウガイ》 ①いま、話題や問題になっていることの。例―事項《ジコウ》について協議する。②その受け持ちの。その係の。例―官庁の判断にまかせる。

【当局】《トウキョク》 ①その仕事を取りあつかい、責任をもって処理する機関。とくに、行政上の仕事にかかわる役所や官庁。例政府―の発表。―の関係者。②この局。その局。

【当家】《トウケ》 (自分の)この家。例―の主人。

【当月】《トウゲツ》 この月。その月。今月。例―の売り上げ目標。

【当今《トウコン》】近ごろ。このごろ。いま。(類)当節。例—の流行。

【当座《トウザ》】①その場。即座《ソクザ》。例—思いついたこと。②しばらくのあいだ。当分。例—のまにあわせ。③「当座預金」の略。小切手によって自由に引き出せる、無利子の預金。

【当山《トウサン|トウザン》】①この山。②この寺。当寺。例—の住職。

【当事《トウジ》】直接、そのことに関係していること。例—国。

【当事者《トウジシャ》】そのことに直接関係する人。また、直接そのことにあたる人。(対)第三者。例—どうしで話し合う。

【当時《トウジ》】①そのころ。そのとき。そのむかし。例その—の思い出を語る。②いま。現在。例—繁栄《ハンエイ》をほこる大店《おおだな》。

【当日《トウジツ》】そのことがおこなわれるという日。その日。例—券。

【当社《トウシャ》】①この会社。わが社。例—の製品。②この神社。

【当主《トウシュ》】その家の、現在の主人。当代。(対)先代。

【当初《トウショ》】はじめ。最初。例—の計画とくいちがう。

【当所《トウショ》】この場所。このところ。当地。例—ははじめての土地です。表記「当処」とも書く。

【当世《トウセイ》】いまの世。現代。いまの時代。例—のはやり。

【当世風《トウセイフウ》】(名・形動)いまの世のはやりや風習。いまふう。当風。例—な生き方。

【当節《トウセツ》】このごろ。現在。現今。(類)当今。例—の風潮。

【当千《トウセン》】〔「トウゼン」とも〕ひとりで千人にあたいすること。また、きわめて強いこと。例一騎《イッキ》—の勇者。

【当選《トウセン》】(名・する)①選挙で選び出されること。(対)落選。例—確実。②「当籤《トウセン》」に同じ。

【当▼籤《トウセン》】(名・する)くじにあたること。例宝くじの—番号。表記「当選」とも書く。

【当然《トウゼン》】㊀(名・形動)道理から考えて、そうあるべきこと。あたりまえ。例—の結果。そんなことは—だ。㊁(副)もちろん。例—君にもやってもらう。

【当代《トウダイ》】①いまの時代。この時代。現代。例—一の歌舞伎《かぶき》俳優《ハイユウ》。②その時代。当時。例—の風習。③その家の現在の主人。当主。(対)先代。例—は先代以上の人物だ。

【当地《トウチ》】この土地。この地方。当所。例—の名産。

【当直《トウチョク》】(名・する)当番で日直や宿直をすること。また、その人。例—にあたる。

【当店《トウテン》】この店。自分の店。例—自慢《ジマン》の料理。

【当人《トウニン》】その人。本人。(類)当事者。例—に会わせる。

【当年《トウネン》】①ことし。この年。本年。例—とって三十歳《サイ》。②その年。そのころ。例—の地位はまだ低かった。

【当番《トウバン》】順番にする仕事などに、あたること。また、その人。(対)非番。例掃除《ソウジ》—。

【当否《トウヒ》】①あたることと、あたらないこと。あたりはずれ。例—は不明。②正しいことと、正しくないこと。よしあし。例開発計画の—を論ずる。

【当風《トウフウ》】「当世風《トウセイフウ》」に同じ。

【当分《トウブン》】(副)しばらくのあいだ。さしあたり。例—休業する。仕事をやめても—なんとかやっていける。

【当方《トウホウ》】自分のほう。こちら。(対)先方。例—から伝える。

【当面《トウメン》】㊀(名・する)いま、目の前にあること。ある問題や事態にぶつかること。例—の目標。難問に—する。㊁(副)さしあたり。目下《モッカ》。いまのところ。例—困ること。

【当夜《トウヤ》】①そのよる。事の起こった、そのよる。例—のアリバイ。②このよる。今夜。例—は冷えこむ。

【当用《トウヨウ》】さしあたって使うこと。例—日記(=さしあたって必要なことがらなどを簡単に記しておく日記)。

【当来《トウライ》】〔仏〕当然くるはずの世。未来。来世《ライセ》。

【当落《トウラク》】当選と落選。また、当選か落選か。例—線上。

【当流《トウリュウ》】①この流儀《リュウギ》。自分の流儀。②いまの世の流儀。当世風。

【当路《トウロ》】〔「路」は、交通の重要な地点の意〕重要な地位にいること。また、その人。例—の要人。

【当惑《トウワク》】(名・する)どうしてよいかわからずに、とまどうこと。とほうにくれること。例—の色はかくせない。
●穏当《オントウ》・芸当《ゲイトウ》・見当《ケントウ》・順当《ジュントウ》・妥当《ダトウ》・適当《テキトウ》・日当《ニットウ》・配当《ハイトウ》・不当《フトウ》・本当《ホントウ》

⺌ 5
【尚】
8画 3016 5C1A 常用
音 ショウ 漢 呉
訓 たっと-ぶ・とうと-ぶ・なお・ひさ-しい

筆順 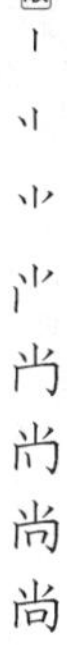

小 5 【尙】 8画 — 5C19

たなちり  〔形声〕「八(=分かれて高くのぼる)」と、音「向《キョウ》→ショウ」とから成る。高くする。

意味 ❶たかくする。たかい。例尚志《ショウシ》。高尚《コウショウ》。❷重んじる。とうとぶ。たっとぶ。例尚歯《ショウシ》。尚武《ショウブ》。❸ねがう。こいねがう。こいねがわくは。❹このむ。このみ。例好尚《コウショウ》。❺まだ。そのうえ。なお。例尚早《ショウソウ》。❻ふるい。とおい。ひさしい。例尚遠《ショウエン》(=古く、遠い)。尚久《ショウキュウ》(=久しい)。尚《ひさ》しい話《はなし》。

難読 尚侍《ナイシのかみ》・尚殿《とのもりつかさ》

人名 さね・たか・たかし・なか・なり・ひさ・ひさし・ひとし・ひろし・ます・やす・ゆき・よし

【尚古《ショウコ》】昔の文化や思想を、すぐれたものとしてとうとぶこと。(類)崇古《スウコ》。例—主義(=昔の制度などを今の模範《モハン》として生かそうとする考え方)。

【尚志《ショウシ》】志を高くもつこと。

【尚歯《ショウシ》】〔「歯」は、年齢《ネンレイ》の意〕老人をうやまうこと。(類)敬老。

【尚書《ショウショ》】①五経《ゴキョウ》の一つ。『書経《ショキョウ》』の別名。古代の史実などをまとめた書。②秦《シン》代、詔書《ショウショ》(=みことのり)をとりあつかう官職であったが、のち強大となり、唐《トウ》代には、国家の政務の中心的地位になった。③日本で、太政官《ダイジョウカン》の弁官《ベンカン》の中国風の呼び名。

【尚早《ショウソウ》】(名・形動)(時期が)まだはやいこと。まだその時期ではないこと。例時期—だ。

【尚武《ショウブ》】武道をたっとぶこと。例—の気風。

【尚友《ショウユウ》】(書物を読んで)古人を友とすること。

【▽尚更《なおさら》】(副)なおいっそう。ますます。例—悪い。
●和尚《オショウ|カショウ|ワジョウ》・高尚《コウショウ》

小 5 【尙】8画 ⇩【尚】《ショウ》(317ページ)

⺌ 5 〔鼡〕8画 ⇩【鼠】《ソ》(1113ページ)

小 10
【尠】
13画 5386 5C20
音 セン 漢 呉
訓 すく-ない

意味 少ない。例尠少《センショウ》。
【尠少《センショウ》】少ないこと。すこし。

43 3画
尢 (だいの)まげあし おうにょう 部

片足がなえて曲がった人の形をあらわす。「尢」の字形を目じるしにして引く漢字を集めた。

0 尢 1 尤 4 尨 9 就

［尢部］0—9画 尢尤尨就 ［尸部］0—1画 尸尹尺

尢 0
【尢】3画 5387 5C22
音 オウ漢 訓 あしかが-まる

意味 片足が不自由なようす。片足が曲がっている。足なえ。

尢 1
【尤】4画 4464 5C24 人名
音 ユウ漢 訓 とが-める・もっと-も

意味 ❶他と異なっている。とりわけすぐれている。例 尤異《ユウイ》(=とりわけすぐれている)。尤物《ユウブツ》。❷責める。とがめる。

日本語での用法《もっとも》①程度が進んでいること。「尤《もっと》も秀《ひい》でた者《もの》」②理にかなっていること。あたりまえ。「その主張《シュチョウ》は尤《もっと》もなところがある」③そうは言っても。一方では。「それはよくない。尤《もっと》も本人《ホンニン》が好《この》むなら話《はなし》は別《ベツ》だ」

人名 まさる・もつ・もと

【尤物】《ユウブツ》①とくにすぐれているもの。②美女。美人。

尢 4
【尨】7画 5388 5C28
音 ボウ漢 訓 むくいぬ

意味 ❶毛がふさふさとしたイヌ。むくいぬ。例 尨《むく》犬《いぬ》。尨毛《むくげ》。❷いりまじっている。みだれている。例 尨雑《ボウザツ》(=粗悪《ソアク》なものがいりまじっている)。❸量がたっぷりと、ゆたかでおおきい。同 厖《ボウ》。例 尨大《ボウダイ》。

【尨大】《ボウダイ》(形動《ダ》) ひじょうに大きいようす。例 —な資料。表記「▼厖大」とも書く。

【尨毛】《むくげ》けものの、長くふさふさした毛。例 —の犬。

尢 9
【就】12画 2902 5C31 教育6
音 シュウ漢 ジュ呉 訓 つ-く・つ-ける・つ-いては

筆順 亠 古 亨 京 京 就 就 就

なりたち  [会意]「京(=高い丘《おか》)」と「尤(=ふつうと異なる)」とから成る。高い。派生して「つく」の意。

意味 ❶つきしたがう。身をよせる。つく。例 去就《キョシュウ》。故《ふる》きを去《す》てて新《あたら》しきに就《つ》く。❷とりかかる。新しく仕事や役目につく。つく。例 就学《シュウガク》。就職《シュウショク》。就任《シュウニン》。❸ものごとができあがる。なしとげる。例 成就《ジョウジュ》。

使い分け つく・つける【付・着・就】⇩1172ページ

難読 就而《ついて》

人名 つぎ・つぐ・なり・ひさし・ひとし・ゆき・よし

【就役】《シュウエキ》(名・する) ①役務《エキム》につくこと。②囚人《シュウジン》が刑《ケイ》に服すること。③新造の軍艦《グンカン》が任務につくこと。対 退役《タイエキ》。

【就学】《シュウガク》(名・する) 学校にはいること。例 —年齢《ネンレイ》。

【就業】《シュウギョウ》(名・する) ①仕事にとりかかること。類 就労。②職業についていること。類 就労。対 失業。例 —人口。

【就航】《シュウコウ》(名・する) 船や飛行機が初めてその航路につくこと。例 ロンドンへの直行便が—する。

【就床】《シュウショウ》ねむるために、とこにつくこと。類 就寝《シュウシン》・就眠《シュウミン》。

【就職】《シュウショク》(名・する) 職業につくこと。対 退職・離職《リショク》・失職。例 —難。進学しないで—する。

【就寝】《シュウシン》(名・する) 寝床《ねどこ》にはいって、ねむること。類 就床《シュウショウ》・就眠《シュウミン》。対 起床《キショウ》。例 全員十時に—する。

【就任】《シュウニン》(名・する) 職務や任務につくこと。対 退任・辞任・離任《リニン》。例 学長に—する。

【就縛】《シュウバク》(名・する)〔「縛《バク》に就《つ》く」と訓読する〕犯人などがとらえられて、しばられること。

【就眠】《シュウミン》(名・する) ねむりにはいること。ねること。類 就寝《シュウシン》・就床《シュウショウ》。

【就労】《シュウロウ》(名・する) 仕事にとりかかること。また、職をもって仕事をしていること。類 就業。例 —者。—時間。

【▽就▽中】《なかんずく／なかんずくに》(副)〔「中《なか》に就《つ》く」の訓読から〕そのなかでも。とりわけ。ことに。

●去就《キョシュウ》・成就《ジョウジュ》

44 3画 尸 しかばね しかばねかんむり しかむり かばねだれ 部

人がうつぶせにたおれている形をあらわす。また、「やね」「建物」の形をあらわす。「しかばねかんむり」「しかむり」「かばねだれ」ともいう。「尸」をもとにしてできている漢字と、「尸」の字形を目じるしにして引く漢字とを集めた。

0 尸 1 尹 尺 2 尻 尼 3 尽 4 局 尿 屁 尾 5 居 屈 届 屆 6 屋 屍 屎 屏 7 屓 屐 屑 展 屑 8 屛 屠 9 属 屠 屡 11 層 屢 12 履 層 18 屬 21 屭

この部首に所属しない漢字

昼⇩日 489 尉⇩寸 311 釈⇩釆 997 犀⇩牛 651 辟⇩辛 960

尸 0
【尸】3画 5389 5C38
音 シ漢呉 訓 しかばね・かばね・かたしろ

意味 ❶死んだ人のからだ。しかばね。かばね。同 屍《シ》。例 尸骸《シガイ》(=死者のからだ。むくろ)。❷祖先をまつるときに神霊《シンレイ》の代わりにまつりを受ける人。また、位牌《イハイ》。かたしろ。例 尸祝《シシュク》(=形代《かたしろ》と神主《かんぬし》)。❸責任をはたさない。むなしく位にある。おこたる。例 尸位素餐《シイソサン》。尸禄《シロク》(=俸給《ホウキュウ》どろぼう)。

【尸位素▼餐】《シイソサン》職務の責任を果たさないで、俸給《ホウキュウ》だけをもらうこと。〈漢書《カンジョ》〉

【尸▼諫】《シカン》(名・する) 命を捨ててまで、主君をいさめること。類 諫死《カンシ》。表記「▼屍▼諫・死▼諫」とも書く。

尸 1
【尹】4画 5390 5C39
音 イン漢 訓 おさ・ただ-す・おさ-める

意味 ❶役所の長官。おさ。例 令尹《レイイン》(=地方長官)。❷ある地域を支配し、安定させる。おさめる。ただす。例 天下《テンカ》を尹《ただ》す。

日本語での用法《かみ》律令制《リツリョウセイ》の四等官《シトウカン》で、「弾正台《ダンジョウダイ》」の第一位。長官《かみ》。「弾正台《ダンジョウダイ》の尹《かみ》」

尸 1
【尺】4画 2860 5C3A 教育6
音 セキ漢 シャク呉 訓 さし

筆順 ㇇ コ 尸 尺

なりたち  [会意]「尸(=人体)」と「乀(=しるし)」とから成る。人体を基準にした長さの単位。十寸。

意味 ❶長さの単位。一寸の十倍。一丈《イチジョウ》の十分の一。→「度量衡表《ドリョウコウヒョウ》」(1141ページ) 例 三尺《サンジャク》。七尺《シチセキ》の軀《ク》。❷長さ。たけ。ものさし。例 尺度《シャクド》。縮尺《シュクシャク》。❸わず

か。小さい。みじかい。例 尺寸《セキスン》の地《チ》。三尺《サンセキ》の童子《ドウジ》。❹手紙。〔昔の手紙は長さ一尺の、木のふだに書かれたことから〕例 尺簡《セキカン》。尺素《セキソ》。尺牘《セキトク》。

難読 曲尺《かね》・短尺《タンザク》

人名 かね・さか・さく・たけ

【尺度】《シャクド―セキド》①長さをはかる器具。ものさし。②長さ。寸法。③計量や評価の基準。例 同じ―では、はかれない。

【尺八】《シャクハチ》〔一尺八寸(=約五五センチメートル)の意〕長さが一尺八寸の竹製のたてぶえ。

【尺余】《シャクヨ》一尺よりやや長いこと。一尺あまり。

【▽尺▼蠖《セキカク》の屈《クッ》するは▽以《もっ》て▽信《の》びんことを求《もと》むるなり】〔尺取り虫が身をちぢめるのは、あとで伸《の》びようとするためである〕成功するためには、一時のしんぼうが必要なことのたとえ。〈易経《エキキョウ》〉

【▽尺簡】《セキカン》〔「簡」は、文書を書く竹のふだ〕手紙。書状。類 尺牘《セキトク》。

【▽尺書】《セキショ》短い文書。また、手紙。類 寸書。

【▽尺寸】《セキスン》〔一尺と一寸の意〕ごくわずかなこと。

【▽尺寸の功】《セキスンのコウ》わずかばかりのてがら。

【▽尺素】《セキソ》〔「素」は、文書を書く絹〕手紙。類 尺書《セキショ》。

【▽尺地】《セキチ》〔「シャクチ」とも〕せまい土地。わずかの土地。尺土《セキド》。寸土。例 敵には―もゆずらない。

【▽尺土】《セキド》「尺地《セキチ》」に同じ。

【▽尺▼牘】《セキトク》〔「牘」は、文書を書く木のふだ〕手紙。書状。

● 曲尺《かねジャク―まがりジャク―まがりがね》・短尺《タンザク》

尸 2

【尻】

5画 3112 5C3B 常用 音 コウ 漢 呉 訓 しり 付表 尻尾《しっぽ》

筆順 𠃍 コ 尸 尸 尻

なりたち [形声]「尸(=人体)」と、音「九《キュウ…→コウ》」とから成る。しり。

意味 ❶しり。例 尻尾《しっぽ》。桃尻《ももじり》。❷ものの地につくところ。底。ねもと。

日本語での用法《しり》最後のところ。おわり。うしろ。しめくくり。「川尻《かわじり》・ことば尻《じり》・目尻《めじり》・借金《シャッキン》の尻拭《しりぬぐ》い・帳尻《チョウじり》をあわせる」

【尻尾】《しっぽ》①動物の尾《お》。②長いものの、うしろ。

● 台尻《ダイじり》・帳尻《チョウじり》・眉尻《まゆじり》・矢尻《やじり》

尸 2

【尼】

5画 3884 5C3C 常用 音 ジ 漢 ニ 呉 訓 あま

筆順 𠃍 コ 尸 尸 尼

なりたち [形声]「尸(=人体)」と、音「匕《ヒ…→ジ》」とから成る。人のうしろから近づく。借りて「あま」の意。

意味 仏教で、出家した女性の修行者《シュギョウシャ》。また、キリスト教の修道女《シュウドウジョ》。あま。例 尼僧《ニソウ》。禅尼《ゼンニ》。

人名 さだ・ただ・ちか

【尼公】《ニコウ》あまになった貴婦人を、うやまっていう語。あまぎみ。

【尼寺】《ニジ―あまでら》①〔仏〕あまの住む寺。類 尼院《ジイン―ニイン》。対 僧寺《ソウジ》。②キリスト教の女子修道院。

【尼僧】《ニソウ》①出家した女性。あま。比丘尼《ビクニ》。②キリスト教の修道女《シュウドウジョ》。あま。

尸 3

【尽】

6画 3152 5C3D 常用 音 シン 漢 ジン 呉 訓 つ-くす・つ-きる・つ-かす・ことごと-く

筆順 𠃍 コ 尸 尺 尽 尽

皿 9

【盡】

14画 6624 76E1 人名

なりたち [形声]「皿(=うつわ)」と、音「𦘔《シン》」とから成る。器《うつわ》の中が空《から》である。

意味 ❶あるものすべてを出しきる。あったものがすっかりなくなる。つくす。例 尽心《ジンシン》(=心をつくす)。尽力《ジンリョク》。無尽蔵《ムジンゾウ》。❷おわる。つきる。例 自尽《ジジン》(=自ら死する。自殺)。❸月のおわり。みそか。つごもり。例 三月尽《サンガツジン》。小尽《ショウジン》(=陰暦《インレキ》の小《ショウ》の月。二十九日の月)。大尽《ダイジン》(=陰暦の大《ダイ》の月。三十日の月)。❹すべて。ひとつ残らず。ことごとく。例 尽信レ書、則不レ如レ無レ書《ことごとくショをシンずれば、すなわちショなきにしかず》(=書物に書かれていることがすべて正しいと信じるなら、書物などないほうがよい)。〈孟子《モウシ》〉

【尽日】《ジンジツ》①朝から晩まで。ひねもす。終日。②それぞれの月または一年の、最終の日。みそか。おおみそか。例 八月―。

【尽▼瘁】《ジンスイ》(名・する)〔「瘁」は、心身がひどくつかれる意〕体力や気力をつくすこと。ほねをおること。例 教育に―する。

【尽力】《ジンリョク》(名・する)できるかぎりの努力をすること。ほねをおること。例 学校のために―してほしい。

● 大尽《ダイジン》・無尽《ムジン》・理不尽《リフジン》

尸 4

【局】

7画 2241 5C40 教育3 音 キョク 漢 訓 つぼね

筆順 𠃍 コ 尸 尸 局 局 局

なりたち [会意]「口(=くち)」が「尺(=正しくなおす)」の下にある。口をつつしむことから、ちぢこまる。

意味 ❶まげる。ちぢまる。からだを曲げてちぢこまる。同 跼《キョク》。例 局天蹐地《キョクテンセキチ》。❷境目をつくって、いくつかの部分に分ける。しきる。また、分けられた部分。例 局限《キョクゲン》。局地《キョクチ》。局部《キョクブ》。❸こまかく分けられた部屋。役所などで仕事の内容によっていくつかに分けた単位の一つ。例 局長《キョクチョウ》。事務局《ジムキョク》。部局《ブキョク》。❹ものごとのようす。なりゆき。当面の事態。例 局面《キョクメン》。時局《ジキョク》。❺はたらき。度量。例 局量《キョクリョウ》。❻囲碁《ゴイ》や将棋《ショウギ》やチェスなどの盤《バン》。また、その勝負。例 一局《イッキョク》。終局《シュウキョク》。対局《タイキョク》。

日本語での用法《つぼね》宮中や大奥《おおおく》などで、女房《ニョウボウ》や女官《ニョカン》の部屋。また、そこに住む女房や女官(をうやまっていうことば)。「お局《つぼね》さま・長局《ながつぼね》・二位《ニイ》の局《つぼね》」

人名 ちか

【局員】《キョクイン》局と呼ばれるところの職員。

【局外】《キョクガイ》①局の力のおよばないところ。局の管轄《カンカツ》外。対 局内。②事態に直接の関係がないこと。例 ―者。―中立(=交戦国のどちらにも、味方しないこと)。

【局限】《キョクゲン》(名・する)ある範囲《ハンイ》にかぎること。例 問題を―する。

【局所】《キョクショ》①全体のなかの限られた一定の部分。例 ―麻酔《マスイ》。②陰部《インブ》。▽類 局部。

【局地】《キョクチ》限られた土地。限られた地域。例 ―的な豪雨《ゴウウ》。

【局長】《キョクチョウ》①官庁や会社などの局の全体に責任をもち、職員を監督《カントク》する人。例 事務―。②郵便局の長。

【局天▼蹐地】《キョクテンセキチ》〔「天に局《せぐく》まり地に蹐《ぬきあし》す」と訓読する〕天に頭がつかえることをおそれて、身をかがめ、地が落ちこむことをおそれて、ぬき足さし足して歩く。びくびくして自由に行動できないことのたとえ。局蹐。跼蹐《キョクセキ》。〈詩経《シキョウ》〉

表記「▼跼天▼蹐地」とも書く。

【局留】《キョクどめ》 郵便物を、差出人の指定した郵便局に留めておくこと。

【局部】《キョクブ》 ①全体のなかのある特定の部分。例—的。②陰部《インブ》。▽類局所。

【局面】《キョクメン》 ①囲碁《イゴ》や将棋《ショウギ》やチェスなどの盤面《バンメン》のうごき。勝負のなりゆき。②そのときそのときの情勢。類形勢・事態。例—を打開する。

●結局《ケッキョク》・終局《シュウキョク》・政局《セイキョク》・戦局《センキョク》・対局《タイキョク》・当局《トウキョク》・難局《ナンキョク》・破局《ハキョク》・郵便局《ユウビンキョク》

尸 4

【尿】

7画 3902 5C3F 常用 音ジョウ漢 ニョウ呉 訓いばり・ゆばり・しと

筆順 ㇕ コ 尸 尿

なりたち  [会意]「尸(=からだ)」と「水(=みず)」とから成る。人の小便。

意味 小便。いばり。ゆばり。しと。同溺《ニョウ》。例尿意《ニョウイ》。尿道《ニョウドウ》。排尿《ハイニョウ》。

【尿意】《ニョウイ》 小便をしたいという感じ。例—をもよおす。

【尿道】《ニョウドウ》 膀胱《ボウコウ》にたまった尿を体外に出す、くだ。

●検尿《ケンニョウ》・放尿《ホウニョウ》・利尿《リニョウ》

尸 4

【屁】

7画 5391 5C41 音ヒ漢 訓へ

意味 おなら。へ。例放屁《ホウヒ》。

日本語での用法《へ》価値のないもののたとえ。「屁理屈《ヘリクツ》・屁《へ》でもない・屁《へ》の河童《かっぱ》」

尸 4

【尾】

7画 4088 5C3E 常用 音ビ漢 ミ呉 訓お 付表尻尾《しっぽ》

筆順 ㇕ コ 尸 尾

なりたち  [会意]さかさの「毛(=け)」が「尸(=からだ)」の後ろにある。けもののからだの後ろにあるわずかな毛、しっぽ。

意味 ❶動物のしっぽ。お。また、しり。例牛尾《ギュウビ》。首尾《シュビ》。竜頭蛇尾《リュウトウダビ》。❷ものごとの終わりのほう。長いもののはしの部分。うしろ。あと。例尾翼《ビヨク》。船尾《センビ》。末尾《マツビ》。❸あとをつける。例尾行《ビコウ》。追尾《ツイビ》。❹山のふもとのなだらかにのびたところ。山のすそ。はし。すえ。例山尾《サンビ》。❺魚を数えることば。例一尾《イチビ》。❻二十八宿の一つ。あしたれぼし。例尾宿《ビシュク》。

日本語での用法《ビ》①旧国名「尾張《おわり》」(=今の愛知県の西部)」の略。「尾州《ビシュウ》・濃尾平野《ノウビヘイヤ》」②「尾」のつく地名。「三尾《サンビ》(=京都の高尾《たかお》・槙尾《まきのお》・栂尾《とがのお》)」

難読 鳩尾《みぞおち》

人名 すえ

【尾根】《おね》 連なっている山で、山頂と山頂とのあいだに続いている、いちばん高い部分。峰《みね》すじ。類稜線《リョウセン》。例—をつたって頂上をめざす。

【尾羽】一《おは》 鳥の尾と羽《はね》。二《おばね》 鳥の尾に扇《おうぎ》の形のように生えた羽。

【尾羽《おは》打《う》ち枯《か》らす】〔タカが尾や羽をいためて、いかめしさを失うことから〕落ちぶれて、みすぼらしい姿になること。

【尾花】《おばな》〔花が尾のような形から〕ススキの花穂《カスイ》。また、ススキ。例枯《か》れ—。

【尾▼鰭】一《おひれ》 魚の尾とひれ。例—を付ける(=事実以外のことを付け加えて大げさに表現する)。二《おひれ|おびれ》 魚の尾の部分にあるひれ。

【尾張】《おわり》 旧国名の一つ。今の愛知県の西部。尾州《ビシュウ》。

【尾行】《ビコウ》 (名・する)人の行動をさぐるために、こっそりあとからついていくこと。例容疑者を—する。

【尾骨】《ビコツ》 脊柱《セキチュウ》の最下部のほね。尾骶骨《ビテイコツ》。

【尾錠】《ビジョウ》 細いひもやバンドの先につけ、もう一方をさしこんでしめる金具《かなグ》。留め金。例—をかける。

【尾生の信】《ビセイのシン》 約束をかたく守って、変わらないこと。ゆうずうがきかないことのたとえ。抱柱《ホウチュウ》。〔春秋時代、魯《ロ》の尾生という男が、ある女性と橋の下で会う約束をしたが、定刻をすぎてもあらわれず、いつまでも待ちつづけるうちに、上げ潮で増水した川の中で、橋の下の柱を抱《だ》いたまま水死したという故事による〕〈荘子《ソウジ》〉

【尾大《ビダイ》▼掉《ふ》るわず】 尾《お》が大きすぎると、自由にふり動かすことができない。臣下の権勢が強すぎると、君主の思いどおりにはできなくなることのたとえ。〈春秋左氏伝《シュンジュウサシデン》〉

【尾▼骶骨】《ビテイコツ》「尾骨《ビコツ》」の古い呼び名。脊柱《セキチュウ》の最も下にある、先のとがったほね。

【尾灯】《ビトウ》 自動車や列車などの車体の後部につけるあかり。テールランプ。

【尾翼】《ビヨク》 飛行機の最後部に取り付けてある、垂直および水平のつばさ。対主翼。

【尾籠】一《ビロウ》 (名・形動《ダ》)〔「おこ」にあてた漢字「尾籠」の音読み〕口に出すのがはばかられるほどに、きたなくけがらわしいこと。例—な話で恐縮《キョウシュク》ですが…。二《おこ》 おろかなこと。例—なふるまい。表記二は「▽痴・▼烏▼滸」とも書く。

●語尾《ゴビ》・船尾《センビ》・追尾《ツイビ》・徹頭徹尾《テットウテツビ》・末尾《マツビ》

尸 5

【居】

8画 2179 5C45 教育5 音キョ漢 コ呉 訓い-る・お-る・や 付表居士《こじ》

筆順 ㇕ コ 尸 居

なりたち  [形声]「尸(=人体)」と、音「古《コ》→キョ」とから成る。足の底を地につけ、しりをおろし、ひざを立ててすわる。しゃがむ。

意味 ❶ある場所に身をおく。すわる。すむ。とどまる。おる。いる。例居室《キョシツ》。起居《キキョ》。住居《ジュウキョ》。❷官職につかず家にいる。例居士《キョシ》。❸たくわえる。とっておく。例奇貨可レ居《キカおくべし》(=めずらしい品物はとっておき、値上がりを待つべきだ)。❹すわったまま。いながら。例居然《キョゼン》(=うごかずにすわったまま)。居職《いジョク》(=自宅で仕事をする職業)。

難読 本居《もとおり》(=姓《せい》)

人名 い・いや・おき・おり・すえ・やす

【居合】《いあい》 片ひざをついた姿勢で、すばやく刀をぬいて相手を切りたおす剣術《ケンジュツ》。居合抜《ぬ》き。

【居心地】《いごこち》 家やある地位にいるときの気分や感じ。例—がよい。

【居敷】《いしき》 ①座。座席。②尻《しり》。例—当て(=着物の尻の部分に当てる補強のための布)。表記▽「▼臀」とも書く。

【居候】《いそうろう》 他人の家に住みこんで、食わせてもらっている人。類食客《ショッカク》。例—三杯目《サンバイめ》にはそっと出し(=居候は食事のおかわりにも、えんりょがちである)。

【居丈高】《いたけだか》 (名・形動《ダ》)すわった姿勢で背をまっすぐのばし、上から相手を見くだすように威圧《イアツ》すること。例—になってどなりちらす。表記「威丈高」とも書く。

【居間】《いま》 家族が日常的にくつろぐ部屋。

【居留守】《いルス》 来客や電話に対して、家にいるのにいないふりをすること。例会いたくないので—をつかう。

【居士】《キョシ》 [一] 学徳がありながら官に仕えない人。(類)処士・隠者《インジャ》。[二]《コジ》 ①〔仏〕出家しないで仏道の修行《シュギョウ》をする男子。②〔仏〕男子の戒名《カイミョウ》の下につけることば。③〔「…居士」の形で〕…な人。…のような人。例 慎重《シンチョウ》―。一言《イチゲン》―。

【居室】《キョシツ》 家庭で日常的に用いる部屋。(類)居間《いま》。

【居住】《キョジュウ》 (名・する) 一定の場所、また、家に住むこと。(類)在住。例 ―地。

【居所】《キョショ｜いどころ》 住んでいるところ。いばしょ。(類)住所。例 ―不明。―をつきとめる。

【居城】《キョジョウ》 領主がふだん住んでいる城。例 将軍家の―。

【居宅】《キョタク》 ふだん暮らしている家。すまい。

【居留】《キョリュウ》 (名・する) ①居留地に住むこと。②一時的にある土地に住むこと。(類)寄留。

【居留地】《キョリュウチ》 条約などで、外国人の居住や営業が許可されている、特別な地域。日本では、一八九九(明治三十二)年に廃止《ハイシ》された。

【居留民】《キョリュウミン》 居留地に住む外国人。

●隠居《インキョ》・旧居《キュウキョ》・穴居《ケッキョ》・雑居《ザッキョ》・芝居《しばい》・新居《シンキョ》・転居《テンキョ》・同居《ドウキョ》・鳥居《とりい》・入居《ニュウキョ》・団居《まどい》

尸 5

【屈】

8画 2294 5C48 常用 音 クツ(漢)(呉) 訓 かが-む・かが-める

筆順 コ コ 尸 尸 尸 屈 屈 屈

なりたち  [形声]「尸(=尾《お》)」と、音「出《シュツ→クツ》」とから成る。短いしっぽ。派生して「かがめる」の意。

意味 ❶こしやひざをおりまげて、姿勢を低くする。身をちぢめる。かがむ。かがめる。例 屈伸《クッシン》。❷おりまげる。おれまがる。例 屈曲《クッキョク》。屈指《クッシ》。屈折《クッセツ》。❸身をかがめて、服従する。例 屈従《クツジュウ》。屈服《クップク》。不屈《フクツ》。❹ゆきづまる。例 窮屈《キュウクツ》。❺がんじょうで、つよい。(同)倔《クツ》。例 屈強《クッキョウ》。

【屈強】《クッキョウ》 (形動ダ《ナ》) ①意志が強く、人の言うことにしたがわないこと。②力が強く、たくましいようす。例 ―の若者。

【屈曲】《クッキョク》 (名・する) 折れまがること。(類)屈折。例 ―した路地。

【屈原】《クツゲン》 戦国時代の楚《ソ》の国の忠臣・詩人。名は平。政治的対立から祖国を追われ、汨羅《ベキラ》に身を投げて自殺した。中国古代の詩歌《シイカ》集『楚辞《ソジ》』を代表する文人。(前三四三?―前二七七?)

【屈指】《クッシ》 [一] (名・する) ゆびを折って数えること。[二] (名) ゆびを折って数えられるほど、多くのなかでとくにすぐれていること。ゆびおり。(類)有数。例 県内で―の好投手。

【屈従】《クツジュウ》 (名・する) 相手の力をおそれて、自分の意志に反して、言いなりになること。(類)屈服。例 ―を余儀《ヨギ》なくされる。

【屈辱】《クツジョク》 相手の力におさえつけられて、はずかしい思いをすること。例 ―を受ける。―的敗北。

【屈伸】《クッシン》 (名・する) かがむことと、のびること。また、曲げのばしすること。例 ひざの―運動。

【屈折】《クッセツ》 (名・する) ①おれまがること。おりまげること。また、ゆがむこと。(類)屈曲。例 感情が―している(=すなおでない)。②複雑にゆがむこと。例 ―した心理。③〔物〕光や音波が、ちがう物質の中へはいるときに、その境界で進行方向を変えること。例 ―望遠鏡。光の―を利用する。④〔言〕文法的な意味や関係を示すために、語形の一部分を変えること。

【屈託】《クッタク》 (名・する) ①何かを気にして、くよくよすること。例 ―がない(=むじゃきで何も気にしない)。②あきてうんざりすること。例 単調な日日に―する。表記 ▽「屈▼托」とも書く。

【屈服】《クップク》 (名・する) 力負けして、相手の言うとおりになること。(類)屈従。例 ねじふせられてついに―する。表記「屈伏」とも書く。

●退屈《タイクツ》・卑屈《ヒクツ》・偏屈《ヘンクツ》・理屈《リクツ》

尸 5

【届】

8画 3847 5C4A 教育6 音 カイ(漢) 訓 とど-ける・とど-く・とど-け

筆順 コ コ 尸 尸 局 屌 届 届

尸 5

【屆】

8画 5392 5C46

なりたち 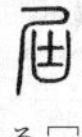 [形声]「尸(=人体)」と、音「凷《カイ》」とから成る。なんとか行きつく。

意味 ある場所・時刻・時期にいたる。とどく。

日本語での用法 《とどけ・とどける》 持って行ってわたす。意志をあらわす文書をわたす。「届《とど》け出《で》・欠席届《ケッセキとどけ》・婚姻届《コンインとどけ》」

人名 あつ・いたる・ゆき

尸 5

【屆】 8画 ⇩【届】《とどく》 (321ページ)

尸 6

【屋】

9画 1816 5C4B 教育3 音 オク(漢)(呉) 訓 や・やね 付表 母屋《おもや》・数寄屋《すきや》・数奇屋《すきや》・部屋《へや》・八百屋《やおや》

筆順 コ コ 尸 尸 层 层 屖 屋

なりたち 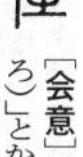 [会意]「尸(=おおう)」と「至(=止まるところ)」とから成る。おおいのある建物。

意味 ❶人の住む建物。いえ。や。例 屋外《オクガイ》。屋内《オクナイ》。家屋《カオク》。❷建物の上の雨露《あめつゆ》をしのぐためのおおい。やね。例 屋上《オクジョウ》。

日本語での用法 《や》 ①商店や職業を営む家。また、その人。「屋号《ヤゴウ》・本屋《ホンや》」②そのような性格の人。「気取《キど》り屋《や》・わからず屋《や》・さびしがり屋《や》」

使い分け や【屋・家】 ⇩1181ページ

人名 いえ

【屋宇】《オクウ》 〔「宇」は、家の意〕いえ。家屋。すまい。

【屋外】《オクガイ》 建物のそと。戸外。(対)屋内。例 ―で遊ぶ。

【屋下《オクカ》に屋《オク》を架《カ》す】「屋上《オクジョウ》屋を架す」に同じ。

【屋舎】《オクシャ》 家屋。建物。

【屋上】《オクジョウ》 ①屋根のうえ。②鉄筋コンクリート建築などの平らな屋根。例 ―庭園。

【屋上《オクジョウ》屋《オク》を架《カ》す】 屋根のうえに、さらに屋根をかける。無用な行為《コウイ》を重ねることのたとえ。元来は「屋下《オクカ》に屋を架し、牀上《ショウジョウ》に牀を施《ほどこ》す」〈顔氏家訓《ガンシカクン》〉などと言うのを、日本で言いかえたものか。

【屋内】《オクナイ》 建物の内部。(対)屋外。例 ―プール。

【屋漏】《オクロウ》 ①家の中の北西のすみ。家のいちばんおく。人の見ていないところ。②屋根から雨がもること。

【屋漏《オクロウ》に▼愧《は》じず】 人に見られていなくても、はずかしいおこないをしないこと。〈詩経《シキョウ》〉

【屋形】《やかた》 ①貴人や豪族《ゴウゾク》の邸宅《テイタク》。また、貴人や豪族。例 ―にひきこもる。お―さま。②りっぱな家。邸宅。例 古い―に住む。③船や車の上につける屋根と囲い。④「屋形船《やかたぶね》」の略。表記 ①②は「館」とも書く。

【屋形船】《やかたぶね》 遊び用として、「屋形③」をつけた船。

【屋号】《やゴウ》 ①商店などの呼び名。伊勢屋《いせや》・越後屋《えちごや》など。②歌舞伎《かぶき》俳優《ハイユウ》などの家の呼び名。成田屋《なりたや》・音羽屋《おとわや》など。③古く農漁村などで、名字《ミョウジ》の代わりに用いた、その家の呼び名。家名《いえな》。かど屋・朝日屋・大黒屋など。表記③は「家号」とも書く。

【屋敷】《やしき》 ①家屋や庭などのある、一区画の土地。宅地。例家—を手放す。②敷地も広く、構えもりっぱな家。邸宅《テイタク》。例お—町《まち》。

【屋台】《やタイ》 ①屋根と車のついた、組み立てや移動が容易な台。例—のおでん屋。縁日《エンニチ》の—店《みせ》。②おどるための台。例祭りのおどり—。③「屋台骨」の略。

【屋台骨】《やタイぼね》 ①屋台や家屋の骨組み。②一家をささえている主人や財産など。例父なきあと、一家の—としてがんばる。

【屋根】《やね》 ①雨や日の光などを防ぐために建物や、そのほかのものの最上部につけたおおい。例わらぶき—をふく。自動車の—。②いちばん高いところ。例世界の—、ヒマラヤ。

【屋根裏】《やねうら》 ①屋根のすぐ裏がわ。②屋根と天井《テンジョウ》のあいだにつくった部屋。屋根裏部屋。

●家屋《カオク》・楽屋《ガクや》・小屋《こや》・茶屋《チャや》・寺子屋《てらこや》・長屋《ながや》・廃屋《ハイオク》・平屋《ひらや》・宿屋《やどや》

尸 6

【屍】 9画 2751 5C4D 音シ漢呉 訓しかばね・かばね

意味 死んだ人のからだ。死体。なきがら。しかばね。かばね。同尸《シ》。例屍骸《シガイ》。検屍《ケンシ》。死屍《シシ》。

【屍体】《シタイ》 死んだ動物のからだ。死骸《シガイ》。表記現死体

【屍斑】《シハン》 死んだあとに皮膚《ヒフ》にあらわれる、むらさき色のまだらな点。表記「死斑」とも書く。

尸 6

【屎】 9画 5393 5C4E 音シ漢呉 訓くそ

意味 大便。くそ。例屎尿《シニョウ》。

【屎尿】《シニョウ》 大便と小便。例—処理場。

尸 6

[屏] 9画 ⇩【屛】《ヘイ》(322ページ)

尸 7

【屓】 10画 5394 5C53 音キ漢

尸21

[屭] 24画 — 5C6D 別体字

意味 ❶鼻で息をする。いびき。❷「屭屓《ヒキ|ヒイ》」は、はげしく力を入れるようす。また、気に入った人をとくにかわいがること。

尸 7

【屐】 10画 5401 5C50 音ゲキ慣ケキ漢 訓はきもの

意味 木でできたはきもの。げた。例屐声《ゲキセイ》(=はきものの音。人の来る音)。

難読 屐《あしだ》

尸 7

【屑】 10画 2293 5C51 人名 音セツ漢 訓くず

尸 7

[屑] 10画 — — 俗字

意味 ❶こまごましている。こせこせとして、おちつかない。例屑屑《セツセツ》。❷小さな切れはし。かけら。くず。例玉屑《ギョクセツ》。木屑《ボクセツ》。

難読 不屑《もののかずとせず|かずならず》・水屑《みくず》・大鋸屑《おがくず》

【屑籠】《くずかご》 紙くずやごみなどを捨てるかご。くず入れ。

【屑鉄】《くずテツ》 鉄の製品を作るときに出る鉄の屑。また、廃品《ハイヒン》の鉄製品。とかして再利用する。例—を拾う。

【屑米】《くずマイ|くずごめ》 くだけたり虫に食われたりした米。

【屑繭】《くずまゆ》 穴があくなどして、生糸《きいと》がとれない不良のまゆ。〔真綿《まわた》の原料などにする〕

【屑屑】《セツセツ》 (形動タルト) ①いそがしく働くようす。例—と働く。②こせこせするようす。③雨などが細かく降るようす。

尸 7

【展】 10画 3724 5C55 教育6 音テン漢呉 訓の-べる・の-びる

筆順 

なりたち   [形声]「尸(=からだをころがしのばす)」と、音「㠭《テン》」とから成る。ころがる。ころがして、ひろげる。

意味 ❶ころがる。同輾《テン》。例展転《テンテン》。❷平らにのばす。たたんであったものや巻き物をひろげる。ならべる。のべる。開く。例展開《テンカイ》。展示《テンジ》。展覧《テンラン》。❸力や勢いが大きくなる。ひろがる。のびる。例展性《テンセイ》。進展《シンテン》。発展《ハッテン》。❹ひろく見る。よく見る。例展望《テンボウ》。❺かえりみる。あおぎみる。例展墓《テンボ》。

人名 のぶ・のぶる・ひらく・ひろ・ひろし

【展延】《テンエン》 (名・する) うすく平らに広げのばすこと。また、広がりのびること。例金のかたまりを—して金箔《キンパク》をつくる。

【展開】《テンカイ》 (名・する) ①目の前に広がってあらわれること。例美しい景色が—する。②新しい場面をくり広げること。例小説は新たな—を見せた。曲の—部。③密集したり、ふさがっていたりしたものを、散らばらせたり、切りひらくこと。例局面の—をはかる。山を下ったら軍勢を—させる。④〔数〕立体の各面を切りひらいて、平面上に広げること。例—図。

【展観】《テンカン》 (名・する) 美術品などを、多くの人に、並べて見せること。類展覧。例古典籍《コテンセキ》の—。

【展▼翅】《テンシ》 (名・する) 標本にするために、昆虫《コンチュウ》などのはねを広げること。例—板。

【展示】《テンジ》 (名・する) 物品をたくさん並べて、人々に見せること。例物産—会。

【展性】《テンセイ》 物質に圧力などを加えたとき、うすくのばすことのできる性質。〔金、銀、アルミニウムなどは展性が大きい〕

【展転】《テンテン》 (名・する) ①あちこちへころがること。②ねむれずに、ねがえりを打つこと。例—してあれこれと考える。表記▽「▼輾転」とも書く。

【展転反側】《テンテンハンソク》 (名・する) 心配やなやみのためにねむれず、ねがえりばかり打っていること。例ひと晩じゅう—して熟睡《ジュクスイ》しなかった。表記「▼輾転反側」とも書く。

【展墓】《テンボ》 (名・する) はかまいりをすること。墓参。

【展望】《テンボウ》 (名・する) ①遠くまで見わたすこと。また、そのながめ。例—台。②社会や文化などについて、広い視野で、見わたすこと。例将来への—。

【展覧】《テンラン》 (名・する) 書画などの作品を並べて、人々に見せること。例美術品の—。

【展覧会】《テンランカイ》 書画などの作品を並べて、いっぱんに公開する会。例—を開く。

●進展《シンテン》・親展《シンテン》・発展《ハッテン》

尸 7

[屑] 10画 ⇩【屑】《セツ》(322ページ)

尸 8

【屛】 11画 1-9491 5C5B 音ヘイ漢ビョウ呉 訓しりぞ-く・おお-う

尸6
【屏】9画 5402 5C4F 俗字

意味 ❶外と内とをへだて、内側を見えないようにするもの。また、風やほこりをさえぎるもの。ついたて。例屏風《ビョウブ》。屏障《ヘイショウ》。❷外側からものをかぶせてふさぐ。おおう。例屏息《ヘイソク》。❸うしろにさがる。しりぞく。また、しりぞける。例屏居《ヘイキョ》。

【屏風《ビョウブ｜ヘイフウ》】室内の風よけや仕切り、また装飾《ソウショク》に用いる家具。木のわくに紙や布をはり、二枚または四枚か六枚をつなぎ、折りたためる。例—《ビョウブ》岩《いわ》(=びょうぶのように垂直に切り立っている岩)。—を背にしてすわる。

【屏障《ヘイショウ》】内と外とをへだて、さえぎること。また、そのための家具。びょうぶ・障子など。例—画。

【屏息《ヘイソク》】(名・する)息を殺し、じっとしていること。また、おそれて、ちぢこまること。類閉息。

尸8
【屠】11画 ⇩【屠】ト(323ページ)

尸9
【属】12画 3416 5C5E 教育5 音ショク漢 ゾク呉 訓やから・つ-く

筆順 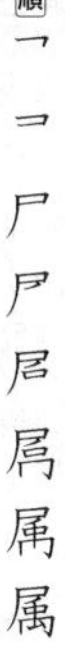

尸18
【屬】21画 5404 5C6C

なりたち  [形声]「尾(=からだに連なるしっぽ)」と、音「蜀《ショク》」とから成る。連なる。

意味 ❶つらねる。つづける。また、つづる。例属文《ショクブン》(=文章をつづる)。❷ある集団や範囲《ハンイ》のなかにはいっている。つきしたがう。つく。例属国《ゾッコク》。帰属《キゾク》。隷属《レイゾク》。❸同じ種類のなかま。やから。例金属《キンゾク》。親属《シンゾク》。尊属《ソンゾク》。❹部下。けらい。例属吏《ゾクリ》。属僚《ゾクリョウ》。属官《ゾッカン》。❺目をつける。注目する。同矚《ショク》。例属望《ショクボウ》。属目《ショクモク》。❻たのむ。まかせる。同嘱《ショク》。例属託《ショクタク》。

日本語での用法《サカン》律令制《リツリョウセイ》の四等官《シトウカン》で、坊《ボウ》・職《シキ》・寮《リョウ》の第四位。大(=上位)と少(=下位)とがある。主典《サカン》。「大膳職《ダイゼンシキ》の属《サカン》・典薬寮《テンヤクリョウ》の属《サカン》・東宮坊《トウグウボウ》の属《サカン》」

人名 つら・まさ・やす

【▽属託《ショクタク》】一(名・する)ある業務や役目をたのんでまかせること。二(名)会社や団体からたのまれて、特定の仕事をおこなう、正規の職員ではない人。表記▽「嘱託」とも書く。

【▽属望《ショクボウ》】(名・する)期待を寄せること。のぞみをかけること。例将来を—される。表記「嘱望・▼矚望」とも書く。

【▽属目《ショクモク》】(名・する)①期待して見守ること。類属望・注目。例みんなが—する新人。②ふと目にふれること。例—の句(=題詠《ダイエイ》ではなく、即興的《ソッキョウテキ》によんだ句)。表記▽「嘱目・▼矚目」とも書く。

【属性《ゾクセイ》】①あるものの性質や特徴《トクチョウ》。②〔哲〕そのものが本来的にもっていて、それなしではそのものを考えられないような性質。

【属地《ゾクチ》】①付属している土地。②土地のほうを主にして考えること。例—主義(=事故や事件が発生した国や場所の法律で処理しようとする立場)。

【属島《ゾクトウ》】①大陸または本島に属する島。②その国の領土にふくまれる島。

【属吏《ゾクリ》】〔「吏」は、役人の意〕下級の官吏《カンリ》。

【属僚《ゾクリョウ》】上役のもとで働く役人。部下。

【属領《ゾクリョウ》】独立した国ではなく、ある国に属している土地。

【属官《ゾッカン》】①下級の官吏《カンリ》。②旧制度の官吏の身分の一つで、高等官より下級の文官。例文部《モンブ》—。

【属国《ゾッコク》】ほかの国に支配されている国。

●金属《キンゾク》・従属《ジュウゾク》・所属《ショゾク》・専属《センゾク》・直属《チョクゾク》・配属《ハイゾク》・付属《フゾク》・附属《フゾク》

尸9
【屠】12画 3743 5C60 音ト漢呉 訓ほふ-る

尸8
【屠】11画 俗字

意味 ❶家畜《カチク》や鳥類を、肉や皮をとるために殺して、ばらばらにする。ほふる。例屠殺《トサツ》。❷敵を打ちやぶり、みなごろしにする。ほろぼす。例屠城《トジョウ》(=敵の城をせめほろぼす)。❸切る。さく。例屠腹《トフク》。

【屠殺《トサツ》】(名・する)肉や皮を利用するために、家畜《カチク》を殺すこと。今は、屠畜《トチク》という。類畜殺。

【屠所の羊《トショのひつじ》】屠畜場《トチクジョウ》に引かれていくヒツジ。死に直面しているものや、運命のきわまったもののたとえ。

【屠▼蘇《トソ》】正月に飲む、あまみのある薬酒。新年を祝い、その年の邪気《ジャキ》をはらう。例—機嫌《キゲン》。

【屠腹《トフク》】(名・する)はらを切ること。切腹。割腹《カップク》。

【屠▽竜の技《トリョウのギ》】竜《リュウ》を殺すわざ。苦労して学んでも現実には役に立たない技術のたとえ。〔朱泙漫《シュヒョウマン》という男が千金の財産と三年の年月をついやして、竜の料理法を身につけたが、竜が実在しないので、うでをふるう場がなかったという話による〕〈荘子《ソウジ》〉

尸9
【屡】12画 ⇩【屢】ル(323ページ)

尸11
【層】14画 3356 5C64 教育6 音ソウ漢

筆順 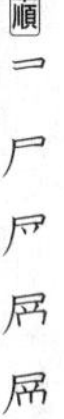

尸12
【層】15画 1-4765 FA3B 人名

なりたち  [形声]「尸(=家屋)」と、音「曾《ソウ》(=重ねる)」とから成る。重ねて高くした家屋。

意味 ❶二階以上の建物。たかどの。例高層《コウソウ》。❷たたみかさなる。また、かさなり。かさね。例重層《ジュウソウ》。地層《チソウ》。

日本語での用法《ソウ》人々を、年齢《ネンレイ》・身分・意識などによって分けた区分。「中間層《チュウカンソウ》・高年齢層《コウネンレイソウ》」

【層一層《ソウイッソウ》】(副)さらにいちだんと。ますます。〔「一層」を強めていうことば〕例—努力することを期待する。

【層雲《ソウウン》】層をなしていて、空の最も低いところに垂れこめる霧《きり》のような雲。きりぐも。

【層閣《ソウカク》】いく階もある高い建物。類高楼《コウロウ》・重閣《チョウカク》。

【層状《ソウジョウ》】いくえにも積み重なって、層をなしている状態。例地球を包むなん種類かの—の気体。

【層層《ソウソウ》】(形動タル)いくえにも重なり合っているようす。

●一層《イッソウ》・階層《カイソウ》・各層《カクソウ》・下層《カソウ》・活断層《カツダンソウ》・高層《コウソウ》・重層《ジュウソウ》・上層《ジョウソウ》・深層《シンソウ》・大層《タイソウ》・断層《ダンソウ》・地層《チソウ》・中層《チュウソウ》・超高層《チョウコウソウ》・低層《テイソウ》・表層《ヒョウソウ》

尸11
【屢】14画 1-4764 5C62 音ル漢 訓しばしば

尸9
【屡】12画 2840 5C61 俗字

意味 たびたび。なんども。しばしば。例屢次《ルジ》(=いくたびも)。屢屢《ルル》(=くりかえし、なんべんも)。

尸 12
【履】 15画 4590 5C65 常用
音 リ漢呉 訓 はく・くつ・ふむ
付表 草履《ぞうり》

筆順 一 コ 尸 屃 屄 屐 履 履 履

なりたち 履 [会意]「尸《シ》(=はく人)」と「彳(=ゆく)」と「夊(=ゆく)」と「舟(=はきものの形)」とから成る。はきもの。

意味 ❶はきもの。くつ。また、はきものをはく。例 草履《ぞうり》。弊履《ヘイリ》。木履《ボクリ》。❷おこなう。経験する。ふむ。例 履行《リコウ》。履践《リセン》(=実行する)。履歴《リレキ》。

難読 履冠《くつかぶり》

人名 ふみ

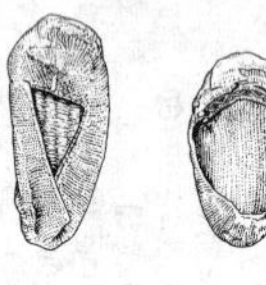
[履❶]

【履行】《リコウ》(名・する) 約束や義務を実行すること。例 契約《ケイヤク》を—する。

【履修】《リシュウ》(名・する) 定められた学科や課程を学びおさめること。例 選択《センタク》科目では物理を—する。

【履歴】《リレキ》 個人が今までに経《へ》てきた学業や職業、また賞罰《ショウバツ》など。例 —書。—をいつわる。

●弊履《ヘイリ》

尸12 【層】 15画 ⇩【層】《ソウ》(323ページ《ジ》)

尸18 【屬】 21画 ⇩【属】《ゾク》(323ページ《ジ》)

尸21 【屭】 24画 ⇩【屓】《キ》(322ページ《ジ》)

45 3画 屮 てつ くさのめ 部

草木の芽が出た形をあらわす。「屮」の字の音は、テツ。「屮」と字形の似た「屮」と、「屮」をもとにできている「屯」とを集めた。

0 屮 1 屯

この部首に所属しない漢字

[尸部] 12—21画 履層屬屭

[屮部] 0—1画 屮屯

[山部] 0画 山

出⇩凵124

屮 0
【屮】 3画 5405 5C6E
音 サ漢 訓 ひだり

意味 左の手。ひだり。同 左《サ》。

屮 1
【屯】 4画 3854 5C6F 常用
音 トン漢 訓 たむろ-する

筆順 一 ㇗ 屯 屯

なりたち 屯 [会意]「屮(=くさのめ)」が「一(=地面)」をつらぬいて出はじめるが、すんなりいかず、まがる。なやみ苦しむ。派生して「たむろする」の意。

意味 多くのものが寄り集まって、そこにとどまる。たむろする。また、その場所。たまり。例 屯営《トンエイ》。屯所《トンショ》。駐屯《チュウトン》。

日本語での用法 《トン》 重さの単位「トン」にあてて用いられる。同 砘《トン》・噸《トン》。「屯数《トンスウ》・総屯《ソウトン》」

人名 たむろ・みつ・むら・より

【屯営】《トンエイ》(名・する) 兵士が寄り集まること。また、その場所。〔多く、日常居住する兵営を指す〕

【屯所】《トンショ》 ①兵士などが寄り集まるところ。詰所《つめショ》。②明治初期の警察署の呼び名。

【屯田】《トンデン》 兵士に辺境を守らせながら、そこで開墾《カイコン》や農耕にも従事させること。また、その田畑。

【屯田兵】《トンデンヘイ》 ①屯田にかり出された兵士。②明治時代の初期、失業した士族で、政府のすすめで北海道に移住し、国境警備や農地開拓《カイタク》に従事した兵。

46 3画 山 やま やまへん 部

やまの形をあらわす。「山」をもとにしてできている漢字を集めた。

0 山 1 乢 2 屴 3 屹 4 岌 岐 岇 岑 岔 5 岡 岳 岩 岸 峅 岫 岨 岱 岻 岶 岵 岷 岬 岼 6 峡 峇 峙 峠 7 峨 峺 峻 峭 島 峰 峪 峩 峽 峯 8 崋 崖 崟 崛 崑 崔 崎 崇 崢 崩 崚 崙 崗 崕 崩 崘 9 嵐 嵌 嵒 嵎 嵋 﨑 嵜 10 嵬 嵯 嵩 嵡 嵳 11 嶇 嶄 嶂 嶃 㠀 嶋 嶌 12 嶢 嶝 嶐 13 嶬 嶮 嶼 14 嶷 嶺 嶽 17 巌 巉 18 巍 19 巓 巒 20 巖

この部首に所属しない漢字

出⇩凵124 缶⇩缶796 幽⇩幺349 炭⇩火630 豈⇩豆929

山 0
【山】 3画 2719 5C71 教育1
音 サン漢 セン呉 訓 やま
付表 山車《だし》・築山《つきやま》

筆順 丨 山 山

なりたち 山 [象形] 高い山の形。

意味 ❶土地が盛り上がって平地より高くなった地形。やま。例 山河《サンガ》。火山《カザン》。登山《トザン》。❷寺院のこと。また、その呼び名。寺院の名の上につけて用いる。例 山号《サンゴウ》。山門《サンモン》。開山《カイサン》。比叡山《ヒエイザン》(延暦寺《エンリャクジ》)。

日本語での用法 《やま》 ①事の成否の分かれめ。なりゆきの中の最高潮。「病状《ビョウジョウ》は山《やま》を越《こ》えた・今日《きょう》明日《あす》が山《やま》だ」②投機。最も確率の高いところ。ねらいどころ。「山師《やまシ》・山《やま》を張《は》ってうまく当《あ》てる・問題《モンダイ》の山《やま》をかける」③祭りの山車《だし》。「祇園祭《ギオンまつり》の山鉾《やまぼこ》」

難読 山丹《ひめゆり》・映山紅《きりしま》・山帰来《サンキライ》・山梁《きぎす》・山脚《ふもと》・常山木《くさぎ》・山葵《わさび》

人名 たか・たかし・のぶ

【▽山▽茶花】《サザンカ》 ツバキ科の常緑小高木。秋から冬にかけて、野生種では白、園芸品種ではさまざまな色の花をつける。

【山陰】《サンイン》 ①山の北側。山のかげ。②「山陰地方」「山陰道」の略。鳥取《とっとり》県や島根県を中心とした、中国地方の日本海側の地域。また、その地域に通じた旧街道《キュウカイドウ》。▽対 山陽。

【山雨】《サンウ》 山に降る雨。また、山のほうから降ってくる雨。

【山雨《サンウ》来《き》たらんと欲《ほっ》して風《かぜ》楼《ロウ》に満《み》つ】 山雨の来る前ぶれか、高楼いっぱいに風がふきこんでくる。大

事が起こりそうな気配のたとえ。〈許渾《キョコン》・咸陽城東楼《カンヨウジョウトウロウ》〉

【山家《サンカ・やまが》】人里はなれた山の中の家。

【山▼窩《サンカ》】〔「サンワ」とも。「窩」は、すみかの意〕定住しないで、山中や河原をわたり歩き、竹細工や狩猟《シュリョウ》などを仕事とした人々。

【山河《サンガ》】〔「サンカ」とも〕山と川。また、山や川に代表される自然。例ふるさとの―。国破れて―在り。〈杜甫《トホ》・春望《シュンボウ》〉

【山海《サンカイ》】山と海。陸と海。例―の珍味《チンミ》（＝山や海でとれる、めずらしい食べ物）。

【山塊《サンカイ》】周囲の山脈からはなれたところにある、一群の山。例丹沢《タンざわ》―。

【山岳《サンガク》】連なった、山々。また、高くけわしい山。例―救助隊。

【山間《サンカン・やまあい》】山と山のあいだ。深い山の中。例―《サンカン》部。―《やまあい》の温泉宿。

【山居《サンキョ》】（名・する）山の中に住むこと。また、その住まい。例―して俗塵《ゾクジン》をさける。

【山峡《サンキョウ・やまかい》】山と山のあいだの谷。また、やまあい。

【山系《サンケイ》】となりあう二つ以上の山脈がまとまって、より大きな山の連なりをつくっているもの。例ヒマラヤ―。

【山行《サンコウ》】（名・する）山中を歩くこと。山へ遊びに行くこと。

【山号《サンゴウ》】寺号の上につける呼び名。高野山《コウヤサン》（金剛峰寺《コンゴウブジ》）や、金竜山《キンリュウザン》（浅草寺《センソウジ》）など。〔寺院がもと山中にあったことからいう〕

【山菜《サンサイ》】山野に自生する食用の植物。ワラビやゼンマイなど。例―料理。

【山紫水明《サンシスイメイ》】山はむらさき色にかすみ、川の水はすんで清らかに見えること。自然の景色の美しいこと。例―の地。

【山上《サンジョウ》】山の上。

【山色《サンショク》】山のいろ。山のたたずまい。また、山の景色。

【山水《サンスイ》】①山と水。山と河川《カセン》や湖沼《コショウ》。②山と水のある景色。③「山水画」の略。④築山《つきやま》と、やり水や池のある庭園。例枯《か》れ―（＝実際には水を用いないで、地形だけで「②」を表現した庭）。

【山水画《サンスイガ》】山と水の景色をえがいた東洋画。さんすい。

【山積《サンセキ》】（名・する）①仕事や課題などが、たくさんたまっていること。例懸案《ケンアン》が―している。②山のようにつみあげること。やまづみ。例荷物が―されている。

【山川】［一］《サンセン・やまかわ》山と川。山や川。また、自然の景色。［二］《やまがわ》山中を流れる川。

【山川草木《サンセンソウモク》】山と川と草と木。自然の景色。例―は昔のおもかげをとどめている。

【山荘《サンソウ》】山の中にある別荘。

【山賊《サンゾク》】山の中で、旅人などをおそう盗賊《トウゾク》。(対)海賊。

【山村《サンソン》】林業や炭焼きなどで生活を立てる、山の中の村。例―の生活。

【山地《サンチ》】山の中の土地。山間部。また、山岳《サンガク》地帯。(対)平地。例―に分け入る。

【山中《サンチュウ》】山の中。例道にまよって、―をさまよう。

【山中《サンチュウ》の賊《ゾク》を破《やぶ》るは▽易《やす》く心中《シンチュウ》の賊《ゾク》を破《やぶ》るは難《かた》し】山賊は退治しやすいが、自分の心の中の悪に打ち勝つのはむずかしい。〔王陽明《オウヨウメイ》のことばから〕

【山中《サンチュウ》暦日《レキジツ》なし】世間をはなれた山の中では、月日の過ぎるのを忘れてしまう。〈太上隠者《タイジョウインジャ》・答レ人《ひとにこたう》〉

【山頂《サンチョウ》】山のいただき。頂上。(対)山麓《サンロク》。例エベレストの―に立つ。

【山道《サンドウ・やまみち》】山の中を通る細い道。

【山腹《サンプク》】山の頂上とふもとの中ほど。中腹。例―の小屋。

【山脈《サンミャク》】多くの山々がとぎれないで、長く連なっているもの。やまなみ。例ロッキー―。

【山門《サンモン》】①寺の門。寺院の正門。〔寺院はもと山にあり、山号で呼ばれたことからいう〕②禅宗《ゼンシュウ》の寺院。③比叡山延暦寺《ヒエイザンエンリャクジ》のこと。

【山野《サンヤ》】山と野原。のやま。例―をかけめぐる。

【山容《サンヨウ》】山の姿や形。例噴火《フンカ》で―が変わった。

【山陽《サンヨウ》】①山の南側。②「山陽地方」「山陽道」の略。中国地方で、岡山《おかやま》県・広島県など瀬戸《せと》内海に面した地域。また、その地域に通じた旧街道《キュウカイドウ》。▽(対)山陰《サンイン》。

【山▼稜《サンリョウ》】〔「稜」は、とがったかどの意〕山の頂から頂へとつづく峰《みね》のすじ。(類)尾根《おね》・稜線。

【山林《サンリン》】①山と林。②山にある林。

【山▼嶺《サンレイ》】山のみね。

【山路《サンロ・やまじ》】やまみち。例―《やまじ》来てなにやらゆかしすみれ草。〈芭蕉《バショウ》・野《の》ざらし紀行《キコウ》〉

【山麓《サンロク》】山のふもと。山のすそ。(対)山頂。例富士―。

【山車《だし》】祭礼のとき、さまざまなかざりをつけて引き回す車。例―を引く。―が出る。

【山芋《やまいも》】ヤマノイモ科のつる性多年草。根の部分を、とろろなどにして食べる。

【山風《やまかぜ》】①山中をふく風。②山からふいてくる風。山おろし。(対)谷風《たにかぜ》。

【山際《やまぎわ》】①山の稜線《リョウセン》に近い、空の部分。また、山の稜線。例―すこしあかりて、むらさきだちたる雲の、ほそくたなびきたる。〈清少納言《セイショウナゴン》・枕草子《まくらのソウシ》〉②山のふもと。山のそば。山すそ。

【山幸《やまさち》】①山でとれる鳥やけもの。また、山菜や木の実など。②山のえものをとる道具。▽(対)海幸。

【山里《やまざと》】山の中にある人里。山村《サンソン》。例―の冬のさびしさ。

【山師《やまシ》】①鉱山をさがしたり掘《ほ》ったりする人。②山林の立木の売買をする人。③投機で金もうけをたくらんだり、もうけ話で他人をあざむく人。(類)詐欺師《サギシ》。例―にいっぱい食わされる。

【山城《やましろ》】旧国名の一つ。今の京都府の南東部にあたる。城州《ジョウシュウ》。

【山寺《やまでら》】①山の中にある寺。②山形市にある立石寺《リッシャクジ》の別名。

【山肌《やまはだ》】山の表面。山の、草木におおわれていない、むきだしの地面。表記「山▽膚」とも書く。

【山▼彦《やまびこ》】①山の神。②山中などで起こる声や音の反響《ハンキョウ》。こだま。〔山の神が答えると考えられた〕

【山辺《やまべ》】〔古くは「やまへ」とも〕山の近く。やまのべ。(対)海辺。例―の寒村。

【山盛り《やまもり》】（名・形動ダナ）山のように高く（たくさん）盛ること。また、その盛られたもの。例―のご飯。

【山分け《やまわけ》】（名・する）（手に入れたお金などを）みんなで、ほぼ等分に分けること。例もうけを―する。

●金山《キンザン》・黒山《くろやま》・鉱山《コウザン》・深山《シンザン》・沢山《タクサン》・銅山《ドウザン》・登山《トザン》・氷山《ヒョウザン》・本山《ホンザン》・名山《メイザン》・四方山《よもやま》・連山《レンザン》

山 1

【乢】

4画　5406　4E62　音カイ　訓たわ

意味 ものをねだる。乞《こ》う。(同)丐《カイ》。

日本語での用法《たわ》人名・地名に用いられる字。「安ケ《やすが》乢《たわ》（=岡山《おかやま》県の地名）」

山 2
【屶】5画 5407 5C76
訓 なた

参考「なた」と読む熟字「山刀」の「山」と「刀」を一字に合わせた文字。

意味〔一説に、音「カイ」とするが、義未詳《ミショウ》〕人名・地名に用いられる字。例 屶網《なたあみ》（=姓《セイ》）。

山 3
【屹】6画 5408 5C79
音 キツ 慣 ギツ 漢
訓 そばだ-つ

意味 山が高くそびえるようす。そばだつ。例 屹然《キツゼン》。屹立《キツリツ》。

日本語での用法《きっと》①緊張《キンチョウ》してけわしい。「屹《きっ》とした目《め》つきで見《み》る」②かならず。たしかに。「屹《きっ》と何《なに》か事情《ジジョウ》がある」

【屹然】《キツゼン》（形動タルト）①山が高くそびえ立つようす。例 ―として天空に立つ山山《やまやま》。②ひとりだけ気高く、周囲からぬきんでているようす。独立して、ものに屈《クッ》しないようす。類 毅然《キゼン》。

【屹度】《きっと》（副）〔「きと」を強めた形「きっと」のあて字〕①たしかに。まちがいなく。例 ―合格するよ。明日《あす》は、―晴れるよ。②いかりや緊張《キンチョウ》のために、表情や態度がきつくなるようす。きりっと。厳しく。例 ―身構える。表記 ▽「▽急度」とも書く。

【屹立】《キツリツ》（名・する）①山が高くそびえ立つこと。例 ―する山山《やまやま》。②人が動かずに、しっかりと立っていること。

山 4
【妛】7画 5412 599B
訓 あけび

意味「安《シ》」の誤記。

参考 植物の名「あけび」と読む熟字「山女」の「山」と「女」を一字に合わせた字の誤記。

山 4
【岐】7画 2084 5C90 教育4
音 キ 漢 ギ 呉
訓 えだみち・わか-れる

筆順 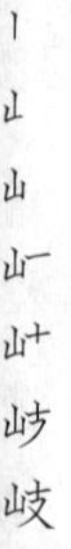

なりたち  [形声]「山（=やま）」と、音「支《シ→キ》」とから成る。枝わかれした形の山の名。

意味 ❶枝状にわかれる。枝状にわかれたところ。例 岐路《キロ》。多岐《タキ》。分岐《ブンキ》。❷人よりすぐれたようす。ひいでる。

県名 岐阜《ぎふ》

人名 たか・たかし・のぼる・みち

【岐路】《キロ》道が枝わかれするところ。別れ道。類 分岐点。例 人生の―に立つ。

【岐路亡羊】《キロボウヨウ》⇩【亡羊の嘆】《ボウヨウのタン》（45ページ）

○●多岐《タキ》・分岐《ブンキ》

山 4
【岌】7画 5409 5C8C
音 キュウ 慣 ギュウ 漢
訓 さが-しい・たか-い

意味 ❶山が高くそびえるようす。たかい。例 岌峨《キュウガ》（=山が高いようす）。❷危険なようす。例 岌岌《キュウキュウ》（=高いようす。また、危機に瀕《ヒン》しているようす）。

山 4
【岑】7画 5410 5C91
音 シン 漢
訓 みね

意味 けわしくそびえる山（の頂上）。けわしい。するどい。みね。

例 岑楼《シンロウ》（=するどく、そびえ立つ山。また、たかどの）。

難読 岑上《おのえ》

山 4
【岔】7画 5411 5C94
音 タ 漢

意味 ❶山脈・川・道の分かれ目。分岐点《ブンキテン》。例 岔道《タドウ》。❷わき道にそれる。また、話をそらす。

山 5
【岡】8画 1812 5CA1 教育4
音 コウ 漢
訓 おか

筆順 

山 8
［崗］11画 5430 5D17 俗字

なりたち  [形声]「山（=やま）」と、音「网《コウ》」とから成る。山の背。

意味 平地よりも少し盛り上がった土地。おか。かたわら。わき。

日本語での用法《おか》傍観《ボウカン》の立場。「岡惚《おかぼ》れ・岡焼《おかや》き・岡目八目《おかめハチモク》」

県名 岡山《おかやま》・静岡《しずおか》・福岡《ふくおか》

山 5
【岳】8画 1957 5CB3 常用
音 ガク 漢 呉
訓 たけ

筆順 

山14
［嶽］17画 5454 5DBD 本字

なりたち  [形声]「山」と、音「獄《ゴク→ガク》」とから成る。王者が天下を視察するときに祭りをする五つの名山。

参考「岳」と「嶽」とは、古くから通じて用いられてきたが、「岳父・岳母」の意には「岳」を用いることが多い。

意味 ❶高く大きな山。たけ。例 山岳《サンガク》。御岳《みたけ》。如意ヶ岳《ニョイがだけ》。❷妻の実家の父・母を尊敬していうときに用いる接頭語。例 岳丈《ガクジョウ》（=妻の父）。岳父《ガクフ》。岳母《ガクボ》。

人名 おか・たか・たかし・たけし・たける

【岳翁】《ガクオウ》妻の父。類 岳父。

【岳父】《ガクフ》妻の父。類 岳翁《ガクオウ》。対 岳母。

【岳母】《ガクボ》妻の母。対 岳父。

【岳陽楼】《ガクヨウロウ》湖南省の岳陽市にある楼。洞庭湖《ドウテイコ》にのぞみ、古来多くの文人がおとずれた名所。

【岳麓】《ガクロク》山のふもと。とくに、富士山（=富岳）のふもと。

○●山岳《サンガク》・富岳《フガク》

山 5
【岩】8画 2068 5CA9 教育2
音 ガン 漢
訓 いわ

筆順 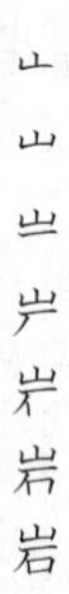

なりたち [会意]「山（=やま）」と「石（=いし）」とから成る。山の石。参考 一説に、「巌《ガン》」の古字。

意味 動かせないほど大きな石。いわお。いわ。例 岩石《ガンセキ》。岩盤《ガンバン》。

日本語での用法《ガン》①岩のように固くしこったもの。「乳岩《ニュウガン》（=乳癌《ニュウガン》）」②強くたくましい乗馬。転じて堅固《ケンゴ》。「岩乗《ガンジョウ》・岩畳《ガンジョウ》」

難読 岩城《いわき》（=地名）

人名 いわお・かた・たか

【岩場】《いわば》①岩の多い場所。②ロッククライミングをする場

所。

【岩室《いわむろ》】岩をほってつくった住居。また、岩のあいだに自然にできたほら穴。いわや。

【岩山《いわやま》】岩だらけの山。岩でできている山。

【岩塩《ガンエン》】層を成している、塩のかたまりから成る鉱物。

【岩窟《ガンクツ》】岩のほら穴。いわあな。いわや。例 —に閉じこめられる。表記「▼巌窟」とも書く。

【岩▼漿《ガンショウ》】地下で、高温のためにとけて、どろどろになっている岩石。マグマ。例 火口からふき出る—。

【岩礁《ガンショウ》】海中にかくれて見えない岩。また、水面上に見えかくれする岩。例 船が—に乗り上げる。

【岩石】一《ガンセキ》①岩や石。また、大きな石。②地殻《チカク》を形づくる物質。二《ガンセキ｜ガンゼキ》かたいもの、かたくつくったもののたとえ。

【岩盤《ガンバン》】地下で層を成している、かたい岩。

【岩壁《ガンペキ》】かべのように切り立っている岩。例 —をよじのぼる。表記「▼巌壁」とも書く。

●火成岩《カセイガン》・奇岩《キガン》・砂岩《サガン》・堆積岩《タイセキガン》・変成岩《ヘンセイガン》・溶岩《ヨウガン》

山 5 【岸】 8画 2063 5CB8 教育3 音 ガン 漢 呉 訓 きし 付表 河岸《かし》

筆順 丶 山 山 山 屵 岸 岸 岸

なりたち 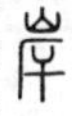 [形声]「屵(=高いがけ)」と、音「干《カン》→《ガン》」とから成る。けわしく高い水ぎわ。

意味 ❶水ぎわの切りたったところ。みずぎわ。きし。例 岸壁《ガンペキ》。沿岸《エンガン》。対岸《タイガン》。❷けわしい。例 傲岸《ゴウガン》。

日本語での用法《ガン》「岸壁《ガンペキ》」の略。「接岸《セツガン》・着岸《チャクガン》・離岸《リガン》」

【岸頭《ガントウ》】岸のほとり。きしべ。

【岸壁《ガンペキ》】①かべのように切り立っている岸。②船を横付けさせるために港につくった、石やコンクリートのかべ。

【岸辺《きしべ》】岸のあたり。岸沿いのところ。例 —の草。

●海岸《カイガン》・川岸《かわぎし》・護岸《ゴガン》・接岸《セツガン》・彼岸《ヒガン》

山 5 【峅】 8画 5418 5CC5 国字 訓 くら

意味 人名・地名に用いられる字。例 岩峅《いわくら》(=姓《セイ》)。芦峅寺《あしくらじ》・岩峅寺《いわくらじ》(=ともに富山《とやま》県の地名)。

山 5 【岫】 8画 5413 5CAB 音 シュウ 漢 訓 くき

意味 ❶洞穴《ドウケツ》のある山。山の洞穴。くき。❷山のいただき。みね。

山 5 【岨】 8画 3327 5CA8 音 一 ショ 漢 二 ショ 漢 ソ 呉 訓 そば

意味 一《ショ》土におおわれた石山。また、岩をいただく土山。同 砠《ショ》。二《ショ｜ソ》そびえたってけわしいところ。そば。同 阻《ソ》。例 岨峻《ソシュン》(=けわしく、高い)。嶮岨《ケンソ》。

山 5 【岱】 8画 3450 5CB1 音 タイ 漢

意味 泰山《タイザン》のこと。山東省にある名山。例 岱宗《タイソウ》(=泰山は五岳《ゴガク》の長であり、四岳が宗《ソウ》とする((=尊ぶ))意)。

山 5 【岻】 8画 5414 5CBB 音 チ 漢

意味 山の名に用いられる字。

日本語での用法《シ》人名・地名に用いられる字。「沢岻《タクシ》(=姓《セイ》。また、沖縄《おきなわ》県の地名)」

山 5 【岶】 8画 5415 5CB6 音 ハク 漢 訓 さこ

意味「嶀岶《バクハク》」は、草木などが密生しているようす。

日本語での用法《さこ》人名に用いられる字。「岶尾《さこお》(=姓《セイ》)」

山 5 【岾】 8画 5419 5CBE 国字 訓 はけ

参考「岵《コ》(=草木のしげった山の意)」の異体字とする説がある。また、地名用字として、日本や韓国《カンコク》でも用いられている。

意味 地形上、丘陵《キュウリョウ》地の断絶するところの急斜面《キュウシャメン》を指す。はけ。

山 5 【岷】 8画 5417 5CB7 音 ビン 漢

意味 ❶山の名。例 岷山《ビンザン》。❷川の名。例 岷江《ビンコウ》。

山 5 【岬】 8画 4408 5CAC 常用 音 コウ 漢 訓 みさき

筆順 丨 山 山 山冂 山日 山日 岬

なりたち [形声]「山(=やま)」と、音「甲《コウ》」とから成る。二つの山のあいだ。

意味 ❶山あい。山腹《サンプク》。❷海中や湖中につき出た陸地。みさき。

山 5 【岼】 8画 5416 5CBC 国字 訓 ゆり

意味 山の中腹にある平地。ゆり。人名・地名に用いられる字。例 岼《ゆり》(=姓《セイ》。また、京都府の地名)。

山 6 【峡】 9画 2214 5CE1 常用 音 コウ 漢 キョウ 呉 訓 はざま・かい

筆順 丨 山 山 山一 山丷 山工 峡 峡

山 7 【峽】 10画 5423 5CFD 人名

なりたち [形声]「山(=やま)」と、音「夾《コウ》」とから成る。山と山とにはさまれたところ。

意味 ❶山と山との間にはさまれた谷あい。はざま。例 峡谷《キョウコク》。山峡《サンキョウ》。❷陸地にはさまれた細い水路。また、海にはさまれた細い陸地。例 海峡《カイキョウ》。地峡《チキョウ》。

難読 山峡《やまかい》

【峡谷《キョウコク》】山と山との間の深くて細長い谷。例 黒部《くろべ》—。—をぬうように走る森林鉄道。

山 6 【峇】 9画 5420 5CC7 音 コウ 漢

意味「岌峇《キュウコウ》」は、かみなりなどのとどろく音。

山 6 【峙】 9画 5421 5CD9 音 チ 漢 ジ 呉 訓 そばだ-つ

意味 高くそびえ立つ。じっと動かないで立つ。そばだつ。例 峙立《ジリツ》(=そびえ立つ)。対峙《タイジ》。

山 6
【峠】 9画 3829 5CE0 常用 国字 訓 とうげ

筆順 丨 山 山 山' 山ト 山上 峠 峠

なりたち［会意］「山(=やま)」と、「上下(=のぼりくだり)」とから成る。山の上りと下りのさかいとなるところ。

意味 ❶山道を登りつめて、そこから下りにさしかかるところ。例 峠《とうげ》の茶屋《ちゃや》。❷ものごとの進行する過程で、そこをこすと安定する、だいじな時点。例 容態《ヨウダイ》は―をこした。

難読 峠岡《みねおか・たかおか》(=姓《せい》)

山 7
【峨】 10画 1869 5CE8 人名 音 ガ漢

山 7
［峩］ 10画 5422 5CE9 別体字

意味 山が高くけわしいようす。たかい。例 峨峨《ガガ》。嵯峨《サガ》。

【峨峨《ガガ》】（形動《タル》）山や岩が高くけわしくそびえるようす。例 ―たる連山。

山 7
【峺】 10画 5424 5CFA 音 コウ漢

意味 山道のけわしいところ。

山 7
【峻】 10画 2952 5CFB 人名 音 シュン漢 訓 たか-い・けわ-しい

なりたち［形声］「山(=やま)」と、音「夋《シュン》(=けわしく高い)」とから成る。けわしく高い。

意味 ❶高くけわしい。また、大きくてりっぱな。たかい。例 峻険《シュンケン》。峻秀《シュンシュウ》(=とびぬけて高い)。❷(性質や態度が)きびしい。容赦《ヨウシャ》しない。例 峻拒《シュンキョ》。峻厳《シュンゲン》。峻別《シュンベツ》。

人名 たか・たかし・ちか・とし・みち・みね

【峻拒《シュンキョ》】（名・する）きっぱりとことわること。類 拒絶・拒否。例 忠告を―して決心した。

【峻険《シュンケン》】（名・形動《ダ》）（山などが）高くけわしいこと。例 ―な山。表記「峻▼嶮」とも書く。

【峻厳《シュンゲン》】（名・形動《ダ》）きわめて厳格であること。類 峻烈《シュンレツ》。例 ―な態度。

【峻別《シュンベツ》】（名・する）あいまいさを残さずに、はっきりと区別すること。例 善悪を―する。

【峻烈《シュンレツ》】（名・形動《ダ》）厳しくて、はげしいようす。類 峻厳《シュンゲン》。例 ―な批判。

山 7
【峭】 10画 5425 5CED 音 ショウ漢 訓 きび-しい・けわ-しい

意味 ❶高く切り立って、けわしい。例 峭壁《ショウヘキ》。❷ひどく、きびしい。例 春寒《シュンカン》料峭《リョウショウ》(=春とはいいながらまだ寒さがきびしい。手紙のはじめの時候のあいさつの句)。

【峭壁《ショウヘキ》】けわしく切り立ったがけ。

山 7
【島】 10画 3771 5CF6 教育3 音 トウ漢 訓 しま

筆順 丿 户 户 自 鳥 鳥 島 島

山11
［㠀］ 14画 2-0862 3800 本字

山11
［嶋］ 14画 3772 5D8B 人名・別体字

山11
［嶌］ 14画 5426 5D8C 別体字

なりたち［形声］「山(=やま)」と、音「鳥《チョウ》→《トウ》」とから成る。海にあり、鳥が留まれる山。

意味 まわりを海や湖にかこまれた陸地。しま。例 島嶼《トウショ》。群島《グントウ》。孤島《コトウ》。

【島陰《しまかげ》】島にかくれて見えないところ。また、島の、外海から見えないところ。例 船が―にかくれる。―の校舎。

【島田《しまだ》】「島田髷《まげ》」の略。日本髪《がみ》の一つで、おもに未婚《ミコン》の女性や花嫁《はなよめ》が結《ゆ》うもの。

【島流し《しまながし》】（名・する）①罪人を遠くの島やへんぴな土地に送った、昔の刑罰《ケイバツ》。類 流刑《ルケイ》。流罪《ルザイ》。遠島。②不便なところへ転勤させられること。類 左遷《サセン》。

【島守《しまもり》】島の番人。

【島影《トウエイ・しまかげ》】島の姿や形。例 遠くに―が見える。

【島国《トウコク・しまぐに》】四方を海に囲まれた国。海国。例 ―根性《コンジョウ》(=島国の人に多く見られる、視野がせまく閉鎖的《ヘイサテキ》で、こせこせした性質)。

【島▼嶼《トウショ》】〔「嶼」は、小島の意〕大小の多くの島。しまじま。

【島民《トウミン》】島の住民。

●遠島《エントウ》・帰島《キトウ》・群島《グントウ》・小島《こじま》・孤島《コトウ》・敷島《しきしま》・諸島《ショトウ》・全島《ゼントウ》・半島《ハントウ》・本島《ホントウ》・離島《リトウ》・列島《レットウ》

山 7
【峰】 10画 4286 5CF0 常用 音 ホウ漢 フ呉 訓 みね

筆順 丨 山 山 山' 岁 峯 峰

山 7
［峯］ 10画 4287 5CEF 人名 本字

なりたち［形声］「山(=やま)」と、音「夆《ホウ》」とから成る。山のいただき。

意味 山のいただき。また、高い山。みね。例 高峰《コウホウ》。霊峰《レイホウ》。連峰《レンポウ》。

難読 金峰山《キンプセン》・金剛峰寺《コンゴウブジ》

人名 お・たか・たかし・ね

【峰打ち《みねうち》】（名・する）みね(=刀の背《せ》)で相手を打つこと。むねうち。表記「▽刀▽背打ち」とも書く。

●鋭峰《エイホウ》・奇峰《キホウ》・高峰《コウホウ》・孤峰《コホウ》・最高峰《サイコウホウ》・霊峰《レイホウ》・連峰《レンポウ》

山 7
【峪】 10画 5427 5CEA 音 ヨク漢 訓 やま

意味 山と山とのあいだ。たに。

山 7
［峩］ 10画 ⇩【峨】《ガ》(328ページ)

山 7
［峯］ 10画 ⇩【峰】《ホウ》(328ページ)

山 7
【峽】 10画 ⇩【峡】《キョウ》(327ページ)

山 8
【崋】 11画 *5428 *5D0B 音 カ漢

意味 五岳《ゴガク》の一つ。崋山《カザン》。〔多く「華山」と書かれる〕

参考 江戸《えど》時代の画家、渡辺登《わたなべのぼり》は、雅号《ガゴウ》に「崋山《カザン》」を用いた。

山 8
【崖】 11画 1919 5D16 常用 音 ガイ漢呉 訓 がけ・きりぎし

筆順 丶 山 山 屵 岸 崖 崖

山 8
［崕］ 11画 5429 5D15 別体字

なりたち 崖 ［形声］「𡴀（＝きし）」と、音「圭《ケイ→ガイ》」とから成る。高く険しいがけ。
意味 山や岸の切りたったところ。がけ。例 懸崖《ケンガイ》。断崖《ダンガイ》。

山 8 **【崟】** 11画 5432 5D1F 音 ギン(漢) 訓 たか-い
意味 ❶山が高くそびえる。たかい。❷するどくとがる。

山 8 **【崛】** 11画 5433 5D1B 音 クツ(漢)(呉) 訓 そばだ-つ
意味 ひときわ高くそびえるようす。そばだつ。例 崛起《クッキ》。奇崛《キクツ》。
難読 耆闍崛山《ギジャクッセン》（＝霊鷲山《リョウジュセン》）

漢字に親しむ ⑪ 四つの島

「長島さん」と「長嶋さん」とは、同じ「しま」という読み方で、何かちがいがあるのでしょうか。「島」と「嶋」とはよく似ていますがそれも道理で、実はこの二つはもとは同じ一つの字だったのです。古くはこの字は「㠀」の形をしていました。これは山の上に鳥が留まったようすをあらわします。すなわち「しま」とは鳥の休む海中の山という意味なのです。要するに、山と鳥との組み合わせであればそれでよく、「嶋」でもいいし、「鳥」の省略形「〓」と「山」とを組み合わせた「島」でもいいわけです。ですからこのほかにも「嶌」の形をした「しま」もあるのです。

山 8 **【崑】** 11画 5434 5D11 音 コン(漢)
意味 「崑崙《コンロン》」は、山の名。崑山。
難読 崑崙八仙《コンロンハッセン／クロハセ》（＝雅楽《ガガク》の、高麗楽《コマガク》の一つ）
【崑玉】《コンギョク》崑崙《コンロン》から産出される美しい石。
【崑▼崙】《コンロン》①新疆《シンキョウ》ウイグル自治区とチベット自治区との境にある山脈。②古代中国で西方にあると信じられていた霊山《レイザン》。崑山。 表記 ▽「昆▼侖」とも書く。

山 8 **【崔】** 11画 5435 5D14 音 サイ(漢) 訓 さが-しい・たか-い
意味 ❶山が高く大きいようす。たかい。例 崔嵬《サイカイ》。❷姓。
【崔▼嵬】《サイカイ》（名・形動《タルト》）①石や岩のごろごろしている土山。②山頂。③高くそびえているようす。

山 8 **【崎】** 11画 2674 5D0E 教育4 音 キ(漢) 訓 さき
筆順 丨 山 山 山 山 山 山 崎

山 9 **【﨑】** 12画 1-4782 FA11 俗字
山 9 **【嵜】** 12画 5431 5D5C 俗字

なりたち ［形声］「山（＝やま）」と、音「奇《キ》」とから成る。平らでない。
意味 山道などがけわしい。例 崎嶇《キク》。
日本語での用法 《さき》みさき。海中や湖中につき出た陸地。「唐崎《からさき》・洲崎《すさき》」
【▽崎▼嶇】《キク》（形動《タルト》）①山道のけわしいようす。②人生に苦しみの多いことのたとえ。
【▽崎陽】《キヨウ》長崎《ながさき》の中国風の呼び名。

山 8 **【崇】** 11画 3182 5D07 常用 音 スウ(漢) 訓 あが-める・とうと-ぶ
筆順 丶 山 山 山 岂 岦 崇
なりたち 崇 ［形声］「山（＝やま）」と、音「宗《ソウ→スウ》」とから成る。山が大きくて高い。
意味 ❶山が高くて大きい。例 崇山《スウザン》（＝高い山）。❷この上ないものとして尊敬し、たいせつにする。うやまう。あがめる。例 崇拝《スウハイ》。尊崇《ソンスウ》。❸けだかい。とうとい。例 崇高《スウコウ》。
参考 「祟《スイ》」は別の字。
難読 崇神天皇《スジンテンノウ》
人名 あがむ・かた・たか・たかし・たけ・みつる
【崇敬】《スウケイ》（名・する）とうとびうやまうこと。例 ―の念。
【崇高】《スウコウ》（名・形動《ナダ》）けだかくとうといこと。例 ―な精神。
【崇信】《スウシン》（名・する）けだかくとうといものとして、信じること。
【崇拝】《スウハイ》（名・する）①絶対的にすぐれたものとして、心から従うこと。②宗教で、絶対的にうやまい信じること。

山 8 **【崢】** 11画 5436 5D22 音 ソウ(漢) ジョウ(呉) 訓 たか-い
意味 山が高くけわしいようす。例 崢嶸《ソウコウ》。
【崢▼嶸】《ソウコウ》（名・形動《タルト》）①山が高くけわしいこと。②谷が深く危険なこと。③年月がたくさん積み重なること。④才能がとくにすぐれていること。

山 8 **【崩】** 11画 4288 5D29 常用 音 ホウ(漢)(呉) 訓 くず-れる・くず-す 付表 雪崩《なだれ》
筆順 丶 山 山 山 山 山 崩 崩

山 8 **【崩】** 11画

なりたち 崩 ［形声］「山（＝やま）」と、音「朋《ホウ》」とから成る。山がくずれる。
意味 ❶山がこわれる。さかんであったものが、すたれる。くずれる。くずす。例 崩壊《ホウカイ》。崩落《ホウラク》。山崩《やまくず》れ。❷天子が亡《な》くなる。例 崩御《ホウギョ》。崩殂《ホウソ》。
【崩壊】《ホウカイ》（名・する）①（地形・建造物・組織・構想などが）くずれこわれること。例 ビルの―。②〔物〕放射性元素が放射線を出して、他の元素に変化すること。壊変。 表記 ▽「崩潰」とも書く。
【崩御】《ホウギョ》（名・する）日本で、天皇・皇后・皇太后・太皇太后の死去を、うやまっていうことば。
【崩▼殂】《ホウソ》（名・する）〔「殂」は、行く意〕天子が死ぬこと。
【崩落】《ホウラク》（名・する）①（土砂《ドシャ》やかべなどが）くずれおちること。例 岩石が―する。②〔経〕相場が急に大きく下落すること。類 暴落。
●土崩《ドホウ》

山 8 **【崚】** 11画 5437 5D1A 人名 音 リョウ漢

なりたち [形声]「山(=やま)」と、音「夌《リョウ》」とから成る。山が高くけわしいようす。

意味 山が高くかさなって、けわしいようす。

人名 たかし

山 8 **【崙】** 11画 5438 5D19 音 ロン漢

山 8 **[崘]** 11画 5439 5D18 別体字

意味 「崑崙《コンロン》」は、山の名。崑山。

山 8 [崗] 11画 ⇩【岡】《おか》(326ページ)

山 8 [崕] 11画 ⇩【崖】《ガイ》(328ページ)

山 8 【崩】 11画 ⇩【崩】《ホウ》(329ページ)

山 8 [崘] 11画 ⇩【崙】《ロン》(330ページ)

山 9 **【嵐】** 12画 4582 5D50 常用 音 ラン漢 訓 あらし

筆順 

なりたち  [形声]「山(=やま)」と、音「葻《ラン》」の省略体とから成る。山の名。

意味 山にたちこめる、しっとりした空気。山気《サンキ》。例 嵐気《ランキ》。青嵐《セイラン》。翠嵐《スイラン》。

日本語での用法 《あらし》激しい風。暴風雨。また、荒れくるう状態のたとえ。「嵐《あらし》の前《まえ》の静《しず》けさ・吹《ふ》き荒《あ》れる嵐《あらし》・感情《カンジョウ》の嵐《あらし》に理性《リセイ》を失《うしな》う」

難読 五十嵐《いがらし》(=姓《セイ》)

【▽嵐気《ランキ》】山の中にたちのぼる靄《もや》。山らしいけはい。類 山気。

山 9 **【嵌】** 12画 5440 5D4C 音 カン漢 訓 あな・は-める

竹 9 **[篏]** 15画 6829 7BCF 別体字

意味 ❶山や谷のおく深いようす。❷ほらあな。くぼみ。あな。例 嵌谷《カンコク》(=深い谷)。❸あなにはめこむ。はめる。例 嵌入

[山部] 8—11画 ● 崚崙崗崕崩崘嵐嵌嵒嵎嵋﨑嵜嵬嵯嵩嵶嵳嶇嶄嶂嶃㠀嶋嶌

山 9 **【嵒】** 12画 5441 5D52 音 ガン漢 訓 いわお・たか-い

意味 ❶高くけわしい山。同 巌《ガン》。❷地名。

嵌入《カンニュウ》(=はめこむ)。象嵌《ゾウガン》。

山 9 **【嵎】** 12画 5442 5D4E 音 グウ慣 グ漢 訓 くま・すみ

意味 ❶浙江《セッコウ》省にある、山の名。❷山の奥《おく》まったところ。くま。❸辺境の地。かたすみ。すみ。同 隅《グウ》。

山 9 **【嵋】** 12画 5443 5D4B 音 ビ漢

意味 山の名「峨眉《ガビ》」の「眉」を書きかえた字。例 峨嵋山《ガビサン》。

山 9 [﨑] 12画 ⇩【崎】《さき》(329ページ)

山 9 [嵜] 12画 ⇩【崎】《さき》(329ページ)

山 10 **【嵬】** 13画 5444 5D6C 音 カイ漢 ガイ漢 訓 けわ-しい・たか-い

意味 ❶高くそびえ立つようす。たかい。例 嵬峨《カイガ》。❷奇怪《カイキ》なようす。あやしい。同 傀《カイ》。例 鬼説《カイセツ》。

【嵬▼峨】《カイガ》(形動《タルト》)①高くそびえ立つようす。②声が高いようす。③酒に酔《よ》って足もとがふらつくようす。

山 10 **【嵯】** 13画 2623 5D6F 人名 音 サ漢

山10 **[嵳]** 13画 5445 5D73 別体字

なりたち  [形声]「山(=やま)」と、音「差《サ》」とから成る。山のけわしいようす。

意味 山が高くて、けわしいようす。例 嵯峨《サガ》。

【嵯▼峨】《サガ》 一(形動《タルト》)山が高くてけわしいようす。二(名)京都市右京区の地名。

山 10 **【嵩】** 13画 3183 5D69 人名 音 スウ・シュウ漢 訓 かさ・かさ-む

なりたち  [会意]「山(=やま)」と「高(=たかい)」とから成る。山の名。

意味 ❶五岳《ゴガク》の一つ。嵩高《スウコウ》。嵩山《スウザン》。❷山の高くて大きいようす。山のそびえ立つようす。たかい。例 嵩峻《スウシュン》。

日本語での用法 《かさ・かさむ》高さ。大きさ。体積。数量。威勢《イセイ》。優勢。また、数量や金額が大きくなる。「嵩上《かさあ》げ・嵩高《かさだか》になる・嵩張《かさば》る・嵩《かさ》に懸《か》かる・借金《シャッキン》が嵩《かさ》む」

難読 嵩《けだ》(=姓《セイ》)

人名 たか・たかし・たけ

【嵩高】《スウコウ》 一(名)五岳《ゴガク》の一つ。河南《カナン》省登封《トウホウ》県の北にある。嵩山《スウザン》。二(形動《タルト》)山の高いようす。

山 10 **【嵶】** 13画 5446 5D76 国字 訓 たお

意味 地名に用いられる字。例 嵶《おた》(=岡山《おかやま》県の地名)。

山10 [嵳] 13画 ⇩【嵯】《サ》(330ページ)

山 11 **【嶇】** 14画 5447 5D87 音 ク漢 訓 さが-しい

意味 「嶇嶔《クキン》」は、山がけわしいようす。

山 11 **【嶄】** 14画 5448 5D84 音 サン漢 ザン呉

山11 **[嶃]** 14画 — 5D83 別体字

意味 山が切り立ってけわしい。ぬきんでている。例 嶄然《ザンゼン》。

【嶄新】《ザンシン》(名・形動《ダナ》)デザイン・設計・作品・理論などが、今までになくきわだって新しいこと。例 —なデザインの新車。

表記 「斬新」とも書く。

【嶄然】《ザンゼン》(形動《タルト》・副)同類のなかでひときわ高くぬきんでているようす。例 —頭角をあらわす(=ひときわすぐれている)。

山 11 **【嶂】** 14画 5449 5D82 音 ショウ漢 訓 たかやま・みね・やま

意味 ❶びょうぶのようにそびえるけわしい山。例 畳嶂《ジョウショウ》。❷毒気にあたって起こる熱病。同 瘴《ショウ》。例 嶂気《ショウキ》。

山11 [嶃] 14画 ⇩【嶄】《ザン》(330ページ)

山11 [㠀] 14画 ⇩【島】《トウ》(328ページ)

山11 [嶋] 14画 ⇩【島】《トウ》(328ページ)

山11 [嶌] 14画 ⇩【島】《トウ》(328ページ)

山 12
【嶢】15画 5450 5DA2 音 ギョウ㊥ 訓 けわ-しい・たか-い
意味 高くそびえ立つようす。例 嶢《ギョウ》闕《ケツ》(=高くそびえる門。宮城の大門を指す)。

山 12
【嶝】15画 5451 5D9D 音 トウ㊥ 訓 こさか・のぼ-る・やまみち
意味 登山道。やまみち。

山 12
【嶐】15画 5455 5D90 音 リュウ㊥
意味 高くそびえ立つようす。

山 13
【巇】16画 5452 5DAC 音 ギ㊥
意味 高くけわしいようす。また、人の態度や表情が厳しいようす。例 崎《キ》巇《ギ》。

山 13
【嶮】16画 5453 5DAE 音 ケン㊥㊐ 訓 けわ-しい
意味 (山の頂上が剣《つるぎ》のように)とがって、けわしい。同 険。例 嶮《ケン》岨《ソ》。
【嶮▼岨】《ケンソ》(名・形動《ナダ》) 山や山道がけわしいこと。また、その場所。例 峠《とうげ》へつづく―な道。表記 ㊀険阻

山 13
【嶼】16画 5457 5DBC 音 ショ㊥ 訓 しま
意味 小さい島。しま。例 島嶼《トウショ》(=大小の島々)。

山 14
【嶷】17画 5456 5DB7 音 ギョク㊥ 訓 いかめ-しい・たか-い
意味 ❶山がそそり立つようす。ひときわ高いようす。例 嶷立《ギョクリツ》。❷すぐれたようす。さとい。かしこい。例 岐嶷《ギキョク》(=才知がすぐれているようす)。
【嶷立】《ギョクリツ》(名・する) 山などがひときわ高くそびえること。

山 14
【嶺】17画 4670 5DBA 人名 音 レイ㊥ リョウ㊐ 訓 みね・ね
なりたち  [形声]「山(=やま)」と、音「領《レイ》」とから成る。山道。
意味 ❶山の頂《いただき》の最も高いところ。みね。例 嶺雲《レイウン》(=みねにかかるくも)。筑波嶺《つくばね》。❷連なった山のみね。やまなみ。山脈《サンミャク》。例 海嶺《カイレイ》(=海底山脈)。分水嶺《ブンスイレイ》(=山の尾根)。

山14
[嶽] 17画 ⇩【岳】《ガク》(326ページ)

山 17
【巌】20画 2064 5DCC 人名 音 ガン㊥㊐ 訓 けわ-しい・いわお・いわ

山20
【巖】23画 5462 5DD6 人名
なりたち  [形声]「山(=やま)」と、音「嚴《ゲン→ガン》」とから成る。山のがけ。
意味 ❶高くけわしい山。岩がごつごつしてけわしい。例 巌険《ガンケン》(=けわしい場所)。❷大きな岩。いわお。また、岩にできた、ほらあな。例 巌窟《ガンクツ》。巌頭《ガントウ》。奇巌《キガン》。
人名 たか・たかし・みち・みね・よし
【巌窟】《ガンクツ》 岩山や岩のがけにある、ほらあな。いわや。岩あな。表記「岩窟」とも書く。
【巌頭】《ガントウ》 高くつき出た大きな岩の上。また、それらの岩のそば。表記「岩頭」とも書く。

山 17
【巉】20画 5458 5DC9 音 サン㊥ ザン㊐ 訓 けわ-しい・たか-い
意味 高くけわしい。するどく切り立つようす。けわしい。たかい。例 巉巌《ザンガン》(=けわしく切り立った岩山)。

山 18
【巍】21画 5459 5DCD 音 ギ㊥㊐ 訓 たか-い
意味 山が目立って大きい。高い。いかめしい。例 巍巍《ギギ》—たる山脈。
【巍巍】《ギギ》(形動《タルト》) 高くて大きいようす。
【巍然】《ギゼン》(形動《タルト》) ①高くて大きいようす。②人としてすぐれているようす。

山 19
【巓】22画 5460 5DD3 音 テン㊥ 訓 いただき
意味 山の頂上。いただき。例 山巓《サンテン》。

山 19
【巒】22画 5461 5DD2 音 ラン㊥ 訓 おか・こやま・みね
意味 ❶小さくつき出た形の山。おか。こやま。例 巒山《ランザン》(=小山)。❷長く連なる峰《みね》。みね。❸ひろく、山を指していう。

山20
【巖】23画 ⇩【巌】《ガン》(331ページ)

47 3画 巛(川) かわ部

両岸のあいだを流れる水の形で、「かわ」の意をあらわす。「巛」を「まがりがわ」、「川」を「さんぼんがわ」ともいう。「巛(川《セン》)」をもとにしてできている漢字を集めた。

0 川 巛 3 州 巡 4 巡 8 巣

この部首に所属しない漢字
災 ⇩ 火 629 順 ⇩ 頁 1063

川 0
【川】3画 3278 5DDD 教育1 音 セン㊥㊐ 訓 かわ 付表 川原《かわら》
筆順 丿 川 川

巛 0
[巛] 3画 5463 5DDB 本字
なりたち 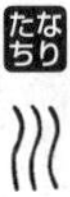  [象形] つらぬき通して流れる水の形。
意味 陸上の低いところに集まる水の流れ。かわ。例 川上《センジョウ》。河川《カセン》。隅田川《すみだがわ》。
【川魚】《かわうお|かわざかな》 川にすんでいるさかな。コイ・フナ・ドジョウなど。例 —《かわうお》料理。
【川▼獺】《かわうそ》 イタチ科の動物。川や池や沼《ぬま》のそばにすみ、魚などをとって食う。特別天然記念物。表記「▼獺」とも書く。
【川上】一《かわかみ》 川の水が流れてくるほう。類 上流。対 川下《かわしも》。二《センジョウ》 川のほとり。かわぎし。
【川上の嘆】《センジョウのタン》 孔子《コウシ》が川のほとりで、万物の流転

を嘆いた故事。〔「子在二川上一曰、逝者如レ斯夫、不レ舎二昼夜一《シセンジョウにありていわく、ゆくものはかくのごときか、チュウヤをおかずと》(=孔子は川のほとりで言った、過ぎ去るものはこの川の流れのようなものだろうか、昼夜の区別なく行き過ぎてゆく、と)。〈論語《ロンゴ》・子罕《シカン》〉」から〕 表記 (旧)川上の▼歎 → 【昼夜《チュウヤ》を舎《お》かず】(489ページ)

【川岸《かわぎし》】川が接している土地。表記「河岸」とも書く。

【川口《かわぐち》】川の水が海や湖に流れ出るところ。河口《カコウ》。表記「河口」とも書く。

【川下《かわしも》】川の水が流れていくほう。類下流。対川上《かわかみ》。

【川筋《かわすじ》】①川の水が流れる道すじ。例地図で—をたどる。②川沿いの地域。例—の町。

【川瀬《かわせ》】川の底が浅く、流れのはやいところ。

【川▼蟬《かわせみ》】カワセミ科の鳥。スズメより大形で、川や沼《ぬま》のそばにすみ、魚をとる。背から尾《お》にかけてコバルト色にかがやく。ショウビン。ひすい。表記「▼翡▼翠」とも書く。

【川竹《かわたけ》】①川のそばに生えるタケ。②マダケの別名。表記「河竹」とも書く。

【川面《かわづら|かわも》】川の水面。例—《かわも》をわたる風。

【川床《かわどこ》】川の底。類河床《カショウ》。

【川流れ《かわながれ》】①川の水に流されること。例河童《かっぱ》の—(=名人も油断すると失敗することのたとえ)。②川でおぼれ死ぬこと。また、その死体。

【川波《かわなみ》】川に立つ波。

【川端《かわばた》】川べり。川ぶち。川べ。例—柳《やなぎ》。

【川縁《かわぶち|かわべり》】川に沿ったところ。川ばた。川べ。

【川船《かわふね》】〔「かわぶね」とも〕川の上り下りに使われる、底の平らな船。表記「川舟・河船」とも書く。

【川辺《かわべ》】川のほとり。川べり。川ばた。類川岸・河岸《かし》。例—にたたずむ。

【川原《かわら》】川の流れに沿った、石や砂の多いところ。また、川べりの平地。例—乞食《こじき》(=昔、京都の四条川原で歌舞伎《かぶき》を興行したことから、江戸《えど》時代に役者をさげすんで呼んだことば)。表記「河原」とも書く。

【川柳《センリュウ》】俳句と同じ五・七・五の形式だが、季語や切れ字などの制約がなく、滑稽《コッケイ》や風刺《フウシ》を主にした短詩。〔江戸《えど》中期の柄井《からい》川柳に由来する〕

●小川《おがわ》・河川《カセン》・山川《サンセン|やまかわ|やまがわ》・谷川《たにがわ》

巛0 【巛】3画 ⇩【川】《セン》(331ページ)

〔巛(川)部〕0—8画 巛州巡巡巣〔工部〕

川3 【州】6画 2903 5DDE 教育3 音シュウ漢 シュ呉 訓す・しま・くに

筆順 丶 リ 小 州 州 州

なりたち [会意]「川(=かわ)」を重ねた形。川の中のとどまることのできるところ。

意味 ❶川や湖の中に土砂《ドシャ》がたまって、陸地のようになったところ。同洲《シュウ》。例三角州《サンカクす》。❷中国古代の行政区。㋐周代、二千五百戸の村落のこと。㋑古代、全土を九つに分けたその一つ。漢代には郡の上にあたり、隋《ズイ》・唐《トウ》代には郡と同じ。明《ミン》・清《シン》代には県の大きなもの。例州県《シュウケン》。❸国。大きな陸地。例欧州《オウシュウ》。本州《ホンシュウ》。

日本語での用法《シュウ》①昔の「国」にあたる、漢語ふうの言い方。「奥州《オウシュウ》・紀州《キシュウ》・関八州《カンハッシュウ》・信州《シンシュウ》・日本国六十余州《ニホンコクロクジュウヨシュウ》」②欧米《オウベイ》で、一国の中の行政区画の一つ。「カリフォルニア州《シュウ》・ハワイ州《シュウ》」

【州界《シュウカイ》】州と州のさかい。州ざかい。くにざかい。類州境。

【州里《シュウリ》】集落。むらざと。

●欧州《オウシュウ》・白州《しらす》・中州《なかす》・本州《ホンシュウ》

巛3 【巡】6画 2968 5DE1 常用 音シュン漢 ジュン呉 訓めぐ-る 付表お巡《まわ》りさん

筆順 く 巛 巛 巛 巛 巡

巛4 【巡】7画

なりたち [形声]「辶(=すすむ)」と、音「巛《セン→シュン》」とから成る。よく調べて見てまわる。

意味 ❶まわり歩く。各地をめぐり歩く。めぐる。例巡回《ジュンカイ》。巡視《ジュンシ》。巡礼《ジュンレイ》。❷まわること。また、その回数を数えることば。例一巡《イチジュン》。

人名 みつ・ゆき

【巡回《ジュンカイ》】(名・する)回って歩くこと。めぐり歩くこと。また、見回ること。例警備のために—する。表記(旧)巡▼廻

【巡業《ジュンギョウ》】(名・する)各地を興行して回ること。例大相撲《おおずもう》の地方—。

【巡行《ジュンコウ》】(名・する)あちこちをめぐり歩くこと。例山車《だし》が町内を—する。

【巡幸《ジュンコウ》】(名・する)天子が国内各地を見て回ること。

【巡航《ジュンコウ》】(名・する)船や飛行機が各地を回ること。例—船。島から島へと—する。

【巡査《ジュンサ》】警察官の最下位の階級。また、いっぱんに、警察官。

【巡察《ジュンサツ》】(名・する)(地方などを)見回って事情を調べること。類巡視。

【巡視《ジュンシ》】(名・する)巡回して視察すること。類巡察。例—艇《テイ》。

【巡▼錫《ジュンシャク》】(名・する)〔仏〕〔「錫」は、錫杖《シャクジョウ》。僧《ソウ》の杖《つえ》の意〕僧が修行《シュギョウ》や説法のために各地を回ること。

【巡拝《ジュンパイ》】(名・する)いくつもの神社や寺院を参拝して回ること。例奈良《なら》の古寺を—する。

【巡洋艦《ジュンヨウカン》】軍艦の一つ。戦艦よりも機動力があり、駆逐艦《クチクカン》よりも戦闘《セントウ》能力がある。

【巡▼邏《ジュンラ》】(名・する)〔「邏」も、めぐる意〕巡回し警備すること。また、その人。パトロール。例定時の—。

【巡覧《ジュンラン》】(名・する)あちこちを見て回ること。例ヨーロッパ各地を—する。

【巡礼《ジュンレイ》】(名・する)聖地・霊場《レイジョウ》・社寺などをめぐり歩いて、参拝すること。また、その人。例西国《サイゴク》—。表記「順礼」とも書く。

【巡歴《ジュンレキ》】(名・する)各地をめぐること。

巛4 【巡】7画 ⇩【巡】《ジュン》(332ページ)

巛8 【巣】11画 ⇩【巣】《ソウ》(531ページ)

48 3画

工 こう たくみへん 部

ぶんまわし(=コンパス)、さしがね(=直角定規)の形をあらわす。「工」をもとにしてできている漢字を集めた。

0 工 2 巧 左 巨 4 巫 7 差

この部首に所属しない漢字

功⇩力 145 式⇩弋 361 攻⇩攵 459 杢⇩木 515
汞⇩水 578 缸⇩缶 796 貢⇩貝 932 項⇩頁 1063

工 0

【工】

3画 2509 5DE5 教育2 音 コウ漢 ク呉 訓 たくみ

筆順 一 丅 工

たなちり 工 [象形]すみなわと水準器の形。職人が使う道具。

意味 ❶道具を使って、ものに手を加えてつくりだすわざ。例工業《コウギョウ》。加工《カコウ》。細工《サイク》。❷器物をつくる技術を持った人。職人。たくみ。例画工《ガコウ》。大工《ダイク》。飛驒工《ひだのたくみ》。❸(肉体を使う)仕事。また、仕事の質や量。例工程《コウテイ》。工務《コウム》。着工《チャッコウ》。

難読 工合《グあい》

人名 たく・たくむ・ただ・つとむ・のり・よし

【工夫】㊀《クフウ》(名・する)よい方法を求めて、あれこれと考えること。また、考えついた方法。例創意—。—をこらす。㊁《コウフ》(名)土木・鉄道・電気などの工事現場ではたらく作業員。工事作業員の古い言い方。

【工面】《クメン》㊀(名・する)(とくに、お金のことで)やりくりして、つごうをつけること。類算段。例—がつく。費用を—する。㊁(名)金まわり。例最近は—がいい。

【工員】《コウイン》工場ではたらく労働者。

【工学】《コウガク》数学・物理・化学などの基礎《ソキ》科学を、工業生産に応用するための学問。例電子—。

【工業】《コウギョウ》原料や材料を加工して、商品価値のあるものをつくりだす産業。手工業・機械工業・軽工業・重工業などがある。例—地帯。

【工具】《コウグ》工作に用いる道具や器具。例電動—。

【工芸】《コウゲイ》日常生活で使うことができ、しかも美術品としての価値もある製品をつくること。また、その技術。陶芸《トウゲイ》・木工・染織《センショク》など。例—品。伝統—。

【工作】《コウサク》(名・する)①道具や器具を使って品物をつくること。例図画—。—機械(=機械の部品などをつくるために、金属などを加工する機械)。②ある目的のために前もって関係者にはたらきかけること。例事前の—。

【工事】《コウジ》(名・する)土木や建築などの作業をすること。また、その作業。例ダムの—現場。

【工手】《コウシュ》鉄道や電気などの工事をする人。工夫《コウフ》。

【工匠】《コウショウ》〔「匠」は、職人の意〕工作を職業とする人。大工や家具職人など。

【工商】《コウショウ》工業と商業。また、職工と商人。

【工▼廠】《コウショウ》〔「廠」は、仕事場の意〕旧陸海軍に直属して、武器や弾薬《ダンヤク》を製造した工場。例海軍—。

【工場】《コウジョウ》《コウば》いろいろな機械などを使って、物品の大量生産をしたり、修理や解体などをしたりするところ。〔ふつう「コウジョウ」は大規模のものを、「コウば」は小規模のものをいう〕例製造—《コウジョウ》。町《まち》—《コウば》。

【工人】《コウジン》職人。

【工船】《コウセン》漁獲《ギョカク》したものを、缶詰《カンづめ》などに加工する設備のある船。例蟹《かに》—。

【工賃】《コウチン》加工や製作などの作業の手間賃。例—が安い。

【工程】《コウテイ》工事や工場などで作業をすすめていく順序。また、そのはかどり具合。例—表。次の—にかかる。

【工費】《コウヒ》工事にかかる費用。例—の節約。

【工法】《コウホウ》工事の方法と技術。例防火—。

【工房】《コウボウ》芸術家・工芸家・デザイナーなどの仕事部屋。アトリエ。

【工務】《コウム》土木や建築などの仕事。また、それにかかわる事務。例—店。

●起工《キコウ》・細工《サイク》・職工《ショッコウ》・図工《ズコウ》・着工《チャッコウ》・陶工《トウコウ》・名工《メイコウ》・木工《モッコウ》

工 2

【巧】

5画 2510 5DE7 常用 音 コウ漢 キョウ呉 訓 たく-み・うま-い

筆順 一 丅 工 工 巧

たなちり 巧 [形声]「工(=道具)」と、音「丂《コウ》」とから成る。うでまえ。

意味 ❶ものをつくる、わざ。うでまえ。また、それがじょうずなようす。たくみ。対拙《セツ》。例巧妙《コウミョウ》。技巧《ギコウ》。精巧《セイコウ》。❷口がうまく、うわべだけで実《ジツ》がない。例巧言《コウゲン》。

難読 巧婦鳥《みそさざい》・目巧《めきき》

人名 さとし・たえ・よし

【巧▼猾】《コウカツ》(名・形動《ダ》)ずるがしこいこと。狡猾《コウカツ》。例—な手段。

【巧技】《コウギ》じょうずなわざ。

【巧言】《コウゲン》心の中では思ってもいないことを、口先だけでうまく言うことば。

【巧言令色】《コウゲンレイショク》口先だけの調子のいいことを言い、愛想のいい顔をすること。例—鮮《すく》なし仁《ジン》(=巧言令色には、とかく真心がこもっていないものだ)。〈論語《ロンゴ》〉

【巧者】《コウシャ》(名・形動《ダ》)ものごとを、たくみにこなすこと。また、その人。例試合—。

【巧手】《コウシュ》①うまいわざ。好手。②うまいわざの持ち主。巧者。

【巧拙】《コウセツ》じょうずなことと、へたなこと。たくみであるか、つたないか。

【巧遅】《コウチ》じょうずだが時間がかかること。対拙速《セッソク》。

【巧遅《コウチ》は拙速《セッソク》に▽如《し》かず】じょうずで時間がかかるよりは、へたでもはやいほうがよい。〔本来は、兵を動かすことについて言ったことば〕〈孫子《ソンシ》〉

【巧緻】《コウチ》(名・形動《ダ》)巧妙《コウミョウ》で緻密なこと。細かいところまでじょうずにできていること。例—な伝統工芸品。

【巧妙】《コウミョウ》(名・形動《ダ》)やり方がひじょうにうまいこと。対拙劣《セツレツ》。例—な手口。

●技巧《ギコウ》・精巧《セイコウ》・利巧《リコウ》・老巧《ロウコウ》

工 2

【左】

5画 2624 5DE6 教育1 音 サ漢呉 訓 ひだり

筆順 一 ナ ナ 左 左

たなちり [会意]「𠂇(=ひだり手)」と「工(=たすける)」とから成る。ひだり手でみぎ手をたすける。

意味 ❶たすける。同佐《サ》。❷ひだり。ひだりて。ひだりがわ。対右《ウ》。例左記《サキ》。左右《サユウ》。❸東。〔南面したときの左が東にあたることから〕対右《ウ》。例江左《コウサ》(=江東《コウトウ》。長江の下流域)。❹位が低い。対右《ウ》。例左遷《サセン》。❺正しくない。よこしまな。例左道《サドウ》(=不正なやり方)。❻しるし。証拠《ショウコ》。〔わりふの左半分をいうことから〕例証左《ショウサ》。❼急進派。〔フランス革命のとき、急進派が、議長席から見て議会の左側にすわったことから〕対右《ウ》。例左派《サハ》。左翼《サヨク》。極左《キョクサ》。

難読 左沢《あてらざわ》(=地名)・左右《ソウ》《まて》(=両手)

人名 すけ・たすく

【左官】《サカン》壁《かべ》ぬりを仕事とする人。しゃかん。例—屋。

【左岸】《サガン》河川の下流に向かってひだり側の岸。対右岸。

【左記】《サキ》縦書きの文章で、次の行以下に書かれてあること。例―の通り。

【左義長】《サギチョウ》①昔、宮中で正月十五日におこなった悪魔《アクマ》払《ばら》いの行事。②民間で正月十五日に、正月のかざりものや書き初《ぞ》めなどを焼く行事。どんど焼き。表記▽「▽三▼毬▼杖」とも書く。

【左傾】《サケイ》(名・する)①ひだりのほうにかたむくこと。②急進的な社会主義や共産主義の思想をもつようになること。左翼《サヨク》化。▽対右傾。↓【左翼】《サヨク》

【左舷】《サゲン》船首に向かってひだり側のふなべり。対右舷。

【左顧右▼眄】《サコウベン》(名・する)〔「顧」はふりむいて見る、「眄」は流し目で見る意〕まわりの人のおもわくばかりを気にして、ものごとを決められないこと。右顧左眄。例―する。

【左相】《サショウ》左大臣《サダイジン》の中国風の呼び名。

【左折】《サセツ》(名・する)道をひだりへ曲がること。対右折。

【左遷】《サセン》(名・する)それまでよりも低い地位に落とすこと。〔昔の中国で、ひだりを低くみたことから〕対栄転。

【左側】《サソク》ひだりがわ。対右側《ウソク》。例―通行。

【左▼袒】《サタン》(名・する)〔「袒」は、片ほうの肩《かた》だけ衣服をぬぐ意〕同意して味方につくこと。〔前漢の周勃《シュウボツ》が反乱者の呂《リョ》氏を討《う》とうとして、呂氏につく者は右袒《ウタン》、天子につく者は左袒せよと軍中に呼びかけたところ、みんなが左袒したという故事から〕〈史記《シキ》〉例反乱軍に―する。

【左党】《サトウ》①左翼《サヨク》の政党。対右党。↓【左翼】《サヨク》③ ②酒飲み。酒好き。ひだりきき。

【左派】《サハ》左翼《サヨク》の党派。対右派。↓【左翼】《サヨク》③
【左右】《サユウ》㊀(名)①ひだりとみぎ。みぎひだり。例前後―。②ひだりやみぎ。はっきりしないこと。例言《ゲン》を―にする。③身のまわり。また、身近に仕える者。側近《ソッキン》。㊁(名・する)支配すること。決定すること。例運命を―する。米の出来《きで》は、天候に―される。

【左様】《さヨウ》〔「左」はあて字で、そう・そのようにの意〕㊀(形動ダ)そのとおりである。例―でございます。㊁(副)そのように。例―心得よ。㊂(感)そうだ。表記▽「▽然様」とも書く。

【左翼】《サヨク》①鳥や飛行機の、ひだりのつばさ。対右翼。②野球で、本塁《ホンルイ》から見て外野のひだりのほう。また、そこを守備する選手。レフト。例―スタンド。③政治で、社会主義者や共産主義者。また、その人々による党派。急進派。〔フランス革命後の議会で、議長席から見て左側に急進派がすわったことによる〕例―思想。―運動。▽対右翼。

【左腕】《サワン》ひだりのうで。また、ひだりきき。対右腕。例―投手(=サウスポー)。

【左▽団▽扇】《ひだりうちわ》左手でゆったりとうちわを動かすこと。働かなくても、安楽に暮らせることのたとえ。ひだりおうぎ。例―の生活。

【左利き】《ひだりきき》①左手のほうが右手よりよくきくこと。きき手が左であること。ぎっちょ。②酒飲み。酒好きな人。左党《サトウ》。

【左手】《ひだりて》①左の手。②左のほう。左のがわ。例舞台《ブタイ》の―。▽対右手。

【左前】《ひだりまえ》①着物の右おくみを左おくみの上に重ねて着る着かた。ふつうの着かたと反対で、不吉《フキツ》とされる。②事業や金まわりがうまくいかなくなること。例商売が―になる。

【左向き】《ひだりむき》①左を向くこと。②「左前《ひだりまえ》②」に同じ。
●極左《キョクサ》・江左《コウサ》・証左《ショウサ》・右左《みぎひだり》

工 2
【巨】
5画 ⇩【巨】《キョ》(28ページ)

工 4
【巫】
7画 5464 5DEB 人名
音 フ慣 ブ漢
訓 みこ・かんなぎ

意味 神がかりになり、神にいのることを職業とする人。シャーマン。みこ。かんなぎ。〔女の「巫《フ|ブ》」に対して男を「覡《ゲキ》」という〕例巫女《フジョ|ブジョ》。巫祝《フシュク》。

難読 御巫《みかんなぎ|みかなぎ》・野巫医者《ヤブイシャ》
【巫山】《フザン》四川《シセン》省巫山県、長江《チョウコウ》流域にある山。形が巫の字に似ているのでいう。↓【巫山の夢】《フザンのゆめ》

【巫山の夢】《フザンのゆめ》男女の情交のたとえ。巫山の雲雨。〔戦国時代、楚《ソ》の懐王《カイオウ》(一説に子の襄王《ジョウオウ》)が夢の中で巫山の神女と結ばれたという故事による〕〈宋玉《ソウギョク》・高唐賦《コウトウフ》〉類雲雨の情。

【巫術】《フジュツ|ブジュツ》原始的宗教にみられるかたちの一つ。神や霊《レイ》の意志を、みこが神がかりの状態を通じて、人々に伝えるというもの。シャーマニズム。

【巫女】㊀《フジョ》〔古くは「ブジョ」〕①神や霊《レイ》と人間との交流のなかだちをする女性。みこ。いちこ。かんなぎ。シャーマン。②巫山《フザン》の神女。↓【巫山の夢】《フザンのゆめ》 ㊁《みこ》①「㊀①」に同じ。②神社に仕え、神楽《かぐら》を舞《ま》ったり、神にいのったりする未婚《ミコン》の女性。

工 7
【差】
10画 2625 5DEE 教育4
音 ㊀サ漢 ㊁サ慣 シ漢呉 ㊂サ慣 サイ漢呉
訓 さ-す・さ-し
付表 差《さ》し支《つか》える

筆順 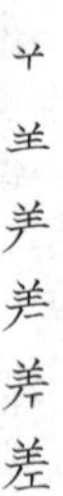

なりたち 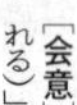 [会意]「左(=よこしま)」と「𠂹(=そむきはなれる)」とから成る。くいちがう。

意味 ㊀サ ❶ことなる。くいちがう。ちがい。例差異《サイ》。差別《サベツ》。千差万別《センサバンベツ》。❷二つの数量のへだたり。ひらき。さしひき。例差額《サガク》。大差《タイサ》。落差《ラクサ》。❸あやまり。まちがい。㊁サ|シ ❶「参差《シンシ》」は、ふぞろいのようす。❷等級をつける。例差次《サジ》(=区別。けじめをつけること)。㊂サ|サイ (人を)つかう。つかわす。例差遣《サケン》。

日本語での用法《さし・さす》動詞「さす」の転義に用いたり、他の動詞の上や下についたりして、意味をそえる。「差《さ》し向《む》かい・差《さ》しで(=他人を入れず二人だけで)話《はな》す・油《あぶら》差《さ》し・傘《かさ》を差《さ》す(=広げる)・潮《しお》が差《さ》す(=満ちてくる)・刀《かたな》を腰《こし》に差《さ》す(=身につける)」

使い分け さす【差・指・刺・挿】⇩1169ページ

難読 差縄《さしなわ》・差物《さしもの》
人名 しな・すけ
【差異】《サイ》両者にちがいがあること。また、そのちがっているところ。表記「差違」とも書く。

【差額】《サガク》ある金額や数量から、他の金額や数量を差し引いた残り。例給与《キュウヨ》の―を支給する。

【差遣】《サケン》(名・する)使いの者をさし向けること。類派遣。例特使を―する。

【差し足】《さしあし》音をたてないように、つま先から静かに足をおろして歩くこと。例ぬき足―。

【差し入れ】《さしいれ》(名・する)①刑務所《ケイムショ》などに入れられている人に日用品や衣類などを届けること。また、その品物。②スポーツや仕事をしている人に、はげましやねぎらいの気持ちをこめて飲食物などを届けること。また、その品物。

【差し金】《さしがね》①大工仕事に使う、L字形で金属製の物差し。まがりがね。曲尺《かねジャク》。②かげで人を指図《さしズ》してあやつること。例―を受ける。

【差し込み】《さしこみ》①さしこむこと。また、さしこむもの。とくに、電

気のプラグやコンセントをいう。②胸や腹が急に激しく痛むこと。癪《シャク》。

【差し潮】《さしお》 満潮《マンチョウ》にむかって満ちてくる潮。あげしお。(対)引き潮。

【差し支え】《さしつかえ》 つごうの悪いことがら。さしさわり。例もし、—なければお願いします。

【差し手】《さして|さしで》 相撲《すもう》で、相手のわきの下に手を入れること。また、その手。例—あらそい。—をかえす。

【差し歯】《さしば》 ①欠けた歯の根に人工の歯をつぎ足すこと。また、その歯。②高下駄《たかゲタ》の台に歯を入れること。また、その歯。

【差し引き】《さしひき》 (名・する)①潮が満ち引きすること。②体温が上がり下がりすること。例熱の—が激しい。③数を引くこと。また、差し引いた残り。例—五万円の赤字。

【差し渡し】《さしわたし》 直径。または、はしからはしまでの長さ。例—三〇センチメートルのスイカ。

【差す手】《さすて》 舞《まい》で、手を前にさしだすこと。また、その手。(対)引く手。

【差配】《サハイ》 (名・する)①とりしきること。世話をすること。また、その人。②持ち主に代わって貸家などを管理すること。また、その人。

【差別】《サベツ》 (名・する)①分けへだてをすること。例人種—。②ちがいを認めて区別すること。例無—爆撃《バクゲキ》。

◒格差《カクサ》・較差《カクサ》・交差《コウサ》・誤差《ゴサ》・時差《ジサ》・収差《シュウサ》・小差《ショウサ》・参差《シンシ》・段差《ダンサ》

49 3画 己(已・巳) おのれ部

「己《キ・コ》」「已《イ》」「巳《シ》」は、それぞれ意味が異なるが、字形の類似からひとまとめにして部首にたてる。「己」「已」「巳」の字形を目じるしにして引く漢字を集めた。

0 己 已 巳 1 巴 4 卮 6 巻 巷 9 巽 巽

この部首に所属しない漢字

包⇩勹 153　忌⇩心 385　改⇩攵 458　配⇩酉 993

己 0

【己】

3画 2442 5DF1 教育6 音 キ漢 コ呉 訓 おのれ・つちのと

筆順 フ コ 己

なりたち  [象形]万物《バンブツ》がちぢこまり、曲がってのびない形。派生して「自分」の意。

意味 ❶自分。わたくし。おのれ。例克己《コッキ》。自己《ジコ》。利己《リコ》。私《わたくし》一己《イッコ》の問題《モンダイ》。❷十干《ジッカン》の六番目。つちのと。方位では中央、五行《ゴギョウ》では土にあてる。例己巳《キシ》。

日本語での用法《おのれ》目下《めした》の人に対して、または相手をののしっていうことば。「己《おの》れ! よくもだましたな」

難読 己惚《うぬぼれ》

【己《おの》れ達《タッ》せんと欲《ほっ》すれば人《ひと》を達《タッ》せしむ】 自分が何かを成しとげようと思うときには、まず他人に目的をとげさせてやる。〈論語《ロンゴ》〉

【己《おの》れに▽如《し》かざる者《もの》を友《とも》とすることなかれ】 自分より劣《おと》る者を友とするな。自分よりすぐれた者を友とせよ。〈論語《ロンゴ》〉

【己《おの》れの▽為《ため》にす】 他人のためではなく、自分自身の向上のためにする。〈論語《ロンゴ》〉

【己《おの》れの欲《ほっ》せざる所《ところ》は人《ひと》に施《ほどこ》すことなかれ】 自分にとっていやなことは、他人もいやなのだから、他人にしてはならない。〈論語《ロンゴ》〉

◒克己《コッキ》・自己《ジコ》・知己《チキ》・利己《リコ》

已 0

【已】

3画 5465 5DF2 人名 音 イ漢呉 訓 すで-に・のみ・や-む

意味 ❶…してしまった。すでに。例已往《イオウ》。已然《イゼン》。❷中止する。おわる。やめる。やむ。例已《や》むを得《え》ず。已矣乎《やんぬるかな》(=おしまいだなあ)。❸…より前。…より後。「以」に通じて用いる。例已下《イカ》。已還《イカン》(=以後。このかた)。已上《イジョウ》。❹〔助字〕「のみ」と読み、断定・強調の意をあらわす。例不レ能レ為已《なすあたわざるのみ》(=できるはずはないのだ)。

難読 而已《のみ》

【已往】《イオウ》 ①過ぎ去ったことがら。むかし。以前。既往《キオウ》。②そのときよりあと。以後。表記▽「以往」とも書く。

【已下】《イカ》 ①数量や程度が目やすよりも少ないこと。例十人—。うでまえは君—だ。②それを代表として、そのなかまをまとめていうことば。…ほか。例委員長—八名。③これよりあと。例—同文。▽(対)已上。表記▽「以下」とも書く。

【已後】《ゴイ》 ①ある時期よりもあと。已往《イオウ》。(対)已前。例平安時代—。午後六時—。②今からあと。今後。例—注意します。表記▽「以後」とも書く。

【已降】《イコウ》 ある時期よりもあと。以後。例平成元年—。表記「以降」とも書く。

【已上】《ジョウ》 ①数量や程度が目やすよりも多いこと。(対)已下。例一万人—。かれ—の名手はいない。②それまでに述べたことすべてをいうことば。(対)已下。例問題点は—だ。③文章・手紙・話などのあとに付けて、終わりの意をあらわすことば。④〔活用語の連体形に付いて〕…からには。例戦う—、必ず勝つ。表記▽「以上」とも書く。

【已前】《イゼン》 ①ある時期よりもまえ。(対)已後。例縄文《ジョウモン》時代—の生活。②だいぶ、まえ。先《セン》。かつて。むかし。例—見たことがある。③レベルに達していないこと。例学校教育—の問題だ。表記▽「以前」とも書く。

【已然】《イゼン》 すでにそうなってしまっていること。

【已然形】《イゼンケイ》 文法で、活用語(=動詞・形容詞・形容動詞・助動詞)の文語での活用形の一つ。「ば」「ども」などをともなって確定条件をあらわし、また、係助詞「こそ」の結びとなる。

【已▼矣】《やみなん|やんぬるかな》 〔なげきやあきらめの気持ちをあらわすことば〕今となってはどうしようもない。もうだめだ。おしまいだ。

巳 0

【巳】

3画 4406 5DF3 人名 音 シ漢 訓 み

なりたち  [象形]長くて曲がり、尾《お》をたらしたヘビの形。借りて、十二支の第六に用いる。

意味 ❶十二支の六番目。方位では南南東、時刻では午前十時、およびその前後の二時間。月では陰暦《インレキ》の四月。動物ではヘビにあてる。み。例辰巳《たつみ》(=南東)。❷「上巳《ジョウシ》」は三月上旬《ジョウジュン》の「み」の日。また、その日の、みそぎ。のち、三月三日の節句。

巳 1

【巴】

4画 3935 5DF4 人名 音 ハ漢 訓 ともえ

なりたち  [象形]ゾウを食うという、大きなヘビの形。

意味 ❶(とぐろを巻いたヘビのような形の)うずまき。ともえ。例 巴字水《ハジスイ》(=巴《ともえ》の字の形のようにまがりくねる水の流れ)。❷今の重慶《ジュウケイ》を中心とした地。

日本語での用法《ともえ》入り組んだ状態。また、「鞆絵《ともエ》」から、鞆《とも》の形を図案化したもの。「卍巴《マンジどもえ》」

難読 巴旦杏《ハタンキョウ—からもも—アーモンド》・巴豆《ハズ》・巴里《パリ》

人名 とも

【巴布《パップ》】糊《のり》状の薬を布にぬり、患部《カンブ》にはって温めたり冷やしたりして治療《チリョウ》するもの。〔オランダ語の pap から〕

【巴里《パリ》】フランス共和国の首都パリ。表記「巴▼黎」とも書く。

巳4【巵】7画 ⇩【卮】《シ》(167ページ)

己6【巻】9画 2012 5DFB 教育6 音 ケン漢 カン呉 訓 ま-く・まき

筆順 、 丷 兰 龹 关 巻 巻 巻

卩6【卷】8画 5043 5377 人名

なりたち 卷 [形声]「㔾(=ふし)」と、音「龹《ケン》」とから成る。ひざをまげる。

意味 ❶まげる。まがる。例 巻曲《ケンキョク》(=まがる)。❷まるめる。まきあげる。まく。例 巻土重来《ケンドチョウライ》。席巻《セッケン》。❸まきもの。書物。例 巻頭《カントウ》。圧巻《アッカン》。万巻《バンカン》の書《ショ》。❹まいたものや書物を数えることば。まき。例 巻一《まきイチ》。フィルム一巻《イッカン》。上巻《ジョウカン》。

難読 巻柏《いわひば》・巻子《へそ》

人名 まる

【巻首《カンシュ》】巻き物や書物のはじめの部分。巻頭。巻端《カンタン》。対 巻尾《カンビ》・巻末。

【巻子本《カンスボン》】紙を横に長くつぎあわせて、その一端《イッタン》に軸《ジク》をつけ、それを芯《シン》にして巻きとる形にした書物。巻き物。

【巻▼帙《カンチツ》】〔「帙」は、書物を包むおおいの意〕巻き物と帙入りの本。転じて、書物。また、その数。

【巻頭《カントウ》】「巻首《カンシュ》」に同じ。対 巻尾《カンビ》・巻末。例 —言《ゲン》(=雑誌や文集などのはじめにのせる文章)。雑誌の—をかざる。

【巻尾《カンビ》】「巻末《カンマツ》」に同じ。対 巻首・巻頭。例 —に跋《バツ》をつける。

【巻末《カンマツ》】巻き物や書物の終わりの部分。巻尾《カンビ》。対 巻首・巻頭。例 —の索引《サクイン》を利用する。

【▽巻▽繊《ケンチン》】〔「チン」は、「繊」の唐音《トウオン》とされる〕①禅宗《ゼンシュウ》の僧《ソウ》が中国から伝えた精進《ショウジン》料理。②「巻繊汁《ケンチンじる》」の略。細かく切ったダイコン・ゴボウ・ニンジンなどに豆腐《トウフ》を加えた、すまし汁。

【▽巻土重来《ケンドチョウライ—ケンドジュウライ》】(名・する)〔「土《つち》を巻《ま》きて重《かさ》ねて来《きた》る」と訓読する〕いちど戦いに敗れた者が、ふたたび勢いを盛り返してせめてくること。〈杜牧《トボク》・題㆓烏江亭㆒《ウコウテイにダイす》〉表記「▼捲土重来」とも書く。

【巻き網《まきあみ》】魚の群れを取り囲んでとらえる網。また、その漁法。例 —漁《リョウ》。表記「▽旋網」とも書く。

【巻き貝《まきがい》】うず巻き状に巻いた殻《から》をもつ貝をまとめていうことば。サザエやタニシなど。

【巻紙《まきがみ》】横に長くつぎあわせて巻いた紙。毛筆で書く手紙に用いる。

【巻き尺《まきジャク》】テープ状の紙や布、また、うすい金属などに目もりをつけ、容器《ヨウキ》に巻きこんであるものさし。メジャー。

【巻き添え《まきぞえ》】他人のおこした事件や事故に巻きこまれて、罰《バッ》せられたり損害を受けたりすること。例 —をくう。

【巻き物《まきもの》】①書画などを長く表装して軸《ジク》に巻いたもの。②「巻子本《カンスボン》」に同じ。

●圧巻《アッカン》・席巻《セッケン》・竜巻《たつまき》・葉巻《はまき》・万巻《バンカン—マンガン》

巳6【巷】9画 2511 5DF7 人名 音 コウ漢 ゴウ呉 訓 ちまた

意味 ❶町や村の小道。路地。例 陋巷《ロウコウ》。❷まちなか。世間。ちまた。例 巷間《コウカン》。巷談《コウダン》。

人名 さと

【巷間《コウカン》】町の中。ちまた。世間。例 —に伝わる。

【巷説《コウセツ》】世間のうわさ。類 世評・風評・風説。例 —にまどわされる。

【巷談《コウダン》】ちまたのうわさ。世間ばなし。例 —に言う怪盗《カイトウ》鼠小僧《ねずみこゾウ》。

己9【巽】12画 3507 5DFD 人名 音 ソン漢呉 訓 たつみ

巳9【巽】12画 2F884

なりたち 巺 [形声]「丌(=足つきの台)」と、音「巺《セン》→ソン(=そろった節)」とから成る。具《そな》える。借りて「したがう」の意。

意味 ❶うやうやしい。つつしむ。ゆずる。したがう。例 巽与《ソンヨ》の言《ゲン》(=つつしみぶかいことば)。❷易《エキ》の卦《カ》。八卦《ハッカ》の一つ。風に配し、よくものごとを受け入れる徳をあらわす。❸方位の名。南東にあたる。たつみ。

人名 たもつ・ゆく・ゆずる・よし

巳9【巽】12画 ⇩【巽】《ソン》(336ページ)

50
3画
巾 はば はばへん 部

腰《こし》にたらす布の形をあらわす。「巾」をもとにしてできている漢字と、「巾」の字形を目じるしにして引く漢字とを集めた。

0 巾 1 市 2 巿 布 3 帆 4 希 帋 5 帚 帙 帖 帑 帛 6 帥 帝 帝 7 帰 師 席 帯 8 帷 常 帳 帶 9 幄 幃 幀 幅 幇 帽 帽 10 幌 幕 幎 11 幗 幔 12 幟 幢 幡 幣 幣 幣

この部首に所属しない漢字

吊⇩口 189 帍⇩丿 33

巾0【巾】3画 2250 5DFE 常用 音 キン漢 訓 きれ・はば

筆順 丨 冂 巾

なりたち 巾 [会意]「冂(=きれの形)」と「丨(=とりつける糸)」とから成る。身におびる、きれ。

意味 ❶布きれ。てぬぐい。ふきん。きれ。例 手巾《シュキン》。雑巾《ゾウキン》。布巾《フキン》。❷(布製の)おおい。かぶりもの。例 巾帽《キンボウ》(=ずきん)。頭巾《ズキン》。

日本語での用法《はば》「幅《はば》」の代用字として使われる。

難読 領巾《ひれ》

【巾▼幗】《キンカク》 女性の頭部をつつむ布と髪飾《かみかざ》り。

【巾車】《キンシャ》 布のおおいでかざった車。ほろ馬車。

【巾▽箱】《キンソウ》 布を張ったはこ。例 ―本《ボン》（＝細字で、判型の小さい書物。袖珍本《シュウチンボン》）。

【巾着】《キンチャク》 袋《ふくろ》状で、口をひもでくくるようにし、小物類などを入れる、布または革《かわ》製のさいふ。

巾 1 【巿】4画 ⇩【匝】《ソウ》（156ページ《ジ》）

巾 2

【市】

5画 2752 5E02 教育2 音 シ漢 訓 いち

筆順 、 亠 亣 市

なりたち 〔形声〕「冂（＝へだてる垣《かき》）」と「乁（＝およぶ。手にはいる）」と、音「之《シ》（＝行く）」の省略体とから成る。物を売買する人の行くところ。垣《かき》で囲まれ、品物を手に入れることのできる、いちば。

意味 ❶人が集まって品物を売り買いするところ。いちば。いち。例 市場《シジョウ》。青物市《あおものいち》。朝市《あさいち》。❷人が多く集まりにぎやかなところ。まち。例 市街《シガイ》。市井《シセイ》。都市《トシ》。❸うる。かう。例 市怨《シエン》（＝うらみをかう）。市恩《シオン》（＝恩をうる）。

日本語での用法 《シ》都道府県の下にある地方公共団体の一つ。「市営《シエイ》・市議会《シギカイ》・市立《シリツ》・政令指定都市《セイレイシテイトシ》」

難読 市正《いちのかみ》・市女笠《いちめがさ》・私市《きさいち》

人名 ち・なが・まち

【市松】《いちまつ》 「市松模様《いちまつモヨウ》」の略。白と黒などの正方形をたがいちがいに並べた模様。

【市営】《シエイ》 市が経営すること。例 ―バス。

【市価】《シカ》 小売店《こうりテン》で売られている値段。小売価格。

【市会】《シカイ》 「市議会」の略。例 ―議員。

【市外】《シガイ》 その市の区域外。対 市内。例 ―通話料。

【市街】《シガイ》 人家や商店などが立ち並んでいる通り。

【市議会】《シギカイ》 市民から選ばれた議員によって構成される、市の議決機関。

【市況】《シキョウ》 商品や株式の取り引きの状況。例 株式―。

【市区】《シク》 ①市街の区画。②市と区。例 ―町村。

【市虎】《シコ》 根も葉もないうそが真実となることのたとえ。市《いち》に虎《とら》あり。〔一人が、町に虎がいると言っても信じてもらえないが、三人もそう言う人がいると、ほんとうのこととされてしまうという話から〕〈戦国策《センゴクサク》〉

【市▼肆】《シシ》 町にあるみせ。商店。

【市場】 一《シジョウ》 ①商品の売買が、実際におこなわれる場所。中央卸売《おろしうり》市場・証券取引所など。いちば。②商品が取り引きされる範囲《ハンイ》。例 ―調査。―を広げる。③商品やサービスが取り引きされる場を、抽象的《チュウショウテキ》に表現したことば。例 国内―。国際―。 二《いちば》 ①業者が生鮮《セイセン》食料品などを売買や取り引きするところ。しじょう。例 青物《あおもの》―。魚《うお》―。②日用品や食料品をあつかう小売店《こうりテン》がなん軒《ゲン》か一か所に集まって、客に売るところ。

【市井】《シセイ》 人家が多く集まっているところ。庶民《ショミン》が住んでいるところ。まち。例 ―の人（＝町に住むふつうの人。市民）。

【市制】《シセイ》 地方自治体としての市の制度。

【市政】《シセイ》 地方自治体としての市の行政。

【市勢】《シセイ》 市の人口・財政・産業・施設《シセツ》などのありさま。

【市中】《シチュウ》 町の中。まちなか。例 ―銀行。

【市庁】《シチョウ》 市役所。例 ―舎。

【市長】《シチョウ》 市の代表者として、市の行政をとりおこなう職。

【市町村】《シチョウソン》 ①市や町や村。②都道府県の中にある、地方自治体としての市と町と村。

【市道】《シドウ》 公道のうち、市が建設し管理責任をもつ道路。

【市内】《シナイ》 その市の区域内。対 市外。例 ―電話。

【市販】《シハン》 （名・する）小売店《こうりテン》で売っていること。例 ―品。

【市民】《シミン》 ①その市に住んでいる人。例 ―税をはらう。②国政に参加する権利をもつ人。公民。例 ―権を取る。③中世ヨーロッパの中間階級の商工業者。ブルジョア。例 小―。

【市立】《シリツ》 〔「私立《シリツ》」と区別するために「いちリツ」とも言う〕市が設置し経営すること。例 ―図書館。

○●朝市《あさいち》・城市《ジョウシ》・都市《トシ》

巾 2

【布】

5画 4159 5E03 教育5 音 ホ漢 フ呉 訓 ぬの・しーく

筆順 ノ ナ 𠂇 冇 布

なりたち 〔形声〕「巾（＝ぬの）」と、音「ナ《フ》」とから成る。麻《あさ》で織った、ぬの。

意味 ❶きれ。織物。ぬの。とくに、麻《あさ》や木綿《もめん》のぬの。例 布《ぬの》地《ジ》（＝ぬのの性質。また、織物）。布団《フトン》。毛布《モウフ》。❷平らに広げる。広く行きわたらせる。例 布告《フコク》。散布《サンプ》。分布《ブンプ》。❸中国古代の通貨。

難読 布衣《ホウイ》・和布刈《めかり》・荒布《あらめ》

人名 しき・たえ・のぶ・よし

【布子】《ぬのこ》 木綿《もめん》の綿入《わたい》れ。

【布目】《ぬのめ》 布の織り目の模様。また、布の織り目のような模様。例 ―紙《がみ》。―瓦《がわら》。―塗《ぬり》。

【布衣】 一《フイ》 昔の中国で、絹以外の布でこしらえた粗末《ソマツ》な着物。転じて、いっぱん庶民《ショミン》。官位のない人。 二《ホイ》 〔「ホウイ」とも〕昔の日本で、布製で紋所《モンどころ》をつけていない狩衣《かりぎぬ》。転じて、それを着る官位が六位以下の者。

【布▼衍】《フエン》 （名・する）意義や趣旨《シュシ》をおし広げて、わかりにくいところなどをくわしく説明すること。類 詳説《ショウセツ》。例 かれの思想を―する。表記 「敷▼衍」とも書く。

【布教】《フキョウ》 （名・する）宗教の教えを広めること。例 ―活動。

【布巾】《フキン》 食器などをふくための、ぬの。

【布告】《フコク》 （名・する）①世間に広く知らせること。また、その文。②政府が国家の重大な決定を公式に告げ知らせること。例 宣戦を―する。③明治初期の法令。例 太政官《ダジョウカン》―。

【布陣】《フジン》 （名・する）①軍勢を配置すること。また、その陣。②論争や競技の試合などのために態勢をととのえること。例 万全《バンゼン》の―。

【布施】《フセ》 〔仏〕①仏教の徳目の一つで、人に金品をほどこすこと。②死者や仏を供養《クヨウ》したお礼として僧《ソウ》に差し出すお金や品物。おふせ。

【布石】《フセキ》 （名・する）①囲碁《ゴイ》の初めの段階で、先を見通しておこなう石の並べ方。②将来にそなえて手を打っておくこと。類 用意・準備。例 海外進出のための―とする。

【布袋】 一《フタイ》 ぬののふくろ。 二《ホテイ》 十世紀はじめごろの中国の禅僧《ゼンソウ》、布袋和尚《オショウ》。福々しい顔と豊かに張り出した腹をもち、大きなふくろを肩《かた》にかついでいる。弥勒《ミロク》の化身《ケシン》として尊ばれた。日本では七福神のひとり。

【布置】《フチ》 （名・する）物をそれぞれ適当な場所に並べること。配置。例 花・鳥などのモチーフの―がよい。

【布団】《フトン》 布のふくろの中に綿などを入れ、からだの下にしいたり上にかけたりするもの。表記 「▼蒲団」とも書く。

【布▼帛】《フハク》 〔「帛」は、絹織物の意〕①木綿《もめん》と絹。②織

物。ぬの。

【布令】《フレイ・ふれ》（名・する）法令や命令を広く人々に知らせること。また、その法令や命令。〔「布令《ふれ》」は、「触《ふ》れ」の意の和語であて字〕

● 絹布《ケンプ》・公布《コウフ》・昆布《コンブ》・財布《サイフ》・散布《サンプ》・敷布《しきフ》・湿布《シップ》・塗布《トフ》・配布《ハイフ》・発布《ハップ》・頒布《ハンプ》・分布《ブンプ》・綿布《メンプ》・毛布《モウフ》・流布《ルフ》・若布《わかめ》

巾 3

【帆】

6画 4033 5E06 常用 音 ハン(漢) 訓 ほ

筆順 丨 冂 巾 巾 帆 帆

なりたち [形声]「巾(=ぬの)」と、音「凡《ハン》」とから成る。風を受けてふくらみ、船を走らせるようにした、ぬの。

意味 船の、ほ。船を走らせるための風を受ける布。例 帆船《ハンセン》。帆柱《ほばしら》。出帆《シュッパン》。

【帆影】《ハンエイ・ほかげ》沖《おき》に見える船の帆《ほ》。また、船のかたち。

【帆船】《ハンセン・ほぶね》帆《ほ》を張り、風を受けて進む船。ほまえせん。ほかけぶね。

【帆走】《ハンソウ》（名・する）船が帆《ほ》を張り、風を受けて走ること。

【帆布】《ハンプ・ほぬの》帆《ほ》やテントなどに用いられる、麻《あさ》や木綿《もめん》でできた、厚くてじょうぶな布。

【帆柱】《ほばしら》船の帆《ほ》を張るための柱。マスト。表記「▼檣」とも書く。

● 孤帆《コハン》・出帆《シュッパン》・順風満帆《ジュンプウマンパン》・白帆《しらほ》・真帆《まほ》

巾 4

【希】

7画 2085 5E0C 教育4 音 キ(漢) ケ(呉) 訓 まれ・こいねが-う

筆順 ノ メ 㐅 产 产 肴 希

なりたち [会意]「巾(=ぬの)」と「爻(=糸が交差する)」とから成る。布の細かい織り目。

意味 ❶めったにない。すくない。密度がうすい。まばら。まれ。同 稀《キ》。例 希少《キショウ》。希有《ケウ》。古希《コキ》(=七十歳《イサ》をいう)。❷のぞむ。ねがう。こいねがう。例 希求《キキュウ》。希望《キボウ》。❸欧米語の「ギ」にあてる音訳字。例 希臘《ギリシャ》。

【希元素】《キゲンソ》〔化〕自然界にごくわずかしかないと考えられていた元素。チタン・ウランなど。表記 旧▼稀元素

【希▼覯】《キコウ》〔「覯」は、見る、出会う意〕まれに見ること。めったに見られないこと。例 —本《ボン》(=世に出回ることがまれで、めったに見られないめずらしい書物)。表記 旧▼稀▼覯

【希書】《キショ》部数がきわめて少なく、めったに見ることのできない書物。希覯本《キコウボン》。表記 旧▼稀書

【希少】《キショウ》（名・形動《ダ》）めったにないこと。また、数がきわめて少ないこと。例 —価値(=少ししかないということから生じる価値)。表記 旧▼稀少

【希代】《キタイ・キダイ》（名・形動《ダ》）①世にまれなこと。例 —の悪党。②ひじょうに不思議なようす。例 —なことを聞く。表記 ▽旧▼稀代

【希薄】《キハク》（名・形動《ダ》）①液体や気体の濃度《ノウド》や密度が小さいこと。例 高山の—な空気。②ものごとを感じたり、考えたりする心が足りないこと。例 罪の意識が—だ。人情が—な土地。表記 ▽旧▼稀薄

【希望】《キボウ》（名・する）自分がこうなりたい、他に対してはこうなってほしいと、よりよい状態をねがうこと。例 —者をつのる。—を胸に旅立つ。表記「▼冀望」とも書く。

【▽希▼臘】《ギリシャ》ヨーロッパ南東部にある共和国。バルカン半島南部とエーゲ海の島々とからなる。首都はアテネ。

【▽希有】《ケウ》（名・形動《ダ》）ひじょうにめずらしいこと。めったにないこと。例 —な事件。表記 旧▼稀有

巾 4

【帋】

7画 ⇩【紙】《シ》(770ページ)

巾 5

【帚】

8画 5468 5E1A 音 ソウ(慣) シュウ(漢) 訓 ほうき

艹 8 [菷] 11画 7240 83F7 別体字

竹 8 [箒] 14画 6822 7B92 別体字

意味 ❶ちりやごみをはく道具。ほうき。例 帚星《ソウセイ》(=ほうきぼし。すい星)。箕帚《キソウ》(=ちりとりとほうき)。❷ほうきで、はききよめる。はく。同 掃《ソウ》。

難読 帚木《ははきぎ》

巾 5

【帙】

8画 5469 5E19 音 チツ(漢)

意味 和とじの書物を包むおおい。また、それを数えることば。転じて、書物のこと。例 巻帙《カンチツ》(=書物。書籍《ショセキ》)。書帙《ショチツ》(=書物)。十五巻《ジュウゴカン》三帙《サンチツ》。

難読 帙《ふまき》(=文巻《ふまき》)

巾 5

【帖】

8画 3601 5E16 人名 音 チョウ(漢) ジョウ(呉)

意味 ❶文書。書類。また、ちょうめん。例 画帖《ガジョウ》。手帖《てチョウ》。秘帖《ヒチョウ》。❷石ずり(=石碑《セキヒ》などに刻まれた文字をうすい紙にすりとったもの)の本。習字の手本。例 法帖《ホウジョウ》。

日本語での用法 一《ジョウ》紙・海苔《のり》などをなん枚かひとまとめにして数えることば。一帖は、半紙では二十枚、洋紙では十二枚、海苔では十枚。「焼《や》き海苔《のり》の三帖《サンジョウ》」二《たとう》図面や和服の平たくたたんだものをおさめる、和紙のおおい。また、たたんでふところに入れておく紙。懐紙《カイシ》。「帖《たとう》に入《い》れる・帖紙《たとうがみ》」

人名 さだ・ただ

巾 5

【帑】

8画 5470 5E11 音 トウ・ド(漢) 訓 かねぐら

意味 ❶金品をしまっておくところ。金庫。かねぐら。例 国帑《コクド》(=国家の財産)。内帑《ナイド》(=宮中の財貨を入れる倉。また、君主の所有する財貨)。❷子。また、妻子。同 孥《ド》。

巾 5

【帛】

8画 5471 5E1B 音 ハク(漢) 訓 きぬ

意味 ❶白い絹の布。また、絹織物。きぬ。例 帛書《ハクショ》。竹帛《チクハク》(=書物。また、歴史)。布帛《フハク》(=綿《メン》・麻《あさ》の布と絹の布。織物のこと)。❷神前に供える白い布。また、客へのおくりもの。ぬさ。例 幣帛《ヘイハク》(=神前に供えるもの。ぬさ。また、おくりもの)。

【帛書】《ハクショ》絹地に書いた文書。

巾 6

【帥】

9画 3167 5E25 常用 音 シュツ(漢) ソツ(呉) スイ(漢)(呉) 訓 ひき-いる

筆順 ノ 亻 户 𠂤 𠂤 帥 帥

なりたち 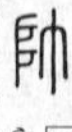 [形声]「巾(=ぬの)」と、音「𠂤《タイ》→《シュツ》」とから成る。てぬぐい。派生して「ひきいる」の意。

意味 ❶引き連れて行く。ひきいる。同 率《ソツ》。例 帥先《ソッセン》。帥導《ソツドウ》(=つれてみちびく)。統帥《トウスイ》。❷軍隊をひきいる(人)。例 元帥《ゲンスイ》。

日本語での用法 《ソチ・ソツ》大宰府《ダザイフ》の長官。「大宰

ダザイの帥《ソチ》・帥《ソチ》の宮《みや》」

【▽帥先《ソッセン》】(名・する) 人に先立っておこなうこと。表記「率先」とも書く。

●元帥《ゲンスイ》・将帥《ショウスイ》・総帥《ソウスイ》・統帥《トウスイ》

巾6 【帝】 9画 3675 5E1D 常用 音テイ漢 タイ呉 訓みかど

筆順 丶 亠 亣 立 产 产 帝 帝

巾6 【帝】 9画

なりたち  [形声]「二(=上《うえ》)」と、音「帝《シ→テイ》」とから成る。天下を治める王。

意味 ❶天下を治める最高の支配者。天子。例帝王《テイオウ》。❷宇宙や世界を支配する神。例天帝《テンテイ》。帝国《テイコク》。

人名 あきら・きみ・ただ

【▽帝釈天《タイシャクテン》】〔仏〕梵天《ボンテン》とともに十二天の最高位をしめる神。仏法を守護し、東の方角を守る。〔古代インドの民族宗教の神が仏教に取り入れられたもの〕

【帝位《テイイ》】天子のくらい。帝王のくらい。例—をしりぞく。

【帝王《テイオウ》】①君主国で、国土や人民を統治する人。皇帝。例—学。②ある分野や社会で絶対的な力をもつ者のたとえ。例暗黒街の—アル=カポネ。

【帝国《テイコク》】①皇帝が統治する国。例大英—(=イギリス本国とその支配地)。②「大日本帝国《ダイニッポンテイコク》(=明治憲法のもとでの日本の国号)」の略。例—憲法。

【帝室《テイシツ》】帝王の一家。皇帝や天皇の一族。皇室。王室。

【帝政《テイセイ》】帝王が統治する政治・政体。例—ロシア。

【帝都《テイト》】帝王の宮殿のある地。皇居のある都会。みやこ。

●皇帝《コウテイ》・女帝《ジョテイ》・新帝《シンテイ》・先帝《センテイ/センダイ》・大帝《タイテイ》・天帝《テンテイ》・廃帝《ハイテイ》・暴帝《ボウテイ》

巾6 【帝】 9画 ⇩【帝《テイ》】(339ページ)

巾7 【帰】 10画 2102 5E30 教育2 音キ漢呉 訓かえ-る・かえ-す

筆順 丨 刂 刂 刂 归 帰 帰 帰

止14 【歸】 18画 6137 6B78

白4 【皈】 9画 6607 7688 俗字

なりたち 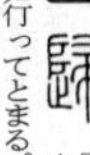 [形声]「止(=とまる)」と「婦(=つま)」の省略体と、音「𠂤《タイ→キ》」とから成る。女が夫の家に行ってとまる。とつぐ。

意味 ❶嫁《よめ》に行く。とつぐ。例帰嫁《キカ》(=よめに行く)。❷もとのところへもどってくる。もどす。かえる。かえす。例帰還《キカン》。帰郷《キキョウ》。帰朝《キチョウ》。❸あるべきところに落ちつく。たよる。したがう。例帰依《キエ》。帰順《キジュン》。帰納《キノウ》。

使い分け かえす・かえる【返・帰】 ⇩1166ページ

難読 不如帰《ほととぎす》

人名 もと・ゆき

【帰一《キイツ》】(名・する)(それぞれ別だと思われていたことがらが)最終的に一つになること。同じことに落ちつくこと。例これらのすべては人類の平和に—する。

【帰依《キエ》】(名・する)仏や神を信じて、その教えに従うこと。例阿弥陀仏《アミダブツ》に—する。

【帰化《キカ》】(名・する)①よその国の国籍《コクセキ》を得て、そこの国民となること。例日本に—する。②自然の自生地以外の土地に運ばれた動植物が、その土地の気候風土に適応して、自生・繁殖《ハンショク》するようになること。例ブタクサは日本への—植物だ。

【帰還《キカン》】(名・する)もどってくること。例スペースシャトルが無事に—する。

【帰館《キカン》】(名・する)①やかたや旅館にもどること。②(「ご帰館」の形で、ふざけぎみに)自宅に帰ること。例お早いご—ですこと。

【帰▼雁《キガン》】春になって、北へ帰るガン。

【帰休《キキュウ》】(名・する)仕事からはなれて家に帰り、休息すること。例一時—。

【帰京《キキョウ》】(名・する)みやこへ帰ること。とくに、現在では、東京へ帰ること。

【帰郷《キキョウ》】(名・する)故郷に帰ること。

【帰去来《キキョライ》】(「帰りなんいざ」と訓読する)(世俗的《セゾクテキ》な名利《ミョウリ》はいさぎよく捨てて、自然に生きられる田園生活をするために)さあ、(故郷へ)帰ろう。〈陶潜《トウセン》・帰去来辞《キキョライのジ》〉

【帰結《キケツ》】(名・する)ものごとや議論などがさまざまないきさつを経て落ちつくこと。また、その結論。類帰着・帰趨《キスウ》。

【帰港《キコウ》】(名・する)船が航海を終えて本拠地《ホンキョチ》の港に帰ること。

【帰航《キコウ》】(名・する)船や飛行機が帰りの航路につくこと。

【帰国《キコク》】(名・する)①自分の国へ帰ること。例—の途《ト》につく。②故郷に帰ること。

【帰参《キサン》】(名・する)武士などが、許されてもとの主人に再び仕えること。例—がかなう。

【帰社《キシャ》】社員などが自分の会社に帰ること。

【帰順《キジュン》】(名・する)反抗《ハンコウ》をやめ、心を改めて服従すること。類帰服。例—をすすめるビラ。

【帰心《キシン》】家や故郷へ早く帰りたいと思う心。例—矢のごとし(=帰りたい気持ちは、まるでまっすぐに飛ぶ矢のようだ)。

【帰陣《キジン》】(名・する)戦場から自分の陣営にもどること。

【帰▼趨《キスウ》】(名・する)(「趨」は、走る意)(事件やものごとが)あるところに行き着くこと。また、行き着くところ。類帰着・帰結。例勝敗の—を見守る。

【帰省《キセイ》】(名・する)(「省」は、安否を問う意)故郷に帰ること。故郷の父母のもとをおとずれ、安楽に暮らしているかどうかをたずねること。例—客。毎年、お盆《ボン》には—する。参考父母が故郷をはなれて別の土地にいる場合は、父母のいるところをたずね、父母が亡《な》くなっている場合は、父母の墓におまいりすることが、本来の意味。

【帰巣《キソウ》】(名・する)昆虫《コンチュウ》・魚類・鳥やけものなどが、自分の巣やもといた場所にもどること。例—本能。

【帰属《キゾク》】(名・する)①財産・権利・領土などが、特定の組織や国・団体などの所有であること。例島の—をめぐる両国の争い。②団体や組織の一員であること。そこに組みこまれていること。例会社への—意識。

【帰宅《キタク》】(名・する)自分の家に帰ること。

【帰着《キチャク》】(名・する)①出発した場所へ帰ってくること。②議論や思考などがさまざまないきさつを経て最終的に落ちつくこと。類帰結・帰趨《キスウ》。

【帰朝《キチョウ》】(名・する)(「朝」は、朝廷《チョウテイ》の意)外国から日本に帰ること。〔もともとは、天子の命により、遠方や外国へ行った者についていった〕例—報告。

【帰途《キト》】帰り道。帰路。例—につく。

【帰納《キノウ》】(名・する)個々の具体的な現象や事実に、総合

的な分析《ブンセキ》を加えて共通点を見つけ出し、いっぱん的な原理や法則を導き出すこと。対演繹《エンエキ》。例—法。

【帰農】《キノウ》（名・する）郷里にもどって農業に従事すること。

【帰服】《キフク》（名・する）抵抗《テイコウ》をやめて、心から従うこと。類帰順・服従。表記「帰伏」とも書く。

【帰命】《キミョウ》（名・する）①〔仏〕〔梵語《ボンゴ》 namas（=南無《ナム》（=帰依《キエ》する））の意味をあてた漢字〕身命をさし出して仏にたよること。②なつき従うこと。帰順。

【帰命頂礼】《キミョウチョウライ》〔仏〕〔「頂礼」は、頭を相手の足につけて拝むこと〕①頭を仏の足につけて心からうやまい、身命をささげること。②仏を拝むときにとなえることば。

【帰▼洛】《キラク》（名・する）京都に帰ること。〔「洛」は、中国の都、洛陽に京都をなぞらえたもの〕例—の心。

【帰路】《キロ》帰り道。帰ってくるとちゅう。帰途《キト》。類復路。

◒回帰《カイキ》・再帰《サイキ》・社会復帰《シャカイフッキ》・直帰《チョッキ》・不帰《フキ》・不如帰《フジョキ―ほととぎす》・復帰《フッキ》

巾 7 【師】
10画 2753 5E2B 教育5
音 シ 漢 呉
付表 師走《しわす―しはす》

筆順 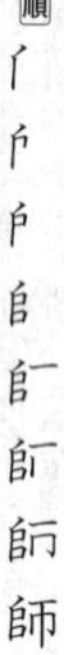

なりたち 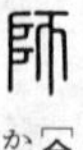 ［会意］「𠂤(=おか)」と、「帀(=とりまく)」とから成る。たくさんの丘がまわりをとりかこんでいることから、多い。派生して「多くの兵士」の意。

意味 ❶兵士。軍隊。例師団《シダン》。出師《スイシ》。❷多くの人が集まる大都市。みやこ。例京師《ケイシ》。❸人々に知識や学問を教える人。先生。例師事《シジ》。教師《キョウシ》。❹技芸を専門にする人。また、ある技術にすぐれた人。例楽師《ガクシ》。技師《ギシ》。猟師《リョウシ》。❺おさ。かしら。地方長官。例師長《シチョウ》。❻手本とする。ならう。

人名 おさ・おさむ・かず・つかさ・のり・みつ・みと・もと・もろ

【師恩】《シオン》師の恩。先生や師匠《シショウ》から受けた恩。

【師資】《シシ》①〔「資」は、助けの意〕先生。師匠《シショウ》。師。〔善人は悪人の師であり、悪人は善人が自分を見つめるための助けとなる〕〈老子《ロウシ》〉②先生と弟子《デシ》。

【師事】《シジ》（名・する）師として事《つか》える。その人の弟子《デシ》になって、教えを受けること。例私の—した教授。

【師匠】《シショウ》学問や華道《カドウ》・茶道・武芸などを教える人。師。先生。対弟子《デシ》。例お花の—。

【師承】《シショウ》（名・する）師から受け伝えられること。類師伝。例—の秘術がある。

【師説】《シセツ》先生の学説。

【師僧】《シソウ》師である僧。

【師団】《シダン》陸軍の編制上の単位の一つ。旅団の上にあり、司令部を有し、単独で作戦行動をとることができる。

【師長】《シチョウ》先生と目上の人。

【師弟】《シテイ》師と弟子《デシ》。先生と生徒。例—関係。

【師道】《シドウ》師としてのあり方や守るべき道。

【師範】《シハン》①人々を導く手本。模範《モハン》。②学問・武道・芸能などを教える人。師匠《シショウ》。先生。③「師範学校」の略。旧制の、教員養成のための公立学校。

【師表】《シヒョウ》人々の模範《モハン》となること。また、その人。例人人《ひとびと》の—となる。

【師父】《シフ》①先生と父。②父のように敬愛する先生。

【師友】《シユウ》①先生と友人。②師のように尊敬している友人。

【師旅】《シリョ》〔部隊の大きさで、「旅」は、古代中国で五百人の部隊の意〕軍隊。転じて、戦争。

【師走】《しわす》〔「しはす」とも〕もと、陰暦《インレキ》で、十二月のこと。太陽暦でもいう。一年の最後の月。

◒医師《イシ》・恩師《オンシ》・技師《ギシ》・教師《キョウシ》・香具師《コウグシ―やし》・講師《コウシ》・出師《スイシ》・庭師《にわし》・法師《ホウシ》・漁師《リョウシ》・老師《ロウシ》

巾 7 【席】
10画 3242 5E2D 教育4
音 セキ 漢 ジャク 呉
訓 むしろ
付表 寄席《よせ》

筆順 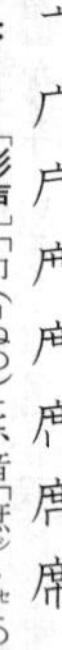

なりたち  ［形声］「巾(=ぬの)」と、音「庶《ショ》→《セキ》」の省略体とから成る。しくもの。

意味 ❶草や竹などで編んだしきもの。むしろ。例席巻《セッケン》。花席《はなむしろ》。男女《ダンジョ》七歳《シチサイ》にして席《セキ》を同《おな》じくせず。〈礼記《ライキ》〉❷すわる場所。例客席《キャクセキ》。退席《タイセキ》。❸地位。順位。例席次《セキジ》。首席《シュセキ》(=一番。一位)。❹会合などの場。例会席《カイセキ》。列席《レッセキ》。

日本語での用法《セキ》「寄席《よせ》」のこと。「席亭《セキテイ》・昼席《ひるセキ》」

人名 すけ・のぶ・やす・より

【席《セキ》▽暖《あたた》まるに▽暇《いとま》あらず】一か所に落ちついているひまがないほどに、いそがしい。席の暖まるいとまがない。〈韓愈《カンユ》・諍臣論《ソウシンロン》〉

【席次】《セキジ》①（地位による）座席の順序。席順。例理事会の—。②成績などの順。例—の上下が気になる。

【席順】《セキジュン》座席の順番。席次。例—を争う。

【席上】《セキジョウ》会合の場。またその席。例会議の—で反対する。

【席題】《セキダイ》短歌や俳句の会で、その場で出される題。対兼題《ケンダイ》。

【席亭】《セキテイ》①落語や講談などを聞かせる演芸場。寄席《よせ》。例神田《かんだ》の—。②寄席を経営する人。寄席の主人。

【席料】《セキリョウ》会場や座敷《ザしき》・座席の使用料。例—を取る。

【席▽巻】《セッケン》（名・する）〔席《むしろ》を巻《ま》くように〕猛烈《モウレツ》な勢いで広い範囲《ハンイ》を自分のものにしてしまうこと。例市場を—する。表記「席▼捲」とも書く。

◒一席《イッセキ》・宴席《エンセキ》・議席《ギセキ》・客席《キャクセキ》・空席《クウセキ》・座席《ザセキ》・首席《シュセキ》・出席《シュッセキ》・定席《ジョウセキ》・着席《チャクセキ》・同席《ドウセキ》・満席《マンセキ》・列席《レッセキ》

巾 7 【帯】
10画 3451 5E2F 教育4
音 タイ 漢 呉
訓 お-びる・おび

筆順 

巾 8 【帶】
11画 5472 5E36 人名

なりたち  ［会意］「卌(=かけて下げる形)」と「帀(=巾《ぬの》を二つ重ねた形)」とから成る。腰《こし》にしめ、玉などをかけてたらす大きなおび。

意味 ❶着物を着るとき腰《こし》に巻き結ぶ細長い布。ものの周囲に巻くもの。おび。例束帯《ソクタイ》。包帯《ホウタイ》。❷腰にさげる。身につける。おびる。例帯剣《タイケン》。帯刀《タイトウ》。携帯《ケイタイ》。❸ひきいる。連れていく。例帯同《タイドウ》。❹おび状の地域。地域上の区分。あたり。例一帯《イッタイ》。地帯《チタイ》。

日本語での用法《タイ》自分に属するものとしてもつ。「妻帯《サイタイ》・所帯《ショタイ》」

難読 帯刀《たてわき―はかせ―はかし》

人名 よ

【帯揚げ】《おびあげ》女性の和装で、帯の形をくずさないように、帯の結び目の上から前にまわして結ぶ布。しょいあげ。

【帯金】《おびがね》箱やたるなどの外側を巻く帯のような金具《かなグ》。

【帯紙《おびがみ》】①「帯封《おびフウ》」に同じ。②ものを束ねるために巻く細長い紙。③その本の内容紹介《ショウカイ》や宣伝文などを印刷して、本の表紙やケースの下のほうに巻く紙。腰巻《こしまき》。帯《おび》。

【帯皮《おびかわ》】①かわ製の帯。かわおび。バンド。ベルト。②機械のベルト。しらべがわ。表記 ▽「帯革」とも書く。

【帯締《おびじ》め】女性の和装で、しめた帯が解けないように上からおさえて結ぶひも。

【帯封《おびフウ》】新聞や雑誌などを郵送するとき、あて名を書いたはばのせまい紙を中央の部分に巻くこと。また、その紙。帯紙。

【帯剣《タイケン》】（名・する）剣を腰《こし》に下げること。また、その剣。

【帯出《タイシュツ》】（名・する）その部屋の蔵書や備品などを身につけて外部に持ち出すこと。例 禁—。

【帯電《タイデン》】（名・する）物体が電気を帯びること。

【帯刀《タイトウ》】（名・する）刀を腰《こし》にさすこと。また、その刀。例 名字《ミョウジ》—を許される（＝昔、武家あつかいをうけるしるし）。

【帯同《タイドウ》】（名・する）いっしょに連れていくこと。類 同行・同伴《ドウハン》。

【帯分数《タイブンスウ》】〔数〕整数と真分数《シンブンスウ》の和であらわされる分数。たとえば、$1\frac{2}{3}$（＝一と三分の二）。対 真分数・仮分数。

◐一帯《イッタイ》・角帯《カクおび》・寒帯《カンタイ》・眼帯《ガンタイ》・携帯《ケイタイ》・妻帯《サイタイ》・所帯《ショタイ》・声帯《セイタイ》・世帯《セタイ》・地帯《チタイ》・熱帯《ネッタイ》・付帯《フタイ》・包帯《ホウタイ》・連帯《レンタイ》

巾 8

【帷】

11画 5473 5E37 音 イ漢 訓 とばり

意味 周囲をとりまいてたらす幕。たれまく。とばり。例 帷幄《イアク》。

【帷▼幄《イアク》】幕を引きめぐらしたところ。作戦を計画する、大将の陣営《ジンエイ》。帷幕《イバク》。幃幄《イアク》。

【帷幕《イバク》】「帷幄《イアク》」に同じ。

【帷▼幔《イマン》】垂れ幕と引き幕。まく。

【帷▽子《かたびら》】〔「あわせ」ではない一枚の布の意〕①昔、几帳《キチョウ》などにかけて仕切りとしたひとえの布。②裏地をつけない着物。ひとえもの。③「経帷子《キョウかたびら》」の略。死者に着せる白い着物。お経の文句などを書く。

巾 8

【常】

11画 3079 5E38 教育5 音 ショウ漢 ジョウ呉 訓 つね・とこ・つね-に

筆順 丨 ⺌ 𫩏 尚 尚 常 常

なりたち 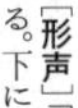 [形声]「巾（＝ぬの）」と、音「尚《ショウ》」とから成る。下にはく（スカートのような）ころも。もすそ。派生して「いつも」の意。

意味 ❶いつまでも変わらないこと。つね。つねに。例 常備《ジョウビ》。常緑《ジョウリョク》。無常《ムジョウ》。❷日ごろ。ふだん。例 常食《ジョウショク》。日常《ニチジョウ》。平常《ヘイジョウ》。❸ふつう。なみ。例 常人《ジョウジン》。常識《ジョウシキ》。正常《セイジョウ》。通常《ツウジョウ》。❹いつまでも変わらない道理。例 五常《ゴジョウ》。❺長さの単位。一尋《イチジン》（＝八尺）の二倍。十六尺。約三・六メートル。例 尋常《ジンジョウ》。

日本語での用法 ［一］《ジョウ》旧国名「常陸《ひたち》（＝今の茨城《いばらき》県）」の略。「常磐《ジョウバン》（＝常陸《ひたち》と磐城《いわき》）・常総《ジョウソウ》（＝常陸と下総《しもうさ》）」［二］《とこ》名詞などの上について、いつまでも変わらない、永遠にある、などの意をあらわす。「常夏《とこなつ》・常闇《とこやみ》・常世《とこよ》の国《くに》」

難読 常山《くさぎ》・常時《とこしなえ》

人名 つら・とき・ときわ・のぶ・ひさ・ひさし・まもる

【常温《ジョウオン》】①いつも変わらずに一定している温度。恒温《コウオン》。②年間の平均温度。③加熱も冷却《レイキャク》もしない、平常の温度。例—で保存する。

【常会《ジョウカイ》】定期的に開かれる、会合や会議。定例会。例 国会の—（＝通常国会。毎年一回召集《ショウシュウ》する）。

【常軌《ジョウキ》】ふつうのやり方。常道。例—を逸《イツ》する（＝常識的なやり方からはずれている）。

【常規《ジョウキ》】通常の規則・規範《キハン》。

【常客《ジョウキャク》】いつも決まって来る客。得意客。常連。

【常勤《ジョウキン》】（名・する）正式にやとわれて、毎日決まった時間、勤務すること。例—の職員。

【常時《ジョウジ》】（名・副）いつも。つねづね。例—出場する。

【常識《ジョウシキ》】その社会に属する人々が共通にもっているはずのいっぱん的な知識や考え方。類 良識・通念。例—に欠ける。—を超《こ》える。—はずれ。

【常習《ジョウシュウ》】（名・する）（何か悪いことを）やりなれていること。いつもの（悪い）くせ。例 麻薬《マヤク》を—する。

【常住《ジョウジュウ》】［一］（名・する）①〔仏〕ほろびたり変化したりせず、永遠に存在すること。対 無常。②一定の場所に住んでいること。［二］（副）つねひごろ。

【常住座▼臥《ジョウジュウザガ》】いつも。ふだん。〔「常住」と、「行住座臥《ギョウジュウザガ》（＝行く・とどまる・すわる・ねる、という日常の動作。転じて、いつも）」との混合した俗《ゾク》な言い方〕表記 旧 常住▼坐▼臥
【常勝《ジョウショウ》】（名・する）いつも勝つこと。例—の軍。

【常食《ジョウショク》】（名・する）主食や副食として毎日のように食べること。また、その食べ物。

【常人《ジョウジン》】ふつうの人。いっぱんの人。類 凡人《ボンジン》。例—の能力をこえる。

【常数《ジョウスウ》】①決まった数。一定の数。②物理学などで、定数《テイスウ》のこと。③決まった運命。さだめ。

【常設《ジョウセツ》】（名・する）つねにもうけてあること。常置。例—展示。—館。

【常体《ジョウタイ》】〔言〕口語文の文体の一つ。「です」「ます」のような敬語を使わず、「だ」「である」で文末を結ぶ。対 敬体。

【常態《ジョウタイ》】ふつうの状態。いつものようす。例 かれはそのとき—を失っていた。

【常置《ジョウチ》】（名・する）いつも用意・設置しておくこと。常設。例—の委員会。

【常駐《ジョウチュウ》】（名・する）軍隊・官吏《カンリ》・社員などが、任地にいつもいること。例 警備員が—している。

【常灯《ジョウトウ》】①神前や仏前に、いつもともしておく明かり。常灯明《ジョウトウミョウ》。②「常夜灯《ジョウヤトウ》」に同じ。

【常▼套《ジョウトウ》】いつも決まってとる、ありふれたやり方。例—手段。

【常道《ジョウドウ》】①つねに守るべき正しい道。例 人生の—。②だれもがおこなう、ふつうのやり方。類 常法。例—を踏《ふ》む。

【常得意《ジョウトクイ》】いつもその店を利用する客。なじみの客。

【常任《ジョウニン》】（名・する）いつもその任務にあたること。例—理事。

【常備《ジョウビ》】（名・する）いつも準備しておくこと。例 非常用食料を—する。

【常備薬《ジョウビヤク》】いつでも使えるように用意しておく薬。例 家庭の—。

【常不断《ジョウフダン》】いつも。絶えず。例—言いきかせている。

【常法《ジョウホウ》】①不変の法則。不変の規則。②ふつうのやり方。類 定法《ジョウホウ》・常道。

【常民《ジョウミン》】ごくふつうの人々。国民。庶民《ショミン》。〔もと、民俗学《ミンゾクガク》の用語で、日本文化の根底をささえるふつうの人々という意味で用いる〕例—文化。

【常務《ジョウム》】①日常的な仕事。②「常務取締役《とりしまりヤク》」の略。株式会社で、社長を補佐《ホサ》して、日常の業務をとりしまる重役。例 ―会。

【常夜灯《ジョウヤトウ》】夜通しつけておく明かり。常灯。

【常用《ジョウヨウ》】（名・する）いつも使っていること。例 ビタミン剤《ザイ》を―している。

【常用漢字《ジョウヨウカンジ》】いっぱんの社会生活で使用する目安とされる二一三六字の漢字。〔一九八一年に、それまでの「当用漢字」に代わるものとして一九四五字が定められ、二〇一〇年に改定されて二一三六字となった〕

【常緑樹《ジョウリョクジュ》】一年じゅう、みどり色の葉をつけている樹木。マツ・スギ・ツバキなど。〔葉が、秋にいっせいにかれたり落ちたりするのではなく、絶えず入れ代わって新しい葉が出るので、一年じゅう、みどり色に見える〕対 落葉樹。

【常例《ジョウレイ》】いつもの例。しきたり。

【常連《ジョウレン》】①飲食店や劇場などに、いつも決まって来る客。類 常客。例 ―の客。②いつも行動をともにする仲間。例 句会の―。表記 ▽「定連」とも書く。

【常常《つねづね》】（名・副）ふだん。いつも。つねひごろ。

【常日頃《つねひごろ》】（名・副）ふだん。日常。つねづね。

【▽常▼磐《ときわ》】〔「磐」は、いわの意で、「とこいわ」からの変化〕①永遠に変わらないこと。②木の葉が一年じゅう緑であること。例 ―の松。

【▽常▼磐津《ときわず》】「常磐津節《ときわずぶし》」の略。江戸《えど》時代中期に常磐津文字太夫《ときわずモジタユウ》がはじめた浄瑠璃《ジョウルリ》の一流派。

【常夏《とこなつ》】①寒い時期がなく、一年じゅう夏のようであること。例 ―の国ハワイ。②ナデシコの古名。

【常闇《とこやみ》】永久に真っ暗なこと。永遠のやみ。〔心がまどうことなどをあらわすことばとして使う〕例 ―の世となる。

【常世《とこよ》】①永久に変わらないこと。永遠。②「常世《とこよ》の国《くに》」のこと。昔の人がはるか遠くにあると信じていた国。また、不老不死の国。

【常夜《とこよ》】よるばかりで、昼がないこと。

【常陸《ひたち》】旧国名の一つ。今の茨城《いばらき》県にあたる。常州。
●異常《イジョウ》・経常《ケイジョウ》・恒常《コウジョウ》・尋常《ジンジョウ》・正常《セイジョウ》・通常《ツウジョウ》・日常《ニチジョウ》・非常《ヒジョウ》・平常《ヘイジョウ》・無常《ムジョウ》

巾 8
【帳】
11画 3602 5E33 教育3
音 チョウ 漢 呉
訓 とばり
付表 蚊帳《かや》

筆順 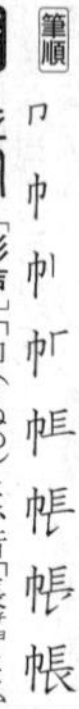

なりたち  ［形声］「巾（＝ぬの）」と、音「長《チョウ》」とから成る。ベッドの上に張りめぐらす布。

意味 ❶室内にたれ下げて、へだてるための布。とばり。例 帳中《チョウチュウ》（＝とばりの中）。几帳《キチョウ》。緞帳《ドンチョウ》。❷ものを書くために紙をとじたもの。記録用のノート。例 帳簿《チョウボ》。過去帳《カコチョウ》。

人名 はる

【帳合い《チョウあい》】（名・する）①商店などで、商品や現金を帳簿《チョウボ》と照合して、収支を確かめること。②収支を計算して帳簿に記入すること。例 ―をする。

【帳▼帷《チョウイ》】とばり。垂れ幕。帷帳。例 はかりごとを―の中《ちゅう》にめぐらす（＝陣営《ジンエイ》で戦略を練る）。

【帳消し《チョウけし》】（名・する）①決算が済み、貸し借りがなくなって、帳簿《チョウボ》の記入を消すこと。棒引き。②新しいおこないによって、以前の功罪が消えてなくなること。差し引いて残りがなくなること。例 失敗を―にする。

【帳尻《チョウじり》】①会計帳簿《チョウボ》の末尾《マツビ》。また、収支決算の結果。例 ―をごまかす。②話のつじつまのたとえ。例 ―を合わせる。

【帳場《チョウば》】（商店や旅館、料理屋などで）会計をする場所。勘定場《カンジョウば》。例 勘定は―につけておく。

【帳簿《チョウボ》】役所・会社・商店などで、金銭や物品の出し入れなどを記入する帳面。例 二重―。

【帳面】㊀《チョウメン》必要なことを書くために、なん枚もの紙をとじて表紙をつけたもの。ノート。㊁《チョウづら》帳簿《チョウボ》に書かれている数字やことがら。また、表面上の計算や決算。ちょうめんづら。例 ―を合わせる。
●開帳《カイチョウ》・過去帳《カコチョウ》・記帳《キチョウ》・台帳《ダイチョウ》・通帳《ツウチョウ》・手帳《てチョウ》

巾 8
【帯】
11画 ⇩【帯】《タイ》（340ページ）

巾 9
【幄】
12画 5474 5E44
音 アク 漢
訓 とばり

意味 上から屋根のように四方をおおう幕。てんまく。また、陣営《ジンエイ》の幕。とばり。例 幄舎《アクシャ》。帷幄《イアク》。

難読 幄《あげばり》

【幄舎《アクシャ》】神事や朝廷《チョウテイ》の儀式《ギシキ》などのさいに、参列者のために庭に作る仮屋《かりや》。上げ張り。幄《アク》の屋《や》。

巾 9
【幃】
12画 5475 5E43
音 イ 漢 呉
訓 たれぬの・とばり・においづつみ

意味 ❶香料《コウリョウ》をいれるふくろ。においぶくろ。❷周囲をとりまくようにたらす幕。たれぬの。とばり。例 幃幄《イアク》。

【幃▼幄《イアク》】①とばり。たれぎぬ。たれぬの。②戦場で、大将がいる本陣《ホンジン》の中。また、天子が政務をおこなう中枢《チュウスウ》の場所。帷幄《イアク》。

巾 9
【幀】
12画 5476 5E40
音 テイ 慣 トウ 漢 チョウ 呉

意味 ❶絹地にかいた絵。また、それを台紙にはりつける。例 装幀《ソウテイ》。❷かけじくになった書画を数えることば。例 山水画《サンスイガ》一幀《イッチョウ》。

巾 9
【幅】
12画 4193 5E45 常用
音 フク 漢
訓 はば・の

筆順 

なりたち 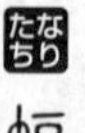 ［形声］「巾（＝ぬの）」と、音「畐《フク》」とから成る。ぬのの広さ。

意味 ❶ものの左右の長さ・広がり。はば。例 幅員《フクイン》。紙幅《シフク》。振幅《シンプク》。❷ふち。へり。例 辺幅《ヘンプク》。❸かけじく・かけもの。また、それを数えることば。例 画幅《ガフク》。三幅対《サンプクツイ》。

日本語での用法 ㊀《はば・の》布や織物の横の長さをあらわすことば。「並幅《なみはば》・半幅《ハンはば》・二幅《ふたの》・四幅布団《よのブトン》」㊁《はば》はぶり。いきおい。いせい。「幅《はば》をきかせる」

【幅利き《はばきき》】勢力があること。また、その人。類 顔役《かおヤク》。例 町内の―。

【幅跳び《はばとび》】陸上競技で、地面をけってとんだ距離《キョリ》をきそう競技。立ち幅跳びと走り幅跳びがある。

【幅寄せ《はばよせ》】（名・する）①駐車《チュウシャ》するときに、左側または右側へ車を寄せること。②走行中の車の進路を妨害《ボウガイ》して道路のはしのほうへ寄せつけること。

【幅員《フクイン》】道路・川・橋・船などのはば。例 ―のせまい道。
●一幅《イップク》・肩幅《かたはば》・画幅《ガフク》・紙幅《シフク》・条幅《ジョウフク》・書幅《ショフク》・振幅《シンプク》・全幅《ゼンプク》・増幅《ゾウフク》・利幅《リはば》

巾9
【幇】
12画 5483 5E47 音ホウ漢 訓たす-ける

意味 手つだう。たすける。例幇助《ホウジョ》。

【幇間】《ホウカン》《たいこもち》 宴会《エンカイ》の席で、客の相手をして歌ったり踊《おど》ったり、こわいろ・ものまねや音曲などの芸を見せたりして、座をにぎやかにとりもつ男。また、その職業。男芸者。たいこ。参考 えらい人におせじを言ったり喜ばせたりして相手にとり入り、自分の立場をよくする人をたとえてもいう。

【幇助】《ホウジョ》(名・する) 他人の犯罪の手助けをすること。例殺人―。自殺―。

巾9
【帽】
12画 4325 5E3D 常用 音ボウ漢モウ呉

筆順
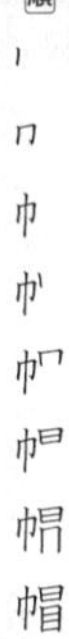

巾9
【帽】
12画

なりたち [形声]「巾(=ぬの)」と、音「冒《ボウ》」とから成る。かぶりもの。

意味 頭にかぶるもの。ぼうし。例制帽《セイボウ》。脱帽《ダツボウ》。

難読 帽子《モウス》(=禅宗《ゼンシュウ》の僧《ソウ》の用いる、ぼうし)

●角帽《カクボウ》・学帽《ガクボウ》・制帽《セイボウ》・脱帽《ダツボウ》・着帽《チャクボウ》・破帽《ハボウ》

巾9
【帽】
12画 ⇩【帽】《ボウ》(343ページ)

巾10
【幌】
13画 4358 5E4C 人名 音コウ漢 訓ほろ

意味 ❶窓のたれぎぬ。とばり。❷日光や雨などをよけるためにかける車のおおい。ほろ。例幌馬車《ほろバシャ》。❸酒屋などの看板にする旗。

難読 幌《とばり》

人名 あき・あきら

【幌馬車】《ほろバシャ》 風雨や日光を防ぐためのおおいをかけた馬車。

巾10
【幕】
13画 4375 5E55 教育6 音バク漢マク呉 訓おお-う

筆順

なりたち  [形声]「巾(=ぬの)」と、音「莫《バク》」とから成る。上からおおう、ぬの。

意味 ❶ものをおおいかくすために張った大きな布。てんまく。とばり。例暗幕《アンマク》。天幕《テンマク》。❷(幕を張りめぐらした)将軍の陣営《ジンエイ》。例幕営《バクエイ》。幕僚《バクリョウ》。

日本語での用法 ㊀《マク》①芝居《しばい》の一場面、ひとくぎり。「幕開《マクあ》き・幕《マク》を開《あ》ける・幕《マク》を引《ひ》く」②ばあい。場面。「君《きみ》の出《で》る幕《マク》でない」③相撲《すもう》の番付《バンづけ》で上位の地位。「幕内《マクうち》・入幕《ニュウマク》」④おわり。おしまい。「幕《マク》になる・幕《マク》にする」㊁《バク》江戸幕府《えどバクフ》のこと。「幕末《バクマツ》・倒幕《トウバク》」

【幕営】《バクエイ》(名・する) 幕《マク》を張りめぐらした陣《ジン》。また、そこで野営《ヤエイ》すること。

【幕臣】《バクシン》 幕府の臣下。旗本《はたもと》・御家人《ゴケニン》など。

【幕府】《バクフ》 ①〔戦場で、幕を張った、将軍の陣営《ジンエイ》の意から〕将軍が政治をとりおこなうところ。②鎌倉《かまくら》時代以後の武家政権の政府。また、その長である「将軍」の別名。

【幕末】《バクマツ》 江戸《えど》幕府の末期。

【幕僚】《バクリョウ》 〔「僚」は、役人の意〕①将軍の陣営《ジンエイ》にいて将軍を助ける者。②長官に直属して作戦や用兵などにあたる将校。例総司令部―。

【幕下】 ㊀《バッカ》①幕を張りめぐらした陣《ジン》の内。②将軍。大将軍。③将軍の配下。㊁《マクした》相撲《すもう》で、力士の階級の一つ。十両の下で三段目の上。

【幕▽間】《マクあい》 演劇で、一つの場面が終わって次の場面に移るまで、舞台《ブタイ》に幕が引かれているあいだ。芝居《しばい》の休憩《キュウケイ》時間。〔「マクま」と読むのは誤り〕表記「幕合い」とも書く。

【幕開き】《マクあき》 ①演劇で、幕があいて演技が始まること。②ものごとの始まり。幕開け。例選挙戦の―。▽対幕切れ。

【幕内】《マクうち》 相撲《すもう》で、役力士《ヤクリキシ》と前頭《まえがしら》。幕内力士。幕の内。〔昔、将軍や大名の上覧相撲《ジョウランずもう》のとき、上位力士は幕の内に、下位力士は幕の外にひかえたことからいう〕

【幕切れ】《マクぎれ》 ①演劇で、一場面が終わって幕が下ろされること。②ものごとが一段落して終わること。例事件の―。▽対幕開《マクあ》き。

【幕の内】《マクのうち》 ①「幕の内弁当」の略。たわらの形にしたごはん数個とおかずをつめあわせた弁当。〔もと、芝居《しばい》の幕間《マクあい》に食べたことによる〕②「幕内《マクうち》」に同じ。

●暗幕《アンマク》・内幕《うちマク》・煙幕《エンマク》・開幕《カイマク》・銀幕《ギンマク》・鯨幕《くじらマク》・黒幕《くろマク》・佐幕《サバク》・除幕《ジョマク》・天幕《テンマク》・閉幕《ヘイマク》

巾10
【幎】
13画 5477 5E4E 音ベキ漢 訓おお-う

意味 おおいかぶせる布。また、かぶせる。おおう。同冪《ベキ》。

巾11
【幗】
14画 5478 5E57 音カク漢 訓ちきり

意味 中国古代の婦人の髪飾《かみかざ》り。ちきり。例巾幗《キンカク》。

巾11
【幔】
14画 5479 5E54 音バン漢マン呉 訓まく

意味 ❶たれまく。とばり。おおい。まく。例幔幕《マンマク》。❷酒屋の看板の旗。のぼり。例酒幔《シュマン》。

【幔幕】《マンマク》 式場や会場などのまわりに張りめぐらす、紅白などの幕。

巾12
【幟】
15画 5480 5E5F 音シ漢呉 訓のぼり

意味 目じるしのための細長い旗。はたじるし。のぼり。例旗幟《キシ》(=はたじるし。また、ある目標のために示された主義主張や態度・立場)。烏賊幟《いかのぼり》(=凧《たこ》)。鯉幟《こいのぼり》。

巾12
【幢】
15画 5481 5E62 音トウ漢ドウ呉 訓はた

意味 ❶垂れ下がった円筒形《エントウケイ》の旗。〔軍隊の指揮や儀式《ギシキ》に用いられた〕例幢牙《トウガ》。幢幡《トウハン》。❷仏教で、法を悟《さと》ったことなどの象徴《ショウチョウ》として用いられる旗じるし。例幢幡《ドウバン》。❸仏寺で経文《キョウモン》を写した円筒形の布。〔のちに、石柱に刻むようになった〕例経幢《キョウドウ》。宝幢《ホウドウ》。❹舟《ふね》や車の垂れ幕。ほろ。

【幢牙】《トウガ》 軍隊で、大将の旗。牙旗《ガキ》。

【幢▼幡】 ㊀《トウハン》旗。儀式《ギシキ》や軍隊の指揮をするのに用いる。㊁《ドウバン》仏教や道教で用いられる旗。寺や道場の前に立てる。

巾12
【幡】
15画 4008 5E61 人名 音ハン漢ホン呉 訓はた

意味 ❶はた。のぼり。同旛《ハン》。例幡旗《ハンキ》(=はた)。❷ひるがえる。ひるがえす。同翻《ホン》。例幡然《ホンゼン》。

難読 八幡《ハチマン｜やわた｜やはた｜はつま》・因幡《いなば》・八幡《バハン》船《セン》

【幡然】《ハンゼン｜ホンゼン》(形動《トタル》) ①旗などがひるがえるようす。②心のがらりと変わるようす。例 —と意志をひるがえす。

巾 12 【幣】 15画 4230 5E63 常用 音 ヘイ 漢 訓 ぬさ・しで

筆順 丶 丷 尚 尚 㡀 敝 幣 幣

巾12 【幣】 15画 — —

巾12 [幤] 15画 5482 5E64 俗字

なりたち  [形声]「巾(=ぬの)」と、音「敝《ヘイ》」とから成る。おくりものとする絹織物。

意味 ❶神や貴人・主君などへのささげもの。みつぎもの。例 幣帛《ヘイハク》。幣物《ヘイモツ》。❷通貨。おかね。ぜに。例 貨幣《カヘイ》。紙幣《シヘイ》。造幣《ゾウヘイ》。

日本語での用法 《ヘイ・ぬさ》神前にささげるための、白い布。また、白い紙をつけた枝や串《くし》。「御幣《ゴヘイ》を捧《ささ》げる・幣《ぬさ》を手向《たむ》ける」

【幣束】《ヘイソク》 麻《あさ》や紙を細長くさいて垂らした、神にささげるもの。御幣《ゴヘイ》。ぬさ。例 —をささげる。

【幣▼帛】《ヘイハク》 〔「帛」は、絹の意〕①神にささげる絹。また、神への供物《クモツ》をまとめていうことば。みてぐら。ぬさ。②おくりもの。進物《シンモツ》。

【幣物】《ヘイモツ》 〔「ヘイブツ」とも〕①おくりもの。進物《シンモツ》。聘物《ヘイモツ》。②神への供物《クモツ》。みてぐら。ぬさ。

●貨幣《カヘイ》・御幣《ゴヘイ》・紙幣《シヘイ》・造幣《ゾウヘイ》

巾12 【幣】 15画 ⇩【幣】《ヘイ》(344ページ)

巾12 [幤] 15画 ⇩【幣】《ヘイ》(344ページ)

51 3画 干 かん いちじゅう 部

「干」の意味とは関係なく、便宜上《ベンギジョウ》「干」の字形を目じるしにして引く漢字を集めた。「一」と「十」を合わせた形に似ていることから「いちじゅう」ともいう。

0 干 2 平 平 3 幵 年 并 5 幸 幷

10 幹

この部首に所属しない漢字

午⇩十 160 刊⇩刂 130 旱⇩日 483 栞⇩木 526

干 0 【干】 3画 2019 5E72 教育6 音 カン 漢 呉 訓 ほ-す・ひ-る・おか-す・たて

筆順 一 二 干

なりたち  [会意]「一(=さかい)」と「丅(=「入」が上下に反転した形で、上に向かっておかす意)」とから成る。分《ブン》をこえておこなう。おかす。

意味 ❶分をこえておこなう。おかす。例 干犯《カンパン》。❷手に入れようと努力する。もとめる。例 干禄《カンロク》。❸関係する。かかわる。例 干渉《カンショウ》。干与《カンヨ》。❹敵の矢や矛《ほこ》から身を防ぐための武具。たて。例 干戈《カンカ》。❺かわく。かわかす。ほす。ひる。同 乾《カン》。例 干害《カンガイ》。干拓《カンタク》。干潮《カンチョウ》。干瓢《カンピョウ》。❻ものの順序を一から十まで示す呼び名の一つ。例 干支《カンシ》・十干《ジッカン》(=甲《コウ》・乙《オツ》・丙《ヘイ》・丁《テイ》・戊《ボ》・己《キ》・庚《コウ》・辛《シン》・壬《ジン》・癸《キ》)。

難読 野干《きつね》・射干《からすおうぎ》・若干《そくばく｜そこばく》・干鮭《からざけ》

人名 かず・たく・もと・もとむ

【干▼戈】《カンカ》 〔「戈」は、ほこの意〕①武器。②戦争。例 —を交える(=戦争をする)。

【干害】《カンガイ》 日照りが続くことで起こる、農作物がかれたり実らなかったりする災害。表記 旧▼旱害

【干支】《カンシ｜えと》 〔「干」は幹、「支」は枝の意〕十干《ジッカン》と十二支《ジュウニシ》。また、十干と十二支を組み合わせて、年・月・日や方位などの呼び名として用いたもの。支干《シカン》。〔「甲子《きのえね》・乙丑《きのとうし》・丙寅《ひのえとら》」など六十種の組み合わせ。一定の順序がある〕→付録「十干十二支」(1138ページ)

【干渉】《カンショウ》(名・する) ①かかわり合うこと。また、他人のことに立ち入り、自分の考えに従わせようとすること。例 私生活に—する。②〔法〕一国が他国の政治に対して口出しすること。例 内政—。③〔物〕音や光の、二つ以上の波が重なって強まったり弱まったりする現象。

【干城】《カンジョウ》 〔敵を防ぐ「たて」と「城」の意〕国を守る軍人や武士。例 国家の—となる。

【干将▼莫▼耶】《カンショウバクヤ》 〔「干将」は春秋時代の刀工の名、「莫耶」はその妻の名〕干将とその妻が協力して作った二《ふた》ふりの名剣《メイケン》の名。転じて、名剣をいう。

【干拓】《カンタク》(名・する) 湖や浅い海の一部を囲い、水を除いて陸地や耕地にすること。例 —地。有明海《ありあけカイ》の—。

【干潮】《カンチョウ》 潮が引ききること。ひきしお。対 満潮。

【干天】《カンテン》 日照り続きで雨の降らない天気。また、夏の日の照りつける空。例 —の慈雨《ジウ》。表記 旧▼旱天

【干犯】《カンパン》(名・する) 自分のもつ権限以外のことに口出しをし、他の権利や領域をおかすこと。例 大権を—する。

【干▼瓢】《カンピョウ》 ユウガオの実をうすく細長くひものようにして、ほした食品。あまからく煮《に》て、のり巻きのしんなどにする。表記「乾▼瓢」とも書く。

【干満】《カンマン》 潮のみちひき。干潮と満潮。例 —の差が大きい。

【干与】《カンヨ》(名・する) あずかりたずさわること。かかわること。例 政治に—する。表記「関与」とも書く。

【干▼禄】《カンロク》 〔「禄」は、給料の意。「禄《ロク》を干《もと》む」と訓読する〕①給料を求めること。仕官を願うこと。②天の助けや幸福を求めること。

【干菓子】《ひがし》 らくがん・こんぺいとうなど、水分が少なく日もちのよい和菓子《ワガシ》。対 生菓子《なまがし》。表記「▽乾菓子」とも書く。

【干潟】《ひかた｜ひがた》 遠浅《とおあさ》の海岸で、潮が引いてあらわれた砂地。

【干物】《ひもの》 魚や貝などをほして、長く保存できるようにした食品。例 アジの—。表記「▽乾物」とも書く。参考「乾物」は「カンブツ」とも読み、その場合は、乾燥《カンソウ》させた食品すべてを指す。

●十干《ジッカン》・若干《ジャッカン》・水干《スイカン》・欄干《ランカン》

干 2 【平】 5画 4231 5E73 教育3 音 ヘイ 漢 ヒョウ・ビョウ 呉 訓 たい-ら・ひら

筆順 一 䒑 亚 平

干 2 【平】 5画 — —

なりたち 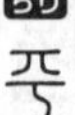 [会意]「干(=ことばがなめらかに出る)」と「八(=分かれる)」とから成る。ことばがなめらかに分かれ出る。たいらか。

意味 ❶傾斜《ケイシャ》・高低・でこぼこなどがない。たいら。例平地《ヘイチ》。平面《ヘイメン》。水平《スイヘイ》。❷かたよりがない。ひとしい。例平均《ヘイキン》。平等《ビョウドウ》。公平《コウヘイ》。❸特別のことがない。ふだんと変わらない。無事。例平日《ヘイジツ》。平服《ヘイフク》。平凡《ヘイボン》。❹おだやかな。やすらかな。例平安《ヘイアン》。平和《ヘイワ》。太平《タイヘイ》。❺乱をしずめる。たいらげる。例平定《ヘイテイ》。和平《ワヘイ》。❻やさしい。たやすい。例平易《ヘイイ》。平明《ヘイメイ》。❼ちょうど。まさしく。例平午《ヘイゴ》。❽漢字音の四声《シセイ》(=四つの音調)の一つ。例平声《ヒョウショウ｜ヒョウセイ》。平仄《ヒョウソク》。

日本語での用法 ㊀《ヘイ》姓《セイ》の一つ。たいら。「平曲《ヘイキョク》・平氏《ヘイシ》・平家《ヘイケ》」㊁《ひら》①役職をもたない。またはごくふつうの。「平社員《ひらシャイン》・平幕《ひらマク》・平侍《ひらざむらい》(=ふつうの身分の侍。また、官位の低い侍)・平取《ひらとり》(=専務や常務などに対して、ふつうの取締役《とりしまりヤク》)・平《ひら》のまま退職《タイショク》する」②ひたすら。なにとぞ。「平《ひら》に遠慮《エンリョ》はご無用《ムヨウ》・平謝《ひらあやま》り」

難読 水平《みずばかり》・平生《フダン｜つね｜なおざり》・平常《フダン》

人名 おさむ・さね・たか・ただし・つね・とし・なり・なる・はかる・ひとし・ひろし・まさる・もち・やす・よし

【▽平字】《ヒョウジ》漢字で、平声《ヒョウショウ》の字。㊉仄字《ソクジ》。

【▽平声】《ヒョウショウ｜ヒョウセイ》漢字音の四声《シセイ》(=平声《ヒョウショウ》・上声《ジョウショウ》・去声《キョショウ》・入声《ニッショウ》)の一つ。たいらに発音する。日本では低く、たいらな調子をいう。㊉仄声《ソクセイ》。

【▽平▼仄】《ヒョウソク》①漢字音の四声《シセイ》のうち、声調に高低のない平声《ヒョウショウ》と、それ以外の仄声《ソクセイ》(=上声《ジョウショウ》・去声《キョショウ》・入声《ニッショウ》)をまとめた言い方。また、平声の字と仄声の字。〔漢詩では、平声の字と仄声の字の並べ方が決まっていて、たいせつなこととされる〕②話のつじつま。例—が合わない。

【平等】《ビョウドウ》(名・形動ダナ)差別がなくすべてみなひとしいこと。例—に分ける。—の権利。

【平仮名】《ひらがな》日本語の音節文字の一つ。万葉がなの草書体からつくりだされた文字。片仮名《かたかな》の「イ」「ロ」「ハ」などに対して、「い」「ろ」「は」など。㊉片仮名。表記「平仮▽字」とも書く。

【平城】《ひらじろ》平地に築いた城。㊉山城。

【平手】《ひらて》①ひらいた手のひら。例—打ち。②将棋《ショウギ》で、相手と対等の条件でさすこと。

【平場】《ひらば》①〔谷間や山地に対して〕たいらな土地。平地。②昔の劇場で、舞台《ブタイ》の正面にある、ます形に区切られた見物席。平土間《ひらどま》。

【平幕】《ひらマク》相撲《すもう》で、横綱《よこづな》や三役《サンヤク》(=大関・関脇《せきわけ》・小結《こむすび》)ではない幕内力士。前頭《まえがしら》。

【平屋】《ひらや》二階のない、一階建ての家。例—建て。表記「平家」とも書く。

【平安】《ヘイアン》㊀(名・形動ダナ)何ごともなくおだやかなこと。例旅の—を祈《いの》る。㊁(名)①封書《フウショ》のあて名のわき付けに用いて、変事の知らせでないことをあらわすことば。②「平安時代」の略。七九四(延暦《エンリャク》十三)年から一一九二(建久《ケンキュウ》三)年(または、一一八五⸨文治《ブンジ》元⸩年)までの約四百年間。平安京(=今の京都市)を中心に貴族文化が栄えた。

【平易】《ヘイイ》(名・形動ダナ)たやすいこと。やさしいこと。わかりやすいこと。例—な問題。—に説く。

【平温】《ヘイオン》①平年並みの気温。②平常の体温。平熱。

【平穏】《ヘイオン》(名・形動ダナ)何ごともなく、おだやかなこと。例—な毎日を送る。—無事が何よりだ。

【平価】《ヘイカ》①一国の通貨の対外価値。金または国際基準通貨(ドルなど)との交換《コウカン》比率ではかった値《あたい》。例—切り下げ。②有価証券の価格が額面の金額と等しいこと。

【平滑】《ヘイカツ》(名・形動ダナ)たいらでなめらかなこと。例—な面。

【平気】《ヘイキ》(名・形動ダナ)〔平和な気分の意から〕①気持ちが落ちついていること。例—をよそおう。②なんとも思わないこと。気にかけないこと。例—でごみを捨てる。

【平均】《ヘイキン》(名・する)〔「均」は、ひとしくする、たいらにする意〕①大小や多少のふぞろいがないようにならすこと。また、ふぞろいのないこと。例品質を—する。②いくつかの数や量の中間の値《あたい》を計算して出すこと。また、その値。平均値《ヘイキンチ》。例—点。③つりあうこと。バランス。平衡《ヘイコウ》。例—をたもつ。

【平家】㊀《ヘイケ》①平《たいら》の姓《セイ》を名乗った一族。平氏《ヘイシ》。〔平安時代に皇族から臣下となったときにあたえられた姓で、その一族のうち平清盛《たいらのきよもり》の一門が最も栄えた〕②『平家物語《ヘイケものがたり》』の略。軍記物語の一つ。清盛を中心にした平家の盛衰《セイスイ》をえがく。平語《ヘイゴ》。③「平家琵琶《ヘイケビワ》」の略。『平家物語』を琵琶の伴奏《バンソウ》に合わせて語るもの。㊁《ひらや》二階のない、一階建ての家。表記㊁は「平屋」とも書く。

【平原】《ヘイゲン》広くたいらな野原。例シベリアの大—。

【平午】《ヘイゴ》〔「平」は、ちょうどその時にあたる意。「午」は「午《うま》の刻《コク》」で、今の昼の十二時〕まひる。正午《ショウゴ》。

【平語】《ヘイゴ》①ふだん使っていることば。日常のことば。日常語。例—や俗語《ゾクゴ》を用いる。②⇩【平家】《ヘイケ》㊀②

【平行】《ヘイコウ》(名・する)①〔数〕同じ平面上にある二つの直線が同じ間隔《カンカク》を保ち、いくら延長しても交わらないこと。〔同じ空間にある二つの平面、また、直線と平面についてもいう〕例—四辺形。②意見などがいつまでも一致《イッチ》しないこと。例議論が—する。③同時におこなわれること。㊟並行《ヘイコウ》。例二つの競技を—しておこなう。

【平衡】《ヘイコウ》(名・する)〔「衡」は、はかりの意で、はかりの両端《リョウタン》にかけたものの重さが等しく、さおが水平であることから〕かたむきがなく、つりあうこと。つりあい。バランス。例—感覚。—を保つ。

【平作】《ヘイサク》農作物の平年並みの収穫《シュウカク》。平年作。

【平氏】《ヘイシ》「平家《ヘイケ》㊀①」に同じ。

【平時】《ヘイジ》①いつものとき。ふだん。例—の服装でよい。②平和なとき。㊉戦時・非常時。例—では考えられない混乱。

【平日】《ヘイジツ》①ふつうの日。ふだん。平常。②土曜・日曜・祝日以外の日。ウイークデー。〔土曜をふくめる場合もある〕例電車は—ダイヤで運行する。

【平叙】《ヘイジョ》(名・する)ふつうの語順で述べしるすこと。例—文。

【平常】《ヘイジョウ》ふだん。通常。つね日ごろ。例—どおりの業務。—心。

【平身低頭】《ヘイシンテイトウ》(名・する)からだをひくくして、頭を深く下げること。ぺこぺこすること。〔ひじょうに恐縮《キョウシュク》しているようすをいう〕例—してあやまる。

【平成】《ヘイセイ》昭和の次で、令和の前の元号。一九八九(平成元)年一月八日から二〇一九(平成三十一)年四月三十日まで。

【平静】《ヘイセイ》(名・形動ダナ)①何ごともなくおだやかでしずかなこと。例—をとりもどした事故現場。②(心や態度が)ふだんと変わらず落ちついていること。例—な気持ちを保つ。

【平生】《ヘイゼイ》ふだんの生活をしているとき。つね日ごろ。平常。平素。例—のおこないがたいせつだ。

【平然】《ヘイゼン》(形動トタル)あわてることなく落ちついているようす。気にしないようす。平気。例—たる態度。

【平素】《ヘイソ》つね日ごろ。ふだん。平生《ヘイゼイ》。例—の努力が実る。

【平旦】《ヘイタン》〔「平」は、ちょうどその時にあたる意。「旦」は、夜明けの意〕明け方。夜明け。例—に旅立つ。

【平▼坦《ヘイタン》】(名・形動《ダナ》) ①土地がたいらなこと。例 ―な道。②何ごともなくおだやかなこと。平穏《ヘイオン》。例 ―な人生を歩んできたわけではない。

【平地《ヘイチ》】①たいらな土地。ひらち。(対)山地。例 ならして―にする。②何ごともなくおだやかな環境《カンキョウ》。例 ―に波乱を起こす(=おだやかなところに、もめごとを起こす)。

【平定《ヘイテイ》】(名・する) 敵や賊《ゾク》をうちほろぼし、乱れた世の中をしずめ、治めること。また、世の中がおだやかに治まること。例 天下を―する。

【平熱《ヘイネツ》】健康なときの人間の体温。〔ふつう、成人でセ氏三六―三七度くらい〕

【平年《ヘイネン》】①一年が三百六十五日ある年。(対)閏年《ジュンネン》。②とくに異常の見られない、ふつうの年。例年。〔農作物のできや天候についていう場合が多い〕例 米の収穫《シュウカク》は―並みだ。

【平版《ヘイハン》】たいらな版を用い、油と水の反発する性質を利用して、版面にインクをつけて印刷する方法。また、その版。オフセット。

【平板《ヘイバン》】[一](名) ①たいらな板《いた》。②種をまくとき、田畑をたいらにする農具。[二](名・形動《ダナ》) 変化がなく、単調でおもしろみのないこと。例 ―で盛り上がりに欠ける。

【平伏《ヘイフク》】(名・する) 両手と頭を地につけて礼をすること。ひれふすこと。〔相手をおそれうやまう気持ちをあらわす場合にも用いる〕例 ただ―するばかりです。

【平服《ヘイフク》】①ふだん着るふつうの衣服。ふだんぎ。②正式な礼服や式服ではない服装。〔式典やパーティーの招待状などで用いられることば〕例 披露宴《ヒロウエン》には―でお越《こ》しください。▽(対)式服・礼服。

【平復《ヘイフク》】(名・する) 病気がすっかり治ってもとの健康なからだにもどること。全快。例 ご―をお祈《いの》りする。

【平米《ヘイベイ》】平方メートル。〔「平方米突《ヘイホウメートル》」の略で、「米突」はあて字〕

【平方《ヘイホウ》】[一](名・する)〔数〕ある数に同じ数をかけあわせること。二乗《ニジョウ》。自乗。[二](名) ①あとに長さの単位をつけて、面積の単位をあらわすことば。例 一〇―メートル。②前に長さの単位をつけて、その長さを一辺とする正方形をあらわすことば。例 一〇メートル―。

【平凡《ヘイボン》】(名・形動《ダナ》) とくに変わったところがなく、ふつうでありふれていること。(対)非凡《ヒボン》。例 ―な意見。―に生きる。

[干部] 2―3画 平 幵 年

【平脈《ヘイミャク》】健康な人の平常の脈拍《ミャクハク》。〔成人でふつう一分間に六〇―八〇〕

【平民《ヘイミン》】①官位のない人民。ふつうの人民。庶民《ショミン》。②もと、戸籍《コセキ》にしるされた身分の一つ。皇族《コウゾク》・華族《カゾク》・士族《シゾク》以外の人。〔明治のはじめに作られた身分制度によるもので、一九四七(昭和二十二)年に廃止《ハイシ》された〕

【平明《ヘイメイ》】[一](名・形動《ダナ》) あきらかでわかりやすいこと。例 ―な文章。[二](名) 夜明け。あけがた。

【平面《ヘイメン》】①でこぼこのない、たいらな面。②〔数〕面上にあるどの二点を通る直線もつねにその面上にあるような面。例 ―図。

【平面的《ヘイメンテキ》】(形動《ダナ》) ①たいらなようす。②ものごとの内面に立ち入らないで、うわべだけですませるようす。例 ―な見方。▽(対)立体的。

【平野《ヘイヤ》】山地に対し、海抜《カイバツ》が低く、たいらで広大な土地。例 関東《カントウ》―。緑豊かな―が広がる。

【平癒《ヘイユ》】(名・する) 病気が治ること。快復。平復。例 ―祈願《キガン》。すっかり―した。

【平和《ヘイワ》】(名・形動《ダナ》) ①心配やもめごとなどがなく、おだやかに治まっていること。例 ―な家庭。②戦争がなく世の中がおだやかなこと。(対)戦争。例 世界の―を願う。―な国。

●開平《カイヘイ》・源平《ゲンペイ》・公平《コウヘイ》・水平《スイヘイ》・太平《タイヘイ》・泰平《タイヘイ》・地平《チヘイ》・不平《フヘイ》・和平《ワヘイ》

干2
【平】5画
⇩【平】《ヘイ》(344《ページ》)

干3
【幵】6画
5484
5E75
音 ケン 漢 呉
訓 くさ

意味 平らなようす。

日本語での用法 《くさ・ぐさ》 姓《せい》の一つ。「幵分《くさわけ》・小幵《こぐさ》」

干3
【年】6画
3915
5E74
教育1
音 ネン 漢 呉
訓 とし
付表 今年《ことし》

筆順 

なりたち  [形声] 本字は「秊」で、「禾(=いね)」と、音「千《セン》→《ネン》」とから成る。穀物がうれ、みのる。

意味 ❶穀物のみのり(ぐあい)。例 祈年《キネン》(=ゆたかなみのりをいのる)。❷とし。㋐穀物が(一度)実をむすぶ周期。十二か月、三百六十五日を単位とする期間。例 年月《ネンゲツ》。年始《ネンシ》。平年《ヘイネン》。㋑人が生まれてからの期間。よわい。例 年少《ネンショウ》。年長《ネンチョウ》。弱年《ジャクネン》。

難読 祈年祭《としごいのまつり》・年次《としなみ》

人名 かず・すすむ・ちか・と・とせ・ね・はじめ・みのる

【年男《としおとこ》】その年の干支《えと》と同じ干支の年に生まれた男の人。寺社などで、節分の豆まきをする役に選ばれる。〔女性の場合は「年女」という〕表記「▽歳男」とも書く。

【年▼嵩《としかさ》】(名・形動《ダナ》) ①年上《としうえ》。年長。②年をとっていること。高齢《コウレイ》。例 ―の人に席をゆずる。

【年頃《としごろ》】[一](名) ①だいたいの年齢《ネンレイ》。年のころ。例 見たところ四十くらいの―。②ちょうどふさわしい年齢。とくに、結婚《ケッコン》するのにふさわしい年齢。適齢期。例 ―のむすめ。[二](副) なん年も前から。ながねん。例 ―考えてきたことが実現する。表記 [二]は「年▽来」とも書く。

【年玉《としだま》】〔年の賜物《たまもの》(=いただいたもの)の意〕新年を祝ってする、お金や品物などのおくりもの。お年玉。

【年強《としづよ》】(名・形動《ダナ》) ①数え年で年齢《ネンレイ》をいうとき、その年の前半(=六月以前)に生まれたこと。また、その人。(対)年弱《としよわ》。②年上であること。

【年波《としなみ》】①〔年も波も「寄る」ことから〕年をとることを波にたとえていうことば。例 寄る―には勝てない。②年をとって肌《はだ》に出るしわ。

【年の功《としのコウ》】年をとって経験を積んでいること。また、そこから生まれた知恵《チエ》。例 亀《かめ》の甲《コウ》より―(=長年の経験がたいせつであることのたとえ)。

【年の瀬《としのせ》】年の暮れ。年末。例 ―もおしつまる。

【年端《としは》】年のほど。年齢《ネンレイ》。例 ―もいかぬ子(=まだ幼い子)。

【年▽増《としま》】若いさかりをすぎて、やや年をとった女性。

【年寄《としより》】①〔「年寄り」とも書く〕年をとった人。老人。②力士を引退して日本相撲《すもう》協会の評議員になった人。後進の養成にあたる。

【年弱《としよわ》】(名・形動《ダナ》) ①数え年で年齢《ネンレイ》をいうとき、その年の後半(=七月以後)に生まれたこと。また、その人。(対)年強《としづよ》。②年若いこと。また、年下であること。

【年賀《ネンガ》】①新年の祝い。また、年始を祝うあいさつ。例 ―状。―に出かける。②長生きを祝うこと。賀の祝い。

【年会】《ネンカイ》 年に一度の会合。

【年回】《ネンカイ》「年忌《ネンキ》」に同じ。

【年額】《ネンガク》（収入や支出などの）一年間の金額。年間合計額。例―百万円の支出。

【年刊】《ネンカン》〔日刊・月刊などに対して〕一年に一回刊行すること。また、その刊行物。

【年間】《ネンカン》①一年のあいだ。例―所得。②ある年代のあいだ。例明治―。

【年鑑】《ネンカン》一定の項目《コウモク》について、その一年の動きを、調査・統計などをのせて記録・解説した年刊の書物。イヤーブック。

【年忌】《ネンキ》毎年めぐってくる、なくなった人の命日。また、それを数えることば。年回。回忌。周忌。

【年季】《ネンキ》①昔、奉公人《ホウコウニン》をやとうときに、いつまでと決めた年数。例―を入れる（＝長い年月、その仕事の経験を積む）。②年季奉公《ネンキボウコウ》のこと。あらかじめやとわれる年限を決めてする奉公。

【年休】《ネンキュウ》「年次《ネンジ》有給休暇《ユウキュウキュウカ》」の略。定められた休日以外に、その年度に取ることのできる有給の（＝給料がしはらわれる）休暇。年次休暇。

【年給】《ネンキュウ》〔日給・月給などに対して〕一年間にいくらと決めた給料。年俸《ネンポウ》。

【年魚】《ネンギョ》①生まれたその年のうちに死ぬさかな。②アユの別名。〔ふつう一年で死ぬことから〕③昔、サケの別名。〔たまごを産んですぐ死ぬので、一年の寿命《ジュミョウ》だと思われていた〕

【年金】《ネンキン》毎年しはらわれる決まった額のお金。国民年金・厚生《コウセイ》年金・恩給など。

【年貢】《ネング》〔毎年のみつぎものの意〕①昔、年ごとに田畑や土地に割り当てられた税。米や農作物などで納めた。例―の納め時《どき》（＝悪事をしつづけた者がつかまって罪のつぐないをするとき）。②小作人が地主に納める田畑の借り賃。小作料。

【年月】《ネンゲツ｜としつき》①長い間。歳月《サイゲツ》。例―を経る。②何年何月という日付《ひづけ》。例発行の―《ネンゲツ》をしるす。

【年限】《ネンゲン》年単位で決められた期間。例在職―。

【年功】《ネンコウ》①多年の功績。例―をたたえる。②長年の経験。また、それによって身につけた技術。例―を積む。

【年功序列】《ネンコウジョレツ》会社などで、年齢《ネンレイ》や勤めた年数によって、地位や賃金の上下が決まること。

【年号】《ネンゴウ》①年につける名前。②元号《ゲンゴウ》。


【年産】《ネンサン》〔日産・月産に対して〕一年間の生産高。

【年始】《ネンシ》①年のはじめ。年頭。年初。(対)年末。例年末―の休暇《キュウカ》。②新年の祝い。また、新年を祝うあいさつ。年賀。例―回りをする。

【年歯】《ネンシ》〔「歯」は、年齢《ネンレイ》の意〕とし。年齢。よわい。

【年次】《ネンジ》①年の順序。とくに、入学や卒業についていう。例卒業―。②としごと。毎年。例―計画。―休暇《キュウカ》。

【年収】《ネンシュウ》〔日収・月収などに対して〕一年間の収入。例日本人の平均―。

【年中】《ネンジュウ｜ネンチュウ》㊀（名）一年の間。例―無休。㊁（副）いつも。しじゅう。あけくれ。例―しかられてばかりいる。

【年中行事】《ネンチュウギョウジ》〔「ネンジュウギョウジ」とも〕毎年季節ごとの決まった時期におこなわれる行事。

【年初】《ネンショ》年のはじめ。年始。年頭。(対)年末。

【年少】《ネンショウ》（名・形動《ダ》）年齢《ネンレイ》が下であること。年が若いこと。幼いこと。また、その人。年下《としした》。(対)年長。例かれはチームでいちばん―だ。幼稚園《ヨウチエン》の―組。

【年商】《ネンショウ》商店や企業《キギョウ》などの一年間の売上高。例―十億円。

【年数】《ネンスウ》年のかず。年月。例耐用《タイヨウ》―。この建物は相当―がたっている。

【年代】《ネンダイ》①経過した年月。時代。例このワインは―物《もの》だ。②紀元から数えた年数。例―順に並べる。③時の流れをひとまとまりに区切った、ある一定の期間。例一九九〇―のファッション。④同じくらいの年齢《ネンレイ》の人の横の広がり。年齢層。世代《セダイ》。ジェネレーション。例同―の人人《ひとびと》。

【年代記】《ネンダイキ》年を追って、できごとをしるした書物。

【年長】《ネンチョウ》（名・形動《ダ》）年齢《ネンレイ》が上であること。また、その人。年上《としうえ》。としかさ。(対)年少。例―者《シャ》。

【年度】《ネンド》事務や会計などのつごうで、暦《こよみ》とは別に定めた一年の期間。役所や会社、学校などで用いる。〔ふつう四月一日から翌年の三月三十一日まで〕例―末《マツ》。

【年頭】《ネントウ》年のはじめ。年始。年初。例―のあいさつ。

【年内】《ネンナイ》その年のうち。例―にまにあわせる。

【年年歳歳】《ネンネンサイサイ》毎年毎年。年年。例―花《はな》相《あい》似たり、歳歳年年人《ひと》同じからず（＝花は毎年毎年美しくさくが、人は年ごとに移り変わっていく）。〈劉希夷《リュウキイ》・代下悲二白頭一翁上《ハクトウをかなしむおきなにかわりて》〉

【年輩】《ネンパイ》①年のほど。おおよその年齢《ネンレイ》。例父と同―の人。五十―の男性。②相当な年齢。経験を積んで世間をよく知っている年ごろ。中年。例―のかたがたのご意見をうかがう。③年上《としうえ》。例五つ―だ。表記▽「年配」とも書く。


【年表】《ネンピョウ》年ごとのできごとを年月の順を追って書きあらわした表。例世界史―。

【年賦】《ネンプ》借金・代金・税金などの金額を毎年いくらと定めて、何回かに分けてはらうこと。年ばらい。(対)月賦。

【年譜】《ネンプ》ある人の一生や、あることがらについて、年月の順にしるした記録。例夏目漱石《なつめソウセキ》の―。

【年俸】《ネンポウ》一年を単位として定めた給料。年給。

【年末】《ネンマツ》一年の終わりの時期。年の暮れ。歳末《サイマツ》。(対)年初・年始。例―調整。―の大売り出し。

【年来】《ネンライ》（副）なん年も前から。ながねん。例―の望み。

【年利】《ネンリ》〔月利《ゲツリ》・日歩《ひブ》に対して〕一年を単位として、決めた利息。例―の高い預金。

【年輪】《ネンリン》①木を輪切りにしたとき、その切り口に見える、中心から外側に広がるいくつもの輪《わ》。毎年一つずつ増えるので、その木の年数を知ることができる。②〔「①」の一つ一つの輪を、成長・経験・修業《シュギョウ》などにたとえて〕年ごとの成長や発展の歴史。長年の努力の積み重ね。例―を重ねる。作品に―を感じる。

【年齢】《ネンレイ》生まれてから過ぎた年数。とし。よわい。例高《コウ》―。―を重ねる。
●幾年《いくとせ｜いくネン》・往年《オウネン》・隔年《カクネン》・学年《ガクネン》・享年《キョウネン》・去年《キョネン｜こぞ》・近年《キンネン》・行年《コウネン｜ギョウネン》・後年《コウネン》・昨年《サクネン》・若年《ジャクネン》・少年《ショウネン》・新年《シンネン》・先年《センネン》・前年《ゼンネン》・壮年《ソウネン》・多年《タネン》・中年《チュウネン》・定年《テイネン》・同年《ドウネン》・長年《ながネン》・晩年《バンネン》・豊年《ホウネン》・没年《ボツネン》・厄年《ヤクどし》・来年《ライネン》・例年《レイネン》・老年《ロウネン》

干3 【并】6画 ⇩【幷】《ヘイ》（348《ページ》）

干5 【幸】8画 2512 5E78 教育3
音 コウ 漢 呉
訓 さいわ-い・さち・しあわ-せ・さきわ-う

筆順

なりたち

〔会意〕「屰（＝さからう）」と「土（＝若死にする）」とから成る。若死にからまぬがれる。めでたい。

意味 ❶運がよい。思いがけないしあわせ。さいわい。さち。例

幸運《コウウン》。幸福《コウフク》。不幸《フコウ》。❷かわいがる。いつくしむ。例幸姫《コウキ》(=気に入りの女官)。❸天子のおでまし。みゆき。例幸臨《コウリン》。行幸《ギョウコウ》。巡幸《ジュンコウ》。

日本語での用法《さち》海や山でとれたもの。自然のめぐみ。「海《うみ》の幸《さち》・山《やま》の幸《さち》」

難読 行幸《みゆき》・御幸《みゆき》

人名 あき・あきら・さき・たか・たかし・たつ・とみ・とも・ひで・みゆき・むら・ゆき・よし

【幸運《コウウン》】(名・形動ダナ)幸福な運命。よいめぐりあわせ。運がいいこと。対不運。表記「好運」とも書く。

【幸甚《コウジン》】(名・形動ダナ)ひじょうにしあわせなこと。たいへんありがたいこと。〔手紙で相手に対して深い感謝の意をあらわすときなどに使う〕例—に存じます。

【幸便《コウビン》】①よいついで。つごうのよいたより。好便。例—に託《タク》する。②人に手紙を持たせてやるとき、手紙の書き出しに書きそえることば。

【幸福《コウフク》】(名・形動ダナ)不安や不満がなく、心が満ち足りていること。さいわい。しあわせ。対不幸。例—な家庭に育つ。

【幸臨《コウリン》】(名・する)①天子が行幸《ギョウコウ》して、その場にのぞむこと。②人がその場所に来ることを、うやまっていうことば。類光臨。

【▽幸先《さいさき》】(よいことのありそうな)前ぶれ。吉兆《キッチョウ》。例—のよいスタート。

●行幸《ギョウコウ》《みゆき》・御幸《ゴコウ》《みゆき》・多幸《タコウ》・薄幸《ハッコウ》・不幸《フコウ》

干 5

【幷】8画 1-9492 5E77 音ヘイ漢 ヒョウ呉 訓あわ-す・あわ-せる・なら-びに

干 3

[并] 6画 5485 5E76 俗字

意味❶一つにまとめる。あわせる。あわす。同併《ヘイ》。例幷呑《ヘイドン》。❷ともに。ならびに。同併《ヘイ》。例幷存《ヘイソン》。

干 10

【幹】13画 2020 5E79 教育5 音カン漢呉 訓みき

筆順 一 十 古 吉 卓 卓 𠦝 幹

なりたち  [形声]「干(=木)」と、音「倝《カン》」とから成る。土塀《ドベイ》をきずくとき、その両はしに立てる二本の木。

意味❶樹木のみき。また、ものごとの主要な部分。みき。例幹枝《カンシ》(=木のみきと、えだ)。根幹《コンカン》。❷才能。わざ。例才幹《サイカン》。❸処理する。つかさどる。例幹事《カンジ》。主幹《シュカン》。

難読 麻幹《おがら》・豆幹《まめがら》・箭幹《やがら》

人名 えだ・き・くる・たか・たかし・ただし・つかさ・つね・つよ・つよし・とし・とも・のり・まさ・み・もと・もとき・よし

【幹才《カンサイ》】仕事をうまく処理する才能。うでまえ。

【幹事《カンジ》】団体や会合で、中心になって仕事の処理にあたる役。また、その人。世話役。世話人。例クラス会の—。

【幹線《カンセン》】道路・鉄道・電話などの、主となるたいせつな線。本線。対支線。例—道路。

【幹部《カンブ》】〔枝や葉ではない、幹《みき》の部分の意〕会社や団体などで、重要な地位にあって、中心となって働く人。

●基幹《キカン》・語幹《ゴカン》・根幹《コンカン》・才幹《サイカン》・主幹《シュカン》

52 3画 幺 よう いとがしら 部

生まれたばかりの子供の形をあらわす。「糸」の字にある頭《かしら》(=漢字の上がわの部分)であることから「いとがしら」ともいう。「幺」をもとにしてできている漢字と、「幺」の字形を目じるしにして引く漢字とを集めた。

0 幺 1 幻 2 幼 6 幽 9 幾

この部首に所属しない漢字

玄⇩玄 659 糸⇩糸 767 胤⇩月 818 畿⇩田 682

幺 0

【幺】3画 5486 5E7A 音ヨウ漢 訓いとけ-ない・すく-ない

意味❶小さい。こまかい。例幺微《ヨウビ》。❷数字の「一《イチ》」の別の言い方。

【幺微《ヨウビ》】①小さいようす。細かいようす。微小なようす。②とるにたらぬ人。小人。

幺 1

【幻】4画 2424 5E7B 常用 音カン漢 ゲン呉 訓まぼろし

筆順 く 幺 幺 幻

なりたち  [指事]「予」をさかさまにした形。あざむき、まどわす。

意味❶人の心をまどわす。人の目をくらます。たぶらかす。例幻術《ゲンジュツ》。幻惑《ゲンワク》。変幻《ヘンゲン》。❷実際にはないのに、あるかのように見えるもの。まぼろし。例幻影《ゲンエイ》。幻覚《ゲンカク》。夢幻《ムゲン》。

【幻影《ゲンエイ》】①実際にはないのに、あるかのように見えるもの。まぼろし。例—におびえる。②心の中に思いえがく姿。おもかげ。例—を追う。

【幻覚《ゲンカク》】神経の異常によって、実際にないことをあるように感じること。〔物がないのに見えたり、音がしないのに聞こえたりすることなど〕例—症状《ショウジョウ》。

【幻視《ゲンシ》】実際にはないものが、あるように見えること。

【幻術《ゲンジュツ》】人の目をくらます、不思議な術。魔法《マホウ》。妖術《ヨウジュツ》。また、手品。例—を使う。

【幻想《ゲンソウ》】(名・する)現実にありそうもないことを、心の中に思いうかべること。とりとめのない想像。空想。例—をいだく。

【幻像《ゲンゾウ》】実際にはないのに、あるように見える形や姿。幻影《ゲンエイ》。例—がちらつく。

【幻聴《ゲンチョウ》】実際には音がしないのに、聞こえるように感じること。そら耳。例—になやまされる。

【幻灯《ゲントウ》】ガラス板にかいた絵、または陽画のフィルムなどに強い光を当て、レンズを通して拡大し、スクリーンに映し出して見せるもの。スライド。

【幻滅《ゲンメツ》】(名・する)①幻想から目覚めて現実にもどること。例—の悲哀《ヒアイ》。②心の中に思いうかべていたことと現実とのくいちがいを知り、がっかりすること。例かれにはまったく—した。

【幻惑《ゲンワク》】(名・する)人の目をくらまして、心をまどわすこと。類眩惑《ゲンワク》。例妖術《ヨウジュツ》に—される。

幺 2

【幼】5画 4536 5E7C 教育6 音ユウ漢 ヨウ呉 訓おさな-い

筆順 く 幺 幺 幻 幼

なりたち  [会意]「幺《ヨウ→ユウ》(=小さい)」と「力(=ちから)」とから成る。わかくおさない。

意味❶十歳《サイ》。❷年がいかない。いとけない。おさない。一人前でない。例幼少《ヨウショウ》。幼稚《ヨウチ》。長幼《チョウヨウ》。童幼《ドウヨウ》。

難読 幼気《いたいけ》

【幼魚《ヨウギョ》】たまごからかえって、やや成長した魚。〔かえったばかりの魚は稚魚《チギョ》という〕(対)成魚。

【幼君《ヨウクン》】まだおさない主君。幼主。

【幼児《ヨウジ》】おさない子供。児童福祉《ジドウフクシ》法では、満一歳《マンイッサイ》から小学校に入学するまでの子供。参考 幼児より年下の子供は乳児、年上の子供は児童という。

【幼弱《ヨウジャク》】(名・形動《ナダ》)おさなくて、よわよわしいこと。また、その子供。例―の子をかかえて苦労する。

【幼少《ヨウショウ》】(名・形動《ナダ》)年齢《ネンレイ》が低いこと。おさないこと。例―時より音楽に親しむ。

【幼生《ヨウセイ》】〔生〕カエル・エビ・カニなど、成長するにつれて形のかわる生物で、たまごからかえったばかりのもの。ふつう、親とはいちじるしく形が異なる。〔昆虫《コンチュウ》・クモ類の場合は幼虫という〕例カエルの―はオタマジャクシ。

【幼稚《ヨウチ》】(名・形動《ナダ》)①年齢《ネンレイ》が低いこと。おさないこと。また、おさない子供。例―園。②ふるまいや考え方、技術などが子供っぽいこと。また、そのようす。例そんな―なうでまえでは仕事はできない。

【幼虫《ヨウチュウ》】昆虫《コンチュウ》やクモ類で、たまごからかえったばかりのもの。(対)成虫。例アゲハチョウの―を観察する。

【幼帝《ヨウテイ》】まだおさない、皇帝や天皇。

【幼童《ヨウドウ》】おさない子供。幼児。例―向けの読み物。

【幼年《ヨウネン》】年齢《ネンレイ》の低い年ごろ。おさないころ。(対)少年・青年・壮年《ソウネン》・老年。例―時代。

●長幼《チョウヨウ》・老幼《ロウヨウ》

幺 6

【幽】

9画 4509 5E7D 常用

音 ユウ(漢) ヨウ(呉)

訓 かす-か

筆順 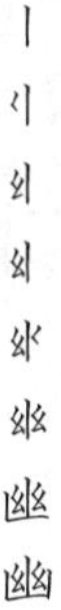

なりたち  [会意]「山(＝さえぎりおおう)」と「𢆶《ユウ》(＝かすか)」とから成る。おおいかくす。

意味 ❶おく深くて、くらい。もの静かな。ほのか。かすか。例幽遠《ユウエン》。幽玄《ユウゲン》。深山幽谷《シンザンユウコク》。❷とじこめる。ふさぐ。例幽閉《ユウヘイ》。❸死者の世界。また、死者のたましい。例幽鬼《ユウキ》。幽明《ユウメイ》。幽霊《ユウレイ》。

【幽暗《ユウアン》】(名・形動《ナダ》)うすぐらいこと。くらくて、よく見えないこと。例―な森の中をさまよう。

【幽鬱《ユウウツ》】(名・形動《ナダ》)①草木が深くしげること。②気持ちがはればれしないこと。例心の―を晴らしたい。表記 ②は「憂鬱」とも書く。

【幽▼婉《ユウエン》】(名・形動《ナダ》)上品で深みがあって美しいこと。やさしく美しいこと。また、しとやかなこと。例―な花の色。表記「幽艶」とも書く。

【幽遠《ユウエン》】(名・形動《ナダ》)おくが深く、とおいこと。俗世間《ゾクセケン》から、はるかにとおいこと。例―の境地。―の真理。

【幽界《ユウカイ》】死後の世界。あの世。冥土《メイド》。冥界《メイカイ》。

【幽客《ユウカク》】俗世間《ゾクセケン》をはなれて静かに暮らす人。

【幽鬼《ユウキ》】①死んだ人の霊《レイ》。亡霊。幽霊。②ばけもの。妖怪《ヨウカイ》。

【幽居《ユウキョ》】(名・する)世間をさけて、静かなところにひきこもって住むこと。また、その住まい。幽栖《ユウセイ》。閑居《カンキョ》。

【幽境《ユウキョウ》】世間から遠くはなれた、静かなところ。例鳥も通わぬ―。

【幽玄《ユウゲン》】(名・形動《ナダ》)①おく深く微妙《ビミョウ》で、たやすく知ることができないこと。はかりしれないほど深い味わいのあること。例―の美。②中世の日本文学の美の理念の一つ。和歌などで、ことばにあらわされない深い趣《おもむき》や余情があること。

【幽光《ユウコウ》】①うす暗い中のかすかな光。例遠方にかすかな―。②人に知られない徳のかがやき。

【幽谷《ユウコク》】人里から遠くはなれた、おく深い静かな谷。例深山《シンザン》―。

【幽魂《ユウコン》】死んだ人のたましい。亡魂。

【幽寂《ユウジャク・ユウセキ》】(名・形動《ナダ》)おく深くもの静かなこと。例―の風情《フゼイ》のある山の宿。

【幽趣《ユウシュ》】おくゆかしいおもむき。おく深く静かなおもむき。

【幽囚《ユウシュウ》】とらわれて、ろうやなどに閉じこめられること。また、その人。例―の身。

【幽愁《ユウシュウ》】心のおく深くにいだくうれい。深いもの思い。例―をふくむ美人のひとみ。

【幽▼邃《ユウスイ》】(名・形動《ナダ》)〔「邃」は、おく深いの意〕景色などがおく深くて、ひっそりとしていること。例―の地。

【幽閉《ユウヘイ》】(名・する)①人をある場所に閉じこめて外に出さないこと。例ろうやに―する。②深く閉じこもること。心がふさぐこと。

【幽明《ユウメイ》】①暗いことと明るいこと。②あの世とこの世。例―境《さかい》を異《こと》にする(＝死んであの世に行く)。

【幽冥《ユウメイ》】①ものがはっきり見えず、かすかで暗いこと。②あの世。死後の世界。冥土。例―界。

【幽門《ユウモン》】胃の出口で十二指腸に続く部分。→【噴門《フンモン》】(214ページ)

【幽霊《ユウレイ》】①死んだ人のたましい。亡魂《ボウコン》。幽鬼《ユウキ》。②死んだ人が成仏《ジョウブツ》できず、生きていたときの姿になってあらわれるというもの。亡霊。お化け。③実際にはないのにあるように見せかけたもの。また、跡《あと》だけあってなくなってしまったもの。例―会社。―作家(＝ゴーストライター)。

幺 9

【幾】

12画 2086 5E7E 常用

音 キ(漢)(呉)

訓 いく

筆順 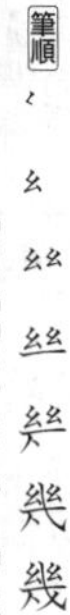

なりたち  [会意]「𢆶(＝かすか)」と「戍(＝武器で守る)」とから成る。かすかなきざし。

意味 ❶けはい。まえぶれ。きざし。❷もうすこしのところで。ほとんど。ちかい。例幾殆《キタイ》(＝ほとんど危ない)。幾死《ほとんどシせんとす》(＝もうすこしで死ぬところだった)。❸不定の数量をあらわす。どれほど。いくつ。いくばく。いく。例幾許《いくばく》。幾分《いくブン》。幾人回《いくニンかかえる》(＝いったい何人帰ったであろう)。❹ねがう。こいねがう。例庶幾《ショキ》。

人名 おき・ちか・ちかし・のり・ひさ・ひさし・ふさ

【幾月《いくつき・いくゲツ》】どれだけの月数。なんか月。〔不明、または不定の月数をあらわすことば〕例―も待った。

【幾重】一《いくジュウ・いくチョウ》(名)いくつかかさなっていること。また、たくさんのかさなり。例―もの波がおし寄せる。二《いくえ》〔「幾重にも」の形で〕なん度もかさねて。ひたすら。〔感謝や謝罪などの気持ちを強調することば〕例―にもおわびします。

【幾多《いくタ》】(名・副)①数の多いこと。たくさん。例―の困難をのりこえる。②どれくらい多く。どれほど。例今回の戦争で―の命が失われたことか。

【幾度《いくたび・いくド》】なん度。なん回。〔不明、または不定の回数や度数をあらわすことば〕例―も行ったことがある。―連絡《レンラク》したことか。

【幾千代《いくちよ》】どれほどの年月。なん千年。例―かけて誓《ちか》う。

【幾人《いくたり・いくニン》】どれだけの人数。なん人。〔不明、または不定の人数をあらわすことば〕例友達が―もできた。ここへは―来るのですか。

【幾年】《いくネン｜いくとせ》 どれだけの年数。なん年。〔不明、または不定の年数をあらわすことば〕例 はや—《いくとせ》過ぎゆけば。こちらに来てからまだ—《いくネン》にもならない。表記「いくとせ」は「幾▽歳」とも書く。

【幾▽許】《いくばく》（名・副）①どれほど。どのくらい。〔不定の数量をあらわすことば〕例 わが命—ぞ。②〔下に打ち消しのことばをともなって〕ほとんどない。少ししかない。例 余命—もない。③〔「幾許か」の形で〕わずか。例 —かの金を持って旅に出る。表記 ▽「幾▽何」とも書く。

【幾▽許《いくばく》も無《な》く】まもなく。やがて。例 それから—して帰って来た。

【幾分】《いくブン》 ㊀（名）いくつかの部分に分けた、その一つの部分。例 土地の—かを売って得た金。㊁（副）いくらか。すこし。例 昨日より—波が高い。

【幾山河】《いくやまかわ》 どれほどの山や河。また、多くの山や河。例 —越《こ》えさり行かば寂《さび》しさの終《は》てなむ国ぞ今日も旅ゆく。〈若山牧水《わかやまボクスイ》〉

【幾世】《いくよ》 どれほどの時代。また、長い年月。〔不定の年月をあらわすことば〕例 この大木《タイボク》は—経たことだろう。表記「幾代」とも書く。

【幾夜】《いくよ》 どれほどの数の夜。また、多くの夜。幾晩。例 —もねむれない日日が続く。

【幾何】 ㊀《キカ》（名）「幾何学」の略。㊁《いくばく》（名・副）「幾許《いくばく》」に同じ。

【幾何学】《キカガク》〔数〕ものの形・大きさ・位置など、図形や空間の性質を研究する数学の一部門。

【幾微】《ビキ》 ⇩【機微】《ビキ》（548ページ）

53
3画

广 まだれ部

屋根のおおいがたれている形をあらわす。「麻《マ》」の字にある垂《た》れ（=漢字の上から左に垂れている部分）であることから「まだれ」という。「广」をもとにしてできている漢字と、「广」の字形を目じるしにして引く漢字とを集めた。

0 广 2 広 庁 3 庄 4 序 床 庇 5 庚 底 店 府 庖 庖 6 庠 度 7 庫 座 庭 8 庵 康 庶 庸 9 廂 廃 廊 廁 10 廈 廉 廉 廊 11 廓 廖 廏 廐 12 廝 廠 廛 廟 廡 廄 廣 廚 廢 13 廨 廩 16 廬 17 廰 18 廱 22 廳

この部首に所属しない漢字

応⇩心 385 唐⇩口 205 席⇩巾 340 鹿⇩鹿 1106
麻⇩麻 1108 塵⇩土 239 腐⇩肉 825 靡⇩麻 1108
慶⇩心 410 摩⇩手 453 魔⇩麻 1108 磨⇩石 720
暦⇩麻 1108 魔⇩鬼 1093 鷹⇩鳥 1105

广 0
【广】 3画 5488 5E7F

音 ㊀ゲン㊇ ㊁アン㊇㊉

意味 ㊀《ゲン》崖《がけ》によりかかるように建てた家。㊁《アン》質素で小さな家。いおり。同 庵《アン》。

参考 日本で、俗《ゾク》に「麻・磨・摩」などの、臨時《リンジ》の代用字として用いる。

广 2
【広】 5画 2513 5E83 教育2

音 コウ㊇㊉
訓 ひろ-い・ひろ-まる・ひろ-める・ひろ-がる・ひろ-げる

筆順 丶 亠 广 広 広

广12
【廣】 15画 5502 5EE3 人名

なりたち  〔形声〕「广（=屋根）」と、音「黄《コウ》」とから成る。四方の壁《かべ》がない大きな建物の上をおおう屋根。派生して「ひろい」の意。

意味 ❶面積や範囲《ハンイ》が大きい。ひろい。対 狭《キョウ》。例 広域《コウイキ》。広義《コウギ》。広野《コウヤ》。❷大きくする。ひろげる。言いひろめる。ひろめる。例 広告《コウコク》。広報《コウホウ》。

人名 お・たけ・とう・ひろ・ひろし・ひろむ・みつ・ゆたか

【広域】《コウイキ》 ひろい区域。例 地震《ジシン》の被害《ヒガイ》が—にわたる。

【広益】《コウエキ》 公共の利益。例 —事業。

【広遠】《コウエン》（名・形動《ダナ》）ひろくてはかりしれないこと。規模が大きくおく深いこと。例 —な構想をいだく。表記 ㊐▼宏遠

【広角】《コウカク》 角度がひろいこと。とくに、レンズの写す角度がひろいこと。例 —レンズを使って撮影《サツエイ》する。

【広軌】《コウキ》 鉄道で、レールのはばが国際標準（一・四三五メートル）よりひろいもの。対 狭軌《キョウキ》。

【広義】《コウギ》 範囲《ハンイ》をひろめて考えた場合の、意味や解釈《カイシャク》。ひろい意味。対 狭義《キョウギ》。例 —に解釈する。

【広狭】《コウキョウ》 ひろいこととせまいこと。また、はば。ひろさ。例 人によって解釈《カイシャク》に—がある。

【広言】《コウゲン》（名・する）大げさなことや、えらそうなことを言うこと。また、そのことば。大口《おおぐち》。大言《タイゲン》。例 —を吐《は》く。

【広告】《コウコク》（名・する）商品や催《もよお》しなどを、新聞・雑誌や放送などによって、世間にひろく知らせること。また、その文書や放送など。例 求人—。新製品を新聞で—する。

【広壮】《コウソウ》（名・形動《ダナ》）建物などがひろくてりっぱなこと。例 —な邸宅《テイタク》。表記 ㊐▼宏壮

【広大無辺】《コウダイムヘン》（名・形動《ダナ》）ひろく大きく、限りのないこと。果てしないこと。例 —の宇宙。表記 ㊐▼宏大無辺

【広漠】《コウバク》（形動《トタル》）見わたすかぎり、ひろびろとして果てしないようす。例 —とした原野が続く。表記 ㊐▼宏漠

【広範】《コウハン》（形動《ダナ》）ひろくいきわたるようす。また、範囲のひろいようす。例 —な知識が求められる。

【広範囲】《コウハンイ》（名・形動《ダナ》）ひろい範囲。範囲がひろいこと。例 —の人人《ひとびと》の意見を聞く。

【広報】《コウホウ》 役所や団体などが、多くの人々にひろく知らせること。また、その知らせや文書。PR《ピーアール》。例 —課。表記 ㊐▼弘報

【広目天】《コウモクテン》〔仏〕四天王の一つ。西方を守る神で、大きな目で人間を観察し、悪人を罰《バツ》するという。広目天王。

【広野】《コウヤ》 ひろびろとした野原。ひろの。例 果てしない—。表記 ㊐▼曠野

【広葉樹】《コウヨウジュ》 平たく、はばのひろい葉をもつ木。サクラ・カシ・シイなど。熱帯や温帯に分布する。闊葉樹《カツヨウジュ》。対 針葉樹。

【広量】《コウリョウ》（名・形動《ダナ》）心がひろいこと。人を受け入れる気持ちが大きいこと。対 狭量《キョウリョウ》。例 —な人物。表記 ㊐▼宏量

【広縁】《ひろエン》 ①はばのひろい縁側《エンがわ》。例 —で涼《すず》む。②寝殿造《シンデンづく》りの庇《ひさし》の間《ま》。

【広▽小路】《ひろこうじ》 町なかのはばのひろいみち。大通り。

3画

［广部］0—2画 ● 广 広

350

【広場《ひろば》】①ひろびろとした場所。とくに、多くの人々のために設けた、屋外のひろい場所。例駅前―。②多くの人々が集まって交流をはかることのできる場所。例話の―。

【広間《ひろま》】会合などのためのひろい部屋。ひろい座敷《ザしき》。例大《おお》―。

广 2

【庁】

5画 3603 5E81 教育6 音テイ漢 チョウ呉

筆順 、 亠 广 广 庁

广22 【廳】25画 5512 5EF3 人名

广17 【廰】20画 5513 5EF0 別体字

なりたち［会意］「广(=建物)」と「聴《テイ》(=きく)」とから成る。訴《うった》えや事情をきくところ。役所。

意味 役所。行政組織。例官庁《カンチョウ》。宮内庁《クナイチョウ》。閻魔《エンマ》の庁《チョウ》。

【庁舎《チョウシャ》】官庁の建物。例新―を建設する。

【庁務《チョウム》】官庁の事務。役所の仕事。例―がとどこおる。

●官公庁《カンコウチョウ》・官庁《カンチョウ》・宮内庁《クナイチョウ》・県庁《ケンチョウ》・支庁《シチョウ》・省庁《ショウチョウ》・政庁《セイチョウ》・退庁《タイチョウ》・登庁《トウチョウ》・都庁《トチョウ》・府庁《フチョウ》・本庁《ホンチョウ》

广 3

【庄】

6画 3017 5E84 人名 音ソウ漢 ショウ呉

なりたち［会意］「广(=建物)」と「土(=いなか)」とから成る。いなか。

参考 一説に、「荘《ソウ》」の俗字《ゾクジ》。

意味 いなか。むらざと。例庄家《ショウカ》(=農家)。

日本語での用法《ショウ》奈良《なら》時代以後の荘園《ショウエン》にかかわる役名などのことば。「庄園《ショウエン》・庄官《ショウカン》(=荘園の管理を任される役)・庄司《ショウジ》(=荘園の管理を任される役)・庄屋《ショウや》」

人名 たいら・まさ・むら

【庄園《ショウエン》】⇩【荘園《ショウエン》】(851ページ)

【庄屋《ショウや》】江戸《えど》時代、領主の命令を受けて、村のとりまとめをした役。また、その人。〔多く、関西で「庄屋」、関東では「名主《なぬし》」といった〕

广 4

【序】

7画 2988 5E8F 教育5 音ショ漢 ジョ呉 訓ついーで

筆順 、 亠 广 户 庁 序

なりたち  ［形声］「广(=建物)」と、音「予《ヨ→ジョ》」とから成る。建物の東と西にある土塀《ドベイ》。母屋《おもや》の両わきの部屋。

意味 ❶中国、周代の学校。まなびや。〔母屋《おもや》のわきの部屋で子弟を教育したことから〕例庠序《ショウジョ》(=学校)。❷定まった順番。次第《シダイ》。順番をつける。同叙《ジョ》。例序列《ジョレツ》。順序《ジュンジョ》。秩序《チツジョ》。❸書物の前書き。はしがき。同叙《ジョ》。対跋《バツ》。例序言《ジョゲン》。序文《ジョブン》。❹いとぐち。ものごとのはじめの部分。例序曲《ジョキョク》。序《ジョ》の口《くち》(=ものごとのはじまり。また、大相撲《おおずもう》の番付《バンづけ》のいちばん下の段)。序破急《ジョハキュウ》。

日本語での用法《ついで・ついでに》本来の目的ではないが、あわせて別のことをおこなうよい機会。なりゆき。そのおり。「社用《シャヨウ》の序《ついで》での観光《カンコウ》・刷毛序《はけついで》に塗《ぬ》る」

人名 つぎ・つぐ・つね・のぶ・はじめ・ひさし

【序曲《ジョキョク》】①歌劇で、開幕の前に演奏する音楽。プロローグ。②管弦《カンゲン》楽曲の一形式。③ソナタ形式を用い、単楽章で完結する交響楽《コウキョウガク》の曲。④ものごとの始まる前ぶれ。例大革命の―。

【序言《ジョゲン》】序文。前書き。はしがき。緒言《ショゲン》。

【序詞《ジョシ》】㊀序のことば。序文。㊁《ジョことば》和歌の修辞《シュウジ》法で、あることばを導き出すための前おきとなる語句。ふつう、枕詞《まくらことば》よりも長い。

【序詩《ジョシ》】序として、添《そ》えた詩。

【序次《ジョジ》】ものごとの順序。また、順序をつけること。例論文掲載《ケイサイ》の―は発表年月順。

【序章《ジョショウ》】小説や論文などの、全体への導入として初めにおく章。対終章。

【序数詞《ジョスウシ》】ものごとの順序を示す数詞。「第一」「二番目」「三つ目」「第六感」など。順序数詞。参考「一本」「二枚」「三階」「四番」の「本」「枚」「階」「番」のように、数字の下につけてそのものの種類をあらわすことばは、助数詞《ジョスウシ》という。

【序説《ジョセツ》】本論にはいる前に説く論説。序論。

【序奏《ジョソウ》】ある楽曲の主要部分の前にある、導入部。イントロダクション。

【序二段《ジョニダン》】〔「二段」は、番付《バンづけ》の下から二段目の意〕大相撲《おおずもう》の番付で、最低の位(=序《ジョ》の口《くち》)よりも一つ上の位。また、その地位の力士。

【序破急《ジョハキュウ》】①舞楽《ブガク》・能楽などの一曲を構成する、テンポや演じ方の異なる三つの部分。「序」は、おだやかな導入部。「破」は、変化を見せる展開部。「急」は、急テンポの終結部。〔能楽では、一日の演目の組み立て方についてもいう〕②ものごとの初めと中と終わり。例―の整った文章の構成。

【序▼跋《ジョバツ》】序文と跋文。書物の前書きとあとがき。

【序盤《ジョバン》】①囲碁《ゴイ》・将棋《ショウギ》の勝負の初めの局面。例―戦。②ものごとの初めの段階。▽対終盤。

【序文《ジョブン》】書物の初めにかかげる文。その本の趣旨《シュシ》や方針、成立事情などをしるした文章。序。前書き。はしがき。序言《ジョゲン》。対跋文《バツブン》。

【序幕《ジョマク》】〔「幕」は、演劇で幕があいてから引かれるまでのひと続きの場面〕①演劇の最初の幕。第一幕。②ものごとの始まり。発端《ホッタン》。例大事件の―になった。▽対終幕。

【序列《ジョレツ》】(年齢《ネンレイ》・成績・地位などの)基準にしたがってさだめる順序。例年功―。―をつける。

【序論《ジョロン》】論文で、本論にはいる前の、準備としての論。緒論《ショロン》。序説。〔序論、本論、結論の構成をもつことが多い〕

●公序《コウジョ》・自序《ジジョ》・順序《ジュンジョ》・秩序《チツジョ》

广 4

【床】

7画 3018 5E8A 常用 音ソウ漢 ショウ呉 訓とこ・ゆか

筆順 、 亠 广 户 庁 床 床

なりたち［会意］「广(=建物)」と「木(=き)」とから成る。ねどこ。

参考 一説に、「牀《ショウ》」の俗字《ゾクジ》。

意味 ねどこ。寝台《シンダイ》。ベッド。また、こしかけ。例床几《ショウギ》。起床《キショウ》。病床《ビョウショウ》。

日本語での用法㊀《ショウ・とこ》①土台。地層。「岩床《ガンショウ》・鉱床《コウショウ》」②底の部分。「河床《かわどこ》・船床《ふなどこ》」③座敷《ザしき》の正面を一段高くしてかけじくや花をかざるところ。「床《とこ》の間《ま》・床柱《とこばしら》」④理髪店《リハツテン》。「床屋《とこや》・髪結床《かみゆいどこ》」⑤なえを育てるところ。「温床《オンショウ》・苗床《なえどこ》」⑥ものをささえる台。「銃床《ジュウショウ》」㊁《ゆか》家のなかで土の

面より高く根太《ねダ》を設けて、その上に板が張ってあるところ。「床板《ゆかいた》・床上《ゆかうえ》・床下《ゆかした》」 三《ゆかしい》上品でつつましい。「床」は、あて字。「奥床《おくゆか》しい・床《ゆか》しき音色《ねいろ》」

【床▼几】《ショウギ》 難読 胡床《あぐら》 ①昔、陣中《ジンチュウ》や狩《か》り場などで用いた折りたたみ式のこしかけ。②細長い板の両はしに足のついた、簡単なこしかけ。数人がすわれる。表記 ▽「▼牀▼几」とも書く。

【床上げ】《とこあげ》（名・する）長い病気や、出産のあと、元気になって、寝床《ねどこ》をかたづけること。また、その祝い。

【床擦れ】《とこずれ》（名・する）病気で長くねていたために、背中や腰《こし》など、からだの、寝床《ねどこ》に当たる部分がすれてただれること。褥瘡《ジョクソウ》。

【床の間】《とこのま》 客間などの座敷《ザしき》の上座《かみザ》に、ゆかを一段高くしてつくったところ。かけじくをかけたり、置物や花びんなどをかざる。

【床柱】《とこばしら》 床の間《ま》に立てる、かざりの柱。

【床屋】《とこや》 理髪店《リハツテン》。また、理髪師。

【床山】《とこやま》 役者や力士の髪《かみ》を結《ゆ》う人。また、その職業。

【床板】《ゆかいた》 ゆかに張る板。ゆかに張った板。例 ―がぬける。

【床面積】《ゆかメンセキ》 建築物の、室内部分の面積。〔押入《おしい》れ・トイレ・洗面所などもふくむ〕

●温床《オンショウ》・起床《キショウ》・銃床《ジュウショウ》・苗床《なえどこ》・寝床《ねどこ》・病床《ビョウショウ》・臨床《リンショウ》

广 4

【庇】

7画 4063 5E87 人名 音 ヒ 漢 訓 かば-う・おお-う・ひさし

意味 おおいかくす。まもりたすける。おおう。かばう。例 庇蔭《ヒイン》。庇護《ヒゴ》。

日本語での用法 《ひさし》本体の面から張り出した部分。「帽子《ボウシ》の庇《ひさし》・庇《ひさし》を貸《か》して母屋《おもや》を取《と》られる（＝一部分の使用を許したことで、しまいに全体を占領《センリョウ》される）・庇髪《ひさしがみ》」

【庇▼蔭】《ヒイン》 一（名）ひさしのかげ。二（名・する）かばいたすけること。おかげ。例 神仏の―をこうむる。

【庇護】《ヒゴ》（名・する）弱い者などを、かばいまもること。保護すること。例 親の―のもとに育つ。大国の―を受ける。

【庇髪】《ひさしがみ》 前髪と左右の鬢《ビン》とを前のほうによく出るように結《ゆ》う髪型。明治・大正時代の女優や女学生のあいだにはやった。

广 5

【庚】

8画 2514 5E9A 人名 音 コウ 漢 訓 かのえ

意味 十干《ジッカン》の七番目。かのえ。方位では西、五行《ゴギョウ》では金にあてる。例 庚申《コウシン》。庚申塚《コウシンづか》。

難読 長庚《ゆうつづ|ゆうずつ》

人名 か・つぐ・とし・みち・やす

【庚申】《コウシン|かのえさる》 ①干支《えと》の一つ。十干《ジッカン》と十二支《ジュウニシ》の組み合わせで五十七番目。②〔仏〕「庚申待《コウシンま》ち」の略。庚申にあたる日の夜、仏家《ブッケ》では帝釈天《タイシャクテン》や青面金剛《ショウメンコンゴウ》（＝帝釈天のつかわしめ）を、神道《シントウ》では猿田彦《さるたびこ》を祭って、一晩中寝《ね》ないで夜が明けるのを待つ行事。

【庚申塚】《コウシンづか》「庚申②」の神を祭った塚《つか》。青面金剛《ショウメンコンゴウ》や三びきのサルをきざんだ石塔《セキトウ》を道ばたに立てる。

广 5

【底】

8画 3676 5E95 教育4 音 テイ 漢 呉 訓 そこ

筆順 、 亠 广 庀 庀 底 底 底

なりたち 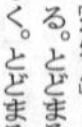 〔形声〕「广（＝建物）」と、音「氐《テイ》」とから成る。とどまる。また、下のところ。

意味 ❶いたりつく。とどまる。いたる。例 底止《テイシ》。❷もののいちばん下の深いところ。器物の下部。そこ。例 底辺《テイヘン》。海底《カイテイ》。❸行きつく最後のところ。はて。例 徹底《テッテイ》。払底《フッテイ》。❹文書の下書き。よりどころ。例 底稿《テイコウ》（＝もとの原稿《ゲンコウ》）。底本《テイホン》。❺程度。種類。てい。〔宋《ソウ》・元《ゲン》代の俗語《ゾクゴ》に由来する用法〕例 この底《テイ》のもの。

人名 いたる・さだ・ふか

【底上げ】《そこあげ》（名・する）低い水準をひきあげること。基準を高めること。例 賃金の―を要求する。

【底意】《そこイ》 表面に出さないで、心にかくしている考えや気持ち。心のそこ。下心《したごころ》。例 ―をはかりかねる。

【底意地】《そこイジ》 表面には出さない心のそこにひそむ気持ち。本来もっている気質。例 ―が悪い。

【底力】《そこぢから》 おくそこにかくしもつ本来の力。ふだんは見せないが、いざというときに出せる強い力。例 ―を発揮する。

【底無し】《そこなし》 ①もののそこがないこと。また、そこがわからないほど深いこと。例 ―の沼《ぬま》。②終わりがないこと。限度がないこと。例 ―の食欲。―のお人よし。

【底荷】《そこに》 船の安定をよくするために、船底《ふなぞこ》に積む砂利《じゃり》や石などの重い物。脚荷《あしに》。底積み。バラスト。

【底抜け】《そこぬけ》 一（名）そこがぬけて、ないこと。また、そこのないもの。例 ―のバケツ。二（名・形動ダナ）①きりがないこと。②しまりがない人をののしっていうことば。例 ―に明るい少年。なみはずれていること。例 この―め。

【底▼翳】《そこひ》 眼球のなかの故障のために、視力に異常の起こる病気。白内障《ハクナイショウ》・緑内障など。表記「▽内▽障・▽内▽障▽眼」とも書く。

【底冷え】《そこびえ》（名・する）からだのしんまで冷えること。また、そのように寒いこと。例 ―がする夜。京都の冬の―。

【底光り】《そこびかり》 おくそこに光を宿していること。また、すぐれた力がおくにひそんでいると感じられること。例 ―のする作品。

【底止】《テイシ》（名・する）行きつくところまで行ってとまること。例 ―するところを知らず。

【底辺】《テイヘン》 ①〔数〕三角形の頂点に対する辺。また、台形のたがいに平行な二つの辺。②社会や集団の、いちばん下層の部分のたとえ。例 ―の声に耳をかたむける。

【底本】《テイホン》 翻訳《ホンヤク》や校訂《コウテイ》などをするときの、もととなる本。〔「定本」と区別して「そこホン」「そこボン」ともいう〕例 初版本を―とする。

【底面】《テイメン》 ①そこの面。②〔数〕円錐《エンスイ》・角錐《カクスイ》の頂点に対する面。また、円柱・角柱などの平行な二つの面。

【底流】《テイリュウ》 ①海や川などのそこのほうの流れ。②表面に出ないで、ひそかに動いている勢い。〔多くの人々が心の内にもっている共通の感情や思想など〕例 国民の―にある意識。

●糸底《いとぞこ》・海底《カイテイ》・基底《キテイ》・根底《コンテイ》・心底《シンテイ》・水底《スイテイ》・地底《チテイ》・徹底《テッテイ》・到底《トウテイ》・払底《フッテイ》

广 5

【店】

8画 3725 5E97 教育2 音 テン 漢 訓 みせ・たな

筆順 、 亠 广 广 庐 庐 店 店

なりたち 〔形声〕「广（＝建物）」と、音「占《セン→テン》」とから成る。品物や食品を並べておく家。

意味 ❶品物を並べて売る家。商家。みせ。たな。例 店頭《テントウ》。商店《ショウテン》。露店《ロテン》。❷やどや。はたご。例 旅店《リョテン》。

日本語での用法 《たな》①借家《シャクや》。また、家を借りている人。「店子《たなこ》・店賃《たなチン》」②あきないをするみせ。みせ屋。「店

卸《たなおろし》・十軒店《ジッケンだな》」

【▽店卸《たなおろし》】⇩【棚卸《たなおろし》】(536ページ)

【▽店子《たなこ》】〔古い言い方〕家を借りている人。借家人。(対)大家《おおや》・家主《やぬし》。

【店員《テンイン》】商店につとめる人。

【店主《テンシュ》】みせの主人。

【店頭《テントウ》】みせ。みせの入り口のあたり。みせさき。例 —販売《ハンバイ》。

【店舗《テンポ》】商売をするための建物。みせ。商店。例 —を構える。

【店先《みせさき》】みせの入り口のあたり。また、みせの前。店頭。

【店番《みせバン》】(名・する)みせの番をすること。みせさきで、見張りや客の相手をすること。また、その人。例 —をたのまれる。

●開店《カイテン》・喫茶店《キッサテン》・支店《シテン》・出店《シュッテン｜でみせ》・商店《ショウテン》・書店《ショテン》・茶店《チャみせ》・売店《バイテン》・百貨店《ヒャッカテン》・閉店《ヘイテン》・本店《ホンテン》・露店《ロテン》

广 5

【府】8画 4160 5E9C 教育4 音 フ (漢)(呉)

筆順 丶 亠 广 广 庁 府 府

なりたち [形声]「广(=建物)」と、音「付《フ》」とから成る。文書をおさめ、しまうところ。

意味 ❶文書や宝物を収めるくら。くら。例 府庫《フコ》(=文書・資財を入れるくら)。秘府《ヒフ》。❷役所。官庁。例 府中《フチュウ》。政府《セイフ》。幕府《バクフ》。❸いえ。やしき。貴人の邸宅《テイタク》。❹人やものの集まるところ。中心地。みやこ。例 学府《ガクフ》。首府《シュフ》。

日本語での用法 《フ》①地方公共団体の一つ。「京都府《キョウトフ》・大阪府《おおさかフ》」②行政官庁の一つ。「国府《コクフ》・内閣府《ナイカクフ》」

人名 あつ・おさむ・くら・つかさ・もと

【府下《フカ》】府の区域内。また、府の中心地を除いた地域。

【府県《フケン》】地方自治体である、府と県。例 都道—。

【府中《フチュウ》】①宮中《キュウチュウ》に対して、政治をおこなう表向きの役所。②昔、国ごとに置かれた国司の役所。国府。例 武蔵《むさし》の—。③府の区域内。

【府庁《フチョウ》】府の行政事務をおこなう役所。また、その建物。

【府内《フナイ》】①府の区域内。②江戸《えど》時代、江戸と呼ばれた区域内。江戸町奉行《まちブギョウ》がとりしまる区域のなか。御府内《ゴフナイ》。

【府立《フリツ》】府が設立し、運営していること。例 —体育館。

●学府《ガクフ》・首府《シュフ》・政府《セイフ》・太宰府《ダザイフ》・幕府《バクフ》

广 5

【庖】8画 4289 5E96 音 ホウ (漢) 訓 くりや

广 5

[庖] 8画 俗字

意味 台所。くりや。また、料理人。例 庖厨《ホウチュウ》。庖丁《ホウチョウ》。

【庖人《ホウジン》】料理することを専門にする人。料理人。コック。

【庖▼厨《ホウチュウ》】食物を調理するところ。台所。勝手。くりや。

【庖丁】一《ホウチョウ》(名・する)①料理に用いる刃物《はもの》をまとめていうことば。出刃《でば》包丁・刺身《さしみ》包丁など。②料理のうでまえ。例 —の、冴《さ》え。③料理をすること。包丁を使うこと。例 さいの目に—する。二《ホウテイ》(名)〔昔の中国で、ウシの骨と肉をたくみにさばいたという料理の名人の名前から〕料理人。表記 一は、(現)包丁。

广 5

[庖] 8画 ⇩【庖《ホウ》】(353ページ)

广 6

【庠】9画 5489 5EA0 音 ショウ (漢)(呉)

意味 中国、殷《イン》代の学校。まなびや。例 庠序《ショウジョ》。庠黌《ショウコウ》(=学校)。

【庠序《ショウジョ》】〔「序」は、周代の学校をいう〕学校。

广 6

【度】9画 3757 5EA6 教育3 音 一 ト (漢) ド (呉) 二 タク (漢) 訓 たび・た-い・はか-る

筆順 亠 广 广 庐 庐 庐 度

なりたち [形声]「又(=て)」と、音「庶《ショ》→ト」の省略体とから成る。手やうでなどで物の長さをはかる。また、その単位・基準。

意味 一《ド|ト》❶ものさし。長さの基準。また、目盛り。単位。例 温度《オンド》。速度《ソクド》。濃度《ノウド》。❷回数。年月の区切り。例 度数《ドスウ》。年度《ネンド》。❸ほどあい。例 程度《テイド》。❹きまり。さだめ。例 制度《セイド》。法度《ハット》。❺心のもちかた。心の大きさ。例 度量《ドリョウ》。態度《タイド》。❻わたる。わたす。(同)渡《ト》。㋐〔仏〕この世の人をすくう。彼岸《ヒガン》にわたす。例 済度《サイド》。度《ド》し難《がた》い。㋑〔仏〕出家する。僧尼《ソウニ》になる。例 得度《トクド》。滅度《メツド》。二《タク》はかる。みつもる。例 支度《シタク》。忖度《ソンタク》。

日本語での用法 《たい》助動詞「たい」にあてる。…したい。希望する。「お目《め》にかかり度《た》い・お願《ねが》い致《いた》し度《た》く存《ゾン》じます」

人名 ただ・なが・のぶ・のり・みち・もろ・わたる

【度外】一《ドガイ》①決められた範囲《ハンイ》のほか。数に入れないこと。例 日常のことはすべて—にして芸に専心した。②心の外《ほか》。気にとめないこと。例 世論を—に置いた改革。二【度外れ《ドはずれ》】ふつうの程度をこえていること。なみはずれ。例 —の力持ち。

【度外視《ドガイシ》】(名・する)問題にしないこと。相手にしないこと。無視。例 採算を—する。

【度胸《ドキョウ》】おそれたり、あわてたりしない心。きもったま。胆力《タンリョク》。例 いい—をしている。

【度数《ドスウ》】①ものごとがおこなわれた回数をあらわす。回数。頻度《ヒンド》。例 電話の使用—。②温度・角度やアルコールの含有率《ガンユウリツ》などを示す数。例 —の高い酒。

【度量《ドリョウ》】①物差しと升《ます》。②長さと容積。③心が広くて、他人の言行をよく受け入れる性質。例 —がせまい。

【度量衡《ドリョウコウ》】①物差しと升《ます》とはかり。②長さと容積と重さ。例 —の単位。

●幾度《いくド｜いくたび》・一度《イチド｜ひとたび》・緯度《イド》・角度《カクド》・過度《カド》・感度《カンド》・強度《キョウド》・極度《キョクド》・経度《ケイド》・軽度《ケイド》・限度《ゲンド》・高度《コウド》・硬度《コウド》・今度《コンド》・再度《サイド》・支度《シタク》・湿度《シツド》・尺度《シャクド》・深度《シンド》・進度《シンド》・制度《セイド》・精度《セイド》・節度《セツド》・鮮度《センド》・丁度《チョウド》・都度《ツド》・程度《テイド》・適度《テキド》・年度《ネンド》・濃度《ノウド》・法度《ハット》・頻度《ヒンド》・毎度《マイド》・密度《ミツド》

广 7

【庫】10画 2443 5EAB 教育3 音 コ (漢)(呉) ク (唐) 訓 くら

筆順 亠 广 广 庐 庐 庐 庫

なりたち [会意]「車《キョ》→コ(=くるま)」が「广(=屋根)」の下にある。兵車をしまうところ。

意味 兵器・書物・財宝などをしまっておくための建物。くら。例 金庫《キンコ》。在庫《ザイコ》。書庫《ショコ》。倉庫《ソウコ》。

難読 神庫《ほこら》

【庫裏《クリ》】〔仏〕①寺の台所。②寺の建物のうち、住職やそ

の家族の住むところ。表記▽「庫▼裡」とも書く。

●格納庫《カクノウコ》・公庫《コウコ》・国庫《コッコ》・車庫《シャコ》・出庫《シュッコ》・入庫《ニュウコ》・文庫《ブンコ》・宝庫《ホウコ》

广 7

【座】

10画 2634 5EA7 教育6

音 サ漢 ザ呉 ソ・ゾ唐

訓 すわ-る・すわ-り

筆順 亠 广 广 庅 座 座

なりたち 「形声」「广(=屋根)」と、音「坐《サ》(=すわる)」とから成る。すわるところ。

意味 ❶すわる場所。例座席《ザセキ》。座右《ザユウ》。王座《オウザ》。❷ものをすえる台。例台座《ダイザ》。砲座《ホウザ》。❸地位。くらい。例首座《シュザ》。妻《つま》の座《ザ》。❹すわる。同坐《ザ》。例座視《ザシ》。正座《セイザ》。端座《タンザ》。❺人の集まり。集まりの席。例座興《ザキョウ》。中座《チュウザ》。座《ザ》が白《しら》ける。❻星の宿り。例天秤座《テンビンザ》。❼仏像《ブツゾウ》・山岳《サンガク》などを数えることば。例仏像《ブツゾウ》三座《サンザ》。

日本語での用法《ザ》特定の人やものの集まるところ。団体。「歌舞伎座《かぶきザ》・銀座《ギンザ》」

使い分け すわる【座・据】⇩1171ページ

難読 御座《おまし》

人名 おき・くら

【座下《ザカ》】①座席のそば。②手紙のわき付けの一つ。あて名の左下に書きそえて、相手をうやまう気持ちをあらわす。

【座▼臥《ザガ》】(名・する)すわることと寝《ね》ること。起居。転じて、いつも。ふだん。例行住《ギョウジュウ》—。日常の—。表記旧▼坐▼臥

【座金《ザがね》】取っ手などの根元や打ったくぎの頭をかくすために、かざりとしてつける金具。座金物《ザがなもの》。

【座興《ザキョウ》】①宴会《エンカイ》などで、その場のおもしろみをそえるための、かくし芸や遊び。余興。例—にものまねをする。②その場だけのたわむれ。冗談《ジョウダン》。例ほんの—だ。

【座業《ザギョウ》】一定の仕事場で、すわってする仕事。座職《ザショク》。居職《いジョク》。表記旧▼坐業

【座高《ザコウ》】①すわったときの、身のたけ。〔古くは「居丈《いたけ》」といった〕②背すじをのばしていすにこしかけたときの、いすの表面から頭の頂点までの高さ。表記▽旧▼坐高

【座骨《ザコツ》】しりの下部にあって、すわったときにからだをささえる、左右一対《イッツイ》のほね。表記旧▼坐骨

【座作進退《ザサシンタイ》】日常の一つ一つの動作。身のこなし。たちいふるまい。例—にまで気を配る。表記旧▼坐作進退

【座視《ザシ》】(名・する)だまって見ているだけで、かかわりをもたないこと。例隣人《リンジン》の不幸を—するにしのびない。表記旧▼坐視

【座敷《ザしき》】①たたみをしいた部屋。和室。日本間《ニホンま》。とくに、客間。例—に通される。②和風の宴会《エンカイ》の席。また、その時間。例—が長い。③宴会のとりもち。例—をつとめる。④芸人や芸者が客に呼ばれること。例お—がかかる。

【座礁《ザショウ》】(名・する)船が暗礁《アンショウ》や浅瀬《あさせ》に乗り上げて動けなくなること。また、ものごとが行きづまることをたとえていう。対離礁《リショウ》。表記旧▼坐礁

【座食《ザショク》】(名・する)働かないで、持っている財産などで生活すること。居食《いぐ》い。徒食。例—の徒。表記旧▼坐食

【座職《ザショク》】すわったままでする職業。座業。表記旧▼坐職

【座席《ザセキ》】すわる席。席。例—指定。表記旧▼坐席

【座禅《ザゼン》】〔仏〕足を組み背すじをのばしてすわり、心を静めてさとりを得ようとすること。禅宗の修行《シュギョウ》の方法。表記旧▼坐禅

【座像《ザゾウ》】すわっている姿の像。対立像。表記旧▼坐像

【座卓《ザタク》】たたみにすわって使うテーブル。表記旧▼坐卓

【座談《ザダン》】(名・する)①なん人か集まり、くつろいだ気分で自由に話し合うこと。また、その話。例—会。②その場かぎりの話。

【座長《ザチョウ》】①集会や座談会などで、中心になって話を進めていく人。類議長。例—をつとめる。②劇団などの一座のかしら。座頭《ザがしら》。

【座頭】一《ザトウ》①昔、盲人《モウジン》の琵琶法師《ビワホウシ》の身分の一つ。検校《ケンギョウ》・別当《ベットウ》・勾当《コウトウ》に次ぐ身分。②僧形《ソウギョウ》の盲人。琵琶や三味線《しゃみせん》をひいたり、あんまやはりなどを職業とした。③盲人。二《ザがしら》劇団などの一座の長。座長。

【座標《ザヒョウ》】①〔数〕平面または空間にある点の位置を、たがいに直角に交わる直線を基準としてあらわしたひと組みの数値。例—軸《ジク》。②位置づけ。また、そのよりどころ。例アジアにおける日本の—。

【座布団《ザブトン》】すわるときにしく、四角いふとん。表記「座▼蒲団」とも書く。

【座薬《ザヤク》】肛門《コウモン》などにさし入れ、体温でとけるようにしたくすり。表記旧▼坐薬

【座右《ザユウ》】〔「ザウ」とも〕①座席のみぎ。転じて、身近なところ。例—に備える。②手紙のわき付けの一つ。あて名の左下に書きそえて敬意をあらわす。類座下《ザカ》・おもと。

【座右の銘《ザユウのメイ》】いつも身辺に置き、みずからのいましめとする、たいせつなことば。

【座浴《ザヨク》】病人などが、腰《こし》から下だけ湯につかること。腰湯。表記旧▼坐浴

●一座《イチザ》・円座《エンザ》・王座《オウザ》・玉座《ギョクザ》・銀座《ギンザ》・車座《くるまザ》・下座《ゲザ・しもザ》・口座《コウザ》・高座《コウザ》・講座《コウザ》・上座《ジョウザ・かみザ》・星座《セイザ》・前座《ゼンザ》・即座《ソクザ》・退座《タイザ》・台座《ダイザ》・中座《チュウザ》・鎮座《チンザ》・当座《トウザ》・満座《マンザ》・連座《レンザ》

广 7

【庭】

10画 3677 5EAD 教育3

音 テイ漢

訓 にわ

筆順 亠 广 广 庄 庭 庭 庭

なりたち 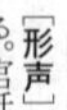 「形声」「广(=建物)」と、音「廷《テイ》」とから成る。宮廷の部屋の中。

意味 ❶政務をとるところ。役所。同廷《テイ》。例宮庭《キュウテイ》。法庭《ホウテイ》。❷屋敷《やしき》の中に設けた広場。にわ。例庭園《テイエン》。庭球《テイキュウ》。校庭《コウテイ》。❸いえ。家のなか。一家。例庭訓《テイキン》。家庭《カテイ》。

難読 伊庭《いば》(=姓)・饗庭《あえば》(=姓)・大庭《おおば》(=姓)

人名 なお・ば

【庭園《テイエン》】美しくつくられたにわ。りっぱなにわ。例日本—。

【庭球《テイキュウ》】長方形のコートの中央にネットを張って、ラケットでボールを打ち合う競技。テニス。

【庭▽訓《テイキン》】家庭で親が子にあたえる教えや、しつけ。家庭教育。庭《にわ》の教え。〔孔子《コウシ》が、庭を走る子の伯魚《ハクギョ》(=名は鯉《リ》)を呼びとめて、詩や礼を学ぶ必要を教えさとしたことから〕〈論語《ロンゴ》〉例父母の—を今も守っている。↓【鯉庭《リテイ》】(1096ページ)

【庭上《テイジョウ》】にわの中。にわのあたり。にわさき。例秋の—にすだく虫のこえ。

【庭前《テイゼン》】にわの縁側《エンがわ》に近いあたり。にわさき。例—に梧桐《ゴトウ》(=アオギリ)を植える。

【庭石《にわいし》】にわに趣《おもむき》をそえるために置く石。また、伝い歩くために置く石。

【庭木《にわき》】にわに趣《おもむき》をそえるために植える木。また、にわにある木。

【庭先《にわさき》】①にわの、縁側《エンがわ》や家屋に近いところ。また、にわ。

例農家の—で見られる風景。②にわのはしのほう。例—を借りる。表記▽「庭▽前」とも書く。

【庭師《にわシ》】草木を植えるなどして、にわをつくったり、にわの手入れをしたりすることを職業とする人。にわづくり。造園家。

◐家庭《カテイ》・径庭《ケイテイ》・校庭《コウテイ》・箱庭《はこにわ》

广 8
【庵】
11画 1635 5EB5 人名 音 アン 漢 呉 訓 いおり・いお

艹 8
【菴】
11画 7231 83F4 別体字

意味 ❶仏道の修行《シュギョウ》者《シャ》や隠者《インジャ》などが住むような質素《シッソ》な小さな家。いおり。例草庵《ソウアン》。僧庵《ソウアン》。柴《しば》の庵《いお》り。❷文人の住まいや名前につけることば。例芭蕉庵《バショウアン》。不識庵《フシキアン》。

難読 庵《いお》を結《むす》ぶ

【庵室《アンシツ》】〔古くは「アンジツ」「アンジチ」ともいった〕僧《ソウ》や尼《あま》、世捨て人などが住む、そまつで小さな家。いおり。

【庵主《アンシュ・アンジュ》】①庵室の主人。とくに、尼僧《ニソウ》。②茶の湯で、茶室の主人。類亭主《テイシュ》。

【庵住《アンジュウ》】（名・する）庵室に住むこと。また、住んでいる人。

广 8
【康】
11画 2515 5EB7 教育4 音 コウ 漢 訓 やす-い

筆順 亠 广 户 庐 庚 康 康

なりたち 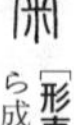 [形声]「氺(=穀物の実)」と、音「庚《コウ》」とから成る。穀物の皮。派生して「安らか」の意。

意味 無事。安らか。からだがじょうぶ。また、たのしい。たのしむ。例安康《アンコウ》。健康《ケンコウ》。小康《ショウコウ》。

人名 しず・しずか・たか・たかし・みち・みつ・やす・やすし・よし

广 8
【庶】
11画 2978 5EB6 常用 音 ショ 漢 呉 訓 もろもろ・こいねが-う

筆順 亠 广 广 庐 庐 庐 庶

なりたち  [会意]「广(=建物)」と「炗(=多い)」とから成る。家の中にいる多くの人。

意味 ❶数多くの。いろいろの。世間のごくふつうの人々。もろもろ。例庶民《ショミン》。庶務《ショム》。❷正妻でない女性の産んだ子。めかけの子。対嫡《チャク》。例庶子《ショシ》。庶出《ショシュツ》。❸どうか…であってほしいと思う。こいねがう。例庶幾《ショキ》。❹ほとんど…と同じである。ちかい。じゅうぶん見こみがある。例回也其庶乎《カイやそれちかきか》(=顔回《ガンカイ》はほとんど理想的な状態だ)。〈論語《ロンゴ》〉

人名 ちか・もり・もろ

【庶幾《ショキ》】（名・する）〔「幾」も、願う意〕こいねがうこと。つよく希望すること。例戦争の終結を—する。

【庶士《ショシ》】①「庶人」に同じ。②軍人。兵士。

【庶子《ショシ》】①正妻以外の女性が産んだ子。②〔法〕旧民法で、婚姻《コンイン》関係にない女性が産んだ子で、父親が自分の子と認めた子。③昔、家のあととり以外の子。▽対嫡子《チャクシ》。

【庶出《ショシュツ》】正妻以外の女性を母として生まれたこと。また、その子。妾腹《ショウフク》。対嫡出《チャクシュツ》。

【庶人《ショジン・ショニン》】多くの人。とくに、特別の身分などのない、ごくふつうの人々。庶民。平民。

【庶民《ショミン》】特別な身分や地位や財産を持たない、いっぱんの人々。大衆。例—性。—的。—の生活。

【庶務《ショム》】会社や役所などで、いっぱんのさまざまな事務。例—課。

广 8
【庸】
11画 4539 5EB8 常用 音 ヨウ 漢 訓 もち-いる・つね

筆順 亠 广 户 户 肩 肩 庸

なりたち  [会意]「用(=もちいる)」と「庚(=交代する)」とから成る。交代して用いる。

意味 ❶人をある役目につけて使う。やとう。もちいる。同傭《ヨウ》。例庸人《ヨウニン》。登庸《トウヨウ》。❷一定して変わらない。つね。例中庸《チュウヨウ》。❸平凡《ヘイボン》な。なみの。つまらない。おろかな。例庸君《ヨウクン》。凡庸《ボンヨウ》。❹唐《トウ》代の税法。労役《ロウエキ》または労役の代わりに絹や米を納めたもの。例租《ソ》庸《ヨウ》調《チョウ》。

人名 いさお・のぶ・のり・もち・もちう・やす・やすし・よ・よし

【庸君《ヨウクン》】特別にすぐれた点のない君主。平凡《ヘイボン》な君主。庸主。

【庸才《ヨウサイ》】凡庸《ボンヨウ》の才。平凡《ヘイボン》な才能。また、たいしたことのない人。凡才。表記「庸▽材」とも書く。

【庸人】一《ヨウジン》とくにすぐれたところのない、ふつうの人。凡人《ボンジン》。二《ヨウニン》人にやとわれている人。使用人。表記二は「▼傭人」とも書く。

【庸劣《ヨウレツ》】（名・形動《ダナ》）すぐれた点がなくおとっていること。おろかなこと。庸愚《ヨウグ》。例—の徒《ト》を近づけるな。

◐中庸《チュウヨウ》・登庸《トウヨウ》・凡庸《ボンヨウ》

广 9
【廂】
12画 5491 5EC2 音 ショウ 漢 ソウ 呉 訓 ひさし

意味 正堂(=表御殿《おもてゴテン》)の左右にあるわき部屋。ひさし。

广 9
【廃】
12画 3949 5EC3 常用 音 ハイ 漢 呉 訓 すた-れる・すた-る

筆順 亠 广 庐 庐 庐 庐 廃

广12
【廢】
15画 5506 5EE2

なりたち  [形声]「广(=建物)」と、音「發《ハツ→ハイ》」とから成る。建物がだめになる。

意味 ❶こわれる。だめになる。ほろびる。すたれる。例廃墟《ハイキョ》。廃品《ハイヒン》。荒廃《コウハイ》。❷やめる。すてさる。用いないことにする。例廃棄《ハイキ》。廃止《ハイシ》。撤廃《テッパイ》。❸からだがだめになる。同癈《ハイ》。例廃疾《ハイシツ》。廃人《ハイジン》。

【廃案《ハイアン》】採用または議決されず、廃止となった議案や考案。例会期切れで—になる。

【廃位《ハイイ》】（名・する）君主や国王などを、その位《くらい》からしりぞかせること。例暴君を—する。

【廃液《ハイエキ》】工場などで使用したあとの不要な液体。有害な物質をふくむことが多い。廃水。例工場の—。

【廃園《ハイエン》】一（名）あれはてた庭園。二（名・する）遊園地・動物園・幼稚園《ヨウチエン》などがその仕事をやめること。

【廃屋《ハイオク》】住む人がいなくなって、あれはてた家。あばら屋。廃家《ハイカ》。例—のたち並ぶ、昔の炭坑《タンコウ》地帯。

【廃家《ハイカ》】①あれはてた家。あばら屋。廃屋《ハイオク》。例故郷の—。②相続人がいないため、家系が絶えること。また、その家。

【廃刊《ハイカン》】（名・する）それまで出していた新聞・雑誌などの発行をやめること。対創刊。例五十号で—になる。

【廃棄《ハイキ》】（名・する）いらないものとして捨てること。やめて使わないこと。破棄。例産業—物。

【廃▼墟《ハイキョ》】人が住まなくなって、あれはててしまった建物や町

のあと。例戦争で―と化した町。

【廃業】《ハイギョウ》（名・する）今までやっていた商売や職業をやめること。対開業・創業。例銭湯《セントウ》を―する。

【廃語】《ハイゴ》 現在では使われなくなったことば。死語。たとえば、「活動写真」「廃嫡《ハイチャク》」など。

【廃坑】《ハイコウ》 ほり出すことをやめた鉱山や炭坑。また、その坑道。

【廃校】《ハイコウ》（名・する）学校を廃止すること。また、廃止された学校。対開校。例生徒が少なくなって―となる。

【廃鉱】《ハイコウ》 鉱山や炭鉱を廃止すること。また、その鉱山や炭鉱。例石炭をほりつくして―になる。

【廃残】《ハイザン》 身も心もそこなわれること。おちぶれること。例―の身となる。

【廃止】《ハイシ》（名・する）制度・習慣など、今までおこなわれてきたことをやめること。類撤廃《テッパイ》。対存置《ソンチ》。例奴隷《ドレイ》制度を―する。虚礼《キョレイ》―。

【廃市】《ハイシ》 さびれた都市。また、人の住まなくなった都市。例―になったもと軍事基地の街。

【廃▼址】《ハイシ》 城・家・町などがあれはてたあと。廃墟《ハイキョ》。

【廃寺】《ハイジ》 住職がいなくて、あれはてた寺。

【廃疾】《ハイシツ》 病気やけがによって、からだに重い障害があること。表記「▼癈疾」とも書く。

【廃車】《ハイシャ》 古くなったり、こわれたりして、使うのをやめた車両。とくに、登録からはずした自動車。例―の手続きをする。

【廃人】《ハイジン》 病気・けがなどによる重い障害のために、ふつうの生活ができない人。表記「▼癈人」とも書く。

【廃水】《ハイスイ》 使っていらなくなった、よごれた水。廃液。例工場の―。

【廃絶】《ハイゼツ》（名・する）①家系などがすたれてあとがたえること。②使用するのをやめてなくすこと。例核兵器《カクヘイキ》を―する。

【廃線】《ハイセン》（名・する）鉄道やバスで、それまで営業していた路線を廃止すること。また、その路線。例採算がとれないで―した路線。

【廃退】《ハイタイ》（名・する）すたれおとろえること。くずれ乱れること。退廃。例道義の―をなげく。表記 旧 廃▼頽

【廃嫡】《ハイチャク》（名・する）〔法〕旧民法で、嫡子の身分を失わせること。相続人としての資格を取り消すこと。

【廃刀】《ハイトウ》 刀を腰《こし》につけることをやめること。例―令（＝明治初期に出された法令）。

【廃盤】《ハイバン》 レコードやコンパクトディスクなどで、品切れになっても追加の製造をしないとされたもの。

【廃品】《ハイヒン》 役に立たなくなって、いらなくなった品物。廃物。例―を回収する。

【廃物】《ハイブツ》 役に立たなくなったもの。廃品。例―利用。

【廃仏毀釈】《ハイブツキシャク》 明治初期に起こった、仏教を排斥《ハイセキ》する運動。全国で寺や仏像・仏書などが破壊《ハカイ》、または古道具として処分された。表記「排仏棄釈」とも書く。

【廃油】《ハイユ》 使用ずみの、役に立たなくなったあぶら。例―処理施設《シセツ》。

【廃立】《ハイリツ｜ハイリュウ》（名・する）臣下が君主を位からおろし、別の君主を立てること。例革命で―された皇帝《コウテイ》。

●改廃《カイハイ》・荒廃《コウハイ》・興廃《コウハイ》・全廃《ゼンパイ》・存廃《ソンパイ》・退廃《タイハイ》・撤廃《テッパイ》

广 9

【廊】

12画 4713 5ECA 常用 音ロウ 漢

筆順 亠 广 广 庐 庐 廊 廊

广10

【廊】

13画 1-8414 F928 人名

なりたち ［形声］「广（＝建物）」と、音「郎《ロウ》」とから成る。建物の東西にある部屋。

意味 建物と建物とを結ぶ通路。わたどの。例廊下《ロウカ》。回廊《カイロウ》。画廊《ガロウ》。

人名 ひさし

【廊下】《ロウカ》 部屋と部屋、または建物と建物とをつなぐ通路。

【廊閣】《ロウカク》 わたり廊下と、高殿《たかどの》。

【廊▼廟】《ロウビョウ》〔「廟」は、表御殿《おもてゴテン》の意〕①表御殿。②天子が政治をおこなうところ。朝廷《チョウテイ》。類廟堂《ビョウドウ》。

●回廊《カイロウ》・柱廊《チュウロウ》・歩廊《ホロウ》

广 9

【廁】

12画 ⇩【厠】《シ》（172ページ）

广 10

【廈】

13画 5492 5EC8 音カ 漢 訓いえ・おおいえ・たかどの

广10

【厦】

12画 5047 53A6 俗字

意味 ❶大きな建物。いえ。例大廈《タイカ》。❷母屋《おもや》のまわりの細長い部屋。ひさし。❸「廈門《アモイ》」は、福建省の都市。

广 10

【廉】

13画 4687 5EC9 常用 音レン 漢 訓かど・いさぎよ-い・やす-い

筆順 亠 广 庐 庐 庐 廉 廉

广10

【廉】

13画 ― F9A2

なりたち ［形声］「广（＝建物）」と、音「兼《ケン→レン》」とから成る。部屋のすみ。かど。派生して「清く正しい」の意。

意味 ❶心がまっすぐで正しい。いさぎよく欲がない。例廉潔《レンケツ》。廉恥《レンチ》。廉直《レンチョク》。❷値段がやすい。例廉価《レンカ》。

日本語での用法《かど》数えたてるに足りる理由。また、目立った事項《ジコウ》。「挙動不審《キョドウフシン》の廉《かど》でとがめられる・一《ひと》廉《かど》の人物《ジンブツ》」

人名 おさ・きよ・きよし・すが・すなお・ただし・やす・ゆき

【廉価】《レンカ》（名・形動《ダナ》）値段がやすいこと。また、やすい値段。安価。類廉直《レンチョク》。対高価。例―で販売《ハンバイ》する。

【廉潔】《レンケツ》（名・形動《ダナ》）私欲がなく、おこないが正しく、やましいところのないこと。清廉潔白。例―な政治家。

【廉士】《レンシ》 心がきれいで私欲のない人。廉潔の士。例政界にはめずらしい―。

【廉正】《レンセイ》（名・形動《ダナ》）心が清く正しいこと。清廉。類廉直。例―をもって有名な紳士《シンシ》。

【廉節】《レンセツ》（名・形動《ダナ》）清く正しい心をかたく守り通すこと。例―の士。

【廉恥】《レンチ》 心が清く、はじを知っていること。例―心。

【廉直】《レンチョク》（名・形動《ダナ》）①心が清く、正直《ショウジキ》で曲がったことをしないこと。類廉正。例―の人。②値段がやすいこと。安価。類廉価。

【廉売】《レンバイ》（名・する）商品をふだんよりやすい値段で売ること。安売り。例大《ダイ》―。

【廉吏】《レンリ》 心が清らかで正直な役人。

●清廉《セイレン》

广10

【廉】

13画 ⇩【廉】《レン》（356ページ）

广10

【廊】

13画 ⇩【廊】《ロウ》（356ページ）

广 11

【廓】

14画 1939 5ED3 音カク 漢 呉 訓くるわ

意味 ❶城門の外側のかこい。かこまれた場所。くるわ。同郭《カク》。例外郭《ガイカク》。城郭《ジョウカク》。輪郭《リンカク》。❷ひろげる。ひろい。大きい。同拡《カク》。例廓大《カクダイ》。❸からの。むなしい。例廓然《カクゼン》。

日本語での用法《くるわ》遊里。遊女のいる世界。「廓言葉《くるわことば》・廓遊《くるわあそ》び」

表記 現代表記では、「郭《カク》」(989ページ)に書きかえることがある。熟語は「郭」(989ページ)を参照。

【廓然】《カクゼン》(形動《タル》)①さっぱりと心のひらけているようす。例—としてさとりを得る。②がらんとしているようす。むなしいようす。例—として人っ子ひとり見あたらない。

【廓大】《カクダイ》一(名・形動《ダ》)広く大きいこと。二(名・する)広げて大きくすること。表記▽現郭大

广11 【廖】14画 5501 5ED6 音 一リョウ漢 二リュウ漢 訓 むな-しい

意味 一《リョウ》 ❶がらんとして広い。むなしい。同寥《リョウ》。❷人名に用いられる字。二《リュウ》 ❶古代中国の国名。例廖国《リュウコク》。❷姓《セイ》の一つ。

广11 [廐] 14画 ⇩【厩】《キュウ》(173ページ)

广11 [廏] 14画 ⇩【厩】《キュウ》(173ページ)

广12 【廝】15画 5503 5EDD 音 シ漢呉 訓 つか-い

厂12 [厮] 14画 5049 53AE 俗字

意味 雑役《ザツエキ》に使われた男の奴隷《ドレイ》。つかい。例廝役《シエキ》(=めしつかい)。

广12 【廠】15画 *3019 *5EE0 音 ショウ漢

厂12 [厰] 14画 5050 53B0 俗字

意味 ❶屋根だけで、壁《かべ》やしきりのない建物。❷仕事場。工場。例工廠《コウショウ》。

广12 【廛】15画 5505 5EDB 音 テン漢 訓 いちくら・みせ

意味 ❶宅地。住宅。すまい。例廛宅《テンタク》(=住居・住宅)。❷店舗《テンポ》。みせ。例廛市《テンシ》。

广12 【廟】15画 4132 5EDF 人名 音 ビョウ漢 ミョウ呉 訓 たまや・みたまや

意味 ❶祖先の霊《レイ》をまつる建物。みたまや。おたまや。例廟所《ビョウショ》。宗廟《ソウビョウ》。祖廟《ソビョウ》。霊廟《レイビョウ》。❷神仏や聖人・偉人《イジン》の霊をまつった建物。例孔子廟《コウシビョウ》。❸王宮の正殿《セイデン》。天子が政治や公《おおやけ》の行事をおこなうところ。朝廷《チョウテイ》。例廟議《ビョウギ》(=朝廷《チョウテイ》での論議)。廟堂《ビョウドウ》。❹道教や仏教のてら。寺観《ジカン》。例寺廟《ジビョウ》。

人名 いえ

【廟宇】《ビョウウ》①祖先や貴人の霊《レイ》をまつる建物。みたまや。廟堂。②神をまつる建物。神殿《シンデン》。やしろ。

【廟所】《ビョウショ》①祖先や貴人の霊《レイ》をまつるところ。みたまや。例孔子《コウシ》の—。藤原《ふじわら》氏三代の—である金色堂《コンジキドウ》。②はか。墓場。

【廟堂】《ビョウドウ》①祖先や貴人の霊《レイ》をまつる建物。みたまや。廟宇。②天子が政治をおこなうところ。朝廷《チョウテイ》。類廊廟《ロウビョウ》。

●聖廟《セイビョウ》・宗廟《ソウビョウ》・霊廟《レイビョウ》

广12 【廡】15画 5507 5EE1 音 ブ漢 訓 のき・ひさし

意味 ❶大きな家の周囲の回廊《カイロウ》。❷家屋。いえ。❸のき。ひさし。

广12 [廄] 15画 ⇩【厩】《キュウ》(173ページ)

广12 [廚] 15画 ⇩【厨】《チュウ》(172ページ)

广12 【廣】15画 ⇩【広】《コウ》(350ページ)

广12 【廢】15画 ⇩【廃】《ハイ》(355ページ)

广13 【廨】16画 5508 5EE8 音 カイ漢 訓 いえ・やくしょ

意味 役所の建物。例廨舎《カイシャ》。

广13 【廩】16画 5509 5EE9 音 リン漢 訓 くら

意味 穀物をしまっておくところ。こめぐら。例倉廩《ソウリン》。

广16 【廬】19画 5510 5EEC 音 リョ漢 ル・ロ呉 訓 いおり

意味 そまつなすまい。小屋。いおり。また、そこに住むこと。

【廬遮那仏】《ルシャナブツ》〔仏〕「毘盧遮那仏《ビルシャナブツ》」の略。その徳があまねく宇宙を照らすという仏。ふつう、華厳経《ケゴンキョウ》や密教でいう大日如来《ダイニチニョライ》をさす。例東大寺の大仏は—である。

【廬山】《ロザン》〔古くは「ロサン」〕江西《コウセイ》省北部にある山。景色がすばらしく、詩人や画家などに親しまれた。白居易《ハクキョイ》の詩で名高い香炉峰《コウロホウ》がある。別名、匡山《キョウザン》・匡廬山《キョウロザン》。表記「廬」は「▼盧」、「遮」は「舎」とも書く。

广17 [廰] 20画 ⇩【庁】《チョウ》(351ページ)

广18 【廱】21画 5511 5EF1 音 ヨウ漢 訓 やわ-らぐ

意味 ❶「辟廱《ヘキヨウ》」は、天子が礼をおこなうところ。また、天子の学校。❷なごやかなようす。やわらぐ。例廱和《ヨウワ》(=なかむつまじいようす)。❸ふさがる。ふさぐ。同壅《ヨウ》。

广22 【廳】25画 ⇩【庁】《チョウ》(351ページ)

54 3画 廴 えんにょう いんにょう 部

長くのびた道を行く意をあらわす。「延」の字にある遶《ニョウ》(=漢字の左がわから下がわに続く部分)であることから「えんにょう」という。「廴」をもとにしてできている漢字と、「廴」の字形を目じるしにして引く漢字とを集めた。

0 廴 4 廷 延 5 延 廸 6 廻 建 廼

廴0 【廴】3画 5514 5EF4 音 イン漢 訓 ひ-く

意味 ❶長く歩く。❷弓を引く。ひく。同引《イン》。

廴4 【廷】7画 3678 5EF7 常用 音 テイ漢 訓 にわ

筆順 ノ 二 千 壬 ㇇壬 㢟壬 廷

なりたち ［形声］「廴(=長く歩く)」と、音「壬《テイ》」とから成る。君主が政治をおこなう場所。

意味 ❶君主が政務や儀《ギ》式《シキ》をおこなう場所。例 廷臣《テイシン》。宮廷《キュウテイ》。朝廷《チョウテイ》。❷役人が政務をおこなうところ。役所。例 官廷《カンテイ》。法廷《ホウテイ》。

人名 たか・ただ・ただし・なが

【廷議《テイギ》】(名・する) 朝廷に集まり相談すること。朝廷の評議。また、政府の意見。類 朝議・廷論。

【廷試《テイシ》】昔、中国で、科挙(=役人の採用試験)の一つ。天子がみずから朝廷でおこなった。殿試《デンシ》。

【廷臣《テイシン》】朝廷に仕える臣下。朝臣《チョウシン》。

【廷争《テイソウ》】(名・する) 朝廷で、おおぜいの臣下の前で、天子のあやまちをいさめること。

【廷吏《テイリ》】①朝廷の役人。②法廷で、裁判官が命じた事務や、その他の雑務をする職員。

●開廷《カイテイ》・宮廷《キュウテイ》・休廷《キュウテイ》・出廷《シュッテイ》・退廷《タイテイ》・朝廷《チョウテイ》・入廷《ニュウテイ》・閉廷《ヘイテイ》・法廷《ホウテイ》

廴4 【延】7画 ⇩【延《エン》】(358ページ)

廴5 【延】8画 1768 5EF6 教育6

音 エン漢呉 訓 の-びる・の-べる・の-ばす・の-べ・ひ-く

筆順 ノ イ 千 正 正 延 延 延

廴4 【延】7画

なりたち ［形声］「延(=ゆっくり行く)」と、音「ノ《エイ→エン》」とから成る。長びく。

意味 ❶長くのびる。引きのばす。くりのべる。のびる。のばす。例 延期《エンキ》。延命《エンメイ》。順延《ジュンエン》。❷引きいれる。まねく。ひく。例 延見《エンケン》(=人を呼び入れて面会する)。

日本語での用法 《のべ》質や内容について、ちがうものや同じものの区別を厳密に論じないで、それぞれ一つまたは一回と数えうるものの総計。「延《の》べ人数《ニンズウ》・延《の》べ数十回《スウジッカイ》の余震《ヨシン》」

使い分け のばす・のびる・のべる【伸・延】⇩1176ページ

人名 すけ・すすむ・ただし・とお・なが・のぶ・のぶる・ひさし

【延引《エンイン》】(「エンニン」とも)(名・する) 期日や時間が予定よりのびておくれること。類 遅延《チエン》。例 ―を重ねる。

【延延《エンエン》】㊀(形動《タルト》) ながながと続くようす。例 会議は―とおこなわれた。―たる坂道。㊁【延び延び《のびのび》】(名) 期日などが、だんだんおくれて長びくこと。例 雨続きで試合が―になる。

【延期《エンキ》】(名・する) 決められた期日や期間を先へのばすこと。くりのべ。日のべ。例 ―願い。

【延焼《エンショウ》】(名・する) 火事が火元から他に燃え広がること。類 類焼。例 ―を免《まぬか》れる。

【延髄《エンズイ》】脳のいちばん下にあって脊髄《セキズイ》に続く部分。呼吸や心臓の運動などを調節する。

【延性《エンセイ》】〔物〕金属の、切れないでうすくひきのばすことのできる性質。金・銀・銅などはこの性質に富む。展性。

【延滞《エンタイ》】(名・する) しはらいや納入が期日よりおくれること。類 滞納。例 ―金。

【延着《エンチャク》】(名・する) 列車や郵便などが予定よりおくれてつくこと。対 早着。例 ふつうより五時間も―した。

【延長《エンチョウ》】㊀(名・する) 時間や距離《キョリ》などが長くのびること。また、のばすこと。対 短縮。例 ―戦。放送時間を―する。㊁(名) ①形式や方法はちがうが、意義・効果・趣旨《シュシ》の点で、同じことがらだと言えるもの。つづき。例 修学旅行は授業の―だ。②線路・道路などの、直線にのばしたときの長さ。例 ―一万キロにおよぶ国道。

【延年《エンネン》】①寿命《ジュミョウ》をのばすこと。長生きすること。類 延命。②「延年舞《エンネンまい》」の略。昔、寺院で、大法会《ダイホウエ》のあとの宴席《エンセキ》でおこなわれた、僧《ソウ》や稚《チ》児《ご》たちのおどり。

【延納《エンノウ》】(名・する) お金や品物などを、期日よりおくれておさめること。例 学費を―する。

【延命《エンメイ》】(「エンミョウ」とも)(名・する) ①いのちをのばすこと。例 ―治療《チリョウ》。―の効果がある薬剤《ヤクザイ》。政権の―を図《はか》る。②長生きすること。例 ―息災。

【延べ板《のべいた》】①金属を打ちのばして板の形にしたもの。例 金《キン》の―。②(うどんやそばをつくるときなどに)こねた粉をのばすための平らな板。

【延べ棒《のべボウ》】①金属を長くのばして、棒の形にしたもの。例 金《キン》の―。②もち・小麦粉など、こねた材料を平たくのばすための棒。

【▽延縄《はえなわ》】長い縄に、あいだをあけて釣《つ》り針のついた枝縄《えだなわ》をつけた漁具。例 ―漁船。

●順延《ジュンエン》・遅延《チエン》

廴5 【廸】8画 ⇩【迪《テキ》】(964ページ)

廴6 【廻】9画 1886 5EFB 人名

音 カイ漢 エ呉 訓 めぐ-る・めぐ-り・まわ-す・まわ-る

辶6 【迴】10画 7779 8FF4 別体字

意味 ぐるりとまわる。めぐる。めぐらす。同 回《カイ》。例 巡廻《ジュンカイ》。輪廻《リンネ》。

表記 現代表記では、「回《カイ》」に書きかえることがある。熟語は「回」(218ページ)を参照。

人名 のり

【廻天《カイテン》】〔天を回転させる意から〕形勢を一変させること。おとろえた勢いをもりかえすこと。表記 現 回天

廴6 【建】9画 2390 5EFA 教育4

音 ケン漢 コン呉 訓 た-てる・た-つ

筆順 フ ヲ ヨ 聿 聿 津 建 建

なりたち ［会意］「聿(=律の省略体)」と「廴(=廷の省略体)」とから成る。朝廷の法律をさだめる。派生して「たてる」の意。

意味 ❶新しくつくる。うちたてる。きずく。たてる。たつ。例 建国《ケンコク》。建設《ケンセツ》。再建《サイケン》。❷意見を申し立てる。例 建議《ケンギ》。建白書《ケンパクショ》。❸くつがえす。ひっくりかえして水をうつす。こぼす。例 建水《ケンスイ》。

使い分け たつ・たてる【立・建】⇩1172ページ

人名 たけ・たけし・たける・たつる・たて・たてし

【建学《ケンガク》】学校を新たに創立すること。例 本学―の精神。

【建艦《ケンカン》】軍艦を建造すること。

【建議《ケンギ》】(名・する) 政府や上司・上位者などに意見を申し述べること。また、その意見。類 建言・建白。例 ―すべきことがあったら申し出よ。

【建業《ケンギョウ》】事業の基礎《キソ》を固めること。

【建言《ケンゲン》】(名・する) 政府などに意見を述べること。類 建議・建白。例 改善策を―する。

【建国《ケンコク》】(名・する) 新しく国をつくること。例 ―の祖。

【建国記念の日《ケンコクキネンのひ》】国民の祝日の一つ。二月十一日。日本国のはじまりを祝い、国を愛する心をやしなう

趣旨《シュ》でもうけられた日。

【建材《ケンザイ》】建築に用いる材料。建築資材。例新―。

【建水《ケンスイ》】茶道で、茶わんをすすいだお湯や水をこぼして入れるうつわ。みずこぼし。こぼし。

【建設《ケンセツ》】(名・する)(大がかりな)建物や道路などの土木施設《ドボクシセツ》、また、組織などを、新しくつくりあげること。対破壊《ハカイ》。例地下鉄を―する。平和社会の―。

【建設的《ケンセツテキ》】(形動《ダナ》)ものごとを積極的によくしていこうとするようす。例―な意見。

【建造《ケンゾウ》】(名・する)建物・橋・船など、大きなものをつくること。例―物。

【建築《ケンチク》】(名・する)家などをつくること。また、たてられたもの。例木造―。店を―する。ルネサンス風の―。

【建都《ケント》】首都を建設すること。

【建白《ケンパク》】(名・する)政府などに意見を申し立てること。類建議・建言。例―書。

【建碑《ケンピ》】(名・する)石碑《セキヒ》をたてること。例―式。

【建蔽率《ケンペイリツ》】〔法〕敷地《シキチ》の広さに対する、建物のしめる土地の広さの割合。その上限は地域ごとに建築基準法その他の法規で定められている。表記「建▽坪率」とも書く。

【建立《コンリュウ》】(名・する)〔仏〕寺院・堂塔《ドウトウ》をたてること。例五重の塔を―する。

【建売《たてうり》】家をつくって売ること。また、その家。

【建具《たてグ》】戸・障子・ふすまなど、開け閉めして部屋を仕切るもの。例―屋。

【建付《たてつけ》】建具《たてグ》の開け閉めのぐあい。立て付け。

【建坪《たてつぼ》】建物がしめる土地の面積を坪数であらわしたもの。一階部分の坪数を指すが、各階の坪数の合計(=総建坪)を指すこともある。

【建前《たてまえ》】①建物の骨組みができて、棟木《むなぎ》をのせること。また、それを祝う式。むねあげ。上棟《ジョウトウ》。②基本となる原則。おもてむきの方針。例―と本音《ホンね》はちがう。表記②は「立前」とも書く。

【建物《たてもの》】住んだり、仕事をしたり、ものを置いたりするために、外界を区切った別の空間として、木・石・土・金属などでつくったもの。類建築物・建造物。

○●再建《サイケン｜サイコン》・創建《ソウケン》・土建《ドケン》・封建《ホウケン》

廴 6
【廼】9画 ⇩【迺】《ダイ》(967ページ)

---

55 3画

廾 にじゅうあし こまぬき 部

両手でうやうやしく物をささげ持つようすをあらわす。「廿《にじゅう》」に形が似ている脚《あし》(=漢字の下がわの部分)であることから「にじゅうあし」といい、両手で物をささげ持つ動作が「こまぬく(両手を胸の前で組み合わせる)」に似ているので「こまぬき」ともいう。「廾」をもとにしてできている漢字と、「廾」の字形を目じるしにして引く漢字とを集めた。

0 廾 1 廿 2 弁 4 弄 弃 7 弉 12 弊 弊

この部首に所属しない漢字

奔⇩大 267　舁⇩臼 835　鼻⇩鼻 1113

廾 0
【廾】3画 5516 5EFE
音キョウ漢
意味 両手で物をささげる。同拱《キョウ》。
参考 日本で「廿(=にじゅう)」の代用字として用いる。

廾 1
【廿】4画 3891 5EFF 人名
音ジュウ漢 ニュウ呉
訓にじゅう
意味 数の名。十を二つ合わせた数。にじゅう。はたち。
難読 十九廿《つづやはたち》

廾 2
【弁】5画 4259 5F01 教育5
音ABCヘン漢 ベン呉 Dハン漢 ベン呉
訓わきま-える

筆順 

A 廾 2 【弁】5画 4259 5F01
B 辛 9 【辨】16画 4994 8FA8
C 辛14 【辯】21画 7771 8FAF
D 瓜14 【瓣】20画 6502 74E3

辛 9 【辧】16画 5001 8FA7 Bの別体字

参考「弁」「辨」「辯」「瓣」は、それぞれ別の字だが、日本で平安時代のころから、「辨」「辯」「瓣」を「弁」で代用するようになり、明治以後「弁」のもともとの意味が忘れられ、「弁」は「辨」「辯」「瓣」の略字とみなされるようになった。当用漢字が制定されたとき、「弁」は「辨」「辯」「瓣」の新字体として採用され、常用漢字でも同じようにあつかわれている。日本ではほかに「辧(=処理する)」「辮(=編む。細長く編む)」の二字も「弁」で書きあらわすことがある。

なりたち A[弁]  [象形]両手でかんむりをかぶろうとしている形。
B[辨]  [形声]「刀(=かたな)」と、音「辡《ヘン》」とから成る。刀で半分に切り分ける。
C[辯]  [会意]「言(=ことば)」と「辡(=ふたりが争う)」とから成る。うったえを聞き、治める。
D[瓣]  [形声]「瓜(=ウリ)」と、音「辡《ヘン》」とから成る。ウリの種のあるやわらかい部分。なかご。

意味 A[弁]❶かんむり。男子の礼装に用いたかんむり。❷下級の武官。例武弁《ブベン》。❸古代、朝鮮《チョウセン》半島の南部にあった韓《カン》族の部族国家の一つ。例弁韓《ベンカン》。
日本語での用法《ベン》僧《ソウ》の名前に用いる。「高弁《コウベン》・良弁《ロウベン》」
B[辨]❶分ける。区別する。例弁別《ベンベツ》。❷ものごとのちがいをはっきりさせる。識別する。❸わきまえる。心得る。
日本語での用法《ベン》①律令制《リツリョウセイ》で、太政官《ダイジョウカン》の事務官。「弁官《ベンカン》」②簡便な。「弁当《ベントウ》」
C[辯]❶論じ争う。論争。例弁難《ベンナン》。弁論《ベンロン》。❷語る。ことばで説明し分ける。例弁解《ベンカイ》。弁舌《ベンゼツ》。雄弁《ユウベン》。
日本語での用法《ベン》ことばづかい。話しぶり。「弁《べん》が立《た》つ・東北弁《トウホクベン》」
D[瓣]❶ウリのなかご。❷花びら。葉の一枚。例花弁《カベン》。
日本語での用法《ベン》気体・液体などの出入りを調節するはたらきをする器官・器具。「弁膜《ベンマク》・安全弁《アンゼンベン》・弁《べん》を開閉《カイヘイ》する」
人名 おさむ・さだ・さとし・そのう・ただ・ただし・のぶ・わけ

【弁異《ベンイ》】ものごとの相違点《ソウイテン》を明らかにすること。表記旧▼辨異

【弁解《ベンカイ》】(名・する)失敗が自分の落ち度によるものでないこ

3画

[文部] 6画 廼 [廾部] 0―2画 廾 廿 弁

とを説明すること。言いわけ。[表記] (旧)▼辯解

【弁官】《ベンカン》 平安時代、太政官《ダイジョウカン》の官名。文書の取りあつかいなどをおこなう。左弁官・右弁官に分かれ、それぞれ大・中・少がある。[表記] (旧)▼辨官

【弁慶】《ベンケイ》 〔源義経《みなもとのよしつね》に仕えた豪傑《ゴウケツ》の僧《ソウ》の名から〕強い者や強がる者のたとえ。[例]内《うち》—(=外では弱いが家のなかでは、いばっている人)。[表記] (旧)▼辨慶

【弁慶▼縞】《ベンケイじま》 しまがらの一つ。二色の糸を縦と横に用い、碁盤《ゴバン》の目のように織ったもの。[表記] (旧)▼辨慶▼縞

【弁慶の泣き所】《ベンケイのなきどころ》 〔けられると、弁慶のような強い者でも痛くて泣くところの意〕むこうずね。または、足の中指の先。転じて、強い者の、ただ一つの弱点。

【弁護】《ベンゴ》 (名・する) 人のために申しひらきをして、かばうこと。[例]父にしかられた弟を—する。[表記] (旧)▼辯護

【弁護士】《ベンゴシ》 〔法〕裁判などで、当事者の利益や権利を守り、保護する立場の人。[表記] (旧)▼辯護士

【弁護人】《ベンゴニン》 〔法〕裁判で、被疑者《ヒギシャ》や被告人《ヒコクニン》の弁護を担当する人。弁護士から選ばれる。[例]国選—。[表記] (旧)▼辯護人

【弁口】《ベンコウ》 口のきき方。また、口先のうまいこと。[表記] (旧)▼辯口

【弁巧】《ベンコウ》 言い回しがたくみなこと。口先のうまいこと。[表記] (旧)▼辯巧

【弁才】《ベンサイ》 弁舌《ベンゼツ》の才能。人をうまく説得する才能。[例]—がある。[表記] (旧)▼辯才

【弁済】《ベンサイ》 (名・する) 借りたものをすっかり返すこと。[例]借金を—する。債務《サイム》を—する。[表記] (旧)▼辨済

【弁才天】《ベンザイテン》 〔「ベザイテン」とも〕〔仏〕七福神のひとり。琵琶《ビワ》を持つ女神《めがみ》。もとはインドの川の神で、音楽・弁舌《ベンゼツ》・財産などをつかさどる。弁天。〔日本では吉祥天《キッショウテン》と混同され、福徳や財宝をあたえる神として信仰《シンコウ》される〕[表記] (旧)▼辯才天・▼辨才天。また、「弁財天」とも書く。

【弁士】《ベンシ》 ①話のうまい人。②演説や講演をする人。③無声映画で、画面の説明をする人。活動写真弁士。活弁。[表記] (旧)▼辯士

【弁償】《ベンショウ》 (名・する) 他人にあたえた損害を、お金や品物で、つぐなうこと。[表記] ▽(旧)▼辨償

【弁証法】《ベンショウホウ》 〔哲〕矛盾《ムジュン》・対立するものをのりこえて、新しい統一をはかろうとする考え方。[例]唯物《ユイブツ》—。[表記] (旧)▼辨証法

【弁舌】《ベンゼツ》 ①ものを言うこと。また、ものの言い方。[例]—さわやかな人。②たくみな話しぶり。[例]—をふるう。[表記] ▽(旧)▼辯舌

【弁説】《ベンゼツ》 (名・する) ものごとのよしあしをはっきりさせて、説きあかすこと。[表記] (旧)▼辨説・▼辯説

【弁天】《ベンテン》 ①〔仏〕「弁才天《ベンザイテン》」の略。②美しい女性。[例]—娘《むすめ》。[表記] ▽(旧)▼辯天・▼辨天

【弁当】《ベントウ》 ①外出先で食べるために、器物に入れて持って行く食べ物。[例]—箱。②売店・仕出し屋などが売る、箱形の容器につめた食べ物。[例]駅売りの—。[表記] ▽(旧)▼辨▼當

【弁難】《ベンナン》 (名・する) 言論で相手を非難すること。[表記] (旧)▼辯難

【弁▼駁】《ベンパク》 〔「ベンバク」とも〕(名・する) 相手の反論に対して言い負かすこと。[表記] (旧)▼辯▼駁

【弁髪】《ベンパツ》 頭髪《トウハツ》の周囲をそり、中央のかみの毛を細長く一本に編み、後ろへ垂らした男性の髪型《かみがた》。もと、満州人の風習で、清《シン》代に広くおこなわれた。[表記] 「弁」は本来「▼辮(=編む)」と書く。

【弁別】《ベンベツ》 (名・する) ちがいを見分けること。識別。[例]善悪を—する。[表記] (旧)▼辨別

【弁膜】《ベンマク》 心臓・静脈《ジョウミャク》・リンパ管のなかにあって、血液・リンパ液の逆流を防ぐ膜。[例]心臓—症《ショウ》。[表記] (旧)▼瓣膜

【弁務官】《ベンムカン》 ①自治領・植民地・保護国に駐在《チュウザイ》して、政治や外交などを指導する官吏《カンリ》。[例]高等—。②難民の指導や救済にあたる国連の職員。[表記] ▽(旧)▼辨務官

【弁明】《ベンメイ》 (名・する) ①自分の行動をとがめられたとき、相手に納得《ナットク》してもらうよう、事情を説明すること。言い開き。[例]国会で—する。②ものごとの道理をあきらかにすること。[表記] ①は、(旧)▼辯明 ②は、(旧)▼辨明

【弁理】《ベンリ》 (名・する) ものごとを判断し処理すること。[表記] (旧)▼辨理

【弁理士】《ベンリシ》 〔法〕特許・実用新案・商標などの登録・申請《シンセイ》の手続きを、本人に代わっておこなう職業の人。[表記] (旧)▼辨理士

【弁論】《ベンロン》 (名・する) ①多くの人の前で、自分の意見を述べること。[例]—大会。②論じ合うこと。③〔法〕法廷《ホウテイ》で、原告・被告《ヒコク》・弁護人がおこなう主張・陳述《チンジュツ》。[例]最終—。[表記] ▽(旧)▼辯論

●安全弁《アンゼンベン》・駅弁《エキベン》・花弁《カベン》・勘弁《カンベン》・強弁《キョウベン》・抗弁《コウベン》・合弁《ゴウベン》・支弁《シベン》・思弁《シベン》・自弁《ジベン》・代弁《ダイベン》・多弁《タベン》・駄弁《ダベン》・通弁《ツウベン》・答弁《トウベン》・熱弁《ネツベン》・能弁《ノウベン》・雄弁《ユウベン》

廾 4
【弄】
7画 4714 5F04 [常用] [音]ロウ(漢) [訓]もてあそ-ぶ

[筆順] 一 丅 干 王 弄 弄

[なりたち]  [会意]「王(=たま)」と「廾(=両手)」とから成る。もてあそぶ。

[意味] ❶(手に持って)いじる。おもちゃにする。もてあそぶ。[例]弄花《ロウカ》。弄筆《ロウヒツ》。玩弄《ガンロウ》。❷ほしいままにする。また、あなどる。からかう。[例]愚弄《グロウ》。嘲弄《チョウロウ》。翻弄《ホンロウ》。

【弄花】《ロウカ》 ①草花を育て楽しむこと。②花札《はなふだ》をして遊ぶこと。

【弄瓦】《ロウガ》 〔「瓦」は、素焼《すや》きの糸巻き〕女子の誕生をいう。〔昔、中国で、女の子が生まれると、土製の糸巻きを手に持たせ、針仕事などがうまくなるように願ったことによる〕〈詩経《シキョウ》〉(対)弄璋《ロウショウ》。

【弄言】《ロウゲン》 むやみにしゃべること。

【弄▼璋】《ロウショウ》 〔「璋」は、「圭《ケイ》」を半分にしたような方形の玉《ギョク》。主君に拝謁《ハイエツ》するとき、正装のかざりとする〕男子の誕生をいう。〔昔、中国で、男の子が生まれると、りっぱに出世することを願って、美しい玉をおもちゃとしてあたえ、あそばせたことによる〕〈詩経《シキョウ》〉(対)弄瓦《ロウガ》。

【弄筆】《ロウヒツ》 ①筆をもてあそび、かざりたてた文章を書くこと。②事実をまげて文章を書くこと。(類)曲筆。

●玩弄《ガンロウ》・愚弄《グロウ》・嘲弄《チョウロウ》・翻弄《ホンロウ》

廾 4 ［弁］7画 ⇩【棄】《キ》(538ページ)

廾 7 ［弉］10画 ⇩【奘】《ジョウ》(268ページ)

廾 12
【弊】
15画 4232 5F0A [常用] [音]ヘイ(漢)(呉) [訓]つか-れる・やぶ-れる

[筆順] 丨 丷 尚 㡀 敝 敝 弊

廾12 【弊】 15画

[なりたち]  [形声]「廾(=犬《いぬ》)」と、音「敝《ヘイ》」とから成る。犬がたおれる。つかれる。

意味 ❶たおれる。同 斃《ヘイ》。❷つかれくるしむ。つかれる。例 疲弊《ヒヘイ》。❸ぼろぼろにいたむ。こわれる。やぶれる。例 弊衣《ヘイイ》。弊履《ヘイリ》。❹さしさわりがある。わるい。例 弊害《ヘイガイ》。悪弊《アクヘイ》。❺自分にかかわるものの上につけて、へりくだった意をあらわす。例 弊屋《ヘイオク》。弊社《ヘイシャ》。

【弊衣】《ヘイイ》 破れた衣服。ぼろの衣服。例 —破帽《ハボウ》(=ぼろの衣服と破れた帽子。とくに、旧制高等学校生が好んだ身なりをいう)。

【弊屋】《ヘイオク》 ①こわれかかった家。あばらや。②自分の家をへりくだっていうことば。例 —にご光来を仰《あお》ぐ。表記 ▽「▼敝屋」とも書く。

【弊害】《ヘイガイ》 他に害をおよぼす悪い影響《エイキョウ》。類 害毒・悪弊。例 —が生じる。

【弊国】《ヘイコク》 自分の国をへりくだっていうことば。

【弊社】《ヘイシャ》 自分の会社をへりくだっていうことば。小社。〔神社についてもいう〕例 —の製品。

【弊習】《ヘイシュウ》 よくない習慣。悪いしきたり。弊風。

【弊店】《ヘイテン》 自分のみせをへりくだっていうことば。小店。

【弊風】《ヘイフウ》 よくないならわし。悪い風習。悪風。悪習。弊習。例 —を改める。

【弊履】《ヘイリ》 使い古したはきもの。例 —のごとく捨てる(=おしげもなく捨てる)。表記「▼敝履」とも書く。

◐悪弊《アクヘイ》・旧弊《キュウヘイ》・語弊《ゴヘイ》・宿弊《シュクヘイ》・積弊《セキヘイ》・通弊《ツウヘイ》・疲弊《ヒヘイ》

廾12【弊】15画 ⇩【弊】《ヘイ》(360ページ)

56 3画 弋 よく しきがまえ 部

ななめにとがらせた、杭《くい》の形をあらわす。「式」の字にある構《かまえ》(=漢字の周りを囲んでいる部分)であることから「しきがまえ」ともいう。「弋」の字形を目じるしにして引く漢字を集めた。

0 弋 1 弌 2 弍 3 式 弐 9 弑 10 弒

この部首に所属しない漢字

戈⇩戈 416 武⇩止 558 哉⇩口 203 貳⇩貝 936 鳶⇩鳥 1100

弋0【弋】3画 5521 5F0B 音 ヨク(漢) 訓 いぐるみ・くい

意味 ❶木のくい。同 杙《ヨク》。❷鳥をからめ捕《と》るための、糸をつないだ矢。いぐるみ。例 弋射《ヨクシャ》。

【弋射】《ヨクシャ》 いぐるみを使って鳥を射ること。

弋1【弌】4画 ⇩【一】《イチ》(1ページ)

弋2【弍】5画 ⇩【二】《ニ》(39ページ)

弋3【式】6画 2816 5F0F 教育3 音 ショク(漢) シキ(呉) 訓 のり・のっと-る

筆順 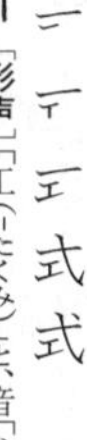

たちなり 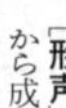 [形声]「工(=たくみ)」と、音「弋《ヨク》→ショク」とから成る。きまり。おきて。

意味 ❶きまったやり方。作法《サホウ》。のり。手本。のっとる。例 式目《シキモク》。形式《ケイシキ》。様式《ヨウシキ》。❷一定の形でおこなう行事。例 式典《シキテン》。挙式《キョシキ》。葬式《ソウシキ》。❸数学・論理学で、ある関係を記号であらわしたもの。例 数式《スウシキ》。化学式《カガクシキ》。方程式《ホウテイシキ》。❹〔助字〕「これ」と読み、語調をととのえる。例 式微《これおとろう》(=おとろえたなあ)。

人名 つね・のり・もち

【式次】《シキジ》 式の内容と順序。また、それを書いたもの。式次第《シキシダイ》。例 入学式の—がくばられる。

【式辞】《シキジ》 式場で、出席者に述べる、あいさつのことば。例 校長の—。

【式次第】《シキシダイ》 式がおこなわれる順序。式次《シキジ》。例 —を決める。

【式日】《シキジツ》 ①式のおこなわれる日。②祝日。祭日。

【式場】《シキジョウ》 式がおこなわれる場所。

【式台】《シキダイ》 日本建築で、玄関《ゲンカン》の上がり口にある、一段低くなった板じき。主人が客を送りむかえするところ。表記「敷台」とも書く。

【式典】《シキテン》 儀式《ギシキ》。式。とくに、大がかりな式についていう。例 歓迎《カンゲイ》—。

【式微】《シキビ》《ショクビ》 (名・する)〔「式《こ》れ微《おとろ》う」と訓読する〕国家・王朝などが、ひじょうにおとろえること。黎《レイ》の国が敗れたときの臣下のことば。〈詩経《シキョウ》〉例 皇室の—がはなはだしかった戦国時代。

【式部】《シキブ》 ①昔の女官の呼び名。父など、近親者が式部省の役人である人につける。例 紫《むらさき》—。②「式部省」の略。律令制《リツリョウセイ》で、儀式《ギシキ》、文官の叙位《ジョイ》・行賞《コウショウ》などをあつかった役所。

【式服】《シキフク》 儀式《ギシキ》のときに着る、正式の衣服。紋付《モンつ》き・袴《はかま》、現代の男性のモーニングなど。礼服。対 平服。

【式目】《シキモク》 〔「目」は、小分けの意〕①武家時代、箇条《カジョウ》書きにした法律や規則。例 御成敗《ゴセイバイ》—。建武《ケンム》—。②連歌《レンガ》・俳諧《ハイカイ》などの規則。

◐一式《イッシキ》・格式《カクシキ》・株式《かぶシキ》・儀式《ギシキ》・旧式《キュウシキ》・挙式《キョシキ》・形式《ケイシキ》・公式《コウシキ》・硬式《コウシキ》・古式《コシキ》・書式《ショシキ》・神式《シンシキ》・図式《ズシキ》・正式《セイシキ》・葬式《ソウシキ》・軟式《ナンシキ》・複式《フクシキ》・仏式《ブッシキ》・洋式《ヨウシキ》・様式《ヨウシキ》・略式《リャクシキ》・礼式《レイシキ》・和式《ワシキ》

弋3【弐】6画 3885 5F10 常用 音 ジ(漢) ニ(呉) 訓 ふた-つ

筆順 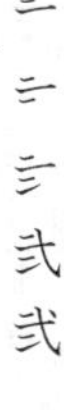

貝5【貳】12画 7640 8CB3

貝4[貮]11画 7641 8CAE 別体字

たちなり 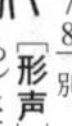 [形声]「貝(=たから)」と、音「弍《ジ》(=ふたつ)」とから成る。そえる。

意味 ❶そばにつく。そう。そえる。ならぶ。例 弐室《ジシツ》(=次の部屋)。❷ふたごころがあって、そむく。例 弐心《ジシン》《ニシン》。❸「二」の大字《ダイジ》。数字を書きかえられないように、商売や契約《ケイヤク》の文書で使う。例 弐万円《ニマンエン》。

日本語での用法《ニ》 大宰府《ダザイフ》の長官「帥《ソチ》《ソツ》」の次官。すけ。「少弐《ショウニ》・大弐《ダイニ》」

人名 かず・すけ・つぎ・つぐ

【▽弐心】《ジシン》《ニシン》 そむく心。謀反《ムホン》する心。ふたごころ。例 主君に—をいだく。表記「▽二心」とも書く。

弋9【弑】12画 5522 5F11 音 シイ(慣) シ(漢)

[廾部]12画 弊 [弋部]0—9画 弋 弌 弍 式 弐 弑

弋10 【弒】13画 — 5F12 本字

意味 臣下が主君《シュクン》を殺す。また、子が親を殺す。例 弒逆《シギャク》。主君《クンシュ》を弒《イシ》する。

【弒逆】《シギャク》 (「シイギャク」とも)(名・する) 主君や父を殺すこと。表記 「弒虐」とも書く。

弋10 【弒】13画 ⇩【弑】《イシ》(361ページ)

57 3画 弓 ゆみ ゆみへん 部

ゆみの形をあらわす。「弓」をもとにしてできている漢字と、「弓」の字形を目じるしにして引く漢字とを集めた。

0 弓 1 引 弖 弔 2 弘 弗 3 弛 4 弟 5 弦 弩 弥 6 弧 弭 弯 7 弱 弱 8 強 張 弸 9 弾 弼 强 10 彁 12 彈 13 彊 14 彌 19 彎

この部首に所属しない漢字

夷⇩大 265 躬⇩身 950 粥⇩米 763 鬻⇩鬲 1091

弓0 【弓】3画 2161 5F13 教育2 音 キュウ漢 ク・クウ呉 訓 ゆみ

筆順 ㇕ ㇉ 弓

なりたち [象形] ゆみの形。ゆみ。

意味 ❶矢を射るための武器。ゆみ。例 弓術《キュウジュツ》。弓箭《キュウセン》。強弓《ゴウキュウ》。❷ゆみのようにまるくそった形。ゆみなり。例 弓形《キュウケイ》。弓状《キュウジョウ》。

難読 弓杖《ゆんづえ》(=弓をつえにすること)・弓削《ゆげ》・弓手《ゆんで》・弓場《ゆば》

人名 ゆ

【弓形】《キュウケイ》 ①つるを張ったゆみのようなかたち。ゆみがた。ゆみなり。②〔数〕円周上の二点を結ぶ直線で切りとられた円の一部。

【弓矢】《キュウシ・ゆみや》 ①ゆみと、や。武器。また、武士。例 —《ゆみや》とる身(=武士の身)。②いくさ。戦争。

【弓手】 一《キュウシュ》 ゆみを射る人。二《ゆんで》 (「ゆみて」の変化。左手で弓を持ったことから) 左の手。対 馬手《めて》。

【弓術】《キュウジュツ》 ゆみで矢を射るわざ。弓道。

【弓状】《キュウジョウ》 ゆみのような形。ゆみがた。ゆみなり。例 —の海岸線。

【弓勢】 一《キュウセイ》 ①ゆみのような形。ゆみなり。②ゆみのいきおい。ゆみの強さ。二《ゆんゼイ》 (「ゆみゼイ」の変化) ゆみを引きしぼる力。ゆみを射る力。

【弓▼箭】《キュウセン》 ①ゆみと矢。武器。例 —を帯する。②ゆみを射ること。いくさ。③ゆみ矢をとる職業。武士。例 —の家に生まれる。

【弓道】《キュウドウ》 ゆみで矢を射る武道。例 —の師範《シハン》。

【弓馬】《キュウバ》 ①弓術と馬術。武術。例 —の道。—の家(=武家)。②いくさ。戦い。戦争。例 —を事とするもの。

【弓取り】《ゆみとり》 ①ゆみ矢をとる人。また、ゆみのじょうずな人。武士。例 あっぱれな—。②相撲《すもう》で、最後の取組の後に、その役の力士が、ゆみを手でとりさばく儀式《ギシキ》。弓取り式。

【弓張り】《ゆみはり》 ①ゆみにつるを張ること。②「弓張り提灯」の略。③「弓張り月」の略。

【弓張り▽提▽灯】《ゆみはりヂョウチン》 竹をゆみのような形に曲げ、その上下の両はしにちょうちんの上下をとりつけて持つようにしたもの。弓張り。

【弓張り月】《ゆみはりづき》 (陰暦《インレキ》七、八日ごろと二十二、三日ごろの)弓形の月。弓張り。弦月《ゲンゲツ》。上弦と下弦がある。

● 石弓《いしゆみ》・運弓《ウンキュウ》・強弓《ゴウキュウ》・胡弓《コキュウ》・大弓《ダイキュウ》・破魔弓《はまゆみ》・半弓《ハンキュウ》・洋弓《ヨウキュウ》

弓1 【引】4画 1690 5F15 教育2 音 イン漢呉 訓 ひ-く・ひ-ける

筆順 ㇕ ㇉ 弓 引

なりたち [会意]「弓(=ゆみ)」と「丨(=ひく)」とから成る。弓の弦《つる》をひく。

意味 ❶弓をひく。ひく。❷自分のほうに近よせる。ひっぱる。例 引力《インリョク》。牽引《ケンイン》。❸他人のことばなどをもってくる。例 引証《インショウ》。引用《インヨウ》。❹しりぞく。ひっこむ。例 引退《インタイ》。❺みちびく。ひきつれる。例 引率《インソツ》。引導《インドウ》。❻うけいれる。ひきうける。例 引責《インセキ》。承引《ショウイン》。❼文章の様式の一つ。㋐漢詩の形式の一つ。例 秋風引《シュウフウイン》。㋑はしがき。序。例 小引《ショウイン》。❽長さの単位。十丈《ジョウ》。

日本語での用法 一《ひき・ひく》 引《ひ》き算《ザン》。マイナス。「九から二を引《ひ》く・二割《ニわり》引《び》き」 二《ひく》 ①線を引く。「けい線《セン》を引《ひ》く」②参照する。「辞書《ジショ》を引《ひ》く」③やめる。「身《み》を引《ひ》く」④注意や関心などを向けさせる。「人目《ひとめ》を引《ひ》く」

使い分け ひく【引・弾】 ⇩1178ページ

人名 のぶ・ひき・ひさ

【引火】《インカ》 (名・する) ほかの火や熱によって、燃えやすいものが燃えだすこと。例 ガソリンに—する。

【引見】《インケン》 (名・する) 身分の高い人が自分のところに人を呼んで会うこと。類 引接。例 使者を—する。

【引証】《インショウ》 (名・する) 証拠《ショウコ》として引用すること。また、その証拠。例 古い文献《ブンケン》から—する。

【引伸】《インシン》 (名・する) ①ひきのばすこと。②応用すること。③ある漢字のもともとの意味がひきのばされて、しだいに別の意味に変わっていくこと。たとえば、「群」はもともと「羊が集まる」意味であったが、「羊」の意味がうすれて、単に「集まる」だけの意味になっていったことなど。

【引責】《インセキ》 (名・する) みずから責任をとること。例 —辞職。

【引接】《インセツ》 (名・する) 目下《めした》の者を呼び入れて会うこと。類 引見。

【引率】《インソツ》 (名・する) (複数の人を)ひきつれて行くこと。例 —者。生徒を—する。

【引退】《インタイ》 (名・する) (それまでついていた)役職や地位から、しりぞくこと。例 現役《ゲンエキ》を—する。舞台《ブタイ》を—する。

【引致】《インチ》 (名・する) 〔法〕容疑者や被告人《ヒコクニン》などを強制的に裁判所・検察庁・警察署に連れて行くこと。

【引導】《インドウ》 ①先に立って教えみちびくこと。②〔仏〕人々を仏道にみちびくこと。③〔仏〕死者をほうむるとき、たましいが迷わず浄土《ジョウド》に行けるように僧《ソウ》がみちびくこと。また、そのためにとなえる経文《キョウモン》のことば。例 —者《シャ》。

【引導《インドウ》を渡《わた》す】 ①死者に対して、導師の僧《ソウ》がさとりをひらくように、説き聞かせる。②相手に、とるべき手段の最後であることを知らせて、覚悟《カクゴ》させる。

【引喩】《インユ》 自分の言いたいことを、古人のことばや故事・ことわざ・詩歌《シイカ》などを引用して、表現する方法。

【引用】《インヨウ》（名・する）自分の話や文章に、他の文章や人のことばなどをひいて使うこと。例—の多い文章。

【引力】《インリョク》〔物〕物体と物体がひきあうちから。対斥力《セキリョク》。

【引例】《インレイ》（名・する）説明のためや証拠《ショウコ》として、例をひくこと。また、その例。例適切な—をする。

【引き網】《ひきあみ》水中をひきまわして魚をとる網。地びき網・底びき網など。表記「▼曳き網」とも書く。

【引き金】《ひきがね》①ピストルや小銃《ショウジュウ》などで、指をかけてひくと発射するしかけの金具。例—を引く。②できごとの直接のきっかけ。例文化交流が両国の国交再開の—となる。

【引き際】《ひきぎわ》地位や職業などから引退する時期。また、その方法や態度。ひけぎわ。例人間—が肝心《カンジン》だ。—をいさぎよくする。表記「▽退き際」とも書く。

【引き算】《ひきザン》〔数〕ある数または式から、ある数または式をひいて残りを求める計算。減法。対足し算。

【引き潮】《ひきしお》海水が沖《おき》のほうへひいて、海面が低くなること。さげしお。干潮《カンチョウ》。対満潮《マンチョウ》・満ち潮・差し潮。表記「引き▼汐」とも書く。

【引き綱】《ひきづな》ものにつけてひく綱。例船の—。

【引き手】《ひきて》①戸や障子などで、開け閉めするときに手をかける、金具などのところ。②ひっぱる人。例山車《だし》の—がいない。③手びきする人。案内人。

【引き戸】《ひきど》左右に開け閉めする戸。やり戸。対開《ひら》き戸。

【引き縄】《ひきなわ》①ものにつけてひく縄。②船からつり糸をひき流して魚をとる方法。ブリ・カツオ漁などに用いられる。

【引き船】《ひきふね》つななどをつけて船をひくこと。また、その船。表記「引き舟・▼曳き船」とも書く。

【引き幕】《ひきマク》舞台《ブタイ》の前面にある、横にひいて開閉する幕。対揚《あ》げ幕・垂れ幕。

【引き窓】《ひきまど》屋根などに設け、下からつなをひいて開閉する窓。

【引き眉】《ひきまゆ》うすいまゆの上から、また、まゆをそったあとに、まゆずみでかいたまゆ。ひきまゆげ。かきまゆ。

【引き物】《ひきもの》宴会《エンカイ》などで、主人から客へのおくりもの。引き出物。

【引き分け】《ひきわけ》勝負がつかないで終わること。

【引き綿】《ひきわた》ふとんなどで、中の綿が切れないように、その上をおおってうすくひきのばした真綿《まわた》。

【引く手】《ひくて》さそってくれる人。招いてくれるもの。例—あまた。

【引け時】《ひけどき》会社や学校などから家へ帰る時刻。表記「▽退け時」とも書く。

【引け目】《ひけめ》①相手に対して、自分がおとっているように感じること。②相手に対して、うしろめたく感じること。弱み。例うそをついたという—がある。
●延引《エンイン|エンニン》・吸引《キュウイン》・強引《ゴウイン|キョウイン》・索引《サクイン》・字引《ジびき》・友引《ともびき》・取引《とりひき》・水引《みずひき》・割引《わりびき》

弓 1
【弖】
4画 5523 5F16 音テイ 訓て

意味「氏《テイ》」の俗字《ゾクジ》。

日本語での用法《て》「て」の音をあらわす万葉がな。「弖爾乎波《てにをは》・山坂越弖《やまさかこえて》」

弓 1
【弔】
4画 3604 5F14 常用 音チョウ漢 訓とむら-う・とむら-い

筆順 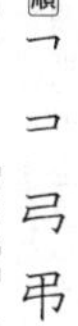

なりたち 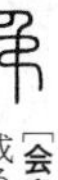 [会意]「｜(=ひと)」と「弓(=ゆみ)」とから成る。人が弓を持って遺体をけものから守る。とむらう。

意味❶人の死をかなしみ、遺族をたずね、なぐさめる。とむらう。とむらい。例弔意《チョウイ》。弔辞《チョウジ》。弔問《チョウモン》。❷つるす。つり下げる。同吊《チョウ》。


【弔意】《チョウイ》人の死を悲しみ、おしむ気持ち。例—を表する。

【弔慰】《チョウイ》（名・する）死者をとむらい、遺族をなぐさめること。類弔問。例—金。

【弔歌】《チョウカ》人の死を悲しむ歌。類挽歌《バンカ》。

【弔旗】《チョウキ》人の死を悲しむ気持ちをあらわして、かかげるはた。黒い布をつけたり、半旗(=はたを低くかかげること)にしたりする。

【弔事】《チョウジ》人が死んだことなどの不幸。

【弔辞】《チョウジ》死者に対して悲しみいたむ気持ちを述べることば。また、その文。類弔詞《チョウシ》・弔文《チョウブン》。例友人を代表して—を述べる。

【弔鐘】《チョウショウ》死者をとむらうために鳴らすかね。

【弔電】《チョウデン》弔意を伝える電報。おくやみの電報。

【弔文】《チョウブン》人の死を悲しみおしむ文。類弔辞。

【弔砲】《チョウホウ》軍隊で、死者をとむらうためにうつ空砲。皇族や元首など国家の功労者の葬儀《ソウギ》にもおこなわれる。

【弔問】《チョウモン》（名・する）遺族にくやみを述べるために、死んだ人の家を訪ねること。例—客。
●慶弔《ケイチョウ》・追弔《ツイチョウ》

弓 2
【弘】
5画 2516 5F18 人名 音コウ漢・グ呉 訓ひろ-い・ひろ-める

なりたち  [形声]「弓(=ゆみ)」と、音「ム《コウ》」とから成る。弓鳴りの音。借りて「ひろい」の意。

意味❶大きくひろがっている。ひろい。同宏《コウ》。例弘誓《グゼイ》。弘毅《コウキ》。❷ひろく知らせる。おこなわれるようにする。ひろめる。例弘法《グホウ》。

人名 ひろ・ひろし・ひろみ・ひろむ・みつ

【弘通】《グズウ|グツウ》（名・する）〔仏〕仏の教えを広く世に行きわたらせること。仏教が広まること。例世に—する弘法大師《コウボウダイシ》や伝教《デンギョウ》大師の教え。

【弘誓】《グゼイ》〔仏〕菩薩《ボサツ》の、この世に生をうけたものすべてを救おうという広大なちかい。例—の海(=仏のちかいの、広さや深さを広大な海にたとえたことば)。

【弘法】一《グホウ》（名・する）〔仏〕仏法を世の中に広めること。二《コウボウ》（名）「弘法大師《コウボウダイシ》」の略。平安初期に真言宗《シンゴンシュウ》を開いた、空海《クウカイ》の諡《おくりな》。書の達人。例—にも筆の誤り(=名人にも、時には失敗があるというたとえ)。

【弘遠】《コウエン》（名・形動《ダ》）規模が広く大きいこと。

【弘▼毅】《コウキ》（名・形動《ダ》）心が広く、意志の強いこと。

【弘済】《コウサイ》世の人々を広く救うこと。表記「広済」とも書く。

【弘報】《コウホウ》人々に広く知らせること。表記現広報

弓 2
【弗】
5画 4206 5F17 音フツ漢 訓ドル

意味〔助字〕「ず」と読み、否定の意をあらわす。例其人弗レ能レ応也《そのひとこたうるあたわざるなり》(=その人はこたえることができなかった)。

日本語での用法 一《ドル》アメリカ合衆国などの貨幣《カヘイ》の単位、ドルを示す略号。ドルの記号「$」と似ていることから、これにあてた。二《フツ》元素の一つ、フッソのこと。

元素記号F 中国では「氟」の字を使う。「弗化水素《フッカスイソ》・弗素《フッソ》」

弓 3
【弛】
6画 3548 5F1B 人名 音 チ慣 シ漢 訓 ゆる-む・ゆる-める

意味 はりつめていたものが、ゆるくなる。たるむ。ゆるむ。ゆるめる。対張《チョウ》。例弛緩《シカン》。弛張《シチョウ》。

【弛緩】《シカン》〔「チカン」は慣用読み〕(名・する)ゆるむこと。たるむこと。対緊張《キンチョウ》。例精神の―。筋肉が―する。

【弛張】《シチョウ》(名・する)①ゆるむことと、はること。例音の―。②寛大《カンダイ》にすることと、厳格にすること。

弓 4
【弟】
7画 3679 5F1F 教育2 音 デ慣 テイ漢 ダイ呉 訓 おとうと・おと

筆順 丶 ソ 䒑 当 弟 弟

なりたち [形声]「韋(=なめしがわ)」の古字の省略体と、音「丿《ヘツ》→《テイ》」とから成る。なめし革《がわ》でたばねる順序。派生して「おとうと」の意。

意味 ❶(きょうだいの中で)年下の者。対兄《ケイ》。例義弟《ギテイ》。兄弟《キョウダイ》。舎弟《シャテイ》。❷特定の先生について教えを受ける人。門人《モンジン》。例弟子《デシ》。師弟《シテイ》。門弟《モンテイ》。❸年少の者が年長者にすなおにしたがう。同悌《テイ》。例孝弟《コウテイ》。❹自分をへりくだっていう呼び名。例小弟《ショウテイ》。

日本語での用法《おと》二番目の。つぎの。「弟矢《おとや》」

難読 従兄弟《いとこ》

人名 おと・くに・ちか・つぎ・ふと

【弟子】一《テイシ》《デシ》教え子。門人。門弟。対師匠《シショウ》。例―《デシ》入《い》り。―《テイ》、孰《たれ》か学《ガク》を好《この》むとなす(=門弟のなかで、だれが学問を好むといえますか)。〈論語《ロンゴ》〉 二《テイシ》年の若い者。子弟。例―、入《い》りてはすなわち孝《コウ》(=若者よ、家庭では孝行を心がけなさい)。〈論語《ロンゴ》〉

【弟妹】《テイマイ》おとうとと、いもうと。

○●義兄弟《ギキョウダイ》・義弟《ギテイ》・兄弟《キョウダイ》《ケイテイ》・愚弟《グテイ》・賢弟《ケンテイ》・再従兄弟《サイジュウケイテイ》《またいとこ》・実弟《ジッテイ》・子弟《シテイ》・師弟《シテイ》・従兄弟《ジュウケイテイ》《いとこ》・徒弟《トテイ》・末弟《マッテイ》・門弟《モンテイ》

弓 5
【弦】
8画 2425 5F26 常用 音 ケン漢 ゲン呉 訓 つる

筆順 ㇆ コ 弓 弓 弓 弦 弦 弦

なりたち [会意]「弓(=ゆみ)」と「玄(=糸をかけるところ)」とから成る。弓に張る糸。

意味 ❶弓に張る糸。つる。例鳴弦《メイゲン》。❷バイオリン・琴《こと》などの楽器に張る糸。また、そのような楽器。同絃《ゲン》。例弦楽《ゲンガク》。管弦《カンゲン》。三弦《サンゲン》。❸糸を張った弓のような形。とくに弓張り月。半月形。例弦月《ゲンゲツ》。下弦《カゲン》。上弦《ジョウゲン》。❹〔数〕円周上の二点をむすぶ直線。また、直角三角形のななめの辺《ヘン》。例正弦《セイゲン》。余弦《ヨゲン》。

人名 いと・お・ふさ・ゆづる・ゆみ

【弦音】《ゲンオン》《つるおと》矢を放ったときの、つるの鳴る音。例―《つるおと》高く矢を放つ。

【弦歌】《ゲンカ》三味線《しゃみせん》などをひき、歌をうたうこと。例―の巷《ちまた》(=弦歌の聞こえてくる街)。表記 旧▼絃歌

【弦楽】《ゲンガク》バイオリンなどの弦楽器を用いて演奏する音楽。例―四重奏。表記 旧▼絃楽

【弦月】《ゲンゲツ》つるを張った弓の形をしている月。上弦または下弦の月。弓張り月。半月。

【弦線】《ゲンセン》①弦楽器に張る糸。弦。②ヒツジなどの腸でつくった糸。ガット。テニスのラケットのあみや弦楽器の弦などに用いる。表記 ▽旧▼絃線

○●下弦《カゲン》・管弦《カンゲン》・上弦《ジョウゲン》・調弦《チョウゲン》

弓 5
【弩】
8画 5524 5F29 音 ド漢 訓 いしゆみ

意味 ばねじかけで、矢をはじいて飛ばす武器。いしゆみ。おおゆみ。例強弩《キョウド》(=力の強い大きな弓)。

日本語での用法《ド》一九〇六年に建造されたイギリスの戦艦《センカン》、ドレッドノート号の略語「ド」の音訳。「超弩級《チョウドキュウ》・弩級艦《ドキュウカン》」

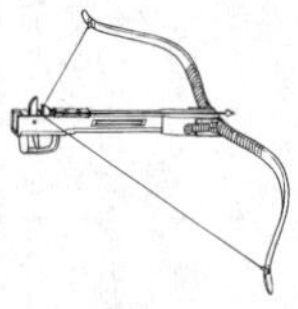

[弩]

弓 5
【弥】
8画 4479 5F25 常用 音 ビ漢 ミ呉 訓 や・いよいよ・いや 付表 弥生《やよい》

筆順 ㇆ コ 弓 弓 弓 弥 弥 弥

弓14 【彌】17画 5529 5F4C 人名

なりたち [形声] 本字は「镾」で、「長(=ながい)」と、音「爾《ジ》→《ビ》」とから成る。ひさしい。派生して「いよいよ」の意。

意味 ❶ながい時間にわたる。ひさしい。例弥久《ビキュウ》(=ながびく)。❷ひろくゆきわたる。例弥漫《ビマン》。❸ほころびをぬう。つくろう。例弥縫《ビホウ》。❹ますます。いよいよ。例仰レ之弥高《これをあおげばいよいよたかし》(=見上げるとますます高い)。〈論語《ロンゴ》〉❺梵語《ボンゴ》の「ミ」の音訳字。例阿弥陀《アミダ》。須弥山《シュミセン》。

日本語での用法 一《いや》さらに。もっと多く。「弥《いや》が上《うえ》に・弥《いや》書《が》き・弥《いや》増《ま》し」 二《や》「や」の音をあらわすあて字。「弥次《やじ》・弥次馬《やじうま》」

難読 弥彦《いやひこ》《やひこ》

人名 いよ・ね・ひさ・ひさし・ひろ・ひろし・ます・みち・みつ・やす・わたり・わたる

【▽弥栄】《いやさか》 一(名)いよいよさかえること。例ご一家の―をいのる。 二(感)繁栄《ハンエイ》をいのっていうことば。ばんざい。

【▽弥縫】《ビホウ》(名・する)〔破れた衣服をぬいつくろう意〕欠点や失敗をとりつくろうこと。また、一時的にまにあわせること。例―策。

【▽弥漫】《ビマン》(名・する)ある気分などが一面に広がること。例政治不信の風潮が―する。表記「▼瀰漫」とも書く。

【▽弥▼撒】《ミサ》〔ラテン語 missa の音訳〕①カトリック教会で、神をたたえ、罪のつぐないと神のめぐみを願う儀式《ギシキ》。②「ミサ曲」の略。ミサのときに歌う音楽。例鎮魂《チンコン》―。

【▽弥▼陀】《ミダ》〔仏〕「阿弥陀《アミダ》」の略。すべての人を救うという仏。例―の名号《ミョウゴウ》をとなえる。→【阿弥陀】《アミダ》(1031ページ)

【▽弥▼勒】《ミロク》〔仏〕〔梵語《ボンゴ》の音訳〕釈迦《シャカ》の死後、五十六億七千万年後にこの世にくだり、釈迦の説法を受けなかった人々を救うという菩薩《ボサツ》。弥勒菩薩。

【弥生】《やよい》もと、陰暦《インレキ》で三月のこと。太陽暦でもいう。

弓 6
【弧】
9画 2444 5F27 常用 音 コ漢

筆順 ㇆ コ 弓 弓 弓 弧 弧 弧 弧

たなちり  [形声]「弓(=ゆみ)」と、音「瓜《カ→コ》」とから成る。木でつくった弓。

意味 ❶弓。また、弓のように曲がる。例弧状《コジョウ》。❷〔数〕円周または曲線の一部。例円弧《エンコ》。

【弧状】《コジョウ》 弓のようにそった形。弓なり。例—列島。

【弧線】《コセン》 弓なりの曲線。弧状の線。

●円弧《エンコ》・括弧《カッコ》

弓6 【弭】 9画 5525 5F2D 音ビ漢 訓ゆはず・わす-れる

意味 ❶弓の両端《リョウタン》にあって、弦《つる》をかけるところ。ゆはず。❷ゆはずを象牙《ゾウゲ》などでかざった弓。角弓《つのゆみ》。例象弭《ゾウビ》。❸とどめる。やめる。例弭兵《ビヘイ》(=戦争をやめる)。❹わすれる。例弭忘《ビボウ》(=わすれる)。

弓6 [弯] 9画 ⇩【彎】《ワン》(368ページ)

弓7 【弱】 10画 2869 5F31 教育2 音ジャク漢 ニャク呉 訓よわ-い・よわ-る・よわ-まる・よわ-める

筆順 ¬ コ 弓 弓 弓 弓 弱 弱

弓7 【弱】 10画

たなちり  [会意]「弓(=ゆみのように曲がる)」と「彡(=毛のようによわい)」とから成る「弜」が二つ。よわい。

意味 ❶なよなよとしている。力や勢いが足りない。よわい。よわまる。よわめる。対強《キョウ》。例弱小《ジャクショウ》。弱肉強食《ジャクニクキョウショク》。衰弱《スイジャク》。❷わかい。年少。また、二十歳《サイ》のこと。例弱輩《ジャクハイ》。弱冠《ジャッカン》。老弱《ロウニャク》。❸あるまとまった数量をあらわすことばについて、その数に少し足りないことをしめす。対強《キョウ》。例百名弱《ヒャクメイジャク》。

難読 弱竹《なよたけ》・弱法師《よろボウシ|よろボシ》・手弱女《たおやめ》

【弱音】《ジャクオン》 一①よわいおと。小さいおと。②楽器のおとをよわくすること。対強音。例—器。二《よわね》①力のない声。②いくじのないことば。例—を吐《は》く。

【弱酸】《ジャクサン》 酸性度のよわい酸。炭酸・ほう酸など。対強酸。

【弱志】《ジャクシ》 意志がよわいこと。よわい意志。例—の徒。

【弱視】《ジャクシ》 視力がひどくよわいこと。とくに、眼鏡で矯正《キョウセイ》できない場合をいう。

【弱者】《ジャクシャ》 力や立場のよわい人。対強者。例—の味方をする。

【弱小】《ジャクショウ》 (名・形動《ナ》)①よわくて小さいこと。対強大。例—国家。②年が若いこと。類弱年。例—にしてよく強豪《キョウゴウ》に伍《ゴ》する。

【弱卒】《ジャクソツ》 よわい兵隊。弱兵。例勇将のもとに—なし。

【弱体】《ジャクタイ》 一(名)よわいからだ。二(名・形動《ナ》)組織や体制がよわく、たよりないこと。例組織が—化する。

【弱敵】《ジャクテキ》 よわい敵。よわい相手。対強敵。例—とみてあなどるな。

【弱点】《ジャクテン》 ①不十分でよわいところ。ウイークポイント。類欠点。例—を克服《コクフク》する。②人からせめられると、こまるところ。よわみ。ウイークポイント。例相手の—をにぎる。

【弱電】《ジャクデン》 通信や、家庭で使うくらいの、よわい電力。また、それを使う電気機器の部門。対強電。例—メーカー。

【弱肉強食】《ジャクニクキョウショク》〔弱者の肉は強者の食物、という意から〕強いものが弱いものをほろぼして栄えること。類優勝劣敗《ユウショウレッパイ》。

【弱年】《ジャクネン》 年が若いこと。また、その人。例—にもかかわらず、よくつとめる。表記「若年」とも書く。

【弱輩】《ジャクハイ》 ①年が若い者。青二才《あおニサイ》。②経験にとぼしく、未熟な者。〔自分のことをへりくだっていうときにも用いる〕表記▽「若輩」とも書く。

【弱兵】《ジャクヘイ》 よわい兵士。弱卒。

【弱化】《ジャッカ》 (名・する)前よりよわくなること。よわまること。対強化。例結束力《ケッソクリョク》が—する。

【弱冠】《ジャッカン》 〔古代中国で、二十歳《サイ》を「弱」といい、男子は冠《かんむり》をつけたことから〕①男子で、二十歳のこと。②俗《ゾク》に、年の若いこと。多く男子にいう。例—十六歳で初優勝。

【弱行】《ジャッコウ》 実行力のよわいこと。例薄志《ハクシ》—の人。

【弱国】《ジャッコク》 経済力や軍事力などのよわい国。対強国。

【弱気】《よわキ》 (名・形動《ナ》)①気がよわいこと。例—を出す。—な態度。②〔経〕取引で、相場が下がると予想すること。▽対強気《つよキ》。

【弱腰】《よわごし》 一(名)こしの左右の、やや細くなっている部分。帯をしめるところ。例—をける。二(名・形動《ナ》)よわきなこと。思いきった態度がとれないこと。対強腰。例相手が強いからといって、—になるな。

【弱火】《よわび》 (料理などで)火力のよわい火。とろ火。対強火。

【弱み】《よわみ》 よわいところ。また、うしろめたいところ。弱点。対強み。例相手の—につけこむ。

【弱虫】《よわむし》 いくじのない人。

●強弱《キョウジャク》・虚弱《キョジャク》・気弱《きよわ》・色弱《シキジャク》・柔弱《ジュウジャク|ニュウジャク》・衰弱《スイジャク》・軟弱《ナンジャク》・薄弱《ハクジャク》・微弱《ビジャク》・病弱《ビョウジャク》・貧弱《ヒンジャク》・文弱《ブンジャク》

弓7 【弱】 10画 ⇩【弱】《ジャク》(365ページ)

弓8 【強】 11画 2215 5F37 教育2 音キョウ漢 ゴウ呉 訓つよ-い・つよ-まる・つよ-める・し-いる・こわ-い・し-いて

筆順 ¬ コ 弓 弘 弘 弘 弘 強

弓9 [强] 12画 5F3A 別体字

たなちり  [形声]「虫(=むし)」と、音「弘《コウ→キョウ》」とから成る。虫の名。借りて「つよい」の意。

意味 ❶力があり、勢いがさかんである。かたい。つよい。対弱《ジャク》。例強固《キョウコ》。強大《キョウダイ》。頑強《ガンキョウ》。❷つよくする。つよまる。つよめる。例強化《キョウカ》。強調《キョウチョウ》。増強《ゾウキョウ》。❸四十歳《サイ》をいう。心身の活力のさかんなころ。例強壮《キョウソウ》。❹あるまとまった数量をあらわすことばについて、その数より少し多いことをしめす。対弱《ジャク》。例百名強《ヒャクメイキョウ》。❺むりにする。つとめる。むりに(させる)。しいる。しいて。例強制《キョウセイ》。強引《ゴウイン》。勉強《ベンキョウ》。

日本語での用法 一《あながち》〔下に打ち消しの語をともなって〕必ずしも…でない。決して…でない。「強《あなが》ち悪《わる》いとはいえない」二《すね・すねる》意志がつよい。情《ジョウ》がこわい。ひねくれて意地をはる。「強者《すねもの》・強《す》ねて口答《くちごた》えをする」

難読 強顔《つれない》

人名 あつ・かつ・こわ・すすむ・すね・たけ・たけし・つとむ・つよ・つよし

【強圧】《キョウアツ》 (名・する)つよい圧力。つよい力や権力で一方的におしつけること。類弾圧《ダンアツ》・抑圧《ヨクアツ》・重圧。例大企業《ダイキギョウ》の—的なやり方を批判する。

【強意】《キョウイ》 文章表現などで気持ちや意味をつよめること。

例—の助詞。「いよいよますます」は—のための表現である。

【強《キョウ》運《ウン》】つよい運勢。運がつよいこと。例—の持ち主。

【強《キョウ》化《カ》】(名・する)①つよめること。足りないところを補ってつよくすること。対弱化。例—合宿。②ビタミンなどを人工的に加えて、栄養価を高めること。例—米《マイ》。

【強《キョウ》顔《ガン》】つらの皮が厚いこと。あつかましいこと。何があっても平然としていること。類厚顔《コウガン》・鉄面皮《テツメンピ》。

【強《キョウ》記《キ》】記憶力《キオクリョク》がよいこと。例博覧—。

【強《キョウ》肩《ケン》】かたがつよいこと。とくに野球で、ボールを遠くまで正確に速く投げられる能力のあること。

【強《キョウ》健《ケン》】(名・形動ダナ)からだがしっかりして、じょうぶなこと。対虚弱《キョジャク》。例身体—。

【強《キョウ》堅《ケン》】(名・形動ダナ)つよくてしっかりしていること。類強固。例—な意志。

【強《キョウ》権《ケン》】つよい権力。とくに、国家のもつ強制的な権力。例—を発動する。

【強《キョウ》固《コ》】(形動ダナ)つよくしっかりして、ゆるがないようす。類強堅《キョウケン》・強靱《キョウジン》。例意志—な人間。表記旧▼鞏固

【強《キョウ》行《コウ》】(名・する)反対や障害などをおしきって、むりやりおこなうこと。例—突破《トッパ》する。採決を—する。

【強《キョウ》攻《コウ》】(名・する)むりを知りながら力ずくでせめること。例—策に出て失敗する。

【強《キョウ》硬《コウ》】(名・形動ダナ)自分の考えを変えることなく、あくまでもおし通そうとすること。対軟弱《ナンジャク》。例—策をとる。

【強《キョウ》豪《ゴウ》】(名・形動ダナ)つよく勢いのさかんなこと。また、その人やチーム。表記「強剛」とも書く。

【強《キョウ》行軍《コウグン》】①軍隊で、一日の行程をむりに増やして移動すること。また、旅行などにもいう。例—でヨーロッパをまわる。②むりを承知で仕事をすること。例—で仕上げる。

【強《キョウ》国《コク》】大きな経済力や軍事力をもつ、力のつよい国。類大国《タイコク》。対弱国。

【強《キョウ》者《シャ》】つよいもの。権力・実力などの力をもつもの。対弱者。例—の論理をもって弱者をおしつぶす。

【強《キョウ》弱《ジャク》】つよいことと、よわいこと。また、つよさの程度。例音の—をつける。

【強《キョウ》襲《シュウ》】(名・する)はげしい勢いでおそいかかること。例三塁《サンルイ》—のヒット。敵陣《テキジン》を—する。

【強《キョウ》▼靱《ジン》】(名・形動ダナ)つよくてしなやかなこと。また、ねばりづよいこと。類強固。例—な精神。

［弓部］8画 強

【強心《キョウシン》剤《ザイ》】〔医〕弱った心臓の活動をつよめる薬。カンフル剤など。

【強《キョウ》制《セイ》】(名・する)力や権力によって、むりやりにさせること。類強要。例—執行《シッコウ》。労働を—する。

【強《キョウ》精《セイ》】精力をつよくすること。例—剤《ザイ》。

【強《キョウ》壮《ソウ》】(名・形動ダナ)からだがじょうぶで気力にあふれること。類壮健《ソウケン》・強健。対虚弱《キョジャク》。例滋養《ジヨウ》—の効果がある。

【強《キョウ》打《ダ》】(名・する)①つよく打つこと。例胸を—する。②野球・テニスなどで打力があること。つよい打撃《ダゲキ》。

【強《キョウ》大《ダイ》】(名・形動ダナ)つよくて大きいこと。対弱小。例—な勢力をもつ。

【強《キョウ》調《チョウ》】(名・する)①音・色などの調子をつよくすること。また、つよい調子。例白でハイライトを—する。②つよく主張すること。力をこめて言うこと。類力説。例平和を—する。

【強《キョウ》直《チョク》】㊀(名・形動ダナ)意志がつよく、心がまっすぐなこと。剛直《ゴウチョク》。例—な人間。㊁〔「ゴウチョク」とも〕(名・する)筋肉などがこわばること。硬直《コウチョク》。例心身が—する。

【強《キョウ》敵《テキ》】強力な敵。手ごわい相手。対弱敵。例—を破る。—に当たる。

【強《キョウ》電《デン》】発電機や工業などで使う、つよい電力。また、それらをあつかう電気工学の部門。対弱電。

【強《キョウ》▼弩《ド》】力のつよい石弓。表記「▼彊▼弩」とも書く。

【強《キョウ》▼弩《ド》の末《すえ》▼魯《ロ》▼縞《コウ》を▼穿《うが》つ▽能《あた》わず】〔「魯縞」は、魯の国に産する、うすい白絹。つよい石弓から発せられた矢も、ついには勢いが弱まり、うすい絹さえ射通すことができない〕英雄《エイユウ》も、衰《おとろ》えてしまっては何もできないことのたとえ。〈史記《シキ》〉

【強《キョウ》度《ド》】㊀(名)物体のつよさの度合い。例鉄骨の—。㊁(名・形動ダナ)(心身のぐあいの悪さなどの)程度がはなはだしいこと。類極度。対軽度。例—の近視。

【強《キョウ》迫《ハク》】(名・する)自分の思いどおりにさせるため、むりにせまること。むりじい。

【強迫《キョウハク》観念《カンネン》】はらいのけようとしても、心につきまとって、なかなかはなれない考えや気持ち。例—にとらわれる。

【強《キョウ》風《フウ》】つよいかぜ。例—注意報。—にあおられる。

【強《キョウ》兵《ヘイ》】①つよい兵士。対弱兵。②軍事力をつよくすること。例富国—を国是《コクゼ》とした明治時代。

【強《キョウ》弁《ベン》】(名・する)むりにりくつをつけて自分の意見を言いはること。こじつけ。表記旧強▼辯

【強《キョウ》暴《ボウ》】(名・形動ダナ)つよくて乱暴なこと。

【強《キョウ》要《ヨウ》】(名・する)むりやりに要求すること。むりじい。類強制。例寄付を—する。

【強力】㊀《キョウリョク》(名・形動ダナ)力や作用がつよいこと。例—接着剤《セッチャクザイ》。—におし進める。㊁《ゴウリキ》①(名・形動ダナ)力がつよいこと。つよいちから。例—無双《ムソウ》。②(名)登山者の荷物を運び、道案内をする人。例—をやとう。表記㊁は「剛力」とも書く。

【強力《ゴウリキ》犯《ハン》】〔法〕殺人・強盗《ゴウトウ》など、暴行や脅迫《キョウハク》によっておこなわれる犯罪。また、その犯人。対知能犯。

【強《キョウ》烈《レツ》】(名・形動ダナ)作用・刺激《シゲキ》などがつよくてはげしいこと。例—な印象。

【強《ゴウ》引《イン》】(名・形動ダナ)反対などをおしきっておこなうこと。例—なやり方。工事を—に進める。

【強《ゴウ》▼姦《カン》】(名・する)暴力や脅迫《キョウハク》などによって、性的におかすこと。対和姦。例—罪。

【強《ゴウ》弓《キュウ》】引くときにつよい力が必要な、弦《つる》の張りのつよいゆみ。また、そのゆみを引く人。

【強《ゴウ》情《ジョウ》】(名・形動ダナ)非を認めないで、自分の考えをおしとおそうとすること。意地っ張り。例—を張る。—な子供。表記「剛情」とも書く。

【強《ゴウ》訴《ソ》】(名・する)昔、おきてなどに不平不満をもった人々が、集団を組んで支配者のところへうったえかけたこと。例代官に—する。

【強《ゴウ》奪《ダツ》】(名・する)力ずくでうばいとること。例現金を—する。

【強《ゴウ》盗《トウ》】暴力やおどしによって、他人のお金や品物をうばい取ること。また、その者。

【強《ゴウ》欲《ヨク》】(名・形動ダナ)ひじょうに欲が深いこと。貪欲《ドンヨク》。例—な金貸し。表記旧強▼慾

【▽強《こわ》飯《めし》】〔「ゴウハン」とも〕もち米をむした、めし。おこわ。赤飯《セキハン》など。

【▽強《こわ》▽面《もて》】(名・形動ダナ)〔「こわおもて」の変化〕こわい表情をして相手につよい態度をとること。例—に出る。

【強《つよ》気《キ》】(名・形動ダナ)①気がつよく、積極的な態度をとること。また、強引《ゴウイン》にものごとを進めること。例—に出る。②〔経〕取引で、相場が上がると予想すること。▽対弱気。

【強腰】《つよごし》(名・形動ナダ) つよい態度に出ること。(対)弱腰。例—でかけあいにのぞむ。

【強火】《つよび》(料理などで)火力のつよい火。(対)弱火。

【強み】《つよみ》①つよさ。つよさの程度。例—を増す。②他に対してつよいところ。すぐれている点。例英語のうまいのが—だ。▽(対)弱み。

◐御強《おこわ》・頑強《ガンキョウ》・屈強《クッキョウ》・最強《サイキョウ》・増強《ゾウキョウ》・富強《フキョウ》・勉強《ベンキョウ》・補強《ホキョウ》・列強《レッキョウ》

弓 8
【張】 11画 3605 5F35 教育5 音 チョウ(漢)(呉) 訓 は-る・は-り

筆順 コ 弓 引 弖 弫 張 張

なりたち  [形声]「弓(=ゆみ)」と、音「長《チョウ》」とから成る。弓に弦《つる》をとりつける。

意味 ❶(ぴんと)はる。のばす。外に大きく広げる。大きくなる。(対)弛《シ》。例張力《チョウリョク》。拡張《カクチョウ》。緊張《キンチョウ》。❷弓・琴《こと》・幕などを数えることば。はり。❸二十八宿の一つ。ちりこぼし。例張宿《チョウシュク》。❹姓《セイ》の一つ。例張良《チョウリョウ》(=漢の名臣)。

日本語での用法《はり・はる》①紙や布・糸などを、しわやたるみのないように広げて固定する。「張《は》り板《いた》・張《は》り紙《がみ》・張《は》り子《こ》・張《は》り札《ふだ》・張《は》り物《もの》」②注意ぶかく待つ。「見張《みは》る・門口《かどぐち》で張《は》る」③ゆるめず、つっぱる。「肩肘《かたひじ》(を)張《は》る・強情《ゴウジョウ》を張《は》る」④内から外側に力が加わってふくらむ。「木《こ》の芽《め》が張《は》る・乳《ち》が張《は》る」⑤引き締《し》まる。「気《キ》が張《は》る・張《は》りのある声《こえ》」

使い分け はる【張・貼】⇩1178ページ

人名 とも

【張三▼李四】《チョウサンリシ》〔張家の三男、李家の四男の意。「張」も「李」も中国で多い姓《セイ》であることから〕どこにでもいる平凡《ヘイボン》な人々。

【張本】《チョウホン》〔古くは「チョウボン」とも〕事件を起こすもと。また、その人。張本人。例賊徒《ゾクト》の—。

【張本人】《チョウホンニン》悪事や事件を起こす中心となった人物。首謀者《シュボウシャ》。例事件の—。

【張力】《チョウリョク》①はり広がる力。②〔物〕物体の面に対して垂直にはたらき、その面をたがいに引き合う力。例表面—。

【張り板】《はりいた》洗ってのりをつけた布や、すいた紙をはってかわかすための板。

【張り扇】《はりおうぎ》たたんで、上部を外側から紙ではり包んだ扇。講釈師《コウシャクシ》などが机をたたいて調子をとるのに用いる。〔開いて扇子《センス》として使うことはできない〕

【張り紙】《はりがみ》①ものにはりつけた紙。例—細工。②通知や宣伝のために、人目につく場所にはる紙。例求人の—を出す。③目じるしのためや、意見などを書いて、書類にはる小さい紙。(類)付箋《フセン》。表記▽「貼り紙」とも書く。

【張り子】《はりこ》木の型の上に紙をはり重ね、かわいてから中の型をぬきとったもの。はりぬき。例—の虎《とら》。

【張り番】《はりバン》見張りをすること。また、その人。

【張り札】《はりふだ》おおぜいの人に知らせるために書いてはり出すふだ。例満員御礼《マンインおんレイ》の—。表記「貼り札」とも書く。

【張りぼて】《はりぼて》木や竹のわく組みの上に紙をはり重ねたもの。とくに、演劇の小道具に用いる、張り子。はりぬき。

◐開張《カイチョウ》・拡張《カクチョウ》・緊張《キンチョウ》・誇張《コチョウ》・主張《シュチョウ》・出張《シュッチョウ》・膨張《ボウチョウ》

弓 8
【弸】 11画 *5526 *5F38 音 ホウ(漢) 訓 み-ちる

意味 ❶(弓が)強いようす。❷弓の弦《つる》。❸充満《ジュウマン》させる。充実《ジュウジツ》する。みちる。みつ。

弓 9
【弾】 12画 3538 5F3E 常用 音 タン(漢) ダン(呉) 訓 ひ-く・はず-む・たま・はじ-く・はじ-ける

筆順 コ 弓 引 弜 彈 弾 弾

弓12
【彈】 15画 5528 5F48 人名

なりたち  [形声]「弓(=ゆみ)」と、音「單《タン》」とから成る。弓でとばすたま。

意味 ❶はじいて飛ばすたま。鉄砲《テッポウ》などのたま。例弾丸《ダンガン》。弾薬《ダンヤク》。実弾《ジツダン》。❷勢いをつけてうつ。指先ではじく。例弾冠《ダンカン》。弾指《ダンシ》。❸弦楽器《ゲンガッキ》を演奏する。例弾琴《ダンキン》。奏弾《ソウダン》。連弾《レンダン》。❹相手の非をせめる。例糾弾《キュウダン》。指弾《シダン》。❺ものに当たってはねかえる。はずむ。例弾性《ダンセイ》。弾力《ダンリョク》。

使い分け たま【玉・球・弾】⇩1172ページ
使い分け ひく【引・弾】⇩1178ページ

難読 弾指《つまはじき》
人名 ただ・ただす

【弾圧】《ダンアツ》(名・する) 権力や武力によっておさえつけること。例反対派を—する。

【弾雨】《ダンウ》雨のようにさかんに飛んでくる弾丸。例砲煙《ホウエン》—を突《つ》いて進む。

【弾劾】《ダンガイ》(名・する)(おおやけの立場にある人がおかした)罪や不正をあばき、その責任を追及《ツイキュウ》すること。例裁判官—法。—裁判所(=裁判官の不正をさばく裁判所)。

【弾冠】《ダンカン》〔冠《かんむり》のちりをはじいて、はらう意〕①世のけがれをきらうことのたとえ。②仕官のときを心待ちにすること。

【弾丸】《ダンガン》①鉄砲《テッポウ》や大砲《タイホウ》のたま。例—雨飛。②ひじょうに速く進むことのたとえ。例—列車。—道路。③昔、中国で、小鳥をとらえる、はじき弓のたま。

【弾丸黒子の地】《ダンガンコクシのチ》〔はじき弓のたまや、ほくろのような小さな土地の意から〕ひじょうにせまい土地。弾丸の地。例—を得たにすぎない。

【弾琴】《ダンキン》琴《こと》をひくこと。

【弾痕】《ダンコン》たまの当たったあと。例—を調べる。

【弾指】《ダンシ》〔「タンジ」とも〕㊀(名・する)①指をはじくこと。②仲間はずれにすること。つまはじき。㊁(名)〔仏〕指をはじくほどの、きわめて短い時間。例—の間《カン》。

【弾性】《ダンセイ》〔物〕他からの力で変形した物体が、もとの形にもどろうとする性質。弾力性。例ゴムの—。

【弾奏】《ダンソウ》(名・する)①琴《こと》やピアノ・バイオリンなどの弦楽器《ゲンガッキ》を演奏すること。例—曲。②官吏《カンリ》の罪をあばいて、上に告げること。

【弾倉】《ダンソウ》連発式の小銃《ショウジュウ》や拳銃《ケンジュウ》などで、補充《ホジュウ》用のたまをこめておくところ。例—に残った一発。

【弾頭】《ダントウ》①銃弾《ジュウダン》や砲弾《ホウダン》の先の部分。②ミサイル(=誘導弾《ユウドウダン》)の頭部で、ものに接すると爆発《バクハツ》する部分。例核《カク》—。

【弾道】《ダンドウ》発射された弾丸が空中を飛ぶときにえがく曲線。例—型《がた》ミサイル。

【弾薬】《ダンヤク》銃砲《ジュウホウ》のたまと、火薬。例—庫。

【弾力】《ダンリョク》①〔物〕物体が、外からの力で変形したとき、もとの形にもどろうとする力。例—性にすぐれる。②状況《ジョウキョウ》に応じて、自由に対応できる能力。例—的に考える。

【弾き語り】《ひきがたり》①自分で三味線《しゃみせん》をひきながら、浄瑠璃

《ジョウルリ》などを語ること。②自分でピアノやギターなどを演奏しながら歌うこと。

【弾き《ひき》手《て》】 弦楽器《ゲンガッキ》やピアノなどの演奏者。また、楽器をひく人。

◐糾弾《キュウダン》・凶弾《キョウダン》・散弾《サンダン》・指弾《シダン》・実弾《ジツダン》・銃弾《ジュウダン》・肉弾《ニクダン》・爆弾《バクダン》・砲弾《ホウダン》・防弾《ボウダン》・連弾《レンダン》

弓 9

【弼】 12画 4111 5F3C

音 ヒツ㊉漢 訓 たす-ける

意味 あやまちを正し、たすける。また、天子の補佐役《ホサヤク》。たすけ。例 輔弼《ホヒツ》。

日本語での用法 《すけ》律令制《リツリョウセイ》の四等官《シトウカン》で、弾正台《ダンジョウダイ》の第二位。次官《すけ》。「弾正《ダンジョウ》の弼《すけ》」

弓 9

［强］ 12画 ⇩【強】《キョウ》（365ページ）

弓 10

【彁】 13画 5527 5F41

音義未詳《ミショウ》

弓12

【彈】 15画 ⇩【弾】《ダン》（367ページ）

弓 13

【彊】 16画 2216 5F4A

音 キョウ漢 ゴウ呉 訓 つよ-い・し-いる

意味 つよい。つとめる。しいる。同 強《キョウ》。例 自彊《ジキョウ》。

弓14

【彌】 17画 ⇩【弥】《や》（364ページ）

弓 19

【彎】 22画 5530 5F4E

音 ワン漢 訓 まが-る

弓 6

［弯］ 9画 5531 5F2F 俗字

意味 ❶弓に矢をつがえて、引きしぼる。例 彎弓《ワンキュウ》（＝弓を引きしぼる）。❷弓のような形に曲がる。まがる。例 彎曲《ワンキョク》。彎月《ワンゲツ》（＝三日月。弓張り月）。彎入《ワンニュウ》。

表記 現代表記では、「湾《ワン》」に書きかえることがある。熟語は「湾」（612ページ）を参照。

【彎曲】《ワンキョク》（名・する）弓なりにまがること。表記 ㊊湾曲

【彎入】《ワンニュウ》（名・する）海岸線が弓なりに陸地にはいりこむこと。表記 ㊊湾入

58 3画 彑（彐） けいがしら いのこがしら 部

ブタのあたまの形をあらわす。「彑《ケイ》」の音から「けいがしら」という。「彑」をもとにしてできている漢字と、類型の「彐」の字形を目じるしにして引く漢字とを集めた。

0 彑 6 彖 8 粛 彗 9 彘 10 彙 13 彜 15 彝

この部首に所属しない漢字

互⇩二 43 尹⇩尸 318 夛⇩夕 252 君⇩口 194

書⇩曰 499 群⇩羊 802 肅⇩聿 814

彑 0

【彑】 3画 5532 5F51

音 ケイ漢 訓 いのかしら

意味 ブタの頭。

彑 6

【彖】 9画 5533 5F56

音 タン漢 訓 はし-る

意味 ❶ブタが走る。はしる。❷易《エキ》の卦《カ》を判断する。また、そのことば。例 彖辞《タンジ》。

ヨ 8

【粛】 11画 2945 7C9B 常用

音 シク漢 シュク呉 訓 つつし-む

筆順 

聿 7

【肅】 13画 7073 8085

なりたち  ［会意］「聿（＝とりおこなう）」と「𣶒（＝水がめぐる深いふち）」とから成る。戦戦恐恐《センセンキョウキョウ》として、つつしむ。

意味 ❶心をひきしめて、相手をうやまった態度をとる。つつしむ。例 粛啓《シュクケイ》。自粛《ジシュク》。❷きびしくする。いましめる。例 粛正《シュクセイ》。粛清《シュクセイ》。❸おごそかで近寄りがたいようす。しずかなようす。例 粛粛《シュクシュク》。静粛《セイシュク》。

人名 かた・かね・きよし・すすむ・すみ・ただ・たり・とし・はや

【粛啓】《シュクケイ》 手紙の書き出しに用いるあいさつのことば。「つつしんで申しあげます」という意味。

【粛粛】《シュクシュク》（形動《タル》）①静かにつつしむようす。例 法廷《ホウテイ》内で―として判決を待つ。②おごそかでひきしまっているようす。例 葬列《ソウレツ》は―と進む。

【粛正】《シュクセイ》（名・する）きびしく取りしまり、不正を正すこと。例 綱紀《コウキ》を―する（＝規律を正す）。

【粛清】《シュクセイ》（名・する）①きびしく取りしまって、不正な者をなくすこと。②きびしく反対派を追放すること。

【粛然】《シュクゼン》（形動《タル》）①心をひきしめ、つつしむようす。例 ―と襟《えり》を正す。②ひっそりと静かなようす。例 ―としてなりゆきを見守る。あたりは―と静まりかえる。

◐厳粛《ゲンシュク》・自粛《ジシュク》・静粛《セイシュク》

ヨ 8

【彗】 11画 5534 5F57 人名

音 スイ漢 訓 ほうき

なりたち  ［会意］「ヨ（＝て）」に「丰丰（＝多くの竹の枝がならぶ）」を持つ。ほうき。

意味 ❶草の穂《ほ》や竹で作ったほうき。また、ほうきではく。❷ほうきぼし。例 彗星《スイセイ》。

【彗星】《スイセイ》 太陽系の天体。太陽に近づいたとき、ガス体の長い尾《お》を引くのが見える。長円形の軌道《キドウ》をもつ。ほうきぼし。例 ―のごとくあらわれた人物。

彑 9

【彘】 12画 1-8428 5F58

音 テイ漢 訓 いのこ・ぶた

意味 ブタ。例 彘肩《テイケン》（＝ブタの肩《かた》の肉）。

彑 10

【彙】 13画 5535 5F59 常用

音 イ漢 訓 あつ-める・あつ-まり

筆順 

なりたち  ［形声］「𢑚（＝毛の長い獣）」と、音「胃《イ》」の省略体とから成る。ハリネズミ。

意味 ❶ハリネズミ。同 蝟《イ》。❷（ハリネズミの毛のように）多くのものがあつまる。あつめる。また、同類のものをひとまとめにしたもの。あつまり。例 彙集《イシュウ》（＝種類によって分けて集める）。彙報《イホウ》。語彙《ゴイ》。

【彙報】《イホウ》 情報や動向を集めて、ことがらによって分類した報

告。雑報。例雑誌巻末の—欄《ラン》。
●語彙《ゴイ》・字彙《ジイ》・辞彙《ジイ》

彑13 【彛】16画 ⇩【彝】《イ》(369ページ)

彑15 【彝】18画 5519 5F5D 音イ漢 訓つね・のり

彑13 【彜】16画 5520 5F5C 別体字

意味 ❶宗廟《ソウビョウ》で常用される祭器。例彝器《イキ》。❷つねに守るべき、不変の道理。つね。のり。例彝訓《イクン》。❸中国の少数民族の一つ。彝族《イゾク》。

【彝器】《イキ》 宗廟《ソウビョウ》につねにそなえておく青銅器。鍾《ショウ》(=さかずき)・尊《ソン》(=酒の樽《たる》)・俎《ソ》(=まな板)など。

【彝訓】《イクン》 つねに守るべき教え。

【彝倫】《イリン》 人としてつねに守るべき道。人倫《ジンリン》。

59 3画 彡 さんづくり けかざり かみかざり 部

ふで描《えが》いた美しい模様やかざりをあらわす。「彡《サン》」の音から「さんづくり」という。「彡」をもとにしてできている漢字と、「彡」の字形を目じるしにして引く漢字とを集めた。

0 彡 4 形 6 彦 彦 8 彩 彫 彪 彬 彩 彫 9 彭 11 彰 12 影

この部首に所属しない漢字

参⇩厶173 參⇩厶174 須⇩頁1064

彡0 【彡】3画 5536 5F61 音サン漢呉 訓かざ-り

意味 筋目の模様。かざり。

彡4 【形】7画 2333 5F62 教育2 音ケイ漢ギョウ呉 訓かた・かたち

筆順 一 二 チ 开 开 形 形

なりたち 形 [形声]「彡(=もよう)」と、音「开《ケン》→《ケイ》」とから成る。かたどる。かたち。

意味 ❶外にあらわれるすがたやありさま。かたち。かた。例形式《ケイシキ》。形態《ケイタイ》。図形《ズケイ》。❷かおかたち。また、からだ。例形骸《ケイガイ》。形相《ギョウソウ》。❸あらわす。あらわれる。かたちづくる。例形成《ケイセイ》。形容《ケイヨウ》。

日本語での用法 《かた》借金が返せないときのための品物や権利。抵当《テイトウ》。「借金《シャッキン》の形《かた》に土地《トチ》を取《と》られた」

使い分け かた【形・型】⇩1167ページ

人名 すえ・なり・み・より

【形代】《かたしろ》 ①祭りのときに神体のかわりとしてすえるもの。②神社でのおはらいで用いる、白い紙を人のかたちに切ったもの。人形《ひとがた》。③身がわりとなるもの。

【形見】《かたみ》 ①過去を思い出す材料となるもの。記念。例むすめ時代の—のもの。②死んだ人や別れた人の残した、その人の思い出につながる品《しな》。遺品。例—分け。

【形相】 一《ギョウソウ》 顔つき。顔の表情。例すさまじい—でせまってくる。二《ケイソウ》 かたち。ありさま。

【形影】《ケイエイ》 もののかたちとそのかげ。また、いつもいっしょで、はなれないもののたとえ。

【形影《ケイエイ》相《あい》弔《とむら》う】〔「弔う」は、あわれみなぐさめる意。自分のからだとそのかげが、おたがいになぐさめあうことから〕たよる人もなく孤独《コドク》でさびしいようす。

【形影《ケイエイ》相《あい》伴《ともな》う】(夫婦《フウフ》などが)はなれることなく、いつもいっしょにいるようす。

【形骸】《ケイガイ》 ①〔生命や精神に対して〕外形だけのからだ。ぬけがら。②内容・価値のないかたちだけのもの。また、ものの骨組み。例民主主義の—化。

【形▼而下】《ケイジカ》 ①はっきりしたかたちがあるもの。有形。②〔哲〕見たり聞いたりさわったりするなど、人間の五感によってかたちをとらえることのできるもの。対形而上《ケイジジョウ》。

【形式】《ケイシキ》 ①外から見えるかたち。外形。外見。②定まっている型や手続き・やり方。様式。例伝統的な—を守る。③内容がともなわないうわべやかたちだけのこと。対内実・実質。

【形式主義】《ケイシキシュギ》 形式を重んじ、内容をかろんじて判断しようとする立場。〔内容がともなわなくても外見がととのうことを重くみる考え方を、他が非難する場合に使われることが多い〕例—との批判を受ける。

【形式的】《ケイシキテキ》(形動ナダ) ①形式に関しているようす。②内容に見るべきものがなく、うわべだけであるようす。また、型どおりのようす。例—なあいさつのことば。▽対実質的。

【形▼而上】《ケイジジョウ》〔哲〕見たり聞いたりさわったりするなど、人間の五感ではかたちをとらえることのできないもの。メタフィジカル。〔精神のはたらきによって認識《ニンシキ》される真・善・美・愛など〕対形而下《ケイジカ》。例—学《ガク》。

【形質】《ケイシツ》 ①もののかたちと性質。②〔生〕生物をからだのかたちや性質からみたときの特徴《トクチョウ》。

【形勝】《ケイショウ》 ①地勢・風景などのすぐれていること。また、その土地。景勝。例日本一の—。②地の利にすぐれている要害《ヨウガイ》の地。

【形象】《ケイショウ》 ものがそなえているかたち。すがた。

【形状】《ケイジョウ》 物のかたち。ありさま。ようす。例葉の—を観察する。

【形成】《ケイセイ》(名・する) かたちづくること。また、あるかたちにできあがること。例人格の—。

【形声】《ケイセイ》 漢字の六書《リクショ》の一つ。意味をあらわす部分と音をあらわす部分とを組み合わせて一字をつくる方法。たとえば「江《コウ》」は、意味をあらわす「氵(=水《みず》)」と、音をあらわす「工《コウ》」の組み合わせによる。諧声《カイセイ》。例—文字。

【形勢】《ケイセイ》 移り変わっていくものごと・事件などの、その時々のようす。なりゆき。類情勢。例どうも—が思わしくない。—が逆転する。

【形跡】《ケイセキ》 ものごとのおこなわれたあと。あとかた。痕跡《コンセキ》。例畑をふみあらした—がある。表記「形▼迹」とも書く。

【形像】《ケイゾウ》 (人物などを)かたどってつくった像。

【形体】《ケイタイ》「形態《ケイタイ》①②」に同じ。

【形態】《ケイタイ》 ①もののかたち。ありさま。ようす。例昆虫《コンチュウ》は成長するにしたがって大きく—を変える。②組織としてとらえられるものを、外から見たかたちやようす。状態。例市場経済《シジョウケイザイ》の—を維持《イジ》する。国家の—。③〔哲〕一つのまとまった全体。ゲシュタルト。表記①②は「形体」とも書く。

【形名】《ケイメイ》 ①かたちと名前。実態と名称《メイショウ》。②〔「形」は、おこない。「名」は、ことば〕おこないと発言とが一致《イッチ》するかしないかで人物を評価するという、古代中国の刑名学《ケイメイガク》の考え方。刑名《ケイメイ》。

【形容】《ケイヨウ》 一(名・する) ものごとのかたちやようすを言いあらわすこと。例なんと—したらよいのかわからない。二(名) かた

ち。すがた。

【形容詞《ケイヨウシ》】 品詞の一つ。自立語で活用する。単独で述語となることができ、ものごとの性質や状態をあらわすことば。言い切りのかたちは、口語では「い」、文語では「し」となる。たとえば、「高い」「美しい」、「高し」「美し」など。動詞・形容動詞とともに用言と呼ばれる。

【形容動詞《ケイヨウドウシ》】 品詞の一つ。自立語で活用する。単独で述語となることができ、ものごとの性質や状態をあらわすことば。言い切りのかたちは、口語では「だ」、文語では「なり」「たり」となる。たとえば、「静かだ」、「静かなり」「悠悠《ユウユウ》たり」など。動詞・形容詞とともに用言と呼ばれる。

◐跡形《あとかた》・円形《エンケイ》・女形《おやま・おんながた》・外形《ガイケイ》・奇形《キケイ》・球形《キュウケイ》・原形《ゲンケイ》・小形《こがた》・固形《コケイ》・字形《ジケイ》・象形《ショウケイ》・姿形《すがたかたち》・図形《ズケイ》・整形《セイケイ》・造形《ゾウケイ》・体形《タイケイ》・台形《ダイケイ》・地形《チケイ》・長方形《チョウホウケイ》・人形《ニンギョウ》・花形《はながた》・変形《ヘンケイ》・方形《ホウケイ》・無形《ムケイ》・屋形《やかた》

彡6 **【彦】** 9画 4107 5F66 人名 音 ゲン漢 訓 ひこ

彡6 **【彥】** 9画 — 5F65

なりたち [形声]「彡(=あやもよう)」と、音「厂《カン→ゲン》」とから成る。美しい男。

意味 りっぱな男子。才能・人がらともにすぐれた男性。男性をほめた呼び方。例 彦士《ゲンシ》(=りっぱな男性)。彦星《ひこぼし》。

日本語での用法 《ひこ》男性の名前につけて用いる。「海幸彦《うみさちひこ》・山幸彦《やまさちひこ》・猿田彦《さるたびこ》」

難読 彦山《ひこサン》(=地名)・英彦山《ひこサン》(=山名)

人名 お・さと・ひろ・ひろし・まさる・よし

【彦星《ひこぼし》】 わし座にあるアルファ星アルタイル。天《あま》の川をはさんで、おりひめ(=織女星《ショクジョセイ》)とともに七夕で祭られる星。牽牛星《ケンギュウセイ》。

彡6 **【彥】** 9画 ⇩【彦】《ひこ》(370ページ)

彡8 **【彩】** 11画 2644 5F69 常用 音 サイ漢呉 訓 いろど-る・あや・いろど-り

筆順

彡8 **【彩】** 11画

なりたち [形声]「彡(=もよう)」と、音「采《サイ》」とから成る。美しいあやもよう。

意味 ❶ものにさまざまな色をつけて美しくする。いろどる。❷また、そのようす。いろどり。例 彩色《サイシキ》。色彩《シキサイ》。水彩《スイサイ》。すがた。ようす。かたち。同 采《サイ》。例 異彩《イサイ》。生彩《セイサイ》。

人名 あき・あきら・いろ・さえ・つや

【彩雲《サイウン》】 美しいいろどりの雲。朝焼けや夕焼けに赤くそまった雲などをいう。例 朝辞白帝彩雲間《あしたにジすハクテイサイウンのカン》(=夜明けに、朝焼け雲のたなびく白帝城に別れを告げる)。〈李白《リハク》・早発白帝城《つとにハクテイジョウをハッす》〉

【彩▼霞《サイカ》】 美しいもや・かすみ。〈朝焼けや夕焼けのときに見られる美しい空のようすをいう〉

【彩管《サイカン》】 絵をかくときに用いる筆。色をぬるときの筆。絵筆。彩筆。例 —を揮《ふる》う(=絵をかく)。

【彩色《サイシキ・サイショク》】(名・する) 色をつけること。いろどり。類 着色《チャクショク》。例 草木の汁《しる》で—した布。

【彩度《サイド》】 色の三要素の一つで、あざやかさの度合い。また、色の純度。

【彩筆《サイヒツ》】「彩管《サイカン》」に同じ。

◐異彩《イサイ》・光彩《コウサイ》・色彩《シキサイ》・水彩《スイサイ》・生彩《セイサイ》・精彩《セイサイ》・多彩《タサイ》・淡彩《タンサイ》・迷彩《メイサイ》

彡8 **【彫】** 11画 3606 5F6B 常用 音 チョウ漢呉 訓 ほ-る・え-る

筆順

彡8 **【彫】** 11画 — 2F89A

なりたち [形声]「彡(=もよう)」と、音「周《シュウ→チョウ》」とから成る。もようをきざみつける。

意味 ❶ほりきざんでもようをつける。例 彫刻《チョウコク》。彫像《チョウゾウ》。❷しぼむ。おとろえる。同 凋《チョウ》。例 彫落《チョウラク》。

【彫金《チョウキン》】(名・する) たがねなどを使って金属に彫刻すること。また、その技術。例 —師。—をほどこした銀の器《うつわ》。

【彫刻《チョウコク》】(名・する) 木・石・金属などに、物や人の形、文字などを、ほりきざむこと。また、その作品。例 —家《カ》。表記「▼雕刻」とも書く。

【彫心▼鏤骨《チョウシンルコツ》】(名・する)〔心に彫《ほ》りつけ、骨に刻む意から〕ひじょうに苦心して詩や文章などをつくり上げること。例 名匠《メイショウ》の—して仕上げた作。

【彫塑《チョウソ》】 ①彫刻と塑像。②ねん土や石こうでつくる、彫刻の原型となる塑像。

【彫像《チョウゾウ》】 木・石・金属などをほりきざんでつくった像。例 —の除幕式。表記「▼雕像」とも書く。

【彫▼琢《チョウタク》】(名・する)〔「琢」は、玉をみがく意〕①宝石などをきざみみがくこと。②詩や文章をなん度も練り直して美しく仕上げること。例 文章をじゅうぶんに—する。表記 ▽「▼雕▼琢」とも書く。

【彫虫▼篆刻《チョウチュウテンコク》】〔小さな虫や篆字《テンジ》を、小刀で彫《ほ》りきざむように〕文章を書くとき、必要以上に細かい技法にはしり、字句をかざること。

【彫落《チョウラク》】(名・する) ①勢いがおとろえ、おちぶれること。例 —の一途《イット》をたどる。②草木がしぼみかれること。例 —の秋。③おとろえ死ぬこと。表記 ▽「▼凋落」とも書く。

【彫り物《ほりもの》】 ①彫刻《チョウコク》。②いれずみ。

◐木彫《モクチョウ》

彡8 **【彪】** 11画 4123 5F6A 人名 音 ヒュウ漢 ヒョウ呉 訓 あや・まだら

なりたち [会意]「虎(=とら)」と「彡(=もよう)」とから成る。トラの皮のもよう。

意味 トラの皮の斑紋《ハンモン》。転じて、美しいもよう。あや。例 彪彪《ヒョウヒョウ》(=まだらのもようのかたち)。

人名 あき・あきら・たかし・たけ・たけし・たける・つよし・とら

彡8 **【彬】** 11画 4143 5F6C 人名 音 ヒン漢

なりたち [形声]「彡(=もよう)」と、音「焚《フン→ヒン》」の省略体とから成る。外見と内容とがそなわっている。

意味「彬彬《ヒンピン》」は、外見と内容とがともにすぐれている意。例 文質彬彬《ブンシツヒンピン》(=見た目のよさと、内面の充実《ジュウジツ》がよく調和していること)。〈論語《ロンゴ》〉

人名 あき・あきら・あや・さかん・しげし・ひで・ひろ・もり・よし

彡8 **【彩】** 11画 ⇩【彩】《サイ》(370ページ)

彡8 **【彫】** 11画 ⇩【彫】《チョウ》(370ページ)

彡 9
【彭】
12画 5537 5F6D 音 ホウ漢

意味 ❶つづみの音。❷さかんなようす。また、多いようす。例 彭湃《ホウハイ》。彭彭《ホウホウ》。

【彭▼湃】《ホウハイ》（形動《タルト》）波のさかまくようす。また、ものごとがさかんに起こるようす。例 戦争反対の声が全国に―として起こる。表記「▼澎▼湃」とも書く。

【彭彭】《ホウホウ》（形動《タルト》）①さかんなようす。多いようす。②さかんに行くようす。

彡 11
【彰】
14画 3020 5F70 常用 音 ショウ漢 訓 あや・あき-らか

筆順 亠 立 立 咅 音 音 章 彰

なりたち [会意]「彡（＝もよう）」と「章《ショウ》（＝あや・かざり）」とから成る。あやもよう。

意味 ❶あざやかにめだつ。あきらか（な）。例 彰明《ショウメイ》（＝あきらか。明白）。❷はっきりとめだたせる。あきらかにする。例 顕彰《ケンショウ》。表彰《ヒョウショウ》。

人名 あ・あき・あきら・てる・まさ・よし

【彰義】《ショウギ》正義の道をあきらかにすること。例 ―隊（＝明治維新《イシン》の際、徳川将軍の江戸《えど》明けわたしに反対して立った幕臣の一隊）。

【彰考】《ショウコウ》過去の歴史をあらわし、将来を考えること。

彡 12
【影】
15画 1738 5F71 常用 音 エイ漢 ヨウ呉 訓 かげ

筆順 丶 冂 日 旦 呂 早 景 影

なりたち [形声]「彡（＝かざり）」と、音「景《ケイ→エイ》」とから成る。ひかり。派生して「かげ」の意。

意味 ❶ひかり。例 月影《ゲツエイ》。灯影《トウエイ》。❷ものが光をさえぎってできる、黒ずんだ形。かげ。例 影絵《かげエ》。形影《ケイエイ》。捕影《ホエイ》。❸映し出された、物のすがた。例 影像《エイゾウ》。撮影《サツエイ》。❹そっくりに、うつしとる。例 影印《エイイン》。

使い分け かげ【陰・影】⇩1167ページ

人名 あき・あきら・かず・ひかる

【影印】《エイイン》（名・する）（古い書物などを）写真に写し複製して印刷したもの。例 ―本《ボン》。

【影響】《エイキョウ》（名・する）一つのものの力が他にはたらき、それに変化をあたえること。また、その結果。例 大雨の―。

【影像】《エイゾウ》①絵や彫刻《チョウコク》などに写された姿。肖像《ショウゾウ》。②光によって映し出された姿。

【影絵】《かげエ》手や紙などで動物や物の形をつくり、灯火でそのかげをかべや障子などに写し出す遊び、または芸。写し絵。

【影《かげ》の形《かたち》に▽随《したが》うが▽如《ごと》し】形には必ずかげがついてまわるように、いつもいっしょではなれないようす。また、順応《ジュンノウ》してそむかないようす。

【影法師】《かげボウシ》障子や地面に映った、人のかげ。

【影身】《かげみ》かげのように、いつも身をはなれないでいること。また、そのようにする人。例 ―に添《そ》う。

【影武者】《かげムシャ》①昔、敵をあざむくために、大将などと同じ姿かたちをさせた身代わりの武士。②表面には出ず、裏でいろいろと指示を出す人物。黒幕《くろマク》。例 ―が策をさずける。

◐遺影《イエイ》・陰影《インエイ》・面影《おもかげ》・近影《キンエイ》・幻影《ゲンエイ》・撮影《サツエイ》・島影《しまかげ》・月影《つきかげ｜ゲツエイ》・投影《トウエイ》・火影《ほかげ》

60 3画 彳 ぎょうにんべん部

股《また》と脛《すね》と足《あし》を三つ合わせた形で、こまたで歩く意をあらわす。「行《ギョウ》」の字にある人偏《ニンベン》に似た形であることから「ぎょうにんべん」という。「彳」をもとにしてできている漢字を集めた。

0 彳 4 役 彷 彴 5 往 径 征 徂 彽 彼 彿 徃 6 徊 後 很 徇 待 律 7 従 徐 徒 徑 8 徙 得 徘 徠 從 9 御 徨 循 復 10 微 徭 11 徴 徳 12 徹 徵 德 13 徼 徽 14 徽

この部首に所属しない漢字

行⇩行 884　衍⇩行 885　衒⇩行 885　術⇩行 885
街⇩行 885　衙⇩行 885　衝⇩行 885　衛⇩行 886
衞⇩行 886　衡⇩行 886　鵆⇩鳥 1101　黴⇩黒 1111
衢⇩行 886

彳 0
【彳】
3画 5538 5F73 音 テキ漢 訓 たたず-む・た-つ

意味 こまたで歩む。すこし行っては止まる。たたずむ。

難読 彳亍《テキチョク｜たたずむ｜たちあがる》

彳 4
【役】
7画 4482 5F79 教育3 音 エキ漢 ヤク呉 訓 つと-め

筆順 ノ ク 彳 彳 彴 役 役

なりたち [会意]「殳（＝武器で打つ）」と「彳（＝めぐりあるく）」とから成る。国境を守る。派生して「仕事につとめる」の意。

意味 ❶政府・支配者が人民にさせる仕事。国境の守りや土木事業などの労働。例 役夫《エキフ》。賦役《フエキ》。労役《ロウエキ》。❷戦争。いくさ。例 戦役《センエキ》。西南《セイナン》の役《エキ》。❸人をつかって仕事をさせる。仕事。例 雑役《ザツエキ》。使役《シエキ》。❹つかえる。つかわれる。ある仕事につとめる。例 役務《エキム》。役夫《エキフ》。現役《ゲンエキ》。❺割り当てられた仕事。重要な地位。つとめ。例 役員《ヤクイン》。役職《ヤクショク》。役人《ヤクニン》。

日本語での用法《ヤク》芝居《しばい》で俳優にふりあてられる受け持ち。また、役目・地位。「役者《ヤクシャ》・主役《シュヤク》・配役《ハイヤク》・役《ヤク》をつとめる」

難読 役行者《えんのギョウジャ》・役《え》だち

人名 つら・まもる・ゆき

【役役】《エキエキ》（形動《タルト》）懸命《ケンメイ》に苦労するようす。身心ともに苦しむようす。例 終生―としてつとめた。

【役牛】《エキギュウ》農耕や荷物の運送などの労働のために使うウシ。対 乳牛・肉牛。

【役畜】《エキチク》農耕や荷物を運んだりするために使うウシやウマなどの家畜。

【役丁】《エキテイ》人足《ニンソク》。人夫《ニンプ》。役夫《エキフ》。

【役夫】《エキフ》①人足《ニンソク》。人夫《ニンプ》。役丁《エキテイ》。②使用人。

【役務】《エキム》労働・作業などのつとめ。

【役員】《ヤクイン》①ある役割を受け持つ人。例 町内会の―。②会社・団体などを代表し、その組織の運営の責任を負う人。重役。幹部。

【役《ヤク》柄《がら》】①役の性質。役向き。例—をわきまえる。②役の内容にともなって生じる体面や立場。例—を重んじる。③演劇や映画で、演じる登場人物の性格や役割。例悪人の—がにくらしいほどよく似合う。

【役所】㊀《ヤクショ》役人が公務をあつかうところ。官公庁。例—勤め。市—。㊁《ヤクどころ》①その人にふさわしい役。また、役目。例ちょうどこれが私の—だ。②あたえられた役。また、役目。例—をあまんじてつとめる。

【役職《ヤクショク》】担当する役目と職務。とくに、会社や役所などで責任ある地位。例—上の責任。

【役僧《ヤクソウ》】寺の事務をあつかう僧。

【役宅《ヤクタク》】江戸《えど》時代の奉行《ブギョウ》その他、現代の会社や官庁などで、それぞれの役目の人が住む住宅。公舎。

【役付き《ヤクづき》】役につくこと。また、役についている人。例若くして—に昇進《ショウシン》する。

【役作り《ヤクづくり》】役者が、自分にあたえられた役にふさわしい演技や扮装《フンソウ》を身につけようとくふうすること。

【役得《ヤクトク》】その役についていることで得られる利益。

【役人《ヤクニン》】官職や公職についている人。官僚《カンリョウ》。公務員。

【役場《ヤクば》】①町や村の公務をあつかう場所。例町—。②公証人・執行官《シッコウカン》が事務をとる場所。例公証人—。

【役不足《ヤクブソク》】(名・形動ダ)①その人の実力・能力にくらべて、あたえられた役目が軽すぎること。例かれにとっては—だった。②役目に不満をもつこと。例—をうったえる。

【役回り《ヤクまわり》】割り当てられた役。例損な—。

【役目《ヤクめ》】役としてやらなければならない務め。担当する職務。例—を果たす。重い—。

【役割《ヤクわり》】役を割り当てること。また、割り当てられた役。例重要な—。

◐悪役《アクヤク》・上役《うわヤク》・顔役《かおヤク》・苦役《クエキ》・現役《ゲンエキ》・三役《サンヤク》・使役《シエキ》・下役《したヤク》・重役《ジュウヤク》・主役《シュヤク》・助役《ジョヤク》・大役《タイヤク》・代役《ダイヤク》・懲役《チョウエキ》・適役《テキヤク》・配役《ハイヤク》・服役《フクエキ》・兵役《ヘイエキ》・労役《ロウエキ》

彳4

【彷】

7画 5539 5F77 音ホウ漢 訓さまよ-う

意味 ❶「彷徨《ホウコウ》」は、あてもなく、行ったり来たりする。さまよう。❷「彷彿《ホウフツ》」は、似かよっていてはっきりしない。

【彷▼徨《ホウコウ》】(名・する)あてもなくさまようこと。ぶらぶら歩き回ること。例荒野《コウヤ》を—する。

【彷▼彿《ホウフツ》】㊀(名・する)昔、見たのと同じように思い出されること。また、そのようす。例娘《むすめ》の声は、亡《な》き母親を—とさせる。㊁(形動タルト)姿・形がぼんやりと見えるようす。例—として夢の如《ごと》し。表記▽「▼髣▼髴」とも書く。

彳4 【徇】7画 ⇩【徇《ジュン》】(375ページ)

彳5

【往】

8画 1793 5F80 教育5 音オウ漢呉 訓ゆ-く・い-く

筆順 

彳5 【徃】8画 5540 5F83 俗字

なりたち 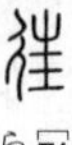 [形声]「彳(=あるく)」と、音「主《コウ》→《オウ》」とから成る。ゆく。

意味 ❶目ざす方向へゆく。ゆく。いく。対復《フク》・来《ライ》。例往復《オウフク》。往来《オウライ》。往路《オウロ》。❷むかし。すぎ去ったこと。例往時《オウジ》。往年《オウネン》。既往《キオウ》。❸のち。それからあと。例以往《イオウ》。❹去る。死ぬ。例往生《オウジョウ》。

難読 往昔《いにしえ|そのかみ》・往代《そのかみ》

人名 すすむ・なり・ひさ・みち・もち・ゆき・よし

【往往《オウオウ》】(副)ときどき。しばしば。時として。例—にしてこういうことがある。

【往還《オウカン》】㊀(名・する)行きと帰り。行き来すること。㊁(名)街道《カイドウ》。道路。例鎌倉《かまくら》—(=鎌倉へ通じる街道)。

【往古《オウコ》】むかし。いにしえ。例—の日本文化。

【往行《オウコウ》】①過去のおこない。②昔の人のおこない。例前言—(=昔の人のことばとおこない)。

【往事《オウジ》】過ぎ去ったこと。昔のこと。例—渺茫《ビョウボウ》(=過ぎ去ったことはぼんやりとしてはっきりしない)。

【往時《オウジ》】むかし。昔日《セキジツ》。過去。対近時。例—をしのぶ。

【往日《オウジツ》】過ぎ去った日。先日。例—の面影《おもかげ》。

【往者《オウシャ》】㊀(名)①過ぎ去ったこと。過去。対来者。例—は諫《いさ》むべからず(=過ぎ去ったことは改めることができない)。〈論語《ロンゴ》〉②去りゆくもの。㊁(副)さきに。かつて。

【往生《オウジョウ》】(名・する)①〔仏〕現世《ゲンセ》を去り、極楽浄土《ゴクラクジョウド》に行って生まれ変わること。②死ぬこと。例大—。③処理にこまりはてること。まいること。例大雪に—する。

【往生際《オウジョウぎわ》】①死にぎわ。例いさぎよい—。②おもいきり。例—が悪い。

【往診《オウシン》】(名・する)医者が病人の家に出向いて行って診察すること。例夜間の—。

【往▼迹《オウセキ》】昔のあと。古跡《コセキ》。

【往年《オウネン》】過ぎ去った年。むかし。往時。例—の大スター。

【往反《オウハン|オウヘン》】〔古くは「オウバン」とも〕「往返《オウヘン》」に同じ。

【往復《オウフク》】(名・する)①行きと帰り。また、ある場所へ行ってもどってくること。対片道。例—切符《きっぷ》。—に手間取《てまど》る。②手紙やことばのやりとり。例—書簡。

【往返《オウヘン》】(名・する)行き帰りすること。往復。例街道《カイドウ》を—する旅人。表記「往▽反」とも書く。

【往訪《オウホウ》】(名・する)人をたずねて行くこと。

【往来《オウライ》】㊀(名・する)行くことと帰ること。人の行き来。また、手紙のやりとり。例—がさかんだ。㊁(名)①道路。大通り。例—の真ん中にたおれる。②「往来物《オウライもの》」の略。昔の、(十二か月に分けた)手紙の例文集。また、用語集。

【往路《オウロ》】行きの道。対復路。

◐一往《イチオウ》・右往左往《ウオウサオウ》・既往《キオウ》・来往《ライオウ》

彳5

【径】

8画 2334 5F84 教育4 音ケイ漢キョウ呉 訓こみち・みち

筆順 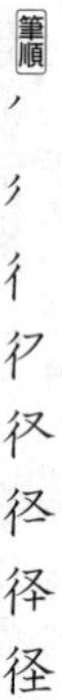

彳7 【徑】10画 5545 5F91

辶7 【逕】11画 7784 9015 別体字

なりたち  [形声]「彳(=あるく)」と、音「巠《ケイ》」とから成る。歩道(=車は通れない道)。

意味 ❶ほそみち。こみち。ちかみち。みち。例径路《ケイロ》。山径《サンケイ》。捷径《ショウケイ》。❷すぐさま。まっすぐに。例径行《ケイコウ》。❸まっすぐ横切る。わたる。❹円・球の中心を通る線。さしわたし。例口径《コウケイ》。直径《チョッケイ》。

人名 わたる

【径行《ケイコウ》】思ったことをそのまま言ったり実行したりすること。例直情—。

【径庭《ケイテイ》】①庭を横切る。②大きなへだたりがあること。大差《タイサ》。例両者の間には—がある。

【径路《ケイロ》】こみち。近道。

○●口径《コウケイ》・小径《ショウケイ》・短径《タンケイ》・長径《チョウケイ》・直径《チョッケイ》・内径《ナイケイ》・半径《ハンケイ》

亻 5

【征】

8画 3212 5F81 常用 音セイ漢 訓う-つ・ゆ-く

筆順 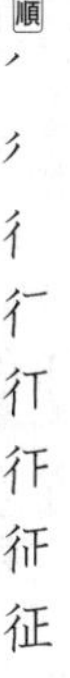

なりたち  [形声]「彳(=あるく)」と、音「正《セイ》(=ただす)」とから成る。遠くに行く。

意味 ❶遠くを目ざして(旅に)行く。ゆく。例征衣《セイイ》。征途《セイト》。❷たいらげる。こらしめる。うつ。例征伐《セイバツ》。征服《セイフク》。遠征《エンセイ》。

人名 おさむ・すすむ・そ・ただし・ただす・まさ・もと・ゆき

【征衣】《セイイ》①旅行中の衣服。たびごろも。例—をぬぐ。②陣中《ジンチュウ》の衣服。軍服。類戎衣《ジュウイ》。例—をまとう。

【征▼夷】《セイイ》昔、大和朝廷《やまとチョウテイ》に従わない者を征伐《セイバツ》すること。とくに、東国の蝦夷《えぞ》を征伐すること。

【征▼夷大将軍】《セイイタイショウグン》①奈良《なら》・平安時代に、東国の蝦夷《えぞ》を征伐《セイバツ》するために派遣《ハケン》された将軍。②鎌倉《かまくら》時代から江戸《えど》時代まで、源頼朝《みなもとのよりとも》以来、幕府のかしらとなって天下を治めた将軍職。

【征途】《セイト》①旅の道。旅路。②行軍のとちゅう。③戦いに向かう道。例—に就《つ》く。

【征討】《セイトウ》(名・する)服従しない者をせめほろぼすこと。征伐《セイバツ》。例—の軍をおこす。

【征伐】《セイバツ》(名・する)敵や悪人をせめほろぼすこと。征討《セイトウ》。例悪者を—する。

【征服】《セイフク》(名・する)①手向かう者をうちたおして服従させること。例全土を—する。②困難なことをやりとげること。例エベレストを—する。

【征旅】《セイリョ》①征伐《セイバツ》のための軍隊。②旅人。例—の仮枕《かりまくら》。

○●遠征《エンセイ》・外征《ガイセイ》・出征《シュッセイ》・長征《チョウセイ》

亻 5

【徂】

8画 5541 5F82 音ソ漢 訓ゆ-く

意味 ❶(一歩一歩と遠ざかって)ゆく。例徂徠《ソライ》。❷あの世へゆく。死ぬ。例徂没《ソボツ》(=死ぬ)。

【徂▼徠】《ソライ》行き来すること。往来すること。徂来《ソライ》。

亻 5

【彽】

8画 1-8431 5F7D 音テイ漢

意味「彽徊《テイカイ》」は、行ったり来たりする。うろうろする。さまよう。

表記 現代表記では、「低《テイ》」に書きかえることがある。熟語は「低」(68ページ)を参照。

亻 5

【彼】

8画 4064 5F7C 常用 音ヒ漢呉 訓かれ・かの

筆順 

なりたち  [形声]「彳(=あるく)」と、音「皮《ヒ》」とから成る。かなたに行く。

意味 ❶場所をあらわす代名詞。あちら。むこう。対此《シ》。例彼岸《ヒガン》。❷三人称《サンニンショウ》(=話し手と聞き手以外の人・もの)の代名詞。あの人。あれ。かれ。例彼我《ヒガ》。彼此《ヒシ》(=かれこれ)。彼女《かのジョ》。❸外国語の「ピ」「ペ」の音にあてる字。例彼得堡《ペテルブルク》。

難読 彼此《あちこち—あなたこなた》・彼方《あちら—あなた—かなた》・彼方此方《あちこち—あちらこちら》・此彼《ここかしこ》・誰彼時《たそがれどき》

人名 のぶ

【彼女】《かのジョ》①あの女性。話し手・聞き手以外の女性。②恋人《こいびと》である女性。対彼氏《かれシ》。

【彼氏】《かれシ》①「彼」を親しんでいうことば。②恋人《こいびと》である男性。対彼女《かのジョ》。

【▽彼▽誰時】《かわたれどき》明け方のうすぐらいころ。彼誰《かわたれ》。〔うすぐらいので、「あれはだれだ」とたずねるところから出たことば。古くは、夕方についてもいった〕対誰彼時《たそがれどき》。

【彼我】《ヒガ》かれとわれ。相手と自分。敵と味方。例—の力を考える。

【彼岸】《ヒガン》①向こう側のきし。対岸。対此岸《シガン》。②〔仏〕この世の迷いやなやみからぬけ出たさとりの境地。対此岸。③春分・秋分の日を中日《チュウニチ》として、その前後三日ずつの七日間。その期間におこなう仏事を彼岸会《ヒガンエ》という。例春のお—。

【彼岸花】《ヒガンばな》ヒガンバナ科の多年草。マンジュシャゲ。秋の彼岸のころ赤い花がさく。有毒。地下茎《チカケイ》は薬用にもなる。

【彼▼此】《ヒシ—かれこれ》あれとこれと。あれやこれや。あちらとこちら。

亻 5

【彿】

8画 5542 5F7F 音フツ漢

意味「彷彿《ホウフツ》」は、ぼんやり見えるようす。また、よく似ているようす。

難読 彷彿《さもにたり》

亻 5

【徃】

8画 ⇩【往】《ウオ》(372ページ)

亻 6

【徊】

9画 5543 5F8A 音カイ漢

意味 うろうろする。さまよう。めぐる。例彽徊《テイカイ》。徘徊《ハイカイ》。

表記 現代表記では、「回《カイ》」に書きかえることがある。熟語は「回」(218ページ)を参照。

難読 徘徊浪《いさようなみ》・徘徊《たちもとおる—やすらう》

亻 6

【後】

9画 2469 5F8C 教育2 音コウ漢ゴ呉 訓のち・うし-ろ・あと・おく-れる・おく-れ・しりえ

筆順 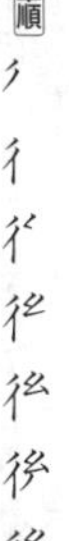

なりたち 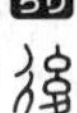 [会意]「彳(=あるく)」と「幺(=小さい)」と「夂(=足)」とから成る。小さい足であるく。おくれる。

意味 ❶おそくなる。おくれる。おくれ。例後進《コウシン》。後発《コウハツ》。❷時間的に、あと。のち。未来。対前《ゼン》。例後日《ゴジツ》。以後《イゴ》。今後《コンゴ》。❸空間的に、背中のほう。順番のおわりのほう。うしろ。あと。対前《ゼン》。例後退《コウタイ》。後方《コウホウ》。❹しり。しりえ。一説に、肛門《コウモン》。例鶏口牛後《ケイコウギュウゴ》。

使い分け あと【後・跡・痕】⇩1161ページ

使い分け おくれる【遅・後】⇩1164ページ

難読 後妻《うわなり》・後殿《しんがり》・後馳《おくればせ》

人名 ちか・のり・もち

【後味】《あとあじ》①飲食したあとの、舌にのこる感じ。あとくち。②ものごとが終わったあとの感じ。例—が悪い。

【後押し】《あとおし》(名・する)①うしろからおすこと。例車の—。②力になって援助《エンジョ》してくれること。また、そうしてくれる人。後援《コウエン》。例みんなの—でここまで来られた。

【後釜】《あとがま》ある役をしりぞいた人のあとに、その役につく人。また、その地位。後任《コウニン》。例—にすわる。

【後腐れ《あとくされ|あとぐされ》】ものごとが済んだあとに問題や影響《エイキョウ》が残ること。[例]—のないようにする。

【後口《あとくち》】①飲食したあとの、舌に残る感じ。あとあじ。[例]—のいいワイン。②順番・申しこみのおそいもの。(対)先口《センくち》。

【後先《あとさき》】①あととさき。前後《ゼンゴ》。[例]—を見まわす。②順序が逆になること。[例]話が—になる。

【後作《あとサク》】主作物の収穫《シュウカク》後、翌年の作付けまでのあいだ、別の作物をつくること。また、その作物。裏作。

【後産《あとザン|のちザン|コウザン》】出産のあと、胎盤《タイバン》などが体外に出ること。

【後始末《あとシマツ》】（名・する）あとかたづけ。あとの処理。[例]引っこしの—。事件の—。[表記]「跡始末」とも書く。

【後知恵《あとヂエ》】事が済んでから思いつく、役に立たない考え。あと思案。[表記](旧)後▼智▼慧
【後付け《あとづけ》】㊀（名）①書物や雑誌の、本文のあとに続く索引《サクイン》・後記《コウキ》などの部分。(対)前付け。②手紙の、日付・署名・あて名の部分。㊁（名・する）あとから付け足すこと。[例]—の理由。

【後ろ影《うしろかげ》】うしろすがた。[例]—を見送る。

【後ろ鉢巻き《うしろハチまき》】〔「向こう鉢巻き」に対して〕頭のうしろで結んだ鉢巻き。[例]リレー選手の—。

【後ろ前《うしろまえ》】うしろと前が反対になること。[例]シャツを—に着る。

【後ろ指《うしろゆび》】背後から指をさして悪口を言うこと。[例]—をさされる。

【後れ毛《おくれげ》】（女性が）髪《かみ》を結《ゆ》い上げたとき、少しほつれて垂れる、生えぎわの毛。後れ髪《おくれがみ》。[例]両鬢《リョウビン》の—。

【後遺症《コウイショウ》】①病気やけがなどが治っても、なおその影響《エイキョウ》として、あとまで残っている障害。②あとまで残る悪影響《アクエイキョウ》。[例]戦争の—。

【後逸《コウイツ》】（名・する）野球などで、ボールをとりそこねてうしろへのがしてしまうこと。

【後▼裔《コウエイ》】子孫。血のつながる子孫。後胤《コウイン》。

【後衛《コウエイ》】①本隊の後方を守る部隊。②テニスやバレーボールなどで後方を守る人。▽(対)前衛。

【後援《コウエン》】㊀（名・する）うしろから手助けすること。うしろだて。あとおし。[例]—会。㊁（名）うしろにひかえている応援部隊。[例]—の到着《トウチャク》を待つ。

【後架《コウカ》】①禅宗《ゼンシュウ》で、僧堂《ソウドウ》のうしろにある洗面所。②便所。かわや。


【後悔《コウカイ》】（名・する）こうしなければよかった、または、こうすればよかったと、あとになってくやむこと。[例]—先に立たず。

【後学《コウガク》】①ある分野で自分よりもあとから学問を始めた人。後進の学者。(対)先学。②あとになって役に立つ知識や経験。[例]—のために聞いておく。

【後患《コウカン》】のちのちの心配ごと。[例]—の根を絶つ。

【後記《コウキ》】㊀（名）あとがき。[例]編集—。㊁（名・する）その文章のあとのほうに書くこと。また、そのことがら。(対)前記。[例]このことについては、さらに詳細《ショウサイ》に—する。

【後期《コウキ》】ある期間を二つまたは三つに分けたときの最後の時期。(対)前期。[例]学年の—試験。

【後宮《コウキュウ》】①皇后や女官の住む宮殿《キュウデン》。〔イスラム教国では「ハレム」という〕②皇后や后妃《コウヒ》・女官などの人々。

【後継《コウケイ》】地位や財産・業務などを受けつぐこと。あとをつぐこと。また、その人。[例]—者。

【後見《コウケン》】（名・する）①人の世話をすること。また、その人。うしろみ。②〔法〕未成年者や成年被後見人を補佐・保護すること。また、その人。③能楽や歌舞伎《かぶき》などで、演ずる人のうしろにひかえて世話をする人。

【後見人《コウケンニン》】「後見《コウケン》①②」に同じ。

【後顧《コウコ》】①うしろをふりかえること。②あとあとになって思いが残ること。あとの気づかい。

【後顧の憂い《コウコのうれい》】あとあとの心配ごと。[例]—を残さないようにする。

【後攻《コウコウ》】（名・する）攻守交代するスポーツで、あとから攻撃《コウゲキ》すること。あとぜめ。(対)先攻。

【後項《コウコウ》】あとにあげる項目や条項。

【後肢《コウシ》】動物のあと足。うしろ足。(対)前肢。

【後嗣《コウシ》】あとつぎ。後継者《コウケイシャ》。子孫。

【後事《コウジ》】将来のこと。死後のこと。[例]—を託《タク》す。

【後室《コウシツ》】①家のおくにある部屋。後房《コウボウ》。②身分の高い人の未亡人。

【後車《コウシャ》】①あとに続く車。(対)前車。②予備用の車。そえぐるま。

【後車の戒め《コウシャのいましめ》】先人の失敗を見て、同じ失敗をくりかえさないように心がけること。[例]前車の覆《くつがえ》るは—。〈漢書《カンジョ》〉

【後者《コウシャ》】①二つ述べたもののうちの、あとのほう。(対)前者。②あとから続く人。[例]—に託《タク》する。


【後主《コウシュ》】①あとつぎの君主。②後世の君主。③王朝の最後の君主。

【後出《コウシュツ》】あとのほうに出ていること。(対)前出。

【後述《コウジュツ》】（名・する）あとでのべること。(対)上述・前述。[例]この点については—する。

【後身《コウシン》】①〔仏〕来世《ライセ》において生まれ変わった身。②組織・境遇《キョウグウ》などが変わってからの形。▽(対)前身。

【後進《コウシン》】㊀（名）仕事や学問などで、それぞれの道をあとから進んでくる人。後輩《コウハイ》。(対)先進。[例]—に道をゆずる。㊁（名・する）うしろへ進むこと。(対)前進。

【後進国《コウシンコク》】「発展途上国《ハッテントジョウコク》」の古い言い方。

【後人《コウジン》】のちの世の人。(対)先人《センジン》・前人《ゼンジン》。

【後陣《コウジン|ゴジン》】後方の陣。(対)先陣。[例]—を固める。

【後▼塵《コウジン》】人や馬車が通ったあとに立つ砂ぼこり。

【後▼塵《コウジン》を拝《ハイ》す】地位や権力のある者にこびへつらう。また、人におくれをとる。〈晋書《シンジョ》〉

【後世】㊀《コウセイ》①のちの世。のちの時代。②子孫。㊁《ゴセ》〔仏〕三世《サンゼ》の一つ。死んだのちの世。あの世。来世《ライセ》。(対)前世《ゼンセ》・現世《ゲンセ》。[例]—をとむらう。

【後生】㊀《コウセイ》あとから生まれた人。若者。青年。㊁《ゴショウ》①〔仏〕死後に生まれ変わるという世界。(対)今生《コンジョウ》。[例]—大事。—をねがう（＝死後の幸福をねがう）。②人にものを必死でたのむときのことば。[例]—だから教えてくれ。

【後生畏《コウセイおそ》るべし】若者は、どんな大人物にもなれる可能性をもっていて、その力はおそるべきものだ。〈論語《ロンゴ》〉

【後送《コウソウ》】（名・する）①後方へ送ること。とくに戦場で、前線から後方へ送りかえすこと。②あとから送ること。[例]現物は—する。

【後続《コウゾク》】（名・する）あとにつづくこと。また、そのもの。[例]—部隊。—を断《た》つ。

【後退《コウタイ》】（名・する）①うしろへさがること。しりぞくこと。(対)前進。②勢いや力がおとろえること。また、その結果、以前よりも悪い状態になること。[例]景気の—。

【後代《コウダイ》】のちの世。のちの時代。[例]是非《ゼヒ》の判断は—の批判にまつ。

【後段《コウダン》】あとの段階・区切り。とくに、文章などのうしろの段落。(対)前段。[例]くわしくは—に説く。

【後天《コウテン》】生まれてから以後に、身にそなわること。(対)先天。

【後天的《コウテンテキ》】（形動ダナ）生まれてから以後の環境《カンキョウ》や

経験によって、身にそなわったもの。また、そのようす。アーポステリオリ。対先天的。

【後難《コウナン》】後日の災難。のちのわざわい。例—をおそれる。

【後任《コウニン》】前の人に代わってその役につくこと。また、その人。対前任・先任。例—の大臣。

【後年《コウネン》】①のちの年。ずっとあと。将来。対先年。例—必ず役に立つことがあるだろう。②晩年。

【後納《コウノウ》】(名・する)料金や費用をあとでおさめること。あとばらい。対前納。例料金を—する。

【後背《コウハイ》】うしろ。背後。背面。例—に湿原《シツゲン》が広がる町。

【後輩《コウハイ》】①同じ学校や職場などにあとからはいってきた人。②ある分野で自分のあとに続く人。後進。▽対先輩。

【後発《コウハツ》】(名・する)①あとからおくれて、出発したり手がけたりすること。対先発。例—隊。②あとからあらわれてくること。例—の商品。

【後半《コウハン》】ある期間や距離《キョリ》を二つに分けたうちの、あとの半分。対前半。例—でまきかえしをねらう。

【後尾《コウビ》】行列などのうしろ。うしろのほう。対先頭。

【後便《コウビン》】〔「便」は、手紙・書信の意〕①次のたより。あとのたより。②あとから出発する飛行機。次に出発する飛行機。▽対前便・先便。

【後部《コウブ》】うしろの部分。対前部。例—座席。

【後編《コウヘン》】書物や作品などで、二つあるいは三つの部分に分けたもののあとの編。対前編。表記 旧後▼篇
【後方《コウホウ》】うしろのほう。対前方。例—にしりぞく。

【後門《コウモン》】うしろの門。裏門。対前門。→【前門《ゼンモン》に虎《とら》を拒《ふせ》ぎ後門《コウモン》に狼《おおかみ》を進《すす》む】(138ページ)

【後来《コウライ》】①今から以後のこと。将来。例—これが災《わざわ》いをなすかもしれない。②あとからやってくること。

【後楽《コウラク》】為政者《イセイシャ》は民衆が安楽にくらせるようになってから楽しむということ。→【先憂後楽《センユウコウラク》】(102ページ)

【後略《コウリャク》】(名・する)文章などの、あとの部分をはぶくこと。対前略。

【後輪《コウリン》】自動車や自転車などの、後方の車輪。対前輪。

【後列《コウレツ》】うしろの列。対前列。

【後家《ゴケ》】①夫に死別してから、結婚《ケッコン》しないでいる女の人。やもめ。未亡人。②対《つい》になっている道具などで、一方がなくなって、残っているほう。例—蓋《ぶた》(＝わんやふたものの、ふただけになって残ったもの)。

【後光《ゴコウ》】仏の背中から発するといわれる神秘的《シンピテキ》な光。仏像などの光背は、これをかたどったもの。例—がさす。

【後刻《ゴコク》】その時より、あとの時。のちほど。対先刻。例くわしくは—報告する。

【後妻《ゴサイ》】離婚《リコン》したり、妻が亡《な》くなったりしたあとで結婚した妻。のちぞい。対先妻。

【後日《ゴジツ》】①今よりもあとの日。将来。対先日。②あることが起こってから以後。例—談。

【後手】一《ゴて》①相手に先をこされて受け身の立場になること。例—にまわる。②囲碁《イゴ》や将棋《ショウギ》などで、あとからせめること。▽対先手。二《うしろで》①うしろのほう。例—をながめやる。②両手をうしろにまわすこと。また、そうした状態。例—にしばる。

【後夜《ゴヤ》】夜中から朝にかけての夜。

◐以後《イゴ》・空前絶後《クウゼンゼツゴ》・午後《ゴゴ》・今後《コンゴ》・最後《サイゴ》・死後《シゴ》・食後《ショクゴ》・生後《セイゴ》・戦後《センゴ》・前後《ゼンゴ》・直後《チョクゴ》・背後《ハイゴ》・病後《ビョウゴ》・老後《ロウゴ》

彳6
【很】
9画 5544 5F88
音 コン漢
訓 たが-う・もと-る

意味 ❶言うことをきかず、さからう。たがう。もとる。例很忤《コンゴ》(＝そむき、さからう)。❷残忍《ザンニン》な。凶悪《キョウアク》な。同狠《コン》。❸言い争う。❹ひじょうに。はなはだ。

彳6
【徇】
9画 5546 5F87
音 シュン漢 ジュン呉
訓 したが-う・とな-える・めぐ-る

彳4
【𢓈】
7画 224C8 本字

意味 ❶まわって、多くの人に知らせる。めぐる。となえる。❷目的のために命をかける。したがう。同殉《ジュン》。例徇節《ジュンセツ》(＝節義《セツギ》を守り通す)。

彳6
【待】
9画 3452 5F85 教育3
音 タイ漢 ダイ呉
訓 ま-つ

筆順 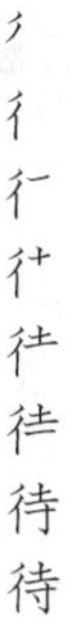

なりたち 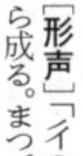 [形声]「彳(＝あるく)」と、音「寺《シ》→タイ」とから成る。まつ。

意味 ❶人・もの・機会などがくるのにそなえて時をすごす。まつ。例待機《タイキ》。待望《タイボウ》。待命《タイメイ》。❷もてなす。(人を)あつかう。例待遇《タイグウ》。歓待《カンタイ》。接待《セッタイ》。

人名 なが・まち・みち

【待機《タイキ》】(名・する)準備を整えて機会・時機がくるのをまち、ひかえていること。例自宅—。

【待遇《タイグウ》】(名・する)①客などをもてなすこと。例—がよい。②会社が、社員にあたえる、地位や給料、勤務条件など。例—改善。

【待避《タイヒ》】(名・する)①危険が去るのをまつこと。例雷《かみなり》が過ぎるのを山小屋で—する。②列車の通過を、他の列車が別の線路にはいってまつこと。例—線。

【待望《タイボウ》】(名・する)あることの実現をまちのぞむこと。こころまちにすること。例—の新人。若いリーダーの出現を—する。

【待命《タイメイ》】(名・する)①命令がくだるのをまつこと。②公務員・会社員などがしばらく一定の職務をもたないこと。

【待ち針《まちばり》】裁縫《サイホウ》で、ぬいあわせの目じるしにさす、頭に玉などのついている針。例—をうつ。

【待ち伏せ《まちぶせ》】(名・する)不意におそうために、人が来るのをかくれて待つこと。例木のかげで—する。

◐期待《キタイ》・虐待《ギャクタイ》・招待《ショウタイ》・接待《セッタイ》・優待《ユウタイ》

彳6
【律】
9画 4607 5F8B 教育6
音 リツ漢 リチ呉
訓 のり

筆順 

なりたち  [形声]「彳(＝あるく)」と、音「聿《イツ》→リツ」とから成る。あまねくしきのべる。派生して「おきて」の意。

意味 ❶ある社会のなかで守るように定められたきまり。(とくに刑罰《ケイバツ》に関する)おきて。のり。例律令《リツリョウ》。法律《ホウリツ》。不文律《フブンリツ》。❷一定の規準・法則。また、それにしたがって行動する。例自律《ジリツ》。他律《タリツ》。因果律《インガリツ》。❸仏教徒が守るべきいましめ。例律師《リッシ》。戒律《カイリツ》。❹音楽で基準となる調子・音階。例律動《リツドウ》。旋律《センリツ》。音律《オンリツ》。❺中国古代の音階。対呂《リョ》。例十二律。→【律呂《リツリョ》】❻漢詩の形式の一つ。例律詩《リッシ》。

人名 おさむ・おと・さだむ・ただし・ただす・つね

【律儀】一《リチギ》(名・形動ダナ)まじめで、義理がたいこと。実直なこと。例毎年—に暑中見舞《みま》いを書く。二《リツギ》(名)〔仏〕

おきて。戒律《カイリツ》。表記 ▽「律義」とも書く。

【律儀者】《リチギもの》 きまじめで実直な人。例 —の子沢山《こダクサン》。表記「律義者」とも書く。

【律師】《リッシ》 ①よく仏の決まりを守る、徳の高い僧《ソウ》。②僧のおおやけの位の一つ。僧正《ソウジョウ》・僧都《ソウズ》の下の第三位。

【律詩】《リッシ》 漢詩の形式の一つ。唐《トウ》代に完成した近体詩の一つ。八句からなり、一句が五文字のものを五言《ゴゴン》律詩、七文字のものを七言《シチゴン》律詩という。三句と四句、五句と六句が対句《ツイク》となり、偶数《グウスウ》句の句末(七言では第一句も)は押韻《オウイン》するなど、作法上の厳格な規則がある。

【律動】《リツドウ》 (名・する) 規則正しい運動をくりかえすこと。また、その運動。リズミカルな動き。

【律文】《リツブン》 ①法律の条文。②韻律《インリツ》のある文章。韻文。

【律法】《リッポウ》 ①おきて。法律。②〔仏〕僧《ソウ》が守るべき日常的な規則。戒律《カイリツ》。

【律▽呂】《リツリョ》 ①音階・音調の基準を示す竹管。長さのちがう十二本からなり、これを音調によって陰陽《インヨウ》に分け、陽は律(=六律《リクリツ》)といい、陰は呂(=六呂《リクリョ》)という。六律・六呂を合わせて十二律という。②音調。音律。③音楽。

【律▽令】《リツリョウ》 中国の隋《ズイ》・唐《トウ》の制度にもとづいた、奈良《なら》・平安時代の法令《ホウレイ》。「律」は刑法《ケイホウ》、「令」は国家の諸種の法制。

【律▽令制】《リツリョウセイ》 律令とその運用や施行《シコウ》の細目を定めた格式《キャクシキ》にもとづく政治体制をいう。七〇一年に制定された大宝《タイホウ》律令以後、平安時代まで続く。

●一律《イチリツ》・韻律《インリツ》・戒律《カイリツ》・規律《キリツ》・自律《ジリツ》・旋律《センリツ》・他律《タリツ》・調律《チョウリツ》・法律《ホウリツ》

彳7 【従】 10画 2930 5F93 教育6

音 ショウ漢 ジュ・ジュウ呉

訓 したが-う・したが-える・よ-り

筆順 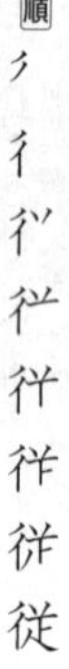

彳8 【從】 11画 5547 5F9E 人名

人2 【从】 4画 4826 4ECE 古字

なりたち  [会意]「从《ショウ》(=したがう)」と「辵(=ゆく)」とから成る。したがいゆく。

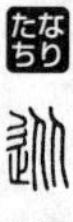

意味 ❶目上の人のあとについて行く。おともをする。例 従者《ジュウシャ》。侍従《ジジュウ》。随従《ズイジュウ》。❷さからわず言われるままにする。強い力にやむなくしたがう。下につく。例 従順《ジュウジュン》。従属《ジュウゾク》。服従《フクジュウ》。❸仕事につく。たずさわる。例 従業《ジュウギョウ》。従事《ジュウジ》。❹おもなものに対してそれに続くもの。二次的なもの。例 従姉《ジュウシ》。従父《ジュウフ》。❺ゆるやかで落ちついたようす。例 従然《ショウゼン》。従容《ショウヨウ》。❻たて。南北のこと。同 縦《ショウ》。例 従横《ジュウオウ》。合従連衡《ガッショウレンコウ》。❼〔助字〕「より」と読み、…から、の意をあらわす。例 風従レ西起《かぜにしよりおこる》(=風が西から起こる)。従前《ジュウゼン》(「前《まえ》より」と訓読する)。

日本語での用法《したがって》 当然の結果として。だから。ゆえに。「よく練習《レンシュウ》する。従《したが》って技術《ギジュツ》が身《み》につく」

難読 従兄弟《いとこ》・従姉妹《いとこ》

人名 しげ・つぐ・とも

【従業】《ジュウギョウ》 (名・する) 業務についていること。例 —員(=企業《キギョウ》などにやとわれて、働いている人)。

【従軍】《ジュウグン》 (名・する) 軍隊にしたがって戦地に行くこと。例 —記者。

【従兄】《ジュウケイ》 年上の男のいとこ。対 従弟《ジュウテイ》。

【従兄弟】《ジュウケイテイ》《いとこ》 男のいとこ。対 従姉妹《ジュウシマイ》。

【従子】《ジュウシ》 きょうだいのむすこ。おい。

【従姉】《ジュウシ》 年上の女のいとこ。対 従妹《ジュウマイ》。

【従事】《ジュウジ》 (名・する) 仕事にたずさわること。例 農業に—する。

【従姉妹】《ジュウシマイ》《いとこ》 女のいとこ。対 従兄弟《ジュウケイテイ》。

【従者】《ジュウシャ》 お供の者。おとも。

【従順】《ジュウジュン》 (名・形動《ダ》) おとなしくてすなおなこと。すなおにしたがって逆らわないようす。例 —な息子《むすこ》。

【従心】《ジュウシン》 〔「七十而従二心所レ欲、不レ踰レ矩《シチジュウにしてこころのほっするところにしたがいて、のりをこえず》」〈論語《ロンゴ》〉から〕①思うままにふるまうこと。②七十歳《サイ》のこと。→【矩《のり》を踰《こ》えず】(712ページ)

【従臣】《ジュウシン》 君主のそば近くに仕える家来。

【従前】《ジュウゼン》 これまで。以前。従来。例 —どおりおこなう。

【従属】《ジュウゾク》 (名・する) つきしたがうこと。強いもの、主たるものにしたがうこと。例 —的。大国《タイコク》に—する。

【従卒】《ジュウソツ》 将校につきしたがって雑務をする兵。従兵。

【従孫】《ジュウソン》 きょうだいのまご。

【従弟】《ジュウテイ》 年下の男のいとこ。対 従兄。

【従犯】《ジュウハン》 〔法〕正犯に手を貸して罪をおかすこと。また、その犯罪者。対 正犯《セイハン》。例 —として有罪になる。

【従兵】《ジュウヘイ》 将校につきしたがって雑務をする兵。従卒。

【従僕】《ジュウボク》 しもべ。下男《ゲナン》。したばたらきの男。

【従妹】《ジュウマイ》 年下の女のいとこ。対 従姉。

【従来】《ジュウライ》 (名・副) これまで。従前。もとから。例 —どおり。—のやり方。

【従容】《ショウヨウ》 (形動《タル》) ゆったりとして落ちついたようす。例 —として死につく。表記「▽縦容」とも書く。

●屈従《クツジュウ》・侍従《ジジュウ》・主従《シュジュウ》・専従《センジュウ》・追従《ツイジュウ》《ツイショウ》・忍従《ニンジュウ》・服従《フクジュウ》・盲従《モウジュウ》

彳7 【徐】 10画 2989 5F90 常用

音 ショ漢 ジョ呉

訓 おもむ-ろ

筆順 

なりたち  [形声]「彳(=あるく)」と、音「余《ヨ→ジョ》」とから成る。おだやかに行く。

意味 ゆっくり行く(ようす)。しずかに。ゆるやかに。おもむろ(に)。例 徐行《ジョコウ》。徐徐《ジョジョ》。

難読 徐徐《しずしず》

人名 やす・ゆき

【徐行】《ジョコウ》 (名・する) 電車・自動車などが速度を落としてゆっくり進むこと。例 —運転。—区間。—して進む。

【徐徐】《ジョジョ》 (副) 〔「徐徐に」の形で〕ゆっくりと。しだいに。だんだんに。例 —に変化する。

彳7 【徒】 10画 3744 5F92 教育4

音 ト漢 ズ呉

訓 かち・いたず-らに・ただ・あだ

筆順 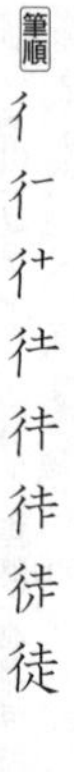

なりたち  [形声]「辵(=ゆく)」と、音「土《ト》」とから成る。歩いて行く。

意味 ❶乗り物を使わずにあるく。かち。例 徒行《トコウ》。徒兵《トヘイ》(=足軽《あしがる》)。徒歩《トホ》。❷むだに。むなしく。何もすることなしに。いたずらに。例 徒死《トシ》。徒食《トショク》。徒労《トロウ》。❸何も持たない。何も身につけない。からの。例 徒手《トシュ》。徒手空拳《トシュクウケン》。❹下級の者。弟子《デシ》。仲間。同類の者。例 徒弟《トテイ》。徒党《トトウ》。❺五刑《ゴケイ》(=笞《チ》・杖《ジョウ》・徒《ズ》・流《ル》・死《シ》)の一つ。労役《ロウエキ》に服させる刑罰《ケイバツ》。❻〔助字〕「ただ(…のみ)」と

読み、限定・強調の意をあらわす。例徒用レ刑《ただケイをもちいるのみ》（＝ただ刑罰《ケイバツ》を用いるだけだ）。

難読 徒手《です》・徒膚《はだす》・徒跣《かち・はだし・すあし》

人名 とも

【▽徒花】《あだばな》 さいても実を結ばない花。うわべは美しくても、中身のないことにたとえる。

【徒為】《トイ》 むだなおこない。役に立たないおこない。

【徒役】《トエキ》 昔、義務として国家の仕事に使われたこと。また、その人。

【徒競走】《トキョウソウ》（名・する）かけっこ。走りくらべ。

【徒刑】《トケイ》 ①罪人を労役《ロウエキ》に服させる刑。〔「懲役《チョウエキ》」の古い言い方〕②〔法〕旧刑法で、重罪人を辺境の地に送って労役に服させた刑。ずけい。

【徒行】《トコウ》（名・する）乗り物に乗らず、歩いて行くこと。徒歩。

【徒死】《トシ》（名・する）むだに死ぬこと。いぬじに。

【徒▼爾】《トジ》（形動《ナダ》）〔「爾」は、助字〕むだなこと。無益なこと。例今までの努力がすべて―になった。

【徒手】《トシュ》 ①（何かをするにあたり）手に何も持たないこと。素手《すで》。類赤手《セキシュ》。例―で敵と戦う。②（事業などを始めるにあたり）資本が何もないこと。

【徒手空拳】《トシュクウケン》「徒手」を強めたことば。

【徒手体操】《トシュタイソウ》 器械や器具を使わず、手に何も持たないでする体操。

【徒渉】《トショウ》（名・する）歩いて川をわたること。かちわたり。例大軍が激流を―する。

【徒食】《トショク》（名・する）働かず、ぶらぶらして暮らすこと。むだ食い。いぐい。例無為《ムイ》―。

【徒然】《トゼン》（名・形動《ナダ》）一 何もせずにじっとしていること。手もちぶさた。二《つれづれ》 何もすることがなく、たいくつなこと。例山暮らしの―をなぐさめてくれる四季の花。―なるままに。

【徒弟】《トテイ》 ①門人。弟子《デシ》。②商家や職人の家に住みこんで、働きながら技術を覚える者。見習い。例―制度。

【徒党】《トトウ》 何か事をするのに集まった仲間。例―を組む。

【徒輩】《トハイ》 仲間の者。ともがら。やから。例これらの―。

【徒費】《トヒ》（名・する）むだに使うこと。むだづかい。また、むだな費用。空費。例貴重な時間を―する。

【徒歩】《トホ》 乗り物に乗らず、歩いて行くこと。

【徒労】《トロウ》 むだな骨折り。役に立たない働き。例私の努力も―に帰《キ》した。

●学徒《ガクト》・教徒《キョウト》・使徒《シト》・生徒《セイト》・暴徒《ボウト》・門徒《モント》

彳7 【徑】10画 ⇩【径】《ケイ》（372ページ）

彳8 【徙】11画 5548 5F99 音シ漢呉 訓うつ-る・うつ-す

意味 場所をかえる。うつる。うつす。例徙宅《シタク》（＝転居）。

彳8 【得】11画 3832 5F97 教育5 音トク漢呉 訓え-る・う-る

筆順 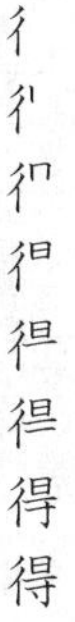

なりたち  [形声]「彳（＝あるく）」と、音「㝵《トク》（＝取る）」とから成る。行って手に入れる。

意味 ❶手に入れる。求めて自分のものにする。える。うる。例得点《トクテン》。得失《トクシツ》。獲得《カクトク》。❷さとる。理解する。例得心《トクシン》。体得《タイトク》。納得《ナットク》。❸もうけ。もうける。利益。対損《ソン》。例得策《トクサク》。損得《ソントク》。役得《ヤクトク》。❹〔助字〕「…(を)う」と読み、…する機会がある、の意をあらわす。例得二復見一《またまみゆるをう》（＝ふたたびお会いできる）。

人名 あり・う・え・なり・のり・やす

【得体】《えタイ》 ほんとうの姿。正体《ショウタイ》。例―が知れない。表記「▽為体」とも書く。

【得手】《えて》 一（名・形動《ナダ》）他人よりもうまくできること。また、そのような人。得意《トクイ》。対不得手《ふえて》。例自分の―な仕事につく。―に帆《ほ》をあげる（＝得意なことのできる機会を得て張り切る）。二（名）サルの別名。例―公。

【得物】《えもの》 ①自分の得意《トクイ》とする道具や芸。②得意とする武器。例―をひっさげて立ち合う。

【得意】《トクイ》 一（名・形動《ナダ》）①望みどおりになって満足していること。対失意。例―の絶頂。②ほこらしげなこと。例―げにふるまう。③自分の身についていて自信があること。例―な教科。二（名）ひいきにしてくれる客。顧客《コキャク》。例お―様《さま》ご招待の謝恩セール。

【得意満面】《トクイマンメン》（名・形動《ナダ》）自慢《ジマン》・満足であるという気持ちが顔いっぱいにあらわれること。例―の笑い顔。

【得策】《トクサク》 有利な方法。例先にあやまるのが―だ。

【得失】《トクシツ》 得ることと失うこと。利益と損失。例利害―。

【得心】《トクシン》（名・する）よくわかること。納得《ナットク》。例じゅうぶんに―がいく。

【得点】《トクテン》（名・する）試験や競技などで、優劣《ユウレツ》・勝敗を示す点数や評点などを取ること。また取った点数や評点。対失点。例大量―。―を重ねる。

【得度】《トクド》（名・する）〔仏〕仏門にはいって僧《ソウ》となること。

【得道】《トクドウ》（名・する）①〔仏〕さとりをひらくこと。仏道をさとること。②納得《ナットク》すること。例これ以上の幸福はないと―する。

【得票】《トクヒョウ》（名・する）選挙で票を得ること。また、その得た数。例―数の多いほうに決定する。

●一挙両得《イッキョリョウトク》・会得《エトク》・獲得《カクトク》・心得《こころえ》・自業自得《ジゴウジトク》・拾得《シュウトク》・習得《シュウトク》・取得《シュトク》・所得《ショトク》・説得《セットク》・損得《ソントク》・独得《ドクトク》・納得《ナットク》・不心得《ふこころえ》・役得《ヤクトク》

彳8 【徘】11画 5549 5F98 音ハイ漢

意味「徘徊《ハイカイ》」は、あてもなく行ったり来たりするようす。

難読 徘徊浪《いさようなみ》・徘徊《たちもとおる・やすらう》

【徘▼徊】《ハイカイ》（名・する）あてもなくさまよい歩くこと。ぶらつくこと。うろつくこと。例さかり場を―する少年。

彳8 【徠】11画 5550 5FA0 人名 音ライ漢 訓く-る・きた-る

意味 あるところからこちらへ近づく。くる。きたる。同来《ライ》。

人名 とめ

彳8 【從】11画 ⇩【従】《ジュウ》（376ページ）

彳9 【御】12画 2470 5FA1 常用 音ギョ漢ゴ呉 訓おん・おおん・お・み

筆順 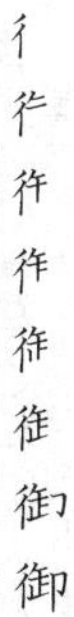

なりたち  [会意]「彳（＝あるく）」と「卸《シャ》→《ギョ》（＝馬車を止め、ウマをはずす）」とから成る。ウマをあやつる。

意味 ❶ウマや馬車をうまくあやつる。ぎょする。同馭《ギョ》。例御者《ギョシャ》。❷天下をおさめる。支配する。例御宇《ギョウ》。❸天子の行為《コウイ》・持ち物につけて敬意をあらわす。例御璽《ギョジ》。❹天子のそば近くに仕える者。そばめ。例女御

《ニョウゴ》。⑤ふせぐ。おさえる。まもる。㊐禦《ギョ》。例防御《ボウギョ》。

日本語での用法《ゴ・お・おん・み》①他人の行為《コウイ》やことがらにつけて敬意をあらわす。「御家《おいえ》・御身《おんみ》・御覧《ゴラン》・錦《にしき》の御旗《みはた》」②相手に対する自分の動作につけて敬意をあらわす。「御礼《おレイ|おんレイ》・御説明《ゴセツメイ》」③ものごとをていねいに言うときにつける。「御米《おこめ》・御手洗《おてあら》い・御御《おみ》御付《おつけ》・御馳走《ゴチソウ》」

人名 おき・のり・みつ

【▽御愛想】《おアイソ|おアイソウ》①「愛想」のていねいな言い方。②飲食店などでの勘定書《カンジョウがき》。また、勘定のしはらい。おあいそ。〔店の側で言うのが本来の使い方〕

【▽御居▽処】《おいど》関西方言で、尻《しり》のこと。〔おもに女性が使う〕

【▽御上】《おかみ》①〔側近の者が〕天皇を指していうことば。②政府・役所・幕府。例—の命令にそむく。③君主や主人。

【▽御殻】《おから》豆腐《トウフ》をつくるときにできる大豆《ダイズ》のしぼりかす。卯《う》の花《はな》。きらず。表記「▽雪花▽菜」とも書く。

【▽御▽髪】《おぐし》「かみの毛」のていねいな言い方。〔おもに女性が使う〕例—のお手入れ。

【▽御▽高祖頭巾】《おコソズキン》昔の女性の防寒頭巾の一つ。目のまわりだけを出して頭部全体を包むもの。

【▽御▽強】《おこわ》「強飯《こわめし》」のていねいな言い方。もち米をむしためし。赤飯《セキハン》。

【▽御里】《おさと》①他人の実家や郷里をうやまって言うことば。例—はどちらですか。②生まれや育ち。以前の身分。例—が知れる(=ことばづかいや態度で育ちのよしあしがわかる)。

【▽御仕着せ】《おしきせ》〔昔、奉公人《ホウコウニン》が主人からあたえられた衣服〕①上からあたえられたもの。上から一方的に決められたもの。例—に満足する。②型どおり。おきまり。

【▽御世辞】《おセジ》「世辞」のていねいな言い方。相手を喜ばせたり、相手に気に入られようとして言う、口先だけのほめことば。お追従《ツイショウ》。例—にもうまいとは言えない。—を言う。

【▽御節】《おセチ》「御節料理《おセチリョウリ》」の略。正月三が日や五節句用の料理。今は、正月三が日の料理をいう。

【▽御▼陀仏】《おダブツ》①人が死ぬことの俗《ゾク》な言い方。②失敗してだめになること。

【▽御作り】《おつくり》①刺身《さしみ》。〔もと、多く関西で女性が使ったことば〕②化粧《ケショウ》。身支度《みジタク》。

〔彳部〕9画 御

【▽御▽汁】《おつけ》①みそ汁《しる》。おみおつけ。②吸《す》い物《もの》のしる。おつゆ。表記▽「▽御付け」とも書く。

【▽御▼伽▼噺】《おとぎばなし》子供に語り聞かせる昔話や童話。〔もとは、夜、たいくつしのぎに語る話〕

【御曹司】《おんゾウシ》①家がらのよい人や金持ちの家の、むすこ。例近衛家《コノエケ》の—。②〔「曹司」は、部屋の意〕昔、源氏《ゲンジ》の嫡流《チャクリュウ》で、まだ独立していない部屋住みの子息をいった。〔平家《ヘイケ》では「公達《きんだち》」といった〕例九郎《クロウ》—(=源義経《みなもとのよしつね》)。

【御大】《おんタイ》「御大将《おんタイショウ》」の略。ある集団や仲間の長を親しんで呼ぶことば。例—みずからお出ましになる。

【御地】《おんチ》相手の住んでいる、または、相手とかかわりの深い土地をうやまっていうことば。貴地。〔手紙などで使う〕例—の名産をお送りいただきありがとうございました。

【御中】《おんチュウ》〔「おんジュウ」とも〕郵便物で、個人以外の団体や会社などの、あて名のあとにおくことば。〔「御中」の前後に様・殿《どの》などはつけない〕例○○会社営業部—。

【御身】《おんみ》①手紙などで、「相手の身体」のうやまった言い方。例—くれぐれもおたいせつに。②「あなた」をうやまった言い方。

【御▽許】《おんもと|みもと》〔「御許へ」「御許に」の形で〕あて名のわき付けに使うことば。

【御意】《ギョイ》①身分の高い人の考え・気持ち・意向、また、さしず・命令などをうやまっていうことば。お考え。おぼしめし。お心。お言いつけ。例—にかなう(=お気に入る)。②目上の人のことばに賛成したり承諾《ショウダク》したりする意をあらわす。例—にございます(=おっしゃるとおりです)。

【御宇】《ギョウ》〔その天子が〕国を治めている期間。御代《みよ》。

【御詠】《ギョエイ》天子や皇族のつくった詩歌《シイカ》を指していう。

【御影】《ギョエイ|ゴエイ|みエイ》神仏や高貴な人をえがいた絵や像。

【御▼苑】《ギョエン》皇室の所有する庭園。例新宿《シンジュク》—。

【御感】《ギョカン》高貴な人(とくに天皇)が感心すること。例—なのめならず(=かくべつだ)。

【御慶】《ギョケイ|ゴケイ》お喜び。お祝い。御祝詞。〔新年のお祝いのことば〕例新年の—を申し上げる。

【御幸】一《ギョコウ》天子のお出かけ。二《ゴコウ|みゆき》上皇・法皇・女院《ニョウイン》のお出かけ。

【御座】《ギョザ|ゴザ》高貴の人の座席。

【御史】《ギョシ》①周代、天子の秘書官。記録をつかさどった。②秦《シン》代・漢代以後は、役人の不法や不正を取り調べる官職。

【御璽】《ギョジ》天子の印。玉璽《ギョクジ》。例御名《ギョメイ》—。

【御者】《ギョシャ》ウマをあやつり、馬車を走らせる人。表記㊐▼馭者

【御寝】《ギョシン|ギョシ》天子がねること。お休みになること。例—になる。—あり。

【御製】《ギョセイ》天子がつくること。また、つくった詩歌《シイカ》や文章。

【御物】《ギョブツ》〔「ギョモツ」「ゴモツ」とも〕天子の所有品。また、皇室の所蔵品。

【御名】《ギョメイ》天子の名前。おおみな。例—御璽《ギョジ》。

【御一新】《ゴイッシン》「明治維新《メイジイシン》」の別の言い方。いっさいが新しくなることからいう。ご維新《イッシン》。

【御詠歌】《ゴエイカ》巡礼者《ジュンレイシャ》や仏教の信者が、仏の徳をたたえて、鈴《リン》をふりながらうたう歌。

【御恩】《ゴオン》①その人から受けた恩。例—返し。②封建《ホウケン》時代、主君が臣下にあたえる恩恵《オンケイ》。

【御機嫌】《ゴキゲン》一(名)人の気分の状態。例—よう(=人に会ったときや別れるときのあいさつ)。—ななめ(=きげんが悪いこと)。二(形動《ナダ》)①気分のよいようす。上きげん。例今日はなんだか—だね。②すばらしいこと、すぐれていること、の俗《ゾク》な言い方。例—な天気だね。

【御形】《ゴギョウ》ハハコグサの別名。春の七草の一つとしてあげるときにいう。おぎょう。

【御家人】《ゴケニン》江戸《えど》時代、直参《ジキサン》(=将軍直属の家臣)で、将軍に直接面会できない者。

【御座所】《ゴザショ》天子や貴人の部屋。おましどころ。

【御沙汰】《ゴサタ》①天皇や貴人の命令・指図。②おさばき。御処分。御処置。

【御所】《ゴショ》①天子の御座所《ゴザショ》。②天皇・上皇・三后(=太皇太后《タイコウタイゴウ》・皇太后・皇后)・皇太子の住居。例東宮《トウグウ》—。③大臣・将軍などの住居。また、その人。

【御状】《ゴジョウ》(差出人《さしだしニン》をうやまって)お手紙。御書状。例—を拝読しました。

【御仁】《ゴジン》他人をうやまっていう言い方。お方。お人。例あの—にはこまったものだ。

【御真影】《ゴシンエイ》「天皇・皇后の写真」の意味の尊敬語。

【御神火】《ゴジンカ》火山をおそれて、その噴煙《フンエン》や火をいうことば。とくに伊豆大島《いずおおしま》の三原山《みはらやま》の火をいう。

【御新▽造《ゴシンゾ｜ゴシンゾウ》】 江戸《えど》時代以来、武家や富んだ商人の妻女のこと。のち、明治・大正《タイショウ》時代まで、ふつうの家の人妻を呼んだことば。

【御前《ゴゼン》】 [一] ①天子のいるところ。②天皇や貴人の面前にいるとき、天皇や貴人をうやまっていうことば。[例]—会議。—試合《ジあい》(=主君の前でおこなう剣《ケン》などの試合)。③身分の高い人に対して家臣などが呼んだことば。[例]—さま。④昔、身分の高い婦人の名前の下につけて呼んだことば。[例]巴《ともえ》—。[二]《おまえ》 同等以下の相手を呼ぶことば。〔古くは、同等以上の相手に対して用いた〕

【御膳《ゴゼン》】 「食事」「飯《めし》」のていねいな言い方。御飯《ゴハン》。

【御足労《ゴソクロウ》】 人にわざわざ来てもらったり行ってもらったりすることのていねいな言い方。[例]—をおかけして、まことに恐縮《キョウシュク》です。

【御大層《ゴタイソウ》】 おおげさなようすを、皮肉をこめていうことば。[例]—なものの言い方。

【御託《ゴタク》】 「御託宣《ゴタクセン》」の略。くどくどと言うことば。また、自分かってな、えらそうな言い分。[例]—をならべる(=くどくど言う)。

【御託宣《ゴタクセン》】 ①「託宣」のうやまった言い方。神のお告げ。②えらい人のことばや意見をからかいぎみに言うことば。[例]会長の—があった。

【御多分《ゴタブン》】 世間いっぱんの多くの例。[例]—にもれず(=いっぱんのおおぜいと同じように。例外ではなく)。

【御殿《ゴテン》】 貴人の住宅をうやまっていうことば。また、豪華《ゴウカ》な家。

【御難《ゴナン》】 他人が受けた災難・難儀《ナンギ》など。〔からかいの気分をこめて使うこともある〕[例]—続きですね。

【御念《ゴネン》】 「念」のていねいな言い方。お心づかい。〔軽蔑《ケイベツ》、からかいの意味をこめて使うことが多い〕[例]—の入《い》ったことで…(=ばかていねいなことで…)。

【御破算《ゴハサン》】 ①そろばんで、珠《たま》をはらって零《レイ》の状態にすること。[例]—で願いましては。②これまで進めてきたものごとを、白紙の状態にもどすこと。[例]雨で計画が—になる。

【御法度《ゴハット》】 「法度《ハット》」のていねいな言い方。禁じられていること。禁制。〔武家時代に法令として出されたもの〕[例]ここでは喫煙《キツエン》は—です。

【御飯《ゴハン》】 「飯《めし》」「食事」のていねいな言い方。

【御無音《ゴブイン》】 「無音(=長いあいだ便りをしないこと)」のていねいな言い方。ごぶさた。〔手紙文で使う〕[例]—にうち過ぎまして失礼をいたしました。

【御無沙汰《ゴブサタ》】 (名・する)「無沙汰」のていねいな言い方。長いあいだ訪問せず、手紙を出さず、電話をかけないこと。また、それをわびるあいさつのことば。

【御不浄《ゴフジョウ》】 「便所」のていねいな言い方。〔おもに女性が使ったことば〕

【御幣《ゴヘイ》】 神前に供えたり、神主《かんぬし》がおはらいをするときに用いる道具。細長く白い紙を棒の間にはさんだもの。ぬさ。[例]—担《かつ》ぎ(=縁起《エンギ》や迷信《メイシン》を、必要以上に気にすること。また、その人)。

【御免《ゴメン》】 [一](名) ①軽いおわびの気持ちをあらわすことば。[例]おそくなって—。②拒否《キョヒ》・拒絶をあらわすことば。いやだ。まっぴらだ。[例]そんなことはもう—だ。③「免官」「免職」のうやまった言い方。役職をやめること。[例]お役—になった。④「許すこと」のうやまった言い方。[例]—(を)願って足をくずさせてもらいます。[二](感) 人の家を訪問・辞去するときのあいさつのことば。ごめんください。[例]それでは、—。

【御用《ゴヨウ》】 ①「用事」「入用」のていねいな言い方。[例]どんな—ですか。②江戸《えど》時代、公《おおやけ》の命令により罪人をとらえること。また、そのときの役人のかけ声。[例]—、—。—になる。③宮中や官公庁などの用事(にたずさわること)。[例]—商人。④〔「御用…」の形で〕権力側にこびへつらう者を軽蔑《ケイベツ》していうことば。[例]—学者。—組合。

【御用納め《ゴヨウおさめ》】 官公庁で、その年の事務を終わりにする日。ふつう十二月二十八日。(対)御用始め。

【御用聞き《ゴヨウきき》】 ①商店で、得意先を回って注文を取ってくること。また、その人。②江戸《えど》時代、犯罪捜査《ソウサ》・犯人逮捕《タイホ》にあたった町人。目明かし。おかっぴき。

【御用▽達《ゴヨウたし》】 許可を得て、宮中や諸官庁に商品を納める商人。御用商人。[例]宮内庁《クナイチョウ》—。

【御用始め《ゴヨウはじめ》】 官公庁で、新年になってはじめて事務をとる日。ふつう一月四日。(対)御用納め。

【御来光《ゴライコウ》】 高い山の頂上でおがむ日の出。また、その景観。

【御来▽迎《ゴライゴウ》】 ①〔仏〕「来迎」をうやまっていうことば。臨終の際に仏がむかえに来て、極楽浄土《ゴクラクジョウド》へ導くこと。②高山で、太陽を背にして立つと、自分の影《かげ》が霧《きり》に映って、影のまわりに仏像の光背のような光の輪が見える現象。ブロッケン現象。③御来光。

【御覧《ゴラン》】 [一] ①他人が見ることをうやまっていうことば。[例]—になる。—に入れる。②「見ろ」「見なさい」のていねいな言い方。[例]あれを—。③「ごらんなさい」の略。「…してみなさい」のていねいな言い方。[例]行って—。[二]《ギョラン》 天子が見ること。天覧。

【御料《ゴリョウ》】 ①天皇や貴人が使用する衣服や器物、また、食料など。[例]—の品品《しなじな》。②皇室の所有であること。[例]—車。—地。

【御陵《ゴリョウ》】 天皇や皇后の墓をうやまっていうことば。みささぎ。

【御寮《ゴリョウ》】 人名や人をあらわすことばにつけて、敬愛の意をあらわすことば。[例]花嫁《はなよめ》—。

【▽御明かし《みあかし》】 神仏の前に供える明かり。お灯明《トウミョウ》。おあかし。おみあかし。[表記]「▽御▽灯」とも書く。

【▽御▼稜▽威《みいつ》】 神また、天皇の威徳《イトク》。ご威光。

【▽御▽酒《みき》】 酒を美しくいうことば。また、神前に供える酒。おみき。[表記]「▽神▽酒」とも書く。

【▽御国《みくに》】 ①「国」をうやまっていうことば。②「日本国」をうやまっていうことば。[例]皇《すめら》—(=天皇が統治する国)。

【▽御子《みこ》】 ①「子」をうやまっていうことば。とくに、天皇など皇族の子をいう。②〔キリスト教で、父である神に対して〕キリスト。[例]神の—。

【▽御▼輿《みこし》】 ①「輿《こし》」をうやまっていうことば。②神社の祭礼のときに神体を安置してかつぐ輿。おみこし。[例]—をかつぐ(=人をおだててまつり上げることのたとえ)。[表記]②は「▽神▼輿」とも書く。

【▽御▼簾《みす》】 ①「すだれ」をていねいにいうことば。②神前や宮殿《キュウデン》などでかける、綾《あや》などのふちをつけた目の細かいすだれ。

【▽御空《みそら》】 「空」をたたえた言い方。[例]晴れた—。

【▽御霊《みたま》】 死者の霊《レイ》をうやまっていうことば。[例]先祖の—をまつる。[表記]「▽御▽魂」とも書く。

【▽御手▽洗《みたらし》】 神社で、拝礼の前に参拝者が手や口を洗い清める所。[例]参道の—。

【▽御堂《みドウ》】 仏像を安置した堂。お堂。

【▽御▽法《みのり》】 仏法《ブッポウ》をたっとんでいうことば。仏の教え。

【▽御代《みよ》】 天皇・皇帝《コウテイ》・王などの治世をたっとんでいうことば。[例]明治の—。[表記]「▽御世」とも書く。

●親御《おやゴ》・制御《セイギョ》・父御《ちちゴ》・統御《トウギョ》・殿御《とのゴ》・女御《ニョウゴ》

3画

[彳部] 9画 御

《ニョゴ》・母《はは》御《ゴ》・崩《ホウ》御《ギョ》・防《ボウ》御《ギョ》・嫁《よめ》御《ゴ》

彳 9
【徨】 12画 5551 5FA8 音 コウ漢 訓 さまよ-う

意味 「彷《ホウ》徨《コウ》」は、あてもなく行く。さまよう。

彳 9
【循】 12画 2959 5FAA 常用 音 シュン漢 ジュン呉 訓 したが-う・めぐ-る

筆順 ノ 彳 循

なりたち 【形声】「彳(=あるく)」と、音「盾《シュン》」とから成る。行く。

意味 ❶たどって行く。もののまわりをまわる。めぐる。同巡《ジュン》。例循《ジュン》環《カン》。循《ジュン》行《コウ》。❷つきしたがう。そのとおりにする。したがう。例因《イン》循《ジュン》。

人名 みつ・ゆき・よし

【循《ジュン》環《カン》】(名・する) ひとまわりしてもとへもどること。また、それをくりかえすこと。例血液の―。市内―バス。

【循《ジュン》行《コウ》】(名・する) めぐり歩くこと。巡《ジュン》行《コウ》。例領地内を―する。

彳 9
【復】 12画 4192 5FA9 教育5 音 フク漢 訓 かえ-る・かえ-す・また

筆順 彳 復

なりたち 【形声】「彳(=あるく)」と、音「复《フク》」とから成る。行ってもどる。

意味 ❶来た道をひきかえす。かえる。対往《オウ》。例復《フク》路《ロ》。往《オウ》復《フク》。❷もとの状態にもどる。例復《フク》調《チョウ》。復《フッ》活《カツ》。回《カイ》復《フク》。❸くりかえす。もう一度する。例復《フク》習《シュウ》。復《フク》唱《ショウ》。反《ハン》復《プク》。❹しかえしをする。むくいる。例復《フク》讐《シュウ》。報《ホウ》復《フク》。❺返事をする。こたえる。例復《フク》命《メイ》。拝《ハイ》復《フク》。❻〔助字〕㋐「また」と読み、ふたたび、の意をあらわす。例復入㆓信濃㆒《またしなのにいる》(=ふたたび信濃の国にはいる)。㋑「不復」は「また…ず」と読み、ふたたび…しない・けっして…しない、の意をあらわす。例不㆓復返㆒《またかえらず》(=けっして帰らない)。

人名 あきら・あつし・さかえ・しげる・なお・ふ・もち

【復《フク》員《イン》】(名・する) ①(戦争が終わって)召《ショウ》集《シュウ》されていた軍人が、任務を解かれて家に帰ること。対動員。例―兵。②軍隊が戦時体制から平時体制にもどること。

【復《フク》縁《エン》】(名・する) 離《リ》縁《エン》した夫《フ》婦《フ》または養子などが、もとの関係にもどること。

【復《フク》学《ガク》】(名・する) (罰《バッ》則《ソク》または病気などにより)停学・休学していた学生・生徒が、もとの学校にもどること。例―を許される。

【復《フク》業《ギョウ》】(名・する) やめていた仕事にもどること。

【復《フク》元《ゲン》】(名・する) (古い時代の書画・遺《イ》跡《セキ》などを)もとの位置や状態・形にもどすこと。例名画の―作業。表記「復原」とも書く。

【復《フク》習《シュウ》】(名・する) 一度学んだことをくりかえし勉強すること。おさらい。温習。対予習。

【復《フク》▼讐《シュウ》】(名・する) しかえし。あだうち。かたきうち。報復。例―の念に燃える。

【復《フク》唱《ショウ》】(名・する) 言われたことばを、確《カク》認《ニン》の意味でその場でくりかえして言うこと。表記「復▼誦」とも書く。

【復《フク》職《ショク》】(名・する) 休職・退職していた人が、もとの職につくこと。

【復《フク》姓《セイ》】(名・する) 結《ケッ》婚《コン》・養子縁《エン》組《ぐみ》などで姓を変えた人が、もとの姓にもどること。

【復《フク》籍《セキ》】(名・する) 離《リ》縁《エン》、養子縁《エン》組《ぐみ》の解消などにより、もとの戸《コ》籍《セキ》にもどること。帰籍。

【復《フク》調《チョウ》】(名・する) からだなどの調子が、もとのいい状態にもどること。例―いちじるしい。

【復《フク》道《ドウ》】大きな建物で、上下で往来できるように、二重につくった廊《ロウ》下《カ》。表記「複道」とも書く。

【復《フク》任《ニン》】(名・する) 再びもとの官職・任務にもどること。

【復《フク》命《メイ》】(名・する) 命令を受けて実行・処理したとき、その経過や結果を報告すること。例―書。

【復《フク》路《ロ》】かえりみち。帰路。対往路。

【復《フッ》活《カツ》】(名・する) ①生きかえること。よみがえること。蘇《ソ》生《セイ》。例―祭(=キリスト教の祝祭日)。②おとろえたり廃《ハイ》止《シ》したりしたものが、再びまえの状態にもどること。

【復《フッ》刊《カン》】(名・する) 休刊または廃《ハイ》刊《カン》になっていた出版物を、再び刊行すること。

【復《フッ》帰《キ》】(名・する) もとの仕事や地位・状態にもどること。例社会―。通常に―する。

【復《フッ》旧《キュウ》】(名・する) こわれたり乱れたりしたものが、もとどおりになること。例鉄道の―作業。―の見通しが立たない。

【復《フッ》権《ケン》】(名・する) ①〔法〕刑《ケイ》の宣告によって失った法律上の権利や資格を、回復すること。②地位や権力・信用を失った者がそれを回復し、力をもつこと。

【復《フッ》古《コ》】(名・する) 制度・考え方、文物の流行などを、昔の状態にかえすこと。例王政―。―調の模様。

【復《フッ》交《コウ》】(名・する) 断絶していた国交が復活すること。例日本と中国との―。

【復《フッ》興《コウ》】(名・する) いったんおとろえたものが、再びさかんになること。例文芸―。都市の―計画。

●往《オウ》復《フク》・回《カイ》復《フク》・修《シュウ》復《フク》・拝《ハイ》復《フク》・反《ハン》復《プク》・報《ホウ》復《フク》・本《ホン》復《プク》・来《ライ》復《フク》

彳 10
【微】 13画 4089 5FAE 常用 音 ビ漢 ミ呉 訓 かす-か・ひそ-か

筆順 彳 微

なりたち 【形声】「彳(=あるく)」と、音「敚《ビ》(=かすか)」とから成る。こっそり行く。

意味 ❶はっきりしない。めだたないようす。ほのか。かすか。ひそか。例微《ビ》行《コウ》。微《ビ》笑《ショウ》。微《ビ》風《フウ》。❷ごく小さい。ごくわずか。例微《ビ》細《サイ》。微《ビ》小《ショウ》。微《ミ》塵《ジン》。❸とるにたりない。身分がいやしい。〔自分のことをへりくだっていうことが多い〕例微《ビ》才《サイ》(=わずかばかりの才能)。微《ビ》力《リョク》。❹勢いがなくなる。おとろえる。例式《シキ》微《ビ》。衰《スイ》微《ビ》。

人名 まれ・よし

【微《ビ》意《イ》】わずかの心持ち。また、心持ちをあらわすわずかのもの。寸志。〔自分の志や気持ちをけんそんしていうことば〕例―をあらわす。

【微《ビ》温《オン》】わずかにあたたかいこと。なまぬるいこと。例―的。

【微温湯】《ビオントウ》《ぬるまゆ》 温度の低い湯。なまぬるい湯。

【微《ビ》苦《ク》笑《ショウ》】(名・する) かすかなにがわらい。例―をうかべる。

【微《ビ》行《コウ》】(名・する) (高貴な人が)人に知られぬようにこっそり出歩くこと。しのびあるき。おしのび。

【微《ビ》光《コウ》】かすかな光。例―を発する。

【微《ビ》細《サイ》】(名・形動《ダ》) きわめて細かいこと。ひじょうにわずかなこと。例―なちがいも見のがさない。

【微《ビ》罪《ザイ》】軽いつみ。わずかなつみ。対大《タイ》罪《ザイ》・重罪。

【微《ビ》志《シ》】ささやかな志。寸志。〔自分の志をけんそんしていうこ

とば〕例—を表《ヒョウ》す。

【微視的《ビシテキ》】(形動ダナ)〔英語 microscopic の訳語〕①人間の目では見分けられないほど小さいようす。②全体的にではなく、ひじょうに細かい部分を観察するようす。▽対巨視的《キョシテキ》。

【微弱《ビジャク》】(名・形動ダナ)かすかで弱いこと。例影響《エイキョウ》は—だ。—な震動《シンドウ》。

【微小《ビショウ》】(名・形動ダナ)ひじょうに小さいこと。例—生物。

【微少《ビショウ》】(名・形動ダナ)ひじょうに少ないこと。例—な量。

【微笑《ビショウ》】(名・する)ほほえむこと。ほほえみ。例—をうかべる。—をたたえる。

【微酔《ビスイ》】(名・する)わずかに酒によること。ほろよい。例—をたのしむ。

【微生物《ビセイブツ》】肉眼では観察できない、ひじょうに小さな生物のまとめた言い方。細菌《サイキン》・原生動物などをいう。

【微積分《ビセキブン》】〔数〕微分と積分。

【微衷《ビチュウ》】自分の心・まごころをへりくだっていうことば。例—をおくみ取り願いたい。

【微調整《ビチョウセイ》】(名・する)(機器や議論などで)大まかな調整のあとの、わずかな調整をすること。例まだ—が必要だ。

【微動《ビドウ》】(名・する)かすかに動くこと。例—だにしない(=まったく動かない)。

【微熱《ビネツ》】平熱より少し高い体温。わずかな発熱。例—がとれない。

【微微《ビビ》】(形動タルト)ごくわずかなようす。ごく小さく、かすかなようす。例被害《ヒガイ》は—たるものだった。

【微風《ビフウ》】かすかにふく風。そよ風。例初夏の—が快い。

【微粉《ビフン》】細かいこな。

【微分《ビブン》】(名・する)〔数〕ある関数の変数の変化がごく小さくなったときの変化の割合(=導関数)により、その関数の性質をあらわすこと。対積分。

【微妙《ビミョウ》】(形動ダナ)ひと口では言いあらわせないほどに、複雑でかすかな、美しさやあじわい、また、問題点などをふくんでいるようす。さまざまな意味あいをふくんで、単純にはとらえられないようす。デリケート。例二人のあいだには—な、ずれがある。

【微粒子《ビリュウシ》】ひじょうに細かいつぶ。また、そのつぶ状のもの。

【微量《ビリョウ》】ごくわずかな量。例—の薬物が検出された。

【微力《ビリョク》】(名・形動ダナ)(自分の)とるに足りない力。わずかな努力。〔(自分の)能力や努力をけんそんしていうときのことば〕例—ながらお手伝いさせていただきます。

【微▼禄《ビロク》】一(名)わずかな給与《キュウヨ》。薄給《ハッキュウ》。例—にあまんずる。—を食《は》む。二(名・する)おちぶれること。例—して近ごろは衣服もよごれたままだ。

【▽微▼塵《ミジン》】〔細かなちりの意〕①ひじょうに細かいもの。例こっぱ—にくだける。—切り。②〔「みじんも…ない」「みじんの…もない」の形で〕少しも…ない。例—もゆるがない態度。—のうそもないと主張する。

●隠微《インビ》・機微《キビ》・軽微《ケイビ》・衰微《スイビ》

イ10 【徭】 13画 5552 5FAD

音 ヨウ 漢　訓 えだち

意味 土木工事などの労役《ロウエキ》のために、人民を遠くまで行かせること。えだち。例徭役《ヨウエキ》。

【徭役《ヨウエキ》】律令制《リツリョウセイ》で、人民が力仕事にかり出されたこと。また、その労役《ロウエキ》。

イ11 【徴】 14画 3607 5FB4 常用

音 一 チョウ 漢 呉　二 チ 漢 呉　訓 しるし・め-す

筆順 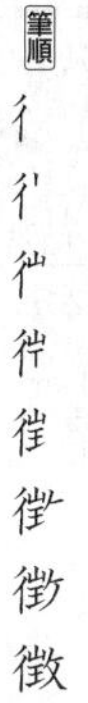

イ12 【徵】 15画 1-8436 5FB5 人名

なりたち 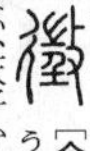 〔会意〕「壬(=よい)」と「微(=こっそりおこなう)」の省略体とから成る。ひそかによいことをおこない、天子からめし出される。めす。

意味 一《チョウ》 ❶人を呼び出す。めす。例徴兵《チョウヘイ》。徴用《チョウヨウ》。❷金品または税を取りたてる。例徴収《チョウシュウ》。徴税《チョウゼイ》。❸ものごとの前ぶれ。また、ものごとのあらわれ。きざし。しるし。例徴候《チョウコウ》。❹あらわす。あきらかにする。例明徴《メイチョウ》。二《チ》 東洋の音楽の五音《ゴイン》(=宮《キュウ》・商《ショウ》・角《カク》・徴《チ》・羽《ウ》)の一つ。

人名 あき・あきら・おと・きよし・すみ・なり・もと・もとむ・よし

【徴候《チョウコウ》】何かが起こる前ぶれ。きざし。しるし。例あらしの—。表記「兆候」とも書く。

【徴収《チョウシュウ》】(名・する)法律や規約などにもとづいて、税金や手数料・会費などを取りたてること。

【徴集《チョウシュウ》】(名・する)国家などが強制的に人や物をつのり集めること。例—の手続き。

【徴証《チョウショウ》】(名・する)明らかな証拠《ショウコ》。また、証拠をあげて明らかにすること。

【徴税《チョウゼイ》】(名・する)税金を取りたてること。対納税。

【徴発《チョウハツ》】(名・する)戦争のときなどに、軍隊で使うために強制的に民間から物を取りたてること。例食糧《ショクリョウ》を—する。

【徴兵《チョウヘイ》】(名・する)国家が国民を一定の期間、強制的に兵役《ヘイエキ》につかせること。例—制。成年男子を—する。

【徴募《チョウボ》】(名・する)つのり集めること。徴集。例義勇兵の—に応じる。

【徴用《チョウヨウ》】(名・する)戦争など非常事態のときに、国家が国民を強制的に呼び出し、兵役《ヘイエキ》以外の、戦争にかかわる仕事をさせること。

●象徴《ショウチョウ》・追徴《ツイチョウ》・特徴《トクチョウ》

イ11 【徳】 14画 3833 5FB3 教育4

音 トク 漢 呉

筆順 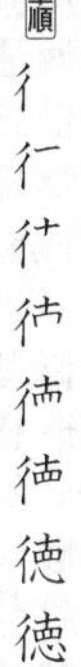

イ12 【德】 15画 1-8437 5FB7 人名

心8 【悳】 12画 5560 60B3 本字

なりたち 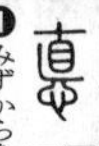 〔会意〕本字は「悳」で、「直(=すなお)」と「心(=こころ)」とから成る。すなおな心。

意味 ❶みずからを高め他によい影響《エイキョウ》をあたえる、すぐれた品性。生まれつきそなわっている、りっぱな性質。例徳性《トクセイ》。徳行《トッコウ》。人徳《ジントク》。❷めぐみ。恩恵《オンケイ》。例徳政《トクセイ》。功徳《クドク》。

人名 あきら・あつ・あつし・あり・いさお・え・さと・ただし・とみ・なり・なる・のぼる・のり・めぐむ・やす・よし

【徳育《トクイク》】人格をみがき、人としての生き方を学び育てる教育。道徳面の教育。対体育・知育。

【徳義《トクギ》】人として理解し守るべき道徳上の義務。例—心。—を守る。

【徳人《トクジン|トクニン》】徳のそなわった人。徳の高い人。

【徳性《トクセイ》】道徳や徳義を守ろうとする気持ち。道徳心。例—を養う。

【徳政《トクセイ》】①人民にめぐみをあたえるよい政治。善政。仁政

《ジンセイ》。②鎌倉《かまくら》・室町《むろまち》時代、御家人《ゴケニン》や武士、幕府の財政を救済するため、また、農民の要求に応じて、すべての負債《フサイ》を返済しなくてもよいとしたこと。また、その法令。

【徳俵】《トクだわら》 相撲《すもう》の土俵《ドヒョウ》で、東西南北の中央のところを、それぞれ一俵分ずつ外側へずらしてうめた俵。

【徳《トク》は身《み》を潤《うるお》す】 徳が心にそなわれば、おのずから外ににじみでて、身をりっぱにする。〈大学《ダイガク》〉

【徳風】《トクフウ》 君子の人徳が人を感化するようすを、草が風になびくようすにたとえたことば。

【徳望】《トクボウ》 徳が高く、人々からその人格をしたわれること。例 ―家。―が厚い。

【徳目】《トクモク》 道徳の内容を具体的に分類したもの。仁《ジン》・義・礼・忠・孝など。

【徳用】《トクヨウ》 値段の安いわりに有用で、得《トク》をすること。また、そのもの。割安《わりやす》。買い得《ドク》。例 ―品。お―。表記「得用」とも書く。

【徳利】《トクリ》 〔「トックリ」とも〕①酒などを入れる首の細い容器。銚子《チョウシ》。②〔徳利は水に入れるとぶくぶくとしずむことから〕泳げない人。かなづち。

【徳化】《トッカ》 （名・する）徳行によって人を教化すること。

【徳器】《トッキ》 りっぱな人格。例 ―を成就《ジョウジュ》する。

【徳行】《トッコウ》 道徳にかなった正しいおこない。

●悪徳《アクトク》・恩徳《オントク》・功徳《クドク》・高徳《コウトク》・五徳《ゴトク》・人徳《ジントク》・道徳《ドウトク》・背徳《ハイトク》・美徳《ビトク》・不道徳《フドウトク》・不徳《フトク》・報徳《ホウトク》・余徳《ヨトク》

彳12

【徹】

15画 3716 5FB9 常用 音 テツ漢 訓 とお-す・とお-る

筆順 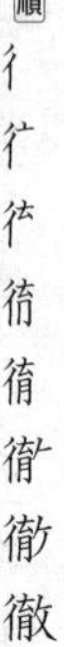

なりたち  ［会意］「彳（=ゆく）」と「攵（=打つ）」と「育（=そだてる）」とから成る。むち打ちそだてて行かせれば、とおらないものはない。とおる。

意味 つらぬきとおす。最後までつらぬく。とおす。とおる。例 徹夜《テツヤ》。徹頭徹尾《テットウテツビ》。貫徹《カンテツ》。

難読 徹宵《よもすがら》

人名 あき・あきら・いたる・おさむ・ひとし・みち・ゆき

【徹宵】《テッショウ》 夜中じゅう起きていること。夜どおし。徹夜。

【徹底】《テッテイ》 （名・する）〔底《そこ》まで貫《つらぬ》き通す意〕①中途半端《チュウトハンパ》ではなく、とことんやりぬくこと。例 ―抗戦《コウセン》。やることが―している。②指令などが、すみずみまで行きとどくこと。例 命令を―させよ。

【徹頭徹尾】《テットウテツビ》 （副）最初から最後まで。あくまでも。どこまでも。例 住民たちは、開発に―反対の立場をつらぬいた。

【徹夜】《テツヤ》 （名・する）夜どおし起きていること。徹宵《テッショウ》。例 ―で勉強する。

●一徹《イッテツ》・貫徹《カンテツ》・透徹《トウテツ》・冷徹《レイテツ》

彳12 【徵】 15画 ⇩【徴】《チョウ》（381ページ）

彳12 【德】 15画 ⇩【徳】《トク》（381ページ）

彳13

【徼】

16画 5553 5FBC 音 ギョウ慣 キョウ漢 訓 めぐ-る・もと-める

意味 ❶見まわる。めぐる。❷辺境。とりで。❸得られそうもないことを得たいと思う。もとめる。例 徼幸《ギョウコウ》。

【徼幸】《ギョウコウ》 思いがけない幸福。また、そんな幸福にあうこと。

彳13 【徽】 16画 ⇩【徽】《キ》（382ページ）

彳14

【徽】

17画 2111 5FBD 人名 音 キ漢 訓 しるし

彳13 【徽】 16画 俗字

意味 ❶ひも。つな。❷所属をあらわすしるし。はたじるし。例 徽章《キショウ》。❸よい。うつくしい。例 徽音《キイン》。

人名 よし

【徽音】《キイン》 よいことば。また、りっぱな教え。

【徽章】《キショウ》 帽子《ボウシ》や衣服につけるしるし。表記 現 記章

---

61 4画

心《こころ》（忄《りっしんべん》・⺗《したごころ》）部

心臓の形をあらわす。「心」が偏《ヘン》（=漢字の左がわの部分）になるときは「忄（立心偏 りっしんべん）（三画）」となる。「心」が下につくと「⺗（下心 したごころ）」の形になることがある。「心」をもとにしてできている漢字と、「心」と形が似ている「必」とを集めた。

[0] 心 [1] 必 [3] 応 忌 志 忖 忍 忘 忙 忍 忘 忙 [4] 快 忻 忤 忽 忸 忱 忠 忝 念 忿 忼 忰 [5] 怡 怨 怪 急 怯 怙 怐 怺 思 怩 怵 怎 性 怱 怠 怛 怒 怕 怖 怫 怦 怏 怜 急 [6] 恚 恩 悔 恢 恪 恰 恐 恭 恟 恵 恒 恍 恨 恣 恃 恤 恂 恕 恁 息 恥 恬 恫 恙 恋 恷 恢 恠 恊 恆 [7] 悪 悦 悁 患 悍 悟 悃 悉 悛 悄 悚 悌 悩 悖 悗 悠 悒 悧 悋 悅 悔 [8] 惟 悸 惧 惓 惚 惨 惹 悴 情 悽 惜 惣 惆 悵 惕 悼 惇 悲 悱 惘 悶 惑 惡 惠 情 悳 [9] 愛 意 愕 感 愚 愆 愃 慌 惶 慈 愁 愀 惷 惴 惺 想 惻 惰 愍 愎 愉 愈 慌 慈 愡 惱 愉 [10] 慇 慍 慨 愾 愨 愧 慊 愿 慎 愬 愴 態 慝 慕 慂 慄 愼 慱 [11] 慰 慣 慶 慧 慷 慙 慴 慫 慯 憁 憎 慥 慱 慟 慓 慢 憂 慵 慾 慮 慨 慤 慧 憇 慘 慚 [12] 憙 憖 憩 憬 憲 慳 憧 憔 憚 憊 憑 憫 憮 憤 憲 憎 憐 [13] 懌 懊 憶 懐 懈 憾 懃 懇 懆 憺 懋 懍 憐 應 憤 [14] 懦 懲 懣 [15] 懱 懲 [16] 懸 懶 懷 [17] 懽 懺 [18] 懿 懼 懾 [19] 戀

心0

【心】

4画 3120 5FC3 教育2 音 シン漢呉 訓 こころ・むね 付表 心地《ここち》

筆順 

なりたち  ［象形］からだの中にある心臓の形。人の心臓。

意味 ❶五臓の一つ。血液を送り出す器官。しんぞう。例 心音《シンオン》。心臓《シンゾウ》。強心剤《キョウシンザイ》。❷人間が考えたり感じたりするはたらき。精神。こころ。例 心身《シンシン》。心理《シンリ》。安心《アンシン》。

❸まんなか。中央。例心棒《シンボウ》。核心《カクシン》。中心《チュウシン》。❹二十八宿の一つ。なかごぼし。例心宿《シンシュク》。

難読 心算《つも》り・心太《ところてん》

人名 うち・さね・なか・み・もと

【心当たり】《こころあたり》 思いあたること。例―がない。

【心当て】《こころあて》 ①自分かってに見当をつけること。あて推量。②心のうちで期待すること。心だのみ。例いくらか―がある。

【心意気】《こころイキ》 積極的でさっぱりした気質。気がまえ。例江戸《えど》っ子の―を見せてやろう。

【心得】《こころえ》 ①基本的なこととして知っておくべき、守らなければならないことがら。わきまえ。例生徒―。②技芸などを身につけていること。たしなみ。例生け花の―がある。③下級の者が上級の者の職務を一時代行するときの職名。例課長―。

【心覚え】《こころおぼえ》 ①おぼえていること。例―をさがしてみる。②忘れないようにつけておく簡単なしるしやメモ。

【心掛け】《こころがけ》 ふだんの気持ちのもち方。例―が悪い。

【心構え】《こころがまえ》 心の準備。例いざというときのための―。

【心柄】《こころがら》 心のもち方。気だて。性質。例すなおな―。

【心配り】《こころくばり》 気づかい。配慮《ハイリョ》。例やさしい―。

【心丈夫】《こころジョウブ》 (形動ダナ) 安心であるようす。心強いようす。

【心添え】《こころぞえ》 (名・する) 相手を気づかって注意や忠告をすること。例お―、ありがとう。

【心遣い】《こころづかい》 相手のために気を配ること。例お―ありがとうございます。

【心付け】《こころづけ》 ①お礼や祝儀《シュウギ》として金銭などをあたえること。また、その金銭。チップ。②注意。忠告。

【心▼做し】《こころなし》 (副)〔多く、「心なしか」の形で〕そう思って見るせいか。気のせいか。例かれは、―かさびしそうに見えた。表記「心成し」とも書く。

【心根】《こころね》 心のいちばんおくにある気持ち。心のおくそこ。例―のやさしい人。

【心▽延え】《こころばえ》 ちょっとした言動にもあらわれる、その人のよい性質。気だて。例やさしい―の感じられる応対。

【心待ち】《こころまち》 (名・する) 心の中で期待して待つこと。例父の帰国を―にする。

【心▽遣り】《こころやり》 ①思いやり。同情。例さりげない―がうれしい。②気晴らし。うさ晴らし。

【心意】《シンイ》 こころのはたらき。こころ。精神。

【心猿】《シンエン》 人間の本能的欲望がおさえられないことを、わめきさわぐサルにたとえたことば。→【意馬心猿】《イバシンエン》(404ページ)

【心奥】《シンオウ》 こころのおくそこ。

【心音】《シンオン》 心臓の鼓動《コドウ》の音。例胎児《タイジ》の―を聞く。

【心火】《シンカ》 燃えるように激しい、いかり・にくしみ・嫉妬《シット》などの感情。例憎悪《ゾウオ》の―を燃やす。

【心外】《シンガイ》 (名・形動ダナ) 思いもよらないことをされたり言われたりして、残念で不愉快《フユカイ》なこと。例君までそんなことを言うとは―だ。

【心学】《シンガク》 江戸《えど》時代に石田梅岩《いしだバイガン》がとなえた庶民《ショミン》的な実践《ジッセン》道徳。神道《シントウ》・儒教《ジュキョウ》・仏教をまぜ合わせた教えを、平易なことばと通俗《ツウゾク》的なたとえを用いて説いた。

【心肝】《シンカン》 ①心臓と肝臓。②こころ。まごころ。例―に徹《テツ》して感激する。

【心眼】《シンガン》 ものごとの真相や本質などを、するどく見ぬく心のはたらき。例―によって本質を見とおす。

【心願】《シンガン》 こころの中で神や仏に願《ガン》をかけること。また、そのねがい。例―を立てる。

【心気】《シンキ》 気分。こころもち。例―爽快《ソウカイ》(=こころもちがさっぱりしてよいこと)。

【心▼悸】《シンキ》 心臓の鼓動《コドウ》。動悸。

【心機】《シンキ》 こころのはたらき。こころのうごき。例―一転。

【心機一転】《シンキイッテン》 (名・する) 気持ちをがらりと変えること。例―、仕事に精を出す。

【心木】《シンぎ》 車軸《シャジク》。車の心棒。

【心技】《シンギ》 精神的な側面と技術的な側面。こころとわざ。例―一体(=精神と技術とのバランスがよいこと)。

【心▼悸▼亢進】《シンキコウシン》〔医〕(心臓病・精神的興奮などのために)心臓の鼓動《コドウ》が異常に激しくなること。表記「心▼悸▼昂進」とも書く。

【心境】《シンキョウ》 こころの状態。気持ち。例複雑な―を語る。

【心筋梗塞】《シンキンコウソク》〔医〕心臓の筋肉に血液を送っている動脈がつまるなどして、心臓の筋肉の一部がはたらかなくなる病気。重症《ジュウショウ》の場合は死に至る。

【心血】《シンケツ》 こころとからだのすべての力。例―を注ぐ。

【心魂】《シンコン》 こころのすべて。たましい。また、こころのおくそこ。例―に徹《テツ》する(=こころに深くきざみこむ)。―をかたむける。

【心材】《シンザイ》 木の幹の中心部分を用いた材木。周辺部よりも色が濃《こ》くてかたい。赤身《あかみ》。㊉辺材。

【心算】[一]《シンサン|シンザン》 こころの中での計画・予測。こころづもり。胸《むな》算用《ザンヨウ》。[二]《つもり》 ①こころがまえ。例どういう―なのか。②実際はそうではないのに、そうなった気持ち。例テレビのヒーローになった―。③予定。例このまま帰る―です。

【心地】[一]《シンジ》 ①帯・えり・洋服のしんなどにする厚くてかたい布地。②〔仏〕戒《カイ》。また、こころ。精神。[二]《シンチ》 胸のうち。こころの中。[三]《ここち》 気分。気持ち。感じ。例船酔《ふなよ》いで生きた―がしない。表記[一]①は「芯地」とも書く。

【心耳】《シンジ》 ①ふつうでは耳に聞こえないものを聞き取るこころのはたらき。②〔医〕心房《シンボウ》の、耳のような形のところ。

【心事】《シンジ》 こころに思うこと。心中《シンチュウ》。例乱れる―。

【心室】《シンシツ》〔医〕心臓で、血液を送り出すはたらきをもつ部分。左右二つに分かれていて、右心室は肺動脈へ、左心室は大動脈へつながっている。

【心中】[一]《シンジュウ》 (名・する) ①愛し合っている二人がいっしょに自殺すること。情死。②二人以上の人がいっしょに自殺すること。例一家―。③組織や事業と運命をともにすること。[二]《シンチュウ》 (名) こころのうち。内心。例―お察しいたします。

【心術】《シンジュツ》 こころの、もち方。例―の悪い者。

【心緒】《シンショ|シンチョ》 こころもち。思いのはし。例―を述べる。

【心証】《シンショウ》 ①こころに受ける印象。例―を害する。②〔法〕裁判官が証拠《ショウコ》などに対してもつ判断や確信。例犯人にちがいないという―をもつ。

【心象】《シンショウ》 知覚・想像・記憶《キオク》などをもとにして、こころの中に思いうかべられたもの。イメージ。例―風景。

【心情】《シンジョウ》 こころの中。気持ち。胸中。例―を察する。

【心身】《シンシン》 精神と肉体。こころとからだ。身心。例―ともに健康です。

【心身症】《シンシンショウ》 ストレスなど心理的な影響《エイキョウ》によってあらわれる、からだの病気の症状。

【心神】《シンシン》 精神。こころ。たましい。

【心神耗弱】《シンシンコウジャク》〔法〕精神機能の障害のため、よいことか悪いことかの判断や、それにしたがった行動がとりにくい状態。〔さらに重い状態は「心神喪失《ソウシツ》」という〕

【心酔】《シンスイ》 (名・する) ①われを忘れるほどに熱中すること。②こころから深く尊敬し、したうこと。例東洋思想に―する。例師に―して教えを受ける。

【心髄】《シンズイ》 ①ものの中心。しん。②ものごとの中心にある、いちばん重要なところ。中枢《チュウスウ》。③こころのおくそこ。

「心(忄・⺗)部」0画 心

【心性《シンセイ》】もって生まれたこころ。精神。

【心像《シンゾウ》】記憶《キオク》などによって、こころの中に思いうかべられたもの。心象《シンショウ》。イメージ。

【心臓《シンゾウ》】㊀(名)①体内の血液の循環《ジュンカン》をつかさどる器官。②組織や機械などの中枢《チュウスウ》部のたとえ。例発電所の—部で事故が起きた。㊁(形動ダナ)厚かましいようす。ずうずうしいようす。例—なやつだ。

【心胆《シンタン》】こころ。たましい。きもったま。例敵の—を寒からしめる(=敵をふるえあがらせる)。

【心痛《シンツウ》】(名・する)ひじょうに心配すること。また、こころの痛み。例—のたね。

【心底《シンテイ》】㊀(名)こころのおくそこ。ほんとうの気持ち。例—を知る。—を見とどける。㊁《シンそこ》(名・副)こころのおくそこ。こころから。例—彼女《かのジョ》にほれている。

【心的《シンテキ》】(形動ダナ)こころに関係するようす。対物的。例—な負担の大きい地位。

【心電図《シンデンズ》】〔医〕心臓の活動にともなって生じる電流の変化を記録したグラフ。心臓病の診断《シンダン》などに用いる。

【心土《シンド》】表土より下にあって、すきかえしたり耕したりされることのない土。

【心頭《シントウ》】こころ。こころの内。念頭。例怒《いか》り—に発する(=こころのそこから激しく怒る)。—を滅却《メッキャク》すれば火もまた涼《すず》し(=どんな苦しみにあっても、それを超越《チョウエツ》してしまえば、苦痛を感じることはない)。

【心配《シンパイ》】㊀(名・する)気にかけていて世話をすること。こころづかい。配慮《ハイリョ》。例就職を—する。㊁(名・する・形動ダナ)気にして思いわずらうこと。気がかり。対安心。例—のたね。

【心張り棒《シンばりボウ》】戸じまりのために引き戸の内側をななめにおさえつける棒。しんばり。例雨戸《あまど》に—をかっておく。

【心服《シンプク》】(名・する)こころから尊敬し従うこと。例恩師に—する。

【心腹《シンプク》】①いちばん重要なところ。②信頼《シンライ》できる部下や友人。腹心。例—の友。

【心房《シンボウ》】〔医〕心臓の上部で、血液の流れを受け入れる部分。左右の二つに分かれていて、右心房は大静脈《ダイジョウミャク》からの血液を、左心房は肺静脈からの血液を受け入れる。

【心棒《シンボウ》】①車輪やこまなど、回転するものの中心となる軸《ジク》。②活動の中心となる人やもの。

【心友《シンユウ》】こころの中を理解し合っている友。心の友。

〔心(忄・⺗)部〕1画 必

【心理《シンリ》】①こころのはたらきや精神の状態。また、行動にあらわれる、こころのうごき。こころもち。例—的。②「心理学」の略。人や動物の意識や行動を研究する学問。

【心裏《シンリ》】こころの中。心中《シンチュウ》。表記「心▼裡」とも書く。

【心慮《シンリョ》】こころで思うこと。考え。思慮。例—をめぐらす。

【心霊《シンレイ》】生命やこころの中にあって、肉体をはなれても存在すると考えられるもの。たましい。

【心霊現象《シンレイゲンショウ》】現在の科学では説明できない不思議な現象のうち、人のこころや、たましいにかかわると考えられているもの。テレパシーやオカルト、また、幽霊《ユウレイ》やたたりなど。

【心霊術《シンレイジュツ》】心霊現象を起こすことができるという能力や手法。

【心労《シンロウ》】㊀(名・する)心配すること。心づかい。気苦労。㊁(名)精神的な疲労《ヒロウ》。例—がかさなってたおれる。

●安心《アンシン》・以心伝心《イシンデンシン》・一心《イッシン》・会心《カイシン》・改心《カイシン》・核心《カクシン》・感心《カンシン》・関心《カンシン》・肝心《カンジン》・虚心《キョシン》・苦心《クシン》・決心《ケッシン》・細心《サイシン》・里心《さとごころ》・下心《したごころ》・執心《シュウシン》・重心《ジュウシン》・小心《ショウシン》・傷心《ショウシン》・初心《ショシン》・専心《センシン》・中心《チュウシン》・灯心《トウシン》・童心《ドウシン》・得心《トクシン》・都心《トシン》・内心《ナイシン》・熱心《ネッシン》・腹心《フクシン》・変心《ヘンシン》・放心《ホウシン》・本心《ホンシン》・真心《まごころ》・慢心《マンシン》・無心《ムシン》・野心《ヤシン》・用心《ヨウジン》・良心《リョウシン》

心 1

【必】

5画 4112 5FC5 教育4

音 ヒツ漢

訓 かなら-ず

筆順 丶 ソ 义 必 必

なりたち  〔会意〕「八《ハツ→ヒツ》(=分ける)」と「弋(=くい)」とから成る。しるしを立てて分ける目安とする。派生して「きっとそうする」の意。

意味 ❶まちがいなくそうなる。きっと。かならず。例必至《ヒッシ》。必定《ヒツジョウ》。必然《ヒツゼン》。❷かならずしなければならない。ぜひともそうすべきだ。例必修《ヒッシュウ》。必要《ヒツヨウ》。信賞必罰《シンショウヒツバツ》。❸〔助字〕「不必」は「かならずしも…ず」と読み、…とはかぎらない、の意。部分否定をあらわす。例不㆓必有㆒仁《かならずしもジンあらず》(=かならず仁があるとはかぎらない)。

人名 さだ・さだむ・ただ

【必携《ヒッケイ》】いつも身につけて持っていなければならないこと。また、そのようなもの。例—の書。

【必見《ヒッケン》】かならず見なければならないこと。例今度の美術展は愛好家—のもよおしだ。

【必殺《ヒッサツ》】相手をかならずたおすこと。また、その意気ごみ。例—のわざ。—の体当たり。

【必死《ヒッシ》】㊀(名・形動ダナ)いのちがけで全力をつくすこと。死にものぐるいであること。例—の形相《ギョウソウ》。—になって勉強する。㊁(名)かならず死ぬこと。例もはや—と覚悟《カクゴ》を決めた。

【必至《ヒッシ》】①かならずそういう事態がくること。例混乱は—だ。②将棋《ショウギ》で、あと一手で詰《つ》むという状態。表記②は「必死」とも書く。

【必需《ヒツジュ》】〔「需」は、もとめる意〕かならず入《い》り用なこと。なくてはならないこと。例生活—品。

【必修《ヒッシュウ》】(名・する)かならず学びおさめなければならないこと。例—科目。

【必勝《ヒッショウ》】かならず勝つこと。例—をいのる。—の態勢。

【必定《ヒツジョウ》】㊀(名)きっとそうなると予想されること。例疑われるのは—。㊁(副)かならず。きっと。たしかに。例—これは魔女《マジョ》のいたずらであろう。

【必須《ヒッス》】〔「ヒッシュ」「ヒッスウ」とも〕(名・形動ダナ)〔「須」は、必要とする、用いる意〕必要なものの中でも、とくに必要であること。例—科目。成長に—の栄養。

【必然《ヒツゼン》】㊀(名)どうしてもそうなるはずのこと。対偶然《グウゼン》。㊁(副)かならず。きっと。

【必着《ヒッチャク》】(名・する)(手紙や荷物などが、決められた日時までに)かならず到着《トウチャク》すること。例土曜—の荷物。

【必中《ヒッチュウ》】(名・する)〔「中」は、当たる意〕①矢・銃弾《ジュウダン》などが、ねらったものにかならず当たること。例一発—。②予想がかならず当たること。

【必読《ヒツドク》】(名・する)かならず読むこと。かならず読まなければならないこと。また、そのもの。例生徒—の書。

【必罰《ヒツバツ》】(名・する)罪のある者をかならず罰すること。例信賞—(=功績のある者はほめたたえ、罪のある者は罰する。賞罰をはっきりさせること)。

【必滅《ヒツメツ》】(名・する)かならずほろびること。例生者《ショウジャ》—(=一度生まれたものはかならず死ぬ)。

【必用《ヒツヨウ》】(名・する)かならず用いなければならないこと。例閲覧《エツラン》者は鉛筆《エンピツ》を—せよ。

【必要《ヒツヨウ》】(名・形動ダナ)どうしても入《い》り用であること。それなしではすまされないこと。対不要。例—がある。—とする。

心 3

【応】

7画 1794 5FDC 教育5

音 ヨウ漢 オウ呉
訓 こた-える

筆順 

心13 【應】 17画 5670 61C9 人名

なりたち  [形声]「心(=こころ)」と、音「䧹《オウ》」とから成る。あたる。こたえる。

意味 ❶他からのはたらきかけを受け、それに従って動く。こたえる。例応答《オウトウ》。呼応《コオウ》。呼《よ》びかけに応《オウ》じる。❷ふさわしい。つりあっている。かなう。例応用《オウヨウ》。適応《テキオウ》。分《ブン》に応《オウ》じた望《のぞ》み。❸〔助字〕「まさに…べし」と読む再読文字。当然…のはずだ・きっと…であろう、の意をあらわす。例応レ知二故郷事一《まさにコキョウのことをしるべし》(=きっと故郷のことを知っているだろう)。〈王維《オウイ》・雑詩《ザッシ》〉

日本語での用法《こたえる》強く感じる。「寒《さむ》さが身《み》に応《こた》える」

使い分け こたえる【答・応】⇩1169ページ

人名 かず・ことお・たか・のぶ・のり・まさ・よし

【応援】《オウエン》(名・する)①心を同じくして力をかすこと。例被災地《ヒサイチ》の復興を―する。②競技で、かけ声をかけたり拍手《ハクシュ》をしたりして、味方やひいきの者を元気づけること。例―団。

【応急】《オウキュウ》急場のまにあわせ。急場しのぎ。例―手当て。

【応射】《オウシャ》(名・する)敵の射撃《シャゲキ》に対してうちかえすこと。

【応手】《オウシュ》囲碁《ゴイ》や将棋《ショウギ》で、相手の打った手に応じて打つ手。

【応需】《オウジュ》(名・する)〔「需」は、もとめる意〕患者《カンジャ》や客のもとめに応じること。例入院―。

【応酬】《オウシュウ》(名・する)①言い返したり、やり返したりすること。例やじの―。②たがいに酒を飲みかわすこと。献酬《ケンシュウ》。例さかずきの―。③手紙や詩歌に返しをすること。

【応召】《オウショウ》(名・する)官や目上の人からの呼び出しに応じて出向くこと。とくに軍人や軍人になるべき者などが、召集にしたがって指定の地に集まること。

【応接】《オウセツ》(名・する)人に会って、相手をすること。例―室。―に暇《いとま》がない。

【応戦】《オウセン》(名・する)敵の攻撃《コウゲキ》に対抗《タイコウ》してたたかうこと。例強敵にも屈《クッ》しないで―する。

【応対】《オウタイ》(名・する)相手になって受け答えすること。例電話の―。

【応諾】《オウダク》(名・する)相手のたのみや申し出を聞き入れること。承知。承諾。例そんな条件では―できない。

【応答】《オウトウ》(名・する)質問や呼びかけに対してこたえること。例―歌。質疑―。

【応分】《オウブン》(名・形動ダナ)その人の身分や能力にふさわしいこと。対過分。例―の責任はとってもらいたい。

【応変】《オウヘン》不意のできごとなど、状況《ジョウキョウ》の変化に対して適切な処置をとること。例臨機―。

【応募】《オウボ》(名・する)募集に応じること。対募集。例社員募集の広告を見て―する。

【応報】《オウホウ》〔仏〕その人が前世《ゼンセ》でおこなった善または悪の業《ゴウ》に対しての、幸せまたは不幸せのむくい。例因果《インガ》―。

【応用】《オウヨウ》(名・する)考え方や理論・知識などを実際の場面にあてはめて用いること。例―問題。―物理学。

◐一応《イチオウ》・否応《いやオウ》・感応《カンノウ》・呼応《コオウ》・順応《ジュンノウ》・照応《ショウオウ》・相応《ソウオウ》・即応《ソクオウ》・対応《タイオウ》・適応《テキオウ》・反応《ハンノウ》

心 3

【忌】

7画 2087 5FCC 常用

音 キ漢
訓 い-む・い-まわしい・い-み

筆順 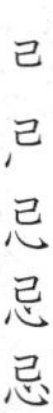

なりたち  [形声]「心(=こころ)」と、音「己《キ》」とから成る。にくむ。きらう。

意味 ❶(道理にはずれるとか、自然にそむくとか、不吉《フキツ》でけがらわしいという理由などから)きらってさける。いむ。例忌憚《キタン》。忌避《キヒ》。禁忌《キンキ》。❷家族や身内《みうち》がなくなったあと、一定期間、おこないをつつしみ、死をいたむこと。いみ。例忌服《キブク》。❸人のなくなった日。命日。例忌日《キニチ》。年忌《ネンキ》。一周忌《イッシュウキ》。

難読 忌寸《いみき》・忌部《いんべ》

【忌み言葉】《いみことば》①意味や連想がよくない、不吉《フキツ》だとしてさけることば。たとえば、婚礼《コンレイ》の席での「帰る」「切る」「去る」など。②さけたいことばの代わりに使うことば。たとえば、「梨《なし》」を「ありのみ」、「するめ」を「あたりめ」、「血」を「あせ」というなど。表記▽「忌▽詞」とも書く。

【忌み日】《いみび》①神に仕えるために、けがれをさけてつつしまなければならない日。②陰陽道《オンヨウドウ》などで、わざわいがあるとして行動をつつしむ日。表記▽「▽斎日」とも書く。

【忌み火】《いみび》①けがれを清める火。②原始的な発火法の火鑽《ひき》り(=火をおこす道具)でおこした火。表記▽「▽斎火」とも書く。

【忌明け】《キあけ》服喪《フクも》の期間が終わること。忌《い》み明け。

【忌▼諱】《キキ》(名・する)いみきらうこと。おそれはばかること。例論文が当局の―に触《ふ》れる(=上位の者や支配者などのきげんをそこなう)。

【忌▼辰】《キシン》〔「辰」は、日の意〕死者の命日。忌日《キニチ》。

【忌▼憚】《キタン》いみはばかること。遠慮《エンリョ》すること。例―のない批評。―なく意見を述べる。

【忌中】《キチュウ》死者があって、その近親者が喪《も》に服している期間。喪中。〔ふつう四十九日間〕

【忌日】《キニチ》〔「キジツ」とも〕〔仏〕毎月また毎年の、その人が死んだ日と同じ日付の日。命日。〔月日がともに同じ場合にも、また、日だけが同じ場合にもいう〕

【忌避】《キヒ》(名・する)①きらいさけること。例実名を―して通称《ツウショウ》を使う。②〔法〕訴訟《ソショウ》の当事者が、公平さが期待できないとして、その裁判官を拒否《キョヒ》すること。

【忌引き】《キびき》(名・する)近親者が死んだとき、学校や仕事を休んで、喪《も》に服すること。

【忌服】《キブク》〔「キフク」とも〕近親者の死後、一定期間、喪《も》に服して家に引きこもってつつしむこと。

◐回忌《カイキ》・禁忌《キンキ》・周忌《シュウキ》・年忌《ネンキ》

心 3

【志】

7画 2754 5FD7 教育5

音 シ漢呉
訓 こころざ-す・こころざし・しる-す

筆順 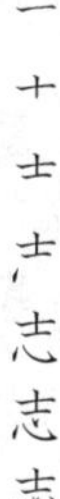

なりたち 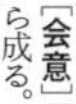 [会意]「心(=こころ)」と「士《シ》(=ゆく)」とから成る。心が向いてゆく。

意味 ❶心がある目的に向かう。こころざす。例志学《シガク》。志願《シガン》。❷あることを成しとげようとする気持ち。こころざし。例意志《イシ》。青雲之志《セイウンのこころざし》。❸書きしるす。しるす。同誌《シ》・識《シ》。例志怪《シカイ》(=あやしげなことを書きしるす)。❹記録。書物。同誌。例三国志《サンゴクシ》。地志《チシ》。

日本語での用法 一《サカン》律令制《リツリョウセイ》の四等官《シトウカン》で、兵衛府《ヒョウエフ》・衛門府《エモンフ》の第四位。大(=上位)と少(=下位)とがある。主典《サカン》。「左衛門志《サエモンのサカン》」 二《シ》

旧国名「志摩《まし》(=今の三重《みえ》県南部、志摩半島東部)」の略。「志州《シシュウ》」

人名 さね・むね・もと・ゆき

【志学《シガク》】〔「吾十有五而志二于学一《われジュウユウゴにしてガクにこころざす》」〈論語《ロンゴ》〉から〕①学問にこころざすこと。②〔「志学の年」の意で〕十五歳《サイ》の異名。

【志願《シガン》】(名・する) 自分から進んで、ねがいでること。例入学—者。私立学校を—する。

【志気《シキ》】ものごとをやりとげようとする気持ちや意気ごみ。例社員の—を高める。

【志向《シコウ》】(名・する) 実現しようとして、心がそのほうへむかうこと。ある目的を目ざしていること。類指向。例一流企業《キギョウ》を—する学生が多い。

【志士《シシ》】国家や社会のためには自分を犠牲《ギセイ》にしてもつくそうとする人。例勤王《キンノウ》の—。

【志操《シソウ》】かたく守って変えない心。例—堅固《ケンゴ》。

【志望《シボウ》】(名・する) こうしたい、こうなりたいとのぞむこと。また、そののぞみ。例第一—。進学を—する。

【志摩《しま》】旧国名の一つ。今の三重《みえ》県の南部と志摩半島の東部にあたる。

●意志《イシ》・遺志《イシ》・厚志《コウシ》・初志《ショシ》・寸志《スンシ》・素志《ソシ》・大志《タイシ》・闘志《トウシ》・同志《ドウシ》・篤志《トクシ》・芳志《ホウシ》・有志《ユウシ》・雄志《ユウシ》・立志《リッシ》

忄 3

【忖】

6画 5554 5FD6

音 ソン漢呉

訓 はか-る

意味 (人の心を)おしはかる。はかる。例忖度《ソンタク》。

【忖度《ソンタク》】(名・する) 〔「度」も、おしはかる意〕他人の心をおしはかること。

心 3

【忍】

7画 3906 5FCD 常用

音 ジン漢 ニン呉

訓 しの-ぶ・しの-ばせる・しの-び

筆順 フ 刀 刃 刃 忍 忍 忍

心 3 【忍】 7画

なりたち 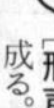 [形声]「心(=こころ)」と、音「刃《ジン》」とから成る。こらえる。

意味 ❶がまんする。たえる。しのぶ。例忍従《ニンジュウ》。忍耐《ニンタイ》。堪忍《カンニン》。❷ざんこくな。むごい。例残忍《ザンニン》。

日本語での用法 《ニン・しのび・しのぶ》他人に気づかれないように姿・形をかくす。「忍術《ニンジュツ》・忍《しの》び足《あし》・人目《ひとめ》を忍《しの》ぶ」

難読 不忍池《しのばずのいけ》

人名 おし・しの・たう・のぶ

【忍び▼逢い《しのびあい》】恋人どうしが人目をさけて会うこと。密会。例深夜の—。表記「忍び会い」とも書く。

【忍び足《しのびあし》】人に気づかれないようにして歩く足どり。例ぬき足、さし足、—。—で近づいてくる。

【忍び音《しのびね》】①人に聞こえないようにひっそり話す声や、泣き声。例かべごしに聞こえる—。②その年はじめて鳴くホトトギスの声。初音《はつね》。〔姿を見せずにかすかに鳴きはじめるのでいう〕例—に鳴く。—をもらす。

【忍ぶ草《しのぶぐさ》】①シノブ科のシダ植物。シノブ。夏に、観賞用として軒《のき》につるす。②昔を思いおこさせるもの。③ウラボシ科のシダ植物、ノキシノブの別名。④ユリ科の多年草、ヤブカンゾウの別名。ワスレグサ。

【忍苦《ニンク》】(名・する) 苦しみをこらえること。例—の生活。

【忍者《ニンジャ》】忍術を身につけた人。忍術使い。しのびの者。

【忍従《ニンジュウ》】(名・する) 苦しい境遇《キョウグウ》やきびしい支配などに、ただひたすらがまんしてしたがうこと。例—するしかない。

【忍術《ニンジュツ》】武家時代、敵を暗殺したり、ひそかにようすをさぐったりするために用いられた特殊《トクシュ》な武術。超人《チョウジン》的な身のこなしに、戦闘《セントウ》の技術・策略をあわせたもの。しのびの術。忍法《ニンポウ》。例甲賀《こうが》の—使い。

【忍辱】(名・する) 一《ニンジョク》はじをしのぶこと。二《ニンニク》〔仏〕さまざまの侮辱《ブジョク》や迫害《ハクガイ》にたえて、心を動かさないこと。

【忍耐《ニンタイ》】(名・する) じっとこらえること。がまんすること。例—力。—にも限度がある。

【忍冬《ニンドウ》】スイカズラ科のつる性植物。スイカズラ。初夏にかおりのよい花をつける。例—からくさ。

【忍法《ニンポウ》】「忍術」に同じ。例伊賀《いが》流—。

●隠忍《インニン》・堪忍《カンニン》・堅忍《ケンニン》・残忍《ザンニン》

心 3

【忘】

7画 4326 5FD8 教育6

音 ボウ漢 モウ呉

訓 わす-れる

筆順 、 亠 亡 亡 忘 忘 忘

心 3 【忘】 7画

なりたち  [形声]「心(=こころ)」と、音「亡《ボウ》」とから成る。記憶《キオク》がなくなる。

意味 記憶《キオク》をなくす。また、心にかけない。わすれる。例忘我《ボウガ》。忘却《ボウキャク》。備忘《ビボウ》。

難読 忘憂草《わすれぐさ》

【忘恩《ボウオン》】恩をわすれること。例—の徒(=恩しらず)。

【忘我《ボウガ》】何かに熱中して、自分をわすれること。例—の境《キョウ》に入《い》る。

【忘却《ボウキャク》】(名・する) すっかりわすれてしまうこと。わすれさること。例—のかなた。前後を—するほど酒に酔《よ》う。

【忘失《ボウシツ》】(名・する) ①わすれさること。忘却《ボウキャク》。②わすれてなくすこと。例現金を—する。

【忘食《ボウショク》】何かに熱中し食事をわすれること。〔『論語《ロンゴ》』から〕

【忘年《ボウネン》】①たがいの年齢《ネンレイ》の差を気にしないこと。例—の友。—の交わり。②年末に、一年間の苦労をわすれること。年忘《としわす》れ。例—会。

【忘憂《ボウユウ》】〔「憂《うれ》いを忘《わす》る」と訓読する〕心配ごとや悲しみをわすれさること。うさばらし。例酒は—の徳あり。

【忘憂の物《ボウユウのもの》】〔心配ごとや悲しみをわすれさせてくれるところから〕酒の別名。

【忘れ草《わすれぐさ》】ユリ科の多年草、ヤブカンゾウの別名。萱草《カンゾウ》。

【忘れ霜《わすれじも》】その春の最後の霜《しも》。八十八夜ころの霜。別れ霜。

【忘れな草《わすれなぐさ》】ヨーロッパ原産のムラサキ科の多年草。春から夏にかけて、青むらさき色の小さい花をつける。ルリソウ。〔英語 forget-me-not の和訳。「な忘れ草《ぐさ》」とも〕表記「▼勿▽忘草」とも書く。

●健忘《ケンボウ》・備忘《ビボウ》

忄 3

【忙】

6画 4327 5FD9 常用

音 ボウ漢

訓 いそが-しい

筆順 丶 丷 忄 忄 忙 忙

忄 3 【忙】 6画

なりたち [形声]「忄(=こころ)」と、音「亡《ボウ》」とから成る。いそがしい。

意味 することが多くてひまがない。心がおちつかない。せわしい。いそがしい。例 忙殺《ボウサツ》。多忙《タボウ》。

【忙殺】《ボウサツ》 (名・する)〔「殺」は、動詞の下について意味を強める語。ふつう、「…に忙殺される」の形で用いる〕ひじょうにいそがしいこと。例 仕事に―される。

【忙中】《ボウチュウ》 ひじょうにいそがしいとき。例 ―閑《カン》あり(=どんなにいそがしいときでも、暇《ひま》な時間はあるものだ)。

○●多忙《タボウ》・繁忙《ハンボウ》

忄 3 【忙】 6画 ⇩【忙】《ボウ》(386ページ)

心 3 【忍】 7画 ⇩【忍】《ニン》(386ページ)

心 3 【忘】 7画 ⇩【忘】《ボウ》(386ページ)

忄 4 【快】 7画 1887 5FEB 教育5 音 カイ漢 ケ呉 訓 こころよ-い

筆順 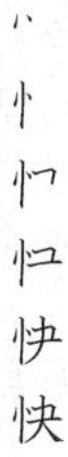

なりたち 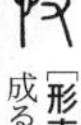 [形声]「忄(=こころ)」と、音「夬《カイ》」とから成る。よろこぶ。

意味 ❶気持ちがよい。楽しい。さわやか。こころよい。例 快楽《カイラク》。爽快《ソウカイ》。愉快《ユカイ》。❷はやい。例 快走《カイソウ》。快速《カイソク》。軽快《ケイカイ》。❸(刃物《はもの》などが)よく切れる。切れ味がよい。例 快刀《カイトウ》。

人名 とし・はや・はやし・やす・やすし・よし

【快音】《カイオン》 耳に心地《ここち》よくひびく音。胸のすくような音。例 バットが―を発する。

【快活】《カイカツ》 (名・形動《ダナ》)元気がよく、生き生きとしているようす。気性《キショウ》がさっぱりしているようす。例 ―な少女に成長する。表記 旧 快▼闊

【快感】《カイカン》 心身の欲求が満たされた気持ちのよい感じ。例 勝利の―を味わう。

【快漢】《カイカン》 〔「漢」は、男の意〕気性《キショウ》のさっぱりした、さわやかな男の人。快男子。例 だれの目にも好ましい―。

【快気】《カイキ》 (名・する)病気がよくなること。例 ―祝い。

【快挙】《カイキョ》 胸のすくようなすばらしいおこない。例 世界新記録の―をたたえる。

【快▼哉】《カイサイ》 〔「こころよきかな」を音読みしたことば〕気分がいい。ゆかいだ。例 ―をさけぶ。

【快晴】《カイセイ》 雲ひとつなく空が晴れわたること。気象用語としては、雲量が空全体の十分の一以下の天候をいう。

【快走】《カイソウ》 (名・する)胸のすくようなすばらしいスピードで走ること。例 ランナーの―が続く。

【快足】《カイソク》 すばらしく足のはやいこと。

【快速】《カイソク》 ①(乗り物などが)すばらしくはやいこと。例 ―船。②「快速列車」「快速電車」の略。特定の駅だけに停車する。対 緩行《カンコウ》・鈍行《ドンコウ》。

【快諾】《カイダク》 (名・する)相手の申し出を気持ちよく引き受けること。例 依頼《イライ》を―する。

【快男子】《カイダンシ》 気性《キショウ》のさっぱりとした、さわやかな男の人。快男児。快漢。好漢。

【快調】《カイチョウ》 (名・形動《ダナ》)①機械やからだの調子がひじょうによいこと。例 エンジンが―だ。②ものごとが思いどおりに運ぶこと。好調。

【快適】《カイテキ》 (形動《ダナ》)心やからだに心地《ここち》よく、たいへん気持ちのよいようす。例 ―な住まい。―な旅を続ける。

【快刀】《カイトウ》 切れ味のあざやかな、かたな。

【快刀《カイトウ》乱麻《ランマ》を断《た》つ】 切れ味のよい刀で、もつれた麻《あさ》をたち切るように、むずかしい事件やこみいった問題をあざやかに解決する。例 長年、もめていた問題を―ごとく処理した。

【快方】《カイホウ》 病気やけがのぐあいがよくなってくること。例 病気が―に向かう。

【快報】《カイホウ》 よい知らせ。うれしい知らせ。吉報《キッポウ》。例 合格の―が届く。

【快眠】《カイミン》 (名・する)気持ちよくぐっすりねむること。また、そのねむり。例 快食―を心がける。

【快癒】《カイユ》 (名・する)病気やけががすっかりよくなること。全快。全治。例 骨折《コッセツ》が―した。

【快楽】《カイラク|ケラク》 気持ちよく楽しいこと。また、感覚的な欲望がじゅうぶんに満たされた状態。例 人生の―。―におぼれる。

○●軽快《ケイカイ》・豪快《ゴウカイ》・全快《ゼンカイ》・壮快《ソウカイ》・痛快《ツウカイ》・不快《フカイ》・明快《メイカイ》・愉快《ユカイ》

忄 4 【忻】 7画 5555 5FFB 音 キン漢 ゴン呉 訓 よろこ-ぶ

意味 心が開かれる。よろこぶ。例 忻然《キンゼン》(=よろこぶようす)。

忄 4 【忤】 7画 5556 5FE4 音 ゴ漢 訓 さか-う・さか-らう

意味 そむく。さからう。例 忤逆《ゴギャク》(=さからう)。

【忤耳】《ゴジ|みみにさかう|みみにさからう》 不愉快《フユカイ》に聞こえること。すなおに聞くことができないこと。参考 訓の「さからう」を古くは「さかう」といった。

心 4 【忽】 8画 2590 5FFD 人名 音 コツ漢 訓 ゆるが-せ・たちま-ち

意味 ❶いいかげんにする。おろそかにする。例 粗忽《ソコツ》。❷急に。とつぜん。たちまち。例 忽焉《コツエン》。忽然《コツゼン》。

難読 忽必烈《クビライ|フビライ》

【忽▼焉】《コツエン》 (形動《タルト》・副)〔「焉」は、語の下にそえて状態をあらわす〕たちまち。とつぜん。忽然。例 ―と消える。

【忽然】《コツゼン|コツネン》 (副)たちまち。不意に。とつぜん。忽焉《コツエン》。例 ―と姿を消した。

忄 4 【忸】 7画 5557 5FF8 音 ジク漢 訓 は-じる

意味 はずかしく思う。はじる。例 忸怩《ジクジ》。

【忸▼怩】《ジクジ》 (形動《タルト》)〔「怩」も、はじる意〕心の中で深くはずかしいと思うようす。〔文語的表現〕例 内心―たる思いである。

忄 4 【忱】 7画 5558 5FF1 音 シン漢 訓 まこと

意味 ❶いつわりのない心。まこと。❷信頼《シンライ》する。まこととする。

心 4 【忠】 8画 3573 5FE0 教育6 音 チュウ漢呉

筆順 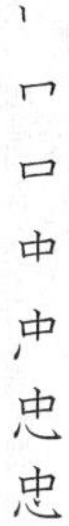

なりたち 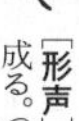 [形声]「心(=こころ)」と、音「中《チュウ》」とから成る。つつしんで、まごころをつくす。

意味 ❶他人を思いやり、まごころをつくす。例 忠告《チュウコク》。忠実《チュウジツ》。❷まごころをつくして主君に仕える。例 忠義《チュウギ》。忠誠《チュウセイ》。

日本語での用法 《ジョウ》律令制《リツリョウセイ》の四等官《シトウカン》で、弾正台《ダンジョウダイ》の第三位。判官《ジョウ》。「少忠《ショウジョウ》・大忠《ダイジョウ》」

難読 忠実《まめ》

人名 あつ・あつし・きよ・きよし・すなお・たか・ただ・ただし・ただす・つら・なり・なる・のり・まこと

【忠▼諫】《チュウカン》（名・する）（主君に対して）まごころをこめていさめること。例—を聞き入れる。

【忠義】《チュウギ》（名・形動《ナダ》）主君や国家に対して、まごころをこめて仕えること。また、そのまごころ。類忠節・忠誠。対不忠。例—の人。—をつくす。

【忠勤】《チュウキン》忠義をつくしてつとめること。忠実につとめること。例—を励《はげ》む。

【忠君愛国】《チュウクンアイコク》君主に忠義をつくし、国を愛すること。例—の精神。—をすすめる。

【忠言】《チュウゲン》（名・する）まごころからいさめること。また、そのことば。忠告。例—は耳《みみ》に逆《さか》らえども行《おこな》いに利《リ》あり（＝忠告のことばは、すなおに聞き入れにくいけれども、おこないを改めるのに役立つ）。〈史記《シキ》〉

【忠孝】《チュウコウ》主君に対する忠義と、父母に対する孝行。例—両全。

【忠告】《チュウコク》（名・する）相手のためを思ってまごころからいさめること。また、そのことば。忠言。例友人に—する。

【忠魂】《チュウコン》①忠義を重んじる精神。②忠義のために戦死した人のたましい。例—碑《ヒ》。

【忠実】《チュウジツ》（名・形動《ナダ》）①まごころがあり、まじめなこと。類誠実。例職務に—な若者。②もとのものと少しもちがわないこと。そのままであること。例原本に—な写真複製。

【忠▼恕】《チュウジョ》まごころと思いやり。誠実で同情心に厚いこと。例夫子《フウシ》の道《みち》は—のみ（＝先生のやり方は、いつだって誠実と思いやり一本なんだ）。〈論語《ロンゴ》〉

【忠心】《チュウシン》忠義のこころ。忠実なこころ。例—を示す言動。

【忠臣】《チュウシン》忠義な家来《ケライ》。

【忠臣《チュウシン》は二君《ニクン》に▽事《つか》えず】忠臣はひとたび主君を定めたら、他の主君には仕えない。〈史記《シキ》〉

【忠誠】《チュウセイ》君主や国家などに対して、まごころでつくすこと。類忠義・忠節。例—心。—をちかう。

【忠節】《チュウセツ》君主に対して忠義を守りとおすこと。類忠誠・忠義。例—をつくす。

【忠貞】《チュウテイ》忠義と貞節。まじめで、おこないが正しいこと。例—をもって仕える士《シ》。

【忠僕】《チュウボク》主人に忠実なしもべ。

【忠勇】《チュウユウ》（名・形動《ナダ》）忠義と勇気。忠義で勇敢《ユウカン》であること。例—無双《ムソウ》。—なる兵士。

【忠良】《チュウリョウ》（名・形動《ナダ》）忠義で善良なこと。まじめですなおであること。例—なる人民。

【忠霊】《チュウレイ》忠義のために死んだ人の霊。英霊。例—塔《トウ》。

【忠烈】《チュウレツ》忠義の心がきわめて強いこと。例—の臣。

●尽忠《ジンチュウ》・誠忠《セイチュウ》・不忠《フチュウ》

［心（忄・⺗）部］4—5画 忝 念 忿 忼 忰 怡 怨

⺗ 4

【忝】

8画 5559 5FDD 音 テン漢呉 訓 かたじけな-い・はずかし-める

意味 ❶地位や名誉《メイヨ》などをけがす。はずかしめる。例忝汚《テンオ》（＝けがす）。❷分《ブン》に過ぎて、かたじけない。

心 4

【念】

8画 3916 5FF5 教育4 音 デン漢 ネン呉 訓 おも-う

筆順 ノ 人 亼 今 今 念 念 念

なりたち  [形声]「心（＝こころ）」と、音「今《キン》→《デン》」とから成る。いつも思う。

意味 ❶いつも心にとめている。おもう。例念願《ネンガン》。専念《センネン》。❷心の中の思い。例念頭《ネントウ》。信念《シンネン》。❸くちずさむ。となえる。例念仏《ネンブツ》。

人名 むね

【念入り】《ネンいり》（名・形動《ナダ》）注意が行きとどいていること。入念。例—に点検する。

【念願】《ネンガン》（名・する）心にかけてねがうこと。また、そのねがい。類宿願。例平和を—してやまない。—がかなって留学する。

【念珠】《ネンジュ／ネンズ》数珠《ジュズ》。

【念▼誦】《ネンジュ／ネンズ》（名・する）〔仏〕心に仏を念じながら、口で経文《キョウモン》をとなえること。

【念書】《ネンショ》〔法〕念のために、後日の証拠《ショウコ》として、約束ごとなどを書いて相手方にわたす文書。例—を出させる。

【念頭】《ネントウ》心のうち。あたまのなか。考え（のうち）。例—に置く。—にない。—を去らない記憶《キオク》。

【念仏】《ネンブツ》（名・する）〔仏〕ほとけを信じ、南無阿弥陀仏《ナムアミダブツ》と、となえること。また、そのことば。例寺の本堂で—する。

【念力】《ネンリキ》強く思いをこめたときの精神力。例思う—岩をも通す（＝心をこめて行えば、できないことはない）。

【念慮】《ネンリョ》思い考えること。おもんぱかり。類思慮。

●一念《イチネン》・概念《ガイネン》・観念《カンネン》・祈念《キネン》・記念《キネン》・疑念《ギネン》・懸念《ケネン》・残念《ザンネン》・失念《シツネン》・邪念《ジャネン》・執念《シュウネン》・情念《ジョウネン》・信念《シンネン》・専念《センネン》・想念《ソウネン》・丹念《タンネン》・断念《ダンネン》・通念《ツウネン》・入念《ニュウネン》・放念《ホウネン》・無念《ムネン》・余念《ヨネン》・理念《リネン》

心 4

【忿】

8画 5561 5FFF 音 フン漢呉 訓 いか-る

意味 いらだって、いかる。おこる。いかり。同憤《フン》。例忿怒《フンド》。忿懣《フンマン》。

【忿怒】一《フンド》（名・する）ひどくおこること。激怒《ゲキド》。二《フンヌ》（名）激しいいかり。例—の形相《ギョウソウ》。表記▽「憤怒」とも書く。

【忿▼懣】《フンマン》心のなかにうずまくいきどおり。また、いかりにもだえること。例—やるかたない。表記「憤▼懣」とも書く。

忄 4 【忼】7画 ⇩【慷】《コウ》（410ページ）

忄 4 【忰】7画 ⇩【悴】《スイ》（400ページ）

忄 5

【怡】

8画 5562 6021 音 イ漢呉 訓 よろこ-ぶ

意味 心がなごむ。たのしむ。よろこぶ。例怡怡《イイ》。怡然《イゼン》。

【怡怡】《イイ》（形動《タルト》）心がやわらぎ、たのしむようす。例—として生を楽しむ。

【怡然】《イゼン》（形動《タルト》）喜び楽しむようす。例—として楽しむ。

心 5

【怨】

9画 1769 6028 常用 音 エン漢 オン呉 訓 うら-む・うら-み

筆順 ノ ク タ 夘 夗 夗 怨 怨

なりたち 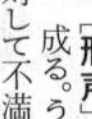 [形声]「心（＝こころ）」と、音「夗《エン》」とから成る。うらむ。

意味 相手に対して不満や不快な気持ちをいだく。うらむ。うらみ。例怨恨《エンコン》。宿怨《シュクエン》。

【怨言】《エンゲン》うらみのことば。うらみごと。例—を述べる。

【怨恨】《エンコン》うらみ。例—による犯行。

【怨▼嗟】《エンサ》（名・する）うらみなげくこと。例—の声が世に満ちる。

【怨色《エンショク》】 うらんでいるような顔つき。例—があらわれる。
【怨望《エンボウ》】 〔「望」も、うらむ意〕うらみに思うこと。うらんで不平に思うこと。
【怨敵《オンテキ|オンデキ》】 うらみのある敵。かたき。類仇敵《キュウテキ》。
【怨念《オンネン》】 強いうらみの気持ち。例—がこもっている。
【怨霊《オンリョウ》】 深いうらみから、人にたたる死霊《シリョウ》や生き霊。悪霊。例—のたたり。—にとりつかれる。

忄5 【怪】 8画 1888 602A 常用 音カイ漢 ケ呉 訓あや-しい・あや-しむ

筆順 丶 丷 忄 忄フ 忄又 忄圣 怪 怪

忄6 【恠】 9画 5563 6060 俗字

なりたち  [形声]「忄(=こころ)」と、音「圣《コツ→カイ》」とから成る。ふつうとちがっている。

意味 ❶ふしぎな。見なれない。あやしい。例怪異《カイイ》。怪奇《カイキ》。❷あやしいもの。ばけもの。例怪物《カイブツ》。妖怪《ヨウカイ》。❸ふしぎに思う。あやしむ。例怪訝《ケゲン》。

使い分け あやしい【怪・妖】⇩1161ページ

難読 物怪《もののケ|モッケ》

人名 やす・よし

【怪異《カイイ》】 ㊀(名・形動《ダナ》) ふつうでは考えられないふしぎなこと。あやしいこと。怪奇《カイキ》。㊁(名) ばけもの。妖怪《ヨウカイ》。
【怪偉《カイイ》】 (形動《ダナ》) すぐれて雄大《ユウダイ》なようす。大きいようす。例—な人物。
【怪火《カイカ》】 ①原因不明の火事。例—によって家が三軒《サンゲン》焼けた。②正体不明のあやしい火。鬼火《おにび》。きつね火。
【怪漢《カイカン》】 あやしげな行動をする男。ふしぎな男。
【怪奇《カイキ》】 (名・形動《ダナ》) 説明のつかないふしぎな、また、あやしいこと。怪異。例—小説。複雑—な事件。
【怪気炎《カイキエン》】 いきおいがよすぎて現実味のないことばや考え。例酒を飲んでは—をあげる。
【怪魚《カイギョ》】 ひじょうにめずらしい魚。見なれない魚。
【怪傑《カイケツ》】 すぐれた技《わざ》や力をもつ、正体のよくわからない人物。例—ゾロ。—黒頭巾《くろズキン》。
【怪光《カイコウ》】 正体のわからないふしぎな光。例—を発する。
【怪獣《カイジュウ》】 ①正体のわからない、あやしいけもの。②恐竜《キョウリュウ》などをヒントにつくられた、巨大なからだと力をもつ空想上の動物。例—映画。
【怪人《カイジン》】 ふしぎな力をもつ、正体不明のあやしげな人物。
【怪僧《カイソウ》】 ふつうでは考えられない言動で人をおどろかす正体不明の僧。例—ラスプーチン。
【怪談《カイダン》】 幽霊《ユウレイ》やばけものをあつかった、こわい話。
【怪盗《カイトウ》】 正体不明の盗賊《トウゾク》。〔あざやかな手口とすばやいにげ足で決してつかまらない〕例—ルパン。
【怪童《カイドウ》】 なみはずれてからだが大きく、きわめて強い力をもった子供。例金太郎《キンタロウ》も—のひとりだ。
【怪物《カイブツ》】 ①正体不明の、あやしい生き物。ばけもの。②なみはずれた力や、すぐれた才能をもつ人物。例政界の—。
【怪文書《カイブンショ》】 人や団体のことを悪く、あばくように書いた、出所のはっきりしないあやしげな文書。例—が出回る。
【怪力《カイリキ|カイリョク》】 なみはずれた強い力。例—の持ち主《ぬし》。
【怪力乱神《カイリキランシン|カイリョクランシン》】 怪異・暴力・道徳の乱れ・鬼神《キシン》のこと。人知をこえたもの、道徳をはずれたもの。例子《シ》は—を語《かた》らず(=孔子《コウシ》は人間の力ではうかがい知れないものについて口にしなかった)。〈論語《ロンゴ》〉
【怪腕《カイワン》】 すぐれたうでまえ。また、なみはずれたうでの力。
【▽怪我《ケガ》】 (名・する) からだをきずつけたり、骨を折ったりすること。類負傷。例—人《ニン》が出る。
【▽怪▼訝《ケゲン》】 (形動《ダナ》) わけがわからず、納得《ナットク》できないようす。いぶかしいようす。例—な顔をする。
◯●奇怪《キカイ|キッカイ》・奇奇怪怪《キキカイカイ》・醜怪《シュウカイ》

心5 【急】 9画 2162 6025 教育3 音キュウ漢呉 訓いそ-ぐ・せ-く

筆順 ノ ク 乌 刍 刍 刍 急 急 急

心5 【急】 9画

なりたち  [形声]「心(=こころ)」と、音「及《キュウ》」とから成る。心がせまい。気みじか。

意味 ❶速度・進行をはやめる。いそぐ。せく。例急行《キュウコウ》。急速《キュウソク》。早急《サッキュウ》。❷さしせまった。重要な。いそぎの。例急所《キュウショ》。急迫《キュウハク》。緊急《キンキュウ》。焦眉《ショウビ》の急《キュウ》。❸とつぜん。にわかに。はげしく。例急激《キュウゲキ》。急変《キュウヘン》。

日本語での用法 《キュウ》①「急行」の略。「特急《トッキュウ》・準急《ジュンキュウ》」②かたむきの角度が大きい。「急傾斜《キュウケイシャ》・急斜面《シャメン》」③舞楽《ブガク》・能楽などで、三段構成の最後の段。「序破急《ジョハキュウ》」

難読 急度《きっと》

【急雨《キュウウ》】 にわか雨。夕立《ゆうだち》。類驟雨《シュウウ》。例—にあう。
【急患《キュウカン》】 とつぜんの病気やけがで、早急《サッキュウ》に手当てを必要とする人。急病人。例—が運びこまれる。
【急▼遽《キュウキョ》】 (副)〔「遽」は、にわかの意〕おおいそぎで。すばやく。例—変更《ヘンコウ》する。—記者会見がおこなわれる。
【急激《キュウゲキ》】 (名・形動《ダナ》) にわかではげしいこと。例病状が—に悪化した。表記「急劇」とも書く。
【急行《キュウコウ》】 ㊀(名・する) いそいでゆくこと。例事故現場へ—する。㊁(名)「急行列車」「急行電車」「急行バス」の略。おもだった駅にだけ停車する。対緩行《カンコウ》・鈍行《ドンコウ》。例—に乗りかえる。
【急告《キュウコク》】 (名・する) いそいで知らせること。至急の知らせ。
【急死《キュウシ》】 (名・する) 急病や思いがけない事故で、とつぜんに死ぬこと。急逝《キュウセイ》。頓死《トンシ》。
【急使《キュウシ》】 いそぎの使者。例—を立てる。—を派する。
【急襲《キュウシュウ》】 (名・する) 敵の不意をついてすばやくおそいかかること。不意うち。例背後から—する。
【急▼峻《キュウシュン》】 (名・形動《ダナ》) 山などがひじょうにけわしいこと。また、そういうところ。例—な、がけ道を登る。
【急所《キュウショ》】 ①からだの中でいのちにかかわるだいじな部分。例傷は—をはずれて助かった。②ものごとの最もたいせつなところ。要点。例—をついた質問。
【急症《キュウショウ》】 急に起こる症状。急病。急疾《キュウシツ》。例—の場合の注意事項《ジコウ》。
【急信《キュウシン》】 いそぎの便り。至急の通信。急報。例—を受け取る。
【急進《キュウシン》】 (名・する) ①いそいですすむこと。②理想や目的をいそいで実現しようとすること。例—的。▽対漸進《ゼンシン》。
【急須《キュウス》】 お茶をいれるのに用いる、取っ手と注《つ》ぎ口のついた容器。きびしょ。表記「急▽焼」とも書く。
【急性《キュウセイ》】 にわかに発病し、激しい症状《ショウジョウ》を示すこと。対慢性《マンセイ》。例—胃炎《イエン》。
【急逝《キュウセイ》】 (名・する)「急死」の、改まった言い方。例—を惜《お》しむ。
【急先▼鋒《キュウセンポウ》】 (戦闘《セントウ》や社会運動などで)先頭に立って

積極的に行動すること。また、その人。

【急造《キュウゾウ》】（名・する）必要があって、いそいでつくること。急ごしらえ。例仮設《カセツ》住宅を—する。

【急増《キュウゾウ》】（名・する）数量が急にふえること。また、ふやすこと。例交通事故が—する。

【急速《キュウソク》】（名・形動《ダ》）はやいこと。進み方がすみやかなこと。例—に接近する。

【急▼湍《キュウタン》】〔「湍」は、急流の意〕流れが急な浅瀬《あさせ》。はやせ。急流。

【急調《キュウチョウ》】急な調子。はやい調子。急調子。

【急追《キュウツイ》】（名・する）勢いよくおいかけること。はげしくおうこと。例—を受けて国外ににげる。

【急転《キュウテン》】（名・する）（情勢などが）急に大きく変わること。類急変。例事件は—して破局をむかえた。

【急転直下《キュウテンチョッカ》】（副・する）事態が急に大きく変わって解決・決着すること。例事件は—解決した。

【急騰《キュウトウ》】（名・する）物価や株価《かぶカ》などが急激に高くなること。対急落。例地価が—する。

【急難《キュウナン》】急に起こった災難。例—を救ってくれた人。

【急派《キュウハ》】（名・する）いそいで派遣《ハケン》すること。例救助隊を—する。

【急場《キュウば》】おおいそぎでなんとかしなければならない場合。せっぱつまった状態。例—のまにあわせ。—をしのぐ。

【急迫《キュウハク》】（名・する）さしせまっていること。せっぱつまっていること。類切迫《セッパク》。例事態が—する。

【急坂《キュウハン》】急なさかみち。例—を登る。

【急病《キュウビョウ》】とつぜん起こる、症状《ショウジョウ》のはげしい病気。

【急変《キュウヘン》】一（名・する）天候・社会情勢・病状・態度などが、急にかわること。また、急にかえること。例病状が—する。二（名）急に起こった変事。例—を聞いてかけつける。

【急報《キュウホウ》】（名・する）急いで知らせること。急ぎの知らせ。

【急務《キュウム》】すぐにしなければならない仕事。例目下《モッカ》の—。

【急用《キュウヨウ》】いそぎの用事。例—ができた。

【急落《キュウラク》】（名・する）物価や株価《かぶカ》などが急激に安くなること。対急騰《キュウトウ》。

【急流《キュウリュウ》】勢いのある水のながれ。また、ながれの急な川。急湍《キュウタン》。例—をいかだで下《くだ》る。

〔●応急《オウキュウ》・火急《カキュウ》・危急《キキュウ》・救急《キュウキュウ》・緊急《キンキュウ》・早急《ソウキュウ・サッキュウ》・至急《シキュウ》・性急《セイキュウ》・特急《トッキュウ》〕

［心（忄・⺗）部］5画 怯 怙 怐 怺 思

忄5 【怯】 8画 2217 602F 音キョウ漢 コウ呉 訓おび-える・ひる-む

意味 こわがって、びくびくする。しりごみする。おびえる。ひるむ。例卑怯《ヒキョウ》。

【怯▼懦《キョウダ》】（名・形動《ダ》）おくびょうで気の弱いこと。意気地《イクジ》のないこと。例—な身を恥《は》じる。

【怯夫《キョウフ》】おくびょうで意気地《イクジ》のない男。

忄5 【怙】 8画 5564 6019 音コ漢 訓たの-む

意味 ❶たよりにする。たのむ。例依怙《エコ》。❷父親。
【怙▼恃《コジ》】（子供がたよりにする者としての）父母。両親。

忄5 【怐】 8画 5565 6010 音コウ漢 訓おろ-か

意味「怐愗《コウボウ》」は、おろかなようす。おろか。

忄5 【怺】 8画 5574 603A 国字 訓こら-える・た-まる

意味 忍耐《ニンタイ》する。がまんする。こらえる。
難読 不怺《たまらず》

心5 【思】 9画 2755 601D 教育2 音シ漢呉 訓おも-う・おも-い

筆順 

なりたち  ［会意］「心（=こころ）」と「田（=あたま）」とから成る。頭や心で深く考える。

意味 ❶あたまをはたらかせて、あれこれと考える。おもう。例思考《シコウ》。思慮《シリョ》。深思熟慮《シンシジュクリョ》。❷そのことばかり考える。いとしくおもう。例思慕《シボ》。想思《ソウシ》。❸ものがなしいおもい。かなしみ。例秋思《シュウシ》。旅思《リョシ》。

人名 こと

【思《おも》い出《で》】楽しかった経験などを、あとになって心にうかびあがらせること。また、その経験など。例—話《ばなし》。

【思《おも》い▽邪《よこしま》無《な》し】心にいつわりの気持ちがなく、真情があふれてすなおである。例詩《シ》三百《サンビャク》、一言《イチゴン》以《も》って之《これ》を蔽《おお》う、曰《いわ》く、—（=孔子《コウシ》が『詩経《シキョウ》』の詩を、ひと言で評したことば）。〈論語《ロンゴ》〉

【思惑《おもわく》】〔「思惑」は、あて字〕①思うこと。考え。②他人による批評や判断。例他人の—は気にしない。

【思わせ振り《おもわせぶり》】（名・形動《ダ》）何か特別な意味がありそうだと思わせること。また、そのようなことばやしぐさ。例—な言い方をする。—に目くばせをする。

【思案《シアン》】（名・する）①思いめぐらすこと。あれこれと考えること。例—に余る。恋《こい》は—のほか。②心配。もの思い。

【思▼惟】（名・する）一《シイ》深く考えること。思考。思索《シサク》。〔とくに宗教や哲学《テツガク》で使うことば〕二《シユイ》〔仏〕ものごとの根本について考えること。

【思議《シギ》】（名・する）思いめぐらすこと。例—するまでもない。

【思考《シコウ》】（名・する）論理をたどって考えること。また、そのはたらき。思惟《シイ》。思索《シサク》。例—力。—をかさねる。

【思索《シサク》】（名・する）〔「索」は、もとめる意〕筋道を立てて考えを深くおし進めること。例—にふける。

【思春期《シシュンキ》】成長して男女それぞれに性的な特徴《トクチョウ》があらわれるとともに、異性への関心が強くなる年ごろ。春機発動期。としごろ。類青春期。例—にありがちななやみ。

【思想《シソウ》】①考え。考えの内容。②その人の生き方や行動を決定するような、あるまとまりをもった考え。例—穏健《オンケン》。過激な—。極端《キョクタン》な—。

【思想犯《シソウハン》】①思想上の信念にもとづき正しい行為《コウイ》だと思ってなされる犯罪。②もと、治安維持《チアンイジ》法にふれた犯罪。また、その犯罪者。

【思潮《シチョウ》】思想の流れ。また、それぞれの時代の思想傾向《ケイコウ》。例時代—。文芸—。

【思念《シネン》】（名・する）つねに心にかけていること。思い考えること。例平生《ヘイゼイ》—しているところを述べよう。

【思弁《シベン》】（名・する）経験によってではなく、頭のなかだけでの純粋《ジュンスイ》な思考によって、認識《ニンシキ》や理論をつくりあげること。例—哲学《テツガク》。いろいろ—する。表記 旧思▼辨
【思慕《シボ》】（名・する）思いしたうこと。恋《こ》いしたうこと。類恋慕《レンボ》。例—の情。

【思慮《シリョ》】（名・する）先々をも見通して、深く考えること。また、その考え。例—分別《フンベツ》。—ぶかい。—をめぐらす。

【思料《シリョウ》】（名・する）あれこれと考えること。例おちついて—する時間がなかった。表記「思量」とも書く。

〔●秋思《シュウシ》・熟思《ジュクシ》・相思《ソウシ》・沈思《チンシ》〕

↑ 5 【怩】 8画 5566 6029 音 ジ漢 ニ呉 訓 は-じる

意味 はずかしく思う。はじる。例 忸怩《ジクジ》。

↑ 5 【怵】 8画 1-8446 6035 音 ジュツ慣 チュツ漢 訓 おそ-れる

意味 心がとらわれて、気にかかる。不安に思う。おそれる。例 怵惕《ジュッテキ》。

【怵▼惕】《ジュッテキ》〔「惕」も、おそれ心配する意〕おそれて不安に思うこと。例 ―惻隠《ソクイン》の心（＝おそれ、いたわしく思う心）。

心 5 【怎】 9画 5567 600E 音 シン漢 ソ唐 訓 いか-ん・いかん-ぞ・なん-ぞ

意味 「怎麼《ソモ》」は、どうして・なぜ、の意。疑問をあらわす。

【怎▼麼▽生】《ソモサン》《いかん》 どのように。また、どうであるか。如何《いかん》。表記 「▽作▼麼▽生・▽作▽摩▽生・▼什▼麼▽生・怎▽生」なども書く。

↑ 5 【性】 8画 3213 6027 教育5 音 セイ漢 ショウ呉 訓 さが

筆順 なりたち [形声]「忄（＝こころ）」と、音「生《セイ》」とから成る。人が生まれながらにもつ善なる心。

意味 ❶もって生まれた心・人がら。うまれつき。さが。例 性分《ショウブン》。性格《セイカク》。習《なら》い性《セイ》となる。❷ものごとを特徴《トクチョウ》づけるありさま。たち。例 性能《セイノウ》。酸性《サンセイ》。属性《ゾクセイ》。❸いのち。例 性命《セイメイ》。❹男女・雌雄《シユウ》の別。例 性徴《セイチョウ》。性別《セイベツ》。❺ものの状態や程度をあらわすことば。例 慣性《カンセイ》。可能性《カノウセイ》。危険性《キケンセイ》。機密性《キミツセイ》。❻成長した男女がたがいに異性を、または同性を求めあったり、反発したりする本能。セックス。例 性欲《セイヨク》。性《セイ》にめざめる。❼インドヨーロッパ語で、名詞・代名詞・形容詞などにみられる、女性《ジョセイ》・男性《ダンセイ》・中性《チュウセイ》の文法上の区別。ジェンダー。

人名 たち・なり・もと

【性懲り】《ショウこり》 二度とやるまいと心の底から後悔《コウカイ》すること。例 ―もなくいたずらをくりかえす。

【性根】《ショウね》 ①ものごとに立ち向かうときの支えとなる、心のもち方。類 根性《コンジョウ》。例 ―がすわる。②生まれつき。心根《こころね》。

【性分】《ショウブン／セイブン》 もって生まれた性質。たち。例 困っている人を見るとそのままにしておけない―。せっかちな―。

【性悪】《ショウわる》 （名・形動ダナ）性質・性格がわるいこと。また、そのような人。例 ―な女にだまされる。

【性悪説】《セイアクセツ》 人間の本来の性質は悪であり、善は後天的にそなわるものであるという考え方。中国の戦国時代の人、荀子《ジュンシ》がとなえた。対 性善説。

【性格】《セイカク》 ①その人特有の性質や傾向《ケイコウ》。人がら。例 ―が合う。明るい―。②そのものごと特有の性質や傾向。例 仕事の―上、時間が不規則だ。

【性感】《セイカン》 性的な快感。

【性器】《セイキ》 生物が有性生殖《ユウセイセイショク》をおこなう器官。生殖器。

【性急】《セイキュウ》 （名・形動ダナ）気短で、いそいでいること。あせっておこなうこと。せっかち。例 ―に事《こと》を運んで失敗する。

【性交】《セイコウ》 （名・する）肉体的なまじわり。性行為。

【性向】《セイコウ》 （言動にあらわれる）性質の傾向《ケイコウ》。気だて。例 この職業に向いている―。

【性行】《セイコウ》 （人間の）性質とおこない。例 ―不良。

【性行為】《セイコウイ》 「性交」に同じ。

【性質】《セイシツ》 ①人が生まれながらにもっている考え方・感じ方・ふるまい方などの傾向《ケイコウ》。たち。例 おだやかな―。②そのものが本来もっている特徴《トクチョウ》。例 空気より軽い―の気体。

【性状】《セイジョウ》 ①人の性質とおこない。例 ―がかんばしくない。②ものの性質と状態。

【性情】《セイジョウ》 生まれながらの性質。気だて。例 やさしい―。

【性善説】《セイゼンセツ》 人間の本来の性質は善であり、悪は後天的にそなわるという考え方。中国の戦国時代の人、孟子《モウシ》がとなえた。対 性悪説。

【性徴】《セイチョウ》 男性と女性・雄《おす》と雌《めす》の性別を示すからだの特徴。生まれつきの特徴を第一次性徴、思春期になってあらわれる特徴を第二次性徴という。

【性的】《セイテキ》 （形動ダナ）①性欲に関するようす。例 ―な魅力《ミリョク》を感じる。②男女の性別にかかわるようす。例 ―差別。

【性能】《セイノウ》 機械などのもっている能力。例 ―のよい車。

【性病】《セイビョウ》 性行為《コウイ》によって感染する病気。梅毒《バイドク》・淋病《リンビョウ》など。参考 現在は、性行為によって感染するほかの病気も広くふくめて「性(行為)感染症」という。

【性癖】《セイヘキ》 性質のかたより。くせ。〔常識的には望ましくない場合を指すことが多い〕例 異常に物にこだわる―がある。

【性別】《セイベツ》 男性と女性、雄《おす》と雌《めす》の区分。

【性命】《セイメイ》 ①いのち。生命。また、最もたいせつなもの。〔やや古いことば〕②天からさずけられた、それぞれの性質と運命。

【性欲】《セイヨク》 肉体的な結びつきを求める欲望。肉欲。表記 旧 性▼慾

● 相性《あいショウ》・異性《イセイ》・陰性《インセイ》・感性《カンセイ》・気性《キショウ》・急性《キュウセイ》・国民性《コクミンセイ》・個性《コセイ》・根性《コンジョウ》・酸性《サンセイ》・女性《ジョセイ》・惰性《ダセイ》・男性《ダンセイ》・弾性《ダンセイ》・知性《チセイ》・中性《チュウセイ》・適性《テキセイ》・天性《テンセイ》・同性《ドウセイ》・特性《トクセイ》・毒性《ドクセイ》・人間性《ニンゲンセイ》・品性《ヒンセイ》・母性《ボセイ》・本性《ホンショウ／ホンセイ》・慢性《マンセイ》・野性《ヤセイ》・陽性《ヨウセイ》・理性《リセイ》・両性《リョウセイ》

心 5 【怱】 9画 5568 6031 音 ソウ漢 訓 にわ-か

意味 あわただしい。せわしい。にわか。例 怱怱《ソウソウ》。怱卒《ソウソツ》。

【怱怱】《ソウソウ》 （名・形動ダナ）①いそがしいこと。あわただしいこと。例 ―に飛び去る。②手紙文の最後に書く、とり急いだ走り書きであることをわびることば。「前略」「冠省《カンショウ》」などと照応する。表記 ①は「▼匆▼匆」、②は「草草・▼匆▼匆」とも書く。

【怱卒】《ソウソツ》 （名・形動ダナ）①急ぎ、あわてること。いそがしいこと。例 ―の間《カン》。②にわかであること。例 ―に会談する。表記 ▽「草卒・倉卒・▼匆卒」とも書く。

【怱忙】《ソウボウ》 いそがしいこと。せわしないこと。例 ―の間《カン》。

心 5 【怠】 9画 3453 6020 常用 音 タイ漢 ダイ呉 訓 おこた-る・なま-ける

筆順 なりたち [形声]「心（＝こころ）」と、音「台《イ→タイ》」とから成る。なまける。

意味 ❶気が張らず、だらける。なまける。おこたる。例 怠惰《タイダ》。怠慢《タイマン》。❷あきていやになる。例 倦怠《ケンタイ》。❸手ぬかり。あやまち。例 過怠《カタイ》。

人名 やす

【怠業】《タイギョウ》 （名・する）〔フランス語 sabotage の訳語〕（労働争議の一戦術として）労働者がわざと仕事の能率を下げ

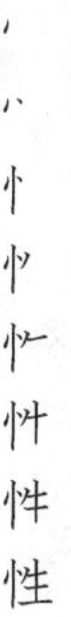

て資本家に対抗《タイコウ》すること。サボタージュ。サボ。

【怠惰《タイダ》】（名・形動《ナダ》）なまけること。(対)勤勉。[例]—をいましめる。—な生活。

【怠納《タイノウ》】（名・する）税金や会費などを期限までにおさめないこと。(類)滞納《タイノウ》。[例]相続税の—。授業料を—する。

【怠慢《タイマン》】（名・形動《ナダ》）仕事や義務など、しなければならないことをしないこと。なまけること。[例]職務—。

●過怠《カタイ》・勤怠《キンタイ》

忄5 【怛】 8画 5569 601B [音]ダツ(慣)タツ(漢) [訓]いた-む・おそ-れる

[意味] ❶心をいためる。悲しむ。いたむ。[例]怛傷《ダッショウ》（=悲しむ）。❷おどろく。おどろかす。[例]怛然《ダツゼン》（=おどろきおそれるようす）。

心5 【怒】 9画 3760 6012 [常用] [音]ド(漢)ヌ(呉) [訓]いか-る・おこ-る・いか-り

[筆順] 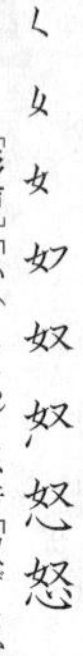

[なりたち] 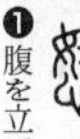 [形声]「心（=こころ）」と、音「奴《ド》」とから成る。いかる。

[意味] ❶腹を立てる。おこる。いかる。いかり。[例]怒気《ドキ》。怒声《ドセイ》。喜怒哀楽《キドアイラク》。❷いきおいがはげしいようす。[例]怒濤《ドトウ》。

【怒り肩《いかりがた》】高く張り出していて、角ばって見える肩。(対)撫《な》で肩。[例]—の男。

【怒気《ドキ》】いかりの気持ち。[例]—をふくんだ声。

【怒号《ドゴウ》】（名・する）いかりわめくこと。また、その声。[例]—が飛び交《か》う。

【怒声《ドセイ》】おこった声。[例]—を発する。失敗の報告を聞いて、つい—を張り上げる。

【怒張《ドチョウ》】（名・する）①血管などが内部から盛り上がり、ふくらむこと。[例]こめかみの血管の—が見える。②肩《かた》などをいからすこと。

【怒▼濤《ドトウ》】〔「濤」は、大きな波の意〕①あれくるう大波。[例]さかまく—。②人間の力では、たちうちできないような強大な動き。[例]疾風《シップウ》—の時代。—の勢い。

【怒髪《ドハツ》】はげしいいかりによって、さかだったかみの毛。[例]—天を衝《つ》く。

●激怒《ゲキド》・憤怒《フンド｜フンヌ》

忄5 【怕】 8画 5570 6015 [音]■一ハク(漢)(呉) ■二ハ(漢) [訓]おそ-れる

[意味] ■一《ハク》無欲で心静かなようす。(同)泊《ハク》。■二《ハ》❶こわがる。おそれる。❷…ではないかとおそれる。心配する。[例]恐怕《キョウハ》。

忄5 【怖】 8画 4161 6016 [常用] [音]ホ(漢)フ(呉) [訓]こわ-い・おそ-れる・おそ-れ・こわ-がる

[筆順] 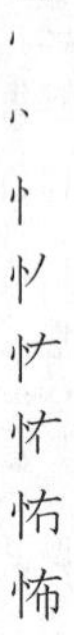

[なりたち] 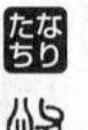 [形声]「忄（=こころ）」と、音「布《ホ》」とから成る。おそれる。

[意味] びくびくおそれおののく。おそれる。こわがる。こわい。おそろしい。おそれ。[例]畏怖《イフ》。恐怖《キョウフ》。

【▽怖気《おじけ｜おぞけ》】こわくて、びくびくする気持ち。おそれ。恐怖心《キョウフシン》。[例]—づく。—だつ。—がつく。—をふるう。

忄5 【怫】 8画 5571 602B [音]■一フツ(漢) ■二フツ(慣)ヒ(漢) [訓]ふさ-がる

[意味] ■一《フツ》気がふさぐ。[例]怫鬱《フツウツ》（=気が晴れないようす）。■二《フツ｜ヒ》むっとしたようす。[例]怫然《フツゼン》（=急にいかりがこみ上げるようす）。

忄5 【怦】 8画 5572 6026 [音]ホウ(漢) [訓]いそ-がしい

[意味] 心がはやるようす。気がせく。[例]怦怦《ホウホウ》。

忄5 【怏】 8画 5573 600F [音]ヨウ(漢)オウ(呉)

[意味] 心がおさえつけられているように感じる。(同)鞅《オウ》。[例]怏怏《オウオウ》。

【怏怏《オウオウ》】（形動《タルト》）不満があって心がはればれしないようす。[例]—として楽しまない。[表記]「▼鞅▼鞅」とも書く。

忄5 【怜】 8画 4671 601C [人名] [音]■一レイ(漢)リョウ(呉) ■二レン(漢) [訓]さと-い・あわ-れむ

[なりたち] [形声]「忄（=こころ）」と、音「令《レイ》」とから成る。心にさとる。

[意味] ■一《レイ｜リョウ》頭のはたらきがよい。かしこい。さとい。[例]怜悧《レイリ》。■二《レン》いとおしく思う。あわれむ。(同)憐《レン》。

[人名] さと・さとし・とき

【怜▼悧《レイリ》】（名・形動《ナダ》）りこうなこと。頭のはたらきがよくてかしこいこと。[例]いかにも—な顔つき。

心5 【急】 9画 ⇩【急】《キュウ》（389ページ）

心6 【恚】 10画 5575 605A [音]イ(漢)(呉) [訓]いか-る・ふつ-く・ふつく-む

[意味] うらむ。いかる。[例]恚怒《イド》（=うらみいかる）。瞋恚《シンイ｜シンニ》（=いかり。にくしみ。はらだち）。

[参考] 訓の「ふつく・ふつくむ」は、「いきどおる・うらみいかる」意の古語。

心6 【恩】 10画 1824 6069 [教育6] [音]オン(漢)(呉) [訓]めぐ-む

[筆順] 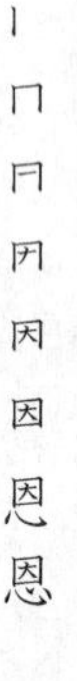

[なりたち]  [会意]「心（=こころ）」と「因《イン→オン》（=したしむ）」とから成る。めぐむ。

[意味] いつくしむ。めぐむ。めぐみ。[例]恩恵《オンケイ》。恩師《オンシ》。謝恩《シャオン》。

[人名] おき・めぐみ

【恩愛《オンアイ｜オンナイ》】①人に情けをかけ、いつくしむ心。いつくしみ。情け。②親子・夫婦《フウフ》などのあいだの愛情。[例]—の絆《きずな》。

【恩威《オンイ》】恩恵《オンケイ》と威光《イコウ》。人に対するめぐみぶかさと、きびしさ。[例]—並びおこなわれる。

【恩顔《オンガン》】情けぶかい顔つき。[例]—に接する。

【恩義《オンギ》】恩返しをしなければならない義理のある恩。[例]—を感じる。[表記](旧)恩▼誼

【恩▼仇《オンキュウ》】情けとあだ。

【恩給《オンキュウ》】①恩賞として禄《ロク》や所領などをあたえること。②もと、一定年数以上つとめた公務員・軍人が退職または死亡したとき、本人または遺族に国が支給した年金または一時金。〔今の、共済年金や遺族扶助料《フジョリョウ》にあたる〕

【恩恵《オンケイ》】その人にとって利益や幸福となるもの。情け。めぐみ。いつくしみ。(類)恩沢《オンタク》・恩徳。[例]自然の—に浴する。

をほどこす。

【恩《オン》顧《コ》】情けをかけて引き立てること。例 —をこうむる。

【恩《オン》師《シ》】学問や人生について大きな教えを受けた先生。

【恩《オン》賜《シ》】天子や君主からたまわること。また、そのもの。例 井《い》の頭《かしら》—公園。

【恩《オン》赦《シャ》】①天子の特赦。②〔法〕特別の恩典によって刑罰《ケイバツ》をゆるし、減じること。大赦《タイシャ》・特赦などがある。

【恩《オン》借《シャク》】（名・する）人の厚意《コウイ》にすがって金品をかりうけること。また、その金品。

【恩《オン》▼讐《シュウ》】恩とうらみ。情けとあだ。例 —の彼方《かなた》。—をこえて協力する。

【恩《オン》賞《ショウ》】てがらをほめて、地位や金品などをあたえること。また、そのもの。類 褒美《ホウビ》。例 —をたまわる。

【恩《オン》情《ジョウ》】なさけや思いやりのある心。いつくしみ。例 —あるはからい。

【恩《オン》人《ジン》】たいへん世話になった人。恩をかけてくれた人。例 命の—。生涯《ショウガイ》の大—。

【恩《オン》沢《タク》】めぐみ。いつくしみ。類 恩恵《オンケイ》。

【恩《オン》▼寵《チョウ》】①天子・君主にかわいがられること。家来《ケライ》に対する主君のめぐみ。例 —を受ける。②（キリスト教で）罪ぶかい人間に対する神の特別ないつくしみ。例 神の—。

【恩《オン》典《テン》】情けある、とりはからい。類 特典。例 —に浴する。永年勤続者に対する—。

【恩《オン》徳《トク》】大きなめぐみや深い情け。類 恩恵《オンケイ》・恩沢《オンタク》。

【恩《オン》命《メイ》】天子や主君のありがたいお言いつけ。ありがたいおことば。例 —をこうむる。
● 旧恩《キュウオン》・厚恩《コウオン》・高恩《コウオン》・謝恩《シャオン》・大恩《ダイオン》・報恩《ホウオン》・忘恩《ボウオン》

忄6
【悔】
9画 1889 6094 常用
音 カイ漢 ケ呉
訓 く-いる・く-やむ・くや-しい・く-い・く-やみ

筆順 忄7
【悔】
10画 1-8448 FA3D 人名

なりたち [形声]「忄（=こころ）」と、音「毎《バイ→カイ》」とから成る。自分をうらむ。くやむ。

意味 自分のあやまちをやりきれなく思い、みずからをせめる。くいる。くやむ。くい。例 悔恨《カイコン》。後悔《コウカイ》。懺悔《ザンゲ》。

日本語での用法 一《くやむ・くやみ》死・わざわいについて、いたむ。おしむ。「死《シ》を悔《く》やむ言葉《ことば》・お悔《く》やみを言《い》う」 二《くやしい》残念だ。無念だ。「悔《くや》し泣《な》き・悔《くや》し涙《なみだ》」

【悔《カイ》悟《ゴ》】（名・する）自分のしたことは悪かったと気づいて改めようとすること。例 —の念にかられる。

【悔《カイ》恨《コン》】（名・する）自分がおかしたあやまちに気づいて、しなければよかったとくやむこと。例 —の情。—の念にかられる。

【悔《カイ》▼悛《シュン》】（名・する）自分がおかした罪をみとめ、心を入れかえること。例 —の情がみえる。
● 後悔《コウカイ》

忄6
【恢】
9画 1890 6062 人名
音 カイ漢
訓 ひろ-い

忄6
［恢］
9画 — — 俗字

意味 ❶（心が）ひろく大きい。ひろくする。大きくする。例 恢恢《カイカイ》。❷とりもどす。例 恢復《カイフク》。

人名 ひろ・ひろし

【恢《カイ》恢《カイ》】大きくて広いようす。例 天網《テンモウ》—疎《ソ》にして失わず（=天の網《あみ》の目はあらいようにみえるが、悪事は決して見のがさない）。〈老子《ロウシ》〉
【恢《カイ》復《フク》】（名・する）①（病気やけがが治って）もとどおりになること。例 病気が—する。景気の—を待つ。②失われたものを取りもどすこと。例 名誉《メイヨ》を—する。表記 ▽現 回復

忄6
【恪】
9画 5577 606A
音 カク漢
訓 つつし-む

意味 まじめにおこなう。つつしむ。うやまう。例 恪勤《カッキン》。

【恪《カク》守《シュ》】（名・する）規則などを厳守すること。つつしんでまもること。例 命令を—する。日本国憲法を—する。

【恪《カッ》勤《キン》】（名・する）まじめに仕事にはげむこと。例 精励《セイレイ》—（=まじめにつとめ、はげむこと）。

忄6
【恰】
9画 1970 6070 人名
音 カッ慣 コウ漢
訓 あたか-も

意味 ちょうど。まるで。あたかも。例 恰好《カッコウ》。恰《あた》も好《よ》し。

難読 給恰《とにもかくにも》

人名 あたか

【恰《カッ》好《コウ》】一（名）すがた。かたち。外から見える形。体裁《テイサイ》。例 —がよい。—をつける。二（形動《ダナ》）ちょうどよいこと。また、そのようす。例 —の仕事が見つかった。三〔年齢《ネンレイ》をあらわす数字の下について〕だいたいそれくらいの年齢であることを示す。例 五十—の男。表記 ▽「格好」とも書く。

【恰《カッ》幅《プク》】どっしりした、ゆたかなからだつき。類 押《お》し出し。

心6
【恐】
10画 2218 6050 常用
音 キョウ漢
訓 おそ-れる・おそ-ろしい・おそ-れ

筆順 なりたち [形声]「心（=こころ）」と、音「巩《キョウ》」とから成る。おそれる。

意味 ❶こわがる。おびえる。おそれる。例 恐懼《キョウク》。恐怖《キョウフ》。❷かしこまる。つつしむ。おそれいる。例 恐悦《キョウエツ》。恐縮《キョウシュク》。❸こわがらせる。おどす。例 恐喝《キョウカツ》。❹たぶん。ひょっとしたら。おそらくは。例 償城恐不レ可レ得《ショウジョウおそらくはうべからず》（=ひきかえの都市は、たぶん手に入れられないだろう）。〈史記《シキ》〉

使い分け おそれ・おそれる【恐・畏・虞】⇩1165ページ

【恐《キョウ》悦《エツ》】（名・する）つつしんで喜ぶこと。また、目上の人に喜びを述べることば。例 —至極《シゴク》に存じます。表記「恭悦」とも書く。

【恐《キョウ》喝《カツ》】（名・する）相手の弱みにつけこんでおどすこと。また、おどして金品をうばい取ること。類 脅迫《キョウハク》・恫喝《ドウカツ》。例 —罪。—の疑いで逮捕《タイホ》する。

【恐《キョウ》恐《キョウ》謹《キン》言《ゲン》】おそれながらつつしんで申し上げます。恐惶《キョウコウ》謹言。〔手紙の最後に書くあいさつのことば〕

【恐《キョウ》▼懼《ク》】（名・する）〔「懼」も、おそれる意〕深くおそれてかしこまること。恐惶《キョウコウ》。例 —謹言《キンゲン》（=手紙の最後に書く、きわめてていねいなあいさつのことば）。

【恐《キョウ》慌《コウ》】一（名・する）おそれあわてること。例 難問が出て—をきたす。二（名）〔経〕経済上の大混乱。パニック。例 世界大—。

【恐《キョウ》▼惶《コウ》】（名・する）おそれつつしむこと。例 —謹言《キンゲン》。↓【恐《キョウ》懼《ク》】

【恐《キョウ》妻《サイ》】夫が妻をおそれ、頭があがらないこと。例 —家。

【恐《キョウ》縮《シュク》】（名・する）（相手の親切や厚意《コウイ》がありがたすぎて）身のちぢむ思いであること。おそれいること。例 ただ—しております。

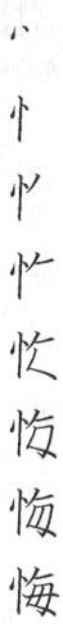

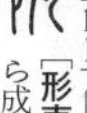

【恐水病】《キョウスイビョウ》 ⇩【狂犬病】《キョウケンビョウ》(652ページ)

【恐怖】《キョウフ》(名・する) 自分の身が危険で、おそろしいこと。おそれこわがること。例—心。大地震《おおジシン》への—。

【恐竜】《キョウリュウ》 中生代(=約二億五千万年前から六千六百万年前)に栄えた陸生の爬虫類《ハチュウルイ》。

⺗ 6

【恭】 10画 2219 606D 常用 音キョウ漢 ク呉 訓うやうや-しい

筆順 一 ⺾ 丗 共 恭 恭 恭 恭

なりたち  [形声]「⺗(=こころ)」と、音「共《キョウ》」とから成る。つつしむ。

意味 かしこまって、つつしみぶかくする。うやうやしい。例恭賀《キョウガ》。恭敬《キョウケイ》。恭順《キョウジュン》。

難読 恭仁京《くにのみやこ》《くにキョウ》

人名 うや・すけ・すみ・たか・たかし・ただ・ただし・ちか・みつ・やす・やすし・ゆき・よし

【恭悦】《キョウエツ》(名・する) つつしんでよろこぶこと。また、目上の人によろこびを述べることば。例—至極《シゴク》に存じます。表記「恐悦」とも書く。

【恭賀】《キョウガ》(名・する) うやうやしく祝うこと。類謹賀《キンガ》。例—新年。

【恭敬】《キョウケイ》(名・形動《ダナ》・する) つつしんで、心からうやまうこと。例—の意を表する。

【恭倹】《キョウケン》(名・形動《ダナ》) 他人に対してつつしみぶかく、ひかえめにふるまうこと。例身をたもつこと—。

【恭謙】《キョウケン》(名・形動《ダナ》) うやうやしい態度でへりくだること。類恭譲《キョウジョウ》。例大学者に—な態度を示す。

【恭順】《キョウジュン》 つつしんで命令に従うこと。例—の態度をとる。

忄 6

【恂】 9画 5579 605F 音キョウ漢 訓おそ-れる・おのの-く

意味 ❶おそれおののく。おそれる。おののく。例恂駭《キョウガイ》。恂懼《キョウク》。❷そうぞうしい。

心 6

【恵】 10画 2335 6075 常用 音ケイ漢 エ呉 訓めぐ-む・めぐ-まれる・めぐ-み

筆順 一 厂 冂 冃 亩 亩 亩 恵 恵

心 8

【惠】 12画 5610 60E0 人名

なりたち  [会意]「心(=こころ)」と「叀(=つつしむ)」とから成る。親しく思いやる。

意味 ❶情けをかける。金品をあたえる。めぐむ。めぐみ。例恵贈《ケイゾウ》。恵沢《ケイタク》。恩恵《オンケイ》。❷かしこい。さとい。かしこさ。同慧《エ》。例知恵《チエ》。

人名 あや・さと・さとし・しげ・とし・やす・よし

【恵比須】《えびす》 七福神のひとり。右手につりざおを持ち、左手に魚のタイをかかえた姿で、大漁・商売繁盛《ハンジョウ》の神とされる。例—顔(=えびすのような、にこにこした顔つき)。表記「恵比▽寿・▼蛭子」とも書く。

【恵方】《エホウ》 その年の干支《えと》にもとづいて、よいとされる方角。例—参り。—にあたる。

【恵贈】《ケイゾウ》(名・する) お贈《おく》りくださること。〔自分に、ものを贈ってくれる相手の動作をうやまっていうことば〕類恵投・恵与《ケイヨ》。例ご—の貴著ありがたく頂戴《チョウダイ》いたしました。

【恵存】《ケイソン》《ケイゾン》〔「お手もとに置いていただければ幸いです」の意〕自分の著書などを贈《おく》るときに書きそえることば。

【恵沢】《ケイタク》 めぐみ。うるおい。類恩沢。例自由のもたらす—(=日本国憲法にあることば)。

【恵投】《ケイトウ》(名・する) あたえられること。〔自分に、ものを贈《おく》ってくれる相手の動作をうやまっていう〕類恵贈《ケイゾウ》・恵与《ケイヨ》。例ご—の貴著一冊、本日ありがたく拝受いたしました。

○●恩恵《オンケイ》・知恵《チエ》・天恵《テンケイ》

忄 6

【恒】 9画 2517 6052 常用 音コウ漢 ゴウ呉 訓つね・つね-に

筆順 丶 忄 忄 忊 恒 恒 恒

忄 6

【恆】 9画 5581 6046 人名

なりたち  [会意]「忄(=こころ)」と「舟(=ふね)」とが「二(=天地)」の間にある。遠くはなれた心が舟《ふね》によって通いあい、いつまでも変わらない。

意味 いつもかわらない。いつまでも変わらない。いつものきまった。つね。つねに。例恒久《コウキュウ》。恒星《コウセイ》。恒例《コウレイ》。

難読 恒暗《とこやみ》

人名 ただ・ちか・のぶ・ひさ・ひさし・ひとし・ひろ・ひろし

【恒温】《コウオン》 いつも一定の変わらない温度。定温。対変温。

【恒温動物】《コウオンドウブツ》 まわりの温度に関係なく、つねにほぼ一定の体温をたもつ動物。哺乳《ホニュウ》動物や鳥など。定温動物。対変温動物。

【▽恒河】《ゴウガ》〔梵語《ボンゴ》の音訳〕インドのガンジス川のこと。

【▽恒河▽沙】《ゴウガシャ》〔インドのガンジス川の砂の意〕数がひじょうに多いことのたとえ。

【恒久】《コウキュウ》 いつまでも変わらないこと。類永久。例—平和を望む。

【恒産】《コウサン》 生活していけるだけの財産や安定した職業。

【恒産《コウサン》無《な》ければ恒心《コウシン》無《な》し】 安定した収入や一定の財産がないと、つねに変わらない正しい心をもつことはできない。〈孟子《モウシ》〉

【恒常】《コウジョウ》 つねに同じ状態で変わらないこと。例—的。

【恒心】《コウシン》 いつも変わらない正しい心。→【恒産《コウサン》無《な》ければ恒心《コウシン》無《な》し】

【恒星】《コウセイ》 太陽のようにそれ自体が光を発し、天球上での位置がほとんど変わらない星。対惑星《ワクセイ》。

【恒風】《コウフウ》 つねに同じ方向にふく風。貿易風・偏西《ヘンセイ》風など。

【恒例】《コウレイ》 いつも同じやり方で、決まった時期におこなわれること。また、そのような行事や儀式《ギシキ》。例—の秋の大運動会。

忄 6

【恍】 9画 5582 604D 音コウ漢

意味 うっとりする。ぼんやりする。例恍惚《コウコツ》。

難読 恍《ほ》れる

【恍▼惚】《コウコツ》(名・形動《タルト》) ①心をうばわれてうっとりすること。例名演奏に—として聞きほれる。②(老人になって)頭のはたらきがにぶって意識がはっきりしなくなること。

忄 6

【恨】 9画 2608 6068 常用 音コン漢呉 訓うら-む・うら-めしい・うら-み

筆順 丶 忄 忄 忄 忄 恨 恨 恨

なりたち  [形声]「忄(=こころ)」と、音「艮《コン》」とから成る。うらむ。

意味 思いがかなわないことをくやしく思う。心残りに思う。うらむ。うらみ。うらめしい。例遺恨《イコン》。怨恨《エンコン》。

【恨み言】《うらみごと》 他人に対するにくしみや不満、また、望みに反

したできごとへの残念な思いを述べたことば。例―を言う。
【恨事《コンジ》】いつまでも残念な思いが残る事件・ことがら。例千秋《センシュウ》の―。千載《センザイ》の―。
◐遺恨《イコン》・悔恨《カイコン》・多恨《タコン》・痛恨《ツウコン》

心 6
【恣】
10画 5583 6063 常用 音シ漢呉 訓ほしいまま

筆順 

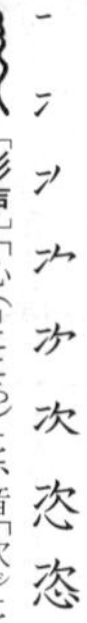

たなちり  [形声]「心(=こころ)」と、音「次《シ》」とから成る。ほしいままにする。

意味 かって気ままにふるまう。ほしいまま(にする)。例恣意《シイ》。放恣《ホウシ》。

【恣意《シイ》】気ままな心。わがままかってな考え。例―的。

忄 6
【恃】
9画 5584 6043 音シ漢ジ呉 訓たの-む

意味 ❶心のたよりにする。あてにする。たのむ。例矜恃《キョウジ》。怙恃《コジ》。恃《たの》む所《ところ》は己《おのれ》のみ。❷母親。

忄 6
【恤】
9画 5585 6064 音ジュツ慣シュツ漢 訓うれ-える・あわ-れむ・すく-う・めぐ-む

意味 ❶あれこれ心配する。うれえる。あわれむ。例恤民《ジュツミン》(=人民をあわれむ)。❷困っている人に金品をあたえる。すくう。めぐむ。例救恤《キュウジュツ》。

【恤兵《ジュッペイ》】(名・する)お金や品物を送って戦地の兵士を慰問《イモン》すること。例―金を集める。

忄 6
【恂】
9画 5586 6042 音ジュン慣シュン漢 訓まこと

意味 心がよく行きとどく。気くばりして、つつしむ。まこと。例恂恂《ジュンジュン》。

【恂恂《ジュンジュン》】(形動《トタル》)①誠実なようす。②びくびくとおそれるようす。

心 6
【恕】
10画 2990 6055 人名 音ジョ慣ショ漢 訓ゆる-す

たなちり  [形声]「心」と、音「如《ジョ→ショ》」とから成る。思いやる心。

意味 ❶人の心をおしはかる。思いやる。同情する。例忠恕《チュウジョ》。❷大目《おおめ》にみる。ゆるす。例寛恕《カンジョ》。宥恕《ユウジョ》。

人名 くに・くみ・しのぶ・ただし・のり・はかる・ひろ・ひろし・ひろむ・みち・もろ・ゆき・よし

心 6
【恁】
10画 5576 6041 音ジン漢ニン呉イン唐

意味 ❶心におもう。❷そのような。その。例恁麼《インモ》。

【恁▼麼《インモ》】〔唐・宋《ソウ》時代の俗語《ゾクゴ》〕そのような。そのように。また、このような。このように。

心 6
【息】
10画 3409 606F 教育3 音ショク漢ソク呉 訓いき・やす-む・や-む 付表息吹《いぶき》・息子《むすこ》

筆順 

たなちり  [会意]「心(=こころ)」と「自(=鼻)」とから成る。鼻から出る気。いき。

意味 ❶いきをする。すったりはいたりする、いき。いき。例気息《キソク》。嘆息《タンソク》。窒息《チッソク》。❷生きる。そだち、ふえる。例消息《ショウソク》。生息《セイソク》。❸子供。むすこ。例息女《ソクジョ》。子息《シソク》。❹利子《リシ》。例利息《リソク》。❺くつろぐ。やすむ。例安息《アンソク》。休息《キュウソク》。❻なくなる。やめる。やむ。例息災《ソクサイ》。終息《シュウソク》。

難読 息男《むすこ》・息女《むすめ》・御息所《みやすどころ》

人名 おき・かず・き・やす

【息切れ《いきぎれ》】(名・する)①呼吸が苦しくなって、あえぐこと。例―を起こす。②仕事のとちゅうで力が続かなくなること。

【息▽急き《いきせき》】(副)はげしく息をするようす。息を切らして。例―切る(=あわていそいで、はげしい息づかいをする)。

【息継ぎ《いきつぎ》】(名・する)①水泳や歌をうたっているとちゅうなどに、息を吸うこと。②仕事のとちゅうでひと休みすること。息ぬき。息休め。

【息抜き《いきぬき》】㊀(名・する)仕事のとちゅうで休むこと。ひと息いれること。休憩《キュウケイ》。例ちょっと―に旅行に出る。㊁(名)空気を入れかえるために、建物につくられた窓や穴。

【息吹《いぶき》】①息をはくこと。いき。呼吸。②(活動の前の)けはい。きざし。例春の―。新時代の―。

【息災《ソクサイ》】㊀(名・形動《ダナ》)元気なこと。無事《ブジ》であること。類達者。例―を確かめる。無事―で暮らす。㊁(名)〔仏〕仏の力でわざわいを防ぎとめること。例―延命。

【息女《ソクジョ》】身分ある人のむすめ。また、他人のむすめをうやまっていうことば。対子息。例ご―。さる旧家の―。

【息子《むすこ》】男の子供。せがれ。類子息。例跡取《あとと》り―。

◐安息《アンソク》・休息《キュウソク》・子息《シソク》・消息《ショウソク》・生息《セイソク》・嘆息《タンソク》・窒息《チッソク》・寝息《ねいき》・利息《リソク》・令息《レイソク》

心 6
【恥】
10画 3549 6065 常用 音チ漢呉 訓は-じる・はじ・は-じらう・は-ずかしい

筆順 

耳 4
【耻】
10画 7055 803B 俗字

たなちり  [形声]「心(=こころ)」と、音「耳《ジ→チ》」とから成る。はじる。

意味 ❶はずかしく思う。はじる。はじらう。はじ。例恥辱《チジョク》。羞恥《シュウチ》。破廉恥《ハレンチ》。花《はな》も恥《は》じらう年《とし》ごろ。❷ドイツ語 Scham (=はじらい・はじ)の訳語。例恥骨《チコツ》。恥部《チブ》。恥毛《チモウ》。

【恥骨《チコツ》】骨盤《コツバン》を形成する前方下部のほね。

【恥辱《チジョク》】体面が傷つくようなこと。はじ。不名誉《フメイヨ》。例受けた―は忘れない。

【恥心《チシン》】はじを知るこころ。

【恥部《チブ》】①陰部《インブ》。②社会や組織の内部の、みにくいところ。例社会の―。政界の―をあばく。

【恥毛《チモウ》】陰部《インブ》に生える毛。陰毛。

◐赤恥《あかはじ》・羞恥《シュウチ》・破廉恥《ハレンチ》・無恥《ムチ》・廉恥《レンチ》

忄 6
【恬】
9画 5587 606C 音テン漢呉 訓やす-い

意味 しずかに、おちついた心。しずか。やすらか。やすい。例恬然《テンゼン》。恬淡《テンタン》。

【恬然《テンゼン》】(形動《トタル》)ものごとにとらわれず、平気でいるようす。例―として恥《は》じない。

【恬淡《テンタン》】(名・形動《ダナ・トタル》)(利益・金銭・地位・名誉《メイヨ》などに)こだわらないで、あっさりしていること。例無欲―。金にも地位にも―な人。

忄 6
【恫】
9画 5588 606B 音㊀ドウ慣トウ漢 ㊁トウ漢ドウ呉 訓いた-む

意味 一《ドウ・トウ》 心に痛みを感じる。いたむ。例 恫痛《トウツウ》(=かなしみ、いたむ)。 二《トウ・ドウ》 おそろしい思いをさせる。おどす。例 恫喝《ドウカツ》。

【恫喝】《ドウカツ》(名・する) おどして、相手をこわがらせること。おどし。例 ―を加える。―されて金をうばわれた。

心 6
【恙】 10画 5589 6059 音 ヨウ(漢) 訓 つつが

意味 ❶うれい。心配ごと。一説に毒虫の名という。❷わざわい。やまい。例 微恙《ビヨウ》(=軽いやまい)。恙無《つつがな》く帰国《キコク》しました。

【恙無い】《つつがない》 病気や事故がなく、無事《ブジ》である。例 当方―く暮らしております。

【恙虫】《つつがむし》 ツツガムシ科のダニ。体長一ミリメートル弱。幼虫は小動物に寄生し、ツツガムシ病を媒介《バイカイ》する。

心 6
【恋】 10画 4688 604B 常用 音 レン(漢)(呉) 訓 こ-う・こい・こい-しい

筆順 、 亠 ナ 亣 亦 亦 恋 恋

心19
【戀】 23画 5688 6200

なりたち ［形声］「女(=おんな)」と、音「䜌《レン》」とから成る。こいしたう。参考 のちに「女」が「心」となった。

意味 思いこがれる。心がひかれる。こう。また、その感情。こい。例 恋愛《レンアイ》。恋慕《レンボ》。失恋《シツレン》。

【恋敵】《こいがたき》 恋の競争相手。例 ―と張り合う。

【恋路】《こいじ》 〔恋愛《レンアイ》を道にたとえたことば〕恋の道。恋。恋愛。例 ―をたどる。人の―のじゃまをする。

【恋女房】《こいニョウボウ》 こいこがれて結婚《ケッコン》し、夫が深く愛している妻。例 ―だから仲のよいのも当然。

【恋愛】《レンアイ》(名・する) おたがいをこいしたう気持ち。また、その感情をもつこと。恋《こい》。例 ―結婚《ケッコン》。熱烈《ネツレツ》な―。

【恋情】《レンジョウ》 ある相手をこいしたう気持ち。恋《こい》ごころ。例 ―をかくしきれずにいる。

【恋着】《レンチャク》(名・する) 深くこいしたうこと。

【恋慕】《レンボ》(名・する) こいしたうこと。こいこがれること。例 横《よこ》―。ひそかに―し続ける。

【恋恋】《レンレン》(形動《トタル》) ①思いこがれて忘れられないようす。②(ある地位などにこだわって)未練がましく、思い切りの悪いようす。例 ―として社長の座にしがみつく。

●色恋《いろこい》・片恋《かたこい》・失恋《シツレン》・初恋《はつこい》・悲恋《ヒレン》

心 6
【恷】 10画 5578 6077 音義未詳《ミショウ》

参考 【休】《キュウ》(632ページ)の俗字《ゾクジ》とする説がある。

日本語での用法 《やす・よし》 人名に用いられた字。

忄 6 ［恢］ 9画 ⇩【恢】《カイ》(393ページ)

忄 6 ［恠］ 9画 ⇩【怪】《カイ》(389ページ)

忄 6 ［恊］ 9画 ⇩【協】《キョウ》(162ページ)

忄 6 ［恆］ 9画 ⇩【恒】《コウ》(394ページ)

心 7
【悪】 11画 1613 60AA 教育3 音 一 アク(漢)(呉) 二 オ(漢) 訓 わる-い・にく-む・いずく-んぞ

筆順 一 丆 丙 帀 亜 悪 悪

心 8
【惡】 12画 5608 60E1 人名

なりたち ［形声］「心(=こころ)」と、音「亞《ア→オ》」とから成る。あやまち。あやまちをにくむ。

意味 一《アク》 ❶正しくない。対 善《ゼン》。例 悪事《アクジ》。罪悪《ザイアク》。邪悪《ジャアク》。❷そまつな。おとった。へたな。例 悪筆《アクヒツ》。悪貨《アッカ》。❸あらあらしい。ひどい。例 凶悪《キョウアク》。悪戦苦闘《アクセンクトウ》。❹いやな。このましくない。たちがわるい。例 悪臭《アクシュウ》。醜悪《シュウアク》。俗悪《ゾクアク》。 二《オ》 ❶いやがる。きらう。にくむ。例 嫌悪《ケンオ》。好悪《コウオ》。憎悪《ゾウオ》。❷〔助字〕「いずくに(か)」「いずくんぞ」と読み、どこに・どうして、の意。疑問・反語をあらわす。例 悪知レ之《いずくんぞこれをしらん》(=どうしてこれがわかるだろうか)。

難読 悪戯《いたずら》

【悪意】《アクイ》 ①他人に不幸や苦痛をあたえようとする心。わるぎ。対 好意。例 ―をいだく。②わるい見方。わるい意味。例 好意から出たことばを―に受け取る。▽対 善意。

【悪因】《アクイン》 わるい結果をもたらす原因。対 善因。例 ―悪果《アッカ》(=わるいおこないがわるい結果を生むということ)。

【悪運】《アクウン》 ①わるい運命。不運なめぐりあわせ。例 ―を背負いこんで生きる。②わるいことをしてもそのむくいを受けずに、かえって栄えたりする運勢。例 ―が強い。

【悪疫】《アクエキ》 たちのわるい、はやりやまい。悪性の流行病。

【悪縁】《アクエン》 ①たち切りたいのに、たち切れない男女の関係。くされ縁。②〔仏〕必ずわるい結果につながる前世からの関係。

【悪形】《アクがた》 歌舞伎《かぶき》で、悪人の役。また、それを演じる役者。悪役。かたき役。表記「悪方」とも書く。

【悪戯】《アクギ》 わるふざけ。いたずら。

【悪逆】《アクギャク》 人の道にはずれた大きな悪事。例 ―無道のおこない。

【悪行】《アクギョウ》 わるいおこない。道徳に反するおこない。悪事。対 善行《ゼンコウ》。例 ―を重ねる。

【悪業】《アクゴウ》 〔仏〕不幸な結果をもたらすようなわるいおこない。また、前世でのわるいおこない。例 ―のむくい。

【悪才】《アクサイ》 わるいことをする才能。例 ―にたける。

【悪妻】《アクサイ》 夫にとってよくないつま。対 良妻。

【悪事】《アクジ》 わるいおこない。悪行《アクギョウ》。対 善事。例 ―千里を走る(=わるいおこないはすぐ遠くにまで知れわたる)。―をはたらく。

【悪食】《アクジキ》 一(名) そまつな食事。あくしょく。 二(名・する) ①ふつうでは食べないようなものを食べること。いかものぐい。例 ヘビでもトカゲでも食べる―。②〔仏〕けものの肉を食べること。

【悪疾】《アクシツ》 たちのわるい病気。治りにくい病気。

【悪質】《アクシツ》(名・形動《ダナ》) ①品質や材質がわるいこと。対 良質。例 ―な製品。②考え方や行動がとりわけてわるいこと。たちがわるいこと。例 ―な詐欺師《サギシ》にひっかかる。

【悪手】《アクシュ》 囲碁《イゴ》や将棋《ショウギ》などで、自分で自分を不利にする、まずい手。例 たった一手の―で負ける。

【悪臭】《アクシュウ》 いやなにおい。例 ―を放つ。―がただよう。

【悪習】《アクシュウ》 好ましくない習慣や風習。例 ―に染まる。

【悪趣味】《アクシュミ》(名・形動《ダナ》) ①趣味が下品なこと。例 ―な服装。②他人が不愉快《フユカイ》になるようなことを好み楽しむこと。

【悪循環】《アクジュンカン》 二つ以上のことがらが次々と、たがいに原因・結果となり、とめどなくわるくなっていくこと。例 ―をたち切る。

【悪所】《アクショ》 ①道のけわしく危険なところ。類 難所。例 ―をこえ難所をしのいで進む。②酒や女遊びなどをする場所。よからぬところ。昔の遊郭《ユウカク》など。例 ―通い。

【悪書】《アクショ》子供などにわるい影響《エイキョウ》をあたえるとされる本。有害な本。(対)良書。[例]—追放。

【悪女】《アクジョ》①性質やおこないのよくない女。②顔のよくない女。醜女《シュウジョ》。[例]—の深情け(=みにくい女が愛情こまやかにつくすこと。ありがためいわくの意)。

【悪性】(名・形動《ダナ》)[一]《アクショウ》人の性質やおこないがわるいこと。また、道楽や浮《うわ》気《キ》をしがちであること。[例]もはや—をする年ではない。[二]《アクセイ》(病気などの)たちがよくないこと。(対)良性。[例]—の腫瘍《シュヨウ》。

【悪心】[一]《アクシン》わるいことをしようとする心。(対)善心。[例]—がめばえる。[二]《オシン》はきけ。むかつき。

【悪世】《アクセ》わるい時代。悪事のはびこる世の中。

【悪声】《アクセイ》①わるい声。不快な声。(対)美声。②わるい評判。[例]—を放つ。

【悪政】《アクセイ》人民を苦しめる政治。(対)善政。[例]—にあえぐ。

【悪税】《アクゼイ》人々が納得《ナットク》しない、不当な税金。また、人々を苦しめる税金。

【悪戦】《アクセン》(名・する)不利で苦しいたたかい。苦戦。[例]—苦闘《クトウ》(=劣勢《レッセイ》で勝つ見こみの少ない戦いをすること)。

【悪銭】《アクセン》①労働によってではなく、不正にもうけたお金。あぶくぜに。[例]—身《み》につかず。—をもうける。②悪貨《アッカ》。

【悪相】《アクソウ》①不吉《フキツ》なしるし。悪いことの起こる前ぶれ。②みにくい顔つき。おそろしい顔つき。[例]憎憎《にくにく》しげな—。

【悪僧】《アクソウ》①仏教の戒律《カイリツ》を守らない、わるいおこないをする僧。なまぐさ坊主《ボウズ》。②武芸にすぐれた僧。荒《あら》法師。

【悪態】《アクタイ》にくまれぐち。[例]—をつく。

【悪玉】《アクだま》悪人。〔江戸《えど》時代の草《くさ》双紙《ゾウシ》などのさし絵で、悪人の顔を円形の中に「悪」と書き、善人には円形の中に「善」と書いてあらわしたことからいう〕(対)善玉。

【悪天】《アクテン》雨や風など、わるい天候。悪天候。(対)好天。[例]—のなか、登山を決行する。

【悪投】《アクトウ》(名・する)野球で、野手が送球を大きくそらすこと。悪送球。[例]—の間《カン》に二者生還《セイカン》。

【悪党】《アクトウ》①悪人(のなかま)。〔もとは集団を意味したが、現在では個人についてもいう〕②人をののしっていうことば。

【悪童】《アクドウ》わるさをする子供。いたずら小僧《こゾウ》。

【悪道】《アクドウ》①〔仏〕わるいおこないをしたむくいとして死後に行かなければならない苦しみの世界。地獄《ジゴク》・餓鬼《ガキ》・畜生《チクショウ》の三つ。[例]—におちる。②わるい道路。悪路。


【悪徳】《アクトク》道徳に反するわるいおこない。(対)美徳。[例]—商人。—政治家。

【悪日】《アクニチ｜アクび》えんぎのよくない日。めぐりあわせのわるい日。凶日《キョウジツ》。(対)吉日《キチジツ》。

【悪人】《アクニン》心のわるい人。わるいことをする人。わるもの。(対)善人。[例]—に土地をだまし取られる。

【悪念】《アクネン》わるいことをしようとする考え。[例]—が生じる。

【悪馬】《アクバ》くせがあって乗りこなしにくいウマ。

【悪罵】《アクバ》(名・する)口ぎたなくののしること。また、そのことば。[例]—を浴びせる。

【悪筆】《アクヒツ》①字がへたなこと。また、へたな文字。(対)達筆・能筆。[例]—なので、つい筆不精《ふでブショウ》になる。②品質のわるいふで。書きにくいふで。

【悪評】《アクヒョウ》わるい評判。(対)好評。[例]—が立つ。

【悪病】《アクビョウ》たちのわるい病気。(類)難病・悪疾《アクシツ》。

【悪平等】《アクビョウドウ》(名・形動《ダナ》)表面的には平等にみえるが、それぞれの個性や特質が無視されていて、実質的には平等でないこと。[例]法のもとに—もないではない。

【悪婦】《アクフ》性質のよくない女。いじわるな女。悪女。

【悪風】《アクフウ》わるい習慣。(類)悪習・悪弊《アクヘイ》。(対)美風・良風。[例]古い時代の—を一掃《イッソウ》する。

【悪文】《アクブン》へたな文章。意味が通じにくい文章。(対)名文。

【悪弊】《アクヘイ》わるい習慣。(類)悪習・悪風。[例]—を絶つ。

【悪癖】《アクヘキ》わるいくせ。よくない習慣。[例]ぬすみの—がある。

【悪法】《アクホウ》人民を苦しめるわるい法律。[例]—でも法は法だ。

【悪報】《アクホウ》①〔仏〕悪事をはたらいたために受ける、わるいむくい。②わるい知らせ。凶報《キョウホウ》。(対)吉報《キッポウ》。

【悪魔】《アクマ》①仏法にさからったり、人の心をまどわして悪に向かわせる魔物《マもの》。[例]—を調伏《チョウブク》する。②人としてのやさしさや思いやりなどをもたない極悪人《ゴクアクニン》。

【悪夢】《アクム》①不吉《フキツ》なゆめ。おそろしいゆめ。[例]—にうなされる。②現実とは思いたくないようなおそろしいこと。[例]—としか言いようのない大惨事《ダイサンジ》。

【悪名】《アクメイ》〔「アクミョウ」とも〕わるい評判。よくないうわさ。[例]—をとどろかす。

【悪役】《アクヤク》芝居《しばい》や映画などの、悪人の役。かたき役。

【悪友】《アクユウ》①わるい友達。(対)良友。②(親しみをこめて)昔からの遊び友達。

【悪用】《アクヨウ》(名・する)権力や道具などを本来の目的に反する、わるいことのために使うこと。(対)善用。[例]地位を—する。


【悪辣】《アクラツ》(形動《ダナ》)はじも外聞もなく平気でわるいことをするようす。[例]—な手口。

【悪霊】《アクリョウ｜アクレイ》人にたたりをする死者のたましい。(類)怨霊《オンリョウ》・悪鬼《アッキ》。[例]—に悩《なや》まされる。

【悪例】《アクレイ》わるい先例。[例]後世《コウセイ》に—を残す。

【悪路】《アクロ》わるい道路。整備されていなくて、通りにくい道。

【悪化】《アッカ》(名・する)状態・形勢などがわるくなること。[例]病状が—する。経済は—の一途《イット》をたどる。

【悪果】《アッカ》わるい結果。→【悪因】《アクイン》

【悪貨】《アッカ》地金の品質のわるい貨幣《カヘイ》。悪銭。(対)良貨。

【悪貨《アッカ》は良貨《リョウカ》を駆逐《クチク》する】悪貨と良貨があると悪貨だけが実用に使われ、良貨のほうは本来の貨幣《カヘイ》として使われなくなる。〈グレシャムの法則〉

【悪漢】《アッカン》〔「漢」は、男の意〕悪事をはたらく男。[例]—と探偵《タンテイ》の物語。

【悪鬼】《アッキ》人にたたったりわるいことをはたらいたりする、おそろしいおに。

【悪口】《アッコウ｜わるくち》人のことを、わるく言うこと。

【悪口雑言】《アッコウゾウゴン》口ぎたなく言い散らすこと。また、そのことば。[例]—の限りをつくす。

【悪寒】《オカン》発熱によって起こる、ぞくぞくするようなさむけ。[例]かぜをひいたのか、—がする。

【悪血】《オケツ｜アクち｜わるち》病毒によってよごされた血。[例]刺絡《シラク》で—を出してしまう。

【悪阻】《オソ｜つわり》〔医〕妊娠《ニンシン》初期に、はきけを感じたり、はいたりする症状《ショウジョウ》。

【悪気】《わるギ》わざと相手にめいわくや害をおよぼそうとする気持ち。悪意。[例]—があってしたことではない。

【悪巧み】《わるだくみ》人をだますような、わるい計画。[例]—を見やぶる。

【悪知恵】《わるヂエ》わるがしこいちえ。[例]—がはたらく。[表記](旧)悪▼智▼慧
【悪乗り】《わるのり》(名・する)調子に乗りすぎ、度をこした行動をすること。

【悪者】《わるもの》わるいことをする者。悪漢。[例]—につけねらわれる。

【悪酔い】《わるよい》(名・する)酒を飲んで、気分がわるくなったり、他人に不快感をあたえたりするような酔い方をすること。
●害悪《ガイアク》・凶悪《キョウアク》・険悪《ケンアク》・嫌悪《ケンオ》・好悪《コウオ》・最悪《サイアク》・

罪悪《ザイアク》・邪悪《ジャアク》・粗悪《ソアク》・俗悪《ゾクアク》・劣悪《レツアク》

忄 7

【悦】 10画 1757 60A6 常用 音 エツ(漢)(呉) 訓 よろこ-ぶ

筆順 

忄 7

【悅】 10画 ― 6085

なりたち [形声]「忄(=こころ)」と、音「兌《ツエ》」とからなる。よろこぶ。

意味 うれしく思う。たのしむ。よろこぶ。また、よろこび。例 悦楽《エツラク》。喜悦《キエツ》。愉悦《ユエツ》。悦《エツ》に入《い》る。

人名 のぶ・よし

【悦服】《エップク》(名・する) よろこんで心からしたがうこと。例 人民大いに―す。

【悦楽】《エツラク》(名・する) 感覚を満足させてよろこび楽しむこと。例 ―の境地に入《い》る。

●喜悦《キエツ》・恐悦《キョウエツ》・法悦《ホウエツ》・満悦《マンエツ》・愉悦《ユエツ》

忄 7

【悁】 10画 5590 6081 音 一 エン(漢) 二 ケン(漢) 訓 いきどお-る・いか-る

意味 一《エン》 ❶ 腹を立てる。いきどおる。いかる。例 悁忿《エンプン》。❷ なやみ、うれえる。例 悁悒《エンユウ》(=ふさぎこんでいるようす)。二《ケン》 気がせいていらいらするようす。

心 7

【患】 11画 2021 60A3 常用 音 カン(漢) ゲン(呉) 訓 わずら-う・うれ-い・うれ-える・わずら-い

筆順 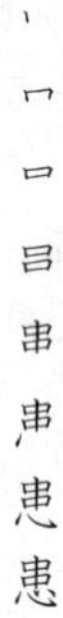

なりたち  [形声]「心(=こころ)」と、音「串《カン》」とから成る。うれえる。

意味 ❶ 心配する。思いなやむ。うれえる。うれい。例 内憂外患《ナイユウガイカン》。❷ 病気にかかる。わずらう。わずらい。例 患者《カンジャ》。急患《キュウカン》。疾患《シッカン》。

使い分け わずらう【煩・患】⇩ 1182ページ

【患家】《カンカ》(医者の立場からみた)患者の家。

【患者】《カンジャ》 病気にかかって医師の治療《チリョウ》を受けている人。

【患部】《カンブ》 病気にかかったり、けがをしたりしているところ。治療《チリョウ》を必要とする部分。例 ―を消毒する。

●急患《キュウカン》・疾患《シッカン》・大患《タイカン》・内憂外患《ナイユウガイカン》

忄 7

【悍】 10画 5591 608D 音 カン(漢) 訓 あら-い・たけ-し

意味 気がつよく、いさましい。あらあらしい。たけだけしい。例 悍然《カンゼン》。悍馬《カンバ》。精悍《セイカン》。

【悍然】《カンゼン》(形動タル) 気がつよくてあらあらしいようす。

【悍馬】《カンバ》 性質のあらいウマ。あばれうま。あらうま。例 ―をたくみに乗りこなす。表記「▼駻馬」とも書く。

【悍婦】《カンプ》 気性《キショウ》のはげしい女。気の強い女性。

忄 7

【悟】 10画 2471 609F 常用 音 ゴ(漢)(呉) 訓 さと-る・さと-り

筆順 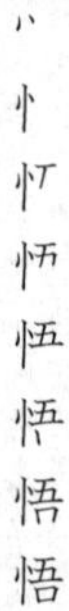

なりたち  [形声]「忄(=こころ)」と、音「吾《ゴ》」とから成る。ねむりからさめる。

意味 はっと思いあたる。真理にめざめる。さとる。さとり。例 悟得《ゴトク》。悟入《ゴニュウ》。覚悟《カクゴ》。

人名 さと・さとし・のり

【悟性】《ゴセイ》〔哲〕経験や知識にもとづいて、ものごとを理解・認識《ニンシキ》し判断する心のはたらき。(類) 知性。(対) 感性。

【悟道】《ゴドウ》 仏の教えの真理をさとること。さとりの道。

【悟得】《ゴトク》(名・する) さとりをひらいて真理を会得《エトク》すること。例 何かを―したという手ごたえ。

【悟入】《ゴニュウ》(名・する) さとりをひらいて仏の真理の世界にはいること。例 実相の理に―する。

●悔悟《カイゴ》・覚悟《カクゴ》・大悟《タイゴ》

忄 7

【悃】 10画 5593 6083 音 コン(漢) 訓 ねんごろ・まこと

意味 きまじめで、いつわりのない心。まこと。例 悃誠《コンセイ》。

【悃誠】《コンセイ》 まごころのこもっていること。まこと。表記「懇誠」とも書く。

心 7

【悉】 11画 2829 6089 人名 音 シツ(漢) 訓 つ-くす・ことごと-く

意味 ❶ すべてをきわめつくす。つくす。例 知悉《チシツ》。❷ のこらず。どれも。ことごとく。例 悉皆《シッカイ》。❸ 梵語《ボンゴ》の「シッ」の音訳。例 悉曇《シッタン》。

難読 悉皆《さながら》

【悉皆】《シッカイ》(副) ① ことごとく。すっかり。のこらず。例 ―調査(=すべてをしらべること。人口をしらべる国勢調査など)。② 〔下に打ち消しのことばをともなって〕全然。まったく。例 ―たのもしさがない。

【悉▽達多】《シッタルタ》 釈迦《シャカ》の出家する前の名。ゴータマ=シッタルタ。悉達《シッタ》。

【悉▽曇】《シッタン》〔梵語《ボンゴ》の音訳〕① 梵字(=梵語を表記するための文字)の音をつづるもとになる個々の文字。② 古代インド語に関する学問。例 ―学。

忄 7

【悛】 10画 5602 609B 音 シュン(慣) セン(漢) 訓 あらた-める

意味 あらためる。やめる。例 改悛《カイシュン》。

忄 7

【悄】 10画 5601 6084 音 ショウ(漢)

意味 心細くて、しょんぼりする。例 悄悄《ショウショウ》。悄然《ショウゼン》。

難読 悄気《しょげ》る・悄悄《しおしお》・悄然《しょんぼり》

【悄悄】《ショウショウ》(形動タル) 心がしずんで、しょんぼりしているようす。例 ―として立ち去る。

【悄然】《ショウゼン》(形動タル) ① 気にかかることがあって元気がなく、しょんぼりしているようす。例 ―として目をふせる。② ひっそりして、ものさびしいようす。

忄 7

【悚】 10画 5594 609A 音 ショウ(漢) シュ(呉) 訓 おそ-れる

意味 ぞっとして、身がすくむ。おそれる。例 悚然《ショウゼン》。

【悚然】《ショウゼン》(形動タル) おそれて立ちすくむようす。びくびくするようす。例 ―として戦慄《センリツ》する。表記「▼竦然」とも書く。

忄 7

【悌】 10画 3680 608C 人名 音 テイ(漢)

なりたち  [形声]「忄(=こころ)」と、音「弟《テイ》」とから成る。兄によくつかえる。

意味 年少者が年長者によく従う。また、きょうだいの仲がよい。例 孝悌《コウテイ》。

人名 すなお・とも・やす・やすし・よし

忄 7
【悩】
10画 3926 60A9 常用

音 ドウ(漢) ノウ(呉)
訓 なや-む・なや-ます・なや-ましい・なや-み

筆順 忄 忄 忄 忄 悩 悩

忄 9
【惱】
12画 5629 60F1

なりたち [形声]「女(=おんな)」と、音「𡿺《ドウ》(=脳)」の省略体とから成る。思いなやむ。参考 のちに「女」が「忄」となった。

意味 思いわずらう。なやむ。なやみ。また、くるしめる。なやます。
例 悩殺《ノウサツ》。苦悩《クノウ》。煩悩《ボンノウ》。

【悩殺《ノウサツ》】(名・する)〔「殺」は、強めのことば〕女性がその美しさや魅力《ミリョク》で男の心をなやまし、夢中にさせること。

日本語での用法《ノウ》天皇など高位の人の病気をさすことば。「御悩《ゴノウ》とうけたまわり…」

【悩乱《ノウラン》】(名・する) なやみ苦しんで心の安定を失うこと。例 頭は—し、五体もしびれる。

忄 7
【悖】
10画 5603 6096

音 ハイ(漢)
訓 もと-る

意味 (道理に)そむく。あるべきすがたに反する。もとる。同 背《ハイ》。例 悖逆《ハイギャク》(=そむく)。悖徳《ハイトク》。悖乱《ハイラン》。

【悖徳《ハイトク》】道徳にそむくこと。表記 現 背徳

【悖乱《ハイラン》】(名・する) 道にはずれ、まよいみだれること。また、むほんを起こすこと。

【悖理《ハイリ》】道理に合わないこと。表記「背理」とも書く。

【悖戻《ハイレイ》】(名・する) 道理にそむくこと。表記「背戻」とも書く。

忄 7
【悗】
10画 5604 6097

音 一 バン(漢) マン(呉) 二 ボン(漢) モン(呉)
訓 まど-う・わす-れる

意味 一《バンマン》 ❶うすぼんやりとして、おろか。まどう。❷なやみわずらう。二《ボンモン》 心をうばわれているようす。うわのそら。

心 7
【悠】
11画 4510 60A0 常用

音 ユウ(漢)
訓 とお-い・はる-か

筆順 亻 亻 亻 攸 攸 攸 悠 悠

なりたち [形声]「心(=こころ)」と、音「攸《ユウ》」とから成る。うれえる。借りて「とおい」の意。

意味 ❶時間的・空間的に長く続く。はるか。とおい。例 悠遠《ユウエン》。悠久《ユウキュウ》。悠長《ユウチョウ》。❷のんびりしている。ゆったりしている。例 悠然《ユウゼン》。悠悠自適《ユウユウジテキ》。

人名 ちか・なが・ひさ・ひさし・ひろし・ゆ

【悠遠《ユウエン》】(名・形動《ダナ》) 場所や年代が、とおくへだたっていること。例 —な宇宙。—の太古の時代。

【悠久《ユウキュウ》】(名・形動《ダナ》) はるか昔から果てしなく続いていること。例 —の大地。

【悠然《ユウゼン》】(形動《トタル》) ゆったりとおちついているようす。例 —と歩む。—たる態度。

【悠長《ユウチョウ》】(形動《ダナ》)(急ぐべきときでも)のんびりしているようす。例 そんな—なことは言っていられない。

【悠悠《ユウユウ》】(形動《トタル》) ①(時間や場所などが)遠くはるかなようす。例 —たる大地。—たる時間の経過。②ゆったりしてあわてないようす。例 —と歩く。③じゅうぶんに余裕《ヨユウ》のあるようす。例 この時間なら—間《ま》に合う。

【悠悠自適《ユウユウジテキ》】(名・する) お金や時間などにしばられることなく、自分の好きなように、暮らすこと。例 —の生活。

【悠揚《ユウヨウ》】(形動《トタル》) さしせまった状況《ジョウキョウ》でも、あわてずさわがず、ゆったりしているようす。例 —せまらぬ態度。

忄 7
【悒】
10画 5605 6092

音 ユウ(漢)
訓 うれ-える

意味 心配で落ちつかない。ふさぎこむ。うれえる。例 悒鬱《ユウウツ》(=気がつまる。うれえる)。

忄 7
【悧】
10画 5606 60A7

音 リ(漢)
訓 こざと-い

意味 小《こ》才《サイ》がある。例 悧巧《リコウ》。怜悧《レイリ》。

【悧巧《リコウ》】(名・形動《ダナ》) ①頭がいいこと。かしこいこと。例 —な犬。—になる。②(子供が)聞き分けがよく、おとなしいこと。例 お—さんだね。③抜《ぬ》け目がないこと。要領のいいこと。例 —に立ち回る。表記 ▽現 利口

忄 7
【悋】
10画 5607 608B

音 リン(漢)(呉)
訓 やぶさ-か・ねた-む

意味 けちけちする。ものおしみする。やぶさか。同 吝《リン》。例 悋嗇《リンショク》。悋惜《リンセキ》(=ものおしみ)。

日本語での用法《リン》ねたむ。やきもち。「悋気《リンキ》」

【悋気《リンキ》】男女間のねたみの気持ち。やきもち。嫉妬《シット》。例 —を起こす。

【悋▼嗇《リンショク》】(名・形動《ダナ》) ひどくけちなこと。→【吝嗇《リンショク》】(197ページ)

忄 7
【悦】
10画 ⇩【悦《エツ》】(398ページ)

忄 7
【悔】
10画 ⇩【悔《カイ》】(393ページ)

忄 8
【惟】
11画 1652 60DF 人名

音 イ(漢) ユイ(呉)
訓 おも-う・おも-うに・これ・ただ

なりたち [形声]「忄(=こころ)」と、音「隹《スイ→イ》」とから成る。おもう。

意味 ❶よく考える。おもう。おもうに。例 思惟《シイ》。惟《おも》んみれば。❷〔助字〕㋐「これ」と読み、語調をととのえる。例 疑惟重《うたがわしきはこれおもくす》(=疑わしい場合は(罪を)重くする)。㋑「ただ…(のみ)」と読み、限定・強調の意をあらわす。例 惟吾《ただわれのみ》(=ただ私だけだ)。

難読 惟神《かんながら》(=神そのまま。また、神代《かみよ》から変わらずに)

人名 あり・ただし・たもつ・のぶ・よし

【惟惟《イイ》】一 (感)「はいはい」という承諾《ショウダク》のことば。二 (形動《トタル》) 他人のことばにさからうことなく、おとなしく従うようす。例 —として従う。表記 ▽「唯唯」とも書く。

【惟一《ユイイツ》】(同類のものが)ただ一つだけで、それ以外にはないこと。例 —無二《ムニ》の親友。表記「唯一」とも書く。

忄 8
【悸】
11画 5609 60B8

音 キ(漢)
訓 わなな-く・おそ-れる

意味 心臓がどきどきする。わななく。おそれる。例 心悸《シンキ》。動悸《ドウキ》。

忄 8
【惧】
11画 5592 60E7 常用

音 ク(漢) グ(呉)
訓 おそ-れる

筆順 忄 忄 忄 忄 惧 惧 惧 惧

なりたち [形声] 本字は「懼」で、「忄(=こころ)」と、音「瞿《ク》」とから成る。おそれる。

意味 こわがってびくびくする。おじけづく。おそれる。同 懼《ク》。例 危惧《キグ》。

【▽惧然】《クゼン》(形動《タルト》)①おじけてびくびくするようす。②おどろいてぎょっとするようす。例―たる形相《ギョウソウ》。

忄8
【惓】11画 5611 60D3 音ケン漢呉 訓つか-れる

意味 ❶つかれて苦しむ。もだえる。つかれる。同倦《ケン》。❷こまごまと心をつくす。ねんごろ。

忄8
【惚】11画 2591 60DA 人名 音コツ漢 訓ほ-れる・ほう-ける・ぼ-ける

意味 ❶うっとりする。心をうばわれて、ぼうっとする。ほうける。例恍惚《コウコツ》。遊《あそ》び惚《ほう》ける。老人惚《ロウジンぼ》け。欲《ヨク》に惚《ぼ》ける。❷景色などが、かすかでぼんやりしたようす。

日本語での用法 一《ほれる》いとしくて、また、感心してたまらなく好きになる。「女《おんな》に惚《ほ》れる・彼《かれ》のひとがらに惚《ほ》れこむ」二《のろける》自分の夫・妻・恋人《こいびと》などとの間のむつまじいことなどを他人に自慢《ジマン》して話す。「妻《つま》のことを惚《のろ》ける」

【惚▼恍】《コツコウ》(形動《タルト》)心をうばわれてうっとりするようす。また、ぼんやりしたようす。恍惚《コウコツ》。

【惚気】《のろけ》〔「気」はあて字。動詞「のろける」の連用形〕自分の夫・妻・恋人《こいびと》などとの間のむつまじいことを得意になって話すこと。例―話。―を聞かされる。

忄8
【惨】11画 2720 60E8 常用 音ザン慣サン漢 訓みじ-め・いた-む・むご-い

筆順 

忄11
【慘】14画 5646 6158

なりたち  [形声]「忄(=こころ)」と、音「參《サン》」とから成る。そこなう。

意味 ❶ひどくきずつける。むごたらしい。むごい。例惨殺《ザンサツ》。惨事《サンジ》。無惨《ムザン》。❷胸をしめつけられるような。いたましい。みじめ。例惨禍《サンカ》。惨敗《ザンパイ》。悲惨《ヒサン》。

【惨禍】《サンカ》(火災・地震《ジシン》・風水害・戦争などによる)いたましいわざわい。例戦争の―。―をこうむる。

【惨苦】《サンク》ひどい苦しみ。つらい苦しみ。例―を味わう。

【惨劇】《サンゲキ》むごたらしい事件。いたましいできごと。

【惨酷】《サンコク｜ザンコク》(名・形動《ダナ》)むごたらしいこと。→【残酷】《ザンコク》(562ページ)

【惨殺】《ザンサツ》(名・する)むごたらしい殺し方をすること。

【惨事】《サンジ》多数の犠牲者《ギセイシャ》を出すような、ひじょうにいたましいできごと。例戦争の―は二度とひき起こさない。

【惨死】《ザンシ》(名・する)見るにたえないほどのむごたらしい死に方をすること。例―する者多数。

【惨状】《サンジョウ》目をおおうばかりの、むごたらしくいたましいありさま。例―を呈《テイ》する事故現場。

【惨▼憺】《サンタン》(形動《タルト》)①目もあてられないほどひどいようす。②(ものごとをうまくなしとげるために)あれこれと考えて心をくだくようす。例苦心―。表記▽「惨▼澹」とも書く。

【惨敗】《ザンパイ》〔「サンパイ」とも〕(名・する)みじめな負け方をすること。さんざんな負け方をすること。例―を喫《キッ》する。

○●陰惨《インサン》・悲惨《ヒサン》

心8
【惹】12画 2870 60F9 人名 音ジャク漢 訓ひ-く

意味 ひきおこす。ひきつける。ひく。例惹起《ジャッキ》。惹句《ジャック》〔キャッチフレーズの訳語〕。

【惹起】《ジャッキ》(名・する)事件や問題などをひきおこすこと。

忄8
【悴】11画 5612 60B4 音スイ漢呉 訓やつ-れる・せがれ・かじか-む

忄4
[忰] 7画 5613 5FF0 俗字

意味 ❶やせおとろえる。つかれる。やつれる。同瘁《スイ》。例悴容《スイヨウ》。憔悴《ショウスイ》。❷うれえる。同瘁《スイ》。

日本語での用法 一《せがれ》「倅」の誤用。自分の息子《むすこ》をへりくだっていうことば。また、子供や若い者をぞんざいにいうことば。「この小悴《こせがれ》め・悴《せがれ》をどうぞよろしく」二《かじかむ》寒さのためにこごえて動かしにくくなる。「手《て》が悴《かじか》む」

【悴容】《スイヨウ》やせおとろえた姿。やつれた顔かたち。

忄8
【情】11画 3080 60C5 教育5 音セイ漢ジョウ呉 訓なさ-け

筆順 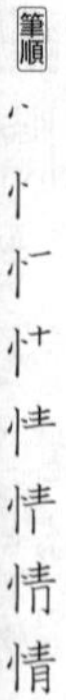

忄8
【情】11画

なりたち  [形声]「忄(=こころ)」と、音「青《セイ》」とから成る。人が生まれながらにもつ欲望。

意味 ❶ものに感じて起こる心の動き。思い。こころ。例情感《ジョウカン》。情熱《ジョウネツ》。心情《シンジョウ》。❷まごころ。思いやり。なさけ。例情愛《ジョウアイ》。友情《ユウジョウ》。情《ジョウ》に厚《あつ》い。❸人の本来の性質。例情《ジョウ》が強《こわ》い。❹男女間の愛。例情人《ジョウジン》。情《ジョウ》を通《ツウ》じる。❺ものごとのあじわい。おもむき。例情趣《ジョウシュ》。情緒《ジョウショ》。風情《フゼイ》。❻ほんとうのありさま。例情況《ジョウキョウ》。情報《ジョウホウ》。事情《ジジョウ》。

人名 さね・まこと・もと

【情合い】《ジョウあい》たがいにかよい合う、温かい思いやりや人情。

【情愛】《ジョウアイ》(親しい間柄《あいだがら》の人々との間に通い合う)こまやかで温かい、いつくしみや思いやりの気持ち。愛情。

【情意】《ジョウイ》①感情と意志。②心持ち。気持ち。例―投合する(=おたがいの気持ちが通じる)。

【情炎】《ジョウエン》はげしく燃え上がる情欲。例―を燃やす。

【情火】《ジョウカ》火のようにはげしい情欲。

【情感】《ジョウカン》ものごとに感じて起こる深い心の動き。

【情義】《ジョウギ》①人情と義理。②(友人や師弟《シテイ》などのあいだに通い合う)温かい思いやりやまごころ。親しいつきあい。例―に厚い。表記②は旧情▼誼。「情宜」とも書く。

【情況】《ジョウキョウ》その場、その時の実情。例―証拠《ショウコ》。―を設定する。→【状況】《ジョウキョウ》(652ページ)

【情景】《ジョウケイ》(見る人の心をとらえる)その場のありさま。景色。

【情交】《ジョウコウ》(名・する)①親しいつきあい。例―が深まる。②肉体的な交わり。例―を結ぶ。

【情死】《ジョウシ》(名・する)愛し合う男女が自分たちの身の上・行く末を悲しみ、いっしょに死ぬこと。

【情事】《ジョウジ》愛情に関することがら。とくに、肉体的な交わり。いろごと。例―におぼれる。

【情実】《ジョウジツ》①ありのままの事実。例―をはっきりと知る。②いつわりのない気持ち。③公正さを欠いた個人的な感情や利害関係。例―入社。―をまじえる。

【情趣】《ジョウシュ》しみじみとした味わい。おもしろみ。おもむき。例―に富んだ景色《けしき》。

【情緒】《ジョウショ｜ジョウチョ》〔「ジョウチョ」は慣用的な読み方〕①人の心を動かすような、独特の味わいやふんいき。例江戸《えど》―。異

国—。②心理学でいう、喜び・悲しみ・いかりなどの感情の動き。情動。例—不安定。

【情状】《ジョウジョウ》 ある結果になった実際の事情やありさま。例—酌量《シャクリョウ》(=裁判で、犯罪をおかすにいたった理由や事情の同情すべき点を考慮《コウリョ》して、刑《ケイ》を軽くすること)の余地。

【情人】《ジョウジン|ジョウニン》 たがいに深く愛し合う人。類愛人。

【情勢】《ジョウセイ》 変わりゆくものごとの現在のようすやなりゆき。形勢。例国際—を見つめる。—の変化に対応する。

【情宣】《ジョウセン》 「情報宣伝」の略。労働組合などで、組合員や外部に対して広く情報を伝えること。例組合の—活動。

【情操】《ジョウソウ》 知的・美的・道徳的なことがらのすばらしさ、美しさ、正しさを感じとる豊かな心のはたらき。例—教育。

【情態】《ジョウタイ》 その時その時の心のありさまやようす。例心理—。表記「状態」とも書く。

【情痴】《ジョウチ》 理性を失うほど色恋《いろこい》にのめりこむこと。例—にふける。

【情調】《ジョウチョウ》 ①あるものごと全体から感じられる、しみじみとしたおもむき。情緒《ジョウチョ》。例下町—。都市の—。異国—。②心理学でいう、感覚にともなう快・不快などの感情。

【情っ張り】《ジョウッぱり》 (名・形動ダナ) 強情《ゴウジョウ》をはること。例—な男。

【情動】《ジョウドウ》 急にひき起こされる一時的ではげしい感情の動き。例—に、つき動かされる。

【情熱】《ジョウネツ》 全力でものごとにうちこむ、燃えあがるようなはげしい感情。例—的な手紙。—をかたむける。

【情念】《ジョウネン》 心に深くつきまとって、理性ではおさえられない感情や思い。例—を燃やす。

【情夫】《ジョウフ》 正式に認められない恋愛《レンアイ》関係にある男性。対情婦。例—をもつ女。

【情婦】《ジョウフ》 正式に認められない恋愛《レンアイ》関係にある女性。対情夫。例—にあやつられる男。

【情報】《ジョウホウ》 ①あることがらや事件について伝えられる内容。インフォメーション。ニュース。例—網《モウ》を広げる。世界各国の—を入手する。②ある判断や行動に必要とされる資料・知識。インテリジェンス。

【情欲】《ジョウヨク》 ①性的欲望。色情《シキジョウ》。②〔仏〕ものごとにこだわり、むさぼる心。例—にとらわれる。表記▽旧情▼慾

【情理】《ジョウリ》 人間らしいあたたかい感情と、ものごとのあるべきすじ道。例—をつくして説く。

【情話】《ジョウワ》 ①人情みあふれる話。例なみだと共に語った—。②男女の恋愛《レンアイ》にまつわる物語。例佐渡《さど》—。

【情《ジョウ》を通《ツウ》ずる】 ①ひそかに敵に味方の内情を伝えること。②夫婦《フウフ》でない男女がひそかに愛しあうこと。

●愛情《アイジョウ》・温情《オンジョウ》・感情《カンジョウ》・苦情《クジョウ》・強情《ゴウジョウ》・国情《コクジョウ》・私情《シジョウ》・詩情《シジョウ》・事情《ジジョウ》・実情《ジツジョウ》・純情《ジュンジョウ》・心情《シンジョウ》・真情《シンジョウ》・陳情《チンジョウ》・同情《ドウジョウ》・内情《ナイジョウ》・人情《ニンジョウ》・熱情《ネツジョウ》・薄情《ハクジョウ》・表情《ヒョウジョウ》・風情《フゼイ》・無情《ムジョウ》・友情《ユウジョウ》・旅情《リョジョウ》

忄 8

【悽】

11画 5614 60BD 音セイ(漢)サイ(呉) 訓いた-む

意味 心が切られるように感じる。いたましい。いたむ。例悽惨《セイサン》。悽絶《セイゼツ》。同凄《セイ》。

【悽惨】《セイサン》 (名・形動ダナ) 目をおおいたくなるほどいたましく、むごたらしいこと。例—な事件。—の極《キョク》に達する。

【悽絶】《セイゼツ》 (名・形動ダナ) この上なくいたましいこと。また、すさまじいこと。例—な戦いをくりひろげる。—をきわめる。

【悽▼愴】《セイソウ》 (名・形動ダナ) ひじょうに悲しく、いたましいこと。例—な光景。

忄 8

【惜】

11画 3243 60DC 常用 音セキ(漢)シャク(呉) 訓お-しい・お-しむ

筆順 

なりたち  [形声]「忄(=こころ)」と、音「昔《セキ》」とから成る。心がいたむ。

意味 なごりおしく思う。おしむ。例惜春《セキシュン》。惜別《セキベツ》。

難読 可惜《あたら》・口惜《くや》しい

【惜陰】《セキイン》 むなしく過ぎ去る時間をおしみ、たいせつにすること。

【惜春】《セキシュン》 過ぎ去ってゆく春をおしむこと。例—の情をもよおす。

【惜敗】《セキハイ》 (名・する) 野球などの試合や勝負で、おしいところで負けること。例一点差で—する。

【惜別】《セキベツ》 別れをつらく思うこと。例—の情をおさえかねる。

●哀惜《アイセキ》・愛惜《アイセキ》・痛惜《ツウセキ》

心 8

【惣】

12画 3358 60E3 人名 音ソウ(漢)(呉) 訓そう-じて

なりたち 「総(總)」が、「總」→「揔」→「惣」のように変形した字。

意味 あつめる。たばねる。同総《ソウ》。

日本語での用法 《ソウ》(「総」の字と同じように用いて)全体として。すべて。そうじて。「惣村《ソウソン》・惣中《ソウチュウ》」

表記 現代表記では、「総《ソウ》」に書きかえることがある。熟語は「総」(784ページ)を参照。

人名 あつむ・おさむ・のぶ・ふさ・みな

【惣菜】《ソウザイ》 副食物。ふだんのおかず。表記現総菜

【惣領】《ソウリョウ》 〔一家・一族をすべおさめる意〕家をつぐ子。あととり。あとつぎ。表記現総領

忄 8

【惆】

11画 5615 60C6 音チュウ(漢)(呉) 訓うら-む

意味 気落ちする。がっかりする。うらむ。例惆悵《チュウチョウ》。

【惆▼悵】《チュウチョウ》 (名・形動トタル) うらみかなしむこと。気落ちしてなげきいたむこと。例—去るにしのびず。

忄 8

【悵】

11画 5616 60B5 音チョウ(漢)(呉) 訓いた-む・うら-む

意味 心のこりに思う。いたむ。うらむ。例悵恨《チョウコン》。惆悵《チュウチョウ》。

【悵恨】《チョウコン》 うらみなげくこと。残念に思うこと。例—これを久しゅうす(=残念に思って時間が経過した)。

【悵然】《チョウゼン》 (形動トタル) がっかりしてうらみなげくようす。例しばし—とす。

【悵望】《チョウボウ》 (名・する) 心をいためて遠くをながめること。例遠山の雲に—す。

忄 8

【惕】

11画 1-8453 60D5 音テキ(漢)

意味 おそれる。心配する。例怵惕《ジュッテキ》。

忄 8

【悼】

11画 3773 60BC 常用 音トウ(漢) 訓いた-む

筆順 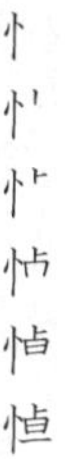

なりたち 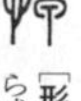 [形声]「忄(=こころ)」と、音「卓《タク→トウ》」とから成る。いたましく思う。

意味 人の死をかなしむ。いたむ。例悼辞《トウジ》。悼惜《トウセキ》。

使い分け いたむ・いためる【痛・傷・悼】⇩1162ページ

【悼辞《トウジ》】人の死をいたむことばや文章。弔辞《チョウジ》。

【悼惜《トウセキ》】(名・する)人の死を心からかなしみ残念に思うこと。例 ―するに余りある師の逝去《セイキョ》。

●哀悼《アイトウ》・追悼《ツイトウ》

忄 8

【惇】

11画 3855 60C7 人名 音 トン漢 ジュン呉 訓 あつ-い・まこと

なりたち  [形声]「忄(=こころ)」と、音「享《シュン》→《トン》」とから成る。こころがあつい。

意味 まごころのある。情の厚い。また、まごころ。まこと。同 敦《トン》。例 惇朴《ジュンボク》。

人名 あつ・あつし・すなお・つとむ・とし

【惇朴《ジュンボク》《トンボク》】(形動ダナ)人情に厚くてかざりけのないようす。例 ―な人がらにひかれる。表記「惇▼樸」とも書く。

心 8

【悲】

12画 4065 60B2 教育3 音 ヒ漢呉 訓 かな-しい・かな-しむ・かな-しみ

筆順 丿 ナ ヨ ヨ 刲 非 悲 悲

なりたち 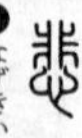 [形声]「心(=こころ)」と、音「非《ヒ》」とから成る。心がはりさけるようにいたむ。

意味 ❶なげきいたむ。かなしむ。例 悲傷《ヒショウ》。悲嘆《ヒタン》。悲歌慷慨《ヒカコウガイ》。悲報《ヒホウ》。❷いたましい。なげかわしい。かなしい。例 悲惨《ヒサン》。❸かなしみ。例 悲哀《ヒアイ》。❹恋《こい》しがる。なつかしむ。例 游子悲二故郷一《ユウシコキョウをかなしむ》(=旅人が故郷を恋しがる)。〈史記《シキ》〉❺〔仏〕人々を苦しみから救おうという、仏の思いやり。例 悲母観音《ヒボカンノン》。慈悲《ジヒ》。大慈大悲《ダイジダイヒ》。

【悲哀《ヒアイ》】しみじみと心に感じられるあわれ。対 歓喜《カンキ》。例 人生の―。

【悲運《ヒウン》】いたましい運命。対 幸運。例 ―の王妃《オウヒ》。

【悲歌《ヒカ》】かなしい歌。エレジー。類 哀歌《アイカ》。

【悲歌▼慷慨《ヒカコウガイ》】(名・する)〔「慷慨」は、世の不正や、みずからの不運をいきどおりなげく意〕かなしげに詩をうたい、胸にせまる思いをはき出すこと。

【悲観《ヒカン》】(名・する)①希望を失うこと。例 前途《ゼント》を―する。②世の中や人生に希望が持てずに、生きる価値がないと考えること。例 ―論。▽対 楽観。

【悲観的《ヒカンテキ》】(形動ダナ)ものの見方や考え方が消極的で、暗いようす。対 楽観的。例 人生を―に見る。

【悲願《ヒガン》】①〔仏〕この世のすべての人々の苦悩《クノウ》を救おうとする、仏の慈悲《ジヒ》ぶかいねがい。②なんとしてもやりとげようという悲壮《ヒソウ》なねがい。例 優勝の―を達成した。

【悲喜《ヒキ》】かなしみとよろこび。例 人生は―こもごもだ。

【悲喜劇《ヒキゲキ》】①悲劇と喜劇の両面をもった劇。②かなしいこととうれしいことが同時に起こること。例 人生の―。

【悲況《ヒキョウ》】悲観的な状況。例 ―にある人人。

【悲境《ヒキョウ》】あわれな身の上。例 ―にもくじけない。

【悲曲《ヒキョク》】かなしい調子の曲。かなしい調子の音楽。

【悲劇《ヒゲキ》】①人生の不幸や悲惨《ヒサン》なできごとを題材とした劇。例 シェークスピアの三大―。②いたましいできごと。例 交通事故は家庭の―だ。▽対 喜劇。

【悲惨《ヒサン》】(名・形動ダナ)むごくいたましいこと。みじめであわれなこと。例 ―な事故。

【悲秋《ヒシュウ》】ものがなしい秋のけはい。

【悲愁《ヒシュウ》】(名・する)かなしみうれえること。

【悲傷《ヒショウ》】(名・する)深くかなしみいたむこと。例 まことに―すべき事件。

【悲壮《ヒソウ》】(名・形動ダナ)悲痛な思いを胸に秘めた勇ましさ。また、そのようなようす。例 ―な決意。

【悲▼愴《ヒソウ》】(名・形動ダナ)〔「愴」は、心を傷つけいたむ意〕かなしくいたましく、見ているだけでつらいこと。

【悲嘆《ヒタン》】(名・する)思いもよらぬできごとに出あって、深くかなしみなげくこと。例 ―にくれる。表記 旧 悲▼歎

【悲調《ヒチョウ》】(音楽の)かなしげな調子。ものがなしいしらべ。

【悲痛《ヒツウ》】(名・形動ダナ)いたましさ、つらさにたえられないこと。例 ―なさけび。―な面持《おもも》ち。

【悲風《ヒフウ》】①さびしくかなしそうにふく風。かなしみをもよおさせる風。②秋の風。あきかぜ。

【悲憤▼慷慨《ヒフンコウガイ》】(名・する)社会の不正や、身の不遇《フグウ》をかなしみいきどおること。

【悲母《ヒボ》】慈悲《ジヒ》ぶかい母。例 ―観音《カンノン》。

【悲報《ヒホウ》】(人が死んだという)かなしい知らせ。類 凶報《キョウホウ》。対 朗報《ロウホウ》。例 ―に接する。

【悲鳴《ヒメイ》】①恐怖《キョウフ》やおどろきのさけび声。例 ―をあげて飛びのく。②なきごと。よわね。例 うれしい―。

【悲恋《ヒレン》】思いがとげられず、かなしい結末におわる恋《こい》。例 ―の物語。

【悲話《ヒワ》】かなしい物語。あわれでかなしい話。

忄 8

【悱】

11画 2-1250 60B1 音 ヒ漢

意味 うまく表現できなくて、いらいらする。

【悱《ヒ》せずんば発《ハッ》せず】〔「発」は、明らかにする意〕(教えを受ける者が、自分では理解していながらも)ことばにあらわせずにもどかしく思っているほどでなければ、(私は)教えてやらない。〔苦しんだとき、はじめて指導するという、孔子《コウシ》のことば〕〈論語《ロンゴ》〉→【憤《フン》せずんば啓《ケイ》せず】(413ページ)

忄 8

【惘】

11画 5617 60D8 音 ボウ漢 モウ呉 訓 あき-れる

意味 がっかりする。気がぬける。例 惘然《ボウゼン》。

日本語での用法 《あきれる》意外で、おどろく。「惘《あき》れて物も言《い》えない」

心 8

【悶】

12画 4469 60B6 音 ボン漢 モン呉 訓 もだ-える・もだ-え

意味 心の中につかえて、もやもやする。もだえる。もだえ。また、苦しむ。例 悶死《モンシ》。悶絶《モンゼツ》。悶悶《モンモン》。

【悶死《モンシ》】(名・する)もだえ苦しんで死ぬこと。もだえ死《じ》に。例 怒《いか》りのあまり―する。

【悶絶《モンゼツ》】(名・する)苦しみもだえて気絶すること。例 頭を打って―する。

【悶着《モンチャク》】(名・する)争うこと。もめごと。いさかい。例 ―が絶えない。ひと―ある。

【悶悶《モンモン》】(形動タルト)(なやみごとなどがあって)思いわずらうようす。例 ―と日を過ごす。―とした一夜を過ごす。

●苦悶《クモン》・煩悶《ハンモン》・憂悶《ユウモン》

心 8

【惑】

12画 4739 60D1 常用 音 コク漢 ワク呉 訓 まど-う・まど-い

筆順 一 冂 冋 式 或 或 惑 惑

なりたち  [形声]「心(=こころ)」と、音「或《ワク》→《コク》」とから成る。心がとらわれて、みだれる。

意味 ❶自由な判断ができず、心がみだれる。まどう。例 惑乱《ワクラン》。困惑《コンワク》。不惑《フワク》。❷うたがう。あやしむ。例 疑惑《ギワク》。❸心をとらえて、みだす。まどわす。例 幻惑《ゲンワク》。誘惑《ユウワク》。

【惑星《ワクセイ》】①恒星《コウセイ》の周囲をまわる天体。太陽系では、太陽の周囲を公転する天体。太陽に近い順に、水星・金星・地球・火星・木星・土星・天王星・海王星。遊星。㊉恒星《コウセイ》。②手腕《シュワン》・存在などがまだよく知られていないが、将来の有望な人。例学界の―。

【惑溺《ワクデキ》】(名・する)あることに夢中になり、おぼれて分別《フンベツ》をなくすこと。例酒に―する。

【惑乱《ワクラン》】(名・する)心がまどわされ、正しい判断ができなくなること。また、人心や社会をまどわすこと。例あたまが―する。青年を―する扇動《センドウ》。

◐思惑《おもわく》・疑惑《ギワク》・困惑《コンワク》・当惑《トウワク》・迷惑《メイワク》・誘惑《ユウワク》

心8 【惡】12画 ⇩【悪】《アク》(396ページ)

心8 【惠】12画 ⇩【恵】《ケイ》(394ページ)

忄8 【情】11画 ⇩【情】《セイ》(400ページ)

心8 【悳】12画 ⇩【徳】《トク》(381ページ)

心9 【愛】13画 1606 611B 教育4

音 エ慣 アイ漢

訓 め-でる・お-しむ・いと-しい・かな-しい・まな

筆順 

なりたち   [形声]本字は「㤅」で、「心(=こころ)」と、音「旡《キ→アイ》」とから成る。したしむ。

意味 ❶したしむ。かわいがる。いとおしむ。例愛護《アイゴ》。愛情《アイジョウ》。慈愛《ジアイ》。❷このむ。めでる。例愛玩《アイガン》。愛好《アイコウ》。愛読《アイドク》。❸もったいないと思う。おしむ。例愛惜《アイセキ》。愛着《アイジャク|アイチャク》。割愛《カツアイ》。

県名 愛媛《えひめ》

難読 愛子《まなご|いとしご》・愛娘《まなむすめ》・愛弟子《まなデシ》・愛《う》い奴《やつ》・愛男《えおとこ》

人名 あき・いつ・さね・ちか・ちかし・つね・なり・なる・のり・ひで・めぐむ・やす・よし・より

【愛育《アイイク》】(名・する)かわいがってそだてること。例孫を―しつつ、趣味《シュミ》に生きる余生。

【愛飲《アイイン》】(名・する)好んでのむこと。例ワインを―している。

【愛縁《アイエン》】〔仏〕恩愛から生じる人と人とのつながり。↓【合縁《あいエン》】(188ページ)

【愛煙家《アイエンカ》】タバコ好きな人。例―の皆《みな》さん。

【愛玩《アイガン》】(名・する)〔「玩」は、もてあそぶ意〕(小動物などを)身近におき、(ペットとして)かわいがること。例―動物。小鳥を―する。骨董《コットウ》の―。表記「愛▼翫」とも書く。

【愛器《アイキ》】気にいってたいせつにあつかう、楽器や器具など。

【愛機《アイキ》】気にいってたいせつにあつかう、写真機や飛行機など。

【愛郷《アイキョウ》】ふるさとを愛すること。生まれ育った故郷を愛すること。例―心。

【愛▼嬌《アイキョウ》】①人に好かれるかわいらしさ。にこやかで愛くるしいこと。例―のある少女。②人うけのよいような、ふるまいや表情。類愛想。例―をふりまく。③興《キョウ》をそえるものごと。おまけ。例まったくなんの―もない店。とんだお―だ。表記▽「愛▽敬」とも書く。

【愛吟《アイギン》】(名・する)好んで詩歌《シイカ》を口ずさむこと。また、その詩歌。例―する白秋《ハクシュウ》の詩。

【愛敬《アイケイ》】〔「アイキョウ」とも。古くは、「アイギョウ」とも〕(名・する)愛しうやまうこと。類敬愛。

【愛犬《アイケン》】①かわいがっている飼いイヌ。例わが家《や》の―。②イヌをかわいがること。例―家。

【愛顧《アイコ》】(名・する)客が、出入りの商人やひいきの芸人などに特別に目をかけ、引き立てること。例ご―をいただく。

【愛護《アイゴ》】(名・する)かわいがってめんどうをみたり、たいせつにしたりすること。例動物―週間。

【愛好《アイコウ》】(名・する)このみ楽しむこと。例漫画《マンガ》の―者。カメラを―する。

【愛校《アイコウ》】自分の学校を愛し、ほこりに思うこと。例―心。

【愛国《アイコク》】自分の国の利益や名誉《メイヨ》を願い、国のために行動すること。国のためにつくすこと。例―心。―者。

【愛妻《アイサイ》】①つまを愛し、だいじにすること。例―家《カ》。②だいじにしているつま。例―の作った弁当。

【愛児《アイジ》】親がだいじにかわいがっている子供。

【愛日《アイジツ》】①愛すべき日光。愛すべき太陽。とくに、冬の日。②日時を惜《お》しむこと。転じて、日時を惜しんで父母に孝養をつくすこと。

【愛社《アイシャ》】自分の属する会社をたいせつに思い、そのために力をつくすこと。例―精神。

【愛着】(名・する)[一]《アイジャク》〔仏〕欲望にとらわれて思い切れないこと。[二]《アイチャク》長いあいだなれ親しんだ人や物に心をひかれ、はなれたくないと思うこと。例―を感じる。十年間使ったかばんに―がある。表記[一]は「愛▽著」とも書く。

【愛称《アイショウ》】本名《ホンミョウ》とは別に、親しみをこめて呼ぶ名前。ニックネーム。例おとなになっても―で呼びあう。

【愛▼誦《アイショウ》】(名・する)好んで口ずさむこと。例杜甫《トホ》の詩を―する。

【愛情《アイジョウ》】①(親子・夫婦《フウフ》・恋人《こいびと》などが)相手をいとおしく思う心。また、命あるものに対するあたたかな心。例―をもって接する。②恋《こい》したう心。例―におぼれる。

【愛嬢《アイジョウ》】かわいがっている娘《むすめ》。ふつう、他人の娘についていう。まなむすめ。例夫人は―を伴《ともな》って会場にあらわれた。

【愛人《アイジン》】①愛する人。恋人《こいびと》。②妻または夫以外に特別に深くつきあっている女性または男性。類情婦・情夫。

【愛惜《アイセキ》】(名・する)①あるものに心がひかれ、たいせつにすること。例―の品《しな》。②なごりおしく思うこと。例行く春を―する。

【愛染《アイゼン》】〔仏〕①人や物に執着《シュウチャク》すること。愛着。②「愛染明王《ミョウオウ》」の略。真言宗《シンゴンシュウ》で、全身赤色、三つの目と六本のうでをもち、怒《いか》りの表情をあらわす神。もとは仏法守護の神だったが、のち恋愛成就《レンアイジョウジュ》の神として信仰《シンコウ》される。

【愛想《アイソ|アイソウ》】①相手に、よい印象をあたえるための表情や態度。例―がいい。―が悪い。②人によせる好意。例―がつきる。③もてなし。例なんのお―もなくて。④飲食店などで、料金の勘定《カンジョウ》のこと。会計。おあいそ。〔「あいそづかし」の略という。店のがわで言うのが本来の用い方〕

【愛憎《アイゾウ》】(人や生き物について)愛することと、にくむこと。すききらい。例―は紙一重《かみひとえ》。―半ばする。

【愛蔵《アイゾウ》】(名・する)だいじに所蔵すること。例―本。―書。先生―の書画。

【愛息《アイソク》】かわいいむすこ。ふつう、他人のむすこについていう。

【愛孫《アイソン》】かわいがっている孫《まご》。

【愛鳥《アイチョウ》】(とくに野生の)鳥に関心をもち、たいせつにすること。例―精神。―週間。

【愛読《アイドク》】(名・する)特定の書物や新聞などを好んで読むこと。例―書。漱石《ソウセキ》を―する。―している新聞。

【愛馬《アイバ》】①ウマをかわいがること。例―クラブ。②かわいがっているウマ。

【愛▼撫《アイブ》】(名・する)①かわいがってなでさすること。②なでさするようにしてかわいがること。

【愛別離苦《アイベツリク》】〔仏〕八苦の一つ。親・きょうだいなどと生き別れ、死に別れする苦しみ。

【愛慕】《アイボ》(名・する) 愛し、したうこと。例 —の情がつのる。

【愛用】《アイヨウ》(名・する)(道具・機械・飲食物などで、特定のものを)いつも好んで使うこと。例 祖父—の机。

【愛欲】《アイヨク》性愛の欲望。情欲。表記 (旧)愛▼慾
【愛恋】《アイレン》① かわいがり恋《こい》しく思うこと。例 —の情。② 恋愛《レンアイ》。恋《こ》い。

【愛▼憐】《アイレン》〔「憐」は、あわれむ意〕なさけぶかい心をもって人をあわれむこと。

【▽愛娘】《まなむすめ》その人がかわいがっている娘。例 彼《かれ》の—は中学生です。
●恩愛《オンアイ|オンナイ》・割愛《カツアイ》・求愛《キュウアイ》・敬愛《ケイアイ》・自愛《ジアイ》・慈愛《ジアイ》・情愛《ジョウアイ》・親愛《シンアイ》・人類愛《ジンルイアイ》・博愛《ハクアイ》・母性愛《ボセイアイ》・友愛《ユウアイ》・恋愛《レンアイ》

心 9
【意】
13画 1653 610F 教育3
音 イ (漢)(呉)
訓 こころ・おも-い・おも-う
付表 意気地《いくじ》

筆順 亠 亣 立 产 音 音 意 意

なりたち 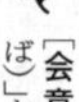 [会意]「心(=こころ)」と「音(=声やことば)」とから成る。ことばから心持ちをおしはかる。

意味 ❶ 心のなかで、あれこれとおもいめぐらす。おもう。例 意図《イト》。意料《イリョウ》(=おもい、はかる)。❷ 心のはたらき。かんがえ。おもい。こころ。例 意見《イケン》。意識《イシキ》。決意《ケツイ》。❸ ことばやもののごとにこめられているもの。例 意味《イミ》。寓意《グウイ》。文意《ブンイ》。

難読 新発意《シンポチ》・随意《まにまに》

人名 お・おき・おさ・のり・むね・もと・よし

【意外】《イガイ》(名・形動ダナ) 予想していたことと、まったくちがうこと。思いのほか。例 —に思う。結果は—だった。

【意気】《イキ》① 進んで何かをやろうとする気持ち。さかんな元気。意気ごみ。例 —があがる。② いさぎよさ。こころいき。例 人生—に感ず。

【意気軒▼昂】《イキケンコウ》(形動トタル) 意気ごみがさかんなようす。例 強敵を破って—たるものがある。表記「意気軒高」とも書く。

【意気地】一《イキジ》自分の主義・主張をあくまでも通そうとする気持ち。(類)意地。例 男の—。二《イクジ》ものごとをやりとげようとする気持ちの張り。(類)気力。例 —なし。—のない性格。

【意気消沈】《イキショウチン》(名・する) 元気をなくして、しょげること。例 試合に負けて—している。表記 (旧)意気▼銷沈
【意気衝天】《イキショウテン》〔「衝天」は、天を衝《つ》く意〕元気がさかんで、その気持ちが天をもつく勢いであること。

【意気阻喪】《イキソソウ》(名・する) やろうとする勢いがくじけること。気落ちすること。表記 (旧)意気▼沮喪
【意気投合】《イキトウゴウ》(名・する) 考え方や趣味《シュミ》などが相手と一致《イッチ》して、気が合うこと。例 すっかり—した。

【意気揚揚】《イキヨウヨウ》(形動トタル) 得意で元気いっぱいのようす。例 戦いに勝って—と引きあげた。

【意義】《イギ》① ことばがあらわす内容。わけ。(類)意味。例 語の—を明らかにする。② 価値。重要さ。例 —のあるもよおし。

【意見】《イケン》一(名) ある問題についての個人の考え。例 —を述べる。—を求める。二(名・する) いましめさとすこと。(類)説教・忠告。例 父にきびしく—された。天下のご—番。

【意向】《イコウ》(問題・方策・提案などを)どう処理するかについての考えや気持ち。例 市当局の—を問う。社長の—を打診《ダシン》する。表記 (旧)意▼嚮
【意固地】《イコジ》(名・形動ダナ) どこまでも意地を張ってがんこに自分の考えを通そうとすること。かたいじ。えこじ。例 —になる。

【意志】《イシ》考え選んでなしとげようとする、心のはたらき。例 —強固。—薄弱《ハクジャク》。—をつらぬく。→【意思】《イシ》

【意思】《イシ》あるものごとに対してもっている考え。〔法律用語として用いる〕(類)意向。例 —表示する。個人の—を尊重する。—の疎通《ソツウ》を欠く。→【意志】《イシ》

【意地】《イジ》① 気だて。心のもち方。根性《コンジョウ》。例 —が悪い。② 他と張りあう心。自分の考えをどこまでも通そうとする心。いこじ。例 —を張る。—になる。③ 人間のもつ欲望《ヨクボウ》。とくに、食欲。例 食《く》い—が張る。—がきたない。

【意識】《イシキ》一(名) 自分の置かれている状況《ジョウキョウ》や、していることがはっきりわかる心の状態。例 —不明になる。—がもどる。二(名・する) ① あることについて、はっきりした意見や考えをもっていること。例 政治—。高齢者《コウレイシャ》の使用を—した家をつくる。② 気にし、こだわること。自覚しながら行動していること。例 罪の—。周囲の視線を—して緊張《キンチョウ》する。

【意識的】《イシキテキ》(形動ダナ) ① 自覚しているようす。例 —行動。② どういう結果になるかがわかっていて、わざとするようす。故意。例 —なものの言い方。

【意趣】《イシュ》① 考え。意向。例 私の—を述べておきたい。② 特別の考え。ことに、相手のしうちに対するうらみ。例 —返《がえ》し(=しかえし)。—をふくむ(=うらみを胸中にもつ)。

【意匠】《イショウ》① (絵画・詩文などについての)考え・くふう。例 —を凝《こ》らす。② (工芸品や商品などの)形・模様・色などに加える装飾的《ソウショクテキ》な考案。デザイン。

【意想外】《イソウガイ》思いや考えのそと。思いのほか。案外。例 —のできごと(=思いもよらぬこと)。

【意中】《イチュウ》心のおく深くにあること。また、その思い。例 —をさぐる。—の人(=ひそかに気に入って、その人のことを考えている当の相手。候補者・恋人《こいびと》・後継者《コウケイシャ》などを指す)。

【意図】《イト》(名・する) ① ある考えをもって何かをしようとすること。その考えや計画。もくろみ。例 —を実現する。—的な妨害《ボウガイ》。② 言わんとするところ。ねらい。例 作者の—。

【意馬心猿】《イバシンエン》〔仏〕煩悩《ボンノウ》や情欲のために、心の乱れをおさえられない状態。心猿意馬。〔ウマがとびはね、サルがさわぐのをおさえられないことにたとえていう〕

【意表】《イヒョウ》思ってもいなかったこと。意想外。例 敵の—をつく。人の—に出る。

【意味】《イミ》一(名) ① ことばであらわされる内容。意義。例 —不明のことば。単語の—を調べる。② 動機や意図。理由。わけ。例 —ありげな顔つき。③ 価値。意義。例 —のない仕事。無—。二(名・する) 実質や内容をあらわし示すこと。例 遭難《ソウナン》を—する信号。

【意味深長】《イミシンチョウ》(形動ダナ) 表面からわかること以外に、深い内容をふくんでいるようす。例 —な発言。

【意訳】《イヤク》(名・する) 原文の内容に重点を置いて翻訳《ホンヤク》すること。(対)直訳・逐語訳《チクゴヤク》。

【意欲】《イヨク》積極的に何かをしようと思う心。例 —がじゅうぶんだ。—がある。—を失う。表記 (旧)意▼慾
【意力】《イリョク》意志のちから。精神力。例 理想に向かって進もうという—。
●悪意《アクイ》・敬意《ケイイ》・決意《ケツイ》・故意《コイ》・好意《コウイ》・合意《ゴウイ》・懇意《コンイ》・辞意《ジイ》・失意《シツイ》・真意《シンイ》・随意《ズイイ》・誠意《セイイ》・善意《ゼンイ》・総意《ソウイ》・他意《タイ》・大意《タイイ》・注意《チュウイ》・弔意《チョウイ》・敵意《テキイ》・同意《ドウイ》・得意《トクイ》・任意《ニンイ》・熱意《ネツイ》・不意《フイ》・文意《ブンイ》・本意《ホンイ》・用意《ヨウイ》・留意《リュウイ》

忄 9
【愕】
12画 5619 6115
音 ガク (漢)(呉)
訓 おどろ-く

意味 ❶おどろきあわてる。びっくりする。[例]愕然《ガクゼン》。驚愕《キョウガク》。❷ことばをかざらず、まっすぐに言う。(同)諤《ガク》。

【愕然《ガクゼン》】(形動《タルト》) 思いがけないことに、ひどくおどろくようす。[例]急な知らせに―とする。

心 9

【感】 13画 2022 611F 教育3 音 カン (漢)(呉)

筆順 ノ 厂 后 咸 咸 咸 感 感

なりたち [形声]「心(＝こころ)」と、音「咸《カン》」とから成る。人の心を動かす。

意味 ❶ものごとにふれて心が動く。また、そのような心の動き。[例]感心《カンシン》。感動《カンドウ》。❷からだが外からの刺激《シゲキ》を受けて反応する。[例]感覚《カンカク》。敏感《ビンカン》。❸(病気などに)かかる。かぶれる。[例]感染《カンセン》。感冒《カンボウ》。

【感化《カンカ》】(名・する) 心がけや行動などについて、知らず知らずに影響《エイキョウ》を受けること。〔よいことについても悪いことについていう〕[例]先生の―を受ける。悪友に―される。

【感懐《カンカイ》】心に感じた思い。(類)感想。[例]過去の―にふける。

【感慨《カンガイ》】しみじみと身にしみて感じること。また、その思い。[例]深く―を覚えた。―深げなようす。

【感慨無量《カンガイムリョウ》】(名・形動《ナダ》) はかり知れないほど、しみじみとした思いを感じること。感無量。[例]五十年ぶりに幼友達《おさなともだち》に会えて―です。

【感覚《カンカク》】①目・鼻・耳・舌・皮膚《ヒフ》などのはたらきで感じとられたもの。[例]―器官。冷たくて指先の―がなくなる。②ものごとを、どんなふうに感じとるかという心のはたらき。感受性。センス。[例]鋭敏《エイビン》な―。新しい―の音楽。

【感泣《カンキュウ》】(名・する) 感激して泣くこと。[例]師の恩情に―する。

【感興《カンキョウ》】興味を感じること。おもしろがること。[例]―をそそる。―をもよおす。―がわく。

【感吟《カンギン》】(名・する) ①感動して詩歌《シイカ》を口ずさむこと。また、感動して作った詩歌。②人を感動させるすぐれた詩歌。

【感激《カンゲキ》】(名・する) 人の胸を打つすぐれた作品や言動に接して、心がはげしく動かされること。[例]―のあまりなみだを流した。ものに―しやすい年ごろ。

【感光《カンコウ》】(名・する)〔化〕(フィルムなどが)光を受けて、化学的変化を起こすこと。[例]―紙。

【感謝《カンシャ》】(名・する) ありがたく思うこと。また、その気持ちをあらわすこと。[例]―の意をあらわす。ご厚意《コウイ》に―する。

【感受《カンジュ》】(名・する) 外からの刺激《シゲキ》を受けとめること。[例]―性。すなおになんでも―する。

【感受性《カンジュセイ》】人のことばの内容やものごとの意味をするどく感じとる心のはたらき。感性。[例]―の強い子。

【感傷《カンショウ》】ものがなしいおもむきを感じとり、心をいためること。また、ものごとに心が動かされやすいこと。[例]―にひたる。

【感賞《カンショウ》】(名・する) 感心してほめること。また、てがらをほめて、あたえるほうび。

【感状《カンジョウ》】いくさのてがらをほめて、主君や上官があたえる文書。[例]司令官が―をあたえた。

【感情《カンジョウ》】①喜んだり悲しんだりおこったり、場面や状況《ジョウキョウ》の変化に応じてさまざまに動く心の状態。心持ち。気持ち。(対)理性。[例]―が高ぶる。―に走る。―を害する。②(心理学で)「美しい・みにくい」「好き・きらい」「満足・不満」など、大きく「快・不快」に分けられる心のあり方。

【感情移入《カンジョウイニュウ》】(名・する) 他の人の心理、芸術作品や自然の景色などに、自分の感情や精神をはいりこませて同じ気持ちになること。

【感情的《カンジョウテキ》】(形動《ナダ》) 感情の動きがはげしく、それが表情や声、態度などにあらわれているようす。(対)理性的。[例]―になる。―に対立する。

【感情論《カンジョウロン》】理性にもとづかず、感情だけによってする議論。[例]―になってにくみ合う。

【感触《カンショク》】①手や肌《はだ》が、ものにふれたときに得られる感じ。手ざわり・肌ざわり。[例]新芽のやわらかな―。②相手から受ける感じ。(類)気配《ケハイ》・予測。[例]勝てるという―を得る。

【感心《カンシン》】㊀(名・する) 心のうちに、よい・美しい・りっぱだなどと思い、評価すること。[例]なるほどと―する。あまり―できない出来だ。㊁(形動《ナダ》) ほめる価値のあるようす。[例]母を助ける―な少女。

【感性《カンセイ》】①〔哲〕外部の刺激《シゲキ》や印象を受けとめる、心のはたらき。感受性。(対)悟性《ゴセイ》。[例]するどい―をもった詩人。②感覚から生ずる心のはたらき。感情・衝動《ショウドウ》・欲望など。[参考]感性・意志・理性を、心理学的な見方で心の三方面とする。

【感染《カンセン》】(名・する) ①病気がうつること。[例]コレラの―経路と―源。②好ましくない慣習・思想などの影響《エイキョウ》を受けて、それにそまること。[例]悪習に―する。▽(類)伝染。

【感染症《カンセンショウ》】ウイルスや細菌などの病原体に感染することによって起こる病気。もと法定伝染病とされていたコレラ・赤痢《セキリ》なども含まれる。

【感想《カンソウ》】見たり聞いたり、読んだり話したりして心にうかぶ思いや考え。[例]読書―文。

【感嘆《カンタン》】(名・する) すばらしいできばえだ、たいしたものだと感心してほめたたえること。(類)賞嘆・嘆賞。[例]―文。―の声をあげる。[表記](旧)感▼歎

【感嘆詞《カンタンシ》】「感動詞」に同じ。[表記](旧)感▼歎詞

【感嘆符《カンタンフ》】感動をあらわしたり、意味を強調したりする符号。エクスクラメーションマーク。「！」[表記](旧)感▼歎符

【感知《カンチ》】(名・する) 感づくこと。気づくこと。直感的に心に感じて知ること。(類)察知。[例]火災―装置。

【感電《カンデン》】(名・する) 電流がからだを流れること。電気にふれて、びりびりと感じること。[例]―死。

【感度《カンド》】電波や光などに反応する度合い。また、外からの刺激《シゲキ》を感じとる度合い。[例]高―フィルム。―がにぶい。

【感動《カンドウ》】(名・する) 深い満足や強い衝撃《ショウゲキ》で、心がゆりうごかされること。[例]―的。深い―を覚える。

【感動詞《カンドウシ》】品詞の一つ。自立語で活用はしない。単独で文・文節になり、感動・応答・呼びかけをあらわすことば。「ああ」「おや」「はい」「もしもし」など。感投詞。感嘆詞《カンタンシ》。

【感得《カントク》】(名・する) ものごとの道理や奥深さを感じてさとること。[例]真理を―する。

【感応《カンノウ》】(名・する) ①直接、ふれたり話したりできないようなものに心が感じ動くこと。(類)感動。②信心が神仏に通じること。[例]神仏の―を得る(＝願いごとがかなう)。③〔理〕電場《デンば》や磁場《ジば》にある導体が、電気や磁気の作用を受けること。誘導《ユウドウ》。[例]―コイル。

【感服《カンプク》】(名・する) たいしたものだと、心から感心すること。(類)敬服。[例]みごとなできばえに―した。

【感冒《カンボウ》】ウイルス性の呼吸器疾患《シッカン》。かぜ。かぜひき。[例]流行性―。

【感銘《カンメイ》】(名・する) 忘れることができないほど深く感動すること。肝銘《カンメイ》。[例]―を受ける。―をあたえる。

【感涙《カンルイ》】感激のあまり流す、なみだ。うれしなみだ。[例]―にむせぶ。

◐音感《オンカン》・快感《カイカン》・共感《キョウカン》・好感《コウカン》・五感《ゴカン》・語感《ゴカン》・

実感《ジッカン》・所感《ショカン》・直感《チョッカン》・痛感《ツウカン》・同感《ドウカン》・鈍感《ドンカン》・反感《ハンカン》・万感《バンカン》・敏感《ビンカン》・予感《ヨカン》・霊感《レイカン》

心 9

【愚】

13画 2282 611A 常用 音 グ 漢 呉 訓 おろ-か

筆順 …愚

なりたち  [会意]「心(=こころ)」と「禺《グ》(=おろかな猿《さる》の類)」とから成る。おろか。

意味 ❶頭のはたらきがにぶい。知恵《チエ》が足りない。おろか。対 賢《ケン》。例 愚鈍《グドン》。暗愚《グアン》。❷ばかにする。あなどる。例 愚弄《グロウ》。❸自分に関することをけんそんしていうことば。例 愚見《グケン》。愚妻《グサイ》。愚息《グソク》。

【愚案】《グアン》①つまらない考え。②自分の考えや計画などをけんそんしていうことば。例 ―を申し述べます。

【愚兄】《グケイ》①おろかな、あに。例 ―賢弟《ケンテイ》。②自分のあにをけんそんしていうことば。

【愚計】《グケイ》①つまらない計画。例 公共事業のなかの第一の―。②自分の計画をけんそんしていうことば。

【愚見】《グケン》①おろかな意見。例 道理に合わない―だ。②自分の意見をけんそんしていうことば。例 ―を申し上げれば…。

【愚行】《グコウ》人に理解されない、おろかなおこない。類 愚挙。例 ―を重ねる。

【愚考】《グコウ》(名・する)①つまらないかんがえ。②自分のかんがえをけんそんしていうことば。

【愚公《グコウ》山《やま》を移《うつ》す】どんな困難なことでも、なまけずに努力すれば、必ずなしとげられるものだというたとえ。

故事のはなし 昔、愚公《グコウ》という九十歳《サイ》になる老人がいた。愚公は太行《タイコウ》山・王屋《オウオク》山という山に面して住んでいて、回り道しなければならず不便だったので、この山を取りのぞいて平らにしようと考えた。人々はこのくわだてをばかにしたが、愚公は子や孫とともに山の土を運びはじめ、子々孫々なん代かかってもやりとげる決意を述べたところ、天の神が感心して二つの山を取りのぞいてくれたのだった。〈列子《レッシ》〉

【愚妻】《グサイ》①おろかなつま。②自分のつまをけんそんしていうことば。類 荊妻《ケイサイ》。

【愚作】《グサク》①つまらない作品。類 駄作《ダサク》。対 秀作《シュウサク》・傑作《ケッサク》。②自分の作品をけんそんしていうことば。

【愚策】《グサク》①おろかなはかりごと。例 そんな―は役に立たない。②自分の考えや計画をけんそんしていうことば。

【愚者】《グシャ》おろかもの。対 賢者《ケンジャ》・知者。

【愚者の一得】《グシャのイットク》おろかものの考えにも、一つくらいはよい考えがあるということ。類 愚者も千慮《センリョ》に必ず一得有り。

【愚書】《グショ》①つまらない書物。②自分の手紙や著書をけんそんしていうことば。

【愚女】《グジョ》①つまらない女。女性が自分をけんそんしていうことば。②自分の娘《むすめ》をけんそんしていうことば。

【愚人】《グジン》おろかな人。類 愚者。対 賢人《ケンジン》。例 ―の夢。

【愚生】《グセイ》自分をけんそんしていうことば。〔男性が手紙などで用いる〕類 小生《ショウセイ》。

【愚説】《グセツ》①とるにたりないつまらない説。②自分の説をけんそんしていうことば。例 ―を述べる。

【愚僧】《グソウ》①おろかな僧。②僧が自分をけんそんしていうことば。類 拙僧《セッソウ》。例 ここは―にお任せなさい。

【愚息】《グソク》おろかなむすこ。また、自分のむすこをけんそんしていうことば。類 豚児《トンジ》。

【愚直】《グチョク》(名・形動ダナ)真っ正直でいちずなこと。例 ―なまでにつき従う。

【愚弟】《グテイ》おろかなおとうと。また、自分のおとうとをけんそんしていうことば。

【愚答】《グトウ》つまらない答え。

【愚▼禿】《グトク》〔「禿」は、はげ頭。髪《かみ》を剃《そ》ったおろか者の意〕僧《ソウ》が自分をけんそんしていうことば。類 愚僧。

【愚鈍】《グドン》(名・形動ダナ)反応がにぶく、することがまぬけなこと。のろま。類 愚昧《グマイ》。対 利発。

【愚物】《グブツ》おろかもの。類 愚人《グジン》。

【愚妹】《グマイ》自分のいもうとをけんそんしていうことば。

【愚昧】《グマイ》(名・形動ダナ)〔「昧」は、くらい意〕おろかで、ものの道理を知らないこと。類 愚鈍《グドン》・暗愚《グアン》。対 賢明《ケンメイ》。例 ―な君主。

【愚民】《グミン》おろかな人々。おろかな人民。例 ―政策(=国の権力者が人民を無知の状態にして、思うままに支配しようとする政策)。

【愚問】《グモン》つまらない質問。まとはずれの無益な問い。例 ―愚答。―を発する。

【愚劣】《グレツ》(名・形動ダナ)くだらなくて、なんの価値もないこと。類 低級・低劣。例 ―きわまりない行為《コウイ》。

【愚老】《グロウ》老人が自分をけんそんしていうことば。例 ―のたわごとです。

【愚弄】《グロウ》(名・する)〔「弄」は、もてあそぶ意〕人をあなどりからかうこと。例 年寄りを―するものではない。

【愚論】《グロン》①なんの役にも立たない議論。くだらない意見。例 会議は―に終始した。②自分の議論や意見をけんそんしていうことば。

○● 暗愚《グアン》・衆愚《シュウグ》・大愚《タイグ》・凡愚《ボング》

心 9

【愆】

13画 5620 6106 音 ケン 漢 呉 訓 あやま-る・つみ・とが

意味 ❶過失。あやまち。つみ。とが。例 愆過《ケンカ》(=あやまち)。❷しくじる。誤る。

忄 9

【愃】

12画 5626 6103 音 ケン 漢 セン 漢 訓 ゆる-やか・よ-し

意味 心がゆったりとしている。ゆるやか。

忄 9

【慌】

12画 2518 614C 常用 音 コウ 漢 呉 訓 あわ-てる・あわ-ただしい

筆順 …慌

なりたち [形声]「忄(=こころ)」と、音「荒《コウ》」とから成る。さしせまってあわてる。

意味 心のおちつきをうしなう。あわてる。例 恐慌《キョウコウ》。慌《あわ》ただしい毎日《マイニチ》。慌《あわ》ただしく旅《たび》に出《で》る。

忄 9

【惶】

12画 5621 60F6 音 コウ 漢 オウ 呉 訓 おそ-れる・あわ-てる

意味 おどおどする。おそれる。あわてる。例 惶恐《コウキョウ》。惶惶《コウコウ》。

【惶恐】《コウキョウ》 おそれかしこまること。例 —再拝(=おそれかしこまって、二度おがむこと。あらたまった手紙の結びに書く)。

【惶惶】《コウコウ》 (形動タルト) ①おそれおびえるようす。あわてふためくようす。②あわただしいようす。

心 9

【慈】

13画 2792 6148 常用

音 シ漢 ジ呉

訓 いつく-しむ・いつく-しみ

筆順 兹 兹 慈 慈

心 9 【慈】 13画 — 2F8A6

なりたち  [形声]「心(=こころ)」と、音「茲《シ》」とから成る。いつくしむ。

意味 子をかわいがる親の心。いつくしみ。また、愛情をもってたいせつにする。いつくしむ。例 慈愛《ジアイ》。慈恵《ジケイ》。慈善《ジゼン》。

難読 慈姑《くわい》

人名 いつ・しげ・しげる・ちか・なり・めぐみ・やす・やすし・よし

【慈愛】《ジアイ》 深い愛をもっていつくしむこと。かわいがり、たいせつにすること。例 —をそそぐ。—に満ちる。

【慈雨】《ジウ》 (日照りつづきのあとに降る)草木をよみがえらせる雨。めぐみの雨。例 干天《カンテン》の—。

【慈▼烏】《ジウ》 カラスのこと。〔カラスは、成長したあと、自分の親にえさをあたえて、育ててくれた恩にむくいるという〕

【慈恩】《ジオン》 いつくしみにあふれた恩情。類 慈恵《ジケイ》。

【慈顔】《ジガン》 いつくしみにあふれた表情。例 師の—をあおぐ。

【慈恵】《ジケイ》 いつくしみの心をもって他にめぐみをほどこすこと。

【慈眼】《ジゲン》 〔「ジガン」とも〕〔仏〕仏や菩薩《ボサツ》の深いいつくしみのまなざし。例 弥陀《ミダ》の—をあおぐ。

【慈心】《ジシン》 いつくしみに満ちた深い愛の心。

【慈仁】《ジジン》 ①いつくしみ。②情けぶかさ。

【慈善】《ジゼン》 災害にあった人や暮らしに困っている人などにお金や品物を援助《エンジョ》すること。チャリティー。例 —家。—事業。

【慈善市】《ジゼンいち》 慈善事業の資金などを集めるために、持ち寄った物品を特別の価格で売るもよおし。また、その場所。バザー。

【慈悲】《ジヒ》 ①なさけ。あわれみ。いつくしみあわれむこと。例 —心《シン》。②〔仏〕仏や菩薩《ボサツ》が人々に安楽をあたえ、苦しみを取りのぞくこと。例 —をたれる。

【慈父】《ジフ》 ①子に深い愛情をそそぐ父親。例 —のごとき先生。②父親をほめていうことば。▽対 慈母。

【慈母】《ジボ》 ①子に深い愛情をそそぐ母親。例 —のように慕《した》う。②母親をほめていうことば。▽対 慈父。

心 9

【愁】

13画 2905 6101 常用

音 シュウ漢

訓 うれ-える・うれ-い

筆順 千 禾 秋 愁

なりたち  [形声]「心(=こころ)」と、音「秋《シュウ》」とから成る。うれえる。

意味 ❶なげく。心配する。思いなやむ。かなしむ。うれえる。うれい。例 愁傷《シュウショウ》。憂愁《ユウシュウ》。❷もの悲しい気持ち。さびしさ。例 愁眠《シュウミン》。哀愁《アイシュウ》。

使い分け うれい・うれえる【憂・愁】⇩1164ページ

【愁殺】《シュウサツ》 (名・する)〔「シュウサイ」とも。「殺」は、意味を強めることば〕ひどくなげき悲しむこと。例 秋風《シュウフウ》、人を—す。

【愁思】《シュウシ》 わびしい思い。うれい。愁心。例 —の春。

【愁傷】《シュウショウ》 一(名・する) なげき悲しむこと。類 愁嘆《シュウタン》。二(名) 気の毒なこと。〔「ご愁傷さま」の形で、身内《みうち》の死にあった人に対する悔《く》やみのことば。また、相手の失敗や落胆《ラクタン》を軽くからかって、「お気の毒に」の意味でも用いる〕

【愁色】《シュウショク》 悲しそうな顔つき。うれいをふくんだ表情。例 —につつまれる。

【愁人】《シュウジン》 ①心になやみのある人。②詩人。例 ひとり—秋をうたう。

【愁訴】《シュウソ》 (名・する) ①なやみをうったえること。泣きごとを言うこと。また、そのなやみや泣きごと。②からだの不調をうったえること。例 不定—(=原因がはっきりしないのにからだの不調をうったえること)。

【愁霜】《シュウソウ》 心配のあまり、しらが頭になること。例 —鬢根《ビンコン》をおかす(=心配ごとのために、かみの毛が根から白くなりはじめる)。

【愁嘆】《シュウタン》 (名・する) 悲しみなげくこと。泣きくどくこと。類 悲嘆・愁傷《シュウショウ》。例 —場《ば》。表記 旧 愁▼歎

【愁嘆場】《シュウタンば》 演劇などで、登場人物がなげき悲しむ場面。死別や生別などの場面をいう。転じて、悲嘆《ヒタン》にくれるような状況《ジョウキョウ》をいう。例 突然《トツゼン》その部屋は—になった。表記 旧 愁▼歎場

【愁眉】《シュウビ》 心配してひそめた、まゆ。例 —をひらく(=心配がうすらいでほっとする)。

【愁眠】《シュウミン》 さびしさのためねつかれず、うつらうつらすること。例 —の床《とこ》を離《はな》れて、ふたたび多忙《タボウ》の日がはじまる。

● 哀愁《アイシュウ》・郷愁《キョウシュウ》・憂愁《ユウシュウ》・旅愁《リョシュウ》

忄 9

【愀】

12画 5623 6100

音 シュウ漢 ショウ漢

意味 心配して顔色が変わる。顔をしかめて、うれえるようす。例 愀然《シュウゼン》。

【愀然】《シュウゼン/ショウゼン》 (形動タルト) ①心配して顔色を変えるようす。②うれえるようす。例 —として襟《えり》を正す(=さびしげに表情を変えて、えりを正した)。〈蘇軾《ソショク》・赤壁賦《セキヘキのフ》〉

心 9

【惷】

13画 5622 60F7

音 シュン漢

訓 おろ-か・みだ-れる

意味 ❶さわぎたてる。みだれる。例 惷惷《シュンシュン》(=動きみだれるようす)。❷おろかなようす。おろか。同 蠢《シュン》。例 惷愚《シュング》。

忄 9

【惴】

12画 5624 60F4

音 スイ漢 ズイ呉

訓 うれ-う・おそ-れる

意味 おそれおののく。おそれる。例 惴惴《ズイズイ》(=おそれてびくびくするようす)。

忄 9

【惺】

12画 5625 60FA 人名

音 セイ漢 ショウ呉

訓 さと-る・さ-める

意味 心がすっきりとする。さめる。さとる。さとい。例 惺惺《セイセイ》。

人名 さとし・しずか

心 9

【想】

13画 3359 60F3 教育3

音 ソ慣 ショウ漢 ソウ呉

訓 おも-う・おも-い

筆順 一 十 木 相 想

なりたち  [形声]「心(=こころ)」と、音「相《ショウ》」とから成る。ねがいのぞむ。おもう。

意味 ❶思いめぐらす。心の中にえがく。おもう。おもい。例 想起《ソウキ》。想像《ソウゾウ》。予想《ヨソウ》。❷まとまった考え。アイデア。例 感想《カンソウ》。思想《シソウ》。

【想起】《ソウキ》（名・する）思いおこすこと。思い出すこと。例 幼いころを―する。

【想見】《ソウケン》（名・する）あれこれ想像すること。思いうかべること。例 なりゆきを―する。

【想像】《ソウゾウ》（名・する）心の中で思いえがくこと。例 ―図。―をたくましくする。

【想定】《ソウテイ》（名・する）ある状況《ジョウキョウ》が起こるであろうことを、かりに考えてみること。例 火災を―して訓練する。

【想到】《ソウトウ》（名・する）たぶんこうなるだろうと、一つの考えにたどりつくこと。例 事件の結末に―する。

【想念】《ソウネン》心にうかんでは消える思いや考え。例 あらぬ―が起きてくる。

【想望】《ソウボウ》（名・する）①思いしたうこと。②待ちのぞむこと。期待すること。例 理想の実現を―する。

●愛想《アイソ｜アイソウ》・回想《カイソウ》・仮想《カソウ》・感想《カンソウ》・奇想《キソウ》・曲想《キョクソウ》・空想《クウソウ》・幻想《ゲンソウ》・構想《コウソウ》・思想《シソウ》・詩想《シソウ》・随想《ズイソウ》・着想《チャクソウ》・追想《ツイソウ》・発想《ハッソウ》・無愛想《ブアイソウ》・妄想《モウソウ》・黙想《モクソウ》・予想《ヨソウ》・理想《リソウ》・連想《レンソウ》

忄9

【惻】

12画 5628 60FB 音 ソク㊜ ショク㊥ シク㊦ 訓 いた-む

意味 かなしむ。かわいそうに思う。いたむ。例 惻隠《ソクイン》。

【惻隠】《ソクイン》〔「隠」も、あわれむ意〕いたましく思うこと。同情すること。例 人として―の情をもたないものはない。

【惻惻】《ソクソク》（形動トタル）悲しみやあわれみを、しみじみと感じるようす。例 ―と胸を打つ。

忄9

【惰】

12画 3438 60F0 常用 音 タ㊥ ダ㊦ 訓 おこた-る

筆順 惰

なりたち  [形声]「忄（=こころ）」と、音「隋《キ⋯▼タ》」の省略体とから成る。つつしまない。

意味 気持ちがだらける。だらしない。なまける。おこたる。例 惰気《ダキ》。怠惰《タイダ》。

【惰気】《ダキ》なまけ心。だらけた気分。例 ―をはらう。

【惰弱】《ダジャク》（名・形動ダナ）意志が弱いこと。いくじなし。また、体力が弱いこと。例 ―な精神をきたえなおす。表記「堕弱・▼懦弱」とも書く。

【惰性】《ダセイ》①それまで続けてきた（よくない）習慣。例 ―を断《た》ちきる。②〔物〕物体が外からの力を受けない限り、今までの運動や状態をそのまま保とうとする性質。慣性。

【惰眠】《ダミン》なまけて、ねむってばかりいること。例 ―をむさぼる（=何もしないで、のらくらと月日を送る）。

【惰力】《ダリョク》惰性によってついた力。例 ―で動く。

●怠惰《タイダ》・遊惰《ユウダ》

心9

【愍】

13画 5630 610D 音 ビン㊥ ミン㊦ 訓 あわ-れむ・いた-ましい

意味 かわいそうに思う。かなしむ。あわれむ。同 憫《ビン》。例 愍然《ビンゼン》。不愍《フビン》。憐愍《レンビン》。

【愍然】《ビンゼン》（形動トタル）かわいそうなようす。表記「▼憫然」とも書く。

忄9

【愎】

12画 5631 610E 音 フク㊜ ヒョク㊥ 訓 おご-る・たが-う・もと-る

意味 自分をえらいもののように思って、かたくなに意地を通す。おごる。たがう。もとる。例 愎戻《フクレイ》（=心がねじけている）。剛愎《ゴウフク》（=強情《ゴウジョウ》で人のいうことを聞かない）。

忄9

【愉】

12画 4491 6109 常用 音 ユ㊥ 訓 たの-しむ・たの-しい・よろこ-ぶ

筆順 愉

忄9

【愉】

12画

なりたち  [形声]「忄（=こころ）」と、音「兪《ユ》」とから成る。うすっぺらで、あさい楽しみ。

意味 こころよい。たのしい。よろこぶ。たのしむ。例 愉悦《ユエツ》。愉快《ユカイ》。愉楽《ユラク》。

【愉悦】《ユエツ》（名・する）心から楽しみよろこぶこと。例 ―にひたる。

【愉快】《ユカイ》（名・形動ダナ）楽しくて心がはずむこと。満ちたりた気分になること。例 ―に遊ぶ。―な仲間。

【愉楽】《ユラク》よろこびとたのしみ。例 ―を味わう。

心9

【愈】

13画 4492 6108 音 ユ㊥㊦ 訓 い-える・いよいよ・まさ-る

意味 ❶他とくらべて、よりよい。まさる。例 女《なんじ》と回《カイ》といずれか愈《まさ》れる（=おまえと顔回《ガンカイ》とは、どちらがすぐれているか）。〈論語《ロンゴ》〉 ❷しだいに。ますます。いよいよ。❸病気がしだいによくなる。いえる。同 癒《ユ》。例 快愈《カイユ》。治愈《チユ》。平愈《ヘイユ》。

忄9 【慌】12画 ⇩【慌】《コウ》（406ページ）

心9 【慈】13画 ⇩【慈】《ジ》（407ページ）

忄9 【愡】12画 ⇩【惣】《ソウ》（411ページ）

忄9 【惱】12画 ⇩【悩】《ノウ》（399ページ）

忄9 【愉】12画 ⇩【愉】《ユ》（408ページ）

心10

【慇】

14画 5632 6147 音 イン㊥ オン㊦ 訓 ねんごろ

意味 ❶心配して、心をいためる。うれえる。例 慇慇《インイン》。慇憂《インユウ》（=深い心配）。❷こまごまと気をくばる。ねんごろ。例 慇懃《インギン》。

難読 慇懃《ねんごろ》

【慇慇】《インイン》（形動トタル）心がいたむようす。また、深く心にかけるようす。例 憂心《ユウシン》―たり。

【慇▼懃】《インギン》㊀（名・形動ダナ）人に接する態度がていねいで礼儀《レイギ》正しいこと。例 ―な応対ぶり。㊁（名）①親しい交わり。よしみ。例 ―を重ねる。②男女が思いあう情。例 ―を通じる（=情交する）。

【慇▼懃無礼】《インギンブレイ》（名・形動ダナ）おもてむきはていねいだが、心がこもっていないこと。

忄10

【慍】

13画 5618 614D 音 ウン㊥ オン㊦ 訓 うら-む・いか-る・いきどお-る

意味 心の中に不愉快《フユカイ》な思いがこもって、腹が立つ。うらむ。いかる。例 慍色《ウンショク》。人不レ知而不レ慍《ひとしらずしていきどおらず》（=世間の人がわかってくれなくても、腹を立てない）。〈論語《ロンゴ》〉

【慍色】《ウンショク》むっとした表情。

忄10

【慨】

13画 1920 6168 常用 音 カイ㊥ ガイ㊦ 訓 なげ-く

忄11

【慨】

14画

筆順 慨

なりたち  [形声]「忄(=こころ)」と、音「既《キ→カイ》」とから成る。

意味 ❶心が激する。いきどおる。例 憤慨《フンガイ》。悲憤慷慨《ヒフンコウガイ》。❷ため息をつく。なげく。例 慨嘆《ガイタン》。感慨《カンガイ》。

【慨世《ガイセイ》】世の中のありさまを、うれいなげくこと。例 ―の士。

【慨然《ガイゼン》】(形動《タルト》)①なげきいきどおるようす。例 ―として世の風潮をなげく。②気持ちがふるいたつようす。

【慨嘆《ガイタン》】(名・する)うれいなげくこと。例 ―にたえない。

表記 (旧)慨▼歎

忄 10 【愾】 13画 5633 613E 音 ガイ(慣) カイ(漢)

意味 ❶ためいきをつく。❷いきどおる。例 敵愾《テキガイ》。

心 10 【慤】 14画 5634 6128 音 カク(漢) 訓 つつし-む・まこと・よ-し

心 11 [愨] 15画 ― 6164 別体字

意味 まじめで、つつしみ深い。例 慤誠《カクセイ》(=まごころ)。

忄 10 【愧】 13画 5635 6127 音 キ(漢)(呉) 訓 は-じる

意味 はずかしく思う。はじる。例 愧死《キシ》。慙愧《ザンキ》。

【愧死《キシ》】(名・する)①深くはじて死ぬこと。例 今回の失敗は―するにあたいする。②死ぬほどはずかしく思うこと。

【愧色《キショク》】はずかしそうな顔色。

忄 10 【慊】 13画 5636 614A 音 ケン(漢) 訓 あきた-りる・うら-む

意味 ❶うたがう。(同)嫌《ケン》。❷不満に感じる。あきたりない。うらむ。例 慊焉《ケンエン》。❸心にかなう。あきたりる。例 慊意《ケンイ》(=満足する)。

【慊▼焉《ケンエン》】(形動《タルト》)①不満に思うようす。例 ―たる面《おも》持《も》ち。②満足なようす。

心 10 【愿】 14画 5637 613F 音 ゲン(漢) 訓 うやま-う・つつし-む

意味 まじめで、うやうやしい。つつしむ。例 愿慤《ゲンカク》。

【愿▼慤《ゲンカク》】つつしみ深くて、まじめであること。誠実。

忄 10 【慎】 13画 3121 614E 常用 音 シン(漢)(呉) 訓 つつし-む・つつし-み

筆順 ヽ 忄 忄 忄 怗 愃 慎

忄 10 【愼】 13画 5638 613C 人名

なりたち  [形声]「忄(=こころ)」と、音「眞《シン》(=まこと)」とから成る。まことをつくしてつつしむ。

意味 すみずみまで心をつくす。用心する。つつしむ。例 慎思《シンシ》。慎重《シンチョウ》。謹慎《キンシン》。

使い分け つつしむ【慎・謹】⇩1173ページ

人名 ちか・ちかし・のり・まこと・みつ・よし

【慎思《シンシ》】(名・する)注意ぶかく考えること。

【慎重《シンチョウ》】(名・形動《ダナ》)注意ぶかくじっくりと考え、軽々しく行動しないこと。(対)軽率《ケイソツ》。例 ―を期する。―な運転。

【慎独《シンドク》】自分ひとりだけのときでも、おこないをつつしむこと。〔「君子《クンシ》は必ず其《そ》の独《ひと》りを慎《つつし》む」(=君子はひとりだけのときでも、おこないをつつしむものだ)〈大学《ダイガク》〉にもとづく〕

●戒慎《カイシン》・謹慎《キンシン》

心 10 【愬】 14画 5639 612C 音 一ソ(漢) 二サク(漢) 訓 うった-える・つ-げる

意味 一《ソ》❶不満や苦しみを言いたてる。うったえる。つげる。(同)訴《ソ》。❷他人を悪く言う。そしる。(同)訴《ソ》。 二《サク》おどろいて、ぞっとする。例 愬愬《サクサク》(=おどろきおそれる)。

忄 10 【愴】 13画 5640 6134 音 ソウ(漢)

意味 かなしむ。胸をいためる。例 悲愴《ヒソウ》。

心 10 【態】 14画 3454 614B 教育5 音 タイ(漢)(呉) 訓 さま・わざ-と

筆順 ム 台 育 育 能 能 態 態

なりたち  [会意]「心(=こころ)」と「能《ノウ→タイ》(=はたらき)」とから成る。外にあらわれた心のはたらき。

意味 すがた。ようす。ありさま。例 態勢《タイセイ》。容態《ヨウダイ》。

日本語での用法《わざと・わざわざ》とくに心がけて。「態《わざ》とし損《ソン》じる・態態《わざわざ》来《き》たけれど会《あ》うことができない」

人名 かた

【態勢《タイセイ》】ものごとに対応する身がまえや態度。

【態度《タイド》】①考えや感情などが、ことば・表情・身ぶりにあらわれたもの。(類)挙動・そぶり。例 ―が大きい(=尊大である)。ほがらかな—。なまいきな—。②ものごとに対する取り組み方や心がまえ。例 卒業式に臨《のぞ》む―。―を硬化《コウカ》させる。

●悪態《アクタイ》・擬態《ギタイ》・形態《ケイタイ》・事態《ジタイ》・失態《シッタイ》・実態《ジッタイ》・醜態《シュウタイ》・重態《ジュウタイ》・状態《ジョウタイ》・生態《セイタイ》・変態《ヘンタイ》

心 10 【慝】 14画 5655 615D 音 トク(漢) 訓 わる-い・かく-す

意味 道理にはずれて、正しくない。邪悪《ジャアク》な。

⺗ 10 【慕】 14画 4273 6155 常用 音 ボ(漢) 訓 した-う・した-わしい

筆順 一 艹 芇 苴 莫 莫 慕 慕

なりたち 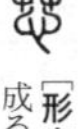 [形声]「⺗(=こころ)」と、音「莫《ボ》」とから成る。習う。習って、心がひかれる。

意味 心ひかれて思いをよせる。したう。したわしい。例 慕情《ボジョウ》。思慕《シボ》。

人名 もと

【慕情《ボジョウ》】(人や、故郷などを)なつかしみ、恋《こ》いしたう気持ち。(類)恋情《レンジョウ》。例 ある人への―を述べた歌。

●敬慕《ケイボ》・思慕《シボ》・追慕《ツイボ》・恋慕《レンボ》

心 10 【慂】 14画 5642 6142 音 ヨウ(漢)

意味「慫慂《ショウヨウ》」は、何かをするように、すすめること。

忄 10 【慄】 13画 5643 6144 常用 音 リツ(漢) 訓 おそ-れる・おのの-く

筆順 ヽ 忄 忄 忄 忄 慄 慄

なりたち [形声]「忄(=こころ)」と、音「栗《リツ》」とから成る。おそれる。

意味 こわさや寒さで、からだがふるえる。おそれおののく。例 慄

然《リツ》。戦慄《センリツ》。

【慄然】《リツゼン》（形動《タル》）おそろしさにぞっとしてふるえるようす。

忄10 【愼】13画 ⇩【愼】《シン》（409ジペー）

忄10 【慱】13画 ⇩【博】《ハク》（166ジペー）

心 11 **【慰】** 15画 1654 6170 常用 音 イ漢呉 訓 なぐさ-める・なぐさ-む・なぐさ-み・なぐさ-め

筆順 尸 尉 慰

なりたち ［形声］「心（＝こころ）」と、音「尉《イ》」とから成る。安らかにさせる。

意味 なだめて心をおちつかせる。なぐさめる。なぐさむ。例 慰安《イアン》。慰問《イモン》。弔慰《チョウイ》。

人名 のり・やす・やすし

【慰安】《イアン》（名・する）①心やからだをいたわり、安らかにすること。例 ―の一日。②日ごろの苦労にむくいるため、人を楽しませること。例 ―会。社員の―旅行。

【慰▼藉】《イシャ》（名・する）心をなぐさめ、安らぎをあたえること。例 老後の孤独《コドク》を―する趣味《シュミ》。表記 現 慰謝

【慰謝料】《イシャリョウ》〔法〕（身体・生命・自由・名誉《メイヨ》などをおかした人が）相手の精神的苦痛や損害をつぐなうためにしはらうお金。例 ―によっても、つぐなうことのできない苦しみ。表記 旧 慰▼藉料

【慰▼撫】《イブ》（名・する）（つらさや苦しみの心を）なぐさめいたわること。例 ―のことば。病人を―する。

【慰問】《イモン》（名・する）苦しい状況《ジョウキョウ》にある人をなぐさめはげますために、訪問すること。例 老人ホームを―する。

【慰留】《イリュウ》（名・する）やめようとする人に、思いとどまるよう引きとめること。例 辞任を―する。

【慰霊】《イレイ》 死者の霊をなぐさめること。例 戦死者の―祭。

【慰労】《イロウ》（名・する）努力や苦労をねぎらうこと。例 ―金。―会。社員を―する。

● 自慰《ジイ》・弔慰《チョウイ》

忄 11 **【慣】** 14画 2023 6163 教育5 音 カン漢呉 訓 な-れる・な-らす・なら-わし・な-れ

筆順 忄 慣

なりたち ［形声］「忄（＝こころ）」と、音「貫《カン》」とから成る。なれる。

意味 前からくりかえしていて、なれている。なれる。また、昔からのしきたり。ならわし。例 慣習《カンシュウ》。慣例《カンレイ》。

人名 みな

【慣行】《カンコウ》 以前から、ならわしとしておこなわれている、ことがらや行事。例 ―に従う。

【慣習】《カンシュウ》 昔から伝えられ広くおこなわれてきた、決まったやり方。ならわし。しきたり。類 風習。例 ―法（＝文章化されていないが、法と同じ力をもっている習慣）。

【慣性】《カンセイ》〔物〕物体が外からの力を受けない限り、そのままの運動や状態を続ける性質。類 惰性《ダセイ》。例 ―の法則。

【慣用】《カンヨウ》（名・する）使いなれていること。また、習慣として世間に広く使われていること。例 ―句。―が久しくなると、それが正しいと認められてしまう。

【慣用音】《カンヨウオン》 昔から日本で使われてきた漢字の音で、漢音・唐音《トウオン》・呉音《ゴオン》とは異なるもの。「雑（ゾウ）」をザツ、「輸（シュ）」をユ、「立（リュウ）」をリツと読むなど。

【慣用句】《カンヨウク》「慣用語②」に同じ。

【慣用語】《カンヨウゴ》 ①ある場面でいっぱんによく使われる、決まり文句。「おはよう」「ごめん下さい」などの類。②二つ以上の語が結びついて、ある固定した意味をもつようになったことば。「首をつっこむ（＝参加する）」「足が地につかない（＝おちつかない）」など。慣用句。

【慣例】《カンレイ》 くりかえしおこなわれて、習慣になっているやり方。ならわし。しきたり。例 ―に従う。

● 習慣《シュウカン》

心 11 **【慶】** 15画 2336 6176 常用 音 ケイ漢 キョウ呉 訓 よ-い・よろこ-ぶ

筆順 广 慶

なりたち ［会意］「心（＝こころ）」と「夂（＝行く）」と「鹿（＝贈《おく》り物《もの》の鹿皮《しかがわ》）」の省略体とから成る。行って人を祝う。

意味 ❶めでたいと祝う。よろこぶ。めでたいこと。よろこび。例 慶賀《ケイガ》。慶弔《ケイチョウ》。同慶《ドウケイ》。❷さずかりもの。たまもの。例 天慶《テンケイ》。余慶《ヨケイ》。

人名 たかし・ちか・のり・みち・やす・やすし・よし

【慶雲】《ケイウン》 めでたいときにあらわれるという五色の雲。類 景雲・瑞雲《ズイウン》。

【慶賀】《ケイガ》（名・する）めでたいことに対してのよろこび。また、よろこび祝うこと。類 慶祝。例 ―にたえない。―に存じます。

【慶事】《ケイジ》（結婚《ケッコン》や出産などの）おめでたいこと。祝いごと。例 今月は―が続く。

【慶祝】《ケイシュク》（名・する）よろこび、いわうこと。また、そのよろこびごと。例 完成を―する。

【慶賞】《ケイショウ》 てがらに対してあたえられるもの。ほうび。

【慶弔】《ケイチョウ》（結婚《ケッコン》や出産などの）よろこびごとと葬式《ソウシキ》などの不幸。例 ―電報。

【慶典】《ケイテン》（国家の）祝いの儀式《ギシキ》。めでたい儀式。祝典。例 宮中の―に列席する。

【慶福】《ケイフク》 めでたいこと。さいわい。例 国の―を祝う。

● 大慶《タイケイ》・同慶《ドウケイ》・落慶《ラッケイ》

心 11 **【慧】** 15画 2337 6167 人名 音 ケイ漢 エ呉 訓 さと-い

心11 【慧】15画 ― ―

なりたち ［形声］「心（＝こころ）」と、音「彗《スイ→ケイ》」とから成る。さとい。

意味 心のはたらきがすぐれる。さとい。例 慧敏《ケイビン》。智慧《チエ》。

人名 あき・あきら・さかし・さと・さとし・さとる

【慧眼】《ケイガン》 ものごとの真実のすがたや裏面《リメン》を見ぬくするどい眼力《ガンリキ》。類 炯眼《ケイガン》。例 ―の士。彼《かれ》の―に敬服する。

【慧敏】《ケイビン》（名・形動《ダ》）かしこいこと。するどくさといこと。

忄 11 **【慷】** 14画 5645 6177 音 コウ漢

忄 4 【忼】7画 2-1237 5FFC 本字

意味 心がたかぶる。なげく。例 慷慨《コウガイ》。

【慷慨】《コウガイ》（名・する）（世の中の不正などに）はげしくいきどおり、なげくこと。例 悲憤《ヒフン》―する。

心 11 **【慙】** 15画 5647 6159 音 サン漢 ザン呉 訓 は-じる・はじ

忄 11 【慚】14画 5648 615A 別体字

意味 はずかしく思う。きまりが悪い。はじる。例 慙愧《ザンキ》。

【慙▼愧】《ザンキ》 自分の言動を、くやみ、はずかしく思うこと。例 ―の念。―にたえない。

【慙死】《ザンシ》（名・する）深くはじて死ぬこと。死ぬほどにはじいること。例 罪は―に値《あたい》する。

忄11 【慴】 14画 5650 6174 音 ショウ漢 訓 おそ-れる

意味 おびえて、びくびくする。おそれる。例 慴悸《ショウキ》（＝おびえて、胸がどきどきする）。

心11 【慫】 15画 5649 616B 音 ショウ漢 訓 すす-める

意味 人にすすめて、したがわせる。例 慫慂《ショウヨウ》。

【慫▼慂】《ショウヨウ》（名・する）わきからすすめて、そうするようにしむけること。例 ―されて立候補する。

忄11 【慯】 14画 5651 616F 音 ショウ漢 訓 いた-む・うれ-える

意味 うれえ悲しむ。心をいためる。いたむ。うれえる。同 傷《ショウ》。例 哀慯《アイショウ》。

忄11 【憁】 14画 ― 6181 音 ソウ漢

忄9 [愡] 12画 5627 6121 俗字

意味 「愡恫《ソウトウ》」は、㋐せわしく走り回る、㋑無知なようす、㋒思うにまかせないようす。

忄11 【憎】 14画 3394 618E 常用 音 ソウ漢 ゾウ呉 訓 にく-む・にく-い・にく-らしい・にく-しみ

筆順 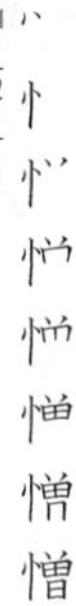

忄12 【憎】 15画 1-8462 FA3F 人名

なりたち  [形声]「忄（＝こころ）」と、音「曾《ソウ》」とから成る。にくむ。

意味 はげしくきらう。いやがる。にくむ。にくしみ。例 憎悪《ゾウオ》。愛憎《アイゾウ》。

日本語での用法 《にくい》 ねたましいほどりっぱだ。「心憎《こころにく》い配慮《ハイリョ》」

【憎悪】《ゾウオ》（名・する）心の底からにくみきらうこと。例 ―の念をいだく。

【憎体】《にくテイ》（形動ナダ）いかにもにくたらしいようす。例 ―な態度をとる。

○●愛憎《アイゾウ》・生憎《あいにく》

忄11 【慥】 14画 5652 6165 音 ゾウ慣 ソウ漢 訓 まこと・せわ-しい・たし-か

意味 ❶あわただしい。にわか。例 慥然《ゾウゼン》（＝にわかに）。❷まじめで、てあつい。まこと。例 慥慥《ゾウゾウ》（＝まじめ）。

日本語での用法 《たしか》 確実に。きっと。たぶん。まちがいなく。〔古くは「慥」と書いたものが変形して「慥」と一致《イッチ》したもの〕「慥《たし》かに見《み》た・慥《たし》か今年《ことし》の春《はる》のこと・慥《たし》かでない情報《ジョウホウ》」

忄11 【慱】 14画 5653 6171 音 タン漢 訓 うれ-える

意味 ❶心配で落ちつかないようす。うれえる。例 慱慱《タンタン》（＝うれえるようす）。❷まるい。同 団《タン》。

忄11 【慟】 14画 5654 615F 音 トウ漢 ドウ呉 訓 なげ-く

意味 身もだえして悲しむ。ひどく泣き悲しむ。なげく。例 慟哭《ドウコク》。哀慟《アイドウ》。

【慟泣】《ドウキュウ》（名・する）身をふるわせて泣くこと。

【慟▼哭】《ドウコク》（名・する）〔「哭」は、声をあげて泣く意〕ひどく悲しみ、身をふるわせ、声をあげて泣くこと。類 号泣《ゴウキュウ》。例 訃報《フホウ》に接して―する。

忄11 【慓】 14画 5656 6153 音 ヒョウ漢

意味 すばしっこい。すばやい。同 剽《ヒョウ》。例 慓悍《ヒョウカン》。

【慓▼悍】《ヒョウカン》（名・形動ナダ）すばしこくて、あらあらしいこと。例 ―な部族。表記 「▼剽▼悍」とも書く。

忄11 【慢】 14画 4393 6162 常用 音 バン漢 マン呉 訓 おこた-る・あなど-る・おご-る

筆順 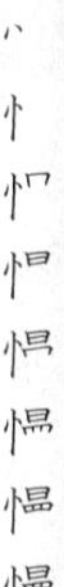

なりたち  [形声]「忄（＝こころ）」と、音「曼《バン》」とから成る。おこたる。

意味 ❶心がゆるむ。なまける。おこたる。例 怠慢《タイマン》。❷動きがおそい。ゆるやか。例 慢然《マンゼン》。緩慢《カンマン》。❸おごりたかぶる。相手を軽くみる。おごる。あなどる。例 慢心《マンシン》。高慢《コウマン》。自慢《ジマン》。

【慢心】《マンシン》（名・する）自分の力をほこってうぬぼれること。また、その思いあがった心。例 ―をいさめる。

【慢性】《マンセイ》①（急な変化はないが）長びいて、なかなか治らない病気の性質。対 急性。例 ―鼻炎《ビエン》。②よくない状態が長く続いていること。例 ―のインフレになやまされる。

【慢然】《マンゼン》（形動タルト）①ゆっくりしたようす。②はっきりしないで、ぼんやりしているようす。類 漠然《バクゼン》。

【慢罵】《マンバ》（名・する）人をさげすんで、ののしること。例 人を―する。

【慢侮】《マンブ》（名・する）人をかろんじること。

○●我慢《ガマン》・緩慢《カンマン》・驕慢《キョウマン》・高慢《コウマン》・傲慢《ゴウマン》・自慢《ジマン》・怠慢《タイマン》

心11 【憂】 15画 4511 6182 常用 音 ユウ漢 ウ呉 訓 うれ-える・うれ-い・う-い

筆順 

なりたち  [会意] 本字は「𢝊」で、「心（＝こころ）」と「頁（＝かお）」とから成る。うれいの心が顔にあらわれる。うれえる。

意味 ❶心配する。ふさぐ。うれえる。うれえ。うれい。例 憂国《ユウコク》。憂慮《ユウリョ》。杞憂《キユウ》。❷喪《も》。例 丁憂《テイユウ》（＝喪に服す）。

使い分け うれい・うれえる【憂・愁】 ⇩1164ページ

【憂き身】《うきみ》 つらいことが多い身の上。例 ―をやつす（＝心配ごとのために身を細らせる。また、身がやせるほどものごとに熱中する）。

【憂き目】《うきめ》 苦しくつらい体験。悲しくつらい経験。例 ―をみる。落第の―にあう。

【憂い顔】《うれいがお》〔「うれえがお」とも。「うれい」は「うれえ」の変化〕なげきかなしんでいる顔。心配ごとがあるような顔つき。例 ―の美人。

【憂い事】《うれいごと》〔「うれえごと」とも。「うれい」は「うれえ」の変化〕心配ごと。心をなやませることがら。例―がたえない。

【憂鬱】《ユウウツ》（名・形動《ダナ》）心配ごとなどがあって気がふさぐこと。気持ちがはればれしないこと。例雨が続いて―だ。

【憂患】《ユウカン》（名・する）心配すること。また、心配ごと。例―を除く。

【憂▼懼】《ユウク》（名・する）心配してびくびくすること。例―しながら裁決を待つ。

【憂国】《ユウコク》国の現状や将来のことについて心をいため、なげくこと。例―の士。―の情。

【憂思】《ユウシ》心配する心。例秋深く―を述べる詩。

【憂愁】《ユウシュウ》心の底からはなれない悲しみ。例―の思いに沈《しず》む。―のない楽園。

【憂色】《ユウショク》ふさぎこんだ顔つきや、ようす。例―に包まれる。主《あるじ》の病が重く、―の濃《こ》い邸内《テイナイ》。

【憂心】《ユウシン》心配する気持ち。例―が深い。

【憂世】《ユウセイ》国や世の中の行くすえをあれこれと心配し、なげくこと。例―の心が強い。

【憂憤】《ユウフン》（名・する）（社会や世の中のできごとに対し）悲しみいきどおること。例―やるかたなく身をひく。

【憂▼悶】《ユウモン》（名・する）心の底にあって解決できないことがらについて、なやみ苦しむこと。例―のうちに世を去る。

【憂慮】《ユウリョ》（名・する）今の状態やなりゆきを考え、あれこれ心配すること。例―にたえない。

◐一喜一憂《イッキイチユウ》

忄 11 【慵】 14画 5657 6175 音ヨウ慣 ショウ漢 訓ものう-い

意味 けだるくて、何をする気にもならない。ものうい。例慵惰《ヨウダ》（＝おこたる。なまける）。

心 11 【慾】 15画 4561 617E 音ヨク漢呉

意味 むやみにほしがる（心）。欲望《ヨクボウ》。同欲《ヨク》。例嗜慾《シヨク》。

表記 現代表記では、「欲《ヨク》」に書きかえることがある。熟語は「欲」（554ページ）を参照。

心 11 【慮】 15画 4624 616E 常用 音リョ漢呉 訓おもんぱか-る・おもんぱか-り

筆順 丶 ⺊ ⺊ 广 庐 虍 虜 慮

なりたち 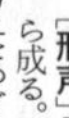 [形声]「思（＝おもう）」と、音「虍《コ→リョ》」とから成る。思いはかる。

意味 あれこれ考えをめぐらす。はかる。おもんぱかる。おもんぱかり。例慮外《リョガイ》。遠慮《エンリョ》。考慮《コウリョ》。

人名 のぶ

【慮外】《リョガイ》（名・形動《ダナ》）①思いがけないこと。類意外。例―の事件。②もってのほかのこと。常識や礼儀《レイギ》にはずれていること。無礼《ブレイ》。例この―者《もの》め！

◐遠慮《エンリョ》・考慮《コウリョ》・熟慮《ジュクリョ》・思慮《シリョ》・配慮《ハイリョ》・不慮《フリョ》・無慮《ムリョ》・憂慮《ユウリョ》

忄11 【慨】 14画 ⇩【慨】《ガイ》（408ページ）

心11 【慤】 15画 ⇩【愨】《カク》（409ページ）

心11 【慧】 15画 ⇩【慧】《ケイ》（410ページ）

心11 【憇】 15画 ⇩【憩】《ケイ》（412ページ）

忄11 【慘】 14画 ⇩【惨】《サン》（400ページ）

忄11 【慚】 14画 ⇩【慙】《ザン》（410ページ）

心 12 【憙】 16画 5658 6199 音キ漢呉 訓よろこ-ぶ

意味 うれしく思う。よろこぶ。同喜《キ》。

心 12 【憖】 16画 5659 6196 音一ギン漢 二キン漢 訓なまじ-いに

意味 一《ギン》しいてゆるす。（しいてゆるしてほしいと）ねがう。なまじいに。二《キン》口をあけて笑うようす。

心 12 【憩】 16画 2338 61A9 常用 音ケイ漢 訓いこ-い・いこ-う・やす-む

筆順 ニ 千 千 舌 舌 䑙 憩 憩

心11 【憇】 15画 5660 6187 俗字

なりたち  [形声] 本字は「愒」で、「忄（＝こころ）」と、音「曷《カツ→ケイ》」とから成る。いこう。

参考 一説に、「憩」は「息（＝やすむ）」と音「舌《カツ→ケイ》」とから成る、という。

意味 ひと息いれて、ゆったりとくつろぐ。やすむ。いこう。いこい。例休憩《キュウケイ》。小憩《ショウケイ》。

人名 やす

【憩室】《ケイシツ》内臓のかべが部分的に拡張すること。十二指腸や結腸に多い。

忄 12 【憬】 15画 5661 61AC 常用 音ケイ漢

筆順 丶 忄 忄 忄 怛 憬 憬 憬

なりたち 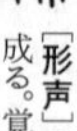 [形声]「忄（＝こころ）」と、音「景《ケイ》」とから成る。覚悟する。

意味 「憧憬《ショウケイ―ドウケイ》」は、あこがれる意。

心 12 【憲】 16画 2391 61B2 教育6 音ケン漢 訓のり

筆順 宀 宀 宀 宔 害 害 憲 憲

心12 【憲】 16画 ― 2F8AC

なりたち 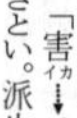 [形声]「心（＝こころ）」と「目（＝め）」と、音「害《カイ→ケン》」の省略体とから成る。心と目ですばやくさとる。さとい。派生して「のり」の意。

意味 ❶手本として守り、したがうように定められたきまり。おきて。のり。例憲法《ケンポウ》。国憲《コッケン》。朝憲《チョウケン》。❷「憲法」の略。例憲政《ケンセイ》。違憲《イケン》。❸役人。例官憲《カンケン》。

人名 あきら・かず・さだ・さとし・ただし・ただす・とし

【憲章】《ケンショウ》国家や団体などが定めた重要な原則。

【憲政】《ケンセイ》憲法にもとづいておこなわれる政治。立憲政治。

【憲兵】《ケンペイ》軍隊のなかで、おもに警察の役目を受け持つ軍人。MP（＝ミリタリー ポリス）。

【憲法】《ケンポウ》①国家の組織の基本を定めたきまり。国家の最高法。例―を制定する。②ものごとの基本となるきまり。

◐違憲《イケン》・改憲《カイケン》・官憲《カンケン》・合憲《ゴウケン》・護憲《ゴケン》・立憲《リッケン》

忄 12 【慳】 15画 5644 6173 音カン漢 ケン呉 訓お-しむ

意味 けちで、ものおしみする。おしむ。例慳貪《ケンドン》。突慳貪《つっケンドン》。邪慳《ジャケン》。

【慳貪】《ケンドン》（名・形動《ダナ》）①けちで欲ばりなこと。②思いやりが

ないこと。愛想がないこと。つっけんどん。(類)邪険《ジャケン》。[参考]「けんどんうどん」「けんどんそば」「けんどん酒《ざけ》」などの「けんどん」は、お代わりなし、一杯《バイ》だけの意。また、それらの出前《でまえ》に用いる箱を「けんどん箱」という。

忄12
【憧】15画 3820 61A7 [常用] [音]ドウ(慣)ショウ(漢) [訓]あこが-れる・あこが-れ

[筆順] 忄 忙 忙 悟 憧 憧 憧

[なりたち]  [形声]「忄(=こころ)」と、音「童《トウ→ショウ》」とから成る。心がふらつく。

[意味] ❶心がゆれてさだまらない。おちつかない。❷うっとりとして心をうばわれる。あこがれる。[例]憧憬《ショウケイ》。

【憧憬】《ショウケイ》〔慣用で「ドウケイ」とも〕(名・する)あこがれること。[例]—の的《まと》。異国の文化を—する。

忄12
【憔】15画 5662 6194 [音]ショウ(漢)(呉) [訓]やつ-れる

[意味] 心配のため、やせおとろえる。[例]憔悴《ショウスイ》。憔慮《ショウリョ》。

[難読] 手足《てあし》が憔《かじけ》る

【憔▼悴】《ショウスイ》(名・する)(心配ごとや病気などのために)げっそりとやつれること。[例]—しきった顔つき。

【憔慮】《ショウリョ》(名・する)苦しい思いをすること。

忄12
【憚】15画 5663 619A [音]タン(漢)(呉) [訓]はばか-る・はばか-り

[意味] おそれてびくびくする。他人の目を気にする。はばかる。[例]忌憚《キタン》。

[日本語での用法]《はばかる》①さしさわりがあるのでひかえる。「人目《ひとめ》を憚《はばか》る」②さしさわりになるほど羽をのばす。はびこる。「憎《にく》まれっ子《こ》、世《よ》に憚《はばか》る」

心12
【憊】16画 5664 618A [音]ハイ(漢) [訓]つか-れる

[意味] つかれはてる。つかれる。[例]困憊《コンパイ》。

心12
【憑】16画 5665 6191 [音]ヒョウ(漢) [訓]よ-る・たの-む・つ-く

[意味] ❶よりかかる。もたれる。よる。(同)凭《ヒョウ》・馮《ヒョウ》。[例]憑欄《ヒョウラン》(=てすりによりかかる)。❷よりどころ(とする)。たのむ。(同)馮。[例]憑拠《ヒョウキョ》。信憑《シンピョウ》。

[日本語での用法]《つく》不思議なものがのりうつる。「狐憑《きつねつ》き・憑《つ》き物《もの》が落《お》ちる・狐《きつね》が憑《つ》く」

[難読] 憑子《たのもし》

【憑依】《ヒョウイ》(名・する)〔「依」も、よりかかる意〕①たよること。すがること。[例]法に—する。②神や霊魂《レイコン》がのりうつること。[例]—霊《レイ》。

【憑拠】《ヒョウキョ》(名・する)よりどころとすること。(類)依拠《イキョ》・根拠。[例]—するにあたいする古記録。

忄12
【憫】15画 5666 61AB [音]ビン(漢)ミン(呉) [訓]あわ-れむ・うれ-える

門4
【閔】12画 7960 9594 本字

[意味] かわいそうに思う。あわれむ。また、心配する。うれえる。[例]憫察《ビンサツ》。憫然《ビンゼン》。憐憫《レンビン》。

【憫察】《ビンサツ》(名・する)あわれんで思いやること。[例]ご—ください(=自分の苦しい事情を察していただきたい)。

【憫笑】《ビンショウ》(名・する)あわれみながらわらうこと。[例]人の—を買う。

【憫然】《ビンゼン》(形動《タルト》)①いかにもあわれなようす。②かわいそうに思うようす。[表記]▽「▼愍然」とも書く。

忄12
【憮】15画 5667 61AE [音]ブ(漢)ム(呉)

[意味] ❶かわいがる。いつくしむ。(同)撫《ブ》。❷「憮然《ブゼン》」は、がっかりするようす。

【憮然】《ブゼン》(形動《タルト》)がっかりしたり不満があったりして、ことばが出ないようす。[例]—とした表情。—たる面持《おもも》ち。

忄12
【憤】15画 4216 61A4 [常用] [音]フン(漢) [訓]いきどお-る・いきどお-り

[筆順] 忄 忄 忄 忙 忡 愔 憤 憤

忄13
【憤】16画

[なりたち]  [形声]「忄(=こころ)」と、音「賁《フン》」とから成る。感情が満ち、あふれる。

[意味] ❶腹を立てる。はげしくいかる。いきどおる。[例]憤慨《フンガイ》。鬱憤《ウップン》。義憤《ギフン》。❷ふるいたつ。[例]発憤《ハップン》。

【憤《いきどお》りを発《ハッ》して食《ショク》を忘《わす》る】理解できないところがあれば、なんとかして理解しようと心を奮い起こし、食事をするのも忘れてしまう。学問に熱心なことのたとえ。〈論語《ロンゴ》〉

【憤慨】《フンガイ》(名・する)不正や不当なことに対して、ひどく腹を立てること。(類)憤激・憤怒《フンヌ》。[例]—にたえない。悪意に—する。

【憤激】《フンゲキ》(名・する)はげしくいかること。(類)憤慨《フンガイ》・憤怒《フンヌ》。[例]裏切りに—する。

【憤死】《フンシ》(名・する)①いきどおりのあまりに死ぬこと。②野球で、おしいところでアウトになること。[例]本塁《ホンルイ》に—する。

【憤《フン》せずんば啓《ケイ》せず】(教えを受ける者が、自分でわかろうとして)いらいらするほどでなければ、(私は)教え導かない。〔「悱《ヒ》せずんば発《ハッ》せず」と続く。問題の理解に苦しんだとき、はじめて指導するという、孔子《コウシ》のことば〕〈論語《ロンゴ》〉

【憤然】《フンゼン》(形動《タルト》)ひどく腹を立てているようす。[例]—として席を立つ。[表記]「▼忿然」とも書く。

【憤▽怒】《フンヌ》〔「フンド」とも〕(名・する)いきどおること。いかること。[例]—の相。[表記]「▼忿▽怒」とも書く。

【憤▼懣】《フンマン》〔「懣」は、もだえる意〕やりばのない、いきどおり。[例]—やるかたない。[表記]「▼忿▼懣」とも書く。

○●鬱憤《ウップン》・義憤《ギフン》・激憤《ゲキフン》・公憤《コウフン》・私憤《シフン》・痛憤《ツウフン》・発憤《ハップン》・悲憤《ヒフン》

心12
【憲】16画 ⇩【憲】《ケン》(412ページ《ジ》)

忄12
【憐】15画 ⇩【憐】《レン》(415ページ《ジ》)

忄12
【憎】15画 ⇩【憎】《ゾウ》(411ページ《ジ》)

忄13
【懌】16画 5668 61CC [音]エキ(漢) [訓]たの-しむ・よろこ-ぶ

[意味] 楽しく、うれしいと思う。たのしむ。よろこぶ。[例]喜懌《キエキ》。

忄13
【懊】16画 5669 61CA [音]オウ(漢)(呉) [訓]なや-む

[意味] 深くなやむ。もだえ苦しむ。なやむ。[例]懊悩《オウノウ》。

【懊悩】《オウノウ》(名・する)思いなやみ、苦しむこと。[例]罪の深さに—する。

[心(忄・⺗)部] 12—13画 憧 憔 憚 憊 憑 憫 憮 憤 憲 憎 憐 懌 懊

4画

忄 13

【憶】

16画 1817 61B6 [常用]

[音] オク(漢)(呉)

[訓] おぼ-える・おも-う

[筆順] 忄 忄 忄 忄 憶 憶 憶 憶

[なりたち] [形声]「忄(=こころ)」と、音「意《イ→オク》」とから成る。おもう。

[意味] ❶あれこれ考える。おもい起こす。おもう。[例] 憶測《オクソク》。追憶《ツイオク》。❷心にとどめて忘れない。おぼえる。[例] 憶念《オクネン》(=心の中に深く思いいだく)。記憶《キオク》。

【憶説】《オクセツ》 はっきりとした根拠《コンキョ》のない、かってな推測による意見。(類) 仮説。[表記]「臆説」とも書く。

【憶測】《オクソク》 (名・する) はっきりとした根拠《コンキョ》もなく、かってにこうだろうとおしはかること。当て推量《ズイリョウ》。(類) 推測。[例] ―でものを言う。[表記]「臆測」とも書く。

忄 13

【懐】

16画 1891 61D0 [常用]

[音] カイ(漢) エ(呉)

[訓] ふところ・なつ-かしい・なつ-かしむ・なつ-く・なつ-ける・おも-う・おも-い・いだ-く

[筆順] 忄 忄 忄 忄 懐 懐 懐 懐

忄 16

【懷】

19画 5671 61F7 [人名]

[なりたち] [形声]「忄(=こころ)」と、音「褱《カイ》」とから成る。忘れずに思う。

[意味] ❶心に、思いや考えをもつ。おもう。おもい。また、心のなかであたためる。なつかしむ。[例] 懐疑《カイギ》。懐古《カイコ》。感懐《カンカイ》。❷たいせつにする。かわいがる。なつく。なつける。[例] 懐柔《カイジュウ》。❸胸のあたり。ふところ。ふところにだく。いだく。[例] 懐中《カイチュウ》。

[人名] かぬ・かね・きたす・たか・ちか・つね・もち・やす

【懐疑】《カイギ》 (名・する) ほんとうにそうなのかどうか、うたがいをもつこと。[例] ―心。―的になる。

【懐旧】《カイキュウ》 昔のことをなつかしく思うこと。(類) 懐古。[例] ―談。―の情にひたる。

【懐郷】《カイキョウ》 ふるさとをなつかしく思うこと。(類) 望郷。

【懐剣】《カイケン》 身を守るためにふところに入れて持ち歩く短刀。ふところがたな。[例] ―をしのばせる。

【懐古】《カイコ》 (名・する) 昔のことを思い出してなつかしむこと。(類) 懐旧。[例] ―趣味《シュミ》。

【懐紙】《カイシ》《ふところがみ》 ㊀ たたんでふところに入れておく紙。菓子《カシ》をめいめいに分けたり、茶器やさかずきなどをふいたりするのに使う。㊁《カイシ》 和歌や連歌《レンガ》の会で、作品を書くための紙。

【懐柔】《カイジュウ》 (名・する) うまく手なずけて相手を味方に引き入れること。だきこむこと。[例] ―策に出る。

【懐石】《カイセキ》 茶の湯の席で、茶の前に出す簡単な料理。〔禅僧《ゼンソウ》が温石《オンジャク》(=あたためた石)をふところに入れて空腹をしのいだことから、一時しのぎに腹を満たす意という〕[例] ―料理。

【懐胎】《カイタイ》 (名・する) みごもること。(類) 懐妊《カイニン》・妊娠《ニンシン》。

【懐中】《カイチュウ》 ㊀ (名・する) ふところやポケットの中。また、その中に入れて持っていること。[例] ―電灯。―にしのばせる。㊁ (名)「懐中物《もの》」の略。財布《サイフ》や時計など、ふところに入れるもの。[例] ―がとぼしい(=お金の持ち合わせが少ない)。

【懐妊】《カイニン》 (名・する) おなかの中に子ができること。みごもること。(類) 懐胎《カイタイ》・妊娠《ニンシン》。

【懐炉】《カイロ》 ふところやポケットに入れて、からだを温めるもの。

【懐刀】《ふところがたな》 ①ふところに入れて持ち歩き、身を守る短刀。懐剣《カイケン》。②主人や上司に最も信頼《シンライ》されている部下。[例] 社長の―。

【懐手】《ふところで》 (名・する) 和服のふところに両手を入れていること。人まかせにして、自分は何もしない意にも用いられる。

●感懐《カンカイ》・述懐《ジュッカイ》・所懐《ショカイ》・追懐《ツイカイ》・本懐《ホンカイ》

忄 13

【懈】

16画 5672 61C8

[音] カイ(漢) ケ(呉)

[訓] おこた-る

[意味] 気がゆるむ。なまける。おこたる。[例] 懈怠《カイタイ》。

【懈怠】《カイタイ・ケタイ》 (名・する) なまけること。おこたること。

忄 13

【憾】

16画 2024 61BE [常用]

[音] カン(漢)

[訓] うら-む・うら-み

[筆順] 忄 忄 忄 忄 憾 憾 憾 憾

[なりたち] [形声]「忄(=こころ)」と、音「感《カン》」とから成る。不満に思う。

[意味] 心に不満がのこる。うらめしく思う。[例] 遺憾《イカン》。

心 13

【懃】

17画 5673 61C3

[音] ギン(慣) キン(漢) ゴン(呉)

[訓] つと-める・ねんごろ

[意味] 心をこめてつとめる。ねんごろ。[例] 慇懃《インギン》。

心 13

【懇】

17画 2609 61C7 [常用]

[音] コン(漢)

[訓] ねんご-ろ

[筆順] 豸 豸 豸 豸 貇 貇 懇 懇

[なりたち] [形声]「心(=こころ)」と、音「貇《コン》」とから成る。まこと。まごころ。

[意味] ❶まごころがこもっていて、手厚い。ねんごろ。[例] 懇誠《コンセイ》。懇切《コンセツ》。懇篤《コントク》。❷心からねがいもとめる。[例] 懇願《コンガン》。懇請《コンセイ》。懇望《コンモウ》。

[人名] まこと

【懇意】《コンイ》 (名・形動《ナダ》) 親しくつきあって、仲がよいこと。心安いこと。[例] ―な間柄《あいだがら》。

【懇願】《コンガン》 (名・する) すがるように、熱心にたのむこと。(類) 懇望《コンモウ》・切望《セツボウ》。[例] 助命を―する。

【懇懇】《コンコン》 (副) 心をこめてくりかえし説《と》くようす。[例] ―とさとす。―と言い聞かせる。

【懇志】《コンシ》 親切に行きとどいた気持ち。

【懇書】《コンショ》 心のこもった手紙。また、相手の手紙をうやまっていう。[例] ご―拝受いたしました。

【懇情】《コンジョウ》 思いやりの深い親切な気持ち。[例] 恩師の御―を忝《かたじけの》うする。

【懇親】《コンシン》 (名・形動《ナダ》) うちとけて親しくすること。[例] ―会をひらく。

【懇誠】《コンセイ》 まごころ。[表記]「▽悃誠」とも書く。

【懇請】《コンセイ》 (名・する) 熱心にたのむこと。[例] 協力を―する。―黙《だも》しがたい。

【懇切】《コンセツ》 (名・形動《ナダ》) 行きとどいて親切なこと。また、細かく気をくばること。[例] ―ていねいに答える。

【懇談】《コンダン》 (名・する) たがいの事情を説明しながらうちとけて、ゆっくり話し合うこと。[例] ―会に出席する。

【懇到】《コントウ》 (名・形動《ナダ》) 親切な気持ちがすみずみまでよく行きとどくこと。(類) 懇切。

【懇篤】《コントク》 (名・形動《ナダ》) 親切で手厚いこと。心がこもっていていねいなこと。[例] ―なごあいさつをいただく。

【懇望】《コンモウ》 [「コンボウ」とも] (名・する) 相手に熱心にのぞむこと。(類) 懇願・切望《セツボウ》。[例] 許可を―する。

【懇話】《コンワ》 うちとけて話し合うこと。(類) 懇談。[例] ―会。

忄13
【懆】16画 5674 61C6 音 ソウ漢 訓 うれ-える
意味 不安で落ちつかない。うれえる。例 懆《ソウ》懆《ソウ》。

忄13
【憺】16画 5675 61BA 音 タン漢 訓 しず-か
意味 ❶やすらか。しずか。例 憺《タン》然《ゼン》。❷うれえる。例 惨《サン》憺《タン》。

心13
【懋】17画 5676 61CB 音 ボウ漢 訓 すす-む・つと-める
意味 ❶努力する。つとめ、はげむ。つとめる。❷りっぱな。すばらしい。例 懋《ボウ》勲《クン》。
【懋勲】《ボウクン》 多大な功績。大てがら。

忄13
【懍】16画 5678 61CD 音 リン漢 訓 あや-ぶむ・おそ-れる・おのの-く
意味 おそれおののくようす。例 懍《リン》然《ゼン》。懍《リン》懍《リン》。
【懍懍】《リンリン》（形動《タル》）①おそれつつしむようす。②気高くて威厳《ゲン》のあるようす。③寒さが身にしみるようす。

忄13
【憐】16画 4689 6190 人名 音 レン漢呉 訓 あわ-れむ・あわ-れみ

忄12
【憐】15画 ― ―
意味 ❶かわいそうだと思う。あわれむ。例 憐《レン》憫《ビン》。哀《アイ》憐《レン》。❷かわいがって、だいじにする。いつくしむ。例 可《カ》憐《レン》。
【憐▼憫】《レンビン》 あわれむこと。気の毒に思うこと。例 ―の情をもよおす。表記「憐▼愍」とも書く。

心13
【應】17画 ⇩【応】《オウ》（385ページ）

忄13
【憤】16画 ⇩【憤】《フン》（413ページ）

忄14
【懦】17画 5679 61E6 音 ジュ・ダ漢 訓 よわ-い
意味 気がよわい。意気地《イクジ》がない。おくびょう。よわい。例 懦《ダ》弱《ジャク》。怯《キョウ》懦《ダ》。
【懦弱】《ダジャク》（名・形動《ダ》）①意気地《イクジ》がないこと。気がよわいこと。例 ―な精神をきたえる。②気力や体力に欠けていて、よわよわしいこと。表記 ▽「堕弱・惰弱」とも書く。
【懦夫】《ダフ》 気がよわくて、おくびょうな男。意気地《イクジ》なし。

心14
【懲】18画 3608 61F2 常用 音 チョウ漢 訓 こ-りる・こ-らす・こ-らしめる
筆順 彳 彳 彳 彳 徨 徴 懲 懲

心15
【懲】19画 1-8465 FA40 人名
なりたち  [形声]「心（=こころ）」と、音「徵《チョウ》」とから成る。こらしめる。
意味 ❶あやまちをくりかえさないように思い知らせる。こらす。こらしめる。例 懲《チョウ》悪《アク》。懲《チョウ》戒《カイ》。懲《チョウ》罰《バツ》。❷もうくりかえすまいという気持ちになる。こりる。例 懲レ羹吹レ膾《あつものにこりてなますをふく》（=あついスープでやけどをしたのにこりて、冷たいなますを吹いて食べる）。〈楚辞《ソジ》〉
【懲悪】《チョウアク》 わるものをこらしめること。例 勧善《カンゼン》―（=善をすすめ、悪をこらしめること）。
【懲役】《チョウエキ》 刑務所《ケイムショ》に入れて、労働に従わせる刑罰《ケイバツ》。例 被告を―二〇年に処す。
【懲戒】《チョウカイ》（名・する）不正な行為《コウイ》を二度とくりかえさないように、こらしめ、いましめること。例 ―免職《メンショク》。
【懲罰】《チョウバツ》（名・する）不正や不当な行為《コウイ》をこらしめるために、罰をあたえること。また、その罰。例 ―を受ける。

心14
【懣】18画 5680 61E3 音 バン漢 マン呉 訓 もだ-える・もだ-え・いきどお-る
意味 いかりで胸がいっぱいになる。いきどおる。もだえる。例 忿《フン》懣《マン》。憤《フン》懣《マン》。

忄15
［懺］18画 ⇩【懺】《ザン》（416ページ）

心15
【懲】19画 ⇩【懲】《チョウ》（415ページ）

心16
【懸】20画 2392 61F8 常用 音 ケ慣 ケン漢 訓 か-ける・か-かる
筆順 冂 目 旦 県 県 県 縣 縣 懸
なりたち [形声]「心（=こころ）」と、音「縣《ケン》」とから成る。心にかける。
意味 ❶ひっかけて、つりさげる。ぶらさがる。また、心にかける。かける。かかる。例 懸念《ケネン》。懸賞《ケンショウ》。❷かけはなれる。例 懸隔《ケンカク》。懸絶《ケンゼツ》。
日本語での用法《かかる・かける》託《たく》す。「命懸《いのちが》けの仕事《シごと》・賞金《ショウキン》を懸《か》ける・優勝《ユウショウ》が懸《か》かった試合《シあい》」
使い分け かかる・かける【掛・懸・架・係・賭】⇩1166ページ
人名 とお・はる
【懸▽詞】《かけことば》 同音のひと続きのことばを利用して、一語で二つの意味をあらわすもの。たとえば「人まつ虫の声（=人を待つ松虫の声）」のように、「まつ」は「待つ」と「松」の意味をかけているなど。表記「掛け▽詞」とも書く。
【懸物】《かけもの》 書画を表装し、床《とこ》の間《ま》などにかけて鑑賞《カンショウ》できるようにしたもの。掛《か》け軸《ジク》。表記「掛け物」とも書く。
【懸念】《ケネン》（名・する）気になって不安に思うこと。類 心配。例 ―をいだく。―をもつ。将来を―する。
【懸案】《ケンアン》 とりあげられたままで、まだ解決していない問題。例 ―事項《ジコウ》。前期からの―。
【懸崖】《ケンガイ》 ①切り立ったがけ。きりぎし。類 断崖。②盆栽《ボンサイ》で、枝や茎《くき》が根もとよりも低く垂れさがっている形につくったもの。例 菊《キク》の―づくり。
【懸隔】《ケンカク》 二つのことがらのあいだが、かけはなれていること。大きくへだたっていること。
【懸河の弁】《ケンガのベン》〔「懸河」は、つり下げた川で、急流の意〕勢いよく流れる水のように、なめらかでよどみない弁舌《ベンゼツ》。例 理想と現実との―。表記 ⑪懸河の▼辯
【懸車】《ケンシャ》 ①官職をしりぞくこと。〔漢の薛広徳《セツコウトク》が退官のとき、皇帝《コウテイ》からたまわった車を高いところにかけて、記念とした故事による〕〈漢書《カンジョ》〉②七十歳《サイ》のこと。〔昔は七十歳で退官したことから〕
【懸賞】《ケンショウ》 賞品や賞金をかけて募集《ボシュウ》したり、探したりすること。また、その賞品や賞金。例 ―小説。―がかかる。
【懸垂】《ケンスイ》（名・する）①たれさがること。②鉄棒にぶらさがり、うでを曲げたりのばしたりして、からだを上下させること。
【懸絶】《ケンゼツ》（名・する）（考え方やようすなどが）他とかけはなれていること。例 どうも意見の―すること、はなはだしい。
【懸命】《ケンメイ》（形動《ダ》）力を出しきって、がんばるようす。例 ―に走る。
【懸▼壅垂】《ケンヨウスイ》 ⇩【口蓋垂】《コウガイスイ》（180ページ）

【懸腕直筆】《ケンワンチョクヒツ》 書道で、ひじをわきからはなし、筆を垂直に立てて字を書く方法。大きな字を書くのに適する。

忄16 **【懶】** 19画 5681 61F6 音 ラン(漢)(呉) 訓 おこた-る・ものう-い・なま-ける

女16 **【嬾】** 19画 5347 5B3E 本字

意味 めんどうくさがる。なまける。おこたる。例 懶惰《ランダ》。

【懶惰】《ランダ》（名・形動《ダ》ナ）〔誤って「ライダ」と読むことがある〕すべきことをしないで、なまけていること。怠惰《タイダ》。対 勤勉。例 ―な生活を送る。

忄16 **【懷】** 19画 ⇩【懐】《カイ》（414ページ）

忄17 **【懽】** 20画 5685 61FD 音 カン(漢) 訓 よろこ-ぶ・よろこ-び

意味 楽しく思う。よろこぶ。よろこび。同 歓《カン》。

忄17 **【懺】** 20画 5682 61FA 音 ザン(慣) サン(漢) セン(呉) 訓 く-いる

忄15 **【懴】** 18画 5683 61F4 俗字

意味 あやまちをみとめて許しをこう。くいる。例 懺悔《サンゲ／ザンゲ》。懺法《センボウ》。

【懺▽悔】《サンゲ／ザンゲ》（名・する）①〔仏教では「サンゲ」という〕おかした罪やあやまちを神仏の前で、悔《く》い改めること。例 ―《サンゲ》、六根清浄《ロッコンショウジョウ》〔霊山《レイザン》に登る行者《ギョウジャ》のとなえごと〕。②キリスト教で、神父や牧師の前で告白し、悔い改めることを誓うことをいう。〔十六、七世紀の日本のキリシタンも「サンゲ」といった〕例 ―録《サンゲロク》。神の前に罪を―《ザンゲ》する。

心18 **【懿】** 22画 5684 61FF 音 イ(漢)(呉) 訓 よ-い

意味 ❶うるわしい。りっぱ。よい。例 懿徳《イトク》（＝すぐれた徳）。❷女性の徳をほめることば。

【懿訓】《イクン》 りっぱな教訓。

忄18 **【懼】** 21画 5686 61FC 音 ク(漢) グ(呉) 訓 おそ-れる

参考「懼《ク》」は「惧《ク》」の本字。

意味 こわがってびくびくする。おじけづく。おそれる。同 惧《グ》。例 勇者不レ懼《ユウシャはおそれず》（＝勇敢な人はおそれない）。〈論語《ロンゴ》〉

忄18 **【懾】** 21画 5687 61FE 音 ショウ(漢) 訓 おそ-れる・おど-す

意味 ❶失神しそうなほど、おびえる。おそれる。例 懾怖《ショウフ》（＝おそれおののく）。懾服《ショウフク》（＝おそれて服従する）。❷おどして、服従させる。おどす。

心19 **【戀】** 23画 ⇩【恋】《レン》（396ページ）

62 4画 戈 ほこ ほこがまえ 部

ほこの形をあらわす。「戈」をもとにしてできている漢字を集めた。

0 戈 1 戉 戊 2 戍 戎 戌 成 3 我 戒 成 4 戔 或 7 戛 戚 戝 8 戟 戞 9 戡 戦 10 截 11 戯 戮 12 戰 13 戴 戲 14 戳

この部首に所属しない漢字

咸⇩口 202 哉⇩口 203 威⇩女 275 栽⇩木 528 裁⇩衣 890 載⇩車 956

戈0 **【戈】** 4画 5689 6208 音 カ(漢)(呉) 訓 ほこ

意味 両刃《もろは》の刀身に長い柄《え》を直角につけた、敵をひっかける武器。ほこ。例 戈甲《カコウ》。干戈《カンカ》。

【戈甲】《カコウ》 ほことよろい。また、武器。武具。

【戈《ほこ》を▽止《とど》む】 武器を使わないこと。また、戦争をなくすること。止戈《シカ》。

戈1 **【戉】** 5画 5690 6209 音 エツ(漢) 訓 まさかり

意味 大きなおの。まさかり。同 鉞《エツ》。例 斧戉《フエツ》。

戈1 **【戊】** 5画 4274 620A 人名 音 ボ(漢) ム(呉) 訓 つちのえ

意味 十干《ジッカン》の五番目。つちのえ。方位では中央、五行《ゴギョウ》では土にあてる。例 戊辰《ボシン》。戊夜《ボヤ》。人名 さかる・しげ・しげる

【戊▼辰の役】《ボシンのエキ》 一八六八（明治元）年に始まった、官軍と旧幕府軍との戦い。翌年の五月に官軍が北海道箱館《はこだて》の五稜郭《ゴリョウカク》を攻《せ》め落として終結した。戊辰戦争。〔明治元年の干支《えと》が戊辰《ボシン／つちのえたつ》であったことから〕

【戊夜】《ボヤ》 昔の時刻の呼び名で、五夜の一つ。およそ午前四時、およびその前後の二時間。五更《ゴコウ》。寅《とら》の刻。〔一夜を甲《コウ》・乙《オツ》・丙《ヘイ》・丁《テイ》・戊《ボ》の五つに分けたときの五番目〕

戈2 **【戍】** 6画 5691 620D 音 ジュ(慣) シュ(漢)(呉) 訓 まも-る・まも-り

意味 武器をとって国境をまもる。まもり。まもる。例 戍役《ジュエキ》。衛戍《エイジュ》。

【戍衛】《ジュエイ》（国境を）守り固めること。また、その兵士。

【戍役】《ジュエキ》（国境の）守りにつく任務。また、その兵士。

【戍卒】《ジュソツ》（国境を）守る兵士。戍兵《ジュヘイ》。

戈2 **【戎】** 6画 *2931 620E 音 ジュウ(漢) 訓 えびす

意味 ❶武器。また、兵士や軍隊。さらに、戦争のこと。例 戎衣《ジュウイ》。戎馬《ジュウバ》。❷古代中国西方の異民族。えびす。例 戎夷《ジュウイ》（＝中国の周辺の異民族）。西戎《セイジュウ》。

【戎衣】《ジュウイ》 戦場に着て出る衣服。軍服。例 ―をまとう。

【戎器】《ジュウキ》 戦いの道具。武器。兵器。

【戎車】《ジュウシャ》 戦闘《セントウ》に使う車。兵車。

【戎▼狄】《ジュウテキ》〔「狄」は、北方の異民族の意〕昔、中国で、野蛮《ヤバン》な国、また、そこに住む人々をさしたことば。

【戎馬】《ジュウバ》 ①戦争に使うウマ。軍馬。②戦争。

【戎服】《ジュウフク》 軍服。類 戎衣《ジュウイ》。例 ―に身をつつむ。

戈2 **【戌】** 6画 5692 620C 音 ジュツ(慣) シュツ(漢) 訓 いぬ

意味 十二支の十一番目。方位では西北西、時刻では午後八時、およびその前後の二時間。月では陰暦《インレキ》の九月。動物ではイヌにあてる。いぬ。

戈 2

【成】 6画 3214 6210 教育4 音 セイ漢 ジョウ呉 訓 な-る・な-す

筆順 ノ 厂 万 戊 成 成

戈 3

【成】 7画 2F8B2

なりたち [形声]「戊(=ほこ)」と、音「丁《テイ→セイ》」とから成る。なしとげる。

意味 ❶なしとげる。なる。なす。例成就《ジョウジュ》。成功《セイコウ》。達成《タッセイ》。❷できあがる。しあがる。例完成《カンセイ》。落成《ラクセイ》。❸みのる。そだつ。例成熟《セイジュク》。成長《セイチョウ》。❹形のあるものにまとめあげる。つくる。例構成《コウセイ》。編成《ヘンセイ》。養成《ヨウセイ》。❺すでにできあがって、まとまった。例成案《セイアン》。成語《セイゴ》。❻争いごとをおさめる。仲直りする。和睦《ワボク》する。たいらぎ。たいらげる。

日本語での用法《なり》貴人のおでまし。「上様《うえさま》の御成《おなり》・御成道《おなりみち》・御成門《おなりモン》」

人名 あき・あきら・おさむ・さだ・さだむ・しげ・しげる・たいら・なり・のり・はかる・ひで・ひら・ふさ・まさ・まさる・みち・みのる・よし

【成就《ジョウジュ》】(名・する) 事がうまくいくこと。できあがること。また、なしとげること。例大願《タイガン》—。事が—する。

【成仏《ジョウブツ》】(名・する)〔仏〕①さとりをひらいて仏となること。②死んで仏となること。死ぬこと。

【成案《セイアン》】できあがった考え。また、それを書いた文章。対草案・試案。例—を得る。

【成育《セイイク》】(名・する) 育って大きくなること。また、育てて大きくすること。類成長・発育。例—条件。参考ふつう、「成育」は人や動物に、「生育」は植物にいう。

【成因《セイイン》】ものごとの成り立つ原因。例地形の—。

【成員《セイイン》】団体や組織を構成する人。メンバー。

【成果《セイカ》】期待や目的にかない、役に立つ結果。また、努力に見合うだけのよい結果。例—をあげる。—を収める。

【成魚《セイギョ》】成長したさかな。対稚魚《チギョ》・幼魚。

【成業《セイギョウ》】①事業をなしとげること。②学業や修業を終えて一人前になること。例—の見こみなし。

【成句《セイク》】①昔の人が作り、今も広く知られていることば。名文句《メイモンク》やことわざなど。②二つ以上の語が結びついて、ある特定の意味をあらわすことば。たとえば、「あごを出す(=疲《つか》れる)」など。慣用句。

【成▼蹊《セイケイ》】桃《もも》や李《すもも》の木の下には、自然に人の通る道ができる。徳のある人のもとに自然と人が集まってくることのたとえ。〔「桃李《トウリ》言わざれども、下おのずから蹊《みち》を成す」による〕〈史記《シキ》〉

【成語《セイゴ》】①古人のことばで、今でもよく使われるもの。例故事—。②二つ以上の語が結びついてできたことば。熟語。

【成功《セイコウ》】(名・する) ①目的どおりに、事をなしとげること。対失敗。例—を収める。—に導く。②出世し、富を得ること。類出世。例都会へ出て—する。③事業をなしとげた功績。例人の—を認める。

【成婚《セイコン》】結婚すること。例—を祝う。

【成算《セイサン》】成功するという確信。または成功するという予想。例—がある。

【成事《セイジ》】すでになし終えてしまったことがら。完成したことがら。例—は説かず(=できてしまったことについては口出ししない)。〈論語《ロンゴ》〉

【成熟《セイジュク》】(名・する) ①(穀物《コクモツ》やくだものが)じゅうぶんに実ること。例農作物の—。②(からだや心や技術が)じゅうぶんに発達し、成長すること。熟達。例人間として—する。—した女性。③ものごとが、ちょうどよい時期に達すること。

【成城《セイジョウ》】〔「城」は、国の意〕見識の高い人格者は、国を興《おこ》し、社会を隆盛《リュウセイ》に導くということ。〔「哲夫《テップ》は城を成す」による〕〈詩経《シキョウ》〉

【成人《セイジン》】(名・する) 大人の年齢(成年)に達すること。また、成年に達した人。おとな。日本では二十歳《サイ》以上。〔二〇二二(令和四)年より、十八歳以上となる〕例—の日。子の—するのを楽しみにする。

【成績《セイセキ》】仕事や学習の程度を、ためしたりはかったりして得られる結果。また、その評価。例りっぱな—で合格する。—を比べて良否を見る。

【成層《セイソウ》】層をなして重なること。例—岩。—圏《ケン》(=地球上の大気の上層で、地上約一〇キロメートルから五〇キロメートルの間。対流圏の上にあり、気温はほぼ一定している)。

【成体《セイタイ》】成長して、生殖《セイショク》ができるようになった動物。

【成虫《セイチュウ》】成長した昆虫《コンチュウ》。対幼虫。例羽化《ウカ》して—になる。ヤゴの—はトンボだ。

【成長《セイチョウ》】(名・する) ①育って大きくなること。類成育・発育。②発展して大規模《ダイキボ》になること。例経済—。参考植物の場合は「生長」とも書く。

【成年《セイネン》】社会の成員としての資格や能力を認められる年齢《ネンレイ》。日本では二十歳《サイ》以上。〔二〇二二(令和四)年より、十八歳以上となる〕対未成年。例—に達する。

【成敗】㊀《セイハイ》(名) ①成功と失敗。成否。②勝つことと負けること。例—は時の運。㊁《セイバイ》(名・する)〔もと、善を成し悪を敗《やぶ》る意〕①政治をおこなうこと。②処罰《ショバツ》すること。こらしめること。例けんか両—。③昔の刑罰《ケイバツ》で、打ち首による死罪。例手ずから—した。

【成否《セイヒ》】成功と失敗。成功か失敗か。例—をうらなう。結果は—いずれでもよい。

【成文《セイブン》】法律や規則などを、文章に書きあらわすこと。また、その文章。例—には見えないが常識として理解できる。

【成文法《セイブンホウ》】文章にまとめられ、公布された法律。

【成分《セイブン》】ものをつくりあげている素材や要素。全体を構成している部分。例薬の—。文の—(=主語や述語など)。

【成立《セイリツ》】(名・する) ものごとがなりたつこと。できあがること。例理事会が—する。法案が—する。

◐育成《イクセイ》・完成《カンセイ》・既成《キセイ》・形成《ケイセイ》・結成《ケッセイ》・構成《コウセイ》・合成《ゴウセイ》・混成《コンセイ》・作成《サクセイ》・賛成《サンセイ》・造成《ゾウセイ》・促成《ソクセイ》・速成《ソクセイ》・大成《タイセイ》・達成《タッセイ》・養成《ヨウセイ》・落成《ラクセイ》

戈 3

【我】 7画 1870 6211 教育6 音 ガ漢呉 訓 われ・わ・わ-が

筆順 ノ 二 千 手 我 我 我

なりたち [形声]「戈(=ほこ)」と、音「手《ス→ガ》」とから成る。自分のことをいうことば。

参考 一説に、のこぎりの形という。

意味 ❶自分自身(を指していう)。われ。わが。例我田引水《ガデンインスイ》。自我《ジガ》。忘我《ボウガ》。❷自分の考えにこだわること。ひとりよがり。例我見《ガケン》。我執《ガシュウ》。我《ガ》を張《は》る。

日本語での用法《が》「が」の音をあらわす万葉がな。「曽我《そが》・曽我部《そがべ》・我他彼此《がたひし》・我他俱佐《がたくさ》」

難読 我孫子《あびこ》(=姓《セイ》・地名)

【我意《ガイ》】自分の考えを(正しいとして)おし通そうとする気持ち。わがまま。我《ガ》。例—を通す。

【我見《ガケン》】自分だけの、せまくかたよった意見や考え方。

【我執《ガシュウ》】①〔仏〕自分自身の内部には、いつも変わらない本質的なものがあるとして、それにとらわれること。例—を捨

てる。②自分の考えにとらわれて、はなれられないこと。例—の強い性格。

【我田引水】《ガデンインスイ》〔自分の田にだけ水を引き入れる意〕自分につごうのよいように言ったり、行動したりすること。

【我慢】《ガマン》（名・する）①〔仏〕自分をえらいと思い、おごり高ぶること。例—増長《ゾウチョウ》。②痛みや苦しみなどをこらえること。しんぼうすること。例今度の失敗は—してやる。③こらえて許すこと。例—して最後までやり通す。

【我欲】《ガヨク》自分の利益だけを強く求める心。例—から出たおこないではない。表記 旧我▼慾
【我利】《ガリ》自分だけの利益。例—我欲。

【我利我利亡者】《ガリガリモウジャ》自分の利益だけを考えて行動する人をののしっていうことば。

【我流】《ガリュウ》自分かってなやり方。自己流。例—を通す。

◐怪我《ケガ》・自我《ジガ》・物我《ブツガ》・忘我《ボウガ》・無我《ムガ》

戈3
【戒】
7画 1892 6212 常用 音カイ(漢)(呉) 訓いまし-める・いまし-め

筆順 一 二 テ 开 戒 戒 戒

なりたち  [会意]「廾(=両手)」と「戈(=ほこ)」とから成る。戈《ほこ》を手に持ち、不測の事態に備え、用心する。

意味 ❶非常事態に備えて用心する。いましめる。例戒厳《カイゲン》。警戒《ケイカイ》。❷あやまちをしないように注意する。さとす。いましめる。例戒告《カイコク》。訓戒《クンカイ》。自戒《ジカイ》。❸〔修行《シュギョウ》のうえで〕守らなければならないおきて。いましめ。例戒律《カイリツ》。受戒《ジュカイ》。破戒《ハカイ》。

【戒厳】《カイゲン》①警戒をきびしくすること。類厳戒。②〔法〕戦争や大きな災害、事変のときなどに、司法・行政の一部または全部を、軍の支配下に移し、治安の維持《イジ》にあたること。

【戒厳令】《カイゲンレイ》〔法〕「戒厳②」の状態を宣告する命令。例全土に—をしく。

【戒告】《カイコク》（名・する）①あやまちなどをいましめ、注意すること。②〔法〕公務員に対する処分の一つ。二度とくりかえさないように、本人に注意を言いわたすこと。〔もと「譴責《ケンセキ》」といった〕表記 ▽旧▼誡告
【戒師】《カイシ》出家して仏門にはいるときの儀式《ギシキ》などをとりしきり、仏教のいましめを授《さず》ける僧《ソウ》。

【戒心】《カイシン》（名・する）油断しないこと。気をつけること。類用心・注意。例—するようにとの忠告。

【戒慎】《カイシン》（名・する）いましめ、つつしむこと。気をつけて、用心すること。例大事の前はじゅうぶん—するがよい。

【戒壇】《カイダン》〔仏〕僧《ソウ》に戒律を授《さず》ける儀式《ギシキ》をおこなう壇。例—院(=戒壇が設けてある建物)。

【戒▼飭】《カイチョク》（名・する）〔「飭」も、いましめる意〕①注意をあたえ謹慎《キンシン》させること。例—の処分を受ける。②みずからをいましめ、つつしむこと。

【戒名】《カイミョウ》〔仏〕人が死んだあと、生前の名を改めて、つけられる名。法名。対俗名《ゾクミョウ》。

【戒律】《カイリツ》〔仏〕僧《ソウ》が守らなければならない、いましめときまり。例—を守る。

◐遺戒《イカイ》・訓戒《クンカイ》・警戒《ケイカイ》・厳戒《ゲンカイ》・斎戒《サイカイ》・自戒《ジカイ》・懲戒《チョウカイ》

戈3
【成】
7画 ⇩【成】《セイ》(417ページ)

戈4
【戔】
8画 5693 6214 音一サン(漢)ザン(呉) 二セン(漢) 訓すく-ない・そこ-なう

意味 一《サン ザン》そこなう。同残《ザン》。二《セン》❶小さい。ちっぽけな。❷こまごまとした。例戔戔《センセン》。

日本語での用法《さ》「さ」の音にあてる万葉がな。「素戔嗚尊《すさのおのみこと》(=日本神話の神の名)」

戈4
【或】
8画 1631 6216 人名 音コク(漢)ワク(呉) 訓ある・あるい-は

意味 ❶はっきりしないものごと、はっきりさせたくないものごとをさすことば。ある。例或時《あるとき》。或所《あるところ》。或人《あるひと》。❷ある人が。あるひと。例或問《ワクモン》。或曰《あるひといわく》。❸〔助字〕「あるいは」と読み、もしかすると…かもしれない、の意。推測をあらわす。例得二其門一者或寡矣《そのモンをうるものはあるいはすくなし》(=その門を見つけられる人は少ないかもしれない)。〈論語《ロンゴ》〉

人名 もち
【或問】《ワクモン》ある人の質問と、それに答えるかたちで自分の意見を述べていく文章の形式。

戈7
【戛】
11画 5694 621B 音カツ(漢) 訓ほこ

〔戈部〕3—9画 ●戒成戔或戛戚戝戟戞戡

戈8
[戞]
12画 5701 621E 俗字

意味 ❶ほこで打つ。たたく。❷金属や石のふれあう音。例戞戞《カツカツ》。
【戞戞】《カツカツ》（形動《タル》）①刀など、かたいものがふれあう音の形容。例金具《かなグ》が—と鳴る。②ウマのひずめの音の形容。例—たる馬蹄《バテイ》のひびき。

戈7
【戚】
11画 3244 621A 常用 音セキ(漢) 訓いた-む・うれ-える

筆順 丿 厂 厂 厈 戚 戚 戚

なりたち  [形声]「戉(=まさかり)」と、音「尗《セキ》」とから成る。まさかり。

意味 ❶まさかり。おの。例干戚《カンセキ》。❷(母方の)みうち。親類。例外戚《ガイセキ》。親戚《シンセキ》。❸身近にひしひしと感じる。いたむ。うれえる。例戚戚《セキセキ》。

【戚戚】《セキセキ》（形動《タル》）心配や悲しみなどのため、心が乱れておちつかないようす。例窮《キュウ》して—たらず。

【戚里】《セキリ》①漢代、長安にあった町の名で、天子の母方の親戚が住んでいた。②天子の母方の親戚。

◐姻戚《インセキ》・遠戚《エンセキ》・縁戚《エンセキ》・外戚《ガイセキ》・親戚《シンセキ》

戈7
[戝]
11画 ⇩【財】《ザイ》(932ページ)

戈8
【戟】
12画 2365 621F 人名 音ゲキ(慣)ケキ(漢) 訓ほこ

意味 両刃《もろは》の刀身に枝刃《えだは》の出ているほこ。えだぼこ。ほこ。例戟盾《ゲキジュン》(=ほことたて)。剣戟《ケンゲキ》。
【戟手】《ゲキシュ》（名・する）手をふり上げて、人を打とうとすること。〔その手の形が戟の枝刃《えだは》に似ているのでいう〕

戈8
[戞]
12画 ⇩【戛】《カツ》(418ページ)

戈9
【戡】
13画 5702 6221 音カン(漢) 訓か-つ・さ-す

意味 戦争に勝ち、平定する。勝つ。さしころす。例戡定《カンテイ》。
【戡定】《カンテイ》（名・する）戦いに勝って、乱をおさめること。賊《ゾク》を平らげること。類平定・鎮定《チンテイ》。例反乱軍を—する。

戈 9

【戦】

13画 3279 6226 教育4

音 セン 漢 呉

訓 いくさ・たたか-う・おのの-く・そよ-ぐ・たたか-い

筆順 丷 ⺍ ⺍ 単 単 戦 戦 戦

戈12

【戰】

16画 5705 6230 人名

なりたち 戰 [形声]「戈(=ほこ)」と、音「單《タン》→セン」とから成る。たたかう。

意味 ❶武器をとってたたかう。いくさ。たたかい。例 戦争《センソウ》。内戦《ナイセン》。反戦《ハンセン》。❷勝負をきそう。競争。試合。例 舌戦《ゼッセン》。論戦《ロンセン》。名人戦《メイジンセン》。❸おそれてふるえる。身をふるわす。おののく。例 戦慄《センリツ》。戦戦恐恐《センセンキョウキョウ》。恐怖《キョウフ》に戦《おのの》く。❹風にゆれてうごく。そよぐ。例 風《かぜ》に戦《そよ》ぐ葦《あし》。葉《は》が戦《そよ》ぐ。

使い分け たたかう【戦・闘】⇩1171ページ

【戦意《センイ》】たたかおうという積極的な気持ち。例 —を失う。

【戦雲《センウン》】戦争が今にも始まりそうな、暗く重苦しいふんいきのたとえ。例 —急を告げる。—がたれこめる。

【戦役《センエキ》】たたかい。いくさ。戦争。例 日清《ニッシン》日露《ニチロ》の—。

【戦火《センカ》】①戦争による火災。②戦争。例 —を交える。

【戦果《センカ》】①たたかいの結果。②たたかいで勝ちとった品物やてがら。例 多くの—をあげる。

【戦禍《センカ》】〔「禍」は、わざわいの意〕戦争によるわざわい。戦争による被害《ヒガイ》。例 —をまぬがれる。

【戦艦《センカン》】①攻撃力《コウゲキリョク》と防御力《ボウギョリョク》にすぐれた大型の軍艦。第二次大戦のころまで海軍力の中心となった。②軍艦。

【戦記《センキ》】戦争の記録。また、それをもとにした小説。類 軍記。例 —文学。

【戦機《センキ》】①戦争が起こりそうなけはい。例 —が到来《トウライ》する。②行動を起こせば勝つことのできる機会。例 —が熟する。③軍事上の秘密。類 軍機。

【戦況《センキョウ》】たたかいのようす。戦争の状況。例 —報告。

【戦局《センキョク》】戦争のなりゆき。類 戦況《センキョウ》。例 —は有利だ。

【戦勲《センクン》】〔「勲」は、てがらの意〕戦争でのてがら。類 戦功。

【戦後《センゴ》】①戦争が終わったあと。終戦後。アプレゲール。例 —の混乱から立ち直る。②とくに、第二次世界大戦後。例 —の日本経済の復興はめざましかった。▽対 戦前。

【戦功《センコウ》】戦争でのてがら。類 戦勲《センクン》。例 —をあげる。

【戦国《センゴク》】①戦争で国内が乱れていること。戦乱の世。②戦争をしている国々。③戦国時代《センゴクジダイ》。例 —の武将。

【戦国策《センゴクサク》】中国の戦国時代の縦横家《ジュウオウカ》が説いた策略を国別に書き集めた書物。漢の劉向《リュウキョウ》の編とされる。三十三巻。国策《コクサク》。

【戦国時代《センゴクジダイ》】①中国の周代の韓《カン》・趙《チョウ》・魏《ギ》が晋《シン》を三分割した紀元前四〇三年から、秦《シン》の始皇帝《シコウテイ》が中国全土を統一した紀元前二二一年までの、約百八十年間の混乱期。②日本の室町《むろまち》時代末期、応仁《オウニン》の乱(一四六七—一四七七)から、豊臣秀吉《とよとみひでよし》の天下統一(一五八五)までの約百二十年間の混乱期。

【戦国の七雄《センゴクのシチユウ》】中国の戦国時代に勢力を競《きそ》い合ってたがいに対立していた、斉《セイ》・楚《ソ》・燕《エン》・韓《カン》・趙《チョウ》・魏《ギ》・秦《シン》の七つの強国。

【戦災《センサイ》】戦争による災害。例 —孤児《コジ》。—にあう。

【戦士《センシ》】①戦場でたたかう兵士。②事業や社会運動などの最前線で活躍《カツヤク》する人をほめていうことば。例 企業《キギョウ》—。自然保護運動の—。

【戦史《センシ》】戦争の歴史。戦争のありさまの記録。

【戦死《センシ》】(名・する) 戦場でたたかって死ぬこと。例 —者。

【戦時《センジ》】戦争をしているとき。対 平時。例 —下の生活。

【戦車《センシャ》】厚い装甲《ソウコウ》で防護された車体に火砲《カホウ》を装備し、キャタピラで走る戦闘用《セントウヨウ》車両。タンク。

【戦術《センジュツ》】①戦闘《セントウ》や競争などに勝つための方法・手段。類 作戦。例 速攻《ソッコウ》—。縦のパスを多く用いる—に出る。②ある目的を達成するための方法・手段。類 作戦。例 人海《ジンカイ》—。新製品を売りこむ—をねる。→【戦略《センリャク》】

【戦勝《センショウ》】(名・する) 戦争に勝つこと。かちいくさ。対 戦敗。例 —国。

【戦場《センジョウ》】戦争がおこなわれている場所。類 戦地・戦陣《センジン》。例 古—。—におもむく。

【戦陣《センジン》】①たたかいのための陣営。例 —をはる。②戦場。

【戦▼塵《センジン》】①戦場にたつ砂ぼこり。例 —にまみれる。②戦争によるさわぎや混乱。例 —をさける。

【戦績《センセキ》】たたかいや試合の成績・結果。例 —の記録。

【戦線《センセン》】①戦争で敵と直接向かいあっているところ。また、戦場。類 最前線。例 —が拡大する。②政治運動や社会運動などでの、闘争《トウソウ》の場面やかたち。例 労働—の統一。

【戦前《センゼン》】①戦争がはじまるまえ。②とくに、第二次世界大戦のまえ。▽対 戦後。

【戦戦恐恐《センセンキョウキョウ》】(形動トタル) おそれおののくようす。びくびくしているようす。例 なりゆきを—として見守る。表記 旧 戦▼競▼競

【戦争《センソウ》】(名・する) ①たたかい。いくさ。②武力を用いた国と国との争い。対 平和。③はげしい競争や状態。

【戦争犯罪《センソウハンザイ》】国際条約で定められた交戦法規に違反する行為《コウイ》。また、広義には第二次世界大戦以後に生まれた概念《ガイネン》で、平和に対する罪・人道に対する罪をも含めていう。

【戦隊《センタイ》】海軍や空軍での、兵力の編制単位。例 水雷《スイライ》—。航空—。

【戦地《センチ》】戦争をしているところ。類 戦場。

【戦中《センチュウ》】①戦争のおこなわれているあいだ。例 —派。②とくに、第二次世界大戦がおこなわれていたあいだ。

【戦闘《セントウ》】(名・する) 武器や兵力を用いて、相手や敵をたおそうとしてたたかうこと。例 —機。—態勢。

【戦敗《センパイ》】(名・する) 戦争に負けること。まけいくさ。対 戦勝。例 —国。

【戦犯《センパン》】戦争犯罪をおかした者。

【戦費《センピ》】戦争に必要な費用。例 —を調達する。

【戦病死《センビョウシ》】(名・する) 軍隊に加わって戦地におもむいているときに病死すること。

【戦法《センポウ》】戦争や競技・ゲームなどをおこなう方法。類 戦術。例 奇襲《キシュウ》—。—を変える。

【戦没《センボツ》】(名・する) 戦病死をふくめて、戦争で死ぬこと。例 —者の慰霊碑《イレイヒ》。表記 旧 戦▼歿

【戦友《センユウ》】①同じ部隊に属し、戦場でともにたたかう仲間。②いっしょに苦労した仲間。

【戦乱《センラン》】①戦争のために世の中がみだれること。例 —をさけて国外に脱出《ダッシュツ》する。②戦争。いくさ。

【戦慄《センリツ》】(名・する) 恐怖《キョウフ》のためにからだがふるえること。身ぶるいすること。例 —を覚える。

【戦利品《センリヒン》】戦争で、敵からうばい取った武器や品物。

【戦略《センリャク》】たたかいに勝つための総合的な計画や方法。〔一つ一つの作戦などを「戦術」というのに対して、全体的な場合に用いる〕例 長期的な経済—を立てる。

【戦力《センリョク》】①戦争をおこなう力。たたかう能力。類 兵力・武力・軍事力。例 —を増強する。②能力のある働き手の

たとえ。例—になる。

【戦歴《センレキ》】戦争や試合でたたかった経歴。例数数《かずかず》の—。

【戦列《センレツ》】①戦争をおこなう部隊の列。例—をはなれる。②闘争《トウソウ》や試合をおこなう組織や団体のたとえ。例労働運動の—に加わる。

●応戦《オウセン》・海戦《カイセン》・開戦《カイセン》・合戦《カッセン》・観戦《カンセン》・休戦《キュウセン》・苦戦《クセン》・激戦《ゲキセン》・決戦《ケッセン》・交戦《コウセン》・作戦《サクセン》・参戦《サンセン》・終戦《シュウセン》・接戦《セッセン》・舌戦《ゼッセン》・宣戦《センセン》・対戦《タイセン》・挑戦《チョウセン》・停戦《テイセン》・内戦《ナイセン》・熱戦《ネッセン》・敗戦《ハイセン》・反戦《ハンセン》・奮戦《フンセン》・防戦《ボウセン》・乱戦《ランセン》・歴戦《レキセン》・論戦《ロンセン》

戈10 **【截】** 14画 5703 622A 音セツ漢 訓た-つ・き-る

意味 ❶切断する。たちきる。たつ。きる。例截然《セツゼン》。截断《セツダン》。半截《ハンセツ》。❷区切りがはっきりしている。まわりくどくなくきっぱりとしている。例直截《チョクセツ》。

難読 截岸《きりぎし》(=断崖《ダンガイ》)・一節截《ひとよぎり》

【截然《セツゼン》】〔慣用で「サイゼン」とも〕(形動《タルト》)①切りたっているようす。②区別がはっきりしているようす。

【截断《セツダン》】〔慣用で「サイダン」とも〕(名・する)断《た》ち切ること。切りはなすこと。表記「切断」とも書く。

戈11 **【戯】** 15画 2126 622F 常用 音ギ慣キ漢ゲ呉 訓たわむ-れる・ざ-れる・たわむ-れ

筆順 丶 ト ト 广 虍 虚 戯 戯

戈13 **【戲】** 17画 5706 6232 人名

なりたち  [形声]「戈(=ほこ)」と、音「䖒《キ》」とから成る。武器。また、戦闘《セントウ》の前に武器を持っておどる。

意味 ❶おもしろくあそぶ。おどける。たわむれる。たわむれ。例球戯《キュウギ》。遊戯《ユウギ》。❷しばい。例戯曲《ギキョク》。戯劇《ギゲキ》。

難読 戯言《たわごと・ざれごと》

【戯画《ギガ》】たわむれにえがいた絵。こっけいな絵。風刺《フウシ》した絵。例『鳥獣《チョウジュウ》—』

【戯曲《ギキョク》】演劇の台本。また、台本の形で書かれた文学作品。脚本《キャクホン》。

【戯言《ギゲン》】たわむれに言うことば。ざれごと。じょうだん。

【戯書《ギショ》】たわむれに書いた文字や文章。ざれがき。らくがき。

【戯文《ギブン》】たわむれに書いた文章。また、こっけいな文章。

【▽戯作《ゲサク》】〔「ギサク」とも〕①たわむれに書いた文章や作品。②江戸《えど》時代後期の洒落本《しゃれボン》・滑稽本《コッケイボン》・人情本などの読み物。例—者。

●悪戯《アクギ・いたずら》・児戯《ジギ》・遊戯《ユウギ》

戈11 **【戮】** 15画 5704 622E 音リク漢 訓ころ-す

意味 ❶命をうばう。死刑《シケイ》にする。ころす。例殺戮《サツリク》。誅戮《チュウリク》。❷さらしものにする。死体を公衆の面前に並べていましめとする。さらす。❸はずかしめる。はずかしめ。例戮辱《リクジョク》(=はずかしめ)。❹力を合わせる。同勠《リク》。

【戮力《リクリョク》】(名・する)力を合わせること。類協力。

戈12 **【戰】** 16画 ⇩【戦】《セン》(419ページ)

戈13 **【戴】** 17画 3455 6234 常用 音タイ漢呉 訓いただ-く

筆順 十 土 亩 壴 冀 戴 戴 戴

なりたち  [形声]「異(=分ける)」と、音「𢦏《サイ→タイ》」とから成る。物を分けてふやす。

意味 ❶頭の上にのせる。いただく。例戴冠《タイカン》。戴天《タイテン》(=この世に生活する)。❷あがめたっとぶ。おしいただく。例推戴《スイタイ》。奉戴《ホウタイ》。

日本語での用法《いただく》「飲む」「食う」「もらう」「…してもらう」のへりくだった言い方。「遠慮《エンリョ》なく戴《いただ》きます・お話《はなし》戴《いただ》く」

難読 戴星馬《ひたいじろうま・つきひたいのうま》

【戴冠式《タイカンシキ》】国王が即位《ソクイ》して、初めて王冠をかぶって、王位についたことを広く知らせる儀式《ギシキ》。

【戴白《タイハク》】〔「白」は、白髪《ハクハツ》の意〕白髪頭《しらがあたま》。また、老人。

戈13 **【戲】** 17画 ⇩【戯】《ギ》(420ページ)

戈14 **【戳】** 18画 5707 6233 音サク漢

意味 ❶先のとがったものでさす。つく。❷印鑑《インカン》。

63 4画 **戶(戸)** と とだれ 部

門のとびらの片方の形をあらわす。「戶(戸)」の形をもとにしてできている漢字を集めた。

0 戸 戶 3 戻 4 所 房 所 房 戾 5 扁 6 扇 扇 7 扈 8 扉 扉

この部首に所属しない漢字

肩⇩月816 啓⇩口207 雇⇩隹1043 肇⇩聿814

戸0 **【戸】** 4画 2445 6238 教育2 音コ漢呉 訓と・へ

筆順 一 コ ヨ 戸

戸0 **【戶】** 4画 — 6236

なりたち 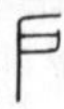 [象形]門の片一方の形。内側を守る、とびら。

意味 ❶片開きのとびら。家・部屋などの出入り口。と。例門戸《モンコ》。❷家屋。一家。いえ。例戸口《ココウ》。戸籍《コセキ》。

人名 いえ・かど・かべ・ひろ・まもる・もり

【戸外《コガイ》】家のそと。類屋外。例—に出て遊ぶ。

【戸口】㊀《ココウ》家の数と人の数。戸数と人口。例—調査。㊁《とぐち》家の出入り口。

【戸主《コシュ》】①一家の主人。世帯主。②旧制度で、一家の長として家族を統率《トウソツ》し、扶養《フヨウ》した者。類家長。

【戸数《コスウ》】家のかず。家の軒数《ケンスウ》。

【戸籍《コセキ》】夫婦《フウフ》とその未婚《ミコン》の子供の氏名・本籍・生年月日・性別・続き柄《がら》などをしるした公文書。例—を作る。

【戸長《コチョウ》】明治時代の初期、町村の事務をとった役人。現在の町長や村長にあたる。

【戸別《コベツ》】家ごと。一軒《ケン》一軒。例—訪問。

【戸板《といた》】雨戸《あまど》の板。はずして物をのせて運ぶときに使った。

●雨戸《あまど》・木戸《きど》・瀬戸《せと》・納戸《ナンど》・門戸《モンコ》

戸0 **【戶】** 4画 ⇩【戸】《コ》(420ページ)

戸 3

【戻】
7画 4465 623B 常用
音 レイ漢 ライ呉
訓 もど-す・もど-る・もど-り

筆順 一 ㇐ ヨ 戸 戸 戸 戻

戸 4

【戾】
8画 1-8467 623E

なりたち [会意]「犬(=いぬ)」が「戸(=と)」の下から体をねじ曲げて出る。派生して「そむく・もとる」の意。

意味 ❶道理にそむく。もとる。例 暴戻《ボウレイ》。❷手あらい。むごい。例 戻虐《レイギャク》(=道理に反し人民をしいたげる)。❸いたる。例 戻止《レイシ》(=来る。いたる)。

日本語での用法《もどる・もどす》もとの位置・状態にする。もとの位置・状態に近いものにする。「ふりだしに戻《もど》る・もとの場所《ばショ》に戻《もど》す・食《た》べたものを戻《もど》す」

●背戻《ハイレイ》・返戻《ヘンレイ》

戸 4

【所】
8画 2974 6240 教育3
音 ショ漢 ソ呉
訓 ところ

筆順 一 ㇐ ョ 戸 戸 所 所 所

戸 4

【所】
8画

なりたち [形声]「斤(=おの)」と、音「戸《コ→ショ》」とから成る。木を切る音。借りて、ところ。

意味 ❶(何かがある)ところ。何かをするところ。同 処《ショ》。例 住所《ジュウショ》。長所《チョウショ》。場《ば》所《ショ》。研究所《ケンキュウジョ》。役所《ヤクショ》。❷〔助字〕㋐「…(する)ところ」と読み、動作の対象や内容を指し示す。例 我所レ欲《わがほっするところ》(=私がほしがっていること)。所感《ショカン》〔「感ずる所」と訓読する〕。所信《ショシン》〔「信ずる所」と訓読する〕。㋑〔多く「為」と呼応して〕「…(する)ところ(となる)」と読み、…に…される、の意。受け身をあらわす。例 為二人所レ制《ひとのセイするところとなる》(=人に支配される)。〈史記《シキ》〉

人名 のぶ

【▽所▼謂】《いわゆる》(連体)いっぱんにいわれているところの。世の中でいうところの。例 ―政治力のある人。―知識人。

【所為】《ショイ》 一 しわざ。おこない。ふるまい。例 悪魔《アクマ》の―。 二 《いせ》ものごとの原因や理由。例 失敗を人の―にするな。

【所演】《ショエン》 芸能などが上演されること。例 市川団十郎―の「助六《すけろく》(=歌舞伎《かぶき》の演目の名)」。

【所懐】《ショカイ》 心に思うこと。思い。類 所感。例 ―を述べる。

【所轄】《ショカツ》(名・する)役所などが支配し、管理すること。また、その範囲《ハンイ》。類 所管・管轄《カンカツ》。例 ―の税務署。

【所感】《ショカン》 心に感じたことがら。類 感想・所懐《ショカイ》。例 年頭の―を述べる。

【所管】《ショカン》(名・する)役所などが支配し、管理すること。また、その範囲《ハンイ》。類 所轄《ショカツ》・管轄。例 各省庁の―する関係機関。

【所願】《ショガン》 ねがうこと。ねがい。例 長年の―。

【所期】《ショキ》 まえもって、そうしようと心に決めること。類 予期。例 ―の目的を達成する。

【所業】《ショギョウ》 おこない。しわざ。ふるまい。例 ひどい―だ。表記「所行」とも書く。

【所見】《ショケン》 ①見たところ。見たもの。また、検査の結果。例 医師による―。②考え。意見。例 ―を述べる。

【所作】《ショサ》 ①おこない。身のこなし。ふるまい。動作。例 同じ―をくりかえす。②「所作事《ショサごと》」の略。

【所作事】《ショサごと》 歌舞伎《かぶき》で、音曲《オンギョク》に合わせておどるおどり。また、おどりを主とした芝居《しばい》。振《ふ》り事。

【所載】《ショサイ》 印刷物にのせてあること。例 前号―の論文。

【所在】《ショザイ》 ①ものごとのある場所。ありか。例 責任の―を明らかにする。②そのもののある場所。人の居る場所。例 家の―地。―を知らせる。③すること。仕事。任務。例 ―なさそうにしている。

【所産】《ショサン》 つくり出したもの。生産されたもの。産物。例 長年の努力の―。

【所司】《ショシ》 ①鎌倉《かまくら》時代の職名で、侍所《さむらいどころ》・小《こ》侍所の次官。②室町《むろまち》時代の職名で、侍所の長官。

【所司代】《ショシダイ》 ①室町《むろまち》時代、所司の代理として事務を取りあつかった職。②「京都所司代」の略。江戸《えど》時代の職名で、京都の護衛、朝廷《チョウテイ》・公家《クゲ》・西国大名の監察《カンサツ》などをおこなった。また、その役所。

【所持】《ショジ》(名・する)身につけて持っていること。例 ―品。

【所収】《ショシュウ》 書物におさめられていること。例 全集第二巻に―の長編。

【所出】《ショシュツ》 ①出どころ。類 出所《シュッショ》。例 ―が判明する。②生まれ。類 出生。例 ―にからむなぞ。

【所所】《ショショ》 ところどころ。ここかしこ。例 ―に散らばる。表記「処処」とも書く。

【所信】《ショシン》 あることがらについて信じているところ。例 ―を表明する。

【所生】《ショセイ》〔「ショショウ」とも〕①生みの親。父母。②生まれた土地。出生地。③生み出したもの。作り出したもの。

【所説】《ショセツ》 説くところ。主張している内容。例 かれの―を聞く。

【所詮】《ショセン》(副)結局。つまり。どんなにしても。〔否定的な結果についていうことが多い〕例 ―(は)助からない。―はかない夢だ。

【所蔵】《ショゾウ》(名・する)しまっておくこと。また、しまってあるもの。例 ―品。フィレンツェの美術館の―する名画。

【所属】《ショゾク》(名・する)ある組織や団体に属していること。例 テニス部に―する。海上保安庁に―している船。

【所存】《ショゾン》 思うところ。考え。つもり。例 最後までがんばり通す―です。

【所帯】《ショタイ》 ①生活のもとになる土地・家屋・財産。例 ―をたたむ。②独立して一家をかまえ、生計をいとなむこと。また、その一家。世帯《セタイ》。例 ―道具。―を持つ。③一家の暮らし。例 ―をきりつめる。表記 ▽「▽世帯」とも書く。

【所長】《ショチョウ》 研究所・出張所・営業所などの長。

【所定】《ショテイ》 あらかじめ決まっていること。例 ―の用紙。―の場所。

【所伝】《ショデン》 文書や口伝えなどによって伝えられたもの。伝え。例 代代《ダイダイ》―の宝物。

【所動】《ショドウ》 はたらきかけられること。受け身。受動。例 ―的な生き方をする。

【所得】《ショトク》 ①自分のものとなること。②〔経〕個人や企業《キギョウ》が、一定の期間内に得た収入や利益。例 ―税。

【所望】《ショモウ》(名・する)ほしいとのぞむこと。例 ―の品が届く。貴殿《キデン》のご―により…。

【所有】《ショユウ》(名・する)自分のものとして持っていること。また、そのもの。例 ―者。

【所有権】《ショユウケン》 ものを自由に使ったり、処分したりすることのできる権利。例 土地の―を主張する。

【所与】《ショヨ》 ①あたえられていること。また、そのもの。例 ―の事例をもとに判断する。②〔哲〕解決すべき課題としてあたえられたもの。与件。

【所《ショ》用《ヨウ》】①用事。用件。例―で外出する。②もちいること。また、そのもの。例当社―の資材。

【所《ショ》要《ヨウ》】必要なこと。また、必要とするもの。例―時間。―経費。

【所《ショ》領《リョウ》】大名や寺社などが所有する土地。領地。

【所《ショ》労《ロウ》】①つかれ。②病気。わずらい。例―につき休暇《キュウカ》を願う。

【所《ショ》論《ロン》】論じるところ。主張する論。意見。例かれの―と対立する。

【所《ところ》柄《がら》】その土地の性質やようす。場所がら。例―をわきまえる。

【▽所《ゆえ》▽以《ん》】いわれ。わけ。理由。例人の人たる―。

◐箇《カ》所《ショ》・急《キュウ》所《ショ》・近《キン》所《ジョ》・随《ズイ》所《ショ》・関《せき》所《ショ》・短《タン》所《ショ》・長《チョウ》所《ショ》・難《ナン》所《ショ》・場《ば》所《ショ》・見《み》所《どころ》・名《メイ》所《ショ》・役所《ヤクショ》《ヤクどころ》

戸4

【房】 8画 4328 623F 常用 音ホウ漢 ボウ呉 訓ふさ・へや

筆順 

戸4

【房】8画 なりたち  ［形声］「戸（＝と）」と、音「方《ホウ》」とから成る。堂の中で、左右のわきにある部屋。

意味 ❶母屋《おもや》の両わきの小部屋。家の中のくぎられた空間。へや。例厨《チュウ》房《ボウ》。❷すまい。いえ。例山《サン》房《ボウ》。❸小部屋のようにくぎられた形のもの。例心《シン》房《ボウ》。❹ふくろの形をした部屋。例子《シ》房《ボウ》。乳《ニュウ》房《ボウ》。❺二十八宿の一つ。そいぼし。例房《ボウ》宿《シュク》。

日本語での用法 一《ふさ》①小さなものがたくさんまとまっているもの。「花《はな》房《ぶさ》・ブドウの房《ふさ》」②束ねた糸の先をばらばらにしたもの。「房《ふさ》のついたひも」 二《ボウ》旧国名「安《あ》房《わ》（＝今の千葉県南部）」の略。「房《ボウ》州《シュウ》・房《ボウ》総《ソウ》」

人名 お・のぶ

【房《ボウ》事《ジ》】男女の性の交わり。〔閨《ケイ》房《ボウ》（＝寝《シン》室《シツ》）のなかでのことがらの意から〕

【房《ボウ》室《シツ》】部屋。

【房《ボウ》宿《シュク》】二十八宿の一つ。東南にあり、今のさそり座の頭にあたる四つの星。そいぼし。

【房《ボウ》中《チュウ》】①部屋のなか。室内。②寝《シン》室《シツ》のなか。

◐官《カン》房《ボウ》・監《カン》房《ボウ》・工《コウ》房《ボウ》・獄《ゴク》房《ボウ》・茶《サ》房《ボウ》・子《シ》房《ボウ》・書《ショ》房《ボウ》・心《シン》房《ボウ》・僧《ソウ》房《ボウ》・暖《ダン》房《ボウ》・厨《チュウ》房《ボウ》・独《ドク》房《ボウ》・乳房《ニュウボウ》《ちぶさ》・女《ニョウ》房《ボウ》・文《ブン》房《ボウ》・冷《レイ》房《ボウ》

戸4 【所】8画 ⇩【所《ショ》】（421ページ）

戸4 【房】8画 ⇩【房《ボウ》】（422ページ）

戸4 【戻】8画 ⇩【戻《レイ》】（421ページ）

戸5

【扁】 9画 5708 6241 音ヘン漢 訓ひら-たい

意味 ❶とびらの上などにかかげるふだ。額《ガク》。例扁《ヘン》額《ガク》。❷ひらたい。例扁《ヘン》平《ペイ》。❸小さい。例扁《ヘン》舟《シュウ》。

日本語での用法《ヘン》漢字の字形を構成する要素の一つ。原則として、左右に分けられる漢字字形のうち、意味をあらわすと認められる部分。通常、左側の部分。偏《ヘン》。「木《き》扁《ヘン》・扁《ヘン》旁《ボウ》」

【扁《ヘン》額《ガク》】門や室内にかける、横に長い額。

【扁《ヘン》舟《シュウ》】小《こ》舟《ぶね》。例大海にうかぶ―。

【扁《ヘン》桃《トウ》】①バラ科の落葉高木。種子は食用また薬用。アーモンド。アメンドウ。②「扁《ヘン》桃《トウ》腺《セン》」に同じ。

【扁《ヘン》桃《トウ》腺《セン》】のどのおくにある長円形のリンパ腺。

【扁《ヘン》平《ペイ》】（名・形動ダナ）たいらなこと。ひらべったいこと。

【扁《ヘン》平《ペイ》足《ソク》】足の裏がたいらで、土ふまずのくぼみがほとんどない足。

【扁《ヘン》▼旁《ボウ》】漢字のへんとつくり。例―冠《カン》脚《キャク》。表記「偏▼旁」とも書く。

戸6

【扇】 10画 3280 6247 常用 音セン漢呉 訓おうぎ

筆順 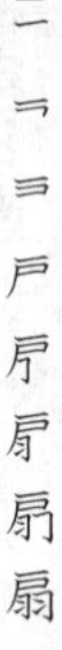

戸6

【扇】10画 なりたち  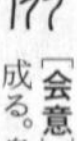 ［会意］「戸（＝と）」と「羽（＝つばさ）」とから成る。鳥のつばさのように開閉するとびら。派生して「おうぎ」の意。

意味 ❶あおいで風をおくる道具。うちわ。おうぎ。例扇《セン》子《ス》。扇《セン》面《メン》。団《ダン》扇《セン》。❷おうぎなどで風をおこす。あおぐ。例扇《セン》風《プウ》。❸けしかけて、ある感情や行動を起こすようにしむける。あおる。同煽《セン》。例扇《セン》情《ジョウ》。扇《セン》動《ドウ》。

難読 海扇《ほたてがい》

人名 み

【扇《セン》情《ジョウ》】（名・する）情欲をあおりたてること。例―的な写真を使ったポスター。表記 旧▼煽情

【扇《セン》状《ジョウ》地《チ》】川が山から平地に流れ出たところに、流れに運ばれてきた土《ド》砂《シャ》が積もってできた、扇《おう》形《ぎがた》の土地。

【扇《セン》子《ス》】あおいですずむための道具。竹や木を細くけずったものを一か所でまとめ、紙や布をはって折りたためるようにしたもの。おどりなどにも用いる。おうぎ。

【扇《セン》動《ドウ》】（名・する）他人をそそのかし、あおりたてて、ある行動を起こすようにしむけること。例若い者を―するような文章。表記 旧▼煽動

【扇《セン》面《メン》】①おうぎの地《ジ》紙《がみ》。また、その形。例―に切った紙。②おうぎ。扇《セン》子《ス》。

【扇《セン》揚《ヨウ》】（名・する）〔おうぎが風を起こすのにたとえて〕他からの力であおりあげること。

◐夏《カ》炉《ロ》冬《トウ》扇《セン》・団《ダン》扇《セン》・鉄《テッ》扇《セン》

戸6 【扇】10画 ⇩【扇《セン》】（422ページ）

戸7

【扈】 11画 *7829 *6248 音コ漢 訓したが-う

意味 君主のお供をする。したがう。例扈《コ》従《ショウ》。

【扈従《コショウ》《コジュウ》】（名・する）身分の高い人のお供をすること。また、その人。

戸8

【扉】 12画 4066 6249 常用 音ヒ漢 訓とびら

筆順 

戸8

【扉】12画 なりたち 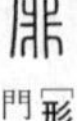 ［形声］「戸（＝と）」と、音「非《ヒ》」とから成る。門のとびら。

意味 ひらき戸。とびら。例柴《サイ》扉《ヒ》。鉄《テッ》扉《ピ》。門《モン》扉《ピ》。

戸8 【扉】12画 ⇩【扉《ヒ》】（422ページ）

64 4画
手て(扌てへん)部

五本指のある手の形をあらわす。「手」が偏《へん》(=漢字の左がわの部分)になるときは「扌(てへん)(三画)」となる。「手」をもとにしてできている漢字と、「才」と形が似ている「才」とを集めた。

手 0

【手】

4画 2874 624B 教育1

音 ス慣 シュウ漢 シュ呉
訓 て・た
付表 上手《じょうず》・手伝《てつだ》う・下手《へた》

筆順 丿 二 三 手

なりたち  [象形] 指と、てのひらを広げた形。て。

意味 ❶てくび(または肩《かた》)から先の部分。て。例 握手《アクシュ》・挙手《キョシュ》・拍手《ハクシュ》。❷自分自身で。てずから。例 手記《シュキ》・手書《シュショ》。❸てさきを使ってすること。例 手芸《シュゲイ》・手話《シュワ》。❹筆跡。て。例 手跡《シュセキ》・手習《てなら》い。❺やり方。うでまえ。例 手段《シュダン》・手法《シュホウ》・妙手《ミョウシュ》。❻ある技術を有する人。仕事をする人。例 運転手《ウンテンシュ》・名手《メイシュ》。

日本語での用法 一《て》①道具や器物の、手で持つ部分。「取《と》っ手《て》・持《も》ち手《て》」②有効なはたらきや方法。「手《て》を打《う》つ・決《き》め手《て》」③方向。方面。「上手《かみて》・山《やま》の手《て》・行《ゆ》く手《て》」④性質や形状の種類。「厚手《あつで》・古手《ふるて》・この手《て》の品《しな》」⑤受けた傷。「痛手《いたで》・深手《ふかで》」⑥代価。代金。だちん。「酒手《さかて》」⑦交際。関係。「手《て》を切《き》る」⑧労働力としての人。「手《て》が足《た》りない・ネコの手《て》も借《か》りたいほどいそがしい」二《た》「て」の変化したもの。多く熟語として、複合した形で用いる。「手折《たお》る・手綱《たづな》・花《はな》を手向《たむ》ける」

難読 空手《すで》・双手《もろて》・手巾《てぬぐい》・手向山《たむけやま》・手弱女《たおやめ》・手水《ちょうず》・手斧《ちょうな》

人名 で

【手淫《シュイン》】手などで自分の性器を刺激《シゲキ》して快感を得ること。自慰《ジイ》。オナニー。

【手簡《シュカン》】手紙。自筆の手紙。類 書簡・手札《シュサツ》。表記「手▼翰」とも書く。

【手記《シュキ》】①自分の体験や感想などを書きしるしたもの。例 戦争体験者の—。②自分で書きしるすこと。類 自書。

【手技《シュギ》】手でするわざ。手仕事。手芸。

【手巾《シュキン》】手ぬぐい。手ふき。ハンカチーフ。

【手芸《シュゲイ》】ししゅうや編み物など、手先でする工芸。例 —用品。—クラブ。

【手工《シュコウ》】(木・紙・竹などを使って)手先でする仕事。手工芸。

【手交《シュコウ》】(名・する)(公式文書などを)手わたしすること。例 総理大臣の親書を—する。

【手稿《シュコウ》】手書きの原稿。例 —本《ボン》。

【手札】一《シュサツ》手紙。自筆の手紙。類 手簡。二《てふだ》①名ふだ。名刺《メイシ》。②トランプなどで、手持ちのふだ。③「手札判《てふだバン》」の略。写真で、縦十一センチメートル、横八センチメートルほどの大きさ。

【手写《シュシャ》】(名・する)手で書き写すこと。例 —本。文人の手紙を—する。

【手術《シュジュツ》】(名・する)医師が治療《チリョウ》のため、からだの一部を切り開いて、必要な処置をすること。

【手書《シュショ》】一(名・する)みずから書きしるすこと。また、そのもの。手書き。二(名)自筆の手紙。

【手▼燭《シュショク—てショク》】(持ち運びができる)柄《え》のついたろうそく立て。例 —で照らす。

【手勢】一《シュセイ》手つき。手ぶり。二《てゼイ》手下の兵士。配下の軍勢《グンゼイ》。部下。例 —が減って危《あや》うくなる。

【手跡《シュセキ》】その人が書いた文字。筆跡。例 みごとな—。表記「手▼蹟」とも書く。

【手足】一《シュソク》手と足。二《てあし》①手と足。例 —を動かす。②自分の手や足のようになって働く者。腹心の部下。例 社長の—となって働く。

【手沢《シュタク》】①長く使っているために、ものについたつや。②故人の生前の愛用品。例 亡《な》くなった先生の—の辞書。

【手沢本《シュタクボン》】手あかがつくほど故人が愛読していた本。また、書き入れなどがされている愛蔵本。

【手段《シュダン》】目的をかなえるための方法。てだて。例 最後の—。—を選ばない。

【手中《シュチュウ》】手のなか。手のうち。例 成功を—におさめる(=自分のものにする)。

【手▼套《シュトウ—てトウ》】(「套」は、おおいの意)てぶくろ。

【手動《シュドウ》】機械などを手でうごかすこと。対 自動。例 —ポンプ。—のブレーキ。

【手法《シュホウ》】ものを作ったり、計画を進めるときのやり方。技法。また、表現の方法。例 強引《ゴウイン》な—。独自の—がみられる。

【手裏剣《シュリケン》】にぎるように持って、敵に投げつける小さな剣。

【手▼榴弾《シュリュウダン—てリュウダン》】手で投げつける小型爆弾《バクダン》。手

投げ弾。例—を投げる。

【手練】一《シュレン》 熟練したうでまえ。たくみな手ぎわ。例—の早わざ。二《てレン》 人をだましたり、まるめこんだりする方法。例—手管《てくだ》(=うまいことを言って人をあやつり、だますやり方)。

【手話】《シュワ》 耳の不自由な人が、手の動きなどで考えや気持ちを伝える言語。例—通訳士。

【手腕】《シュワン》 ものごとをその場に応じて的確におこなう力。うでまえ。てなみ。技量。例—を発揮する。—を買われる。

【手腕家】《シュワンカ》 すぐれた手腕の持ち主。実行力のある人。例総務部きっての—。

【手▽弱女】《たおやめ》 しとやかで美しい女性。優美なようすの女性。対益荒男《ますらお》。

【手綱】《たづな》 ①ウマをあやつるために、くつわに結びつけて手に持つ綱。例—さばき。—を引く。②人を指導し監督《カントク》することのたとえ。例—をゆるめると、すぐになまける。

【手向け】《たむけ》 ①神仏や死者の前にものを供えること。また、その供えもの。例—の花。②旅立つときや別れのときのおくりもの。はなむけ。例—の句。

【▽手▽水】《ちょうず》 〔「てみず」の変化〕①手や顔を水で洗うこと。また、その水。例—鉢《バチ》。—を使う。②便所。〔あとで手を洗うところから〕例—に立つ。

【▽手▽水場】《ちょうずば》 ①便所のそばの手を洗う所。②便所。

【▽手▼斧】一《ちょうな》 木材を荒削《あらけず》りするときに使う、柄《え》が鍬形《くわがた》に曲がったおの。例—始め(=大工の仕事始め)。二《ておの》 片手でにぎれる小型のおの。例—で枝をはらう。

【手当】《てあて》 一(名)①報酬《ホウシュウ》としてのお金。給料。②基本的な給料以外のお金。例住宅—。家族—。二【手当て】(名・する)①病気やけがの治療《チリョウ》や処置をすること。例応急—。②ものごとの準備や処置をすること。例輸送機の—を急ぐ。

【手荒】《てあら》 (形動《ダ》ナ) 乱暴なようす。例—なまねをするな。

【手▼枷】《てかせ》 ①昔、罪人の手首にはめて自由に動かせないようにした道具。類手錠《てジョウ》。②自由をさまたげるもの。

【手形】《てがた》 ①手のかたち。手のひらに墨《すみ》などをぬって、紙などにおしたもの。例横綱《よこづな》の—。②〔経〕一定の金額を一定の日時・場所でしはらうことを明示した有価証券。例不渡り《フわたり》—。

【手刀】一《てがたな|シュトウ》 手の指をそろえてのばし、刀のようにして小指のあるがわで打つこと。二《てがたな》 相撲《すもう》で、勝ち力士が行司《ギョウジ》から懸賞《ケンショウ》を受け取るときの作法。「心」または「忄(=りっしんべん)」を書く形に手を動かす。例—を切る。

【手紙】《てがみ》 考えや用件などを書いて相手に送る文書。書簡。書状。例—を書く。—を出す。

【手柄】《てがら》 人から注目されるような、りっぱなはたらきや仕事。類功績。例—を立てる。

【手軽】《てがる》 (形動《ダ》ナ) 簡単でたやすいこと。てまがかからないこと。例だれでも—にできる運動。—な食事ですます。

【手奇麗】《てギレイ》 (形動《ダ》ナ) 手ぎわよく、しあがりのきれいなようす。例—にかたづける。表記「手▼綺麗」とも書く。

【手際】《てぎわ》 ものごとを処理するしかた。例—がよい。

【手金】《てキン》 手付けとしてわたすお金。手付け金。例—を打つ。

【手心】《てごころ》 そのときの状態にしたがって、むりのないようにすること。手加減。例子供だからといって練習に—は加えない。

【手頃】《てごろ》 (名・形動《ダ》ナ) ①あつかいやすい大きさや重さであること。例—な大きさに切る。②自分の能力や要求に適していること。例—な値段の服。

【手下】《てした》 部下。配下。こぶん。例盗賊《トウゾク》の—。

【手順】《てジュン》 ものごとをするときの順序。段どり。例—をふむ。

【手錠】《てジョウ》 ①手首にはめて自由をうばう道具。例—をかける。②江戸《えど》時代の刑罰《ケイバツ》。また、それに用いた「①」に似た道具。手鎖《てぐさり》。

【手数】《てスウ|てかず》 ①仕事をするのに必要な労力や時間。てま。例—をかける。—がかかる。②わざわざすること。ほねおり。めんどう。例お—でした。③囲碁《イゴ》や将棋《ショウギ》で、打ったり指したりした手のかず。

【手製】《てセイ》 ①自分でつくること。また、そのもの。例—の梅ぼし。②機械などを使わず、一つ一つ手でつくること。手づくり。ハンドメイド。例—の万年筆。

【手相】《てソウ》 手のひらにあるすじやしわなどのようす。その人の性格や運勢をあらわしているとされる。例—を見る。

【手代】《てダイ》 ①主人の代理人。②商家で、番頭《バントウ》と丁稚《デッチ》との中間に位置づけられていた使用人。例材木問屋の—。

【手玉】《てだま》 布製の小さなふくろに豆などを入れたおもちゃ。おてだま。例—にとる(=自由にあやつる。思うままにあしらう)。

【手帳】《てチョウ》 予定やメモを書いておく小さなノート。

【手付け】《てつけ》 売買などの契約《ケイヤク》の保証として、まえもってしはらうお金。手付け金。手金。

【手っ甲】《てっコウ》 布や革《かわ》でつくった、手の甲をおおうもの。例—脚半《キャハン》。

【手荷物】《てにモツ》 ①手で持ち運ぶ、身の回りの荷物。例—をととのえる。②旅行客が手回り品として持ち運ぶ荷物。

【手配】《てハイ》 (名・する)①準備をすること。類用意。例切符《きっプ》の—。②犯人を逮捕《タイホ》するための準備や指令。例指名—。—写真。

【手旗】《てばた》 ①手に持つ小さな旗。②通信に用いる赤色と白色の小さな旗。例—信号。

【手機】《てばた》 「手織機《ておりばた》」の略。動力を用いないで、手や足を使って操作する織機。

【手引き】《てびき》 (名・する)①案内すること。導くこと。例内部の者が—した犯行《ハンコウ》。②入門書。案内。しおり。例—書。③つて。縁故《エンコ》。例先輩《センパイ》の—で就職した。

【手拍子】《てビョウシ》 手を打って拍子《ヒョウシ》をとること。また、その拍子。例—を打ってむかえる。

【手風琴】《てフウキン》 アコーディオン。風琴。

【手弁当】《てベントウ》 ①自分で弁当を持っていくこと。また、その弁当。②無報酬《ムホウシュウ》、または費用は自分が負担して働くこと。例—で(=ボランティアとして)福祉《フクシ》問題にとりくむ。表記▽旧手▼辨当

【手本】《てホン》 ①文字や絵を練習するとき、そばに置いて模範《モハン》とするもの。例習字の—。②見習うべき人・もの・おこない。模範。例後輩《コウハイ》のよい—となる。

【手間】《てま》 仕事を完成させるのに必要な労力と時間。例二度—《でま》。片《かた》—。—のかかる仕事。—を取らせる。

【手間賃】《てまチン》 仕事にかかった時間や出来高《できだか》に応じて、しはらわれるお金。手間。例—をはらう。—をかせぐ。

【手間暇】《てまひま》 労力と時間。例—かけてやっと完成させた。表記「手間▽隙」とも書く。

【手前味▼噌】《てまえミソ》 自分で自分をほめること。自慢《ジマン》。例—になる。—を言う。

【手▼毬】《てまり》 手でついて遊ぶまり。表記「手▼鞠」とも書く。

【手業】《てわざ》 ①手でする技術的な仕事。手仕事。②柔道《ジュウドウ》で、投げわざのうち、おもにうでを使うわざ。

●相手《あいて》・握手《アクシュ》・得手《えて》・歌手《カシュ》・旗手《キシュ》・逆手《ギャクて|さかて》・挙手《キョシュ》・空手《クウシュ|からて》・好敵手《コウテキシュ》・小手《こて》・後手《ごて》・下手《したて|しもて|へた》・上手《じょうず|うわて|かみて》・触手《ショクシュ》・助手《ジョシュ》・選手《センシュ》・先手《センて》・着手《チャクシュ》・入手《ニュウシュ》・拍手《ハクシュ》・懐手《ふところで》・捕手《ホシュ》・妙手《ミョウシュ》・名手《メイシュ》・両手《リョウて|もろて》

扌 0

【才】 3画 2645 624D 教育2 音 サイ(漢) ザイ(呉)

筆順 一 寸 才

なりたち  [会意]「丨(=茎《くき》)」が上へ向かって「一(=地)」をつらぬき、「ノ(=枝葉)」が生えようとしている、芽ばえたばかりの草木。派生して「はじめ・もちまえ」の意。

意味 ❶生まれつき。素質。例才気《サイキ》。才能《サイノウ》。天才《テンサイ》。❷学識。教養。ざえ。例才女《サイジョ》。多才《タサイ》。❸やっと。わずかに。

日本語での用法《サイ》俗《ゾク》に、年齢《ネンレイ》をあらわす「歳《サイ》」の略字として用いる。「十二才《サイ》」

人名 かた・さとし・たえ・ちから・とし・もち・もと

【才媛《サイエン》】〔「媛」は、美しい女性の意〕学問や才能のある美しい女性。才女。対才子。例某《ボウ》女子大学出身の―。

【才覚《サイカク》】一(名)あたまのさえ。するどいひらめき。くふう。類機転。例―に富む。―一つで世をわたる。二(名・する)くふうして、資金や物資を手に入れること。くめん。類算段。例―がうまい。資金を―する。

【才学《サイガク》】才能と学問。例―衆にすぐれる。

【才幹《サイカン》】ものごとをうまく成しとげる能力。才能。例リーダーとしての―をそなえる。

【才気《サイキ》】するどい頭のはたらき。例―煥発《カンパツ》(=するどいひらめきにかがやいていること)。―ばしる(=りこうすぎる)。

【才器《サイキ》】才能と力量。また、それらを備えたすぐれた人。例―ある指導者。

【才芸《サイゲイ》】才能と身につけている技芸。例―がある人。

【才子《サイシ》】才能と知恵《チエ》のすぐれた人。よく気のまわる人。才人。対才女・才媛《サイエン》。例―多病(=才知のある人は、からだが弱く病気がちであるということ)。

【才女《サイジョ》】すぐれた才能のある女性。才媛《サイエン》。対才子。

【才色《サイショク》】(女性の)すぐれた才能と美しい顔だち。例―ともにぬきんでた女性。

【才色兼備《サイショクケンビ》】(女性が)すぐれた才能があると同時に顔かたちも美しいこと。例―の新婦。

【才人《サイジン》】すぐれた才能のある人。才子。

【才藻《サイソウ》】〔「藻」は、詩や文章に使われる美しいことばの意〕すぐれた詩文をつくる豊かな才能。文才。例―にめぐまれる。

【才知《サイチ》】才能と知恵《チエ》。頭脳のはたらき。例―を縦横に発揮する。―に富む。表記 旧才▼智

【才▼槌《サイづち》】小さな木製のつち(=ものをたたく道具)。例―頭(=才槌の形に似て、ひたいと後頭部がつき出ている頭)。

【才徳《サイトク》】才能と人格。

【才能《サイノウ》】才知と能力。すぐれた素質や能力。例音楽の―。―を開花させる。

【才筆《サイヒツ》】すぐれた詩や文章。また、それを書く才能。文才。例―をふるう。

【才物《サイブツ》】頭のはたらきがよく、すぐれた才能のある人物。才子。対鈍物《ドンブツ》。例―との評判が高い。

【才望《サイボウ》】才能と人望。才能にめぐまれ、信頼《シンライ》のあついこと。例なかなか―ある人物だ。

【才名《サイメイ》】才能があるという評判。例―が高い。

【才略《サイリャク》】〔「略」は、計略・はかりごとの意〕①知恵《チエ》と、はかりごと。例―にひいでる。②うまく考えたはかりごと。類知略・知謀《チボウ》。例―にひっかかる。

【才量《サイリョウ》】才気と度量。才度。例成功はかれの―による。

【才腕《サイワン》】ものごとをてきぱきと処理するうでまえ。類敏腕《ビンワン》。例―をふるう。

〇●英才《エイサイ》・奇才《キサイ》・鬼才《キサイ》・秀才《シュウサイ》・俊才《シュンサイ》・商才《ショウサイ》・多才《タサイ》・天才《テンサイ》・鈍才《ドンサイ》・非才《ヒサイ》・文才《ブンサイ》

扌 1

【扎】 4画 5709 624E 音 サツ(漢)

意味 ❶ぬく。❷つきさす。例扎針《サッシン》(=針をさす)。

扌 2

【打】 5画 3439 6253 教育3 音 テイ(漢) チョウ(呉) ダ(唐) 訓 う-つ・う-ち・ダース

筆順 一 十 扌 扌 打

なりたち  [形声]「扌(=て)」と、音「丁《テイ》」とから成る。撃《う》つ。

意味 ❶たたく。ぶつ。うつ。例打撃《ダゲキ》。打擲《チョウチャク》。殴打《オウダ》。❷動詞の上につけて、その動作をすることをあらわす。例打開《ダカイ》。打算《ダサン》。打診《ダシン》。❸単位をあらわすことば。十二でひと組みのもの。英語のダース(dozen)の意にあてて用いる。

日本語での用法《うち・うつ》①動詞の上につけて、下のことばの意味を強めたり、「ちょっと」「すっかり」などの意味をそえたりする。「打《う》ち砕《くだ》く・打《う》ちながめる」②(動作を)する。(わざを)つかう。「網《あみ》を打《う》つ・ばくちを打《う》つ・逃《に》げを打《う》つ」

使い分け うつ【打・討・撃】⇩1163ページ

【打ち掛け《うちかけ》】帯をしめた上にはおる、すその長い豪華《ゴウカ》な着物。江戸《えど》時代は武家の婦人の礼装で、現在も花嫁衣装《はなよめイショウ》として着る。かいどり。表記「▼裲▼襠」とも書く。

【打ち首《うちくび》】刀で首を切り落とすこと。また、それによる刑罰《ケイバツ》。斬首《ザンシュ》。斬罪。

【打ち粉《うちこ》】①そばやうどんを打つときに、ねばりつかないようにまくこな。②あせを吸いとるために肌《はだ》につけるこな。あせ知らず。③刀剣《トウケン》をみがいて手入れするときにふる、とのこ。

【打ち抜き《うちぬき》】①厚紙やうすい金属の板に、型をあてて穴をあけること。また、その穴をあけたもの。②へだてるものを取りはらって、ひと続きにすること。ぶちぬき。例二間《ふたま》―の広間。

【打ち▼紐《うちひも》】二本以上の糸をかたく組み合わせてつくったひも。組みひも。例―の帯締《おびじ》め。

【打ち身《うちみ》】からだを強く打ちつけてできた皮膚《ヒフ》の内側の傷や出血。打撲傷《ダボクショウ》。

【打ち水《うちみず》】(名・する)ほこりが立つのをしずめたり、すずしくしたりするために、道や庭に水をまくこと。また、その水。

【打ち物《うちもの》】①型に入れてかためた干菓子《ひガシ》。打ち菓子。②打って音を出す楽器。とくに、鉦《かね》や鼓《つづみ》など。③打ってきたえた金属製の道具。とくに、刀ややりなどの武器。対鋳物《いもの》。

【打ち綿《うちわた》】古い綿を打ち直して、また使えるようにしたもの。

【打開《ダカイ》】(名・する)行きづまった状態を切りひらいて、よい方向に導くこと。例―策を講じる。

【打楽器《ダガッキ》】打って音を出す楽器。太鼓《タイコ》・木琴《モッキン》・シンバル・カスタネット・ティンパニ・鉦《かね》など。

【打▼毬《ダキュウ》】毬杖《ギッチョウ》という棒でまりを打って遊ぶ競技。平安時代に中国から伝わった。毬杖。

【打球《ダキュウ》】野球やゴルフなどで、打ったボール。

【打撃《ダゲキ》】①強く打つこと。②大きな損害。いたで。ショック。例不況《フキョウ》で店が―を受ける。③野球で、ピッチャーの投げたボールをバッターが打つこと。バッティング。

【打算《ダサン》】(名・する)損得をはかること。例―がはたらく。

【打算的】《ダサンテキ》(形動ダナ) 何ごとにもまず損得を考えるようす。例 いかにも—な意見だ。

【打者】《ダシャ》 野球で、ピッチャーの投げたボールを打つ人。バッター。例 強—。—一巡《イチジュン》の猛攻《モウコウ》。

【打順】《ダジュン》 野球で、バッターが打席にはいる順番。バッティングオーダー。

【打診】《ダシン》(名・する)①〔医〕指先で患者《カンジャ》の胸や背中などを軽くたたき、音によって内臓の状態をみること。②事前にはたらきかけて、相手の考えや出かたをさぐること。例 先方の意向を—する。

【打数】《ダスウ》 野球で、バッターが安打・三振《サンシン》・凡打《ボンダ》した回数。四死球や犠打《ギダ》はふくめない。打率を算出するときのもとになる。例 四—一安打。

【打席】《ダセキ》 野球で、バッターの立つ決められた位置。バッターボックス。例 —に立つ。—をはずす。

【打線】《ダセン》 野球で、バッター全員の顔ぶれ。また、その攻撃《コウゲキ》力。例 —を組む。—が爆発《バクハツ》する。

【打点】《ダテン》 野球で、安打・四死球・犠打《ギダ》などによってバッターがあげた得点。例 —王。—を争う。

【打電】《ダデン》(名・する) 電報や無線電信を打つこと。

【打倒】《ダトウ》(名・する) うちたおすこと。負かすこと。やっつけること。例 —現内閣《ゲンナイカク》。平氏—をくわだてる。

【打破】《ダハ》(名・する)①うちやぶること。負かすこと。例 敵を完全に—するまで戦う。②のぞましくない状況《ジョウキョウ》や習慣をなくすこと。例 因習を—する。

【打棒】《ダボウ》 野球で、バット。また、打撃《ダゲキ》力。例 —をふるう。

【打撲】《ダボク》(名・する) ぶつけたり、なぐられたりすること。例 —傷《ショウ》。全身—。

【打率】《ダリツ》 野球で、全打数に対するヒットの割合。打撃《ダゲキ》成績を示す。例 新しい打法で—アップをねらう。

【打力】《ダリョク》 ①打つ力。②野球で、攻撃《コウゲキ》して点を取る力。

【▽打▼擲】《チョウチャク》(名・する) 人をぶったり、なぐったりすること。例 —を加える。

○●安打《アンダ》・代打《ダイダ》・単打《タンダ》・長打《チョウダ》・博打《バクち》・貧打《ヒンダ》・凡打《ボンダ》・本塁打《ホンルイダ》・猛打《モウダ》・乱打《ランダ》・連打《レンダ》

扌2

【払】

5画 4207 6255 常用

音 フツ漢 ホツ呉唐

訓 はら-う・はら-い

筆順 一 十 扌 扎 払

扌5

【拂】

8画 5736 62C2 人名

なりたち [形声]「扌(=て)」と、音「弗《フツ》」とから成る。うちはらう。

意味 はらいのける。とりのぞく。はらう。例 払拭《フッショク》。払底《フッテイ》。厄払《ヤクばら》い。

日本語での用法《はらい・はらう》①代償《ダイショウ》・代金を差し出して、事をすます。「税金《ゼイキン》を払《はら》う・犠牲《ギセイ》を払《はら》う」②わざわざ気持ちを向ける。心してする。「敬意《ケイイ》を払《はら》う・注意《チュウイ》を払《はら》う」

【払暁】《フツギョウ》 夜明け。明け方。あかつき。

【払拭】《フッショク》(名・する)(のぞましくないものを)すっかりとりのぞくこと。ぬぐい去ること。例 不安を—する。—しきれない不信感。

【払底】《フッテイ》(名・する)(いれものをひっくり返して底をはたいたように)物がすっかりなくなってしまうこと。品切れ。例 在庫—。市場に—している商品。

【払戻】(名・する) 一《フツレイ》 さからうこと。そむくこと。二【払い戻し】《はらいもどし》 一度はらわれたお金を返すこと。例 運賃の—。

【▽払子】《ホッス》〔「ホッス」は唐音《トウオン》〕〔仏〕ウマのしっぽの毛などを束ねて柄《え》をつけた仏具。煩悩《ボンノウ》をはらうための象徴《ショウチョウ》とする。

扌3

【扱】

6画 1623 6271 常用

音 一 キュウ漢 二 ソウ漢

訓 あつか-う・あつか-い

筆順 一 十 扌 扌 扔 扱

扌4

【扱】

7画

なりたち [形声]「扌(=て)」と、音「及《キュウ》」とから成る。おさめる。

意味 一《キュウ》 おさめる。取り入れる。二《ソウ》 はさむ。

日本語での用法 一《あつかい・あつかう》機械などを使いこなす。事件などの処理にあたる。相手となる人やものにふさわしい対応をする。「取《と》り扱《あつか》う・客《キャク》の扱《あつか》いがよい」二《こく・しごく》はさんだりひっぱったりして、まわりについているものをとりのぞく。また、そのような動作をする。「稲《いね》を扱《こ》く・槍《やり》を扱《しご》く・扱《しご》き帯《おび》」三《しごく》きびしく訓練する。「運動部《ウンドウブ》で扱《しご》かれる・研修《ケンシュウ》に行《い》って扱《しご》いてもらうがいい」

扌3

【扞】

6画 5710 625E

音 カン漢

訓 ふせ-ぐ・まも-る

意味 ❶さえぎる。こばむ。同 捍《カン》。例 扞拒《カンキョ》(=ふせぎとめる)。❷侵《おか》されないように、くいとめる。ふせぐ。まもる。同 捍《カン》。例 扞衛《カンエイ》(=ふせぎまもる)。❸ふれる。おかす。❹勇猛《ユウモウ》なようす。同 悍《カン》。

扌3

【扣】

6画 5711 6263

音 コウ漢

訓 う-つ・たた-く・ひか-える

意味 ❶進もうとするものをおさえて、ひきとめる。ひかえる。例 扣留《コウリュウ》(=ひきとめておく)。❷さしひく。例 扣除《コウジョ》。❸たたく。うつ。同 叩《コウ》。例 扣門《コウモン》(=門をたたく)。❹刀をぬきかける。鯉口《こいぐち》を切る。

【扣除】《コウジョ》(名・する) 金額・数量などを差し引くこと。表記 現 控除

【扣頭】《コウトウ》(名・する)〔あたまで地面をたたく意〕ていねいにおじぎをすること。例 —してあやまる。表記「▼叩頭」とも書く。

扌3

【扛】

6画 5712 625B

音 コウ漢

訓 あ-げる

意味 ❶両手で重いものを持ち上げる。上げる。例 扛鼎《コウテイ》(=かなえを持ち上げる)。❷力を合わせて持ち上げる。❸肩《かた》でになう。かつぐ。

扌3

【扠】

6画 5713 6260

音 サ漢

訓 さ-す・やす・さて

意味 ❶魚をつきさしてとる道具。やす。同 杈《サ》。例 魚扠《ギョサ》。❷つきさす。さす。

日本語での用法《さて》「扠」が「叉《サ》」と「手《て》」とに分けられることから、日本語の「さて」にあてたもの。→【扨】《さて》(426ページ)

扌3

【扨】

6画 5714 6268 国字

訓 さて

意味 ❶次の話題に移るときに用いることば。ところで。さて。

例 扨《さて》、次《つぎ》に討論《トウロン》に入《はい》ります。❷何かを始めようとするときのかけ声。また、ためらう気持ちなどをあらわす。さあ。例 扨《さて》そろそろ帰《かえ》ろうか。扨《さて》どうしたものか。
参考「扠」の変形したもの、という説がある。

扌 3

【托】

6画 3481 6258 人名 音 タク漢呉 訓 の-せる

意味 ❶手のひらにものをのせる。例 托鉢《タクハツ》。❷ものをのせる台。例 托子《タクシ》。茶托《チャタク》。❸たよる。たのむ。あずける。同 託《タク》。例 一蓮托生《イチレンタクショウ》。委託《イタク》。一書《イッショ》を人《ひと》に托《タク》して送《おく》る。

【托子】《タクシ》 茶わんをのせるひらたいうつわ。茶托。

【托生】《タクショウ》 ほかのものにたよって生きていくこと。託生。→【一蓮托生】《イチレンタクショウ》（4ページ）

【托鉢】《タクハツ》（名・する）〔仏〕僧《ソウ》が鉢《ハチ》を持ってお経《キョウ》をとなえながら家々を回り、お金や食べ物などのほどこしを受けること。乞食《コツジキ》。例 —僧。

●茶托《チャタク》

扌 4

【扼】

7画 5715 627C 音 アク漢 ヤク呉 訓 おさ-える

意味 ❶おさえつける。にぎりしめる。しめつける。おさえる。例 扼殺《ヤクサツ》。扼腕《ヤクワン》。❷牛馬に車を引かせるとき、その首をおさえる横木。くびき。同 軛《ヤク》。

【扼喉】《ヤクコウ》（名・する）のどもとをおさえつけること。例 京《キョウ》大阪《おおさか》に至る—の地。

【扼殺】《ヤクサツ》（名・する）首をしめてころすこと。

【扼腕】《ヤクワン》（名・する）自分のうでを強くにぎりしめて、はげしい感情をあらわすこと。例 切歯《セッシ》—する（=歯ぎしりをし、うでを強くにぎりしめていかりをあらわす。または、残念がる）。

扌 4

【抂】

7画 5716 6282 音 一 オウ漢 二 キョウ漢 訓 ま-げる

意味 一《オウ》 曲げる。同 枉《オウ》。二《キョウ》 あれくるう。同 狂《キョウ》。

日本語での用法《オウ・ワ》道理をわきまえず、でたらめなこと。「抂《オウ|ワ》惑《ワク|ヤク》」

扌 4

【找】

7画 5718 627E 音 一 カ漢 二 ソウ漢

意味 一《カ》 船をこぐ。同 划《カ》。二《ソウ》 ❶さがし求める。例 找尋《ソウジン》。❷不足を補う。

扌 4

【技】

7画 2127 6280 教育5 音 キ漢 ギ呉 訓 わざ

筆順 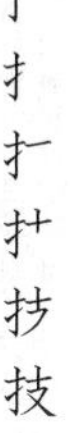

なりたち  [形声]「扌(=て)」と、音「支《シ》→キ」とから成る。たくみなわざ。

意味 ❶手先のこまかいわざ。習練・研究によって身につけたすぐれたはたらき。うでまえ。例 技芸《ギゲイ》。技術《ギジュツ》。演技《エンギ》。❷役者。わざおぎ。同 伎《ギ》。

使い分け わざ【技・業】⇩1182ページ

人名 あや・たくみ

【技官】《ギカン》 特別の技術や学術に関する仕事をする国家公務員。例 厚生労働—。

【技芸】《ギゲイ》 美術・工芸分野の専門的な技術。例 —をみがく。

【技工】《ギコウ》 手でものを加工する技術。また、その技術をもっている人。例 歯科—士（=入れ歯などをつくる技術者）。

【技巧】《ギコウ》 たくみな技術。芸術作品などをつくり上げるときに示されるすぐれた技術。テクニック。例 —をこらす。—的な文章。

【技師】《ギシ》 高度の専門的な技術がいる仕事をしている人。技術者。エンジニア。例 建築—。

【技手】《ギシュ》 技師の下で、技術に関する仕事をする人。〔技師《ギシ》と発音が似ているので、区別して「ギて」ともいう〕

【技術】《ギジュツ》 ①（たくみに）ものをつくったり、ものごとをうまくおこなったりするわざ・方法。テクニック。例 運転—。②科学の理論を実際の生活に役立てるわざ。例 —革新。—の進歩。

【技能】《ギノウ》 ものをつくったり、ものごとをおこなったりする能力。うでまえ。例 —試験。英会話の—。

【技法】《ギホウ》 芸術・スポーツなどで、技術上の方法。手法。例 パステル画の—。

【技量】《ギリョウ》 ものごとをたくみにおこなう能力。うでまえ。手腕《シュワン》。表記 旧 技▼倆。また、「▽伎▼倆」とも書く。

●演技《エンギ》・球技《キュウギ》・競技《キョウギ》・国技《コクギ》・実技《ジツギ》・神技《シンギ》・闘技《トウギ》・特技《トクギ》・寝技《ねわざ》・妙技《ミョウギ》・余技《ヨギ》

扌 4

【抉】

7画 5717 6289 音 ケツ漢 訓 えぐ-る

意味 ❶えぐりとる。（かくれていたものを）あばく。えぐる。例 抉剔《ケッテキ》。探抉《タンケツ》。❷弓を射るときに指を傷つけないための道具。ゆがけ。例 抉拾《ケッシュウ》（=ゆがけ）。

【抉▼剔】《ケッテキ》（名・する）〔「剔」も、えぐる意〕えぐり出すこと。類 剔抉《テッケツ》・抉出。例 爬羅《ハラ》—する（=あばき出す）。

扌 4

【抗】

7画 2519 6297 常用 音 コウ漢 訓 ふせ-ぐ・あらが-う

筆順 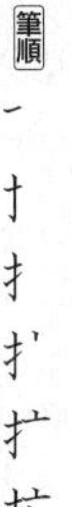

なりたち  [形声]「扌(=て)」と、音「亢《コウ》」とから成る。ふせぐ。

意味 ❶こばむ。てむかう。さからう。対等にはりあう。例 抗議《コウギ》。抗争《コウソウ》。対抗《タイコウ》。反抗《ハンコウ》。❷高くあげる。はりあげる。例 抗声《コウセイ》（=声をはりあげる）。

【抗議】《コウギ》（名・する）相手のやり方・態度・意見に対して、反対意見や苦情を強く申し立てること。例 —行動。

【抗菌】《コウキン》〔医〕有害な細菌がふえるのをおさえること。例 —作用。—性の物質。

【抗言】《コウゲン》（名・する）相手の意見に逆らって自分の意見を強く言いはること。類 抗弁・抗論。

【抗原】《コウゲン》〔医〕体内にはいって抗体や免疫《メンエキ》をつくり出すもとになる物質。細菌《サイキン》など。例 —抗体反応。

【抗告】《コウコク》（名・する）〔法〕裁判所の決定や命令に対して異議申し立てをおこなうこと。例 —を却下《キャッカ》する。

【抗生物質】《コウセイブッシツ》〔医〕カビや細菌《サイキン》からつくられる物質で、悪性の細菌や微生物《ビセイブツ》の発育・増殖《ゾウショク》をおさえる効果のあるもの。ペニシリン・ストレプトマイシンなど。

【抗戦】《コウセン》（名・する）敵に対して抵抗《テイコウ》してたたかうこと。例 あくまで—して妥協《ダキョウ》しない。

【抗争】《コウソウ》（名・する）相手と張り合ってあらそうこと。例 内部—が激化する。

【抗体】《コウタイ》〔医〕細菌《サイキン》などの抗原がからだの中にはいったとき、それに抵抗《テイコウ》してつくられる物質。免疫《メンエキ》を生じるもととなり、二度の発病を防ぐ。免疫体。例 抗原—反応。

【抗日】《コウニチ》 日本の侵略《シンリャク》や支配に対して抵抗《テイコウ》すること。

(対)親日。[例]—運動。—戦線。
【抗弁《コウベン》】(名・する) ①相手の意見に張り合って、自分の意見を述べ立てること。(類)抗言・抗論。②〔法〕民事訴訟《ソショウ》で、相手の申し立てに反論し、それをしりぞけるための主張をすること。[例]—書。[表記]▽(旧)抗▼辯
【抗力《コウリョク》】〔物〕①物体が面と接しているとき、面が物体をおし返す力。②物体が流体中を運動しているとき、物体にはたらく流体の抵抗力《テイコウリョク》。
【抗論《コウロン》】(名・する) 相手と張り合って自分の意見を述べ立てて議論すること。あらがうこと。(類)抗言・抗弁。
●対抗《タイコウ》・抵抗《テイコウ》・反抗《ハンコウ》

扌 4
【抒】 7画 5719 6292 [音]ショ(漢)ジョ(呉) [訓]く-む・の-べる
[意味] ❶くみとる。[例]抒厠《ジョシ》(=便所のくみとり)。❷心の中の思いを述べる。(同)叙《ジョ》。[例]抒意《ジョイ》。抒情《ジョジョウ》。
【抒情《ジョジョウ》】感情や感動を詩歌《シイカ》や文章で表現すること。(対)叙事《ジョジ》。[例]—的。[表記](現)叙情
【抒情詩《ジョジョウシ》】作者の感情・感動を表現した詩。(対)叙事詩《ジョジシ》。[表記](現)叙情詩

手 4
【承】 8画 3021 627F [教育6] [音]ショウ(漢)ジョウ(呉) [訓]うけたまわ-る・う-ける
[筆順] 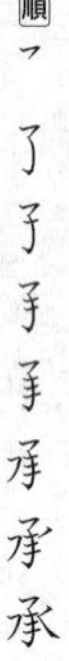
[なりたち]  [会意]「手(=て)」と「マ(=わりふ)」と両手でささげる形とから成る。両手でわりふを受ける。
[意味] ❶前のものや上のものをうける。うけつぐ。[例]承前《ショウゼン》(=前のものの続き)。継承《ケイショウ》。口承《コウショウ》。❷相手の意向をうけいれる。ききいれる。また、うけたまわる。[例]承知《ショウチ》。承認《ショウニン》。了承《リョウショウ》。
[難読]承久《ジョウキュウ》(=年号)・承塵《なげし》・承和菊《ソガギク》
[人名]こと・すけ・つぎ・つぐ・よし
【承引《ショウイン》】(名・する) 聞き入れること。引き受けること。(類)承諾《ショウダク》・承知。[例]なにとぞご—いただきたく。
【承句《ショウク》】漢詩の絶句で、第二句。第一句(=起句《キク》)を受けて内容をひろげる。→【起承転結《キショウテンケツ》】①(943ページ)
【承継《ショウケイ》】(名・する) 受けつぐこと。継承。[例]伝統の—。
【承諾《ショウダク》】(名・する) 聞き入れること。引き受けること。(類)承引・承知。[例]事後—。
【承知《ショウチ》】(名・する) ①聞き入れること。みとめること。(類)承引・承諾《ショウダク》。[例]—したと返事する。②知っていること。[例]すでにご—のとおり。③〔「承知しない」の形で〕許さない。[例]今度やったら—しない。
【承認《ショウニン》】(名・する) 正しい、また、もっともだとみとめて受け入れること。[例]すでに—ずみ。原案どおり—した。
【承服《ショウフク》】(名・する) 納得《ナットク》して従うこと。[例]とても—しかねる。[表記]「承伏」とも書く。

扌 4
【抄】 7画 3022 6284 [常用] [音]ソウ(漢)ショウ(呉) [訓]す-く
[筆順] 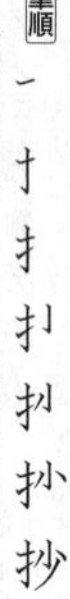
[なりたち] [形声]「扌(=て)」と、音「少《ショウ→ソウ》」とから成る。すくいとる。[参考]一説に、「鈔」の俗字《ゾクジ》。
[意味] ❶すくいとる。また、紙をすく。[例]抄紙《ショウシ》。❷かすめとる。うばう。[例]抄盗《ショウトウ》(=ぬすみとる)。❸書き写す。また、ぬき書きする。[例]抄本《ショウホン》。抄物《ショウモツ》。抄録《ショウロク》。
[日本語での用法]《ショウ》古典の語句をあげて部分的に解説する注釈《チュウシャク》。「抄物《ショウもの》・無門関抄《ムモンカンショウ》・河海抄《カカイショウ》・枕草子春曙抄《まくらのソウシシュンショショウ》」
[人名]あつ
【抄紙《ショウシ》】(名・する) 紙をすくこと。紙すき。
【抄出《ショウシュツ》】(名・する) 書物などから一部分をぬき出して、書き写すこと。また、そのぬき出した文章。ぬき書き。
【抄本《ショウホン》】①手書きの本。(対)版本《ハンポン》。②もとの書物から必要な部分だけをぬき出した本。抄出本。抄物《ショウモツ》。(対)原本。③書類の原本から必要な部分だけをぬき書きした書類。(対)謄本《トウホン》・原本。[例]戸籍《コセキ》—。
【抄物】[一]《ショウモツ》「抄本②」に同じ。[二]《ショウもの》〔「…抄」という名のついた一連の書物の意〕おもに室町《むろまち》時代に、五山の僧《ソウ》たちが作った、仏典や漢籍《カンセキ》の注釈書《チュウシャクショ》。
【抄訳《ショウヤク》】(名・する) 外国語の原文の一部分をぬき出して翻訳《ホンヤク》すること。また、その翻訳。(対)完訳・全訳。
【抄録《ショウロク》】(名・する) 原文から重要なところだけをぬき書きして、短くまとめること。また、その文章。(類)抜粋《バッスイ》。[例]議事録の—。

扌 4
【折】 7画 3262 6298 [教育4] [音]シャク(慣)セツ(漢) [訓]お-る・おり・お-れる
[筆順] 
[なりたち]  [会意]「斤(=おの)」で「扌(=草)」を切る。断《た》ち切る。派生して「おる」の意。
[意味] ❶おる。おれる。[例]折柳《セツリュウ》。曲折《キョクセツ》。屈折《クッセツ》。❷とちゅうでくじける。くじく。[例]折伏《シャクブク》。挫折《ザセツ》。❸(若くして)死ぬ。[例]夭折《ヨウセツ》。❹定める。さばく。判断する。[例]折獄《セツゴク》(=裁判)。
[日本語での用法]《おり》①時機。ばあい。「折《お》り悪《あ》しく・折《お》りを見《み》て行動《コウドウ》する」②うすい板や厚い紙を折りまげてつくった箱。「菓子折《カシお》り・折《お》り箱《ばこ》」
【▽折敷《おしき》】うすい板を折り曲げて四方を囲って作った角盆《カクボン》。
【折り紙《おりがみ》】①正方形の色紙《いろがみ》。また、それを折っていろいろな形に作る遊び。[例]—のツル。②〔古くは「おりかみ」〕奉書紙《ホウショがみ》や鳥の子紙を二つに折った紙。人にものをおくるときの目録や公式の文書の用紙として用いる。③〔古く「②」の紙に書かれたことから〕刀剣《トウケン》や美術品などの鑑定書《カンテイショ》。また、信用できる確かなものであることのたとえ。[例]—つき(=鑑定書つき。ひいて、保証つき)の名品。
【折▽柄《おりから》】[一](副) ちょうどそのとき。[例]—のにわか雨にあう。[二](名) まさにそのような時期なので。そのような時期なのに。〔手紙やあいさつに使われる〕[例]寒さきびしき—。
【折句《おりク》】和歌や俳句などの各句のはじめや終わりに、ものの名前を一字ずつ分けてよみこんだもの。たとえば、「かきつはた」の五文字を句頭によみこんだ和歌「からころも きつつなれにし つましあれば はるばるきぬる たびをしぞ思ふ」〈伊勢物語《いせものがたり》〉など。
【折り戸《おりど》】ちょうつがいをつけて、折りたためるようにした戸。
【折節《おりふし》】[一](名) ①季節。時刻。[例]—の移り変わり。②そのときどき。[例]—の思い出。[二](副) ①ちょうどそのとき。②ときどき。たまに。[例]—に旧師を訪ねることがあった。〔[一][二]とも、古い言い方〕
【折り目《おりめ》】①ものを折りたたんでつけた筋。[例]ズボンの—。②ものごとの区切り。けじめ。節度。[例]—正しい人。
【折角《セッカク》】(副) ①わざわざ。骨を折って。苦労して。[例]—努

力したのに水のあわになる。②めったにない。たまの。例—の休日に仕事がはいる。—の運動会が雨で中止。③いっしょうけんめいに。せいぜい。〔やや古い言い方〕例—ご自愛ください。

【折▼檻】《セッカン》（名・する）たたいたり、つねったりして、きびしくしかること。また、体罰《タイバツ》。〔漢の成帝《セイテイ》が朱雲《シュウン》にきびしくいさめられたのをいかり、朝廷《チョウテイ》からひきずり出させようとしたところ、朱雲がしがみついた檻（＝てすり）が折れてしまったという故事による〕〈漢書《カンジョ》〉例親から—をうける。

【折衝】《セッショウ》（名・する）〔敵の衝っいてくるほこさきを折る意から〕対立することがらについて、相手の出方に応じたかけひきをしながら交渉《コウショウ》すること。例外交—の場。

【折衷】《セッチュウ》（名・する）二つの別のものからそれぞれよいところをとって、ほどよく調和させること。例—案。和洋—。表記「折中」とも書く。

【折半】《セッパン》（名・する）お金やものを半分ずつに分けること。例経費を—する。

【折伏】《シャクブク》（名・する）㊀《セップク》相手をやっつけて、従わせること。㊁〔仏〕悪人などを論破し、強く説得して正しい仏の教えに従わせること。また、相手を説きふせて宗教を信仰《シンコウ》させること。

【折柳】《セツリュウ》見送ること。送別。〔昔、中国で、旅立つ人を見送るときに、ヤナギの枝を折ってはなむけとし、旅の平安をいのったことから〕

●右折《ウセツ》・曲折《キョクセツ》・屈折《クッセツ》・骨折《コッセツ》・左折《サセツ》

扌4

【抓】

7画 5720 6293

音 ソウ漢　訓 つま-む・つね-る

意味 ❶つめでひっかく。かく。同搔《ソウ》。例抓痒《ソウヨウ》（＝つめで、かく）。❷指先でつかむ。つまむ。

日本語での用法《つねる》指先で強く皮膚《ヒフ》をつまんでねじる。「ほほを抓《つね》る・我《わ》が身《み》を抓《つね》る」

扌4

【択】

7画 3482 629E 常用

音 タク漢 ジャク呉　訓 えら-ぶ

筆順 一 十 扌 扌 扌 扌 択

扌13

【擇】

16画 5804 64C7

なりたち  [形声]「扌（＝て）」と、音「睪《エキ》→《タク》」とから成る。よりわけて取る。

意味 よいものをえらびとる。えらぶ。また、よりわける。区別する。例採択《サイタク》。二者択一《ニシャタクイツ》。礼節《レイセツ》がなければ鳥獣《チョウジュウ》と択《えら》ぶところはない。

人名 えらむ・より

【択一】《タクイツ》（名・する）二つ以上のものの中から一つだけを選ぶこと。例二者—。

【択言】《タクゲン》（名・する）道理に合うことばを選んで言うこと。例口に—無し（＝ことばを選んで発言する必要がない。ことばが理にかなっている意）。〈孝経《コウキョウ》〉

【択材】《タクザイ》りっぱな人材を選ぶこと。

●採択《サイタク》・選択《センタク》

扌4

【抖】

7画 5721 6296

音 ト慣 トウ漢　訓 うご-く・ふる-う

意味 ❶ふり動かす。ふるう。❷身ぶるいする。ふるえる。

【抖▼擻】《トソウ》〔さっぱりと、ふりおとす意〕煩悩《ボンノウ》をふりはらい、世捨て人になること。出家。および、托鉢《タクハツ》。

扌4

【投】

7画 3774 6295 教育3

音 トウ漢　訓 な-げる

付表 投網《とあみ》

筆順 一 十 扌 扌 扌 扌 投

なりたち  [形声]「扌（＝て）」と、音「殳《シュ》→《トウ》」とから成る。なげつける。また、なげすてる。

意味 ❶手でものを遠くへ飛ばす。なげる。例投球《トウキュウ》。投石《トウセキ》。❷なげすてる。あきらめる。やめる。例投棄《トウキ》。投降《トウコウ》。❸入れる。なげ入れる。例投身《トウシン》。投票《トウヒョウ》。❹ぴったり合う。また、合わせる。例投機《トウキ》。意気投合《イキトウゴウ》。❺いたる。例投暮《トウボ》（＝日暮れになる）。❻あたえる。おくる。例投薬《トウヤク》。投与《トウヨ》。恵投《ケイトウ》。

人名 なぎ・ゆき

【投影】《トウエイ》（名・する）①かげ（＝形）を映すこと。また、その映ったかげ。例山なみを湖面に—する。②あるものごとの中に、別のものの影響《エイキョウ》があらわれること。例世相が音楽に—される。③〔数〕ある一点から見たものの形を、平面上に書きあらわすこと。また、そのえがいた図。例—図。

【投下】《トウカ》（名・する）①高いところから投げ落とすこと。例爆弾《バクダン》を—する。②事業に資本を出すこと。類投資。例資金を—する。

【投▼函】《トウカン》（名・する）はがきや手紙などの郵便物をポストに入れること。例—した日付。

【投棄】《トウキ》（名・する）投げ捨てること。いらないものを処分すること。例不法—。廃棄物《ハイキブツ》を海洋に—する。

【投機】《トウキ》①ぐうぜんの幸運や機会をうまくとらえて、大きな利益を得ようとすること。例—心。②株や商品の相場の変動によって生じる売買利益を得ようとする取り引き。例株式—。

【投機的】《トウキテキ》（形動《ダ》）多額の利益をねらって大きなかけに出るようす。例—な投資をする。

【投球】《トウキュウ》（名・する）野球で、ピッチャーがボールを投げること。また、投げたボール。例全力—（＝全力を出してものごとにあたることのたとえ）。

【投降】《トウコウ》（名・する）負けを認めて、敵に降参すること。降服。例—することをすすめる。

【投稿】《トウコウ》（名・する）掲載《ケイサイ》されることを求めて、原稿を新聞社や雑誌社などに送ること。また、その原稿。例—欄《ラン》。

【投合】《トウゴウ》（名・する）意見や気持ちなどがぴったりとあうこと。例意気—する。

【投獄】《トウゴク》（名・する）（罪をおかした人を）監獄《カンゴク》に入れること。例選挙違反《イハン》で—される。

【投資】《トウシ》（名・する）利益を得るために事業や株式などに資金を出すこと。例株式—。

【投射】《トウシャ》（名・する）物体に光を当てること。例—図法。

【投宿】《トウシュク》（名・する）旅館にとまること。

【投書】《トウショ》（名・する）意見や要望、苦情などを書いて、新聞社や雑誌社、役所や関係機関などに送ること。また、その原稿《ゲンコウ》や手紙。例—欄《ラン》。容疑者について—する。

【投身】《トウシン》（名・する）死ぬつもりで、高いところから地面や水中に飛び降りること。身投《みな》げ。例—自殺をはかる。

【投石】《トウセキ》（名・する）石を投げつけること。

【投▼擲】《トウテキ》〔「擲」も、なげうつ意〕㊀（名・する）物を遠くにほうり投げること。㊁（名）「投擲競技」の略。砲丸《ホウガン》・やり・円盤《エンバン》などを投げて、その距離《キョリ》をきそう競技。

【投入】《トウニュウ》（名・する）①投げ入れること。例火の中に—する。②事業などに資金や労力をつぎこむこと。例お金と人を—する。

【投票】《トウヒョウ》（名・する）選挙や採決のとき、候補者の氏名や賛成・反対を用紙に書いて提出すること。例 ―箱。無記名―。

【投▼錨】《トウビョウ》（名・する）いかりを下ろすこと。船が停泊《テイハク》すること。対 抜錨《バツビョウ》。

【投薬】《トウヤク》（名・する）医者が患者《カンジャ》にくすりをあたえること。投与《トウヨ》。例 ―の処方箋《ショホウセン》。

【投与】《トウヨ》（名・する）医者が薬を患者《カンジャ》にあたえること。投薬。例 生《なま》ワクチンを―する。

【投了】《トウリョウ》（名・する）囲碁《イゴ》や将棋《ショウギ》で、負けを認めて戦いをやめること。例 名人がついに―する。

●完投《カントウ》・失投《シットウ》・続投《ゾクトウ》・力投《リキトウ》

扌4

【把】

7画 3936 628A 常用 音 ハ漢 訓 つか-む

筆順 一 十 扌 打 扣 扣 把

なりたち [形声]「扌(=て)」と、音「巴《ハ》」とから成る。しっかりにぎりもつ。

意味 ❶片手に取る。にぎる。つかむ。例 把握《ハアク》。把持《ハジ》。❷器物や道具の、手でにぎるところ。とって。つか。例 剣把《ケンパ》。❸（手のひらでにぎれる量の）たば。また、たばねたものを数えることば。例 一把《イチワ》。十把一絡《ジッパひとからげ》。

【把握】《ハアク》（名・する）①手でつかむこと。例 ―力。②内容や状況《ジョウキョウ》などをしっかりと理解すること。例 問題点を―する。

【把持】《ハジ》（名・する）①手ににぎって持つこと。②権力や他を自由にする力を保つこと。例 権力を―し続ける。

【把手】《ハシュ｜とって》ドアや道具・機械などについている、手でつかむ部分。つまみ。ハンドル。取っ手。〔ドアの場合はノブともいう〕

【把捉】《ハソク》（名・する）手でつかまえること。また、意味・内容・問題点などをしっかりと理解すること。例 要点を―する。

扌4

【抜】

7画 4020 629C 常用 音 ハツ漢 バツ呉 訓 ぬ-く・ぬ-ける・ぬ-かす・ぬ-かる・ぬ-かり

筆順 一 十 扌 扌 扐 抜

扌5

【拔】

8画 5722 62D4 人名

なりたち [形声]「扌(=て)」と、音「犮《ハツ》」とから成る。引く。ぬき取る。

意味 ❶引きだす。ぬく。例 抜糸《バッシ》。抜本《バッポン》。❷えらびだす。例 抜粋《バッスイ》。選抜《センバツ》。❸上に出る。すぐれている。例 抜群《バツグン》。海抜《カイバツ》。❹変わる。ゆれ動く。動揺《ドウヨウ》する。例 堅忍不抜《ケンニンフバツ》。確固不レ可レ抜《カッコとしてぬくべからず》(=しっかりしていて動かすことができない)。

日本語での用法 一《ぬく・ぬかす・ぬける》とちゅうを省略する。とちゅうをごまかす。はぶく。「手《て》を抜《ぬ》く・荷《に》を抜《ぬ》く・順番《ジュンバン》を抜《ぬ》かす・要点《ヨウテン》の抜《ぬ》けた報告書《ホウコクショ》」二《ぬかり・ぬかる》気づかない。落ち度がある。「手抜《てぬ》かり・抜《ぬ》からぬ顔《かお》」

人名 やはず

【抜き足差し足】《ぬきあしさしあし》音をたてないようにそっと歩くこと。また、そのかっこう。例 ―しのび足。

【抜き打ち】《ぬきうち》①刀をぬくと同時に切りつけること。②予告なしに、とつぜんにおこなうこと。例 ―テストをする。

【抜き▽衣紋】《ぬきエモン》着物の後ろえりを下げ、首筋から背中のあたりが見えるように着る着方。いきな着こなしとされる。ぬきえり。

【抜き刷り】《ぬきずり》（名・する）雑誌などの印刷したものの一部分を、別にぬき出したもの。また、その印刷物。別刷り。例 論文の―。

【抜き手】《ぬきて》日本に古くから伝わる泳ぎ方の一つ。顔を水の上に出し、両手をかわるがわる水の上にぬき出して泳ぐ。例 ―を切る。

【抜き身】《ぬきみ》さやからぬいて、刀身をむき出しにした刀。白刃《ハクジン》。例 ―をふりまわす賊《ゾク》。

【抜け目】《ぬけめ》気くばりや注意の足りないところ。手ぬかり。手落ち。とくに、自分にとって利益になることを見のがしたりすること。例 ―のないやり方。

【抜群】《バツグン》（名・形動ダ）多くのものの中で、とびぬけてすぐれていること。群をぬいていること。例 ―の成績をあげる。

【抜剣】《バッケン》（名・する）剣をさやからぬくこと。また、そのぬいた剣。抜刀。

【抜山蓋世】《バツザンガイセイ》⇩【力《ちから》は山《やま》を抜《ぬ》き気《キ》は世《よ》を蓋《おお》う】（144ページ）

【抜糸】《バッシ》（名・する）〔医〕傷口や切り口をぬいあわせた糸を、傷が治ったあとでぬきとること。

【抜歯】《バッシ》（名・する）〔医〕歯をぬくこと。例 虫歯を―する。

【抜粋】《バッスイ》（名・する）書物や文書などから、たいせつな部分や必要な部分をぬき出すこと。また、そのぬき出したもの。ぬき書き。例 議事録の―。暗記すべきポイントを―する。表記 旧 抜▼萃

【抜▼擢】《バッテキ》（名・する）多くの人の中から、とくに才能を認めて重要な役割をまかせること。例 主役に新人を―する。

【抜刀】《バットウ》（名・する）かたなをさやからぬくこと。また、そのぬいたかたな。例 ―隊。

【抜▼錨】《バツビョウ》（名・する）いかりを上げること。また、船が港を出ること。対 投錨。

【抜本】《バッポン》根本的な原因をとりのぞくこと。例 公害に対する―的な対策が必要だ。

【抜本塞源】《バッポンソクゲン》〔木の根をぬきとったり、水源をふさいだりする意で、おおもとをこわすことのたとえ。のちに転じて〕害となるものの根本的な原因を完全にとりのぞくこと。〈春秋左氏伝《シュンジュウサシデン》〉

●奇抜《キバツ》・秀抜《シュウバツ》・選抜《センバツ》・卓抜《タクバツ》・不抜《フバツ》

扌4

【批】

7画 4067 6279 教育6 音 ヒ慣 ヘイ漢 訓 う-つ

筆順 一 十 扌 扌 扎 批 批

なりたち [形声]本字は「⿰扌毘」で、「扌(=て)」と、音「毘《ヒ》→《ヘイ》」とから成る。手で打つ。

意味 ❶手で打つ。たたく。うつ。例 批殺《ヒサツ》(=手で打ち殺す)。❷よしあしをきめる。品さだめする。例 批判《ヒハン》。批評《ヒヒョウ》。❸ふれる。さわる。例 批鱗《ヒリン》。

【批准】《ヒジュン》（名・する）①君主が、臣下の差し出した文書の決裁をすること。②〔法〕国家の代表が外国と結んだ条約を、国家が最終的に認めること。また、その手続き。例 講和条約が国会で―された。

【批正】《ヒセイ》（名・する）批評して、悪いところを訂正《テイセイ》すること。例 ご―をこう。

【批点】《ヒテン》①詩歌《シイカ》や文章などのすぐれたところや重要なところを示すために、その部分のわきに点を打つこと。また、その点。例 ―を打つ。②詩歌や文章などの批評。

【批難】《ヒナン》（名・する）相手のまちがいや欠点を責めとがめること。非難。例 ―の的《まと》。集中的に―を浴びる。

【批判】《ヒハン》（名・する）ものごとのよしあしについて判断し、意見を述べること。〔否定的な意見を述べる場合に用いることが多い〕例—的な意見。相手のやり方を—する。

【批評】《ヒヒョウ》（名・する）ものごとのよしあしや価値のあるなしについて判断し意見を述べること。〔文学・美術などの芸術作品を対象とする場合が多い〕例—家。美術展の—をする。

【批▼鱗】《ヒリン》天子のはげしいいかりをこうむること。逆鱗《ゲキリン》にふれること。

扌4 **【扶】** 7画 4162 6276 常用 音 一フ漢 二ホ漢 訓 たす-ける・は-う

筆順 

なりたち  [形声]「扌(=て)」と、音「夫《フ》」とから成る。手でたすける。

意味 一《フ》手をかしてささえる。たすける。せわをする。例 扶助《フジョ》。扶養《フヨウ》。二《ホ》はらばう。はう。同 匍《ホ》。

人名 すけ・たもつ・まもる・もと

【扶育】《フイク》（名・する）世話をしてそだてること。例 亡《な》き姉の子を—する。

【扶侍】《フジ》（名・する）そばについていて世話をすること。例 幼君を—する。

【扶持】（名・する）一《フジ》人を助けること。養うこと。二《フチ》①「扶持米《フチマイ》」の略。江戸《えど》時代に、主君が家臣に給与《キュウヨ》としてあたえた米。②俸禄《ホウロク》をあたえて、家臣としてめしかかえること。例 家臣四百人を—する大名《ダイミョウ》。

【扶助】《フジョ》（名・する）（困っている人に）力をかして助けること。（金銭的に）援助《エンジョ》すること。例 相互《ソウゴ》—。—料。

【扶桑】《フソウ》①昔、中国で東方の海上にある国を指した呼び名。②日本の別名。〔『山海経《センガイキョウ》』の中に出てくる神木の名。東方の日の出るあたりの海中にあるとされ、その木のある場所も指すようになった〕

【扶養】《フヨウ》（名・する）生活のめんどうをみて、やしなうこと。例 —家族。老母を—する。

【扶翼】《フヨク》（名・する）（仕事がうまくはかどるように）助けること。かばい守ること。例 会社の発展を—する。

扌4 **【扮】** 7画 4217 626E 音 フン慣 ハン漢 訓 よそお-う

意味 身をかざる。よそおう。役者が登場人物のすがたになる。例 扮装《フンソウ》。扮《フン》する(=役者として、ある人物になる)。

【扮飾】《フンショク》（名・する）表面をかざりたてること。つごうよくうわべをかざること。例 —決算(=見せかけをよくし、つじつまを合わせた決算)。表記「粉飾」とも書く。

【扮装】《フンソウ》（名・する）俳優が役にふさわしいように、化粧《ケショウ》し、衣装《イショウ》をつけること。例 ハムレットの—をする。

扌4 **【抃】** 7画 5723 6283 音 ヘン漢 ベン呉 訓 う-つ・てう-つ

意味 手をたたく。うつ。例 抃悦《ベンエツ》。

【抃悦】《ベンエツ》（名・する）手を打ってよろこぶこと。

扌4 **【抔】** 7画 5724 6294 音 ホウ漢 訓 すく-う・など

意味 ❶手ですくいとる。すくう。例 抔飲《ホウイン》。❷ひとすくい。例 一抔土《イッポウド》(=ひとすくいの土。また、墓に盛る土)。

日本語での用法《など》副助詞の「など」「なんど」にあてる。「私《わたくし》抔《など》の及《およ》ばないところ・これ抔《など》は如何《いかが》ですか」

【抔土】《ホウド》①ひとすくいの土。きわめて少ないこと。②墳墓《フンボ》。土を高く盛り上げてつくった墓。

扌4 **【抑】** 7画 4562 6291 常用 音 ヨク漢 訓 おさ-える・おさ-え・そもそも

筆順 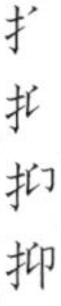

なりたち  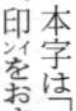 [指事] 本字は「𠨍」で、「印」を左右に反転した形。印《イン》をおすように、おさえつける。

意味 ❶おさえつける。動きをとめる。例 抑圧《ヨクアツ》。抑制《ヨクセイ》。抑揚《ヨクヨウ》。❷〔助字〕「そもそも」と読み、あるいは・それとも・さて、ところで、の意。選択《センタク》をあらわす。例 求レ之与、抑与レ之与《これをもとめたるか、そもそもこれをあたえたるか》(=こちらが求めたものなのか、それとも向こうがあたえたものなのか)。〈論語《ロンゴ》〉

使い分け おさえる【押・抑】⇩1164ページ

人名 あきら

【抑圧】《ヨクアツ》（名・する）（行動・言論・欲望などを）おさえつけること。例 感情の—。欲望を—する。

【抑鬱】《ヨクウツ》心がおさえつけられたようで、はればれとしないこと。例 —症《ショウ》。

【抑止】《ヨクシ》（名・する）おさえてやめさせること。例 核《カク》の—力《リョク》。インフレの—に役立つ政策。

【抑制】《ヨクセイ》（名・する）勢いをおさえて止めること。例 感情の—。物価の上昇《ジョウショウ》を—する。

【抑揚】《ヨクヨウ》①調子を高くしたり低くしたりすること。イントネーション。例 —のない話し方。②勢いを強めたり弱めたりすること。アクセント。例 —のある文章。

【抑留】《ヨクリュウ》（名・する）〔法〕外国の人や船などを強制的に国内に引きとめておくこと。例 —者。船舶《センパク》を—する。

扌4 **【扱】** 7画 ⇩【扱】《あつかう》(426ページ)

扌4 **【抛】** 7画 ⇩【抛】《ホウ》(436ページ)

扌5 **【押】** 8画 1801 62BC 常用 音 オウ漢呉 訓 お-す・お-さえる・お-し

筆順 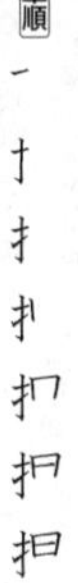

なりたち [形声]「扌(=て)」と、音「甲《コウ→オウ》」とから成る。手でおさえる。

意味 ❶上からおしつける。はんこをおす。おす。例 押印《オウイン》。押捺《オウナツ》。❷かきはん。公文書などに書かれた図案化されたサイン。例 花押《カオウ》。❸とりおさえる。むりじいする。例 押収《オウシュウ》。❹（詩の）韻《イン》をふむ。例 押韻《オウイン》。

日本語での用法《おし・おす》①相手をおさえ、前にすすむ意志。「押《お》しの一《イッ》手《て》・押《お》しがきく」②動詞の上について「むりに…する」意をあらわす。また、下のことばの意味を強める。「押《お》し入《い》る・押《お》し進《すす》める・押《お》し黙《だま》る」

使い分け おさえる【押・抑】⇩1164ページ

使い分け おす【押・推】⇩1165ページ

【押印】《オウイン》（名・する）印判《インバン》をおすこと。捺印《ナツイン》。例 記名—。領収書に—する。

【押韻】《オウイン》（名・する）韻文の句の始めや終わりに、同じひびきの音を置くこと。始めの音をそろえるのが「頭韻」、終わりの音をそろえるのが「脚韻《キャクイン》」。

【押収】《オウシュウ》（名・する）〔法〕裁判所が、または、裁判所の許可にもとづいて検察・警察が、証拠《ショウコ》となるものを差しおさえること。例 証拠物件を—する。

【押▼捺】《オウナツ》（名・する）印判《インバン》などをおすこと。類 押印・捺印。例 指紋《シモン》の—。契約書《ケイヤクショ》に—する。

【押し絵】《おしエ》人物や花・鳥・木などをかたどった厚紙に丸みや

立体感を加える細工をし、美しい布地で包んで板や厚紙にはりつけて作る絵。羽子板《はごいた》などに装飾《ソウショク》として用いる。

【押し問答《おしモンドウ》】(名・する) たがいに自分の意見を言い張ってゆずらないこと。例 —をくりかえす。

◐花押《カオウ》・長押《なげし》

扌5

【拗】 8画 5725 62D7

音 オウ漢 ヨウ呉 訓 ねじ-る・ねじ-ける・す-ねる

意味 ❶ねじれる。ねじる。例 執拗《シツヨウ》。❷心がすなおでない。ひねくれる。ねじける。すねる。

【拗音《ヨウオン》】日本語の発音で、「や」「ゆ」「よ」「わ」を右下に小さく書いてあらわす音。「きゃ」「きゅ」「きょ」「しゃ」「しゅ」「しょ」「ちゃ」「ちゅ」「ちょ」「にゃ」「にゅ」「にょ」「ひゃ」「ひゅ」「ひょ」「みゃ」「みゅ」「みょ」「りゃ」「りゅ」「りょ」と、それらのうち、濁点《ダクテン》・半濁点をつけて示す語。古くは「くゎ」「くゐ」「くゑ」と、その濁音もあった。

扌5

【拐】 8画 1893 62D0 常用

音 カイ漢 訓 かた-る・かどわか-す

筆順 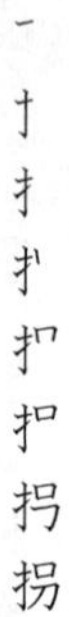

扌5 【拐】8画 俗字

なりたち [形声]「扌(=て)」と、音「另《カ→カイ》」とから成る。だましとる。

意味 (金品を)だましとる。また、人をだまして連れ去る。かたる。かどわかす。例 拐帯《カイタイ》。誘拐《ユウカイ》。

【拐帯《カイタイ》】(名・する) 預かっている金銭や物品を持ちにげすること。例 公金を—する。

扌5

【拡】 8画 1940 62E1 教育6

音 カク漢 訓 ひろ-がる・ひろ-げる・ひろ-める

筆順 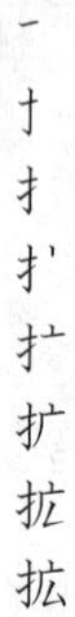

扌15 【擴】18画 5818 64F4

なりたち [形声]「扌(=て)」と、音「廣《コウ→カク》」とから成る。ひろげる。

意味 大きくする。ひろげる。ひろがる。例 拡散《カクサン》。拡大《カクダイ》。

人名 ひろ・ひろし・ひろむ

【拡散《カクサン》】(名・する) ①ばらばらに広がって散ること。例 病原体が—する。②濃度《ノウド》がちがう二つ以上の液体や気体が、まじり合って時間がたつと、同じ濃度になっていく現象。

【拡充《カクジュウ》】(名・する) 範囲《ハンイ》を広め、内容を充実《ジュウジツ》させること。例 施設《シセツ》を—する。

【拡大《カクダイ》】(名・する) 大きさや規模《キボ》を広げて大きくすること。また、広がって大きくなること。対 縮小。例 —鏡《キョウ》。組織を—する。虫眼鏡で—して見る。戦争の—を防ぐ。

【拡張《カクチョウ》】(名・する) 規模《キボ》を広げて大きくすること。また、広がって大きくなること。例 道路の—工事。事業を—する。

扌5

【拑】 8画 5726 62D1

音 カン漢 ケン漢 訓 つぐ-む・わきばさ-む

意味 ❶はさむ。❷口をふさぐ。口にものをかませて黙《だま》らせる。例 拑口《カンコウ》。

【拑口《カンコウ》】(名・する) 口を閉ざすこと。箝口《カンコウ》。鉗口《カンコウ》。緘口《カンコウ》。

扌5

【拒】 8画 2181 62D2 常用

音 キョ漢 コ呉 訓 こば-む・ふせ-ぐ

筆順 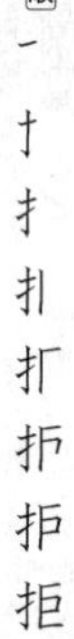

扌5 【拒】8画

なりたち [形声]「扌(=て)」と、音「巨《キョ》」とから成る。ふせぐ。こばむ。

意味 ❶よせつけないでまもる。ふせぐ。❷ことわる。はねつける。こばむ。例 拒絶《キョゼツ》。拒否《キョヒ》。

【拒止《キョシ》】(名・する) ふせぎとめること。こばんでとどめること。例 敵の攻撃《コウゲキ》を—する。

【拒絶《キョゼツ》】(名・する) 要求や申し出などを、はっきりとことわること。受け入れないこと。受けつけないこと。対 受諾《ジュダク》。例 申し出を—する。食物をいっさい—して弱っていく。

【拒絶反応《キョゼツハンノウ》】からだの中に異物がはいってきたり、五感にふれたりしたとき、からだや神経が受け入れないこと。例 肝臓《カンゾウ》移植後に—を起こす。

【拒否《キョヒ》】(名・する) 提案・要求・要望などを承認《ショウニン》せず、明確にことわること。拒絶。例 —権。転勤を—する。

扌5

【拠】 8画 2182 62E0 常用

音 キョ漢 コ呉 訓 よ-る

筆順 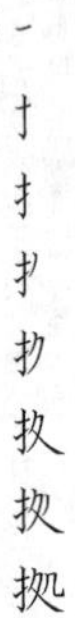

扌13 【據】16画 5801 64DA

なりたち  [形声]「扌(=て)」と、音「豦《キョ》」とから成る。つえによりかかる。

意味 ❶たよりにする。よりどころにする。もとづく。よる。例 依拠《イキョ》。❷(ある場所を)しめる。たてこもる。例 拠点《キョテン》。割拠《カッキョ》。占拠《センキョ》。❸理由となることがら。しるし。よりどころ。例 根拠《コンキョ》。証拠《ショウコ》。論拠《ロンキョ》。

人名 より

【拠守《キョシュ》】(名・する) たてこもって守ること。例 城を—する。

【拠出《キョシュツ》】(名・する) 寄付や事業などのために金銭や品物を出すこと。例 —金。表記 本来は、「▼醵出」と書く。

【拠点《キョテン》】活動のよりどころとなるところ。足場。例 研究の—となる。海外進出の—をきずく。

【▽拠り所《よりどころ》】①意見や考えのもとづくところ。根拠《コンキョ》。例 結論の—を述べる。②活動の足場。たよりにするところ。例 生活の—を失う。

◐依拠《イキョ》・割拠《カッキョ》・根拠《コンキョ》・準拠《ジュンキョ》・証拠《ショウコ》・占拠《センキョ》・典拠《テンキョ》・本拠《ホンキョ》・論拠《ロンキョ》

扌5

【拘】 8画 2520 62D8 常用

音 コウ漢 ク呉 訓 とど-める・とら-える・かか-わる・こだわ-る

筆順 

なりたち  [会意]「扌(=て)」と「句《コウ》(=止める)」とから成る。手で止める。

意味 ❶つかまえて、にげないようにする。とどめる。とらえる。例 拘禁《コウキン》。拘束《コウソク》。拘留《コウリュウ》。❷あることに心がとらわれる。かかわる。こだわる。例 拘泥《コウデイ》。

【拘引《コウイン》】(名・する)〔法〕容疑者・被告人《ヒコクニン》などを裁判所・警察署などに連れて行くこと。例 —状。表記「勾引」とも書く。

【拘禁《コウキン》】(名・する) ①つかまえて、一定の場所に閉じこめておくこと。②〔法〕留置場・刑務所《ケイムショ》などに長期間閉じ

こめておくこと。例身がらを—する。

【拘束】《コウソク》（名・する）①とらえて自由をうばうこと。例身がらの—を解く。②行動などの自由をうばうこと。例—時間。仕事に—される。

【拘置】《コウチ》（名・する）〔法〕容疑者・刑事被告人《ケイジヒコクニン》・死刑囚《シケイシュウ》を一定の場所に閉じこめておくこと。例—所。

【拘泥】《コウデイ》（名・する）こだわること。執着《シュウチャク》。例つまらないことに—する。ものに—しないおおらかな人。

【拘留】《コウリュウ》（名・する）〔法〕逃走《トウソウ》・証拠隠滅《ショウコインメツ》のおそれのある容疑者などを一定期間拘置所に留置すること。例—に処す。

扌5

【招】

8画 3023 62DB 教育5

音 ショウ㊥㊇ 訓 まね-く・まね-き

筆順 一 十 扌 扌ワ 扌刀 扌卩 招 招

なりたち 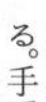 [形声]「扌(=て)」と、音「召《ショウ》」とから成る。手で、よびよせる。

意味 (手で合図をして)近くにこさせる。よびよせる。まねく。まねき。例招集《ショウシュウ》。招待《ショウタイ》。

人名 あき・あきら・もとむ

【招引】《ショウイン》（名・する）まねき寄せること。招来。例講師を—する。

【招宴】《ショウエン》（名・する）宴会に人をまねくこと。また、人をまねいて開く宴会。例自宅で—をもよおす。旧友を—する。

【招喚】《ショウカン》（名・する）人をまねいて、呼び寄せること。人を呼び出すこと。

【招還】《ショウカン》（名・する）派遣《ハケン》していた者を呼びもどすこと。

【招魂】《ショウコン》 死者のたましいをこの世にまねいて祭ること。例—祭。—社。

【招集】《ショウシュウ》（名・する）呼び出して、人を集めること。例会議のために—をかける。

【招請】《ショウセイ》（名・する）とくにたのんで来てもらうこと。例教師を外国から—する。

【招待】《ショウタイ／ショウダイ》（名・する）客としてまねいてもてなすこと。例—状。披露宴《ヒロウエン》に—する。

【招致】《ショウチ》（名・する）人や企業《キギョウ》・もよおし物などを呼ぶこと。まねいて来てもらうこと。例町に大学を—する。

【招福】《ショウフク》（名・する）福運をまねき寄せること。例神社で—を祈願《ガンキ》する。

【招▼聘】《ショウヘイ》（名・する）礼を厚くして人をまねくこと。例教授として—される。

【招来】《ショウライ》（名・する）①まねき寄せること。例指導者を—する。②ある事態をひき起こすこと。例物価上昇《ジョウショウ》を—するおそれがある。

扌5

【抻】

8画 5727 62BB

音 シン㊥

意味 引きのばす。ひっぱる。

扌5

【拙】

8画 3259 62D9 常用

音 セツ㊥セチ㊇ 訓 つたな-い

筆順 一 十 扌 扌| 扌⺊ 扌屮 拙 拙

なりたち 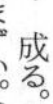 [形声]「扌(=て)」と、音「出《シュツ→セツ》」とから成る。手しごとがうまくない。

意味 ❶へた。まずい。つたない。㊉巧《コウ》。例拙劣《セツレツ》。巧拙《コウセツ》。稚拙《チセツ》。❷自分や自分に関するものごとをへりくだっていうことば。例拙者《セッシャ》。拙僧《セッソウ》。拙宅《セッタク》。拙著《セッチョ》。

日本語での用法《セツ》一人称の代名詞として用いる。「下拙《ゲセツ》(=拙者。わたくしめ)・拙《セツ》におまかせくだされ」

【拙悪】《セツアク》（名・形動ナ）へたで、できばえが悪いこと。例—な作品。

【拙攻】《セッコウ》（名・する）（スポーツで）へたな攻撃《コウゲキ》。例七回まで両チームは—に終わる。

【拙稿】《セッコウ》 できの悪い原稿。〔自分の原稿をけんそんしていう〕例—をお読みいただきありがとう存じます。

【拙策】《セッサク》①へたな計画・はかりごと。②自分の立てた計画。〔けんそんしていう〕例—を提案させていただきます。

【拙者】《セッシャ》 わたくし。〔自分をへりくだっていう。古い言い方〕

【拙手】《セッシュ》 へたなうでまえ。例—をはじる。

【拙守】《セッシュ》（名・する）（スポーツで）へたな守備をすること。また、その守備。㊉好守。例—で自滅《ジメツ》する。

【拙戦】《セッセン》（名・する）へたな試合や戦いをすること。また、その戦い。例—をして負ける。

【拙僧】《セッソウ》 僧が自分のことをへりくだっていうことば。

【拙速】《セッソク》（名・形動ナ）できばえはよくないが、手早く仕上げること。㊉巧遅《コウチ》。例—主義。巧遅《コウチ》より—。

【拙宅】《セッタク》 自分の家をけんそんしていうことば。例近くにお出かけの節は、どうぞ—にお寄りください。

【拙著】《セッチョ》 自分の著書をけんそんしていうことば。

【拙文】《セツブン》 へたな文章。〔自分の文章をけんそんしていう〕例—をご判読ください。

【拙劣】《セツレツ》（名・形動ナ）へたでおとっていること。つたないこと。㊉巧妙《コウミョウ》。例—な文章。

【拙論】《セツロン》 くだらない論文や議論。〔自分の論文や議論をけんそんしていう〕

◐巧拙《コウセツ》・古拙《コセツ》・稚拙《チセツ》

扌5

【拓】

8画 3483 62D3 常用

音 一 セキ㊥ 二 タク㊥㊇ 三 タク㊏トウ㊥ 訓 ひら-く

筆順 一 十 扌 扌一 扌ア 扌石 拓 拓

なりたち  [形声]「扌(=て)」と、音「石《セキ》」とから成る。ひろう。

意味 一《セキ》手でひろう。㊐摭《セキ》。二《タク》山野や荒《あ》れ地を切り開いて、利用できるようにする。ひらく。例拓殖《タクショク》。開拓《カイタク》。干拓《カンタク》。三《タク／トウ》石碑《セキヒ》などにきざまれた文字・模様を紙に写しとる。石ずり(をとる)。㊐搨《トウ》。例拓本《タクホン》。

人名 ひら・ひろ・ひろし・ひろむ

【拓殖】《タクショク》（名・する）未開の土地を切り開いて、人を住まわせること。例—事業。

【拓本】《タクホン》 石碑《セキヒ》などにきざまれた文字や模様を、表面に紙をあて墨《すみ》を使って写しとったもの。石ずり。例—を取る。

◐開拓《カイタク》・干拓《カンタク》・魚拓《ギョタク》

扌5

【拆】

8画 5730 62C6

音 タク㊥ 訓 ひら-く・さ-く

意味 打ち割って二つにする。さく。また、ひらく。㊐坼《タク》。

【拆字】《タクジ》 漢字を偏《ヘン》・旁《つくり》・冠《かんむり》・脚《あし》などの構成要素に分けること。また、それによるうらない。

扌5

【担】

8画 3520 62C5 教育6

音 タン㊥ 訓 かつ-ぐ・にな-う

筆順 一 十 扌 扌丨 扌冂 扌日 担 担

扌13
【擔】16画 5731 64D4

なりたち  [形声]本字は「儋」で、「亻(=ひと)」と、音「詹《タン》」とから成る。かつぐ。

意味 ❶ものを肩《かた》の上にのせる。かつぐ。になう。例 担架《タンカ》。荷担《カタン》。❷仕事を引き受ける。責任を負う。例 担当《タントウ》。負担《フタン》。分担《ブンタン》。

日本語での用法《かつぐ》①縁起《エンギ》などにとらわれる。「縁起《エンギ》を担《かつ》ぐ・迷信《メイシン》を担《かつ》ぐ」②だます。「うまく担《かつ》がれてしまった」

【担架】《タンカ》けが人や病人をねかせたまま運ぶ道具。ふつう、二本の長い棒のあいだに厚い布を張ったもので、前後を二人で持って運ぶ。例 負傷者が—で運ばれる。

【担当】《タントウ》(名・する)ある仕事を責任をもって引き受けること。また、その人。類 分担。例 —者。政権を—する。

【担任】《タンニン》(名・する)仕事を受け持つこと。また、学校で教師がクラスを受け持つこと。また、その人。受け持ち。例 —の先生に申し出る。一年生を—する。

【担保】《タンポ》〔法〕借金を返せない場合の保証として貸し主に差し出すもの。類 抵当《テイトウ》。例 —に取る。土地を—にする。

●加担《カタン》・荷担《カタン》・負担《フタン》・分担《ブンタン》

扌5
【抽】8画 3574 62BD 常用 音 チュウ漢 訓 ぬ-く・ひ-く

筆順 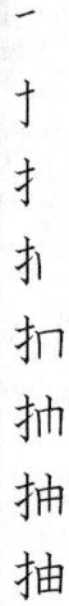

なりたち  [形声]「扌(=て)」と、音「由《ユウ→チュウ》」とから成る。引き出す。

意味 全体のなかからある部分をとり出す。ぬき出す。ぬく。ひく。例 抽出《チュウシュツ》。抽象《チュウショウ》。抽選《チュウセン》。

難読 抽斗《ひきだし》

【抽出】《チュウシュツ》(名・する)全体のなかから特定のものをぬき出すこと。例 —液。無作為《ムサクイ》—。標本を—する。

【抽象】《チュウショウ》(名・する)個々の事物から共通の要素や性質をぬき出して、頭の中でとらえなおすこと。対 具象・具体。例 —化(=抽象してとらえること)。—画。—論。—概念《ガイネン》。—芸術。

【抽象的】《チュウショウテキ》(形動《ダ》)①ものごとを抽象してとらえるようす。②実際からはなれ、漠然《バクゼン》としているようす。例 話が—でわかりにくい。▽対 具体的。

【抽選】《チュウセン》(名・する)くじを引くこと。くじ引き。例 —に当たる。—で順番を決める。表記「抽▼籤」とも書く。

【▽抽▽斗】《ひきだし》机やたんすのひきだし。

扌5
【抵】8画 3681 62B5 常用 音 テイ漢 訓 あ-たる・あ-てる

筆順 

なりたち  [形声]「扌(=て)」と、音「氐《テイ》」とから成る。おしのけて、こばむ。

意味 ❶さからう。こばむ。はばむ。例 抵抗《テイコウ》。❷ぶつかる。あたる。例 抵触《テイショク》。❸あるものにつりあう。相当する。あたる。例 抵当《テイトウ》。家書抵万金《カショバンキンにあたる》(=家からの手紙は多くの金に相当するほどだ)。〈杜甫《トホ》・春望《シュンボウ》〉

人名 あつ・やす・ゆき

【抵抗】《テイコウ》一(名・する)外からの力に張りあったり、さからったりすること。対 服従。例 —むなしく敗れる。時の権力に—する。二(名)〔物〕①物体の運動に対して逆方向に作用する力。抗力。例 空気の—を小さくする。②導体が電流の通過をこばむ力。単位は、オーム。電気抵抗。

【抵抗力】《テイコウリョク》①外からの力をはね返す力。反発する力。例 —が大きい。②病気などに対して、たえることのできる力。例 —をつける。—のない幼児。

【抵触】《テイショク》(名・する)①(法律や規則に)ふれること。ぶつかること。違反《イハン》。例 法に—する。②ものごとが、たがいに矛盾《ムジュン》すること。例 前の証言に—しない。表記 ▽(旧)▼牴触

【抵当】《テイトウ》借金を返せない場合の保証として貸し主に差し出すもの。かた。類 担保《タンポ》。例 家を—に入れる。

扌5
【拈】8画 5732 62C8 音 デン漢 ネン呉 訓 つま-む・と-る・ひね-る

意味 指先にはさんで持つ。手でとる。つまむ。例 拈華《ネンゲ》(=指先に花をはさんで示すこと)。拈香《ネンコウ》(=香をたくこと)。拈出《ネンシュツ》。

日本語での用法《ひねる》①回転させる。ねじる。「蛇口《ジャぐち》を拈《ひね》る・ころんで腰《こし》を拈《ひね》る」②苦心して考え出す。くふうする。「頭《あたま》を拈《ひね》る・一句《イック》拈《ひね》る」

【拈華▽微笑】《ネンゲミショウ》〔仏〕ことばでは説明できない真理を心から心へ伝えること。〔釈迦《シャカ》が霊鷲山《リョウジュセン》で説法したとき、ハスの華《はな》を取って示したところ、弟子《デシ》の摩訶迦葉《マカカショウ》ただひとりがその意をさとってほほえんだ、という故事から〕

【拈出】《ネンシュツ》(名・する)⇩【捻出】《ネンシュツ》(447ページ)

扌5
【拝】8画 3950 62DD 教育6 音 ハイ漢呉 訓 おが-む

筆順 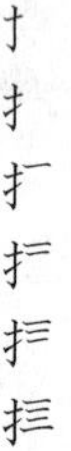

手5
【拜】9画 5733 62DC 人名

なりたち  [会意]「手(=て)」と「𠦪(=相手をうやまって早く進む)」とから成る。すみやかに進み出て、頭を手のところまで下げる。おがむ。

意味 ❶おじぎをする。むなもとで両手を重ね合わせ、頭を下げて敬意をあらわす。おがむ。〔「拱《キョウ》」や「揖《ユウ》」よりも敬意が重い〕例 拝礼《ハイレイ》。再拝《サイハイ》。三拝《サンパイ》。❷神仏などにお参りする。例 参拝《サンパイ》。礼拝《レイハイ》。❸官職・任務をさずけられる。例 拝命《ハイメイ》。❹相手をうやまい自分をへりくだっていうことば。例 拝聴《ハイチョウ》。拝読《ハイドク》。拝領《ハイリョウ》。

【拝み打ち】《おがみうち》刀を両手でにぎり、頭上からおがむような形で切りおろすこと。例 —に切る。

【拝謁】《ハイエツ》(名・する)身分の高い人にお目にかかること。類 謁見。例 —を許す。陛下に—する。

【拝賀】《ハイガ》(名・する)目上の人につつしんでお祝いのことばを申し上げること。例 宮中—。新年—式。

【拝観】《ハイカン》(名・する)神社仏閣やそこの宝物などを見物すること。例 —料。寺宝を—する。

【拝顔】《ハイガン》(名・する)目上の人に会うことをへりくだっていうことば。お目にかかること。類 拝眉《ハイビ》。例 —の栄に浴する。

【拝▼跪】《ハイキ》(名・する)ひざまずいておがむこと。例 —して命《メイ》を待つ。

【拝金】《ハイキン》金銭を極端にとうとぶこと。例 —主義。

【拝啓】《ハイケイ》〔つつしんで申し上げる意〕手紙の書き出しに書いて相手に敬意をあらわすことば。類 謹啓《キンケイ》・拝呈《ハイテイ》。

【拝見】《ハイケン》(名・する)見ることをへりくだっていうことば。つつしんで見ること。例 お手並み—。切符《きっぷ》を—します。

【拝察】《ハイサツ》(名・する)人の心中《シンチュウ》などを推察することをへり

くだっていうことば。例お喜びのことと—いたします。

【拝辞《ハイジ》】(名・する) ①ことわることをへりくだっていうことば。例入閣を—する。②いとまごいすることをへりくだっていうことば。例恩師のもとを—する。

【拝謝《ハイシャ》】(名・する) つつしんでお礼を言うこと。例ご厚意《コウイ》を—いたします。

【拝借《ハイシャク》】(名・する) かりることをへりくだっていうことば。例お知恵《チエ》を—。しばらく—したい。

【拝受《ハイジュ》】(名・する) うけとることをへりくだっていうことば。いただくこと。例勲位《クンイ》を—する。貴簡—いたしました。

【拝▼趨《ハイスウ》】(名・する) 相手のところへ出向くことをへりくだっていうことば。類参上。例—してお礼を申し上げる。

【拝聴《ハイチョウ》】(名・する) 相手の話をきくことをへりくだっていうことば。うけたまわること。例ご高見を—したく存じます。

【拝呈《ハイテイ》】(名・する) ①ものを贈《おく》ることをへりくだっていうことば。さしあげること。類謹呈《キンテイ》。例著者—。②手紙の書き出しに書くことば。類拝啓《ハイケイ》・謹啓《キンケイ》。

【拝殿《ハイデン》】拝礼をおこなうために神社の本殿の前に建てられた建物。例—にぬかずく。

【拝読《ハイドク》】(名・する) 読むことをへりくだっていうことば。類拝誦《ハイショウ》。例お手紙—いたしました。

【拝眉《ハイビ》】(名・する) 会うことをへりくだっていうことば。お目にかかること。類拝顔。例—のうえ申し上げます。

【拝復《ハイフク》】〔つつしんでお返事申し上げます、の意〕返事の手紙の最初に書くことば。類復啓《フッケイ》・啓復《ケイフク》。

【拝命《ハイメイ》】(名・する) ①命令を受けることをへりくだっていうことば。②官職に任命されること。例大使を—する。

【拝領《ハイリョウ》】(名・する) 貴人や目上の人からものをいただくこと。例主君から—した刀。

【拝礼《ハイレイ》】(名・する) 神仏に頭を下げておがむこと。例神社に—する。うやうやしく—する。

● 九拝《キュウハイ》・再拝《サイハイ》・三拝《サンパイ》・参拝《サンパイ》・三拝九拝《サンパイキュウハイ》・崇拝《スウハイ》・遥拝《ヨウハイ》・礼拝《ライハイ・レイハイ》

扌5

【拌】

8画 5734 62CC 音ハン漢 訓かきまぜ-る

意味 ❶手で半分にする。わる。わける。例拌蚌《ハンボウ》(=ハマグリを割って、中の珠《たま》をとること)。❷まぜあわせる。かきまぜる。例攪拌《カクハン》。

扌5

【披】

8画 4068 62AB 常用 音ヒ漢呉 訓ひら-く

筆順 一 十 扌 扌 扩 扩 披 披

なりたち [形声]「扌(=て)」と、音「皮《ヒ》」とから成る。わきから持つ。派生して「ひらく」の意。

意味 ❶手でひろげる。ひらく。例披見《ヒケン》。披瀝《ヒレキ》。❷肩《かた》の上におおいかぶせる。はおる。同被《ヒ》。

人名 ひら・ひろ

【披見《ヒケン》】(名・する) 手紙や文書をひらいて見ること。〔やや古い言い方〕例—を許さず。

【披▼瀝《ヒレキ》】(名・する) 自分の気持ちや考えを包みかくさずに述べること。類開陳《カイチン》・表白。例真情を—する。誠意を—する。

【披露《ヒロウ》】(名・する) ①(文書などを)ひらいて見せること。②広く人々に見せたり知らせたりすること。例—宴《エン》。うでまえを—する。

扌5

【拍】

8画 3979 62CD 常用 音ヒョウ慣 ハク漢 訓う-つ

筆順 一 十 扌 扌 扌 拍 拍 拍

なりたち [形声] 本字は「⿰扌百」で、「扌(=て)」と、音「百《ハク》」とから成る。手で打つ。

意味 ❶手のひらでたたく。うつ。例拍手《ハクシュ》。❷音楽のリズム(の単位となる区切り)。例拍子《ヒョウシ》。

人名 ひら

【拍車《ハクシャ》】乗馬ぐつのかかとにつける金具《かなグ》。馬の腹部におしつけて速く走らせるのに用いる。例—をかける(=力を入れて進行を早める)。—がかかる。

【拍手】㊀《ハクシュ》(名・する) 両手のひらを打ち合わせて音を出すこと。また、その音。ほめたり、喜んだり、賛同したりする気持ちをあらわす。手をたたくこと。例—が鳴りやまない。盛大《セイダイ》な—をおくる。㊁《かしわで》⇩【柏手《かしわで》】(523ページ)

【拍手喝采《ハクシュカッサイ》】(名・する) 手をたたきながら、声を上げてほめること。例名演奏に—する。

【拍子《ヒョウシ》】①音楽で、リズムのもとになる規則的な強弱の音の組み合わせ。例三—《サンビョウシ》の曲。②音楽やおどりに合わせて調子をとること。例手—《てビョウシ》。—をとる。—をそろえる。③〔多く「…した拍子に」の形で〕何か動作をしたはずみに。…したとたん。例荷物を持ち上げた—に腰《こし》を痛めた。

【拍子木《ヒョウシぎ》】打ち合わせて鳴らす、木製の二本の長方形の棒。例—を打ち鳴らす。夜回りの—の音。

【拍子抜け《ヒョウシぬけ》】(名・する) 意気ごんで待ちかまえていたのに、あてがはずれて張り合いがなくなること。例万全《バンゼン》の準備をしたが雨で中止になり—した。

扌5

【拊】

8画 5735 62CA 音フ漢 訓う-つ・たた-く

意味 ❶手でさする。なだめる。なでる。同撫《フ》。例拊愛《フアイ》(=かわいがって大切にする)。❷たたく。うつ。例拊手《フシュ》。拊掌《フショウ》。

【拊手《フシュ》】手をぽんと打つこと。喜んだときや合点がいったときのしぐさ。

【拊心《フシン》】手で胸をうつこと。悲しみや嘆《なげ》きやいきどおりを示すしぐさ。

扌5

【拇】

8画 5737 62C7 音ボ漢 モ呉 訓おやゆび

意味 手および足の親指。おやゆび。例拇印《ボイン》。拇指《ボシ》。

【拇印《ボイン》】右手の親指の先に朱肉《シュニク》や墨《すみ》をつけ、指紋《シモン》をおして印章の代わりとしたもの。例—押捺《オウナツ》。

【拇指《ボシ》】手のおやゆび。〔足のおやゆびは「拇趾《ボシ》」〕表記「母指」とも書く。

扌5

【抱】

8画 4290 62B1 常用 音ホウ漢呉 訓だ-く・いだ-く・かか-える・かか-え

筆順 一 十 扌 扚 抅 抅 抱

扌5 【抱】8画

なりたち [形声] 本字は「袌」で、「衣(=ころも)」と、音「包《ホウ》」とから成る。衣で包むように、いだく。

意味 ❶両手で包みかかえる。だく。いだく。かかえる。例抱擁《ホウヨウ》。❷心の中に感情・考えをもつ。心にいだく。おもう。おもい。例抱懐《ホウカイ》。抱負《ホウフ》。

日本語での用法《かかえる》人をやとう。「家来《ケライ》や用人《ヨウニン》を抱《かか》える・運転手《ウンテンシュ》を抱《かか》える」

人名 たもつ・もち

【抱懐】《ホウカイ》（名・する）ある考えを心の中にもつこと。また、その考え。例 青雲の志を—する。危険思想を—する。

【抱柱】《ホウチュウ》⇩【尾生の信】《ビセイのシン》（320ページ）

【抱負】《ホウフ》心の中にいだいている計画や決意。例 政治改革の—を語る。

【抱腹】《ホウフク》［「捧腹《ホウフク》」が本来の書き方。「抱腹」は慣用的な用字］はらをかかえて大笑いすること。例 —絶倒《ゼットウ》（＝はらをかかえてひっくり返るほど大笑いする）。

【抱擁】《ホウヨウ》（名・する）愛情をこめてだきしめること。だきかかえること。例 恋人《こいびと》を—する。再会した親子が—する。

扌5
【抛】
8画　—　62CB　音 ホウ漢　訓 なげう-つ

扌4
［抛］
7画　5738　629B　俗字

意味 ほうりなげる。なげすてる。なげうつ。例 抛棄《ホウキ》。抛擲《ホウテキ》。抛物線《ホウブツセン》。

難読 抛《ほうり》出《だ》す

【抛棄】《ホウキ》（名・する）（自分の義務や権利・利益などを）すてさること。表記 現 放棄

【抛▼擲】《ホウテキ》（名・する）うちすててかえりみないこと。例 全財産を—して研究にうちこむ。表記「放▼擲」とも書く。

【抛物線】《ホウブツセン》投げ上げた物体が、重力の作用を受けて落下するときにえがく曲線。表記 現 放物線

扌5
【抹】
8画　4385　62B9　常用　音 バツ漢 マツ呉　訓 す-る

筆順 一 十 扌 扌 扌 扌 抹 抹

なりたち［形声］「扌（＝て）」と、音「末《バツ》」とから成る。ぬりつける。

意味 ❶こすりつける。する。例 一抹《イチマツ》。塗抹《トマツ》。❷こすり消す。ぬって見えなくする。例 抹殺《マッサツ》。抹消《マッショウ》。❸すった粉。例 抹香《マッコウ》。抹茶《マッチャ》。

【抹香】《マッコウ》モクレン科の植物シキミの葉と樹皮を粉にした香。仏前の焼香《ショウコウ》に用いる。例 —くさい（＝仏教じみている）。

【抹殺】《マッサツ》（名・する）①消してなくすこと。ぬりつぶすこと。類 抹消。②意見や、事実・存在を認めず、否定すること。

【抹消】《マッショウ》（名・する）（不要な）字句を消してなくすこと。

【抹茶】《マッチャ》茶の新芽をうすでひいて粉にしたもの。碾《ひ》き茶。

● 一抹《イチマツ》・塗抹《トマツ》

扌5
【拉】
8画　5739　62C9　常用　音 ラツ慣 ロウ漢呉 ラ唐　訓 くだ-く・ひし-ぐ

筆順 一 十 扌 扌 扌 扩 拉 拉

なりたち［形声］「扌（＝て）」と、音「立《リュウ→ロウ》」とから成る。くじく。

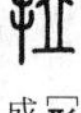

意味 ❶おしつぶす。くだく。ひしぐ。例 拉殺《ロウサツ》。❷ひっぱる。例 拉致《ラチ》。

【▽拉麺】《ラーメン》中華《チュウカ》そば。表記「▽老麺」とも書く。

【拉致】《ラチ｜ラッチ》（名・する）無理やりに連れていくこと。

【拉▽丁】《ラテン》［英語 Latin の音訳］①「ラテン語」の略。古代ローマ帝国《テイコク》の共通語。現在でも学術・宗教の用語として使われている。②「ラテン民族」のこと。ラテン語系の言語を使う人々。おもに、フランス・スペイン・ポルトガル・イタリア・ルーマニアの人々。表記 ▽「拉典・羅▼甸」とも書く。

【▽拉殺】《ロウサツ》（名・する）手でおしつぶして殺すこと。

扌5 ［拐］8画 ⇩【拐《カイ》】（432ページ）

扌5 【拒】8画 ⇩【拒《キョ》】（432ページ）

手5 ［拏］9画 ⇩【拿《ダ》】（439ページ）

扌5 ［抬］8画 ⇩【擡《タイ》】（456ページ）

手5 【拜】9画 ⇩【拝《ハイ》】（434ページ）

扌5 【拔】8画 ⇩【抜《バツ》】（430ページ）

扌5 【拂】8画 ⇩【払《フツ》】（426ページ）

扌5 【抱】8画 ⇩【抱《ホウ》】（435ページ）

扌6
【按】
9画　1636　6309　人名　音 アン漢呉　訓 おさ-える

意味 ❶手でおさえつける。なで、さする。例 按摩《アンマ》。剣《ケン》を按《アン》ずる。❷ひかえる。例 按兵《アンペイ》（＝軍を進めない）。❸よくしらべる。考える。同 案《アン》。例 按問《アンモン》（＝罪状を吟味《ギンミ》する）。愚《グ》按《アン》ずるに（＝わたくしが考えてみるに）。

【按察】《アンサツ》（名・する）（とくに政治上のことについて）調べて事情を明らかにすること。調べて善悪を考えること。

【按察使】一《アンサツシ》中国の官名。地方の政治のようすを監察《カンサツ》する長官。唐《トウ》代に置かれ、明《ミン》代には司法長官となった。二《アゼチ》令外《リョウゲ》の官の一つ。地方の政治を監察するために、数国をまとめて任命した。

【按針】《アンジン》①〔磁石で船の針路をはかる意〕航海士。水先案内《みずさきアンナイ》。②ウィリアム＝アダムスの日本名。三浦《みうら》按針。

【按排】《アンバイ》（名・する）ものごとをほどよく整えること。例 日程を—する。座席を—する。表記「按配」とも書く。

【按摩】《アンマ》（名・する）筋肉のこりをもみほぐして血行をよくする治療《チリョウ》法。また、それを職業とする人。例 —をとる。

扌6
【挧】
9画　5743　6327　音 ウ漢

意味 姓《セイ》の一つ。

扌6
【挂】
9画　5744　6302　音 カ慣 カイ・ケイ漢　訓 か-ける

意味 高いところにひっかける。かける。かかる。同 掛《カ》。例 挂冠《カイカン》。

【挂冠】《カイカン｜ケイカン》（名・する）官職をやめること。類 辞職・致仕《チシ》。〔前漢末、逢萌《ホウボウ》は仕官をやめるとき、冠《かんむり》を洛陽《ラクヨウ》の城門にかけて去ったという故事から〕

扌6
【挌】
9画　5740　630C　音 カク漢　訓 う-つ

意味 なぐりあう。なぐる。うつ。例 挌闘《カクトウ》。

扌6
【括】
9画　1971　62EC　常用　音 カツ漢　訓 くく-る・くく-り

筆順 一 十 扌 扌 扌 扌 括 括 括

なりたち［形声］「扌（＝て）」と、音「舌《カツ》」とから成る。たばねしめくくる。

意味 ひとつにまとめる。くくる。くくり。例 一括《イッカツ》。総括《ソウカツ》。統括《トウカツ》。

【括弧】《カッコ》（名・する）文章や語句、数式・数字などを囲む一対《イッツイ》の記号。（ ）〔 〕や「 」など。また、その記号をつけて、他の部分とはちがうあつかいをすべきことをあらわすこと。例

—でくる。—に入れて示す。

【括約《カツヤク》】(名・する) しめくくること。まとめること。

【括約筋《カツヤクキン》】肛門《コウモン》や尿道《ニョウドウ》など管状の臓器を取り巻いて、しめたりゆるめたりする筋肉。

【▽括《くく》り枕《まくら》】袋の中につめ物をして、両はしをくくって形をととのえた枕。坊主枕《ボウズまくら》。

●一括《イッカツ》・概括《ガイカツ》・総括《ソウカツ》・統括《トウカツ》・包括《ホウカツ》

扌6 【拮】 9画 5741 62EE 音 キツ・ケツ漢

意味 ❶「拮据《キッキョ》」は、いそがしく働く。また、生活に苦しむ。❷「拮抗《キッコウ》」は、はりあう。

【拮▽据《キッキョ》】(名・する) 手だけでなく口まで使って、いそがしく働くこと。例—すること十年、ようやく独立した。

【拮抗《キッコウ|ケッコウ》】(名・する) 双方の力がほぼ等しく、はりあうこと。対抗《タイコウ》。例—して平衡《ヘイコウ》を保つ。—する勢力がない。表記「▼頡▼頏」とも書く。

手6 【挙】 10画 2183 6319 教育4 音 キョ漢 コ呉 訓 あ-げる・あ-がる・あ-げて・こぞ-る

筆順 、 丷 ⺍ 龸 兴 兴 龹 挙

手13 【擧】 17画 5809 64E7

臼9 [舉] 16画 5810 8209 別体字

なりたち  [形声]「手(=て)」と、音「與《ヨ》→《キョ》」とから成る。両手でもちあげる。

意味 ❶上にあげる。もちあげる。あげる。例挙手《キョシュ》。❷事《こと》をおこす。とりおこなう。おこない。例挙行《キョコウ》。快挙《カイキョ》。❸ふるまい。身のこなし。例挙動《キョドウ》。一挙一動《イッキョイチドウ》。❹人をとりたて用いる。あげる。例挙用《キョヨウ》。科挙《カキョ》。選挙《センキョ》。❺とりあげて示す。数えあげる。あげる。例挙例《キョレイ》。枚挙《マイキョ》。列挙《レッキョ》。❻とらえる。めしとる。あげる。例検挙《ケンキョ》。❼よくおこなわれる。さかんになる。おこる。あがる。例其人存則其政挙《そのひとソンすればすなわちそのまつりごとあがる》(=りっぱな人が位にいれば政治はよくなる)。〈中庸《チュウヨウ》〉 ❽すべてをあげて。こぞって。みな。あげて。例挙国《キョコク》。挙党《キョトウ》。

日本語での用法《あがる・あげる》結果を残す。「勝《か》ち星《ぼし》を挙《あ》げる」

使い分け あがる・あげる【上・揚・挙】⇩1160ページ

難読 挙母《ころも》(=地名)・挙白《さかずきをあぐる》(—のみつくす)・挙動《ふるまい》

人名 しげ・すすむ・たか・たつ・ひら・みな

【挙《あ》げ句《く》】①連歌《レンガ》・連句で、一巻の最後の七・七の句。②最後。いろいろおこなった結果。例—の果て(=結局)。対発句《ホック》。表記▽「揚げ句」とも書く。

【挙家《キョカ》】家の者全員。家全体。家じゅう。例—離村《リソン》。

【挙業《キョギョウ》】昔、中国でおこなわれていた科挙(=官吏登用《カンリトウヨウ》試験)のときに作る文章。また、そのための勉強。

【挙行《キョコウ》】(名・する) 式や行事を、とりおこなうこと。例卒業式を—する。

【挙国《キョコク》】〔国をあげての意〕国全体。

【挙国一致《キョコクイッチ》】(名・する) 国全体が一つになって同じ態度や行動を示すこと。例—して復興をめざす。

【挙子《キョシ》】①昔、中国でおこなわれていた科挙(=官吏登用《カンリトウヨウ》試験)の受験者。②子供を産むこと。

【挙止《キョシ》】立ち居ふるまい。身のこなし。類挙動・動作・挙措《キョソ》。例落ちついた—。

【挙式《キョシキ》】(名・する) 式をあげること。とくに、結婚《ケッコン》式をあげること。例この秋—の予定です。

【挙手《キョシュ》】(名・する) 手をあげること。例賛成の方《かた》は—を願います。—の礼。

【挙証《キョショウ》】(名・する) 証拠《ショウコ》をあげて示すこと。例—の不足した論文。

【挙人《キョジン|コジン》】中国の明《ミン》・清《シン》の時代、地方の試験(=郷試《キョウシ》)に合格し、都での試験(=会試《カイシ》)を受けることができる人。

【挙世《キョセイ》】世間《セケン》全体。世をあげて。例—みな狂気《キョウキ》の時代。

【挙措《キョソ》】立ち居ふるまい。類挙止・挙動。例—を失う(=とりみだす)。

【挙党《キョトウ》】その党全体。党員全員。例—一致《イッチ》。

【挙動《キョドウ》】立ち居ふるまい。ようすや動作。類挙止・挙措《キョソ》。例—不審《フシン》の男。

【挙兵《キョヘイ》】(名・する) 兵力を集めて戦いを起こすこと。武装蜂起《ホウキ》。

【挙用《キョヨウ》】(名・する) それまでより上の地位に取り立てること。類登用《トウヨウ》。例新人を—する。

【挙例《キョレイ》】(名・する) 実例をあげること。

●一挙《イッキョ》・快挙《カイキョ》・軽挙《ケイキョ》・検挙《ケンキョ》・再挙《サイキョ》・推挙《スイキョ》・選挙《センキョ》・壮挙《ソウキョ》・大挙《タイキョ》・暴挙《ボウキョ》・枚挙《マイキョ》・列挙《レッキョ》

扌6 【挟】 9画 2220 631F 常用 音 キョウ漢 訓 はさ-む・はさ-まる

筆順 一 十 扌 扌 扌 扌 挟 挟

扌7 【挾】 10画 5749 633E

なりたち  [形声]「扌(=て)」と、音「夾《キョウ》(=わきばさむ)」とから成る。わきばさんで持つ。

意味 両側からはさむ。両わきにかかえる。はさむ。はさまる。例挟撃《キョウゲキ》。

人名 さし・もち

【挟撃《キョウゲキ》】(名・する) 前後から、または、左右から、はさみうちで攻撃《コウゲキ》すること。はさみうち。例敵の—にあう。

【挟殺《キョウサツ》】(名・する) 野球で、ランナーを塁《ルイ》の間ではさんでタッチアウトすること。例ランナーは二、三塁間で—された。

扌6 【拱】 9画 5742 62F1 音 キョウ漢 ク呉 訓 こまね-く・こまぬ-く

意味 両手を胸の前で重ね合わせる。こまねく。こまぬく。〔「拝」よりも敬意が軽い〕例拱手《キョウシュ》。拝拱《ハイキョウ》。

【拱手《キョウシュ》】一(名) 両手を胸の前で重ね合わせる、中国の礼。二(名・する) 何も行動を起こさないでいること。手をこまねくこと。例—傍観《ボウカン》。

手6 【挈】 10画 5745 6308 音 一ケイ慣 ケツ漢 二ケイ漢 訓 ひっさ-げる

意味 一《ケツ》❶手にさげて持つ。ひっさげる。例提挈《テイケツ》。❷引き連れる。たずさえる。二《ケイ》刻む。同契《ケイ》。

手6 【拳】 10画 2393 62F3 常用 音 ケン漢 ゲン呉 訓 こぶし

筆順 、 丷 龸 龹 关 关 龹 拳

手6 【拳】 10画 —— ——

なりたち 𢍏 [形声]「手(=て)」と、音「龹《ケン》」とから成る。にぎった手。

意味 ❶にぎりこぶし。げんこつ。こぶし。例 拳固《ゲンコ》。徒手空拳《トシュクウケン》。鉄拳《テッケン》。❷素手《すで》でおこなう武術。例 拳法《ケンポウ》。太極拳《タイキョクケン》。❸「拳拳《ケンケン》」は、ささげもつ・うやうやしい・いつくしむ・つとめはげむ、などのようすをあらわす。例 拳拳服膺《ケンケンフクヨウ》。

日本語での用法《ケン》もと、中国から伝えられた、手でさまざまの形をつくって勝負を争う遊び。「狐拳《きつねケン》・虫拳《むしケン》」

難読 蕨拳《わらびて》

人名 かたし・ちから・つとむ

【拳拳】《ケンケン》（副）うやうやしく、ささげもつようす。

【拳拳服▼膺】《ケンケンフクヨウ》（名・する）教えなどをたいせつに心に保ち、守りおこなうこと。〈中庸《チュウヨウ》〉例 ―すべき教え。

【▽拳固】《ゲンコ》かたくにぎりしめた手。にぎりこぶし。げんこつ。

【▽拳骨】《ゲンコツ》かたくにぎりしめた手。にぎりこぶし。げんこ。例 親父《おやじ》に―をくらう。

【拳銃】《ケンジュウ》片手でにぎって操作できる小型の銃。短銃。ピストル。例 二丁《ニチョウ》―。―の不法所持でつかまる。

【拳闘】《ケントウ》リングの上で、二人の選手がグローブをつけて打ち合う競技。ボクシング。

【拳法】《ケンポウ》こぶしでついたり、足でけったりしてたたかう武術。例 少林寺《ショウリンジ》―。

【▽拳万】《ゲンマン》約束を守るしるしとして、二人が小指と小指とをからみ合わせること。また、その約束のことば。例 指切り―。

扌6
【拷】
9画 2573 62F7 常用 音 ゴウ 慣 コウ 漢 訓 う-つ

筆順 扌 扌 扌 扌 扌 拷

なりたち [形声]「扌(=て)」と、音「考《コウ》」とから成る。むちで打って罪人をとりしらべる。

意味 罪を白状させるために肉体的苦痛をあたえる。たたく。うつ。例 拷問《ゴウモン》。

【拷問】《ゴウモン》（名・する）自白を強《し》いるために肉体に苦痛をあたえること。例 ―にかける。―を加えて自白させる。

扌6
【拶】
9画 2702 62F6 常用 音 サツ 漢 訓 せま-る

筆順 扌 扌 扌 扌 拶 拶

なりたち [形声]「扌(=て)」と、音「𡿺《レツ→サツ》」とから成る。手でおす。

意味 ❶手でおしのけて進み出る。近づく。せまる。例 挨拶《アイサツ》(=人がおし合うようす)。❷罪人の指をはさむ刑具《ケイグ》。例 拶指《サッシ》(=指をはさむ拷問《ゴウモン》の道具)。

扌6
【指】
9画 2756 6307 教育3 音 シ 漢 呉 訓 ゆび・さ-す

筆順 一 十 扌 扌 扌 扌 指 指 指

なりたち 𢫾 [形声]「扌(=て)」と、音「旨《シ》」とから成る。手のゆび。

意味 ❶手のゆび。ゆび。例 指紋《シモン》。屈指《クッシ》。食指《ショクシ》。❷さしずする。さし示す。ゆびさす。さす。例 指揮《シキ》。指令《シレイ》。

日本語での用法《さす》将棋《ショウギ》をする。将棋《ショウギ》の駒《こま》を指で動かす。「将棋《ショウギ》を指《さ》す」

使い分け さす【差・指・刺・挿】⇩1169ページ

人名 むね

【指図】《さしズ》（名・する）言いつけて、あることを他人にさせること。また、その言いつけ。指示。類 指令・指揮。

【指し手】《さして》①将棋《ショウギ》の駒《こま》の進め方。指し方。②将棋のじょうずな人。例 仲間のうちではいちばんの―だ。

【指し物】《さしもの》①板を組み合わせて作った室内の道具や器物。机・箪笥《タンス》・箱など。例 ―師。②武士が野戦の場で、目じるしとして鎧《よろい》の背にさした旗やかざり物。例 旗―。

【指圧】《シアツ》（名・する）指のはらや手のひらで、からだの表面から、つぼをおすこと。また、その治療法《チリョウホウ》。例 ―師。

【指揮】《シキ》（名・する）①他の人々にさしずして動かすこと。また、そのさしず。下知《ゲチ》。例 陣頭《ジントウ》―。―官。②合奏や合唱など音楽の演奏を指示し、まとめること。例 ―者。―棒。

【指呼】《シコ》（名・する）①指さしながら口に出して呼ぶこと。例 ―確認《カクニン》する。②呼べば答えが返ってくるほど近い距離《キョリ》。例 ―の間《カン》。

【指向】《シコウ》（名・する）ある方向や目的などを目ざして向かうこと。例 ―性アンテナ。一点に―する。

【指示】《シジ》（名・する）①さししめすこと。例 標識の―に従う。②他人に何かをさせるために言いつけること。また、その言いつけ。さしず。例 先生の―するとおりに動く。本部の―を待つ。

【指示代名詞】《シジダイメイシ》代名詞の一つ。事物・場所・方角などを、そのものの名を用いず、直接さししめす語。日本語でいえば「これ・それ・あれ・どれ」「ここ・そこ・あそこ・どこ」「こちら・そちら・あちら・どちら」などの類。

【指事】《シジ》漢字の六書《リクショ》のうち、数や位置などの抽象的《チュウショウテキ》な概念《ガイネン》を、ある約束に従って図形としてあらわしたもの。「一」「二」「上」「下」など。

【指針】《シシン》①時計・磁石・計器などの目盛りを示す針。②進むべき方向や、とるべき態度を示したもの。類 方針。

【指数】《シスウ》①〔数〕数字や数式の右肩《みぎかた》に小さくしるして、それらをくりかえし何回かけ合わせるかを示したもの。a^2 や x^n の 2 や n。②物価や賃金などの変動を、基準になる数値を一〇〇として比較《ヒカク》した数値。例 物価―。知能―。

【指▼嗾】《シソウ》（名・する）さしずしてそそのかすこと。けしかけること。類 扇動《センドウ》。表記「使▼嗾」とも書く。

【指弾】《シダン》（名・する）つまはじきすること。また、非難・排斥《ハイセキ》すること。例 仲間から―される。世の―を受ける。

【指定】《シテイ》（名・する）あるものに定めること。例 ―席。

【指摘】《シテキ》（名・する）取り上げて、示すこと。例 するどい―。

【指導】《シドウ》（名・する）教えみちびくこと。例 ―者。―要領。

【指南】《シナン》（名・する）教えみちびくこと。また、その人。〔「指南車」からできたことば〕例 剣術《ケンジュツ》―。

【指南車】《シナンシャ》中国古代に作られた、方向を指示する車。車の上においた人形の指が、いつも南をさすように作ってある。

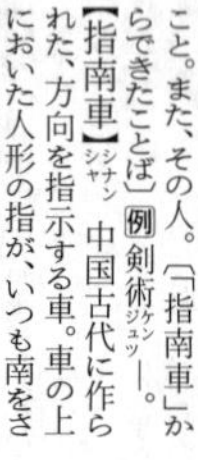

[指南車]

【指標】《シヒョウ》ものごとの状態を知るための基準となる、ものやことがら。例 ―植物のアシが群生している。

【指名】《シメイ》（名・する）名ざしすること。例 ―手配。

【指紋】《シモン》手の指先の内側にある、たくさんの細い線がつくり出している紋様。ひとりひとりの形が異なり一生変わらないので、個人を特定する手段とする。例 ―を残す。―をとられる。

【指令】《シレイ》（名・する）組織で、上位の者から下の者へ命令を出すこと。また、その命令。例 緊急《キンキュウ》―。―を受ける。

【指▽貫】《ゆびぬき》裁縫《サイホウ》で手ぬいをするとき、針の頭をおすために針を持つ手の中指にはめる金属製や革《かわ》製のゆびわ。

●屈指《クッシ》・五指《ゴシ》・十指《ジッシ》・食指《ショクシ》・無名指《ムメイシ》

扌6

【持】

9画 2793 6301 [教育3] [音]チ(漢)ジ(呉) [訓]も-つ・も-ち

[筆順]

[なりたち][形声]「扌(=て)」と、音「寺《シ→チ》」とから成る。にぎる。

[意味]❶しっかりと手にとる。もつ。[例]所持《ショジ》。❷じっともちこたえる。まもる。たもつ。[例]持久《ジキュウ》。維持《イジ》。保持《ホジ》。身《み》を高《たか》く持《ジ》する。❸勢力がつりあっている。勝負がつかない。[例]持碁《ジゴ》。

[人名]たもつ・よし

【持戒《ジカイ》】〔仏〕戒律を守ること。戒を保つこと。(対)破戒。

【持久《ジキュウ》】(名・する)長い間もちこたえること。[例]—策。—力。—戦にもちこむ。

【持碁《ジゴ》】勝負が引き分けになった碁。持《ジ》。もち。

【持国天《ジコクテン》】〔仏〕四天王《シテンノウ》の一つ。宝珠《ホウシュ》・刀剣《トウケン》を手にし、武将の姿で東方を守護する。

【持参《ジサン》】(名・する)持っていくこと。また、持ってくること。[例]印鑑《インカン》を—のこと。弁当を—する。

【持参金《ジサンキン》】結婚《ケッコン》するときに親の家から持っていく金。[例]—つきの娘《むすめ》。—を当てにする。

【持説《ジセツ》】自分がふだんから主張している意見。(類)持論。

【持続《ジゾク》】(名・する)同じ状態を長く保つこと。また、長くつづくこと。[例]—力。同じペースを—する。

【持病《ジビョウ》】①長い間わずらっていて治らないでいる病気。宿痾《シュクア》。[例]—の喘息《ゼンソク》になやまされる。②なかなか直すことのできない悪いくせ。[例]—もちの弱み。

【持仏《ジブツ》】身につけたり、身近なところに安置して礼拝《ライハイ》する仏像。念持仏《ネンジブツ》。[例]—堂。

【持薬《ジヤク》】常用している薬。また、必要なときいつでも用いられるように持ち歩いている薬。(類)常備薬。

【持論《ジロン》】自分がふだんから主張している考えや意見。(類)持説。[例]—を固守する。—を曲げない。

【持ち味《もちあじ》】①食物に備わっている、独特の味や風味。[例]素材の—を生かした料理。②人物や作品に備わっている独特の趣《おもむき》。[例]彼《かれ》の—が発揮された文章。

【持ち重り《もちおもり》】(名・する)持っている時間が長くなるにつれて重みが増すような感じ。[例]—のする荷物。

【持ち出し《もちだし》】①外へ持って出ること。(類)帯出。[例]この本は—禁止です。②費用を自分で負担すること。

【持ち場《もちば》】受け持っている仕事や場所。[例]—につく。

【持ち前《もちまえ》】その人が生まれつき持っている性質。天性。生まれつき。[例]—の明るさ。

○●維持《イジ》・支持《シジ》・住持《ジュウジ》・所持《ショジ》・扶持《フジ/フチ》・保持《ホジ》

扌6

【拾】

9画 2906 62FE [教育3] [音]シュウ(漢)ジュウ(呉) [訓]ひろ-う

[筆順]

[なりたち][形声]「扌(=て)」と、音「合《コウ→シュウ》」とから成る。ひろう。おさめる。

[意味]❶落ちているものをとりあげる。ひろう。[例]拾遺《シュウイ》。拾得《シュウトク》。❷あつめる。おさめる。[例]収拾《シュウシュウ》。❸「十」の大字《ダイジ》。商売や契約《ケイヤク》の文書で、数字を書きかえられないように使う。

[人名]おさむ・とお・ひろ・ひろい・ひろお・ひろし

【拾遺《シュウイ》】①もれたり、ぬけたりしているものをひろい補うこと。また、ひろい補ったもの。[例]『—和歌集』②「侍従《ジジュウ》」の唐名《トウミョウ》。[例]『—愚草《グソウ》』〔侍従であった藤原定家《ふじわらのテイカ》の自撰《ジセン》の歌集〕

【拾得《シュウトク》】(名・する)落とし物をひろうこと。[例]—物《ブツ》。さいふを—する。

【拾い物《ひろいもの》】①ひろったもの。(対)落とし物。[例]—を届け出る。②思いがけなく得た利益。もうけもの。

【拾い読み《ひろいよみ》】(名・する)①文章の部分部分を飛び飛びに読むこと。[例]関連したところだけ—した。②一字ずつたどって読むこと。たどり読み。[例]やっと—ぐらいはできるようになった。

扌6

【拯】

9画 5746 62EF [音]ショウ(漢)ジョウ(呉) [訓]すく-う

[意味]すくい上げる。救助する。すくう。[例]拯救《ジョウキュウ》。

【拯救《ジョウキュウ》】(名・する)すくうこと。危険な状態から助けること。

扌6

【拭】

9画 3101 62ED [常用] [音]ショク(漢)シキ(呉) [訓]ふ-く・ぬぐ-う

[筆順]

[なりたち][形声]「扌(=て)」と、音「式《ショク》」とから成る。汚れをぬぐう。

[意味]よごれやくもりを布などでこすりとってきれいにする。ぬぐう。ふく。[例]払拭《フッショク》。

扌6

【拵】

9画 5747 62F5 [音]ソン(漢) [訓]こしら-える

[意味]すわりがよいように置く。すえる。

[日本語での用法]《こしらえる》つくる。また、かまえる。もうける。見せかける。かざる。「物《もの》を拵《こしら》える・顔《かお》を拵《こしら》える・理由《リユウ》を拵《こしら》えて辞退《ジタイ》する」

手6

【拿】

10画 5729 62FF [音]ダ(漢)ナ(呉) [訓]ひ-く・つか-む

手5

[拏]

9画 5728 62CF 本字

[意味]❶とらえる。つかむ。[例]拿捕《ダホ》。❷欧米《オウベイ》語の「ナ」の音訳。[例]拿破崙《ナポレオン》。

【拿捕《ダホ》】(名・する)不法に侵入《シンニュウ》したり、法律に違反《イハン》したりした他国の船をとらえること。[例]漁船を—する。

【拿▽破▼崙《ナポレオン》】フランス第一帝政《テイセイ》の皇帝、ナポレオン=ボナパルト。(一七六九—一八二一)[表記]「奈▽破▼崙・那▽破▽烈▽翁・那▽波▽列▽翁」などとも書く。

扌6

【挑】

9画 3609 6311 [常用] [音]チョウ(漢) [訓]いど-む

[筆順]

[なりたち][形声]「扌(=て)」と、音「兆《チョウ》」とから成る。かきみだす。

[意味]❶戦いや競争などを、こちらからしかける。いどむ。けしかける。[例]挑戦《チョウセン》。❷ひっかけて起こす。かきたてる。かかげる。[例]挑灯《チョウトウ》(=灯心をかきたてる)。❸肩《かた》にひっかけてかつぐ。になう。[例]挑担《チョウタン》。❹えらぶ。

【挑戦《チョウセン》】(名・する)①たたかいをしかけること。②新しいことや困難なことなどに進んで立ち向かうこと。

【挑発《チョウハツ》】(名・する)相手をわざと刺激《シゲキ》して、求める反応

を起こさせること。しかけること。例 ―的行動。―に乗る。

手6 【拳】 10画 ⇩【拳《ケン》】(437ページ)

扌7 **【挨】** 10画 1607 6328 常用 音 アイ(漢) 訓 お-す

筆順 ナ 扌 扌 扌 扌 挨 挨

なりたち  ［形声］「扌(=て)」と、音「矣《イ》→《アイ》」とから成る。背を撃つ。

意味 後ろからおしのける。また、おし合いをする。つめよる。おす。例 挨拶《アイサツ》(=人がおし合うようす)。

【挨拶《アイサツ》】(名・する)〔原義は人がおし合うさま〕①人と会ったとき、決まったことばや動作をかわして親愛の気持ちを示し合うこと。例 朝の―。②儀礼《ギレイ》としてのことばを、述べたり通知したりすること。例 ―状を配る。就任の―。③応答すること。例 ―のしようがない。④仲介《チュウカイ》。仲裁《チュウサイ》。調停。例 ―は時の氏神《うじがみ》。

扌7 **【捐】** 10画 5748 6350 音 エン(漢)(呉) 訓 す-てる

意味 ❶持っていたものを手ばなす。すてる。例 捐棄《エンキ》。❷私財を手ばなして人を助ける。あたえる。例 義捐金《ギエンキン》。

【捐館《エンカン》】〔住んでいた館《やかた》を捐《す》てて去る意〕死去すること。「死」という語をさけて使う。捐館舎《エンカンシャ》。捐舎《エンシャ》。

【捐金《エンキン》】お金を寄付すること。また、その寄付金。義捐金。

扌7 **【捍】** 10画 5750 634D 音 カン(漢) 訓 こば-む・まも-る

意味 ❶さえぎる。こばむ。同 扞《カン》。❷侵《おか》されないように、くいとめる。ふせぐ。まもる。同 扞《カン》。例 捍衛《カンエイ》。❸かたくじょうぶなようす。❹勇猛《ユウモウ》なようす。同 悍《カン》。

扌7 **【挫】** 10画 2635 632B 常用 音 サ(漢) ザ(呉) 訓 くじ-く・くじ-ける

筆順 ナ 扌 扌 扌 扌 挫 挫

なりたち  ［形声］「扌(=て)」と、音「坐《サ》」とから成る。くじく。

意味 ❶へしおる。くだく。くじく。例 捻挫《ネンザ》。❷とちゅうで勢いを失う。くじける。例 挫折《ザセツ》。頓挫《トンザ》。

【挫傷《ザショウ》】(名・する)打ったり転んだりしたとき、皮膚《ヒフ》の下の組織がきずつくこと。また、そのきず。打ち身。例 脳《ノウ》―。

【挫折《ザセツ》】(名・する)①仕事や計画がとちゅうでだめになること。例 事業は半ばで―した。②失敗して、気力を失うこと。

扌7 **【振】** 10画 3122 632F 常用 音 シン(漢)(呉) 訓 ふ-る・ふ-るう・ふ-れる・ふ-り

筆順 ナ 扌 扌 扌 扌 扌 振

なりたち  ［形声］「扌(=て)」と、音「辰《シン》」とから成る。たすける。ふるいおこす。

意味 ❶こまっている人を元気づける。すくう。同 賑《シン》。❷ふるいおこす。例 振興《シンコウ》。❸ふりうごかす。ふるう。ふるえる。例 振動《シンドウ》。振鈴《シンレイ》。

日本語での用法 一《ふり》①ふるまい。ようす。動作。しぐさ。「身振《みぶ》り・人《ひと》の振《ふ》りを見《み》てわが振《ふ》り直《なお》す・知《し》らん振《ふ》り」②刀や剣《ケン》を数えることば。「名刀《メイトウ》一振《ひとふ》り」③時間の経過をあらわすことば。「一年《イチネン》振《ぶ》り・十日《とおか》振《ぶ》りの雨《あめ》」 二《ふる》分けあたえる。わりあてる。「役《ヤク》を振《ふ》る」

使い分け ふるう【振・震・奮】⇩1179ページ

人名 おさむ・のぶ

【振起《シンキ》】(名・する)ふるいおこすこと。元気を出すこと。

【振古《シンコ》】①大昔。太古。②昔から。例 ―未曽有《ミゾウ》。

【振興《シンコウ》】(名・する)ものごとを盛んにすること。

【振張《シンチョウ》】(名・する)威力《イリョク》をのばし広げること。

【振動《シンドウ》】(名・する)①こまかくふれうごくこと。例 窓ガラスが―する。②〔物〕物体の位置や電流の方向・強さなどが、ある範囲《ハンイ》のなかで周期的に変化すること。例 ―数。

【振幅《シンプク》】振動している物体の、静止位置から最も遠い位置までの距離《キョリ》。例 振《ふ》り子の―が大きい。

【振鈴《シンレイ》】合図などのためにすずを鳴らすこと。また、そのすず。

【振り替え《ふりかえ》】一時的に取りかえること。例 ―授業。―休日。

【振り袖《ふりそで》】たもとが長く、袖のわきをぬわない着物。未婚《ミコン》の女性が着る。例 成人式に―を着る。

【振り出し《ふりだし》】①ふって出すこと。例 ―薬《ぐすり》。―の食卓塩《ショクタクエン》。②双六《スゴロク》の出発点。また、ものごとの出発点のたとえ。例 ―と上がり。―にもどる。

●発振《ハッシン》・不振《フシン》

扌7 **【捜】** 10画 3360 635C 常用 音 ソウ(慣) シュウ(漢) 訓 さが-す

扌9 **【搜】** 12画 5751 641C 人名

筆順 ナ 扌 扌 扌 扌 捜 捜

なりたち  ［形声］「扌(=て)」と、音「叟《ソウ》→《シュウ》」とから成る。多い。また、さがしもとめる。

意味 手さぐりでさがす。さがしもとめる。さぐる。さがす。例 捜査《ソウサ》。捜索《ソウサク》。

使い分け さがす【探・捜】⇩1169ページ

【捜査《ソウサ》】(名・する)①さがし調べること。②〔法〕公訴《コウソ》のため、国家の機関が犯人や証拠《ショウコ》をさがし集めること。

【捜索《ソウサク》】(名・する)①さがしもとめること。例 ―隊。遭難者《ソウナンシャ》を―する。②〔法〕犯人や証拠《ショウコ》物件を発見するため、国家の機関が人や家などを強制的に調べること。

扌7 **【挿】** 10画 3362 633F 常用 音 ソウ(漢) 訓 さ-す

扌9 **【插】** 12画 5771 63D2

筆順 ナ 扌 扌 扌 扌 扌 挿

なりたち 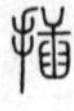 ［形声］「扌(=て)」と、音「臿《ソウ》」とから成る。さしこむ。

意味 ❶すきまにさしいれる。さしこむ。さしはさむ。さす。例 挿入《ソウニュウ》。挿話《ソウワ》。❷地面にさしこんで土を起こす農具。すき。

使い分け さす【差・指・刺・挿】⇩1169ページ

【挿絵《さしえ》】文章の内容を、具体的に理解しやすくするためにそえる絵や、イラスト、カットなど。挿画《ソウガ》。

【挿し木《さしき》】(名・する)植物の枝や葉を切り取り、土や砂などにさして根づかせること。例 ―で増やす。ツバキを―する。

【挿花《ソウカ》】①生け花。生花《セイカ》。例 ―の師匠《シショウ》。②髪《かみ》に、かざりとして花をさすこと。

【挿画】《ソウガ》 文章にそえた絵。挿絵《さしエ》。

【挿入】《ソウニュウ》（名・する）あいだにはさみこむこと。さしいれること。例 —句。雑誌に応募《オウボ》はがきを—する。

【挿話】《ソウワ》 ひとつづきの文章や談話のなかにさしはさんだ短い話。エピソード。類 逸話《イツワ》。

扌7 **【捉】** 10画 3410 6349 常用 音 ソク慣 サク漢呉 訓 と-らえる・つか-まえる

筆順 捉

なりたち ［形声］「扌（=て）」と、音「足《ソク→サク》」とから成る。手でつかむ。

意味 ❶しっかりにぎる。つかむ。とる。例 捉筆《ソクヒツ》（=筆をとる。書く）。把捉《ハソク》（=つかまえる）。❷つかまえる。とらえる。例 捕捉《ホソク》。

使い分け **とらえる【捕・捉】** ⇩1174ページ

【捉髪】《ソクハツ》 ⇩【吐哺握髪】《トホアクハツ》（189ページ）

扌7 **【挺】** 10画 3682 633A 人名 音 チョウ慣 テイ漢 訓 ぬ-く

意味 ❶ひきぬく。ぬく。❷ずばぬけて、すぐれる。ぬきんでる。❸みずからすすんで、ぬけでる。例 挺身《テイシン》。❹まっすぐにする。例 挺直《テイチョク》（=まっすぐ）。❺銃《ジュウ》・刃物《はもの》・墨《すみ》などを数えることば。例 鉄砲《テッポウ》十挺《ジッチョウ》。

人名 ただ・なお・もち

【挺身】《テイシン》（名・する）身を投げ出して行動すること。例 国のため—して難にあたる。

【挺進】《テイシン》（名・する）多数の中からぬけ出して先にすすむこと。例 敵陣《テキジン》に向かって—する。

扌7 **【捗】** 10画 3629 6357 常用 音 チョク漢 訓 はかど-る・はか

筆順 捗

なりたち ［形声］「扌（=て）」と、音「陟《チョク》」の省略体とから成る。はかどる。

意味 うつ。たたく。

日本語での用法 《**チョク・はか・はかどる**》 仕事などが順調にすすむ。すすみぐあい。〔「陟《チョク》（=のぼる。すすむ）」ととりちがえて使われるようになったもの〕「進捗《シンチョク》・捗《はか》がいく・仕事《しごと》が捗《はか》どる」

扌7 **【捏】** 10画 5752 634F 音 ネツ慣 デツ漢 訓 こ-ねる

意味 ❶手でつまむ。土をこねてものをつくる。こねる。例 捏塑《デッソ》（=こねて、立体のものをつくる）。❷事実でないことをつくりあげる。こじつける。例 捏造《ネツゾウ》。捏《デッ》ち上《あ》げる。

【捏造】《ネツゾウ・デツゾウ》（名・する）ありもしないことを、事実であるかのようにつくりあげること。でっちあげ。例 記事を—する。

扌7 **【捌】** 10画 2711 634C 音 ハツ漢 ハチ呉 訓 さば-き・さば-く・さば-ける・は-ける

意味 ❶二つにわける。引きわける。❷「八」の大字《ダイジ》。商売や契約《ケイヤク》の文書で、数字を書きかえられないように使う。

日本語での用法 《**さばき・さばく**》 整理する。始末する。うまくあつかう。「包丁《ホウチョウ》捌《さば》き・手綱《たづな》をたくみに捌《さば》く・在庫品《ザイコヒン》がきれいに捌《さば》ける・捌《さば》けた人《ひと》」

扌7 **【挽】** 10画 4052 633D 人名 音 バン漢 訓 ひ-く

扌8 【挽】 11画 —— 俗字

意味 ❶ひっぱる。ひく。同 輓《バン》。例 挽引《バンイン》（=ひく）。❷柩《ひつぎ》を乗せた車をひく。死者を悼《いた》む。同 輓《バン》。例 挽歌《バンカ》。❸ひきもどす。たてなおす。例 挽回《バンカイ》。

日本語での用法 《**ひく**》 前後・回転の、動作・作用で仕事をする。「木挽《こび》き・ろくろで挽《ひ》く」

【挽歌】《バンカ》 人の死を悲しむ歌。〔昔、中国で葬式《ソウシキ》のとき、柩《ひつぎ》を乗せた車を挽《ひ》く人が歌った歌〕 表記 「▼輓歌《バンカ》」とも書く。

【挽回】《バンカイ》（名・する）失ったものを取り返すこと。もとの状態にもどすこと。回復。例 失点の—。名誉《メイヨ》を—する。

扌7 **【捕】** 10画 4265 6355 常用 音 ホ漢 ブ呉 訓 と-らえる・と-らわれる・と-る・つか-まえる・つか-まる

筆順 捕

なりたち ［形声］「扌（=て）」と、音「甫《フ→ホ》」とから成る。取る。

意味 にげるものを追いかけて、とりおさえる。とらえる。つかまえる。例 捕獲《ホカク》。捕鯨《ホゲイ》。逮捕《タイホ》。

使い分け **とらえる【捕・捉】** ⇩1174ページ

使い分け **とる【取・採・執・捕・撮】** ⇩1174ページ

【捕り物】《とりもの》 犯人や容疑者などをつかまえること。例 —帳。

【捕影】《ホエイ》〔実体のないものをとらえるということから〕とりとめがなく、あてにならないもののたとえ。

【捕獲】《ホカク》（名・する）①生きものをつかまえること。例 にげ出したサルを—した。②ぶんどること。例 敵の船を—する。

【捕鯨】《ホゲイ》 クジラをとること。例 —船団。

【捕殺】《ホサツ》（名・する）とらえて殺すこと。例 ネズミを—する。

【捕手】《ホシュ》 野球で、投手からの投球を受け、また本塁《ホンルイ》を守る選手。キャッチャー。例 —がサインを出す。

【捕縄】《ホジョウ》 犯人の逮捕《タイホ》などのときに用いるなわ。とりなわ。

【捕食】《ホショク》（名・する）生物が他の種《シュ》の生物をとらえて食べること。例 虫を—する植物。

【捕捉】《ホソク》（名・する）つかまえること。とらえること。

【捕縛】《ホバク》（名・する）つかまえてしばること。

【捕虜】《ホリョ》 戦争で敵にとらえられた人。とりこ。類 俘虜《フリョ》。

扌7 【挾】 10画 ⇩【挟】《キョウ》（437ページ）

扌7 【捩】 10画 ⇩【捩】《レツ》（448ページ）

扌8 **【掖】** 11画 5753 6396 音 エキ漢 訓 わきばさ-む・たす-ける

意味 ❶わきの下に手をそえるようにして、たすける。❷わきの下にはさむ。わきばさむ。❸わきの下。わき。同 腋《エキ》。例 狐掖《コエキ》（=キツネのわきの下の毛で作った毛皮）。❹両わきにあるもの。例 掖門《エキモン》（=大門の左右にある小門）。

扌8 **【掩】** 11画 1770 63A9 音 エン漢呉 訓 おお-う

意味 ❶手でさえぎってかくす。おおう。ふさぐ。とじる。例 掩蓋《エンガイ》。掩耳《エンジ》（=耳をおおって聞かない）。掩蔽《エンペイ》。❷かくまう。かばう。例 掩護《エンゴ》。

【掩蓋】《エンガイ》 ①上をおおうもの。②戦場の陣地《ジンチ》や塹壕《ザンゴウ》の上部にかぶせる、おおい。

【掩護】《エンゴ》（名・する）敵の攻撃《コウゲキ》から味方を守ること。例 —

射撃。空から歩兵を—する。表記 (現)援護

【掩耳】《エンジ》〔「耳を掩《おお》う」と訓読する〕耳をおさえて聞かないようにする。

【掩蔽】《エンペイ》（名・する）①おおいかくすこと。例—工作。過失を—する。②天体が他の天体をかくす現象。とくに、月が恒星《コウセイ》をかくすことをいう。星食。

【掩門】《エンモン》〔「門を掩《おお》う」と訓読する〕門をとじる。

扌8

【掛】

11画 1961 639B 常用 音 カ(慣) カイ(漢) 訓 か-ける・か-かる・かかり・か-け

筆順 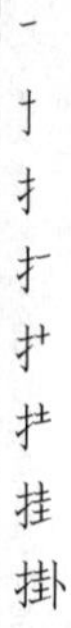

なりたち［形声］「扌（=て）」と、音「卦《カイ》」とから成る。手で、かける。参考 一説に、「挂《カ》」の俗字。

意味 ひっかけてつり下げる。かける。かかる。例 掛冠《カイカン》。

日本語での用法 一《かかる・かける》作用する。作用させる。関係させる。消費させる。「心配《シンパイ》を掛《か》ける・金《かね》を掛《か》ける・願《ガン》を掛《か》ける・腰《こし》を掛《か》ける・電話《デンワ》を掛《か》ける」 二《かかり》特定の仕事・役目を受けもつ人。「掛員《かかりイン》・出札掛《シュッサツがかり》」 三《かけ》名詞「かけ」に広くあてる。「掛《か》け売《う》り・八掛《ハチがけ》（=二割引き）・掛《か》け値《ね》なし・書《か》き掛《か》け・掛《か》けそば」

使い分け かかる・かける【掛・懸・架・係・賭】⇩1166ページ

【▽掛冠】《カイカン》（名・する）〔定められた役職のかんむりをぬいで柱などにかける意〕官職をやめること。挂冠《カイカン》。

【掛け合い】《かけあい》①たがいに自分の要求を述べて相談すること。(類)談判・交渉《コウショウ》。例 値引きの—をする。②ふたり以上の人がかわるがわる話をしたり演奏をしたりすること。例—漫才《マンザイ》。表記 ▽「懸け合い」とも書く。

【掛け替え】《かけがえ》〔「掛け替えのない」の形で〕代わりになるもの（がない）。例—のない人生。

【掛け算】《かけザン》二つ以上の数または式をかけ合わせて積を求める計算。乗法。(対)割り算。

【掛け字】《かけジ》掛け軸《ジク》。

【掛け軸】《かけジク》書画を表装して、床《とこ》の間《ま》やかべにかけてかざるもの。掛け物。掛け字。例 山水画の—。

【掛け値】《かけね》①実際より高くつけた値段。例—なしで売る。②大げさに言うこと。例—のないところを言う。

【掛け橋】《かけはし》①谷やがけにふじづるや木材をわたした橋。②二者のあいだをとりもつもの。なかだち。例 東西文明の—となる。表記 ▽「懸け橋」とも書く。

扌8

【掎】

11画 5754 638E 音 キ(漢) 訓 ひ-く

意味 片足をつかんでひっぱる。ひきとめる。ひく。例 掎掣《キセイ》（=ひきとめる）。

扌8

【掬】

11画 2137 63AC 人名 音 キク(漢)(呉) 訓 すく-う

意味 両手ですくいとる。すくう。例 掬水《キクスイ》。一掬《イッキク》（=両手でひとすくいするほど。また、わずか）。

【掬飲】《キクイン》（名・する）両手ですくって飲むこと。例 つめたい泉の水を—する。

【掬水】《キクスイ》水を両手ですくいあげること。また、すくいあげた水。例 月、—の中《うち》に在《あ》り。

扌8

【掀】

11画 5755 6380 音 キン(漢) ケン(漢) 訓 あ-げる・かか-げる

意味 ❶手で高く持ち上げる。かかげる。あげる。❷かぶせてあるものをとりのける。めくる。

扌8

【掘】

11画 2301 6398 常用 音 クツ(漢) 訓 ほ-る

筆順 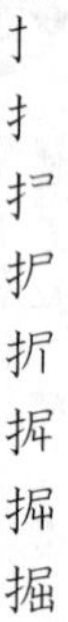

なりたち 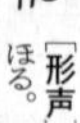 ［形声］「扌（=て）」と、音「屈《クツ》」とから成る。ほる。

意味 けずりとって、あなをあける。うまっているものをほりだす。ほる。例 掘削《クッサク》。採掘《サイクツ》。発掘《ハックツ》。

【掘削】《クッサク》（名・する）土や岩をほりとって穴をあけること。例—機。トンネルを—する。表記 (旧)掘▼鑿

【掘り出し物】《ほりだしもの》ぐうぜん手に入れためずらしいものや、安く手に入れた品物。例—の古本。

【掘り抜き】《ほりぬき》「掘り抜き井戸《いど》」の略。地面を深くほってつくった井戸。

【掘り割り】《ほりわり》地面をほってつくった水路。表記「堀割」とも書く。

◐採掘《サイクツ》・試掘《シクツ》・盗掘《トウクツ》・発掘《ハックツ》

扌8

【掲】

11画 2339 63B2 常用 音 ケイ(慣) ケツ(漢) 訓 かか-げる

筆順 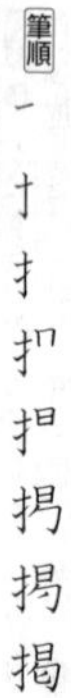

扌9

【揭】

12画 1-8483 63ED 人名

なりたち ［形声］「扌（=て）」と、音「曷《カツ→ケツ》」とから成る。高くあげる。

意味 よく見えるように高くあげる。目立つように示す。かかげる。例 掲載《ケイサイ》。掲示《ケイジ》。掲揚《ケイヨウ》。

人名 なが

【掲載】《ケイサイ》（名・する）新聞や雑誌、または著作物に文章や写真などをのせること。例—誌。広告—料。

【掲示】《ケイジ》（名・する）多くの人に知らせるべきことを人目につくところにはり出すこと。また、その文書。例—板。

【掲出】《ケイシュツ》（名・する）目につきやすいように、かかげて示すこと。例 官報に—する。

【掲揚】《ケイヨウ》（名・する）旗などを竿《さお》や塔《トウ》の上に高くかかげること。例 国旗を—する。

◐前掲《ゼンケイ》・別掲《ベッケイ》

扌8

【捲】

11画 2394 6372 人名 音 ケン(漢) 訓 ま-く・まく-る・まく-れる・めく-る

意味 まるくまいて、おさめる。まきあげる。まく。(同)巻《ケン》。例 捲土重来《ケンドチョウライ》。席捲《セッケン》。

【捲土重来】《ケンドチョウライ》《ケンドジュウライ》〔「土《つち》を捲《ま》きて重《かさ》ねて来《きた》る」と訓読する〕一度やぶれた者が勢力を盛り返してせめてくること。例—を期す。表記「▽巻土重来」とも書く。

扌8

【控】

11画 2521 63A7 常用 音 コウ(漢) 訓 ひか-える・ひか-え

筆順 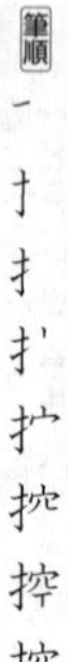

なりたち  ［形声］「扌（=て）」と、音「空《クウ→コウ》」とから成る。遠くのものを引いて近づける。

意味 ❶てまえにひっぱる。ひく。例 控弦《コウゲン》（=弓のつるをひっぱる）。❷ひきとどめる。おしとどめる。例 控制《コウセイ》（=動きをお

さえる)。❸出かけていって、うったえる。例控訴《コウソ》。❹さしひく。とりのぞく。例控除《コウジョ》。

【控除《コウジョ》】(名・する)(計算の対象から)一定の金額を差し引くこと。例—額。必要経費を—する。表記 旧▼扣除

【控訴《コウソ》】(名・する)〔法〕一審《イッシン》の判決を不服として上級の裁判所に再審を求めること。〔二審の判決に対するものは「上告」という〕

【控え室《ひかえシツ》】式や会などが始まるまでのあいだ、休憩《キュウケイ》したり準備したりして待っている部屋。例講師—。

扌8

【採】

11画 2646 63A1 教育5 音サイ漢呉 訓と-る

筆順 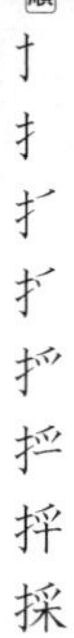

扌8 【採】11画

なりたち [形声]「扌(=て)」と、音「采《サイ》(=つみとる)」とから成る。手でつみとる。

意味 ❶指先でつまむ。とる。例採花《サイカ》(=花をつむ)。採摘《サイテキ》(=つみとる)。❷えらんで、とりこむ。あつめる。とる。例採集《サイシュウ》。採択《サイタク》。採用《サイヨウ》。

日本語での用法《とる》採決する。「会議《カイギ》で決《ケツ》を採《と》る」

使い分け とる【取・採・執・捕・撮】⇩1174ページ

人名 もち

【採掘《サイクツ》】(名・する)石炭・石油や金・銀など有用な鉱物をほりだすこと。類採鉱。例石炭の—場。

【採血《サイケツ》】(名・する)検査や献血《ケンケツ》のために、からだから血液をとること。例—検査。

【採決《サイケツ》】(名・する)議案を成立させるかどうか、賛成・反対の数をしらべてきめること。例委員会で—する。

【採光《サイコウ》】(名・する)室内に日光をとり入れること。例天窓《テンまど》から—する。

【採鉱《サイコウ》】(名・する)鉱石をほりだすこと。類採掘《サイクツ》。

【採算《サイサン》】商売や事業で、収入と支出を引き合わせて利益が出ること。例—割れ。—が合う。—がとれない。

【採取《サイシュ》】(名・する)研究・調査に必要なものをあつめること。例指紋《シモン》—。標本用の植物—。

【採集《サイシュウ》】(名・する)調査や研究の資料になるものを、広くあつめること。例昆虫《コンチュウ》—。昔話の—。

【採寸《サイスン》】(名・する)服をつくるとき、身体の必要な部分の寸法をはかること。例スーツの—。肩幅《かたはば》を—する。

【採石《サイセキ》】(名・する)鉱石を採取したり、石材を切り出したりすること。例—場。

【採草《サイソウ》】(名・する)家畜《カチク》の飼料や、肥料にするため、草をかりとること。例—地。

【採択《サイタク》】(名・する)いくつかの同類のもののなかから、えらびとること。例決議案を—する。

【採炭《サイタン》】(名・する)石炭を採掘《サイクツ》すること。例—量。

【採点《サイテン》】(名・する)ある基準にそって点数をつけること。例—表。試験の—。

【採否《サイヒ》】採用するかしないかということ。例—の決定。

【採訪《サイホウ》】(名・する)資料を集めるために、あちらこちらをおとずれて調べること。

【採油《サイユ》】(名・する)①石油を採掘《サイクツ》すること。②ナタネ・ゴマなどからあぶらをしぼりとること。

【採用《サイヨウ》】(名・する)ふさわしい人物・案・方法をえらんで、使うように決めること。例新人を—する。提案を—する。

【採録《サイロク》】(名・する)文書に記録したり、録音・録画したりすること。例講演の主旨《シュシ》を—する。民話を—する。

扌8

【捨】

11画 2846 6368 教育6 音シャ漢呉 訓す-てる

筆順 

扌8 【捨】11画

なりたち  [形声]「扌(=て)」と、音「舎《シャ》」とから成る。解きはなす。

意味 ❶手放して、ほうっておく。やめる。すてる。対取《シュ》。例取捨《シュシャ》。❷お金や品物を手放し、差し出す。ほどこす。例喜捨《キシャ》。施捨《シシャ》。

人名 えだ・すて

【捨象《シャショウ》】(名・する)〔哲〕いくつかのものごとの共通する要素をひきだすとき、個々の特有の要素を考察の対象からはずすこと。

【捨身】一《シャシン》〔仏〕①仏道修行《シュギョウ》や、世の人々を救うため、自分の身命をすてること。例—飼虎《シコ》(=子をもつ飢《う》えた虎《とら》に我《わ》が身《み》をあたえた薩埵《サッタ》太子成道《ジョウドウ》の説話)。②仏門にはいること。二【捨て身《すてみ》】命を失う覚悟《カクゴ》で事にあたること。命がけ。例—で戦う。

【捨て石《すていし》】①日本庭園で、おもむきをもたせるために、ところどころに置く石。②河川《カセン》工事のさい、水勢を弱めたり水底に基礎《キソ》をつくるため、水中に投げ入れる石。③囲碁《イゴ》で、作戦上わざと相手にとらせる石。④一見むだなようだが、将来のためを考えておこなうことがら。また、何かをおこなうための犠牲《ギセイ》。例世の—となる。

【捨て印《すてイン》】証書などで、訂正《テイセイ》のある場合を考えて、前もって欄外《ランガイ》におしておく印。

【捨て仮名《すてがな》】①送りがな。とくに、ふつうには不必要だと思われる送りがな。たとえば「心《ろ》」「山《ま》」の小字。②一つの漢字に二通《ふたとおり》以上の読みがある場合に、書き手の意図どおりに読まれるように漢字の下に小さくそえるかな。「心《ン》」〔こころでなくシンと読む〕「二人《り》」〔ニニンでなくふたりと読む〕の「ン」「り」など。

【捨て金《すてがね》】①使っても役に立たないお金。むだがね。例—に等しい投資。②利益・返済を期待せずに貸すお金。例以前の—が役に立った。

【捨て値《すてね》】損を覚悟《カクゴ》でつけた安い値段。例—で売る。

【捨て鉢《すてバチ》】(名・形動《ダナ》)ものごとが思うようにいかず、どうなってもいいという気持ちになること。自暴自棄《ジボウジキ》。やけくそ。例—な態度。—になる。

○● 喜捨《キシャ》・取捨《シュシャ》・用捨《ヨウシャ》

扌8

【授】

11画 2888 6388 教育5 音シュウ漢 ジュ呉 訓さず-ける・さず-かる

筆順 

なりたち  [会意]「扌(=て)」と「受《ジュ》(=うける)」とから成る。手わたし、うけとらせる。

意味 手わたして、あたえたり、あたえられたりする。さずける。さずかる。例授受《ジュジュ》。授与《ジュヨ》。伝授《デンジュ》。

人名 さずく

【授かり物《さずかりもの》】神仏などからあたえられた、かけがえのないもの。例子供は天からの—だ。

【授戒《ジュカイ》】(名・する)〔仏〕仏教徒として守るべき戒律をあたえること。例—会《エ》。—の師。

【授業】《ジュギョウ》（名・する）学校で学問や技術を教えること。例数学の―を受ける。

【授産】《ジュサン》（名・する）失業や貧困《ヒンコン》で困っている人に仕事をあたえ、生活できるようにすること。例―所《ジョ》。

【授受】《ジュジュ》（名・する）一方がさしだしたものを、もう一方がうけとること。うけわたし。やりとり。例金銭の―。

【授章】《ジュショウ》（名・する）勲章《クンショウ》などをあたえること。対受章。

【授賞】《ジュショウ》（名・する）賞をあたえること。対受賞。

【授精】《ジュセイ》（名・する）〔医〕卵子《ランシ》に精子を結びつけること。例人工―。

【授乳】《ジュニュウ》（名・する）赤んぼうにちちを飲ませること。類哺乳《ホニュウ》。例―期。

【授与】《ジュヨ》（名・する）賞状などを、公的な場でさずけあたえること。例卒業証書―式。学位記を―する。
●教授《キョウジュ》・口授《コウジュ・クジュ》・収授《シュウジュ》・天授《テンジュ》・伝授《デンジュ》

手 8

【掌】

12画 3024 638C 常用

音ショウ 漢 呉
訓たなごころ・てのひら・つかさど-る

筆順 丶 丷 ⺍ 尚 尚 堂 掌

なりたち［形声］「手（＝て）」と、音「尚《ショウ》」とから成る。てのひら。たなごころ。

意味 ❶てのひら。たなごころ。例掌上《ショウジョウ》。掌中《ショウチュウ》。合掌《ガッショウ》。❷役目として担当し、とりあつかう。支配・管理する。つかさどる。例掌握《ショウアク》。車掌《シャショウ》。

難読 掌侍《ナイシのジョウ》

人名 つかさ・なか

【掌握】《ショウアク》（名・する）①手ににぎること。②思いどおりに支配すること。例監督《カントク》は選手を完全に―している。
【掌上】《ショウジョウ》 手のひらの上。例―に運《めぐ》らす（＝自分の思いどおりにする）。
【掌状】《ショウジョウ》 開いた手のひらのような形。例―複葉。
【掌中】《ショウチュウ》 ①手のひらのなか。手中《シュチュウ》。②手に入れること。自分のものとすること。例―にする。勝利を―におさめる。
【掌中の▽珠】《ショウチュウのたま》 最もたいせつにしているもの。とくに、最愛の子のこと。
【掌典】《ショウテン》 ①つかさどること。担当すること。②皇室の祭祀《サイシ》をつかさどる職員。
●合掌《ガッショウ》・車掌《シャショウ》・職掌《ショクショウ》・分掌《ブンショウ》・落掌《ラクショウ》

扌 8

【捷】

11画 3025 6377 人名

音ショウ 漢 呉
訓はや-い・か-つ

なりたち［形声］「扌（＝て）」と、音「疌《ショウ》」とから成る。けものや鳥をとらえる。

意味 ❶えものをすばやくとる。すばやい。はやい。例捷疾《ショウシツ》（＝すばやい）。敏捷《ビンショウ》。❷はやみち。ちかい。例捷径《ショウケイ》。❸戦いに勝つ。かち。同勝《ショウ》。例捷報《ショウホウ》。戦捷《センショウ》。

人名 かち・さとし・すぐる・とし・はや・はやし・まさる

【捷径】《ショウケイ》 ①ちかみち。はやみち。類捷路。例山中の―。②てっとりばやい方法。例上達の―。
【捷報】《ショウホウ》 戦いや試合に勝ったという知らせ。勝報。例―を得て沸《わ》きかえる。

扌 8

【推】

11画 3168 63A8 教育6

音スイ・タイ 漢 呉
訓お-す・お-して

筆順 一 十 扌 扌 扩 推 推

なりたち［形声］「扌（＝て）」と、音「隹《スイ》」とから成る。おしのける。

意味 ❶後ろから力を加えて前へおしやる。おす。例推進《スイシン》。推輓《スイバン》。❷よいと認めて、人にすすめる。おす。例推挙《スイキョ》。推奨《スイショウ》。推薦《スイセン》。❸知っていることをもとに、まだわからないことについて考える。おしはかる。例推察《スイサツ》。推量《スイリョウ》。類推《ルイスイ》。❹うつりかわる。例推移《スイイ》。

使い分け おす【押・推】⇩1165《ページ》

人名 ひらく

【推移】《スイイ》（名・する）ものごとの状態が時間とともにうつりかわっていくこと。類変遷《ヘンセン》。例時代の―。

【推挙】《スイキョ》（名・する）人をある地位・仕事にふさわしいとしてすすめること。類推薦《スイセン》・推輓《スイバン》。例横綱《よこづな》に―する。

【推計】《スイケイ》（名・する）一部のデータをもとに全体のおおよその数を計算すること。類推算。例―学。

【推▼敲】《スイコウ》（名・する）詩や文章の表現をなんども練り直すこと。例―を重ねる。

故事のはなし 唐《トウ》の詩人賈島《カトウ》は都の長安《チョウアン》で驢馬《ロバ》に乗りながら詩をつくり、「僧《ソウ》は推《お》す月下《ゲッカ》の門」という句を考えついた。ところが「推す」を「敲《たた》く」に改めようかどうしようかといろいろ考え、夢中になって知事である韓愈《カンユ》の行列につきあたってしまった。詩人でもあった韓愈はわけを聞いて「敲の字がよい。」と言い、二人は意気投合して詩を論じあったのだった。〈唐詩紀事《トウシキジ》〉

【推察】《スイサツ》（名・する）相手の気持ちや事情を思いやり、見当をつけること。類推量・推測。例おおかたの―はつく。

【推参】《スイサン》 一（名・する）訪問することを、けんそんしていう言い方。例明日―いたします。二（名・形動《ダナ》）さしでがましいこと。おこないが無礼であること。例―者《もの》。―至極《シゴク》。

【推算】《スイサン》（名・する）おおよその数を算出すること。類推計。

【推奨】《スイショウ》（名・する）これがよいと、とくにとりあげてほめ、人にもすすめること。

【推賞】《スイショウ》（名・する）品質などがよいことをほめること。推称《スイショウ》。例―にあたいする作品。

【推進】《スイシン》（名・する）①力を加えて、ものごとを目的に向かっておしすすめること。例計画の―。地球温暖化防止運動を―する。②プロペラ・スクリュー・ジェット噴射《フンシャ》などで航空機や船などを前へすすめること。例―器。―力。

【推選】《スイセン》（名・する）選び出して、人にすすめること。類推薦《スイセン》。

【推薦】《スイセン》（名・する）よいと思う人やものごとを、他の人にすすめること。類推挙・推選・推輓《スイバン》。例―状。―図書。

【推測】《スイソク》（名・する）わかっていることがらをもとに、見当をつけること。類推量・推察。例―の域を出ない。

【推戴】《スイタイ》（名・する）（皇族など、高貴な人を）団体の長としてむかえること。例名誉《メイヨ》総裁に―する。

【推定】《スイテイ》（名・する）ある事実関係をもとに判断すること。例―年齢《ネンレイ》。出土品から時代を―する。

【推▼輓】《スイバン》（名・する）〔車をおしたりひいたりする意〕人を、その地位にふさわしいとして上の人にすすめること。〈春秋左氏伝《シュンジュウサシデン》〉類推挙・推薦《スイセン》。例後進を―する。表記

一推▼挽」とも書く。

【推理《スイリ》】(名・する) わかっている事実をもとに、未知のことがらを導き出すこと。例—小説。

【推量《スイリョウ》】(名・する) ①はっきりしていることがらをもとに、ものごとの事情などをおしはかること。(類)推察・推測。例心中《シンチュウ》を—する。②文法で、助動詞の用法の一つ。不確かなことを予想の形であらわすもの。「う」「よう」「らしい」など。

【推力《スイリョク》】〔物〕ものをおしすすめる力。推進力。

【推論《スイロン》】(名・する) わかっている事実をもとに、筋道をたてて結論を導くこと。例事故の原因を—する。

●邪推《ジャスイ》・類推《ルイスイ》

扌 8

【捶】

11画 5757 6376 音スイ(漢)(呉) 訓う-つ・むちう-つ

意味 ❶棍棒《コンボウ》やむちで打ちすえる。むちうつ。うつ。例鞭捶《ベンスイ》(=むちで打つこと)。❷棍棒。むち。

扌 8

【据】

11画 3188 636E 常用 音キョ(漢) コ(呉) 訓す-える・す-わる・す-え

筆順 据

なりたち  [形声]「扌(=て)」と、音「居《キョ》」とから成る。指先を曲げてかきとる。

意味 ❶手をはげしくはたらかせる。例拮据《キッキョ》。❷よりどころとする。よる。(同)拠《キョ》。❸おごり、たかぶる。(同)倨《キョ》。例据傲《キョゴウ》(=たかぶって、他をあなどる)。据慢《キョマン》。

日本語での用法《すえる》位置におく。おちつかせる。「棚《たな》を据《す》える・客《キャク》を上座《かみザ》に据《す》える・腰《こし》を据《す》える」

使い分け すわる【座・据】⇩1171ページ

【据え膳《すえゼン》】すぐに食べられるように、ととのえた食事を前に出すこと。例上げ膳—。

【据え風呂《すえフロ／すえブロ》】ふろおけにかまを取り付け、水からわかすふろ。

手 8

【掣】

12画 5758 63A3 音セイ(漢)(呉) 訓ひ-く

意味 引き止めて、自由にさせない。ひく。例掣肘《セイチュウ》。牽掣《ケンセイ》。

【掣▽肘《セイチュウ》】(名・する)〔「肘」は、ひじの意〕わきから干渉《カンショウ》して自由にさせないこと。例—を加える。

扌 8

【接】

11画 3260 63A5 教育5 音セツ(慣) ショウ(漢)(呉) 訓つ-ぐ

筆順 接

なりたち  [形声]「扌(=て)」と、音「妾《ショウ》」とから成る。交わり、くっつく。

意味 ❶くっついて、つながる。つなぐ。つぐ。例接合《セツゴウ》。接続《セツゾク》。溶接《ヨウセツ》。❷ふれあう。人と会う。例接見《セッケン》。面接《メンセツ》。客《キャク》に接《セッ》する。❸そばに近づく。例接近《セッキン》。額《ひたい》を接《セッ》する。❹手でじかに受けとる。例接受《セツジュ》。接収《セッシュウ》。

使い分け つぐ【次・継・接】⇩1173ページ

人名 つぎ・つら・もち

【接岸《セツガン》】(名・する) 船が岸壁《ガンペキ》や陸地に横づけすること。(対)離岸《リガン》。例タンカーがゆっくり—する。

【接客《セッキャク》】客をもてなすこと。客に応対すること。例—業。

【接近《セッキン》】(名・する) ①そばにちかづくこと。例台風が—する。②差が少ないこと。例実力が—している。

【接見《セッケン》】(名・する) ①身分の高い人がおおやけの場で客に面会すること。引見。例国王が使節を—する。②〔法〕身がらを拘束《コウソク》されている被疑者《ヒギシャ》・被告人《ヒコクニン》と弁護士などが面会すること。

【接合《セツゴウ》】(名・する) つなぎあわせること。くっつけること。(類)接着。例—剤《ザイ》。

【接骨《セッコツ》】(名・する) 折れたほねをつなぐこと。ほねつぎ。例—院。

【接辞《セツジ》】接頭語と接尾《セツビ》語をまとめていうことば。

【接写《セッシャ》】(名・する) カメラを近づけて写真をとること。例—レンズ。

【接種《セッシュ》】(名・する) 病気の予防などのために、からだに病原菌《ビョウゲンキン》・ウイルスなどを植えつけること。例予防—。

【接受《セツジュ》】(名・する) うけとること。また、うけいれること。例公文書を—する。大使を—する。

【接収《セッシュウ》】(名・する) ①国などが権力によって所有物を取り上げること。例—解除《カイジョ》。②うけとること。例占領軍《センリョウグン》に建物を—される。

【接▼踵《セッショウ》】(名・する)〔「きびすを接する」と訓読する。前後の人と、かかとがくっつくことから〕ものごとが次々と続いて起こること。

【接触《セッショク》】(名・する) ①近づいてふれること。ふれあうこと。例車の—事故。高圧線に—する。②人と人が連絡《レンラク》をつけること。例重要人物と—する。

【接戦《セッセン》】①力が同じくらいであるため、なかなか勝負がつかない戦いや試合。例—のすえに勝つ。②近寄って戦うこと。

【接線《セッセン》】〔数〕曲線または曲面上の一点にふれる直線。表記「切線」とも書く。

【接続《セツゾク》】(名・する) ①つづくこと。つなげること。例前の文章に—する。②電車などが連絡《レンラク》すること。例—が悪い。次の駅で急行に—する。

【接続詞《セツゾクシ》】品詞の一つ。自立語で活用がなく、単語・文節・文などを結びつけるはたらきをすることば。「および」「または」「しかも」「だから」「けれども」など。

【接続助詞《セツゾクジョシ》】助詞の一つ。用言や助動詞について、前後の語句の意味上の関係を示す。「ば」「ので」「から」「と」「が」「のに」「ながら」など。

【接待《セッタイ》】(名・する)(お茶や食事を出して)客をもてなすこと。例—費。来客を—する。

【接地《セッチ》】(名・する) ①地面に接すること。例主翼《シュヨク》の車輪がまず—する。②電気機器と地面とを銅線などでつなぐこと。アース。

【接着《セッチャク》】(名・する) ぴったりとくっつけること。また、くっつくこと。例—剤《ザイ》。のりで—する。

【接点《セッテン》】①(二つの異質なものが)接するところ。例ふたりの考え方の—を探す。②〔数〕接線が、曲線または曲面と接する点。

【接頭語《セットウゴ》】文法で、それだけでは用いられず、他のことばの上について、意味をそえたり強めたりすることば。「お手紙」の「お」、「か弱い」の「か」、「ご出席」の「ご」など。(対)接尾《セツビ》語。

【接尾語《セツビゴ》】文法で、それだけでは用いられず、他のことばの下について意味をそえたり、別の品詞をつくったりすることば。「ぼくら」の「ら」、「春めく」の「めく」、「封建《ホウケン》的」の「的」など。(対)接頭語。

【接▼吻《セップン》】(名・する) 親愛や尊敬の気持ちをあらわすために、くちびるを相手のくちびるやほお、手などにつけること。口づけ。キス。

【接ぎ木《つぎき》】(名・する) 切り取った木の枝や芽を、別の木を

台《ダイ》木《ぎ》としてつぎ合わせること。例甘柿《あまがき》を—する。

●応《オウ》接《セツ》・間《カン》接《セツ》・逆《ギャク》接《セツ》・近《キン》接《セツ》・順《ジュン》接《セツ》・直《チョク》接《セツ》・密《ミッ》接《セツ》・面《メン》接《セツ》・溶《ヨウ》接《セツ》・隣《リン》接《セツ》

扌 8

【措】

11画 3328 63AA 常用 音 ソ 漢 呉 訓 お-く

筆順 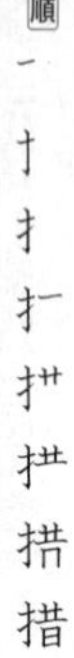

なりたち  [形声]「扌(=て)」と、音「昔《セキ》→ソ」とから成る。そのままにしておく。

意味 ❶考えて配置する。おく。例措《ソ》辞《ジ》。措《ソ》置《チ》。❷ある動作をする。ふるまう。例挙《キョ》措《ソ》。

【措辞】ソジ 詩や文章を書くときのことばの使い方。言い回し。例たくみな—。

【措大】ソダイ 書生。例窮《キュウ》—(=貧乏《ビンボウ》書生)。

【措置】ソチ (名・する) うまく始末をつけること。また、そのための手続きをとること。例万全《バンゼン》の—を講じる。

扌 8

【掃】

11画 3361 6383 常用 音 ソウ 漢 呉 訓 は-く・はら-う

筆順 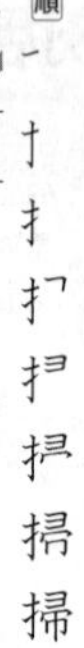

扌 8

【掃】

11画

なりたち [会意]「扌(=て)」と「帚(=ほうき)」とから成る。手にほうきを持ち、そうじをする。

意味 ❶ほうきでちりをはらい、きれいにする。はらう。はく。例掃《ソウ》除《ジ》。清《セイ》掃《ソウ》。❷すっかり取り除く。ほろぼす。例掃《ソウ》討《トウ》。掃《ソウ》滅《メツ》。一《イッ》掃《ソウ》。

人名 のぶ

【掃海】ソウカイ (名・する) 海中に設置された機雷《キライ》などの危険物を取り除くこと。例—艇《テイ》。沿岸を—する。

【掃除】ソウジ (名・する) はいたりふいたりなどして、よごれをきれいにすること。例大《おお》—。部屋を—する。

【掃射】ソウシャ (名・する) なぎはらうように弾丸《ダンガン》を発射すること。例機銃《キジュウ》—。

【掃討】ソウトウ (名・する) 敵などを残らず打ちはらうこと。完全に除くこと。類掃滅《ソウメツ》。表記「掃▼蕩」とも書く。

【掃滅】ソウメツ (名・する) 打ちほろぼすこと。類掃討《ソウトウ》。例ゲリラを—する。表記 旧▼剿滅

【掃き▼溜め】はきだめ ごみなどを捨てる場所。ごみ捨て場。ごみため。例—に鶴《つる》(=きたないところに、不似合いなほど美しいものがあらわれるたとえ)。

扌 8

【掫】

11画 5756 63AB 音 ソウ 漢 訓 う-つ

意味 夜まわりをする。

扌 8

【探】

11画 3521 63A2 教育6 音 タン 漢 訓 さぐ-る・さが-す

筆順 

なりたち  [形声]「扌(=て)」と、音「罙《シン》→タン」とから成る。手さぐりして、とる。

意味 ❶おく深いところまで手をのばして、目当てのものをつかもうとする。さぐる。さがす。例探《タン》求《キュウ》。探《タン》索《サク》。❷まだ知らないものごとや土地を、よく知ろうとする。たずねる。例探《タン》検《ケン》。探《タン》勝《ショウ》。探《タン》訪《ボウ》。

使い分け さがす【探・捜】⇩1169ページ

難読 探湯《くかたち—くがたち》

人名 とる

【探究】タンキュウ (名・する) ものごとの本質や真理をさぐって明らかにすること。例真理を—する。

【探求】タンキュウ (名・する) あるものをさがし求めること。例犯人の—。平和を—する。

【探検】タンケン (名・する) 未知の地域にはいって実地に調べること。例—隊。洞窟《ドウクツ》を—する。表記「探険」とも書く。

【探査】タンサ (名・する) ようすをさぐって調べること。例月面—。鉱脈を—する。

【探索】タンサク (名・する) 人の居場所や物のありかなどをさがし求めること。例資料の—。犯人の行方《ゆくえ》を—する。

【探勝】タンショウ (名・する) 景色のよい場所を見て歩くこと。例紅葉の地を—する。

【探題】タンダイ 鎌倉《かまくら》・室町《むろまち》時代、幕府から派遣《ハケン》されて地方の政務などをあつかった長官。例九州—。

【探知】タンチ (名・する) 目に見えないものやかくされているものをさぐって知ること。例逆—。過激派の動きを—する。

【探鳥】タンチョウ (名・する) 野鳥を観察すること。バードウオッチング。例—会。

【探偵】タンテイ (名・する) 人の秘密や行動をこっそりと調べること。また、それを職業とする人。例—小説。私立—をやとう。

【探湯】 ㊀タントウ 熱湯に手を入れるのをためらうように、悪事に手を出さないこと。〈論語《ロンゴ》〉 ㊁くかたち—くがたち 日本古代の裁判の方法。神にちかったあと、熱湯に手を入れ、やけどをしなければ正しい、やけどをすれば悪いと判断した。

【探梅】タンバイ (名・する) 冬、早ざきの梅《うめ》をたずねて野山に出かけること。

【探訪】タンボウ (名・する) 社会の実状やものごとの真相を、実際に現地をたずねてさぐり調べること。例史跡《シセキ》の—。

扌 8

【掉】

11画 5760 6389 音 チョウ 漢 トウ 呉 訓 ふる-う

意味 ゆりうごかす。ふるう。例掉《トウ》尾《ビ》。

【掉尾】トウビ〔本来は「チョウビ」〕①〔とらえられた魚が、のがれようと激しく尾《お》をふる意〕最後になって勢いがよいこと。例—の勇を奮う。②最後。例秋のスポーツ大会の—をかざるマスゲーム。

扌 8

【掟】

11画 5761 639F 音 テイ 漢 ジョウ 呉 訓 おきて

意味 道教でいう、天のさだめ。おきて。

日本語での用法 《おきて》その社会や組織に属する人が守らなければならない決まり。さだめ。「掟《おきて》破《やぶ》り・仲間《なかま》の掟《おきて》に従《したが》う」

扌 8

【掏】

11画 5759 638F 音 トウ 漢 訓 す-る

意味 かすめとる。する。例掏《トウ》摸《バク》(=すり)。

【掏▼摸】トウバク—すり 他人の身につけている財布《サイフ》などを、こっそりぬすみとること。また、その人。巾着《キンチャク》切り。ちぼ。

扌 8

【捺】

11画 3872 637A 人名 音 ダツ 漢 ナツ 呉 訓 お-す

なりたち [形声]「扌(=て)」と、音「奈《ダイ》→ダツ」とから成る。手でおさえる。

意味 手でおさえつける。おす。例捺《ナツ》印《イン》。押《オウ》捺《ナツ》。

人名 とし

【捺印】《ナツイン》(名・する) 印判をおすこと。押印《オウイン》。押捺《オウナツ》。例署名—する。

【捺染】《ナッセン》(名・する) 染色法の一つ。型紙を当て、のりをまぜた染料をすりつけてそめること。プリント染《ぞ》め。

扌8

【捻】

11画 3917 637B 常用 音ジョウ(漢) ネン(呉) 訓ひね-る

筆順 ナ 扌 扌 扒 扲 拎 捻 捻

なりたち [形声]「扌(=て)」と、音「念《ネン→ジョウ》」とから成る。ひねる。

意味 ❶指先でねじる。よる。ひねる。同撚《ネン》。例捻挫《ネンザ》。お捻《ひね》り。❷指先にはさんで持つ。つまむ。同拈《ネン》。例捻香《ネンコウ》(=香をたくこと)。

日本語での用法《ひねる》(時間・お金などを)やりくりしてつくりだす。「捻《ひね》り出《だ》す」

【捻挫】《ネンザ》(名・する) 手や足の関節をくじくこと。くじき。

【捻出】《ネンシュツ》(名・する) 苦心して費用や考えなどをひねりだすこと。拈出《ネンシュツ》。例旅費を—する。妙案《ミョウアン》を—する。

【捻転】《ネンテン》(名・する) ねじること。ねじれること。例腸—。

扌8

【排】

11画 3951 6392 常用 音ハイ(漢)(呉) 訓つら-ねる・おしひら-く

筆順 ナ 扌 扌 扌 扌 排 排

なりたち [形声]「扌(=て)」と、音「非《ヒ→ハイ》」とから成る。おしのける。

意味 ❶おしのける。しりぞける。おしだす。例排気《ハイキ》。排除《ハイジョ》。排斥《ハイセキ》。❷おしひらく。ひらく。例排門《ハイモン》(=門をひらく)。❸ならぶ。ならべる。つらねる。例排行《ハイコウ》。排列《ハイレツ》。

人名 おし

【排外】《ハイガイ》 外国人や外国の文化・思想などを受け入れず、しりぞけること。例—思想。

【排気】《ハイキ》 ①内部の気体を外に除き去ること。例—口。②燃焼《ネンショウ》して不用になった気体を、エンジンから外に出すこと。また、その気体。例—音。—量。

【排球】《ハイキュウ》 バレーボールのこと。

【排撃】《ハイゲキ》(名・する) 非難・攻撃《コウゲキ》してしりぞけること。例反対者を—する。

【排行】《ハイコウ》 ①列をつくって並ぶこと。②中国で、一族中の同一世代の人々(=きょうだいやいとこなど)を年齢《ネンレイ》順に数字をつけて呼ぶこと。たとえば、「元二《ゲンジ》」は、元家《ゲンケ》の二番目の者。輩行《ハイコウ》。

【排出】《ハイシュツ》(名・する) ①(内部にある不要なものを)外へおし出すこと。例汚水《オスイ》を—する。二酸化炭素の—量。②「排泄《ハイセツ》」に同じ。

【排除】《ハイジョ》(名・する) おしのけて取りのぞくこと。例危険物の—。抵抗《テイコウ》を—する。

【排水】《ハイスイ》(名・する) ①内部にたまった不用な水を外に出すこと。対給水。例—ポンプ。②水にうかんだ物体が、水中にしずんでいる部分と同じ体積の水をおしのけること。例—量(=船の重量表示に用い、トンであらわす)。

【排斥】《ハイセキ》(名・する) 好ましくないものとしてしりぞけること。例異教徒を—する。

【排▼泄】《ハイセツ》(名・する) 動物が消化管にたまった不用物や尿《ニョウ》などを体外へ出すこと。排出。例—物。

【排他】《ハイタ》 仲間以外の人をきらい、しりぞけること。例—的な土地柄《がら》。

【排日】《ハイニチ》 外国で、日本の国や文化、または日本人・日本製品などを、好ましくないとしてしりぞけること。対親日。例—感情。—運動。

【排尿】《ハイニョウ》(名・する) 小便をすること。

【排仏棄釈】《ハイブツキシャク》 ⇩【廃仏毀釈】《ハイブツキシャク》(356ページ)

【排便】《ハイベン》(名・する) 大便をすること。例—のしつけをする。

【排卵】《ハイラン》(名・する) 動物のめすが卵子を卵巣《ランソウ》から排出すること。例—期。

【排律】《ハイリツ》 漢詩の形式の一つ。律詩の性格にならい、五言または七言の対句《ツイク》を六組以上の偶数《グウスウ》句並べてつくった長編の詩。

【排列】《ハイレツ》(名・する) 順序を決めて並べること。また、その並べ方。例—を変える。見本どおりに—する。表記「配列」とも書く。

扌8

【掵】

11画 5762 63B5 国字 訓はば

意味 地名・人名に用いられる字。例掵上《はばうえ》・二ノ掵《にのはば》(=いずれも秋田県の地名)。掵《はば》(=姓《セイ》)。

参考「幅」とも書く。

扌8

【描】

11画 4133 63CF 常用 音ビョウ(漢) 訓えが-く・か-く

筆順 一 ナ 扌 扌 拌 描 描 描

なりたち [形声]「扌(=て)」と、音「苗《ビョウ》」とから成る。形やようすを手でかく。えがく。

意味 絵や文章にうつしとる。かく。えがく。例描写《ビョウシャ》。描出《ビョウシュツ》。素描《ソビョウ》。

使い分け かく【書・描】⇩1167ページ

【描画】《ビョウガ》(名・する) 絵をかくこと。

【描写】《ビョウシャ》(名・する) 絵画・小説・映像・音楽などで、それぞれの表現手段を用いてことがらや感情などをえがき出すこと。類描出。例風景—。心理—。

【描出】《ビョウシュツ》(名・する) えがきだすこと。類描写。例自然を—する。

【描破】《ビョウハ》(名・する) じゅうぶんにえがくこと。例みごとに—する。

【描法】《ビョウホウ》(絵画や文学などでの)えがきかた。えがく技法。

●寸描《スンビョウ》・素描《ソビョウ》・点描《テンビョウ》

扌8

【捧】

11画 4291 6367 人名 音ホウ(漢) 訓ささ-げる

意味 ❶両手を前方、目の上あたりに上げて持つ。さしあげる。ささげる。同奉《ホウ》。例捧持《ホウジ》。捧読《ホウドク》。❷両手でかかえる。例捧腹絶倒《ホウフクゼットウ》。

人名 かた・たか・もち

【捧持】《ホウジ》(名・する) 高くささげ持つこと。奉持《ホウジ》。例旗を—する。

【捧読】《ホウドク》(名・する) 威儀《イギ》を正し、うやうやしくささげ持って読むこと。奉読《ホウドク》。例勅語《チョクゴ》を—する。

【捧腹絶倒】《ホウフクゼットウ》(名・する) たおれるほどに大笑いすること。例—まちがいなしの新作。参考「抱腹絶倒」は慣用的な用字。

扌8

【捫】

11画 5763 636B 音モン(漢)(呉) 訓と-る・な-でる・ひね-る

意味 ❶手さぐりする。なでる。❷手でおさえる。

【捫▼虱】《モンシツ》 人まえで平然とシラミをつぶすこと。ものごとにこだわらないようすをいう。

扌 8

【掠】 11画 4611 63A0 人名 音 リャク・リョウ(漢)(呉) 訓 かす-める

意味 ❶すばやくうばいとる。かすめる。例 掠奪《リャクダツ》。侵掠《シンリャク》。❷むちですばやく打つ。例 掠笞《リャクチ》。

表記 現代表記では、「略《リャク》」に書きかえることがある。熟語は「略」(681ページ)を参照。

【掠奪】《リャクダツ》 (名・する) 力ずくでうばいとること。暴力で自分のものとすること。例 —行為《コウイ》。表記 現略奪

【掠▼笞】《リャクチ｜リョウチ》 むちで打ってきびしく取り調べること。

扌 8

【捩】 11画 音 レツ(漢) 訓 ねじ-る・もじ-る・よじ-る

扌 7

【捩】 10画 5764 6369 俗字

意味 力を加えてひねる。よじる。ねじる。例 捩柁《レツダ》(=かじをまげて方向をかえる)。

日本語での用法 《もじり・もじる》 古くからありよく知られている句や歌をよりどころとすること。パロディー。「古歌《コカ》の捩《も》じり・有名《ユウメイ》な格言《カクゲン》を捩《も》じった文句《モンク》」

難読 捩子《ねじ》

扌 8 【掴】 11画 ⇩【摑】《カク》(452ページ)

扌 8 【採】 11画 ⇩【採】《サイ》(443ページ)

扌 8 【捨】 11画 ⇩【捨】《シャ》(443ページ)

扌 8 【掃】 11画 ⇩【掃】《ソウ》(446ページ)

扌 8 【搔】 11画 ⇩【搔】《ソウ》(451ページ)

扌 8 【挽】 11画 ⇩【挽】《バン》(441ページ)

扌 9

【握】 12画 1614 63E1 常用 音 アク(漢)(呉) 訓 にぎ-る

筆順 扌 … 握

なりたち [形声]「扌(=て)」と、音「屋《オク→アク》」とから成る。つかんで、もつ。にぎる。

意味 ❶手でしっかりとつかむ。にぎりしめる。にぎる。例 握手《アクシュ》。握力《アクリョク》。❷自分のものとする。例 掌握《ショウアク》。

人名 もち

【握手】《アクシュ》 (名・する) ①親愛の気持ちをあらわすために、手をにぎってするあいさつ。例 かたい—をかわす。②協力すること、仲よくすることのたとえ。例 その政策では両党が—した。

【握▼齪】《アクセク》 〔「アクサク」とも〕(副・する) せかせかといそがしくするさま。例 毎日—と働く。表記「▼齷▼齪」とも書く。

【握髪吐哺】《アクハツトホ》 ⇩【吐哺握髪】《トホアクハツ》(189ページ)

【握力】《アクリョク》 ものをにぎりしめる手の力。例 —計。

【握り▼鮨】《にぎりずし》 にぎった酢飯《すめし》の上に魚や貝の切り身などをのせた、すし。にぎり。

●一握《イチアク》・掌握《ショウアク》・把握《ハアク》

扌 9

【援】 12画 1771 63F4 常用 音 エン(漢) 訓 たす-ける・たす-け

筆順 扌 … 援

扌 9

【援】 12画

なりたち [形声]「扌(=て)」と、音「爰《エン》」とから成る。ひっぱる。

意味 ❶手をのばしてひっぱる。ひく。❷証拠《ショウコ》として引用する。例 援用《エンヨウ》。❸手をさしのべる。たすける。たすけ。例 援護《エンゴ》。救援《キュウエン》。

人名 すけ・たすく

【援引】《エンイン》 (名・する)「援用《エンヨウ》」に同じ。

【援軍】《エングン》 応援や救助のために派遣《ハケン》される部隊。例 —の到着《トウチャク》を待つ。

【援護】《エンゴ》 (名・する) ①助け守ること。例 被災者《ヒサイシャ》を—する。②敵の攻撃《コウゲキ》から味方を守ること。例 —射撃《シャゲキ》。表記 ②は旧▼掩護

【援助】《エンジョ》 (名・する) 困っている人や団体に力を貸してたすけること。例 技術—。学費を—する。

【援用】《エンヨウ》 (名・する) 自分の説をおぎなうために、他の書物の記述や事例を引用すること。援引。例 聖書を—する。

●応援《オウエン》・義援《ギエン》・救援《キュウエン》・後援《コウエン》・孤立無援《コリツムエン》・支援《シエン》・声援《セイエン》・増援《ゾウエン》・無援《ムエン》・来援《ライエン》

扌 9

【掾】 12画 5765 63BE 音 エン(漢)

意味 地方官の下級の補佐役《ホサヤク》。下役《したヤク》。

日本語での用法 《ジョウ》 ①律令制《リツリョウセイ》の四等官《シトウカン》で、国司の第三位。判官《ジョウ》。②すぐれた芸能人などにあたえられる、昔の国名をつけて官名になぞらえた呼び名。「竹本筑後掾《たけもとちくごのジョウ》・豊竹山城少掾《とよたけやましろのショウジョウ》」

扌 9

【揩】 12画 5766 63E9 音 カイ(漢) 訓 す-る・ぬぐ-う

意味 こする。ぬぐう。

扌 9

【換】 12画 2025 63DB 常用 音 カン(漢) 訓 か-える・か-わる

筆順 扌 … 換

なりたち [形声]「扌(=て)」と、音「奐《カン》」とから成る。とりかえる。

意味 とりかえる。いれかえる。かえる。かわる。例 換気《カンキ》。交換《コウカン》。変換《ヘンカン》。

使い分け かえる・かわる【変・換・替・代】⇩1166ページ

人名 やす

【換気】《カンキ》 (名・する) 室内の空気をいれかえること。例 —扇《セン》。一時間ごとに—する。

【換金】《カンキン》 (名・する) 物を売って金銭にかえること。例 —の容易な作物《サクモツ》をつくる。宝石を—する。

【換言】《カンゲン》 (名・する) 同じ内容のことを、別のことばで言いかえること。別言《ベツゲン》。言いかえ。例 幼児の反抗期《ハンコウキ》とは、—すれば自我《ジガ》の目ざめの時期といえる。

【換骨奪胎】《カンコツダッタイ》 (名・する) 古人の詩文の形式や着想をたくみに利用して、独自の作品をつくりあげること。焼き直し。〔先人の作品の、意味を変えずに、ことばだけを変えることを「換骨」、その意味や発想を手本として、すこし変えて表現することを「奪胎」という〕〈冷斎夜話《レイサイヤワ》〉

【換算】《カンサン｜カンザン》 (名・する) ある単位の数量を他の単位の数量にかぞえなおすこと。また、その計算。例 ドルを円に—する。

●交換《コウカン》・互換《ゴカン》・転換《テンカン》・変換《ヘンカン》

扌 9

【揀】 12画 5767 63C0 音 カン(漢) 訓 えら-ぶ

意味 えらびとる。えらぶ。例 揀選《カンセン》。

扌 9

【揮】 12画 2088 63EE 教育6 音 キ(漢) 訓 ふる-う

筆順 扌 扌 扌 扌 扌 扌 揮

なりたち [形声]「扌(=て)」と、音「軍《クン→キ》」とから成る。手をゆりうごかす。ふるう。

意味 ❶(勢いよく)ふりうごかす。ふるいおこす。ふるう。例 発揮《ハッキ》。❷とびちる。まきちらす。例 揮発《キハツ》。❸さしずする。例 指揮《シキ》。

【揮▼毫《キゴウ》】(名・する)〔「毫」は、筆の意〕毛筆で字や絵をかくこと。また、その字や絵。

【揮発《キハツ》】(名・する)常温で液体が気体になること。例 ―油(=ベンジンやガソリンなど)。―性の薬品。

●指揮《シキ》・発揮《ハッキ》

扌9

【揆】

12画 5768 63C6 音 キ漢 訓 はか-る・はかりごと

意味 ❶考えをめぐらして、はかる。はかる。はかりごと。例 揆策《キサク》(=はかりごと)。百揆《ヒャッキ》。❷方法。やりかた。例 一揆《イッキ》(=やり方を一つにする)。

扌9

【揣】

12画 5769 63E3 音 スイ漢 シ呉 訓 はか-る

意味 手さぐりで、はかる。おしはかる。例 揣摩《シマ》。

【揣摩《シマ》】(名・する)あれこれと事情をおしはかること。当て推量《スイリョウ》。例 ―憶測《オクソク》(=根拠もなくあれこれおしはかって勝手に想像すること)。

扌9

【揉】

12画 5770 63C9 音 ジュウ漢 訓 た-める・も-む

意味 手で、やわらかくする。また、形を変えたり、まぜあわせたりする。もむ。ためる。例 揉輪《ジュウリン》(=木を曲げて車輪をつくる)。雑揉《ザツジュウ》。枝《えだ》を揉《た》める。

扌9

【揃】

12画 3423 63C3 人名 音 セン漢 訓 そろ-い・そろ-う・そろ-える

意味 (つめやひげを)切る。切りそろえる。同 剪《セン》。例 揃刈《センガイ》(=刈《か》る。切る)。

日本語での用法 《そろい・そろう》いくつかあるもののどれをとっても、質や条件が同じである。「条件《ジョウケン》が揃《そろ》う・三《み》つ揃《ぞろ》いの背広《せびろ》」

扌9

【提】

12画 3683 63D0 教育5 音 テイ漢 ダイ呉 チョウ唐 訓 さ-げる

筆順 扌 扌 扌 扌 扌 扌 扌 提

なりたち [形声]「扌(=て)」と、音「是《シ→テイ》」とから成る。ぶらさげて持つ。

意味 ❶手にさげて持つ。ぶらさげる。例 提灯《チョウチン》。❷手に持って、高く上げて見せる。さしだす。かかげる。例 提案《テイアン》。提供《テイキョウ》。❸手を引いて、みちびく。ひきつれる。例 提督《テイトク》。❹手をたずさえる。たすけあう。例 提携《テイケイ》。❺梵語《ボンゴ》の音訳。例 提婆達多《ダイバダッタ》。菩提樹《ボダイジュ》。

使い分け さげる【下・提】⇩1169ページ

人名 あき・たか・のぶ

【▽提▽灯《チョウチン》】〔「チョウ」も「チン」も、唐音《トウオン》〕竹ひごを輪状にして骨格とし、紙をはった照明具。折りたたみ式で、底の部分に光源を置く。表記「挑▽灯」とも書く。

【提案《テイアン》】(名・する)思いつきや考え、議案などを出すこと。また、その案。例 斬新《ザンシン》な―。特許の申請《シンセイ》を―する。

【提起《テイキ》】(名・する)問題となることがらや訴訟《ソショウ》をもちだすこと。例 問題を―する。

【提議《テイギ》】(名・する)議案や議論を出すこと。また、その案。提言。例 委員会に―する。―を審議《シンギ》する。

【提供《テイキョウ》】(名・する)自分のもっているものを、他人のために差し出すこと。例 資料の―を受ける。場所を―する。

【提琴《テイキン》】①「バイオリン」の訳語。②中国の胡弓《コキュウ》の一種。二弦《ゲン》や四弦のものがいっぱん的。

【提携《テイケイ》】(名・する)たがいに手をとり合い、助け合って事をおこなうこと。協力すること。タイアップ。例 外国の会社と技術―する。

【提言《テイゲン》】(名・する)考えや意見を出すこと。また、その意見。例 工事の中止を―する。―を取り下げる。

【提示《テイジ》】(名・する)その場にもちだして、示すこと。呈示《テイジ》。例 条件の―。身分証明書を―する。

【提出《テイシュツ》】(名・する)書類などを人に見せるために差し出すこと。例 レポートの―期限。証拠《ショウコ》を―する。

【提唱《テイショウ》】(名・する)人の先に立って、ある考えや主義を示し、主張すること。例 核兵器《カクヘイキ》全廃《ゼンパイ》を―する。

【提訴《テイソ》】(名・する)うったえでること。訴訟《ソショウ》を起こすこと。例 裁判所に―する。委員会が―を受ける。

【提督《テイトク》】①艦隊《カンタイ》の総司令官。また、海軍の将官。②明《ミン》や清《シン》代の武官の、最高位の官名。

【提要《テイヨウ》】学問や思想の大要《タイヨウ》を述べること。また、大要をまとめた本。例 物理学―。

●前提《ゼンテイ》

扌9

【搭】

12画 3775 642D 常用 音 トウ漢呉 訓 の-せる・の-る

筆順 扌 扌 扌 扌 扌 扌 搭

なりたち [形声]「扌(=て)」と、音「荅《トウ》」とから成る。のせる。

意味 乗り物の中にはいる。のる。のせる。例 搭載《トウサイ》。搭乗《トウジョウ》。

【搭載《トウサイ》】(名・する)①航空機・車・船などに貨物や機器などを積みこむこと。積載。例 ミサイルを―した戦闘《セントウ》機。②機器などに電子部品を組みこむこと。

【搭乗《トウジョウ》】(名・する)船・列車・航空機などに乗りこむこと。例 ―券。先着順に―する。

扌9

【揶】

12画 5772 63F6 音 ヤ漢 訓 からか-う

意味 「揶揄《ヤユ》」は、からかう。

【揶▼揄《ヤユ》】(名・する)からかうこと。皮肉を言ったりして、からかうこと。例 ―半分の批評をする。

扌9

【揄】

12画 5773 63C4 音 ユ漢 訓 からか-う

意味 ❶ひきだす。ひく。❷「揶揄《ヤユ》」は、からかう。

扌9

【揖】

12画 4512 63D6 音 ユウ漢

意味 (敬意をあらわすための礼の作法で)両手を胸の前で重ね合わせて、あいさつのことばを言う。〔「拝」よりも敬意が軽い〕例 揖譲《ユウジョウ》。

難読 揖斐川《いびがわ》

【揖譲《ユウジョウ》】(名・する)①両手を胸の前で重ね合わせてするあいさつ。へりくだること。②天子が世襲《セシュウ》によらず、徳のある者に位をゆずること。禅譲《ゼンジョウ》。

扌9

【揚】 12画 4540 63DA 常用 音 ヨウ漢呉 訓 あ-げる・あ-がる

筆順 扌…揚

なりたち [形声]「扌(=て)」と、音「易《ヨウ》」とから成る。飛びあがる。

意味 ❶高いほうへ動く。あがる。例 高揚《コウヨウ》。飛揚《ヒヨウ》。浮揚《フヨウ》。❷高く持ちあげる。よく目立つようにする。あげる。例 揚名《ヨウメイ》。掲揚《ケイヨウ》。発揚《ハツヨウ》。

日本語での用法 《あがる・あげる》①場所を移す。「海外《カイガイ》から引《ひ》き揚《あ》げる」②油で調理する。「天《テン》ぷらを揚《あ》げる」

使い分け あがる・あげる【上・揚・挙】⇩1160ページ

人名 あき・あきら・たか・のぶ

【揚げ足】《あげあし》 柔道《ジュウドウ》や相撲《すもう》などで、床《ゆか》や地面からはなれて、うきあがった足。例 ―を取る(=人のことばじりや言いまちがいをとらえて、とがめたりからかったりする)。表記「挙げ足」とも書く。

【揚げ幕】《あげマク》 能舞台《ノウブタイ》の橋懸《はしが》かりや芝居《しばい》の花道の出入り口に下げる幕。切り幕。対 引き幕。例 ―から登場。

【揚言】《ヨウゲン》(名・する)声を大きくして、公然ということ。例 自分こそ最高の指導者だと―してはばからない。

【揚揚】《ヨウヨウ》(形動タル)得意なようす。ほこらしげなようす。得得《トクトク》。例 意気―と引きあげる。

【揚陸】《ヨウリク》(名・する)①船の積み荷を陸にあげること。②上陸すること。例 ―艦《カン》。

【揚力】《ヨウリョク》 気体や液体の流れの方向と垂直に、物体をおしあげるようにはたらく力。例 飛行機の翼《つばさ》に―がはたらく。

●掲揚《ケイヨウ》・高揚《コウヨウ》・止揚《シヨウ》・称揚《ショウヨウ》・賞揚《ショウヨウ》・発揚《ハツヨウ》・飛揚《ヒヨウ》・浮揚《フヨウ》・悠揚《ユウヨウ》・抑揚《ヨクヨウ》

扌9

【揺】 12画 4541 63FA 常用 音 ヨウ漢呉 訓 ゆ-れる・ゆ-る・ゆ-らぐ・ゆ-るぐ・ゆ-する・ゆ-さぶる・ゆ-すぶる

扌10

【搖】 13画 5774 6416 人名

筆順 扌…揺

なりたち [形声]「扌(=て)」と、音「䍃《ヨウ》」とから成る。ゆれうごく。

意味 手でゆりうごかす。ゆらゆらとする。ゆする。ゆさぶる。ゆれる。例 揺籃《ヨウラン》。動揺《ドウヨウ》。

難読 揺《ゆるぎ》の板《いた》

【揺り籠】《ゆりかご》「揺籃《ヨウラン》①」に同じ。

【揺▼曳】《ヨウエイ》(名・する)①ゆらゆらとたなびくこと。例 けむりが―する。②音のひびきが長く残ること。例 楽音の―。

【揺動】《ヨウドウ》(名・する)ゆれうごくこと。ふるいうごくこと。

【揺落】《ヨウラク》(名・する)ひらひらと落ちること。例 ―の秋。

【揺▼籃】《ヨウラン》(「籃」は、かごの意)①赤んぼうをねかせて、ゆりうごかすかご。ゆりかご。②発展したものごとの、初めをはぐくんだ時期や場所。例 ―期。古代文明―の地。

扌9 **【援】** 12画 ⇩【援《エン》】(448ページ)

扌9 **【揭】** 12画 ⇩【掲《ケイ》】(442ページ)

扌9 **【搜】** 12画 ⇩【捜《ソウ》】(440ページ)

扌9 **【插】** 12画 ⇩【挿《ソウ》】(440ページ)

扌10

【携】 13画 2340 643A 常用 音 ケイ漢 訓 たずさ-える・たずさ-わる

筆順 扌…携

扌12

【㩦】 15画 2-1352 64D5 別体字

扌18

【攜】 21画 5824 651C 本字

なりたち [形声]「扌(=て)」と、音「巂《ケイ》」とから成る。手にさげて持つ。

意味 ❶手にさげたり身につけたりして持つ。たずさえる。例 携帯《ケイタイ》。必携《ヒッケイ》。❷手をつなぐ。例 提携《テイケイ》。連携《レンケイ》。

日本語での用法 《たずさわる》関係をもつ。従事する。「公務《コウム》に携《たずさ》わる・事業《ジギョウ》に携《たずさ》わる」

【携行】《ケイコウ》(名・する)持っていくこと。身につけていくこと。携帯。例 ―食糧《ショクリョウ》。―品。

【携帯】《ケイタイ》(名・する)身につけたり、手に持って運ぶこと。携行。例 ―電話。ラジオを―する。

●提携《テイケイ》・必携《ヒッケイ》・連携《レンケイ》

手10

【搴】 14画 5775 6434 音 ケン漢 訓 あ-げる・かか-げる・ぬ-く

意味 ❶ぬき取る。ぬく。❷うばい取る。例 搴旗《ケンキ》(=敵の旗をうばう)。❸まくりあげる。からげる。

扌10

【搆】 13画 *5776 *6406 音 コウ漢 訓 かま-える

意味 組み合わせて作りあげる。ひきおこす。かまえる。同 構《コウ》。

扌10

【搓】 13画 5777 6413 音 サ漢 訓 よ-る

意味 ひもや糸を手のひらでこすりあわせてまとめる。よる。

扌10

【搾】 13画 2681 643E 常用 音 サク慣 サ漢 訓 しぼ-る

筆順 扌…搾

なりたち [形声]「扌(=て)」と、音「窄《サク》(=せまい)」とから成る。しぼる。

意味 強くおしつけて、水分を取り出す。しぼる。例 搾取《サクシュ》。搾乳《サクニュウ》。圧搾《アッサク》。

日本語での用法 《しぼる》無理に取り立てる。「年貢《ネング》を搾《しぼ》り取《と》られる」

使い分け しぼる【絞・搾】⇩1170ページ

【搾取】《サクシュ》(名・する)①しぼりとること。②資本家が労働者に正当な報酬《ホウシュウ》をはらわず、利益を得ること。例 中間―。

【搾乳】《サクニュウ》(名・する)ウシなどのちちをしぼること。例 ―器。

扌10

【搦】 13画 5778 6426 音 ジャク慣 ダク漢 ニャク呉 訓 から-む・から-める

意味 手でおさえる。とらえる。にぎる。例 搦管《ジャクカン》(=筆を手にする)。

日本語での用法 □一《からみ・からむ・からめる》関連をもつ、まつわりつく。「相手役《あいてヤク》との搦《から》み・酒《さけ》のうえで人《ひと》に搦《から》む・情《ジョウ》に搦《から》められる」□二《がらみ》…ぐらい、…見当《ケントウ》。「四十《シジュウ》搦《がら》み・一万円《イチマンエン》搦《がら》み」

【搦め手】《からめて》①城の裏門。対 大手《おおて》。②敵の後ろ側。また、そこからせめる軍勢。③相手があまり注意をはらわないところ。弱点。例 ―をせめる。―から論破する。

扌10

【搶】 13画 5779 6436 音 ショウ漢 ソウ漢呉 訓 こば-む・つ-く

意味 ❶うばいとる。例 搶奪《ソウダツ》。❷さからう。こばむ。❸「搶攘《ソウジョウ|ソウドウ》」は、乱れるようす。ごたごたするようす。

扌10

【搢】

13画 1-8487 6422 音 シン漢 訓 さしはさ-む

意味 手でさしこむ。さしはさむ。例 搢紳《シンシン》。

【搢紳《シンシン》】〔地位をあらわす笏《しゃく》を大帯にはさむ意〕仕官して礼服をつける高官。地位や身分の高い人。

扌10

【摂】

13画 3261 6442 常用 音 セツ慣 ショウ漢呉 訓 と-る・おさ-める・か-わる

筆順 

扌18

【攝】

21画 5780 651D 人名

なりたち  [形声]「扌(=て)」と、音「聶《ショウ》」とから成る。ひきよせて、とりいれる。

意味 ❶取り入れて、うまくあつかう。とる。例 摂取《セッシュ》。包摂《ホウセツ》。❷やしなう。ととのえる。例 摂生《セッセイ》。❸代理をつとめる。兼《か》ねておこなう。例 摂行《セッコウ》。摂政《セッショウ》。

日本語での用法《セツ》旧国名「摂津《せっつ》(=今の大阪《おおさか》府北部と兵庫《ひょうご》県南東部)」の略。「摂州《セッシュウ》」

人名 おさむ・かぬ・かね・たすく

【摂関《セッカン》】摂政《セッショウ》と関白《カンパク》。例 ―政治。

【摂家《セッケ》】摂政《セッショウ》や関白《カンパク》になることができる家柄《いえがら》。藤原氏《ふじわらシ》北家の一族で、近衛《コノエ》・九条《クジョウ》・二条・一条・鷹司《たかつかさ》の五家をいう。摂関家。

【摂行《セッコウ》】(名・する) ①代わって職務をおこなうこと。②事を兼《か》ねて、おこなうこと。兼摂《ケンセツ》。

【摂氏《セッシ》】〔考案者セルシウス(Celsius)の中国での音訳「摂爾思」から〕水の氷点を〇度、沸点《フッテン》を一〇〇度とし、その間を百等分する温度のはかり方。摂氏温度。セ氏。記号℃ 例 気温は―三六度をこえた。→【華氏《カシ》】(853ページ)

【摂取《セッシュ》】(名・する) ①取り入れて、自分のものにすること。例 異文化を―する。②〔仏〕仏が慈悲《ジヒ》の力で、迷い苦しんでいる人々を救いとること。

【摂政《セッショウ》】①君主に代わって政治をとりおこなうこと。また、その人。例 ―関白《カンパク》藤原基経《ふじわらのもとつね》。②天皇が幼かったり病気のときなど、代わって公務をおこなう人。例 大正天皇の―迪宮《みちのみや》裕仁《ひろひと》。

【摂生《セッセイ》】(名・する) 健康を保つために、日常生活に気をくばること。養生《ヨウジョウ》。例 ―につとめる。

【摂津《せっつ》】旧国名の一つ。今の大阪《おおさか》府北部と兵庫《ひょうご》県南東部。摂州《セッシュウ》。

【摂理《セツリ》】①自然界を支配している理法。例 自然の―。②キリスト教で、この世を支配する神の意志。例 天の―に従う。

扌10

【搔】

13画 1-8486 6414 音 ソウ漢 訓 か-く

扌8

【掻】

11画 3363 63BB 俗字

意味 ❶つめでひっかく。かく。例 搔痒《ソウヨウ》。❷さわぐ。同 騒《ソウ》。例 搔擾《ソウジョウ》。

【搔き揚げ《かきあげ》】小エビや貝柱などを、細かく切った野菜とまとめて、ころもでつないであげたテンプラ。

【搔▼擾《ソウジョウ》】(名・する) みだれさわぐこと。騒擾《ソウジョウ》。

【搔頭《ソウトウ》】①頭をかくこと。髪《かみ》をなでること。②かんざし。

【搔▼爬《ソウハ》】(名・する) 体内の組織の一部を、器具を用いてかき出し、除去すること。

【搔▼痒《ソウヨウ》】かゆいところをかくこと。例 隔靴《カッカ》―(=思いどおりにいかなくて、もどかしいことのたとえ)。

扌10

【損】

13画 3427 640D 教育5 音 ソン漢呉 訓 そこ-なう・そこ-ねる

筆順 

なりたち  [形声]「扌(=て)」と、音「員《エン…→ソン》」とから成る。減らす。

意味 ❶量を少なくする。へらす。へる。例 損耗《ソンモウ》。減損《ゲンソン》。❷だめにする。きずつける。そこなう。そこねる。例 損壊《ソンカイ》。損傷《ソンショウ》。破損《ハソン》。❸財産や利益を失う。対 得《トク》。例 損失《ソンシツ》。損亡《ソンボウ》。

人名 ちか

【損益《ソンエキ》】損失と利益。出費と収入。例 ―計算書。―分岐《ブンキ》点。

【損壊《ソンカイ》】(名・する) こわれること。例 台風で―した家屋。

【損害《ソンガイ》】事故や災害などで、財産や利益を失うこと。類 損失。例 ―賠償《バイショウ》。―をあたえる。

【損金《ソンキン》】損をして失ったお金。損失金。対 益金。例 ―として計上する。

【損失《ソンシツ》】(名・する) ①取り引きで損をすること。類 損害。対 利益。例 多額の―をこうむる。②たいせつなものを失うこと。例 かれの死は国家にとって―だ。

【損傷《ソンショウ》】(名・する) そこないきずつけること。そこなわれきずつくこと。例 壁画《ヘキガ》を―する。機体の―が激しい。

【損得《ソントク》】損失と利得。損ともうけ。例 ―ぬきで考える。―ずくで行動する。

【損亡《ソンボウ|ソンモウ》】(名・する) 損害を受け利益を失うこと。損失をあたえること。損失。例 当初は―が多かった。

【損耗《ソンモウ》】(名・する) 〔「ソンコウ」の慣用読み〕そこなわれて減ること。使って減ること。例 部品の―が、はなはだしい。精力を―する。

【損友《ソンユウ》】交際して自分の損になる友達。『論語《ロンゴ》』では、正直でない人、まごころがない人、口先だけで真の知識のない人をいう。対 益友《エキユウ》。

【損料《ソンリョウ》】道具などを借りたときの使用料。例 ―をはらう。

●汚損《オソン》・棄損《キソン》・毀損《キソン》・欠損《ケッソン》・減損《ゲンソン》・差損《サソン》・自損《ジソン》・破損《ハソン》・物損《ブッソン》

扌10

【搗】

13画 5781 6417 音 トウ漢 訓 う-つ・つ-く

扌14

【擣】

17画 5814 64E3 本字

意味 ❶うすに入れて、きねでつく。つく。例 搗薬《トウヤク》(=薬種をついて薬にする。また、その薬)。❷やわらかくするために砧《きぬた》(=木や石の台)にのせて布をうつ。たたく。例 搗衣《トウイ》。❸かきみだす。例 搗乱《トウラン》(=みだす)。

難読 搗栗《かちぐり》・搗布《かちめ|かじめ》

【搗衣《トウイ》】ころもにする布をやわらかくするために、砧《きぬた》で打つこと。

扌10

【搨】

13画 5782 6428 音 トウ漢 訓 う-つ・うつ-す・す-る

意味 ❶書画をしき写して、副本を作る。うつす。❷石碑《セキヒ》などに刻まれた文字・模様を紙に写しとる。石ずり(をとる)。同 拓《トウ》。例 搨本《トウホン》(=石ずりにした本)。

扌10 【搏】 13画 5783 640F 音 ハク(漢)(呉) 訓 う-つ

意味 ❶とりおさえる。つかまえる。例 搏執《ハクシュウ》(=めしとる)。❷手でたたく。うつ。例 搏撃《ハクゲキ》。搏闘《ハクトウ》(=なぐりあって戦う)。手搏《シュハク》。❸脈をうつ。同 拍《ハク》。例 脈搏《ミャクハク》。

【搏撃】《ハクゲキ》(名・する) なぐりつけること。

扌10 【搬】 13画 4034 642C 常用 音 ハン(漢) 訓 はこ-ぶ・うつ-す

筆順 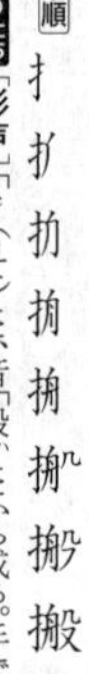

なりたち [形声]「扌(=て)」と、音「般《ハン》」とから成る。手ではこぶ。

意味 手でほかの場所に持っていく。うつす。はこぶ。例 搬入《ハンニュウ》。運搬《ウンパン》。

【搬出】《ハンシュツ》(名・する) 荷を外へ運び出すこと。対 搬入。例 倉庫から製品を—する。

【搬送】《ハンソウ》(名・する) ①荷物などを運び送ること。例 コンテナを—する。②音声や画像などを高周波にのせて送ること。例 —ケーブル。

【搬入】《ハンニュウ》(名・する) 荷を中へ運びこむこと。対 搬出。例 画廊《ガロウ》に作品を—する。

扌10 【摸】 13画 4446 6478 音 一 モ(慣) バク(漢) マク(呉) 二 ボ(漢) モ(呉) 訓 さぐ-る・うつ-す

手10 [摹] 14画 1-8488 6479 本字

意味 一《モ・バク》 なでるようにして、手さぐりする。さぐる。例 摸索《モサク》。掏摸《トウバク・すり》す。二《ボ・モ》 手本を見て、手でまねる。うつす。同 模《モ》。例 摸写《モシャ》。摸倣《モホウ》。臨摸《リンボ・リンモ》。参考 二の意味では「摹」も使うが、一の意味には「摸」を使うことが多い。

表記 現代表記では、「模《モ》」に書きかえることがある。熟語は「模」(543ページ)を参照。

難読 掏摸《すり》

【摸擬】《モギ》 本物に似せてすること。表記 現 模擬

【摸刻】《モコク》(名・する) 原本そっくりに版木《ハンぎ》にほること。また、その本。表記 現 模刻

【摸索】《モサク》(名・する) ようすがわからないまま、あれこれとさがすこと。表記 現 模索

【摸写】《モシャ》(名・する) まねて書きうつすこと。表記 現 模写

【摸造】《モゾウ》(名・する) 似せてつくること。表記 現 模造

【摸倣】《モホウ》(名・する) まねること。似せること。表記 現 模倣

扌10 【搤】 13画 — 6424 音 アク(漢) ヤク(呉)

意味 手で強くにぎりしめる。同 扼《ヤク》。例 搤殺《ヤクサツ》。搤腕《ヤクワン》。

【搤殺】《ヤクサツ》(名・する) 首をしめて殺すこと。扼殺《ヤクサツ》。

【搤腕】《ヤクワン》(名・する) いらだちやいきどおりのため、思わず自分のうでをにぎりしめること。扼腕《ヤクワン》。例 切歯《セッシ》—(=歯ぎしりしたり自分の腕をにぎりしめたりしてくやしがること)。

手10 [摹] 14画 ⇩【摸】《モ》(452ページ)

扌10 【搖】 13画 ⇩【揺】《ヨウ》(450ページ)

扌11 【摑】 14画 1-8489 6451 人名 音 カク(漢) 訓 つか-み・つか-む・つか-まる・つか-まえる

扌8 [掴] 11画 3647 63B4 俗字

意味 手のひらでたたく。うつ。なぐる。例 摑打《カクダ》(=なぐる)。

日本語での用法 《つかみ・つかむ》手であらっぽくにぎる。「鷲摑《わしづか》み・摑《つか》みかかる」

扌11 【摎】 14画 5787 644E 音 一 キュウ(漢) 二 コウ(漢) 訓 くび-る・もと-める

意味 一《キュウ》 ❶しめ殺す。しばる。❷巻きつく。からまる。二《コウ》 さがし、もとめる。

手11 【撃】 15画 2366 6483 常用 音 ゲキ(慣) ケキ(漢) 訓 う-つ

筆順 

手13 【擊】 17画 1-8502 64CA 人名

なりたち  [形声]「手(=て)」と、音「毄《ケキ》」とから成る。うつ。

意味 ❶手などで強くうつ。たたく。うつ。例 撃殺《ゲキサツ》。打撃《ダゲキ》。❷敵をうつ。せめる。例 撃退《ゲキタイ》。攻撃《コウゲキ》。進撃《シンゲキ》。❸目標に向けて、弾丸《ダンガン》を発射する。うつ。例 射撃《シャゲキ》。狙撃《ソゲキ》。❹ものにぶつかる。あたる。例 肩摩轂撃《ケンマコクゲキ》(=人や車で道が混雑すること)。目撃《モクゲキ》。

使い分け うつ【打・討・撃】⇩1163ページ

【撃砕】《ゲキサイ》(名・する) 攻《せ》めてうちくだくこと。

【撃殺】《ゲキサツ》(名・する) たたきころすこと。また、銃《ジュウ》などでうちころすこと。

【撃壌】《ゲキジョウ》 地面をたたいて拍子《ヒョウシ》をとり、歌をうたうこと。平和な光景のたとえ。→【鼓腹撃壌】《コフクゲキジョウ》(1113ページ)

【撃▼攘】《ゲキジョウ》(名・する) 敵をうちはらうこと。類 撃退。

【撃針】《ゲキシン》 小銃《ショウジュウ》の撃発装置の部品。雷管《ライカン》(=起爆《キバク》点火装置)に衝撃《ショウゲキ》をあたえる。

【撃退】《ゲキタイ》(名・する) 反撃して追いはらうこと。また、追い返すこと。例 敵軍を—する。押《お》し売りを—する。

【撃▼柝】《ゲキタク》 拍子木《ヒョウシぎ》を打って夜回りをすること。また、その人。

【撃沈】《ゲキチン》(名・する) 船を攻撃《コウゲキ》して、しずめること。例 輸送船を魚雷《ギョライ》で—する。

【撃墜】《ゲキツイ》(名・する) 飛行機をうちおとすこと。

【撃破】《ゲキハ》(名・する) 敵をうちやぶること。

【撃滅】《ゲキメツ》(名・する) 敵を攻撃《コウゲキ》して、ほろぼすこと。

【撃剣】《ゲッケン》 木刀や竹刀《しない》で相手を攻《せ》め、自分を守る武術。類 剣術。

●一撃《イチゲキ》・迎撃《ゲイゲキ》・襲撃《シュウゲキ》・銃撃《ジュウゲキ》・出撃《シュツゲキ》・衝撃《ショウゲキ》・直撃《チョクゲキ》・追撃《ツイゲキ》・電撃《デンゲキ》・突撃《トツゲキ》・爆撃《バクゲキ》・反撃《ハンゲキ》・砲撃《ホウゲキ》・遊撃《ユウゲキ》

扌11 【摧】 14画 5784 6467 音 サイ(漢) 訓 くだ-く・くじ-く

意味 ❶おしたり、たたいたりして、こなごなにこわす。くだく。例 摧折《サイセツ》(=うちくだく)。❷相手の勢いを弱める。くじく。また、勢いがくじける。

手11 【摯】 15画 5785 646F 常用 音 シ(漢) 訓 と-る

筆順 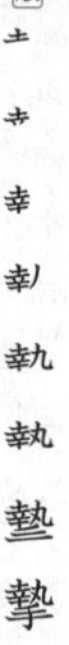

なりたち 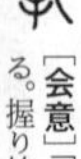 [会意]「手(=て)」と「執(=とる)」とから成る。握り持つ。

意味 ❶しっかりと手につかむ。とる。❷気配りがゆきとどく。

まじめ。**例**真摯《シンシ》

扌11
【摺】
14画 3202 647A **人名** **音**ショウ(漢) **訓**す-る

意味 折りたたむ。**例**摺本《ショウホン》。

日本語での用法《すり・する》こすりつける。また、染料《センリョウ》を紙や布の面にすりつけて、絵や文字、模様を出す。「摺《す》り粉木《こぎ》・摺《す》り染《ぞ》め・信夫摺《しのぶず》り・手摺《てず》り」

【摺本】一《ショウホン》紙を長くつないで、折りたたんだ本。折り本。帖装本《ジョウソウボン》。二【摺り本】《すりホン》版木《ハンぎ》で印刷した本。版本《ハンポン》。刊本《カンポン》。

扌11
【摶】
14画 5786 6476 **音**一タン(漢) 二セン(漢) **訓**まる-める

意味 一《タン》❶手でまとめて、まるくする。まるめる。**例**摶飯《タンパン》。❷まるい。(同)団《タン》。**例**摶摶《タンタン》(=まるいかたち)。二《セン》ひとつにまとめる。もっぱらにする。(同)専《セン》。**例**摶心《センシン》(=心を集中する)。

【摶飯】《タンパン》飯《めし》を手でまるめること。にぎりめし。

扌11
【摘】
14画 3706 6458 **常用** **音**一テキ(慣) タク(漢) 二テキ(漢) **訓**つ-む

筆順 扌 扌 扩 护 掎 摘 摘

なりたち 〔形声〕「扌(=て)」と、音「啇《テキ》」とから成る。くだものをつみとる。

意味 一《テキ・タク》❶つまんで、ちぎりとる。つむ。とりのぞく。**例**摘果《テキカ》。茶《チャ》を摘《つ》む。❷ぬきだす。**例**摘要《テキヨウ》。摘録《テキロク》。二《テキ》つまみだして、あばく。**例**摘発《テキハツ》。摘抉《テッケツ》。

人名 つみ

【▽摘まみ菜】《つまみな》間引いて取ったコマツナやダイコンなどの若い菜。おひたしやみそしるの具にする。

【摘みれ】《つみれ》〔「摘み入れ」の変化〕すりつぶした魚肉をまるめ、煮《に》たり蒸《む》したりした食品。

【摘果】《テキカ》(名・する)果樹栽培《サイバイ》で、不要な実をつみ取ること。

【摘出】《テキシュツ》(名・する)①ぬきだすこと。選びだすこと。**例**文中の形容詞を—する。②中からつまみだすこと。からだの一部を手術によって取りだすこと。**例**腎臓《ジンゾウ》を—する。③あばきだすこと。**例**不正を—する。**表記**②は「▼剔出」とも書く。

【摘除】《テキジョ》(名・する)〔医〕手術して取りのぞくこと。**例**胃を—する。

【摘発】《テキハツ》(名・する)悪事や不正を見つけだしておおやけにすること。**例**汚職《オショク》を—する。

【摘要】《テキヨウ》たいせつな箇所《カショ》や事項《ジコウ》を、ぬき書きすること。また、そのぬき書き。**例**—欄《ラン》。改正案の—。

【摘録】《テキロク》(名・する)要点をぬきだして、書きしるすこと。また、その記録。**例**講演の要旨《ヨウシ》を—する。

【摘記】《テッキ》(名・する)要点をぬき書きすること。また、そのぬき書き。

【摘▼抉】《テッケツ》あばきだすこと。(類)摘発《テキハツ》。→【剔抉】《テッケツ》(140ページ)

●指摘《シテキ》・全摘《ゼンテキ》

手11
【摩】
15画 4364 6469 **常用** **音**バ(漢) マ(呉) **訓**す-る

筆順 亠 广 庁 床 麻 麼 摩

手11
【摩】
15画

なりたち 〔形声〕「手(=て)」と、音「麻《バ》」とから成る。手でこする。

意味 ❶こする。なでる。さする。する。**例**摩擦《マサツ》。摩耗《マモウ》。按摩《アンマ》。❷(すれあうほどに)近づく。せまる。**例**摩天楼《マテンロウ》。舷舷《ゲンゲン》相摩《あいマ》す。❸梵語《ボンゴ》の音訳。**例**摩訶《マカ》。摩耶夫人《マヤブニン》(=釈迦《シャカ》の生母)。摩利支天《マリシテン》。

人名 きよ・なず

【摩▼訶】《マカ》〔梵語《ボンゴ》の音訳〕すぐれていること。大きなこと。

【摩▼訶不思議】《マカフシギ》(名・形動ダ)ひじょうに不思議なこと。**例**—なできごと。—な世界。

【摩擦】《マサツ》(名・する)①こすること。すれあうこと。**例**乾布《カンプ》—。②意見や感情が食いちがい、対立すること。**例**経済—。③ある物体が他の物体に接しながら動くとき、その接触面《セッショクメン》で運動にさからおうとする力。**例**—音。

【摩天楼】《マテンロウ》〔天にすれすれにとどきそうな建物の意。英語 skyscraper の訳〕超《チョウ》高層建築物。**例**そびえ立つ—。ニューヨーク、マンハッタンの—。

【摩耗】《マモウ》機械の部分や道具などが、すりへること。**表記**「磨耗」とも書く。

【摩利支天】《マリシテン》〔「摩利支」は梵語《ボンゴ》の音訳で、陽炎《かげろう》の意〕仏教の守護神で、太陽のほのおを神格化した女神《めがみ》。日本では武士の守り神とされた。

手11
【摩】
15画 ⇩【摩】《マ》(453ページ)

扌12
【撮】
15画 2703 64AE **常用** **音**サツ(漢) **訓**と-る・つか-む・つま-む・つま-み

筆順 扌 扌 扣 捍 揖 撮 撮

なりたち 〔形声〕「扌(=て)」と、音「最《サイ→サツ》」とから成る。三本の指でつまみとるほどの少ない量。

意味 ❶ひとつまみほどの分量。わずか。**例**撮土《サツド》。❷(必要なだけの少量を)つまんで、取る。**例**撮要《サツヨウ》。

日本語での用法《サツ・とる》(スチール・映画・テレビ・ビデオなど)写真を写す。「撮影《サツエイ》・風景《フウケイ》を撮《と》る」

使い分け とる【取・採・執・捕・撮】⇩1174ページ

【撮影】《サツエイ》(名・する)写真や映画・ビデオなどをとること。**例**特殊《トクシュ》—。証拠《ショウコ》写真を—する。

【撮土】《サツド》ひとつまみの土。わずかな土。

【撮要】《サツヨウ》要点をぬきだして簡潔《カンケツ》に書くこと。また、書いたもの。(類)摘要《テキヨウ》。

扌12
【撒】
15画 2721 6492 **人名** **音**サン(慣) サツ(漢) **訓**ま-く

意味 手でまきちらす。まく。**例**撒水《サンスイ》。撒布《サンプ》。

【撒水】《サンスイ》(名・する)〔本来の読みは「サッスイ」〕水をあちこちにまくこと。みずまき。**表記**(現)散水

【撒布】《サンプ》(名・する)〔本来の読みは「サップ」〕広くゆきわたるようにまくこと。**表記**(現)散布

扌12
【撕】
15画 5789 6495 **音**一シ(漢)(呉) 二セイ(漢) **訓**さ-く

意味 一《シ》手で引っ張ったり、切ったりして二つに分ける。さく。**例**撕開《シカイ》(=引きさく)。二《セイ》手で耳を引っ張り、口もとに近づけて言いきかせる。さとらせる。**例**提撕《テイセイ》(=教えみちびく。また、ふるいおこす)。

扌 12

【撞】

15画 3821 649E 人名 音 シュ 慣 トウ 漢 ドウ 呉 訓 う-つ・つ-く

意味 ❶すばやく打ちたたく。つく。例 撞木《シュモク》。撞球《ドウキュウ》。撞撃《トウゲキ》(=つく)。❷つきあたる。例 撞着《ドウチャク》。衝撞《ショウドウ》。

【撞木《シュモク》】①鐘《かね》・鉦《ショウ》・磬《ケイ》などを打ち鳴らす丁字形《テイジケイ》の棒。かねたたき。②つりがねを鳴らすためにつり下げた太い棒。

【撞木▼杖《シュモクづえ》】にぎりの部分を丁字形《テイジケイ》にしたつえ。

【撞球《ドウキュウ》】長方形の台上で、いくつかの玉をキュー(=棒)でつくゲーム。ビリヤード。玉突《たまつ》き。

【撞着《ドウチャク》】(名・する) ①つきあたること。②つじつまの合わないこと。矛盾《ムジュン》。例 自己—。自家—。

扌 12

【撰】

15画 3281 64B0 人名 音 セン・サン 漢 訓 えら-ぶ

意味 ❶ことばを吟味《ギンミ》して、詩や文章を作る。書物をあらわす。例 撰者《センジャ》。杜撰《ズサン》。❷編集する。例 撰集《センシュウ》。勅撰《チョクセン》。❸えらぶ。よりわける。同 選《セン》。例 撰定《センテイ》。

人名 のぶ

【撰者《センジャ》】①詩歌《シイカ》・文章などを作る人。類 著者。例 碑文《ヒブン》の—。②すぐれた作品を集めて歌集や文集にする人。類 選者・編纂者《ヘンサンシャ》。例 勅撰《チョクセン》和歌集の—。

【撰修《センシュウ》】(名・する) 文書を集めて書物として整えること。例 史書を—する。

【撰集《センシュウ》】〔「センジュウ」とも〕すぐれた詩歌《シイカ》や文章をえらんで、編集すること。また、その書物。例 近代詩の—。

【撰述《センジュツ》】(名・する) 文章をととのえて、書物としてあらわすこと。類 著述。例 注釈書《チュウシャクショ》を—する。

【撰進《センシン》】(名・する) 詩や文集を編んで、献上《ケンジョウ》すること。例 古事記を—したときの序文。

【撰定《センテイ》】(名・する) ①多くの詩歌《シイカ》や文章の中からすぐれたものをえらび出してととのえ、書物にまとめること。②えらび、さだめること。例 候補を—する。

扌 12

【撤】

15画 3717 64A4 常用 音 テツ 漢 訓 す-てる

筆順

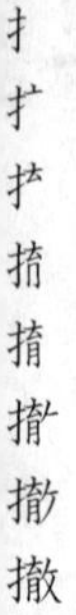

[手(扌)部] 12画 撞 撰 撤 撓 撚 撥 播 撫

なりたち [形声]「扌(=て)」と、音「散《テツ》」とから成る。手でとりのける。

意味 ❶とりさげる。ひっこめる。例 撤回《テッカイ》。撤収《テッシュウ》。撤退《テッタイ》。❷とりのぞく。やめる。例 撤去《テッキョ》。撤廃《テッパイ》。

【撤回《テッカイ》】(名・する) いったん出した意見や案を取り下げること。例 処分の—を求める。要求を—する。

【撤去《テッキョ》】(名・する) 建物や施設《シセツ》・機械・装置など、大きなものをとりのぞくこと。例 放置自転車の—。

【撤収《テッシュウ》】(名・する) ①とりさって、しまいこむこと。②「撤退」に同じ。例 前線部隊を—する。

【撤退《テッタイ》】(名・する) 軍隊が根拠地《コンキョチ》をとりはらって、しりぞくこと。撤収。例 全軍が島から—する。

【撤廃《テッパイ》】(名・する) それまであった制度などをなくすこと。例 複雑な管理制度を—する。

【撤兵《テッペイ》】(名・する) 派遣《ハケン》していた軍隊を引きあげること。対 派兵・出兵。例 占領地《センリョウチ》から—する。

扌 12

【撓】

15画 5790 6493 音 トウ 慣 ドウ 漢 ニョウ 呉 訓 しな-う・たわ-む・たわ-める・た-める

意味 ❶手でぐちゃぐちゃにする。かきみだす。例 撓乱《ドウラン》。❷やわらかく弓なりに曲げる。たわめる。たわむ。例 不撓不屈《フトウフクツ》(=けっしてくじけない)。

【撓乱《ドウラン》】(名・する) かきみだすこと。類 攪乱《コウラン》。例 平和を—する。

扌 12

【撚】

15画 3918 649A 音 デン 漢 ネン 呉 訓 ひね-る・よ-る・よ-り

意味 指先でひねって、ねじり合わせる。ひねる。よる。例 撚糸《ネンシ》。紙撚《こより》。

【撚糸《ネンシ》】糸に、よりをかけること。また、よりをかけた糸。

扌 12

【撥】

15画 5791 64A5 音 ハツ 漢 バチ 呉 訓 は-ねる・はら-う

意味 ❶手を加えて正しく整える。おさめる。例 撥乱《ハツラン》(=乱世をおさめる)。❷手ではじいて、はねあげる。はねる。はらう。例 撥音《ハツオン》。挑撥《チョウハツ》。反撥《ハンパツ》。❸三味線《しゃみせん》や琵琶《ビワ》などの弦《ゲン》をはじいて鳴らす道具。また、太鼓《タイコ》を打つ棒。ばち。

【撥音《ハツオン》】日本語の発音で、「天気《テンキ》」「按摩《アンマ》」「女《おんな》」「リンゴ」「ペン」などの「ん」「ン」であらわす音《オン》。はねる音。

【撥音便《ハツオンビン》】音便の一つ。発音上、活用語の連用形語尾《ゴビ》や、語中のある音が「ん」に変わること。「飛びて」が「飛んで」、「かみなづき」が「かんなづき」、「死にて」が「死んで」、また「盛り」が「さかん」、「まなか」が「まんなか」になるなど。

【撥乱反正《ハツランハンセイ》】〔「乱《ラン》を撥《おさ》め正《セイ》に反《かえ》す」と訓読する〕世の乱れをおさめ、もとの正しい状態にかえすこと。〈春秋公羊伝《シュンジュウクヨウデン》〉例 —の英雄《エイユウ》。

扌 12

【播】

15画 3937 64AD 人名 音 ハン・バン 慣 ハ 漢 訓 ま-く

意味 ❶(種を)まきちらす。まく。例 播種《ハシュ》。❷(まきちらすように)広める。例 伝播《デンパ》。

日本語での用法 《バン》旧国名「播磨《はりま》(=今の兵庫《ひょうご》県南西部)」の略。「播州《バンシュウ》・赤穂《あこう》・播但《バンタン》(=播磨《はりま》と但馬《たじま》)」

人名 かし・すけ・ひろ

【播種《ハシュ》】(名・する) 作物のたねをまくこと。例 —期。

【播植《ハショク》】(名・する) 作物のたねをまいたり、苗《なえ》を植えたりすること。表記「播殖」とも書く。

【播磨《はりま》】旧国名の一つ。今の兵庫《ひょうご》県南西部にあたる。播州《バンシュウ》。

扌 12

【撫】

15画 4179 64AB 人名 音 フ 漢 ブ 呉 訓 な-でる

意味 ❶人をおだやかにさせる。なだめる。例 撫安《ブアン》(=なだめて安心させる)。慰撫《イブ》。❷手のひらで、こする。さする。なでる。また、かわいがる。例 撫育《ブイク》。愛撫《アイブ》。ひげを撫《ブ》する。

人名 やす・よし

【撫子《なでしこ》】ナデシコ科の多年草。秋の七草の一つ。ヤマトナデシコ。カワラナデシコ。古くはトコナツ。

【撫慰《ブイ》】(名・する) 人の心をなだめて、いたわること。慰撫。例 難民の—に従事する。

【撫育《ブイク》】(名・する) (なでるように)やさしくかわいがって、そだてること。類 撫養・愛育。例 幼児を—する。

【撫▼恤《ブジュツ》】(名・する) やさしくいたわり助けること。また、あわれんで、ものをめぐむこと。

【撫養《ブヨウ》】(名・する) いつくしみ、そだてること。類 撫育・愛育。例 民《たみ》を—する。

●愛撫《アイブ》・慰撫《イブ》・宣撫《センブ》・鎮撫《チンブ》

扌12
【撲】
15画 4348 64B2 常用
音 ハク・ホク漢 ハク・ボク呉
訓 う-つ・なぐ-る
付表 相撲《すもう》

筆順 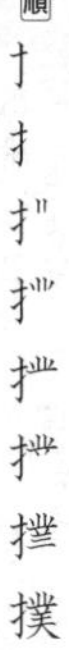

なりたち  ［形声］「扌(=て)」と、音「菐《ホク》」とから成る。手でたたく。うつ。

意味 ❶勢いよくうつ。なぐる。うつ。例 撲殺《ボクサツ》。打撲《ダボク》。❷うちはらう。例 撲滅《ボクメツ》。

難読 撲傷《うちみ》

【撲殺】《ボクサツ》（名・する）なぐり殺すこと。

【撲滅】《ボクメツ》（名・する）打ちのめすこと。完全に退治すること。例 不正—運動。害虫を—する。

扌12
【撩】
15画 5792 64A9
音 リョウ漢

意味 ❶乱をおさめる。おさめととのえる。例 撩理《リョウリ》（=おさめる）。❷いりみだれる。同 繚《リョウ》。例 撩乱《リョウラン》。

【撩乱】《リョウラン》（形動タル）いりみだれるようす。花がさきみだれるようす。例 百花—の春。表記「▼繚乱」とも書く。

扌12
【撈】
15画 5793 6488
音 ロウ漢
訓 とら-える・と-る

意味 水の中からすくいあげて、とる。例 撈採《ロウサイ》。漁撈《ギョロウ》。

【撈採】《ロウサイ》（名・する）水にもぐってものをとること。

扌12 【撹】15画 ⇩【攪】《カク》（457ページ）

扌12 【擕】15画 ⇩【携】《ケイ》（450ページ）

扌13
【撼】
16画 5794 64BC
音 カン漢
訓 うご-かす・うご-く

意味 急に強い力を加えて、ゆりうごかす。うごかす。うごく。例 撼動《カンドウ》（=ゆさぶる）。震撼《シンカン》。

扌13
【擒】
16画 5802 64D2
音 キン漢
訓 とりこ

意味 ❶いけどりにする。とらえる。例 擒獲《キンカク》（=とりこにする）。擒捉《キンソク》（=とらえる）。❷とらえられた人。とりこ。例 擒生《キンセイ》（=いけどり）。

【擒▽縦】《キンショウ》つかまえたり放したりすること。思いどおりにあやつること。例 —自在。

【擒縛】《キンバク》（名・する）いけどりにして、しばること。類 捕縛《ホバク》。

扌13
【擅】
16画 5803 64C5
音 セン漢
訓 ほしいまま

意味 ひとりじめにして、自分のしたいようにする。ほしいまま(にする)。例 擅権《センケン》。擅断《センダン》。独擅場《ドクセンジョウ》。

【擅横】《センオウ》（名・形動ダナ）わがままかってを、おしとおすこと。例 —なふるまい。社長の—。表記「専横」とも書く。

【擅権】《センケン》権力をほしいままにすること。例 —横暴な領主。—をふるう。表記「専権」とも書く。

【擅断】《センダン》（名・する・形動ダナ）自分かってに決めること。例 —を非難する。表記 現 専断

扌13
【操】
16画 3364 64CD 教育6
音 ソウ漢呉
訓 みさお・あやつ-る・と-る

筆順 

なりたち  ［形声］「扌(=て)」と、音「喿《ソウ》」とから成る。にぎり持つ。

意味 ❶しっかりと手に持つ。とる。例 操持《ソウジ》（=手にもつ。かたく守るみさお）。❷手に持って、うまく使いこなす。あやつる。例 操作《ソウサ》。操縦《ソウジュウ》。❸心のもちかた。信念。みさお。例 志操《シソウ》。節操《セッソウ》。

人名 あや・さお・とる・みさ・もち

【操業】《ソウギョウ》（名・する）機械を動かして作業をすること。例 —短縮《タンシュク》。二十四時間—。

【操▼觚】《ソウコ》〔「觚」は、古代中国で文字を書きしるすのに使った木のふだ〕詩や文章をつくること。例 —界（=言論の世界）。

【操行】《ソウコウ》（とくに道徳的な面から見た）日ごろのおこない。類 品行。例 —が悪い。

【操作】《ソウサ》（名・する）①機械などを思いどおりに動かすこと。例 —手順。リモコンで—する。②自分につごうよく変えること。例 帳簿《チョウボ》を—する。

【操車】《ソウシャ》（名・する）車両の編成や入れかえをすること。例 —場《ジョウ》。

【操守】《ソウシュ》自分の主義やこころざしをかたくまもって、変えないこと。類 節操。例 —堅正《ケンセイ》。

【操縦】《ソウジュウ》（名・する）①機械など、とくに飛行機を、思いどおりに動かすこと。②他人を自分の思いどおりに動かすこと。例 部下をたくみに—する。

【操縦▼桿】《ソウジュウカン》飛行機の操縦席にある、棒またはハンドルの形をした装置。例 —をにぎる（=飛行機を操縦する）。

【操船】《ソウセン》（名・する）船を思いどおりに動かすこと。

【操▼舵】《ソウダ》（名・する）かじをあやつって、船を目的の方向へ進ませること。例 —手。—室。

【操練】《ソウレン》（名・する）軍事訓練をすること。類 練兵。例 徳川幕府《バクフ》の海軍—所《ジョ》。

●志操《シソウ》・情操《ジョウソウ》・節操《セッソウ》・体操《タイソウ》・貞操《テイソウ》

扌13
【撻】
16画 5805 64BB
音 タツ漢 ダツ呉
訓 むちう-つ・う-つ

意味 むちでたたく。むちうつ。例 鞭撻《ベンタツ》。

手13
【擘】
17画 5806 64D8
音 ハク漢
訓 さ-く・つんざ-く

意味 ❶指を使って二つに分ける。さく。例 擘裂《ハクレツ》。❷おやゆび。例 擘指《ハクシ》（=おやゆび）。❸「擘窠《ハクカ》」は、大きな文字。

【擘裂】《ハクレツ》（名・する）爪《つめ》の先を使って、細かくさくこと。ひきさくこと。また、つんざくこと。劈裂《ヘキレツ》。

扌13
【擁】
16画 4542 64C1 常用
音 ヨウ漢 オウ呉
訓 いだ-く

筆順 

なりたち  ［形声］「扌(=て)」と、音「雍《ヨウ》」とから成る。だきかかえる。

意味 ❶だきかかえる。いだく。例 抱擁《ホウヨウ》。❷だきかかえるようにして、助ける。まもる。例 擁護《ヨウゴ》。擁立《ヨウリツ》。❸だきかかえるように取り囲んで、さえぎる。ふさぐ。例 擁蔽《ヨウヘイ》。

【擁護】（名・する）㊀《ヨウゴ》だいじなものをしっかりと、かばい守ること。例 人権の—。㊁《オウゴ》〔仏〕神仏が助け守ること。加護すること。表記 ㊁は「応護」とも書く。

【擁蔽】《ヨウヘイ》（名・する）おおいかくすこと。

【擁立】《ヨウリツ》（名・する）まわりからもり立てて、地位につかせようとすること。例 幼帝《ヨウテイ》を—する。

扌13 【擂】 16画 5807 64C2 音 ライ(漢) 訓 す-る

意味 ❶すりつぶす。する。例 擂槌《ライツイ》(=すりこぎ)。擂盆《ライボン》(=すりばち)。擂《す》り鉢《バチ》。❷ばちでたたく。例 擂鼓《ライコ》。

難読 擂茶《ライザ》(=茶入れのつぼの一種)

手13 【擧】 17画 ⇩【挙】《キョ》(437ページ)

扌13 【據】 16画 ⇩【拠】《キョ》(432ページ)

手13 【擊】 17画 ⇩【撃】《ゲキ》(452ページ)

扌13 【擇】 16画 ⇩【択】《タク》(429ページ)

扌13 【擔】 16画 ⇩【担】《タン》(433ページ)

扌14 【擱】 17画 5808 64F1 音 カク(漢) 訓 お-く

意味 (ひっかかって動きを)とめる。とどまる。おく。例 擱筆《カクヒツ》。

【擱筆】《カクヒツ》 (名・する) ふでをおくこと。文章を書き終えること。(対) 起筆。例 以上をもって—する。

扌14 【擬】 17画 2128 64EC 常用 音 ギ(漢)(呉) 訓 なぞら-える・もど-き

筆順 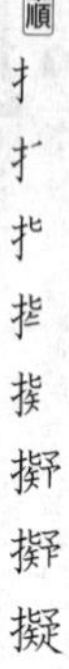

なりたち  [形声]「扌(=て)」と、音「疑《ギ》」とから成る。おしはかる。

意味 ❶どうしようかと考える。おもいはかる。例 擬議《ギギ》(=考えて論ずる)。❷くらべて、似るようにする。なぞらえる。もどく。例 擬態《ギタイ》。模擬《モギ》。梅擬《うめもどき》。雁擬《ガンもどき》。

【擬音】《ギオン》 自然のおとに似せて道具などを用いて出すおと。(類) 擬声。例 放送劇の—効果。

【擬音語】《ギオンゴ》 「擬声語」に同じ。

【擬古】《ギコ》 昔の風習や方法をまねること。例 —的な手法。

【擬古文】《ギコブン》 古い時代の作品の文体をまねて書いた文章。例 上田秋成《うえだあきなり》の—。

【擬作】《ギサク》 (名・する) まねてつくること。また、その作品。例 ロダンの—。参考「偽作《ギサク》」は、にせものをつくること。

【擬死】《ギシ》 不意のしげきに対し、死んだように動かなくなること。昆虫《コンチュウ》やヘビなどに見られる。

【擬似】《ギジ》 よく似ているが、ほんものではないこと。例 —体験(=バーチャルリアリティー)。表記「疑似」とも書く。

【擬人】《ギジン》 人間でないものを人間に見立てること。例 —化された動物が活躍《カツヤク》する童話。

【擬人法】《ギジンホウ》 文章を書くとき、人間でないものを人間に見立てて表現する方法。「風がささやく」「山が招く」など。

【擬声】《ギセイ》 ある音声に似せること。(類) 擬音。

【擬声語】《ギセイゴ》 ものの音、自然の音、人や動物のこえなどを、その音声に似せて表現したことば。「ガタガタ」「サヤサヤ」「シクシク」「ワンワン」など。擬音語。

【擬装】《ギソウ》 (名・する) 他人の目をあざむくために、外見を別のものに似せてよそおうこと。偽装《ギソウ》。例 —工作。

【擬態】《ギタイ》 ①あるものごとの状態やようすに似せること。②動物が周囲の環境《カンキョウ》に似た色や形をもっていること。

【擬態語】《ギタイゴ》 ものごとの状態や人のようすなどの感じを表現したことば。「ひらひら」「すべすべ」「にこにこ」など。

【擬▽宝▽珠】《ギボシ》 〔「ギボウシ」「ギボウシュ」とも〕 宝珠《ホウジュ》(=ほのおが燃え上がったようすをあらわした玉)をかたどったかざりで、欄干《ランカン》の柱の頭などに取り付けるもの。

扌14 【擦】 17画 2704 64E6 常用 音 サツ(漢) 訓 す-る・す-れる・こす-る

筆順 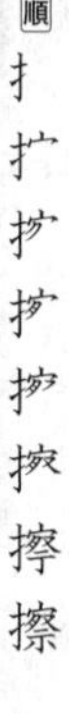

なりたち [形声]「扌(=て)」と、音「察《サツ》」とから成る。こする。

意味 こする。する。すれる。例 擦過傷《サッカショウ》。摩擦《マサツ》。

使い分け する【刷・擦】 ⇩1170ページ

人名 あきら

【擦過傷】《サッカショウ》 こすってできた、きず。すりきず。

扌14 【擠】 17画 5811 64E0 音 セイ(漢)サイ(呉) 訓 お-す・おとしい-れる

意味 ❶おしのける。おす。例 擠排《セイハイ》。❷おとしいれる。例 擠陥《セイカン》(=人を罪におとしいれる)。

扌14 【擡】 17画 5812 64E1 音 タイ(漢)ダイ(呉) 訓 もた-げる

扌5 [抬] 8画 5813 62AC 俗字

意味 持ち上げる。もたげる。例 擡頭《タイトウ》。

【擡頭】《タイトウ》 (名・する) 〔あたまをもたげる意〕 新たに勢力をのばしてくること。例 革新派の—。表記「台頭」とも書く。

扌14 【擢】 17画 3707 64E2 人名 音 テキ(慣)タク(漢) 訓 ぬき-んでる

意味 ❶引っ張って、(よいものを)取り出す。ひきぬく。例 抜擢《バッテキ》。❷多くのものの中で、(すぐれて)ぬけ出ている。ぬきんでる。

【擢用】《タクヨウ・テキヨウ》 (名・する) 多くの中からとくに選び出して用いること。(類) 抜擢《バッテキ》。例 大臣に—する。

扌14 【擯】 17画 5815 64EF 音 ヒン(漢)(呉) 訓 しりぞ-ける

意味 ❶主人のそばで介添《かいぞえ》をする人。❷のけ者にする。しりぞける。例 擯斥《ヒンセキ》。

【擯斥】《ヒンセキ》 (名・する) おしのけて、しりぞけること。のけ者にすること。(類) 排斥《ハイセキ》。例 世の—を受ける。

扌14 [擣] 17画 ⇩【搗】《トウ》(451ページ)

扌15 【擾】 18画 3081 64FE 音 ジョウ(漢) 訓 みだ-れる・わずら-わしい

意味 ❶じゃれついて、うるさくさわがしい。みだれる。みだす。例 擾乱《ジョウラン》。騒擾《ソウジョウ》。❷じゃれるように、なつかせる。ならす。例 擾化《ジョウカ》。擾馴《ジョウジュン》。

【擾擾】《ジョウジョウ》 (形動《タル》) いりみだれているようす。さわがしいようす。例 議論百出の—たる場内。

【擾乱】《ジョウラン》 (名・する) みだれさわぐこと。さわいで秩序《チツジョ》をみだすこと。(類) 騒乱《ソウラン》。例 反対勢力が—を起こす。

扌15 【擶】 18画 *5817 *64F6 音 セン(漢)

意味 矢の曲がりを直す。

日本語での用法 《だま》 地名に用いられる字。「高擶《たかだま》(=山形県の地名)」

扌15 【擲】 18画 5819 64F2 音 チャク(慣)テキ(漢)ジャク(呉) 訓 なげう-つ・なぐ-る

意味 目標めがけてなげつける。なげうつ。例 投擲《トウテキ》。乾坤一擲《ケンコンイッテキ》。打擲《チョウチャク》。

日本語での用法《なぐる》強く打つ。たたく。〔本来は、放物線をえがくようにして、目的に向かって動かすことをいう〕「げんこつで擲《な》ぐる」

【擲弾】《テキダン》手で投げたりして使う小型の爆弾《バクダン》。手《て》榴弾《リュウダン》。例 ―筒《トウ》。

● 一擲《イッテキ》・打擲《チョウチャク》・投擲《トウテキ》・放擲《ホウテキ》

扌15 【擺】18画 5820 64FA 音 ハイ漢 訓 うちふる-う・ひら-く

意味 ❶はらいのける。うちふるう。ひらく。例 擺撥《ハイハツ》（＝ほうりだす。うちすてる）。❷ゆりうごかす。

手15 【攀】19画 5821 6500 音 ハン漢 ヘン呉 訓 とど-まる・ひ-く・よ-じる

意味 ❶しがみつくようにして登る。よじのぼる。よじる。例 登攀《トウハン》。❷たよりとするものにしがみつく。すがる。例 攀竜附鳳《ハンリョウフホウ》。

【攀▽竜附▼鳳】《ハンリョウフホウ》〔竜《リュウ》につかまり、鳳凰《ホウオウ》に付き従う意〕家来《ケライ》がすぐれた君主に従って、功績をたてること。また、弟子《デシ》がすぐれた先生に従って、りっぱな人間となること。〈漢書《カンジョ》〉

扌15 【擽】18画 5822 64FD 音 リャク漢 ラク漢 訓 くすぐ-る

意味 ❶たたく。❷攻撃《コウゲキ》する。同 掠《リャク》。

日本語での用法《くすぐる》①皮膚《ヒフ》にふれたりこすったりして、むずむずした感じを起こさせる。「わきの下《した》を擽《くすぐ》る」②それとなく相手をよろこばせるようなことを言って、相手の心を動かす。「彼女《かのジョ》の虚栄心《キョエイシン》を擽《くすぐ》る」

扌15 【擴】18画 ⇩【拡】《カク》（432ページ）

扌15 [攅]18画 ⇩【攢】《サン》（457ページ）

扌17 【擾】20画 5823 6518 音 ジョウ漢 訓 はら-う・ぬす-む

意味 ❶（相手のほうへ）おす。ゆずる。同 譲《ジョウ》。例 遜擾《ソンジョウ》。❷おして、しりぞける。おしのける。はらう。例 擾夷《ジョウイ》。厄擾《ヤクばらい》。

【擾▼夷】《ジョウイ》外国人をはらいのけて、国内に入れないこと。例 尊王《ソンノウ》―。

扌18 [擕]21画 ⇩【携】《ケイ》（450ページ）

扌18 【攝】21画 ⇩【摂】《セツ》（451ページ）

扌19 【攢】22画 1-8506 6522 音 サン漢 訓 あつ-まる・あつ-める

扌15 [攅]18画 5825 6505 俗字

意味 ❶多くのものを一つにまとめる。あつめる。あつまる。例 攢聚《サンシュウ》（＝集中する。むらがる）。❷たくわえる。ためる。

扌19 【攤】22画 5826 6524 音 タン漢 訓 ひら-く・ひろ-げる

意味 平らに敷《し》きのべる。ひろげる。ひらく。

【攤銭】《タンセン》ばくちの一種。銭《ぜに》数十枚を器《うつわ》の中に入れ、四枚ずつ取り出して最後の端数《ハスウ》を当てるもの。

手19 【攣】23画 5827 6523 音 レン漢呉 訓 つ-る・つ-れる・ひ-く

意味 筋肉や皮膚《ヒフ》が不自然にひっぱられる。ひきつる。つる。つれる。ひく。例 痙攣《ケイレン》。牽攣《ケンレン》。

扌20 【攪】23画 5788 652A 音 カク慣 コウ漢 訓 みだ-す

扌12 [撹]15画 1941 64B9 俗字

意味 ❶かきみだす。みだす。例 攪乱《カクラン》。❷かきまわす。まぜる。例 攪拌《カクハン》。

【攪▼拌】《カクハン｜コウハン》（名・する）〔「カクハン」は慣用読み〕よくまざるように、かきまわすこと。例 ―器。卵白《ランパク》を―する。

【攪乱】《カクラン｜コウラン》（名・する）〔「カクラン」は慣用読み〕かきまわして混乱させること。例 ―戦術。平和を―する。社会の秩序《チツジョ》を―する。

扌20 【攫】23画 5828 652B 音 カク漢 訓 つか-む・さら-う

意味 手につかみとる。いっぺんにさらう。例 攫取《カクシュ》（＝つかみとる）。一攫千金《イッカクセンキン》。人気《ニンキ》を攫《さら》う。

扌22 【攬】25画 5816 652C 音 ラン漢呉 訓 と-る

意味 あつめ、つかさどる。とりまとめる。例 収攬《シュウラン》。総攬《ソウラン》。

65 4画 支 し しにょう部

えだを手にもつ形で、「えだ」や「分ける」の意をあらわす。「支」の字だけをここに入れた。

0 支

この部首に所属しない漢字

翅⇩羽 804　鼓⇩鼓 1112

支0 【支】4画 2757 652F 教育5 音 シ漢呉 訓 ささ-える・ささ-え・つか-え・つか-える 付表 差《さ》し支《つか》える

筆順 

なりたち  [会意]「又（＝て）」と「十（＝竹を二分した一方）」とから成る。竹の分かれたえだ。

意味 ❶中心となるものから分かれ出たもの。えだ。同 枝《シ》。例 支脈《シミャク》。支流《シリュウ》。❷分けてばらばらにする。分けあたえる。例 支給《シキュウ》。支離《シリ》。❸（えだをあてて）たおれないようにする。おさえて動かないようにする。例 支援《シエン》。支柱《シチュウ》。差《さ》し支《つか》え。❹日や年の順序を示す呼び名。例 支干《シカン》。干支《カンシ》。十二支《ジュウニシ》（＝子《シ｜ね》・丑《チュウ｜うし》・寅《イン｜とら》・卯《ボウ｜う》・辰《シン｜たつ》・巳《シ｜み》・午《ゴ｜うま》・未《ビ｜ひつじ》・申《シン｜さる》・酉《ユウ｜とり》・戌《ジュツ｜いぬ》・亥《ガイ｜い》）。

人名 え・えだ・たもつ・なか・もろ・ゆた

【支援】《シエン》（名・する）力をかして助けること。援助すること。例 ボランティアとして難民を―する。

【支干】《シカン》十二支と十干《ジッカン》。えと。→【干支】《カンシ｜えと》（344ページ）

【支給】《シキュウ》（名・する）金銭や物品などをわりあててあたえること。例 交通費は実費を―する。

【支局】《シキョク》本社や本局からはなれて、その区域の仕事をする事務所。例 ―の通信員。新聞社の―。

【支持《シジ》】(名・する)①ささえもつこと。②意見や政策・計画などに賛成して援助《エンジョ》すること。例―政党。

【支社《シシャ》】本社からはなれてその区域の仕事をする、出先《でさき》の事務所。例―長。

【支出《シシュツ》】(名・する)お金をしはらうこと。また、はらったお金。㊒収入。例公費からの―とする。

【支所《シショ》】会社や役所などで、本社や本庁からはなれて仕事をする事務所。

【支署《シショ》】警察署や消防署、税務署などで、本署からはなれてその地域を分担する役所。㊫分署。㊒本署。

【支障《シショウ》】さしさわり。さしつかえ。例部品が届かず、作業に―をきたす。

【支線《シセン》】①(鉄道などで)主要な路線から分かれた線。㊒幹線・本線。例私鉄の―にそった町。②電柱などをささえるために張る線。

【支隊《シタイ》】本隊から分かれて、独立した行動をする部隊。㊒本隊。表記「枝隊」とも書く。

【支度《シタク》】(名・する)①計算すること。はかること。②用意すること。準備すること。例旅―。食事の―。表記 慣用として、「仕度」とも書く。

【支柱《シチュウ》】①ささえの柱。つっかい棒。②ものごとのささえとなる、たいせつなものや人。例国家の―といえる人。

【支店《シテン》】本店から分かれてその地域に出した店。㊒本店。例銀行の―。

【支点《シテン》】〔物〕てこの、ささえとなる固定した点。→【力点《リキテン》】(144ページ)・【作用点《サヨウテン》】(66ページ)

【支那《シナ》】中国のこと。秦《シン》の始皇帝《シコウテイ》によって中国が平定統一された紀元前二二一年以後、インドで、秦を「シナ(支那)」あるいは「シンタン(震旦)」と呼んだことばが、定着したもの。ヨーロッパに伝わり「チャイナ」となる。

【支配《シハイ》】(名・する)①とりしきること。また、影響下(エイキョウカ)におくこと。例経済界を—する。②力によって他の国や地域を統治すること。例植民地―。

【支配人《シハイニン》】商店や会社で、主人や社長に代わって営業に関するすべての業務をとりしきる役の人。マネージャー。例ホテルの―。

【支部《シブ》】本部から分かれて、その地域の事務をとる機関。㊒本部。例地方―。

【支弁《シベン》】(名・する)お金をはらうこと。例公費で―する。表記 ㊐旧支▼辨
【支脈《シミャク》】山脈・鉱脈・葉脈などの、元《もと》から分かれ出た脈。㊒主脈。

【支離滅裂《シリメツレツ》】(形動ダナ)ばらばらで筋道《すじみち》が通らないようす。めちゃくちゃ。例―な説明。

【支流《シリュウ》】①本流にそそぐ川。また、本流から分かれた流れ。②おおもとから分かれた系統。㊫分派・分家。▽㊒本流。

◐干支《カンシ》《えと》・収支《シュウシ》・十二支《ジュウニシ》

66
4画
攴 ぼくにょう ぼくづくり とまた (攵 のぶん) 部

「攴」は「ト(＝木のえだ)」を「又(＝手)」に持つ形で、「うつ」「強制する」などの意をあらわす。「攴」(片仮名の「ト」と漢字の「又《また》」を合わせた形に似ているので「とまた」ともいう)は省略して「攵」(片仮名の「ノ」と漢字の「文《ブン》」を合わせた形に似ているので「のぶん」ともいう)とも書く。「攴」をもとにしてできている漢字を集めた。

0 攴 攵 2 攷 收 3 改 攻 攸 4 放 5 故 政 6 敏 效 7 救 教 敖 敗 敎 敍 敘 敕 敏 8 敢 敬 散 敞 敦 敝 9 数 10 敲 11 敵 敷 數 敷 12 整 13 嚴 斂 14 斃

この部首に所属しない漢字

孜⇩子 284　致⇩至 834　赦⇩赤 942　繁⇩糸 792　變⇩言 928

攴 0
【攴】4画 5829 6534 音 ボク㊥慣 ホク㊥漢

攵 0
【攵】4画 5830 6535 俗字

意味 かるくたたく。うつ。

攵 0
【攵】4画 ⇩【攴《ボク》】(458ページ)

攵 2
【攷】6画 5831 6537 音 コウ㊥漢呉 訓 かんが-える・たた-く

意味 ❶うつ。たたく。❷しらべて明らかにする。かんがえる。〔学術論文・著作の標題などに用いる〕㊐同 考《コウ》。例攷究《コウキュウ》。論攷《ロンコウ》。

攵 2
【收】6画 ⇩【収《シュウ》】(175ページ)

攵 3
【改】7画 1894 6539 教育4 音 カイ㊥漢呉 訓 あらた-める・あらた-まる・あらた-めて

筆順
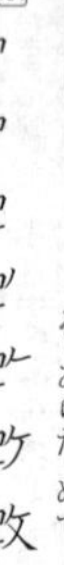

なりたち
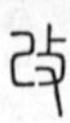
[形声]「攵(＝うつ)」と、音「己《キ→カイ》」とから成る。あらためる。

意味 それまでのものをやめて新しいものにかえる。新しいものにかわる。あらためる。あらたまる。例改革《カイカク》。更改《コウカイ》。

日本語での用法 一《カイ・あらためる・あらため》しらべてみる。検査する。「改札《カイサツ》・財布《サイフ》を改《あらた》める・証文《ショウモン》を改《あらた》める・宗門改《シュウモンあらため》」 二《あらたまる》態度をかえる。よそ行きの態度をとる。四角ばる。「改《あらた》まって言《い》い出《だ》す・改《あらた》まった挨拶《アイサツ》」

人名 あら・なお

【改悪《カイアク》】(名・する)あらためた結果、かえって前よりわるくなること。また、前よりわるくすること。㊒改善。例制度の―。

【改印《カイイン》】(名・する)(役所や銀行などに届けてある)印鑑《インカン》を別のものにかえること。例―届《とど》け。

【改易《カイエキ》】(名・する)①あらためかえること。②江戸《えど》時代の武士の刑罰《ケイバツ》で、身分や役職をうばい、財産を没収《ボッシュウ》し、平民にすること。

【改革《カイカク》】(名・する)社会の制度や習慣などを新しくあらためること。例農地―。行政―。

【改行《カイギョウ》】(名・する)原稿《ゲンコウ》・印刷物などの文章で、行をかえること。例原稿に―を指定する。

【改憲《カイケン》】憲法をあらためること。例―派。

【改元《カイゲン》】(名・する)元号をあらためること。改号。例―されて令和《レイワ》となる。

【改悟《カイゴ》】(名・する)以前の悪事やあやまちを、さとりあらためること。㊫改心・改悛《カイシュン》・悔悟《カイゴ》。

【改稿《カイコウ》】(名・する) 原稿を書きあらためること。例新版は全体にわたり―した。

【改作《カイサク》】(名・する) あらためて、つくり直すこと。例旧作を―する。

【改札《カイサツ》】(名・する) 駅の出入り口で、乗車の前後に、切符《きっぷ》や定期券などを調べること。例―口《ぐち》。自動―機。

【改▼刪《カイサン》】(名・する) 詩歌《シイカ》や文章の語句を削《けず》ったり、書き加えたりして、よりよくすること。

【改▼竄《カイザン》】(名・する) 〔「竄」は、もぐりこませる意〕原文の文面や文字を故意にあらため、直すこと。〔とくに、悪用する場合にいう〕例書類を―する。

【改宗《カイシュウ》】(名・する) 信仰《シンコウ》する宗教や宗派をかえること。宗旨《シュウシ》がえ。例仏教徒がキリスト教に―した。

【改修《カイシュウ》】(名・する) 建物や道路などの一部を手直しすること。修理すること。例―工事。

【改▼悛《カイシュン》】(名・する) あやまちを認め、くいあらためること。類改心。例―の情《ジョウ》が見える。

【改称《カイショウ》】(名・する) それまでの呼び名をかえること。また、あらためた呼び名。改名。例社名を―する。

【改心《カイシン》】(名・する) 悪かったことをさとって、心を入れかえること。類改悟《カイゴ》・改悛《カイシュン》。例―して仕事にはげむ。

【改進《カイシン》】(名・する) 古い制度や習慣をあらためて、進歩させること。また、進歩すること。

【改新《カイシン》】(名・する) 古い制度や習慣をあらためて、あたらしくすること。例大化《タイカ》の―。制度を―する。

【改正《カイセイ》】(名・する) 規則などの不備な点をあらためて、よいものにすること。例規約を―する。

【改姓《カイセイ》】(名・する) みょうじをかえること。例―届《とどけ》。

【改善《カイゼン》】(名・する) ものごとの悪い点をよい方向にあらためること。類改良。対改悪。例生活―。環境《カンキョウ》を―する。

【改組《カイソ》】(名・する) 組織や編成をつくりかえること。組織がえ。編成がえ。例委員会を―する。

【改葬《カイソウ》】(名・する) ほうむった遺体や遺骨を、他の場所へほうむりなおすこと。

【改装《カイソウ》】(名・する) ①装飾《ソウショク》や設備をかえること。もようがえ。例店内―セール。②荷づくりや包装をしなおすこと。

【改造《カイゾウ》】(名・する) それまでのものをつくりかえること。例内閣―。

【改題《カイダイ》】(名・する) 書物や映画などの題をかえること。また、その題。例―本。―して再刊する。

【改築《カイチク》】(名・する) 建物の一部または全部を、建てかえること。例増―。校舎を―する。

【改鋳《カイチュウ》】(名・する) 鋳造しなおすこと。鋳《い》なおすこと。例銀貨を―する。

【改定《カイテイ》】(名・する) 従来の決まりなどをあらため、新しく決めること。例運賃の―。

【改訂《カイテイ》】(名・する) 書物の内容などの一部を訂正したり、書きあらためたりすること。例―版。

【改廃《カイハイ》】(名・する) (法律や制度などを)あらためたり、やめたりすること。改正と廃止。例規則の―を論ずる。

【改版《カイハン》】(名・する) ①版木《ハンぎ》をほりなおすこと。②書物のもとの版の内容などをあらためること。また、その出版物。

【改変《カイヘン》】(名・する) ものごとの内容や状態をかえること。例組織の―。

【改編《カイヘン》】(名・する) 新しく編成や編集をしなおすこと。例番組の―。

【改名《カイメイ》】(名・する) 名前をかえること。改称《カイショウ》。例元服《ゲンプク》して―する。

【改良《カイリョウ》】(名・する) 欠点をあらため、さらによくすること。類改善。例品種―。

【改暦《カイレキ》】(名・する) ①こよみや暦法をあらためること。②年があらたまること。新年。

攵 3

【攻】

7画 2522 653B 常用 音コウ漢 ク呉 訓せ-める

筆順 

なりたち  〔形声〕「攵(=うつ)」と、音「工《コウ》」とから成る。うつ。

意味 ❶兵をさしむけて敵をうつ。相手の欠点をとがめる。せめる。例攻撃《コウゲキ》。攻防《コウボウ》。侵攻《シンコウ》。❷玉や金属をみがく。転じて、研究する。学問する。おさめる。例攻究《コウキュウ》。攻玉《コウギョク》。専攻《センコウ》。

使い分け せめる【攻・責】⇩1171ページ

人名 おさむ・せむ・たか・よし

【攻囲《コウイ》】(名・する) 包囲してせめること。例―作戦。

【攻究《コウキュウ》】(名・する) 学問や芸術などを深く学びきわめること。類考究。例―する領域がひろい。

【攻玉《コウギョク》】玉をみがくこと。知識や人徳を向上させることのたとえ。〔「他山《タザン》の石《いし》、以《も》って玉《たま》を攻《おさ》むべし」から〕〈詩経《シキョウ》〉

【攻苦《コウク》】(名・する) 苦難と戦うこと。

【攻苦《コウク》▼啖《タン》を食《く》らう】〔「啖」は、粗食《ソショク》の意〕苦しい生活にたえる。苦心して勉学する。〈史記《シキ》〉

【攻撃《コウゲキ》】(名・する) ①敵や相手をせめうつこと。対守備・防御《ボウギョ》。例―は最大の防御という。②人を非難すること。例人身《ジンシン》―。

【攻守《コウシュ》】せめることと、まもること。例―所《ところ》を変える(=立場が、さかさまになる)。

【攻勢《コウセイ》】攻撃《コウゲキ》の態勢。対守勢。例―に転じる。

【攻戦《コウセン》】せめたたかうこと。戦争。

【攻防《コウボウ》】せめることとふせぐこと。攻守。例二大勢力の―戦。スターリングラードの―戦。

【攻略《コウリャク》】(名・する) せめて、うばいとること。例敵城を―する。

【攻め手《せめて》】①せめうつ人。せめる側の人。②攻撃《コウゲキ》手段。
●遠交近攻《エンコウキンコウ》・後攻《コウコウ》・侵攻《シンコウ》・進攻《シンコウ》・先攻《センコウ》・専攻《センコウ》・速攻《ソッコウ》・内攻《ナイコウ》・反攻《ハンコウ》・猛攻《モウコウ》

攵 3

【攸】

7画 5833 6538 音ユウ漢 訓ところ

意味 ❶水が流れるようす。❷〔助字〕「…(する)ところ」と読み、動作の対象や内容を指し示す。例攸レ叙《のぶるところ》。

攵 4

【放】

8画 4292 653E 教育3 音ホウ漢 呉 訓はな-す・はな-つ・はな-れる・ほう-る

筆順 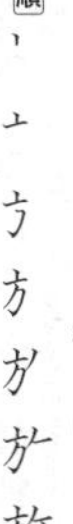

なりたち  〔形声〕「攵(=うつ)」と、音「方《ホウ》」とから成る。おいはらう。

意味 ❶おいはらう。例放逐《ホウチク》。追放《ツイホウ》。❷しばりつけたり、とじこめたりしていたものを自由にする。はなす。はなれる。例放免《ホウメン》。解放《カイホウ》。❸外へむけて出す。はなつ。例放送《ホウソウ》。放電《ホウデン》。❹ひらく。咲《さ》く。例百花斉放《ヒャッカセイホウ》。❺自由にさせる。気ままにする。ほしいまま。例放恣《ホウシ》。放任《ホウニン》。❻手をはなして、おく。おろす。例放下《ホウカ》。放置《ホウチ》。❼なげ

すてる。ほうりだす。同抛《ホウ》。例放棄《ホウキ》。放擲《ホウテキ》。
使い分け はなす・はなれる【離・放】⇩1178ページ
人名 おき・ゆき・ゆく

【放逸】《ホウイツ》(名・形動ダナ) かって気ままにふるまい、だらしがないこと。類放恣《ホウシ》・放縦《ホウジュウ》・放埒《ホウラツ》。例—なふるまい。

【放映】《ホウエイ》(名・する) テレビで放送すること。とくに、映画を放送すること。

【放下】(名・する) 一《ホウカ》 ①下におくこと。おろすこと。②投げすてること。投げおろすこと。二《ホウゲ》〔仏〕禅宗《ゼンシュウ》で、いっさいの執着《シュウチャク》を捨て、無我《ガム》の境地にはいること。

【放火】《ホウカ》(名・する) 火事を起こそうとして、火をつけること。つけび。ひつけ。対失火。例—魔《マ》。

【放歌】《ホウカ》(名・する) あたりかまわず大声で歌うこと。例—高吟《コウギン》。

【放課後】《ホウカゴ》 学校で、その日の課業を終えてからの時間。例—のクラブ活動。

【放棄】《ホウキ》(名・する) ①投げ捨てること。②権利や責任などを、あえて失うこと。例権利を—する。表記▽旧▼抛棄

【放吟】《ホウギン》(名・する) えんりょなく、大声で詩や歌をうたうこと。例高歌—。

【放言】《ホウゲン》(名・する) 思うままに、えんりょなく言うこと。また、不用意で無責任な発言。類暴言。例—癖《ヘキ》。

【放校】《ホウコウ》(名・する) 校則に違反《イハン》した学生や生徒を、退学させること。例—処分。

【放散】《ホウサン》(名・する) 広くまきちらすこと。例熱を—する。

【放恣】《ホウシ》(名・形動ダナ) かって気ままで、しまりがないこと。類放逸《ホウイツ》・放縦《ホウジュウ》・放埒《ホウラツ》。例—な生活。表記「放▼肆」とも書く。

【放射】《ホウシャ》(名・する) ①〔物〕光や熱、また電磁波・粒子線《リュウシセン》などを、外へはなつこと。例—熱。—性元素。②中央の一点から、線などを四方八方に出すこと。

【放射状】《ホウシャジョウ》 一つのところから四方八方に、いくすじも出た形。例道路が—に広がる。

【放射線】《ホウシャセン》 ①放射状にのびている線。②〔物〕ウランやラジウムなどの放射性元素がこわれるときに放射される、アルファ線・ベータ線・ガンマ線のこと。

【放射能】《ホウシャノウ》〔物〕放射性元素がこわれるとき、放射線を発するはたらき。例—に汚染《オセン》される。

【放縦】《ホウジュウ》〔「ホウショウ」とも〕(名・形動ダナ) かって気ままなこと。わがまま。類放逸《ホウイツ》・放埒《ホウラツ》。例—な性格。

［攴(攵)部］5画 ● 故

【放出】《ホウシュツ》(名・する) ①勢いよく出ること。例ガスの—。②たくわえていたものをいっきに出すこと。例—物資。

【放生】《ホウジョウ》〔仏〕とらえた生き物を、にがしてやること。功徳《クドク》があるとされる。

【放生会】《ホウジョウエ》〔仏〕陰暦《インレキ》八月十五日、または春と秋の彼岸《ヒガン》などにおこなう放生の儀式《ギシキ》。

【放心】《ホウシン》(名・する) ①精神的ショックを受けたり、他に気をとられたりして、ぼんやりすること。例—状態。②心配や心づかいをやめること。類放念。例その件はご—ください。

【放水】《ホウスイ》(名・する) ①(ためてある水や川の水などを)みちびいて流すこと。例—路。②(消火などのために)ホースで水を勢いよく出すこと。例—車。

【放送】《ホウソウ》(名・する) ラジオやテレビなど、電波を利用して多くの人に、音声や映像の情報を送ること。例校内—。

【放題】《ホウダイ》〔「…放題」の形で〕かって気ままにおこなうこと、じゅうぶんにおこなうこと、の意をあらわす。例やりたい—。

【放胆】《ホウタン》(名・形動ダナ) ものごとを大胆にすること。類豪胆《ゴウタン》・豪放。対細心。例—な性格。

【放談】《ホウダン》 一(名) 出まかせの話。二(名・する) 思うままを、えんりょなく語ること。また、その話。例時事—。

【放置】《ホウチ》(名・する) ほうっておくこと。例—自転車。

【放逐】《ホウチク》(名・する) 追いはらうこと。類追放。例仲間から—される。

【放鳥】《ホウチョウ》(名・する) 生態調査や繁殖《ハンショク》のために、目じるしをつけた鳥を野にはなすこと。また、その鳥。

【放▼擲】《ホウテキ》(名・する) 投げ捨てること。ほうっておくこと。類放棄《ホウキ》・放置。例任務を—する。表記「▼抛▼擲」とも書く。

【放電】《ホウデン》(名・する) ①蓄電池《チクデンチ》などにたくわえた電気を、放出すること。対充電《ジュウデン》。②はなれた二つの電極間に、電流が流れること。例—管。

【放▼蕩】《ホウトウ》(名・する) まじめに働かず、酒や遊びごとにふけること。類道楽。例—むすこ。

【放尿】《ホウニョウ》(名・する) 小便をすること。

【放任】《ホウニン》(名・する) なりゆきにまかせて、ほうっておくこと。例—主義。自由—。

【放熱】《ホウネツ》(名・する) ①熱を出して、まわりの空気を暖めること。例暖房《ダンボウ》用の—器。②(機械の)熱を散らして冷やすこと。例—器(=ラジエーター)。

【放念】《ホウネン》(名・する) 心配したり、気にかけたりしないこと。忘れてしまうこと。類放心。例ご—ください。

【放伐】《ホウバツ》(名・する) 昔、中国で、悪政をおこなった君主を武力で討伐《トウバツ》して、新王朝を建てたこと。対禅譲《ゼンジョウ》。

【放▼屁】《ホウヒ》(名・する) おならをすること。

【放物線】《ホウブツセン》 ①〔数〕定点と定直線とから等しい距離《キョリ》にある点を連ねた曲線。②ものをななめに投げ上げたとき、そのものが空中にえがく曲線。表記▽旧▼抛物線

【放牧】《ホウボク》(名・する) ウシやウマやヒツジなどを放し飼いにすること。

【放漫】《ホウマン》(名・形動ダナ) でたらめで計画性がないこと。例—な経営が倒産《トウサン》をまねいた。

【放免】《ホウメン》(名・する) ①拘束《コウソク》を解き、自由にすること。とらわれの身の罪を問わず、解放すること。例無罪—になる。②〔法〕被告人《ヒコクニン》や被疑者の拘留《コウリュウ》を解くこと。

【放▼鷹】《ホウヨウ》(名・する) 飼いならしたタカをはなして、鳥や小さなけものをとる猟《リョウ》。鷹狩《たかが》り。

【放▼埒】《ホウラツ》(名・形動ダナ)〔ウマが埒《ラチ》(=馬場のさく)から外に出る意〕かって気ままで、だらしないこと。類放逸《ホウイツ》・放恣《ホウシ》・放縦《ホウジュウ》。

【放流】《ホウリュウ》(名・する) ①せきとめてある水などを流すこと。例ダムの水を—する。②魚を川などにはなすこと。例アユの稚魚《チギョ》を—する。

【放列】《ホウレツ》 ①大砲《タイホウ》を横の一線に並べた隊形。砲列。②ずらりと並んだ形。例カメラの—。

【放浪】《ホウロウ》(名・する) あてもなく、さまよいあるくこと。類流浪《ルロウ》。例—の旅。—の身となる。

●開放《カイホウ》・解放《カイホウ》・豪放《ゴウホウ》・釈放《シャクホウ》・追放《ツイホウ》・民放《ミンポウ》

攵 5

【故】

9画 2446 6545 教育5

音 コ 漢 呉
訓 ゆえ・ことさら-に・ふる-い・もと・ゆえ-に

筆順 一 十 十 古 古 古 故 故

なりたち  ［形声］「攵(=そうさせる)」と、音「古《コ》(=いにしえ)」とから成る。そうさせるもと。

意味 ❶原因。理由。わけ。ゆえ。ゆえに。例是故《このゆえに》。❷わけあって。わざと。ことさらに。例故意《コイ》。故買《コバイ》。❸むかし(なじみ)の。ふるい(こと)。例故旧《コキュウ》。故事《コジ》。温故知新

《オンコチシン》。故山《コザン》。❹生まれ育ったふるさと(の)。例故郷《コキョウ》。故国《ココク》。❺思いがけない悪いできごと。例故障《コショウ》。事故《ジコ》。❻死ぬ。例物故《ブッコ》。

難読 故《かるがゆえ》に・故郷《ふるさと》・故里《ふるさと》

人名 ひさ・ふる

【故意《コイ》】(よくない結果になるのがわかっていて)わざとすること。また、その気持ち。対過失。例—に傷つける。

【故園《コエン》】ふるさと。故郷。例—の花。

【故旧《コキュウ》】昔からの友人。むかしなじみ。類旧知。例—忘れがたし。

【故郷《コキョウ》】生まれ育った土地。ふるさと。郷里。例—へ錦《にしき》を飾《かざ》る。

【故国《ココク》】①自分の生まれ育った国。祖国。類母国。例異国にあって—をおもう。②ふるさと。故郷。

【故殺《コサツ》】(名・する)①故意に人を殺すこと。②〔法〕一時の感情にまかせて、手段や方法を考えずに人を殺すこと。

【故山《コザン》】ふるさとの山。転じて、ふるさと。

【故事《コジ》】①歴史上のできごと。②世間におこなわれているしきたりや特別なことばの、もとになった言い伝え。

【故事成語《コジセイゴ》】故事にもとづいてできている熟語。

【故事来歴《コジライレキ》】昔から伝えられてきた事物についての、いわれと歴史。

【故実《コジツ》】法律・制度・儀式《ギシキ》・作法などについての、古くからのしきたり。例有職《ユウソク》—(=朝廷《チョウテイ》や武家の古来の儀式や風俗《フウゾク》などを研究する学問)。

【故障《コショウ》】(名・する)①からだや機械などが、うまくはたらかなくなること。例バスが—する。②ものごとの進行をさまたげるもの。さしさわり。また、その申し立て。類支障・異議。

【故人《コジン》】①死んだ人。例—をしのぶ。②古くからの友人。旧友。

【故地《コチ》】歴史上のできごとや人物に、ゆかりのある土地。

【故知《コチ》】昔の人が用いた、すぐれた知恵《エチ》と、はかりごと。例—にならう。表記旧故▼智
【故都《コト》】昔、みやこのあったところ。旧都。古都。

【故道《コドウ》】①昔の交通路。旧道。古道。対新道。②古来のやり方や道徳。とくに、昔の聖人のおこなった道。古道。

【故買《コバイ》】(名・する)ぬすんだ品物と知りながら買うこと。例—犯。盗品《トウヒン》—。

【故物《コブツ》】使い古した品《しな》。古物《コブツ》。

【故老《コロウ》】昔のことをよく知っている老人。表記「古老」とも書く。

●縁故《エンコ》・事故《ジコ》・世故《セコ》・物故《ブッコ》・反故《ホゴ》

攵 5

【政】

9画 3215 653F 教育5 音セイ漢 ショウ呉 訓まつりごと

筆順 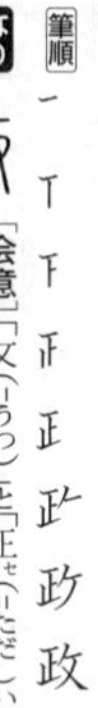

たちなり 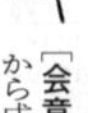 [会意]「攵(=うつ)」と「正《セイ》(=ただしい)」とから成る。ただす。

意味 ❶ただす。ただしい。同正《セイ》。例政議《セイギ》(=正しい議論)。❷世の中をおさめること。まつりごと。例政治《セイジ》。行政《ギョウセイ》。善政《ゼンセイ》。❸いろいろな問題をひきうけて処理するやり方。例家政《カセイ》。財政《ザイセイ》。農政《ノウセイ》。

人名 おさ・かず・すなお・ただ・ただし・ただす・つかさ・なり・のぶ・のり・まさ・まさし・ゆき

【政界《セイカイ》】政治にかかわる人々の社会。例—の大物《おおもの》。

【政客《セイキャク》】〔「セイカク」とも〕政治にたずさわる人。政治家。

【政教《セイキョウ》】①政治と宗教。例—分離《ブンリ》。②政治と教育。

【政局《セイキョク》】政治のなりゆき。類政情。例—が緊迫《キンパク》する。

【政経《セイケイ》】政治と経済。例—学部。

【政見《セイケン》】政治家や政党自身の、政治についての考え方。例—放送。—発表。

【政権《セイケン》】政府を組織し、政治をおこなう権利や権力。例—党。—をにぎる。

【政綱《セイコウ》】政府や政党の基本方針。例—を発表する。

【政策《セイサク》】政治上の目標や、それを実現するための手段。例外交—。—を立てる。

【政事《セイジ》】政治のこと。また、政治上のことがら。〔明治初頭は今の「政治」の意に用いた〕

【政治《セイジ》】①国をまとめおさめること。立法・行政・司法の諸機関を通じて、国家社会を運営していくこと。まつりごと。例—不信。政党—。②人々の考えや利害のちがいを調整し、集団をまとめていくこと。例—力。—的手腕《シュワン》。

【政治家《セイジカ》】①政治にたずさわる人。政客。②組織や集団の中で、かけひきや根まわしのたくみな人。

【政治結社《セイジケッシャ》】政治に関する主義や主張をもち、政治活動をする目的で結成された集団。政党など。

【政商《セイショウ》】政府または政治家と結びついて、特別な利益を得ている商人。例—が暗躍《アンヤク》する。

【政情《セイジョウ》】政治や政界のようす。類政局。例—不安。

【政戦《セイセン》】①政治上の争い。政争。②政治と戦争。

【政争《セイソウ》】政治上の主義や主張のちがいから起こる争い。また、政権争い。政戦。例—にまきこまれる。

【政体《セイタイ》】国家の主権を運用する形式。立憲政体と専制政体とがある。

【政談《セイダン》】①政治についての意見や議論。②政治や裁判の事件をもとにした物語。例大岡《おおおか》—。

【政庁《セイチョウ》】政務をとりあつかう官庁。

【政敵《セイテキ》】政治上で、対立したり競争したりする相手。

【政党《セイトウ》】政治上の主義・主張や、同じ政策をもつ人々がつくった団体。政策の実現や政治的権力の獲得《カクトク》をめざす。例—政治。革新—。

【政道《セイドウ》】政治のこと。また、政治のやり方。例—を正す。

【政府《セイフ》】国の政治をおこなう最高の機関。日本では、内閣および各省庁など、中央の行政機関。例—の高官。

【政変《セイヘン》】政権の担当者が急にかわること。内閣の急な交代や、武力によって政権をうばうクーデターなど。

【政務《セイム》】政治上のさまざまな仕事。また、行政事務。例—次官。—をとる。

【政略《セイリャク》】政治上のはかりごと。例—結婚《ケッコン》。

【政令《セイレイ》】①政治上の命令や法令。②憲法やその他の法律で決められたことを、実際におこなうために、内閣が出す命令。例—指定都市(=政令で指定された市のことで、都道府県と同じような行政単位としてあつかわれる)。

【政論《セイロン》】政治上の問題についての議論。例—を戦わす。

【▽政所《まんどころ》】①平安時代以後、高位の家で、所有地の事務をあつかった機関。②鎌倉《かまくら》・室町《むろまち》幕府の政務機関。主として財政をあつかった。③「北の政所」の略。摂関家《セッカンケ》など、貴族の妻をうやまっていうことば。

●悪政《アクセイ》・圧政《アッセイ》・院政《インセイ》・家政《カセイ》・行政《ギョウセイ》・国政《コクセイ》・財政《ザイセイ》・摂政《セッショウ》・善政《ゼンセイ》・内政《ナイセイ》・郵政《ユウセイ》

攵 6

【敏】

10画 4150 654F 常用 音ビン漢 ミン呉 訓さと-い・と-し

筆順 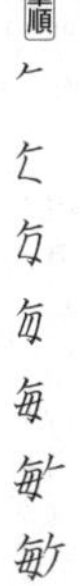

攵7
【敏】 11画 1-8508 FA41 人名

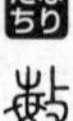

なりたち ［形声］「攵(=うつ)」と、音「毎《バイ→ビン》」とから成る。すばやい。

意味 ❶すばやい。すばしっこい。とし。例 敏捷《ビンショウ》。敏速《ビンソク》。機敏《キビン》。❷頭の回転がはやい。感覚がするどい。さとい。例 敏感《ビンカン》。鋭敏《エイビン》。目敏《めざと》い。

人名 あきら・さと・さとし・さとる・しげ・すすむ・つとむ・と・はや・はやし・はる・まさ・よし

【敏活】《ビンカツ》(名・形動ダ) 頭の回転が速く、動作がすばやいこと。例 ―な行動。

【敏感】《ビンカン》(名・形動ダ) わずかなことでもするどく感じとること。類 鋭敏《エイビン》。対 鈍感《ドンカン》。例 ―に反応する。

【敏▼捷】《ビンショウ》(名・形動ダ) 動作がすばやいこと。類 敏速・機敏。例 ―に立ちまわる。―な身のこなし。

【敏速】《ビンソク》(名・形動ダ) 動作がすばやいこと。類 敏捷《ビンショウ》・機敏。例 ―な対応。―に行動する。

【敏腕】《ビンワン》(名・形動ダ) ものごとをてきぱきと処理すること。また、その能力。うできき。類 辣腕《ラツワン》。例 ―家。―な記者。

●鋭敏《エイビン》・過敏《カビン》・機敏《キビン》・俊敏《シュンビン》・不敏《フビン》・明敏《メイビン》

攵6
【效】 10画 ⇩【効】《コウ》(147ページ)

攵7
【救】 11画 2163 6551 教育5

音 グ慣 キュウ漢 ク呉
訓 すく-う・すく-い

筆順 一 ナ 寸 求 求 求 救 救

なりたち  ［形声］「攵(=うつ)」と、音「求《キュウ》」とから成る。くいとめる。

意味 危険や困難からのがれさせる。たすける。すくう。すくい。例 救援《キュウエン》。救済《キュウサイ》。救助《キュウジョ》。

人名 すけ・たすく・なり・ひら・まもる・やす

【救援】《キュウエン》(名・する) 戦争や災害などで、危険な状態にある人に、手助けをすること。例 ―物資。

【救急】《キュウキュウ》 急な災難からすくい出すこと。とくに、急病人やけが人の手当てをすること。例 ―車。

【救護】《キュウゴ》(名・する) 病人やけが人の手当てをすること。例 ―班。

【救荒】《キュウコウ》 飢饉《キキン》で苦しんでいる人をすくうこと。例 ―作物(=凶作《キョウサク》にそなえて主食の代用として作られる作物)。

【救済】《キュウサイ》(名・する) 生活にこまっている人を、お金や物資によって助けること。例 難民―。

【救出】《キュウシュツ》(名・する) 危険な状態から助けだすこと。例 ―作業。遭難者《ソウナンシャ》を―する。

【救▼恤】《キュウジュツ》(名・する)〔「恤」は、あわれんで物をめぐむ意〕こまっている人に金品をおくって助けること。例 ―品。

【救助】《キュウジョ》(名・する) 危険な状態にある人を、すくいだすこと。例 ―隊。人命―。

【救世】 一《キュウセイ》 人々を世の中の混乱や不安からすくうこと。とくに宗教で、迷いなやむ人々をすくい、幸福に導くこと。二《クセ》〔「グセ」「クゼ」「グゼ」とも〕〔仏〕世の人を苦しみからすくうこと。例 ―観音《クセカンノン》。

【救世軍】《キュウセイグン》 キリスト教のプロテスタントの一派。軍隊のような組織をもち、伝道や社会事業をおこなう。

【救世済民】《キュウセイサイミン》 世の中をよくし、人々を苦しみからすくうこと。例 政治の本旨《ホンシ》は―にあり。

【救世主】《キュウセイシュ》 ①宗教で、人類を苦しみやなやみから、すくう人。メシア。とくにキリスト教で、イエス=キリストのこと。②苦しい状態にある会社や団体などを、すくった人。

【救難】《キュウナン》 災難や危険な状態からすくい出すこと。例 ―作業。

【救民】《キュウミン》 こまっている人々を助けること。

【救命】《キュウメイ》 危険な状態にある人の命を、すくうこと。例 ―具。―ボート。

【救療】《キュウリョウ》(名・する) 貧しい患者《カンジャ》に、奉仕《ホウシ》として医療をほどこしすくうこと。例 ―活動。

【救い主】《すくいぬし》 ①すくってくれた人。救助者。②キリスト教で、救世主《キュウセイシュ》イエスのこと。メシア。

攵7
【教】 11画 2221 6559 教育2

音 コウ漢 キョウ呉
訓 おし-える・おそ-わる・おし-え

筆順 一 + 土 耂 耂 孝 孝 孝 教

攵7
【敎】 11画 ― 654E

筆順 一 十 土 耂 孝 孝 孝 教

なりたち  ［会意］「攵(=する)」と「𡥉(=まねる)」とから成る。上の者がさずけ、下の者がならいまなぶ。

意味 ❶ものの考え方や知識・経験・技能をさずける。おしえる。おそわる。おしえ。例 教育《キョウイク》。教訓《キョウクン》。示教《シキョウ》。❷神仏や聖人のおしえ。例 教主《キョウシュ》。宗教《シュウキョウ》。道教《ドウキョウ》。❸〔助字〕「(…をして)…(せ)しむ」と読み、…に…させる・…を…にする、の意。使役《シエキ》をあらわす。例 不レ教二魚長一《うおをしてチョウぜしめず》(=魚を成長させない)。

人名 かた・きよ・さとし・たか・なり・のぶ・のり・みち・ゆき・よし

【教《おし》うるは学《まな》ぶの半《なか》ばなり】 人に教えることは、教える本人にとっても勉強のたすけになる。〈書経《ショキョウ》〉

【教案】《キョウアン》 授業の目標・順序・方法などをまとめた指導案。教授案。

【教委】《キョウイ》「教育委員会」の略。例 県―。

【教育】《キョウイク》(名・する) 知識や技能などが身につくように、おしえること。また、それによって身についたもの。〔社会人として成長することを目的に訓練する〕例 義務―。

【教育委員会】《キョウイクイインカイ》 都道府県および市町村に置かれ、その地方の教育行政をおこなう機関。

【教員】《キョウイン》 学校の職員で、生徒や学生に授業をおこなう人。教師。例 ―室。

【教化】(名・する) 一《キョウカ》 道徳や宗教のおしえによって、よいほうに導くこと。例 ―を受ける。二《キョウケ》〔「キョウゲ」とも〕〔仏〕人々に仏のおしえを説いて、仏の道に導くこと。

【教科】《キョウカ》 学校でおしえる、国語や理科などの授業の科目。例 必修―。得意な―。

【教科書】《キョウカショ》 学校教育などで、各教科の授業を展開させるために使われる書物。テキスト。

【教会】《キョウカイ》 ①同じ宗教を信じる人々の集まり。キリスト教や一部の新宗教でいう。②キリスト教徒が集まって礼拝《レイハイ》や儀式《ギシキ》、集会などをおこなう建物。教会堂。

【教戒】《キョウカイ》(名・する) ①おしえいましめること。類 教訓・訓戒《クンカイ》。②刑務所《ケイムショ》で、受刑者を正しい道に導くこと。例 ―師。表記 ▽旧 教▼誨

【教▼誨】《キョウカイ》(名・する)「教戒《キョウカイ》」に同じ。表記 現 教戒

【教学】《キョウガク》 教育と学問。おしえることとまなぶこと。

【教官】《キョウカン》 ①国公立の学校や研究所などの、教師や研究者。例 指導―。②教育や技術指導にあたって、教える側に立つ人。例 運転教習所の―。

【教義】《キョウギ》 宗教のおしえの、中心となる内容。教理。

【教区】《キョウク》 宗教の布教につごうのよい広さで設けられた区

域。例―牧師。

【教訓《キョウクン》】(名・する) おしえさとすこと。いましめること。また、過去の失敗などから得た知恵《チエ》。類訓戒《クンカイ》。例―をいかす。―を垂《た》れる。

【教権《キョウケン》】①教育するうえで教師がもつ権力。②おもにカトリック教会で、法王や教会がもっている宗教上の権力。

【教護《キョウゴ》】(名・する) 非行少年を保護し、指導すること。例―院(=教護を目的とした福祉施設《フクシシセツ》)。

【教皇《キョウコウ》】〔「キョウオウ」とも〕ローマカトリック教会の最高位の僧《ソウ》。ローマ法王。法王。

【教唆《キョウサ》】(名・する) ①悪いことをするように、そそのかすこと。例―扇動《センドウ》。②〔法〕他人に、犯罪を実行する意志を、起こさせること。例殺人―の罪。

【教材《キョウザイ》】学校で、授業や学習に用いる資料や道具をまとめていうことば。教科書、工作や実験の用具、スライドなど。例―費。

【教師《キョウシ》】①学校などで、学問や技芸をおしえる人。教員。先生。例家庭―。②宗教上の指導者。布教師。

【教示《キョウジ》】〔「キョウシ」とも〕(名・する) あることがらについて、どうしたらよいか、具体的におしえること。例ご―願います。

【教室《キョウシツ》】①学校で、授業をおこなう部屋。例家庭科―。②大学などで、専攻《センコウ》科目別の研究室。例英文学―。③さまざまな技術・学芸・スポーツなどをおしえるところ。また、その集まり。例料理―。

【教主《キョウシュ》】ある宗教や教派をはじめた人。教祖。また、その中心的な指導者。

【教授《キョウジュ》】㊀(名・する) 学問や技芸をおしえること。例英会話を―する。㊁(名) 大学および付設の研究機関、高等専門学校などで、教育や研究にたずさわる人。例名誉《メイヨ》―。准―。

【教習《キョウシュウ》】(名・する) ある技術や知識をおしえ、身につけさせること。例自動車―所。―を受ける。

【教書《キョウショ》】①ローマ法王が信者に向けて公式に発表する文書。②〔英語 message の訳語〕アメリカで、大統領が国会に、州知事が州議会に出す意見書や報告書。例年頭―。

【教条《キョウジョウ》】教会が公認《コウニン》した、信仰《シンコウ》のよりどころとなる中心的なおしえ。教義。また、それを箇条《カジョウ》書きにしたもの。

【教条主義《キョウジョウシュギ》】権威者《ケンイシャ》のことばや、特定の教義をうのみにして、あらゆる状況《ジョウキョウ》に当てはめようとする、かたくなな態度。

【教場《キョウジョウ》】学校で、授業をするところ。教室。

【教職《キョウショク》】学校で、生徒や学生を教育する仕事。例―につく。

【教職員《キョウショクイン》】学校の、教員と事務職員。

【教生《キョウセイ》】「教育実習生」の略。教員の資格を取るために、学校で教育技術を実習する学生。

【教宣《キョウセン》】「教育宣伝」の略。政党や労働組合などでおこなう、理論の教育や宣伝。例―活動。

【教祖《キョウソ》】ある宗教や宗派をはじめた人。教主。類開祖。

【教則《キョウソク》】ものごとをおしえるうえでの規則。

【教則本《キョウソクボン》】音楽の演奏技術を、基本から順を追って練習するための本。たとえばピアノのバイエル・チェルニーなど。

【教卓《キョウタク》】教室で、教壇《キョウダン》の前にある教師用の机。

【教団《キョウダン》】同じ宗教や教派の信者がつくった集まり。

【教壇《キョウダン》】教室で教師がおしえるときに立つ壇。例―に立つ(=教師になって、おしえる)。

【教程《キョウテイ》】①ある科目や技術をおしえるときの順序や方法。例基礎《キソ》―。②教科書。例語学―。

【教典《キョウテン》】①教育上のよりどころを記した書物。②宗教(とくに仏教)の教えを記した書物。類経典。

【教徒《キョウト》】ある宗教の信者。信徒。例イスラム―。仏―。

【教頭《キョウトウ》】小・中・高等学校で、校長を補佐《ホサ》し、校務をとりまとめる役職。また、その人。副校長。

【教導《キョウドウ》】(名・する) 進むべき道を示し、みちびくこと。例師の―をあおぐ。

【教父《キョウフ》】①真理を世に伝える人。②古代キリスト教会の代表的な神学者。カトリック教会では、その教えの正しさと生活の清らかさを認められた人をいう。例―アウグスティヌス。

【教▼鞭《キョウベン》】教師が授業のときに使う細い棒。例―を執《と》る(=教師になって、おしえる)。

【教本《キョウホン》】①おしえの根本。②教科書。教則本。テキスト。例中国語の―。

【教務《キョウム》】①学校で、教育や授業にかかわる事務。例―課。―主任。②宗教上の事務。

【教諭《キョウユ》】㊀(名・する) おしえさとすこと。㊁(名) 幼稚園《ヨウチエン》・小・中・高等学校・特別支援学校の、教員免許《メンキョ》をもつ人の呼び名。

【教養《キョウヨウ》】文化的・学問的に、はば広い知識。また、それによって養われる心の豊かさや品位。例知性と―。

【教理《キョウリ》】宗教上の真理と認められたおしえ。また、それをまとめた体系。教義。例仏教の―。

【教練《キョウレン》】㊀(名・する) おしえて、よくできるようにさせること。㊁(名) 軍隊または学校でおこなう戦闘《セントウ》訓練。例軍事―。―の教官。

◐回教《カイキョウ》・旧教《キュウキョウ》・顕教《ケンキョウ》・司教《シキョウ》・宗教《シュウキョウ》・儒教《ジュキョウ》・殉教《ジュンキョウ》・新教《シンキョウ》・説教《セッキョウ》・胎教《タイキョウ》・調教《チョウキョウ》・布教《フキョウ》・仏教《ブッキョウ》・文教《ブンキョウ》・密教《ミッキョウ》

攵 7

【敖】

11画 5836 6556

音 ゴウ漢 訓 おご-る

意味 ❶気ままに出歩く。ぶらつく。あそぶ。たわむれる。例敖遊《ゴウユウ》(=気ままに遊ぶ)。❷いい気になって、好きかってなことをする。おごる。同傲《ゴウ》。例倨敖《キョゴウ》。驕敖《キョウゴウ》。

攵 7

【敗】

11画 3952 6557 教育4

音 ハイ漢 バイ呉 訓 やぶ-れる・ま-ける

筆順 丨 冂 冃 目 貝 貝 貯 敗

なりたち 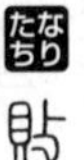 [会意]「攵(=うつ)」と「貝《ハイ》(=たから)」とから成る。やぶり、そこなう。

意味 ❶こわす。こわれる。そこなわれる。くずれる。例敗屋《ハイオク》。腐敗《フハイ》。❷まかす。うちまかす。❸戦いや試合に負ける。やぶれる。例敗軍《ハイグン》。敗北《ハイボク》。完敗《カンパイ》。❹しくじる。うまくいかない。例失敗《シッパイ》。

使い分け やぶれる【破・敗】⇩1181ページ

難読 敗荷《やれはす》

【敗因《ハイイン》】負けた原因。対勝因。

【敗屋《ハイオク》】こわれた家。あばら家。

【敗局《ハイキョク》】囲碁《ゴイ》や将棋《ショウギ》で、負けた対局。対勝局。

【敗軍《ハイグン》】負けいくさ。敗戦。また、戦いに負けた軍隊。

【敗軍《ハイグン》の将《ショウ》は▽以《もっ》て勇《ユウ》を言《い》うべからず】失敗した者は、そのことについて、弁解や意見を述べる資格がない。敗軍の将は兵を語らず。〈史記《シキ》〉

【敗血症《ハイケッショウ》】うんだ傷やできものから、細菌《サイキン》が血管のなかにはいって起こる重症の感染症《カンセンショウ》。

【敗残《ハイザン》】①生きていくうえで、競争にまけ、おちぶれること。例人生の—者。②戦いに負けて、生き残ること。例—兵。

【敗死《ハイシ》】(名・する)戦いに負けて死ぬこと。

【敗者《ハイシャ》】戦いや試合に負けた者。敗北者。また、負けた側。対勝者。例—復活戦。

【敗将《ハイショウ》】戦いに負けた軍の大将。

【敗色《ハイショク》】負けそうなけはい。類敗勢。例—が濃《こ》い。

【敗勢《ハイセイ》】負けそうな形勢。類敗色。対勝勢。

【敗戦《ハイセン》】戦いや試合に負けること。負けいくさ。例—投手。—処理。

【敗訴《ハイソ》】(名・する)裁判で、自分に不利な判決が出されること。対勝訴。

【敗走《ハイソウ》】(名・する)戦いに負けてにげること。例ろくに戦わずに—する。

【敗退《ハイタイ》】(名・する)戦いに負けてしりぞくこと。試合に負けること。例力戦の末、—した。

【敗着《ハイチャク》】囲碁《イゴ》や将棋《ショウギ》で、負ける原因となった悪い一手。対勝着。

【敗徳《ハイトク》】道徳にそむいたおこないをすること。背徳《ハイトク》。

【敗報《ハイホウ》】戦いや試合に負けたという知らせ。対勝報。

【敗亡《ハイボウ》】(名・する)戦いに負けてにげること。また、負けてほろびること。類敗滅《ハイメツ》。

【敗北《ハイボク》】(名・する)戦いや試合に負けること。また、負けてにげること。対勝利。例—を喫《キッ》する。

【敗滅《ハイメツ》】(名・する)戦いに負けてほろびること。類敗亡。

【敗余《ハイヨ》】①戦いに負けたあと。例—の兵。②失敗のあと。

【敗乱《ハイラン》】(名・する)そこなわれ、みだれること。例秩序《チツジョ》が—する。
●完敗《カンパイ》・惨敗《ザンパイ》・失敗《シッパイ》・勝敗《ショウハイ》・成敗《セイバイ》・惜敗《セキハイ》・全敗《ゼンパイ》・大敗《タイハイ》・不敗《フハイ》・腐敗《フハイ》・優勝劣敗《ユウショウレッパイ》・連敗《レンパイ》

攵7【教】11画 ⇩【教《キョウ》】(462ページ)
攴7【敍】11画 ⇩【叙《ジョ》】(178ページ)
攵7【敘】11画 ⇩【叙《ジョ》】(178ページ)
攵7【敕】11画 ⇩【勅《チョク》】(148ページ)
攵7【敏】11画 ⇩【敏《ビン》】(461ページ)

攵 8
【敢】
12画 2026 6562 常用 音カン漢呉 訓あえ-て

筆順 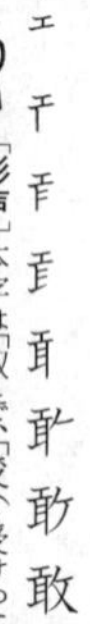

なりたち 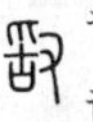 〔形声〕本字は「𠭖」で、「𠬪(=受けわたす)」と、音「古《コ》→《カン》」とから成る。みずから進んでおこなう。

意味 ❶思いきって…する。…する勇気がある。あえてする。あえて。例敢行《カンコウ》。果敢《カカン》。勇敢《ユウカン》。❷〔助字〕㋐「不㆓敢…㆒」は、「あえて…(せ)ず」と読み、とても…できない・けっして…しない、の意。強い否定をあらわす。例不㆓敢仰視㆒《あえてギョウシせず》(=とても顔をあげて見られない)。㋑「敢不㆓…㆒」は、「あえて…(せ)ざらんや」と読み、どうして…せずにいられようか、の意。反語をあらわす。例敢不㆑敬与《あえてケイせざらんや》(=どうしてもうやまわずにはいられない)。〈礼記《ライキ》〉

人名 いさ・いさみ・いさむ・すすむ・つよし

【敢為《カンイ》】思いきっておこなうこと。(反対や困難を)おしきってすること。類敢行。例—の精神。

【敢言《カンゲン》】(名・する)思いきって意見を述べること。

【敢行《カンコウ》】(名・する)困難やむりがあっても、それをおしきっておこなうこと。類断行・敢為。例悪天候でも—する予定。

【敢然《カンゼン》】(形動《トタル》)危険や困難をおそれずに、思いきって事に当たるようす。例—と悪に立ち向かう。

【敢闘《カントウ》】(名・する)いさましく戦うこと。奮闘《フントウ》。例—賞。力戦—する。

攵 8
【敬】
12画 2341 656C 教育6 音ケイ漢 キョウ呉 訓うやま-う

筆順 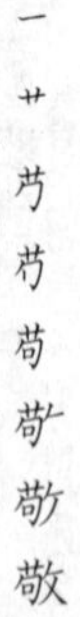

なりたち   〔会意〕「攵(=迫《せま》る)」と「苟(=いましめる)」とから成る。迫って、いましめる。つつしむ。

意味 うやうやしくおもんじる。かしこまって、つつしむ。うやまう。例敬意《ケイイ》。尊敬《ソンケイ》。敬《ケイ》して遠《とお》ざく。

人名 あき・あきら・あつ・いつ・うや・かた・きよし・さとし・たか・たかし・ただし・とし・のり・はや・ひさ・ひろ・ひろし・ゆき・よし

【敬愛《ケイアイ》】(名・する)尊敬と親しみを感じること。例—の念をいだく。—する先生。

【敬畏《ケイイ》】(名・する)(自分の力をはるかにこえたものに対して)深くうやまい、おそれること。畏敬。例天道を—する心。

【敬意《ケイイ》】相手を尊敬する気持ち。例—を表《ヒョウ》する。

【敬遠《ケイエン》】(名・する)①うやまって、遠くはなれ近づかないこと。〔「鬼神《キシン》を敬して之《これ》を遠ざく」による〕〈論語《ロンゴ》〉②表面はうやまうように見せて、実はきらって近づかないようにすること。③やっかいな事態になるのをさけて、意識的に遠ざかること。例—のフォアボール。

【敬仰《ケイギョウ》】(名・する)うやまい、たっとぶこと。

【敬具《ケイグ》】つつしんで申し上げます。〔手紙の終わりにそえる、あいさつのことば。「拝啓《ハイケイ》」「謹啓《キンケイ》」などの書きはじめのことばに対応して使う〕類敬白《ケイハク》・拝具。

【敬▼虔《ケイケン》】(形動《ダナ》)(神や仏を)深くうやまい、つつしむようす。例—な信者。

【敬語《ケイゴ》】話し手や書き手が、聞き手や読み手、また、話題にのぼっている人などへ、敬意をあらわすのに使うことば。尊敬語・謙譲《ケンジョウ》語・丁寧《テイネイ》語・美化語などに分ける。待遇《タイグウ》表現。

【敬称《ケイショウ》】①人名の下につけて、その人への敬意をあらわすことば。殿《どの》・様《さま》・公・妃《ヒ》・殿下《デンカ》など。例—を略す。②相手や相手方のことがらに、敬意をあらわすことば。貴殿《キデン》・貴社・尊父《ソンプ》・母堂《ボドウ》など。

【敬譲《ケイジョウ》】尊敬と謙譲《ケンジョウ》。相手をうやまい、自分がへりくだること。例—語。

【敬神《ケイシン》】神をうやまうこと。例—崇仏《スウブツ》。

【敬体《ケイタイ》】文末を「です」「ます」などの丁寧《テイネイ》語で結ぶ、口語の文体。です・ます体。対常体《ジョウタイ》。

【敬弔《ケイチョウ》】死者を、つつしんでとむらうこと。

【敬重《ケイチョウ》】(名・する)尊敬してたいせつにすること。

【敬天《ケイテン》】天をうやまうこと。天を、この宇宙を支配する絶対的なものと考える、中国古代の思想。敬天思想。

【敬天愛人《ケイテンアイジン》】天をうやまい、人民をいつくしむこと。

【敬白《ケイハク》】つつしんで申し上げます。〔多く、手紙や文書の終わりに書きそえることば〕類敬具。例店主—。

【敬服《ケイフク》】(名・する)尊敬して従うこと。すっかり感心して尊敬の気持ちをもつこと。類感服。例かれのことばには—した。

【敬復《ケイフク》】つつしんでご返事申し上げます。〔返信の初めに記すことば〕類拝復。

【敬慕《ケイボ》】(名・する)深く尊敬し、その人のあとに従おうとする

こと。例—の念。—する恩師。

【敬礼】《ケイレイ》(名・する)敬意をあらわす、おじぎや挙手《キョシュ》の礼などをすること。また、その礼。

【敬老】《ケイロウ》老人をうやまうこと。例—の日(=老齢者《ロウレイシャ》をうやまい長寿《チョウジュ》を祝う国民の祝日。九月第三月曜日)。

●失敬《シッケイ》・尊敬《ソンケイ》・表敬《ヒョウケイ》・不敬《フケイ》

文 8

【散】

12画 2722 6563 教育4

音 サン 漢 呉

訓 ち-る・ち-らす・ち-らかす・ち-らかる・ち-らし

筆順 一 艹 丗 昔 昔 背 散 散

なりたち 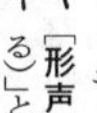 [形声]「月(=にく)」と、音「㪔《サン》(=はなれる)」とから成る。ばらばらになった肉。派生して「ばらばら」の意。

意味 ❶まとまっているものをばらばらにする。ちらばる。ちらす。例散乱《サンラン》。分散《ブンサン》。❷まきちらす。ばらまく。わけあたえる。例散財《サンザイ》。散布《サンプ》。❸ばらばらで、まとまりがない。例散漫《サンマン》。❹まとまりがなく、役に立たない。ぶらぶらと気ままな。ひまな。例散人《サンジン》。散歩《サンポ》。❺(まとまっていない)粉のくすり。例散薬《サンヤク》。胃散《イサン》。

人名 のぶ

【散逸】《サンイツ》(名・する)まとまっていた文書や書物が、ちらばってどこかへいってしまうこと。表記「散▼佚」とも書く。

【散会】《サンカイ》(名・する)会合が終わって人々が、それぞれに帰っていくこと。例なごやかに—した。

【散開】《サンカイ》(名・する)軍隊が敵の砲撃《ホウゲキ》をさけるため、ちらばり広がること。散兵。例—隊形。敵前で—する。

【散楽】《サンガク》古代中国の踊《おど》りや軽業《かるわざ》などの民間芸能。日本には奈良《なら》時代に伝わり、のちに田楽《デンガク》や猿楽《さるガク》に受けつがれた。

【▽散切り】《ザンぎり》①髪《かみ》を、そったり結んだりせず、切り下げたままにした髪型。②「散切り頭《あたま》」の略。明治初期に流行した男子の髪型。まげをゆわず、西洋風に襟元《えりもと》で切りそろえた。表記▽「斬切り」とも書く。

【散華】《サンゲ》(名・する)①〔仏〕仏を供養《クヨウ》するために花をまきちらすこと。とくに法会《ホウエ》のとき、経《キョウ》をとなえながら列をなして歩き、五色の紙でつくったハスの花びらをまきちらすこと。②〔華《はな》と散《ち》るの意〕戦時に、新聞や雑誌などで、戦死を美化して言ったことば。例大陸に—した勇士。

【散見】《サンケン》(名・する)あちらこちらに少しずつ、ちらばって見えること。例人家が—される。

【散光】《サンコウ》①平らでない面や空中の微粒子《ビリュウシ》に当たって、四方にちらされた光。②くもり空の光のように、方向が定まっていないために、かげのできない光。

【散在】《サンザイ》(名・する)あちらこちらに、ちらばってあること。類点在。例島島が—する。

【散剤】《サンザイ》「散薬」に同じ。

【散財】《サンザイ》(名・する)(むだなことに)お金をたくさん使うこと。

【散策】《サンサク》(名・する)〔「策」は、つえの意〕とくに目的もなく歩き回ること。そぞろ歩き。類散歩。例庭園を—する。

【散散】《サンザン》一(形動ダ)ひどいようす。ひどく悪いようす。例—な目にあう。二(副)はなはだしいようす。思いきり。さんざ。例—めいわくをかける。

【散士】《サンシ》①官に仕えない、民間の文筆家。散史。類野史。②文人や画家などの雅号《ガゴウ》にそえて用いることば。散人。例東海—(=本名、柴四朗《しばシロウ》)。

【散失】《サンシツ》(名・する)ばらばらになってなくなること。散逸《サンイツ》。

【散儒】《サンジュ》世の中の役に立たない学者。

【散人】《サンジン》①役に立たない人。また、官に仕えず、世の中の雑事にわずらわされずに、気ままに暮らす人。②「散士②」に同じ。山人。例荷風《カフウ》—(=本名、永井壮吉《ながいソウキチ》)。

【散村】《サンソン》人家がところどころに、ちらばっている村。

【散弾】《サンダン》発射と同時に、多数の小弾丸が飛びちるしくみのたま。ばらだま。例—銃《ジュウ》(=ショットガン)。表記「▼霰弾」とも書く。

【散発】《サンパツ》(名・する)①弾丸《ダンガン》が時間をおいて発射されること。例—する敵の砲火《ホウカ》。②ものごとがときどき起こること。例今でも同じような事件が—する。

【散髪】《サンパツ》(名・する)①まげをゆわずに、ばらばらにたらした髪《かみ》。ざんばら髪。また、たらした髪を切りそろえること。②髪を切ってととのえること。斬髪《ザンパツ》。例—屋。

【散票】《サンピョウ》選挙で、特定の候補者に票が集まらず、なん人かの候補者に分散すること。また、その票。

【散布】《サンプ》(名・する)①まきちらすこと。ばらまくこと。例農薬を—する。②ところどころに、ちらばってあること。表記①は旧▼撒布

【散文】《サンブン》音数にとらわれず、韻《イン》をふむ必要もなく、自由に書かれた文章。対韻文。

【散文詩】《サンブンシ》散文の形式で書かれた詩。

【散文的】《サンブンテキ》(形動ダ)①詩のようなリズムがなく、散文のようなようす。対詩的。②しみじみとしたおもむきや、おもしろみのないようす。例—な人物。

【散兵】《サンペイ》適当な距離《キョリ》をとって、兵士を配置すること。散開した兵。例—線(=散兵によって形成された戦闘《セントウ》線)。

【散歩】《サンポ》(名・する)とくに目的もなく、気晴らしや軽い運動のため、ぶらぶら歩くこと。そぞろ歩き。類散策《サンサク》。

【散米】《サンマイ》邪気《ジャキ》をはらうため、また、供え物として神前にまきちらす米。うちまき。

【散漫】《サンマン》(名・形動ダ)ちらばって、まとまりがないこと。中心点がはっきりせず、とりとめがないこと。また、気持ちが集中しないこと。例—な文章。注意力—だ。

【散薬】《サンヤク》こなぐすり。粉薬《こぐすり》。散剤《サンザイ》。

【散乱】《サンラン》(名・する)ばらばらに、ちらばること。例破片《ハヘン》が—する。

【散り▼蓮華】《ちりレンゲ》柄《え》の短い陶製《トウセイ》のさじ。れんげ。〔形が、ちったハスの花びらに似ているところから〕

【▽散銭】《ばらセン》小銭《こぜに》。

●一目散《イチモクサン》・一散《イッサン》・雲散《ウンサン》・解散《カイサン》・拡散《カクサン》・閑散《カンサン》・四散《シサン》・退散《タイサン》・発散《ハッサン》・分散《ブンサン》・離散《リサン》

文 8

【敞】

12画 5840 655E

音 ショウ 漢 呉

訓 あき-らか・たか-い・ひら-く

意味 ❶ゆったりと広い。例敞閑《ショウカン》(=広く静かなようす)。❷ひらける。ひらく。

文 8

【敦】

12画 3856 6566 人名

音 一 トン 漢 二 タイ 漢

訓 あつ-い

なりたち  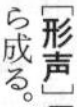 [形声]「攵(=うつ)」と、音「享《シュン→トン》」とから成る。問いつめる。借りて「心があつい」の意。

意味 一《トン》心がこもっていて、ていねいな。(人情が)あつい。同惇《トン》。例敦厚《トンコウ》。敦朴《トンボク》。二《タイ》黍稷《ショショク》(=キビの類)を盛る、ほぼ球形の青銅の食器。

人名 あつ・あつし・おさむ・つとむ・つる・のぶ

【敦厚】《トンコウ》(名・形動ダ)まごころがあって、人情にあついこと。例—な人物。

【敦▼煌】《トンコウ》甘粛《カンシュク》省北西部にある都市。漢代以後東西

交通の要地として栄えた。仏教芸術の貴重な遺跡《イセキ》がある。表記「▼燉▼煌」とも書く。

【敦朴】《トンボク》（名・形動《ダナ》）人情があつくて、かざりけがないこと。例—な人がら。表記「敦▼樸」とも書く。

攵 8

【敝】

12画 5841 655D 音ヘイ漢呉 訓やぶ-れる

意味 ❶やぶれて古びる。ぼろぼろにいたむ。やぶれる。同弊《ヘイ》。例敝衣《ヘイイ》。敝履《ヘイリ》。❷自分に関するものごとについて、へりくだっていうときに用いることば。例敝屋《ヘイオク》。敝国《ヘイコク》。

【敝衣】《ヘイイ》 破れた着物。ぼろぼろの服。例—破帽《ハボウ》（＝ぼろの衣類と破れた帽子《ボウシ》。とくに、明治時代の書生や旧制高校生の、質実で豪放《ゴウホウ》をよそおった身なりをいう）。表記「弊衣」とも書く。

【敝屋】《ヘイオク》 ぼろぼろの家。あばら家。また、自分の家をへりくだっていうことば。表記「弊屋」とも書く。

【敝履】《ヘイリ》〔「履」は、はきものの意〕破れたはきもの。例—を棄《す》つるがごとし（＝おしげもなく捨てて、かえりみない）。表記「弊履」とも書く。

攵 9

【数】

13画 3184 6570 教育2 音一スウ・ス漢 シュ呉 二サク漢呉 訓かず・かぞ-える・しばしば 付表数珠《じゅず》・数寄屋《すきや》・数奇屋《すきや》

筆順 ⺍ 半 米 米 娄 数 数

攵11

【數】

15画 5843 6578

なりたち  [形声]「攵（＝うつ）」と、音「婁《ロウ→スウ》」とから成る。かぞえる。

意味 一《スウ》 ❶計算する。かぞえる。❷かず。例数字《スウジ》。数量《スウリョウ》。回数《カイスウ》。❸いくつかの。例数日《スウジツ》。数人《スウニン》。❹運命。めぐりあわせ。例数奇《スウキ》。運数《ウンスウ》。命数《メイスウ》。❺わざ。はかりごと。手段。方法。例術数《ジュッスウ》。二《サク》 なん度もくりかえして。しばしば。例数窮《サッキュウ》（＝しばしば窮する）。

難読 数多《あまた》・無数《あまた》

人名 のり・ひら

【数え年】《かぞえどし》 生まれた年を一歳《イッサイ》とかぞえ、新年になるたびに一歳を加えていく年齢《ネンレイ》のかぞえ方。対満年齢。

【数珠】《ジュズ》—《ズズ》 多数の小さい玉を糸でつないで輪にした仏具。仏を拝むときなどに用いる。念珠《ネンジュ》。例—つなぎ。表記「▽珠数」とも書く。

【数学】《スウガク》 数量や図形などの、性質や法則性を研究する学問。代数・幾何《キカ》・解析《カイセキ》などの分野がある。

【数奇】一《スウキ》（名・形動《ダナ》）〔「サッキ」とも。「数《スウ》」は運命、「奇」は、幸運でない意〕不運なこと。また、幸・不幸の移り変わりが激しいこと。例—な運命をたどる。二《すき》「数寄《すき》」に同じ。

【数個】《スウコ》 二、三個から五、六個。いくつか。なん個か。

【数口】《スウコウ》 ①数人。②数人の家族。例—の家。

【数行】《スウコウ》 いくつかのすじ・列。例—のなみだ。—の過雁《カガン》。

【数合】《スウゴウ》 数回、敵と戦うこと。数度の合戦《カッセン》。例切り結ぶこと—にして相手の力量を知る。

【数刻】《スウコク》 ①数時間。二、三時間から五、六時間。②しばらくのあいだ。

【数詞】《スウシ》 文法で、名詞のうち、数量や順序をあらわすことば。「一つ」「二番」「三本」「第四」「五号」「百」など。〔事物の順序をあらわす語を序数詞（「一番」「二つめ」など）、数字の下につけてものの種類をあらわす語を助数詞（「三個」「四本」など）という〕

【数字】《スウジ》 ①数をあらわす文字。漢数字（一・二・三…）、アラビア数字（1・2・3…）、ローマ数字（Ⅰ・Ⅱ・Ⅲ…）など。②数量。例記録的な—。—が物語る事実。

【数次】《スウジ》 数回。たびたび。しばしば。例—にわたる会談。

【数式】《スウシキ》 数や量をあらわす数字や文字を、＋－×÷などの計算記号で結びつけ、数量関係を示した式。整式、分数式など。式。例—を多く用いて説明する。

【数日】《スウジツ》 二、三日から五、六日。また、なん日か。例あれから—過ぎた。

【数術】《スウジュツ》 ①古代の、天文・暦《こよみ》・占《うらな》いに関する学問。②はかりごと。類術数。

【数多】《スウタ》—《あまた》 数がたくさんあること。多数。例—の人人。

【数段】《スウダン》 ①二、三段から五、六段。②かなりのていどの差があること。ずっと。数等。例相手の実力は—上だ。

【数値】《スウチ》 ①数式の中の文字にあてはまる数。例—を代入する。②計算や測定の結果、得られた数。例予想どおりの—が出た。

【数等】《スウトウ》 ずっと。数段。例相手は—上手《うわて》だ。

【数人】《スウニン》 二、三人、または、五、六人。例—の若者。

【数年】《スウネン》 二、三年、または、五、六年。例—前。

【数理】《スウリ》 ①数学の理論。②算数の道理。計算方法。例—に明るい。

【数量】《スウリョウ》 数であらわした量。また、ものの数と分量。例—を計算する。

【数列】《スウレツ》〔数〕一定の規則に従って並んでいる数の列。

【数寄】《すき》 風流なこと。また、それを好むこと。とくに和歌や茶の湯を好むこと。例—を凝《こ》らす（＝風流のおもむきを、じゅうぶんにあらわす）。表記「数奇」とも書く。

【数寄屋】《すきや》 ①庭のなかに、母屋《おもや》とは別に建てた茶室。②近世のはじめに建てられた、茶室風の建物。例—造り。表記▽「数奇屋」とも書く。

●頭数《あたまかず》・回数《カイスウ》・概数《ガイスウ》・画数《カクスウ》・奇数《キスウ》・偶数《グウスウ》・権謀術数《ケンボウジュッスウ》・戸数《コスウ》・算数《サンスウ》・実数《ジッスウ》・少数《ショウスウ》・整数《セイスウ》・総数《ソウスウ》・多数《タスウ》・打数《ダスウ》・単数《タンスウ》・手数《てスウ》—《てかず》・点数《テンスウ》・人数《ニンズウ》・場数《ばかず》・端数《はスウ》・複数《フクスウ》・有数《ユウスウ》

攴 10

【敲】

14画 5842 6572 音コウ漢 訓たた-く

意味 ❶とんとんとたたく。たたく。例推敲《スイコウ》。❷短いむち。また、むちで打つ。例敲扑《コウボク》（＝むち。また、むちでたたく）。

攵 11

【敵】

15画 3708 6575 教育6 音テキ漢 ジャク呉 訓かたき・あだ

筆順 亠 ⺊ 产 产 商 商 啇 敵

なりたち  [形声]「攵（＝うつ）」と、音「商《シ→テキ》」とから成る。仇《あだ》。力がつりあう相手。

意味 ❶実力がひとしい。対等な相手。例好敵手《コウテキシュ》。匹敵《ヒッテキ》。無敵《ムテキ》。❷立ち向かう相手。あだ。かたき。例敵視《テキシ》。仇敵《キュウテキ》。宿敵《シュクテキ》。

人名 とし

【敵意】《テキイ》 相手を敵とみて、にくみきらう気持ち。害を加えようとする心。例—をいだく。—がある。

【敵影】《テキエイ》 敵のかげ。敵のすがた。

【敵▼愾】《テキガイ》〔「愾」は、うらみいかる意〕①主君のうらみを晴らそうとすること。②敵に対していかりを燃やし、これに立ち向

かおうとする意気ごみ。

【敵▼愾心】《テキガイシン》 敵に対するいきどおりの心。相手に立ち向かう気持ち。例—を燃やす。

【敵方】《テキがた》 敵側の人々。敵のほう。(対)味方。例—に回す。

【敵艦】《テキカン》 敵の軍艦。

【敵軍】《テキグン》 敵の軍隊。敵の軍勢。(対)友軍。

【敵国】《テキコク》 戦争をしている相手の国。

【敵視】《テキシ》 (名・する) 相手を敵とみなすこと。

【敵手】《テキシュ》 ①競争相手。ライバル。例好—。②敵の手。例—にゆだねる。—にたおれる。

漢字に親しむ ⑫ 不可思議《フカシギ》な数

一・十・百・千・万・十万……百億・千億・一兆・十兆・百兆・千兆・一京——この次の数の単位は、なんでしょうか。「京《ケイ》」の次は「垓《ガイ》」、続いて「秭《シ》」「穣《ジョウ》」「溝《コウ》」「澗《カン》」「正《セイ》」「載《サイ》」「極《ゴク》」となり、このあとには「恒河沙《ゴウガシャ》」「阿僧祇《アソウギ》」「那由多《ナユタ》」「不可思議《フカシギ》」「無量大数《ムリョウタイスウ》」と続きます。

「恒河沙」「阿僧祇」「那由多」などは仏教のお経《キョウ》にあることばで、「恒河」はインドのガンジス川、したがって「恒河沙」はガンジス川の沙粒《すなつぶ》の数の意、「阿僧祇」「那由多」も古代インドの梵語《ボンゴ》をそのまま音訳したもので、無数(=かぞえられないほど多い)という意味です。以上あげた単位のそれぞれに「十京・百京・千京」のようにつければ、「千無量大数」は実に10の71乗になってしまいます。まったく無数としかいいようのない数ですね。

【敵襲】《テキシュウ》 敵がおそってくること。例—に備える。

【敵▼讐】《テキシュウ》 あだ。かたき。例—であることを忘れる。

【敵将】《テキショウ》 敵の大将。敵の将軍。

【敵情】《テキジョウ》 敵のようす。相手方の状況《ジョウキョウ》。例—をさぐる。

【敵人】《テキジン》 争っている相手。敵方《テキがた》。

【敵陣】《テキジン》 敵の陣地。相手方の陣営。例—に切りこむ。

【敵勢】㊀《テキセイ》 敵の勢力。敵のいきおい。例—あなどりがたし。㊁《テキゼイ》 敵の軍勢。例—に包囲された。

【敵前】《テキゼン》 敵のいる前。敵陣《テキジン》の前。例—上陸。

【敵対】《テキタイ》 (名・する) 相手を敵として立ち向かうこと。(類)抵抗《テイコウ》。例—心。—行為《コウイ》。

【敵弾】《テキダン》 敵がうつ弾丸。

【敵地】《テキチ》 敵の領地。敵の占有地《センユウチ》。例—にのりこむ。

【敵中】《テキチュウ》 敵のなか。

【敵背】《テキハイ》 敵のうしろ。例—をつく。

【敵兵】《テキヘイ》 敵の兵士。

【敵本主義】《テキホンシュギ》 ほかに目的があるように見せかけておいて、とちゅうで急に真の目的に向かって行動するやりかた。〔明智光秀《あけちみつひで》が出陣《シュツジン》のとちゅう、「敵は本能寺《ホンノウジ》にあり」と言って、主君である織田信長《おだのぶなが》を討《う》った故事から〕

【敵薬】《テキヤク》 配合によっては毒になる薬。

【敵塁】《テキルイ》 敵のとりで。

【敵機】《テッキ》 敵の飛行機。例—襲来《シュウライ》。

○●外敵《ガイテキ》・強敵《キョウテキ》・恋敵《こいがたき》・碁敵《ごがたき》・宿敵《シュクテキ》・大敵《タイテキ》・天敵《テンテキ》・難敵《ナンテキ》・無敵《ムテキ》・論敵《ロンテキ》

文 11

【敷】

15画 4163 6577 常用 音 フ(漢)(呉) 訓 し-く 付表 桟敷《さじき》

筆順 敷

文11 【敷】 15画

なりたち [形声]「攵(=うつ)」と、音「旉《フ》」とから成る。のべひろげる。

意味 平らにひろげる。広く行きわたらせる。しく。例 敷布《しきフ》。敷衍《フエン》。敷設《フセツ》。

人名 のぶ・ひら・ひろ

【敷居】《しきい》 引き戸や障子《ショウジ》などの下の、みぞのある横木。しきみ。(対)鴨居《かもい》。例—が高い(=その家に行きにくい)。表記「▼閾」とも書く。

【敷金】《しきキン》 ①家や部屋の借り主が、家主《やぬし》に預ける保証金。②取り引きの保証として預ける証拠金《ショウコキン》。

【敷島】《しきしま》 ①大和《やまと》(=今の奈良《なら》県にあたる)の別名。②日本の国の別名。例—の道(=和歌をよむ素養)。

【敷地】《しきチ》 建物を建てたり、道路や公園をつくったりするための用地。例広い—の家。

【敷布】《しきフ》 しき布団《フトン》の上にしく布。シーツ。

【敷き▼藁】《しきわら》 植物の根もとや、家畜《カチク》小屋にしく、わら。例厩舎《キュウシャ》の—。

【敷▼衍】《フエン》 (名・する) ①広く行きわたらせること。②意味や趣旨《シュシ》などを、さらにおし広げて説明すること。例師の教えを—する。表記▽「布▼衍・敷延」とも書く。

【敷設】《フセツ》 (名・する) 線路や設備などを設置すること。例—工事。鉄道を—する。表記「布設」とも書く。

○●座敷《ざしき》・風呂敷《ふろしき》・屋敷《やしき》

文11 【數】 15画 ⇩【数】《スウ》(466ページ)

文11 【敷】 15画 ⇩【敷】《フ》(467ページ)

文 12

【整】

16画 3216 6574 教育3 音 セイ(漢) ショウ(呉) 訓 ととの-える・ととの-う

筆順 整

なりたち [会意]「攵(=うつ)」と「束(=たばねる)」と「正《セイ》(=ただす)」とから成る。ととのえる。

意味 正しくそろえる。きちんとする。ととのえる。ととのう。例 整備《セイビ》。整理《セイリ》。調整《チョウセイ》。

使い分け ととのう・ととのえる【整・調】 ⇩1174ページ

人名 おさむ・ただし・ただす・なり・ひとし・まさ・よし

【整形】《セイケイ》 (名・する) 形をととのえること。例美容—。

【整形外科】《セイケイゲカ》 骨・関節・筋肉・神経などの障害や異常を予防したり、治療《チリョウ》したりする医学の一部門。

【整合】《セイゴウ》 (名・する) ぴったり合うこと。きちんと合わせること。また、理論などに矛盾《ムジュン》のないこと。例—性(=食いちがいがなく、首尾一貫《シュビイッカン》していること)。

【整骨】《セイコツ》 骨が折れたり、関節がはずれたりしたのを治療《チリョウ》すること。骨つぎ。(類)接骨。例—医。

【整枝】《セイシ》 (名・する) 果樹《カジュ》の不要な枝をかりこんで形をとと

のえ、管理しやすくすること。例—作業。

【整式】《セイシキ》〔数〕数式のうち、数字ではない文字について、足し算・引き算・かけ算以外の演算をふくまない式。たとえば、$a+2bx-3cy$ のような式。

【整粛】《セイシュク》(名・形動ダ)行儀《ギョウギ》作法などがととのって、おごそかであること。例—な行進。

【整除】《セイジョ》(名・する)整数どうしの割り算で、割り切れること。

【整数】《セイスウ》自然数(1、2、3…)と、それに対応する負数(−1、−2、−3…)および零《レイ》(0)。対小数・分数。

【整然】《セイゼン》(形動タル)きちんと正しくととのっているようす。対雑然。例—と並べる。表記もと「井然」とも書いた。

【整地】《セイチ》(名・する)建築や耕作のために、地面を平らにならすこと。地ならし。例—作業。

【整腸】《セイチョウ》腸の調子をととのえること。例—剤《ザイ》。

【整調】《セイチョウ》(名・する)①からだや機械などの調子をととのえること。②複数のこぎ手の競漕《キョウソウ》用ボートで、ほかのこぎ手の調子をとるこぎ手。ストローク。

【整頓】《セイトン》(名・する)乱れているものをきちんとすること。かたづけること。例整理—。

【整髪】《セイハツ》(名・する)(かみの毛をかって)髪型《かみがた》をととのえること。例—料(=整髪に使う化粧品《ケショウヒン》)。

【整版】《セイハン》(名・する)①木版や瓦版《かわらバン》など、一枚の面にほって印刷するもの。また、それで印刷したもの。②印刷用の原版を作ること。類製版。

【整美】《セイビ》(名・形動ダ・する)形がととのって美しいこと。また、そうすること。

【整備】《セイビ》(名・する)①さしつかえが起きないように、きちんとととのえておくこと。例書類の—。②いつでも役立つように、手入れをして準備しておくこと。例自動車—工場。

【整容】《セイヨウ》(名・する)姿や形をととのえること。

【整理】《セイリ》(名・する)①乱れているものをきちんと、ととのえること。かたづけること。例—整頓《セイトン》。メモを—する。②むだなものをとりのぞくこと。例人員—。

【整流】《セイリュウ》(名・する)①電気の流れを、交流から直流に変えること。例—器。②水や空気の乱れた流れを、ととのえること。例—板《バン》。

【整列】《セイレツ》(名・する)きちんと列をつくって並ぶこと。例—乗車。三列に—する。

◐均整《キンセイ》・修整《シュウセイ》・調整《チョウセイ》

［攴(攵)部］13—14画 ●厳 斂 斃 ［文部］

攵13 **【厳】** 17画 2423 53B3 教育6 音ゲン漢 ゴン呉 訓おご-そ-か・きび-しい・いか-めしい

筆順 ⺍ 产 产 岸 崖 㟝 厳

口17 **【嚴】** 20画 5178 56B4 人名

なりたち 嚴 ［形声］「吅(=うながす)」と、音「𠪚《ギン→ゲン》」とから成る。命じていそがせる。口やかましく、きびしい。

意味 ❶はげしい。きびしい。例厳寒《ゲンカン》。厳禁《ゲンキン》。厳守《ゲンシュ》。❷いかめしい。おごそか。例厳粛《ゲンシュク》。厳然《ゲンゼン》。威厳《イゲン》。

難読 厳島《いつくしま》(=地名)

人名 いかし・いず・いつ・いつき・いわ・かね・たか・つよ・よし

【厳戒】《ゲンカイ》(名・する)きびしく警戒すること。例—体制。

【厳格】《ゲンカク》(形動ダ)きびしく正しいようす。型や規則などをきびしく守るようす。対寛容《カンヨウ》。例—なしつけ。—に育てる。

【厳寒】《ゲンカン》きびしい寒さ。類酷寒《コッカン》・極寒《ゴッカン》。対厳暑。例—にみまわれる。

【厳禁】《ゲンキン》(名・する)きびしく禁止すること。例火気—。

【厳君】《ゲンクン》他人の父親をうやまっていうことば。類厳父。

【厳訓】《ゲンクン》きびしい教え。例父の—を守る。

【厳守】《ゲンシュ》(名・する)(規則や命令を)かたくまもること。類遵守《ジュンシュ》。例時間—のこと。

【厳重】《ゲンジュウ》(名・形動ダ)ひじょうにきびしいこと。いいかげんなことを許さないこと。例—な検査。

【厳粛】《ゲンシュク》(名・形動ダ)①きわめておごそかで、つつしみぶかいこと。心がひきしまること。例—に受け止める。②ごまかしたり、かくしだてしたりできないこと。例死という—な事実。

【厳暑】《ゲンショ》きびしい暑さ。類酷暑《コクショ》。対厳寒。例例年にない—。

【厳正】《ゲンセイ》(名・形動ダ)きびしく公正を重んじること。決まりをきびしく守ること。例—な選考の結果。

【厳選】《ゲンセン》(名・する)基準をきびしくして、えらぶこと。例材料を—した料理。

【厳然】《ゲンゼン》(形動タル)近寄りがたいほど、おごそかなようす。動かしがたいようす。例—たる態度。表記旧▼儼然

【厳存】《ゲンソン・ゲンゾン》(名・する)まぎれもなく、確かに存在すること。例証人が—する。表記「▼儼存」とも書く。

【厳冬】《ゲントウ》寒さのきびしい冬。冬の寒さがとくにきびしい時期。例—期の備えをする。

【厳罰】《ゲンバツ》手心《てごころ》を加えないで、きびしく罰すること。また、その罰。例—に処する。

【厳父】《ゲンプ》①厳格な父親。②他人の父親をうやまっていうことば。類厳君。

【厳封】《ゲンプウ》(名・する)簡単に開けられないように、しっかりと封《フウ》をすること。例—の書状が届く。

【厳密】《ゲンミツ》(形動ダ)細かいところまできびしく注意をはらっているようす。例—な計算。—に調査する。

【厳命】《ゲンメイ》(名・する)絶対に守るように、きつく命じること。また、その命令。例—に従う。

◐威厳《イゲン》・戒厳《カイゲン》・謹厳《キンゲン》・荘厳《ソウゴン》・尊厳《ソンゲン》・冷厳《レイゲン》

攵13 **【斂】** 17画 5844 6582 音レン漢呉 訓おさ-める

意味 ❶あつめる。とりあげておさめる。例収斂《シュウレン》。❷税をとりたてる。例苛斂誅求《カレンチュウキュウ》。❸死者をほうむる。例斂葬《レンソウ》。❹しまいこむ。おさめる。例斂翼《レンヨク》(=鳥がつばさをおさめて休む)。❺ひきしめる。

【斂葬】《レンソウ》死体をうめてほうむること。

攵14 **【斃】** 18画 5845 6583 音ヘイ漢 訓たお-れる

意味 たおれて死ぬ。たおれる。例斃死《ヘイシ》。斃而后已《たおれてのちやむ》。

【斃《たお》れて▽后《のち》▼已《や》む】命のある限り努力して、やりぬく。死して後《のち》已《や》む。〈礼記《ライキ》〉

【斃死】《ヘイシ》(名・する)行きだおれになること。のたれ死に。

67 4画 文 ぶん部

交わった線の形で、「あや」「もよう」の意をあらわす。「文」をもとにしてできている漢字と、「文」の字形を目じるしにして引く漢字とを集めた。

0 文 8 斑 斐 斌

この部首に所属しない漢字

吝⇩口197 孛⇩子284 対⇩寸308 斉⇩斉1114

紊⇩糸 772　斎⇩斉 1114

文 0

【文】 4画 4224 6587 教育1 音 ブン漢 モン呉 訓 ふみ・あや

筆順 丶 亠 ナ 文

なりたち 〔象形〕交わった線の形。

意味 ❶何かの形に見える模様。あや。同紋《モン》。例文様《モンヨウ》。縄文《ジョウモン》。❷模様をつけて、かざる。例文飾《ブンショク》。文身《ブンシン》。❸ことばを目に見える形にした記号。字。例文字《モジ》。金石文《キンセキブン》。甲骨文《コウコツブン》。❹字を書きつらねて、まとまった内容をあらわしたもの。ふみ。例文献《ブンケン》。作文《サクブン》。詩文《シブン》。❺ことばのはたらきによって生み出されるもの。学問・芸術・教養。対武《ブ》。例文化《ブンカ》。文芸《ブンゲイ》。人文《ジンブン》。

日本語での用法《モン》①昔の貨幣《カヘイ》の単位。「六文銭《ロクモンセン》」②足袋《たび》・くつの大きさの単位。「十文《とモン》半《ハン》」

人名 あき・あきら・いと・すじめ・とも・のぶ・のり・ひさ・ひとし・ふみし・み・やす・ゆき・よし

【▽文月】《ふづき|ふみづき》 もと、陰暦《インレキ》で七月のこと。太陽暦でもいう。

【▽文机】《ふづくえ|ふみづくえ》 本を読んだり書きものをしたりする机。多くは、和風のすわり机をいう。

【▽文箱】《ふばこ|ふみばこ》 ①手紙や書類などを入れておく箱。②手紙を入れて、送り届けるための細長い箱。③書物を入れて持ち運びする箱。表記 ▽「▽文▼筥」とも書く。

【文殻】《ふみがら》 読んでしまって、いらなくなった手紙。

【文案】《ブンアン》 文章の下書き。草案。例—を練る。

【文意】《ブンイ》 文章の意味や内容。例—が通らない。

【文運】《ブンウン》 学問や芸術がさかんにおこなわれていること。例—隆盛《リュウセイ》。

【文▼苑】《ブンエン》 ①文章を集めたもの。文集。②文学の世界。文壇《ブンダン》。

【文化】《ブンカ》 ①世の中が進歩して、人々の生活が豊かになること。例—的な生活。②学問・芸術・宗教など、人間の精神的活動から生み出されたもの。例日本—。

【文化遺産】《ブンカイサン》 今日まで伝えられた、昔のいろいろな文化。

【文化勲章】《ブンカクンショウ》 日本文化の発展のためにとくに大きな功績を残したとして、文化功労者の中から選ばれて受ける勲章。毎年十一月三日の文化の日にさずけられる。

【文化功労者】《ブンカコウロウシャ》 日本文化の発展や向上に功績があったと認められて、国から、終身年金を受ける人。

【文化財】《ブンカザイ》 ①精神的活動によってつくりだされた、文化的価値の高いもの。学問や芸術など。②文化財保護法で保護の対象となっているもの。例無形—。重要—。

【文化人】《ブンカジン》 学問や芸術などに関係して活動する人。〔ジャーナリズムが使うことばで、とくに厳密な用法はない〕

【文科】《ブンカ》 ①大学の文学部・法学部・経済学部・商学部をまとめていう呼び名。例—系の学生。②哲学《テツガク》・史学・文学などの人文科学を研究する分野。▽対理科。

【文華】《ブンカ》 ①詩文がはなやかであること。②文化や文明がはなやかなこと。

【文雅】《ブンガ》 一(名)詩文を作り、歌をよむ風流の道。風雅の道。二(名・形動ダナ)風流でみやびやかなこと。例—の士。

【文学】《ブンガク》 ①詩歌《シイカ》・小説・戯曲《ギキョク》など、ことばによってあらわされる芸術。また、それらについて研究する学問。例今世紀最高の—。②学問としての文学や歴史学・哲学《テツガク》・言語学・心理学などをまとめていう言い方。例—部。

【文学青年】《ブンガクセイネン》 文学を愛好する青年。また、作家を志す青年。〔文学好きを気取る人についていうことがある〕

【文学論】《ブンガクロン》 文学に関する議論や理論。

【文官】《ブンカン》 軍事関係以外の仕事を任務とする官吏《カンリ》。対武官。

【文教】《ブンキョウ》 学芸・文化・教育に関すること。例—地区。

【文金高島田】《ブンキンたかしまだ》 女性の髪型《かみがた》の一つ。根も髷《まげ》も高くした島田髷。婚礼《コンレイ》のときにゆう。

【文具】《ブング》 文房具《ブンボウグ》。例—店。

【文型】《ブンケイ》 文のいろいろな、かた。〔英語 sentence pattern の訳語〕例基本—。

【文芸】《ブンゲイ》 ①音楽や美術に対して、詩・小説・戯曲《ギキョク》など、ことばによってあらわされる芸術。文学。例大衆—。②学問と芸術。③言語文化と芸術。

【文芸復興】《ブンゲイフッコウ》 十四世紀末にイタリアに起こり、十六世紀にかけてヨーロッパ全土に広がった芸術・文化の革新運動。人間性を復活させ、古代ギリシャやローマの文化の復興をめざした。ルネッサンス。

【文献】《ブンケン》 〔「献」は、賢人《ケンジン》の意〕昔の文化を知るのに役立つもの。また、文字に書かれている資料。例参考—。

【文言】 一《ブンゲン》 中国で、口語に対する文語のこと。対白話《ハクワ》。二《モンゴン》 手紙や文章のなかの語句。例会の規約の—。

【文庫】《ブンコ》 ①書物を入れておく、くら。また、そこに集められた書物。例学級—。②書類やはんこなどを入れておく箱。例手—。③小型の叢書《ソウショ》。例—判。—本。

【文語】《ブンゴ》 ①文章を書くときに使うことば。書きことば。文章語。②平安時代の古典で使われていることばを基本として書かれた文章語。▽対口語。

【文語体】《ブンゴタイ》 ①古典で使われていることばで書かれた、文体や文章の様式。対口語体。②文章語の様式。

【文語文】《ブンゴブン》 文語体で書かれた文。和文・候文《そうろうブン》・和漢混交文など。対口語文。

【文豪】《ブンゴウ》 偉大《イダイ》な小説家。大作家。例明治の—。

【文才】《ブンサイ》 文章を書く才能。類文藻。例かれには—がある。

【文士】《ブンシ》 文章を書くことを職業としている人。作家。例—劇。三文《サンモン》—。

【文事】《ブンジ》 学問や芸術などに関することがら。対武事。

【文辞】《ブンジ》 文章のことば。また、文章のこと。

【文質】《ブンシツ》 〔「文」は、かざりの意〕①外見と実質。②りっぱな外観と充実《ジュウジツ》した内容。例—彬彬《ヒンピン》(=うわべの美しさと内容とがうまくとけあっていること)。

【文弱】《ブンジャク》 (名・形動ダナ)学問や芸能に多くの関心があり、武道をたしなむたくましさがないこと。例—の徒。

【文集】《ブンシュウ》 文章や詩歌《シイカ》などをあつめて本の形にしたもの。例卒業の記念に—を作る。

【文書】《ブンショ|モンジョ》 文字を書きしるしたもの。例古—《コモンジョ》。

【文章】《ブンショウ》 いくつかの文をかさねて、ある思想や感情をあらわしたもの。

【文章軌範】《ブンショウキハン》 南宋《ナンソウ》の謝枋得《シャボウトク》が編集した文集。七巻。唐宋《トウソウ》の文章を中心に、作文の手本となる古来の名文を収める。

【文章博士】《モンジョウはかせ》 律令制《リツリョウセイ》の大学で、文章道《モンジョウドウ》の学科の長。

【文飾】《ブンショク》 (名・する)①いろいろな語句を用いて文章をかざること。例—の多すぎる案内状。②かざり。あや。

【文身】《ブンシン》 入れ墨《ずみ》。

【文臣】《ブンシン》 学問や芸術などで仕える臣下。

【文人】《ブンジン》 文事にたずさわる人。とくに、詩文を作ったり、絵を

かいたりする風流な人。㊥武人。
【文人画】《ブンジンガ》 文人が趣味《シュミ》としてかく、風流な味わいを重んじる絵。南画。例―の典型、蕪村《ブソン》の作品。
【文責】《ブンセキ》 発表した文章についての責任。例―在《ザイ》記者（＝談話の聞き書きや、話の要点をまとめた文の、用語や文章の趣旨《シュシ》についての責任は記者にある、ということ）。
【文節】《ブンセツ》 文法で、文を、意味や発音のうえから不自然にならないように区切った、最小の単位。「わたくしは／学校から／三時に／帰った」のように区切る、それぞれのことば。
【文選】㊀《ブンセン》（名・する）活版印刷で、原稿《ゲンコウ》のとおりに活字を拾い集めていくこと。また、その人。㊁《モンゼン》（名）六世紀前半、梁《リョウ》の昭明太子《ショウメイタイシ》蕭統《ショウトウ》が編集した、ジャンル別の詩文集。三十巻（のちに六十巻）。周代以来約千年間の文学の模範《モハン》を示していて、日本文学にも大きな影響《エイキョウ》をあたえた。
【文藻】《ブンソウ》 ①文章のあや・かざり。②詩歌《シイカ》や文章を作る才能。㊮文才。例―に富む。
【文体】《ブンタイ》 ①文章の体裁《テイサイ》・形式・様式。文語体・口語体・漢文体・書簡体など。②文章にあらわれる書き手の特徴《トクチョウ》。文章のスタイル。
【文題】《ブンダイ》 文章や詩歌《シイカ》を作るときの題。
【文旦】《ブンタン》 ミカン科の植物。果実は大きな球形で、酸味とともにやや苦みがある。ザボン。ボンタン。
【文壇】《ブンダン》 作家や評論家の社会。文学界。例―の長老。
【文治】《ブンチ》 〔「ブンジ」とも〕武力によらないで、教育や学問を広め、法令を整えて世の中をおさめること。㊥武断。
【文中】《ブンチュウ》 文章のなか。例―敬称《ケイショウ》略。
【文鳥】《ブンチョウ》 スズメほどの大きさの小鳥。頭が黒く、くちばしと足は桃色《ももいろ》。飼い鳥で、人によくなれる。
【文鎮】《ブンチン》 用紙や書類などが動かないように、おさえるおもし。
【文通】《ブンツウ》（名・する）手紙のやりとりをすること。例―がとだえる。
【文典】《ブンテン》 文法を書きしるした書物。文法書。例日本―。
【文頭】《ブントウ》 文や文章のはじめの部分。㊥文末。
【文徳】《ブントク》 学問をすることによって身にそなわっていく徳。
【文範】《ブンパン》 手本や模範《モハン》となるような文章。また、そのような文章を集めた書物。
【文筆】《ブンピツ》 文章を書くこと。例―家。―業。
【文武】《ブンブ》 文の道と武の道。学問と武芸。例―両道。

[文部] 8画 斑 斐

【文物】《ブンブツ》 文化が生み出した、芸術・学問・宗教・法律などをふくめた、すべてのもの。例秦《シン》代の―。
【文房】《ブンボウ》 書斎《ショサイ》。
【文房具】《ブンボウグ》 ものを書くのに用いる道具。用紙や筆記用具など。文具。
【文法】《ブンポウ》 ①ことばのつながり・組み立て・はたらきなどについての決まり。また、それについての研究。②〔たとえとして〕一定の方法。方式。例SF映画の―。
【文墨】《ブンボク》 詩文を作ったり、書画をかいたりすること。
【文末】《ブンマツ》 文や文章の終わりの部分。㊥文頭。
【文脈】《ブンミャク》 文章中の、文や語句の続きぐあい。文章の筋道や流れ。例―をたどる。―の乱れ。
【文民】《ブンミン》 軍人でない、また軍人であったことのない、いっぱんの人。〔英語 civilian の訳語。日本国憲法にあることば〕例―による統制。
【文名】《ブンメイ》 すぐれた文章を作るという評判。例―が高い。
【文明】《ブンメイ》 人間の知識が進み、技術が発達して生活が向上すること。また、そのような状態。例―国。―の利器。
【文明開化】《ブンメイカイカ》 人間の知識や技術が進み、世の中がひらけること。とくに、明治時代の初め、欧米《オウベイ》の文明をさかんに取り入れたときの思想。また、その成果。
【文明病】《ブンメイビョウ》 文明が高度に進んだことによって引き起こされる病気。ノイローゼ・アレルギーなど。
【文面】《ブンメン》 手紙などの書き方や、その内容。例喜びが―にあふれている。
【文楽】《ブンラク》 義太夫《ギダユウ》節《ぶし》に合わせて演じる人形芝居《しばい》。人形浄瑠璃《ジョウルリ》。〔近代、「文楽座」という劇場で多く興行されたことによる呼び名〕
【文理】《ブンリ》 ①文章の筋道。文脈。②ものごとの筋目。あや。③文科と理科。例―学部。
【文林】《ブンリン》 ①文学者のなかま。文壇《ブンダン》。②詩文を集めた本。
【文例】《ブンレイ》 文章の書き方の見本。また、あることがらの例としてあげた文。
【文字】《モジ｜モンジ》 ①ことばの音または意味、もしくは音と意味両方を、目に見える形にあらわしたもの。字。一字を指すとともに、二字以上の連結をも指す。漢字・ひらがな・かたかな・ローマ字など。②文字をつなげた、ことば、また、文章。
【文字言語】《モジゲンゴ》 文字に書きあらわされている言語。書き言葉。㊥音声言語。
【文句】《モンク》 ①文章や話のなかの、語句やことば。例いい―をさがす。②不満。不平。苦情。言い分《ブン》。例―をつける。
【文殊】《モンジュ》「文殊菩薩《ボサツ》」の略。知恵《チエ》の徳を受け持つという。例三人寄れば―の知恵。
【文無し】《モンなし》 お金がまったくないこと。また、その人。一文なし。
【文部科学省】《モンブカガクショウ》 教育・学術・文化・科学技術にかかわることがらをあつかう中央官庁。
【文盲】《モンモウ》 読み書きができないこと。また、その人。
【文様】《モンヨウ》 かざりとしての模様。図柄《ズがら》。デザイン。表記「紋様」とも書く。
◯●悪文《アクブン》・案文《アンブン》・一文《イチブン｜イチモン》・韻文《インブン》・欧文《オウブン》・漢文《カンブン》・経文《キョウモン》・原文《ゲンブン》・構文《コウブン》・国文《コクブン》・作文《サクブン》・散文《サンブン》・重文《ジュウブン》・序文《ジョブン》・単文《タンブン》・短文《タンブン》・長文《チョウブン》・電文《デンブン》・天文《テンモン》・邦文《ホウブン》・名文《メイブン》・訳文《ヤクブン》・論文《ロンブン》・和文《ワブン》

文 8
【斑】
12画
4035
6591
常用
音ハン㊥
訓まだら・ふ・ぶち

筆順

なりたち

［形声］本字は「辬」で、「文（＝あや）」と、音「辡《ハン》」とから成る。まだらな文様。

意味 ちがう色が点々とまじっている模様。まだら。ぶち。ふ。
例斑点《ハンテン》。斑紋《ハンモン》。虎斑《とらふ》。
難読 斑鳩《いかる｜いかるが》・雀子斑《そばかす》・斑雪《はだれゆき》
【斑点】《ハンテン》 ものの表面にある、地色とは色のちがう点々。
【斑白】《ハンパク》 白髪《しらが》まじりのかみの毛。ごましお。
【斑▽猫】《ハンミョウ》 昆虫《コンチュウ》の一種。体長約二センチメートル。背中にあざやかなまだら模様がある。ミチオシエなどと呼ばれる。
【斑紋】《ハンモン》 まだら模様。表記「斑文」とも書く。

文 8
【斐】
12画
4069
6590
人名
音ヒ㊥
訓あや

なりたち

［形声］「文（＝あや）」と、音「非《ヒ》（＝もよう）」とから成る。あやのある模様。

意味 あや模様があり、美しいようす。例斐然《ヒゼン》（＝模様があって美しい）。

日本語での用法《ひ》「ひ」の音をあらわす万葉がな。「甲斐《かい》の国《くに》・甲斐《かい》がない」

難読 揖斐《いび》(=地名)・己斐《こい》(=地名)・許斐《このみ》(=地名・姓《セイ》)

人名 あき・あきら・あやる・い・なが・よし

文 8
【斌】
12画 4144 658C 音 ヒン漢

意味 文と武とがかねそろう。外面と内実とがほどよく調和している。同 彬《ヒン》。例 斌斌《ヒンピン》。

68 4画 斗 と とます 部

ひしゃくの形をあらわす。「斗」をもとにしてできている漢字を集めた。

0 斗 6 料 7 斛 斜 9 斟 10 斡

斗 0
【斗】
4画 3745 6597 常用 音 トウ漢 ト呉 訓 ます

筆順 、 ⺀ 三 斗

なりたち [象形] 容量をはかる柄《え》つきの、うつわ。

意味 ❶酒や穀物の量をはかる道具。ひしゃく。ます。例 斗斛《トコク》(=ます)。斗桶《トヨウ》(=ます)。❷ひしゃくの形のもの。例 熨斗《ウット》(=火のし)。漏斗《ロウト》。❸容量の単位。一斗は十升《ジッショウ》。例 斗酒《トシュ》。斗米《トベイ》。→「度量衡表《ドリョウコウヒョウ》」(1141ページ) ❹一斗ますほどの大きさの。ちっぽけな。あるいは、でっかい。例 斗室《トシツ》(=ごく小さい部屋)。斗胆《トタン》(=きもっ玉の太いこと)。❺二十八宿の一つ。ひきつぼし。例 斗宿《トシュク》。

人名 はかる・ほし

【斗牛】《トギュウ》 二十八宿のうちの斗宿《トシュク》と牛宿《ギュウシュク》。「斗」は射手《いて》座の一部、「牛」はヤギ座の一部。

【斗酒】《トシュ》 一斗の酒。多量の酒。例 ―なお辞せず(=酒はいくらでも飲める)。

●泰斗《タイト》・北斗《ホクト》・漏斗《ロウト》

斗 6
【料】
10画 4633 6599 教育4 音 リョウ漢呉 訓 はか-る

筆順 丶 丷 半 米 米 米 米 料

なりたち [会意]「米(=穀物)」と「斗(=ひしゃく)」とから成る。穀物をひしゃくではかる。

意味 ❶ますで穀物や液体をはかる。また、かぞえる。例 料民《リョウミン》(=人口の調査)。計料《ケイリョウ》。❷おしはかる。かんがえる。例 料得《リョウトク》(=おしはかる)。思料《シリョウ》。❸きりもりする。うまくおさめる。例 料理《リョウリ》。❹もとになるもの。たね。しろ。例 料紙《リョウシ》。材料《ザイリョウ》。燃料《ネンリョウ》。

日本語での用法 《リョウ》代金。「料金《リョウキン》・送料《ソウリョウ》」

人名 かず

【料飲】《リョウイン》 料理と飲食。

【料金】《リョウキン》 ものの利用や使用、また見物などにしはらうお金。例 電話―。―をはらう。

【料▽簡】《リョウケン》 一(名) 考え。思慮分別《シリョフンベツ》。気持ち。例 ―がせまい。悪い―をおこすな。二(名・する) こらえること。許すこと。例 ―してください。表記 ▽「了見・了▽簡」とも書く。

【料紙】《リョウシ》 ものを書くのに用いる紙。用紙。例 写経の―。

【料亭】《リョウテイ》 和風にしつらえた、高級な日本料理店。類 割烹《カッポウ》。

【料理】《リョウリ》 (名・する) ①材料を切ったり煮《に》たりして(おいしく)食べられるようにすること。また、その食べ物。類 調理。②難問や強敵などを、自分の力でうまく処理すること。例 対戦相手を簡単に―する。

●慰謝料《イシャリョウ》・衣料《イリョウ》・顔料《ガンリョウ》・給料《キュウリョウ》・原料《ゲンリョウ》・香料《コウリョウ》・食料《ショクリョウ》・資料《シリョウ》・染料《センリョウ》・送料《ソウリョウ》・塗料《トリョウ》・肥料《ヒリョウ》・無料《ムリョウ》

斗 7
【斛】
11画 5847 659B 音 コク漢 訓 ます

意味 ❶容量の単位。一斛は、周代で十斗《ト》、後には五斗。同 石《コク》。❷液体や穀物、十斗の量をはかる容器。ます。例 斗斛之禄《トコクのロク》(=わずかな俸給《ホウキュウ》)。

斗 7
【斜】
11画 2848 659C 常用 音 シャ漢呉 訓 なな-め・はす

筆順 ノ ヘ 亽 今 余 余 斜 斜

なりたち [形声]「斗(=ひしゃく)」と、音「余ヨ→シャ」とから成る。ひしゃくでくむ。

意味 かたむいている。ゆがんでいる。ななめ。例 斜面《シャメン》。傾斜《ケイシャ》。斜《シャ》に構《かま》える。

難読 斜眼《にらむ》・不斜《なのめならず》(=ひととおりでない)

【斜雨】《シャウ》 ななめに降りつける雨。

【斜影】《シャエイ》 ななめに映るかげ。

【斜眼】《シャガン》 ①やぶにらみ。斜視。②横目で見ること。

【斜▼頸】《シャケイ》 先天的な筋肉の異常などによって、首がかたむいた状態になる病症《ビョウショウ》。

【斜月】《シャゲツ》 西にはいりかけて、ななめに照らす月。類 残月。

【斜光】《シャコウ》 ななめにさしてくる光。

【斜視】《シャシ》 ①両眼の視線が一致《イッチ》しないこと。また、その目。やぶにらみ。斜眼《シャガン》。②横目で見ること。

【斜線】《シャセン》 ななめに引いた線。例 ―で区別を示す。

【斜辺】《シャヘン》 〔数〕直角三角形の、直角と向かいあう辺。

【斜面】《シャメン》 傾斜《ケイシャ》している平面。スロープ。例 急―。

【斜陽】《シャヨウ》 ①西にかたむいた太陽。夕日。また、その光。②おちぶれていくこと。おとろえていくこと。例 ―産業。

【斜陽族】《シャヨウゾク》 社会の急激な変化についていけず、没落《ボツラク》した、かつての上流階級。〔太宰治《だざいおさむ》が小説『斜陽』で、敗戦直後の没落貴族をえがいたことによる〕

斗 9
【斟】
13画 5848 659F 音 シン漢 訓 く-む

意味 ひしゃくで水や酒をくむ。転じて、人の気持ちや事情を察する。思いやる。くむ。例 斟酌《シンシャク》。

【斟酌】《シンシャク》 (名・する) 〔「酌」も、汲《く》む意〕①相手の事情や気持ちをくみとること。例 相手の立場を―し過ぎる。②ほどよくすること。手かげんすること。例 処分に―を加える。③遠慮《エンリョ》すること。例 なんの―もいらない。

斗 10
【斡】
14画 1622 65A1 人名 音 アツ慣 ワツ漢 訓 めぐ-る

意味 くるくるまわる。めぐらす。めぐる。例 斡旋《アッセン》。

人名 はる・まる

【斡旋】《アッセン》 (名・する) ①めぐる。②間に立って世話をしたり、うまくいくようにとりはからったりすること。とりもち。周旋。例 就職を―する。

4画

[文部] 8画 斌 [斗部] 0—10画 斗 料 斛 斜 斟 斡

69 4画 斤 おの おのづくり 部

おのの形をあらわす。「斤」をもとにしてできている漢字と、「斤」の字形を目じるしにして引く漢字とを集めた。

0 斤 1 斥 4 斧 5 斫 7 斬 断 8 斯 9 新 14 斷

この部首に所属しない漢字

匠⇩匚156 所⇩戸421 欣⇩欠553 質⇩貝938

斤 0

【斤】

4画 2252 65A4 常用 音 キン漢 訓 おの

筆順 ノ 厂 斤 斤

なりたち [象形] 柄《え》の先に刀がついた、おのの形。

意味 ❶木を切る道具。おの。例 斧斤《フキン》。❷重さの単位。一斤は十六両。→「度量衡表《ドリョウコウヒョウ》」(1141ページ)

日本語での用法《キン》①尺貫法《シャッカンホウ》の重さの単位。一斤は、百六十匁《もんめ》。②食パンの量の単位。一斤は、だいたい二五〇グラムから四〇〇グラムのあいだ。「食《ショク》パン一斤《イッキン》」

人名 のり

【斤量《キンリョウ》】はかりではかった重さ。目方。斤目《キンめ》。

斤 1

【斥】

5画 3245 65A5 常用 音 セキ漢 訓 さ-す・しりぞ-ける

筆順 ノ 厂 斤 斤 斥

なりたち [形声] 本字は「㡿」で、「广(=建物)」と、音「屰《ゲキ→セキ》」とから成る。家をおし広げる。

意味 ❶おしのけて、しりぞける。例 斥退《セキタイ》(=しりぞける)。斥力《セキリョク》。排斥《ハイセキ》。❷気づかれないように、こっそりようすを見る。うかがう。例 斥候《セッコウ》。❸ゆびさす。さす。例 指斥《シセキ》。

日本語での用法《さす》示す。あらわす。「北《きた》を斥《さ》す」

人名 たか・とお

【斥力《セキリョク》】〔物〕物体と物体が、たがいに遠ざけあう力。反発力。対 引力。

【斥候《セッコウ》】(名・する) 敵軍のようすや地形を偵察《テイサツ》すること。また、その兵。例 —を出す。

斤 4

【斧】

8画 4164 65A7 人名 音 フ漢 訓 おの・よき

意味 あつい刃《は》に柄《え》をつけた、木などを断《た》ち切る道具。まさかり。おの。例 斧鉞《フエツ》。斧斤《フキン》。斧正《フセイ》。

難読 手斧《ちょうな》

人名 はじめ

【斧▼鉞《フエツ》】①おのと、まさかり。②大きな修正をすること。例 文章に—を加える。表記 ▽「▼鈇▼鉞」とも書く。

【斧斤《フキン》】おの。まさかり。

【斧▼鑿《フサク》】①おのと、のみ。また、おのとのみで細工をすること。②詩文や書画などに技巧《ギコウ》をこらすこと。

【斧正《フセイ》】〔おのでけずって正す意〕他人の詩文に手を加えること。斧削《フサク》。例 —を請《こ》う(=先生に自分の詩文の添削《テンサク》を依頼《イライ》するときの言い方)。表記「斧政」とも書く。

斤 5

【斫】

9画 5849 65AB 音 シャク漢呉 訓 きざ-む・き-る

意味 ❶たたき切る。きる。❷けずる。きざむ。❸攻撃《コウゲキ》する。例 斫営《シャクエイ》(=敵陣《テキジン》に切りこむこと)。

斤 7

【斬】

11画 2734 65AC 常用 音 ザン慣 サン漢 訓 き-る

筆順 一 亓 亘 車 斬 斬 斬

なりたち [会意]「車(=くるま)」と「斤(=おの)」とから成る。切りころす。もと、車裂き。

意味 ❶刃物《はもの》で、きる。きりころす。例 斬殺《ザンサツ》。斬首《ザンシュ》。❷きわだっている。はなはだ。同 嶄《ザン》。例 斬新《ザンシン》。

日本語での用法《きる》するどく批判する。「世相《セソウ》を斬《き》る」

使い分け きる【切・斬】⇩1168ページ

【斬▼奸《ザンカン》】悪人を切り殺すこと。表記「斬▼姦」とも書く。

【斬罪《ザンザイ》】首を切り落とす刑《ケイ》。斬首。打ち首。

【斬殺《ザンサツ》】(名・する) 切って殺すこと。例 —死体。

【斬首《ザンシュ》】(名・する) 首を切り落とすこと。首を切り落とす刑《ケイ》。また、その首。斬罪。打ち首。例 —に処する。

【斬新《ザンシン》】(形動《ダ》)(発想などが)目のさめるほど新鮮《シンセン》なこと。例 —なデザイン。

【斬髪《ザンパツ》】(名・する) ①髪《かみ》を短くかること。また、かった頭。②髪を後ろへなでつけ、切りそろえた男性の髪型。明治初期に流行した。

斤 7

【断】

11画 3539 65AD 教育5 音 タン漢 ダン呉 訓 た-つ・ことわ-る・ことわ-り

筆順 丷 ⺌ 半 米 迷 断 断 断

斤14

【斷】

18画 5850 65B7

なりたち [会意]「斤(=おの)」と「㡭(=絶《た》つ)」とから成る。たちきる。

意味 ❶ずばりとたちきる。二つにきりはなす。たつ。例 断絶《ダンゼツ》。切断《セツダン》。❷つづけていたものをやめる。例 断食《ダンジキ》。断酒《ダンシュ》。❸ずばりときめる。思いきってする。例 断行《ダンコウ》。決断《ケツダン》。断《ダン》をくだす。❹どんなことがあっても。かならず。例 断固《ダンコ》。断然《ダンゼン》。断《ダン》じて。

日本語での用法《ことわり・ことわる》①拒絶《キョゼツ》する。辞退する。「申《もう》し出《で》を断《ことわ》る」②事のわけを説明する。「前《まえ》もって断《ことわ》らずに帰《かえ》る」

使い分け たつ【断・絶・裁】⇩1172ページ

人名 さだ・さだむ・とう

【断案《ダンアン》】最終的に決定した案。例 —をくだす。

【断崖《ダンガイ》】切り立ったけわしいがけ。例 —絶壁《ゼッペキ》。

【断簡《ダンカン》】きれぎれになった文書や手紙。書類や手紙のきれはし。例 —零墨《レイボク》(=きれぎれになった書状や筆跡《ヒッセキ》)。

【断機《ダンキ》】機《はた》で織りかけの布をたち切ること。

【断機の戒め《ダンキのいましめ》】⇩【孟母断機《モウボダンキ》】(286ページ)

【断金の契り《ダンキンのちぎり》】かたい友情や約束ごとのたとえ。〔金属をたち切るほどに強くかたいということから〕〈易経《エキキョウ》〉

【断言《ダンゲン》】(名・する) 迷いやあいまいなところがなく、きっぱりと言い切ること。類 明言。例 その点については—できない。

【断固《ダンコ》】(形動《タルト》) 決意を曲げたりすることなく、きっぱりとおしきって、ものごとをおこなうようす。類 断然。例 —たる態度。—として主張を通す。表記「断▼乎」とも書く。

【断交】《ダンコウ》（名・する）交際をやめること。とくに、国家間のつきあいをやめること。類絶交。例隣国《リンゴク》と—する。

【断行】《ダンコウ》（名・する）反対をおしきっておこなうこと。例熟慮《ジュクリョ》—。行政改革を—する。

【断裁】《ダンサイ》（名・する）紙や布などをたち切ること。例—機。

【断罪】《ダンザイ》（名・する）①犯罪に対する刑《ケイ》を定めること。裁判で判決を下すこと。②罪人の首を切る刑罰《ケイバツ》。打ち首。

【断食】《ダンジキ》（名・する）一定の期間、食べ物をとらないこと。信仰《シンコウ》・修行《シュギョウ》、抗議《コウギ》の意思表示、また、病気の治療《チリョウ》などを目的とする。例—療法。

【断酒】《ダンシュ》（名・する）酒を飲まないこと。酒をたつこと。禁酒。例—宣言。

【断種】《ダンシュ》（名・する）①子供ができないように手術すること。②血筋をたやすこと。

【断章】《ダンショウ》文章や語句の一部分。また、短いきれぎれの文。類断編。

【断章取義】《ダンショウシュギ》文章や語句の一部を、自分につごうのいいように解釈《カイシャク》したり、利用したりすること。

【断水】《ダンスイ》（名・する）工事・事故・水不足などのために、水道の給水が止まること。また、止めること。

【断▼截】《ダンセツ》（名・する）たち切ること。截断《セツダン》。例—面。表記「断切」とも書く。

【断絶】《ダンゼツ》（名・する）①今まで続いてきたものごとが、とだえること。また、たやすこと。例家系が—する。②つながりをたち切ること。例国交を—する。③考え方や心が通じ合わないこと。例世代間の—。

【断線】《ダンセン》（名・する）電線や電話線が切れること。

【断然】《ダンゼン》（副）①きっぱりとおしきって、ものごとをおこなうようす。また、かたく決心しているようす。断じて。類断固。例—行く。②他とくらべて、とびぬけているようす。例—おもしろい。

【断想】《ダンソウ》折にふれていだいた、断片的な感想。例—録。

【断層】《ダンソウ》①地殻《チカク》の割れ目に沿って地層がずれてくいちがうこと。また、その現象。例活—。②考え方などのくいちがい。例世代間の—。

【断層撮影】《ダンソウサツエイ》立体物や人の、ある断面をエックス線写真にとること。

【断続】《ダンゾク》（名・する）切れたり続いたりすること。例雨が—的に降る。

【断断固】《ダンダンコ》（形動《タルト》）「断固」を強めていうことば。表記「断断▼乎」とも書く。

【断腸】《ダンチョウ》はらわたがちぎれるかと思うほど、悲しくいたましいこと。例—の思い。

【断定】《ダンテイ》（名・する）他に選択《センタク》の余地を残さないように、判断すること。決めつけること。例—をくだす。

【断頭台】《ダントウダイ》罪人の首を切る台。ギロチン。例—の露《つゆ》と消える。

【断熱】《ダンネツ》（名・する）熱が伝わるのをさえぎること。例—材。

【断念】《ダンネン》（名・する）きっぱりとあきらめること。例進学を—する。

【断髪】《ダンパツ》（名・する）①かみの毛を短く切ること。例—式。②女性の髪型《かみがた》の一つ。かみをゆわず、後ろは首筋の線で、前は額からまゆのあたりで、水平に切りそろえる。〔昭和初期のことば〕

【断髪文身】《ダンパツブンシン》かみの毛を短く切り、からだにいれずみをする、古代、未開の民族にみられた風習。

【断片】《ダンペン》ひとまとまりだったものから、切りはなされた一部分。切れはし。例—的な知識。—をつなぎあわせる作業。

【断編】《ダンペン》ひとまとまりの文章のなかの、一部分。また、きれぎれの文章。類断章。表記⑪断▼篇
【断末魔】《ダンマツマ》〔仏〕〔「末魔」は梵語《ボンゴ》の音訳で、からだの急所。これを傷つけると激痛とともに絶命するといわれる〕息を引き取るまぎわの苦痛。また、臨終《リンジュウ》。例—のさけび。

【断面】《ダンメン》①切り口の面。例—図。②ある一つの視点でながめると見えてくる、ある状態。例社会の—をえがく。
●英断《エイダン》・横断《オウダン》・裁断《サイダン》・縦断《ジュウダン》・診断《シンダン》・即断《ソクダン》・速断《ソクダン》・中断《チュウダン》・独断《ドクダン》・判断《ハンダン》・不断《フダン》・分断《ブンダン》・油断《ユダン》・予断《ヨダン》

斤 8
【斯】
12画 2759 65AF 人名
音 シ 漢 呉
訓 こ-の・こ-れ・か-く

意味〔助字〕❶「この」「これ」「ここ」と読み、ものごとを指し示す。例斯学《このガク》《シガク》（=この学問）。斯道《このみち》《シドウ》。❷「すなわち」「ここに」と読み、そうすれば・すぐに、の意。接続をあらわす。例我欲レ仁、斯仁至矣《われジンをほっすれば、ここにジンいたる》（=わたしが仁を求めれば、仁はすぐにやってくる）。〈論語《ロンゴ》〉
難読 瓦斯《ガス》・斯波《しば》（=姓《セイ》）・波斯《ペルシャ》・斯須《しばらく》
人名 つな・のり
【斯界】《シカイ》専門家が集まってつくる社会。また、話題となっている分野。その道。例—の権威《ケンイ》。
【斯学】《シガク》この方面の学問。また、とくに儒学《ジュガク》のこと。
【斯道】《シドウ》〔「このみち」と訓読する〕①孔子《コウシ》や孟子《モウシ》の教え。仁義の道。聖人の道。②学問や技術などで、その人がたずさわっている方面。例—の第一人者。
【斯文】《シブン》〔「このブン」と訓読する〕この学問。また、とくに儒学《ジュガク》のこと。〔「天の将《まさ》に斯《こ》の文を喪《ほろ》ぼさんとするや（=いま天がこの文化をほろぼそうとするなら）」から〕〈論語《ロンゴ》〉

斤 9
【新】
13画 3123 65B0 教育2
音 シン 漢 呉
訓 あたら-しい・あら-た・にい・あら-ただ

筆順 亠 立 立 辛 亲 新 新

なりたち  [形声]「斤(=おの)」と、「木(=き)」と、音「辛《シン》」とから成る。木を切って取る。派生して「あたらしい」の意。

意味 ❶今までにない、はじめての(もの)。あたらしい。あらた。例新作《シンサク》。新鮮《シンセン》。新年《シンネン》。❷あたらしくする。例一新《イッシン》。更新《コウシン》。刷新《サッシン》。❸前漢の末、王莽《オウモウ》が漢朝をうばって建てた王朝。一代、十五年でほろんだ。（八—二三）

日本語での用法《あら・にい》あることばの上にそえて、あたらしい意をあらわす。「新玉《あらたま》の年《とし》・新手《あらて》・新妻《にいづま》・新盆《にいボン》」

人名 あき・あきら・あら・すすむ・ちか・はじむ・はじめ・よし・わか

【新案】《シンアン》あたらしい着想や、くふう。例—特許。実用—。

【新入り】《シンいり》あたらしくなかまにはいること。また、その人。新顔《シンがお》。新参《シンザン》。

【新鋭】《シンエイ》ある分野で頭角をあらわしてきて、その勢いがさかんなこと。また、その人やもの。新進気鋭。対古豪《コゴウ》。例—の機種。期待の—。

【新開】《シンカイ》①あたらしく開墾《カイコン》すること。例—の田地。②あたらしくひらけて市街ができること。例—地。

【新顔】《シンがお》あたらしくなかまにはいった人。新入り。新人。対古顔《ふるがお》。例—の社員。

【新型】《シンがた》あたらしく考え出された型。また、その型でつくられたもの。ニュータイプ。類新式。例—の車両。表記「新形」とも書く。

【新株】《シンかぶ》株式会社が増資するときに、あらたに発行する株。類子株。対旧株。

4画

[斤部] 8—9画 斯 新

【新柄《シンがら》】あたらしく考え出された模様。例今年の春の—。

【新刊《シンカン》】本や雑誌をあたらしく刊行すること。また、その刊行物。例—書。今月の—。

【新館《シンカン》】もとからあるものに対し、あらたに建てた建造物。対旧館。例デパートの—。

【新幹線《シンカンセン》】主要都市間を結ぶ、高速鉄道路線。

【新奇《シンキ》】(名・形動ダナ)目あたらしくて、変わっていること。例—をてらう。—なコマーシャル。

【新規《シンキ》】㊀(名・形動ダナ)今までとはちがって、あたらしいこと。例—開店。㊁(名)あたらしい規則。

【新▼禧《シンキ》】新年を祝うこと。例恭賀《キョウガ》—。謹賀《キンガ》—。

【新機軸《シンキジク》】目あたらしい計画やくふう。例—を出す。

【新旧《シンキュウ》】あたらしいものと古いもの。また、あたらしいことと古いこと。類新古。例—交代。—勢力の衝突《ショウトツ》。

【新居《シンキョ》】①あたらしく建てた家。類新宅。例—に移る。②結婚《ケッコン》して住みはじめる家。例—を構える。▽対旧居。

【新教《シンキョウ》】十六世紀の宗教改革で、ローマ教会に反対してできたキリスト教の一派。プロテスタント。対旧教。

【新曲《シンキョク》】あたらしく作られた歌曲や楽曲。例—浦島《うらしま》(＝坪内逍遥《つぼうちショウヨウ》の新舞踊《ブヨウ》劇)。

【新局面《シンキョクメン》】問題や情勢が、あたらしい段階にはいること。

【新劇《シンゲキ》】明治末期に西欧《セイオウ》の近代劇の影響《エイキョウ》を受けておこった演劇。リアリズムを主体とするもので、歌舞伎《かぶき》などの伝統演劇に対していう。対旧劇。

【新月《シンゲツ》】①陰暦《インレキ》で、月の第一日の月。地球からは見えない状態にある。対満月。②陰暦で、月のはじめに見える月。類三日月。③東の空にのぼったばかりの月。

【新建材《シンケンザイ》】プラスチックや塩化ビニルなど、あたらしく作り出された建築材料。例床《ゆか》や壁《かべ》に—が使ってある。

【新古《シンコ》】あたらしいものと、ふるいもの。新旧。

【新語《シンゴ》】①あたらしくつくられた、または、使われだしたことば。新造語。②学習の課程で、教科書を通してあたらしく習うことば。新出語。

【新香《シンコウ|シンコ》】①あたらしいつけもの。しんづけ。②つけもの。こうのもの。こうこ。こうこう。おしんこ。

【新興《シンコウ》】以前からあるものに対して、あたらしいものがさかんにおこること。例—勢力。—芸術。

［斤部］9画 新

【新婚《シンコン》】結婚してあまり日がたっていないこと。また、その人。例—旅行。—生活。

【新作《シンサク》】(名・する)あたらしくつくること。また、その作品。対旧作。例—の舞踊《ブヨウ》。秋の—。

【新参《シンザン》】あたらしくなかまにはいること。また、その人。新入り。新人。対古参《コサン》。例—者《もの》。

【新式《シンシキ》】(名・形動ダナ)あたらしい方法や様式。新型。対旧式。例—の印刷機。

【新車《シンシャ》】①新品の車。②新型の自動車や電車。

【新釈《シンシャク》】あたらしい解釈。例『源氏物語』に—を試みる。

【新酒《シンシュ》】その年にとれた米でつくった酒。対古酒。

【新種《シンシュ》】あたらしく発見されたり、作りだされた生物の種類。例—のウイルスが原因のかぜ。

【新秋《シンシュウ》】①秋の初め。類初秋。例—の候。②陰暦《インレキ》七月の別名。

【新修《シンシュウ》】(名・する)書物をあたらしく編修すること。また、その本。例—された全集。

【新出《シンシュツ》】(名・する)①あたらしく世に知れること。例—資料。②教科書などで、初めて出ること。例—漢字。

【新春《シンシュン》】新年。正月。はつはる。例—のおよろこびを申し上げます。

【新書《シンショ》】平易に書かれていて、教養や新しい話題を多く収めた本の叢書《ソウショ》。判型は文庫本よりひと回り大きい。

【新▼嘗祭《シンジョウサイ|にいなめサイ》】天皇が、十一月二十三日に、その年にとれた新米を神に供えて感謝し、みずからも食べる儀式《ギシキ》。旧祝祭日で、現在は「勤労感謝の日」となった。

【新所帯《シンジョタイ|あらジョタイ》】あたらしくもった所帯。また、新婚《シンコン》の家庭。表記「新▽世帯」とも書く。

【新進《シンシン》】その分野にあたらしく進出すること。また、その人。例—作家。

【新進気鋭《シンシンキエイ》】あたらしくあらわれて、将来が期待されること。また、その人。新鋭。例—のピアニスト。

【新人《シンジン》】①あたらしくなかまに加わった人。新顔《シンがお》。例—研修会。②人類の進化で、旧人の次にあたり、五万年前から後の、現在の人類につながるもの。クロマニョン人など。▽対旧人《キュウジン》。

【新生《シンセイ》】(名・する)①あたらしく生まれること。②生まれ変わったつもりで、あたらしい生活にはいること。例過去を捨てて—する。

【新生児《シンセイジ》】生後四週間くらいまでの乳児。初生児。例—室。

【新生代《シンセイダイ》】地球の歴史で、地質時代の区分のなかで、最もあたらしい時代。約六千六百万年前から現在までをいう。被子《ヒシ》植物・哺乳《ホニュウ》動物が発達し、人類が出現した。

【新生面《シンセイメン》】これまでになかったあたらしい方面や分野。例—を開く。

【新制《シンセイ》】あたらしい制度。対旧制。例—高校。

【新政《シンセイ》】それまでと異なる、あたらしい政治体制。例—をしく。明治の—。

【新星《シンセイ》】①あたらしく発見された星。②とつぜん明るくかがやきだした星。③ある社会で急に人気の出た人。例歌謡界《カヨウカイ》の—。

【新世界《シンセカイ》】①中世以後、ヨーロッパ人によってあたらしく発見された大陸。南北アメリカ大陸とオーストラリア大陸。新大陸。対旧世界。②あたらしい生活や活動ができる、土地や社会。新天地。

【新設《シンセツ》】(名・する)あたらしくつくること。例—校。

【新雪《シンセツ》】あたらしく降り積もった雪。例—をふんで行く。

【新説《シンセツ》】①あたらしく立てられた学説や意見。対旧説。例—をとなえる。②初めて聞く話。初耳《はつみみ》。例それは—だ。

【新石器時代《シンセッキジダイ》】石器時代の後半。日本では縄文《ジョウモン》時代にあたり、磨製《マセイ》石器のほか土器も使い、農耕や牧畜《ボクチク》をして定住が始まっていた。対旧石器時代。

【新▼撰《シンセン》】(名・する)書物をあたらしく編集すること。例—万葉集。表記現代では「新選」とも書く。

【新鮮《シンセン》】(名・形動ダナ)①あたらしくて、生きがいいこと。例—な魚。②よごれていないこと。例—な山の空気。③あたらしく感じられること。例—な目でものを見る。

【新装《シンソウ》】(名・する)建物の内装や外装、設備などをあたらしくすること。例—開店。

【新造《シンゾウ》】㊀(名・する)あたらしくつくること。建物や船など大きなものについていうことが多い。例—船。㊁(「シンゾ」とも)(名)昔、武家や上流商家の妻女、またのちには、若い人妻や未婚《ミコン》の若い女性を呼ぶことば。例ご—《シンゾ》さん。

【新卒《シンソツ》】「新卒業生」の略。その年にあたらしく学校を卒業する人。例—の社員。—を採用する。

【新体詩《シンタイシ》】明治初期、西洋の詩の形式を取り入れて、

あたらしい体裁《テイサイ》でつくられた詩。漢詩に対していう。

【新大陸】《シンタイリク》「新世界①」に同じ。(対)旧大陸。

【新宅】《シンタク》①あたらしく建てた家。新居。(対)旧宅。[例]—に引っ越《こ》す。②本家から分かれた家。(類)分家《ブンケ》。

【新地】《シンチ》①あたらしく開かれた土地。新開地。[例]—に店を出す。②「①」にできた盛《さか》り場や遊郭《ユウカク》。

【新築】《シンチク》(名・する)あたらしく建物を建てること。また、その建物。[例]—工事。家を—する。

【新知識】《シンチシキ》進歩したあたらしい知識。また、それをもつ人。[例]欧米《オウベイ》に—を求める。[表記]「新▼智識」とも書く。

【新茶】《シンチャ》新芽をつんでつくった茶。かおりが高い。はしり茶。

【新着】《シンチャク》(名・する)あたらしく届いたばかりであること。また、そのもの。[例]—の図書。

【新注】《シンチュウ》①あたらしい注釈《チュウシャク》。[例]『万葉集』の—。②宋《ソウ》代の儒学者《ジュガクシャ》の注釈。とくに、朱熹《シュキ》(=朱子)による経典《ケイテン》の注釈を、漢以来の古注に対していう。▽(対)古注。[表記]▽(旧)新▼註
【新調】《シンチョウ》(名・する)あたらしくつくったり、買いととのえたりすること。また、そのもの。[例]—の家具。スーツを—する。

【新陳代謝】《シンチンタイシャ》(名・する)〔「陳」は、古いものの意〕①生物が外界から食物を取り入れてエネルギー源とし、いらなくなったものを体外に出すこと。物質交代。物質代謝。②あたらしいものが古いものにかわること。[例]組織の—をはかる。

【新手】《シンて｜あらて》①あたらしいやり方や方法。[例]—の商売。②あたらしく戦いに参加した、元気な兵隊。[例]—がおし寄せる。③あたらしくなかまに加わった人。

【新訂】《シンテイ》(名・する)書物などの内容の大部分を直して、あたらしくすること。[例]—版。

【新店】《シンテン｜シンみせ》あたらしく開いた店。

【新田】《シンデン》あたらしく開墾《カイコン》した田。[例]—を開く。

【新天地】《シンテンチ》あたらしい生活や活動のための場。新世界。[例]—を求めて船出《ふなで》する。

【新都】《シント》あたらしいみやこ。(対)旧都・古都。[例]—を定める。

【新党】《シントウ》あたらしい政党。[例]—を結成する。

【新道】《シンドウ｜シンみち》あたらしく開いた道路。(対)旧道・古道。

【新内】《シンナイ》「新内節《ぶし》」の略。江戸《えど》時代後期にできた浄瑠璃《ジョウルリ》の一つ。[例]—流し。

【新入】《シンニュウ》あたらしく、はいってくること。また、その人。新入り。新参《シンザン》。[例]—生。—社員。


【新任】《シンニン》あたらしく任命されること。また、その人。(対)先任・前任。[例]—の先生。

【新年】《シンネン》あたらしいとし。としの初め。新春。[例]謹賀《キンガ》—。つつしんで—のごあいさつを申し上げます。

【新派】《シンパ》①あたらしい流派。[例]—をおこす。②「新派劇」の略。明治中期にさかんになった現代劇を演じる演劇。▽(対)旧派。

【新盤】《シンバン》あたらしく発売されたCDなど。(類)新譜《シンプ》。

【新版】《シンパン》①あたらしく本を出版すること。また、その本。(類)新刊。②前に出版された本の、内容や体裁《テイサイ》をあたらしくして出版すること。また、その本。(対)旧版。

【新品】《シンピン》あたらしい品物。(対)中古品・古物。[例]—の靴《くつ》。

【新婦】《シンプ》はなよめ。(対)新郎《シンロウ》。

【新譜】《シンプ》①あたらしい曲の楽譜。②あたらしく発売されたレコードやCDなど。(類)新盤《シンパン》。[例]今月の—。

【新風】《シンプウ》あたらしい風潮。また、やり方。[例]—をふきこむ。

【新聞】《シンブン》①社会の情報ニュース。[例]—学。②社会に起こったできごとや話題などを、早く正確に世間に知らせるための定期刊行物。[例]—記者。

【新法】《シンポウ》①あたらしく定められた法令。[例]—が施行《シコウ》される。②あたらしく考え出された方法。▽(対)旧法。

【新▽発▽意】《シンボチ》〔仏〕さとりを求め、出家した人。出家して間もない人。しんぼっち。

【新仏】《シンぼとけ｜あらぼとけ》死んでから間もない死者。〔死後初めての盂蘭盆会《ウラボンエ》に、まつられる死者の霊《レイ》にもいう〕

【新盆】《シンボン｜にいボン》人の死後、初めてむかえるお盆。初盆《はつボン》。

【新本】《シンポン》①人の手にふれていない、あたらしい本。▽(対)古本《ふるホン》。②あたらしく発刊された本。新刊本。[例]—コーナー。

【新米】《シンマイ》①その年にあたらしくとれた、こめ。(対)古米《コマイ》。②〔「新前《シンまえ》」の変化〕「新前」に同じ。

【新前】《シンまえ》あたらしく仕事についたばかりで、慣れていない人。新米《シンマイ》。(類)新参《シンザン》・新人。[例]—のくせに大きな口をきく。

【新味】《シンミ》あたらしいあじわい。あたらしいおもむき。[例]—を出す。—がない。

【新芽】《シンめ》あたらしく出てきた芽。若芽。[例]山の木木が—をふく。

【新約】《シンヤク》①あたらしい約束や契約《ケイヤク》。②『新約聖書』の略。キリスト教の教典の一つ。キリストの生涯《ショウガイ》と言行などを記す。▽(対)旧約。


【新訳】《シンヤク》あたらしい翻訳《ホンヤク》。(対)旧訳。[例]—源氏物語。

【新薬】《シンヤク》あたらしくつくられたくすり。[例]—を開発する。

【新湯】《シンゆ｜あらゆ｜さらゆ》わかしたてで、まだ、だれもはいっていないふろ。また、その湯。

【新羅】《シンラ｜しらぎ》〔「シルラ」とも〕朝鮮で最初の統一国家。七世紀中ごろに百済《ヒャクサイ｜くだら》・高句麗《コウクリ》を滅ぼし、六七六年に樹立した。九三五年、高麗《コウライ》に滅ぼされた。

【新来】《シンライ》あたらしく来た人やもの。[例]—の教師。

【新涼】《シンリョウ》秋の初めのころの、すずしさ。(類)秋涼。

【新緑】《シンリョク》初夏のころの、若葉のみどり。[例]—の候。

【新暦】《シンレキ》現在使われている太陽暦のこと。陽暦。〔日本では、もとの陰暦《インレキ》明治五年十二月三日を一八七三(明治六)年一月一日と定めて、新暦に改めた〕(対)旧暦。

【新郎】《シンロウ》はなむこ。(対)新婦。

【新妻】《にいづま》結婚《ケッコン》して間もないつま。

【新枕】《にいまくら》結婚《ケッコン》した男女が初めていっしょにねること。
●維新《イシン》・一新《イッシン》・温故知新《オンコチシン》・改新《カイシン》・革新《カクシン》・更新《コウシン》・最新《サイシン》・刷新《サッシン》・斬新《ザンシン》・生新《セイシン》・清新《セイシン》

斤14
【斷】18画 ⇩【断】《ダン》(472ページ)

70
4画
方 ほう ほうへん 部

はたがひるがえる形をあらわす「㫃《エン》」の省略形。「㫃」をもとにしてできている漢字と、「方」の字形を目じるしにして引く漢字とを集めた。

0 方 4 於 5 施 6 旃 旆 旁 旄 旅 旅 7 旌 旋 族 9 旒 10 旗 12 旙 14 旛

この部首に所属しない漢字
房⇩戸 422　放⇩攵 459

方 0
【方】4画 4293 65B9 [教育2] [音]ホウ(漢)(呉) [訓]かた [付表]行方《ゆくえ》
[筆順] 丶 亠 亐 方

なりたち 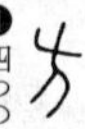 [象形] 二そうの舟《ふね》をならべた形。派生して「四角」の意。

意味 ❶四つのかどのある形。例方眼《ホウガン》。方形《ホウケイ》。長方形《チョウホウケイ》。❷(真四角のかどのように)きちんとしている。例方正《ホウセイ》。方直《ホウチョク》(=正しい)。❸向き。かた。例方位《ホウイ》。方向《ホウコウ》。❹区切られた土地。地域。例方言《ホウゲン》。地方《チホウ》。❺何かをするやりかた。わざ。技術。例方式《ホウシキ》。方便《ホウベン》。処方《ショホウ》。❻同じ数をかけあわせる。例平方《ヘイホウ》。立方《リッポウ》。❼〔助字〕㋐「まさに」「…にあたる」と読み、ちょうど・まさしく、などの意をあらわす。例天下方擾《テンカまさにみだる》(=天下はまさに乱れている)。㋑「はじめて」と読み、ちょうどそうなって、の意をあらわす。例方可《はじめてかなり》(=ちょうどそれでよろしい)。

難読 方便《てだて|たばかり|たより》

人名 あたる・か・しげ・すけ・たか・ただし・たもつ・つね・なみ・のり・ひとし・ふさ・まさ・み・みち・やす・より

【▽方舟】《はこぶね》 四角な形のふね。例ノアの―。表記「箱舟」とも書く。

【方位】《ホウイ》 ①東西南北と、その間をさらに細分して決めた方角。方角。②陰陽道《オンヨウドウ》で、方角のよしあし。例―を占《うらな》う。家の―をみてもらう。

【方円】《ホウエン》 四角と、まる。例水は―の器《うつわ》にしたがう(=水は器が四角ければ四角に、まるければまるい形になる。人は環境しだいで、よくも悪くもなる)。〈荀子《ジュンシ》・韓非子《カンピシ》による〉

【方角】《ホウガク》 ①(基準になる地点から見た)ある場所の方向。類方位・方向。例山頂から東の―に見える川。②占《うらな》いで、吉凶《キッキョウ》をもたらす神がいるとされる方向。例―が悪い。

【方眼】《ホウガン》 たてよこに連続した、同じ大きさの正方形。

【方眼紙】《ホウガンシ》 直角に交わるたてよこの線で、正方形のます目をたくさんえがいた紙。設計図やグラフなどに使う。セクションペーパー。

【方形】《ホウケイ》 四角形。

【方言】《ホウゲン》 ①ある地方の、ことばの体系。例琉球《リュウキュウ》―。②共通語とはちがう、その地方独特のことばや言いまわし。対共通語。例ウシは、東北地方の―ではベコという。

【方向】《ホウコウ》 ①進んだり、指し示したりする、むき。類方角。例左の―。②目ざすところ。めあて。例―づけ。

【方今】《ホウコン》 ちょうどいま。まさに現在。類当今・現今・今日《コンニチ》。例―の世相。

【方策】《ホウサク》 ものごとを処理するための方法や手段。例万全《バンゼン》の―を立てる。

【方式】《ホウシキ》 一定のしかた。きまったやり方。例―に従う。新しい―。

【方丈】《ホウジョウ》 〔一丈(=約三メートル)四方のせまい部屋の意〕〔仏〕寺のなかの住職の居間。転じて、住職。例―さん。―にこもって写経《シャキョウ》をする。

【方針】《ホウシン》 ものごとをすすめるにあたっての、方向ややり方の原則。例―を立てる。

【方陣】《ホウジン》 ①兵士を四角形に配置した陣形。方形の陣。②正方形を区切って、たて・よこ・ななめの、どの合計も同じになるような数を並べたもの。魔方陣《マホウジン》。

【方寸】《ホウスン》 〔一寸(=約三センチメートル)四方の意〕①ごくせまい面積。例―の地。②〔心は胸のなかの一寸四方の部分にあるということから〕心のなか。胸のうち。例成否は議長の―にある。

【方正】《ホウセイ》 (名・形動《ナダ》) きちんとしていて、正しいこと。例品行―。

【方程式】《ホウテイシキ》 〔数〕文字をふくむ等式のうち、その文字に特別の数値をあたえたときに成立するもの。例―の解。

【方途】《ホウト》 進むべきみち。ものごとを処理するために、とるべき方法。類手段・方法。例解決のための―を示す。

【方便】《ホウベン》 ①〔仏〕仏が人々を救うために使う、かりの手段。②本来とるべきではないが、その場につごうがよいので、あえてとる手段。例うそも―。

【方法】《ホウホウ》 ある目的を果たすためのやり方。類手段・方式。

【方法論】《ホウホウロン》 学問研究の方法についての理論や論議。

【方方】 ㊀《ホウボウ》 いろいろな方面。あちこち。例―探して歩く。㊁《かたがた》「ひとびと」のていねいな表現。みなさま。例来賓《ライヒン》の―がお帰りになる。―(=おのおのがた)、ご油断めさるな。

【方面】《ホウメン》 ①その方向の地域。例関西―に旅行する。②それに関する分野や領域。例各―の意見を求める。

【方略】《ホウリャク》 はかりごと。類計略・方策。例―をめぐらす。

●裏方《うらかた》・遠方《エンポウ》・親方《おやかた》・快方《カイホウ》・漢方《カンポウ》・西方《サイホウ|セイホウ》・三方《サンポウ》・四方《シホウ》・上方《ジョウホウ|かみがた》・先方《センポウ》・双方《ソウホウ》・他方《タホウ》・地方《チホウ》・当方《トウホウ》・東方《トウホウ》・殿方《とのがた》・八方《ハッポウ》・平方《ヘイホウ》・味方《みかた》・立方《リッポウ》・両方《リョウホウ》

方 4

【於】

8画 1787 65BC 人名

音 ㊀オ(漢)ウ(呉) ㊁ヨ(漢)オ(呉)

訓 お-いて・お-ける

なりたち 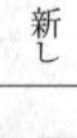 [象形] カラスの形。「烏《ウ》」の古字。借りて助字などに用いる。

意味 ㊀《オ|ウ》 ❶なげくことば。ああ。例於乎《ああ》。❷「於菟《オト》」は、トラのこと。㊁《ヨ|オ》〔助字〕㋐「…(に)おいて」と読み、場所や時間などをあらわす。例争レ利者於レ市《リをあらそうものはいちにおいてす》(=利益を得ようとする者は市場でする)。〈史記《シキ》〉㋑「…に」「…を」と読み、動作の対象や目的をあらわす。例施二於人一《ひとにほどこす》(=人に対しておこなう)。学二於文一《ブンをまなぶ》(=文化的教養を学ぶ)。㋒「…より」と読み、起点や比較《ヒカク》をあらわす。例青二於藍一《あいよりあおし》(=植物のアイよりも青い)。

【於▼乎】《ああ》 (感) おどろき・悲しみ・喜び・なげきなど、ものごとに強く感じたときに出す声。表記「▼嗚▽呼・▼嗟▼乎」とも書く。

方 5

【施】

9画 2760 65BD 常用

音 シ(漢)セ(呉)

訓 ほどこ-す・し-く・ほどこ-し

筆順 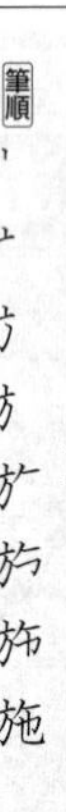

なりたち 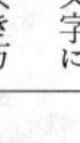 [形声]「㫃(=旗がひるがえるようす)」と、音「也《ヤ→シ》」とから成る。旗がゆらぐようす。借りて「しきおよぼす」の意。

意味 ❶実行する。しく。ほどこす。例施行《シコウ》。施政《シセイ》。実施《ジッシ》。❷お金や品物をあたえる。めぐむ。ほどこす。ほどこし。例施肥《セヒ》。施米《セマイ》。布施《フセ》。

人名 のぶ・はる・ます・もち

【施工】《シコウ|セコウ》 (名・する) 工事を実際におこなうこと。例―主《しぬ》。

【施行】 (名・する) ㊀《シコウ|セコウ》 ①実際におこなうこと。類実施。②法律などが有効なものとして実際に用いられること。例―令。この法律はただちに―する。㊁《セギョウ》〔仏〕僧《ソウ》や貧しい人に物をあたえること。

【施行規則】《シコウキソク|セコウキソク》 法律などの施行に必要な細かいことがらを定めた規則。施行細則。

【施策】《シサク》 (名・する) 政治家や役人などが、計画や対策を立てて、実際におこなうこと。また、実行すべき計画や対策。例福祉《フクシ》に対する―が不十分だ。

【施政】《シセイ》 実際に政治をおこなうこと。また、その政治。例―方針。

【施設】《シセツ》 ㊀(名・する) ある目的のためにもうけられた建物や

設備。また、それらをもうけること。例 公共―を利用する。二(名)社会福祉《シフク》のための建物や設備。とくに、母子寮《ボシリョウ》や老人ホームなど。例 ―に収容する。

【施餓鬼《セガキ》】〔仏〕法会《ホウエ》の一つ。餓鬼道に落ちて飢《う》えに苦しむ亡者《モウジャ》や、とむらう人のいない亡者のためにする供養《クヨウ》。例 ―を営《いとな》む。

【施業《セギョウ》】〔「シギョウ」とも〕(名・する)業務をおこなうこと。とくに、森林の管理についていう。

【施主《セシュ》】①〔仏〕㋐寺や僧《ソウ》にお金や物をほどこす人。㋑葬式《ソウシキ》や法事を、中心になってとりおこなう人。②家を建てるときの建て主《ぬし》。施工主《ぬし》。

【施錠《セジョウ》】(名・する)かぎをかけること。(対)解錠。例 倉庫に―する。

【施肥《セヒ》】(名・する)植物に肥料をあたえること。

【施米《セマイ》】(名・する)僧《ソウ》や貧しい人に米をあたえること。また、その米。

【施物《セモツ》】僧《ソウ》や貧しい人にあたえる品物。

【施薬《セヤク》】(名・する)貧しい人にくすりをあたえること。また、そのくすり。例 ―院。

【施与《セヨ》】〔「ショ」とも〕(名・する)ほどこしあたえること。また、あたえるもの。例 金品を―する。―を受ける。

【施療《セリョウ》】(名・する)①貧しい人のために、無料で病気やけがの手当てをすること。例 ―院。②病気などを治療すること。(類)加療。例 患者《カンジャ》を―する。

●実施《ジッシ》・布施《フセ》

方 6 【旃】10画 5851 65C3 音 セン(漢)(呉) 訓 はた・はたのえ

意味 ❶赤色無地で柄《え》の曲がった旗。はた。はたのえ。例 旃旌《センセイ》。❷毛織物。(同)氈《セン》。例 旃裘《センキュウ》。❸「旃檀《センダン》」は、樹木の名。栴檀《センダン》に同じ。(同)栴《セン》。

【旃▼裘《センキュウ》】①北方の遊牧民が作る、獣毛《ジュウモウ》を織って作った服。氈裘《センキュウ》。②北方の異民族。

【旃▼檀《センダン》】⇩【栴檀《センダン》】(528ページ)

方 6 【旆】10画 5852 65C6 音 ハイ(漢) 訓 はた

意味 旗のふちかざり。はた。例 旆旌《ハイセイ》。旋旆《センハイ》。

【旆▼旌《ハイセイ》】〔「旌旆」も、はたの意〕はた。旌旗《セイキ》。旌旆《セイハイ》。

方 6 【旁】10画 5853 65C1 音 ホウ(漢)ボウ(呉) 訓 かたわ-ら・つくり・かたがた

意味 ❶広くゆきわたる。あまねく。例 旁引《ボウイン》。博引旁証《ハクインボウショウ》。❷わき。そば。かたえ。かたわら。(同)傍《ボウ》。例 旁観《ボウカン》。旁若無人《ボウジャクブジン》。道旁《ドウボウ》。❸漢字を構成する右側の部分。つくり。(対)偏《ヘン》。例 戈旁《ほこづくり》。偏旁冠脚《ヘンボウカンキャク》。

日本語での用法 《かたがた》①…のついでに。「御機嫌伺《ゴキゲンうかが》い旁《かたがた》差《さ》し上《あ》げたいものがございます」②そういうことならそれで。いずれにせよ。「それはたしかに問題《モンダイ》で、旁《かたがた》規定《キテイ》を検討《ケントウ》すべき時《とき》にきている」

【旁引《ボウイン》】(名・する)多くの資料を広く調べて用いること。博引《ハクイン》旁証。(類)博引。

【旁観《ボウカン》】(名・する)かかわりあいにならずに、そばで見ていること。表記「傍観」とも書く。

【旁系《ボウケイ》】直系から分かれ出た、つながり。(対)直系。表記「傍系」とも書く。

【旁若無人《ボウジャクブジン》】(名・形動《ダナ》)〔「旁《かたわ》らに人《ひと》無《な》きが若《ごと》し」と訓読する〕そばに人がいないかのように、かってなふるまいをすること。〈史記《シキ》〉表記「傍若無人」とも書く。

方 6 【旄】10画 5854 65C4 音 ボウ(漢)モウ(呉)

意味 ❶カラウシの尾《お》をかざりにつけた旗。はた。例 旌旄《セイボウ》。❷カラウシの尾の毛。(同)氂《ボウ》。❸毛の長いウシ。カラウシ。例 旄牛《ボウギュウ》(=毛の長いウシ)。❹八、九十歳《サイ》の老人。としより。(同)耄《ボウ》。

[旄❶]

方 6 【旅】10画 4625 65C5 教育3 音 リョ(漢)(呉) 訓 たび

筆順 亠 亡 方 扩 扩 扩 旅

方 6 【旅】10画 ― F983

なりたち  [会意]「扩(=旗がひるがえるようす)」と「从(=ともにする)」とから成る。兵士五百人からなる軍隊。

意味 ❶軍隊。例 旅団《リョダン》。軍旅《グンリョ》。師旅《シリョ》。❷隊を組んで、めぐりあるく。たび。例 旅客《リョカク》。逆旅《ゲキリョ》。❸背骨。(同)膂《リョ》・呂《リョ》。例 旅力《リョリョク》。

人名 たか・もろ

【旅▼鳥《たびがらす》】①決まった家をもたず、各地をわたり歩いて暮らす人。無宿者。②よそから移り住んだ人を悪くいうことば。

【旅芸人《たびゲイニン》】各地をまわり、歌・芝居《しばい》・おどり・サーカスなどの芸を見せる人。(類)旅役者。例 ―の一座。

【旅路《たびじ》】①旅行でたどる道。旅行のコース。例 ―の果て。②旅行。例 死出《シで》の―。

【旅支度《たびジタク》】①旅行のための準備。例 ―をすませる。②旅行中の服装。(類)旅装。例 ―のまま報告に行く。表記 ▽「旅仕度」とも書く。

【旅所《たびショ》】神社の祭りで、町をめぐり行くお神輿《みこし》を、一時とどめておく場所。旅の宮。〔ふつう「お旅所」という〕

【旅立ち《たびだち》】(名・する)①旅行に出発すること。②〔旅行の出発にたとえて〕あたらしい生活を始めること。例 社会人としての―を祝う。

【旅日記《たびニッキ》】旅行中に書いた日記。(類)旅行記。

【旅寝《たびね》】(名・する)旅行でおとずれた土地に泊《と》まること。旅枕《たびまくら》。例 山の宿で一夜の―をする。

【旅枕《たびまくら》】「旅寝《たびね》」に同じ。

【旅役者《たびヤクシャ》】各地を回り、芝居《しばい》などを見せて生活する役者。(類)旅芸人。

【▽旅▽籠《はたご》】①「旅籠屋《はたごや》」の略。旅館・宿屋の昔風の言い方。②昔、旅行のときに、食べ物や身の回りの品などを入れたかご。

【旅客《リョカク|リョキャク》】たびをする人。旅行者。例 ―機《リョカクキ》。

【旅館《リョカン》】旅行者の宿泊《シュクハク》や食事の世話をする宿。〔ホテルに対して、建物も設備も和風のものをいう〕

【旅銀《リョギン》】旅行中に使うお金の、昔風の言い方。〔金とともに銀も通貨として用いられていたのでいう〕(類)路銀。

【旅券《リョケン》】海外旅行者の本国政府が発行する身分証明書。パスポート。

【旅行《リョコウ》】(名・する)家をはなれて、よその土地へ出かけること。たび。〔日帰りについてもいうが、おもに一泊《イッパク》以上の場合にいう〕例 修学―。観光―。―記。

【旅次《リョジ》】旅のやどり。また、旅のとちゅう。例 パリでの―。

【旅愁】《リョシュウ》 旅に出て感じられるもの悲しい気持ち。例ひとり—にひたる。
【旅宿】《リョシュク》（名・する）旅先で、泊《と》まること。また、ホテルや旅館などの、旅行中に泊まる宿。類旅泊《リョハク》。例行く先の—を決めておく。
【旅情】《リョジョウ》 日常をはなれ、旅先で味わうしみじみとした思い。例—にひたる。
【旅人】《リョジン｜たびびと》 旅行している人。旅行者。
【旅装】《リョソウ》 旅行中の服装。旅じたく。例—を解く。
【旅団】《リョダン》 軍隊の編制単位の一つ。師団より下、連隊より上の規模《キボ》。例—長。
【旅中】《リョチュウ》 旅行しているあいだ。旅行中。
【旅亭】《リョテイ》 宿屋。旅館。
【旅程】《リョテイ》 ①旅行の道のり。類行程。例一日の—を約十里とする。②旅行の日程。スケジュール。例—表。
【旅泊】《リョハク》（名・する）旅に出て泊《と》まること。類旅宿。
【旅費】《リョヒ》 旅行にかかる費用。とくに、交通費と宿泊《シュクハク》費。
【旅力】《リョリョク》 ①すべての力。もろもろの力。②背骨の力。また、筋肉の力。体力。表記②は「▼膂力」とも書く。
●軍旅《グンリョ》・逆旅《ゲキリョ》・長旅《ながたび》

方 6
【旅】
10画 ⇩【旅】《リョ》（477ページ）

方 7
【旌】
11画 5855 65CC 音セイ漢 ショウ呉 訓あらわ-す・はた

意味 ❶羽かざりをつけた旗。使節の旗じるし。はた。例旌旗《セイキ》。❷（旗をあたえて）表彰《ヒョウショウ》する。ほめたたえ、あらわす。例旌表《セイヒョウ》。
【旌旗】《セイキ》 はた。旆旌《ハイセイ》。旌旆《セイハイ》。
【旌表】《セイヒョウ》（名・する）よいおこないをした人をほめたたえて、広く世の中に知らせること。類旌顕《セイケン》。〔もと中国で、よいおこないをした人の門に、天子が旗を立ててほめたことから〕

方 7
【旋】
11画 3291 65CB 常用 音セン漢 訓めぐ-る

筆順 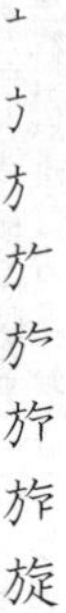

なりたち  [会意]「㫃（=旗がひるがえるようす）」と「疋（=はたざお）」とから成る。旗で兵士を指揮する。派生して「めぐる」の意。

意味 ❶ぐるりとまわって、もどってくる。かえる。例旋帰《センキ》（=めぐって、もとにもどる）。凱旋《ガイセン》。❷ぐるぐるまわる。めぐる。例旋回《センカイ》。旋転《センテン》。螺旋《ラセン》。
難読 旋風《つじかぜ》・旋覆花《おぐるま》・旋毛《つむじ》
【▽旋頭歌】《セドウカ》 五・七・七・五・七・七の六句から成る和歌の形式。『万葉集』に多くみられる。
【旋回】《センカイ》（名・する）ぐるぐるまわること。例ヘリコプターが上空を—している。
【旋▼踵】《センショウ》〔「踵《くびす》を旋《めぐ》らす」と訓読する〕①かかとをぐるりと回して、向きを変えること。②しりぞくこと。
【旋転】《センテン》（名・する）くるくると回ること。類回転。
【旋盤】《センバン》 加工する材料を回転させながら、けずったり切ったり、ねじ山を作ったりする工作機械。
【旋風】《センプウ》 ①気圧の変化などで起こる、うずまき状の風。つむじ風。②突然《トツゼン》起こった、世間をおどろかすようなできごと。また、その影響《エイキョウ》。例角界に—をまきおこした力士。
【旋毛】《センモウ》 うずをまくように生えている毛。つむじ。
【旋律】《センリツ》 音の高低と長短の組み合わせによってできる音の流れ。ふし。メロディー。
●周旋《シュウセン》

方 7
【族】
11画 3418 65CF 教育3 音ソク漢 ゾク呉 訓やから

筆順 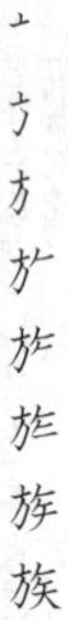

なりたち  [会意]「㫃（=むらがるようす）」と「矢（=や）」とから成る。矢じり。派生して「やから」の意。

意味 ❶同じなかまのグループ。みうち。やから。例一族《イチゾク》。家族《カゾク》。親族《シンゾク》。❷同じ種類のもの。例魚族《ギョゾク》。語族《ゴゾク》。水族館《スイゾクカン》。
人名 えだ・つぎ・つぐ
【族殺】《ゾクサツ》（名・する）一人の罪によって、一族の者を一人残らず殺すこと。類族滅《ゾクメツ》。
【族子】《ゾクシ》 ①親類や一族の子。②きょうだいの子。
【族称】《ゾクショウ》 明治の制度で、国民の身分の呼び名。華族《カゾク》・士族・平民があった。たとえば「東京府華族」「山形県士族」「愛知県平民」などといった。
【族生】《ゾクセイ》（名・する）植物がむらがり生えること。類叢生《ソウセイ》。表記 旧▼簇生
【族制】《ゾクセイ》 家族制度や氏族制度など、血のつながりによる集団の決まり。
【族党】《ゾクトウ》 一族とその家来。一族郎党《イチゾクロウトウ》。
【族滅】《ゾクメツ》（名・する）一族をほろぼすこと。類族殺《ゾクサツ》。
●遺族《イゾク》・王族《オウゾク》・貴族《キゾク》・血族《ケツゾク》・豪族《ゴウゾク》・氏族《シゾク》・種族《シュゾク》・部族《ブゾク》・民族《ミンゾク》

方 9
【旒】
13画 5856 65D2 音リュウ漢

意味 ❶旗の先にたらしたかざり。はたあし。例旒旗《リュウキ》（=たれたかざりのついた、はた）。❷かんむりの前後にたらす玉かざり。たまだれ。例旒冕《リュウベン》（=玉かざりのついた、かんむり）。
日本語での用法 《リュウ》旗や幟《のぼり》を数えることば。「一旒《イチリュウ》の旗《はた》」

方 10
【旗】
14画 2090 65D7 教育4 音キ漢呉 訓はた

筆順 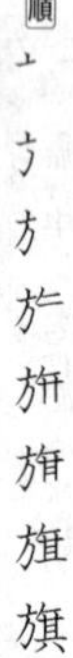

なりたち  [形声]「㫃（=旗がひるがえるようす）」と、音「其《キ》」とから成る。兵士がその下に集合する、クマやトラをえがいたはた。

意味 ❶布や紙でつくり、さおなどにつけてかかげる、国や団体などのしるし。はた。例軍旗《グンキ》。校旗《コウキ》。国旗《コッキ》。❷清朝《シンチョウ》の軍事や行政の組織。
人名 たか
【旗下】《キカ》 大将の旗のもと。麾下《キカ》。
【旗艦】《キカン》 司令官または司令長官が乗って、艦隊の指揮をする軍艦。例連合艦隊の—三笠《みかさ》。
【旗鼓】《キコ》 ①軍隊の旗と太鼓《タイコ》。転じて、軍隊の命令。②兵力。軍勢。例—堂堂。
【旗▼幟】《キシ》 ①（昔、戦いで使われた）はたじるし。類旗旌《キセイ》。②はっきり示された態度。立場。主義主張。類旗色《キショク》。例—を鮮明《センメイ》にする。
【旗▼幟鮮明】《キシセンメイ》 はたじるしがあざやかで、まぎれのないこと。主義主張や、態度・立場をはっきりあらわすこと。
【旗手】《キシュ》 ①軍隊やスポーツの団体などで、そのしるしとなる

旗を持つ役目の人。例選手団の—。②ある運動や思潮《シチョウ》の先導をする人。例二十世紀文学の—。

【旗章】《キショウ》 旗の模様。はたじるし。国旗・軍旗・校旗・社旗などについていう。例英国の—は、ユニオンジャック。

【旗色】《キショク|はたいろ》 ①勝敗や、また、広くものごとのなりゆき。類形勢。例—《はたいろ》が悪い。②立場。主張。類旗幟《キシ》。

【旗▼旌】《キセイ》 〔「旌」も、はたの意〕はた。類旗幟《キシ》。

【旗亭】《キテイ》 〔中国で、目じるしとして旗を立てたことによる〕①居酒屋《いざかや》。料理屋。②はたごや。やどや。

【旗門】《キモン》 スキーの回転競技で、必ずその間を通るべきものとしてコース上に設けられる、一対《イッツイ》の旗ざお。

【旗揚げ】《はたあげ》 （名・する）①兵をあげ、戦いを起こすこと。類挙兵。例木曽義仲《きそよしなか》の—。②新しく組織や集団を結成すること。例演劇一座の—興行。

【旗頭】《はたがしら》 その地方の武士団のかしら。一派の首領。例一方の—となる。

【旗指物】《はたさしもの》 武士がよろいの背中にさして、戦場での目じるしにした小旗。

【旗印】《はたじるし》 ①昔、戦場で目じるしとして旗につけた紋所《モンどころ》や文字などの、しるし。類馬印《うまじるし》。例「風林火山」の—〔武田信玄《たけだシンゲン》のもの〕。②団体などがかかげる、運動の方向性を示した目標。スローガン。例平和を—としてかかげる。

【旗日】《はたび》 〔国旗を掲《かか》げて祝うことから〕国民の祝日。例十一月二十三日は—だ。

【旗本】《はたもと》 ①陣中《ジンチュウ》で大将のいるところ。本陣。本営。②江戸《えど》時代、直参《ジキサン》（=将軍直属の家臣）で、将軍に直接面会できる身分の者。直参でも将軍に会えない者を御家人《ゴケニン》という。

●軍旗《グンキ》・校旗《コウキ》・国旗《コッキ》・白旗《しろはた》・弔旗《チョウキ》・日章旗《ニッショウキ》・反旗《ハンキ》・半旗《ハンキ》・万国旗《バンコクキ》

方12 [播] 16画 ⇩【旛】ハン（479ページ）

方14 【旛】 18画 5857 65DB 音ハン漢 バン呉 訓はた

方12 [播] 16画 5858 65D9 別体字

意味 はばが広く、長く垂れ下がった旗。はた。同幡《ハン》。

71 4画 无《なし》《むにょう》（旡・旡《すでのつくり》）部

「ない」の意をあらわす「无」と、字形のよく似た「旡」、またそのつくりをもつ「既《すでに》」とを集めた。

0 无 旡 5 既 7 旣

この部首に所属しない漢字

蠶⇩虫 882

无 0 【无】 4画 5859 65E0 音ブ漢 ム呉 訓なーい

意味 ない。例无量寿仏《ムリョウジュブツ》（=寿命《ジュミョウ》に限りのない仏、すなわち阿弥陀仏《アミダブツ》）。

参考 「無」の古字。『易経《エキキョウ》』では、「無」よりも「无」を多く用いる。

難読 无墓《はかなし》・无墓《はかな》い・无頼《ブライ》・无記性《ムキショウ》（=善でも悪でもない状態）

旡 0 【旡】 4画 5860 65E1 音キ漢 訓むーせる

意味 飲食物などで、のどがつまる。むせる。

旡 5 【既】 10画 2091 65E2 常用 音キ漢呉 訓すでーに

筆順

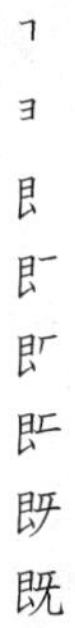

旡 7 【旣】 11画

なりたち  [形声]「皀（=穀物のよいかおり）」と、音「旡《キ》」とから成る。食べつくす。

意味 ❶ことごとく…する。つきる。つくす。例皆既日食《カイキニッショク》。❷〔助字〕「すでに」と読み、もう・とっくに、の意。ものごとが、もはやなされていることを示す。対未《ミ》。例既成レ列《すでにレツをなす》（=もう列をととのえ終わる）。既往《キオウ》〔「すでにいく」と訓読する〕。既存《ソンキ》〔「すでにソンす」と訓読する〕。

難読 既望《いざよい》

人名 つき

【既往】《キオウ》 かなり以前のことがら。過去のことがら。類過去《カコ》・已往《イオウ》。例—は咎《とが》めず（=過去のことがらについてはとがめだてしない）。〈論語《ロンゴ》〉

【既往症】《キオウショウ》 過去にかかったことのある病気。

【既刊】《キカン》 すでに刊行したこと。また、その書物。対未刊。

【既決】《キケツ》 ①すでに決定したこと。例—の書類。②〔法〕判決がすでに確定したこと。例—囚《シュウ》。▽対未決。

【既婚】《キコン》 結婚して、妻または夫がいること。対未婚。

【既済】《キサイ》 （名・する）事がすでにすんだこと。決済や返済などがすでに終わっていること。対未済。

【既修】《キシュウ》 （必要な課程を）すでに学んでいること。対未修。

【既習】《キシュウ》 （名・する）すでに学習したこと。対未習。例—の漢字。

【既出】《キシュツ》 以前にすでに示されていること。例—の問題。

【既述】《キジュツ》 （名・する）すでに前に、のべたこと。類前述。

【既遂】《キスイ》 （犯罪や悪事を）すでにしてしまったこと。対未遂。

【既成】《キセイ》 すでにできあがって存在していること。例—政党。—の事実。

【既製】《キセイ》 注文によってではなく、品物がすでにできあがっていること。例—品。—服。

【既設】《キセツ》 すでに設置してあること。例—の施設《シセツ》。

【既卒】《キソツ》 すでに卒業していること。対新卒。

【既存】《キソン|キゾン》 （名・する）すでに存在していること。例—の施設《シセツ》を活用する。

【既知】《キチ》 すでに知っていること。また、知られていること。対未知。例—数。—の知識。—の情報。

【既知数】《キチスウ》 ①〔数〕方程式のなかで、値《あたい》がわかっている数。②内容や値打ちなどが、すでにわかっているもの。▽対未知数。

【既定】《キテイ》 すでに決定していること。対未定。例—の事実。—の方針を守る。

【既倒】《キトウ》 すでにたおれたこと。例狂瀾《キョウラン》を—にめぐらす（=悪くなった形勢を回復させる）。〈韓愈《カンユ》・進学解《シンガクカイ》〉

【既得】《キトク》 すでに自分のものとして持っていること。例—権（=すでに得ている権利）。

【既報】《キホウ》 （名・する）すでに報告・報道したこと。例—の事件。

旡 7 【旣】 11画 ⇩【既】キ（479ページ）

72
4画

日 ひ ひへん 部

太陽の形をあらわす。「日」をもとにしてできている漢字と、「日」の字形を目じるしにして引く漢字とを集めた。

[0] 日 [1] 旧 旦 [2] 旭 早 旨 旬 [3] 旱 旰 [4] 易 旺 昂 昊 昆 昏 昇 昌 昃 昔 旻 明 [5] 映 昨 昵 春 昭 是 星 昼 昶 昴 昧 昜 昻 昡 [6] 晏 晃 晒 時 晋 晟 晁 晦 晄 晉 [7] 晦 晞 晤 晨 晢 晧 晟 書 晩 [8] 暁 景 暑 晶 晴 晰 智 晩 普 昪 暎 晴 晳 [9] 暗 暈 暇 暉 暄 暖 暘 暑 暖 [10] 暢 暮 暝 曄 暦 [11] 暫 暴 [12] 暨 暹 暾 曇 瞥 暸 曉 曆 [13] 曖 曙 曚 [14] 曜 曙 曜 [15] 曠 曝 [16] 曦 [17] 曩 [19] 曬

この部首に所属しない漢字

白⇩白 692　亘⇩二 43　百⇩白 694　者⇩耂 808
香⇩香 1079　勗⇩力 150　曹⇩曰 499　曼⇩曰 500
量⇩里 1000　蠶⇩虫 882

日 0

【日】

4画
3892
65E5
教育1

音 ジツ漢 ニチ呉
訓 ひ・か
付表 明日《あす》・昨日《きのう》・今日《きょう》・一日《ついたち》・二十日《はつか》・日和《ひより》・二日《ふつか》

筆順

なりたち

［象形］欠けのない丸い輪郭《リンカク》をもつ太陽の形。

意味 ❶太陽。ひ。例 日光《ニッコウ》。日食《ニッショク》。白日《ハクジツ》。❷太陽が出ているあいだ。ひる。例 日夜《ニチヤ》。日中《ニッチュウ》。❸二十四時間のひとくぎり。例 日程《ニッテイ》。一日《イチニチ》。毎日《マイニチ》。❹まいにち。ひごとに。ひび。例 日刊《ニッカン》。日記《ニッキ》。日進月歩《ニッシンゲッポ》。❺あるとき。いつか。例 後日《ゴジツ》。他日《タジツ》。来日《ライジツ》。❻「日本」の略。例 日中《ニッチュウ》。駐日《チュウニチ》。来日《ライニチ》。

日本語での用法 《ニチ》旧国名「日向《ひゅうが》(＝今の宮崎《みやざき》県)」の略。「日州《ニッシュウ》・日豊《ニッポウ》」

難読 三十日《みそか》

人名 あき・あきら・てる・はる

【日月】《ジツゲツ》〔「ニチゲツ」とも〕年月。つきひ。歳月《サイゲツ》。例 準備にかなりの―を費《つい》やす。

【日影】《ニチエイ｜ひかげ》日光。日ざし。また、日あし。例 ―《ひかげ》がさす。

【日限】《ニチゲン》しめきりの日。指定の期限。類 期限。例 回答の―を定める。返済の―がせまる。

【日時】《ニチジ》①行事・会合などの日と時刻。日どり。例 会議の―。②日数と時間。例 復興《フッコウ》には―がかかる。

【日乗】《ニチジョウ》〔「乗」は、記録の意〕毎日の記録。日記。例『断腸亭《ダンチョウテイ》―』〔永井荷風《ながいカフウ》の日記〕

【日常】《ニチジョウ》日々《ひび》の生活。つねひごろ。ふだん。類 平生《ヘイゼイ》。例 ―生活。―の心がけがたいせつだ。

【日常茶飯事】《ニチジョウサハンジ》〔いつもの食事の意から〕ありふれた、ふつうのことがら。とくにめずらしくもないこと。

【日舞】《ニチブ》「日本舞踊《ニホンブヨウ》」の略。対 洋舞。

【日米】《ニチベイ》日本と米国。

【日没】《ニチボツ》太陽がしずむこと。日の入り。例 ―が早い。

【日夜】《ニチヤ》㊀(名)昼と夜。昼夜。例 ―を分かたぬ努力。㊁(副)昼も夜も。つねに。いつも。例 ―努力する。

【日用】《ニチヨウ》ふだん使うこと。例 ―品。―雑貨。

【日曜】《ニチヨウ》週の第一日。日曜日。例 ―大工《ダイク》。

【日輪】《ニチリン》太陽。

【日録】《ニチロク》日々《ひび》のできごとの記録。→【日記】《ニッキ》

【日貨】《ニッカ》日本から外国へ輸出した商品。例 ―排斥《ハイセキ》。

【日課】《ニッカ》毎日かならずすることにしていることがら。例 夕方の散歩を―にしている。

【日刊】《ニッカン》〔週刊・月刊などに対して〕毎日刊行すること。また、その刊行物。例 ―紙。

【日記】《ニッキ》毎日のできごとや感想などを書きしるしたもの。〔現代では、個人的なものを「日記」というのに対し、公的なものは「業務日誌」のように「日誌」「日録」などを使う〕類 日録・日乗・日誌。例 ―帳。

【日給】《ニッキュウ》〔時給・週給などに対して〕一日あたりいくらと決めて、しはらわれる給料。類 日当。

【日勤】《ニッキン》(名・する)①昼間の勤務。対 夜勤。②毎日の勤務。

【日系】《ニッケイ》①国籍《コクセキ》は日本ではないが、日本人の血筋をひいていること。例 ―人。―三世。②会社などで、日本の資本や日本人が経営にかかわっていること。例 ―企業《キギョウ》。

【日光】《ニッコウ》日の光。太陽の光。例 ―写真。―浴。

【日参】《ニッサン》(名・する)①神社や寺へ毎日参拝《サンパイ》すること。②たのみごとなどがあって毎日相手のところへ行くこと。例 陳情《チンジョウ》のために議員会館へ―する。

【日産】《ニッサン》〔月産・年産などに対して〕一日あたりの生産高、あるいは産出量。例 ―三万食の弁当工場。

【日誌】《ニッシ》毎日の業務やできごとなどの公的な記録。例 学級―。―当番。→【日記】《ニッキ》

【日射】《ニッシャ》照りつける日の光。太陽光線。ひざし。例 ―病。

【日収】《ニッシュウ》〔月収・年収などに対して〕一日あたりの収入。

【日照】《ニッショウ》日の光が地上をてらすこと。例 ―権。―時間。

【日章旗】《ニッショウキ》〔「日章」は、太陽のしるしの意〕日の丸のはた。日本の国旗。

【日食】《ニッショク》月が太陽と地球の間にはいり、地球から太陽の一部または全部が見えなくなる現象。対 月食。例 部分―。

表記 ㊐日▼蝕

【日進月歩】《ニッシンゲッポ》(名・する)日々《ひび》目に見えて進歩すること。たえまない進歩。例 電子工学の応用は―だ。

【日数】《ニッスウ｜ひかず》一日を単位として数える、日の数。また、何かをするのに要する日にち。例 出席―《ニッスウ》。―《ひかず》を数える。

【日夕】《ニッセキ》①朝夕。いつも。②夕方《ゆうがた》。

【日中】《ニッチュウ》①日の出ているあいだ。昼間。例 ―の降水確率。②日本と中国。〔「日中」は日本側からの語で、中国側からは「中日」という〕例 ―の交流。

【日直】《ニッチョク》会社や学校などでの昼間の当番。対 宿直・夜直。

【日程】《ニッテイ》仕事・旅行・会議などの、一日ごとの予定。また、その全体。スケジュール。例 議事―。―がつまっている。

【日当】《ニットウ》労働に対して一日あたりいくらとして、しはらわれるお金。手当《てあて》。類 日給。例 出張の―。

【日報】《ニッポウ》①毎日の報告。例 売り上げ―。②日刊新聞の名につけることば。例 新潟《にいがた》―。

【日本】《ニッポン｜ニホン》わが国の国名。アジアの東方に日本海をへだて

て位置し、南北に長く連なる島々から成る。首都は東京。〔太陽の出るところ、「日のもと」にあてた漢字を音読したもの〕例 —《ニホン》海流。—《ニホン》画。
【日本一】《ニッポンイチ|ニホンイチ》 日本でいちばんすぐれていること。例 富士《ふじ》は—の山。
【日本画】《ニホンガ》 日本の伝統的な技法によってえがかれた絵。岩絵の具や墨《すみ》などを用いて絹《きぬ》や和紙に毛筆でえがかれる。対 洋画。
【日本髪】《ニホンがみ》 日本の伝統的な女性の髪型《かみがた》。丸まげ・島田・桃割《ももわ》れなど。対 洋髪《ヨウハツ》。
【日本語】《ニホンゴ|ニッポンゴ》 日本人が、昔から使ってきて、今も自分の国のことばとして使うことば。共通語のほかに、各地の方言がある。
【日本酒】《ニホンシュ》 日本独得の方法で造られた酒。とくに、米から造る清酒をさすことが多い。対 洋酒。

漢字に親しむ ⑬ **日《ジツ》と曰《エツ》とのちがい**

「日」と「曰」とはよく似ていますが、ちがう文字です。「日」はもと「⊖」のような形をしていて、すぐ見当がつくように、これは太陽の形をかたどったものです。「曰」のほうはもと「𠙵」のような形で、口から息あるいは舌の出る形をあらわしたものだといわれています。口から息が出るので、「いわく」「言う」の意味であるわけです。「曰」のほうが「日」よりも平べったいので、形の区別をいうときに「ひらび」ということもあります。とにかくこの二つは、似ているけれども別の字なのです。

【日本晴れ】《ニホンばれ》 雲ひとつなく、晴れわたった空。例 —の下《もと》の運動会。
【日本舞踊】《ニホンブヨウ》 日本の伝統的なおどり。三味線《しゃみせん》の伴奏《バンソウ》をともなうことが多い。日舞。邦舞《ホウブ》。
【日本間】《ニホンま》 たたみをしいた日本ふうの部屋。和室。対 洋間。例 —のあるホテル。
【日脚】《ひあし》 太陽が出てから日が暮れるまでの時間。例 —が延びる。—が速い。表記「日足」とも書く。
【日陰】《ひかげ》 物のかげになって、日の当たらないところ。対 日向《ひなた》。
【日柄】《ひがら》 暦《こよみ》のうえから見た、その日の縁起《エンギ》のよしあし。例 —を選んで式の日取りを決める。
【日頃】《ひごろ》 一(名) ふだん。平生《ヘイゼイ》。例 —のおこないがよい。二(副) ここ数日。近ごろ。例 —考えていること。
【日銭】《ひぜに》 ①毎日、手もとにはいる現金。例 —をかせぐ。②毎日少しずつ返す約束で、貸し借りするお金。
【日▼溜り】《ひだまり》 日が当たって、そこだけ暖かくなっているところ。〔秋や冬の寒い日にいうことが多い〕例 —にネコが集まっている。表記「▽陽▼溜り」とも書く。
【日時計】《ひどけい》 目盛りをつけた盤《バン》の中心に垂直に針を立て、太陽の光によってできる影《かげ》の位置で時刻を知る装置。
【日の下】《ひのした》 天下。世界。例 —開山《カイサン》（＝相撲《すもう》や武芸などで、天下にくらべる者がないほど強いこと）。
【日の丸】《ひのまる》 〔「丸」は、円形の文様《モンヨウ》の意〕①太陽をかたどった赤い丸。②日の丸のはた。日章旗。例 —弁当（＝白いごはんの中央に梅干しを入れた弁当）。
【日歩】《ひブ》 〔月利・年利などに対して〕利息の計算で、元金百円に対する一日あたりの利息。例 —三銭。
【日干し】《ひぼし》 日に当ててかわかすこと。また、そのもの。対 陰《かげ》干し。例 —になる。魚の—。表記「日▽乾し」とも書く。
【日向】《ひゅうが》 旧国名の一つ。今の宮崎《みやざき》県。日州《ニッシュウ》。
【日▼傭】《ひヨウ》 一日単位の約束ではたらくこと。ひやとい。
【日和】《ひより》 ①空もよう。例 —にめぐまれる。②よい天気。晴天。例 小春《こはる》—《びより》（＝十一月ころの暖かい晴天の日）。旅行—（＝旅行にちょうどよい天気）。③「日和下駄《ひよりゲタ》」の略。晴れた日にはく、歯の低い下駄。
【日和見】《ひよりみ》 〔船頭が空のようすを見て船を動かすことから〕どちらにつくのが有利か情勢をうかがっていて、自分の態度を明らかにしないこと。例 —主義。

【日割り】《ひわり》 ①決められた賃金などを、一日につきいくらと割って計算すること。例 部屋代を—でしはらう。②期間の長い仕事などを、一日につきどれくらい進めるか計算すること。例 —表。
● 一両日《イチリョウジツ》・縁日《エンニチ》・隔日《カクジツ》・過日《カジツ》・元日《ガンジツ》・期日《キジツ》・休日《キュウジツ》・終日《シュウジツ》・祝日《シュクジツ》・親日《シンニチ》・前日《ゼンジツ》・即日《ソクジツ》・当日《トウジツ》・半日《ハンニチ》・平日《ヘイジツ》・訪日《ホウニチ》・本日《ホンジツ》・毎日《マイニチ》・命日《メイニチ》・厄日《ヤクび》・落日《ラクジツ》・離日《リニチ》・連日《レンジツ》

日 1

【旧】

5画 2176 65E7 教育5

音 キュウ(漢) ク(呉) 訓 ふる-い・もと

筆順 丨 丨丨 丨冂 丨日 旧

臼11

【舊】

17画 7149 820A

なりたち  [形声]「萑（＝頭に角のような毛の生えた鳥）」と、音「臼《キュウ》」とから成る。ミミズクの類の鳥の名。派生して「ふるい」の意。

意味 ❶ふるい。以前の。昔の。対 新《シン》。例 旧悪《キュウアク》。旧式《キュウシキ》。懐旧《カイキュウ》。❷過去のある時期以来の。昔からの。例 旧家《キュウカ》。旧交《キュウコウ》。旧習《キュウシュウ》。❸(現在から見て)すぐ前の。例 旧冬《キュウトウ》。旧年《キュウネン》。

人名 ひさ・ふさ・ふる

【旧悪】《キュウアク》 前におこなった悪事。例 —があばかれた。
【旧怨】《キュウエン》 昔のうらみ。類 宿怨。例 —を忘れない。
【旧縁】《キュウエン》 「旧知《キュウチ》」に同じ。
【旧家】《キュウカ》 ①古くから続いている家。由緒《ユイショ》ある家。例 —の出《で》。②以前住んでいた家。例 —を訪ねてみる。
【旧懐】《キュウカイ》 昔をなつかしむ心。懐旧。
【旧株】《キュウかぶ》 株式会社が新たに発行する株券に対して、すでに発行されている株券。対 新株。
【旧館】《キュウカン》 新館に対して、古いほうの建物。対 新館。例 ホテルの—。
【旧記】《キュウキ》 古い記録。例 —をひもとく。
【旧居】《キュウキョ》 以前に住んでいた、すまい。対 新居。
【旧教】《キュウキョウ》 宗教改革《カイカク》以前からあるキリスト教の一派。カトリック。対 新教。
【旧劇】《キュウゲキ》 ①明治時代に起こった新劇や新派劇に対して、歌舞伎《かぶき》のこと。②日本の映画で、時代劇のこと。

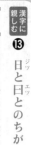

【旧故】《キュウコ》 むかしなじみ。

【旧交】《キュウコウ》 古くからのつきあい。例—をあたためる。

【旧稿】《キュウコウ》 以前に書いた、詩や文章などの原稿。例—に手を加えて発表する。

【旧号】《キュウゴウ》 ①雑誌などの、古い号数のもの。バックナンバー。②以前用いていた雅号《ガゴウ》。

【旧国】《キュウコク》 ①歴史の古い国。②故郷。ふるさと。

【旧作】《キュウサク》 以前につくった作品。対新作。

【旧時】《キュウジ》 むかし。以前。類往時。

【旧式】《キュウシキ》 一(名) 昔からのしきたり。二(名・形動《ナダ》) ①古い型。例—の自動車。②時代おくれであること。例—な方法。▽対新式。

【旧主】《キュウシュ》 もとの主人。以前つかえた主君。

【旧習】《キュウシュウ》 古いならわし。昔からの習慣。例—を改める。

【旧称】《キュウショウ》 古い呼び名。もとの名前。

【旧正月】《キュウショウガツ》 旧暦《キュウレキ》の正月。

【旧臣】《キュウシン》 古くからつかえている家来《ケライ》。また、以前つかえていた家来。

【旧人】《キュウジン》 ①新しい時代に合わない人。②その社会に以前からいる人。対新人。③猿人《エンジン》や原人《ゲンジン》の次にあらわれた旧石器時代中期の人類。ネアンデルタール人などをいう。

【旧制】《キュウセイ》 古い制度。対新制。例—中学。

【旧姓】《キュウセイ》 結婚《ケッコン》や養子縁組《エングみ》によって姓が変わった場合の、もとの姓。例職場では—を使っている。

【旧世界】《キュウセカイ》 アメリカ大陸発見以前に知られていた世界。アジア・アフリカ・ヨーロッパのこと。旧大陸。対新世界。

【旧跡】《キュウセキ》 歴史に残るような事件や建物のあったところ。古跡。例名所—をたずねる。表記(旧)旧▼蹟

【旧説】《キュウセツ》 以前おこなわれた説。古い考え方。対新説。

【旧石器時代】《キュウセッキジダイ》 石器時代の前半の時代。打製石器や骨角器を用いて漁猟《ギョリョウ》や採集生活をしていた時代。対新石器時代。

【旧蔵】《キュウゾウ》 (名・する) ①古くから所蔵していること。また、そのもの。②ある時期に、所蔵していたこと。また、そのもの。

【旧態】《キュウタイ》 昔のまま。もとのままの状態。例—依然《イゼン》。

【旧体制】《キュウタイセイ》 古い社会制度。古い社会組織。対新体制。例—を打ち破る。

【旧大陸】《キュウタイリク》 「旧世界《キュウセカイ》」に同じ。対新大陸。

【旧宅】《キュウタク》 以前に住んでいた家。対新宅。

【旧知】《キュウチ》 昔からの知り合い。むかしなじみ。旧縁《キュウエン》。例—の間がら。

【旧都】《キュウト》 昔、みやこのあったところ。類古都。対新都。

【旧冬】《キュウトウ》 前年末の冬。昨年の冬。〔年が明けてから使うことば〕

【旧▼套】《キュウトウ》 古くさいやり方。ありきたりの形式。例—を脱《ダッ》する。

【旧道】《キュウドウ》 昔からある道。対新道。例箱根《はこね》の—。

【旧年】《キュウネン》 去年。昨年。〔年が明けてから使うことば〕

【旧派】《キュウハ》 ①古い流派。対新派。②歌舞伎《かぶき》のこと。

【旧版】《キュウハン》 書物で、改訂《カイテイ》や増補などの手を加える前の版。対新版。例—とのちがいを調べる。

【旧風】《キュウフウ》 古い風習やしきたり。例—はなくなっていく。

【旧聞】《キュウブン》 以前に聞いた話。古い情報。例—に属する。

【旧弊】《キュウヘイ》 一(名) 昔からある悪い習慣。例—を打破する。二(名・形動《ナダ》) 古くさい風俗《フウゾク》や習慣にとらわれていること。例—な考え方。

【旧法】《キュウホウ》 ①廃止《ハイシ》された法律や法令。古い法令。②古いやり方。古い方法。例—をつたえる老舗《しにせ》。▽対新法。

【旧盆】《キュウボン》 旧暦《キュウレキ》によって八月におこなう、祖先の霊《レイ》をまつる行事。盂蘭《ウラ》盆《ボン》。

【旧名】《キュウメイ》 以前の名。もとの名。

【旧約】《キュウヤク》 ①昔の約束。例—を守る。②『旧約聖書』の略。▽対新約。

【旧約聖書】《キュウヤクセイショ》 〔「約」は、神とイスラエル人との契約《ケイヤク》の意〕もとユダヤ教の聖典で、キリスト教に採用されたもの。イスラエル民族の歴史が記されている。

【旧訳】《キュウヤク》 以前の翻訳。古い翻訳。対新訳。

【旧友】《キュウユウ》 昔の友達。また、昔からの友達。

【旧来】《キュウライ》 昔からのこと。古くからのこと。従来。例—の制度を改める。

【旧領】《キュウリョウ》 もと支配していた土地。昔の領地。

【旧暦】《キュウレキ》 月の満ち欠けをもとにして決めたこよみ。太陰暦《タイインレキ》。陰暦。〔日本では、一八七二(明治五)年まで公式に使用されていた〕対新暦。

【旧▼臘】《キュウロウ》 〔「臘」は、十二月の意〕去年の十二月。〔新年になってから使うことば〕

●懐旧《カイキュウ》・故旧《コキュウ》・守旧《シュキュウ》・新旧《シンキュウ》・倍旧《バイキュウ》・復旧《フッキュウ》

[日部] 1―2画 旦 旭

日 1

【旦】

5画 3522 65E6 常用 音ダン慣 タン漢呉 訓あした

筆順 丨 冂 日 日 旦

なりたち  [会意]「日(=太陽)」が「一(=地)」の上にあらわれる。朝。

意味 太陽が地平線からあらわれるころ。日の出。あさ。あした。例旦夕《タンセキ》。旦暮《タンボ》。元旦《ガンタン》。

人名 あき・あきら・あけ・あさ・ただし・のぼる・はじめ

【旦日】《タンジツ》 ①夜明けの太陽。②明朝《ミョウチョウ》。翌日《ヨクジツ》。

【旦夕】《タンセキ》 ①朝と晩。朝夕《あさゆう》。類朝夕《チョウセキ》。②朝から晩までたえず。③(この朝か晩かというほどの)さしせまった時間。例命《メイ》—にせまる(=命のつきるときがせまっている)。↓【旦暮】

【旦暮】《タンボ》 ①朝と夕方。②朝も夕も。たえず。いつも。③時がさしせまっていること。例もはや—の命《いのち》。↓【旦夕】《タンセキ》

【旦那】《ダンナ》 ①〔仏〕〔もと、「布施《フセ》」の意の梵語《ボンゴ》の音訳〕寺や僧侶《ソウリョ》に寄進や布施をする人。檀家《ダンカ》。②一家のあるじ。主人。例うちの—。お宅の—さま。③男の客、得意先、または目上の男性に呼びかけることば。例—、お安くしておきますが。④夫。⑤夫と同等の役をする、ひいきの客。例—持ちの芸者。表記▽「▼檀那」とも書く。

【旦那芸】《ダンナゲイ》 金持ちの商家の主人などが、趣味《シュミ》として身につけた芸ごと。例—の域を出て、専門家に近い。

【旦那寺】《ダンナでら》 先祖代々の墓があり、長いあいだ信徒になっている寺。菩提寺《ボダイジ》。表記「▼檀那寺」とも書く。

日 2

【旭】

6画 1616 65ED 人名 音キョク漢 訓あさひ

なりたち 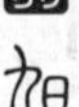 [形声]「日(=太陽)」と、音「九《キュウ》→《キョク》」とから成る。あさひがのぼるようす。

意味 朝、東からのぼる太陽。あさひ。また、あさひがのぼって、明るくかがやくようす。例旭光《キョッコウ》。

人名 あき・あきら・あさ・きよし・てる・のぼる・ひ

【旭日】《キョクジツ》 朝の太陽。朝日。例—昇天《ショウテン》の勢い(=朝日がのぼるようなさかんな勢い)。—旗《キ》(=中心にある太陽から八方に光線の出ている朝日をかたどった、はたじるし)。

【旭光】《キョッコウ》 朝日の光。例—を浴びる。

日 2

【早】

6画 3365 65E9 教育1

音 サッ 慣 ソウ 漢 呉
訓 はや-い・はや-まる・はや-める・さ
付表 早乙女《さおとめ》・早苗《さなえ》

筆順 丨 冂 日 日 旦 早

なりたち  [会意]「日(=太陽)」が「十(=人の頭)」の上にある。朝はやいとき。

意味 ❶太陽が出てくるころ。あけがた。朝はやく。例 早朝《ソウチョウ》。早飯《ソウハン》(=朝めし)。❷ある時刻に、まだなっていない。ある時期の、はじめのほうである。はやい。対 晩《バン》。例 早期《ソウキ》。早春《ソウシュン》。❸わかい。対 晩《バン》。例 早婚《ソウコン》。早世《ソウセイ》。❹すみやかに。はやく。例 早急《サッキュウ》。早速《サッソク》。早早《ソウソウ》。

使い分け はやい・はやまる・はやめる【早・速】⇩1178ページ

難読 早苗饗《さなぶり》

人名 さき・はや・はやし

【早乙女】《さおとめ》 田植えをする若い女性。

【早急】《サッキュウ|ソウキュウ》 (名・形動《ダナ》) ひじょうに急ぐこと。類 至急。例 —に相談したい。

【早速】《サッソク》 (副) すぐに。すみやかに。例 —返事をする。

【早苗】《さなえ》 苗代《なわしろ》から田に移し植えるころの、イネのなえ。

【早期】《ソウキ》 はやい時期。はじめのうち。例 病気の—発見。

【早暁】《ソウギョウ》 夜の明けはじめるころ。あかつき。類 払暁《フツギョウ》。

【早計】《ソウケイ》 はやまった軽率《ケイソツ》な考えや行動。例 —に過ぎる。

【早婚】《ソウコン》 (名・する) 若いうちに結婚すること。対 晩婚。

【早産】《ソウザン》 (名・する) 月たらずで子が生まれること。

【早秋】《ソウシュウ》 秋の初めのころ。類 初秋。対 晩秋。

【早熟】《ソウジュク》 一 (名・する) くだものや穀物などが、ふつうよりもはやく熟すこと。また、その品種。わせ。対 晩熟。例 —の西瓜《スイカ》。二 (名・形動《ダナ》) 年のわりに、心やからだの発達がはやいこと。ませていること。例 —な少女。

【早春】《ソウシュン》 春の初めのころ。はるさき。類 初春。対 晩春。

【早世】《ソウセイ》 (名・する) 若くして死ぬこと。はや死に。例 —の詩人。表記「早逝」とも書く。

【早生】《ソウセイ》 ①作物やくだものなどが、ふつうよりも早く熟すこと。わせ。対 中生《なかて》・晩生《おくて》。例 —種。→【早稲】《わせ》 ②ふつうより早く生まれること。例 —児。

【早成】《ソウセイ》 (名・する) ①早くなしとげること。②早くおとなびること。類 早熟。例 —性(=鳥のひなが孵化《フカ》後すぐ運動する能力をもつ性質)。

【早早】《ソウソウ》 一 (副) すぐに。急いで。はやばや。例 —に立ち去れ。二 (名) …してすぐ。…の直後。例 新年—。

【早退】《ソウタイ》 (名・する) きめられた時刻よりも早く、勤務先や学校を退出すること。はやびき。はやびけ。

【早旦】《ソウタン》 〔「旦」は、朝の意〕早朝。

【早着】《ソウチャク》 (名・する) 列車やバスなどが、きまった時刻よりも早く着くこと。対 延着。

【早朝】《ソウチョウ》 朝のはやいうち。朝はやく。例 —マラソン。

【早年】《ソウネン》 としが若いとき。対 晩年。例 —の作品。

【早発】《ソウハツ》 (名・する) ①定刻よりはやく出発・発車すること。②症状《ショウジョウ》などがはやく出ること。▽対 遅発《チハツ》。

【早晩】《ソウバン》 (副) おそかれはやかれ。いずれ。例 —できあがる。

【早老】《ソウロウ》 年のわりにはやく老人じみること。

【早馬】《はやうま》 急ぎの知らせを伝える使者が乗るウマ。例 —を立てる。

【早▽合点】《はやガテン|はやガッテン》 (名・する) よく聞かないで、わかったつもりになること。早のみこみ。早とちり。例 —はけがのもと。

【早鐘】《はやがね》 ①火事など危険や事件の発生を知らせるために、激しく打ち鳴らす鐘。例 —を打つ。②不安や緊張《キンチョウ》で心臓がどきどきすることをたとえていう。

【早死に】《はやじに》 (名・する) 若いうちに死ぬこと。若死に。早世《ソウセイ》。

【早瀬】《はやせ》 川の流れのはやい浅瀬。

【早業】《はやわざ》 すばやくてたくみな腕前《うでまえ》。例 目にもとまらぬ—。

【▽早▽稲】《わせ》 いちばんはやく実るイネ。対 晩稲《おくて》。例 —の収穫《シュウカク》。→【早生】《ソウセイ》

●尚早《ショウソウ》・最早《もはや》

日 2

【旨】

6画 2761 65E8 常用

音 シ 漢 呉
訓 むね・うま-い

筆順 ノ 匕 匕 旨 旨 旨

なりたち  [形声]「日(=あまくてうまい)」と、音「匕《ヒ》→シ」とから成る。うまくてよい。

意味 ❶味がよい。うまい。例 旨肴《シコウ》。❷心のうち。考え。むね。例 旨意《シイ》。主旨《シュシ》。

人名 よし

【旨味】《うまみ》 ①食べ物のうまい味。②(コンブ・カツオブシなどの)だしの味。③技芸などの上手さ。例 —のある演技。④かなりのもうけがあること。例 —のある商売。

【旨意】《シイ》 考え。おもむき。例 なんらの—もない。

【旨▼肴】《シコウ》 うまい料理。例 —に舌つづみをうつ。

【旨酒】《シシュ》 うまい酒。美酒。

【旨趣】《シシュ|シイシュ》 ①意味。趣旨。例 活動の—を説明する。②心の中の思いや考え。例 —を察する。

●宗旨《シュウシ》・主旨《シュシ》・趣旨《シュシ》・要旨《ヨウシ》・論旨《ロンシ》

日 2

【旬】

6画 2960 65EC 常用

音 シュン 漢 ジュン 呉

筆順 ノ 勹 勺 旬 旬 旬

なりたち  [会意]「勹(=つつむ)」と「日(=太陽)」とから成る。十日をひとくくりとする。

意味 ❶十日。十干《ジッカン》がひとまわりすることからいう。例 旬刊《ジュンカン》。上旬《ジョウジュン》。❷十年。地上の一年は天上の一日にあたると考えられていたことからいう。❸みちる。まるまる。例 旬歳《ジュンサイ》(=まる一年)。

日本語での用法 《シュン》 食用に供するのに最もふさわしい季節の。「旬《シュン》の野菜《ヤサイ》・旬《シュン》の鮮魚《センギョ》」

人名 ただ・とき・ひとし・ひら・まさ・みつ・みつる

【旬刊】《ジュンカン》 新聞・雑誌などを十日ごとに刊行すること。また、その刊行物。

【旬間】《ジュンカン》 (行事などをおこなう)十日間。例 交通安全—。

【旬日】《ジュンジツ》 十日間。例 —のうちに。—を経て。

【旬報】《ジュンポウ》 十日目ごとに出す報告。また、その刊行物。

【旬余】《ジュンヨ》 十日あまり。例 今年もあと—におしせまった。

●下旬《ゲジュン》・上旬《ジョウジュン》・初旬《ショジュン》・中旬《チュウジュン》

日 3

【旱】

7画 5861 65F1

音 カン 漢
訓 ひでり

意味 長いあいだ、雨が降らないで、水がかれる。ひでり。例 旱害《カンガイ》。旱天《カンテン》。

【旱害】《カンガイ》 日照りのために作物が不作になること。表記 現 干害

【旱天】《カンテン》 日照りつづきの空。表記 現 干天

【旱天の慈雨】《カンテンのジウ》 日照りのときのめぐみの雨。待ち望

んでいたことが実現することのたとえ。

【旱▼魃《カンバツ》】（「魃」は、日照りの神）長いあいだの日照りで田畑の水がかれてなくなること。水がれ。

日 3
【旰】
7画 ― 65F0 音カン漢 訓く-れる

意味 日が暮れる。日暮れ。くれる。例旰食《カンショク》。
【旰食《カンショク》】定刻よりおそく食事をとること。君主が政務に熱心なことをいう。例宵衣《ショウイ》―。

日 4
【易】
8画 1655 6613 教育5 音一エキ漢ヤク呉 二イ漢呉 訓やさ-しい・か-える・か-わる・やす-い

筆順 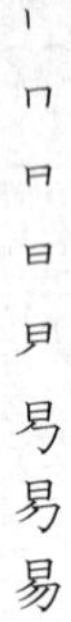

なりたち  ［象形］頭と四本の足のある、トカゲの形。

意味 一《エキ》❶（皮膚《ヒフ》の色を変える）トカゲ。ヤモリ。同蜴《エキ》。例蜥易《セキエキ》。❷つぎつぎと変化する。かわる。例不易《フエキ》。変易《ヘンエキ》。❸とりかえる。あらためる。かえる。例改易《カイエキ》。交易《コウエキ》。貿易《ボウエキ》。❹古代のうらない。また、うらないの書物。陰陽《インヨウ》思想にもとづき、算木《サンギ》と筮竹《ゼイチク》を用いて吉凶《キッキョウ》をうらなう。例『易経《エキキョウ》』（書名。五経《ゴキョウ》の一つ）易者《エキシャ》。二《イ》❶たやすい。やさしい。対難《ナン》。例易易《イイ》。平易《ヘイイ》。容易《ヨウイ》。❷かろんじる。あなどる。例軽易《ケイイ》。慢易《マンイ》。

人名 おさ・おさむ・かぬ・かね・やす・やすし

使い分け やさしい【優・易】⇩1181ページ

【易易《イイ》】（形動タルト）ひじょうにたやすいようす。

【易学《エキガク》】易を研究する学問。

【易▼簀《エキサク》】（「簀《サク》を易《か》う」と訓読する。「簀」は、竹で編んだ、むしろや、すのこで、敷物《しきもの》の意）学徳の高い人の死をいう。〔孔子《コウシ》の弟子《デシ》の曽参《ソウシン》が死にのぞんで、大夫《タイフ》用の敷物は分不相応だと言って取りかえさせてから死んだという故事から〕〈礼記《ライキ》〉例森《もり》鷗外《オウガイ》の―。

【易者《エキシャ》】易の書物にもとづいて、人の吉凶《キッキョウ》や幸・不幸をうらなう人。

【易▼筮《エキゼイ》】（「筮」は、うらないに使う細いタケ）筮竹《ゼイチク》によってうらなうこと。

【易姓革命《エキセイカクメイ》】（姓を易《か》え、命《メイ》を革《あらた》める意）王朝がかわること。古代中国の政治思想で、天子になった者が悪政をおこなった場合、他の者に天命が下って新しい王朝を開くことになるという考え。

【易占《エキセン》】易でうらなうこと。

【易断《エキダン》】（名・する）うらないによる吉凶《キッキョウ》の判断。
●安易《アンイ》・簡易《カンイ》・交易《コウエキ》・難易《ナンイ》・不易《フエキ》・平易《ヘイイ》・貿易《ボウエキ》・容易《ヨウイ》

日 4
【旺】
8画 1802 65FA 常用 音オウ漢 訓さか-ん

筆順 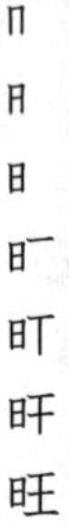

なりたち ［形声］「日（＝太陽）」と、音「王《オウ》」とから成る。光が多く美しい。

意味 日の光が四方にかがやき広がるように、さかん。例旺盛《オウセイ》。

人名 あき・あきら・さかえ・さかり・ひかり

【旺盛《オウセイ》】（形動ダナ）さかんなようす。元気のあるようす。

日 4
【昂】
8画 2523 6602 人名 音コウ慣ゴウ漢 訓あ-がる・たか-い・たか-ぶる

日 5
【昻】
9画 ― 663B 俗字

なりたち 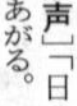 ［形声］「日（＝太陽）」と、音「卬《ゴウ》」とから成る。あがる。

意味 高く上にあがる。たかぶる。例昂然《コウゼン》。意気軒昂《イキケンコウ》。激昂《ゲキコウ》。

人名 あき・あきら・たか・たかし・のぼる

【昂然《コウゼン》】（形動タルト）意気さかんで自信満々のようす。おごりたかぶったようす。例―たる態度。―と胸を張る。
【昂騰《コウトウ》】（名・する）物価や株価などが大幅《おおはば》に上がること。騰貴。対下落《ゲラク》。表記 現高騰
【昂奮《コウフン》】（名・する）感情が高ぶること。表記 現興奮
【昂揚《コウヨウ》】（名・する）気分や意識などが高まりあがること。また、あげること。表記 現高揚

日 4
【昊】
8画 5863 660A 人名 音コウ漢 訓あき-らか・ひろ-い

意味 大空。そら。例昊天《コウテン》（＝空。天）。

人名 あきら・ひろ・ひろし

日 4
【昆】
8画 2611 6606 常用 音コン漢呉 訓あに

筆順 

なりたち  ［会意］「日（＝同じ）」と「比（＝ならぶ）」とから成る。同じなかま。

意味 ❶なかま。むれ。群れをなして集まる虫。例昆虫《コンチュウ》。❷あに。例昆弟《コンテイ》。❸子孫。例後昆《コウコン》。

人名 ひ・ひで・やす

【昆虫《コンチュウ》】①虫をまとめていうことば。②節足動物の一群。アリ・ハチ・バッタ・トンボ・チョウなど、種類が多い。

【昆弟《コンテイ》】あにと、おとうと。兄弟《キョウダイ》。

【昆布《コンブ／コブ》】寒い海の岩礁《ガンショウ》に生える長い帯状の海藻《カイソウ》。食用やヨードの原料になる。えびすめ。ひろめ。例おぼろ―。

【昆▼侖《コンロン》】①まるいもの。また、もやもやして形のないもの。②中国の伝説上の山。西方にあり、神霊《シンレイ》が集まるとされた。崑崙《コンロン》。

日 4
【昏】
8画 2610 660F 人名 音コン漢呉 訓くれ・くら-い

意味 ❶日暮れ。夕暮れ。例昏暁《コンギョウ》。昏黄《コンコウ》。❷おろか。道理にくらい。暗い。例昏昧《コンマイ》（＝おろか）。❸目がくらむ。まよう。まどう。例昏倒《コントウ》。昏迷《コンメイ》。昏惑《コンワク》。

難読 黄昏《たそがれ／たそがれどき》

【昏暁《コンギョウ》】①夕暮れと夜明け。②おろかなことと、かしこいこと。

【昏黄《コンコウ》】夕暮れ。たそがれ。黄昏。

【昏昏《コンコン》】（形動タルト）①意識のないようす。また、よくねむっているようす。例―とねむり続ける。②暗くてはっきりしないようす。また、おろかなようす。

【昏酔《コンスイ》】（名・する）意識を失うほど酒によようこと。よいつぶれること。類泥酔《デイスイ》。

【昏睡《コンスイ》】（名・する）（病気で）意識を失って目ざめないこと。例―状態。

【昏絶《コンゼツ》】（名・する）目がくらんで気を失うこと。類気絶。

【昏倒《コントウ》】（名・する）気が遠くなったり目がくらんだりして、たおれること。例疲労《ヒロウ》のため―した。

【昏明《コンメイ》】①暗いことと明るいこと。②夜と昼。また、日暮れ

と夜明け。
【昏《コン》迷《メイ》】(名・する) ①おろかで判断できないこと。例政情がいよいよ—している。②混乱してわからなくなること。表記 ②は現混迷
【昏《コン》乱《ラン》】(名・する) ①心がみだれて、わけがわからなくなること。②人の道がおこなわれず、世の中がみだれること。例世の—をなげく。
【昏《コン》礼《レイ》】結婚《ケッコン》の儀礼《ギレイ》。婚礼。〔中国古代に、婚礼は、日が暮れてからおこなったことによる〕
【昏《コン》惑《ワク》】(名・する) 心がくらみ、まどうこと。道理がわからず判断に迷うこと。

日 4
【昇】
8画 3026 6607 常用 音ショウ漢呉 訓のぼ-る

筆順 

なりたち  [形声]「日(=太陽)」と、音「升《ショウ》」とから成る。太陽がのぼる。

意味 上にあがる。のぼる。例昇降《ショウコウ》。昇天《ショウテン》。上昇《ジョウショウ》。

使い分け のぼる【上・登・昇】⇩1176ページ
人名 あきら・かみ・すすむ・たかし・のぼり・のり・ひで・ます
【昇《ショウ》華《カ》】(名・する) ①〔物〕固体が(液体の状態にならず)直接に気体になること。また、その逆の現象もいう。ドライアイスや樟脳《ショウノウ》などにみられる。→【気化《カキ》】(571ページ)・【蒸発《ジョウハツ》】(861ページ) ②〔心理学などで〕欲望や精神などを、低い状態から、いちだんと高い状態に向ける心のはたらき。例精神の—。③〔芸術活動などで〕低俗《テイゾク》な段階・状態・次元にあるものが、高尚《コウショウ》なほうに移って価値を高めること。

【昇《ショウ》格《カク》】(名・する) 地位や資格が上がること。類昇級・昇進・昇任。対降格。例部長に—する。

【昇《ショウ》級《キュウ》】(名・する)「級」の名で呼ばれる階級制のなかで、上のほうに移ること。類昇格・昇進・昇任・進級。

【昇《ショウ》給《キュウ》】(名・する) 給料が上がること。例定期—。

【昇《ショウ》▼汞《コウ》】〔化〕塩化第二水銀の別名。極めて有毒。かつて消毒薬《ショウドクヤク》などに用いられた。例—水。

【昇《ショウ》降《コウ》】(名・する) のぼりくだり。あがりおり。例—口《ぐち》。

【昇《ショウ》叙《ジョ》】(名・する) 上級の官位に任用されること。表記 旧▼陞叙
【昇《ショウ》進《シン》】(名・する) ある組織のなかでの地位が上がること。類昇格・昇級・昇任。対降格。例教授に—する。表記 旧▼陞進
【昇《ショウ》段《ダン》】(名・する)〔武道や囲碁《ゴイ》・将棋《ショウギ》などで〕段位が上がること。例柔道《ジュウドウ》二段に—する。

【昇《ショウ》天《テン》】(名・する) ①天にのぼること。さかんなことのたとえ。例旭日《キョクジツ》—の勢い。②復活したキリストが天にのぼること。③死ぬこと。

【昇《ショウ》殿《デン》】(名・する) ①神社の拝殿にのぼること。例—参拝。②清涼殿《セイリョウデン》の殿上《テンジョウ》の間《ま》にのぼること。

【昇《ショウ》騰《トウ》】(名・する)〔「騰」も、のぼる意〕おどりあがること。高くのぼること。例物価が—する。

【昇《ショウ》任《ニン》】(名・する) 上の地位や任務にのぼること。類昇格・昇級・昇進。対降任。例班長に—する。表記 旧▼陞任
【昇《ショウ》平《ヘイ》】世の中が平和に治まっていること。昌平《ショウヘイ》。太平。

日 4
【昌】
8画 3027 660C 人名 音ショウ漢 訓さか-ん

なりたち  [会意]「日(=尊い太陽)」と「日(=言う)」とから成る。よいことば。派生して「さかん」の意。

意味 かがやかしく、あかるい。さかん。例昌運《ショウウン》。昌盛《ショウセイ》。繁昌《ハンジョウ》。

人名 あき・あきら・あつ・あつし・さかえ・しげる・すけ・のぼる・ひさし・まさ・まさし・まさる・よ・よし
【昌《ショウ》運《ウン》】さかんになる運勢。よい方向へ向かう、めぐりあわせ。類盛運《セイウン》。例国の—をいのる。

【昌《ショウ》盛《セイ》】さかえること。さかんなこと。類繁栄《ハンエイ》・繁盛《ハンジョウ》。例国家の—は国民の努力の結果である。

【昌《ショウ》平《ヘイ》】①国が栄え、世の中が平和なこと。昇平《ショウヘイ》。太平。例—の世をたのしむ。②孔子《コウシ》の出身地。山東省曲阜《キョクフ》県南東の地。

【昌平《ショウヘイ》▼黌《コウ》】江戸《えど》幕府の学問所。一六九〇(元禄《ゲンロク》三)年、徳川綱吉《つなよし》が江戸の湯島《ゆしま》に、朱子学《シュシガク》を奨励《ショウレイ》するためにつくった。昌平坂《ショウヘイざか》学問所。湯島聖堂ともいう。

日 4
【昃】
8画 5864 6603 音ショク漢ソク呉 訓かたむ-く

意味 太陽が西にかたむく。かたむく。例日中則昃《ひチュウすればすなわちかたむく》(=太陽が中天にのぼれば、やがてはかたむく。ものごとが極点に達すれば、おとろえることのたとえ)。〈易経《エキキョウ》〉

日 4
【昔】
8画 3246 6614 教育3 音セキ漢シャク呉 訓むかし

筆順 

なりたち  [会意]「龷(=のこりの肉)」と「日(=太陽)」とから成る。ほした肉。派生して「むかし」の意。

意味 ❶さきごろ。以前。また、遠い過去。いにしえ。むかし。例昔日《セキジツ》。往昔《オウセキ》。今昔《コンジャク》。❷ゆうべ。よる。同夕《セキ》。例通昔《ツウセキ》(=一晩中《ひとバンジュウ》)。

人名 つね・とき・はじめ・ひさ・ふる
【昔《セキ》時《ジ》】むかし。類昔日《セキジツ》・昔年・往時。

【昔《セキ》日《ジツ》】むかし。過去《カコ》の日々《ひび》。類昔時・昔年・往時。例—のおもかげをしのぶ。

【昔《セキ》者《シャ》】①〔「者」は、助字〕むかし。過去の年月。②きのう。昨日《サクジツ》。

【昔《セキ》人《ジン》】むかしの人。古人。

【昔《セキ》年《ネン》】①むかし。以前。②前の年。去年。類昔時・昔日《セキジツ》・往年。例—をしのぶ。
● 一昔《イッセキ／ひとむかし》・今昔《コンセキ／コンジャク》

日 4
【旻】
8画 5865 65FB 音ビン漢 訓あきぞら

意味 ❶秋の空。あきぞら。例旻天《ビンテン》(=秋の空)。❷天空。そら。

日 4
【明】
8画 4432 660E 教育2 音メイ漢ミョウ呉ミン唐 訓あ-かり・あか-るい・あか-るむ・あか-らむ・あき-らか・あ-ける・あ-く・あ-くる・あ-かす 付表 明日《あす》

筆順 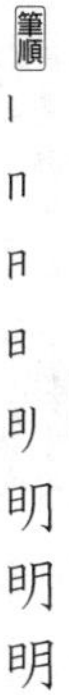

なりたち  [会意]「日(=太陽)」と「月(=つき)」とから成る。照ってあかるい。

意味 ❶光がよく当たって、ものがはっきり見える。あかるい。例明《メイ》暗《アン》。明《メイ》月《ゲツ》。❷はっきりしている。あきらか。例明《メイ》白《ハク》。明《メイ》瞭《リョウ》。❸はっきりさせる。あかす。例説《セツ》明《メイ》。表《ヒョウ》明《メイ》。❹頭のはたらきがはっきりしている。かしこい。例英《エイ》明《メイ》。聡《ソウ》明《メイ》。❺太陽がのぼって、あかるくなる。あからむ。あける。例未《ミ》明《メイ》。❻あけて、その次の。あくる。例明《ミョウ》春《シュン》(=来年の春)。明《ミョウ》朝《チョウ》。明《ミョウ》年《ネン》。❼暗いなかの光。あかるくするもの。あかり。例光《コウ》明《ミョウ》。照《ショウ》明《メイ》。灯《トウ》明《ミョウ》。❽霊《レイ》的な存在。まつられた死者。神。例明《メイ》器《キ》(=死者とともに墓にうめる生活用品の模型《モケイ》)。神《シン》明《メイ》。❾朱《シュ》元《ゲン》璋《ショウ》が元《ゲン》をほろぼして建てた国。清《シン》にほろぼされた。みん。(一三六八—一六四四) 例明《ミン》朝《チョウ》。明《ミン》版《パン》。❿古代インドの学問の分科。例因《イン》明《ミョウ》(=論理学)。声《ショウ》明《ミョウ》(=宗教音楽)。

日本語での用法《あく・あける》期間が終わる。「年《とし》が明《あ》ける・喪《も》が明《あ》ける」

使い分け あからむ【赤・明】⇩1160ページ

使い分け あく・あける【明・空・開】⇩1160ページ

難読 明珍《ミョウチン》(=姓《セイ》)・明礬《ミョウバン》・明衣《ゆかた|ゆかたびら》・明石《あかし》・明障子《あかりショウジ》

人名 あか・あき・あきら・あけ・きよし・さとし・さや・さやか・てる・とおる・とし・のり・はる・ひろ・ひろし・みつ・よし

【明け荷】《あけに》 ①竹やむしろで作った、旅行用の荷物入れ。②関取《せきとり》が、まわしなどを入れて運ぶ箱。

【明王】[一]《ミョウオウ》〔仏〕仏の教えを守り、人々を救済する神。例不動—。[二]《メイオウ》かしこくりっぱな君主。類明君。

【明後日】《ミョウゴニチ》 あすの次の日。「あさって」の改まった言い方。例—帰着する予定。

【明星】《ミョウジョウ》 金星の別名。あけがた、東の空にかがやくのを「明けの明星」、日のしずんだあと西の空に見えるのを「宵《よい》の明星」という。〔その方面で人気のある人の意味にも用いる〕

【明神】《ミョウジン》 神をたっとぶ言い方。霊験《レイゲン》あらたかな神。例稲荷《いなり》大—。

【明朝】[一]《ミョウチョウ》〔「ミョウあさ」とも〕「あすの朝」の改まった言い方。例—七時に集合。[二]《ミンチョウ》①中国の明《ミン》の王朝。また、その時代。②「明朝体」の略。活字の書体の一つ。いっぱんに本や新聞などの本文に使われる。例—活字。

【明日】《ミョウニチ|あす|あした》 今日の次の日。「ミョウニチ」は、「あす」「あした」の改まった言い方。対昨日《サクジツ》。

【明年】《ミョウネン》「来年」の改まった言い方。対昨年・去年。

【明晩】《ミョウバン》「あすの晩」の改まった言い方。対昨晩。例—お電話します。

【明▼礬】《ミョウバン》〔化〕硫酸《リュウサン》アルミニウムなどと硫酸カリウムなどとの化合物。染色《センショク》や製紙などに用いる。

【明夜】《ミョウヤ》 あすのよる。明晩。対昨夜。

【明暗】《メイアン》 ①あかるさと、くらさ。とくに、絵画や写真で、色の濃淡《ノウタン》や、あかるさの度合い。例—をつける。②喜びと悲しみ。幸運と不運。例—を分ける。人生の—。

【明快】《メイカイ》(名・形動ダナ) ①筋道がはっきりしていて、わかりやすいこと。例単純—。②あかるくて、気持ちがいいこと。

【明解】《メイカイ》 わかりやすくはっきりした解釈《カイシャク》。例—な注釈。

【明確】《メイカク》(名・形動ダナ) はっきりしていて、まちがいがないこと。類明白・明瞭《メイリョウ》。例—な根拠《コンキョ》を示す。態度を—にする。

【明鑑】《メイカン》 ①くもりなくきれいな鏡。類明鏡。②すぐれた見識。

【明記】《メイキ》(名・する) はっきり書くこと。例理由を—する。

【明鏡止水】《メイキョウシスイ》〔くもりのない鏡と、静かで動かない水の意〕心にこだわりや憂《うれ》いがなく、すみきっておだやかなこと。例—の境地。

【明君】《メイクン》 かしこくりっぱな君主。類名君・明主。対暗君。

【明訓】《メイクン》 すぐれたおしえ。

【明月】《メイゲツ》 ①雲のない空に、あかるくかがやく月。②十五夜の月。とくに、陰暦《インレキ》八月十五日の月。→【名月】《メイゲツ》(192ページ)

【明言】《メイゲン》(名・する) 迷いもなく、はっきりと言うこと。類断言・確言。例—をさける。改革実行を—する。

【明細】《メイサイ》(名・形動ダナ) こまかい点まで、くわしくはっきりしていること。例—書。—に報告する。給料の—。

【明察】《メイサツ》(名・する) ①真相を正しく見ぬくこと。例事態を—する。②他人の推察をほめていうことば。類賢察《ケンサツ》・高察。例ご—のとおり。

【明視】《メイシ》(名・する) はっきり見えること。例—距離《キョリ》。

【明示】《メイジ》(名・する) はっきりとわかるようにしめすこと。対暗示。例論拠《ロンキョ》を—する。製造年月日が—されている。

【明治】《メイジ》 明治天皇の在位の元号。大正の前。一八六八年九月八日から一九一二(明治四十五、大正元)年七月三十日まで。

【明識】《メイシキ》 はっきりと知ること。また、すぐれた認識《ニンシキ》。

【明珠】《メイシュ》 ①あかるく光りかがやく宝玉《ホウギョク》。②すぐれた人物や詩文のたとえ。

【明証】《メイショウ》(名・する) はっきりした証拠《ショウコ》を示すこと。また、その証拠。例犯行の—。無罪を—する。

【明色】《メイショク》 あかるい感じのする色。対暗色。例—を主にした色彩《シキサイ》。

【明▼晰】《メイセキ》(名・形動ダナ) はっきりしていて、よくわかること。例頭脳—。—な言語。

【明窓浄机】《メイソウジョウキ》〔光のはいるあかるいまどと、きれいにしてあるつくえの意〕あかるく清潔で、勉強にふさわしい部屋。表記「明窓浄▼几」とも書く。

【明達】《メイタツ》(名・する) かしこく、ものごとによく通じていること。例—の士。

【明断】《メイダン》(名・する) 筋道を立てて、はっきりと決断や判断をすること。すぐれた判断。例—をくだす。

【明知】《メイチ》 すぐれた知恵《チエ》。かしこいこと。表記 旧明▼智

【明徴】《メイチョウ》(名・する) はっきりした証拠《ショウコ》を示し、証明すること。また、その証拠。類明証。

【明哲】《メイテツ》(名・形動ダナ) かしこく、ものごとがよくわかっていること。また、そういう人。例—神のごとき人。

【明哲保身】《メイテツホシン》 賢明《ケンメイ》で道理をわきまえ、身を安全にたもつこと。〈詩経《シキョウ》〉例—の術。

【明徹】《メイテツ》(名・形動ダナ) ものごとがあきらかで、はっきりしていること。例—な論理。

【明度】《メイド》 色のあかるさの度合い。〔彩度《サイド》・色相《シキソウ》と合わせて、色の三要素とされる〕

【明答】《メイトウ》(名・する) はっきりと、わかるように答えること。また、その答え。名答。類確答。例質疑に—する。

【明堂】《メイドウ》 昔の中国で、天子が政治をおこなった建物。

【明徳】《メイトク》 ①りっぱな道徳心。また、それにもとづく正しいおこない。②天からさずかったよい性質。仁《ジン》・義《ギ》・礼《レイ》・智《チ》の徳。例—を明らかにする。

【明白】《メイハク》(名・形動ダナ) はっきりしていて、疑いようもないこと。あきらか。類明確・明瞭《メイリョウ》。〔「明明白白《メイメイハクハク》」は、強めた言い方〕例—に答える。—な事実。

【明▼媚】《メイビ》(名・形動ダナ)〔「媚」は、美しい意〕山や川など自然の景色が美しいこと。例風光—の土地。

【明敏】《メイビン》(名・形動ダナ) かしこくて、頭の回転がはやいこと。例—な頭脳。—な若者。

【明文《メイブン》】まちがいがないよう、内容をはっきりと書きあらわした文章。〔「明文化」の形で使われることが多い〕例決定事項《ジコウ》を—化する。

【明弁《メイベン》】(名・する) ①道理にもとづき、はっきり見分けること。例理非を—する。②ものごとをはっきり、わかりやすく述べること。また、そのような弁論。表記①は(旧)明▼辨。②は(旧)明▼辯

【明法】[一]《メイホウ》①法をあきらかにすること。また、あきらかな法令。②唐《トウ》・宋《ソウ》時代、科挙(=官吏《カンリ》登用試験)の一つ。法律に関する学科。例—道。—博士《はかせ》。[二]《ミョウボウ》昔、日本の大学寮《ダイガクリョウ》で教えた法律学。

【明▼眸▼皓歯《メイボウコウシ》】(「眸」は瞳《ひとみ》、「皓」は白い意) 美しく澄《す》んだひとみと白い歯。美女をいうことば。

【明明《メイメイ》】(形動《タルト》) たいそうはっきりしているようす。例—白白《ハクハク》。—たる事実。→【明白《メイハク》】

【明滅《メイメツ》】(名・する) あかるくなったり暗くなったりすること。あかりがついたり消えたりすること。類点滅。例—する灯火。

【明喩《メイユ》】はっきりとわかるように直接にたとえること。「モミジのような手」「サクラのように散る」など。直喩《チョクユ》。対暗喩・隠喩《インユ》。

【明▼亮《メイリョウ》】(名・形動《ダナ》)「明瞭《メイリョウ》」に同じ。

【明瞭《メイリョウ》】(名・形動《ダナ》) はっきりとよくわかること。明亮《メイリョウ》。類明白・明確。例簡単—。—な発音。

【明倫《メイリン》】人としてふみおこなうべき道をあきらかにすること。

【明朗《メイロウ》】(名・形動《ダナ》) ①あかるく楽しく、はれやかなこと。例—快活。—な人がら。②ごまかしたり、かくしたりしないで、内容をはっきり示すこと。例—会計。—な経営。

●有明《ありあけ》・解明《カイメイ》・簡明《カンメイ》・究明《キュウメイ》・賢明《ケンメイ》・言明《ゲンメイ》・克明《コクメイ》・自明《ジメイ》・釈明《シャクメイ》・証明《ショウメイ》・照明《ショウメイ》・鮮明《センメイ》・透明《トウメイ》・発明《ハツメイ》・判明《ハンメイ》・不明《フメイ》・文明《ブンメイ》・弁明《ベンメイ》

日 5

【映】

9画 1739 6620 教育6

音 エイ漢 ヨウ呉 訓 うつ-る・うつ-す・は-える

筆順 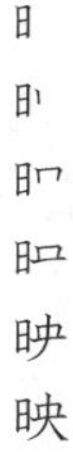

日 8

【暎】

12画 5885 668E 俗字

たなちり  [形声]「日(=太陽)」と、音「央《オウ→エイ》」とから成る。照りはえる。

意味 ❶光に照らされて、形があらわれる。光を反射してかがやく。うつる。はえる。例反映《ハンエイ》。❷光を当てて、形をあらわす。うつす。例映画《エイガ》。映写《エイシャ》。

日本語での用法《うつる》印象を与える。「彼《かれ》の態度《タイド》は生意気《なまイキ》に映《うつ》った」

使い分け うつす・うつる【写・映】⇩1163ページ

使い分け はえ・はえる【映・栄】⇩1177ページ

難読 映日紅《きりしまつつじ》・映日果《いちじく》

人名 あき・あきら・え・てる・はゆ・みつ

【映画《エイガ》】連続して撮影《サツエイ》したフィルムをうつし出して、ものの動きやようすを再現するもの。シネマ。キネマ。ムービー。活動写真。例SF—。—館。—を見る。

【映写《エイシャ》】(名・する) 映画のフィルムやスライドをスクリーンにうつし出すこと。例—機。スライドを—する。

【映像《エイゾウ》】①光の屈折《クッセツ》や反射によってあらわれるもののかたち。②テレビの画面や、映画・スライドのスクリーンにうつし出された像。例—が乱れる。③頭に思いうかぶものの姿やようす。心象《シンショウ》。イメージ。

●上映《ジョウエイ》・反映《ハンエイ》・放映《ホウエイ》

日 5

【昨】

9画 2682 6628 教育4

音 サク漢 訓 きのう 付表 昨日《きのう》

筆順 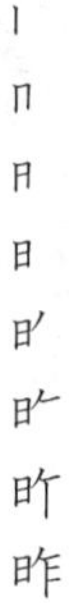

たなちり  [形声]「日(=太陽)」と、音「乍《サ→サク》」とから成る。一日前。

意味 ❶きょうの前の日。きのう。例昨日《サクジツ》。昨夜《サクヤ》。❷ひとまわり前の。例昨年《サクネン》。昨夏《サッカ》。❸過ぎてしまった昔。例昨非今是《サクヒコンゼ》。

【昨暁《サクギョウ》】きのうの夜明けごろ。

【昨日《サクジツ|きのう》】今日の一日前の日。「サクジツ」は、「きのう」の改まった言い方。対明日。例—通知がまいりました。

【昨秋《サクシュウ》】昨年の秋。去年の秋。

【昨週《サクシュウ》】今週の前の週。先週。

【昨春《サクシュン》】昨年の春。去年の春。

【昨冬《サクトウ》】昨年の冬。去年の冬。

【昨年《サクネン》】ことしの前のとし。旧年。「去年」の改まった言い方。対明年《ミョウネン》・来年。

【昨晩《サクバン》】きのうの晩。昨夜。「ゆうべ」の改まった言い方。対明晩《ミョウバン》。

【昨非今是《サクヒコンゼ》】時勢や状況《ジョウキョウ》の変化によって、きのう悪としたことも、きょうは善に考えられることがある。

【昨報《サクホウ》】きのうの報道。〔おもに、新聞やラジオなどで使う〕

【昨夜《サクヤ》】きのうの夜。昨晩。「ゆうべ」の改まった言い方。対明夜《ミョウヤ》。

【昨夕《サクゆう》】きのうの夕方。

【昨夏《サッカ》】昨年の夏。去年の夏。去夏。

【昨今《サッコン》】「近ごろ」「このごろ」の改まった言い方。例—の若者のファッションにおどろかされる。

日 5

【昵】

9画 5867 6635

音 ジツ漢 訓 ちか-づく

意味 えんりょなく、仲よくする。なれしたしむ。ちかづく。例昵近《ジッキン》(=したしみをもつ)。昵懇《ジッコン》。

【昵懇《ジッコン》】(名・形動《ダナ》) 親しい関係であること。類懇意。例—のあいだがら。表記「▽入魂」とも書く。

日 5

【春】

9画 2953 6625 教育2

音 シュン漢呉 訓 はる

筆順 

たなちり  [会意]「日(=太陽)」と「艸(=くさ)」と「屯《チュン→シュン》(=草木の芽が出はじめる)」とから成る。草木が活動をはじめる、はる。

意味 ❶四季の第一。立春から立夏までの間。ほぼ三月・四月・五月。陰暦《インレキ》では一月・二月・三月。例春分《シュンブン》。春眠《シュンミン》。立春《リッシュン》。❷年の初め。正月。例賀春《ガシュン》。新春《シンシュン》。❸性的な欲望。情欲。例思春期《シシュンキ》。春情《シュンジョウ》。❹若く元気な時期。青年期。例回春《カイシュン》。青春《セイシュン》。

難読 春日《かすが》・春宮《トウグウ》・春鶯囀《シュンノウデン》

人名 あずま・あつ・かす・す・とき・とし・はじむ・はじめ

【春雨】[一]《シュンウ》春の雨。はるさめ。[二]《はるさめ》①静かに降る春の雨。②でんぷんからつくった細い糸状の食べ物。

【春寒《シュンカン》】春先の寒さ。類余寒。例—の候。

【春気《シュンキ》】①春のけはい。②春景色。

【春季《シュンキ》】春の季節。例—運動会。

【春期《シュンキ》】春の期間。例—講習。

【春機《シュンキ》】①春に織る機《はた》。②性的な欲情。異性に対す

る性欲。色情。春情。例—発動期(=思春期)。

【春菊】《シュンギク》 キク科の一、二年草。葉はぎざぎざの切れこみがあり、若葉は食用。菊《キク》菜《な》。

【春暁】《シュンギョウ》 春の夜明けごろ。春のあかつき。

【春景】《シュンケイ》 春の景色。春光。春色。

【春光】《シュンコウ》 ①春の景色。春景。春色。②春の日ざし。

【春耕】《シュンコウ》 春に田畑をたがやすこと。

【春日】《シュンジツ》 春の一日。また、春の日ざし。例—遅遅《チチ》(=うららかな春の日が、なかなか暮れずにのどかなこと)。

【春愁】《シュンシュウ》 春の、なんとなくゆううつで思いなやむ気分。例心は—に満たされる。

【春秋】《シュンジュウ》 ①春と秋。②一年。また、年月。類歳月《サイゲツ》・星霜《セイソウ》。例—を経る。③年齢《ネンレイ》。④古代の魯《ロ》の国の歴史書。五経《ゴキョウ》の一つで、孔子《コウシ》が編集したという。⑤「春秋時代」の略。周が都を東にうつした紀元前七七〇年から、韓《カン》・魏《ギ》・趙《チョウ》が晋《シン》を分割《ブンカツ》して独立する紀元前四〇三年までの時代。

【春秋《シュンジュウ》に富《と》む】〔今後の年月がまだ多い意から〕年若く、将来性がある。

【春情】《シュンジョウ》 ①春の景色。春色。春光。②性的な欲情。いろけ。

【春宵一刻▽直千金】《シュンショウイッコク あたいセンキン》〔「直」は、「値《あたい》」に同じ〕春の夜はおもむきが深く、ひとときに千金の価値があるほどである。〈蘇軾《ソショク》・春夜《シュンヤ》〉

【春色】《シュンショク》 春景色。春景。春光。

【春心】《シュンシン》 ①春に感じる物思い。②恋《こい》ごころ。恋情《レンジョウ》。

【春信】《シュンシン》〔「信」は、便りの意〕春が来る知らせ。春のおとずれ。例—を聞く。

【春雪】《シュンセツ》 春に降る雪。

【春暖】《シュンダン》 寒さのやわらいだ春のあたたかさ。〔おもに手紙などで用いる〕対秋冷。例—の候。

【春泥】《シュンデイ》 雪どけや霜《しも》どけによる春さきのぬかるんだ地面。例—をふむ。

【春闘】《シュントウ》「春季闘争」の略。労働組合が賃上げ要求を中心におこなう、春の共同闘争。

【春風▼駘▼蕩】《シュンプウタイトウ》(形動《ト タル》) ①春風がやさしくふき、のどかであるようす。②おだやかでおおらかな人がらのようす。例—たる人物。

【春分】《シュンブン》 二十四節気の一つ。三月二十一日ごろで、昼と夜の長さがほぼ等しくなる。対秋分。

【春望】《シュンボウ》 春のながめ。例山麓《サンロク》の—。

【春眠】《シュンミン》 春の夜の快いねむり。例—暁《あかつき》を覚《おぼ》えず。

【春夢】《シュンム》 ①春の夜のゆめ。②春のゆめのように、はかないことのたとえ。例むなしき—と消える。

【春夜】《シュンヤ》 春のよる。

【春陽】《シュンヨウ》 春の暖かい日光。また、おだやかな春の季節。

【春雷】《シュンライ》 春に鳴るかみなり。

【春▽嵐】《シュンラン》 ①春のあらし。②春にかかる、もや。

【春▼蘭】《シュンラン》 ラン科の多年草。早春にうすみどりの花をつける。他のランにさきがけてさくのでこの名がある。ほくろ。

【▽春宮】《トウグウ》 ①皇太子のいる宮殿《キュウデン》。②皇太子のこと。表記 ▽正しくは「東宮」と書くが、春を方角では東にあてるので、「春宮」を「トウグウ」と読む。

【春一番】《はるイチバン》 立春後、初めてふく強い南風。春のおとずれのしるしとされる。

【春▼霞】《はるがすみ》 春に立つかすみ。例—がたなびく。

【春駒】《はるごま》 ①春の野にいるウマ。②竹の棒の片方にウマの頭の形を、片方に車をつけ、またがって遊ぶおもちゃ。

【春告魚】《はるつげうお》 春のおとずれを知らせる魚。ニシンの別名。

【春告鳥】《はるつげどり》 春のおとずれを知らせる鳥。ウグイスの別名。

●賀春《ガシュン》・吉春《キッシュン》・去春《キョシュン》・慶春《ケイシュン》・迎春《ゲイシュン》・小春《こはる》・初春《ショシュン》《はつはる》・新春《シンシュン》・青春《セイシュン》・早春《ソウシュン》・仲春《チュウシュン》・晩春《バンシュン》・陽春《ヨウシュン》・翌春《ヨクシュン》・来春《ライシュン》・立春《リッシュン》

日 5

【昭】

9画 3028 662D 教育3 音ショウ漢 訓あき-らか

筆順 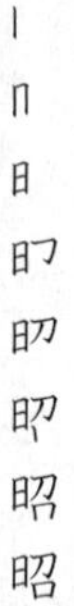

なりたち 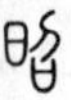 [形声]「日(=太陽)」と、音「召《ショウ》」とから成る。日が照りかがやいて明るい。

意味 すみずみまで光がとどいて明るい。あきらか。例昭顕《ショウケン》(=あきらか。あきらかになる)。昭明《ショウメイ》(=徳があきらかになる)。

人名 あき・あきら・ただ・ただし・てる・はる・ひかる・ひろ・ひろし

【昭代】《ショウダイ》 平和に治まっている世。

【昭和】《ショウワ》 昭和天皇の在位の年号。大正の次で、平成の前。一九二六(大正十五、昭和元)年十二月二十五日から一九八九(昭和六十四)年一月七日まで。

日 5

【是】

9画 3207 662F 常用 音シ漢ゼ呉 訓これ・こ-の・ここ

筆順 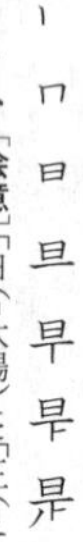

なりたち  [会意]「日(=太陽)」と「正(=ただす)」とから成る。まっすぐで正しい。

意味 ❶正しい(と見なす)。対非《ヒ》。例是認《ゼニン》。是非《ゼヒ》。❷正しいと見なした方針。例国是《コクゼ》。社是《シャゼ》。❸正しくする。例是正《ゼセイ》。❹〔助字〕㋐「これ」と読み、…だ・…である、の意。断定をあらわす。例是妄死也《これボウシなり》(=犬死にだ)。㋑「これ」と読み、ものごとをさし示す。例以レ是知《これをもってしる》(=このことからわかる)。㋒目的語を前に出して強調する。例戎狄是膺《ジュウテキをこれうつ》(=異民族の西戎《セイジュウ》や北狄《ホクテキ》は征伐《セイバツ》する)。〈詩経《シキョウ》〉

人名 すなお・ただし・ただす・なお・ゆき・よし

【是正】《ゼセイ》(名・する) 誤りなどをただして、なおすこと。例貿易の不均衡《フキンコウ》を—する。

【是是非非】《ゼゼヒヒ》 よいことはよい、悪いことは悪いと、はっきりと判断すること。例—の態度をつらぬく。

【是認】《ゼニン》(名・する) よいとみとめること。また、そのとおりだとみとめること。承認。対否認。例相手側の提案を—する。

【是非】《ゼヒ》 一(名) よいことと悪いこと。例制服の—を論議する。二(副) どうしても。どうか。例—見てください。

●国是《コクゼ》・党是《トウゼ》・如是《ニョゼ》

日 5

【星】

9画 3217 661F 教育2 音セイ漢ショウ呉 訓ほし

筆順 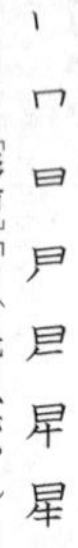

なりたち  [形声]「日(=光りかがやく)」と、音「生《セイ》」とから成る。天空にかがやき光る、ほし。

意味 ❶夜空に光る天体。ほし。例星座《セイザ》。火星《カセイ》。惑星《ワクセイ》。❷ほしくずのように小さい。例星火《セイカ》。星星《セイセイ》(=小さいもの)。❸二十八宿の一つ。ほとおりぼし。例星宿《セイシュク》。

日本語での用法《ほし》①ねらいをつけた相手。対象。「図星《ずぼし》・目星《めぼし》・本星《ホンぼし》を捜《さが》す」②勝ち負けのしるしのまる。「星取表《ほしとりヒョウ》・黒星《くろぼし》・白星《しろぼし》」

人名 とし・のぼる

【星雲《セイウン》】雲のように見える天体。銀河系内のガスやちりの集まりによるものと、銀河系外の恒星《コウセイ》の集まりによるものとがある。例暗黒—。

【星火《セイカ》】小さな火。

【星学《セイガク》】太陽・月・星など天体に関する学問。天文学の古い呼び方。

【星行《セイコウ》】(名・する) ①星のかがやいている、夜明け前に出かけること。②流れ星のように速く行くこと。

【星座《セイザ》】夜空の星を、見える位置によっていくつかずつまとめて、動物や神話の人物などの形になぞらえて名をつけたもの。さそり座・オリオン座など八十八ある。→【星宿《セイシュク》】

【星宿《セイシュク》】中国で、太陽の黄道《コウドウ》に沿って天球を二十八に分けて、定めた星座。→【星座《セイザ》】・【二十八宿《ニジュウハッシュク》】(40ページ)

【星章《セイショウ》】軍隊のぼうし・えりなどにつける星の形の記章。

【星条旗《セイジョウキ》】アメリカ合衆国の国旗。〔星と、縞《しま》をなす条(=すじ)とでかたどった、はた。スターズアンドストライプス〕

【星▼辰《セイシン》】ほし。星座。星宿。

【星霜《セイソウ》】〔「星」は一年で天をひとめぐりし、「霜《しも》」は毎年おりることから〕年月。歳月《サイゲツ》。例幾《いく》—を経る。

【星団《セイダン》】恒星《コウセイ》が数多く集まっているもの。例球状—。

【星斗《セイト》】〔「斗」は、北斗星と南斗星の意〕ほし。

【星▼芒《セイボウ》】星の光。

【星夜《セイヤ》】星が明るくかがやく夜。ほしづきよ。

◐衛星《エイセイ》・巨星《キョセイ》・恒星《コウセイ》・白星《しろぼし》・新星《シンセイ》・水星《スイセイ》・図星《ズぼし》・明星《ミョウジョウ》・目星《めぼし》・遊星《ユウセイ》・流星《リュウセイ》

日 5 【昼】 9画 3575 663C 教育2 音 チュウ(漢)(呉) 訓 ひる

筆順 フ コ 尸 尺 尺 昼 昼

日 7 【晝】 11画 5876 665D 人名

なりたち [会意]「晝(=くぎる)」の省略体と「日(=太陽)」とから成る。日が出てからしずむまで。夜とへだてられた、ひる。

意味 ❶日の出から日の入りまでのあいだ。ひるま。ひる。例昼夜《チュウヤ》。昼寝《ひるね》。❷正午ごろ。まひる。例昼食《チュウショク》。

人名 あき・あきら

【昼間《チュウカン｜ひるま》】朝から夕方までのあいだ。日中《ニッチュウ》。

【昼光色《チュウコウショク》】太陽光線に近い色や明るさの、人工的な光。例—の蛍光灯《ケイコウトウ》。

【昼▼餐《チュウサン》】正式の昼食。ひるげ。午餐。ランチョン。

【昼食《チュウショク｜チュウジキ》】〔「チュウジキ」は、やや古風な言い方〕ひるごはん。ひるめし。午餐《ゴサン》。対朝食・夕食。

【昼夜《チュウヤ》】一(名) ひるとよる。例—を問わず働く。二(副) ひるもよるも。例—間断なく見回る。

【昼夜兼行《チュウヤケンコウ》】ひるもよるも休みなくおこなうこと。

【昼夜《チュウヤ》を▽舎《お》かず】〔「舎」は、とどまる意〕ひるもよるも休まない。〔「逝《ゆ》く者はかくのごときか、昼夜を舎かず」による〕〈論語《ロンゴ》〉→【川上の嘆《センジョウのタン》】(331ページ)

【昼顔《ひるがお》】ヒルガオ科の多年草。夏の日中、漏斗《ロウト》状をした淡紅色《タンコウショク》の小花を開く。

【昼▼餉《ひるげ》】ひるごはん。ひるめし。対朝餉《あさげ》・夕餉《ゆうげ》。

【昼寝《ひるね》】(名・する) ひるまに、ねむること。午睡《ゴスイ》。

日 5 【昶】 9画 5868 6636 音 チョウ(漢)

意味 ❶日が、ながい。ひさしい。❷のびやか。

日 5 【昴】 9画 5869 6634 人名 音 ボウ(漢) 訓 すばる

なりたち [形声]「日(=天体)」と、音「卯《ボウ》」とから成る。星の名。

意味 二十八宿の一つ。すばるぼし。例昴宿《ボウシュク》。

参考「すばる」は、動詞「統《す》べる(=個々のものを一つにまとめる)」の意。六個の星が集まって見えるのでいう。「昂《コウ》」は別の字。

日 5 【昧】 9画 4370 6627 常用 音 バイ(漢)マイ(呉) 訓 くら-い

筆順 丨 冂 日 日 日 昧 昧

なりたち [形声]「日(=ひ)」と、音「未《ビ→バイ》」とから成る。ようやく明るくなるころ。

意味 ❶光が少なくて、よく見えない。くらい。例昧爽《マイソウ》。暗昧《アンマイ》。❷ものごとをよく知らない。おろか。くらい。例愚昧《グマイ》。蒙昧《モウマイ》。

【昧爽《マイソウ》】夜明け方。未明。

日 5 【昜】 9画 5870 661C 音 ヨウ(漢) 訓 と-ぶ・とびあ-がる

意味 ❶ひらく。❷太陽。太陽が出る。

日 5 [昂] 9画 ⇩【昂《コウ》】(484ページ)

日 5 [昿] 9画 ⇩【曠《コウ》】(497ページ)

日 6 【晏】 10画 5871 664F 人名 音 アン(漢) 訓 おそ-い・やす-らか

なりたち [形声]「日(=太陽)」と、音「安《アン》」とから成る。空が晴れる。派生して「やすらか」の意。

意味 ❶おちついて、しずか。やすらか。例晏然《アンゼン》(=やすらか)。❷(時刻が)おそい。例晏起《アンキ》。❸姓《セイ》の一つ。例晏嬰《アンエイ》(=春秋時代の斉《セイ》の宰相《サイショウ》の名)。

人名 おそ・さだ・はる・やす・やすし

【晏▼駕《アンガ》】天子が死ぬこと。崩御《ホウギョ》。

【晏起《アンキ》】朝おそく起きること。朝ねぼう。

【晏如《アンジョ》】(形動《トタル》) おだやかでやすらかなようす。

日 6 【晃】 10画 2524 6643 人名 音 コウ(漢)(呉) 訓 あき-らか

日 6 [晄] 10画 5872 6644 人名 別体字

なりたち [形声]「日(=太陽)」と、音「光《コウ》(=ひかる)」とから成る。あかるい。

意味 光が四方にかがやき、あかるい。あきらか。例晃晃《コウコウ》。

人名 あき・あきら・てる・のぼる・ひかる・ひろし・みつ・みつる

【晃晃《コウコウ》】(形動《トタル》) 明るく光りかがやくようす。

日 6 【晒】 10画 2715 6652 人名 音 サイ(漢) 訓 さら-し・さら-す

日19 [曬] 23画 2-1421 66EC 本字

意味 日に当ててかわかす。虫干しする。例晒書《サイショ》(=書物の虫干し)。

日本語での用法《さらし・さらす》①日に当てたり、水で洗い流したりして白くする。「晒《さら》し粉《こ》・晒《さら》し布《ぬの》」②(こらしめのため)多くの人の目にふれるようにする。「晒《さら》し首《くび》・

—晒《さ》らし者《もの》・人目《ひとめ》に晒《さら》す」

日 6 【時】 10画 2794 6642 教育2 音 シ漢 ジ呉 訓 とき 付表 時雨《しぐれ》・時計《とけい》

筆順 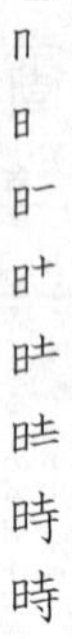

なりたち  [形声]「日(=太陽)」と、音「寺《シ》」とから成る。四季。

意味 ❶季節。例 時節《ジセツ》。四時《シイ ジ》。❷過去から現在へ、さらに未来へという移り変わり。とき。例 時運《ジウン》。時間《ジカン》。天時《テンジ》。❸あるとき。このごろ。例 時下《ジカ》。往時《オウジ》。❹ちょうどよいとき。おりよく。例 時雨《ジウ》。時機《ジキ》。時宜《ジギ》。❺おりにふれて。ときどき。ときに。例 学而時習レ之《まなんでときにこれをならう》(=学んでは適当な時期におさらいをする)。〈論語《ロンゴ》〉

難読 時節《おりふし》・時鳥《ほととぎす》

人名 これ・はる・もち・ゆき・よし・より

【時雨】一《ジウ》 ①ちょうどよいときに降る雨。②しぐれ。二《しぐれ》 ①晩秋から初冬のころに、降ったりやんだりする雨。②しぐれのように、続いたりやんだりするもののたとえ。例 せみ—。③「時雨煮《しぐれに》」の略。ハマグリなどのむき身にショウガを加えてつくった、つくだ煮。

【時運《ジウン》】世の中のなりゆき。例 —に乗る。

【時下《ジカ》】このごろ。ただいま。〔おもに手紙で「時下ますますご清祥《セイショウ》のことと…」のように用いる〕

【時価《ジカ》】その時々の値段。また、現在の値段。例 —数百万円のダイヤモンド。

【時間《ジカン》】①過去・現在・未来と移り変わり、続いていく時の流れの全体。対 空間。例 悠久《ユウキュウ》の—。②時の流れをある長さで区切ったもの。例 待ち—。③時の単位。一日を二十四等分した一つ。一時間は六十分。④ある時刻。例 到着《トウチャク》—。⑤ある時刻からある時刻までの間。また、何かをしている間。例 営業—。

【時期《ジキ》】何かをするための期間。例 —尚早《ショウソウ》。

【時機《ジキ》】何かをするのにちょうどよいとき。適当な機会。チャンス。例 —到来《トウライ》。—をうかがう。

【時宜《ジギ》】①何かをするのにふさわしいとき。例 —にかなう。—を得る。②その時にふさわしいあいさつ。

【時給《ジキュウ》】〔週給・日給などに対して〕時間あたりの賃金。時間給。

[日部] 6画 時 晋

【時局《ジキョク》】その時期の世の中のありさま。時代の情勢。例 重大な—をむかえる。

【時空《ジクウ》】時間と空間。例 —をこえる。

【時限《ジゲン》】①何かをおこなう時間や時刻を限定すること。例 —スト。②授業時間の単位。校時。例 一—目は国語だ。

【時効《ジコウ》】一定期間が過ぎたために、本来もっていた権利や義務がなくなること。例 —が成立する。その話はもう—だ(=古いことなので、もう責任をとることはない)。

【時候《ジコウ》】四季おりおりの気候。時節。例 —のあいさつ。

【時刻《ジコク》】①時の流れの中のある一点。また、それを時・分・秒であらわしたもの。例 —表。出発の—。②時機。機会。

【時差《ジサ》】①各国、各地域の間の時刻の差。標準時でくらべる。例 —ぼけ。東京とロンドンとの—は九時間。②時刻をずらして、他と重ならないようにすること。例 —通勤。

【時事《ジジ》】そのときそのときの社会的なできごと。例 —解説。

【時時刻刻《ジジコッコク》】(副)時刻を追って。しだいに。例 —と変化する。

【時日《ジジツ》】①ものごとのおこなわれる日と時。にちじ。例 入学式の—を知らせる。②何かをするのにかかる時間。ひにち。例 少なからぬ—を要する。

【時針《ジシン》】時計の短針。

【時人《ジジン》】その時代の人。

【時世《ジセイ|ときよ》】その時代。世の中の状態。例 —《ときよ》時節。いいご—《ジセイ》だ。

【時制《ジセイ》】過去・現在・未来・過去完了《カコカンリョウ》など、時に関する文法上の特徴《トクチョウ》。テンス。例 —の一致《イッチ》。

【時勢《ジセイ》】その時代の世の中のなりゆき。時流。例 —にのる。—に逆らう。

【時節《ジセツ》】①おりおりの季節。時候。例 キクの—。—がらご自愛ください。②何かをするのに適切な機会。時機。例 —到来《トウライ》。③世の中の状況《ジョウキョウ》。

【時速《ジソク》】一時間に進む距離《キョリ》であらわした速さ。対 秒速・分速。例 —三二〇キロの新幹線。

【時代《ジダイ》】①時の流れの、あるひとまとまり。例 江戸《えど》—。少年—。②その時の世の中。例 —おくれ。③昔の世。例 —劇。④時がたって古くなる感じ。例 —がつく。

【時代錯誤《ジダイサクゴ》】時代をとりちがえること。歴史上の事件や人物などの前後関係を誤解すること。また、時代おくれで今の世に合わないこと。アナクロニズム。例 —の考え方。

【時代色《ジダイショク》】その時代の特色。

【時代物《ジダイもの》】①時がたって、古くなったもの。骨董《コットウ》。例 —のフロックコート。②浄瑠璃《ジョウルリ》や歌舞伎《かぶき》で、江戸《えど》時代以前を題材にした作品。対 世話物《セワもの》。③明治時代以前に取材した文学や芸術。

【時点《ジテン》】時の流れの中での、ある一点。例 現—。

【時評《ジヒョウ》】①そのときそのときの社会的なできごとに対する批評。例 文芸—。②その時代の評判。

【時分】一《ジブン》 ①ある時期。ころ。例 若い—。②何かをするのにちょうどいい時機。例 —時《どき》(=食事どき)。—をうかがう。二《ジフン》 分《フン》を単位として計算した時間。例 所要—。

【時文《ジブン》】①その時代の文章。②中国の現代の文章。例 古文だけでなく—も読める。③昔の中国で科挙《カキョ》(=官吏《カンリ》登用試験)に用いた文体。

【時報《ジホウ》】①時刻の知らせ。例 六時の—。②そのときどきの情報。また、その新聞や雑誌。例 社会—。

【時流《ジリュウ》】その時代の世の中の動き、傾向《ケイコウ》。例 —に逆らう。—に流される。

【時論《ジロン》】①その時代のいっぱんの考え。世論《セロン》。例 —に流されるな。②時事に関する議論。例 —に耳をかたむける。

【時計《とけい》】〔もと「土圭《トケイ》」と書いた語のあて字〕時刻を示したり、時間を計ったりする装置。例 —まわり(=右まわり)。

【▽時▽鳥《ほととぎす》】初夏に南からわたってくる鳥。ホトトギス。鳴き声が「テッペンカケタカ」などと聞こえる。→【不如帰《フジョキ》】(20ページ)

◐ 一時《イチジ》・暫時《ザンジ》・潮時《しおどき》・瞬時《シュンジ》・常時《ジョウジ》・随時《ズイジ》・寸時《スンジ》・戦時《センジ》・定時《テイジ》・当時《トウジ》・同時《ドウジ》・日時《ニチジ》・不時《フジ》・毎時《マイジ》・臨時《リンジ》・零時《レイジ》

日 6 【晋】 10画 3124 664B 人名 音 シン漢呉 訓 すす-む

日 6 【晉】 10画 5873 6649

なりたち  [会意]「日(=太陽)」と「臸(=いたる)」とから成る。すすむ。

意味 ❶すすむ。❷中国春秋時代、今の山西省にあった国。文公(=春秋五覇《ゴハ》の一人。在位前六三六—前六二八)のとき、最も国力が充実《ジュウジツ》した。(?—前三七六) ❸司馬炎《シバエン》が建てた王朝。西晋《セイシン》(二六五—三一六)と東

晋《シン》(三一七—四二〇)に分かれる。❹山西省の別名。

人名 あき・くに・のぼる・ひろし・ゆき

日6 【晟】 10画 5880 665F 人名 音セイ漢 ジョウ呉

日7 【晟】 11画 — —

たちり 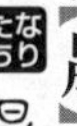 [形声]「日(=太陽)」と、音「成《セイ》」とから成る。あかるい。

意味 ❶あかるくかがやく。あきらか。❷さかん。同盛《セイ》。

人名 あき・あきら・てる・まさ

日6 【晁】 10画 5874 6641 音チョウ漢 訓あさ

意味 夜が明け、日がのぼるとき。あさ。同朝《チョウ》。

日6 [晦] 10画 ⇩【晦《カイ》】(491ページ)

日6 [晄] 10画 ⇩【晃《コウ》】(489ページ)

日6 【晉】 10画 ⇩【晋《シン》】(490ページ)

日7 【晦】 11画 1902 6666 人名 音カイ漢 訓みそか・つごもり・くら-い

日6 [晦] 10画 — — 俗字

意味 ❶陰暦《インレキ》の月末。月の見えない、くらい夜の日。みそか。つごもり。参考「つごもり」は「月隠《つきごもり》」の意。陰暦で、月の最後の日。月末。みそか。「大晦《おおつごもり》」は十二月三十一日。対朔《サク》。❷くらくてよくわからない。くらい。例晦渋《カイジュウ》。❸よくわからなくする。くらます。例韜晦《トウカイ》。

【晦▼朔《カイサク》】〔「晦」は、みそか、「朔」は、ついたちの意〕月の最後の日と初めの日。月末と月初。

【晦渋《カイジュウ》】ことばや文章が難しく、意味や内容がわかりにくいこと。難解。

【晦冥《カイメイ》】暗いこと。まっくら。

日7 【晞】 11画 5875 665E 音キ漢 訓あき-らか・あ-く・かわ-く・ほ-す

意味 ❶太陽にさらしてかわかす。かわかす。かわく。❷夜が明ける。あける。あく。

日7 【晤】 11画 5877 6664 音ゴ漢 訓あ-う・あき-らか・さと-る・むか-う

意味 ❶聡明《ソウメイ》なようす。さとい。かしこい。❷面会する。あう。例晤言《ゴゲン》。面晤《メンゴ》(=面会する)。

【晤言《ゴゲン》】(名・する) 面と向かって話すこと。うちとけて、語りあうこと。

日7 【晨】 11画 5879 6668 人名 音シン漢 訓あした

たちり 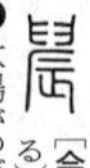 [会意]本字は「晨」で、「臼(=両手をあわせる)」と「辰《シン》(=とき)」とから成る。よあけ。

意味 ❶太陽がのぼってくる朝。早朝。あした。例晨旦《シンタン》。❷ニワトリが鳴いて朝を告げる。例牝鶏《ヒンケイ》の晨《シン》。

難読 晨明《あけぼの》・晨昏《あけくれ》

人名 あき・あきら・あさ・とき

【晨鶏《シンケイ》】朝早く鳴くニワトリ。例—時を告ぐ。

【晨星《シンセイ》】①夜明けの空に残る星。暁星《ギョウセイ》。②〔夜明けの星は少ないことから〕数が少なく、まばらになること。例—落落《ラクラク》(=友人がだんだんに少なくなること)。

【晨旦《シンタン》】朝。早朝。晨朝。

【晨夜《シンヤ》】朝と夜。朝早くから夜おそくまで。

日7 【晢】 11画 5881 6662 音セツ漢 セイ漢 訓あき-らか・さと-る

意味 ❶明るい。あきらか。さとる。❷白い。

日7 [晧] 11画 ⇩【皓《コウ》】(697ページ)

日7 【晟】 11画 ⇩【晟《セイ》】(491ページ)

日7 【晝】 11画 ⇩【昼《チュウ》】(489ページ)

日7 【晚】 11画 ⇩【晩《バン》】(492ページ)

日8 【暁】 12画 2239 6681 常用 音キョウ漢 ギョウ呉 訓あかつき・さと-る

筆順 

日12 【曉】 16画 5892 66C9 人名

たちり 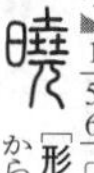 [形声]「日(=太陽)」と、音「堯《ギョウ→キョウ》」とから成る。あけがた。

意味 ❶空が明るくなってくるころ。夜明け。あかつき。例暁光《ギョウコウ》。暁星《ギョウセイ》。早暁《ソウギョウ》。❷明らかになる。はっきりとわかる。さとる。例通暁《ツウギョウ》。

人名 あき・あきら・あけ・さとし・たか・たかし・とき・とし

【暁▽闇《ギョウアン》】明け方の暗いとき。あかつきやみ。

【暁雲《ギョウウン》】明け方の雲。

【暁光《ギョウコウ》】明け方の光。例—を望むさわやかさ。

【暁鐘《ギョウショウ》】明け方に鳴らす鐘《かね》。夜明けを告げる鐘。

【暁星《ギョウセイ》】①明け方の空に残る星。②明けの明星《ミョウジョウ》。金星。③〔明け方の星は少ないことから〕数が少ないこと。

【暁天《ギョウテン》】明け方の空。例—の星(=数が少ないこと)。

●早暁《ソウギョウ》・通暁《ツウギョウ》・払暁《フツギョウ》

日8 【景】 12画 2342 666F 教育4 音一ケイ漢 二エイ漢 訓ひかり・かげ 付表景色《けしき》

筆順 

たちり  [形声]「日(=太陽)」と、音「京《ケイ》」とから成る。太陽の光。

意味 一《ケイ》❶(太陽に照らし出された)自然のながめ。けしき。例景色《けしき》。光景《コウケイ》。風景《フウケイ》。❷ものごとのありさま。ようす。例景気《ケイキ》。景況《ケイキョウ》。❸大きい。めでたい。例景雲《ケイウン》。景福《ケイフク》。❹大きくてりっぱであると認める。あおぐ。例景仰《ケイギョウ》。景慕《ケイボ》。❺演劇などの場面。シーン。例三幕三景《サンマクサンケイ》。二《エイ》かげ。同影《エイ》。例景響《エイキョウ》(=影響)。

難読 景天草《いきくさ|ちどめぐさ|ベンケイソウ》

人名 あき・あきら・てる・ひかる・ひろ

【景雲《ケイウン》】めでたいしるしの雲。慶雲《ケイウン》。瑞雲《ズイウン》。

【景観《ケイカン》】ながめ。景色。〔多く、すばらしいながめに使う〕

【景気《ケイキ》】①経済活動の状態。例—の変動。②商売や営業のようす。例—がいい。③勢い。元気。例—をつける。

【景況《ケイキョウ》】①ものごとのようす。景気。状況。②経済の状況。市況。例三月の—。

【景仰《ケイギョウ|ケイコウ》】(名・する) 徳を慕《した》い尊敬すること。

【景勝《ケイショウ》】景色がすばらしいこと。よい景色の所。例—の地。

【景致《ケイチ》】景色。また、そのおもむき。風致《フウチ》。景趣《ケイシュ》。

【景品《ケイヒン》】①商品につけて客におくる品物。おまけ。例—つき。②くじや福引きで当たる品物。例—を当てる。③行

事や競技の、参加者や勝者におくる品物。例 —をもらう。

【景福《ケイフク》】たいへん幸せなこと。すばらしい幸福。

【景物《ケイブツ》】①その季節にふさわしいおもむきをそえる、自然のもの。例 夏の—ホタル。②その場に興《キョウ》をそえるもの。

【景慕《ケイボ》】（名・する）尊敬し、したうこと。景仰《ケイギョウ》。

【景色《けしき》】自然のながめ。風景。例 雪—《ゆきげしき》。
●遠景《エンケイ》・近景《キンケイ》・借景《シャッケイ》・情景《ジョウケイ》・絶景《ゼッケイ》・全景《ゼンケイ》・点景《テンケイ》・背景《ハイケイ》・夜景《ヤケイ》

日 8

【暑】

12画 2975 6691 教育3
音 ショ 漢 呉　訓 あつ-い・あつ-さ
筆順 冂 日 旦 早 旱 昜 暑 暑

日 9

【暑】

13画 1-8535 FA43 人名
なりたち ［形声］「日(=太陽)」と、音「者《シャ→ショ》」とから成る。湿気《シッケ》があって、あつい。
意味 ❶不快になるほど気温が高い。あつい。あつさ。対 寒《カン》。例 暑気《ショキ》。酷暑《コクショ》。猛暑《モウショ》。❷夏の土用の十八日間。あつさのつづくころ。例 暑中《ショチュウ》。小暑《ショウショ》。大暑《タイショ》。
使い分け あつい【熱・暑】⇩1161ページ
人名 あつ・あつし・なつ
【暑気《ショキ》】夏の暑さ。対 寒気。例 —にあたる。
【暑気払い《ショキばらい》】夏に暑さをふきとばすために何かをすること。
【暑月《ショゲツ》】暑い夏の季節。
【暑中《ショチュウ》】①夏の暑い期間。例 —休暇《キュウカ》。②夏の土用(=立秋の前の十八日間)のあいだ。例 —見舞《みまい》。▽対 寒中。
【暑熱《ショネツ》】夏のきびしい暑さと熱気。炎熱《エンネツ》。暑気。
●炎暑《エンショ》・寒暑《カンショ》・酷暑《コクショ》・残暑《ザンショ》・小暑《ショウショ》・大暑《タイショ》・避暑《ヒショ》・猛暑《モウショ》

日 8

【晶】

12画 3029 6676 常用
音 セイ 漢 ショウ 呉　訓 あき-らか
筆順 丨 冂 日 日 昍 昌 晶 晶
なりたち ［会意］「日(=太陽)」を三つ重ねる。きらめく光。

意味 ❶すみきって、きらきらかがやく。あきらか。例 晶光《ショウコウ》。❷きらきら光る鉱石。規則正しく小さな平面で囲まれた物質。例 結晶《ケッショウ》。水晶《スイショウ》。
人名 あき・あきら・てる・ひかる・まさ・まさる
●液晶《エキショウ》・結晶《ケッショウ》・水晶《スイショウ》

日 8

【晴】

12画 3218 6674 教育2
音 セイ 漢 ショウ 呉　訓 は-れる・は-らす・は-れ
筆順 日 日 日一 日十 日丰 日⺷ 晴 晴

日 8

【晴】

12画 — FA12
なりたち ［形声］本字は「姓」で、「夕(=ゆうべ)」と、音「生《セイ》」とから成る。星が見える夜。

意味 太陽が清らかにかがやき、空が青くすむ。はれる。はれ。例 晴天《セイテン》。快晴《カイセイ》。晴耕雨読《セイコウウドク》。

日本語での用法 一《はれ》おもて向き。ひとまえ。「晴《は》れ着《ぎ》・晴《は》れの舞台《ブタイ》・晴《は》れがましい」二《はらす》さっぱりとさせる。「うらみを晴《は》らす・疑《うたが》いを晴《は》らす」

人名 あきら・きよし・てる・なり・はる
【晴雨《セイウ》】晴れと雨。例 —にかかわらず実施《ジッシ》する。

【晴雨計《セイウケイ》】気圧《キアツ》計。バロメーター。

【晴眼《セイガン》】①視覚に障害のある目に対して、はっきり見える目。例 —者。②⇩【正眼《セイガン》】②(557ページ)

【晴好雨奇《セイコウウキ》】〔「奇」は、すぐれている意〕晴れでも雨でも、山水の景色は美しくすばらしいこと。

【晴耕雨読《セイコウウドク》】晴れた日は外で畑を耕し、雨の日は家で読書をする生活。悠悠自適《ユウユウジテキ》。

【晴天《セイテン》】晴れた空。いい天気。好天。対 雨天・曇天《ドンテン》。例 —にめぐまれる。

【晴▽嵐《セイラン》】晴れた日に山に立ちのぼる山気《サンキ》。

【晴朗《セイロウ》】（形動ナ）晴れてうららかなようす。例 天気—なれども波高し。

日 8

【晰】

12画 5882 6670
音 セキ 漢　訓 あき-らか

日 8

［晢］

12画 1-8531 6673 別体字
意味 はっきりしている。あきらか。例 明晰《メイセキ》。

日 8

【智】

12画 3550 667A 人名
音 チ 漢 呉　訓 ちえ
なりたち ［会意］「日(=言う)」と「知《チ》(=しる)」とから成る。知っていることを口に出す。
意味 ❶ものごとを理解し、わきまえる頭のはたらき。ちえ。例 智《チ》・仁《ジン》・勇《ユウ》。上智《ジョウチ》。❷かしこい(人)。ものしり。例 智者《チシャ》(=賢人《ケンジン》)。智将《チショウ》。❸はかりごと。たくらみ。例 智計《チケイ》(=うまいはかりごと)。
表記 現代表記では、「知《チ》」に書きかえることがある。熟語は「知」(711ページ)を参照。
人名 あき・あきら・さかし・さと・さとし・さとる・とし・とみ・とも・のり・まさる・もと
【智恵《チエ》】「智慧《チエ》」に同じ。
【智▼慧《チエ》】①〔仏〕真理や善悪をわきまえ、さとりをひらく心のはたらき。②ものごとの道理をわきまえ、正しく判断し処理する、すぐれた頭のはたらき。表記 ▽現 知恵。また、「智恵」とも書く。

日 8

【晩】

12画 4053 6669 教育6
音 バン 漢 メン 呉　訓 おそ-い・くれ
筆順 冂 日 日⺈ 日⺈ 晩 晩 晩 晩

日 7

【晚】

11画 1-8528 665A 人名
なりたち ［形声］「日(=太陽)」と、音「免《ベン→バン》」とから成る。太陽がしずんでくらくなる。
意味 ❶日暮れから夜にかけての時間。くれ。例 晩鐘《バンショウ》。今晩《コンバン》。❷時期がおくれている。おそい。対 早《ソウ》。例 晩学《バンガク》。晩婚《バンコン》。晩熟《バンジュク》。❸終わりの時期。すえ。対 初《ショ》。例 晩春《バンシュン》。晩冬《バントウ》。
難読 晩鐘《いりあい》・晩稲《おくて・おしね》
人名 おそ
【晩夏《バンカ》】夏の終わりごろ。対 初夏。
【晩学《バンガク》】年をとってから学問や習いごとを始めること。
【晩方《バンがた》】日が暮れるころ。夕方。
【晩期《バンキ》】①一生のうちの晩年の時期。②ある時代や期間の終わりの時期。末期《マッキ》。例 唐《トウ》代の—。
【晩菊《バンギク》】おそい時期にさくキク。

【晩景《バンケイ》】①夕方の景色。②夕方。

【晩婚《バンコン》】婚期を過ぎてからの結婚。(対)早婚。

【晩▼餐《バンサン》】夕食。ディナー。〔改まった、正式な場合にいう〕[例]—会。

【晩酌《バンシャク》】(名・する)(家庭で)夕食のときに酒を飲むこと。また、その酒。

【晩秋《バンシュウ》】秋の終わりごろ。暮秋《ボシュウ》。(対)初秋。

【晩熟《バンジュク》】穀物やくだもの・野菜などが、ふつうのものよりおそく実ること。また、その品種。おくて。〔成熟のおそい人の意に用いることもある〕(対)早熟。

【晩春《バンシュン》】春の終わりごろ。暮春《ボシュン》。(対)初春。

【晩鐘《バンショウ》】夕方に鳴らす鐘《かね》。入相《いりあい》の鐘。

【晩食《バンショク》】晩ごはん。夕食。晩めし。

【晩生《バンセイ》】①あとから生まれた人。〔先輩《センパイ》に対して自分をけんそんするときにも使う〕②〔「おくて」とも〕穀物や果物・野菜などが、ふつうよりもおくれて熟すこと。(対)早生《ソウセイ》。

【晩成《バンセイ》】(名・する)①年をとってから成功すること。[例]大器《タイキ》—。〈老子《ロウシ》〉②おそく完成すること。

【晩節《バンセツ》】①一生の終わりの時期。晩年。②年老いて、かたく守っている信念や主義。[例]—を全《まっと》うする。

【晩霜《バンソウ》】春の終わりごろ降りる霜《しも》。おそじも。

【晩冬《バントウ》】冬の終わりごろ。(対)初冬。

【晩唐《バントウ》】①唐代の詩の流れを四期(=初唐・盛唐《セイトウ》・中唐・晩唐)に分けた、最後の期。八二七年から唐末まで。杜牧《トボク》・李商隠《リショウイン》らが出た。②唐代の終わりごろ。

【晩稲《バントウ》】ふつうよりおそく実るイネ。おくて。(対)早稲《わせ》。

【晩年《バンネン》】一生の終わりの時期。年老いた時期。(対)早年。

【晩飯《バンめし》】夜の食事。晩ごはん。夕食。晩食。

●今晩《コンバン》・昨晩《サクバン》・早晩《ソウバン》・毎晩《マイバン》・明晩《ミョウバン》

日 8

【普】

12画 4165 666E 常用 [音]ホ(漢)フ(呉) [訓]あまね-し

[筆順] ソ 䒑 并 並 並 普 普

[なりたち] [形声]本字は「普」で、「日(=太陽)」と、音「竝《イヘ→ホ》」とから成る。太陽の光の色がない。借りて、「あまねし」の意。

[意味] 広く全面にゆきわたる。あまねく。あまねし。[例]普及《フキュウ》。普通《フツウ》。普遍《フヘン》。

[参考]「普」は、ひとつひとつにはかかわりなく全体に。「周」は、ひとつひとつに細かくゆきとどく。「洽《コウ》」は、かたよらずしみわたる。「遍《ヘン》」は、どこもかしこもひととおり。

[難読] 普魯西《プロシア》

[人名] かた・ひろ・ひろし・ひろむ・ゆき

【普及《フキュウ》】(名・する)広く世の中にゆきわたること。[例]知識の—。携帯《ケイタイ》電話が—する。

【普賢《フゲン》】「普賢菩薩《ボサツ》」の略。理知と慈悲《ジヒ》の心をそなえ、すべての生き物を救うという菩薩。釈迦《シャカ》の右に立ち、多くは白象に乗っている。

【普請《フシン》】(名・する)〔「シン」は唐音《トウオン》。「普《あまね》く請《こ》う」の意〕①〔仏〕広く人々に寄付を願って堂や塔《トウ》を建てること。[例]寺の本堂の—。②家や道路を、造ったり直したりすること。[例]安—《やすブシン》。道—《みちブシン》。

【普段《フダン》】いつも。日ごろ。〔本来「不断」と書く。「普段」はあて字〕[例]—着《ぎ》。→【不断《フダン》】(21ページ)

【普茶《フチャ》】〔「フサ」とも〕〔仏〕人々に茶を出してもてなすこと。[例]—料理(=黄檗《オウバク》宗の僧《ソウ》が伝えた、中国風の精進《ショウジン》料理)。

【普通《フツウ》】[一](名・形動《ダ》)ほかとくにちがったところがないこと。ありふれたこと。並み。(対)特別・特殊《トクシュ》。[例]—の生活。—に考える。[二](副)いっぱん的に。たいていの場合。通常。[例]風の強い日は、—船を出さない。

【普通名詞《フツウメイシ》】同じ種類のものを広く指し示す名詞。「山・道・いす」など。(対)固有名詞。

【普天《フテン》】大地の上すべてに広がる天。天下。[例]—率土《ソット》(=世界じゅう)。

【普遍《フヘン》】(名・する)①広くゆきわたっていること。[例]日本じゅうに—している。②広くすべてに共通していること。(対)特殊《トクシュ》。[例]—的。—の原理。

日 8

【昪】

12画 5883 6683 音義未詳《ミショウ》

[参考] 一説に、「罪《ザイ》」の俗字《ゾクジ》。〔「罒(=あみがしら)」は、「日」のように書かれることがある〕

日 8 【暎】12画 ⇩【映】《エイ》(487ページ)

日 8 【晴】12画 ⇩【晴】《セイ》(492ページ)

日 8 【晳】12画 ⇩【晰】《セキ》(492ページ)

日 9

【暗】

13画 1637 6697 教育3 [音]アン(漢)(呉) [訓]くら-い・くら-がり・やみ

[筆順] 丨 冂 日 日亠 日立 日立 暗 暗

[なりたち] [形声]「日(=太陽)」と、音「音《イン→アン》」とから成る。太陽に光がない。

[意味] ❶光が少なく、ものがよく見えない。くらい。くらがり。やみ。(同)闇《アン》。[例]暗黒《アンコク》。暗夜《アンヤ》。明暗《メイアン》。❷ものをよく知らない。道理や知識にくらい。おろか。[例]暗愚《アング》。❸よく見えないように。ひそかに。[例]暗殺《アンサツ》。暗躍《アンヤク》。暗《アン》に。❹見ないで。そらで。(同)諳《アン》。[例]暗記《アンキ》。暗唱《アンショウ》。

[難読] 暗《そら》に

【暗暗裏《アンアンリ》】ひそかに事を進めること。うちうちで。こっそり。[例]—に処理する。[表記]「▽闇▽闇▼裡」とも書く。

【暗鬱《アンウツ》】(形動《ダ》)気持ちが暗くしずむようす。ゆううつ。[例]—な梅雨空《つゆぞら》。

【暗雲《アンウン》】①今にも雨が降りそうな黒い雲。[例]—が空をおおう。②大きな事件が今にも起こりそうな、不安で不気味な情勢。[例]—が低迷《テイメイ》する。

【暗影《アンエイ》】①暗いかげ。②不気味で不吉《フキツ》な予感。[例]前途《ゼント》に—を投げかける。[表記]▽(旧)暗▼翳

【暗記《アンキ》】(名・する)何も見ないで言ったり、したりできるくらい完全に覚えること。[例]丸—。[表記]「▼諳記」とも書く。

【暗鬼《アンキ》】①くらやみにいると思われる鬼《おに》。②不安から生じるおそれ。→【疑心暗鬼《ギシンアンキ》を生《ショウ》ず】(683ページ)

【暗▼渠《アンキョ》】地下に作った水路。暗溝《アンコウ》。

【暗愚《アング》】(名・形動《ダ》)ものの道理もわからずおろかなこと。(対)賢明《ケンメイ》。

【暗君《アンクン》】判断力のないおろかな君主。暗主。(対)明君。

【暗号《アンゴウ》】部外者にはわからないように決めた通信用の秘密の記号。[例]—電報。—を解読する。

【暗紅色《アンコウショク》】黒っぽい赤色。

【暗黒《アンコク》】(名・形動《ダ》)①まっくらなこと。くらやみ。②社会秩序《チツジョ》が乱れ悪が栄えること。[例]—街。

【暗殺《アンサツ》】(名・する)(政治や思想上の対立などから)人をひそかにねらって殺すこと。やみうち。[例]大統領を—する。

【暗算《アンザン》】(名・する)頭の中で計算すること。

【暗示《アンジ》】(名・する)①はっきりとではなく、それとなくわからせ

るようにすること。ほのめかすこと。(対)明示。②相手になんとなくあることを思いこむようにさせること。[例]—にかける。

【暗室】《アンシツ》外からの光がはいらないようにつくった部屋。写真の現像や理科の実験などに使う。

【暗主】《アンシュ》おろかな君主。暗君。(対)明主。

【暗唱】《アンショウ》(名・する)完全に覚えて、何も見ずに言えること。[例]詩を—する。[表記](旧)暗▼誦。また、「▼諳▼誦」とも書く。

【暗証】《アンショウ》本人であることを証明するために登録しておいた数字や文字。パスワード。[例]—番号。—記号。

【暗礁】《アンショウ》①海上からは見えない岩。かくれ岩。②ものごとの進行をさまたげるような、予想もしなかった困難や障害。[例]—にのりあげる。

【暗色】《アンショク》暗い感じのする色。(対)明色《メイショク》。

【暗▼澹】《アンタン》(形動トタル)①暗くてはっきりしないようす。[例]—とした空模様《そらモヨウ》。②将来に希望がもてず、暗くしずんだ気持ち。[例]—たる思い。—として重苦《おもくる》しい気分。

【暗中飛躍】《アンチュウヒヤク》(名・する)人知れずひそかに策動すること。暗躍。

【暗中模索】《アンチュウモサク》(名・する)①くらやみの中を手さぐりでさがすこと。②手がかりやあてもないままにいろいろやってみて、解決策やよい方法を求めること。[表記]▽(旧)暗中▼摸索

【暗転】《アンテン》(名・する)①演劇で、幕をおろさず舞《ブ》台《タイ》を暗くして場面を変えること。②状況《ジョウキョウ》が悪い方向に変わること。[例]運命が—する。

【暗闘】《アントウ》(名・する)①敵意を表面に出さずに争うこと。表面化しない争い。[例]反対派と—する。②歌舞伎《かぶき》で、くらやみの中、せりふを言わずに演技をすること。また、その場面。だんまり。

【暗箱】《アンばこ》昔の写真機の胴体《ドウタイ》部。外の光をさえぎり、前面にレンズ、後面に感光板を置いた箱形《はこがた》の部分。

【暗部】《アンブ》ものごとの暗い部分。かげの部分。[例]政界の—。

【暗譜】《アンプ》(名・する)楽《ガク》譜《フ》を見ずに演奏できるように覚えこむこと。[表記]「▼諳譜」とも書く。

【暗幕】《アンマク》外の光をさえぎり部屋を暗くする、黒いカーテン。

【暗黙】《アンモク》わかっていても、何も言わずだまっていること。[例]—の了解《リョウカイ》。

【暗夜】《アンヤ》月の出ていない暗い夜。やみよ。[表記](旧)▽闇夜

【暗躍】《アンヤク》(名・する)人に知られないように、ひそかに事をはかり活動すること。暗中飛躍。

【暗喩】《アンユ》「…のようだ」「…のごとし」など、たとえの形をとらないで、「雪の肌《はだ》」のように、二つのものを直接結びつけて言う比喩。隠《イン》喩《ユ》。(対)直《チョク》喩《ユ》・明《メイ》喩《ユ》。

【暗流】《アンリュウ》①地中の水の流れ。伏流《フクリュウ》。②表面にあらわれない動き。表面に出ないよくない動き。[例]政界の—。

【暗涙】《アンルイ》人知れずひそかに流すなみだ。[例]—にむせぶ。

●明暗《メイアン》・溶暗《ヨウアン》・冷暗《レイアン》

日 9

【暈】

13画 5884 6688

[音]ウン(漢) [訓]かさ・ぼか-す・ぼかし・めまい

[意味] ❶うすぐもりのときなどに、太陽や月のまわりにぼんやり見える光の輪。かさ。[例]月暈《ゲツウン》。日暈《ニチウン》。❷頭がぼんやりして、目がまわる。めまい。[例]眩暈《ゲンウン》。船暈《センウン》。

[日本語での用法]《ぼかし・ぼかす》境目をぼんやりさせる。はっきりわからないようにする。濃《こ》いところから、しだいにうすくなるようにする。「暈《ぼか》し染《ぞ》め・話《はなし》を暈《ぼか》す」

【暈囲】《ウンイ》太陽や月のまわりに、うすく見える光の輪。

日 9

【暇】

13画 1843 6687 [常用]

[音]カ(漢)ケ(呉) [訓]ひま・いとま

[筆順]

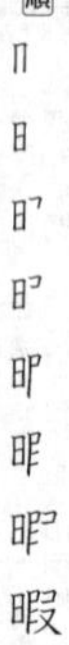

[なりたち]

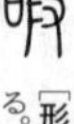

[形声]「日(=太陽)」と、音「叚《カ》」とから成る。すべきことがなく、ひま。

[意味] しなければならないことがないとき。ひま。[例]暇日《カジツ》。休暇《キュウカ》。余暇《ヨカ》。暇乞《いとまご》い(=別れを告げる)。

【暇日】《カジツ》ひまな日。仕事のない、休みの日。

【暇人】《ひまジン》するべき仕事や用がなく、時間の余っている人。[表記]「▽閑人」とも書く。

【暇潰し】《ひまつぶし》ほかにすることもなく、どうでもいいようなことをして時間を過ごすこと。

●休暇《キュウカ》・寸暇《スンカ》・余暇《ヨカ》

日 9

【暉】

13画 5886 6689 [人名]

[音]キ(漢)(呉) [訓]かがや-く

[なりたち]

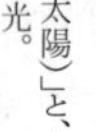

[形声]「日(=太陽)」と、音「軍《クン》→キ」とから成る。太陽の光。

[意味] 太陽のかがやき。ひかり。かがやく。(同)輝《キ》。[例]暉映《キエイ》(=てりはえる)。金暉《キンキ》。

[人名] あき・あきら・てらす・てる・ひかり・ひかる

日 9

【暄】

13画 5887 6684

[音]ケン(漢) [訓]あたた-か・あたた-かい

[意味] (太陽のおかげで)あたたかい。あたたか。[例]暄寒《ケンカン》(=暖かさと寒さ。時候のあいさつの語)。

[難読] 負暄《ひなたぼこ》

【暄風】《ケンプウ》春のあたたかい風。

日 9

【暖】

13画 3540 6696 [教育6]

[音]ダン(漢)ナン(呉)ノン・ノウ(唐) [訓]あたた-か・あたた-かい・あたた-まる・あたた-める

[筆順]

日 9 【暖】13画

[なりたち] [形声]「日(=太陽)」と、音「爰《エン》→ダン」とから成る。あたたかい。

[意味] ❶ほどよいぬくもりが感じられる。あたたか。あたたかい。(同)煖《ダン》。[例]暖衣《ダンイ》。暖気《ダンキ》。❷あたたかくする。あたためる。あたたまる。(同)煖《ダン》。[例]暖房《ダンボウ》。暖炉《ダンロ》。

[使い分け] **あたたかい・あたたかだ・あたたまる・あたためる【温・暖】** ⇩1160ページ

[人名] あつ・はる・やす

【暖衣飽食】《ダンイホウショク》あたたかい着物を着て、腹いっぱい食べること。ぜいたくな生活。暖飽《ダンポウ》。飽食暖衣。[表記]「▼煖衣飽食」とも書く。

【暖気】[一]《ダンキ》あたたかい空気。また、あたたかい気候。[例]—に植物がよく育つ。[二]《ノンキ》⇩【暢気】《ノンキ》(495ページ)

【暖国】《ダンゴク》(「ダンコク」とも)あたたかい気候の国や地域。

【暖色】《ダンショク》あたたかい感じのする色。赤・黄・オレンジなど。温色。(対)寒色。

【暖帯】《ダンタイ》温帯のうち、熱帯に近い地域。

【暖地】《ダンチ》あたたかい気候の土地。(対)寒地。

【暖冬】《ダントウ》いつもの年より気候のあたたかい冬。

【暖房】《ダンボウ》(名・する)部屋の温度を外気温より高くして、あたたかくすること。また、その装置。(対)冷房。[例]—を入れる。[表記](旧)▼煖房

【暖流】《ダンリュウ》温度の高い海流。黒潮《くろしお》・メキシコ湾流《ワンリュウ》など。対 寒流。

【暖炉】《ダンロ》火をたいて部屋をあたたかくする設備。壁《かべ》の一部に作ることが多い。ストーブ。表記 旧 ▼煖炉

【▽暖▼簾】《ノレン》〔「暖」の唐音《トウオン》はノン。「ノンレン」が変化したもの〕①部屋の出入り口にたらす布。②店の出入り口にたらす、店名や屋号を書いた布。例 —に腕押《うでお》し(=手ごたえのないこと)。③店の信用や歴史。店の屋号。例 —にかかわる。—を分ける。

●温暖《オンダン》・寒暖《カンダン》・春暖《シュンダン》

日 9 【暘】 13画 5888 6698 音 ヨウ漢 訓 あき-らか・ひ・はれ

意味 ❶太陽が出る。あきらか。❷太陽。ひ。❸晴天。はれ。

日 9 【暑】 13画 ⇩【暑】《ショ》(492ページ)

日 9 【暖】 13画 ⇩【暖】《ダン》(494ページ)

日 10 【暢】 14画 3610 66A2 人名 音 チョウ漢呉 訓 の-びる

なりたち [形声]「申(=のびる)」と、音「易《ヨウ→チョウ》」とから成る。障害がなく、よく通じる。

意味 のびのびとする。のびやか。のびる。例 流暢《リュウチョウ》。

人名 あき・あきら・いたる・かど・とおる・なが・のぶ・のぶる・ひろ・ひろし・まさ・みつ・みつる

【暢達】《チョウタツ》(名・形動ダ) ①のびそだつこと。②のびのびしていること。例 —な文章。

【暢気】《ノンキ》(名・形動ダ) ①なやみや心配もなく、細かいことを気にせず、気楽なこと。例 —に暮らす。②気が長いこと。例 —な性格。表記 ▽本来は「▽暖気」。「▼呑気」とも書く。

日 10 【暮】 14画 4275 66AE 教育6 音 ボ漢 訓 く-れる・く-らす・く-らし・く-れ

筆順 一 艹 芇 苩 荁 莫 暮 暮

なりたち [会意]「日(=太陽)」と、「莫《ボ》(=日がくれる)」とから成る。日ぐれ。

参考 古くは「莫」が「くれる」の意をあらわしたが、「莫」が「ない・なかれ」の意に用いられるようになったため、さらに「日」を加えてできた字。

意味 ❶太陽がしずむ。夕方。くれる。例 暮色《ボショク》。朝暮《チョウボ》。薄暮《ハクボ》。❷季節や年、人生の終わり。くれ。例 暮春《ボシュン》。暮年《ボネン》。歳暮《セイボ》。

日本語での用法《くらし・くらす》生計。生活。また、生活する。年月を送る。「苦《くる》しい暮《く》らし・都会《トカイ》に暮《く》らす」

【暮雲】《ボウン》夕方の雲。

【暮景】《ボケイ》①夕方の景色。暮色《ボショク》。②年老いた心身の状態。老境。

【暮愁】《ボシュウ》夕暮れどきに感じるものさびしい気持ち。例 —をいだいて家路《いえじ》につく。

【暮春】《ボシュン》春の終わりごろ。晩春。

【暮鐘】《ボショウ》夕方に鳴らす鐘《かね》。晩鐘。

【暮色】《ボショク》夕方の景色。また、そのうす暗い感じ。例 —蒼然《ソウゼン》。—に包まれる。

【暮雪】《ボセツ》夕方に降る雪。また、夕方の雪景色。例 比良《ひら》の—(=近江《おうみ》八景の一つ)。

【暮年】《ボネン》老年。晩年。

【暮夜】《ボヤ》①夕暮れどき。②夜。夜なか。例 —ひそかに訪れる。

●歳暮《サイボ|セイボ》・薄暮《ハクボ》・野暮《ヤボ》

日 10 【暝】 14画 5889 669D 音 メイ漢 ミョウ呉 訓 くら-い

意味 日が暮れて、くらい。例 暝天《メイテン》(=夜のくらい空)。

日 10 【曄】 14画 5901 66C4 音 ヨウ漢呉 訓 かがや-く

意味 はなやかにかがやく。かがやく。例 曄然《ヨウゼン》。

日 10 【暦】 14画 4681 66A6 常用 音 レキ漢 リャク呉 訓 こよみ

筆順 一 厂 厂 厈 床 麻 暦 暦

日12 【曆】 16画 1-8539 66C6 人名

なりたち [形声]「日(=太陽)」と、音「厤《レキ》」とから成る。こよみ。

意味 ❶天体の運行にもとづいた、季節や月日などの定め。また、それを書きしるしたもの。こよみ。例 暦法《レキホウ》。陰暦《インレキ》。旧暦《キュウレキ》。太陽暦《タイヨウレキ》。❷まわりあわせ。運命。さだめ。例 暦数《レキスウ》。

人名 かず・とし

【暦日】《レキジツ》①こよみ。②こよみで定めた日。また、月日。年月。例 山中—なし(=山の中で世間をはなれて暮らしていると、月日のたつのを忘れてしまう)。③現行のこよみでいう一日。表記 ①②は「歴日」とも書く。

【暦象】《レキショウ》①こよみによって天体運行のようすを観察すること。②太陽・月・星などの天体。

【暦数】《レキスウ》①太陽や月の運行からこよみを作る方法。②自然に定まった運命。めぐりあわせ。例 天の—。

【暦年】《レキネン》①こよみで定められた一年。一月一日から十二月三十一日まで。三百六十五日、または三百六十六日。②年月。歳月《サイゲツ》。

【暦年齢】《レキネンレイ》こよみで数えた年齢。生活年齢。

【暦法】《レキホウ》①こよみに関する法則。②天体の動きからこよみを作る方法。

●陰暦《インレキ》・還暦《カンレキ》・旧暦《キュウレキ》・新暦《シンレキ》・西暦《セイレキ》・花暦《はなごよみ》・陽暦《ヨウレキ》

日 11 【暫】 15画 2735 66AB 常用 音 サン漢 ザン呉 訓 しばら-く

筆順 一 亓 亘 車 車 斬 暫 暫

なりたち [形声]「日(=太陽)」と、音「斬《サン》」とから成る。時間的にながくない。

意味 ❶わずかの時間。一時的に。しばらく。例 暫時《ザンジ》。暫定《ザンテイ》。❷たちまち。にわかに。

日本語での用法《しばらく》やや長い間。「暫《しば》らくぶり」

【暫時】《ザンジ》(名・副) 少しの時間。しばらく。例 —休憩《キュウケイ》。

【暫定】《ザンテイ》とりあえず決めておくこと。本式ではない仮の決定。例 —予算。—的処置。

日 11 【暴】 15画 4329 66B4 教育5 音 一 ホク漢 バク・ボク呉 二 ホウ漢 ボウ呉 訓 あば-く・あば-れる・さら-す

筆順 冂 日 旦 旱 昗 昪 暴 暴

なりたち  [会意]両手で「米」をささげもち、「日(=太陽)」にあてる。

意味 一《バク》日にさらす。また、人の目にふれるようにする。あばく。同曝《バク》。例暴露《バクロ》。二《ボウ》❶手あらい。あらあらしい。例凶暴《キョウボウ》。乱暴《ランボウ》。❷けたはずれに。むやみに。例暴飲《ボウイン》。暴利《ボウリ》。❸とつぜん。にわかに。例暴発《ボウハツ》。暴落《ボウラク》。❹手で打つ。「搏《ハク》(=手で打つ)」に通じる。例暴虎《ボウコ》。

日本語での用法《あばれる》秩序《チツジョ》を乱し、したいほうだいにふるまう。「暴《あば》れ馬《うま》・酒《さけ》を飲《の》んで暴《あば》れる」

難読 暴風《はやて・のわき》・暴雨《むらさめ・ゆうだち・はやさめ》

【暴露】《バクロ》(名・する)①かくしていた秘密や悪事が人に知られること。あばくこと。例不正を—する。②風雨にさらされること。表記▽旧▼曝露

【暴悪】《ボウアク》(名・形動《ダナ》)道理や人情にはずれ、あらあらしいこと。乱暴なこと。例—な君主。

【暴圧】《ボウアツ》(名・する)暴力や権力を使っておさえつけること。例大衆のデモを—する。

【暴威】《ボウイ》あらあらしく激しい勢い。例—をふるう。

【暴飲暴食】《ボウインボウショク》度を過ごして飲んだり食べたりすること。

【暴雨】《ボウウ》激しく降る雨。また、にわか雨。例とつぜんの—。

【暴漢】《ボウカン》〔「漢」は、男の意〕乱暴なことをする男。例—におそわれる。

【暴虐】《ボウギャク》(名・形動《ダナ》)乱暴でひどいおこないをすること。むごいやり方で苦しめること。例—の限りをつくす。

【暴逆】《ボウギャク》乱暴で、道理に逆らうおこないをすること。

【暴挙】《ボウキョ》乱暴な行動。まともでは考えられない無謀《ムボウ》な計画や行動。例—をいましめる。

【暴君】《ボウクン》①人民を苦しめる、乱暴でむごい君主。タイラント。②わがままで、いばっている人。例わが家の—。

【暴言】《ボウゲン》相手や周りのことを考えない乱暴なことば。例—を吐《は》く。

【暴行】《ボウコウ》(名・する)①乱暴なおこない。例目に余る—。②人に暴力をふるうこと。例—を加える。③女性を力ずくでおかすこと。強姦《ゴウカン》。例婦女を—する。

【暴虎▼馮河】《ボウコヒョウガ》〔トラを素手《すで》で打ち大河を歩いてわたる意〕むこうみずの勇気を出して、無謀《ムボウ》なおこないをすることのたとえ。〈論語《ロンゴ》〉例—の勇。

【暴死】《ボウシ》(名・する)急に死ぬこと。頓死《トンシ》。

【暴状】《ボウジョウ》乱暴な行動や秩序《チツジョ》を乱す行為《コウイ》。例—をうったえる。

【暴政】《ボウセイ》人民を苦しめる残酷《ザンコク》な政治。悪政。

【暴説】《ボウセツ》筋の通らない乱暴な説。例—を否定しさる。

【暴走】《ボウソウ》(名・する)①乱暴に走ること。例—族。②運転していないのに、車などがひとりでに走り出すこと。③かってにものごとを進めること。例—をいましめる。④コンピューターで、プログラムが制御《セイギョ》できない状態になること。

【暴徒】《ボウト》さわぎを起こし社会秩序《チツジョ》を乱す人々。例—を鎮圧《チンアツ》する。

【暴騰】《ボウトウ》(名・する)値段が急な勢いで上がること。急騰。対暴落。例地価の—。

【暴動】《ボウドウ》おおぜいの人がさわぎを起こし、社会秩序《チツジョ》を乱すこと。例—を起こす。

【暴発】《ボウハツ》(名・する)①銃《ジュウ》のたまが、まちがってとつぜん発射されること。②大きなさわぎがとつぜん起こること。突発《トッパツ》。

【暴評】《ボウヒョウ》(名・する)筋の通らない乱暴な批評をすること。また、その批評。

【暴風】《ボウフウ》激しくふきあれる風。あらし。例—域。—圏《ケン》。

【暴風雨】《ボウフウウ》激しい風をともなった雨。嵐《あらし》。

【暴慢】《ボウマン》(名・形動《ダナ》)自分かってで乱暴なこと。例—なふるまい。

【暴勇】《ボウユウ》むこうみずで、あらあらしい勇気。例—をふるう。

【暴落】《ボウラク》(名・する)値段が急な勢いで下がること。急落。

【暴利】《ボウリ》不当な多額の利益。例—をむさぼる。

【暴▼掠】《ボウリャク》乱暴をはたらき、物をうばい取ること。強奪《ゴウダツ》。

【暴力】《ボウリョク》相手を傷つけ力ずくで事を運ぼうとする、乱暴な行為《コウイ》。例—団。—をふるう。

【暴戻】《ボウレイ》(名・形動《ダナ》)乱暴で道理や人情に反すること。

【暴論】《ボウロン》常識をはずれた乱暴な議論。例—を吐《は》く。

●横暴《オウボウ》・凶暴《キョウボウ》・狂暴《キョウボウ》・粗暴《ソボウ》・乱暴《ランボウ》

日 12

【暨】

16画 5890 66C1 音キ漢 訓いた-る・およ-ぶ・と・とも-に

意味 ❶太陽がのぼりはじめる。❷いたる。およぶ。❸…と。および。

日 12

【暹】

16画 5891 66B9 音セン漢 訓すす-む・のぼ-る

意味 ❶太陽がのぼりはじめる。のぼる。❷「暹羅《センラ・センロ・シャム》」は、タイ王国の古い呼び名。

日 12

【暾】

16画 5893 66BE 音トン漢 訓あけぼの・あさひ・あたた-か

意味 ❶(のぼりはじめた)太陽。あさひ。例朝暾《チョウトン》(=あさひ)。❷(太陽が)しだいに出てくるようす。あけぼの。❸暖かい。あたたか。

日 12

【曇】

16画 3862 66C7 常用 音タン漢ドン呉 訓くも-る・くも-り

筆順 

なりたち  [会意]「日(=太陽)」と「雲(=くも)」とから成る。雲が空に広がる。

意味 ❶雲が多い。くもる。くもり。例曇天《ドンテン》。❷外国語の「ドン」「タン」などの音訳字。例優曇華《ウドンゲ》。悉曇《シッタン》。

日本語での用法《くもる》①すきとおっていたものが見えなくなる。「レンズが曇《くも》る」②表情や気分が暗くなる。「顔《かお》が曇《くも》る」

日 12

【暼】

16画 5894 66BC 音ヘツ漢

参考「瞥《ベツ》」とは別の字。

意味「暼暼《ヘツヘツ》」は、太陽がしずむようす。

日 12

【暸】

16画 5902 66B8 音リョウ漢 訓あき-らか

参考「瞭《リョウ》」とは別の字。

意味 明るい。あきらか。

日12

【曉】

16画 ⇩【暁】《ギョウ》(491ページ)

日12

【曆】

16画 ⇩【暦】《レキ》(495ページ)

日 13

【曖】

17画 5903 66D6 常用 音アイ漢 訓くら-い

筆順 

なりたち [形声]「日(=ひ)」と、音「愛《アイ》」とから成る。日がかげる。

意味 日光がさえぎられて、うすぐらい。くらい。例 曖曖《アイアイ》。

【曖昧】《アイマイ》（形動ナ）はっきりしないようす。あやふやでいいかげんなようす。例—な態度。—に返事をする。

【曖昧模▼糊】《アイマイモコ》（形動タルト）「「模糊」は、ぼんやりとよく見えない意」ぼんやりとして、よくわからないこと。

日13 【曙】 17画 2976 66D9 人名 音ショ漢 訓あけぼの

日14 【曙】 18画

なりたち  【形声】「日(=太陽)」と、音「署《ショ》」とから成る。よあけ。

意味 夜がほのぼのと明けてくるころ。あけぼの。例 曙光《ショコウ》。

人名 あき・あきら・あけ

【曙光】《ショコウ》①夜明けの日の光。暁光《ギョウコウ》。例 東の空に—を見る。②悪かった状況《ジョウキョウ》がよい方向に向かうきざし。やっと見えてきたわずかな希望。例 平和への—を見いだす。

日13 【曚】 17画 5904 66DA 音モウ漢 訓くら-い

意味 日がおおわれて、うすぐらい。くらい。例 曚昧《モウマイ》。

【曚昧】《モウマイ》（名・形動ナ）①暗いこと。②道理がわからず、おろかなこと。例 無知—(=おろかで道理にくらいこと)。表記 ▽「▼蒙昧」とも書く。

【曚▼曨】《モウロウ》（形動タルト）ぼんやりして、さだかでないようす。表記「▼朦▼朧」とも書く。

日14 【曜】 18画 4543 66DC 教育2 音ヨウ漢呉 訓かがや-く

筆順 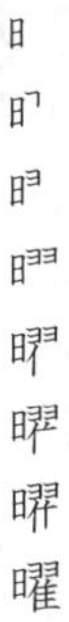

日14 【曜】 18画

なりたち 【形声】「日(=太陽)」と、音「翟《テキ→ヨウ》」とから成る。日がひかりかがやく。

意味 ❶(高くのぼった太陽のように)目立って光りかがやく。同 燿《ヨウ》・耀《ヨウ》。例 曜威《ヨウイ》(=威光《イコウ》をかがやかす)。❷かがやく日・月・星。とくに、日・月と火・水・木・金・土の五星を一週間の七日に割り当てた呼び名。例 曜日《ヨウび》。七曜《シチヨウ》。

人名 あき・あきら・かが・てらす・てる・ひかる

【曜日】《ヨウび》一週間の、それぞれの日の呼び名。●火曜《カヨウ》・金曜《キンヨウ》・月曜《ゲツヨウ》・七曜《シチヨウ》・水曜《スイヨウ》・土曜《ドヨウ》・日曜《ニチヨウ》・木曜《モクヨウ》

日14 【曙】 18画 ⇩【曙】《ショ》（497ページ）

日14 【曜】 18画 ⇩【曜】《ヨウ》（497ページ）

日15 【曠】 19画 5905 66E0 音コウ漢呉 訓あき-らか・むな-しい・ひろ-い

日5 【昿】 9画 5906 663F 俗字

意味 ❶広々として明るい。あきらか。❷広々として何もない。むなしい。例 曠野《コウヤ》。空曠《クウコウ》。❸何もせずにすごす。むなしくする。例 曠日弥久《コウジツビキュウ》。❹とおい。ひさしい。例 曠遠《コウエン》(=はるかに遠い)。

難読 曠野《あらの》

【曠古】《コウコ》前例がないこと。古今未曽有《ミゾウ》。

【曠日】《コウジツ》一日じゅう何もせず、むなしく日を過ごすこと。

【曠日▽弥久】《コウジツビキュウ》「「日を曠《むな》しくして久しきに弥《わた》る」と訓読する」むなしく日を過ごして長い年月がたつこと。曠日持久。

【曠職】《コウショク》職務をおこたって、じゅうぶんに果たさないこと。

【曠世】《コウセイ》①世にまれなこと。めったにないこと。曠代《コウダイ》。希代《キダイ》。例—の才(=この世にくらべるものがないほどすぐれている才能)。②ひじょうに長い時間。久しいあいだ。

【曠野】《コウヤ》広々とした野原。表記 現 広野

日15 【曝】 19画 3988 66DD 人名 音バク慣ホク漢ボク呉 訓さら-す

意味 日光に当ててかわかす。風雨にさらす。さらす。例 曝書《バクショ》。曝涼《バクリョウ》(=日光や空気にさらして虫干しすること)。

【曝書】《バクショ》（名・する）書物を日かげに干し、風をあてること。虫干し。

【曝露】《バクロ》（名・する）①風雨にさらされること。②かくしていた秘密や悪事が人に知られること。表記 ▽現 暴露

日16 【曦】 20画 5907 66E6 音ギ慣キ漢 訓あさひ・ひのひかり

意味 太陽。日の光。ひかり。例 曦光《ギコウ》(=太陽の光)。

日17 【曩】 21画 5908 66E9 音ドウ漢ノウ呉 訓さき・ひさ-しい・むかし

意味 以前の。さき。むかし。例 曩古《ドウコ》(=むかし)。

【曩時】《ドウジ|ノウジ》むかし。以前。さきごろ。曩者《ドウシャ|ノウシャ》。曩昔《ドウセキ|ノウセキ》。

【曩祖】《ドウソ|ノウソ》先祖。

日19 【曬】 23画 ⇩【晒】《サイ》（489ページ）

73 4画 曰 いわく ひらび 部

口からことばを出すようすをあらわす。「日《ひ》」と比べて平たい形であることから「ひらび」ともいう。「曰」をもとにしてできている漢字と、「曰」の字形を目じるしにして引く漢字とを集めた。

0 曰 2 曳 曲 3 更 曵 5 曷 6 書 7 曹 曽 曼 8 最 替 曾 9 會

この部首に所属しない漢字

甲⇩田675 申⇩田676 由⇩田676 昌⇩日485
冒⇩冂118 冐⇩目705 冕⇩冂118 智⇩日492

曰0 【曰】 4画 5909 66F0 音エツ漢 訓い-う・いわ-く・のたま-わく・ここ-に

意味 ❶だれかが言ったことばをあらわす。いう。いわく。のたまわく。例 子曰《シいわく》。❷名づけて…という。よぶ。なづける。例 名レ之曰レ…《これをなづけて…という》。→「漢字に親しむ」⑬（481ページ）

日本語での用法 《いわく》「曰《いわ》く因縁《インネン》・曰《いわ》く付《つ》き」それについて言うべきわけ。わけ。

曰2 【曳】 6画 1740 66F3 人名 音エイ漢呉 訓ひ-く

曰3 【曵】 7画 5910 66F5 俗字

意味 ひきずる。ひく。例 曳航《エイコウ》。曳光弾《エイコウダン》。

人名 とお・のぶ

【曳航】《エイコウ》(名・する) 船が他の船を引っぱって行くこと。引航。例故障した船を―する。

【曳光弾】《エイコウダン》 弾着《ダンチャク》がわかるように光を放ちながら飛ぶ砲弾《ホウダン》。

【曳船】《エイセン》(名・する) 船につなをつけて引っぱること。また、その引いて行く船。ひきふね。タグボート。例―に引航される。

日 2

【曲】

6画 2242 66F2 教育3

音 キョク漢 コク呉 訓 ま-がる・ま-げる・くせ

筆順 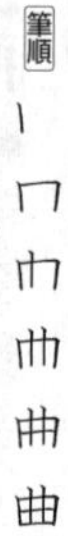

なりたち  [象形] まるくまげた中にものを入れるうつわの形。派生して「まがる」の意。

意味 ❶まっすぐでない。まがる。まげる。対直《チョク》。例曲折《キョクセツ》。曲線《キョクセン》。屈曲《クッキョク》。❷真実をゆがめる。よこしま。まがる。例曲学阿世《キョクガクアセイ》。曲解《キョッカイ》。❸くわしい。こまかい。例委曲《イキョク》。❹ちょっとしたわざ。民間の演芸。例曲芸《キョクゲイ》。❺音楽のふし。例曲調《キョクチョウ》。歌曲《カキョク》。

日本語での用法 一《キョク》変化のあるおもしろみ。「曲馬団《キョクバダン》・曲乗《キョクの》り・曲弾《キョクび》き・曲《キョク》がない」 二《くせ》あやしい。正しくない。ふつうとちがう。〔悪いこと、変わったことについていう〕「曲事《くせごと》・曲者《くせもの》・読曲《よみくせ》(=特別の読み方)」

難読 曲尺《かねジャク|まがりがね|まがりジャク》・曲直瀬《まなせ》(=姓《セイ》)・曲輪《くるわ》

人名 くま・のり

【曲打ち】《キョクうち》(名・する) 太鼓《タイコ》などを、曲芸のようにさまざまな姿勢・リズム・テンポで打つこと。また、その打ち方。

【曲学】《キョクガク》 真理をまげた、正しくない学問。対正学。

【曲学▼阿世】《キョクガクアセイ》 学者が真理をねじまげて、世の人がよろこぶような言説をとなえること。例―の徒。

【曲技】《キョクギ》 かるわざ。また、かるわざのようなむずかしい技術。例―団。―飛行を披露《ヒロウ》する。

【曲芸】《キョクゲイ》 玉乗り・綱《つな》わたり・手品・皿回しなど、むずかしいわざを見せる芸。かるわざ。

【曲言】《キョクゲン》(名・する) はっきり言わないで、遠回しに言うこと。対直言。例―するだけでは理解しない相手だ。

【曲▽独▽楽】《キョクごま》 いろいろな技《わざ》を用いてこまを回して見せる芸。

【曲士】《キョクシ》 ①いなかの人。②全体のことに通じていない人。つまらない人物。③よこしまな人。心のまがった人。

【曲師】《キョクシ》 浪曲《ロウキョク》(=浪花節《なにわぶし》)の三味線《しゃみせん》をひく人。

【曲事】《キョクジ》 正しくないこと。不正。例―を見のがさない。

【曲射】《キョクシャ》 物かげにある目標に、砲弾《ホウダン》を山なりの弾道で上からうつこと。例―砲。

【曲尺】《キョクシャク|かねジャク》 ①直角にまがった金属製のものさし。大工や建具師《たてグシ》などが用いる。かねざし。さしがね。まがりがね。②「①」で用いる長さの単位。約三〇・三センチメートルを一尺とした、ものさし。鯨尺《くじらジャク》では八寸。

【曲水の宴】《キョクスイのエン》〔「ゴクスイのエン」とも〕 昔の中国や日本で、三月三日の節句に、庭園内のまがりくねった流れのほとりに座し、上流から流したさかずきが前を通り過ぎないうちに詩歌《シイカ》をつくり、また、酒も飲んで楽しんだ貴族の遊び。

【曲折】《キョクセツ》(名・する) ①折れまがること。まがりくねっていること。例―した山道。②こみいった事情。いきさつ。例紆余《ウヨ》―(=複雑にこみいった事情)。

【曲節】《キョクセツ》 曲の調子やふし。メロディー。

【曲説】《キョクセツ》(名・する) かたよっていて、正しくない議論をすること。また、その意見。曲論。

【曲線】《キョクセン》 丸みをおびてまがった線。例―美(=丸みをおびた線がつくり出す美しさ)。

【曲想】《キョクソウ》 音楽の曲のテーマ・思想。

【曲調】《キョクチョウ》 曲のふし。例変化に富んだ―。―をつける。

【曲直】《キョクチョク》 ①まがったことと、まっすぐなこと。②まちがっていることと、正しいこと。正邪《セイジャ》。例理非―をただす。

【曲乗り】《キョクのり》(名・する) 馬・自転車・オートバイなどや、はしご・玉などに乗って曲芸をすること。

【曲馬】《キョクバ》 馬に乗って曲芸をしたり、馬に曲芸をさせたりすること。例―団。

【曲筆】《キョクヒツ》(名・する) 事実をいつわって書くこと。また、その文章。対直筆《チョクヒツ》。例舞文《ブブン》―(=文章をかざり、事実から遠いことを書くこと)。

【曲譜】《キョクフ》 音楽・歌の譜。楽譜。

【曲面】《キョクメン》 丸みをおびてまがった表面。

【曲目】《キョクモク》 演奏する音楽の曲の目録。例―をえらぶ。

【曲▼彔】《キョクロク》 法会《ホウエ》のときなどに、僧《ソウ》がこしかける、いす。背もたれの部分が丸くまげてある。

【曲論】《キョクロン》(名・する) まちがいを故意に正しいと論ずること。また、かたよった見方で、正しくない議論。例―を排《ハイ》する。

【曲解】《キョッカイ》(名・する) わざとゆがめて解釈《カイシャク》すること。例友人の忠告を―する。

【▽曲者】《くせもの》 ①あやしいもの。例―が侵入《シンニュウ》する。②何かわけがあって油断のならない人やことがら。例笑顔《えがお》が―だ。

●音曲《オンギョク》・戯曲《ギキョク》・組曲《くみキョク》・交響曲《コウキョウキョク》・作曲《サッキョク》・同工異曲《ドウコウイキョク》・舞曲《ブキョク》・編曲《ヘンキョク》・名曲《メイキョク》・浪曲《ロウキョク》・湾曲《ワンキョク》

日 3

【更】

7画 2525 66F4 常用

音 コウ漢 キョウ呉 訓 さら・ふ-ける・ふ-かす・あらた-める・さら-に

筆順 

なりたち 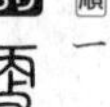 [形声]「攴(=うつ)」と、音「丙《ヘイ》→《コウ》」とから成る。改める。

意味 ❶以前からあるものをやめて、あたらしくする。あらためる。あらたまる。かえる。例更改《コウカイ》。更新《コウシン》。変更《ヘンコウ》。❷かわるがわる。こもごも。同交《コウ》。例更代《コウタイ》(=かわるがわる)。❸日没《ニチボツ》から日の出までを五等分した時間の単位。夜間の時刻の呼び名。例五更《ゴコウ》。初更《ショコウ》。深更《シンコウ》。❹そのうえに。かさねて。さらに。例更上一層楼《さらにのぼるイッソウのロウ》(=さらに一階うえにのぼる)。〈王之渙《オウシカン》・登鸛鵲楼《カンジャクロウにのぼる》〉

日本語での用法 一《ふけ・ふける》時間が進んでいく。「夜《よ》が更《ふ》ける・夜更《よふ》け」 二《ふかす》おそくまで起きている。「読書《ドクショ》に夜《よ》を更《ふ》かす」 三《さら》決して…ない。まったく…ない。否定判断をみちびく副詞。「その事実《ジジツ》は更《さら》にない・更更《さらさら》身《み》に覚《おぼ》えがない」

使い分け ふける【更・老】⇩1179ページ

難読 更級《さらしな》・更科《さらしな》・更衣《ころもがえ》

人名 かわる・つぐ・とお・のぶ

【更衣】《コウイ》 一(名・する) 衣服を着かえること。例―室。二(名) 後宮《コウキュウ》の女官で、女御《ニョウゴ》に次ぐ位。

【更改】《コウカイ》(名・する) 改めかえること。以前の約束や契約《ケイヤク》などを、新しくしなおすこと。例契約を―する。

【更新】《コウシン》(名・する) 新しいものに改めること。改めて新しくすること。例記録を―する。免許《メンキョ》を―する。

【更新世】《コウシンセイ》 地球の歴史で、地質時代新生代第四紀の前半の時代。約二五八万年前から一万一七〇〇年前までの期間。人類が出現した。洪積世《コウセキセイ》。

【更正】《コウセイ》(名・する) 正しいものに改めること。とくに、登記や

納税申告《シンコク》の誤りを改めるときにいう。例—決定。

【更生】《コウセイ》(名・する) ①生き返ること。蘇生《ソセイ》。②好ましくない状態から立ち直ること。類再起。例自力—。③不用品に手を加えて、再び使えるようにすること。再生。例廃品《ハイヒン》を—する。表記 ▽旧▼甦生

【更迭】《コウテツ》(名・する) ある役職や地位についている人を、ほかの人と入れかえること。例大臣を—する。

【更年期】《コウネンキ》 女性の成熟期から老年期への移行の時期。四十五歳《サイ》ごろから五十五歳ごろ。例—障害。

【更▼紗】《サラサ》 〔ポルトガル語の音訳〕人物や花鳥、幾何学《キカガク》模様などを、いろいろな色合いに染め出した綿布。例印度《インド》—。

【更地】《さらチ》 建物や樹木がなく、すぐに建物が建てられる土地。

●殊更《ことさら》・深更《シンコウ》・尚更《なおさら》

日3 【曳】7画 ⇩【曵】《イエ》(497ページ)

日5 【曷】9画 5911 66F7 音 カツ漢 訓 なん-ぞ・いず-くんぞ

意味 〔助字〕「なに」「なんぞ」と読み、どうして、の意。疑問・反語をあらわす。例曷独悲《なんぞひとりかなしまん》(=どうしてひとりで悲しむことがあろうか)。

日6 【書】10画 2981 66F8 教育2 音 ショ漢呉 訓 か-く・ふみ

筆順 ㇇ ⺕ 彐 聿 聿 聿 書 書

なりたち  [形声]「聿(=ふで)」と、音「者《シャ》→《ショ》」とから成る。ふでで文字や絵をかきしるす。

意味 ❶文字や文章をかきしるす。かく。例書家《ショカ》。書記《ショキ》。清書《セイショ》。❷かきしるしたもの。文字(のかき方)。例書体《ショタイ》。楷書《カイショ》。草書《ソウショ》。❸かきつけ。てがみ。ふみ。例書簡《ショカン》。書類《ショルイ》。遺書《イショ》。❹本。例書架《ショカ》。書籍《ショセキ》。蔵書《ゾウショ》。❺五経《ゴキョウ》の一つ。『書経《ショキョウ》(=尚書《ショウショ》)』のこと。例詩書《シショ》(=『詩経』と『書経』)。

使い分け かく【書・描】⇩1167ページ

人名 のぶ・のり・ふみ・ぶん

【書き入れ時】《かきいれどき》 ①品物がよく売れて、商売がいそがしいとき。②仕事が多くある、よい働きどき。〔帳簿《チョウボ》に書き入れるのにいそがしいことから〕

【書き判】《かきハン》 自分の名前の下に書く独特なサイン。花押《カオウ》。

【書院】《ショイン》 ①書斎《ショサイ》。②寺で、学問を講義するところ。③書院造りの座敷《ザしき》。客間。④出版社などの名にそえる語。

【書屋】《ショオク》 ①読書する部屋。書斎《ショサイ》。②書物を置く部屋。③書斎や書庫の名にそえる語。

【書架】《ショカ》 本棚《ホンだな》。書棚《ショだな》。

【書家】《ショカ》 書にすぐれた人。書道の専門家。例一流の—。

【書画】《ショガ》 書と絵。例—骨董《コットウ》。

【書簡】《ショカン》 手紙。書状。例—文。表記 旧書▼翰

【書簡箋】《ショカンセン》 手紙を書く用紙。便箋《ビンセン》。

【書記】《ショキ》 ①書きしるすこと。例—能力。②会議の記録や文書作成などをおこなう人。また、その役。例裁判所の—。③組合や政党で事務を受けもつ人。例—局。—長。

【書経】《ショキョウ》 五経《ゴキョウ》の一つ。古代から周までの政治記録。二十巻。孔子《コウシ》の編とされる。尚書《ショウショ》。

【書契】《ショケイ》 〔「契」は、木に刻んで約束を書いたもの〕文字。

【書▼痙】《ショケイ》 〔医〕長時間(力を入れて)書き続けたとき、指にけいれんや痛みが起こる症状《ショウジョウ》。

【書見】《ショケン》 (名・する) 読書すること。例—台。

【書庫】《ショコ》 本を入れておく部屋や建物。

【書斎】《ショサイ》 読書や書きものをする部屋。

【書冊】《ショサツ》 書物。

【書札】《ショサツ》 ①手紙。書簡《ショカン》。②書物。

【書史】《ショシ》 ①書物。②書物の歴史。③書道の歴史。

【書▼肆】《ショシ》 〔「肆」は、店の意〕書店。

【書誌】《ショシ》 ①書物の成立や内容について書き記したもの。②特定の人物やことがらに関する書物の目録。③書物。

【書誌学】《ショシガク》 書物の成立や、内容・形態・図書分類などに関する学問。

【書式】《ショシキ》 公式の書類の、きまった書き方。例—を整える。

【書写】《ショシャ》 (名・する) 〔「写」も、書く意〕①書くこと。書き写すこと。②小中学校の国語科で、文字を正しく書くこと。

【書状】《ショジョウ》 手紙。書簡《ショカン》。

【書信】《ショシン》 手紙。たより。

【書生】《ショセイ》 ①他人の家に住みこみ、手伝いをしながら勉強をする人。②学問をしている人。学生。〔とくに明治から昭和初期ごろの言い方〕

【書跡】《ショセキ》 (筆で)書かれた文字のあと。筆跡。例—の鑑定《カンテイ》。表記 旧書▼蹟

【書籍】《ショセキ》 本。書物。図書。

【書体】《ショタイ》 ①文字に書くときの形・様式。漢字の、楷書《カイショ》・行書《ギョウショ》・草書《ソウショ》・篆書《テンショ》・隷書《レイショ》など。②印刷文字の、明朝体《ミンチョウタイ》・ゴシック・イタリックなど。③文字の書きぶり。書風。例かれ独特の—。

【書棚】《ショだな》 本を並べておくたな。本だな。書架《ショカ》。

【書痴】《ショチ》 読書ばかりしていて、世間知らずの人。また、本の収集家。書淫《ショイン》。

【書中】《ショチュウ》 ①書物や文書の文章の中。②手紙。例お目にかかってお礼申し上げるべきところ、—をもって失礼します。

【書店】《ショテン》 ①本や雑誌などを売る店。本屋。②本の販売《ハンバイ》や出版をする会社の名にそえる語。

【書道】《ショドウ》 ①筆で文字を書く芸術。②習字。例—塾《ジュク》。

【書評】《ショヒョウ》 本を紹介《ショウカイ》し批評した文章。

【書風】《ショフウ》 筆書きの文字の特徴《トクチョウ》。書体。

【書法】《ショホウ》 文字や文章の書き方。筆法《ヒッポウ》。

【書房】《ショボウ》 ①書斎《ショサイ》。②出版社などの名にそえる語。

【書名】《ショメイ》 書物の題名。本の名前。

【書面】《ショメン》 ①書類。文書。例—で通知する。—にしたためる。②(手紙などの)文面。例—からは読み取れない。

【書目】《ショモク》 ①書物の目録。例新刊書の—。②本の題名。書名。

【書物】《ショモツ》 本。書籍《ショセキ》。図書。

【書林】《ショリン》 ①多くの書物を集めたところ。②出版社や書店などの名にそえる語。

【書類】《ショルイ》 記録や事務的内容を、公的に書き記したもの。文書。例機密—。—を作る。

●願書《ガンショ》・行書《ギョウショ》・原書《ゲンショ》・古書《コショ》・司書《シショ》・辞書《ジショ》・証書《ショウショ》・聖書《セイショ》・蔵書《ゾウショ》・著書《チョショ》・投書《トウショ》・読書《ドクショ》・葉書《はがき》・秘書《ヒショ》・封書《フウショ》・洋書《ヨウショ》・六書《リクショ》・良書《リョウショ》・類書《ルイショ》

日7 【曹】11画 3366 66F9 常用 音 ソウ漢 ゾウ呉

筆順 一 冂 冊 冊 曲 曲 曹 曹

なりたち  [会意] 本字は「𣍘」で、「棘(=原告と被告《ヒコク》が法廷《ホウテイ》の東に並ぶ)」と「日(=両者の

言い分を聞きさばく人）」とから成る。原告と被告の二人をさばく人。

意味 ❶役人。属官。つかさ。例 曹長《ソウチョウ》。獄曹《ゴクソウ》。法曹《ホウソウ》。❷役所の部局。つぼね。へや。例 曹司《ソウシ》。❸複数の人々。ともがら。やから。例 曹輩《ソウハイ》（＝なかま。ともがら）。我曹《ガソウ》。❹姓《セイ》の一つ。例 曹参《ソウサン》。曹操《ソウソウ》。

人名 とも・のぶ

【曹司】 [一]《ソウシ》 役所。 [二]《ゾウシ》 ①昔、宮中の役人や女官がいた部屋。局《つぼね》。②親元にいる貴族の若者の部屋。また、その若者。〔名門や金持ちの息子《むすこ》をあらわす「御曹司《おんゾウシ》」はこれによる〕 表記 [二]②は「▽曹子」とも書く。

【曹植】《ソウショク／ソウチ》 三国時代の魏《ギ》の人。字《あざな》は子建《シケン》。曹操《ソウソウ》の子で、曹丕《ソウヒ》の弟。詩文にすぐれた。（一九二―二三二）→【七歩の才】《シチホのサイ》（8ページ）

【曹操】《ソウソウ》 三国時代の魏《ギ》の英雄《エイユウ》。詩文にもすぐれた。字《あざな》は孟徳《モウトク》。後漢《ゴカン》の献帝《ケンテイ》のとき魏王となる。孫権《ソンケン》・劉備《リュウビ》に赤壁《セキヘキ》で敗れるが、子の曹丕《ソウヒ》が魏を興《おこ》した。武帝と諡《おくりな》される。（一五五―二二〇）

【曹長】《ソウチョウ》 もと、陸軍の階級の一つ。軍曹の上。

【曹▼丕】《ソウヒ》 三国時代の人。父の曹操《ソウソウ》のあとをついで魏《ギ》を興《おこ》し、文帝となる。詩文にすぐれた。（一八七―二二六）

【▽曹▽達】《ソーダ》 〔オランダ語の音訳〕①〔化〕ナトリウムの化合物、とくに炭酸ナトリウム。ガラス・せっけんなどの原料。②ソーダ水。炭酸水。例 クリーム―。

●重曹《ジュウソウ》・法曹《ホウソウ》

日 7
【曽】
11画 3330 66FD 常用
音 ソ・ゾ慣 ソウ漢 ゾウ呉
訓 かつ-て・ひい・すなわ-ち

筆順 

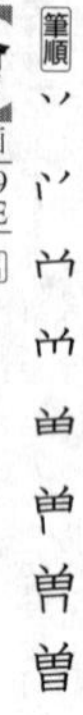

日 8
【曾】
12画 3329 66FE 人名

なりたち  [形声]「八（＝別れる）」と「日（＝いう）」と、音「罒《ソウ》」とから成る。語気のゆるやかなもの。

意味 ❶以前に。これまでに。かつて。例 曽遊《ソウユウ》の地《チ》。未曽有《ミゾウ》（＝これまでになかった、の意）。❷三代へだたった親族。例 曽祖父《ソウソフ》。曽孫《ソウソン》。

人名 かつ・つね・なり・ます

【曽祖父】《ソウソフ》 祖父母の父親。ひいおじいさん。対 曽祖母。

【曽祖母】《ソウソボ》 祖父母の母親。ひいおばあさん。対 曽祖父。

【曽孫】《ソウソン》 孫の子ども。ひまご。ひこ。

【曽遊】《ソウユウ》 前に一度行ったことがあること。例 ―の地。

日 7
【曼】
11画 5056 66FC
音 バン漢 マン呉
訓 なが-い

意味 ❶長く引きのばす。ひく。例 曼声《マンセイ》。❷ずるずると長い。ながい。同 漫《マン》。例 冗曼《ジョウマン》。❸外国語の「マン」の音訳字。例 曼陀羅《マンダラ》。曼荼羅《マンダラ》。曼始頓《マンハッタン》。

【曼珠▽沙華】《マンジュシャゲ》 ①ヒガンバナの別名。②仏教で、天上にさくという白い花。

【曼▼陀羅】《マンダラ》 〔仏〕仏のさとりの境地。また、それを図にえがいたもの。表記「曼▼荼羅」とも書く。

【曼▼陀羅華】《マンダラゲ》 ①〔仏〕天上にさき、人々に喜びをあたえるという美しい花。②チョウセンアサガオの別名。

日 8
【最】
12画 2639 6700 教育4
音 サイ漢呉
訓 もっと-も・も
付表 最寄《もより》

筆順 

なりたち   [会意] 本字は「冣」で、「冖（＝おおう）」と「取（＝とる）」とから成る。つみあげる。派生して「もっとも」の意。

意味 ❶程度が、いちばんはなはだしい。もっとも。例 最愛《サイアイ》。最近《サイキン》。最《サイ》たる。❷いちばんすぐれている。例 最勝《サイショウ》（＝もっともすぐれている）。

難読 最上《もがみ》・最中《もなか》

人名 あつむ・いと・いや・かなめ・たかし・まさる・ゆたか・よし

【最愛】《サイアイ》 もっとも愛していること。例 ―の妻。―の人。

【最悪】《サイアク》 （名・形動《ダ》）もっとも悪い状態。対 最良・最善。

【最下】《サイカ》 程度や段階がいちばん下であること。また、もっともおとっていること。対 最上。例 ―の地位。

【最強】《サイキョウ》 （名・形動《ナ》）いちばん強いこと。例 ―の部隊。

【最近】《サイキン》 近ごろ。このごろ。例 ―のニュース。

【最恵国】《サイケイコク》 通商条約を取り結ぶ国々の中で、いちばん有利なあつかいをされる国。例 ―待遇《タイグウ》。

【最敬礼】《サイケイレイ》 （名・する）いちばんていねいで、敬意を深くあらわしたおじぎ。例 ―をする。

【最古】《サイコ》 いちばん古いこと。対 最新。例 ―の和歌集。

【最後】《サイゴ》 ①いちばんあと。対 最初。例 ―の授業。②何かをしたらそれっきり。それまで。例 これをのがしたら―、勝てる見こみはない。

【最期】《サイゴ》 命の終わるとき。死にぎわ。臨終《リンジュウ》。例 あえない―をとげる。―の一言《ひとこと》。

【最高】《サイコウ》 （名・形動《ダ》）①程度や段階がいちばん高いこと。例 ―速度。―の素材。②たいへんすばらしいこと。例 この映画は―だ。▽対 最低。

【最高裁判所】《サイコウサイバンショ》 〔法〕下級裁判所の判決に不服の場合、控訴《コウソ》・上告して最終的に審判《シンパン》を求める裁判所。また、法律や行政が違憲《イケン》かどうかを判断するところ。

【最高潮】《サイコウチョウ》 感情や状況《ジョウキョウ》がいちばん盛り上がったとき。クライマックス。例 ―に達する。

【最高峰】《サイコウホウ》 ①いちばん高い峰《みね》。例 ヒマラヤの―。②いちばんすぐれているもの。例 平安文学の―。

【最終】《サイシュウ》 いちばんおわり。最後。対 最初。例 ―電車。

【最初】《サイショ》 いちばんはじめ。対 最後・最終。例 ―の授業。

【最小】《サイショウ》 いちばん小さいこと。対 最大。例 ―の面積。

【最小限】《サイショウゲン》 これ以上小さくすることができない限度。最小限度。対 最大限。例 被害《ヒガイ》を―にくい止める。

【最小公倍数】《サイショウコウバイスウ》 〔数〕二つ以上の整数の共通の倍数のうち、いちばん小さいもの。

【最少】《サイショウ》 ①いちばん少ないこと。対 最多。例 損害を―にとどめる。②いちばん若いこと。最年少。例 ―年齢《ネンレイ》。

【最上】《サイジョウ》 程度や段階がいちばん上であること。また、もっともすぐれていること。類 最高。対 最下《サイカ》。例 ―の品《しな》。

【最深】《サイシン》 いちばん深いこと。例 世界―の湖。

【最新】《サイシン》 いちばん新しいこと。対 最古。例 ―の情報。

【最盛】《サイセイ》 勢いがいちばんあること。例 出荷《シュッカ》が―の時期。

【最盛期】《サイセイキ》 いちばん栄えている時期。出荷のいちばん多い時期。全盛期。例 ―をむかえる。ブドウの―。

【最前】《サイゼン》 さっき。少し前。先ほど。例 ―お会いしました。

【最善】《サイゼン》 ①いちばんよいこと。最良。対 最悪。例 ―の方法。②できるかぎりやること。ベスト。例 ―をつくす。

【最前線】《サイゼンセン》 ①戦場で、敵にいちばん近い前線。②激しい競争が行われているところ。例 研究の―。

【最先端】《サイセンタン》 ①細長いもののいちばん先の部分。②（科学技術や時代の流行などで）いちばん先に進んでいるところ。例 流行の―。

【最多《サイタ》】いちばん多いこと。対最少。例―出場。

【最大《サイダイ》】いちばん大きいこと。対最小。例―の問題点。

【最大限《サイダイゲン》】これ以上大きくすることができない限度。最大限度。対最小限。例―の努力をはらう。

【最大公約数《サイダイコウヤクスウ》】①〔数〕二つ以上の整数の共通の約数のうち、いちばん大きいもの。②多くのことがらに共通している部分。例―の意見を要求として出す。

【最短《サイタン》】いちばん短いこと。対最長。例―距離《キョリ》。

【最中《サイチュウ》】[一]何かがおこなわれている、ちょうどそのとき。さなか。例勉強の―。[二]《もなか》もち米の粉で作った二枚のうすい皮を合わせた中にあんを入れた和菓子《ワガシ》。

【最長《サイチョウ》】①いちばん長いこと。対最短。例―の任期《ニンキ》をつとめる。②いちばん年長であること。最年長。

【最低《サイテイ》】①程度や段階がいちばん低いこと。例―賃金。②とてもひどいこと。例―の人間だ。▽対最高。

【最低限《サイテイゲン》】程度や段階がいちばん低い限界のところ。

【最適《サイテキ》】（名・形動《ナダ》）いちばんふさわしいこと。

【最果て《サイはて》】いちばんはずれにあること。例―の地。

【最良《サイリョウ》】いちばんよいこと。最善。対最悪。

【▽最早《もはや》】（副）最終的な段階として。これ以上は。すでに。例―これまで。―夜もすっかりふけた。

日 8
【替】
12画 3456 66FF 常用
音 テイ漢 タイ呉
訓 か-える・か-わる
付表 為替《かわせ》

筆順 ニ チ 夫 夫ニ 夫夫 夫夫 替 替

なりたち  [形声]「竝(=ならびたつ)」と、音「白《シ→イテ》」とから成る。すたれる。

意味 ❶すたれる。おとろえる。例替廃《タイハイ》(=すたれる)。衰替《スイタイ》。隆替《リュウタイ》。❷とりかえる。いれかわる。かえる。かわる。例交替《コウタイ》。代替《ダイタイ》。

使い分け かえる・かわる【変・換・替・代】⇩1166ページ

【替え歌《かえうた》】ある歌のメロディーだけを借りて、別の歌詞をつけた歌。対本歌《もとうた》。

【替え玉《かえだま》】本人や本物によく似せて周りをごまかすにせもの。例―を使う。
●交替《コウタイ》・代替《ダイタイ》・両替《リョウがえ》

日 8【曾】12画 ⇩【曽】《ソウ》(500ページ)

日 9【會】13画 ⇩【会】《カイ》(58ページ)

74 4画
月(月・月) つき つきへん 部

古くは「月(つきへん)」、「月(ふなづき)」、「月(にくづき)」を区別したが、常用漢字ではすべて「月」の字形に統一された。ここには、欠けた月の形をあらわす「月」をもとにしてできている漢字と、舟《ふね》の形をあらわす「月」をもとにしてできている漢字とを集めた。身体にかかわる「にくづき」は、別の部首として区別して示した。

0 月 2 有 4 服 朋 服 朋 5 朏 6
朔 朕 朗 朕 7 望 望 朗 朖 8 期 朝
朞 朝 13 朦 16 朧

この部首に所属しない漢字

明⇩日 485　青⇩青 1054　冑⇩冂 117　前⇩刂 137
骨⇩骨 1086　豚⇩豕 930　勝⇩力 150　滕⇩氺 615
謄⇩言 924　鵬⇩鳥 1103　騰⇩馬 1084

月 0
【月】
4画 2378 6708 教育1
音 ゲツ漢 ガチ・ガツ呉
訓 つき
付表 五月《さつき》・五月雨《さみだれ》

筆順 ノ 冂 月 月

なりたち  [象形]欠けた月の形。

意味 ❶地球の衛星。つき。例月光《ゲッコウ》。日月《ジツゲツ》。満月《マンゲツ》。❷一年を十二に分けた単位。例月旦《ゲッタン》。今月《コンゲツ》。来月《ライゲツ》。❸つきごとの。例月刊《ゲッカン》。月給《ゲッキュウ》。月例《ゲツレイ》。

難読 月代《さかやき》・月次《つきなみ》

人名 つぎ

【月忌《ガッキ》】故人の毎月の命日。また、その日におこなう仏事。

【月日】[一]《ガッぴ》日付《ひづけ》としての月と日。例生年―。[二]《つきひ》①月と太陽。②時間。年月。例―が流れ去る。

【月▼暈《ゲツウン》】月の周りにできる、ぼんやりとした光の輪。月のかさ。

【月影《ゲツエイ／つきかげ》】①月の光。月光。②月の光に照らし出されたものの姿。また、そのかげ。

【月下《ゲッカ》】月光の下。月の光のさすところ。例―の宴《エン》。

【月下美人《ゲッカビジン》】サボテン科の植物。夜に白く大きな花を開き、朝までにしぼむ。

【月下氷人《ゲッカヒョウジン》】媒酌人《バイシャクニン》。なこうど。〔「月下老人《ゲッカロウジン》」と「氷人《ヒョウジン》」からできた語〕

【月下老人《ゲッカロウジン》】〔月夜に会った老人から未来の妻を予言されたという故事から〕結婚《ケッコン》のなかだちをする人。媒酌人《バイシャクニン》。なこうど。

【月額《ゲツガク》】一か月あたりの金額。例―十万円をしはらう。

【月刊《ゲッカン》】〔日刊・週刊・季刊などに対して〕毎月一回、定期的に刊行すること。また、その出版物。

【月間《ゲッカン》】一か月のあいだ。一か月間。また、特別のことがおこなわれる一か月間。例交通事故防止―。

【月宮《ゲッキュウ》】月にあるという宮殿《キュウデン》。月宮殿。

【月給《ゲッキュウ》】〔時給・日給などに対して〕一か月ごとにしはらわれる給料。

【月琴《ゲッキン》】中国伝来の弦楽器《ゲンガッキ》。琵琶《ビワ》に似て小さく、胴《ドウ》は円形で弦は四本。

【月▼桂《ゲッケイ》】①中国の伝説で、月に生えているというカツラの木。②月。月光。

【月▼桂冠《ゲッケイカン》】古代ギリシャで、競技の勝利者にかぶせられた月桂樹の枝と葉で作ったかんむり。

【月▼桂樹《ゲッケイジュ》】クスノキ科の常緑小高木。地中海地方の原産。葉は、香料《コウリョウ》や香辛料《コウシンリョウ》にする。

【月経《ゲッケイ》】成熟した女性の子宮から周期的に出血する現象。つきのもの。メンス。生理。

【月光《ゲッコウ／ガッコウ》】月の光。月かげ。例―《ゲッコウ》に照らされた庭。

【月▼朔《ゲッサク》】月のはじめの日。ついたち。朔日《サクジツ》。月旦《ゲッタン》。

【月産《ゲッサン》】〔日産・年産などに対して〕一か月あたりの生産量や産出量。

【月次《ゲツジ》】毎月。月ごと。つきなみ。例―報告。

【月謝《ゲッシャ》】毎月の謝礼。毎月の授業料。

【月収《ゲッシュウ》】〔日収・年収などに対して〕一か月あたりの収入。例―二十万円。

【月色《ゲッショク》】月の色。月の光。例―皓皓《コウコウ》。

【月食《ゲッショク》】地球が太陽と月との間にはいって太陽の光をさえぎるため、月の一部あるいは全部が見えなくなること。対日食。例皆既《カイキ》―。表記 旧月▼蝕

【月世界】《ゲッセカイ》 月の世界。例—旅行を夢みる。
【月旦】《ゲッタン》 ①月のはじめの日。ついたち。月朔《ゲッサク》。②「月旦評《ゲッタンヒョウ》」のこと。例人物—。
【月旦評】《ゲッタンヒョウ》 人物の批評。人物の品定め。〔後漢《ゴカン》の許劭《キョショウ》が月のはじめに人物評をしたという故事から〕
【月▼兎】《ゲット》 月の別名。〔月にウサギがすむという伝説から〕
【月表】《ゲッピョウ》 一か月ごとに記録する表。例営業成績の—。
【月評】《ゲッピョウ》 新聞や雑誌などに毎月のせる、文芸作品や論文などの批評。
【月賦】《ゲップ》 代金を月々に分けてしはらうこと。月賦払《ばら》い。対 年賦。
【月餅】《ゲッペイ》 中国風の焼き菓子《ガシ》。クルミなどを入れたあんを小麦粉で円く包んで焼いたもの。
【月俸】《ゲッポウ》 月々の俸給《ホウキュウ》。月給。
【月報】《ゲッポウ》 ①毎月、出す報告書。例生産—。②毎月定期に刊行する全集などの各巻にはさみこむ、うすい印刷物。
【月末】《ゲツマツ》 その月の終わり。つきずえ。
【月明】《ゲツメイ》 月のあかるいこと。また、あかるい月の光。月あかり。例—の海岸を散歩する。
【月面】《ゲツメン》 月の表面。例—探査機。—に着陸する。
【月余】《ゲツヨ》 一か月あまり。例—の入院生活でやつれる。
【月曜】《ゲツヨウ》 週の第二日。日曜の次、火曜の前。月曜日。
【月来】《ゲツライ》 (副)この数か月間。例—体調がすぐれない。
【月利】《ゲツリ》 〔年利・日歩《ひぶ》に対して〕一か月を単位として決めた利息。例—二パーセント。
【月輪】《ゲツリン》 〔「ガツリン」とも〕月。また、満月。例—峰《みね》にかかる。
【月例】《ゲツレイ》 毎月きまっておこなわれること。例—会議。
【月齢】《ゲツレイ》 ①新月を基準として、月の満ち欠けを日数であらわしたもの。満月はおよそ十五日。②満一歳《イッサイ》未満の赤んぼうの、生まれてからの月の数。例—三か月の乳児。
【月見】《つきみ》 ①月をながめて楽しむこと。観月。例—の宴《エン》。②そば・うどんなどに生たまごを割って落としたもの。たまごを月に見たてていう。例—うどん。
◐隔月《カクゲツ》・神無月《かんなづき》・如月《きさらぎ》・歳月《サイゲツ》・正月《ショウガツ》・新月《シンゲツ》・先月《センゲツ》・年月《ネンゲツ》・名月《メイゲツ》・明月《メイゲツ》・望月《もちづき》・臨月《リンゲツ》

月 2

【有】

6画 4513 6709 教育3
音 ユウ漢 ウ呉
訓 あ-る

「月(月・月)部」2画 有

筆順 ノ ナ 冇 有 有

なりたち  [形声]「月(=つき)」と、音「又《ユウ》」とから成る。月の影《かげ》で日食が起きるように、ふだんあるはずのないものがある。

意味 ❶存在する。ある。もつ。対 無《ム》。例有志《ユウシ》。有望《ユウボウ》。含有《ガンユウ》。所有《ショユウ》。保有《ホユウ》。❷加えて。さらに。同 又《ユウ》。例十有五《ジュウユウゴ》(=十五)。

使い分け ある【有・在】⇩1162ページ

人名 あき・あり・すみ・ただし・たもつ・とお・とも・なお・なり・みち・もち・もと・ゆたか

【有明】《ありあけ》 ①月が空に見えている状態で、夜が明けること。陰暦《インレキ》十六日以後の夜明け。例—の月。②明け方。
【有り金】《ありがね》 現在、手もとに持っているお金。例—をはたく。
【有り体】《ありテイ》 ありのまま。事実のまま。例—に言えば。
【有り様】 ㊀《ありヨウ》 ①実際のようす。実情。例—を言えば。②理想的なあり方や姿。例大学生としての—。③あるべき理由。例—がない。㊁《ありさま》 ものごとの状態。例事件の—。
【有為】 ㊀《ウイ》 (名)〔仏〕因縁《インネン》によって生じたこの世のすべてのもの。対 無為。㊁《ユウイ》 (名・形動ダナ)才能があること。将来役に立つと思われること。例—の青年。
【有為転変】《ウイテンペン》 〔仏〕この世のものは常に移りかわるもので一定せず、はかないということ。例—は世《よ》のならい。
【有▼卦】《ウケ》 陰陽道《オンヨウドウ》で、幸運が七年間続くという年回《としまわ》り。例—に入《い》る(=幸運にめぐりあう)。
【有象無象】《ウゾウムゾウ》 ①〔仏〕形のあるものや形のないものなど、すべてのもの。類 有相無相《ウソウムソウ》。②とるに足りない人々。
【有待】《ウダイ》 〔仏〕〔食物や衣服にたよることから〕人間の身体。はかない人間の存在。
【有頂天】《ウチョウテン》 (名・形動ダナ)〔仏教で、最高の天の意で、そこにのぼりつめることから〕喜びでわれを忘れること。得意の絶頂。例小さな成功に—になる。
【有徳】《ウトク｜ユウトク》 すぐれた徳をそなえていること。例—の士。
【有髪】《ウハツ》 (僧《ソウ》や尼《あま》が)かみの毛を生やしていること。例—の僧《ソウ》。
【有無】《ウム》 ①あることと、ないこと。あるかないか。例不正の—を調べる。②承知と不承知。イエスとノー。例—を言わさず。
【有▼耶無▼耶】《ウヤムヤ》 (名・形動ダナ)〔あるのか、ないのかの意〕はっきりしないこと。あいまいであること。例責任を—にする。

【有意】《ユウイ》 ①意味があること。例—差(=統計などで、偶然《グウゼン》起こったとは考えられない差)。②意思や意図があること。
【有意義】《ユウイギ》 (名・形動ダナ)意義や意味があること。価値があること。例—な意見。
【有益】《ユウエキ》 (名・形動ダナ)利益のあること。役に立つこと。対 無益。例—な意見。—に利用する。
【有価】《ユウカ》 価値や価格があること。例—物件。—証券。
【有害】《ユウガイ》 (名・形動ダナ)害があること。対 無害。例—な食品。青少年にとって—になる雑誌。
【有蓋】《ユウガイ》 おおいやふたのあること。対 無蓋。例—貨車。
【有閑】《ユウカン》 (名・形動ダナ)生活に余裕《ヨユウ》があって、ひまがあること。例—階級。
【有感】《ユウカン》 からだに感じられること。例—地震《ジシン》。
【有機】《ユウキ》 ①生命をもち、生活の機能があること。また、生命をもつものから生み出されること。②「有機物」「有機化合物」の略。▽対 無機。
【有機化学】《ユウキカガク》 有機化合物(=炭素をふくむ化合物)について研究する化学の一分野。例—を専攻《センコウ》する。
【有機化合物】《ユウキカゴウブツ》 「有機物」に同じ。
【有機体】《ユウキタイ》 ①生命をもち、生活機能をそなえている組織体。生物を他の物質と区別していう。②有機的にできあがっているもの。例国家も一つの—といえる。
【有機物】《ユウキブツ》 でんぷんやエタノールなど、その物質中に炭素をふくむ物質。ただし、一酸化炭素・二酸化炭素など少数の例外は、炭素をふくむが有機物に分類されない。有機化合物。対 無機物。
【有給】《ユウキュウ》 給料がしはらわれること。対 無給。例—休暇《キュウカ》。
【有形】《ユウケイ》 かたちのあること。目に見えること。対 無形。例—文化財。—の援助《エンジョ》。
【有限】《ユウゲン》 (名・形動ダナ)かぎりがあること。対 無限。例石油資源も—なのだ。
【有功】《ユウコウ》 てがらがあること。例—章(=功績のある人におくられる記章)。
【有効】《ユウコウ》 (名・形動ダナ)ききめがあること。効果や効力があること。役に立つこと。対 無効。例—期限。
【有罪】《ユウザイ》 〔法〕刑事《ケイジ》裁判の判決でつみがあると認められること。対 無罪。

【有産《ユウサン》】財産があること。金持ち。対無産。例—階級。

【有史《ユウシ》】過去を知るための記録が残されていること。歴史があること。例—時代。—以前。

【有史以来《ユウシイライ》】歴史が始まってからこのかた。例—の大地震《おおジシン》。

【有志《ユウシ》】そのことにとくに関心や意欲をもっていること。また、その人。例—一同。—を募《つの》る。

【有事《ユウジ》】戦争などの大事件が起こること。例—にそなえる。

【有視界飛行《ユウシカイヒコウ》】航空機の操縦《ソウジュウ》で、人間の、肉眼によっておこなう飛行。

【有識《ユウシキ》】知識があること。ものごとをよく知っていること。また、そのような人。例—者の意見を聞く。

【有刺鉄線《ユウシテッセン》】多くのとげのついている針金。ばら線。鉄条網《テツジョウモウ》やさくなどに用いる。

【有衆《ユウシュウ》】国民。人民。君主が人民を呼ぶことば。例朕《チン》なんじ—に示す。

【有終の美《ユウシュウのビ》】最後までやりとおし、ものごとをりっぱに成しとげること。例—をかざる。

【有償《ユウショウ》】代価をしはらう必要があること。補償の必要があること。対無償。例—の援助《エンジョ》。

【有色《ユウショク》】色がついていること。例—野菜。

【有職《ユウショク》】一《ユウショク》職業についていること。対無職。例—者。二《ユウソク》朝廷《チョウテイ》や武家の、しきたりや習わしをよく知っていること。また、その人。例—家《カ》。—故実。

【有人《ユウジン》】人が乗っていること。また、人が存在すること。例—運転。—なら起こらない事故。

【有神論《ユウシンロン》】神は存在すると考える立場。対無神論。

【有数《ユウスウ》】(名・形動《ナダ》)とくに数え上げるほど、きわだっていること。類屈指《クッシ》。例世界—の大企業《ダイキギョウ》。

【有性《ユウセイ》】雌雄《シユウ》の性の区別があること。例—生殖《セイショク》。

【有税《ユウゼイ》】税金がかかること。納税の必要があること。対無税。

【有声音《ユウセイオン》】発音するときに声帯を振動《シンドウ》させて出す音。母音《ボイン》のほか、[b][d][g][m][n][ŋ][v][z][ʒ]などの子音《シイン》がこれにあたる。対無声音。

【有線《ユウセン》】①電線を使う通信。②「有線放送」の略。限られた場所や地域内でおこなう、電線を使った放送。▽対無線。

【有段者《ユウダンシャ》】柔道《ジュウドウ》・剣道《ケンドウ》・囲碁《イゴ》・将棋《ショウギ》などで、段位をもっている人。

【有道《ユウドウ》】正しい道にかなっていること。また、そのようなおこないをする人。

【有毒《ユウドク》】(名・形動《ナダ》)毒性があること。対無毒。例—ガス。人体に—な物質。

【有能《ユウノウ》】(名・形動《ナダ》)すぐれた能力や才能があること。対無能。例—な人物。

【有配《ユウハイ》】株式などで、配当があること。対無配。

【有半《ユウハン》】「有」は、またの意。数をあらわすことばにつけて」…と、さらにその半分。例一年—(=一年半)。

【有夫《ユウフ》】おっとがあること。例—の女性。

【有望《ユウボウ》】(名・形動《ナダ》)将来が楽しみで、のぞみがあること。例—株。前途《ゼント》—な若者。

【有名《ユウメイ》】(名・形動《ナダ》)世の中に広く知られていること。名高いこと。対無名。例—人《ジン》。—になりたい。

【有名無実《ユウメイムジツ》】(名・形動《ナダ》)名ばかりで実質がともなっていないこと。例社長といっても—な存在だ。

【有余《ユウヨ》】〔「…有余」の形で〕もう少しつけ加わることを示す。…あまり。例一年—の海外生活。

【有用《ユウヨウ》】(名・形動《ナダ》)役に立つこと。対無用。例社会にとって—な人物。

【有利《ユウリ》】(名・形動《ナダ》)①利益があること。②つごうがいいこと。例バスケットボールでは背の高いほうが—だ。

【有理《ユウリ》】道理があること。例造反—(=反逆にも道理があるという意味。一九三九年毛沢東《モウタクトウ》が演説で使ったことばで、文化大革命のときの紅衛兵《コウエイヘイ》のスローガン)。

【有料《ユウリョウ》】料金がいること。対無料。例—道路。—駐車場《チュウシャジョウ》。
●含有《ガンユウ》・共有《キョウユウ》・希有《ケウ》・公有《コウユウ》・国有《コクユウ》・固有《コユウ》・所有《ショユウ》・特有《トクユウ》・保有《ホユウ》・領有《リョウユウ》

月 4

【服】

8画 4194 670D 教育3

音 フク漢 ブク呉
訓 したが-う

筆順
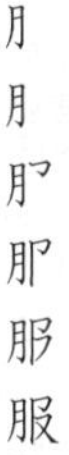

月 4 【服】8画

たなちり
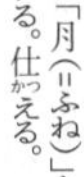
[形声]「月(=ふね)」と、音「𠬝《フク》」とから成る。用いる。仕《つか》える。

意味 ❶つとめをおこなう。つかえる。例服役《フクエキ》。服務《フクム》。❷つきしたがう。心からしたがう。また、力でおさえしたがわせる。例服従《フクジュウ》。服属《フクゾク》。征服《セイフク》。❸身につけるきもの。例服装《フクソウ》。衣服《イフク》。❹身につける。自分のものにする。例着服《チャクフク》。❺喪《も》でひきこもる。例服喪《フクモ》。服忌《ブッキ》(=喪に服してつつしむ)。❻薬や茶をのむ。また、一回分の薬の量を数えることば。例服毒《フクドク》。服用《フクヨウ》。一服《イップク》。

難読 服部《はっとり》

人名 こと・もと・ゆき・よ

【服役《フクエキ》】(名・する)①懲役《チョウエキ》に服すること。例有罪の判決をうけ、—する。②兵役《ヘイエキ》に服すること。

【服地《フクジ》】洋服を仕立てるのに使う布地。

【服従《フクジュウ》】(名・する)人の命令におとなしくしたがうこと。対反抗《ハンコウ》・抵抗《テイコウ》。例絶対—。命令に—する。

【服飾《フクショク》】衣服とアクセサリー。例—デザイナー。

【服装《フクソウ》】身につける衣服。身なり。よそおい。

【服属《フクゾク》】(名・する)命令に従って言うとおりになること。つき従うこと。

【服毒《フクドク》】(名・する)毒を飲むこと。例—自殺。

【服務《フクム》】(名・する)事務や業務につくこと。例—規程。

【服喪《フクモ》】(名・する)人の死後しばらくの間、その親族が祝いの行事などをひかえ、身をつつしむこと。例—期間。

【服薬《フクヤク》】(名・する)薬を飲むこと。服用。

【服用《フクヨウ》】(名・する)(薬などを)飲むこと。服薬。例毎食後に—すること。

【服▼膺《フクヨウ》】(名・する)心にとどめて忘れないこと。例拳拳《ケンケン》—(=いましめなどを常に心の中にとどめて守り従うこと)。
●衣服《イフク》・感服《カンプク》・屈服《クップク》・元服《ゲンプク》・降服《コウフク》・克服《コクフク》・呉服《ゴフク》・私服《シフク》・心服《シンプク》・制服《セイフク》・頓服《トンプク》・被服《ヒフク》・不服《フフク》・平服《ヘイフク》・洋服《ヨウフク》・礼服《レイフク》・和服《ワフク》

月 4

【朋】

8画 4294 670B 人名

音 ホウ漢 ボウ呉
訓 とも

月 4 【朋】8画

たなちり

[象形]鳳《ホウ》(=おおとり)の形。鳳が飛ぶと多くの鳥が付き従うことから、なかまの意。

意味 同じ先生についている学友。なかま。とも。例朋友《ホウユウ》。同朋《ドウボウ》。

【朋党】《ホウトウ》 共通の利害や主義による人々の集まり。
【朋輩】《ホウバイ》 なかま。ともだち。また、同僚《ドウリョウ》。表記「▽傍輩」とも書く。
【朋友】《ホウユウ》 ともだち。友人。例—の交わり。—信あり。

月4 【服】 8画 ⇩【服】《フク》(503ページ)

月4 【朋】 8画 ⇩【朋】《ホウ》(503ページ)

月5 【朏】 9画 5912 670F 音ヒ漢 訓みかづき

意味 新月から三日月《みかづき》のころの月明かり。また、陰暦《インレキ》の三日のこと。三日月。例朏魄《ヒハク》(=新月)。

月6 【朔】 10画 2683 6714 人名 音サク漢 訓ついたち

なりたち [形声]「月(=つき)」と、音「屰《ゲキ→サク》」とから成る。ついたち。

意味 ❶陰暦《インレキ》で、月の第一日。ついたち。例朔日《サクジツ》。朔旦《サクタン》。❷北。〔十二支の一番目の子《ね》が北にあたることによる〕例朔風《サクフウ》。朔方《サクホウ》。

難読 四月朔日《わたぬき》(=姓《せい》)・八月朔日《ほづみ》(=姓)

人名 いち・きた・はじめ・もと

【朔日】《サクジツ》 月の最初の日。ついたち。
【朔旦】《サクタン》 ついたちの朝。
【朔風】《サクフウ》 北風。
【朔方】《サクホウ》 北のほう。北。朔北。
【朔望】《サクボウ》 陰暦《インレキ》で、ついたちと満月(=第十五日)。
【朔望月】《サクボウゲツ》 朔(=新月)から次の朔まで、また、望(=満月)から次の望までの平均時間。二十九日十二時間四十四分二秒八。
【朔北】《サクホク》 北。北方。また、北方の辺境の地。朔方。

月6 【朕】 10画 3631 6715 常用 音チン漢 訓われ

筆順 丿 刀 月 月丷 月䒑 胖 朕

月6 【朕】 10画

なりたち [形声]「月(=ふね)」と、音「关《ショウ→チン》」とから成る。舟の板の継《つ》ぎ目。借りて「われ」の意。

意味 ❶天子が自分を指していうことば。われ。〔秦《シン》の始皇帝《シコウテイ》が定めたもので、それ以前は、いっぱんの人も使った〕❷しるし。きざし。

月6 【朗】 10画 4715 6717 教育6 音ロウ漢呉 訓ほが-らか

筆順 丶 ㇇ ョ 自 良 朗 朗

月7 【朗】 11画 1-8546 F929 人名

月7 [朖] 11画 5913 6716 本字

なりたち [形声]「月(=つき)」と、音「良《リョウ→ロウ》」とから成る。明るい。

意味 ❶明るくはっきりしている。あきらか。例朗月《ロウゲツ》。晴朗《セイロウ》。❷はればれしているようす。からっとしてこだわりのないようす。ほがらか。例朗報《ロウホウ》。明朗《メイロウ》。❸声が高くすんでいる。例朗詠《ロウエイ》。朗読《ロウドク》。

難読 朝朗《あさぼらけ》

人名 あき・あきら・きよし・さえ・とき・ほがら

【朗詠】《ロウエイ》(名・する) 漢詩や和歌などに節《ふし》をつけて高らかにうたうこと。例和歌の—。
【朗吟】《ロウギン》(名・する) 漢詩や七五調の文章などを声高くとなえること。例漢詩の—。
【朗月】《ロウゲツ》 明るく、すみわたった月。また、その光。
【朗笑】《ロウショウ》(名・する) ほがらかに笑うこと。
【朗▼誦】《ロウショウ》(名・する) 声高く読み上げること。例自作の句を—する。
【朗色】《ロウショク》 晴れやかな顔の表情。例顔に—をうかべる。
【朗読】《ロウドク》(名・する) 詩歌《シイカ》や文章などを声を出して読むこと。例小説を—する。—にたえる文章。
【朗報】《ロウホウ》 よい知らせ。聞くとうれしくなる知らせ。吉報《キッポウ》。対悲報・凶報《キョウホウ》。例—に接する。
【朗朗】《ロウロウ》(形動《タル》) 声が大きく高く、よくとおり、はっきりしているようす。例音吐《オント》—。
◐晴朗《セイロウ》・明朗《メイロウ》

月6 【朕】 10画 ⇩【朕】《チン》(504ページ)

月7 【望】 11画 4330 671B 教育4 音ボウ漢 モウ呉 訓のぞ-む・のぞ-み・もち

筆順 亠 亡 亡丿 亡刀 亡月 望 望 望

月7 【望】 11画

なりたち [形声]「亡(=にげる)」と、音「朢《ボウ》」の省略体とから成る。にげて出て外にいるが、もとへ帰ることをのぞむ。

意味 ❶遠くを見る。見上げる。のぞむ。例望見《ボウケン》。眺望《チョウボウ》。展望《テンボウ》。❷ねがう。ほしがる。のぞむ。のぞみ。例望蜀《ボウショク》。希望《キボウ》。待望《タイボウ》。❸うらむ。例怨望《エンボウ》。❹人気。人々に、したわれ尊敬されること。例人望《ジンボウ》。声望《セイボウ》。❺満月。陰暦《インレキ》十五日の夜。もち。例望月《ボウゲツ》。望日《ボウジツ》(=満月の日)。既望《キボウ》(=陰暦十六日の夜。また、その夜の月)。

使い分け のぞむ【望・臨】⇩1176ページ

難読 既望夜《いざよい》

人名 まどか・み・みつる

【望遠】《ボウエン》 遠くを見ること。例—鏡《キョウ》。—レンズ。
【望遠鏡】《ボウエンキョウ》 レンズを組み合わせて遠くのものを拡大して見る装置。例天体—。
【望外】《ボウガイ》(名・形動《ダナ》) 自分が望んでいた以上であること。例—の喜び。—な成果。
【望郷】《ボウキョウ》 ふるさとをなつかしく思うこと。例—の念にかられる。
【望月】《ボウゲツ》 ①月をながめること。②満月。陰暦《インレキ》十五日の夜の月。もちづき。
【望見】《ボウケン》(名・する) 遠くからながめること。例山頂から眼下を—する。
【望▼蜀】《ボウショク》 一つの望みを満足させたうえに、さらに欲ばってもう一つを望むこと。〔「隴《ロウ》を得て蜀《ショク》を望む」(1041ページ)にもとづく。後漢《ゴカン》の光武帝《コウブテイ》が隴の国を得てさらに蜀の国を望んだ故事から〕
【望洋】《ボウヨウ》(名・形動《タル》) ①遠くをながめること。②あまりに広々として、見分けのつかないこと。例—たる荒野《コウヤ》。
【望楼】《ボウロウ》 遠くを見わたすための高い塔《トウ》。ものみやぐら。
◐一望《イチボウ》・願望《ガンボウ・ガンモウ》・希望《キボウ》・失望《シツボウ》・志望《シボウ》・所望

《ショモウ》・信望《シンボウ》・人望《ジンボウ》・切望《セツボウ》・絶望《ゼツボウ》・大望《タイボウ｜タイモウ》・待望《タイボウ》・眺望《チョウボウ》・展望《テンボウ》・熱望《ネツボウ》・本望《ホンモウ》・野望《ヤボウ》・有望《ユウボウ》・要望《ヨウボウ》・欲望《ヨクボウ》

月7【望】11画 ⇩【望】《ボウ》(504ページ)

月7【朗】11画 ⇩【朗】《ロウ》(504ページ)

月7【朖】11画 ⇩【朗】《ロウ》(504ページ)

月8【期】12画 2092 671F 教育3 音 キ漢 ゴ呉

筆順 一 廿 甘 甘 其 其 期 期

月8［朞］12画 5914 671E 別体字

なりたち ［形声］「月(=時)」と、音「其《キ》」とから成る。時を決めてあう。

意味 ❶約束して会う。約束する。とりきめる。例 期約《キヤク》(=とりきめ)。❷心にきめる。のぞむ。あてにして待つ。例 期待《キタイ》。所期《ショキ》。予期《ヨキ》。❸きめられた日時。ひとくぎりの時間。例 期間《キカン》。期限《キゲン》。学期《ガッキ》。❹百歳《サイ》の年寄り。❺月・太陽がひとまわりする時間。例 期月《キゲツ》(=満一か月)。期年《キネン》(=満一年)。

人名 さね・とき・とし・のり

【期間】《キカン》 ある時刻・時期から他の時刻・時期までの間。

【期限】《キゲン》 前もって、始めと終わりをいつとかぎって決めた時期。一定の期間。例 無―。―付きで貸し出す。

【期日】《キジツ》 いつからいつまでと、決めてある日。例 ―を守る。

【期首】《キシュ》 ある決められた期間の初め。対 期末。

【期成】《キセイ》 成功や成立を期待すること。例 博覧会誘致《ユウチ》―同盟。

【期待】《キタイ》 (名・する) 結果や発生する状態を願って、待っていること。あてにして待つこと。例 ―はずれ。

【期年】《キネン》 満一年。一周年。

【期末】《キマツ》 一定の期間の終わり。対 期首。例 ―試験。

●雨期《ウキ》・延期《エンキ》・会期《カイキ》・夏期《カキ》・学期《ガッキ》・過渡期《カトキ》・乾期《カンキ》・刑期《ケイキ》・後期《コウキ》・最期《サイゴ》・最盛期《サイセイキ》・死期《シキ｜シゴ》・時期《ジキ》・周期《シュウキ》・初期《ショキ》・所期《ショキ》・前期《ゼンキ》・早期《ソウキ》・短期《タンキ》・中期《チュウキ》・長期《チョウキ》・定期《テイキ》・適齢期《テキレイキ》・冬期《トウキ》・同期《ドウキ》・任期《ニンキ》・納期《ノウキ》・末期《マッキ｜マツゴ》・満期《マンキ》・予期《ヨキ》

月8【朝】12画 3611 671D 教育2 音 チョウ漢呉 訓 あさ・あした 付表 今朝《けさ》

筆順 一 十 古 吉 直 卓 朝 朝

月8【朝】12画

なりたち ［形声］「𠦝(=日がのぼりはじめる)」と、音「月《シュウ→チョウ》」とから成る。あさ。

意味 ❶日の出からのしばらくのあいだ。あした。あさ。対 夕《セキ》。例 朝食《チョウショク》。朝夕《チョウセキ》。早朝《ソウチョウ》。❷ひととき。一日。例 一朝《イッチョウ》。❸天子や君主にお目にかかる。まみえる。〔古く、家臣は早朝に君主にまみえた〕例 朝見《チョウケン》。会朝《カイチョウ》。❹天子が政治をおこなうところ。例 朝廷《チョウテイ》。朝野《チョウヤ》。❺一系統の王朝・君主が受けついで統治する期間。例 清朝《シンチョウ》。唐朝《トウチョウ》。南朝《ナンチョウ》。

難読 朝臣《あそん｜あそみ》

人名 あきら・かた・つと・とき・とも・のり・はじめ

【朝明け】《あさあけ》 朝、空が明るくなること。また、朝日の出るころ。

【朝顔】《あさがお》 ①ヒルガオ科のつる性の一年草。夏から秋にかけて、朝、ラッパ形の花がさく。②キキョウやムクゲの古名。③〔形がアサガオに似ることから〕男性の小用の便器。

【朝駆け】《あさがけ》 (名・する) ①早朝に敵を攻《せ》めること。対 夜討《ようち》。②新聞記者などが、早朝に人の家を訪問して取材すること。

【朝観音夕薬師】《あさカンノンゆうヤクシ》 江戸《えど》時代、毎月、観音の縁日《エンニチ》十八日には朝、薬師の縁日八日には夕方、参詣《サンケイ》した風習。

【朝▼餉】 一《あさげ》 朝食。対 昼餉《ひるげ》・夕餉《ゆうげ》。例 ―の膳《ゼン》。 二《あさがれい》 天皇の朝食。例 ―の間《ま》(=清涼殿《セイリョウデン》にある天皇が朝食をとる部屋)。

【朝日】《あさひ》 朝、地平線からのぼってくる太陽。

【朝威】《チョウイ》 朝廷《チョウテイ》や天子の威光。例 ―のおとろえた室町《むろまち》時代。

【朝宴】《チョウエン》 朝廷《チョウテイ》でもよおされる宴会。

【朝賀】《チョウガ》 臣下が朝廷《チョウテイ》で天子に賀詞を述べること。

【朝会】《チョウカイ》 朝の集会。類 朝礼。

【朝儀】《チョウギ》 朝廷《チョウテイ》でおこなわれる儀式(の作法)。

【朝議】《チョウギ》 朝廷《チョウテイ》でおこなわれる会議。

【朝見】《チョウケン》 (名・する) 臣下が参内《サンダイ》して天子にお目にかかること。例 ―の儀《ギ》。

【朝権】《チョウケン》 朝廷《チョウテイ》がもっている権力や権威《ケンイ》。

【朝貢】《チョウコウ》 (名・する) 服従の意思を示すため、弱い国が強い国へみつぎものを差し出すこと。

【朝▼餐】《チョウサン》 朝食。あさげ。

【朝三暮四】《チョウサンボシ》 ①目先の利益にとらわれて、大局から見れば実質が同じであることに気づかないこと。②言いくるめて、人をだますこと。

故事のはなし 宋《ソウ》の国の狙公《ソコウ》(=サル使いのこと。「狙」はサル)という人がサルをかわいがって、たくさん飼っていた。ところが貧乏《ビンボウ》になり、サルのえさを減らさなければならなくなった。狙公は、えさのトチの実をあたえるとき、はじめに「朝は三つで暮れには四つにしよう」と言うと、サルたちはみな怒《おこ》った。そこで、「では、朝は四つで暮れには三つにしてやろう」と言うと、サルたちは今度は大喜びした。〈荘子《ソウジ》〉〈列子《レッシ》〉

【朝市】 一《チョウシ》 朝廷《チョウテイ》と市場。また、人が多く集まる場所や、名誉《メイヨ》や利益を争う場所のたとえ。 二《あさいち》 朝、人が集まって野菜や魚などを売り買いすること。また、その場所。例 ―が立つ。

【朝食】《チョウショク》 朝の食事。あさはん。あさめし。対 昼食・夕食。

【朝臣】 一《チョウシン》 朝廷《チョウテイ》に仕える臣下。 二《あそん｜あそみ》 日本で、六八四年に制定された八色《やくさ》の姓《かばね》の第二位。

【朝夕】《チョウセキ｜あさゆう》 ①朝と夕方。例 ―の勤行《ゴンギョウ》。②明け暮れ。いつも。例 ―おそばに仕える。

【朝廷】《チョウテイ》 天子が政治をおこなうところ。

【朝敵】《チョウテキ》 朝廷《チョウテイ》にそむき、むほんをくわだてる者。

【朝服】《チョウフク》 朝廷《チョウテイ》に出仕するときに着る服。類 礼服。

【朝暮】《チョウボ》 ①朝と夕暮れ。例 ―の人(=死ぬときが間近にせまっている人)。②朝から晩まで一日じゅう。

【朝命】《チョウメイ》 朝廷《チョウテイ》の命令。例 ―にそむく。

【朝野】《チョウヤ》 ①朝廷《チョウテイ》と在野。政府と民間。例 ―の名士。②天下。全国民。世の中。例 ―をあげての歓迎《カンゲイ》。

【朝陽】《チョウヨウ》 ①朝日。②(朝日が当たる)山の東面。

【朝来】《チョウライ》 朝から続くこと。朝以来。対 夜来。例 ―の雨。

【朝礼】《チョウレイ》 学校や会社などで、授業や仕事を始める前にみんなで集まっておこなう朝のあいさつ。類 朝会。

【朝令暮改】《チョウレイボカイ》 (名・する)朝に下した命令を夕方にはあらためること。法令などがしょっちゅう変わること。

【朝露】《チョウロ|あさつゆ》 朝、草や葉の上などに降りるつゆ。〔はかないもののたとえ〕例 ―の命《いのち》。

●王朝《オウチョウ》・帰朝《キチョウ》・早朝《ソウチョウ》・来朝《ライチョウ》・六朝《リクチョウ》

月 8

［朞］ 12画 ⇩【期】《キ》(505ページ)

月 8

【朝】 12画 ⇩【朝】《チョウ》(505ページ)

月 13

【朦】

17画 5915 6726 音 モウ漢 ム・モウ呉 訓 おぼろ

意味 月の光がぼんやりかすんでいる。また、はっきりしないこと。おぼろ。例 朦気《モウキ》。朦朧《モウロウ》。

【朦気】《モウキ》 もうもうと立ちこめる気。

【朦朦】《モウモウ》 (形動《トタル》) 霧《きり》・煙《けむり》・ほこりなどが一面にただよっているため、まわりがよく見えなくなったり、うす暗くなったりするようす。例 ―と煙をはく蒸気機関車。

【朦▼朧】《モウロウ》 (形動《トタル》) ぼんやりとかすんでいたり、もやもやしていたり、とりとめがなかったりするようす。例 意識―の状態が続く。

月 16

【朧】

20画 5916 6727 音 ロウ漢 訓 おぼろ

意味 月の光がぼんやりしたようす。おぼろ。例 朧月《ロウゲツ》。朧朧《ロウロウ》。朦朧《モウロウ》。朧《おぼろ》げにおぼえている。

【朧豆腐】《おぼろドウフ》 ①にがりを加えて固まりかけのうちにすくいとった、やわらかな豆腐。②くずあんをかけた豆腐料理の一つ。

【朧夜】《おぼろよ》 おぼろ月の夜。

【朧銀】《ロウギン|おぼろギン》 銅三に銀一の割合でまぜた合金。四分一《シブイチ》。

【朧月】《ロウゲツ|おぼろづき》 ぼんやりとかすんだ(春の夜の)月。

【朧月夜】《おぼろづきよ|おぼろづくよ》 おぼろ月の出ている夜。おぼろよ。

【朧朧】《ロウロウ》 (形動《トタル》) おぼろにかすむようす。うす明るいようす。

---

75 4画

木 き きへん 部

地面から生え立った「き」の形をあらわす。「木」をもとにしてできている漢字と、「木」の字形を目じるしにして引く漢字とを集めた。

[0] 木 [1] 札 朮 本 末 未 [2] 朳 机 朽 朿 朱 朶 朷 朴 朸 [3] 杆 杞 杏 杠 材 杓 条 杖 杉 束 杣 村 杜 杤 杢 杙 来 李 杓 [4] 枉 果 杭 杲 枝 杵 松 枢 析 杼 東 杷 杯 枾 板 枇 杪 枌 枋 枚 枕 枅 杳 林 枠 枡 杰 枩 枦 [5] 栄 架 枷 柯 枴 柿 柑 柬 枳 柩 枸 枯 柮 査 柤 柵 柞 柘 柊 柔 染 柝 柱 柢 栃 栂 柏 枹 柎 柄 某 柾 柚 柳 柆 柒 柃 柁 [6] 案 桜 格 核 株 栞 桓 桔 框 栩 桂 栟 桁 桀 柧 桍 校 栲 根 栽 柴 桟 桎 栖 栓 栴 栫 桑 桃 桐 梅 桙 栗 桧 栓 桒 档 栢 桝 [7] 械 桷 桿 梟 桾 梧 梗 梏 梱 梭 梓 梔 梢 梳 巣 梍 梛 梃 梯 桶 梨 梵 梶 桴 梺 梲 梠 梁 桼 梢 條 梼 梅 梹 [8] 椏 椅 棺 棋 椈 極 棘 椚 椡 検 棬 椄 棡 椌 棍 棔 椣 椒 棭 植 森 棯 椙 棲 棕 棗 棚 椨 椥 椎 棣 棟 棹 棠 棒 椪 棉 椋 棆 椀 椢 椁 棊 棧 棚 [9] 楹 楷 楽 棄 業 楜 楸 楫 楯 椹 楔 楚 楕 椴 楮 楪 椿 楴 椽 楠 楾 楓 楙 楏 椰 楡 楢 楊 楝 楼 楞 椶 楳 [10] 榲 樺 榎 槐 概 榷 榿 構 槁 槓 榾 槎 榊 榘 榛 槙 榱 槍 槌 榻 槃 榧 榑 模 榜 槾 榠 様 榕 榴 榔 榮 構 槀 槇 槞 [11] 横 槶 槨 樌 槻 樛 槿 権 槹 槲 槧 樟 樅 槭 槽 樕 槫 樗 樢 樋 樊 標 樒 樺 槪 樂 樞 樣 樓 [12] 樫 橄 機 橘 橋 橇 檕 樶 橲 樹 樵 橡 樽 橐 橙 橦 橈 樸 橸 橫 橢 [13] 檐 檍 檜 橿 檄 檎 檣 檀 檔 檗 檬 檢 檪 [14] 櫃 檮 櫂 檸 檳 檯 [15] 櫞 檻 櫛 櫝 櫑 櫚 櫟 櫓 [16] 欄 櫪 櫨 櫳 [17] 櫸 櫺 櫻 權 欄 [19] 欒 [21] 欝 [22] 欖 [24] 欟

この部首に所属しない漢字

呆 ⇩ 口 197
采 ⇩ 爫 644
牀 ⇩ 爿 646
秉 ⇩ 禾 731
乗 ⇩ 丿 33
相 ⇩ 目 704
巣 ⇩ 巛 332
彬 ⇩ 彡 370
渠 ⇩ 氵 607
集 ⇩ 隹 1043
禁 ⇩ 示 727
麓 ⇩ 鹿 1107
鬱 ⇩ 鬯 1091

木 0

【木】

4画 4458 6728 教育1 音 ボク漢 モク呉 訓 き・こ 付表 木綿《もめん》

筆順 一 十 オ 木

なりたち  [象形] 上に枝葉を出し、下に根をのばした木の形。

意味 ❶たちき。き。例 樹木《ジュモク》。草木《ソウモク》。❷ものをつくる材料とする、き。用材。例 木像《モクゾウ》。材木《ザイモク》。❸木でつくられた楽器。例 木魚《モクギョ》。木琴《モッキン》。❹五行《ゴギョウ》の一つ。方位では東、季節では春をあらわす。❺自然のままで、かざりけがない。同 樸《ボク》。例 木訥《ボクトツ》。

日本語での用法 《き》「拍子木《ヒョウシぎ》」の略。同 柝《き》。「木《き》を打《う》つ・木《き》が入《はい》る」

難読 木綿四手《ゆうしで》・木菟《みみずく》・木天蓼《またたび》・木欒子《むくろじ》

人名 しげ・しげる・すなお

【▽木▽通】《あけび》 アケビ科のつる性落葉低木。秋、うすむらさき色をした長円形のあまい実がなる。つるでかごなどを編む。

4画

［月(月・月)部］ 8—16画 朞 朝 朦 朧

［木部］ 0画 木

【木型】《きがた》 鋳型《いがた》や靴《くつ》などを作るときに用いる木製の型。
【木口】《きぐち》 ①材木の種類や性質。例良い―をそろえる。②〔「こぐち」とも〕木材の切り口。小口《こぐち》。
【木靴】《きぐつ》 木をくりぬいて作ったはきもの。サボ。
【木▽耳】《きくらげ》 キクラゲ科のキノコ。形は人の耳に似ており、ブナなどのかれ木の幹に生える。食用になる。
【木賃宿】《きチンやど》 ①昔、旅人が自炊《ジスイ》して燃料代だけをはらってとまった宿。②宿泊《シュクハク》代の安いそまつな宿。
【木戸】《きど》 ①庭や通路に作る、かんたんな開き戸。例裏―。②城門。例大《おお》―。③相撲《すもう》・芝居《しばい》などの興行場の出入り口。
【木戸銭】《きどセン》 興行物の入場料。例―をはらってはいる。
【木場】《きば》 ①材木をたくわえておく場所。貯木場《チョボクジョウ》。②材木市場があり材木商が多く集まっている町。江戸《えど》時代からの深川《ふかがわ》など。
【木灰】《きばい》 草や木を焼いて作った灰。カリ肥料やあくぬきに使う。例焚《た》き火をして―を作る。
【木肌】《きはだ》 木の皮の表面。木の幹の外側を包む皮。表記「木▽膚」とも書く。
【木陰】《こかげ》 日かげになる木の下。例―で憩《いこ》う。
【木立】《こだち》 何本かまとまってはえている木。
【木霊】《こだま》 ①樹木に宿るという精霊《セイレイ》。木精《モクセイ》。②〔古く「①」のしわざと考えていたことから〕音や声が周囲の山や谷に反響《ハンキョウ》して返ってくること。エコー。山びこ。例―が、返る。表記②は「▼谺」とも書く。
【木舞】《こまい》 土壁《つちかべ》の下地として縦横に組みわたす、細い竹または木。表記「小舞」とも書く。
【▽木▽賊】《とくさ》 シダ類トクサ科の常緑多年草。茎《くき》をかわかしてものをみがくのに使う。表記「▼砥草」とも書く。
【木石】《ボクセキ》 ①木と石。②人情や男女の情愛のわからないことのたとえ。
【木石漢】《ボクセキカン》 人情や男女の情愛のわからない男。石部金吉《いしべキンキチ》。
【木▼鐸】《ボクタク》 ①昔、中国で法令などを人々に知らせるときに鳴らした鈴《すず》。舌が木で作られている。②社会の指導者。先頭に立って人々を教え導く人。例新聞は社会の―。
【木刀】《ボクトウ》 木で作ったけいこ用の刀。木剣《ボッケン》。
【木▼訥】《ボクトツ》 (形動《ダ》)かざりけがなく実直なようす。人ずれせず口べたなようす。例―な人。表記「朴▼訥・▼樸▼訥」とも書く。
【▽木▼瓜】《ぼけ》 バラ科の落葉低木。枝にとげがあり、春、うす紅・白などの花がさく。
【▽木履】《ぼっくり》 〔「ボクリ」の変化〕女の子や舞妓《まいこ》がはく、げた。歩くとポクポク音をたてる。
【木剣】《ボッケン》 木で作ったけいこ用の刀。木刀。対真剣。
【▽木▼乃▼伊】《ミイラ》 人間などの死体がそのままの形で乾燥《カンソウ》してかたまり、くさらずに残ったもの。〔ポルトガル語の mirra の音訳という〕
【▽木▼乃▼伊《ミイラ》取《と》りが▽木▼乃▼伊《ミイラ》になる】 相手を説得しようとして、逆に相手に同調するはめにおちいることのたとえ。
【▽木▼菟】《みみずく》 フクロウ科の鳥。頭に耳のように見えるかざりの毛がある。オオコノハズクやコノハズクは、このなかま。ずく。
【▽木▼槿】《むくげ》 アオイ科の落葉低木。夏から秋にかけて、朝、むらさき・白の花がさくが、夕方にはしぼむ。キハチス。モクゲ。
【木魚】《モクギョ》 お経《キョウ》を読むときにたたく木製の仏具。魚に似せた形で中はからになっていて、うろこの形をほりつけてある。
【木偶】 一《モクグウ》 木で作った人形。二《でく》 ①人形芝居《しばい》に使う人形。また、そのかしら。でこ。②他人の言いなりになる人。ただいるだけで役に立たない人。例―の坊《ボウ》。
【木材】《モクザイ》 建築・木工・製紙などの材料としての原木《ゲンボク》。材木。
【木酢】 一《モクサク》 木材を乾留《カンリュウ》してできる液体。酢酸などをふくむ。防腐剤《ボウフザイ》などにする。二《きず》 ユズ・ダイダイなどからしぼった酢《す》。
【木質】《モクシツ》 ①木のかたさ・やわらかさなどの性質。例―がやわらかい。②木の皮の内側のかたい部分。例―部。
【木星】《モクセイ》 太陽系の第五惑星《ワクセイ》。太陽系の惑星中最大のもの。六十個以上の衛星をもつ。
【木▼犀】《モクセイ》 モクセイ科の常緑小高木。秋、かおりの強い小さな花がさく。白い花はギンモクセイ、黄茶色の花はキンモクセイ。
【木精】《モクセイ》 ①木に宿る霊《レイ》。木の精。②こだま。山びこ。③メチルアルコールの別名。
【木製】《モクセイ》 木で作ること。また、作ったもの。例―の家具。
【木造】《モクゾウ》 木でつくること。また、つくったもの。例―家屋。
【木像】《モクゾウ》 木で作った像。例―のほとけさま。
【木炭】《モクタン》 ①木をむし焼きにして作った燃料。すみ。②デッサンなどに使うやわらかいすみの棒。例―画。
【木彫】《モクチョウ》 木材に彫刻すること。また、彫刻したもの。例―の額縁《ガクぶち》。
【木▼螺▽旋】《もくねじ》 軸《ジク》に螺旋《ラセン》状のみぞがあるくぎ。ねじくぎ。表記「木▽捻▽子・木▼螺▽子」とも書く。
【木馬】 一《モクバ》 木で作った、ウマ。例遊園地の回転―。二《きうま》 〔「きんま」とも〕山地で木材を運ぶための、そりに似た道具。敷《し》き並べたまくら木の上を人力で引く。
【木杯】《モクハイ》 木製のさかずき。表記「木▼盃」とも書く。
【木版】《モクハン》 木材の板に字や絵などをほりつけた印刷版。また、それで印刷したもの。例―画。―刷り。
【木皮】《モクヒ》 木の皮。漢方薬にする樹皮。例草根《ソウコン》―。
【木片】《モクヘン》 木の切れはし。
【木本】《モクホン》 茎《くき》がかたい幹になっている多年生の植物。対草本。
【木目】《もくめ》 木を切ったとき、断面にあらわれるすじめ。板目《いため》と柾目《まさめ》がある。木理《モクリ》。もく。
【木曜】《モクヨウ》 日曜から数えて、週の五番目の曜日。木曜日。
【木理】《モクリ》 木の切り口にあらわれる年輪などがつくりだすすじめ模様。木目《もくめ》。
【木▼蓮】《モクレン》 モクレン科の落葉低木。春、葉の出る前に赤むらさきまたは白色の大きな六弁の花がさく。
【木▼蠟】《モクロウ》 ハゼノキからとった蠟。ろうそくの材料などに使う。
【木管】《モッカン》 ①木で作ったくだ。②「木管楽器」の略。
【木管楽器】《モッカンガッキ》 木を材料として作った管楽器。フルート・オーボエ・クラリネットなど。現在では金属製のものもあるが、その起源・構造から木管楽器に分類する。対金管楽器。
【木簡】《モッカン》 古代の中国や日本で、文字を書きしるすために使われた、うすくそいだ細長い木のふだ。
【木琴】《モッキン》 いろいろな長さの木片を音階順に並べ、先に丸い玉のついたばちで打ち鳴らす打楽器。シロホン。
【木工】《モッコウ》 木を使って工芸品などを作ること。また、作る人。〔昔、木で家や器具を作る人を「モク」といった〕例―機械。―用接着剤《セッチャクザイ》。
【木▼斛】《モッコク》 モッコク科(旧ツバキ科)の常緑高木。葉は、楕円《ダエン》形で厚く、つやがある。夏、黄白色の小さい花がさく。表記「▽厚▽皮▽香」とも書く。
【木綿】《もめん》 ①ワタ(=アオイ科の植物)の種についている長い繊

維《センイ》を精製したもの。衣料用として広く用いられる。きわた。例 木綿糸《いと》。②「①」をつむいで作った糸。綿《メン》。コットン。③「①」を織って作った布。綿布《メンプ》。

―針《ばり》。

● 枯木《コボク》・材木《ザイモク》・雑木《ザツボク|ゾウき》・山川草木《サンセンソウモク》・樹木《ジュモク》・草木《ソウモク|くさき》・大木《タイボク》・千木《ちぎ》・低木《テイボク》・土木《ドボク》・苗木《なえぎ》・生木《なまき》・庭木《にわき》・板木《ハンぎ|バンぎ》・版木《ハンぎ》・拍子木《ヒョウシぎ》・丸木《まるき》・老木《ロウボク》

木 1

【札】

5画 2705 672D 教育4 音 サツ 漢 訓 ふだ

筆順 一 十 才 木 札

なりたち ［形声］「木(=き)」と、音「乙《ツイ→サツ》」とから成る。うすくて小さい木のふだ。

意味 ❶(字を書くための)うすい板。ふだ。例 表札《ヒョウサツ》。門札《モンサツ》。❷てがみ。かきつけ。例 鑑札《カンサツ》。書札《ショサツ》。❸とじあわせてよろいを作る鉄や革《かわ》の板。さね。

日本語での用法 一《サツ》紙幣《シヘイ》。「お札《サツ》・札束《サツたば》」 二《ふだ》①トランプ。カード。「切《き》り札《ふだ》・手札《てふだ》」②神社・お寺のお守り。「お札《ふだ》をもらう」

人名 さね

【札入れ】《サツいれ》 紙幣《シヘイ》を入れて持ち歩くさいふ。紙入れ。

【札束】《サツたば》 紙幣《シヘイ》のたば。

【札▽片】《サツびら》 たくさんの紙幣《シヘイ》。〔上品なことばではない〕例 ―を切る(=大金を見せびらかしておしげもなく使う)。

【札所】《ふだショ》 巡礼《ジュンレイ》や参拝者が、参拝したしるしとしておふだを受ける、または納める霊場《レイジョウ》。西国《サイゴク》三十三所や四国八十八か所など。例 ―めぐり。

【札付き】《ふだつき》 悪い評判が世間に広まっていること。また、その人。例 ―の悪党。この辺では―の高利貸し。

【札止め】《ふだどめ》 満員のため入場券を売るのをやめること。例 ―の盛況《セイキョウ》。

● 一札《イッサツ》・改札《カイサツ》・鑑札《カンサツ》・検札《ケンサツ》・高札《コウサツ》・出札《シュッサツ》・入札《ニュウサツ》・表札《ヒョウサツ》・門札《モンサツ》・落札《ラクサツ》

木 1

【朮】

5画 5918 672E 音 一 ジュツ 慣 シュツ 漢 二 チュツ 漢 訓 おけら

意味 一《ジュツ|シュツ》 粟《あわ》の一種。もちあわ。 二《チュツ》 薬草の一種。おけら。うけら。

木 1

【本】

5画 4360 672C 教育1 音 ホン 漢 呉 訓 もと

筆順 一 十 才 木 本

大 2

【夲】

5画 5281 5932 俗字

なりたち ［会意］「木(=き)」と「丅(=下)」とから成る。木の下の部分。

参考 「夲」は本来「トウ」と読み、「本」とは別の字。

意味 ❶木のつけね。もと。例 根本《ねもと》。❷植物のくき。例 草本《ソウホン》。木本《モクホン》。❸ものごとのおおもと。だいじなところ。対 末《マツ》。例 基本《キホン》。根本《コンポン》。❹よりどころ、中心となるもの。例 本拠《ホンキョ》。本源《ホンゲン》。本部《ホンブ》。❺正式。まことの。例 本妻《ホンサイ》。本名《ホンミョウ》。本会議《ホンカイギ》。❻もとからある、もともとの。例 本質《ホンシツ》。本来《ホンライ》。❼もとで。例 資本《シホン》。元本《ガンポン》。❽(まさに)その。(ほかならない)この。例 本学《ホンガク》。本件《ホンケン》。本人《ホンニン》。❾書物。例 本屋《ホンや》。絵本《エホン》。写本《シャホン》。❿細長いものや、草木・書物などを数えることば。例 鉛筆《エンピツ》五本《ゴホン》。

日本語での用法 《ホン・ボン・ポン》武道などの勝負を数えることば。また、広くものを数えることばとして用いる。「一本勝《イッポンが》ち・三本勝負《サンボンショウブ》」

使い分け もと【下・元・本・基】

⇩1180ページ

難読 本居《もとおり|うぶすな》

人名 なり・はじめ

【本案】《ホンアン》 この案。この議案。今、話題にしている案。

【本位】《ホンイ》 ①何かをするときのもとになる考え方。判断や行動の基準とするもの。例 ―貨幣《カヘイ》(=国の貨幣制度の基礎《キソ》となる貨幣)。自分―の考え。②もとの位置。例 ―に復する。

【本意】《ホンイ》 〔古くは「ホイ」とも〕ほんとうの気持ち。本心。真意。例 ―にかなう。これはわたくしの―ではない。

【本営】《ホンエイ》 総大将のいる陣営《ジンエイ》。本陣。

【本科】《ホンカ》 ①学校の本体をなす課程。学校でおこなう学習の中心となるプログラム。対 予科・別科・選科。②この科。今、話題にしている科。

【本歌】《ホンカ》 本歌取りの歌(=すでに作られている和歌・連歌《レンガ》の語句や趣向《シュコウ》などを意識的に取り入れて作った歌)の、もととなった歌。

【本懐】《ホンカイ》 まえから望んでいたこと。本望《ホンモウ》。例 男子の―。

【本会議】《ホンカイギ》 ①本式の会議。全員が参加しておこなう会議。〔部会・委員会などに対していう〕②国会で、議員全員による会議。例 衆議院の―。③この会議。当会議。

【本格】《ホンカク》 本来の正しい方式や手続きをふんでいること。〔略式やいいかげんなものに対していう〕例 ―化。―的。

【本学】《ホンガク》 この大学。例 ―の建学精神に反する。

【本管】《ホンカン》 水道・ガスなどを通すために地下にうめた、中心となる太い管。対 支管。

【本館】《ホンカン》 ①もとからある建物。対 新館。例 デパートの―。②中心となる建物。対 別館。③この建物。当館。

【本願】《ホンガン》 ①本来のねがい。宿願。例 ―を果たす。②〔仏〕仏や菩薩《ボサツ》が、衆生《シュジョウ》を救おうとして立てたちかい。本誓《ホンゼイ》。

【本気】《ホンキ》 (名・形動《ダ》)まじめな気持ち。真剣《シンケン》。例 ―で取り組む。

【本紀】《ホンギ》 紀伝体の歴史書で、帝王《テイオウ》の事跡《ジセキ》を書いた部分。対 世家《セイカ》・列伝。

【本義】《ホンギ》 ①ことばや文字のもつ本来の意味。原義。対 転義。例 語の―を明らかにする。②ものごとの根本をなす意義。

【本給】《ホンキュウ》 手当などを加えない、基本となる給料。基本給。

【本拠】《ホンキョ》 生活や仕事などのよりどころとなるたいせつな場所。例 ―地。敵の―をたたく。

【本業】《ホンギョウ》 いくつかある仕事の中で主となる職業。主とする職業。対 副業。

【本宮】《ホングウ》 神霊《シンレイ》を他に分けてまつったときの、もとの神社。本社。

【本▼卦】《ホンケ》 ①生まれた年の干支《えと》。②八卦《ハッカ》で、算木《サンぎ》を二回置いてうらなうときの初めの算木の結果。

【本家】《ホンケ》 ①一族・一門の中心となる家。対 分家・別家。例 ―から養子をむかえる。②流派の家元。宗家《ソウケ》。③商店で、のれん分けをするときのもとの店。本店。

【本▼卦▽還り】《ホンケがえり》 生まれた年の干支《えと》と同じ干支の年になること。満六十歳《サイ》(=数え年で六十一歳)になること。還暦《カンレキ》。表記「本▼卦帰り」とも書く。

【本件】《ホンケン》 今、問題にしている件。

【本源】《ホンゲン》 ものごとの根本。もと。みなもと。例 ―をたずねる。

【本校】《ホンコウ》 ①中心になる学校。対 分校。②この学校。自

分の学校。当校。
【本国】《ホンゴク》 ①その人の国籍《コクセキ》のある国。例—に送還《ソウカン》される。②生まれた国。祖国。母国。③本来の領土。〔植民地などに対していう〕例イギリス—。
【本腰】《ホンごし》 真剣《シンケン》かつ本格的に取り組もうとする心がまえ。まじめ。本気。例—を入れて勉強する。
【本妻】《ホンサイ》 正式のつま。正妻。㊀権妻《ゴンサイ》・内妻。
【本山】《ホンザン》 ①〔仏〕一宗一派の寺院を支配する寺院。本寺。㊀末寺。②ものごとの中心になるものや人。もとじめ。③この寺。当山。
【本旨】《ホンシ》 もとからの目的。本来の趣旨《シュシ》。例—に反する。
【本紙】《ホンシ》 ①新聞などの本体をなす紙面。〔日曜版や号外などに対していう〕②この新聞。わが新聞。
【本誌】《ホンシ》 ①雑誌などの本体となる部分。〔別冊や付録などに対していう〕例付録を—にとじこむ。②この雑誌。
【本地】《ホンジ》 〔仏〕神の姿となってあらわれた仏の本来の姿。例仏陀《ブッダ》は神明《シンメイ》の—なり。
【本地垂▼迹】《ホンジスイジャク》 〔仏〕日本の神道《シントウ》の神は、仏や菩薩《ボサツ》が人々を救うために、姿をかりてこの世にあらわれたものであるという考え方。たとえば、八幡神《ハチマンジン》は阿弥陀《アミダ》如来《ニョライ》が姿をかりたものとする。
【本字】《ホンジ》 ①〔かな文字に対して〕漢字。②点や画を省略しない本来の形の漢字。㊀略字。
【本寺】《ホンジ》 ①「本山①」に同じ。②この寺。当寺。
【本式】《ホンシキ》 (名・形動ダナ)本来正しいとされている形式や方法。正式。㊀略式。例—に習う。
【本試験】《ホンシケン》 ほんとうの試験。〔予備試験・臨時試験・模擬《モギ》試験・追試験などに対していう〕
【本質】《ホンシツ》 そのものの本体を形づくる性質・要素。それなしでは、そのものの存在が考えられないようなだいじな性質。例—的。問題の—にふれる。
【本日】《ホンジツ》 きょう。この日。例—休診《キュウシン》。
【本社】《ホンシャ》 ①会社の中心である事業所。㊀支社。例—勤務になる。②この会社。わが社。当社。③同じ神をまつる神社の中で、おおもとの神社。㊀末社・分社。例—の造営。④神体をまつる社殿《シャデン》。本殿。⑤この神社。
【本州】《ホンシュウ》 日本列島の中心となっている最も大きな島。〔北海道・九州・四国などに対していう〕
【本書】《ホンショ》 この書物。この文書。

【本署】《ホンショ》 ①中心となる警察署・消防署・税務署など。㊀分署・支署。②この署。当署。
【本性】《ホンショウ|ホンセイ》 ①生まれつきの性質。例—をあらわす。②通常の落ちついているときの精神状態。本心。正気《ショウキ》。例—《ホンショウ》を失う。
【本省】《ホンショウ》 ①中央の最高官庁。〔管轄《カンカツ》下の役所に対していう〕例—から来た課長。②この省。
【本城】《ホンジョウ》 ①領土内にある城のうちで中心となる城。根城《ねじろ》。㊀出城《でじろ》。②この城。当城。
【本色】《ホンショク》 ①本来の色。もとの色。②生まれつきの性質。もともとの性質。
【本職】《ホンショク》 ①ひとりでいくつかの職をこなす人の、おもな職業。㊀兼職《ケンショク》・内職。②専門家。くろうと。例修理を—にたのむ。
【本心】《ホンシン》 ①本来の正しい心。良心。例—に立ち返る。②そとにあらわさなかったほんとうの気持ち。真意。例—を打ち明ける。
【本陣】《ホンジン》 ①大将がいる陣営。本営。②江戸《えど》時代、宿駅で諸大名・勅使《チョクシ》などの貴人が宿泊《シュクハク》した宿《やど》。例脇《わき》—(＝本陣の予備の宿舎)。
【本数】《ホンスウ》 「本」をつけてかぞえるものの数。例当たりくじの—。
【本筋】《ホンすじ》 ①本来の中心となる筋道。例話を—にもどす。②正当な筋道。正しい道理。例まちがえたらあやまるのが—だ。
【本籍】《ホンセキ》 その人の戸籍《コセキ》のあるところ。原籍。例—地。
【本説】《ホンセツ》 ①根本となるべき説。根拠《コンキョ》となる確かな説。例—のない語源説。②この説。今、話題にしている説。
【本船】《ホンセン》 ①主となる船。小さな船を従えている大きな船。もとぶね。親船。②この船。
【本線】《ホンセン》 ①鉄道路線や電線などで中心となる主要な線。幹線。㊀支線。例東海道—。東北—。②自動車専用道路で通常の走行に利用される車線。例インターチェンジで—に合流する。③この線。当線。
【本選】《ホンセン》 予選のあとの、本格的で最終的な審査《シンサ》・選抜《センバツ》。㊀予選。例—まで残る。
【本然】《ホンゼン|ホンネン》 もともとそうであること。生まれつき。天然。例—の姿。
【本膳】《ホンゼン》 ①「本膳料理」の略。本膳・二の膳・三の膳からなる正式な日本料理。②「①」で、第一の膳。一の膳。
【本葬】《ホンソウ》 本式の葬儀《ソウギ》。㊀密葬。
【本草】《ホンゾウ》 ①草と木。植物。②漢方薬としてあつかう植物・鉱物・動物をまとめていうことば。③「本草学」の略。
【本草学】《ホンゾウガク》 中国古来の薬物学・植物学。〔のちに博物学として発展した〕
【本則】《ホンソク》 ①本来のきまり。原則。㊀変則。②法令の主体となる部分。㊀付則。③この規則。
【本尊】《ホンゾン》 ①寺で本堂の中央に安置され、信仰《シンコウ》の対象として最も重んじられている仏像。②ものごとの中心となる人や物。また、本人。当人。例ご—がまだあらわれない。
【本体】《ホンタイ》 ①そのものの本質。ものごとの真相。実体。例教育の—。②付属するものを除いた中心となる部分。例機械の—と付属品。
【本隊】《ホンタイ》 ①主力となる部隊。㊀支隊・分隊。例ヒマラヤ登山の—。②この隊。わが隊。
【本題】《ホンダイ》 ①中心になる題目。主題。例話の—にはいる。②この問題。今、話題にしている問題。
【本宅】《ホンタク》 複数の家を住居に使用している場合、ふだん家族が住んでいる家。㊀別宅。
【本棚】《ホンだな》 本を並べておくたな。書棚。書架《ショカ》。
【本庁】《ホンチョウ》 ①中央官庁。〔管轄《カンカツ》下の役所に対していう〕例—から担当者が来る。②この庁。当庁。
【本朝】《ホンチョウ》 日本人が自国の朝廷《チョウテイ》をいうことば。また、わが国。日本。㊀異朝。例古く—に伝えられた経典《キョウテン》。
【本調子】《ホンチョウシ》 ①三味線《しゃみせん》で、基本となる調子。②本来の調子が出ること。例ようやくからだのぐあいが—になってきた。
【本邸】《ホンテイ》 本宅。㊀別邸。
【本店】《ホンテン》 ①営業の本拠《ホンキョ》となる店。㊀支店・分店。②この店。当店。
【本殿】《ホンデン》 神社で神霊《シンレイ》をまつってある建物。正殿《セイデン》。
【本土】《ホンド》 ①本国。例—政府。②国土の中で主となる部分。〔属国や島に対していう〕③本州。例—から北海道にわたる。
【本当】《ホントウ》 (名・形動ダナ)①真実。事実。例—の話。それが—ならたいへんだ。②正しいこと。筋が通っていること。例—ならわたしが行くべきなのだが。③からだの調子などが正常であること。また、本来の状態であること。例退院したばかりでま

だ—ではない。

【本島】《ホントウ》 ①諸島・列島のうちで、中心になる島。例沖縄《おきなわ》—。②本州。③この島。

【本堂】《ホンドウ》 寺院で、本尊を安置する建物。

【本道】《ホンドウ》 ①主要な地点を結んでいる中心となる街道《カイドウ》。対間道。例—をそれる。②正しいみち。正道。例教育の—。人としての—をふみはずす。③漢方で、内科。

【本人】《ホンニン》 その人。当人。当事者。例—から直接話を聞く。

【本音】《ホンね》 ①ほんとうの音色。②口に出さない本心。また、本心から出たことば。例—をはく。—とたてまえ。—を言わない。

【本能】《ホンノウ》 動物が生まれながらにもっている性質。行動様式や能力。例下等動物のように—のままに行動する。

【本場】《ホンば》 ①本来の産地。よい品の主要な産地。例紬《つむぎ》の—。北海道はサケの—だ。②本式にものごとがおこなわれている場所。例—じこみの英語。

【本場所】《ホンばショ》 大相撲《おおずもう》の正式な興行。十五日ずつおこなわれ、一月の初場所・三月の春場所・五月の夏場所・七月の名古屋場所・九月の秋場所・十一月の九州場所の六場所がある。

【本番】《ホンバン》 ①ラジオ・テレビ・映画・演劇・演奏会などで、テストやリハーサルではなく、実際に放送・撮影《サツエイ》・演技・演奏などをすること。②本格的であること。例夏—をむかえる。

【本表】《ホンピョウ》 ①中心になる表。対付表。②この表。

【本部】《ホンブ》 組織の中で中心となる部署。全体の指揮や監督《カントク》をするところ。対支部。例捜査《ソウサ》—。

【本復】《ホンプク》 （名・する）病気がすっかり治ること。全快。例病気が—する。

【本舞台】《ホンブタイ》 ①劇場で、花道《はなみち》などに対して正面の舞台。②本式におこなう晴れの場所。例—をふむ。

【本降り】《ホンぶり》 雨や雪が、しばらくはやみそうもないような勢いで降ること。例—になる。

【本分】《ホンブン》 その立場にいる者としてつくすべき義務。例—をつくす。—にもとる。学生の—をわきまえる。

【本文】《ホンブン｜ホンモン》 ①本や文書の中の主とする文。〔解説・付録・序文・跋文《バツブン》などに対していう〕②解釈《カイシャク》や注の対象となっている、もとの文章。例—と注釈とを照らし合わせる。③ある表現のよりどころとなった、古書の文章。例—のある文章。

［木部］1画 末

【本編】《ホンペン》 ①本や文書の本体となる部分。正編。対続編。②この編。この文章。表記▽旧本▼篇

【本舗】《ホンポ》 特定の商品を製造・販売《ハンバイ》するおおもとの店。総本店。〔特約店・代理店などに対していう〕

【本邦】《ホンポウ》 わが国。当国。例—初演のオペラ。

【本法】《ホンポウ》 ①本体となる法律。②この法律。

【本俸】《ホンポウ》 手当などを加えない基本となる俸給《ホウキュウ》。本給。

【本末】《ホンマツ》 ①もととすえ。重要なこととそうでないこと。例事の—をとりちがえている。②初めと終わり。

【本末転倒】《ホンマツテントウ》 （名・する）重要なこととそうでないことが逆になっていること。例—もはなはだしい発言。表記旧本末▼顛倒

【本丸】《ホンまる》 城の中心になるところで、城主の居所。例—にせまる（＝中心・核心《カクシン》に近づく）。

【本名】《ホンミョウ》 ほんとうの名前。戸籍《コセキ》に登録されている名前。実名。〔芸名・ペンネーム・通り名・偽名《ギメイ》などに対していう〕

【本命】 一《ホンミョウ｜ホンメイ》 生まれた年の干支《えと》。また、それにあたる星。二《ホンメイ》 ①競馬・競走などで、一着になると予想される馬や選手。②最有力と見られている人。例かれが次期総理大臣の—だ。

【本務】《ホンム》 ①主要な仕事。本来のつとめ。対兼務《ケンム》。例—に精を出す。②道徳上守るべきつとめ。

【本望】《ホンモウ》 ①以前からかなえたいと思い続けてきたのぞみ。本懐《ホンカイ》。例—を果たす。②のぞみを達して満足すること。例これだけできれば—だ。

【本元】《ホンもと》 ものごとのいちばんのもと。おおもと。例本家《ホンケ》—。

【本物】《ホンもの》 ①ほんとうのもの。例—のダイヤ。②本格的なこと。また、技芸などの専門の人。くろうと。例かれの研究もやっと—になった。彼女《かのジョ》こそ—の声楽家だ。

【本来】《ホンライ》 一（副）もともと。もとから。元来《ガンライ》。例日本は—資源にとぼしい国だ。二（名）あたりまえ。通常。ふつう。例教育—の任務。

【本流】《ホンリュウ》 ①川の主流。対支流。例—に流れこむ。②中心となる流派・グループ。例保守の—をとなえる政治家。③この流派。当流。

【本領】《ホンリョウ》 ①本来の特色。持ち前。特質。例—を発揮する。②代々受けついで所有してきた領地。例—安堵《アンド》。

【本塁】《ホンルイ》 ①野球で、捕手《ホシュ》が守り、打者が投手の投球を打つところ。ホームベース。ホームプレート。例—打（＝ホームラン）。②本拠《ホンキョ》とするとりで。根城《ねじろ》。

【本鈴】《ホンレイ》 開演・開始などの合図に鳴らすベル。対予鈴。

【本暦】《ホンレキ》 基準となるこよみ。日の出・日の入り・満潮・干潮の時刻など、各月日に関係のある事項《ジコウ》がのせてある。

【本論】《ホンロン》 ①議論・論文などの主要な部分。例—にはいる。②この論。当論。

【本割】《ホンわり》 大相撲《おおずもう》の本場所で、発表された取組表によっておこなわれる対戦。例—で決着がつかず、優勝決定戦にもちこまれる。

【本《もと》立《た》ちて道《みち》生《ショウ》ず】 根本が確立すれば、方法は自然と生じてくる。〈論語《ロンゴ》〉

◐絵本《エホン》・生一本《きイッポン》・基本《キホン》・脚本《キャクホン》・古本《コホン｜ふるホン》・根本《コンポン》・資本《シホン》・抄本《ショウホン》・台本《ダイホン》・手本《てホン》・謄本《トウホン》・読本《トクホン｜よみホン》・日本《ニッポン｜ニホン》・旗本《はたもと》・標本《ヒョウホン》

木 1

【末】

5画 4386 672B 教育4 音 バツ漢 マツ呉 訓 すえ

筆順 一 二 丰 朩 末

なりたち  ［会意］「木（＝き）」と「丄（＝上）」とから成る。木の上の部分。

意味 ❶ものごとのはしの部分。こずえ。すえ。対本《ホン》。例末梢《マッショウ》。末端《マッタン》。本末《ホンマツ》。❷ひと続きのものの終わりの部分。対始《シ》。例末期《マッキ》。末尾《マツビ》。期末《キマツ》。❸主要でないこと。つまらぬもの。下位。例瑣末《サマツ》。枝葉末節《シヨウマッセツ》。❹細かくくだいたもの。こな。くず。例粉末《フンマツ》。

日本語での用法《ま》「ま」の音をあらわす万葉がな。「末那板《まないた》・末那箸《まなばし》（＝料理用の長いはし）」

難読 末摘花《すえつむはな》（＝ベニバナの別名）・末濃《すそご》

人名 こずえ・とめ・とも・ひで・ひろし・ほず

【末末】《すえずえ》 ①行くすえ。将来。例—のことを考える。②子孫。例—まで伝える。③身分の低い人々。しもじも。例—の者。

【末広】《すえひろ》 ①すえのほうがしだいに広がっていること。すえひろがり。例—で縁起《エンギ》がよい。②扇子《センス》のこと。すえひろがり。〔お祝いの席などで使うことば〕③しだいに栄えていくこと。すえひろがり。

【末▼裔】《マツエイ》 〔「バツエイ」とも〕子孫。末孫。後裔《コウエイ》。例清和源氏《セイワゲンジ》の—。

【末期】㊀《マッキ》 ものごとの終わりの時期。(対)初期。例—的な様相。江戸《えど》の—。㊁《マツゴ》 人が、まさに息をひきとるとき。死にぎわ。臨終。例—の水(=人が死ぬときに口にふくませる水)をとる。

【末座】《マツザ》 地位の低いほうの人がすわる席。しもざ。末席。例—につらなる。

【末子】《マッシ》 〔「バッシ」とも〕すえの子。すえっこ。(対)長子。

【末寺】《マツジ》 本山の支配下にある寺。(対)本山。

【末日】《マツジツ》 ある期間の最後の日。最終日。例代金のしはらいは三月—までです。

【末社】《マッシャ》 本社に付属する小さい神社。(対)本社。

【末▼梢】《マッショウ》 ①枝の先。こずえ。②もののはし。もののすえ。例—的(=問題の中心からはずれていて重要でないようす)。

【末世】《マッセ・マッセイ》 ①道義のすたれた時代。道徳のおとろえた時代。②〔仏〕仏教の教えがおとろえた世。末法《マッポウ》の世。

【末席】《マッセキ》 〔「バッセキ」とも〕地位の低いほうの人がすわる席。末座。しもざ。(対)上席。例—をけがす(=参加・同席することの光栄さを示す言い方)。

【末節】《マッセツ》 本筋からはなれていて、あまり重要ではないこと。つまらないことがら。例枝葉《シヨウ》—にこだわる。

【末代】《マツダイ》 ①末世。末期。②人が死んだあとのこの世。また、死んでからなん代もへた先の世。のちの世。例—までのはじ。

【末端】《マッタン》 ①さき。はし。②組織などで、中心から最も遠い部分。例—価格。—組織。組合の—。

【末弟】《マッテイ》 〔「バッテイ」とも〕きょうだいの中でいちばん下の者。最年少のおとうと。(対)長兄《チョウケイ》。

【末年】《マツネン》 ①(ある時代などの)終わりのほうのとし。晩年。(対)初年。例明治—。②すえの世。後世。

【末輩】《マッパイ》 ①地位や技術が下の人。例—に先をこされる。②自分をけんそんしていうことば。

【末尾】《マツビ》 文章・番号・列など、ひと続きになっているものの最後の部分。おしまい。おわり。例手紙の—。

【末筆】《マッピツ》 〔多く「末筆ながら…」の形で〕手紙などで終わりに書くことば。例—ながら奥《おく》さまによろしくお伝えください。

【末文】《マツブン》 ①手紙文の最後をしめくくる部分や文。たとえば、「まずはお知らせまで」「まずは右御礼《おんレイ》まで」の類。〔手紙を書いた理由を短くまとめた文や形式的なあいさつのことばから成る〕②文章の終わりの部分。

【末法】《マッポウ》 〔仏〕正法《ショウボウ》・像法《ゾウボウ》・末法《マッポウ》の第三の時代。釈迦《シャカ》の死後二千年(一千年とも)以後の一万年間。仏の教法が残るだけで修行《シュギョウ》する者もさとりを得る者もいない時代という。日本では二千年説をとり、一〇五二年から末法の世になると信じられた。(対)正法・像法。例—思想。

【末葉】《マツヨウ》 〔「バツヨウ」とも〕①ある時代の終わりごろ。末期。例十八世紀—。②子孫。末裔《マツエイ》。例旧領主の—を名のる。③草木の先にある葉。すえば。うらば。

【末流】《マツリュウ》 〔「バツリュウ」とも〕①川の下流。②子孫。血すじのすえ。例真田《さなだ》家の—。③本流から分かれた流派。すえの流派。例世尊寺《セソンジ》(=書道の一流)の—。④つまらない流派。⑤すえの世。末世。

【末路】《マツロ》 ①さかんだったものがおちぶれた、すえ。なれの果て。例平家一門の—。②一生のうちの最後。晩年。例痛ましい—。

●巻末《カンマツ》・期末《キマツ》・結末《ケツマツ》・月末《ゲツマツ》・歳末《サイマツ》・始末《シマツ》・終末《シュウマツ》・週末《シュウマツ》・粗末《ソマツ》・端末《タンマツ》・年末《ネンマツ》・幕末《バクマツ》・場末《ばすえ》・粉末《フンマツ》・文末《ブンマツ》・本末《ホンマツ・もとすえ》

木 1

【未】

5画 4404 672A 教育4

音 ビ漢 ミ呉

訓 いま-だ・ひつじ・ま-だ

筆順 一 二 キ 未 未

なりたち  [象形]木が枝葉をしげらせた形。

意味 ❶十二支の八番目。方位では南南西、時刻では午後二時、およびその前後の二時間。月では陰暦《インレキ》の六月。動物ではヒツジにあてる。ひつじ。❷〔助字〕「いまだ…ず」と読む再読文字。まだ…でない、の意。ものごとがまだ実現していないことを示す。(対)既《キ》。例未レ読《いまだよまず》(=まだ読んでいない)。未知《ミチ》〔「いまだしらず」と訓読する〕。未成年《ミセイネン》。

難読 未通女《おとめ・おぼこ》・朝未《あさまだき》

人名 いま・いや

【▽未央】《ビオウ・ビヨウ・ミオウ》 「未央宮《ビオウキュウ》」の略。漢の高祖が長安に造った宮殿《キュウデン》。例太液《タイエキ》の芙蓉《フヨウ》—《ビヨウ》の柳《やなぎ》。〈白居易《ハクキョイ》・長恨歌《チョウゴンカ》〉 参考 古くから、漢音で「ビヨウ」と発音していた。

【未開】《ミカイ》 ①まだ文明がひらけていないこと。原始的な社会の状態。例—社会。—人。②まだ利用・研究・調査などがおよんでいないこと。例—の土地。—の原野。—の領域。

【未解決】《ミカイケツ》 (名・形動ナダ)まだ解決されていないこと。例—の問題。—のまま迷宮《メイキュウ》入り。

【未開拓】《ミカイタク》 (名・形動ナダ)まだ開拓されていないこと。例—の荒野《コウヤ》。—の学問分野。

【未確認】《ミカクニン》 まだ確認されていないこと。例—飛行物体(=UFO《ユーフォー》)。—情報。

【未刊】《ミカン》 (刊行の予定があるが)まだ刊行されていないこと。(対)既刊《キカン》。例予告だけで—のもの。

【未完】《ミカン》 まだ完成・完了《カンリョウ》・完結していないこと。例—の大器《タイキ》。—の作品。

【未完成】《ミカンセイ》 (名・形動ナダ)まだ完成していないこと。例—品。—交響曲《コウキョウキョク》(=シューベルトの作曲、第二楽章までのもの)。

【未経験】《ミケイケン》 まだ経験していないこと。例—者。

【未決】《ミケツ》 ①まだ評決・表決などがおこなわれていないこと。②〔法〕刑事《ケイジ》事件で、有罪か無罪かまだ決まらない状態。例—囚《シュウ》。▽(対)既決《キケツ》。

【未見】《ミケン》 ①まだ見ていないこと。例—の資料。②まだ会っていないこと。例—の友。

【未婚】《ミコン》 まだ結婚していないこと。(対)既婚《キコン》。

【未済】《ミサイ》 ①ものごとの処理がまだすんでいないこと。例—事件。—事項《ジコウ》。②納めるべき金銭・借金などをまだ納めていないこと。例—金額。▽(対)既済《キサイ》。

【未習】《ミシュウ》 まだ習ったことがないこと。(対)既習《キシュウ》。

【未熟】《ミジュク》 (名・形動ナダ)①穀物や果物などの実がまだ熟していないこと。②動物がまだじゅうぶんに成育していないこと。例—な肢体《シタイ》。③学問・技術・芸道などで、まだ一人前ではないこと。例—者《もの》。—な技術。

【未熟児】《ミジュクジ》 母親のおなかの中でじゅうぶん発育しないうちに生まれた赤んぼう。

【未詳】《ミショウ》 (名・形動ナダ)まだ明らかになっていないこと。まだくわしくはわからないこと。例作者—。氏名—。

【未遂】《ミスイ》 (犯罪・悪事で)計画を実行したが目的を果たせずに終わったこと。(対)既遂《キスイ》。例殺人—。

【未成年】《ミセイネン》 まだ成年になっていないこと。また、その人。(対)成年。例—者の飲酒は肉体や精神に害がある。

【未然】《ミゼン》 まだ事が起こらない状態にあること。まだそうならないうち。例事故を—に防ぐ。

【未然形】《ミゼンケイ》 文法で、活用語(=動詞・形容詞・形容動

詞・助動詞)の活用形の一つ。口語ではこの形の下に、打ち消し・受け身・推量・使役《シエキ》などをあらわす助動詞「ない」「れる」「られる」「う」「よう」「せる」「させる」をつけて使う。たとえば「見る」の未然形は「見」、「読む」の未然形は「読ま・読も」。

【未曽有】《ミゾウ／ミソウ》〔未《いま》だ曽《かつ》て有《あ》らずの意〕これまでに起きたことのないこと。空前。例—の大災害。

【未知】《ミチ》まだ知らないこと。また、まだ知られていないこと。対既知《キチ》。例—の世界。

【未知数】《ミチスウ》①〔数〕方程式で値《あたい》のわかっていない数。x、yなどの文字であらわす。対既知数《キチスウ》。②将来どうなるか予測しにくいこと。例かれの力は—である。

【未着】《ミチャク》送ったものがまだ着かないこと。例—の荷物。

【未定】《ミテイ》まだ決まっていないこと。対既定《キテイ》・決定。例—稿《コウ》(＝まだ仕上がっていない原稿)。期日—。

【未到】《ミトウ》まだだれも行きついていないこと。まだだれもきわめていないこと。例前人《ゼンジン》—の境地。

【未踏】《ミトウ》まだだれも足をふみ入れていないこと。まだ人が立ち入ったことがないこと。例—峰《ホウ》。人跡《ジンセキ》—の秘境。

【未読】《ミドク》まだ読んでいないこと。例—の書物を手にとる。

【未納】《ミノウ》納めるべき金銭や物品を、期限を過ぎても納めていないこと。例会費—。

【未分化】《ミブンカ》まだ分かれて発達・発展するまでにいたっていないこと。例社会保障制度の—による不公平。

【未亡人】《ミボウジン》〔「ビボウジン」とも。本来は、夫をなくした妻がまだ生き残っている自分をいうことば〕夫に死なれてひとりでいる女性。例—が喪主《モシュ》をおつとめになる。

【未満】《ミマン》基準の数値に達しないこと。例百円—は切り捨て。十八歳《サイ》—は入場おことわり。

【未明】《ミメイ》夜がまだすっかり明けていないころ。夜明け前。類払暁《フツギョウ》。例本日—に亡《な》くなった。

【未聞】《ミモン》まだ聞いたことがないこと。例前代—の怪《カイ》事件。

【未来】《ミライ》①現在のあとに来る時。これから先。対現在・過去。例—都市。②〔仏〕三世《サンゼ》の一つ。死後の世。未来世《ミライセ》。来世《ライセ》。類後世《ゴセ》。

【未来永▼劫】《ミライエイゴウ》これから先、永久に。未来永久にわたること。例—完成する日は来ない。

【未了】《ミリョウ》事件や問題の処理がまだ終わっていないこと。対完了。例審議《シンギ》—。

【未練】《ミレン》(名・形動《ナダ》)①あきらめきれない気持ち。心が残って、きっぱりと思い切れないこと。例—がましい。—を残す。②まだ熟練していないこと。未熟。例技《わざ》も心も—。

木 2
【杁】
6画 5921 6741 国字 訓 いり

参考「朳《えぶり》」は別の字だが、「杁」と書かれることがある。

意味 地名に用いられる字。例小杁《おいり》・枠杁《わくいり》(＝ともに愛知県の地名)。

木 2
【机】
6画 2089 673A 教育6 音 キ漢呉 訓 つくえ

筆順 一 十 才 木 机 机

なりたち  ［象形］本字は「几」で、脚《あし》のついた台の形。ひじかけ。つくえ。

意味 読書や勉強のための台。つくえ。

【机案】《キアン》〔「案」も、つくえの意〕つくえ。例—に書物をのせておく。

【机下】《キカ》手紙のわき付け(＝あて名の左下に書いて敬意をあらわすことば)に使うことば。お机の下《もと》に差し上げます、の意。類案下《アンカ》・玉案下《ギョクアンカ》。

【机上の空論】《キジョウのクウロン》実際には役に立たない考えや計画。

●経机《キョウづくえ》・書机《ショづくえ》・文机《ふづくえ／ふみづくえ》・明窓浄机《メイソウジョウキ》・脇机《わきづくえ》

木 2
【朽】
6画 2164 673D 常用 音 キュウ漢 ク呉 訓 く-ちる

筆順 一 十 才 木 朽 朽

歹 2 ［歺］ 6画 3C59 本字

なりたち 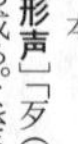 ［形声］「歹(＝ほね)」と、音「丂《コウ→キュウ》」とから成る。くさる。

意味 ❶木がくさる。くちる。例朽木《キュウボク》。❷おとろえる。例老朽《ロウキュウ》。❸だめになる。すたれる。例不朽《フキュウ》。

【朽木】《キュウボク》くさった木。くちき。例—は彫《え》るべからず。

【朽木▼糞▼牆】《キュウボクフンショウ》〔くさった木には彫刻《チョウコク》できず、ぼろぼろになった土塀《ドベイ》はぬりなおすことができない、の意〕くさった精神をもつ人には手のほどこしようがない、なまけ者には教えようのないことのたとえ。〈論語《ロンゴ》〉

【朽ち葉】《くちば》かれた落ち葉。また、落ち葉のくさったもの。例—色(＝赤みのある黄色)。

●不朽《フキュウ》・腐朽《フキュウ》・老朽《ロウキュウ》

木 2
【朿】
6画 5919 673F 音 シ漢 訓 はり

意味 木のとげ。草木の、のぎ。同刺《シ》。

木 2
【朱】
6画 2875 6731 常用 音 ス慣 シュ漢呉 訓 あか-い・あか・あけ

筆順 ノ 𠂉 二 牛 朱 朱

なりたち  ［指事］「朩(＝木)」の中心に「一(＝赤いしんの部分)」がある。松など幹の中心部分が赤い木。派生して「赤い」の意。

意味 ❶黄色をおびた赤。また、その顔料。赤。あけ。例朱印《シュイン》。朱肉《シュニク》。朱《あけ》に染《そ》まる(＝真っ赤になる。血に染まる)。❷正色《セイショク》(＝純粋《ジュンスイ》な色)としての赤。方角は南、季節は夏にあてる。例朱夏《シュカ》。朱雀《スザク》。

日本語での用法《シュ》江戸《えど》時代の貨幣《カヘイ》の単位。一両の十六分の一。「一朱銀《イッシュギン》」

難読 朱鷺《とき》・朱実《あけみ》

人名 あけみ・あや

【朱印】《シュイン》①朱肉でおした印。朱色の印。②室町《むろまち》時代から江戸《えど》時代に、武家が出す公文書におした印。また、その公文書。御《ゴ》朱印。例—状。—船。

【朱夏】《シュカ》夏。〔四季について、青春・白秋・玄冬《ゲントウ》とならべていう〕

【朱▼熹】《シュキ》南宋《ナンソウ》の儒学者《ジュガクシャ》。朱子学を大成した。尊んで朱子・朱文公と呼ばれる。(一一三〇—一二〇〇)

【朱子学】《シュシガク》中国の宋《ソウ》代に朱熹《シュキ》(＝朱子)によって大成された儒学《ジュガク》の一学派。人は天理(＝宇宙に存在する形に見えない道理)に従って生きるべきで、そのためには欲望を捨てて身をつつしみ、万物《バンブツ》の道理を一つずつきわめて宇宙の真相全体がわかるようになるまで学問にはげむよう説く。日本には鎌倉《かまくら》時代の初めに伝えられ、江戸《えど》時代には幕府の官学となった。

【朱儒】《シュジュ》⇩【侏儒】《シュジュ》（75ページ）

【朱書】《シュショ》（名・する）朱で書くこと。また、朱で書いたもの。しゅがき。例句読点《クトウテン》を—する。

【朱泥】《シュデイ》赤茶色の焼き物。また、それを作るための土。例—の急須《キュウス》。

【朱肉】《シュニク》朱色の印肉。

【朱《シュ》に交《まじ》われば赤《あか》くなる】人は、つきあう相手や環境《カンキョウ》によって、よくも悪くもなる。

【朱塗り】《シュぬり》朱色にぬること。また、朱色にぬったもの。例—の鳥居《とりい》。—の盆《ボン》。

【朱筆】《シュヒツ》朱色の墨《すみ》をふくませた筆。書き入れや校訂《コウテイ》をするのに用いる。例—を入れる（＝文章をなおす）。

【▽朱▼雀】《スザク》〔「シュジャク」「スジャク」とも〕漢代のころ東西南北の四方に配した神の一つ。南方を守る。〔青竜《セイリュウ》（＝東）・白虎《ビャッコ》（＝西）・玄武《ゲンブ》（＝北）とならべていう〕

木 2

【朶】

6画 5920 6736 音ダ慣 タ漢 訓えだ

意味 ❶（木の枝が）たれさがる。しだれる。例朶雲《ダウン》。耳朶《ジダ》（＝みみたぶ）。❷たれさがった木の枝。また、花のついた枝。例一朶《イチダ》の花《はな》。万朶《バンダ》の桜《さくら》。

【朶雲】《ダウン》①たれこめる雲。②相手からもらった手紙をうやまっていうことば。〔唐《トウ》の韋陟《イチョク》が手紙に署名した「陟」の字が、たれこめる五色の雲のようであったということから〕

木 2

【朷】

6画 5923 6737 音トウ漢

意味 ❶木の名。❷木の芯《シン》。

木 2

【朴】

6画 4349 6734 常用 音ボク慣 ハク漢 訓ほお

筆順 一 十 才 木 木丨 朴

なりたち  [形声]「木（＝き）」と、音「卜《ホク→ハク》」とから成る。木の皮。

意味 ❶木の皮。例桑朴《ソウボク》。❷ニレ科の落葉高木。エノキなど。また、ホオノキの近縁《キンエン》種。❸かざりけがない。同樸《ボク》。例質朴《シツボク》。素朴《ソボク》。

日本語での用法《ほお》モクレン科の落葉高木。ホオノキ。材はやわらかく、くるいが少ないので、器具・家具・版木・げたの歯などに用い、葉は食物を包むのに用いる。日本特産。「朴《ほお》の木《き》・朴歯《ほおば》」

人名 すなお・なお

【朴直】《ボクチョク》（名・形動《ダ》）かざりけがなく正直なこと。例—な人となり。表記「▼樸直」とも書く。

【朴▼訥】《ボクトツ》（名・形動《ダ》）かざりけがなく口べたなこと。例—で誠意ある人。表記「木▼訥・▼樸▼訥」とも書く。

【朴念仁】《ボクネンジン》①口べたで無愛想《ブアイソウ》な人。②人の気持ちや道理のわからない人。気のきかない男。例女性の気持ちなどわからない—。

○●質朴《シツボク》・純朴《ジュンボク》・素朴《ソボク》

木 2

【朸】

6画 5922 6738 音リョク漢 訓おうご

意味 ❶もくめ。❷〔「棘《キョク》」に通じて〕いばら。かど。

日本語での用法《おうご》ものをになう棒。てんびんぼう。おうこ。

参考「枴《カイ》（＝つえ）」と混同して用いる。

木 3

【杆】

7画 5924 6746 音カン漢 訓はたざお・まゆみ

意味 ❶クワ科の落葉高木。ヤマグワ。❷細長い棒。さお。同桿《カン》。例旗杆《キカン》（＝はたざお）。❸（てごろな長さの）木ぎれ。同桿《カン》。例筆杆《ヒッカン》（＝筆の軸《じく》）。

木 3

【杞】

7画 5925 675E 音キ漢 コ呉

意味 ❶ナス科の落葉低木。枸杞《クコ》。果実・根・葉を薬用にする。❷ヤナギの一種。コリヤナギ。若い枝で行李《コウリ》などを編む。例杞柳《キリュウ》。❸良材とされる木。ヒイラギなど。例杞梓《キシ》。❹周代の国の名。例杞憂《キユウ》。

【杞憂】《キユウ》とりこし苦労。

故事のはなし 昔、杞《キ》の国に、天地がくずれてきたらどこにも行き場がなくなる、どうしよう、と心配して、食事ものどを通らなくなってしまった人がいた。また、その人が心配していることを気の毒に思う人がいて、「天は、空気が積み重なったものだし、地は、土の塊《かたまり》にすぎない。どちらもこの宇宙に満ち満ちているものだから、くずれる心配はないよ」と教えてやった。すると、心配していた人はわけがわかって大いに喜んだ。〈列子《レッシ》〉

木 3

【杏】

7画 1641 674F 人名 音コウ漢 キョウ呉 アン唐 訓あんず

なりたち  [形声]「木（＝き）」と、音「向《コウ》」の省略体とから成る。アンズの木。

意味 ❶バラ科の落葉高木。アンズ。中国原産。果実はウメに似てあまずっぱく食用になる。種子の中の仁《ニン》は薬用、また、食用。カラモモ。❷「銀杏《ギンナン》」は、イチョウの実。

【杏▽仁】《アンニン・キョウニン》アンズの種（の中にある肉）。漢方で、せき止め・胃痛止めなどの薬として使う。例—水《キョウニンスイ》。

【杏林】《キョウリン》①アンズの木の林。②「医者」をほめていうことば。〔三国時代の呉《ゴ》の仙人《センニン》董奉《トウホウ》が、患者《カンジャ》から治療《チリョウ》代を受け取る代わりにアンズを植えさせたところ、数年後には林となって、アンズの実で財をなし、多くの貧乏人《ビンボウニン》を救ったという話による〕〈神仙伝《シンセンデン》〉

木 3

【杠】

7画 5926 6760 音コウ漢 訓はたざお・ゆずりは

意味 ❶寝台《シンダイ》の前の横木。❷はたざお。❸小さな橋。

日本語での用法 一《ちぎ・ちきり》大きなさおばかり。「杠秤《ちぎ｜ちきり｜ちぎばかり》」 二《ゆずりは》ユズリハ科の常緑高木。新しい葉が出ると古い葉が落ちることから「譲《ゆず》り葉」といい、縁起物《エンギもの》として正月のかざりにする。

木 3

【材】

7画 2664 6750 教育4 音サイ漢 ザイ呉

筆順 一 十 才 木 木一 村 材

なりたち  [形声]「木（＝き）」と、音「才《サイ》」とから成る。いろいろな用途《ヨウト》のある木。

意味 ❶家や家具を作るために切り出した木。例 材木《ザイモク》。角材《カクザイ》。❷品物をつくるもとになるもの。役に立つもの。例 材料《ザイリョウ》。教材《キョウザイ》。題材《ダイザイ》。❸すぐれた能力のある人。うでまえ。同 才《サイ》。例 逸材《イツザイ》。人材《ジンザイ》。

人名 えだ・き・たね・もと・もとき・もとし

【材幹】《ザイカン》〔「サイカン」とも〕①うでまえ。はたらき。才幹。例 将来のある―のもちぬし。②材木。

【材質】《ザイシツ》①材木の性質。例 ―のかたい木。②加工や製作に使う材料の性質。例 この彫像《チョウゾウ》の―は銅だ。

【材木】《ザイモク》 建築や器具などの材料にする木。角材・板材など。丸太もふくむ。例 ―屋。

【材料】《ザイリョウ》①加工してものを作るのに使う、もとのもの。例 建築の―。②研究や調査で取りあつかう資料。例 研究―を集める。

◐偉材《イザイ》・逸材《イツザイ》・画材《ガザイ》・器材《キザイ》・機材《キザイ》・教材《キョウザイ》・具材《グザイ》・建材《ケンザイ》・資材《シザイ》・取材《シュザイ》・食材《ショクザイ》・人材《ジンザイ》・製材《セイザイ》・素材《ソザイ》・題材《ダイザイ》・適材《テキザイ》・鉄材《テツザイ》・廃材《ハイザイ》・木材《モクザイ》

木 3 【杓】 7画 2861 6753 音 一シャク(漢) 二ヒョウ(漢) 訓 ひしゃく

木 3 【杓】 7画 俗字

意味 一《シャク》 ひしゃく。例 杓子《シャクシ》。二《ヒョウ》 ❶ひしゃくの柄《え》。❷北斗七星《ホクトシチセイ》の柄《え》の部分にあたる三つの星。

【杓子】《シャクシ》 飯をよそったり汁物《しるもの》をすくったりする道具。しゃもじ。例 金―《かなジャクシ》。貝―《かいジャクシ》。

【杓子定規】《シャクシジョウギ》（名・形動ダナ）（曲がっているしゃもじの柄《え》を定規にするように）ほかには通用しない基準や規則で判断しようとするやり方。融通《ユウズウ》がきかない態度や方法のたとえ。例 ―なやり方。

木 3 【条】 7画 3082 6761 教育5 音 チョウ(漢) ジョウ(呉) 訓 すじ

木 7 【條】 11画 5974 689D 人名

筆順 ノ ク 夂 冬 夅 条

なりたち  「形声」「木（＝き）」と、音「攸《ユウ》……→チョウ」とから成る。小枝。

意味 ❶木の小枝。えだ。例 枝条《シジョウ》。柳条《リュウジョウ》。❷すじみち。すじ。例 条理《ジョウリ》。線条《センジョウ》。❸ひとくだりずつ書いた文。くだり。例 条文《ジョウブン》。箇条《カジョウ》。❹細長くのびる。のびやか。❺細長いものを数えることば。また、条文などを数えることば。例 一条《イチジョウ》の光《ひかり》。十七条憲法《ジュウシチジョウケンポウ》。

日本語での用法 《ジョウ》 候文《そうろうブン》に用いる順接または逆接のことば。…よって。ゆえに。…けれども。…が。「右《みぎ》の通《とお》り申《もう》し上《あ》げ候《そうろう》条《ジョウ》……とは言《い》い条《ジョウ》」

人名 え・えだ・なが・みち

【条規】《ジョウキ》 条文（＝箇条《カジョウ》書き）にした規則。

【条件】《ジョウケン》 あることが成り立つため、または発生するために、まず満たされていなければならないことがら。例 ―が厳しい。

【条項】《ジョウコウ》 法律・規則・契約《ケイヤク》などの、箇条《カジョウ》書きにした一つ一つの文や項目。〔大きくまとめて「条」とし、条の中に分かれてあるものを「項」という〕例 新しい―を加える。

【条虫】《ジョウチュウ》 寄生虫の一つ。人間の腸に寄生する。サナダムシ。平たくて多くの節があり、数メートルにもなる。表記 「▼條虫」とも書く。

【条幅】《ジョウフク》 画仙紙《ガセンシ》の全紙を縦に半分に切って、それを掛《か》け軸《ジク》に仕立てたもの。

【条文】《ジョウブン》 箇条《カジョウ》書きの文。〔法律・規則や条約・規約などの文の書き方〕

【条目】《ジョウモク》 ①箇条《カジョウ》書きの項目《コウモク》。また、その文書。例 ―ごとに審議《シンギ》する。②法令。規則。また、その文書。

【条約】《ジョウヤク》 ①箇条《カジョウ》書きにした約束。②国どうし、または国と国際機構のあいだで、たがいに守るべき約束を文書で取り決めたもの。また、その条文。例 ―を締結《テイケツ》する。

【条理】《ジョウリ》 ものごとの道理。自然で、正しいすじみち。例 ―が立つ。―があり、人情を心得た処置。

【条例】《ジョウレイ》 都道府県市町村など地方公共団体が定める法規。

◐箇条《カジョウ》・教条《キョウジョウ》・索条《サクジョウ》・信条《シンジョウ》・逐条《チクジョウ》

木 3 【杖】 7画 3083 6756 人名 音 チョウ(漢) ジョウ(呉) 訓 つえ

意味 ❶手に持って歩行を助ける道具。つえ。例 錫杖《シャクジョウ》。❷つえをつく。たよる。例 杖剣《ジョウケン》（＝ひとふりの剣にたよる）。❸（刑罰《ケイバツ》の道具としての）こん棒。また、五刑（＝笞《チ》・杖・徒《ズ》・流《ル》・死）の一つ。こん棒で打ちすえる刑罰。

人名 き・もち

木 3 【杉】 7画 3189 6749 常用 音 サン(漢) 訓 すぎ

筆順 一 十 才 木 朩 杉 杉

なりたち 「形声」「木（＝き）」と、音「彡《サン》」とから成る。スギの木。

意味 スギ科の常緑針葉樹。スギ。幹はまっすぐにのび大木になる。材は良質でかおりがよく、建築・家具・器具など広く利用される。

木 3 【束】 7画 3411 675F 教育4 音 ソク(漢)(呉) 訓 たば・たば-ねる・つか・つか-ねる

筆順 一 丆 冂 口 申 東 束

なりたち  「会意」「口（＝めぐらせる）」と「木（＝き）」とから成る。しばる。たばねる。

意味 ❶しばってひとまとめにする。たばねる。つかねる。例 束縛《ソクバク》。束髪《ソクハツ》。結束《ケッソク》。❷ひとまとめにしたもの。また、たばねたものを数えることば。例 薪《たきぎ》一束《ひとたば》。二束三文《ニソクサンモン》。

日本語での用法 《つか》 本の厚み。「束《つか》を出《だ》す・束《つか》が無《な》い」

難読 束子《たわし》

人名 き・さと・つかぬ・つかね

【束▼脩】《ソクシュウ》 〔「脩」は、干し肉〕①入門のときに納めるお金や品物。入門料。〔古代中国で、入門するときに、たばねた干し肉を先生に差し出したことによる〕例 ―の礼をとる。②けいこごとの月謝。

【束帯】《ソクタイ》 平安時代以後、天皇以下諸官の正式の服装。例 衣冠《イカン》―。

【束縛】《ソクバク》（名・する）①しばること。例 手足を―する。②制限を加えて自由にさせないこと。例 時間に―される。

【束髪】《ソクハツ》 ①中国古代の風俗《フウゾク》で、男子が成年になってはじめて髪《かみ》を結《ゆ》い、冠《かんむり》をかぶること。②明治から昭和初期まで流行した、女性の西洋風の髪型《かみがた》。③髪をたばねて結うこと。

【▽束《つか》の間《ま》】 わずかのあいだ。例 ―の喜び。

◐結束《ケッソク》・札束《さつたば》・収束《シュウソク》・装束《ショウゾク》《ソウゾク》・約束《ヤクソク》

木 3
【杣】
7画 5928 6763 国字 訓 そま

意味 ❶木材をとるための山。そま。例 杣山《そまやま》。❷木材を切り出す人。そま。例 杣人《そまびと》。❸杣山から切り出した木。そま。例 杣木《そまぎ》。吉野《よしの》の杣《そま》。

木 3
【村】
7画 3428 6751 教育1 音 ソン漢呉 訓 むら

筆順 一 十 才 木 村 村 村

阝4 【邨】 7画 *7823 *90A8 本字

なりたち 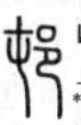 [会意]「阝(=むら)」と「屯(=あつまる)」とから成る。人があつまるところ。むら。

意味 ❶人が集団をつくって生活する単位の一つ。むら。例 村落《ソンラク》。漁村《ギョソン》。農村《ノウソン》。❷いなか(風)の。ひなびた。例 村夫子《ソンプウシ》。

人名 さと・すえ・つね

【村会】《ソンカイ》 ①「村議会」の昔の言い方。②「村議会」の略。例 ―議員。

【村議会】《ソンギカイ》 村の住民が選んだ議員が出席して、村の政治に関する意思を決める議決機関。

【村道】《ソンドウ》 ①村の中の道。②地方公共団体としての村が、費用を出して建設し管理する道路。

【村夫子】《ソンプウシ》 〔「ソンフウシ」とも〕 ①いなかの学者。地方の学者をけいべつしていうことば。例 一介《イッカイ》の―にすぎない。②中央では知られないが、せまい地方の人々の尊敬を集めている学徳のある人。例 ―然《ゼン》とした風貌《フウボウ》。

【村落】《ソンラク》 村で、人家が集まっているところ。むらざと。例 小さな―が散らばっている。

【村里】《ソンリ|むらざと》 村の、人家の集まったところ。例 ―《むらざと》からはなれた一軒家《イッケンや》。

【村立】《ソンリツ》 地方公共団体としての村がつくり、維持《イジ》・管理するもの。例 ―小学校。

【村雨】《むらさめ》 一時に強く降ってすぐやむ雨。通り雨。にわか雨。類 驟雨《シュウウ》。表記「▼叢雨」とも書く。

【村時雨】《むらしぐれ》 降ってはやみ、やんでは降る時雨。ひとしきり降ってやむ時雨。表記「▼叢時雨」とも書く。

【村八分】《むらハチブ》 ①村のおきてを破った人とその家族に対して、村全体でおこなう私的制裁。葬式《ソウシキ》と火事のときを除いて、いっさいつきあわないというもの。②仲間はずれにすること。例 ―にあう。―を受ける。

●寒村《カンソン》・漁村《ギョソン》・山村《サンソン》・農村《ノウソン》・無医村《ムイソン》

木 3
【杜】
7画 3746 675C 人名 音 ト漢 ズ呉 訓 もり

なりたち  [形声]「木(=き)」と、音「土《ト》」とから成る。ヤマナシの木。

意味 ❶バラ科の落葉高木。ヤマナシ。山野に自生。果実はナシに似るが小さい。❷とざす。ふさぐ。例 杜絶《トゼツ》。杜門《トモン》。❸姓《セイ》の一つ。例 杜甫《トホ》。杜牧《トボク》。

日本語での用法 《もり》 木々の生《お》いしげっているところ。森。とくに神の降りてくるところ。「神宮《ジングウ》の杜《もり》・鎮守《チンジュ》の杜《もり》」

【杜若】《かきつばた》 アヤメ科の多年草。水辺や湿地《シッチ》に生え、初夏にむらさきや白の花がさく。表記「▼燕▽子▽花」とも書く。

【杜▼撰】《ズサン|ズザン》 (名・形動《ダ》) ①書いたものに誤りが多いこと。〔宋《ソウ》の杜黙《トモク》が、よく規則にはずれた詩を作ったことによる〕 ②手落ち、手ぬきの多いこと。例 ―な仕事。

【杜氏】《トウジ|トジ》 酒を造る職人。例 越後《エチゴ》の―。丹波《たんば》の―。

【杜▼鵑】《トケン|ほととぎす》 カッコウ科の鳥。初夏にするどい声で鳴くが、その鳴き声は「テッペンカケタカ」と聞こえるといわれる。卵をウグイスの巣に産み自分では育てない。

【杜絶】《トゼツ》 (名・する) 続いていたものが切れてしまうこと。例 道路交通が―する。表記 現 途絶

【杜▼甫】《トホ》 唐《トウ》代の詩人。字《あざな》は子美《シビ》、号は少陵《ショウリョウ》。中国を代表する大詩人で、詩聖と呼ばれる。また、李白《リハク》とともに「李杜《リト》」といわれる。(七一二―七七〇)

【杜牧】《トボク》 唐《トウ》代の詩人。字《あざな》は牧之《ボクシ》。杜甫《トホ》(=「老杜」)に対して「小杜」といわれる。(八〇三―八五二)

木 3
【杤】
7画 5929 6764 国字 訓 とち

意味 トチノキ。〔主に、人名・地名に用いる〕 →【栃】《とち》(523ページ)

参考 一説に、十(=と)と千(=ち)をかけて「万」になるところから、「万」を「とち」と読み、「木」をつけて「トチノキ」の意とした。

木 3
【杢】
7画 4461 6762 国字 訓 もく

意味 材木で家などを建てる職人。だいく。こだくみ(木匠)。もく。多く、人名・地名に用いられる。

木 3
【杙】
7画 5927 6759 音 ヨク漢 訓 くい

意味 ❶果樹の名。ザクロの一種。❷家畜《カチク》などをつなぎとめるための棒。くい。

木 3
【来】
7画 4572 6765 教育2 音 ライ漢呉 訓 く-る・きた-る・きた-す

筆順 一 ㇀ 丷 亚 平 来 来

人6 【來】 8画 4852 4F86 人名

なりたち 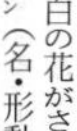 [象形] ムギの形。天からもたらされた穀物。ムギ。派生して「もたらされる」「くる」の意。

意味 ❶向こうからこちらに近づく。こちらにいたる。くる。例 往来《オウライ》。飛来《ヒライ》。❷ものごとが起こる。ものごとを起こさせる。まねく。きたす。例 招来《ショウライ》。由来《ユライ》。❸現在の次にくる(時の区切り)。きたる。例 来月《ライゲツ》。来春《ライシュン》。来年《ライネン》。❹そのときから。ある時代から現在まで。このかた。例 以来《イライ》。古来《コライ》。従来《ジュウライ》。❺〔助字〕文末について、語調をととのえる。訓読では読まない。例 帰去来兮《かえりなんいざ》(=さあ帰ろう)。〈陶潜《トウセン》・帰去来辞《キキョライのジ》〉

難読 来栖《くるす》(=姓《セイ》)・根来《ねごろ》(=姓・地名)・去来《ざい|さい》

人名 いたる・き・く・こ・な

【来《きた》る者《もの》は拒《こば》まず去《さ》る者《もの》は追《お》わず】 自分をたよりにしてくる者を受け入れ、自分のもとをはなれる者を引きとめない。人のえりごのみをしないたとえ。〈孟子《モウシ》〉

【来意】《ライイ》 ①訪問した理由や目的。例 ―を告げる。②手紙に書いてよこした気持ち。言ってきた用事の趣旨《シュシ》。例 ご―を承諾《ショウダク》します。

【来往】《ライオウ》 (名・する) 行ったり来たりすること。行き来。往来。例 船舶《センパク》の―が激しい。

【来賀】《ライガ》 (名・する) 祝うために、人が来ること。例 わざわざの―、恐縮《キョウシュク》のいたり。

【来▼駕】《ライガ》（名・する）〔かごに乗って来る意〕人が来ることをうやまった言い方。例ぜひ、ご—くだされたく。

【来館】《ライカン》（名・する）映画館・図書館・美術館その他、館と名のつく施設《シセツ》に来ること。例—者。

【来期】《ライキ》現在の次の期。次期。対先期・前期・今期。

【来客】《ライキャク｜ライカク》訪ねてくる客。例ただいま—中です。

【来月】《ライゲツ》今月の次の月。翌月。対先月。

【来光】《ライコウ》高い山の上でむかえる日の出。来迎《ライゴウ》。〔しばしば「御来光《ゴライコウ》」という〕

【来航】《ライコウ》（名・する）外国から海をわたってくること。例黒船—。

【来貢】《ライコウ》（名・する）外国から使者が来て貢《みつ》ぎ物を献上《ケンジョウ》すること。

【来▼寇】《ライコウ》（名・する）外国の敵がせめてくること。外国からの侵略《シンリャク》。

【来▽迎】《ライゴウ》①〔仏〕人が死ぬときに阿弥陀仏《アミダブツ》や菩薩《ボサツ》が極楽浄土《ゴクラクジョウド》からむかえにくること。例—図。②高い山の上でむかえる日の出。例元旦《ガンタン》のご—を拝む。

【来日】㊀《ライジツ》（名）①明日。②将来の日。後日。㊁《ライニチ》（名・する）外国人が日本へ来ること。来朝。対離日《リニチ》。

【来社】《ライシャ》（名・する）会社などに、外から訪ねてくること。例明日ご—ください。

【来者】《ライシャ》①自分よりあとに生まれる者。②自分をしたってくる者。③将来。未来。

【来週】《ライシュウ》今週の次の週。次週。対先週。

【来襲】《ライシュウ》（名・する）敵がおそってくること。例敵機—。

【来春】《ライシュン｜ライはる》①次に来る春。来年の春。例—卒業する。—結婚《ケッコン》の予定。②来年の正月。類明春。

【来書】《ライショ》よそから来る手紙。来信。

【来場】《ライジョウ》（名・する）場所や会場に来ること。例ご—の皆様《みなさま》。

【来診】《ライシン》（名・する）①医者が患者《カンジャ》の家に行って診察すること。〔患者の側から頼《たの》むときのことば〕例—を頼む。②患者が医者のもとに行って診察を受けること。〔医者の側からいうことば〕例—の方はここにカードを入れてください。

【来世】《ライセ｜ライセイ》①〔仏〕三世《サンゼ》の一つ。死後、次に生まれ変わるという世。後世《ゴセ》。対前世・現世。例—を願う。②次の時代。

【来孫】《ライソン》自分から五代目の孫。玄孫《ゲンソン》の子。


【来宅】《ライタク》（名・する）（客が）自分の家に来ること。例あす午後—されたし。

【来談】《ライダン》（名・する）用件を話しに来ること。来て話をすること。例—を待つ。

【来朝】《ライチョウ》（名・する）①外国人が日本へ来ること。類来日。②昔の中国で、諸侯《ショコウ》が天子の朝廷《チョウテイ》へ来ること。

【来店】《ライテン》（名・する）店に来ること。

【来任】《ライニン》（名・する）任務につくために任地に来ること。例日本駐在《チュウザイ》米国大使の—。

【来年】《ライネン》今年の次の年。類明年。対去年・昨年。例—のことを言うと鬼《おに》が笑う（＝明日のことさえわからないのだから遠い先のことはもっとわからない）。

【来賓】《ライヒン》招待されて来た客。来客をうやまっていうことば。例—席。—の祝辞。

【来復】《ライフク》（名・する）去ったものが、またもどってくること。例一陽—。

【来訪】《ライホウ》（名・する）人がたずねてくること。

【来報】《ライホウ》知らせてくること。また、その知らせ。例現地からの—を待つ。

【来遊】《ライユウ》（名・する）遊びにくること。例ご—を待つ。

【来臨】《ライリン》（名・する）人がある場所に出向くことを、その人をうやまっていうことば。おでまし。おいで。例—の栄に浴す。

【来歴】《ライレキ》あることがらがどのように経過したかということ。類由来《ユライ》。例故事—。—を記した文書。
○●以来《イライ》・往来《オウライ》・外来《ガイライ》・元来《ガンライ》・旧来《キュウライ》・去来《キョライ》・家来《ケライ》・古来《コライ》・再来《サイライ》・在来《ザイライ》・襲来《シュウライ》・従来《ジュウライ》・将来《ショウライ》・生来《セイライ》・伝来《デンライ》・到来《トウライ》・渡来《トライ》・如来《ニョライ》・年来《ネンライ》・舶来《ハクライ》・本来《ホンライ》・未来《ミライ》・由来《ユライ》

木 3
【李】
7画 4591 674E 人名 音リ漢呉 訓すもも

なりたち  ［形声］「木（＝き）」と、音「子《シ→リ》」とから成る。スモモの木。

意味 ❶バラ科の落葉高木。スモモ。中国原産。早春、白い花をつける。果実は赤むらさき色または黄色に熟し、あまずっぱく食用にする。例桃李《トウリ》。❷姓《セイ》の一つ。例李白《リハク》。

人名 もも

【李下《リカ》に冠《かんむり》を正《ただ》さず】スモモの木の下では、実をぬすむのかと疑われないために、かぶっている冠が曲がっていても直さない。人に疑われる行動をつつしめ、という教え。〔「瓜田《カデン》に履《くつ》を納《い》れず」に続く対《ツイ》の句〕〈楽府詩集《ガフシシュウ》〉→【瓜田《カデン》に履《くつ》を納《い》れず】（898ページ）
【李白】《リハク》唐《トウ》代の詩人。字《あざな》は太白《タイハク》、号は青蓮居士《セイレンコジ》。中国を代表する大詩人で、杜甫《トホ》とともに「李杜《リト》」といわれる。（七〇一—七六二）例詩聖杜甫、詩仙《シセン》—。

木 3
【杓】
7画 ⇩【杓】《シャク》（514ページ）

木 4
【枉】
8画 5930 6789 音オウ漢呉 訓ま-がる・ま-げる・ま-げて

意味 ❶まっすぐなものをまげる。ねじまげる。まがる。まげる。例枉道《オウドウ》。枉法《オウホウ》。❷むりにおしまげて。わざわざ。まげて。例枉駕《オウガ》。❸おしまげて、罪におとしいれられる。無実の（罪）。例冤枉《エンオウ》。

【枉▼駕】《オウガ》乗り物の方向をわざわざまげて立ち寄ること。貴人の来訪をうやまっていうことば。例先日はご—をたまわりありがとう存じました。

【枉屈】《オウクツ》（名・する）①おさえつけられて屈服《クップク》すること。無実の罪におとされること。②貴人が身をかがめ、へりくだって来訪すること。

【枉道】《オウドウ》正しい道理を守らないで、人にこびること。

木 4
【果】
8画 1844 679C 教育4 音カ漢呉 訓は-たす・は-てる・は-て・は-たして 付表果物《くだもの》

筆順 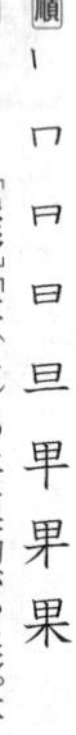

なりたち  ［象形］「木（＝き）」の上に果物がある形。木の実。

意味 ❶草木の実。くだもの。例果実《カジツ》。果樹《カジュ》。青果《セイカ》。❷草木に実がなるように、あることがもとになって生じたもの。例結果《ケッカ》。効果《コウカ》。成果《セイカ》。❸結末をつけるように、思いきってする。思いきりがよい。例果敢《カカン》。果決《カケツ》。果断《カダン》。❹思ったとおり。ほんとうに。はたして。例果然《カゼン》。

日本語での用法 ㊀《はたす》①なしとげる。「責任《セキニン》を果《は》たす・目的《モクテキ》を果《は》たす」②すっかり…してしまう。「使《つか》い果《は》たす」㊁《はてる》①終わる。「宴《エン》が果《は》てる」②死ぬ。「旅中《リョチュウ》に果《は》てる」③まったく…する。「あきれ果《は》

てる・困り果《は》てる」 三《はて》終わり、極限。一果《は》てし
ない・宇《ウ》宙《チュウ》の果《は》て」

人名 あきら・このみ・はた・はたし・まさる

【果園】《カエン》 果物のなる木を植えて育てる場所。果樹園。

【果敢】《カカン》 (形動《ダ》) 決断力に富み、困難に力強く立ち向かうようす。例 勇猛《ユウモウ》―。―に戦う。

【果菜】《カサイ》 実の部分を食用にする野菜。ナス・カボチャ・ピーマンなど。例 ―類。

【果実】《カジツ》 ①植物の実。種を包みこんでいるもの。②果物。例 ―酒。③研究や努力によって手にはいる成果。例 日本の学術の―。

【果樹】《カジュ》 果物のなる木。例 ―園。

【果汁】《カジュウ》 果物をしぼって得る液体。ジュース。例 天然―。

【果然】《カゼン》 (副) 思ったとおり。予期したとおり。はたして。例 ―病状は好転した。

【果断】《カダン》 (名・形動《ダ》) 思いきっておこなうこと。例 ―に富む。―な処置。

【果糖】《カトウ》 果実や蜂《はち》蜜《ミツ》などにふくまれる糖類の一つ。

【果肉】《カニク》 果実の、皮と種を除いたやわらかい部分。例 梅干しの―を裏ごしする。

【果皮】《カヒ》 ①果実の、種を除いた部分。②果実の表面のかわ。

【果報】《カホウ》 ①〔仏〕因《イン》果《ガ》応報。前《ゼン》世《セ》におこなったことに対するむくい。例 善悪の―。②よいむくい。めぐってきた幸運。例 ―者《もの》。―は寝《ね》て待て。

【果物】《くだもの》 食用になる果実のうち、穀物や野菜に分類されないもの。類 水菓子《みずガシ》。

◐因果《インガ》・結果《ケッカ》・効果《コウカ》・青果《セイカ》・釣果《チョウカ》

木 4

【杭】

8画 2526 676D 人名 音 コウ 漢 訓 くい

意味 ❶船でわたる。わたる。❷浙江《セッコウ》省杭州《コウシュウ》。

日本語での用法 《くい》 地面に打ちこみ、目じるしや柱とする棒。「杭《くい》を打《う》つ」

木 4

【杲】

8画 5862 6772 音 コウ 漢 訓 あき-らか・たか-い

意味 ❶(日が出て)明るいようす。あきらか。例 杲杲《コウコウ》(=日の明るいようす)。❷たかい。

日本語での用法 《かお》『万葉集』で「顔」にあてる字。「朝杲《あさがお》(=花の名)・杲鳥《かおどり》(=鳥の名)」

木 4

【枝】

8画 2762 679D 教育5 音 シ 漢 呉 訓 えだ・え

筆順 一 十 才 木 杧 杜 杈 枝

なりたち [形声]「木(=き)」と、音「支《シ》」とから成る。木の幹から別に生じた部分。

意味 ❶木の幹から分かれ出たもの。えだ。例 枝葉《シヨウ》。幹枝《カンシ》。樹枝《ジュシ》。❷中心部から分かれ出たもの。同 支《シ》。例 枝道《えだみち》(=本道から分かれ出た道)。❸てあし。同 肢《シ》。例 枝解《シカイ》(=手足を切りはなす刑罰《ケイバツ》)。

難読 三枝《さいぐさ|さえぐさ|さきくさ》・枝折《しおり》・枝折戸《しおりど》

人名 き・しげ・しな

【枝葉】《シヨウ|えだは》 ①枝と葉。②ものごとの主要でない部分。

【枝葉末節】《シヨウマッセツ》 ものごとの主要でない部分。例 ―まできびしく追及《ツイキュウ》する。

木 4

【杵】

8画 2147 6775 人名 音 ショ 漢 呉 訓 きね・つち

意味 ❶臼《うす》の中の穀物をついたり、餅《もち》をついたりする道具。きね。例 杵臼《ショキュウ》(=きねと、うす)。❷ものをつく道具。つち。例 砧杵《チンショ》(=きぬたと、つち)。

木 4

【松】

8画 3030 677E 教育4 音 ショウ 漢 訓 まつ

筆順 一 十 才 木 朲 朳 松 松

木 4

【枩】 8画 5932 67A9 別体字

なりたち [形声]「木(=き)」と、音「公《コウ→ショウ》」とから成る。マツの木。

参考 別体字「枩」は、分字して「十八公《ジュウハチコウ》」という。

意味 マツ科の常緑針葉樹。マツ。アカマツ・クロマツなど多くは大木となる。庭木とし、建築・器具材など、広く用いられる。常緑樹であることから、節操のかたいことのたとえにされる。

例 松柏《ショウハク》。松露《ショウロ》。

難読 松蘿《ひかげのかずら|さるおがせ》・松楊《むろのき》・松蘇利《すずり》

人名 ときわ・ます

【松▼毬】《ショウキュウ》 松の実。まつぼっくり。まつかさ。

【松魚】《ショウギョ》 カツオの別名。

【松子】《ショウシ》 松の実。まつぼっくり。まつかさ。

【松樹】《ショウジュ》 松の木。

【松竹梅】《ショウチクバイ》 マツとタケとウメ。寒さにたえるめでたいものの三種で、祝い物のかざりなどにする。また三つの順位で、ふつう松を上、竹を中、梅を下とする。

【松▼濤】《ショウトウ》 松にふく風の音。波の音にたとえていう。

【松▼柏】《ショウハク》 ①マツとコノテガシワ。また、常磐木《ときわぎ》(=常緑樹)のこと。例 ―の寿《ジュ》(=長命のこと)。②「①」が一年中、みどり色を保つことから、節操を守って変えないことのたとえ。例 ―の操《みさお》。

【松風】《ショウフウ|まつかぜ》 ①松にふく風。松の枝や葉を鳴らしてふく風。松籟《ショウライ》。②茶釜《チャがま》や鉄瓶《テツビン》の湯の煮《に》え立つ音。

【松明】《ショウメイ|たいまつ》 マツやタケなどをたばね、その先に火をつけたもの。明かりとして使った。

【松▼籟】《ショウライ》 松にふく風。また、その音。松風。

【松露】《ショウロ》 ①松の葉に置くつゆ。②ショウロ科の、きのこ。かさと柄《え》の区別がない小さな球形で、四、五月ごろ海岸の松林の砂地に生え、食用になる。

◐市松《いちまつ》・門松《かどまつ》・落葉松《からまつ》・白砂青松《ハクシャセイショウ》

木 4

【枢】

8画 3185 67A2 常用 音 スウ 漢 訓 とぼそ・くるる

筆順 一 十 才 木 杧 朽 杈 枢

木11

【樞】 15画 6068 6A1E

なりたち [形声]「木(=き)」と、音「區《ク→スウ》」とから成る。とびらを開閉する軸《ジク》。

意味 ❶開き戸の回転軸の部分。とぼそ。例 戸枢《コスウ》。❷中心となる、重要な部分。例 枢機《スウキ》。枢要《スウヨウ》。中枢《チュウスウ》。

【枢機】《スウキ》 ①ものごとのたいせつなところ。類 枢要。②重要な政務。例 ―に参画する。国家の―をにぎる。

【枢機▼卿】《スウキキョウ|スウキケイ》 ローマカトリック教会の、教皇に次ぐ聖職。教皇の選出や教会行政などの要務にたずさわる。

【枢軸】《スウジク》 〔「軸」は、車軸の心棒の意〕ものごとのたいせつなところ。とくに政治活動の中心となる重要な部分。例 国政の

—となる。

【枢密《スウミツ》】秘密で重要なことがら。政治上の秘密。(類)機密。例—顧問官《コモンカン》。

【枢密院《スウミツイン》】①唐《トウ》から宋《ソウ》にかけて、軍政や機密をあつかった役所。②一八八八(明治二十一)年から一九四七(昭和二十二)年まで置かれた、天皇の諮問《シモン》機関。

【枢要《スウヨウ》】(名・形動《ダナ》)たいせつなところ。一つのものごとのなかで最も重要な部分。例国政上—な地位。

木 4
【析】
8画 3247 6790 常用 音セキ(漢)シャク(呉) 訓さ-く

筆順 一 十 才 木 木 杧 析 析

なりたち [会意]「木(=き)」と「斤(=おの)」とから成る。木をおので切りさく。

意味 ❶木をおので割る。さく。例析薪《セキシン》(=まきを割る)。❷分解する。入り組んだものを、わけてはっきりさせる。例解析《カイセキ》。分析《ブンセキ》。

●解析《カイセキ》・透析《トウセキ》・分析《ブンセキ》

木 4
【杼】
8画 5933 677C 音㊀チョ(漢) ㊁ショ(漢)ジョ(呉) 訓どんぐり・ひ

意味 ㊀《チョ》はたおりのよこ糸を通す道具。ひ。例杼機《チョキ》(=はたおりの道具)。㊁《ショ ジョ》クヌギやトチの実。どんぐり。例杼栗《ジョリツ》(=どんぐりと、くり)。

木 4
【東】
8画 3776 6771 教育2 音トウ(漢)(呉) 訓ひがし・あずま

筆順 一 厂 冂 戸 目 申 東 東

なりたち [会意]「日(=太陽)」が「木(=き)」の中にある。動く。借りて「ひがし」の意。

意味 ❶方位の名。ひがし。例東方《トウホウ》。東洋《トウヨウ》。極東《キョクトウ》。❷五行《ゴギョウ》で、春にあてる。例東宮《トウグウ》。東作《トウサク》(=春の耕作。また、農作)。馬耳東風《バジトウフウ》。

日本語での用法《あずま》箱根より東の地方。とくに関東を指す。「東遊《あずまあそび》・東歌《あずまうた》・東男《あずまおとこ》」

難読 東海林《しょうじ》(=姓《セイ》)・東雲《しののめ》・東風《こち》・東宮《もうけのみや｜ひつぎのみや》・東《はる》

人名 あがり・あきら・き・こち・のぼる・はじめ・はる・ひで・もと

【▽東歌《あずまうた》】『万葉集《マンヨウシュウ》』や『古今和歌集《コキンワカシュウ》』にある東国《トウゴク》の人々がよんだ和歌。東国方言を多くふくんでいる。

【▽東男《あずまおとこ》】①東国《トウゴク》の男。②江戸《えど》生まれの男。例—に京女《キョウおんな》。

【▽東屋《あずまや》】屋根と柱だけでかべのない小屋。庭園などに休息や展望を目的として建てる。亭《チン》。表記「▽四▼阿・▼阿▽舎」とも書く。

【東亜《トウア》】アジアの東部。東アジア。

【東雲】㊀《トウウン》①東方の雲。②明け方に東の空にたなびく雲。㊁《しののめ》夜明け。明け方。

【東欧《トウオウ》】ヨーロッパの東部。東ヨーロッパ。

【東下】㊀《トウカ》長安から洛陽《ラクヨウ》へ行くこと。㊁【▽東下り】《あずまくだり》京都から東国《トウゴク》へ行くこと。

【東海《トウカイ》】①東方の海。②(中国で)東シナ海のこと。③「東海道」の略。④東海地方。静岡《しずおか》・愛知・三重《みえ》の三県と岐阜《ぎふ》県の一部。

【東海道《トウカイドウ》】①伊賀《いが》・伊勢《いせ》・志摩《しま》・尾張《おわり》・三河《みかわ》・遠江《とおとうみ》・駿河《するが》・甲斐《かい》・伊豆《いず》・相模《さがみ》・武蔵《むさし》・安房《あわ》・上総《かずさ》・下総《しもうさ》・常陸《ひたち》の十五の国をまとめた言い方。②京都から太平洋に沿った国々を通り江戸《えど》につながる街道《カイドウ》。例—五十三次《つぎ》(=江戸時代、東海道におかれた五十三の宿駅)。

【東京】㊀《トウキョウ》〔明治初期、「トウケイ」とも〕日本国の首都。また、東京都。㊁《トウケイ》①漢の時代の洛陽《ラクヨウ》。②北宋《ホクソウ》の時代の開封《カイホウ》。③遼《リョウ》・金の時代の遼陽。㊂《トンキン》ベトナムの北部地方、ソンコイ川下流のデルタ地帯。

【東宮《トウグウ》】①皇太子の宮殿《キュウデン》。②皇太子。例—御所《ゴショ》。表記▽古くから「▽春宮」とも書く。

【東経《トウケイ》】イギリスのグリニッジ天文台の跡地《あとチ》を通る子午線を〇度として、そこから東にはかった経度。一八〇度まである。(対)西経《セイケイ》。

【東国《トウゴク》】①東の国。②奈良《なら》時代以来、畿内《キナイ》(=奈良や京都の周辺の地域)から見て東方の国。とくに関東地方。例—の武士。—のあらえびす。

【東西《トウザイ》】①東と西。例—南北。②東洋と西洋。また、東方諸国と欧米《オウベイ》諸国。③方角や方向。また、世の中のことがら。例—を失う(=方向がわからない。どうすればよいかわからない)。④芝居《しばい》などの口上《コウジョウ》で、はじめに言うことば。東西東西。

【東上《トウジョウ》】(名・する)西の地方から東の都へ行くこと。西のほうから東京へ行くこと。(対)西下《セイカ》。

【東進《トウシン》】(名・する)東へ進むこと。(対)西進《セイシン》。例台風が—する。

【東漸《トウゼン》】(名・する)文明や勢力がしだいに東方へ進み移ること。(対)西漸《セイゼン》。例文明が—する。

【東天《トウテン》】①東の空。例—が赤らんできた。②明け方の東の空。

【東天紅《トウテンコウ》】①夜明けを知らせるニワトリの鳴き声。②高知県原産の、ニワトリの品種の一つ。鳴き声が長い。

【東都《トウト》】①東方の都。②江戸《えど》時代の江戸、のちの東京のこと。

【東道《トウドウ》】①東への道。東方への道。②「東道の主《シュ》」の略。主人となって客の案内をすること。また、その人。

【東南《トウナン》】東と南との中間の方角。南東。たつみ。ひがしみなみ。例—アジア。

【東部《トウブ》】ある地域の東のほうの部分。

【東風《トウフウ｜こち｜ひがしかぜ》】①東からふく風。②春風。例馬耳—《バジトウフウ》。

【東方《トウホウ》】①東のほう。東の方面。(対)西方《セイホウ》。②東洋。アジア。例—文化。

【東北《トウホク》】①東と北との中間の方角。北東。うしとら。ひがしきた。②東北地方。青森・岩手・秋田・宮城《みやぎ》・山形・福島の六県。奥羽《オウウ》地方。例—弁。③中国の、東北部の地方。もと、満州《マンシュウ》と呼んだ。

【東奔西走《トウホンセイソウ》】(名・する)〔東西に奔走《ホンソウ》する意〕あちらこちらといそがしくかけまわること。例—の活躍《カツヤク》。資金集めに—する。

【東洋《トウヨウ》】アジアの東部および南部の地域。日本・中国・朝鮮《チョウセン》半島・インド・ミャンマー・タイ・インドネシアなど。(対)西洋《セイヨウ》。

【東▼籬《トウリ》】家の東側のかきね。例菊《キク》を采《と》る—の下《もと》、悠然《ユウゼン》として南山を見る(=東籬のもとで菊をつみ、ゆったりとした心で南山をながめる)。〈陶潜《トウセン》・飲酒《インシュ》〉

【東流《トウリュウ》】㊀(名・する)(川や海流などが)東のほうに流れること。㊁(名)川。〔中国の川は多くが東に流れるので〕
●以東《イトウ》・関東《カントウ》・極東《キョクトウ》・近東《キントウ》・江東《コウトウ》・湖東《コトウ》・城東《ジョウトウ》・中東《チュウトウ》・南東《ナントウ》・坂東《バンドウ》・北東《ホクトウ》

木 4
【杷】
8画 3939 6777 人名 音 ハ(漢) 訓 さらい・つか

意味 ❶農具の名。穀物などをかき集めたり、土をならしたりするもの。さらい。例 細杷《こまざらい》（＝落ち葉をかき集めたりする道具）。犂杷《ハリ》。❷刀剣《トウケン》などの、手でにぎる部分。つか。例 杷柄《ハヘイ》（＝にぎり）。❸「枇杷《ビワ》」は、バラ科の常緑高木。初夏にだいだい色の実を熟す。

木 4
【杯】
8画 3953 676F 常用 音 ハイ(漢) 訓 さかずき

筆順 一 十 才 木 杧 杯 杯 杯

皿 4
【盃】
9画 3954 76C3 人名 別体字

なりたち  [形声]本字は「桮」で、「木(＝き)」と、音「否《ヒ→ハイ》」とから成る。飲み物を入れるうつわ。

意味 酒をついで飲むうつわ。さかずき。例 乾杯《カンパイ》。酒杯《シュハイ》。

【杯酒】《ハイシュ》 さかずきの酒。また、酒のはいったさかずき。

【杯▼觴】《ハイショウ》 さかずき。

【杯洗】《ハイセン》 宴席《エンセキ》で、人に酒をつぐ前に、さかずきをひたして洗ううつわ。

【杯中の物】《ハイチュウのもの》 酒のこと。〈陶潜《トウセン》・責レ子《こをせむ》〉

【杯盤▼狼▼藉】《ハイバンロウゼキ》 酒宴《シュエン》の場で、さかずき・皿・鉢《ハチ》などが散らばって、だらしのない状態になっていること。

●一杯《イッパイ》・乾杯《カンパイ》・苦杯《クハイ》・賜杯《シハイ》・祝杯《シュクハイ》・満杯《マンパイ》

木 4
【柿】
8画 —— 676E 音 ハイ(漢)(呉) 訓 こけら

意味 けずりくず。こけら。例 柿落《こけらお》とし（＝新築の劇場ではじめておこなう興行）。

参考 「柿《シ》（＝カキ）」は、木部五画で、別の字。

木 4
【板】
8画 4036 677F 教育3 音 ハン(漢) バン(呉) 訓 いた

筆順 一 十 才 木 杧 朳 板 板

なりたち [形声]「木(＝き)」と、音「反《ハン》」とから成る。木のいた。

意味 ❶木をうすく平らに切ったもの。いた。また、うすくて平らなもの。例 看板《カンバン》。黒板《コクバン》。銅板《ドウバン》。❷印刷のために字や絵を彫《ほ》ったいた。例 板木《ハンぎ》。板本《ハンポン》。❸拍子《ヒョウシ》をとるための打楽器。例 拍板《ハクハン》。

難読 板歯《むかば|まえば》

【板子】《いたご》 和船の底にしく揚《あ》げ板。例 ——一枚《イチマイ》、下は地獄《ジゴク》（＝危険なことのたとえ）。

【板材】《いたザイ》 板に作ってある木材。

【板挟み】《いたばさみ》 対立する両者のあいだに立って、どちらにつくこともできずに困ること。例 義理と人情の——になる。

【板塀】《いたベイ》 板で作った塀。板垣《いたがき》。例 ——をめぐらした家。

【板目】《いため》 ①板と板との合わせ目。②木目《モクめ》がまっすぐ平行に通っていないこと。また、その板。対 柾目《まさめ》。

【板木】 一《ハンぎ》 印刷するために文字や絵を彫《ほ》る木の板。サクラ・ツゲなどを用いる。中国では古くアズサを用いた。彫り板。印板。形木《かたぎ》。二《バンぎ》 寺院などで、合図にたたく長方形の厚い板。表記 一は「版木」とも書く。

【板金】《バンキン》 金属の板《いた》を加工すること。例 ——工。表記「▼鈑金」とも書く。

【板書】《バンショ》（名・する）授業で黒板やボードに字を書くこと。例 要点を——する。

【板状】《バンジョウ》 いたのような形。

【板本】《ハンポン》 板木《ハンぎ》を使って印刷した書物。対 活字本。表記「版本」とも書く。

【板元】《ハンもと》 本や雑誌を出版したところ。出版元。類 発行所。表記「版元」とも書く。

●画板《ガバン》・看板《カンバン》・甲板《カンパン|コウハン》・黒板《コクバン》・鉄板《テッパン》・戸板《といた》・登板《トウバン》・羽子板《はごいた》・平板《ヘイバン》・胸板《むないた》・床板《ゆかいた》

木 4
【枇】
8画 4090 6787 人名 音 ヒ(漢) ビ(呉)

意味 「枇杷《ビワ》」は、バラ科の常緑高木。果樹として栽培《サイバイ》。果実はたまご形で夏にだいだい色に熟す。葉は薬用、材は櫛《くし》などにする。

木 4
【杪】
8画 5934 676A 音 ビョウ(漢) 訓 こずえ・すえ

意味 ❶枝の先。こずえ。例 杪頭《ビョウトウ》（＝枝の先）。❷ある期間の終わり。すえ。例 杪春《ビョウシュン》（＝春の末）。❸ごく小さい。例 杪小《ビョウショウ》（＝こまかい）。

木 4
【枌】
8画 5935 678C 音 フン(漢) 訓 にれ・むね

意味 ❶ニレ科の落葉高木。ニレ。例 枌楡《フンユ》。❷二階建ての棟《むね》。むね。

【枌▼楡】《フンユ》 ①ニレの木。②郷里。〔漢の高祖の出身地、豊邑《ホウユウ》の社(＝土地の神)の名を「枌楡」といったことから〕

木 4
【枋】
8画 5936 678B 音 ホウ(漢) 訓 いかだ・まゆみ

意味 ❶ニシキギ科の落葉低木。マユミ。例 枋楡《ホウユ》（＝マユミの木とニレの木）。❷いかだ。

木 4
【枚】
8画 4371 679A 教育6 音 バイ(漢) マイ(呉) 訓 ひら

筆順 一 十 才 木 朼 杦 杦 枚

なりたち  [会意]「木(＝き)」と「攵(＝つえ)」とから成る。幹。

意味 ❶木の幹。❷夜討《よう》ちや、奇襲《キシュウ》のときに兵士の口にかませて声を出すのをふせいだ木片《モクヘン》。ばい。例 枚《バイ》を銜《ふく》む。❸一つ一つ数える。例 枚挙《マイキョ》。❹ものを数えることば。例 枚数《マイスウ》。硯《すずり》一枚《イチマイ》。槍《やり》二十枚《ニジュウマイ》。

日本語での用法 《マイ・ひら》うすくて平たいものや軽いものを数えることば。「三百枚《サンビャクマイ》の原稿《ゲンコウ》・銀《ギン》二枚《ニマイ》・一枚《ひとひら》の花《はな》びら」

難読 枚方《ひらかた》（＝地名）

人名 かず・ふむ

【枚挙】《マイキョ》（名・する）一つ一つ数えあげること。例 ——にいとまがない（＝いちいち数えるひまがない。数がたいへん多いことをいう）。

●三枚《サンマイ》・千枚《センマイ》・大枚《タイマイ》

木 4
【枕】
8画 4377 6795 常用 音 チン(慣) シン(漢)(呉) 訓 まくら

筆順 一 十 才 木 杧 杪 枕 枕

なりたち 枕(篆書) [形声]「木(=き)」と、音「冘《イン→シン》」とから成る。寝るときに頭にしくもの。

意味 ❶ねるとき頭の下に置くもの。まくら。例 枕席《チンセキ》。枕《まくら》を攲《そばだ》てる(=まくらの一方を上げてかたむける)。❷まくらにする。例 枕草《チンソウ》。枕流漱石《チンリュウソウセキ》。

日本語での用法《まくら》言い出すとき初めに加えて言うことば。「話《はなし》の枕《まくら》・枕詞《まくらことば》」

【▽枕上】㊀《チンジョウ》ねむらないで寝床《ねどこ》にいること。㊁《まくらがみ》ねているまくらのあたり。まくらもと。

【▽枕席】《チンセキ》〔「席」は、敷物《しきもの》の意〕①寝床《ねどこ》。②寝室。

【▽枕頭】《チントウ》まくらもと。例 見舞《みま》いの人が―につめかける。

【▽枕流▼漱石】《チンリュウソウセキ》負けおしみの強いこと。→【石《いし》に漱《くちすす》ぎ流《なが》れに枕《まくら》す】(713ページ)

【枕木】《まくらぎ》レールの下に敷《し》く木やコンクリートの角材。

【枕▽詞】《まくらことば》①日本の古典語の修辞法の一つ。和歌などで、あることばの前につけて、そのことばを修飾《シュウショク》したり語調をととのえたりする。たとえば、「青丹《あおに》よし」「久方《ひさかた》の」「たらちねの」などをいい、それぞれ「奈良《なら》」「光」「母」にかかる。②話の前置き。

木4 【枡】8画 5938 67A1 国字 訓 ます

木6 [桝] 10画 *4381 *685D 別体字

意味 ❶穀物や酒などの量をはかる四角い容器。ます。例 枡形《ますがた》。枡酒《ますざけ》(=枡一ぱいについだ酒)。❷歌舞伎《かぶき》や相撲《すもう》の見物席。ます。

【枡席】《ますセキ》芝居《しばい》小屋や相撲《すもう》小屋で、正方形に区切ってつくられた見物席。

木4 【杳】8画 5866 6773 音 ヨウ漢 訓 くら-い・はる-か

意味 ❶日がしずんで、まっくら。くらい。例 杳冥《ヨウメイ》。❷よく見えない。はるか。とおい。同 遥《ヨウ》。例 杳乎《ヨウコ》(=ふかくひろい。とおい)。杳然《ヨウゼン》。杳《ヨウ》として。

【杳然】《ヨウゼン》(形動タルト)遠くはるかなようす。

【杳冥】《ヨウメイ》(形動タルト)うすぐらくて、はっきりしないようす。

【杳杳】《ヨウヨウ》(形動タルト)①暗いようす。また、ぼんやりしたようす。②はるかなようす。

木4 【林】8画 4651 6797 教育1 音 リン漢呉 訓 はやし

筆順 一 十 才 木 木一 村 材 林

なりたち 林(篆書) [会意]「木(=き)」がならぶ。平らな土地に木がむらがり生えたところ。

意味 ❶平らな土地で、木や竹がたくさん生えているところ。はやし。例 林野《リンヤ》。森林《シンリン》。竹林《チクリン》。❷同類の人やものの集まり。例 儒林《ジュリン》。詞林《シリン》。

人名 き・きみ・きん・しげ・しげる・とき・な・ふさ・もと・もり・よし

【林学】《リンガク》樹木や森林、林業について研究する学問。

【林間】《リンカン》はやしの中。例 ―学校。―に酒を酌《く》む。

【林業】《リンギョウ》森林を育てて、材木・木炭・きのこなどを生産する産業。

【林▼檎】《リンゴ》①バラ科の落葉高木。春に白い花がさき、秋に赤や黄緑色の実がなる。②リンゴの赤い実。例 ―のような少女のほお。

【林産】《リンサン》木材や木炭などが山林からとれること。また、山林でとれるもの。例 ―物。―資源。

【林政】《リンセイ》森林や林業にかかわる行政。

【林相】《リンソウ》樹木の種類やしげり方などから見た、その森林の状態。

【林道】《リンドウ》①はやしの中の道。②山林でとれた木材などを運ぶための道。

【林野】《リンヤ》森林と野原。例 ―に遊ぶ。

【林立】《リンリツ》(名・する)はやしの木のように、細長いものがたくさん並び立っていること。例 ビルが―する都会。

● 原始林《ゲンシリン》・山林《サンリン》・酒池肉林《シュチニクリン》・樹林《ジュリン》・植林《ショクリン》・森林《シンリン》・梅林《バイリン》・密林《ミツリン》

木4 【枠】8画 4740 67A0 常用 国字 訓 わく

筆順 一 十 才 木 朹 枠 枠

なりたち [会意]「木(=き)」と「卆(=糸をまきつける道具)」とから成る。わく。

意味 ❶ものごとの仕切り。範囲。わく。例 別枠《ベツわく》。❷外側をかこむもの。外郭《ガイカク》。ふち。わく。例 外枠《そとわく》。窓枠《まどわく》。

● 大枠《おおわく》・黒枠《くろわく》・別枠《ベツわく》

木4 [枅] 8画 ⇩【枅】《ケイ》(526ページ)

木4 [杰] 8画 ⇩【傑】《ケツ》(93ページ)

木4 [枩] 8画 ⇩【松】《ショウ》(517ページ)

木4 [枦] 8画 ⇩【櫨】《ロ》(551ページ)

木5 【栄】9画 1741 6804 教育4 音 エイ漢 ヨウ呉 訓 さか-える・は-え・は-える・さか-え

筆順 丶 丷 ⺍ ⺍ 栄 栄 栄

木10 【榮】14画 6038 69AE 人名

なりたち 榮(篆書) [形声]「木(=き)」と、「熒《ケイ→エイ》」の省略体とから成る。キリの木。また、屋根の両端《リョウタン》のそりかえった部分。派生して「さかえる」の意。

意味 ❶はなやかにさいた花のようにさかえる。さかえ。例 栄華《エイガ》。栄枯《エイコ》。繁栄《ハンエイ》。❷名誉《メイヨ》。名声。ほまれ。はえ。例 栄冠《エイカン》。栄光《エイコウ》。栄誉《エイヨ》。❸地位があがる。出世する。さかんになる。例 栄進《エイシン》。栄達《エイタツ》。栄転《エイテン》。❹血管によって全身に運ばれる活力素。さかんにするもの。例 栄養《エイヨウ》。

使い分け はえ・はえる【映・栄】⇩1177ページ

難読 栄西《ヨウサイ》(=禅僧《ゼンソウ》の名)・栄螺《さざえ》《さざい》

人名 さか・さかえ・さこう・しげ・しげる・たか・てる・なか・なが・はる・ひさ・ひさし・ひで・まさ・よし

【栄位】《エイイ》名誉《メイヨ》ある、かがやかしい地位。例 ―につく。

【栄華】《エイガ》お金も地位も権力もあり、はなやかなこと。例 栄耀《エイヨウ》―。―をきわめる。

【栄冠】《エイカン》勝利者におくられるかんむり。また、名誉《メイヨ》ある勝利や成功。類 栄誉・名誉。例 ―にかがやく。―を手にする。

【栄枯】《エイコ》〔草木がしげることと、かれること〕地位や権力を得て勢いがあることと、おちぶれること。例 ―盛衰《セイスイ》。

【栄光】《エイコウ》①何かを成しとげて得る、かがやかしいほまれ。類 栄誉《エイヨ》・名誉。例 ―を目ざす。―にかがやく。②めでたいひかり。類 瑞光《ズイコウ》。

【栄爵】《エイシャク》名誉《メイヨ》ある爵位。例 ―を望む。

【栄辱】《エイジョク》ほまれと、はずかしめ。

【栄進】《エイシン》(名・する)上の地位や役職にすすむこと。類 栄達・昇進《ショウシン》・出世。例 部長に―する。

【栄達】《エイタツ》(名・する)高い地位・身分に上がり、さかえること。

(類)栄進・立身出世。[例]―を求める。

【栄《エイ》転《テン》】（名・する）今までより高い地位や役職について、転任すること。(対)左遷《サセン》。

【栄《エイ》名《メイ》】かがやかしいほまれ。名誉《メイヨ》。

【栄《エイ》誉《ヨ》】人から評価され、たたえられること。(類)栄光・名誉。[例]―に浴する。ノーベル賞を受ける―。

【栄《エイ》養《ヨウ》】生物が生命を保ち、成長し活動するために養分をとること。また、その養分。(類)滋養《ジヨウ》。[例]―失調。―になる。―がいい。[表記]「営養」とも書く。

【栄▼耀《エイヨウ｜エヨウ》】〔「耀」は、光りかがやく意〕①お金や地位と権力を手にし、勢いがあること。②ぜいたくに暮らすこと。はでなこと。[例]―の生活ぶり。

【栄▼耀栄華《エイヨウエイガ｜エヨウエイガ》】はなやかにさかえ、時めくこと。さかえておごること。[例]―をきわめる。

【栄《エイ》利《リ》】名誉《メイヨ》と利益《リエキ》。[例]―を追わない。
●共存共栄《キョウソンキョウエイ》・虚栄《キョエイ》・光栄《コウエイ》・清栄《セイエイ》・繁栄《ハンエイ》

木 5
【架】
9画 1845 67B6 [常用] [音]カ(漢) [訓]か-ける・か-かる

[筆順] フ カ カ 加 加 加 架 架

[なりたち] [形声]「木(=き)」と、音「加《カ》」とから成る。ものを置いたり、ささえたりするための道具。
[意味] ❶ものをのせる台。たな。[例]書架《ショカ》。担架《タンカ》。❷かけわたす。かける。かかる。[例]架設《カセツ》。高架《コウカ》。
[使い分け] かかる・かける【掛・懸・架・係・賭】 ⇩1166ページ
[人名] みつ・わたる
[難読] 稲架《はさ｜はざ》
【架《カ》橋《キョウ》】（名・する）橋をかけること。また、その橋。[例]―工事。
【架《カ》空《クウ》】一（名・形動《ダ》）実際には存在しないこと。想像でつくったこと。つくりごと。(類)虚構《キョコウ》。(対)実在。[例]―名義。―の人物。[参考]「仮空」と書くのは誤り。二（名）空中にかけわたすこと。[例]―ケーブル。
【架《カ》設《セツ》】（名・する）橋や電線などをかけわたすこと。[例]電話の―工事。
【架《カ》線《セン》】一（名・する）電線をかけわたすこと。また、その電線。二（名）線路の上にかけ、電車に電気を送る電線。〔鉄道関係者は「ガセン」という〕[例]―が切れる。
●後架《コウカ》・高架《コウカ》・十字架《ジュウジカ》・書架《ショカ》・担架《タンカ》

木 5
【枷】
9画 5940 67B7 [音]カ(漢) [訓]かせ・くびかせ

[意味] ❶イネやムギの穂《ほ》を打って、実を落とす農具。からざお。[例]連枷《レンカ》。❷罪人の首にはめて自由をうばう刑具《ケイグ》。かせ。くびかせ。[例]足枷《あしかせ》。首枷《くびかせ》。手枷《てかせ》。

木 5
【柯】
9画 5941 67EF [音]カ(漢)(呉) [訓]えだ

[意味] ❶斧《おの》の柄《え》。え。[例]爛柯《ランカ》。❷木の枝。えだ。[例]枝柯《シカ》。

木 5
【枴】
9画 5942 67B4 [音]カイ(漢) [訓]つえ

[意味] 老人のつえ。つえ。[例]鉄枴《テッカイ》。木枴《モッカイ》。
[参考] 「另」の字形は「另」あるいは「另」とも書く。

木 5
【柿】
9画 1933 67FF [常用] [音]シ(漢) [訓]かき

[筆順] 一 十 オ 木 杧 杧 柿 柿

[なりたち]  [形声]「木(=き)」と、音「市《シ》」とから成る。赤い実のなる果樹。
[意味] カキノキ科の落葉高木。カキ。果実は、秋に赤黄色に熟す。材は家具用。
[参考] 「柿《ハイ》(=けずりくず。こけら)」は、木部四画で、別の字。
[人名] かげ・かつ

木 5
【柑】
9画 2027 67D1 [人名] [音]一カン(漢) 二ケン(漢) [訓]こうじ

[意味] 一《カン》ミカン科の常緑高木。ミカンの一種で、秋にだいだい色の実をつける。[例]柑橘類《カンキツルイ》。金柑《キンカン》。蜜柑《ミカン》。二《ケン》くつわ(をはめる)。(同)拑《ケン》。[例]柑馬《ケンバ》(=ウマにくつわをはめる)。
[難読] 柑子革《コウジがわ》(=こうじ色に染めた革)
【柑▼橘類《カンキツルイ》】ミカン・ダイダイ・レモン・ユズなどの、ミカン科の木や果実をまとめていうことば。
【柑子】一《カンシ》〔「カンジ」とも〕ミカンの古い言い方。コウジミカン。二《コウジ》ミカンの品種の一つ。黄色で小さく、すっぱい。[例]―色《いろ》(=赤みがかった黄色)。

木 5
【柬】
9画 5943 67EC [音]カン(漢) [訓]えら-ぶ

[意味] ❶選択《センタク》する。えらぶ。❷手紙。[例]手柬《シュカン》(=手紙)。

木 5
【枳】
9画 5944 67B3 [音]キ・シ(漢)(呉) [訓]からたち

[意味] ミカン科の落葉低木。カラタチ。初夏に五弁の白い花がさく。秋には、丸く黄色い果実をつけるが食用にならない。[例]枳棘《キキョク》。枳殻《キコク》。

【枳▼棘《キキョク》】カラタチとイバラ。どちらもとげがある。心にとげがあり、人のじゃまをする者にたとえてもいう。

【枳▽殻《キコク｜からたち》】カラタチの木。また、その果実。

木 5
【柩】
9画 5945 67E9 [音]キュウ(漢) [訓]ひつぎ

[意味] 死体を納める木製のはこ。ひつぎ。[例]霊柩車《レイキュウシャ》。

木 5
【枸】
9画 5946 67B8 [音]ク(漢)(呉)

[意味] ❶クロウメモドキ科の落葉高木。ケンポナシ。花穂《カスイ》をつけた枝が肉質化してあま味を帯び、食用になる。❷コショウ科の常緑つる性植物。キンマ。マレーシア原産。葉で石灰《セッカイ》とビンロウの実を包み、かんでチューインガムのようにする。❸「枸櫞《クエン》」は、ミカン科の常緑低木。ブシュカン。シトロンの変種。芳香《ホウコウ》があり観賞用。❹「枸杞《クコ》」は、ナス科の落葉低木。❺「枸橘《クキツ》」は、カラタチ。

【枸▼櫞酸《クエンサン》】柑橘類《カンキツルイ》の実にふくまれる酸。さわやかな酸味があり、清涼飲料《セイリョウインリョウ》などに使われる。

【枸▼杞《クコ》】ナス科の落葉低木。花はうすむらさき色で、赤い実をつける。実・若葉・根などが、食用や薬用になる。[例]―茶。―飯《めし》。―酒。

木 5
【枯】
9画 2447 67AF [常用] [音]コ(漢)(呉) [訓]か-れる・か-らす

筆順 一 十 木 木 朴 朴 枯 枯

なりたち [形声]「木(=き)」と、音「古《コ》」とから成る。木がひからびる。

意味 ❶水分やうるおいがなくなる。かれる。からす。例枯渇《コカツ》。枯木《コボク》。❷おとろえる。おちぶれる。(対)栄《エイ》。例栄枯《エイコ》盛衰《セイスイ》。❸お金や名誉《メイヨ》などを求める心がない。あっさりとした。例枯淡《コタン》。

【枯れ尾花《かれおばな》】(「尾花」は、ススキの古い言い方) かれたススキ(の穂《ほ》)。枯れ薄《すすき》。例幽霊《ユウレイ》の正体《ショウタイ》見たり—。

【枯れ木《かれき》】かれた木。例—も山のにぎわい(=つまらないものでも、他になにもないよりはましだ)。

【枯れ山水《かれサンスイ》】水を使わず、石や砂などで自然の山水を表現した日本庭園。京都の西芳寺《サイホウジ》・竜安寺《リョウアンジ》の石組みや石庭《セキテイ》、大徳寺《ダイトクジ》大仙院《ダイセンイン》の庭など。

【枯れ▽薄《かれすすき》】かれたススキ。枯れ尾花《おばな》。表記「枯れ▼芒」とも書く。

【枯渇《コカツ》】(名・する) ①水分がなくなり、かわききること。干《ひ》あがること。例川が—する。②すっかりなくなってしまうこと。出つくすこと。例才能が—する。表記▽(旧)▼涸渇

【枯魚《コギョ》】干したさかな。ほしうお。ひもの。

【枯▼槁《ココウ》】(名・する)〔「槁」も、かれる意〕①草木がかれること。②やせおとろえて元気がないこと。③おちぶれること。

【枯骨《ココツ》】①くちはてた、死者のほね。②死んだ人。

【枯死《コシ》】(名・する) 草木がかれること。立ちがれ。例虫害で—した木。

【枯淡《コタン》】(名・形動《ダ》)(人がらなどが)無欲で、さっぱりとした味わいがあること。また、(書画や詩文などが)あっさりとしたおもむきがあること。(類)淡泊《タンパク》。例—の境地。

【枯木《コボク》】かれた木。かれき。例—に花開く(=不運な人や老人が再び勢いにのる。また、ありえないことが起こる)。

【枯木死灰《コボクシカイ》】かれ木と冷たい灰。無心で、無欲なこと。また、活気のないことのたとえ。槁木《コウボク》死灰。例—のように感動も感激もない。

◐栄枯《エイコ》

木 5

【柮】 9画 5951 67EE

音ゴツ(漢) トツ(漢) 訓かぶ・くいぜ

意味 短く切った木。かぶ。くいぜ。例榾柮《コットツ—かぶ》。

木 5

【査】 9画 2626 67FB 教育5

音サ(漢) 訓しら-べる

筆順 一 十 オ 木 木 杏 杳 査

なりたち [形声]「木(=き)」と、音「且《ショ→サ》」とから成る。木で作ったいかだ。借りて「しらべる」の意。

意味 ❶いかだ。例浮査《フサ》(=いかだ)。❷事情を明らかにする。しらべる。例査察《ササツ》。検査《ケンサ》。

【査閲《サエツ》】(名・する) ①実際によく調べること。②とくに、軍事教練の成績を実地に調べること。

【査察《ササツ》】(名・する) 規定どおりにおこなわれているかどうか、ようすを調べること。(類)視察。例—官。空中—。

【査収《サシュウ》】(名・する)(お金やものを)よく調べて受け取ること。例ご—ください。

【査証《サショウ》】(名・する) 外国へ行くときに、入国先が入国許可を証明すること。また、その証明。入国許可証。ビザ。

【査定《サテイ》】(名・する) よく調べて、金額や等級などを決めること。例税務—。勤務成績を—する。

【査問《サモン》】(名・する)(事件の取りあつかい方や公務の執行《シッコウ》などについて)状況《ジョウキョウ》をよく調べるため、当事者や関係者に問いただすこと。例—委員会。責任者を—する。

◐監査《カンサ》・検査《ケンサ》・巡査《ジュンサ》・審査《シンサ》・捜査《ソウサ》・探査《タンサ》・調査《チョウサ》・踏査《トウサ》

木 5

【柤】 9画 5947 67E4

音サ(漢)

意味 ❶木の囲い。さく。❷バラ科の落葉低木。

木 5

【柵】 9画 2684 67F5 常用

音サク(漢) 訓しがらみ

筆順 一 十 木 朳 机 枛 栅 柵

なりたち [形声]「木(=き)」と、音「冊《サク》」とから成る。木を編むように組んで立てたもの。

意味 ❶木や竹を編んで作ったかきね。さく。例柵門《サクモン》(=柵をめぐらした屋敷《やしき》の門)。❷さくをまわりにめぐらしたとりで。❸水流をせきとめるため、杭《くい》を打ち並べ竹や木をとりつけたもの。しがらみ。例水柵《スイサク》。

木 5

【柞】 9画 5948 67DE

音サク(漢) 訓ははそ・たらのき

意味 ❶ブナ科の落葉高木。クヌギ。❷ブナ科コナラ属の植物の別名。ははそ。❸イイギリ科の常緑小高木。クスドイゲ。❹木を切る。

【柞蚕《サクサン》】カイコの一種。クヌギの葉などを食べ、褐色《カッショク》のまゆを作る。

木 5

【柘】 9画 3651 67D8 人名

音シャ(漢)(呉) 訓つげ

意味 ❶クワ科の落葉小高木。ハリグワ。とげがあり、葉はクワよりかたい。薬や紙の材料、黄色の染料《センリョウ》に利用される。❷「柘植」は、ツゲ。❸「柘榴」は、ザクロ。

木 5

【柊】 9画 4102 67CA 人名

音シュウ(漢) 訓ひいらぎ

木 5

【柊】 9画

なりたち [形声]「木(=き)」と、音「冬《トウ→シュウ》」とから成る。木の名。

意味 ❶「柊楑《シュウキ》」は、さいづち。木製の、物をたたく小さな工具。❷「柊葉《シュウヨウ》」は、中国南部に産する、バショウに似た植物。

日本語での用法《ひいらぎ》モクセイ科の常緑小高木。葉はかたく、ふちにするどいとげがある。枝葉は悪魔《アクマ》・悪病をはらうとして節分の行事に使う。

木 5

【柔】 9画 2932 67D4 常用

音ジュウ(漢) ニュウ(呉) 訓やわ-らか・やわ-らかい・やわ-らげる

筆順 フ マ ヌ 予 矛 矛 柔 柔

なりたち [形声]「木(=き)」と、音「矛《ボウ→ジュウ》」とから成る。曲げたりのばしたりできる木。

意味 ❶やわらかい。しなやか。やわらか。例柔軟《ジュウナン》。内柔外剛《ナイジュウガイゴウ》。柔肌《やわはだ》。❷よわよわしい。もろい。例柔脆《ジュウゼイ》(=やわらかで、よわい)。柔弱《ニュウジャク》。優柔不断《ユウジュウフダン》。❸おだやか。心やさしい。おとなしい。例柔順《ジュウジュン》。柔和《ニュウワ》。❹安心させて手なずける。やわらげる。例懐柔《カイジュウ》。

日本語での用法《ジュウ・やわら》手に武器を持たずにたたかう。「柔術《ジュウジュツ》・柔道《ジュウドウ》・柔《やわら》を取《と》る」

使い分け **やわらかい・やわらかだ【柔・軟】**⇩1181ページ

人名 とう・なり・やす・やわ・よし

【柔構造】《ジュウコウゾウ》 地震《ジシン》の力を弱め、ゆれを吸収できるようにした建物の構造。例—の高層建築。

【柔術】《ジュウジュツ》 日本古来の武術の一つ。手足に武器を用いずに、投げる・突《つ》く・けるなどして相手と戦う。やわら。→【柔道《ジュウドウ》】

【柔順】《ジュウジュン》（名・形動《ダ》）（性格・態度などが）ものやわらかく、やさしいこと。類従順。

【柔道】《ジュウドウ》 柔術を洗練したもので、武器を用いずに相手と組み合い、投げたりおさえこんだりして戦うスポーツ。やわら。

【柔軟】《ジュウナン》（名・形動《ダ》）①やわらかいこと。例—体操。からだを—にする。②考え方などを、その場に応じて変えられること。融通《ユウズウ》がきくこと。例—な思考。—に対処する。

【柔《ジュウ》▽能《よ》く剛《ゴウ》を制《セイ》す】 やわらかくしなやかなものが、かえってかたく強いものに勝つ。

【柔弱】《ニュウジャク》（名・形動《ダ》）〔「ジュウジャク」とも〕よわよわしいこと。気力や体力がないこと。類軟弱《ナンジャク》。

【柔和】《ニュウワ》（名・形動《ダ》）やさしくておだやかなこと。

【柔肌】《やわはだ》 女性や幼児の、やわらかい皮膚《ヒフ》。

●温柔《オンジュウ》・外剛内柔《ガイゴウナイジュウ》・懐柔《カイジュウ》・優柔《ユウジュウ》

木 5

【染】

9画 3287 67D3 教育6

音 **セン** 慣 ゼン 漢 呉

訓 **そ-める・そ-まる・し-みる・し-み**

筆順 氵 氵 氵 氿 氿 氿 染 染

なりたち  [会意]「氵(=みず)」と「木(=そめる材料)」と「九(=そめる回数)」とから成る。なん度も色をしみこませる。そめる。

意味 ❶布などを(色がつく)液体にひたして、じわじわと色をしみこませる。そめる。例染色《センショク》。染料《センリョウ》。❷じわじわと色や性質が変わる。そまる。しみる。また、病気がうつる。例汚染《オセン》。感染《カンセン》。伝染《デンセン》。

難読 馴染《なじみ》

人名 そめ

【染色】《センショク》 一（名・する）糸や布などに色をつけること。例—の工程。二（名）そめた色。そめ色。例あざやかな—。

【染色体】《センショクタイ》 細胞《サイボウ》の核《カク》が分裂《ブンレツ》するときにあらわれる糸状の物質。生物の種類によって数や形が異なる。

【染織】《センショク》（名・する）布をそめることと織ること。

【染髪】《センパツ》（名・する）かみの毛をそめること。染毛。

【染筆】《センピツ》（名・する）〔筆に墨《すみ》などをつけて筆先をそめる意〕筆で字や絵をかくこと。類揮毫《キゴウ》・潤筆《ジュンピツ》。例—料。

【染毛】《センモウ》（名・する）かみの毛をそめること。染髪《センパツ》。

【染料】《センリョウ》 色をそめつける材料。例合成—。天然—。

●愛染《アイゼン》・汚染《オセン》・感染《カンセン》

木 5

【柝】

9画 5949 67DD

音 タク 漢

訓 き・ひょうしぎ・さ-く

意味 ❶（木を、二つに）わける。ひらく。❷長方形の一対《イッツイ》の木をたたいて音を出すもの。夜まわりや舞台《ブタイ》で用いる。き。ひょうしぎ。例柝声《タクセイ》。夜柝《ヤタク》。柝《き》がはいる。

木 5

【柱】

9画 3576 67F1 教育3

音 **チュウ** 漢 ジュ 呉

訓 **はしら**・じ

筆順 一 十 才 木 木 木 杧 杧 柱

なりたち  [形声]「木(=き)」と、音「主《シュ》→チュウ」とから成る。建物をささえるはしら。

意味 ❶屋根をささえる直立した材木。はしら。また、中心となって、ささえるもの。例円柱《エンチュウ》。支柱《シチュウ》。❷琴《こと》の胴《ドウ》の上に立てて弦《ゲン》をささえるもの。ことじ。じ。例琴柱《ことじ》。

日本語での用法《はしら》神や死者の霊《レイ》を数えることば。「伊奘諾《いざなぎ》・伊奘冉《いざなみ》二柱《ふたはしら》の神《かみ》」

【柱石】《チュウセキ》 ①柱と、その土台になる石。②国や組織をささえる重要な人。例国家の—となる。

【柱頭】《チュウトウ》 ①西洋建築で、柱の上の部分にある彫刻《チョウコク》。キャピタル。②めしべの先。ここに花粉がつく。

【柱廊】《チュウロウ》 柱と屋根とからなる、かべのない廊下。コロネード。

●円柱《エンチュウ》・角柱《カクチュウ》・支柱《シチュウ》・霜柱《しもばしら》・大黒柱《ダイコクばしら》・電柱《デンチュウ》・氷柱《ヒョウチュウ|つらら》・帆柱《ほばしら》・門柱《モンチュウ》

木 5

【柢】

9画 5950 67E2

音 テイ 漢

訓 ね

意味 木の根。ものごとのもとになるもの。ね。例根柢《コンテイ》。

木 5

【栃】

9画 3842 6803 教育4 国字

訓 **とち**

筆順 十 才 木 木 朾 杤 栃 栃

なりたち 国字。「杤」あるいは「構」が変形してできた字。

意味 トチノキ。〔おもに、地名・人名に用いられる字〕

参考「杤」は日本で古くから用いられていたが、一八七九(明治十二)年に、県名(=栃木《とちぎ》)としては「栃」を用いることとされた。

県名 栃木《とちぎ》

木 5

【栂】

9画 3646 6802 国字

音 バイ 漢

訓 つが・とが

意味 バラ科の落葉高木。ウメ。

日本語での用法《つが・とが》マツ科の常緑高木。ツガ。トガ。庭木とする。材は建築・器具・パルプなどに用いられる。

難読 栂尾《とがのお》(=地名)

木 5

【柏】

9画 3980 67CF 人名

音 ハク 漢 ヒャク 呉

訓 かしわ・かえ・かや

木 6

[栢]

10画 1992 6822 別体字

意味 ヒノキ・コノテガシワなどのヒノキ科の常緑樹の名。マツとともに、節操のかたいことのたとえにされる。例松柏《ショウハク》。

日本語での用法《かしわ》ブナ科の落葉高木。大きな葉は、古来、食品を包むのに用いる。「柏餅《かしわもち》」

難読 柏槙《ビャクシン|いぶき》・柏竹《びんざさら》

【柏手】《かしわで》 神を拝むとき、両手の手のひらを打ち合わせて鳴らすこと。例—を打つ。表記「▽拍手」とも書く。

【柏餅】《かしわもち》 ①カシワの葉でくるんだあん入りのもち菓子《ガシ》。五月五日の端午《タンゴ》の節句に食べる習慣がある。②半分に折ったふとんにくるまり、「①」のようなかっこうになること。

木 5

【枹】

9画 5952 67B9

音 フ 漢

訓 ばち

意味 太鼓《タイコ》を打ち鳴らす棒。ばち。同桴《フ》。例枹鼓《フコ》。

参考 訓「ばち」は、もともとは字音「バチ(撥)」の転用。

【枹鼓】《フコ》 ①ばちと太鼓。②戦争・軍隊のこと。

木 5
【柎】
9画 5953 67CE
音 フ(漢)
訓 うてな・はなぶさ

意味 ❶うつわの脚《あし》。❷花の萼《ガク》。はなぶさ。うてな。

木 5
【柄】
9画 4233 67C4 常用
音 ヘイ(漢)
訓 がら・え・つか

筆順 一 十 才 木 木 杧 柄 柄 柄

なりたち [形声]「木(=き)」と、音「丙《ヘイ》」とから成る。斧《おの》などの、持つ部分。

意味 ❶器物や刀剣《トウケン》の、手で持つ部分。え。つか。例 柄杓《ヘイシャク｜ひしゃく》。権柄《ケンペイ》。❷相手をとらえて左右する強い力。権力。例 横柄《オウヘイ》。❸もとになるもの。材料。例 話柄《ワヘイ》。

日本語での用法《がら》①からだつき。体格。「柄《がら》が大《おお》きい」②ようす。品格。また、その人のもともとの性質。「柄《がら》が悪《わる》い・柄《がら》にもなく」③布地などの模様。「花柄《はながら》」④形式名詞「から」「がら」にあてる字。「折柄《おりから》・続柄《つづきがら》・所柄《ところがら》・吾柄《われから》」

人名 えだ・かい・もと

【柄▼杓】《ヘイシャク｜ひしゃく》 お湯や水などをくむ道具。

●間柄《あいだがら》・家柄《いえがら》・絵柄《エがら》・横柄《オウヘイ》・作柄《サクがら》・続柄《つづきがら》・土地柄《トチがら》・身柄《みがら》・銘柄《メイがら》・役柄《ヤクがら》・葉柄《ヨウヘイ》

木 5
【某】
9画 4331 67D0 常用
音 一 バイ(漢) 二 ボウ(漢) ム(呉)
訓 なにがし・それがし

筆順 一 十 廾 廿 甘 甘 早 某

なりたち [会意]「木(=き)」と「甘(=酸味のもと)」とから成る。すっぱい果実。ウメの実。

意味 一《バイ》「梅《バイ》」の古字。ウメの実。二《ボウ》 ❶人の名前や日時・場所などが不明なとき、また、明らかであっても、わざとぼかしていうときに用いることば。ある。それがし。なにがし。例 某月某日《ボウゲツボウジツ》。某氏《ボウシ》。某所《ボウショ》。❷わたくし。それがし。

人名 いろ

木 5
【柾】
9画 4379 67FE 人名
訓 まさ・まさき

参考 中国、遼《リョウ》代の字書『竜龕手鑑《リュウガンシュカン》』には「柩《キュウ｜ひつぎ》」の俗字とある。

なりたち [会意]「木(=き)」と「正(=ただしい)」とから成る。木の、まさめ。

意味 ❶板の木目が平行に通っているもの。例 柾目《まさめ》の板《いた》。❷つる性植物テイカカズラの古い名。例 柾《まさき》の葛《かずら》。

木 5
【柚】
9画 4514 67DA 人名
音 一 ユウ(漢) ユ(呉) 二 チク(漢) ジク(呉)
訓 ゆず

なりたち [形声]「木(=き)」と、音「由《ユウ》」とから成る。ユズ。

意味 一《ユウ｜ユ》 ミカン科の常緑小高木。ユズ。果実は冬、淡黄色《タンコウショク》に熟し、香気《コウキ》が高く香味料とする。例 柚子《ユズ》。二《チク｜ジク》 機織《はたお》りのたて糸をまく道具。たてまき。同 軸《ジク》。

難読 柚柑《ユコウ》・柚醤《ユびしお》・柚餅子《ユベシ》

木 5
【柳】
9画 4488 67F3 常用
音 リュウ(漢)(呉)
訓 やなぎ

筆順 一 十 才 木 木 杉 枊 柳 柳

なりたち [形声]「木(=き)」と、音「卯《ユウ→リュウ》」とから成る。茎《くき》が細く葉が小さいヤナギ。

意味 ❶シダレヤナギ・イトヤナギなど、ヤナギ科の落葉高木。ヤナギ。街路樹・並木とする。細い枝が垂れる。例 柳絮《リュウジョ》。楊柳《ヨウリュウ》。❷二十八宿の一つ。ぬりこぼし。例 柳宿《リュウシュク》。

【▽柳川】《やながわ》「柳川鍋《やながわなべ》」の略。ドジョウとささがきゴボウを浅いなべで煮《に》て、たまごでとじた料理。

【柳行▼李】《やなぎゴウリ》 コリヤナギの枝の皮をはいで干し、麻糸《あさいと》で編んで作った箱形の荷物入れ。

【柳暗花明】《リュウアンカメイ》 ①ヤナギがしげってほの暗く、花が明るくさきほこる。美しい春の景色をいう。②芸者や遊女の集まっている地域のたとえ。花柳街。例 ―の巷《ちまた》。

【柳営】《リュウエイ》 ①将軍の陣営《ジンエイ》。〔漢の将軍の周亜夫《シュウアフ》が細柳《サイリュウ》という地で、規律正しい陣を張ったという故事による〕〈漢書《カンジョ》〉②将軍。将軍家。

【柳▼絮】《リュウジョ》 〔「絮」は、わたの意〕ヤナギの種子についている白い綿毛《わたげ》。また、それが雪のように飛び散ること。

【柳条】《リュウジョウ》 ヤナギの枝。

【柳色】《リュウショク》 ヤナギの青々とした色。例 雨後の―新たなり(=雨に洗われて柳色があざやかである)。

【柳眉】《リュウビ》 ヤナギの葉のように細く形のよい眉《まゆ》。美人の眉の形容。

【柳眉《リュウビ》を逆立《さかだ》てる】 美人が眉《まゆ》をつりあげておこる。

【柳腰】《リュウヨウ｜やなぎごし》 美人の細くてしなやかな腰《こし》。細腰《サイヨウ》。美人のたとえ。

●青柳《あおやぎ》・川柳《センリュウ》

木 5
【柆】
9画 5954 67C6
音 ロウ(漢)
訓 うだち

意味 ❶木を折る。❷木の柵《サク》。

日本語での用法《うだち》 棟木《むなぎ》をささえる短い柱。うだつ。

木 5
【柒】
9画 ⇩【漆】《シツ》(618ページ)

木 5
【柁】
9画 ⇩【舵】《ダ》(838ページ)

木 5
【柊】
9画 ⇩【柊】《シュウ》(522ページ)

木 6
【案】
10画 1638 6848 教育4
音 アン(漢)(呉)
訓 つくえ・かんが-える

筆順 丶 宀 宀 安 安 安 宰 案 案

なりたち [形声]「木(=き)」と、音「安《アン》」とから成る。短い脚《あし》のついた台。

意味 ❶つくえ。例 案下《アンカ》。案《アン》に倚《よ》って考《かんが》える。❷よく考える。しらべる。同 按《アン》。例 案出《アンシュツ》。考案《コウアン》。思案《シアン》。❸あらかじめ考えたこと。推量。計画。予想。例 案外《アンガイ》。案の定《ジョウ》。❹裁判。訴訟《ソショウ》事件。例 案件《アンケン》。

日本語での用法《アンずる》 心配する。「子《こ》の病《やまい》を案《アン》ずる・案《アン》ずるより産《う》むが易《やす》し」

【案下】《アンカ》 〔机のそばの意〕手紙で、あて名の左下に書いて敬意をあらわすことば。類 机下《キカ》・机右《キユウ》・玉案下《ギョクアンカ》。

【案外】《アンガイ》 (形動《ダ》・副)思っていたことと実際とがちがうようす。思いのほか。類 意外。例 ―な結末になった。問題は―簡単だった。

【案件】《アンケン》 ①訴訟《ソショウ》中の事件。②会議で話し合うための議案。例 重要―の処理を急ぐ。

【案山子】《アンザンシ｜かかし》 〔「かがし」とも〕①鳥やけものが作物をあらしにこないように、田畑に立てる人形。②見た目はりっぱ

でも中身のない人。見かけだおし。参考「案山」は、机のように平たく低い山の意で、山田(=山の中にある田)のこと。「案山子」とは、山田を守る者。

【案出】《アンシュツ》(名・する) 考え出すこと。例新方式を—する。

【案内】《アンナイ》一(名・する) ①内容やようすを人に知らせること。手引き。例入試—。②ある場所へ行く道を教えたり、連れて歩いたりすること。ガイド。例—人。道—。東京を—する。③取り次ぐこと。また、取り次ぎをたのむこと。例—もなしにはいりこむ。二(名) よく知っていること。例ご—のとおり。

【案分】《アンブン》(名・する) 基準となる数量に比例した割合で、数量や物を分けること。例—して割り当てる。表記 旧▼按分

【案文】《アンブン》 案としてつくった文章。下書き。例共同声明の—。

●議案《ギアン》・懸案《ケンアン》・原案《ゲンアン》・考案《コウアン》・私案《シアン》・思案《シアン》・試案《シアン》・図案《ズアン》・草案《ソウアン》・代案《ダイアン》・提案《テイアン》・答案《トウアン》・発案《ハツアン》・文案《ブンアン》・法案《ホウアン》・妙案《ミョウアン》・名案《メイアン》・立案《リツアン》

木 6

【桜】

10画 2689 685C 教育5

音 オウ漢 ヨウ呉

訓 さくら

筆順 一 十 木 朩 杪 桜 桜

木17

【櫻】

21画 6115 6AFB 人名

なりたち [形声]「木(=き)」と、音「嬰《エイ→オウ》」とから成る。シナミザクラの木。

意味 ❶バラ科の落葉低木。シナミザクラ。春、うすくれないの花がさき、赤い果実は食べられる。例桜桃《オウトウ》。❷バラ科の落葉高木。サクラ。春、うすくれないの花がさき、材は建築・器具などに利用される。古くから日本人にしたしまれ、国花とされる。種類が多い。例桜花《オウカ》。桜前線《さくらゼンセン》。桜餅《さくらもち》。

日本語での用法《さくら》①馬肉。「桜肉《さくらニク》」②客のふりをして商品を見たり買ったりして、他の客をひきつける役の人。「桜《さくら》になって買《か》う」

【桜花】《オウカ》 サクラの花。例—爛漫《ランマン》。

【桜桃】《オウトウ》 ①果実を食用にするサクラ。また、その果実。さくらんぼう。さくらんぼ。②中国原産の、バラ科の落葉低木。シナミザクラ(=支那実ザクラ)。春に白い花をつけ、果実はさくらんぼに似て、食用になる。

【桜貝】《さくらがい》 海にすむ二枚貝。貝がらは二センチメートルぐらいで、きれいなさくら色。

【桜狩り】《さくらがり》 サクラの花を観賞するために野や山に出かけること。花見。観桜《カンオウ》。

【桜肉】《さくらニク》〔サクラの花のような色をしていることから〕馬肉のこと。さくら。

【桜餅】《さくらもち》 あんこのはいったさくら色のもちを、塩づけにしたサクラの葉で包んだもの。

【桜湯】《さくらゆ》 サクラの花の塩づけを入れて飲む湯。めでたい席に用いる。

●観桜《カンオウ》・葉桜《はざくら》

木 6

【格】

10画 1942 683C 教育5

音 コウ慣 カク漢 キャク呉

訓 ただ-す・いた-る

筆順 一 十 木 朩 杦 枚 柊 格

なりたち [形声]「木(=き)」と、音「各《カク》」とから成る。木の枝が長くのびるようす。派生して「いたる」の意。

意味 ❶ものごとをきわめる。いたる。例格物致知《カクブツチチ》。❷おこないを正しくする。あやまりをなおす。ただす。例格心《カクシン》(=心を正しくする)。❸決まり。しきたり。法則。基準。例格式《カクシキ》。規格《キカク》。本格《ホンカク》。❹くらい。身分。おもむき。例格調《カクチョウ》。品格《ヒンカク》。風格《フウカク》。❺木や竹を四角に組んだもの。例格子《コウシ》。❻手でうつ。なぐる。同挌《カク》。例格闘《カクトウ》。❼文法で、文中のあることばが他のことばに対してもっている関係を示すことば。例主格《シュカク》。目的格《モクテキカク》。

人名 きわめ・ただ・ただし・ただす・つとむ・のぼる・のり・はかる

【格外】《カクガイ》 ①規格からはずれていること。規格外。例—の製品。②なみはずれていること。

【格言】《カクゲン》 人の生き方やものごとの真理を、短く言いあらわしたことば。類金言《キンゲン》・箴言《シンゲン》。

【格差】《カクサ》 資格・等級・品質・価格などのちがい。例賃金—。男女の—をなくす。

【格式】一《カクシキ》 身分や家柄《いえがら》、階級に応じた決まりや作法。また、その身分や家柄。例—が高い。—を重んじる。二《キャクシキ》〔「格」は律令《リツリョウ》の補助や修正、「式」は施行細則《シコウサイソク》の意〕日本の律令時代の決まり。

【格段】《カクダン》(名・形動ダナ) ちがいがとくに大きいこと。類格別。例—の差がある。—によくなる。

【格調】《カクチョウ》 文学や芸術などの作品のもつ、上品さや気高《けだか》さ。例—高い文章。

【格闘】《カクトウ》(名・する) ①相手と組み合って戦うこと。例—技。②困難なものごとにいっしょうけんめいに取り組むこと。例難題と—する。表記 ▽旧▼挌闘

【格納】《カクノウ》(名・する) 倉庫などにしまうこと。例—庫。

【格納庫】《カクノウコ》 航空機などをしまっておく建物。

【格物致知】《カクブツチチ》 ①朱子学《シュシガク》で、ものごとの道理を追究して、自己《ジコ》の知識を深めること。②陽明学《ヨウメイガク》で、心を正しくして、生まれながらにもつ知をみがくこと。▽致知格物。

【格別】《カクベツ》(形動ダナ・副) ①程度がふつうとはちがっているようす。とりわけ。類格段・特別。例うまさは—だ。今年の冬は—寒い。②ともかくも。論外。例お金持ちは—として。

【格子】《コウシ》 ①細い木やタケを、たてよこに組んだもの。戸や窓にとりつける。例—戸。②「格子縞《じま》」の略。たて縞と、よこ縞を組み合わせたもよう。チェック。

【▽格天井】《ゴウテンジョウ》 角材を格子《コウシ》の形に組んで、裏に板を張った天井。

●価格《カカク》・規格《キカク》・厳格《ゲンカク》・合格《ゴウカク》・骨格《コッカク》・資格《シカク》・失格《シッカク》・昇格《ショウカク》・人格《ジンカク》・性格《セイカク》・体格《タイカク》・適格《テキカク》・同格《ドウカク》・破格《ハカク》・品格《ヒンカク》・風格《フウカク》・別格《ベッカク》

木 6

【核】

10画 1943 6838 常用

音 カク漢

訓 さね

筆順 一 十 木 杧 杦 核 核

なりたち [形声]「木(=き)」と、音「亥《イ→カク》」とから成る。木の皮で作ったうつわ。借りて「さね(=果実の中心部)」の意。

意味 ❶果実の中心にあるかたい部分。たね。さね。例果核《カカク》。❷たしかめる。しらべる。例核実《カクジツ》(=真実をたしかめる)。校核《コウカク》(=くらべしらべる)。❸ものごとの中心にあるたいせつな部分。例核心《カクシン》。中核《チュウカク》。❹生物の細胞《サイボウ》の中心にある部分。例核質《カクシツ》。❺原子核のこと。例核爆発《カクバクハツ》。核兵器《カクヘイキ》。

難読 核子《さね》

【核家族】《カクカゾク》 ひと組みの夫婦《フウフ》とその子供だけで暮らす家族。〔英語 nuclear family の訳〕例—化が進む。

【核酸《カクサン》】〔生〕細胞《サイボウ》の核にふくまれていて、生命の維持《ジイ》や遺伝に重要なはたらきをする物質。リボ核酸とデオキシリボ核酸とに大別される。

【核質《カクシツ》】〔生〕細胞《サイボウ》の核をつくっている物質。

【核心《カクシン》】ものごとの中心となるたいせつな部分。類中核・中枢《チュウスウ》。例—をつく発言。問題の—にふれる。

【核燃料《カクネンリョウ》】原子炉《ゲンシロ》で核反応を起こして、エネルギーを発生させる物質。ウランやプルトニウムなど。

【核爆発《カクバクハツ》】核融合《ユウゴウ》や核分裂《ブンレツ》によって起こる爆発。また、核兵器の爆発。

【核武装《カクブソウ》】（名・する）原子爆弾《バクダン》や水素爆弾などの核兵器を配備していること。

【核分裂《カクブンレツ》】（名・する）①〔生〕細胞分裂《サイボウブンレツ》。②〔物〕ウランやプルトニウムなどの原子核が二つに分かれること。そのときに発生する大量のエネルギーが原子炉《ゲンシロ》や原子爆弾《バクダン》に利用される。対核融合《カクユウゴウ》。

【核兵器《カクヘイキ》】核分裂《ブンレツ》や核融合《ユウゴウ》のときに発生する大量のエネルギーを利用した兵器。原子爆弾《バクダン》や水素爆弾など。例—廃絶《ハイゼツ》。

【核融合《カクユウゴウ》】〔物〕水素やヘリウムなどの原子核が二つ以上結合し、一つの原子核になること。そのとき発生する大量のエネルギーが水素爆弾《バクダン》に利用される。対核分裂《カクブンレツ》。

●結核《ケッカク》・原子核《ゲンシカク》・地核《チカク》・中核《チュウカク》・非核《ヒカク》

木 6

【株】

10画 1984 682A 教育6 音シュ漢 チュ漢 訓かぶ

筆順 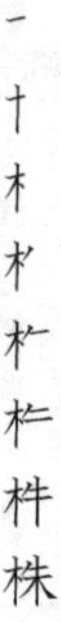

なりたち  [形声]「木(=き)」と、音「朱《シュ》」とから成る。木の根。

意味 ❶木の根もとの地面にあらわれた部分。また、木を切ったあと地上に残った部分。きりかぶ。くいぜ。例守株《シュシュ》。❷根のついた草木を数えることば。かぶ。例バラ一株《ひとかぶ》。

日本語での用法《かぶ》①資本のひとまとまり。「株《かぶ》を売《う》って資金《シキン》を作《つく》る・株券《かぶケン》・株式会社《かぶシキガイシャ》」②その人の特技。「お株《かぶ》を奪《うば》う」③評価や地位。「株《かぶ》を上《あ》げる・親分株《おやブンかぶ》」

人名 もと・より

【株価《かぶカ》】株式の市場での値段。

【株券《かぶケン》】株式の持ち主であることを示す有価証券。株式。株。

【株式《かぶシキ》】①株式会社の資本を等分にした一つ。資本の単位。②株券。株。例—の売買。—市況《シキョウ》。

【株式会社《かぶシキガイシャ》】株式を資本金とする会社。

【株主《かぶぬし》】株式会社に出資し、株券を持っている人。例—総会。

【株《かぶ》を守《まも》る】古い習慣や方法にとらわれて進歩のないことのたとえ。株を守りて兎《うさぎ》を待つ。→【守株《シュシュ》】(290ページ)

●親株《おやかぶ》・守株《シュシュ》・古株《ふるかぶ》

木 6

【栞】

10画 5957 681E 人名 音カン漢 訓しおり

なりたち  [会意]「木(=き)」と「幵(=目じるし)」とから成る。道しるべの木。

意味 山道を歩くときに、目じるしとするために折ったり切ったりした木の枝。しおり。

日本語での用法《しおり》①読みかけの本にはさんで目じるしとするもの。「本《ホン》に栞《しおり》をはさむ」②案内書。手引き。「修学旅行《シュウガクリョコウ》の栞《しおり》」

木 6

【桓】

10画 2028 6853 音カン漢呉

意味 ❶昔の中国で、宿場などのしるしとして立てた柱。例桓表《カンピョウ》(=宿場の入り口の目じるしの柱)。❷貴人を埋葬《マイソウ》するとき、棺《ひつぎ》を墓の穴に下ろすために立てた柱。❸落葉高木のムクロジ(=無患子)の別名。

木 6

【桔】

10画 2143 6854 人名 音キチ・キツ慣 ケツ漢

意味「桔梗《キキョウ・キチコウ》」は、秋の七草の一つ、キキョウ。

難読 桔槹《はねつるべ》

木 6

【框】

10画 5958 6846 音キョウ漢 訓かまち

意味 ❶戸・窓・障子《ショウジ》などの周囲のわく。かまち。例門框《モンキョウ》。❷床《とこ》の間《ま》や縁側《エンがわ》などの端《はし》をかくすためにわたす横木。例上《あ》がり框《がまち》。縁框《エンがまち》。

木 6

【栩】

10画 5959 6829 音ク漢 訓かしのき・くぬぎ・とち

意味 ❶ブナ科の落葉高木。クヌギ。❷「栩栩然《ククゼン》」は、よろこび満足するようす。

木 6

【桂】

10画 2343 6842 人名 音ケイ漢呉 訓かつら

なりたち  [形声]「木(=き)」と、音「圭《ケイ》」とから成る。「百薬の長」とされる木。

意味 ❶ニッケイ・モクセイなど、かおりのよい木をまとめていう。カツラ。例桂花《ケイカ》(=モクセイの花)。❷中国の伝説で、月の中に生えているという木。また、月の別名。例桂月《ケイゲツ》。月《つき》の桂《かつら》。❸広西チワン族自治区の別の呼び名。昔の桂林《ケイリン》郡の名による。

日本語での用法 ㊀《かつら》カツラ科の落葉高木。カツラ。材は建築・家具などに用いる。㊁《ケイ》将棋《ショウギ》の駒《こま》の一つ。「桂馬《ケイマ》」

人名 かつ・よし

【桂冠《ケイカン》】「月桂冠《ゲッケイカン》」の略。月桂樹の枝や葉で作った冠《かんむり》。古代ギリシャで競技の優勝者や、また、すぐれた詩人がかぶった。

【桂冠詩人《ケイカンシジン》】古代ギリシャのすぐれた詩人に月桂冠があたえられたことから、イギリスで、国王から任命され、慶弔《ケイチョウ》のときに公的な詩をつくった詩人。現在は、名誉職《メイヨショク》。

【桂月《ケイゲツ》】①〔月にカツラの木があるという中国の伝説から〕月の別名。②陰暦《インレキ》八月の別名。かつらづき。

【桂皮《ケイヒ》】肉桂《ニッケイ》の樹皮を乾燥《カンソウ》させたもの。薬用や香辛料《コウシンリョウ》などにする。

【桂▽馬《ケイマ》】将棋《ショウギ》の駒《こま》の一つ。左または右どなりのますの、二ます前方にななめに進む。他の駒をとび越すことができる。桂《ケイ》。例—跳《と》び。

【桂林《ケイリン》】①カツラの林。②文芸に親しむ人々の仲間。③広西チワン族自治区の都市。

木 6

【枅】

10画 —— —— 音ケイ漢 訓ひじき・ほうだて・ますがた

木 4

［枅］8画 5939 6785 俗字

意味 棟木《むなぎ》をささえるために、柱の上に置く方形の木。とがた。ますがた。
日本語での用法 《はしらぬき・ほうだて》大工の用語としてあてる。

木6
【桁】
10画 2369 6841 常用 音コウ漢 訓けた

筆順 十 木 … 桁

なりたち [形声]「木(=き)」と、音「行《コウ》」とから成る。

意味 ❶家屋の柱や橋脚《キョウキャク》の上にかけわたす横木。けた。❷衣服をかける家具。ころもかけ。例衣桁《イコウ》。

日本語での用法 《けた》数の位取り。「一桁《ひとけた》・二桁《ふたけた》」

木6
【桀】
10画 *5960 *6840 音ケツ漢 訓はりつけ

意味 ❶鳥のとまり木。ねぐら。❷罪人をしばって高く木の上にかかげる。はりつけ。❸わるがしこく目だつ。わるもの。例桀黠《ケッカツ》(=わるがしこい)。❹すぐれて目だつ。同傑《ケツ》。❺古代中国の夏《カ》王朝最後の天子の名。暴虐非道《ボウギャクヒドウ》で、殷《イン》の湯《トウ》王にほろぼされた。例桀紂《ケッチュウ》(=紂は、桀と同じく暴君悪王であった、殷《イン》の紂王)。

木6
【柧】
10画 5955 67E7 音コ漢

意味 ❶六角や八角のかどをもった木材。かど。❷六角柱や八角柱の形をした木簡《モッカン》。同觚《コ》。

木6
【桍】
10画 5961 684D 音コ漢

意味 ❶木の名。❷農具などの柄《え》をさしこむ穴。

木6
【校】
10画 2527 6821 教育1 音コウ漢 キョウ呉 訓くら-べる

筆順 一 十 木 … 校

なりたち  [形声]「木(=き)」と、音「交《コウ》」とから成る。囚人《シュウジン》につける木のかせ。

意味 ❶罪人の手足や首にはめる刑具《ケイグ》。かせ。❷見くらべてあやまりをただす。しらべる。くらべる。同較《コウ》。例校合《キョウゴウ》。校閲《コウエツ》。校正《コウセイ》。❸人を集めて教育するところ。まなびや。例校舎《コウシャ》。学校《ガッコウ》。休校《キュウコウ》。❹指揮官のいるところにつくられたさく。転じて、軍の指揮官。例将校《ショウコウ》。

難読 校倉《あぜくら》

人名 ただし・とし・なり

【▽校合】《キョウゴウ|コウゴウ》 (名・する) ①なん種類かの本文をくらべて、ちがいを調べること。類校訂《コウテイ》。例写本を集めて—する。②もとの原稿《ゲンコウ》と照らし合わせてまちがいを直すこと。類校正《コウセイ》。

【校医】《コウイ》 学校からたのまれて、児童や生徒の病気やけがの治療《チリョウ》、および健康管理をする医師。学校医。

【校異】《コウイ》 古典作品などで、なん種類かある本文の語句や文字のちがいをくらべること。また、その結果。

【校閲】《コウエツ》 (名・する) 文書や原稿《ゲンコウ》を調べ、まちがいを直したり補ったりすること。例—者。

【校歌】《コウカ》 学校の特色や教育の目標をあらわすためにつくられた歌。

【校外】《コウガイ》 その学校のそと。対校内。例—学習。

【校勘】《コウカン》 (名・する)〔「勘」は、考える意〕くらべて考えること。とくに、古典などでの本文のちがいをくらべて研究すること。例『古今和歌集《コキンワカシュウ》』の本文の—をする。

【校紀】《コウキ》 学校生活での道徳的な決まり。学校の規律。例—の乱れを正す。

【校規】《コウキ》 学校での規則。類校則。例—に照らして考える。

【校旗】《コウキ》 学校のしるしとするはた。例—を制定する。

【校具】《コウグ》 勉強や運動のために、学校に備えつけてある用具。

【校章】《コウショウ》 その学校のしるし。例帽子《ボウシ》の—。

【校正】《コウセイ》 (名・する) もととなる本や原稿《ゲンコウ》とくらべ合わせて、まちがいを直したり補ったりすること。例—刷《ず》り。

【校則】《コウソク》 学校での規則。類校規。

【校注】《コウチュウ》 (名・する) 書物の文章を他の本文とくらべてちがいを調べ、説明をつけること。表記 旧校▼註

【校長】《コウチョウ》 学校の最高責任者。学校長。例—室。

【校訂】《コウテイ》 (名・する) 古典などの本文を他とくらべ合わせて、正しく直すこと。類校合《キョウゴウ》。例『古事記』の—をする。

【校庭】《コウテイ》 学校の庭や運動場。

【校内】《コウナイ》 その学校のなか。対校外。例—放送。

【校風】《コウフウ》 学校が伝統的につくり上げてきた独特の気風。

【校本】《コウホン》 古典作品などで、もとの形を研究するために、なん種類かある本文をくらべてちがいを示し、比較《ヒカク》できるようにした本。例古写本を集めて—をつくる。

【校友】《コウユウ》 ①同じ学校の友人。②同じ学校の在校生・卒業生・教職員をまとめていうことば。

【校了】《コウリョウ》 (名・する) 校正が完了すること。

●学校《ガッコウ》・休校《キュウコウ》・下校《ゲコウ》・検校《ケンギョウ》・将校《ショウコウ》・全校《ゼンコウ》・転校《テンコウ》・登校《トウコウ》・分校《ブンコウ》・母校《ボコウ》・本校《ホンコウ》

木6
【栲】
10画 5962 6832 音コウ漢 訓たえ

意味 「山樗《サンチョ》(=オウチに似た落葉小高木)」のこと。一説に、ミツバウツギ科のゴンズイ。また、ウルシ科のヌルデともいう。

日本語での用法 《たえ》カジノキやコウゾなどの木の皮の繊維《センイ》で織った白色の布。「白栲《しろたえ》」

木6
【根】
10画 2612 6839 教育3 音コン漢呉 訓ね

筆順 一 十 木 … 根

なりたち  [形声]「木(=き)」と、音「艮《コン》」とから成る。木の、ね。

意味 ❶木や草の、地中にある部分。ね。例球根《キュウコン》。大根《ダイコン》。❷ものごとのもと。例根源《コンゲン》。禍根《カコン》。病根《ビョウコン》。❸人の精神力のもと。例根気《コンキ》。根性《コンジョウ》。精根《セイコン》。❹徹底的《テッテイテキ》に。ねこそぎ。例根絶《コンゼツ》。根治《コンジ》。❺方程式の答え。また、ある数をなん回かかけあわせた数のもとの数。ルート。例根号《コンゴウ》。平方根《ヘイホウコン》。

人名 もと

【根幹】《コンカン》 ①木の根とみき。②ものごとの土台となるたいせつな部分。おおもと。類根本《コンポン》・中枢《チュウスウ》。

【根気】《コンキ》 一つのことをねばり強く続ける気力。根《コン》。例—よく続ける。

【根拠】《コンキョ》 ①意見や判断、また、行動のよりどころとなることがら。例—を示す。②活動のよりどころとなる場所。ねじろ。類本拠。例—地。

【根茎】《コンケイ》 ①木の根とくき。②根のように見える地中のくき。ハス・タケの地下茎など。

【根源】《コンゲン》 ものごとのいちばんもととなるところ。おおもと。類根

本《コンポン》。例諸悪の―。表記「根元」とも書く。

【根号】《コンゴウ》〔数〕累乗根《ルイジョウコン》をあらわす記号。ルート。√ や ∛ など。

【根菜類】《コンサイルイ》野菜のなかで、根や球根、地下茎《チカケイ》を食用とするもの。ダイコン・ニンジン・レンコンなど。

【根治】《コンジ》〔「コンチ」とも〕(名・する)病気をもとのところから完全になおすこと。また、完全になおること。例―手術。

【根性】《コンジョウ》①もともともっている性質。また、身についた性質。類性根《ショウね》・気性《キショウ》・気質。例―をたたきなおす。②つらくても投げ出さずやりぬこうとする気持ち。

【根絶】《コンゼツ》(名・する)よくないものごとを、もとから完全に取り除くこと。根絶《ねだ》やし。例伝染病《デンセンビョウ》の―をめざす。

【根底】《コンテイ》ものごとのいちばんもとになっているところ。おおもと。類根本《コンポン》・土台。例政治の―をゆるがす。表記旧根▼柢

【根本】《コンポン》[一]ものごとのいちばんもとにあるだいじなところ。おおもと。類根底・根源。例―精神。―的。―からやりなおす。[二]《ねもと》「根元《ねもと》」に同じ。

【根毛】《コンモウ》〔生〕植物の根の先の、毛のような細い部分。水分や養分を吸収する。

【根粒】《コンリュウ》〔生〕マメ科植物などの根に細菌《サイキン》がはいってできるこぶ。例―バクテリア。表記「根▼瘤」とも書く。

【根太】《ねダ》建物の床板《ゆかいた》を下からささえる横木《よこぎ》。

【根深】《ねぶか》ネギの別名。例―汁《じる》。

【根元】《ねもと》[一]①草や木の根のあたり。根の部分。例松の―。②つけねのあたり。つけねの部分。例枝が―から折れる。[二]《コンゲン》「根源《コンゲン》」に同じ。表記[一]は「根本」とも書く。

【根雪】《ねゆき》積もったまま、春までとけない雪。

◐尾根《おね》・垣根《かきね》・気根《キコン》・球根《キュウコン》・心根《こころね》《シンコン》・事実無根《ジジツムコン》・性根《ショウね》・精根《セイコン》・大根《ダイコン》・同根《ドウコン》・羽根《はね》・病根《ビョウコン》・無根《ムコン》・屋根《やね》・六根《リクコン》《ロッコン》

木 6

【栽】

10画 2647 683D 常用 音サイ漢呉 訓う-える

筆順 一 十 土 丰 圭 栽 栽 栽

なりたち  [形声]「木（=き）」と、音「𢦏《サイ》」とから成る。土塀《ドベイ》を築くときに用いる土を両側からはさむ長い板。借りて「草木を植える」の意。

意味 ❶植物の苗《なえ》を植え、育てる。うえる。例栽植《サイショク》。栽培《サイバイ》。❷苗木。うえこみ。例前栽《センザイ》。盆栽《ボンサイ》。

人名 たね

【栽植】《サイショク》(名・する)植物を植えること。植栽。

【栽培】《サイバイ》(名・する)①植物を植えて育てること。例温室―。②魚介類《ギョカイルイ》を孵化《フカ》・養育・放流、また養殖《ヨウショク》すること。例―漁業。

木 6

【柴】

10画 2838 67F4 人名 音サイ漢 訓しば

意味 ❶枝をたきぎなどに使う、小さい雑木《ゾウき》。しば。例薪柴《シンサイ》。❷しばを焼いて天をまつる祭り。❸しばで作ったようにそまつな。例柴車《サイシャ》。柴門《サイモン》。

【柴車】《サイシャ》しばで作ったそまつな車。かざりたてない車。

【柴薪】《サイシン》しばとたきぎ。

【柴扉】《サイヒ》①しばで作ったそまつな戸。しばの戸。柴門《サイモン》。②そまつなすまい。わびずまい。

【柴門】《サイモン》①しばで作ったそまつな門。柴扉《サイヒ》。しばの戸。②そまつな家。③〔しばを積んで門をふさぐことから〕門を閉じて人と交際しないこと。杜門《トモン》。

【柴刈り】《しばかり》(名・する)たきぎにする雑木《ゾウき》をかりとること。また、その人。例おじいさんは山へ―に行きました。

【柴山】《しばやま》雑木《ゾウき》が生えている山。

木 6

【桟】

10画 2723 685F 常用 音サン漢 訓かけはし 付表桟敷《さじき》

筆順 一 十 木 木 朩 栈 栈 桟

木 8

【棧】

12画 6002 68E7

なりたち 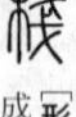 [形声]「木（=き）」と、音「戔《セン》→《サン》」とから成る。竹や木を組み合わせたかけはし。

意味 木を組み合わせて作った、たなやかけはし。例桟道《サンドウ》。

日本語での用法 《サン》戸や障子の骨《ほね》。「障子《ショウジ》の桟《サン》」

【桟敷】《さじき》芝居《しばい》や相撲《すもう》や祭りなどを見る客のために、高く作った見物席。例―席。天井《テンジョウ》―。特設―。

【桟道】《サンドウ》けわしいがけに板を並べ、棚《たな》のように作った道。かけはし。

【桟橋】《サンばし》岸から水上につき出し、船の荷物のあげおろしや人の乗り降りに使う設備。

木 6

【桎】

10画 5963 684E 音シツ漢 訓あしかせ

意味 罪人の足にはめてしめつけ、その自由をうばう刑具《ケイグ》。あしかせ。例桎梏《シッコク》。

【桎▼梏】《シッコク》〔「梏」は、手かせの意〕行動の自由をうばうもの。梏桎。類束縛《ソクバク》・拘束《コウソク》。

木 6

【栖】

10画 3220 6816 人名 音セイ漢 訓す・すみか・す-む

意味 鳥のすみか。す。すむ。同棲《セイ》。〔地名や人の姓《セイ》に用いられることが多い〕

難読 栖《ねぐら》《すみか》・来栖《くるす》・国栖《くず》・有栖川《ありすがわ》・鳥栖《とす》

【栖息】《セイソク》(名・する)鳥や動物が生活していること。すんでいること。表記現生息

木 6

【栓】

10画 3282 6813 常用 音セン漢

筆順 一 十 木 朩 朩 朩 栓 栓

木 6

【栓】

10画

なりたち [形声]「木（=き）」と、音「全《セン》」とから成る。あなに入れて、ふさいだり動かないようにしたりする木のくぎ。

意味 ❶瓶《ビン》などの口や、あな・くだをふさぐもの。せん。例血栓《ケッセン》。耳栓《みみセン》。❷水などの出口につけて流れを調節したり止めたりする装置。せん。例給水栓《キュウスイセン》。消火栓《ショウカセン》。

木 6

【栴】

10画 3283 6834 音セン漢呉

意味「栴檀《センダン》」は、香木《コウボク》の名。

【栴▼檀】《センダン》①インド産のビャクダン科の常緑高木。白檀《ビャクダン》の別名。幼木のうちからかんばしいので、大成する人が幼時からひいでることのたとえとされる。②センダン科の落葉高木。暖地に生え、初夏に、うすむらさき色の花がさく。古名は楝《おうち》。▽旃檀《センダン》。

【栴▼檀は双葉《ふたば》より芳《かんば》し】〔栴檀《センダン》は芽を出したばかりの双葉のときから、いいにおいがするということから〕偉大《イダイ》な人物は子供のときからすぐれているというたとえ。

木 6
【椊】 10画 5965 682B 音 セン(漢) 訓 かき・かこ-う・ふしづけ

意味 ❶木ぎれなどで囲う。かこう。かき。❷束ねた柴《しば》を川や沼《ぬま》などにしずめておいて、魚が入りこんだところをとらえるしかけ。ふしづけ。

木 6
【桑】 10画 2312 6851 常用 音 ソウ(漢)(呉) 訓 くわ

筆順 フ ヌ ヌ 叒 叒 桒 桒 桑

木 6
[桒] 10画 ― 2F8E1 俗字

なりたち [会意]「叒(=クワの葉)」と「木(=き)」とから成る。カイコがその葉を食う木。

意味 クワ科の落葉高木。クワ。葉をカイコの飼料とする。材は家具に使い、樹皮は製紙原料となる。例 桑田《ソウデン》。

難読 桑折《こおり》(=地名)

【桑畑】《くわばたけ》 クワを植えた畑。桑田《ソウデン》。

【桑原】《くわばら》 ①クワ畑。②〔クワ畑には雷《かみなり》が落ちないと信じられていたことから〕雷や不吉《フキツ》なことをさけるための、まじないの文句。例 おお、―、―。

【桑海】《ソウカイ》「桑田《ソウデン》変《ヘン》じて海《うみ》となる」に同じ。

【桑戸】《ソウコ》 クワの木の枝などで作った戸。貧しい家のこと。例 ―の士。

【桑弧▼蓬矢】《ソウコホウシ》 ①クワの木の弓とヨモギの矢《や》。祝儀《シュウギ》に用いる。〔昔、中国で、男子が生まれたとき、この弓矢で天地四方を射て将来の活躍《カツヤク》をいのった〕〈礼記《ライキ》〉②男子が志を立てること。桑蓬《ソウホウ》の志《こころざし》。

【桑▼梓】《ソウシ》 ①クワとアズサ。②〔昔、家の周囲にクワとアズサを植えて子孫の暮らしの助けにしたということから〕故郷のこと。例 ―を思う。

【桑田】《ソウデン》 クワ畑。桑園。

【桑田《ソウデン》変《ヘン》じて海《うみ》となる】 陸地だったクワ畑が時を経て大海となるように、世の移り変わりの激しいこと。滄桑《ソウソウ》の変。桑田滄海《ソウデンソウカイ》。

【桑年】《ソウネン》〔「桑」の俗字《ゾクジ》「桒」を分解すると、十が四つと八になることから〕四十八歳《サイ》のこと。

【桑▼蓬の志】《ソウホウのこころざし》 男子が雄飛活躍《ユウヒカツヤク》しようとする志。桑弧蓬矢《ソウコホウシ》。

【桑門】《ソウモン》〔仏〕僧侶《ソウリョ》。沙門《シャモン》。

木 6
【桃】 10画 3777 6843 常用 音 トウ(漢)(呉) 訓 もも

筆順 一 十 木 杉 杉 杉 机 桃

なりたち [形声]「木(=き)」と、音「兆《チョウ→トウ》」とから成る。モモの木。

意味 バラ科の落葉小高木。モモ。春、うすくれないの花がさき、夏、大きい実をつける。果肉はやわらかくあまい。種や葉は薬用となる。例 桃花《トウカ》。桃源《トウゲン》。桃李《トウリ》。

難読 桃花鳥《つき・とき》

【桃花】《トウカ》 モモの花。

【桃源】《トウゲン》 俗世間《ゾクセケン》をはなれた平和で美しい理想の世界。桃源郷。ユートピア。〔ある漁夫がモモの林の中の川をさかのぼって、外界とはなれた平和な村を見つけた。あとでもう一度おとずれようとしたが、道を見つけられなかったという物語から〕〈陶潜《トウセン》・桃花源記《トウカゲンキ》〉

【桃源郷】《トウゲンキョウ》「桃源《トウゲン》」に同じ。

【桃弧】《トウコ》 モモの木で作った弓。わざわいや不吉《フキツ》をはらうとされる。

【桃▼李】《トウリ》 ①モモとスモモ。②自分が取り立てた人物。すぐれた門人。〔モモやスモモを育てれば、夏には木かげで休み、秋には実を食べることができるということから〕

【桃▼李《トウリ》言《い》わざれども下《した》▽自《おのずか》ら▼蹊《みち》を成《な》す】 美しい花やおいしい実をつける、モモやスモモの木の下には自然に人が集まり道ができる、ということから、徳のあるりっぱな人物には、自然に人がしたい寄ってくるたとえ。「成蹊《セイケイ》」は、これにもとづいた語。〈史記《シキ》〉

【桃割れ】《ももわれ》 左右に分けたかみの毛を輪にして、モモを二つに割ったような形にする日本髪《がみ》。明治・大正期に十六、七歳《サイ》の少女が結《ゆ》った。

● 桜桃《オウトウ》・白桃《ハクトウ》

木 6
【桐】 10画 2245 6850 人名 音 トウ(漢)ドウ(呉) 訓 きり

なりたち [形声]「木(=き)」と、音「同《トウ》」とから成る。キリの木。

意味 ❶キリ科(旧ゴマノハグサ科)の落葉高木。キリ。葉は大きくたまご形。初夏、うすむらさき色の花がさく。材は木目が美しく、軽くてくるいが少ないので、たんす・琴《こと》・げたなどに用いられる。❷「梧桐《ゴトウ》」は、アオギリ。アオイ科(旧アオギリ科)の落葉高木。❸〔琴の胴《ドウ》をキリで作ることから〕琴。

例 桐君《ドウクン》。

人名 ひさ

【桐油】《トウユ》 アブラギリの種からとった油。例 ―合羽《ガッパ》(=桐油紙《がみ》で作った合羽)。―紙《がみ》(=水がはじかれるように、桐油をしみこませた紙)。

木 6
【梅】 10画 3963 6885 教育4 音 バイ(漢)メ(呉) 訓 うめ 付表 梅雨《つゆ》

筆順 一 十 木 杧 杬 梅 梅 梅

木 7
【梅】 11画 1-8569 FA44 人名

木 9
[楳] 13画 3964 6973 別体字

なりたち [形声]「木(=き)」と、音「毎《バイ》」とから成る。ウメの木。

意味 ❶バラ科の落葉高木。ウメ。中国原産。早春、かおりのよい白・紅色などの花がさく。六月ごろ、すっぱい実がなり、うめぼしやうめ酒《シュ》にする。例 梅花《バイカ》。梅林《バイリン》。寒梅《カンバイ》。❷ウメの実がなるころ降り続く長雨(の季節)。例 梅雨《バイウ》。入梅《ニュウバイ》。

人名 み

【梅酒】《うめシュ》 青いウメの実を、氷砂糖を加えた焼酎《ショウチュウ》にひたしてつくる果実酒。

【梅酢】《うめず》 ウメの実を塩づけにしたときに出る汁《しる》。多く、シソで赤く色づけする。

【梅雨】《バイウ・つゆ》 六月から七月ごろに降る長雨。また、その期間。参考 ウメの実が熟するころの雨の意。また、この時期は黴《かび》が生えやすいことから「黴雨《バイウ》」ともいう。

【梅園】《バイエン》 ウメの木をたくさん植えてある庭園。

【梅花】《バイカ》 ウメの花。

【梅毒】《バイドク》 性病の一つ。トレポネマパリズムの感染によって起こる慢性《マンセイ》の感染症《カンセンショウ》。表記「▼黴毒」とも書く。

【梅林】《バイリン》 ウメの木をたくさん植えてある林。

●塩梅《アンバイ｜エンバイ》・寒梅《カンバイ》・観梅《カンバイ》・紅梅《コウバイ》・入梅《ニュウバイ》

木 6
【桙】 10画 5966 6859 音 ム(慣) ウ(漢) 訓 きのほこ・ほこ
意味 ❶木製の食器。同 盂《ウ》。❷たらい。
日本語での用法 《ほこ・きのほこ》「鉾《ほこ》」にもとづいて金《かね》偏《ヘン》を木《き》偏《ヘン》に変えたものか。

木 6
【栗】 10画 2310 6817 人名 音 リツ(漢) 訓 くり
なりたち  [会意]「覀(=実がたわわに実るようす)」と「木(=き)」とから成る。クリの木。
意味 ❶ブナ科の落葉高木。クリ。山野に自生するが、果樹として栽培《サイバイ》もする。材はかたく、建材などに利用され、果実は食用。❷おそれる。ふるえおののく。同 慄《リツ》。
難読 栗栖《くるす》(=姓《セイ》・地名)・団栗《どんぐり》
【栗毛】《くりげ》 馬の毛色の名で、全体が明るい茶色、あるいはこげ茶色をいう。また、その毛色の馬。
【栗名月】《くりメイゲツ》 陰暦《インレキ》九月十三日の月。クリや枝豆を供える。豆名月。→【芋名月】《いもメイゲツ》(842ページ)
【栗▼鼠】《リス》 リス科の哺乳《ホニュウ》動物。ふさふさした大きな尾《お》をもち、木の実を好んで食べる。キネズミ。

木 6
【桧】10画 ⇩【檜】《カイ》(549ページ)

木 6
【栓】10画 ⇩【栓】《セン》(528ページ)

木 6
【桒】10画 ⇩【桑】《ソウ》(529ページ)

木 6
【档】10画 ⇩【檔】《トウ》(550ページ)

木 6
【栢】10画 ⇩【柏】《ハク》(523ページ)

木 6
【桝】10画 ⇩【枡】《ます》(520ページ)

木 7
【械】 11画 1903 68B0 教育4 音 カイ(漢)(呉) 訓 かせ
筆順 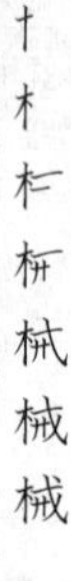
なりたち  [形声]「木(=き)」と、音「戒《カイ》」とから成る。罪人の手足にはめる刑具《ケイグ》。
意味 ❶罪人の首や手足にはめて、自由をうばう刑具《ケイグ》。かせ(をはめる)。例 械繋《カイケイ》(=かせをはめて牢屋《ロウや》につなぐ)。械梏《カイコク》(=手かせ、足かせ)。❷しかけのある道具。例 器械《キカイ》。機械《キカイ》。❸兵器。武器。

木 7
【桷】 11画 5968 6877 音 カク(漢) 訓 ずみ・すみぎ・たるき
意味 屋根板などをささえるために、棟《むね》から軒《のき》にかけわたす角材。たるき。すみぎ。
日本語での用法 《ずみ》 ヒメカイドウの別名。

木 7
【桿】 11画 5969 687F 音 カン(漢) 訓 てこ
意味 (てごろな長さの)木ぎれ。こん棒(のようなもの)。例 操縦桿《ソウジュウカン》。

木 7
【梟】 11画 5970 689F 音 キョウ(漢)(呉) 訓 ふくろう
意味 ❶フクロウ科の猛禽《モウキン》。フクロウ。森の木のほらなどにすみ、くちばしがするどく、夜間に小動物を捕食《ホショク》する。〔親鳥を食う不孝の悪鳥とされ、夏至《ゲシ》の日にとらえられて羹《あつもの》(=スープ)にされたという〕❷たけだけしい。勇ましく強い。例 梟悪《キョウアク》。梟雄《キョウユウ》。❸罪人の首をさらして高くかかげる。例 梟首《キョウシュ》。
【梟悪】《キョウアク》 (名・形動《ダナ》) あらあらしくて人の道にそむいていること。例 ―な盗賊《トウゾク》。
【梟首】《キョウシュ》 (名・する) 罪人の首をはねて、木にかけてさらすこと。また、その首。さらし首。
【梟名】《キョウメイ》 ひじょうに強いという評判。武勇のほまれ。例 ―の聞こえた敵将。
【梟雄】《キョウユウ》 勇猛《ユウモウ》な武人。例 ―といわれた漢の劉邦《リュウホウ》。

木 7
【桾】 11画 5985 687E 音 クン(漢) 訓 さるがき・ふし
意味 「桾櫏《クンセン》」は、カキノキ科の落葉高木。シナノガキ。サルガキ。桾櫏《クンセン》。桾杆《クンセン》。
日本語での用法 《ふし》 ところどころが、こぶのようにふくらんだ部分。「節」とも。「桾織《ふしおり》・桾縄目《ふしなわめ》の鎧《よろい》」

木 7
【梧】 11画 2472 68A7 人名 音 ゴ(漢) 訓 あおぎり
なりたち 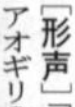 [形声]「木(=き)」と、音「吾《ゴ》」とから成る。アオギリの木。
意味 アオイ科(旧アオギリ科)の落葉高木。アオギリ。街路樹にする。樹皮は緑色で、葉は大きい。材は琴《こと》や家具に用いられる。
【梧下】《ゴカ》 ①アオギリの木の下。②〔アオギリで作った机のあたりの意〕手紙で、あて名の左下に書き、敬意をあらわすことば。類 机下《キカ》。
【梧▼桐】《ゴトウ｜ゴドウ》 アオギリの別名。例 ―一葉《イチヨウ》(=アオギリの一枚の葉が落ちたことで秋を知る)。
【梧葉】《ゴヨウ》 アオギリの葉。例 階前《カイゼン》の―すでに秋声《シュウセイ》。

木 7
【梗】 11画 2528 6897 常用 音 コウ・キョウ(漢) 訓 やまにれ・ふさ-ぐ
筆順 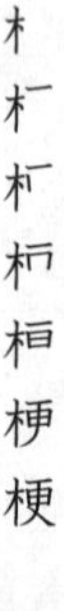
なりたち 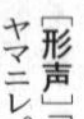 [形声]「木(=き)」と、音「更《コウ》」とから成る。ヤマニレ。
意味 ❶かたいとげのある木。ニレの一種、ヤマニレとされる。❷枝や茎《くき》。例 花梗《カコウ》。❸ふさがる。例 梗塞《コウソク》。❹あらまし。例 梗概《コウガイ》。❺「桔梗《キキョウ｜キチコウ》」は、秋の七草の一つ、キキョウ。
【梗概】《コウガイ》 おおよその内容。あらすじ。あらまし。類 概略・概要。例 論文の―を話す。『太平記《タイヘイキ》』の―。
【梗塞】《コウソク》 (名・する) ふさがって通じないこと。つかえること。例 心筋―。脳―。

木 7
【梏】 11画 5971 688F 音 コク(漢) 訓 てかせ
意味 罪人の手首にはめて自由をうばう刑具《ケイグ》。また、自由をさまたげるもの。手かせ。例 桎梏《シッコク》。
【梏▼桎】《コクシツ》 〔「桎」は、足かせの意〕行動の自由をうばうもの。桎梏。類 束縛《ソクバク》・拘束《コウソク》。

木 7
【梱】 11画 2613 68B1 音 コン(漢) 訓 しきみ・こり
意味 ❶門の内外を分ける仕切り。しきみ。例 梱内《コンナイ》(=仕切りのうち。域内。国内)。❷そろえてしばる。例 梱包《コンポウ》。
日本語での用法 ㊀《こり》 包装した荷物を数えることば。「生糸《きいと》一梱《ひとこり》・綿糸《メンシ》一梱《ひとこり》」㊁《こうり》 タケやヤナギで編んだ、衣類などを入れるかご。行李《コウリ》。「梱《こうり》につ

―めて送《おく》る」

【梱《コン》包《ポウ》】(名・する) 箱に入れたりひもでしばったりして、荷づくりすること。また、その荷物。例―材料。製品を―する。

木 7
【梭】11画 5972 68AD 音 サ漢 訓 ひ

意味 機《はた》織《お》りのよこ糸を通す道具。たて糸のあいだを、左右によこ糸をくぐらせるのに用いる。ひ。例 梭杼《サチョ》。

【梭▼杼】《サチョ》 機《はた》織《お》りで、たて糸の中をくぐらせて、よこ糸を通す道具。ひ。

【梭投《サトウ》】(名・する) ①機《はた》織《お》りで、ひ(=よこ糸を通す道具)をたて糸の間に通すこと。②時間のたつのが急なこと。

木 7
【梓】11画 1620 6893 人名 音 シ漢 訓 あずさ

なりたち  [形声]「木(=き)」と、音「宰《サイ》→シ」の省略体とから成る。キササゲの木。

意味 ❶ノウゼンカズラ科の落葉高木。キササゲ。材は良質で印刷の版《ハン》木《ぎ》などに使われた。例 桑梓《ソウシ》。❷版木(にほって印刷する)。例 上梓《ジョウシ》。

日本語での用法《あずさ》カバノキ科のヨグソミネバリの別名。昔から和歌などに詠《よ》まれた。「梓弓《あずさゆみ》」

【梓弓《あずさゆみ》】①アズサの木で作った弓。②弓に関連した「射る」「引く」「張る」「弦《つる》」「矢」などにかかる枕詞《まくらことば》。

木 7
【梔】11画 5973 6894 音 シ漢 訓 くちなし

意味 アカネ科の常緑低木。クチナシ。初夏、香気《コウキ》のある白い花がさく。実は染料《センリョウ》・薬用とする。

難読 梔子《くちなし》・山梔子《くちなし》

木 7
【梢】11画 3031 68A2 人名 音 ソウ漢 ショウ呉 訓 こずえ

木 7
【梢】11画

なりたち  [形声]「木(=き)」と、音「肖《ショウ》→ソウ」とから成る。こずえ。

意味 ❶木の幹や枝の先。こずえ。❷ものごとの、すえ。例 末梢《マッショウ》。

人名 こず・すえ・たか

【梢梢《ショウショウ》】(名・形動タルト) 木の葉が風に鳴る音。風の音の形容。例―として樹林をわたる風。

木 7
【梳】11画 5964 68B3 音 ソ漢 訓 くし・くしけずーる・けずーる・すーく

意味 ❶かみの毛をすいて、ととのえる道具。ときぐし。くし。❷かみの毛をととのえる。すく。くしけずる。けずる。例 梳洗《ソセン》。梳櫛《ソシツ》。❸整理する。ととのえる。

日本語での用法《ソ》毛織物に用いる繊維《センイ》をすいて、太さ・長さのそろったものに加工すること。「梳毛《ソモウ》・梳毛《ソモウ》織物《おりもの》」

木 7
【巣】11画 3367 5DE3 教育4 音 ソウ漢呉 訓 す・すーくう

筆順 、 ヽ ⺍ 㗊 当 当 単 巣

巛 8
【巢】11画 1-8408 5DE2 人名

なりたち 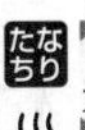 [象形] 木の上にある鳥のすみかの形。

意味 ❶鳥のす。動物のすみか。す。例 営巣《エイソウ》。帰巣《キソウ》。❷盗賊《トウゾク》などのかくれが。例 巣窟《ソウクツ》。

【巣立《すだ》ち】(名・する) ①ひなが成長して巣から飛びたつこと。例―を待つ。②子が成人して親もとからはなれたり、学校を卒業して実社会に出たりすることのたとえ。

【巣箱《すばこ》】①野鳥が巣を作りやすいように、人間が作って木などにとりつけてやる箱。②ミツバチを飼っておく箱。

【巣窟《ソウクツ》】悪者などがかくれ住むところ。悪者のすみか。

【巣林《ソウリン》一枝《イッシ》】〔鳥のミソサザイが巣を作るのに林のなかにある一本の枝しか使わないことから〕分《ブン》に応じた環境《カンキョウ》に満足して暮らすこと。〈荘子《ソウジ》〉

●病巣《ビョウソウ》・古巣《ふるす》・卵巣《ランソウ》

木 7
【梍】11画 5984 688D 音 ソウ漢

意味 ❶マメ科の落葉高木。サイカチ。同 皁《ソウ》。❷どんぐり。同 皁《ソウ》。

参考 「梍《オウ》(=鎌《かま》の柄《え》。かまつか)」は、別の字。

木 7
【椰】11画 5975 689B 人名 音 ダ漢 ナ呉 訓 なぎ

意味 木の名。例 枸椰《クナ》。

日本語での用法《なぎ》「那木《なぎ》」を一字に合わせた字。マキ科の常緑高木の名。

木 7
【梃】11画 5976 6883 音 テイ漢 チョウ呉 訓 てこ・つえ

意味 ❶こん棒。つえ。❷棒状のものを数えることば。同 丁《チョウ》・挺《チョウ》。例 墨《すみ》一挺《イッチョウ》。

日本語での用法《てこ》小さい力を大きな力に変えるしかけ。「梃子《てこ》・梃《てこ》でも動《うご》かない」

木 7
【梯】11画 3684 68AF 人名 音 テイ漢呉 訓 はしご

意味 ❶高所へのぼりおりするための道具。はしご。例 梯階《テイカイ》。雲梯《ウンテイ》。❷上に進んでいく手引き。例『蘭学階梯《ランガクカイテイ》』

人名 はし

【梯階《テイカイ》】①はしご。階段。②手引き。案内。→【階梯《カイテイ》】(1038ジペー)

【梯形《テイケイ》】①はしごの形。②「台形《ダイケイ》」の古い言い方。

【梯航《テイコウ》】①はしごとふね。②「梯山航海《テイザンコウカイ》」の略。はしごで山に登り、船で海をわたる。海や山をこえて遠くへ行くこと。③手引き。案内。

【梯子《はしご》】①二本の長い棒のあいだに足がかりとなる横木をなん本も取り付けた道具。高い所へのぼるときに使う。例 なわ―《ばしご》。―をかける。②「梯子酒《はしござけ》」の略。

【梯子酒《はしござけ》】次々に店をかえて、酒を飲み歩くこと。はしご。

木 7
【桶】11画 1819 6876 人名 音 トウ漢 訓 おけ

意味 水などを入れるつつ形の容器。おけ。例 天水桶《テンスイおけ》。

●棺桶《カンおけ》・手桶《ておけ》・風呂桶《フロおけ》・湯桶《ゆトウ》

木 7
【梨】11画 4592 68A8 教育4 音 リ漢呉 訓 なし

筆順 ニ 千 禾 禾 利 利 梨 梨

なりたち [形声]「木(=き)」と、音「利《リ》」とから成る。ナシの木。

意味 ❶バラ科の落葉高木。ナシの木。中国原産の果樹の一つ。春、白い花をひらく。果実は水けが多く、あまい。例 梨園《リエン》。梨花《リカ》。❷梵語《ボンゴ》の音訳。例 梨倶吠陀《リグベーダ》(=古代インドの、自然賛美の詩)。阿闍梨《アジャリ》。

【▽梨園】《リエン》 ①梨畑《なしばたけ》。②〔唐《トウ》の玄宗《ゲンソウ》皇帝《コウテイ》が、ナシを植えた庭園で音楽や戯曲《ギキョク》を教えたことから〕芝居《しばい》。演劇。また、演劇や俳優の世界。とくに、歌舞伎《かぶき》の世界を指す。例 —の名門。

木 7

【梵】

11画 5980 68B5 音 ハン漢 ボン呉

意味 ❶古代インド哲学《テツガク》で宇宙の究極的原理とされた「ブラフマン」の漢訳語。神聖・清浄《ショウジョウ》(=清らかで、けがれがない)の意。例 梵天《ボンテン》。❷神聖な。インドの。仏教の。例 梵語《ボンゴ》。梵鐘《ボンショウ》。

【梵宇】《ボンウ》〔「宇」は、家の意〕仏教の寺。寺院。類 梵刹《ボンセツ》・伽藍《ガラン》。

【梵語】《ボンゴ》 古代インドの言語。サンスクリット。

【梵妻】《ボンサイ》 僧《ソウ》の妻。だいこく。

【梵字】《ボンジ》 梵語を記すための、古代インドの文字。例 卒都婆《ソトバ》に—を書く。

【梵鐘】《ボンショウ》〔神聖な仏事のかねの意〕寺のつりがね。例 —の音がひびく。

【梵刹】《ボンセツ》〔「ボンサツ」とも〕仏教の寺。寺院。類 梵宇・伽藍《ガラン》。

【梵天】《ボンテン》《ボンデン》 ①バラモン教で、宇宙創造の神。梵天王《ボンテンノウ》。②〔仏〕帝釈天《タイシャクテン》とともに、仏のそばにいて仏法を守護する神。梵天王。

木 7

【梶】

11画 1965 68B6 人名 音 ビ漢 訓 かじ

意味 木の枝の先。こずえ。

日本語での用法 《かじ》①船や車の進む方向をかえるために取りつけられている装置。「梶《かじ》をとる」②クワ科の落葉高木。コウゾのなかまで、樹皮を和紙の原料とする。「梶《かじ》の

木 7

【桴】

11画 5979 6874 音 フ漢 フウ漢 訓 いかだ・ばち・むなぎ

意味 ❶むなぎ。❷小さないかだ。例 桴筏《フバツ》。❸いかだに乗る。❹太鼓《タイコ》のばち。同 枹《フ》。例 桴鼓《フコ》(=ばちと太鼓)。

参考 訓「ばち」は、もともとは字音「バチ(撥)」の転用。

【桴▼筏】《フバツ》〔「筏」は、大きないかだの意〕いかだ。

木 7

【梺】

11画 5982 68BA 国字 訓 ふもと

意味 山の下のあたり。山のすそ。ふもと。

木 7

【椛】

11画 1981 691B 人名 国字 訓 もみじ・かば

意味 ❶花のように色づいた木。もみじ。❷樺《かば》。

木 7

【梠】

11画 5981 68A0 音 リョ漢 ロ呉 訓 こまい・のきすけ

意味 屋根のひさし。のき。のきすけ。

木 7

【梁】

11画 4634 6881 人名 音 リョウ漢呉 訓 うつばり・はし・はり・やな

意味 ❶板などをかけわたしてつくった橋。かけはし。はし。例 橋梁《キョウリョウ》。❷柱の上にわたして屋根をささえるための横木。うつばり。はり。例 梁木《リョウボク》(=うつばり)。棟梁《トウリョウ》。❸川をせきとめて、魚をとるしかけ。やな。同 簗《やな》。❹中央の高く盛り上がった部分。例 脊梁《セキリョウ》。鼻梁《ビリョウ》。

難読 高梁《たかはし》(=地名)・魚梁《やな》・独梁《ひとつばし》

【梁材】《リョウザイ》 ①梁《はり》になる大きな材木。②りっぱな人材。

【梁山泊】《リョウザンパク》 ①山東省にある梁山のふもとの沼地《ぬまチ》。小説『水滸伝《スイコデン》』で、宋江《ソウコウ》や林沖《リンチュウ》などの豪傑《ゴウケツ》がたてこもった。②豪傑や野心家の集まる場所。

【梁上の君子】《リョウジョウのクンシ》 ①どろぼう。盗人《ぬすびと》。〔陳寔《チンショク》が梁《はり》の上にひそんでいたどろぼうに気づき、家の者を集めて、人間は本来みな善人であることを述べてから、そのどろぼうを「梁の上の君子」とよんで、改心させた故事による〕〈後漢書《ゴカンジョ》〉②ネズミの別名。

【梁▼塵】《リョウジン》 ①梁《はり》の上のちり。②すばらしい歌声や音楽。〔魯《ロ》の音楽の名人、虞公《グコウ》の美声は、梁の上のちりまで動かしたという故事による〕例 —を動かす。—飛ぶ。

【梁棟】《リョウトウ》 ①梁《はり》と棟木《むなぎ》。②大臣など重要な地位にある人物のたとえ。

木 7 [桼] 11画 ⇩【漆】《シツ》(618ページ)

木 7 【條】 11画 ⇩【条】《ジョウ》(514ページ)

木 7 【梅】 11画 ⇩【梅】《バイ》(529ページ)

木 7 【梢】 11画 ⇩【梢】《ショウ》(531ページ)

木 7 [梼] 11画 ⇩【檮】《トウ》(550ページ)

木 7 [梹] 11画 ⇩【檳】《ビン》(550ページ)

木 8

【椏】

12画 5983 690F 音 ア漢 訓 また

意味 ❶木のまた。枝の分かれ目。また。❷「三椏《みつまた》」は、ジンチョウゲ科の落葉低木。和紙の原料とする。

木 8

【椅】

12画 1656 6905 常用 音 イ漢

筆順 一 十 木 木 杕 杕 椅 椅

なりたち [形声]「木(=き)」と、音「奇《キ》→《イ》」とから成る。梓《シ》の一種。イイギリ。

意味 ❶ヤナギ科(旧イイギリ科)の落葉高木。イイギリ。材は、げたや器具にする。❷背もたれのあるこしかけ。いす。同 倚《イ》。例 椅子《イス》。

【椅子】《イス》 ①こしをおろすもの。こしかけ。②地位や役職のたとえ。座。ポスト。例 社長の—をねらう。

木 8

【棺】

12画 2029 68FA 常用 音 カン漢 訓 ひつぎ

筆順 一 十 木 杧 柠 柠 棺 棺

なりたち [形声]「木(=き)」と、音「官《カン》」とから成る。死体をしまうもの。

意味 ❶死者を納めるはこ。ひつぎ。例 石棺《セッカン》。❷死者をひつぎに納める。

【棺▼桶】《カンおけ》 死者を入れる箱。ひつぎ。棺。

【棺▼槨】《カンカク》〔「棺」は、内側のかんおけ。「槨」は、棺を入れる外

側の箱の意)ひつぎ。表記「棺▼椁」とも書く。

【棺《カン》を▽蓋《おお》いて事《こと》定《さだ》まる】その人の価値や業績は、死んで、かんおけのふたがされてから、はじめて決まるもので、生前の評判はあてにならない。

◐出棺《シュッカン》・石棺《セッカン》・納棺《ノウカン》

木 8

【棋】

12画 2093 68CB 常用 音ゴ慣 キ漢 ギ呉

筆順 一 十 木 木一 村 柑 椇 棋 棋

木 8

[棊]

12画 5987 68CA 本字

なりたち  [形声]「木(=き)」と、音「其《キ》」とから成る。しょうぎや、ご。

意味 囲碁《イゴ》・将棋《ショウギ》。例 棋士《キシ》。棋譜《キフ》。将棋《ショウギ》。

【棋院《キイン》】囲碁《イゴ》の専門家の団体。また、その集会所。

【棋局《キキョク》】①碁盤《ゴバン》や将棋《ショウギ》盤。②囲碁や将棋の勝負の形勢。勝敗のなりゆき。

【棋士《キシ》】囲碁《イゴ》や将棋《ショウギ》の対局を職業とする人。

【棋子《キシ》】碁石《ゴいし》。また、将棋《ショウギ》の駒《こま》。

【棋戦《キセン》】囲碁《イゴ》や将棋《ショウギ》の勝負。

【棋譜《キフ》】囲碁《イゴ》や将棋《ショウギ》の勝負を、手順に従って記録したもの。

【棋風《キフウ》】囲碁《イゴ》や将棋《ショウギ》にあらわれる、その人の特徴《トクチョウ》。例 静かな—。激しい—。

木 8

【椈】

12画 5988 6908 音キク漢

意味 木の名。ヒノキ科の常緑樹「柏《ハク》」の別名。

木 8

【極】

12画 2243 6975 教育4 音キョク漢 ゴク呉 訓きわ-める・きわ-まる・きわ-み・き-め・き-める・きわ-めて

筆順 十 木 木一 朽 柯 栭 極 極

なりたち  [形声]「木(=き)」と、音「亟《キョク》」とから成る。屋根の最も高いところ。

意味 ❶この上ないところ。また、行き着く果て。例 極限《キョクゲン》。極地《キョクチ》。究極《キュウキョク》。❷この上ないところまで達する。行き着く。きわめる。きわまる。例 極言《キョクゲン》。極力《キョクリョク》。❸この上なく。きわめて。例 極悪《ゴクアク》。極上《ゴクジョウ》。至極《シゴク》。❹地軸《チジク》や電池の両端《リョウタン》。例 南極《ナンキョク》。陽極《ヨウキョク》。

日本語での用法《きめる・きめ》定める。約束する。「月極《つきぎめ》・取《と》り極《き》め」

使い分け きわまる・きわめる【窮・極・究】⇩1168ページ

人名 いたる・きわ・なか・のり・みち・むね

【極右《キョクウ》】思想が極端《キョクタン》に右翼《ウヨク》的(=保守的・国粋《コクスイ》主義的)であること。また、そういう人。対 極左。

【極言《キョクゲン》】(名・する)①思うぞんぶんに言うこと。②極端《キョクタン》な言い方をすること。また、そのことば。類 極論。

【極限《キョクゲン》】①それ以上は進めない限界のところ。かぎり。類 限度。例 —状態。②〔数〕一定の法則に従って変化する数が、ある数値に限りなく近づくときの、その数。例 —値。

【極左《キョクサ》】思想が極端《キョクタン》に左翼《サヨク》的(=急進的・革命主義的)であること。また、そういう人。対 極右。

【極所《キョクショ》】ものごとの行きつくところ。きわまったところ。

【極小《キョクショウ》】一(名・形動《ダナ》)きわめて小さいこと。二(名)〔数〕関数で、数値が小さくなっていき、増加に転じるときの最小値。▽対 極大。

【極少《キョクショウ》】(名・形動《ダナ》)きわめて少ないこと。

【極星《キョクセイ》】天球の極にいちばん近い星。北極星のこと。

【極大《キョクダイ》】一(名・形動《ダナ》)きわめて大きいこと。二(名)〔数〕関数で、数値が大きくなっていき、減少に転じるときの最大値。▽対 極小。

【極端《キョクタン》】一(名)いちばんはし。例 日本列島の西の—にある島。二(名・形動《ダナ》)ふつうの程度や状態などからきわめてはなれていること。また、きわめてかたよっていること。

【極地《キョクチ》】①いちばん果ての土地。さい果て。②南極と北極の地方。例 —研究。

【極致《キョクチ》】最高の状態やおもむき。きわみ。例 技術の—。

【極点《キョクテン》】①たどりつくことのできる最後のところ。例 —に達する。②南極点または北極点。例 —に立つ。

【極度《キョクド》】(名・形動《ダナ》)これ以上のことはないという状態や程度。例 —の疲労《ヒロウ》。—にきらう。

【極東《キョクトウ》】①東の果て。②〔英語 Far East の訳〕ヨーロッパから見て、いちばん東にある地域。日本・中国・朝鮮《チョウセン》半島などアジア東部。

【極微《キョクビ｜ゴクビ》】(名・形動《ダナ》)きわめて小さいこと。

【極北《キョクホク》】北の果て。また北極に近いところ。例 —の地。

【極洋《キョクヨウ》】南極や北極に近い海。例 —の漁業。

【極量《キョクリョウ》】劇薬などを用いるときの、一回または一日の最大の分量。例 —をこえて服用したらしい。

【極力《キョクリョク》】(副)できるかぎりの努力をするようす。精いっぱい。例 —急いで仕上げます。

【極論《キョクロン》】(名・する)極端《キョクタン》な言い方をすること。また、極端な内容の議論。極言。例 —すれば中止ということだ。

【極刑《キョッケイ》】いちばん重い刑罰《ケイバツ》。類 死刑。例 —に処す。

【極光《キョッコウ》】南極や北極の地方で、大気中に起きる発光現象。いろいろな色が、カーテンや帯のように見える。オーロラ。

【極悪《ゴクアク》】(名・形動《ダナ》)きわめて悪いこと。例 —非道。

【極意《ゴクイ》】武芸や芸道などで、いちばん深いところにある境地やわざ。奥《おく》の手。類 奥義《オウギ》。例 茶道の—をきわめる。

【極印《ゴクイン》】①品質の証明や偽造《ギゾウ》の防止のために、貨幣《カヘイ》や品物につける、しるし。②(悪いという)消せない証拠《ショウコ》。

【極月《ゴクゲツ｜ゴクづき》】陰暦《インレキ》十二月の別名。しわす。

【極極《ゴクゴク》】(副)きわめて。たいそう。ひじょうに。ごく。

【極彩色《ゴクサイシキ》】美しくはなやかで、濃《こ》いいろどり。例 —のかべかけ。

【極暑《ゴクショ》】きわめてあついこと。類 酷暑《コクショ》・厳暑《ゲンショ》・猛暑《モウショ》。対 極寒《ゴッカン》。例 —の候をむかえる。

【極上《ゴクジョウ》】(名・形動《ダナ》)これ以上はないというほどに上等なこと。また、そのもの。類 最上。例 —の牛肉。

【極製《ゴクセイ》】これ以上はないというほどの最高の作り方。また、その製品。例 精選—。

【極道《ゴクドウ》】(名・形動《ダナ》)ばくちや酒などの道楽にふけったり、平気で悪事をはたらいたりすること。また、そうする人。例 —者《もの》。—息子《むすこ》。表記「獄道」とも書く。

【極熱《ゴクネツ》】この上なくあついこと。ひどいあつさ。類 酷熱《コクネツ》。

【極熱地獄《ゴクネツジゴク》】〔仏〕八大地獄の一つ。炎熱《エンネツ》に苦しめられるという、いちばんあつい地獄。大焦熱地獄《ダイショウネツジゴク》。

【極秘《ゴクヒ》】(名・形動《ダナ》)絶対に秘密にしなければならないこと。例 —情報。—のうちに進める。会議の内容は—だ。

【極貧《ゴクヒン》】(名・形動《ダナ》)きわめてまずしいこと。類 赤貧。例 —の暮らしぶり。

【極太《ゴクぶと》】①糸などの太さで、いちばん太いもの。例 —の毛糸。②万年筆などの筆記用具で、えがく線がいちばん太いもの。▽対 極細《ゴクぼそ》。

【極細《ゴクぼそ》】(名・形動ダナ) ①(糸などが)いちばん細いこと。例—の毛糸。②万年筆などの筆記用具で、えがく線がいちばん細いもの。例—のペン先。▽対極太《ゴクぶと》。

【極楽《ゴクラク》】①〔仏〕「極楽浄土《ゴクラクジョウド》」の略。②きわめて安らかでたのしい境遇《キョウグウ》。類天国。▽対地獄《ジゴク》。

【極楽往生《ゴクラクオウジョウ》】(名・する)〔仏〕①死んでこの世を去り、極楽浄土《ゴクラクジョウド》に生まれ変わること。②安らかに死ぬこと。類大往生。

【極楽浄土《ゴクラクジョウド》】〔仏〕阿弥陀如来《アミダニョライ》のいる、平和で安らかな理想の世界。西方《サイホウ》浄土。極楽。

◒陰極《インキョク》・究極《キュウキョク》・磁極《ジキョク》・至極《シゴク》・電極《デンキョク》・南極《ナンキョク》・北極《ホッキョク》・陽極《ヨウキョク》・両極《リョウキョク》

木 8
【棘】12画 5989 68D8 音キョク漢 コク呉 訓いばら・とげ
意味 ❶バラ・カラタチなど、とげのある草木。いばら。例荊棘《ケイキョク》。❷とがる。はり。とげ。例棘皮動物《キョクヒドウブツ》。
難読 棘《いばら》の冠《かんむり》
【棘皮動物《キョクヒドウブツ》】ウニ・ナマコ・ヒトデ・ウミユリなど、からだの表面にとげや、いぼの多い無脊椎《ムセキツイ》動物。

木 8
【椚】12画 6015 691A 国字 訓くぬぎ
意味 クヌギ(櫟)。〔姓《セイ》・地名などに用いられる字〕

木 8
【椡】12画 6017 6921 国字 訓くぬぎ
意味 地名に用いられる字。例三ツ椡《みつくぬぎ》(新潟《にいがた》県の地名)。

木 8
【検】12画 2401 691C 教育5 音ケン漢呉 訓しら-べる
筆順 

木13
【檢】17画 6093 6AA2 人名
なりたち  【形声】「木(=き)」と、音「僉《セン》→ケン」とから成る。表題を書く。

意味 ❶文書をまとめ、表題をつけて封《フウ》をする。また、封印。例印検《ケンイン》(=印をおして封をする)。❷とりしらべる。しらべる。例検閲《ケンエツ》。検査《ケンサ》。点検《テンケン》。❸とりしまる。ひきしめる。例検挙《ケンキョ》。検束《ケンソク》。

人名 のり
【▽検非違使《ケビイシ》】〔「ケンビイシ」の変化した語〕平安時代、都の犯罪の取りしまりや訴訟《ソショウ》をあつかった官職。

【検印《ケンイン》】①検査がすんだことを示す印。②著作者が、出版にあたって自分の著作物の一冊一冊、また一枚一枚におす印。発行を認め、発行部数を検査したことを示す。

【検疫《ケンエキ》】(名・する) 外国からの感染症《カンセンショウ》を予防するため、港や空港などで病原体の有無《ウム》を検査し、必要に応じて消毒や隔離《カクリ》などの処置をすること。また、その検査。

【検閲《ケンエツ》】(名・する) ①調べ改めること。②新聞や出版物・映画・郵便物などの内容や表現について、思想的・道徳的に問題がないかどうかを調べること。

【検温《ケンオン》】(名・する) 体温をはかること。例—器(=体温計)。

【検眼《ケンガン》】(名・する) 視力を調べること。

【検挙《ケンキョ》】(名・する) 警察や検察庁が犯人や容疑者をとらえること。例選挙違反《イハン》を—する。

【検▽校《ケンギョウ》】〔調べたり、くらべたりして検討する意〕①昔、寺社の事務や僧尼《ソウニ》の監督《カントク》をした職。②盲人《モウジン》の最上位の官職名。

【検査《ケンサ》】(名・する) 異常な点や不正などがないかどうかを調べること。類点検。例身体—。製品を—する。

【検索《ケンサク》】(名・する) 情報や資料を、調べてさがすこと。〔辞書類や索引、コンピューターを使うときにいう〕例データを—する。

【検札《ケンサツ》】(名・する) 電車や列車の中で、車掌《シャショウ》が乗客の切符《きっぷ》を調べること。

【検察《ケンサツ》】㊀(名・する) ①事実をよく調べて明らかにすること。②犯罪について調べ、証拠《ショウコ》を集めること。㊁(名)「検察官」「検察庁」の略。例—側の証人。

【検察官《ケンサツカン》】犯罪の捜査《ソウサ》や裁判の請求《セイキュウ》をおこなう司法官。検事。

【検死《ケンシ》】(名・する) 変死者などの死因をさぐるために死体を調べること。検視。表記「検▼屍」とも書く。

【検字《ケンジ》】漢字の字書で、文字を総画数の順に、同画数では部首別に並べた単字(=一つ一つの文字)索引《サクイン》。

【検事《ケンジ》】検察官の階級の一つ。検事長の下、副検事の上。また、検察官の通称《ツウショウ》。

【検出《ケンシュツ》】(名・する) 調査や分析《ブンセキ》などをして、その中にふくまれている成分を見つけ出すこと。例微量《ビリョウ》の毒物が—された。

【検証《ケンショウ》】(名・する) ①実際に調べて事実を証明すること。例学問的に—された事実。②〔法〕裁判官などが現場の状況《ジョウキョウ》や証拠《ショウコ》物件を実際に見て調べること。例現場を—する。

【検針《ケンシン》】(名・する) 電気・ガス・水道などの使用量を見るために、メーターの目盛りを調べること。例ガスの—員。

【検診《ケンシン》】(名・する) 病気かどうかを調べるために診察すること。例集団—。定期—。

【検束《ケンソク》】(名・する) ①実力を用いて、自由な行動をさせないこと。②〔法〕もと、警察官が公安に害がある者や保護の必要な者の自由を束縛《ソクバク》し、警察署に留置したこと。

【検地《ケンチ》】(名・する) 年貢高《ネングだか》などを決めるため、田畑の境界・広さ・収穫《シュウカク》量などを調べること。〔豊臣秀吉《とよとみひでよし》が全国的に実施《ジッシ》し(=太閤《タイコウ》検地)、江戸《えど》時代にも受けつがれた〕

【検定《ケンテイ》】(名・する) ある基準を定めてそれに達しているかどうかを調べ、合格・不合格を決めること。例文部科学省のおこなう教科書の—制度。

【検討《ケントウ》】(名・する) いろいろな観点からよく調べ、考えること。例試案を—する。

【検尿《ケンニョウ》】(名・する) 病気の診断《シンダン》のために、尿を調べること。

【検品《ケンピン》】(名・する) 商品や製品を検査すること。例—所。—を受ける。

【検分《ケンブン》】(名・する) 実際に立ち会って調べること。例実地を—する。

【検便《ケンベン》】(名・する) 寄生虫・細菌《サイキン》・出血などがあるかどうかを知るために、大便を調べること。

【検問《ケンモン》】(名・する) 疑わしい点がないか問いただすこと。例—所。通行車両を—する。

◒首実検《くびジッケン》・車検《シャケン》・送検《ソウケン》・探検《タンケン》・点検《テンケン》

木 8
【棬】12画 2-1504 68EC 音ケン漢 訓まげもの・わげもの

意味 木をうすくそいで曲げて作った容器。
木 8
【椦】 12画 5991 6926 音 ケン漢
意味 「棬《ケン》」の誤字という。

木 8
【棡】 12画 5992 68E1 音 コウ漢
意味 ❶ブナ科の落葉高木。ナラガシワ。❷両手でもちあげる。同 扛《コウ》。

木 8
【椌】 12画 5993 690C 音 コウ漢
意味 古代中国の打楽器の一つ。

木 8
【棍】 12画 5994 68CD 音 コン漢 訓 つえ・つか-ねる
意味 ❶(まるい木の)ぼう。つえ。例 棍棒《コンボウ》。❷わるもの。ならずもの。例 棍徒《コント》(=ならずもの)。
【棍棒】《コンボウ》 手であつかう棒。

木 8
【棔】 12画 6001 68D4 音 コン漢 訓 ねむのき
意味 マメ科の落葉高木。ネムノキ。

木 8
【椣】 12画 6016 6923 国字 訓 しで
意味 地名に用いられる字。例 椣原《しではら》(奈良《なら》県)。

木 8
【椒】 12画 6005 6912 音 ショウ漢 訓 はじかみ
意味 ❶ミカン科の落葉低木。サンショウ。葉と実にかおりがあり、香辛料《コウシンリョウ》や薬用とする。材はすりこぎに使われる。古名、ハジカミ。例 椒花《ショウカ》(=サンショウの花)。山椒《サンショウ》。❷「胡椒《コショウ》」は、コショウ科のつる性常緑低木。実は香辛料にする。

木 8
【椄】 12画 6006 6904 音 ショウ漢 訓 つぎき・つ-ぐ
意味 木の枝や芽を切り取ってほかの木につぎ合わせる。つぎき。つぐ。

木 8
【植】 12画 3102 690D 教育3 音 ショク漢 チ漢 チョク漢 訓 う-える・う-わる
筆順 
なりたち  [形声]「木(=き)」と、音「直《チョク》」とから成る。(とざすために)門のとびらを合わせて中央に立てるまっすぐな木。
意味 ❶まっすぐに立てる。草木をうえつける。うえる。うわる。例 植樹《ショクジュ》。植物《ショクブツ》。移植《イショク》。❷活字をわくの中に並べて版を組む。例 植字《ショクジ》。誤植《ゴショク》。❸開拓《カイタク》のために人を住みつかせる。同 殖《ショク》。例 植民《ショクミン》。入植《ニュウショク》。
人名 うえ・たつ・たね・なお
【植木】《うえき》 ①庭に植える木。また、植えてある木。②盆栽。
【植栽】《ショクサイ》 (名・する) 植物を栽培すること。また、その植物。
【植字】《ショクジ・チョクジ》 (名・する) 活版印刷で、活字を原稿《ゲンコウ》にしたがって並べて、組み版をつくること。
【植樹】《ショクジュ》 (名・する) 木を植えること。例 ―祭。
【植生】《ショクセイ》 ある地域に生えている植物の分布状態。例 ―図。
【植皮】《ショクヒ》 (名・する) やけどなどでそこなわれた皮膚《ヒフ》の部分に、健康な皮膚を移植すること。例 ―術。
【植物】《ショクブツ》 生物を大きく二種に分けたときの一つ。草・木など。多くは一か所に固定して生活し、光合成をおこない、土や水から養分をとって生きる。対 動物。
【植物状態】《ショクブツジョウタイ》 大脳の機能が失われて、自力で動けない、自力で食事ができない、意識を回復しない、などの状態が長く続いている状態。
【植物油】《ショクブツユ》 植物のたねや実などからとった油。
【植民】《ショクミン》 (名・する) 国外の新しい土地に移住・定着し、その土地を開拓《カイタク》・開発すること。また、その人々。例 ―地。表記 「殖民」とも書く。
【植毛】《ショクモウ》 (名・する) 毛を植えること。例 頭頂部に―する。
【植林】《ショクリン》 (名・する) 林をつくるために苗木《なえぎ》を植えること。例 荒《あ》れ地に―する。
●移植《イショク》・誤植《ゴショク》・混植《コンショク》・定植《テイショク》・入植《ニュウショク》・腐植《フショク》

木 8
【森】 12画 3125 68EE 教育1 音 シン漢 訓 もり
筆順 
なりたち  [会意]「林(=むらがりはえる木)」と「木(=き)」とから成る。木が多いようす。
意味 ❶樹木が多いようす。例 森林《シンリン》。❷ものが多い。例 森羅万象《シンラバンショウ》。❸おごそか。例 森厳《シンゲン》。
日本語での用法 《もり》 樹木がたくさん茂《しげ》っている所。「森《もり》の中《なか》・森《もり》に入《はい》る」
人名 しげ・しげる
【森閑】《シンカン》 (形動《タルト》) 物音ひとつ聞こえず、静まりかえっているようす。例 ―とした山寺。表記 「深閑」とも書く。
【森厳】《シンゲン》 (形動《ダナ》) おごそかで重々しいようす。きびしくおごそかなようす。
【森羅万象】《シンラバンショウ》 〔古くは「シンラマンゾウ」とも。「森羅」は、数限りなく並び連なる意。「万象」は、万物《バンブツ》の意〕 宇宙に存在する、すべての事物や現象。
【森林】《シンリン》 木がたくさんしげっている所。森《もり》。例 ―浴。

木 8
【棯】 12画 6012 68EF 音 ジン漢 訓 なつめ
意味 果樹の名。ナツメの一種。

木 8
【椙】 12画 3190 6919 国字 訓 すぎ
意味 杉《すぎ》の木。地名・姓《せい》などに用いられる字。
難読 椙谷《すいだに》(=地名)

木 8
【棲】 12画 3219 68F2 人名 音 セイ漢 訓 す・すみか・す-む
意味 ❶鳥のすみか。す。また、住居。❷すみかとする。すむ。同 栖《セイ》。例 棲息《セイソク》。隠棲《インセイ》。同棲《ドウセイ》。両棲類《リョウセイルイ》。
【棲息】《セイソク》 (名・する) (動物が)生活していること。また、繁殖《ハンショク》すること。例 フクロウが―する森。表記 現 生息

木 8
【棕】 12画 6003 68D5 音 ソウ漢 シュ呉

木 9 【椶】 13画 6004 6936 本字

意味 「棕櫚《シュロ》」は、ヤシ科の常緑高木。幹の先のほうにうちわの骨のような葉が多数つく。幹をあみ状にとりまく繊維《センイ》でなわやほうきを作る。

木 8 【棗】 12画 6007 68D7 音 ソウ㊥ 訓 なつめ

意味 クロウメモドキ科の落葉小高木。ナツメ。夏に、あわい黄色の花をつけ、長円形の実を結ぶ。実は食用・薬用。

日本語での用法 《なつめ》 茶道で、抹茶《マッチャ》を入れる容器。形がナツメの実に似ているところから。「小棗《こなつめ》・平棗《ひらなつめ》」

木 8 【棚】 12画 3510 68DA 常用 音 ホウ㊥ 訓 たな

筆順 一 十 木 札 杊 枂 棚 棚

【棚】 12画

なりたち 〔形声〕「木(=き)」と、音「朋《ホウ》」とから成る。かけはし。

意味 ❶かけはし。❷木や竹で作ったやぐら。小屋。

日本語での用法 《たな》 ものをのせるために板を平らにわたしたもの。「戸棚《とだな》・本棚《ホンだな》」

【棚卸】《たなおろし》（名・する）①決算などのため、在庫品の数量・価格などを調べること。②他人の欠点などを数えあげて言うこと。例 人の―をする。表記 ▽「▽店卸」とも書く。

●網棚《あみだな》・書棚《ショだな》・本棚《ホンだな》

木 8 【椨】 12画 6013 6928 国字 訓 たぶ

意味 クスノキ科の常緑高木。タブノキ。〔おもに姓《セイ》や地名に用いられる字〕

木 8 【椥】 12画 6009 6925 音 チェ 訓 なぎ

意味 地名に用いられる字。例 檳椥《ベンチェ》(=ベトナムの地名)。

日本語での用法 《なぎ》 地名に用いられる字。「椥辻《なぎつじ》(=京都府の地名)」

［木部］ 8画 棗棚椨椥椎棣棟棹棠棒

木 8 【椎】 12画 3639 690E 常用 音 一ツイ㊥ 二ツイ㊞ スイ㊥㊐ 訓 つち・しい

筆順 一 十 木 朴 杵 桙 椎 椎

なりたち 〔形声〕「木(=き)」と、音「隹《スイ》」とから成る。たたく道具。

意味 一《ツイ》 ❶ものをたたく道具。つち。例 鉄椎《テッツイ》。❷打つ。たたく。例 椎撃《ツイゲキ》(=たたく。うつ)。二《ツイ・スイ》 ❶ブナ科の常緑高木。シイ。材質はかたく、建材や器具材とする。実はどんぐりといい、食べられる。❷せぼね。例 脊椎《セキツイ》。

【椎骨】《ツイコツ》 脊椎《セキツイ》動物の脊柱《セキチュウ》(=せぼね)を構成している一つ一つの骨。

木 8 【棣】 12画 6008 68E3 音 テイ㊥ 訓 うべ・むべ・とお-る

意味 ❶バラ科の落葉低木。ニワウメ。また、ニワザクラ。例 常棣《ジョウテイ》。❷通じる。とおる。

【棣▼鄂】《テイガク》 ニワウメの花。また、兄弟《キョウダイ》のたとえ。〔ニワウメの花はいくつも集まって咲《さ》くことから、兄弟がおたがいに和していることを「棣鄂之情《テイガクのジョウ》」という〕

木 8 【棟】 12画 3779 68DF 常用 音 トウ㊥㊐ 訓 むね・むな

筆順 一 十 木 朩 朾 桐 棟 棟

なりたち 〔形声〕「木(=き)」と、音「東《トウ》」とから成る。むなぎ。

意味 ❶屋根の最も高い部分(にわたす木)。むね。例 棟梁《トウリョウ》。棟木《むなぎ》。上棟《ジョウトウ》。❷重要な人のたとえ。

日本語での用法 《トウ・むね》 むね続きの建物(を数えることば)。「病棟《ビョウトウ》・流失家屋《リュウシツカオク》十二棟《ジュウニむね》」

人名 たかし・むなぎ

【棟宇】《トウウ》 〔「宇」は、軒《のき》の意〕家の棟木《むなぎ》と軒《のき》。また、家屋。建物。

【棟▼梁】《トウリョウ》 〔棟《むね》と梁《はり》は家の重要な部分であることから〕①国や一族をささえて重い責任を負う人。例 国の―。源氏の―となる。②大工などの職人の親方。かしら。

【棟上げ】《むねあげ》（名・する）建物の骨組みができて、その上に棟木《むなぎ》をのせること。また、それを祝う儀式《ギシキ》。上棟《ジョウトウ》。

【棟割り】《むねわり》 一つの棟でできている家を、かべで仕切って数軒《スウケン》に分けて、長屋《ながや》とすること。例 ―長屋。

●汗牛充棟《カンギュウジュウトウ》・病棟《ビョウトウ》・別棟《べつむね》

木 8 【棹】 12画 6010 68F9 音 一トウ㊥ 二タク㊥ 訓 さお

意味 一《トウ》 船をこぐ道具。さお。また、船をこぐこと。同 櫂《トウ》。例 棹竿《トウカン》(=舟《ふね》をこぐ、さお)。参考 日本語では「棹《さお》」と「櫂《かい》」とを区別するが、「棹」は「櫂」の別体字で、本来は同じ意味。二《タク》 つくえ。同 卓《タク》。例 棹子《タクシ》(=つくえ)。

日本語での用法 《さお》 ①長い棒の形のもの。「棹秤《さおばかり》・太棹《ふとざお》の三味線《しゃみせん》」②〔長い棒でつって運ぶことから〕たんすや長持を数えることば。「箪笥《タンス》、長持《ながもち》おのおの二棹《ふたさお》」

【棹歌】《トウカ》 船頭が船をこぎながらうたう歌。ふなうた。類 櫂歌《トウカ》。

木 8 【棠】 12画 6011 68E0 音 トウ㊥ ドウ㊐

意味 ❶「甘棠《カントウ》」は、バラ科の落葉高木。❷「海棠《カイドウ》」は、バラ科の落葉低木。春、うすべに色の花がさく。

木 8 【棒】 12画 4332 68D2 教育6 音 ホウ㊥ ボウ㊐

筆順 一 十 木 朩 栐 桊 椿 棒

なりたち 〔形声〕本字は「棓」で、「木(=き)」と、音「咅《ホウ》」とから成る。ぼう。つえ。

意味 細長い、ほぼ同じ太さで終始する、木ぎれ。また、その形。例 棒術《ボウジュツ》(=棒を使う武術)。棒《ボウ》グラフ。鉄棒《テツボウ》。

【棒▼縞】《ボウじま》 太い縦じま。

【棒高跳び】《ボウたかとび》 陸上競技の種目の一つ。助走のあと、一本の長い棒を地面につき立てるようにして、空中に高くわたした横木(=バー)をとびこえ、その高さをきそうもの。

【棒針】《ボウばり》 編み物用の、両はしがとがっている針。

【棒読み】《ボウよみ》 句読《クトウ》や抑揚《ヨクヨウ》などをつけない、一本調子のよみ方。

●相棒《あいボウ》・片棒《かたボウ》・金棒《かなボウ》・心棒《シンボウ》・打棒《ダボウ》・鉄棒《テツボウ》・天

秤棒《テンビンボウ》・泥棒《どろボウ》・乳棒《ニュウボウ》・綿棒《メンボウ》・麺棒《メンボウ》

木 8
【椪】 12画 6014 692A 音 ポン 訓 はい・はえ
意味 「椪柑《ポンカン》」は、ミカンの一種。皮は厚いがやわらかく、あまくて香気《コウキ》が高い。〔「椪《ポン》」は、西インドの地名 Poona〕
日本語での用法 《はい・はえ》 人名・地名に用いられる字。「椪田《はいだ・はえだ》(=姓《セイ》)・三椪《みはえ》(=宮崎《みやざき》県の地名)」

木 8
【棉】 12画 4441 68C9 音 メン漢 訓 わた
意味 ❶アオイ科の一年草または木本《モクホン》性植物。ワタ。ワタノキ。種の表面につく白い毛のような繊維《センイ》から、わたをつくる。同 綿《メン》。例 棉花《メンカ》(=わたを取る材料の、ワタの花)。❷アオイ科(旧パンヤ科)の落葉高木。パンヤノキ。東南アジア原産。わた毛はクッションなどのつめものにする。インドワタノキ。キワタ。例 木棉《もめん・モクメン》(=インドワタノキ)。

木 8
【椋】 12画 4426 690B 人名 音 リョウ漢 訓 むく
なりたち  [形声]「木(=き)」と、音「京《キョウ》→リョウ」とから成る。チシャノキ。
意味 ムラサキ科の落葉高木。チシャノキ。材はややかたく、建築・家具・器具材にする。
日本語での用法 《むく》 ①アサ科(旧ニレ科)の落葉高木。ムクの木。「椋《むく》の木《き》・椋《むく》の葉《は》(=ものをみがくときの材料に用いる)」 ②「椋鳥《むくどり》」の略。ムクドリ科の鳥。「椋《むく》が飛《と》んで来《く》る」
難読 小椋《おぐら・こぐれ・おぐれ》(=姓《セイ》)・椋橋《くらはし》(=地名)
人名 くら

木 8
【棆】 12画 6018 68C6 音 リン漢
意味 クスノキ科の落葉低木。クロモジ。

木 8
【椀】 12画 4748 6900 人名 音 ワン漢
意味 木製のまるい食器。例 椀子《ワンこ》(=「椀」の東北方言)蕎麦《そば》。汁椀《しるワン》。飯椀《めしワン》。

木 8 【椢】 12画 ⇩【槶】《カイ》(544ページ)

木 8 【椁】 12画 ⇩【槨】《カク》(544ページ)

木 8 【棊】 12画 ⇩【棋】《キ》(533ページ)

木 8 【棧】 12画 ⇩【桟】《サン》(528ページ)

木 8 【棚】 12画 ⇩【棚】《たな》(536ページ)

木 9
【楹】 13画 6019 6979 音 エイ漢 訓 はしら・つかばしら
意味 邸宅《テイタク》の広間の正面にある一対《イッツイ》の円柱。はしら。例 楹聯《エイレン》。
【楹棟】《エイトウ》〔柱と、むなぎの意〕重責をになう人物。
【楹▼聯】《エイレン》 門の左右の柱に、一句ずつ対《ツイ》にして掛《か》けた聯の掛け物。柱聯《チュウレン》。

木 9
【楷】 13画 6020 6977 常用 音 カイ漢
筆順 十 木 朼 朼 枇 楷 楷
なりたち  [形声]「木(=き)」と、音「皆《カイ》」とから成る。孔子の墓に植えられたという木。
意味 ❶ウルシ科の落葉高木。トネリバハゼノキ。中国原産。孔子《コウシ》の墓に植えられた木として有名。例 楷木《カイボク》(=楷の木)。❷見ならうべきもの。模範《モハン》。のり。例 楷式《カイシキ》(=てほん)。❸漢字の点画《テンカク》をくずさず直線的に書いた書体。例 楷書《カイショ》。
【楷書】《カイショ》 漢字の書体の一つ。隷書《レイショ》の点画《テンカク》を見やすく書いたもの。→【篆書】《テンショ》(755ページ)・【隷書】《レイショ》(1042ページ)・【行書】《ギョウショ》(884ページ)・【草書】《ソウショ》(850ページ)

木 9
【楽】 13画 1958 697D 教育2 音 一 ガク漢呉 二 ラク漢呉 三 ゴウ漢 訓 たの-しい・たの-しむ 付表 神楽《かぐら》
筆順 ′ 白 泊 泊 泊 楽 楽

木11
【樂】 15画 6059 6A02 人名
なりたち  [象形] 木の柄《え》の上に、大小の鼓《つづみ》がある楽器の形。

意味 一《ガク》 音をかなでる。道具を使って、おんがくを生み出す。例 音楽《オンガク》。雅楽《ガガク》。声楽《セイガク》。二《ラク》 こころよい。たのしい。やすらか。例 楽園《ラクエン》。快楽《カイラク》。喜怒哀楽《キドアイラク》。三《ゴウ》 このむ。なぐさめにする。例 三楽《サンゴウ》。
参考 雅楽《ガガク》の曲名は、「越天楽《エテンラク》」「秋風楽《シュウフウラク》」「千秋楽《センシュウラク》」「太平楽《タイヘイラク》」「万歳楽《マンザイラク》」など、「ラク」と読む。
日本語での用法 《ラク》 ①たやすい。かんたん。「楽《ラク》にできる・楽勝《ラクショウ》」 ②「千秋楽《センシュウラク》」の略。相撲《すもう》や演劇の興行の最後の日。「楽《ラク》まで人気《ニンキ》が続《つづ》く・楽日《ラクび》」 ③「楽焼《ラクやき》」の略。「楽《ラク》の茶碗《チャワン》」
難読 楽車《だんじり》・催馬楽《サイバラ》・楽浪《さざなみ》
人名 たのし・もと・やすし・よし
【楽員】《ガクイン》 楽団に所属して演奏する人。楽団員。
【楽音】《ガクオン》 ①規則正しく振動《シンドウ》し、高低がはっきりしていて、耳に心地《ここち》よい音。対 騒音《ソウオン》。②楽器などの音。
【楽才】《ガクサイ》 音楽の才能。また、その才能のある人。
【楽士】《ガクシ》 (劇場などにやとわれて)音楽を演奏する人。類 楽人《ガクジン》。例 楽団の―。
【楽章】《ガクショウ》 交響《コウキョウ》曲・ソナタ・協奏曲などを構成している、それぞれにまとまりのある部分。例 第四―。
【楽人】《ガクジン・ガクニン》 音楽を演奏する人。類 楽士。
【楽聖】《ガクセイ》 偉大《イダイ》な音楽家。例 ―ベートーベン。
【楽節】《ガクセツ》 楽章を構成する単位で、音楽的にまとまった構想をもつもの。
【楽隊】《ガクタイ》 音楽を合奏する一団。音楽隊。例 ―の行進。
【楽壇】《ガクダン》 音楽家や音楽関係者の社会。音楽界。
【楽典】《ガクテン》 西洋音楽で、基礎《ソキ》的な規則を書いた本。
【楽譜】《ガクフ》 音楽を記号で書きあらわしたもの。五線譜に音符《オンプ》や記号などを用いて示す。譜。音譜《オンプ》。例 ―を読む。
【楽屋】《ガクや》 ①劇場やスタジオなどで、出演者が準備や休憩《キュウケイ》などをする部屋。例 演奏を終えて―にもどる。②関係者だけが知っていることがら。内幕《うちマク》。例 ―話《ばなし》。
【楽器】《ガッキ》 音楽を演奏する道具。打楽器・管楽器・弦《ゲン》楽器・鍵盤《ケンバン》楽器など。
【楽曲】《ガッキョク》 音楽の曲のこと。声楽曲・器楽曲などをまとめた言い方。
【▽楽府】《ガフ》 ①漢の武帝《ブテイ》のとき宮中に設けられた、音楽をつかさどる役所。②「①」でつくられたり集められたりした歌で、

4画

[木部] 8―9画 椪棉椋棆椀椢椁棊棧棚楹楷楽

音楽に合わせて歌われたもの。③漢詩の種類の一つ。唐《トウ》以後で、「②」の歌の題を借りてつくった詩。

【楽隠居】《ラクインキョ》(名・する)年老いて仕事をしりぞき、好きなことをしながら気楽に暮らすこと。また、その老人。

【楽園】《ラクエン》なやみや苦しみがなく、平和でたのしいところ。パラダイス。類極楽《ゴクラク》・楽土。例地上の―。小鳥たちの―。

【楽勝】《ラクショウ》(名・する)苦労せず、らくに相手に勝つこと。対辛勝《シンショウ》。〔俗《ゾク》な言い方で、「らくにできる」「なんの苦労もなく可能だ」の意に用いることが多い〕

【楽天】《ラクテン》心配したりなやんだりせず、のんきにたのしむこと。対厭世《エンセイ》。例―地(=楽園)。

【楽天家】《ラクテンカ》心配したりなやんだりせず、ものごとを明るくよい方向に考える人。オプティミスト。対厭世家《エンセイカ》。

【楽天的】《ラクテンテキ》(形動ダナ)心配したりなやんだりせず、ものごとを明るくよい方向に考えるようす。類楽観的。対悲観的。

【楽土】《ラクド》なやみや苦しみがなく、平和でたのしい理想の世界。楽園。楽天地。例王道―の夢。

【楽寝】《ラクね》(名・する)気楽にのんびりねること。

【楽日】《ラクビ》興行の最後の日。千秋楽《センシュウラク》。

【楽焼】《ラクやき》①手で形をつくり、低温で焼いた陶器《トウキ》。うわぐすりの色で赤楽《あかラク》・黒楽《くろラク》などがある。②素《ス》焼きの陶器に客に絵や文字を書かせ、短時間で焼いたもの。

【楽観】《ラッカン》(名・する)ものごとの明るい面やよい面をとらえ、先のことを心配せずに気楽に考えること。対悲観。例―を許さない情勢。将来を―している。

【楽観的】《ラッカンテキ》(形動ダナ)ものごとを明るく考え心配しないようす。対悲観的。例―な見通し。―に考える。

●安楽《アンラク》・音楽《オンガク》・快楽《カイラク|ケラク》・雅楽《ガガク》・器楽《キガク》・喜怒哀楽《キドアイラク》・苦楽《クラク》・弦楽《ゲンガク》・行楽《コウラク》・極楽《ゴクラク》・娯楽《ゴラク》・声楽《セイガク》・奏楽《ソウガク》・田楽《デンガク》・道楽《ドウラク》・独楽《ドクラク|こま》・能楽《ノウガク》・文楽《ブンラク》・邦楽《ホウガク》・洋楽《ヨウガク》

木 9

【棄】

13画 2094 68C4 常用 音 キ漢呉 訓 す-てる

筆順 亠 … 棄

廾 4 【弃】 7画 5517 5F03 古字

なりたち  [会意]「𠦒(=左右の手で、ちりとりを持って、すてる)」と「𠫓(=さか子。不孝の子として、すてられる)」とから成る。すてる。

意味 ❶なげすてる。すてる。例棄捐《キエン》。遺棄《イキ》。投棄《トウキ》。❷とりあげない。つかわない。やめる。例棄却《キキャク》。放棄《ホウキ》。

人名 すて

【棄▼捐】《キエン》(名・する)〔「捐」も、すてる意〕①すてて用いないこと。②人に金や物をめぐみあたえること。

【棄却】《キキャク》(名・する)〔「却」は、しりぞける意〕①すてて用いないこと。類棄去《キキョ》。②裁判所が訴訟《ソショウ》の申し立てを認めないこと。例控訴《コウソ》を―する。

【棄権】《キケン》(名・する)権利をすてて使わないこと。例選挙を―する。試合を―する。

【棄市】《キシ》昔の中国の刑罰《ケイバツ》。罪人を死刑にして死体を人の多く集まる市中にさらすこと。類獄門《ゴクモン》。

【棄児】《キジ》すてられた子供。すてご。

【棄損】《キソン》(名・する)⇩【毀損】《キソン》(566ページ)

【棄養】《キヨウ》(名・する)〔子供が親に孝養をつくせなくなることから〕父母が死ぬこと。

●遺棄《イキ》・自棄《ジキ|やけ》・投棄《トウキ》・廃棄《ハイキ》・破棄《ハキ》・放棄《ホウキ》

木 9

【業】

13画 2240 696D 教育3 音 ギョウ漢 ゴウ呉 訓 わざ

筆順 … 業

なりたち  [会意]「丵(=のこぎりの歯のような形)」と「木(=方形の板)」とから成る。鐘鼓《ショウコ》などの楽器をかける大きな板。借りて「しごと」の意。

意味 ❶しごと。つとめ。なりわい。例業績《ギョウセキ》。業務《ギョウム》。事業《ジギョウ》。❷学問。美術・工芸などの技能。わざ。例学業《ガクギョウ》。修業《シュウギョウ》。❸おこない。しわざ。例悪業《アクギョウ》。所業《ショギョウ》。❹〔仏〕むくいをひきおこすもととなるおこない。前世《ゼンセ》のおこないによって、現世《ゲンセ》で受けるむくい。ごう。例業苦《ゴウク》。悪業《アクゴウ》。罪業《ザイゴウ》。

日本語での用法《ゴウ》はじ・いかりなどの心。「業《ゴウ》を煮《に》やす・業腹《ゴウはら》」

使い分け わざ【技・業】⇩1182ページ

難読 業《なりわい|すぎわい》

人名 いさお・おき・かず・くに・つとむ・なり・のぶ・のり・はじめ・ふさ

【業界】《ギョウカイ》同じ職種の人々の社会。例―誌。金融《キンユウ》―。

【業者】《ギョウシャ》①商業・工業をいとなむ人。例出入りの―。②同業者。例―仲間の情報。

【業種】《ギョウシュ》職業・業務の種類。類職種。例景気に左右されない―。

【業績】《ギョウセキ》事業や研究など、仕事の成績や成果。類実績・成績。例―をあげる。偉大《イダイ》な―を残す。

【業態】《ギョウタイ》①事業や業務の状態。例―を調査する。②事業や業務の形態。例新しい証券業としての―が整う。

【業務】《ギョウム》職業としての仕事。例―に専念する。

【業因】《ゴウイン》〔仏〕楽しみや苦しみなどのむくいを受けるもととなる善悪のおこない。類因縁《インネン》。例善悪の果報はみな前世の―による。

【業火】《ゴウカ》〔仏〕①地獄《ジゴク》で罪人が悪業《アクゴウ》のむくいとして焼かれる激しい火。②身をほろぼす悪業を火にたとえたことば。

【業果】《ゴウカ》〔仏〕前世の善悪のおこないによって、現世で受けるむくい。業報《ゴウホウ》。

【業苦】《ゴウク》〔仏〕前世で悪いおこないをしたむくいとして、現世で受ける苦しみ。例早くこの世の―をはなれたい。

【業腹】《ゴウはら》(名・形動ダナ)ひじょうに腹が立つこと。しゃくにさわること。例あきらめるのも―だ。

【業病】《ゴウビョウ》〔仏〕前世の悪業《アクゴウ》のむくいでかかるとされた、治りにくい病気。

【業報】《ゴウホウ》〔仏〕①前世のおこないによって、現世で受けるむくい。②とくに、悪業《アクゴウ》のむくい。

【業魔】《ゴウマ》〔仏〕前世での悪いおこない。悪業《アクゴウ》を悪魔にたとえていうことば。

【業師】《わざシ》①柔道《ジュウドウ》や相撲《すもう》などで、わざをかけるのがじょうずな人。②策略をめぐらし、かけひきのじょうずな人。例政界の―。

【業物】《わざもの》名人がつくった切れあじのするどい刀。名刀。例世に知られた―。

●偉業《イギョウ》・遺業《イギョウ》・営業《エイギョウ》・開業《カイギョウ》・家業《カギョウ》・学業《ガクギョウ》・神業《かみわざ》・企業《キギョウ》・休業《キュウギョウ》・漁業《ギョギョウ》・兼業《ケンギョウ》・工業《コウギョウ》・鉱業《コウギョウ》・作業《サギョウ》・産業《サンギョウ》・残業《ザンギョウ》・始業《シギョウ》・事業《ジギョウ》・失業《シツギョウ》・実業《ジツギョウ》・修業《シュウギョウ|シュギョウ》・終業《シュウギョウ》・授業《ジュギョウ》・宿業《シュクゴウ》・巡業《ジュンギョウ》・商業《ショウギョウ》・職業《ショクギョウ》・創業《ソウギョウ》・操業《ソウギョウ》・卒業《ソツギョウ》・転業《テンギョウ》・同業《ドウギョウ》・農業《ノウギョウ》・廃業

《ハイギョウ》・非業《ヒゴウ》・副業《フクギョウ》・分業《ブンギョウ》・本業《ホンギョウ》・林業《リンギョウ》

木 9
【楜】
13画 6021 695C
音 コ(漢) 訓 くるみ

意味 コショウ。「胡椒《コショウ》」の「胡」に木偏《きヘン》を加えた字。例 楜椒《コショウ》。

日本語での用法 《くるみ》人名・地名に用いられる字。「楜沢《くるみさわ》(=姓《セイ》)・楜ケ原《くるみがはら》(=富山《とやま》県の地名)」

木 9
【楸】
13画 6022 6978
音 シュウ(漢) 訓 ひさぎ

意味 ノウゼンカズラ科の落葉高木。キササゲ。ヒサギ。

木 9
【楫】
13画 6023 696B
音 シュウ(漢) ショウ(漢) 訓 かじ

意味 船を進める道具。かい。かじ。

日本語での用法 《かじ》船を進める道具。また、その方向を変えるもの。〔ただし、古語では「かい(=水をかいて船を進める道具)」のことを「かじ」と言った〕「楫取《かじとり》」

木 9
【楯】
13画 2961 696F 人名
音 シュン(漢) ジュン(呉) 訓 たて

意味 ❶欄干《ランカン》。てすり。❷攻撃《コウゲキ》から身を守る武具。たて。同 盾《ジュン》。例 矛楯《ムジュン》。

木 9
【椹】
13画 6027 6939
音 一 シン(漢) ジン(呉) 二 チン(漢) 訓 あて・かない・さわら

意味 一《ジン》 クワの実。二《チン》 丸太を割ったり、ものを打ちくだいたり、切断したりするときの台。あてぎ。あて。例 椹質《チンシツ》。

日本語での用法 《さわら》ヒノキ科の常緑高木。日本特産。桶《おけ》などに用いられ、園芸品種も多い。

【椹質】《チンシツ》 ①ものを切ったり打ったりするときの台。②腰斬《ヨウザン》の刑《ケイ》をおこなうとき、罪人を伏《ふ》せさせる台。③弓の的《まと》。

木 9
【楔】
13画 6024 6954
音 セツ・ケツ(漢) 訓 くさび

意味 二つのものの間に打ちこみ、ぬけないようにしたり、ものを割ったりするV字形のもの。くさび。例 楔子《セッシ》(=くさび)。

【楔形文字】《ケッケイモジ》—《セッケイモジ》—《くさびがたモジ》 紀元前三五〇〇年ごろから、古代メソポタミア地方で使われた文字。葦《あし》のペンを用いて粘土板《ネンドバン》に書きつけ、一画一画がくさびの形をしている。

木 9
【楚】
13画 3331 695A 人名
音 ソ(漢)(呉) 訓 いばら・しもと

意味 ❶むらがり生える低木。いばら。例 楚棘《ソキョク》(=いばら)。❷クマツヅラ科の落葉低木。ニンジンボク。中国原産。庭木とし、果実は薬用。また、古代には枝を刑罰《ケイバツ》用のむちにした。しもと。❸いたみ。くるしみ。例 楚痛《ソツウ》(=いたみ)。❹すっきりとして美しい。例 楚楚《ソソ》。清楚《セイソ》。❺春秋戦国時代の国の名。春秋時代には五覇《ゴハ》の一つ。戦国時代には七雄《シチユウ》の一つ。長江《チョウコウ》中流の地を領有し、郢《エイ》に都をおいた。二十五代、五百余年続き、秦《シン》にほろぼされた。(?—前二二三) 例 楚囚《ソシュウ》。❻長江中流一帯、現在の湖南・湖北二省の地域の名。例 楚歌《ソカ》。

難読 楚《すわえ》—《ずわえ》・楚割《すわやり》

人名 うばら・たか

【楚歌】《ソカ》 楚の地方の、うた。→【四面楚歌】《シメンソカ》(217ページ)

【楚辞】《ソジ》 戦国時代の楚《ソ》の辞(=叙情《ジョジョウ》あふれる韻文《インブン》)の作品集。主な作者は屈原《クツゲン》で、代表作は「離騒《リソウ》」。中国古代文学において『詩経《シキョウ》』と双璧《ソウヘキ》をなす。

【楚囚】《ソシュウ》 他国にとらわれている人。捕虜《ホリョ》。〔春秋時代、楚の鍾儀《ショウギ》が晋《シン》にとらえられたとき、楚の冠《かんむり》をぬぐことなく、故郷を忘れなかったという故事による〕

【楚楚】《ソソ》(形動タル)すっきりとして、おもむきがあるようす。清らかで美しいようす。〔もとは、あざやか、悲しみいたむようす、いばらのしげるようす、などの意であるが、現代日本では、多く、女性や花の形容に使う〕例 —としてさくヤマユリ。

木 9
【楕】
13画 3442 6955 人名
音 タ(漢) ダ(呉)

木12
[橢]
16画 6083 6A62 本字

意味 細長い円形。小判形《こバンがた》。例 楕円《ダエン》。

【楕円】《ダエン》 横または縦に長い円。長円。

木 9
【椴】
13画 3846 6934
音 タン(漢) ダン(呉) 訓 とど・むくげ

意味 ❶シナノキ科シナノキ属の木をまとめて呼ぶことば。また、ヤナギ科ハコヤナギ属の一種。〔日本名は不明〕❷アオイ科の落葉低木。ムクゲ。

日本語での用法 《とど》マツ科の常緑高木。材は建築・器具・パルプ材として用いられる。「椴松《とどまつ》」

木 9
【楮】
13画 6026 696E
音 チョ(漢)(呉) 訓 こうぞ

意味 ❶クワ科の落葉低木。コウゾ。樹皮の繊維《センイ》を和紙の原料とする。例 楮紙《チョシ》(=こうぞの紙)。❷手紙や紙幣《シヘイ》。かみ。例 寸楮《スンチョ》(=手紙)。

木 9
【楪】
13画 6036 696A
音 チョウ(漢) チャ(唐) 訓 ゆずりは

意味 (木製の)平らで浅い、食物を盛る小ぶりの容器。小皿。例 楪子《チャツ》(=菓子などをのせて出するうるし塗りの小皿)。

参考 材料が石・陶器などならば「碟」とも書く。

日本語での用法 《ゆずりは》常緑高木の名。また、人名・地名に用いる。「楪《ゆずりは》(=山形県・宮崎《みやざき》県の地名)」

木 9
【椿】
13画 3656 693F 人名
音 チン(慣) チュン(漢) 訓 つばき

なりたち [形声]「木(=き)」と、音「春《シュン》→《チュン》」とから成る。木の名。

意味 ❶長寿《チョウジュ》のたとえにされる伝説上の大木。八千年を春とし、八千年を秋とし、三万二千年が人間の一年にあたるという。例 椿寿《チンジュ》。大椿《ダイチン》。❷センダン科の落葉高木。チャンチン。中国原産。材は木目が美しく、建材や家具材に用いられる。

日本語での用法 一《チン》「珍《チン》」にあてて、めずらしい、変わった、の意に用いる。「椿事《チンジ》」二《つばき》ツバキ科の常緑高木。暖地に生育。花木として植え、また、種から油をとる。春、赤・白などの大形の花がさく。園芸種が多い。材は細工物《サイクもの》に用いられる。「椿油《つばきあぶら》」

【椿事】《チンジ》 思いがけないできごと。珍事《チンジ》。例 前代未聞《ゼンダイミモン》の—。

【椿寿】《チンジュ》 長生き・長寿・長命をいうことば。三万二千年が人間の一年にあたるという大木の大椿《ダイチン》になぞらえたもの。

【椿説】《チンセツ》 めずらしい話。珍説《チンセツ》。例『—弓張月《ゆみはりづき》』〔滝

沢《たきざわ》馬琴《バキン》の伝奇《デンキ》小説〕

木 9 **【楴】** 13画 6028 6974 音 テイ 漢

意味 髪《かみ》を整えるかんざし。

木 9 **【椽】** 13画 6029 693D 音 テン 漢 呉 訓 たるき

意味 屋根板などをささえるために、棟《むね》から軒《のき》にかけわたす長い木材。たるき。例 椽大《テンダイ》の筆《ふで》（＝りっぱな文章）。

木 9 **【楠】** 13画 3879 6960 人名 音 ダン 漢 ナン 呉 訓 くすのき・くす

なりたち ［形声］「木（＝き）」と、音「南《ダン》」とから成る。木の名。

意味 南の地方に生える大木の名。ナン。

日本語での用法 《くすのき》クスノキ科の常緑高木。高く伸《の》び、材は芳香《ホウコウ》がある。同 樟《くすのき》。

参考 「楠公《ナンコウ》・大楠公《ダイナンコウ》」は、楠木正成《くすのきまさしげ》を尊んだ呼び方。

木 9 **【楾】** 13画 6025 697E 国字 訓 はんぞう

意味 湯水を注ぐための器《うつわ》。注ぎ口となる柄《え》の半分が器に挿入《ソウニュウ》されているもの。半挿《ハンソウ》。はそう。〔「半挿《ハンソウ》」のほかに「匜」「𨏍」の字も用いる〕

木 9 **【楓】** 13画 4186 6953 人名 音 フウ 漢 訓 かえで

なりたち ［形声］「木（＝き）」と、音「風《フウ》」とから成る。木の名。

意味 フウ科（旧マンサク科）の落葉高木。フウ。中国原産。秋に紅葉する。

日本語での用法 《かえで》ムクロジ科（旧カエデ科）の植物をまとめていう。とくにイロハカエデ類が、紅葉の美しさで代表的。もみじ。「伊呂波楓《いろはかえで》・高雄楓《たかおかえで》」

難読 楓山《もみじやま》

【楓橋】《フウキョウ》 江蘇《コウソ》省蘇州《ソシュウ》市の郊外《コウガイ》にある橋。〔唐《トウ》の詩人、張継《チョウケイ》の「楓橋夜泊《ヤハク》」の詩で知られる〕

【楓樹】《フウジュ》 フウ、または、カエデの木。

【楓葉】《フウヨウ》 フウ、または、カエデの葉。また、紅葉したフウ、または、カエデの葉。

【楓林】《フウリン》 フウ、または、カエデのはやし。

木 9 **【楙】** 13画 6030 6959 音 ボウ 漢 訓 しげ-る・つと-める・ぼけ

意味 ❶木がさかんに枝をのばす。しげる。同 茂《ボウ》。例 楙盛《ボウセイ》（＝木がしげる）。❷バラ科の落葉低木。ボケ。

木 9 **【榁】** 13画 6035 6981 国字 訓 むろ

意味 ヒノキ科の常緑小高木、ネズの古名。ムロ。ムロノキ。

木 9 **【椰】** 13画 6031 6930 人名 音 ヤ 漢 訓 やし

なりたち ［形声］本字は「枒」で、「木（＝き）」と、音「牙《ガ→ヤ》」とから成る。ヤシの木。

意味 ヤシ科の常緑高木。ヤシ。ココヤシ・ナツメヤシなど熱帯地方に三千種以上ある。果実は球形で、食用・飲料のほか、ヤシ油をとる。例 椰子《ヤシ》。

木 9 **【楡】** 13画 6032 6961 音 ユ 漢 訓 にれ

意味 ニレ科の落葉高木。ニレ。寒冷地に自生。街路樹や庭木にする。例 楡枋《ユホウ》。

【楡▼枋】《ユホウ｜ユボウ》 ニレとマユミの木。

木 9 **【楢】** 13画 3874 6962 人名 音 ユウ 漢 訓 なら

意味 ブナ科の落葉高木。ナラ。山野に自生。秋、どんぐりがなる。材は家具・建築などに、樹皮と葉は染色《センショク》に用いられる。

木 9 **【楊】** 13画 4544 694A 人名 音 ヨウ 漢 呉 訓 やなぎ

なりたち ［形声］「木（＝き）」と、音「易《ヨウ》」とから成る。ヤナギの木。

意味 ❶ヤナギ科の落葉低木。ヤナギ。カワヤナギ・ネコヤナギなど、枝の垂れない種類をいう。例 楊柳《ヨウリュウ》。❷姓《セイ》の一つ。例 楊貴妃《ヨウキヒ》。

【楊花】《ヨウカ》 ヤナギの花。

【楊貴妃】《ヨウキヒ》 唐《トウ》の玄宗皇帝《ゲンソウコウテイ》の貴妃（＝皇后に次ぐ身分）。姓《セイ》は楊、名は玉環《ギョクカン》。才色ともにすぐれ、歌舞《カブ》をよくした。帝の寵愛《チョウアイ》を一身に受けたが、安禄山《アンロクザン》の乱のとき、帝と難をのがれるとちゅう馬嵬坡《バカイハ》で殺された。

【楊弓】《ヨウキュウ》 遊戯《ユウギ》用の小さいゆみ。江戸《えど》時代に使われた。

【楊枝】《ヨウジ》 ①歯のあいだにつまったものを取るための、細くて小さな棒。つまようじ。②歯ブラシ。表記 ▽「楊子」とも書く。

【楊梅】《ヨウバイ｜やまもも》 ヤマモモ科の常緑高木。雌雄《シユウ》異株《イシュ》。初夏に一、二センチメートルの球形で赤い実をつけ、食用になる。

【楊柳】《ヨウリュウ》 〔「楊」はカワヤナギ、「柳」はシダレヤナギ〕ヤナギ類をまとめていう。「折楊柳《セツヨウリュウ》」は、送別の曲の名。↓

【折柳】《セツリュウ》（429ページ）

木 9 **【楝】** 13画 6034 695D 音 レン 漢 訓 おうち

意味 センダン科の落葉高木、センダンの古名。オウチ。

木 9 **【楼】** 13画 4716 697C 常用 音 ロウ 漢 ル 呉 訓 たかどの・やぐら

筆順 十 木 杧 柈 梾 楼 楼 楼

木11 **【樓】** 15画 6076 6A13

なりたち ［形声］「木（＝き）」と、音「婁《ロウ》」とから成る。二階またはそれ以上の建物。

意味 ❶高層の建物。たかどの。例 楼閣《ロウカク》。高楼《コウロウ》。❷ものみやぐら。例 望楼《ボウロウ》。❸茶屋。遊女屋。例 青楼《セイロウ》。

人名 たか・つぎ

【楼閣】《ロウカク》 空高くそびえた、りっぱな建物。たかどの。例 空中の—。砂上の—。

【楼上】《ロウジョウ》 ①高い建物の上。②建物の階上の部屋。

【楼船】《ロウセン》 物見やぐらのある大きな船。いくさぶね。

【楼台】《ロウダイ》 高くてりっぱな建物。たかどの。楼閣。

【楼門】《ロウモン》 やぐらのある門。二階づくりの門。例 南禅寺《ナンゼンジ》の—。

●鐘楼《ショウロウ》・塔楼《トウロウ》・望楼《ボウロウ》・摩天楼《マテンロウ》

木 9
【楞】 13画 6033 695E 音 ロウ漢 リョウ呉

意味 ❶とがったかど。同 稜《リョウ》。例 楞角《リョウカク》。❷梵語《ボンゴ》の音訳。例 楞伽《リョウガ》。

木 9 **【椶】** 13画 ⇩【棕《ソウ》】(535ページ)

木 9 **【楳】** 13画 ⇩【梅《バイ》】(529ページ)

木 10
【榲】 14画 6037 69B2 音 一オツ漢 二オン漢 訓 すぎ

意味 一《オツ》「榲桲《オツボツ》」は、バラ科の落葉高木。マルメロ。洋ナシ形のかおりのよい果実を砂糖づけやジャムにする。二《オン》 杉《すぎ》の木。スギ。

木 10
【樺】 14画 1982 6A3A 人名 音 カ漢 訓 かば・かんば

木11 **【樺】** 15画

なりたち [形声]「木(=き)」と、音「華《カ》」とから成る。木の名。

意味 カバノキ科の落葉高木。とくにシラカバをいう。高原に自生。樹皮は紙状にうすくはがれ、紙やろうそくを作るのに用いられる。例 樺燭《カショク》(=カバの木の皮で作るたいまつ)。

難読 樺太《カラフト》(=地名)・樺《かば》焼《や》き(=蒲《かば》焼き)・岳《だけ》樺《かんば》

木 10
【榎】 14画 1761 698E 人名 音 カ漢 訓 えのき

意味 ノウゼンカズラ科の落葉高木。キササゲ。材は建築や造船などに用いられ、種は薬用になる。

日本語での用法 《え・えのき》アサ科(旧ニレ科)の落葉高木。材は建築・器具・燃料用。昔は一里《イチリ》塚《づか》に植えられた。「榎《えのき》茸《だけ》・一本《イッポン》榎《えのき》」

木 10
【槐】 14画 6039 69D0 音 カイ漢 訓 えんじゅ

意味 ❶マメ科の落葉高木。エンジュ。街路樹や庭木とする。花と実は薬用、材は建築用。❷周代に朝廷《チョウテイ》の庭にエンジュの木を三本植え、三公(=臣下で最高の三つの位)の立つ位置を示したことから、三公のこと。例 槐門《カイモン》。

【槐安の夢《カイアンのゆめ》】はかないことのたとえ。→【南柯の夢《ナンカのゆめ》】(165ページ)

【槐庭《カイテイ》】〔朝廷《チョウテイ》の庭に三本のエンジュが植えてあり、三公の席を示したことから〕三公の位。類 槐門。

【槐門《カイモン》】三公の位。類 槐庭。

木 10
【概】 14画 1921 6982 常用 音 ガイ慣 カイ漢呉 訓 おおむね・おもむき

筆順 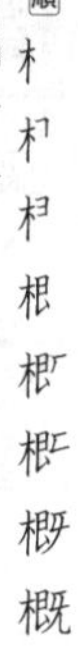

木11 **【概】** 15画

なりたち  [形声]「木(=き)」と、音「既《キ→カイ》」とから成る。正確にはかるために、ますの上を平らにならす木製の道具。とかき。

意味 ❶ますで穀物をはかるときに、盛り上がった部分を平らにする棒。とかき。ならし。ますかき。❷だいたいの。おおよそ。おおむね。例 概算《ガイサン》。梗概《コウガイ》。❸心のもち方。かたいこころざし。例 感概《カンガイ》。気概《キガイ》。❹ようす。おもむき。けしき。

人名 むね

【概括《ガイカツ》】(名・する)内容を大まかにまとめること。例 研究の全体を—して説明する。

【概観《ガイカン》】(名・する)全体のようすを大まかにみること。また、だいたいのようす。例 戦後の経済発展を—する。

【概況《ガイキョウ》】だいたいのようす。例 全国の天気—。

【概見《ガイケン》】(名・する)大まかに観察すること。

【概算《ガイサン》】(名・する)おおよその計算をすること。対 精算。例 —要求。経費の—を出す。

【概数《ガイスウ》】おおよその数や量。例 参加者の—を報告する。

【概説《ガイセツ》】(名・する)全体の内容を大まかに説明すること。また、その説明。例 日本語の歴史について—する。

【概念《ガイネン》】①〔哲〕個々のものの共通点を取り出してまとめたもの。②そのことばのあらわす意味、内容。例 単語のもつ—。③頭の中だけでつくりあげている考え。例 いいかげんな—で描《えが》いた図。

【概念的《ガイネンテキ》】(形動《ダ》)①個々のものごとを具体的に取り上げず、全体の共通要素を取り上げるようす。②ものごとを大まかにとらえるようす。例 —記述に終始する。

【概評《ガイヒョウ》】(名・する)全体を大づかみにとらえて批評すること。また、その批評。例 最近の出版界を—する。

【概要《ガイヨウ》】大まかな内容。あらまし。大要《タイヨウ》。概略。大略《タイリャク》。例 計画の—を説明する。

【概略《ガイリャク》】大まかな内容。あらまし。概要。大略《タイリャク》。例 反対意見の—を報告する。

【概論《ガイロン》】(名・する)ある学問・論説の内容を全体的にとらえ、要点をまとめて説明すること。また、その説明。概説。例 経済学—。英文学—。

◐ 一概《イチガイ》・感概《カンガイ》・気概《キガイ》・大概《タイガイ》

木 10
【槝】 14画 6047 69DD 国字 訓 かし

意味 人名・地名に用いられる字。例 槝《かし》之《の》浦《うら》(=鹿児島《かごしま》県の地名)。

木 10
【榿】 14画 6040 69BF 音 キ漢 訓 はりのき

意味 カバノキ科の落葉高木。ハンノキの一種。ハリノキ。

木 10
【構】 14画 2529 69CB 教育5 音 コウ漢呉 訓 かま-える・かま-う・かま-え

筆順 

木10 **【構】** 14画

なりたち  [形声]「木(=き)」と、音「冓《コウ》(=交互《コウゴ》に積み重ねる)」とから成る。木を交互に積み重ねておおう。

意味 ❶積み重ねて、つくりあげる。ものごと・考えを組み立てる。かまえる。例 構成《コウセイ》。構想《コウソウ》。構築《コウチク》。❷建物のつくり。ものの外見や仕組み。かまえ。例 構内《コウナイ》。機構《キコウ》。虚構《キョコウ》。

日本語での用法 《かまい・かまう》①気にかける。心配りをする。「なりふり構《かま》わず・どうかお構《かま》いなく」②さしつかえありとする。禁制する。「江戸《えど》お構《かま》い」

【構外《コウガイ》】建物や敷《しき》地《チ》など区切られた区域のそと。対 構内。

【構図《コウズ》】①絵画や写真などの芸術作品で、いろいろな要素を効果的に配置すること。また、その配置。②全体から見たものごとの位置関係。例 社会の—。

4画

「木部」9—10画 ● 楞 椶 楳 榲 樺 榎 槐 概 槝 榿 構

【構成】《コウセイ》(名・する)個々のものや各部分を、一つのまとまりに組み立てること。また、組み立てられたもの。**例**研究所を優秀《ユウシュウ》な人材で—する。組織の—を見直す。

【構想】《コウソウ》(名・する)ものごとの全体的な内容や実現の方法について、考えをまとめること。また、その考え。**例**会社設立の—を練る。

【構造】《コウゾウ》ものごとが成り立っている仕組み。組み立て。つくり。**例**建物の—。遺伝子の—。

【構造式】《コウゾウシキ》〔化〕分子の組み立てを図式的にあらわしたもの。たとえば、水の「H—O—H」など。

【構築】《コウチク》(名・する)基礎《キソ》から組み立ててつくりあげること。**例**新しい理論の—。

【構内】《コウナイ》建物や敷地《しきチ》など、区切られた区域のなか。(対)構外。**例**大学の—。

【構文】《コウブン》文章の組み立て。主部・述部などの関係や、前後の語句のかかりぐあいなど。**例**日本語の—。

○●機構《キコウ》・虚構《キョコウ》・結構《ケッコウ》

木 10

【槁】

14画 6041 69C1 **音** コウ(漢)(呉) **訓** か-れる

木10

【槀】

14画 2-1528 69C0 本字

意味 水分がなくなる。かれる。また、かれ木。**例**槁木《コウボク》。枯槁《ココウ》。

【槁木死灰】《コウボクシカイ》からだはかれ木のようで、心は冷たい灰のようだ。活気や情熱のないことのたとえ。〈荘子《ソウジ》〉(類)枯木死灰《コボクシカイ》。

木 10

【槓】

14画 6042 69D3 **音** コウ(漢)

意味 てこに用いる棒。てこ。**例**槓桿《コウカン》(=てこ)。

木 10

【榾】

14画 6043 69BE **音** コツ(漢) **訓** ほた

意味 たきぎなどにする木の切れはし。ほた。ほだ。**例**榾火《ほたび》(=たき火)。

木 10

【槎】

14画 6044 69CE **音** サ(漢) **訓** いかだ

意味 ❶ななめに切りおとす。そぐ。❷いかだ。(同)查《サ》。**例**浮槎《フサ》(=いかだ)。

［木部］10画 槁槓榾槎榊槊榛槙榱槍槌榻槃

木 10

【榊】

14画 2671 698A 人名 国字 **訓** さかき

意味 ❶神事に用いる常緑樹をまとめていう。さかき。〔「賢木《さかき》」とも書かれた〕❷モッコク科(旧ツバキ科)の常緑小高木。サカキ。枝葉を神事に用いる。

木 10

【槊】

14画 6046 69CA **音** サク(漢) **訓** ほこ

意味 柄《え》の長い矛《ほこ》。ほこ。

【槊《ほこ》を横《よこ》たえて詩《シ》を賦《フ》す】戦場にあっても矛《ほこ》を横たえて詩をつくる。文武両道に通じる英雄《エイユウ》の気風をいう。〔三国時代の魏《ギ》の曹操《ソウソウ》を評したことば〕〈蘇軾《ソショク》・赤壁賦《セキヘキのフ》〉

木 10

【榛】

14画 3126 699B 人名 **音** シン(漢) **訓** はしばみ・はり・はん

なりたち  [形声]「木(=き)」と、音「秦《シン》」とから成る。ハシバミの木。

意味 ❶カバノキ科の落葉低木。ハシバミ。果実はどんぐり状で、食用となる。ヘーゼルもこの一種。❷草木のしげるようす。しげみ。

日本語での用法《はり・はん》カバノキ科の落葉高木。ハンノキ。実を染料《センリョウ》に用いる。「榛原《はりはら》・榛《はん》の木《き》〔ハリノキの音便《オンビン》による変化〕」

難読 榛原《はりはら|はいばら》・榛名《はるな》

人名 しげる・はる

木 10

【槙】

14画 4374 69D9 人名 **音** 一テン(漢) 二シン(漢) **訓** こずえ・まき

木10

【槇】

14画 8402 69C7 人名

なりたち  [形声]「木(=き)」と、音「眞《シン→テン》」とから成る。木の頂《いただき》。

意味 一《テン》❶木の枝や幹《みき》の先。こずえ。❷たおれた木。二《シン》木目が細かい。

日本語での用法《まき》マキ科の常緑高木。庭木・生け垣《がき》などにする。材は建築・器具用。また、スギやヒノキなどをまとめていう。真木《まき》。

難読 槇皮《まいはだ》・柏槇《ビャクシン|いぶき》

木 10

【榱】

14画 6067 69B1 **音** スイ(漢) **訓** たるき

意味 椽《テン》(=丸いたるき)や桷《カク》(=角材のたるき)をまとめていう。たるき。

木 10

【槍】

14画 3368 69CD 人名 **音** ソウ(漢) **訓** やり

意味 長い棒の先をとがらせたり、刃《は》をつけた武器。やり。(同)鎗《ソウ》。**例**刀槍《トウソウ》。竹槍《たけやり》。

人名 ほこ

【槍術】《ソウジュツ》やりを使って戦う武術。槍法。

【槍玉】《やりだま》①やりを手玉のように自由に使うこと。②人をやりでつきさすこと。**例**—に挙げる(=非難や攻撃《コウゲキ》のまとにして責めること)。

【槍投げ】《やりなげ》陸上競技の種目の一つ。やりを投げて、その飛んだ距離《キョリ》をきそうもの。

○●一本槍《イッポンやり》・竹槍《たけやり》・長槍《チョウソウ》・横槍《よこやり》

木 10

【槌】

14画 3640 69CC 人名 **音** ツイ(漢) **訓** つち

意味 ものを打ちたたく道具。つち。(同)鎚《ツイ》・椎《ツイ》。**例**金槌《かなづち》。木槌《きづち》。鉄槌《テッツイ》。

○●相槌《あいづち》・金槌《かなづち》・木槌《きづち》・小槌《こづち》・鉄槌《テッツイ》

木 10

【榻】

14画 6048 69BB **音** トウ(漢) **訓** しじ・とこ

意味 ❶細長くて低いこしかけ。寝台《シンダイ》にもなる。とこ。**例**榻牀《トウショウ》(=寝台。こしかけ)。❷模写する。(同)搨《トウ》。

日本語での用法《しじ》牛車《ギッシャ》から牛をはずしたとき、ながえのくびきを支え、乗り降《お》りするためのふみ台にするもの。

木 10

【槃】

14画 6049 69C3 **音** ハン(漢) バン(呉) **訓** たらい

意味 手を洗った水を受ける木製の容器。たらい。

【槃▼盂】《バンウ》たらいと、飲食物をもる鉢《ハチ》。

木 10
【榧】 14画 6050 69A7 音ヒ㊇ 訓かや
意味 イチイ科の常緑高木。カヤ。庭木とする。材はかたく、木目が美しい。碁盤《ゴバン》に珍重《チンチョウ》される。実は食用・薬用。

木 10
【榑】 14画 6052 6991 音フ㊇ 訓くわのき・くれ
意味 伝説上の神木の名。榑桑《フソウ》（＝扶桑《フソウ》）。
日本語での用法 《くれ》建築用の板材。
【榑桑】《フソウ》 ①東方の日の出るところに生えるという神木。扶桑《フソウ》。②日本の別名。扶桑。

木 10
【模】 14画 4447 6A21 教育6 音ボ㊇モ㊉ 訓かたど-る・のっと-る
筆順 十 木 木一 木卄 木艹 木昔 木苴 模
なりたち  [形声]「木（＝き）」と、音「莫《ボ》」とから成る。木でつくる、かた。
意味 ❶同じかたちのものをつくるためのわく。かた。例模型《モケイ》。❷手本。例模範《モハン》。❸手本としてまねる。うつす。同摹《モ》・摸《モ》。例模擬《モギ》。模写《モシャ》。模倣《モホウ》。
人名 かた・とお・のり・ひろ
【模擬】《モギ》（名・する）ほんものをまねること。それに似せること。例—国会。—店。—試験。—裁判。表記 ㊐▼摸擬
【模型】《モケイ》 ①とかした金属などを流しこむ型。いがた。②実物の形をまねてつくったもの。ひながた。例船の—。
【模▼糊】《モコ》（形動タル）（姿・形などが）ぼんやりとしたようす。また、はっきり見えないようす。例涙《なみだ》で—として見えない。
【模▼傚】《モコウ》（名・する）手本としてまねること。模倣《モホウ》。
【模刻】《モコク》（名・する）原本の形をまねして彫《ほ》ること。例浮世絵《うきよエ》の名作を—する。表記 ㊐▼摸刻
【模作】《モサク》（名・する）まねてつくること。また、その作品。模造。表記 ㊐▼摸作
【模索】《モサク》（名・する）手さぐりでさがすこと。手がかりを求めてさぐること。例暗中—。打開策を—する。表記 ㊐▼摸索
【模写】《モシャ》（名・する）ほんものそっくりにまねして、うつしとること。また、うつしとったもの。例法隆寺《ホウリュウジ》の壁画《ヘキガ》を—する。表記 ㊐▼摸写
【模造】《モゾウ》（名・する）ほんものそっくりにまねてつくること。また、つくったもの。模作。例—品。表記 ㊐▼摸造
【模造紙】《モゾウシ》 やや厚みのある、真っ白でじょうぶな洋紙。
【模範】《モハン》 手本になるもの。見習う対象となるもの。例—演技。—生。父を人生の—とする。
【模倣】《モホウ》（名・する）まねをすること。似せること。㊖創造・独創。例デザインを—する。表記 ㊐▼摸倣
【模様】《モヨウ》 ①織物・染め物・工芸品などに、かざりとしてつける絵や形。例唐草《からくさ》—。②ようす。ありさま。例空《そら》—。
●規模《キボ》

木 10
【榜】 14画 6054 699C 音ホウ㊇ボウ㊉ 訓ふだ・こ-ぐ
意味 ❶弓の曲がりを直したり、反りを出したりする道具。❷船を進める。こぐ。例榜人《ボウジン》。❸立てふだ。例榜札《ボウサツ》（＝立てふだ）。❹ふだにはりつけて示す。例標榜《ヒョウボウ》。
【榜人】《ボウジン》 船頭。船乗り。

木 10
【樮】 14画 6051 6A2E 国字 訓ほくそ
意味 地名に用いられる字。例樮川《ほくそがわ》（和歌山県）。

木 10
【榠】 14画 6053 69A0 音メイ㊇
意味 「榠樝《メイサ》・榠楂《メイサ》・榠査《メイサ》」は、バラ科の落葉高木。カリン。果実を薬に用いたりする。

木 10
【様】 14画 4545 69D8 教育3 音ヨウ㊇ 訓さま・ざま
筆順 十 木 木丷 木兰 样 样 样 様

木11
【樣】 15画 6075 6A23 人名
なりたち  [形声]「木（＝き）」と、音「羕《ヨウ》」とから成る。トチの実。借りて「やり方の型」の意。
意味 ❶決まった形式。型。例様式《ヨウシキ》。唐様《からヨウ》。仕様《シヨウ》。❷ありさま。さま。例様子《ヨウス》。一様《イチヨウ》。異様《イヨウ》。
日本語での用法 《さま》人をあらわす名詞などについて、敬意をあらわす。「様《さま》付《づ》けで呼《よ》ぶ・奥様《オクさま》・皆様《みなさま》・自分《ジブン》を何様《なにさま》だと思《おも》っているのか」
【様様】 一《さまさま》（名）〔「…様様」の形で〕自分にとってたいへんありがたいものにつけて言うことば。例予備校は受験生—だ。二《さまざま》（形動ダナ）種類や性質のちがうものが数多くあるようす。いろいろ。種種《シュジュ》。例—な人種の集まる国際都市。
【様式】《ヨウシキ》 ①やりかた。型。タイプ。例生活—。②決められている一定の形式。フォーム。例履歴書《リレキショ》の—。古い—を守る。③芸術作品や建築物の表現形態。時代・流派などで異なる特徴《トクチョウ》をもつ。スタイル。例—美。ロココ—。
【様子】《ヨウス》 ①見たり感じたりしてとらえたものごとのありさま・状態。例会社内の—をさぐる。②人の外見や容姿、身なり。③人の態度やそぶり。例—がおかしい。④わけ。事情。子細《シサイ》。例—ありげ。⑤何かが起こりそうな気配。きざし。兆候。例夕立が来そうな—だ。
【様相】《ヨウソウ》 ものごとの状態。ありさま。ようす。例話し合いは決裂《ケツレツ》の—を呈《テイ》する。表記 ▽「容子」とも書く。
【様体】《ヨウタイ｜ヨウダイ》 ①病気のようす。病状。②ものごとや人のようす。ありさま。表記 ▽「容体・容態」とも書く。
【様態】《ヨウタイ》 ものごとの状態。ありさま。例現代社会の—をするどくえがく。
●一様《イチヨウ》・今様《いまヨウ》・異様《イヨウ》・王様《オウさま》・貴様《キさま》・多様《タヨウ》・同様《ドウヨウ》・不様《ブざま》・無様《ブざま》・模様《モヨウ》・文様《モンヨウ》・紋様《モンヨウ》

木 10
【榕】 14画 6055 6995 音ヨウ㊇
意味 ❶「榕樹《ヨウジュ》」は、クワ科の常緑高木。ガジュマル。❷福建省福州市の別名。

木 10
【榴】 14画 6056 69B4 音リュウ㊇
意味 ミソハギ科（旧ザクロ科）の落葉小高木。ザクロ。秋に球形の赤い実がなり、熟すとさける。
難読 石榴《ジャクロ｜ザクロ》・岩榴《つつじ》・海石榴《つばき》
【榴弾】《リュウダン》 中に炸薬《サクヤク》をつめ、破裂《ハレツ》時にさけて散るようにした、破壊力《ハカイリョク》の強い弾丸。例—砲《ホウ》。—手《シュ》。

木 10
【榔】 14画 4717 6994 音ロウ㊇
意味 「檳榔《ビンロウ》」は、ヤシ科の常緑高木。ビンロウジュ。

木10 【榮】14画 ⇩ 【栄】《イエ》(520《ジベ》ー)

木10 【構】14画 ⇩ 【構】《ウコ》(541《ジベ》ー)

木10 【槀】14画 ⇩ 【槁】《ウコ》(542《ジベ》ー)

木10 【槇】14画 ⇩ 【槙】《ンシ》(542《ジベ》ー)

木10 【槞】14画 ⇩ 【櫳】《ウロ》(551《ジベ》ー)

木 11 【横】 15画 1803 6A2A 教育3 音 コウ漢 オウ呉 訓 よこ・よこ-たわる

筆順 十 木 杧 栱 棤 横 横 横

木12 【橫】 16画 1-8616 6A6B 人名

なりたち  [形声]「木(=き)」と、音「黄《ウコ》」とから成る。さえぎるための木。

意味 ❶かんぬき(=よこにわたした木)。❷(垂直に立つ門に取り付けるかんぬきのような)左右の方向。よこ。例 横木《よこぎ》(=よこにわたす木)。横断《オウダン》。横長《よこなが》。❸よこにする。よこたえる。よこたわる。例 横臥《オウガ》。❹よこにはみでる。かってな。異常な。意外な。例 横死《オウシ》。横暴《オウボウ》。専横《センオウ》。

難読 横川《よかわ》(=比叡山《ヒエイザン》の中の地名)

人名 み

【横▼溢】《オウイツ》(名・する)(知識や活気が)満ちあふれるほどさかんなこと。例 ―する教養。表記「▼汪▼溢」とも書く。

【横▼臥】《オウガ》(名・する)〔「仰臥《ギョウガ》」や「伏臥《フクガ》」に対し〕よこになること。よこむきにねること。例 ―したまま話をする。

【横隔膜】《オウカクマク》〔生〕哺乳《ホニュウ》動物の胸と腹のあいだにある膜。うすい筋肉性の膜で呼吸を助ける。

【横逆】《オウギャク》 かって気ままで道理にはずれていること。

【横行】《オウコウ》(名・する)①かって気ままにふるまうこと。例 悪徳商法が―する。②よこに進むこと。よこばい。例 ―文字《ジモ》(=西洋の文字。アルファベットなど)。

【横死】《オウシ》(名・する)事故や殺人など、思いがけない災難で死ぬこと。非業《ゴヒ》の死。不慮《フリョ》の死。類 変死。

【横線】《オウセン》《よこセン》 よこに引いた線。対 縦線。

【横隊】《オウタイ》 よこに並んでいる隊形。対 縦隊。例 一列―になって山狩《やまがり》をする。

【横断】《オウダン》(名・する)①道路や川などを直角の方向によこぎること。例 ―歩道。②よこに切ること。対 縦断。例 ―面。③大陸や海などを、東西の方向に、はしからはしまで行くこと。対 縦断。

【横着】《オウチャク》(名・する・形動ダナ)やらなくてはならないことを、やらずにすませようとすること。ずるいこと。なまけること。例 ―をきめこむ。人まかせにする―な態度。

【横転】《オウテン》(名・する)①よこだおしになって、ころがること。例 車が―する。②左右に回転すること。例 ―宙返り。

【横道】 一《オウドウ》(名・形動ダナ)①道理にはずれていること。邪道《ジャドウ》。対 正道。例 ―者《もの》。②不正と知っていておこなうこと。二《よこみち》(名)①本道からわきにはいった道。わきみち。例 ―をぬけて国道に出る。②本筋からわきにそれること。例 話がすぐに―にそれる。

【横風】 一《オウフウ》(形動ダナ)えらそうにいばっているのが、外見や態度にあらわれているようす。横柄《オウヘイ》。大風《おおフウ》。例 ―な口をきく。二《よこかぜ》(名)進行方向に対して直角にふきつけてくる風。例 ―用の滑走路《カッソウロ》。

【横柄】《オウヘイ》(形動ダナ)えらそうにいばった態度をとるようす。大柄《おおヘイ》。例 ―な態度をとる。―な応対をする。表記「押柄」とも書く。

【横暴】《オウボウ》(名・形動ダナ)わがままかってで乱暴なこと。例 ―をきわめる。

【横紋筋】《オウモンキン》〔生〕よこじまのある筋肉。脊椎《セキツイ》動物では、手足などを動かす随意筋《ズイイキン》と心筋。

【横流】(名・する)一《オウリュウ》 水があふれて流れ出ること。二【横流し】《よこながし》 品物などを、正規の経路を通さずに他へ転売すること。例 援助物資《エンジョブッシ》を―する。

【横領】《オウリョウ》(名・する)他人の金品や公共のものを、かってに自分のものにしてしまうこと。着服。例 会社の金を―する。

【横糸】《よこいと》 織物で、縦糸に直角に横にわたす糸。緯糸《よこいと》。対 縦糸。

【横紙】《よこがみ》 ①紙の漉《す》き目がよこにはいっている紙。②和紙をよこ長に使うこと。また、その紙。

【横紙破り】《よこがみやぶり》 不合理なことや慣習にはずれたことを、むりやりおしとおすこと。また、そういう人。常識はずれ。例 ―のふるまい。

【横車《よこぐるま》を押《お》す】〔車をむりやり横からおす意から〕道理に合わないことを、むりやりおしとおす。

【横軸】《よこジク》〔数〕グラフの原点で直角に交わる直線(=座標軸)のうち、よこにのびているほう。対 縦軸《たてジク》。

【横好き】《よこずき》 専門以外のことを、むやみにこのんでやりたがること。例 へたの―。

【横町】《よこチョウ》 表通りから裏にはいった通りや町並み。小路《こうじ》。表記「横丁」とも書く。

【横綱】《よこづな》 ①相撲《すもう》の力士の最高位。大関《おおぜき》の上の位。また、その力士。②同類のものの中でいちばんすぐれているものや人。例 日本酒の―。

【横手】 一《よこて》 よこのほう。わき。例 店の―から人があらわれた。二《よこで》 感動したり、何かを思いついたりしたときに、手のひらを打ち合わせること。例 ―を打つ。

【横波】《よこなみ》 船の進む方向に対して、よこのほうから打ち寄せる波。例 ―を受ける。

【横笛】《よこぶえ》 よこにしてふく笛。フルート・しの笛など。対 縦笛。

【横目】《よこめ》 顔は動かさず、目だけを動かしてよこを見ること。例 ―に見る。―をつかう。

【横文字】《よこモジ》 アルファベットなど、よこ方向に書く決まりの文字。また、それで書かれた西洋の文章。例 ―はにがてだ。

【横▼槍】《よこやり》 ①戦っているときに、よこからやりをつき入れること。②他人の話や仕事に、よこから口をはさんだりじゃましたりすること。例 ―を入れる。

【横恋慕】《よこレンボ》(名・する)他人の妻や夫、または恋人《こいびと》など、すでに相手のいる人に恋をすること。

●縦横《ジュウオウ》《たてよこ》・専横《センオウ》・真横《まよこ》

木 11 【槶】 15画 1-8606 69F6 音 カイ漢 訓 くぬぎ・はこ

木 8 【椢】 12画 5990 6922 俗字

意味 器物の中空部。箱の内側。はこ。

日本語での用法 《くにき・くにぎ・くぬぎ》人名・地名に用いられる字。「國」と「木」とを合わせた字。「くぬぎ」は「くにき」が変化したことば。

木 11 【槨】 15画 6058 69E8 音 カク漢 訓 おおどこ・ひつぎ

木 8 【椁】 12画 5986 6901 本字

意味 棺《カン》を納める外側の箱。おおどこ。うわひつぎ。例 棺槨《カンカク》。

木 11
【槶】
15画 6078 6A0C 音 カン漢 訓 きむら

意味 むらがり生える木。きむら。同 灌《カン》。

木 11
【槻】
15画 3648 69FB 人名 音 キ漢 訓 つき

なりたち [形声]「木(=き)」と、音「規《キ》」とから成る。木の名。

意味 ニレ科の落葉高木。ケヤキの一種。弓の材とする。一説に、モクセイ科のトネリコ。

日本語での用法 《つき》ケヤキの古名という。「槻弓《つきゆみ》」

木 11
【樛】
15画 6060 6A1B 音 キュウ漢 訓 まがりき・ま-がる

意味 枝が、下のほうに曲がったり、からまったりする。まがりき。まがる。

木 11
【槿】
15画 6061 69FF 音 キン漢 訓 むくげ

意味 アオイ科の落葉低木。ムクゲ。夏から秋にかけて、むらさき・白などの花をつける。花は朝ひらいて夕方にしぼむので、短命なもの、はかないもののたとえとされる。〔古くは、アサガオと呼ばれた〕例 槿花《キンカ》。

【槿花】《キンカ》 難読 槿花《あさがお・むくげのはな》 ①ムクゲの花。②アサガオの古名。

【槿花一日の栄】《キンカイチジツのエイ》 はかない栄華《エイガ》のたとえ。槿花一朝の夢。

木 11
【権】
15画 2402 6A29 教育6 音 ケン漢 ゴン呉 訓 かり・はかり

筆順 十 木 杧 杵 権 権 権 権

木17
【權】
21画 6062 6B0A

なりたち  [形声]「木(=き)」と、音「雚《カン→ケン》」とから成る。木の名。借りて「はかりのおもり」の意。

意味 ❶さおばかりの、おもり。例 権衡《ケンコウ》。❷(はかりのおもりのように)つりあいを変える力。いきおい。例 権勢《ケンセイ》。権力《ケンリョク》。実権《ジッケン》。❸(はかりのおもりのように)適宜《テキギ》に変わる。臨機応変の。仮《かり》の。例 権謀《ケンボウ》。権官《ゴンカン》(=定員外の官)。権化《ゴンゲ》。

人名 いさむ・ちから・のり・はかる・よし

[権❶]

【権威】《ケンイ》 ①人を従わせ圧倒《アットウ》する力。権勢と威力。例 ―を失墜《シッツイ》する。②ある分野で最もすぐれている専門家。大家《タイカ》。オーソリティー。例 生物学の―として知られる。

【権益】《ケンエキ》 権利と、それにともなう利益。とくに、他国の領土内で戦争や圧力によって得た権利と利益。例 ―を守る。

【権限】《ケンゲン》 法令や規則にもとづいて、権利を行使できる範囲《ハンイ》。例 命令する―がある。

【権衡】《ケンコウ》 ①〔「衡」は、はかりのさおの意〕はかりのおもりとさお。また、はかり。②つりあい。バランス。均衡。例 ―をはかる。③ものを比べる標準となるもの。尺度。基準。例 ―を示す。

【権術】《ケンジュツ》 「権謀術数《ケンボウジュッスウ》」の略。人をじょうずにだますはかりごと。例 たくみな―で相手を屈服《クップク》させる。

【権勢】《ケンセイ》 人を支配し、思いのままにふるまう力をもっていること。権力と威勢《イセイ》。例 ―をふるう。

【権高】《ケンだか》 (形動ダナ) 相手を見くだしたような態度をとるようす。類 傲慢《ゴウマン》。例 ―にふるまう。

【権柄】《ケンペイ》 ①政治をおこなう権利。例 ―をにぎる。②人を支配し、おさえつけること。例 ―ずくで(=権力にうったえて)。

【権謀】《ケンボウ》 その場に応じた策略。臨機応変の策略。例 ―にたけている人。

【権謀術数】《ケンボウジュッスウ》 人をじょうずにだまし、あざむくはかりごと。例 ―をめぐらす。

【権門】《ケンモン》 官位が高く勢力の強い家がら。例 ―勢家《セイカ》(=権力と権勢のある家)。

【権▼輿】《ケンヨ》 〔「権」は、はかりのおもり、「輿」は、車のはこの部分の意。はかりを作るにはおもりから、車を作るには車台からはじめることから〕ものごとのはじめ。起こり。

【権利】《ケンリ》 ①ものごとを自分の意思で自由におこない対処できる資格。対 義務。例 ―を守る。②所有権や使用権など、法律で認められていて利益を受けることのできる力。例 ―書。土地の―をゆずる。

【権力】《ケンリョク》 人を支配し服従させ、思いのままにふるまう力。例 国家―。―をにぎる。

【権化】《ゴンゲ》 〔「権」は仮《かり》、「化」は形を変える意〕①〔仏〕仏や菩薩《ボサツ》が人々を救うために姿を変えてこの世にあらわれること。また、あらわれたもの。権現《ゴンゲン》。類 化身《ケシン》。②抽象的《チュウショウテキ》な概念《ガイネン》や思想が、具体的な姿をあらわしたように思えるもの。例 悪の―。嫉妬《シット》の―のような表情。

【権現】《ゴンゲン》 ①「権化《ゴンゲ》①」に同じ。②仏や菩薩《ボサツ》が日本の神に姿を変えてあらわれること。また、その神。春日《かすが》権現・熊野《くまの》権現など。③江戸《えど》時代、徳川家康《いえやす》をうやまった言い方。〔後水尾《ゴみずのお》天皇から一六一七年に東照大権現の神号を得たことからいう〕

【権妻】《ゴンサイ》 〔仮《かり》の妻の意。明治時代に使われたことば〕めかけ。愛人。対 正妻・本妻。

【権太】《ゴンタ》 〔浄瑠璃《ジョウルリ》の『義経千本桜《よしつねセンボンざくら》』の登場人物「いがみの権太」の名から〕①ごろつき。悪者。ならず者。②〔京阪《ケイハン》の方言で〕いたずらっ子。例 ―をする。

●棄権《キケン》・債権《サイケン》・執権《シッケン》・実権《ジッケン》・主権《シュケン》・人権《ジンケン》・政権《セイケン》・全権《ゼンケン》・同権《ドウケン》・利権《リケン》

木 11
【槹】
15画 6063 69F9 音 コウ漢 訓 はねつるべ

意味 水をくみ上げる道具。はねつるべ。例 桔槹《キッコウ・はねつるべ・なげつるべ》。

木 11
【槲】
15画 6064 69F2 音 コク漢 訓 かしわ

意味 ブナ科の落葉高木。カシワ。材は建築、樹皮は染料《センリョウ》に用いる。

木 11
【槧】
15画 6065 69E7 音 サン漢 セン漢 ザン呉

意味 ❶文字を書くために加工した板。❷版木。また、版木を使って印刷した書物。版本。刊本。例 宋槧《ソウザン》(=宋の時代に印刷された本)。

木 11
【樟】
15画 3032 6A1F 人名 音 ショウ漢 訓 くす・くすのき

意味 クスノキ科の常緑高木。クスノキ。クス。暖地に生育。

防風林・街路樹にする。材は油をふくみ芳香《ホウコウ》がある。蒸留して樟脳《ショウノウ》をとり、防虫剤《ザイ》・薬用にする。

木 11
【樅】 15画 6066 6A05 音 ショウ漢 訓 もみ・もみのき

意味 マツ科の常緑高木。モミ。モミノキ。

木 11
【槭】 15画 6069 69ED 音 一 セキ慣 シュク漢 二 サク漢 訓 かじ-ける

意味 一《セキ》 ムクロジ科(旧カエデ科)カエデ属の植物をまとめていう。カエデ。 二《サク》 草木が枯《か》れたようす。かじける。

木 11
【槽】 15画 3369 69FD 常用 音 ソウ漢 訓 おけ

筆順 十 木 朩 栅 槽 槽 槽 槽

なりたち  [形声]「木(=き)」と、音「曹《ソウ》」とから成る。ウマなど家畜のえさを入れるうつわ。

意味 ❶牛馬の飼料を入れるおけ。かいばおけ。うまぶね。例 槽櫪《ソウレキ》。❷箱形の容器。ふね。おけ。例 水槽《スイソウ》。浴槽《ヨクソウ》。

難読 湯槽《ゆぶね》・酒槽《さかぶね》

【槽▼櫪】《ソウレキ》〔「櫪」は、かいばおけの意〕①うまやのかいばおけ。②馬小屋。うまや。例 ―の間《カン》に駢死《ヘンシ》す(=馬小屋の中で、ほかの平凡《ヘイボン》な馬と首をならべて死ぬ)。〈韓愈《カンユ》・雑説《ザッセツ》〉

●歯槽《シソウ》・水槽《スイソウ》

木 11
【樔】 15画 6070 6A14 音 一 ソウ漢 二 ショウ漢 訓 す

意味 一《ソウ》 木の上のすみか。す。 二《ショウ》 たちきる。同 剿《ショウ》・勦《ショウ》。例 樔絶《ショウゼツ》(=命がたえる)。

日本語での用法《す》地名に用いられる字。「国樔《くず》(=奈良《なら》時代、吉野川《よしのがわ》上流に住んでいた部族。また、その土地)」

木 11
【槫】 15画 6071 69EB 音 タン漢 訓 まる-める

意味 ❶棟木《むなぎ》。❷円い。また、丸める。集める。まるめる。同 摶《タン》。

木 11
【樗】 15画 3584 6A17 音 チョ漢 訓 おうち

意味 ❶ニガキ科の落葉高木。シンジュ。中国原産。材は建築やパルプなどに用いられる。ニワウルシ。❷〔『荘子《ソウジ》』で役に立たない木とされたことから〕無用のもののたとえ。例 樗材《チョザイ》。樗櫟《チョレキ》。

日本語での用法《おうち》センダンの古名。落葉高木。材は器具・家具用。皮・実は薬用。

【樗牛】《チョギュウ》『荘子《ソウジ》』では、ウシもからだばかり大きくて、ネズミをとらえることもできない役立たずとしていることから、みずからを「役立たず」としてへりくだった表現。〔明治時代の文学者、高山林次郎の雅号《ガゴウ》〕

【樗材】《チョザイ》①役に立たない材木。類 樗散《チョサン》・樗櫟《チョレキ》。②自分をへりくだっていうことば。

【樗散】《チョサン》〔「散」は、散木《サンボク》(=材木として役に立たない木)の意〕「樗櫟《チョレキ》散木」の略。役に立たないこと。無能な人のたとえ。類 樗材・樗才。

【樗▼蒲一】《チョボイチ》一個のさいころで勝ち負けを決めるばくち。あらかじめ決めておいた目が出ると勝ちで、かけ金をとる。ちょぼ。

【樗▼櫟】《チョレキ》〔「櫟」も材木として役に立たないことから〕①役に立たない人、無能な人のたとえ。類 樗材・樗散。②自分をへりくだっていうことば。例 余《ヨ》もとより―の材にてなんらなすところなし。表記 ▽「樗▼櫪」とも書く。

木 11
【樢】 15画 6088 6A22 音 一 チョウ漢 二 ボク漢 訓 くまたか・やどりぎ

意味 一《チョウ》 つた。同 蔦《チョウ》。 二《ボク》 鳥の名。クマタカ。

木 11
【樋】 15画 4085 6A0B 人名 音 トウ漢 訓 ひ・とい

意味 木の名。一説に、アケビ。

日本語での用法《ひ・とい》竹や木をかけわたして水を流す管。「樋竹《といだけ》・雨樋《あまどい》・懸《か》け樋《ひ》」

木 11
【樊】 15画 6072 6A0A 音 ハン漢 訓 かご・かこ-う・まがき

意味 ❶馬が荷の重さで進まない。❷鳥獣《チョウジュウ》をとじこめておくもの。檻《おり》。かご。例 樊籠《ハンロウ》。❸通行をさまたげるもの。かきね。まがき。同 藩《ハン》。❹入り乱れたようす。例 樊然《ハンゼン》(=入り乱れるようす)。

【樊中】《ハンチュウ》鳥かごのなか。

【樊▼籬】《ハンリ》①いけがき。まがき。②領域。範囲《ハンイ》。

【樊籠】《ハンロウ》鳥かご。けものを入れるおり。また、官職など、自由を束縛《ソクバク》される境遇《キョウグウ》のたとえ。

木 11
【標】 15画 4124 6A19 教育4 音 ヒョウ漢呉 訓 しるし・しめ

筆順 十 木 杧 栖 栖 標 標 標

なりたち  [形声]「木(=き)」と、音「票《ヒョウ》」とから成る。木の末端《マッタン》の細い部分。

意味 ❶木のいちばん高いところ。こずえ。すえ。❷高くかかげた目じるし。しるし。しめ。例 標識《ヒョウシキ》。目標《モクヒョウ》。❸高くかかげる。例 標示《ヒョウジ》。標榜《ヒョウボウ》。

人名 えだ・こずえ・すえ・たか・たかし・とお・ひで

【▽標縄】《しめなわ》境を示すために木に張りわたす縄。とくに、神を祭る場所や、清浄《セイジョウ》な場所、家の出入り口などに張る。しめ。表記「▽注▽連縄・▽七▽五▽三縄」とも書く。

【▽標野】《しめの》禁野《キンヤ》。貴人の所有地でいっぱんの人がはいれない野。

【標記】《ヒョウキ》(名・する)①目じるしとして書くこと。また、その目じるし。類 標識。②題目として書くこと。また、その題目。類 標題。例 ―の件につき、ご説明いたします。

【標語】《ヒョウゴ》主義・主張・信条などを短くまとめた語句。モットー。スローガン。例 交通安全の―。

【標高】《ヒョウコウ》海面を基準にしてはかった高さ。類 海抜《カイバツ》。例 ―千五百メートルの高地。

【標示】《ヒョウジ》(名・する)目じるしとして示しておくこと。また、その文字や記号など。例 ―板《バン》。道路―。

【標識】《ヒョウシキ》何かを知らせるために設置されている目じるし。例 航路―。道路―。

【標準】《ヒョウジュン》①ものごとのよりどころとなるもの。めやす。基準。例 ―値。―以下。②最もいっぱん的であること。また、最も平均的なもの。スタンダード。例 ―的な大きさ。③ものごとのあるべき姿。類 規範《キハン》・手本。例 商品の―。―に合わせる。

【標準語】《ヒョウジュンゴ》その国の国語として、発音・文法などの

点で標準としてみとめられることば。㊀方言。

【標準偏差】《ヒョウジュンヘンサ》 統計で、資料となるものの散らばりぐあいを示す数値。平均値と個々の資料の数値の差を二乗し、それらの平均値を平方根にした値《あたい》。

【標題】《ヒョウダイ》 講演や演劇などの題目。表記「表題」とも書く。

【標注】《ヒョウチュウ》 書物で、欄外《ランガイ》に書いてある注釈《チュウシャク》。表記 旧標▼註

【標的】《ヒョウテキ》 弓や射撃《シャゲキ》のまと。また、議論などで、攻撃《コウゲキ》の対象となるもの。ターゲット。例反対派の―となる。

【標▼榜】《ヒョウボウ》 (名・する)〔「榜」は、はりつけて示す意〕主義や主張を公然とかかげ示すこと。例民主主義を―する。

【標本】《ヒョウホン》 ①教育・研究用に、動物・植物・鉱物の実物を集めて保存したもの。例昆虫《コンチュウ》―。②見本。また、その種類で代表的なもの。

◐座標《ザヒョウ》・商標《ショウヒョウ》・道標《ドウヒョウ》・墓標《ボヒョウ》・目標《モクヒョウ》

木 11
【樒】
15画 6073 6A12 音ビツ漢 ミツ呉 訓しきみ

木14
【櫁】
18画 6074 6AC1 別体字

意味 香木《コウボク》の名。また、沈香《ジンコウ》。

日本語での用法《しきみ》 マツブサ科(旧モクレン科)の常緑小高木。枝を仏前に供える。葉から抹香《マッコウ》や線香をつくる。「仏前《ブツゼン》に水《みず》や樒《しきみ》を供《そな》える」

木11 【樺】 15画 ⇩【樺】カ(541ページ)

木11 【概】 15画 ⇩【概】ガイ(541ページ)

木11 【樂】 15画 ⇩【楽】ガク(537ページ)

木11 【樞】 15画 ⇩【枢】スウ(517ページ)

木11 【樣】 15画 ⇩【様】ヨウ(543ページ)

木11 【樓】 15画 ⇩【楼】ロウ(540ページ)

木 12
【樫】
16画 1963 6A2B 人名 国字 訓かし

意味 ブナ科の常緑高木。カシ。実はどんぐり。材はかたく良質で、船や器具の材料として重要。

木 12
【橄】
16画 6077 6A44 音カン漢

意味 ―橄欖《カンラン》」は、❶カンラン科の常緑高木。カンラン。中国南部・インドシナ原産。実は形がオリーブに似て、食用。❷モクセイ科の常緑小高木。オリーブ。地中海地方原産。実は食用とし、オリーブ油をとる。〔漢訳聖書の誤用によって、日本でもオリーブを指すようになった〕

木 12
【機】
16画 2101 6A5F 教育4 音キ漢呉 訓はた

筆順 木 杉 枠 桦 樅 機 機 機

なりたち 〔形声〕「木(=き)」と、音「幾《キ》」とから成る。はたを織る道具。

意味 ❶はたを織る道具。はた。例機業《キギョウ》(=はた織りの仕事)。織機《ショッキ》。❷こまかい部分を組み合わせた、しかけ。からくり。はた。例機械《キカイ》。機関《キカン》。❸きっかけ。きざし。潮時《しおどき》。例機運《キウン》。機会《キカイ》。危機《キキ》。契機《ケイキ》。❹こまやかな心のはたらき。頭の回転がはやい。例機知《キチ》。機転《キテン》。❺重要な秘密。例機密《キミツ》。

難読 機物《はたもの》・機関《からくり》

人名 たくみ・のり・はかる・はずみ

【機運】《キウン》 時のめぐりあわせ。ちょうどいい機会。㊇時運。例―が熟する。

【機縁】《キエン》 ①〔仏〕すべての人に仏の教えを受ける縁があること。②何かが起こるきっかけ。例学問を志した―。

【機会】《キカイ》 何かをするのにちょうどいいとき。チャンス。㊇機。例―をうかがう。―をのがす。

【機会均等】《キカイキントウ》 すべての人に、何かをする機会や権利を平等にあたえること。例教育の―。

【機械】《キカイ》 ①動力によって一定の動きをし、定められた仕事をするしかけ。例工作―。②巧妙《コウミョウ》な仕組みで作動する、実験や測定のための装置《ソウチ》。器械。

【機械化】《キカイカ》 (名・する)人間や動物がやっていた仕事・作業を機械でやるようにすること。例農業の―が進む。

【機関】《キカン》 ①火力・電力・蒸気などのエネルギーを、機械を動かす力にかえる装置。エンジン。例内燃―。蒸気―車。②ある目的のもとにつくられた組織。例報道―。金融《キンユウ》―。

【機関誌】《キカンシ》 ある団体・組織・学会などが、活動のようすや主張を知らせたり、情報交換《コウカン》をしたりするために発行する雑誌。例月に一回、―を出す。参考 新聞の場合は「機関紙」と書く。

【機関車】《キカンシャ》 電動機・ディーゼル機関・蒸気機関などを取りつけ、客車や貨車を引いて運転する車両。例電気―。

【機関銃】《キカンジュウ》 引き金を引いているあいだ、弾丸《ダンガン》が自動的に連続して発射される銃。マシンガン。機銃。

【機器】《キキ》 機械・器械・器具をまとめていうことば。器機。例教育―。オーディオ―。電子―。

【機宜】《キギ》 そのことをするのにちょうどいい機会。

【機具】《キグ》 機械・器具をまとめていうことば。例農―。

【機嫌】《キゲン》 一(名)①人の気持ちや気分の状態。例―がいい。②健康状態や生活状況《ジョウキョウ》。㊇安否《アンピ》・様子。例ご―うかがいに行く。二(形動ダナ)〔多く「ご機嫌」の形で〕とてもよい気分であるようす。例今日はずいぶんとご―ですね。

【機巧】《キコウ》 ①よくできたしかけ。からくり。②知恵《チエ》をはたらかせること。たくらみ。

【機甲】《キコウ》 戦車や装甲車などで武装し、攻撃《コウゲキ》力・防御《ボウギョ》力・機動力にもすぐれていること。例―部隊。

【機構】《キコウ》 ①機械のしくみ。②団体を成り立たせているしくみ。組織。例―改革。行政―。

【機材】《キザイ》 機械を作る材料。また機械と材料。例建設―。

【機事】《キジ》 たいせつな秘密事項《ジコウ》。㊇機密。

【機軸】《キジク》 ①車両や機関の軸。②活動の中心、重要な部分。③やりかた。計画。方法。例新―をうちだす。

【機首】《キシュ》 航空機の前部。例―を上げて飛び立つ。

【機種】《キシュ》 航空機や機械類の種類。例国際線の―を選定する。

【機銃】《キジュウ》 「機関銃《キカンジュウ》」の略。例―掃射《ソウシャ》。

【機上】《キジョウ》 (飛行中の)航空機の中。㊇機中。例―の人となる(=航空機に乗る)。

【機先】《キセン》 ものごとの起こる直前。ものごとのはじまる直前。例―を制する(=相手より先に行動し、有利な立場に立つ。先手を打つ)。

【機体】《キタイ》 ①航空機のエンジン以外の部分。また、航空機の胴体《ドウタイ》の部分。例―に穴があく。②航空機の全体。例滑走路《カッソウロ》に向かって―がゆっくりと動き出す。

【機知】《キチ》 時と場合に応じてはたらくするどい才知。ウイット。㊇機転。例―に富む。表記 旧機▼智

【機長】《キチョウ》 航空機の乗務員の責任者。キャプテン。

【機転《キテン》】何かが起きたとき、とっさに対応できる、たくみな判断。例—がきく。表記「気転」とも書く。

【機動《キドウ》】軍隊などで、状況《ジョウキョウ》に応じて(部隊や兵器をもって)すばやく対応できること。例—部隊。悪路での—性に富む車。

【機動力《キドウリョク》】その場の状況《ジョウキョウ》に応じてすばやく対応できる能力。例戦車隊が砂漠《サバク》の戦いで—を発揮する。

【機内《キナイ》】航空機の内部。例—食。

【機能《キノウ》】(名・する)目的に応じてものがはたらくこと。また、そのはたらき。活動できる能力。例法律が—しない。心臓の—がおとろえる。

【機微《キビ》】表面にはっきりとあらわれ出ない、微妙《ビミョウ》な心の動きやことがら。幾微《キビ》。例人情の—をえがき出す。

【機敏《キビン》】(形動ダ)その場に応じた行動・対処をとることがすばやいようす。例係員が—に対応する。

【機密《キミツ》】国家や組織などでの重要な秘密。例軍事—。—がもれる。

【機雷《キライ》】「機械水雷」の略。水中にしかけて、船が接触《セッショク》すると爆発《バクハツ》する仕組みの兵器。例—を敷設《フセツ》する。

【機略《キリャク》】時と場合に応じた、たくみなはかりごと。例—縦横。—に富む。

【機織り《はたおり》】①機《はた》で布を織ること。また、織る人。②「機織り虫」の略。「キリギリス」を指す古語。

【機屋《はたや》】①機《はた》を織るための建物。例トンカラトンと—から音がする。②機を織る職業の家や職人。

◒愛機《アイキ》・危機《キキ》・契機《ケイキ》・好機《コウキ》・航空機《コウクウキ》・時機《ジキ》・写真機《シャシンキ》・勝機《ショウキ》・待機《タイキ》・蓄音機《チクオンキ》・敵機《テッキ》・転機《テンキ》・投機《トウキ》・動機《ドウキ》・発動機《ハツドウキ》・飛行機《ヒコウキ》

木 12

【橘】

16画 2144 6A58 人名

音 キツ 漢　訓 たちばな

なりたち  [形声]「木(=き)」と、音「矞《キツ》」とから成る。クネンボの木。

意味 インドシナ原産の常緑小高木。クネンボ。ウンシュウミカンに近縁《キンエン》で、食べられる。

日本語での用法《キツ・たちばな》①橘《たちばな》氏。「源平藤橘《ゲンペイトウキツ》」②暖地に自生する常緑低木。ヤマトタチバナ。「橘《たちばな》の花《はな》・右近《ウコン》の橘《たちばな》」③「柑橘《カンキツ》」は、食用にするミカン類をまとめていうことば。

木 12

【橋】

16画 2222 6A4B 教育3

音 キョウ 漢　訓 はし

筆順 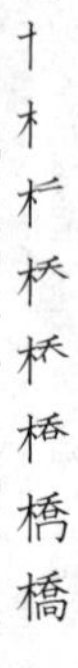

なりたち  [形声]「木(=き)」と、音「喬《キョウ》」とから成る。木を並べてつくった、はし。

意味 川などの向こうとこちらの二地点を結びつけるもの。はし。例橋梁《キョウリョウ》。鉄橋《テッキョウ》。

人名 たか・たかし

【橋脚《キョウキャク》】橋をささえている柱。橋ぐい。

【橋頭《キョウトウ》】橋のたもと。橋のほとり。類橋畔《キョウハン》。

【橋頭▼堡《キョウトウホ—キョウトウホウ》】①橋を守るためにつくった陣地《ジンチ》。②海からの上陸や川をわたる作戦のため、敵地につくる攻撃《コウゲキ》の拠点《キョテン》。例—を築く。③何かをするときの足がかり。活動の拠点。

【橋▼梁《キョウリョウ》】〔「梁」も、橋の意〕はし。例—工事。

【橋懸かり《はしがかり》】能の舞台《ブタイ》の一部で、鏡の間《ま》(=楽屋のとなりの、大きな姿見がある部屋)から舞台にななめにかけた通路。

【橋渡し《はしわたし》】(名・する)〔橋をかけわたすことから〕仲立ちをすること。また、その人。例取引の—をする。

◒石橋《いしばし》・架橋《カキョウ》・桟橋《サンばし》・鉄橋《テッキョウ》・陸橋《リッキョウ》

木 12

【橇】

16画 6082 6A47

音 キョウ 漢　訓 そり

意味 泥《どろ》または雪や氷の上をすべって行く乗り物。そり。例犬橇《いぬぞり》。馬橇《うまぞり—バそり》。

木 12

【檠】

16画 6091 6AA0

音 ケイ 漢　訓 たな・ゆだめ

意味 ❶弓の材の曲がりを直す器具。ゆだめ。❷たな。燭台《ショクダイ》。また、灯火そのもの。例灯檠《トウケイ》(=灯火の台)。短檠《タンケイ》(=灯油皿《ざら》をすえる柱が短い灯火台)。

木 12

【樶】

16画 6080 6A36

音 サイ 漢

意味 ❶木の節。❷足場の悪いところを進むためのはきもの。

木 12

【橲】

16画 6079 6A72 国字

訓 き・じさ

意味 人名・地名に用いられる字。例橲原《じさばら》(=福島県の地名)。山橲《やまき》(=姓《セイ》)。

木 12

【樹】

16画 2889 6A39 教育6

音 シュ 漢 ジュ 呉　訓 き・た-てる

筆順 

なりたち  [形声]「木(=き)」と、音「尌《シュ》(=たてる)」とから成る。立ち木。

意味 ❶生えている木。き。例樹木《ジュモク》。落葉樹《ラクヨウジュ》。❷木を植える。しっかりと立てる。たてる。たつ。例樹立《ジュリツ》。

難読 樹神《こだま》・樹霊《こだま》

人名 いつき・しげ・しげる・たちき・たつ・たつき・たつる・な・みき・むら

【▽樹《き》静《しず》かならんと欲《ほっ》すれども風《かぜ》▽止《や》まず】木は静かにしていたくても、風がふいて思いどおりにならない。親孝行しようと思うときにはすでに親は死んでいて孝行できないことのたとえ。風樹《フウジュ》の嘆《タン》。〈韓詩外伝《カンシガイデン》〉

【樹陰《ジュイン—こかげ》】木のかげ。例—に涼《リョウ》をとる。—を求める。

表記「樹▼蔭」とも書く。

【樹影《ジュエイ》】①木の姿。②木のかげ。例長い—。

【樹液《ジュエキ》】①木の中にふくまれる水分や養分からなる液。②木の皮などからにじみ出る液体。木の分泌《ブンピツ》液。

【樹海《ジュカイ》】海のように一面に広がる森林。例青木ヶ原《あおきがはら》の—。

【樹下石上《ジュカセキジョウ—ジュゲセキショウ》】〔仏〕〔道ばたの木の下や石の上を宿とする意から〕仏道の修行《シュギョウ》。また、修行中の出家の身の上。

【樹幹《ジュカン》】木のみき。

【樹脂《ジュシ》】木から分泌《ブンピツ》される、粘液《ネンエキ》。やに。例合成—。

【樹皮《ジュヒ》】木の表皮。木のかわ。

【樹氷《ジュヒョウ》】氷点下の霧《きり》や雲の水滴《スイテキ》が、木の枝などにこおりついたもの。白い花がさいているように美しく見える。

【樹木《ジュモク》】木。立ち木。

【樹立《ジュリツ》】(名・する)ものごとをしっかりした形でうちたてること。例政権を—する。新記録の—。

【樹林】木がたくさんしげっている林。例照葉―。
【樹齢】木の年齢。例―五百年の老木。
●街路樹・果樹・広葉樹・常緑樹・植樹・針葉樹・大樹・落葉樹

木12 【樵】16画 3033 6A35 音ショウ漢 訓きこり
意味 ❶たきぎ。❷たきぎをとる人。きこり。例樵夫。
【樵歌】きこりが作業しながらうたう歌。きこりうた。
【樵夫】きこり。表記「樵父」とも書く。

木12 【橡】16画 3843 6A61 音ショウ漢ゾウ呉 訓とち・くぬぎ
意味 ❶ムクロジ科(旧トチノキ科)の落葉高木。トチ。トチノキ。庭木・街路樹にする。種からでんぷんをとり、餅をつくる。材は器具用。❷ブナ科の落葉高木。クヌギ。実はどんぐりという。材は薪炭用。樹皮や実は染色に用いる。

木12 【樽】16画 3514 6A3D 人名 音ソン漢 訓たる
土12 【墫】15画 5251 58AB 別体字
意味 酒を入れるうつわ。同尊。例樽俎。
日本語での用法《たる》酒やしょうゆ、水などを入れる、ふたのある木製・陶製・金属製の容器。「醬油樽・漬物樽・味噌樽」
【樽▼俎】〔「俎」は、魚や肉をのせる台の意〕酒をいれるうつわと料理をのせる台。転じて、宴会。
【樽▼俎折衝】酒宴の席で平和的に外交交渉をし、相手側の攻勢をうまくかわして有利に交渉を進めること。転じて、外交上のかけひき。〈晏子春秋〉

木12 【橐】16画 1-8613 6A50 音タク漢 訓ふくろ
意味 ❶小さなふくろ。また、底のないふくろ。ふくろ。例橐嚢(=大小のふくろ)。参考「嚢」は、大きなふくろ。また、底のあるふくろ。ただし、底の有無については異説がある。❷ふいご。❸「橐駝」は、ラクダ。
難読 橐籥・橐吾

【橐▼駝】①ラクダの別名。〔背中にふくろのようなこぶがあることから、また、ふくろにはいった荷を運ぶことからともいう〕②背骨が曲がってこぶのようになる病気の人。佝僂病の人。③植木屋。〔ある植木の名人が「②」の病気で橐駝が呼び名であったことから〕例―師。

木12 【橙】16画 6084 6A59 人名 音トウ漢呉 訓だいだい
意味 ミカン科の常緑低木。ダイダイ。インド・ヒマラヤ地方原産。古く中国を経て渡来。暖地で栽培。果実は冬に黄色に熟し、かおりが高い。果実は正月のかざりものに使い、皮は薬用、果汁はポン酢とよばれ調味料とする。
【橙色】赤みがかった黄色。オレンジ色。
【橙皮】ダイダイの実の皮を乾燥させたもの。よいかおりで苦みがあり、健胃剤や防臭剤とする。

木12 【橦】16画 6085 6A66 音一トウ漢 二ショウ漢シュ呉 訓とばりき
意味 一 ❶とばりを張る支柱。❷さお。❸木の名。実についている毛をつむいで布にする。例橦布。二 攻撃する。刺す。

木12 【橈】16画 6086 6A48 音一ドウ漢ニョウ呉 二ジョウ漢ニョウ呉 訓たわ-む・たわ-める・かじ
意味 一 ❶曲がった木。❷木を曲げる。たわめる。たわむ。転じて、屈服させる。くじく。同撓。二 船を進める道具。かい。かじ。

木12 【樸】16画 6087 6A38 音ボク慣ハク漢呉 訓きじ
意味 ❶手を加えていない木。❷かざりけのない。きじ。同朴。例質樸。素樸。
【樸質】(名・形動ダ)〔「質」は、かざりけのない意〕ありのままでかざらないこと。地味。素朴。類質素。表記「朴質」とも書く。
【樸実】(名・形動ダ)かざりけがなく、すなおでまじめなこと。表記「朴実」とも書く。
【樸直】(名・形動ダ)かざりけがなく、すなおで正直なこと。表記「朴直」とも書く。
【樸▼訥】(名・形動ダ)かざりけがなく誠実だが、口べたであること。表記「朴▼訥・木▼訥」とも書く。

木12 【橸】16画 6081 6A78 国字 訓まさ・たる
意味 まさめ。まさ。一説に、「櫑(=たる)」の俗字。

木12 【橫】16画 ⇩【横】(544ペ)
木12 【橢】16画 ⇩【楕】(539ペ)

木13 【檐】17画 6089 6A90 音一エン漢 二タン漢 訓ひさし・のき
意味 一 ❶屋根のはしの、かべより外側に張り出した部分。のき。ひさし。同簷。例飛檐(=高い軒)。また、反りをうってそびえるたるき。❷ひさしのようにつき出た部分。ひさし。同簷。例笠檐。二 かつぐ。になう。同担。

木13 【檍】17画 6090 6A8D 音オク慣ヨク漢 訓あおき
意味 モチノキ科の常緑高木。モチノキ。材質がかたく、車や弓を作る。
日本語での用法《あおき・あおぎ》「あはぎ」の音変化した語形。地名に用いるが、もと植物名。「筑紫の日向の小門の橘の檍原(=古語は、あはぎはら)」〈日本書紀〉

木13 【檜】17画 5956 6A9C 人名 音カイ漢 訓ひ・ひのき
木6 【桧】10画 4116 6867 人名 俗字
意味 ヒノキ科の常緑高木。イブキ。海岸に自生。庭木・盆栽とする。材は建築・器具用。
日本語での用法《ひ・ひのき》ヒノキ科の常緑高木。幹はまっすぐにのびる。材は良質で、建築・土木・船舶・車両その他用途が広い。「檜皮・檜舞台」
難読 檜山・檜原
【檜扇】①ヒノキの細長くうすい板を糸でつなぎあわせた扇。昔の公卿が持ったもので、位に応じて板の枚数が決められていた。②アヤメ科の多年草。葉がつるぎ状で扇のように広がっており、夏に黄赤色の花をつける。種は黒く光沢

があり、ぬばたま・うばたまという。カラスオウギ。

【檜垣】ひがき ヒノキのうすい板を、ななめに網のように編んでつくった垣根。

【檜舞台】ひのきブタイ ①ヒノキの板を張った、歌舞伎や能などの舞台。②自分のうでまえを見せる晴れの場所。例―をふむ。

【檜葉】ひば ①ヒノキの別名。また、ヒノキの葉。②アスナロの木の別名。

【檜▽皮】ひわだ 〔「ひはだ」とも〕①ヒノキの皮。②「檜皮葺」の略。ヒノキの皮で屋根をふくこと。また、その屋根。

木 13
【橿】 17画 1964 6A7F 音キョウ漢 訓かし

意味 材がかたく、車輪用とされた木。モチノキなど。

日本語での用法 《かし》ブナ科の常緑高木。樫。「橿原（＝地名）」

木 13
【檄】 17画 6092 6A84 音ゲキ慣ケキ漢 訓ふれぶみ

意味 人々を集めたり、人々に告げ知らせたりするために、役所から出した文書。触れ文。例檄文。檄を飛ばす。

参考 「檄を飛ばす」を「激励」の意に用いるのは誤り。

【檄書】ゲキショ 「檄文①」に同じ。

【檄文】ゲキブン ①昔の中国で、兵を集めたりお触れを告げたりするときに役所が出した木のふだの文書。檄書。檄。②敵を非難して自分たちの主張を述べ、人々をふるい立たせて行動をともにすることをすすめる文書。檄。例―を飛ばす。

木 13
【檎】 17画 2473 6A8E 人名 音ゴ慣キン漢

意味 「林檎」は、果実の名。また、その果樹。

木 13
【檣】 17画 6094 6AA3 音ショウ漢 訓ほばしら

舟13
[艢] 19画 7164 8262 別体字

意味 船に立てて、帆をかける柱。ほばしら。例檣頭。危檣（＝高いほばしら）。

【檣頭】ショウトウ 船の帆柱の先。マストの先。

【檣楼】ショウロウ 船の帆柱の上部にある物見台。

木 13
【檀】 17画 3541 6A80 人名 音タン漢ダン呉 訓まゆみ

なりたち ［形声］「木（＝き）」と、音「亶タン」とから成る。木の名。

意味 ❶ニレ科の落葉高木。中国北部特産。材はかたく、車軸や農具に用いる。〔日本名は未詳〕 ❷ビャクダンなどの香木のこと。例黒檀。栴檀。 ❸「紫檀」は、マメ科の常緑小高木。 ❹梵語の音訳。例檀那。

日本語での用法 《まゆみ》ニシキギ科の落葉低木。昔、弓の材料にした。

【檀▽越】ダンオチ／ダンオツ 〔仏〕〔梵語の音訳〕寺や僧にお金や物を寄進する人。施主。檀那。檀家。

【檀家】ダンカ 〔仏〕ある寺に属して、法事などの仏事をたのんだり、お金や品物を寄進して寺の経営を助けたりする家。檀那。檀越。例―総代。

【檀尻】だんじり 関西地方で、山車（＝祭礼のときに引くかざりをつけた車）のこと。やま。やたい。表記「▽山▽車・▽楽▽車」とも書く。

【檀徒】ダント 〔仏〕檀家の人々。

【檀那】ダンナ ⇩【旦那】ダンナ（482ページ）

【檀林】ダンリン 〔仏〕「栴檀林」の略。寺。また、僧の学問所。

○●黒檀・紫檀・栴檀・白檀

木 13
【檔】 17画 1-8620 6A94 音トウ漢

木 6
[档] 10画 5967 6863 俗字

意味 ❶木のわく。❷公文書を保存しておく、たな。例檔案（＝公文書。とくに中国近代の史料となる保存記録）。

参考 「档ケ山」は、鹿児島県の地名。

木 13
【檗】 17画 6101 6A97 音バク慣ハク漢 訓きはだ・きわだ

艹17
[蘗] 20画 6102 8617 別体字

意味 ミカン科の落葉高木。キハダ。キワダ。樹皮はコルク質が発達する。幹の内皮はあざやかな黄色で、染料・薬用とする。

木 13
【檬】 17画 6108 6AAC 音モウ漢

意味 ❶「檸檬」は、レモン。❷「檬果」は、マンゴー。

木13
【檢】 17画 ⇩【検】ケン（534ページ）

木13
[檪] 17画 ⇩【櫟】レキ（551ページ）

木 14
【櫃】 18画 6104 6AC3 音キ漢 訓ひつ

意味 ふたのある箱。ひつ。例飯櫃。鎧櫃。

木 14
【檮】 18画 5977 6AAE 音一トウ漢 二チュウ漢 訓くい

木 7
[梼] 11画 3778 68BC 俗字

意味 一 ❶切り株。くい。❷役に立たず、おろかなようす。例檮昧（＝おろか。みずからへりくだっていうことば）。二 ❶かたく強い木。❷数をかぞえるための棒。同籌。

【檮▼杌】トウゴツ ①〔伝説上の、太古の悪人、あるいは悪獣の呼び名から〕広く悪人を指す語。②春秋時代、悪事をこらしめるために書かれたという楚の国の歴史書。

木 14
【櫂】 18画 6105 6AC2 人名 音トウ漢 訓かじ・かい

意味 水をかいて船を進めていく道具。かじ。かい。また、かいで船をこぐ。

【櫂歌】トウカ 舟をこぎながら船頭がうたう歌。舟歌。類棹歌。

木 14
【檸】 18画 6106 6AB8 音ネイ慣ドウ漢

意味 「檸檬」は、ミカン科の常緑小高木。レモン。インド原産。果実は長円形で黄色、酸味が強くかおりがよい。料理や菓子、飲み物などに使う。

木 14
【檳】 18画 6107 6AB3 音ビン慣ヒン漢

木 7 【梹】 11画 5978 68B9 俗字

意味 「檳榔(ビンロウ)」は、ヤシ科の常緑高木。ビンロウジュ。マレーシア原産。種子は薬用および染料(センリョウ)とする。

木14 【櫁】 18画 ⇩【樒】ミツ(547ページ)

木 15 【櫞】 19画 6109 6ADE 音 エン漢

意味 「枸櫞(クエン)」は、ミカン科の常緑低木。マルブシュカン。シトロンの変種。芳香(ホウコウ)があり観賞用。

木 15 【檻】 19画 6103 6ABB 音 カン漢 訓 おり

意味 ❶動物や囚人(シュウジン)をとじこめておく、かこい。おり。例 檻車(カンシャ)(=罪人を運ぶ車)。❷橋や階段などに、腰(こし)の高さぐらいに横にわたした棒。てすり。例 欄檻(ランカン)。折檻(セッカン)。

【檻▼穽】(カンセイ) 〔「穽」は、落とし穴の意〕おりと落とし穴。また、わな。例 ―におちる。

木 15 【櫛】 19画 2291 6ADB 人名 音 シツ漢 訓 くし・くしけず-る

意味 ❶かみの毛をすいて、ととのえる道具。くし。❷くしでかみの毛をすく。くしけずる。例 櫛風沐雨(シップウモクウ)。

難読 櫛笥(くしげ)(=化粧(ケショウ)の道具を入れるはこ)

【櫛形】(くしがた) 上側が丸くなっている昔のくしの形。半月の形。例 ―の窓。ニンジンを―に切る。

【櫛巻き】(くしまき) 女性の髪型(かみがた)の一つ。髪をくしに巻き、たばねてとめただけのもの。

【櫛目】(くしめ) 髪をくしですいたあとにできる筋目(すじめ)。例 美しく―を入れた髪。

【櫛比】(シッピ) (名・する) 〔「比」は、並ぶ意〕くしの歯のようにすきまなく並ぶこと。例 民家が―している。

【櫛風▼沐雨】(シップウモクウ) 〔「風(かぜ)に櫛(くしけず)り雨(あめ)に沐(かみあら)う」と訓読する。風で髪をとかし、雨で髪を洗う意〕風雨にさらされながら、あちこち走りまわって苦労すること。

木 15 【櫝】 19画 2-1572 6ADD 音 トク漢 訓 はこ・ひつぎ

意味 ❶木の箱(はこ)。はこ。例 匱櫝(キトク)。❷箱に入れる。おさめる。❸ひつぎ。

木 15 【櫑】 19画 6110 6AD1 音 ライ漢 訓 たる・ふじ・もたい

意味 ❶酒樽(さかだる)。たる。同 罍(ライ)。❷食物を盛る容器。もたい。❸櫑具剣(ライグケン)(=つかがしらに、山の形の飾(かざ)りがある、古代の長剣)のこと。

木 15 【櫚】 19画 6113 6ADA 音 リョ漢 ロ呉

意味 ❶「花櫚(カリン)」は、マメ科の落葉高木。カリン。タイ・ミャンマー原産。〔日本では中国原産のバラ科の「榠樝(メイサ)」も「花櫚」に似ているためカリンと呼ぶ〕❷「棕櫚(シュロ)」は、ヤシ科の常緑高木。シュロ。

木 15 【櫟】 19画 6111 6ADF 音 レキ漢 訓 くぬぎ

木13 【檪】 17画 6112 6AAA 俗字

意味 ❶ブナ科の落葉高木。クヌギ。材は薪炭(シンタン)用。樹皮や実は染色(センショク)に用いる。実はどんぐりという。❷『荘子(ソウジ)』で、材木として役に立たない無用なものとされている木。

参考 「イチイ」の木に、「櫟」をあてることがある。

木 15 【櫓】 19画 4706 6AD3 人名 音 ロ漢 訓 やぐら

意味 ❶大きな盾(たて)。❷見張りのための高い建物。やぐら。例 望櫓(ボウロ)。❸船をこぐ道具。同 艪(ロ)。例 櫓声(ロセイ)。

【櫓太鼓】(やぐらダイコ) 相撲(すもう)や歌舞伎(かぶき)の興行(コウギョウ)で、やぐらの上で鳴らす太鼓(タイコ)。客寄せをしたり、始まりや終わりを知らせたりする。

【櫓声】(ロセイ) 船の櫓(ロ)をこぐ音。

●火の見櫓(ひのみやぐら)・物見櫓(ものみやぐら)

木 16 【欄】 20画 4583 6B04 常用 音 ラン漢呉 訓 てすり

筆順 木 朩 朩 朩 椚 櫚 欄 欄

木17 【欄】 21画 1-8627 F91D 人名

なりたち 【形声】「木(=き)」と、音「闌(ラン)」とから成る。木の名。借りて「てすり」の意。

意味 ❶てすり。例 欄干(ランカン)。高欄(コウラン)。❷動物をとじこめておく囲い。おり。❸平面の区切り。わく。例 欄外(ランガイ)。広告欄(コウコクラン)。

難読 欄木(まませ)(=姓)

【欄外】(ランガイ) ①新聞や雑誌・本などの紙面で、本文以外の余白の部分。また、本文を囲むわくの外側。例 ―に書きこみをする。②手すりの外側。

【欄干】(ランカン) ㊀(名) 橋・縁側(エンがわ)・階段などの手すり。㊁(形動タル) ①月や星の光りかがやくようす。②なみだのとめどなく流れ落ちるようす。例 玉容寂寞(セキバク)として涙(なみだ)―。〈白居易(ハクキョイ)・長恨歌(チョウゴンカ)〉 表記 ㊀は「▼闌干・欄▼杆・▼欄▼檻」、㊁は「▼闌干」とも書く。

【欄内】(ランナイ) 印刷物などの紙面で、わくで区切った内側。例 ―に書く。

【欄間】(ランま) 日本建築で、天井(テンジョウ)と鴨居(かもい)や長押(なげし)(=ふすまや障子(ショウジ)の上の横木)とのあいだの、格子(コウシ)やすかしぼりの板を取りつけた部分。

●空欄(クウラン)・高欄(コウラン)・小欄(ショウラン)・本欄(ホンラン)

木 16 【櫪】 20画 6114 6AEA 音 レキ漢 訓 くぬぎ

意味 ❶ウシやウマの飼料を入れるおけ。かいばおけ。例 槽櫪(ソウレキ)。❷ブナ科の落葉高木。クヌギ。同 櫟(レキ)。

木 16 【櫨】 20画 4007 6AE8 音 ロ漢 訓 はぜ

木 4 【枦】 8画 5937 67A6 俗字

意味 ❶木造建築で、柱の上に置き、軒(のき)などをささえるもの。斗栱(トキョウ)。❷ウルシ科の落葉高木。ハゼノキ。秋に美しく紅葉する。果実から木蠟(モクロウ)をとるために栽培(サイバイ)される。ハジ・ハジノキとも。

木 16 【櫳】 20画 2-1578 6AF3 音 ロウ漢 訓 おり

木10 [檻] 14画 6057 69DE 別体字
意味 猛獣《モウジュウ》や囚人《シュウジン》をとじこめておく、かこい。おり。例 檻檻《ロウカン》。

木17 【欅】 21画 6116 6B05 音 キョ漢 訓 けやき
意味 ❶ニレ科の落葉高木。ケヤキ。庭木や街路樹にする。材はかたく、木目が美しいので建築・造船・器具用として使われる。❷クルミ科の落葉高木。

木17 【櫺】 21画 6118 6AFA 音 レイ漢 訓 れんじ
意味 窓や欄間《ランま》に、細い木や竹をはめこんだ格子《コウシ》。れんじ。例 櫺子《れんじ》。

木17 【櫻】 21画 ⇩【桜】《オウ》(525ページ)

木17 【欄】 21画 ⇩【欄】《ラン》(551ページ)

木17 【權】 21画 ⇩【権】《ケン》(545ページ)

木19 【欒】 23画 6119 6B12 音 ラン漢
意味 ❶ムクロジ科の落葉小高木。中国・朝鮮《チョウセン》半島原産。夏に黄色の花をひらき、秋に実を結ぶ。実は数珠玉《ジュズだま》になる。❷丸い。また、人の集まりのなごやかなようす。例 団欒《ダンラン》。❸「朱欒《シュラン》」は、ミカン科の常緑小高木。ザボン。
難読 木欒子《むくろじ》

木21 [欝] 25画 ⇩【鬱】《ウツ》(1091ページ)

木22 【欖】 26画 6120 6B16 音 ラン漢
意味 「橄欖《カンラン》」は、木の名。

木24 【欟】 28画 6122 6B1F 音 カン漢 訓 つき
意味 水をくむうつわ。同 罐《カン》。
日本語での用法 《つき》「槻《つき》」の別体字。「木村欟斎《きむらつきのや》《きむらカンサイ》(=幕末・明治時代の国学者の名)」

76 4画 欠 あくび けんづくり 部
大きくあけた口から息が出るようすをあらわす。「欠」をもとにしてできている漢字を集めた。

0 欠 2 次 次 4 欧 欣 7 欸 欷 欲 欵 8 款 欹 欺 欽 9 歇 歃 10 歌 歉 歎 11 歓 歎 歐 12 歙 歔 13 歛 歟 17 歡

欠0 【欠】 4画 2371 6B20 教育4 音 Aケツ漢 Bケン漢 訓 か-ける・か-く・あくび
筆順 ノ ⺈ ケ 欠

A 缶4 【缺】 10画 6994 7F3A
B 欠0 【欠】 4画 2371 6B20

なりたち A[缺]  [形声]「缶(=つぼ)」と、音「夬《ケツ》」とから成る。つぼなどがこわれる。かける。
B[欠]  [象形]息が「人(=ひと)」の口から上に向かって出る形。派生して「足りない。かける」の意。
参考 「缺」と「欠」は、本来別の字だが、「欠」は古くから「缺」と同じ意味にも用いられている。
意味 A[缺] ❶足りない。じゅうぶんでない。不完全である。かける。かく。また、きず。落ち度。かけ。例 欠陥《ケッカン》。欠点《ケッテン》。❷官職・地位のあき。例 補欠《ホケツ》。
B[欠] あくび。あくびをする。例 欠伸《ケンシン》。
日本語での用法 《ケツ》やすむ。予定していたことをやめる。「欠勤《ケッキン》・欠航《ケッコウ》・欠場《ケツジョウ》・欠席《ケッセキ》・出欠《シュッケツ》・病欠《ビョウケツ》」

【欠▽片】《かけら》 ①こわれたり割れたりしたものの、小さい一部分。破片《ハヘン》。例 ガラスの―で手を切る。②ほんの少し。わずか。例 良心の―もない。
【欠員】《ケツイン》 定員に足りないこと。また、その人数。例 ―を補充《ホジュウ》する。
【欠課】《ケッカ》 (名・する) 授業や講義を休むこと。
【欠画】《ケッカク》 漢字の最後の一画を省略して書くこと。昔、天子や貴人の名前の字を書くことをえんりょしておこなわれた。玄を玄、桓を桓とするなど。表記 「▼闕画」とも書く。
【欠格】《ケッカク》 必要な資格がないこと。対 適格。
【欠巻】《ケッカン》 なん巻かでまとまっている書物や雑誌などの一部がかけていること。また、その本。欠本。
【欠陥】《ケッカン》 構造や機能などのうえでの、大きな欠点。不備。不足。例 ―商品。
【欠勤】《ケッキン》 (名・する) つとめを休むこと。対 出勤。例 無断―。
【欠航】《ケッコウ》 (名・する) 悪天候や事故などのために、船や飛行機が定期の運航をやめること。例 台風で―になる。
【欠講】《ケッコウ》 (名・する) 学校や教師のつごうで、講義をおこなわないこと。
【欠字】《ケツジ》 ①〔本来の読みは「ケンジ」〕文章の中で、あるべき文字がぬけていること。また、その文字。②文章の中で、帝王《テイオウ》や貴人に敬意をあらわすために、称号《ショウゴウ》や名前の上を一字分以上あけて書くこと。表記 ▽「▼闕字」とも書く。
【欠如】《ケツジョ》 (名・する) 足りないこと。かけていること。例 倫理観《リンリカン》が―する。表記 「▼闕如」とも書く。
【欠場】《ケツジョウ》 (名・する) 試合・競技会・舞台《ブタイ》などの出場予定者が、出場しないこと。対 出場。例 けがで―する。
【欠食】《ケッショク》 (名・する) じゅうぶんな食事がとれないこと。また、食事をとらないこと。
【欠席】《ケッセキ》 (名・する) 授業や会議・会合などを休むこと。対 出席。例 ―届。会議を―する。
【欠損】《ケッソン》 (名・する) ①ものがこわれるなどして、一部がかけること。例 エンジンの部品が―する。②金銭面で損をすること。赤字。例 大きな―を出す。
【欠点】《ケッテン》 不十分なところ。不完全なところ。短所。弱点。難点。対 長所・美点。
【欠番】《ケツバン》 番号の中で、ある番号がぬけていること。また、その番号。例 永久―。―をうめる。
【欠便】《ケツビン》 船や航空機などの定期便が運航をやめること。欠航。例 台風のため―となる。
【欠乏】《ケツボウ》 (名・する) 必要なものが足りないこと。不足。例 ビタミンが―する。
【欠本】《ケッポン》 ①ひとそろいの書物で、ある巻または冊のかけている

[木部] 17—24画 欅櫺櫻權欄欒欝欖欟 [欠部] 0画 欠

4画

もの。対完《カン》本《ポン》。②全集や叢《ソウ》書《ショ》などで、かけている巻。欠巻。表記▽「▼闕本」とも書く。

【欠《ケツ》落《ラク》】(名・する) あるはずのものがないこと。ぬけおちていること。例重要な部分が—している。

【欠《ケツ》礼《レイ》】(名・する) 礼儀《レイギ》をかくこと。あいさつなどをしないこと。失礼。例喪《も》中《チュウ》のため年賀—いたします。

【欠《ケツ》漏《ロウ》】(名・する) 必要なものがぬけおちていること。もれ。表記「▼闕漏」とも書く。

【▽欠伸《ケンシン》《あくび》】ねむいときやたいくつなときなどに、自然に口が大きくあいて、深く、大きな呼吸をすること。

●出欠《シュッケツ》・病欠《ビョウケツ》・不可欠《フカケツ》・補欠《ホケツ》

欠 2

【次】 6画 2801 6B21 教育3 音シ漢ジ呉 訓つ-ぐ・つぎ・つ-いで・つぎ-に

筆順 丶 冫 冫 次 次 次

欠 2 【次】6画

なりたち [会意]「二(=ふたつ)」と「欠(=あくび)」とから成る。立ち止まって休息する。やどる。

意味 ❶やどる。とまる。また、その場所。例旅次《リョジ》(=旅行先での宿泊)。❷つぐ。つぎ。二番目の。例次善《ジゼン》。次点《ジテン》。次男《ジナン》。❸順序。順序をつけて並べる。例次第《シダイ》。順次《ジュンジ》。席次《セキジ》。❹回数を数えることば。例今次《コンジ》(=今回)。第二次《ダイニジ》。

使い分け つぐ【次・継・接】⇩1173ページ

難読 月次《つきなみ》・日次《ひなみ》

人名 いたる・ちか・つぐる・ひで・やどる

【次《ジ》位《イ》】次のくらい。次の地位。また、二番目。

【次《ジ》韻《イン》】他人がつくった漢詩と同じ韻字(=韻をふんでいる句末の字)を使って漢詩をつくること。また、その詩。和韻。

【次《ジ》回《カイ》】この次の回。次のおり。次のとき。

【次《ジ》期《キ》】この次の期間・時期。来期。対先期・前期・今期。

【次《ジ》兄《ケイ》】上から二番目の兄。例—委員長を選出する。

【次《ジ》元《ゲン》】①〔数〕図形・物体・空間の広がりを示すことば。〔直線は長さだけの一次元、平面は縦と横の二次元、立体は縦・横・高さの三次元〕②ものの見方や考え方を導き出す立場。例—のちがう意見にとまどう。

【次《ジ》号《ゴウ》】新聞・雑誌などの、次の号。対前号。例—予告。続きは—にまわす。

【次《ジ》子《シ》】二番目に生まれた子。また、次男。

【次《ジ》女《ジョ》】二番目のむすめ。表記「▽二女」とも書く。

【次《ジ》数《スウ》】〔数〕数式で、変数である文字因数をいくつふくんでいるかを示す数。x^3y^2の場合、xに関しては三次、yに関しては二次、xおよびyに関しては五次。

【次《ジ》席《セキ》】二番目の地位。また、その地位の人。対首席。例—判事。

【次《ジ》善《ゼン》】最善ではないが第二によいこと。例—の策。

【次《シ》第《ダイ》】①ものごとの順序。例式—。②ものごとが起こった事情やなりゆき。わけ。由来。例事の—を話す。③〔「…次第」の形で〕㋐〔名詞につけて〕その人やそのことによって決まる意味をあらわす。…によって決まる。例あなたの考え—だ。㋑〔動詞につけて〕そのことが終わるとすぐに、の意味をあらわす。…するとすぐに。…するやいなや。例着き—知らせる。

【次《ジ》代《ダイ》】次の時代。次の世代。例—をになう青年。

【次《ジ》長《チョウ》】長官や部長などの次の地位・職。また、その人。例営業部—。

【次《ジ》点《テン》】〔最高得点の次の得点の意〕当選者・入選者に次ぐ得点。また、その人。例おしくも—で入選をのがす。

【次《ジ》男《ナン》】二番目の息子《むすこ》。表記「▽二男」とも書く。

●一次《イチジ》・順次《ジュンジ》・席次《セキジ》・年次《ネンジ》・目次《モクジ》・野次《ヤジ》

欠 2 【次】6画 ⇩【次】シ(553ページ)

欠 4

【欧】 8画 1804 6B27 常用 音オウ漢 訓は-く

筆順 一 フ ヌ 区 区 欧 欧 欧

欠11 【歐】15画 6131 6B50

なりたち [形声]「欠(=口をあける)」と、音「區《ク→オウ》」とから成る。吐《は》く。

意味 ❶もどす。口から出す。吐《は》く。同嘔《オウ》。❷「欧羅巴《ヨーロッパ》」の略。例欧化《オウカ》。欧米《オウベイ》。西欧《セイオウ》。

【欧《オウ》亜《ア》】〔「亜」は、亜細亜《アジア》の意〕ヨーロッパとアジア。亜欧。例—連絡《レンラク》。

【欧《オウ》化《カ》】(名・する) 思想や風俗《フウゾク》などがヨーロッパ風になること。また、ヨーロッパ風にすること。西洋化。例—政策。

【欧《オウ》州《シュウ》】「欧羅巴州《ヨーロッパシュウ》」の略。ヨーロッパ。例—諸国。表記旧欧▼洲

【欧《オウ》風《フウ》】ヨーロッパ風。西洋風。類洋風。例—建築。

【欧《オウ》文《ブン》】ヨーロッパやアメリカで使われる文字。また、文章。横文字。例—の手紙。

【欧《オウ》米《ベイ》】〔「米」は、亜米利加《アメリカ》の意〕ヨーロッパとアメリカ。例—諸国。

●西欧《セイオウ》・東欧《トウオウ》・南欧《ナンオウ》・訪欧《ホウオウ》・北欧《ホクオウ》

欠 4

【欣】 8画 2253 6B23 人名 音キン漢コン・ゴン呉 訓よろこ-ぶ

なりたち [形声]「欠(=口をあける)」と、音「斤《キン》」とから成る。わらい、よろこぶ。

意味 わらい、よろこぶ。例欣喜《キンキ》。欣然《キンゼン》。欣求《ゴング》。

人名 やす・やすし・よし

【欣《キン》快《カイ》】(名・形動《ダ》) たいへんうれしく気持ちがよいこと。例—の至り。—に思う。

【欣《キン》喜《キ》▼雀《ジャク》躍《ヤク》】(名・する) 〔「雀躍」は、スズメのようにとびはねる意〕こおどりして喜ぶこと。例大学入学試験に合格して—する。

【欣《キン》欣《キン》】(形動《タル》) たいへん喜んでいるようす。

【欣《キン》幸《コウ》】しあわせなことだと思って喜ぶこと。例—の至り。

【欣《キン》然《ゼン》】(形動《タル》) 心から喜ぶようす。例—としてあいさつを述べる。

【欣《キン》舞《ブ》】(名・する) うれしくて、おどり上がって喜ぶこと。欣喜乱舞。例知らせを聞いて—する。

【欣《キン》慕《ボ》】(名・する) 喜びしたうこと。例いよいよ—の念を深める。

【欣《ゴン》▽求《グ》】(名・する) 〔仏〕喜んで願いもとめること。

【欣《ゴン》▽求《グ》浄《ジョウ》土《ド》】〔仏〕極楽浄土《ゴクラクジョウド》への往生《オウジョウ》を心から願いもとめること。→【厭離穢土《エンリエド》】(173ページ)

欠 7

【欸】 11画 6123 6B38 音アイ漢 訓そし-る・なげ-く

意味 ❶声をあげてしかる。そしる。❷うらみ、なげく。❸「欸乃《アイダイ》」は、舟《ふね》をこぐときのかけ声。また、櫓《ロ》のきしる音。

難読 欸乃《ふなうた》・欸乃歌《ふなうた》

【欸《アイ》▼乃《ダイ》】①船頭が舟《ふね》をこぐとき調子を合わせるためにか

けあう声。また、櫓《ロ》のきしる音。②船歌《ふなうた》やきこりの歌など、労働しながらうたう歌。③広く、のびやかな歌声。

欠 7
【欷】
11画 6124 6B37 [音]キ(漢) [訓]なげ-く

[意味]❶しゃくりあげて泣く。すすり泣く。[例]欷歔《キキョ》。❷なげきかなしむ。なげく。[例]欷吁《キク》(=なげく)。

【欷▼歔】《キキョ》(名・する)〔「歔」も、すすり泣く意〕すすり泣くこと。むせび泣くこと。欷泣《キキュウ》。歔欷。[例]嗚咽《オエツ》─する。

欠 7
【欲】
11画 4563 6B32 [教育6] [音]ヨク(漢)(呉) [訓]ほっ-する・ほ-しい

[筆順] ハ ク 仌 谷 谷 谷 欲

[なりたち] [形声]「欠(=口をあけてほしがる)」と、音「谷《コク》→ヨク(=空虚《クウキョ》でなんでも受け入れる)」とから成る。むさぼる。

[意味]❶もっとほしいとねがう。ほしがる。ほっする。ほしい。(同)慾《ヨク》。[例]欲求《ヨッキュウ》。貪欲《ドンヨク》。❷ねがいもとめる気持ち。むさぼる心。(同)慾《ヨク》。[例]禁欲《キンヨク》。物欲《ブツヨク》。無欲《ムヨク》。❸〔助字〕「ほっす」と読み、…しようと思う・…しそうになる、の意。意志や未来をあらわす。[例]欲レ王《オウたらんとほっす》(=王になろうとする)。

【欲気】《ヨクケ》ほしがる気持ち。欲心。[例]─を出して失敗する。[表記](旧)▼慾気

【欲情】《ヨクジョウ》①ほしがる気持ち。欲心。②性的な欲望。色情《シキジョウ》。[例]─をいだく。[表記]▽(旧)▼慾情

【欲心】《ヨクシン》ほしがる気持ち。欲念。[例]─には際限がない。[表記](旧)▼慾心

【欲得】《ヨクトク》利益をえようとすること。ものをほしがること。[例]─ずく(=損得だけを考えて行動すること)。[表記](旧)▼慾得

【欲念】《ヨクネン》ほしがる気持ち。欲心。[例]─をはらいのける。[表記](旧)▼慾念

【欲深】《ヨクふか》(名・形動《ダナ》)ものをほしがる気持ちが強いこと。また、その人。強欲《ゴウヨク》。〔形容詞で「欲深《ヨクふか》い」とも〕[例]─な人。[表記](旧)▼慾深

【欲望】《ヨクボウ》手に入れたいと、強く願うこと。また、その心。[例]─を満たす。[表記](旧)▼慾望

【欲目】《ヨクめ》自分につごうよく、実際以上によく見てしまうこと。ひいき目。[例]親の─。[表記](旧)▼慾目

【欲界】《ヨッカイ》〔仏〕三界《サンガイ》(=欲界・色界《シキカイ》・無色界)の一つ。欲望に満ちた世界。[表記](旧)▼慾界

【欲求】《ヨッキュウ》(名・する)手に入れようともとめること。ほしがること。[例]─を満たす。[表記](旧)▼慾求

【欲求不満】《ヨッキュウフマン》したいことができず、また、ほしいものが手にはいらず、いらいらすること。フラストレーション。[例]─を解消する。[表記](旧)▼慾求不満

●愛欲《アイヨク》・意欲《イヨク》・禁欲《キンヨク》・強欲《ゴウヨク》・私欲《シヨク》・食欲《ショクヨク》・肉欲《ニクヨク》・物欲《ブツヨク》・無欲《ムヨク》

欠 7
【欵】11画 ⇨【款】《カン》(554ページ)

欠 8
【款】
12画 2030 6B3E [常用] [音]カン(漢) [訓]まこと・しる-す

[筆順] 一 十 士 圭 耒 款 款

欠 7
【欵】11画 1-8631 6B35 俗字

[なりたち] [会意]「欠(=口をあける)」と「耒(=うつろ・からっぽ)」とから成る。中がからっぽで、心に欲《ほっ》するものがある。借りて「よろこぶ」の意。

[意味]❶うちとけて親しくする。よろこぶ。たのしむ。(同)歓《カン》。[例]款然《カンゼン》。款待《カンタイ》。❷まごころ。まこと。❸器物にきざんだ文字。また、書画におす印。[例]款識《カンシ》。落款《ラッカン》。❹法令や規約などの箇条《カジョウ》書きにされたひとまとまりの文。項目《コウモク》。[例]定款《テイカン》。約款《ヤッカン》。❺必要な費用。金銭。経費。[例]借款《シャッカン》。

[人名]すけ・ただ・まさ・よし

【款▽識】《カンシ》〔一《カンシキ》説に、「款」は陰文《インブン》(=くぼませた字)、「識」は陽文《ヨウブン》(=うきぼりにした字)の意〕青銅器の銘文《メイブン》。

【款然】《カンゼン》(形動《タルト》)心からうちとけるようす。

【款待】《カンタイ》(名・する)真心をこめて人をもてなすこと。[例]思わぬ─を受ける。

【款談】《カンダン》(名・する)心からうちとけて、楽しく語り合うこと。[例]なごやかに─する。

【款《カン》を通《ツウ》ず】①ひそかに親しくなる。②ひそかに敵と通じる。内通する。

●借款《シャッカン》・定款《テイカン》・約款《ヤッカン》・落款《ラッカン》

欠 8
【欹】
12画 6126 6B39 [音]㊀イ(漢) ㊁キ(漢) [訓]そばだ-つ・そばだ-てる

[意味]㊀《イ》ああ。嘆息《タンソク》して発することば。㊁《キ》かたむける。また、そばだつ。そばだてる。〔この意味のときは本来「攲《キ》」を用いる〕[例]欹傾《キケイ》(=かたむける)。欹レ枕《まくらをそばだつ》(=まくらを立てる)。

欠 8
【欺】
12画 2129 6B3A [常用] [音]ギ(慣)キ(漢)コ(呉) [訓]あざむ-く

[筆順] 一 卄 甘 甘 其 欺 欺

[なりたち] [形声]「欠(=口をあけて言う)」と、音「其《キ》」とから成る。あざむく。

[意味]❶だます。いつわる。あざむく。[例]欺瞞《ギマン》。詐欺《サギ》。❷ばかにする。あなどる。

【欺▼瞞】《ギマン》(名・する)うそをついて人をだますこと。あざむくこと。[例]─的な態度をとる。

欠 8
【欽】
12画 2254 6B3D [人名] [音]キン(漢)コン(呉) [訓]うやま-う・つつし-む・ねが-う

[なりたち] [形声]「欠(=口をあける)」と、音「金《キン》」とから成る。口をあけるようす。借りて「つつしむ」の意。

[意味]❶うやまいしたう。うやまう。つつしむ。[例]欽仰《キンギョウ》。欽慕《キンボ》。❷天子に関するものごとについて敬意をあらわすことば。[例]欽定《キンテイ》。

[人名]うや・ただ・のぞむ・ひとし・まこと・よし

【欽仰】《キンギョウ・キンゴウ》(名・する)うやまいしたうこと。[例]聖徳太子《ショウトクタイシ》を─する太子講。

【欽定】《キンテイ》(名・する)天子・君主が命じて制定すること。[例]─憲法。

【欽慕】《キンボ》(名・する)尊敬して、したうこと。敬慕。[例]先生を─する。

欠 9
【歇】
13画 6128 6B47 [音]ケツ(漢)カチ(呉) [訓]やす-む・や-める・つ-きる

[意味]❶休む。いこう。[例]歇息《ケッソク》(=休息)。❷やむ。やめる。また、つきる。なくなる。[例]間歇《カンケツ》。

欠 9
【歃】 13画 6129 6B43 音 ソウ 漢 訓 すす-る
意味 すすって飲む。すする。例 歃血《ソウケツ｜ちをすする》(=盟約《メイヤク》を結ぶとき、いけにえの血をすする儀式《ギシキ》)。

欠 10
【歌】 14画 1846 6B4C 教育2 音 カ 漢 呉 訓 うた・うた-う
筆順 一 ｢ 可 可 哥 哥 哥 歌

言10
【謌】 17画 7572 8B0C 別体字

なりたち [形声]「欠(=口をあける)」と、音「哥《カ》」とから成る。うたう。
意味 ❶ふしをつけて、または音楽に合わせてうたう。また、ふしのついたことば。うた。例 歌謡《カヨウ》。校歌《コウカ》。唱歌《ショウカ》。❷漢詩の形式の一つ。例 挽歌《バンカ》。長恨歌《チョウゴンカ》。
日本語での用法《カ・うた》漢詩に対し、日本の和歌。「東歌《あずまうた》・防人歌《さきもりのうた》・歌人《カジン》・六歌仙《ロッカセン》」
使い分け うた【歌・唄】⇩1163ページ
使い分け うたう【歌・謡】⇩1163ページ

【歌声】《うたごえ》 歌をうたう声。
【歌会】《カカイ｜うたカイ》 和歌をつくり、発表や批評をしあう会。例 新年の―をひらく。
【歌格】《カカク》 ①和歌をつくるときの決まり。②和歌の品格。
【歌学】《カガク》 和歌に関する学問。例 日本の―。
【歌境】《カキョウ》 ①歌に表現されている心の状態や境地。②歌をつくるときの心境。
【歌曲】《カキョク》 ①歌のふし。②クラシック音楽で、詩などに曲をつけた声楽曲。リート。例 シューベルトの―集。
【歌劇】《カゲキ》 音楽、とくに歌を中心とした劇。歌手の歌と演技・舞踊《ブヨウ》などの要素からなる舞台劇《ブタイゲキ》。オペラ。
【歌語】《カゴ》 和歌によく使われることば。うたことば。詩語。たとえば、「蛙《かえる》」を「かわず」という類。
【歌才】《カサイ》 歌をつくる才能。例 ―にめぐまれる。
【歌詞】《カシ》 ①節をつけて歌うことば。歌の文句。例 合唱曲の―を覚える。②和歌によく使われることば。うたことば。歌語。
【歌手】《カシュ》 歌をうたうことを職業とする人。歌い手。シンガー。
【歌集】《カシュウ》 ①和歌をあつめた本。例 古希《コキ》の記念に―を作る。②歌曲《カキョク》・民謡《ミンヨウ》など、歌をあつめた本。
【歌唱】《カショウ》 (名・する) 歌をうたうこと。また、その歌。例 ―力。―指導。
【歌人】《カジン》 和歌をよく詠《よ》む人。歌詠《よ》み。例 ―として名を残す。
【歌聖】《カセイ》 最高の評価を受けている歌人。例 ―柿本人麻呂《かきのもとのひとまろ》。
【歌体】《カタイ》 和歌の形式。長歌・短歌・旋頭歌《セドウカ》など。
【歌題】《カダイ》 和歌をつくるときの題。
【歌壇】《カダン》 和歌をつくることを専門にしている人の社会。例 ―の注目を集める。
【歌道】《カドウ》 和歌のみち。また、和歌の作法や心得。歌学。
【歌碑】《カヒ》 詩歌《シイカ》をほりつけてある石碑。多く、その場所にゆかりのある人を記念して建てる。
【歌舞】《カブ》 (名・する) うたったり、まったりすること。例 ―音曲《オンギョク》。
【歌風】《カフウ》 和歌のつくり方の特色。和歌の作風やよみぶり。例『万葉集《マンヨウシュウ》』の―。
【歌舞伎】《かぶき》 〔動詞「かぶく(=異様な服装、異常な言動をする)」の名詞形「かぶき」に漢字をあてたもの〕江戸《えど》時代に発達し、現代まで続く日本の古典演劇。出雲阿国《いずものおくに》に始まるといわれる。せりふ・舞踊《ブヨウ》・音楽を一体としたもので、舞台《ブタイ》装置などに独特のスタイルをもつ。
【歌謡】《カヨウ》 節をつけてうたう歌。民謡・童謡・流行歌など。例 ―曲。古代―。
【歌留多】《カルタ》 〔ポルトガル語 carta の音訳〕遊びに使う、絵や文字を書いた長方形の紙のふだ。いわゆるトランプ・いろはガルタ・歌ガルタ(=百人一首)などをまとめていう。例 ―取り。―会。花―。表記「▽骨▼牌・加留多」とも書く。
【歌論】《カロン》 和歌の本質や分類・作歌法などに関する理論や評論。
【歌話】《カワ》 和歌に関する話。歌談。
●哀歌《アイカ》・演歌《エンカ》・謳歌《オウカ》・凱歌《ガイカ》・狂歌《キョウカ》・校歌《コウカ》・国歌《コッカ》・詩歌《シイカ｜シカ》・唱歌《ショウカ｜ショウガ》・聖歌《セイカ》・短歌《タンカ》・長歌《チョウカ》・舟歌《ふなうた》・牧歌《ボッカ》・連歌《レンガ》・和歌《ワカ》

欠 10
【歉】 14画 6130 6B49 音 ケン 漢 訓 あきたり-ない
意味 ❶不満である。ものたりない。あきたりない。同 慊《ケン》。例 歉然《ケンゼン》(=あきたりない)。❷穀物が実らない。ききん。不作。例 歉歳《ケンサイ》(=凶作《キョウサク》の年)。

欠10
【歎】 14画 ⇩【歎】《タン》(556ページ)

欠 11
【歓】 15画 2031 6B53 常用 音 カン 漢 呉 訓 よろこ-ぶ
筆順 𠂉 午 午 午 隺 歓 歓 歓

欠17
【歡】 21画 6136 6B61

なりたち [形声]「欠(=口をあける)」と、音「雚《カン》」とから成る。喜び楽しむ。
意味 にぎやかによろこぶ。なごやかにたのしむ。よろこび。たのしみ。例 歓喜《カンキ》。歓迎《カンゲイ》。歓楽《カンラク》。
人名 よし

【歓会】《カンカイ》 楽しくうちとけた集まり。
【歓喜】 一《カンキ》(名・する) ひじょうによろこぶこと。対 悲哀《ヒアイ》。例 合格の知らせに―する。二《カンギ》(名)〔仏〕仏の教えを聞いて、身も心もよろこぶこと。
【歓迎】《カンゲイ》 (名・する) 人をよろこんでむかえること。対 歓送。例 ―会。新入社員を―する。
【歓呼】《カンコ》 (名・する) よろこびの声をあげること。また、よろこびの声。例 民衆の―の声にむかえられる。
【歓心】《カンシン》 よろこぶ気持ち。例 ―を買う(=気に入られるために、その人のよろこぶような言動をする)。
【歓声】《カンセイ》 よろこびのあまりに出すさけびごえ。例 ―をあげる。
【歓送】《カンソウ》 (名・する) 出発する人をはげまし祝福しておくり出すこと。対 歓迎《カンゲイ》。例 ―会。
【歓送迎】《カンソウゲイ》 歓送と歓迎のこと。例 ―会。
【歓待】《カンタイ》 (名・する) よろこんでもてなすこと。
【歓談】《カンダン》 (名・する) うちとけて楽しく話し合うこと。例 幼なじみと久しぶりに―する。
【歓天喜地】《カンテンキチ》 (名・形動《ダ》) 〔天に歓《よろこ》び地に喜ぶ意〕大よろこびすること。
【歓楽】《カンラク》 (名・する) よろこび楽しむこと。例 ―街。―の巷《ちまた》。―をきわめる。
【歓楽《カンラク》極《きわ》まりて哀情《アイジョウ》多《おお》し】 よろこびや楽し

みがきわまると、かえって悲しい気持ちがわきおこってくる。〈漢《カンの》武帝《ブテイ》・秋風辞《シュウフウのジ》〉

【歓《カン》を尽《つ》くす】じゅうぶんによろこび楽しむ。

○●哀歓《アイカン》・交歓《コウカン》・合歓《ゴウカン・ねむ》

欠 11
【歎】
15画 3523 6B4E 人名 音 タン漢呉 訓 ほ-める・なげ-く

欠10 【歎】14画 ― ― 俗字

意味 ❶ため息をつく。感心してほめたたえる。ほめる。例 詠歎《エイタン》。感歎《カンタン》。賞歎《ショウタン》。❷ため息をもらす。失望してかなしむ。なげく。同 嘆《タン》。例 歎息《タンソク》。悲歎《ヒタン》。

参考「嘆」と「歎」とは、いずれも、喜怒哀楽《キドアイラク》の感きわまって、ため息をつくことで、古くから通じて用いられる。ただし、「嘆」は、悲しみなげく、「歎」は、ほめたたえる、という意味に用いられることが多かった。

表記 現代表記では、「嘆《タン》」に書きかえることがある。熟語は「嘆《タン》」(212ページ)を参照。

【歎異《タンイ》】〔「タンニ」とも〕すばらしいと感心すること。〔『歎異抄《タンニショウ》』は、異説をなげいた弟子《デシ》たちが、親鸞《シンラン》の教えを正しく伝えようと記したもの〕表記 現 嘆異

【歎願《タンガン》】(名・する)事情を話し、なんとかしてほしいと心からたのむこと。類 懇願《コンガン》・哀願《アイガン》。例 ―書。表記 現 嘆願

【歎辞《タンジ》】感心して、ほめたたえることば。例 ―を呈《テイ》する。表記 現 嘆辞

【歎賞《タンショウ》】(名・する)感心して、ほめたたえること。称賛《ショウサン》。表記 現 嘆賞。また、「嘆称・▼歎称」とも書く。

【歎声《タンセイ》】①なげきのあまりに出るこえやため息。②感心して、思わず出るこえ。例 ―をもらす。表記 ▽現 嘆声

【歎息《タンソク》】(名・する)なげいたり感心したりして、ため息をつくこと。例 天をあおいで―する。表記 現 嘆息

【歎美《タンビ》】(名・する)感心してほめたたえること。嘆賞。例 自然を―する気持ち。表記 現 嘆美

欠11 【歐】15画 ⇩【欧《オウ》】(553ページ)

欠 12
【歙】
16画 6132 6B59 音 一キュウ漢 二ショウ漢 訓 す-う

意味 一《キュウ》 ❶鼻から吸いこむ。すう。❷集める。まとまる。二《ショウ》 安徽《アンキ》省の東南の地名。硯《すずり》の産地として有名。例 歙硯《ショウケン》(=歙《ショウ》の地に産する、すずり。「キュウケン」「歙州硯《キュウジュウケン》」ともいう)。

【歙歙《キュウキュウ》】(形動《タル》)①多くのものが一つに合すること。なかまになって悪いことをするようす。②ものごとにとらわれないようす。一説に、おそれるようす。

欠 12
【歔】
16画 6133 6B54 音 キョ漢 訓 すすりな-く・な-く・なげ-く

意味 すすり泣く。泣く。なげく。例 歔欷《キョキ》。

【歔▼欷《キョキ》】(名・する)しゃくりあげて泣くこと。むせび泣くこと。欷歔。例 嗚咽《オエツ》―。

欠 13
【歛】
17画 6134 6B5B 音 カン漢 訓 おも-う・ねが-う

意味 ❶欲《ほっ》する。おもう。ねがう。❷あたえる。

参考「斂《レン》」とは別の字だが、「斂《レン》(=おさめる)」として用いられることがある。

欠 13
【歟】
17画 6135 6B5F 音 ヨ漢 訓 か・や

意味 〔助字〕「や」「か」と読み、…だろうか、の意。疑問・反語・詠嘆《エイタン》をあらわす。例 秦歟漢歟《シンかカンか》(=秦代のことか漢代のことか)。〈李華《リカ》・弔古戦場文《コセンジョウをとむらうブン》〉

欠17 【歡】21画 ⇩【歓《カン》】(555ページ)

77 4画 止 とめる とめへん 部

ねもと、あるいは足の形で、「とまる」「あるく」の意をあらわす。「止」をもとにしてできている漢字を集めた。

0 止 1 正 2 此 3 歩 4 武 步 5 歪 9 歳 歲 10 歴 12 歷 14 歸

この部首に所属しない漢字

企⇩𠆢 59 凪⇩几 123 肯⇩月 817 歯⇩歯 1114

止 0
【止】
4画 2763 6B62 教育2 音 シ漢呉 訓 と-まる・と-める・とど-まる・とど-める・とど-め・や-める・や-む 付表 波止場《はとば》

筆順 丨 ト 止 止

なりたち 〔象形〕草木が根を生やした形。

意味 ❶根が生えたように動かずにじっとしている。とまる。とどまる。例 止水《シスイ》。静止《セイシ》。停止《テイシ》。❷やめさせる。禁じる。とめる。とどめる。例 止血《シケツ》。禁止《キンシ》。制止《セイシ》。❸やめる。やむ。例 終止《シュウシ》。中止《チュウシ》。廃止《ハイシ》。❹すがた。ようす。たちいふるまい。例 挙止《キョシ》。

人名 いたる・しずか・ただ・とどむ・とめ・とも・もと

使い分け とまる・とめる【止・留・泊】⇩1174ページ

【止観《シカン》】〔仏〕〔「止」は心を静止して雑念をとどめる、「観」は正しい知恵《チエ》によってみつめる意〕心にうかぶ雑念をはらい、真理をさとること。

【止血《シケツ》】(名・する)出血をとめること。例 ―剤《ザイ》。

【止宿《シシュク》】(名・する)旅館や他人の家にとまること。宿泊《シュクハク》すること。例 上京して親類の家に―する予定。

【止水《シスイ》】①流れず、動かない状態の水。②静かにすんだ水。心が静かで乱れないことのたとえ。例 明鏡《メイキョウ》―。

【止揚《シヨウ》】(名・する)〔哲〕弁証法において、矛盾《ムジュン》または対立する二つの考えを、一段高いところで調和・統一し発展させること。アウフヘーベン。揚棄《ヨウキ》。

○●休止《キュウシ》・禁止《キンシ》・制止《セイシ》・静止《セイシ》・阻止《ソシ》・中止《チュウシ》・停止《テイシ》・廃止《ハイシ》・防止《ボウシ》・抑止《ヨクシ》

止 1
【正】
5画 3221 6B63 教育1 音 セイ漢 ショウ呉 訓 ただ-しい・ただ-す・まさ

筆順 一 丅 下 正 正

なりたち 〔会意〕「一(=とどまるべきところ)」と「止(=とどまる)」とから成る。わるいことをとどめる。ただしい。

意味 ❶理想をめざして、まっすぐに進むこと。まっすぐ筋のとおった。ただしい。例 正直《ショウジキ》。正義《セイギ》。公正《コウセイ》。❷まっす

ぐに、ただしくする。ただす。例改正《カイセイ》。矯正《キョウセイ》。是正《ゼセイ》。❹相《あ》対するもののうち、上位のほう。対副《フク》。例正続《セイゾク》。正副《セイフク》。❺ちょうどぴったり。まさに。例正午《ショウゴ》。正中《セイチュウ》。❻まじりけのない。例正色《セイショク》(=物自体の本来の色)。純正《ジュンセイ》。❼長官。おさ。対副《フク》。例検事正《ケンジセイ》。僧正《ソウジョウ》。❽数学や電気のプラス。対負《フ》。例正極《セイキョク》。正数《セイスウ》。❾年のはじめ。例正月《ショウガツ》。賀正《ガショウ》。❿標的。まと。例正鵠《セイコク》。

❸本来の。本筋《ほんすじ》の。例正妻《セイサイ》。正統《セイトウ》。正門《セイモン》。

日本語での用法 ㊀《ショウ》同じ位階《カイ》を正《ショウ》・従《ジュ》に分ける制度で、その上位のもの。「正一位《ショウイチイ》・正三位《ショウサンミ》」㊁《かみ》律令制《リツリョウセイ》の四等官《シトウカン》で、諸司《ショシ》の最上位。長官《かみ》。「市正《いちのかみ》(=市司《いちのつかさ》の長官)・隼人正《はやとのかみ》」

人名 あき・あきら・おさ・おさむ・きみ・きよし・さだ・すなお・たか・ただ・ただし・つら・なお・のぶ・はじめ・まこと・まさし・よし

【正覚】《ショウガク》〔仏〕正しいさとり。例—に至る。

【正月】《ショウガツ》①一年の最初の月。一月。②年のはじめの祝いの期間。また、新年の祝い。例—休み。

【正気】㊀《ショウキ》(名・形動《ナ》)正しい思考や判断のできる精神状態。気が確かなこと。対狂気《キョウキ》。例—をとりもどす。—のさたではない(=正常でできることではない)。㊁《セイキ》(名)①広く自然界に存在しているという、正しい大きな力。例天地間に広がる—。②正しい気風。正しい心。対邪気《ジャキ》。

【正金】《ショウキン》①〔紙幣《シヘイ》などに対して〕金貨や銀貨。正貨《セイカ》。②現金。

【正絹】《ショウケン》まじりけのない純粋《ジュンスイ》なきぬ糸・きぬ織物。本絹。例—の振《ふ》り袖《そで》。

【正午】《ショウゴ》〔「午」は、午《うま》の時刻の意〕昼の十二時。午後零時《レイジ》。真昼。

【正直】㊀《ショウジキ》(名・形動《ナ》)うそやごまかしがなく、すなおで正しいこと。例—な人。何もかも—に話す。㊁《セイチョク》(名)正しくまっすぐなこと。

【正真】《ショウシン》(名・形動《ナ》)うそいつわりなく、ほんとうであること。

【正真正銘】《ショウシンショウメイ》うそいつわりやまちがいがなく、ほんとうであること。ほんものであること。

【正体】㊀《ショウタイ》①表面からはわからない、ほんとうの姿。類本性《ホンショウ》。例—をあらわす。②ふつうの状態のときの、しっかりしている気持ち。正気《ショウキ》。例—をなくす。㊁《セイタイ》①正しいあり方。正しい姿。②漢字の、正しい字体。正字体。

【正念】《ショウネン》①〔仏〕仏の正しい教えを心にいだき、往生《オウジョウ》を信じること。②〔仏〕一心に信仰《シンコウ》する気持ち。③正気《ショウキ》。本気。

【正念場】《ショウネンば》失敗の許されない最もだいじな場面。

【正▼麩】《ショウフ》小麦粉から麩を作るときに沈殿《チンデン》する粉をかわかしたでんぷん。煮《に》てのりにする。

【正札】《ショウふだ》かけ値ではない、実際の値段を書いて、商品につけておく札。

【正法】㊀《ショウボウ》〔仏〕①仏の正しい教え。仏法。②釈迦《シャカ》の死後を三つの時期に分けた一つ。仏の正しい教えがおこなわれる最初の五百年間、または、千年間。対末法《マッポウ》。㊁《セイホウ》正しい法や制度。

【正本】㊀《ショウホン》①根拠《コンキョ》となる原本。②歌舞伎《かぶき》などの芝居《しばい》の台本。脚本《キャクホン》。③浄瑠璃《ジョウルリ》や長唄《ながうた》などで、節づけを書き入れた版本《ハンポン》。㊁《セイホン》①写本や副本のもとになる原本。②〔法〕正式に写して、原本と同じ効力をもつもの。

【正味】《ショウミ》①〔「正身《ショウみ》」がもとか〕いれものや包み紙などを除いた、中身の重さ。②実際の数量。

【正面】《ショウメン》①まっすぐに顔の向いている方向。真向かい。例—を向く。—に立つ。②建物などの表側。例—の入り口からはいる。③まっすぐ直接に向かっていくこと。例改革に—から取り組む。

【正位】《セイイ》正式の地位。例—に就《つ》く。

【正員】《セイイン》ある団体の正式な一員。

【正価】《セイカ》かけ値のない、実際の値段。例現金—。

【正貨】《セイカ》〔紙幣《シヘイ》などに対して〕金貨や銀貨など、それ自体が実質上の価値をもつ貨幣。本位貨幣。

【正解】《セイカイ》(名・する)①正しい答え。正答。例—者。出題に対する—。②正しい解釈《カイシャク》。

【正格】《セイカク》①正しい決まり。例—の文章を書く。②日本語の動詞で、活用が規則的であること。対変格。

【正確】《セイカク》(名・形動《ナ》)まちがいやあいまいさがなく、たしかなこと。例—な数値。—に伝える。—を重んじる。

【正学】《セイガク》正しい学問。おおやけに正当と認める学問。対曲学・異学。

【正眼】《セイガン》①まっすぐ前から見ること。正視。②剣道《ケンドウ》の構えの一つ。刀を相手の目に向けて中段に構えるもの。表記 ②は「晴眼・青眼」とも書く。

【正規】《セイキ》(名・形動《ナ》)正式な決まり。また、正式な決まりに合っていること。例—軍。—の手続き。—に採用される。

【正義】《セイギ》①人としておこなうべき正しい道。正しい道理。例—感が強い。—の味方。②正しい解釈《カイシャク》。例『五経《ゴキョウ》—』〔書名〕

【正業】《セイギョウ》①社会的に認められている職業。まともな職業。例—に就《つ》く。②正規の学業。例—を受ける。

【正極】《セイキョク》電気で、陽極。プラスの極。また、磁石で、北を指す極。対負極。

【正訓】《セイクン》漢字の本来の意味にもとづいた正しい読み方。

【正系】《セイケイ》正しい系統。正しい血統。

【正経】《セイケイ》儒教《ジュキョウ》の正しい教えを伝える書物。十三経《ジュウサンギョウ》。

【正言】《セイゲン》①えんりょせずに正しいと思うことを述べること。また、そのことば。類直言。②道理にかなった正しいことば。

【正弦】《セイゲン》〔数〕三角関数の一つ。直角三角形で一つの鋭角《エイカク》の大きさがあたえられたとき、対辺の長さの斜辺《シャヘン》の長さに対する比。サイン。記号 sin 例—曲線。

【正誤】《セイゴ》①正しいこととまちがったこと。例—を論ずる。②まちがいを直すこと。例—表。

【正号】《セイゴウ》正の数をあらわす記号。プラス記号。「+」であらわす。対負号。

【正攻法】《セイコウホウ》奇計《ケイキ》を用いずに正面から正々堂々とせめていくこと。例—で相手と交渉《コウショウ》する。

【正▼鵠】《セイコク》〔慣用で「セイコウ」とも。「鵠」は、まとの意〕①弓のまとの中心。②ものごとの要点。急所。例—を射る(=ものごとの要点をおさえる)。

【正座】㊀《セイザ》(名・する)足をくずさず行儀《ギョウギ》よくすわること。類端座《タンザ》。例—したので足がしびれる。㊁《ショウザ》(名)正面の席。最もたいせつな客がすわるところ。例—に着く。表記 ㊀は旧正▼坐
【正妻】《セイサイ》法律上の手続きをふんだ正式のつま。本妻。正室。対権妻《ゴンサイ》・内妻。

【正▼朔】《セイサク》〔「朔」は、月初めの日の意〕正月一日のこと。元日。

【正▼餐】《セイサン》(西洋料理で)正式な献立《コンだて》の食事。ディナー。

【正史】《セイシ》 中国で、国家が正式なものとして編集した紀伝体の歴史書。例、『史記《シキ》』『漢書《カンジョ》』『後漢書《ゴカンジョ》』など。㊉外史・野史。

【正使】《セイシ》 主となる使者。㊉副使。

【正視】《セイシ》（名・する）まっすぐ前から見ること。㊫直視。㊐―できない光景。

【正字】《セイジ》 ①正統と認められている形の漢字。㊉略字。②まちがえずに書かれた字。

【正式】《セイシキ》（名・形動《ナダ》）決められたとおりの手続きをふんでいること。㊉略式。㊐―に辞退する。

【正室】《セイシツ》 身分の高い人の本妻。正妻。㊉側室。

【正邪】《セイジャ》 正しいことと悪いこと。正否。㊫善悪・理非。㊐―曲直。―をわきまえる。

【正▼閏】《セイジュン》 ①ふつうの年と、うるう年。②正しい系統と正しくない系統。正統と閏統。㊐南北朝の―を論ずる。

【正書】《セイショ》 点や画をくずさずに正確に書いた書体。楷書《カイショ》。

【正書法】《セイショホウ》〔英語 orthography の訳〕（欧米《オウベイ》でアルファベットを用いて）ことばを書きあらわすときの、正しい書き方。正しい文字表記をすること。正字法。

【正常】《セイジョウ》（名・形動《ナダ》）ふつうであること。ふつうの状態。ノーマル。㊉異常。㊐―な数値を示す。血圧は―だ。

【正数】《セイスウ》〔数〕零《レイ》より大きい数。プラスの数。㊉負数。

【正正堂堂】《セイセイドウドウ》（形動《タルト》）にげたり、ずるいやり方をしたりせず、正面から向かっていくりっぱなようす。㊐―と戦いをいどむ。

【正装】《セイソウ》（名・する）儀式《ギシキ》や訪問などのとき、正式の服装をすること。また、その服装。㊉略装。㊐―してパーティーに出かける。

【正続】《セイゾク》 書物などで、最初に作られたものと続きのもの。正編と続編。

【正対】《セイタイ》（名・する）①相手の正面に向くこと。㊐試験官に―して問いに答える。②正面から向かっていくこと。

【正大】《セイダイ》（名・形動《ナダ》）①態度がりっぱで正しいこと。㊐公明―。②正しくおおらかなこと。㊐天地―の気。

【正多面体】《セイタメンタイ》〔数〕四つ以上の等しい正多角形によってつくられる多面体。正四面体・正六面体（＝立方体）・正八面体など。

【正着】《セイチャク》 囲碁《ゴイ》で、その場に応じた最も適切な一手。

【正嫡】《セイチャク・セイテキ》 ①正式の妻。正妻。本妻。②正妻が生んだ嫡子《チャクシ》。

【正中】《セイチュウ》 ㊀（名）ちょうど真ん中。中心。㊁（名・する）①ある天体が真南または真北に来ること。②正しく当たること。的中。命中。

【正調】《セイチョウ》 正しい調子。とくに日本の民謡《ミンヨウ》で、昔から歌われてきた正しい歌い方。㊉変調。㊐―おはら節《ぶし》。

【正殿】《セイデン》 ①宮殿の中心で、儀式《ギシキ》をしたり政務をおこなう建物。表御殿《おもてゴテン》。②神社の中心となる建物。本殿《ホンデン》。

【正電気】《セイデンキ》 プラスの電気。陽電気。

【正当】 ㊀《セイトウ》（名・形動《ナダ》）正しく道理に合っていること。まさにそのとおりであること。㊉不当。㊐―な理由。―な要求。㊁《ショウトウ》（名）ちょうどそれにあたっていること。〔忌日《キニチ》についていうことが多い〕

【正当防衛】《セイトウボウエイ》〔法〕不当な暴力を受けたり受けそうになったりしたとき、自分（またはだれか）の身を守るためにやむをえず相手に危害を加えること。法律上の罪にはならない。

【正答】《セイトウ》（名・する）正しい答えをすること。また、その答え。㊫正解。㊉誤答。

【正統】《セイトウ》 ①（「ショウトウ」とも）（帝位《テイイ》や家がらで）いちばん正しい血筋。正系。②（教義・学説・流派などで）いちばん正しい系統。本流。

【正道】《セイドウ》 道理にかなった正しい道。また、正しい方法。㊉邪道《ジャドウ》・横道。㊐天下の―。

【正犯】《セイハン》〔法〕刑法《ケイホウ》上、犯罪行為《コウイ》をみずからおこなう者。主犯。㊉従犯。

【正反合】《セイハンゴウ》〔哲〕ヘーゲルの弁証法の中心となる考え方。正（＝一つの命題）と、反（＝これに矛盾《ムジュン》する命題）が、合（＝一段高いところで調和・統一されたもの）となること。

【正反射】《セイハンシャ》 光が規則正しく決まった方向に反射すること。㊉乱反射。

【正反対】《セイハンタイ》（名・形動《ナダ》）まったく反対であること。㊐―な意見を主張する。

【正否】《セイヒ》 正しいことと正しくないこと。㊐行為《コウイ》の―を論ずる。

【正比例】《セイヒレイ》（名・する）〔数〕二つの数量が、同じ割合で増えたり減ったりすること。比例。㊉逆比例・反比例。㊐事故件数と死亡者数は必ずしも―しない。

【正文】《セイブン》 ①文書の本文。〔注釈《チュウシャク》や付記に対していう〕②条約や契約《ケイヤク》で、解釈の基準となる、もとの文章。

【正方形】《セイホウケイ》 四辺の長さと四つの内角がそれぞれ等しい四角形。

【正命】《セイメイ》 天寿《テンジュ》を全《まっと》うすること。天命に従って死ぬこと。㊉非命。

【正門】《セイモン》 建物の正面にある門。表門《おもてモン》。

【正路】《セイロ》 道理に合った正しい道。正道。義。

【正論】《セイロン》 道理に合った正しい意見。㊐―を吐《は》く。

【正夢】《まさゆめ》 同じことがあとで現実に起こる夢。㊉逆夢《さかゆめ》。

●改正《カイセイ》・賀正《ガショウ｜ガセイ》・矯正《キョウセイ》・厳正《ゲンセイ》・公正《コウセイ》・校正《コウセイ》・修正《シュウセイ》・是正《ゼセイ》・端正《タンセイ》・中正《チュウセイ》・訂正《テイセイ》・適正《テキセイ》・不正《フセイ》・補正《ホセイ》

止 2

【此】

6画 2601 6B64 人名 音 シ㊗㊤ 訓 こ-れ・こ-こ・こ-の・か-く

意味 〔助字〕❶「これ」「ここ」「この」と読み、近くの人・もの・ごと・所、などを示す。㊐此匹夫之勇《これヒップのユウなり》（＝これはつまらぬ男の勇気だ）。此岸《シガン》（「このきし」と訓読する）。❷「かく」と読み、このように、の意をあらわす。㊐如《ごとし》レ此《かくの》（＝このようである）。

難読 此許《ここもと》・此彼《かしこここ》・此歳《ことし》

【此▽処】《ここ》 ①話し手がいるところ。また、話し手に近いところ。㊐―にあります。②話し手が問題として取りあげていることがら・状況《ジョウキョウ》・場面。㊐―がたいせつだ。③（現在に近い過去あるいは未来をふくんで）最近。㊐―一週間は雨だった。―二、三日が山場だ。表記 ▽「此▽所」とも書く。

【此岸】《シガン》 ①こちら側のきし。②〔仏〕さとりに達していない、迷いの世界。この世。現世《ゲンセ》。▽㊉彼岸《ヒガン》。

止 3

【歩】7画 ⇩【歩】《ホ》（559ペ）

止 4

【武】

8画 4180 6B66 教育5 音 ブ㊗・ム㊤ 訓 たけ-し

筆順 一 二 千 亍 正 武 武

なりたち  ［会意］「止（＝とめる）」と「戈（＝ほこ）」とから成る。てがらを立ててほこをおさめる。

意味 ❶いさましい。つよい。たけし。㊐武勇《ブユウ》。武器《ブキ》。尚武《ショウブ》。❷いくさ。たたかい。軍事にかかわること。㊐武器《ブキ》。❸片足をふみ出した長さ。半歩。㊐歩武《ホブ》。

日本語での用法 一《ぶ・む》「ぶ」「む」の音をあらわす万葉がな。「阿武隈川《あぶくまがわ》・武蔵野《むさしの》・武玉川《むたまがわ》」二《ブ》旧国名「武蔵《むさし》(=今の東京都・埼玉《さいたま》県と神奈川《かながわ》県北東部)」の略。「武州《ブシュウ》・総武《ソウブ》・東武《トウブ》」

難読 武士《もののふ》・武具《もののグ》・武夫《ますらお》・武隈《たけくま》

人名 いさ・いさみ・いさむ・たかし・たけ・たける・たつ・つぐ・つよし・ふか・ますら・よし

【武威】《ブイ》 武力による威光。軍の威勢。例 天下に―を輝《かがや》かす。

【武運】《ブウン》 ①武士・軍人としての運命。例 ―長久。②戦争の勝敗の運。例 ―つたなく敗れる。

【武官】《ブカン》 軍事関係の仕事を任務とする官吏《カンリ》。下士官以上の軍人。対 文官。

【武器】《ブキ》 ①戦いに用いる道具。銃《ジュウ》や刀剣《トウケン》など。類 兵器。②目的を達成するための効果的な手段。例 語学力を―にする。

【武具】《ブグ》 戦いに使う道具。とくに、よろい・かぶとなどの防具。

【武勲】《ブクン》 戦争でたてた手がら。いさおし。類 武功。

【武家】《ブケ》 ①武士の家がら。類 武門。対 公家《クゲ》。②武士のこと。例 お―さま。

【武芸】《ブゲイ》 武士が身につけるべき技術。弓術《キュウジュツ》・槍術《ソウジュツ》・剣術《ケンジュツ》・馬術など。類 武術。例 ―百般《ヒャッパン》にひいでる。

【武芸十八般】《ブゲイジュウハッパン》 十八種類の武芸。〔中国と日本、また、時代によって異なる〕

【武功】《ブコウ》 戦争でたてた手がら。類 武勲《ブクン》。

【武骨】《ブコツ》 (名・形動ダ) ①礼儀《レイギ》作法をわきまえず、態度があらっぽいこと。類 無《ブ》作法。②風流を解さず、洗練されていないこと。類 無《ブ》風流。③ごつごつとほねばっていること。例 ―で大きなからだ。表記 ▽「無骨」とも書く。

【武骨者】《ブコツもの》 ①礼儀《レイギ》作法を知らない粗野《ソヤ》な人。②風流を解さない人。無趣味《ムシュミ》で洗練されていない人。表記 ▽「無骨者」とも書く。

【武士】《ブシ》 昔、武術をおさめ、戦いに従事した身分の人。さむらい。もののふ。類 武人《ブジン》。例 花は桜木《さくらぎ》、人は―。

【武士道】《ブシドウ》 武士の重んじた道徳。忠義・名誉《メイヨ》・武勇・礼節・信義などをたいせつにすること。

【武事】《ブジ》 戦争や軍隊に関することがら。類 軍事。対 文事。

【武術】《ブジュツ》 武士が身につける戦いのための技術。剣術《ケンジュツ》・弓術《キュウジュツ》・槍術《ソウジュツ》・馬術など。類 武芸・武技。

【武将】《ブショウ》 武士の大将。例 戦国時代の―。

【武神】《ブシン》 ①戦争のかみさま。いくさがみ。②武道のかみさま。

【武人】《ブジン》 いくさびと。類 武士・軍人。対 文人。例 風雅《フウガ》を知らぬ―。

【武装】《ブソウ》 (名・する) 武器を身につけ、戦いの準備をすること。例 ―解除。―をととのえる。

【武断】《ブダン》 武力にたよって専制的に政治をおこなったり、ものごとを処理したりすること。対 文治《ブンチ》。例 ―派。―政治。

【武道】《ブドウ》 ①武士道。②武士が身につける武芸。類 武術。

【武徳】《ブトク》 武士の守るべき徳。

【武備】《ブビ》 戦争に対するそなえ。類 軍備・兵備。

【武辺】《ブヘン》 武道に関することがら。

【武弁】《ブベン》 〔「弁」は冠《かんむり》。武官がかぶる冠の意から〕武人。武士。例 一介《イッカイ》の―は政治にかかわるべきではない。

【武名】《ブメイ》 武士としてのよい評判。武人としての名声。

【武門】《ブモン》 武士の家がら。武士の家すじ。類 武家。例 ―のほまれ。―に生まれる。

【武勇】《ブユウ》 武術にすぐれ、勇敢《ユウカン》なこと。例 ―伝。

【武略】《ブリャク》 軍事上の計略。戦略。例 ―にひいでる。

【武陵桃源】《ブリョウトウゲン》 俗世間《ゾクセケン》からはなれたところにある、平和でのどかな別世界。ユートピア。桃源郷。〔陶潜《トウセン》の「桃花源記《トウカゲンキ》」にえがかれた理想郷〕

【武力】《ブリョク》 軍隊の力。軍事力。例 ―を行使する。

【武蔵】《むさし》 旧国名の一つ。今の東京都と埼玉《さいたま》県のほとんどと、神奈川《かながわ》県北東部にあたる。

【武者】《ムシャ》 武士。とくに、戦場に出るため、よろい・かぶとを身につけた武士。例 落ち―。

【武者修行】《ムシャシュギョウ》 武芸者が諸国をまわって試合をしたり教えを受けたりして、武芸のわざをみがくこと。例 ―に出る。

【武者人形】《ムシャニンギョウ》 五月五日の端午《タンゴ》の節句にかざる人形。よろい・かぶと・弓矢・太刀《たち》・馬・陣営具《ジンエイグ》などの小型のものをふくめていう。類 五月人形。

●玄武《ゲンブ》・公武《コウブ》・尚武《ショウブ》・文武《ブンブ》

止4

【歩】

8画 4266 6B69 教育2

音 ホ漢 ブ呉 フ唐

訓 ある-く・あゆ-む・あゆ-み

筆順 丨 ト 卜 止 歩

止3

【步】

7画 1-8635 6B65 人名

なりたち  [会意]「止(=あし)」と「少(=止の反転形)」が交互《コウゴ》に並ぶ。左右の足を交互に出してあるく。

意味 ❶あるく。あゆむ。また、あゆみ。例 歩行《ホコウ》。散歩《サンポ》。❷ものごとのなりゆき。世の移り変わり。例 国歩《コクホ》(=国の前途《ゼント》)。進歩《シンポ》。❸馬に乗らない兵隊。兵士。例 歩騎《ホキ》(=歩兵と騎兵)。❹長さの単位。六尺。唐《トウ》以降は、五尺。〔もとは、左右両足をふみ出した、ふたあし分の長さをいった〕例 歩測《ホソク》。歩数計《ホスウケイ》。→「度量衡表《ドリョウコウヒョウ》」(1141ページ)

日本語での用法 一《ブ》①利息・口銭《コウセン》などの割合の単位。一割の十分の一。「歩合《ブあい》・日歩《ひブ》・一歩《イチブ》」②耕地などの面積の単位。一歩《イチブ》は約三・三平方メートル。坪《つぼ》。「反歩《タンブ》」二《フ》将棋《ショウギ》の駒《こま》の一つ。「歩兵《フヒョウ》・成《な》り歩《フ》」

人名 すすむ・わたる

【歩合】《ブあい》 ①ある数と他の数とをくらべたときの割合。例 公定―。②取引高や仕事量に対する手数料や分配金。例 利益の―。―を取る。

【歩行】《ホコウ》 (名・する) 歩くこと。例 ―者。―が困難になる。

【歩▼哨】《ホショウ》 (軍隊で)警戒《ケイカイ》や監視《カンシ》のために受け持ち場所を見回ること。また、その兵士。見張り。例 ―に立つ。

【歩数】《ホスウ》 歩くときの足の動きをかぞえた回数。

【歩測】《ホソク》 (名・する) 歩いた歩数で距離《キョリ》をはかること。例 橋の長さを―する。

【歩調】《ホチョウ》 ①(おおぜいで)歩くときの、足を動かす調子。例 入場行進で―をとる。②おおぜいでものごとをするときの進めぐあい。足並み。例 各社の―が乱れる。

【歩道】《ホドウ》 歩行者用の道。対 車道。例 ―橋。横断―。

【歩武】《ホブ》 ①あゆみ。足どり。例 ―堂堂と行進する。②〔「歩」は一歩、「武」は半歩の意〕ほんの少しのへだたり。

【歩兵】 一《ホヘイ》 陸軍の兵種の一つ。徒歩で戦う兵士。二《フヒョウ》 将棋《ショウギ》の駒《こま》の一つ。前に一ますずつ進める。歩《ホ》。

【歩廊】《ホロウ》 ①建物と建物を結んだり、建物のまわりにぐるりとつけられたりしている廊下。渡《わた》り廊下。類 回廊。②駅のプ

4画

[止部] 4画 歩

ラットホーム。
◯●競歩《キョウホ》・散歩《サンポ》・譲歩《ジョウホ》・初歩《ショホ》・進歩《シンポ》・退歩《タイホ》・徒歩《トホ》・日進月歩《ニッシンゲッポ》・日歩《ひブ》・漫歩《マンポ》

止5 【歪】 9画 4736 6B6A 音 ワイ漢 訓 ゆが-む・ひず-む・ひず-み・いびつ

意味 正しくない。ゆがんだ。ひずむ。まげる。例 歪曲《ワイキョク》。

【歪曲《ワイキョク》】(名・する) ものごとの内容をゆがめまげること。例 —された報道。事実を—して伝える。

止9 【歳】 13画 2648 6B73 常用 音 セイ漢 サイ呉 訓 とし 付表 二十歳《はたち》

筆順 丨 ⺊ 止 屵 歳 歳 歳

止9 【歲】 13画 — 6B72

なりたち  [形声]「歩(=天をあゆむ)」と、音「戌《シュツ》→セイ(=つくす)」とから成る。木星。〔古く、この星の運行を暦《こよみ》の基準とした〕

意味 ❶星の名。木星。例 歳星《サイセイ》(=木星)。❷一年。としつき。例 歳月《サイゲツ》。歳出《サイシュツ》。歳末《サイマツ》。❸としの数。年齢《ネンレイ》。よわい。また、年齢を数えることば。例 同歳《ドウサイ》。二十歳《ニジッサイ》。❹穀物のでき・ふでき。みのり。

人名 とせ・みのる

【歳陰《サイイン》】十二支《ジュウニシ》のこと。対 歳陽。

【歳寒《サイカン》】寒い季節。冬。

【歳寒の三友《サイカンのサンユウ》】①冬に友とすべき松・竹・梅。画題にする。②乱れた世の中で友とすべき、山水《サンスイ》(=自然の風景)・松竹《ショウチク》(=マツとタケ)・琴酒《キンシュ》(=琴《こと》と酒)。

【歳寒の松▼柏《サイカンのショウハク》】〔松や柏(=ヒノキの類)が冬でも緑を保つことから〕すぐれた人物が節《セツ》を変えないことのたとえ。

【歳月《サイゲツ》】年と月。としつき。年月《ネンゲツ》。

【歳月《サイゲツ》人《ひと》を待《ま》たず】年月は人のつごうにかかわりなく過ぎ去る。〈陶潜《トウセン》・雑詩《ザッシ》〉

【歳歳《サイサイ》】毎年。としごと。例 年年—花《はな》相《あい》似たり、—年年人《ひと》同じからず(=花は毎年同じにさくが、人は年ごとに移り変わっていく)。〈劉希夷《リュウキイ》・代悲白頭翁《ハクトウをかなしむおきなにかわりて》〉

【歳事《サイジ》】①年中行事。例 東都—記。②一年の順序。四季。③年ごとの祭り。④農事。例 —を終える。

【歳時《サイジ》】一年の四季おりおり。類 時節。

【歳時記《サイジキ》】①季節ごとの行事や自然などを書き記した本。②「俳諧《ハイカイ》歳時記」の略。俳句の季語を集め、季節ごとに天文・人事・動物・植物などと分類して解説し、例句をかかげた本。季寄せ。

【歳出《サイシュツ》】国家や公共団体などの一会計年度中のすべての支出。対 歳入。

【歳旦《サイタン》】〔「旦」は、朝の意〕①新年の第一日。元旦《ガンタン》。元日《ガンジツ》。②新年。年のはじめ。

【歳入《サイニュウ》】国家や公共団体などの一会計年度中のすべての収入。対 歳出。

【歳費《サイヒ》】①一年間に必要とされる費用。②国会議員に支給する一年分の給与《キュウヨ》。

【歳暮《サイボ》】㊀年の暮れ。類 年末・歳末《サイマツ》。例 —のあわただしさ。㊁《セイボ》世話になった人におくる年末のおくりもの。

【歳末《サイマツ》】年の暮れ。年末。歳晩。例 —助け合い募金《ボキン》。

【歳余《サイヨ》】一年あまり。一年以上。類 年余。

【歳陽《サイヨウ》】十干《ジッカン》のこと。対 歳陰《サイイン》。

【▽歳徳神《としとくジン》】陰陽道《オンヨウドウ》で、年の初めに祭る神。この神のいる方角を歳徳(=恵方《エホウ》)といい、何ごとにも吉《キチ》とする。年によって方角は変わる。恵方神《みが》。

◯●千歳《センザイ》・万歳《バンザイ/マンザイ》

止9 【歲】 13画 ⇩【歳】《セイ》(560ページ)

止10 【歴】 14画 4682 6B74 教育5 音 レキ漢 リャク呉 訓 へ-る

筆順 一 厂 厈 厇 厤 厤 歴

止12 【歷】 16画 1-8637 6B77 人名

なりたち 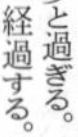 [形声]「止(=あし)」と、音「厤《レキ》」とから成る。一歩一歩と過ぎる。

意味 ❶つぎつぎと過ぎていく。経過する。経る。例 歴任《レキニン》。歴訪《レキホウ》。❷これまでに過ぎてきたあと。例 歴史《レキシ》。学歴《ガクレキ》。経歴《ケイレキ》。❸はっきりと。あきらかな。例 歴然《レキゼン》。歴歴《レキレキ》。歴《レッ》とした証拠《ショウコ》。

難読 歴歴《ありあり》と・的歴《あざやか》

人名 つぐ・つね・ふる・ゆき

【歴史《レキシ》】①人間社会の移り変わりのようす。また、それを記録したもの。例 —に名をとどめる。②事物やある人の生まれてからの移り変わり。また、それを記録したもの。例 わが家《や》の—。③歴史について研究する学問。歴史学。

【歴史的《レキシテキ》】(形動《ダナ》) ①歴史に残るほど重大なさま。例 —大事件。②歴史にもとづくようす。例 —事実。③すでに過去のものであるようす。例 —な存在。

【歴史的仮名遣い《レキシテキかなづかい》】平安時代初期の書きあらわし方にもとづいた、かなのつかい方。旧かなづかい。〔「い」「ゐ」、「え」「ゑ」、「お」「を」、「じ」「ぢ」「ず」「づ」などを使い分ける〕

【歴日《レキジツ》】年月《ネンゲツ》。としつき。また、こよみ。→【暦日《レキジツ》】(495ページ)

【歴数《レキスウ》】一つ一つかぞえあげること。

【歴世《レキセイ》】①世を経ること。②代々《ダイダイ》。世々《よよ》。歴代。例 —のすぐれた帝王《テイオウ》。

【歴戦《レキセン》】(名・する) なん度もの戦いの経験があること。例 —のつわもの。

【歴然《レキゼン》】(形動《タルト》) はっきりとしているようす。あきらかなようす。歴々。例 だれの目にも—としている。—たる事実。

【歴代《レキダイ》】代々《ダイダイ》。世々《よよ》。歴世《レキセイ》。例 —の大統領。

【歴朝《レキチョウ》】代々《ダイダイ》の朝廷《チョウテイ》・王朝。

【歴任《レキニン》】(名・する) つぎつぎに重要な地位につくこと。例 要職を—する。

【歴年《レキネン》】年月を経ること。また、毎年。年々。例 —にわたる研究。

【歴訪《レキホウ》】(名・する) つぎつぎにいろいろな国や土地をたずねてまわること。例 ヨーロッパ各国を—する。

【歴遊《レキユウ》】(名・する) いろいろな土地を旅行してまわること。例 中国の各地を—する。

【歴覧《レキラン》】(名・する) つぎつぎと見てまわること。また、一つ一つ見ること。例 名所旧跡《キュウセキ》を—する。

【歴歴《レキレキ》】㊀(形動《タルト》) あきらかに見えるようす。歴然。㊁(名)〔「お歴歴」の形で〕地位や身分があって人前ではずかしくない人。

◯●学歴《ガクレキ》・経歴《ケイレキ》・職歴《ショクレキ》・前歴《ゼンレキ》・病歴《ビョウレキ》・遍歴《ヘンレキ》・来歴《ライレキ》・履歴《リレキ》・略歴《リャクレキ》

止12 【歷】 16画 ⇩【歴】《レキ》(560ページ)

止14 【歸】 18画 ⇩【帰】《キ》(339ページ)

78
4画

歹（歺） がつへん かばねへん 部

肉をけずりとられた骨のかけらの形で、「死ぬ」の意をあらわす。死体や人骨を意味することから「かばねへん」ともいう。「歹」をもとにしてできている漢字を集めた。

0 歹 2 死 歼 4 殁 殀 5 殂 殆 殄 殃 6 残 殊 殉 7 殍 8 殖 殕 殘 10 殞 11 殤 12 殪 殫 14 殯 15 殱 17 殲

この部首に所属しない漢字

列⇩刂 131　夙⇩夕 250

歹 0

【歹】

4画 6138 6B79

音 一 ガツ 漢　二 タイ 漢

意味 一《ガツ》 肉をけずりとった骨。 二《タイ》 悪い。 対 好《コウ》。 例 歹人《タイジン》(=わるもの)。好歹《コウタイ》(=よしあし)。

歹 2

【死】

6画 2764 6B7B 教育3

音 シ 漢 呉　訓 し-ぬ

筆順 一 厂 歹 歹 歹 死

なりたち  [会意]「歹(=肉をけずりとられた骨)」と「匕(=ひと)」とから成る。命がつきる。

意味 ❶ 生命がなくなる。しぬ。 対 生《セイ》。 例 死去《シキョ》。死亡《シボウ》。死滅《シメツ》。 ❷ 死刑《シケイ》にする。五刑(=笞《チ》・杖《ジョウ》・徒《ズ》・流《ル》・死)の一つ。 ❸ いのちがけ。しにものぐるい。 例 死守《シシュ》。死闘《シトウ》。必死《ヒッシ》。 ❹ 生命にかかわるほど危険な。 例 死線《シセン》。死地《シチ》。

日本語での用法 《シ》 ①野球で、アウトのこと。「二死満塁《ニシマンルイ》」 ②野球で、デッドボールのこと。「死球《シキュウ》」 ③本来の機能を果たしていない。役に立たない。「死語《シゴ》・死蔵《シゾウ》」

【死因】《シイン》 死んだときの、その原因。 例 出血多量が—だ。

【死灰】《シカイ》 ①火のけがなくなった、冷たい灰《はい》。冷灰《レイカイ》。 ②生気のないもの。 例 —のような肉体。

【死灰《シカイ》▽復《ま》た燃《も》ゆ】 力を失ってほろんだはずのものが、再び盛り返す。〈史記《シキ》〉

【死骸】《シガイ》 死んだ動物のからだ。死体。死屍《シシ》。なきがら。 表記 「▼屍骸」とも書く。

【死角】《シカク》 ①弾丸《ダンガン》の届く範囲《ハンイ》でも、地形のようすなどで射撃《シャゲキ》できない区域。 例 —にかくれる。 ②物のかげになるなどして、見えない範囲。 例 運転席からは—になる。

【死火山】《シカザン》 噴火《フンカ》したという記録の残っていない火山。〔現在は使われない語〕

【死活】《シカツ》 死ぬことと生きること。死ぬか生きるか。 例 —にかかわる大問題。

【死期】《シキ・シゴ》 ①死ぬとき。死にぎわ。臨終。 例 —がせまる。 ②死ぬべきとき。死にどき。 例 —をのがす。

【死球】《シキュウ》 野球で、投手の投げた球が打者のからだに当たること。デッドボール。

【死去】《シキョ》 (名・する) 人が死ぬこと。死亡。

【死苦】《シク》 ①〔仏〕 四苦《シク》の一つ。生命のあるものは、いずれ死ぬという苦しみ。→【四苦八苦】《シクハック》(216ページ) ②死ぬときの苦しみ。また、死ぬほどつらい苦しみ。

【死刑】《シケイ》 犯罪者の生命をうばう刑罰《ケイバツ》。極刑《キョッケイ》。

【死後】《シゴ》 死んだあと。没後《ボツゴ》。 対 生前。 例 —の世界。

【死語】《シゴ》 ①現在では使われなくなったことば。廃語《ハイゴ》。 ②現在あまり用いられない言語。古代ギリシャ語やラテン語など。

【死罪】《シザイ》 ①死刑《シケイ》。 ②死んでおわびをするほどの、重いつみ。 例 —にあたいする。

【死産】《シザン》 (名・する) 〔「シサン」とも〕 赤んぼうが死んで生まれること。

【死▼屍】《シシ》 〔「屍」は、しかばねの意〕 死んだ人や動物のからだ。死体。死骸《シガイ》。なきがら。 例 —累累《ルイルイ》。

【死▼屍《シシ》に▼鞭《むち》打《う》つ】 死んだ人の生前の言行を非難攻撃《コウゲキ》する。死者に鞭打つ。〔楚《ソ》の平王に父と兄を殺された伍子胥《ゴシショ》が、そのうらみをはらすために、平王の死体をほり出して鞭で打ったという故事から〕〈史記《シキ》〉

【死児】《シジ》 死んだ子供。死子。

【死児《ジシ》の▽齢《よわい》を数《かぞ》える】 過ぎてしまった、どうすることもできないことを、あれこれとなげくこと。死んだ子の年を数える。

【死者】《シシャ》 死んだ人。死人。 例 —に鞭《むち》打つ。

【死守】《シシュ》 (名・する) 命がけで守ること。 例 王座を—する。

【死所】《シショ》 死に場所。死地。 例 この地をみずからの—と定める。 表記 「死処」とも書く。

【死傷】《シショウ》 (名・する) 死ぬこととけがをすること。 例 —者。

【死生】《シセイ》 死ぬことと生きること。死と生。生死。

【死生《シセイ》命《メイ》有《あ》り】 人間の生と死とは運命によるものであって、人の力ではどうすることもできない。 例 —、富貴《フウキ》天《テン》に在《あ》り(=財産や身分も天命で、ままならない)。〈論語《ロンゴ》〉

【死《シ》せる孔明《コウメイ》生《い》ける仲達《チュウタツ》を走《はし》らす】 三国時代、蜀《ショク》の諸葛《ショカツ》孔明が五丈原《ゴジョウゲン》の陣中《ジンチュウ》で病没《ビョウボツ》したとき、退却《タイキャク》する蜀軍を魏《ギ》の将軍司馬仲達が追ったところ、蜀軍は孔明がまだ生きていると見せかけて反撃《ハンゲキ》の構えをしたので、仲達はおそれ逃走《トウソウ》した。死せる諸葛生ける仲達を走らす。〈三国志《サンゴクシ》〉

【死線】《シセン》 〔英語 deadline の訳〕 ①牢獄《ロウゴク》などの周囲に設けた境界線。〔これをこえると射殺される〕 ②死ぬか生きるかの境。また、命にかかわる危険な状態。 例 —をさまよう。

【死相】《シソウ》 ①死が間近にせまっているようすの人相。 例 —があらわれる。 ②死に顔。死者の顔つき。 例 おだやかな—。

【死蔵】《シゾウ》 (名・する) 使えるものを、むだにしまいこんでおくこと。 例 —されている資料。

【死体】《シタイ》 死んだ人や動物のからだ。死骸《シガイ》。死屍《シシ》。なきがら。 表記 旧 ▼屍体

【死地】《シチ》 ①死に場所。死所。 例 —を求める。 ②生きて帰れないような危険な場所、または、状態。 例 —におもむく。

【死中】《シチュウ》 じっとして死を待つよりほかに方法のない状態。 例 —に活を求める(=なんとか生きぬく方法をみつける)。

【死出の旅】《しでのたび》 死後の世界へ行くこと。死ぬこと。冥土《メイド》の旅。 例 —に出る。

【死闘】《シトウ》 (名・する) 死にものぐるいで、たたかうこと。また、ひじように激しいたたかい。 例 —をくりひろげる。

【死に装束】《しにショウゾク》 ①死者に着せる服装。 ②昔、切腹や自殺をするときに着た、白い着物。白装束《しろショウゾク》。

【死に体】《しにタイ》 ①相撲《すもう》で、力士がわざをかけられてたおれていくとき、足が土俵をはなれ、体勢を立て直せなくなっている状態。負けと判定される。 対 生き体。 ②ものごとが、もはや立て直しのきかない状態。 例 あの会社は—だよ。

【死に花】《しにばな》 死ぬときの、いさぎよさ。死後のほまれ。 例 —をさかせる(=ほこり高い最期《サイゴ》をとげる)。

【死に水】《しにみず》 死にぎわに、その人のくちびるをしめしてやる水。

末期《マツゴ》の水。例—を取る(=最後の最後まで世話をする)。

【死に目】《しにめ》 死にぎわ。臨終。例 親の—に会えない。

【死人】《シニン》 死んだ人。死者。例—に口無し(=死んだ人からは何も聞き出せない)。

【死馬《シバ》の骨《ほね》を買《か》う】 つまらない人間でもたいせつに用いていると、やがてすばらしい人物が集まってくるというたとえ。〔死んだ名馬の骨を大金で買ったとすれば、人は、生きた名馬ならさらに高い値で買うだろうと思い、多くの名馬が集まることになるというたとえ話から〕〈戦国策《センゴクサク》〉

【死斑】《シハン》 死後数時間ほどたって死体の皮膚《ヒフ》にあらわれる、赤むらさき色の斑点。表記「▼屍斑」とも書く。

【死病】《シビョウ》 かかったら助からない病気。不治の病《やまい》。

【死文】《シブン》 ①実際には用いられることのない、法律や命令など。空文。②内容に見るべきところのないつまらない文章。

【死別】《シベツ》(名・する) 死による別れ。永別。永訣《エイケツ》。〔多く、近親者の間でいう〕対 生別。例 幼くして両親と—した。

【死亡】《シボウ》(名・する) 死ぬこと。死去。例—通知。

【死没】《シボツ》(名・する) 人が死ぬこと。死去。死亡。例—者の名簿《メイボ》。表記 旧 死▼歿

【死▼歿】《シボツ》(名・する)「死没《シボツ》」に同じ。

【死命】《シメイ》 ①生きるか死ぬかの、たいせつなところ。生死の急所。例—を制する。②死ぬべきいのち。例—を達観する。

【死滅】《シメツ》(名・する) 死に絶えること。〔多く、同類のものすべてが、ほろびるときにいう〕類 絶滅。例—した動物。

【死霊】《シリョウ|レイ》 死者のたましい。類 怨霊《オンリョウ》。対 生き霊《リョウ》。例—にとりつかれる。

【死力】《シリョク》 死ぬ気になってしぼり出す力。ありったけの力。例—をつくして戦う。

● 仮死《カシ》・餓死《ガシ》・急死《キュウシ》・決死《ケッシ》・検死《ケンシ》・殉死《ジュンシ》・焼死《ショウシ》・水死《スイシ》・生死《セイシ》・戦死《センシ》・即死《ソクシ》・致死《チシ》・万死《バンシ》・必死《ヒッシ》・病死《ビョウシ》・変死《ヘンシ》

歹 2 【歽】 6画 ⇩【朽】《キュウ》(512ページ)

歹 4 【歿】 8画 6139 6B7F 音 ボツ 漢

意味 しぬ。おわる。

表記 現代表記では、「没《ボツ》」に書きかえることがある。熟語は「没」(582ページ)を参照。

歹 4 【殀】 8画 6140 6B80 音 ヨウ 漢 呉 訓 わかじに

意味 若くて死ぬこと。短命。若死に。同 夭《ヨウ》。例 殀寿《ヨウジュ》。

歹 5 【殂】 9画 1-8638 6B82 音 ソ 漢

意味 ゆく。死ぬ。例 崩殂《ホウソ》。

歹 5 【殆】 9画 4356 6B86 人名 音 タイ 漢 ダイ 呉 訓 ほとん-ど・あや-うい

意味 ❶危険だ。あぶない。あやうい。例 危殆《キタイ》(=危険)。思而不レ学則殆《おもいてまなばざればすなわちあやうし》(=考えるだけで学ばなければ、しっかりしたものにならない)。〈論語《ロンゴ》〉 ❷つかれる。くたびれる。❸…にちかい。ほとんど。同 怠《タイ》。例 困殆《コンタイ》。

人名 ちか・ちかし

歹 5 【殄】 9画 6141 6B84 音 テン 漢 訓 あや-うい・た-つ・つ-きる・つ-くす・ほろ-ぶ

意味 ❶消滅《ショウメツ》する。つきる。断《た》つ。例 殄滅《テンメツ》。❷やみつかれる。

【殄滅】《テンメツ》(名・する) 根だやしにすること。また、残らずほろびること。

歹 5 【殃】 9画 6142 6B83 音 ヨウ 漢 オウ 呉 訓 わざわい

意味 ❶災難。天罰《テンバツ》。わざわい。例 天殃《テンオウ》。余殃《ヨオウ》。❷そこなう。きずつける。わざわいする。

歹 6 【残】 10画 2736 6B8B 教育4 音 サン 漢 ザン・セン 呉 訓 のこ-る・のこ-す・そこ-なう 付表 名残《なごり》

筆順 一 丆 歹 歹 残 残 残

歹 8 【殘】 12画 6144 6B98

なりたち 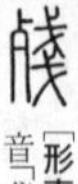 [形声]「歹(=肉をけずりとられた骨)」と、音「戔《サン》」とから成る。そこなう。

意味 ❶そこなう。きずつける。やぶる。また、そこなわれる。やぶれる。例 残殺《ザンサツ》。敗残《ハイザン》。❷むごい。ひどい。わるい。例 残虐《ザンギャク》。残酷《ザンコク》。無残《ムザン》。❸あとにのこる。のこす。また、わずかにのこったもの。あまり。例 残存《ザンソン》。残留《ザンリュウ》。

【残雨】《ザンウ》 大雨のあとに降る小雨《こさめ》。雨のなごり。

【残映】《ザンエイ》 ①ゆうばえ。夕焼け。②なごり。

【残花】《ザンカ》 散らないでのこっている花。とくに、散りのこったサクラの花。

【残害】《ザンガイ》(名・する) 傷つけたり殺したりすること。

【残骸】《ザンガイ》 ①戦場や被災地《ヒサイチ》などに捨て置かれた死体。死骸。②ひどく焼けたりこわれたりしてのこったもの。例 戦闘機《セントウキ》の—。

【残額】《ザンガク》 のこりの金額または数量。残金。残高。例 旅費の—を返却《ヘンキャク》する。

【残寒】《ザンカン》 立春を過ぎても、のこっている寒さ。余寒。

【残簡】《ザンカン》 ちりぢりになった古い書物や文書で、その一部分だけのこっているもの。類 断簡。例 平安時代に書かれた日記の—。表記「残▼翰」とも書く。

【残菊】《ザンギク》 秋の終わりごろまで、さきのこっているキクの花。例—をめでる。

【残虐】《ザンギャク》(名・形動ダ) 人や生きものを殺したり苦しめたり、むごたらしくあつかうこと。残酷《ザンコク》。例—な行為《コウイ》。

【残業】《ザンギョウ》(名・する) 決められた勤務時間のあとまでのこって、仕事をすること。また、その仕事。超過《チョウカ》勤務。例—手当。深夜まで—する。

【残金】《ザンキン》 ①しはらいをしたあとで、手もとにのこった金額。残額。例—を来月にくりこす。②借金など、まだはらっていないお金。例 先月分の—をしはらう。

【残欠】《ザンケツ》 古い書物や記録などで、一部分が欠けて不完全なこと。また、そのもの。例 古い絵巻物の—が発見された。表記「残▼闕」とも書く。

【残月】《ザンゲツ》 夜が明けてからも、空にのこって見える月。有明《ありあけ》の月。例 あわい—の影《かげ》。

【残光】《ザンコウ》 日がしずんだあとも、空にのこっている光。残照。例—に映《は》える雪山。

【残酷】《ザンコク》(名・形動ダ) 人や生きものをひどく苦しめて、平気でいること。むごたらしいこと。類 残虐《ザンギャク》。例—な仕打ちをする。表記「残刻」とも書く。

【残▼渣】《ザンサ》 溶《と》かしたり、こしたりしたあとにのこるかす。のこりかす。例 びんの底の—。

【残殺】《ザンサツ》(名・する) 傷つけ殺すこと。むごたらしく殺すこと。

㊫惨殺《ザンサツ》。

【残▼滓《ザンシ》】〔「ザンサイ」は慣用読み。「滓」は、かすの意〕のこったかす。例封建《ホウケン》社会の―。

【残日《ザンジツ》】①しずもうとしている太陽。落日。夕日。入り日。②のこりの日数。

【残暑《ザンショ》】立秋を過ぎても、まだのこっている夏のような暑さ。例きびしい―が続く。

【残照《ザンショウ》】日がしずんでからもしばらくの間、山や空の一部にのこっている夕日の光。残光。夕焼け。

【残生《ザンセイ》】老いてのこされた、短い人生。のこり少ない命。余生。残年。例―を楽しむ。

【残雪《ザンセツ》】春になっても消えないで、のこっている雪。

【残像《ザンゾウ》】見たものを取り去ったあとも、見えるように感じる感覚。例映画は―現象を利用したものである。

【残存《ザンソン|ザンゾン》】（名・する）なくならないで、のこっていること。生きのこること。例太古さながらの自然が―する。

【残高《ザンだか》】収入と支出など、差し引き勘定《カンジョウ》をしたあとに、のこっている金額。残額。例預金の―を調べる。

【残徒《ザント》】戦いで討《う》ちもらされて、のこった者。残党。

【残土《ザンド》】土木工事で、ほったときに出る、いらない土。例―を運び出す。

【残党《ザントウ》】いくさに敗れて、仲間の多くが討《う》たれたなかで、生きのこった者たち。残徒。例平家《ヘイケ》の―。

【残忍《ザンニン》】（名・形動《ナダ》）情けもあわれみもなく、平気でむごいことをすること。例―な性質。

【残念《ザンネン》】（形動《ナダ》）①思いどおりにならなくて、もの足りなく思ったり、不満に思ったりするようす。心のこりのするようす。遺憾《イカン》。例―ながら休みです。②くやしいようす。無念。例だれもわかってくれなくて―だ。

【残飯《ザンパン》】食べのこしたごはんなどの食べ物。例―をあさる。

【残品《ザンピン》】売れないで、のこった品物。例―を安く売る。

【残部《ザンブ》】①のこりの部分。②本や雑誌などの、売れのこっている部数。例―僅少《キンショウ》。

【残兵《ザンペイ》】戦いに負けて生きのこった兵。

【残本《ザンポン》】売れのこった本。例―を回収する。

【残務《ザンム》】やりのこした事務的な仕事。例―整理。

【残夢《ザンム》】①目が覚めても心にのこる夢。②明け方になって、うとうとして見る夢。

【残余《ザンヨ》】のこり。あまり。例―を分配する。

【残陽《ザンヨウ》】しずもうとする太陽。夕日。入り日。

【残留《ザンリュウ》】（名・する）その場所から、いなくならないこと。あとにのこること。例―農薬。敵地に―させられる。

【残塁《ザンルイ》】[一]（名）せめ落とされずに、のこっているとりで。[二]（名・する）野球で、攻撃《コウゲキ》が終わったときに、ランナーが塁にのこっていること。例二者―に終わる。

【残り香《のこりが》】その人がいなくなったり、その物がなくなったりしたあとにも、のこっているにおい。例ふくよかな―がただよう。

●敗残《ハイザン》・老残《ロウザン》

歹 6

【殊】

10画 2876 6B8A 常用 音シュ漢 ジュ呉 訓こと・こと-に

筆順 一 ア 万 歹 歼 歼 殊

なりたち  [形声]「歹（=肉をけずりとられた骨）」と、音「朱《シュ》」とから成る。ころす。首とからだを別々に切りはなす刑罰《ケイバツ》。

意味 ❶たちきる。ころす。しぬ。例殊死《シュシ》。❷ふつうとちがっている。異なる。とくにすぐれている。ことに。例殊遇《シュグウ》。殊勲《シュクン》。特殊《トクシュ》。

人名 よし

【殊更《ことさら》】（副・形動《ナダ》）①特別の気持ちをこめて、おこなうようす。わざと。わざわざ。例―に会うのをさける。②他と比べて特別なようす。とくに。とりわけ。例夕景色が―美しい。

【殊恩《シュオン》】特別に受けた恩。格別の情け。例―に浴する。

【殊遇《シュグウ》】特別の手厚い待遇《タイグウ》。心のこもったもてなし。例―に感激する。

【殊勲《シュクン》】めだって、すぐれた手がら。例―賞。

【殊勝《シュショウ》】（名・形動《ナダ》）①とくにすぐれていること。②心がけなどが、りっぱで感心なこと。けなげ。例―な心がけだ。

●特殊《トクシュ》・文殊《モンジュ》

歹 6

【殉】

10画 2962 6B89 常用 音シュン漢 ジュン呉 訓したが-う

筆順 一 ア 万 歹 殉 殉 殉

なりたち [形声]「歹（=肉をけずりとられた骨）」と、音「旬《シュン》」とから成る。身分のとうとい死者につきしたがって死ぬ。

意味 ❶主君や夫の死を追って臣下や妻が死ぬ。また、死んだ人の供《とも》としていっしょにほうむる。したがう。じゅんじる。例殉死《ジュンシ》。❷信念・理想や、ある目的のために命をかけてつとめる。したがう。じゅんじる。例殉教《ジュンキョウ》。殉国《ジュンコク》。殉職《ジュンショク》。❸むさぼる。もとめる。例殉利《ジュンリ》（=利益のために命を捨てる）。

【殉教《ジュンキョウ》】（名・する）自分の信仰《シンコウ》する宗教のために、命を投げうつこと。例―者。

【殉国《ジュンコク》】国のために命を捨ててはたらくこと。例―の士。

【殉死《ジュンシ》】（名・する）主君の死んだあとを追って、家来などが死ぬこと。

【殉職《ジュンショク》】（名・する）職務のために命を落とすこと。例―した警察官。

【殉難《ジュンナン》】（名・する）困難や災難にあって死ぬこと。とくに、国家や宗教のために命を捨てること。例―者。

歹 7

【殍】

11画 6143 6B8D 音ヒョウ漢 訓うえじに

意味 うえて死ぬ。餓死《ガシ》。また、うえて死んだ人。例殍餓《ヒョウガ》（=うえ死にすること。また、その人）。

歹 8

【殖】

12画 3103 6B96 常用 音ショク漢 シキ呉 訓ふ-える・ふ-やす

筆順 一 万 歹 歹 歼 殖 殖 殖

なりたち  [形声]「歹（=肉をけずりとられた骨）」と、音「直《チョク→ショク》」とから成る。脂肪《シボウ》がくさる。派生して「ふえる」の意。

意味 ❶（動植物が）うまれふえる。生長する。また、そだてる。例生殖《セイショク》。養殖《ヨウショク》。❷（財産を）たくわえる。ふやす。ふえたもの。たくわえ。例殖産《ショクサン》。殖財《ショクザイ》。❸（植物を）うえる。立てる。同植《ショク》。例殖民《ショクミン》。拓殖《タクショク》。

使い分け ふえる・ふやす【増・殖】⇩1178ページ

人名 え・しげる・たね・なか・のぶ・ふゆ・ます・もち

【殖貨《ショクカ》】財貨をふやすこと。貨殖。

【殖財《ショクザイ》】財産をふやすこと。例相応に―の道を考える。

【殖産《ショクサン》】①産業をさかんにし、生産物をふやすこと。例―興業。②財産をふやすこと。例貯蓄《チョチク》による―。

【殖民《ショクミン》】（名・する）本国以外の土地に移住し、その土地を切り開いたり、新しい市場をつくったりすること。また、その

人々。例—地。南米に—する。表記「植民」とも書く。◐増殖《ゾウショク》・繁殖《ハンショク》・養殖《ヨウショク》・利殖《リショク》

歹8 【殕】12画 6145 6B95 音ホク漢 訓くず-れる・たお-れる・やぶ-れる

意味 たおれて死ぬ。たおれる。

歹8 【殘】12画 ⇩【残】ザン(562ページ)

歹10 【殞】14画 6146 6B9E 音イン漢呉 訓お-ちる・お-とす・し-ぬ・そこ-なう・ほろ-ぶ

意味 ❶命を落とす。死亡する。しぬ。ほろびる。例殞命《インメイ》。❷落下する。おちる。同隕《イン》。例殞墜《インツイ》。

【殞没】《インボツ》死ぬ。死亡する。

歹11 【殤】15画 6147 6BA4 音ショウ漢 訓し-ぬ・わかじに・いのちみじか-し

意味 ❶若死にする。また、若死にした者。例長殤《チョウショウ》(=十九歳《サイ》から十六歳で死ぬ)。中殤《チュウショウ》(=十五歳から十二歳で死ぬ)。下殤《カショウ》(=十一歳から八歳で死ぬ)。❷戦争や思いがけない事故で死ぬ。また、その死者。例国殤《コクショウ》(=国のために命をおとした人)。

歹12 【殪】16画 6148 6BAA 音エイ漢 訓し-ぬ・たお-す・たお-れる

意味 ❶死亡する。しぬ。たおれる。例殪没《エイボツ》(=たおれ死ぬ)。❷殺す。たおす。

歹12 【殫】16画 6149 6BAB 音タン漢 訓きわ-める・つ-きる・つ-くす

意味 ❶なくなる。つきる。例殫竭《タンケツ》(=つきはてる)。殫亡《タンボウ》(=つきて、なくなる)。❷出しつくす。つくす。例殫力《タンリョク》(=ちからをつくす)。❸ことごとく。きわめる。例殫見洽聞《タンケンコウブン》(=知識や見聞が広くゆたかなこと)。

歹14 【殯】18画 6150 6BAF 音ヒン漢 訓かりもがり・もがり

意味 死者を棺《カン》におさめて、埋葬《マイソウ》まで安置しておく(こと)。かりもがり。もがり。例殯宮《ヒンキュウ》。

【殯宮】《ヒンキュウ》かりもがりの宮殿《キュウデン》。天子または貴人の遺骸《イガイ》を棺《カン》におさめ、埋葬《マイソウ》まで安置しておく宮殿。

歹15 【殱】19画 ⇩【殲】セン(564ページ)

歹17 【殲】21画 6151 6BB2 音セン漢 訓つ-くす・ほろぼ-す

歹15 【殱】19画 6152 6BB1 俗字

意味 みなごろしにする。ほろぼす。例殲滅《センメツ》。

【殲滅】《センメツ》(名・する)残らずほろぼすこと。みなごろしにすること。全滅。掃滅《ソウメツ》。例敵を—する。

79 4画 殳 ほこづくり るまた 部

杖《つえ》を持って人をうつ意をあらわす。片仮名の「ル」と漢字の「又《また》」を合わせた形に似ているので「るまた」ともいう。「殳」をもとにしてできている漢字を集めた。

0 殳 4 殴 5 段 6 殷 殺 7 殻 殺 8 殼 9 毀 殿 11 毅 毆

この部首に所属しない漢字

穀⇩禾736 轂⇩車958

殳0 【殳】4画 6153 6BB3 音シュ漢 訓ほこ

意味 先駆《がけ》が持つ杖《つえ》。兵器の一つ。ほこ。

殳4 【殴】8画 1805 6BB4 常用 音オウ漢 訓なぐ-る・う-つ

筆順 

殳11 【毆】15画 6156 6BC6

なりたち  [形声]「殳(=つえでうつ)」と、音「區《ク→オウ》」とから成る。つえで人をうつ。

意味 強く打つ。むちや杖《つえ》で打つ。たたく。なぐる。例殴殺《オウサツ》。殴打《オウダ》。

【殴撃】《オウゲキ》(名・する)なぐったりたたいたりすること。類殴打。

【殴殺】《オウサツ》(名・する)なぐり殺すこと。

【殴打】《オウダ》(名・する)顔やからだを、ひどくなぐったりたたいたりすること。類殴撃《オウゲキ》。例後頭部を—された。

殳5 【段】9画 3542 6BB5 教育6 音タン漢 ダン呉

筆順 

なりたち 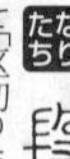 [形声]「殳(=つえでうつ)」と、音「耑《タン》」の省略体とから成る。椎《つち》で物をたたく。借りて「区切り」の意。

意味 ❶距離《キョリ》・時間・事物・演劇・文章などの一部分。区切り。例段階《ダンカイ》。段落《ダンラク》。❷石などを積み重ねて階段状にしたもの。きざはし。例石段《いしダン》。階段《カイダン》。❸やり方。てだて。方法。例算段《サンダン》。手段《シュダン》。❹織物を数える単位。例絹布二千段《ケンプニセンタン》。

日本語での用法 一《タン》①田畑の面積の単位。一段歩《イッタン》は三百歩《ブ》。三百坪《つぼ》。約一〇アール。同反《タン》。「五段歩《ゴタンブ》の田《たんぼ》」②和船の帆《ほ》の大きさを示す単位。「十四五段《ジュウシゴタン》の廻船《カイセン》」 二《ダン》①技量などの等級。「初段《ショダン》から二段《ニダン》に進《すす》む」②歌舞伎《かぶき》・浄瑠璃《ジョウルリ》・箏曲《ソウキョク》などで、独立して演じられる一部分。「道行《みちゆき》の段《ダン》・六段《ロクダン》の調《しら》べ」

【段位】《ダンイ》武道や囲碁《イゴ》・将棋《ショウギ》などで、段であらわした等級。例—が上がる。

【段階】《ダンカイ》①能力などによって分けた区切り。順序。例初級の—。②ものごとが進み、移り変わっていくときの、ある一定の状態。進行の過程。例仕上げの—にかかる。

【段丘】《ダンキュウ》川や海や湖の岸に沿った、階段状の地形。土地の隆起《リュウキ》や水面の降下などによってできる。例海岸—。

【段差】《ダンサ》①道路や床《ゆか》などで、高低のあるところ。また、その高さの差。例—に注意。②段位のちがいによる能力の差。例—がありすぎる。

【段段】《ダンダン》一(名)階段。また、階段のようになったもの。例—畑。—を上がる。二(副)少しずつ。順を追って。しだいに。例—明るくなってくる。

【段違い】ダンちがい 一（名）高さがちがうこと。例―平行棒。二（名・形動ダ）比べものにならないほど、ちがいのあること。けたちがい。例―の実力。かれは―に強い。

【段▼梯子】ダンばしご 横板を並べただけの階段。

【段平】ダンびら 刃のはばの広い刀。また、単に刀のこと。例―を引きぬく。

【段幕】ダンマク 紅白や五色の布を横になん段もぬい合わせた幕。

【段物】ダンもの ①浄瑠璃などで、段を追って長く続いていく語り物。②箏曲で、いくつかの段で構成された曲。歌がなく、楽器だけで演奏する。「三段」「六段」など。

【段落】ダンラク ①文章や話の、意味や形のうえでの、ひと区切り。パラグラフ。例文章を三つの―に分ける。②ものごとの区切り。例一―ついたら休もう。

●階段・格段・算段・手段・値段・別段

殳6 【殷】10画 6154 6BB7 音 一イン漢 二アン漢 訓 さか-ん

意味 一イン ❶ゆたかな。さかえた。さかんな。また、大きい。おおい。例殷賑。❷古代の王朝。三代（＝夏・殷・周）の一つ。夏の桀王をほろぼして湯王が建てた国。第三十代の紂王のとき、周の武王にほろぼされた（紀元前十一世紀ごろ）。初めの国号を商といったが、のち、都を河南の地に移して殷と改めた。❸「殷殷」は、音が大きいこと。
二アン 黒みがかった赤。赤黒い色。例殷紅（＝赤黒い色）。

【殷殷】インイン（形動タル）音が大きく鳴りひびくようす。例―たる鐘の音。―とひびく砲声。

【殷鑑遠からず】インカンとおからず いましめとなる失敗の前例は、自分の身近なところにある。〔殷の国がいましめにすべき悪い手本（＝鑑）は、遠い昔に求めなくても、すぐ前の夏王朝のほろびたことに見える、の意〕〈詩経〉

【殷▼墟】インキョ 古代王朝、殷の都があったとされる場所。現在の河南省安陽市郊外にある。甲骨文字の刻まれた亀甲や獣骨が発見された。

【殷勤】インギン（形動ダ）礼儀正しく、ていねいなようす。例―無礼（＝ていねいすぎて、かえって失礼なこと）。→【慇懃】ギン（408ページ）

【殷▼賑】インシン（名・形動ダ）商売などがさかんで、にぎわっていること。類繁盛・殷盛。例港町は―をきわめた。

【殷盛】インセイ（名・形動ダ）大いに栄えていること。類繁盛・殷賑。例―をほこる観光地。

【殷富】インプ（名・形動ダ）さかんで豊かなこと。例―な人人。

殳6 【殺】10画 2706 6BBA 教育5 音 一サツ漢 セツ呉 二サイ漢呉 訓 ころ-す・そ-ぐ

筆順 ノ メ 乂 杀 杀 杀 杀 殺 殺 殺

殳7 【殺】11画 1-8641 F970

なりたち 形声「殳（＝つえでうつ）」と、音「杀サツ」とから成る。ころす。

意味 一サツ・セツ ❶死なせる。あやめる。ころす。例殺意。殺人。暗殺。殺生。❷とりのぞく。なくす。例抹殺。❸意味を強めるためにそえることば。程度のはなはだしいことをあらわす。例悩殺。忙殺。黙殺。❹そこなう。きずつける。また、すさんだようす。例殺気。殺風景。二サイ へらす。そぐ。例減殺。相殺。

【殺し文句】ころしモンク ひとことで相手の心をすっかりとらえてしまうような、うまいことば。例―に、すっかりまいった。

【殺意】サツイ 人をころそうとする気持ち。例―をいだく。

【殺害】サツガイ・セツガイ（名・する）人をころすこと。類殺人。

【殺気】サッキ ころし合いでも始まりそうな、さしせまったけはい。あらあらしい気分。例―だつ。―がみなぎる。―をはらむ。

【殺菌】サッキン（名・する）病気を起こす細菌を熱や薬品などでころすこと。例加熱して―した牛乳。

【殺傷】サッショウ（名・する）ころしたり、きずつけたりすること。例―事件。

【殺人】サツジン 人をころすこと。類殺害。例―罪。―事件。

【殺人的】サツジンテキ（形動ダ）（命にかかわるかと思われるほど）ものすごいようす。例―な混雑。

【殺陣】サツジン・たて 芝居や映画などで、切り合いや捕り物などの乱闘の場面。また、その演技。たちまわり。例―師（＝殺陣を指導し、ふりつけをする人）。

【殺青】サッセイ ①竹を火にあぶって、青みや油分を取り除くこと。また、取り除いたもの。中国で、紙のなかった時代に文字をしるすのに用いた。②文書。記録。

【殺虫】サッチュウ（名・する）人や農作物に害をあたえる虫を、ころすこと。例―剤。

【殺到】サットウ（名・する）多くの人やものごとが、いっぺんに一つの場所に勢いよくおし寄せること。例苦情が―する。

【殺伐】サツバツ 一（名・する）人をころすこと。二（形動ダ・タルト）（人をころしても何も感じないような）心にうるおいやあたたかみのないようす。すさんであらあらしいようす。例―たる風景。

【殺風景】サップウケイ（名・形動ダ）（もと、風景をそこなう意）①ながめてみて、単調でおもむきがないこと。例―な町並み。②興ざめがして、つまらないこと。無風流。例樹木も石もない―な庭。

【殺▼戮】サツリク（名・する）〔「戮」も、ころす意〕多くの人を、むごたらしくころすこと。例―の手段としての核兵器。

【殺略】サツリャク（名・する）人をころして物をうばい取ること。表記「殺▼掠」とも書く。

【殺生】セッショウ 一（名・する）〔仏〕生きものをころすこと。例無益な―を禁じる。二（形動ダ）むごいようす。思いやりがなく、ひどいようす。例―な話。

●虐殺・減殺・自殺・銃殺・併殺

殳7 【殻】11画 1944 6BBB 常用 音 カク漢 訓 から

筆順 一 十 士 声 声 壳 壳 殻 殻

殳8 【殼】12画 6155 6BBC

なりたち 形声「殳（＝つえでうつ）」と、音「青コウ→カク」とから成る。上から下にあるものをうつ。また、「から」の意。

意味 ものの外側や表面をおおうかたい皮。果実の外皮や、たまごや貝のから。から。例貝殻。地殻。卵殻。

●甲殻・地殻・卵殻

殳7 【殺】11画 ⇩【殺】サ（565ページ）

殳8 【殼】12画 ⇩【殻】カ（565ページ）

殳9 【毀】13画 5244 6BC0 常用 音 キ漢呉 訓 こぼ-つ・こわ-す・こわ-れる・そし-る

筆順 ｨ ｨ 𦥑 臼 𦥑 皇 毀 毀

なりたち 形声「土（＝つち）」と、音「毇キ」の省略体とから成る。（土器が）欠ける。

意味 ❶破壊する。そこなう。傷つける。こわす。また、傷つ

く。くじける。例毀壊《キカイ》。毀棄《キキ》。破毀《ハキ》。❷人を悪く言う。そしる。例毀誉褒貶《キヨホウヘン》。

【毀壊《キカイ》】（名・する）破りこわすこと。また、こわれ破れること。類破壊。

【毀棄《キキ》】（名・する）こわしすてること。破りすてること。

【毀傷《キショウ》】（名・する）こわしきずつけること。痛めきずつけること。類損傷。例人を—する。

【毀損《キソン》】（名・する）①物をこわすこと。物がこわれること。類破損。例文化財を—する。②名誉《メイヨ》や信用などを傷つけること。傷つくこと。例名誉—でうったえる。表記▽「棄損」とも書く。

【毀誉《キヨ》】（名・する）けなすことと、ほめること。悪口とほめことば。例世間の—を気にしない。

【毀誉褒▼貶《キヨホウヘン》】〔「褒貶」は、ほめることとけなすこと〕ほめたり、けなしたりすること。称賛《ショウサン》と悪口。また、いっぱんに世間の評判。例—に左右されない。

殳 9

【殿】

13画 3734 6BBF 常用 音テン漢 デン呉 訓との・どの・しんがり

筆順 コ 尸 尸 屏 展 展 殿 殿

なりたち  [形声]「殳（＝つえでうつ）」と、音「展《トン》→テン」とから成る。うつおと。借りて「ごてん」の意。

意味 ❶大きくどっしりした建物。天子や貴人のすまい。ごてん。例殿堂《デンドウ》。宮殿《キュウデン》。❷貴人をとうとんでいうことば。例殿下《デンカ》。貴殿《キデン》。❸最後尾《サイコウビ》にいて敵の追撃《ツイゲキ》を防ぐ軍勢。しんがり。例殿軍《デングン》。

日本語での用法《との・どの》主君を臣下が、夫を妻が、男性を女性が呼ぶことば。また、人名などにそえて敬意をあらわすことば。「殿方《とのがた》・殿御《とのご》・東山殿《ひがしやまどの》」

人名 あと・すえ

【殿宇《デンウ》】〔「宇」は、家の意〕りっぱな建物。御殿《ゴテン》。殿堂。

【殿下《デンカ》】天皇や皇后など「陛下」と呼ばれる人以外の皇族を、うやまっていう呼び名。また、外国の王族などについても、これに準じて用いる。例皇太子—。内親王—。

【殿軍《デングン》】大部隊のいちばん後ろにいて、追ってくる敵を防ぐ部隊。しんがり。対先鋒《センポウ》。

【殿後《デンゴ》】軍隊のいちばんうしろ。しんがり。殿軍。

【殿舎《デンシャ》】御殿《ゴテン》。やかた。例新しい—を造営する。

【殿上】㊀《デンジョウ》御殿《ゴテン》の内部。㊁《テンジョウ》①「殿上の間《ま》」の略。昔、宮中の清涼殿《セイリョウデン》にあった一室。②「殿上人《テンジョウびと》」の略。

【殿上人《テンジョウびと》】昔、宮中の清涼殿《セイリョウデン》に上ることを許された人。対地下《ジゲ》。

【殿中《デンチュウ》】御殿《ゴテン》のなか。また、江戸《えど》時代では、とくに、将軍のいるところ。

【殿堂《デンドウ》】①大きくてりっぱな建物。例白亜《ハクア》の—。②ある方面の、おおもとになる建物。例学問の—である大学。③神仏を祭ってある建物。

【殿方《とのがた》】（女性が）男性を指していう、ていねいな言い方。

【殿御《とのご》】（女性が）男性をうやまって呼ぶことば。類殿方《とのがた》。

●貴殿《キデン》・宮殿《キュウデン》・御殿《ゴテン》・神殿《シンデン》・沈殿《チンデン》・拝殿《ハイデン》・伏魔殿《フクマデン》・本殿《ホンデン》・湯殿《ゆどの》

殳 11

【毅】

15画 2103 6BC5 人名 音キ慣 ギ漢 訓つよ-い・たけ-し

なりたち  [形声]「殳（＝つえでうつ）」と、音「豙《ギ》」とから成る。はげしくいかる。派生して「意志がつよい」の意。

意味 意志がつよく、ものごとに動じない。決断力がある。つよい。たけし。例毅然《キゼン》。弘毅《コウキ》。剛毅《ゴウキ》。

人名 かた・かつ・こわし・さだむ・しのぶ・たか・たかし・たけ・つよ・つよき・つよし・とし・のり・はた・はたす

【毅然《キゼン》】（形動《タル》）意志がつよく、心を動かさないようす。例—たる態度でのぞむ。—として拒否《キョヒ》する。

殳11 【毆】15画 ⇩【殴】《オウ》（564ページ）

80 4画

毋《なかれ》（母《はは》）部

禁止の意をあらわす。「毋」をもとにしてできている漢字はないが、字形のよく似た「母（五画）」や、「毋」の字形を目じるしにして引く漢字を集めた。

0 毋 母 2 毎 毎 4 毒 9 毓

この部首に所属しない漢字

褱⇩衣 889 貫⇩貝 933

毋 0

【毋】

4画 6157 6BCB 音ブ漢 ム呉 訓な-い・なか-れ

意味〔助字〕❶「なかれ」と読み、…するな、の意。禁止をあらわす。例毋二多言一《タゲンするなかれ》（＝たくさんしゃべるな）。❷「なし」と読み、…ない、の意。否定をあらわす。例毋レ愛《アイなし》（＝愛情がない）。

【毋望《ブボウ》】思いがけないこと。例—の福（＝思いがけないしあわせ）。—の禍《わざわい》（＝思いがけないわざわい）。

母 0

【母】

5画 4276 6BCD 教育2 音ボ漢 モ呉 訓はは 付表乳母《うば》・叔母《おば》・伯母《おば》・母屋《おもや》・母家《おもや》・母《かあ》さん

筆順 く 𠃊 母 母 母

なりたち  [象形]「女（＝おんな）」が両乳をたらし、子にのませようとする形。

意味 ❶女親。はは。対父《フ》。例母子《ボシ》。母堂《ボドウ》。父母《フボ》。❷ものを生み出すもと。例母型《ボケイ》。酵母《コウボ》。❸出身（地）。本拠《ホンキョ》。例母校《ボコウ》。母国《ボコク》。航空母艦《コウクウボカン》。

難読 乳母《めのと》・雲母《きら》・挙母《ころも》（＝地名）・水母《くらげ》

【母屋《おもや》】①軒《のき》や廊下《ロウカ》などに対して、家のおもな部分。もや。〔もと寝殿《シンデン》造りの中央の部分を指した〕例庇《ひさし》を貸して—を取られる。②離《はな》れなどに対して、住まいの中心となる建物。③分家や支店に対して、本家や本店。例—の主人。表記▽「母家」とも書く。

【母親《ははおや》】母である親。母。

【母方《ははかた》】母親の血筋。例—の祖父。

【母御《ははご》】他人の母親をうやまっていうことば。対父御。

【母音《ボイン》】〔「ボオン」とも〕〔言〕声帯の振動《シンドウ》をともなって出た声が、口の中で舌や歯などによって、さまたげを受けないで発音される音。現代日本語ではア・イ・ウ・エ・オの五つ。対子音《シイン》。

【母艦《ボカン》】航空機などの移動基地となる軍艦。例航空—。

【母系《ボケイ》】①母親の血筋につながる系統。②母方の系統をもとに家のあとをとりを伝えていくこと。例—社会。▽対父系。

【母型《ボケイ》】活字をつくるための、金属の鋳型《いがた》。字母。

【母権《ボケン》】①子に対する、母親としての権利。②母方の血

筋が家長としての権利をもつこと。また、その権利。例—制の時代。▽対父権。

【母語《ボゴ》】①幼いときに自然に身につけたことば。自分の祖国の言語。母国語。②〔言〕同じ系統に属する諸言語の、祖先にあたる言語。祖語。〔たとえば、イタリア語・フランス語などの母語はラテン語〕

【母后《ボコウ》】天子の母。皇太后《コウタイゴウ》。

【母校《ボコウ》】自分が卒業した学校。出身校。また、現在学んでいる学校。例—の教壇《キョウダン》に立つ。

【母港《ボコウ》】その船が根拠地《コンキョチ》としているみなと。

【母国《ボコク》】自分の生まれた国。祖国。

【母国語《ボコクゴ》】自分の生まれ育った国のことば。母語。

【母子《ボシ｜ははこ》】母と子。対父子。例出産後は—ともに健康。

【母性《ボセイ》】女性がもつ、母親としての本能的な性質。対父性。例—本能。

【母性愛《ボセイアイ》】子に対する、母の本能的な愛情。

【母船《ボセン》】遠洋漁業などで、いっしょに行った漁船がとってきた魚介《ギョカイ》類を、加工したり貯蔵したりする設備のある大きな船。おやぶね。例サケ・マス漁の—。

【母体《ボタイ》】①子供を生む、母親のからだ。例—保護。②そこから分かれ出た、もとのもの。例国連を—とする組織。

【母胎《ボタイ》】赤んぼうがいる、母親の腹の中。母の胎内。

【母堂《ボドウ》】他人の母をうやまっていうことば。ははうえ。ははぎみ。例ご—様。

【母乳《ボニュウ》】母親の乳房《ちぶさ》から出る乳《ち》。例—で育てる。

【▽母▽衣《ほろ》】昔、鎧《よろい》の背につけて矢を防ぐなどした、はばの広い布、または布製の大きなふくろ。

●雲母《ウンモ｜きらら》・義母《ギボ》・空母《クウボ》・継母《ケイボ》・実母《ジツボ》・字母《ジボ》・聖母《セイボ》・祖母《ソボ》・父母《フボ》・保母《ホボ》・養母《ヨウボ》・老母《ロウボ》

毋 2

【毎】

6画 4372 6BCE 教育2

音 バイ漢 マイ呉

訓 ごと-に・ごと・つね-に

筆順 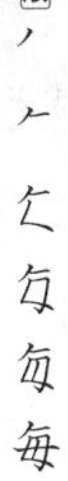

母 2

【毎】

7画 1-8642 6BCF 人名

なりたち  [形声]「屮(=草木が初めて生じる)」と、音「母《ボウ》…→《バイ》」とから成る。草がさかんに上への び出る。派生して「つねに・ごとに」の意。

意味 ❶そのたびごとに。ごと。いつも。例毎回《マイカイ》。毎度《マイド》。毎日《マイニチ》。❷時間の単位について、その時間あたりの速度や重量をあらわす。…につき。…あたり。例毎時《マイジ》一五〇キロメートル。毎秒《マイビョウ》一リットルの流水量《リュウスイリョウ》。

人名 かず・つね

【毎朝《マイあさ》】毎日の朝。朝ごと。

【毎回《マイカイ》】一回ごと。そのたびごと。毎度。例—出演する。

【毎期《マイキ》】その期間や期限の、たびごと。一期ごと。例—の売り上げ。

【毎月《マイゲツ｜マイつき》】一か月ごと。月ごと。つきづき。例—の例会。

【毎号《マイゴウ》】新聞や雑誌などの、その号ごと。例—掲載《ケイサイ》されるコラム。

【毎次《マイジ》】そのたびごと。そのつど。毎回。例—報告する。

【毎時《マイジ》】一時間ごと。一時間につき。例—五〇キロメートルの速度。

【毎週《マイシュウ》】一週間ごと。各週。例—会合を開く。

【毎食《マイショク》】一回の食事ごと。食事のたび。例—のこんだて。

【毎夕《マイセキ｜マイゆう》】毎日の夕方。夕ごと。毎晩。例—散歩する。

【毎度《マイド》】①そのたびごと。例—失敗をくりかえす。②いつも。例—ありがとうございます。

【毎日《マイニチ》】一日ごと。ひごと。くる日もくる日も。日々《ニチニチ｜ひび》。例—外出する。—の生活。

【毎年《マイネン｜マイとし》】一年ごと。としごと。くる年くる年。年々《ネンネン》。

【毎晩《マイバン》】晩ごと。夜ごと。毎夜。例—出かける。

【毎秒《マイビョウ》】一秒ごと。一秒間につき。例—三〇万キロメートルの光の速さ。

【毎分《マイフン》】一分ごと。一分間につき。例—三リットルの水が出る。

【毎毎《マイマイ》】(名・副)いつも。つねづね。毎度。例—ごひいきにあずかる。

【毎夜《マイよ》】毎日の夜。夜ごと。毎晩。夜な夜な。

●戸毎《こごと》・夜毎《よごと》

母 2

【毎】

7画 ⇨【毎】《マイ》(567ページ)

毋 4

【毒】

8画 3839 6BD2 教育5

音 トク漢 ドク呉

筆順 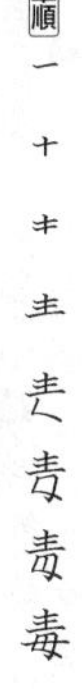

なりたち  [形声]「屮(=草木が初めて生じる)」と、音「毐《アイ》…→《トク》」とから成る。人を害する草。

意味 ❶生命や健康をそこなうもの。どく。例毒薬《ドクヤク》。消毒《ショウドク》。中毒《チュウドク》。❷きずつける。苦しめる。また、ひどい。むごい。例毒牙《ドクガ》。毒舌《ドクゼツ》。害毒《ガイドク》。

難読 毒《ブス》(=附子《ブス》)・毒島《ブスじま》(=姓《セイ》)

【毒液《ドクエキ》】毒をふくんだ液。例—を分泌《ブンピツ》する。

【毒牙《ドクガ》】①(毒ヘビなどの)かみついて毒液を出すきば。②人をおとしいれようとする悪だくみ。毒手《ドクシュ》。例—にかかる。

【毒▼蛾《ドクガ》】ドクガ科の昆虫《コンチュウ》。幼虫は、毛に、成虫は鱗粉《リンプン》に毒をもち、ふれると、強いかゆみや痛みがある。

【毒害《ドクガイ》】(名・する)毒薬を飲ませて殺すこと。毒殺。

【毒気《ドクキ｜ドクケ｜ドッケ》】①毒となる成分。有害な気体。例—をふくむガスがふき出る。②人を不愉快《フユカイ》にする心。わるぎ。悪意。例かれの—にあてられる。

【毒▼茸《ドクきのこ｜ドクたけ》】毒のあるキノコ。食べると中毒を起こす。テングダケ・ワライダケなど。

【毒殺《ドクサツ》】(名・する)毒薬を使って殺すこと。毒害。

【毒死《ドクシ》】(名・する)毒薬によって死ぬこと。

【毒蛇《ドクジャ｜ドクへび》】あごに毒腺《ドクセン》があり、かみついたとき、きばから毒液を出すヘビ。コブラ・ハブ・マムシなど。

【毒手《ドクシュ》】①人を殺そうとする手段。②ひどいやり方。悪だくみ。魔手《マシュ》。毒牙《ドクガ》。例敵の—にかかる。

【毒酒《ドクシュ》】毒を入れたさけ。

【毒刃《ドクジン》】人を傷つけ殺そうとする刃物《はもの》。凶刃《キョウジン》。例反対派の—にたおれる。

【毒性《ドクセイ》】生物にとって有毒な性質。例思ったよりも—が強い。

【毒舌《ドクゼツ》】ひじょうに口の悪いこと。ひどい悪口や、手きびしい皮肉。例—家。—をふるう。

【毒素《ドクソ》】生物体でつくられる有毒な物質。細菌《サイキン》がつくったり、動植物がくさったりしてできる。

【毒草《ドクソウ》】毒の成分をもつくさ。ドクゼリ・トリカブトなど。

【毒血《ドクち》】病毒をふくんだ血。悪血《アクち》。

【毒筆《ドクヒツ》】人を傷つけるために、ひどい悪口や皮肉を書くこと。また、その文章。例—をふるう。

【毒婦《ドクフ》】平気で悪いことをする、心のねじけた女。悪婦。

【毒物《ドクブツ》】毒をふくむもの。有毒な物質や薬物。例—が検出された。

【毒《ドク》味《ミ》】（名・する）①昔、身分の高い人に出す飲食物に、毒がふくまれていないかを調べるために前もって食べてみること。例 将軍のお―役。②料理の味かげんをみること。類 味見《あじみ》。例 ―してから客に出す。表記 ▽「毒見」とも書く。

【毒《ドク》虫《むし》】毒をもち、人体をさすなどして害をあたえる虫。ハチ・ムカデ・サソリなど。

【毒《ドク》矢《や》】矢の先に毒をぬった矢。

【毒《ドク》薬《ヤク》】少量でも体内にはいると、生命の危険がある薬。青酸カリ・砒《ヒ》素《ソ》など。〔「劇薬」よりも毒性の強い薬をいう〕

【毒《ドク》▽除《よ》け】毒にあたるのを防ぐこと。また、その効きめのあるもの。毒消し。例 ―の薬草。

【毒《ドク》を食《く》らわば皿《さら》まで】悪いことをやり始めた以上、とことんまでやってしまうことのたとえ。

【毒《ドク》を▽以《もっ》て毒《ドク》を制《セイ》する】ある悪を除くのに、他の悪を使う。
●害毒《ガイドク》・解毒《ゲドク》・鉱毒《コウドク》・消毒《ショウドク》・中毒《チュウドク》・服毒《フクドク》・無毒《ムドク》・猛毒《モウドク》・有毒《ユウドク》

母 9
【毓】14画 ⇩【育】《イク》（816ページ）

81 4画
比 くらべる ならびひ 部

人が二人ならぶようすをあらわす。「比」と、「比」の字形を目じるしにして引く「毘」とを集めた。

0 比 5 毘 毗

この部首に所属しない漢字

昆⇩日 484 皆⇩白 696 琵⇩王 666

比 0
【比】4画 4070 6BD4 教育5 音 ヒ漢 ビ呉 訓 くら-べる・ころ・なら-ぶ

筆順 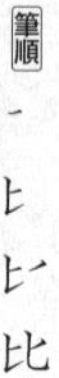

なりたち  [指事]「从（＝二人ならぶ）」を左右反対向きにした形。したしい。

意味 ❶したしむ。近づきになる。例 比《ヒ》党《トウ》（＝徒党を組む）。❷ならぶ。となりあう。ならべる。例 比《ヒ》肩《ケン》。比《ヒ》翼《ヨク》。❸なかま。同類のもの。例 比《ヒ》倫《リン》。比《ヒ》類《ルイ》。無《ム》比《ヒ》。❹二つのものをならべて、ちがいを見つける。くらべる。例 比《ヒ》較《カク》。対《タイ》比《ヒ》。❺なぞらえる。たとえる。例 比《ヒ》況《キョウ》。比《ヒ》喩《ユ》。❻…のときになって。ころおい。ころ。また、このごろ。例 比《ヒ》年《ネン》（＝毎年。また、このごろ）。比《ヒ》来《ライ》（＝ちかごろ。このごろ）。❼わりあい。例 比《ヒ》重《ジュウ》。比《ヒ》率《リツ》。比《ヒ》例《レイ》。❽『詩《シ》経《キョウ》』の六義《リクギ》の一つで、似たものにたとえて述べる。

人名 これ・たか・たすく・ちか・ちかし・つな・とも・なみ・ひさ・ひとし

【比《ヒ》価《カ》】ほかのものとくらべての価格や価値。

【比《ヒ》較《カク｜コウ》】（名・する）二つ以上のものをくらべ合わせること。例 去年と今年の雨量を―する。

【比《ヒ》況《キョウ》】①くらべてほかのものにたとえること。②文法で、動作や状態などを、ほかのものにたとえてあらわすこと。〔「ようだ」「ごとし」などを用いる〕例 ―の助動詞。

【▽比▽丘《ビク》】〔仏〕〔梵語《ボンゴ》の音訳〕出家して、戒《カイ》を受けた男性の僧《ソウ》。対 比丘尼《ビクニ》。

【▽比▽丘尼《ビクニ》】〔仏〕〔梵語《ボンゴ》の音訳〕出家して、戒《カイ》を受けた女性の僧《ソウ》。尼《ニ》僧《ソウ》。対 比丘。

【比《ヒ》肩《ケン》】（名・する）①かたを並べること。②同じような程度で、優劣《ユウレツ》がつけられないこと。類 匹《ヒッ》敵《テキ》。例 政治的手腕《シュワン》で、かれに―する者はいない。

【比《ヒ》重《ジュウ》】①〔物〕ある物質の重さの、それと同体積のセ氏四度の水の重さに対する比。②ほかのものごととの比《ヒ》較《カク》の割合。例 研究費のなかで書籍《ショセキ》代のしめる―が大きい。

【比《ヒ》定《テイ》】（名・する）（年代や場所などについて）比《ヒ》較《カク》や考証をして推定すること。例 古寺の跡《あと》に―されている地。

【比《ヒ》熱《ネツ》】〔物〕ある物質一グラムの温度を、セ氏一度高めるのに必要とする熱量。

【比目《ヒモク》魚《ギョ》】一 目がおのおの一つしかなく、二ひき並んで泳ぐという想像上の魚。二《ひらめ》 ヒラメやカレイの類。

【比《ヒ》喩《ユ》】ものごとの説明などをするとき、似《に》かよったものにたとえて表現すること。表記「▼譬喩」とも書く。

【比《ヒ》翼《ヨク》】①「比翼の鳥」の略。②「比翼仕立て」の略。

【比翼《ヒヨク》仕立《じたて》て】①和裁で、そで口・すそ・えりなどの部分だけ二重にして、重ね着をしているように見せる仕立て。②洋裁で、ボタン穴の部分の上をおおって、ボタンが見えないようにする仕立て。

【比翼《ヒヨク》塚《づか》】心中《シンジュウ》した男女や、恋《こい》し合った男女をいっしょにほうむった墓。

【比翼《ヒヨク》の鳥《のとり》】①雌《シ》雄《ユウ》とも、それぞれ一つの目、一つのつばさしかないので、いっしょでなければ飛ぶことができないという想像上の鳥。②夫《フウ》婦《フ》あるいは男女の愛情が深いことのたとえ。

【比翼《ヒヨク》連理《レンリ》】〔「比翼の鳥」と「連理の枝」の意〕夫《フウ》婦《フ》あるいは男女の愛情が深いことのたとえ。

【比《ヒ》率《リツ》】数量を、全体、または他の数量とくらべたときの割合。比。

【比《ヒ》倫《リン》】同じなかま。同類。類 比類。例 ―を絶した名作。

【比《ヒ》類《ルイ》】くらべる価値のあるもの。同類。たぐい。例 ―のない（＝くらべるものがないほどすぐれている）成功ぶり。

【比《ヒ》例《レイ》】（名・する）①二つの数や量が、同じ割合で増えたり減ったりすること。正比例。対 逆比例・反比例。②部分と全体の間に認められる、一種のつりあいの関係。例 ―がとれている作品。
●対《タイ》比《ヒ》・等《トウ》比《ヒ》・無《ム》比《ヒ》・類《ルイ》比《ヒ》

比 5
【毘】9画 4091 6BD8 人名 音 ヒ漢 ビ呉 訓 たす-く

比 5
【毗】9画 1-8644 6BD7 別体字

意味 ❶（人の）へそ。ほぞ。❷そばについて、たすける。例 毘《ヒ》翼《ヨク》（＝力をそえる）。❸梵語《ボンゴ》の「ビ」の音訳。例 毘沙門《ビシャモン》（＝仏法《ブッポウ》の守護神《シュゴシン》）。毘盧遮那《ビルシャナ》（＝大日如来《ダイニチニョライ》）。

比 5
【毗】9画 ⇩【毘】《ヒ》（568ページ）

82 4画
毛 け部

「け」が生えているようすをあらわす。「毛」をもとにしてできている漢字を集めた。

0 毛 4 毟 7 毬 毫 8 毳 毯 11 氅 13 氈

この部首に所属しない漢字

尾⇩尸 320 耄⇩老 808 耗⇩耒 810

毛 0

【毛】

4画 4451 6BDB 教育2 音ボウ漢 モウ呉 訓け

筆順 ノ 二 三 毛

なりたち  [象形] 生えている毛の形。

意味 ❶人間や動物の皮膚《ヒフ》に生える細い糸状のもの。け。例毛髪《モウハツ》。羽毛《ウモウ》。❷ごく小さく、細かい、わずかなもの(のたとえ)。例毛頭《モウトウ》。毛細管《モウサイカン》。毫毛《ゴウモウ》。❸草木が生えそだつ。例不毛《フモウ》。二毛作《ニモウサク》。

日本語での用法 一《け》①奈良《なら》時代以前に、今の群馬《ぐんま》県と栃木《とちぎ》県の地域を指していったことば。のち、群馬県を「上毛野《かみつけの》」、栃木県を「下毛野《しもつけの》」と呼び、奈良時代以後は、「上野《こうずけ》」「下野《しもつけ》」というようになった。「毛野《けの》・毛野国《けののくに》」②生まれつきや血筋などをたとえていう。「毛並《けなみ》のよい馬《うま》・毛色《けいろ》がちがう」 二《モウ》①「毛野国《けののくに》」のこと。「上毛《ジョウモウ》(=今の群馬県を指す。上毛野《かみつけの》の上二字を音読したもの)・両毛《リョウモウ》(=今の群馬県と栃木県。上毛野と下毛野をあわせていう)」②単位。㋐長さでは、一寸の千分の一。㋑重さでは、一匁《もんめ》の千分の一。㋒割合では、一割の千分の一。㋓貨幣《カヘイ》では、一円の一万分の一。

難読 毛受《メンジュ|メンジョウ》(=姓《セイ》)

人名 あつ

【毛脚】《けあし》 ①毛ののびぐあい。例―が早い。②毛の多く生えている足。けずね。③毛皮や絨緞《ジュウタン》などの表面の毛の長さ。例―が長い。表記 ▽「毛足」とも書く。

【毛穴】《けあな》 毛の生えている皮膚《ヒフ》の小さい穴。表記「毛▽孔」とも書く。

【毛糸】《けいと》 羊などの毛をつむいだ糸。

【毛色】《けいろ》 ①毛の色。②ものごとの種類。性質。例―の変わった人。

【毛織物】《けおりもの》 毛糸で織った布。毛織り。

【毛嫌い】《けぎらい》 (名・する)理由もなくただ感情的にきらうこと。

【毛唐】《けトウ》 「毛唐人」の略。ひげや体毛が多い外国人の意。昔、欧米人《オウベイジン》をいやしんで呼んだことば。

【毛野国】《けののくに》 ⇩【毛】《モウ》日本語での用法

【毛虫】《けむし》 チョウやガの幼虫。例―がチョウになる。

【毛《け》を吹《ふ》いて▼疵《きず》を求《もと》む】 ①毛をふき分けて、小さなきずを探し求める。少しのあやまちも許さず、厳しく指摘《シテキ》する。〈韓非子《カンピシ》〉 ②ものごとをあら立てたため、かえって自分に不利になることのたとえ。

【毛管】《モウカン》 ①きわめて細いガラス管。毛細管。例―現象。②毛細血管。

【毛根】《モウコン》 〔生〕毛の根もとの、皮膚《ヒフ》の中にはいっていて、毛の成長や栄養をつかさどる、ふくろ状の部分。

【毛細管】《モウサイカン》 「毛管①」に同じ。

【毛細血管】《モウサイケッカン》 〔生〕全身の組織内に網目《あみめ》状に分布している、ごく細かい血管。

【毛▼氈】《モウセン》 けものの毛の繊維《センイ》に水分や圧力を加えてつくった敷物《しきもの》。

【毛頭】《モウトウ》 (副)〔下に打ち消しのことばをともなって〕毛の先ほども。少しも。例そんなことは―信じない。

【毛髪】《モウハツ》 かみのけ。人のかみのけ。

【毛筆】《モウヒツ》 けものの毛で作ったふで。対硬筆《コウヒツ》。

【毛布】《モウフ》 厚く織った毛織物。寝具《シング》などに使う。ケット。

●羽毛《ウモウ》・根毛《コンモウ》・純毛《ジュンモウ》・刷毛《はけ》・不毛《フモウ》・羊毛《ヨウモウ》

毛 4

【毟】

8画 6159 6BDF 国字 訓むし-る

意味 ❶毛《け》を毟《むし》る。❶毛などをつかんで引きぬく。むしる。例草毟《くさむし》り。❷つまんで少しずつはがして取る。例さかなの身《み》を毟《むし》って食《た》べる。

毛 7

【毬】

11画 6160 6BEC 人名 音キュウ漢 訓まり・いが

なりたち  [形声]「毛(=け)」と、音「求《キュウ》」とから成る。まり。

意味 ❶毛皮で作った球《たま》。まり。例打毬《ダキュウ》。手毬《てまり》。❷まりのような形をしたもの。例毬果《キュウカ》。

日本語での用法《いが》クリの実をつつむ、するどいとげにおおわれた外皮。「毬栗《いがぐり》」

難読 三毬杖《サギチョウ》

【毬栗】《いがぐり》 ①いがの中にはいったままの、クリの実。②かみの毛を丸がりにした男の子の頭。例―坊主《ボウズ》。

【毬果】《キュウカ》 マツ・スギ・モミなどの、球形の果実。表記「球果」とも書く。

【毬藻】《まりも》 糸状の藻が集まって、まりのようになったもの。北海道の阿寒《アカン》湖のものは特別天然記念物。

毛 7

【毫】

11画 6161 6BEB 音コウ漢 ゴウ呉 訓すこ-し・わず-か

意味 ❶ほそい毛。例毫毛《ゴウモウ》。白毫《ビャクゴウ》。❷ごくわずか。すこし。例毫末《ゴウマツ》。寸毫《スンゴウ》。毫《ゴウ》も疑《うたが》いはない。❸筆のこと。例揮毫《キゴウ》。兎毫《トゴウ》(=ウサギの毛で作った筆)。❹長さの単位。一毫は、一寸の千分の一。

【毫末】《ゴウマツ》 〔あとに打ち消しのことばをともなって〕毛すじの先ぐらいの、ごくわずかであること。例疑問は―もない。

【毫毛】《ゴウモウ》 ①細い毛。②ほんのわずかであること。例欠点は―もない。

毛 8

【毳】

12画 6162 6BF3 音ゼイ・セイ漢 訓にこげ

意味 ❶鳥・けもののやわらかな短い毛。むくげ。にこげ。例毳毛《ゼイモウ》(=細くてやわらかい毛)。❷もろい。やわらかい。よわい。

日本語での用法《けば》紙や布の表面がこすれて、繊維《センイ》が細かい毛のように立つ。「毳立《けばだ》つ」

毛 8

【毯】

12画 6163 6BEF 音タン漢

意味 毛を織ってつくったしきもの。けむしろ。毛氈《モウセン》。例絨毯《ジュウタン》。

毛 11

【氂】

15画 2-7814 6C02 音一ボウ漢 モウ呉 二リ漢呉

意味 一《ボウモウ》ウシ科の哺乳《ホニュウ》動物。ヤク。また、その尾《お》。同旄《ボウ》。例氂牛《ボウギュウ》。二《リ》割合の単位。厘《リン》。同釐《リ》。

参考「氂牛」は「リギュウ」とも読む。

【氂牛】《ボウギュウ|リギュウ》 ウシ科の哺乳《ホニュウ》動物。ヤク。からうし。

毛 13

【氈】

17画 6165 6C08 音セン漢

意味 けものの毛に水分や圧力を加えてつくった布。もうせん。フエルト。例花氈《カセン|はなむしろ》。毛氈《モウセン》。

難読 氈受《メンジュ|メンジョウ》(=姓《セイ》)

【氈▼幄】《センアク》 ①毛氈《モウセン》の垂れ幕。②毛氈を張りめぐらした家。また、匈奴《キョウド》の住まい。

83
4画

氏 うじ部

くずれそうな山のがけの意をあらわす「氏」と、字形のよく似た「民」、および「氏」「民」をもとにしてできている漢字を集めた。

0 氏 1 氐 民 4 氓

この部首に所属しない漢字

帋⇩巾 338 昏⇩日 484

氏 0

【氏】

4画 2765 6C0F 教育4 音 シ漢 ジ呉 訓 うじ

筆順 

なりたち  [形声]「𠂆(=山のがけによりそう形)」と、音「乀《イ→シ》」とから成る。今にも落ちそうな山のがけ。借りて「うじ」の意。

意味 ❶同じ血族から分かれた集団。（尊卑《ソンピ》による）家がら。うじ。例 氏神《うじがみ》。氏素性《うじスジョウ》。氏族《シゾク》。❷姓《セイ》。みょうじ。例 氏名《シメイ》。

日本語での用法 《シ》①人の姓《セイ》や姓名の下につけて敬意をあらわす。「夏目金之助氏《なつめキンのすけシ》・匿名氏《トクメイシ》・無名氏《ムメイシ》」②「その方《かた》」を意味する。「諸氏《ショシ》・森《もり》、夏目《なつめ》両氏《リョウシ》・氏《シ》の言《ゲン》によれば」

【氏神】《うじがみ》 ①氏の祖先として祭る神。②その土地に生まれた者を守る神。鎮守《チンジュ》の神。うぶすなの神。

【氏子】《うじこ》 ①氏神の子孫。②氏神が守っている土地に生まれ住んでいる者。③同じ氏神を祭る人々。

【氏素性】《うじスジョウ》 家がら。家すじ。例 —のはっきりしない者。表記「氏素姓」とも書く。

【氏姓】《シセイ》 うじと姓《かばね》。姓氏。

【氏族】《シゾク》 同じ祖先から出た一族。

【氏族制度】《シゾクセイド》 所属する氏族をもとに、経済的・政治的機能が営まれている社会体制。

【氏名】《シメイ》 みょうじと名前。姓名《セイメイ》。例 住所と—を書く。

● 華氏《カシ》・彼氏《かれシ》・源氏《ゲンジ》・諸氏《ショシ》・姓氏《セイシ》・摂氏《セッシ》・杜氏《トウジ・トジ》・同氏《ドウシ》・平氏《ヘイシ》・某氏《ボウシ》

氏 1

【氐】

5画 1-8647 6C10 音 テイ漢

意味 ❶ひくい。同 低《テイ》。❷（中国の西方に住んでいた）異民族。えびす。例 氐羌《テイキョウ》（=氐族と羌族）。

氏 1

【民】

5画 4417 6C11 教育4 音 ビン漢 ミン呉 訓 たみ

筆順 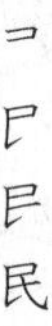

なりたち  [象形] さかんに群《むら》がり生まれ出る形。多くのたみ。

意味 〔官に対して〕官位をもたない人。〔君《クン》に対して〕統治される側の人。いっぱんの人々。たみ。例 民間《ミンカン》。民衆《ミンシュウ》。国民《コクミン》。

人名 ひと・み・もと

【民草】《たみくさ》 人民。人民を数多い草にたとえた表現。たみぐさ。青人草《あおひとくさ》。〔古い言い方〕

【民意】《ミンイ》 国民の意思。例 —に問う。選挙で—を問う。

【民営】《ミンエイ》 民間の経営。個人や会社などが経営すること。類 私営。対 官営・公営・国営。

【民家】《ミンカ》 いっぱんの人の家。人が住む家屋。例 この村には古い—が多い。

【民間】《ミンカン》 ①ふつうの人々の社会。例 —療法《リョウホウ》。②公的な機関に属さないこと。例 —人。—放送。

【民間放送】《ミンカンホウソウ》 広告料金の収入で運営されている放送局。商業放送。民放。対 公共放送。

【民業】《ミンギョウ》 民間の事業。

【民具】《ミング》 民衆が古い時代から日常の生活の中で製作し、使用してきた道具。たんす・なべ・ざる・はきもの・食器など。

【民芸】《ミンゲイ》 民衆の中に伝えられ、民衆の生活の特色を生かした工芸品。素朴《ソボク》な味わいがある。例 —品。

【民権】《ミンケン》 国民が政治に参加して、自分の人権や財産などを守る、基本的な権利。例 自由—。

【民事】《ミンジ》 ①人民、または国民についてのことがら。②〔法〕民法や商法など、個人間の義務や権利を規定した法律が適用されることがら。対 刑事《ケイジ》。例 —法。—訴訟《ソショウ》。

【民主】《ミンシュ》 ①国家の主権が人民にあること。例 —国家。②「民主主義」の略。

【民主主義】《ミンシュシュギ》 国家の主権は国民にあるという考えで、政治のうえで国民の意思を尊重する主義。デモクラシー。

【民主的】《ミンシュテキ》 （形動《ダ》）民主主義の精神にかなうようす。対 独裁的。

【民需】《ミンジュ》 民間の需要。対 官需・軍需。例 —を拡大する。

【民衆】《ミンシュウ》 世間いっぱんの人々。庶民《ショミン》。大衆。

【民宿】《ミンシュク》 観光地などで、いっぱんの民家が、副業としておこなう宿泊施設《シュクハクシセツ》。

【民情】《ミンジョウ》 ①国民の生活状態。例 —を視察する。②国民の心情や実情。民心。例 —が温和な国がら。

【民心】《ミンシン》 国民の考えや気持ち。民意。例 —が安定する。

【民生】《ミンセイ》 国民の生活や生計。例 —の安定をはかる。

【民政】《ミンセイ》 ①国民の幸福や利益をはかる政治。②軍人でない、いっぱんの人がおこなう政治。

【民俗】《ミンゾク》 民間に伝わる、しきたりや習わし。例 —学。

【民族】《ミンゾク》 同じ言語を話し、生活様式などの文化的伝統と歴史的な運命を共にする人々の集団。例 —国家。遊牧—。—学。—自決。

【民族主義】《ミンゾクシュギ》 他国からの干渉《カンショウ》をきらい、民族の独立と統一を重視する思想や運動。ナショナリズム。

【民度】《ミンド》 その地域にすむ人々の生活や文化の程度。

【民兵】《ミンペイ》 郷土を守るために、住民によって編制された軍隊。また、その兵士。

【民望】《ミンボウ》 ①国民の希望。②世間の人望。例 —を失う。

【民放】《ミンポウ》 「民間放送」の略。

【民法】《ミンポウ》 〔法〕家族関係・財産相続・物権などの、私的な権利義務について規定した法律。

【民本主義】《ミンポンシュギ》 民主主義。〔大正時代、「デモクラシー」の訳語として、一時期使われたことば〕

【民謡】《ミンヨウ》 民衆の生活の中から生まれ、伝えられてきた、郷土色のある歌謡。

【民話】《ミンワ》 土地の人々に語りつがれてきた、昔話や伝説。

● 移民《イミン》・漁民《ギョミン》・公民《コウミン》・国民《コクミン》・市民《シミン》・住民《ジュウミン》・主権在民《シュケンザイミン》・庶民《ショミン》・人民《ジンミン》・農民《ノウミン》

氏 4

【氓】

8画 6166 6C13 音 ボウ漢 訓 たみ

意味 （他国から逃亡《トウボウ》してきた）ひと。たみ。例 蒼氓《ソウボウ》（=人民。たみくさ）。流氓《リュウボウ》（=他国から流れてきた、たみ）。

84
4画

气 きがまえ部

わきあがる雲の形で、「ゆげ」や「いき」などの意をあらわす。「气」をもとにしてできている漢字を集めた。

0 气 2 気 4 氛 6 氤 氣

气 0

【气】 4画 6167 6C14

音 一キ(漢) 二キツ(漢) コツ(呉) 訓 いき・もと-める

意味 一《キ》 雲気。気体。いき。同 気《キ》。 二《キツ・コツ》 こい求める。もとめる。同 乞《キツ》。

気 2

【気】 6画 2104 6C17 教育1

音 キ(漢) ケ(呉) 訓 いき 付表 意気地《いくじ》・浮気《うわき》

筆順 ノ ⺈ ⺈ 气 気 気

氣 6

【氣】 10画 6170 6C23 人名

なりたち 【形声】「米(=こめ)」と、音「气《キ》」とから成る。客に贈《おく》るまぐさや米。借りて「ゆげ・いき」などの意。

意味 ❶自然現象のもととなるもの。例 気候《キコウ》。気象《キショウ》。天気《テンキ》。❷生命現象のもととなるもの。生命あるもの。いき。例 気息《キソク》。気力《キリョク》。元気《ゲンキ》。❸固体でも液体でもないもの。ガス。例 気化《キカ》。気体《キタイ》。蒸気《ジョウキ》。❹心のはたらき。例 気鋭《キエイ》。気性《キショウ》。気分《キブン》。❺なんとなく感じられるようす。例 気配《ケハイ》。気品《キヒン》。雰囲気《フンイキ》。

参考 常用漢字表では「キ」「ケ」を字音とするので、そのあつかいとするが、日本語の接頭語・接尾《セツビ》語の「け」(=「けおされる」「けだるい」「いやけ」「食いけ」など)にあてるので、音・訓は区別しにくい。

人名 おき・とき

【気合《キあい》】 ①事にあたるときの張りつめた激しい気持ち。また、そのかけ声。例 —がこもる。②いき。呼吸。例 —が合わない。

【気圧《キアツ》】 ①大気の圧力。地球をとりまく大気の重さのために生ずる圧力。例 —配置。②気体の圧力の単位。一気圧は約一〇一三ヘクトパスカル。

【気韻《キイン》】 気品の高いおもむき。例 —生動(=書画などに、気品が生き生きと感じられること)。

【気宇《キウ》】 〔「宇」は、器量の意〕気がまえ。心の広さ。度量。例 —壮大《ソウダイ》。

【気鬱《キウツ》】 (名・形動ダナ) 気分がしずんで、心が晴れないこと。例 —で仕事が手につかない。

【気運《キウン》】 時勢が、ある方向に向かっていこうとする動き。例 賛成の—が高まる。

【気鋭《キエイ》】 (名・形動ダナ) 意気ごみがするどいこと。例 —の学者。新進—の建築設計家。

【気炎《キエン》】 さかんな意気ごみ。気勢。例 怪《カイ》—。—を上げる。 表記 ㊀旧 気▼焔

【気温《キオン》】 大気の温度。正式には、地上一・五メートルで測った温度であらわす。例 —が上がる。

【気化《キカ》】 (名・する)〔物〕液体や固体が気体に変わること。また、変えること。例 —熱。→【蒸発《ジョウハツ》】(861ページ)・【昇華《ショウカ》】(485ページ)

【気概《キガイ》】 強く勇ましく、困難にくじけない気持ち。例 —のある人。—をもつ。

【気軽《キがる》】 (形動ダナ) むずかしく考えず、あっさりしているようす。例 —な服装。—に引き受ける。

【気管《キカン》】 〔生〕脊椎《セキツイ》動物の呼吸器官の一部。のどの下部から肺に通じていて、呼吸するときに空気が流れる管。

【気球《キキュウ》】 空気より軽い気体や、暖めた空気を満たして、空中にあげる球形のふくろ。例 熱—。観測—をあげる。

【気胸《キキョウ》】 〔医〕①胸膜腔《キョウマクコウ》の中に空気がたまること。②「気胸療法《リョウホウ》」の略。胸膜腔に空気を送り、結核《ケッカク》におかされた肺をおし縮めて、結核を治す療法。

【気位《キぐらい》】 自分の品位に対するほこり。プライド。例 —が高い。

【気苦労《キグロウ》】 (名・する・形動ダナ) 周囲に対して気をつかう苦労。心労。気づかい。例 —が絶えない。

【気孔《キコウ》】 ①植物の葉の裏にあって、呼吸や蒸散作用などを営むための小さなあな。②溶岩《ヨウガン》が固まるときにできた、ガスのぬけ出たあな。

【気功《キコウ》】 中国の保健養生《ヨウジョウ》法の一つ。呼吸をととのえ、からだを動かす。

【気候《キコウ》】 ①季節や天候。類 時候。例 旅行によい—になった。②それぞれの土地の、長期間を平均してみた、気温や降雨量などの気象の状態。例 —の変化。

【気骨】 一《キコツ》 信念を守りとおそうとする強い心。気概《キガイ》。例 —のある人。二《キぼね》 気づかい。気苦労。例 —が折れる。

【気根《キコン》】 ①気力。根気。②植物の地上部から空気中に出ている根。タコノキやヘゴなどに見られる。

【気▽障《キざ》】 (形動ダナ)〔「気障《キざわ》り」の略から〕服装や態度などが、人に不快や反感をあたえるほど、気どっているようす。いやみ。例 —なやつ。—を言う。

【気質】 一《キシツ》 ①人それぞれがもっている性質。気だて。気性《キショウ》。例 おこりっぽい—。②心理学で、個人の性格のもとをなす感情的傾向《ケイコウ》。二《かたぎ》 その年代や職業または身分の人に、特有のものの考え方。気風。例 職人—。名人—。

【気性《キショウ》】 生まれつきの性分《ショウブン》。気だて。気質。例 あらい—。 表記「気象」とも書く。

【気象《キショウ》】 ①大気中に生じる、天気・風雨・気温・気圧などの現象。例 —観測。②心のはたらきが外にあらわれた姿。性格。例 進取の—。 表記 ②は「気性」とも書く。

【気丈《キジョウ》】 (名・形動ダナ) 気持ちがしっかりしていること。気丈夫《キジョウブ》。例 —なむすめ。

【気丈夫《キジョウブ》】 (名・形動ダナ) ①たよりになるものがあって、安心に思うこと。心丈夫。例 夜道で知人に会えて—だ。②心のもち方がしっかりしていること。気丈。例 —な老人。

【気色】 一《キショク》 ①感情があらわれた顔つき。例 人の—をうかがう。②受けた感じ。例 —が悪い。二《ケシキ》 ①態度にあらわれる心のようす。例 おそれる—もない。②なんとなく感じられるようす。例 秋の—が感じられる。

【気随《キズイ》】 (名・形動ダナ) 自分の思うままにすること。気まま。例 —に過ごす。

【気随気▼儘《キズイキまま》】 (名・形動ダナ) 他人に気をつかわず、自分の思いどおりにすること。例 —に暮らす。

【気勢《キセイ》】 勇み立った意気ごみ。例 —を上げる。—をそぐ。

【気絶《キゼツ》】 (名・する) 一時的に意識を失うこと。気を失うこと。例 階段から落ちて、しばらく—していた。

【気息《キソク》】 いき。呼吸。

【気息▼奄▼奄《キソクエンエン》】 (形動トタル) いきが苦しく、いまにも死にそうなようす。いきも絶え絶えのようす。

【気体《キタイ》】 一定の形や体積がなく、自由に流動する物質。空

気やガスのようなもの。対液体・固体。

【気《キ》団《ダン》】広い地域にわたって、ほとんど一様の温度や湿度《シツド》をもった大きな空気のかたまり。例寒ー。シベリアー。

【気《キ》付《づけ》】［一］郵便物を送るとき、相手の立ち寄る所や臨時の連絡先《レンラクさき》に書きそえることば。きつけ。例山田旅館ー田中花子様。［二］【気付《キつ》け】気絶した人の意識を、もどさせること。また、そのために何かを飲むこと。例ー薬《ぐすり》。

【気っ風《キップ》】〔「キフウ」の変化〕その人の行動や態度などから感じられる性質。気まえ。類気性《キショウ》。例ーのいい人。

【気《キ》転《テン》】あることが起きたときに、それに応じてすばやくはたらく心や、うまい考え。例ーがきく。ーをきかせる。表記「機転」とも書く。

【気《キ》筒《トウ》】蒸気機関や内燃機関で、ピストンが往復する円筒。シリンダー。

【気《キ》道《ドウ》】〔生〕呼吸するための空気の通路となる器官。鼻から肺まで。例ーがふさがって苦しむ。

【気動車《キドウシャ》】内燃機関の原動機を動かして、レール上を走る車。ガソリンカーやディーゼルカーなど。

【気《キ》長《なが》】（名・形動《ダナ》）のんびりしていて、あせらないこと。例ーに待つ。

【気《キ》▼嚢《ノウ》】〔生〕鳥の胸や腹にある空気ぶくろ。肺につながり、空中を飛ぶのに助けとなる。

【気《キ》迫《ハク》】力づよく立ち向かう気力。強い精神力。例ーにあふれる。表記「気▼魄」とも書く。

【気《キ》は世《よ》を▽蓋《おお》う】⇩【力《ちから》は山《やま》を抜《ぬ》き気《キ》は世《よ》を蓋《おお》う】（144ページ）

【気《キ》品《ヒン》】どことなく感じられる上品さ。けだかい品位。例ーのある婦人。ーが高い。

【気《キ》▼稟《ヒン》】生まれつきもっている、すぐれた気質。天性。例その詩的センスはーというべきものだ。

【気《キ》風《フウ》】ある集団が共通してもっている気質。類気性《キショウ》。例自由を尊ぶー。

【気《キ》分《ブン》】①気持ち。例ーがよい。②そのあたり全体の感じ。雰囲気《フンイキ》。例あたたかいーの店。

【気《キ》泡《ホウ》】液体または固体の中に、気体がふくまれてできる、あわ。空気のあわ。あぶく。

【気《キ》前《まえ》】金銭や物を、おしげもなく出す性質。例ーがいい。

【気《キ》▼儘《まま》】（名・形動《ダナ》）他人に気がねしないで、自分の思うままにふるまうこと。例ーに暮らす。

［气部］4―6画　氛　氤　氣　［水（氵・氺）部］

【気《キ》味《ミ》】［一］〔「キビ」とも〕①気持ち。気分。例ーが悪い。②少しそれがある状態。例風邪《かぜ》のーがある。［二］《ギミ》〔「…気味」の形で〕そのきざしや傾向《ケイコウ》をあらわす。例風邪ー。

【気《キ》密《ミツ》】（名・形動《ダナ》）外から空気がはいらないように、室内や容器などがぴったりしめられていること。例ー室。

【気《キ》脈《ミャク》】血が通る道筋。血管。例ーを通じる（＝ひそかに連絡《レンラク》をとって、気持ちを通じ合う）。

【気《キ》弱《よわ》】（名・形動《ダナ》）気が弱いこと。いつもものおじしていること。また、その人。例ーな性格。

【気《キ》楽《ラク》】（形動《ダナ》）だれにも気がねせず、のびのびするようす。ものごとにこだわらないようす。のんき。例ーに過ごす。

【気《キ》流《リュウ》】大気中に起きる空気の流れ。例乱ー。上昇《ジョウショウ》ー。

【気《キ》力《リョク》】ものごとを成しとげようとする精神力。元気。精力。例ーにあふれる。ーをふりしぼって走る。

【気配】［一］《ケハイ》①なんとなく感じられるようす。例春のー。人の来るー。②景気。相場。例株価上昇《ジョウショウ》のー。［二］【気配り《キくばり》】まちがいなく事が運ぶように、細かい心づかいをすること。類配慮《ハイリョ》。例行きとどいたー。ーが足りない。

●意気《イキ》・一気《イッキ》・一本気《イッポンギ》・色気《いろケ》・陰気《インキ》・英気《エイキ》・外気《ガイキ》・火気《カキ》・堅気《かたギ》・活気《カッキ》・寒気《カンキ》《さむけ》・換気《カンキ》・士気《シキ》・空気《クウキ》・景気《ケイキ》・血気《ケッキ》・語気《ゴキ》・才気《サイキ》・殺気《サッキ》・暑気《ショキ》・磁気《ジキ》・邪気《ジャキ》・臭気《シュウキ》・上気《ジョウキ》・蒸気《ジョウキ》・生気《セイキ》・大気《タイキ》・短気《タンキ》・強気《つよキ》・電気《デンキ》・熱気《ネッキ》・排気《ハイキ》・病気《ビョウキ》・平気《ヘイキ》・本気《ホンキ》・勇気《ユウキ》・陽気《ヨウキ》・弱気《よわキ》・涼気《リョウキ》・冷気《レイキ》

气 4

【氛】

8画　6168　6C1B　音フン漢ブン呉　訓いき・わざわ-い

意味 ❶吉凶《キッキョウ》を暗示する気象。とくに、凶兆。例氛祥《フンショウ》。❷雲気。かすみや、もや。いき。同雰《フン》。例氛囲気《フンイキ》。氛気《フンキ》。❸けがれた、悪い気。わざわい。

【氛《フン》▼埃《アイ》】空気中に舞《ま》うほこり。

【氛囲気《フンイキ》】①大気。②人や場所などがもつ、独特の気配。雰囲気《フンイキ》。

【氛《フン》気《キ》】①大気中にただよう雲や、もや。②まがまがしい気。悪い気。

【氛《フン》祥《ショウ》】不吉《フキツ》な気と、めでたい気。吉凶《キッキョウ》を示す雲気。〈国語《コクゴ》〉

气 6

【氤】

10画　6169　6C24　音イン漢　訓さか-ん

意味「氤氳《インウン》」は、元気なようす。気のさかんなようす。

气 6

【氣】

10画　⇩【気】《キ》（571ページ）

85
4画

水《みず》（氵《さんずい》・氺《したみず》）部

流れる水のようすをあらわす。「水」が偏《ヘン》（＝漢字の左がわの部分）になるときは「氵（三水　さんずい）（三画）」、下につくときは「氺（下水　したみず）（五画）」となる。「水」をもとにしてできている漢字と「氺」の字形を目じるしにして引く漢字とを集めた。

[0] 水 [1] 永 氷 [2] 求 汁 汀 氾 [3] 汚
汗 江 汞 汕 汝 汐 池 汢 汎 汲 [4] 汪
汽 沂 汲 決 沍 沙 沚 沁 汰 沢 沖 沈
沓 沌 沛 泛 汾 汨 汴 没 沐 沃 沉 汳
没 沪 [5] 泳 沿 泓 河 泣 況 沽 泗 泗
沮 沼 泄 泉 沾 泝 沱 泰 治 注 泥 沺
波 泊 泌 泯 沸 泙 法 泡 沫 油 泱 泡
泪 [6] 洟 洩 海 活 洶 洫 洪 洸 洽 洙
洲 洵 洳 浄 津 洒 浅 洗 洞 派 洋 洛
洌 派 [7] 浦 浣 涓 浩 浤 浚 消 浹 浸
浙 涎 涕 涅 浜 浮 浴 浬 流 涙 浪 海
浩 消 涉 浸 涛 涜 浮 涌 [8] 淫 液 淹
渮 涯 渇 涵 淦 淇 渓 涸 淆 混 済 淬
渋 淑 淳 渚 渉 淞 淌 深 清 淅 淙 淡
添 淀 淘 淤 淕 涼 淋 淪 淮 渕 淵 淨
清 淒 淺 淚 [9] 渥 渭 湮 淵 湲 温 渦
渙 渠 減 湖 港 湟 渾 渣 滋 湿 湘 湫

渫淚湊測湛湍渟渡湯湃渺湎
渤満渝湧游溂湾湮渴港滋渚
溌湧⑩溢滑漢源溝滉溘溷滓
溲準溽滄滞滝溺滔溏滕漠溥
滂溟滅溶溜溢溫溪溝溯溺⑪
潁演漑漁滬滸滾漆漿滲漸漱
漕漲漬滴滌漂漫漾漓漣滷漏
漉漼漢滯滿⑫潰潟澗澆潔潺
潸潤潯潜潭潮澄潼潑潘澎潦
溉澗潔澁潛潴潮澂潭⑬澳激
澡濁澹澱濃濆澠濛澪濂澼澤
⑭濠濡濬濯濤濘濔濮濶濟濕
澀瀞濯濱⑮瀉瀋濺瀆瀑瀁濫
瀏濾⑯瀛瀚瀟瀬瀞瀦瀕瀝瀘
瀨潛瀧⑰灌瀰瀾瀲瀕⑱灘⑲
灑灘㉒灣

この部首に所属しない漢字

酒⇩酉 992　黍⇩黍 1109　黎⇩黍 1109　鴻⇩鳥 1101

水 0

【水】

4画　3169　6C34

教育1　音 スイ 漢 呉　訓 みず　付表 清水《しみず》

筆順 亅 刁 才 水

なりたち  [象形] 流れるみずの形。

意味 ❶酸素と水素の化合物。みず。例 水質《スイシツ》。海水《カイスイ》。淡水《タンスイ》。❷河川《カセン》や池・湖・海など、みずをたたえたところ。例 水産《スイサン》。水陸《スイリク》。山水《サンスイ》。❸みずのようなもの。液体。例 水銀《スイギン》。化粧水《ケショウスイ》。❹五行《ゴギョウ》の一つ。方位では北、季節では冬をあらわす。

日本語での用法 《みず》①間にはいってじゃまをするもの。「水《みず》をさす・親子《おやこ》水入《みずい》らず」②休息。「水《みず》がはいる・水入《みずい》りの大相撲《おおずもう》」③相手をさそうもの。「水《みず》を向《む》けてみる」

難読 水脈《みお・みよ》・水手《かこ・ふなこ》・水母《くらげ》・水葱《なぎ》・水虎《かっぱ》・水夫《かこ》・水狗《かわうそ》・主水《もんど》

人名 お・たいら・な・なか・み・みな・ゆ・ゆき

【▽水▽鶏《くいな》】 クイナ科の水鳥をまとめていうことば。渡《わた》り鳥の一つ。鳴き声が、詩歌《シイカ》などで「たたく」と表現されたのは、夏に飛来するヒクイナ。また、北海道で繁殖《ハンショク》し、十月ごろ本州以南に飛来するのは、フユクイナ。

【水《スイ》圧《アツ》】 水の圧力。例 ―は、水深一〇メートルごとに一平方センチメートルあたり一キログラム増す。

【水《スイ》位《イ》】 川や湖や海などの、水面の高さ。例 雪解けで川の―が上がる。

【水《スイ》域《イキ》】 海や川などの水面上の、一定の範囲《ハンイ》。例 危険―。

【水《スイ》運《ウン》】 船で荷物や人をはこぶこと。水路による運送。例 ―の便がよい。

【水《スイ》泳《エイ》】 (名・する) 水の中をおよぐこと。また、およぐはやさをきそうスポーツ。例 寒中―。

【水《スイ》煙《エン》】 ①水が細かく散って、けむりのようになったもの。みずしぶき。みずけむり。②〔仏〕塔《トウ》の九輪《クリン》の上部にある、火炎《カエン》状のかざり。表記 ▽「水▼烟」とも書く。

【水《スイ》鉛《エン》】 金属元素、モリブデンの古い呼び名。

【水《スイ》温《オン》】 水の温度。

【水《スイ》火《カ》】 ①水と火。②洪水《コウズイ》と火災。例 ―の難。③水におぼれ、火に焼かれるような苦しみ。例 ―も辞せず。④正反対で、仲の悪いもののたとえ。類 氷炭《ヒョウタン》。例 ―の仲。

【水《スイ》禍《カ》】 ①大水で災難を受けること。水害。例 ―にあう。②水におぼれる災難。例 ―でいのちを落とす。

【水《スイ》害《ガイ》】 洪水《コウズイ》による災害。水禍《スイカ》。例 台風による―を受ける。

【水《スイ》干《カン》】 ①昔の、男子の服装。簡略な狩衣《かりぎぬ》。②のりを使わずに水にひたして張った絹。

【水《スイ》管《カン》】 ①水を通すくだ。②〔生〕軟体《ナンタイ》動物で、えらに水の流入や流出をするくだ。

【水《スイ・みず》気《キ・ケ》】 一 ものにふくまれる水分。しめりけ。例 ―が立つ。二《スイキ》 ①むくみ。水腫《スイシュ》。②水蒸気。例 ―の多い季節。

【水《スイ》球《キュウ》】 七名ずつが二チームに分かれて、泳ぎながら、ボールを相手のゴールに入れる球技。ウオーターポロ。

【水《スイ》牛《ギュウ》】 ウシ科の哺乳《ホニュウ》動物。角《つの》は長く大きく弓形で、水浴を好む。南アジア・アフリカの熱帯・亜《ア》熱帯で飼い、耕作などに使う。角は印材に使われる。

【水《スイ・みず》鏡《キョウ・かがみ》】 姿や物のかげが、水面に映って見えること。また、その水面を鏡にたとえた言い方。例 ―のごとき湾内《ワンナイ》の朝の海。

【水《スイ》魚《ギョ》の交《まじ》わり】 水と魚が切りはなせないように、関係がひじょうに親密な交際や友情。魚水《ギョスイ》。〔三国時代、蜀《ショク》の劉備《リュウビ》と諸葛孔明《ショカツコウメイ》との深い君臣愛にもとづく〕〈三国志《サンゴクシ》〉例 ―を結ぶ。

【水《スイ》▼禽《キン》】 水べにすむ鳥。みずとり。ガン・カモメ・チドリなど。

【水《スイ》銀《ギン》】 〔古くは「みずかね」〕 金属元素の一つ。銀白色の光沢《コウタク》をもち、常温で液体の唯一《ユイイツ》の金属。多くの金属と合金をつくる。冶金《ヤキン》、温度計などに用いる。

【水《スイ》琴《キン》窟《クツ》】 地中にかめをうめて水を張り、水滴《スイテキ》が水面に落ちたときに反響《ハンキョウ》する音を楽しむしかけ。

【水《スイ》軍《グン》】 中世、水上で戦闘《セントウ》活動をおこなった武力集団。類 海賊《カイゾク》。例 村上《むらかみ》―。

【水《スイ》系《ケイ》】 川の本流と支流や、その流れに沿った湖や沼《ぬま》などを合わせた、流水域の系統。例 信濃川《しなのがわ》―。

【水《スイ》月《ゲツ》】 ①水と月。②水面に映る月のかげ。③クラゲのあて字。

【水《スイ》源《ゲン》】 川の水の流れ出るもと。みなもと。例 ―地。

【水《スイ》郷《ゴウ》】 〔「スイキョウ」とも〕 川や湖に沿っていて、景色のよいことで有名になっているところ。

【水《スイ》耕《コウ》法《ホウ》】 植物を、土を使わず、養分をふくんだ水で栽培《サイバイ》する方法。水《みず》栽培。水耕。水耕栽培。

【水《スイ》彩《サイ》】 水でといた絵の具で絵をかくこと。また、その絵。みず絵。対 油彩。例 ―絵の具。

【水《スイ・みず》際《サイ・ぎわ》】 陸と水面とが接するところ。みぎわ。なぎさ。

【水《スイ》産《サン》】 川や湖や海など、水中からとれる産物。例 ―業。

【水《スイ》死《シ》】 (名・する) 水におぼれて死ぬこと。溺死《デキシ》。

【水《スイ》質《シツ》】 水の性質や成分や純度。例 ―検査。

【水《スイ・みず》車《シャ・ぐるま》】 水力で車を回し、その力を仕事に利用する仕組み。例 ―《スイシャ》小屋。

【水《スイ》腫《シュ》】 〔医〕からだの組織のすきまなどに、水分が多量にたまって、むくむこと。むくみ。浮腫《フシュ》。水気《スイキ》。

【水《スイ》準《ジュン》】 ①水平を測る道具。みずもり。②ものの価値や高さを決めるもと。一定の標準。レベル。例 生活―。

【水準器】《スイジュンキ》面の水平やかたむきを測る器具。水平器。

【水晶】《スイショウ》六角柱状に結晶した石英。置物《おきもの》・印材・装身具・光学器械・時計などに用いる。

【水上】《スイジョウ》〔一〕水の上。水の表面。例―交通。―競技。〔二〕《みなかみ》かわかみ。川の上流。

【水蒸気】《スイジョウキ》水が蒸発して気体となったもの。ゆげ。

【水色】《スイショク》〔一〕川や湖や海などの、水べの景色。〔二〕《みずいろ》水の色。うすい青みをおびた色。

【水食】《スイショク》(名・する)雨や波などが地表を浸食《シンショク》すること。また、その作用。例―作用。表記「水▼蝕」とも書く。

【水心】《スイシン》〔一〕川や湖などの中央。水面の中心。〔二〕《みずごころ》相手の好意に対する、こちらの好意。例魚心《うおごころ》あれば―。

【水深】《スイシン》川や湖や海などの、水の深さ。例―を測定する。

【水神】《スイジン》水を支配する神。水難や火災を防ぐ神。

【水生】《スイセイ》(名・する)①植物が水の中にはえていること。例―植物。②動物が水の中にすんでいること。例―動物。▽対陸生。表記②は「水▼棲」とも書く。

【水声】《スイセイ》水の流れる音。みずおと。

【水性】《スイセイ》水にとけやすい性質をもっていること。対油性。例―塗料《トリョウ》。

【水星】《スイセイ》太陽系の惑星《ワクセイ》の一つ。太陽に最も近く、最も小さい。

【水勢】《スイセイ》水の流れるいきおい。例川の―が増す。

【水成岩】《スイセイガン》水中に沈殿《チンデン》し、堆積《タイセキ》してできた堆積岩の一つ。

【水仙】《スイセン》ヒガンバナ科の多年草。早春に白色や黄色の六弁の花がさく。八重《やえ》ざきもある。観賞用。

【水洗】《スイセン》(名・する)水であらい流すこと。例―便所。

【水素】《スイソ》気体元素の一つ。無色・無臭《ムシュウ》で、最も軽い元素。酸素と化合して水になる。元素記号H
【水草】《スイソウ|みずくさ》①水と草。②水中や水べに生える草。

【水葬】《スイソウ》(名・する)(航海中の)死者を、海中に投じてほうむること。対火葬・土葬・風葬。例戦死者を―にする。

【水槽】《スイソウ》水をたくわえておくいれもの。みずおけ。例―で金魚を飼う。

【水族館】《スイゾクカン》水中にすむ動物を飼育して、多くの人に見せるための施設《シセツ》。

【水中】《スイチュウ》水のなか。例―めがね。―カメラ。


【水中花】《スイチュウカ》水のなかに入れると、花がさいたように見える造花。

【水柱】《スイチュウ|みずばしら》水面から柱のように立ちのぼった水。

【水底】《スイテイ|みずそこ|みなそこ》(川や湖や海などの)水のそこ。例ダムの―にしずんだ村。

【水滴】《スイテキ》①水のしたたり。しずく。例窓に―がつく。②すずりにつぐ水を入れておく、小さなうつわ。水入れ。

【水天】《スイテン》水と空。また、水に映る空。例―一碧《イッペキ》(=よく晴れわたって、水と空との青がひとつづきになっていること)。―彷佛《ホウフツ》(=海上遠く、水と空の境がはっきりしないこと)。

【水田】《スイデン|みずた》稲作《いなサク》のために水を張った耕地。たんぼ。

【水天宮】《スイテングウ》船人《ふなびと》の守護神を祭る神社。水の神を祭る社《やしろ》。

【水痘】《スイトウ》子供に多い急性感染症《カンセンショウ》の一つ。発熱して全身に発疹《ハッシン》ができ、水疱《スイホウ》となる。みずぼうそう。

【水筒】《スイトウ》飲み水を入れて持ち歩く容器。

【水稲】《スイトウ》水田で作るイネ。対陸稲。

【水道】《スイドウ》①飲料水など生活に必要な水を供給する設備。上水道。例市営の―。②海が陸地にはさまれて、せまくなった部分。海峡《カイキョウ》。例豊後《ブンゴ》―。

【水団】《スイトン》〔「トン」は、唐音《トウオン》〕小麦粉を水でこねてだんご状にしたものを、汁《しる》に入れて煮《に》た食べ物。

【水難】《スイナン》水によって受ける災難。洪水《コウズイ》や難破《ナンパ》、また、水死など。例―の相がある。

【水▼嚢】《スイノウ》①食べ物をすくって、水を切るためのふるい。みずこし。みずふるい。②ズック製の折りたたみバケツ。

【水媒花】《スイバイカ》花粉が水に運ばれて受粉する水生植物。クロモ・セキショウモなど。

【水伯】《スイハク》水の神。水神《スイジン》。類河伯。

【水爆】《スイバク》「水素爆弾《バクダン》」の略。水素の核融合《カクユウゴウ》反応を利用した爆弾。

【水盤】《スイバン》陶《トウ》や金属などで作り、中に水を張って花を生けたり盆石《ボンセキ》を置いたりする浅く広い容器。

【水筆】《スイヒツ》ふでの穂《ほ》にしんを入れないで、その全部に墨《すみ》をふくませて用いるふで。

【水府】《スイフ》①水神《スイジン》のいるところ。海底にあるという想像上のみやこ。例―竜宮《リュウグウ》。②茨城《いばらき》県の水戸《みと》の別名。例―タバコ。―流の水泳。

【水分】《スイブン》ふくまれている水の量。みずけ。例―の多いナシ。


【水平】《スイヘイ》(名・形動《ナダ》)①静かな水面のようにたいらなこと。例―面。②垂直に対して直角な方向。対垂直。例―飛行。③あがりさがりのないこと。例―を保つ。

【水平線】《スイヘイセン》①海と空との境として見える平らな線。例太陽が―にしずむ。→【地平線】《チヘイセン》(228ページ) ②垂直に対して直角に引かれた直線。

【水兵】《スイヘイ》海軍の兵士。例―服。

【水辺】《スイヘン|みずべ》川や湖などに近いところ。水のほとり。みずぎわ。

【水泡】《スイホウ》①水のあわ。みなわ。②はかなく、たよりないもののたとえ。例―に帰《き》す(=努力がむだになる)。

【水▼疱】《スイホウ》皮膚《ヒフ》の表面にできる水ぶくれ。

【水防】《スイボウ》警戒《ケイカイ》して水害をふせぐこと。例―訓練。

【水墨】《スイボク》「水墨画」の略。例―の山水画。

【水墨画】《スイボクガ》墨《すみ》だけでかいた絵。すみえ。水墨。

【水没】《スイボツ》(名・する)水の中にしずんで、姿が見えなくなること。例洪水《コウズイ》で―した家。

【水蜜桃】《スイミツトウ》モモの一品種。中国の原産。大きくて水分が多く、あまくてやわらかい。水蜜。

【水脈】《スイミャク》①地下水が筋となって流れているところ。例―をほりあてる。②川や海などで船の通る道。水路。みお。

【水明】《スイメイ》清らかな水が日の光を受けて、美しくかがやくこと。例山紫《サンシ》―の地。

【水面】《スイメン|みなも|みのも》水の表面。例―に風波なし。

【水門】《スイモン》貯水池や用水路などで、水量を調節するために開閉する門。例ダムの―を開けて放水する。

【水紋】《スイモン》水の動きによって水面上にできる模様。

【水薬】《スイヤク|みずぐすり》液状の飲み薬。例うがいのための―。

【水▼楊】《スイヨウ》水べに生えたカワヤナギ。

【水曜】《スイヨウ》日曜からかぞえて、週の四番目の曜日。水曜日。

【水浴】《スイヨク》(名・する)水をあびること。みずあび。

【水雷】《スイライ》水中で爆発《バクハツ》させて敵の艦船《カンセン》を破壊《ハカイ》する兵器。例魚形―(=魚雷)。機械―(=機雷)。

【水利】《スイリ》①水上輸送の便利。船で人や荷物を運ぶうえでの便利。例―の便のよい地域。②(農耕や飲料などのための)水の利用。例―権。

【水陸】《スイリク》水と陸。水上と陸上。例―両用。

【水流】《スイリュウ》水の流れ。例―の急なところ。

【水量】《スイリョウ》(川やダムなどの)水の量。みずかさ。例―の豊かな川。

【水力《スイリョク》】水の力。水の勢い。とくに、水の流れによって生じるエネルギー。例—発電。

【水冷《スイレイ》】エンジンのシリンダーなどの熱を、水でひやすこと。対空冷。例—式。

【水練《スイレン》】①武道としての水泳の術。②水泳の練習。

【水路《スイロ》】①水を通す道。②船の通る道。③プールの競泳コース。例短—。

【▽水▼屑《みくず》】水中のごみ。例—となる(=水死する)。

【水絵《みずエ》】水にとける絵の具でかいた絵。水彩画《スイサイガ》。

【水掛け《みずかけ》論《ロン》】おたがいがりくつを言い張って結論が出ず、解決しない議論。

【水菓子《みずガシ》】くだもの。〔やや古い言い方〕

【水▽瓶《みずがめ》】水をためておくかめ。例—に水を張る。表記「水▼甕」とも書く。

【水木《みずき》】ミズキ科の落葉高木。初夏のころ、白い四弁の花がさく。芽ぶきのころ、枝を折ると樹液がしたたるほど出るところから、この名がついた。

【水着《みずぎ》】水泳をするときなどに着る衣服。海水着。

【水《みず》清《きよ》ければ大魚《タイギョ》無《な》し】水が清くすんでいると、姿をかくすところがないために、大きな魚がすみつかなくなるものである。人もあまり心やおこないが正しすぎると、かえって人が近づかないことになる、というたとえ。水清ければ魚《うお》棲《す》まず。

【水茎《みずくき|みずぐき》】①筆。例—の跡《あと》(=筆跡《ヒッセキ》)。②筆跡。書いた文章。例うるわしき御《おん》—拝見いたしました。

【水口《みずくち|みなくち》】田へ水を引く入り口。

【水芸《みずゲイ》】扇子《センス》や刀などの先から水がふき出る奇術《キジュツ》。

【水子《みずこ|みずご》】①生まれてまもない子。②流産や堕胎《ダタイ》した胎児。例—の供養《クヨウ》をする。

【水▼垢離《みずごり》】神仏に祈願《キガン》するのに、心身のけがれをとるため、冷水を浴びること。例—をとる。

【水栽培《みずサイバイ》】植物を、土を使わず、必要な養分をとかした水で栽培すること。水耕《スイコウ》。水耕栽培。水耕法。

【水杯《みずさかずき》】もう会えないかもしれない人と別れるとき、水を入れたさかずきを、たがいにくみかわすこと。例—をかわす。表記「水▼盃」とも書く。

【水先《みずさき》】①水の流れていく方向。②船の進む方向。③「水先案内」の略。船が港に出はいりするときや、決められた危険な水域を通るとき、水路の案内をすること。

【水仕《みずシ》】水仕事や台所仕事をすること。また、それをする人。


【水商売《みずショウバイ》】収入が、客の人気に左右される、安定度の低い職業。接客業や料理屋など。

【水炊き《みずたき》】骨つきのとり肉を、味つけをしていない湯で煮《に》ながら、ポン酢《ず》などで食べる、なべ料理。

【水玉《みずたま》】①丸く玉になった水滴《スイテキ》。ハスの葉などを転がる水のかたまりや、飛び散る水のしぶきなど。②「水玉模様」の略。丸く玉になった水滴をかたどって、並べた模様。

【水茶屋《みずチャや|みずヂャや》】江戸《えど》時代、社寺の境内《ケイダイ》や道ばたで、湯茶を出して道行く人を休ませた店。

【水鉄砲《みずデッポウ》】水を、筒《つつ》の先の小さな穴からおし出して、飛ばすおもちゃ。

【水時計《みずどけい》】小さな穴からもれ出る水の量によって、時刻をはかる装置。漏刻《ロウコク》。

【水鳥《みずとり》】〔「スイチョウ」とも〕水上や水べにすむ鳥。水禽《スイキン》。

【水菜《みずな》】アブラナ科の二年草。葉が群生するので、つみとって漬物《つけもの》や煮物《にもの》にする。京菜。

【水煮《みずに》】うすい塩あじの水で煮ること。また、その煮たもの。例サバの—。

【水場《みずば》】①野鳥や野獣《ヤジュウ》が水を飲みに集まる場所。②登山などで、飲料水や炊飯《スイハン》用の水をくむ場所。

【水▼芭▼蕉《みずバショウ》】サトイモ科の多年草。寒地の湿原《シツゲン》に群生する。初夏、大きな白い苞《ホウ》をもった、うすみどり色の花がさき、そのあと、バショウのような葉が出る。

【水腹《みずばら》】①水をたくさん飲んだときの腹ぐあい。②空腹を、水を飲んでがまんすること。

【水引《みずひき》】①こよりをのりで固め、数本合わせて真ん中から染め分けたもの。祝いごとには紅白や金銀を、不祝儀《ブシュウギ》には黒白を用いる。②タデ科の多年草。ミズヒキソウ。夏から秋にかけて、細長い穂《ほ》に赤または白の小花をつける。

【水船《みずぶね》】①飲料水を運ぶ船。②飲料水をためておく大きな箱やおけ。水槽《スイソウ》。③生きている魚を入れておく水槽。いけす。④船が完全に水びたしの状態になること。

【水虫《みずむし》】白癬菌《ハクセンキン》の寄生によって、手足の指のあいだなどに水ぶくれができる皮膚病《ヒフビョウ》。

【水屋《みずや》】①神社や寺院で、参詣人《サンケイニン》が手や口を洗い清める所。みたらし。②茶室で、茶道具類を置いたり洗ったりするところ。③食器や茶器などを入れる家具。茶だんす。

【▽水無月《みなづき》】もと、陰暦《インレキ》で六月のこと。太陽暦でもいう。
●汚水《オスイ》・海水《カイスイ》・渇水《カッスイ》・喫水《キッスイ》・給水《キュウスイ》・行水《ギョウズイ》・下水《ゲスイ》・香水《コウスイ》・洪水《コウズイ》・湖水《コスイ》・山水《サンスイ》・入水《ジュスイ》・出水《シュッスイ》・浸水《シンスイ》・進水《シンスイ》・節水《セッスイ》・潜水《センスイ》・増水《ゾウスイ》・脱水《ダッスイ》・淡水《タンスイ》・断水《ダンスイ》・治水《チスイ》・貯水《チョスイ》・排水《ハイスイ》・噴水《フンスイ》・放水《ホウスイ》・用水《ヨウスイ》・冷水《レイスイ》

水 1

【永】

5画
1742
6C38
教育5
音 エイ漢 ヨウ呉
訓 なが-い・とこしえ

筆順 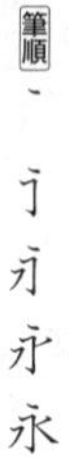

なりたち  [象形]長く流れる川の道すじの形。

意味 時間がきわめてながい。いつまでも続く。とこしえに。ながい。例永久《エイキュウ》。永住《エイジュウ》。永眠《エイミン》。

使い分け ながい【長・永】⇩1175ページ

難読 永《ひたぶる》に・永《とこしなえ》

人名 つね・とお・なが・ながし・のぶ・のり・はる・はるか・ひさ・ひさし・ひら

【永遠《エイエン》】(名・形動ダナ) 時間をこえて果てしなく続くと思われること。とこしえ。とわ。類永久・永劫《エイゴウ》。例—の愛を信じる。

【永久《エイキュウ》】(名・形動ダナ) 時間の限定がなく、いつまでも続いていくと考えられること。とこしえ。とわ。類永遠・永劫《エイゴウ》。例—不変。

【永久歯《エイキュウシ》】乳歯がぬけたあとに生え、一生使う歯。

【永▼訣《エイケツ》】(名・する) 永久に別れること。死別。永別。

【永▼劫《エイゴウ》】〔「劫」は、きわめてながい時間〕きわめてながい歳月《サイゲツ》。永久に続く時間。例未来—。

【永▼劫回帰《エイゴウカイキ》】同じものが永遠にくりかえして来ること。永遠回帰。

【永日《エイジツ》】①春になって日中がながいこと。のどかな春の日なが。②一日じゅう。

【永字八法《エイジハッポウ》】「永」の字にふくまれている、すべての漢字に共通する八種の基本的運筆の方法。側《ソク》・勒《ロク》・努《ド》・趯《テキ》・策《サク》・掠《リャク》・啄《タク》・磔《タク》。

【永住《エイジュウ》】(名・する) 同

[永字八法]

じ土地にながく住み続けること。死ぬまでその土地に住むこと。例 ―の地。―権。

【永世《エイセイ》】限りなくながい年月。類 永久。例 ―の平安。

【永世中立《エイセイチュウリツ》】永久に、他国間の紛争《フンソウ》や戦争に関係しないかわりに、その独立と領土とが他の諸国によって保障されていること。永久局外中立。例 ―国。

【永生《エイセイ》】①ながく生きること。類 長命・長寿《チョウジュ》。②永遠にほろびない生命。

【永逝《エイセイ》】(名・する) 死ぬこと。永眠《エイミン》。〔やや改まった言い方〕

【永続《エイゾク》】(名・する) ながくいつまでも続くこと。ながつづき。例 ―性。

【永代《エイタイ》】限りなくながく続く年月。永世。例 ―供養《クヨウ》。―借地権。

【永代経《エイタイキョウ》】故人の供養《クヨウ》のため、毎年の命日や彼岸《ヒガン》などに、寺院で永久におこなう読経《ドキョウ》。永代読経。

【永年《エイネン・ながネン》】ながい年月。長年月《チョウネンゲツ》。例 ―《エイネン》勤続。

【永別《エイベツ》】(名・する) 再び会うことのないわかれ。ながのわかれ。死別。永訣《エイケツ》。

【永眠《エイミン》】(名・する) ながいねむりにつくこと。死ぬこと。永別。永訣《エイケツ》。永逝《エイセイ》。

水 1

【氷】

5画 4125 6C37 教育3 音 ヒョウ漢呉 訓 こおり・ひ・こお-る

筆順 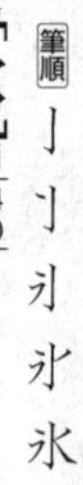

氵4 【冰】6画 4954 51B0 本字

なりたち  [会意]「水(=みず)」と「冫(=凍《こお》る)」とから成る。水がこおる。

意味 ❶水が低温のためかたまる。こおる。また、こおり。例 氷結《ヒョウケツ》。流氷《リュウヒョウ》。❷こおりのように清らかでけがれのないもののたとえ。例 氷肌《ヒョウキ》(=きよらかなはだ)。氷心《ヒョウシン》。

難読 氷筋《つらら》・氷箸《つらら》・氷頭膾《ひずなます》

人名 きよ・すが

【氷菓子《こおりガシ》】果汁《カジュウ》や糖蜜《トウミツ》に香料《コウリョウ》を加えて凍《こお》らせた食品。アイスキャンデーやシャーベットなど。氷菓《ヒョウカ》。

【氷枕《こおりまくら》】発熱のとき、氷や水を入れて枕のように使う、頭を冷やすためのゴム製のふくろ。みずまくら。

【氷魚《ひうお・ひお》】アユの幼魚。体長二、三センチメートル。半透明《ハントウメイ》で、こおりのようなところからつけた名。

【氷雨《ひさめ》】①冷たい雨。雪が空中でとけて、みぞれのような冷たい雨。②ひょう。あられ。

【氷菓《ヒョウカ》】「氷菓子《こおりガシ》」に同じ。

【氷河《ヒョウガ》】高山の万年雪が、大きなこおりのかたまりとなり、それ自体の重みでそのまま流れ出したもの。ヒマラヤやアルプスなどに見られる。

【氷塊《ヒョウカイ》】こおりのかたまり。

【氷解《ヒョウカイ》】(名・する) こおりがとけるように、疑いや迷いがすっかりなくなること。例 疑念が―する。

【氷結《ヒョウケツ》】(名・する) こおりが張りつめること。例 湖が―する。

【氷原《ヒョウゲン》】こおりでおおわれた原野。

【氷山《ヒョウザン》】氷河から分かれて海にうかぶこおりの巨大《キョダイ》なかたまり。海面下に全体積の七分の六がある。例 ―の一角。

【氷室《ヒョウシツ・ひむろ》】こおりをたくわえておく部屋。

【氷上《ヒョウジョウ》】こおりの上。例 ―のスポーツ。

【氷心《ヒョウシン》】こおりのようにすみきった清らかな心。

【氷人《ヒョウジン》】〔氷の上に立って氷の下の人と話す夢を見た人がいて、その夢は媒酌《バイシャク》をする前兆だったという故事から〕結婚《ケッコン》のなかだちをする人。媒酌人《バイシャクニン》。なこうど。→【月下氷人《ゲッカヒョウジン》】(501ページ)

【氷雪《ヒョウセツ》】①こおりとゆき。②心が清らかなたとえ。

【氷炭《ヒョウタン》】①こおりとすみ。②たがいに相反《あいハン》して一つに調和しないもの。

【氷炭《ヒョウタン》相《あい》▽容《い》れず】たがいにひどくちがっていて、一致《イッチ》しない。

【氷柱《ヒョウチュウ》】㊀夏、室内をすずしくするために置く、柱形のこおり。㊁《つらら》水のしずくがこおって、棒のように垂れ下がったもの。例 軒先《のきさき》の―。

【氷点《ヒョウテン》】水がこおり始めるときの温度。一気圧のもとではセ氏〇度。

【氷点下《ヒョウテンカ》】セ氏〇度より低い温度。水の氷点以下の温度。例 ―に保つ。―二度の気温。

【氷▼嚢《ヒョウノウ》】こおりや水を入れて頭や患部《カンブ》を冷やし、炎症《エンショウ》をやわらげ、熱をさますためのふくろ。こおりぶくろ。

【氷片《ヒョウヘン》】こおりのかけら。

【氷面《ヒョウメン》】こおりの表面。例 ―の温度が上がる。

○●結氷《ケッピョウ》・樹氷《ジュヒョウ》・薄氷《ハクヒョウ》・霧氷《ムヒョウ》・流氷《リュウヒョウ》

氺 2

【求】

7画 2165 6C42 教育4 音 キュウ漢 グ呉 訓 もと-める

筆順 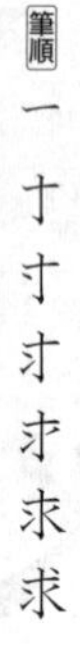

なりたち 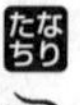 [象形] 毛皮をつり下げた形。借りて「もとめる」の意。

意味 ❶みずから得ようとつとめる。さがす。例 求道《キュウドウ・グドウ》。探求《タンキュウ》。追求《ツイキュウ》。❷他からもらおうとねがう。ほしがる。例 求愛《キュウアイ》。求職《キュウショク》。請求《セイキュウ》。要求《ヨウキュウ》。

日本語での用法 《もとめる》「買う」のやや改まった感じの表現。「当店《トウテン》でお求《もと》めください」

難読 求食《あさる》・求聞持《グモンジ》・求食火《いさりび》

人名 き・つとむ・ひで・ひとし・もと・もとむ・もとめ・やす

【求愛《キュウアイ》】(名・する) 相手の愛をもとめること。また、動物が交尾《コウビ》の相手をさがすこと。例 ―行動。―の手紙。

【求刑《キュウケイ》】(名・する)〔法〕検察官が被告人《ヒコクニン》に科すべき刑罰《ケイバツ》を、裁判官に請求《セイキュウ》すること。

【求婚《キュウコン》】(名・する) 結婚を申しこむこと。プロポーズ。

【求職《キュウショク》】(名・する) 職業をもとめること。勤め先をさがすこと。職さがし。対 求人。

【求心《キュウシン》】中心に近づこうとすること。例 ―的行動。

【求心力《キュウシンリョク》】①〔物〕物体が円運動をするとき、円の中心に向かう力。〔「向心力」の古い言い方〕②組織などで、人心を集める力。

【求人《キュウジン》】(会社や工場などで)働く人をさがしもとめること。対 求職。例 ―広告。

【求知心《キュウチシン》】知識を得ようとする意欲。探求心。例 旺盛《オウセイ》な―。

【求道《キュウドウ》】㊀真理をたずねもとめること。例 ―の精神。㊁《グドウ》宗教的な道を追求して修行《シュギョウ》すること。

【▽求道者《グドウシャ》】真理や宗教的なさとりをもとめて修行《シュギョウ》にはげむ人。

○●希求《キキュウ》・請求《セイキュウ》・探求《タンキュウ》・追求《ツイキュウ》・要求《ヨウキュウ》・欲求《ヨッキュウ》

氵 2

【汁】

5画 2933 6C41 常用 音 シュウ漢 ジュウ呉 訓 しる

筆順 、 冫 氵 汁 汁

なりたち [形声]「氵(=みず)」と、音「十《シュウ》」とから成る。しる。

意味 ❶中からにじみ出る水分。例 果汁《カジュウ》。胆汁《タンジュウ》。肉汁《ニクジュウ》。❷何かがとけこんでいる液体。例 墨汁《ボクジュウ》。❸利益のたとえ。例 甘《あま》い汁《しる》を吸《す》う。

日本語での用法《しる》液体の多い食品。「味噌汁《ミソしる》・汁物《しるもの》」

難読 灰汁《あく》・苦汁《にがり》

【汁気《しるケ》】料理に含まれる水分。

【汁粉《しるこ》】あずきあんをとかした汁に、餅《もち》または白玉《しらたま》を入れた食べ物。

【汁物《しるもの》】和食で、しるを主とした料理。

●灰汁《あく》・果汁《カジュウ》・苦汁《クジュウ・にがり》・胆汁《タンジュウ》・乳汁《ニュウジュウ》・墨汁《ボクジュウ》

氵2 【汀】 5画 3685 6C40 人名 音 テイ漢 訓 なぎさ・みぎわ

なりたち [形声]「氵(=みず)」と、音「丁《テイ》」とから成る。たいら。派生して「なぎさ」の意。

意味 水ぎわの平らな地面。なぎさ。みぎわ。例 汀沙《テイサ》。長汀《チョウテイ》。

【汀曲《テイキョク》】入りくんで、まがりくねった波打ちぎわ。

【汀沙《テイサ・テイシャ》】水ぎわの砂原。砂浜《すなはま》。

【汀線《テイセン》】海面や湖面と陸地とが接する線。

氵2 【氾】 5画 4037 6C3E 常用 音 ハン漢 訓 ひろ-がる

筆順 、 冫 氵 氾 氾

なりたち 「氵(=みず)」と、音「㔾《ハン》」とから成る。水があふれる。

意味 ❶水があふれて、広がる。例 氾濫《ハンラン》。❷広くいきわたる。あまねく。同 汎《ハン》。例 氾論《ハンロン》。

【氾濫《ハンラン》】(名・する)①河川《カセン》などが増水して、あふれ出ること。洪水《コウズイ》。例 河川の―。②世間にはびこること。増えて害が生じること。例 悪書の―。表記 ▽「汎濫」とも書く。

【氾論《ハンロン》】ひろく全般《ゼンパン》にわたって論ずること。汎論《ハンロン》。

氵3 【汚】 6画 1788 6C5A 常用 音 オ漢 訓 けが-す・けが-れる・けが-らわしい・よご-す・よご-れる・きたな-い・けが-れ・よご-れ

筆順 、 冫 氵 氵 汚 汚

なりたち [形声]「氵(=みず)」と、音「亏《ウ→オ》」とから成る。水がにごってきたない。

意味 ❶たまり水。にごり水。❷よごれた、きたない。例 汚水《オスイ》。汚点《オテン》。汚物《オブツ》。❸不正をおこなう。けがす。例 汚職《オショク》。汚名《オメイ》。貪汚《タンオ》。

【汚▼穢《オアイ・オワイ》】①けがれたこと。けがれたもの。②糞尿《フンニョウ》。

【汚職《オショク》】公務員がその立場を利用して、特定の人に利益をあたえ、賄賂《ワイロ》を取るなどの不正な行為《コウイ》をすること。〔古くは「瀆職《トクショク》」といった〕

【汚辱《オジョク》】けがしはずかしめること。はずかしめ。はじ。

【汚水《オスイ》】よごれた、きたない水。例 ―が流れこむ。

【汚染《オセン》】(名・する)病原菌《ビョウゲンキン》や放射能、また、ちりやほこりなどによって、空気や水や食物などをよごすこと。また、よごされること。例 環境《カンキョウ》―。大気を―する。

【汚損《オソン》】(名・する)物をよごし、きずつけること。よごれたり、きずついたりすること。例 ―した身分証明書。

【汚濁《オダク》】〔「オジョク」とも〕(名・する)よごれ、にごること。

【汚泥《オデイ》】①きたないどろ。例 ―にまみれる。②下水処理にともなって出る、どろのような物質。スラッジ。

【汚点《オテン》】①きれいなものの表面についた、よごれ。②不名誉《フメイヨ》なことがら。きず。例 歴史に―を残す。

【汚物《オブツ》】きたないもの。とくに、排泄物《ハイセツブツ》。例 ―の処理。―にまみれる。

【汚名《オメイ》】〔名をけがす意〕不名誉《フメイヨ》なうわさ。悪い評判。悪名。例 ―をそそぐ。

氵3 【汗】 6画 2032 6C57 常用 音 カン漢 訓 あせ

筆順 、 冫 氵 氵 汗 汗

なりたち [形声]「氵(=みず)」と、音「干《カン》」とから成る。からだの表面から出る液。

意味 ❶人や動物のからだの表面からにじみ出る液。あせ。また、あせをかく。例 汗顔《カンガン》。発汗《ハッカン》。❷火であぶるとあせのようににじみ出す青竹の水分。例 汗簡《カンカン》。❸中国北方の異民族の長のこと。例 成吉思汗《ジンギスカン》。

難読 汗衫《かざみ・はだぎ・あせとり》

【汗簡《カンカン》】油けをぬいた竹のふだ。昔、紙がなかったころ、竹のふだを火であぶり、青みを取って文字を書いた。

【汗顔《カンガン》】顔にあせをかくほど、ひじょうにはずかしい思いをすること。例 ―のいたり。

【汗牛充棟《カンギュウジュウトウ》】〔荷を引けばウシがあせをかき、積み上げれば棟《むね》にまで届くほどの量、の意〕蔵書がひじょうに多いことのたとえ。〈柳宗元《リュウソウゲン》・陸文通先生墓表《リクブンツウセンセイボヒョウ》〉

【汗▼疹《カンシン》】あせのために皮膚《ヒフ》にできる、多くの小さな水ぶくれ。あせも。あせぼ。

【汗背《カンパイ》】はずかしさのあまり、せなかにあせをかくこと。

【汗馬の労《カンバのロウ》】ウマにあせをかかせて戦場をかけまわり、立てた手がら。戦功。

●盗汗《トウカン・ねあせ》・発汗《ハッカン》・冷汗《レイカン》

氵3 【江】 6画 2530 6C5F 常用 音 コウ漢 ゴウ呉 訓 え

筆順 、 冫 氵 氵 江 江

なりたち [形声]「氵(=みず)」と、音「工《コウ》」とから成る。川の名。

意味 ❶長江《チョウコウ》(=揚子江《ヨウスコウ》)。例 江河《コウガ》。江水《コウスイ》(=長江の水)。❷大きな川。例 黒竜江《コクリュウコウ》(=アムール川)。

日本語での用法 一《ゴウ》旧国名「近江《おうみ》(=今の滋賀《しが》県)」の略。「江州《ゴウシュウ》」 二《え》陸地にはいりこんでいる海岸や湖岸や川岸の水面。「入《い》り江《え》・堀江《ほりえ》」

難読 江豚《いるか》・江鮭《あめ・あめのうお》

人名 きみ・ただ・のぶ・ひろ

【江戸《えど》】東京都の中心部の古い呼び名。徳川家康《いえやす》が幕府《バクフ》を開いてからおおいに発展した。

【江戸▼褄《えどづま》】女性の着物で、前(=褄《つま》)から後ろにすそ模様を配したもの。また、その着物。既婚者《キコンシャ》の礼装用。

【江戸前《えどまえ》】①いかにも江戸のものだという感じ。江戸風。江戸好み。例 ―のにぎりずし。②江戸の前の海(=東京湾

ワン）でとれる魚介類《ギョカイルイ》。例 ―のハゼ。

【江河】《コウガ》 ①長江《チョウコウ》と黄河《コウガ》。②大きな川。大河《タイガ》。

【江漢】《コウカン》 長江《チョウコウ》と漢水（＝陝西《センセイ》省西部に発し、漢口《カンコウ》で長江に注ぐ川）。

【江月】《コウゲツ》 ①川の上にかかった月。川面《かわも》を照らす月。②川の流れに映った月。

【江湖】《コウコ》 〔古くは「ゴウコ」〕 ①長江《チョウコウ》と洞庭湖《ドウテイコ》。また、大きな川とみずうみ。②世間。世の中。例 ―の好評を博す。―の散人《サンジン》（＝世に用いられぬ、いなか者）。

【江上】《コウジョウ》 〔古くは「コウショウ」〕 ①長江《チョウコウ》の水面。長江のほとり。②川のほとり。例 ―の月。

【江南】《コウナン》 長江《チョウコウ》下流の南岸の地方。

【江《コウ》▼碧《みどり》にして鳥《とり》▼逾《いよいよ》白《しろ》し】 川の水はみどり色で、飛びかう鳥はいっそう白く見える。〈杜甫《トホ》・絶句《ゼック》〉

【江楼】《コウロウ》 川のほとりの高殿《たかどの》。

○●大江《タイコウ》・長江《チョウコウ》・堀江《ほりえ》

水 3 **【汞】** 7画 6171 6C5E 音 コウ漢 訓 みずがね

意味 化学元素の一つ。液体状の銀白色の金属（で温度計・蛍光灯《ケイコウトウ》などに用いられる）。水銀。みずがね。例 昇汞水《ショウコウスイ》（＝塩化水銀の水溶液《スイヨウエキ》。殺菌《サッキン》・消毒薬として使用した）。

氵 3 **【汕】** 6画 6172 6C55 音 サン漢 訓 あみ・およ-ぐ

意味 ❶魚が泳ぐようす。およぐ。❷魚をとるあみ。あみ。

参考 「汕頭《スワトー》」は中国の地名。「汕《スワ》」は現代中国方言音。

氵 3 **【汝】** 6画 3882 6C5D 人名 音 ジョ漢 訓 な・なんじ

意味 ❶川の名。例 汝水《ジョスイ》（＝河南《カナン》省の川。汝河）。❷なんじ。な。おまえ。例 汝輩《ジョハイ》（＝おまえたち）。

氵 3 **【汐】** 6画 2814 6C50 人名 音 セキ漢 訓 しお・うしお

なりたち ［形声］「氵（＝みず）」と、音「夕《セキ》」とから成る。ゆうしお。

意味 夕方に起きる海水の干満。ゆうしお。例 朝汐《チョウセキ》。

人名 きよ

氵 3 **【池】** 6画 3551 6C60 教育2 音 チ漢呉 訓 いけ

筆順 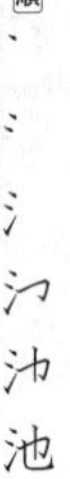

なりたち  ［形声］「氵（＝みず）」と、音「也《ヤ→チ》」とから成る。水がたまり、あつまったところ。

意味 ❶自然にできた大きな水たまり。また、地面をほって水をためたもの。いけ。例 池苑《チエン》。池沼《チショウ》。池塘《チトウ》。❷城のまわりのほり。❸すずりの、水をためるくぼんだところ。例 硯池《ケンチ》。墨池《ボクチ》。

日本語での用法 《チ》 何かをためて、いれておくところ。「電池《デンチ》・肉池《ニクチ》（＝印肉をいれておくもの）」

難読 池鯉鮒《チリフ｜チリュウ》（＝東海道の地名。「知立《チリュウ》」とも）

【池▼苑】《チエン》 池と庭園。表記「池園」とも書く。

【池魚】《チギョ》 池の中のさかな。

【池魚の▼殃】《チギョのわざわい》 思いがけない災難にあうことのたとえ。罪もないのにそのまきぞえになること。また、火災で類焼《ルイショウ》すること。〔昔、池に投じたという宝玉《ホウギョク》をさがすために池の水を干したので、さかなが死んでしまったという故事。また、城門が焼けたとき、池の水をくんで消したために、さかなが死んでしまったという故事による〕〈呂氏春秋《リョシシュンジュウ》、ほか〉

【池沼】《チショウ》 池とぬま。

【池亭】《チテイ》 池のほとりのあずまや、または建物。

【池▼塘】《チトウ》 池のつつみ。池の土手。

【池▼塘春草の夢】《チトウシュンソウのゆめ》 池の土手の草の上にねころんで見た、少年時代の夢。若い日の楽しみ。例 いまだ覚めず―。

【池畔】《チハン》 池のほとり。例 ―のヤナギ。

【池辺】《チヘン》 池のほとり。池の付近。例 ―を散策する。

○●金城湯池《キンジョウトウチ》・電池《デンチ》・臨池《リンチ》

氵 3 **【汢】** 6画 6173 6C62 国字 訓 ぬた

意味 地名に用いられる字。

氵 3 **【汎】** 6画 4038 6C4E 常用 音 ハン漢 ボン呉 訓 うか-ぶ・ひろ-い

筆順 

なりたち  ［形声］「氵（＝みず）」と、音「凡《ハン》」とから成る。水に浮くさま。

意味 ❶風や波のままにただよう。うかぶ。また、船をうかべる。例 汎舟《ハンシュウ》（＝ふねをうかべる）。❷広くすみずみまで。ひろい。あまねく。同 氾《ハン》。例 汎愛《ハンアイ》。汎称《ハンショウ》。汎神論《ハンシンロン》。全《ゼン》。すべて。

日本語での用法 《ハン》 英語「pan-」の音訳。「汎《ハン》アジア主義《シュギ》・汎《ハン》太平洋平和会議《タイヘイヨウヘイワカイギ》」

難読 汎織《うけおり》

人名 ひろ・ひろし・ひろむ・みな

【汎愛】《ハンアイ》 （名・する） すべての人を、差別なく愛すること。例 ―主義。

【汎称】《ハンショウ》 ①広く使われる名称。②全体をひとまとめにして呼ぶこと。また、その名称。類 総称。

【汎神論】《ハンシンロン》 〔哲〕 いっさいの存在は神そのものであり、神と宇宙は一体であるとする考え方。

【汎用】《ハンヨウ》 （名・する） 広くいろいろの方面に使うこと。例 ―性。―コンピューター。

【汎濫】《ハンラン》 （名・する） 河川《カセン》などの水があふれ出ること。また、はびこること。表記「氾濫《ハンラン》」とも書く。

【汎論】《ハンロン》 （名・する） ①広く全体にわたって論じること。総論。②全体についての議論。総論。類 通論。

○●広汎《コウハン》

氵 3 ［汲］ 6画 ⇩【汲】《キュウ》（579ページ）

氵 4 **【汪】** 7画 6174 6C6A 音 オウ漢

意味 湖や海などの深く広いようす。例 汪汪《オウオウ》。

【汪汪】《オウオウ》 （形動《タル》） 湖や海がゆったりと広く水をたたえているようす。

氵 4 **【汽】** 7画 2105 6C7D 教育2 音 キ漢

筆順 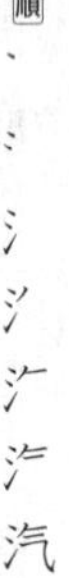

なりたち  ［形声］「氵（＝みず）」と、音「气《キ》」とから成る。水がなくなる。ゆげ。

意味 液体や固体の変化した気体。とくに、水蒸気。例 汽缶《キカン》。

【汽缶《キカン》】かまの中に高圧の蒸気を発生させ、その力を動力源とする装置。蒸気がま。ボイラー。例 蒸気—。

【汽車《キシャ》】蒸気機関車によって客車や貨車を引いて、レールの上を走る列車。ＳＬ《エスエル》。例 —の旅。

【汽水《キスイ》】海水と淡水《タンスイ》とがまざりあっている、塩分濃度《ノウド》の低い水。

【汽船《キセン》】蒸気機関または内燃機関を動力とする船。

【汽笛《キテキ》】（汽車や汽船などで）蒸気をふき出して鳴らす、信号用のふえ。例 —一声《イッセイ》。出港の—。

漢字に親しむ ⑭ 池《いけ》のそばですることは

書の達人、後漢《ゴカン》の張芝《チョウシ》は、たいへんな努力家でした。書の稽古《ケイコ》のため、家にある絹織物はまず必ず字を書いてから衣服に仕立てるようにし、池のそばで練習にはげんでは池の水を真っ黒にしました。紙がじゅうぶんに無いので布にも練習したのでしょうが、いつも墨染《すみぞ》めの衣《ころも》を着ていたのでしょうか。また、真っ黒な池を見た近所の人はどう思ったことでしょう。鳥や魚はすめなくなったでしょうし、今なら環境《カンキョウ》を汚染《オセン》したとして罰《バッ》せられるにちがいありません。ところが張芝は「草聖」つまり草書の最高権威《ケンイ》としてたたえらえ、「臨池《リンチ》」といえば書道を学ぶことをいうようになりました。

氵4

【沂】7画 6175 6C82 音 一 キ(慣) ギ(漢) 二 ギン(漢) 訓 ほとり

意味 一《キ／ギ》 川の名。沂水《キスイ》。 二《ギン》 きし。はて。

氵4

【汲】7画 2166 6C72 人名 音 キュウ(漢)(呉) 訓 く-む

氵3

【汲】6画 俗字

意味 ❶ 水を引き入れる。くむ。例 汲引《キュウイン》。 ❷ くみ取る。調べ考える。例 汲古《キュウコ》。

【汲引《キュウイン》】（名・する）①水を引き入れること。②人を引き上げ用いること。

【汲汲《キュウキュウ》】（形動《タルト》）こせこせとそのことばかりに努めるようす。例 責任回避《セキニンカイヒ》に—とする。

【汲古《キュウコ》】（名・する）昔のことを調べること。

氵4

【決】7画 2372 6C7A 教育3 音 ケツ(漢) 訓 き-める・き-まる

筆順

氵4

【决】6画 4951 51B3 俗字

なりたち

［形声］「氵（＝みず）」と、音「夬《ケツ》」とから成る。上から下へ流れる。

意味 ❶ 堤防《テイボウ》が切れて水が流れ出す。きれる。例 決壊《ケッカイ》。決裂《ケツレツ》。決河《ケッカ》の勢《いきお》い。 ❷ ものごとをきっぱりと断定したり、心をしっかりきめる。きめる。きまる。例 決断《ケツダン》。決定《ケッテイ》。議決《ギケツ》。 ❸ わかれる。(同) 訣《ケツ》。例 決別《ケツベツ》。

人名 さだ・さだむ・ひろ・ひろし

【決まり文句《きまりモンク》】いつも型にはまった同じ文句で、新鮮味《シンセンミ》のない言いぐさ。例 —の説教。

【決意《ケツイ》】（名・する）意志をはっきりときめること。また、きめた意志。決心。例 —を新たにする。

【決河《ケッカ》】①黄河《コウガ》の水があふれて堤防《テイボウ》を破壊《ハカイ》すること。②いっぱんに川の水がつつみを切って流れること。

【決河の勢い《ケッカのいきおい》】すさまじい勢い。

【決壊《ケッカイ》】（名・する）堤防《テイボウ》が水の勢いで切れて、くずれること。例 ダムが—する。表記「決潰」とも書く。

【決起《ケッキ》】（名・する）決意して立ち上がり、行動を起こすこと。奮い立って行動を始めること。例 総—集会を開く。表記 (旧)▼蹶起

【決議《ケツギ》】（名・する）（会議や集会で）議論して決定すること。また、決定したことがら。例 —を得て実行する。

【決行《ケッコウ》】（名・する）ためらわずにおこなうこと。例 雨天でも—する。

【決済《ケッサイ》】（名・する）代金のしはらいによって、売買取引をすませること。

【決裁《ケッサイ》】（名・する）あることがらについて決定する権限をもつ者が、提案の採否をきめること。例 大臣の—を得る。

【決算《ケッサン》】（名・する）①〔経〕一定期間内の、収入・支出・利益・損失の総計。(対) 予算。例 —報告。②金銭の収支をすべて計算して、最終的にまとめること。③総まとめ。しめくくり。例 人生の総—。

【決死《ケッシ》】死ぬ覚悟《カクゴ》をすること。例 —隊。

【決勝《ケッショウ》】①最終的に勝負をきめること。例 —点。—のレース。②第一位をきめること。例 —戦。

【決定】一《ケツジョウ》（名・する）〔仏〕きまっていること。信じて疑わないこと。例 未来を—する。 二《ケツジョウ》（副）必ず。きっと。例 —、これは負けいくさと覚えたり。 三《ケッテイ》（名・する）きっぱりときめること。例 中止を—する。

【決定論《ケッテイロン》】〔哲〕人間の意志をふくめ、この世の中の現象は、なんらかの原因にもとづいて、あらかじめ決定されているものである、という立場。また、そういう考えに立つ説。

【決心《ケッシン》】（名・する）あることをしようと、心にきめること。決意。例 かたく—する。

【決戦《ケッセン》】（名・する）最後の勝敗をきめるために、たたかうこと。また、そのたたかい。例 —をいどむ。

【決選《ケッセン》】予選のあとでおこなう最終選考。(類) 本選。例 —投票（＝当選に必要な票が得られなかったとき、上位二名でおこなう投票）。

【決然《ケツゼン》】（形動《タルト》）強く決心したようす。例 —たる態度。

【決断《ケツダン》】（名・する）①きっぱりときめること。例 —をせまられる。②事のよしあしを裁くこと。

【決着《ケッチャク》】（名・する）争いごとや議論などの、きまりがつくこと。例 —がつく。—をつける。

【決闘《ケットウ》】（名・する）うらみや争いの決着をつけるため、命をかけてたたかうこと。果たし合い。

【決別】《ケツベツ》 (名・する) (二度と会わないという気持ちで)きっぱりとわかれること。例 過去と—する。表記 (旧)▼訣別

【決裂】《ケツレツ》 (名・する) 会談や交渉《コウショウ》などが、意見が対立して、ものわかれになること。例 談判《ダンパン》が—する。

●解決《カイケツ》・可決《カケツ》・議決《ギケツ》・採決《サイケツ》・裁決《サイケツ》・先決《センケツ》・即決《ソッケツ》・対決《タイケツ》・判決《ハンケツ》・否決《ヒケツ》・表決《ヒョウケツ》

氵4 【冱】 7画 6176 6C8D 音 コ(漢) ゴ(呉) 訓 か-れる

意味 水が寒さでこおりつく。きわめて寒い。例 冱寒《ゴカン》(=寒く、こおりつく)。

氵4 【沙】 7画 2627 6C99 常用 音 サ(漢) シャ(呉) 訓 すな・よな-げる・いさご

筆順 、 ⺀ 氵 氵丨 氵小 沙 沙

なりたち [会意]「氵(=みず)」と「少(=すくない)」とから成る。水が少ないと見えるすな。

意味 ❶水べのごく小さな石のつぶ。すな。(同) 砂《サ》。例 沙場《サジョウ》。沙漠《サバク》。❷水中で細かいものを洗い分ける。よなげる。例 沙汰《サタ》。❸外国語「サ」「シャ」の音にあてる字。例 沙翁《サオウ》。沙羅双樹《サラソウジュ》。

難読 沙魚《はぜ》・沙蚕《ごかい》

人名 いさ・す・まさご

【沙翁】《サオウ|シャオウ》 シェークスピアの音訳「沙吉比亜」の略に「翁」を加えたもの。十六世紀後半のイギリスの劇作家。

【沙場】《サジョウ》 ①砂漠《サバク》。②戦いの場としての砂漠。

【沙汰】《サタ》 〔水に入れて細かいものをより分ける意〕 一 (名・する) よしあしや処置を決めること。また、その結果にもとづく通知や指図。例 地獄《ジゴク》の—も金しだい。 二 (名) ①おこない。事件。例 正気の—とは思えない。②評判。便り。

【沙汰▽止み】《サタやみ》 計画がとりやめになること。おながれ。

【沙漠】《サバク》 砂や岩ばかりの土地。表記「砂漠」とも書く。

【沙羅樹】《サラジュ|シャラジュ》 「沙羅双樹《サラソウジュ》」に同じ。

【沙羅双樹】《サラソウジュ|シャラソウジュ》 ①〔仏〕〔「沙羅」は、梵語《ボンゴ》の音訳〕 釈迦《シャカ》の病床《ビョウショウ》の四方に二本ずつあったという木。釈迦が没《ボッ》したとき、時ならぬ白色の花をさかせたという。沙羅。沙羅樹。②フタバガキ科の常緑高木。シャラノキ。インド原産。③ツバキ科のナツツバキの別名。シャラノキ。ツバキに似た白い花がさく。表記 ▽「▼娑羅双樹」とも書く。

【▽沙▽弥】《シャミ》 〔仏〕〔梵語《ボンゴ》の音訳〕 出家したばかりで、じゅうぶんに修行《シュギョウ》していない僧《ソウ》。

【▽沙門】《シャモン》 〔仏〕〔梵語《ボンゴ》の音訳〕 出家して修行《シュギョウ》する僧《ソウ》。桑門《ソウモン》。〔訓読して「すなのかど」ともいう〕

氵4 【沚】 7画 6177 6C9A 音 シ(漢) 訓 なぎさ・みぎわ

意味 小さな中州《なかす》。なぎさ。みぎわ。

氵4 【沁】 7画 6178 6C81 音 シン(漢) 訓 し-みる

意味 水がしみこむ。しみる。また、ひたす。例 壁《かべ》に雨水《あまみず》が沁《し》みる。

氵4 【汰】 7画 3433 6C70 常用 音 タ(慣) タイ(漢) 訓 よな-げる・おご-る

筆順 、 ⺀ 氵 氵一 汁 汏 汰

なりたち [形声]「氵(=みず)」と、音「太《タイ》」とから成る。よなげる。

意味 ❶水とともにすくって洗い出し、中の役に立つものを拾い分ける。よなげる。ゆる。あらう。例 沙汰《サタ》。淘汰《トウタ》。❷必要以上にたっぷりとある。おごる。(同) 泰《タイ》。

氵4 【沢】 7画 3484 6CA2 常用 音 タク(漢) 訓 さわ

筆順 、 ⺀ 氵 氵フ 氵コ 沪 沢

氵13 【澤】 16画 6323 6FA4

なりたち [形声]「氵(=みず)」と、音「睪《エキ→タク》」とから成る。つやつやとうるおいがある。

意味 ❶つやがある。つやつやしい。つや。例 光沢《コウタク》。手沢《シュタク》。❷水が浅くたまって草木のしげったところ。湿地《シッチ》。さわ。例 沢畔《タクハン》。山沢《サンタク》。沼沢《ショウタク》。❸(水けが)たっぷりある。うるおう。うるおす。例 潤沢《ジュンタク》。❹なさけ。めぐみ。例 恩沢《オンタク》。恵沢《ケイタク》。

日本語での用法 《さわ》山あいの谷川。「沢登《さわのぼ》り」

難読 沢瀉《おもだか|みずなぎ》

人名 ます・めぐみ

【▽沢▼瀉】《おもだか》 オモダカ科の多年草。湿地《シッチ》に生える。夏、白い花がさく。花びらは三枚、葉は矢じりの形をしている。

【沢▼庵】《タクアン》 「沢庵漬《づ》け」の略。干したダイコンを塩とぬかでつけた漬物《つけもの》。〔江戸《えど》初期、沢庵和尚《オショウ》の考案か〕

【沢山】《タクサン》 一 (副) 数量の多いこと。多く。あまた。 二 (形動ダナ) じゅうぶんあって、もうそれ以上はいらないようす。

【沢畔】《タクハン》 ぬまやさわのほとり。

●遺沢《イタク》・恩沢《オンタク》・恵沢《ケイタク》・光沢《コウタク》・潤沢《ジュンタク》

氵4 【沖】 7画 1813 6C96 教育4 音 チュウ(漢)(呉) 訓 おき

筆順 、 ⺀ 氵 氵冂 氵口 沖

氵4 [冲] 6画 4953 51B2 俗字

なりたち [形声]「氵(=みず)」と、音「中《チュウ》」とから成る。水がわいて動く。

意味 ❶水がまっすぐわき上がり、なだらかに流れる。例 沖積《チュウセキ》。❷わき上がるように、まっすぐつきあたる。真上へ高く飛ぶ。例 沖天《チュウテン》。❸わき上がる水がそそがれ、なだらかになる。かたよらず、おだやか。例 沖和《チュウワ》。❹中が空《から》である。うつろ。うつお。例 虚沖《キョチュウ》。沖舟《うつおぶね》(=一本の木をくりぬいて作った舟)。❺知恵《チエ》や経験が不足で、頭がうつろ。おさない。例 沖人《チュウジン》(=おさない者)。

日本語での用法 《おき》海岸線からはなれた海上。「沖《おき》の小島《こじま》」

人名 とおる・なか・のぼる・ふかし

【沖合】《おきあい》 沖のほう。例 —漁業。—に待避《タイヒ》する。

【沖積】《チュウセキ》 河口や川べりなどに、川の流れが運んだ土砂《ドシャ》がつみ重なること。例 —平野。

【沖積世】《チュウセキセイ》 ⇩【完新世】《カンシンセイ》(290ページ)

【沖積層】《チュウセキソウ》 河川《カセン》の堆積物《タイセキブツ》でできた、土砂《ドシャ》の地層。地質学上、最新の地層。

【沖天】《チュウテン》 天にのぼること。空高くのぼること。例 —の勢い。—の、強い志をもつ。

【沖和】《チュウワ》 (名・する) ①やわらぐこと。おだやかになること。②調和した天地の気。

氵4

【沈】

7画 3632 6C88 常用

音 一 チン 漢 シン 呉 二 シン 漢 呉

訓 しず-む・しず-める

筆順 、 ⺀ 氵 氵 沪 沈 沈

氵4

[沉] 7画 2-7826 6C89 俗字

なりたち 〔形声〕「氵(=みず)」と、音「冘《イン》→《チン》」とから成る。雨が降り、大きなおかの上にたまった水。借りて「しずむ」の意。

意味 一《チン》 ❶(水中に)深くはいる。しずむ。しずめる。対 浮《フ》。例 沈下《チンカ》。沈没《チンボツ》。浮沈《フチン》。❷ものごとにふける。おぼれる。例 沈酔《チンスイ》。沈溺《チンデキ》。❸気がふさぐ。元気がない。例 沈鬱《チンウツ》。沈痛《チンツウ》。意気消沈《イキショウチン》。❹おちついている。しずか。例 沈思《チンシ》。沈着《チンチャク》。沈黙《チンモク》。❺とどこおる。とどまる。また、ひさしい。例 沈痾《チンア》。沈滞《チンタイ》。二《シン》 姓《セイ》の一つ。例 沈徳潜《シントクセン》(=清《シン》の詩人)。沈約《シンヤク》(=梁《リョウ》の学者)。

使い分け しずまる・しずめる【静・鎮・沈】⇩1170ページ

人名 うし

【▽沈香】《ジンコウ》 ①ジンチョウゲ科の熱帯産常緑高木。材は香木とする。②香料の一種。「①」の幹から分泌される樹脂《ジュシ》成分を採取したもの。その優良品を伽羅《キャラ》という。

【▽沈丁▽花】《ジンチョウゲ》 〔「チンチョウゲ」とも〕ジンチョウゲ科の常緑低木。早春、かおりの強い花がさく。

【沈鬱】《チンウツ》 (名・形動ナダ) 気がしずんで、はればれしないこと。例 —な雰囲気《フンイキ》。

【沈下】《チンカ》 (名・する) しずんでいくように、さがること。例 地盤《ジバン》が—する。

【沈魚落▼雁】《チンギョラクガン》 絶世の美人の形容。あまりの美しさに圧倒《アットウ》されて、さかなは水の底にしずみ、ガンは目がくらんで空からおちてしまうということ。〈荘子《ソウジ》〉

【沈金】《チンキン》 漆器《シッキ》に文様を毛彫《けぼ》りにして、金箔《キンパク》や金粉でうめる蒔絵《まきエ》の技法。

【沈吟】《チンギン》 (名・する) ①低い声で歌うこと。②考えこむこと。もの思いにしずむこと。例 うで組みをし、—する。

【沈降】《チンコウ》 (名・する) しずみさがること。例 赤血球—速度。

【沈思】《チンシ》 (名・する) 深く考えこむこと。じっくりと考えること。例 —黙考《モッコウ》する。

【沈深】《チンシン》 (名・形動ナダ) ①おちついていて、考えぶかいこと。例 性格は—で、読書を好む。②水がふかいこと。

【沈酔】《チンスイ》 (名・する) 酒に、よいつぶれること。

【沈静】《チンセイ》 (名・する) おちついていて、しずかなこと。例 景気が—化する。

【沈潜】《チンセン》 (名・する) ①水の底に深くしずみ、かくれること。②心をおちつけて、考えにふけること。例 研究に—する。

【沈滞】《チンタイ》 (名・する) とどこおって進まないこと。気分があがらない。例 —したムードになる。

【沈着】《チンチャク》 (名・形動ナダ) おちついていること。ものごとに動じないこと。例 —冷静に行動する。

【沈沈】《チンチン》 (形動タルト) ①ひっそりとしているようす。②夜がふけて静まりかえっているようす。

【沈痛】《チンツウ》 (名・形動ナダ) 悲しみや苦しみに、心をいためること。例 —なおももち。

【沈殿】《チンデン》 (名・する) 液体中にまざったものが、底にしずんでたまること。表記 旧 沈▼澱

【沈没】《チンボツ》 (名・する) ①船などが水中にしずむこと。例 —船を引き上げる。②俗《ゾク》に、酒によいつぶれること。

【沈黙】《チンモク》 (名・する) 口をきかないでいること。だまっていること。例 —を守る。—は金《キン》。

【沈勇】《チンユウ》 (名・形動ナダ) おちついていて、勇気のあること。

●撃沈《ゲキチン》・血沈《ケッチン》・消沈《ショウチン》・深沈《シンチン》・赤沈《セキチン》・爆沈《バクチン》・浮沈《フチン》

水4

【沓】

8画 2303 6C93 人名

音 トウ 漢

訓 くつ

意味 ❶ことば数が多いようす。よどみなくしゃべるようす。例 沓沓《トウトウ》。❷かさなりあうようす。こみあうようす。例 雑沓《ザットウ》。

日本語での用法 《くつ》 足にはくもの。くつ。鞜《トウ》(=くつ。本来は革《かわ》製のくつ)の字の一部を省いた字。「浅沓《あさぐつ》・深沓《ふかぐつ》・沓掛《くつかけ》(=地名)・沓冠《くつかぶり|くつかむり》」

人名 かず

【沓▽冠】《くつかぶり|くつかむり》 和歌や句の最初と最後に同じ字をよみこむ遊び。

【沓沓】《トウトウ》 (形動タルト) ①よどみなくしゃべるようす。例 —と話す。②精神がたるんでいるようす。③速く行くようす。

氵4

【沌】

7画 3857 6C8C 人名

音 トン 漢

意味 「混沌《コントン》」=「渾沌《コントン》」は、もやもやと、ものの形のさだまらないようす。また、天と地がまだ分かれない状態。

氵4

【沛】

7画 6179 6C9B

音 ハイ 漢

意味 ❶(雨や水流の)勢いがさかんなようす。同 霈《ハイ》。例 沛然《ハイゼン》。❷たおれる。例 造次顛沛《ゾウジテンパイ》(=あわただしいときと、つまずいてたおれそうな危急のとき)。❸江蘇《コウソ》省沛県。漢の高祖《コウソ》(=劉邦《リュウホウ》)の出身地。例 沛公《ハイコウ》。

【沛然】《ハイゼン》 (形動タルト) ①雨がさかんに降るようす。例 —たる夕立が降ってきた。②勢いがさかんなようす。

氵4

【泛】

7画 6202 6CDB

音 ハン 漢

訓 うか-ぶ・うか-べる

意味 ❶水にうかんでただよう。うかぶ。うかべる。例 泛舟《ハンシュウ》。❷ひろくゆきわたる。あまねく。同 汎《ハン》。例 泛論《ハンロン》(=ひろく論じる)。

【泛舟】《ハンシュウ》 ふねをうかべること。

【泛称】《ハンショウ》 (名・する) ひっくるめていうこと。広く全般《ゼンパン》にわたっていうこと。また、その名称。総称。汎称《ハンショウ》。

氵4

【汾】

7画 6180 6C7E

音 フン 漢

意味 山西《サンセイ》省を流れ、黄河《コウガ》に注ぐ川。汾河《フンガ》。

氵4

【汨】

7画 6181 6C68

音 ベキ 漢

意味 「汨水《ベキスイ》」は、川の名。

【汨羅】《ベキラ》 湖南省北東部の川。楚《ソ》の忠臣の屈原《クツゲン》が投身自殺した川。汨水。

氵4

【汴】

7画 1-8652 6C74

音 ヘン 漢 ベン 呉

氵4

[汳] 7画 6182 6C73 本字

意味 ❶川の名。汴水《ベンスイ》。❷今の河南《カナン》省開封《カイホウ》市の別の呼び方。

【汴京】《ベンケイ》 五代の梁《リョウ》・晋《シン》・漢・周から北宋《ホクソウ》までの都。今の河南《カナン》省開封《カイホウ》市。

氵4
【没】
7画 4355 6CA1 常用 音 ボツ漢 モツ呉 訓 しず-む

筆順 、 冫 氵 氿 没 没

氵4
【沒】7画 6183 6C92

なりたち [形声]「氵(=みず)」と、音「殳《ボツ》」とから成る。水の中にすっかりはいる。

意味 ❶水中に深くはいる。うもれて見えなくなる。しずむ。例 水没《スイボツ》。沈没《チンボツ》。埋没《マイボツ》。❷ものごとにうちこむ。はまりこむ。例 没頭《ボットウ》。没入《ボツニュウ》。❸おちぶれる。例 没落《ボツラク》。❹死ぬ。同 歿《ボツ》。例 没年《ボツネン》。病没《ビョウボツ》。❺とりあげる。例 没収《ボッシュウ》。❻なくなる。また、ない。打ち消しのことば。例 没却《ボッキャク》。没交渉《ボッコウショウ》。

日本語での用法《ボツ》使わない。採用しない。「没書《ボッショ》・その提案《テイアン》は没《ボツ》にする」

難読 没分暁漢《わからずや》・没義道《モギドウ》

【没我】《ボツガ》ものごとに打ちこんで、自分を忘れること。

【没却】《ボッキャク》(名・する) 捨て去って、ないようにすること。なくしてしまうこと。例 自己を—する。

【没交渉】《ボッコウショウ》(名・形動《ダナ》) 交渉がまったくないこと。無関係。例 世間とは—に暮らす。

【没収】《ボッシュウ》(名・する) 強制的に取り上げること。例 財産を—する。

【没趣味】《ボッシュミ》(名・形動《ダナ》) 趣味のないこと。おもしろみがないこと。例 —な生活。

【没書】《ボッショ》新聞や雑誌が、投書などを採用しないこと。没。

【没常識】《ボツジョウシキ》(名・形動《ダナ》) 常識のないこと。非常識。

【没頭】《ボットウ》(名・する) ほかのことには見向きもせず、そのことだけに心を打ちこむこと。熱中すること。没入。

【没入】《ボツニュウ》(名・する) ①どんどんしずみこむこと。例 海中に—する。②心を打ちこむこと。没頭。例 製作に—する。

【没年】《ボツネン》①死んだときの年齢《ネンレイ》。②死んだときの年代や年号。表記 ▽㊐旧▼歿年

【没落】《ボツラク》(名・する) 栄えていたものが、おとろえること。おちぶれること。例 貴族階級の—。

【没理想】《ボツリソウ》理想をもたないこと。無理想。例 —の文学。

○●陥没《カン》・出没《シュツ》・神出鬼没《シンシュツ》・水没《スイ》・戦没《セン》・沈没《チンボツ》・日没《ニチボツ》・病没《ビョウボツ》・埋没《マイボツ》

氵4
【沐】
7画 6184 6C90 音 ボク漢 モク呉 訓 あら-う

意味 ❶かみの毛をあらう。あらう。例 沐浴《モクヨク》。櫛風沐雨《シップウモクウ》。❷めぐみをうける。うるおう。例 沐恩《モクオン》(=恩恵《オンケイ》に浴する)。

【沐雨】《モクウ》〔雨で髪《かみ》を洗う意〕雨にぬれながら、かけずりまわって苦労すること。→【櫛風沐雨】《シップウモクウ》(551ページ)

【沐浴】《モクヨク》(名・する) 髪《かみ》やからだを洗って、身を清めること。

【沐▼猴《モッコウ》にして冠《カン》す】〔サルがかんむりをつけている意〕粗野《ソヤ》な人が、うわべだけをかざることのたとえ。〈史記《シキ》〉

氵4
【沃】
7画 4564 6C83 常用 音 ヨク漢 訓 そそ-ぐ・こ-える

筆順 、 冫 氵 氵丿 汇 汘 沃

なりたち [形声]本字は「⿱艹沃」で、「氵(=みず)」と、音「芺《ヨク》」とから成る。水をそそぐ。

意味 ❶水を流しこむ。そそぐ。例 沃灌《ヨクカン》(=水をそそいで洗う)。❷土地が肥えている。地味がゆたか。こえる。例 沃土《ヨクド》。沃野《ヨクヤ》。肥沃《ヒヨク》。

【沃▼饒】《ヨクジョウ》(名・形動《ダナ》) 地味が肥えて、作物がよくできること。例 —の地。

【沃地】《ヨクチ》地味が肥えた土地。沃土。例 入植に適した—。

【沃土】《ヨクド》地味が肥えた土地。沃地。

【沃野】《ヨクヤ》地味の肥えた平野。例 —が広がる関東地方。

氵4
【沉】7画 ⇩【沈】《チン》(581ページ)

氵4
【汳】7画 ⇩【汴】《ベン》(581ページ)

氵4
【沒】7画 ⇩【没】《ボツ》(582ページ)

氵4
【沪】7画 ⇩【滬】《コ》(625ページ)

氵5
【泳】
8画 1743 6CF3 教育3 音 エイ漢 訓 およ-ぐ・およ-ぎ

筆順 、 冫 氵 氵丶 汀 汈 泳 泳

なりたち [形声]「氵(=みず)」と、音「永《エイ》」とから成る。もぐって水中を行く。

意味 水中にからだをうかせて自由に進む。およぐ。およぎ。例 泳法《エイホウ》(=およぎ方)。競泳《キョウエイ》。水泳《スイエイ》。

【泳者】《エイシャ》水泳競技で、およぐ人。例 第一—。

○●遠泳《エンエイ》・競泳《キョウエイ》・水泳《スイエイ》・背泳《ハイエイ》・遊泳《ユウエイ》

氵5
【沿】
8画 1772 6CBF 教育6 音 エン漢呉 訓 そ-う

筆順 、 冫 氵 氵丿 氵八 氵八 沿 沿

なりたち [形声]「氵(=みず)」と、音「㕣《エン》」とから成る。川にそって下る。

意味 ❶はなれないように進む。そう。例 沿海《エンカイ》。沿岸《エンガン》。沿線《エンセン》。❷しきたりにしたがう。例 沿革《エンカク》。

使い分け そう【沿・添】⇩1171ページ

【沿海】《エンカイ》①陸地にそった海。例 —漁業。②海にそった陸地。

【沿革】《エンカク》〔「沿」はもとのとおり、「革」は変わったことの意〕始めから現在までの、移り変わり。変遷《ヘンセン》。例 自分の学校の—を知る。

【沿岸】《エンガン》①陸地にそった水域。例 —漁業。②海や湖や川にそった陸地。例 —地域。

【沿線】《エンセン》鉄道ぞいの地帯。例 私鉄—。

【沿道】《エンドウ》道にそったところ。例 パレードを追う—の大観衆。

氵5
【泓】
8画 6187 6CD3 音 オウ漢 訓 ふか-い

意味 ❶水が深いようす。ふかい。例 泓泓《オウオウ》。❷水がすみきったようす。❸硯《すずり》の、水をためておく部分。また、硯のこと。❹川の名。泓水《オウスイ》。今の河南《カナン》省柘城《シャジョウ》県の北を流れていた。

氵5
【河】
8画 1847 6CB3 教育5 音 カ漢 ガ呉 訓 かわ 付表 河岸《かし》・河原《かわら》

筆順 、 冫 氵 氵一 汀 河 河 河

なりたち [形声]「氵(=みず)」と、音「可《カ》」とから成る。黄河《コウガ》(=川の名)。

意味 ❶黄河《コウガ》のこと。例 河南《カナン》(=黄河以南の地)。河北《カホク》(=黄河以北の地)。江河《コウガ》。❷大きなかわ。かわ。例 河川《カセン》。運河《ウンガ》。山河《サンガ》。❸天《あま》の川《がわ》。例 河漢《カカン》。銀

河《ガ》

日本語での用法《カ》旧国名「河内《かわち》（＝今の大阪《おおさか》府の南東部）」の略。「河州《カシュウ》」

難読 河内《かわち｜こうち》・河鹿《かじか》・河童《かっぱ》・河骨《こうほね》・河野《こうの》（＝姓《セイ》）・河馬《カバ》・天河《あまのがわ》・十河《そごう》・河伯《かわのかみ》

人名 ひろ

【河《カ》海《カイ》】①川と海。②黄河《コウガ》と海。③広く大きなことのたとえ。

【河《カ》海《カイ》は細流《サイリュウ》を▽択《えら》ばず】黄河や海はどんな小さな川の流れをも集めて大きく深くなる。心を広くもって、他人の意見をよく聞き、見識を高めてこそ大人物になれる、ということ。〈戦国策《センゴクサク》〉

漢字に親しむ ⑮ 泣《な》き方《かた》さまざま

人の泣き方をあらわす字には「泣」「号」「哭《コク》」の三種類があることをご存じですか。「泣」は涙《なみだ》を流すけれども声は出さないもの。「号」はその反対で、声を出すけれども涙は流さないもの。「哭」は涙を流し声を上げる、いわゆる「声涙《セイルイ》相共《あいとも》に下《くだ》る」という泣き方です。ですから「号泣」すれば、「哭」することと同じになります。

さて「哭」よりもっと激しい泣き方があります。それは身もだえしながら「哭」することで、「慟哭《ドウコク》」といいます。この泣き方をした史上最初の人が孔子《コウシ》で、最愛の弟子である顔回《ガンカイ》に先立たれたとき、身も世もあらず「慟哭」したことが、『論語《ロンゴ》』という本に書かれています。

【河《カ》漢《カン》】①黄河《コウガ》と漢水（＝陝西《センセイ》省西部に発し、漢口で長江《チョウコウ》に注ぐ川）。②天《あま》の川《がわ》。

【河漢の言】《カカンのゲン》〔天《あま》の川《がわ》がはてしなく遠く大きいことから〕ばくぜんとして、とりとめのないことば。でたらめ。〈荘子《ソウジ》〉

【河岸】㊀《カガン》かわぎし。例—段丘《ダンキュウ》。㊁《かし》①かわぎし。②川の岸で、船をつけて人や荷物をあげおろしする場所。また、そこに立つ市場。とくに、魚市場《うおいちば》。魚河岸《うおがし》。例—で仕入れる。③（飲食など）何かをする場所。例—を変える。

【河口】《カコウ》 川が、海や湖に流れこむところ。かわぐち。例—港。

【河港】《カコウ》 河口または川岸にある港。

【河鹿】《かじか》 谷川にすむカエルの一種。カジカガエル。おすは夏、すんだ美しい声で鳴く。

【河床】《カショウ》 川の底。川底の地盤《ジバン》。

【河上】《カジョウ》 ①川の上流。かわかみ。②川のほとり。かわぎし。河畔《カハン》。③川の水面。例—の舟《ふね》。

【河清】《カセイ》 ①黄河《コウガ》の水がすむこと。例百年—を俟《ま》つ（＝あてにならないものを待つこと）。②〔常ににごっている黄河の水が千年に一度すむという伝説から〕めずらしいこと。また、太平のしるしなどのたとえ。

【河川】《カセン》 大小さまざまな川をまとめていうことば。川。例—敷《しき》。一級—。

【▽河▽童】《かっぱ》 ①川や沼《ぬま》にすむ想像上の動物。人間の子供のような姿をして、口先がとがり、背中には甲羅《コウラ》を、頭の上には水をたたえた皿をもっている。また、水泳のうまい人のたとえ。例—の川流れ（＝かっぱでも水におぼれるということから、どんな名人でも思わぬ失敗をするということ）。②〔かっぱの大好物ということから〕キュウリ。例—巻き（＝キュウリ巻き）。③〔「おかっぱ」の形で〕子供の髪型《かみがた》の一つ。

【河図▼洛書】《カトラクショ》 中国古代の伝説で、「河図」は、伏羲《フッキ》の時代に黄河《コウガ》から出てきた竜馬《リョウバ》の背にあった図。「洛書」は、夏《カ》の禹《ウ》が洪水《コウズイ》を治めたときに洛水から出てきた神亀《シンキ》の背にあった文書。ともに聖人の出現を告げたという。

【河豚】《カトン｜ふぐ》 海にすむ魚。内臓にテトロドトキシンという毒をもつものが多い。例—《ふぐ》は食いたし、命は惜《お》しし。

【河馬】《カバ》 アフリカの川や湖にすむ哺乳《ホニュウ》動物。体長四メートルにもなり、太っていて首と足は短く、口が大きい。

【河伯】《カハク》 ①川を守る神。川の神。例—水神。②河童《かっぱ》。

【河畔】《カハン》 川のほとり。川端《かわばた》。川べ。例加茂《かもの》—。

【河▼梁】《カリョウ》 ①川にかかった橋。②人を送って別れること。また、その地。

【河内】㊀《かわち》 旧国名の一つ。今の大阪《おおさか》府の南東部にあたる地域。㊁《こうち》〔「かわうち」の変化〕姓《セイ》の一つ。

●運河《ウンガ》・銀河《ギンガ》・山河《サンガ》・星河《セイガ》・大河《タイガ》・渡河《トカ》・氷河《ヒョウガ》

氵5

【泣】

8画 2167 6CE3 教育4

音 キュウ漢呉

訓 な-く・な-かす・な-き

筆順 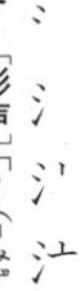

なりたち  [形声]「氵（＝みず）」と、音「立《リュウ》→《キュウ》」とから成る。声を出さずに涙を流す。

意味 ❶声を立てずになみだを流してなく。すすりなく。例感泣《カンキュウ》。号泣《ゴウキュウ》。哭泣《コッキュウ》。❷なみだ。

日本語での用法《なき》泣いて謝罪すること。わび。「泣《な》きを入《い》れる」

【泣訴】《キュウソ》（名・する）困っていることや苦しみなどを、泣いてうったえること。

【泣▼涕】《キュウテイ》（名・する）〔「涕」は、なみだ〕なみだを流して泣くこと。涕泣。

【泣《な》いて馬▼謖《バショク》を斬《き》る】全体の規律を守るためには、違反《イハン》した者は、信頼《シンライ》している部下であっても、厳正に処罰《ショバツ》する。涙《なみだ》を揮《ふる》って馬謖《バショク》を斬る。

故事のはなし 魏《ギ》・呉《ゴ》・蜀《ショク》三国が鼎立《テイリツ》した三国時代、蜀の宰相《サイショウ》諸葛孔明《ショカツコウメイ》は、魏に対する討伐《トウバツ》作戦を展開した。そのとき、孔明の参謀《サンボウ》役として先陣《センジン》の指揮をまかされていた

のが馬謖《バショク》である。馬謖は秀才はただの青年で兵法を得意としていたが、口先だけのところがあって、必ずしも評判はよくなかった。孔明は、そんなおおかたの人々の意向を無視して馬謖に大役をさずけたのだが、案の定《ジョウ》、馬謖は孔明の指示に従わず、かってな行動をして蜀軍の敗戦をまねいた。そこで孔明は、軍律を維持《イジ》するため、心ならずも馬謖を処刑《ショケイ》して全軍にわびたのだった。〈三国志《サンゴクシ》〉

【泣き寝入り】《なきねいり》（名・する）①泣きながらねむってしまうこと。泣き寝。②不当なあつかいを受けて不満がありながら、あきらめてしまうこと。例仕返しをおそれて―をする。

【泣き真▽似】《なきまね》（名・する）同情されたり許してもらおうとしたりして、泣いているふりをすること。そら泣き。

【泣き寄り】《なきより》悲しいことのあるとき、おたがいに力になろうとして集まること。例親《シン》は―他人は食い寄り。

氵5

【況】

8画 2223 6CC1 常用 音キョウ漢呉 訓いわ-んや・まし-て・おもむき

筆順

氵5

【况】

7画 4955 51B5 俗字

なりたち ［形声］「氵（＝みず）」と、音「兄《ケイ→キョウ》」とから成る。寒々としたようす。借りて「くらべる」の意。

意味 ❶くらべる。たとえる。例比況《ヒキョウ》。❷ものごとのようす。おもむき。ありさま。例近況《キンキョウ》。実況《ジッキョウ》。好況《コウキョウ》。❸〔助字〕多く、文中や句末に「於」「乎」「哉」などをそえて、「いわんや（…をや）」と読み、まして…はなおさらだ、の意。抑揚《ヨクヨウ》をあらわす。例死馬且買二之五百金一、況生馬乎《シバすらかつこれをゴヒャクキンにかう、いわんやセイバをや》（＝死馬でさえ五百金で買ったのだ、まして生きている馬ならなおさら買うはずだ）。〈戦国策《センゴクサク》〉

●概況《ガイキョウ》・活況《カッキョウ》・近況《キンキョウ》・現況《ゲンキョウ》・好況《コウキョウ》・市況・状況《ジョウキョウ》・情況《ジョウキョウ》・盛況《セイキョウ》・戦況《センキョウ》・不況《フキョウ》

氵5

【沽】

8画 6188 6CBD 音コ漢 訓か-う・う-る・あきな-う

意味 商品を売り買いする。あきなう。うる。また、かう。例沽券《コケン》。沽酒《コシュ》。

【沽券】《コケン》〔もと、土地の売買のときの証文《ショウモン》の意〕人の値打ち、体面、品位。面目《メンボク》。例―にかかわる。表記「▼估券」とも書く。

【沽酒】《コシュ》店で買った酒。売っている酒。また、酒を売ること。

氵5

【泗】

8画 6189 6CD7 音シ漢 訓はなみず・みずばな

意味 ❶川の名。泗水《シスイ》。❷鼻じる。みずばな。例涕泗《テイシ》（＝なみだと、はなみず）。

【泗▼洙】《シシュ》①泗水《シスイ》と洙水《シュスイ》。孔子《コウシ》の故郷の魯《ロ》を流れる二つの川。②孔子がこの付近で弟子《デシ》を教育したことから、孔子の学問、儒学《ジュガク》のたとえ。

【泗上】《シジョウ》①泗水《シスイ》のほとり。②孔子《コウシ》の学派。③学術の里《さと》。

氵5

【泅】

8画 6190 6CC5 音シュウ漢 訓およ-ぐ

意味 およぐ。例泅浮《シュウフ》（＝およぐ）。

氵5

【沮】

8画 6192 6CAE 音ショ漢ソ呉 訓はば-む

意味 ❶さえぎる。じゃまをする。はばむ。同阻《ソ》。例沮止《ソシ》。❷くじける。勢いがなくなる。例沮喪《ソソウ》。表記 現代表記では、「阻《ソ》」に書きかえることがある。熟語は「阻」（1031ページ）を参照。

【沮止】《ソシ》（名・する）くいとめる。ふせぐ。表記 現阻止

【沮喪】《ソソウ》（名・する）がっかりして元気がなくなること。例意気―。表記 現阻喪

氵5

【沼】

8画 3034 6CBC 常用 音ショウ漢呉 訓ぬま

筆順

なりたち ［形声］「氵（＝みず）」と、音「召《チョウ→ショウ》」とから成る。池。

意味 水が浅く、どろのたまった池。ぬま。例沼沢《ショウタク》。湖沼《コショウ》。池沼《チショウ》。

難読 沼垂《ぬったり》（＝地名）。

【沼気】《ショウキ》ぬまの底で発生する気体。メタンガス。

【沼上】《ショウジョウ》ぬまのほとり。

【沼沢】《ショウタク》ぬまとさわ。例―地（＝水べの湿地《シッチ》）。

【沼地】《ぬまチ》ぬまや水たまりの多い土地。

氵5

【泄】

8画 6185 6CC4 音セツ漢 訓も-れる・も-らす

意味 ❶あふれ出る。外にあらわれる。もれる。もらす。例漏泄《ロウセツ》。❷（体内の不要なものを）おし出す。のぞく。例排泄《ハイセツ》。

【泄漏】《セツロウ》（名・する）〔「漏」も、もれる意〕（秘密などが）もれること。また、もらすこと。漏泄。

水5

【泉】

9画 3284 6CC9 教育6 音セン漢 訓いずみ

筆順

なりたち ［象形］水がわき出て川となる形。

意味 ❶地表にわき出る水。いずみ。例温泉《オンセン》。源泉《ゲンセン》。鉱泉《コウセン》。❷死後の世界。あの世。例泉下《センカ》。黄泉《コウセン》。❸ぜに。貨幣《カヘイ》。同銭《セン》。例貨泉《カセン》。刀泉《トウセン》。

日本語での用法《セン》旧国名「和泉《いずみ》（＝今の大阪《おおさか》府の南部）」の略。「泉州《センシュウ》」

難読 黄泉《よみ|よもつくに》・温泉《いでゆ》

人名 きよ・きよし・みず・みち・みつ・もと

【泉下】《センカ》〔黄泉《コウセン》の下の意〕死後行くという世界。よみの国。あの世。冥土《メイド》。

【泉界】《センカイ》「泉下《センカ》」に同じ。

【泉水】《センスイ》①庭園の池。②いずみ。わき水。

【泉石】《センセキ》庭に造られた池や庭石。

●温泉《オンセン》・原泉《ゲンセン》・源泉《ゲンセン》・鉱泉《コウセン》・盗泉《トウセン》・冷泉《レイセン》

氵5

【沾】

8画 6194 6CBE 音セン慣テン漢呉 訓うるお-う

意味 水にひたる。ぬれる。うるおう。うるおす。例沾洽《センコウ》（＝めぐみが広くゆきわたる）。

氵5

【泝】

8画 6191 6CDD 音ソ漢 訓さかのぼ-る

意味 流れにさからってすすむ。さかのぼる。同遡《ソ》。

【沱】 氵5 8画 6193 6CB1 音タ漢ダ呉

意味「滂沱《ボウダ》」は、なみだがたくさん流れるようす。

【泰】 氺5 10画 3457 6CF0 常用 音タイ漢呉 訓やす-い・ゆたか

筆順 三 丰 夫 夫 夫 泰 泰 泰

なりたち [形声]「二(=両手)」と「氺(=みず)」と、音「大《タイ》」とから成る。両手から水がよどみなくしたたる。派生して「たっぷりとゆとりがある」の意。

意味 ❶ゆったりとおちついている。おだやか。やすらか。やすい。例泰然《タイゼン》。泰平《タイヘイ》。安泰《アンタイ》。❷ひじょうに。きわめて。はなはだしい。同太《タイ》。例泰安《タイアン》(=ひじょうにおだやか)。泰西《タイセイ》。❸ぜいたくな。おごる。例驕泰《キョウタイ》。❹山東省にある山。例泰山《タイザン》。泰斗《タイト》。

人名 あきら・たか・とおる・ひろ・ひろし・やす・やすし・よし

【泰《タイ》山《ザン》】 ①五岳《ゴガク》の一つ。山東省にある名山。聖山として崇拝《スウハイ》される。②大きな山。大山。表記①は「太山」とも書く。

【泰山《タイザン》は土壌《ドジョウ》を譲《ゆず》らず】 泰山は小さな土くれもこばまずとりこんで、大きな山を形づくっている。大人物になるには、心を広くもって、さまざまな人の意見を受けいれなければならない。〈史記《シキ》〉

【泰《タイ》山《サン》木《ボク》】 モクレン科の常緑高木。葉は長円形で大きい。初夏に、かおりの強い大きな白い花をつける。高さ二〇メートルにもなる。表記「大山木」とも書く。

【泰《タイ》西《セイ》】 〔はるかに西の意〕西洋。欧米《オウベイ》。例—名画の鑑賞《カンショウ》。

【泰《タイ》然《ゼン》】 (形動《トタル》) ゆったりとおちついているようす。例—と座してゆるがない。

【泰《タイ》然《ゼン》自《ジ》若《ジャク》】 (形動《トタル》) 大事にあってもあわてることなく、平常と変わらないようす。例—たる態度。

【泰《タイ》斗《ト》】 「泰山《タイザン》北斗《ホクト》」の略。〔泰山も北斗星も、ともにあおぎとうとばれることから〕学問や芸術などの分野の最高権威《ケンイ》をいう。例物理学の—。

【泰《タイ》東《トウ》】 〔泰西に対して〕東洋。極東《キョクトウ》。

【泰《タイ》平《ヘイ》】 (名・形動《ナダ》) 世の中がおだやかで平和なこと。例天下—。表記「太平」とも書く。

【泰《タイ》平《ヘイ》楽《ラク》】 のんきに、好きほうだいなことを言うこと。太平楽。〔天下太平を祝う雅楽《ガガク》の曲名「太平楽」との語呂《ゴロ》合わせによる〕例—を並べる。

【治】 氵5 8画 2803 6CBB 教育4 音チ漢ジ呉 訓おさ-める・おさ-まる・なお-る・なお-す

筆順 、 ⺀ 氵 氵 汄 汄 治 治

なりたち [形声]「氵(=みず)」と、音「台《イ→チ》」とから成る。治水《チスイ》(=川の名)。借りて「おさめる」の意。

意味 ❶管理する。おさめる。おさまる。例治安《チアン》。治水《チスイ》。政治《セイジ》。❷病気がおさまる。なおる。なおす。例治療《チリョウ》。完治《カンチ》。湯治《トウジ》。

使い分け おさまる・おさめる【収・納・治・修】⇩1165ページ

使い分け なおす・なおる【直・治】⇩1175ページ

人名 あき・おさむ・さだ・ただ・ただす・つぎ・とお・はる・ひろ・よし

【治《チ》安《アン》】 国家や社会の秩序《チツジョ》が保たれ、平和で安らかなこと。例—を維持《イジ》する。—のよい国。

【治《チ》下《カ》】 支配下。統治下。例ルイ十六世—のフランス。

【治《チ》外《ガイ》法《ホウ》権《ケン》】 〔法〕外交官などがもつ特権の一つ。外国に住んでも、その国の法律の適用を受けない権利。

【治《チ》験《ケン》】 治療《チリョウ》の効き目。また、治療の効き目を調べること。例—薬。

【治《チ》国《コク》】 国をおさめること。

【治《チ》国《コク》平《ヘイ》天《テン》下《カ》】 国がおさまってこそ天下が太平になること。昔の天子の理想とする政治。〈大学《ダイガク》〉例修身《シュウシン》斉家《セイカ》—。—の術を求める。

【治《チ》山《サン》】 水害を防ぐため、山に木を植え、管理すること。例—治水。

【治《チ》産《サン》】 ①自分の財産についての管理や処分。例禁—者。②家業にはげみ収入を増やすこと。

【治《チ》者《シャ》】 国や地方、人民をおさめる人。為政者《イセイシャ》。

【治《チ》水《スイ》】 水害を防止し水利の便をよくするため、堤防《テイボウ》や水路をつくること。例—工事。

【治《チ》世《セイ》】 ①よくおさまった世の中。対乱世《ランセイ》。②世の中をおさめること。また、その期間。例明治天皇の—。

【治《チ》に居《い》て乱《ラン》を忘《わす》れず】 現在の平和や幸福に安心せず、常に万一の場合の備えをおこたらない。〈易経《エキキョウ》〉

【治《チ》平《ヘイ》】 世の中がよくおさまっていること。太平。

【治《チ》癒《ユ》】 (名・する) 病気やけがが、なおること。例自然—。

【治《チ》乱《ラン》】 世の中がおさまることとみだれること。例—興亡。

【治《チ》療《リョウ》】 (名・する) 手当てをして、病気やけがをなおすこと。例—法。—費。

●自治《ジチ》・政治《セイジ》・退治《タイジ》・湯治《トウジ》・統治《トウチ》

【注】 氵5 8画 3577 6CE8 教育3 音シュ・チュ・チュウ漢呉 訓そそ-ぐ・つ-ぐ

筆順 、 ⺀ 氵 氵 氵 汁 汗 注

なりたち [形声]「氵(=みず)」と、音「主《シュ》」とから成る。そそぐ。

意味 ❶水などを流しこむ。つぐ。そそぐ。例注射《チュウシャ》。注水《チュウスイ》(=水をそそぐ)。注入《チュウニュウ》。❷気持ちや視線を一点に集中させる。例注意《チュウイ》。注目《チュウモク》。傾注《ケイチュウ》。❸くわしくときあかす。本文の語句の説明。同註《チュウ》。例注解《チュウカイ》。注釈《チュウシャク》。脚注《キャクチュウ》。

難読 注湯《さしゆ》・注水《さしみず》・注薬《さしぐすり》・油注子《あぶらつぎ》・湯注子《ゆつぎ》

【▽注▽連縄《しめなわ》】 神聖な場所であることを示すなどのために、張る縄。表記「▽標縄・▽七▽五▽三縄」とも書く。

【注《チュウ》意《イ》】 (名・する) ①気持ちを集中すること。例—力。②気をつけること。用心。例—書き。③気をつけるように言うこと。忠告。例—をあたえる。

【注《チュウ》音《イン》符《フ》号《ゴウ》】 〔「チュウオンフゴウ」とも〕中国語の発音記号。注音字母を改称《カイショウ》したもの。

【注《チュウ》解《カイ》】 (名・する) 文章の意味や難解な語句に、説明を加えること。また、そのもの。注釈《チュウシャク》。表記旧▼註解

【注《チュウ》記《キ》】 (名・する)「注」を書きしるすこと。また、そのもの。表記旧▼註記

【注《チュウ》視《シ》】 (名・する) 気持ちを集中して見守ること。注目。例事態を—する。

【注《チュウ》射《シャ》】 (名・する) 針のような管で薬液を体内に入れること。例—器。—をうつ。

【注《チュウ》釈《シャク》】 (名・する)「注解」に同じ。表記旧▼註釈

【注《チュウ》進《シン》】 (名・する) 事件が起こったときなどに、急いで目

上の人に知らせること。例 殿《との》へ―におよぶ。

【注水】《チュウスイ》(名・する) ①水をそそぎ入れること。例 タンクに―する。②水をかけること。例 火元に―する。

【注腸】《チュウチョウ》(名・する) 薬液などを肛門《コウモン》から腸内に注入すること。

【注入】《チュウニュウ》(名・する) ①液体をそそぎ入れること。つぎこむこと。②物を送りこんだり、知識をつめこんだりすること。例 兵力を―する。

【注目】《チュウモク》(名・する) 注意して見ること。関心をもって見守ること。例 ―に値《あたい》する。―を浴びる。

【注文】《チュウモン》(名・する) ①品物の種類・寸法・品質・数量などの希望を言って、作らせたり届けさせたりすること。例 ―建築。本を―する。②人に何かをしてもらうときに、条件や希望を出すこと。例 ―をつける。表記 ▽⑪▼註文

【注油】《チュウユ》(名・する) 機械の動きをよくしたり、磨滅《マメツ》を防ぐために油をさすこと。

●脚注《キャクチュウ》・傾注《ケイチュウ》・受注《ジュチュウ》・転注《テンチュウ》・発注《ハッチュウ》

氵5

【泥】

8画 3705 6CE5 常用 音 デイ 漢 訓 どろ・なず-む

筆順 、 ⺀ 氵 氵コ 沪 沪 泥

なりたち  [形声]「氵(=みず)」と、音「尼《ジ→デイ》」とから成る。泥水《デイスイ》(=川の名)。借りて「どろ」の意。

意味 ❶水けを多くふくんだ土。どろ。例 泥水《デイスイ》。泥濘《デイネイ》。汚泥《オデイ》。❷どろのようなもの。例 泥炭《デイタン》。金泥《キンデイ》。❸こだわる。とどこおる。なずむ。例 拘泥《コウデイ》。暮《く》れ泥《なず》む(=日が暮れそうで暮れない)。

難読 泥鏝《こて》・泥鰌《どじょう》・泥障《あおり》

人名 ぬり・ね・ひじ

【泥沙】《デイサ》 ①どろとすな。泥砂。②価値の低いもののたとえ。

【泥水】《デイスイ》 どろまじりの水。どろみず。

【泥酔】《デイスイ》(名・する) 正体がなくなるほど、ひどくようこと。

参考 一説に、「泥《デイ》」は南海にすむ伝説上の動物で、水がなくなると、よってどろのようになるという。

【泥炭】《デイタン》 炭化が不十分な、質の悪い石炭。ピート。

【泥中】《デイチュウ》 どろの中。

【泥中の▼蓮】《デイチュウのはちす》 どろの中にさくハスの花。悪い環境《カンキョウ》に影響《エイキョウ》されず、清純でいることのたとえ。

【泥塗】《デイト》 ①〔「塗」は、「途《ト》」に同じで、みちの意〕どろ道。ぬかるみ。②よごれた物や場所。また、低い地位のたとえ。

【泥土】《デイド》 ①やわらかな土。どろ。②きたないものや値打ちのないもののたとえ。

【泥▼濘】《デイネイ》〔「濘」も、どろの意〕ぬかるみ。どろ道。

【泥縄】《どろなわ》〔どろぼうをつかまえてから、しばるための縄をなう意〕事が起きて、あわてて対策を考えること。例 ―式のやり方。

【泥棒】《どろボウ》(名・する) 人のお金や物をぬすむこと。また、その人。表記「泥坊」とも書く。

●雲泥《ウンデイ》・汚泥《オデイ》・拘泥《コウデイ》

氵5

【泹】

8画 6201 6CBA 音 テン 漢 デン 呉

意味「泹泹《テンテン》」は、水がはてしなく広がるようす。

氵5

【波】

8画 3940 6CE2 教育3 音 ハ 漢 呉 訓 なみ 付表 波止場《はとば》

筆順 、 ⺀ 氵 氵ノ 沪 泼 波

なりたち  [形声]「氵(=みず)」と、音「皮《ハ》」とから成る。水がわき上がって流れる。

意味 ❶風などによって起こる水面の上がり下がり。なみ。例 波浪《ハロウ》。風波《フウハ》。防波堤《ボウハテイ》。❷なみのように伝わる。およぶ。例 波及《ハキュウ》。余波《ヨハ》。❸なみのような動きや形をとるもの。例 音波《オンパ》。電波《デンパ》。

難読 波斯《ペルシャ》・波蘭《ポーランド》

【波風】《なみかぜ》 ①波と風。また、風がふいて波が立つこと。風波《フウハ》。例 ―が高くなる。②争い。もめごと。例 ―が絶えない。

【波路】《なみじ》 船の通る海上の道すじ。船路《ふなじ》。航路《コウロ》。例 ―はるかに。万里《バンリ》の―をこえて行く。

【波の花】《なみのはな》 ①岩などに打ち寄せた波が、白くくだけたもの。②塩のこと。〔料理屋や商家などで使うことば〕

【波間】《なみま》 波と波のあいだ。例 ―にただよう小舟《こぶね》。

【波枕】《なみまくら》 船旅で波の音を聞きながらねむること。

【波及】《ハキュウ》(名・する) 波紋《ハモン》が広がっていくように、ものごとの影響《エイキョウ》がつぎつぎに伝わっていくこと。例 ―効果。

【波状】《ハジョウ》 ①波のような形。例 ―紋《モン》。②波が打ち寄せるように、くりかえすようす。例 ―攻撃《コウゲキ》。

【波食】《ハショク》 波の打ち寄せる力で陸地や岩をけずり取ること。例 ―台地。表記「波▼蝕」とも書く。

【波長】《ハチョウ》 ①光や電波などの波動の山と山、または谷と谷との距離《キョリ》。例 ―が長い。②〔比喩《ヒユ》的に〕相手の性格やものの考え方の傾向《ケイコウ》。例 ―が合わない。

【波頭】《ハトウ・なみがしら》 波の盛り上がったところ。例 白い―。

【波▼濤】《ハトウ》〔「濤」は、大きな波〕波。大きく盛り上がる波。例 ―をこえて行く。

【波動】《ハドウ》 ①波のような動き。例 景気の―。②〔物〕ある一点に起こった振動《シンドウ》が、つぎつぎに周囲に伝わっていく現象。水面の波や、音波・地震波《ジシンハ》・電磁波などがある。

【波止場】《はとば》 船をつなぎ、荷物や人をあげおろしするために、陸からつき出してつくった、港の設備。船着き場。埠頭《フトウ》。

【波紋】《ハモン》 ①輪のように水面に広がる波の模様。②一つのできごとから起こった影響《エイキョウ》。例 意外な―を生じる。

【波羅蜜】《ハラミツ》〔仏〕〔梵語《ボンゴ》の音訳〕現実の生死をこえて涅槃《ネハン》の境《キョウ》に達すること。さとりを開くこと。

【波乱】《ハラン》 ①もめごと。さわぎ。例 ―をまき起こす。②ものごとの変化が大きいこと。例 ―に満ちた生涯《ショウガイ》。

【波乱万丈】《ハランバンジョウ》 多くの事件や大きな変化に、満ちていること。例 ―の人生。表記「波▼瀾万丈」とも書く。

【波▼瀾】《ハラン》〔「波」は小さいなみ、「瀾」は大きいなみ〕①なみ。②「波乱《ハラン》」に同じ。

【波浪】《ハロウ》〔「浪」は、大きいなみ〕なみ。また、おおなみ。例 ―注意報。

【▽波▼斯】《ペルシャ》 イランの古い呼び名。

【▽波▼蘭】《ポーランド》 ヨーロッパ中央部の国。

●音波《オンパ》・寒波《カンパ》・周波《シュウハ》・秋波《シュウハ》・電波《デンパ》・年波《としなみ》・脳波《ノウハ》・風波《フウハ》・余波《ヨハ》

氵5

【泊】

8画 3981 6CCA 常用 音 ハク 漢 訓 と-まる・と-める・と-まり

筆順 、 ⺀ 氵 氵' 泊 泊 泊

なりたち  [形声] 本字は「洦」で、「氵(=みず)」と、音「百《ハク》」とから成る。船をとめる。

意味 ❶船を岸につける。とめる。とまる。例 停泊《テイハク》。❷宿をとる。とどまる。とまる。例 外泊《ガイハク》。宿泊《シュクハク》。漂泊《ヒョウハク》。❸あっさりして欲がない。例 淡泊《タンパク》。❹沼《ぬま》や沢《さわ》。例 梁山泊

《リョウザンパク》（＝山東省にあった沢の名。『水滸伝《スイコデン》』の舞台）。

使い分け とまる・とめる【止・留・泊】⇩1174ページ

難読 泊瀬《はっせ》山

【泊《ハク》船《セン》】港に船をとめること。泊舟《ハクシュウ》。

【泊《ハク》地《チ》】船が安全に停泊できるところ。例 艦隊《カンタイ》の―。

● 外泊《ガイハク》・宿泊《シュクハク》・淡泊《タンパク》・停泊《テイハク》・漂泊《ヒョウハク》

氵5 【泌】 8画 4071 6CCC 常用 音 ヒ・ヒツ 漢

筆順

なりたち ［形声］「氵（＝みず）」と、音「必《ヒツ》」とから成る。軽快に流れる。

意味 ❶谷川の細くてはやい流れ。❷液体が小さな穴からにじみ出る。例 泌尿器《ヒニョウキ》。分泌《ブンピツ》。

【泌尿器《ヒニョウキ》】〔医〕尿をつくり、体外に排出《ハイシュツ》する器官。腎臓《ジンゾウ》・膀胱《ボウコウ》・尿道などから成る。例 ―科。

氵5 【泯】 8画 6203 6CEF 音 ビン 漢 ミン 呉 訓 ほろ-びる・ほろ-ぶ・みだ-れる

意味 ❶消滅《ショウメツ》する。なくなる。ほろびる。ほろぶ。例 泯滅《ビンメツ》（＝ほろびる）。❷混乱する。みだれる。例 泯乱《ビンラン》。

【泯乱《ビンラン》】（名・する）（道徳・秩序《チツジョ》などが）乱れること。混乱すること。

氵5 【沸】 8画 4208 6CB8 常用 音 フツ 漢 訓 わ-く・わ-かす・たぎ-る

筆順

なりたち ［形声］「氵（＝みず）」と、音「弗《フツ》」とから成る。水があふれでる。

意味 ❶泉がわき出る。わきあがる。わく。例 沸沸《フツフツ》。❷湯がにえたぎる。わく。わかす。例 沸点《フッテン》。沸騰《フットウ》。煮沸《シャフツ》。

使い分け わく【沸・湧】⇩1182ページ

【沸点《フッテン》】〔物〕液体が沸騰《フットウ》しはじめる温度。

【沸騰《フットウ》】（名・する）①にえたつこと。液体が加熱されて、内部からも気化すること。例 湯が―する。②ものごとが、わきたつように、激しくさかんになること。例 人気が―する。

【沸沸《フツフツ》】（形動《タル》）①液体がわき出るようす。また、煮《に》えたぎるようす。例 湯が―と煮えたつ。②感情などがたかぶって、勢いをおさえられないようす。例 いかりが―とわきあがる。

氵5 【泙】 8画 6204 6CD9 音 一 ヘイ 漢 二 ホウ 漢

意味 一《ヘイ》 谷。また、谷の名。二《ホウ》 水がぶつかりあう音。同 澎《ホウ》。例 泙泙《ホウホウ》。泙湃《ホウハイ》（＝波など、水がぶつかりあう音）。

氵5 【法】 8画 4301 6CD5 教育4 音 ハッ・ホッ 慣 ホウ 漢 呉 訓 のり・のっと-る

筆順

なりたち ［会意］本字は「灋」で、「氵（＝水平にする）」と「廌（＝正直でない者に触《ふ》れるという神獣《シンジュウ》）」と「去（＝悪を去る）」とから成る。神獣にふれさせて公平に悪をとり去る刑罰《ケイバツ》。

意味 ❶社会上の決まり。おきて。のり。例 法規《ホウキ》。法律《ホウリツ》。憲法《ケンポウ》。❷礼儀《レイギ》。手本。例 作法《サホウ》。礼法《レイホウ》。❸ものごとのしかた。やりかた。例 手法《シュホウ》。方法《ホウホウ》。❹仏の道。仏教。例 法会《ホウエ》。説法《セッポウ》。仏法《ブッポウ》。❺仏教で、すべての存在・ことがら。例 法界《ホウカイ》。諸法《ショホウ》。

日本語での用法 《フラン》フランス・ベルギー・スイスなどの貨幣《カヘイ》の単位。「十五法《フラン》」

難読 法被《ハッピ》・法螺《ホラ》

人名 さだむ・つね・はかる・ひろ・みち

【法度《ハット》】一 ①法律と制度。例 武家《ブケ》諸―。②禁止されていること。禁制。例 酒は、ご―だ。二《ホウド》 法律と制度。

【法被《ハッピ》】〔もと、下級武士や中間《チュウゲン》が着た家紋《カモン》つきの上着《うわぎ》〕職人などが着る、背中やえりに屋号などを染め出した上着。しるしばんてん。表記「▽半被」とも書く。

【法案《ホウアン》】法律の案文。法律案。例 ―を議会に提出する。

【法医学《ホウイガク》】法律的に問題となる事実関係を解明するための医学。死因の推定や精神鑑定《カンテイ》などをおこなう。

【法印《ホウイン》】①〔仏〕僧《ソウ》の最高の位。②中世には仏師・経師《キョウジ》に、また江戸《えど》時代には、儒者《ジュシャ》・医師・絵師・連歌師などにもあたえられた称号《ショウゴウ》。

【法雨《ホウウ》】①〔仏〕仏法のありがたさを、雨が万物《バンブツ》をうるおすのにたとえていうことば。②救いの雨。めぐみの雨。慈雨《ジウ》。

【法会《ホウエ》】〔仏〕①人々を集めて、仏の道を説く行事。②死者の供養《クヨウ》をすること。また、その集まり。法事。法要。

【法▽衣《ホウエ》】一 〔「ホウイ」とも〕僧《ソウ》や尼《あま》の着る衣服。ころも。僧衣《ソウイ》。二《ホウイ》「法服《ホウフク》①」に同じ。

【法益《ホウエキ》】法律によって保護されている利益。例 ―を守る。

【法悦《ホウエツ》】①〔仏〕仏の教えを聞いて、心からよろこびを感じること。②うっとりと引きこまれ、やわらかにつつまれて我を忘れるような、よろこびを味わうこと。例 ―にひたる。

【法王《ホウオウ》】⇩【教皇《キョウコウ》】（463ページ）

【法皇《ホウオウ》】出家《シュッケ》した上皇《ジョウコウ》をうやまっていうことば。

【法科《ホウカ》】①法律に関する学科。②大学で、法律に関する研究や教育をおこなう学部。法学部。

【法家《ホウカ》】①法律にくわしい人。法律家。②先秦《センシン》時代の諸子百家の一つ。法律や刑罰《ケイバツ》を重んじた。韓非《カンピ》や商鞅《ショウオウ》が代表者。

【法界《ホウカイ|ホッカイ》】〔仏〕意識の対象となるすべてのもの。宇宙全体を指す。例 ―衆生《シュジョウ》（＝全世界のあらゆる生き物）。

【法界▼悋気《ホウカイリンキ》】自分にはなんのかかわりもないことに、やきもちをやくこと。

【法外《ホウガイ》】（名・形動《ダナ》）道理のほかということで、りくつに合わないこと。例 ―な値段。―な要求を出す。

【法学《ホウガク》】法律に関する学問。法律学。例 ―博士。

【法規《ホウキ》】法律や規則。例 交通―。

【法眼《ホウゲン》】①〔仏〕五眼《ゴゲン》の一つ。仏法の真相を見る知恵《チエ》の目。②〔仏〕「法印」に次ぐ僧《ソウ》の位。③江戸《えど》時代、医師・仏師・連歌師などにもあたえられた称号《ショウゴウ》。例 狩野《かのう》―元信《もとのぶ》。

【法語《ホウゴ》】①手本とすべき正しいことば。法言。②〔仏〕教義をわかりやすく説いた訓話。法談。法話。例 仮名《かな》―。

【法号《ホウゴウ》】〔仏〕「法名《ホウミョウ》」に同じ。

【法三章《ホウサンショウ》】三か条しかない簡素な法。〔漢の高祖《コウソ》が建国のとき、秦《シン》の厳しい法律を改め、殺人、傷害、ぬすみをおかした者だけを罰《バッ》したこと〕〈史記《シキ》〉

【法師《ホウシ》】①〔仏〕僧《ソウ》。坊《ボウ》さん。例 荒《あら》―。②〔「…法師」の形で〕…の（形をした）人、の意。例 影《かげ》―《ボウシ》。

【法事《ホウジ》】死者を追善供養《ツイゼンクヨウ》する行事。法会《ホウエ》。法要。

【法式《ホウシキ》】（儀式《ギシキ》や礼儀などの）決まった形式ややり方。

【法主】一《ホウシュ|ホッシュ》 ①仏《ほとけ》。②一つの宗派の長。③法会《ホウエ》の主宰者《シュサイシャ》。二《ホッス》 〔「ス」は、呉音《ゴオン》〕真宗東本願寺派の長。

【法術】《ホウジュツ》①古代中国で法家《ホウカ》がとなえた、法律を厳守する政治術。②手段。方法。例座禅《ザゼン》の―。

【法相】《ホウショウ》法務大臣のこと。

【法▼帖】《ホウジョウ》手習いや鑑賞《カンショウ》用に、昔の書家の書を印刷した折り本。

【法人】《ホウジン》〔法〕団体や会社など、個人と同様に権利をもち、義務を果たすことが認められている組織。例財団―。

【法制】《ホウセイ》①法律と制度。②法律で定めた制度。例社会の慣習を―化する。

【法曹】《ホウソウ》法律関係の仕事をしている人。裁判官や弁護士など。法律家。〔俗《ゾク》に、検察官をふくめてもいう〕例―界。

【法蔵】《ホウゾウ》〔仏〕①仏の説いた教え。また、仏のそなえる一切《イッサイ》の功徳《クドク》。②仏教の経典《キョウテン》。

【法則】《ホウソク》①ものごとや現象に見られる、常に変わらない関係。例万有《バンユウ》引力の―。②守るべき決まり。規則。おきて。例民主主義の―。

【法談】《ホウダン》〔仏〕仏法の趣旨《シュシ》をわかりやすく説いた話。法話。説法。

【法治】《ホウチ》法律にもとづいて国を治めること。例―国家。

【法治主義】《ホウチシュギ》①政治は、議会で制定された法律にもとづいておこなわれるべきだとする主義。近代市民国家の政治原理。②人の本性《ホンショウ》を悪と考え、厳しい法によって人民を治めるべきだとする考え。

【法廷】《ホウテイ》裁判がおこなわれるところ。例―で争う。

【法定】《ホウテイ》法律で決められていること。例―伝染《デンセン》病。

【法的】《ホウテキ》（形動ダナ）法律の立場で考えるようす。例―な措置《ソチ》をとる。―には根拠《コンキョ》がない。

【法典】《ホウテン》①法律。おきて。例現行の―では…。②（同じ種類の）法律を体系的にまとめた書物。「刑《ケイ》法典」「民法典」など。例「ナポレオン―」。

【法灯】《ホウトウ》〔仏〕釈迦《シャカ》の教えを、闇《やみ》を照らすともしびにたとえたことば。例―を消さず伝えてゆく。

【法統】《ホウトウ》〔仏〕仏法の伝統。仏法の系統や流派。例―を継《つ》ぐ。

【法難】《ホウナン》〔仏〕仏法を広めようとするときに受ける迫害《ハクガイ》。

【法服】《ホウフク》①裁判官が法廷《ホウテイ》で着用する制服。法衣《ホウイ》。②僧《ソウ》の着る服。法衣《ホウエ》。

【法文】㊀《ホウブン》法令の条文。法律の文章。㊁《ホウモン》〔仏〕仏法を説いたお経《キョウ》の文章。

［水（氵・氺）部］5画 泡 沫 油

【法名】《ホウミョウ》〔仏〕①出家《シュッケ》して仏門にはいった者に、その宗門でさずける名。法号。②死んだ人におくる名。戒名《カイミョウ》。法号。▽対俗名《ゾクミョウ》。

【法務】《ホウム》①法律関係の事務。例―大臣。②〔仏〕仏教や寺院に関する事務。

【法務省】《ホウムショウ》中央官庁の一つ。法律関係の事務、出入国管理、戸籍《コセキ》、人権の保護などの行政を受け持つ。

【法門】《ホウモン》〔仏〕仏の教え。仏法。例大乗・小乗の―。

【法要】《ホウヨウ》〔仏〕なくなった人を供養《クヨウ》するための集まり。法会《ホウエ》。法事。例―をいとなむ。

【法楽】《ホウラク》①神仏の前で芸能や歌・連歌《レンガ》の会をおこない、神仏にたむけること。②楽しみ。なぐさみ。例目の―。

【法理】《ホウリ》①法律の原理。例―学。②〔仏〕仏法の真理。

【法力】《ホウリキ》〔仏〕①仏法の功徳《クドク》。仏法の威力《イリョク》。②仏道修行《シュギョウ》によって得られる、ふしぎな力。例―をたのむ。

【法律】《ホウリツ》国会が定め国民が守らなければならない、その国の決まり。例―違反《イハン》。―に触《ふ》れる。

【法令】《ホウレイ》法律と命令。例―の定めるところに従う。

【法例】《ホウレイ》法律の適用に関する原則や規定。例―に照らした処置。

【法論】《ホウロン》〔仏〕仏教の教義についての議論。宗論《シュウロン》。

【法話】《ホウワ》〔仏〕仏法をだれにでもわかるように、やさしく説ききかせる話。法談。法語。

【法橋】《ホッキョウ》〔「ホウキョウ」とも〕①〔仏〕仏法を、衆生《シュジョウ》を彼岸《ヒガン》に導きわたす橋にたとえたことば。②〔仏〕法眼《ホウゲン》に次ぐ僧《ソウ》の位。③江戸《えど》時代、医師・絵師・連歌師などにもあたえられた称号《ショウゴウ》。

【法華】《ホッケ》〔仏〕①「妙法蓮華経《ミョウホウレンゲキョウ》」の略。天台宗や日蓮宗《ニチレンシュウ》で重んじられるお経《キョウ》。法華経《ホケキョウ》。②「法華宗《ホッケシュウ》」の略。天台宗や日蓮宗（の一派）の別名。

【法体】《ホッタイ》〔「ホウタイ」とも〕〔仏〕髪《かみ》をそって衣《ころも》を着た僧《ソウ》の姿。僧体。僧形《ソウギョウ》。対俗体《ゾクタイ》。

【▽法▼螺】《ホラ》①ホラガイのからを加工してふき鳴らすようにしたもの。②おおげさに言ったり、ないことをあるように言ったりすること。例―をふく。大―《おおボラ》ふき。

【▽法▼螺貝】《ホラがい》①フジツガイ科の海産の巻き貝。大形で淡褐色《タンカッショク》の地《ジ》に斑点《ハンテン》がある。②ホラガイの頭部を切ってふき口とし、音が出るようにしたもの。山伏《やまぶし》などが用いた。例―を吹き鳴らす。
●違法《イホウ》・技法《ギホウ》・刑法《ケイホウ》・合法《ゴウホウ》・寸法《スンポウ》・製法《セイホウ》・文法《ブンポウ》・無法《ムホウ》・滅法《メッポウ》・用法《ヨウホウ》・論法《ロンポウ》

氵5

【泡】

8画 4302 6CE1 常用 音ホウ漢呉 訓あわ

筆順 

氵5

【泡】

8画

なりたち  [形声]「氵（＝みず）」と、音「包《ホウ》」とから成る。泡水《ホウスイ》（＝川の名）。借りて「あわ」の意。

意味 水面にうかぶあぶく。あわ。例泡沫《ホウマツ》。気泡《キホウ》。

【泡盛】《あわもり》沖縄《おきなわ》や九州南部特産の焼酎《ショウチュウ》。

【泡▼沫】《ホウマツ｜うたかた》あわ。はかないもののたとえ。例―《うたかた》の恋《こい》。
●気泡《キホウ》・水泡《スイホウ》・発泡《ハッポウ》

氵5

【沫】

8画 4387 6CAB 人名 音バツ漢 マツ呉 訓あわ・しぶき

意味 ❶水のあわ。みなわ。あわ。例水沫《スイマツ》。泡沫《ホウマツ》。❷水の細かいつぶ。しぶき。例飛沫《ヒマツ》。

難読 沫雪《あわゆき》・飛沫《しぶき》・沫雨《しぶき》・水沫《みなわ》

人名 わ

氵5

【油】

8画 4493 6CB9 教育3 音ユウ漢 ユ呉 訓あぶら

筆順 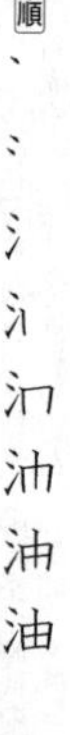

なりたち  [形声]「氵（＝みず）」と、音「由《ユウ》」とから成る。油水《ユスイ》（＝川の名）。借りて「雲などがわきおこるようす」。また「あぶら」の意。

意味 ❶雲がさかんにわきおこるようす。また、ゆったりとおちついているようす。例油然《ユウゼン》。❷あぶら。例原油《ゲンユ》。石油《セキユ》。灯油《トウユ》。

使い分け あぶら【油・脂】⇩1161ページ

難読 油皮《ゆば》・油葉《ゆば》・油点草《ほととぎす》

【油揚げ】《あぶらあげ》豆腐《トウフ》をうすく切って、油で揚げた食品。あぶらげ。あげ。

【油▼粕】《あぶらかす》ダイズや菜種《なたね》などから、油分をしぼり取ったあ

とのかす。肥料用。
【油紙】《あぶらがみ》 油をしみこませた防水用の和紙。
【油菜】《あぶらな》 アブラナ科の二年草。春、黄色い花がさく。種から油をとる。なたね。なのはな。
【▽油然】《ユウゼン|ユゼン》 (形動《タルト》) さかんにわき起こり、広がっていくようす。例 雲が―とわく。―として興味がわく。
【油煙】《ユエン》 油が不完全燃焼《ネンショウ》したときに出る、黒くて細かい炭素の粉。例 ―墨《ボク》。
【油彩】《ユサイ》 油絵の具で絵をかくこと。また、その絵。あぶらえ。対 水彩。
【油脂】《ユシ》 動植物からとったあぶらや脂肪《シボウ》を、まとめていうことば。例 ―工業。植物―。
【油井】《ユセイ》 原油をくみ上げるための井戸《いど》。
【油性】《ユセイ》 水にとけないなど、あぶらの性質をもっていること。対 水性。例 ―塗料《トリョウ》。
【油槽】《ユソウ》 石油やガソリンなどをたくわえる、大型の容器。油タンク。例 ―船(=タンカー)。
【油単】《ユタン》 あぶらをひいた布や紙。たんすなどの道具をおおったり、敷物《しきもの》にしたりする。
【油断】《ユダン》 (名・する) うっかり注意をおこたること。不注意。例 ―大敵。―もすきもない。
【油田】《ユデン》 石油を産出する地域。例 ―地帯。
● 給油《キュウユ》・軽油《ケイユ》・重油《ジュウユ》・精油《セイユ》・注油《チュウユ》

氵5
【泱】
8画 6186 6CF1
音 ヨウ(漢) オウ(呉) 訓 たなび-く・ふか-い
意味 ❶雲がわき起こるようす。❷水が深く広がるようす。例 泱泱《オウオウ》。

氵5 【泡】 8画 ⇩【泡】《ホウ》(588ページ)

氵5 【泪】 8画 ⇩【涙】《ルイ》(599ページ)

氵6
【洟】
9画 6206 6D1F
音 イ(漢)(呉) テイ(漢) 訓 はな・はなじる・はなみず
意味 はなみず。はなじる。例 涕洟《テイイ》。

氵6
【洩】
9画 1744 6D29
音 一 エイ(慣) セツ(漢) 二 エイ(漢) 訓 も-らす・も-れる
意味 一《エイ|セツ》 もれる。もらす。同 泄《セツ》。例 漏洩《ロウセツ》〔慣用で「ロウエイ」と読む〕。二《エイ》 のびる。例 洩洩《エイエイ》(=心がのびのびするる)。
【洩漏】《ロウセツ》 〔「エイロウ」とも〕(名・する) (秘密などが)もれること。また、もらすこと。漏洩《ロウセツ》。

氵6
【海】
9画 1904 6D77 教育2
音 カイ(漢)(呉) 訓 うみ
付表 海女《あま》・海士《あま》・海原《うなばら》
筆順 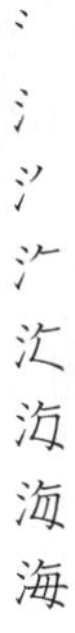

氵7
【海】
10画 1-8673 FA45 人名
なりたち  [形声] 「氵(=みず)」と、音「毎《バイ》→《カイ》」とから成る。多くの川が流れこむ池。
意味 ❶多くの水が集まったところ。うみ。例 海岸《カイガン》。近海《キンカイ》。❷人やものが集まるところ。例 雲海《ウンカイ》。学海《ガッカイ》。樹海《ジュカイ》。❸海のように、広く大きいことをいう。例 海容《カイヨウ》。
難読 海参《いりこ》・海神《わたつみ》・海豹《あざらし》・海豚《いるか》・海雲《もずく》・海鼠腸《このわた》・海髪《おご》・海嘯《つなみ》・海鞘《ほや》・海獺《ラッコ》・海糠魚《あみ》・海蘿《ふのり》・海上《うながみ》(=地名)・海石榴《つばき》・海扇《ほたてがい》・海鰻《はも》
人名 あま・うな・ひろ・ひろし・み

【海▼豹】《あざらし》 寒帯の海にすむ哺乳《ホニュウ》動物。青黒色のからだに黒い斑点《ハンテン》があり、足はひれ状。
【▽海▽人】《あま》 魚をとり、塩を焼く人。漁夫《ギョフ》。
【海女】《あま》 海にもぐって貝や海藻《カイソウ》などをとることを仕事にしている女性。
【▽海▽豚】《いるか》 クジラのなかまで、体長四メートル以下のものをまとめていうことば。近海に群れをなしてすみ、淡水《タンスイ》にすむものもある。バンドウイルカ・マイルカなど。
【海原】《うなばら》 広々とした海。例 大《おお》―。青―。
【▽海▽胆】《うに》 クリのいがに似たとげでおおわれた、球形のからをもつ海産の動物。ムラサキウニ・アカウニなどの卵巣《ランソウ》を食用にする。→【雲丹】《うに》(1049ページ)
【海幸】《うみさち》 ①海でとれる魚や貝など。うみのさち。②海のえものをとる道具。▽対 山幸《やまさち》。
【海千山千】《うみセンやまセン》 〔海に千年、山に千年すんだヘビは、竜《リュウ》になるという伝説から〕いろいろな経験を積み、悪がしこいこと。また、その人。例 ―の古《ふる》つわもの。
【海鳴り】《うみなり》 海から聞こえる、かみなりのような低いひびき。
【海猫】《うみねこ》 カモメに似た海鳥。からだは白く、背と羽は灰黒《カイコク》色。鳴き声がネコに似ている。日本近海の島に集団で巣《す》をつくる。青森県・島根県などの繁殖《ハンショク》地は、天然記念物。
【海域】《カイイキ》 ある範囲《ハンイ》内の海の区域。例 日本周辺の―。
【海員】《カイイン》 船の乗組員。船員。
【海運】《カイウン》 海上を船で人や物などを運ぶこと。例 ―業。
【海▼燕】《カイエン|うみつばめ》 ウミツバメ科の海鳥。黒みをおびた細長いつばさと、ふたまたに分かれた尾《お》をもち、足に水かきがある。
【海外】《カイガイ》 海の向こうの国々。(日本から見て)外国。例 ―旅行。―に進出する企業《キギョウ》。
【海岸】《カイガン》 陸が海と接しているところ。海べ。浜べ。例 ―線。
【海気】《カイキ》 海べの空気。例 ―浴。
【海牛】 一《カイギュウ》 熱帯から亜《ア》熱帯の海にすむ哺乳《ホニュウ》動物。ジュゴンやマナティーのなかま。二《うみうし》 海にすむ軟体《ナンタイ》動物。ナメクジに似ており、種類が多い。
【海魚】《カイギョ》 海にすむ魚。また、海でとれる魚。
【海況】《カイキョウ》 海上の天候や波の状態。
【海峡】《カイキョウ》 海が、両側からの陸地によって、せばめられているところ。水道。瀬戸《せと》。例 関門《カンモン》―。津軽《つがる》―。
【海区】《カイク》 (漁業や行政などのため)海上に設定された区画。
【海軍】《カイグン》 海上の守りをおもな任務とする、軍備や軍隊。
【海月】 一《カイゲツ》 海上に出た月。また、海に映った月の影《かげ》。二《くらげ》 海にすむ腔腸《コウチョウ》動物。寒天質で傘《かさ》状のからだを、閉じたり開いたりして泳ぐ。表記 二は「▽水▽母」とも書く。
【海溝】《カイコウ》 海底で、とくに深い部分が、みぞ状に続いているところ。例 日本―。マリアナ―。
【海産】《カイサン》 魚・貝・海藻《カイソウ》・塩など海でとれるもの。例 ―物。
【海市】《カイシ》 大気の密度や日光の屈折《クッセツ》などによって、遠くの建物や物体が、近くにうかんで見える現象。蜃気楼《シンキロウ》。
【海獣】《カイジュウ》 海にすむ哺乳《ホニュウ》動物。クジラ・アザラシなど。
【海▼嘯】《カイショウ》 ①満潮のとき、三角形状に開いた河口部などで起こる、高い波。たかなみ。②海鳴り。③津波《つなみ》。
【海上】《カイジョウ》 うみのうえ。海面や、海面に近い空間。洋上。対 陸上。例 ―交通。―輸送。
【海食】《カイショク》 (名・する) 波や潮流が、少しずつ陸地をけずり取っていく作用。例 ―崖《ガイ》。表記「海▼蝕」とも書く。
【海神】《カイジン》 海の神。わたつみ。
【海図】《カイズ》 海の深さや海底の地形、潮の流れ、港や灯台の位置などをしるした、航海用の図面。
【海水】《カイスイ》 海の塩からい水。例 ―浴。
【海戦】《カイセン》 海上での戦闘《セントウ》。例 日本海―。

【海鮮】《カイセン》 海産の魚貝など、新鮮な食べ物。例—料理。
【海草】《カイソウ》 ①海中に生える種子《シュシ》植物。アマモ・イトモなど。②海藻《カイソウ》の俗《ゾク》な言い方。
【海藻】《カイソウ》 海中に生え、胞子《ホウシ》で増える植物。ワカメ・コンブ・テングサなど。
【海象】《カイゾウ|セイウチ》 北極海にすむ哺乳《ホニュウ》動物。体長三メートルにもなり、四肢《シシ》はひれ状。長い二本のきばをもつ。海馬《カイバ》。
【海賊】《カイゾク》 船を利用して、ほかの船や沿岸の集落をおそって、金品をうばい取る集団。対山賊。例—船。—版(=著作物を無断で複製して売り出したもの)。
【海内】《カイダイ》 四方を海に囲まれた内側。日本の国を指す。天下。例—無双《ムソウ》。名声が—にとどろく。
【海中】《カイチュウ》 海面の下。海のなか。例—水族館。
【海鳥】《カイチョウ》 海岸や海洋にすみ、魚などをえさとしている鳥。カモメ・ウミネコ・アホウドリなど。
【海潮音】《カイチョウオン》 岸に打ちよせる波の音。海の音。
【海底】《カイテイ》 海の底。例—火山。—探査。
【海▼棠】《カイドウ》 バラ科の落葉低木。春、サクラに似たうすべに色の花が下向きにさく。はなかいどう。
【海道】《カイドウ》 ①海岸に沿った街道《カイドウ》。また、街道に沿った地域。②「東海道」の略。例—下り。—筋。③海上の、船の通り道。海路。
【海難】《カイナン》 航海中の事故や災難。例—救助。—事故。
【海人草】《カイニンソウ|まくり》 〔「カイジンソウ」とも〕紅藻《コウソウ》類の海藻。暖海に産し、せんじて回虫駆除《クジョ》の薬とした。表記「海▽仁草」とも書く。
【海馬】《カイバ》 ①タツノオトシゴの別名。②セイウチの別名。↓【海象】《カイゾウ》 ③大脳半球の内側にあり、本能・記憶《キオク》・自律神経などの中枢《チュウスウ》がある部位。
【海抜】《カイバツ》 平均海面を基準とした陸地の高さ。標高。例—ゼロメートル地帯。富士山は—三七七六メートル。
【海氷】《カイヒョウ》 海にうかんだ氷。
【海浜】《カイヒン》 うみべ。はまべ。多く、砂浜《すなはま》になっているところをいう。例—公園。—植物。
【海風】《カイフウ》 ①海からふいてくる風。また、海の上をふく風。②日中、海から陸にむけてふく風。海軟風《カイナンプウ》。対陸風。
【海兵】《カイヘイ》 海軍の兵士。例—隊。
【海辺】《カイヘン》 海のほとり。うみべ。海浜《カイヒン》。例—を散歩する。
【海面】《カイメン》 海の表面。海上。例—をただよう。

[水(氵・氺)部] 6画 活

【海綿】《カイメン》 ①「海綿動物」の略。からだの表面に無数の穴があり、海底の岩などに付着して生活する。②海綿動物の繊維《センイ》状の骨格をかわかしたもの。スポンジ。
【海洋】《カイヨウ》 広々とした大海。大洋。対大陸。例—性気候。
【海容】《カイヨウ》 海のような広い心でゆるすこと。例ご—ください〔手紙などで使う、改まったことば〕。
【海里】《カイリ》 海上での距離《キョリ》をあらわす単位。一海里は約一八五二メートルで、緯度《イド》一分《イップン》の長さに相当する。表記「▼浬」とも書く。
【海▼狸】《カイリ》 ビーバーの別名。ヨーロッパ北部やアメリカ北部の川にすむ哺乳《ホニュウ》動物。平たい尾《お》と強い歯をもつ。
【海陸】《カイリク》 海と陸。水陸。
【海流】《カイリュウ》 海洋の中を、常に一定の方向に動く、海水の流れ。例日本—。
【海路】《カイロ》 海上の航路。船路《ふなじ》。例待てば—の日和《ひより》あり(=海があれていて船が出なくても、気ながに待っていれば海はおさまる。のんびり待てば、よいことがある)。
【海老】《カイロウ|えび》 海産また、淡水《タンスイ》産の節足動物。イセエビ・クルマエビ・シバエビなど、食用になるものが多い。
【海老《えび》で▼鯛《たい》を釣《つ》る】 わずかなもので大きな利益を得るたとえ。えびたい。
【海湾】《カイワン》 陸地にはいりこんでいる海。入《い》り海。湾。
【▽海▼鼠】《なまこ》 腹面が平らで、背がまるい筒形《つつがた》の海産動物。食用にする。
【▽海▼苔】《のり》 ①海中の岩などにつく、コケのような海藻《カイソウ》。アサクサノリ・アオノリなど。②アサクサノリを和紙のようにすいて干した食品。例—巻き。焼き—。
【▽海▽星】《ひとで》 海底にすむ棘皮《キョクヒ》動物。からだは平たく、星形をしているものが多い。イトマキヒトデ・オニヒトデなど。
【▽海▽松貝】《みるがい》 浅い海でとれる、たまご形の二枚貝。すしだねや刺身《さしみ》にする。みる。表記「▽水▽松貝」とも書く。
◯●荒海《あらうみ》・雲海《ウンカイ》・沿海《エンカイ》・遠海《エンカイ》・外海《ガイカイ|そとうみ》・近海《キンカイ》・公海《コウカイ》・航海《コウカイ》・四海《シカイ》・樹海《ジュカイ》・深海《シンカイ》・絶海《ゼッカイ》・東海《トウカイ》・内海《ナイカイ|うちうみ》・領海《リョウカイ》・臨海《リンカイ》

氵6 【活】 9画 1972 6D3B 教育2 音カツ漢 訓い-きる・い-かす

筆順 丶 冫 氵 氵 汗 汘 活 活

なりたち  [形声]「氵(=みず)」と、音「舌《カツ》」とから成る。水が流れるようす。派生して「いきいきとする」の意。

意味 ❶いきいきしている。勢いがよい。例活気《カッキ》。活発《カッパツ》。快活《カイカツ》。❷いのちがある。暮らす。いきる。例自活《ジカツ》。生活《セイカツ》。死中求レ活《シチュウにカツをもとむ》。❸固定していない。うごく。例活字《カツジ》。活水《カッスイ》。❹役立てる。いかす。例活用《カツヨウ》。

日本語での用法《カツ》気絶した人をよみがえらせる方法。「活《カツ》を入《い》れる」

難読 活業《なりわい》・活計《すぎわい|なりわい》・活花《いけばな》・活作《いけづくり》・活惚《かっぽれ》

人名 いく・ひろ・ひろし

【活火山】《カッカザン》 現在火山活動が続いている火山、および、今後噴火《フンカ》することが予想されている火山。対死火山。
【活眼】《カツガン》 するどく、ものごとの本質を見ぬく眼力《ガンリキ》。例—を開く(=真実を見ぬく力をもつ)。
【活気】《カッキ》 生き生きとした積極的な気分やふんいき。類生気。例—づく。—に満ちている。
【活魚】《カツギョ》 生きている魚。また、料理するまで生かしておく、魚や貝類。いけうお。いきうお。例—輸送。—料理店。
【活況】《カッキョウ》 (商売や取り引きなどの)活動が、さかんで生き生きしていること。例—を呈《テイ》する。かつての—はどこにもない。
【活計】《カッケイ》 生活をいとなむこと。また、生活に必要な金銭を得るための、仕事や手だて。生計。例—を立てる。
【活劇】《カツゲキ》 なぐりあい、斬《き》りあい、撃《う》ちあいなど、激しい動作を中心にした演劇や映画、テレビドラマなど。また、その激しい動き。例冒険《ボウケン》—。—を演じる。
【活殺】《カッサツ》 生かすことと、殺すこと。類生殺《セイサツ》。例—自在(=相手を生かすも殺すも思いのまま)。
【活字】《カツジ》 〔固定してなくて、動く字の意〕①活版印刷で使う、一字一字の字の型。木やなまりなどで作る。例—を組む。②印刷された文字や出版された文章。〔絵・写真・漫《マン》画《ガ》などに対していう〕例—ばなれが進む。
【活写】《カッシャ》 (名・する)〔文章や絵や映像などに〕ありさまを、生き生きとえがきだすこと。例古代精神を—する。
【活社会】《カッシャカイ》 活動している、現実の社会。類実社会。
【活人】《カツジン》 ①〔死人に対して〕生きて活動している人。②人を生かすこと。例—剣《ケン》。—の法(=医術)。
【活人画】《カツジンガ》 〔生きた人間を用いる絵、という意〕名画や、歴史や文学で有名な場面の絵などを背景とし、その前に

扮装《フンソウ》した人物が静止して、一枚の絵のように見せるもの。

【活水《カッスイ》】①流れている水。流水。②キリスト教で、洗礼のとき頭にそそぐ水。

【活性化《カッセイカ》】（名・する）①〔化〕物質の原子や分子が、光や熱などのエネルギーを吸収して、化学反応を起こしやすい状態になること。②組織や人間関係などにしげきをあたえて、動きや反応を活発にすること。例社内の―をはかる。

【活性炭《カッセイタン》】表面に小さなあながたくさんあいていて、色素やガスなどを吸いとる性質の強い、炭素質の物質。例冷蔵庫の脱臭剤《ダッシュウザイ》には―が用いられている。

【活栓《カッセン》】〔動く栓の意〕パイプなどにとりつけ、液体や気体の流れを調節する栓。コック。

【活塞《カッソク》】ピストンのこと。蒸気機関やポンプなどの筒《つつ》にはめこまれ、往復運動をする栓《セン》。

【活断層《カツダンソウ》】新生代に活動したことがあり、今後も活動する可能性のある断層。

【活動《カツドウ》】㊀（名・する）①生き生きと元気よくはたらくこと。例精力的に―する。②そのもの本来のはたらきをすること。例火山―。㊁（名）「活動写真」の略。

【活動写真《カツドウシャシン》】〔生き生きと動く写真の意〕「映画」の古い言い方。活動。

【活発《カッパツ》】（名・形動《ダ》）行動や精神が生き生きとして活気のあること。例―に発言する。表記 (旧)活▼潑
【活版《カッパン》】活字を組み、行間や字間をととのえて作った、印刷用の版。また、それで印刷したもの。例―印刷。

【活弁《カツベン》】「活動写真弁士」の略。無声映画のスクリーンのわきにいて、場面の説明や登場人物のせりふの代弁をする人。また、その話芸。表記 (旧)活▼辯
【活▼惚《かっぽれ》】〔あて字〕江戸《えど》時代末から明治時代にかけて流行した俗謡《ゾクヨウ》と、その踊《おど》り。「かっぽれ、かっぽれ、甘茶《あまチャ》でかっぽれ」とはやしながら、歌ったり踊ったりした。

【活躍《カツヤク》】（名・する）役目にふさわしい、めざましい活動をして、成果をあげること。例日本代表として―する。

【活用《カツヨウ》】（名・する）①そのものの特質をうまく生かして、利用すること。例語学力を―する。②文法で、単語が、文中での文法上のはたらきや、語の続き方に応じて、規則的に語形が変わること。たとえば、「書く」は、「書か・書き・書く・書け」と変化する。例形容詞の―。

【活用形《カツヨウケイ》】文法で、活用語が活用したときのそれぞれの語形。口語では、未然形・連用形・終止形・連体形・仮定形・命令形の六種。〔文語では、仮定形が已然《イゼン》形になる〕

【活用語《カツヨウゴ》】文法で、単語のうち活用するもの。日本語では、動詞・形容詞・形容動詞・助動詞。

【活力《カツリョク》】はたらき、動くために必要な、肉体的・精神的エネルギー。精力。バイタリティー。例―にあふれる。―の源《みなもと》。

【活路《カツロ》】①行きづまったところからぬけ出して、生きのびていく方法。例―を開く。②生活のかてを得る手段。(類)生計。例―を見いだす。―をたたれる。
●快活《カイカツ》・死活《シカツ》・自活《ジカツ》・生活《セイカツ》・復活《フッカツ》

氵6
【洶】
9画 6208 6D36 音 キョウ(漢) 訓 わきで-る・わ-く

意味 水がわきあがるようす。わきでる。わく。例洶涌《キョウヨウ》（＝水がわきあがる。波立つ）。

氵6
【洫】
9画 6209 6D2B 音 キョク(漢) 訓 みぞ

意味 ❶水田の用水路。みぞ。例溝洫《コウキョク》。❷城壁《ジョウヘキ》の周囲の堀《ほり》。ほり。

氵6
【洪】
9画 2531 6D2A 常用 音 コウ(漢) 訓 おおみず

筆順 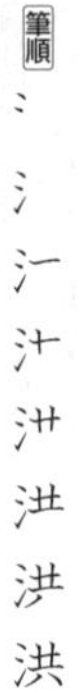

なりたち  [形声]「氵（＝みず）」と、音「共《キョウ》→《コウ》」とから成る。おおみず。

意味 ❶河川《カセン》が氾濫《ハンラン》すること。おおみず。例洪水《コウズイ》。❷おおらかな。りっぱな。おおきい。例洪恩《コウオン》。洪業《コウギョウ》。

人名 おお・ひろ・ひろし

【洪恩《コウオン》】大きなめぐみ。大恩。表記「▼鴻恩」とも書く。

【洪業《コウギョウ》】偉大《イダイ》な事業。とくに、帝王《テイオウ》としてのすぐれた業績。大業。(類)鴻業《コウギョウ》。例聖徳《ショウトク》太子の―をしのぶ。

【洪勲《コウクン》】大きなてがら。(類)偉勲《イクン》。

【洪水《コウズイ》】①大雨などによって、川の水があふれること。おおみず。例―で土手が切れる。②たくさんのものが、一時にあふれ出るようすのたとえ。例車の―。光の―。

【洪積世《コウセキセイ》】⇩【更新世《コウシンセイ》】（498ページ）

【洪図《コウト》】大きな計画。鴻図《コウト》。

氵6
【洸】
9画 6211 6D38 人名 音 コウ(漢)

なりたち  [会意]「氵（＝みず）」と「光《コウ》（＝ひかる）」とから成る。水がゆれて光る。借りて「勇ましいようす」の意。

意味 ❶水がさかんにわきたつようす。また、勇ましいようす。例洸洸《コウコウ》。❷水が深くて広いようす。例洸洋《コウヨウ》（＝水を深くたたえて広いようす）。❸「洸惚《コウコツ》」は、ぼうっとして、はっきりしないようす。

人名 たかし・たけし・ひかる・ひろ・ひろし・ふかし・みつ・みつる

氵6
【洽】
9画 6210 6D3D 音 コウ(漢) 訓 うるお-す・あまね-し

意味 ❶水分がじゅうぶんにゆきわたる。うるおう。うるおす。例洽汗《コウカン》（＝びっしょりとあせをかく）。❷広くゆきわたる。全体をおおう。あまねし。例洽博《コウハク》。❸やわらぐ。やわらげる。調和する。例洽和《コウワ》（＝うちとけて心がやわらぐ）。

【洽博《コウハク》】（名・形動《ダ》）知識や学問が広く、ものごとによく通じていること。例万事《バンジ》につけて―な知識をもつ。

【洽覧《コウラン》】書物を広く読むこと。(類)博覧。

氵6
【洙】
9画 6212 6D19 音 シュ(漢)

意味 川の名。洙水《シュスイ》。例洙泗《シュシ》（＝洙水と泗水。泗洙）。

氵6
【洲】
9画 2907 6D32 人名 音 シュウ(漢)(呉) 訓 しま・す

なりたち [形声]「氵（＝みず）」と、音「州《シュウ》」とから成る。川のなかす。

参考「州」の別体字。

意味 ❶川の中に土砂《ドシャ》がたまってできた小島。なかす。す。例砂洲《サす》。❷大陸。くに。しま。例五大洲《ゴダイシュウ》。

表記 現代表記では、「州《シュウ》」に書きかえることがある。熟語は「州」（332ページ）を参照。

人名 くに・ひろ・ひろし

氵6
【洵】
9画 6213 6D35 人名 音 シュン(漢)ジュン(呉) 訓 まこと-に

なりたち  [形声]「氵(＝みず)」と、音「旬《シュン》」とから成る。川の名。借りて「まことに」の意。
意味 ほんとうに。まったく。まことに。同 恂《シュン》。
人名 のぶ・まこと・ひとし

氵6 **【洳】** 9画 6214 6D33 音 ジョ漢
意味 ❶低湿《テイシッ》地《チ》。❷川の名。洳《ジョ》河《カ》。

氵6 **【浄】** 9画 3084 6D44 常用 音 セイ漢 ジョウ呉 訓 きよ-い
筆順 浄

氵8 **【淨】** 11画 6238 6DE8 人名
なりたち 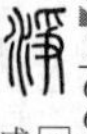 [形声]「氵(＝みず)」と、音「爭《ソウ→セイ》」とから成る。魯《ロ》の国の北側の城門にある池。借りて「きよい」の意。
意味 ❶けがれがない。きよい。例 浄財《ジョウザイ》。清浄《セイジョウ》。❷きれいにする。きよめる。例 浄化《ジョウカ》。自浄《ジジョウ》。洗浄《センジョウ》。
人名 きよ・きよし・きよみ・きよむ・しず・しずか

【浄《ジョウ》域《イキ》】 ①〔仏〕「浄土」に同じ。②寺院や神社など、清浄に保つべき場所。また、清浄に保っているところ。浄界。
【浄《ジョウ》▽衣《エ》】 〔「ジョウイ」とも〕神事や祭り、また葬式《ソウシキ》など、宗教的な行事をつかさどる人が着る、白い色の着物。
【浄《ジョウ》化《カ》】 (名・する) ①よごれを取り除いて清潔にすること。例 —槽《ソウ》。魂《たましい》の—。②不正や害悪を取り除くこと。例 政界を—する。
【浄《ジョウ》界《カイ》】 〔「界」は、境界の意〕「浄域②」に同じ。
【浄《ジョウ》財《ザイ》】 社寺または社会事業などに寄付するお金。〔寄付を受ける側で使うことば〕例 広く—を集める。
【浄《ジョウ》書《ショ》】 (名・する) 下書きを、きれいに書き直すこと。類 清書。例 原稿《ゲンコウ》を—する。
【浄《ジョウ》土《ド》】 〔仏〕仏や菩薩《ボサツ》が住むという、罪悪や迷いのない清らかな世界。とくに、阿弥陀如来《アミダニョライ》のいる西方極楽《サイホウゴクラク》浄土を指す。
【浄土宗《ジョウドシュウ》】 〔仏〕平安末期、法然《ホウネン》が開いた仏教の一派。「南無阿弥陀仏《ナムアミダブツ》」という名号《ミョウゴウ》(＝念仏)をとなえれば極楽《ゴクラク》浄土に往生《オウジョウ》できる、と説く。
【浄土真宗《ジョウドシンシュウ》】 〔仏〕鎌倉《かまくら》時代に浄土宗から分かれて、親鸞《シンラン》が開いた仏教の一派。阿弥陀仏《アミダブツ》を信じさえすれば、弥陀の本願によって極楽往生《ゴクラクオウジョウ》できる、と説いた。真宗。
【浄《ジョウ》▼玻璃《ハリ》】 〔「玻璃」は、七宝《シッポウ》の一つ。水晶《スイショウ》〕①くもりのない水晶。②「浄玻璃鏡《ジョウハリのかがみ》」の略。
【浄▼玻璃鏡《ジョウハリのかがみ》】 〔仏〕地獄《ジゴク》の閻魔《エンマ》の庁にある鏡。死者の生前のおこないのすべてを、うつし出すという。
【浄《ジョウ》福《フク》】 ①俗事《ゾクジ》をまったく忘れて感じる幸福。②信仰《シンコウ》によって得られる精神的な幸せ。例 —に満ちる。
【浄《ジョウ》瑠璃《ルリ》】 〔「瑠璃」は、七宝《シッポウ》の一つ。紺《コン》色の玉《ギョク》〕①〔仏〕清くすきとおった瑠璃。②日本の伝統芸能の一つ。三味線《しゃみせん》で伴奏《バンソウ》し、人形芝居《ニンギョウしばい》に合わせて語る音曲《オンギョク》。→【義太夫《ギダユウ》】(802ページ)
●自浄《ジジョウ》・清浄《ショウジョウ|セイジョウ》・洗浄《センジョウ》・不浄《フジョウ》

氵6 **【津】** 9画 3637 6D25 常用 音 シン漢 訓 つ
筆順 津
なりたち  [形声]「氵(＝みず)」と、音「聿《シン》」とから成る。川などの渡《わた》し場。
意味 ❶わたし場。ふなつき場。つ。例 津頭《シントウ》(＝わたし場)。❷水がしみでる。うるおう。あふれる。例 津液《シンエキ》。津津《シンシン》。❸天津《テンシン》市の別の呼び方。
難読 口津《つば》
人名 ず・ひろ・ひろし・わたり・わたる

【津《シン》液《エキ》】 ①つばき。つば。唾液《ダエキ》。②体内に流れる血液や唾液などを、まとめていうことば。体液。
【津《シン》津《シン》】 (形動タル) さかんにわき出るようす。例 興味—。—として興味は尽《つ》きない。
【津《シン》▼梁《リョウ》】 ①わたし場や橋。川をわたるのに必要なもの。②橋わたしをするもの。手引き。つて。
【津《シン》を問《と》う】 川のわたし場をたずねる。転じて、学問などへの導きを願うことをいう。問津《モンシン》。〈論語《ロンゴ》〉
【津津浦浦《つつうらうら》】 全国いたるところ。例 全国—に鳴りひびく。
【津波《つなみ》】 地震《ジシン》や高潮などによって、急激に海岸におしよせてくる高い波。例 —警報。表記「津▽浪」とも書く。

氵6 **【洒】** 9画 6215 6D12 音 一 セイ漢 サイ呉 二 サイ漢 シャ呉 訓 あら-う・そそ-ぐ
意味 一《セイ|サイ》 水をそそいできよめる。あらう。例 洒濯《セイタク》(＝洗濯する)。二《サイ|シャ》 ❶水をまく。そそぐ。例 洒掃《サイソウ》(＝水をまき、ほうきではくこと)。❷自然で、こだわりがない。さっぱりしている。例 洒然《シャゼン》。洒脱《シャダツ》。洒落《シャラク》。
参考 古くから「灑《サイ|シャ》」と通じて用いられている。

【洒洒落落《シャシャラクラク》】 (形動タル) 気持ちや態度がさっぱりとしていて、こだわりのないようす。〔洒落《シャラク》を強めていうことば〕例 —とした言動。
【洒《シャ》然《ゼン》】 (形動タル) ①水などが降りそそぐようす。例 風雨《フウウ》—として衣服にそそぐ。②わだかまりがなく気持ちや趣味《シュミ》がさっぱりとしているようす。例 —として笑うのみ。
【洒《シャ》脱《ダツ》】 (名・形動ダ) さっぱりして、あかぬけていること。例 軽妙《ケイミョウ》—。—な人。
【洒落】 一《シャラク》 (名・形動ダ) 性質がさっぱりして、わだかまりがないこと。二《しゃれ》 〔あて字。動詞「戯《しゃ》る」の名詞形〕①似た音を使って人を笑わせる、ことばのあそび。また、気のきいた冗談《ジョウダン》。例 駄《ダ》—《じゃれ》。—をとばす。②趣味《シュミ》がよく、あかぬけていること。おしゃれ。例 —者。

氵6 **【浅】** 9画 3285 6D45 教育4 音 セン漢呉 訓 あさ-い
筆順 浅

氵8 **【淺】** 11画 6241 6DFA
なりたち  [形声]「氵(＝みず)」と、音「戔《セン》」とから成る。深くない。
意味 ❶水が少ない。底がふかくない。あさい。対 深《シン》。例 浅海《センカイ》。深浅《シンセン》。❷知識や考えがたりない。あさはか。例 浅学《センガク》。浅薄《センパク》。浅慮《センリョ》。❸あっさりした。わずかな。例 浅酌《センシャク》。浅春《センシュン》。❹色がうすい。あわい。例 浅紅《センコウ》(＝うすくれない)。浅緑《センリョク》。
人名 あさ・あさし

【浅▼葱《あさぎ》】 うすい青や緑。また、その中間の色。例 —色の着物姿。
【浅▼茅《あさじ》】 まばらに生えたチガヤ。また、背のひくいチガヤ。例

—が宿《どや》(=チガヤの生えているような、手入れのゆきとどかない家)。

【浅瀬】《あさせ》 川や海で、水の深くないところ。[例]—をわたる。

【浅知恵】《あさぢえ》 あさはかな考え。へたな思いつき。[表記](旧)浅▼智▼慧

【浅手】《あさで》 軽いけが。軽傷。(対)深手。[例]—を負う。[表記]「浅▽傷」とも書く。

【浅▼蜊】《あさり》 浅い海底の砂地にすむ二枚貝。食用となる。

【浅海】《センカイ》 深くない海。ふつう、海岸から水深二〇〇メートルくらいまでのところをいう。(対)深海。

【浅学】《センガク》 ①学問についてじゅうぶんな知識をもたないこと。②自分の学識をへりくだっていうことば。[例]—非才《ヒサイ》。

【浅見】《センケン》(名・形動《ナダ》) ①考えがあさはかなこと。(類)愚見《グケン》・管見。②自分の考えや見識を、へりくだっていうことば。

【浅才】《センサイ》 ①才能がおとっていること。②自分の才能をへりくだっていうことば。(類)短才。[例]—をはじる。

【浅酌】《センシャク》(名・する) ほどよく酒を飲んで楽しむこと。[例]—低唱(=ほろよい気分で、小声で歌を口ずさむこと)。

【浅春】《センシュン》 春のはじめ。(類)早春。

【浅薄】《センパク》(名・形動《ナダ》) 知識や考えが足りないこと。また、趣味《シュミ》などが表面をかざるだけで、深みがないこと。あさはか。[例]—な人物。学識の—を暴露《バクロ》する。

【浅膚】《センプ》(名・形動《ナダ》)〔「膚」は、うわべだけの意〕あさはかなこと。(類)浅薄《センパク》。[例]—な見識。

【浅慮】《センリョ》 深い考えがないこと。考えが足りないこと。(類)短慮。(対)深慮。[例]私の—から思わぬ失敗を招いた。

【浅劣】《センレツ》(名・形動《ナダ》) 知識や能力がふじゅうぶんで、おとっていること。[例]学識も修養も—で、語るに足りない。

氵6 【洗】 9画 3286 6D17 [教育6] [音]セン(慣)セイ(漢)サイ・セイ(呉) [訓]あら-う・あら-い

[筆順]
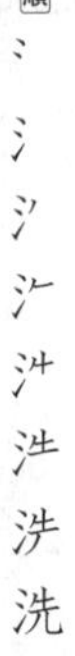

[なりたち]

[形声]「氵(=みず)」と、音「先《セン》」とから成る。足をあらいきよめる。

[意味] 水でよごれをおとす。けがれをとりのぞく。すすぐ。あらう。[例]洗濯《センタク》。水洗《スイセン》。

[日本語での用法] 一《あらい》 コイやコチなどの魚の身をうすく切り、冷水や氷にさらして身をしめたもの。「鯉《こい》の洗《あら》い」 二《あらう》 よく調べる。「身元《みもと》を洗《あら》う」

[難読] 手洗《たらい》・御手洗《みたらし|みたらい》

[人名] きよ・きよし

【洗眼】《センガン》(名・する) ①(治療《チリョウ》などのために)目を洗うこと。②美しいものを見て、目を楽しませること。

【洗顔】《センガン》(名・する) 顔を洗うこと。(類)洗面。[例]—用のせっけん。

【洗剤】《センザイ》 食器や衣服を洗うとき、よごれがよく落ちるように用いる薬剤。[例]合成—。

【洗耳】《センジ》 世俗《セゾク》的な名誉《メイヨ》を、けがれたものとすることのたとえ。潁水《エイスイ》に耳を洗う。〔中国古代、尭帝《ギョウテイ》が許由《キョユウ》に「天下をゆずろう」と言ったとき、許由は「けがれたことを聞いた」と、潁水(=川の名)で耳を洗ったという故事から〕

【洗車】《センシャ》(名・する) 車のよごれを洗い落とすこと。

【洗浄】《センジョウ》(名・する) よごれや有害なものを洗い落として、きれいにすること。[例]胃を—する。[表記](旧)洗▼滌 →【洗滌】《センデキ》

【洗心】《センシン》 心のけがれを洗いきよめること。(類)改心。[例]—革面(=心を入れかえ、あやまちを改めること)。

【洗足】《センソク|センゾク》(名・する) ①足のよごれを洗い落とすこと。また、そのための湯や水。②俗世間《ゾクセケン》からのがれること。

【洗濯】《センタク》(名・する) ①衣服などのよごれを洗い落とすこと。[例]—機。②よごれやつかれなどをとりさること。[例]命の—(=精神的に生きかえること)。

【洗▼滌】《センデキ》〔誤って「センジョウ」と読む。「滌」は、洗いすすぐ意〕洗い清めること。[表記](現)洗浄《センジョウ》

【洗脳】《センノウ》(名・する) 人工的・強制的に、人の思想や考え方を、まったく異なったものに変えてしまうこと。

【洗髪】《センパツ》(名・する) かみの毛を洗うこと。

【洗米】《センマイ》 神前の供え物として用いる、水で洗った米。(類)饌米《センマイ》。

【洗面】《センメン》(名・する) 顔を洗うこと。また、歯をみがき、ひげをそるなど、身だしなみを整えることにもいう。[例]—所。

【洗礼】《センレイ》 ①キリスト教で、信徒となるときの儀式《ギシキ》。頭に水をそそぐ、または、からだを水にひたす。バプテスマ。[例]—を受ける。②まったく新しいものにふれること。また、きびしい体験をすること。[例]西洋思想の—。

【洗練】《センレン》(名・する) ①詩や文章を、よりよいものにすること。[例]文章を—する。②人格や感覚、また趣味《シュミ》などを、あかぬけたものにすること。[例]—された服装。[表記]▽古くは「洗▼煉」とも書いた。

氵6 【洞】 9画 3822 6D1E [常用] [音]トウ(漢)ドウ(呉) [訓]ほら・うつろ

[筆順]

[なりたち]

[形声]「氵(=みず)」と、音「同《トウ》」とから成る。はやく流れる。派生して「つらぬく」。また「ほらあな」の意。

[意味] ❶中がうつろな穴。ほらあな。ほら。[例]洞窟《ドウクツ》。空洞《クウドウ》。鍾乳洞《ショウニュウドウ》。❷つらぬく。つきとおす。深く見とおす。[例]洞見《ドウケン》。洞察《ドウサツ》。

[難読] 雪洞《ぼんぼり》

[人名] あき・あきら・とおる・ひろ

【洞窟】《ドウクツ》 地中や山の斜面《シャメン》にできた穴。おくゆきが深く、行き来ができるような、ほらあな。(類)洞穴。[例]—壁画《ヘキガ》。

【洞穴】《ドウケツ》 ほらあな。(類)洞窟《ドウクツ》。[例]—を探検する。

【洞見】《ドウケン》(名・する) ものごとの先まで見通すこと。また、本質や真実を見ぬくこと。(類)洞察。[例]早くから今日《コンニチ》を—していた。

【洞察】《ドウサツ》(名・する) ものごとの将来を見通したり、表面にあらわれない本質や真実を、するどく見ぬくこと。(類)洞見。[例]—力。人間心理を—する。

【洞庭湖】《ドウテイコ》 湖南省北部にあり、長江《チョウコウ》に連なる中国の大湖。岳陽楼《ガクヨウロウ》などで知られる名勝の地。

【洞門】《ドウモン》 ほらあな。また、ほらあなの入り口。

●空洞《クウドウ》・雪洞《セツドウ|ぼんぼり》・風洞《フウドウ》

氵6 【派】 9画 3941 6D3E [教育6] [音]ハ(慣)ハイ(漢)

[筆順]
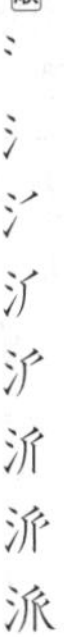

氵6 【派】 9画

[なりたち]

[会意]「氵(=みず)」と「𠂢(=分かれて流れる)」とから成る。分かれて流れる水。

[意味] ❶川の支流。また、わかれ出たもの。[例]派生《ハセイ》。分派《ブンパ》。流派《リュウハ》。❷立場や考え方を同じくするグループ。[例]

派閥《ハバツ》。右派《ウハ》。党派《トウハ》。❸つかわす。さしむける。例 派遣《ハケン》。派兵《ハヘイ》。特派員《トクハイン》。

人名 また

【派遣《ハケン》】(名・する)ある仕事や任務のために、人をさし向けること。例 国際会議に代表を━する。人材━。

【派遣社員《ハケンシャイン》】人材派遣会社と雇用契約を結び、派遣先の会社の指揮《シキ》命令を受けて働く社員。派遣労働者。

【派出《ハシュツ》】(名・する)仕事のある場所に、人をさし向けること。類 派遣《ハケン》。

【派出所《ハシュツジョ》】①本部からさし向けられた人が、仕事をする場所。②町の中に設けられた、警官の勤務するところ。現在は交番と呼ばれる。参考「駐在所《チュウザイショ》」は、家族とともに居住しながら警官が勤務する。

【派出婦《ハシュツフ》】所属の派出婦会から家庭に出張し、家事などを手伝う職業の女性。

【派生《ハセイ》】(名・する)元から分かれて、別のものとして新たに生まれてくること。例 新たな問題が━する。

【派手《ハで》】(名・形動ナ)①服装や化粧《ケショウ》などがはなやかで、人目をひくこと。例 ━な柄《がら》のシャツ。②行動や態度がおおげさで人の注意をひくこと。例 ━に金《かね》を使う。▽対 地味《ジミ》。

【派閥《ハバツ》】ある集団全体を自分たちに有利に動かすために、考えや利益を同じくする人たちがつくる、排他的《ハイタテキ》な集まり。例 ━抗争《コウソウ》。政党の━。

【派兵《ハヘイ》】(名・する)軍隊をさし向けること。類 出兵。対 撤兵《テッペイ》。例 国連軍を━する。

◯●一派《イッパ》・右派《ウハ》・会派《カイハ》・学派《ガクハ》・硬派《コウハ》・左派《サハ》・宗派《シュウハ》・新派《シンパ》・党派《トウハ》・分派《ブンパ》・立派《リッパ》・流派《リュウハ》

氵6

【洋】

9画 4546 6D0B 教育3 音 ヨウ 漢

筆順 洋

なりたち  [形声]「氵(＝みず)」と、音「羊《ヨウ》」とから成る。川の名。借りて「広いうみ」の意。

意味 ❶大きなうみ。広いうみ。なだ。例 洋上《ヨウジョウ》。遠洋《エンヨウ》。海洋《カイヨウ》。❷広々とひろがる。満ちあふれる。例 洋洋《ヨウヨウ》。茫洋《ボウヨウ》。❸世界を東西の二つに分けたそれぞれ。例 西洋《セイヨウ》。東洋《トウヨウ》。❹外国。とくに、西洋。例 洋式《ヨウシキ》。

難読 洋袴《ズボン》・洋琴《ピアノ》

人名 あき・あきら・うみ・おおみ・きよ・くに・なみ・ひろ・ひろし・ふかし・み・みつ・やす・ゆたか

【洋画《ヨウガ》】①西洋で発達した材料や技法でえがく絵。油絵をはじめ水彩《スイサイ》やパステル、その他がある。対 日本画。②欧米《オウベイ》で作られる映画。対 邦画《ホウガ》。

【洋学《ヨウガク》】江戸《えど》時代、和学・国学・儒学《ジュガク》・漢学などに対していう、西洋の科学技術や言語・文学・思想などについての学問。対 漢学・和学。例 ━者。

【洋楽《ヨウガク》】西洋の音楽。対 邦楽《ホウガク》。

【洋傘《ヨウがさ》】西洋式のかさ。こうもりがさやパラソルなど。

【洋菓子《ヨウガシ》】西洋風の材料や作り方でできた菓子。ケーキやシュークリームなど。対 和菓子。

【洋楽器《ヨウガッキ》】西洋音楽を演奏する楽器。対 和楽器。

【洋館《ヨウカン》】西洋風の建て方をした建物。西洋館。

【洋弓《ヨウキュウ》】西洋式の弓。また、それによる競技。アーチェリー。対 和弓。

【洋琴《ヨウキン》】ピアノ。〔明治・大正期に用いられた翻訳《ホンヤク》語〕

【洋犬《ヨウケン》】西洋種のイヌ。シェパードやテリアなど。対 和犬。

【洋行《ヨウコウ》】(名・する)(視察・留学・遊覧などの目的で)西洋やアメリカに行くこと。

【洋才《ヨウサイ》】西洋の学問や技術を使いこなす能力。例 和魂《ワコン》━。

【洋裁《ヨウサイ》】洋服をデザインしたり、ぬったりすること。対 和裁。

【洋紙《ヨウシ》】本や新聞、包装紙などに使われる紙。パルプを原料にし、機械で作られる。対 和紙《ワシ》。

【洋式《ヨウシキ》】西洋風のやり方や使い方。また、西洋の様式。類 洋風。対 和式・日本式。例 ━便所。━の生活。

【洋室《ヨウシツ》】西洋風のつくりの部屋。洋間《ヨウま》。対 和室。

【洋酒《ヨウシュ》】西洋式の作り方でできた酒。ワイン・ウイスキー・ブランデーなど。対 日本酒。

【洋種《ヨウシュ》】(動物や植物などで)西洋を原産地とするもの。また、その系統。対 在来種・国産種。

【洋書《ヨウショ》】外国で出版され、ふつう外国語で書かれた本。対 和書。

【洋上《ヨウジョウ》】海の上。海の水面。海上。例 ━補給。

【洋食《ヨウショク》】西洋風の食事。西洋料理。対 和食。例 ━屋。

【洋装《ヨウソウ》】(名・する)①西洋風の服装をすること。②西洋式の製本のしかた。洋とじ。例 ━本《ボン》。▽対 和装。

【洋品《ヨウヒン》】西洋風の衣類。ネクタイやハンカチなどの付属品をふくめていう。例 ━店。

【洋舞《ヨウブ》】バレエやダンスなど、西洋のおどり。また、西洋風の舞踏《ブトウ》芸術を広くいうことば。対 日舞《ニチブ》。

【洋風《ヨウフウ》】(名・形動ナ)西洋風。対 和風。例 ━建築。

【洋服《ヨウフク》】西洋式の衣服。対 和服。

【洋本《ヨウホン》】①西洋風の書物。洋書。②西洋式のとじ方でつくられた本。洋とじ。対 和本。

【洋間《ヨウま》】西洋風の建て方をした部屋。洋室。対 日本間。

【洋洋《ヨウヨウ》】(形動タル)①水が果てしなく広がっているようす。②眺望《チョウボウ》が広く開けているようす。例 ━たる大河《タイガ》。前途《ゼント》━(＝将来が希望に満ちているようす)。

◯●遠洋《エンヨウ》・海洋《カイヨウ》・西洋《セイヨウ》・大洋《タイヨウ》・東洋《トウヨウ》・南洋《ナンヨウ》・北洋《ホクヨウ》・和洋《ワヨウ》

氵6

【洛】

9画 4576 6D1B 人名 音 ラク 漢 呉

意味 ❶川の名。黄河《コウガ》の支流、洛水《ラクスイ》(＝洛河《ラクガ》)のこと。例 洛書《ラクショ》。❷古都、洛陽《ラクヨウ》。例 洛外《ラクガイ》。洛中《ラクチュウ》。

日本語での用法 《ラク》京都。「洛中洛外図《ラクチュウラクガイズ》・洛北《ラクホク》の秋《あき》・上洛《ジョウラク》」

【洛外《ラクガイ》】①洛陽《ラクヨウ》の郊外《コウガイ》。みやこの外。②(日本で)京都市の郊外《コウガイ》。例 洛中━。

【洛書《ラクショ》】禹《ウ》の時代、洛水からあらわれた亀《かめ》の甲羅《コウラ》にかかれていたという、九つの模様。→【河図洛書《カトラクショ》】(583ページ)

【洛中《ラクチュウ》】①洛陽の市中。みやこの中。②(日本で)京都の市中。

【洛陽《ラクヨウ》】①河南《カナン》省の都市。東周・後漢《ゴカン》・魏《ギ》・西晋《セイシン》・北魏《ホクギ》などの都が置かれた。古名、洛邑《ラクユウ》。②(日本で)みやこ。とくに平安京、すなわち京都の別名。

【洛陽《ラクヨウ》の紙価《シカ》▽貴《たか》し】出版した本がよく売れることをいう。〔晋《シン》の左思《サシ》が「三都賦《サントのフ》」を作ったとき、洛陽の人々がこぞってこれを書き写したために、紙の値段が高くなったという故事による〕〈晋書《ジンジョ》〉

氵6

【洌】

9画 6216 6D0C 音 レツ 漢 訓 きよ-い・つめ-たい

意味 ❶きよい。きよらか。❷さむい。つめたい。同 冽《レツ》。例 清洌《セイレツ》。

氵6 【派】 9画 ⇩【派】ハ(593ページ)

氵7 【浦】 10画 1726 6D66 常用 音 ホ漢 フ呉 訓 うら

筆順 氵 氵 汀 沪 涓 浦 浦

たちなり [形声]「氵(=みず)」と、音「甫フ→ホ」とから成る。水ぎわ。

意味 海や川などのほとり。うら。例 浦《ホ》辺《ヘン》(=水べ)。

日本語での用法 《うら》 海や湖が陸地にはいりこんだところ。「田子《たご》の浦《うら》・津津《つつ》浦浦《うらうら》」

人名 ら

【浦風《うらかぜ》】 海岸をふく風。

氵7 【浣】 10画 6217 6D63 音 カン漢 訓 あら-う・すす-ぐ

氵13 【澣】 16画 6321 6FA3 別体字

意味 ❶衣服や身体のよごれをおとす。すすぐ。あらう。例 浣衣《カンイ》。浣腸《カンチョウ》。❷十日間。〔唐《トウ》代、官吏《カンリ》に十日ごとに沐浴《モクヨク》のための休日をあたえた制度から〕例 下浣《ゲカン》(=下旬《ゲジュン》)。

【浣衣《カンイ》】 衣服を洗うこと。

【浣腸《カンチョウ》】 (名・する)〔医〕肛門《コウモン》から薬液を腸の中に送りこんで、あらうこと。表記「▼灌腸」とも書く。

氵7 【涓】 10画 6218 6D93 音 ケン漢 訓 えら-ぶ・たまりみず

意味 ❶わずかに流れる水。また、細く流れるようす。わずかなようす。例 涓涓《ケンケン》。涓滴《ケンテキ》。涓流《ケンリュウ》。❷清らかな。❸清掃《セイソウ》する。例 涓人《ケンジン》。❹選択《センタク》する。えらぶ。

【涓涓《ケンケン》】 (形動《タルト》)①水が細く流れるようす。ちょろちょろと流れるようす。②清らかなようす。

【涓人《ケンジン》】 宮中の奥《おく》に入ってそうじをする人。宦官《カンガン》がこの仕事をする場合が多かったので、宦官を指すこともある。

【涓滴《ケンテキ》】 ①ぽとりぽとりと水がしたたること。②しずく。一滴の水。③微細《ビサイ》なこと。

【涓流《ケンリュウ》】 ①細い水流。②微小《ビショウ》なこと。

氵7 【浩】 10画 2532 6D69 人名 音 コウ漢呉 訓 ひろ-い・おお-きい

氵7 【浩】 10画 ― 2F903

たちなり [形声]「氵(=みず)」と、音「告《コウ》」とから成る。ひろい。

意味 ゆたかで多い。ひろびろとしている。ひろい。おおきい。例 浩恩《コウオン》。浩瀚《コウカン》。浩然《コウゼン》。

人名 あき・おおい・きよし・たか・たかし・つぐ・ひろ・ひろし・ゆたか

【浩恩《コウオン》】 (主君や帝王《テイオウ》の)大きなめぐみ。類 大恩・鴻恩《コウオン》・洪恩《コウオン》。例 ―に浴する。

【浩▼瀚《コウカン》】 (名・形動《ダナ》)〔「瀚」も、広い意〕①広くて大きいこと。量が多いこと。②本のページ数や巻数が多いこと。例 ―な書物。

【浩浩《コウコウ》】 (形動《タルト》)①ひろびろとしたようす。②水が豊かに広がっているようす。例 ―たる海原《うなばら》。

【浩然《コウゼン》】 (形動《タルト》)①水が豊かに流れるようす。②広大なようす。広くゆったりしているようす。

【浩然の気《コウゼンのキ》】 天地の間に満ちている大きく強い気。転じて、自然と一体になった、のびやかで解放された気持ち。〈孟子《モウシ》〉例 ―を養う。

氵7 【浤】 10画 6219 6D64 音 コウ漢 訓 わ-く

意味 「浤浤《コウコウ》」は、激しく波立つようす。

氵7 【浚】 10画 6220 6D5A 音 シュン漢 訓 さら-う

意味 水底にたまったどろをとりさって、深くする。さらう。例 浚渫《シュンセツ》。井戸《いど》浚《さら》え。溝《どぶ》浚《さら》え。

日本語での用法 《さらい・さらう》 復習する。「お浚《さら》い・教《おそ》わったところを浚《さら》う」

【浚▼渫《シュンセツ》】 (名・する) 川や港などのどろをさらって、水深を深くすること。例 ―船。河口を―する。

氵7 【消】 10画 3035 6D88 教育3 音 ショウ漢呉 訓 き-える・け-す

筆順 氵 氵 氵 氵 氵 消 消

たちなり [形声]「氵(=みず)」と、音「肖《ショウ》」とから成る。きえうせる。

意味 ❶なくなる。ほろびる。おとろえる。きえる。例 消失《ショウシツ》。消滅《ショウメツ》。解消《カイショウ》。❷なくす。へらす。つかいはたす。けす。例 消火《ショウカ》。消却《ショウキャク》。消費《ショウヒ》。❸とりのぞく。しのぐ。例 消夏《ショウカ》。消暑《ショウショ》。❹月日をおくる。すごす。例 消光《ショウコウ》。消日《ショウジツ》(=日をくらす)。

【消印《けしイン》】 郵便物や切手・印紙・証紙などが、受け付け済み、または使用済みであることを示す日付印。

【消炎《ショウエン》】 炎症《エンショウ》をおさえること。例 ―剤《ザイ》。

【消音《ショウオン》】 (名・する) 音を小さくすること。または、音が外部にもれないようにすること。例 ―装置。

【消化《ショウカ》】 (名・する)①食べたものを養分として吸収しやすくすること。例 ―のいい食べ物。②知識などを完全に理解し身につけること。例 講義の内容を―する。③ものごとを処理したり、使ってしまったりすること。例 休日返上で仕事を―する。

【消火《ショウカ》】 (名・する) 火を消すこと。火事を消し止めること。例 ―器。発見しだい、すぐに―する。

【消夏《ショウカ》】 夏の暑さをしのぐこと。暑さよけ。消暑。例 ―法を考える。表記 旧▼銷夏

【消閑《ショウカン》】 ひまをつぶすこと。たいくつしのぎ。例 ―の具(=ひまつぶしの遊び)。

【消却《ショウキャク》】 (名・する)①消してしまうこと。例 名簿《メイボ》から名前を―する。②使ってしまうこと。類 消費。例 予算を―する。表記 ▽旧▼銷却

【消去《ショウキョ》】 (名・する) 消えてなくなること。また、消してなくすこと。例 記録を―する。

【消去法《ショウキョホウ》】 条件に合わないものや未知のものを、次々と消し去っていき、最後に適正なものを得ようとする方法。

【消極的《ショウキョクテキ》】 (形動《ダナ》) 進んで取り組もうとしないようす。保守的で、否定的なようす。対 積極的。例 ―な性格。

【消光《ショウコウ》】 (名・する)〔「光」は光陰《コウイン》で、時間の意〕月日を送ること。日を過ごすこと。類 消日。例 一日を愉快《ユカイ》に

—した。為《な》すこともなく—するのみ。

【消散《ショウサン》】（名・する）消えてなくなること。例疑いがすっかり—した。

【消失《ショウシツ》】（名・する）①消えてなくなること。例痛みは—した。②（権利などを）失ってしまうこと。例所有権を—した。

【消暑《ショウショ》】夏の暑さをしのぐこと。消夏。表記（旧）▼銷暑

【消尽《ショウジン》】（名・する）すっかり使いはたしてしまうこと。例財産を—する。

【消息《ショウソク》】①安否《アンピ》についての知らせ。連絡《レンラク》。例—を絶つ。②現在の状況《ジョウキョウ》についての情報。動静。例—不明。③手紙。例—文。

【消息筋《ショウソクすじ》】ある方面の状況《ジョウキョウ》や情報にくわしい人や機関。例—では会談の成立を予測している。

【消息通《ショウソクツウ》】ある方面の状況《ジョウキョウ》や情報をよく知っている人。例かれは芸能界の—だ。

【消長《ショウチョウ》】（名・する）おとろえたり、さかんになったりすること。（類）盛衰《セイスイ》。例勢力の—。

【消沈《ショウチン》】（名・する）気持ちがしずんで、元気がなくなること。例意気—する。表記（旧）▼銷沈

【消灯《ショウトウ》】（名・する）明かりを消すこと。（対）点灯。例—時刻。ねる前に必ず—する。

【消毒《ショウドク》】（名・する）薬や熱などで病原菌《キン》を殺すこと。例日光—。傷口を—する。

【消費《ショウヒ》】（名・する）①物や時間やエネルギーなどを使って、減らすこと。例資源を—する。②〔経〕欲望を満たすために、物やサービスを手に入れること。例—者。▽（対）生産。

【消防《ショウボウ》】①火事を消したり、予防したりすること。救急や水害などに関する活動もおこなう。②消防官や消防隊など、消防を仕事とする人や機関。例すぐ—がかけつけた。

【消滅《ショウメツ》】（名・する）消えてなくなること。例権利の—。

【消耗《ショウモウ》】（名・する）〔本来は「ショウコウ」と読む〕①使って減らすこと。使って減ること。例—品。②体力や精神力などを使いはたすこと。例心身ともに—する。

●雲散霧消《ウンサンムショウ》・解消《カイショウ》・費消《ヒショウ》・抹消《マッショウ》

氵7
【浹】10画 6221 6D79

音 ショウ（漢）
訓 あまね-し・うるお-う・うるお-す・とお-る

意味 ❶ぬれて、しみとおる。広くゆきわたる。うるおす。うるおう。❷うちとける。例浹和《ショウワ》。❸ひとめぐりする。めぐる。例浹旬《ショウジュン》（＝十日間）。❹貫通《カンツウ》する。とおる。

【浹和《ショウワ》】（名・する）うちとけること。浹洽《ショウコウ》。

氵7
【浸】10画 3127 6D78 常用

音 シン（漢）（呉）
訓 ひた-す・ひた-る・つ-かる・つ-ける・つ-く

筆順 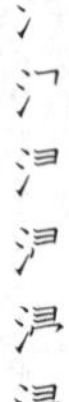

氵7
【浸】10画

なりたち 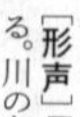 ［形声］「氵（＝みず）」と、音「𠬶《シン》」とから成る。川の名。借りて「ひたす」の意。

意味 ❶水の中につかる。つける。ひたる。ひたす。例浸水《シンスイ》。❷水がしみこむ。じわじわと中にはいりこむ。例浸食《シンショク》。浸透《シントウ》。浸入《シンニュウ》。❸少しずつ。しだいに。だんだん。例浸漸《シンゼン》（＝しだいに事態がすすんでいく）。

人名 すすむ

【浸出《シンシュツ》】（名・する）固体を液体の中にひたして、その成分をとけ出させること。例—液。

【浸潤《シンジュン》】（名・する）①液体がしみこんで全体にゆきわたること。にじむこと。②思想や風習が広まること。③〔医〕炎症《エンショウ》などの病変部が周囲に広がっていくこと。

【浸食《シンショク》】（名・する）風や水の力で陸地や岩石がけずられること。例—作用。表記（旧）浸▼蝕 参考 理科用語では「侵食」と書く。

【浸水《シンスイ》】（名・する）①水につかること。例床上《ゆかうえ》—。②水がはいりこむこと。また、その水。例船首に—した。

【浸染《シンセン|シンゼン》】（名・する）①しみこんでそまること。②思想などに感化されること。③布や糸を染料にひたして、色をつけること。例—法。

【浸透《シントウ》】（名・する）①液体がしみとおること。例—圧。②思想や考え方などが広まっていくこと。例ようやく改革案が—してきた。表記▽（旧）▼滲透

【浸入《シンニュウ》】（名・する）水が建物や土地にはいりこむこと。例家の中に濁水《ダクスイ》が—してきた。

氵7
【浙】10画 6222 6D59

音 セツ（漢）

意味 ❶川の名。例浙江《セッコウ》。❷「浙江《セッコウ》省」の略。例浙東《セットウ》（＝浙江より東のほう）。

【浙江《セッコウ》】①銭塘《セントウ》江の別名。②浙江省。浙江流域で、春秋時代の越《エツ》の地。

氵7
【涎】10画 6223 6D8E

音 セン（漢）ゼン（呉）
訓 よだれ

意味 つば。唾液《ダエキ》。よだれ。例垂涎《スイゼン》。流涎《リュウゼン》。

氵7
【涕】10画 6224 6D95

音 テイ（漢）（呉）
訓 なみだ・な-く

意味 なみだ。また、なみだを流してなく。例涕泣《テイキュウ》。流涕《リュウテイ》。

【涕泣《テイキュウ》】（名・する）なみだを流してなくこと。例—して袖《そで》をぬらす。

【涕▼泗《テイシ》】〔「泗」は、はなみずの意〕なみだ。例軒《ケン》に憑《よ》りて—流る（＝高楼《コウロウ》の手すりによりかかっていると、なみだがあふれ出るのをとめられない）。〈杜甫《トホ》・登㆓岳陽楼《ガクヨウロウ》㆒《にのぼる》〉

【涕涙《テイルイ》】なみだ。例—両頰《リョウキョウ》をうるおす。

氵7
【涅】10画 6226 6D85

音 ネ（慣）デツ（漢）ネチ・ネツ（呉）

意味 ❶水底の黒いどろ。くろつち。黒い色。また、黒くそめる。例涅而《デッして》不㆑緇《くろまず》（＝黒くそめても黒くならない）。〈論語《ロンゴ》〉❷梵語《ボンゴ》の音訳。例涅槃《ネハン》。

難読 涅色《くりいろ》

【涅▼槃《ネハン》】〔仏〕〔梵語《ボンゴ》の音訳〕①すべての迷いやなやみから解放された、安らぎの境地。さとりの世界。例—に入《い》る。②釈迦《シャカ》の死。（類）入滅《ニュウメツ》・入寂《ニュウジャク》。例—図。

【涅▼槃会《ネハンエ》】〔仏〕釈迦《シャカ》がなくなったとされる、陰暦《インレキ》二月十五日におこなわれる法会《ホウエ》。

氵7
【浜】10画 4145 6D5C 常用

音 Aヒン（漢） Bホウ（漢）
訓 はま

筆順 

A 氵14 【濱】17画 6332 6FF1
B 氵7 【浜】10画 4145 6D5C

なりたち A［濱］［形声］「氵（＝みず）」と、音「賓《ヒン》」とから成る。水ぎわ。
B［浜］［形声］「氵（＝みず）」と、音「兵《ヘイ→ホウ》」とから成る。ほ

りわり。

意味 A[濱]❶水ぎわ。なみうちぎわ。はまべ。はま。例海浜《カイヒン》。砂浜《すなはま》。❷地の果て。例率土《ソット》の浜《ヒン》(=国の果て)。〈詩経《シキョウ》〉
B[浜]船が通行できる水路。ほりわり。

【浜▼荻《はまおぎ》】①海べに生えているオギ。②アシの別名。例難波《なにわ》の葦《あし》は伊勢《いせ》の—(=同じものも、場所によって名前が変わる、ということわざ)。

【浜千鳥《はまちどり》】浜べにいるチドリ。例波間に遊ぶ—。

【浜▼茄子《はまなす》】北日本の海岸に見られるバラ科の低木。初夏、赤い大きな花をつけ、実は食べられる。浜梨《はまなし》。玫瑰《マイカイ》。

【浜辺《はまべ》】浜のあたり。海や湖の水ぎわ。例夏の—。

【浜防風《はまボウフウ》】海岸の砂地に見られるセリ科の植物。根は太く長く、夏に白い小さな花がさく。

【浜▽木▽綿《はまゆう》】暖かい地方の海岸の砂地に生える、ヒガンバナ科の植物。ハマオモト。夏にかおりのよい白い花がさく。

氵7
【浮】
10画
4166
6D6E
常用

音 フウ漢 フ呉
訓 う-く・う-かれる・う-かぶ・う-かべる
付表 浮気《うわき》・浮《う》つく

筆順

氵7
【浮】10画

なりたち  [形声]「氵(=みず)」と、音「孚《フ→フウ》」とから成る。うく。

意味 ❶水面や空中にうきただよう。うかぶ。うかべる。対沈《チン》。例浮雲《フウン》。浮沈《フチン》。浮遊《フユウ》。❷よりどころがない。定めがない。例浮言《フゲン》。浮生《フセイ》。浮説《フセツ》。❸うわついた。軽々しい。実《ジツ》のない。例浮華《フカ》。浮薄《フハク》。

難読 浮雲《あぶな》い・浮言《あだしごと》・浮腫《むくみ》・浮石《かるいし》・浮石糖《カルメラ》・浮子《うき》・浮浪漢《ならずもの》・浮標《うき》

人名 ちか

【浮き草《うきくさ》】①水面に、うかびただよう草。②生活が不安定でおちつかないことのたとえ。例—のような暮らし。表記 ①は「▼萍」とも書く。

【浮き名《うきな》】恋愛や情事についてのうわさ。例—を流す。—が立つ。

【浮世絵《うきよエ》】江戸《えど》時代に起こった風俗《フウゾク》画。遊女や役者、名勝や宿場などがえがかれ、多くの版画がある。

【浮気《うわキ》】(名・する・形動《ナダ》)①うわついていること。思慮《シリョ》に欠けること。例—な性格。②とくに男女関係において、誠実さに欠けてうつり気であること。例—者。

【浮雲《フウン|うきぐも》】①空にただよっている雲。②不安定であてにならないもの。例—《うきぐも》のような生活。

【浮華《フカ》】(名・形動《ナダ》)うわべだけははなやかで、実質がないこと。例風流は—に流れやすい。

【浮言《フゲン》】根拠《コンキョ》がないことば。あてにならない話。類流言・浮説。例—にまどわされる。

【浮世《フセイ》】一無常で、はかないこの世。二【浮き世《うきよ》】①今、生きているこの人間世界。例—の義理。②つらいことの多い世間。はかないこの世。憂《う》き世《よ》。例—の風。

【浮生《フセイ》】定めなく、はかない人生。例—は夢のごとし。

【浮説《フセツ》】根拠《コンキョ》のないあやふやな説。いいかげんなうわさ。例巷間《コウカン》(=まちなか)の—。

【浮沈《フチン》】(名・する)うくこととしずむこと。また、栄えることとおとろえること。うきしずみ。例事業の—にかかわる。

【浮図《フト》】〔仏〕①仏陀《ブッダ》。ほとけ。また、僧《ソウ》。②寺の塔《トウ》。仏塔。表記 ▽「浮▼屠」とも書く。

【浮動《フドウ》】(名・する)①水にうかびただようこと。②おちつかず、ゆれうごくこと。例—する株式相場。

【浮動票《フドウヒョウ》】選挙のとき、投票する政党や候補者を、あらかじめ決めていない有権者の票。

【浮薄《フハク》】(名・形動《ナダ》)軽々しくて、他人に動かされやすいこと。いいかげんで移り気なこと。類軽薄・浅薄《センパク》。例軽佻《ケイチョウ》—(=軽はずみなこと)。

【浮評《フヒョウ》】根も葉もないうわさ。類浮説。例—を気にする。

【浮標《フヒョウ》】海にうかべてある標識。ブイ。

【浮木《フボク》】水上にうかんでいる木。浮《う》き木《ぎ》。例盲亀《モウキ》の—(=ひじょうにまれなことのたとえ)。

【浮遊《フユウ》】(名・する)水中や空中にうかび、ただよっていること。例プランクトンが—する。表記「浮▼游」とも書く。

【浮揚《フヨウ》】(名・する)うかびあがること。うかびあがらせること。例景気が—する。

【浮力《フリョク》】〔物〕液体や気体が、その中にある物体を、うきあがらせるようにはたらく力。重力と反対の方向にはたらく。

【浮浪《フロウ》】(名・する)一定の住所や職業をもたず、あちこちさまよって生活すること。さすらうこと。例—人《ニン》がたむろする。

氵7
【浴】
10画
4565
6D74
教育4

音 ヨク漢呉
訓 あ-びる・あ-びせる
付表 浴衣《ゆかた》

筆順

なりたち  [形声]「氵(=みず)」と、音「谷《コク→ヨク》」とから成る。からだに水をかけて、きよめる。

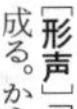

意味 ❶水や湯でからだをあらう。ふろにはいる。あびる。あびせる。例浴室《ヨクシツ》。入浴《ニュウヨク》。沐浴《モクヨク》。❷(恩恵《オンケイ》などを)こうむる。うける。例恩恵に浴《ヨク》する。

【浴衣《ゆかた》】〔「ゆかたびら」の略。もと、入浴するときに用いた〕木綿《もめん》で作られた単衣《ひとえ》の着物。例—でくつろぐ。

【浴室《ヨクシツ》】風呂場《フロば》。類湯殿《ゆどの》。

【浴場《ヨクジョウ》】①大きな風呂場《フロば》。浴室。例大—。②風呂屋《フロや》。湯屋《ゆや》。例公衆—(=銭湯《セントウ》)。

【浴槽《ヨクソウ》】ふろおけ。ゆぶね。

【浴用《ヨクヨウ》】入浴するときに使うこと。例—せっけん。
○●水浴《スイヨク》・入浴《ニュウヨク》

氵7
【浬】
10画
1929
6D6C
人名

音 リ漢
訓 かいり・ノット

意味 海上の距離《キョリ》をあらわす単位。海里《カイリ》。
日本語での用法 《ノット》英語 knot の訳。一時間に一カイリ(一八五二メートル)進む船の速度。

氵7
【流】
10画
4614
6D41
教育3

音 リュウ漢 ル呉
訓 なが-れる・なが-す・なが-れ

筆順

なりたち  [会意]「氵(=みず)」と「㐬(=だしぬけに出る)」とから成る。水がながれだす。

意味 ❶(水などが)ながれる。ながす。また、ながれ。例流出《リュウシュツ》。流水《リュウスイ》。海流《カイリュウ》。❷ながれるようにすらすらと。なめらかな。例流暢《リュウチョウ》。流麗《リュウレイ》。❸世の中に広まる。ゆきわたる。例流行《リュウコウ》。流布《ルフ》。❹あてもなくさまよう。さすらう。例流離《リュウリ》。流転《ルテン》。❺はずれる。それる。例流矢《リュウシ》。流弾《リュウダン》。流用《リュウヨウ》。❻完成せずにおわる。ながれる。例流会《リュウカイ》。流産《リュウザン》。❼たしかなよりどころがない。いいかげんな。例流言《リュウゲン》。流説《リュウセツ》。❽(学問や芸術などの)系統。なか

ま。ながれ。また、それに固有のやり方。例流儀《リュウギ》。流派《リュウハ》。亜流《アリュウ》。❾等級や身分。例一流《イチリュウ》。二流《ニリュウ》。❿刑罰《ケイバツ》として遠方へおくる。ながす。また、五刑（＝笞《チ》・杖《ジョウ》・徒《ズ》・流《ル》・死《シ》）の一つ。島流しの刑。例流刑《ルケイ》。流謫《ルタク》。遠流《オンル》。

人名 しく・とも・はる

【▽流▽石】《さすが》（副）〔「漱石枕流《ソウセキチンリュウ》」の故事にもとづく、あて字〕①期待どおりに。例—、プロだね。②そうはいうもののやはり。例—につかれた。③あれほどの。さしもの。例—のかれもお手上げだ。→【石《いし》に漱《くちすす》ぎ流《なが》れに枕《まくら》す】（713ページ）

【流し目】《ながしめ》 横目でちらりと視線を向けること。

【▽流▼鏑▽馬】《やぶさめ》 ウマを走らせながら矢を射て、的に当てる競技。鎌倉《かまくら》時代に武士のあいだでさかんにおこなわれ、現在では神社の行事などとして残っている。

【流域】《リュウイキ》 川の流れとその周辺の地域。例長江《チョウコウ》—。

【流下】《リュウカ》（名・する）（上から下へ、または上流から下流へ）ながれくだること。例ミシシッピ川を—する。

【流会】《リュウカイ》（名・する）会合などが、とりやめになること。例定足数に足りなくて—となる。

【流汗】《リュウカン》 あせをかくこと。また、流れるあせ。例—淋漓《リンリ》（＝あせがぽたぽたと流れ落ちるようす）。

【流感】《リュウカン》「流行性感冒《カンボウ》」の略。インフルエンザウイルスによって発病する伝染《デンセン》性のかぜ。

【流儀】《リュウギ》 ①ものごとのやり方。例自分の—をおしとおす。②芸道や武道などで、その流派に伝えられてきた独特の作法やスタイル。例茶道《サドウ》の—。

【流血】《リュウケツ》 ①血が流れること。また、流れる血。②事故などで、人がけがをしたり死んだりすること。例—の惨事《サンジ》。

【流言】《リュウゲン》 確かな根拠《コンキョ》や裏づけのないうわさ。デマ。類流説。例—におどらされる。

【流言飛語】《リュウゲンヒゴ》 世間に広まっている根拠《コンキョ》のないうわさ。表記 旧流言▼蜚語

【流行】《リュウコウ》（名・する）①服装や行動、ことばや思想などが、世間に急速に広まり、もてはやされること。例—おくれ。—を追う。②〔医〕伝染《デンセン》性の病気で、ある地域に同時にたくさんの患者《カンジャ》がでること。例インフルエンザの—。

【流行語】《リュウコウゴ》 ある時期だけ、世間でさかんに使われるようになったことばや言い回し。はやりことば。例今年の—。

【流産】《リュウザン》（名・する）①〔医〕妊娠《ニンシン》二十二週間未満で胎児《タイジ》が死んで、母体の外に出てくること。②計画などがとちゅうでだめになること。例あの話は—してしまった。

［水（氵・氺）部］7画 流

【流矢】《リュウシ》 ねらいがはずれて、飛んできた矢。ながれや。

【流失】《リュウシツ》（名・する）家や建造物などが水に流されて、なくなること。例橋が—する。

【流出】《リュウシュツ》（名・する）①流れ出ること。例土砂《ドシャ》の—。②お金や人が外へ出ていくこと。例人口の—。▽対流入。

【流水】《リュウスイ》 ①流れている水。例—で冷やす。②流れ。とくに、川の流れ。例行雲《コウウン》—の旅の空。

【流星】《リュウセイ》 天体のかけらが、地球の大気中に突入《トツニュウ》して発光し、尾《お》を引いて飛ぶように見えるもの。ながれぼし。

【流説】《リュウセツ・ルセツ》 世間に広まっている根拠《コンキョ》のないうわさ。類流言・浮説《フセツ》。

【流線形】《リュウセンケイ》〔「リュウセンがた」とも〕先端《センタン》が丸く、全体として細長い、水や空気の抵抗《テイコウ》が最も小さくなるような形。魚や飛行機の胴体《ドウタイ》の形など。例—の車両。表記「流線型」とも書く。

【流体】《リュウタイ》〔物〕液体と気体。自由に形をかえ、流動する。流動体。例—工学。

【流弾】《リュウダン》 ねらいがはずれて、飛んでくるたま。ながれだま。

【流▼暢】《リュウチョウ》（名・形動ダ）ことばや文章が、すらすらと流れるように出てくること。例—な英語。—に通訳をする。

【流通】《リュウツウ》（名・する）①（液体や気体が）とどこおらず流れること。例空気の—が悪い。②社会で広く通用すること。例新しい紙幣《シヘイ》が—する。③〔経〕商品が生産者から消費者へわたること。また、そのしくみ。例書籍《ショセキ》の—機構。

【流▼涕】《リュウテイ》（名・する）なみだを流すこと。泣くこと。

【流灯】《リュウトウ》 とうろうに火をともし、水にうかべて流す、お盆《ボン》の行事。とうろうながし。例—会《エ》（＝とうろう流しの法要）。

【流動】《リュウドウ》（名・する）①流れ動くこと。例風で砂が—する。②ものごとの状態が不安定で、条件しだいで変動すること。例—する社会情勢。

【流動食】《リュウドウショク》 消化しやすい、液体状の食事。

【流動的】《リュウドウテキ》（形動ダ）ものごとが、その時々の状況《ジョウキョウ》によって変化するようす。例事態はまだ—だ。

【流入】《リュウニュウ》（名・する）①流れこむこと。例湖に—する川。②お金や人が外からはいってくること。例外国資本の—。難民が—する。▽対流出。

【流派】《リュウハ》 学問・芸術や芸能などで、立場や考え方などのちがいによって分かれた一派。例新しい—を起こす。

【流氷】《リュウヒョウ》 海面をただよっている氷。春先に北海道のオホーツク海沿岸に到達するものが有名。

【流▼眄】《リュウベン》 ながし目でちらりと見ること。りゅうめん。

【流民】《リュウミン・ルミン》 住居や職業がなく、あてもなくさまよう人々。例内戦で多くの—が生じた。

【流用】《リュウヨウ》（名・する）物やお金を、決められた使い道以外のことに使うこと。類融通《ユウズウ》。例基礎《キソ》資料を—する。

【流離】《リュウリ》（名・する）故郷をはなれて、さまようこと。類流浪《ルロウ》。例—の旅人。転変—する。

【流流】《リュウリュウ》 流儀《リュウギ》によって、いろいろなやり方があること。例細工《サイク》は—。

【流量】《リュウリョウ》 管や水路などを流れる量。例—計。

【流麗】《リュウレイ》（形動ダ）文章や音楽などが、よどみなく美しいようす。例—な文体。—に舞《ま》う。

【流連】《リュウレン》（名・する）楽しみにふけって、家に帰るのを忘れること。留連。例—荒亡《コウボウ》（＝家や仕事を忘れて狩《か》りや酒色にふけること）。〈孟子《モウシ》〉

【流露】《リュウロ》（名・する）①内にあるものが外にあらわれること。②すっかりあらわすこと。類吐露《トロ》。例真情を—する。

【流刑】《ルケイ》〔「リュウケイ」とも〕「流罪《ルザイ》」に同じ。

【流罪】《ルザイ》〔「リュウザイ」とも〕罪人を遠い土地や島に送る刑罰《ケイバツ》。島流し。遠島《エントウ》。流刑《ルケイ》。

【流▼謫】《ルタク》〔「リュウタク」とも〕流罪《ルザイ》になること。官職をうばわれて、遠方へ追いやられること。例—の身となる。

【流転】《ルテン》（名・する）①〔仏〕生死や迷いの世界を、いつまでもさまよい続けること。輪廻《リンネ》。②ものごとが、絶えず移り変わっていくこと。例万物《バンブツ》は—する。

【流布】《ルフ》（名・する）〔「布」は、広くゆきわたる意〕世の中に広くゆきわたること。例世間に—している説。

【流布本】《ルフボン》 いくつかの異なる文章がある古典のうち、最も多く読まれていた本。例『平家物語』の—。

【流浪】《ルロウ》（名・する）あてもなくさまようこと。例—の民《たみ》。

●下流《カリュウ》・我流《ガリュウ》・寒流《カンリュウ》・逆流《ギャクリュウ》・急流《キュウリュウ》・気流《キリュウ》・渓流《ケイリュウ》・激流《ゲキリュウ》・交流《コウリュウ》・合流《ゴウリュウ》・主流《シュリュウ》・女流《ジョリュウ》・時流《ジリュウ》・清流《セイリュウ》・対流《タイリュウ》・中流《チュウリュウ》・潮流《チョウリュウ》・直流《チョクリュウ》・底流《テイリュウ》・電流《デンリュウ》・漂流《ヒョウリュウ》・風流《フウリュウ》・放流《ホウリュウ》・本流《ホンリュウ》

氵7 【涙】 10画 4662 6D99 常用 音 ルイ 漢 呉 訓 なみだ

筆順 

氵8 【淚】 11画 1-8683 6DDA 人名

氵5 【泪】 8画 6205 6CEA 別体字

なりたち [形声]「氵(=みず)」と、音「戻《レイ》→ルイ」とから成る。なみだ。

意味 なみだを流す。なみだ。例 涙痕《ルイコン》。涙腺《ルイセン》。感涙《カンルイ》。

【涙雨《なみだあめ》】①深い悲しみを、天が感じて流すなみだに見たてた雨。例 お通夜《ツヤ》の道の—。②日でり続きのあとの、ほんの少し降る雨。

【涙金《なみだキン》】同情して出す、わずかなお金。とくに、ごく少額の手切れ金のこと。例 —さえもらえない。

【涙声《なみだごえ》】泣きながら話す声。涙ぐんだときの、くぐもった声。

【涙《なみだ》を▽揮《ふる》って馬▼謖《バショク》を斬《き》る】⇩【泣《な》いて馬謖《バショク》を斬《き》る】(583ページ)

【涙痕《ルイコン》】ほおに残るなみだのあと。

【涙腺《ルイセン》】なみだを分泌《ブンピツ》する腺。例 —がゆるむ(=なみだが出る)。—を刺激《シゲキ》する(=なみだをさそう)。

●暗涙《アンルイ》・感涙《カンルイ》・血涙《ケツルイ》・紅涙《コウルイ》・声涙《セイルイ》・熱涙《ネツルイ》・落涙《ラクルイ》

氵7 【浪】 10画 4718 6D6A 常用 音 ロウ 漢 呉 訓 なみ

筆順 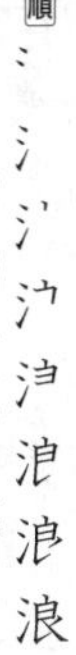

なりたち  [形声]「氵(=みず)」と、音「良《リョウ》→ロウ」とから成る。川の名。借りて「なみ」の意。

意味 ❶おおなみ。なみ。例 波浪《ハロウ》。❷なみのように気まま。さすらう。例 放浪《ホウロウ》。流浪《ルロウ》。❸ほしいままで、いいかげん。むだに。みだりに。例 浪費《ロウヒ》。

【浪花】㊀《ロウカ》なみしぶき。白いなみ。㊁《なにわ》今の大阪《おおさか》市およびその付近の古い呼び名。浪速《なにわ》。浪華《なにわ》。

【▽浪▽花節《なにわぶし》】「浪曲《ロウキョク》」に同じ。

【浪曲《ロウキョク》】江戸《えど》末期、大阪《おおさか》に起こった大衆芸能。三味線《しゃみせん》の伴奏《バンソウ》で物語を演じる。浪花節《なにわぶし》。

【浪士《ロウシ》】仕える家や主君をもたない武士。類 浪人。

【浪声《ロウセイ》】なみの音。

【浪人《ロウニン》】(名・する)①「浪士《ロウシ》」に同じ。②入学や就職の試験などに落ちて、次の受験をめざしている人。③失業中の人。表記 ①は「▼牢人」とも書く。

【浪費《ロウヒ》】(名・する)金品や時間などをむだに使うこと。

【浪漫主義《ロウマンシュギ》】〔「浪漫」は、フランス語 roman のあて字〕十八世紀末から十九世紀にかけてヨーロッパで起こった文学・芸術・思想の大きな流れ。個人の自然な感情と自由な表現を重んじた。ロマン主義。

【浪漫派《ロウマンハ》】浪漫主義の芸術家たち。ロマン派。

【浪浪《ロウロウ》】(名・形動《タルト》)①さまよい歩くこと。類 放浪。例 —の旅。②決まった職につかないでいること。例 —の身。

●波浪《ハロウ》・風浪《フウロウ》・浮浪《フロウ》・放浪《ホウロウ》・流浪《ルロウ》

氵7 【海】 10画 ⇩【海《カイ》】(589ページ)

氵7 【浩】 10画 ⇩【浩《コウ》】(595ページ)

氵7 【消】 10画 ⇩【消《ショウ》】(595ページ)

氵7 【渉】 10画 ⇩【涉《ショウ》】(602ページ)

氵7 【浸】 10画 ⇩【浸《シン》】(596ページ)

氵7 【涛】 10画 ⇩【濤《トウ》】(624ページ)

氵7 【涜】 10画 ⇩【瀆《トク》】(625ページ)

氵7 【浮】 10画 ⇩【浮《フ》】(597ページ)

氵7 【涌】 10画 ⇩【湧《ユウ》】(612ページ)

氵8 【淫】 11画 1692 6DEB 常用 音 イン 漢 呉 訓 みだ-ら

筆順 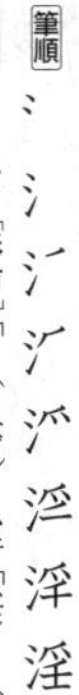

なりたち  [形声]「氵(=みず)」と、音「㸒《イン》」とから成る。筋目に沿ってしみこむ。一説に、長く続く雨。

意味 ❶じわじわとしみこむ。うるおう。例 浸淫《シンイン》。❷長く降りつづく雨。例 淫雨《インウ》。❸しみこむように深入りする。ふける。例 淫酒《インシュ》(=酒におぼれる)。書淫《ショイン》。酒色《シュショク》に淫《イン》する。❹深入りして、正しい道をふみはずす。みだら。同 婬《イン》。例 淫蕩《イントウ》。姦淫《カンイン》。邪淫《ジャイン》。

【淫逸《インイツ》】(形動《ダナ》)①したい放題に楽しみにふけるようす。類 放蕩《ホウトウ》。②男女関係が乱れているようす。

【淫雨《インウ》】ながく降り続いているあめ。

【淫▼祀《インシ》】民間信仰《シンコウ》などで、いかがわしいものを神として祭ること。淫祠《インシ》。例 —邪教《ジャキョウ》。

【淫▼蕩《イントウ》】(名・形動《ダナ》)酒や快楽にふけり、節度のないこと。例 —な生活。

【淫売《インバイ》】売春すること。また、その女性。類 売春。

【淫▼靡《インビ》】(名・形動《ダナ》)風俗《フウゾク》や生活、とくに性道徳が乱れていること。例 —な風習。

【淫奔《インポン》】(名・形動《ダナ》)①性風俗《セイフウゾク》が乱れていること。例 —な風潮。②性的にだらしのないこと。多情。類 淫乱。

【淫欲《インヨク》】異性に対する肉体的な欲望。類 情欲・色欲《シキヨク》。

【淫乱《インラン》】(名・形動《ダナ》)情欲をほしいままにすること。性的な快楽におぼれること。例 —な性質。

【淫▼猥《インワイ》】(名・形動《ダナ》)〔「猥」も、みだらの意〕肉体的欲望をそそるような、みだらなこと。類 卑猥《ヒワイ》。例 —なうわさ。

氵8 【液】 11画 1753 6DB2 教育5 音 エキ 漢 訓 しる

筆順 

なりたち  [形声]「氵(=みず)」と、音「夜《ヤ》→エキ」とから成る。にじみ出る水分。

意味 水状のもの。しる。例 液体《エキタイ》。血液《ケツエキ》。樹液《ジュエキ》。

【液化《エキカ》】(名・する)〔化〕気体や固体が、液体になること。また、液体にすること。例 天然ガスを—して輸送する。

【液剤《エキザイ》】液体状のくすり。

【液汁《エキジュウ》】(くだものや草木などの)しる。つゆ。例 ナシの—。

【液晶《エキショウ》】液体と固体の中間の性質をもつ物質。電卓《デンタク》やテレビの表示装置などに利用されている。例 —画面。

【液状《エキジョウ》】物質が液体の状態にあること。例 —化現象。

【液体《エキタイ》】〔物〕水のように、形は一定しないが一定の体積をもつ物質。対 固体・気体。例 —空気。—酸素。

●胃液《イエキ》・血液《ケツエキ》・樹液《ジュエキ》・唾液《ダエキ》・体液《タイエキ》・粘液《ネンエキ》・溶液《ヨウエキ》

氵8 【淹】 11画 6227 6DF9 音 エン 漢 呉 訓 ひた-す・い-れる

意味 ❶長いあいだ水につける。ひたす。❷長くとどまる。とど

こおる。例淹滞《エンタイ》(=とどこおる)。❸広く深い。例淹博《エンパク》(=学問や知識が、広く深い)。

日本語での用法《いれる》お茶の葉やコーヒーなどに湯を注いで飲めるようにする。「茶《チャ》を淹《い》れる」

難読 淹《とどま》る

氵8
【渮】11画 6249 6E2E 音カ漢
意味 川の名。渮水《カスイ》。

氵8
【涯】11画 1922 6DAF 常用 音ガイ漢呉 訓きし・はて

筆順 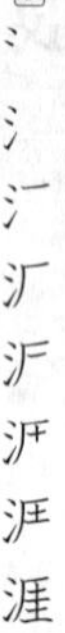

なりたち  [会意]「氵(=みず)」と、「厓《ガイ》(=がけ)」とから成る。水べ。

意味 ❶みずぎわ。きし。例水涯《スイガイ》。❷行きついて終わりになるところ。はて。例生涯《ショウガイ》。天涯《テンガイ》。空《そら》の涯《はて》。

人名 みぎわ

【涯際】《ガイサイ》①岸のほとり。水ぎわ。②ものごとの終わり。はて。限り。類際限。例このままだと―のないことになる。

【涯分】《ガイブン》身のほど。類分際《ブンザイ》。例―を忘れる。

●境涯《キョウガイ》・際涯《サイガイ》・生涯《ショウガイ》

氵8
【渇】11画 1973 6E07 常用 音❶カツ慣 ケツ漢 ❷カツ漢 訓かわ-く・かわ-き

氵9
【渴】12画 1-8688 6E34 人名

筆順 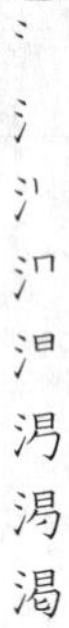

なりたち 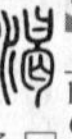 [形声]「氵(=みず)」と、音「曷《カツ》」とから成る。水がつきる。

意味 ❶《カツ/ケツ》水がなくなる。かれる。同竭《ケツ》。例渇水《カッスイ》。枯渇《コカツ》。❷《カツ》のどがかわく。また、のどがかわいて水を求めるように、強くほしがる。かわく。かわき。例渇望《カツボウ》。飢渇《キカツ》。

使い分け かわく【乾・渇】⇩1167ページ

【渇▽仰】《カツゴウ》(名・する)〔「カツギョウ」とも〕①〔仏〕(のどがかわいて水を求めるように)仏の教えを深く信仰《シンコウ》すること。②人を心から尊敬ししたうこと。あこがれ。例帰依《キエ》し―する。

[水(氵・氺)部] 8画 渮涯渇涵淦淇渓涸淆混

望むこと。例ある美しい人を―した思い出。

【渇《カッ》しても盗泉《トウセン》の水《みず》を飲《の》まず】〔「盗泉」は、泉《いずみ》の名。孔子《コウシ》は盗泉という名をきらって、のどがかわいていてもその水は飲まなかったという故事から〕いくら困っていても不正なことはしない、というたとえ。

【渇水】《カッスイ》雨や雪がじゅうぶんに降らず、水が不足すること。また、川などの水量が少なくなること。例―期。

【渇望】《カツボウ》(名・する)(のどのかわいた人が水をほしがるように)はげしく求めること。心から望むこと。類切望・熱望。例自由を―する。

氵8
【涵】11画 6230 6DB5 音カン漢 訓ひた-す・うるお-す

意味 水の中につけるように、たっぷりとうるおす。ひたす。例涵養《カンヨウ》。

【涵養】《カンヨウ》(名・する)水がしみこむように、学問や精神などを身につけること。例道徳心を―する。

氵8
【淦】11画 6232 6DE6 音カン漢 訓あか・ふなゆ

意味 ❶水が船のすきまから中に入る。また、船の底にたまった水。あか。❷川の名。淦水《カンスイ》。

氵8
【淇】11画 6231 6DC7 音キ漢

意味 川の名。淇水《キスイ》。

【淇▽奥】《キイク》淇水《キスイ》の湾曲《ワンキョク》した場所。

氵8
【渓】11画 2344 6E13 常用 音ケイ漢呉 訓たに

氵10
【溪】13画 6268 6EAA

谷10
【谿】17画 7616 8C3F 本字

筆順 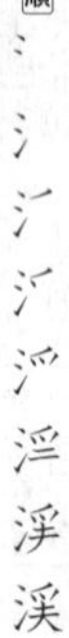

なりたち 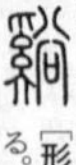 [形声]「谷(=たに)」と、音「奚《ケイ》」とから成る。舟《ふね》が通れないほどせまい、たに。

意味 たに。たにま。たにまを流れる川。例渓谷《ケイコク》。渓雪《ケイセツ》。

【渓谷】《ケイコク》山と山にはさまれたところ。たにま。

【渓声】《ケイセイ》谷川の水の音。

【渓流】《ケイリュウ》谷間の水の流れ。谷川。例アユの―釣《つ》り。

氵8
【涸】11画 6233 6DB8 音コ漢呉 訓か-れる

意味 水がなくなる。かれる。例涸渇《コカツ》。

【涸渇】《コカツ》(名・する)かわいて水がなくなること。また、使いきって不足すること。例才能が―する。表記 現枯渇

氵8
【淆】11画 6234 6DC6 音コウ漢 訓ま-じる

意味 いりみだれる。にごる。例玉石混淆《ギョクセキコンコウ》。

氵8
【混】11画 2614 6DF7 教育5 音コン漢 訓ま-じる・ま-ざる・ま-ぜる・こ-む

筆順 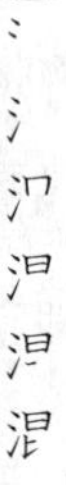

なりたち  [形声]「氵(=みず)」と、音「昆《コン》」とから成る。さかんに流れる。

意味 ❶水がさかんにわき出るようす。例混混《コンコン》。❷いりまじって見分けがつかない。入り乱れてこまる。例混雑《コンザツ》。混沌《コントン》。混乱《コンラン》。❸一つになる。一つにあわせる。まじる。まざる。まぜる。例混血《コンケツ》。混合《コンゴウ》。混在《コンザイ》。

使い分け こむ【混・込】⇩1169ページ

使い分け まざる・まじる・まぜる【交・混】⇩1180ページ

人名 ひろ・むら

【混血】《コンケツ》(名・する)人種や民族の異なる男女の間に生まれた子供。対純血。例―児。

【混交】《コンコウ》(名・する)いろいろなものが入りまじること。例玉石《ギョクセキ》―(=すぐれたものと、そうでないものが、まじっていること)。類混合・混同。表記 旧混▼淆

【混合】《ゴンゴウ》(名・する)異なる性質のものが、まじりあうこと。また、まぜあわせること。例―ダブルス。溶液《ヨウエキ》を―する。

【混混】《コンコン》(形動《タル》)①水がさかんにわき出るようす。②水の流れるようす。類渾渾《コンコン》・類滾滾

【混在】《コンザイ》(名・する)性質のちがうものがまじりあって、同じところに存在すること。例複数の民族が―する。

【混雑】《コンザツ》(名・する)①ごたごたと入りまじること。②身動き

できないほど、こみあうこと。例交通機関の―。

【混種《コンシュ》】(名・する)種類のちがうものが、まじりあうこと。

【混種語《コンシュゴ》】たがいに異なった種類の単語が、結びついてできたことば。「重箱」「赤インク」「サボる」など。

【混色《コンショク》】(名・する)異なる色をまぜあわせること。また、そうしてできた新しい色。

【混成《コンセイ》】(名・する)まぜあわせて、全体をつくること。例男女―チーム。

【混声合唱《コンセイガッショウ》】男声と女声とによる合唱。

【混戦《コンセン》】(名・する)①敵味方が入り乱れて戦うこと。類乱戦。②力がほぼ同じで、試合の結果がわからない状態。

【混線《コンセン》】(名・する)①回線が故障して、通信や通話がまじること。例電話が―している。②いくつかの話がまじりあって、話の中身がよくわからなくなること。

【混然《コンゼン》】(形動《タルト》)いくつかのものが、まじりあって一つになり、区別がつかなくなるようす。例―と一体となる。表記「▼渾然」とも書く。

【混濁《コンダク》】(名・する)①清らかであるはずのものが、にごること。例水道水が―する。②意識がはっきりしなくなること。

【混同《コンドウ》】(名・する)本来、区別をつけなければならないものを、同じようにあつかうこと。例公私を―する。

【混▼沌《コントン》】一(名)まだ天地が分かれておらず、あらゆるものが入りまじっている状態。二(名・形動《タルト》)いろいろな要素が入りまじって、事態のなりゆきがはっきりしないこと。例―たる世界情勢。表記▽「▼渾▼沌」とも書く。

【混入《コンニュウ》】(名・する)あるものの中に別のものがまじっていること。また、まぜ入れること。例異物が―する。

【混紡《コンボウ》】(名・する)異なる種類の繊維《センイ》をまぜて、糸につむぐこと。例綿とポリエステルの―。

【混迷《コンメイ》】(名・する)事態がどう動くかわからなくなること。例―の度を深める。―する政局。表記旧▼昏迷

【混用《コンヨウ》】(名・する)異なる種類のものをまぜて使うこと。例英語に日本語を―する。

【混浴《コンヨク》】(名・する)男女が同じ浴場にいっしょに入ること。

【混乱《コンラン》】(名・する)秩序《チツジョ》がなくなって、わけがわからない状態になること。例―が起きる。話が―する。

氵8

【済】

11画 2649 6E08 教育6

音セイ漢 サイ呉

訓す-む・す-ます・すく-う・す-み・な-す

筆順 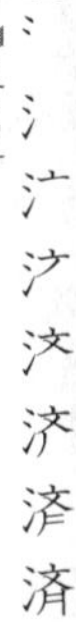

氵14

【濟】

17画 6327 6FDF

たちなり 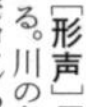 [形声]「氵(=みず)」と、音「齊《セイ》」とから成る。川の名。借りて「川をわたる」の意。

意味 ❶(川や難路を)わたる。わたす。また、(苦しみ・困難から)すくう。例済度《サイド》。救済《キュウサイ》。❷ものごとをなしとげる。すませる。すむ。すます。例決済《ケッサイ》。返済《ヘンサイ》。❸「済済《セイセイ》」は、数が多く、さかんなようす。

人名 いつき・お・かた・さとる・すみ・ただ・とおる・なり・なる・ひとし・まさ・ます・やす・よし・わたす・わたり・わたる

【済世《サイセイ・セイセイ》】社会の不公正や弊害《ヘイガイ》をなくして、人々を救おうとすること。例―の志。

【済生《サイセイ》】人々の命を救うこと。

【済度《サイド》】(名・する)〔仏〕〔「度」は、彼岸《ヒガン》へわたす意〕苦しみの多いこの世から、さとりの境地へ人々を導くこと。例衆生《シュジョウ》を―する。

【済民《サイミン》】人民の苦しみを救うこと。例経世《ケイセイ》―。

【▽済▽済《セイセイ》】(名・形動《タルト》)〔「サイサイ」とも〕①数が多く、さかんなようす。例多士―《セイセイ》(=すぐれた人物がそろっていること)。②おごそかなようす。

●完済《カンサイ》・救済《キュウサイ》・共済《キョウサイ》・経済《ケイザイ》・決済《ケッサイ》・返済《ヘンサイ》・弁済《ベンサイ》

氵8

【淬】

11画 6235 6DEC

音サイ漢

訓にら-ぐ

意味 ❶焼き入れに使う水の容器。❷焼き入れをする。にらぐ。例淬礪《サイレイ》。❸鍛錬《タンレン》する。きたえる。例淬勉《サイベン》(=気をひきしめてはげむ)。

【淬▼礪《サイレイ》】(名・する)①刃物《はもの》に焼きを入れ、研磨《ケンマ》すること。②はげますこと。きたえること。

氵8

【渋】

11画 2934 6E0B 常用

音ジュウ慣 シュウ漢呉

訓しぶ・しぶ-い・しぶ-る

筆順 

氵12

【澁】

15画 6307 6F81 人名

氵14

【澀】

17画 6308 6F80 別体字

たちなり 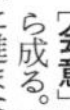 [会意]本字は「歰」で、「止(=あし)」四つから成る。なめらかでない。

意味 ❶なめらかに進まない。とどこおる。ことばがなめらかに出ない。しぶる。例渋滞《ジュウタイ》。難渋《ナンジュウ》。❷わかりにくい。例晦渋《カイジュウ》。❸味がしぶい。例酸渋《サンジュウ》。

日本語での用法《しぶ》タンニンを多くふくむ、しぶガキの汁《しる》。「柿《かき》の渋《しぶ》・渋《しぶ》うちわ・渋紙《しぶがみ》」

【渋皮《しぶかわ》】木の実の、表皮のすぐ内側にある、うすい皮。しぶい味がする。例―がむける(=洗練されて、美しくなる)。

【渋渋《しぶしぶ》】(副)気が進まず、いやいやながら。例―あやまる。

【渋味《しぶミ》】①しぶいあじ。②地味《ジミ》だが深い味わいがあること。例―のある演技。

【渋滞《ジュウタイ》】(名・する)①ものごとが順調に進行しないこと。例議事が―する。②交通や流通のとちゅうで、とどこおって、なかなか先へ進めないこと。例交通―。

【渋面《ジュウメン》】不愉快《フユカイ》に感じていることが、あらわれている表情。しぶい顔。例―をつくる。苦虫《にがむし》をかんだような―。

●苦渋《クジュウ》・茶渋《チャしぶ》・難渋《ナンジュウ》

氵8

【淑】

11画 2942 6DD1 常用

音シク漢 シク・シュク呉

訓しと-やか・よ-し

筆順 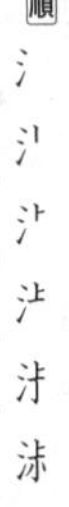

たちなり 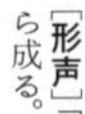 [形声]「氵(=みず)」と、音「叔《シュク→シク》」とから成る。清らかで深い。派生して「よい」の意。

意味 ❶善良である。よい。(女性が)上品でおちついている。しとやか。例淑女《シュクジョ》。淑徳《シュクトク》。貞淑《テイシュク》。❷よしとする。よくする。例私淑《シシュク》。

人名 きみ・きよ・きよし・すえ・すみ・とし・ひで・ふかし

【淑女《シュクジョ》】気品と教養のある、しとやかな女性。上流婦人。レディー。対紳士《シンシ》。例―のかがみ。

【淑節《シュクセツ》】正月元日。

【淑徳《シュクトク》】女性としてのやさしく気品のある徳。

氵8

【淳】

11画 2963 6DF3 人名

音シュン漢 ジュン呉

訓あつ-い・すなお

なりたち  [形声]「氵(=みず)」と、音「享《シュン》」とから成る。こして清める。借りて「てあつい」の意。

意味 ❶まごころがある。人情があつい。あつい。同 惇《ジュン》。例 淳徳《ジュントク》(=あつい徳)。温淳《オンジュン》。❷かざりけがない。まじりけがない。すなお。同 醇《ジュン》。例 淳朴《ジュンボク》。淳良《ジュンリョウ》。

人名 あき・あつ・あつし・あつみ・あつむ・きよし・さとし・さとる・たか・たかし・ただ・ただし・とし・ひろ・ひろし・まこと・よし

【淳化】《ジュンカ》(名・する)①心をこめて正しいほうに導くこと。純化。醇化《ジュンカ》。②飼いならすこと。手なづけること。

【淳朴】《ジュンボク》(名・形動《ダナ》)かざりけがなく、すなおなこと。例 ―な人がら。表記「純朴・▼醇朴」とも書く。

【淳良】《ジュンリョウ》(名・形動《ダナ》)善良で、すなおなこと。例 ―な性質。―な役人。表記「▼醇良」とも書く。

氵8 **【渚】** 11画 2977 6E1A 人名 音 ショ 漢 呉 訓 なぎさ

氵9 **【渚】** 12画 1-8687 FA46 人名

なりたち  [形声]「氵(=みず)」と、音「者《シャ→ショ》」とから成る。川の名。また「なぎさ」の意。

意味 ❶波うちぎわ。みぎわ。なぎさ。例 汀渚《テイショ》。❷川の中にできる中州《なかす》。

氵8 **【渉】** 11画 3036 6E09 常用 音 ショウ 漢 呉 訓 わた-る・かか-わ-る

筆順 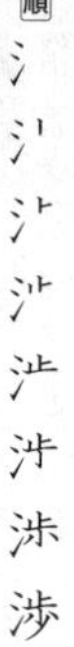

氵7 **【渉】** 10画 1-8676 6D89 人名

なりたち  [会意]「氵(=みず)」と「歩(=あるく)」とから成る。あるいて水をわたる。

意味 ❶川を歩いてわたる。または、ふねや橋でわたる。わたる。例 徒渉《トショウ》。跋渉《バッショウ》。❷歩きまわる。経る。広く見聞する。例 渉猟《ショウリョウ》。❸関係する。かかわる。例 渉外《ショウガイ》。干渉《カンショウ》。交渉《コウショウ》。

人名 あゆみ・あゆむ・さだ・すすむ・たか・ただ・わたり

【渉外】《ショウガイ》外部や外国との連絡《レンラク》や交渉を、専門にすること。例 ―課。

【渉▼禽類】《ショウキンルイ》〔「禽」は、鳥の意〕浅い水べを歩き回って、えさをとる鳥類。サギ・ツル・チドリなど。

【渉猟】《ショウリョウ》(名・する)①あちこち歩き回ってさぐること。②書物などに広く目を通すこと。例 古文書《コモンジョ》を―する。

氵8 **【淞】** 11画 6236 6DDE 音 ショウ 漢

意味 川の名。淞江《ショウコウ》〔呉淞江《ゴショウコウ｜ウースンコウ》ともいう。「淞《スン》」は、現代中国語音〕。

氵8 **【淌】** 11画 6237 6DCC 音 ショウ 漢 訓 おおなみ

意味 ❶大きな波。おおなみ。❷水が勢いよく流れるようす。

氵8 **【深】** 11画 3128 6DF1 教育3 音 シン 漢 ジン 呉 訓 ふか-い・ふか-まる・ふか-める

筆順 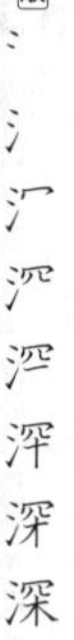

なりたち  [会意]本字は「突」で、「穴(=あな)」と「火(=ひ)」と「求(=もとめる)」の省略体とから成る。(火がなければ見えない穴のように)ふかい。

意味 ❶底やおくまでの距離《キョリ》が長い。ふかい。対 浅《セン》。例 深淵《シンエン》。深奥《シンオウ》。❷意味がふかい。考えがあさはかでない。例 深意《シンイ》。深遠《シンエン》。深謀遠慮《シンボウエンリョ》。❸心がこもっている。ねんごろ。例 深謝《シンシャ》。深切《シンセツ》。❹重大な。例 深刻《シンコク》。❺色がこい。例 深紅《シンク》。深緑《シンリョク》。❻夜がふける。例 深更《シンコウ》。深夜《シンヤ》。

難読 深山《みやま》・深雪《みゆき》

人名 とお・ふか・ふかし・ふかみ・み

【深意】《シンイ》深い意味。例 経典《キョウテン》の―。

【深▼淵】《シンエン》①ふかい淵《ふち》。水が深くよどんでいるところ。②はかりしれない、ものごとの奥底《おくそこ》。例 精神の―をのぞく。

【深▼淵《シンエン》に臨《のぞ》むが▽如《ごと》し】深淵に面しているかのようだ。危険に近づいて、おそろしい思いをすることのたとえ。〔「深淵に臨むがごとく、薄氷《ハクヒョウ》を履《ふ》むがごとし」から〕〈詩経《シキョウ》〉

【深遠】《シンエン》(名・形動《ダナ》)内容がおくふかく、簡単には理解できないこと。例 ―な哲学《テツガク》。

【深奥】《シンオウ》(名・形動《ダナ》)①内容がおくふかいこと。例 ―な学問。②ものごとの奥底《おくそこ》。例 ―をきわめる。

【深化】《シンカ》(名・する)ものごとの程度や内容を深めること。また、深くなること。例 文章の解釈《カイシャク》を―する。

【深海】《シンカイ》深い海。対 浅海《センカイ》。例 ―魚。―を探査する。

【深閑】《シンカン》(形動《トタル》)物音がせず、ひっそりと静まりかえっているようす。例 ―とした山の中。表記「森閑」とも書く。

【深紅】《シンク｜シンコウ》こい赤色。例 ―《シンク》のバラ。表記「真紅」とも書く。

【深更】《シンコウ》夜ふけ。深夜。例 会議は―におよぶ。

【深呼吸】《シンコキュウ》(名・する)大きくゆっくりと呼吸すること。

【深刻】《シンコク》(名・形動《ダナ》)①重大で、おろそかにできないこと。例 ―な事態。②深く思いつめること。例 ―ななやみ。

【深山】《シンザン｜みやま》深い山奥《やまおく》。例 ―幽谷《ユウコク》(=人里はなれた静かな山や谷)。

【深思】《シンシ》(名・する)ものごとを深く考えること。類 熟考《ジュッコウ》。

【深謝】《シンシャ》(名・する)①心から感謝すること。例 ご厚意に―します。②ひたすらあやまること。類 陳謝《チンシャ》。例 ごめいわくをおかけしたことを―いたします。

【深情】《シンジョウ》㊀まごころ。相手を深く思う気持ち。類 真情・厚情。㊁【深情け】《ふかなさけ》異性に対する強い愛情。

【深深】《シンシン》㊀(形動《トタル》)①おくふかいようす。例 ―たる森が広がる。②音もなく静まりかえっているようす。例 ―とした夜ふけ。③心やからだに深く感じられるようす。例 寒さが―と身にしみる。㊁《ふかぶか》(副)〔多く「と」をともなって〕たいへん深く。例 矢が―とささった。

【深甚】《シンジン》(名・形動《ダナ》)ものごとや気持ちなどの程度が、とても深いこと。類 甚深。例 ―なる謝意を表する。

【深切】《シンセツ》⇩【親切】《シンセツ》(901ページ)

【深雪】《シンセツ｜みゆき》深く積もった雪。

【深浅】《シンセン》①深いことと浅いこと。例 ―をはかる。②色がこいことと うすいこと。類 濃淡《ノウタン》。

【深窓】《シンソウ》家のおく深くの部屋。とくに、女性がたいせつに育てられるところをいう。類 深閨《シンケイ》。例 ―の佳人《カジン》。

【深層】《シンソウ》ものごとのおくふかいところ。深くかくれていて、表面からは見えない部分。対 表層。例 ―心理。

【深長】《シンチョウ》(名・形動《ダナ》)内容に深みがあって複雑なこと。例 意味―な発言。

【深重】《シンチョウ》(名・形動《ダナ》)①深みがあって重々しいこと。例 ―な論旨《ロンシ》。②いくつも重なること。

【深度《シンド》】海などの深さ。例―計。

【深謀《シンボウ》】よく考えて立てられた計画や計略。

【深謀遠慮《シンボウエンリョ》】将来を見通して、深く考えてつくられた計画や行動。深慮遠謀。例―をめぐらす。

【深夜《シンヤ》】よなか。夜おそい時刻。類深更《シンコウ》。例―放送。

【深憂《シンユウ》】深いなやみ。深刻な心配ごと。例―に閉ざされる。

【深慮《シンリョ》】ものごとの将来や影響《エイキョウ》まで、慎重《シンチョウ》に深く考えること。対浅慮《センリョ》。例―遠謀《エンボウ》。―をめぐらす。

【深緑《シンリョク》】こい緑色。ふかみどり。例―の森。

【深林《シンリン》】木々が深くしげった林。例―に分けいる。

【深入り《ふかいり》】(名・する)ものごとに深く関係して、引くに引けない状態になること。例事件に―しすぎた。

【深追い《ふかおい》】(名・する)限度をこえて追うこと。例―は禁物《キンモツ》。敵を―してわなにはまる。

【深酒《ふかざけ》】(名・する)たくさん酒を飲むこと。

【深手《ふかで》】ひどいけが。重傷。対浅手。例―を負う。表記「深▽傷」とも書く。

【深読み《ふかよみ》】(名・する)文章や相手の態度に、表面にあらわれた意味より深い意味を読みとろうとすること。
●最深《サイシン》・水深《スイシン》・測深《ソクシン》

氵8
【清】
11画 3222 6E05 教育4
音 セイ漢 ショウ呉 シン唐
訓 きよ-い・きよ-まる・きよ-める・す-む・すが
付表 清水《しみず》

筆順

氵8
【清】
11画 ― 6DF8

たちなり  [形声]「氵(=みず)」と、音「靑《セイ》」とから成る。明るい。すんだ水のようす。

意味 ❶(水や空気が)すんでいる。きれいな。きよい。きよまる。すむ。対濁《ダク》。例清澄《セイチョウ》。清朗《セイロウ》。河清《カセイ》。❷(気分が)さわやか。すがすがしい。例清新《セイシン》。清清《セイセイ》。清涼《セイリョウ》。❸㋐(態度や行動が)きよらか。けだかい。けがれがない。例清純《セイジュン》。清楚《セイソ》。清貧《セイヒン》。㋑相手の状態などをうやまっていうことば。例清栄《セイエイ》。❹きれいさっぱりと整理する。きよめる。例清算《セイサン》。清書《セイショ》。粛清《シュクセイ》。❺満州族の愛新覚羅《アイシンカクラ》氏が建てた王朝。都は北京《ペキン》。辛亥革命《シンガイカクメイ》によってほろび、中華民国《チュウカミンコク》となる。(一六四四―一九一二)

難読 月《つき》清《さや》か・清汁《すまし》・清清《すがすが》しい
人名 あき・きよ・きよし・しず・すず・すみ

【▽清朝】一《シンチョウ》中国最後の王朝。清《シン》。二《セイチョウ》「清朝体《セイチョウタイ》」の略。漢字の活字の書体の一つ。筆で書いた楷書《カイショ》に似た形で、名刺《メイシ》などに用いる。

【清栄《セイエイ》】〔清らかに栄える意〕手紙文に用いるあいさつのことば。相手の健康や繁栄《ハンエイ》を祝う決まり文句。類清祥《セイショウ》。例ますますご―のことと存じます。

【清艶《セイエン》】(名・形動ダ)清らかでありながら、なまめかしい魅力《ミリョク》があること。例―な美女。

【清音《セイオン》】①清らかですんだ音。②日本語で、カ・サ・タ・ハ行の音。濁音《ダクオン》や半濁音に対して、にごらない音。

【清雅《セイガ》】(名・形動ダ)清らかで上品なおもむきがあること。

【清閑《セイカン》】(名・形動ダ)俗世間《ゾクセケン》からはなれて、静かな境地にいること。例―を楽しむ。

【清興《セイキョウ》】①上品な趣味《シュミ》。風雅《フウガ》な楽しみ。②他人の楽しみや遊びをいうことば。

【清教徒《セイキョウト》】プロテスタントの一派。十六世紀後半、イギリスに始まる。聖書を重んじ禁欲主義的な特色をもつ。ピューリタン。

【清潔《セイケツ》】(名・形動ダ)①よごれがなく、きれいなこと。清浄《セイジョウ》。例食事の前には手を―に。②人格や行動にごまかしや不正がないこと。姿かたちや態度がさわやかな印象をあたえること。類清廉《セイレン》。対不潔。例―な人間関係。

【清光《セイコウ》】清らかな(月の)光。

【清香《セイコウ》】清らかで、よいにおい。類芳香《ホウコウ》。

【清算《セイサン》】(名・する)①お金の貸し借りを整理して、しはらいをすませること。例借金を―する。②過去のよくない関係からきっぱりはなれること。例遊び仲間との関係を―する。③〔法〕会社や法人などが解散した後、財産などを法律に従って整理すること。

【清▽拭《セイシキ》】(名・する)布などでふくこと。特に入浴できない病人などのからだをふいて、清潔にすること。

【清酒《セイシュ》】①日本酒。米を原料にして造る。②こして造る、すんだ日本酒。例灘《なだ》は昔から―の名産地だ。対濁酒《ダクシュ》。

【清秀《セイシュウ》】(名・形動ダ)顔かたちなどが清らかで、すぐれていること。秀麗《シュウレイ》。例眉目《ビモク》―。

【清純《セイジュン》】(名・形動ダ)けがれがなく純粋《ジュンスイ》なこと。例―派。―な心。


【清書《セイショ》】(名・する)下書きした文をきれいに書き直すこと。また、書き直したもの。浄書《ジョウショ》。

【清祥《セイショウ》】〔「祥」は、さいわいの意〕手紙文で使うあいさつのことば。清勝。類清栄。例ご―のことと存じ上げます。

【清勝《セイショウ》】「清祥《セイショウ》」に同じ。

【清浄】(名・形動ダ)一《セイジョウ》きれいで、けがれがないこと。例空気―器。―な心。二《ショウジョウ》〔仏〕現世の迷いや煩悩《ボンノウ》から解き放たれた清らかな境地。対不浄。例六根《ロッコン》―。

【清新《セイシン》】(名・形動ダ)すがすがしくて、新鮮《シンセン》なこと。例―の気が満ちている。

【清水】一《セイスイ》清らかですんだ水。例―に魚《うお》棲《す》まず(=きれいな水には魚がいないように、あまりに潔癖《ケッペキ》だと人は寄りつかない)。二《しみず》きれいな、わき水。

【清清《セイセイ》】(副・する)すっきりした気持ちになること。例宿題をかたづけて―した。

【清▼楚《セイソ》】(名・形動ダ)すっきりとして、美しいこと。多く、女性の魅力《ミリョク》についていう。例―なよそおい。

【清掃《セイソウ》】(名・する)そうじをして、きれいにすること。例教室を―する。

【清濁《セイダク》】①すんでいることとにごっていること。②よいことと悪いこと。例―あわせ呑《の》む(=善悪を問わず、そのまま受け入れる度量がある)。③清音と濁音。

【清談《セイダン》】①魏《ギ》・晋《シン》の時代、知識人の間に流行した、世俗《セゾク》的なことにかかわらない、すがすがしい話題。→【竹林の七賢《チクリンのシチケン》】(747ページ) ②現実とはなれた芸術や学問などの風流な話。例―に興じる。

【清致《セイチ》】清らかなおもむき。すがすがしい、ふんいき。

【清澄《セイチョウ》】(名・形動ダ)清らかにすんでいること。例―な泉。

【清聴《セイチョウ》】(名・する)①音や声がきれいにきこえること。②話をきいてくれた相手を、うやまっていうことば。講演などの最後に用いる。静聴。例ご―ありがとうございました。

【清適《セイテキ》】①気分がよく安らかであること。②手紙文などで、相手の無事や健康を祝っていうことば。例ご―のことと拝察いたします。

【清▼謐《セイヒツ》】(名・形動ダ)よく治まって安らかなこと。類清寧《セイネイ》。例世の中が―にもどる。

【清貧《セイヒン》】心を清らかにもち、質素に生活すること。例―にあまんじる。―をたっとぶ。

【清風《セイフウ》】すがすがしい風。例―明月。

【清福《セイフク》】①精神的な幸福。②手紙文などで、相手の幸せをいのることば。幸福。例ご—をおいのりします。

【清明《セイメイ》】㊀（名・形動ダ）①清らかで明るいこと。例—な月。②心が清らかで明朗であること。㊁（名）二十四節気の一つ。陽暦《ヨウレキ》の四月五日ごろにあたる。

【清夜《セイヤ》】すがすがしく晴れた静かな夜。

【清遊《セイユウ》】（名・する）①世俗《セゾク》的で、現実的なものからはなれた、風雅《フウガ》な遊び。②相手の旅行や遊びなどをうやまっていうことば。例当地へご—の際には、ぜひお立ち寄りください。

【清覧《セイラン》】①すがすがしく美しい風景。また、それを見ること。②相手に見てもらうことをうやまっていうことば。類高覧。例ご—をたまわりたくお願い申し上げます。

【清流《セイリュウ》】①すんだ水の流れ。対濁流《ダクリュウ》。②心が清らかで、おこないの正しい人。③高貴な家がらの人。

【清涼《セイリョウ》】（名・形動ダ）①清らかで快い冷たさがあること。例—なわき水。②さわやかで、すがすがしいこと。例—剤《ザイ》。

【清▼冽《セイレツ》】（名・形動ダ）水が清らかにすんで、冷たいこと。例—な流れ。

【清廉《セイレン》】（名・形動ダ）心が清らかで、おこないが正しいこと。お金や名声などの世俗《セゾク》的な欲望に動かされないこと。例—潔白《ケッパク》。—な人がら。

【清朗《セイロウ》】（名・形動ダ）清らかにすんで明るいこと。晴朗。例—な月。

【清和《セイワ》】㊀（名・形動ダ）世の中がよく治まっていて、平和なこと。㊁（名）①気候がおだやかで、のどかなこと。例—の季節。②陰暦《インレキ》四月、または四月一日の別名。

【清話《セイワ》】世俗《セゾク》的なことがらにかかわらない、趣味《シュミ》や学問などの高尚《コウショウ》な話。例—を拝聴《ハイチョウ》する。

◒河清《カセイ》・血清《ケッセイ》・粛清《シュクセイ》

氵 8

【淅】

11画 6240 6DC5 音セキ漢 訓か-す・と-ぐ・よねあら-う

意味 ❶米をとぐ。よなげる。かす。例米淅《こめかし》桶《おけ》。❷川の名。淅水《セキスイ》。淅川《セキセン》。

参考「浙《セツ》」とは別の字。

氵 8

【淙】

11画 6242 6DD9 音ソウ漢 訓あつ-まる・そそ-ぐ・なが-れる

意味 ❶水の流れる音。また、流れるようす。例淙淙《ソウソウ》。❷急流。滝《たき》。例懸淙《ケンソウ》（＝滝）。飛淙《ヒソウ》（＝ほとばしる急流。滝）。

氵 8

【淡】

11画 3524 6DE1 常用 音タン漢 訓あわ-い・うす-い

筆順 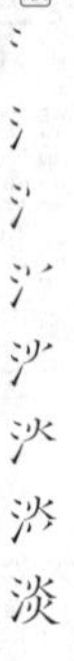

なりたち  ［形声］「氵（＝みず）」と、音「炎《エン→タン》」とから成る。うすい味。

意味 ❶色・かおり・味などがうすい。あわい。対濃《ノウ》。例淡紅色《タンコウショク》。淡彩《タンサイ》。濃淡《ノウタン》。❷態度があっさりしている。こだわらない。例淡淡《タンタン》。淡泊《タンパク》。冷淡《レイタン》。❸塩分をふくまない水。例淡水《タンスイ》。

日本語での用法《タン》旧国名「淡路《あわじ》（＝今の兵庫《ひょうご》県淡路島）」の略。「淡州《タンシュウ》・紀淡海峡《キタンカイキョウ》」

難読 淡竹《はちく》・淡海《おうみ》

人名 あわ・あわし・あわじ

【淡路《あわじ》】旧国名の一つ。今の兵庫《ひょうご》県の淡路島。

【淡雪《あわゆき》】うっすらと積もった、とけやすい春の雪。

【淡交《タンコウ》】あっさりした交際。わだかまりのない君子のまじわり。風雅《フウガ》のまじわり。→【淡水の交わり《タンスイのまじわり》】

【淡紅《タンコウ》】うすい赤色。うすくれない。例—色。

【淡彩《タンサイ》】あっさりしたうすいいろどり。例—画。

【淡水《タンスイ》】川や湖などの、塩分をほとんどふくまない水。真水《まみず》。対鹹水《カンスイ》。例—魚。海水を—化する。

【淡水の交わり《タンスイのまじわり》】水のようにさっぱりした、しかし変わることのない君子の友情。淡交。〔「君子の交わりは淡《あわ》きこと水のごとし」から〕〈荘子《ソウジ》〉

【淡淡《タンタン》】（形動タル）①ものの味わいなどが、あっさりしているようす。例—とした色調。②人の性格や態度などが、こだわりがなくおちついているようす。例かれは—とその間《カン》の事情を説明した。

【淡泊《タンパク》】（名・形動ダ）①ものの味や色などが、さっぱりしていること。対濃厚《ノウコウ》。例—な味つけの料理。②態度や性格が、さっぱりしていて、こだわりが少ないこと。例かれはお金には—だ。表記▽「淡白」とも書く。

【淡墨《タンボク》】うすくすった墨《すみ》。また、うすい墨の色。うすずみ。

【淡味《タンミ》】あっさりした味わい。さっぱりしたおもむき。

【淡緑《タンリョク》】うすい緑色。うすみどり。例—色。

◒枯淡《コタン》・濃淡《ノウタン》・平淡《ヘイタン》・冷淡《レイタン》

氵 8

【添】

11画 3726 6DFB 常用 音テン漢 訓そ-える・そ-う

筆順 

なりたち ［形声］「氵（＝みず）」と、音「忝《テン》」とから成る。増して加える。

意味 （主となるものに）つけくわえる。つけたす。そえる。そう。例添加《テンカ》。添削《テンサク》。

日本語での用法《そう》そばに付いている。「添《そ》い寝《ね》・病人《ビョウニン》の付《つ》き添《そ》い」

使い分け そう【沿・添】⇩1171ページ

難読 添水《そうず》（＝ししおどし）

人名 そえ・ます

【添え木《そえぎ》】①草や木がたおれないように、支えとしてそばに立てておく棒。例苗木《なえぎ》に—をする。②〔医〕骨折したときなどに当てておく板状のもの。副木《フクボク》。

【添え状《そえジョウ》】物や人に添えて相手方に送る手紙。例—をつける。

【添え乳《そえぢ》】（名・する）子供のそばで、いっしょにねて乳を飲ませること。

【添加《テンカ》】（名・する）別のものをつけくわえること。また、つけくわわること。例—物。着色料を—する。

【添削《テンサク》】（名・する）①ことばをつけくわえたりけずったりして、詩や文章をよりよいものにすること。②答案の誤りを正したり、コメントをつけたりして、指導すること。例—指導。

【添書《テンショ》】①人を紹介《ショウカイ》するときに持たせてやる手紙。紹介状。②使いの者やおくり物にそえてやる手紙。添《そ》え手紙。例品物の包みに—が付いている。

【添乗《テンジョウ》】（名・する）列車・客船・航空機などの旅行につきそって、その世話をすること。例—員。

【添付《テンプ》】（名・する）書類などに、そのおぎないや証明のためにつけくわえること。例納品書に請求書《セイキュウショ》を—する。

氵 8

【淀】

11画 4568 6DC0 人名 音テン漢デン呉 訓よど・よど-む

意味 ❶水が浅くたまったところ。よど。❷水中のかすがしず

んでたまる。同澱《デン》。

日本語での用法《よどむ》流れが止まり、動きのない状態をいう。「空気《クウキ》が淀《よど》む・言《い》い淀《よど》む」

氵8
【淘】11画 3781 6DD8 音トウ(漢) 訓よな-げる

意味 ❶水の中で不純物をよりわける。米をとぐ。よなげる。❷悪いものを取り除き、よいものを残す。例淘汰《トウタ》。淘《よな》げ屋(=川底《かわぞこ》やごみ捨て場で水や土をふるって金物《かなもの》を拾う職業)。

【淘汰《トウタ》】(名・する)①不要なものや悪いものを取り除き、よいものを残すこと。例サービスの悪い店は―される。②自然環境《カンキョウ》の中で、生存に適するものが残り、適しないものはほろんでいくこと。類選択《センタク》。例自然―。

氵8
【淤】11画 6243 6DE4 音ヨ(漢)オ(呉) 訓どろ・にご-る

意味 ❶水底にたまるどろ。どろ。例淤泥《オデイ|どろ》。❷どろがたまるようにして、流れがつまる。にごる。例淤血《オケツ》(=瘀血《オケツ》)。

氵8
【淕】11画 6244 6DD5 音リク(漢) 訓みぞれ

意味 雪や氷まじりの雨。みぞれ。

氵8
【涼】11画 4635 6DBC 常用 音リョウ(漢)(呉) 訓すず-しい・すず-む

筆順

氵8
[凉]10画 4958 51C9 人名 俗字

なりたち 
[形声]「氵(=みず)」と、音「京《ケイ→リョウ》」とから成る。水で酒をうすめる。派生して「うすらさむい、すずしい」の意。

意味 ❶ひややかで、さわやかなようす。すずしい。例涼風《リョウフウ》。清涼《セイリョウ》。涼《リョウ》をとる。❷ひえびえとして、ものさびしいようす。例荒涼《コウリョウ》。

人名 あつ・きよし・すけ・まこと

【涼陰《リョウイン》】すずしい木《こ》かげ。表記「涼▼蔭」とも書く。

【涼雨《リョウウ》】暑さをやわらげてくれる雨。例めぐみの―。炎天下《エンテンカ》に―を望む。

【涼感《リョウカン》】すずしそうな感じ。例―のある色合い。

【涼気《リョウキ》】すずしい空気。すずしさを感じさせるけはい。例窓から―が流れこんできた。

【涼秋《リョウシュウ》】①すずしく感じる秋。②ひえびえとしてさびしい秋。

【涼風《リョウフウ|すずかぜ》】すずしい風。例―の立つころ(=初秋)。

【涼味《リョウミ》】すずしさ。すずしげな感じ。例―満点。

●荒涼《コウリョウ》・清涼《セイリョウ》・納涼《ノウリョウ》

氵8
【淋】11画 4652 6DCB 人名 音リン(漢) 訓さび-しい

意味 ❶水が絶えずしたたる。水がそそぐ。例淋雨《リンウ》(=ながい雨。霖雨《リンウ》)。淋漓《リンリ》。❷性病の名。同痳《リン》。例淋病《リンビョウ》。

日本語での用法《さびしい》人けがなくてひっそりしている。孤独《コドク》である。とぼしい。不足。「淋《さび》しい場所《バショ》・淋《さび》しい生活《セイカツ》・ふところが淋《さび》しい」

【淋▼巴節《リンパセツ》】〔医〕〔「淋巴」はドイツ語 Lymph のあて字〕リンパ管のところどころにある、小さなふくらみ。体内にはいりこんだ細菌《サイキン》を分解して取り除いたりする。からだに炎症《エンショウ》が起こると、はれる。リンパ腺《セン》。

【淋▼巴腺《リンパセン》】「淋巴節《リンパセツ》」に同じ。例―がはれる。

【淋病《リンビョウ》】淋菌《リンキン》に感染《カンセン》しておこる性病。淋疾《リンシツ》。表記「▼痳病」とも書く。

【淋▼漓《リンリ》】(形動《タル》)①あせや血などが、したたり落ちるようす。例流汗《リュウカン》―。②生き生きとしているようす。勢いがあるようす。例墨痕《ボッコン》―たる筆勢。

氵8
【淪】11画 6245 6DEA 音リン(漢)(呉) 訓しず-む・さざなみ

意味 ❶小さな波。さざなみ。❷おちこむ。おちぶれる。ほろびる。しずむ。例淪落《リンラク》。沈淪《チンリン》。

【淪落《リンラク》】(名・する)①おちぶれること。類零落《レイラク》。例―の身となる。②おとろえてほろびること。例―の道をたどる。

氵8
【淮】11画 6246 6DEE 音ワイ(慣)カイ(漢)エ(呉)

意味 長江《チョウコウ》や黄河《コウガ》に次ぐ中国第三の大河。淮水《ワイスイ》。例淮陰《ワイイン》(=今の江蘇《コウソ》省淮陰県)。淮南《ワイナン》(=淮水の南の地。また、前漢の王国の名)。

【淮南子《エナンジ》】前漢の淮南王《ワイナンオウ》劉安《リュウアン》が、道家《ドウカ》を中心にした、古代の思想に関する文章を集めた書。二十一巻。

氵8
[渕]11画 ⇩【淵】《エン》(606ページ)

氵8
[渊]11画 ⇩【淵】《エン》(606ページ)

氵8
【淨】11画 ⇩【浄】《ジョウ》(592ページ)

氵8
【淸】11画 ⇩【清】《セイ》(603ページ)

氵8
[淒]11画 ⇩【凄】《セイ》(121ページ)

氵8
【淺】11画 ⇩【浅】《セン》(592ページ)

氵8
【淚】11画 ⇩【涙】《ルイ》(599ページ)

氵9
【渥】12画 1615 6E25 人名 音アク(漢) 訓あつ-い

なりたち 
[形声]「氵(=みず)」と、音「屋《オク→アク》」とから成る。うるおう。

意味 ❶水分をじゅうぶんに受けて、うるおう。うるおす。例渥露《アクロ》(=つゆ)。❷てあつい。ねんごろ。例渥恩《アクオン》。

難読 渥美《あつみ》(=地名・姓《せい》)

人名 あつ・あつし・ひく

【渥恩《アクオン》】深い恩恵《オンケイ》。とくに、主君から受けるめぐみ。

氵9
【渭】12画 6247 6E2D 音イ(漢)

意味 川の名。渭水《イスイ》。

【渭城《イジョウ》】①陝西《センセイ》省咸陽《カンヨウ》市の東北にある地。秦《シン》の都、咸陽にあたり、漢代に渭城県が置かれた。②唐《トウ》の詩人、王維《オウイ》の「送㆔元二使㆓安西㆒《ゲンジのアンセイにつかいするをおくる》」と題する詩をいう。〔「渭城朝雨浥㆓軽塵㆒《イジョウのチョウウケイジンをうるおす》」ではじまり、旅人を送る別れの宴《エン》でよくうたわれた〕

【渭水《イスイ》】黄河《コウガ》最大の支流。甘粛《カンシュク》省南東部から、陝西《センセイ》省中部を流れる。流域には、秦《シン》の咸陽《カンヨウ》や唐《トウ》の長安など、歴代の都があった。渭河《イガ》。渭川《イセン》。

氵9
【湮】12画 ― ― 音イン(漢) 訓しず-む・ふさ-ぐ

氵9 ［湮］12画 6248 6E6E 俗字

意味 ❶（水中に）しずむ。うずもれる。❷ほろぶ。ほろびてなくなる。例 湮滅《インメツ》。❸（気が）ふさぐ。ふさがる。例 湮鬱《インウツ》。

【湮鬱《インウツ》】（名・形動《ダナ》）ふさぎこむこと。陰鬱《インウツ》。

【湮滅《インメツ》】（名・する）ほろびてなくなること。また、あとかたもなく消し去ること。例 証拠《ショウコ》を―する。表記「隠滅・▼堙滅」とも書く。

氵9 【淵】12画 4205 6DF5 人名 音 エン(漢) 訓 ふち

氵8 ［渕］11画 6228 6E15 俗字

氵8 ［渊］11画 6229 6E0A 俗字

意味 ❶水を深くたたえ、よどんでいるところ。ふち。例 深淵《シンエン》。❷ものの集まるところ。例 淵叢《エンソウ》。❸おくふかい。おくゆかしい。しずか。例 淵淵《エンエン》。

人名 すえ・すけ・なみ・のぶ・ひろ・ふかし

【淵淵《エンエン》】（形動《タルト》）①深く、静かなようす。②鼓《つづみ》の音を形容することば。

【淵源《エンゲン》】（名・する）ものごとが生まれてくる、みなもと。もののおおもと。根源。根本。例 ―をきわめる。

【淵泉《エンセン》】①深いいずみ。②（水が深くたたえられて、つきることがないようすから）思慮《シリョ》深いようすのたとえ。

【淵▼叢《エンソウ》】〔魚や動物が集まるところの意〕ものが多く集まるところ。例 学芸の―。表記「淵▼藪」とも書く。

【淵瀬《ふちせ》】①川などで、深いところと浅くて流れの速いところ。②移り変わりの激しいことのたとえ。例 世は定めなき―。

氵9 【湲】12画 6251 6E72 音 エン(漢)(呉) カン(漢) 訓 なが-れる

意味 ❶「湲湲《エンエン｜カンカン》」は、㋐水がさらさらと流れるようす、㋑ひっくりかえるようす、また、入り乱れるようす。❷「潺湲《センカン》」は、水が流れるようす。

氵9 【温】12画 1825 6E29 教育3 音 オン(漢) ウン(呉) 訓 あたた-か・あたた-かい・あたた-まる・あたた-める・ぬる-い

筆順

氵10 【溫】13画 1-8692 6EAB 人名

なりたち  〔会意〕本字は「𥁕」で、「皿（＝さら）」と「囚（＝とりこ）」とから成る。囚人に食事をあたえる。なさけぶかく、あたたかい。

意味 ❶あたたかい。あたためる。あたたかさ。例 温泉《オンセン》。温帯《オンタイ》。保温《ホオン》。❷人がらや表情がおだやか。やさしい。例 温顔《オンガン》。温厚《オンコウ》。温情《オンジョウ》。❸学んだことをくりかえしならう。復習する。たずねる。例 温習《オンシュウ》。温故知新《オンコチシン》。

日本語での用法《あたためる》長く保つ。「温《あた》めていた計画《ケイカク》・ベンチを温《あた》める」

使い分け あたたかい・あたたかだ・あたたまる・あたためる【温・暖】⇩1160ページ

難読 温州蜜柑《ウンシュウミカン》（＝中国の地名がついているが、日本原産のミカン）・温灰《ぬくばい》・温習《さらい》・温湯《ぬるまゆ》

人名 あつ・あつし・いろ・すなお・ただす・つつむ・なが・ならう・のどか・はる・み・みつ・みつる・やす・やすし・ゆたか・よし

【▽温▼飩《ウドン》】小麦粉をこね、のばして細長く切った食品。饂飩《ウドン》。

【▽温気《ウンキ｜オンキ》】①温度が高い空気。②あたたかさ。とくに、夏のむし暑さ。例 むっとする―。

【温雅《オンガ》】（名・形動《ダナ》）性格がおだやかで、おくゆかしいこと。上品なこと。例 ―な性質。

【温顔《オンガン》】おだやかな人がらをあらわす、やさしい顔つき。例 ―を拝す。

【温▼灸《オンキュウ》】専用の容器の中に、火をつけたもぐさを入れ、患部《カンブ》をあたためる治療法《チリョウホウ》。

【温血《オンケツ》】血液があたたかいこと。対 冷血。

【温故《オンコ》】〔「故」は、いにしえの意〕すでに知っていることを学び直すこと。また、過去のことを調べること。→【温故知新】

【温故知新《オンコチシン》】〔「故《ふる》きを温《たず》ねて新しきを知る」と訓読する〕昔のものごとを調べ、そこから新たな考え方や道理を見つけだすこと。〈論語《ロンゴ》〉

【温厚《オンコウ》】（名・形動《ダナ》）おだやかで、思いやりがあること。温和。例 ―篤実《トクジツ》な人がら。

【温室《オンシツ》】寒さに弱い植物を育てたり、季節に関係なく野菜がとれるように、ガラスやビニールで囲って日光をとり入れ温度を調節できるようにした建物。例 ―メロン。―育ち（＝世間の苦労を知らないことのたとえ）。

【温石《オンジャク》】火で焼いた石を布で包んだもの。また、その石。からだをあたためるのに用いた。例 ―ほどのあたたかさ。

【温習《オンシュウ》】（名・する）すでに学んだことを、なんどもやり直したり、練習したりすること。おさらい。復習。例 ―会。

【温柔《オンジュウ》】（名・形動《ダナ》）①性格がおだやかでやさしいこと。②あたたかく、やわらかいこと。

【温順《オンジュン》】（名・形動《ダナ》）①性格がおだやかで、おとなしいこと。温和。例 ―な人がら。②気候や風土がのどかなこと。例 ―な土地。

【温床《オンショウ》】①野菜の苗《なえ》などを育てるため、人工的にあたためた苗床《なえどこ》。②悪いものごとを引き起こしやすい原因や環境《カンキョウ》。例 官民の癒着《ユチャク》は、汚職《オショク》の―だ。

【温情《オンジョウ》】やさしく、思いやりのある心。また、その心づかい。例 ―に浴す。―をほどこす。

【温色《オンショク》】①おだやかでやさしい表情。②あたたかく感じる色。赤やだいだいなど。暖色。対 寒色。例 ―系の絵がら。

【温水《オンスイ》】あたたかい水。対 冷水。例 ―プール。

【温▼凊定省《オンセイテイセイ》】子供が心をこめて親孝行することをいうことば。〔父母が、冬はあたたかく（＝温）、夏はすずしく過ごせるように（＝凊）、夕方にはねどこをととのえ（＝定）、朝にはよくねむれたかどうかを気づかう（＝省）、ということ〕〈礼記《ライキ》〉

参考「凊」は、「清」とは別で、涼《リョウ》の意。

【温泉《オンセン》】地中の熱によってあたためられた地下水がわき出るもの。いでゆ。〔日本では、ふつう、セ氏二五度以上のものをいう〕対 冷泉。例 ―治療《チリョウ》。→【鉱泉《コウセン》】（1007ページ）

【温存《オンゾン》】（名・する）余裕《ヨユウ》をもって、たいせつに残しておくこと。例 試合に備えて体力を―する。

【温帯《オンタイ》】熱帯と寒帯とのあいだの地域。気候がおだやかで、季節に変化があり、降水量も多い。例 ―植物。―林。

【温暖《オンダン》】（名・形動《ダナ》）気候がおだやかで、あたたかいこと。対 寒冷。例 ―な保養地。

【温暖前線《オンダンゼンセン》】あたたかい空気のかたまりが、冷たい空気のかたまりを押しのけていくときにできる前線。通過後は気温が上がる。対 寒冷前線。

【温度《オンド》】物質の熱さや冷たさの度合いを、数値であらわしたもの。基準の取り方により、絶対温度・カ氏温度・セ氏温度などがある。例 ―計。―差。

【温度計《オンドケイ》】ものの温度をはかる器具。例 室内―。

【温▽突】オンドル〔朝鮮《チョウセン》語〕朝鮮半島や中国東北部で使われる暖房《ダンボウ》装置。たき口で燃料を燃やし、ゆかの下に熱いけむりを流して部屋やねどこなどをあたためる。

【温熱】《オンネツ》あたたかさ。熱さ。また、熱。例―療法《リョウホウ》。

【温風】《オンプウ》①あたたかい風。②陰暦《インレキ》六月ごろにふく風。

【温飽】《オンポウ》あたたかな衣服を着、じゅうぶんな食べ物を食べること。豊かな生活をすることのたとえ。類暖衣飽食《ダンイホウショク》。

【温容】《オンヨウ》人がらのおだやかさをあらわす、やさしい顔や姿。類温顔。例師の―に接する。

【温浴】《オンヨク》あたたかな湯につかること。入浴すること。温水浴。例―療法《リョウホウ》。

【温良】《オンリョウ》(名・形動《ダナ》)人がらがおだやかで、善良なこと。類温和・温厚。

【温和】《オンワ》(名・形動《ダナ》)①気候があたたかで、おだやかなこと。例気候―といわれる日本。②もののようすがおだやかで、なごやかなこと。温厚。例―な人がら。表記②は「穏和」とも書く。

●検温《ケンオン》・高温《コウオン》・常温《ジョウオン》・水温《スイオン》・体温《タイオン》・微温《ビオン》・保温《ホオン》

氵9

【渦】

12画 1718 6E26 常用 音カ慣 ワ漢 訓うず

筆順 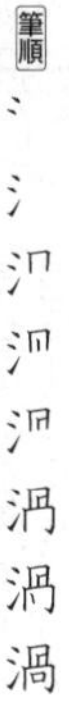

なりたち［形声］「氵(＝みず)」と、音「咼《カ→ワ》」とから成る。水がうずを巻く。

意味 水がうずを巻く。うず。例渦旋《カセン》(＝うずまき)。渦中《カチュウ》。

【渦潮】《うずしお》うずを巻いて流れる海水。例鳴門《なると》の―。

【渦巻き】《うずまき》①水などの、うずを巻く流れ。また、うずができること。うず。②うずを巻いたような形や模様。

【渦中】《カチュウ》①うずのなか。②複雑な事件やもめごとのさなか。例―に身を投じる。―に巻きこまれる。

【渦紋】《カモン》うず巻きの模様。

氵9

【渙】

12画 6250 6E19 音カン漢 訓あき-らか

意味 ❶ちらばり広がる。例渙発《カンパツ》。❷つやや模様があって美しいようす。あきらか。例渙渙《カンカン》(＝つややかで美しい)。

【渙発】《カンパツ》(名・する)皇帝《コウテイ》や天皇の命令が、広く世間へ向けて発せられること。例宣戦の詔勅《ショウチョク》が―された。

氵9

【渠】

12画 *2184 *6E20 音キョ漢 訓みぞ

意味 ❶地面をほった水路。ほりわり。みぞ。例暗渠《アンキョ》。溝渠《コウキョ》。❷(悪者の)かしら。同巨《キョ》。例渠魁《キョカイ》。❸かれ。三人称《サンニンショウ》の代名詞。例渠輩《キョハイ》(＝かれら)。

難読 渠等《かれら》

【渠▼魁】《キョカイ》盗賊《トウゾク》などのかしら。首領。頭目《トウモク》。表記「巨▼魁」とも書く。

氵9

【減】

12画 2426 6E1B 教育5 音カン漢 ゲン呉 訓へ-る・へ-らす

筆順 

なりたち  ［形声］「氵(＝みず)」と、音「咸《カン》」とから成る。そこなう。へる。

意味 ❶数量が少なくなる。へる。少なくする。へらす。対増《ゾウ》。例減少《ゲンショウ》。削減《サクゲン》。増減《ゾウゲン》。❷引き算。例減法《ゲンポウ》。加減乗除《カゲンジョウジョ》。

人名 き・つぎ

【減圧】《ゲンアツ》(名・する)(空気圧や水圧などの)圧力を下げること。また、圧力が下がること。

【減員】《ゲンイン》(名・する)会社や役所などで、人をへらすこと。また、人がへること。対増員。例不況《フキョウ》で社員が―された。

【減益】《ゲンエキ》(名・する)(会社などの)利益がへること。対増益。例前年比五パーセントの―だ。

【減価】《ゲンカ》(名・する)商品の値段を下げること。また、値引きした価格。

【減額】《ゲンガク》(名・する)金額などをへらすこと。また、へること。対増額。例予算を―する。

【減却】《ゲンキャク》(名・する)へること。また、へらすこと。例興味を―する。

【減給】《ゲンキュウ》(名・する)給料をへらすこと。とくに、社員や職員に対する罰《バツ》として、一定の期間、給料の額を少なくすること。減俸《ゲンポウ》。例―処分。

【減刑】《ゲンケイ》(名・する)恩赦《オンシャ》の一つ。いったん決定した刑罰《ケイバツ》を、より軽いものにすること。例恩赦により―する。

【減殺】《ゲンサイ》(名・する)〔「ゲンサツ」と読むのは誤り。「殺」は、けずる意〕程度や量をへらすこと。例仕事の意欲を―する。

【減産】《ゲンサン》(名・する)生産量がへること。また、へらすこと。対増産。例年年―する一方だ。

【減算】《ゲンザン》(名・する)〔数〕引き算。減法。対加算。

【減資】《ゲンシ》(名・する)企業などが、資本金をへらすこと。また、へらした資本。対増資。

【減収】《ゲンシュウ》(名・する)収入や収穫量《シュウカクリョウ》が少なくなること。また、その額や量。対増収。例税金が増えて実質的には―になる。

【減少】《ゲンショウ》(名・する)数量や程度がへって、少なくなること。また、少なくすること。対増加。例人口が―する。

【減水】《ゲンスイ》(名・する)水の量がへること。また、へらすこと。対増水。例貯水池が―する。

【減衰】《ゲンスイ》(名・する)数量がだんだん少なくなること。また、しだいにおとろえること。例―曲線。

【減数】《ゲンスウ》㊀(名・する)数がへること。㊁(名)〔数〕引き算で、引くほうの数。

【減税】《ゲンゼイ》(名・する)税金の負担額を少なくすること。対増税。例所得税を―する。

【減速】《ゲンソク》(名・する)動いているものの、速度を落とすこと。また、速度が落ちること。対加速。例列車は鉄橋で―した。

【減退】《ゲンタイ》(名・する)体力や気力、ものごとの勢いなどがおとろえること。対増進。例食欲が―する。

【減反】《ゲンタン》(名・する)〔「反」は、土地の広さを示す昔の単位〕農作物を生産する田畑の面積をへらすこと。〔とくに、米についていわれることが多い〕表記「減▽段」とも書く。

【減点】《ゲンテン》(名・する)あらかじめ決まっている持ち点や基準点から、誤りや違反《イハン》があるごとに点数を差し引くこと。また、その引かれた点数。例―法。反則で―される。

【減法】《ゲンポウ》〔数〕引き算。減算《ゲンザン》。対加法。

【減俸】《ゲンポウ》(名・する)給料の額をへらすこと。減給。対増俸《ゾウホウ》。例―処分。

【減摩】《ゲンマ》(名・する)①すりへること。②機械などで、摩擦《マサツ》を少なくすること。例―剤《ザイ》。表記▽「減磨」とも書く。

【減免】《ゲンメン》(名・する)刑罰《ケイバツ》を軽くしたり、義務や負担などを少なくしたりすること。例授業料の―。死刑を―する。

【減耗】《ゲンモウ》(名・する)〔「ゲンコウ」の慣用読み。「耗」も、へる意〕へらして少なくすること。また、へってなくなること。例効

果が—する。

【減量《ゲンリョウ》】（名・する）数量がへること。また、へらすこと。とくに、体重をへらすこと。対 増量。例 試合前の—。

●加減《カゲン》・軽減《ケイゲン》・激減《ゲキゲン》・節減《セツゲン》・漸減《ゼンゲン》・低減《テイゲン》・半減《ハンゲン》

氵9

【湖】

12画 2448 6E56 教育3 音 コ 漢 訓 みずうみ

筆順 氵 汁 汁 沽 沽 湖 湖 湖

なりたち [形声]「氵(=みず)」と、音「胡《コ》」とから成る。大きな池。

意味 みずうみ。例 湖沼《コショウ》。湖畔《コハン》。

難読 余呉《よご》の湖《うみ》(=琵琶湖《ビワコ》)

人名 ひろし

【湖岸《コガン》】みずうみの岸。また、みずうみの岸に近いところ。

【湖沼《コショウ》】みずうみやぬま。〔広い意味では、池や沼沢《ショウタク》などもふくみ、陸地のくぼみにたまっている水をいう〕

【湖上《コジョウ》】①みずうみの水面の上。例 —の船。②みずうみのほとり。類 湖畔《コハン》。例 —を散策する。

【湖心《コシン》】みずうみの中心部。例 —の深度を測る。

【湖水《コスイ》】みずうみ。また、みずうみの水。例 —にうかぶ堂。

【湖底《コテイ》】みずうみの底。例 —にしずむ。

【湖畔《コハン》】みずうみのすぐそば。みずうみのほとり。湖辺。類 湖上。例 —のキャンプ場。

【湖面《コメン》】みずうみの水の表面。湖上。例 鏡のような—。

氵9

【港】

12画 2533 6E2F 教育3 音 コウ 漢 訓 みなと

筆順 氵 汁 洪 洪 洪 港 港

氵9 【港】12画

なりたち [形声]「氵(=みず)」と、音「巷《コウ》」とから成る。支流。また、船がとまれるところ。

意味 ふなつきば。みなと。例 港湾《コウワン》。寄港《キコウ》。

【港外《コウガイ》】みなとの外。対 港内。例 貨物船が—に出る。

【港口《コウコウ》】みなとの出入り口。港門《コウモン》。

【港内《コウナイ》】みなとの中。対 港外。例 —に客船が入港する。

【港湾《コウワン》】みなとと、それに付属する施設《シセツ》全体をいう。みなと。〔船をつなぐ設備、乗客や貨物の積み降ろし施設、倉庫や交通のための施設などをふくむ〕例 —整備。—都市。

【港町《みなとまち》】みなとを中心にして発展してきた町や都市。

●開港《カイコウ》・寄港《キコウ》・帰港《キコウ》・漁港《ギョコウ》・空港《クウコウ》・出港《シュッコウ》・入港《ニュウコウ》・良港《リョウコウ》

氵9

【湟】

12画 6252 6E5F 音 コウ 漢

意味 ❶川の名。湟水《コウスイ》。❷水のない堀《ほり》。からぼり。❸池。堀。

氵9

【渾】

12画 6253 6E3E 人名 音 コン 漢 訓 すべ-て

意味 ❶水がさかんにわき出る音。また、水が流れるようす。例 渾渾《コンコン》。❷一つにまじりあう。例 渾然《コンゼン》。渾沌《コントン》。❸まったく。すべて。例 渾身《コンシン》。❹(人を)笑わせる。例 渾名《コンメイ》。

【渾渾《コンコン》】（形動トタル）水がさかんにわき出すようす。また、流れるようす。滾滾《コンコン》。例 —とわき出る泉。

【渾身《コンシン》】からだ全部。全身。満身。例 —の力をふりしぼってたたかう。

【渾然《コンゼン》】（形動トタル）とけあって区別がつかないようす。例 —一体となる。表記「混然」とも書く。

【渾天儀《コンテンギ》】古代中国で、天体の位置を測定するために使われた観測装置。渾儀《コンギ》。

【渾▼沌《コントン》】⇩【混沌《コントン》】(601ページ)

【渾名《コンメイ・あだな》】その人の特徴《トクチョウ》をとらえて、他人がつけて呼ぶ名前。ニックネーム。

氵9

【渣】

12画 6254 6E23 音 サ 漢 訓 かす

意味 液体の底にしずんだもの。しぼりかす。かす。例 渣滓《サシ》。

【渣▼滓《サシ》】液体の底にたまるかす。おり。例 —を濾過《ロカ》する。

氵9

【滋】

12画 2802 6ECB 教育4 音 ジ 慣 シ 漢 呉 訓 しげ-る・ま-す・ますます

筆順 氵 氵 氵 汻 泫 滋 滋 滋

氵9 【滋】12画 2F90B

なりたち [形声]「氵(=みず)」と、音「茲《シ》」とから成る。水がふえる。

意味 ❶ふえる。しげる。そだつ。例 滋育《ジイク》(=そだてる)。❷いよいよ。ますます。❸うるおう。栄養になる。また、味がよい。例 滋雨《ジウ》。滋味《ジミ》。

県名 滋賀《しが》

人名 しく・しげ・しげし・ふさ・まさ・ます

【滋雨《ジウ》】めぐみの雨。

【滋味《ジミ》】①食べ物のおいしさ。類 美味。②ものごとの、豊かで深い味わいのあること。例 —に富んだ文章。

【滋養《ジヨウ》】からだにとって栄養になるもの。類 栄養。例 —のある食べ物。

氵9

【湿】

12画 2830 6E7F 常用 音 シツ 慣 シュウ 漢 呉 訓 しめ-る・しめ-す・しめ-り

筆順 氵 氵 沪 泪 浔 湿 湿 湿

氵14 【濕】17画 6328 6FD5 人名

なりたち [会意] 本字は「溼」で、「一(=おおう)」と「土(=つち)」と「氵(=みず)」と、音「㬎《シュウ》」の省略体とから成る。土が水けをおびる。しめる。

意味 水けがあってじめじめする。うるおう。しめる。しめす。例 湿原《シツゲン》。湿潤《シツジュン》。陰湿《インシツ》。

難読 湿地《しめじ》(=キノコの名)・湿《しと》る・湿気《しけ》る

【湿気《シッケ》】〔「シッキ」とも〕①空気などにふくまれる水分。しめりけ。例 —の多い季節。②ものごとのようすが、暗くしめっぽいこと。

【湿原《シツゲン》】水分の多い土地にできる草原。例 —地帯。

【湿潤《シツジュン》】㊀(名・形動ダナ)しめりけが多いこと。例 温暖—な気団。㊁(名)ものを液体でぬらすこと。例 —剤《ザイ》。

【湿▼疹《シッシン》】皮膚《ヒフ》におこる炎症《エンショウ》の一つ。かゆみや水ぶくれなどをともなう。例 アトピー性の—。

【湿生《シッセイ》】㊀植物が、しめりけが多いところに生育すること。例 —植物。㊁〔仏〕母胎《ボタイ》や卵からでなく、水分から生まれると考えられた生き物。カやカエルなど。

【湿性《シッセイ》】水分をふくんでいること。また、水分の多い性質。

㊟乾性《カンセイ》。例—の病巣《ビョウソウ》。

【湿地《シッチ》】 水分の多い、じめじめした土地。湿土。例—帯。

【湿田《シツデン》】 水をはってないときでも、土が多量の水分をふくんでいて、水はけの悪い水田。㊟乾田《カンデン》。

【湿度《シツド》】 空気中にふくまれる水分の度合い。例—計。

【湿布《シップ》】(名・する) 水やお湯、または薬にひたした布を患部に当てて、治療《チリョウ》の助けとする方法。また、その布。例—薬。温—。冷—。足首に—する。

◐陰湿《インシツ》・除湿《ジョシツ》・多湿《タシツ》

氵9 【湘】 12画 3037 6E58 人名 音ショウ漢

意味 ❶湖南省を北流して洞庭湖《ドウテイコ》に注ぐ川。湘江《ショウコウ》。湘水。例瀟湘八景《ショウショウハッケイ》。❷湖南省の別の名。

【湘江《ショウコウ》】 広西《コウセイ》チワン族自治区の北部から流れ出て、湖南省を北に流れ、洞庭湖《ドウテイコ》に注ぐ川。湘水。

【湘南《ショウナン》】 ①中国の湘江《ショウコウ》の南部の地方。②神奈川《かながわ》県南部、三浦《みうら》半島から相模湾《さがみワン》沿岸の地域。

氵9 【湫】 12画 6255 6E6B 音 一ショウ漢 二シュウ漢 訓くて

意味 一《ショウ》土地が低く、しめりけが多い。例湫隘《ショウアイ》(=土地が低く狭い)。二《シュウ》❶池。ふち。❷「湫湫《シュウシュウ》」は、うれいにしずむようす。

日本語での用法 《くて》水草などが生えている低湿地《テイシッチ》。「長湫《ながくて》(=地名)」

難読 長湫《ながくて》(=地名)・湫《ぬまいけ》

氵9 【渫】 12画 6256 6E2B 音セツ漢 訓さら-う

意味 ❶水底のどろを取り除く。さらう。例浚渫《シュンセツ》。❷外へもれる。もらす。㊞泄《セツ》。例漏渫《ロウセツ》。

氵9 【湶】 12画 6257 6E76 音セン漢 訓いずみ

意味 いずみ。㊞泉《セン》。

氵9 【湊】 12画 4411 6E4A 人名 音ソウ漢 訓みなと・あつ-まる・あつ-める

意味 ❶舟《ふね》の集まるところ。みなと。❷あつまる。あつめる。㊞輳《ソウ》。例輻湊《フクソウ》。

人名 あつむ・すすむ

氵9 【測】 12画 3412 6E2C 教育5 音ソク漢 シキ呉 訓はか-る

筆順 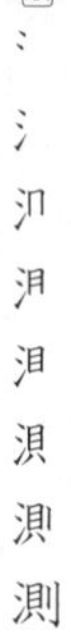

なりたち  [形声]「氵(=みず)」と、音「則《ソク》」とから成る。水の深さをはかる。

意味 ❶水の深さをはかる。また、ものの高さ・長さ・広さなどをはかる。例測定《ソクテイ》。測量《ソクリョウ》。目測《モクソク》。❷知っていることをもとに、未知のことに見当をつける。おしはかる。例推測《スイソク》。予測《ヨソク》。

使い分け はかる【図・計・測・量・謀・諮】⇩1177ページ

人名 ひろ・ひろし

【測深《ソクシン》】 水底までの深さをはかること。例音響《オンキョウ》—器。

【測度】 一《ソクタク》(名・する) 頭で考えて、おしはかること。忖度《ソンタク》。推量。例人の心は—しがたい。二《ソクド》(名) ものごとの度数や尺度などを、数値としてはかること。

【測地《ソクチ》】(名・する) ある土地の位置や、広さ、高さなどをはかること。測量。例建設予定地を—する。

【測定《ソクテイ》】(名・する) 数や量をはかり、数値であらわすこと。例身長を—する。

【測量《ソクリョウ》】(名・する) ①土地や建物などの位置や、高さ、広さなどを、道具を用いてはかること。②基準となる地点から、距離《キョリ》や方向や角度などをはかり、地形を図にあらわすこと。例—術。海岸線を—する。

【測候《ソッコウ》】(名・する) 天文や気象の変化を調べること。

【測候所《ソッコウジョ》】 気象庁の地方機関で、その地方の気象や地震《ジシン》を観測し、予報や警報を出す。

◐憶測《オクソク》・観測《カンソク》・計測《ケイソク》・実測《ジッソク》・推測《スイソク》・目測《モクソク》

氵9 【湛】 12画 3525 6E5B 人名 音タン・チン漢 訓たた-える

意味 水がいっぱいに満ちているようす。たたえる。転じて、心がゆったりとおちついているようす。例湛然《タンゼン》。

人名 あつし・きよ・きよし・ふかし・やす・やすし

【湛然《タンゼン》】(形動《タル》) ①水がいっぱいにたたえられているようす。例—たる湖。②静かでおちついているようす。例—として静かな秋の水。

氵9 【湍】 12画 6258 6E4D 音タン漢 訓せ・はやせ・はや-い

意味 水の流れが速い(ところ)。はやせ。はやい。例湍水《タンスイ》。湍瀬《タンライ》。

【湍水《タンスイ》】 流れの速い水。急流。はやせ。

【湍▽瀬《タンライ》】 川が浅くなっていて、流れが急なところ。はやせ。

氵9 【渟】 12画 6259 6E1F 音テイ漢 訓たま-る・とどこお-る・とど-まる

意味 ❶水がたまって流れない。とどまる。例渟渟《テイテイ》(=水が流れずにたまっているようす)。❷深い。

日本語での用法 《ぬ》「ぬま(=沼)」の意の和語「ぬ」に「渟」の字をあてたもの。「茅渟鯛《ちぬだい》(=クロダイ)・茅渟海《ちぬのうみ》(=古く、和泉《いずみ》・淡路《あわじ》両国のあいだの海をさした。現在の大阪湾《おおさかワン》一帯の海)」

氵9 【渡】 12画 3747 6E21 常用 音ト漢 ド呉 訓わた-る・わた-す・わた-し・わた-り

筆順 

なりたち  [形声]「氵(=みず)」と、音「度《ト》」とから成る。わたる。

意味 ❶横ぎって向こうがわへ行く。わたる。わたす。例渡河《トカ》。渡航《トコウ》。渡米《トベイ》。❷わたし場。わたし。例渡津《トシン》。

人名 ただ・ひろし

【渡英《トエイ》】(名・する) イギリスに行くこと。例シェークスピア研究のために—する。

【渡欧《トオウ》】(名・する) ヨーロッパに行くこと。例明治時代には、多くの留学生が—した。

【渡河《トカ》】(名・する) 川をわたること。とくに、部隊などが、集団で大きな川をわたること。例ウシの大群が—する。

【渡海《トカイ》】(名・する) 船で海をわたること。渡航。航海。例あらしの危険をおかして—した。

【渡御《トギョ》】(名・する) 天皇・三后・将軍、または、祭りのみこしが、ふだんいるところから別のところへ行くこと。おでまし。例みこしが御旅所《おたびしょ》へ—になる。

【渡《ト》航《コウ》】（名・する）船や飛行機で、外国へ行くこと。例海外へ―する。

【渡《ト》渉《ショウ》】（名・する）川をわたること。また、川をこえること。

【渡《ト》津《シン》】〔「津」は、わたし場の意〕①わたしぶねと、ふなつき場があるところ。わたし場。②わたし場から川をわたること。

【渡《ト》世《セイ》】〔世の中をわたっていく、の意〕①世間で生活をいとなむこと。暮らしていくこと。例―の業《わざ》。②暮らすための職業。仕事。なりわい。例―人《ニン》(=やくざ。ばくち打ち)。

【渡《ト》船《セン》】わたし場で、人や荷物を向こう岸に運ぶ、専用の船。わたしぶね。例―場《ば》。―の便《ベン》がいい。

【渡《ト》日《ニチ》】（名・する）海外から、日本へ来ること。

【渡《ト》▽仏《フツ》】（名・する）フランスへ行くこと。例デザインの勉強のために―する。

【渡《ト》米《ベイ》】（名・する）アメリカに行くこと。例出張で―する。

【渡《ト》来《ライ》】（名・する）外国から海をわたってやってくること。また、そのもの。伝来。舶来《ハクライ》。例南蛮《ナンバン》―の品。
●過渡《カト》・譲渡《ジョウト》

氵9
【湯】
12画 3782 6E6F 教育3 音トウ(漢)(呉) タン(唐) 訓ゆ

筆順 丶 冫 氵 氵口 氵日 氵旦 浔 湯 湯

なりたち  ［形声］「氵(=みず)」と、音「昜《ヨウ→トウ》」とから成る。熱い水。

意味 ❶水が熱くなったもの。ゆ。例熱湯《ネットウ》。❷温泉。風呂《フロ》。例湯治《トウジ》。銭湯《セントウ》。❸漢方で、水を加えてせんじた薬。例葛根湯《カッコントウ》。❹スープ。汁《しる》。例湯麺《タンメン》。

難読 湯湯婆《ゆタンポ》・湯桶《ゆトウ》・湯中《ゆあたり》・湯女《ゆな》・白湯《さゆ》

人名 のり

【湯《トウ》治《ジ》】（名・する）温泉にはいって、病気やけがをなおすこと。また、温泉地でゆっくり休むこと。例―客。―に行く。

【湯《トウ》薬《ヤク》】せんじぐすり。熱湯で、薬の成分を煮《に》だして飲む。例―を煎《セン》じる。

【湯《ゆ》▼垢《あか》】お湯の中の石灰分《セッカイブン》やせっけん分が、浴槽《ヨクソウ》ややかんなどにこびりついたもの。例―がつく。―を落とす。

【湯《ゆ》▼桶】㊀《ゆおけ》入浴するときに使うおけ。㊁《ゆトウ》食後に飲むお湯などを入れておくうつわ。多くは木製、うるしぬりで、つぎ口がついている。→【湯桶読み】《ゆトウよみ》

【湯▼桶読み】《ゆトウよみ》「湯桶《ゆトウ》」のように、上の字を訓読み、下の字を音読みにする二字熟語の読み方。「家賃《やチン》・車代《くるまダイ》・店番《みせバン》」など。㊟重箱《ジュウばこ》読み。

【湯《ゆ》▼灌《カン》】（名・する）〔「灌」は、あらう意〕死んだ人のからだを、棺《カン》におさめる前に、湯でふいて清めること。

【湯《ゆ》気《げ》】お湯や、あたたかい食べ物などから立ちのぼる蒸気。温度の低い空気の中では白いけむりのように見える。

【湯《ゆ》桁《げた》】ゆぶね。また、そのまわりにわたしてある横木。

【湯《ゆ》煙《けむり》】〔「ゆけぶり」とも〕ふろや温泉のお湯から立ちのぼる湯げ。例露天《ロテン》ぶろから―が立ちのぼっている。

【湯《ゆ》煎《セン》】（名・する）容器に温めたいものを入れ、容器ごと湯につけて、間接に温めること。例バターを―してとかす。

【湯《ゆ》銭《セン》】銭湯などではらう、入浴料金。〔古い言い方〕

【湯《ゆ》玉《だま》】①お湯の中からわき上がってくる空気のあわ。②小さな玉のように飛び散る熱湯。

【湯《ゆ》茶《チャ》】飲み物としてのお湯やお茶。例―の接待をする。

【湯《ゆ》▼壺《つぼ》】温泉などで、中にはいってお湯につかることができるところ。

【湯《ゆ》豆腐《ドウフ》】なべ料理の一つ。こんぶだしで豆腐を煮《に》て、薬味をそえ、しょうゆ味のたれで食べる。

【湯《ゆ》殿《どの》】入浴するための設備がある部屋、または、建物。浴室。浴場。

【湯《ゆ》葉《ば》】ダイズを煮《に》てすりつぶし、それをこしたしるを煮たてると、表面に膜《マク》ができる。その膜を加工した食品。例―料理。表記「油葉・湯波・湯婆」とも書く。

【湯《ゆ》船《ぶね》】中に湯を入れ、人がはいることができるようにした大きな箱やおけ。浴槽《ヨクソウ》。例―につかる。表記「湯▽槽」とも書く。

【湯《ゆ》水《みず》】お湯や水。例―のように使う(=どんどんむだづかいをすることのたとえ)。

【湯《ゆ》文字《モジ》】〔女房詞《ニョウボウことば》〕①昔、女性が入浴のときに身につけた、「湯巻き」の「ゆ」に「文字」をつけたことば。②女性が和服を着るときの下着。腰巻《こしま》き。湯巻き。

【湯《ゆ》元《もと》】温泉がわき出るもと。例ここの温泉の―は湯量が豊富だ。表記「湯本」とも書く。

【湯《ゆ》屋《や》】ふろ屋。銭湯《セントウ》。〔古い言い方〕
●産湯《うぶゆ》・給湯《キュウトウ》・銭湯《セントウ》・熱湯《ネットウ》・薬湯《ヤクトウ》

氵9
【湃】
12画 6260 6E43 音ハイ(漢)

意味 「澎湃《ホウハイ》」は、大きな波など、水がぶつかりあう音。また、水がいっぱいにみなぎるようす。

氵9
【渺】
12画 6261 6E3A 音ビョウ(漢) 訓はる-か

意味 ❶（水が）はてしなく広いようす。はるか。例渺渺《ビョウビョウ》。渺茫《ビョウボウ》。縹渺《ヒョウビョウ》。❷ごく小さくてはっきり見えないようす。かすか。例渺滄海之一粟《ビョウたるソウカイのイチゾクのみ》(=大海の中のほんの小さなひとつぶのアワのようなものだ)。〈蘇軾《ソショク》・赤壁賦《セキヘキのフ》〉

【渺渺《ビョウビョウ》】（形動《トタル》）はるか遠くまで広がっているようす。渺茫《ビョウボウ》。例―たる荒野《コウヤ》。

【渺▼茫《ビョウボウ》】（形動《トタル》）〔「茫」も、広々としている意〕広々としてはてしないようす。はるか遠くにあるようす。渺渺。例眼前には海が―と広がっていた。

氵9
【湎】
12画 6262 6E4E 音ベン(漢) メン(呉) 訓おぼ-れる・しず-む・ただよ-う

意味 ❶酒などにおぼれる。夢中になる。ふける。例沈湎《チンメン》(=酒におぼれる。心がうばわれる)。❷「湎湎《ベンベン・メンメン》」は、流れ移るようす。

氵9
【渤】
12画 6263 6E24 音ホツ(漢) ボツ(呉)

意味 「渤海《ボッカイ》」は、海域の名。また、国の名。

【渤《ボッ》海《カイ》】①中国東北部、遼東《リョウトウ》半島と山東半島に囲まれ、東は黄海《コウカイ》に通じる海域。②中国東北部・朝鮮《チョウセン》半島北部・ロシア沿海州地域にあった、ツングース系民族の国家。(六九八―九二六)

氵9
【満】
12画 4394 6E80 教育4 音マン(漢)(呉) 訓み-ちる・み-たす・み-つ

筆順 丶 冫 氵 氵一 汁 洪 渮 満 満

氵11
【滿】
14画 6264 6EFF

なりたち 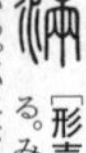 ［形声］「氵(=みず)」と、音「㒼《マン》」とから成る。みちあふれる。

意味 ❶いっぱいになる。じゅうぶんになる。みちる。みたす。みち

たりる。例満員《マンイン》。満足《マンゾク》。不満《フマン》。❷期限や標準に達する。例満期《マンキ》。満了《マンリョウ》。❸すべて。全部の。例満座《マンザ》。満天下《マンテンカ》。満面《マンメン》。❹「満州《マンシュウ》」の略。中国東北部の古い呼び名。例北満《ホクマン》。

日本語での用法《マン》①満年齢《マンネンレイ》のこと。誕生日になって一歳を加える数え方。「満《マン》九歳《キュウサイ》になる」②年数などがめぐって、ちょうどぴったりの数になること。「事件《ジケン》が起《お》きてから満《マン》五年《ゴネン》になる」

難読 満天星《どうだんつつじ》

人名 あり・ます・まろ・みち・みつる・みのる・よろず

【満員】《マンイン》①決められた人数に達していること。②その場所や乗り物などが、人でいっぱいになること。また、その状態。例—電車。講演会場は—になった。

【満悦】《マンエツ》(名・する) みちたりて、とてもよろこぶこと。例—の体《テイ》。山海の珍味《チンミ》にご—のようす。

【満開】《マンカイ》(名・する) 花がそろって、ひらききってさくこと。また、その状態。花盛《はなざか》り。例公園のサクラは今が—です。

【満額】《マンガク》 あらかじめ計画していた一定の金額に達すること。また、要求どおりの金額になること。例—回答。

【満株】《マンかぶ》 株を購入《コウニュウ》する申しこみの数が、予定の株数に達すること。

【満干】《マンカン》 潮がみちることと引くこと。潮のみちひ。干満。例—の差の最大になる月。

【満願】《マンガン》〔仏〕日数を決めて、神仏に願をかけた、その期間が終わること。例—の夜、夢のお告げがあった。

【満艦飾】《マンカンショク》①(祝日や儀式《ギシキ》などに)軍艦全体を旗や電球などでかざること。②はなやかにかざりたてること。③ベランダなどが洗濯物《センタクもの》などでいっぱいになっていること。

【満期】《マンキ》①一定の期間が終わること。例二年ものの定期預金がもうすぐ—だ。②手形のしはらい期日。例—日《び》。

【満喫】《マンキツ》(名・する)①おなかいっぱい食べたり飲んだりすること。②心ゆくまでじゅうぶん楽しむこと。例自由を—する。

【満月】《マンゲツ》 まんまるにかがやいて見える月。陰暦《インレキ》十五日の夜の月。もちづき。対新月。例—の夜。

【満▼腔】《マンコウ》 からだ全体。胸いっぱい。心から。満身。例—の願い(=心からの願い)。—の謝意をあらわす。

【満座】《マンザ》 その場にいる人みんな。例—の中ではじをかく。その話は—のなみだをさそった。

【満載】《マンサイ》(名・する)①船や車などに荷物や人を、あふれるほど積みこむこと。例木材を—したトラック。②新聞や雑誌などの紙面に、記事をたくさんのせること。例情報を—する。

【満作】《マンサク》 農作物がたくさん実ること。豊作。例豊年—。

【満更】《マンざら》(副)〔下に打ち消しのことばをともなって〕必ずしも…でない。いつも…とはかぎらない。例—でもない顔つき。お世辞とわかっていても—悪い気持ちはしない。

【満山】《マンザン》①山全体。山じゅうにみちていること。例—のサクラ。②寺全体。▽類全山。

【満室】《マンシツ》 ホテルやマンションなどで、空き部屋がないこと。例全館—。

【満車】《マンシャ》 駐車場《チュウシャジョウ》などで、収容台数いっぱいに車がはいっていること。例観光シーズンで、駐車場は、どこも—だ。

【満床】《マンショウ》 病院のベッドが入院患者《カンジャ》でふさがること。

【満場】《マンジョウ》 会場全体。また、その場にいる人全員。満堂。例—の拍手《ハクシュ》。—は水を打ったように静まりかえった。

【満場一致】《マンジョウイッチ》 その場にいる人すべてが、同じ意見になること。例予算案は—で可決された。

【満身】《マンシン》 からだ全体。からだじゅう。また、からだにみちあふれていること。全身。例—創痍《ソウイ》(=からだじゅうが傷だらけであること。また、そのように打撃《ダゲキ》を受けること)。—の力。

【満水】《マンスイ》 水がいっぱいになること。例連日の雨でダムは—だ。

【満席】《マンセキ》 乗り物や劇場など、座席が設けてあるところで、すべての席がふさがっていること。例—の盛況《セイキョウ》。

【満足】《マンゾク》 一(名・形動《ダ》)じゅうぶんであること。欠けたところがなく、完全であること。例—な回答。二(名・する)①自分の希望や願いがかなって、みちたりた気持ちになること。例この成績に—している。②〔数〕あたえられた条件にかなっていること。とくに、ある数を条件式の中の未知数に代入すると、その式が成り立つこと。例等式を—する数値を求めよ。

【満潮】《マンチョウ》 しおがみちること。また、それによって海面が高くなった状態。みちしお。対干潮《カンチョウ》。例—時の水位。

【満天】《マンテン》 空いっぱいに広がっていること。例—の星。

【満点】《マンテン》①(試験などで)定められた最高の点数。例百点—。②最高のできばえ。申し分のないこと。例サービス—。

【満天下】《マンテンカ》 この世の中のすべて。全世界。例—に名声がとどろく。

【満都】《マント》 みやこ全体。また、みやこじゅうにみちあふれていること。例—の関心を集める。

【満堂】《マンドウ》 堂いっぱいになっていること。また、堂にいる人すべて。満場。例—が感動した。—の諸君に告げる。

【満年齢】《マンネンレイ》 誕生日が来るごとに、年齢を一歳《イッサイ》ずつ加えていく数え方。また、その数え方による年齢。対数え年。

【満杯】《マンパイ》①いれものが液体でいっぱいになっていること。②その場にはいりきらない状態になっていること。例駐車場《チュウシャジョウ》はすでに—だ。

【満帆】《マンパン》 船の帆《ほ》をすべて張ること。また、その帆いっぱいに風を受けて、順調に進むこと。例順風—。

【満票】《マンピョウ》 選挙や選出、また選歌や選句などのとき、投票者すべてから票を得ること。例—で当選する。

【満幅】《マンプク》①紙や布などの一面全体。全幅。②〔「満幅の」の形で〕全面的な。完全な。全幅。例—の信頼《シンライ》を寄せる。

【満腹】《マンプク》(名・する) おなかがいっぱいになること。対空腹。例ぜいたくな料理に—する。

【満満】《マンマン》(形動《タルト》) いっぱいのようす。みちみちているようす。例自信—。—たる湖。

【満面】《マンメン》 顔全体。顔じゅう。例—に笑《え》みをうかべる。—朱《シュ》をそそぐ(=いかりで顔全体をまっかにする)

【満目】《マンモク》①見わたすかぎり。目にはいるものすべて。②目の中いっぱい。

【満了】《マンリョウ》(名・する) 決められた期間を終えること。例任期—にともなう市長選挙。

【満塁】《マンルイ》 野球で、一・二・三の塁すべてにランナーがいること。フルベース。例—ホームラン。

【満《マン》を持《ジ》す】①弓をじゅうぶんに引きしぼる。②できるかぎりの準備をして、行動する機会を待つ。例満を持して待つ。

◐円満《エンマン》・干満《カンマン》・充満《ジュウマン》・不満《フマン》・豊満《ホウマン》・飽満《ホウマン》・未満《ミマン》

氵9

【渝】 12画 6265 6E1D 音 ユ 漢 訓 あふ-れる・か-える・か-わる

意味 ❶変更《ヘンコウ》する。変わる。変える。例渝平《ユヘイ》。❷たがえる。そむく。例渝盟《ユメイ》。❸みちあふれる。❹今の重慶《ジュウケイ》市の別の呼び方。

【渝平】《ユヘイ》 これまでの恨《うら》みをすてて仲よくすること。

【渝盟】《ユメイ》 ちかいにそむくこと。

氵9 【湧】 12画 4515 6E67 常用 音 ヨウ漢 ユウ呉 訓 わ-く・わ-かす

筆順 … 湧

氵9 【湧】 12画 ― ―

氵7 [涌] 10画 4516 6D8C 本字

なりたち [形声]「氵(=みず)」と、音「甬《ヨウ》」とから成る。水がわき出る。

意味 つぎつぎと出てくる。わきあがる。わく。例 湧出《ユウシュツ》。湧水《ユウスイ》(=わき水)。

使い分け わく【沸・湧】⇩1182ページ

人名 いずみ・わか・わき

【湧出《ユウシュツ》】(名・する) わきでること。

【湧泉《ユウセン》】①水がわきでて、いずみになったもの。②感情や元気などが、さかんにわきでることのたとえ。

【湧然《ユウゼン》】(形動《タル》) さかんにわきおこるようす。

【湧き水《わきみず》】地上にわきでてくる水。

氵9 【游】 12画 6266 6E38 音 一リュウ漢 二ユウ漢 訓 あそ-ぶ・およ-ぐ

意味 一《リュウ》 旗の風にひるがえる部分。はたあし。旒《リュウ》。二《ユウ》 ❶水上にうかびただよう。およぐ。❷よそに出かける。例 游学《ユウガク》(=遊学)。❸気ままに楽しむ。あそぶ。

氵9 【溂】 12画 6267 6E82 国字 音 ラツ

意味 「潑剌《ハツラツ》」の「剌《ラツ》」の書きかえ字。例 潑溂《ハツラツ》(=潑剌)。

氵9 【湾】 12画 4749 6E7E 常用 音 ワン漢

筆順 … 湾

氵22 【灣】 25画 6352 7063

なりたち [形声]「氵(=みず)」と、音「彎《ワン》」とから成る。いりえ。

意味 ❶海が陸地に弓なりにまがって、はいりこんだところ。いりえ。例 湾流《ワンリュウ》。港湾《コウワン》。ペルシャ湾《ワン》。❷弓なりにまがる。例 湾曲《ワンキョク》。

人名 みずくま

【湾岸《ワンガン》】①入り江《え》の岸一帯。湾沿いの陸地。例 ―道路。②ペルシャ湾(=アラビア湾)の沿岸。

【湾曲《ワンキョク》】(名・する) 弓なりにまがっていること。例 ―している海岸線。重みで―する。表記 旧▼彎曲

【湾口《ワンコウ》】湾の入り口。例 せまい―。

【湾頭《ワントウ》】湾のほとり。湾のそば。

【湾内《ワンナイ》】湾のなか。

【湾入《ワンニュウ》】(名・する) 海岸線などが、陸地側に弓のようにまがってはいりこんでいること。表記 旧▼彎入

【湾流《ワンリュウ》】メキシコ湾流のこと。メキシコ湾からヨーロッパ北西沖《おき》へかけて、大西洋を流れる大きな暖流。

氵9 [湮] 12画 ⇩【湮《イン》】(605ページ)

氵9 【渴】 12画 ⇩【渇《カツ》】(600ページ)

氵9 【港】 12画 ⇩【港《コウ》】(608ページ)

氵9 【滋】 12画 ⇩【滋《ジ》】(608ページ)

氵9 【渚】 12画 ⇩【渚《ショ》】(602ページ)

氵9 [溌] 12画 ⇩【潑《ハツ》】(622ページ)

氵9 【湧】 12画 ⇩【湧《ユウ》】(612ページ)

氵10 【溢】 13画 1678 6EA2 人名 音 イツ漢 訓 あふ-れる・み-ちる

氵10 [溢] 13画 ― ― 俗字

意味 ❶(水が)いっぱいになってこぼれる。あふれる。みちる。例 横溢《オウイツ》。脳溢血《ノウイッケツ》。❷ゆきすぎる。度をこえた。例 溢美《イツビ》(=ほめすぎ)。❸重さの単位。一溢《イツ》は二十両あるいは二十四両。同 鎰《イツ》。

日本語での用法 《あふれる》「溢《あぶ》れ者《もの》・職《ショク》に溢《あぶ》れる」仕事や地位にありつけない。

人名 ます・みつ・みつる

氵10 【滑】 13画 1974 6ED1 常用 音 一カツ漢呉 二コツ漢 訓 すべ-る・なめ-らか・ぬめ-る

筆順 … 滑

なりたち [形声]「氵(=みず)」と、音「骨《コツ→カツ》」とから成る。とどこおることなくなめらか。

意味 一《カツ》 ❶すべすべしている。事がとどこおりなくはこぶ。なめらか。例 円滑《エンカツ》。潤滑《ジュンカツ》。❷すべりおちる。すべる。例 滑降《カッコウ》。滑走《カッソウ》。滑落《カツラク》。二《コツ》 口がうまく、ことばたくみである。みだす。みだれる。例 滑稽《コッケイ》。

難読 常滑《とこなめ》(=地名)・滑《ぬめ》・滑革《ぬめかわ》・滑滑《ぬめぬめ|すべすべ》・滑子《なめこ》

【滑空《カックウ》】(名・する) ①グライダーなどが、動力を使わずに気流を利用して空を飛ぶこと。例 ―機(=グライダー)。②鳥が羽ばたきをせず、羽を広げたまま空を飛ぶこと。

【滑降《カッコウ》】(名・する) すべりおりること。とくに、スキーで斜面《シャメン》をすべりおりることをいう。例 ―競技。

【滑車《カッシャ》】重い物を引き上げたりするときに使う道具。周囲にみぞのある車の、みぞにつなをかけて動かす。例 動―。定―。

【滑走《カッソウ》】(名・する) ①すべること。例 氷上を―する。②飛行機が離着陸《リチャクリク》のときに、地上や水面をすべるように走ること。例 ―路。地上―。

【滑脱《カツダツ》】(名・形動《ダナ》) 状況《ジョウキョウ》に対応して、自由自在に変化すること。例 円転―。

【滑落《カツラク》】(名・する) すべり落ちること。例 ―事故。

【滑稽《コッケイ》】一(名・形動《ダナ》) 口先がうまいこと。おどけていて、おもしろいこと。おかしいこと。例 ―なしぐさ。二(名) くだらないこと。ばからしいこと。例 こんなことでなやむのは―だ。

○●円滑《エンカツ》・潤滑《ジュンカツ》・平滑《ヘイカツ》

氵10 【漢】 13画 2033 6F22 教育3 音 カン漢呉 訓 から・あや

筆順 … 漢

氵11 【漢】 14画 1-8705 FA47 人名

なりたち [形声]「氵(=みず)」と、音「𦰩《キン→カン》」とから成る。漢水《カンスイ》(=川の名)。

意味 ❶川の名。漢水《カンスイ》。長江《チョウコウ》最長の支流。陝西《センセイ》省から湖北省を流れて武漢《ブカン》で長江に注ぐ川。❷あまのがわ。例 河漢《カカン》。銀漢《ギンカン》。天漢《テンカン》。❸王朝の名。㋐劉邦《リュウホウ》(=高祖)が項羽《コウウ》をたおして建てた国。前漢《ゼンカン》。(前二

〇二—後八) ㋑劉秀《リュウシュウ》(=光武帝《コウブテイ》)が王莽《オウモウ》の新《シン》をほろぼして建てた国。後漢《ゴカン》。(二五—二二〇) ❹民族の名。漢民族。例 漢語《カンゴ》。❺おとこ。男子。例 悪漢《アッカン》。巨漢《キョカン》。暴漢《ボウカン》。

日本語での用法《あや・から》中国の別の呼び方。とくに日本から見ての、中国の人や文物を指すことば。「漢織《あやはとり》・漢心《からごころ》」

人名 かみ・くに・なら

【漢音】《カンオン》日本の漢字音の一つ。奈良《なら》時代から平安時代初めに遣唐使《ケントウシ》や渡来《トライ》した中国人によってもたらされ、正式な漢字音として用いられた。長安《チョウアン》地方の発音にもとづく。たとえば、「京・経・敬・軽・境・慶」は「ケイ」と読むなど。→【呉音】《ゴオン》(195ページ)・【唐音】《トウオン》(205ページ)

【漢学】《カンガク》①中国漢代の学問。経書《ケイショ》を実証的に解釈《カイシャク》することをめざした。②〔国学や洋学に対して〕中国の文学や思想などについて研究する学問。例—者。

【漢語】《カンゴ》①中国で用いる言語。中国語。②昔、中国から伝わって日本語に取り入れられたことば。③音読みの漢字を組み合わせた熟語。例—の多い文章。▽対和語。

【漢才】《カンサイ》中国から伝わった学問や技術。また、それを使いこなす能力。例 和魂《ワコン》—(=中国の知識と、日本人固有の精神をあわせもつこと)。

【漢詩】《カンシ》①中国の伝統的な詩。また、日本で作られた漢字だけの詩。からうた。②中国の漢時代の詩。

【漢字】《カンジ》中国語を書きあらわすために作られた文字。表意文字で、原則として一文字一音節で、一字がそれぞれ意味をもつ。日本・朝鮮《チョウセン》・ベトナムなど周辺諸国にも大きな影響《エイキョウ》をあたえた。類 真名《まな》。対 仮名《かな》。

【漢書】《カンショ》［一］中国の書物。漢籍《カンセキ》。［二］《カンジョ》中国の歴史書。後漢《ゴカン》の班固《ハンコ》(三二—九二)の著。前漢時代を記す。一二〇巻。参考 後漢のことを記したものは『後漢書《ゴカンジョ》』。

【漢人】《カンジン》①漢民族の人。また、漢の時代の人。②(日本から見て)中国人のこと。類 唐人《トウジン》。

【漢数字】《カンスウジ》数をあらわす漢字。「一・二・三」など。類 和数字。対 算用数字・アラビア数字。

【漢籍】《カンセキ》〔「籍」は、文書の意〕漢文で書かれた中国の書物。漢書《カンショ》。例—を収集する。

【漢中】《カンチュウ》秦《シン》の郡の名。陝西《センセイ》省南部、漢水上流にある盆地《ボンチ》で、交通の要所であった。

【漢土】《カンド》〔漢の土地の意〕中国本土。また、中国のこと。類 唐土《トウド》。例—の習慣。

【漢文】《カンブン》漢字だけで書かれた文章。中国の古典の詩文や、それにならって作られた日本人の文学作品をいう。

【漢文訓読】《カンブンクンドク》漢文を読解するのに、日本語の語順や文法に従って句読点《クトウテン》や返り点をつけ、日本語の助詞・助動詞や活用語尾《カツヨウゴビ》などを補って読むこと。たとえば、「守株《シュシュ》」を「くいぜヲまもル」と読むなど。

【漢文学】《カンブンガク》①中国の古典文学。また、それにならって作られた日本人の文学作品。②中国の古典文学や思想を研究する学問。例—を専攻《センコウ》する。③中国、漢代の文学。

【漢方】《カンポウ》〔「方」は、薬の調合の意〕中国固有の医術。また、それが日本に伝わり発達したもの。例—医。

【漢方薬】《カンポウヤク》漢方で治療《チリョウ》に用いる薬。植物の根や木の皮、動物のからだの一部などを材料とする。

【漢民族】《カンミンゾク》現在の中国の主要な民族。四千年以上前から中国本土に住み、最古の文明の一つを築いた。漢族。

【漢名】《カンメイ》(動植物などの)中国での名前。対 和名。

【漢訳】《カンヤク》(名・する)他国語を漢文に訳すこと。

【漢和】《カンワ》①中国と日本。類 和漢。②漢語と日本語。漢語と和語。また、漢字と日本語。例—辞典(=漢字や漢語の読み方や意味を日本語で解説した辞典)。

●好漢《コウカン》・痴漢《チカン》・無頼漢《ブライカン》・門外漢《モンガイカン》・和漢《ワカン》

氵10

【源】

13画 2427 6E90 教育6

音 ゲン 漢 呉 訓 みなもと

筆順
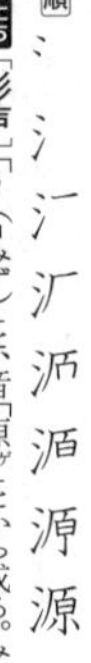

なりたち ［形声］「氵(=みず)」と、音「原《ゲン》」とから成る。みなもと。参考「原(=みなもと)」の別体字。「原」が「はら」の意に使われるようになり、新たに「源」ができた。

意味 水の流れ出るところ。ものごとのはじまるもと。みなもと。例 源流《ゲンリュウ》。起源《キゲン》。語源《ゴゲン》。

日本語での用法《ゲン・みなもと》古代から日本の代表的名家の姓《セイ》であった、源《みなもと》・平《たいら》・藤原《ふじわら》・橘《たちばな》の一つ。「源三位頼政《ゲンザンミよりまさ》・源氏《ゲンジ》・源平《ゲンペイ》・源義家《みなもとのよしいえ》」

人名 あつし・はじめ・もと・もとい・よし

【源氏】《ゲンジ》氏族の一つ。「源《みなもと》」の姓《セイ》をもった一族。例—と平家《ヘイケ》の合戦《カッセン》。

【源氏名】《ゲンジな》〔『源氏物語』の巻名にちなんでつけた呼び名〕昔、女官《ニョカン》や遊女などが用いた別名。現在では、多く水商売の女性が、店で仮名《カメイ》として用いるものをいう。

【源氏物語】《ゲンジものがたり》十一世紀はじめに成立した、五十四帖《ジョウ》からなる長編物語。紫式部《むらさきシキブ》の作。日本の代表的古典の一つとして、後世に大きな影響《エイキョウ》をおよぼした。

【源泉】《ゲンセン》①水がわき出るみなもと。例 温泉の—。②ものごとが起こってくる、おおもと。根本。類 起源・根源。例 文化の—。表記▽「原泉」とも書く。

【源泉課税】《ゲンセンカゼイ》給料や著作の印税などが、本人にしはらわれる前に税金を差し引くこと。類 源泉徴収《チョウシュウ》。

【源平】《ゲンペイ》①源氏と平氏。例—の合戦《カッセン》。②〔源氏の旗が白、平氏の旗は赤であることから〕白と赤。また、敵と味方。類 紅白。例—糸《いと》。—対抗《タイコウ》。—に分かれる。

【源流】《ゲンリュウ》①川などが流れ出るみなもと。類 水源。例—までさかのぼる。②ものごとの初め。始まり。類 起源。例 日本民族の—をさぐる。

●音源《オンゲン》・根源《コンゲン》・資源《シゲン》・字源《ジゲン》・水源《スイゲン》・電源《デンゲン》

氵10

【溝】

13画 2534 6E9D 常用

音 コウ 漢 呉 訓 みぞ・どぶ

筆順

なりたち 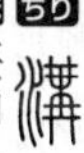 ［形声］「氵(=みず)」と、音「冓《コウ》」とから成る。田の周囲をめぐる水路。

意味 水を引くための水路。都市や城のまわりをほって水を入れたほり。ほりわり。みぞ。例 側溝《ソッコウ》。排水溝《ハイスイコウ》。

難読 御溝水《みかわみず》

【溝▼渠】《コウキョ》〔「渠」も、みぞの意〕水を流すみぞ。ほり。下水。どぶ。例—を整備する。

●海溝《カイコウ》・側溝《ソッコウ》・地溝《チコウ》

氵10

【滉】

13画 6270 6EC9 人名

音 コウ 漢 訓 ひろ-い

なりたち ［形声］「氵(=みず)」と、音「晃《コウ》」とから成る。水が深く広いようす。

意味 水のひろく深いようす。広い。
人名 あき・あきら・ひろ・ひろし

氵10 【溘】 13画 6269 6E98 音 コウ漢 訓 たちま-ち・にわ-か
意味 とつぜんに。にわかに。たちまち。例 溘死《コウシ》(=急死する)。溘然《コウゼン》(=にわかに)。
【溘▼焉】《コウエン》 にわかに。急に。例 ―として逝《ゆ》く。

氵10 【溷】 13画 6271 6EB7 音 コン漢 訓 けが-れる・けが-す・にご-る
意味 ❶みだれる。にごる。けがれる。けがす。例 溷濁《コンダク》(=にごっている)。❷かわや。便所。例 溷廁《コンシ》(=便所)。

氵10 【滓】 13画 6272 6ED3 音 サイ慣 シ漢 訓 おり・かす
意味 水底にしずんだもの。おり。液体をこしたあとに残るかす。例 鉱滓《コウサイ》。残滓《ザンシ》。

氵10 【溲】 13画 6276 6EB2 音 シ慣 シュウ漢 シュ呉 訓 いばり・ゆばり
意味 小便(をする)。いばり。ゆばり。例 溲瓶《シビン》。
難読 溲《しと》
【溲瓶】《シビン・シュビン》 病人などが寝《ね》たままで小便をするための容器。

氵10 【準】 13画 2964 6E96 教育5 音 シュン漢 ジュン呉 訓 なぞら-える
筆順 氵 氵亻 汁 淮 淮 準
氵10 [凖] 12画 5037 51D6 俗字
なりたち  [形声]「氵(=みず)」と、音「隼《シュン》」とから成る。水平。
意味 ❶水平の度合いをはかる器具。ものごとをはかるめやす。のり。例 基準《キジュン》。水準《スイジュン》。標準《ヒョウジュン》。❷めやすとしてならう。のっとる。例 準拠《ジュンキョ》。準用《ジュンヨウ》。❸本式・正式なものに次ぐ。例 準急《ジュンキュウ》。準決勝《ジュンケッショウ》。
難読 垂準《さげすみ》・準縄《みずばかり》
人名 たいら・とし・ならう・のり・はや・はやと・ひと・ひとし

【準急】《ジュンキュウ》「準急行列車」の略。急行より停車駅が多い列車。
【準拠】《ジュンキョ》(名・する) 基準になるものの内容や決まりに従うこと。また、その基準。例 教科書に―した問題集。
【準決勝】《ジュンケッショウ》 競技会などで、決勝戦に出場する資格を決めるためにおこなわれる試合。例 ―進出を果たす。
【準縄】《ジュンジョウ》〔「縄」は、直線を引くのに用いる道具の意〕基準。規則。守らねばならないおきて。例 規矩《キク》―(=てほん)。
【準則】《ジュンソク》 従うべき規則。また、規則に従うこと。
【準備】《ジュンビ》(名・する) 前もって必要なものをそろえたり、手はずをととのえたりすること。また、その用意。例 ―期間。
【準用】《ジュンヨウ》(名・する) あることがらに通用される規則などを、似たことがらにも応用すること。例 同じ規約を―する。
●基準《キジュン》・規準《キジュン》・照準《ショウジュン》・水準《スイジュン》・標準《ヒョウジュン》・平準《ヘイジュン》

氵10 【溽】 13画 6273 6EBD 音 ジョク漢 訓 むしあつ-い
意味 湿度《シツド》が高く暑い。むしあつい。例 溽暑《ジョクショ》(=むしあつい)。

氵10 【滄】 13画 6275 6EC4 音 ソウ漢呉
意味 ❶(水が)あおみどり色の。青々とした。あおい。同 蒼《ソウ》。例 滄海《ソウカイ》。滄浪《ソウロウ》。❷さむい。つめたい。例 滄滄《ソウソウ》(=さむいようす)。
【滄海】《ソウカイ》 青々とした大海。例 ―変じて桑田《ソウデン》となる(=世の中の変化のはげしいことのたとえ)。表記「▼蒼海」とも書く。
【滄海の一▼粟】《ソウカイのイチゾク》〔大海の中のひとつぶの粟《あわ》の意〕広大なものの中の、きわめて小さいもののたとえ。〈蘇軾《ソショク》・赤壁賦《セキヘキのフ》〉
【滄桑の変】《ソウソウのヘン》〔滄海が桑田《ソウデン》に変わる意から〕世の中の変化の激しいこと。滄海桑田。
【滄浪】《ソウロウ》 ①青々とした波。青々とした水の色。②湖北省を流れる漢水の支流という。

氵10 【滞】 13画 3458 6EDE 常用 音 テイ漢 タイ呉 訓 とどこお-る
筆順 氵 氵一 汁 泄 泄 滞 滞
氵11 【滯】 14画 6292 6EEF 人名
なりたち  [形声]「氵(=みず)」と、音「帶《タイ→テイ》」とから成る。こり固まる。
意味 ❶ものごとがつかえて、すすまない。とどこおる。例 滞納《タイノウ》。渋滞《ジュウタイ》。沈滞《チンタイ》。❷一か所にとどまる。例 滞空《タイクウ》。滞在《タイザイ》。
【滞貨】《タイカ》 ①売れ残っている商品。例 ―処理。②輸送がとどこおっている貨物。表記 ▽「滞荷」とも書く。
【滞空】《タイクウ》(名・する) 飛行機などが、空中を飛び続けていること。例 ―時間。
【滞在】《タイザイ》(名・する) よそに行って、しばらくそこにとどまること。滞留。類 逗留《トウリュウ》。例 知人の家に―する。
【滞積】《タイセキ》(名・する)(貨物や郵便物、また、解決すべき問題が)とどこおり、たまってしまうこと。
【滞日】《タイニチ》(名・する) 外国人が日本に来て、しばらくとどまること。例 大統領は三日間―する予定。
【滞納】《タイノウ》(名・する) 決められた日時を過ぎても、おさめていないこと。例 家賃を―する。税金を―する。
【滞留】《タイリュウ》(名・する) ①つかえて進まないこと。停滞。例 書類の―。山あいに―する霧《きり》。②旅先でしばらくとどまっていること。滞在。類 逗留《トウリュウ》。
●延滞《エンタイ》・渋滞《ジュウタイ》・遅滞《チタイ》・沈滞《チンタイ》・停滞《テイタイ》

氵10 【滝】 13画 3476 6EDD 常用 音 ロウ漢 訓 たき
筆順 氵 氵亠 泣 浐 浐 滝
氵16 【瀧】 19画 3477 7027 人名
なりたち  [形声]「氵(=みず)」と、音「龍《リョウ→ロウ》」とから成る。雨の降るようす。
意味 ❶「滝滝《ロウロウ》」は、水の流れる音。❷急流。早瀬《はやせ》。
日本語での用法 《たき》 高いがけや急な斜面《シャメン》を、はげしく流れおちる水流。「滝壺《たきつぼ》・華厳《ケゴン》の滝《たき》」
人名 たけし・よし
●男滝《おだき》・雄滝《おだき》・女滝《めだき》・雌滝《めだき》

氵10

【溺】 13画 3714 6EBA 常用 音 デキ漢 訓 おぼ-れる

筆順 

［溺］ 13画 俗字

たちなり  [形声]「氵（＝みず）」と、音「弱《ジャク》→デキ」とから成る。川の名。

意味 ❶（泳げずに）水中にしずむ。おぼれる。例 溺死《デキシ》。❷度をこえてのめりこむ。ふける。おぼれる。例 溺愛《デキアイ》。耽溺《タンデキ》。

【溺愛《デキアイ》】（名・する）子供などをむやみにかわいがること。

【溺死《デキシ》】（名・する）水におぼれて死ぬこと。水死。

【溺惑《デキワク》】（名・する）あるものごとに心をうばわれて、前後のみさかいをなくしてしまうこと。類 惑溺。

氵10

【滔】 13画 6277 6ED4 音 トウ漢 訓 はびこ-る

意味 水が満ちあふれて広がる。はびこる。例 滔天《トウテン》。滔滔《トウトウ》。

【滔天《トウテン》】①水が天にとどくほど、みなぎりあふれること。②勢いがさかんなこと。例 ―の勢い。

【滔滔《トウトウ》】（形動《トタル》）①水がみなぎってさかんに流れていくようす。類 洋洋。例 平野に出て―たる大河となる。②世の中の風潮などが、ある方向に勢いよく進んでいくようす。例 世の人みな―として流行を追う。③勢いよく、すらすらと話すようす。例 ―と意見を述べる。④広々としているようす。

氵10

【溏】 13画 6279 6E8F 音 トウ漢 訓 いけ・ぬま

意味 ❶池。同 塘《トウ》。❷どろみず。

氺10

【滕】 15画 *6278 *6ED5 音 トウ漢 訓 わ-く・あが-る

意味 ❶水がわきあがる。わく。❷春秋戦国時代、山東省滕州《トウシュウ》市にあった国。

氵10

【漠】 13画 3989 6F20 常用 音 バク漢 マク呉 訓 ひろ-い

筆順 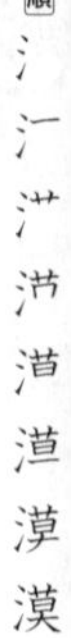

たちなり  [形声]「氵（＝みず）」と、音「莫《バク》」とから成る。中国の北方に広がるさばく。

意味 ❶広いすなはら。例 砂漠《サバク》。❷果てしなく広い。例 漠漠《バクバク》。茫漠《ボウバク》。❸とりとめなく、ぼんやりしている。例 漠然《バクゼン》。空漠《クウバク》。❹さびしい。ひっそりしている。例 寂漠《セキバク》。

人名 きよし・とお・ひろ・ひろし

【漠然《バクゼン》】（形動《トタル》）ぼんやりとしていて、内容・目的などがはっきりしないようす。例 ―とした計画。

【漠漠《バクバク》】（形動《トタル》）①広々として、はてしないようす。例 ―たる荒野《コウヤ》。②ぼんやりとして、はっきりしないようす。うす暗いようす。例 空空―。

○●空漠《クウバク》・広漠《コウバク》・索漠《サクバク》・寂漠《セキバク》

氵10

【溥】 13画 6280 6EA5 音 ホ漢 フ呉 訓 あまね-し・おお-い・ひろ-い

意味 ❶広く大きい。広い。❷広くゆきわたる。あまねし。例 溥洽《フコウ》。

【溥▼洽《フコウ》】恩徳などが広くゆきわたること。

【溥天率土《フテンソツト》】広くゆきわたる天と、はてしない陸。天下。全世界。〈詩経《シキョウ》〉

氵10

【滂】 13画 6281 6EC2 音 ボウ慣 ホウ漢

意味 水がさかんに流れるようす。例 滂沱《ボウダ》。滂沛《ホウハイ》。滂湃《ホウハイ》。

【滂▼沱《ボウダ》】（形動《トタル》）①雨がはげしく降るようす。例 猛雨《モウウ》の―たるを聞くのみ。②涙《なみだ》がとめどなくあふれるようす。例 君をおもうて涙―たり。

【滂▼沛《ホウハイ》】（形動《トタル》）①雨がはげしく降るようす。②意気さかんなようす。③恩恵《オンケイ》などが、あまねくいきわたるようす。

【滂▼湃《ホウハイ》】（形動《トタル》）①水の勢いがさかんなようす。例 ―として怒濤《ドトウ》がさかまく。②（大波のように）ものごとが広い範囲《ハンイ》でわき起こるようす。類 澎湃《ホウハイ》。例 新気運が―として起こる。

氵10

【溟】 13画 6282 6E9F 音 メイ漢 訓 くら-い・うみ

意味 ❶（小雨《こさめ》が降って）うすぐらい。くらい。例 溟溟《メイメイ》（＝うすぐらいようす）。❷水の色が黒ずんだ大海。うみ。例 溟海《メイカイ》。

【溟海《メイカイ》】〔水の色が黒っぽく見えることから〕大きな海。おおうなばら。

氵10

【滅】 13画 4439 6EC5 常用 音 ベツ漢 メツ呉 訓 ほろ-びる・ほろ-ぼす

筆順 

たちなり  [形声]「氵（＝みず）」と、音「威《ケツ》→ベツ（＝消えてなくなる）」とから成る。つきる。

意味 ❶つきてなくなる。ほろびる。ほろぼす。例 滅亡《メツボウ》。消滅《ショウメツ》。大義《タイギ》親《シン》を滅《メッ》す（＝正義のためには肉親をもすてる）。〈春秋左氏伝《シュンジュウサシデン》〉❷あかりをけす。火がきえる。例 点滅《テンメツ》。明滅《メイメツ》。❸（仏や高僧《コウソウ》が）死ぬ。さとりの境地にはいる。例 寂滅《ジャクメツ》。入滅《ニュウメツ》。

難読 滅入《めい》る・滅金《メッキ》

【滅却《メッキャク》】（名・する）①ほろびてなくなること。また、ほろぼすこと。②消し去ること。なくしてしまうこと。例 心頭を―すれば（＝心の中の雑念をなくしてしまえば）火もまた涼《すず》し。

【滅菌《メッキン》】（名・する）熱や薬品を用いて細菌を殺すこと。類 殺菌。例 ―ガーゼ。

【滅後《メツゴ》】①ほろびてしまったあと。②〔仏〕釈迦《シャカ》の死後。例 ―二千年。―の弟子《デシ》。

【滅罪《メツザイ》】仏教やキリスト教などで、念仏やざんげにより、また、善行を積むことにより、自分の罪を消すこと。

【滅私《メッシ》】〔自分をなくす、の意〕個人的な利益や損得をかえりみないこと。例 ―奉公《ホウコウ》。

【滅失《メッシツ》】（名・する）①ほろびてなくなること。例 ―のおそれのある文化財。②物品などが、価値がなくなるほどに、そこなわれること。例 ―した手形。

【滅相《メッソウ》】㊀（名）〔仏〕命がつきて、ほろびていくこと。また、その姿。㊁（形動《ダナ》）めちゃくちゃなようす。類 滅法。例 ―な、それは言いがかりです。㊂〔「滅相もない」の形で〕とんでもない。例 それは―もない、おことわりします。

【滅多《めった》】㊀（形動《ダナ》）いいかげんなようす。例 ―やたら。―なことをするなよ。㊁（副）〔「滅多に」の形で。あとに打ち消しのことばをともなって〕ほとんど…ない。例 父と話す機会は―

にない。

【滅亡】《メツボウ》（名・する）ほろびてなくなること。また、ほろぼすこと。例インカ帝国《テイコク》の―。

【滅法】《メッポウ》意）[一]（形動《ダナ》）とんでもないようす。類滅多。例―なことを言う。二]（副）たいへん。はなはだしく。例―寒い。

【滅裂】《メツレツ》（名・形動《ダナ》）ばらばらで、形が整わないこと。例支離《シリ》―な（＝まとまりがなく意味が通じない）文章。

●隠滅《インメツ》・幻滅《ゲンメツ》・死滅《シメツ》・自滅《ジメツ》・絶滅《ゼツメツ》・全滅《ゼンメツ》・入滅《ニュウメツ》・破滅《ハメツ》・不滅《フメツ》・磨滅《マメツ》

氵10 【溶】 13画 4547 6EB6 常用 音ヨウ漢 訓と-ける・と-かす・と-く

筆順 氵 氵 氵 氵 氵 氵 溶

なりたち ［形声］「氵（＝みず）」と、音「容《ヨウ》」とから成る。水がさかんに流れるようす。

意味 ❶水の流れがさかんなようす。例溶溶《ヨウヨウ》。❷物質が液体の中にとけこむ。とける。とかす。例溶液《ヨウエキ》。溶解《ヨウカイ》。溶媒《ヨウバイ》。❸固体の物質が（熱などで）液状になる。とける。例溶解《ヨウカイ》。溶岩《ヨウガン》。溶鉱炉《ヨウコウロ》。

日本語での用法《とける》一体となる。「地域《チイキ》に溶《と》けこむ」

使い分け とかす・とく・とける【解・溶】⇩1173ページ

【溶暗】《ヨウアン》映画やテレビなどで、画面がだんだん暗くなって映像が消えていくこと。フェードアウト。対溶明。

【溶液】《ヨウエキ》他の物質がとけこんで、むらなくまじりあっている液体。

【溶解】《ヨウカイ》（名・する）①とけること。また、とかすこと。②〔化〕物質が他の液体や固体にとけこんで、均一にまじりあうこと。③金属などが熱によってとけ、液体のようになること。例―度。表記③は、旧▼鎔解

【溶岩】《ヨウガン》地下のマグマが、火山の噴火《フンカ》などで、どろどろの状態のまま地表に流れ出したもの。また、それが冷えて固まってできた岩石。例―流。表記旧▼熔岩

【溶鉱炉】《ヨウコウロ》鉱石を熱してとかし、鉄・銅・鉛《なまり》などの金属を分離《ブンリ》させる装置。類高炉。例製鉄用の―。表記旧▼鎔鉱炉

【溶剤】《ヨウザイ》〔化〕物質をとかすために用いる液体。アルコール・ベンジン・エーテルなど。

【溶質】《ヨウシツ》〔化〕溶液の中にとけこんでいる物質。たとえば、食塩水の中の食塩。対溶媒《ヨウバイ》。

【溶接】《ヨウセツ》（名・する）金属やガラスなどの一部分を熱し、半分とけた状態にして、他のものとつなぎあわせること。例―作業。鉄骨を―する。表記旧▼熔接

【溶媒】《ヨウバイ》〔化〕溶液で、物質をとけこませている液体。たとえば、食塩水の中の水。対溶質。

【溶明】《ヨウメイ》映画やテレビなどで、画面がだんだん明るくなって映像がうつりはじめること。フェードイン。対溶暗。

【溶融】《ヨウユウ》（名・する）〔化〕金属などの固体を、熱を加えてとかすこと。また、とけて液状になること。類融解。表記旧▼熔融

【溶溶】《ヨウヨウ》①水が多く、さかんに流れるようす。②心が広くて、ゆったりしているようす。

氵10 【溜】 13画 4615 6E9C 人名 音リュウ漢ル呉 訓た-める・た-まる・たま-り・ため

氵12 【澑】 15画 6317 6F91 本字

意味 ❶川の流れ。水流。❷しずくがたれる。したたる。しずく。例溜滴《リュウテキ》（＝しずく。また、雨《あま》だれ）。

日本語での用法 [一]《ため・たまる・ためる》水が流れず、そのままの状態でじっとしている。動かない。とどこおる。「溜《た》め池《いけ》・水《みず》を溜《た》める・仕事《しごと》が溜《た》まる」[二]《リュウ》物質を加熱し、蒸気を冷やして純粋《ジュンスイ》な成分をとり出す。「乾溜《カンリュウ》・蒸溜《ジョウリュウ》」

【溜飲】《リュウイン》食べ物がうまく消化されずに胃の中にたまり、すっぱい液が口まで上がってくる症状《ショウジョウ》。例―が下がる（＝心の中にたまっていた不愉快《フユカイ》な気持ちが晴れてすっきりする）。

氵10 ［溢］13画 ⇩【溢】《イツ》（612ページ）

氵10 【溫】13画 ⇩【温】《オン》（606ページ）

氵10 【溪】13画 ⇩【渓】《ケイ》（600ページ）

氵10 【溝】13画 ⇩【溝】《コウ》（613ページ）

氵10 ［溯］13画 ⇩【遡】《ソ》（982ページ）

氵10 ［溺］13画 ⇩【溺】《デキ》（615ページ）

水11 【潁】 15画 6283 6F41 音エイ漢

意味 「潁水《エイスイ》」は、川の名。今の河南《カナン》省に源を発し、東南に流れて淮水《ワイスイ》に注ぐ。潁河《エイガ》。

難読 潁原《えばら》（＝姓《セイ》）

【潁水《エイスイ》に耳《みみ》を洗《あら》う】⇩【洗耳】《センジ》（593ページ）

氵11 【演】 14画 1773 6F14 教育5 音エン漢呉 訓の-べる

筆順 氵 氵 氵 氵 氵 氵 演

なりたち ［形声］「氵（＝みず）」と、音「寅《イン→エン》」とから成る。長く遠く流れる。派生して「ひきのばす」の意。

意味 ❶（ことばの意味を）おし広げる。引きのばして説明する。のべる。例演繹《エンエキ》。演義《エンギ》。演説《エンゼツ》。❷（音楽や劇などの芸を）人まえでおこなう。例演技《エンギ》。演奏《エンソウ》。❸実際にやってみる。けいこする。例演習《エンシュウ》。演武《エンブ》。

人名 のぶ・のぶる・ひろ・ひろし・ひろむ

【演▼繹】《エンエキ》（名・する）①意義をおし広げて述べること。②〔哲〕いっぱん的な原理から、特殊《トクシュ》な場合について、論理的におしはかること。対帰納。

【演歌】《エンカ》①明治から昭和初期にかけて、自由民権の思想を演説のかわりに歌にたくして、街頭などで歌ったもの。例―師。②歌謡曲《カヨウキョク》の一種。おもに恋《こい》などの人情を、日本的な音階で歌う。

【演技】《エンギ》（名・する）①劇や曲芸、スポーツなどを、観客の前でおこなうこと。また、そのわざ。例―力。②特別な目的のために、見せかけの態度をとること。例それらしく―をする。

【演義】《エンギ》①ことがらや、その意義をくわしく述べること。類敷衍《フエン》。②中国の小説の形式の一つ。歴史上の事実などをもとにして、大衆向けにわかりやすく書いた物語。例『三国志通俗《ツウゾク》―』

【演芸】《エンゲイ》落語・講談・浪曲《ロウキョク》・ものまね・漫才《マンザイ》などの、大衆向けの芸能を演じること。また、その芸ごと。例―会。

【演劇】《エンゲキ》俳優が登場人物に扮《フン》し、舞台《ブタイ》でせりふや身振《みぶ》りによって、ある筋書きを観客に演じて見せる芸術。

【演算】《エンザン》（名・する）計算をすること。とくに、あたえられたいくつかの数から、数式に従って計算して、求める値《あたい》を得ること。類計算・運算。

【演者】《エンジャ》〔「エンシャ」とも〕①舞台《ブタイ》やテレビなどで、演劇

や芸能を演じる人。出演者。②聴衆《チョウシュウ》の前で、自分の考えを述べる人。講演者。

【演習《エンシュウ》】(名・する)①実際におこなうように練習すること。例予行—。②軍隊などが、実戦をまねて訓練をすること。例—場。③大学で、教官の指導のもとに、学生が小さなグループで発表や討論をおこなう形式の授業。ゼミナール。

【演出《エンシュツ》】(名・する)①演劇やテレビなどで、出演者に演技の指導をし、照明や音楽などを効果的に利用して、シナリオから実際の劇を作り上げていくこと。また、その作業。例新しい—のオペラ。②ものごとが自分の意図に従って動くように手はずをととのえること。例閉会式を—する。

【演説《エンゼツ》】(名・する)ものごとの意義、あるいは自分の考えや主張などをくわしく述べること。例立会《たちあい》—会。

【演奏《エンソウ》】(名・する)器楽を奏すること。例—会。

【演台《エンダイ》】講演や発表をするとき、話し手の前に置く台。例講演者が—の前に立つ。

【演題《エンダイ》】講演や演説などの題名。例—をかかげる。

【演壇《エンダン》】講演や演説をする人が立つ壇。例—に登る。

【演武《エンブ》】武芸などをけいこすること。また、それを人に見せること。例文化祭で弓道《キュウドウ》の—をする。

【演舞《エンブ》】おどりや舞《まい》を演じること。また、それを観客に見せること。例—場。

●開演《カイエン》・客演《キャクエン》・共演《キョウエン》・公演《コウエン》・講演《コウエン》・実演《ジツエン》・主演《シュエン》・出演《シュツエン》・上演《ジョウエン》・独演《ドクエン》・熱演《ネツエン》

氵11 **【漑】** 14画 音ガイ(慣) カイ(漢)(呉) 訓そそ-ぐ

氵12 **[漑]** 15画 6284 6F11 別体字

意味 水をそそぐ。田に水を引く。例灌漑《カンガイ》。

氵11 **【漁】** 14画 2189 6F01 教育4 音リョウ(慣) ギョ(漢) 訓すなど-る・いさ-る・あさ-る

筆順

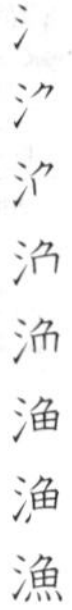

なりたち

[会意]「魚(=さかな)」と「氵(=みず)」とから成る。魚をつかまえる。

意味 ❶魚や貝をとる。すなどる。いさる。例漁業《ギョギョウ》。漁師《リョウシ》。大漁《タイリョウ》。❷むさぼり求める。あさる。例漁色《ギョショク》。漁利《ギョリ》(=利益を追い求める)。

参考 慣用音「リョウ」は、「猟《リョウ》」の字音を転用したもの。語によって用いることがある。

難読 漁火《いさりび》・漁船《いさりぶね》

人名 すな

【漁火《ギョカ》】夜に漁をするとき、海面を照らし、魚を寄せるためにかかげる明かり。いさりび。

【漁家《ギョカ》】漁師の家。

【漁獲《ギョカク》】(名・する)魚や貝や海藻《カイソウ》などの水産物をとること。また、とったもの。例—高。—量。

【漁期《ギョキ|リョウキ》】①ある水産物が最も多くとれる時期。旬《シュン》。②漁をするのが許されている期間。例サケの—。

【漁協《ギョキョウ》】「漁業協同組合」の略。

【漁況《ギョキョウ》】漁のよしあし。魚のとれぐあい。例活発な—。

【漁業《ギョギョウ》】魚や貝や海藻《カイソウ》などの水産物をとること。また、それらの職業や産業。(類)水産業。例—権。養殖《ヨウショク》—。

【漁区《ギョク》】漁業をおこなうために、とくに決められている区域。例—を設定する。

【漁具《ギョグ》】漁をするときに用いる道具。例使用禁止の—。

【漁港《ギョコウ》】漁業活動の中心となる港。漁船の停泊《テイハク》、物資の積み降ろし、水産物の加工や輸送のための施設《シセツ》などがある。

【漁礁《ギョショウ》】〔「礁」は、水中の岩の意〕海中に、岩や堆積物《タイセキブツ》、しずんだ船や人工のブロックなどがあって、魚が多く集まる場所。例人工—。表記「魚礁」とも書く。

【漁場《ギョジョウ|ギョば》】魚介《ギョカイ》類が豊かで、漁に適した場所。

【漁色《ギョショク》】つぎつぎと女性を追い求め、恋愛《レンアイ》や情事にふけること。例—家《カ》。—にふける。

【漁船《ギョセン》】漁業に用いる船。漁舟《ギョシュウ》。〔漁をするだけの小型の舟《ふね》から、とった魚の加工や保存の設備をもつ大型船まで、いろいろな種類がある〕例—団。マグロ—。

【漁村《ギョソン》】漁業をおもな産業とする村。

【漁灯《ギョトウ》】漁業に用いる灯火。漁火。

【漁父《ギョフ|ギョホ》】漁師。また、老漁夫。

【漁父の利《ギョフのリ|ギョホのリ》】当事者同士が争っているうちに、第三者が、なんの苦労もなく利益を得ること。鷸蚌《イツボウ》の争い。例—を占《し》める。

故事のはなし ドブ貝が貝がらをひらいてひなたぼっこをしていると、シギがやってきてその肉を食べようとつついた。ドブ貝は貝がらをとじてシギのくちばしをはさんだ。するとシギが言った、「今日も明日も雨がふらないとお前は死んでしまうぞ」。ドブ貝も負けずに言った、「今日も明日もくちばしがぬけないとお前は死んでしまうぞ」。どちらもゆずらずがんばっていると、漁師が見つけて両方ともつかまえてしまった。〈戦国策《センゴクサク》〉

【漁法《ギョホウ》】魚など水産物をとる方法。例地引き網《あみ》—。

【漁民《ギョミン》】漁業を仕事としている人々。漁師。

【漁網《ギョモウ》】魚などをとらえる網《あみ》。表記「魚網」とも書く。

【漁猟《ギョリョウ》】〔「猟」は、狩《か》り〕魚や鳥、けものなどをとること。

【漁労《ギョロウ》】魚や貝類などの水産物をとること。(類)漁業。例狩猟《シュリョウ》と—の生活。表記(旧)漁▼撈

【漁師《リョウシ》】魚や貝などをとって生活の手段としている人。例—町《まち》。

●休漁《キュウリョウ》・禁漁《キンリョウ》・出漁《シュツリョウ》・大漁《タイリョウ》・不漁《フリョウ》・豊漁《ホウリョウ》・密漁《ミツリョウ》

氵11 **【滬】** 14画 *6286 *6EEC 音コ(漢)

意味 ❶魚をとるしかけ。魞《えり》。すだて。❷上海《シャンハイ》市の別の呼び方。例滬語《コゴ》(=上海語)。

氵11 **【滸】** 14画 6287 6EF8 音コ(漢) 訓きし・ほとり・みぎわ

意味 水べ。ほとり。きし。例水滸《スイコ》。

日本語での用法 《こ》和語「おこ(=おろか。ばかげている。歴史的かなづかいは『をこ』)」の「こ」にあてた字。「烏滸《おこ》がましい・烏滸《おこ》の沙汰《サタ》」

氵11 **【滾】** 14画 6288 6EFE 音コン(漢) 訓たぎ-る

意味 ❶水がさかんに流れるようす。例滾滾《コンコン》。❷湯がに

えたぎる。たぎる。例 滾水《コンスイ》（＝にえたぎる湯）。

【滾滾】《コンコン》（形動《トタル》）水がさかんにわき出し流れるようす。例 —とわき出る泉。

氵 11
【漆】
14画 2831 6F06 常用 音 シツ漢 訓 うるし

筆順 氵 汁 汁 沐 沐 漆 漆 漆

木 7 【桼】 11画 2-1473 687C 本字　木 5 【柒】 9画 2-1448 67D2 俗字

なりたち  ［象形］樹液のしたたる木の形。

意味 ❶ウルシの木。秋、美しく紅葉する落葉高木。また、その樹液からとった塗料《トリョウ》。うるし。例 漆器《シッキ》。乾漆《カンシツ》。❷うるしのように黒い。例 漆黒《シッコク》。❸「七」の大字《ダイジ》。商売や契約《ケイヤク》の文書で、数字を書きかえられないように使う。〔「柒」を用いることが多い〕

難読 仮漆《ニス》

【漆器】《シッキ》 うるしをぬったうつわや道具。類 ぬり物。

【漆▼喰】《シックイ》 〔「石灰」の唐音《トウオン》に漢字をあてたものという〕建物のかべなどに用いる材料。石灰《セッカイ》・ふのり・麻糸《あさいと》・粘土《ネンド》などをまぜ、水で練って作る。例 —壁《かべ》。—ぬりの天井《テンジョウ》。

【漆黒】《シッコク》（名・形動《ダナ》）うるしをぬったように真っ黒なこと。例 —の闇《やみ》。

水 11
【漿】
15画 6289 6F3F 音 ショウ漢 ソウ呉

意味 ❶酸味のある酒の一種。❷どろりとした液状のもの。

難読 鉄漿《かね／おはぐろ》・酸漿《ほおずき》・漿《こん》ず（＝米をにたしる）

氵 11
【滲】
14画 6290 6EF2 音 シン漢呉 訓 し-みる・にじ-む

意味 水が少しずつしみこむ。しみ出る。しみる。にじむ。例 滲出《シンシュツ》。滲透《シントウ》。

【滲出】《シンシュツ》（名・する）にじみ出ること。しみ出ること。例 —液。

【滲透】《シントウ》（名・する）しみとおること。例 —力。表記 現 浸透

氵 11
【漸】
14画 3318 6F38 常用 音 セン漢 ゼン呉 訓 ようや-く

筆順 氵 沪 沪 洹 淖 漸 漸

なりたち  ［形声］本字は「𨗉」で、「走（＝はしる）」と、音「斬《サン》→《セン》」とから成る。すすむ。

意味 ❶じわじわとすすむ。例 西漸《セイゼン》。東漸《トウゼン》。❷しだいに。だんだんと。ようやく。例 漸次《ゼンジ》。漸進《ゼンシン》。

人名 すすむ・つぐ

【漸減】《ゼンゲン》（名・する）少しずつへっていくこと。また、へらしていくこと。対 漸増。例 人口が—する。

【漸次】《ゼンジ》（副）だんだんと。少しずつ。例 病勢は—快方に向かっている。

【漸進】《ゼンシン》（名・する）少しずつ着実に進んでいくこと。対 急進。例 —主義。理想の社会に向けて—する。

【漸漸】《ゼンゼン》（副）だんだんと。しだいに。類 漸次。例 —と移動する。

【漸増】《ゼンゾウ》（名・する）少しずつふえていくこと。また、ふやしていくこと。対 漸減。例 交通事故は—している。

氵 11
【漱】
14画 6291 6F31 人名 音 ソウ漢呉 訓 くちすす-ぐ・すす-ぐ・ゆす-ぐ・うがい

なりたち  ［形声］「氵（＝みず）」と、音「欶《サク》→《ソウ》（＝すう）」とから成る。水をすい、口をあらう。

意味 ❶口をゆすぐ。うがいする。くちすすぐ。同 嗽《ソウ》。例 漱石枕流《ソウセキチンリュウ》。含漱《ガンソウ》。❷水の中でゆすって、よごれを落とす。すすぐ。

【漱石▽枕流】《ソウセキチンリュウ》 こじつけを言うこと。負けおしみの強いことのたとえ。〈晋書《シンジョ》〉→【石《いし》に漱《くちすす》ぎ流《なが》れに枕《まくら》す】（713ページ）

氵 11
【漕】
14画 3370 6F15 人名 音 ソウ漢 訓 こ-ぐ

意味 ❶舟で物を運ぶ。例 運漕《ウンソウ》。回漕《カイソウ》。❷舟《ふね》をすすめる。こぐ。例 漕手《ソウシュ》。漕艇《ソウテイ》。

【漕手】《ソウシュ》 舟《ふね》をこぐ人。また、競漕《キョウソウ》でボートをこぐ人。

【漕艇】《ソウテイ》 舟《ふね》をこぐこと。とくに、競漕《キョウソウ》のボートについていう。例 —場。—大会。

氵 11
【漲】
14画 6293 6F32 音 チョウ漢 訓 みなぎ-る

意味 水が満ちあふれる。また、ものごとがさかんに広がる。みなぎる。例 漲天《チョウテン》（＝天一面に広がる）。闘志《トウシ》が漲《みなぎ》る。若《わか》さが漲《みなぎ》る。

氵 11
【漬】
14画 3650 6F2C 常用 音 シ漢呉 訓 つ-ける・つ-かる・つ-け

筆順 氵 汁 洼 清 清 漬 漬

なりたち  ［形声］「氵（＝みず）」と、音「責《サク》→《シ》」とから成る。水にひたす。

意味 液体にひたす。ひたる。つける。つかる。

日本語での用法 《つけ・つける》塩・ぬか・みそ・酒かすなどの中に長いあいだ入れて、色や味をしみこませる。「漬物《つけもの》・梅漬《うめづ》け・粕漬《かすづ》け・塩漬《しおづ》け」

【漬物】《つけもの》 野菜などを、塩・みそ・ぬか・酢《す》などにつけこんで作った食品。長く保存でき、独特の風味をもつ。

氵 11
【滴】
14画 3709 6EF4 常用 音 テキ漢 訓 しずく・したた-る・したた-り

筆順 氵 汁 汸 滴 滴 滴 滴

なりたち  ［形声］「氵（＝みず）」と、音「商《テキ》」とから成る。水がしたたる。

意味 液体がしずくになって落ちる。したたる。しずく。したたり。例 滴下《テキカ》。水滴《スイテキ》。点滴《テンテキ》。

【滴下】《テキカ》（名・する）液体がしたたり落ちること。また、液体を一滴ずつ落とすこと。例 試薬を—する。

【滴滴】《テキテキ》（形動《トタル》）水などがぽたぽたとしたたり落ちるようす。例 —と落ちる雨音《あまおと》。

【滴▼瀝】《テキレキ》（名・する）〔「瀝」も、したたる意〕水などがしたたり落ちること。また、そのしずく。類 瀝滴。

【滴露】《テキロ》 つゆがしたたり落ちること。また、つゆのしずく。

○雨滴《ウテキ》・水滴《スイテキ》・点滴《テンテキ》・余滴《ヨテキ》

氵 11
【滌】
14画 6294 6ECC 音 デキ・ジョウ慣 テキ漢 訓 あら-う・すす-ぐ

意味 水であらいすすいでよごれをおとす。あらう。例 滌蕩《デキトウ》（＝洗い流す）。洗滌《センデキ》。

氵11

【漂】

14画 4126 6F02 常用 音 ヒョウ漢呉 訓 ただよ-う

筆順 漂

なりたち 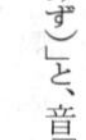 [形声]「氵（＝みず）」と、音「票《ヒョウ》」とから成る。水にうかぶ。

意味 ❶水にういて、ただよう。流れにまかせてゆれ動く。さすらう。例 漂着《ヒョウチャク》。漂泊《ヒョウハク》。漂流《ヒョウリュウ》。❷水で布や綿を白くする。さらす。例 漂白《ヒョウハク》。

【漂失《ヒョウシツ》】（名・する）物が水にただよって、なくなってしまうこと。類 流失。例 大水で―した橋。

【漂着《ヒョウチャク》】（名・する）水の上をただよっていたものが、岸に流れつくこと。例 難破船が―する。

【漂白《ヒョウハク》】（名・する）色を抜《ぬ》いて白くすること。また、しみやよごれなどをとりのぞくこと。例 ―剤《ザイ》。布巾《フキン》を―する。

【漂泊《ヒョウハク》】（名・する）①船がただようこと。類 漂流。②あてもなくさすらうこと。類 放浪《ホウロウ》。例 ―する詩人。―の思い。

【漂流《ヒョウリュウ》】（名・する）①水の上にただよって流されていくこと。類 漂泊《ヒョウハク》・漂浪《ヒョウロウ》。例 ―するボート。②あてもなくさすらうこと。類 漂泊・放浪《ホウロウ》。例 見知らぬ国に―する。

【漂浪《ヒョウロウ》】（名・する）①水の上をただようこと。類 漂流。②あてもなくさすらうこと。類 漂泊《ヒョウハク》・放浪《ホウロウ》。例 ―する少数民族。

氵11

【漫】

14画 4401 6F2B 常用 音 マン漢呉 訓 そぞ-ろに・みだ-り・みだ-りに

筆順 漫

なりたち [形声]「氵（＝みず）」と、音「曼《バン→マン》」とから成る。水がはてしなく広がるようす。

意味 ❶一面に広がる。例 漫天《マンテン》（＝空いっぱい）。瀰漫《ビマン》（＝はびこる）。❷とりとめなく。みだり。みだりに。例 漫然《マンゼン》。散漫《サンマン》。冗漫《ジョウマン》。❸なんとなく。そぞろに。例 漫歩《マンポ》。漫遊《マンユウ》。

日本語での用法 《マン》おかしい。こっけいな。「漫画《マンガ》・漫才《マンザイ》」

難読 漫行《すずろあるき》

人名 ひろ・ひろし・みつ

【漫画《マンガ》】①おもしろみや風刺《フウシ》をこめ、大胆《ダイタン》に誇張《コチョウ》し、省略した絵。②絵だけで、または絵と短いせりふによって、ストーリーをえがきだしたもの。コミック。類 劇画。例 四こま―。③動画。アニメーション。例 ―映画。

【漫言《マンゲン》】深い意味や考えなしに発したことば。漫語。

【漫語《マンゴ》】とりとめないことば。漫言。

【漫才《マンザイ》】二人が、おもしろおかしい問答やしぐさで客を笑わせる演芸。例 ―師。かけ合い―。

【漫然《マンゼン》】（形動《タルト》）ぼんやりとしたようす。なんとなく。例 ―と日を送る。

【漫談《マンダン》】①意味のない話。とりとめない話。②風刺《フウシ》やユーモアをおりまぜ、おもしろい話しぶりで客を笑わせる演芸。

【漫罵《マンバ》】（名・する）はっきりした理由がないのに、悪口を言うこと。例 批評という名で―するだけの文章。

【漫筆《マンピツ》】軽い気持ちで、気の向くままに書いた文章。類 漫録。

【漫評《マンピョウ》】（名・する）あれこれ気軽に批評すること。また、その批評。

【漫文《マンブン》】①一貫《イッカン》した主題をもたないで、気の向くままに書いた文章。②おもしろさやおかしさをねらった文章。類 漫筆。

【漫歩《マンポ》】（名・する）ぶらぶら歩き回ること。そぞろ歩き。類 散歩・散策。例 繁華街《ハンカガイ》を―する。

【漫漫《マンマン》】（形動《タルト》）広々としてはてしないようす。例 ―と広がる大海。

【漫遊《マンユウ》】（名・する）〔「遊」は、旅をする意〕気の向くままに、あちこち旅をすること。例 諸国を―する。

【漫録《マンロク》】気の向くままに、書きとめること。また、それらを集めて編集したもの。類 漫筆。例『仰臥《ギョウガ》―』〔正岡子規《まさおかシキ》の評論集〕

●散漫《サンマン》・冗漫《ジョウマン》・天真爛漫《テンシンランマン》・放漫《ホウマン》・爛漫《ランマン》・浪漫《ロウマン》

氵11

【漾】

14画 6301 6F3E 音 ヨウ漢呉 訓 ただよ-う・なが-い

意味 ❶川の名。漾水《ヨウスイ》。❷川が長いようす。❸水面がゆれうごくようす。❹水にうかぶ。うかべる。ただよう。例 漾舟《ヨウシュウ》（＝舟《ふね》をうかべる）。

参考『漾虚集《ヨウキョシュウ》』は、夏目漱石《なつめソウセキ》の短編集。

氵11

【漓】

14画 6302 6F13 音 リ漢 訓 うす-い・したた-る

意味 ❶知識や考え方などが浅いようす。浮薄《フハク》な。うすい。❷水がしみこむ。しみる。❸水や、あせ・血などがしたたるようす。例 淋漓《リンリ》。❹うす酒。

氵11

【漣】

14画 4690 6F23 人名 音 レン漢 訓 さざなみ

意味 ❶水面におこる細かな波。また、波がつぎつぎおこること。さざなみ。例 漣漪《レンイ》（＝さざなみ）。❷さめざめと泣くようす。例 涙漣《ルイレン》（＝なみだをながす）。

氵11

【滷】

14画 6303 6EF7 音 ロ漢

意味 ❶塩からい水。例 滷汁《にがり》。❷塩分を多くふくみ耕作に適さない土地。しおち。例 滷地《ロチ》。

氵11

【漏】

14画 4719 6F0F 常用 音 ロウ漢 ロ呉 訓 も-る・も-れる・も-らす・も-れ

筆順 漏

なりたち 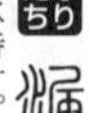 [会意]「氵（＝みず）」と「屚《ロウ》（＝屋根からもれおちる雨）」とから成る。もれおちる水で計る水時計。

意味 ❶水時計。水時計のしめす時刻。例 漏刻《ロウコク》。❷水や光がすきまからこぼれ出る。もる。もれる。例 漏屋《ロウオク》。漏水《ロウスイ》。❸秘密が知られる。もれる。もらす。例 漏洩《ロウエイ》。漏泄《ロウセツ》。❹ぬけおちる。手ぬかり。もれる。もれ。例 遺漏《イロウ》。疎漏《ソロウ》。❺煩悩《ボンノウ》（＝仏教で、人間の心身をなやますさまざまな欲望）をいう。例 有漏《ウロ》。無漏《ムロ》。

【漏▼洩《ロウエイ｜ロウセツ》】（名・する）外部にもれること。また、もらすこと。例 機密が―する。参考 本来の読みは、「ロウセツ」。「ロウエイ」は慣用による読み。表記「漏▼泄《ロウセツ》」とも書く。

【漏屋《ロウオク》】雨《あま》もりがするような、あばら家。〔自分の家がそまつであることを言うときに用いることば〕

【漏刻《ロウコク》】容器から一定量の水がもれるようにし、水位によって時間の経過をはかるしかけ。水時計。

【漏出《ロウシュツ》】(名・する)中からもれ出ること。また、もらすこと。例 水が―する。

【漏水《ロウスイ》】(名・する)水がもれること。また、もれた水。例 水道管から―する。

【漏▼泄《ロウセツ》】「漏洩《ロウエイ》」に同じ。

【漏電《ロウデン》】(名・する)電線や機械などの不良な部分から、電気が外へもれること。例 ―が原因の火災。

【漏斗《ロウト》】アサガオの花のように、上が開いている円錐形《エンスイケイ》の容器。液体を、口の小さな容器に入れるときなどに使う道具。じょうご。

[漏刻]

◐遺漏《イロウ》・粗漏《ソロウ》・疎漏《ソロウ》

氵11 【漉】14画 2587 6F09 音 ロク(漢) 訓 こ-す・す-く

意味 ❶池や沼《ぬま》の水をとりのぞく。干上《ひあ》がらせる。例 漉池《ロクチ》(=池の水をからにする)。❷布などを通して液体中のよごれや、かすを取りのぞく。濾過《ロカ》する。こす。例 漉酒《ロクシュ》(=酒を、こす)。

日本語での用法《すく》繊維《センイ》をすくって和紙や海苔《のり》などをつくる。「紙《かみ》を漉《す》く・手漉《てすき》」

難読 漉水嚢《ロクスイノウ・みずこし》

氵11 [潅] 14画 ⇩【灌《カン》】(626ページ)

氵11 【漢】14画 ⇩【漢《カン》】(612ページ)

氵11 【滯】14画 ⇩【滞《タイ》】(614ページ)

氵11 【滿】14画 ⇩【満《マン》】(610ページ)

氵12 【潰】15画 3657 6F70 常用 音 カイ(漢)(呉) 訓 つぶ-す・つぶ-れる・つい-える・つぶ-れ

筆順 潰

なりたち [形声]「氵(=みず)」と、音「貴《キ》→カイ」とから成る。水がもれる。

意味 ❶堤防《テイボウ》がくずれる。例 決潰《ケッカイ》。❷くずれてばらばらになる。ついえる。つぶれる。つぶす。やぶれる。同 壊《カイ》。例 潰滅《カイメツ》。潰乱《カイラン》。❸からだの組織がくずれる。ただれる。例 潰瘍《カイヨウ》。

【潰走《カイソウ》】(名・する)戦いに負けて散り散りににげ去ること。類 敗走。表記「壊走」とも書く。

【潰滅《カイメツ》】(名・する)めちゃめちゃにこわれてしまうこと。例 地震《ジシン》で―した市街。組織が―する。表記 現 壊滅

【潰瘍《カイヨウ》】〔医〕皮膚《ヒフ》や内臓の組織が、ただれてくずれ、かなり深くまでそこなわれること。例 胃―。

【潰乱《カイラン》】①戦いに負けた部隊が混乱して、散り散りになること。②秩序《チツジョ》や習慣をやぶること。例 風俗《フウゾク》を―する。表記 ▽現 壊乱

氵12 【潟】15画 1967 6F5F 教育4 音 セキ(漢) 訓 かた

筆順 潟

なりたち [形声]「氵(=みず)」と、音「舄《シャク》→セキ」とから成る。塩分をふくんだ土地。

意味 塩分を多量にふくむため、耕作《コウサク》に適さない土地。例 潟鹵《セキロ》(=海べの塩分の多い土地)。

日本語での用法《かた》〔連濁《レンダク》で「がた」となる〕海の一部分が、砂州《サス》などによって区切られてできた、湖や沼《ぬま》。また、入り江《え》。「八郎潟《ハチロウがた》・松浦潟《まつらがた》」

氵12 【㵎】15画 ― 3D4E 音 カン(漢) ケン(呉) 訓 たに・たにみず

氵12 [澗] 15画 2034 6F97 別体字

意味 ❶谷川。たに。例 澗谷《カンコク》(=たにがわ)。❷数の単位。一兆の一兆倍の一兆倍。

氵12 【澆】15画 6304 6F86 音 ギョウ(慣) キョウ(漢) 訓 そそ-ぐ・うす-い

意味 ❶水をそそぎかける。そそぐ。例 澆灌《ギョウカン》(=水やり)。❷人情がうすい。まことがない。例 澆季《ギョウキ》。

【澆季《ギョウキ》】〔「季」は、終わりの意〕道徳や風俗《フウゾク》が乱れた、末の世。類 澆末。例 ―末世《マッセ》。

氵12 【潔】15画 2373 6F54 教育5 音 ケツ(漢) 訓 いさぎよ-い・きよ-い

筆順 潔

氵12 【潔】15画 ― ―

なりたち [形声]「氵(=みず)」と、音「絜《ケツ》」とから成る。水が清い。

意味 ❶けがれがなく、きよい。おこないや性質がさっぱりとして、けじめただしい。いさぎよい。例 潔癖《ケッペキ》。純潔《ジュンケツ》。清潔《セイケツ》。❷飲食などのおこないをつつしみ、心身をきよめる。例 潔斎《ケッサイ》。❸てみじか。すっきりしている。例 簡潔《カンケツ》。

人名 いさ・いさお・いさむ・きよ・きよし・きよむ・ゆき・よし

【潔斎《ケッサイ》】(名・する)宗教的行事やたいせつな作業などの前に、心身を清らかにすること。例 精進《ショウジン》―。

【潔白《ケッパク》】(名・形動ダ)心が清らかでおこないが正しいこと。罪や不正がないようす。例 清廉《セイレン》―な人。身の―をあかす。

【潔癖《ケッペキ》】(名・形動ダ)わずかなよごれや不正でも、ひどくきらうこと。例 金銭に―な人。極端《キョクタン》に―な人。

◐簡潔《カンケツ》・高潔《コウケツ》・純潔《ジュンケツ》・清潔《セイケツ》・不潔《フケツ》

氵12 【潺】15画 6305 6F7A 音 サン・セン(漢)

意味 水のさらさらと流れる音。例 潺湲《センカン》。潺潺《センセン》。

【潺▼湲《センカン》】㊀(名・形動タル)水の流れるようす。また、その音。例 ―と流れる小川。㊁(形動タル)なみだが流れるようす。例 なみだ―として下る。

【潺潺《センセン》】(形動タル)①水がさらさらと流れるようす。類 潺湲《センカン》。例 ―たる流水を聞く。②雨が降るようす。

氵12 【潸】15画 6306 6F78 音 サン(漢)

意味 なみだを流すようす。例 潸然《サンゼン》。

難読 潸然《はらはら》(となみだを流す)

【潸然《サンゼン》】(形動タル)なみだが流れるようす。さめざめ。

氵12 【潤】15画 2965 6F64 常用 音 ジュン(漢) 訓 うるお-う・うるお-す・うる-む・うるお-い

筆順 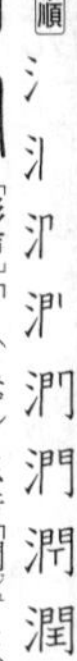

なりたち  [形声]「氵(=みず)」と、音「閏《ジュン》」とから成る。うるおす。

意味 ❶水分をたっぷりふくむ。また、そのしめりけ。うるおう。うるおい。うるおす。うるむ。例 潤《ジュン》滑《カツ》。湿《シツ》潤《ジュン》。浸潤《シンジュン》。❷めぐみ・利益(を受けて豊かである)。例 利《リ》潤《ジュン》。❸つや(がある)。かざる。例 潤《ジュン》色《ショク》。

人名 うる・うるう・うるお・さかえ・ひろ・ひろし・まさる・ます・みつ・めぐみ・めぐむ

【潤《ジュン》滑《カツ》】うるおいがあって、なめらかなこと。また、なめらかにすること。例 ―剤《ザイ》。

【潤滑油《ジュンカツユ》】①機械などで、接触《セッショク》しながら動く部分の摩擦《マサツ》を少なくするための油。②ものごとがなめらかに進むための、なかだちをすること。また、その人。

【潤《ジュン》色《ショク》】(名・する)〔色つやをつける意〕事実を大げさにしたりつけ加えたりして、おもしろくすること。また、文章をかざること。類 潤《ジュン》飾《ショク》。例 史実をかなり―している物語。

【潤《ジュン》沢《タク》】(名・形動ナダ)①うるおうこと。うるおすこと。うるおい。例 ―を帯びた肌《はだ》。②物がたくさんあること。類 豊富。

【潤《ジュン》筆《ピツ》】筆で書《ショ》や絵をかくこと。類 染《セン》筆《ピツ》・揮《キ》毫《ゴウ》。

●湿《シツ》潤《ジュン》・浸《シン》潤《ジュン》・豊《ホウ》潤《ジュン》・利《リ》潤《ジュン》

氵12 【潯】 15画 6309 6F6F 音 シン漢 ジン呉 訓 きし・ふか-い・ほとり

意味 岸べの深いところ。ふち。きし。

【潯《ジン》陽《ヨウ》】①地名。今の江《コウ》西《セイ》省九《キュウ》江《コウ》市。②川の名。江西省九江市の北を流れる長《チョウ》江《コウ》の一部。

氵12 【潜】 15画 3288 6F5C 常用 音 セン漢呉 訓 ひそ-む・もぐ-る・くぐ-る・ひそ-める

氵12 【潛】 15画 6310 6F5B

氵16 【濳】 19画 6311 6FF3 別体字

筆順 

なりたち  [形声]「氵(=みず)」と、音「朁《サン》→セン」とから成る。もぐって川をわたる。

意味 ❶水中に深くはいりこむ。もぐる。くぐる。例 潜《セン》航《コウ》。潜《セン》水《スイ》。❷かくれる。ひそかにする。かくす。ひそむ。ひそめる。例 潜《セン》在《ザイ》。潜《セン》入《ニュウ》。潜《セン》伏《プク》。❸心を静かにおちつける。例 潜《セン》心《シン》。沈《チン》潜《セン》。

難読 潜《かず》きの海女《あま》

人名 すみ・ひそみ・ひそむ

【潜《セン》▼函《カン》】橋や地下構造物の基礎《ソキ》工事のとき、地下や水中に作る箱状の作業場。ケーソン。例 ―工法。

【潜《セン》血《ケツ》】〔医〕目で見てもわからないほどの少量の血液が、便や尿《ニョウ》にまじって出ていること。潜出血。例 ―反応。

【潜《セン》行《コウ》】(名・する)①水中を、もぐって行くこと。②人目に立たぬように、こっそり行動すること。類 潜《セン》伏《プク》。例 地下に―する。

【潜《セン》幸《コウ》】(名・する)天子がひそかに出かけること。お忍《しの》びの行幸《ギョウコウ》。

【潜《セン》航《コウ》】(名・する)潜水艦《センスイカン》などが、水中をもぐって進むこと。類 潜水。例 敵艦を発見して海中深く―した。

【潜《セン》在《ザイ》】(名・する)表面にあらわれてはいないが、内にかくれて存在すること。類 伏《フク》在《ザイ》。対 顕《ケン》在《ザイ》。例 ―能力。

【潜在意識《センザイイシキ》】本人には意識されていないが、心のおくそこにあって、その人の行動や考えのもとになっている意識。

【潜《セン》心《シン》】(名・する)おちついて一心に考えること。心からそれにうちこむこと。没《ボッ》頭《トウ》。例 所期の事業に―する。

【潜《セン》水《スイ》】(名・する)水中にもぐること。例 ―泳法。

【潜勢力《センセイリョク》】内にかくれていて、外にあらわれていない勢力。例 ―を有する。

【潜《セン》入《ニュウ》】(名・する)身分をかくして、ひそかにはいりこむこと。もぐりこむこと。例 敵地に―する。

【潜《セン》熱《ネツ》】〔化〕蒸発・融解《ユウカイ》など、物体の状態が変化したとき、温度変化をともなわないで吸収または放出される熱量。例 気化の―。

【潜《セン》伏《プク》】(名・する)①見つからないようにかくれていること。例 犯人は市内に―しているらしい。②〔医〕感染《カンセン》しているが、病気の症状《ショウジョウ》はあらわれていない状態。例 ―期間。

【潜望鏡《センボウキョウ》】潜水艦《センスイカン》が水中にもぐったまま海上のようすを見るための、長い筒《つつ》形の望遠鏡。ペリスコープ。

【潜竜《センリュウ|センリョウ》】〔水中にかくれていて、天にのぼっていない竜《リュウ》の意〕まだ帝位《テイイ》についていない、天子になるべき人。また、まだ有名になっていない英雄《エイユウ》や豪傑《ゴウケツ》。類 臥竜《ガリョウ》・伏竜《フクリョウ》。

氵12 【潭】 15画 6312 6F6D 音 タン漢 訓 ふち

意味 ❶水が深くたたえられたところ。ふち。例 潭淵《タンエン》(=深いふち)。❷ふかい。おくぶかい。同 覃《タン》。例 潭思《タンシ》(=深く思う)。

氵12 【潮】 15画 3612 6F6E 教育6 音 チョウ漢呉 訓 しお・うしお

筆順 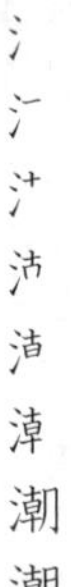

氵12 【潮】 15画 ― 2F90F

なりたち  [会意] 本字は「淖」で、「氵(=みず)」と「朝(=朝廷《チョウテイ》に参《まい》る)」の省略体とから成る。諸侯《ショコウ》が天子に拝謁《ハイエツ》するように、海水が満ちひきする。

意味 ❶海水が月と太陽との引力によって満ちひきする現象。うしお。しお。例 干潮《カンチョウ》。満潮《マンチョウ》。❷うしおの流れのような、世の中の動き。例 思潮《シチョウ》。風潮《フウチョウ》。

日本語での用法 《しお》①海水の流れ。「潮目《しおめ》・黒潮《くろしお》」②ものごとにけじめをつけるよい機会。「隣《とな》りの人《ひと》が立《た》ったのを潮《しお》に自分《ジブン》も立《た》った」

【潮風《しおかぜ》】海上や海岸にふく風。海の塩分をふくんだ風。

【潮煙《しおけむり|しおけぶり》】海水が岩などに当たって飛び散るしぶき。

【潮▽騒《しおさい|しおざい》】潮が満ちてくるときの波の音。また単に、波の音。海鳴り。例 遠く―を聞く。

【潮境《しおざかい》】①異なる海流が出合うときのさかいめ。よい漁場となる。例 親潮と黒潮の―。②川の水と海の水とのさかいめ。③ものごとの境界。さかいめ。

【潮路《しおじ》】①潮が流れる道すじ。②海上を船で行くときの道すじ。類 海路・航路。例 はるかな―。

【潮時《しおどき》】①満潮や干潮の時刻。②ちょうどよい時期。ほどよいころあい。例 ―を見はからう。退任するのに、今が―だ。

【潮鳴り《しおなり》】（しおなり）潮の満ちひきによって生じる音。（遠くから聞こえてくる〕波の音。海鳴り。

【潮干狩り《しおひがり》】潮が引いた浜《はま》で貝や小魚をとること。

【潮待ち《しおまち》】①潮の流れが、船を出すのにつごうがよくなるときを待つこと。②釣《つ》りで、潮が動き出すのを待つこと。③

ものごとをおこなう好機を待つこと。

【潮位】《チョウイ》 基準となる面から測った、海面の高さ。(類)潮高。例津波《つなみ》で—が上がる。

【潮音】《チョウオン》 海の波の音。(類)海潮音・潮声。

【潮害】《チョウガイ》 ⇩【塩害】《エンガイ》(237ページ)

【潮▼汐】《チョウセキ》 潮の満ちひき。(類)干満。例—作用。

【潮流】《チョウリュウ》 ①潮の流れ。②潮の満ちひきによって起こる海水の流れ。例—が速い。③ものごとが、動いていく方向。例—に乗る(=時代の変化などにうまく合う)。

●青潮《あおしお》・赤潮《あかしお》・渦潮《うずしお》・親潮《おやしお》・干潮《カンチョウ》・黒潮《くろしお》・紅潮《コウチョウ》・高潮《コウチョウ》・思潮《シチョウ》・初潮《ショチョウ》・満潮《マンチョウ》

氵12

【澄】

15画 3201 6F84 常用 音チョウ(漢) 訓す-む・す-ます・す-み

筆順 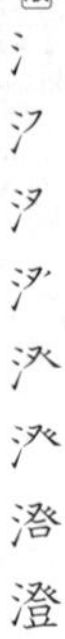

氵12

[澂]

15画 6313 6F82 本字

なりたち  [形声]「氵(=みず)」と、音「徵《チョウ》」の省略体とから成る。水が清らかである。

意味 にごりがなく清らかになる。空や光にくもりがなく美しい。音がさえる。すむ。例清澄《セイチョウ》。

日本語での用法《すます》①心を集中させる。「耳《みみ》を澄《す》ます」②自分には関係ない、といった気どった顔をする。「澄《す》ました顔《かお》」

人名 きよ・きよし・きよみ・さやか・すめる・とおる

【澄心】《チョウシン》 ①静かにすんだ心。②心を清らかにすること。

【澄明】《チョウメイ》 (名・形動《ダナ》) 明るくすみわたっていること。(類)清澄。例—な大空。

氵12

【潼】

15画 6314 6F7C 音トウ(漢)ドウ(呉)

意味 ❶川の名。潼水《トウスイ》。❷関所の名。潼関《ドウカン》。❸「潼潼《トウトウ》」は、波の高いようす。

氵12

【潑】

15画 1-8709 6F51 音ハツ(漢)

氵9

[溌]

12画 4014 6E8C 俗字

意味 水がとびちる。生き生きと、勢いのよいようす。例潑剌《ハツラツ》。

【潑▼剌】《ハツラツ》 (形動《タルト》)〔本来は、魚がぴちぴちとはねるようす〕生き生きとして元気が満ちあふれているようす。例元気—とした新人。

氵12

【潘】

15画 6315 6F58 音ハン(漢) 訓しろみず・とぎしる

意味 ❶米のとぎしる。しろみず。例潘水《ハンスイ》。潘沐《ハンモク》(=髪《かみ》を洗うための米のとぎしる)。❷姓《セイ》の一つ。

氵12

【澎】

15画 6316 6F8E 音ホウ(漢)

意味「澎湃《ホウハイ》」は、水のぶつかりあう音。水がいっぱいにみなぎるようす。

氵12

【潦】

15画 6319 6F66 音一ロウ(漢) 二リョウ(漢) 訓あまみず・にわたずみ

意味 一《ロウ》❶雨が降ってたまった水。あまみず。❷雨水《あまみず》の多いようす。洪水《コウズイ》。おおみず。例潦潦《ロウロウ》(=大雨で水が流れるようす)。二《リョウ》❶「潦草《リョウソウ》」は、いいかげんな、なげやりなようす。❷「潦倒《リョウトウ》」は、年老いておとろえたようす。落ちぶれてだらしないようす。また、失意のようす。

氵12 [溉] 15画 ⇩【漑】《ガイ》(617ページ)

氵12 [澗] 15画 ⇩【澗】《カン》(620ページ)

氵12 【潔】 15画 ⇩【潔】《ケツ》(620ページ)

氵12 【澁】 15画 ⇩【渋】《ジュウ》(601ページ)

氵12 【潛】 15画 ⇩【潜】《セン》(621ページ)

氵12 [潴] 15画 ⇩【瀦】《チョ》(626ページ)

氵12 【潮】 15画 ⇩【潮】《チョウ》(621ページ)

氵12 [澂] 15画 ⇩【澄】《チョウ》(622ページ)

氵12 [澑] 15画 ⇩【溜】《リュウ》(616ページ)

氵13

【澳】

16画 6320 6FB3 音一イク(漢) 二オウ(漢) 訓おき

意味 一《イク》水が陸地に深くはいりこんだところ。くま。二《オウ》「澳門《マカオ》」は、広東《カントン》省にある港の都市。

日本語での用法《おき》海岸や湖岸からはなれた水上。

氵13

【激】

16画 2367 6FC0 教育6 音ゲキ(慣)ケキ(漢) 訓はげ-しい

筆順 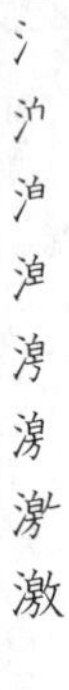

なりたち  [形声]「氵(=みず)」と、音「敫《キャク→ケキ》」とから成る。さえぎられて、流れが速まる。

意味 ❶勢いがつよくて速い。はなはだしい。はげしい。例激動《ゲキドウ》。激流《ゲキリュウ》。急激《キュウゲキ》。❷はげます。また、感情がほとばしる。例激情《ゲキジョウ》。激励《ゲキレイ》。感激《カンゲキ》。

【激越】《ゲキエツ》 (名・形動《ダナ》)〔もとは、音などがするどくひびくさま〕(感情や行動、主義主張などが)はげしくあらあらしいこと。例—な抗議《コウギ》。—な口調《クチョウ》。

【激化】《ゲキカ》 (名・する)(争いなどが)はげしくなること。(程度が)はなはだしくなること。例闘争《トウソウ》が—する。

【激減】《ゲキゲン》 (名・する)(数量が)ひどくへること。また、急に少なくなること。(対)激増。例人口が—する。

【激語】《ゲキゴ》 (名・する) はげしいことばで言い争うこと。また、そのことば。例—が飛びかう。

【激▼昂】《ゲキコウ・ゲッコウ》 (名・する)(いかりなどで)感情が一気にたかぶること。表記「激高」とも書く。

【激賞】《ゲキショウ》 (名・する) たいへんほめること。ほめちぎること。(類)絶賛。例批評家たちに—された作品。

【激情】《ゲキジョウ》 おさえきれないほどのはげしい気持ち。例一時の—にかられる。

【激職】《ゲキショク》 いそがしく重要な職務。例部長の—にある。表記「劇職」とも書く。

【激甚】《ゲキジン》 (名・形動《ダナ》) たいへんひどいこと。例—災害。

【激戦】《ゲキセン》 はげしい戦い。また、はげしく戦うこと。例—地。表記「劇戦」とも書く。

【激増】《ゲキゾウ》 (名・する)(数量が)ひどくふえること。また、急に多くなること。(類)急増。(対)激減。例交通事故が—する。

【激▼湍】《ゲキタン》 早瀬《はやせ》。急流。

【激痛】《ゲキツウ》 ひじょうにはげしいいたみ。(対)鈍痛《ドンツウ》。例—をこらえる。表記「劇痛」とも書く。

【激怒】《ゲキド》 (名・する) ひどくおこること。(類)激憤《ゲキフン》・憤激。例裏切りを聞いて父は—した。

【激闘】《ゲキトウ》 (名・する) はげしいたたかい。(類)激戦。例—をくりかえす。

【激動】《ゲキドウ》(名・する)(社会などが)はげしく変動すること。(人の心などが)ひどくゆりうごかされること。例—期。

【激突】《ゲキトツ》(名・する)勢いよくぶつかること。たがいにはげしくぶつかりあうこと。例優勝候補どうしの—。

【激発】《ゲキハツ》(名・する)①気持ちをふるいたたせること。また、感情がたかぶって、一気に爆発《バクハツ》すること。例愛情の—。②ものごとが急に、そして、しきりに起こること。また、過激な行動が起こること。例暴動が各地で—した。

【激憤】《ゲキフン》(名・する)はげしくいきどおること。憤激。類激怒《ゲキド》。

【激変】《ゲキヘン》(名・する)これまでと大きくかわること。また、急に変化すること。例環境《カンキョウ》が—する。

【激務】《ゲキム》たいそういそがしく、きびしい仕事。例—にたおれる。表記「劇務」とも書く。

【激流】《ゲキリュウ》①はげしく速い流れ。類急流。例—をカヌーで下る。②ものごとが、はげしく大きく動いていくこと。例時代の—。

【激励】《ゲキレイ》(名・する)元気が出るように、はげますこと。気力をふるい起こさせること。例叱咤《シッタ》—する。

【激烈】《ゲキレツ》(名・形動《ナダ》)ひじょうにはげしいこと。類猛烈《モウレツ》・熾烈《シレツ》。例—な競争。表記「劇烈」とも書く。

【激論】《ゲキロン》(名・する)たがいに主張を曲げず、はげしく意見のやりとりをすること。また、その議論。例—をたたかわせる。
●過激《カゲキ》・刺激《シゲキ》・憤激《フンゲキ》

氵13 【澡】 16画 6322 6FA1 音ソウ漢呉 訓あら-う・きよ-める

意味 手を洗う。洗いきよめる。あらう。例沐澡《モクソウ》(=髪《かみ》と手を洗う)。澡盥《ソウカン》。
【澡▼盥】《ソウカン》(名・する)手を洗うこと。

氵13 【濁】 16画 3489 6FC1 常用 音ダク漢ジョク呉 訓にご-る・にご-す・にご-り

筆順 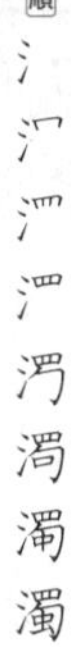

なりたち 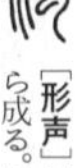 [形声]「氵(=みず)」と、音「蜀《ショク》→《ダク》」とから成る。川の名。借りて「にごる」の意。

意味 ❶よごれて、すきとおらない。にごる。にごす。にごり。対清《セイ》。例濁酒《ダクシュ》。濁流《ダクリュウ》。❷みだれる。例濁世《ダクセイ》。

【濁音】《ダクオン》日本語で、ガ・ザ・ダ・バ行の音。清音や半濁音に対して、にごる音。

【濁酒】《ダクシュ|にごりざけ》もろみを取ってない、白くにごった酒。どぶろく。もろみざけ。対清酒。

【濁水】《ダクスイ》にごった水。

【濁世】《ダクセイ》①〔「ジョクセ」とも〕風俗《フウゾク》や政治などの乱れた世。②〔仏〕罪にけがれたこの世。

【濁声】《ダクセイ》がらがらして、にごった感じの声。だみごえ。例—を張り上げる。

【濁点】《ダクテン》濁音をあらわすため、かなの右上に書き加える小さな二つの点。「ガ・ザ」「だ・ば」などの「゛」。例—を打つ。

【濁流】《ダクリュウ》土砂《ドシャ》などでにごった水の流れ。対清流。
●汚濁《オダク》・混濁《コンダク》・清濁《セイダク》・白濁《ハクダク》・連濁《レンダク》

氵13 【澹】 16画 6324 6FB9 音タン漢 訓あわ-い・うす-い

意味 ❶水がゆったりとゆれ動くようす。たゆたう。例澹澹《タンタン》。❷あっさりしている。あわい。同淡《タン》。例澹泊《タンパク》。恬澹《テンタン》。

【澹澹】《タンタン》(形動《タルト》)①水が静かにゆれ動くようす。②あっさりしたようす。淡淡《タンタン》。例—としたつきあい。

【澹泊】《タンパク》(名・形動《ナダ》)あっさりして無欲なこと。淡泊《タンパク》。例—な性格。

氵13 【澱】 16画 3735 6FB1 音テン漢デン呉 訓おり・よど-む・よど

意味 ❶水の底にしずんだかす。おり。例澱汚《デンオ》(=かす)。❷水中のかすがしずんでたまる。また、かすがたまって水が流れない。よどむ。よどみ。よど。同淀《デン》。例沈澱《チンデン》。水《みず》の澱《よど》んだ淵《ふち》。❸「澱粉《デンプン》」は、炭水化物。
日本語での用法《デン》「淀川《よどがわ》」の中国風の言い方。「澱江《デンコウ》・澱水《デンスイ》」
【澱粉】《デンプン》植物の根やくきや種子に貯蔵されている、つぶ状の炭水化物。

氵13 【濃】 16画 3927 6FC3 常用 音ジョウ漢ノウ呉 訓こ-い・こま-やか

筆順 

なりたち  [形声]「氵(=みず)」と、音「農《ドウ》→《ジョウ》」とから成る。露《つゆ》が多い。こい。

意味 色・味の度合いがつよい。密度が大きい。こってりしている。こい。対淡《タン》。例濃厚《ノウコウ》。濃紺《ノウコン》。濃密《ノウミツ》。

日本語での用法《ノウ》「美濃《みの》(=今の岐阜《ぎふ》県南部)」の略。「濃州《ノウシュウ》・濃尾《ノウビ》(=美濃《みの》と尾張《おわり》)平野《ヘイヤ》」

難読 下濃《すそご》・末濃《すそご》・村濃《むらご》・濃絵《だみエ》
人名 あつ・あつし・の
【濃茶】《こいチャ》抹茶《マッチャ》の一種。茶の老木から作った上等の茶。また、それを点《た》てたお茶。色も味もこい。対薄茶《うすチャ》。

【濃艶】《ノウエン》(名・形動《ナダ》)あでやかで美しいこと。なまめかしくうるわしいこと。例—な美女。—にほほえむ。

【濃厚】《ノウコウ》(名・形動《ナダ》)①色や味わいがこってりしていること。対淡泊《タンパク》。例—な味つけ。②ものの密度や濃度などが高いこと。例—な気体。③刺激《シゲキ》的で、情熱的なこと。例—な描写《ビョウシャ》。④特定のけはいや可能性などが、はっきり感じられること。例勝利は—となった。

【濃紺】《ノウコン》こい紺色。例—の制服。

【濃縮】《ノウシュク》(名・する)液体などをこくすること。例—ジュース。—ウラン。

【濃淡】《ノウタン》(色や味わい、ものごとの程度などの)こさとうすさ。こいところとうすいところ。グラデーション。例—をつける。

【濃度】《ノウド》溶液《ヨウエキ》や混合気体などの、混合物の割合を示す値《あたい》。例—の高い排気《ハイキ》ガス。

【濃密】《ノウミツ》(名・形動《ナダ》)密度がこいこと。色合いなどがこまやかであること。例—な色彩《シキサイ》。—な表現。

【濃霧】《ノウム》こい霧《きり》。深い霧。例海上の—に注意せよ。

【濃緑】《ノウリョク》黒ずんだ感じの、こい緑色。ふかみどり。類深緑。

氵13 【濆】 16画 *6325 *6FC6 音一フン漢 二フン漢ホン漢 訓ほとり・みぎわ・わ-く

意味 一《フン》水べ。きし。二《フン|ホン》水がわき上がる。同噴。例濆泉《フンセン》(=わきでる泉)。

氵13 【澠】 16画 1-8719 6FA0 音ベン漢メン呉

意味 地名に用いられる字。
【澠池】《ベンチ|メンチ》地名。今の河南《カナン》省澠池県の西。戦国時代に、趙王《チョウオウ》が藺相如《リンショウジョ》とともに秦王《シンオウ》と会見した地。

世に「澠池の会《カイ》」で知られる。表記「▼黽池」とも書く。

氵13
【濛】 16画 6334 6FDB
音 モウ(漢) 訓 くら-い

意味 小雨《こさめ》のふるようす。また、もやもやとしてうすぐらいようす。例 濛雨《モウウ》。濛昧《モウマイ》。

【濛雨】《モウウ》こまかな雨。霧雨《きりさめ》。小雨《こさめ》。類 細雨《サイウ》。

【濛気】《モウキ》立ちこめている、もや。

【濛昧】《モウマイ》(名・形動《ダナ》) ①霧《きり》などが立ちこめて、うすぐらいこと。②ものごとの道理にくらいこと。表記 ▽「▼蒙昧」とも書く。

【濛濛】《モウモウ》(形動《トタル》) 霧《きり》・湯気《ゆげ》・けむり・砂ぼこりなどで、あたりがうすぐらいようす。例 —と立ちこめる湯気。

氵13
【澪】 16画 6326 6FAA 人名
音 レイ(漢) 訓 みお

なりたち [形声]「氵(=みず)」と、音「零《レイ》」とから成る。川の名。

意味 川の名。一説に、「泠《レイ》」の俗字。

日本語での用法《みお》水深の浅い三角州《サンカクす》などに、自然にえぐられてできた水路。船のとおりみち。「水澪《みお》・澪標《みおつくし》」

【澪▽標】《みおつくし》河口の港や川などで、船の水路を示すために立てた柱。みおじるし。

氵13
【濂】 16画 6318 6FC2
音 レン(漢) 訓 うす-い

意味 ❶浅い川。❷川の名。濂水《レンスイ》。

氵13
【澣】16画 ⇩【浣】《カン》(595ページ)

氵13
【澤】16画 ⇩【沢】《タク》(580ページ)

氵14
【濠】 17画 2574 6FE0
音 コウ(漢) ゴウ(呉) 訓 ほり

意味 城のまわりを掘《ほ》って、水をたたえたところ。ほり。同 壕《ゴウ》。例 外濠《ガイゴウ》。内濠《ナイゴウ》。

日本語での用法《ゴウ》「濠太剌利《オーストラリア》」の略。同 豪《ゴウ》。「濠洲《ゴウシュウ》・白濠主義《ハクゴウシュギ》」

【濠▽太▼剌▽利】《オーストラリア》「オーストラリア」の音訳。豪州《ゴウシュウ》。

【濠▼洲】《ゴウシュウ》オーストラリア。豪州《ゴウシュウ》。

氵14
【濡】 17画 3908 6FE1 人名
音 ジュ(漢) 訓 ぬ-れ・ぬ-れる・ぬ-らす

意味 ❶水がかかって、しっとりする。うるおう。ぬらす。ぬれ。例 濡衣《ジュイ》(=水にぬれた服)。❷ぐずつく。とどこおる。例 濡滞《ジュタイ》(=ぐずぐずする)。

氵14
【濬】 17画 6329 6FEC
音 シュン(漢) 訓 さら-う・ふか-い・ほ-る

意味 ❶水底を深くさらって、流れを通す。さらう。同 浚《シュン》。❷底や奥《おく》までの距離《キョリ》が長い。深い。例 濬谷《シュンコク》(=深いたに)。

【濬哲】《シュンテツ》深い知恵《チエ》のある人。

氵14
【濯】 17画 3485 6FEF 常用
音 タク(漢) 訓 あら-う・すす-ぐ・そそ-ぐ・ゆす-ぐ

筆順

氵14
【濯】 17画

なりたち

[形声]「氵(=みず)」と、音「翟《テキ→タク》」とから成る。水であらう。

意味 水でよごれをおとす。あらいきよめる。あらう。すすぐ。そそぐ。ゆすぐ。例 濯足《タクソク》(=足をあらう)。洗濯《センタク》。

難読 御裳濯川《みもすそがわ》(=地名)

洗濯《センタク》

氵14
【濤】 17画 6225 6FE4
音 トウ(漢)(呉) 訓 なみ

氵7
【涛】 10画 3783 6D9B 俗字

意味 ❶大きな波。おおなみ。なみ。例 濤声《トウセイ》。怒濤《ドトウ》。波濤《ハトウ》。❷波のような音。例 松濤《ショウトウ》(=まつかぜ)。

【濤声】《トウセイ》大波が打ち寄せる音。例 とどろく—。

氵14
【濘】 17画 6331 6FD8
音 ネイ(漢) 訓 おち-いる・どろ・ぬ-めり

意味 ❶どろ。ぬかるみ。例 泥濘《デイネイ》(=ぬかるみ)。❷「汀濘《テイネイ》」は、浅い池や沼《ぬま》。

氵14
【濔】 17画 6330 6FD4
音 ㊀ビ(漢) ㊁デイ(漢) 訓 ふか-い

意味 ㊀水が満ちたようす。同 瀰《ビ》。例 濔濔《ビビ》。濔漫《ビマン》。㊁「濔濔《デイデイ》」は、多いようす。また、やわらかいようす。

氵14
【濮】 17画 6333 6FEE
音 ボク(慣) ホク(漢)

意味 ❶川の名。濮水《ボクスイ》。❷地名に用いられる字。

【濮上▼之音】《ボクジョウのイン》みだらな音楽。国をほろぼす音楽。〔春秋時代、衛《エイ》の霊公《レイコウ》が濮水のほとりで聞いたメロディーは、殷《イン》を滅亡《メツボウ》させた音楽だったという〕〈礼記《ライキ》〉

氵14
【濶】17画 ⇩【闊】《カツ》(1028ページ)

氵14
【濟】17画 ⇩【済】《サイ》(601ページ)

氵14
【濕】17画 ⇩【湿】《シツ》(608ページ)

氵14
【澀】17画 ⇩【渋】《ジュウ》(601ページ)

氵14
【瀞】17画 ⇩【瀞】《セイ》(626ページ)

氵14
【濯】17画 ⇩【濯】《タク》(624ページ)

氵14
【濱】17画 ⇩【浜】《ヒン》(596ページ)

氵15
【瀉】 18画 6335 7009
音 シャ(漢) 訓 そそ-ぐ・は-く

意味 ❶水をどっと流す。そそぐ。例 一瀉千里《イッシャセンリ》。❷腹をくだす。例 瀉痢《シャリ》。❸食べたものをはき出す。はく。例 吐瀉《トシャ》。

難読 沢瀉《おもだか|みずなぎ》

【瀉血】《シャケツ》(名・する)〔医〕治療《チリョウ》のために、静脈《ジョウミャク》から余分な血をぬきとること。刺絡《シラク》。

【瀉剤】《シャザイ》くだしぐすり。瀉薬《シャヤク》。→【下剤】《ゲザイ》(10ページ)

【瀉土】《シャド》塩分を含《ふく》んだ土。植物が育たない荒《あ》れ地。潟土《セキド》。

【瀉痢】《シャリ》腹くだし。→【下痢】《ゲリ》(11ページ)

氵15
【瀋】 18画 6336 700B
音 シン(漢) 訓 しる

意味 ❶汁《しる》。しる。例 墨瀋《ボクシン》(=墨汁《ボクジュウ》)。❷川の名。瀋水《シンスイ》。

【瀋陽】《シンヨウ》遼寧《リョウネイ》省の都市。清朝《シンチョウ》初期の都で、盛京《セイケイ》

といい、都が北京《ペキン》に移ってからは奉天《ホウテン》といっていた。

氵15
【濺】
18画 6337 6FFA 音 セン漢 訓 そそ-ぐ

意味 ❶小さなしぶきをふりかける。そそぐ。また、その水しぶき。例 感レ時花濺レ涙《ときにカンじてははなにもなみだをそそぐ》(=このなげかわしい時勢を思うと、美しい花を見ても涙がはらはらとながれる)。〈杜甫《トホ》・春望《シュンボウ》〉 濺沫《センマツ》(=飛び散る血しぶき)。❷「濺濺《センセン》」は、水の流れるようす。また、その音。

氵15
【瀆】
18画 1-8729 7006 音 トク漢 訓 けが-す・けが-れ・けが-れる

氵7
[涜]
10画 3834 6D9C 俗字

意味 ❶耕地に水を引く用水路。みぞ。どぶ。例 瀆溝《トクコウ》。❷清らかなもの、おかしてはならないものをそこなう。けがす。けがれ。けがれる。同 黷《トク》。例 瀆職《トクショク》。冒瀆《ボウトク》。

【瀆職】《トクショク》(名・する)〔職務をけがす意〕公務員が、その地位や権利を利用して、不正なおこないをすること。類 汚職《オショク》。例 —罪。

【瀆神】《トクシン》(名・する) 神の神聖や権威《ケンイ》をけがすこと。

氵15
【瀑】
18画 6338 7011 音 バク慣 ホク漢 訓 たき

意味 高いがけから勢いよく落ちる川の水。滝《たき》。例 瀑布《バクフ》。懸瀑《ケンバク》(=滝)。飛瀑《ヒバク》(=しぶきをあげて高いところから落ちる滝)。

【瀑布】《バクフ》〔落下する水が白い布のように見えることから〕大きな滝《たき》。例 ナイアガラ—。

氵15
【瀁】
18画 6339 7001 音 ヨウ漢呉 訓 ただよ-う・ふか-い

意味 ❶水面がゆれうごくようす。同 漾《ヨウ》。❷はてしなく深く広いようす。例 滉瀁《コウヨウ》。

氵15
【濫】
18画 4584 6FEB 常用 音 ラン漢 訓 みだ-れる・みだ-りに・う-かぶ

筆順 濫

なりたち [形声]「氵(=みず)」と、音「監《カン↓ラン》」とから成る。広がってのびる。

意味 ❶水が外へあふれ出る。ひろがる。例 氾濫《ハンラン》。❷ものごとのわくをこえて気ままにする。よく考えずにやたらと。みだれる。みだりに。例 濫獲《ランカク》。濫用《ランヨウ》。❸うかべる。例 濫觴《ランショウ》。

【濫獲】《ランカク》(名・する) 魚やけものなどを、やたらにとること。表記「乱獲」とも書く。

【濫掘】《ランクツ》(名・する)(鉱山などから)むやみにほり出すこと。表記「乱掘」とも書く。

【濫行】《ランコウ》〔「ランギョウ」とも〕①乱暴な行為《コウイ》。例 —におよぶ。②ふしだらなおこない。節度のない生活。例 —をいましめる。表記 ▽「乱行」とも書く。

【濫作】《ランサク》(名・する) 芸術家などが、内容は二の次にして、やたらに作品を作ること。表記「乱作」とも書く。

【濫▼觴】《ランショウ》〔「觴」は、さかずきの意〕ものごとのはじまり。みなもと。起源。源流。〔長江《チョウコウ》のような大河も、そのみなもとはさかずきをうかべるほどの小さな流れである、という話から〕〈荀子《ジュンシ》〉例 —をたずねる(=ものごとの起こりを調べる)。

【濫吹】《ランスイ》①才能や実力のない者が、あるようにふるまうこと。また、不相応の地位にいること。②秩序《チツジョ》を乱すようなおこないをすること。〔竽《ウ》(=笛の一種)の合奏団に、技量もないのにまぎれこんで吹《ふ》いていた者が、ひとりひとり演奏させられるとにげ出してしまったという故事から〕〈韓非子《カンピシ》〉

【濫造】《ランゾウ》(名・する) 品質を考えずに量ばかり多くつくること。例 粗製《ソセイ》—。表記「乱造」とも書く。

【濫読】《ランドク》(名・する) いろいろな本を、手当たりしだいに読むこと。対 精読。表記「乱読」とも書く。

【濫伐】《ランバツ》(名・する) 森林の保護などを考えず、やたらと木を切りたおすこと。表記「乱伐」とも書く。

【濫発】《ランパツ》(名・する)(紙幣《シヘイ》や手形などを)先の見通しもないのに、むやみに発行すること。表記「乱発」とも書く。

【濫費】《ランピ》(名・する) お金や物をどんどん使ってしまうこと。類 浪費《ロウヒ》。例 予算を—する。表記「乱費」とも書く。

【濫用】《ランヨウ》(名・する) 限度をこえて、むやみに利用すること。表記「乱用」とも書く。

【濫立】《ランリツ》(名・する) ①(建築物などが)乱雑に立ち並ぶこと。例 ビルが—する。②(選挙の候補者などが)むやみに多く立つこと。表記 ▽「乱立」とも書く。

氵15
【瀏】
18画 6340 700F 音 リュウ漢 訓 きよ-い

口15
[嚠]
18画 5172 56A0 別体字

意味 ❶清く澄《す》みきっているようす。きよい。例 瀏如《リュウジョ》(=清いようす)。瀏亮《リュウリョウ》(=音が清く明らかなようす)。❷だいたい。おおよそ。ざっと。例 瀏覧《リュウラン》(=ざっと目を通す)。

氵15
【濾】
18画 6341 6FFE 音 リョ漢 ロ呉 訓 こ-す

氵4
[沪]
7画 1-8651 6CAA 俗字

意味 液体を紙や布などの細かなすきまを通して、まざりものを取り除く。こす。例 濾過《ロカ》。濾紙《ロシ》。

【濾過】《ロカ》(名・する) 細かい網目《あみめ》に液体や気体を通し、まじりものを取り分けること。例 —器。溶液《ヨウエキ》を—する。

【濾紙】《ロシ》 小さな固体のまざった液体をこして、液体を分離《ブンリ》するために使う紙。濾過紙。

氵16
【瀛】
19画 6342 701B 音 エイ漢 訓 うみ

意味 ❶大海。うみ。例 瀛海《エイカイ》(=大海)。❷「瀛洲《エイシュウ》」は、伝説上の島。東方の海中にあり、仙人《センニン》が住んでいるという。

氵16
【瀚】
19画 6343 701A 音 カン漢 訓 ひろ-い

意味 広く大きい。ひろい。例 瀚瀚《カンカン》(=広大なようす)。浩瀚《コウカン》。

氵16
【瀟】
19画 6347 701F 音 ショウ漢

意味 ❶川の名。例 瀟湘《ショウショウ》(=瀟水《ショウスイ》と湘水《ショウスイ》の合流する、湖南省にある名勝の地)。❷さっぱりとして清らか。同 蕭《ショウ》。例 瀟然《ショウゼン》。❸ものさびしいようす。例 瀟洒《ショウシャ》。

【瀟▼洒】《ショウシャ》〔「ショウサイ」とも〕(形動《ダナ》) すっきりとして清らかなようす。あかぬけてしゃれているようす。瀟灑《ショウシャ》。例 —な

西洋館。―に着こなす。

【瀟瀟《ショウショウ》】（形動《タルト》）風雨がはげしいようす。また、雨がさびしく降るようす。例雨は―と木《こ》の葉を打つ。

氵16 【瀬】 19画 3205 702C 常用 音ライ漢 訓せ

筆順 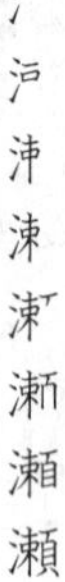

氵16 【瀨】 19画 1-8730 7028 人名

なりたち  ［形声］「氵（＝みず）」と、音「賴《ライ》」とから成る。水が砂の上を流れる。

意味 ❶流れの浅いせせらぎ。あさせ。例石瀬《セキライ》。❷水の流れのはやいところ。はやせ。古語でいう、せと。例急瀬《キュウライ》。湍瀬《タンライ》。

日本語での用法 《せ》①立場。場所。よりどころ。「立《た》つ瀬《せ》がない」②時《とき》。場合。おり。「逢瀬《おうせ》」

【瀬戸《せと》】①海で、両側から陸地が接近してせまくなっているところ。海峡《カイキョウ》。例音戸《オンど》の―。②「瀬戸物《せともの》」の略。

【瀬戸際《せとぎわ》】成功と失敗や、勝敗などの分かれめ。ぎりぎりまで追いつめられたところ。例勝負のだいじな―。運命の―に立つ。

【瀬戸物《せともの》】〔愛知県瀬戸地方で作られた焼き物の意〕陶器《トウキ》や磁器。やきもの。例―の食器。

◒浅瀬《あさせ》・塩瀬《しおぜ》・早瀬《はやせ》

氵16 【瀞】 19画 3852 701E 音セイ漢 ジョウ呉 訓とろ・きよ-い

氵14 ［瀞］ 17画 ― 俗字

意味 水が、けがれがなくきよい。同浄《ジョウ》。

日本語での用法 《とろ・どろ》川の流れが静かで深いところ。地名に用いることの多い字。「瀞峡《どろキョウ》（＝地名）・長瀞《ながとろ》（＝地名）・瀞八丁《どろハッチョウ》」

氵16 【瀦】 19画 3585 7026 音チョ漢呉 訓みずたまり

氵12 ［潴］ 15画 6344 6F74 別体字

意味 水のたまっているところ。ぬま。みずたまり。また、水がたまる。例瀦水《チョスイ》（＝たまり水）。

難読 三瀦《みずま》（＝地名・姓《せい》）

氵16 【瀕】 19画 4146 7015 人名 音ヒン漢 訓せま-る

氵17 ［瀕］ 20画 ― 俗字

意味 ❶水面と陸とが接したところ。同浜《ヒン》。例瀕海《ヒンカイ》（＝海辺）。❷すれすれに近づく。せまる。例瀕死《ヒンシ》。

【瀕死《ヒンシ》】いまにも死にそうなこと。例―の重傷。

氵16 【瀝】 19画 6345 701D 音レキ漢 訓こ-す・したた-る

意味 しずくをしたたらす。したたる。しずく。例瀝滴《レキテキ》。竹瀝《チクレキ》（＝竹のあぶら）。

【瀝青《レキセイ》】炭化水素化合物のいっぱん的な言い方。コールタール・アスファルト・ピッチなど。例―炭。

【瀝滴《レキテキ》】したたること。したたり。しずく。類滴瀝。

【瀝瀝《レキレキ》】（形動《タルト》）水の音、風の音の形容。例岸打つ波―たり。

氵16 【瀘】 19画 6346 7018 音ロ漢

意味 チベットに源を発し、四川《シセン》省で長江《チョウコウ》に注ぐ川。瀘水《ロスイ》。

氵16 【瀨】 19画 ⇩【瀬】《せ》（626ページ）

氵16 ［潛］ 19画 ⇩【潜】《セン》（621ページ）

氵16 【瀧】 19画 ⇩【滝】《たき》（614ページ）

氵17 【灌】 20画 6285 704C 音カン漢呉 訓そそ-ぐ

氵11 ［潅］ 14画 2035 6F45 俗字

意味 ❶水をかけて、まんべんなくうるおす。また、水を流し入れる。そそぐ。例灌漑《カンガイ》。灌仏《カンブツ》。❷水をそそいで洗う。例灌頂《カンジョウ》。❸草木がむらがって生える。例灌木《カンボク》。

【灌▼漑《カンガイ》】（名・する）水を川や湖などから引いて、農地をうるおすこと。例―用水。畑を―する。

【灌頂《カンジョウ・カンチョウ》】〔頭のいただきに水をそそぐ意〕〔仏〕①真言宗などで、入門のときや教えを伝授したときに、香水《コウズイ》を注ぐ密教の儀式《ギシキ》。②墓参りなどで、墓に水をかけること。

【灌水《カンスイ》】（名・する）水をそそぐこと。例―装置。

【灌注《カンチュウ》】（名・する）①水などをそそぎかけること。②水が流れること。ほとばしること。

【灌腸《カンチョウ》】（名・する）肛門《コウモン》から腸に薬液を注入すること。表記「▼浣腸」とも書く。

【灌仏《カンブツ》】〔仏〕仏像に香水《コウズイ》や甘茶《あまチャ》などをそそぎかけること。類浴仏。例―会《エ》（＝四月八日に釈迦《シャカ》が誕生したことを祝い、釈迦をかたどった仏像に香水や甘茶などをそそぎかける行事）。

【灌木《カンボク》】⇩【低木《テイボク》】（69ページ）

氵17 【瀰】 20画 6348 7030 音ビ漢 ミ呉 訓わた-る

意味 いっぱいにひろがる。はびこる。例瀰漫《ビマン》。

【瀰漫《ビマン》】（名・する）（ある風潮などが）広まりはびこること。例怠惰《タイダ》な気風が―する。

氵17 【瀾】 20画 6349 703E 音ラン漢呉 訓なみ

意味 波。大きな波。また、波立つ。例狂瀾怒濤《キョウランドトウ》。

【瀾漫《ランマン》】（形動《タルト》）①乱雑なようす。散らばっていくようす。②道義などが乱れているようす。

氵17 【瀲】 20画 6350 7032 音レン漢 訓うか-ぶ・なぎさ

意味 ❶波打ちぎわ。みぎわ。❷波がゆれうごくようす。例瀲瀲《レンレン》（＝波がゆれるようす。また、水があふれるようす）。❸「瀲灩《レンエン》」は、さざ波が立って光りかがやくようす。例水光瀲灩《スイコウレンエン》（＝水面がきらきら光る）。

難読 波瀲《なぎさ》

氵17 ［瀕］ 20画 ⇩【瀕】《ヒン》（626ページ）

氵18 ［灘］ 21画 ⇩【灘】《タン》（627ページ）

氵19 【灑】 22画 6351 7051 音サイ漢 シャ呉 訓そそ-ぐ

意味 ❶水をまく。また、水をふりかけてあらう。そそぐ。同 洒《サイ》。例 灑掃《サイソウ》(=掃除《ソウジ》する)。❷ものごとにこだわらず、さっぱりしているようす。同 洒《シャ》。例 灑落《シャラク》(=さっぱりしている)。瀟灑《ショウシャ》。

氵19
【灘】 22画 3871 7058 人名
音 ダン(慣) タン(漢)(呉)
訓 なだ

氵18
【灘】 21画 俗字

意味 川の水が浅く、流れが急で船で行くのに危険なところ。はやせ。せ。例 急灘《キュウダン》。

日本語での用法 《なだ》陸から遠く、潮の流れが急で波のあらい海。「鹿島灘《かしまなだ》・玄界灘《ゲンカイなだ》」

氵22
【灣】 25画 ⇩【湾】《ワン》(612ページ)

86 4画 火 ひ ひへん(灬 れっか れんが)部

もえあがるほのおの形をあらわす。「火」が下につくとき「灬」(列火・列火 れっか)(連火 れんが)」となることがある。「火」をもとにしてできている漢字と、「灬」の字形を目じるしにして引く漢字とを集めた。

0 火 2 灰 灯 灰 3 灸 災 灼 灶 4 炎 炙 炊 炒 炉 5 為 炯 炬 炸 炭 点 炳 炮 6 烏 烋 烝 烙 烈 烟 7 焉 烹 烽 焔 烱 8 焰 焜 煮 焼 焦 然 無 焚 焙 煉 9 煙 煥 煦 煢 煌 照 煎 煖 煤 煩 煬 煉 煙 煕 煮 10 熙 熊 熏 熒 熕 熄 煽 熔 煽 11 熨 熬 熟 熱 熙 12 燕 燗 熹 熾 燉 燃 燔 燎 燗 燒 燈 13 燠 燬 燦 燮 燭 燧 燥 燵 燐 營 14 燻 燼 燹 燿 燿 15 爍 爆 16 爐 17 爛 25 爨

この部首に所属しない漢字

杰⇩木 520　畑⇩田 678　秋⇩禾 732　羔⇩羊 800
魚⇩魚 1093　黒⇩黒 1110　勞⇩力 151　毯⇩毛 569
榮⇩木 544　勳⇩力 152　瑩⇩玉 668　默⇩黒 1110
螢⇩虫 880　黛⇩黒 1111　黨⇩黑 1111　鶯⇩鳥 1104

火 0
【火】 4画 1848 706B 教育1
音 カ(漢)(呉) コ(唐)
訓 ひ・ほ

筆順

なりたち [象形] ほのおが上にめらめらと上がる形。

意味 ❶ものが燃えるときに生じる光や熱。ほのお。ひ。例 火炎《カエン》。火気《カキ》。発火《ハッカ》。❷あかり。ともしび。例 漁火《ギョカ》。灯火《トウカ》。❸もえる。やける。また、やく。例 火災《カサイ》。火事《カジ》。火葬《カソウ》。❹(火がついたように)ものごとがさしせまる。また、激しいようす。例 火急《カキュウ》。心火《シンカ》。❺五行《ゴギョウ》の一つ。方位では南、季節では夏をあらわす。

難読 火熨斗《ひのし》

【火炎】《カエン》 燃え上がる火。また、ほのお。例 —放射器。表記 ㊐火▼焔

【火▼焔】《カエン》 (「焔」は、ほのおの意)「火炎《カエン》」に同じ。例 —太鼓《ダイコ》(=わくの周囲に、燃え立つほのおのかざりがある太鼓)。表記 ㊍火炎

【火気】《カキ》 ①火の気《ケ》。例 —厳禁。②火の勢い。

【火器】《カキ》 ①火薬で発射する武器。銃《ジュウ》や大砲《タイホウ》。例 重—。小—。②火を入れるうつわ。火ばちなど。

【火急】《カキュウ》 (名・形動《ナダ》) ひじょうにさしせまっていること。例 —の用事。

【火牛】《カギュウ》 ウシの角《つの》に刀を結び、尾《お》には、油を注いだ葦《あし》を結んで火をつけて、敵に向かわせた。戦国時代、斉《セイ》の田単《デンタン》が使った戦法。火牛の計。

【火刑】《カケイ》 火あぶりの刑。例 —にあって殉教《ジュンキョウ》した。

【火口】《カコウ》 一 火山の噴火口《フンカコウ》。けむりや溶岩《ヨウガン》の出るところ。二《ひぐち》 ボイラーの火たきぐち。ほくち。三《ほくち》 火打ち石でおこした火を、うつしとるもの。

【火口原】《カコウゲン》 火山が爆発《バクハツ》したり陥没《カンボツ》したりして、山の上部にできた平らなところ。

【火口湖】《カコウコ》 火山の火口に水がたまってできた、みずうみ。

【火災】《カサイ》 火による災難や災害。火事。例 —報知機。

【火災保険】《カサイホケン》 火災の損害をおぎなうための損害保険。

【火山】《カザン》 地下のマグマが地上に噴出《フンシュツ》したり、マグマの上昇《ジョウショウ》で地面が盛り上がったりしてできた山。また、溶岩やガスを噴出している山。例 —灰《ばい》。海底—。

【火事】《カジ》 建物や山林などが焼ける災害。例 山—。船《ふな》—。

【火車】《カシャ》 一 ①古代中国の戦争で、火ぜめに使ったくるま。②〔仏〕罪人を乗せて地獄《ジゴク》へ運んでいく、火で燃えているくるま。ひのくるま。二【火の車】《ひのくるま》 お金がなくて家計が苦しいことや、切りぬけるための方策が立たないことのたとえ。

【火酒】《カシュ》 焼酎《ショウチュウ》やウオツカのような強い酒。アルコール分が多く、火をつけると燃える。

【火床】《カショウ》《ひどこ》 ストーブやふろがまの、火をたくところ。

【火傷】《カショウ》《やけど》 火や熱湯、また冷たいドライアイスなどにふれて、皮膚《ヒフ》がただれること。また、そのきず。

【火食】《カショク》 (名・する) 食物に火を通し、煮《に》たり焼いたりしてたべること。対 生食《セイショク》。

【火▼燼】《カジン》 火が燃えたあと。もえかす。

【火星】《カセイ》 太陽系の四番目の惑星《ワクセイ》。直径は地球の約半分で、赤く光る。熒惑《ケイコク》。

【火勢】《カセイ》 火の燃えるいきおい。例 折からの風で—が強くなった。

【火成岩】《カセイガン》 マグマが固まってできた岩石。地表でできた火山岩、地下で固まった深成岩、その中間的な、半深成岩がある。

【火葬】《カソウ》 (名・する) 死体を焼いて残った骨をほうむること。茶毘《ダビ》。対 水葬・土葬・風葬。例 —場。

【火宅】《カタク》 〔仏〕苦しみや不安に満ちているこの世を、燃えさかる家にたとえたことば。現世。類 娑婆《シャバ》。

【火中】《カチュウ》 一 (名) 火のなか。例 —の栗《くり》を拾う(=他人のために危険な思いをする)。二 (名・する) 火のなかに入れて焼き捨てること。例 手紙を—にする。

【火田】《カデン》 山野を焼き、その灰を肥料としてその場所で耕作をする農法。焼き畑《はた》。

【火斗】《カト》 ①炭火を運ぶ柄《え》のついたうつわ。十能《ジュウノウ》。②炭火を入れて衣服のしわをのばす道具。火のし。

【火▼遁】《カトン》 火によって身をかくし、敵からのがれる忍術《ニンジュツ》。

例—の術。

【火《カ》難《ナン》】火によって受ける、わざわい。火災。例—の相《ソウ》。

【火《カ》兵《ヘイ》】〔「兵」は、武器の意〕銃《ジュウ》や大砲《タイホウ》など、火薬の力で弾丸《ダンガン》を発射する兵器。火器。

【火《カ》兵《ヘイ》戦《セン》】火兵による戦闘《セントウ》。対 白兵戦。

【火《カ》砲《ホウ》】口径の大きい火器。大砲。

【火《カ》薬《ヤク》】激しい爆発《バクハツ》を起こす薬品。花火や、爆弾《バクダン》・ダイナマイトなどに使う。例—庫。

【火《カ》曜《ヨウ》】日曜からかぞえて、週の三番目の曜日。火曜日。

【火《カ》力《リョク》】①火の力。火の勢い。例—発電所。②火薬による大砲《タイホウ》や銃《ジュウ》などの威力《イリョク》。例—をほこる戦隊。

【火《カ》炉《ロ》】①火ばちやいろりなど、火を入れてあたたかくするもの。②香《コウ》をたくうつわ。香炉《コウロ》。③ボイラーの燃料を燃やすところ。かま。

【▽火《コ》▼燵《タツ》】やぐらの中に炉《ロ》や電熱器を入れて、ふとんをかぶせた暖房《ダンボウ》具。足やひざを入れてあたたまる。例—にあたる。表記「▼炬▼燵」とも書く。

【火《ひ》▼桶《おけ》】木で作った、まるい火ばち。内側には金属板が張ってある。

【火《ひ》皿《ざら》】①火縄銃《ひなわジュウ》の、火薬を入れるところ。②キセルの、タバコをつめるところ。③ストーブなどの、燃料をのせて燃やす格子《コウシ》の部分。火《ひ》格子《ゴウシ》。

【火《ひ》種《だね》】①火をおこすときの、もとになる小さな火。例—をもらって火をおこす。②争いごとの原因。例—を残す。

【火《ひ》玉《だま》】①空中を飛ぶ火の玉。②キセルにつめたタバコの火のかたまり。

【火《ひ》▽達磨《ダルマ》】全体が火につつまれて燃えていること。例—になってがんばる。

【火《ひ》縄《なわ》】昔の鉄砲《テッポウ》の導火線。竹やヒノキの皮などの繊維《センイ》に硝石《ショウセキ》をふくませたもの。

【火縄《ひなわ》銃《ジュウ》】火縄で点火して発射する銃。室町《むろまち》時代にポルトガルから伝えられた。火縄筒《づつ》。種子島《たねがしま》。

【火《ひ》箸《ばし》】炭火を持つための金属製のはし。例焼け—(=炭火で熱くなった火箸)。

【火《ひ》柱《ばしら》】勢いが強く、空中に柱のように燃え上がった火。例—が立つ。

【火《ひ》鉢《バチ》】中に灰を入れて中央に炭火を置き、手や室内をあたためる道具。例長—。

【火《ひ》花《ばな》】石や金属が激しくぶつかり合ったり、放電したりするときに飛び散る細かい火。例—を散らす(=激しく争う)。

【火《ひ》蓋《ぶた》】火縄銃《ひなわジュウ》の火皿をおおうふた。例—を切る(=戦いや試合などを始める)。

【火《ひ》元《もと》】①火事の出た場所や、出した家。例—の確認《カクニン》を急ぐ。②火のある場所。ひのもと。例—を確かめてから外出する。③事件やさわぎのもと。例うわさの—。

【火《ほ》影《かげ》】①暗がりで見える火の光。例風でろうそくの—がゆれる。②ともしびに照らし出された姿や形。例障子《ショウジ》に—が映る。表記▽「▽灯影」とも書く。

◒引火《インカ》・口火《くちび》・下火《したび》・出火《シュッカ》・消火《ショウカ》・戦火《センカ》・大火《タイカ》・耐火《タイカ》・鎮火《チンカ》・点火《テンカ》・電光石火《デンコウセッカ》・灯火《トウカ》・発火《ハッカ》・噴火《フンカ》・放火《ホウカ》・防火《ボウカ》

火 2
【灰】
6画 1905 7070 教育6 音 カイ漢 訓 はい

筆順
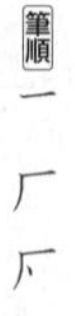

なりたち

[会意]「火(=ひ)」と「𠂇(=手)」とから成る。手で持てるほどになった燃え残り。

意味 ❶ものが燃えつきたあとに残る粉。もえかす。はい。例灰塵《カイジン》(=灰《はい》と、ちり。価値のないもの)。灰燼《カイジン》。❷焼きつくしてはいになる。ほろびる。例灰滅《カイメツ》(=すっかりほろびること)。❸黒と白の中間の色。はいいろ。例灰白色《カイハクショク》。

難読 石灰《シックイ》

【▽灰《あ》▽汁《く》】①はいを水にとかした汁《しる》のうわずみ。例—で洗う。②植物にふくまれる、しぶい成分。例—をぬく。③人の性質や文章などにあらわれる、どぎつさ。例—の強い作品。

【灰《カイ》▼燼《ジン》】はいと燃え残ったかす。例—に帰《キ》す(=火事ですっかり焼けてしまう)。

【灰《カイ》土《ド》】はいと土。土灰。例—と化す(=焼けてあれ果てる)。

【灰《カイ》白《ハク》色《ショク》】灰色《はいいろ》がかった白色。

【灰《カイ》分《ブン》】①燃えかす。はい。②食物の中にふくまれている鉱物質の栄養素。ミネラル。

【灰《はい》神楽《かぐら》】火ばちなどの中の、熱をもった灰に水や湯をこぼしたとき、灰がまい上がること。また、その灰やけむり。例—が立つ。

火 2
【灯】
6画 3784 706F 教育4 音 A トウ漢呉 ドン唐 B テイ漢 チン唐 訓 ひ・ともしび

筆順
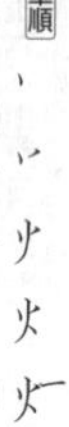

A 火12【燈】16画 3785 71C8 人名
B 火2【灯】6画 3784 706F

なりたち A[燈][形声]「火(=ひ)」と、音「登《トウ》」とから成る。油皿《あぶらざら》のついた、火をともす道具。派生して「ともしび」の意。
B[灯][形声]「火(=ひ)」と、音「丁《テイ》」とから成る。はげしい火。

意味 A[燈]❶明かり。ともしび。ひ。例灯火《トウカ》。街灯《ガイトウ》。提灯《チョウチン》。❷〔仏〕世を照らす仏の教え。例仏灯《ブットウ》。法灯《ホウトウ》。
B[灯]はげしい火。

【灯《トウ》下《カ》】明かりのもと。明かりのそば。例—に書をひろげる。

【灯《トウ》火《カ》】ともしび。明かり。例—親しむべき候。

【灯《トウ》火《カ》親《した》しむべし】秋の夜は明かりのそばで本を読むのに最も適している。

【灯《トウ》心《シン》】〔「とうしみ」とも〕あんどんやランプなどの、灯油にひたして火をともす、しん。

【灯《トウ》台《ダイ》】①岬《みさき》や半島などに建てて、船の安全のために、夜は強い光を放って航路を示す塔《トウ》。ライトハウス。灯明台《トウミョウダイ》。②昔、照明のために油皿をのせた台。灯明台。

【灯《トウ》台《ダイ》下《もと》暗《くら》し】「灯台②」のすぐ下は、まわりよりも暗いことから、身近なことはかえって気がつきにくいことのたとえ。

【灯《トウ》明《ミョウ》】①神や仏に供える明かり。②ともしび。また、ともしびの明るいこと。

【灯《トウ》油《ユ》】①燃やして明かりにするあぶら。②ストーブなどの燃料にするあぶら。原油を、低い温度で蒸留して得られる。

【灯《トウ》籠《ロウ》】昔の照明器具。竹や木で作った枠《わく》に紙をはって室内に置いたり、石や金属で作って庭にすえたりする。例—流し。石《いし》—《ドウロウ》。

◒行灯《アンドン》・外灯《ガイトウ》・街灯《ガイトウ》・幻灯《ゲントウ》・消灯《ショウトウ》・走馬灯《ソウマトウ》・提灯《チョウチン》・点灯《テントウ》・電灯《デントウ》

火 2【灰】6画 ⇩【灰】《カイ》(628ページ)

火 3
【灸】 7画 2168 7078 人名
音 キュウ(漢) 訓 やいと
意味 もぐさを体に置いて火をつけ、その熱で治療する方法。きゅう。やいと。例 灸治《キュウジ》。鍼灸《シンキュウ》(=はりと、きゅう)。
【灸治】《キュウジ》(名・する)きゅうによって、病気や痛み、また、つかれなどをなおすこと。
【灸▼鍼】《キュウシン》きゅうと、はり。鍼灸《シンキュウ》。
【灸点】《キュウテン》[一](名)きゅうをすえる場所に墨《すみ》でつける小さなしるし。[二](名・する)きゅうをすえること。

火 3
【災】 7画 2650 707D 教育5
音 サイ(漢)(呉) 訓 わざわ-い
筆順 
なりたち  [会意]「火(=ひ)」と、音「巛《サイ》(=わざわい)」とから成る。天が起こす火のわざわい。
意味 ❶火事。例 火災《カサイ》。❷地震《ジシン》・洪水《コウズイ》など、自然界に起こるわざわい。また、不幸をもたらすできごと。例 災害《サイガイ》。災難《サイナン》。天災《テンサイ》。
【災禍】《サイカ》自然から受けるわざわい。例 台風による—。
【災害】《サイガイ》思いがけず起こり、人の力では防ぎきれない(ことの多い)わざわい。また、それによる損害。例 —救助。
【災難】《サイナン》思いもしない不幸なできごと。例 とんだ—にあう。
【災厄】《サイヤク》〔「厄」も、わざわいの意〕不幸なできごと。わざわい。災難。例 —にあわない心がけ。
●火災《カサイ》・震災《シンサイ》・人災《ジンサイ》・戦災《センサイ》・息災《ソクサイ》・大震災《ダイシンサイ》・天災《テンサイ》・被災《ヒサイ》・防災《ボウサイ》・罹災《リサイ》・労災《ロウサイ》

火 3
【灼】 7画 2862 707C 人名
音 シャク(漢) 訓 や-く
意味 ❶あぶる。やく。例 灼熱《シャクネツ》。❷光りかがやく。また、あきらか。例 灼灼《シャクシャク》。
【灼灼】《シャクシャク》(形動《トタル》)光りかがやくようす。
【灼然】《シャクゼン》(形動《トタル》)①かがやくようす。②あきらかなようす。
【灼熱】《シャクネツ》(名・する)焼けて熱くなること。焼けつくように熱いこと。例 —の太陽。

火 3
【灶】 7画 ⇩【竈】《ソウ》(743ページ)

火 4
【炎】 8画 1774 708E 常用
音 エン(漢)(呉) 訓 ほのお・ほむら
筆順 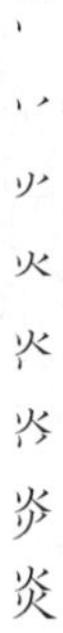
なりたち  [会意]「火(=ひ)」を重ねる。さかんに燃え上がるほのお。
意味 ❶燃え上がる火。ほのお。例 火炎《カエン》。❷さかんに燃える。例 炎炎《エンエン》。炎上《エンジョウ》。❸燃えるように熱い。例 炎暑《エンショ》。炎天《エンテン》。❹熱や痛みを起こす病気。例 炎症《エンショウ》。胃炎《イエン》。
難読 火炎《ほむら》・陽炎《かげろう》
人名 あつし
【炎炎】《エンエン》(形動《トタル》)火がさかんに燃えるようす。例 —と燃える。表記 (旧)▼焔▼焔
【炎火】《エンカ》ほのおを上げて激しく燃える火。表記 (旧)▼焔火
【炎夏】《エンカ》暑い夏。真夏。
【炎暑】《エンショ》真夏の、焼けるようなあつさ。(類)酷暑《コクショ》・猛暑《モウショ》。例 —の季節。
【炎症】《エンショウ》からだの一部分が熱をもって、赤くはれたり痛んだりする症状。例 —がおさまる。
【炎上】《エンジョウ》(名・する)(大きな建物が)燃え上がること。例 大仏殿《ダイブツデン》が—したという記録。
【炎心】《エンシン》ほのおの中心部(の暗いところ)。表記 (旧)▼焔心
【炎帝】《エンテイ》①中国の伝説上の帝王。神農氏《シンノウシ》。②夏や南方をつかさどる神。③太陽。
【炎天】《エンテン》焼けるように暑い真夏の空。例 —下の仕事。
【炎熱】《エンネツ》夏の焼けるような暑さ。炎暑。例 肌《はだ》をこがす—。
【炎熱地獄】《エンネツジゴク》⇩【焦熱地獄】《ショウネツジゴク》(633ページ)
●胃炎《イエン》・火炎《カエン》・気炎《キエン》・脳炎《ノウエン》・肺炎《ハイエン》

火 4
【炙】 8画 6353 7099
音 シャ(漢)(呉) セキ(漢) 訓 あぶ-る
意味 ❶肉を火の上で焼く。あぶる。また、あぶり肉。例 膾炙《カイシャ》。❷先生に親しく接して教えを受ける。例 親炙《シンシャ》。
難読 炙物《あぶりもの》・炙魚《やきもの|やきざかな》

火 4
【炊】 8画 3170 708A 常用
音 スイ(漢) 訓 た-く・かし-ぐ
筆順 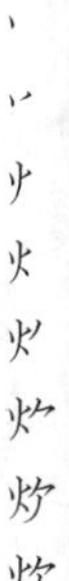
なりたち   [形声]「火(=ひ)」と、音「吹《スイ》」の省略体とから成る。かまどで飯をたく。
意味 食べ物を煮《に》たきする。飯をたく。例 炊事《スイジ》。炊飯《スイハン》。自炊《ジスイ》。
人名 い・かし・とぎ・とぐ
【炊煙】《スイエン》かまどのけむり。例 一条の—を見る。
【炊▼爨】《スイサン》(名・する)〔「爨」は、かまどの意〕煮《に》たりたいたりすること。炊事。例 飯盒《ハンゴウ》—。
【炊事】《スイジ》(名・する)煮《に》たりたいたりして、食べ物をつくること。例 —場《ば》。—当番。
【炊飯】《スイハン》ごはんをたくこと。例 —器。
●自炊《ジスイ》・雑炊《ゾウスイ》

火 4
【炒】 8画 6354 7092
音 ソウ(漢) ショウ(呉) 訓 い-る・いた-める
意味 ❶なべで、いる。あぶりこがす。例 炒《い》り豆《まめ》。❷油でいためる。いためる。例 炒飯《チャーハン》。
【炒飯】《チャーハン》〔中国語音〕ご飯と肉・たまご・野菜などをいためた中華《チュウカ》料理。焼き飯《めし》。

火 4
【炉】 8画 4707 7089 常用
音 ロ(漢)(呉) 訓 いろり
筆順 

火16
【爐】 20画 6404 7210
なりたち [形声]「火(=ひ)」と、音「盧《ロ》」とから成る。いろり。
意味 ❶火ばち。いろり。(同)鑪《ロ》。例 炉辺《ロヘン》。暖炉《ダンロ》。❷香《コウ》をたくつぼ。(同)鑪。例 香炉《コウロ》。❸火を入れて燃やしたり、熱したりする装置。例 原子炉《ゲンシロ》。溶鉱炉《ヨウコウロ》。
難読 囲炉裏《いろり》
【炉心】《ロシン》原子炉の中心部。
【炉端】《ろばた》いろりのへり。いろりばた。例 —焼き。
【炉辺】《ロヘン》いろりのまわり。ろばた。例 —談話(=ろばたでなごやかに語りあうこと)。
●懐炉《カイロ》・原子炉《ゲンシロ》・香炉《コウロ》・高炉《コウロ》・増殖炉《ゾウショクロ》・暖炉《ダンロ》・動力炉《ドウリョクロ》・溶鉱炉《ヨウコウロ》

灬 5
【為】
9画 1657 70BA 常用
音 イ 漢 呉　訓 す-る・な-す・ため　付表 為替《かわせ》

筆順 、 ソ ソ 为 為 為 為 為

爫 8
【爲】
12画 6410 7232 人名

なりたち 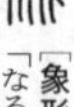 ［象形］サルの形。派生して「作為《サクイ》する」「なる」の意。参考 甲骨《コウコツ》文字などの古い字形は「手」と「象(=ゾウ)」とから成る、とされる。

意味 ❶おこなう。つくる。する。なす。例 為政者《イセイシャ》。作為《サクイ》。❷漢文訓読で、㋐「(…と)なす」と読み、…とする、…と思う、の意をあらわす。例 以レ我為二小人一《われをもってショウジンとなす》(=私のことをつまらぬ人間だと思う)。㋑「(…と)なる」「…たり」と読み、…となる、…である、の意をあらわす。例 為レ王《オウとなる》。為二名将一《メイショウたり》。㋒〔助字〕「(…の)ために」と読み、…のために、…に対して、などの意をあらわす。例 為二他人一言《タニンのためにいう》。

難読 以為《おもえらく》
人名 おさむ・これ・さだ・しく・しげ・すけ・ち・なり・なる・ゆき・よし・より

【為我】《イガ》 自分だけの利益のために行動すること。例 ―主義。
【為政】《イセイ》 政治をおこなうこと。類 執政《シッセイ》。例 ―者。
【為替】《かわせ》 取り引きのとき、現金の代わりに証書などで送金する方法。また、その証書など。

●有為《ウイ・ユウイ》・行為《コウイ》・作為《サクイ》・人為《ジンイ》・無為《ムイ》

火 5
【炯】
9画 6355 70AF
音 ケイ 漢 キョウ 呉　訓 あき-らか

火 7
［烱］
11画 6356 70F1 俗字

意味 ❶明るい光。また、光りかがやくようす。例 炯炯《ケイケイ》。❷はっきりしている。あきらか。例 炯眼《ケイガン》。

【炯眼】《ケイガン》 ものごとの本質を、明らかに見通す眼力《ガンリキ》。
【炯炯】《ケイケイ》 (形動タルト) (目が)するどく光りかがやくようす。例 ―たる眼光。

火 5
【炬】
9画 *6357 *70AC
音 キョ 漢 コ 呉　訓 かがり

意味 ❶小枝やアシなどを束ねて先に火をつけたもの。たいまつ。かがりび。かがり。例 炬火《キョカ》。❷やく。たく。❸ろうそく。

難読 炬火《たいまつ》

【炬火】《キョカ》 たいまつ。かがりび。
【炬▼燵】《コタツ》 熱源の上にやぐらを置き、ふとんをかけた暖房《ダンボウ》具。表記「▽火▼燵」とも書く。

火 5
【炸】
9画 6358 70B8
音 サク 漢　訓 さ-ける

意味 (火薬が)爆発《バクハツ》する。さける。例 炸裂《サクレツ》。

【炸薬】《サクヤク》 爆弾《バクダン》や砲弾《ホウダン》などを炸裂《サクレツ》させる火薬。
【炸裂】《サクレツ》 (名・する) 爆薬《バクヤク》によって破裂すること。例 爆弾《バクダン》が―する。

火 5
【炭】
9画 3526 70AD 教育3
音 タン 漢 呉　訓 すみ

筆順 丶 山 山 屵 岸 岸 炭 炭

なりたち  ［形声］「火(=ひ)」と、音「屵《カン→タン》」とから成る。木を焼いて灰となる前の、黒いもの。

意味 ❶木をむし焼きにして作った燃料。また、木の燃えたあとに黒く残る燃えかす。例 木炭《モクタン》。練炭《レンタン》。❷「石炭《セキタン》」の略。例 炭鉱《タンコウ》。炭田《タンデン》。❸「炭素《タンソ》」の略。例 炭酸《タンサン》。炭水化物《タンスイカブツ》。

難読 炭斗《すみとり》

【▽炭▼櫃】《すびつ》 〔「櫃《ひつ》」は、ふたのある箱の意〕 ①いろり。炉《ロ》。②角火鉢《カクひばち》。
【炭火】《すみび》 炭でおこした火。また、火がついて赤くなっている炭。例 魚の―焼き。
【▽炭▽団】《タドン》 〔「ドン」は、唐音《トウオン》〕 すみの粉をまるく固めた燃料。
【炭化】《タンカ》 (名・する) ①有機物が化学変化を起こして、ほとんど炭素だけになること。②ある物質が炭素と化合すること。例 ―物。―カルシウム。
【炭坑】《タンコウ》 石炭をほり出すためのあな。
【炭鉱】《タンコウ》 石炭をほり出す鉱山。例 ―が閉山する。
【炭酸】《タンサン》 〔化〕 炭酸ガス(=二酸化炭素)が水にとけてできる弱い酸。例 ―水。
【炭水】《タンスイ》 ①石炭と水。例 ―車(=蒸気機関車に連結する、炭水を積んだ車両)。②炭素と水素。例 ―化物(=炭素・水素・酸素の化合物。でんぷんや砂糖など)。
【炭素】《タンソ》 〔化〕 ダイヤモンド・石炭などをつくっている無味で、無臭《ムシュウ》の固体元素。自然界には化合物として広く存在する。元素記号 C
【炭田】《タンデン》 石炭を多く産出する地域。例 筑豊《チクホウ》―。

●活性炭《カッセイタン》・泥炭《デイタン》・塗炭《トタン》・木炭《モクタン》

灬 5
【点】
9画 3732 70B9 教育2
音 テン 漢 呉　訓 つ-く・つ-ける・とも-す・とも-る・た-てる・ちょぼ

筆順 丨 ⺊ ⺊ 占 占 占 点 点

黑 5
【點】
17画 8358 9EDE

なりたち  ［形声］「黑(=くろ)」と、音「占《セン→テン》」とから成る。小さな黒いもの。

意味 ❶小さい、円形・しずく形のしるし。ぽち。「、」や「・」。例 点線《テンセン》。❷文章の切れ目につけるしるし。例 句点《クテン》。読点《トウテン》。句読点《クトウテン》。❸漢字の筆画の一つ。例 点画《テンカク》。❹しずく。例 点滴《テンテキ》。❺しるしをつける。しるしをつけて調べる。例 点検《テンケン》。点呼《テンコ》。点睛《テンセイ》。❻火や明かりをつける。ともす。例 点火《テンカ》。点滅《テンメツ》。貧者《ヒンジャ》の一灯《イットウ》を点《テン》ずる。❼茶をたてる。例 点茶《テンチャ》。❽ある特定の箇所《カショ》やことがら。例 欠点《ケッテン》。終点《シュウテン》。地点《チテン》。❾首を上下にふる。うなずく。例 点頭《テントウ》。❿時刻を知らせるために打つ音を数えることば。例 一点鐘《イッテンショウ》。寅《とら》の一点《イッテン》。

日本語での用法 《テン》 成績の評価の数値。「採点《サイテン》・満点《マンテン》・点《テン》が辛《から》い・よい点《テン》を取《と》る」

【点火】《テンカ》 (名・する) 火をつけること。例 ―装置。
【点画】《テンカク》 漢字を形づくる点と線。例 ―を正しく書く。
【点眼】《テンガン》 (名・する) 目薬をさすこと。点薬。例 ―薬。
【点鬼簿】《テンキボ》 〔「鬼《キ》」は、死者の意〕 死者の姓名《セイメイ》を記した帳簿。過去帳。例 ―にはいる(=死ぬ)。
【点景】《テンケイ》 風景画や風景写真に、味わいを出すためにそえる人物や動物。例 ―人物。表記「添景」とも書く。
【点検】《テンケン》 (名・する) 正常かどうかなどを、一つ一つ検査すること。よく調べること。例 定期―。ガス器具を―する。
【点呼】《テンコ》 (名・する) 人員を確認《カクニン》するために、ひとりひとりの名を呼ぶこと。例 ―をとる。

【点在《テンザイ》】(名・する) ぽつりぽつりと散らばって存在すること。散在。例 山奥《やまおく》に―する集落。

【点字《テンジ》】 目の不自由な人が指先でふれて読み取れるようにした、文字に代わる符号《フゴウ》。

【点心《テンシン》】〔「テンジン」とも〕①〔仏〕禅宗《ゼンシュウ》で、正午前後にとる少量の食物。②中華《チュウカ》料理の最後に出す菓子《カシ》。③茶うけの菓子。茶菓子。

【点数《テンスウ》】 ①得点や評価など、評価を数であらわしたもの。②品物の数。例 展覧会の出品―。

【点▼睛《テンセイ》】〔「睛」は、ひとみの意〕最も重要なことを最後に加えて、完成させること。例 ―を欠く。→【画竜点睛《ガリョウテンセイ》】(677ページ)

【点線《テンセン》】 多くの点が並んでつくられた線。対 実線。例 地図上に境界を―で示す。

【点茶《テンチャ》】 抹茶《マッチャ》をたてること。

【点▼綴《テンテイ》】(名・する)〔「テンテツ」は、慣用読み〕ものがほどよく散らばっていて、美しく見えること。また、散らばっているものが、ほどよくつながってあること。例 山あいにわらぶき屋根の家が―している。

【点滴《テンテキ》】 一(名・する) 栄養・薬・水分・血液などを一滴ずつ、時間をかけて静脈《ジョウミャク》に注入すること。二(名) 雨だれなどの水のしずく。したたり。例 ―石をうがつ。

【点灯《テントウ》】(名・する) 明かりをつけること。対 消灯。例 自転車のライトを―する。

【点頭《テントウ》】(名・する) 感心したり承知したりして、うなずくこと。類 首肯《シュコウ》。

【点描《テンビョウ》】(名・する) ①細かい点や短い線でものの形をあらわす、絵のかき方。例 ―画。②ものごとや、人物の特徴《トクチョウ》的な部分を取り出して、描写《ビョウシャ》すること。例 人物―。

【点滅《テンメツ》】(名・する) 明かりがついたり消えたりすること。例 横断歩道の青信号が―しはじめる。

【点訳《テンヤク》】(名・する) 目の不自由な人のために、文字を点字に直すこと。点字訳。例 辞書を―する。

【点薬《テンヤク》】 一(名) 目ぐすり。点眼薬。二(名・する) 目ぐすりをさすこと。点眼。
● 汚点《オテン》・合点《ガテン・ガッテン》・観点《カンテン》・起点《キテン》・極点《キョクテン》・拠点《キョテン》・欠点《ケッテン》・原点《ゲンテン》・採点《サイテン》・失点《シッテン》・視点《シテン》・時点《ジテン》・弱点《ジャクテン》・重点《ジュウテン》・濁点《ダクテン》・地点《チテン》・頂点《チョウテン》・得点《トクテン》・難点《ナンテン》・美点《ビテン》・満点《マンテン》・盲点《モウテン》・要点《ヨウテン》・力点《リキテン》・利点《リテン》・論点《ロンテン》

火 5
【炳】
9画 6359 70B3 音 ヘイ漢 ヒョウ呉 訓 あき-らか・かがや-く

意味 ❶明るく、はっきりしているようす。あきらか。例 炳焉《ヘイエン》・炳然《ヘイゼン》(=明白なようす)。炳炳《ヘイヘイ》(=明らかなようす)。❷明かりをつける。ともす。例 炳燭《ヘイショク》(=ともしびをつける)。
難読 炳然《いちじるしい》・炳焉《いちじるしい》

火 5
【炮】
9画 6360 70AE 音 ホウ漢 訓 あぶ-る

意味 火に当てて、まる焼きにする。あぶる。つつみやき。例 炮煎《ホウセン》(=あぶることと、煮《に》つめること)。炮烙《ホウラク》。
【炮▼烙】 一《ホウラク》 殷《イン》の紂王《チュウオウ》がおこなったという、火あぶりの刑《ケイ》。油をぬった銅柱を火の上にかけて罪人にその上を歩かせた。例 ―の刑。二《ホウロク》 素焼《すや》きの浅い土なべ。表記 二は「▼焙▼烙」とも書く。

灬 6
【烏】
10画 1708 70CF 人名 音 オ漢 ウ呉 訓 からす・いずく-んぞ

なりたち  [象形] 孝行な鳥であるカラスの形。

意味 ❶カラス科の鳥のうち、大形でくちばしが大きく、全体に黒色の鳥。カラス。例 烏合《ウゴウ》。寒烏《カンウ》。❷〔太陽の中に三本足のカラスがすむという伝説から〕太陽。日《ひ》。例 烏兎《ウト》。❸(カラスのように)黒い。例 烏衣《ウイ》(=黒いきもの。また、ツバメ)。烏鷺《ウロ》。❹感嘆《カンタン》の声をあらわす。例 烏乎《ああ》。烏呼《ああ》。同 嗚《オ》。❺〔助字〕「いずくんぞ」と読み、どうして…か、の意。疑問・反語をあらわす。例 烏有《いずくんぞあらんや》(=どうして有るだろうか、まったくない)。
難読 烏鵲《かささぎ》・烏鷺《しろくろ》・烏芋《くわい》

【烏▽呼《ああ》】(感) おどろきや、なげきの気持ちをあらわすことば。表記「烏▼乎・▼嗚▽呼」とも書く。

【烏▽竜茶《ウーロンチャ》】〔「ウーロン」は、中国語音〕中国茶の一つ。台湾《タイワン》や福建省に産し、紅茶にやや似ているが、独特の香味《コウミ》がある。葉の仕上がりが黒っぽく、形が竜《リュウ》のつめを思わせるので、この名がある。

【烏▼焉《ウエン》】〔「烏」と「焉」とは字形が似ているところから〕文字の書き誤り。焉烏《エンウ》の誤り。

【烏合《ウゴウ》】 カラスの群れのように、規律なく集まること。例 ―の衆(=規律や統制のとれていない人々の群れ)。
【烏▼鵲《ウジャク》】 カササギ。例 月明らかに星稀《まれ》なり、―南に飛ぶ。〈曹操《ソウソウ》・短歌行《タンカコウ》〉
【烏集《ウシュウ》】(名・する) ①カラスが群れ集まること。烏合《ウゴウ》。②カラスのように人がにわかに集まること。例 ―の交わり(=結びつきがうすくて、争いなどを起こしやすいつきあい)。
【烏賊《ウゾク・いか》】 海にすむ軟体《ナンタイ》動物で、十本の足がある。外敵にあうと墨《すみ》を出してにげる。〔死んだふりをして海面に浮《う》き、近づいてきたカラスをつかまえるということから〕
【烏鳥の私情《ウチョウのシジョウ》】 カラスの子が成長してから、親に恩を返す情愛。→【烏《からす》に反哺《ハンポ》の孝《コウ》あり】
【烏▼兎《ウト》】 ①日《ひ》と月《つき》。〔中国の伝説で、日にはカラス、月にはウサギがいるとされたことから〕②月日《つきひ》。歳月《サイゲツ》。例 ―匆匆《ソウソウ》(=月日のたつのが早いようす)。
【烏飛▼兎走《ウヒトソウ》】〔「烏」は日(=太陽)、「兎」は月の意〕月日のたつのが早いことのたとえ。烏兎匆匆《ウトソウソウ》。
【烏有《ウユウ》】〔訓読して「いずくんぞあらんや」と読む〕まったくないこと。世の中に存在しないこと。皆無《カイム》。例 ―に帰《キ》す。
【烏有先生《ウユウセンセイ》】 架空《カクウ》の人物のこと。〔漢の司馬相如《シバショウジョ》の「子虚《シキョ》の賦《フ》」に、子虚や亡是公《ムゼコウ》とともに設定された、三人の架空の人物のうちの一人〕
【烏▼鷺《ウロ》】〔カラスとサギの意〕①黒と白。②碁石《ゴいし》の別名。例 ―を戦わす(=碁を打つ)。
【烏▽乱《ウロン》】(名・形動《ダ》)〔「ロン」は、唐音《トウオン》〕人物などがあやしく疑わしいこと。胡乱《ウロン》。
【烏▽帽子《エボシ》】〔カラスのような黒い色の帽子《ボウシ》〕昔、成人した男子がかぶり、近世では、おもに公家《クゲ》や武士が用いた。
【烏天▼狗《からすテング》】 全身黒色で、カラスのようなくちばしとつばさをもつ天狗。
【烏《からす》に反哺《ハンポ》の孝《コウ》あり】〔カラスの子は成長すると、親鳥の口に食物をふくませることから〕子が親の養育の恩にむくいることをたとえる。反哺の孝。反哺。→【烏鳥の私情《ウチョウのシジョウ》】
【烏の行水《からすのギョウズイ》】 時間が短く、雑な入浴のたとえ。
【烏の雌雄《からすのシユウ》】〔カラスのめすとおすとは区別しにくいことから〕ものごとの善悪や優劣《ユウレツ》などが、まぎらわしいことのたとえ。例 誰《たれ》か―を知らんや(=いったい、だれがカラスの雌雄を見分けることができようか、できはしない)。〈詩経《シキョウ》〉

灬 6
【烋】 10画 6362 70CB
音 一キュウ漢 ク呉 二コウ漢 訓 さいわ-い・よ-し・よろこ-び

意味 一《キュウ|ク》 ❶りっぱな。よい。同 休《キュウ》。❷「烋烋《キュウキュウ》」は、息づかいのあらいようす。二《コウ》 ほえる。同 哮《コウ》。例 炰烋《ホウコウ》(=咆哮《ホウコウ》)。

灬 6
【烝】 10画 6363 70DD
音 ジョウ慣 ショウ漢 訓 む-す・もろもろ

意味 ❶湯気《ゆげ》を当てて熱する。ふかす。むす。同 蒸《ジョウ》。❷多い。もろもろ。例 烝民《ジョウミン》。

【烝民】《ジョウミン》 多くの人々。万民《バンミン》。

火 6
【烙】 10画 6364 70D9
音 ロク慣 ラク漢 訓 や-く

意味 ❶あぶる。火で焼く。また、火あぶりの刑《ケイ》。例 炮烙《ホウラク》。焙烙《ホウロク》。❷鉄を熱して焼きつけ、しるしをつける。例 烙印《ラクイン》。

【烙印】《ラクイン》 ①昔、刑罰《ケイバツ》として、罪人のひたいなどにおし当てた焼き印《イン》。②消すことのできない汚名《オメイ》。例 卑怯者《ヒキョウもの》の—をおされる。

灬 6
【烈】 10画 4685 70C8 常用
音 レツ漢 訓 はげ-しい

筆順 一 ア 歹 歹 列 列 列 烈

なりたち  [形声]「灬(=ひ)」と、音「列《レツ》」とから成る。火がはげしい。

意味 ❶(火の)勢いが強い。はげしい。また、きびしい。例 烈火《レッカ》。猛烈《モウレツ》。❷性格・気性《キショウ》・正義感などが強い。例 烈士《レッシ》。壮烈《ソウレツ》。❸てがら。すぐれた功績。例 功烈《コウレツ》。

人名 あき・あきら・あつし・いさお・たけ・たけし・ただし・つよし・つら・はげし・やす

【烈火】《レッカ》 激しく燃える火。類 猛火《モウカ》。例 —のごとく怒る。

【烈士】《レッシ》 気性《キショウ》が強く、信念をつらぬいて行動する男子。烈夫《レップ》。列士《レッシ》。対 烈女。

【烈日】《レツジツ》 激しく照りつける太陽。夏の厳しい日照り。例 秋霜《シュウソウ》—(=厳しい刑罰《ケイバツ》、おごそかな権威《ケンイ》、不動の意志などのたとえ)。

【烈女】《レツジョ》 気性《キショウ》が強く、信念をかたく守って行動する女子。烈婦《レップ》。列女《レツジョ》。対 烈士。

【烈婦】《レップ》 「烈女《レツジョ》」に同じ。

【烈風】《レップウ》 激しくふく風。木の太い幹がゆれるような強い風。

【烈烈】《レツレツ》 (形動《トタル》) ひじょうに激しいようす。気性《キショウ》・感情・武力・火の勢いなどについていう。例 —たる気迫《キハク》。

●強烈《キョウレツ》・激烈《ゲキレツ》・鮮烈《センレツ》・壮烈《ソウレツ》・痛烈《ツウレツ》・熱烈《ネツレツ》・猛烈《モウレツ》

火 6
【烟】 10画 ⇩【煙】《エン》(637ページ)

灬 7
【焉】 11画 6365 7109
音 エン漢呉 訓 いずく-んぞ

意味 (助字) ❶「いずくんぞ」と読み、どうして…か、の意。疑問・反語をあらわす。例 焉知レ死《いずくんぞしをしらん》(=どうして死についてわかるだろうか)。❷「いずくにか」と読み、どこに、どこで、の意。疑問をあらわす。例 焉如《いずくにかゆく》(=どこに行くのか)。❸「ここ」「これ」と読み、場所や事物を指し示す。例 心不レ在レ焉《こころここにあらず》(=心がここにない)。❹肯定《コウテイ》・断定の意をあらわす。漢文訓読では読まない。例 余甚惑焉《ヨはなはだまどう》(=私はたいへん困惑《コンワク》する)。❺語の下にそえて、状態をあらわす。例 忽焉《コツエン》(=たちまち)。突然《トツゼン》。

灬 7
【烹】 11画 4303 70F9
音 ホウ漢 訓 に-る

意味 ❶魚肉や野菜をゆでる。料理する。にる。例 烹鮮《ホウセン》。割烹《カッポウ》。❷かまゆでの刑《ケイ》にする。例 烹刑《ホウケイ》。

【烹鮮】《ホウセン》 民《たみ》を治めること。国政。〔大国を治めることは、小魚(=小鮮)を煮《に》るようなものだ。かきまぜたりすると身の形がくずれてしまう。だから政治も同じように、手を加えすぎず、自然のままにおこなうのがよいということ〕〈老子《ロウシ》〉

火 7
【烽】 11画 6366 70FD
音 ホウ漢 訓 のろし

意味 火を燃やし、けむりを上げて急を知らせる合図。のろし。

難読 烽《とぶひ》

【烽火】《ホウカ》 ①敵の襲来《シュウライ》を急いで知らせるためにあげる、火やけむりの信号。のろし。②戦争・戦乱のたとえ。例 —三月《サンゲツ》に連なる(=戦乱は何か月も続いた)。〈杜甫《トホ》・春望《シュンボウ》〉

【烽起】《ホウキ》 (名・する) 〔のろしがあがる意〕 戦乱が起こること。

参考 「蜂起《ホウキ》」は、暴動や兵乱をいっせいに起こすこと。

火 7
【焔】 11画 ⇩【焰】《エン》(632ページ)

火 7
【烱】 11画 ⇩【炯】《ケイ》(630ページ)

火 8
【焰】 12画 1-8749 7130 人名
音 エン漢呉 訓 ほのお・ほむら

火 7
【焔】 11画 1775 7114 俗字

意味 めらめらと燃える火。ほむら。ほのお。同 炎《エン》。例 火焰《カエン》。気焰《キエン》。

表記 現代表記では、「炎《エン》」に書きかえることがある。熟語は「炎」(629ページ)を参照。

火 8
【焜】 12画 6367 711C
音 コン漢呉 訓 かがや-く

意味 (火が)光りかがやく。例 焜燿《コンヨウ》(=かがやく)。

日本語での用法 《コン》移動可能の小さな炉。「焜炉《コンロ》」

【焜炉】《コンロ》 煮炊《にたき》に用いる、鉄や土でできた小さな炉。七輪《シチリン》。例 ガス—。電気—。

灬 8
【煮】 12画 2849 716E 常用
音 シャ慣 ショ漢 訓 に-る・に-える・に-やす

筆順 一 十 土 耂 者 者 者 煮

灬 9
【煮】 13画 1-8753 FA48 人名

なりたち  [形声]「灬(=ひ)」と、音「者《シャ》→《ショ》」とから成る。にる。

意味 ものを、水に入れて熱する。また、味をつける。にる。にえる。例 煮沸《シャフツ》。煮物《にもの》。

【煮沸】《シャフツ》 (名・する) 火にかけてわかすこと。例 —消毒。

【煮▽染め】《にしめ》 野菜・肉・こんにゃくなどを、味がしみこむまでよく煮こんだ料理。

【煮物】《にもの》 煮た食べ物。例 野菜の—。

●旨煮《うまに》・雑煮《ゾウに》・佃煮《つくだに》・水煮《みずに》・味噌煮《ミソに》

火 8
【焼】 12画 3038 713C 教育4
音 ショウ漢呉 訓 や-く・や-ける・や-き

火12

【焼】

16画 6386 71D2 人名

筆順 丷 火 灴 炷 炷 烓 焼 焼

たちなり ［形声］「火(=ひ)」と、音「堯《ギョウ》→《ショウ》」とから成る。火で、やく。

意味 火をつけて燃やす。もえる。やく。やける。例 焼却《ショウキャク》。全焼《ゼンショウ》。燃焼《ネンショウ》。

【▽焼▽売《シューマイ》】〔中国語音〕中華《チュウカ》料理で、味つけしたひき肉や野菜を皮でつつんで、むした食べ物。

【焼▼夷弾《ショウイダン》】火炎《カエン》や高熱を出す薬剤《ヤクザイ》をつめた砲弾《ホウダン》や爆弾《バクダン》。あたりを焼きはらうことを目的として使う。

【焼却《ショウキャク》】(名・する) やきすてること。例 ごみの—炉《ロ》。

【焼香《ショウコウ》】(名・する) ①香をたくこと。②香をたいて仏や死者にたむけること。例 霊前《レイゼン》で—する。

【焼死《ショウシ》】(名・する) やけ死ぬこと。例 —者。

【焼失《ショウシツ》】(名・する) やけてなくなること。例 —面積。

【焼身《ショウシン》】(名・する) 自分のからだを火でやくこと。

【焼尽《ショウジン》】(名・する) すっかりやけること。やきつくすこと。

【焼酎《ショウチュウ》】酒かすや、イモ・ムギ・ソバなどを発酵《ハッコウ》させ、さらに蒸留してつくった酒。例 いも—《ジョウチュウ》。

●延焼《エンショウ》・全焼《ゼンショウ》・燃焼《ネンショウ》・半焼《ハンショウ》・類焼《ルイショウ》

灬8

【焦】

12画 3039 7126 常用

音 ショウ漢

訓 こ-げる・こ-がす・こ-がれる・あせ-る

筆順 イ 亻 𠂉 什 仹 隹 隹 焦

たちなり ［形声］「灬(=ひ)」と、音「隹《ソウ》→《ショウ》」とから成る。火で焼きこがされる。

意味 ❶焼かれて黒くなる。こげる。こがす。例 焦土《ショウド》。焦熱《ショウネツ》。焦眉《ショウビ》。❷心をなやまし、いらいらする。あせる。例 焦心《ショウシン》。焦燥《ショウソウ》。

日本語での用法 《こがれる》苦しいほどに思いをよせる。「恋《こ》い焦《こ》がれる」

【焦心《ショウシン》】(名・する) ひどく心配すること。あせっていらいらすること。また、その気持ち。類 焦燥《ショウソウ》。

【焦燥《ショウソウ》】(名・する) 気をもむこと。あせっていらだつこと。類 焦心。例 —感。—にかられる。表記 旧 焦▼躁

【焦点《ショウテン》】①〔物〕鏡やレンズなどで、光が反射または屈折《クッセツ》して集中する点。例 —を合わせる。②人々の関心が集中する点。問題点。例 議論の—をしぼる。

【焦土《ショウド》】焼けこげた土。とくに、戦争や大火災で焼け野原になった市街地など。例 —と化す。

【焦熱《ショウネツ》】①焼きつくすようなあつさ。例 —の砂漠《サバク》。②「焦熱地獄《ショウネツジゴク》」の略。

【焦熱地獄《ショウネツジゴク》】〔仏〕八大地獄の一つ。罪をおかして死んだ者を、激しく燃える火の中に投げこんで苦しめる。炎熱《エンネツ》地獄。

【焦眉《ショウビ》】眉《まゆ》がこげるほど火が近くに来ていること。

【焦眉の急《ショウビのキュウ》】危ないことが身にせまっていること。例 —をしのぐ。

【焦慮《ショウリョ》】(名・する) 深く心配して心がいらいらすること。焦心。例 —の色が見える。

灬8

【然】

12画 3319 7136 教育4

音 ゼン漢 ネン呉

訓 しか-り・しか-して・しか-し

筆順 ノ ク タ タ 夕 肰 肰 肰 然

たちなり ［形声］「灬(=ひ)」と、音「肰《ゼン》」とから成る。もやす。

意味 ❶もえる。もやす。同 燃《ネン》。❷〔助字〕㋐「しからば」と読み、そうであるならば、の意。順接をあらわす。例 然則人之性悪明矣《しからばすなわちひとのせいアクなることあきらかなり》(=そうであれば人の本性が悪なのは明らかだ)。〈荀子《ジュンシ》〉 ㋑「しかれども」「しかるに」と読み、しかし・そうではあるが、の意。逆接をあらわす。例 然不㆓自意㆒《しかれどもみずからおもわず》(=しかし、予期していなかった)。㋒「しかり」と読み、そうである、の意。例 天下皆然《テンカみなしかり》(=天下はみなそうである)。当然《トウゼン》(=「まさにしかるべし」と訓読する)。㋓語の下につけて、状態をあらわす。例 偶然《グウゼン》。決然《ケツゼン》。

難読 宛然《さながら》・然者《されば|さらば|しからば》・然様《さヨウ》・徒然《つれづれ》

人名 しか・なり・のり

【▽然▼而《しかれども》】しかし。ところが。それなのに。

【然諾《ゼンダク》】(名・する) 引き受けること。承諾。例 —を重んず(=引き受けたら必ず実行する)。

●唖然《アゼン》・依然《イゼン》・一目瞭然《イチモクリョウゼン》・隠然《インゼン》・鬱然《ウツゼン》・愕然《ガクゼン》・偶然《グウゼン》・決然《ケツゼン》・公然《コウゼン》・浩然《コウゼン》・雑然《ザツゼン》・整然《セイゼン》・全然《ゼンゼン》・卒然《ソツゼン》・超然《チョウゼン》・天然《テンネン》・同然《ドウゼン》・突然《トツゼン》・漠然《バクゼン》・必然《ヒツゼン》・憤然《フンゼン》・平然《ヘイゼン》・未然《ミゼン》・歴然《レキゼン》

灬8

【無】

12画 4421 7121 教育4

音 ブ漢 ム呉

訓 な-い・な-くす・な-し

筆順 𠂉 𠂉 午 午 𣞤 無 無 無

たちなり ［形声］「亡(=なくなる)」と、音「無《ブ》(=ない)」とから成る。なくなる。

意味 ❶存在しない。…がない。対 有《ユウ》。例 無益《ムエキ》。無限《ムゲン》。無言《ムゴン》。❷ないがしろにする。かろんじる。なみする。例 無視《ムシ》。無法《ムホウ》。❸〔助字〕㋐「なし」と読み、…(が)ない、の意。否定をあらわす。例 無㆑有㆑一《イツもあるなし》(=ひとつもない)。㋑「なかれ」と読み、…するな、の意。禁止をあらわす。例 無㆑恐《おそるることなかれ》(=おそれるな)。

難読 無奈《いかんともするなし》(=どうしようもない)

使い分け ない【無・亡】⇩1175ページ

【無愛想《ブアイソウ》】(名・形動《ダ》) 必要最小限の応対だけで、おせじなどを言わないこと。そっけないこと。例 —な人。

【無音《ブイン》】㊀ 沙汰《ブサタ》。例 ご—に過ごし失礼しております。㊁《ムオン》 音がしないこと。音を出さないこと。類 無沙汰《ブサタ》。ないこと。音を出さないこと。

【無気味《ブキミ》】(名・形動《ダ》) 得体《エタイ》が知れず、気味が悪いこと。表記「不気味」とも書く。

【無器用《ブキヨウ》】(名・形動《ダ》) ①手先の細かい作業が得意ではないこと。②ものごとをうまく処理できないこと。要領が悪いこと。表記 ▽「不器用」とも書く。

【無骨《ブコツ》】(名・形動《ダ》) ①風流を理解しないこと。風情《フゼイ》のないこと。②礼儀《レイギ》作法をわきまえないこと。スマートでないこと。例 —なふるまい。表記 ▽「武骨」とも書く。

【無骨者《ブコツもの》】①風流や趣味《シュミ》を理解しない人。例 —で話せない男。②礼儀《レイギ》作法をわきまえない人。表記 ▽「武骨者」とも書く。

【無細工《ブサイク》】(名・形動《ダ》) ①作り上げた物や手先の仕事がへたなこと。②目鼻だちがととのっていないこと。例 —な顔。表記 ▽「不細工」とも書く。

【無沙汰《ブサタ》】(名・する) 〔「沙汰」は、便りの意〕便りをしないこと。知らせがないこと。無音《ブイン》。例 —をいたす。

【無作法《ブサホウ》】(名・形動《ダ》) 作法にはずれること。行儀《ギョウギ》が悪いこと。ぶしつけ。例 —な質問。—な食べ方。表記「不作法」とも書く。

【無様】《ブざま》（名・形動ダナ）かっこうの悪いこと。見ていて情けなくなること。例—な負け方。表記「不様」とも書く。

【無事】《ブジ》（名・形動ダナ）とくに変わったことがないこと。事故や失敗などのないこと。例平穏《ヘイオン》—。作業は—に終わった。

【無精】《ブショウ》（名・する・形動ダナ）からだをちょっと動かすことや身だしなみを整えることでも、めんどうくさがること。おっくうがること。例—ひげ。筆《ふで》—。表記「無性・不精」とも書く。

【無精者】《ブショウもの》ものぐさな人。なまけ者。表記「無性者・不精者」とも書く。

【無粋】《ブスイ》（名・形動ダナ）人情の機微《キビ》、世の中の裏表や風流なおもむきなどが理解できないこと。類野暮《ヤボ》。表記「不粋」とも書く。

【無勢】《ブゼイ》（名・形動ダナ）人数が少ないこと。対多勢《タゼイ》。例多勢に—。

【無難】《ブナン》（形動ダナ）①とりたてていいと言われるほどでもないが、悪くもないようす。例—な仕上がり。②どちらかといえばまちがいがないようす。安全。例予約しておいたほうが—だ。

【無風流】《ブフウリュウ》（名・形動ダナ）風流や風情《フゼイ》、また、趣味《シュミ》を理解しないこと。表記「不風流」とも書く。

【無用心】《ブヨウジン》（名・形動ダナ）警戒《ケイカイ》が不十分なこと。表記「不用心」とも書く。

【無頼】《ブライ》（名・形動ダナ）定職につかず、おこないもよくないこと。やくざ。例—の徒。—な生活。

【無頼漢】《ブライカン》〔「漢」は、男の意〕ならずもの。ごろつき。

【無▼聊】《ブリョウ》（名・形動ダナ）〔「聊」は、楽しむ意〕①心配ごとがあって、楽しくないこと。②することがなくて、たいくつなこと。例—をなぐさめる。—に苦しむ（＝たいくつで、どうしようもない）。

【無礼】《ブレイ》（名・形動ダナ）礼儀《レイギ》にはずれること。失礼。例—者《もの》。—な態度。

【無礼講】《ブレイコウ》席の順位や礼儀《レイギ》などをうるさくいわず、みなでくつろいで楽しむ宴会《エンカイ》。

【無位】《ムイ》位階をさずかっていないこと。類無冠《ムカン》。例—無官。

【無為】《ムイ》①何もしないで、ぶらぶらしていること。例—無策。②あるがままにまかせて、人の手を加えないこと。例—自然。③〔仏〕因縁《インネン》を超越《チョウエツ》した絶対的真実。対有為《ウイ》。

【無意識】《ムイシキ》（名・形動ダナ）①失神などのように、意識を失うこと。意識不明。②自分で気がつかずに行動すること。無心。例—のうちにおこなう。

【無一物】《ムイチモツ》〔「ムイチブツ」とも〕お金や財産などを、何ひとつ持っていないこと。例火事にあって—だ。

【無一文】《ムイチモン》（名・形動ダナ）お金をまったく持っていないこと。一文なし。例事業に失敗して—になる。

【無意味】《ムイミ》（名・形動ダナ）内容や目的のないこと。また、値打ちがないこと。むだ。例—な論争はやめよう。

【無益】《ムエキ》〔「ムヤク」とも〕（名・形動ダナ）利益がないこと。なんのたしにもならないこと。むだ。対有益。例—なけんか。

【無援】《ムエン》助けてくれる人がいないこと。例孤立《コリツ》—。

【無縁】《ムエン》（名・形動ダナ）①かかわりがないこと。無関係。例権力とは—な人。②〔仏〕死後にとむらってくれる親族などがいないこと。例—仏《ぼとけ》。

【無我】《ムガ》①自分本位でないこと。無私。②何かに夢中でわれを忘れること。無心。無意識。例—の境地。③〔仏〕万物《バンブツ》は移りゆき、ほろびゆくものであって、「我《ガ》（＝不変の実体）」は存在しないという考え方。

【無我夢中】《ムガムチュウ》あるものごとに熱中してわれを忘れ、他のことをかえりみないこと。例クマと出あい、—でにげた。

【無害】《ムガイ》（名・形動ダナ）他のものごとに悪い影響《エイキョウ》をあたえないこと。対有害。例人畜《ジンチク》には—だ。

【無何有の▽郷】《ムカウのさと｜ムカユウのキョウ》何もなく、人の手も加わっていない、広々とした世界。荘子《ソウシ》の説いた理想郷。〈荘子《ソウジ》〉

【無学】《ムガク》（名・形動ダナ）①学問や知識がないこと。②〔仏〕学問をきわめて、もはや学ぶべきものがないこと。また、その人。

【無官】《ムカン》官職についていないこと。また、その人。例無位—。

【無冠】《ムカン》①位についていないこと。類無位。②（力はあるが）地位や肩書《かたがき》をもたないこと。例—の帝王《テイオウ》（＝権力はないが自由にふるまう人の意で、ジャーナリストのこと）。

【無感覚】《ムカンカク》（名・形動ダナ）①感覚がまひして何も感じないこと。例手がしびれて—になった。②まわりのようすや相手の気持ちに、まったく気を配らないこと。類無神経。例—にお金を浪費《ロウヒ》する。

【無関係】《ムカンケイ》（名・形動ダナ）かかわりや、つながりのないこと。例事件とは—だ。

【無関心】《ムカンシン》（名・形動ダナ）興味がなく、気にかけないこと。例政治に—な人が多い。

【無期】《ムキ》いつ終わるという期限がないこと。また、それを定めないこと。無期限。例—延期。

【無機】《ムキ》①生命をもたないこと。生活の機能をもたないこと。②〔化〕「無機物」「無機化合物」の略。▽対有機。

【無機化合物】《ムキカゴウブツ》「無機物」のこと。

【無機物】《ムキブツ》食塩や金属など、その中に炭素をふくまない物質。ただし、一酸化炭素・二酸化炭素などごく少数は炭素をふくむが無機物に分類される。無機化合物。対有機物。

【無期限】《ムキゲン》期限をあらかじめ決めないこと。また、いつまでも続くこと。無期。例—のストライキ。

【無傷】《ムきず》（名・形動ダナ）①きずがついていないこと。例—の中古車。②欠点や失敗などがまったくないこと。例横綱《よこづな》が—で千秋楽をむかえた。表記▽「無▼疵」とも書く。

【無軌道】《ムキドウ》［一］（名）線路がないこと。類無軌条《ムキジョウ》。例—電車。［二］（名・形動ダナ）常識をはずれて、でたらめな行動をすること。例—なふるまい。

【無記名】《ムキメイ》自分の氏名を書かないこと。対記名。例—投票。

【無休】《ムキュウ》やすまずに働くこと。店などが休業しないこと。例年中—。

【無給】《ムキュウ》給料がしはらわれないこと。対有給。

【無窮】《ムキュウ》（名・形動ダナ）果てしないこと。類無限・永遠。例—の天空。

【無気力】《ムキリョク》（名・形動ダナ）何かをやろうとする情熱や意欲、また活力のないこと。例—な状態からぬけ出す。

【無菌】《ムキン》細菌がいないこと。また、人工的につくりだした、細菌のいない状態。例—室。実験用の—動物。

【無▼垢】《ムク》（名・形動ダナ）①〔仏〕ものごとへの執着《シュウチャク》などがなく、清らかなこと。②心身にけがれがないこと。例純真—。③まじりものや模様のないこと。例金—（＝純金）の仏像。

【無口】《ムくち》（名・形動ダナ）ことばかずの少ないこと。類寡言《カゲン》・寡黙《カモク》。例—だが人に好かれる。

【無▽患子】《ムクロジ》ムクロジ科の落葉高木。材は細工用となり、黒くてかたい種は、羽根つきの玉や数珠《ジュズ》にする。ツブ。ムク。ムクロンジ。モクゲンジ。

【無下】《ムゲ》［一］（名・形動ダナ）それより下がないほど、ひどいこと。例—な仕打ち。［二］（副）〔「無下に」の形で〕きっぱりとためらわずに。むやみに。例たってのたのみを—にことわれない。

【無▼碍】《ムゲ》（名・形動ダナ）〔「碍」は、さえぎる意〕さまたげられな

いこと。さしさわりがなく、自由自在であること。例融通《ユウズウ》—。表記「無▼礙」とも書く。

【無形】《ムケイ》（名・形動ダナ）見たりふれたりできる、固定したかたちのないもの。対有形。例有形—の援助《エンジョ》を受ける。

【無形文化財】《ムケイブンカザイ》歴史上や芸術上で、高い価値をもつと国から認められた、芸能や工芸技術などのような無形の文化的財産。

【無稽】《ムケイ》（名・形動ダナ）〔「稽」は、考える意〕考え方などに根拠《コンキョ》がなく、でたらめなこと。例荒唐《コウトウ》—（=まったくとりとめがないこと）。

【無芸】《ムゲイ》（名・形動ダナ）人に見せるような芸の才能をもたないこと。対多芸。例—大食。

【無欠】《ムケツ》（名・形動ダナ）欠点や不足なところなどがないこと。完全であること。例完全—。

【無血】《ムケツ》①血を流さないこと。例—手術。②武力を行使しないこと。例—開城。

【無限】《ムゲン》（名・形動ダナ）かぎりないこと。果てしなく続くこと。対有限。例—の可能性を秘めている。

【無限軌道】《ムゲンキドウ》ブルドーザーや戦車などの、前後の車輪をつないでかけた、ベルト状の装置。キャタピラー。

【無限大】《ムゲンダイ》①かぎりなく大きいこと。例子供の可能性は—だ。②〔数〕変数の絶対値が、どんなに大きい正数よりも大きくなること。記号∞

【無間地獄】《ムゲンジゴク》〔古くは「ムケンジゴク」〕〔仏〕八大地獄の一つ。きわめて長いあいだ、絶え間なく苦しみを受けるという地獄。阿鼻地獄《アビジゴク》。

【無▼辜】《ムコ》〔「辜」は、罪の意〕罪がないこと。また、その人。例—の民《たみ》。

【無効】《ムコウ》（名・形動ダナ）①ききめがないこと。役に立たないこと。例チケットが—になる。②〔法〕ある行為《コウイ》について、必要な条件を満たしていないので、効果が生じないこと。例—票。▽対有効。

【無根】《ムコン》（名・形動ダナ）よりどころがないこと。例事実—。

【無言】《ムゴン》〔「ムゲン」とも〕ことばを声に出さないこと。ものを言わないこと。例—で会釈《エシャク》する。

【無言劇】《ムゴンゲキ》からだの動きと表情だけで表現し、せりふを使わない劇。パントマイム。

【無罪】《ムザイ》〔法〕刑事《ケイジ》裁判の判決で、被告人《ヒコクニン》の行為《コウイ》がつみにならないこと。対有罪。例—判決。

【無策】《ムサク》（名・形動ダナ）解決すべき問題やことがらに対して、適切な対策や計画を立てていないこと。例無為《ムイ》—。

【無雑】《ムザツ》（名・形動ダナ）まじりけがないこと。例純一《ジュンイツ》—。

【無差別】《ムサベツ》（名・形動ダナ）わけへだてをしないこと。類平等。対差別。例—に攻撃《コウゲキ》する。

【無産】《ムサン》①生業のないこと。類無職。②財産のないこと。③「無産階級」の略。資産をもたず、労働で賃金を得て生活する人々の階級。プロレタリアート。▽対有産。

【無惨】《ムザン》（名・形動ダナ）むごたらしいこと。いたいたしくて見るにたえないこと。例—な姿をさらす。表記「無残」とも書く。

【無▼慙】《ムザン》〔「慙」は、はずかしく思う意〕〔仏〕悪いことをしても、心にはじないこと。例破戒《ハカイ》—の悪僧《アクソウ》。

【無私】《ムシ》（名・形動ダナ）自分の利益や個人的感情を、考えに入れないこと。類無我《ムガ》・没我《ボツガ》。例公平—。

【無視】《ムシ》（名・する）あるものごとに気づいていても、それがないかのようにふるまうこと。類黙殺《モクサツ》。例信号を—する。

【無地】《ムジ》布や紙などの全体が一色で、模様がないこと。また、そのもの。例—の着物。—のハンカチ。

【無自覚】《ムジカク》（名・形動ダナ）自分の立場や行動について、わきまえていないこと。

【無実】《ムジツ》①証拠《ショウコ》となる事実がないのに、罪をおかしたとされること。ぬれぎぬ。類冤罪《エンザイ》。例獄中《ゴクチュウ》から—をうったえる。②内容がともなわないこと。事実でないこと。実体のないこと。例有名—。—の言にまどわされる。

【無慈悲】《ムジヒ》（名・形動ダナ）（弱い立場の人に対して）思いやりやあわれむ気持ちのないこと。類冷酷《レイコク》。例—な仕打ち。

【無邪気】《ムジャキ》（名・形動ダナ）①すなおであどけないこと。悪気《わるぎ》がないこと。類天真爛漫《テンシンランマン》。例—ないたずら。②ものごとを深く考えないこと。例真相を知らず—に喜ぶ。

【無臭】《ムシュウ》くさみやにおいがないこと。例無味—。

【無住】《ムジュウ》寺に住職がいないこと。また、その寺。

【無宿】《ムシュク》①住む家のないこと。また、その人。やどなし。②江戸《えど》時代に、戸籍《コセキ》から除かれたこと。また、その人。

【無性】《ムショウ》㊀①〔仏〕仏となる素質がないこと。②実体がないこと。③〔「無性に」の形で〕むやみに。感情をおさえられないほどいちずに。例—に会いたい。㊁《ムセイ》〔生〕めす・おすの区別がないこと。例—生殖《セイショク》。

【無償】《ムショウ》①一定の仕事や行動に対して、何もむくいられないこと。例—奉仕《ホウシ》。—の愛。②代金や代価を必要としないこと。類無料。例教科書を—であたえる。▽対有償。

【無上】《ムジョウ》（名・形動ダナ）このうえもないこと。類最上・最高。例—の喜び。

【無常】《ムジョウ》（名・形動ダナ）①〔仏〕あらゆるものは移り変わるもので、同じ状態のままではいないということ。対常住。例—観。諸行《ショギョウ》—。②人の世は変わりやすいこと。また、人の命ははかないということ。例世の—。—の風が身にしみる。

【無情】《ムジョウ》（名・形動ダナ）①思いやりやなさけ心のないこと。類非情・薄情《ハクジョウ》。例—の雨。②〔仏〕心や精神や感情のはたらきをもたないこと。

【無条件】《ムジョウケン》なんの条件もつけないこと。例—降伏《コウフク》。

【無色】《ムショク》①色がついていないこと。例—透明《トウメイ》。②考え方や立場がかたよっていないこと。例政治的に—だ。

【無職】《ムショク》決まった仕事についていないこと。対有職。

【無所属】《ムショゾク》（政治家が）どの政党や会派、また、団体にも属していないこと。例—の立候補者。

【無心】《ムシン》㊀（名・形動ダナ）①よけいなことを考えず熱中すること。類無邪気《ムジャキ》・一心。例—に遊ぶ。②〔仏〕何ものにもとらわれないこと。類虚心《キョシン》。㊁（名・する）人にものをねだること。例金を—する。

【無人】《ムジン》管理したり、住んだりする人がいないこと。例—島《トウ》。—探査機《タンサキ》。

【無尽】《ムジン》①いくらでもあって、なくならないこと。例—灯。②「無尽講《ムジンコウ》」の略。組合員全員が定期的にかけ金を出し、くじなどで順番にその金を借り、全員に行きわたるまでおこなうもの。頼母子講《たのもしコウ》。

【無尽蔵】《ムジンゾウ》（名・形動ダナ）〔仏教で、つきることなくはたらく仏法の功徳《クドク》のこと〕（財宝や資源などが）いくらとってもなくならないこと。例資源は決して—ではない。

【無神経】《ムシンケイ》（名・形動ダナ）自分の言動が、周囲におよぼす影響《エイキョウ》を気にとめないこと。例車内で—に大声を出す。

【無神論】《ムシンロン》神は存在しないという立場に立つ考え方。対有神論。例—者《ジャ》。

【無数】《ムスウ》（名・形動ダナ）かぞえきれないほど多いこと。

【無声】《ムセイ》①声や音のないこと。例—映画。—の詩（=無韻《ムイン》の詩）。②〔言〕発音するとき声帯が振動《シンドウ》しないこと。

【無声音】《ムセイオン》〔言〕[f][k][p][s][t]のように、声帯を振動《シンドウ》させずに発音する音《オン》。対有声音。

【無税】《ムゼイ》税金がかからないこと。また、かけないこと。対有

税。

【無制限】《ムセイゲン》（名・形動ダナ）数量や程度などについて、ここまでという限界を定めないこと。例―に借りられない。

【無政府】《ムセイフ》政府が存在しないこと。例―主義（＝政府や国家を否定して個人の完全な自由を保障する社会をつくろうという考え方。アナーキズム）。内乱で―状態になる。

【無生物】《ムセイブツ》生命がなく、生活するはたらきをもたないもの。水や石など。対生物。

【無精卵】《ムセイラン》〔生〕受精していないため、かえらないたまご。

【無籍】《ムセキ》国籍や戸籍、また、学籍などがないこと。

【無責任】《ムセキニン》（名・形動ダナ）責任がないこと。また、責任感がないこと。例―な発言。―に引き受ける。

【無銭】《ムセン》①金銭をもたないこと。例―旅行。②料金をしはらわないこと。例―飲食。

【無線】《ムセン》①電線を引かないこと。また、用いないこと。対有線。例―操縦。②「無線電信」の略。

【無線電信】《ムセンデンシン》電波を使っておこなう通信。無線。例―機。

【無双】《ムソウ》①二つとないこと。並ぶもの、くらべるものがないほどすぐれていること。類無比・無二・無類。例天下―の怪力《カイリキ》。②衣服や器具などの表裏が同じつくりであること。例―に仕立てる。③相撲《すもう》で、相手のひざのあたりに手を当ててたおすわざ。例内《うち》―。外《そと》―。

【無想】《ムソウ》〔仏〕心に何も思いうかべないこと。類無心。例無念―でじっとこらえる。

【無造作】《ムゾウサ》（名・形動ダナ）〔「造作」は、手をかけてつくる意〕①かんたんなこと。例髪《かみ》を―に束ねる。②よく考えないで気軽におこなうこと。例―に引き受ける。表記▽「無雑作」とも書く。

【無駄】《ムダ》（名・形動ダナ）やったことに見合うだけの効果を生まないこと。役に立たないこと。例―な努力を重ねる。

【無駄足】《ムダあし》出かけて行ったかいがないこと。例―をふむ。

【無駄骨】《ムダぼね》結果的になんの役にも立たなかった苦労。骨折り損。徒労。例―を折る。

【無駄飯】《ムダめし》働きもせずに、めしだけはきちんと食べること。類徒食。例―を食う。

【無体】《ムタイ》（名・形動ダナ）①形のないこと。また、決まった形式のないこと。例―物《ブツ》。―財産権（＝著作権・特許権など）。②道理にあわないこと。類無理・無法。例―な要求。

【無題】《ムダイ》①作品の題がないこと。例―という題の絵。②前もって題を決めずに、詩歌《シイカ》をつくること。また、その詩歌。

【無断】《ムダン》前もって知らせておいたり、許可を得たりしないで、かってにすること。例―欠席。―で持ち出す。

【無知】《ムチ》（名・形動ダナ）知識のないこと。また、おろかで知恵《チエ》のないこと。例自国の歴史に―だ。表記旧無▼智

【無知▼蒙昧】《ムチモウマイ》（名・形動ダナ）おろかで、道理がわからないこと。表記旧無▼智▼蒙昧

【無恥】《ムチ》（名・形動ダナ）はずかしいと思わないこと。はじしらず。例厚顔《コウガン》―。

【無茶】《ムチャ》（名・形動ダナ）①すじみちの立たないこと。②度が過ぎること。類無謀《ムボウ》・無鉄砲《ムテッポウ》。例―な注文。

【無賃】《ムチン》料金をしはらわないこと。また、料金のいらないこと。ただ。例―乗車。

【無定型】《ムテイケイ》決まった型《かた》がないこと。詩歌《シイカ》などで、定められた形式によらないこと。例―短歌。

【無定見】《ムテイケン》（名・形動ダナ）自分なりのしっかりした意見や考えをもたないこと。例政治に対して―だ。

【無抵抗】《ムテイコウ》（名・形動ダナ）権力や暴力など、外からの力に対して逆らわないこと。

【無手勝流】《ムてかつリュウ》①戦わずに、また、力でなく策によって勝つ方法。〔塚原卜伝《つかはらボクデン》が船中で勝負をいどまれたとき、相手だけを陸に上げて、「戦わずして勝つのが無手勝流だ」と言った故事による〕②自己流のやり方。自分かってな方法。

【無敵】《ムテキ》（名・形動ダナ）力をきそい合う相手がまったくないほど強いこと。例―艦隊《カンタイ》。天下―をほこる。

【無鉄砲】《ムテッポウ》（名・形動ダナ）あと先をよく考えずに行動すること。向こう見ず。類無茶・無謀《ムボウ》。例―な連中。

【無道】《ムドウ》〔「ブドウ」とも〕（名・形動ダナ）道徳に反すること。道理に合わない考え方や行動。非道。例悪逆《アクギャク》―。

【無毒】《ムドク》（名・形動ダナ）毒のないこと。対有毒。例―のヘビ。―の茸《きのこ》。

【無頓着】《ムトンジャク｜ムトンチャク》（名・形動ダナ）〔「頓着」は、気にかける意〕ものごとにこだわらないこと。また、他人がどう思うかということを、気にかけないこと。例服装に―な人。

【無二】《ムニ》並ぶもの、あるいは、同じものがほかにないこと。類無双《ムソウ》・無類。例―の親友。

【無二無三】《ムニムサン》（名・形動ダナ）〔二、三がなく、ただ一つだけの意〕わきめもふらず。ひたすら。一心不乱。

【無任所】《ムニンショ》割り当てられた特定の仕事をもたないこと。例―大臣。

【無熱】《ムネツ》病気でも体温が上がらない状態。例―性の肺炎《ハイエン》。

【無念】《ムネン》㊀（名）〔仏〕迷いを捨てて無我の境地にはいること。㊁（名・形動ダナ）くやしいこと。残念。例―な最期《サイゴ》。

【無念無想】《ムネンムソウ》（名・形動ダナ）①〔仏〕無我の境地にはいり、何も思いうかべないこと。無心。例―の境地。②考えるべきことを考えないこと。思慮《シリョ》がないこと。

【無能】《ムノウ》（名・形動ダナ）能力や才能がないこと。役に立たないこと。対有能。例―呼ばわりをされた。

【無配】《ムハイ》「無配当」の略。対有配。

【無比】《ムヒ》（名・形動ダナ）ほかにくらべるものがないほどすぐれていること。類無双《ムソウ》・無二・無類。例正確―の時計。

【無筆】《ムヒツ》（名・形動ダナ）読み書きができないこと。また、その人。類文盲《モンモウ》・無学。

【無病】《ムビョウ》（名・形動ダナ）病気にかからないこと。類健康。

【無病息災】《ムビョウソクサイ》（名・形動ダナ）元気で無事な生活を送っていること。

【無表情】《ムヒョウジョウ》（名・形動ダナ）感情の変化が顔にあらわれないこと。例―な顔つき。

【無風】《ムフウ》①風がないこと。気象学では、けむりがまっすぐのぼる程度の気流状態のこと。例―快晴。②他からの影響《エイキョウ》を受けず、おだやかなこと。例この国は―地帯だ。

【無分別】《ムフンベツ》（名・形動ダナ）道理をわきまえないこと。よく考えずに行動すること。例―な発言。―をするものではない。

【無辺】《ムヘン》かぎりないこと。果てしなく広々としていること。例広大―の宇宙。

【無辺際】《ムヘンザイ》〔「ムヘンサイ」とも〕（名・形動ダナ）限りのないこと。果てしなく広いこと。類無限。例仏の慈悲《ジヒ》は―だ。

【無法】《ムホウ》（名・形動ダナ）①法律や制度がないこと。また、法律があっても守られていないこと。例―地帯。②限度をこえて、むちゃくちゃなこと。乱暴なこと。例―者《もの》。―な行為《コウイ》。

【無帽】《ムボウ》帽子をかぶらないこと。

【無謀】《ムボウ》（名・形動ダナ）計画性がなく、結果を考えずに行動すること。類無鉄砲《ムテッポウ》・無茶。例―な運転。

【無味】《ムミ》（名・形動ダナ）①あじがないこと。例―無臭《ムシュウ》。②おもしろみや、あじわいがないこと。

【無味乾燥《ムミカンソウ》】（名・形動ダナ）内容や表現におもしろみも、あじわいもないこと。例法律の条文のように—だ。

【無明《ムミョウ》】〔仏〕真理に暗いこと。さまざまな煩悩《ボンノウ》の根源。例—長夜《ジョウヤ》（＝真理に目覚めがたいことのたとえ）。

【無名《ムメイ》】①名前が書いてないこと。また、名前がわからないこと。例—の投書。②世間に知られていないこと。例—の新人。③正当な理由がないこと。例—の戦《いくさ》。対有名。

【無名氏《ムメイシ》】名前のわからない人を示すために、その人の名前のように用いることば。例ちょびひげの—に道を聞かれた。

【無名指《ムメイシ》】手の第四指。くすりゆび。ななしゆび。

【無銘《ムメイ》】刀剣《トウケン》・書画・器物などに作者の名前がはいっていないこと。また、その作品。対在銘。

【無文《ムモン》】①模様がないこと。また、その布や衣服。無地。例—の白旗《しらはた》。②和歌や俳句、また能楽などで、一見、かざりけがないが、実は深い味わいがあること。

【無闇《ムやみ》】（名・形動ダナ）①善悪やあとさきを考えないこと。例—に言いふらす。②限度をこえていること。例—に水を飲む。表記▽「無▽暗」とも書く。

【無用《ムヨウ》】（名・形動ダナ）①役に立たないこと。対有用。例—の長物《チョウブツ》（＝あるとかえってじゃまなもの）。②ある行為《コウイ》を、してはならないと禁じることば。例天地—（＝上下を逆さまにするな）。③用事や必要がないこと。例問答—。心配ご—。

【無用の用《ムヨウのヨウ》】役に立ちそうもないと思えるものが、実は役に立ったいせつなものであるということ。

【無欲《ムヨク》】（名・形動ダナ）ほしがる気持ちがないこと。例—の勝利。表記旧無▼慾

【無理《ムリ》】（名・形動ダナ）①道理に合わないこと。例—を通す。②むずかしいこと。できないこと。強《し》いてすること。例—な相談。—に追いこす。

【無理《ムリ》が通《とお》れば道理《ドウリ》が引《ひ》っ込《こ》む】道理に合わないことがおこなわれると、正しいことがおこなわれなくなる。

【無理算段《ムリサンダン》】（名・する）なんとかやりくりしてお金を用意したり、ものごとのゆうずうをつけたりすること。

【無理難題《ムリナンダイ》】道理にはずれた要求。言いがかり。例—をふっかける。

【無理無体《ムリムタイ》】（名・形動ダナ）すじの通らないことや相手の意思に反することを、強《し》いてすること。例—なことを言う。

【無理解《ムリカイ》】（名・形動ダナ）ものごとの意味や道理、人の気持ちやつごうがわからないこと。例周囲の—を気にしない。

【無慮《ムリョ》】（副）〔深く考えない、の意〕だいたい。およそ。〔ひじょうに数が多いことを、おおまかに示すことば〕例希望者は—数千人。

【無料《ムリョウ》】料金がいらないこと。ただ。無代《ムダイ》。対有料。例—駐車場《チュウシャジョウ》。入場—。

【無量《ムリョウ》】（名・形動ダナ）限りなく大きくて、はかりしれないこと。例—劫《ゴウ》（＝限りなく長い時間）。感—。

【無量寿《ムリョウジュ》】〔仏〕〔寿命《ジュミョウ》が無限にあるところから〕阿弥陀仏《アミダブツ》の別名。無量寿仏。

【無力《ムリョク》】（名・形動ダナ）何かをするのに必要な能力や資力、また、権力などがないこと。対有力。

【無類《ムルイ》】（名・形動ダナ）ほかにくらべるものがないほど、とびぬけてすぐれていること。類無比・無双《ムソウ》・無二。例かれは—の努力家だ。

【無論《ムロン》】（副）論ずるまでもなく。言うまでもなく。類勿論《モチロン》。例—よくわかっている。

●有無《ウム》・皆無《カイム》・虚無《キョム》・絶無《ゼツム》

火 8

【焚】

12画 4218 711A 人名 音フン漢 ボン呉 訓た-く・や-く

意味 ❶狩《か》りのために山野を焼く。❷焼く。ものを燃やす。例焚焼《フンショウ》（＝焼く。燃やす）。焚書坑儒《フンショコウジュ》。

【焚刑《フンケイ》】火あぶりの刑。

【焚殺《フンサツ》】（名・する）焼き殺すこと。類焼殺。

【焚書《フンショ》】書物を焼くこと。思想統制上、有害とみとめた書物を焼き捨てること。

【焚書坑儒《フンショコウジュ》】〔「坑」は、穴に生きうめにすること。「儒」は儒学者〕秦《シン》の始皇帝《シコウテイ》が思想統制のため、医薬・占《うらな》い・農業関係以外の書物を焼き、儒学者数百人を穴うめにした事件。

火 8

【焙】

12画 6368 7119 音ホウ慣 ハイ漢 バイ呉 ホイ唐 訓あぶ-る

意味 火にかざして焼く。あぶる。また、火に当ててかわかす。ほうじる。例焙炉《ホイロ》。焙《ホウ》じ茶《チャ》。焙烙《ホウロク》。

【焙煎《バイセン》】（名・する）茶の葉やコーヒー豆を、火であぶって煎《い》ること。例自家—。

【焙炉《ホイロ》】茶の葉やゴマなどを入れて火にかけ、ゆすりながら乾燥《カンソウ》させる器具。

【焙茶《ホウチャ》】茶の葉を火にかけてかわかすこと。また、ほうじ茶。

【焙▼烙《ホウロク》】素焼《すや》きの浅い土なべ。穀類や茶をいったり蒸《む》し焼きにしたりする。例—蒸し。表記「▼炮▼烙」とも書く。

【焙▼烙頭巾《ホウロクズキン》】ほうろくの形をした頭巾。僧《ソウ》や医者などが用いた。大黒頭巾。

火 8

［煉］

12画 ⇩【煉】《レン》（639ページ）

火 9

【煙】

13画 1776 7159 常用 音エン漢呉 訓けむ-る・けむり・けむ-い

筆順

火 9

【煙】

13画 —— ——

火 6

［烟］

10画 6361 70DF 別体字

なりたち  【形声】「火（＝ひ）」と、音「垔《イン》→《エン》」とから成る。火が燃えて立ちのぼるけむり。

意味 ❶ものが燃えるときに立ちのぼる気体。けむり。けむる。例煙火《エンカ》。煙突《エントツ》。狼煙《ロウエン》（＝のろし）。❷けむりのようなもの。かすみ。もや。例煙霞《エンカ》。煙霧《エンム》。雲煙《ウンエン》（＝雲とかすみ）。❸タバコ。例煙管《エンカン》。煙草《エンソウ》。喫煙《キツエン》。

【煙雨《エンウ》】細かくてけむっているように見える雨。霧雨《きりさめ》。

【煙火《エンカ》】①飯を炊《た》く、かまどのけむり。類炊煙《スイエン》・人煙《ジンエン》。例—の食（＝火を通した食事）。②のろし。類烽火《ホウカ》。③花火。

【煙▼霞《エンカ》】①けむりと、かすみ。もや。②自然の景色。

【煙▼霞の癖《エンカのヘキ》】自然を深く愛して旅を楽しむ習癖。また、隠居《インキョ》して自然を友とすること。煙霞の痼疾《コシツ》。

【煙害《エンガイ》】工場の煙突《エントツ》、山火事、火山のけむりなどが、人畜《ジンチク》・農作物・山林にあたえる損害。

【煙管《エンカン》】一《エンカン》けむりを通すくだ。類煙筒《エントウ》。例—ボイラー。二《キセル》①刻みタバコを吸う道具。②〔「①」は、両端《リョウタン》だけに金属を使っていることから〕鉄道で、乗車から下車までの、とちゅうの一部を無賃乗車する不正行為《コウイ》。

【煙硝《エンショウ》】①もと、火薬の別名。おもに黒色火薬をいう。

②硝酸カリウムの別名。硝石。 表記 ▽「▼焰硝」とも書く。
【煙▼塵】《エンジン》 ①けむりと、ちり。 ②煙突《エントツ》のけむりにふくまれている、ちり。 ③戦場に巻き上がる砂けむり。また、戦乱。
【煙草】 一《エンソウ》 かすみがたなびいている草原。 二《タバコ》 南アメリカ原産のナス科の一年草。また、その葉を乾燥《カンソウ》させて加工し、火をつけてけむりを吸うもの。 例 巻き―。刻み―。 表記 二は「▼莨」とも書く。
【煙毒】《エンドク》 工場の煙突《エントツ》から出てくるけむりにふくまれている有毒物質。
【煙突】《エントツ》 けむりを外に出すための、長い筒《つつ》。煙出《けむだ》し。
【煙波】《エンパ》 川や湖などの水面が、かすんでけむりのように見えること。 例 ―縹渺《ヒョウビョウ》。
【煙幕】《エンマク》 戦場で、味方の姿をかくすために発生させるけむり。
【煙幕《エンマク》を張《は》る】 ①けむりを出して、敵から姿や動きをかくす。 ②うまく言いぬけたり行動したりして、真意をさとられないようにする。
【煙霧】《エンム》 ①けむりと、きり。けむりのように流れる、うすいきり。 ②工場から出たけむりや自動車の排気《ハイキ》ガスなどが結合して生じた、空気のよごれ。スモッグ。
【煙滅】《エンメツ》 （名・する） けむりのようにあとかたもなく消えること。 〔「湮滅《インメツ》」の誤用から〕
●喫煙《キツエン》・禁煙《キンエン》・水煙《スイエン|みずけむり》・土煙《つちけむり》・噴煙《フンエン》

火 9
【煥】 13画 6369 7165 音 カン漢呉 訓 あき-らか・かがや-く
意味 火の光が広がりかがやく（ようす）。あきらか。 例 煥乎《カンコ》。煥発《カンパツ》。
【煥▼乎】《カンコ》 （形動《トタル》） 光りかがやくようす。 例 ―たる文章。
【煥発】《カンパツ》 （名・する） 外面にかがやきあらわれること。 例 才気―。 参考 「渙発《カンパツ》」と混同して、詔勅《ショウチョク》が下されること、とするのは誤り。

灬 9
【煦】 13画 6372 7166 音 ク漢 訓 あたた-か・あたた-める
意味 あたためる。また、あたたかく、はぐくむ。 例 煦育《クイク》。
【煦煦】《クク》 （形動《トタル》） やわらかく、あたたかいようす。

火 9
【煢】 13画 6373 7162 音 ケイ漢 キョウ呉 訓 うれ-える・ひとり・やもめ
意味 ❶身寄りのない、ひとりもの。 例 煢独《ケイドク》。 ❷うれえる。
【煢独】《ケイドク》 兄弟《キョウダイ》のない人と、子のない人。孤独《コドク》な人。

火 9
【煌】 13画 6374 714C 人名 音 コウ漢 訓 かがや-く・きら-めく
意味 きらきら光る。かがやく。 例 煌煌《コウコウ》。
人名 あき・あきら
【煌煌】《コウコウ》 （形動《トタル》） ①まぶしいほど明るいようす。きらきら光るようす。 例 ―と照らす。 ②都市の繁栄《ハンエイ》など、さかんなようす。 ③花などが光るように美しいようす。

灬 9
【照】 13画 3040 7167 教育4 音 ショウ漢呉 訓 て-る・て-らす・て-れる・て-り
筆順 冂 日 日 日 日 昭 昭 照
なりたち  ［形声］「灬（=ひ）」と、音「昭《ショウ》（=あきらか）」とから成る。明るくてらす。
意味 ❶光が当たって明るくなる。明るくする。てる。てらす。 例 照射《ショウシャ》。照明《ショウメイ》。 ❷てらしあわせる。 例 照合《ショウゴウ》。対照《タイショウ》。 ❸うつったかげ。写真にうつす。 例 照影《ショウエイ》。
日本語での用法 《てれる》 顔が赤くなるのを感じる。はずかしがる。「照《て》れ隠《かく》し・照《て》れ臭《くさ》い」
人名 あき・あきら・あり・とし・のぶ・ひかる・ひろ・みち・みつ
【照影】《ショウエイ》 絵や写真などの像。 類 肖像《ショウゾウ》。
【照応】《ショウオウ》 （名・する） 二つのものがたがいにかかわりあい対応していること。 例 原因と結果が―する。
【照会】《ショウカイ》 （名・する） ①てらしあわせて考えること。 ②わからない点を問い合わせること。 例 参加資格を―する。
【照合】《ショウゴウ》 （名・する） 二つのものをくらべあわせて内容があっているかどうか調べること。 例 原文と―する。
【照査】《ショウサ》 （名・する） てらしあわせて調べること。
【照射】《ショウシャ》 （名・する） ①日光がてりつけること。 ②光線や放射線などを当てること。 例 赤外線を―する。
【照準】《ショウジュン》 ①銃《ジュウ》や大砲《タイホウ》のたまが命中するように、ねらいを定めること。 例 ―を合わせる。 ②目標を定めること。
【照度】《ショウド》 〔物〕 光を受けた面の明るさの程度。単位面積が単位時間に受ける光の量。単位、ルクス。記号 lx
【照明】《ショウメイ》 （名・する） ①光を当てて明るくすること。 ②舞台《ブタイ》や撮影《サツエイ》の効果を高めるために使う光線。
【照葉樹林】《ショウヨウジュリン》 カシ・シイ・クスノキなど、葉に光沢《コウタク》がある常緑広葉樹を主とする樹林。
【照覧】《ショウラン》 （名・する） ①光にてらしてはっきりと見ること。 ②神仏がごらんになること。 例 神神《かみがみ》も御《ゴ》―あれ。
●観照《カンショウ》・参照《サンショウ》・残照《ザンショウ》・対照《タイショウ》・日照《ニッショウ》

灬 9
【煎】 13画 3289 714E 常用 音 セン漢 訓 い-る・に-る
筆順 丷 䒑 䒑 前 前 前 前 煎
なりたち  ［形声］「灬（=ひ）」と、音「前《セン》」とから成る。乾かすように火にかける。
意味 ❶ほどよくあぶる。いる。 例 煎餅《センベイ》。焙煎《バイセン》。 ❷煮《に》て成分を出す。 例 煎茶《センチャ》。煎薬《センヤク》。薬草《ヤクソウ》を煎《セン》じる。
難読 煎海鼠《いりこ》
【煎汁】《センジュウ》 薬草などの成分を煮《に》出した汁《しる》。せんじた汁。
【煎茶】《センチャ》 湯でせんじ出して飲む茶の葉。また、湯でせんじ出した茶。ふつうの緑茶。
【煎餅】《センベイ》 小麦粉や米の粉を水で練ってうすくのばして焼いた菓子《カシ》。 例 塩―。かわら―。いも―。
【煎餅布団】《センベイブトン》 せんべいのようにうすい布団《フトン》。綿《わた》の少ない、そまつな布団のたとえ。 例 ―に破れ畳《だたみ》。
【煎薬】《センヤク》 せんじ出して飲む薬。せんじぐすり。

火 9
【煖】 13画 6375 7156 音 ダン漢 ナン呉
意味 （火で）あたためる。あたたかい。 同 暖《ダン》。 例 煖房《ダンボウ》。煖炉《ダンロ》。
【煖衣飽食】《ダンイホウショク》 あたたかい衣服とじゅうぶんな食物。衣食に不自由のない、ぜいたくな生活。 表記 「暖衣飽食」とも書く。
【煖房】《ダンボウ》 （名・する） 部屋をあたためること。 表記 現 暖房
【煖炉】《ダンロ》 火をたいて部屋をあたためる装置。ふつう、洋風の部屋のかべに取りつける。 表記 現 暖炉

火 9
【煤】 13画 3965 7164 人名 音 バイ漢 訓 すす・すす-ける
意味 ❶けむりにふくまれる黒い粉。すす。 例 煤煙《バイエン》。煤払

《すすはらい》い。❷石炭。例 煤炭《バイタン》(=石炭)。

【煤竹】《すすたけ》①すすけて赤黒い色になった竹。②大掃除《おおソウジ》のとき、すすはらいに使う、枝葉のついたままの竹。

【煤払い】《すすはらい》(名・する)家の中にたまったすすや、ちり・ほこりなどをはらい出して、掃除《ソウジ》すること。また、その行事。年末におこなうことが多い。すすはき。

【煤煙】《バイエン》①石炭を燃やしたときに出るすすとけむり。②すすを多くふくむけむり。すすけむり。

【煤▼塵】《バイジン》鉱業や工業の現場で生じる、けむりやほこりにふくまれているこまかい粒子《リュウシ》。

火 9 **【煩】** 13画 4049 7169 常用

音 ハン漢 ボン呉 訓 わずら-う・わずら-わす・わずら-わしい

筆順 丷 火 灯 炘 煩 煩 煩 煩

なりたち  [会意]「頁(=あたま)」と「火(=やける)」とから成る。熱があって頭痛がする。

意味 ❶頭が熱くていたむ。苦しみなやむ。わずらう。わずらわす。例 煩悶《ハンモン》。煩悩《ボンノウ》。❷ごたごたしてめんどうな。わずらわしい。例 煩瑣《ハンサ》。煩雑《ハンザツ》。

使い分け わずらう【煩・患】⇩1182ページ

【煩簡】《ハンカン》①めんどうなことと手軽なこと。②いそがしいこととひまなこと。

【煩▼瑣】《ハンサ》(名・形動ダ)こまごまとしてわずらわしいこと。例 —な事務。

【煩雑】《ハンザツ》(名・形動ダ)こみいっていて、まとまりがつかないこと。めんどうなこと。わかりにくいこと。類 煩瑣《ハンサ》・繁雑《ハンザツ》。例 —な申請《シンセイ》手続き。

【煩多】《ハンタ》(名・形動ダ)めんどうなことが多く、わずらわしいこと。わずらわしく感じるほど多いこと。類 繁多《ハンタ》。

【煩忙】《ハンボウ》(名・形動ダ)ひじょうにいそがしいこと。類 多忙。

【煩務】《ハンム》わずらわしく、いそがしい仕事。

【煩▼悶】《ハンモン》(名・する)なやみが解決せず、苦しみもだえること。類 苦悶。例 日夜ひとり—する。

【煩慮】《ハンリョ》あれこれ思いわずらうこと。また、わずらわしく、めんどうなこと。例 これ以上、もはや—にたえない。

【煩累】《ハンルイ》わずらわしいこと。うるさいこと。例 —をおよぼす。

【煩労】《ハンロウ》心をわずらわせ、くたびれること。また、めんどうな苦労。例 みずから好んで—を選ぶことはない。

【煩悩】《ボンノウ》〔仏〕心身をまどわせ、なやませるすべての欲望。心の迷い。例 —即菩提《ソクボダイ》。

火 9 **【煬】** 13画 6376 716C

音 ヨウ漢 訓 あぶ-る・て-らす

意味 ❶火であぶる。❷火にあたる。❸諡《おくりな》(=死後におくられる名)に用いられる字。例 煬帝《ヨウダイ》。

【煬▽帝】《ヨウダイ》隋《ズイ》の二代皇帝《コウテイ》。この時代、聖徳太子《ショウトクタイシ》が遣隋使《ケンズイシ》を送っている。(五六九—六一八)

火 9 **【煉】** 13画 4691 7149 人名

音 レン漢 訓 ね-る

火 8 【煉】 12画 —— 俗字

意味 ❶鉱石を火でとかして不純物を取り除き、質をよくする。ねる。同 錬《レン》。例 精煉《セイレン》。❷練りかためる。同 錬。例 煉瓦《レンガ》。煉丹《レンタン》。煉炭《レンタン》。

【煉瓦】《レンガ》粘土《ネンド》と砂などをまぜ、直方体にかためて焼いた、赤茶色の建築材料。積み上げて壁《かべ》にしたり、道路にしきつめたりする。例 —色。—造りの東京駅。

【煉獄】《レンゴク》カトリックで、死者の霊魂《レイコン》が火に焼かれることによって、生前の罪が清められるとする場所。天国と地獄のあいだにあるという。

【煉丹】《レンタン》①昔の中国で、道士が不老不死の仙薬《センヤク》をつくること。また、そのくすり。②ねりぐすり。③気を丹田《タンデン》に集めて精神統一すること。例 —の術。

【煉炭】《レンタン》石炭や木炭の粉を練りかためた燃料。ふつう円筒形《エントウケイ》で、たてに十数個の穴のあいたもの。例 —火鉢《ひバチ》。表記 現 練炭

【煉乳】《レンニュウ》煮《に》つめて濃《こ》くした牛乳。表記 現 練乳

火 9 【煙】 13画 ⇩【煙】《エン》(637ページ)

灬 9 【煕】 13画 ⇩【熙】《キ》(639ページ)

灬 9 【煮】 13画 ⇩【煮】《シャ》(632ページ)

灬 10 **【熙】** 14画 8406 7199 人名

音 キ漢 呉 訓 ひか-る・ひろ-い・よろこ-ぶ

灬 9 【煕】 13画 6370 7155

灬 11 【熈】 15画 6371 7188 俗字

なりたち  [形声]「灬(=ひ)」と、音「巸《イ→キ》」とから成る。かわく。派生して「ひかる」の意。

意味 ❶(火の)光がゆきわたる。ひかる。例 光熙《コウキ》。❷広い。広まる。❸たのしく、よろこぶようす。

人名 おき・さと・てる・のり・ひろ・ひろし・ひろみ・ひろむ・よし

灬 10 **【熊】** 14画 2307 718A 教育4

音 ユウ漢 訓 くま

筆順 ム 台 育 育 能 能 能 熊

なりたち  [形声]「能(=くま)」と、音「炎《エン→ユウ》」の省略体とから成る。クマ。

意味 けものの名。クマ。例 熊掌《ユウショウ》。熊胆《ユウタン》。

難読 熊野《ゆや》・朝熊山《あさまやま》

人名 かげ

【熊▼笹】《くまざさ》高さ一メートル前後で、山地に生えるササ。葉は大きく、冬にふちが白くなる。料理の下にしいたり、あめやだんごを包んだりする。表記「▼隈▼笹」とも書く。

【熊▽襲】《くまそ》古代、九州の中南部に住んでいたという種族。

【熊▼鷹】《くまたか》ワシタカ科の鳥。全長約八〇センチメートル、つばさ二メートルほどの大形のタカ。

【熊手】《くまで》①長い柄《え》の先にクマの手のようなつめをつけた道具。竹製で落ち葉などをかき集めるものや、鉄製で昔の武器としたものなどがある。②酉《とり》の市で売る縁起物《エンギもの》。竹製のくまでに、おかめの面や小判のかざりをつけたもの。

【熊の▽胆】《くまのい》クマの胆嚢《タンノウ》を干したもの。漢方で胃の薬とする。熊胆《ユウタン》。

【▽熊虎】《ユウコ》クマとトラ。転じて、勇ましくたけだけしい者のたとえ。類 熊羆《ユウヒ》。例 —の士。—の将。

【▽熊掌】《ユウショウ》クマのてのひら。中国で、美味とされる八珍《ハッチン》の一つ。

灬 10 **【熏】** 14画 6377 718F

音 クン漢 呉 訓 いぶ-す・くす-べる

意味 ❶けむりでいぶす。くすべる。同 燻《クン》。❷よい感化をあたえる。同 薫《クン》。例 熏陶《クントウ》(=薫陶《クントウ》)。❸夕暮れ。例 熏夕《クンセキ》(=たそがれどき)。

火 10
【熒】 14画 1-8761 7192 音ケイ(漢)エイ(漢)

意味 ともしび。ひかり。例熒光《ケイコウ》。熒惑《ケイコク》。
【熒惑】《ケイコク｜ケイワク》 兵乱のきざしを示すという星。火星のこと。また、世をさわがし、まどわすこと。例―星《セイ》。

火 10
【熕】 14画 6380 7195 音コウ(漢)

意味 ❶大砲《タイホウ》。おおづつ。例砲熕《ホウコウ》(=大砲)。発熕《ハッコウ》―いしびや。❷ふねの名。

火 10
【熄】 14画 6379 7184 音ショク(漢)ソク(呉) 訓き-える・や-む

意味 ❶火が消える。きえる。❷消えてなくなる。また、おわる。やむ。例熄滅《ソクメツ》(=消えてなくなる。なくす)。終熄《シュウソク》。

火 10
【煽】 14画 3290 717D 音セン(漢) 訓あお-る・あお-り・おだ-てる

火10
[煽] 14画 ―― 俗字

意味 ❶あおいで火をおこす。あおる。❷そそのかす。けしかける。あおる。おだてる。例煽情《センジョウ》。煽動《センドウ》。
【煽情】《センジョウ》(名・する) 感情・情欲をあおること。表記 現扇情
【煽動】《センドウ》(名・する) 大衆をそそのかして、なんらかの行動を起こすようにしむけること。表記 現扇動

火 10
【熔】 14画 4548 7194 音ヨウ(漢) 訓と-かす・と-ける

意味 金属を火で熱して液状にする。とかす。とける。例熔岩《ヨウガン》。熔接《ヨウセツ》。
表記 現代表記では、「溶《ヨウ》」に書きかえることがある。熟語は「溶」(616ページ)を参照。

火10
[煽] 14画 ⇩【煽《セン》】(640ページ)

火 11
【熨】 15画 6381 71A8 音ウツ(漢) 訓の-す・ひのし・のし

意味 火のしで、布のしわをのばす。炭火《すみび》を中に入れて、その熱で布などのしわをのばす、金属でできた底の平たい道具。アイロン。ひのし。のし。例熨斗《ウット》。
【熨斗】 一《ウット》 金属製のひしゃく形の道具。中に炭火《すみび》を入れて底を熱くし、布のしわをのばしたり、ひだをつけたりする。例火―《ひのし》。二《のし》「熨斗鮑《のしあわび》」の略。アワビの肉をうすくして、干したもの。昔、儀式《ギシキ》に魚の代用とした。また、これを包んだ形に、色紙を折ったもの。祝い用の贈《おく》り物にそえる。
【熨▽斗紙】《のしがみ》 のしや水引《みずひき》を印刷した紙。贈《おく》り物の包みの上にかける。
【熨▽斗袋】《のしぶくろ》 のしと水引《みずひき》をつけたり印刷したりした袋。中にお金を入れて贈《おく》るのに用いる。

灬 11
【熬】 15画 6382 71AC 音ゴウ(漢) 訓い-る

意味 火にかけて水分を除く。いる。こがす。

灬 11
【熟】 15画 2947 719F 教育6 音シュク(漢)ジュク(呉) 訓う-れる・つらつら

筆順 亠 古 亨 享 孰 孰 孰 熟

なりたち [形声]「灬(=ひ)」と、音「孰《シュク》」とから成る。火でじゅうぶんやわらかく煮《に》る。

意味 ❶火にかけてやわらかくする。よく煮《に》る。煮える。例半熟《ハンジュク》。❷くだものなどが実って食べごろになる。うれる。じゅくす。例熟柿《ジュクシ》。完熟《カンジュク》。未熟《ミジュク》。❸じゅうぶんな状態になる。慣れてじょうずになる。例熟練《ジュクレン》。習熟《シュウジュク》。❹じゅうぶんに。よくよく。例熟睡《ジュクスイ》。熟慮《ジュクリョ》。

日本語での用法 《なれる》食べ物が時間を経て適当な味になる。「塩気《しおケ》が熟《な》れていない梅干《うめぼ》し・熟《な》れ鮨《ずし》」

難読 晩熟《おくて》

人名 あつし・なり・みのる

【熟議】《ジュクギ》(名・する) じゅうぶんに話し合うこと。

【熟語】《ジュクゴ》 ①二つ以上の単語が複合してできたことば。「学校」「社会」「思想」などの字音語と、「谷川《たにがわ》」「山道《やまみち》」「家柄《いえがら》」などの和語がある。熟字。②(英語で)慣用句。成句。イディオム。

【熟思】《ジュクシ》(名・する) あれこれと思いをめぐらし深く考えること。類熟慮《ジュクリョ》・熟考《ジュッコウ》。

【熟▽柿】《ジュクシ》 よく熟してやわらかくなったカキ。例―の落ちるのを待つ。

【熟視】《ジュクシ》(名・する) じっと見つめること。凝視《ギョウシ》。例時代の流れを―する。

【熟字】《ジュクジ》 二字以上の漢字で書きあらわすことば。熟語。

【熟字訓】《ジュクジクン》 二字以上の漢字から成り、漢字一字一字の読みとは別に、全体で一つの語としての読みをあてたもの。「田舎《いなか》」「五月雨《さみだれ》」「紅葉《もみじ》」など。

【熟睡】《ジュクスイ》(名・する) ぐっすりねむること。例旅のつかれで―する。

【熟成】《ジュクセイ》(名・する) みそや酒などが、時間をかけて、じゅうぶんにうまみの出たものにできあがること。例樽で―させたぶどう酒。長期―。

【熟達】《ジュクタツ》(名・する) じゅうぶんに練習を積んで、じょうずになること。熟練。習熟。例―した演技。

【熟知】《ジュクチ》(名・する) じゅうぶんに知りつくしていること。例相手の動きを―している。

【熟読】《ジュクドク》(名・する) 文章の意味をよく考えながら、じっくり読むこと。類精読・味読。対速読。例―玩味《ガンミ》する。

【熟年】《ジュクネン》 五十歳《サイ》前後の、成熟した年齢《ネンレイ》。中高年。

【熟慮】《ジュクリョ》(名・する) 時間をかけて、じゅうぶんに考えをめぐらすこと。熟考《ジュッコウ》。深慮。例―断行。

【熟練】《ジュクレン》(名・する) 経験を積んで、じょうずになること。類熟達・習熟。例―工。

【熟考】《ジュッコウ》(名・する) じゅうぶんに時間をかけて、考えぬくこと。熟慮《ジュクリョ》。例次の一手を―する。
○●円熟《エンジュク》・成熟《セイジュク》・早熟《ソウジュク》・晩熟《バンジュク》・老熟《ロウジュク》

灬 11
【熱】 15画 3914 71B1 教育4 音ゼツ(漢)ネツ(呉) 訓あつ-い・あつ-さ

筆順 十 土 圥 坴 坴 埶 埶 熱

なりたち  [形声]「灬(=ひ)」と、音「埶《ゲイ→ゼツ》」とから成る。あつい。

意味 ❶温度が高い。あつい。例熱帯《ネッタイ》。熱湯《ネットウ》。炎熱《エンネツ》。❷病気などで高くなった体温。例熱病《ネツビョウ》。解熱《ゲネツ》。発熱《ハツネツ》。❸夢中になる。興奮する。例熱狂《ネッキョウ》。熱中《ネッチュウ》。情熱《ジョウネツ》。

使い分け あつい【熱・暑】⇩1161ページ

難読 熱海《あたみ》(=地名)・熱川《あたがわ》(=地名)・熱田《あつた》(=地名)
人名 あつ・あつし
【熱▼燗】《あつカン》 あつくして飲む日本酒の燗。
【熱愛】《ネツアイ》(名・する) 心の底から強く愛すること。
【熱意】《ネツイ》 ものごとに対する、強い意気ごみ。熱心な気持ち。

漢字に親しむ ⑯ あずき? あずき?

漢字には日本語読みとして、一字に一定の訓があることはご存じでしょう。では、「小豆」を「あずき」、「今日」を「きょう」と読むのは、それぞれの漢字と訓とがどう対応しているのでしょうか。「小」を「あ」とか「あず」とか読むわけではなく、同様に「豆」もうまく読めません。「今日」についても同じで、「今」と「日」とを分けてしまってはうまく読むことができません。

実はこれらは「小豆」全体を「あずき」、「今日」全体を「きょう」と読むことばなのです。このような読みを、熟字(=熟語)にまとめて訓をあてることから、熟字訓といいます。「田舎《いなか》」「大人《おとな》」「昨日《きのう》」「七夕《たなばた》」「一日《ついたち》」「五月雨《さみだれ》」「時雨《しぐれ》」「梅雨《つゆ》」などがあります。こうしてみると熟字訓には、私たちの生活に密着したごくふつうの語が多いことに気づきます。そういうことばをあらわすのにぴったりした一字の漢字が見つからなかったので、意味が同じ漢字の熟語をあてることから熟字訓というものが生まれたわけです。

例 —に欠ける。—をもって仕事をする。
【熱演】《ネツエン》(名・する) 強く気持ちをこめて演ずること。また、その演技や講演。例 —が続く。
【熱感】《ネツカン》 熱が出た感じ。例 くじいた足首に—がある。
【熱気】《ネツキ》 ①熱中したり興奮したりして高まった感情。例 場内が—に包まれる。②高温の気体。例 穴から—がふき出す。③〔「ネッケ」とも〕体温がやや高い感じ。熱っぽさ。例 少し—がある。
【熱狂】《ネッキョウ》(名・する) ひどく興奮して、夢中になること。例 —的な歓迎《カンゲイ》。
【熱血】《ネッケツ》 感動しやすく、熱心でさかんな意気。
【熱血漢】《ネッケッカン》〔「漢」は、男の意〕情熱的に行動する男。対 冷血漢。
【熱源】《ネツゲン》 利用できる熱のもとになるもの。例 電気を—とする暖房《ダンボウ》器具。
【熱砂】《ネッサ|ネッシャ》 日に焼かれてあつくなった砂。例 —の台地。
【熱射病】《ネッシャビョウ》 高温多湿《タシツ》の場所で、体温をじゅうぶんに放散できないときに起こる、意識を失うなどする病気。
【熱唱】《ネッショウ》(名・する) 心をこめて歌うこと。例 応援歌《オウエンカ》を—する。
【熱情】《ネツジョウ》 燃えるような強い思い。情熱。例 —をそそぐ。
【熱心】《ネッシン》(名・形動《ダ》) ひとつのことに気持ちを集中して、一生懸命《イッショウケンメイ》なこと。例 研究—な学生。
【熱誠】《ネッセイ》 熱烈なまごころ。熱情から出た誠意。赤誠。例 —あふれる医療《イリョウ》活動。
【熱戦】《ネッセン》 ①気迫《キハク》のこもった激しい戦いや試合。激戦。例 —をくり広げる。②実際に武器をとって戦うこと。
【熱帯】《ネッタイ》 赤道を中心に、南回帰線と北回帰線にはさまれた地帯。対 寒帯。例 —魚。
【熱帯夜】《ネッタイヤ》 最低気温がセ氏二五度以上の暑い夜。
【熱中】《ネッチュウ》(名・する) ひとつのことに夢中になって、うちこむこと。例 クラブ活動に—する。
【熱中症】《ネッチュウショウ》 高温高熱にさらされたために起こる病気。熱射病・日射病など。
【熱度】《ネツド》 ①あつさの程度。例 日向《ひなた》と日陰《ひかげ》との—の差。②熱心さの程度。例 自然保護に対する—。
【熱湯】《ネットウ》 煮《に》えたっている湯《ゆ》。煮え湯。例 —消毒。
【熱闘】《ネットウ》 激しくぶつかりあって、たたかうこと。例 —が数時間におよぶ。

【熱波】《ネッパ》 広い範囲に、四〜五日またはそれ以上にわたり、相当に顕著《ケンチョ》な高温をもたらす現象。対 寒波。
【熱病】《ネツビョウ》 高熱を出す病気をまとめていうことば。マラリア・チフス・肺炎《ハイエン》など。
【熱風】《ネップウ》 高温の風。あつい風。例 —乾燥《カンソウ》機。
【熱弁】《ネツベン》 強く感情をこめた話しぶり。例 —をふるう。表記 旧 熱▼辯
【熱望】《ネツボウ》(名・する) 心をこめて願い望むこと。切望。例 戦争がなくなることを—する。
【熱量】《ネツリョウ》 熱をエネルギーの量としてあらわしたもの。単位は、カロリーやジュールなどが用いられる。
【熱涙】《ネツルイ》 深い感動を受けてあふれるなみだ。例 —にむせぶ。
【熱烈】《ネツレツ》(名・形動《ダ》) きわめて強く感情がこもっていること。例 —な声援《セイエン》をおくる。
【熱論】《ネツロン》(名・する) 熱心に議論すること。例 —をたたかわせる。
◐加熱《カネツ》・過熱《カネツ》・解熱《ゲネツ》・高熱《コウネツ》・情熱《ジョウネツ》・耐熱《タイネツ》・電熱《デンネツ》・白熱《ハクネツ》・発熱《ハツネツ》・微熱《ビネツ》・平熱《ヘイネツ》・放熱《ホウネツ》・余熱《ヨネツ》

灬11
【熈】15画 ⇩【熙】《キ》(639ページ)

灬12
【燕】16画 1777 71D5 人名 音 エン漢 訓 つばめ

意味 ❶春にやって来て秋に南方に去るわたり鳥。ツバメ。つばくらめ。つばくろ。例 燕雀《エンジャク》。飛燕《ヒエン》。❷くつろぐ。安息する。同 宴《エン》。例 燕息《エンソク》。❸さかもり。同 宴。例 燕飲《エンイン》。❹周代初期、今の北京《ペキン》あたりに建てられた国。戦国七雄《シチユウ》の一つとなったが、秦《シン》にほろぼされた。(?—前二二二) ❺河北《カホク》省の別名。今の北京《ペキン》を中心とする地方。例 燕京《エンケイ》。

難読 燕《つばくら|つばくらめ|つばくろ》
人名 てる・なる・やす・よし
【燕飲】《エンイン》 さかもりをすること。例 送別の気持ちをこめた—。表記「宴飲」とも書く。
【燕▼窩】《エンカ》 ウミツバメの巣《す》。中華《チュウカ》料理の上等な材料となる。燕巣《エンソウ》。
【燕▼頷虎頭】《エンガンコトウ》〔「燕頷」は、ツバメのようなあご、「虎頭」は、トラのようなあたまの意〕将来、出世する人相という。燕

頷虎頸《コケイ》。

【燕京《エンケイ》】北京《ペキン》の古名。〔春秋戦国時代の燕国の都があった〕

【燕▼雀《エンジャク》】①ツバメやスズメのような小さな鳥。②小人物のたとえ。

【燕▼雀《エンジャク》▽安《いずく》んぞ▼鴻▼鵠《コウコク》の志《こころざし》を知《し》らんや】〔「鴻鵠」は、オオトリやクグイ(=ハクチョウ)などの大きな鳥〕小人物は大人物の遠大な志を理解することはできない。

故事のはなし

秦《シン》は皇帝《コウテイ》の強大な権力によって中国全土を統一したが、人々はそのあまりの圧迫《アッパク》にたえかねていた。陳勝《チンショウ》という男は、若いころ人にやとわれて畑を耕す身だったが、あるとき耕作の手を休めて言った。「今はこんな身分だが、もし出世してもお前たちのことは忘れないよ」。これを聞いた仲間は言った。「やとわれの身分のくせに、出世なんかできるものか」。陳勝は大きなため息をついてこう言った。「ああ、ツバメやスズメみたいな小鳥なんかに、どうしてオオトリやクグイのような大きな鳥の考えていることがわかろうか」。のちに陳勝は秦に反乱を起こし、秦の滅亡《メツボウ》のきっかけをつくった人物として、歴史に名をとどめたのである。〈史記《シキ》〉

【燕石《エンセキ》】燕山(=河北《カホク》省にある山)から出る、玉《ギョク》に似た石。似ていても価値のないもの。まがいもの。燕礫《エンレキ》。

【燕巣《エンソウ》】「燕窩《エンカ》」に同じ。

【燕麦《エンバク》】ムギの一種。飼料《シリョウ》・食用・ウイスキーの原料などにする。オート麦《むぎ》。

【燕尾服《エンビフク》】男性の洋式の礼服。上着《うわぎ》のうしろのすそがツバメの尾《お》のように二つに割れて、長くたれている。

【燕▽子▽花《かきつばた》】アヤメ科の多年草。水べなどの湿地《シッチ》に生える。高さ七〇センチメートル前後で、初夏、長いくきの先に青むらさきや白の花をつける。[表記]「▼杜▽若」とも書く。

火 12
【燗】
16画 6383 71D7 [音]カン(慣)ラン(漢)(呉) [訓]ただ-れる

火12
【𤏐】
16画 ― 243D0 俗字

[意味] やわらかく、くずれるほどよく煮《に》る。(同)爛《ラン》。

[日本語での用法]《カン》酒をあたためる。「燗酒《カンざけ》・燗《カン》をつける・熱燗《あつカン》で飲《の》む」

灬 12
【熹】
16画 6384 71B9 [音]キ(漢)

[意味] 火がさかんにおこる。さかん。

火 12
【熾】
16画 6385 71BE [音]シ(漢)(呉) [訓]さか-ん

[意味] 火が勢いよく燃える。また、勢いが激しい。さかん。[例]熾烈《シレツ》。

【熾烈《シレツ》】(名・形動ナダ)勢いがさかんで激しいこと。[例]―な優勝争い。

火 12
【燉】
16画 6387 71C9 [音]トン(漢) [訓]さか-ん

[意味] ❶あかあかと燃えるようす。さかん。❷調理法の一つ。とろ火で煮《に》こむ。❸暖かい。(同)暾《トン》。[例]温燉《オントン》。❹地名に用いられる字。[例]燉煌《トンコウ》(=敦煌《トンコウ》)。

火 12
【燃】
16画 3919 71C3 教育5 [音]ゼン(漢)ネン(呉) [訓]も-える・も-やす・も-す

[筆順]

[なりたち] [形声]「火(=ひ)」と、音「然《ゼン》(=もやす)」とから成る。もやす。

[意味] もえる。もやす。もす。[例]燃焼《ネンショウ》。燃料《ネンリョウ》。

【燃▼犀《ネンサイ》】①〔東晋《トウシン》の温嶠《オンキョウ》が、サイのつのを燃やして深い淵《ふち》をのぞいた故事から〕暗いところを明るく照らすこと。②見識がすぐれていること。

【燃焼《ネンショウ》】(名・する)①物がもえること。[例]完全―。②もっている力をじゅうぶん出しきること。

【燃費《ネンピ》】機械が、一定の燃料でできる仕事量。自動車の場合、ガソリン一リットルあたりの走行距離《キョリ》であらわす。燃料消費率。[例]―のよい車。

【燃料《ネンリョウ》】①熱や火を得るためにもやす材料。まき・炭など。②機械を動かすためのエネルギー源。石炭・石油・ガスなど。

火 12
【燔】
16画 6388 71D4 [音]ハン(漢) [訓]あぶ-る・た-く・や-く

[意味] ❶もやす。やく。❷火であぶる。[例]燔肉《ハンニク》。

【燔肉《ハンニク》】肉をあぶること。また、祭りのとき、神にそなえたあぶり肉。ひもろぎ。

火 12
【燎】
16画 6389 71CE 人名 [音]リョウ(漢)(呉) [訓]かがりび

[なりたち] 爒 [形声]「火(=ひ)」と、音「尞《リョウ》」とから成る。火をはなつ。

[意味] ❶(山野を)やきはらう。もやす。やく。[例]燎原《リョウゲン》。❷照明のために屋外にもやす火。かがりび。にわび。[例]燎火《リョウカ》。❸あかるい。あきらか。

[人名] あきら

【燎火《リョウカ》】夜間の警備などでたく火。かがり火。

【燎原《リョウゲン》】火が野原を焼くこと。野焼き。

【燎原の火《リョウゲンのひ》】野火《のび》がどんどん燃え広がるように、勢いがさかんで止められないこと。燎原の勢い。〔悪事がはびこったり、敵を次々にやぶって進撃《シンゲキ》したりするようすをいう〕

火12 【𤏐】16画 ⇩【燗《カン》】(642ページ)

火12 【燒】16画 ⇩【焼《ショウ》】(632ページ)

火12 【燈】16画 ⇩【灯《トウ》】(628ページ)

火 13
【燠】
17画 6390 71E0 [音]イク(漢) [訓]おき・あたた-かい

[意味] 熱があってあつい。あたたかい。[例]燠燠《イクイク》(=あたたか)。温燠《オンイク》。

[日本語での用法]《おき》赤くおこった炭火。また、消し炭。「燠《おき》で火《ひ》をおこす・燠《おき》を保存《ホゾン》する」

火 13
【燬】
17画 6391 71EC [音]キ(漢) [訓]さか-ん・や-く

[意味] ❶はげしい火。ひ。❷焼きつくす。もやす。やく。❸太

陽。例 燬炎《キエン》(=さかんに燃える太陽のほのお)。

火 13
【燦】 17画 2724 71E6 人名 音 サン(漢) 訓 あき-らか

なりたち 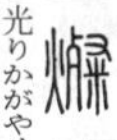  [形声]「火(=ひ)」と、音「粲《サン》」とから成る。あざやかにかがやく。

意味 光りかがやくようす。あきらか。例 燦燦《サンサン》。燦然《サンゼン》。

人名 あきら

【燦燦】《サンサン》(形動トタル) ①あざやかで美しいようす。②きらきらと光りかがやくようす。例 —とふりそそぐ日の光。

【燦然】《サンゼン》(形動トタル) きらきらとかがやくようす。あざやかなようす。例 —とかがやく宝石。

【燦▼爛】《サンラン》(形動トタル) あざやかに光りかがやくようす。はなやかに美しいようす。例 —たる星の光。

火 13
【燮】 17画 5057 71EE 音 ショウ(漢) 訓 やわ-らげる

意味 ほどよく調和させる。やわらげる。例 燮理《ショウリ》(=うまく調和させおさめる)。

【燮和】《ショウワ》 ほどよくあんばいする。宰相《サイショウ》の任務をいう。

火 13
【燭】 17画 3104 71ED 人名 音 ショク(漢) ソク(呉) 訓 ともしび

意味 たいまつやろうそくの火。あかり。ともしび。例 燭台《ショクダイ》。華燭《カショク》。紙燭《シソク》。

日本語での用法 《ショク》昔の電灯の明るさをあらわす単位。「百燭《ヒャクショク》の電球《デンキュウ》・燭光《ショッコウ》」

人名 てる

【燭台】《ショクダイ》 ろうそくを立ててともす台。ろうそく立て。

【燭光】《ショッコウ》 ①ともしびの光。灯光。②昔の光度の単位。燭《ショク》。現在は、「ワット」を使う。

火 13
【燧】 17画 6392 71E7 音 スイ(漢) 訓 ひうち・のろし

意味 ❶火だねをとる道具。石と金属を打ち合わせたり、木をきりでもんで発火させるもの。ひうち。例 燧火《スイカ》(=きりび。また、のろし)。❷味方に戦争や急を知らせる合図の火。のろし。例 烽燧《ホウスイ》。

【燧人氏】《スイジンシ》 古代中国の伝説上の帝王《テイオウ》の名。はじめて火をおこすことを考案し、民《たみ》に食物を煮《に》たり焼いたりすることを教えたという。

【燧石】《スイセキ》 火打ち石。鉄片と打ち合わせると火花を出す石。

火 13
【燥】 17画 3371 71E5 常用 音 ソウ(漢)(呉) 訓 かわ-く・はしゃ-ぐ

筆順 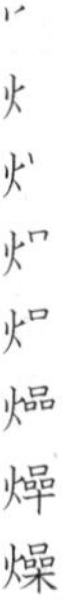

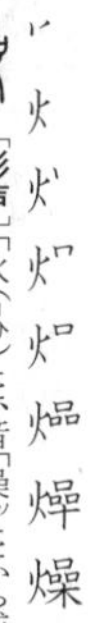

なりたち  [形声]「火(=ひ)」と、音「喿《ソウ》」とから成る。かわく。

意味 ❶水分がなくなる。からからになる。かわく。また、かわかす。例 乾燥《カンソウ》。❷いらだつ。あせる。例 焦燥《ショウソウ》。

日本語での用法 《はしゃぐ》①乾燥する。「木《き》が燥《はしゃ》ぐ」②うかれてさわぐ。陽気になる。「子供《こども》が燥《はしゃ》ぐ」

火 13
【燵】 17画 6393 71F5 国字 音 タツ

意味 炭火の上にやぐらを置いて、上からふとんをかぶせる暖房《ダンボウ》具。例 火燵《コタツ》。炬燵《コタツ》。

火 13
【燐】 17画 4653 71D0 音 リン(漢)(呉) 訓 おにび

意味 ❶夜、原野やぬま地にぼうっとあらわれる青白い光。また、死体の骨から出る青白い光。例 燐火《リンカ》(=おにび。ひとだま)。❷非金属元素の一つ。動物の骨や歯にふくまれる。鉱物として産し、マッチや殺虫剤《サッチュウザイ》の原料となる。

難読 燐寸《マッチ》・燐火《きつねび》

【燐光】《リンコウ》 ①空気中の黄燐《オウリン》が自然に発する青白い光。おにび。②硫化《リュウカ》カルシウムなどに光を当てたあと、光を取り去っても、それ自身が光を発している現象。また、その光。

【燐酸】《リンサン》 五酸化二燐に水を作用させて得る一連の酸の総称。医薬や化学工業に使う。例 —肥料。

【燐肥】《リンピ》 燐酸をとくに多くふくんでいる肥料。花や実を充実《ジュウジツ》させる作用がある。例 —をほどこす。

火13
【營】 17画 ⇩【営】《エイ》(208ページ)

火 14
【燻】 18画 6378 71FB 音 クン(漢)(呉) 訓 いぶ-す・くす-べる

意味 ❶けむりでいぶして黒くする。くすべる。ふすべる。くすぶる。ふすぶる。同 熏《クン》。例 燻蒸《クンジョウ》。燻製《クンセイ》。❷かおる。におう。同 薫《クン》。例 燻香《クンコウ》(=かおりのよい香《コウ》)。

【燻蒸】《クンジョウ》(名・する) ①かおりをつけたり、保存をよくしたりするために、いぶすこと。例 サケを—する。②殺虫や殺菌《サッキン》のために、有毒ガスでいぶすこと。例 —剤《ザイ》。

【燻製】《クンセイ》 塩づけにした魚や肉をいぶしてかわかし、長く保存できるようにした食品。例 サケの—。表記 (現)薫製

火 14
【燼】 18画 6394 71FC 音 シン(漢) ジン(呉)

意味 ❶燃えのこり。燃えさし。焼けあと。例 灰燼《カイジン》。❷戦争や災害で生き残った人々。例 燼余《ジンヨ》(=もえ残り。また、生き残り)。

難読 燼《もえくい》

火 14
【燹】 18画 6401 71F9 音 セン(漢) 訓 のび

意味 ❶野原の草を焼く火。野火《のび》。❷戦争による火災。例 兵燹《ヘイセン》(=戦災)。❸もやす。やく。

火 14
【燿】 18画 6402 71FF 人名 音 ヨウ(漢)(呉) 訓 かがや-く

火14
【燿】 18画

なりたち   [形声]「火(=ひ)」と、音「翟《テキ→ヨウ》」とから成る。てる。参考「耀《ヨウ》」の本字。

意味 照りかがやく。ひかる。また、ひかり。かがやき。例 栄燿《エイヨウ》。光燿《コウヨウ》。

人名 あき・あきら・てる

火14
【燿】 18画 ⇩【燿】《ヨウ》(643ページ)

火 15
【爍】 19画 6403 720D 音 シャク(漢)(呉) 訓 かがや-く・とろ-かす・とろ-ける

意味 ❶光りかがやくようす。❷金属をとかす。同 鑠《シャク》。

火 15
【爆】 19画 3990 7206 常用 音 バク(慣) ハク(漢)(呉) 訓 は-ぜる

筆順 火 灯 炟 焊 煤 爆 爆 爆

なりたち 爆 [形声]「火(=ひ)」と、音「暴《ホク》→《ハク》」とから成る。火が飛んでやける。

意味 火力で勢いよくはじけ、破れる。火がはじけて飛び散る。はぜる。例 爆発《バクハツ》。空爆《クウバク》。原爆《ゲンバク》。

【爆音《バクオン》】①(飛行機や自動車などの)エンジンの出す大きな音。②爆発の音。爆発音。

【爆撃《バクゲキ》】(名・する)飛行機から爆弾を投下して攻撃《コウゲキ》すること。例 —機。無差別—。

【爆死《バクシ》】(名・する)爆発や爆撃《バクゲキ》によって死ぬこと。

【爆笑《バクショウ》】(名・する)大きな声ではじけるように笑うこと。また、おおぜいの人がどっと笑うこと。例 —のうずに包まれる。

【爆心《バクシン》】爆発の中心地点。空中で爆発したとき、その直下の地点。例 —地。

【爆弾《バクダン》】①爆発による力で、相手に損害をあたえるための武器。例 —投下。②大きな影響《エイキョウ》や危険を生じるもののたとえ。例 —発言。—をかかえる(=いつ再発するかわからない病気や故障などをもっている)。

【爆竹《バクチク》】竹や紙の筒《つつ》に火薬をつめて火をつけ、たてつづけに爆発させるもの。祝賀用に鳴らす。例 —を鳴らす。

【爆破《バクハ》】(名・する)爆薬を使って破壊《ハカイ》すること。

【爆発《バクハツ》】(名・する)①化学反応や急激な膨張《ボウチョウ》などによって、多量の光・熱・音・ガスなどが一瞬《イッシュン》のうちに発生すること。例 —音。②たまっていたものが一気にふき出すこと。例 火山が—する。怒《いか》りが—する。

【爆風《バクフウ》】爆発によって起きる強烈《キョウレツ》な風。例 —で建物の窓ガラスが飛び散った。

【爆薬《バクヤク》】反応が瞬時《シュンジ》に全体におよんで爆発する火薬。

【爆裂《バクレツ》】(名・する)大きな音とともに破裂《ハレツ》すること。

●原爆《ゲンバク》・水爆《スイバク》・被爆《ヒバク》

火16

【爐】20画 ⇩【炉】《ロ》(629ページ)

火17

【爛】21画 6405 721B 音 ラン 漢 呉 訓 ただ-れる

意味 ❶やわらかくくずれるほどよく煮《に》る。くずれる。ただれる。例 爛柯《ランカ》。爛熟《ランジュク》。腐爛《フラン》。❷かがやく。はなやか。例 爛漫《ランマン》。絢爛《ケンラン》。

【爛▼柯《ランカ》】〔斧《おの》の柄《え》がくさる意〕碁《ゴ》に夢中になって、時のたつのを忘れることのたとえ。

【爛熟《ランジュク》】(名・する)①くだものなどがじゅうぶんに熟すこと。②ものごとが極度に成熟・発達すること。

【爛漫《ランマン》】(形動《トタル》)①花がさきみだれるようす。例 春—。②人の性格などが、ありのままで無邪気《ムジャキ》なようす。

【爛爛《ランラン》】(形動《トタル》)①きらきらと光りかがやくようす。②眼光がするどく光るようす。例 —と光るライオンの目。

火25

【爨】29画 6406 7228 音 サン 漢 訓 かし-ぐ・かまど

意味 飯をたく。かしぐ。また、かまど。例 炊爨《スイサン》。

【爨煙《サンエン》】かまどのけむり。炊煙《スイエン》。

【爨炊《サンスイ》】(名・する)飯をたく。炊事《スイジ》。

87 4画 爪 つめ そうにょう (⺥・爫 つめかんむり) 部

手をおおいかぶせるようにして物をつかむ形をあらわす。「爪」が上につくときは「⺥・爫(つめかんむり)」となる(常用漢字では「爫」の形)。「爪」をもとにしてできている漢字と、「⺥・爫」の字形を目じるしにして引く漢字とを集めた。

0 爪 4 采 爬 争 5 爰 8 爲 13 爵 14 爵

この部首に所属しない漢字

瓜⇩瓜 898 妥⇩女 272 受⇩又 178 奚⇩大 268 愛⇩心 403 舜⇩舛 836

爪0

【爪】4画 3662 722A 常用 音 ソウ 漢 呉 訓 つめ・つま

筆順 ノ 厂 爪 爪

なりたち 爪 [象形] 指先でつまむ形。

意味 ❶動物の手足のつめ。例 爪牙《ソウガ》。❷琴《キン・こと》などをひくときに指先にはめるもの。例 琴爪《キンソウ・ことづめ》。

【▽爪▼哇《ジャワ》】〔ジャワの音訳〕インドネシア共和国の中心をなす島。首都のジャカルタがある。

【▽爪印】一《ソウイン》つめのあと。つめあと。二《つめイン》指先に墨《すみ》または朱肉《シュニク》をつけて、印のかわりにおすこと。また、その印。つめがた。つめばん。類 拇印《ボイン》。

【▽爪牙《ソウガ》】①つめと、きば。例 するどい—をむき出す。②人に害を加えるもの。魔手《マシュ》。類 毒牙《ドクガ》。例 —にかかる(=えじきになる)。③国を守り、君主をたすける家来のたとえ。

【▽爪痕《ソウコン・つめあと》】①つめでひっかいたあと。また、つめをおしつけてできるあと。②被害《ヒガイ》のあとのたとえ。

爫4

【采】8画 2651 91C7 常用 音 サイ 漢 呉 訓 と-る

筆順 ノ ⺈ ⺥ 爫 平 采 采

采1

【采】8画

なりたち 采 [会意]「木(=き)」と「⺥(=手でつかむ)」とから成る。木の実をつかみとる。

意味 ❶手で(えらんで)つかみとる。とる。同 採《サイ》。❷いろどり。同 彩《サイ》。例 采衣《サイイ》。❸すがた。かたち。例 風采《フウサイ》。❹領地。知行地《チギョウチ》。例 采邑《サイユウ》。

人名 あや・うね・こと

【▽采女《うねめ》】古代、各地の豪族《ゴウゾク》から選ばれて後宮《コウキュウ》にはいった女官《ニョカン》。

【采衣《サイイ》】いろどりの美しい服。表記「彩衣・▼綵衣」とも書く。

【采配《サイハイ》】①武家の時代、大将が兵を指揮するときに使った道具。厚紙を細長く切ってたばね、柄《え》の先につけたもの。例 —をふる。②指揮。さしず。例 たくみな—で勝つ。

【采▼邑《サイユウ》】①卿大夫《ケイタイフ》の領地。②臣下に分けあたえて治めさせる領地。

爪4

【爬】8画 6408 722C 音 ハ 漢 訓 か-く

意味 ❶つめでひっかく。かく。例 掻爬《ソウハ》。❷地面を、はうようにして進む。ものにつかまってのぼる。はう。例 爬行《ハコウ》。爬虫類《ハチュウルイ》。

【爬行《ハコウ》】(名・する)つめをひっかけて、はって行くこと。

【爬虫類】《ハチュウルイ》 脊椎《セキツイ》動物のなかで、カメ・ヘビ・ワニ・トカゲなどをまとめて呼ぶことば。たまごからかえり、からだは、うろこにおおわれている。

【爬羅▼剔▼抉】《ハラテッケツ》（名・する）〔かき集めてえぐり出す意〕①世に知られていないすぐれた人物をさがし出すこと。②他人の欠点をさぐり出して、あばくこと。例権力者の暗黒面を―する。

爫4 【争】8画 ⇩【争】《ソウ》（38ページ）

爫5 【爰】9画 6409 7230 音エン漢 訓ここ-に

意味 ❶ここにおいて。そこで。ここ。例爰許《ここもと》（＝ここ）。ここに。また、わたくし）。❷とりかえる。例爰居《エンキョ》（＝住居をかえる）。❸「爰爰《エンエン》」は、ゆるやかな。ゆったりとしたようす。

爫8 【爲】12画 ⇩【為】《イ》（630ページ）

爫13 【爵】17画 2863 7235 常用 音シャク漢 訓さかずき

筆順 … 爵 爵

爫14 【爵】18画

なりたち  [象形]スズメの形をしたさかずきを手に持つ形。

意味 ❶祭礼用の三本足の酒器。さかずき。❷諸侯《ショコウ》や貴族の位。公《コウ》・侯《コウ》・伯《ハク》・子《シ》・男《ダン》の五等級を指す。例爵位《シャクイ》。❸スズメ。同雀《シャク》。

[爵❶]

人名 くら・たか・たかし

【爵位】《シャクイ》①貴族としての身分と、役人としての地位。②貴族の身分をあらわす階級。公爵《コウシャク》・侯爵《コウシャク》・伯爵《ハクシャク》・子爵《シシャク》・男爵《ダンシャク》の五等級。〔日本では、明治時代から新憲法が施行《シコウ》された一九四七(昭和二十二)年まであった〕

【爵▼禄】《シャクロク》 爵位と俸禄《ホウロク》。禄爵。

●公爵《コウシャク》・侯爵《コウシャク》・子爵《シシャク》・男爵《ダンシャク》・伯爵《ハクシャク》

爫14 【爵】18画 ⇩【爵】《シャク》（645ページ）

88 4画 父 ちち部

手で杖(つえ・むち)をふりあげた形で、ちちおやの意をあらわす。「父」と、「父」をもとにしてできている「爺」とを集めた。

0 父 9 爺

この部首に所属しない漢字

斧⇩斤 472 釜⇩金 1005

父0 【父】4画 4167 7236 教育2 音ホ慣 フ漢 ブ呉 訓ちち 付表 叔父《おじ》・伯父《おじ》・父《とう》さん

筆順 ノ ハ … 父

なりたち  [象形]手で杖《つえ》をふりあげる形。一族を先導し教化する家長。

意味 ❶男親。ちち。対母《ボ》。例父母《フボ》。岳父《ガクフ》。尊父《ソンプ》。❷親族の中で年長の男性。例叔父《シュクフ》《おじ》。祖父《ソフ》。伯父《ハクフ》《おじ》。❸年長の男性をうやまっていうことば。例父老《フロウ》。尼父《ジホ》（＝孔子《コウシ》）。❹(仕事に従事している)おとこ。例漁父《ギョフ》。田父《デンプ》。

人名 ち・のり

【父御】《ちちゴ》 他人の父親をうやまっていうことば。〔やや古い言い方。また「ててゴ」とも〕類尊父《ソンプ》。対母御《ははゴ》。

【父君】《フクン》《ちちぎみ》 ①自分の父親をうやまっていうことば。父上《ちちうえ》。②他人の父親をうやまっていうことば。

【父兄】《フケイ》 ①児童や生徒の保護者。類父母。②父と兄。例―の教えに従う。

【父系】《フケイ》 ①父親のほうの血筋。②父親のほうの血筋をもとにして、男の子が家や財産などをつぐこと。▽対母系。

【父権】《フケン》 ①父親がもつ、家族をまとめ支配する力。また、代々それが受けつがれること。家父権。②子供に対する父親としての力や重み。また、父親の親権。▽対母権。

【父子】《フシ》 父と子。対母子。例―家庭。

【父師】《フシ》 父と先生。また、ものごとを教えてくれる人。師父。

【父性】《フセイ》 父親がもつ、子や家族を愛し守ろうとする性質。

【父祖】《フソ》 ①父と祖父。②おもに、父親のほうの先祖。

【父母】《フボ》《ちちはは》 父と母。両親。二親《ふたおや》。例―会《フボカイ》。

【父老】《フロウ》 ①老人をうやまっていうことば。②村人たちの中心となるような年寄り。類長老。

●岳父《ガクフ》・厳父《ゲンプ》・実父《ジップ》・慈父《ジフ》・神父《シンプ》・尊父《ソンプ》・老父《ロウフ》

父9 【爺】13画 4476 723A 音ヤ漢 訓じい・じじい・おやじ

意味 ❶俗《ゾク》に、父を呼ぶことば。例爺嬢《ヤジョウ》（＝父母）。阿爺《アヤ》（＝父を親しんでいう）。❷年長、または身分の高い男性をうやまっていうことば。だんなさま。例老爺《ロウヤ》。

日本語での用法 《ヤ・じい・じじい》年とった男性。「好好爺《コウコウヤ》・お爺《じい》さん・花咲爺《はなさかじじい》《はなさかじじい》」

89 4画 爻(㸚) こう部

物を交差させた形を二つ合わせた形で、「交わる」の意をあらわす。「爻」と、「爻」を二つあわせた「㸚」をもとにしてできている漢字を集めた。

0 爻 5 爼 7 爽 10 爾

爻0 【爻】4画 6411 723B 音コウ漢

意味 ❶まじわる。❷易《エキ》の卦《カ》を組み立てる符号《ゴウフ》。⚋（＝陰《イン》）と⚊（＝陽《ヨウ》）とを組み合わせる。例爻辞《コウジ》。

【爻辞】《コウジ》 易《エキ》のそれぞれの符号《ゴウフ》を説明したことば。

㸚5 【爼】9画 ⇩【俎】《ソ》（79ページ）

㸚7 【爽】11画 3354 723D 常用 音ソウ漢 訓さわ-やか

4画
[爪(爫・⺥)部] 4—14画 争爰爲爵爵
[父部] 0—9画 父爺
[爻(㸚)部] 0—7画 爻爼爽

筆順 爽

なりたち ［会意］「㸚(=すきまが広く明るい)」と「大(=おおいに)」とから成る。明るい。

意味 ❶夜あけの明るさ。あきらか。例爽旦《ソウタン》(=朝早く)。❷すがすがしい。さわやか。例爽快《ソウカイ》。颯爽《サッソウ》。

人名 あき・あきら・さ・さや・さわ・たけし

【爽快《ソウカイ》】(名・形動《ダナ》) さわやかで、気持ちのよいこと。すがすがしいこと。例高原の朝は実に―だ。

【爽秋《ソウシュウ》】さわやかな秋。例―の候〔手紙などで使う〕。

【爽涼《ソウリョウ》】(名・形動《ダナ》) さわやかで、すずしいこと。例初秋の―をはだで感じる。

㐅 10

【爾】

14画 2804 723E 人名

音 ジ㊥ ニ㊋
訓 なんじ・そ-の・しか-り・のみ

小2

【尓】 5画 5385 5C13 俗字

なりたち ［形声］「冂(=おおう)」と「㸚(=すきまが広く明るい)」と、音「尓《ジ》」とから成る。はなやか。借りて「なんじ」の意。

意味 ❶相手を指していうことば。なんじ。❷㋐「その」と読み、ことがらや時を指し示す。例爾後《ジゴ》〔「そののち」と訓読する〕。㋑「しかり」と読み、あるようすを指し示す。そうである。例何能爾《なんぞよくしかる》(=どうしてそうすることができるのか)。❸〔助字〕㋐「のみ」と読み、…だけだ、…にほかならない、の意。限定・強調をあらわす。例此為レ恨爾《これをうらみとなすのみ》(=これだけが心残りだ)。㋑語の下にそえて状態をあらわす。例莞爾《カンジ》(=にっこりと)。卒爾《ソツジ》(=にわかに)。

日本語での用法《に》「に」の音をあらわす万葉がな。「手爾波《てには》・太爾《たに》(=谷)」

難読 爾乃《しかのみならず》・手爾乎波《てにをは》

人名 あき・あきら・ちか・ちかし・み・みつる

【爾雅《ジガ》】中国最古の辞書。意味によってことばを分け記してある。漢のころの成立か。

【爾後《ジゴ》】(副) こののち。そののち。以後。例―よく注意するように。

【爾今《ジコン》】(副) いまからのち。こののち。今後。例―以後。―、言動にはつつしんでもらう。表記「自今」とも書く。

【爾余《ジヨ》】このほか。これ以外。そのほか。それ以外。例―の件については次回にまわす。表記「自余」とも書く。

【爾来《ジライ》】(副) それからのち。それ以後。そのとき以来。例―何ごともなく年月が過ぎた。

90 4画 爿 しょうへん部

「木」の字を二つに分けた左半分の形。「爿」の字形を目じるしにして引く漢字を集めた。

0 爿 4 牀 13 牆

爿 0

【爿】

4画 6413 723F

音 ショウ㊥

意味 丸太を割った木ぎれ。たきぎ。まき。

爿 4

【牀】

8画 6414 7240

音 ソウ㊥ ショウ㊋
訓 とこ・ゆか

意味 ❶細長い寝台《シンダイ》やこしかけ。とこ。㊞床《ショウ》。例牀几《ショウキ》。❷ものを置く台。例銃牀《ジュウショウ》。

【牀▼几《ショウキ》】㊀《ショウキ》寝台《シンダイ》とひじかけ。㊁《ショウギ》①折りたたみのできるいす。②横に長い、ベンチのようなこしかけ。表記㊁は「床▼几・将▼几」とも書く。

【牀頭《ショウトウ》】〔「頭」は、場所を示す語〕寝台《シンダイ》のそば。また、ねどこのかたわら。例―の目ざまし時計。

爿 13

【牆】

17画 6415 7246

音 ショウ㊥㊋
訓 かき

土13

【墻】 16画 5254 58BB 別体字

意味 土や石で築いた塀《へイ》。かきね。かき。例牆壁《ショウヘキ》。

【牆《かき》に▼鬩《せめ》ぐ】〔「鬩ぐ」は、言い争う意〕同じかきねの中で争う。仲たがいする。例兄弟《ケイテイ》―。

【牆▽垣《ショウエン》】〔「牆」は高いかきね、「垣」は低いかきねの意〕かきね。かき。かこい。垣牆。例―をめぐらす。

【牆壁《ショウヘキ》】①土・石・れんがなどで造った塀《へイ》。②あいだをさえぎるもの。例―を築く。表記▽㊐障壁

【牆面《ショウメン》】(名・する) ①かべに向かって立つこと。②〔かべに向かって立つと向こう側が見えないことから〕勉強をしないので、ものを知らないことのたとえ。

91 4画 片 かた かたへん部

「木」の字を二つに分けた右半分の形。「片」をもとにしてできている漢字を集めた。

0 片 4 版 8 牌 牋 9 牒 牖 15 牘

片 0

【片】

4画 4250 7247 教育6

音 ヘン㊥㊋
訓 かた・きれ・ペンス

筆順 片

なりたち ［指事］一本の「木」の右半分。半分に分けた木。

意味 ❶二つでひと組みの一方。かたわれ。かた。例片手《かたて》。片方《かたホウ》。❷平たくてうすいもの。小さいかけら。また、それを数えることば。きれ。例片雲《ヘンウン》。断片《ダンペン》。一片《ひとひら》の花弁《カベン》。❸わずか。すこし。例片影《ヘンエイ》。片時《ヘンジ》。片言隻句《ヘンゲンセキク》。❹イギリスの貨幣《カヘイ》の単位 pence の音訳字。ペンス。

日本語での用法《かた》不全な、かたくな、中心からはずれた、一方的な、などの意をあらわす。「片言《かたこと》・片意地《かたイジ》・片仮名《かたかな》・片田舎《かたいなか》・片恋《かたこい》」

【片意地《かたイジ》】(名・形動《ダナ》) がんこに自分の好みややり方をおし通すこと。また、その性質。強情《ゴウジョウ》。意地っぱり。例―を張って注意を聞かない。

【片田舎《かたいなか》】都会から遠くはなれた、不便なところ。へんぴな土地。例―で静かに暮らす。

【片腕《かたうで》】①一方の腕。②最もたのみとする人。

【片仮名《かたかな》】日本語の音節文字の一つ。万葉がなの一部分を省略して作られた文字。平仮名《ひらがな》の「い」「ろ」「は」などに対して「イ」「ロ」「ハ」などの文字。㊇平仮名。表記「片仮▽字」とも書く。

【片恋《かたこい》】どちらか一方だけの恋。片思い。例だれにも言えない―になやむ。

【片隅《かたすみ》】中央部分からはなれた、一方のすみ。目立たないところ。すみっこ。例都会の―。荷物を部屋の―へ寄せる。

【片手《かたて》】①一方の手。②片方の手の指の数から、金額な

どで二五」の数をあらわす。例—なら引き受けてもいい。

【片刃《かたは｜かたば》】片面または片側だけに刃《は》のついている刃物。対両刃《リョウば》。

【片肺《かたハイ》】①一方の肺。例—を切除する。②エンジンが二つある飛行機で、一方のエンジンしか動かない状態のたとえ。また、そのエンジン。例—飛行。

【片方《かたホウ》】二つあるものの一方。対両方。

【片棒《かたボウ》】かごなどをかつぐ二人のうちの、一方の者。例—をかつぐ(=いっしょに仕事をする。特に、悪事の共犯者となる)。

【片身《かたみ》】①衣服の身ごろの片方。片身ごろ。②からだの半分。とくに、魚を背骨にそっておろした、一方の身。半身《ハンみ》。

【片道《かたみち》】行きか帰りか、どちらか一方。対往復。

【片面《かたメン》】物の一方の面。ことがらの、一部分。対両面。例レコードの—。ものごとの—しか見えていない。

【片雲《ヘンウン》】ちぎれ雲。ひときれの小さな雲。例—の風。

【片影《ヘンエイ》】わずかのかげ。ちらっと見えた姿。例雲間《くもま》に旅客機《リョカクキ》の—を見た。

【片言】㊀《ヘンゲン》①ちょっとしたことば。わずかなことば。たったひとこと。例—隻語《セキゴ》。②片方の言い分。㊁《かたこと》不完全なものの言い方。〔外国人や幼児などのことばづかいにいう〕

【片言隻句《ヘンゲンセキク》】ちょっとしたことば。わずかなことば。片言隻語《ヘンゲンセキゴ》。例—でも意味は深い。

【片時《ヘンジ｜かたとき》】〔古くは「ヘンシ」とも〕ほんのちょっとの時間。少しのあいだ。一時《イットき》。例—もそばからはなさない。

【片片《ヘンペン》】(形動トタル)①切れ切れであるようす。例—たる知識。②うすっぺらで、とるにたりないようす。例—たる小冊子。③いくつものうすくて小さいものが、風にふかれて軽く舞《ま》っているようす。例—と散るサクラの花。

【片▼鱗《ヘンリン》】〔一枚のうろこの意〕ものごと全体の、ほんの一部分。〔その一部分から全体の大きさや偉大《イダイ》さが想像できるときにいう〕例大器《タイキ》の—をうかがわせる。
●一片《イッペン》・紙片《シヘン》・断片《ダンペン》・木片《モクヘン》

片 4
【版】 8画 4039 7248 教育5 音ハン漢 ヘン呉 訓いた・ふだ
筆順 ノ 丿 ド 片 片 片 版 版
なりたち [形声]「片(=木ぎれ)」と、音「反《ハン》」とから成る。木のいた。参考「板《ハン》」の本字。

意味 ❶文字を書く木のふだ。いた。戸籍《コセキ》や土地の帳簿《チョウボ》。例版籍《ハンセキ》。版図《ハント》。❷文字や図をほりつける印刷用の板。はんぎ。例版画《ハンガ》。版本《ハンポン》。活版《カッパン》。❸書物を印刷して世に出すこと。例版権《ハンケン》。再版《サイハン》。出版《シュッパン》。

【版画《ハンガ》】木・石・銅などの板に絵や文字を刻みつけて版を作り、墨《すみ》などをぬって紙に絵や文字をうつしとるもの。また、その技法。例—展。

【版木《ハンぎ》】印刷するために文字や絵をほりこんだ板。例浮世絵《うきよエ》の—。表記「板木」とも書く。

【版権《ハンケン》】①本などの著作物を出版し、それによる利益を得る権利。出版権。②「著作権」の古い言い方。

【版行《ハンコウ》】(名・する)出版物を印刷し、世の中へ出すこと。類刊行。表記「板行」とも書く。

【版式《ハンシキ》】印刷版の様式。凸版《トッパン》・凹版《オウハン》・平版《ヘイハン》など。

【版下《ハンした》】①版木をほるときに板にはりつける、清書した下書き。②凸版《トッパン》や平版《ヘイハン》などで、製版する文字や図・絵などの原稿《ゲンコウ》。

【版籍《ハンセキ》】①支配する領地とそこに住む人民。②土地台帳と戸籍簿《コセキボ》。

【版籍奉還《ハンセキホウカン》】一八六九(明治二)年六月、大名がその「版籍①」を朝廷《チョウテイ》に返したこと。

【版図《ハント》】〔「版」は戸籍《コセキ》、「図」は地図の意〕支配している領土。類国土。例—を広げる。

【版本《ハンポン》】木版《モクハン》で印刷した本。木版本《モクハンボン》。対写本。例宋代《ソウダイ》の—。

【版面《ハンメン｜ハンづら》】印刷版の表面。例—のよごれを落とす。表記「板本」とも書く。
●活版《カッパン》・再版《サイハン》・重版《ジュウハン》・出版《シュッパン》・初版《ショハン》・新版《シンパン》・図版《ズハン》・絶版《ゼッパン》・平版《ヘイハン》・木版《モクハン》

片 8
【牌】 12画 3955 724C 音ハイ漢 訓ふだ

片 9
[牌] 13画 俗字

意味 ❶文字や目じるしを書いてかけておくふだ。かんばん。ふだ。例位牌《イハイ》。❷カルタなど、遊びに用いるふだ。例骨牌《コッパイ》。マージャンの牌《ハイ》(=パイ)。❸功績などをしるしたふだ。メダル。例金牌《キンパイ》。銀牌《ギンパイ》。優勝牌《ユウショウハイ》。
【牌子《ハイシ》】①看板。マーク。②ふだ。鑑札《カンサツ》。
●位牌《イハイ》・金牌《キンパイ》・銀牌《ギンパイ》・賞牌《ショウハイ》・銅牌《ドウハイ》

片 8
[牋] 12画 ⇩【箋《セン》】(755ページ)

片 9
【牒】 13画 3613 7252 人名 音チョウ漢 ジョウ呉 訓ふだ
意味 ❶文書を書き記す木や竹のふだ。かきつけ。例符牒《フチョウ》。❷役所などで関係方面にまわす公文書。まわしぶみ。例通牒《ツウチョウ》。❸うったえぶみ。訴状《ソジョウ》。

片 9
[牌] 13画 ⇩【牌《ハイ》】(647ページ)

片 15
【牘】 19画 6417 7258 音トク漢 訓ふだ
意味 文章を書きつけた木のふだ。また、手紙。例牘書《トクショ》(=文書。また、手紙)。尺牘《セキトク》。

92 4画
牙(牙) きば きばへん 部
上下の歯がたがいにかみあう形をあらわす。「牙」の字だけをここに入れた。俗字の「牙」および、「邪」「雅」など常用漢字の構成部分となるときは「牙(五画)」の形になる。

0 牙 牙

牙 0
【牙】 4画 1871 7259 常用 音ガ漢 ゲ呉 訓きば・は
筆順 一 ㇄ 于 牙

牙 0
[牙] 5画 俗字
なりたち [象形]きばの形。
意味 ❶歯。とくに、前歯のとなりにあり、とがっていて交互《コウゴ》にかみあう歯。きば。例歯牙《シガ》。象牙《ゾウゲ》。毒牙《ドクガ》。❷ぞうげのかざりをつけた、天子や将軍の旗。また、それを立てた本陣《ホンジン》。例牙営《ガエイ》。牙城《ガジョウ》。❸売買の間にはいって手数料をとる(人)。仲買《なかがい》。例牙人《ガジン》(=仲買人)。

難読 牙婆《すあい》・牙籤《こはぜ》

【牙営】《ガエイ》〔「牙旗《ガキ》」の立っている陣営《ジンエイ》の意〕大将のいる陣営。本営。本陣。

【牙旗】《ガキ》 軍隊で、天子や大将のはた。〔さおの先に象牙《ゾウゲ》または猛獣《モウジュウ》の牙《きば》のかざりがついているからという〕

【牙城】《ガジョウ》〔「牙旗《ガキ》」を立ててある城の意〕①大将のいる城。②本拠地《ホンキョチ》。例ゲリラ組織の―にせまる。

【牙銭】《ガセン》 手数料。口銭《コウセン》。コミッション。例―を取る。

牙 0 【牙】5画 ⇩【牙】《ガ》（647ページ）

93 4画

牛 うし（牛 うしへん）部

角のあるウシの形をあらわす。偏《へん》（＝漢字の左がわの部分）になるときは「牛（うしへん）」となる。「牛」をもとにしてできている漢字を集めた。

0 牛 2 牝 牟 3 牡 牢 4 牧 物 5 牲 牴 6 特 7 牽 牾 犁 8 犀 犇 犂 10 犒 犖 13 犠 15 犢 16 犧

牛 0

【牛】

4画 2177 725B 教育2 音ギュウ漢 ゴ呉 訓うし

筆順 ノ 𠂉 ⺧ 牛

なりたち  ［象形］頭に二本の角があり、盛り上がった背と垂れ下がった尾《お》のあるウシの形。

意味 ❶家畜《カチク》の一つ。ウシ。例牛馬《ギュウバ》。汗牛充棟《カンギュウジュウトウ》。闘牛《トウギュウ》。❷㋐二十八宿の一つ。いなみぼし。例牛宿《ギュウシュク》。㋑牽牛星《ケンギュウセイ》。ひこぼし。例牛女《ギュウジョ》（＝牽牛星と織女星《ショクジョセイ》）。

難読 牽牛花《あさがお》・牛膝《いのこずち》

人名 とし

【牛飲馬食】《ギュウインバショク》（名・する）〔ウシのように飲み、ウマのように食う意〕多量に飲み食いすること。類鯨飲馬食《ゲイインバショク》。

【牛角】 一《ギュウカク》（名）ウシの、つの。二《ゴカク》（名・形動ナ《ダ》）〔ウシの二本のつのは大きさも長さもほぼ同じことから〕実力に差がないこと。五分五分《ゴブゴブ》。表記 二は「互角」とも書く。

【牛後】《ギュウゴ》〔ウシの、しりの意〕力の強い者に従う者のたとえ。牛尾《ギュウビ》。→【鶏口《ケイコウ》となるとも牛後《ギュウゴ》となるなかれ】（1102ページ）

【牛脂】《ギュウシ》 ウシのあぶらを精製した、白い脂肪《シボウ》のかたまり。

【牛車】 一《ギュウシャ》 ウシが引く荷ぐるま。二《ギッシャ》 平安時代の貴族が用いた、ウシに引かせた屋形つきの車。

【牛舎】《ギュウシャ》 ウシを飼う建物。牛小屋《うしごや》。

【牛耳《ギュウジ》を執《と》る】 同盟・党派・団体などのリーダーとなって主導権をにぎる。牛耳る。〔春秋時代、諸侯《ショコウ》が同盟を結ぶとき、ウシの耳を切り取り、その血をすすって約束をちかったが、最初に血をするのは、盟主だったことから〕

【牛刀】《ギュウトウ》 ウシなどの大きな家畜《カチク》の肉を切りさくのに用いる、大きな包丁。例―をもって鶏《にわとり》を割《さ》く（＝ウシを料理する刀でニワトリを料理する。大げさな手段を用いるたとえ）。

【牛鍋】《ギュウなべ》 牛肉を野菜・とうふなどといっしょに、なべで煮《に》ながら食べる料理。すき焼き。また、そのなべ。

【牛肉】《ギュウニク》 食用とするウシの肉。ぎゅう。

【牛乳】《ギュウニュウ》 ウシのちち。飲用のほか、チーズ・バター・ヨーグルトなどの加工品の原料にする。ミルク。

【牛馬】《ギュウバ》 ウシとウマ。例―のようにこき使われる。

【牛皮】《ギュウヒ》 ①ウシのかわ。②むした白玉粉《しらたまこ》に砂糖・水あめを加えて作る生菓子《なまガシ》。求肥《ギュウヒ》。

【牛歩】《ギュウホ》 ウシのあゆみのように、ものごとの進みぐあいがのろいこと。例―戦術。

【牛酪】《ギュウラク》 牛乳の脂肪《シボウ》をかためたもの。バター。

【▽牛頭】《ゴズ》〔仏〕地獄《ジゴク》で門番をしているという、頭がウシでからだは人間の姿をした鬼《おに》。例―馬頭《メズ》。

【▽牛▼蒡】《ゴボウ》 キク科の二年草。細長い根を食用とする。

●役牛《エキギュウ》・水牛《スイギュウ》・闘牛《トウギュウ》・肉牛《ニクギュウ》・野牛《ヤギュウ》

牛 2

【牝】

6画 4438 725D 音ヒン漢 訓めす・め・めん

意味 けものや鳥のめす。対牡《ボ》。例牝馬《ヒンバ》。牝牡《ヒンボ》。

【牝鶏】《ヒンケイ》 めすのニワトリ。めんどり。

【牝鶏《ヒンケイ》の▼晨《シン》】〔「晨」は、ニワトリが時を告げて鳴く意〕朝、時を告げるのはおんどりだが、めんどりが時を告げるのは秩序《チツジョ》が失われ、家や国家がほろびることにたとえられた。女性の能力をさげすんでいったことば。牝鶏晨《あした》す。〔書経《ショキョウ》〕

【牝馬】《ヒンバ》 めすのウマ。めすうま。めうま。対牡馬《ボバ》。

【牝▼牡】《ヒンボ》 動物のめすとおす。雌雄《シユウ》。牡牝。

牛 2

【牟】

6画 4422 725F 人名 音ボウ漢 ム呉

意味 ❶ウシの鳴き声。❷うばいとる。欲ばって食べる。例牟食《ボウショク》（＝むさぼりくらう）。❸ひとみ。同眸《ボウ》。例牟子《ボウシ》（＝ひとみ）。❹オオムギ。例牟麦《ボウバク》（＝むぎ。オオムギ）。❺梵語《ボンゴ》の音訳。例釈迦牟尼《シャカムニ》。

日本語での用法《む》「む」の音《オン》をあらわす万葉がな。「牟礼《むれ》（＝地名）・牟田《むた》（＝地名・姓《セイ》）」

人名 すすむ・ます・もと

【牟尼】《ムニ》〔梵語《ボンゴ》の音訳。聖者《セイジャ》・賢者《ケンジャ》の意〕釈迦《シャカ》をうやまっていうことば。例釈迦―。

牛 3

【牡】

7画 1820 7261 人名 音ボ漢 訓おす・お・おん

意味 けものや鳥のおす。対牝《ヒン》。例牡鹿《おじか》。牡馬《ボバ》。

難読 牡鹿《さおしか》・牡丹餅《ぼたもち》

【牡丹】《ボタン》 ①ボタン科の落葉低木。晩春から初夏にかけて、赤むらさき・白・うすくれない・黄などの大きな花がさく。中国で花の王とされる。②イノシシの肉。例―なべ。

【牡丹雪】《ボタンゆき》（ボタンの花びらのような）うすくて大きいかたまりで降る雪。ぼたゆき。

【牡▼蠣】 一《ボレイ》 貝のカキの漢名。また、カキのからを焼いてくだいた粉。薬や小鳥のえさにする。二《かき》 イタボガキ科の海産の二枚貝。食用にするほか、からは飼料《シリョウ》や肥料とする。

牛 3

【牢】

7画 4720 7262 音ロウ漢呉 訓ひとや

意味 ❶おりに入れて飼育した、祭り用のいけにえ。例太牢《タイロウ》（＝ウシ・ヒツジ・ブタのいけにえ）。少牢《ショウロウ》（＝ヒツジ・ブタのいけにえ）。❷罪人を閉じこめておくところ。ひとや。例牢獄《ロウゴク》。牢死《ロウシ》。入牢《ニュウロウ》。❸がっしりとしてじょうぶである。かたい。例牢記《ロウキ》。牢固《ロウコ》。堅牢《ケンロウ》。

【牢記】《ロウキ》（名・する）しっかり覚えておくこと。銘記《メイキ》。

【牢▼乎】《ロウコ》（形動《タルト》）しっかりとしていて動かないようす。

【牢固】《ロウコ》（形動《タルト》）しっかりしているようす。また、かたいようす。類堅固《ケンゴ》。例―たる守りの城。

【牢獄《ロウゴク》】罪人を入れておく場所。獄舎。牢屋《ロウや》。牢。

【牢死《ロウシ》】(名・する) 牢獄《ロウゴク》の中で死ぬこと。獄死《ゴクシ》。

【牢番《ロウバン》】牢獄《ロウゴク》の見張りをする役目。また、その人。

【牢屋《ロウや》】牢獄《ロウゴク》。牢。

【牢破り《ロウやぶり》】(名・する) 罪人が牢からにげ出すこと。また、その罪人。破獄《ハゴク》。脱獄《ダツゴク》。

牛 4

【牧】

8画 4350 7267 教育4 音 ボク(漢) モク(呉) 訓 まき

筆順 ノ 𠂉 牛 牛 牜 牧 牧

なりたち [会意]「攵(=むちうつ)」と「牛(=うし)」とから成る。ウシを飼い、やしなう人。

意味 ❶家畜《カチク》を放し飼いにする。また、その場所。まき。例 牧場《ボクジョウ》。牧畜《ボクチク》。放牧《ホウボク》。❷(人を)やしなう。教えみちびく。治める。例 牧師《ボクシ》。牧民《ボクミン》。

人名 おさむ・つかさ

【牧牛《ボクギュウ》】ウシを放し飼いにすること。また、そのウシ。

【牧師《ボクシ》】キリスト教のプロテスタントで、神につかえ、信者を教え導く人。〔カトリック教会や東方正教会では「神父《シンプ》」という〕

【牧場《ボクジョウ|まきば》】家畜《カチク》を放し飼いにするところ。

【牧神《ボクシン》】神話で、森林や牧畜《ボクチク》の神。上半身は人間で、下半身はヤギの姿をしている。ギリシャ神話ではパン、ローマ神話ではファウヌス。牧羊神《ボクヨウシン》。

【牧人《ボクジン》】牧場で家畜《カチク》を飼育する人。牧者。

【牧草《ボクソウ》】家畜《カチク》のえさとするための草。例 —地。

【牧畜《ボクチク》】牧場で、家畜を飼うこと。また、その産業。

【牧童《ボクドウ》】①家畜《カチク》の世話をする少年。②牧場で家畜を飼う仕事にたずさわる男。カウボーイ。

【牧民《ボクミン》】人民を治めること。〔牧人が家畜《カチク》を養うことにたとえたことば〕例 —官(=地方長官)。

【牧野《ボクヤ》】①家畜《カチク》を放し飼いにする野原。②中国の地名。周の武王が殷《イン》の紂王《チュウオウ》をうちほろぼした地。

【牧羊《ボクヨウ》】ヒツジを飼うこと。また、放し飼いにしてあるヒツジ。

【牧羊神《ボクヨウシン》】「牧神《ボクシン》」に同じ。

【牧養《ボクヨウ》】(名・する) ①牧場で家畜《カチク》を飼うこと。②人民をやしない治めること。牧民。

【牧歌《ボッカ》】自然にとけこんだのどかな農村の生活をあつかった詩や歌。例 —的(=自然にとけこんだのどかなようす)。
● 放牧《ホウボク》・遊牧《ユウボク》

牛 4

【物】

8画 4210 7269 教育3 音 ブツ(漢) モチ・モツ(呉) 訓 もの 付表 果物《くだもの》

筆順 ノ 𠂉 牛 牛 牜 物 物 物

なりたち [形声]「牛(=うし)」と、音「勿《ブツ》」とから成る。いろいろなもの。

意味 ❶自然界のすべて形あるもの。もの。例 物体《ブッタイ》。生物《セイブツ》。万物《バンブツ》。❷ことがら。ものごと。例 事物《ジブツ》。文物《ブンブツ》。❸ひと。世間。例 物議《ブツギ》。人物《ジンブツ》。俗物《ゾクブツ》。

日本語での用法 《もの》形容詞・形容動詞の上につけて「なんとなく」の意をあらわす。「物悲《ものがな》しい・物狂《ものぐる》おしい・物寂《ものさび》しい・物《もの》すごい・物憂《ものう》い・物静《ものしず》か」

難読 物怪《もののケ|モッケ》

人名 たね

【物化《ブッカ》】①ものが変化すること。②人が死ぬこと。(類)物故。

【物価《ブッカ》】ものの値段。例 —の上昇《ジョウショウ》が激しい。

【物我《ブツガ》】自分以外のものと自分。また、客観と主観。

【物議《ブツギ》】世間であれこれと話題にすること。例 —をかもす(=いろいろと論議をひきおこす)。

【物件《ブッケン》】品物・土地・建物など。例 証拠《ショウコ》—。よい—をえらぶ。

【物故《ブッコ》】(名・する) 人が死ぬこと。(類)死去・死亡。例 —者。—した会員。

【物産《ブッサン》】その土地で生産される、農産物・工芸品などの産物。例 —展。土地の—を調べる。

【物資《ブッシ》】生活するのに必要なもの。食料・衣料・医薬品など。例 救援《キュウエン》—。—の調達。

【物質《ブッシツ》】①見たり、手でさわったりして、確かめられるもの。例 未知の—。②(精神や心とは別に対立して存在し、感覚を刺激《シゲキ》したり、所有欲の対象となったりするものの意味で)形のあるもの。また、お金や品物。(対)精神。例 —文明。

【物質的《ブッシツテキ》】(形動ダ) ①物質に関するようす。②物質を重んじるようす。(対)精神的・肉体的。

【物証《ブッショウ》】品物による証拠《ショウコ》。物的証拠。例 —にとぼしくて逮捕《タイホ》の決め手とならない。

【物象《ブッショウ》】ものの形やありさま。また、自然の風景。

【物情《ブツジョウ》】①ものごとの状態。②世間の人々の気持ち。例 —騒然《ソウゼン》(=社会が不安定で、おちつかないようす)。

【物色《ブッショク》】(名・する) 多くのものの中から、求めている人やものをさがすこと。例 適任者を—する。

【物心《ブッシン》】㊀物質と精神。例 —両面から援助《エンジョ》する。㊁《ものごころ》世の中のしくみや人々の気持ちを理解できる知識や分別《フンベツ》。例 —がついたころには祖母はいなかった。

【物性《ブッセイ》】物質のもっている性質。例 —物理学。

【物騒《ブッソウ》】(名・形動ダ)〔「ものさわがし」を漢語風にいったことば〕①危害が加えられそうで、あぶない感じのすること。例 暗い夜道は—だ。—なもの(=凶器《キョウキ》など)をふりまわす。②世の中がさわがしいこと。例 —な時代になってきた。

【物体《ブッタイ》】①目に見えるなど、具体的な形をもって存在しているもの。もの。例 未確認《ミカクニン》飛行—。②知覚や精神のないもの。例 単なる—にすぎない。

【物的《ブッテキ》】(形動ダ) ものに関するようす。物質的。(対)人的・心的。例 —証拠《ショウコ》。—な面では整っている施設《シセツ》。

【物納《ブツノウ》】(名・する) お金の代わりにもので税金をおさめること。(対)金納。例 相続税を—する。

【物品《ブッピン》】しなもの。もの。例 —税。—の管理。

【物物交換《ブツブツコウカン》】(名・する) お金を使わず、ものとものとを直接とりかえて取り引きすること。例 野菜と衣類を—する。

【物欲《ブツヨク》】お金や品物をほしがる気持ち。表記 (旧)物▼慾
【物理《ブツリ》】①ものの性質や作用などに関すること。例 —現象。②「物理学」の略。

【物理学《ブツリガク》】自然科学の一部門。物質や物体の構造・運動、熱や電磁気などのエネルギーやその作用について研究する学問。物理。例 地球—。実験—。理論—。

【物理的《ブツリテキ》】(形動ダ) 広さ・重さ・強さ・時間などに関係があるようす。例 —に不可能だ。

【物理変化《ブツリヘンカ》】物質の性質はそのままで、位置・形・大きさなどの状態が変わること。(対)化学変化。

【物流《ブツリュウ》】「物的流通《ブッテキリュウツウ》」の略。生産者から消費者にわたるまでの商品のながれ。品物の包装・運送などの仕事。

【物量《ブツリョウ》】ものの量。また、量が多いこと。例 —で圧倒《アットウ》する。

【物療《ブツリョウ》】「物理療法」の略。電気・熱・放射線などを用いる治療法。(類)理学療法。例 —内科。

【物忌み】《ものいみ》 (名・する) 宗教上の目的で、ある期間、飲食・行動をつつしんで心身を清い状態に保つこと。
【物置】《ものおき》 ふだん使わない道具などをしまっておく場所。㊟納屋《なや》・小屋。
【物語】《ものがたり》 ①すじのあるまとまった話を語ること。また、その内容。はなし。例母が語ってくれた―。②古くから語り伝えられた話。例この村に伝わる―。③日本の文学で、平安時代から鎌倉《かまくら》・室町《むろまち》時代にかけて作られた散文の作品。『竹取物語』『源氏物語』『平家物語』など。
【物腰】《ものごし》 人に接するときのことばづかいや態度。例―のやわらかな人。
【物種】《ものだね》 ものごとのもととなるもの。例命あっての―だ。
【物日】《ものび》 祝いごとや祭りごとなどがある、ふつうの日とちがった特別な日。例―のにぎわい。
●異物《イブツ》・器物《キブツ》・見物《ケンブツ》・現物《ゲンブツ》・好物《コウブツ》・穀物《コクモツ》・作物《サクモツ》・実物《ジツブツ》・私物《シブツ》・植物《ショクブツ》・食物《ショクモツ》・書物《ショモツ》・進物《シンモツ》・静物《セイブツ》・臓物《ゾウモツ》・建物《たてもの》・動物《ドウブツ》・荷物《にモツ》・廃物《ハイブツ》・風物《フウブツ》・本物《ホンもの》・魔物《マもの》・名物《メイブツ》

牛 5
【牲】
9画 3223 7272 常用 音セイ㊥ 訓いけにえ

筆順 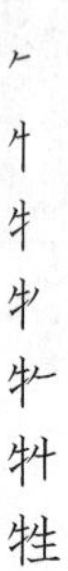

なりたち  [形声]「牛(=うし)」と、音「生《セイ》」とから成る。からだに傷のない、いけにえのウシ。

意味 神に供える生きた動物。もとは、祭りで神にささげるために清めたウシ。いけにえ。例犠牲《ギセイ》。三牲《サンセイ》(=ウシ・ヒツジ・ブタのいけにえ)。

牛 5
【牴】
9画 6418 7274 音テイ㊥ 訓ふ-れる

意味 (ウシが角と角をつきあわせるように)つきあたる。ふれる。例牴触《テイショク》。
【牴▼牾】《テイゴ》 (名・する) くいちがうこと。例証言が―する。
【牴触】《テイショク》 (名・する) 法律や規則に違反《イハン》すること。例法律に―する。表記 ㊐抵触

牛 6
【特】
10画 3835 7279 教育4 音トク㊥ ドク㊦

筆順 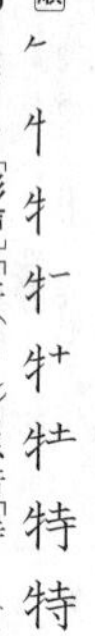

なりたち  [形声]「牛(=うし)」と、音「寺《シ→トク》」とから成る。雄牛《おうし》。

意味 ❶とくに目立つ、りっぱな雄牛《おうし》。❷ぬきんでて(すぐれて)いる。とりわけ。ことに。例特殊《トクシュ》。特長《トクチョウ》。特別《トクベツ》。❸ただひとつの。それだけにしかない。例特性《トクセイ》。特有《トクユウ》。独特《ドクトク》。

人名 こと・ただ・よし

【特異】《トクイ》 (形動ダ) ふつうとちがっているようす。㊟特殊《トクシュ》・特別。例―な体験をもつ人。
【特異体質】《トクイタイシツ》 〔医〕薬や食べ物などに異常な反応を示す体質。
【特異日】《トクイビ》 高い確率で毎年同じ天気となる特定の日。
【特技】《トクギ》 とくにすぐれている技能や技術。例何か―を身につけておく。
【特産】《トクサン》 その土地で生産され、品質などが他よりすぐれた産物。また、めずらしい産物。例北海道―のジャガイモ。
【特使】《トクシ》 特別の役目をもった使者。〔おもに海外への使者をいう〕例首相が―を派遣《ハケン》する。
【特質】《トクシツ》 他には見られない、そのもののもつ特別な性質。特性。例熱に強いという―。
【特殊】《トクシュ》 (名・形動ダ) ふつうとちがっていること。㊟特異・特別。㊟一般《イッパン》・普通《フツウ》・普遍《フヘン》。例―な事情がある。
【特種】 一《トクシュ》 (名・形動ダ) 特別な種類であること。とくに変わっている種類。二《トクだね》 (名) 新聞・雑誌やテレビ放送などで、その社だけが手に入れた、特別なニュース。スクープ。
【特需】《トクジュ》 戦争などの事情による特別な需要。例―景気。―産業。
【特集】《トクシュウ》 (名・する) 新聞・雑誌やテレビ放送などで、とくにある一つの問題にしぼって記事や番組をまとめること。また、その記事や番組。表記 ㊐特▼輯
【特賞】《トクショウ》 コンクールや展示会などで、すぐれたものにあたえられる特別な賞。例―にかがやく。
【特色】《トクショク》 他のものにくらべて、ちがっている点。また、すぐれている点。例―を示す。
【特性】《トクセイ》 そのものだけに見られる特別な性質。特質。例東洋文化の―。

【特製】《トクセイ》 (名・する) 材料や作り方にとくに気をつかって作ること。また、その品物。例当店―の菓子《カシ》。
【特設】《トクセツ》 (名・する) ある目的のために、そのときだけ特別に部屋や会場などをつくること。例―のステージ。
【特選】《トクセン》 一 (名・する) 特別にえらび出すこと。二 (名) 展覧会・コンクールなどで、とくにすぐれているものにあたえられる賞。例書道展で―にえらばれる。
【特待】《トクタイ》 特別な待遇《タイグウ》をすること。例―生(=成績が優秀《ユウシュウ》で、授業料を免除《メンジョ》される生徒・学生)。
【特大】《トクダイ》 とくに大きいこと。例―のサイズ。
【特段】《トクダン》 ふつうとちがう。特別。格別。例―の注意をはらう。
【特注】《トクチュウ》 (名・する) 特別に注文すること。例―した家具。表記 ㊐特▼註
【特長】《トクチョウ》 とくにすぐれている長所。
【特徴】《トクチョウ》 他とくらべたときに、ちがっている点。とくに目立つところ。例―のある筆跡《ヒッセキ》。
【特定】《トクテイ》 (名・する) ①種類や範囲《ハンイ》が限られていること。例―の地域に生える植物。②人やもので、確かにその人(それ)であると決めること。例犯人を―する。
【特典】《トクテン》 限られた人にあたえられる、特別なあつかい。例会員の―。
【特等】《トクトウ》 等級で、最高であること。ふつう、一等の上の等級。例―席。
【特派】《トクハ》 (名・する) (おもに外国へ)特別な仕事をさせるために使者や記者などを送ること。例―員。
【特売】《トクバイ》 (名・する) ふだんよりとくに安く売ること。
【特発】《トクハツ》 (名・する) ①電車やバスなどを臨時に出すこと。②〔医〕原因不明で、発病すること。例―性の疾患《シッカン》。
【特筆】《トクヒツ》 (名・する) とくに取り上げて書くこと。例―大書《タイショ》。―にあたいする発言。―するまでもないこと。
【特別】《トクベツ》 (形動ダ・副) ふつうとちがうようす。㊟格別・特殊《トクシュ》。㊟普通《フツウ》。例―な日。―の訓練をする。
【特報】《トクホウ》 (名・する) 特別に、ものごとを広く知らせること。また、特別なニュース。
【特務】《トクム》 特別にあたえられた仕事。特別な任務。
【特約】《トクヤク》 (名・する) 特別な条件や利益をともなう契約《ケイヤク》をすること。また、その契約。例―店。
【特有】《トクユウ》 (名・形動ダ) そのものだけが特別にもっていること。

例—のにおい。

【特例《トクレイ》】特別あつかいにするものごと。類例外。例—として今回だけ認める。

【特価《トッカ》】とくに安い値段。例—品。

【特記《トッキ》】（名・する）とくに取り上げて書くこと。例報告書に—する。—すべき事項《ジコウ》なし。

【特急《トッキュウ》】①「特別急行列車」の略。急行よりも速い列車。例—券。②とくにいそぐこと。大いそぎ。例超《チョウ》—で仕事をこなす。

【特級《トッキュウ》】等級で、一級よりも上のもの。

【特許《トッキョ》】①特別に許可すること。②「特許権」の略。例—を申請《シンセイ》する。—を取る。

【特許権《トッキョケン》】発明した人が、それを独占的《ドクセンテキ》に作ったり、売ったりすることのできる権利。パテント。

【特訓《トックン》】（名・する）「特別訓練」の略。ふつう以上に内容を充実《ジュウジツ》させておこなう訓練や練習。

【特権《トッケン》】ある限られた身分や階級・職務の人にのみあたえられる特別の権利。例—階級。

【特攻《トッコウ》】特攻隊による攻撃《コウゲキ》。また、特攻隊のするような攻撃。例—精神。—作戦。

【特攻隊《トッコウタイ》】「特別攻撃隊《トクベツコウゲキタイ》」の略。第二次世界大戦末期に、飛行機や魚雷《ギョライ》で敵艦《テキカン》などに体当たり攻撃をした日本軍の部隊。また、その隊員。

【特効《トッコウ》】とくにすぐれたききめ。例—薬《ヤク》。
○●奇特《キトク》・独特《ドクトク》

牛 7
【牽】
11画 2403 727D 人名 音ケン漢呉 訓ひ-く

意味 ❶つなをつけてひっぱる。ひく。例牽引《ケンイン》。牽牛《ケンギュウ》。牽強付会《ケンキョウフカイ》。❷ひっぱられて自由をうしなう。とらわれる。例牽制《ケンセイ》。

難読 牽牛花《あさがお》・牽牛星《ひこぼし》《いぬかいぼし》
人名 くる・とき・とし・ひき
【牽引《ケンイン》】（名・する）ひっぱること。ひき寄せること。

【牽引車《ケンインシャ》】①他の車両をつないでひっぱる、馬力の強い車。②おおぜいの先頭に立って行動する人のたとえ。

【牽牛《ケンギュウ》】「牽牛星《セイ》」のこと。例—と織女《ショクジョ》。

【牽牛星《ケンギュウセイ》】わし座の一等星アルタイル。七月七日の七夕の晩に、天《あま》の川で織女星《ショクジョセイ》（＝おりひめ）と会うという伝説がある。ひこぼし。

【牽強付会《ケンキョウフカイ》】（名・する）自分につごうのよいように、こじつけて言うこと。例—の説。

【牽制《ケンセイ》】（名・する）①相手の注意をひきつけて、相手が自由な行動をしにくいようにすること。例たがいにライバルとして—し合っている。②野球で、走者の動きをおさえようとすること。例—球を投げる。

牛 7
【牾】
11画 6419 727E 音ゴ漢 訓さから-う

意味 そむく。さからう。例牴牾《テイゴ》。

牛 7 ［犁］11画 ⇩【犂】《リ》（651《ページ》）

牛 8
【犀】
12画 2652 7280 人名 音セイ漢サイ呉

意味 ❶サイ科の哺乳《ホニュウ》動物。サイ。陸生の草食獣《ソウショクジュウ》としてはゾウについで大きい。皮はかたく、鼻の上またはひたいに一本または二本の角がある。例犀角《サイカク》。❷かたい。するどい。例犀利《サイリ》。
難読 木犀《モクセイ》
【犀角《サイカク》】サイのつの。また、その粉末。漢方薬として、解熱《ゲネツ》の効きめがあるとされる。
【犀利《サイリ》】（形動《ナダ》）〔武器が、強くてするどい意〕①頭のはたらきがするどいようす。例—な観察。②文章の内容が的確で力強いようす。例—な批評。

牛 8
【犇】
12画 6422 7287 音ホン漢 訓はし-る・ひし-めく

意味 （ウシの群れがおどろいて）あわてて走る。はしる。同奔《ホン》。例犇走《ホンソウ》（＝かけまわる。いろいろと世話をする）。
日本語での用法《ひしめく》たくさんの人が集まって、おしあいへしあいする。「群衆《グンシュウ》が犇《ひし》めく」
難読 犇犇《ひしひし》

牛 8
【犂】
12画 6420 7282 音リ漢呉レイ漢 訓からすき・すき

牛 7 ［犁］11画 6421 7281 俗字

意味 ❶ウシに引かせて土を耕す道具。からすき。すき。また、すきで耕す。たがやす。すく。❷毛色が黄と黒の、まだらウシ。例犂牛《リギュウ》。

牛 10
【犒】
14画 6423 7292 音コウ漢 訓ねぎら-う

意味 飲食物をおくって兵士をなぐさめる。ねぎらう。例犒労《コウロウ》（＝いたわりねぎらう）。

牛 10
【犖】
14画 6424 7296 音ラク漢 訓すぐ-れる・まだらうし

意味 ❶毛の色がまだらなウシ。まだらうし。❷（目立って）明らかなようす。例犖犖《ラクラク》（＝明らかなようす。また、すぐれているようす）。

牛 13
【犠】
17画 2130 72A0 常用 音ギ慣キ漢 訓いけにえ

筆順
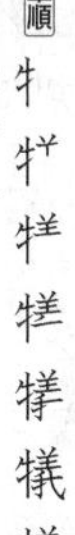

牛16
【犧】
20画 6426 72A7

なりたち

［形声］「牛（＝うし）」と、音「羲《キ》」とから成る。祖先の祭りに供えるいけにえ。
意味 神にささげる生きた動物。いけにえ。例犠牲《ギセイ》。
【犠牲《ギセイ》】①神をまつるためにささげる生き物。いけにえ。例神前に—をささげる。②ものごとをなしとげるために生命やたいせつなものをなげうつこと。また、そこなうこと。例他人の幸福を—にして栄える悪人。③事故や災害によって死ぬこと。例山くずれで—者が出る。
【犠打《ギダ》】野球で、走者を進めるために、打者が外野フライやバントをして、アウトになること。犠牲打《ギセイダ》。

牛 15
【犢】
19画 6425 72A2 音トク漢 訓こうし

意味 ウシの子。子牛。
【犢鼻▼褌《トクビコン》《ふんどし》】男性の下着。ひざまでの長さのズボン下。また、陰部《インブ》をおおう布。

牛16 【犧】20画 ⇩【犠】《ギ》（651《ページ》）

94 4画 犬 いぬ(犭けものへん)部

イヌの形で、イヌやけものの意をあらわす。偏《ヘン》(=漢字の左がわの部分)になるときは「犭(けものへん)(三画)」となる。「犬」をもとにしてできている漢字を集めた。

0 犬 2 犯 3 状 犲 4 狂 狃 狆 狄 狀 犹 5 狗 狎 狙 狛 狒 6 狠 狭 狐 狡 狩 独 狢 7 狷 倏 狽 狸 狼 狹 8 猗 猊 猜 猖 猝 猪 猋 猫 猛 猟 9 献 猴 猩 猯 猶 猷 猥 猨 猪 猶 10 猿 猾 獅 獏 11 獄 獎 12 獗 獣 13 獪 獲 獨 14 獰 15 獸 獵 16 獺 獻

この部首に所属しない漢字

哭⇩口 204　飆⇩風 1073

犬 0

【犬】

4画 2404 72AC 教育1 音 ケン漢呉 訓 いぬ

筆順 一ナ大犬

なりたち [象形]イヌの形。

意味 ❶イヌ科の哺乳《ホニュウ》動物。イヌ。例狂犬《キョウケン》。番犬《バンケン》。猟犬《リョウケン》。❷つまらないもののたとえ。例犬羊《ケンヨウ》(=イヌとヒツジ)。❸自分をへりくだっていう。例犬馬《ケンバ》の齢《よわい》。犬馬《ケンバ》の労《ロウ》。❹他人をいやしめていう。例犬侍《いぬざむらい》。

日本語での用法《いぬ》①スパイ・まわしもの。「敵方《テキがた》の犬《いぬ》」②似ているが、本物ではない。「犬蓼《いぬたで》・犬山椒《いぬザンショウ》」③品位の低い。おとる。「犬筑波集《いぬつくばシュウ》(=俳諧《ハイカイ》連歌集の名)」④むだな。役に立たない。「犬死《いぬじ》に」

【犬死に】《いぬじに》(名・する)なんの意味もなくむだに死ぬこと。

【犬畜生】《いぬチクショウ》①イヌやそのほかのけだもの。②道徳や倫理《リンリ》を知らない者。また、人としての感情や理性のない者。〔人をいやしめ、ののしる言い方〕

【犬猿の仲】《ケンエンのなか》 仲の悪いことのたとえ。

【犬歯】《ケンシ》 哺乳《ホニュウ》動物の門歯(=前歯《まえば》)の両わきにある、上下二本ずつの先のとがった歯。人でいえば、糸切り歯《ば》。

【犬馬】《ケンバ》 ①イヌやウマ。②〔「犬馬の」の形で〕自分のことを主君や目上の人に対してへりくだっていうことば。

【犬馬の養い】《ケンバのやしない》 イヌやウマを養うように、親をただ養うだけで、うやまう心の欠けている孝養のたとえ。

【犬馬の▽齢】《ケンバのよわい》 ただ、生きているだけの年齢《ネンレイ》。馬齢《バレイ》。〔自分の年齢をけんそんしていうことば〕

【犬馬の労】《ケンバのロウ》 主君や人に対して、ためになると思ってする努力。〔自分の努力をけんそんしていうことば〕

○●狂犬《キョウケン》・番犬《バンケン》・猛犬《モウケン》・野犬《ヤケン》・猟犬《リョウケン》

犭 2

【犯】

5画 4040 72AF 教育5 音 ハン漢 ボン呉 訓 おか-す

筆順 ノ 犭 犭 犯 犯

なりたち [形声]「犭(=いぬ)」と、音「㔾《ハン》」とから成る。おかす。

意味 ❶境界をこえてはいりこむ。法をやぶる。おかす。例違犯《イハン》。侵犯《シンパン》。❷罪をおかすこと。つみびと。例犯罪《ハンザイ》。犯人《ハンニン》。殺人犯《サツジンハン》。

使い分け おかす【犯・侵・冒】⇩1164ページ

【犯意】《ハンイ》 犯罪になることを知りながらその行為《コウイ》を実行しようとする意思。例―があった。

【犯行】《ハンコウ》 法律を破るおこない。犯罪行為《コウイ》。例―をかくす。―に走る。

【犯罪】《ハンザイ》 罪をおかすこと。また、その罪。

【犯人】《ハンニン》 罪をおかした人。犯罪者。

○●共犯《キョウハン》・主犯《シュハン》・侵犯《シンパン》・不犯《フボン》・防犯《ボウハン》

犬 3

【状】

7画 3085 72B6 教育5 音 ソウ漢 ジョウ呉

筆順 丨 丬 丬 丬 丬 状 状

犬 4

【狀】

8画 1-8774 72C0 人名

なりたち [形声]「犬(=いぬ)」と、音「爿《ショウ》→ソウ」とから成る。イヌのすがた。

意味 ❶すがた。かたち。ようす。ありさま。例状態《ジョウタイ》。形状《ケイジョウ》。実状《ジツジョウ》。❷言いあらわす。ようすを述べる。例白状《ハクジョウ》。名状《メイジョウ》。❸文書。手紙。かきつけ。例賞状《ショウジョウ》。書状《ショジョウ》。免状《メンジョウ》。

人名 かた・のり

【状況】《ジョウキョウ》 その時々のようすやありさま。例国内の―。

【状態】《ジョウタイ》 形・性質・調子や、ものごとのありさま。例心理―。最悪の―。

【状箱】《ジョウばこ》 ①手紙を入れて整理しておく箱。②昔、手紙を届けるときに、使いの者に持たせた箱。例―を届ける。

○●異状《イジョウ》・賀状《ガジョウ》・窮状《キュウジョウ》・行状《ギョウジョウ》・形状《ケイジョウ》・現状《ゲンジョウ》・惨状《サンジョウ》・実状《ジツジョウ》・賞状《ショウジョウ》・書状《ショジョウ》・白状《ハクジョウ》・病状《ビョウジョウ》・別状《ベツジョウ》・免状《メンジョウ》・礼状《レイジョウ》

犭 3

【犲】

6画 ⇩【豺】《サイ》(931ページ)

犭 4

【狂】

7画 2224 72C2 常用 音 キョウ漢 オウ呉 訓 くる-う・くる-おしい

筆順 ノ 犭 犭 犭 犴 狂 狂

なりたち [形声]「犭(=いぬ)」と、音「王《コウ》→キョウ」とから成る。やたらにかみつくイヌ。借りて「くるう」の意。

意味 ❶心のはたらきが自分でおさえきれず、ふつうでなくなる。くるう。例狂気《キョウキ》。狂人《キョウジン》。発狂《ハッキョウ》。❷ふつうのわくをはずれたようす。くるおしい。例狂喜《キョウキ》。狂信《キョウシン》。❸なみはずれて勢いが強い。あれくるう。例狂風《キョウフウ》。狂瀾《キョウラン》。

【狂歌】《キョウカ》 くだけた表現でこっけいな内容の短歌。世相を風刺《フウシ》するものも多く、江戸《えど》時代中期に流行した。

【狂気】《キョウキ》 心のはたらきがふつうではない状態。対正気《ショウキ》。

【狂喜】《キョウキ》(名・する)うれしさのあまり、気がどうかしてしまったかのように大喜びをすること。例合格の知らせに―する。

【狂句】《キョウク》 こっけい・皮肉などのおかしみを内容とした、俳句形式の句。

【狂言】《キョウゲン》 ①日本の伝統芸能の一つ。能楽の出し物の合間におこなわれる、こっけいさを強調した劇。例―師。②歌舞伎芝居《かぶきしばい》のこと。また、その出し物。例世話《セワ》―。③ほんとうらしくふるまうこと。うそ。例―強盗《ゴウトウ》。

【狂犬病】《キョウケンビョウ》 おもにイヌがかかる、ウイルスによる感染症。

すぐにかみつくなど気があらくなり、呼吸困難や麻痺《ヒマ》を起こして死ぬ。人畜にも感染する。恐水《キョウスイ》病《ビョウ》。

【狂死】狂《キョウ》死《シ》（名・する）心のはたらきの異常によって死ぬこと。くるいじに。例 牢獄《ロウゴク》で—したという話だ。

【狂詩曲】狂詩《キョウシ》曲《キョク》 形式にとらわれずに、作曲家の自由な発想で作られた楽曲。ラプソディー。

【狂信】狂《キョウ》信《シン》（名・する）人の意見も聞かず、ただひたすらに信じこむこと。例 —的にあがめる。

【狂人】狂《キョウ》人《ジン》 心のはたらきを自分でおさえきれない人。

【狂▼躁】狂《キョウ》躁《ソウ》 異常な感じのする大さわぎ。例 カーニバルの—。 表記「狂騒」とも書く。

【狂想曲】狂想《キョウソウ》曲《キョク》 定まった形式をもたず、自由な変化に富んだ小品の楽曲。綺想《キソウ》曲《キョク》。カプリッチオ。

【狂態】狂《キョウ》態《タイ》 狂気のふるまい。異常なふるまい。例 —を演じて人をおどろかす。

【狂風】狂《キョウ》風《フウ》 あれくるって、ふきまくる風。

【狂暴】狂《キョウ》暴《ボウ》（形動《ダナ》）興奮してあれくるうようす。類 凶暴《キョウボウ》。例 —で手がつけられない。

【狂奔】狂《キョウ》奔《ホン》（名・する）①追いつめられた状態から、なりふりかまわず走りまわること。例 金策に—する。②手がつけられないほどにあれくるって走り出すこと。例 —する馬。

【狂乱】狂《キョウ》乱《ラン》（名・する）①ひどくとりみだすこと。②予想できない異常な状態のたとえ。例 —する物価。

【狂▼瀾】狂《キョウ》瀾《ラン》 ①あれくるう大波。例 —怒濤《ドトウ》。②ものごとが乱れてまとまりのつかないこと。

【狂▼瀾《キョウラン》を既倒《キトウ》に▼廻《めぐ》らす】〔「既倒」は、すでにたおれている意。あれくるう、くずれかけた大波を、もとの形におしかえす〕おとろえかけたものを、たてなおす。不利な形勢を有利にする。〈韓愈《カンユ》・進学解《シンガクカイ》〉

●粋狂《スイキョウ》・酔狂《スイキョウ》・熱狂《ネッキョウ》・発狂《ハッキョウ》・風狂《フウキョウ》

犭4 **【狃】** 7画 6429 72C3 音 ジュウ漢 訓 なら-う・な-れる

意味 ❶よく習いしたしむ。ならう。なれる。例 狃習《ジュウシュウ》（=なれる。ならいおぼえる。また、習慣）。❷ほしがる。むさぼる。❸おごり、あなどる。

犭4 **【狆】** 7画 6430 72C6 音 チュウ漢 訓 ちん

意味 中国南西部、貴州・雲南地方に住む少数民族、布依《プーイー》族の古い呼び名。

日本語での用法《ちん》からだが小さくて毛の長い、ペット用のイヌ。「狆《ちん》ころ・狆《ちん》くしゃ（=狆がくしゃみをしたような顔）」

犭4 **【狄】** 7画 6431 72C4 音 テキ漢 訓 えびす

意味 中国北方の異民族。また、広く外国人をさげすんでいったことば。えびす。例 夷狄《イテキ》。北狄《ホクテキ》。

犬4 **【狀】** 8画 ⇩【状】ジョウ（652ページ）

犭4 **【犹】** 7画 ⇩【猶】ユウ（657ページ）

犭5 **【狗】** 8画 2273 72D7 音 コウ漢 ク呉 訓 いぬ

意味 ❶イヌ科の小動物。イヌ。また、小さいイヌ。例 狗肉《クニク》。喪家《ソウカ》の狗《いぬ》（=喪中《モチュウ》の家の飼いイヌ。また、宿なしイヌ）。❷つまらない者、人の言いなりになって働く者のたとえ。例 走狗《ソウク》。参考 中国では、イヌをあらわすのに、「犬」よりも「狗」を多く用いる。

【狗盗】狗《ク》盗《トウ》 イヌのまねをして、しのびこむ泥棒《どろボウ》。こそどろ。

【狗肉】狗《ク》肉《ニク》 イヌの肉。例 羊頭をかけて—を売る。

犭5 **【狎】** 8画 6432 72CE 音 コウ漢 訓 な-れる

意味 なれなれしい。なれる。例 狎近《コウキン》（=なれ親しむ）。

【狎▼昵】狎《コウ》昵《ジツ》〔「昵」も、なれる意〕なれなれしくする。

犭5 **【狙】** 8画 3332 72D9 常用 音 ショ漢 ソ呉 訓 ねら-う・ねら-い

筆順 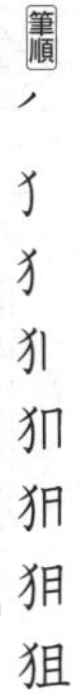

なりたち 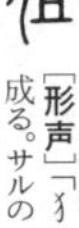 [形声]「犭（=けもの）」と、音「且」とから成る。サルの一種。

意味 ❶けものの名。テナガザル。サル。例 狙公《ソコウ》。狙猴《ソコウ》（=サル）。❷ひそかにすきをうかがう。ねらう。例 狙撃《ソゲキ》。

難読 狙公《さるつかい》

【狙撃】狙《ソ》撃《ゲキ》（名・する）かくれて、ねらいうつこと。例 —兵。

【狙公】狙《ソ》公《コウ》 サルを飼う者。また、さるまわし。

犭5 **【狛】** 8画 2593 72DB 音 ハク漢 訓 こま・こまいぬ

意味 オオカミに似た、ヒツジを監視《カンシ》する犬。

日本語での用法《こま》高麗《コウライ》《こま》（=昔の朝鮮《チョウセン》）伝来の意をあらわす。「狛人《こまびと》・狛犬《こまいぬ》」

【狛犬】狛《こま》犬《いぬ》〔高麗《こま》犬の意〕神社や寺院の入り口に二頭ひと組みで置かれる、魔《マ》よけのための獅子《シシ》に似た動物の像。

犭5 **【狒】** 8画 6433 72D2 音 ヒ漢

意味「狒狒《ヒヒ》」は、アフリカ産の大形のサル。

犭6 **【狠】** 9画 6435 72E0 音 一 ガン漢 二 コン漢 訓 うら-む

意味 一 ガン イヌがほえる声。二 コン 心がねじけている。凶悪《キョウアク》なようす。また、うらむ。同 佷《コン》。例 狠戻《コンレイ》。

【狠戻】狠《コン》戻《レイ》 心がねじけて、凶悪《キョウアク》なようす。

犭6 **【狭】** 9画 2225 72ED 常用 音 コウ漢 キョウ呉 訓 せま-い・せば-める・せば-まる・さ

犭7 **【狹】** 10画 6437 72F9 人名

阝7 **【陜】** 10画 7993 965C 本字

筆順 

なりたち  [形声]「阝（=おか）」と、音「夾《コウ》」とから成る。せまい。

意味 わきからはさまれてせまい。せばめる。せばまる。対 広。例 狭小《キョウショウ》。偏狭《ヘンキョウ》。

日本語での用法《さ》名詞などにつけて、語調を整える。「狭霧《さぎり》・狭衣《さごろも》・狭筵《さむしろ》」

難読 狭井《さい》（=地名）・狭間《さま》《はざま》・狭山《さやま》（=地名）・桶狭間《おけはざま》（=地名）

【狭▼隘】狭《キョウ》隘《アイ》（名・形動《ダナ》）①せまくるしいこと。②心がせまいこと。人物が小さいこと。狭量。例 —な人物。

【狭軌】狭《キョウ》軌《キ》 鉄道のレールの間隔《カンカク》が標準軌間（一・四三五メートル）よりせまいもの。対 広軌。

【狭義《キョウギ》】あることばがもついろいろな意味のうち、範囲《ハンイ》のせまいほうのもの。せまい意味。(対)広義。

【狭小《キョウショウ》】(名・形動ダナ)せまく小さいこと。(対)広大。

【狭心症《キョウシンショウ》】心臓を動かす筋肉に酸素が行きわたらなくなるために起きる発作《ホッサ》。息苦しさや胸の痛みがある。

【狭量《キョウリョウ》】(名・形動ダナ)心がせまいこと。度量が小さいこと。小量。(対)広量。[例]―な人物。

【▽狭霧《さぎり》】〔「さ」は、語調を整えるための接頭語〕霧《きり》。

【▽狭間《はざま》】①せまいすきま。②谷。谷間。③城壁《ジョウヘキ》にあけてある、矢や銃《ジュウ》をうつための穴。銃眼。[表記]▽「▽迫間」とも書く。

犭6
【狐】
9画 2449 72D0 [音]コ(漢)(呉) [訓]きつね

[意味]イヌ科の哺乳《ホニュウ》動物。キツネ。ずるがしこくて、うたぐり深い性質であるとされる。皮は衣類に用いられる。[例]狐疑《コギ》。狐裘《コキュウ》。白狐《ビャッコ》。

【狐疑《コギ》】(名・する)不必要に疑いをいだいて、なかなか信じないこと。[例]―逡巡《シュンジュン》(=うたぐり深く迷うこと)。

【狐▼裘《コキュウ》】〔「裘」は、かわごろも〕キツネの毛皮で作った服。昔の中国で、身分の高い人が用いた。

【狐臭《コシュウ｜わきが》】わきの下が、あせなどでくさくなること。また、そのにおい。

【狐白▼裘《コハクキュウ》】キツネのわきの下の白い毛皮で作った服。狐裘のなかの上等のもので、ひじょうにたっとばれた。

【狐▼狸《コリ》】①キツネとタヌキ。〔人をだますもののたとえ〕[例]―妖怪《ヨウカイ》。―の住処《すみか》。②人をだましたり、こそこそと悪事をはたらいたりして、信用できない者。

【狐▼狼《コロウ》】①キツネとオオカミ。②ずるがしこく、悪だくみをしている者。

犭6
【狡】
9画 6436 72E1 [音]コウ(漢)キョウ(呉) [訓]ずる-い

[意味]すばしこい。また、わるがしこい。ずるい。[例]狡猾《コウカツ》。狡知《コウチ》。狡兎《コウト》。
[難読]狡辛《こすからい》
【狡▼獪《コウカイ》】(名・形動ダナ)「狡猾《コウカツ》」に同じ。
【狡▼猾《コウカツ》】(名・形動ダナ)わるがしこいこと。ずるいこと。狡獪《コウカイ》。[例]―な手段。
【狡知《コウチ》】わるがしこい知恵《チエ》。わる知恵。奸知《カンチ》。[例]―にたける(=わる知恵がすぐれている)。[表記](旧)狡▼智
【狡▼兎《コウト》死《シ》して走▼狗《ソウク》▼烹《に》らる】〔すばしこいウサギが死ぬと猟犬《リョウケン》は不要となり、煮《に》て食われてしまう意〕利用価値のあるあいだは使われるが、無用になると捨てられることのたとえ。〈史記《シキ》〉

犭6
【狩】
9画 2877 72E9 [常用] [音]シュウ(漢)シュ(呉) [訓]か-る・か-り

[筆順]
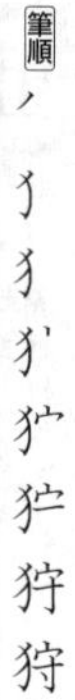

[なりたち]
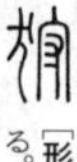
[形声]「犭(=いぬ)」と、音「守《シュウ》」とから成る。野に火をつけておこなう、冬のかり。

[意味]❶(火を使って)動物をかりたてて、つかまえること。かる。かり。[例]狩猟《シュリョウ》。[参考]「狩」はとくに冬のかりのことで、春のかりは「蒐《シュウ》」、夏のかりは「苗《ビョウ》」、秋のかりは「獮《セン》」という。❷諸侯《ショコウ》が守り治める領土。(同)守《シュ》。[例]巡狩《ジュンシュ》。

[日本語での用法]《かり》花を見たり、果物・野菜・山菜などを採ったりすること。「桜狩《さくらがり》・紅葉狩《もみじがり》・松茸狩《まつたけがり》」

[人名]もり
【狩▽衣《かりぎぬ》】〔もと、狩《か》りの服だったのでいう〕公家《クゲ》や武家の平服。のちに礼服となる。えりが丸く、そでにくくりがある。

【▽狩▽人《かりゅうど》】〔「かりびと」の変化〕野生の鳥やけものをとる仕事の人。猟師《リョウシ》。猟人《リョウジン》。

【狩猟《シュリョウ》】(名・する)鳥やけものをとること。狩《か》りをすること。狩り。猟《リョウ》。[例]―が解禁となる。

犭6
【独】
9画 3840 72EC [教育5] [音]トク(漢)ドク(呉) [訓]ひと-り

[筆順]

犭13
【獨】
16画 6455 7368

[なりたち]
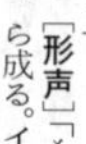
[形声]「犭(=いぬ)」と、音「蜀《ショク→トク》」とから成る。イヌどうしが争う。他のイヌと争い、ひとりぼっち。

[意味]❶ひとりだけで。だれの助けも借りないで。ひとり。[例]独学《ドクガク》。独立《ドクリツ》。孤独《コドク》。❷老いて子のない者。❸ひとりでかってに。[例]独裁《ドクサイ》。独占《ドクセン》。独断《ドクダン》。❹それひとつだけ。[例]独眼《ドクガン》。独特《ドクトク》。❺〔助字〕「ひとり」と読み、「ただ…だけ」の意。限定をあらわす。[例]吾独存《われひとりソンす》(=私だけ生き残った)。

[日本語での用法]《ドク》「独逸《ドイツ》」の略。「独語《ドクゴ》・独文学《ドクブンガク》・日独《ニチドク》」

[人名]かつ
【▽独▽活《うど》】ウコギ科の多年草。春、かおりのある白い若いくきを食用とする。

【▽独▽活の大木《うどのタイボク》】大きいだけで、役に立たない者のたとえ。

【独演《ドクエン》】(名・する)落語・講談・浪曲《ロウキョク》などで、他の出演者なしにひとりで演じること。[例]―会。

【独学《ドクガク》】(名・する)学校で学んだり他の人から教えてもらったりするのでなく、ひとりでくふうして勉強すること。独習。

【独眼《ドクガン》】片ほうの目が、見えなくなっていること。隻眼《セキガン》。

【独眼竜《ドクガンリュウ》】①独眼だがすぐれた人物。隻眼《セキガン》の英雄《エイユウ》。②戦国時代の武将、伊達政宗《だてまさむね》の呼び名。

【独吟《ドクギン》】(名・する)①漢詩や謡曲《ヨウキョク》などを、ふしをつけてひとりでうたうこと。②連歌《レンガ》や連句などを、ひとりで作っていくこと。[例]―千句。

【独言《ドクゲン》】(名・する)ひとりごとを言うこと。独語。

【独語《ドクゴ》】[一](名・する)ひとりごとを言うこと。独言。[二](名)「独逸語《ドイツゴ》」の略。ドイツ語。

【独座《ドクザ》】(名・する)ひとりですわっていること。[例]本堂に―する。[表記](旧)独▼坐
【独裁《ドクサイ》】(名・する)①ひとりでものごとを決めること。②ひとりの人や特定のグループが決定権をにぎって、その国を支配すること。[例]―者。―体制。

【独裁的《ドクサイテキ》】(形動ダナ)一人ですべてのものごとを決めるようす。(対)民主的。

【独自《ドクジ》】(名・形動ダナ)①自分ひとり。[例]―の道をあゆむ。②他には見られない特徴《トクチョウ》をもっていること。[例]―の世界をつくりあげる。

【独酌《ドクシャク》】(名・する)ひとりで酒を飲むこと。

【独習《ドクシュウ》】(名・する)「独学《ドクガク》」に同じ。

【独唱《ドクショウ》】(名・する)ひとりで歌をうたうこと。ソロ。(対)合唱《ガッショウ》。

【独身】《ドクシン》 配偶者《ハイグウシャ》がいないこと。また、その人。例—を守る。
【独占】《ドクセン》(名・する) ①ひとりじめにすること。例人気《ニンキ》を—する。②〔経〕市場や生産を支配して、利益をひとりじめにすること。例—禁止法。
【独善】《ドクゼン》 自分だけが正しいと考えること。例—的。
【独▼擅場】《ドクセンジョウ》 その人ひとりだけが思いどおりにふるまえる場《ば》。ひとり舞台《ブタイ》。〔誤って「ドクダンジョウ」と読み、現代では用字も「独壇場」がいっぱん的〕
【独走】《ドクソウ》(名・する) ①ひとりで走ること。②競技で、他をひきはなして首位に立つこと。例優勝に向かって—態勢にはいった。③ひとりで、かってにものごとをおこなうこと。
【独奏】《ドクソウ》(名・する) ひとりで楽器を演奏すること。対合奏《ガッソウ》
【独創】《ドクソウ》(名・する) まったく新しい考え方でものをつくりだすこと。対模倣《モホウ》。例—的な技術。
【独尊】《ドクソン》 自分ひとりだけが他よりもすぐれているとすること。例唯我《ユイガ》—。
【独断】《ドクダン》(名・する) 自分だけの考えで決めること。ひとりぎめ。例—専行(=自分だけの決断で行動すること)。
【独壇場】《ドクダンジョウ》 〔「独擅場《ドクセンジョウ》」の誤読から生まれたことば〕「独擅場」に同じ。
【独特】《ドクトク》(名・形動《ダナ》) 他には見られない、そのものだけがもっていること。例—な話し方。表記「独得」とも書く。
【独白】《ドクハク》(名・する) 演劇で、登場人物が心の中で思っていることをひとりごとのような形で、せりふを言うこと。また、そのせりふ。モノローグ。
【独文】《ドクブン》 ①ドイツ語で書かれた文章。②ドイツの文学。③大学の学科としてのドイツ文学科のこと。例—へ進む。
【独房】《ドクボウ》 刑務所《ケイムショ》などで、ひとりだけにして入れる部屋。
【独楽】 一《ドクラク》 ひとりで楽しむこと。二《こま》 軸《ジク》を中心にしてまわるおもちゃ。例—まわし。
【独立】《ドクリツ》(名・する) ①一つだけはなれていること。例—している峰《みね》。②他をたよらないで、ひとりでやっていくこと。ひとりだち。例親元から—する。③他からの支配や束縛《ソクバク》を受けないこと。例一個の—した人間。
【独立語】《ドクリツゴ》 文法で、文の成分の一つ。他の文節と直接の関係をもたず、感動・呼びかけ・あいさつなどをあらわすことば。たとえば、「はい、よくわかりました。」の「はい」は独立語。
【独立自尊】《ドクリツジソン》 自分の力だけでものごとをおこない、自分自身の人間としての誇《ほこ》りをもつこと。
【独立独行】《ドクリツドッコウ》 他の力にたよらず、自分だけでおこなうこと。独立独歩《ドクリツドッポ》。
【独力】《ドクリョク》 自分ひとりだけの力。自力《ジリキ》。例—でしあげる。
【独和】《ドクワ》 「独和辞典《ジテン》」の略。ドイツ語の単語や用法を日本語で説明してある辞典。
【独居】《ドッキョ》(名・する) ひとりで暮らしていること。ひとりずまい。ひとりぐらし。例—老人。
【▽独▼鈷】《トッコ・ドッコ・トコ》 密教で用いる仏具。銅・鉄製で両端《リョウタン》のとがった短い棒。中央部をにぎって用いる。
【独行】《ドッコウ》(名・する) ①連れがなく、ひとりだけで行くこと。②独力でおこなうこと。例独立—。
【独歩】《ドッポ》(名・する) ①ひとりで歩くこと。例独立—。②他の力にたよらずに、ものごとをおこなうこと。③比べるものがないくらいにすぐれていること。例古今—の大政治家。
【独り舞台】《ひとりブタイ》 〔役者がひとりだけ舞台に立って演じる意〕①多くの人の中で、とくにひとりだけすぐれていること。②自分の思うままにふるまうこと。
●孤独《コドク》・単独《タンドク》

犭6
【狢】 9画 ⇩【貉】《カク》(931ページ)

犭7
【狷】 10画 6438 72F7 音ケン漢
意味 気が短い。また、かたくなで自分の意志を曲げない。例狷介《ケンカイ》。狂狷《キョウケン》。
【狷介】《ケンカイ》(名・形動《ダナ》) 心がせまく他と協調できないこと。例—孤高《ココウ》。—な性格。

犬7
【倏】 11画 *6439 *500F 音シュク漢呉 訓たちま-ち
たち。まち。
意味 すばやく。とつぜんに。たちまち。にわかに。例倏忽《シュクコツ》

犭7
【狽】 10画 3966 72FD 音バイ慣 ハイ漢
意味 伝説上のけものの名。前足が短いため、狼《ロウ》(=伝説上のけもの)の背にのらなければ歩くことができず、よろけてしまうという。→【狼狽】《ロウバイ》(655ページ)

犭7
【狸】 10画 3512 72F8 音リ漢呉 訓たぬき
豸7
【貍】 14画 7630 8C8D 本字
意味 ❶ネコ科の哺乳《ホニュウ》動物。ヤマネコ。また、広くネコ類、あるいはイタチの類。例狸狌《リセイ》(=ヤマネコとイタチ)。狸奴《リド》(=ネコ)。❷イヌ科の哺乳動物。タヌキ。参考「タヌキ」は中国では「貉」と書くことが多い。
難読 狸穴《まみあな》・河狸《ビーバー》・海狸《ビーバー》

犭7
【狼】 10画 4721 72FC 人名 音ロウ漢呉 訓おおかみ
意味 ❶イヌ科の哺乳《ホニュウ》動物。オオカミ。例狼煙《ロウエン》。虎狼《コロウ》。❷伝説上の、けものの名。例狼狽《ロウバイ》。
難読 狼牙草《こまつなぎ》
【狼煙】《ロウエン》《のろし》 遠くにいる人に合図をするたき火のけむり。狼火《ロウカ》。〔オオカミの糞《フン》を燃やすと、風がふいてもけむりがまっすぐに上がるという〕類烽火《ホウカ》。例見張り台から—が上がる。表記「狼▼烟」とも書く。
【狼虎】《ロウコ》 オオカミとトラ。情け容赦《ヨウシャ》なく人を害するもののたとえ。虎狼。
【狼▼藉】《ロウゼキ》(名・形動《ダナ》) 〔「藉」は、敷《し》く意〕①どうしようもないほど乱れ散らかっていること。〔オオカミが草を敷いてねたあとが一面に散らかっていることからいう〕例杯盤《ハイバン》—。②無法なふるまい。乱暴。例—者《もの》。—をはたらく。
【狼▼狽】《ロウバイ》(名・する) おどろきあわてて、とりみだすこと。〔「狼」「狽」ともに伝説上のけもので、「狼」は前足が長く後ろ足が短く、「狽」は前足が短く後ろ足が長く、たがいに補いあって歩き、はなれるとつまずきたおれることからいう〕例周章《シュウショウ》—。とつぜんの事件に—する。

犭7
【狹】 10画 ⇩【狭】《キョウ》(653ページ)

犭8
【猗】 11画 6440 7317 音イ漢
意味 ❶感嘆《カンタン》の声。ああ。例猗嗟《イサ》。❷しなやかで美しいようす。例猗猗《イイ》(=草木が美しくしげるようす)。

犭8 **【猊】** 11画 6441 730A 音ゲイ漢 訓しし

豸8 **［貎］** 15画 7631 8C8E 別体字

意味 ❶「狻猊《サンゲイ》」は、想像上の猛獣《モウジュウ》。また、ライオン。しし。❷仏の座席。また、高僧《コウソウ》の座席。転じて、高僧をうやまって呼ぶことば。例猊下《ゲイカ》。

【猊下《ゲイカ》】〔猊座（=高僧《コウソウ》の座席）の下、の意〕①高僧に対して敬意をあらわすことば。②高僧にあてた手紙のわき付けに用いることば。

犭8 **【猜】** 11画 6442 731C 音サイ漢呉 訓うたが-う・そね-む

意味 うらやましくて、にくらしいと思う。うらやむ。そねむ。うたがう。例猜疑《サイギ》。

【猜忌《サイキ》】（名・する）他人をねたんで、ひどくきらうこと。

【猜疑《サイギ》】（名・する）他人をねたみうたがうこと。例心に—を生じる。

【猜疑心《サイギシン》】他人をねたみうたがう気持ち。

犭8 **【猖】** 11画 6443 7316 音ショウ漢 訓くる-う

意味 イヌが興奮してあばれまわるように、激しくあばれる。くるう。例猖獗《ショウケツ》。

【猖▼獗《ショウケツ》】（名・する）①好ましくないものの勢いが激しくすさまじいこと。例新型ウイルスが—をきわめた。②つまずく。失敗する。

犭8 **【猝】** 11画 6444 731D 音ソツ漢 訓にわ-か

意味 だしぬけに。にわかに。例猝然《ソツゼン》。

犭8 **【猪】** 11画 3586 732A 人名 音チョ漢呉 訓い・いのしし

犭9 **【猪】** 12画 1-8779 FA16 人名

豕9 **［豬］** 16画 7623 8C6C 本字

なりたち ［形声］「豕（=ぶた）」と、音「者《シャ》→《チョ》」とから成る。ブタ。

意味 ❶イノシシ科の哺乳《ホニュウ》動物。ブタ。例猪八戒《チョハッカイ》。❷野生のブタ。イノシシ。例猪首《いくび》。猪突《チョトツ》。参考「猪」は主に、中国ではブタを、日本ではイノシシを指す。

人名 しし

【猪首《いくび》】イノシシのように首が太く短いこと。

【猪▽牙船《ちょきぶね》】和船の一種。船足《ふなあし》が速い。

【猪口《チョク・チョコ》】酒を入れて飲む小さいうつわ。さかずき。

【猪▽口才《チョコザイ》】（名・形動《ダナ》）なまいきなこと。〔少し気がきくのをよいことに出しゃばったふるまいをする者を、ののしって言うことば〕例—な口をきくな。

【猪突《チョトツ》】（名・する）イノシシのように、わき目もふらずつき進むこと。また、周囲のようすを考えずに事を進めること。

【猪突猛進《チョトツモウシン》】（名・する）まっすぐにひたすらつき進むこと。また、周囲のようすを考えずに事を進めること。例—しては先が危険だ。合格をめざして—する。

犬8 **【猋】** 12画 — 730B 音ヒョウ漢 訓はし-る

意味 （走るイヌのように）はやい。また、つむじかぜ。例猋風《ヒョウフウ》（=つむじ風）。同飆《ヒョウ》。

犭8 **【猫】** 11画 3913 732B 常用 音ビョウ漢ミョウ呉 訓ねこ

筆順 ノ 犭 犭 犭一 犭艹 猫 猫 猫

なりたち ［形声］本字は「貓」で、「豸（=けもの）」と、音「苗《ビョウ》」とから成る。ネコ。

意味 ネコ科の哺乳《ホニュウ》動物。ネコ。例猫鼠《ビョウソ》（=ネコとネズミ）。

難読 猫魔《ねこまた》

【猫板《ねこいた》】長火鉢《ながひばち》のひきだしの上部にある板。暖かいのでネコが、よくうずくまることからいう。

【猫舌《ねこじた》】ネコのように、熱い食べ物が苦手なこと。

【猫背《ねこぜ》】首が前へ出て、せなかが丸く曲がっている姿勢。

【猫▼撫で声《ねこなでごえ》】相手にあまえたり、きげんをとったり、やさしさをよそおったり、下心をかくして近づくようなときの声。

【猫▼糞《ねこばば》】（名・する）〔「ばば」は、大便。ネコは糞《フン》をしたあと土をかけてかくすことから〕拾ったものを自分のものにして、そしらぬふりをしていること。

【猫額《ビョウガク》】〔ネコのひたいの意から〕ひじょうにせまいことのたとえ。例—《ビョウガク》大《ダイ》（=ネコのひたいほどの広さ）の土地。

犭8 **【猛】** 11画 4452 731B 常用 音モウ漢ミョウ呉 訓たけ-し 付表猛者《もさ》

筆順 ノ 犭 犭 犭了 犭子 猛 猛 猛

なりたち ［形声］「犭（=いぬ）」と、音「孟《モウ》」とから成る。たけだけしいイヌ。

意味 勇ましくて、あらあらしい。はげしい。たけだけしい。例猛犬《モウケン》。猛烈《モウレツ》。勇猛《ユウモウ》。

難読 猛猛《たけだけ》しい

人名 いさむ・たかし・たけ・たけお・たけき・たける・つよし

【猛悪《モウアク》】（名・形動《ダナ》）乱暴で残酷《ザンコク》なことを平気ですること。例—で有名な武将。

【猛威《モウイ》】すさまじい勢いで人をおびやかす力。例インフルエンザ（=流行性感冒《カンボウ》）が—をふるう。

【猛雨《モウウ》】まれにみる激しい雨。豪雨《ゴウウ》。例—にみまわれる。

【猛火《モウカ》】〔「ミョウカ」とも〕すさまじい勢いで燃える火。例大震災《ダイシンサイ》の—《モウカ》。地獄《ジゴク》の—《ミョウカ》。

【猛▼禽《モウキン》】ワシやタカ・フクロウ・ミミズクなど、するどい口ばしとつめをもつ、肉食の鳥。猛鳥。

【猛犬《モウケン》】あらい性格で、ほえたりかみついたりするイヌ。

【猛虎《モウコ》】ひときわ力が強くあらあらしいトラ。

【猛攻《モウコウ》】（名・する）ものすごい勢いで攻撃《コウゲキ》すること。例—を加える。

【猛射《モウシャ》】（名・する）激しく射撃《シャゲキ》すること。

【猛獣《モウジュウ》】トラ・ライオン・ヒョウなど、肉食で性格があらく、強い攻撃力《コウゲキリョク》をもつけもの。

【猛暑《モウショ》】夏の激しいあつさ。酷暑《コクショ》。例—が続く。

【猛将《モウショウ》】勇ましく強い力をもっているすぐれた武将。

【猛進《モウシン》】（名・する）激しい勢いでつき進むこと。

【猛省《モウセイ》】（名・する）深く反省すること。例—をうながす。

【猛然《モウゼン》】（形動《タルト》）力強く、勢いが激しいようす。例—と反発する。

【猛打《モウダ》】（名・する）激しく打つこと。また、その打撃《ダゲキ》。

【猛毒《モウドク》】激しく作用する毒。

【猛爆】《モウバク》（名・する）激しく爆撃《バクゲキ》すること。

【猛勇】《モウユウ》勢いが強くいさましいこと。勇猛。

【猛烈】《モウレツ》（名・形動《ダナ》）勢いが激しいこと。例―な寒さ。

【猛者】《さも》〔「もさ」は「モウザ」の変化〕他をしのぐ勇気や力をもっている者。例柔道《ジュウドウ》部の―。

◐獰猛《ドウモウ》・勇猛《ユウモウ》

犭8
【猟】 11画 4636 731F 常用 音リョウ㊥㊦ 訓か-る・あさ-る

筆順 ノ 犭 犭 犭 犭 猟 猟

犭15
【獵】 18画 6458 7375

なりたち  [形声]「犭(=いぬ)」と、音「巤《リョウ》」とから成る。鳥やけものを追いかけてつかまえる。

意味 ❶野生の鳥やけものをつかまえる。かる。かり。例猟師《リョウシ》。猟銃《リョウジュウ》。狩猟《シュリョウ》。❷手に入れようと、あちこちさがしまわる。あさる。例猟官《リョウカン》。渉猟《ショウリョウ》。

難読 猟虎《ラッコ》・猟子鳥《あとり》

【猟官】《リョウカン》（名・する）官職につくために、さかんに活動すること。例―運動。

【猟奇】《リョウキ》異常なものに興味をもち、さがしまわること。例―趣味《シュミ》。

【猟期】《リョウキ》①ある鳥獣《チョウジュウ》がよくとれる、狩猟《シュリョウ》に適した時期。②法律で狩猟が許可されている期間。狩猟期。

【猟犬】《リョウケン》狩猟《シュリョウ》に使う、訓練されたイヌ。

【猟師】《リョウシ》鳥やけものをとる職業の人。狩人《かりゅうど》。

【猟銃】《リョウジュウ》狩猟《シュリョウ》用の銃。

【猟人】《リョウジン》狩《か》りをする人。かりゅうど。猟師。

【猟場】《リョウば》狩猟《シュリョウ》をするのに適した場所。また、よくえもののとれる場所。

◐禁猟《キンリョウ》・狩猟《シュリョウ》・渉猟《ショウリョウ》・大猟《タイリョウ》・密猟《ミツリョウ》

犬9
【献】 13画 2405 732E 常用 音ケン㊥コン㊦ 訓たてまつ-る・ささ-げる

筆順 一 十 冇 南 南 南 献 献

犬16
【獻】 20画 6459 737B

なりたち  [形声]「犬(=いぬ)」と、音「鬳《ゲン→ケン》」とから成る。宗廟《ソウビョウ》にささげるいけにえのイヌ。派生して「ささげる」の意。

意味 ❶神仏や目上の人に物をさしあげる。たてまつる。例献上《ケンジョウ》。献身《ケンシン》。貢献《コウケン》。❷主人が客に酒をすすめる。また、酒をつぐ回数をかぞえることば。例献酬《ケンシュウ》。一献《イッコン》差《さ》し上《あ》げたい。九献《クコン》。❸もの知り。例文献《ブンケン》(=書物と賢人《ケンジン》のことば)。

日本語での用法《ケン》差し出す。提供する。「献血《ケンケツ》」

人名 ささぐ・すすむ・たけ・ただす・のぶ

【献詠】《ケンエイ》（名・する）宮中・神社などに、自分で作った詩や歌を差し上げること。また、その詩や歌。

【献花】《ケンカ》（名・する）霊前《レイゼン》・神前などに花を供えること。また、その花。例慰霊碑《イレイヒ》に―する。

【献金】《ケンキン》（名・する）ある目的を助けるために、進んでお金を出すこと。類寄付。例政治―。教会に―する。

【献血】《ケンケツ》（名・する）輸血用に自分の血液を無償《ムショウ》で提供すること。

【献言】《ケンゲン》（名・する）上の人に自分の意見を述べること。

【献辞】《ケンジ》書物の著者や発行者が、その本を人に贈《おく》るときにしるすことば。例―をそえて贈る。

【献酬】《ケンシュウ》（名・する）〔「酬」は、返杯《ヘンパイ》の意〕杯《さかずき》のやりとりをすること。酒をくみかわすこと。

【献上】《ケンジョウ》（名・する）身分の高い人に品物を差し上げること。献進。例殿様《とのさま》に―する。

【献身】《ケンシン》（名・する）自分を犠牲《ギセイ》にしてまで他の人々のためにつくすこと。例―的活動。

【献体】《ケンタイ》（名・する）医学の研究に役立てるために遺体を提供すること。また、その遺体。例―を申し出る。

【献茶】《ケンチャ》（名・する）神仏や身分の高い人にお茶を差し上げること。献上茶。

【献呈】《ケンテイ》（名・する）品物を差し上げること。進呈。例近著一冊―いたします。

【献灯】《ケントウ》（名・する）神社や寺に灯籠《トウロウ》や灯明《トウミョウ》を差し上げること。例参道の灯籠は諸大名の―による。

【献納】《ケンノウ》（名・する）国や社寺、身分の高い人に品物やお金を差し上げること。例鳥居を―する。美術品を―する。

【献杯】《ケンパイ》（名・する）①相手に酒をつぐことをへりくだっていうことば。②法事のあとの酒席で、「乾杯《カンパイ》」の発声に用いることば。表記「献▼盃」とも書く。

【献本】《ケンポン》（名・する）本を差し上げること。また、その本。

【献立】《コンだて》料理の種類やその組み合わせ。メニュー。例―表。

◐一献《イッコン》・貢献《コウケン》・文献《ブンケン》

犭9
【猴】 12画 6445 7334 音コウ㊥㊦ 訓さる

意味 ヒト以外の霊長目《レイチョウモク》の哺乳《ホニュウ》動物。サル。〔おもにオナガザルの類をいう〕例猿猴《エンコウ》。狙猴《ソコウ》。沐猴《モッコウ》。

犭9
【猩】 12画 6447 7329 音セイ㊥ショウ㊦

意味 想像上の動物である「猩猩《ショウジョウ》」のこと。

【猩紅熱】《ショウコウネツ》〔医〕〔「猩紅」は、あざやかな赤い色。深紅色〕感染症の一つ。子供に多く、高熱を発して全身に赤い発疹《ハッシン》ができる。

【猩猩】《ショウジョウ》①想像上の動物。サルに似ているが赤面赤毛でことばを理解し、酒を好むという。②大酒飲み。③ボルネオ・スマトラの森にすむ類人猿《ルイジンエン》の一種。オランウータン。

犭9
【猯】 12画 6446 732F 音タン㊥ 訓まみ・まみだぬき

意味 イタチ科の哺乳《ホニュウ》動物。アナグマ。ブタバナアナグマ。

犭9
【猶】 12画 4517 7336 常用 音ユウ㊥ユ㊦ 訓なお

筆順 ノ 犭 犭 犭 犭 猶 猶 猶

犭9
【猶】 12画 ―― ――

犭4
［犹］ 7画 6427 72B9 別体字

なりたち  [形声]「犭(=けもの)」と、音「酋《シュウ→ユウ》」とから成る。サルの一種。またイヌの子。

意味 ❶サルの一種。〔テナガザルという〕❷〔テナガザルの動きのように〕のんびりしている。また、ぐずぐずとためらう。例猶疑《ユウギ》(=ためらう)。猶予《ユウヨ》。❸依然《イゼン》として。それでもまだ。なお。❹〔助字〕「なお…のごとし」と読む再読文字。ちょうど…と同じだ、の意をあらわす。例過猶レ不レ及《すぎたるはなおおよばざるがごとし》(=

やりすぎは足らないのと同じだ)。〈論語《ゴロン》〉
難読 猶予《ためら》う・猶太《ユダヤ》
人名 さね・のり・みち・より
【猶子】《ユウシ》〔「なお、子《こ》のごとし」の意〕①きょうだいの子。おい。めい。②養子《ヨウシ》。
【猶予】《ユウヨ》(名・する)①ためらうこと。例一刻の―もならない。②決められた日時や期限を先へのばすこと。例一週間の―をもらう。表記▽「猶与」とも書く。
【▽猶▽太】《ユダヤ》〔あて字〕①ユダヤ人。ユダヤ民族。②紀元前にユダヤ人による王国があったパレスチナの地域。

犬9 【猷】13画 4518 7337 音ユウ漢 訓はかりごと・みち
意味 ❶あらかじめ考えた計画。はかりごと。例鴻猷《コウユウ》(=壮大《ソウダイ》な計画)。❷正しい方法。道理。みち。❸功績。てがら。❹なお。同猶《ユウ》。

犭9 【猥】12画 6448 7325 音ワイ漢呉 訓みだ-り・みだ-ら
意味 ❶ごたごたと入り乱れて、たくさん。みだりに。例猥雑《ワイザツ》。❷下品で、いやしい。また、みだら。例猥褻《ワイセツ》。猥談《ワイダン》。卑猥《ヒワイ》。

【猥雑】《ワイザツ》(名・形動《ナダ》)①ごたごたと入り乱れていること。②下品なこと。例―な話。

【猥▼褻】《ワイセツ》(名・形動《ナダ》)性に関することを、わざと興味をそそるように刺激《シゲキ》的にあつかうこと。エロチック。例―罪。

【猥談】《ワイダン》エロチックな内容の話。

【猥本】《ワイホン》エロチックな絵・写真・話題などをあつかった本。

犭9 【猨】12画 ⇩【猿】《エン》(658ページ)

犭9 【猶】12画 ⇩【猶】《ユウ》(657ページ)

犭9 【猪】12画 ⇩【猪】《チョ》(656ページ)

犭10 【猿】13画 1778 733F 常用 音エン漢呉 訓さる
筆順 ノ 犭 犭 猿
虫9 【蝯】15画 ― 876F 本字
犭9 【猨】12画 1-8778 7328 別体字
なりたち 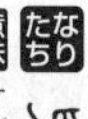 [形声]「虫(=むし)」と、音「爰《エン》」とから成る。木のぼりのうまいサル。
意味 サル。テナガザル。また、オランウータン・ゴリラ・チンパンジーなどの類人猿《ルイジンエン》。ましら。例猿声《エンセイ》。
難読 荒猿《あらまし》・有猿《あらまし》(=概略《ガイリャク》。おおよそ)・浅猿《あさましい》
【猿▼猴】《エンコウ》〔「猴」も、サルの意〕サル。
【猿▼猴《エンコウ》月《つき》を取《と》る】〔サルが水に映った月を取ろうとし、ぶらさがった木の枝が折れておぼれ死んだという故事から〕身のほどをわきまえずに事をおこなうと失敗する、というたとえ。猿猴捉月《ソクゲツ》。
【猿人】《エンジン》今から四〇〇万年から一五〇万年前にいたとされる化石人類。直立して二本の足で歩き、簡単な石器を用いた。アウストラロピテクスなど。
【猿声】《エンセイ》サルの鳴き声。哀《かな》しみをさそうものとされる。
【猿▼臂】《エンピ》〔「臂」は、うでの意〕サルのように長いうで。例―をのばす(=うでを長くのばす)。
【猿楽】《さるガク》平安時代から室町《むろまち》時代にかけておこなわれた、こっけいなものまねや曲芸を中心にした芸能。能楽のもととなった。表記「▽散楽・▽申楽」とも書く。
【猿▼轡】《さるぐつわ》声が出せないように口におしこんだり、かませて後ろでしばったりする布など。例―をかませる。
【猿芝居】《さるしばい》①訓練したサルに芝居のまねごとをさせる見せ物。②へたな演劇。また、すぐにばれるたくらみ。例―を演じる。
【猿真▽似】《さるまね》〔サルが人のまねをする意から〕内容や意味を考えずに、うわべだけ他人をまねることをあざけっていうことば。
●意馬心猿《イバシンエン》・犬猿《ケンエン》・野猿《ヤエン》・類人猿《ルイジンエン》

犭10 【猾】13画 6449 733E 音カツ漢 訓わるがしこ-い
意味 ❶ずるくて、わるがしこい。例狡猾《コウカツ》。❷混乱させる。かきみだす。

犭10 【獅】13画 2766 7345 人名 音シ漢 訓しし
意味 ネコ科の哺乳《ホニュウ》動物。ライオン。しし。例獅子《シシ》。

【獅子】《シシ》①ライオン。②ライオンに似た想像上の動物。

【獅子▼吼】《シシク》(名・する)〔「獅子②」がほえると他のけものがおそれしたがうように、仏の法は悪魔《アクマ》などをしりぞける意から〕①釈迦《シャカ》の説法《セッポウ》。②雄弁《ユウベン》をふるうこと。

【獅子身中の虫】《シシシンチュウのむし》〔「獅子②」の体内で養われているが、かえって獅子を死なせてしまう虫の意から〕①釈迦《シャカ》の弟子《デシ》でありながら、その教えに害をなす者。②その組織にとって害となる活動をする者。

【獅子奮迅の勢い】《シシフンジンのいきおい》ふるい立つ「獅子②」のような激しい勢い。

【獅子舞】《シシまい》「獅子②」をかたどった頭《かしら》をかぶってする舞。

犭10 【獏】13画 ⇩【貘】《バク》(931ページ)

犭11 【獄】14画 2586 7344 常用 音ギョク漢ゴク呉 訓ひとや
筆順 ノ 犭 犭 獄
なりたち  [会意]「㹜(=二ひきのイヌが守る)」と「言(=いう)」とから成る。ろうや。また、たがいに言い争う。

意味 ❶罪人をとじこめておくところ。ひとや。例獄死《ゴクシ》。監獄《カンゴク》。牢獄《ロウゴク》。❷裁判(にうったえる)。うったえごと。例疑獄《ギゴク》。

【獄死】《ゴクシ》(名・する)牢獄《ロウゴク》の中で死ぬこと。

【獄舎】《ゴクシャ》囚人《シュウジン》を入れておく建物。牢屋《ロウや》。牢獄。

【獄卒】《ゴクソツ》①牢屋《ロウや》で囚人《シュウジン》の取りあつかいなどをした下級の役人。②〔仏〕地獄にいて亡者《モウジャ》を責め苦しめるという鬼《おに》。例罪人をさいなむ―。

【獄中】《ゴクチュウ》刑務所《ケイムショ》の中。

【獄門】《ゴクモン》①獄舎の門。例―を出る。②昔の重罪人の刑罰《ケイバツ》で、切り落とした首を台にのせてさらしておくもの。さらし首。梟首《キョウシュ》。例打ち首―に処する。

【獄吏】《ゴクリ》牢獄《ロウゴク》の役人。
●監獄《カンゴク》・疑獄《ギゴク》・地獄《ジゴク》・脱獄《ダツゴク》・投獄《トウゴク》

犬11 【奬】15画 ⇩【奨】《ショウ》(269ページ)

犭12 【獗】15画 6453 7357 音ケツ漢
意味 「猖獗《ショウケツ》」は、㋐勢いがさかんではげしい、㋑つまずく、失敗する。

犬 12

【獣】
16画 2935 7363 常用 音シュウ漢ジュウ呉 訓けもの・けだもの

筆順 

犬15

【獸】
19画 6457 7378 人名

なりたち  [形声]「犬(=いぬ)」と、音「嘼《キュウ》⋯→シュウ(=家畜《カチク》)」とから成る。家畜にならず、野山で生活する動物。一説に、四つ足のけもの。

意味 四つ足の動物。けだもの。けもの。例 獣類《ジュウルイ》。猛獣《モウジュウ》。野獣《ヤジュウ》。

【獣道】《けものみち》 けものが通ってできた山中の細い道。

【獣医】《ジュウイ》「獣医師」の略。家畜《カチク》やペットなどの病気を治療《チリョウ》する医者。

【獣心】《ジュウシン》 人間としてのやさしさなどのない、けだもののような心。例 人面《ジンメン》―。

【獣性】《ジュウセイ》 ①けものの性質。例 人に飼われても―を失わない。②人間の心にひそむ、動物的で残忍《ザンニン》な性質。例 ―をむきだしにする。

【獣畜】 ㈠《ジュウチク》 野獣と家畜。㈡《ジュウキク》 (けものをあつかうときのように)かわいがるだけで、うやまう心がないこと。

【獣肉】《ジュウニク》 (鳥や魚などでない)けものの肉。

【獣欲】《ジュウヨク》 動物的本能による欲望。とくに、人間の肉欲。性欲。例 抑《おさ》えられない―を満たす。表記 旧 獸▼慾

【獣類】《ジュウルイ》 けもののなかま。哺乳類《ホニュウルイ》。また、けもの。例 とくに人間も―であることを知らされる。

●怪獣《カイジュウ》・猛獣《モウジュウ》・野獣《ヤジュウ》

犭13

【獪】
16画 6454 736A 音カイ漢 訓わるがしこ-い

意味 (調子がよくて)わるがしこい。例 老獪《ロウカイ》。

犭13

【獲】
16画 1945 7372 常用 音カク漢 訓え-る

筆順 

なりたち 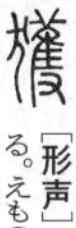 [形声]「犭(=いぬ)」と、音「蒦《カク》」とから成る。えものをとる。

意味 猟《リョウ》をして、つかまえる。手に入れる。える。例 獲得《カクトク》。捕獲《ホカク》。

【獲物】《えもの》 ①狩《か》りや漁でとった鳥・けもの・魚など。②戦いや勝負ごとなどで手に入れたもの。例 ―を分配する。

【獲得】《カクトク》 (名・する)(物品や権利などを)手に入れること。例 王座を―する。

【獲▼麟】《カクリン》 〔麒麟《キリン》をつかまえる意。孔子《コウシ》の著『春秋《シュンジュウ》』が「…西狩《セイシュ》(=西方に狩《か》りをして)獲麟」で終わっているところから〕筆を置くこと。擱筆《カクヒツ》。絶筆《ゼッピツ》。また、ものごとの終わり。

犭13 【獨】16画 ⇩【独】《ドク》(654ページ)

犭14

【獰】
17画 6456 7370 音ドウ漢 訓わる-い

意味 性質があらっぽくて、わるい。例 獰猛《ドウモウ》。

【獰悪】《ドウアク》 (名・形動ダナ) 性質があらあらしくわるいこと。例 ―な殺人犯。

【獰猛】《ドウモウ》 (名・形動ダナ) 性質があらあらしくて乱暴なこと。〔「ネイモウ」と読むのは誤り〕例 ―なワニ。

犬15 【獸】19画 ⇩【獣】《ジュウ》(659ページ)

犭15 【獵】18画 ⇩【猟】《リョウ》(657ページ)

犭16

【獺】
19画 6460 737A 音ダツ慣タツ漢 訓うそ・かわうそ

意味 イタチ科の水生哺乳《ホニュウ》動物。ウソ。カワウソ。

【獺祭】《ダッサイ》 ①カワウソが、とった魚を並べてから食べるのを、魚を供えて祭りをしていると見立てて表現したもの。②詩や文章を作るとき、多くの参考書物を広げ並べること。参考「獺祭書屋《ダッサイショオク》主人」は正岡子規《まさおかシキ》の号。

犬16 【獻】20画 ⇩【献】《ケン》(657ページ)

95 5画 玄 げん部

小さいものがおおわれてかくれる形をあらわす。「玄」と、「玄」の字形を目じるしにして引く「率」とを集めた。

0 玄 6 率 率

この部首に所属しない漢字

畜⇩田678 牽⇩牛651 衒⇩行885

玄 0

【玄】
5画 2428 7384 常用 音ケン漢ゲン呉 訓くろ・くろ-い 付表 玄人《くろうと》

筆順 

なりたち  [象形] 小さいものがおおわれてかくれる形。おくふかい。また、赤みを帯びた黒。

意味 ❶おくふかくて、わかりにくい。例 玄妙《ゲンミョウ》。幽玄《ユウゲン》。❷赤みを帯びた黒色。くらい色。くろ。例 玄黄《ゲンコウ》。玄武《ゲンブ》。

人名 しず・しずか・つね・とお・はじめ・はる・はるか・ひろ・ひろし・ふか・ふかし

【玄人】《くろうと》 ①専門家。例 ―の域に達する。②芸妓《ゲイギ》・遊女などのこと。▽対 素人《しろうと》。

【玄奥】《ゲンオウ》 (名・形動ダナ) おくふかいこと。例 ―な教義。

【玄関】《ゲンカン》 〔おくふかいところにはいる門の意〕家の正面の入り口。例 ―番。―ばらい。

【玄黄】《ゲンコウ》 ①〔天の色である黒と、地の色である黄色の意〕天地。宇宙。②黒色と黄色。例 天地―(=『千字文《センジモン》』の冒頭《ボウトウ》の句)。

【玄▼奘】《ゲンジョウ》 唐《トウ》代の僧《ソウ》。インドに行き、経典《キョウテン》を中国にもたらし、漢文に翻訳《ホンヤク》した。旅行記『大唐西域記《ダイトウサイイキキ》』をあらわした。うやまって玄奘三蔵《ゲンジョウサンゾウ》と呼ばれる。いっぱんに三蔵法師という。(六〇二―六六四)

【玄宗】《ゲンソウ》 唐《トウ》の第六代の皇帝《コウテイ》。唐の隆盛《リュウセイ》期をつくったが、晩年は楊貴妃《ヨウキヒ》を溺愛《デキアイ》して安禄山《アンロクザン》の反乱にあい、成都にのがれたのち退位した。(六八五―七六二)

【玄孫】《ゲンソン》 孫の孫。ひまごの子。やしゃご。

【玄鳥】《ゲンチョウ》 ①ツバメの別名。②ツルの別名。

【玄冬】《ゲントウ》 冬。〔四季について、青春・朱夏《シュカ》・白秋とならぶことば〕

【玄徳】《ゲントク》 ①ふつうの者にははかり知れない深い徳。②人知をこえた天地間の道理。

【玄翁】《ゲンノウ》 石をくだくのに使う、鉄製の大きなかなづち。〔鎌倉《かまくら》時代の僧《ソウ》玄翁が、殺生石《セッショウセキ》をくだくのに用いたこと

から〕表記「玄能」とも書く。

【玄武】《ゲンブ》 漢代のころ、東西南北の四方に配した神の一つ。カメにヘビが巻きついたような形で、北方を守る。〔青竜《セイリュウ》(=東)・白虎《ビャッコ》(=西)・朱雀《スザク》(=南)とならべていう〕

【玄米】《ゲンマイ》〔「くろごめ」の意〕もみがらを取っただけで精白していない米。

【玄妙】《ゲンミョウ》(名・形動《ダナ》)ものごとの味わいが深く、たやすくは理解できないこと。例—な境地。

【玄理】《ゲンリ》 ①ふつうにはすぐわからない、おくふかい道理。②老荘《ロウソウ》(=老子と荘子)の説いた道理。

玄6 【率】 11画 4608 7387 教育5

音 一シュツ漢 ソツ呉 二リツ漢 三スイ漢呉

訓 ひき-いる

筆順 亠 亡 玄 玄 玆 玆 率 率

玄6 【率】 11画

なりたち [象形]長い柄《え》がついた網《あみ》の形。鳥をつかまえる網。借りて「ひきいる」の意。

意味 一《ソツ・シュツ》 ❶みちびく。ひきいる。例率先《ソッセン》。引率《インソツ》。統率《トウソツ》。❷つきしたがう。(おきて・きまりなどに)したがう。❸にわかに。軽はずみに。同卒《ソツ》。例率爾《ソツジ》。軽率《ケイソツ》。❹ありのまま。あっさりした。例率直《ソッチョク》。真率《シンソツ》。❺おおむね。すべて。例率土《ソット》。 二《リツ》 わりあい。ぶあい。一定の基準。例確率《カクリツ》。能率《ノウリツ》。 三《スイ》 かしら。おさ。同帥《スイ》。例将率《ショウスイ》。

人名 のり・より

【率▼爾】《ソツジ》(名・形動《ダナ》)にわかなこと。突然《トツゼン》。類率然。例—ながら、おたずねいたします。

【率先】《ソッセン》(名・する)人の先頭に立っておこなうこと。例—垂範《スイハン》(=人にさきだっておこない、模範《モハン》を示すこと)。

【率然】《ソツゼン》(副)①にわかなようす。②軽はずみなようす。

【率直】《ソッチョク》(名・形動《ダナ》)ありのままでかざりけがないこと。例—に言う。

【率土】《ソット》 天下じゅう。国じゅう。例率土の浜《ヒン》(=国の果て。「浜」は、陸の果ての意)。〈詩経《シキョウ》〉

●引率《インソツ》・確率《カクリツ》・軽率《ケイソツ》・効率《コウリツ》・統率《トウソツ》・能率《ノウリツ》・倍率《バイリツ》・百分率《ヒャクブンリツ》・比率《ヒリツ》・利率《リリツ》

玄6 【率】 11画 ⇩【率】《ソツ》(660ページ)

96 5画 玉 たま(王 たまへん)部

たまを連ねた形をあらわす。「玉」が偏《ヘン》(=漢字の左がわの部分)になるときは「王(たまへん)」(四画)となる。「玉」をもとにしてできている漢字と、「王」の字形を目じるしにして引く漢字とを集めた。

0 玉 王 3 玖 4 玩 玦 玟 玫 5 珂 珈 珊 玳 珍 玻 珀 玲 珎 6 珪 珥 珠 珮 班 珞 珱 7 球 現 珸 琢 理 琉 琅 8 瑛 琴 琥 琶 琵 琲 琺 琳 琢 9 瑗 瑕 琿 瑚 瑟 瑞 瑙 瑁 瑜 瑶 10 瑩 瑰 瑳 瑣 瑪 瑠 瑤 瑯 11 瑾 璋 璃 12 璞 璢 13 環 璧 環 14 瓊 璽 16 瓏 17 瓔

この部首に所属しない漢字

主⇩丶30 全⇩𠆢61 呈⇩口196 弄⇩廾360 皇⇩白696 望⇩月504 斑⇩文470 聖⇩耳811

玉0 【玉】 5画 2244 7389 教育1

音 ギョク漢 ゴク呉

訓 たま

筆順 一 丁 干 王 玉

なりたち [象形]三つのたまをつらぬき連ねた形。石の美しいもの。

意味 ❶美しい石。宝石。たま。例玉石混交《ギョクセキコンコウ》。宝玉《ホウギョク》。❷(宝石のように)美しい。りっぱな。例金科玉条《キンカギョクジョウ》。珠玉《シュギョク》の名品《メイヒン》。❸天子に関するものごとにそえることば。例玉音《ギョクオン》。玉座《ギョクザ》。❹相手をたっとんで、そえることば。例玉韻《ギョクイン》。玉章《ギョクショウ》。

日本語での用法 一《ギョク》①芸者。「玉代《ギョクダイ》・半玉《ハンギョク》」②将棋《ショウギ》の駒《こま》の一つ。「玉将《ギョクショウ》」③たまご。「玉《ギョク》つきの盛《も》りそば」 二《たま》①丸い形のもの。「玉子《たまご》・飴玉《あめだま》・薬玉《くすだま》」②人をものになぞらえていう。「善玉《ゼンだま》・悪玉《アクだま》・いい玉《たま》だ」

使い分け たま【玉・球・弾】⇩1172ページ

人名 きよ

【玉案】《ギョクアン》 玉《ギョク》でかざったりっぱな台、または机。「机」を美しくいうことば。

【玉案下】《ギョクアンカ》〔あなたのりっぱなお机のそばの意〕手紙のわき付けに使うことば。

【玉音】 一《ギョクイン》 ①美しい声や音。②他人のことばや手紙をうやまっていうことば。 二《ギョクオン》〔「ギョクイン」とも〕天子の声やことば。例—放送。

【玉顔】《ギョクガン》 ①美しい顔。②天子のお顔。天顔。

【玉座】《ギョクザ》〔玉《ギョク》でかざった座席の意〕天子や国王のすわる席。また、天子の位。

【玉砕】《ギョクサイ》(名・する)〔玉《たま》とくだける意〕名誉《メイヨ》を重んじて、いさぎよく死ぬこと。〔第二次世界大戦中に、日本の陸海軍が自軍の全滅《ゼンメツ》を美化して用いた〕対瓦全《ガゼン》。

【玉山】《ギョクザン》 姿かたちが美しいこと。また、その人。例—の崩《くず》るるが如《ごと》し(=美しい人が、だらしなく酒によいつぶれた姿の形容)。

【玉璽】《ギョクジ》 天子の印。御璽《ギョジ》。

【玉将】《ギョクショウ》 将棋《ショウギ》の駒《こま》の一つ。下位の者が王将と同等のものとして使う。前後左右ななめに一ますずつ動ける。玉《ギョク》。

【玉章】《ギョクショウ・たまずさ》〔美しくすぐれた詩文の意〕他人の手紙をうやまっていうことば。玉簡。

【玉条】《ギョクジョウ》 ①美しい枝。②最もたいせつな規則。例師のことばを金科—としてかたく守る。

【玉人】《ギョクジン》 ①玉《ギョク》をみがき、細工をする職人。玉工。②玉《ギョク》で作った人形。③美女。

【玉成】《ギョクセイ》(名・する)宝玉《ホウギョク》をみがきあげるように、すぐれたものに仕上げること。

【玉石】《ギョクセキ》 ①たまと、いし。②すぐれたものと、おとったもの。例—を区別する。

【玉石混交】《ギョクセキコンコウ》 すぐれたものと、おとったものとがまじっていること。表記 旧玉石混▼淆

【玉体】《ギョクタイ》 ①天子や貴人のからだ。②美人のからだ。

【玉代】《ギョクダイ》 芸者などを呼ぶための料金。揚《あ》げ代。玉《ギョク》。

【玉台】《ギョクダイ》 ①玉《ギョク》でかざった台。たまのうてな。②天皇の居住するところ。宮殿《キュウデン》。

【玉▼兎】《ギョクト》〔月にウサギがすむという伝説から〕「月」の別名。

【玉▼佩】《ギョクハイ》 装身具の一つ。腰《こし》の帯につける宝玉《ホウギョク》。

【玉杯】《ギョクハイ》 宝玉《ホウギョク》で作ったさかずき。また、さかずきを美しくいうことば。

【玉▼帛】《ギョクハク》 玉《ギョク》と絹。古代の中国で、諸侯《ショコウ》が天子や貴人に会うときのおくりもの。

【玉盤】《ギョクバン》 ①玉《ギョク》で作った盛り皿。②「月」の別名。

【玉筆】《ギョクヒツ》 他人の筆跡《ヒッセキ》や詩文のうやまった言い方。

【玉歩】《ギョクホ》 〔昔、中国で、玉佩《ギョクハイ》をつけ、そのひびきに調子を合わせて歩いたことから〕天子・貴人・美人のあゆみ。

【玉門】《ギョクモン》 ①美しい門。②陰門《インモン》。

【玉門関】《ギョクモンカン》 甘粛《カンシュク》省敦煌《トンコウ》の西にあった関所。西域《セイイキ》と中国の内地とを結ぶ要所。玉関。

【玉容】《ギョクヨウ》 美しい姿や顔だち。

【玉葉】《ギョクヨウ》 ①天子の一族。皇族。例金枝《キンシ》—。②他人からもらった手紙を美しくいうことば。

【玉露】《ギョクロ》 ①(葉の上の)美しい露《つゆ》。②最上の煎茶《センチャ》。

【玉楼】《ギョクロウ》 ①りっぱな御殿《ゴテン》。玉殿《ギョクデン》。例金殿《キンデン》—。②道教でいう、両肩《リョウかた》の骨。

【玉稿】《ギョッコウ》 相手の原稿をうやまっていうことば。

【玉串】《たまぐし》 ①サカキの枝に木綿《ゆう》または紙をつけ、神前にささげるもの。例—奉奠《ホウテン》。②「サカキ」の別名。

【玉▼簾】《たますだれ》 ①玉《ギョク》でかざったすだれ。②ヒガンバナ科の多年草。高さ約三〇センチメートル。葉は細長く、夏、白い花をつける。

【玉手箱】《たまてばこ》 〔玉《ギョク》でかざった手箱の意〕①昔話の「浦島太郎《うらしまタロウ》」で、太郎が竜宮《リュウグウ》からみやげにもらってきた箱。②秘密のたいせつなものを入れた箱。

【玉▼葱】《たまねぎ》 野菜の一つ。地下の球形のくきを食用にする。オニオン。

【玉《たま》▼琢《みが》かざれば器《き》を成《な》さず】 〔りっぱであるはずの宝玉《ホウギョク》でも、みがかなければすぐれたうつわに仕上げることはできないの意〕生まれつきすぐれた才能をもっていても、学問・修養を積まなければ、りっぱな人にはなれない。「玉磨《みが》かざれば光なし」ともいう。〈礼記《ライキ》〉

【玉▽響】《たまゆら》 しばらくのあいだ。しばし。一説に、かすか。〔『万葉集《マンヨウシュウ》』の「玉響」の字訓を、今は「たまかぎる」と読むが、古訓で「たまゆらに」と読んだことから〕例—の恋《こい》。

【▽玉▼蜀▼黍】《トウもろこし》 イネ科の一年草。食用・飼料として世界各地で広く作られている。唐黍《トウきび》。

王 0

○●悪玉《アクだま》・親玉《おやだま》・珠玉《シュギョク》・善玉《ゼンだま》・繭玉《まゆだま》・水玉《みずたま》

【王】

4画
1806
738B
教育1
音 オウ 漢 呉

筆順 一 丅 干 王

なりたち 王 〔指事〕「三(=天・地・人)」を真ん中でつらぬくようにまとめて治める。天下がなびき従うもの。

意味 ❶徳によって国を治める者。天子。君主。きみ。例王位《オウイ》。王国《オウコク》。帝王《テイオウ》。❷ある方面で最も実力をもつ者。例王者《オウジャ》。百獣《ヒャクジュウ》の王《オウ》。❸姓《セイ》の一つ。例王安石《オウアンセキ》。王維《オウイ》。

日本語での用法《オウ》①皇族の男性で、親王でない人。「東久邇宮稔彦王《ひがしくにのみやなるひこオウ》」②将棋《ショウギ》の駒《こま》の一つ。「王将《オウショウ》」

難読 親王《みこ》

人名 きみ・たか・つかさ

【王安石】《オウアンセキ》 北宋《ホクソウ》の政治家。今の、江西《コウセイ》省臨川《リンセン》の人。唐宋八大家《トウソウハチダイカ》のひとり。神宗《シンソウ》のとき、「新法」を施行《シコウ》。(一〇二一―一〇八六)

【王位】《オウイ》 王の位《くらい》。例—継承《ケイショウ》権。—につく。

【王維】《オウイ》 盛唐《セイトウ》の詩人・画家。字《あざな》は摩詰《マキツ》。今の、山西《サンセイ》省太原《タイゲン》の人。山水を詠《エイ》じ、絵では南画の祖といわれる。(六九九―七五九)

【王化】《オウカ》 君主の徳により人民を感化し、善良にすること。

【王学】《オウガク》 明《ミン》の、王陽明《オウヨウメイ》の学説。陽明学。

【王冠】《オウカン》 ①王位を示すかんむり。②栄誉《エイヨ》のしるしのかんむり。例—を得る。③びんの口金《くちがね》。

【王▼羲▼之】《オウギシ》 東晋《トウシン》の書家。古今第一の書家として、書聖と呼ばれる。「楽毅論《ガッキロン》(楷書《カイショ》)」「蘭亭序《ランテイジョ》(行書《ギョウショ》)」「十七帖《ジュウシチジョウ》(草書)」が有名。(三〇三―三六一)

【王宮】《オウキュウ／オウグウ》 帝王《テイオウ》の住む宮殿《キュウデン》。

【王家】《オウケ》 〔「オウカ」とも〕①王の血筋。王族。②王の家。

【王権】《オウケン》 帝王《テイオウ》のもつ権力。

【王公】《オウコウ》 帝王《テイオウ》と大臣。

【王侯】《オウコウ》 帝王《テイオウ》と諸侯《ショコウ》。

【王侯《オウコウ》将相《ショウショウ》▽寧《いずく》んぞ種《シュ》有《あ》らんや】 帝王《テイオウ》・諸侯《ショコウ》・将軍などになるのは、家がらや血筋によるものではない。実力や運によってだれでもなることができる。〈史記《シキ》〉

【王国】《オウコク》 ①王を主権者とする国。例オランダ—。②ある特定のものがきわだって栄えている社会のたとえ。

【王座】《オウザ》 ①帝王《テイオウ》の座席。王位。例—につく。②競技・勝負ごとの第一位のたとえ。例—決定戦。

【王様】《オウさま》 王をうやまっていうことば。例裸《はだか》の—。

【王子】《オウジ》 ①帝王《テイオウ》のむすこ。②日本の明治以後の旧制度で、皇族で親王宣下《センゲ》のない男子。王。▽対王女。

【王室】《オウシツ》 帝王《テイオウ》の一家。一族。例イギリス—。

【王者】《オウシャ／オウジャ》 ①帝王《テイオウ》。君主。②徳によって天下を治める君主。対覇者《ハシャ》。③第一人者。例陸の—《オウジャ》。

【王女】《オウジョ》 ①帝王《テイオウ》のむすめ。②日本の明治以後の旧制度で、皇族で内親王宣下《センゲ》のない女子。女王。▽対王子。

【王将】《オウショウ》 将棋《ショウギ》の駒《こま》の一つ。動けなくなるか、取られるかすると負けになる。王。

【王城】《オウジョウ》 ①帝王《テイオウ》の住む城。王宮。②帝王の住む都市。みやこ。

【王昭君】《オウショウクン》 前漢の元帝《ゲンテイ》の後宮《コウキュウ》につかえた女官。名は嬙《ショウ》。字《あざな》は昭君。絵かきにわいろをおくらなかったので、故意にみにくくえがかれ、そのために漢の王女の身代わりとして匈奴《キョウド》の王にとつぎ、望郷の思いをいだきながら異国の地で没《ボッ》したという。薄幸《ハッコウ》の美女として、多くの文学や絵画の題材とされている。

【王▼昌▼齢】《オウショウレイ》 盛唐《セイトウ》の詩人。七言絶句《シチゴンゼック》にすぐれる。(六九八―七五五ごろ)(生没年《セイボツネン》未詳《ミショウ》)

【王制】《オウセイ》 ①帝王《テイオウ》の定めた制度。②王が主権をもつ政治体制。君主制。

【王政】《オウセイ》 ①帝王《テイオウ》がおこなう政治。②国の主権が王にある政治体制。君主政体。

【王政復古】《オウセイフッコ》 武家政治・共和政治などをやめて、君主政治にもどること。〔日本では、明治維新《メイジイシン》を指す〕

【王族】《オウゾク》 帝王《テイオウ》の一族。

【王朝】《オウチョウ》 ①帝王《テイオウ》が政治をおこなう朝廷《チョウテイ》。②日本の平安時代。例—文学。③同じ王家に属する王の政権の継続《ケイゾク》期間。例ロマノフ—。ブルボン—。

【王手】《オウて》 ①将棋《ショウギ》で、直接に王将をせめる手。例—飛車取り。②相手の死活にかかわる有効・確実な手段。例

優勝へ—をかける。
【王都】《オウト》 帝王《テイオウ》の住むみやこ。帝都。
【王土】《オウド》 帝王《テイオウ》の領地。
【王統】《オウトウ》 帝王《テイオウ》の血筋。
【王道】《オウドウ》 ①帝王《テイオウ》のおこなうべき道。仁徳にもとづいて人民を治める政道。(対)覇道《ハドウ》。例—政治。②〔英語 royal road の訳語〕王のための特別の通路。近道。例学問に—なし(=だれでも同じ苦労をしなければならない)。
【王妃】《オウヒ》 帝王《テイオウ》の妻。きさき。
【王法】 ㊀《オウホウ》 ①帝王《テイオウ》の定めた決まり。②帝王のおこなうべき道。㊁《オウボウ》 (仏教からみた)帝王の法令。また、政治。
【王命】《オウメイ》 帝王《テイオウ》の命令。
【王▼莽】《オウモウ》 前漢末の政治家。前漢の平帝《ヘイテイ》を毒殺し、帝位について国号を新《シン》として建国。後漢《ゴカン》の光武帝(=劉秀《リュウシュウ》)にほろぼされて死んだ。(前四五—後二三)
【王陽明】《オウヨウメイ》 明《ミン》の学者・政治家。名は守仁《シュジン》。今の、浙江《セッコウ》省余姚《ヨヨウ》の人。知行合一《チコウゴウイツ》を説き、陽明学の祖となる。著書、『伝習録』。(一四七二—一五二八)
【王立】《オウリツ》 王または王族の設立によるもの。例—研究所。
【▽王仁】《ワニ》 古代の百済《ヒャクサイ》《くだら》の学者。応神《オウジン》天皇の十六年に日本に渡来《トライ》、『論語《ロンゴ》』『千字文《センジモン》』を献《ケン》じて漢文を伝えたといわれる。(生没年《セイボツネン》未詳《ミショウ》)
○●勤王《キンノウ》・四天王《シテンノウ》・女王《ジョオウ》・親王《シンノウ》・帝王《テイオウ》・仁王《ニオウ》・法王《ホウオウ》・魔王《マオウ》

王 3
【玖】
7画 2274 7396 人名 音キュウ(漢) ク(呉)

なりたち  [形声]「王(=たま)」と、音「久《キュウ》」とから成る。玉《ギョク》に似た黒い石。

意味 ❶黒色の美しい石。❷「九」の大字《ダイジ》。商売や契約《ケイヤク》の文書で、数字を書きかえられないように使う。

人名 き・たま・ひさ・ひさし

王 4
【玩】
8画 2065 73A9 常用 音ガン(漢)(呉) 訓もてあそ-ぶ

筆順 

なりたち  [形声]「王(=たま)」と、音「元《ゲン》→《ガン》」とから成る。もてあそぶ。

意味 ❶おもちゃにする。なぐさみものにする。もてあそぶ。例玩弄《ガンロウ》。❷おもちゃ。例玩具《ガング》。❸たいせつにして楽しむ。めでる。例愛玩《アイガン》。賞玩《ショウガン》。❹じっくり味わう。例玩味《ガンミ》。

人名 よし

【玩具】《ガング》《おもちゃ》 遊び道具。例—《ガング》店。
【玩物】《ガンブツ》 ①ものをもてあそぶこと。②もてあそぶもの。おもちゃ。玩具。
【玩物喪志】《ガンブツソウシ》 愛好する事物に気をとられて、本来の理想を見失うこと。〈書経《ショキョウ》〉
【玩味】《ガンミ》 (名・する) ①食べ物をよくかんであじわうこと。②内容を理解しあじわうこと。例熟読—。表記 ▽「▼翫味」とも書く。
【玩弄】《ガンロウ》 (名・する) ①もてあそぶこと。例—物《ブツ》(=おもちゃ)。②なぶりものにすること。愚弄《グロウ》。例他人の誠意を—する。表記 ▽「▼翫弄」とも書く。

王 4
【玦】
8画 1-8787 73A6 音ケツ(漢)

意味 平たいドーナツ状の宝玉《ホウギョク》で、輪の一部を欠いた形のもの。装飾《ソウショク》品として腰《こし》にさげて用いた。〔「ケツ」の音が「決・訣《ケツ》」に通じることから、決断・訣別《ケツベツ》の意をあらわすものとされ、『史記《シキ》』にある「鴻門《コウモン》の会《カイ》」では、范増《ハンゾウ》が項羽《コウウ》に玉玦《ギョクケツ》を三たび提示して劉邦《リュウホウ》を殺すようにせまった〕

[玦]

王 4
【玟】
8画 1-8784 739F 音㊀バイ(漢) マイ(呉) ㊁ビン(漢) ミン(呉)

意味 ㊀《バイ》《マイ》 美しい玉《ギョク》。玫瑰《バイカイ》《マイカイ》。同玫《バイ》。㊁《ビン》《ミン》 美しい石。

王 4
【玫】
8画 1-8788 73AB 音バイ(漢) マイ(呉)

参考 本字は「玟」。

意味 ❶美しい玉《ギョク》。玫瑰《バイカイ》《マイカイ》。❷玉のように美しい。うつくしい。例玫階《バイカイ》(=美しいきざはし)。❸美しい石。

【玫▼瑰】《バイカイ》《マイカイ》 ①美しい玉《ギョク》。火斉珠《カセイシュ》。②美しい詩文などのたとえ。③バラ科の落葉低木。美しい赤色あるいは白色の花がさき、かおりもよい。ハマナスの変種。④バラ科の落葉低木。ハマナス。ハマナシ。北海道から本州北部の海岸に群生し、果実はナシに似た味がする。

王 5
【珂】
9画 1849 73C2 人名 音カ(漢)(呉)

意味 ❶宝石の一種。しろめのう。❷貝の名。白色でウマのくつわをかざるのに用いる。くつわ貝。

王 5
【珈】
9画 6461 73C8 人名 音カ(漢)

意味 婦人の髪《かみ》かざり。玉《ギョク》を垂れ下げた、かんざし。

日本語での用法 《コー》「コーヒー(coffee)」の音訳。「珈琲《コーヒー》」〔中国語では「咖啡」〕

王 5
【珊】
9画 2725 73CA 人名 音サン(漢)(呉)

意味 「珊瑚《サンゴ》」は、サンゴ虫の骨格が積もってできる、枝のような石灰《セッカイ》質のかたまり。白・赤・もも色があり装飾《ソウショク》品に使う。

人名 さぶ

【珊▼瑚樹】《サンゴジュ》 ①木の枝の形に見える、サンゴ。②スイカズラ科の常緑小高木。夏、白色の花がさき、秋に赤い実がなる。庭木・生け垣《がき》にする。
【珊▼瑚礁】《サンゴショウ》 サンゴ虫の骨格が積もってできた石灰《セッカイ》質の岩礁。

王 5
【玳】
9画 6462 73B3 音タイ(漢)

意味 「玳瑁《タイマイ》」は、南の海にすむウミガメの一種。甲羅《コウラ》は黄色と黒のまだらがあり、べっこう細工の材料にする。

王 5
【珍】
9画 3633 73CD 常用 音チン(漢)(呉) 訓めずら-しい

筆順 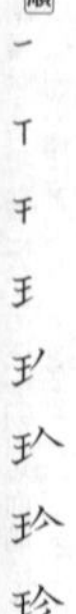

王 5
【珎】 9画 6463 73CE 俗字

なりたち 珍 [形声]「王(=たま)」と、音「㐱《シン→チン》」とから成る。たから。

意味 ❶たからもの。❷めったにない。貴重《キチョウ》である。めずらしい。例 珍貴《チンキ》。珍味《チンミ》。❸たいせつにする。例 珍蔵《チンゾウ》。珍重《チンチョウ》。袖珍《シュウチン》。

日本語での用法 《チン》ふつうとちがっていて笑いをさそう。「珍芸《チンゲイ》・珍妙《チンミョウ》」

参考 異体字「珎」は「寶《ホウ》(=宝)」の俗字《ゾクジ》とする説がある。

例 和同開珎《ワドウカイチン｜ワドウカイホウ》。

人名 うず・くに・くる・たか・はる・よし

【珍奇】《チンキ》(名・形動《ナダ》)めずらしく、変わっていること。例 —な事件。—な人物。

【珍客】《チンキャク｜チンカク》めずらしい客。めったに来ない客。例 —到来。

【珍事】《チンジ》①めずらしいできごと。②思いがけないできごと・事件。椿事《チンジ》。例 —に巻きこまれる。

【珍獣】《チンジュウ》めずらしいけもの。

【珍書】《チンショ》めずらしい書物。珍本《チンポン》。例 —の保存。

【珍説】《チンセツ》①めずらしい話。珍談。②ばかげた意見や説。

【珍蔵】《チンゾウ》(名・する)めずらしいものとして、たいせつにしまっておくこと。例 —する宝物。

【珍談】《チンダン》めずらしくておもしろい話。例 奇談《キダン》—。

【珍重】《チンチョウ》(名・する)①めずらしいものとしてたいせつにすること。②手紙文で、相手にからだをたいせつにすることをすすめることば。自重。自愛。③めでたいこと。けっこうであること。例 まずは—至極《シゴク》。

【珍鳥】《チンチョウ》めずらしい鳥。

【珍答】《チントウ》こっけいな答え。対 珍問。

【珍品】《チンピン》めずらしい品物。珍物。

【珍本】《チンポン》(数少ないため、また内容が変わっていて)めずらしい本。珍書。例 —を求める。

【珍味】《チンミ》めずらしいあじ。また、めったにあじわえない食べ物。例 山海の—。

【珍妙】《チンミョウ》(名・形動《ナダ》)変わっていて、こっけいなこと。例 —な服装。

【珍無類】《チンムルイ》(名・形動《ナダ》)他に類がないほどめずらしいこと。例 —な話。

【珍問】《チンモン》風変わりな質問。おかしい質問。対 珍答。

○●七珍《シッチン》・別珍《ベッチン》

王 5
【玻】 9画 6464 73BB 音 ハ 漢 呉

意味「玻璃《ハリ》」は、水晶《スイショウ》。

難読 玻璃《ガラス｜ギヤマン｜ビードロ》

【玻璃】《ハリ》〔梵語《ボンゴ》の音訳〕①水晶《スイショウ》。②ガラス。

王 5
【珀】 9画 6465 73C0 人名 音 ハク 漢 呉

意味「琥珀《コハク》」は、宝石の一つ。→【琥珀】《コハク》(666ページ)

王 5
【玲】 9画 4672 73B2 人名 音 レイ 漢 リョウ 呉

なりたち 玲 [形声]「王(=たま)」と、音「令《レイ》」とから成る。玉《ギョク》の鳴る音。

意味「玲玲《レイレイ》」「玲瓏《レイロウ》」は、玉《ギョク》がふれ合って鳴る音。

人名 あき・あきら・たま

【玲玲】《レイレイ》(形動《タルト》)金属どうし、また、玉《ギョク》どうしがふれ合って鳴る音の形容。例 —として高い石のひびき。

【玲▼瓏】《レイロウ》(形動《タルト》)①すきとおって美しく光りかがやくようす。例 —たる富士の山容。②玉《ギョク》などがふれ合って、美しい音で鳴る形容。例 —とした声。表記 ②は「玲▼琅」とも書く。

王 5
【珎】 9画 ⇩【珍】《チン》(662ページ)

王 6
【珪】 10画 2330 73EA 音 ケイ 漢 訓 たま

意味 ❶諸侯《ショコウ》が身分のあかしとして天子からあたえられた玉《ギョク》。たま。同 圭《ケイ》。例 珪璧《ケイヘキ》(=たま)。❷非金属元素の一つ。岩石中にふくまれる。同 硅《ケイ》。例 珪素《ケイソ》。

王 6
【珥】 10画 6466 73E5 音 ジ 漢 訓 かんざし・さしはさ-む・みみだま

意味 ❶宝玉《ホウギョク》を用いた耳かざり。みみだま。例 珥璫《ジトウ》(=耳かざり)。❷さしはさむ。例 珥筆《ジヒツ》(=古代の役人が記録に便利なように常に筆《ふで》を冠《かんむり》の側面にはさんでいること)。

王 6
【珠】 10画 2878 73E0 常用 音 ジュ 慣 シュ 漢 呉 訓 たま 付表 数珠《じゅず》

筆順 一 丅 王 王 王 玗 珠 珠

なりたち 珠 [形声]「王(=たま)」と、音「朱《シュ》」とから成る。貝の中にできるたま。火災を防ぐ力があると伝えられる。

意味 ❶貝の中にできる丸い小さなたま。例 真珠《シンジュ》。❷真珠のように小さくて丸いつぶ。例 珠数《ジュズ》。数珠《ジュズ》。❸美しいものや、りっぱなもののたとえ。例 珠玉《シュギョク》。

人名 あけ・み

【珠玉】《シュギョク》①真珠《シンジュ》と宝石。例 —をちりばめる。②美しいもの、とうといもの、すぐれたもののたとえ。例 —の短編集。—の作品。

【珠算】《シュザン｜たまザン》そろばんを使ってする計算。

【▽珠数】《じゅず》〔仏〕〔「ずず」とも〕多数の小さい玉を糸でつないで輪にしたもの。仏を拝むとき、手にかけたりもんだりする。表記「数珠」とも書く。

【珠▼簾】《シュレン》玉でかざったすだれ。玉すだれ。

○●擬宝珠《ギボウシュ｜ギボシ》・真珠《シンジュ》・連珠《レンジュ》

王 6
【珮】 10画 6467 73EE 音 ハイ 漢 訓 おびもの・お-びる

意味 身分の高い人が帯につけて腰《こし》にさげるかざり玉。おびだま。同 佩《ハイ》。例 珮玉《ハイギョク》。

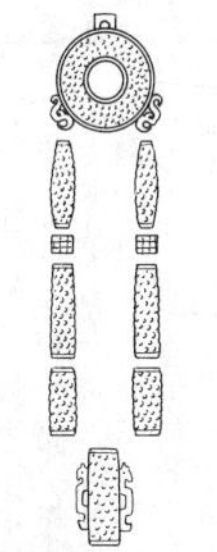

［珮玉］

王 6
【班】 10画 4041 73ED 教育6 音 ハン 漢 呉 訓 わ-ける

筆順 一 丅 王 王 玎 玎 玭 班

なりたち 班 ［会意］「玨（＝二つの宝玉《ホウギョク》）」と「刂（＝刀で切り分ける）」とから成る。宝玉を分ける。

意味 ❶分けあたえる。分配する。わける。例 班《ハン》田《デン》（＝公民に分けあたえる田地）。❷順番をつける。順序。席次。例 班《ハン》次《ジ》（＝地位の順序）。❸分けられた一つのグループ。例 班《ハン》長《チョウ》。学《ガク》習《シュウ》班《ハン》。❹まだら。同 斑《ハン》。例 班《ハン》白《パク》。❺姓《セイ》の一つ。

人名 つら・なか・ひとし

【班《ハン》固《コ》】後漢《ゴカン》の歴史家。今の陝《セン》西《セイ》省扶《フ》風《フウ》の人。父、班彪《ハンピョウ》の志をつぎ『漢書《カンジョ》』をつくるが、未完で獄《ゴク》死《シ》した。（三二—九二）

【班《ハン》長《チョウ》】一つの班の長。班のリーダー。

【班田収授法《ハンデンシュウジュのホウ》】律令制《リツリョウセイ》で、国家が公民に一定の規則によって田畑を分けあたえ、死後これを返させた法。中国唐《トウ》代の制を、日本の律令制度に取り入れた。

【班《ハン》白《パク》】しらがまじりの頭。ごましお頭の老人。

王 6

【珞】 10画 6468 73DE 音 ラク 漢 呉

意味 「瓔《ヨウ》珞《ラク》」は、宝石を多くつらねたかざり。

王 6

【珱】 10画 ⇩【瓔】《イエ》（669ページ）

王 7

【球】 11画 2169 7403 教育3 音 キュウ 漢 グ 呉 訓 たま

筆順 丅 王 王一 玎 玎 玎 球 球

なりたち 球 ［形声］「王（＝たま）」と、音「求《キュウ》」とから成る。玉。

意味 ❶たま。美玉。❷まるいたま。立体でまるい形をしたもの。例 球《キュウ》形《ケイ》。気《キ》球《キュウ》。地《チ》球《キュウ》。❸まり。ボール。また、ボールを使う競技。例 球《キュウ》技《ギ》。卓《タッ》球《キュウ》。野《ヤ》球《キュウ》。

日本語での用法 《キュウ》「野球」の略語。ベースボール。「球《キュウ》界《カイ》・球《キュウ》児《ジ》・球《キュウ》団《ダン》」

使い分け たま【玉・球・弾】⇩1172ページ

人名 まり

【球《キュウ》威《イ》】野球で、投手の投げるたまの力。例 —はおとろえない。

【球《キュウ》界《カイ》】野球に関係する人々の社会。

【球《キュウ》技《ギ》】ボールを使ってする競技。野球・テニス・フットボール・バスケットボール・バレーボールなど。例 —大会。

【球《キュウ》形《ケイ》】たまのようにまるいかたち。球状。

【球《キュウ》茎《ケイ》】地下茎が養分をたくわえて球形になったもの。サトイモ・クワイ・コンニャクなど。

【球《キュウ》根《コン》】球状または塊状《カイジョウ》の茎《くき》および根。チューリップ・ダリア・クロッカスなど。

【球《キュウ》状《ジョウ》】たまのようなまるい形。球形。例 —星団。

【球《キュウ》場《ジョウ》】「野球場」の略。例 神《ジン》宮《グウ》—。

【球《キュウ》審《シン》】野球で、試合中に捕手《ホシュ》の後ろにいて、投球や打球の判定などをする審判員。主審。対 線審・塁審《ルイシン》。

【球《キュウ》速《ソク》】野球で、投手が打者に対して投げるたまの速度。

【球《キュウ》団《ダン》】「野球団」の略。ことにプロ野球のチームを組織する事業団体。

【球《キュウ》面《メン》】①球の表面。②〔数〕立体的な空間で、定点から等距離《トウキョリ》にある点の軌跡《キセキ》。

●眼《ガン》球《キュウ》・気《キ》球《キュウ》・打《ダ》球《キュウ》・卓《タッ》球《キュウ》・地《チ》球《キュウ》・直球・庭《テイ》球《キュウ》・電《デン》球《キュウ》・投《トウ》球《キュウ》・野《ヤ》球《キュウ》

王 7

【現】 11画 2429 73FE 教育5 音 ケン 漢 ゲン 呉 訓 あらわ-れる・あらわ-す・うつつ

筆順 丅 王 玑 玑 玥 玥 現 現

なりたち ［形声］「王（＝たま）」と、音「見《ケン》」とから成る。あらわになる。かくれていたものがあらわれる。

参考 古くは「見」を、「見る」「あらわれる」の意味で使っていたが、のちに、「王」を加えて「現」の字ができ、「あらわれる」の意味で使うようになった。

意味 ❶かくれていたものが表面に出てくる。あらわれる。あらわす。例 現《ゲン》象《ショウ》。出《シュツ》現《ゲン》。表《ヒョウ》現《ゲン》。❷実際に見ることができる。いまの。例 現《ゲン》金《キン》。現《ゲン》在《ザイ》。現《ゲン》代《ダイ》。

日本語での用法 《うつつ》めざめていること。正気《ショウキ》。本心。また、夢と現実の区別のないこと。「夢《ゆめ》か現《うつつ》か・現《うつつ》をぬかす・現《うつつ》になる」

使い分け あらわす・あらわれる【表・現・著】⇩1162ページ

難読 夢《ゆめ》現《うつつ》・現《うつ》し世《よ》・現《あき》つ神《かみ》

人名 あき・あきら・あり・み

【▽現人神《あらひとがみ》】人の姿となってあらわれる神。現《あき》つ神。〔「天皇」の意で用いたことがある〕

【現《ゲン》役《エキ》】①現在、ある地位や職務についていること。また、その人。例 —の選手。②現在、軍務に部署・地位をもって活動していること。また、その人。対 退《タイ》役《エキ》・予備役。例 —の士官。③卒業以前に、上級の学校、または就職のための試験を受ける状態にあること。対 浪《ロウ》人《ニン》。例 —の合格率。

【現《ゲン》下《カ》】いま。現在。目《モッ》下《カ》。例 —の懸案事項《ケンアンジコウ》。

【現《ゲン》況《キョウ》】現在のありさま。現状。例 気象—。

【現《ゲン》業《ギョウ》】管理や事務などではなく、工場の現場でおこなう肉体労働。例 —員。

【現《ゲン》金《キン》】㊀（名）手もとにあるお金。貨《カ》幣《ヘイ》や紙幣。キャッシュ。㊁（形動《ダ》）利害によってすぐに態度を変えるようす。例 —な若者。

【現《ゲン》形《ケイ》】現在のかたち。例 —のまま残す。

【現《ゲン》行《コウ》】①現在、社会でおこなわれていること。例 —の法規。—の国語辞典。②現におこなうこと。例 —犯。

【現行犯《ゲンコウハン》】実際におこなっているときに、もしくはその直後に、見つけられた犯罪。逮捕状《タイホジョウ》がなくても逮捕できる。例 放火の—で逮捕する。

【現《ゲン》今《コン》】いま。現在。現下。例 —の社会情勢。

【現《ゲン》在《ザイ》】㊀（名）①過去と未来とを結ぶ時間の一点。いま。対 過去・未来。②文法で、現におこなわれている動作・現象をあらわす語法。③〔仏〕三世《サンゼ》（＝過去・現在・未来）の一つ。現《うつ》し世《よ》。現世《ゲンゼ》。この世。④〔「…現在」の形で〕変動している状態を、ある時点で示すとき、その時点を示す語にそえることば。例 二〇二〇年三月—の人口。㊁（名・する）現に存在すること。現存。例 —する最古の仏像。

【現《ゲン》時《ジ》】現在の時点。現今。いま。例 —の学校制度。

【現《ゲン》実《ジツ》】実際に存在すること。考えの中だけのことでなく、いま目の前にあること。対 理想。例 理想から遠い—の姿。

【現実主義《ゲンジツシュギ》】①現実的なものを最も重視する主義。リアリズム。②主義・理想にこだわらず、現実の事態に合わせて、合理的に事を処理する主義。▽対 理想主義。

【現《ゲン》収《シュウ》】現在の収入や収穫《シュウカク》。

【現《ゲン》住《ジュウ》】㊀（名）〔仏〕現在の住職。㊁（名・する）現在そこに住んでいること。また、そのところ。例 —地。

【現《ゲン》出《シュツ》】（名・する）あらわれ出ること。あらわし出すこと。出現。例 異様な姿を—する。

【現象《ゲンショウ》】目で見たり、手でふれたりすることのできる姿や形。とくに、現実に存在する事実やできごと。例自然—。—にとらわれて本質を見ない。

【現状《ゲンジョウ》】現在の状態・ありさま。現況《ゲンキョウ》。例—維持《イジ》。

【現場】一《ゲンジョウ／ゲンば》ものごとが現在おこなわれている、または実際におこなわれた場所。例—《ゲンジョウ》不在証明。犯行—《ゲンば》。二《ゲンば》工事などの作業をしているところ。例—監督《カントク》。

【現職《ゲンショク》】現在ついている職。また、現在その職にあること。例—をはなれる。—の警官。

【現身】一《ゲンシン》現世《ゲンセ》にある身。二【▽現し身《うつしみ》】〔「うつせみ」とも〕この世に生きている、この身。なまみ。例—の人の命。

【現世《ゲンセ》】①〔「ゲンセイ」とも〕今の世の中。②〔「ゲンゼ」とも〕〔仏〕三世《サンゼ》の一つ。現在の世。この世。対前世《ゼンセ》・来世《ライセ》・後世《ゴセ》。例—利益《リヤク》。

【現前《ゲンゼン》】（名・する）目の前にあらわれること。目の前にあること。例理想郷が—する。

【現像《ゲンゾウ》】（名・する）①形をあらわすこと。また、あらわれた形。②写真で、撮影《サツエイ》した乾板《カンパン》・フィルム・印画紙などを、薬液にひたして映像をあらわすこと。例—液。

【現存《ゲンソン／ゲンゾン》】（名・する）現に存在すること。実際にあること。また、現在生きていること。例—する資料。—の記念物。

【現代《ゲンダイ》】①今の時代。当世。②歴史の時代区分の一つ。日本史では、第二次世界大戦が終わったあとの時代。例—史。

【現代的《ゲンダイテキ》】（形動ダ）いかにも現代らしい感じがするようす。当世風。モダン。例—な考え方。—な建物。

【現地《ゲンチ》】①現在いる土地。地元《ジもと》。②現在、あることが実際におこなわれている土地。現場。例—調査。—からの報告。

【現品《ゲンピン》】現在ある品物。現物。例—限り。

【現物《ゲンブツ》】①現在ある物品。現品。対見本。②〔金銭に対して〕品物。例—支給。③〔経〕取引で、株式・債券や米などの現品。対先物《さきもの》。例—取引。

【現有《ゲンユウ》】（名・する）現在もっていること。例—勢力。
●再現《サイゲン》・実現《ジツゲン》・出現《シュツゲン》・体現《タイゲン》・表現《ヒョウゲン》

王 7
【珸】
11画 6473 73F8 音ゴ漢

意味 ❶「琨珸《コンゴ》」は、山の名。また、そこからとれる美しい石の名。玉《ギョク》に次ぐ美しい石。❷地名に用いられる字。例珸瑤瑁《ゴヨウマイ》（＝北海道の地名）。

王 7
【琢】
11画 3486 7422 人名 音タク漢 訓みが-く

王 8
【琢】
12画 1-8805 FA4A 人名

なりたち 琢 ［形声］「王（＝たま）」と、音「豖《タク》」とから成る。玉《ギョク》を加工する。

意味 玉《ギョク》をみがいて美しくする。転じて、学問やわざを向上させる。みがく。例切磋琢磨《セッサタクマ》。彫琢《チョウタク》。うでを琢《みが》く。

人名 あや・たか・たくま

【琢磨《タクマ》】（名・する）①玉《ギョク》や石をとぎみがくこと。②道徳・学問・芸術などの向上に努めること。例切磋《セッサ》—。

王 7
【理】
11画 4593 7406 教育2 音リ漢呉 訓ことわり・おさ-める

筆順 理

なりたち 理 ［形声］「王（＝たま）」と、音「里《リ》」とから成る。玉のすじもようにそって加工する。派生して「おさめる」の意。

意味 ❶おさめる。ととのえる。例理髪《リハツ》。整理《セイリ》。料理《リョウリ》。❷ものの表面の模様。すじ。すじめ。例肌理《キリ》。木理《モクリ》。❸ものごとをつらぬくすじみち。ことわり。例理論《リロン》。道理《ドウリ》。論理《ロンリ》。❹宇宙の本体。例理学《リガク》。❺物理学または自然科学。例理科《リカ》。物理《ブツリ》。

難読 料理《しつらえ》る・木理《もくめ・きめ》

人名 あや・おさ・おさみ・おさむ・さだむ・さと・さとし・さとる・すけ・たか・ただ・ただし・ただす・とし・のり・まさ・まさし・まさる・まろ・みがく・みち・みつ・よし

【理運《リウン》】天の道理にかなった運。類運命。

【理科《リカ》】小学校・中学校の教科の一つ。自然のありさまや法則を学ぶ学科。〔高校では化学・生物・地学・物理の分野を指し、大学では文科系以外の部門〕

【理会《リカイ》】（名・する）〔「理解会得《リカイエトク》」から〕ものごとの道理がよくわかること。類了解《リョウカイ》・理解。

【理解《リカイ》】（名・する）①ものごとを論理によって判断し、意味・内容を知ること。例—力がある。②人の気持ちや立場がわかること。例子供の気持ちに—のある親。

【理外《リガイ》】ふつうの道理では説明できないこと。例—の理（＝常識では説明できない不思議な道理）。

【理学《リガク》】①自然を対象とする学問。理科。またとくに、物理学。例大学の—部。②宋《ソウ》代、宇宙を成り立たせている理と気を説いた哲学《テツガク》。性理学。

【理気《リキ》】①呼吸をととのえること。②宋《ソウ》代の儒学者《ジュガクシャ》の説。理は宇宙の本体、気はその現象を指し、万物《バンブツ》は理が気を作用させることによって生じるという。

【理屈《リクツ》】①すじみちの通った考え。道理。例—を説いてきかせる。—に合った説明。②論理は通っているが、特別の目的のために、もっともらしくこじつけた説明。例—をこねる。—をつける。表記▽「理窟」とも書く。

【理財《リザイ》】資産を利益が上がるように用いること。例—家。

【理事《リジ》】①〔法〕法人を代表して、その事務などを監督《カントク》し、責任を負う機関や職名。例—会。②団体を代表し、その事務を処理する役職。例—長。—国。

【理数《リスウ》】理科と数学。例—系。—科。

【理性《リセイ》】①ものごとをすじみちだてて考え、正しく判断する精神のはたらき。対感情。例—を失う。②〔哲〕概念《ガイネン》的に考える能力。

【理性的《リセイテキ》】（形動ダ）理性に従って判断・行動するようす。対感情的。例—に行動する。

【理想《リソウ》】ものごとについて、望ましいと願い求める最高の状態。対現実。例—家。—が高い。

【理想郷《リソウキョウ》】理想が実現された想像上の社会。ユートピア。例—を求めて旅立つ。

【理想主義《リソウシュギ》】①現実と妥協《ダキョウ》せず、あくまで理想の実現を求める立場や生き方。例—者。②ありのままでなく、作者の理想を作品に表現しようとする芸術上の立場。▽対現実主義。

【理想的《リソウテキ》】（形動ダ）理想にかなうようす。対現実的。例—な生活。

【理知《リチ》】ものごとを論理的に考え、正しく判断する能力。理性と知恵《チエ》。例—的な顔だち。表記旧理▼智
【理詰め《リづめ》】りくつや道理だけで考えや議論をおし進めること。例—ではいかない。

【理念《リネン》】①ものごとについて、どうあるべきかという根本的な

考え。例教育の—。②〔哲〕経験をこえて、理性によって得られる最高の概念《ガイネン》。世界・神・自由など。イデー。

【理髪】《リハツ》 かみの毛をかり、形を整えること。類理容・散髪・調髪。例—師。—店。

【理非】《リヒ》 道理に合うことと、合わないこと。類是非《ゼヒ》。例—を明らかにする。

【理非曲直】《リヒキョクチョク》 道理にかなっていることと、はずれていること。道徳的に正しいことと、誤っていること。例—を論じあう。

【理不尽】《リフジン》（名・形動ダナ）道理に合わないこと。むりなこと。例—な要求。

【理法】《リホウ》 ものごとの道理。また、道理にかなった決まりや法則。例天の—。

【理由】《リユウ》 ものごとがそうなったわけや、すじみち。類事由。例それ相当の—がある。

【理容】《リヨウ》 かみの毛をかり、ひげなどをそって美しく整えること。理髪《リハツ》。例—師。

【理路】《リロ》 話や議論などのすじみち。例—整然と述べる。

【理論】《リロン》 個々のことがらや経験に法則性・統一性を見いだし、すじみちだててまとめた考え。対実践《ジッセン》。例—的。—物理学。相対性—。

●管理《カンリ》・経理《ケイリ》・原理《ゲンリ》・修理《シュウリ》・処理《ショリ》・真理《シンリ》・審理《シンリ》・推理《スイリ》・整理《セイリ》・代理《ダイリ》・定理《テイリ》・道理《ドウリ》・倫理《リンリ》・論理《ロンリ》

王 7

【琉】

11画 4616 7409 人名 音リュウ漢 ル呉

なりたち ［形声］「王(=たま)」と、音「㐬《リュウ》」とから成る。

意味 ❶「琉璃《ルリ》」は、宝石の一つ。瑠璃《ルリ》。❷「琉球《リュウキュウ》」は、沖縄《おきなわ》の別の呼び名。

【琉歌】《リュウカ》 沖縄《おきなわ》の歌謡《カヨウ》。短歌に似ていて、八・八・八・六の音律をもつ。

【琉球】《リュウキュウ》 沖縄《なわおき》の別名。中国から呼んだ古い名。例—絣《がすり》。—王朝。

【琉金】《リュウキン》 キンギョの一品種。色は赤、または白とのまだらが多く、からだは短く、尾《お》やひれはよく発達している。江戸《えど》時代、琉球から渡来《トライ》した。

【琉璃】《ルリ》 ⇩【瑠璃】《ルリ》(668ページ)

【琉璃色】《ルリいろ》 ⇩【瑠璃色】《ルリいろ》(668ページ)

王 7

【琅】

11画 6470 7405 音ロウ漢

王10

［瑯］

14画 6471 746F 別体字

意味 ❶真珠《シンジュ》に似た美しい石。また、清らかなもののたとえ。例琅玕《ロウカン》。❷玉《ギョク》の鳴る音。例琅琅《ロウロウ》。玲琅《レイロウ》。

【琅▼玕】《ロウカン》 ①真珠《シンジュ》に似た美しい石。②美しいもの、美しい文章のたとえ。

【琅▽邪】《ロウヤ》 山東省にある山の名。秦《シン》の始皇帝《シコウテイ》がここに台を築き、石碑《セキヒ》を建てた。

【琅琅】《ロウロウ》（形動トタル）玉石や金属のふれあって鳴る音。また、清らかな美しい音の形容。例—たる金玉《キンギョク》の音。

王 8

【瑛】

12画 1745 745B 人名 音エイ漢 ヨウ呉

なりたち  ［形声］「王(=たま)」と、音「英《エイ》」とから成る。玉のひかり。

意味 ❶玉《ギョク》の美しいひかり。❷すきとおった宝玉《ホウギョク》。水晶《スイショウ》。例玉瑛《ギョクエイ》(=水晶)。

人名 あき・あきお・あきら・てる

王 8

【琴】

12画 2255 7434 常用 音キン漢 ゴン呉 訓こと

筆順 一 丅 千 王 王王 玨 琴 琴

なりたち  ［象形］弦《ゲン》を張った楽器の形。

意味 ❶弦楽器《ゲンガッキ》の一つ。こと。中国では五弦か七弦で、琴柱《ことじ》がない。例琴瑟《キンシツ》。琴線《キンセン》。和琴《ワゴン》。❷弦楽器。また、鍵盤《ケンバン》楽器。例提琴《テイキン》(=バイオリン)。風琴《フウキン》(=オルガン)。木琴《モッキン》。手風琴《てフウキン》(=アコーディオン)。洋琴《ヨウキン》(=ピアノ)。

【琴曲】《キンキョク》 琴《こと》で演奏する曲。箏曲《ソウキョク》。

【琴▼瑟】《キンシツ》 五弦《ゲン》または七弦の琴《こと》と、十五弦または二十五弦などの大型の琴。

【琴▼瑟《キンシツ》相《あい》和《ワ》す】〔琴《こと》と瑟《おおごと》の音色《ねいろ》がよく合う意から〕夫婦《フウフ》やきょうだいの仲がよいことのたとえ。〈詩経《シキョウ》〉

【琴線】《キンセン》 ①琴《こと》に張った糸。例—をふるわす。②ものごとに感動したり共鳴したりする心のはたらき。例心の—にふれる。

【琴▽柱】《ことじ》 琴《こと》の胴《ドウ》の上に立てて弦《ゲン》を支え、また、音の高低を調節する道具。こま。例—に膠《にかわ》す(=ゆうずうがきかないことのたとえ)。

王 8

【琥】

12画 6472 7425 人名 音コ漢

意味 ❶トラの形をした玉器《ギョッキ》。西方の神を祭るのに用いた。❷トラの形をした玉《ギョク》の割り符《フ》。左右に分け、一致《イッチ》したときに兵を動かした。❸「琥珀《コハク》」は、宝石の一つ。

【琥▼珀】《コハク》 宝石の一つ。地質時代の植物の樹脂《ジュシ》が地中で石化したもの。透明《トウメイ》または半透明のつやのある黄色で、かざりに用いる。例—色の美酒。—の光(=酒の色の美しさをいう)。

王 8

【琶】

12画 3942 7436 人名 音ハ漢呉

意味 「琵琶《ビワ》」は、楽器の一つ。

王 8

【琵】

12画 4092 7435 人名 音ヒ漢 ビ呉

意味 「琵琶《ビワ》」は、楽器の一つ。

【琵▼琶】《ビワ》 西域《セイイキ》から中国を経て奈良《なら》時代に伝えられた弦楽器《ゲンガッキ》の一種。ビワの実を半分に割った形の胴《ドウ》に四本または五本の弦を張り、ばち、または指で鳴らす。

［琵琶］

【琵▼琶法師】《ビワホウシ》 鎌倉《かまくら》時代以後、主として『平家物語《ヘイケものがたり》』を琵琶で弾《ひ》き語りした、盲目《モウモク》の法師。

王 8

【琲】

12画 6474 7432 音ヒ慣 ハイ漢

意味 真珠《シンジュ》にひもを通したかざり。例珠琲《シュハイ》(=じゅずのようにつらねてひもを通した真珠)。

日本語での用法 《ヒー》「コーヒー(coffee)」の音訳。「珈琲」

王 8
【珐】
12画 6475 743A 音 ホウ（漢）

意味 「珐瑯《ホウロウ》」は、ガラス質の物質。

【珐▼瑯】《ホウロウ》 金属器や陶磁器《トウジキ》の表面のさび止め・装飾《ソウショク》のために焼きつけるガラス質のうわぐすり。例 —引《び》き。

【珐▼瑯質】《ホウロウシツ》 歯の表面をおおう、かたい物質。エナメル質。

王 8
【琳】
12画 4654 7433 人名 音 リン（漢）

なりたち 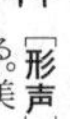 [形声]「王（=たま）」と、音「林《リン》」とから成る。美しい玉《ギョク》。

意味 美しい玉《ギョク》。例 琳琅《リンロウ》。

人名 たま

【琳▼琅】《リンロウ》 一（名）①美しい玉《ギョク》。②美しい詩文のたとえ。二（形動《タル》）玉《ギョク》などがふれあって鳴る音の形容。

王 8
【琢】
12画 ⇩【琢】《タク》（665ページ）

王 9
【瑗】
13画 1-8818 7457 音 エン（漢）

意味 平たいドーナツ状の宝玉《ホウギョク》で、穴の直径が輪の部分のはばの二倍のもの。「エン」の音が「援《エン》（=ひきよせる）」の意に通じることから、主君が臣下を呼びよせて引見するときの礼物《レイモツ》として用いられたという。

［瑗］

王 9
【瑕】
13画 6476 7455 音 カ（漢）ゲ（呉） 訓 きず

意味 玉《ギョク》の表面にある、くもりやひび。きず。転じて、あやまち。欠点。例 瑕疵《カシ》。白璧《ハクヘキ》の微瑕《ビカ》（=玉にきず）。

【瑕▼瑾】《カキン》 ①美しい玉《ギョク》についたきず。②あやまち。欠点。③恥《はじ》。不名誉。

【瑕▼疵】《カシ》 ①きず。欠点。②法律上、なんらかの欠点があること。例 行政上の—を指摘《シテキ》する。

王 9
【琿】
13画 6477 743F 音 グン（慣）コン（漢）

意味 ❶美しい玉《ギョク》の名。❷地名に用いられる字。例 璦琿《アイグン》（=黒竜江《コクリュウコウ》省の地名。ロシアと清《シン》とが国境画定条約をむすんだ地。愛輝《アイホイ》）。

王 9
【瑚】
13画 2474 745A 人名 音 コ（漢）ゴ（呉）

なりたち 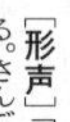 [形声]「王（=たま）」と、音「胡《コ》」とから成る。さんご。

意味 ❶「珊瑚《サンゴ》」は、サンゴ虫の骨格が積もってできる石灰質《セッカイシツ》のかたまり。❷祖先をまつるときに、供え物を盛った器《うつわ》。例 瑚璉《コレン》（=キビ・アワなどを供える祭器）。

王 9
【瑟】
13画 6478 745F 音 シツ（漢） 訓 おおごと

意味 ❶弦楽器《ゲンガッキ》の一つ。琴《こと》の大きなもの。二十五弦がふつうだが、二十七弦や五十弦など種々ある。おおごと。例 琴瑟《キンシツ》。鼓瑟《コシツ》。❷しずかでさびしいようす。例 瑟瑟《シツシツ》。

【瑟瑟】《シツシツ》（形動《タル》）風がさびしく、厳しくふく音の形容。

王 9
【瑞】
13画 3180 745E 人名 音 スイ（漢）ズイ（呉） 訓 しるし・みず

なりたち 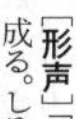 [形声]「王（=たま）」と、音「耑《タン→スイ》」とから成る。しるしの玉《ギョク》。

意味 ❶天子が諸侯《ショコウ》や将軍にさずける美しい宝玉《ホウギョク》。例 圭瑞《ケイズイ》。❷（天が示す）しるし。きざし。〔多く、めでたいことにいう〕例 瑞雲《ズイウン》。瑞兆《ズイチョウ》。祥瑞《ショウズイ》。

日本語での用法《みず》若く生き生きとしているようす。「瑞枝《みずえ》・瑞穂《みずほ》の国《くに》・瑞瑞《みずみず》しい」

難読 瑞典《スウェーデン》・瑞西《スイス》

人名 たま・みずほ・みち・みつる・よし

【瑞雲】《ズイウン》 ①異変の起こるしるしとされる雲。②めでたいことが起こるしるしの雲。慶雲《ケイウン》。祥雲《ショウウン》。例 —がたなびく。

【瑞気】《ズイキ》 めでたいことの起こるきざし。

【瑞光】《ズイコウ》 めでたいひかり。

【瑞祥】《ズイショウ》 めでたいきざし。類 吉兆《キッチョウ》・瑞兆・瑞相・祥瑞

【瑞相】《ズイソウ》 ①何か異変のあるしるし。例 世の乱るる—。〈方丈記《ホウジョウキ》〉②めでたいことのある前兆。類 瑞祥《ズイショウ》・瑞兆・吉兆《キッチョウ》。③福々しい人相。

【瑞兆】《ズイチョウ》 めでたいことのある前ぶれ。例 —をしている。類 瑞祥《ズイショウ》・瑞相・吉兆《キッチョウ》。

【瑞鳥】《ズイチョウ》 めでたいしるしとされる鳥。鳳凰《ホウオウ》など。

【瑞夢】《ズイム》 めでたいゆめ。よいゆめ。類 吉夢《キチム》。

【瑞▽枝】《みずえ》 みずみずしく若いえだ。

【瑞垣】《みずがき》 神社などの周りの垣根《かきね》。玉垣《たまがき》。斎垣《いがき》。

【瑞穂】《みずほ》 みずみずしいイネの穂。例 —の国。

王 9
【瑙】
13画 6479 7459 音 ドウ（漢）ノウ（呉）

石 9
［碯］
14画 6685 78AF 別体字

意味 「瑪瑙《メノウ》」は、宝石の一つ。

王 9
【瑁】
13画 6480 7441 音 一 ボウ（漢） 二 バイ（漢）マイ（呉）

意味 一《ボウ》 天子が諸侯《ショコウ》に会うときに持つ玉《ギョク》。 二《バイ・マイ》「玳瑁《タイマイ》」は、南の海にすむウミガメの一種。

王 9
【瑜】
13画 6481 745C 音 ユ（漢）（呉）

意味 美しい玉《ギョク》。例 瑾瑜《キンユ》（=美しい玉《ギョク》）。

【瑜▼伽】《ユガ》〔仏〕〔梵語《ボンゴ》の音訳〕主観・客観が一つになった、ある絶対的な境地。また、その境地に達するため心身をきたえ、瞑想《メイソウ》するなどの修行《シュギョウ》法。ヨガ。ヨーガ。

王 9
【瑶】
13画 6486 7476 人名 音 ヨウ（漢） 訓 たま

王 10
【瑤】
14画 8404 7464

なりたち 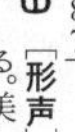 [形声]「王（=たま）」と、音「䍃《ヨウ》」とから成る。美しい玉《ギョク》。

意味 ❶美しい玉《ギョク》。たま。❷玉のように美しいようす。例 瑶顔《ヨウガン》（=美しい顔）。

【瑶台】《ヨウダイ》 宝玉《ホウギョク》でかざった美しい御殿《ゴテン》。りっぱな、たかど

の。
【瑤池】《ヨウチ》 伝説上の崑崙山《コンロンザン》にある池。西王母《セイオウボ》が住んでいるといわれる。

玉 10 【瑩】 15画 6482 7469 音 エイ㊊ ヨウ㊋ 訓 あき-らか・みが-く
意味 ❶玉《ギョク》の光る色。❷あざやか。あきらか。

王 10 【瑰】 14画 6483 7470 音 カイ㊊ 訓 たま
意味 ❶美しい玉《ギョク》(あるいは石)の名。例 瓊瑰《ケイカイ》。玫瑰《バイカイ|マイカイ》。❷すぐれた。めずらしい。例 瑰才《カイサイ》(=奇才《キサイ》)。瑰宝《カイホウ》(=めずらしい宝)。
難読 玫瑰《はまなす》(=浜べに自生するバラ科の植物の名)

王 10 【瑳】 14画 2628 7473 人名 音 サ㊊ 訓 みが-く
なりたち [形声]「王(=たま)」と、音「差《サ》」とから成る。玉《ギョク》の色が白くあざやか。
意味 ❶白くあざやかなようす。例 瑳瑳《ササ》。❷白い歯をちらっと見せて、愛らしく笑うようす。❸象牙《ゾウゲ》や玉《ギョク》をみがいて美しくする。みがく。同 磋《サ》。

王 10 【瑣】 14画 6484 7463 音 サ㊊ 訓 ちい-さい
意味 玉《ギョク》の鳴る小さな音。また、こまごまと小さい。例 瑣瑣《ササ》。瑣事《サジ》。
【瑣瑣】《ササ》(形動タルト)①小さくていやしいようす。②こまごまとしてわずらわしいようす。例 ―たる問題もゆるがせにしない。
【瑣細】《ササイ》(形動ダナ)小さくこまかいようす。とるにたりないようす。例 ―なことにも口をはさむ。表記「▼些細」とも書く。
【瑣事】《サジ》こまかいこと。とるにたりないつまらないこと。類 小事。例 ―にこだわる。表記「▼些事」とも書く。
【瑣末】《サマツ》(形動ダナ)小さな、あまり重要でないようす。例 ―な雑務。

王 10 【瑪】 14画 6485 746A 音 バ㊊ メ㊋
意味「瑪瑙《メノウ》」は、宝石の一つ。
【瑪▼瑙】《メノウ》 宝石の一つ。赤・緑・白などの美しい色のしま模様がある。

王 10 【瑠】 14画 4660 7460 常用 音 リュウ㊊ ル㊋
筆順 丅 王 王 玔 玔 珋 瑠 瑠

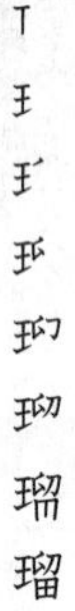

王12 [璢] 16画 6469 74A2 別体字
なりたち 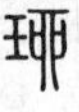 [形声] 本字は「珋」で、「王(=たま)」と、音「丣《リュウ》」とから成る。西域《セイイキ》でとれる光る石。
意味「瑠璃《ルリ》」は、青い宝玉《ホウギョク》。
【瑠璃】《ルリ》 ①青色の宝玉《ホウギョク》。②ガラスの古い言い方。例 ―のさかずき。表記 ▽「▼琉璃」とも書く。
【瑠璃色】《ルリいろ》 むらさきがかった紺色《コンいろ》。例 ―の忘れな草。表記「▼琉璃色」とも書く。
【瑠璃鳥】《ルリチョウ》 スズメ科の小鳥。オオルリ・コルリ・ルリビタキなどをまとめていう。雄《おす》は背が瑠璃色。美しい声で鳴く。

王10 【瑤】 14画 ⇩【瑶】《ヨウ》(667ページ)

王10 [瑯] 14画 ⇩【琅】《ロウ》(666ページ)

王 11 【瑾】 15画 6487 747E 音 キン㊊
意味 美しい玉《ギョク》。例 瑾瑜《キンユ》(=美しい玉)。瑕瑾《カキン》(=きずのある玉)。

王 11 【璋】 15画 6488 748B 音 ショウ㊊ 訓 たま
意味 圭《ケイ》を半分に割った形の玉器《ギョッキ》。儀式《ギシキ》に用いた。例 弄璋《ロウショウ》(=成長して身分が高くなることを願い、生まれた男子に「璋」をにぎらせることから、男子の誕生《タンジョウ》をたとえていう)。

王 11 【璃】 15画 4594 7483 常用 音 リ㊊㊋
筆順 丅 王 玗 玟 琙 璃 璃 璃
なりたち [形声]「王(=たま)」と、音「离《リ》」とから成る。

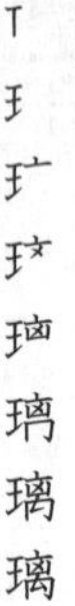

王 12 【璞】 16画 6489 749E 音 ハク㊊㊋ 訓 あらたま
意味 まだみがかれていない玉《ギョク》。あらたま。例 璞玉《ハクギョク》。
【璞玉】《ハクギョク》 ほり出したままの、みがいていない玉《ギョク》。あらたま。

王12 [璢] 16画 ⇩【瑠】《ル》(668ページ)

王 13 【環】 17画 2036 74B0 常用 音 カン㊊ ゲン㊋ 訓 たまき・めぐ-る
筆順 王 玎 珊 環 環 環 環 環

王13 【環】 17画
なりたち  [形声]「王(=たま)」と、音「睘《ケイ→カン》」とから成る。平たいドーナツ状の宝玉《ホウギョク》で、輪の部分のはばと穴の直径とが等しいもの。
意味 ❶輪の形をした玉《ギョク》。たまき。例 玉環《ギョッカン》。❷輪の形をしたもの。わ。例 環礁《カンショウ》。金環《キンカン》。❸ぐるりと取り囲む。めぐらす。また、めぐる。例 環境《カンキョウ》。循環《ジュンカン》。
難読 指環《ゆびぬき|ゆびわ》・首環《くびたま|くびわ》・緒環《おだまき》
人名 たま・わ

[環❶]

【環境】《カンキョウ》 (人間や植物の)周りを取りまく自然・社会の状態。例 ―の破壊《ハカイ》を防ぐ。
【環視】《カンシ》 (名・する)周りを取りまいて見ること。例 衆人―のもと。
【環礁】《カンショウ》 太平洋・インド洋の熱帯海域に発達した、輪の形をしたさんご礁。例 ビキニ―。
【環状】《カンジョウ》 輪のような形。例 ―線。―の道路。
【環節】《カンセツ》 昆虫《コンチュウ》やミミズなどのからだを成している、輪の形をした一つ一つの部分。体節。例 ―動物。
●一環《イッカン》・金環《キンカン》・循環《ジュンカン》

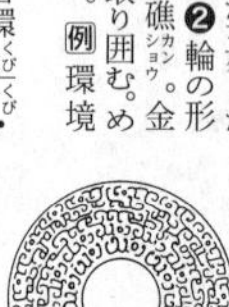

玉 13
【璧】
18画 6490 74A7 常用 音ヘキ㊥漢 訓たま

筆順 コ 尸 居 辟 辟 辟 璧 璧

なりたち 璧 [形声]「玉(=たま)」と、音「辟《ヘキ》」とから成る。割り符《フ》とする円形の玉《ギョク》。

意味 平たい円形で、中央にまるい穴のあいた玉《ギョク》で、輪のはばが穴の直径より大きいもの。古代中国で祭りや儀式《ギシキ》のときに用いたり、装身具《ソウシング》として帯につり下げたりした。また、玉のように美しいもの。例 璧玉《ヘキギョク》(=輪の形の玉)。完璧《カンペキ》。双璧《ソウヘキ》。

[璧]

王13
【環】
17画 ⇩【環】カン(668ページ)

王 14
【瓊】
18画 6491 74CA 音ケイ漢 訓たま

意味 美しい玉《ギョク》。また、玉のように美しい。例 瓊筵《ケイエン》。

難読 瓊瓊杵尊《ににぎのみこと》

【瓊▼筵】《ケイエン》 玉《ギョク》をちりばめたような美しいむしろ。

玉 14
【璽】
19画 2805 74BD 常用 音ジ慣 シ漢

筆順 一 冂 而 爾 爾 爾 璽 璽

なりたち 璽 [形声]本字は「壐」で、「土(=領土)」と、音「爾《ジ→シ》」とから成る。王者の印《イン》。

意味 玉《ギョク》に刻んだ印。はんこ。とくに、天子の印。例 印璽《インジ》。御璽《ギョジ》。

王 16
【瓏】
20画 6492 74CF 音ロウ漢

意味 ❶竜《リュウ》の模様が刻まれた玉《ギョク》。雨《あま》ごいに用いられた。❷玉や金属がふれあって鳴る音。例 玲瓏《レイロウ》。

王 17
【瓔】
21画 6493 74D4 音エイ漢 ヨウ呉

王 6
【珱】
10画 6494 73F1 俗字

意味 ❶玉《ギョク》に似た美しい石。❷玉をつないだかざり。

【瓔▼珞】《ヨウラク》 ①玉《ギョク》をつないで作った首かざり。②〔仏〕貴金属・宝石を連ねて、仏像の胸や天蓋《テンガイ》に垂らしたかざり。

97 5画
瓜 うり部
↓6画(897ページ)

98 5画
瓦 かわら部

粘土《ネンド》をこねて曲げた形で、焼いた土器の意をあらわす。「瓦」をもとにしてできている漢字を集めた。

0 瓦 2 瓧 3 瓩 4 瓮 瓰 瓲 瓱 6 瓷 瓶 瓸 8 甁 9 甄 甃 甅 10 甍 11 甌 甎 12 甑 13 甕 甓

瓦 0
【瓦】
5画 2004 74E6 常用 音ガ漢呉 訓かわら・グラム

筆順 一 丆 工 瓦 瓦

なりたち 瓦 [象形]土器を焼いたうつわの形。

意味 ❶粘土《ネンド》で形をつくって焼いたもの。例 煉瓦《レンガ》。❷すやきの糸巻き。例 弄瓦《ロウガ》。❸粘土を平たくかためて焼いた、屋根をふくもの。かわら。例 瓦屋《ガオク》。❹価値のないもの、とるにたりないもののたとえ。例 瓦全《ガゼン》。瓦礫《ガレキ》。

日本語での用法 《グラム》重さの単位。キログラムの千分の一。「一〇瓦《グラム》」

参考 重さの単位をあらわす国字としては、次のような字がある。長さについては【米】イ(760ページ)を、容量については【立】ツリ(743ページ)を参照。

瓧《デカグラム》 「瓦《グラム》」と「十(=十倍)」=10g
瓸《ヘクトグラム》 「瓦《グラム》」と「百(=百倍)」=100g
瓩《キログラム》 「瓦《グラム》」と「千(=千倍)」=1000g
瓲《トン》 「瓦《グラム》」と音をあらわす「屯《トン》」=1000kg
瓰《デシグラム》 「瓦《グラム》」と「分(=十分の一)」=0.1g
甅《センチグラム》 「瓦《グラム》」と「厘(=百分の一)」=0.01g
瓱《ミリグラム》 「瓦《グラム》」と「毛(=千分の一)」=0.001g

【瓦解】《ガカイ》 (名・する) 一部がくずれた勢いでものごとの全体がこわれること。また、かわらがくだけるようにばらばらになること。

【瓦解土崩】《ガカイドホウ》 (名・する) かわらや土がくずれるように次々に崩壊《ホウカイ》すること。土崩瓦解《ドホウガカイ》。

【瓦▼斯】《ガス》 〔オランダ語 gas の音訳〕①気体。例 炭酸―。②石炭ガス・プロパンガス・天然ガスなど燃料用の気体。③毒性のガス。④山や海で発生するこい霧《きり》。もや。

【瓦全】《ガゼン》 (名・する) 〔かわらのようなつまらないものとなって身を保つ意〕何もしないでいたずらに生きのびること。類 甎全《センゼン》。対 玉砕《ギョクサイ》。例 ―を恥《は》じる。

【瓦▼礫】《ガレキ》 ①くだけたかわらと小石。例 地震《ジシン》で町は―の山と化した。②価値のないもの、役に立たないもののたとえ。

【瓦版】《かわらバン》 〔粘土《ネンド》板に文字や絵などをほって、かわらのように焼いた原版を用いたことから〕江戸《えど》時代、特別な事件の速報を印刷した、新聞のようなもの。

瓦 2
【瓧】
7画 6503 74E7 国字 訓デカグラム

意味 重さの単位。グラムの十倍。デカグラム。

瓦 3
【瓩】
8画 6504 74E9 国字 訓キログラム

意味 重さの単位。グラムの千倍。キログラム。

瓦 4
【瓮】
9画 6505 74EE 音オウ漢 訓つるべ・もたい

意味 水や酒などをいれる腹部の大きな陶器《トウキ》。かめ。ほとぎ。もたい。同 甕《オウ》。

瓦 4
【瓰】
9画 6507 74F0 国字 訓デシグラム

意味 重さの単位。グラムの十分の一。デシグラム。

瓦 4
【瓲】9画 6506 74F2 国字 訓トン
意味 重さの単位。千キログラム。トン。同屯《トン》。

瓦 4
【瓱】9画 6508 74F1 国字 訓ミリグラム
意味 重さの単位。千分の一グラム。ミリグラム。

瓦 6
【瓷】11画 6510 74F7 音シ漢 ジ呉 訓かめ
意味 ❶きめが細かくかたい陶器《トウキ》。同磁《ジ》。例瓷器《ジキ》(=磁器)。青瓷《セイジ》。白瓷《ハクジ》。❷かめ。とくり。

瓦 6
【瓶】11画 4151 74F6 常用 音ヘイ漢 ビョウ呉 ビン唐 訓かめ

筆順 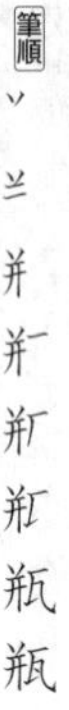

瓦 8
【甁】13画 1-8839 7501

缶 8
【缾】14画 本字

たちなり  [形声]「缶(=つぼ)」と、音「并《ヘイ》」とから成る。水をくむつぼ。

意味 ❶水をくむのに用いるうつわ。例釣瓶《つるべ》。❷胴《ドウ》が太くて口が小さいつぼ形の容器。びん。かめ。例瓶子《ヘイシ》。花瓶《カビン》。水瓶《スイビョウ》。〔現在の「びん」のようなうつわを、昔は「かめ」と呼んでいた〕

日本語での用法《ビン》火にかけて使う、やかん形のうつわ。「鉄瓶《テツビン》・土瓶《ドビン》」

難読 釣瓶《つるべ》

【▽瓶子】《ヘイシ》《ヘイジ》①口が小さく下部がふくらんだ、かめ。②日本では、酒を入れるうつわ。とくり。

瓦 6
【瓸】11画 6509 74F8 国字 訓ヘクトグラム
意味 重さの単位。グラムの百倍。ヘクトグラム。

瓦 8
【甁】13画 ⇩【瓶】《ビン》(670ジペー)

[瓦部] 4―13画 瓲瓱瓷瓶瓸甁甄甃甅甍甌甎甑甕甓

瓦 9
【甄】14画 *6511 *7504 音ケン漢呉 シン漢呉 訓あき-らか・あらわ-す・すえもの
意味 ❶陶器《トウキ》を作る。❷よしあしを見分ける。例甄抜《ケンバツ》。甄別《ケンベツ》(=鑑別《カンベツ》する)。

【甄抜】《ケンバツ》(名・する)人材を選び登用すること。

瓦 9
【甃】14画 6512 7503 音シュウ漢 訓しきがわら・いしだたみ
意味 ❶井戸《いど》の内側に張るかわら。いどがわら。❷地面にしきつめる平たいかわら。しきがわら。❸平たい石をしきつめたところ。いしだたみ。

瓦 9
【甅】14画 6513 7505 国字 訓センチグラム
意味 重さの単位。百分の一グラム。センチグラム。

瓦 10
【甍】15画 6516 750D 音ボウ漢 訓いらか
意味 屋根の棟《むね》。かわら。いらか。例甍宇《ボウウ》(=かわらぶきの屋根)。

瓦 11
【甌】16画 6514 750C 音オウ漢 ウ呉 訓かめ・ほとぎ・もたい
意味 ❶陶《トウ》製の小さな盆《ボン》や鉢《ハチ》。かめ。例金甌無欠《キンオウムケツ》。❷飲むためのうつわ。例茶甌《チャオウ》。❸陶製の打楽器。

瓦 11
【甎】16画 6515 750E 音セン漢呉 訓かわら

石11
[塼]16画 6702 78DA 別体字
意味 しきがわら。かわら。また、価値のないもののたとえ。例甎全《センゼン》(=むなしく生きながらえる。瓦全《ガゼン》)。

瓦 12
【甑】17画 2589 7511 音ショウ漢 ソウ呉 訓こしき
意味 釜《かま》の上にのせて湯気《ゆげ》で穀物を蒸《む》すための深い鉢《ハチ》形の器具。こしき。例坐レ甑《ソウにざす》(=こしきの中にすわる。暑さのきびしいことのたとえ)。

瓦 13
【甕】18画 6517 7515 音オウ漢 訓かめ
意味 酒や水などを入れる底の深い容器。かめ。例水甕《みずがめ》。
難読 甕《もたい》《いかみ》(=かめ)

瓦 13
【甓】18画 6518 7513 音ヘキ漢 訓かわら
意味 地面にしきつめる平たい、かわら。しきがわら。かわら。例甓甃《ヘキシュウ》(=井戸《いど》や穴の内側に張るかわらの壁《かべ》)。

99 5画 甘 あまい部

口で味わってうまい意をあらわす。「甘」をもとにしてできている漢字を集めた。

0 甘 4 甚 6 甜 8 甞

[甘部] 0画 甘

甘 0
【甘】5画 2037 7518 常用 音カン漢呉 訓あま-い・あま-える・あま-やかす・あま-んじる

筆順 一 十 廾 廿 甘

たちなり  [指事]「口(=くち)」に「一」を加え、美味なものを味わう意をあらわす。うまい。

意味 ❶味がよい。おいしい。うまい。例甘美《カンビ》。❷あまい。五味(辛《シン》(=からい)・酸《サン》(=すっぱい)・鹹《カン》(=しおからい)・苦《ク》(=にがい)・甘(=あまい))の一つ。例甘苦《カンク》。甘味《カンミ》。❸快く思う。満足する。あまんじる。例甘受《カンジュ》。❹しっかりしていない。ゆるい。❺甘粛《カンシュク》省の別の呼び方。

日本語での用法《あまい》厳しさがない。不足している。にぶく、不徹底《フテッテイ》である。「判断《ハンダン》が甘《あま》い・躾《しつけ》も覚悟《カクゴ》も甘《あま》い」

人名 あま・かい・よし

【甘口】《あまくち》(名・形動《ダ》)①酒やみその味の、からみが少ないこと。例―の酒。②甘党。③人にとり入る、口先だけのことば。類甘言《カンゲン》。▽対辛口《からくち》。

【甘酒】《あまざけ》米のかゆにこうじを加え発酵《ハッコウ》させてつくったあまい飲み物。

【甘塩《あまじお》】塩けが少ないこと。薄塩《うすじお》。例—のサケ。

【甘党《あまトウ》】酒よりもあまいもののほうが好きな人。対辛党《からトウ》。

【甘雨《カンウ》】草木をうるおす、適度な雨。類慈雨《ジウ》。

【甘苦《カンク》】①あまいことと、にがいこと。②(人生の)楽しみと苦しみ。類苦楽。例—をともにする。

【甘言《カンゲン》】人の気に入りそうな、口先だけのうまいことば。類巧言《コウゲン》。対苦言。例—にのせられる。

【甘酸《カンサン》】①あまいことと、すっぱいこと。例—の区別。②(人生の)楽しみと苦しみ。類甘苦・苦楽。例—をなめる。

【甘受《カンジュ》】(名・する)自分につごうの悪いことも、がまんして受け入れること。例不利な条件を—する。運命を—する。

【甘▼蔗《カンショ》】〔「カンシャ」とも〕サトウキビ。くきの汁《しる》から砂糖をつくる。

【甘▼藷《カンショ》】サツマイモ。

【甘心《カンシン》】(名・する)満足すること。それでよいと思うこと。

【甘井《カンセイ》】水質のよい井戸《いど》。

【甘井《カンセイ》▽先《ま》ず▼竭《つ》く】〔甘井は利用者が多いためにいちばん先にかれてしまう意から〕才能や知能にすぐれている者は人に利用されることが多く、そのためにかえって身をほろぼしやすい、というたとえ。〈荘子《ソウジ》〉

【甘美《カンビ》】(名・形動ダナ)①あまくておいしいこと。例—な果物。②うっとりするような、心地《ここち》のよいこと。例—なメロディー。—な夢を見る。

【甘味】[一]《カンミ》あまいあじ。あまいあじの食べ物。例—料。—喫茶《キッサ》。[二]《あまミ》あまいあじ。あまさの程度。例—を増す。

【甘藍《カンラン》】キャベツ。

【甘露《カンロ》】①天下太平のしるしとして天が降らすという、あまいつゆ。②あまくて、おいしいこと。例ああ、—、—。

【甘露煮《カンロに》】小魚などを、砂糖・酒・しょうゆなどであまからく煮つめた食品。あめに。あめだき。例フナの—。

甘 4

【甚】

9画 3151 751A 常用

音 シン漢 ジン呉 ソ唐

訓 はなは-だ・はなは-だしい

筆順 一 十 卄 甘 甘 其 其 甚

なりたち 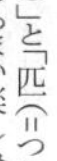 [会意]「甘(=うまい)」と「匹(=つれあい)」とから成る。夫婦《フウフ》のあまい楽しみ。楽しみが度をこして、はなはだしい。

意味 ❶ひじょうに。はなはだしい。はなはだ。例幸甚《コウジン》。深甚《シンジン》。❷なに。どんな。疑問の意味をあらわす。例甚麼《ソモ》(=なに。どんな)。

難読 甚《いと》・甚《いた》くよろこぶ

人名 おもし・しげ・たね・とう・ふか・ふかし・やす

【甚雨《ジンウ》】激しい雨。大雨。

【甚句《ジンク》】民謡《ミンヨウ》の一つ。七・七・七・五の四句からなる。例相撲《すもう》—。秋田—。

【甚深《ジンシン》】非常にふかいこと。深甚。例—の謝意。

【甚大《ジンダイ》】(名・形動ダナ)ものごとの程度がひどく大きいこと。類多大。例地震《ジシン》の被害《ヒガイ》が—であった。

【甚六《ジンロク》】人がよくて、おっとりしている長男をからかっていうことば。例総領の—。

甘 6

【甜】

11画 3728 751C

音 テン漢

訓 うま-い・あま-い

意味 おいしい。うまい。あまい。例甜菜《テンサイ》。

【甜菜《テンサイ》】サトウダイコン。根の汁《しる》から砂糖をつくる。ビート。例—糖。

甘 8

【甞】13画 ⇩【嘗】《ショウ》(213ページ)

100 5画

生 うまれる部

草木が芽ばえ出る形をあらわす。「生」をもとにしてできている漢字を集めた。

0 生 6 産 產 7 甥 甦

生 0

【生】

5画 3224 751F 教育1

音 セイ漢 ショウ呉 サン唐

訓 い-きる・い-かす・い-ける・う-まれる・う-む・お-う・は-える・は-やす・き・なま・な-る

付表 芝生《しばふ》・弥生《やよい》

筆順 ノ 𠂉 牛 牛 生

なりたち  [象形]草木が芽ばえて土の上に出る形。

意味 ❶草木が芽や根を出し、のびる。はえる。おう。例生長《セイチョウ》。自生《ジセイ》。❷子供がうまれる。新しいものをうむ。例生産《セイサン》。出生《シュッセイ》。❸新たにあらわれてくる。例生起《セイキ》。生成《セイセイ》。❹いのち。いのちを保つ。暮らしていく。いきる。対死《シ》。例生涯《ショウガイ》。生存《セイゾン》。生命《セイメイ》。❺いきいきとしている。例生気《セイキ》。生彩《セイサイ》。❻未熟な。なま。例生硬《セイコウ》。❼学問に志す人。修業《シュギョウ》中の人。例生徒《セイト》。書生《ショセイ》。❽自分のことをへりくだっていうことば。例愚生《グセイ》。小生《ショウセイ》。

日本語での用法 《き》①まじりけのない。うぶ。「生一本《きイッポン》・生醤油《きジョウユ》・生成《きなり》・生娘《きむすめ》・生《き》っ粋《スイ》・ウイスキーを生《き》で飲《の》む」②人の手が加えられていない。精製していない。「生糸《きいと》・生紙《きがみ》・生絹《きぎぬ》」

使い分け うまれる・うむ【生・産】⇩1163ページ

難読 生姜《ショウガ》・生憎《あいにく・あなにく・あやにく》・生業《なりわい》

人名 あり・い・いかし・いき・いく・う・うまる・お・おき・すすむ・たか・なり・のう・のり・ふ・ふゆ・み・よ

【▽生憎《あいにく》】[一](形動ダナ)つごうの悪いようす。ものごとの進行をさまたげるようす。例—なことに、今、出かけたばかりです。—の天気。[二](副)折あしく。例—まったく手持ちがない。

【生き馬《いきうま》】生きている馬。例—の目を抜《ぬ》く(=すばやく、ぬけめなく立ちまわること、油断できないことのたとえ)。

【生き▽甲▼斐《いきがい》】生きていることに意味や喜びを感じる心の張り合い。例仕事を—にする。

【生き字引《いきジびき》】(長年、その方面で経験を積み)なんでもよく知っている人。物知り。例—のような老人。

【生き血《いきち》】生きている動物や人間の血。例—を吸う。

【生き恥《いきはじ》】この世に生きながらえていることによって受ける恥。例—をさらす。

【生き仏《いきぼとけ》】仏のように情け深い心をもった人。また、生きながらにして仏のように崇拝《スウハイ》される徳の高い僧《ソウ》。

【生け垣《いけがき》】背の低い木を植えてつくったかきね。まがき。

【生一本《きイッポン》】[一](名)純粋《ジュンスイ》でまじりけがないこと。また、そのもの。とくに、酒についていう。生酒《きざけ》。例灘《なだ》の—。[二](名・形動ダナ)性格がまっすぐで、ひとつのことに打ちこむこと。例—な人。

【生糸《きいと》】カイコのまゆからとったままの、練らない糸。

【生紙《きがみ》】コウゾ・ミツマタなどの繊維《センイ》を、他のものをまぜないですいた和紙。生漉き紙《きずきがみ》。

【生絹《きぎぬ・すずし》】生糸《きいと》で織った張りのある絹の布。

【生酒《きざけ》】まぜもののない酒。生一本《きイッポン》。

【生地】㊀《きジ》①生まれつきの性質。自然のままの状態。(類)地《ジ》。［例］―が出る。②織物の布地。［例］洋服の―。花がらの―。③陶磁器《トウジキ》で、うわぐすりをぬる前のもの。㊁《セイチ》生まれた土地。出生地。［表記］㊀は「▽素地」とも書く。

【生▼醤油】《きジョウユ》①他の調味料や水をまぜていないしょうゆ。②しぼり出したままの、煮《に》たてていないしょうゆ。

【生っ粋】《きっスイ》(出身・素性《スジョウ》などに)まじりけのないこと。(類)純粋《ジュンスイ》。［例］―の江戸《えど》っ子。

【生娘】《きむすめ》まだ男を知らず、世間ずれしていない娘。

【生害】《ショウガイ》(名・する)①殺すこと。［例］敵を―してのち、果てようと思う。②自殺。自害。［例］何故《なにゆえ》―なされますか。

【生涯】《ショウガイ》〔人の生命に限りがあることの意〕①この世に生きているあいだ。(類)一生・終生。［例］八十年の―を終える。②一生のうち、あることにたずさわった期間。［例］公―(＝公人《コウジン》としての期間)。

【生国】《ショウゴク》生まれた国。出生地。

【生者】《ショウジャ｜セイシャ》〔仏〕生きている人。命あるもの。

【生者必滅】《ショウジャヒツメツ》〔仏〕生きているものはかならず死ぬ、ということ。この世のはかなさをいう。［例］―会者定離《エシャジョウリ》。

【生身】㊀《ショウジン》〔仏〕①この世に生まれた人間の肉体。②仏・菩薩《ボサツ》が人間の姿をとってこの世にあらわれたもの。㊁《なまみ》現に生きている人間のからだ。いきみ。［例］―の人間。

【生滅】《ショウメツ》(名・する)〔仏〕生まれることと死ぬこと。

【生薬】《ショウヤク｜きぐすり》草の根・木の皮・熊《くま》の胆《い》など、動植物の一部を、そのままか、または乾燥《カンソウ》させるなど少し手を加えただけの薬品。鉱物を用いることもある。

【生類】《ショウルイ｜セイルイ》生き物。動物。［例］―憐《あわ》れみの令。

【生老病死】《ショウロウビョウシ｜セイロウビョウシ》〔仏〕人として生まれたものがさけることのできない四つの苦しみ。生まれること、年をとること、病気をすること、死ぬこと。四苦。

【生育】《セイイク》(名・する)植物がそだって大きくなること。また、そだてること。〔人や動物の場合は、ふつう「成育」を用いる〕

【生花】《セイカ》①自然の、生きた花。(対)造花。②いけばな。［例］―展。

【生家】《セイカ》①生まれた家。［例］有名な詩人の―。②実の親きょうだいが住む家。さと。実家。［例］信州に―がある。

【生活】《セイカツ》(名・する)①生物が生きて活動していること。［例］チョウの―記録。②人が世の中で暮らしていくこと。また、暮らし向き。(類)生計。

【生還】《セイカン》(名・する)①(危険を切りぬけて)生きて帰ること。②野球で、走者が本塁《ホンルイ》にかえって得点すること。ホームイン。

【生気】《セイキ》生き生きした元気な感じ。(類)活気・元気。［例］―があふれる。

【生起】《セイキ》(名・する)事件や問題となることがおこること。(類)発生。［例］各地で争乱が―する。

【生魚】㊀《セイギョ》生きているさかな。(類)活魚。㊁《なまざかな》煮《に》たり焼いたりしていない、なまのさかな。(類)鮮魚《センギョ》。

【生業】《セイギョウ》生活していくための職業。なりわい。［例］―にはげむ。

【生計】《セイケイ》生活していくための方法や手段。暮らし向き。生活。［例］―を立てる。

【生後】《セイゴ》生まれてからのち。［例］―七か月。

【生硬】《セイコウ》(名・形動《ダ》)(作品・表現などが)練れていないで、不自然なこと。未熟でぎこちないこと。［例］―な文章。

【生彩】《セイサイ》生き生きとして元気なこと。精彩。［例］―を放つ。―を欠く。

【生殺】㊀《セイサツ》(名・する)生かすことと殺すこと。(類)活殺。㊁【生殺し】《なまごろし》(名)①ほとんど死ぬような状態にして殺さないでおくこと。半殺し。［例］蛇《へび》の―。②はっきり決着をつけないで中途半端《チュウトハンパ》にしておくこと。［例］―同然の状態で先送りする。

【生殺与奪】《セイサツヨダツ》相手を生かすも殺すも、自分の思うままにできること。［例］―の権をにぎる。

【生産】《セイサン》(名・する)自然物に人の手を加えて、生活に必要な品物を作り出す行為《コウイ》。(対)消費。［例］―者。大量―。

【生死】㊀《セイシ》①生きていることと死んでいること。また、生きるか死ぬか。(類)死活。［例］―の境をさまよう。―不明。②生きることと死ぬこと。［例］―をともにする。㊁《ショウジ》〔仏〕人間の生と死。また、人間が生と死をくりかえして永久に苦しむ迷いの世界。

【生色】《セイショク》生き生きとした顔色や元気なようす。［例］―を失う。―を取りもどす。

【生食】《セイショク》(名・する)なまのまま食べること。(対)火食《カショク》。［例］野菜を―する。

【生殖】《セイショク》(名・する)生物が、自分と同種の個体をつくって種族の保存をはかること。［例］―器官。

【生殖器】《セイショクキ》生物が有性生殖をおこなう器官。

【生生】㊀《セイセイ》(形動《タル》)生き生きとしているようす。［例］―たる青葉。㊁《セイセイ》(名・する)万物《バンブツ》が絶えず生まれ育ち、変化していくこと。［例］―発展。―流転《ルテン》。㊂《ショウジョウ》(名)〔仏〕生まれ変わり死に変わること。［例］―世世《せぜ》。

【生成】《セイセイ》(名・する)生じること。生じさせること。［例］物質が―する。

【生石灰】《セイセッカイ》石灰石を焼いて白色の粉末にしたもの。酸化カルシウム。石灰。

【生鮮】《セイセン》(名・形動《ダ》)野菜や魚・肉などの食品が新しくて、生きがいいこと。(類)新鮮。［例］―食料品。

【生前】《セイゼン》生きている間。また、生きていたとき。(対)死後・没後《ボツゴ》。

【生息】《セイソク》(名・する)①生きていること。(類)生存。②(動物が)すんでいること。［例］―地。森林に―する小動物。［表記］②は(旧)▼棲息・▼栖息

【生存】《セイゾン》(名・する)生物が生きながらえること。生きていること。［例］―者。―競争に勝つ。

【生体】㊀《セイタイ》生きているもの。生きている生物のからだ。(対)死体。［例］―反応。―実験。㊁【生き体】《いきタイ》(相撲《すもう》で)両力士が同時にたおれたとき、足のつま先が下を向いていて相手より有利と判断される状態。(対)死に体。

【生態】《セイタイ》①生物が自然界に生活しているありさま。［例］サルの―を観察する。②活動しているもののありのままの姿。［例］日本語の―。

【生誕】《セイタン》(名・する)(人が)生まれること。(類)誕生《タンジョウ》。［例］―百年祭。

【生長】《セイチョウ》(名・する)①うまれ育つこと。②植物が育つこと。(類)生育。［例］イネの―。〔人や動物には、ふつう「成長」を用いる〕

【生徒】《セイト》学校、とくに、中学校・高等学校で学ぶ人。↓【児童】《ジドウ》(103ページ)・【学生】《ガクセイ》(285ページ)

【生動】《セイドウ》(名・する)(詩文・絵画などが)生き生きして動き出しそうな感じであること。［例］気韻《キイン》―(＝書画などに、気品が生き生きと感じられること)。

【生得】《セイトク》〔「ショウトク」とも〕生まれつきもっているもの。(類)生来・天性。［例］―の才能。

【生年】《セイネン》〔「ショウネン」とも〕①生まれた年。(対)没年《ボツネン》。［例］―月日《ガッピ》。②生まれてからの年月。年齢《ネンレイ》。［例］―十七歳《サイ》。

【生物《セイブツ》】［一］生きて活動し、繁殖《ハンショク》するもの。ふつう、動物と植物に分ける。おもに動物のこと。対無生物。例―学。［二］【生き物《いきもの》】生きているもの。［三］《なまもの》煮《に》たり焼いたり、干したりしていない食品。放置するとくさるもの。なまの魚類や野菜・くだもの・生菓子《なまガシ》など。

【生別《セイベツ》】（名・する）たがいに生きながらはなればなれになること。生き別れ。対死別。例四歳《サイ》のときに母と―した。

【生母《セイボ》】その人を産んだ母親。生みの母。実母。対継母《ケイボ》・義母。

【生没《セイボツ》】生まれることと死ぬこと。例―年不明。表記旧生▼歿

【生命《セイメイ》】①生物の存在と活動をささえる力。いのち。類寿命《ジュミョウ》。例―力。―感。②いのちにたとえられる最もたいせつなもの。例みずからの政治―をかける。

【生命線《セイメイセン》】①生きるか死ぬかにかかわる重要な交通路や補給路。また、それをふくむ地域。例―を確保する。②(手相で)寿命《ジュミョウ》に関係があるといわれる、手のひらのすじ。

【生面《セイメン》】①ものごとの新しい境地や方向性。新生面。例―を開く。②はじめて会うこと。類初対面。例―の客。

【生来《セイライ》】（名・副）①生まれつき。もともと。類天性・生得。例―のあわて者。②生まれてからずっと。例―金《かね》には縁《エン》がない。

【生理《セイリ》】①生物の生命活動にともなう生物体のはたらきや原理。例―学。―的にいやで、がまんならない。②月経。メンス。例―休暇《キュウカ》。

【生霊《セイレイ》】［一］人間。人民。また、生命。例戦争で幾《いく》百万人の―を殺す。［二］【生き霊《いきリョウ》】生きている人のうらみや、にくしみが、霊《レイ》となって相手にとりついてわざわいをもたらすもの。対死霊《シリョウ》。

【生意気《なまイキ》】（名・形動《ダナ》）身分・年齢《ネンレイ》・実力にふさわしくない、出すぎた言動をすること。また、それをする人。

【生菓子《なまガシ》】①おもにあん類を用いた和菓子。対干菓子《ひガシ》。②生クリームや果物を用いた洋菓子。

【生木《なまき》】①地面にはえている木。②切りたてで、まだかわいていない木。例―を火にくべる。

【生木《なまき》を裂《さ》く】仲のよい男女をむりに別れさせることのたとえ。

【生傷《なまきず》】できたばかりの新しいきず。例けんかばかりして―が絶えない。

【生臭《なまぐさ》】（名・形動《ダナ》）なまの魚や血のにおいのすること。また、世間的な俗《ゾク》っぽさのあること。例―坊主《ボウズ》。―もの(=魚や肉)。表記「▼腥」とも書く。

【生唾《なまつば》】好きな食べ物や、すっぱいものを見たときなどに、自然に口の中にわき出るつば。例―を飲みこむ(=目の前のものがほしくてたまらないようすのたとえ)。

【生半可《なまハンカ》】（名・形動《ダナ》）中途半端《チュウトハンぱ》なこと。不十分なこと。例―な知識。

【生兵法《なまビョウホウ》】〔習いたてで使いものにならない剣術《ケンジュツ》の意から〕いいかげんな知識や技術のたとえ。例―は大けがのもと(=身についていないことをすると大きな失敗をする)。

【生▼麩《なまフ》】焼いたりかわかしたりしていない麩。

【生返事《なまヘンジ》】（名・する）気のない、いいかげんな返事。例―をしてその場をのがれる。

【生水《なまみず》】くんだままで、わかしていない水。〔飲料の場合にいう〕

●一生《イッショウ》・衛生《エイセイ》・往生《オウジョウ》・学生《ガクセイ》・寄生《キセイ》・群生《グンセイ》・更生《コウセイ》・再生《サイセイ》・自生《ジセイ》・写生《シャセイ》・終生《シュウセイ》・出生《シュッショウ》―《シュッセイ》・小生《ショウセイ》・書生《ショセイ》・先生《センセイ》・誕生《タンジョウ》・派生《ハセイ》・発生《ハッセイ》・平生《ヘイゼイ》・密生《ミッセイ》・養生《ヨウジョウ》・余生《ヨセイ》

生 6
【産】
11画 2726 7523 教育4
音 サン 漢
訓 う-む・う-まれる・うぶ
付表 土産《みやげ》

筆順 亠 亣 立 产 产 产 産 産

生 6
【產】
11画 ― 7522

なりたち  [形声]「生(=うむ)」と、音「彦《ゲン》→サン」の省略体とから成る。生む。

意味 ❶赤んぼうや卵をうむ。うまれる。また、うまれ。例産婦《サンプ》。出産《シュッサン》。❷ものをつくりだす。つくりだされたもの。例産出《サンシュツ》。生産《セイサン》。青森産《サン》のリンゴ。❸もとで。資財。例財産《ザイサン》。資産《シサン》。

日本語での用法《うぶ》「生まれたときの」「生まれたばかりの」の意。名詞の上につく。「産衣《うぶぎぬ》・産毛《うぶげ》・産声《うぶごえ》・産土《うぶすな》・産湯《うぶゆ》」

使い分け うまれる・うむ【生・産】⇩1163ページ

難読 産霊神《むすびのかみ》・家土産《いえづと》

人名 ただ・むすび

【産着《うぶぎ》】生まれたばかりの赤んぼうにはじめて着せる着物。また、生後しばらくのあいだ、赤んぼうの着る衣服。うぶぎぬ。表記「産▽衣」とも書く。

【産毛《うぶげ》】①生まれたときから赤んぼうに生えている、細くやわらかい毛。②人のほおや、えりくびなどに生えている、細くやわらかい毛。

【産声《うぶごえ》】生まれたとき、赤んぼうがはじめて出す泣き声。例元気な―をあげる。

【産▽土《うぶすな》】①その人が生まれた土地。例―の神。②「産土神《うぶすながみ》」の略。例―さま。―参り。

【産▽土神《うぶすながみ》】その人が生まれた土地を守る神。氏神《うじがみ》。例―を祭る。

【産湯《うぶゆ》】生まれた赤んぼうを、はじめて湯に入れること。また、その湯。例―を使わせる。

【産院《サンイン》】妊産婦《ニンサンプ》や新生児をとりあつかう医院。

【産科《サンカ》】妊娠《ニンシン》・出産・新生児などに関する医学・医術。

【産額《サンガク》】生産・産出される量。また、それを金額であらわしたもの。例綿織物の―。

【産業《サンギョウ》】人間の生活に必要な品物を生産する事業。例―革命。―廃棄物《ハイキブツ》。

【産気《サンケ》】赤んぼうが生まれそうなこと。例―づく。

【産後《サンゴ》】出産のあと。対産前。

【産児《サンジ》】子を産むこと。また、生まれる子供。例―制限。

【産室《サンシツ》】出産をする部屋。また、産婦のいる部屋。うぶや。

【産出《サンシュツ》】（名・する）ものを生みだすこと。つくりだすこと。産物がとれること。例石油の―量。

【産▼褥《サンジョク》】出産のために産婦が使うねどこ。例―につく。

【産前《サンゼン》】出産のまえ。対産後。

【産地《サンチ》】①品物が生産される土地。生産地。例―直送の野菜。②その動物の生まれた土地。例パンダの―。

【産道《サンドウ》】出産のとき、胎児《タイジ》が産婦の体外に出るまでに通る経路。

【産婆《サンバ》】「助産師」の古い呼び名。出産を助け、産婦・新生児の世話をする職業の女性。

【産婦《サンプ》】出産前後の女性。例妊《ニン》―。

【産婦人科《サンフジンカ》】産科と婦人科とを扱う医学の一部門。

【産物《サンブツ》】①その土地で産出するもの。②あることの結果として得られたもの。例敗戦の―としての新憲法。

【産卵《サンラン》】（名・する）たまごをうむこと。例―期。

●安産《ザンアン》・遺産《イサン》・財産《ザイサン》・資産《シサン》・出産《シュッサン》・生産《セイサン》・倒産《トウサン》・特産《トクサン》・破産《ハサン》・物産《ブッサン》・量産《リョウサン》

生 6
【産】11画 ⇩【産】《サン》(673ページ)

生 7
【甥】12画 1789 7525 人名 音 セイ 漢 訓 おい

意味 ❶姉や妹の子。例 甥姪《セイテツ》。❷むすめの子。そとまご。❸むすめの夫。むこ。❹おじ・おばの子、妻の兄や弟、姉や妹の夫など、自分と同じ世代の親族。

日本語での用法《おい》自分の兄弟《キョウダイ》や姉妹《シマイ》の、むすこ。対 姪《めい》。

【甥▼姪】《セイテツ》《おいめい》 兄弟《キョウダイ》や姉妹《シマイ》に生まれた、男の子と女の子。おいと、めい。〔中国では、古く、男から見て自分の姉妹の子を甥《セイ》、自分の兄弟の子を姪《テツ》と呼んだ〕

生 7
【甦】12画 6520 7526 音 ソ 漢 訓 よみがえ-る

意味 一度死んだようになったものが生き返る。よみがえる。同 蘇《ソ》。例 甦生《ソセイ》。

101 5画 用 もちいる部

実際におこなう意をあらわす。「用」と、「用」をもとにしてできている「甫」、「用」を音とする「甬」とを集めた。

0 用 2 甫 甬

用 0
【用】5画 4549 7528 教育2 音 ヨウ 漢 ユウ 呉 訓 もち-いる

筆順 丿 冂 月 月 用

なりたち 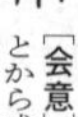 [会意]「卜(=うらない)」と「中(=あたる)」とから成る。うらないの結果が吉《キチ》と出たので実際におこなう。

意味 ❶使って、役立てる。もちいる。例 採用《サイヨウ》。使用《シヨウ》。利用《リヨウ》。❷はたらき。例 功用《コウヨウ》。作用《サヨウ》。❸はたらき・仕事のために必要なもの。例 用具《ヨウグ》。費用《ヒヨウ》。

日本語での用法《ヨウ》さしあたって、しなければならないこと。しごと。「用《ヨウ》を足《た》す・用《ヨウ》を頼《たの》む・用《ヨウ》をなす」

人名 ちか・もち

【用意】《ヨウイ》(名・する)①ものごとに気を配ること。心づかい。例 心にくい—がうかがわれる。②準備すること。したく。例 —した議事。歓迎《カンゲイ》の—ができる。

【用意周到】《ヨウイシュウトウ》(名・形動《ダ》)準備が行きとどいて、手落ちがないこと。例 —で万事《バンジ》が順調に進んだ。

【用益】《ヨウエキ》使用と収益。例 —権。

【用具】《ヨウグ》ものごとをするときに必要な器具や道具。例 筆記—を持参のこと。

【用件】《ヨウケン》用事の内容。しなければならない仕事。他の人に伝えるべきことがら。用向き。例 —を伝える。

【用言】《ヨウゲン》日本語の文法で、自立語のうち活用があって、単独で述語になることのできる語。動詞・形容詞・形容動詞をまとめていうことば。対 体言。

【用語】《ヨウゴ》使用することば。ことばの使い方。例 専門—。—を統一する。

【用行舎蔵】《ヨウコウシャゾウ》「用舎行蔵《ヨウシャコウゾウ》」に同じ。

【用材】《ヨウザイ》①建築・家具などに使う材木。用木。②ある目的のために材料として使うもの。例 学習—。③人材をもちいること。また、その人。

【用紙】《ヨウシ》何かに使用する紙。例 画《ガ》—。答案—。

【用字】《ヨウジ》文字の使い方。また、使う文字。文字づかい。例 —法。夏目漱石《なつめソウセキ》の—。

【用事】《ヨウジ》しなくてはならないことがら。用。類 用件。例 急な—。—を思い出す。

【用捨】《ヨウシャ》(名・する)もちいることと、すてること。採用することと、しないこと。用舎《ヨウシャ》。類 取捨。例 —を決定する。

【用舎行蔵】《ヨウシャコウゾウ》出処進退の時機を誤らずにふるまうこと。用行舎蔵。〔「之《これ》を用《もち》うれば則《すなわ》ち行《おこな》い、之を舎《す》つれば則ち蔵《かく》る(=世にもちいられれば役人となって自己の道をおこない、すてられれば去って身をかくす)」による〕〈論語《ロンゴ》〉

【用心】《ヨウジン》(名・する)思いがけない災難《サイナン》にあってもあわてないように、前もって気をつけること。警戒《ケイカイ》。例 火の—。—深い性格。—しながら山道を登る。

【用心棒】《ヨウジンボウ》①戸じまりに使う棒。しんばり棒。②万一のときに備えて身近にやとっておく護衛《ゴエイ》の者。

【用水】《ヨウスイ》①灌漑《カンガイ》・消火・飲料などに使うため、引いたり、ためたりしておく水。また、そのための施設《シセツ》。例 —池。—路。②水を使うこと。また、使うための水。例 工業—。

【用船】《ヨウセン》①あることのために使う船。例 —の準備。②船をやとうこと。また、チャーター船。例 —契約《ケイヤク》。—料。表記 ②は「▼傭船」とも書く。

【用箋】《ヨウセン》文章や手紙などを書くための紙。例 書簡—。

【用足し】《ヨウたし》一(名・する)①用事を済ませること。②大小便をすること。二(名)「用達《ヨウたし》」に同じ。

【用▽達】《ヨウたし》〔「御用達《ゴヨウたし》」の形で〕商人が役所などに出入りして品物を納めること。また、その商人。例 宮内庁《クナイチョウ》御—。参考 このことばを「御用達」の場合に「ゴヨウたつ」と読むのは誤り。

【用談】《ヨウダン》(名・する)用事について話し合うこと。用向きの話。例 取引先と—する。

【用▼簞▼笥】《ヨウダンス》身の回りのものを入れる、小さいたんす。例 小さな—を使う。

【用地】《ヨウチ》あることに使うための土地。例 住宅—。

【用途】《ヨウト》使いみち。類 使途。例 —が広い。

【用度】《ヨウド》①必要な費用。かかり。例 —金。②官庁・会社などで、事務用品の供給。例 —係。

【用人】《ヨウニン》①江戸《えど》時代、大名・旗本などの会計や雑事をあつかった人。例 側《そば》—。②やとわれた人。使用人。表記 ②は「▼傭人」とも書く。

【用筆】《ヨウヒツ》①使うふで。②ふでづかい。ふでつき。類 運筆。

【用品】《ヨウヒン》使う品物。必要な品物。例 事務—。スポーツ—。

【用兵】《ヨウヘイ》兵士や軍隊を使うこと。また、戦場における兵力の動かし方。例 —に長じる。

【用便】《ヨウベン》(名・する)大小便をすること。

【用法】《ヨウホウ》使い方。使用法。例 パソコンの—をおそわる。

【用務】《ヨウム》つとめ。用事。また、いろいろの雑用。例 —員。

【用命】《ヨウメイ》用事を言いつけること。また、注文や命令。例 多少にかかわらずご—に応じます。

【用量】《ヨウリョウ》(おもに医薬品について)使用・服用する一定の分量。類 使用量。例 この薬の一回の—。

【用例】《ヨウレイ》使われている例。使い方を示す実例。例 —をさがす。実際の—を多く集めたうえで解釈《カイシャク》をする。

●愛用《アイヨウ》・引用《インヨウ》・運用《ウンヨウ》・応用《オウヨウ》・活用《カツヨウ》・急用《キュウヨウ》・兼用《ケンヨウ》・公用《コウヨウ》・効用《コウヨウ》・採用《サイヨウ》・実用《ジツヨウ》・借用《シャクヨウ》・使

用《ヨウ》・常用《ジョウヨウ》・所用《ショヨウ》・専用《センヨウ》・代用《ダイヨウ》・通用《ツウヨウ》・適用《テキヨウ》・登用《トウヨウ》・費用《ヒヨウ》・服用《フクヨウ》・併用《ヘイヨウ》・無用《ムヨウ》・薬用《ヤクヨウ》・流用《リュウヨウ》・利用《リヨウ》

用 2

【甫】

7画 4267 752B 人名 音 ホ(慣) フ(漢) 訓 はじ-め

なりたち  [会意]「用(=もちいる)」と「父《フ》(=ちち)」とから成る。父となりうるりっぱな男。

意味 ❶年長の男子をうやまって、その名にそえる語。孔子《コウシ》(=仲尼《チュウジ》)を「尼甫《ジホ》」と呼ぶ類。❷はじめたばかり。はじめ。はじめて。例 衆甫《シュウホ》(=万物《バンブツ》のはじめ)。年《とし》の甫《はじ》め。❸大きいようす。ひろいようす。

人名 かみ・すけ・とし・なみ・のり・はじむ・まさ・もと・よし

用 2

【甬】

7画 6521 752C 音 ヨウ(漢)

意味 ❶花のつぼみがふくらんだようす。❷まわりを囲った通路。例 甬道《ヨウドウ》(=両側を塀《へイ》で囲った輸送用の道路。また、高架式《コウカシキ》のわたりろうか)。

102 5画 田 た たへん 部

はたけの形をあらわす。「田」をもとにしてできている漢字と、「田」の字形を目じるしにして引く漢字とを集めた。

0 田甲申由 2 男町甸甼 3 画 甾 4 畏界畋畑畉畆畍畊 5 畝 畛畜畠畔畚留畡畔 6 異畦畩 畤畢略畧 7 畳番畲畫畴畭畱 8 畸畷畵畺當 10 畿 11 疂 14 疆 疇 17 疊疉

この部首に所属しない漢字

里→里 998 果→木 516 毘→比 568 胃→月 818

累→糸 777 塁→土 236 暢→日 495 奮→大 269

鴫→鳥 1101

田 0

【田】

5画 3736 7530 教育1 音 テン(漢) デン(呉) 訓 た 付表 田舎《いなか》

筆順 

なりたち  [象形] 縦横のあぜ道のある畑の形。穀物を植えるところ。

意味 ❶耕作地。たんぼや畑。例 田園《デンエン》。❷田畑のように、ある産物をうみ出すところ。例 塩田《エンデン》。炭田《タンデン》。油田《ユデン》。❸狩《か》りをする。例 田漁《デンギョ》。田猟《デンリョウ》。

参考 中国では、はたけと田んぼの両方を指すが、日本では、おもに田んぼを指し、はたけは「畑」「畠」などの国字を用いる。

難読 田鼠《デンソ|もぐらもち》

人名 ただ・みち・みつる

【田園】《デンエン》 ①田と畑。②いなか。郊外《コウガイ》。また、いなか風・郊外風。例 ―風景。

【田楽】《デンガク》 ①日本の中世芸能の一つ。もと、田植えの慰労《イロウ》のため、また、豊作をいのっておこなわれた音曲《オンギョク》。のち、能楽に取り入れられた。②「田楽豆腐《ドウフ》」「田楽焼き」の略。とうふや魚・野菜などをくしにさし、みそをぬって焼いた食べ物。例 木《き》の芽《め》―。いも―。

【田舎】 一《デンシャ》 田地と家屋。二《いなか》 ①都会からはなれた、田畑の多い地域。②生まれ故郷。ふるさと。例 ―に帰る。

【田租】《デンソ》 田地にかける税。

【田地】《デンチ》 〔「デンジ」とも〕田として利用する土地。たんぼ。

【田畑】《デンばた|たはた》 田と畑。例 ―《たはた》を耕す。田地―《デンチデンぱた》。表記「田▼畠」とも書く。

【田▼麩】《デンブ》 白身魚の身を細かくほぐして味をつけた加工食品。例 タイの―。

【田夫野人】《デンプヤジン》 〔「田夫」は、いなか者の意〕教養のない粗野《ソヤ》な人間。例 ―の出る幕はない。

【田▼圃】 一《デンポ》 田と畑。たはた。二《たんぼ》 田。水田。

【田野】《デンヤ》 ①田と畑。野良《のら》。②田と野原。③いなか。

●水田《スイデン》・炭田《タンデン》・美田《ビデン》・油田《ユデン》

田 0

【甲】

5画 2535 7532 常用 音 カン(慣) コウ(漢)(呉) 訓 よろい・かぶと・きのえ

筆順 

なりたち  [象形] 芽ばえた草木が種のからをかぶっている形。借りて、十干《ジッカン》の第一に用いる。

意味 ❶十干《ジッカン》の一番目。きのえ。方位では東、五行《ゴギョウ》では木にあてる。例 甲乙丙丁《コウオツヘイテイ》。❷ものごとの一番目。また、最もすぐれたもの。❸カメやカニなどのからだをおおっているかたい、から。こうら。例 甲殻《コウカク》。亀甲《キッコウ》。❹兵士のからだをおおうかたい武具。よろい。例 甲冑《カッチュウ》。甲兵《コウヘイ》。❺攻撃《コウゲキ》を防ぐための鋼鉄のおおい。例 甲板《カンパン》。装甲《ソウコウ》。

日本語での用法 一《コウ》 ①手《て》の甲《コウ》」②旧国名「甲斐《かい》(=今の山梨《やまなし》県)」の略。「甲州《コウシュウ》・甲信越《コウシンエツ》」二《カン》 声や音の調子が高い。「甲高《カンだか》い声《こえ》」三《かぶと》 頭にかぶる武具。「甲虫《かぶとむし》・甲《かぶと》をぬぐ」

参考 本来、「甲」は「よろい」であり、「かぶと」の意に用いるのは、誤解にもとづく慣用。

人名 か・かつ・き・はじむ・はじめ・まさ・まさる

【甲斐】《かい》 ①旧国名の一つ。今の山梨《やまなし》県にあたる。甲州《コウシュウ》。②〔「生きがい」「働きがい」などの場合の「かい」にあてた字〕ききめ。効果。得《トク》。例 やり―《がい》。努力の―があって合格した。

【▽甲子】《カッシ|コウシ》 ①干支《えと》のこと。十干十二支《ジッカンジュウニシ》のこと。②十干の甲《きのえ》と、十二支の子《ね》の組み合わせにあたる年や月や日。きのえね。参考 兵庫《ひょうご》県にある甲子園《コウシエン》球場は甲子の年にあたる一九二四(大正十三)年の完成。

【▽甲▼冑】《カッチュウ》 よろいと、かぶと。武具。例 ―に身を固める。

【甲板】《カンパン|コウハン》 船の上部の、板または鉄板をしいた広く平らなゆか。デッキ。例 ―員。―に出る。

【甲乙】《コウオツ》 ①(十干《ジッカン》の)第一と第二。②優劣《ユウレツ》。差別。例 ―つけがたい。

【甲殻】《コウカク》 エビ・カニのように、皮膚《ヒフ》が多量の石灰質《セッカイシツ》をふくんで、かたいからとなったもの。甲。甲羅《コウラ》。例 ―類。

【甲骨文】《コウコツブン》 中国の最も古い文字。殷《イン》代に、カメの甲や獣骨《ジュウコツ》を焼いてできるさけ目によって、うらなった結果を記録するために刻んだ文字。殷墟《インキョ》文字。甲骨文字。

【甲骨文字】《コウコツモジ|コウコツモンジ》 「甲骨文《コウコツブン》」に同じ。

【甲状腺】《コウジョウセン》 のどの下にある内分泌《ナイブンピツ》器官。からだの発育、新陳代謝《シンチンタイシャ》に関係するホルモンを分泌する。

【甲虫】 一《コウチュウ》 カブトムシ・コガネムシなど、かたいはねと外皮をもつ昆虫《コンチュウ》をまとめていうことば。二《かぶとむし》 コガネムシ科の昆虫。雄《おす》の頭部に先がふたまたに分かれた角《つの》がある。

[用部] 2画 甫 甬 [田部] 0画 田 甲

5画

【甲夜】《コウヤ》 昔の時刻の呼び名で、五夜の一つ。およそ午後八時、およびその前後の二時間。初更《ショコウ》。〔日没《ニチボツ》から日の出までを甲・乙《オツ》・丙《ヘイ》・丁《テイ》・戊《ボ》の五つに分けたときの一番目〕

【甲羅】《コウラ》 ①カメやカニなどのからだをおおっている、かたいから。甲。②年功のたとえ。例—を経る。

【甲論乙駁】《コウロンオツバク》 (名・する) 甲が論じると乙が反対するというように、意見がまちまちで議論がまとまらないこと。例—するばかりで結論が出ない。

田 0 【申】 5画 3129 7533 教育3 音 シン(漢)(呉) 訓 もう-す・さる

筆順

なりたち [象形]「臼(=両手)」で「|」をひきのばす形。ひきのばす。また、もうしのべる。

意味 ❶まっすぐにする。のばす。(同)伸《シン》。例屈申《クッシン》。❷説明する。意見を言う。もうす。例申告《シンコク》。具申《グシン》。上申《ジョウシン》。❸十二支の九番目。方位では西南西、時刻では午後四時、およびその前後の二時間。月では陰暦《インレキ》の七月。動物ではサルにあてる。さる。例庚申塚《コウシンづか》。壬申《ジンシン》の乱《ラン》。

人名 あきら・しげる・のぶ・もち

【申告】《シンコク》 (名・する) ①(上位の人に向かって)もうし出ること。例着任を—する。②〔法〕おおやけの機関その他に対して、一定の事項《ジコウ》を明らかにし、事実をもうし出ること。例—納税。

【申請】《シンセイ》 (名・する) 許可・認可《ニンカ》などを、国や地方公共団体の機関に願い出ること。例パスポートの—。

●具申《グシン》・上申《ジョウシン》・答申《トウシン》・内申《ナイシン》

田 0 【由】 5画 4519 7531 教育3 音 ユイ(慣) ユウ(漢) ユ(呉) 訓 よし・よ-る

筆順

なりたち [象形]「田(=はたけ)」にはいることができる道がある形。よりしたがう。

意味 ❶もとづく。そこを通る。よる。例由来《ユライ》。経由《ケイユ》。自由《ジユウ》。❷ものごとの起こるもと。わけ。よし。例理由《リユウ》。

日本語での用法 《よし》 話の内容。「お元気《ゲンキ》の由《よし》—

人名 ただ・ただし・なお・ゆき・より

【由緒】《ユイショ》 ①ものごとの起こり。縁起《エンギ》。いわれ。例寺の—をたずねる。②りっぱな歴史や来歴。例—ある家がら。

【由縁】《ユエン》 〔「ユウエン」とも〕 ①ものごとの起こり。いわれ。②ものごとのつながり。ゆかり。例—のある歌。

【由来】《ユライ》 [一](名・する) ものごとの起源から経てきた道筋。来歴。いわれ。例町の名の—を調べる。地名に—する姓《セイ》が多い。[二](副) もともと。元来《ガンライ》。例—、景勝地として名高い。

●経由《ケイユ》・自由《ジユウ》・理由《リユウ》

田 2 【男】 7画 3543 7537 教育1 音 ダン(漢) ナン(呉) 訓 おとこ

筆順

なりたち [会意]「田(=はたけ)」と「力(=ちから)」とから成る。田ではたらく、おとこ。

意味 ❶おとこ。(対)女《ジョ》。例男子《ダンシ》。男性《ダンセイ》。善男善女《ゼンナンゼンニョ》。❷むすこ。(対)女。例嫡男《チャクナン》。長男《チョウナン》。❸五等爵《ゴトウシャク》(=公・侯《コウ》・伯《ハク》・子・男)の第五位。例男爵《ダンシャク》。

難読 男信《なましな》・片男波《かたおなみ》

人名 いさお・いさむ・お・おと

【▽男滝】《おだき》 二本並んだ滝の、大きいほうの滝。(対)女滝《めだき》。
表記 「雄滝」とも書く。

【男気】《おとこギ》 男らしい気質。自分を犠牲《ギセイ》にしても人助けをするような気性《キショウ》。侠気《キョウキ》。いさみはだ。例—のある人。

【男坂】《おとこざか》 (神社や寺などの参道に)坂が二つある場合、勾配《コウバイ》の急なほうの坂。(対)女坂。

【男▼伊▽達】《おとこだて》 強きをくじき、弱きを助ける、義理人情に厚い人のこと。侠客《キョウカク》。

【男手】《おとこで》 ①働き手としての男性。男の力。例—が足りない。②男子の書いた文字。男の筆跡《ヒッセキ》。例—の手紙。③漢字。男文字。▽(対)女手。

【男前】《おとこまえ》 容姿がよく、男としての魅力《ミリョク》にあふれていること。男ぶり。例なかなかの—だね。

【男冥利】《おとこミョウリ》 男に生まれた幸せ。例地位と名声にめぐまれ—につきる。

【男系】《ダンケイ》 父方の系統。父系。(対)女系。例—の男子を継承《ケイショウ》者とする。

【男根】《ダンコン》 男子の生殖器《セイショクキ》。陰茎《インケイ》。

【男子】《ダンシ》 ①おとこ。男性。例—一生の仕事。②成人のおとこ。③おとこの子。例—校。▽(対)女子。

【男児】《ダンジ》 ①一人前《イチニンまえ》のおとこ。成年男子。例日本—。②おさないおとこの子。また、むすこ。(対)女児。例—服。

【男爵】《ダンシャク》 貴族の階級の一つ。五等爵(=公・侯《コウ》・伯《ハク》・子・男)の第五位。また、その位をもつ人。

【男女】《ダンジョ|ナンニョ》 おとことおんな。例—《ダンジョ》共学。老若—《ロウニャクナンニョ》。

【男色】《ダンショク》 〔「ナンショク」とも〕 男子の同性愛。

【男声】《ダンセイ》 ①おとこの声。②声楽で、男性の声の受け持つ音域。テノール・バリトン・バスなど。例—合唱。▽(対)女声。

【男性】《ダンセイ》 おとこ。男子。(対)女性。例—的。

【男装】《ダンソウ》 (名・する) 女性が男性のよそおいをすること。(対)女装。

【男尊女卑】《ダンソンジョヒ》 男性をすぐれているとして、上位において重んじ、一方で女性を、たいていは能力がおとり下位にあるものとして、だいじにしない考え方。また、それによっておこなわれる風習。

【男優】《ダンユウ》 おとこの俳優。(対)女優。例主演—。

●下男《ゲナン》・次男《ジナン》・善男《ゼンナン》・嫡男《チャクナン》・長男《チョウナン》・年男《としおとこ》・美男《ビナン》

田 2 【町】 7画 3614 753A 教育1 音 テイ(漢) チョウ(呉) 訓 まち

筆順

田 2 [甼] 7画 6522 753C 別体字

なりたち [形声]「田(=はたけ)」と、音「丁《テイ》」とから成る。人が畑仕事をするところ。

意味 田や畑。また、田や畑をくぎる細い道。あぜ。

日本語での用法 [一]《チョウ》 ①地方公共団体の一つ。「町議会《チョウギカイ》・町立《チョウリツ》(=町が設置・経営にあたること)・市町村《シチョウソン》」②尺貫法《シャッカンホウ》の長さの単位。一町は六十間《ケン》。「三十六町《サンジュウロクチョウ》は一里《イチリ》」→「度量衡表《ドリョウコウヒョウ》」(1141ページ) ③尺貫法の面積の単位。一町は十反《タン》。三千坪《つぼ》。約九九・二アール。「町歩《チョウブ》」 [二]《まち》 人家が集まった地域。市街地。「町奉行《まちブギョウ》・城下町

…・基地《チ》の町《まち》」

使い分け まち【町・街】⇩1180ページ

【町家《チョウカ—まちや》】①まちなかの家。②江戸《えど》時代に、町人の家。とくに、商人・職人の家。

【町会《チョウカイ》】①「町議会」のもとの言い方。例—費。②町内の行事などを相談し、とりおこなう集まり。町内会。

【町制《チョウセイ》】地方公共団体としての町の構成や権限などに関する制度。例—をしく。

【町政《チョウセイ》】地方公共団体としての町の政治・行政。

【町村《チョウソン》】町と村。地方公共団体としての町と村。例—合併《ガッペイ》。

【町長《チョウチョウ》】地方公共団体である町の行政の首長。また、その役にある人。例—を選ぶ。

【町内《チョウナイ》】①市街のなかの小区画である、一つの町のなか。例—会。②地方公共団体としての町のなか。例—に図書館をおく。

【町人《チョウニン》】江戸《えど》時代、都市に住んで、商工業に従事した人。例江戸の—文化。

【町民《チョウミン》】①まちの住民。例—税。②あるまちに住んでいる人。

【町医者《まちイシャ》】公共の医療《イリョウ》機関に属さないで、個人で開業している医者。開業医。
●城下町《ジョウカまち》・港町《みなとまち》・横町《よこチョウ》

田 2
【甸】
7画 5020 7538 音テン漢 デン呉 訓か-り

意味 ❶昔の中国で、都城(=城郭《ジョウカク》に囲まれた町)の郊外《コウガイ》の地。❷耕作地。また、田畑からの産物。❸狩《か》り。
難読 緬甸《メンデン》(=ビルマ《=今のミャンマー連邦共和国》のこと)・羅甸《ラテン》

田 2
【畀】
7画 ⇩【町《チョウ》】(676ページ)

田 3
【画】
8画 1872 753B 教育2 音 一カク漢 二カイ漢 ガ呉 訓かぎ-る・はか-る・えが-く

筆順 一 丆 冂 帀 而 亩 画 画

田 7
【畫】
12画 6533 756B

田 8
【畵】
13画 7575 本字

なりたち 畫 [会意]「聿(=筆でかく)」と「田(=はたけ)」の四方をくぎった形。くぎる。

意味 一《カク》❶さかいをつける。くぎる。かぎる。同劃《カク》。例画然《カクゼン》。区画《クカク》。一線《イッセン》を画《カク》する。❷はかる。はかりごと。同劃《カク》。例画策《カクサク》。計画《ケイカク》。❸漢字の点や線、また、それを数えることば。同劃《カク》。例画数《カクスウ》。字画《ジカク》。総画《ソウカク》。二《ガ・カイ》❶絵をかく。えがく。例画家《ガカ》。画竜点睛《ガリョウテンセイ》。❷え。例画商《ガショウ》。絵画《カイガ》。壁画《ヘキガ》。

【画架《ガカ》】絵を制作するときに画板やカンバスを立てかける台。イーゼル。

【画家《ガカ》】絵をかくことを職業とする人。絵かき。絵師。

【画学《ガガク》】①絵をかくための技術や考え方。ドローイング。②絵画を研究する学問。

【画境《ガキョウ》】その絵に表現されている、作者の意図や心境。

【画業《ガギョウ》】①絵をかく仕事。②画家としての業績。例半世紀におよぶ—をたたえる。

【画一《カクイツ》】(名・形動《ダ》)それぞれの性質や事情を考えず、すべてを同じようにあつかうこと。例—的。表記 旧▼劃一
【画策《カクサク》】(名・する)ある計画の実現のために、はかりごとをめぐらすこと。たくらむこと。例陰《かげ》で—する。

【画数《カクスウ》】その漢字をかたちづくっている点や線の数。字画数。〔一画《イッカク》、二画《ニカク》、…と数える〕例「絵」の—は糸へんの六画と数える。

【画然《カクゼン》】(形動《タルト》)(刃物《はもの》で線を引いたように)区別やちがいが、はっきりしているようす。例—と区別する。—たる差異がみられる。表記 旧▼劃然
【画工《ガコウ》】絵をかくことを職業とする人。絵かき。画家。

【画才《ガサイ》】絵をかく才能。

【画材《ガザイ》】①絵画の題材。絵になる事物。②筆・紙・絵の具・カンバスなど、絵をかくのに必要な材料。例—店。

【画賛《ガサン》】東洋画で、絵の余白に説明として述べる、由来や趣旨《シュシ》などの文章や詩句。表記 旧画▼讃
【画室《ガシツ》】絵をかくための部屋。アトリエ。

【画趣《ガシュ》】絵にしたいような、よい景色や事物のようす。

【画集《ガシュウ》】絵をあつめた本。例花の—。

【画商《ガショウ》】画家のかいた絵を売買する職業。また、その人。

【画仙紙《ガセンシ》】書や絵に用いる、もと中国産の大判の紙。

【画像《ガゾウ》】①絵としてかかれた形。②写真・映画・テレビなどにあらわされた形。例コンピューターで—を処理する。

【画題《ガダイ》】①絵の主題や内容。例東洋画の—。ミレーは農村の生活を—としてえがいた。②絵の題名。

【画壇《ガダン》】画家たちの社会。例—にデビューする。

【画帳《ガチョウ》】①絵をかくための帳面。②絵を集め、とじて一冊としたもの。▽類画帖《ガジョウ》。

【画期的《カッキテキ》】(形動《ダ》)新しい発見や、すばらしくすぐれているものの出現によって、前の時代とはちがう時代が来たと思わせるようす。エポックメーキング。例—な研究。—な発明。表記 旧▼劃期的
【画伯《ガハク》】〔「伯」は、一芸にひいでた人の意〕絵の大家。また、画家をうやまっていうことば。例藤田嗣治《ふじたつぐはる》—。

【画板《ガバン》】①紙に絵をかくときに台とするいた。②絵をかくのにカンバスの代わりに用いるいた。ボード。

【画筆《ガヒツ》】絵をかくのに用いるふで。えふで。

【画▼鋲《ガビョウ》】紙などを掲示板《ケイジバン》やかべにとめるための鋲。

【画布《ガフ》】油絵のためのカンバス。また、東洋画の絵絹《エぎぬ》。

【画譜《ガフ》】絵を集めて、一定の順序にならべた本。例草花の—。

【画風《ガフウ》】絵のかき方の特色。例晩年に—が変わる。

【画幅《ガフク》】絵をかけじくにしたもの。

【画餅《ガベイ》】〔「ガヘイ」とも〕(絵にかいた餅《もち》が食べられないように)実際の役には立たないもの。例—に帰《キ》す(=計画や努力がむだになる)。

【画報《ガホウ》】おもに写真や絵を用いて記録・表現した雑誌。例『風俗《フウゾク》—』

【画面《ガメン》】①絵がかいてある面。また、絵の表面。②テレビや映画の映像。また、コンピューターなどの、文字や映像の出る面。例—が少し暗い。

【画用紙《ガヨウシ》】絵をかくのに用いる紙。

【画▽竜点▼睛《ガリョウテンセイ》】最後にたいせつなところを仕上げて、ものごとを完成させること。

故事のはなし 張僧繇《チョウソウヨウ》という絵の名人がいた。金陵《キンリョウ》(=今の南京《ナンキン》)にある安楽寺という寺のかべの四面に四ひきの竜《リュウ》の絵をかいたが、睛《ひとみ》だけはかき入れず、「これに睛を入れたら、竜はすぐに飛んでいってしまうよ」と言っていた。人々はでたらめだと思い、ぜひ睛をかき入れるようにとたのんだ。そこで、張僧繇がそのうちの一ぴきに睛をかき入れると、

しばらくしていなずまがかべを破り、竜は雲に乗って天にのぼってしまった。睛を入れなかった竜はそのまま今も残っているということである。〈歴代名画記《レキダイメイガキ》〉

【画▽竜点▼睛《ガリョウテンセイ》を欠《か》く】最後の仕上げをしていないために、全体に迫力《ハクリョク》や生命感がない。

【画廊】《ガロウ》①絵画などの美術品を展示するところ。ギャラリー。②画商の店。

● 映画《エイガ》・絵画《カイガ》・企画《キカク》・計画《ケイカク》・字画《ジカク》・書画《ショガ》・図画《ズガ》・版画《ハンガ》・壁画《ヘキガ》・名画《メイガ》・洋画《ヨウガ》・録画《ロクガ》

田 3 【畄】8画 ⇩【留】《リュウ》(679ページ)

田 4 【畏】9画 1658 754F 常用 音 イ漢呉 訓 おそ-れる・かしこ-まる・かしこ

筆順 丶 冂 冊 田 田 畏 畏 畏 畏

なりたち [会意]「田(=鬼の頭)」と「虎(=とら)」の省略体とから成る。鬼の頭でトラのつめをもつ恐ろしいもの。おそれる。

意味 ❶おそろしいものを見て、こわがる。おそれおののく。例 畏怖《イフ》。❷自分の能力のおよばないものに対して、うやまう気持ちをいだく。おそれうやまう。例 畏敬《イケイ》。後生《コウセイ》畏《おそ》るべし。

日本語での用法 一《かしこまる》①きちんとした態度をとる。「畏《かしこ》まって話《はなし》を聞《き》く」②緊張《キンチョウ》して、正座する。「そんなに畏《かしこ》まらず、どうぞお楽《らく》に」③つつしんで承知する。「畏《かしこ》まりました」二《おそれる》かたじけなく思う。「畏《おそ》れ多《おお》いお言葉《ことば》」

使い分け おそれ・おそれる【恐・畏・虞】⇩1165ページ

【畏▼懼】《イ》(名・する)〔「懼」も、おそれる意〕おそれること。まずかりおそれること。類 恐懼《キョウク》。

【畏敬】《イケイ》(名・する)おそれうやまうこと。心からうやまうこと。

【畏縮】《イシュク》(名・する)おそれかしこまって、自由にふるまえなくなること。例 試験官の前で―して実力が出せない。

【畏怖】《イフ》(名・する)おそれおののくこと。例 ―の念。―する。

【畏友】《イユウ》①尊敬している友人。②友人に対して用いることば。例 ―田中氏に謝する。

田 4 【界】9画 1906 754C 教育3 音 カイ漢呉 訓 さかい

筆順 丶 冂 冊 田 田 甲 臾 界 界

田 4 【畍】9画 6524 754D 本字

なりたち [形声]「田(=はたけ)」と、音「介《カイ》(=くぎる)」とから成る。くぎり。

意味 ❶くぎられた、さかいめ。しきり。さかい。例 境界《キョウカイ》。限界《ゲンカイ》。❷しきりのなか。はんい。例 学界《ガッカイ》。財界《ザイカイ》。世界《セカイ》。

【界面】《カイメン》二つの物質の接触《セッショク》している、さかいの面。

【界▼隈】《カイワイ》ある地点を中心に見たときの、そのあたり。付近。

● 外界《ガイカイ》・学界《ガッカイ》・境界《キョウカイ》・業界《ギョウカイ》・限界《ゲンカイ》・財界《ザイカイ》・視界《シカイ》・政界《セイカイ》・世界《セカイ》

田 4 【畋】9画 5834 754B 音 テン漢 デン呉 訓 か-り・かり-する・たつく-る

意味 ❶田畑をたがやす。同 佃《デン》。❷(秋に)狩《か》りをする。同 佃《デン》。例 畋猟《デンリョウ》。

【畋猟】《デンリョウ》狩《か》り。狩猟《シュリョウ》。

田 4 【畑】9画 4010 7551 教育3 国字 訓 はた・はたけ

筆順 丶 丷 火 火 灯 灯 灯 畑 畑

なりたち [会意]「田(=はたけ)」と「火(=ひ)」とから成る。草木を焼いてひらいた、はたけ。

意味 ❶水を入れずに野菜や穀物を作る耕地。はたけ。はた。例 畑作《はたサク》。畑地《はたチ》。田畑《デンばた》。❷専門の分野。はたけ。例 畑違《はたけちが》い(=専門外)。技術畑《ギジュツばたけ》。

【畑作】《はたサク》はたけに作物をつくること。例 寒冷地の―に適した作物。

【畑地】《はたチ》はたけとして耕作する土地。

田 4 【畉】9画 6526 7549 音 フ漢 訓 たがや-す

意味 田畑をたがやす。

田 4 【畆】9画 ⇩【畝】《うね》(678ページ)

田 4 【畊】9画 ⇩【耕】《コウ》(809ページ)

田 4 【畍】9画 ⇩【界】《カイ》(678ページ)

田 5 【畝】10画 3206 755D 常用 音 ホ慣 ボ漢 訓 うね・せ

筆順 亠 亠 亡 亩 亩 亩 畂 畝 畝

田 4 【畆】9画 6528 7546 俗字

田 5 【畮】10画 ― 755E 別体字

なりたち [形声]本字は「畮」で、「田(=はたけ)」と、音「每《バイ→ボ》」とから成る。百歩《ホ》の地。

意味 ❶耕作地の面積の単位。百歩《ホ》を一畝《ボ》とした。一畝は約一・八アール。❷畑のうね。土を盛って作物を植えるところ。例 畦《ケイ》畝《ホ》(=うね)。田畝《デンポ》。

日本語での用法《せ》耕作地の面積の単位。一反《タン》の十分の一。一畝は三十歩《ブ》。約一アール。

難読 畝傍《うねび》(=地名)

田 5 【畛】10画 6527 755B 音 シン漢 訓 あぜ・うね・ちまた・なわて

意味 ❶耕作地のあいだの通路。あぜ。❷境界。くぎり。例 畛域《シンイキ》(=区切り。範囲《ハンイ》)。

田 5 【畜】10画 3560 755C 常用 音 一 チク慣 キク漢呉 二 キュウ漢呉 チク漢呉 訓 たくわ-える

筆順 亠 亠 玄 玄 玄 玄 畜 畜 畜 畜

なりたち [会意]「茲(=ふえる)」の省略形である「玄」と「田(=はたけ)」とから成る。農耕につとめて、ふやし、たくわえる。

意味 一 ❶《チク》（お金や作物を）たくわえる。同 蓄《チク》。❷《チク|キク》 動物を飼う。飼育する。やしなう。例 畜養《チクヨウ》。牧畜《ボクチク》。二《チク|キュウ》 食用や仕事のために飼う動物。また、けだもの。例 畜類《チクルイ》。家畜《カチク》。人畜《ジンチク》。

人名 ます

【畜殺】《チクサツ》（名・する）肉や皮をとるために家畜を殺すこと。〔古く「屠殺《トサツ》」といった語にあたる〕例 ―場。

【畜産】《チクサン》 家畜を育てて人間生活に利用すること。また、その産業。例 ―物。

【畜生】《チクショウ》〔もとの読みは「キュウセイ」〕①けもの。動物。②人の道をはずれた、けだもののような人。③おこったときや、くやしいときなどに発する、ののしりや、のろいのことば。ちきしょう。④〔仏〕生前の悪行がたたり、死後生まれ変わったけだものの姿。例 ―道《ドウ》におちる。

【畜養】《チクヨウ》〔もとの読みは「キクヨウ」〕家畜を飼い養うこと。

【畜類】《チクルイ》 ①家畜。②けだもの。

●役畜《エキチク》・家畜《カチク》・人畜《ジンチク》・牧畜《ボクチク》

田5 【畠】 10画 4011 7560 人名 国字 音 ハク・バク 訓 はた・はたけ

参考 音「ハク」は、「畠」の「白」を読んだ日本の字音。

意味 白くかわいた耕作地。はたけ。例 畠打《はたう》ち（＝はたけをたがやすこと）。田畠《デンバク|デンばた》。段段畠《ダンダンばたけ》。

田5 【畔】 10画 4042 7554 常用 音 ハン漢 バン呉 訓 あぜ・くろ・ほとり

筆順 丨 冂 罒 田 田′ 田丷 田䒑 畔

田5 【畔】 10画

なりたち 【形声】「田（＝はたけ）」と、音「半《ハン》」とから成る。はたけのさかい。

意味 ❶田と田とを分ける境界。あぜみち。あぜ。くろ。❷水と岸とを分ける境界。みぎわ。ほとり。例 湖畔《コハン》。❸敵対する。そむく。同 叛《ハン》。例 畔逆《ハンギャク》（＝そむく）。

田5 【畚】 10画 6529 755A 音 ホン漢 訓 もっこ・ふご

意味 アサやタケなどで作ったかご状の、土をはこぶ道具。もっこ。ふご。

田5 【留】 10画 4617 7559 教育5 音 リュウ漢 ル呉 訓 と-める・と-まる・とど-まる・とど-める

筆順 レ ム ムフ ム刀 卯 卯冂 卯田 留

田7 【畱】 12画 2-8131 7571 本字　田3 【畄】 8画 6523 7544 俗字

なりたち 【形声】「田（＝止まるところ）」と、音「丣《ユウ↓リュウ》」とから成る。とどまる。

意味 ❶動かずに同じところにいる。とどまる。例 駐留《チュウリュウ》。逗留《トウリュウ》。❷同じところにとめておく。とどめる。とめる。例 留学《リュウガク》。留意《リュウイ》。慰留《イリュウ》。保留《ホリュウ》。

使い分け とまる・とめる【止・留・泊】⇩1174ページ

人名 と・とどむ・とめ・ひさ・ひさし

【留意】《リュウイ》（名・する）心にとめて忘れないようにすること。気をつけること。注意。例 健康に―する。

【留学】《リュウガク》（名・する）外国や国内の大学や研究機関などに属して、教育を受けたり研究活動をしたりすること。

【留▼錫】《リュウシャク》（名・する）行脚《アンギャ》の僧《ソウ》が、行くさきざきの寺にしばらく滞在《タイザイ》すること。

【留置】《リュウチ》（名・する）①人や物を一定の機関の支配下におくこと。例 押収《オウシュウ》した物を―する。②刑罰《ケイバツ》としてではなく、警察などで、被疑者《ヒギシャ》を一時とどめておくこと。例 ―施設《シセツ》。一昼夜―しておく。

【留鳥】《リュウチョウ》 一年じゅう、すむ土地を変えない鳥。スズメ・カラスなど。対 候鳥。

【留任】《リュウニン》（名・する）任期が終わって、さらに同じ職や役目に任じられ、そのまま続けること。例 会長の―が決定した。

【留年】《リュウネン》（名・する）学生が、卒業や進級をしないで、原級にとどまること。類 落第。例 二年以上―する。

【留保】《リュウホ》（名・する）その場で決定しないで、そのままの状態にとどめておくこと。決定をもちこすこと。保留。例 回答を一時―する。

【留守】《ルス》 ①家人のいないあいだ、その家をまもること。留守番。例 ―をあずかる。②外出して家にいないこと。不在。例 ―宅。家を―にする。③ほかのことに気をとられ、注意がそれること。例 仕事が―になる。

●慰留《イリュウ》・寄留《キリュウ》・在留《ザイリュウ》・残留《ザンリュウ》・滞留《タイリュウ》・駐留《チュウリュウ》・保留《ホリュウ》

田5 [畝] 10画 ⇩【畝】《うね》（678ページ）

田5 【畊】 10画 ⇩【畔】《ハン》（679ページ）

田6 【異】 11画 1659 7570 教育6 音 イ漢呉 訓 こと・こと-なる

筆順 丨 冂 罒 田 田 畀 𢌿 異

なりたち 【会意】「廾（＝両手をあげる）」と「畀（＝あたえる）」とから成る。分ける。

意味 ❶分けて区別する。ことなる。ほかの。対 同《ドウ》。例 異国《イコク》。異性《イセイ》。特異《トクイ》。❷ふつうでない。奇怪《キカイ》な。あやしい。例 異状《イジョウ》。異変《イヘン》。怪異《カイイ》。❸非凡《ヒボン》な。きわだってすぐれた。例 異才《イサイ》。異彩《イサイ》。異色《イショク》。

難読 異情《あだしごころ》

人名 より

【異域】《イイキ》 よその土地。類 外国・異国。例 ―の鬼《おに》となる（＝外国旅行中に死ぬ）。

【異化】《イカ》（名・する）①〔生〕生物が自身のからだに取り入れた複雑な成分を簡単な物質に分解すること。異化作用。対 同化。②心理学で、ちがいをはっきりきわだたせること。

【異学】《イガク》 ①異端《イタン》の学問。正統でない学問。②江戸《えど》時代に正学《セイガク》とされた朱子学《シュシガク》の側《がわ》から、それ以外の儒学《ジュガク》、たとえば陽明学《ヨウメイガク》などを指したことば。例 ―の禁。

【異観】《イカン》 めずらしい景色《けしき》・ながめ。例 ―を呈《テイ》する。

【異義】《イギ》 ①ちがった意味。別の意味。例 同音―語。本義から分かれて―をもつ語。②別の意見。

【異議】《イギ》 ①他人とちがう意見。反対意見。異論。異存。例 ―なし。―を唱える。②〔法〕ある事項《ジコウ》についての反対・不服の意思。例 ―申し立て。

【異教】《イキョウ》 ①自分が信仰《シンコウ》する宗教とちがった宗教。例 ―徒。②キリスト教から他の宗教を指す言い方。

【異郷】《イキョウ》 自分の郷里でない、よその土地。他郷。外国。対 故郷。例 ―に新天地をひらく。

【異境】《イキョウ》 外国。よその土地。例 ―をさまよう。

【異形】《イギョウ|イケイ》（名・形動ダ）ふつうとはちがったかたち。異様なかたち。例 ―の化け物。―の者《もの》。

【異曲同工】《イキョクドウコウ》 似たりよったりであること。→【同工異曲】《ドウコウイキョク》（190ページ）

【異口同音】《イクドウオン》 おおぜいが口をそろえて同じことを言うこと。例—に答える。

【異見】《イケン》 ほかの人とちがった考え。例—を述べる。

【異国】《イコク》 よその国。外国。異邦《イホウ》。例—の人。

【異国情緒】《イコクジョウチョ》〔「イコクジョウショ」とも〕外国で味わう独特の気分や感じ。また、国内にありながらそのように感じる気分。異国情調。エキゾチシズム。例—あふれる街。

【異才】《イサイ》 すぐれた才能。また、才能のすぐれた人。偉才《イサイ》。

【異彩】《イサイ》 ①特別な光や色合い。ひときわ美しい色彩。②人やものがきわだってすぐれていること。ほかにはないすぐれた特色。例—を放つ。

例画壇《ガダン》の—。

【異質】《イシツ》（名・形動《ナダ》）成分や性質がちがうこと。対等質・同質。例—の文化。

【異字同訓】《イジドウクン》 いくつかの漢字が、似た意味をもち、同じ訓であるもの。たとえば、「はかる」とよむ「計る」「量る」「測る」「図る」「謀る」など。

【異種】《イシュ》 ちがう種類。別種。例—交配。

【異臭】《イシュウ》 なんのにおいかわからない、異様なにおい。いやなにおい。例—がたちこめる。

【異称】《イショウ》 通称・本名、あるいは学名・漢名などとちがった呼び名。別称。別名。異名。例ペンペングサはナズナの—だ。

【異状】《イジョウ》 ふつうとちがった状態。変わったようす。別状。例—なし。神経に—がある。

【異常】《イジョウ》（名・形動《ナダ》）平常どおりでないこと。また、ふつうではないこと。アブノーマル。対正常。例—気象。—を示す。

【異色】《イショク》 ①他とちがう色。例—を配する。②ふつうとちがってすぐれた特性。例—の作品。

【異心】《イシン》 むほんの心。人を裏切ろうとする気持ち。ふたごころ。例—をいだく。

【異人】《イジン》 ①ちがう人。別人。例同名—。②風変わりな人。変人。奇人《キジン》。③外国の人。異邦人《イホウジン》。〔明治以後、西洋人を指すことが多い〕例—館。—屋敷《やしき》。

【異姓】《イセイ》 みょうじがちがうこと。類他姓・別姓。対同姓。

【異性】《イセイ》 ①男女・雌雄《シユウ》など、性がことなること。また、そのもの。②自分の性とちがう性。〔男性から女性を、女性から男性を指す〕例—との交際。▽対同性。

例夫婦《フウフ》だが—を名のる。

【異説】《イセツ》 ①ふつうとはちがった学説や考え。対通説・定説。②ある説に対して、それとことなる説。異論。例—を唱える。

【異相】《イソウ》 ふつうとはちがう人相や姿。異形《イギョウ》。

【異存】《イゾン》 ①人とちがった意見。②反対の意見。異議。例—はない。

【異体】《イタイ》 ①〔「イテイ」とも〕ふつうと変わった姿。異形《イギョウ》。異相。②別々のからだ。別の個体。対同体。例雌雄《シユウ》—。③漢字やかなの、標準字体でない字体。異体字。通用字・俗字《ゾクジ》・略字などの形。例、「烟」は「煙」の、「丼」は「井」の、「ゐ」は「い」の異体。対正体《セイタイ》。

【異端】《イタン》 ある時代やある社会で、正しいとされている学説や思想・宗教からはずれていること。例—者《シャ》。

【異朝】《イチョウ》 ①外国の朝廷《チョウテイ》。②外国。異国。〔明治以前には、とくに中国を指した〕対本朝。

【異土】《イド》 外国。異国。異郷。例—に客死《カクシ》する（＝旅のとちゅう外国で死ぬ）。

【異同】《イドウ》 ことなる点。ちがい。類相違《ソウイ》。例両者の—。

【異動】《イドウ》（名・する）住所・所属・地位・職務・任地などが変わること。また、変えること。例人事—。

【異能】《イノウ》 ふつうの人にはない、特別のすぐれた才能。

【異父】《イフ》 母親が同じで父親がちがうこと。例—兄弟《キョウダイ》。

【異腹】《イフク》 父親が同じで母親がちがうこと。はらちがい。異母。対同腹。例—の兄。

【異物】《イブツ》 ①（あるはずのない）ちがったもの。別のもの。例米に—が混入する。②〔医〕体内にはいったり、発生したもので、からだの組織になじまないもの。飲みこんだ針、結石など。例—を取り除く。

【異聞】《イブン》 めずらしい話。変わった話。類珍聞《チンブン》・奇聞《キブン》。

【異分子】《イブンシ》 一つの集団の中で、他の者と性質・思想・種類などがちがう者。例党内の—を排除《ハイジョ》する。

【異変】《イヘン》 ①変わったできごと。天災や動乱など、非常の事態。変事。例暖冬—。—の多い年。身に—が起きる。②目に見えて変わること。変化。変異。例子供の—に気づく。

【異母】《イボ》 父親が同じで母親がちがうこと。異腹。はらちがい。例—兄弟《キョウダイ》。

【異邦】《イホウ》 よその国。外国。異国。例—人（＝他国民）。

【異本】《イホン》 同一の内容の書物と見えるが、流布《ルフ》や書写を経て、標準になるものとは、文字や内容に多少ちがいのある本。類一本《イッポン》・別本《ベッポン》。

【異名】《イミョウ｜イメイ》 ①本名以外の名。別名。別称《ベッショウ》。一名《イチメイ》。異称。例師走《しわす》は十二月の—だ。②特徴《トクチョウ》をよくあらわす呼び名。あだな。③動植物の名で、学名・漢名などとちがう通り名。例ライラックは、ムラサキハシドイの—だ。

【異様】《イヨウ》（名・形動《ナダ》）ふつうとちがうこと。変わったようすであること。例—な雰囲気《フンイキ》。—に光るものがある。

【異例】《イレイ》（名・形動《ナダ》）いつもとちがうこと。前例のない特別なこと。例—の昇進《ショウシン》。

【異論】《イロン》 人とちがう議論や意見。反対の意見。異議。異見。例—をさしはさむ余地がない。

●怪異《カイイ》・奇異《キイ》・驚異《キョウイ》・差異《サイ》・小異《ショウイ》・特異《トクイ》・変異《ヘンイ》

田 6

【畦】

11画 2345 7566 音ケイ漢 訓うね・あぜ

意味 ❶耕地の面積の単位。一畦《イッケイ》は五十畝《ポ》（＝周代の一畝は約一・八アール）。❷田畑の中の小さくぎられた部分。小高く土を盛り上げて作物を植えるところ。うね。例畦畝《ケイホ》（＝うね）。❸（田畑の）くぎり。例畦道《あぜみち》。

【畦道】《あぜみち》 田をくぎっている細長い土盛りを、通路とするところ。例—を通る。曲がりくねった—。

田 6

【畩】

11画 6530 7569 国字 訓けさ

意味 人名・地名に用いられる字。例畩ケ山《けさがやま》（＝鹿児島《かごしま》県の地名）。

田 6

【畤】

11画 6531 7564 音シ漢チ漢ジ呉 訓うね

意味 天地や五帝《ゴテイ》（＝中国古代の伝説上の五人の帝王）をまつった祭壇《サイダン》。例霊畤《レイジ》（＝祭場）。

田 6

【畢】

11画 4113 7562 人名 音ヒツ漢 訓おわ-る・ことごと-く

意味 ❶狩《か》りに使う長い柄《え》のついたあみ。❷おえる。おわる。例畢竟《ヒッキョウ》。❸完全に。ことごとく。例群賢畢至《グンケンことごとくいたる》。❹二十八宿の一つ。あめふりぼし。例畢宿《ヒッシュク》。

【畢▼竟】《ヒッキョウ》（副・する）つまるところ。つまり。結局。例—、徒労に終わった。—するに、すべて親の心配りのたまものだ。

【畢生】《ヒッセイ》 死ぬまで。一生。終生。例—の大業（＝生涯《ショウガイ》を

かけた大事業)。

田 6
【略】
11画 4612 7565 教育5
音 リャク 漢 呉
訓 はか-る・はかりごと・ほぼ・はぶ-く

筆順 略

田 6
[畧] 11画 6532 7567 別体字

なりたち [形声]「田(=土地)」と、音「各《カク→リャク》」とから成る。土地をくぎり、治める。

意味 ❶土地の境界を定めて治める。いとなむ。おさめる。例 経略《ケイリャク》。❷うばいとる。おかす。同 掠《リャク》。例 略取《リャクシュ》。略奪《リャクダツ》。❸計画。はかりごと。例 計略《ケイリャク》。策略《サクリャク》。❹あらまし。だいたい。ほぼ。例 略述《リャクジュツ》。概略《ガイリャク》。大略《タイリャク》。❺必要なものを取り、不要なものを除く。はぶく。例 略式《リャクシキ》。簡略《カンリャク》。省略《ショウリャク》。

人名 とる・のり・もと

【略《リャク》画《ガ》】簡略にかいた絵。

【略《リャク》儀《ギ》】正式な手続きを省略した、簡単なやり方。略式。例 右、—ながら書面にてお願い申し上げます。

【略《リャク》言《ゲン》】㊀(名・する) 内容を簡単に述べること。また、そのことば。例 事件を—する。㊁(名) 語が複合するとき、中間の音が省略される、音韻の変化。「うちそと(=内外)」が「うちと」、「かわうち(=河内)」が「かわち」になるなど。略音。

【略《リャク》語《ゴ》】語形の一部分を省いて簡略にしたことば。「追試験」を「追試」、「特別急行」を「特急」、「テレビジョン」を「テレビ」というなど。

【略《リャク》字《ジ》】複雑な字形の一部を省いて簡略にした漢字。「應」を「応」、「戀」を「恋」とするなど。対 正字・本字。

【略《リャク》式《シキ》】手順・方法などの一部を省いて簡単にしたやり方。略儀《リャクギ》。対 正式・本式。例 —裁判。—命令。

【略《リャク》取《シュ》】(名・する) うばいとること。かすめとること。略奪《リャクダツ》。例 —誘拐《ユウカイ》。敵地を—する。表記 旧▼掠取

【略《リャク》述《ジュツ》】(名・する) だいたいのところを、のべること。対 詳述《ショウジュツ》。

【略《リャク》称《ショウ》】(名・する) 正式の名称を簡略にし、略語の形式にした呼び名。また、その名で呼ぶこと。「日本経済団体連合会」を「経団連」、「民間放送」を「民放」、「コンパクトディスク(compact disk)」を「シーディー(=CD)」というなど。

【略《リャク》図《ズ》】簡略にかいた図。例 駅までの—をかく。

【略《リャク》説《セツ》】(名・する) (要点を)簡略に説明すること。また、その説明。対 詳説《ショウセツ》。

【略《リャク》装《ソウ》】略式の服装。略服。対 正装。

【略《リャク》体《タイ》】①正式の体裁《テイサイ》を簡略にした形。②漢字の字画を略した字体。類 略字。例 —のかな(=たとえば、片かなの「イ」は「伊」の略体)。▽対 正体《セイタイ》。

【略《リャク》奪《ダツ》】(名・する) 力ずくでうばい取ること。かすめ取ること。略取。強奪《ゴウダツ》。例 —結婚《ケッコン》。表記 旧▼掠奪

【略《リャク》伝《デン》】簡略な伝記。小伝。対 詳伝《ショウデン》。例 作者—。

【略《リャク》歴《レキ》】だいたいの経歴。また、それを書いたもの。

【略《リャッ|リャク》解《カイ|ゲ》】(名・する) 簡単に、あらましを解釈《カイシャク》すること。また、その解釈や解説。対 詳解《ショウカイ》・精解。例 万葉集—。

【略《リャッ》記《キ》】(名・する) 要点を簡単に書きしるすこと。また、そのもの。例 要旨《ヨウシ》をつかんで—する。

●概略《ガイリャク》・簡略《カンリャク》・計略《ケイリャク》・攻略《コウリャク》・策略《サクリャク》・省略《ショウリャク》・侵略《シンリャク》・戦略《センリャク》・謀略《ボウリャク》

田 6
[畧] 11画 ⇨【略】リャク (681ページ)

田 7
【畳】
12画 3086 7573 常用
音 チョウ 漢 ジョウ 呉
訓 たた-む・たたみ

筆順 畳

田17
【疊】 22画 6540 758A 人名

田11
[疂] 16画 6542 7582 別体字

田17
[疉] 22画 6541 7589 別体字

なりたち [会意]「晶(=日をかさねる)」と「宜(=よい)」とから成る。かさねる。

意味 積みかさねる。かさなる。たたむ。例 重畳《チョウジョウ》。

日本語での用法 ㊀《ジョウ》和風の部屋のたたみの数を数えることば。「三畳《サンジョウ》・四畳半《ヨジョウハン》」 ㊁《たたみ》和室のゆかの上にしく、イグサで作った厚いしきもの。「畳《たたみ》を替《か》える・畳《たたみ》を上《あ》げる」 ㊂《たたむ》店を閉じて、あきないをやめる。「店《みせ》を畳《たた》む」

難読 畳紙《たとう》

人名 あき

【畳《ジョウ》韻《イン》】漢字の熟語で、上下二つの漢字の韻(=語頭の子音《シイン》を除いた、母音《ボイン》をふくむ部分)を重ねたもの。たとえば、「逍遥《ショウヨウ》」「滅裂《メツレツ》」「艱難《カンナン》」など。→【双声】ソウセイ (176ページ)

【畳《ジョウ》語《ゴ》】同じ単語を重ねてできた複合語。日本語では、「われわれ」「ときどき」「だいだい」など。漢語では「年年」「歳歳《サイサイ》」「堂堂」「峨峨《ガガ》」など。

【畳《ジョウ》字《ジ》】①同じ漢字やかなを重ねるとき、その字の代わりに使う符号《フゴウ》。おどり字。「々」「〱」「ゝ」「ゞ」など。②同じ字を重ねて書く熟語。畳語。「歴歴」「重重」など。

【▽畳▽紙《たとう|たとうがみ》】①たたんでふところに入れておき、日常用いる紙。懐紙《カイシ》。②渋《しぶ》やうるしなどをぬった厚紙。折りたたむようにして、和服などを包むのに用いる。

田 7
【番】
12画 4054 756A 教育2
音 バン 慣 ハン 漢
訓 つが-い・つが-う

筆順 番

なりたち [象形]「釆(=けものの、つめ)」と「田(=足のうら)」とから成る。けものの足の形。借りて「かわるがわる」の意。

意味 ❶かわるがわる。例 順番《ジュンバン》。当番《トウバン》。❷順序や回数につけることば。例 一番《イチバン》。連番《レンバン》。❸中国の西方に住む異民族。外国人。同 蕃《バン》。例 番語《バンゴ》(=外国語)。

日本語での用法 ㊀《バン》①みはり。「番人《バンニン》・門番《モンバン》・夜番《よバン》」 ②順序や組み合わせを数えることば。「番地《バンチ》・番付《バンづけ》・番組《バンぐみ》」 ③日常の。そまつな。「番茶《バンチャ》・番傘《バンがさ》」 ㊁《つがい》めすとおすのひと組み。また、二つでひと組みのもの。「番《つが》いの文鳥《ブンチョウ》を飼《か》う・一番《ひとつがい》・蝶番《チョウつがい》」 ㊂《つがう》交尾《コウビ》する。「犬《いぬ》が番《つが》う」

難読 十八番《おはこ》

人名 つぎ・つぐ・つら・ふさ

【番《バン》外《ガイ》】①決められた番数・番組・番号・順番・メンバーのほかであること。例 —地。—編。—委員。②特別のものやこと。特別な人。例 かれは—だ。

【番《バン》傘《がさ》】厚い油紙を張ったじょうぶなからかさ。

【番《バン》組《ぐみ》】①興行や演奏の、演目や順序、出演者などをしるした一覧表。②ラジオ・テレビなどの、一日分ごとに、時間を割って、種目・演目などを示す放送予定表。

【番犬】《バンケン》 外部からの侵入者《シンニュウシャ》の用心のために飼うイヌ。〔権威者《ケンイシャ》の忠実な護衛役のたとえにもいう〕

【番号】《バンゴウ》 順番をあらわす数字、または、数字をふくむ符号《フゴウ》。例電話—。出席—。—順に並ぶ。

【番所】《バンショ》 ①番人のつめるところ。②江戸《えど》時代に置かれた町奉行所《まちブギョウショ》。

【番線】《バンセン》 ①鉄道やバスの駅・停留所で、整理番号のついた乗降場や線路。例三—。②針金の太さの単位。

【番卒】《バンソツ》 見張りの兵卒。番兵。

【番台】《バンダイ》 銭湯・芝居《しばい》小屋などの入り口で、見張りの番人がすわる台。また、その番人。例—にすわって客をさばく。

【番地】《バンチ》 町や村をさらに区分して、区別するための番号。

【番茶】《バンチャ》 摘み残りのかたい葉を使った、品質のおとるお茶。

【番長】《バンチョウ》 非行少年少女のグループの長。

【番付】《バンづけ》 演芸や相撲《すもう》などで、順番や順位などを書いたもの。また、力量などの順位をあらわした一覧表や、それにならって作る順位表。例春場所の—。長者—。歌舞伎《かぶき》の—。

【番手】《バンて》 ①〔「…番手」の形で〕陣立《ジンだ》てで、隊列の順序をいうのに用いることば。転じて、順番をあらわすことば。例二—。②糸の太さをあらわす単位。

【番頭】《バントウ》 商店や旅館などで、使用人の、かしら。

【番人】《バンニン》 見張りをする人。番をする人。

【番兵】《バンペイ》 見張りの兵士。衛兵《エイヘイ》。哨兵《ショウヘイ》。

【番屋】《バンや》 番人のいる小屋。

●一番《イチバン》・欠番《ケツバン》・十八番《ジュウハチバン／おはこ》・順番《ジュンバン》・当番《トウバン》・非番《ヒバン》・本番《ホンバン》・店番《みせバン》・門番《モンバン》

田7 【畬】 12画 2-8129 756C 音ヨ漢 訓あらた

田7 ［畭］ 12画 6534 756D 別体字

意味 開墾《カイコン》して二年あるいは三年めの、はたけ。あらた。

田7 ［畫］ 12画 ⇩【画】《ガ》(677ページ)

田7 ［畤］ 12画 ⇩【疇】《チュウ》(682ページ)

田7 ［畭］ 12画 ⇩【畬】《ヨ》(682ページ)

田7 ［畱］ 12画 ⇩【留】《リュウ》(679ページ)

田8 【畸】 13画 6535 7578 音キ漢

意味 ❶井田法《セイデンホウ》でくぎれない、はんぱな耕作地。❷ふつうとはちがった。風変わりな。同奇《キ》。例畸人《キジン》。

表記 現代表記では、「奇《キ》」に書きかえることがある。熟語は「奇」(265ページ)を参照。

【畸形】《キケイ》 生物の発育異常の形態。表記 現奇形

【畸人】《キジン》 行動や性格などが変わっている人。表記 現奇人

田8 【畷】 13画 3877 7577 音テツ漢 テイ漢 訓なわて

意味 耕地のあいだの道。あぜみち。なわて。

田8 ［畵］ 13画 ⇩【画】《ガ》(677ページ)

田8 ［畺］ 13画 ⇩【疆】《キョウ》(682ページ)

田8 【當】 13画 ⇩【当】《トウ》(316ページ)

田10 【畿】 15画 2106 757F 常用 音キ漢 訓みやこ

筆順 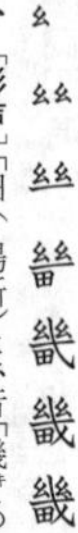

なりたち 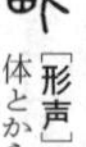 ［形声］「田(=場所)」と、音「幾《キ》」の省略体とから成る。天子に属する千里四方の地。

意味 古代中国で、都から四方へ千里以内の天子の直轄《チョッカツ》地。日本では、京都を中心とした地域。みやこ。

人名 ちか

【畿内】《キナイ》 ①古代中国で、都を中心とした千里四方の、天子の直轄《チョッカツ》地。②〔「キダイ」とも〕日本で、京都周辺の、山城《やましろ》(=京都府南部)・大和《やまと》(=奈良《なら》県)・河内《かわち》(=大阪《おおさか》府南東部)・和泉《いずみ》(=大阪府南西部)・摂津《せっつ》(=大阪府北部および兵庫《ひょうご》県南東部)の五つの国。五畿。

田11 ［疂］ 16画 ⇩【畳】《ジョウ》(681ページ)

田14 【疆】 19画 6537 7586 音キョウ漢 訓さかい

田8 ［畺］ 13画 2-8132 757A 本字

参考 「畺」は、二つの「田(=た)」と「三(=三本の境界線)」とから成る会意文字。

意味 土地の境界。さかい。例疆域《キョウイキ》(=さかい。国境)。

田14 【疇】 19画 6538 7587 音チュウ漢 訓うね・たぐい

田7 ［畤］ 12画 6539 7574 俗字

意味 ❶たがやされた田畑。とくに、麻《あさ》ばたけ。❷田畑のうね。❸なかま。たぐい。同儔《チュウ》。例範疇《ハンチュウ》。❹きのう。むかし。さきに。例疇昔《チュウセキ》(=きのう。さきごろ)。

田17 【疊】 22画 ⇩【畳】《ジョウ》(681ページ)

田17 ［疉］ 22画 ⇩【畳】《ジョウ》(681ページ)

103 5画 疋 ひき(⺪ ひきへん)部

あしの形をあらわす。「疋」が偏《へん》(=漢字の左がわの部分)になるときは「⺪(ひきへん)」となる。「疋」をもとにしてできている漢字と、「疋」の字形を目じるしにして引く漢字とを集めた。

0 疋 7 疎 疏 9 疑

疋0 【疋】 5画 4105 758B 人名 音一ショ漢 ソ呉 二ヒキ慣 ヒツ漢 訓あし

意味 一《ショ／ソ》 足。 二《ヒキ／ヒツ》 ❶動物を数えることば。同匹《ヒツ》。❷織物の長さの単位。一疋《イッピツ》は四丈《ジョウ》(=約九メートル)。同匹《ヒキ》。例疋帛《ヒッパク》(=一疋の絹の織物)。

日本語での用法 《ヒキ》 ①一疋《イッピキ》は、反物《タンもの》二反。「絹《きぬ》五十疋《ビキ》」 ②一疋《イッピキ》は銭《ぜに》十文《モン》、のちに二十五文。

疋7 【疎】 12画 3334 758E 常用 音ショ漢 ソ呉 訓うと-い・うと-む・まば-ら・おろそ-か

人名 ただ

疋7 ［疏］ 12画 3333 758F 人名 本字

疋7 ［踈］ 14画 7683 8E08 別体字

筆順 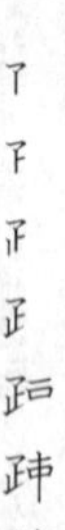

なりたち  [会意]「充(=子供が生まれる)」と「疋《ショ》(=あし)」とから成る。通じさせる。

意味 ❶切り開いて、通じさせる。とおす。例疎通《ソツウ》。❷切り開かれて、ばらばらにはなれる。まばら。対密《ミツ》。例疎密《ソミツ》。空疎《クウソ》。❸はなれて遠ざかる。うとい。うとむ。うとんじる。例疎遠《ソエン》。疎外《ソガイ》。去《さ》る者《もの》は日日《ひび》に疎《うと》し(=死んだ人や別れた人は、しだいに忘れられていくものだ)。❹こまかく分けて説明する。箇条書《カジョウが》きにする。また、その解説や上奏文。例上疏《ジョウソ》。注疏《チュウソ》。

参考「❹」では「疏」を使うことが多い。

【疎遠《ソエン》】(名・形動《ナダ》)文通や行き来がなく、親しみがうすいこと。例仲が―になる。日ごろ―にして交際しない。

【疎開《ソカイ》】(名・する)①あいだをあけてまばらにすること。②空襲《クウシュウ》や災害に備えて密集している都市の建物や住民を地方に分散させること。例―先。強制―。学童―。

【疎外《ソガイ》】(名・する)よそよそしくして、のけものにすること。例―感。ひとりだけ―される。

【疎隔《ソカク》】(名・する)よそよそしくなること。例感情の―が生じる。

【疎水《ソスイ》】農業用水や発電などのため、土地を切り開いて水を通すこと。また、その水路。例琵琶湖《ビワコ》からの―。表記 旧▼疏水

【疎通《ソツウ》】(名・する)気持ちや考えがよく通じて理解されること。例意思の―をはかる。表記 旧▼疏通

【疎放《ソホウ》】(名・形動《ナダ》)大ざっぱなこと。例―農業。―な性質。表記「粗放」とも書く。

【疎密《ソミツ》】あらいことと細かいこと。また、親しくないことと親しいこと。例―のある織物。表記「粗密」とも書く。

【疎明《ソメイ》】①いいわけ。弁明。②〔法〕裁判官に確からしいという推測をいだかせるために、当事者のおこなう努力。表記 ▽旧▼疏明

【疎略《ソリャク》】(名・形動《ナダ》)ぞんざいにすること。あつかいがおろそかなこと。例客を―にあつかう。表記「粗略」とも書く。

【疎林《ソリン》】木がまばらに生えたはやし。例赤松《あかまつ》の―。

【疎漏《ソロウ》】(名・形動《ナダ》)やり方がぞんざいで手落ちのあること。手ぬかり。例準備に―はない。表記「粗漏」とも書く。

●過疎《カソ》・空疎《クウソ》・親疎《シンソ》

疋 7 【疏】12画 ⇩【疎】《ソ》(682ページ《ジ》)

疋 9

【疑】

14画 2131 7591 教育6 音ギ漢呉 訓うたが-う・うたが-い・うたが-わしい

筆順 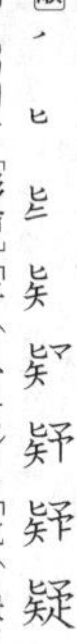

なりたち  [形声]「子(=ふえる)」と「𠤕(=決まらない)」の省略体と、音「止《シ》」とから成る。決めかねてまどう。

意味 ❶似ていて区別しにくい。判断しにくい。まぎらわしい。うたがわしい。うたがう。うたがい。例疑心《ギシン》。疑問《ギモン》。疑惑《ギワク》。❷ためらう。まよう。例狐疑《コギ》。遅疑《チギ》。

【疑義《ギギ》】意味や内容がはっきりしないこと。例―をただす。

【疑獄《ギゴク》】罪状がはっきりせず、判決が出しにくい刑事《ケイジ》事件。〔政府高官が関係した、大がかりな贈収賄《ゾウシュウワイ》事件などにいう〕

【疑似《ギジ》】ほんものと似ていてまぎらわしいこと。例―コレラ。―体験。表記「擬似」とも書く。

【疑心《ギシン》】うたがう心。疑念。例―が起こる。

【疑心暗鬼《ギシンアンキ》】「疑心暗鬼を生ず」の略。例―になる。

【疑心《ギシン》暗鬼《アンキ》を生《ショウ》ず】うたがいの心をもっていると、ありもしない化け物の姿が見えるように、何もかも不安に思われ、信じられなくなる。疑心暗鬼。〈列子《レッシ》〉

【疑点《ギテン》】うたがわしいところ。疑問点。例―を残す。

【疑念《ギネン》】うたがう気持ち。疑心。例―がわく。

【疑問《ギモン》】①うたがわしい点を問いただすこと。例―をさしはさむ。②うたがわしいことがら。例―が生じる。

【疑惑《ギワク》】何かおかしいとあやしむこと。疑い。例―を晴らす。

●懐疑《カイギ》・嫌疑《ケンギ》・質疑《シツギ》・半信半疑《ハンシンハンギ》・容疑《ヨウギ》

104 5画 疒 やまいだれ部

人が、やまいで寝台《シンダイ》にねている形をあらわす。「疒」の字の音は、ダク。「疒」をもとにしてできている漢字を集めた。

②疔 ③疚 疝 ④疫 疥 疣 ⑤痂 疳 疴 痃 疾 疽 症 疹 疸 疼 疲 病 疱 ⑥痍 痕 疵 痔 痊 痒 ⑦痙 痣 痩 痛 痘 痞 痢 ⑧痾 痿 瘀 痼 瘁 痰 痴 痺 痲 痳 痹 ⑨瘖 瘧 瘋 瘍 瘉 ⑩瘟 瘠 瘡 瘢 瘤 瘦 ⑪瘴 瘰 瘻 ⑫癇 癌 癈 癘 療 癆 ⑬癜 癖 癒 癒 ⑭癡 ⑮癢 ⑯癨 癪 癩 癧 ⑰癬 ⑱癰 ⑲癲

疒 2

【疔】

7画 6543 7594 音テイ漢 チョウ呉 訓かさ

意味 できものの一種。顔面に生じることが多く、うみが出にくい悪性のはれもの。かさ。例面疔《メンチョウ》。

疒 3

【疚】

8画 6544 759A 音キュウ漢 訓や-む・やま-しい

意味 ❶長びく病気。やむ。❷気がとがめる。やましい。例内省不レ疚《うちにかえりみてやましからず》(=心に反省して、やましいところがない)。〈論語《ロンゴ》〉

疒 3

【疝】

8画 6545 759D 音サン漢 セン呉

意味 腹や腰《こし》などがひきつって痛む病気。例疝気《センキ》(=漢方で、下腹のいたみ)。

疒 4

【疫】

9画 1754 75AB 常用 音エキ漢 ヤク呉 訓えやみ

筆順 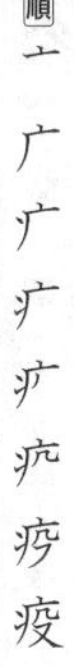

なりたち 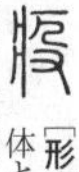 [形声]「疒(=やまい)」と、音「役《エキ》」の省略体とから成る。はやりやまい。

意味 伝染病《デンセンビョウ》。えやみ。例疫痢《エキリ》。悪疫《アクエキ》。

【疫学《エキガク》】流行病などの原因を広く統計的に調査・研究する学問。例―的調査を行う。

【疫病《エキビョウ・ヤクビョウ》】悪性の伝染病《デンセンビョウ》。例―《ヤクビョウ》よけ。

【疫病神《ヤクビョウがみ》】①疫病《エキビョウ》をはやらせるという神。②だれからも忌《い》みきらわれる人のたとえ。

【疫痢《エキリ》】感染症の一つ。赤痢菌《セキリキン》などにより幼児が高熱・下痢《ゲリ》・嘔吐《オウト》などの症状《ショウジョウ》を起こす。

【疫▼癘《エキレイ》】〔「癘」も、流行病の意〕「疫病」に同じ。

●悪疫《アクエキ》・検疫《ケンエキ》・防疫《ボウエキ》・免疫《メンエキ》

疒4 **【疥】** 9画 6546 75A5 音 カイ漢 訓 はたけ

意味 皮膚《ヒフ》に炎症《エンショウ》を起こし、ひどいかゆみをともなう病気。ひぜん。はたけ。例 疥癬《カイセン》。

【疥▼癬】《カイセン》 ヒゼンダニの寄生によって起こる皮膚《ヒフ》病。ひどいかゆみをともなう。ひぜん。

疒4 **【疣】** 9画 6547 75A3 音 ユウ漢 訓 いぼ

月4 ［肬］ 8画 7079 80AC 本字

意味 皮膚《ヒフ》の一部が変質して小さく盛り上がったもの。いぼ。例 疣贅《ユウゼイ》(=いぼとこぶ。よけいなもの)。

難読 懸疣《さがりふすべ》(=たれ下がった、こぶ・いぼの類)

疒5 **【痂】** 10画 6548 75C2 音 カ漢 訓 かさ・かさぶた

意味 できものや傷が治りかけたときに、その表面をおおってできる皮。かさぶた。かさ。

疒5 **【疳】** 10画 6549 75B3 音 カン漢

意味 子供の胃腸病の一種。例 疳積《カンシャク》。

日本語での用法 《カン》①神経質な幼児におこる病をいう。「疳《カン》の病《やまい》」②かん。ひきつけ。参考「癇」とも書く。

【疳▽積】《カンシャク》 栄養不良などによっておこる幼児の貧血症《ヒンケツショウ》。癇癪《カンシャク》とは別。表記「疳▼癪」とも書く。

疒5 **【痀】** 10画 2-8144 75C0 音 ク漢

意味 背骨が曲がる病気。例 痀瘻《クル》。

【痀▼瘻】《クル》 ⇩【佝僂】《クル》(65ページ)

疒5 **【痃】** 10画 6550 75C3 音 ケン漢 ゲン呉 訓 めまい

意味 ❶下腹部にしこりのできる病気。例 横痃《オウゲン》(=よこね)。❷めまい。同 眩《ゲン》。例 痃癖《ケンペキ》。痃暈《ケンウン》(=めまい)。

疒5 **【疾】** 10画 2832 75BE 常用 音 シツ漢 シチ呉 訓 やまい・やーむ・にくーむ・はやーい・とーし

筆順 亠 广 广 疒 疒 疒 疒 疾

なりたち 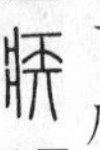 [会意]「疒(=やまい)」と「矢(=人をきずつける、や)」とから成る。やまい。やむ。

意味 ❶(急性の)病気。やまい。例 疾病《シッペイ》。悪疾《アクシツ》。❷わずらう。やむ。❸うらむ。にくむ。例 疾悪《シツオ》(=にくむ)。疾視《シッシ》。❹スピードがはやい。すばやい。例 疾駆《シック》。疾走《シッソウ》。

人名 はやし

【疾患】《シッカン》 病気。やまい。例 胸部—。慢性《マンセイ》—。

【疾駆】《シック》 (名・する) 馬や車などで勢いよく走ること。疾走。例 大道《ダイドウ》を—する馬車。

【疾呼】《シッコ》 (名・する) あわただしく呼ぶこと。かん高い声でさけぶこと。例 大声《タイセイ》—。

【疾視】《シッシ》 (名・する) にくしみをもって、にらみつけること。

【疾走】《シッソウ》 (名・する) ひじょうに速く走ること。疾駆《シック》。例 全力—。—する車。

【疾風】 一《シップウ》 ①強く激しくふく風。例 —怒濤《ドトウ》(=はやてと大波)。②風速八メートルから一〇メートルくらいの風。〔ビューフォート風力階級5に相当する〕 二《はやて》〔「て」は、風の意〕急激にふいて進む強い風。突風《トップウ》。例 —のごとく去っていく。

【疾風迅雷】《シップウジンライ》 すばやく激しいこと。事態の急変や、行動のすばやさについていう。例 —の進撃《シンゲキ》。

【疾風《シップウ》に▼勁草《ケイソウ》を知《し》る】〔強い風に弱い草がたおれて、はじめて強い草が見分けられるの意〕困難にあって、はじめてその人の意志の強さがわかることのたとえ。〈後漢書《ゴカンジョ》〉

【疾病】《シッペイ》 病気。やまい。疾患《シッカン》。

●眼疾《ガンシツ》・肺疾《ハイシツ》・廃疾《ハイシツ》

疒5 **【疽】** 10画 6552 75BD 音 ショ漢 ソ呉 訓 かさ

意味 うみをもって根が深く治りにくい悪性のはれもの。かさ。例 疽腫《ソショウ》(=悪性のはれもの)。壊疽《エソ》。脱疽《ダッソ》。

疒5 **【症】** 10画 3041 75C7 常用 音 セイ漢 ショウ呉

筆順 亠 广 广 疒 疔 疔 疔 症

なりたち [形声]「疒(=やまい)」と、音「正《セイ》」とから成る。やまいのしるし。

意味 病気の性質やようす。例 症状《ショウジョウ》。

【症候群】《ショウコウグン》 〔医〕ある病気の特徴として現れるさまざまな症状。シンドローム。

【症状】《ショウジョウ》 病気にかかったときに、からだにあらわれる異常。例 自覚—。かぜの—が出ている。

【症例】《ショウレイ》 病気やけがの症状の実例。

●炎症《エンショウ》・軽症《ケイショウ》・後遺症《コウイショウ》・重症《ジュウショウ》

疒5 **【疹】** 10画 3130 75B9 音 一シン漢呉 二チン漢 訓 はしか

意味 一《シン》 皮膚《ヒフ》にふきでものが出る病気。とくに、はしか。例 湿疹《シッシン》。発疹《ハッシン》。麻疹《マシン》。 二《チン》 熱病(にかかる)。やむ。また、やまい。

疒5 **【疸】** 10画 6553 75B8 音 タン漢

意味 肝臓《カンゾウ》・胆嚢《タンノウ》の故障のために、胆汁《タンジュウ》が血液中にまじってからだが黄色になる病気。黄疸《オウダン》。

疒5 **【疼】** 10画 6554 75BC 音 トウ漢 訓 うずーく・いたーむ

意味 ずきずきする、いたみ。いたむ。うずく。例 疼痛《トウツウ》。

【疼痛】《トウツウ》 ずきずきいたむこと。いたみ。うずき。例 —を覚える。

疒5 **【疲】** 10画 4072 75B2 常用 音 ヒ漢呉 訓 つかーれる・つかーらす

筆順 亠 广 广 疒 疒 疒 疒 疲

なりたち  [形声]「疒(=やまい)」と、音「皮《ヒ》」とから成る。つかれる。

意味 体力がおとろえ気力がなくなってぐったりする。くたびれる。つかれる。つからす。また、つかれ。例 疲弊《ヒヘイ》。疲労《ヒロウ》。

【疲弊】《ヒヘイ》 (名・する) ①(肉体的・精神的に)つかれて弱ること。②経済的に行きづまり、生活状態が悪くなること。例 国民経済が—する。表記 ▽「罷弊」とも書く。

【疲労《ヒロウ》】(名・する) くたびれること。つかれ。例 —感。—困憊《コンパイ》。

疒5

【病】

10画 4134 75C5 教育3 音 ヘイ漢 ビョウ呉 訓 や-む・やまい

筆順 亠 广 疒 疒 疔 病 病

なりたち 病 [形声]「疒（＝やまい）」と、音「丙《ヘイ》」とから成る。やまいが重くなる。

意味 ❶不健康になる。やむ。やまい。例 病臥《ビョウガ》。病気《ビョウキ》。大病《タイビョウ》。❷きず。欠点。例 病弊《ビョウヘイ》。病癖《ビョウヘキ》。

難読 病葉《わくらば》

【病因《ビョウイン》】病気の原因。病原。

【病院《ビョウイン》】病気にかかった人、けがをした人のぐあいをみて、場合によっては収容して治療《チリョウ》する施設《シセツ》。例 総合—。救急—。参考 医療法で、収容能力二十人以上の施設を病院、十九人以下のものを診療所《シンリョウジョ》という。

【病▼臥《ビョウガ》】(名・する) 病気でとこにつくこと。

【病害《ビョウガイ》】農作物や家畜《カチク》などの、病気による損害。例 作物が—におかされる。

【病患《ビョウカン》】病気。やまい。

【病間《ビョウカン》】①病気が少しよくなっているとき。例 —に作品を仕上げる。②病気にかかっているあいだ。病中。

【病気《ビョウキ》】①心身のはたらきに異常が起こり、苦痛や不快を感じること。やまい。疾患《シッカン》。例 —になる。②悪いくせのたとえ。例 かれの例の—がまた出た。

【病苦《ビョウク》】病気による苦しみ。例 —とたたかう。

【病▼軀《ビョウク》】病気にかかっているからだ。病身。病体。例 —をおして出席する。

【病欠《ビョウケツ》】(名・する) 病気のために欠席や欠勤をすること。例 —の多い生徒。

【病原《ビョウゲン》】病気の起こる原因となるもの。病因。表記「病源」とも書く。

【病原菌《ビョウゲンキン》】病気の原因となる細菌。病菌。表記「病源菌」とも書く。

【病原体《ビョウゲンタイ》】病気の原因となる生物体。細菌《サイキン》やウイルスや寄生虫など。表記「病源体」とも書く。

【病後《ビョウゴ》】病気が治ったばかりで、まだからだが弱っているとき。やみあがり。類 予後《ヨゴ》。例 —を注意する。

【病根《ビョウコン》】①病気のもとになっているもの。病因。病原。②悪習や弊害《ヘイガイ》などの根本原因。例 —を絶つ。

【病死《ビョウシ》】(名・する) 病気で死ぬこと。病没《ビョウボツ》。

【病室《ビョウシツ》】病院で、病人をねかせておく部屋。

【病者《ビョウシャ》】病気をわずらっている人。病人。

【病弱《ビョウジャク》】(名・形動ダ) からだがよわくて病気がちなこと。

【病床《ビョウショウ》】やまいのとこ。病褥《ビョウジョク》。例 —にふす。表記「病▼牀」とも書く。

【病状《ビョウジョウ》】病気のようすや進みぐあい。容体《ヨウダイ》。

【病▼褥《ビョウジョク》】病人のねどこ。病床《ビョウショウ》。例 —を見舞《みま》う。表記「病▼蓐」とも書く。

【病身《ビョウシン》】①病気にかかっているからだ。病軀《ビョウク》。例 —をおして働く。②弱くて病気がちなからだ。また、その人。

【病勢《ビョウセイ》】病気の進みぐあい。例 —が進む。

【病巣《ビョウソウ》】からだの中で病気におかされているところ。例 —を発見する。

【病中《ビョウチュウ》】病気にかかっているあいだ。

【病的《ビョウテキ》】(形動ダ) からだの状態や言行がふつうでないようす。不健康なようす。例 —なほどきれい好き。—な美しさ。

【病棟《ビョウトウ》】病院で、病室の並んでいる建物。例 外科《ゲカ》—。

【病毒《ビョウドク》】病気を引き起こす毒。病気のもと。例 —を防ぐ。

【病人《ビョウニン》】病気にかかっている人。類 患者《カンジャ》。

【病弊《ビョウヘイ》】ものごとの内部にたまった弊害。例 —を除く。

【病癖《ビョウヘキ》】病的なほどやっかいなくせ。例 —を改める。

【病没《ビョウボツ》】(名・する) 病気で死ぬこと。病死。例 若くして—する。表記 旧 病▼歿

【病魔《ビョウマ》】人を病気にかからせるもの、または、病気そのものを、魔物にたとえていうことば。例 —におかされる。

【病名《ビョウメイ》】病気の名前。例 とくに—のつかない病気。

【病理《ビョウリ》】病気の原因や経過についての学問的理論。例 —学。

【病歴《ビョウレキ》】今までにどのような病気にかかったかということ。例 —をくわしく調べる。

【病《やまい》▼膏《コウ》▼肓《コウ》に入《い》る】①病気が重くなって、治る見こみがない。②ものごとに深入りしたり、悪いくせがしみついたりして手がつけられなくなる。〔「膏肓」を「コウモウ」と読むのは誤り〕

故事のはなし 中国の春秋時代、晋《シン》の景公《ケイコウ》が重病にかかり、秦《シン》から医者を呼ぶことになった。すると景公の夢の中で、病気が二人の子供（二豎《ニジュ》）の姿になって現れ、こんなことを言った。「今度やってくる医者は名医だ。きっと我々はやられてしまう。どこににげようか」。もう一人の子供が言った。「肓《コウ》の上、膏《コウ》の下にいたら我々をどうすることもできないさ」。やがて医者が来て診察《シンサツ》すると言った。「この病気はもうどうすることもできません。肓の上、膏の下にあってどんな治療《チリョウ》をしても治せません」。これを聞いた景公は、「名医だ」と言って厚く礼をして帰した。〈春秋左氏伝《シュンジュウサシデン》〉

○●看病《カンビョウ》・仮病《ケビョウ》・疾病《シッペイ》・持病《ジビョウ》・伝染病《デンセンビョウ》・闘病《トウビョウ》・難病《ナンビョウ》・熱病《ネツビョウ》・発病《ハツビョウ》・万病《マンビョウ》

疒5

【疱】

10画 6555 75B1 音 ホウ漢 訓 もがさ

意味 皮膚《ヒフ》にできものができる病気。もがさ。例 疱瘡《ホウソウ》（＝天然痘《テンネントウ》）。水疱《スイホウ》。

疒6

【痍】

11画 6556 75CD 音 イ漢 訓 きず

意味 きず。きずつける。例 傷痍《ショウイ》。満身創痍《マンシンソウイ》。

疒6

【痕】

11画 2615 75D5 常用 音 コン漢 訓 あと

筆順 亠 广 疒 疒 疒 痕 痕 痕

なりたち 痕 [形声]「疒（＝やまい）」と、音「艮《コン》」とから成る。きずあと。

意味 ❶きずあと。例 傷痕《ショウコン》。瘢痕《ハンコン》。❷何かがあったことを示すしるし。あとかた。あと。例 痕跡《コンセキ》。血痕《ケッコン》。

使い分け あと【後・跡・痕】⇩1161ページ

【痕跡《コンセキ》】過去に何かがあったことを示すあと。形跡。

疒 6
【疵】
11画 6551 75B5 音 シ 漢 呉 訓 きず

意味 ❶小さなけが。また、過失や欠点。きず。例 疵瑕《シカ》。瑕疵《カシ》。❷過失や欠点を責める。そしる。例 疵毀《シキ》（＝そしる）。

難読 疵《あざ》

【疵▼瑕】《シカ》 〔「瑕」は、宝玉《ホウギョク》についている、きずの意〕きず。欠点。過失。瑕疵《カシ》。

疒 6
【痔】
11画 2806 75D4 音 チ 漢 ジ 呉

意味 肛門《コウモン》にできる、痛みや出血をともなう病気。例 痔疾《ジシツ》（＝痔のやまい）。

疒 6
【痊】
11画 6557 75CA 音 セン 漢 呉 訓 い-える

意味 病気が治る。いえる。例 痊愈《センユ》（＝病気が治る）。

疒 6
【痒】
11画 6558 75D2 音 ヨウ 漢 訓 かゆ-い・かさ

意味 ❶できもの。かさ。同 瘍《ヨウ》。❷かゆい。同 癢《ヨウ》。例 痛痒《ツウヨウ》。隔靴搔痒《カッカソウヨウ》。

疒 7
【痙】
12画 6559 75D9 音 ケイ 漢 訓 ひきつ-る

意味 筋肉が不自然にちぢむ。ひきつる。例 痙攣《ケイレン》。書痙《ショケイ》（＝文字を書こうとすると、手がふるえる病気）。

【痙▼攣】《ケイレン》（名・する）筋肉が急にひきつること。例 ―をおこす。

疒 7
【痣】
12画 6560 75E3 音 シ 漢 訓 あざ・ほくろ

意味 皮膚《ヒフ》の一部が赤やむらさきに変色したもの。あざ。また、皮膚にできる黒い斑点《ハンテン》。ほくろ。

疒 7
【痩】
12画 3373 75E9 常用 音 ソウ 慣 シュウ 漢 訓 や-せる

筆順 亠 广 疒 … 痩

疒 10
【瘦】
15画 1-9493 7626 人名

なりたち ［形声］「疒（＝やまい）」と、音「叟《ソウ→シュウ》」とから成る。やせる。

意味 ❶からだが細くなる。やせる。例 痩軀《ソウク》。痩身《ソウシン》。❷土地の生産力が落ちる。やせる。❸文字が細い。

【痩▼軀】《ソウク》 やせ細ったからだ。痩身。例 長身―。

【痩身】《ソウシン》 やせたからだ。痩軀《ソウク》。

疒 7
【痛】
12画 3643 75DB 教育6 音 トウ 漢 ツ・ツウ 呉 訓 いた-い・いた-む・いた-める

筆順 亠 广 疒 … 痛

なりたち ［形声］「疒（＝やまい）」と、音「甬《ヨウ→トウ》」とから成る。ひどく、やむ。

意味 ❶傷などがいたむ。いたみ。例 苦痛《クツウ》。頭痛《ズツウ》。❷心をいためる。例 心痛《シンツウ》。沈痛《チンツウ》。悲痛《ヒツウ》。❸心にいたみを感じるほど、はなはだしく。いたく。例 痛快《ツウカイ》。痛切《ツウセツ》。

日本語での用法 《いたい・いたむ》損害が大きい。影響《エイキョウ》が大きい。「痛《いた》い失策《シッサク》・痛手《いたで》」

使い分け いたむ・いためる【痛・傷・悼】⇩1162ページ

【痛手】《いたで》 ①（刀や矢などで受けた）重い傷。深手《ふかで》。②大きなショックや損害。例 ―をこうむる。

【痛飲】《ツウイン》（名・する）大いに酒を飲むこと。

【痛快】《ツウカイ》（名・形動《ダナ》）ひじょうに愉快《ユカイ》なこと。胸がすっとするように気持ちがよいこと。

【痛感】《ツウカン》（名・する）身にしみていたいほどに感じること。

【痛苦】《ツウク》 いたみ苦しむこと。また、ひどい苦しみ。苦痛。

【痛撃】《ツウゲキ》（名・する）激しく攻撃《コウゲキ》すること。また、それによるひどい打撃。例 敵に―を加える。

【痛言】《ツウゲン》（名・する）てきびしく言うこと。また、そのことば。

【痛▼哭】《ツウコク》（名・する）激しく泣くこと。ひどくなげき悲しむこと。例 父の死に―する。

【痛恨】《ツウコン》（名・する）ひじょうにくやしく思うこと。例 ―事《ジ》。―のきわみ。

【痛心】《ツウシン》（名・する）心をいためること。心配すること。心痛。

【痛惜】《ツウセキ》（名・する）ひじょうにおしいと思うこと。

【痛切】《ツウセツ》（名・形動《ダナ》）よろこび・かなしみ・あわれさを、身にしみて深く心に感じること。切実。例 人の情けを―に感じる。

【痛打】《ツウダ》（名・する）①強く打つこと。また、その打撃《ダゲキ》。例 顔面を―する。②野球で、相手の守りに痛手となる強烈《キョウレツ》な打球。例 ―を浴びせる。

【痛嘆】《ツウタン》（名・する）ひじょうになげくこと。

【痛点】《ツウテン》 皮膚《ヒフ》・粘膜《ネンマク》上にある、いたみを感じる感覚点。

【痛罵】《ツウバ》（名・する）ひどく、ののしること。例 ―される。

【痛風】《ツウフウ》〔医〕関節やその周囲に尿酸《ニョウサン》がたまって炎症《エンショウ》を起こし、激しくいたむ病気。

【痛憤】《ツウフン》（名・する）ひどく腹をたてること。

【痛棒】《ツウボウ》 ①〔仏〕座禅《ザゼン》のときに、心の定まらない者を打つための棒。②ひどくしかりつけること。例 ―を食らわす。

【痛▼痒】《ツウヨウ》 ①いたみとかゆみ。②自分の身に受ける影響《エイキョウ》や利害。さしさわり。例 なんら―を感じない。

【痛烈】《ツウレツ》（名・形動《ダナ》）ひじょうに勢いがはげしいこと。手厳しいこと。例 ―な批判。

● 苦痛《クツウ》・劇痛《ゲキツウ》・激痛《ゲキツウ》・心痛《シンツウ》・頭痛《ズツウ—トウツウ》・鎮痛《チンツウ》・鈍痛《ドンツウ》・悲痛《ヒツウ》・腹痛《フクツウ》・腰痛《ヨウツウ》

疒 7
【痘】
12画 3787 75D8 常用 音 トウ 漢 訓 もがさ

筆順 亠 广 疒 … 痘

なりたち ［形声］「疒（＝やまい）」と、音「豆《トウ》」とから成る。もがさ。

意味 高い熱を出し、皮膚《ヒフ》に豆つぶ状のできものができて、あとを残す伝染病《デンセンビョウ》。疱瘡《ホウソウ》。もがさ。例 種痘《シュトウ》。天然痘《テンネントウ》。

【痘痕】《トウコン》 天然痘のあと。あばた。

【痘▼瘡】《トウソウ》 天然痘。疱瘡《ホウソウ》。感染症の一つ。

疒 7
【痞】
12画 6561 75DE 音 ヒ 漢 訓 つか-え

意味 胸がつかえて痛む病気。また、胸・心がふさがってゆううつになること。つかえ。例 胸《むね》の痞《つか》えが取《と》れる。

疒 7
【痢】
12画 4601 75E2 常用 音 リ 漢

筆順 亠 广 疒 … 痢

なりたち［形声］「疒（＝やまい）」と、音「利《リ》」とから成る。はらくだり。
意味 はらくだり。また、ひどいはらくだりをともなう細菌性《サイキンセイ》の伝染病《デンセンビョウ》。例 疫痢《エキリ》。下痢《ゲリ》。赤痢《セキリ》。

疒8 【痾】 13画 6562 75FE 音 ア（漢） 訓 やまい
意味 こじれた病気。やまい。例 宿痾《シュクア》（＝持病）。

疒8 【痿】 13画 6563 75FF 音 イ（漢） ワイ（漢） 訓 あしな-え・な-える
意味 ❶身体の一部がなえたり、機能を失う病気。例 痿痺《イヒ》。陰痿《インイ》（＝男性の性的不能）。❷なえる。おとろえる。例 痿弱《イジャク》（＝虚弱《キョジャク》）。
【痿▼痺】《イヒ》 手足がしびれる病気。

疒8 【瘀】 13画 1-8848 7600 音 ヨ（漢） オ（呉）
意味 血行が悪いために起こる病気。例 瘀血《オケツ》。
【瘀血】《オケツ》 ①からだのある部分の血のめぐりが悪くなること。また、その血。②黒みを帯びて質の悪くなった血。病毒のまじった血。表記 ②は「悪血」とも書く。

疒8 【痼】 13画 6564 75FC 音 コ（漢）
意味 長いあいだ治らない病気。ながわずらい。例 痼疾《コシツ》。
【痼疾】《コシツ》 長引いて治らない病気。持病。また、直りにくい、がんこなくせ。例 ―に苦しむ。

疒8 【瘁】 13画 6565 7601 音 スイ（漢） 訓 うれ-える・つか-れる・やつ-れる・やぶ-れる
意味 ❶力を出しきってへとへとになる。つかれる。例 尽瘁《ジンスイ》（＝いやがらずに力を出しつくす）。❷うれえる。同 悴《スイ》。❸病気で、やせおとろえる。やつれる。同 悴《スイ》。

疒8 【痰】 13画 6566 75F0 音 タン（漢）
意味 せきとともに気管から出る、ねばりけのある液体。たん。例 喀痰《カクタン》（＝たんをはく）。血痰《ケッタン》。

疒8 【痴】 13画 3552 75F4 常用 音 チ（漢）（呉） 訓 おろ-か
筆順 亠 广 疒 疒 疒 疾 痴 痴

疒14 【癡】 19画 6587 7661
なりたち［形声］「疒（＝やまい）」と、音「疑《ギ→チ》」とから成る。かしこくない。
意味 ❶知恵《チエ》がはたらかない。にぶい。おろか。例 痴漢《チカン》。痴呆《チホウ》。白痴《ハクチ》。❷あることに熱中して、ほかに目が向かない。例 情痴《ジョウチ》。書痴《ショチ》。❸〔仏〕三毒（＝貪《トン》（＝むさぼり）・瞋《シン》（＝いかり）・痴《チ》（＝まよい））の一つ。心がまよい、ものごとの真理を理解できないこと。例 愚痴《グチ》。
日本語での用法《チ》理性を失った。常識的な判断のない。「痴漢《チカン》・痴話《チワ》げんか」
【痴漢】《チカン》〔「漢」は、男の意〕①ばかげたことをする男。おろかな男。ばかもの。②〔「①」の意味を限定して、日本で〕女性に性的ないたずらをする男。
【痴愚】《チグ》 おろかなこと。ばか。
【痴情】《チジョウ》 理性を失い、男女間の愛欲におぼれる感情。例 ―から出たおろかなおこない。
【痴人】《チジン》 おろかもの。ばかもの。たわけ。例 ―の前に夢を説く（＝むだで、ばかげたことのたとえ）。
【痴態】《チタイ》 ばかげたふるまい。おろかなようす。例 人前で―を演じる。
【痴鈍】《チドン》（名・形動ダ）おろかで、頭のはたらきがにぶいこと。
【痴▼呆】《チホウ》 ①おろかなこと。また、おろかな人。②⇩【認知症】《ニンチショウ》（916ページ）
【痴話】《チワ》 愛し合う男女のたわむれのことば。むつごと。例 ―げんか。
●音痴《オンチ》・愚痴《グチ》・書痴《ショチ》

疒8 【痺】 13画 6567 75FA 音 ヒ（漢） 訓 しび-れる・しび-れ

疒8 ［痹］ 13画 2-8155 75F9 本字
意味 ❶からだの感覚がなくなる。しびれる。しびれ。例 麻痺《マヒ》。❷風邪《かぜ》・湿気《シッケ》・寒さからくる手足のいたみやしびれ。

疒8 【痲】 13画 6568 75F2 音 バ（漢） マ（呉） 訓 しび-れる
意味 ❶神経がおかされてからだの感覚がなくなる。しびれる。しびれ。例 痲酔《マスイ》（＝麻酔《マスイ》）。❷「痲疹《マシン》」は、子供に多い発熱と発疹《ハッシン》をともなう急性の伝染病《デンセンビョウ》。はしか。
【痲▼痺】《マヒ》（名・する）⇩【麻痺】《マヒ》（1108ページ）
【痲薬】《マヤク》 ⇩【麻薬】《マヤク》（1108ページ）

疒8 【痳】 13画 6569 75F3 音 リン（漢） 訓 しぶ-る
意味 ❶腹や腰《こし》がひきつって痛む病気。疝気《センキ》。❷性病の一種。同 淋《リン》。例 痳病《リンビョウ》。

疒8 ［痹］ 13画 ⇩【痺】《ヒ》（687ページ）

疒9 【瘖】 14画 1-8852 7616 音 イン（漢） オン（呉）
意味 ことばを発することが困難な病気。また、その人。
【瘖▼啞】《インア》 ことばを発することが困難な病気。また、その病気の人。

疒9 【瘧】 14画 6574 7627 音 ギャク（漢） 訓 おこり
意味 一定の時間をおいて高い熱を出す病気。マラリア。おこり。例 瘧疾《ギャクシツ》（＝おこり）。

疒9 【瘋】 14画 6570 760B 音 フウ（漢）
意味 精神に異常をきたしている。例 瘋癲《フウテン》。
【瘋▼癲】《フウテン》 ①精神状態が異常であること。②決まった仕事をもたず、気ままにぶらぶらしている人。

疒9 【瘍】 14画 6571 760D 常用 音 ヨウ（漢） 訓 かさ
筆順 亠 广 疒 疒 疒 疒 瘍 瘍
なりたち［形声］「疒（＝やまい）」と、音「昜《ヨウ》」とから成る。頭部のはれもの。

意味 ❶はれもの。できもの。かさ。例潰瘍《カイヨウ》。腫瘍《シュヨウ》。❷からだのきず。例瘍痍《ヨウイ》（＝きず）。

疒9
[瘉] 14画 ⇩【癒】ユ（689ページ）

疒10
【瘟】 15画 6573 761F 音オン㊥ 訓えやみ
意味 高熱を発する急性伝染病《デンセンビョウ》。えやみ。

疒10
【瘠】 15画 6575 7620 音セキ㊥ 訓や-せる
意味 ❶からだが細くなる。やせる。例瘠軀《セキク》（＝やせたからだ）。❷土地に生産力のない、やせ地。例瘠地《セキチ》。瘠土《セキド》。
【瘠地】《セキチ》 土質が悪く、作物が育ちにくい土地。やせ地。

疒10
【瘡】 15画 6576 7621 音ソウ㊥ ショウ㊤ 訓かさ・きず
意味 ❶切りきず。きず。同創《ソウ》。例刀瘡《トウソウ》。❷皮膚《ヒフ》にできる、できもの・はれもの。かさ。例瘡瘍《ソウヨウ》（＝できもの）。疱瘡《ホウソウ》（＝天然痘《テンネントウ》）。
【瘡蓋】《かさぶた》 傷口が治りかけたときにできるかわいた皮。
【瘡痕】《ソウコン》 きずあと。創痕。

疒10
【瘢】 15画 6577 7622 音ハン㊥ 訓きずあと
意味 ❶きずあと。例瘢痕《ハンコン》。❷皮膚《ヒフ》にできる斑点《ハンテン》。そばかす。しみ。例雀瘢《ジャクハン》。❸過失。しくじり。
【瘢痕】《ハンコン》 傷やできもののあと。

疒10
【瘤】 15画 6578 7624 音リュウ㊥ 訓こぶ
意味 ❶皮膚《ヒフ》の肉が盛り上がってかたまりになったもの。こぶ。しこり。❷木など、ものの表面が盛り上がってかたまりになったもの。例根瘤《コンリュウ》。木瘤《モクリュウ》。
日本語での用法 《こぶ》不要のもの、じゃまもののたとえ。「目の上《うえ》の瘤《こぶ》が取《と》れる」

疒10
【瘦】 15画 ⇩【痩】ソウ（686ページ）

疒11
【瘴】 16画 6579 7634 音ショウ㊥
意味 熱帯・亜《ア》熱帯の山川《サンセン》から生ずる毒気にあたって起こる熱病。マラリアの類。例瘴気《ショウキ》（＝熱病を起こすという山川の毒気）。瘴癘《ショウレイ》（＝マラリアの類）。

疒11
【瘰】 16画 6580 7630 音ルイ㊎ ラ㊥
意味 「瘰癧《ルイレキ》」は、首のリンパ節がはれてしこりとなる、結核《ケッカク》性の病気。

疒11
【瘻】 16画 6581 763B 音一ロウ㊥ 二ル㊥㊤
意味 一《ロウ》 ❶首にできる、はれもの。例瘻癘《ロウレイ》（＝首にできるはれものやハンセン病）。❷治りにくいできもの。例痔瘻《ジロウ》。二《ル》 背骨が曲がって、前かがみになる病気。例痀瘻《クル》。

疒12
【癇】 17画 6582 7647 音カン㊥㊤
意味 ❶子供に多い、発作《ホッサ》的に全身の筋肉がひきつる病気。ひきつけ。❷「癲癇《テンカン》」は、とつぜん、けいれんを起こして意識を失う病気。
日本語での用法 《カン》刺激《シゲキ》に反応してすぐひきつける、たち。「癇《カン》にさわる・癇《カン》の強《つよ》い子《こ》」
【癇▼癪】《カンシャク》 すぐにかっとなって、いかりをぶつけること。おこりっぽい性質。癇癖《カンペキ》。例―を起こす。―持ち。
【癇性】《カンショウ》 （名・形動ダナ）①神経質でおこりっぽい性質。例―な子。②異常なほど潔癖《ケッペキ》であること。表記 ▽「▼疳性」とも書く。
【癇癖】《カンペキ》 おこりっぽい性質。癇癪《カンシャク》。例―が強い。

疒12
【癌】 17画 2066 764C 音ガン
意味 内臓や筋肉・皮膚《ヒフ》にできる、悪性のはれもの。例胃癌《イガン》。乳癌《ニュウガン》。肺癌《ハイガン》。
参考 日本の近世に、病名「乳癌」の「ガン」に「岩・嵒・嵓」などを用いた例がある。
日本語での用法 《ガン》根強く、組織全体にとってさまたげとなっているもののたとえ。「政界《セイカイ》の癌《ガン》」

疒12
【癈】 17画 6583 7648 音ハイ㊥
意味 治せない病気。例癈疾《ハイシツ》。癈人《ハイジン》。
【癈疾】《ハイシツ》 ①治すことのできない病気。②病気などのため身体が不自由になること。表記 ▽「廃疾」とも書く。
【癈人】《ハイジン》 精神的・肉体的障害のために、通常の社会生活がまったくできない人。例麻薬《マヤク》を常用して―になる。表記 「廃人」とも書く。

疒12
【癘】 17画 6586 7658 音ライ㊥㊤ レイ㊥ 訓えやみ
意味 ❶ハンセン病。同癩《ライ》。❷流行病。えやみ。例癘疾《レイシツ》（＝疫病《エキビョウ》）。

疒12
【療】 17画 4637 7642 常用 音リョウ㊥㊤ 訓いや-す
筆順 亠 广 疒 疢 疢 瘠 療
なりたち  [形声]「疒（＝やまい）」と、音「尞《リョウ》」とから成る。やまいをなおす。
意味 ❶病気を治す。いやす。例療法《リョウホウ》。治療《チリョウ》。❷苦痛を取り除く。例療渇《リョウカツ》（＝のどのかわきをいやす）。
【療育】《リョウイク》 〔医〕治療しながら教育すること。
【療治】《リョウジ》 （名・する）病気やけがをなおすこと。治療《チリョウ》。例荒《あら》―。揉《も》み―。毎日―をおこたらない。
【療病】《リョウビョウ》 〔医〕病気を治療すること。
【療法】《リョウホウ》 病気やけがの治し方。治療法。例民間―。食餌《ショクジ》―。対症《タイショウ》―。
【療養】《リョウヨウ》 （名・する）病気やけがを治すため、からだを休めて手当てを受けること。例―中。―所。転地して―する。
○●医療《イリョウ》・加療《カリョウ》・診療《シンリョウ》・施療《セリョウ》・治療《チリョウ》・物療《ブツリョウ》

疒12
【癆】 17画 6584 7646 音ロウ㊥
意味 胸のやまい。肺結核《ハイケッカク》。例癆痎《ロウガイ》。
【癆▼痎】《ロウガイ》 「肺結核《ハイケッカク》」の古い呼び名。肺病。例―を病

《や》む。表記「労▼咳」とも書く。

疒13
【癜】18画 6585 765C 音 デン㊖ テン㊇ 訓 なまず・なまずはだ
意味 細菌《サイキン》が寄生してうす茶色や白のまだらができる皮膚病《ヒフビョウ》。なまず。例 癜風《テンフウ》(=なまずのできる病)。

疒13
【癖】18画 4242 7656 常用 音 ヘキ㊇ ヒャク㊉ 訓 くせ
筆順 亠 广 疒 疒 疒 疒 癖
なりたち [形声]「疒(=やまい)」と、音「辟《ヘキ》」とから成る。腹の病気。
意味 ❶胃腸の病気。消化不良。例 悪癖《アクヘキ》。❷人それぞれがもつ(かたよった)好みや性質・習性。くせ。例 潔癖《ケッペキ》。
● 悪癖《アクヘキ》・潔癖《ケッペキ》・習癖《シュウヘキ》・性癖《セイヘキ》・盗癖《トウヘキ》・難癖《ナンくせ》

疒13
【癒】18画 4494 7652 常用 音 ユ㊇㊉ 訓 い-える・い-やす
筆順 亠 广 疒 疒 疥 瘉 瘉 癒

疒13
【癒】18画 ― ―

疒9
【瘉】14画 6572 7609 本字
なりたち [形声]「疒(=やまい)」と、音「兪《ユ》」とから成る。やまいがなおる。
意味 からだの中の病気がぬけ出て治る。いえる。いやす。例 快癒《カイユ》。治癒《チユ》。
【癒合】《ユゴウ》(名・する)〔医〕傷が治って、傷口がふさがること。
【癒着】《ユチャク》(名・する)①〔医〕膜《マク》・皮膚《ヒフ》が、手術や炎症《エンショウ》などのためにくっついてしまうこと。例 手術後、腸に―が生じた。②組織などが利益を求めて、不正に深く結びつくこと。例 一流企業や有力銀行と総会屋との―。

疒13
【癒】18画 ⇩【癒】ユ(689ページ)

疒14
【癡】19画 ⇩【痴】チ(687ページ)

疒15
【癢】20画 6588 7662 音 ヨウ㊇ 訓 かゆ-い
意味 ❶皮膚《ヒフ》がむずむずする。かゆい。同 痒《ヨウ》。例 痛癢《ツウヨウ》。❷思うようにならないで、じれったい。はがゆい。例 伎癢《ギヨウ》(=腕前《うでまえ》を示したくてむずむずする)。

疒16
【癨】21画 6589 7668 音 カク㊇
意味「癨乱《カクラン》」は、暑さにあたって吐《は》いたり下《くだ》したりする病気。コレラ・疫痢《エキリ》など。霍乱《カクラン》。

疒16
【癪】21画 6591 766A 音 シャク
意味 ❶胸や腹などが急に痛んでけいれんを起こす病気。さしこみ。しゃく。❷激しいいかりの感情。はらだち。しゃく。例 癇癪《カンシャク》。癪《シャク》の種《たね》。

疒16
【癩】21画 6590 7669 音 ライ㊇㊉
意味 ハンセン病。同 癘《ライ》。

疒16
【癧】21画 6592 7667 音 レキ㊇
意味「瘰癧《ルイレキ》」は、首のリンパ節にできる結核性《ケッカクセイ》のはれもの。

疒17
【癬】22画 6593 766C 音 セン㊇㊉ 訓 たむし
意味 ひどいかゆみをともなう伝染性《デンセンセイ》の皮膚病《ヒフビョウ》。たむし。例 疥癬《カイセン》。皮癬《ヒゼン》。

疒18
【癰】23画 6594 7670 音 ヨウ㊇ 訓 はれもの
意味 中にうみをふくんだ悪性のはれもの。例 癰疽《ヨウソ》(=悪性のできもの)。

疒19
【癲】24画 6601 7672 音 テン㊇
意味 ❶精神に異常をきたす病気。例 瘋癲《フウテン》(=異常な言動をする人)。❷「癲癇《テンカン》」は、けいれん性の病気。
【癲狂】《テンキョウ》精神疾患。

105
5画
癶 はつがしら部
左右の足を、ちぐはぐに開いた形をあらわす。「癶」をもとにしてできている漢字と、「癶」の字形を目じるしにして引く漢字とを集めた。

0 癶 4 癸 発 7 登 發

癶0
【癶】5画 6602 7676 音 ハツ㊇ 訓 ゆ-く
意味 (足をちぐはぐに出して)あるいて行く。

癶4
【癸】9画 6603 7678 音 キ㊇㊉ 訓 みずのと
意味 十干《ジッカン》の十番目。みずのと。方位では北、五行《ゴギョウ》では水にあてる。例 癸亥《キガイ》。

癶4
【発】9画 4015 767A 教育3 音 ハツ㊇ ホツ㊉ 訓 た-つ
筆順 フ ヌ ヌ' 癶 癶 癸 発 発

癶7
【發】12画 6604 767C
なりたち [形声]「弓(=ゆみ)」と、音「癹《ハツ》」とから成る。矢を射る。
意味 ❶矢をはなつ。鉄砲《テッポウ》などをうつ。例 発射《ハッシャ》。百発百中《ヒャッパツヒャクチュウ》。連発《レンパツ》。❷外に出る。外へ出す。例 発芽《ハツガ》。発光《ハッコウ》。発声《ハッセイ》。❸出かける。動き出す。たつ。例 発車《ハッシャ》。始発《シハツ》。出発《シュッパツ》。❹新しくはじまる。はじめる。生じる。おこす。おこる。例 発刊《ハッカン》。発起《ホッキ》。発端《ホッタン》。❺のびる。さかんになる。成長する。例 発育《ハツイク》。発達《ハッタツ》。発展《ハッテン》。❻あかくれているものを外に出す。あきらかにする。ひらく。あばく。あらわれる。例 発掘《ハックツ》。発明《ハツメイ》。告発《コクハツ》。❼弾丸《ダンガン》などをかぞえることば。例 一発《イッパツ》。
難読 発条《ぜんまい・ばね》
人名 あき・あきら・おき・すすむ・ちか・なり・のぶ・のり・はじめ・ひらく

[疒部] 13―19画 ● 癜癖癒癒癡癢癨癪癩癧癬癰癲 [癶部] 0―4画 ● 癶癸発

【発案】《ハツアン》(名・する) ①新しく考え出すこと。また、その考え。案出。例―者。②議案を提出すること。提案。例―権。

【発意】(名・する) 一《ハツイ|ホツイ》(意見や計画などを)思いつくこと。考え出すこと。発案。二《ホツイ》〔仏〕「発心《ホッシン》①」に同じ。

【発育】《ハツイク》(名・する) 成長して大きくなること。例―がいい。

【発駅】《ハツエキ》①列車が出発した駅。例―はどの駅だったのか。②始発駅。例―で乗車する。▽(対)着駅。

【発煙】《ハツエン》けむりを出すこと。例―筒《トウ》。

【発音】《ハツオン》(名・する) 音声を出すこと。また、その出し方やひびき。例―記号。ドイツ語のLとRの―のちがい。

【発音記号】《ハツオンキゴウ》言語音をあらわす記号。音声記号。たとえば、英語でAを[ei]であらわす、など。

【発火】《ハッカ》(名・する) 火を出すこと。燃えだすこと。例―装置。

【発火点】《ハッカテン》空気中で、物質を点火せずに加熱していった場合に、燃え始める最低の温度。

【発芽】《ハツガ》(名・する) 種が芽を出すこと。めばえ。出芽。

【発会】《ハッカイ》(名・する) ①会ができて初めて会合を開くこと。また、その会。例―式。②〔経〕取引所で、月の初めの立ち会い日。(対)納会。例大―(=新年最初の立ち会い)。

【発覚】《ハッカク》(名・する) かくしていたことや悪いことが明るみに出ること。例不正が―する。

【発刊】《ハッカン》(名・する) ①新聞・雑誌などの定期刊行物を新しく出版すること。②書物を出版すること。

【発汗】《ハッカン》(名・する) あせをかくこと。あせが出ること。

【発揮】《ハッキ》(名・する) (能力や素質などを)じゅうぶんに外にあらわすこと。例本領―。実力を―する。

【発議】《ハツギ》(名・する) ①意見を出すこと。また、その意見。②会議に議案を出すこと。発案。例―権。

【発給】《ハッキュウ》(名・する) 証明書などを出してあたえること。例認定証《ニンテイショウ》を―する。

【発狂】《ハッキョウ》(名・する) 気がくるうこと。

【発禁】《ハッキン》「発売禁止」の略。書籍《ショセキ》・雑誌などの発行や発売を禁止すること。例―処分。―本。

【発句】一《ハック》漢詩の律詩(=八句からなる詩型)の第一・二句。起句。首聯《シュレン》。二《ホック》①一巻《ひとまき》の連歌《レンガ》・連句の、いちばんはじめの五・七・五の句。(対)挙《あげ》句《ク》。②「①」が独立してよまれるようになったもの。俳句。

【発掘】《ハックツ》(名・する) ①地中にうもれているものをほり出すこと。例遺跡《イセキ》の―調査。②世間に知られていない(すぐれた)ものを見つけ出すこと。例優秀《ユウシュウ》な人材を―する。

【発見】《ハッケン》(名・する) 知られていなかったものを、はじめて見つけ出すこと。例新しいすい星を―する。

【発券】《ハッケン》(名・する) ①銀行券(=紙幣《シヘイ》)などを発行すること。②乗車券・航空券などを発行すること。例―した駅の窓口ではらいもどしをする。

【発言】《ハツゲン》(名・する) (会議などで)意見を述べること。また、その意見。例―権。―を求める。

【発現】《ハツゲン》(名・する) 外にあらわれ出ること。出現。また、あらわし出すこと。例神の―。

【発語】《ハツゴ|ホツゴ》一(名・する) ものを言いはじめること。発言。二(名) ①話や文章のはじめに置くことば。「さて」「そもそも」「では」など。②歌語などで、語のはじめにそえる接頭語。「さ霧《ぎり》」「さ小鹿《おしか》」「さ苗《なえ》」などの「さ」の類。

【発光】《ハッコウ》(名・する) 光を出すこと。例―体。

【発行】《ハッコウ》(名・する) ①印刷した書籍《ショセキ》・雑誌・新聞などを世に出すこと。発刊。例―所。②特定の機関が紙幣《シヘイ》・証明書・入場券などを作って通用させること。例再―。

【発効】《ハッコウ》(名・する) ききめがあらわれること。とくに、法律や条約などが実際に効力をもつようになること。(対)失効。例国内での手続きを終わってはじめて―する。

【発酵】《ハッコウ》(名・する) 酵母菌《コウボキン》などの微生物《ビセイブツ》のはたらきによって有機化合物が分解し、アルコール類・有機酸類・二酸化炭素などを生じること。みそ・しょうゆ・酒・パン・チーズなどは、このはたらきを応用してつくる。表記 (旧)▼醱酵

【発散】《ハッサン》(名・する) (内にこもっていた光・熱・におい・力などが)外に飛びちること。また、外へ勢いよく出すこと。例ストレス―。ありあまる精力を―する。

【発車】《ハッシャ》(名・する) 汽車・電車・バスなどが走りだすこと。例―時刻。

【発射】《ハッシャ》(名・する) 弾丸《ダンガン》・ロケットなどをうち出すこと。例―した弾《たま》の軌跡《キセキ》。

【発症】《ハッショウ》(名・する) 病気の症状があらわれること。例病気をもっていても―するとは限らない。

【発祥】《ハッショウ》(名・する) ①天命によって、天子となるめでたいきざしがあらわれること。②ものごとがはじまること。起源。例文明―の地。

【発情】《ハツジョウ》(名・する) ①情欲が起こること。②動物が本能的に交尾《コウビ》の可能な状態になること。例―期。

【発色】《ハッショク》(名・する) 染め物やカラー写真で、色が出ること。また、その色の出ぐあい。例―剤《ザイ》。―の美しいパステル。

【発信】《ハッシン》(名・する) 電信や電波、郵便などを出すこと。例―人《ニン》。

【発▼疹】《ハッシン|ホッシン》(名・する) 〔医〕皮膚《ヒフ》に小さなふきでものができること。その、ふきでもの。例―チフス。突発《トッパツ》性―。

【発進】《ハッシン》(名・する) ①飛行機や自動車などが動きだすこと。例急に―して衝突《ショウトツ》した。②(基地から)出発させること。例緊急《キンキュウ》―。

【発生】《ハッセイ》(名・する) ①(春になって、生物が)生まれ出ること。例毛虫の異常―。②ものごとが起こること。例火災―。事件の―現場。

【発声】《ハッセイ》(名・する) ①こえを出すこと。例―練習。②おおぜいで一つのことばを言うとき、最初にこえを出して音頭《オンド》をとること。例会長の―で万歳《バンザイ》を三唱する。

【発赤】《ハッセキ|ホッセキ》(名・する) 〔医〕皮膚《ヒフ》や粘膜《ネンマク》が熱をおびて赤くなること。例―の大小を見て診断《シンダン》する。

【発走】《ハッソウ》(名・する) (競走・競馬・競輪で)走りだすこと。

【発送】《ハッソウ》(名・する) (荷物・郵便物などを)おくり出すこと。

【発想】《ハッソウ》(名・する) ①感情や思想を文章や詩歌《シイカ》などに言いあらわすこと。例どこから―した表現であろうか。②思いつくこと。思いつき。アイディア。例自由な―。③音楽で、楽曲のもつ気分を、緩急《カンキュウ》・強弱などに変化をつけて表現すること。例―記号。

【発足】《ハッソク|ホッソク》(名・する) ①旅に出発すること。門出《かどで》。②団体・会社などの組織がつくられて活動を始めること。例自治会が―する。

【発▼兌】《ハッダ》(名・する) 書籍《ショセキ》などを発行すること。

【発達】《ハッタツ》(名・する) ①(生物が)成長して、より完全なものになること。例心身の―。②ものごとが大きくなったり、進歩して高度なものになっていくこと。例科学の―。―した台風。

【発着】《ハッチャク》(名・する) (列車やバス・航空機・船など乗り物の)出発と到着《トウチャク》。例電車の―時刻。

【発注】《ハッチュウ》(名・する) 注文を出すこと。(対)受注。例不足の物はすぐ―しておく。表記 (旧)発▼註

【発展】《ハッテン》(名・する) ①勢いがさかんになり、大きく広がって、より高度な段階に進むこと。例―途上国《トジョウコク》。②広い範

囲《ハンイ》で活躍《カツヤク》すること。例ごーをいのります。

【発電】《ハツデン》（名・する）電気を起こすこと。例水力—所。

【発動】《ハツドウ》（名・する）①行動を起こすこと。また、行動を起こさせること。②動力を起こすこと。例—機。③〔法〕ある法的な権力を行使すること。例法務大臣が指揮権を—する。

【発熱】《ハツネツ》（名・する）①熱を放出すること。例—量。②病気のために、体温がふつうよりも高くなること。

【発売】《ハツバイ》（名・する）売り出すこと。例—禁止。近日—。

【発病】《ハツビョウ》（名・する）病気になること。病気の症状《ショウジョウ》が出ること。例感染《カンセン》して三日後に—した。

【発表】《ハッピョウ》（名・する）ある事実や考え、作品や技能を世の中に広く知らせ明らかにすること。例合格—。音楽—会。

【発布】《ハップ》（名・する）法律などを世間に広く告げ知らせること。類公布。例憲法—。

【発憤】《ハップン》（名・する）①気持ちをふるいたたせること。②激しくいかること。表記▽「発奮」とも書く。

【発泡】《ハッポウ》（名・する）あわが出ること。例—スチロール。—酒。

【発砲】《ハッポウ》（名・する）銃《ジュウ》や大砲《タイホウ》をうつこと。

【発明】《ハツメイ》一（名・する）新しいことを考え出したり、今までなかったものをつくり出したりすること。例—家。二（名・形動ダナ）かしこいこと。利発。聡明《ソウメイ》。例—な子。

【発問】《ハツモン》（名・する）質問すること。

【発揚】《ハツヨウ》（名・する）①（人々の心を）ふるい立たせること。②高くかかげ、明らかにすること。例国威《コクイ》を—する。例士気を—する。

【発令】《ハツレイ》（名・する）法令・辞令・警報などを出すこと。例津波《つなみ》警報を—する。

【発露】《ハツロ》（名・する）（気持ちや感情が）表面にあらわれ出ること。例愛情の—。

【発話】《ハツワ》（名・する）目の前にいる相手に、実際にことばを発する行為《コウイ》。また、そこで話されたことば。

【発願】《ホツガン》（名・する）①神仏に願《ガン》をかけること。例遺族の—で地蔵尊を建立《コンリュウ》供養《クヨウ》している。②何かを始めようとねがいをもつこと。例先師の作品を集めようと—する。

【発起】《ホッキ》（名・する）①ものごとが新しくおこること。また、新しくものごとを始めること。例—人《ニン》。②〔仏〕仏門にはいること。信仰心《シンコウシン》を起こすこと。発心《ホッシン》。例一念—して修行《シュギョウ》につとめる。

【発作】《ホッサ》病気の激しい痛みや症状《ショウジョウ》が急に起こること。例心臓—を起こす。—的（＝なんの前ぶれもなくとつぜん何かがおこなわれるようす）。

【発心】《ホッシン》（名・する）①〔仏〕仏を信じる心を起こすこと。出家すること。例—して山にこもる。②思い立つこと。決意すること。例—して研究に打ちこむ。

【発端】《ホッタン》ものごとや文章の始まり。いとぐち。例事件の—。

【発頭人】《ホットウニン》最初に事をくわだてた人。張本人《チョウホンニン》。

●開発《カイハツ》・活発《カッパツ》・啓発《ケイハツ》・告発《コクハツ》・再発《サイハツ》・出発《シュッパツ》・続発《ゾクハツ》・摘発《テキハツ》・突発《トッパツ》・爆発《バクハツ》・不発《フハツ》・奮発《フンパツ》・暴発《ボウハツ》・乱発《ランパツ》・利発《リハツ》・連発《レンパツ》

癶 7

【登】

12画 3748 767B 教育3

音 ト慣 トウ漢呉

訓 のぼ-る

筆順

なりたち ［会意］「癶（＝両足を開く）」と「豆（＝足の高いうつわ）」とから成る。車に乗る。派生して「のぼる」の意。

意味 ❶だんだんと高いところへ行く。のぼる。例登高《トウコウ》。登頂《トウチョウ》。登山《トザン》。❷出むく。例登校《トウコウ》。登城《トジョウ》。❸高い地位や合格にいたる。人をより高い地位に引き上げる。例登第《トウダイ》（＝試験に及第《キュウダイ》する）。登用《トウヨウ》。❹公式の記録にのせる。例登記《トウキ》。登録《トウロク》。

使い分け のぼる【上・登・昇】⇩1176ページ

人名 さだむ・すすむ・たか・たかし・ちか・とみ・なり・なる・のり・のる・みのる

【登仮】《トウカ》天子の死。天皇・上皇がなくなること。崩御《ホウギョ》。表記「登▼遐・登▼霞」とも書く。

【登記】《トウキ》（名・する）〔法〕法律上の権利や事実を明らかにするために、一定のことがらを役所の公式の帳簿《チョウボ》に書いておくこと。また、その手続き。例土地の—。

【登校】《トウコウ》（名・する）（生徒・児童が授業を受けるために）学校に行くこと。対下校《ゲコウ》。例集団—。

【登高】《トウコウ》一（名・する）高いところにのぼること。二（名）昔の中国で、陰暦《インレキ》九月九日の重陽《チョウヨウ》の節句に、丘《おか》や山などにのぼり、菊酒《キクざけ》を飲んで長寿《チョウジュ》を祝い、災厄《サイヤク》をはらった行事。

【登載】《トウサイ》（名・する）新聞や雑誌などに記事をのせること。掲載《ケイサイ》。例記事を—した号を二部、贈呈《ゾウテイ》する。

【登場】《トウジョウ》（名・する）①舞台《ブタイ》・小説・映画などの、ある場面に人物や役者があらわれること。対退場。例—人物。②世の中にあらわれること。例新製品が—する。

【登仙】《トウセン》（名・する）①仙人になって天にのぼること。例羽化《ウカ》—。②貴人の死を指すことば。

【登壇】《トウダン》（名・する）演説や講演などをするために、壇上にのぼること。対降壇。

【登庁】《トウチョウ》（名・する）役所に出勤すること。出庁。対退庁。

【登頂】《トウチョウ／トチョウ》（名・する）高山の頂上にのぼりつくこと。例初《はつ》—。エベレスト—に成功。

【登▼攀】《トウハン／トハン》山やがけなど、けわしく高いところによじのぼること。例北壁《ホクヘキ》の—にいどむ。

【登板】《トウバン》（名・する）野球で、投手が試合に出て投球すること。ピッチャープレートに立つこと。

【登用】《トウヨウ／トヨウ》（名・する）その人の能力を認めて、ある地位に取り立てること。起用。例人材を—する。表記「登庸」とも書く。

【登竜門】《トウリュウモン》立身出世するための関門。例芥川《あくたがわ》賞は作家の—だ。

故事のはなし 後漢《ゴカン》の桓帝《カンテイ》の時代、政治は乱れて役人の仕事もいいかげんな状態になっていた。ただ李膺《リヨウ》という高官だけは厳格な仕事ぶりで高い評判をとっていた。そこで、李膺に近づくことを許された役人は、「竜門《リュウモン》に登った」と言われたという。「竜門」は黄河《コウガ》上流の急流で、大魚《タイギョ》でもなかなかさかのぼることができず、この難所をこえることのできた魚は竜になる、と言われていた。〈後漢書《ゴカンジョ》〉

【登楼】《トウロウ》（名・する）①高い建物にのぼること。②妓楼《ギロウ》（＝遊女のいる店）にあがって遊ぶこと。

【登録《トウロク》】(名・する) 公式の帳簿《チョウボ》に書きしるすこと。例 住民—。
【登録商標《トウロクショウヒョウ》】 公式に登録してあって他人が使用できない商標。
【登山《トザン》】(名・する) 山にのぼること。対 下山《ゲザン》。例 —家。—電車。
【登城《トジョウ》】〔「トウジョウ」とも〕(名・する) 武士が、勤めのため、主君のいる城に参上すること。対 下城《ゲジョウ》。

癶 7
【發】12画 ⇩【発】《ハツ》(689ページ)

106
5画
白 しろ しろへん 部

しろい色の意をあらわす。「白」をもとにしてできている漢字と、「白」の字形を目じるしにして引く漢字とを集めた。

0 白 1 百 2 皀 皁 皂 3 的 的 4 皆 皇 皈 5 皋 6 皐 皎 7 皖 皓 皓 8 皙 10 皚

この部首に所属しない漢字

皃⇩儿 103　帛⇩巾 338　畠⇩田 679　魄⇩鬼 1092

白 0
【白】
5画
3982
767D
教育1

音 ハク漢 ビャク呉
訓 しろ・しら・しろ-い・もう-す
付表 白髪《しらが》

筆順 ノ 亻 白 白 白

なりたち  〔会意〕「入(=はいる)」と「二(=陰《イン》の数)」とから成る。西方の色。しろ。参考 されこうべ・木の実・光る月など、白いものの象形文字とする説がある。

意味 ❶しろい色。しろい。しろ。例 白衣《ハクイ》。紅白《コウハク》。❷しろくする。しらげる。例 精白《セイハク》。漂白《ヒョウハク》。❸けがれがない。きよい。例 潔白《ケッパク》。❹はっきりしている。あきらか。例 明白《メイハク》。❺あかるい。例 白日《ハクジツ》。白昼《ハクチュウ》。❻かざりや手を加えていない。何もないそのまま。むなしい。例 白紙《ハクシ》。空白《クウハク》。❼つつみかくさず言う。もうす。例 白状《ハクジョウ》。告白《コクハク》。自白《ジハク》。❽姓《セイ》の一つ。例 白居易《ハクキョイ》。

日本語での用法 一《しろ》無罪。「容疑者《ヨウギシャ》は白《しろ》だった」二《しらける》盛り上がっていた雰囲気《フンイキ》がこわれ、気まずくなる。「座《ザ》が白《しら》けた」

難読 科白《せりふ》・白雨《ゆうだち》・白面《しらふ》・白楊《やなぎ》・白地《あからさま》

人名 あき・あきら・きよ・きよし・しろし

【▽白湯《さゆ》】 水をわかしただけで何もまぜていない湯。
【白糸《しらいと》】 ①染めていない白い糸。②生糸《きいと》の別名。③糸状のもののたとえ。例 —の滝《たき》。滝の—。
【白川夜船《しらかわよふね》】 よくねむっていて、何が起きても気づかないこと。〔京都を見てきたふりをした者が、京都の白川について聞かれ、川の名と思って、夜、船で通ってねむっていたので知らないと答えた話による〕表記「白河夜船」とも書く。
【白木《しらき・しろき》】 けずったままで、何もぬっていない木材。
【白地】一《しらジ》 ①紙・布・器物などで、字・模様・絵などをかいたり染めたりしていないもの。②陶磁器《トウジキ》で、まだ焼いていないもの。二《しろジ》 紙や布などの地色が白いこと。また、そのもの。
【白州《しらす》】 ①川の中の、白い砂が盛り上がって出ているところ。②玄関《ゲンカン》や庭などで、白い砂や小石のしきつめてあるところ。③江戸《えど》時代、奉行所《ブギョウショ》で罪人を調べた場所。例 お—。表記 ▽旧 白▼洲
【白滝《しらたき》】 ①白い布をかけたように流れ落ちる滝。②糸のように、細く長くつくったこんにゃく。
【白羽《しらは》】 白い矢羽根《やばね》。例 —の矢が立つ(=多くの人の中からとくに選ばれる。また、犠牲者《ギセイシャ》として選び出される)。
【白拍子《しらビョウシ》】 平安末期に、おこった歌舞《カブ》。また、その舞《まい》を舞った遊女。例 静御前《しずかゴゼン》はもと—であった。
【白帆《しらほ》】 ①船に張った白い帆。②白い帆を張った船。例 大海原《おおうなばら》に—がうかぶ。
【白黒《しろくろ》】 ①白と黒。②ものごとの善悪。また、無罪と有罪。黒白《コクビャク》。例 —をつける。③写真・映画などで色彩《シキサイ》のついていないもの。モノクロ。例 —写真。④〔「目を白黒させる」の形で〕おどろいたり、苦しんだりしたときの目のようす。
【白酒《しろざけ》】 ひな祭りに、供えたり飲んだりする、あまくてかおりの強い、白くどろどろとした酒。
【白装束《しろショウゾク》】 白ずくめの服装。神事やとむらいに関係するときに用いる。例 —で立ち合う。
【白▽妙《しろたえ》】 ①カジノキの皮の繊維《センイ》を織って作った白い布。②白い色。白いもの。表記 ▽「白▼栲」とも書く。

【白星《しろぼし》】 ①相撲《すもう》で、取組表につける勝ちをあらわす白くてまるいしるし。勝ち星。②成功。てがら。例 営業面で—を重ねる。▽対 黒星。
【白身《しろみ》】 ①たまごの中の白い部分。卵白《ランパク》。対 黄身《きみ》。②鶏肉《ケイニク》の白い部分。また、肉の白い魚。例 —の魚。
【白無▼垢《しろムク》】 婚礼《コンレイ》や葬儀《ソウギ》に用いる、上着《うわぎ》・下着・小物などすべて白色を用いた和服。例 —の花嫁衣装《はなよめイショウ》。
【白目《しろめ》】 ①眼球の白い部分。例 —が充血《ジュウケツ》する。②冷たい目つき。白い目。白眼《ハクガン》。例 —で見る。
【白亜《ハクア》】 ①白いかべ。しらかべ。例 —の殿堂《デンドウ》。②石灰岩《セッカイガン》の一種。白色でやわらかい。白墨《ハクボク》に用いる。表記 ▽「白▼堊」とも書く。
【白衣《ハクイ・ビャクエ》】 医者・看護師・化学者などが着る白い服。例 —の天使(=女性の看護師をほめていうことば)。
【白雨《ハクウ》】 夏の夕方に、急に降ってくる雨。夕立。
【白雲《ハクウン》】 白いくも。しらくも。例 —がわき立つ。
【白煙《ハクエン》】 白いけむり。
【白眼《ハクガン》】 ①眼球の白い部分。しろめ。②人を冷たくにらむ目つき。
【白眼視《ハクガンシ》】(名・する) 冷たい目で見ること。冷淡《レイタン》な態度をとること。例 よそものとして—する。

故事のはなし 三国時代の魏《ギ》に俗世間《ゾクセケン》をさけて竹林《チクリン》にこもり、哲学的《テツガクテキ》な談義にふけるのを好んだ七人の賢者《ケンジャ》がいた。これを「竹林の七賢《シチケン》」という。その一人、阮籍《ゲンセキ》は白眼《ハクガン》(=しろめ)と青眼《セイガン》(=くろめ)とを使い分けることができ、礼儀《レイギ》作法にこだわる人には白眼で応対した。あるとき、嵆喜《ケイキ》という人が来ると白眼で応対したので、嵆喜は不愉快《フユカイ》になって帰ってしまった。嵆喜の弟の嵆康《ケイコウ》がこれを聞いて、酒と琴《こと》とをたずさえてやってくると、阮籍は大いに喜んで今度は青眼で応対した。こののち、礼儀を重んずる人は阮籍を仇《かたき》の

ようにくんだという。〈晋書《ジンジョ》〉

【白魚】一《ハクギョ》 ①白いさかな。②シミ(=衣類や紙を食う害虫)の別名。二《しらうお》 シラウオ科の近海魚。体長約一〇センチメートル。女性の白く細い指にたとえられる。例—のような美しい指。三《しろうお》 ハゼ科の、さかな。体長約五センチメートル。表記 三は「▽素魚」とも書く。

【白居易】《ハクキョイ》 中唐《チュウトウ》の詩人。字《あざな》は楽天《ラクテン》。号は香山居士《コウザンコジ》。「長恨歌《チョウゴンカ》」「琵琶行《ビワコウ》」などの詩が有名。日本では、平安時代の文学に大きな影響《エイキョウ》をあたえた。(七七二—八四六)→【白氏文集】《ハクシブンシュウ》

【白玉楼】《ハクギョクロウ》 詩人や小説家など、文人が死後に行くというところ。〔唐《トウ》の詩人の李賀《リガ》が死の直前に、天帝《テンテイ》から白玉楼という宮殿《キュウデン》ができたので、その記事を書くように依頼《イライ》された夢を見たという故事による〕〈唐詩紀事《トウシキジ》〉

【白玉楼《ハクギョクロウ》中《チュウ》の人《ひと》となる】 詩人や小説家など、文人が死ぬことのたとえ。

【白銀】《ハクギン》 ①銀。しろがね。②〔白くかがやくようすから〕積もっている雪。

【白菜】《ハクサイ》 アブラナ科の一、二年草。中国北部の原産。日本へは明治初期に渡来《トライ》した。つけものや、なべ料理などに用いる。

【白紙】《ハクシ》 ①文字や絵など何も書いていない紙。また、書くべきものが書かれていない紙。しらかみ。例—の答案。②先入観をもっていないこと。例—で会議に臨《のぞ》む。③何もなかった、もとの状態。例—にもどして考え直す。

【白磁】《ハクジ》 白い色の磁器。例—の皿。

【白日】《ハクジツ》 ①照りかがやく太陽。例—の下《もと》にさらす(=かくしごとを明るみに出す)。②真昼《まひる》。ひるま。③無罪や潔白《ケッパク》が証明されたことのたとえ。例青天—の身となる。

【白日夢】《ハクジツム》 真昼《まひる》に見るゆめ。また、ゆめのような、非現実的な空想。白昼夢。

【白氏文集】《ハクシブンシュウ／ハクシモンジュウ》 白居易《ハクキョイ》の詩文集。元稹《ゲンシン》が編集した前集五十巻と、白居易自身が選んだ後集・続後集二十五巻(現存二十一巻)とから成る。日本では、平安時代の文学に大きな影響《エイキョウ》をあたえた。略して『文集《ブンシュウ／モンジュウ》』とも呼ばれる。→【白居易】《ハクキョイ》

【白砂青松】《ハクシャセイショウ》 〔「ハクサセイショウ」とも〕 白いすなはまに青々とした松の木の並ぶ、海岸の美しい景色。

【白寿】《ハクジュ》 〔「百」の字から一をとると「白」になることから、日本で〕九十九歳《サイ》。また、その祝い。

【白秋】《ハクシュウ》 秋。〔四季について、青春《セイシュン》・朱夏《シュカ》・玄冬《ゲントウ》と並べていう〕

【白書】《ハクショ》 〔イギリス政府が報告書の表紙に白い紙を使ったことから〕政府などが公式に発表する報告書。現状を分析《ブンセキ》し、将来の方針を述べる。例経済—。防衛—。

【白状】《ハクジョウ》 (名・する) 自分の罪やかくしていることを申し述べること。自白。

【白人】《ハクジン》 人種を皮膚《ヒフ》の色で大きく三つに分けたときの一つ。皮膚の色の白いヨーロッパ人など。白色人種。

【白刃】《ハクジン／しらは》 鞘《さや》からぬいた刀。ぬき身。例—をふりかざす。

【白▼皙】《ハクセキ》 肌《はだ》の色が白いこと。例—の青年。

【白雪】《ハクセツ／しらゆき》 真っ白な雪。

【白扇】《ハクセン》 字や絵をかいていない、白地のおうぎ。

【白戦】《ハクセン》 ①武器を持たず素手《すで》でたたかうこと。②漢詩で、出された題に縁のある語を使わずに詩を作って文才をきそうこと。

【白線】《ハクセン》 ①白い線。例—を引く。②白い線状の紙・布・テープ。

【白▼癬】《ハクセン》 白癬菌《ハクセンキン》(=カビの一種)によって起こる皮膚病《ヒフビョウ》。しらくも・たむし・水虫など。

【白▼髯】《ハクゼン》 白いほおひげ。白いひげ。

【白濁】《ハクダク》 (名・する) 白くにごること。例水道水が—する。

【白炭】一《ハクタン／しろずみ》 かたく焼いた炭で、表面に灰がついて白く見えるもの。かたずみ。二《しろずみ》 茶の湯で用いる炭。石灰《セッカイ》や胡粉《ゴフン》で表面を白くしたもの。

【白痴】《ハクチ》 もと、精神遅滞《セイシンチタイ》のうち、障害が最も重い状態をいったことば。

【白地図】《ハクチズ／しろチズ》 地名や記号などを書き入れず、陸地・島・川・国などの輪郭《リンカク》だけをあらわした地図。地理の学習や分布図作成などに用いる。

【白昼】《ハクチュウ》 真昼《まひる》。ひる。白日。

【白昼夢】《ハクチュウム》 「白日夢《ハクジツム》」に同じ。

【白鳥】一《ハクチョウ》 ガンカモ科の大形の水鳥であるオオハクチョウ・コハクチョウ・コブハクチョウなどをまとめていうことば。全身白色で、首が長い。冬鳥としてシベリアなどから渡来《トライ》する。スワン。二《しらとり》 羽の白い鳥。

【白帝城】《ハクテイジョウ》 四川《シセン》省奉節《ホウセツ》県の東にある古城。三国時代、蜀《ショク》の劉備《リュウビ》が病死した地。李白《リハク》の「早《つと》に白帝城を発す」の詩でも有名。

【白頭】《ハクトウ》 しらがあたま。例—翁《オウ》(=しらがの老人。また、鳥・草の名)。

【白銅】《ハクドウ》 ①銅とニッケルの合金。②「白銅貨」の略。白銅でつくった貨幣《カヘイ》。

【白内障】《ハクナイショウ／しろそこひ》 眼球の水晶体《スイショウタイ》が白くにごり、視力が弱くなる病気。

【白熱】《ハクネツ》 (名・する) ①〔物〕物体が熱せられて、白い光を放つほどの高温になること。例—電球。②議論や試合などが、極度に激しくなること。例—した試合になる。

【白波】《ハクハ／しらなみ》 ①白く立つ波。白浪《しらなみ》。②盗賊《トウゾク》。白浪。〔後漢《ゴカン》時代に、黄巾《コウキン》の賊の残党が、白波谷《ハクハコク》にたてこもって、ぬすみをはたらいたことから〕

【白馬】《ハクバ／しろうま》 白い毛色のウマ。例—の騎士《キシ》。

【白白】一《ハクハク》 (形動《タル》) ①真っ白い状態。②明らかで疑いようのないようす。例明明—。二《しらしら／しらじら》 (副) 夜がだんだん明けていくようす。例—明け(=夜が明けていくころ)。

【白髪】《ハクハツ／しらが》 白くなったかみの毛。

【白髪《ハクハツ》三千丈《サンゼンジョウ》】 長年の心配によって白髪がひじょうに長くのびていること。

故事のはなし

李白《リハク》は、きまった職にもつかず一生を放浪《ホウロウ》のうちに気ままに遊びくらしたが、その詩は、なにものにもとらわれない、自由な表現に特徴《トクチョウ》がある。「白髪《ハクハツ》三千丈《サンゼンジョウ》、愁《うれ》いによりてかくのごとく長し(=三千丈にも伸《の》びた私の白髪、心の愁いによってこんなに長くなってしまったのだ)」は、李白の詩の一節。三千丈とは誇張《コチョウ》表現で、「ひじょうに長い」ということを言いたいだけである。また、その裏には、心の愁いがめんめんとしてつきない、という意味もこめられている。〈李白《リハク》・秋浦歌《シュウホのうた》〉

【白眉】《ハクビ》 ①白いまゆ毛。②同類の中で最もすぐれているこ

5画

[白部] 0画 白

と。また、その人やもの。例今回の展示作品中の—。

故事のはなし　秀才《シュウサイ》　三国時代、蜀《ショク》の馬《バ》氏の五人の息子《むすこ》は、みな秀才だったが、中でも馬良がとくにすぐれていた。そこで村の人々はこう言い合った。「馬氏の五常《ゴジョウ》、白眉《ハクビ》最も良し(＝馬《バ》さんの家の五人の常《ジョウ》さん(みな字《あざな》に「常」の字がついていた)の中で、眉《まゆ》に白い毛がまじっている馬良がいちばんすぐれている)」と。〈三国志《サンゴクシ》〉

【白票】《ハクヒョウ》 ①国会の記名投票で賛成をあらわす白いふだ。対青票《セイヒョウ》。②白紙のままで投票された投票用紙。
【白描】《ハクビョウ》 東洋画で、墨《すみ》の線だけでかいた絵や、あわい色をつけただけの絵。素《す》がき。例—画。
【白布】《ハクフ》 白いぬの。
【白粉】《ハクフン|おしろい》 白いこな。とくに、化粧《ケショウ》用の白いこな。
【白文】《ハクブン》 句読点《クトウテン》・返り点・送りがなをつけていない漢文。例—に返り点をつける。
【白兵】《ハクヘイ》〔「兵」は、武器の意〕①ぬき身の刀。白刃《ハクジン》。②接近戦に用いる、刀や銃剣《ジュウケン》などの武器。
【白兵戦】《ハクヘイセン》 敵・味方が入り乱れて、刀や銃剣《ジュウケン》などで戦うこと。対火兵戦《カヘイセン》。
【白壁】[一]《ハクヘキ|しらかべ|しろかべ》 しっくいなどでぬった白いかべ。[二]《しらかべ》 豆腐《トウフ》の別名。
【白璧】《ハクヘキ》 白い色の宝玉《ホウギョク》。例—の微瑕《ビカ》(＝白い宝玉にある、わずかなきず。りっぱなものに少しだけ欠点があること)。
【白墨】《ハクボク》 石膏《セッコウ》や白い土を棒状に固めた、黒板用の筆記用具。チョーク。〔赤・黄・緑などの顔料を加えたものもある〕
【白米】《ハクマイ》 玄米《ゲンマイ》をついてぬかを除き、白くした米。精白米。
【白面】《ハクメン》 ①素顔《すがお》。②色の白い顔。③若くて経験不足なこと。例—の書生。
【白▼楊】《ハクヨウ》 ヤナギ科の落葉高木。ハコヤナギ。
【白露】[一]《ハクロ》 二十四節気の一つ。太陽暦《タイヨウレキ》で九月八日ごろ。[二]《しらつゆ》 草木などにつき、白く光って見えるつゆの玉。
【白▼蠟】《ハクロウ|ビャクロウ》 真っ白な、ろう。
【白話】《ハクワ》 中国語の口語。中国語の中の日常語。また、口語文。例近世によく読まれた—文学。
【白旗】《ハッキ|しらはた|しろはた》 ①白い旗。②源平《ゲンペイ》の争乱で、平家のほうの赤旗に対して、源氏の旗をいう。③降伏《コウフク》のしるしに用いる白い旗。例—《しろはた》をかかげて武器をすてる。
【白球】《ハッキュウ》 野球やゴルフなどの白いボール。例—を追う。
【白金】《ハッキン》〔化〕金属元素の一つ。化学的にきわめて安定しており、理化学実験用具や装飾《ソウショク》として用いられる。プラチナ。記号Pt 原子番号78
【白▽駒】《ハック》 ①白い毛のウマ。②月日《つきひ》。光陰《コウイン》。
【白▽駒《ハック》隙《ゲキ》を過《す》ぐ】 もののすきまから、白馬が通り過ぎるのを見る。時がたつのが早いことのたとえ。
【白血球】《ハッケッキュウ》 血液の成分の一つ。骨髄《コツズイ》・脾臓《ヒゾウ》・リンパ節で作られる。細菌《サイキン》や異物を取りこんで殺すものと、免疫《メンエキ》に関与《カンヨ》するものとがある。対赤血球。
【白光】《ハッコウ》 ①白くかがやく光。②皆既《カイキ》日食のとき、太陽の周囲に見える白い光。コロナ。
【白▽虹《ハッコウ》日《ひ》を貫《つらぬ》く】〔白い虹《にじ》が太陽をつらぬく光景から、「白虹」を兵、「日」を君主と解釈《カイシャク》して〕国家に兵乱が起こるきざしをいう。〈戦国策《センゴクサク》〉
【白骨】《ハッコツ》 風雨にさらされて白くなったほね。野ざらし。
【白▼毫】《ビャクゴウ》〔仏〕仏の眉間《ミケン》にあって、光を放つという白い巻き毛。仏像では、ひたいに宝石をはめて、これをあらわす。
【白▼檀】《ビャクダン》 ビャクダン科の常緑高木。材には強い香気《コウキ》があり、香料・薬・数珠《じゅず》などに用いられる。せんだん。
【白夜】《ビャクヤ|ハクヤ》 北極・南極に近い地方の夏に、真夜中でも太陽がしずまないか、しずんでもその光の反映でうす明るい状態になること。
【白虎】《ビャッコ》 ①白い毛色のトラ。②漢代のころ、東西南北の四方に配した神の一つ。西方を守る。〔青竜《セイリュウ》(＝東)・朱雀《スザク》(＝南)・玄武《ゲンブ》(＝北)とならべていう〕
【白▼狐】《ビャッコ》 年老いて毛色の白くなったというキツネ。神通力《ジンズウリキ》をもつといわれる。
【▽白▽耳▽義】《ベルギー》 ベルギー王国。ヨーロッパ北西部にある立憲君主国。
●裏白《うらじろ》・関白《カンパク》・空白《クウハク》・潔白《ケッパク》・紅白《コウハク》・告白《コクハク》・黒白《コクビャク》・自白《ジハク》・淡白《タンパク》・独白《ドクハク》・明白《メイハク》・余白《ヨハク》

白 1

【百】

6画 4120 767E 教育1

音 ハク漢 ヒャク呉
訓 もも
付表 八百長《やおちょう》・八百屋《やおや》

筆順 一 丆 丆 百 百 百

なりたち 〔会意〕「一(＝数のはじめ)」と「白(＝いう)」とから成る。大きな数のはじめとして口にする数。十を十倍した数。

意味 ❶数の名。十の十倍。ひゃく。もも。例百歳《ヒャクサイ》。百回《ヒャッカイ》。百分率《ヒャクブンリツ》。❷数が多いこと。たくさん。いろいろ。あらゆる。例百姓《ヒャクセイ》。百鬼夜行《ヒャッキヤコウ》。諸子百家《ショシヒャッカ》。

難読 百千鳥《ももちどり》・百足《むかで|げじげじ》・百合《ゆり》・百済《くだら》・百々《どど》(＝姓)・百目鬼《どうめき》(＝姓・地名)・百日紅《さるすべり》・百舌《もず》

人名 はげむ・も

【百害】《ヒャクガイ》 多くの害。例—あって一利なし(＝悪いところばかりで、一つも良いところがないこと)。
【百済】《ヒャクサイ|くだら》〔「ペクチェ」とも〕四世紀初めごろ、朝鮮《チョウセン》半島の南西部に建国。新羅《シンラ|しらぎ》・高句麗《コウクリ》とともに古代朝鮮の三国の一つ。六六〇年、唐《トウ》と新羅の連合軍にほろぼされた。例—観音《くだらカンノン》。
【百日紅】《ヒャクジッコウ|さるすべり》 ミソハギ科の落葉高木。木の皮はなめらかでつやがあり、夏に紅色または白色の花をつける。〔「さるすべり」の名は、サルでもすべって登れないということから〕
【百尺▼竿頭】《ヒャクシャクカントウ|ヒャクセキカントウ》 百尺あるさおの先。最後にたどりつくべき点。例—一歩を進める(＝すでにたどりつくべき点に達しているけれども、さらに一歩を進める)。
【百獣】《ヒャクジュウ》 あらゆる種類のけもの。例—の王(＝ライオン)。
【百出】《ヒャクシュツ》(名・する)(意見などが)次々に多く出ること。例議論—。
【百姓】[一]《ヒャクショウ》 農業を仕事とする人。農民。[二]《ヒャクセイ》 ①いろいろのみょうじ。②人民。国民。庶民《ショミン》。
【百姓読み】《ヒャクショウよみ》 漢字が本来もっている読み方や習慣としてある読み方以外の、誤った読み方。多くの場合、旁《つくり》などの影響《エイキョウ》による。「娘《ジョウ》」を「ロウ」と読み、「遂行《スイコウ》」を「ツイコウ」と読むなど。
【百折】《ヒャクセツ》 いくども折れること。また、なん回も挫折《ザセツ》すること。例—不撓《フトウ》(＝なん度失敗してもくじけないこと)。
【百千】《ヒャクセン|ももち》 数の多いこと。例—《ヒャクセン》苦難をしのぐ。
【百戦】《ヒャクセン》 数多くの戦い。例—百勝。

【百戦錬磨《ヒャクセンレンマ》】多くの戦いを経験して、きたえあげられていること。例―のつわもの。表記「百戦練磨」とも書く。

【百選《ヒャクセン》】すぐれたものを百えらび出すこと。例名水―。

【百態《ヒャクタイ》】いろいろな姿やようす。例富岳《フガク》―。

【百代《ヒャクダイ》】〔「ハクタイ」とも〕きわめて長い年代。類百世。例―の過客《カカク》(=永遠の旅人)。

【百度《ヒャクド》】「百度参り」の略。神仏に願《ガン》をかけて、寺社境内《ケイダイ》の一定の距離《キョリ》を百回往復し、一回ごとに礼拝《ライハイ》すること。例お―をふむ。

【百人一首《ヒャクニンイッシュ》】百人の歌人の和歌をひとり一首ずつ選んだもの。藤原定家《ふじわらのテイカ》が選んだという「小倉《おぐら》百人一首」がとくに有名。また、その歌ガルタをいう。

【百人力《ヒャクニンリキ》】①百人分の力をもっていること。②助けを得てひじょうに心強いこと。例かれが加われば―だ。

【百年《ヒャクネン》】一年の百倍。百年間。また、多くの年。例―の計(=長い将来にわたっての計画)。

【百年《ヒャクネン》河清《カセイ》を▼俟《ま》つ】〔常ににごっている黄河《コウガ》の水が澄《す》むのを百年間も待つ意〕あてのない望みをいつまでもいだくことのたとえ。〈春秋左氏伝《シュンジュウサシデン》〉

【百年目《ヒャクネンめ》】①ちょうど百年にあたる年。②追いつめられてどうにもならないときなどに言うことば。おしまい。運のつき。例ここで会ったが―。

【百八煩悩《ヒャクハチボンノウ》】〔仏〕人間のもっている数々のなやみや欲望。〔六根《ロッコン》(=感覚や意識を生じさせる六つの器官)にそれぞれ六つ、計三十六の煩悩があり、これがさらに過去・現在・未来の三つにわたるので百八となる〕

【百聞《ヒャクブン》は一見《イッケン》に▽如《し》かず】人からなん度も聞くよりも、一度実際に自分の目で確かめてみたほうがよくわかる。千聞は一見に如《し》かず。〈漢書《カンジョ》〉

【百分率《ヒャクブンリツ》】全体を百としたとき、その中のいくらにあたるかをあらわしたもの。百分比。単位はパーセント。記号% 例
【百万《ヒャクマン》】①一万の百倍。②ひじょうに数の多いこと。例―長者。―言《ゲン》をついやしても説明しきれない。

【百薬《ヒャクヤク》】多くのくすり。例―の長(=最良のくすりの意で、酒をほめていうことば)。

【百葉箱《ヒャクヨウばこ》】〔「ヒャクヨウソウ」とも〕気象観測のために、温度計や湿度計《シツドケイ》などを入れて、屋外の地上約一・五メートルのところに設ける、よろい戸のついた白い木箱。

【百雷《ヒャクライ》】数多くのかみなり。例―が一時に落ちたよう(=激しい音のたとえ)。

【百里《ヒャクリ》を行《ゆ》く者《もの》は九十里《クジュウリ》を半《なか》ばとす】〔百里の道を行こうとする者は、九十里に達したとき、やっと半分まで来たと考えるべきだの意〕何かに取り組むとき、最後まで気をぬいてはならないことのたとえ。〈戦国策《センゴクサク》〉

【百花《ヒャッカ》】いろいろな種類の花。多くの花。例―の王(=ボタンの花)。

【百花斉放《ヒャッカセイホウ》】〔いろいろな花がいっせいにさく意から〕芸術や学問などの文化活動が活発におこなわれること。

【百花▼繚乱《ヒャッカリョウラン》】①いろいろな花が美しくさき乱れるようす。例―の春をむかえる。②すぐれたものや美しいものが数多く集まることのたとえ。表記▽「百花▼撩乱」とも書く。

【百家《ヒャッカ》】多くの学者や作者。例諸子―。

【百家争鳴《ヒャッカソウメイ》】学者などがいろいろな立場から自由に意見を出し合い論争すること。

【百科事典《ヒャッカジテン》】学術・技芸・社会その他多方面の分野のことがらについて説明し、辞書の形に分類・配列した書物。エンサイクロペディア。

【百貨店《ヒャッカテン》】多くの種類の商品をとりあつかう大規模《ダイキボ》な総合小売店。デパート。

【百官《ヒャッカン》】数多くの役人。例文武―。

【百鬼夜行《ヒャッキヤコウ》】〔「ヒャッキヤギョウ」とも〕①いろいろな化け物が夜中に連なって歩きまわること。②多くの悪人がのさばりはびこること。例―の世の中。

【百計《ヒャッケイ》】いろいろなはかりごと。例―をめぐらす。

【百行《ヒャッコウ》】すべてのおこない。例孝は―の本《もと》。

【百発百中《ヒャッパツヒャクチュウ》】(名・する)①矢や弾丸《ダンガン》などが、百度発射して百度すべて的《まと》に当たること。〈史記《シキ》〉②予想や計画が、すべて当たること。例かれの予想は―だ。

【百般《ヒャッパン》】いろいろな方面や分野。例武芸―。

【▽百▽足《むかで》】節足動物の一つ。からだは細長く、体節ごとに一対《イッツイ》の足をもつ。

【▽百▽合《ゆり》】ユリ科の多年草。夏に、白・黄・赤などのらっぱ形の花をつける。地下茎《チカケイ》はゆり根《ね》と呼ばれて食用にする。例白《しら》―。山《やま》―。

白 2 【皀】 7画 6605 7680 音 一 キュウ漢 二 ヒョク漢

意味 一《キュウ》 穀物のよいかおり。例穀皀《コクキュウ》。二《ヒョク》 穀物のつぶ。例豆皀《トウヒョク》。
難読 皀莢《さいかち》・皀角子《さいかち》

白 2 【皁】 7画 1-8864 7681 音 ソウ漢 訓 くろ・さいかち

白 2 [皂] 7画 ― 7682 俗字

意味 ❶ナラ・クヌギなどの実。どんぐり。黒い染料《センリョウ》になる。同 梍《ソウ》。例皁斗《ソウト》(=どんぐり)。❷マメ科の落葉高木。サイカチ。薬用、また、せっけんのように使う。同 梍《ソウ》。例皁角子《ソウカクシ》《さいかち》。皁莢《ソウキョウ》《さいかち》。❸黒色。くろ。例皁衣《ソウイ》(=黒い衣服)。皁巾《ソウキン》(=黒いずきん)。❹(黒い衣《ころも》を着た)しもべ。例皁隷《ソウレイ》(=めしつかい。また、身分の低い役人)。❺馬小屋。例皁桟《ソウサン》(=馬小屋)。皁櫪《ソウレキ》(=うまや)。

白 2 [皀] 7画 ⇩【皁】ソウ(695ジペー)

白 3 【的】 8画 3710 7684 教育4 音 テキ漢 チャク呉 訓 まと

筆順 ノ 亻 白 白 白 的 的

白 3 【的】 8画

なりたち  [形声]本字は「旳」で、「日(=ひ)」と、音「勺《シャク→テキ》」とから成る。あきらか。

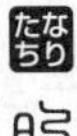

意味 ❶はっきりと目立つ。あきらか。たしかに。例的然《テキゼン》。❷目あて。まと。例的中《テキチュウ》。射的《シャテキ》。目的《モクテキ》。

日本語での用法《テキ》〔「…的」の形で〕…のような、…に関する、などの意をあらわす。「科学的《カガクテキ》・劇的《ゲキテキ》な出会《であ》い・知的《チテキ》な人《ひと》」

人名 あきら・ただし・まこと・まさ

【的確《テキカク》】〔「テッカク」とも〕(形動ダ)まとをはずれず、たしかなようす。ぴたりと合っていてまちがいのないようす。例―な判断を下す。表記「適確」とも書く。

【的然《テキゼン》】(形動タルト)明白なようす。あきらか。たしか。

【的中《テキチュウ》】(名・する)①まとに当たること。命中。例―率。②予想や判断などが、結果とぴったり合うこと。例予想が―した。表記②は「適中」とも書く。

【的屋】《テキや》 縁日《エンニチ》・盛《さか》り場《ば》などで露店《ロテン》を出し、ものを売る人。香具師《やし》。

【的▼皪】《テキレキ》（形動《タルト》）光などを受けて、白くあざやかに見えるようす。例 ―と湖が光る。

◯●意志的《イシテキ》・意図的《イトテキ》・外的《ガイテキ》・規則的《キソクテキ》・義務的《ギムテキ》・客観的《キャッカンテキ》・具体的《グタイテキ》・形式的《ケイシキテキ》・劇的《ゲキテキ》・公的《コウテキ》・後天的《コウテンテキ》・国際的《コクサイテキ》・史的《シテキ》・私的《シテキ》・詩的《シテキ》・事務的《ジムテキ》・主観的《シュカンテキ》・心的《シンテキ》・性的《セイテキ》・静的《セイテキ》・端的《タンテキ》・知的《チテキ》・抽象的《チュウショウテキ》・動的《ドウテキ》・内的《ナイテキ》・病的《ビョウテキ》・目的《モクテキ》・楽天的《ラクテンテキ》・理性的《リセイテキ》

白 3 【的】8画 ⇩【的】《テキ》（695ページ）

白 4 【皆】9画 1907 7686 常用 音 カイ 漢 呉 訓 みな

筆順

なりたち ［会意］「比(=ならぶ)」と「白(=いう)」とから成る。ともに。

意味 ❶いくつかのものがいっしょに。ともに。同 偕《カイ》。❷みんなそろって。すべて。のこらず。みな。例 皆既食《カイキショク》。皆無《カイム》。

人名 とも・み

【皆既月食】《カイキゲッショク》 太陽・地球・月がこの順に同一直線上に並び、月が地球のかげの中に完全にはいって、見えなくなる現象。表記 旧 皆既月▼蝕 →【月食】《ゲッショク》（501ページ）

【皆既食】《カイキショク》〔「既」は、つきる意〕皆既日食・皆既月食のこと。表記 旧 皆既▼蝕

【皆既日食】《カイキニッショク》 太陽・月・地球がこの順に同一直線上に並び、太陽が全部月にかくれる現象。太陽のまわりのコロナが見える。表記 旧 皆既日▼蝕 →【日食】《ニッショク》（480ページ）

【皆勤】《カイキン》（名・する）ある期間、一日も(または一回も)休まずに出席・出勤すること。無欠席。例 ―賞。

【皆済】《カイサイ》（名・する）借金の返済、金品の納入などを残らずすますこと。完済。

【皆伝】《カイデン》（名・する）芸ごと・武術などで、師から奥義《オウギ》を残らずつたえられること。例 免許《メンキョ》―を得る。

【皆伐】《カイバツ》（名・する）（林業で）森林などの木をすべて伐採すること。

【皆兵】《カイヘイ》 すべての人が兵役《ヘイエキ》に服するものとすること。例 国民―(=国民がすべて兵役につく、という理念や制度)。

【皆無】《カイム》（名・形動《ダナ》）まったくないこと。類 絶無。例 そんな例は―と言ってよい。

【皆目】《カイモク》（副）〔多く、下に打ち消しのことばをともなって〕まったく。全然。少しも。例 ―見当がつかない。

白 4 【皇】9画 2536 7687 教育6 音 コウ 漢 オウ 呉 訓 かみ・きみ・すめらぎ・すめら

筆順

なりたち ［会意］「白(=始め)」と「王(=おう)」とから成る。始めの偉大《ダイ》な王。

意味 ❶偉大《ダイ》な王。天子。君主。きみ。例 皇位《コウイ》。皇室《コウシツ》。皇帝《コウテイ》。❷大きな。例 皇天《コウテン》(=大いなる天)。❸なくなった父母・祖先をうやまっていうことば。例 皇考《コウコウ》。皇妣《コウヒ》(=なくなった母)。

日本語での用法《コウ・オウ》「天皇の」「日本国の」の意。「皇紀《コウキ》・皇国《コウコク》・勤皇《キンノウ》」

難読 皇尊《すめらみこと》

人名 すべ・ただ・ただし・ひろ・ひろし

【皇子】《オウジ・コウシ》 天子のむすこ。親王。みこ。対 皇女。

【皇女】《オウジョ・コウジョ》 天子のむすめ。内親王。対 皇子。

【皇位】《コウイ》 天子のくらい。例 ―継承《ケイショウ》。

【皇学】《コウガク》〔皇国の学の意〕日本を天皇中心の特別な国と考え、その言語・文学・歴史・制度・文化などを研究すること。国学。

【皇漢】《コウカン》〔「皇」は、大きいの意〕中国のこと。例 ―医学(=漢方《カンポウ》のこと)。〔「皇国と漢土」すなわち「日本と中国」と解するのは根拠《コンキョ》不明〕

【皇紀】《コウキ》 日本の紀元。『日本書紀《ニホンショキ》』にもとづき、神武《ジンム》天皇即位《ソクイ》の年を元年とする。皇紀元年は西暦《セイレキ》紀元より六六〇年古い。〔今は使われない〕

【皇居】《コウキョ》 天子の住まい。宮城。皇宮《コウグウ》。

【皇宮】《コウグウ》 皇居。宮城。例 ―警察。

【皇軍】《コウグン》〔天皇の軍隊の意〕もとの日本の陸軍・海軍について、軍自身や報道機関などが用いたことば。

【皇考】《コウコウ》 ①中国で、死んだ父をまつるときのうやまった言い方。②日本で、天皇の、なき父をいうことば。

【皇后】《コウゴウ》 天子の正妃《セイヒ》。皇帝《コウテイ》の正妻。きさき。皇妃。

【皇国】《コウコク》〔天皇の治める国の意〕昔、日本がみずからをほめて呼んだ言い方。すめらみくに。

【皇嗣】《コウシ》 天子の世つぎ。皇太子。皇継《コウケイ》。皇儲《コウチョ》。

【皇室】《コウシツ》 天子を中心とする、その一族。皇家《コウカ》。

【皇祖】《コウソ》 天子の先祖。『古事記《コジキ》』『日本書紀《ニホンショキ》』の神代の記事に見える、天照大神《あまてらすおおみかみ》、または、神武《ジンム》天皇。あるいは天照大神から神武天皇までの代々の神を指す。〔「皇祖」以外の先祖を「皇宗《コウソウ》」という〕

【皇▼祚】《コウソ》 天子の位。皇位。

【皇宗】《コウソウ》 歴代の天子にとっての先祖。例 皇祖―。

【皇族】《コウゾク》 天子の一族。

【皇孫】《コウソン》 天子のまご。また、天皇の子孫。

【皇太后】《コウタイゴウ》 先代の天子のきさき。天皇の母。

【皇太子】《コウタイシ》 次の帝王《テイオウ》となる皇子。東宮《トウグウ》。春宮《トウグウ》。

【皇▼儲】《コウチョ》 天子の世つぎ。皇嗣《コウシ》。皇継《コウケイ》。

【皇帝】《コウテイ》 帝政の国の君主。みかど。例 ナポレオン―。

【皇統】《コウトウ》 天子の血筋、血統。

◯●教皇《キョウコウ》・三皇《サンコウ》・上皇《ジョウコウ》・先皇《センコウ》・尊皇《ソンノウ》・天皇《テンノウ》・法皇《ホウオウ》

白 4 【皈】9画 ⇩【帰】《キ》（339ページ）

白 5 【皋】10画 ⇩【皐】《コウ》（696ページ）

白 6 【皐】11画 2709 7690 人名 音 コウ 漢 呉 訓 さつき

白 5 【皋】10画 6608 768B 本字

なりたち ［会意］「白(=しろ)」と「夲(=進む)」とから成る。白い気が立ちのぼって進む。

意味 ❶水べの土地。さわ。例 皐沢《コウタク》(=沼地《ぬまチ》)。❷陰暦《インレキ》の五月。さつき。例 皐月《さつき》。

人名 すすむ・たか・たかし

【皐月】 一《コウゲツ・さつき》 陰暦《インレキ》で五月のこと。二《さつき》 ツツジ科の常緑低木。初夏に紅・白などの花をつける。

白 6 【皎】11画 6609 768E 音 コウ 慣 キョウ 漢 呉 訓 しろ-い・きよ-い

意味 ❶(満月のように)白く明るい。しろい。例 皎月《コウゲツ》(=明るい月)。❷白く清らか。きよい。例 皎潔《コウケツ》(=白く清らか)。

難読 月影《つきかげ》皎《さ》やか

【皎皎】《キョウキョウ|コウコウ》(形動《トタル》)白く光りかがやくようす。例 —たる月光。白雲—としてそびえる空。

【皎鏡】《キョウキョウ|コウキョウ》 よく映るかがみ。清らかな月をたとえていう。

白 7 【皖】12画 6610 7696 音 カン漢 訓 あかぼし・あき-らか

意味 安徽《アンキ》省の別の呼び方。〔春秋時代の国名による〕

白 7 【皓】12画 6611 7693 人名 音 コウ漢 ゴウ呉 訓 ひか-る・しろ-い

白 7 【皓】12画 —— ——

日 7 [晧] 11画 5878 6667 本字

なりたち 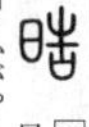 [形声]「日(=ひ)」と、音「告《コウ》」とから成る。日が出てかがやく。

意味 白くかがやく。色が白い。ひかる。例 皓歯《コウシ》。

人名 あき・あきら・きよ・きよし・しろし・つく・てる・ひかる・ひろ・ひろし

【皓月】《コウゲツ》 明るく照る月。明月。皎月《コウゲツ》。例 —千里(=明月が遠くのほうまでかがやきわたっている)。

【皓皓】《コウコウ》(形動《トタル》)白く光りかがやくようす。例 月が—と照る。

【皓歯】《コウシ》 白く美しい歯。例 明眸《メイボウ》—(=明るいひとみと白い歯。美貌《ビボウ》の形容)。

白 7 【皓】12画 ⇩【皓】《コウ》(697ページ)

白 8 【皙】13画 6612 7699 音 セキ漢 訓 しろ-い

意味 人の皮膚《フヒ》の色が白い。しろい。例 白皙《ハクセキ》。

参考「晳《セツ》」は別の字。

白 10 【皚】15画 6613 769A 音 ガイ漢 訓 しろ-い

意味 雪のように白い。しろい。例 皚皚《ガイガイ》。

【皚皚】《ガイガイ》(形動《トタル》)霜《しも》や雪の白いようす。例 白《ハク》—。積雪—たり。

107 5画 皮 けがわ ひのかわ 部

はぎとった毛がわの意をあらわす。「皮」をもとにしてできている漢字を集めた。

0 皮 5 皰 7 皴 9 皸 皹 皷 10 皺

皮 0 【皮】5画 4073 76AE 教育3 音 ヒ漢呉 訓 かわ

筆順 

なりたち  [形声]「又(=手ではぎとる)」と、音「爲《イ》→ヒ」の省略体とから成る。はぎとった、けもののかわ。参考 一説に、動物のかわを手ではぎとる形の象形文字という。

意味 ❶動物のからだの表面をおおっている毛がわ。かわ。例 皮革《ヒカク》。牛皮《ギュウヒ》。羊皮《ヨウヒ》。❷人や植物などのからだの表面をおおっているもの。例 皮膚《ヒフ》。樹皮《ジュヒ》。脱皮《ダッピ》。❸ものごとの表面。うわべ。例 皮相《ヒソウ》。

日本語での用法 《かわ》つづみ。「大皮《おおかわ》」

使い分け かわ【皮・革】⇩1167ページ

【皮算用】《かわザンヨウ》 手にはいる前から、あてにしてあれこれ計算すること。例 取らぬ狸《たぬき》の—。

【皮下】《ヒカ》 皮膚《ヒフ》の下。例 —注射。—脂肪《シボウ》。

【皮革】《ヒカク》 ①毛皮と、なめしがわ。②動物の皮を加工したもの。例 —製品。合成—。

【皮▼裘】《ヒキュウ》 毛皮でつくった衣服。かわごろも。

【皮脂】《ヒシ》 皮脂腺《ヒシセン》(=哺乳《ホニュウ》類の皮膚《ヒフ》にある分泌《ブンピツ》器官)から出るあぶら状の物質。

【皮質】《ヒシツ》 ①副腎《フクジン》・腎臓などの器官の表層部。例 副腎—ホルモン。②脳の表層部。例 大脳—。

【皮相】《ヒソウ》 一(名)うわべ。うわっつら。二(形動《ダナ》)判断が表面的で、本質をとらえていないようす。例 —な見解。

【皮肉】《ヒニク》 一(名)皮と肉。転じて、からだ。例 —が破れる。二(名・形動《ダナ》)①遠回しに意地悪く非難すること。嫌味《いやみ》。あてこすり。例 —を言う。②あいにくなこと。例 —な雨。運命の—。

【皮膚】《ヒフ》 動物のからだの表面をおおっている皮。はだ。

【皮膜】《ヒマク》 ①皮膚《ヒフ》と粘膜《ネンマク》。②皮のようにうすい膜。例 —でおおう。—が張る。③区別しにくい微妙《ビミョウ》なちがい。例 芸術は虚実《キョジツ》—の間《カン》にあり。

●渋皮《しぶかわ》・樹皮《ジュヒ》・脱皮《ダッピ》・表皮《ヒョウヒ》・面皮《メンピ》

皮 5 【皰】10画 6614 76B0 音 ホウ漢 訓 にきび

意味 皮膚《ヒフ》にできる、ふきでもの。にきび。例 面皰《メンポウ》。

難読 皰瘡《もがさ》

皮 7 【皴】12画 6615 76B4 音 シュン漢 訓 しわ

意味 ❶ひび。あかぎれ。例 皴裂《シュンレツ》(=ひび。あかぎれ)。❷ひだ。しわ。例 石皴《セキシュン》(=石のひだ)。

皮 9 【皸】14画 6616 76B8 音 クン漢 訓 ひび・あかぎれ

皮 9 [皹] 14画 6617 76B9 別体字

意味 寒さのために手足の皮膚《ヒフ》があれてできる細かいさけめ。ひび。あかぎれ。例 皸裂《クンレツ》(=ひびわれ)。

皮 9 [皹] 14画 ⇩【皸】《クン》(697ページ)

皮 9 [皷] 14画 ⇩【鼓】《コ》(1112ページ)

皮 10 【皺】15画 6618 76BA 音 シュウ漢 シュ呉 訓 しわ

意味 ❶皮膚《ヒフ》や布などがたるみ縮んで、細かいすじとなったもの。しわ。例 皺曲《シュウキョク》。❷しわを寄せる。例 皺眉《シュウビ》(=眉《まゆ》をひそめる)。

【皺曲】《シュウキョク》 ⇩【褶曲】《シュウキョク》(894ページ)

【皺腹】《しわばら》 しわの寄った腹。老人の腹のこと。例 —をかっ切っておわびいたします。

108 5画 皿 さら部

物を入れるうつわの形をあらわす。「皿」をもとにしてできている漢字を集めた。

0 皿 3 盂 4 盈 盆 盃 5 益 盇 益 6 盒 盛 盗 盖 7 盛 盗 8 盞 盟 9 盡 10 監 盤 11 盥 盧 12 盪

この部首に所属しない漢字

血⇩血 882　孟⇩子 286　蠱⇩虫 882　鹽⇩鹵 1106

皿 0

【皿】

5画 2714 76BF 教育3 音 ベイ漢 ミョウ呉 訓 さら

筆順 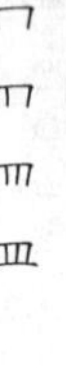

なりたち  [象形] 下方に足のついた入れ物の形。食べ物を入れるうつわ。

意味 食物を盛る、うつわ。さら。例 器皿《キベイ》(=食器)。火皿《ひざら》。

皿 3

【盂】

8画 6619 76C2 音 ウ漢 訓 はち

意味 ❶飲食物を盛る丸くて底の深いうつわ。はち。わん。例 飯盂《ハンウ》。❷梵語《ボンゴ》の音訳。例 盂蘭盆《ウラボン》。

【盂▼蘭盆】《ウラボン》〔梵語《ボンゴ》の音訳〕七月十五日を中心に祖先の霊《レイ》を供養《クヨウ》する行事。霊《たま》まつり。盆。盂蘭盆会《エ》。精霊会《ショウリョウエ》。

【盂▼蘭盆会】《ウラボンエ》〔陰暦《インレキ》でおこなうところも多い〕「盂蘭盆」におこなう法会《ホウエ》。

皿 4

【盈】

9画 1746 76C8 音 エイ漢 訓 み-ちる

意味 いっぱいになる。みちあふれる。満月になる。みちる。例 盈満《エイマン》。虧盈《キエイ》。

【盈▼虧】《エイキ》(名・する) 月が満ち欠けすること。盈虚《エイキョ》。

【盈虚】《エイキョ》(名・する) ①月が満ち欠けすること。盈虧《エイキ》。②栄えることと落ちぶれること。類 栄枯《エイコ》。

【盈満】《エイマン》(名・形動《ダ》) いっぱいになること。満ち足りること。例 —の咎《とが》め(=満ち足りているときは、かえってわざわいをまねきやすい、ということ)。

皿 4

【盆】

9画 4363 76C6 常用 音 ホン漢 ボン呉 訓 はち・ほとき・ほとぎ

筆順 

なりたち 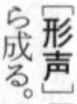 [形声]「皿(=うつわ)」と、音「分《フン→ホン》」とから成る。はち。

意味 水や酒などを入れるうつわ。大皿のように平らなものや鉢《ハチ》のように深いものなどがある。例 覆水《フクスイ》盆《ボン》に返《かえ》らず(=一度こぼれた水は二度と鉢にはもどせない)。

日本語での用法《ボン》①食器・茶器などをのせて運ぶ平らな道具。「茶盆《チャボン》・塗《ぬ》り盆《ボン》」②「盂蘭盆《ウラボン》」の略。「盆踊《ボンおど》り・新盆《にいボン》」

難読 覆盆子《いちご》

【盆景】《ボンケイ》 盆の上あるいは盆栽《ボンサイ》に石などを配して、山水の景色を模した置物。

【盆栽】《ボンサイ》 鉢《ハチ》に小さい木を植えて観賞用に育てたもの。

【盆地】《ボンチ》 四方を台地または山地に囲まれた平地。例 奈良《なら》—。—は夏暑く、冬寒い。

○●旧盆《キュウボン》・茶盆《チャボン》・新盆《にいボン》・和三盆《ワサンボン》

皿 4

【盃】9画 ⇩【杯】《ハイ》(519ページ)

皿 5

【益】

10画 1755 76CA 教育5 音 エキ漢 ヤク呉 訓 ま-す・ますます

筆順 

皿 5

【益】

10画 — FA17

なりたち 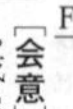 [会意]「水(=みず)」と「皿(=うつわ)」とから成る。うつわからあふれる。

意味 ❶いっぱいにする。ます。例 増益《ゾウエキ》。❷役に立つ。ためになる。例 益友《エキユウ》。有益《ユウエキ》。社会《シャカイ》に益《エキ》する。❸もうけ。例 収益《シュウエキ》。損益《ソンエキ》。利益《リエキ》。❹ますます。いよいよ。例 時下《ジカ》益《ます》益《ます》御清祥《ゴセイショウ》の段《ダン》。

難読 益子焼《ましこやき》

人名 あり・すすむ・まさ・まさる・まし・みつ・みつる・やす・ゆたか

【益金】《エキキン》 もうけたお金。利益金。対 損金。

【益虫】《エキチュウ》 人間の役に立つ虫。絹を作るカイコ、害虫を食うテントウムシ、花粉を運ぶミツバチなど。対 害虫。

【益鳥】《エキチョウ》 人間の役に立つ鳥。農作物や森林、人や家畜《カチク》などに有害な虫を食う鳥。ツバメ・ヒバリなど。対 害鳥。

【益友】《エキユウ》 交際して自分のためになる友達。参考『論語《ロンゴ》』では、まっすぐな性格の人、誠実な人、知識のある人をいう。対 損友。

【▽益▽荒▽男】《ますらお》 強く勇ましい男。ますらたけお。対 手弱女《たおやめ》。例 —ぶり。表記 もと「▽丈▽夫」とも書いた。

【益体】《ヤクタイ》「役に立つこと」の古い言い方。例 —もない(=くだらない)。

○●権益《ケンエキ》・公益《コウエキ》・差益《サエキ》・私益《シエキ》・収益《シュウエキ》・純益《ジュンエキ》・損益《ソンエキ》・無益《ムエキ|ムヤク》・有益《ユウエキ》・利益《リエキ|リヤク》

皿 5

【盇】

10画 6620 76CD 音 コウ漢

意味 ❶おおう。ふたをする。❷〔助字〕「なんぞ…ざる」と再読し、どうして…しない、の意。反語をあらわす。例 盇レ反二其本一矣《なんぞそのもとにかえらざる》(=どうして根本に立ちかえらないのか)。

皿 5

【益】10画 ⇩【益】《エキ》(698ページ)

皿 6

【盒】

11画 6622 76D2 音 コウ漢 ゴウ呉 訓 ふたもの

意味 ふたつきの容器。ふたもの。例 香盒《コウゴウ》。飯盒《ハンゴウ》。

皿 6

【盛】

11画 3225 76DB 教育6 音 セイ漢 ジョウ呉 訓 も-る・さか-る・さか-ん・も-り

筆順 

皿 7

【盛】

12画 — —

なりたち  [形声]「皿(=うつわ)」と、音「成《セイ》(=みたす)」とから成る。祖先をまつるために、うつわを穀物でみたす。

意味 ❶供え物。神に供えるもの。❷うつわに(こんもりと)入れる。もる。❸力や勢いがある。さかん。さかり。例 盛唐《セイトウ》。隆盛《リュウセイ》。

日本語での用法 一《さかり・さかる》動物の発情。「盛《さか》りのついたネコ・鳥《とり》が盛《さか》る」二《もり・もる》①薬を調合する。「毒《ドク》を盛《も》る」②はかりの目を刻む。「目盛《めも》り」③「もりそば」の略。「盛《も》り一枚《イチマイ》」

人名 さかい・さかえ・さかり・しげ・しげる・たか・たかし・たけ・た

けし・まさ・まさる・ます・まもる・みち・みつ・みつる

【盛者必衰】《ジョウシャヒッスイ》〔「ショウジャヒッスイ」とも〕〔仏〕勢いのさかんな者もいつかはきっとおとろえる、ということ。例—の理《ことわり》をあらわす。〈平家物語《ヘイケものがたり》〉

【盛運】《セイウン》 栄える運命。対衰運《スイウン》。例—に向かう。

【盛夏】《セイカ》 夏のいちばん暑い時期。真夏。

【盛会】《セイカイ》 多くの人々が出席した盛大な会合。

【盛観】《セイカン》 りっぱですばらしいながめ。例開会式は—だった。

【盛儀】《セイギ》 盛大な儀式。りっぱな式典。盛典。

【盛況】《セイキョウ》 (名・形動ダナ) にぎやかでさかんなこと。類活況。

【盛行】《セイコウ》 (名・する) さかんにおこなわれること。例養蚕《ヨウサン》の—。例連日—の大売り出し。

【盛事】《セイジ》 盛大な事業。盛大な行事。例世をおどろかす—。

【盛時】《セイジ》 ①若くて元気のよいとき。血気さかんなとき。壮時《ソウジ》。例生涯《ショウガイ》のうちの—。②国運などのさかんなとき。

【盛衰】《セイスイ》 さかんになることと、おとろえること。例栄枯《エイコ》—の激しい世の中。

【盛装】《セイソウ》 (名・する) 美しくはなやかに着かざること。また、その服装。例—してパーティーに出る。

【盛大】《セイダイ》 (名・形動ダナ) さかんなこと。また、もよおしものなどが大規模《ダイキボ》におこなわれること。例—な開会式。

【盛代】《セイダイ》 国の勢いがさかんな時代。

【盛典】《セイテン》 盛大な儀式《ギシキ》。盛儀。例二十世紀最後の—。

【盛唐】《セイトウ》 唐代の詩の流れを四期(=初唐・盛唐・中唐・晩唐)に分けた第二期。七一三(開元《カイゲン》一)年からの約五十年間で、孟浩然《モウコウネン》・李白《リハク》・杜甫《トホ》・王維《オウイ》らの詩人が出た。

【盛徳】《セイトク》 りっぱな徳。すぐれた徳。例—の士。

【盛年】《セイネン》 若くて元気いっぱいの年ごろ。壮年《ソウネン》。

【盛年《セイネン》重《かさ》ねて来《きた》らず】 若くて元気なときは、二度とはやってこない。〈陶潜《トウセン》・雑詩《ザッシ》〉

【盛名】《セイメイ》 りっぱだという評判。例—をはせる。

●全盛《ゼンセイ》・繁盛《ハンジョウ|ハンセイ》・隆盛《リュウセイ》

皿 6

【盗】 11画 3780 76D7 常用 音トウ漢呉 訓ぬす-む・ぬす-み

筆順 冫 冫 次 次 咨 咨 盗 盗

5画

皿 7

【盜】 12画 6125 76DC 人名

なりたち  [会意]「次(=ほしがる)」と「皿(=うつわ)」とから成る。皿をほしがってぬすむ。

意味 ❶人のものを(こっそり)取る。ぬすむ。例盗難《トウナン》。盗品《トウヒン》。❷どろぼう。ぬすびと。例盗賊《トウゾク》。怪盗《カイトウ》。

日本語での用法 《ぬすむ・ぬすみ》①こっそりおこなう。「人目《ひとめ》を盗《ぬす》む・盗《ぬす》み聞《ぎ》き」②(時間を)やりくりする。「暇《ひま》を盗《ぬす》む」

【盗汗】《トウカン|ねあせ》 病気や悪夢にうなされたときなど、ねむっているあいだに出るあせ。

【盗掘】《トウクツ》 (名・する) 無断で鉱物や埋蔵物《マイゾウブツ》などをほり出して、自分のものにすること。例—されていた古墳《コフン》。

【盗作】《トウサク》 (名・する) 他人の論文や芸術作品などの、全部または一部を自分のものとして発表すること。また、そのもの。類剽窃《ヒョウセツ》。例デザインを—される。

【盗心】《トウシン》 なにかをぬすもうとする心。ぬすみごころ。

【盗人】《トウジン|ぬすびと|ぬすっと》 どろぼう。類盗賊《トウゾク》。

【盗泉】《トウセン》 山東省泗水《シスイ》県にあるいずみの名。不義・不正のたとえとして用いられる。〔孔子《コウシ》はその名をきらって、その水を飲まなかったという〕→【渇《カッ》しても盗泉《トウセン》の水《みず》を飲《の》まず】(600ページ)

【盗賊】《トウゾク》 どろぼう。類盗人。例アリババと四十人の—。

【盗聴】《トウチョウ》 (名・する) 他人の話をぬすみ聞きすること。例—器。電話を—される。

【盗難】《トウナン》 金品をぬすまれる災難。例—届《とどけ》。—にあう。

【盗伐】《トウバツ》 (名・する) 他人の所有する樹木を無断で切り、自分のものにすること。

【盗品】《トウヒン》 ぬすんだしなもの。

【盗癖】《トウヘキ》 ぬすみをするくせ。ぬすみぐせ。

【盗用】《トウヨウ》 (名・する) 他人の考えや思いつきなどを、その人に無断で使うこと。例計画がひそかに—されていた。

【盗塁】《トウルイ》 (名・する) 野球で、走者が守備のすきをうかがって、すばやく次の塁へ進むこと。スチール。

●怪盗《カイトウ》・強盗《ゴウトウ》・窃盗《セットウ》・夜盗《ヤトウ》

皿 6 【盖】 11画 ⇩【蓋】《ガイ》(860ページ)

皿 7 【盜】 12画 ⇩【盗】《トウ》(699ページ)

皿 7 【盛】 12画 ⇩【盛】《セイ》(698ページ)

皿 8

【盞】 13画 6623 76DE 音サン漢セン呉 訓さかずき

意味 浅く小さなさかずき。例酒盞《シュサン》。

皿 8

【盟】 13画 4433 76DF 教育6 音メイ漢 訓ちか-う・ちか-い

筆順 丨 冂 日 明 明 明 盟 盟

なりたち  [会意]「明(=あきらかにする)」と、「皿(=血を入れるうつわ)」とから成る。諸侯《ショコウ》が集まって牛の耳を切り取り、その血をすすって、あかしをたてる。

意味 いけにえの血をすすりあい、神にちかいをたてる。かたい約束をかわす。ちかう。ちかい。例血盟《ケツメイ》。同盟《ドウメイ》。

【▽盟▽神▽探▽湯】《くかたち|くかだち|くがたち》 日本の古代のうらないの一つ。ものごとの正邪《セイジャ》を決めるため、神前で熱湯に手を入れさせて、やけどの有無《ウム》で判決を下した方法。

【盟主】《メイシュ》 同盟の中心となる人や国。例—とあおぐ。

【盟邦】《メイホウ》 同盟を結んでいる国。

【盟約】《メイヤク》 (名・する) ちかい合うこと。かたく約束すること。また、その、ちかいや約束。例—を結ぶ。

【盟友】《メイユウ》 かたくちかい合った友人。類同志。

●加盟《カメイ》・同盟《ドウメイ》・連盟《レンメイ》

皿 9 【盡】 14画 ⇩【尽】《ジン》(319ページ)

皿 10

【監】 15画 2038 76E3 常用 音カン漢 訓み-る

筆順 丨 𠂆 臣 臣 臣 監 監 監

なりたち  [形声]「臥(=ふせる)」と、音「衉《カン》」の省略体とから成る。見おろす。

意味 ❶上から下の者を見おろす。みはる。みる。例監査《カンサ》。監視《カンシ》。監督《カントク》。❷ろうや。例監獄《カンゴク》。❸目付役《めつけヤク》。見張り役。おさ。例学監《ガッカン》。総監《ソウカン》。❹役所の名。例国子監《コクシカン》(=隋《ズイ》代の大学)。❺宦官《カンガン》。例太監《タイカン》。

日本語での用法 一《ケン》律令制《リツリョウセイ》で、ものの出納《スイトウ》を監理した官職。「内記《ナイキ》の監物《ケンモツ》」二《ゲン》大宰府《ダザイフ》の四等官《シトウカン》で、大宰府の第三位。判官《ジョウ》。「大宰

《ダザイ》の監《ゲン》」

人名 あき・あきら・てる・み

【監禁】《カンキン》(名・する)人を一定の場所に閉じこめて、行動の自由をうばうこと。例人質《ひとジチ》を地下室に—する。

【監護】《カンゴ》(名・する)監督《カントク》と保護。とりしまり守ること。例未成年者を—する。

【監獄】《カンゴク》囚人《シュウジン》を入れておく施設《シセツ》。〔「刑務所《ケイムショ》」の古い呼び名〕

【監査】《カンサ》(名・する)監督《カントク》し調べること。また、その人。例—役。会計—。

【監察】《カンサツ》(名・する)調べて、とりしまること。例—官。

【監視】《カンシ》(名・する)注意して見張ること。

【監守】《カンシュ》(名・する)ものごとをとりしまること。また、その人。例火元《ひもと》を—する。

【監修】《カンシュウ》(名・する)書物などの編集を監督《カントク》すること。また、その人。例辞書を—する。

【監督】《カントク》(名・する)上に立って、責任をもってとりしまったり全体をまとめたりすること。また、その役目や人・機関。例映画—。財務省が銀行を—する。

【監房】《カンボウ》刑務所《ケイムショ》で囚人《シュウジン》を入れておく部屋。〔今は「居室」という〕

●舎監《シャカン》・収監《シュウカン》・総監《ソウカン》

皿 10

【盤】

15画 4055 76E4 常用 音ハン漢バン呉 訓おおざら

筆順 ⺆ 舟 舟 舡 般 盤 盤 盤

なりたち [形声]「皿(=うつわ)」と、音「般《ハン》」とから成る。手を洗うとき、かけた水を下で受けるうつわ。

意味 ❶手や顔を洗ったり、沐浴《モクヨク》に使ったりするうつわ。たらい。同槃《バン》。例水盤《スイバン》。❷大きくて浅い、食物をもる容器。おおざら。はち。例杯盤狼藉《ハイバンロウゼキ》。❸平らな台や器具。例円盤《エンバン》。碁盤《ゴバン》。旋盤《センバン》。❹大きな岩。同磐。例盤石《バンジャク》。岩盤《ガンバン》。❺曲がりくねる。入り組んでいる。同蟠《バン》。例盤踞《バンキョ》。❻囲碁《イゴ》などの勝負のなりゆき。局面。例序盤《ジョバン》。中盤《チュウバン》。

[盤❷]

難読 常盤《ときわ》

人名 いわお・まる・やす

【盤▼踞】《バンキョ》(名・する)①根を張ったように動かないこと。例心の中に—する疑いの念。②広い土地を支配して勢力をふるうこと。例小田原《おだわら》に—する北条《ホウジョウ》氏。表記 ▽「▼蟠▼踞」とも書く。

【盤曲】《バンキョク》(名・する)まがりくねること。類盤折・盤屈《バンクツ》。

【▽盤古】《ハンコ・バンコ》中国で、天地がひらけたとき、初めて世に出たという伝説上の天子の名。

【盤根錯節】《バンコンサクセツ》①曲がりくねった根と入り組んだ木のふし。②複雑に入り組んで解決の困難なことがら。例—に出会う。—を断《た》って進む。

【盤石】《バンジャク》①大きくて重い岩。例—の重み。②ひじょうにかたく、しっかりしてゆるがないこと。例—の備え。表記 ▽「▼磐石」とも書く。

【盤上】《バンジョウ》①盤の上。②囲碁《イゴ》など、盤を使う遊び。

【▽盤▼陀】《ハンダ》金属をつなぎ合わせるのに用いる、すずと鉛《なまり》の合金。例—づけ。表記「半田」とも書く。

【盤台】《バンダイ》〔「ハンダイ」とも〕魚屋が魚を運ぶのに使う、浅くて広い長円形のたらい。

【盤面】《バンメン》①碁盤《ゴバン》・将棋盤《ショウギバン》・レコード盤など、盤と呼ばれるものの表面。②囲碁・将棋の勝負の形勢。局面。

●円盤《エンバン》・岩盤《ガンバン》・基盤《キバン》・骨盤《コツバン》・碁盤《ゴバン》・地盤《ジバン》・終盤《シュウバン》・旋盤《センバン》・算盤《そろバン》・落盤《ラクバン》・羅針盤《ラシンバン》

皿 11

【盥】

16画 6625 76E5 音カン漢呉 訓そそ-ぐ・たらい

意味 ❶手に水をかけて洗う。あらう。そそぐ。例盥洗《カンセン》。❷手を洗うのに使う容器。たらい。

【盥洗】《カンセン》(名・する)手や杯《さかずき》を洗い清めること。

【盥▼漱】《カンソウ》(名・する)手を洗い、口をすすぐこと。

皿 11

【盧】

16画 6626 76E7 音ロ漢ル呉

意味 ❶タケやヤナギを編んだ、飯を入れる容器。めしびつ。❷火入れ。火を入れる容器。すびつ。同炉《ロ》。❸酒を売る場所。例酒盧《シュロ》。❹黒い色。黒色。例盧犬《ロケン》(=黒い犬)。❺梵語《ボンゴ》の音訳。例盧遮那仏《ルシャナブツ》。

【盧遮那仏】《ルシャナブツ》〔仏〕「毘盧遮那仏《ビルシャナブツ》」の略。全宇宙をあまねく照らす光を放つといわれる仏。〔密教でいう大日如来《ダイニチニョライ》〕表記「▼盧遮那仏」とも書く。

【盧生の夢】《ロセイのゆめ》⇩【黄粱一炊の夢】《コウリョウイッスイのゆめ》(1109ページ)

皿 12

【盪】

17画 6627 76EA 音トウ漢 訓あら-う・うご-かす・すす-ぐ・とら-かす

意味 ❶水をためたうつわをゆり動かして洗う。あらう。例盪滌《トウデキ》。❷ゆり動かす。うごかす。例盪舟《トウシュウ》(=陸上で、舟《ふね》をおして動かす)。

【盪▼夷】《トウイ》(名・する)賊《ゾク》をうち平らげること。

【盪尽】《トウジン》(名・する)すっかりなくなってしまうこと。

【盪▼滌】《トウデキ》(名・する)①あらいおとすこと。②弊害《ヘイガイ》を除去すること。

109 5画

目 めへん(罒 よこめ)部

めの形をあらわす。「目」をもとにしてできている漢字と「罒(横目《よこめ》)」の字形を目じるしにして引く「睾」とを集めた。

0 目 3 直 盲 盲 4 看 盻 県 盾 相 省 眈 眉 眇 眄 冒 5 眩 眤 真 眛 眠 眞 6 眼 眷 眥 眺 眸 眦 7 睇 8 睚 睨 睫 睡 睛 督 睥 睦 9 睾 睹 睿 10 瞎 瞋 瞑 11 瞠 瞞 12 瞰 瞶 瞳 瞥 瞭 瞬 13 瞹 瞿 瞼 瞽 瞬 瞻 矇 15 矍 19 矗 21 矚

この部首に所属しない漢字

自⇩自 830 見⇩見 898 貝⇩貝 932 具⇩八 112 着⇩羊 801 鼎⇩鼎 1112

目 0

【目】

5画 4460 76EE 教育1 音ボク漢モク呉 訓め・ま 付表 真面目《まじめ》

筆順 丨 冂 月 月 目

なりたち ［象形］人のめの形。

意味 ❶動物の、ものを見る器官。まなこ。め。例目前《モクゼン》。耳目《ジモク》。❷めくばせする。まなざし。めつき。例目礼《モクレイ》。❸見て品定めする。注視する。みなす。例目算《モクサン》。目測《モクソク》。次期社長《ジキシャチョウ》と目《モク》される。❹要点。かなめ。例眼目《ガンモク》。要目《ヨウモク》。❺箇条《カジョウ》。小わけ。例科目《カモク》。項目《コウモク》。細目《サイモク》。❻標題。なまえ。例目録《モクロク》。題目《ダイモク》。❼人の上に立つ者。かしら。例頭目《トウモク》。

日本語での用法 ㊀《モク》囲碁《ゴ》で、碁盤《ゴバン》の目や石の数を数えることば。「五目半《ゴモクハン》」㊁《め》〔「目《め》」の転じた意味に用いる〕①順序や段階、状態や性質などをあらわすことば。「一番目《イチバンめ》・折《お》り目《め》・憂《う》き目《め》にあう」②眼力《ガンリキ》。見きわめる力。「目《め》が高《たか》い・目《め》が肥《こ》えている」㊂《サカン》律令制《リツリョウセイ》の四等官《シトウカン》で、国司の第四位。「諸国《ショコク》の目《サカン》」

人名 み・より

【目深】《まぶか》（形動《ダナ》）頭巾《ズキン》や帽子《ボウシ》などを目がかくれるほど深くかぶるようす。例帽子を—にかぶる。

【目上】《めうえ》自分より地位・身分・年齢《ネンレイ》などが高いこと。また、そのような人。対目下《めした》。例—の人。

【目顔】《めがお》目つき。また、表情。顔つき。例—で知らせる。

【目頭】《めがしら》目の、鼻に近いほうの部分。めもと。対目尻《めじり》。例—を熱くする。

【目方】《めかた》ものの重さ。重量。例—をはかる。—が足りない。

【目先】《めさき》①目のまえ。眼前。例—にちらつく。②さしあたり。当座。例—のことしか考えない。③近い将来の見通し。例—がきく。④見た目の形やようす。外見。例—を変える。

【目地】《めジ》石やれんがを積むとき、またタイルを張るときの、つぎ目。例タイルの—のよごれを取る。

【目尻】《めじり》目の、耳に近いほうのはし。対目頭《めがしら》。

【目線】《めセン》ものを見る目の方向。視線。〔もと、演劇での目のくばりをいう〕例—をはずす。

【目▽処】《めど》目ざすところ。めあて。目標。例資金の—がつく。

【目端】《めはし》場面や時期を見はからう機転。例—がきく。

【目八分】《めハチブ｜めハチブン》①物を自分の目の高さより少し低い位置にささげ持って、ていねいにふるまうこと。例賞状を—に持つ。②うつわの限度ぎりぎりでなく、八分目《ハチブンめ》であること。例ご飯を—に盛る。

【目鼻】《めはな》①目と鼻。②顔だち。例—だち。③ものごとの、だいたいの見通しやようす。例—がつく。—をつける。

【目分量】《めブンリョウ》目で見てはかっただいたいの分量。目づもり。例調味料を—で入れる。

【目星】《めぼし》①見当。見こみ。ねらい。例犯人の—がつく。②目の玉にできる白い点。

【目安】《めやす》基準。標準。例昨年の実績を—にする。

【目撃】《モクゲキ》（名・する）その場に居合わせてはっきりと見ること。例—者。事故を—する。

【目算】《モクサン》①大まかに見当をつけること。見積もり。例—ちがい。②もくろみ。計画。例—がはずれる。

【目次】《モクジ》①項目《コウモク》などの順序。例—を決める。②書物の内容を示す章・題目・小見出しなどを、書かれている順に並べたもの。

【目▼睫】《モクショウ》〔目とまつげの意から〕きわめて近い場所・時間。まぢか。類眼前・目前。例—の間《カン》にせまる。

【目前】《モクゼン》①位置関係で、きわめて近いこと。目のまえ。まのあたり。類眼前。例—で起きた事故。②時間的に、きわめて近いこと。まぢか。例試合を—にひかえて練習にはげむ。

【目測】《モクソク》（名・する）長さ・高さ・広さなどを、目分量ではかること。対実測。例—を誤る。

【目的】《モクテキ》実現しようとして目ざすところ。例—地。

【目的語】《モクテキゴ》文法で、動詞の動作の対象をあらわすことば。「魚をとる」「水を飲む」の「魚を」「水を」など。客語。

【目途】《モクト》目標。例今年度中の達成を—とする。

【目標】《モクヒョウ》①めじるし。例高い塔《トウ》を—に進む。②実現や到達《トウタツ》をめざすところ。めあて。目的。例—を定める。

【目礼】《モクレイ》（名・する）目で軽くあいさつをすること。

【目録】《モクロク》①文書や書物の内容の題目などを、書かれている順にまとめたもの。類目次。②所蔵品や展示品をひとまとめに書き並べたもの。例蔵書—。③おくりものの品名を書いたもの。例結納《ゆいノウ》の—。④武道や芸道で、技術がある水準に達したことを示すために、師が弟子《デシ》にあたえる文書。

【目▽論見】《もくろみ》くわだて。計画。例—がはずれる。

【目下】㊀《モッカ》（名・副）ただいま。いまのところ。現在。目今《モッコン》。例—建設中。㊁《めした》（名）自分より地位・身分・年齢《ネンレイ》などが低いこと。また、そのような人。対目上。

【目耕】《モッコウ》〔目で紙の田をたがやす意〕読書すること。また、学問すること。

【目今】《モッコン》さしあたり。いま。目下《モッカ》。例—の政治情勢。

●一目《イチモク》・皆目《カイモク》・種目《シュモク》・着目《チャクモク》・注目《チュウモク》・反目《ハンモク》・品目《ヒンモク》・名目《メイモク》・面目《メンボク》

目 3

【直】

8画 3630 76F4 教育2

音 ㊀チョク（漢）ジキ（呉） ㊁チ（漢）

訓 ただ-ちに・なお-す・なお-る・ね・あたい

筆順 一 十 十 冇 冇 冇 直 直

なりたち ［会意］「十（＝とお）」と「目（＝め）」と「乚（＝かくれる）」とから成る。にげかくれする者を十の目で見て、正す。

意味 ㊀《チョク｜ジキ》❶正しい。公平無私の。例実直《ジッチョク》。正直《ショウジキ》。❷まっすぐ。曲がっていない。対曲《キョク》。例直線《チョクセン》。直立《チョクリツ》。❸人や物を介《カイ》さずに。じかに。例直訴《ジキソ》。直接《チョクセツ》。❹ありのままに。思うままに。例直言《チョクゲン》。直情《チョクジョウ》。❺すぐに。ただちに。じきに。例直後《チョクゴ》。直感《チョッカン》。❻番にあたる。とのい。例宿直《シュクチョク》。当直《トウチョク》。❼〔助字〕「ただ…（のみ）」と読み、ただ…（だけ）、の意。限定・強調をあらわす。例直戯耳《ただたわむれるのみ》（＝ちょっとたわむれただけだ）。㊁《チ》ねうち。ね。あたい。同値《チ》。例春宵一刻《シュンショウイッコク》直《あたい》千金《センキン》（＝春の夜のひとときはまさに千金のねうちがある）。〈蘇軾《ソショク》・春夜《シュンヤ》〉

日本語での用法《なおる・なおす》①もとの状態にもどる。もどす。そのあとを継《つ》ぐ。その地位を占《し》める。「居直《いなお》る・故障《コショウ》を直《なお》す・妹《いもうと》が姉《あね》の跡《あと》に直《なお》る」②置き換える。「仮名《かな》を漢字《カンジ》に直《なお》す」

使い分け なおす・なおる【直・治】⇩1175ページ

難読 直垂《ひたたれ》・直会《なおらい》

人名 すぐ・すなお・ただ・ただし・ただす・ちか・なお・なおき・なおし・なが・のぶる・ま・まさ

【▽直談判】《ジカダンパン》（名・する）他人を仲立ちとしないで、直接相手とかけあうこと。直談《ジキダン》。

【▽直火】《ジカび》直接に火に当てること。その火。例—で焼く。

【直直】《ジキジキ》（副）直接に。じかに。例大臣が—に説明をする。

【直書】《ジキショ》（名・する）本人が直接に書くこと。また、その書いた

もの。自筆。直筆《ジキヒツ》。例本人の—にまちがいない。

【直訴】《ジキソ》(名・する) 決められた手続きをとらずに将軍や、主君・上役《うわヤク》などに直接うったえること。例社長に—する。

【直談】《ジキダン》(名・する)「直談判《ジカダンパン》」に同じ。

【直弟子】《ジキデシ》 師から直接に教えを受けた弟子。直門《ジキモン》。

【直伝】《ジキデン》 師から、その道の奥義《オウギ》や秘伝などを、直接にさずかること。例老師—の書法。

【直披】《ジキヒ・チョクヒ》〔あて名の人自身が直接開封《カイフウ》してください、という意〕封書のわき付けの一つ。親展。

【直筆】㊀《ジキヒツ》(名) 自分で書くこと。また、その書いた手紙・文書・原稿《ゲンコウ》など。(類)自筆・直書《ジキショ》。例夏目漱石《なつめソウセキ》の—原稿。㊁《チョクヒツ》(名・する) ①ふでをまっすぐにおろして、字を書くこと。例懸腕《ケンワン》—。②事実をありのままに書くこと。(対)曲筆。例思うところを—する。

【直門】《ジキモン》 師の教えを直接に受けること。また、直接に教えを受けた人。直弟子《ジキデシ》。

【直営】《チョクエイ》(名・する) 工場や会社などが、他の業者にまかせたりせず、直接に経営すること。例農場の—店。

【直往】《チョクオウ》(名・する) まっすぐに進んで行くこと。例—邁進《マイシン》。

【直音】《チョクオン》 日本語の発音で、拗音《ヨウオン》・促音《ソクオン》・撥音《ハツオン》以外の、かな一字であらわされる音。「あ」「か」など。

【直撃】《チョクゲキ》(名・する) 爆弾《バクダン》などが、じかに当たること。〔台風などの天災が、ある土地をまともにおそうことにも用いられる〕例ミサイルの—を受ける。台風が九州を—する。

【直言】《チョクゲン》(名・する) 思うことをえんりょなくありのままに言うこと。例首相に—する。

【直後】《チョクゴ》 ①すぐあと。例家を出た—に事故にあう。②すぐうしろ。例車の直前・—の横断は危険だ。▽(対)直前。

【直裁】《チョクサイ》(名・する) ①間《ま》をおかないですぐに決めること。②本人が直接に決めること。

【直視】《チョクシ》(名・する) まっすぐに見つめること。また、状況《ジョウキョウ》を正確に認識《ニンシキ》すること。例現実を—せよ。

【直写】《チョクシャ》(名・する) じかにうつすこと。ありのままをうつすこと。例その時代を—する記録文学。

【直射】《チョクシャ》(名・する) ①まっすぐに射《い》ること。例的を—する。②(太陽などが)じかに照りつけること。例—日光。

【直叙】《チョクジョ》(名・する) ありのままに、かざることなく述べること。例そのときの気持ちを—する。

[目(罒)部] 3画 ● 直

【直上】《チョクジョウ》 ㊀(名) あるものや場所の、まうえ。すぐうえ。例—の目標。㊁(名・する) まっすぐ上にのぼること。例大平原を北に—する。▽(対)直下《チョッカ》。

【直情】《チョクジョウ》 いつわりのない感情。感じたままの気持ち。

【直情径行】《チョクジョウケイコウ》(名・形動ダナ) 事情を考えずに、自分の思うとおりに、言ったり行動したりすること。

【直進】《チョクシン》(名・する) ①まっすぐにすすむこと。例光の—する性質。②ためらわずにすすむこと。例自分の道を—する。

【直接】《チョクセツ》(名・副) あいだに他のものがはいらずに、じかに接すること。(対)間接。例—税。—に手わたす。

【直▼截】《チョクセツ》(名・形動ダナ)〔「チョクサイ」は慣用読み〕①まよわず、すぐに決めるようす。②まわりくどくなく、はっきりと言うようす。例相手の—なことばにおどろく。

【直線】《チョクセン》 ①まっすぐな線。例—的。②〔数〕二点間を結ぶ最も短い線。例—距離《キョリ》。

【直前】《チョクゼン》 ①すぐまえ。目のまえ。②事の起こるすぐまえ。(類)寸前。例入試—。—になってキャンセルする。▽(対)直後。

【直送】《チョクソウ》(名・する) 相手へ直接おくること。例産地—。

【直属】《チョクゾク》(名・する) 直接に属していること。また、直接に指揮や監督《カントク》を受けること。例—の上司。

【直腸】《チョクチョウ》 大腸の終わりの部分で、肛門《コウモン》に続くところ。

【直通】《チョクツウ》(名・する) 乗りかえや中継《チュウケイ》なしに、目的地や相手に通じること。例—列車。—電話。

【直答】《チョクトウ》(名・する) ①その場ですぐにこたえること。即答《ソクトウ》。例—をさける。②〔「ジキトウ」とも〕人づてではなく、本人が直接こたえること。

【直読】《チョクドク》(名・する) 漢文を、返り点によらないで、書かれているままの順に読みくだすこと。例漢詩を—する。

【直入】《チョクニュウ》 まっすぐにはいること。例単刀—に説明する。

【直配】《チョクハイ》(名・する) 生産者から消費者に直接配達すること。例全国の消費者に—する。

【直売】《チョクバイ》(名・する) 生産者が消費者に直接売ること。直販《チョクハン》。例農家が野菜を—する。

【直販】《チョクハン》(名・する)「直売」に同じ。

【直方体】《チョクホウタイ》 六つの面がすべて長方形で、相対する面が平行な六面体。

【直面】㊀《チョクメン》(名・する) ものごとにじかに接すること。面と向かうこと。例困難な事態に—する。㊁《ひたメン》〔「ひたおもて」とも〕(名) 能楽で、演者が面をつけないで演じること。

【直訳】《チョクヤク》(名・する) 原文にそって、一語一語をそのまま忠実に翻訳《ホンヤク》すること。また、その訳。(類)逐語《チクゴ》訳。(対)意訳。例英文の解説を—する。

【直喩】《チョクユ》「まるで…」「…のようだ」「…のごとく」などのことばを使って、たとえる方法。たとえば、「まるで砂漠《サバク》だ」「山のような波」「砂をかむごとくあじけない」など。(対)暗喩・隠喩《インユ》。

【直輸入】《チョクユニュウ》(名・する) 外国の生産物を、その国の商社などが、別の業者を通さず、直接、輸入すること。

【直立】《チョクリツ》(名・する) 人や物がまっすぐに立つこと。例—不動。—している像。

【直流】《チョクリュウ》 ㊀(名・する)(川などが)まっすぐにながれること。また、そのながれ。(対)曲流。㊁(名) つねに一定の方向にながれる電流。(対)交流。

【直列】《チョクレツ》 ①まっすぐ一列に並ぶこと。また、その列。例—縦隊。②〔物〕いくつかの電池や抵抗器《テイコウキ》などを一列につなぐこと。(対)並列《ヘイレツ》。例—接続。—連結。

【直下】《チョッカ》 ㊀(名) ある物や場所の、ました。例赤道—の熱帯地方。㊁(名・する) まっすぐにくだること。まっすぐに落ちること。例急転—。▽(対)直上《チョクジョウ》。

【直角】《チョッカク》〔数〕二つの直線が垂直に交わってできる角。九〇度。例—三角形。

【直覚】《チョッカク》(名・する) 推理によらず、ものごとの本質をとらえること。直観的にわかること。

【直轄】《チョッカツ》(名・する) 直接に管理すること。直接に支配すること。例—領。—の部隊。

【直滑降】《チョッカッコウ》(名・する) スキーのすべり方で、斜面《シャメン》をまっすぐにすべりおりること。

【直感】《チョッカン》(名・する) 理屈《リクツ》ぬきで、感覚的にものごとの真相を感じとること。例—的。—にたよる。

【直▼諫】《チョッカン》(名・する) 相手の身分や地位などにかまわず、率直《ソッチョク》にいさめること。例主君に—する。

【直観】《チョッカン》(名・する) 経験や推理などによらず、ものごとの本質を直接につかむこと。例真理を—する。

【直球】《チョッキュウ》 野球で、投手が打者に投げる、まっすぐで変化しないボール。ストレート。(対)変化球。

【直系】《チョッケイ》 ①祖先から子孫へと、血筋が親子の関係によって続く系統。例—の子孫。②その系統を直接に受けつぐ

5画

こと。また、その人。例—の弟子《デシ》。▽対傍系《ボウケイ》。

【直径】《チョッケイ》〔数〕円または球の中心を通って、円周または、球面上に両はしをもつ直線。さしわたし。

【直結】《チョッケツ》（名・する）あいだにものや人を入れないで、直接につながること。また、直接につなげること。例生産者と消費者を—する。

【直交】《チョッコウ》（名・する）〔数〕二つの直線または平面が直角に交わること。例—座標。

【直行】《チョッコウ》一（名・する）①とちゅう、どこにも立ち寄らないでいくこと。例出張帰りに会社へ—する。②ものごとを自分の思ったとおりにおこなうこと。例直言《チョクゲン》—をモットーとする。二（名）潔白な正しいおこない。例—の士。

【直航】《チョッコウ》（名・する）船や飛行機が、どこにも立ち寄らず、まっすぐ目的地に行くこと。例ニューヨークの—便《ビン》。

【直▽会】《なおらい》祭りの儀式《ギシキ》のあと（神に供えた食べ物や酒を）参列者が飲食する宴会《エンカイ》。例祭事を終わって—になる。

【▽直▽衣】《のうし》平安時代以後の貴族のふだん着。烏帽子《エボシ》をかぶり、指貫《さしぬき》をはく。

【▽直垂】《ひたたれ》もとは庶民《ショミン》の服で、鎌倉《かまくら》時代以後には武士の礼服となった。

●安直《アンチョク》・実直《ジッチョク》・宿直《シュクチョク》・正直《ショウジキ》・垂直《スイチョク》・素直《すなお》・当直《トウチョク》・日直《ニッチョク》

目3

【盲】

8画 4453 76F2 常用 音モウ漢呉

筆順 丶 亠 亡 亡 肓 肓 盲 盲

目3

【盲】8画

なりたち〔形声〕「目（＝め）」と、音「亡《ボウ》」とから成る。目にひとみがない。

意味 ❶目が見えない。目に見えない。例盲人《モウジン》。盲点《モウテン》。盲目《モウモク》。❷道理がわからない。知識がない。くらい。例盲従《モウジュウ》。盲昧《モウマイ》（＝無知）。文盲《モンモウ》。❸管の一方のはしがふさがっている。例盲腸《モウチョウ》。盲管銃創《モウカンジュウソウ》。

【盲▼唖】《モウア》目の見えないことと、口のきけないこと。

【盲愛】《モウアイ》（名・する）むやみにかわいがること。盲目的な愛情。溺愛《デキアイ》。例わが子を—する。

【盲学校】《モウガッコウ》視力障害者に教育をほどこす学校。

【盲管銃創】《モウカンジュウソウ》うたれた銃弾《ジュウダン》が、つきぬけずに体内にとどまっている傷。対貫通《カンツウ》銃創。

【盲亀の浮木】《モウキのフボク》仏の教えに出会うことが容易でないこと、また、それがごくまれなことのたとえ。〔目の見えない亀《かめ》が百年に一度海上に頭を出し、たまたまそこにただよっている流木の穴に頭を入れたという話から〕〈涅槃経《ネハンギョウ》〉

【盲従】《モウジュウ》（名・する）自分でよしあしを判断せず、言われるとおりにすること。例上司の命令に—する。

【盲信】《モウシン》（名・する）理屈《リクツ》ぬきで信じこむこと。盲目的に信じること。類妄信《モウシン》。例教祖を—する信徒。

【盲人】《モウジン》目の見えない人。盲者。

【盲腸】《モウチョウ》①小腸から大腸へ続く部分。虫垂という細い突起《トッキ》がある。②盲腸炎《モウチョウエン》（＝虫垂炎）のこと。虫垂に起こる急性の炎症《エンショウ》。

【盲点】《モウテン》①眼球の、網膜《モウマク》の一部。この部分は光の刺激《シゲキ》を感じない。②うっかり見落としていることがら。注意のとどかないところ。例警備の—をつかれる。

【盲導犬】《モウドウケン》視力障害者が歩くときなどに、その人を助けるように訓練されたイヌ。

【盲目】《モウモク》目が見えないこと。例—的（＝理性を失って分別《フンベツ》がなくなるようす）。

目3 【盲】8画 ⇒【盲】《モウ》（703ページ）

目4

【看】

9画 2039 770B 教育6 音カン漢呉 訓み-る

筆順 一 二 三 手 手 看 看 看

なりたち〔会意〕「目（＝め）」と「手（＝て）」とから成る。目の上に手をかざして遠くを見る。

意味 ❶手をかざしてながめる。目の前にあるものをしっかりとみる。例看花《カンカ》（＝花を見る）。看取《カンシュ》。看破《カンパ》。❷書物をよむ。例看経《カンキン》。❸みまもる。みはる。例看護《カンゴ》。看守《カンシュ》。看病《カンビョウ》。

人名 あきら・み・みつ

【看過】《カンカ》（名・する）見すごすこと。見たままほうっておくこと。例—できないあやまち。不正を—する。

【看客】《カンカク—カンキャク》見物人。観客《カンキャク》。

【看▽経】《カンキン》（名・する）〔「キン」は唐音《トウオン》〕①経文《キョウモン》を黙読《モクドク》すること。対読経《どきょう》。②経文を読むこと。

【看護】《カンゴ》（名・する）病人やけが人の手当てや世話をすること。看病。例献身的《ケンシンテキ》な—。

【看護師】《カンゴシ》資格をもっていて、医師の診察《シンサツ》と治療《チリョウ》の助けや、病人の看護を仕事にする人。看護婦と看護士とを改めた呼び名。

【看守】《カンシュ》一（名）刑務所《ケイムショ》などで、囚人《シュウジン》の監視《カンシ》や警備などにたずさわる職員。刑務官。二（名・する）見張りをすること。

【看取】《カンシュ》（名・する）事情を見てとること。見ぬくこと。例相手の真意を—した。表記「観取」とも書く。

【看破】《カンパ》（名・する）本質を見やぶること。真相を知ること。例悪だくみを—する。

【看板】《カンバン》①品物や店名・屋号などを、人目につくように書き出した板。また、看板がわりになるような人。例—娘《むすめ》。立て—。②他人の注目を引くようなことばや外見。例努力家を—とする。③〔看板をしまう意から〕飲食店などの閉店時刻。例—は十時。④外見。みえ。例—だおれ。

【看病】《カンビョウ》（名・する）病人の世話をすること。看護。

目4

【盻】

9画 6629 76FB 音ケイ漢 訓にら-む

意味 うらんで、にらみつける。にらむ。

目4

【県】

9画 2409 770C 教育3 音ケン漢 訓あがた

筆順 丨 冂 月 目 且 県 県 県

糸10 【縣】16画 6949 7E23 人名

なりたち〔会意〕「県（＝さかさの首）」と「系（＝かける）」とから成る。首をさかさにかける。

意味 ❶ぶらさげる。かかる。かける。同懸《ケン》。❷中央政府と郷村《ゴウソン》との中間に位置する行政区画。昔の中国では、郡または道・府の下にあり、現在の中国では、省または市の下にある。例県令《ケンレイ》。郡県制度《グンケンセイド》。

日本語での用法 一《ケン》都・道・府とならぶ、地方公共団体の一つ。「県庁《ケンチョウ》・県立《ケンリツ》」二《あがた》①古代、皇室の御料地《ゴリョウチ》。「六《む》つの県《あがた》」②中世、地方

官の任国。また、いなか。「県主《あがたぬし》」

人名 さと・とう・むら

【県営《ケンエイ》】県が経営し、管理すること。例—住宅。

【県下《ケンカ》】県の行政区域内。県内。例—随一《ズイイチ》の名所。

【県議《ケンギ》】「県議会議員」の略。県民によって選出される議員。

【県議会《ケンギカイ》】県議会議員で組織する県の議決機関。例県立美術館の設立が—で可決された。

【県人《ケンジン》】その県に住んでいる人。また、その県の出身者。例—会。

【県勢《ケンセイ》】県の人口・産業・財政・文化などの情勢。例—要覧。

【県庁《ケンチョウ》】県の行政事務をあつかう役所。例—所在地。

【県道《ケンドウ》】県の費用で建設し、維持《ジイ》と管理をする道路。

【県立《ケンリツ》】県の費用で設立し、維持《ジイ》と管理をすること。また、そのもの。例—高校。

【県令《ケンレイ》】①中国の、県の長官。②今の県知事。〔廃藩置県《ハイハンチケン》以後、一八八六(明治十九)年までの言い方〕

目 4

【盾】

9画 2966 76FE 常用 音 シュン漢 ジュン呉 訓 たて

筆順 一 厂 𠂆 戶 斤 盾 盾 盾

なりたち [会意]「目(=め)」と「𠂆(=たての形)」とから成る。目の前にかざした、たて。

意味 目の前にかざして身を守るための武具。たて。例矛盾《ムジュン》。同楯《ジュン》。

目 4

【相】

9画 3374 76F8 教育3 音 ショウ漢 ソウ呉 訓 あい 付表 相撲《すもう》

筆順 一 十 才 木 札 相 相

なりたち [会意]「目(=め)」と「木(=き)」とから成る。目で木をよくみる。

意味 ❶よく見る。よく見てうらなう。例相術《ソウジュツ》(=人相《ニンソウ》を見る技術)。❷顔かたち。すがた。ありさま。例真相《シンソウ》。人相《ニンソウ》。❸たすける。君主を助ける役。大臣。例相国《ショウコク》。首相《シュショウ》。❹たがいに。かわるがわる。ともに。あい。例相打《あいう》ち。相関《ソウカン》。相互《ソウゴ》。❺次々に。代々。例相承《ソウショウ》。相伝《ソウデン》。

日本語での用法 一《あい》①ことばの前につけて、「たがいに、ともに」の意をそえたり、重々しさをあらわすのに使う。「相《あい》すみません・相《あい》つとめる・相《あい》かわらず」②いっしょのなかま。「相手《あいて》・相部屋《あいべや》・相棒《あいボウ》」二《ソウ》旧国名「相模《さがみ》(=今の神奈川《かながわ》県)」の略。「相州《ソウシュウ》」

難読 相良《さがら》(=地名・姓《セイ》)・相楽《さがら》・相模《さがみ》(=地名)

人名 あう・あきら・おさむ・すけ・たすく・とも・はる・まさ・み・みる

【相合い傘《あいあいがさ》】一本のかさを、仲のよい男女でさすこと。あいがさ。例—で行く。

【相打ち《あいうち》】(武芸の試合などで)二人が同時に相手を打つこと。勝ち負けなし。引き分け。表記「相討ち」とも書く。

【相縁《あいエン》】⇩【合縁《あいエン》】(188ページ)

【相生い《あいおい》】一つの根元から二つの幹が、分かれて出ていること。例—の松(=同じ根から雄松《おまつ》と雌松《めまつ》が生えているもの。夫婦《フウフ》がともに長生きすることのたとえ)。

【相方《あいかた》】相手。相棒。例漫才《マンザイ》の—。

【相客《あいキャク》】①宿屋で、同室にとまり合わせる客。②同席の客。相席の客。

【相性《あいショウ》】(男女や友人などの)たがいの性質や趣味《シュミ》などの合いぐあい。例—がいい。表記「合い性」とも書く。

【相席《あいセキ》】(飲食店などで)他の客と同じテーブルになること。例—でお願いします。

【相▼槌《あいづち》】〔鍛冶《かじ》で、向き合って交互《コウゴ》に打つ、つちの意〕相手の話に調子を合わせてうなずいたり、ことばを発したりすること。例—を打つ。表記「相▼鎚」とも書く。

【相手《あいて》】①いっしょにものごとをする人。なかま。例遊び—。②ものごとをするときの対象となる人。例結婚《ケッコン》—。③争いなどで、相対する人。例—にとって不足はない。

【相棒《あいボウ》】〔いっしょに駕籠《かご》をかつぐ相手の意〕いっしょにものごとをするなかま。パートナー。相方《あいかた》。

【相身互い《あいみたがい》】おたがいに同情して助け合うこと。例困ったときは—。

【相模《さがみ》】旧国名の一つ。今の神奈川《かながわ》県にあたる。相州《ソウシュウ》。

【相国《ショウコク》】①中国で、宰相《サイショウ》のこと。②日本で、太政大臣《ダイジョウダイジン》・左大臣・右大臣の中国風の呼び方。例入道《ニュウドウ》—平清盛《たいらのきよもり》。

【相伴《ショウバン》】(名・する)①連れ歩くこと。連れられて歩くこと。②客の相手をして、いっしょにもてなしを受けること。また、他人のおかげで、利益を受けること。例お—にあずかる。

【相撲《すもう》】土俵の中で、二人の力士が勝負を争う競技。例—をとる。表記「▽角▽力」とも書く。

【相愛《ソウアイ》】(名・する)たがいに愛し合うこと。例相思—。

【相違《ソウイ》】(名・する)たがいにちがっていること。ちがい。例—点。見解の—。

【相応《ソウオウ》】(名・する・形動《ダ》)つりあうこと。ふさわしいこと。例身分—のことをする。

【相▼姦《ソウカン》】(名・する)ゆるされない肉体的関係をもつこと。例近親—。

【相関《ソウカン》】(名・する)二つ以上のものが、たがいに関係し合うこと。例—関係(=一方が変化すると、他方もそれにつれて変化するという関係)。

【相互《ソウゴ》】①おたがい。例—乗り入れ。—の利益。②かわるがわる。例—におこなう。

【相好《ソウゴウ》】顔つき。表情。例—をくずす(=にこにこする)。

【相克《ソウコク》】(名・する)たがいに、かたきとして争うこと。例主従が—する。表記㊐相▼剋

【相殺《ソウサイ》】(名・する)一《ソウサイ》たがいに差し引いて、損得なしにすること。帳消しにすること。二《ソウサツ》たがいに殺し合うこと。

【相思《ソウシ》】たがいに恋《こい》しく思い合うこと。例—相愛の仲。

【相似《ソウジ》】(名・する)①形や性質などが、よく似かよっていること。②〔生〕生物の器官で、発生上では無関係でも、機能が同じために形が似ていること。鳥のつばさと昆虫《コンチュウ》の羽など。③〔数〕二つの図形で、一方を拡大または縮小したとき、他方に完全に重なること。例—形。

【相識《ソウシキ》】たがいに知り合いであること。また、その人。

【相承《ソウショウ》】〔「ソウジョウ」とも〕(名・する)次から次へと受けつぐこと。例師資—。父子—の技《わざ》。

【相称《ソウショウ》】つりあいがとれていること。対称。シンメトリー。例左右—。

【相乗《ソウジョウ》】(名・する)二つ以上の数をかけ合わせること。また、二つ以上のことがらが、たがいに効果を強め合うこと。例—平均。—効果を期待する。

【相即《ソウソク》】一つにとけ合っていて区別のできないこと。例この二つのものは—不離《フリ》の関係にある。

【相続《ソウゾク》】(名・する)①先代に代わって、あとを受けつぐこと。

例名跡《ミョウセキ》を—する。②人の死後、財産上の権利や義務を受けつぐこと。例—税。遺産の—。

【相対】㊀《ソウタイ》(名・する)①向き合っていること。相《あ》い対していること。②たがいに関係し合って成立し、存在すること。(対)絶対。例—評価(=他とくらべてつけた成績評価)。㊁《あいタイ》(名)①他人を交えず、当事者だけで事をおこなうこと。例—で交渉《コウショウ》する。②どちらも納得《ナットク》すること。合意。例—ずく。③対等で事をおこなうこと。例—の関係。

【相対的】《ソウタイテキ》(形動《ダナ》)他との関係や比較《ヒカク》の上で成り立つようす。(対)絶対的。例—に考える。

【相談】《ソウダン》(名・する)自分だけで判断しかねるとき、他の人に意見を聞いたり、話し合ったりすること。例—に乗る。

【相伝】《ソウデン》(名・する)代々受け伝えること。例一子《イッシ》—。

【相当】《ソウトウ》㊀(名・する)ちょうどあてはまること。相応。例千円—の品。㊁(副・形動《ダナ》)かなり。だいぶ。例—寒い。

【相場】《ソウば》①品物などの、その時々の値段。時価。市価。例野菜の—。—が上がる。②世間いっぱんでの評価。例夏は暑いと—が決まっている。③〔経〕現物をやりとりせず、価格の変動を予想して売買する投機的取引。例—を張る。

【相貌】《ソウボウ》顔かたち。顔だち。容貌。

【相聞】《ソウモン》〔もと、『万葉集』の部立《ぶだて》の一つ〕親愛の情を述べ合った歌。例—歌《カ》。

●形相《ギョウソウ》・宰相《サイショウ》・世相《セソウ》・粗相《ソソウ》・貧相《ヒンソウ》・滅相《メッソウ》・様相《ヨウソウ》

目 4

【省】

9画　3042 7701　教育4

音 セイ㊇ ショウ㊉　訓 かえり-みる・はぶ-く

筆順 亅 小 小 少 省 省 省

なりたち 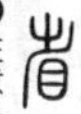 [会意]「眉(=まゆ)」の省略体と「小(=こまかい)」とから成る。こまかく見る。

意味 ❶注意して見る。自分自身のことをよく考える。かえりみる。例内省《ナイセイ》。反省《ハンセイ》。❷安否《アンピ》を問う。みまう。例帰省《キセイ》(=故郷に帰って父母の安否を問う)。❸へらす。はぶく。例省略《ショウリャク》。省力《ショウリョク》。冠省《カンショウ》(=前略)。❹役所。官庁。例文部科学省《モンブカガクショウ》。❺中国の地方行政区画の名。例河北省《カホクショウ》。

使い分け かえりみる【顧・省】⇩1166ページ

人名 あき・あきら・かみ・さとし・さとる・み・みる・よし

【省画】《ショウカク》(名・する)漢字の字画を省略すること。例—文字。

【省議】《ショウギ》内閣の各省でおこなわれる会議。また、その議決。

【省庁】《ショウチョウ》省と呼ばれる官庁(=文部科学省など)と庁と呼ばれる官庁(=文化庁など)をまとめた言い方。

【省略】《ショウリャク|セイリャク》(名・する)重要でない部分をはぶくこと。一部を減らして簡単にすること。例前置きは—する。

【省力】《ショウリョク》(名・する)機械化などによって労力をはぶくこと。例—化をはかる。

【省令】《ショウレイ》内閣の各省の大臣が、その担当する事務について出す行政上の命令。例文部科学—。

【省察】《セイサツ》〔「ショウサツ」とも〕(名・する)①自分の行動や生活などをふり返って考えること。②くわしく調べること。

【省思】《セイシ》(名・する)自分のおこないをかえりみて考えること。

【省文】《セイブン》①点画を一部はぶいた漢字。略字。「捨」を「舎」、「鏡」を「竟」、「避」を「辟」と書くなど。省筆。②文中の字句を一部はぶいて、簡略にした文章。省筆。

●帰省《キセイ》・人事不省《ジンジフセイ》・内省《ナイセイ》・反省《ハンセイ》

目 4

【眈】

9画　6630 7708

音 タン㊇　訓 にら-む・ふか-い

意味 ❶じっと見つめる。❷トラがにらむ。例虎視眈眈《コシタンタン》。

【眈眈】《タンタン》(形動《トタル》)見つめるようす。ねらいながら見ているようす。例虎視《コシ》—たり(=トラが獲物《えもの》をねらって見つめている)。〈易経《エキキョウ》〉

目 4

【眉】

9画　4093 7709　常用

音 ビ㊇ ミ㊉　訓 まゆ

筆順 一 ㇇ コ 尸 尸 尸 眉 眉

なりたち  [象形]目の上の毛とひたいのすじの形。

意味 ❶まゆげ。まゆ。例眉目《ビモク》。白眉《ハクビ》。❷ものの上のはし。ふち。例書眉《ショビ》(=書物の上のはし)。❸長生きしてまゆげが長くのびた人。老人。

【眉宇】《ビウ》まゆ。まゆのあたり。〔「宇」は家の軒《のき》。顔を家に見たてて、眉《まゆ》をその軒にたとえた〕例—に決意をみなぎらせる。

【眉月】《ビゲツ|まゆづき》まゆのように細い月。三日月。新月。

【眉目】《ビモク》①まゆと目。②顔かたち。みめ。例—のすずしげな好青年。③ほまれ。面目《メンボク》。名誉《メイヨ》。

【眉目秀麗】《ビモクシュウレイ》(名・形動《ダナ》)(男性の)顔かたちがととのっていて、とくに美しいこと。

【眉墨】《まゆずみ》まゆをかくための墨《すみ》。例—を引く。表記「▼黛」とも書く。

【眉唾】《まゆつば》〔まゆにつばをつければキツネにだまされないという俗信《ゾクシン》から〕だまされないように用心をすること。例—もの。

【眉間】《ミケン》まゆとまゆとのあいだ。ひたいの真ん中。例—にしわを寄せる。

目 4

【眇】

9画　6631 7707

音 ビョウ㊇ ミョウ㊉　訓 すがめ

意味 ❶目が小さい。また、片目が見えない。目を細めて見る。すがめる。すがめ。例眇目《ビョウモク|すがめ》。❷こまかい。ちいさい。例眇小《ビョウショウ》。❸はるか遠い。同渺《ビョウ》。例杳眇《ヨウビョウ》。

【眇▼軀】《ビョウク》小さいからだ。

【眇然】《ビョウゼン》(形動《トタル》)①小さいようす。こまかいようす。②遠くはるかなようす。

【眇目】《ビョウモク|すがめ》斜視《シャシ》。独眼。

目 4

【眄】

9画　6632 7704

音 ベン㊇ メン㊉　訓 かえり-みる・にら-む・み-る・よこめ

意味 ななめに見る。また、流し目で見る。みる。例眄視《ベンシ》。右顧左眄《ウコサベン》(=左右を見まわして人のようすをうかがい、まようこと)。

【眄視】《ベンシ》(名・する)横目で見ること。流し目で見ること。

目 4

【冒】

9画　4333 5192　常用

音 ボウ㊇　訓 おか-す

冂 7 【冒】 9画 — —

月 4 【冐】 8画 7078 5190 俗字

筆順 丨 冂 冃 冃 冃 冐 冒 冒

なりたち  [会意]「冃《ボウ》(=かぶりもの。おおう)」と「目(=め)」とから成る。目をおおわれて見えなくても前進する。おしきって、あえて進む。

意味 ❶危険なことや困難なことをむりにする。おかす。例冒険《ボウケン》。❷かぶせる。おおう。例冒頭《ボウトウ》。❸むさぼる。

使い分け おかす【犯・侵・冒】⇩1164ページ

【冒険《ボウケン》】(名・する) 危険や失敗をおそれずにおこなうこと。

【冒頭《ボウトウ》】①文章や話の初めの部分。書き出し。話し始め。例作品を—から読み直す。②ものごとの初めの部分。例会議は—から混乱した。

【冒▼瀆《ボウトク》】(名・する) 神聖なものや権威《ケンイ》あるものをけがすこと。例神を—する行為《コウイ》。

目 5

【眩】

10画 6633 7729 音ケン漢・ゲン呉 訓くら-む・まど-う・まばゆ-い・まぶ-しい

意味 ❶目がまわる。目がくらむ。めまいがする。めまい。まどう。また、まどわす。例眩暈《ゲンウン》。眩惑《ゲンワク》。❷まぶしい。まばゆい。例眩耀《ゲンヨウ》。

【眩▼暈《ゲンウン》】目がくらむこと。めまい。

【眩▼耀《ゲンヨウ》】(名・する) まぶしいほどに光りかがやくこと。例—目をうばう。表記「眩▼燿」とも書く。

【眩惑《ゲンワク》】(名・する) 目がくらんで、まどうこと。また、まどわすこと。類幻惑《ゲンワク》。例あやしい魅力《ミリョク》に—される。

目 5

【眤】

10画 6634 7724 音ジツ漢

意味 なれしたしむ。ちかづく。同昵《ジツ》。

目 5

【真】

10画 3131 771F 教育3 音シン漢呉 訓ま・まこと・まこと-に 付表真面目《まじめ》・真《ま》っ赤《か》・真《ま》っ青《さお》

筆順 一 十 𠂇 冇 肓 直 真

目 5

【眞】

10画 6635 771E 人名

なりたち  [会意]「匕(=変わる)」と「目(=め)」と、「乚(=かくす)」と「八(=のりもの)」とから成る。仙人《センニン》がその姿かたちを変えて天にのぼる。派生して「まこと」の意。

意味 ❶うそいつわりのない。まことの。例真価《シンカ》。真実《シンジツ》。❷自然のままの。生まれたままの。例真性《シンセイ》。天真《テンシン》(=かざりけのない)。❸書体の一つ。楷書《カイショ》。例真字《シンジ》。

難読 真鶴《まなづる》・真田《さなだ》

人名 さだ・さな・さね・ただ・ただし・ちか・なお・まき・まさ・まさし・ます・また・まな・み

【真意《シンイ》】ほんとうの意味。ほんとうの気持ち。本心。例—を示す。—をはかりかねる。

【真因《シンイン》】ほんとうの原因。例事件の—を究明する。

【真打ち《シンうち》】①落語・講談・浪曲《ロウキョク》などの寄席《よせ》で、最後に演じる、最も芸のすぐれた人。また、落語家の最高の階級。対前座《ゼンザ》。②とっておきの最後の出演者。例—登場。

【真影《シンエイ》】①ほんとうの姿。②実物どおりの肖像《ショウゾウ》。とくに、写真。例両陛下の御《ゴ》—。

【真価《シンカ》】ほんとうの値うち。真の価値。例—が問われる。

【真▼贋《シンガン》】ほんものと、にせもの。真偽《シンギ》。例—を見ぬく。

【真偽《シンギ》】ほんとうと、うそ。正しいか誤りかということ。例—のほどを確かめる。

【真義《シンギ》】ほんとうの意義。本義。例民主主義の—。

【真行草《シンギョウソウ》】①漢字の三つの書体、真書(=楷書《カイショ》)・行書・草書のこと。②絵画・生け花・礼法などの形式。真は正格、草はくずした風雅《フウガ》の形、行はその中間。

【真紅《シンク》】こい紅色《べにいろ》。まっか。例—の優勝旗。表記「深紅」とも書く。

【真空《シンクウ》】①空気などの物質がまったく存在しない空間。例—パック。—の状態。②作用や影響《エイキョウ》などが、まったくおよんでいない状態・空間。例軍事的—地帯。

【真剣《シンケン》】㊀(名)ほんものの刀。例—で勝負する。㊁(形動《ナダ》)まじめで熱心なようす。本気。例—に取り組む。

【真骨頂《シンコッチョウ》】本来もっている、ありのままの姿。まことの姿。例かれの—を示す作品。

【真言《シンゴン》】①〔仏〕仏や菩薩《ボサツ》の誓《ちか》いや教えを示した秘密のことば。呪文《ジュモン》。②「真言宗」の略。

【真言宗《シンゴンシュウ》】〔仏〕平安時代、唐《トウ》から帰った空海(=弘法《コウボウ》大師)が、京都の東寺《トウジ》、高野山の金剛峰寺《コンゴウブジ》を開いて広めた仏教。

【真作《シンサク》】ほんものの作品。例—と見まがうような、たくみなにせもの。

【真摯《シンシ》】(名・形動《ナダ》) まじめでひたむきなこと。真剣《シンケン》にものごとに取り組むこと。例—な態度。

【真字《シンジ》】①楷書《カイショ》。②漢字。真名《まな》。対仮名《かな》。

【真実《シンジツ》】㊀(名・形動《ナダ》) ほんとうのこと。うそやいつわりがないこと。対虚偽《キョギ》。例—一路。—を話す。㊁(副) ほんとうに。心から。例—申しわけないと思っています。

【真珠《シンジュ》】貝類、とくにアコヤガイの中に、自然にまたは人工的にできる美しい玉。装身具用。パール。

【真珠貝《シンジュガイ》】ウグイスガイ科の海産の二枚貝。真珠を生じるので、多く養殖《ヨウショク》される。アコヤガイ。タマガイ。

【真宗《シンシュウ》】〔仏〕「浄土《ジョウド》真宗」の略。鎌倉《かまくら》時代に親鸞《シンラン》が開いた仏教の宗派。阿弥陀仏《アミダブツ》を信じていのれば成仏《ジョウブツ》できるという、他力本願《タリキホンガン》を宗旨《シュウシ》とする。一向宗《イッコウシュウ》。門徒宗。

【真情《シンジョウ》】①ほんとうの心。まごころ。例—を吐露《トロ》する。②ほんとうのありさま。実情。例事件の—をえがく。

【真人《シンジン》】①〔仏〕真理をきわめて仏道をさとった人。仏や羅漢《ラカン》など。②道教で、道の奥義《オウギ》に到達《トウタツ》した人。

【真髄《シンズイ》】〔精神と骨髄の意〕ものごとの本質。その道の奥義《オウギ》。根本。例—にふれる。表記「神髄」とも書く。

【真正《シンセイ》】(名・形動《ナダ》) 正しいこと。まこと。ほんもの。例—のダイヤ。

【真性《シンセイ》】①ありのままの性質。天性。②〔医〕疑う余地のない、ほんものの病気。例—コレラ。

【真跡《シンセキ》】その人がほんとうに書いた筆跡。真筆《シンピツ》。例紀貫之《きのつらゆき》の—。表記(旧)真▼蹟

【真説《シンセツ》】正しい学説。ほんとうの説。

【真善美《シンゼンビ》】学問・道徳・芸術の追求目標とする、三つの大きな価値観念。人間が最高の理想とするもの。

【真相《シンソウ》】事件などのほんとうの事情・ありさま。例—の究明に乗り出す。

【真率《シンソツ》】(名・形動《ナダ》) まじめでかざりけのないこと。ひたむき。例—な態度。

【真▽諦《シンタイ》】①〔仏〕仏教の絶対の真理。真如《シンニョ》。対俗諦《ゾクタイ》。②ものごとの根本にある真理。まことの道。

【真▼鍮《シンチュウ》】銅と亜鉛《アエン》の合金。黄金色で、さびにくく細工がしやすい。黄銅《オウドウ》。

【真如《シンニョ》】〔仏〕宇宙万物《バンブツ》の本体で、絶対不変の真理。真諦《シンタイ》。例—の月(=真理が人の迷いを取り去ることを、月がやみを照らすのにたとえたことば)。

【真皮《シンピ》】〔生〕脊椎《セキツイ》動物の表皮の下にある、皮膚《ヒフ》を形成する内層部。

【真筆《シンピツ》】その人がほんとうに書いた筆跡《ヒッセキ》。真跡。直筆《ジキヒツ》。

(対)偽筆《ギヒツ》。例芭蕉《バショウ》の—という短冊《タンザク》。

【真分数】《シンブンスウ》〔数〕分子が分母よりも小さい分数。(対)仮分数《カブンスウ》・帯分数。

【真面目】一《シンメンボク／シンメンモク》(名)本来の姿。ありのままの姿。真価。例—を発揮する。二《まじめ》(名・形動《ダナ》)①真剣《シンケン》なこと。本気であること。例—に勉強する。—な顔。②まごころがあること。誠実なこと。例—な人。

【真理】《シンリ》①筋の通った道理。まことの道理。例不変の—。②どんな場合にもあてはまる永遠不変の知識・認識《ニンシキ》・価値。例—の探求。

【真一文字】《まイチモンジ》(名・形動《ダナ》)一直線。まっすぐ。例口を—に結ぶ。—につき進む。

【真顔】《まがお》まじめな顔つき。例—で冗談《ジョウダン》を言う。

【真心】《まごころ》まことの心。いつわりのない、ありのままの心。

【真▼菰】《まこも》イネ科の多年草。葉はむしろの材料となる。

【真▽砂】《まさご》〔「ま」は、下につく語をうつくしくいうことば〕こまかい、きれいな砂。例浜《はま》の—。

【真正面】《まショウメン》ちょうど正面。真向かい。まっしょうめん。

【真名】《まな》漢字。(対)仮名《かな》。例『古今集《コキンシュウ》』の—序。表記「真▽字」とも書く。

【真人間】《まニンゲン》まじめな人間。まともな人間。例心を入れかえて—になる。

【真▽似】《まね》(名・する)①他のものに似せること。模倣《モホウ》。例物《もの》—。②行動。おこない。例ばかな—をするな。

【真帆】《まほ》船の帆を全開して風を受けること。また、その帆。

【真綿】《まわた》くず繭《まゆ》を引きのばして作った綿。やわらかく軽い。例—で首をしめる(=じわじわといためつけることのたとえ)。

◯●写真《シャシン》・純真《ジュンシン》・正真《ショウシン》・天真《テンシン》・迫真《ハクシン》

目5
【眛】
10画 6638 771B 音バイ(漢) マイ(呉) 訓くら-い・くら-ます

意味 はっきりと見えない。くらい。(同)昧《マイ》。

参考「眜《バツ》(=危険をおかす)・《ベツ》(=春秋時代の地名)」とは別の字。

目5
【眠】
10画 4418 7720 常用 音ベン(漢) ミン・メン(呉) 訓ねむ-る・ねむ-い・ねむ-り

筆順 丨 冂 目 目 目 眂 眂 眠

なりたち［形声］「目(=め)」と、音「民《ビン》→《ベン》」とから成る。ねむる。

意味 ❶目をとじてねむる。ねる。また、ねむり。例安眠《アンミン》。睡眠《スイミン》。❷動物がある期間、食事や活動をしないで、やすむこと。例冬眠《トウミン》。

【眠気】《ねむケ》ねむりたい気分。例—ざまし。—をもよおす。表記「▽睡気」とも書く。

◯●永眠《エイミン》・仮眠《カミン》・春眠《シュンミン》・惰眠《ダミン》・不眠《フミン》

目5
【眞】
10画 ⇩【真】《シン》(706ページ)

目6
【眼】
11画 2067 773C 教育5 音ガン(漢) ゲン(呉) 訓まなこ・め 付表 眼鏡《めがね》

筆順 丨 冂 目 目 目 眼 眼 眼

なりたち［形声］「目(=め)」と、音「艮《コン》→《ガン》」とから成る。め。

意味 ❶めだま。まなこ。め。また、まなざし。めつき。例眼下《ガンカ》。眼前《ガンゼン》。開眼《カイガン》。❷ものごとの本質を見通す力。例眼識《ガンシキ》。眼力《ガンリキ》。心眼《シンガン》。❸あな。例銃眼《ジュウガン》。❹ものごとのだいじな点。かなめ。ポイント。例眼目《ガンモク》。主眼《シュガン》。

人名 まくわし

【眼下】《ガンカ》(高所から見おろす)目の下のあたり。目のまえ。例—に広がる海。

【眼科】《ガンカ》目の病気を取りあつかう医学の一分野。

【眼▼窩】《ガンカ》眼球のはいっている顔の骨のくぼみ。

【眼界】《ガンカイ》①目に見える範囲《ハンイ》。視界。例—がひらける。②考えのおよぶ範囲。例—がせまい。

【眼球】《ガンキュウ》脊椎《セキツイ》動物の視覚器の主要部分である球形の器官。目の玉。目玉。例—が飛び出す。

【眼鏡】《ガンキョウ／めがね》目を保護したり、視力を調節するためのレンズを入れた器具。例色—《いろめがね》。—《めがね》をかける。

【眼▼瞼】《ガンケン》まぶた。

【眼孔】《ガンコウ》①眼球のはいっている穴。眼窩《ガンカ》。②ものごとを見分ける力。見識。例—がせまい。

【眼光】《ガンコウ》①目のひかり。目のかがやき。例—炯炯《ケイケイ》。②ものごとの真相を見ぬく力。洞察力《ドウサツリョク》。例するどい—。

【眼光紙背《ガンコウシハイ》に徹《テッ》す】〔目のひかりが紙の裏までとおるという意〕書物を読んで、表面には文字で述べられていない真意まで読みとる。読解力がすぐれていることのたとえ。眼力《ガンリキ》。識見。

【眼識】《ガンシキ》ものごとのよしあしを見分ける力。例—を買われて美術品の整理に当たる。

【眼疾】《ガンシツ》目の病気。眼病。

【眼▼睛】《ガンセイ》〔「睛」は、ひとみの意〕ひとみ。黒目。目玉。

【眼精】《ガンセイ》目の力。視力。例—疲労《ヒロウ》。

【眼前】《ガンゼン》目のまえ。まのあたり。目前。例—に広がる草原。

【眼帯】《ガンタイ》眼病などのとき、目の部分をおおうもの。

【眼中】《ガンチュウ》①目のなか。②自分の関心や意識のおよぶ範囲《ハンイ》。例—にない(=まったく問題にしない)。

【眼中《ガンチュウ》に人《ひと》無《な》し】人を人とも思わないふるまいをする。

【眼底】《ガンテイ》眼球内部の後面、網膜《モウマク》などのある部分。目の奥《おく》。例—出血。—に焼きつけておく(=しっかりと見とどけて記憶《キオク》する)。

【眼病】《ガンビョウ》目の病気。眼疾《ガンシツ》。

【眼福】《ガンプク》美しいもの、貴重なものを見ることのできる幸福。目の保養。例—にあずかる。

【眼目】《ガンモク》①目。まなこ。②いちばんたいせつなところ。要点。主眼。例この論文の—。

【眼力】《ガンリキ／ガンリョク》①視力。②ものごとのよしあしや真相を見ぬく力。眼識。例するどい—。—のある鑑定家《カンテイカ》。

◯●近眼《キンガン》・検眼《ケンガン》・千里眼《センリガン》・単眼《タンガン》・着眼《チャクガン》・肉眼《ニクガン》・複眼《フクガン》・両眼《リョウガン》・老眼《ロウガン》

目6
【眷】
11画 6639 7737 音ケン(漢)(呉) 訓かえり-みる

意味 ❶ふり返って見る。目をかける。いつくしむ。かえりみる。例眷顧《ケンコ》。❷心がひかれる。恋《こ》いしたう。例眷恋《ケンレン》(=恋いこがれる)。❸身うち。親族。例眷属《ケンゾク》。

【眷眷】《ケンケン》(形動《タルト》)①いつも心にとめるようす。例—として去ることあたわず。②思いしたうようす。

【眷顧】《ケンコ》(名・する)①ふり返ってみること。②とくに目をかけること。ひいきにすること。

【眷属】《ケンゾク》①身うち。一族。親族。親類。例一家《イッカ》—を集める。②家来。従者。配下。表記▽「眷族」とも書く。

目6
【眥】
11画 6636 7725 音一シ(漢) セイ(漢) 二サイ(漢) 訓まなじり

目6 [眥] 11画 6637 7726 別体字

意味 一 シ/セイ めじり。まなじり。例 決レ眥《まなじりをケッす》(=目を見開いて決心した顔つきをする)。二 サイ「睚眥《ガイサイ》」は、じろりとにらむ意。

目6 【眺】 11画 3615 773A 常用 音 チョウ漢 訓 なが-める・なが-め

筆順 丨 冂 目 … 眺

なりたち [形声]「目(=め)」と、音「兆《チョウ》」とから成る。まじろぐ。借りて「ながめる」の意。

意味 遠くを見わたす。ながめる。また、見晴らし。ながめ。㊐ 覜《チョウ》。例 眺望《チョウボウ》。遠眺《エンチョウ》。

【眺望】《チョウボウ》(名・する) 景色を見わたすこと。また、ながめ。見晴らし。展望。例 —がきく。すばらしい—。

目6 【眸】 11画 6640 7738 人名 音 ボウ漢 ム呉 訓 ひとみ

なりたち [形声]「目(=め)」と、音「牟《ボウ》」とから成る。ひとみ。

意味 めだまの黒い部分。ひとみ。また、目。例 双眸《ソウボウ》。明眸皓歯《メイボウコウシ》。

【眸子】《ボウシ》 ひとみ。瞳子《ドウシ》。

目6 [眦] 11画 ⇨【眥】《シ》(707ページ)

目7 【睇】 12画 6641 7747 音 テイ漢 訓 おか-す・み-る

意味 ❶ちらりと横目で見る。流し目する。例 睇視《テイシ》。睇眄《テイベン》(=ぬすみ見る)。❷ながめる。❸はっきり見る。

難読 流睇《ながしめ》・睇視《そらめづかい》

【睇視】《テイシ》(名・する) 横目で見ること。ぬすみ見ること。

目8 【睚】 13画 6642 775A 音 ガイ漢 訓 まなじり

意味 ❶目のふち。めじり。まなじり。❷「睚眥《ガイサイ》」は、じろりとにらむ意。

【睚▼眥】《ガイサイ》 にくらしそうに、にらむこと。例 —の怨《うら》み(=ちょっと人ににらまれた程度のわずかなうらみ)。

目8 【睨】 13画 6643 7768 音 ゲイ漢 訓 にら-む

意味 横目で見る。また、ようすをうかがい見る。にらむ。例 睥睨《ヘイゲイ》。

目8 【睫】 13画 6644 776B 音 ショウ漢呉 訓 まつげ

意味 ❶まつげ。例 目睫《モクショウ》。❷目をぱちぱちさせる。まばたく。またたく。

目8 【睡】 13画 3171 7761 常用 音 スイ漢呉 訓 ねむ-る・ねむ-り

筆順 冂 目 … 睡

なりたち [会意]「目(=め)」と「垂《スイ》(=たれる)」とから成る。まぶたがたれてねむる。

意味 いねむりをする。ねる。ねむる。また、ねむり。例 睡眠《スイミン》。仮睡《カスイ》。熟睡《ジュクスイ》。

難読 睡蓮《ひつじぐさ》

【睡魔】《スイマ》 ねむけ。ねむけをもよおさせるもの。〔ねむけを魔物《マもの》にたとえていう〕例 —におそわれる。

【睡眠】《スイミン》 ①ねむること。ねむり。例 —時間。—不足。②活動を一時やめていること。休眠。例 —状態の演劇部。

【睡余】《スイヨ》 ねむりからさめたあと。ねざめ。

【睡▼蓮】《スイレン》 スイレン科の多年草。ヒツジグサ。

●一睡《イッスイ》・仮睡《カスイ》・午睡《ゴスイ》・昏睡《コンスイ》・熟睡《ジュクスイ》・爆睡《バクスイ》・半睡《ハンスイ》

目8 【睛】 13画 6645 775B 音 セイ漢 ショウ呉 訓 ひとみ

意味 目の中心の黒い部分。黒目。ひとみ。例 眼睛《ガンセイ》(=ひとみ)。画竜点睛《ガリョウテンセイ》。

目8 【督】 13画 3836 7763 常用 音 トク漢 訓 うなが-す・ひき-いる

筆順 丨 ト 上 … 叔 督

なりたち [形声]「目(=め)」と、音「叔《シュク→トク》」とから成る。しらべるようによくみる。

意味 ❶よくみる。よくみて正す。とりしまる。例 督学《トクガク》(=学事を指導する)。監督《カントク》。❷とがめる。せめる。うながす。例 督促《トクソク》。❸ひきいる。例 督軍《トクグン》(=軍をひきいる)。

日本語での用法 《かみ》 律令制《リツリョウセイ》の四等官《シトウカン》で、衛府《フ》・衛門府《エモンフ》の最上位。長官《かみ》。「右衛門督《ウエモンのかみ》・右兵衛督《ウヒョウエのかみ》」

難読 基督《キリスト》・小督《こごう》

人名 おさむ・すけ・すすむ・ただ・ただし・ただす・まさ・よし

【督戦】《トクセン》(名・する) (前線の)軍を監督《カントク》し、部下をはげまして戦わせること。例 —隊。

【督促】《トクソク》(名・する) 約束どおり実行するようにうながすこと。せきたてること。催促《サイソク》。例 —状。貸した金の返済を—する。

【督励】《トクレイ》(名・する) 監督《カントク》し、激励すること。

●家督《カトク》・監督《カントク》・総督《ソウトク》・提督《テイトク》

目8 【睥】 13画 6646 7765 音 ヘイ漢

意味 横目で見る。にらむ。例 睥睨《ヘイゲイ》。

【睥▼睨】《ヘイゲイ》(名・する) ①横目でにらむこと。②あたりをにらみつけて勢いを示すこと。例 天下を—する。

目8 【睦】 13画 4351 7766 常用 音 ボク漢 モク呉 訓 むつ-まじい・むつ-ぶ

筆順 冂 目 … 睦

なりたち [形声]「目(=め)」と、音「坴《リク→ボク》」とから成る。相手をうやまって仲よくする。

意味 親しい。仲がよい。むつまじい。また、親しくする。仲よくする。むつぶ。例 睦言《むつごと》。親睦《シンボク》。和睦《ワボク》(=仲直り)。

人名 あつし・ちか・ちかし・のぶ・まこと・むつ・むつみ・むつむ

【睦親】《ボクシン》 ①仲よくすること。親睦。②親しい身うち。

【▽睦月】《むつき》 もと、陰暦《インレキ》で一月のこと。太陽暦でもいう。

罒9 【睾】 14画 6648 777E 音 コウ漢呉

意味 きんたま。例 睾丸《コウガン》。

【睾丸】《コウガン》 哺乳《ホニュウ》動物の精巣《セイソウ》。精子をつくり、雄性《ユウセイ》ホ

ルモンを分泌《ピツ》する。きんたま。

目 9
【睹】
14画 6649 7779 音 ト(漢)(呉) 訓 み-る
意味 じっと見る。よく見る。みる。例 目睹《モクト》。

見 9
［覩］
16画 7515 89A9 古字

目 9
［睿］
14画 ⇩【叡】《エイ》(179ページ)

目 10
【瞎】
15画 6650 778E 音 カツ(漢) 訓 かため-しいる
意味 ❶片目あるいは両目の視力がない。❷ものを見る目がない。道理にくらい。例 瞎《カッ》漢《カン》(＝わからずや)。❸やみくもに。でたらめな。例 瞎《カッ》説《セツ》(＝でたらめを言う)。

目 10
【瞋】
15画 6651 778B 音 シン(漢)(呉) 訓 いか-らす・いか-る
意味 目を見ひらく。いからす。目をむいておこる。いかる。例 瞋《シン》恚《イ》。
【瞋▼恚】《シンイ・シンニ》 いかること。おこること。例 ―の炎《ほむら》(＝激しいいかり)をもやす。

目 10
【瞑】
15画 6652 7791 音 メイ(漢) ミョウ(呉) 訓 くら-い
意味 ❶目をとじる。目をつぶる。例 瞑《メイ》想《ソウ》。瞑《メイ》目《モク》。❷はっきり見えない。くらい。例 瞑《メイ》朦《モウ》(＝暗いようす)。
【瞑座】《メイザ》(名・する) 目をとじてすわること。例 静かに―する。
表記 (旧)瞑▼坐
【瞑想】《メイソウ》(名・する) 目をとじて、静かに考えること。(類)黙想《モクソウ》。例 ―にふける。
【瞑目】《メイモク》(名・する) ①目をとじること。例 ―して考える。②安らかに死ぬこと。例 安んじて―したであろう。

目 11
【瞠】
16画 6653 77A0 音 ドウ(慣) トウ(漢) 訓 みは-る
意味 目を大きくひらいて見る。おどろいて見る。目をみはる。例 瞠目《ドウモク》。
【瞠若】《ドウジャク》(名・形動《タルト》) おどろいて目をみはること。瞠然。例 多くの先輩《センパイ》や同輩《ドウハイ》を―たらしめる。
【瞠目】《ドウモク》(名・する) おどろいたり感心したりして、目をみはること。例 ―すべき成果。―に値《あたい》する。

目 11
【瞞】
16画 6654 779E 音 バン(漢) マン(呉) 訓 あざむ-く
意味 人の目をごまかして、実情をかくす。ごまかす。例 瞞《マン》着《チャク》。欺《ギ》瞞《マン》。
【瞞着】《マンチャク》(名・する) あざむくこと。だますこと。例 世間を―する。

目 12
【瞰】
17画 6655 77B0 音 カン(漢) 訓 み-る
意味 みる。高所から見下ろす。例 鳥《チョウ》瞰《カン》。俯《フ》瞰《カン》。
【瞰臨】《カンリン》(名・する) 高いところから見下ろすこと。

目 12
【瞶】
17画 6656 77B6 音 キ(漢)
意味 目が見えない。例 瞶瞶《キキ》(＝目が見えないようす。また、道理にくらい)。

目 12
【瞳】
17画 3823 77B3 常用 音 トウ(漢) ドウ(呉) 訓 ひとみ
筆順 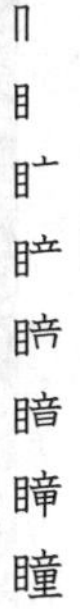
なりたち [形声]「目(＝め)」と、音「童《トウ》」とから成る。ひとみ。
意味 ❶目の中央にある黒目の部分。ひとみ。例 瞳《ドウ》孔《コウ》。瞳《ドウ》子《シ》(＝ひとみ)。❷無心に見るようす。また、ものごとを知らないようす。例 瞳《ドウ》朦《モウ》(＝もの知らず)。
人名 あきら
【瞳孔】《ドウコウ》 眼球の虹彩《コウサイ》の中心にある円形の部分。ひとみ。

目 12
【瞥】
17画 4245 77A5 人名 音 ベツ(慣) ヘツ(漢)
意味 ちらっと見る。見る。例 一《イチ》瞥《ベツ》。
【瞥見】《ベッケン》(名・する) ちらっと見ること。

目 12
【瞭】
17画 4638 77AD 常用 音 リョウ(漢) 訓 あき-らか
筆順 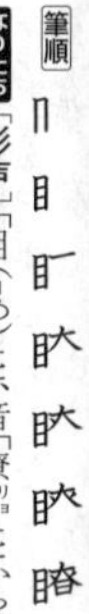
なりたち [形声]「目(＝め)」と、音「尞《リョウ》」とから成る。ひとみが明るい。
意味 ❶目のかがやくようす。あきらか。❷ものごとのはっきりしているようす。あきらか。例 瞭《リョウ》然《ゼン》。明《メイ》瞭《リョウ》。
人名 あきら
【瞭然】《リョウゼン》(形動《タルト》) はっきりしていて、明らかなようす。歴然。例 一《イチ》目《モク》―。―たるところである。

目12
［瞬］
17画 ⇩【瞬】《シュン》(709ページ)

目 13
【瞹】
18画 6657 77B9 音 アイ(漢) 訓 かく-れる
意味 かくれていて、はっきり見えないようす。例 瞹瞹《アイアイ》。

目 13
【瞿】
18画 6658 77BF 音 ク(漢)(呉) 訓 おそ-れる
意味 タカやハヤブサが、するどい目つきで見る。また、おどろいて見る。おどろきおそれる。おそれる。例 瞿《ク》然《ゼン》。
難読 瞿麦《とこなつ・なでしこ・せきちく》
【瞿然】《クゼン》(形動《タルト》) おどろき、あやしむようす。

目 13
【瞼】
18画 6659 77BC 音 ケン(漢) 訓 まぶた
意味 目の上をおおう皮膚《フヒ》。まぶた。例 眼《ガン》瞼《ケン》(＝まぶた)。

目 13
【瞽】
18画 6660 77BD 音 コ(漢)(呉)
意味 ❶目が見えない人。例 瞽《コ》者《シャ》(＝目の見えない人)。❷是非《ゼヒ》善悪の区別がつけられない人。分別《フンベツ》がない。でたらめな。例 瞽《コ》言《ゲン》(＝でたらめのことば)。❸〔古代では、「瞽者」が音楽師であったことから〕音楽を仕事とする人。楽人。例 瞽《コ》史《シ》(＝楽人と史官)。瞽《コ》師《シ》(＝盲目《モウモク》の音楽師)。
【瞽▽女】《ゴぜ》 三味線《しゃみせん》をひき、歌をうたいながら門付《かどづ》けをする盲目《モウモク》の女性の旅芸人。

目 13
【瞬】
18画 2954 77AC 常用 音 シュン(漢)(呉) 訓 またた-く・まじろ-ぐ・まただ-き・まばた-く

目12

【瞬】 17画

筆順 冂 目 … 瞬

なりたち [形声]本字は「瞚」で、「目(=め)」と、音「寅《イン→シュン》」とから成る。まばたく。

意味 ❶まばたきをする。目をぱちぱちさせる。まばたき。例瞬間《シュンカン》。❷まばたきするほどの短い時間。例一瞬《イッシュン》。

【瞬間《シュンカン》】またたくま。きわめて短い時間。瞬時。一瞬。

【瞬時《シュンジ》】「瞬間」に同じ。例—に燃えつきる。

【瞬息《シュンソク》】〔一度まばたきをし、一度息をするあいだの意から〕わずかのあいだ。ごく短い時間。瞬間。

目 13

【瞻】 18画 6661 77BB

音セン漢呉 訓み-る

意味 見上げる。見やる。あおぎ見る。例瞻仰《センギョウ》(=見上げる)。

目 13

【矇】 18画 6662 77C7

音モウ漢 訓くら-い

意味 目がおおわれて、よく見えない。くらい。例矇昧《モウマイ》。矇矇《モウモウ》(=くらくてはっきりしない)。

【矇昧《モウマイ》】(名・形動ダ)〔目が見えない意〕知識がなく、ものごとの道理にくらいこと。愚昧《グマイ》。例無知—。表記「▼蒙昧」とも書く。

目 15

【矍】 20画 6663 77CD

音キャク漢 カク呉

意味 ❶おどろいてきょろきょろ見まわす。おどろきあわてるようす。❷「矍鑠《カクシャク》」は、年老いて元気なようす。

【矍▼鑠《カクシャク》】(形動タル)年をとってもなお元気で健康なようす。例—たる老人。百歳《サイ》でなお—とした人。

目 19

【矗】 24画 6664 77D7

音チク漢 訓いよ-やか・なお-い

意味 ❶まっすぐに高くそびえるようす。そびえる。例矗立《チクリツ》。❷まっすぐな。正直な。なおい。

参考「白瀬矗《しらせのぶ》」は、一九一二(明治四十五)年南極大陸に上陸した陸軍軍人。

【矗立《チクリツ》】(名・する)まっすぐにそびえ立つこと。

目 21

【矚】 26画 6665 77DA

音ショク漢 訓み-る

意味 注目する。目をつける。例矚望《ショクボウ》。矚目《ショクモク》。

【矚望《ショクボウ》】(名・する)前途《ゼント》に望みをかけて期待すること。例前途を—されている。表記「嘱望・▽属望」とも書く。

【矚目《ショクモク》】(名・する)①気をつけて見ること。目をつけること。注目。例将来を—される。②自然に目にふれること。見たまま。例—の一句。表記▽「嘱目・▽属目」とも書く。

110 5画 矛 ほこ ほこへん 部

長いほこの形をあらわす。「矛」と、「矛」をもとにしてできている「矜」とを集めた。

0 矛 4 矜

この部首に所属しない漢字

柔⇩木522 務⇩力150

矛 0

【矛】 5画 4423 77DB 常用

音ボウ漢 ム呉 訓ほこ

筆順 フ マ ヱ 予 矛

なりたち [象形]まっすぐな柄《え》に刃《は》と飾《かざ》りがついたほこの形。

意味 さきのとがったもろ刃《は》のきっさきを、長い柄《え》につけた武器。ほこ。例矛盾《ムジュン》。天《あま》の瓊《ぬ》矛《ほこ》(=玉《ギョク》でかざったりっぱなほこ)。

人名 たけ

【▽矛▼戈《ボウカ》】〔「戈」は、柄《え》と直角に刃のついたほこ〕ほこ。

【▽矛▼戟《ボウゲキ》】〔「戟」は、枝刃《えだば》があるほこ〕ほこ。兵器。

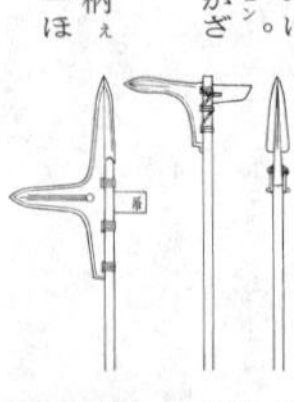

[戟]　[戈]　[矛]

【矛先《ほこさき》】①ほこの先端《センタン》。②攻撃《コウゲキ》の方向。例—を向ける。—をかわす。表記▽「▼鋒先」とも書く。

【矛盾《ムジュン》】(名・する)①ほこと、たて。②つじつまが合わないこと。例—だらけの論理。表記▽「矛▼楯」とも書く。

故事のはなし 楚《ソ》の国に、攻撃《コウゲキ》するための矛《ほこ》と、攻撃から身を守るための盾《たて》の両方を売っている人がいた。その人が盾を自慢《ジマン》して、「この盾のかたさといったら、どんなものでもつき通すことはできない」と言い、矛を自慢して、「この矛のするどさといったら、どんなものでもつき通せないものはない」と言った。これを聞いたある人が、「では、その矛で、その盾をついたら、どうなるのかね」と言うと、その人は答えることができなかった。〈韓非子《カンピシ》〉

矛 4

【矜】 9画 6666 77DC

音一キン漢 二キョウ漢 訓あわ-れむ・つつし-む・ほこ-る

意味 一《キン》矛《ほこ》の柄《え》。二《キョウ》❶気のどくに思う。いたむ。あわれむ。例矜恤《キョウジュツ》。❷うやまう。つつしむ。例矜持《キョウジ》。❸おごりたかぶる。うぬぼれる。ほこる。例矜恃《キョウジ》。

【矜▼恃《キョウジ》】自分の能力を信じて、ほこりをもつこと。自負。気ぐらい。プライド。例—を守る。高い—。

【矜持《キョウジ》】①自己をおさえ、つつしむこと。②みずからを、かざること。③「矜恃《キョウジ》」に同じ。

【矜▼恤《キョウジュツ》】あわれみ、めぐむこと。

111 5画 矢 や やへん 部

やの形をあらわす。「矢」をもとにしてできている漢字を集めた。

矢 0

【矢】

5画 4480 77E2 教育2 音 シ 漢 呉 訓 や

筆順 ノ ⺈ 𠂉 午 矢

なりたち  〔象形〕やの形。

意味 ❶弓につがえて飛ばす、や。例 嚆矢《コウシ》（＝ものごとのはじめ）。流《なが》れ矢《や》。❷まっすぐ。正しい。正しくする。また、ちかう。例 矢言《シゲン》。

難読 矢作《やはぎ》

人名 ただ・ただし・ちかう・なお

【矢言《シゲン》】 ①ちかいのことば。ちかい。②正しいことば。

【矢▼鏃《シゾク》】 矢の先のとがった部分。やじり。

【矢面《やおもて》】 ①矢の飛んでくる正面。②質問や非難などが集中する立場。例 —に立つ。

【矢車《やぐるま》】 軸《ジク》のまわりに矢の形をした羽根を放射状につけた風車《かざぐるま》。こいのぼりのさおにつける。

【矢尻《やじり》】 矢の先端《センタン》。また、その部分につける鉄などのとがったもの。矢の根。表記 「▼鏃」とも書く。

【矢立て《やたて》】 ①矢を入れる容器。やなぐいなど。②携帯《ケイタイ》用の筆記具。墨《すみ》つぼと筆を入れる筒《つつ》とが一体になっているもの。

【矢種《やだね》】 射るために手もとに用意した矢。例 —がつきる。

【矢▼筈《やはず》】 ①矢の頭の、弦《つる》にかける部分。はず。②細い棒の先が二つに分かれた、かけ軸《ジク》をかけるのに使う道具。

【矢文《やぶみ》】 矢に結びつけて飛ばす手紙。例 —を送る。

【矢来《やらい》】 竹や木をあらく組んだ囲い。例 竹—。

●▼鏑矢《かぶらや》・嚆矢《コウシ》・毒矢《ドクや》・破魔矢《ハマや》・弓矢《ゆみや》

矢 2

【矣】

7画 6667 77E3 音 イ 漢 呉

意味 〔助字〕文末に置いて、断定の気持ちや動作の完了《カンリョウ》などをあらわす。漢文訓読では読まない。例 国必無レ憂矣《くにかならずうれいなし》（＝国にはきっと心配事がありません）。〈史記《シキ》〉

矢 3

【知】

8画 3546 77E5 教育2 音 チ 漢 呉 訓 し-る

筆順 ノ ⺈ 𠂉 午 矢 矢 知 知

なりたち 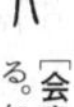 〔会意〕「口（＝くち）」と「矢（＝や）」とから成る。矢のようにはやく口から出すことば。派生して「しる」の意。

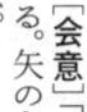

意味 ❶みとめる。感じとる。理解する。見分ける。おぼえる。しる。例 知覚《チカク》。感知《カンチ》。無知《ムチ》。❷しらせる。しらせ。例 告知《コクチ》。通知《ツウチ》。報知《ホウチ》。❸しりあい。また、よく理解してもてなす。例 知音《チイン》。知己《チキ》。知遇《チグウ》。❹おさめる。つかさどる。例 知県《チケン》（＝明《ミン》・清《シン》代の県の長官）。知事《チジ》。知行《チギョウ》。❺ものごとの本質を見ぬく力。ちえ。また、かしこい。同 智《チ》。例 知恵《チエ》。英知《エイチ》。才知《サイチ》。

難読 不知《いさ》・不知哉川《いさやがわ》

人名 あき・あきら・おき・かず・さと・さとし・さとり・さとる・ちか・つかさ・つぐ・とし・とも・のり・はる

【知《し》る者《もの》は言《い》わず】 深く理解し、真理をさとっている人は、軽々しく言ったりはしない。類 能ある鷹《たか》は爪《つめ》を隠《かく》す。例 —、言う者は知らず（＝理解しないでいる人は、かえってよくしゃべる）。〈老子《ロウシ》〉

【知育《チイク》】 知識を広め知能を高めるための教育。対 体育・徳育。例 —偏重《ヘンチョウ》の教育。表記 旧▼智育

【知音《チイン》】 ①心の底までわかりあった友。親友。〔春秋時代、琴《こと》の名人の伯牙《ハクガ》のひく音を友人の鍾子期《ショウシキ》がよく理解し、その音色からその心を読みとった。鍾子期が死ぬと伯牙は琴の弦《ゲン》を切り、深くその死をなげいたという故事による〕〈列子《レッシ》〉②知り合い。知人。

【知恵《チエ》】 ①ものごとの道理をよく知り、是非《ゼヒ》を考え、判断する頭のはたらき。例 —をしぼる。生活の—。②〔仏〕仏教の真理をさとり、正しくものごとを認識《ニンシキ》して煩悩《ボンノウ》を消滅《ショウメツ》させることができる力。表記 ▽旧▼智▼慧

【知覚《チカク》】 （名・する）①知ること。②感覚器官を通して、外界の事物を知り、見分けること。例 —神経。

【知己《チキ》】 ①自分の心や真価をよく知ってくれている人。親友。②知人。知り合い。例 十年の—。

【知行】 一《チギョウ》 武士にあたえられた土地。封土《ホウド》。また、給料としてあたえられた米。扶持《フチ》。俸禄《ホウロク》。例 一万石《ゴク》の—。二《チコウ》 知ることと、おこなうこと。知識と行為《コウイ》。

【知行合一《チコウゴウイツ》】 明《ミン》代の王陽明《オウヨウメイ》が唱えた説。真に知ることは必ず実行をともなうことで、知識と行為《コウイ》は表裏《ヒョウリ》一体であると説く。

【知遇《チグウ》】 才能や人がらなどを認められて手厚くもてなされること。値遇。例 —を得る。

【知見《チケン》】 ①実際に見て知ること。また、見聞して得た知識。見識。例 —を広める。②〔仏〕知恵《チエ》によって得たさとり。表記 ▽旧▼智見

【知事《チジ》】 ①都道府県の長。例 東京都—。②〔仏〕禅宗《ゼンシュウ》の寺で、いろいろな仕事をする役僧《ヤクソウ》。

【知識《チシキ》】 ①ある事物についてよく知ること。また、知っていることがら。例 —欲。—をひけらかす。②〔仏〕知と識を備えた僧《ソウ》。さとりをひらいた、りっぱな僧。善知識。例 名僧—。表記 ▽旧▼智識

【知識人《チシキジン》】 知性や教養のある人。インテリ。例 —の意見を聞く。表記 旧▼智識人

【知▼悉《チシツ》】 （名・する）知りつくすこと。くわしく知ること。例 事情を—している。

【知者《チシャ》】 ①知恵《チエ》のすぐれた人。かしこい人。②ものの道理をよくわきまえた人。学識のある人。③知識の高い僧《ソウ》。善知識。表記 ▽旧▼智者

【知者《チシャ》の一失《イッシツ》愚者《グシャ》の一得《イットク》】 知者でも時には誤りをする、おろか者でも一つぐらいのよい考えをする。

【知者《チシャ》は惑《まど》わず】 ものの道理に明るい人は、事にあたり、迷ったり判断に苦しむことはない。〔「仁者《ジンシャ》は憂《うれ》えず。勇者《ユウシャ》は懼《おそ》れず」の句が後に続く〕〈論語《ロンゴ》〉

【知者《チシャ》は水《みず》を楽《たの》しむ】 知者は、水が一か所にとどまることなく流れるように、事をとどこおりなく処理し、さながら水に親しみ、楽しむごとく、才知を治世に用いる。〔「仁者《ジンシャ》は山《やま》を楽《たの》しむ」の句が後に続く〕〈論語《ロンゴ》〉

【知将《チショウ》】 知恵《チエ》があり、はかりごとのじょうずな大将。表記 旧▼智将

【知情意《チジョウイ》】 知性と感情と意志。人間の精神のはたらきを三つに分けたもの。

【知人《チジン》】 知り合い。友人。知友。例 —を訪ねる。

【知性《チセイ》】 ものごとを知って、考えたり判断したりする能力。例 —と教養。

【知足《チソク》】 〔足ることを知る意から〕身のほどをわきまえて欲ば

らないこと。例—安分《アンブン》。

【知的《チテキ》】(形動ダナ)①知性に富み、知識がゆたかであるようす。例—な会話。—な顔。②知識に関係があるようす。例—労働。—な好奇心《コウキシン》を満足させる。

【知日《チニチ》】外国人で、日本についての理解が深いこと。例—家《カ》。—派。

【知能《チノウ》】ものごとを判断したり理解したり記憶《キオク》したりする能力。頭のはたらき。知恵《チエ》と才能。例すぐれた—。—のはたらき。表記 旧▼智能

【知能指数《チノウシスウ》】知能の発達程度を示す指数。IQ《アイキュー》。

【知能犯《チノウハン》】暴力などを使わずに、頭をはたらかせておこなう犯罪。また、その犯人。詐欺《サギ》・横領・偽造《ギゾウ》・背任など。対強力犯《ゴウリキハン》。

【知▼嚢《チノウ》】知恵《チエ》ぶくろ。また、知恵に富んだ人。表記 旧▼智▼嚢

【知謀《チボウ》】知恵《チエ》をはたらかせた、たくみなはかりごと。うまい計略。知略。例—をめぐらす。表記 旧▼智謀

【知名《チメイ》】名前が世間に知られていること。有名。著名。例—度が低い。—の士。

【知命《チメイ》】五十歳《サイ》の別の言い方。〔「五十而知二天命一《ゴジュウにしてテンメイをしる》」から〕〈論語《ロンゴ》〉

【知友《チユウ》】たがいによく知っている友達。知己《チキ》。

【知勇《チユウ》】知恵《チエ》と勇気。例—ともにすぐれた人物。表記 旧▼智勇

【知略《チリャク》】知恵《チエ》をしぼったはかりごと。知謀《チボウ》。例—をめぐらす。表記 旧▼智略

【知慮《チリョ》】ものごとの先まで見通す能力。かしこい考え。思慮。例—に富む。—が浅い。表記 旧▼智慮

【知力《チリョク》】頭のはたらき。知恵《チエ》のはたらき。例—と体力。表記 旧▼智力

●機知《キチ》・旧知《キュウチ》・察知《サッチ》・衆知《シュウチ》・熟知《ジュクチ》・承知《ショウチ》・探知《タンチ》・未知《ミチ》

矢4 【矧】 9画 3974 77E7 音 シン漢 訓 はぎ・は-ぐ

意味 〔助字〕「いわんや…(をや)」と読み、まして…(はなおさらだ)、の意をあらわす。

日本語での用法《はぎ・はぐ》タケに羽根をつけて矢を作る。「矢《や》を矧《は》ぐ・矢矧川《やはぎがわ》」

矢5 【矩】 10画 2275 77E9 人名 音 ク漢呉 訓 さしがね・かねざし・のり

矢5 【矩】 10画

なりたち  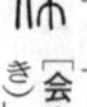 [会意]「巨(=ものさしを持つ)」と、「木(=き)」と「矢(=ただしい)」とから成る。正しいものさし。

意味 ❶直角や四角形をえがく定規。さしがね。かねざし。例規矩《キク》。❷四角形。例矩形《クケイ》。❸手本。きまり。のり。例不レ踰レ矩《のりをこえず》。〈論語《ロンゴ》〉

日本語での用法《のり》寸法。「内矩《うちのり》・外矩《そとのり》」

人名 かど・かね・ただし・ただす・つね

【矩形《クケイ》】すべての角が直角の四辺形。長方形。

【矩墨《クボク》】①さしがねと墨《すみ》なわ。矩縄《クジョウ》。②ものごとの基準になるもの。法則。

【矩《のり》を▼踰《こ》えず】道徳が身についていて、自由にふるまっても、人の道からはずれない。〈論語《ロンゴ》〉

矢5 【矩】 10画 ⇩【矩】《ク》(712ページ)

矢7 【短】 12画 3527 77ED 教育3 音 タン漢呉 訓 みじか-い

筆順 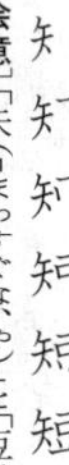

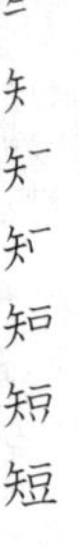

なりたち 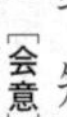  [会意]「矢(=まっすぐな、や)」と「豆《トウ》→《タン》(=柄《え》がまっすぐな、たかつき)」とから成る。長くない。

意味 ❶長さや時間などが、みじかい。対長《チョウ》。例短刀《タントウ》。短命《タンメイ》。❷足りない。とぼしい。おとっている。また、欠点。あやまち。例短見《タンケン》。短所《タンショ》。

【短音《タンオン》】長音に対して、短くひびく音。「アー」に対する「ア」など。対長音。

【短音階《タンオンカイ》】西洋音楽で、ラを主音としてラシドレミファソラであらわされる音階。重々しくさびしい感じがする。対長音階。

【短歌《タンカ》】和歌の形式の一つ。五・七・五・七・七の三十一音からなる歌。みそひともじ。〔ふつう、和歌といえば短歌を指す〕対長歌。

【短気《タンキ》】(名・形動ダナ)気が短いこと。気みじか。せっかち。おこりっぽいこと。例—を起こす。—は損気。

【短期《タンキ》】短い期間。対長期。例—決戦。

【短▼軀《タンク》】背たけが低いこと。短身。対長軀・長身。

【短靴《タンぐつ》】足首までの浅い靴《くつ》。対長靴。

【短径《タンケイ》】だ円形の、短いほうの径。短軸《タンジク》。対長径。

【短計《タンケイ》】あさはかな、まずい計略。拙策《セッサク》。

【短見《タンケン》】あさはかな考え。目先だけの意見。浅見。

【短剣《タンケン》】短いつるぎ。短刀。対長剣。

【短才《タンサイ》】①才能のとぼしいこと。また、その人。非才。鈍才《ドンサイ》。②自分の才能をへりくだっていうことば。例浅学—。

【短冊《タンザク—タンジャク》】①和歌や俳句などを書いたり、ものに結びつけたりするための細長い厚紙。②字を書いたりするための細長い紙。例五色《ゴシキ》の—。③細長い形。短冊形。例—に切る。表記 ▽「短▽尺」とも書く。

【短時日《タンジジツ》】わずかの日数。短い期間。例—ですませる。

【短日《タンジツ》】①昼の時間の短い冬の日。②わずかな日数。短時日。▽対長日。

【短日月《タンジツゲツ》】わずかな月日。短い期間。

【短銃《タンジュウ》】ピストル。拳銃《ケンジュウ》。

【短縮《タンシュク》】(名・する)時間・距離《キョリ》・規模《キボ》などが短く縮まること。また、短く縮めること。対延長。例—授業。

【短所《タンショ》】おとっているところ。欠点。対長所。

【短小《タンショウ》】(名・形動ダナ)①短くて小さいこと。②背たけが低く、小さいこと。例—だが精悍《セイカン》な男性。▽対長大。

【短身《タンシン》】背たけが低いこと。短軀《タンク》。対長身。

【短針《タンシン》】時計で、短いほうの針。時針《ジシン》。対長針。

【短長《タンチョウ》】①短いことと長いこと。長短。②短所と長所。③短命と長命。

【短調《タンチョウ》】短音階で作られた曲。また、その調子。対長調。例イ—。

【短刀《タントウ》】短い刀。あいくち。短剣《タンケン》。懐剣《カイケン》。対長刀。

【短波《タンパ》】慣用的な電波区分の一つ。波長が一〇—一〇〇メートル、周波数で三—三〇メガヘルツの電波。遠距離《エンキョリ》通信・海外放送などに用いる。対長波。例—放送。

【短評《タンピョウ》】短い批評。寸評。例—を寄せる。

【短文《タンブン》】短い文。また、短い文章。対長文。例—を作る。

【短兵急《タンペイキュウ》】(形動ダナ)〔「兵」は、武器の意。刀剣《トウケン》などの

短い武器をふるって、いきなり敵にせまることから」急なようす。だしぬけ。にわかに事をおこなうようす。例 —にせめたてる。

【短編】《タンペン》 随筆《ズイヒツ》・評論・詩歌《シイカ》・小説・映画などで短いもの。対 中編・長編。例 珠玉《シュギョク》の—集。表記 旧 短▼篇

【短命】《タンメイ》(名・形動《ダナ》) ①寿命《ジュミョウ》が短いこと。若いうちに死ぬこと。若死に。例 —に終わる。②組織や人気などが、長続きしないこと。例 —内閣。▽対 長命。

【短夜】《タンヤ》 (夏の)短い夜。みじかよ。対 長夜。

【短絡】《タンラク》(名・する) ①電気回線などの、ショート。例 回路が—する。②すじみちをよく考えず、ものごとを簡単に関連づけること。例 とちゅうのだいじなところで—した論。

【短慮】《タンリョ》(名・形動《ダナ》) ①気が短いこと。短気。例 —一徹《イッテツ》。②考えのあさはかなこと。浅慮《センリョ》。例 —な計画。

○● 一長一短《イッチョウイッタン》・最短《サイタン》・長短《チョウタン》

矢 8

【矮】

13画 6668 77EE

音 ワイ 慣 アイ 漢
訓 ひく-い

意味 背たけがひくい。高くない。ひくい。例 矮軀《ワイク》。矮小《ワイショウ》。

【矮▼軀】《ワイク》 背の低いからだ。短身。短軀。

【矮小】《ワイショウ》(名・形動《ダナ》) 背たけが低くて、小さいこと。

【矮性】《ワイセイ》 植物などが、大きく育たない性質。例 —のチューリップの球根。

矢 12

【矯】

17画 2226 77EF 常用

音 キョウ 漢 呉
訓 た-める・いつわ-る

筆順 矯

なりたち [形声]「矢(=や)」と、音「喬《キョウ》」とから成る。矢をまっすぐにする。

意味 ❶まがったものをまっすぐにする。悪いものをただす。ためる。例 矯正《キョウセイ》。矯風《キョウフウ》。❷うわべをかざる。いつわる。❸つよい。いさましい。はげしい。例 奇矯《キキョウ》(=奇抜《キバツ》)。

人名 いさみ・いさむ・たかし・たけし・ただ・ただし・つよし

【矯激】《キョウゲキ》 思想や言動が、並はずれてはげしいこと。例 —に走る。

【矯正】《キョウセイ》(名・する) (悪習や欠点を)改め正すこと。是正《ゼセイ》。例 —視力。歯列を—する。

【矯風】《キョウフウ》 悪い風俗《フウゾク》を改めなおすこと。

112 5画 石 いし いしへん 部

がけ下のいしの形をあらわす。「石」をもとにしてできている漢字を集めた。

0 石 3 矼 4 研 砂 砕 砌 砒 5 砥 砠 砧 破 砲 砿 砲 砺 6 硅 砦 研 7 硴 硯 硬 硝 硲 硫 硝 8 碍 碕 碁 碓 碇 碆 碚 硼 碌 碗 碎 碑 9 碣 磁 碩 碑 碧 磁 碵 碁 碯 10 磑 確 磆 磋 磔 碾 磐 磅 碼 磊 11 磬 磧 磨 磚 磨 12 磯 磽 礁 磴 磺 13 礇 礒 礎 礑 14 礪 礙 15 礬 礫 礦

石 0

【石】

5画 3248 77F3 教育1

音 コク・シャク 慣 セキ 漢 ジャク 呉
訓 いし

筆順 一 丆 不 石 石

なりたち [象形]「厂(=がけ)」の下にある「口(=いし)」の形。

意味 ❶岩の小さなかけら。いしころ。いし。例 石仏《セキブツ》。石塊《セッカイ》。石器《セッキ》。❷文字を刻んだ、いし。いしぶみ。例 石碑《セキヒ》。刻石《コクセキ》。❸石製の打楽器。例 石磬《セッケイ》。❹治療《チリョウ》に使ういしばり。例 薬石《ヤクセキ》。❺鉱物。また、それを加工したもの。例 鉱石《コウセキ》。宝石《ホウセキ》。❻人体の特定の部位にできる小粒《こつぶ》のかたく固まった物質。いし。例 結石《ケッセキ》。胆石《タンセキ》。❼価値のないもののたとえ。例 瓦石《ガセキ》。玉石混交《ギョクセキコンコウ》。❽大きい。同 碩《セキ》。❾容量の単位。一石《イッコク》は十斗《ト》。

日本語での用法 一《コク》①容量の単位。十斗《ト》(=約一八〇リットル)。「米《こめ》一石《イッコク》」②大名《ダイミョウ》の知行高《チギョウだか》や、武士の俸禄高《ホウロクだか》をいう単位。「加賀《かが》百万石《ヒャクマンゴク》・禄高《ロクだか》百石《ヒャッコク》」③和船の積載量《セキサイリョウ》の単位。十立方尺(=約〇・二七八立方メートル)。「千石船《センゴクぶね》」 二《セキ》①旧国名「石見《いわみ》(=今の島根県西部)」の略。「石州《セキシュウ》」②囲碁《ゴイ》に用いる、いし。ごいし。「定石《ジョウセキ》・布石《フセキ》」 三《いし》①じゃんけんで、手の五指を全部まげて、にぎった形のもの。ぐう。「石《いし》を出《だ》す」②かたいもののたとえ。「石頭《いしあたま》・石仏《いしぼとけ》・石部金吉《いしべキンキチ》」

難読 石清水《いわしみず》・石蘭《つわぶき》・石竹《なでしこ》・石決明《あわび》・石首魚《ぐち・いしもち》・石斑魚《あいなめ》

人名 あつ・あつし・いそ・いわ・かた・かたし・し

【石頭】《いしあたま》 ①石のようにかたい頭。②ゆうずうがきかず、ものわかりの悪いこと。また、その人。

【石《いし》に▼漱《くちすす》ぎ流《なが》れに枕《まくら》す】 川の石で口をすすぎ、流れを枕にしてねる。こじつけの説をかざした、負けおしみの強いことのたとえ。漱石枕流《ソウセキチンリュウ》。枕流漱石《チンリュウソウセキ》。〔夏目漱石の号は、ここからとったもので、みずからを頑固《ガンコ》者だとする自負や自嘲《ジチョウ》がこめられている〕

故事のはなし 西晋《セイシン》の孫楚《ソンソ》という人が、世をのがれて山野にかくれ住もうとし、「石に枕《まくら》し(=石を枕としてねる)、流れに漱《くちすす》ぐ(=川の流れで口をすすぐ)生活をしようと思う」と言うべきところを、まちがえて「石で漱ぎ、流れに枕する」と言ってしまった。誤りを指摘《シテキ》されると、「石で漱ぐのは歯をみがくため、流れに枕するのは俗世間《ゾクセケン》のけがらわしいことを聞いた耳を洗うため」とこじつけて誤りを認めようとしなかった。〈晋書《シンジョ》〉

【石《いし》に立《た》つ矢《や》】 何ごとも必死の気持ちで心をこめておこなえば、りっぱになしとげられることのたとえ。石にあたりてやじりを没《ボッ》す。〔前漢の李広《リコウ》将軍が狩《か》りをしたとき、草の中の石をトラと見誤って弓で射たら、矢じりが全部石につきささったという故事による〕〈史記《シキ》〉

【石見】《いわみ》 旧国名の一つ。今の島根県西部。石州《セキシュウ》。

【石高】《コクだか》 ①穀物の生産量。②江戸《えど》時代、武士が給料としてもらった米の量。

【石南▽花】《シャクナゲ》 ツツジ科の常緑低木。葉は革質で光沢《コウタク》が

あり、初夏にうすべに色の花がさく。表記「石▼楠▽花」とも書く。

【石英《セキエイ》】硅素《ケイソ》と酸素の化合物で、ガラスや陶磁器《トウジキ》の原料とする。

【石画《セキカク》】〔「石」は大きい、「画」は策略の意〕大きなはかりごと・計画。例―の臣(＝危機からのがれるための、巧妙《コウミョウ》な策を練る家来《ケライ》)。

【石材《セキザイ》】建築や土木、また、彫刻《チョウコク》などの材料とする石。

【石室《セキシツ》】①石で造った部屋。いしむろ。いわや。②古墳《コフン》の内部にある、棺《カン》や副葬品《フクソウヒン》などを入れた石の部屋。

【石女《セキジョ―うまずめ》】子ができない体質の女性。石婦《セキフ》。

【石▼鏃《セキゾク》】石で作った矢じり。

【石炭《セキタン》】地質時代の植物が、地圧や地熱によって炭化してできた、可燃性の岩石。燃料や化学工業の原料とする。

【石柱《セキチュウ》】石で造った柱。

【石塔《セキトウ》】①石で造った塔。②墓石。

【石版《セキバン》】「石版印刷」の略。平版《ヘイハン》印刷の一種で、板状の石灰石《セッカイセキ》の表面に文字や絵などをかいて印刷するもの。また、その板状の石。例―画。―刷《ず》り。

【石盤《セキバン》】①昔の学用品の一つ。黒色の粘板岩《ネンバンガン》をうすい板にして、石筆《セキヒツ》で絵や文字をかき、布で消して、なんどでも使えた。②スレート。

【石碑《セキヒ》】①記念のことばなどを刻んで建てた石。いしぶみ。②墓石。石塔《セキトウ》。

【石▼斧《セキフ》】おのの形をした石器。武器・工具・農具などに用いられた。

【石仏《セキブツ―いしぼとけ》】①石で造った仏像。②岩壁《ガンペキ》などにほりつけた仏像。類磨崖仏《マガイブツ》。

【石綿《セキメン―いしわた》】蛇紋岩《ジャモンガン》などがわたのように繊維《センイ》状に変化したもの。アスベスト。

【石油《セキユ》】①地下からわき出る炭化水素の混合物。黒くどろどろしたあぶらで、燃料や石油化学工業の原料とする。原油。②「①」を精製して得られる重油・軽油・灯油・ガソリンなどをまとめていうことば。③灯油。例―ストーブ。

【石火《セッカ》】①火打ち石を打つときに出る火。②一瞬《イッシュン》のごく短い時間や、すばやい動作のたとえ。例電光―。

【石灰《セッカイ》】生《セイ》石灰(＝酸化カルシウム)や消《ショウ》石灰(＝水酸化カルシウム)をまとめていうことば。例―水《スイ》。―石《セキ》。

【石塊《セッカイ》】石のかたまり。いしころ。

[石部] 3―4画 ● 矼 研 砂

【石棺《セッカン》】石で造った棺桶《カンおけ》。日本では古墳《コフン》時代に用いられた。例舟形《ふながた》―。

【石器《セッキ》】先史時代に作られた道具。石鏃《セキゾク》・石斧《セキフ》など。例―時代。打製―。

【石窟《セックツ》】岩山をほってつくったほらあな。いわあな。いわや。例―寺院。

【石▼磬《セッケイ》】「へ」の字の形の石をつりさげて打ち鳴らす楽器。一つだけのものと、大小いくつかをつらねたものとがある。→【磬】《ケイ》(720ページ)

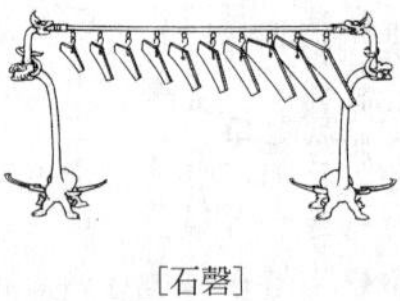

[石磬]

【石▼鹸《セッケン》】よごれを落とすのに使う洗浄剤《センジョウザイ》。ソープ。シャボン。例粉《こな》―。化粧《ケショウ》―。洗顔《センガン》―。

【石工《セッコウ―いしク》】石を切り出したり、細工や加工をしたりする人。

【石▼膏《セッコウ》】天然に産する硫酸《リュウサン》カルシウムの結晶。セメントに混入したり、建築材料としたりするほか、熱して焼き石膏として塑像《ソゾウ》などにも用いる。

【石刻《セッコク》】①石に文字や絵などを彫刻《チョウコク》すること。また、その彫刻。②石版などによる印刷。

●化石《カセキ》・岩石《ガンセキ》・玉石《ギョクセキ》・碁石《ゴいし》・試金石《シキンセキ》・磁石《ジシャク》・投石《トウセキ》・墓石《ボセキ》・木石《ボクセキ》・落石《ラクセキ》

石 3

【矼】

8画 6669 77FC

音コウ漢 訓いしばし

意味 ❶川の瀬《せ》をわたるために、水面上に出して歩けるように置かれた、ふみ石。とびいし。また、石でつくった橋。いしばし。例石矼《セッコウ》(＝川に置かれたふみ石。また、いしばし)。❷誠実なようす。気まじめなようす。

石 4

【研】

9画 2406 7814 教育3

音ケン慣ゲン漢 訓と-ぐ・みが-く

石 6

【硏】

11画 1-8903 784F

筆順 一 ア 不 石 石 石 矸 研

なりたち  [形声]「石(＝いし)」と、音「幵《ケン→ゲン》」とから成る。石でものをとぐ。

意味 ❶石でこする。とぐ。みがく。例研磨《ケンマ》。❷深く調べる。きわめる。例研究《ケンキュウ》。研鑽《ケンサン》。❸すずり。同硯《ケン》。例研北《ケンポク》。

人名 あき・あきら・きし・きよ・みがき・よし

【研学《ケンガク》】(名・する)学問をますます深めること。

【研究《ケンキュウ》】(名・する)深く考え調べて、真理を明らかにすること。例―発表。―所。

【研削《ケンサク》】(名・する)砥石《といし》などで工作物の表面をけずってなめらかにすること。例―盤《バン》。―仕上げ。

【研▼鑽《ケンサン》】(名・する)学問などを深く研究し、ものごとの道理を調べきわめること。例―を積む。

【研修《ケンシュウ》】(名・する)学問や芸術・技術などで、必要な技能や知識を身につけるために、特別な学習や訓練をすること。例―期間。海外―。

【研北《ケンポク》】⇩【硯北】《ケンポク》(717ページ)

【研磨《ケンマ》】(名・する)①金属などをとぎみがくこと。例―機。宝石を―する。②学問や技術をみがいて、深めること。

表記 ▽「研摩」とも書く。

石 4

【砂】

9画 2629 7802 教育6

音サ漢シャ呉 訓すな・いさご 付表砂利《じゃり》

筆順 一 ア 不 石 石 石亅 石小 砂

なりたち [形声]「石(＝いし)」と、音「沙《サ》」の省略体とから成る。ごく細かいつぶ状の石の集まり。

意味 石の細かいつぶ。すな。同沙《サ》。例砂金《サキン》。砂漠《サバク》。土砂《ドシャ》。

難読 真砂《まさご》・高砂《たかさご》

【砂岩《サガン―シャガン》】石英や長石などのつぶが、水中にしずんで固まってできた岩石。建築用材などに用いる。

【砂丘《サキュウ》】風にふきよせられた砂がつくった小山。海岸や河口、砂漠《サバク》などに生じる。例鳥取《とっとり》の―。

【砂金《サキン―シャキン》】河床《カショウ》や海岸の砂や小石の中にまじって産出する、細かい金のつぶ。

【砂▼嘴《サシ―シャシ》】潮流や風に運ばれた土砂《ドシャ》が入り江《え》や湾口《ワンコウ》に堆積《タイセキ》して、鳥のくちばしのように海に細長くつき出たところ。三保《みほ》の松原《まつばら》や天橋立《あまのはしだて》など。

【砂上《サジョウ》の楼閣《ロウカク》】〔砂の上に建てられた高い建物の意から〕基礎《キソ》が不安定で、くずれやすいことやもののたとえ。

【砂▼塵《サジン》】すなぼこり。すなけむり。例—をまき上げる。

【砂州《サす》】砂嘴《サシ》がのびて入り江《え》の対岸に達し、中に潟《かた》をつくるもの。表記 旧砂▼洲

【砂石《サセキ｜シャセキ》】①すなと、いし。すなや小石。②すな。まさご。

【砂鉄《サテツ》】河床《カショウ》や海底などにたまった、砂状になって産する磁鉄鉱のつぶ。

【砂糖《サトウ》】サトウキビやサトウダイコンなどからとる炭水化物の結晶《ケッショウ》。甘味《カンミ》調味料として使う。

【砂糖▼黍《サトウきび》】イネ科の常緑多年草。熱帯・亜《ア》熱帯地方で栽培《サイバイ》され、くきをしぼって砂糖を作る。甘蔗《カンショ》。

【砂▼嚢《サノウ》】①砂をつめたふくろ。防弾《ボウダン》や防水などに用いる。②鳥類の胃の一部。飲みこんだ砂などがはいっていて、食べたものをすりくだくはたらきをする。すなぎも。すなぶくろ。

【砂漠《サバク》】雨量が少なくて植物のほとんど育たない、砂や岩ばかりの広大な土地。例ゴビ—。表記「沙漠」とも書く。

【砂防《サボウ》】山や海岸・河岸などの土砂《ドシャ》が、くずれたり移動したり流出したりするのを、ふせぐこと。例—工事。—ダム。

【砂▼礫《サレキ｜シャレキ》】〔「礫」は、小石・つぶての意〕すなと小石。

【砂利《じゃり》】①岩石の細かくくだけたもの。小石。②子供。〔劇場などで、見物客のうちの子供を指す隠語《インゴ》から〕

【砂嵐《すなあらし》】砂をふくんだ、はげしいあらし。

【砂絵《すなエ》】①大道の見せ物の一種。手ににぎった砂を少しずつこぼして、（地上に）字や絵をかく芸。砂書き。②色のついた砂を使って、のりのついた紙などにかいた字や絵。

【砂子《すなご》】金や銀の粉を、まき絵や色紙《シキシ》・ふすま紙などにふきつけたもの。また、その粉。例金《キン》—。

【砂時計《すなどけい》】中央部のくびれたガラスのうつわの中に一定量の砂を入れて、細い部分から少しずつ下部に落とし、その分量によって時間をはかる装置。

【砂場《すなば》】砂を入れた、子供の遊び場。

【砂山《すなやま》】砂でできた小高い山。砂丘《サキュウ》。

●金剛砂《コンゴウシャ》・土砂《ドシャ》

石 4

【砕】

9画 2653 7815 常用 音 サイ漢呉 訓 くだ-く・くだ-ける

筆順 一 丆 不 石 矿 矹 砬 砕

石 8

【碎】

13画 6676 788E 人名

たちなり 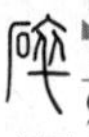 [形声]「石（=いし）」と、音「卒《ソツ→サイ》」とから成る。こなごなにくだく。

意味 ❶こなごなにする。くだく。くだける。例 砕氷《サイヒョウ》。玉砕《ギョクサイ》。粉砕《フンサイ》。❷敵をうちやぶる。くじく。❸こまごまとしてわずらわしい。例 煩砕《ハンサイ》。

【砕鉱《サイコウ》】（名・する）鉱石をくだいて、必要な鉱物の成分の多いつぶを分離《ブンリ》すること。例—機。

【砕身《サイシン》】（名・する）（身をくだいて粉にするほど）一心に働くこと。力の限り努力すること。例粉骨—する。

【砕石《サイセキ》】（名・する）岩石をくだくこと。また、くだいた岩石。

【砕破《サイハ》】（名・する）①くだき、やぶること。破砕。②こわれること。表記▽「▼摧破」とも書く。

【砕氷《サイヒョウ》】（名・する）氷をくだくこと。例—船。

【砕片《サイヘン》】くだけたかけら。破片。

●玉砕《ギョクサイ》・破砕《ハサイ》・粉砕《フンサイ》

石 4

【砌】

9画 6670 780C 音 セイ漢 サイ呉 訓 みぎり

意味 階段や軒下《のきした》の、石をしきつめたところ。石だたみ。例 苔砌《タイセイ》（=こけむした石だたみ）。

日本語での用法《みぎり》「…の折。…のころ。「暑《あつ》さの砌《みぎり》・幼少《ヨウショウ》の砌《みぎり》」

石 4

【砒】

9画 6671 7812 音 ヒ漢 ヘイ漢

意味 元素の一つ。砒素《ヒソ》。また、それをふくむ鉱物。有毒。

石 5

【砥】

10画 3754 7825 人名 音 シ漢 テイ漢 訓 と・といし・と-ぐ

厂 5

【厎】

7画 — 538E 本字

意味 ❶刃物《はもの》をとぐ、なめらかな石。と。といし。例 砥石《といし》。❷とぐ。みがく。また、みがき、きたえる。例 砥礪《シレイ》。

【砥▼礪《シレイ》】〔「礪」は、きめのあらいといしの意〕㊀（名）といし。㊁（名・する）①とぎ、みがくこと。学問を高め修養をつむこと。②つとめはげむこと。表記▽「砥▼厲」とも書く。

【砥石《といし》】刃物《はもの》や石材などの面をとぐ石。

●青砥《あおと》・荒砥《あらと》

石 5

【砠】

10画 6673 7820 音 ショ漢 訓 いしやま

意味 土におおわれた石山。いしやま。また、岩をいただく土山。

同 岨《ショ》。

石 5

【砧】

10画 2146 7827 人名 音 チン漢 訓 きぬた

石 9

【碪】

14画 6684 78AA 別体字

意味 ❶木づちで布を打って、つやを出したり、やわらかくしたりするのに使う石の台。きぬた。例 砧声《チンセイ》（=きぬたを打つ音）。❷わらや鉄などをのせて打つ台。例 鉄砧《テッチン》。

人名 おと・きぬ

石 5

【破】

10画 3943 7834 教育5 音 ハ漢呉 訓 やぶ-る・やぶ-れる

筆順 一 丆 石 矿 矿 破 破

たちなり  [形声]「石（=いし）」と、音「皮《ヒ→ハ》」とから成る。石がくだける。

意味 ❶こわす。やぶる。こわれる。やぶれる。例 破壊《ハカイ》。破棄《ハキ》。❷そこなう。だめにする。だめになる。例 破局《ハキョク》。破産《ハサン》。❸敵を負かす。うちやぶる。例 打破《ダハ》。撃破《ゲキハ》。❹わくをこえる。はみ出す。例 破格《ハカク》。破廉恥《ハレンチ》。❺やりとげる。しつくす。例 踏破《トウハ》。読破《ドクハ》。❻舞楽《ブガク》や能楽などで、楽曲の調子や演出の構成要素の一つ。変化の多い展開部。例 序破急《ジョハキュウ》。

使い分け やぶれる【破・敗】⇩1181ページ

難読 破《や》れ・破子《わりご》・破籠《わりご》

【▽破▽落▽戸《ごろつき》】盛《さか》り場などをうろついて悪事をする、ならず者。世の中のあぶれ者。無頼漢《ブライカン》。

【破屋《ハオク》】あれ果てた家。こわれた家。あばらや。類 廃屋《ハイオク》。

【破▼瓜《ハカ》】〔「瓜」の字を縦に二つに分けると八が二つになるところから〕①（八の二倍で）女子の十六歳《サイ》のこと。例—期（=女子の思春期）。②（八の八倍で）男子の六十四歳のこと。③処女膜《ショジョマク》のやぶれること。

【破戒《ハカイ》】〔仏〕宗教上の戒律をやぶること。対 持戒。例—

僧《ソウ》。

【破壊】《ハカイ》（名・する）こわすこと。こわれること。㊉建設。例—力。建物を—する。

【破格】《ハカク》（名・形動《ダナ》）①社会がふつうに認める格式や決まりにはずれること。特別。格別。例—の待遇《タイグウ》を受ける。②詩や文章で、ふつうの決まりにはずれること。例—の表現。

【破顔】《ハガン》（名・する）緊張《キンチョウ》をゆるめ、顔の表情をやわらげて笑うこと。にっこりとほほえむこと。例—一笑《イッショウ》。

【破棄】《ハキ》（名・する）①やぶりすてること。②取り消すこと。例原判決を—する。婚約《コンヤク》を—する。表記▽「破毀」とも書く。

【破毀】《ハキ》「破棄《ハキ》」に同じ。

【破却】《ハキャク》（名・する）やぶりすてること。

【破鏡】《ハキョウ》①こわれた鏡。②夫婦《フウフ》別れ。離婚《リコン》。〔昔、中国で、はなれて暮らす夫婦が鏡を二つに割ってそれを分け、再会のときの証明としたが、妻が不義をはたらいたために鏡の一方がカササギとなって夫のもとへ飛んで行き、離縁《リエン》になったという故事による〕〈神異教《シンイキョウ》〉例—の嘆《タン》。—再び照らさず。③欠けて円くない月。片割れ月。

【破局】《ハキョク》行きづまって事がやぶれること。悲劇的な結末。終局の悲劇。例—をむかえる。

【破獄】《ハゴク》（名・する）囚人《シュウジン》が牢獄《ロウゴク》から脱走《ダッソウ》すること。牢やぶり。脱獄。破牢。

【破婚】《ハコン》（名・する）①婚約を破棄《ハキ》すること。②結婚生活に失敗すること。離婚《リコン》。例—のうき目を見る。

【破砕】《ハサイ》（名・する）やぶれ、くだけること。やぶり、くだくこと。砕破。例鉱石を—する。表記㊐破▼摧

【破擦音】《ハサツオン》音声学で、破裂《ハレツ》音と摩擦《マサツ》音の両方の性質をもつ音。[ts(ツ)][tʃ(チ)]など。

【破産】《ハサン》（名・する）①財産をすべて失うこと。例家が—する。②〔法〕債務者《サイムシャ》が負債をしはらうことができない状態になったとき、すべての財産を債権者に対して公平に弁済させるようにする、裁判上の手続き。例—宣告。

【破算】《ハサン》〔「ご破算」の形で使い、「ゴワサン」とも〕①そろばんで、たまをはらってゼロにもどし、新しい計算の姿勢をとること。例ご—で願いましては。②予定の計画を白紙にもどすこと。例ご—にする。

【破邪顕正】《ハジャケンショウ》〔仏〕邪道や邪説を打ちやぶって、正道を広めること。例—を主張する論説。

［石部］5画 砲

【破傷風】《ハショウフウ》きず口から体内にはいる破傷風菌《キン》のために起こる伝染病《デンセンビョウ》。高熱をともない、からだの硬直《コウチョク》やけいれんを起こす。

【破色】《ハショク》原色に、白または灰色を少量くわえた色。

【破水】《ハスイ》（名・する）出産のとき、またはその前に、羊膜《ヨウマク》がやぶれて羊水が出ること。また、その羊水。

【破船】《ハセン》暴風雨などのために船がこわれること。また、こわれた船。難破船《ナンパセン》。

【破線】《ハセン》等しい間隔《カンカク》に切れ目を入れた線。あらい点線。㊉実線。

【破損】《ハソン》（名・する）ものがこわれること。また、ものをこわすこと。例窓ガラスを—する。

【破綻】《ハタン》（名・する）①（着物が）やぶれほころびること。②事がうまく運ばなくなること。失敗すること。例—をきたす。

【破談】《ハダン》決まっていた相談や縁談《エンダン》を取り消すこと。例縁組みが—になる。

【破竹の勢い】《ハチクのいきおい》〔タケは最初の節《ふし》を割ると、あとは簡単に割れることから〕勢いの激しいこと。「刃《やいば》を迎《むか》えて解《と》く」とも。〈晋書《シンジョ》〉例—で進撃《シンゲキ》する。

【破調】《ハチョウ》①調子が乱れること。②音楽や詩で、リズムや音数の決まりを、とちゅうでやぶること。

【破天荒】《ハテンコウ》（名・形動《ダナ》）今までにだれも成しえなかったことをすること。未曽有《ミゾウ》。〔唐《トウ》代、荊州《ケイシュウ》からは進士の合格者が出ないため「天荒(＝文明未開の荒地)」といわれていたが、劉蛻《リュウゼイ》が初めて合格し、天荒を破ったと言われたことから〕〈北夢瑣言《ホクムサゲン》〉例—の大事業。

【破風】《ハフ》日本建築で、切り妻屋根の両側につけた山形のかざり板。表記「▼搏風」とも書く。

【破片】《ハヘン》こわれたもののかけら。例ガラスの—。

【破帽】《ハボウ》やぶれた帽子。例弊衣《ヘイイ》—(＝旧制高校の学生を象徴《ショウチョウ》する粗野《ソヤ》な服装)。

【破魔】《ハマ》①〔仏〕悪魔や煩悩《ボンノウ》を打ちやぶること。②わら縄《なわ》を輪に組んだ、破魔弓の的。

【破魔矢】《ハマや》破魔弓の矢。

【破魔弓】《ハマゆみ》①昔、正月に悪魔を射るといって男の子が遊んだ弓。②棟上《むねあ》げ式のとき屋根にかざって、魔よけとする弓。

【破目】《ハめ》行きづまって困った場合や事態。例とんだ—になる。表記「羽目」とも書く。

【破滅】《ハメツ》（名・する）やぶれ、ほろびること。例身の—。

【破門】《ハモン》（名・する）①門人としての取りあつかいをやめること。一門から除名すること。例—になる。②信者を宗門から除名すること。例異端《イタン》として—された。

【破約】《ハヤク》（名・する）約束をやぶること。契約《ケイヤク》を取り消すこと。

【破倫】《ハリン》人としての道をふみはずすこと。

【破裂】《ハレツ》（名・する）①やぶれさけること。例水道管が—した。②相談がまとまらないこと。決裂。例談判が—する。

【破裂音】《ハレツオン》音声学で、くちびるを閉じたり舌を口蓋《コウガイ》につけたりして、呼気を止めたのち急に発する音声。[b][d][g]の有声音と、[p][t][k]の無声音がある。

【破廉恥】《ハレンチ》（名・形動《ダナ》）はじをはじとも思わないこと。はじ知らず。厚顔無恥《コウガンムチ》。例—罪。—な言動。

【破▼牢】《ハロウ》（名・する）牢をやぶってにげること。牢やぶり。脱獄《ダツゴク》。破獄。

●看破《カンパ》・走破《ソウハ》・突破《トッパ》・難破《ナンパ》・爆破《バクハ》・発破《ハッパ》

石 5

【砲】

10画
4304
7832
常用
音 ホウ 漢
訓 つつ・おおづつ

筆順
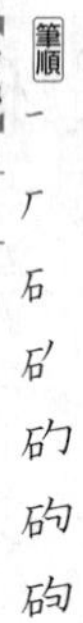

石 5

【砲】10画

なりたち［形声］「石(＝いし)」と、音「包《ホウ》」とから成る。石を発射する武器。

意味 ❶石をはじき飛ばす古代の武器。いしゆみ。❷火薬を用いて弾丸《ダンガン》を遠くに飛ばす兵器。つつ。おおづつ。例砲火。大砲《タイホウ》。鉄砲《テッポウ》。

【砲煙】《ホウエン》火砲を発射するときに出るけむり。例—をあげる。

【砲煙弾雨】《ホウエンダンウ》火砲のけむりがあたり一面にたちこめ、弾丸が雨のように降ること。激しい戦場のようす。

【砲火】《ホウカ》大砲をうつときに出る火。例—を交える(＝交戦する)。

【砲架】《ホウカ》大砲の砲身をのせた台。

【砲艦】《ホウカン》主として海岸や河川《カセン》を警備する、小型の軍艦。

【砲丸】《ホウガン》①大砲のたま。砲弾《ホウダン》。②陸上競技の砲丸投げに使う金属のたま。

【砲撃】《ホウゲキ》（名・する）大砲をうって敵をせめること。

【砲口《ホウコウ》】「砲門」に同じ。

【砲座《ホウザ》】大砲をすえつける台。また、すえつける場所。

【砲車《ホウシャ》】大砲をのせた車両。

【砲術《ホウジュツ》】大砲を使う技術。

【砲身《ホウシン》】大砲の、弾丸《ダンガン》をつめて発射する、つつ状の部分。

【砲声《ホウセイ》】大砲をうつ音。[例]—が鳴りやまない。

【砲台《ホウダイ》】大砲や兵士を敵の攻撃《コウゲキ》から守り、敵に向かっては大砲をうちやすいように築いた陣地《ジンチ》。

【砲弾《ホウダン》】大砲の弾丸。砲丸。

【砲塔《ホウトウ》】要塞《ヨウサイ》や軍艦《グンカン》などで、大砲や兵士を守るために、そのまわりを厚い鋼鉄で囲んだ設備。

【砲兵《ホウヘイ》】大砲を使用して戦闘《セントウ》する兵隊。

【砲門《ホウモン》】①砲弾を発射する大砲のつつ先。砲口。[例]—を開く(=砲撃《ホウゲキ》を始める)。②軍艦《グンカン》や要塞《ヨウサイ》の障壁《ショウヘキ》などに設けた射撃《シャゲキ》用の穴。砲眼。

【砲列《ホウレツ》】大砲を、うつ態勢に横の一線に並べた隊形。放列。[例]—をしく。
●火砲《カホウ》・号砲《ゴウホウ》・銃砲《ジュウホウ》・祝砲《シュクホウ》・弔砲《チョウホウ》・発砲《ハッポウ》・礼砲《レイホウ》

石5 【砿】10画 ⇩【鉱】《コウ》(1007ページ)

石5 【砲】10画 ⇩【砲】《ホウ》(716ページ)

石5 【砺】10画 ⇩【礪】《レイ》(721ページ)

石6 【硅】11画 6675 7845 [音]ケイ(慣)カク(漢)
[意味] ❶やぶる。❷非金属元素の一つ。硅素《ケイソ》。

石6 【砦】11画 2654 7826 [人名] [音]サイ(漢) [訓]とりで
[意味] 敵の侵入《シンニュウ》を防ぐために、さくをめぐらして作ったとりで。[例]城砦《ジョウサイ》。要砦《ヨウサイ》。

石6 【研】11画 ⇩【研】《ケン》(714ページ)

石7 【硴】12画 6677 7874 [国字] [訓]かき
[参考] 海産の二枚貝「カキ」にあてた熟字「石花」を、一字に合わせた字。
[意味] 人名・地名に用いられる字。[例]硴江《かきのえ》(=熊本《くまもと》県の地名)。

石7 【硯】12画 2407 786F [人名] [音]ケン(慣)ゲン(漢) [訓]すずり
[意味] 墨《すみ》をする道具。すずり。[例]硯北《ケンポク》。筆硯《ヒッケン》。

【硯材《ケンザイ》】すずりを作る材料となる石。

【硯池《ケンチ》】すずりの、水をためておくくぼみ。すずりの海。硯海《ケンカイ》。墨池《ボクチ》。

【硯滴《ケンテキ》】①すずりに垂らす水。すずりの水。②すずりに水を差す小さなうつわ。水差し。水滴。

【硯田《ケンデン》】小説・随筆《ズイヒツ》・評論を書くなど、文筆《ブンピツ》で生活すること。

【硯北《ケンポク》】〔書斎《ショサイ》で机を南向きに置き、すずりをのせると、あるじはその北側にすわることから〕手紙のあて名のわき付けとし、相手に敬意をあらわすことば。[表記]「研北」とも書く。


石7 【硬】12画 2537 786C [常用] [音]コウ(慣)ゴウ(漢) [訓]かた-い
[筆順] ア 不 石 石一 石丙 石百 石更 硬
[なりたち] [形声]「石(=いし)」と、音「更《コウ》→ゴウ」とから成る。かたい。

[意味] ❶かたい。[例]硬度《コウド》。硬軟《コウナン》。❷(意志が)つよい。[例]硬骨漢《コウコツカン》。強硬《キョウコウ》。❸(文章などが)かたくるしくて練れていない。[例]生硬《セイコウ》(=未熟《ミジュク》で、かたいこと)。

[使い分け] かたい【堅・固・硬】⇩1167ページ
[人名] かた・かたし
【硬化《コウカ》】(名・する)①ものがかたくなること。[例]動脈—。②意見や態度がかたくなになること。[例]相手の態度がますます—する。▽[対]軟化《ナンカ》。

【硬貨《コウカ》】①金属で鋳造《チュウゾウ》した貨幣《カヘイ》。金貨・銀貨など。[対]紙幣。②金と直接に交換《コウカン》できる通貨。③各国の通貨と交換できる通貨。交換可能通貨。

【硬球《コウキュウ》】野球・テニス・卓球《タッキュウ》で使う、重くてかたいボール。[対]軟球《ナンキュウ》。

【硬口蓋《コウコウガイ》】口腔《コウコウ》のなかの、口蓋の前半部。骨質で、厚い粘膜《ネンマク》におおわれている。

【硬骨《コウコツ》】[一](名)かたいほね。[対]軟骨《ナンコツ》。[二](名・形動ダナ)意志が強く、自分の主義主張を曲げない気質。気骨《キコツ》があること。[例]—の士。[表記]▽[旧]▼鯁骨
【硬骨漢《コウコツカン》】〔「漢」は、男の意〕気骨《キコツ》のある男子。意志が強く、主義主張を曲げない人。[表記][旧]▼鯁骨漢
【硬式《コウシキ》】野球・テニス・卓球《タッキュウ》などで、重くてかたいボールを使う方式。[対]軟式《ナンシキ》。

【硬質《コウシツ》】質のかたいこと。かたい性質。[対]軟質《ナンシツ》。[例]—陶器《トウキ》。—ガラス。

【硬水《コウスイ》】カルシウム塩やマグネシウム塩を多くふくむ水。[対]軟水《ナンスイ》。→【硬度《コウド》】

【硬性《コウセイ》】かたい性質。[対]軟性《ナンセイ》。[例]—憲法(=改正に、ふつうの法改正の場合より厳重な手続きを必要とする憲法)。

【硬直《コウチョク》】(名・する)からだなどが、こわばって自由に曲がらなくなること。強直。[例]緊張《キンチョウ》のあまり手足が—する。

【硬度《コウド》】①物質のかたさの度合い。とくに、金属や鉱物についていう。②水のなかにふくまれるカルシウム塩とマグネシウム塩の量をあらわした値《あたい》。比較《ヒカク》的それらが多い水を硬水、比較的少ない水を軟水《ナンスイ》という。

【硬軟《コウナン》】①かたいこととやわらかいこと。強硬と軟弱。[例]—自在。②硬派と軟派。

【硬派《コウハ》】①強硬な意見や思想をもつ党派。強硬派。②青少年で、異性との交遊にとくに関心をもたない者のなかま。また、格闘技《カクトウギ》などに興味をもち、実践《ジッセン》する者のなかま。[例]—を気取る。③新聞の政治・経済・社会制度関係の記事を担当する記者。▽[対]軟派《ナンパ》。

【硬筆《コウヒツ》】えんぴつ・ペン・ボールペンなど、先のかたい筆記具。[対]毛筆。[例]—習字。

【硬変《コウヘン》】(名・する)かたく変化すること。[例]肝《カン》—。

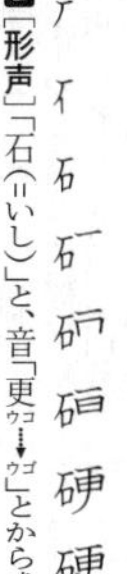

石7 【硝】12画 3043 785D [常用] [音]ショウ(漢)
[筆順] 丆 丆 石 石丨 石丷 石⺌ 硝 硝
[なりたち] [形声]「石(=いし)」と、音「肖《ショウ》」とから成る。火薬に用いられる鉱石。
[意味] 鉱石の名。火薬・肥料・ガラスの原料となる無色のガラス状の結晶《ケッショウ》。[例]硝煙《ショウエン》。硝石《ショウセキ》。

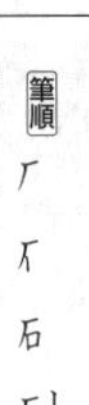

【硝煙《ショウエン》】火薬の爆発《バクハツ》や銃砲《ジュウホウ》の発射によって出るけむり。例 ―弾雨《ダンウ》(=火薬のけむりが立ちこめ、弾丸が雨のように飛ぶこと)。

【硝酸《ショウサン》】窒素《チッソ》化合物で、無色でにおいのはげしい液体。湿度《シツド》の高い空気中でけむりを出す。セルロイド・爆薬《バクヤク》・肥料などの原料となる。

【硝子《ショウシ》《ガラス》】珪砂《ケイシャ》・炭酸ソーダ・石灰石《セッカイセキ》などをまぜて、高温でとかし、冷やしたもの。

【硝石《ショウセキ》】硝酸カリウムのこと。無色または白色の結晶《ケッショウ》。火薬や肥料などの原料になる。

【硝薬《ショウヤク》】火薬。

石 7

【硲】 12画 4003 7872 音 ヨク(漢) 訓 はざま

意味 石のごろごろしている谷間。たにあい。はざま。

石 7

【硫】 12画 4618 786B 常用 音 リュウ(漢) ル(呉) 付表 硫黄《いおう》

筆順 一 丆 不 石 矿 矿 矿 硫

なりたち ［形声］「石(=いし)」と、音「流《リュウ》」の省略体とから成る。いおう。

意味 火山地帯に産する黄色の鉱物。火薬やマッチなどの原料となる。いおう。例 硫黄《いおう》。硫酸《リュウサン》。

【硫黄《いおう》】(「ゆおう」とも) 黄色い結晶《ケッショウ》の元素。青白いほのおを出して燃える。火薬・マッチ・医薬品の原料など、用途《ヨウト》が広い。元素記号 S

【硫安《リュウアン》】「硫酸アンモニウム」の略。水にとけやすい、無色透明《トウメイ》の結晶《ケッショウ》。肥料に用いる。

【硫化《リュウカ》】(名・する) 硫黄《いおう》と化合すること。例 ―水素。

【硫酸《リュウサン》】無色無臭《ムシュウ》で、ねばりけのある、強い酸性の液体。酸化力が大きく、化学工業で広く用いられる。

石 7

【硝】 12画 ⇨【硝《ショウ》】(717ページ)

石 8

【碍】 13画 1923 788D 音 ガイ(漢) ゲ(呉) 訓 さまた-げる

石14

［礙］ 19画 6708 7919 本字

意味 さえぎる。さまたげる。例 碍子《ガイシ》。障碍《ショウガイ》(=障害)。融通無碍《ユウズウムゲ》(=なにものにもとらわれず、自由である)。

参考 「碍」と「礙」とは、ほとんど同じように用いられるが、慣用で「碍子」は「礙子」とは書かない。

【碍子《ガイシ》】電線を架設《カセツ》するとき、絶縁《ゼツエン》用に使う陶磁器《トウジキ》やプラスチックなどの器具。

石 8

【碕】 13画 2676 7895 音 キ(漢) 訓 さき

意味 岸のつき出たところ。まがった岸。さき。例 碕岸《キガン》(=曲折する岸)。

石 8

【碁】 13画 2475 7881 常用 音 キ(漢) ゴ(呉)

筆順 一 艹 甘 甘 其 其 其 碁

なりたち ［形声］「石(=いし)」と、音「其《キ》」とから成る。ごいし。

参考 本字は「棊」。「棋」は別体字。

意味 白と黒の石を交互《コウゴ》に置いて相手の石や陣地《ジンチ》を取る遊び。ご。例 碁石《ゴいし》。碁盤《ゴバン》。囲碁《イゴ》。

【碁石《ゴいし》】碁を打つときに使う、平たい円形の小石。白百八十個、黒百八十一個でひと組み。

【碁敵《ゴがたき》】碁を打って遊ぶ相手。例 ―としてつきあう仲。

【碁▼笥《ゴけ》】白と黒の碁石を別々に入れておく、二つひと組みのいれもの。円形で、ふたがある。碁器。

【碁盤《ゴバン》】碁を打つのに使う方形の盤。縦横それぞれ十九本の線が引いてある。例 ―縞《じま》。―の目。

石 8

【碓】 13画 1716 7893 人名 音 タイ(漢)(呉) 訓 うす・からうす

意味 足や水力できねを動かし、穀物をつく道具。からうす。うす。例 碓声《タイセイ》(=からうすの音)。

難読 碓氷峠《うすいとうげ》

石 8

【碇】 13画 3686 7887 音 テイ(漢) 訓 いかり

意味 船のいかり。また、いかりをおろす。例 碇宿《テイシュク》(=いかりをおろして船がとまる)。碇泊《テイハク》。

【碇泊《テイハク》】(名・する) いかりをおろして船がとまること。碇宿。例 ―中の客船。表記 (現)停泊

石 8

【碆】 13画 6678 7886 音 ハ(漢) 訓 やさき

意味 いぐるみ(=糸つきの矢)に、石のやじりをつける。また、その石のやじり。

石 8

【碚】 13画 6680 789A 音 ハイ(漢)

意味 ❶「碚磊《ハイライ》」は、積み重なった岩。❷「碚礧《ハイライ》」は、花のつぼみ。❸中国の地名に用いられる字。例 北碚《ホクハイ》(=今の重慶《ジュウケイ》市にある地名)。

石 8

【硼】 13画 *6679 *787C 音 ホウ(漢)

意味 化学元素の名。また、その化合物の名。例 硼酸《ホウサン》。

【硼酸《ホウサン》】白くてつやのある、うろこのような形の結晶《ケッショウ》。医薬品などに使う。例 ―軟膏《ナンコウ》。

石 8

【碌】 13画 6681 788C 音 ロク(漢)

意味 ❶「碌碌《ロクロク》」は、石のごろごろしたようす。❷「碌青《ロクショウ》」は、鉱物の一種、孔雀石《クジャクセキ》。また、緑青《ロクショウ》(=銅に生じる、みどり色のさび)のこと。

【碌碌《ロクロク》】㊀(形動タルト) ①小石のごろごろしているようす。②平凡《ヘイボン》で無能なようす。例 ―として老いてしまう。㊁(副)［下に打ち消しのことばをともなって］満足に。よく。じゅうぶんに。ろくに。例 ―ねむっていない。

石 8

【碗】 13画 4750 7897 人名 音 ワン(漢)

意味 飲食物を盛る、まるいいれもの。こばち。わん。例 茶碗《チャワン》。

石 8

【碎】 13画 ⇨【砕《サイ》】(715ページ)

石 8

【碑】 13画 ⇨【碑《ヒ》】(719ページ)

石 9

【碣】 14画 6682 78A3 音 ケツ(漢) 訓 いしぶみ・かみ・たていし

意味 頭頂部が円い形の石碑《セキヒ》。いしぶみ。例 碣石《ケッセキ》《たていし》。

石 9
【磁】
14画 2807 78C1 教育6 音 シ漢 ジ呉

筆順 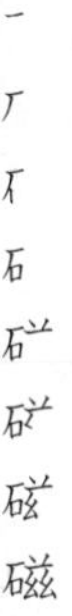

石 9 【磁】 14画 — 25535

なりたち [形声]「石(=いし)」と、音「茲《シ》」とから成る。鉄を引きつける鉱石。

意味 ❶鉄を引きつけ、南北を指し示す性質をもつ鉱物。例 磁気《ジキ》。磁石《ジシャク》。❷せともの。焼き物。例 磁器《ジキ》。青磁《セイジ》。白磁《ハクジ》。

難読 磁石《はりすいし》

【磁化】《ジカ》(名・する) 物質が磁気をおびるようになること。

【磁界】《ジカイ》 磁力が作用している範囲《ハンイ》。磁場《ジば》。

【磁気】《ジキ》 南北を指したり、鉄などを引きつけたりする磁石《ジシャク》の性質。また、磁石どうしや、磁石と電流とのあいだの作用。例 —嵐《あらし》。—を帯びる。

【磁器】《ジキ》 高温で焼き上げた、質がかたく吸水性のない、半透明《ハントウメイ》の焼き物。類 陶器《トウキ》。

【磁極】《ジキョク》 ①磁石《ジシャク》の両はしで、鉄を引きつける力の最も強いところ。N極(=正極)とS極(=負極)がある。②地球上で磁力の最も強い場所。例 北《ホク》—。

【磁石】《ジシャク》 ①鉄を引きつける性質をもつ物質。マグネット。②南北の方角を知るための器具。磁石盤《バン》。コンパス。

【磁針】《ジシン》 中央部をささえて、水平に回転できるようにした小形の磁石《ジシャク》。両はしが南北を示す。磁石盤《バン》のはり。例 —をたよりに山道を進む。

【磁性】《ジセイ》 磁気を帯びた物体が示す性質。例 —を帯びる。

【磁鉄鉱】《ジテッコウ》 酸化鉄の一つ。黒色の結晶《ケッショウ》で、磁性の強い鉱石。赤鉄鉱とともに重要な製鉄原料。

【磁場】《ジば》 〔「ジジョウ」とも〕「磁界」に同じ。

【磁力】《ジリョク》 磁気のはたらく力。磁気力。例 —がはたらく。

●青磁《セイジ》・電磁《デンジ》・白磁《ハクジ》

石 9
【碩】
14画 3257 78A9 人名 音 セキ漢 訓 おお-きい

石 9 [碩] 14画 6683 78B5 俗字

なりたち  [形声]「頁(=あたま)」と、音「石《セキ》」とから成る。頭が大きい。

意味 (頭が)大きい。人がらもよく学問にすぐれた。りっぱな。例 碩学《セキガク》。碩士《セキシ》。

人名 おお・ひろ・ひろし・みち・みつ・みつる・ゆたか

【碩学】《セキガク》 学問が広く深いこと。また、学問を広く深く修めた人。大学者。例 一代の—。

【碩士】《セキシ》 えらい人。りっぱな人格の人。

【碩儒】《セキジュ》 碩学。大学者。

【碩人】《セキジン》 りっぱな人。すぐれた徳のある人。偉人《イジン》。碩士。

【碩▼鼠】《セキソ》 大きなネズミ。

【碩徳】《セキトク》 徳の高い人。とくに、徳の高い僧《ソウ》。

【碩老】《セキロウ》 徳の高い、博学な老人。

石 9
【碑】
14画 4074 7891 常用 音 ヒ漢 訓 いしぶみ

筆順 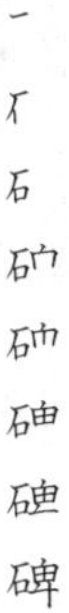

石 8 【碑】 13画 1-8907 FA4B 人名

なりたち  [形声]「石(=いし)」と、音「卑《ヒ》」とから成る。立てた石。石柱。

意味 文章をほりこんで記念として立てた石。また、その文章。いしぶみ。例 碑文《ヒブン》。歌碑《カヒ》。墓碑《ボヒ》。

【碑文】《ヒブン》 ①石碑にほりこまれた文章。類 碑誌。②漢文の文体の一つ。死者の業績《ギョウセキ》をたたえたもの。

【碑銘】《ヒメイ》 石碑にほりこまれたことば。とくに韻文《インブン》のもの。

●歌碑《カヒ》・句碑《クヒ》・墓碑《ボヒ》

石 9
【碧】
14画 4243 78A7 人名 音 ヘキ漢 訓 みどり・あお・あお-い

なりたち  [形声]「王(=たま)」と「石(=いし)」と、音「白《ハク》→《ヘキ》(=青白色)」とから成る。

意味 ❶青みがかった美しい石。例 碧玉《ヘキギョク》。❷緑がかった青色。こい青色。あお。みどり。例 碧眼《ヘキガン》。紺碧《コンペキ》。

人名 きよし・たま

【碧雲】《ヘキウン》 青みがかった雲。蒼雲《ソウウン》。

【碧海】《ヘキカイ》 青い海。青海原《あおうなばら》。

【碧眼】《ヘキガン》 ①青色の目。②西洋人。例 紅毛《コウモウ》—。

【碧玉】《ヘキギョク》 ①青緑色の玉。②石英の一種。質が細かく不透明《フトウメイ》で、黄・赤・茶・暗緑・暗青色などがあり、装飾《ソウショク》用に使われる。

【碧空】《ヘキクウ》 青く晴れわたった空。あおぞら。碧天。例 一点の雲もない—。

【碧山】《ヘキザン》 樹木の青々としげった山。

【碧水】《ヘキスイ》 濃《こ》い青色にすんだ水。深く青い水をたたえた川。

【碧落】《ヘキラク》 ①果てしなく遠いところ。(世界の)果て。例 上《うえ》は—を極《きわ》め下《した》は黄泉《コウセン》(=天上は、はるか遠くまでのぼりつめ、下界は地中深くまで楊貴妃《ヨウキヒ》の姿をさがし求めた)。〈白居易《ハクキョイ》・長恨歌《チョウゴンカ》〉 ②あおぞら。碧空。例 —一洗(=空がからりと晴れること)。

【碧緑】《ヘキリョク》 深いみどり色。

【碧瑠璃】《ヘキルリ》 ①青色の宝石。②青々とすんだ水や青空のたとえ。例 山深い湖の—の水面。

石 9 【磁】 14画 ⇩【磁】《ジ》(719ページ)

石 9 [碩] 14画 ⇩【碩】《セキ》(719ページ)

石 9 [碪] 14画 ⇩【砧】《チン》(715ページ)

石 9 [碯] 14画 ⇩【瑙】《ノウ》(667ページ)

石 10
【磑】
15画 6686 78D1 音 ガイ漢 訓 あらと・いしうす・すりうす・ちゃうす

意味 ❶石うす。❷石うすでひく。例 磑磨《ガイマ》。❸「磑磑《ガイガイ》」は、㋐高いようす、㋑積み重なったようす、㋒堅固《ケンゴ》なようす、㋓白くひかるようす。

【磑磨】《ガイマ》 石うすでひくこと。迷信《メイシン》で、死後の世界での刑罰《ケイバツ》の一つ。

石 10
【確】
15画 1946 78BA 教育5 音 カク漢 訓 たし-か・たし-かめる

筆順 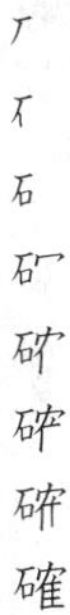

なりたち 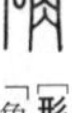 [形声] 本字は「确」で、「石(=いし)」と、音「角《カク》」とから成る。かたい。

意味 ❶かたい。しっかりしている。例 確信《カクシン》。確固《カッコ》。❷はっきりして、まちがいがない。ほんとうの。たしか。例 確実《カクジツ》。正確《セイカク》。

日本語での用法 《たしかめる》まちがいがないかどうか、はっきりさせる。「事実《ジジツ》を確《たし》かめる・相手《あいて》の意思《イシ》を確《した》

かめる」

【確言《カクゲン》】（名・する）はっきり言いきること。また、そのことば。人名 あき・あきら・かた・かたし
例 将来について―する。

【確執《カクシツ》】（名・する）①自分の説をかたくなに主張してゆずらないこと。固執。例 あくまで自説に―する。②争い。不和。
例 二人のあいだに―が生じる。

【確実《カクジツ》】（名・形動《ダナ》）たしかでまちがいないこと。例 ―な情報。―に実行する。

【確守《カクシュ》】（名・する）しっかりとかたく守ること。例 命令を―して任務にあたる。

【確証《カクショウ》】たしかな証拠《ショウコ》。はっきりした証拠。例 ―がない。―をつかむ。

【確信《カクシン》】（名・する）かたく信じて疑わないこと。例 成功を―する。

【確信犯《カクシンハン》】①〔法〕政治的・宗教的・思想的な信念にもとづく犯罪。政治犯・思想犯・国事犯など。②悪いとわかっていながら、おこなうこと。また、その人。

【確然《カクゼン》】（形動《トタル》）たしかで、しっかりと定まっているようす。
例 ―たる態度。

【確定《カクテイ》】（名・する）はっきりと決まること。たしかに決めること。例 ―申告《シンコク》。順位が―する。

【確度《カクド》】たしかさの度合い。例 ―の高い情報。

【確答《カクトウ》】（名・する）はっきりした返事。例 ―を避《さ》ける。

【確認《カクニン》】（名・する）はっきりたしかめること。たしかにそうだと、みとめること。例 身元の―。日程を―する。

【確保《カクホ》】（名・する）しっかり手に持っていること。また、確実に自分のものにすること。例 食糧《ショクリョウ》を―する。

【確報《カクホウ》】たしかな知らせ。例 ―がはいる。

【確約《カクヤク》】（名・する）はっきりと約束すること。たしかな約束。
例 ―を取る。実行を―する。

【確立《カクリツ》】（名・する）しっかりと打ち立てること。確固とした動かないものにすること。例 自分の文体を―する。

【確率《カクリツ》】ある現象の起こりうる度合い。また、過去に起こった割合。公算。たしからしさ。例 実験が成功する―は五分五分《ゴブゴブ》だ。

【確固《カッコ》】（形動《トタル》）しっかりして動かないようす。たしかなようす。例 ―不動。―たる信念。表記「確▼乎」とも書く。

●正確《セイカク》・精確《セイカク》・的確《テキカク》・明確《メイカク》

石 10

【磆】 15画 6687 78C6 音 カツ(漢) 訓 なめらかなるいし

意味 鉱物の名。滑石《カッセキ》。やわらかく、滑材《カツザイ》や薬品などに利用される。

石 10

【磋】 15画 6688 78CB 音 サ(漢)(呉) 訓 みが-く

意味 象牙《ゾウゲ》や角《つの》などをみがいて、細工をする。また、はげむ。努力する。みがく。例 切磋琢磨《セッサタクマ》。

石 10

【磔】 15画 *6689 *78D4 音 タク(漢) 訓 はりつけ

意味 罪人のからだを引きさいて殺す、古代の刑罰《ケイバツ》。車ざきの刑。例 磔刑《タクケイ》。車磔《シャタク》。

日本語での用法《タク・はりつけ》罪人を柱にしばりつけて槍《やり》でつき殺す、昔の刑罰《ケイバツ》。「磔刑《タクケイ》・磔柱《はりつけばしら》」

【磔刑《タクケイ/タッケイ》】①からだを引きさく刑罰《ケイバツ》。②はりつけの刑。例 ―に処す。

石 10

【碾】 15画 6690 78BE 音 テン(慣) デン(漢) 訓 うす・ひ-く

意味 穀物や茶をひいて、細かくする道具。ひきうす。石うす。また、石うすでひいて、細かくする。ひく。例 碾茶《テンチャ》。碾《ひ》き臼《うす》。碾《ひ》き割《わ》り麦《むぎ》。

【碾茶《テンチャ/ひきチャ》】石うすでひいた茶の葉。また、それでたてた茶。

石 10

【磐】 15画 4056 78D0 人名 音 ハン(漢) バン(呉) 訓 いわ

意味 ❶大きくてどっしりとした岩。いわお。いわ。例 磐石《バンジャク》。❷わだかまる。とどこおって動かない。

日本語での用法《バン・いわ》旧国名「磐城《いわき》」の略。「磐越《バンエツ》・磐州《バンシュウ》・常磐《ジョウバン》・磐代《いわしろ》」

人名 いわお

【磐城《いわき》】旧国名の一つ。今の福島県東部と宮城《みやぎ》県南部にあたる。磐州《バンシュウ》。

【磐石《バンジャク》】①大きないし。いわお。②ひじょうにかたく、しかも、安定していて動かないこと。例 ―の備え。表記 ▽「盤石」とも書く。

石 10

【磅】 15画 6692 78C5 音 ホウ(漢) 訓 ポンド

意味 ❶石の落ちる音の形容。❷英語 pound の音訳。パウンド。ポンド。〔日本では「封」の字をあてる〕㋐イギリスの重さの単位。一ポンドは約〇・四五キログラム。㋑イギリスの貨幣《カヘイ》の単位。一ポンドは一〇〇ペンス。

石 10

【碼】 15画 6691 78BC 音 マ(慣) バ(漢) メ(呉) 訓 ヤード

意味 ❶「碼碯《メノウ》（＝瑪瑙）」は、緑・くれない・白などの、しま模様のある宝石。❷英語 yard の音訳。一ヤードは約九一センチメートル。ヤール。❸「号碼《ゴウマ》」は、数であらわした記号。例 四角号碼《シカクゴウマ》（＝中国で考案された漢字の検索《ケンサク》法で、漢字の四すみの形によって漢字を四桁《よけた》の番号であらわしたもの）。

石 10

【磊】 15画 6693 78CA 音 ライ(漢)

意味 たくさんの石が重なりあっているようす。また、大きいようす。例 磊磊《ライライ》（＝石が多いようす。また、おおらかなようす）。

【磊落《ライラク》】（名・形動《ダナ》）心が広く、細かいことにこだわらないこと。例 豪放《ゴウホウ》―。

石 11

【磬】 16画 6694 78EC 音 ケイ(漢)

意味 石や玉《ギョク》でつくられた「へ」の字形の打楽器。つりさげて、ばちで打ちならす。→【石磬《セッケイ》】（714ページ）

石 11

【磧】 16画 6701 78E7 音 セキ(漢) シャク(呉) 訓 かわら

意味 小石や砂の重なっているところ。かわら。すなはら。例 磧礫《セキレキ》。

【磧中《セキチュウ》】砂漠《サバク》のなか。

【磧▼礫《セキレキ》】①河原の小石。②水が浅くて、砂や小石が見えること。

石 11

【磨】 16画 4365 78E8 常用 音 バ(漢) マ(呉) 訓 みが-く・うす・と-ぐ

石11

【磨】

16画

筆順 亠 广 庁 床 麻 麽 麿 磨

なりたち ［形声］本字は「礳」で、「石（＝いし）」と、音「靡《ビ…▼バ》」とから成る。いしうす。

意味 ❶うす。いしうす。例 石《いし》磨《うす》。茶《チャ》磨《うす》。❷する。すりへる。また、すりへらす。例 磨《マ》滅《メツ》。磨《マ》耗《モウ》。❸こすりみがく。（刃《は》物《もの》を）とぐ。例 研《ケン》磨《マ》。❹努めはげむ。きたえる。例 錬《レン》磨《マ》。切磋《セッサ》琢磨《タクマ》。❺外国語の「マ」の音にあてる字。例 達《ダル》磨《マ》。羯《カツ》磨《マ》（＝作法）。

日本語での用法 《ま》「ま」の音にあてる万葉がな。「球磨川《くまがわ》・須《す》磨《ま》（＝地名）」

人名 おさむ・きよ

【磨崖】《マガイ》 岩《ガン》壁《ペキ》にほりこむこと。例 ―仏。

【磨損】《マソン》（名・する）機械などが摩《マ》擦《サツ》によってすりへること。磨《マ》滅《メツ》。表記「摩損」とも書く。

【磨滅】《マメツ》（名・する）すりへること。すりへらすこと。例 ―した活字。神経が―する。表記「摩滅」とも書く。

【磨耗】《マモウ》（名・する）〔「モウ」は慣用読み〕すりへること。例 部品が―する。表記「摩耗」とも書く。

【磨励】《マレイ》（名・する）①みがき、はげむこと。②学問や技芸などに努めはげむこと。表記 ▽「磨▼礪」とも書く。

●研《ケン》磨《マ》・達《ダル》磨《マ》・練《レン》磨《マ》・錬《レン》磨《マ》

石11

【磚】16画 ⇩【甎】《セン》（670ページ）

石11

【磨】16画 ⇩【磨】《マ》（720ページ）

石12

【磯】

17画 1675 78EF 人名

音 キ漢 訓 いそ

なりたち ［形声］「石（＝いし）」と、音「幾《キ》」とから成る。大きな岩に水がぶつかる。

意味 ❶水の流れが岩に激しくぶつかる。❷水中につき出た大きな岩。

日本語での用法 《いそ》海や湖の岩石の多い波うちぎわ。「磯《いそ》千鳥《ちどり》・磯《いそ》釣《づ》り・磯《いそ》辺《べ》」

難読 磯馴《そなれ》松《まつ》

人名 し

【磯浜】《いそはま》 岩や小石でおおわれている浜べ。

【磯辺】《いそべ》 ①いそのあたり。②のり（海苔）。例 ―揚《あ》げ。

石12

【磽】

17画 6703 78FD

音 コウ漢 訓 かた-い・こわ-い

意味 ❶かたい石。かたい。❷土地がかたくて、やせている。例 磽《コウ》确《カク》（＝石の多いやせた土地）。

石12

【礁】

17画 3044 7901 常用

音 ショウ漢

筆順 一 丆 石 矿 矿 碓 礁

なりたち ［形声］「石（＝いし）」と、音「焦《ショウ》」とから成る。水中にかくれたり、水面にあらわれ出たりする岩。

意味 水中にあって、水面に見えかくれする岩。かくれいわ。例 環《カン》礁《ショウ》。座《ザ》礁《ショウ》。珊瑚《サンゴ》礁《ショウ》。

●暗《アン》礁《ショウ》・環《カン》礁《ショウ》・岩《ガン》礁《ショウ》・座《ザ》礁《ショウ》

石12

【磴】

17画 6704 78F4

音 トウ漢 訓 いしばし

意味 ❶山道の石段。例 磴《トウ》道《ドウ》。❷石の橋。いしばし。例 懸《ケン》磴《トウ》《いしばし》。

【磴桟】《トウサン》 山の岩の上に板をかけて作った道。

【磴道】《トウドウ》 山の斜《シャ》面《メン》に石をしいて作った道。石段。石坂。

石12

【磺】17画 ⇩【鉱】《コウ》（1007ページ）

石13

【礇】

18画 6705 7907

音 イク漢

意味 玉《ギョク》のような美しい石。

石13

【礒】

18画 6706 7912

音 ギ漢 訓 いそ・かど

意味 「碕礒《キギ》」は、石がごつごつして平らでないようす。

日本語での用法 《いそ》「いそ」の意では「磯《いそ》」と同じに用いられる。

石13

【礎】

18画 3335 790E 常用

音 ショ漢 ソ呉 訓 いしずえ

筆順 石 石 矸 砞 碄 礎 礎

なりたち ［形声］「石（＝いし）」と、音「楚《ソ》」とから成る。柱の下にすえおく石。

意味 ❶建物の柱の下にすえる石。いしずえ。例 礎《ソ》石《セキ》。定礎《テイソ》。❷ものごとのもとになる部分。もとい。例 基《キ》礎《ソ》。

人名 き・もと・もとい

【礎材】《ソザイ》 土台の材料。

【礎石】《ソセキ》 ①建物の柱の下にすえる石。土台石。いしずえ。②ものごとの基礎。例 寺院の―だけが今も残っている。近代化の―となる。

●基《キ》礎《ソ》・定《テイ》礎《ソ》

石13

【礑】

18画 6707 7911

音 トウ漢 訓 はた-と

意味 もののいちばん下の部分。そこ。

日本語での用法 《はたと・はったと》擬《ギ》声《セイ》・擬態語のハタ・バタ・バタン・ハッタ・パッタなどをあらわす。「石《い》を握《にぎ》って額《ひたい》を礑《はた》と打《う》つ・礑《はた》とひざを打《う》つ」

石14

【礪】

19画 6674 792A

音 レイ漢 訓 と・あらと・と-ぐ・みが-く

石5

【砺】

10画 3755 783A 俗字

意味 ❶きめのあらい、といし。と。あらと。例 礪《レイ》砥《シ》。❷刃《は》物《もの》をとぐ。また、学問や技術をみがく。つとめはげむ。例 礪《レイ》行《コウ》。

参考 地名では、とくに「砺」を用いることがある。例 砺《と》波《なみ》。砺波平野《となみヘイヤ》。

【礪行】《レイコウ》（名・する）おこないをよくし、つとめること。表記「励行」とも書く。

【礪▼砥】《レイシ》〔「砥」は、きめの細かい、といしの意〕①といし。②とぎみがくこと。砥《シ》礪《レイ》。

石14

【礙】19画 ⇩【碍】《ガイ》（718ページ）

石15

【礬】

20画 6709 792C

音 バン慣 ハン漢

意味 硫《リュウ》酸《サン》アルミニウムをふくんだ鉱物の一種。色のそめあげをはじめ、多くの用途《ヨウト》がある。例 明《ミョウ》礬《バン》。

難読 礬沙《ドウサ》・緑礬《ロウハ》

石 15
【礫】20画 6710 792B 音 レキ㊥ リャク㊡ 訓 つぶて・こいし
意味 石ころ。こいし。つぶて。例 瓦礫《ガレキ》。砂礫《サレキ》。

石15
［礦］20画 ⇩【鉱】《コウ》(1007ページ《ジ》)

113 5画
示 しめす（ネ しめすへん）部

天の神の意をあらわす。「示」が偏《へん》(＝漢字の左がわの部分)になるときは「ネ(しめすへん)(四画)」となる。「示」をもとにしてできている漢字と、「示」の字形を目じるしにして引く漢字とを集めた。

0 示 1 礼 3 祁 祀 社 社 4 祈 祈 祇 祉 祉 5 祠 祗 祝 祝 神 神 祟 祖 祖 祚 祓 祐 祐 祢 祕 6 祭 祥 祥 票 7 祷 8 祺 禁 禄 禀 祿 9 禍 禍 禊 禅 禎 禎 福 福 10 禝 12 禧 禦 禪 13 禮 14 禱 禰 17 禳

この部首に所属しない漢字
奈⇩大 266 視⇩見 899 頴⇩頁 1067 齋⇩齊 1114

示 0
【示】5画 2808 793A 教育5 音 シ㊥ ジ㊡ 訓 しめ-す
筆順 一 二 亍 亍 示
なりたち 〔会意〕「二(＝上)」と「小(＝日・月・星)」とから成る。天の神が、日・月・星の変化によって、人に吉凶《キッキョウ》をしめす。
意味 人に見せる。知らせる。おしえる。しめす。例 示威《ジイ》。示唆《シサ》。展示《テンジ》。
人名 しめ・つぐ・とき・み
【示威】《ジイ》《シイ》(名・する) 威力や勢力をしめすこと。例 ―行動。
【示教】《ジキョウ》《シキョウ》〔「ジキョウ」とも〕(名・する) 具体的に教えしめすこと。㊫ 教示《キョウジ》。例 ―をこう。

【示現】《ジゲン》(名・する) ①〔仏〕仏や菩薩《ボサツ》が人々を救うために、姿を変えてこの世にあらわれること。②神仏が不思議な力をしめすこと。
【示唆】《シサ》〔「ジサ」とも〕(名・する) ①それとなく教えること。㊫ 暗示。例 ―に富んだ話。②そそのかすこと。
【示談】《ジダン》 争いごとを裁判にかけずに、おたがいの話し合いで解決すること。例 ―が成立する。
●暗示《アンジ》・訓示《クンジ》・掲示《ケイジ》・公示《コウジ》・告示《コクジ》・指示《シジ》・図示《ズシ》・呈示《テイジ》・提示《テイジ》・表示《ヒョウジ》・例示《レイジ》

ネ 1
【礼】5画 4673 793C 教育3 音 レイ㊥ ライ㊡
筆順 、 ラ ネ ネ 礼

示13
【禮】18画 6725 79AE 人名
なりたち 〔会意〕「示(＝かみ)」と「豊《レイ》(＝かみをまつるためのうつわ)」とから成る。神につかえて福をもたらすための儀式《ギシキ》。
意味 ❶神をうやまい、まつる儀式。例 礼拝《レイハイ》。❷作法や儀式。例 礼儀《レイギ》。礼節《レイセツ》。婚礼《コンレイ》。❸人が守るべき社会や国家の決まり。例 礼楽《レイガク》。仁《ジン》・義《ギ》・礼《レイ》・智《チ》・信《シン》。❹うやまいをあらわす動作。おじぎ。例 敬礼《ケイレイ》。目礼《モクレイ》。❺感謝の気持ちをあらわすこと。また、そのおくりもの。例 礼状《レイジョウ》。謝礼《シャレイ》。返礼《ヘンレイ》。
人名 あき・あきら・あや・うや・なり・のり・ひろ・ひろし・まさ・まさし・みち・ゆき・よし
【礼賛】《ライサン》(名・する) ①心からほめたたえること。例 偉業《イギョウ》を―する。②〔仏〕仏の功徳《クドク》をあがめ、たたえること。
表記 ▽「礼▼讃」とも書く。
【礼紙】《ライシ》 昔、書状や目録などの上に巻いた白い紙。〔現在は、手紙が便箋《ビンセン》一枚で終わる場合に、別にそえる一枚の白紙の意にも用いる〕
【礼拝】(名・する) 一《ライハイ》 うやまい、つつしむ心で仏をおがむこと。二《レイハイ》 キリスト教で、神にいのりをささげること。例 ―堂。
【礼楽】《レイガク》 礼儀《レイギ》と音楽。古代中国では、礼は社会の秩序《チツジョ》を保ち、楽は人の心をやわらげるものとして重視された。
【礼義】《レイギ》 礼と義。人の守るべき正しい道。
【礼儀】《レイギ》 うやまいの気持ちを正しくあらわす、行動の作法。人として守るべき礼節と、そのしかた。例 ―作法。
【礼教】《レイキョウ》 ①礼についての教え。②儒教による道徳。
【礼金】《レイキン》 ①お礼としてはらうお金。②家や部屋を借りるときに、家主にはらう一時金。
【礼遇】《レイグウ》(名・する) 礼儀《レイギ》をつくして、心からもてなすこと。特別の待遇。㊫ 厚遇《コウグウ》・優遇。
【礼式】《レイシキ》 礼儀《レイギ》をあらわす法式。㊫ 礼法。
【礼状】《レイジョウ》 お礼の手紙。例 ―を出す。
【礼譲】《レイジョウ》 礼儀《レイギ》をつくして、へりくだった態度をとること。
【礼節】《レイセツ》 礼儀《レイギ》と節度。きちんとした礼儀作法。例 衣食足りて―を知る(＝生活にゆとりができてこそ節度をわきまえるようになる)。
【礼奏】《レイソウ》 演奏会で、アンコールにこたえておこなう演奏。
【礼装】《レイソウ》(名・する) 儀式《ギシキ》などのために、正式な服を着ること。また、その服装。㊚ 略装。
【礼典】《レイテン》 ①礼儀《レイギ》に関する決まり。礼制。②礼法をしるした書物。③礼法にもとづいた儀式。
【礼服】《レイフク》 儀式《ギシキ》に着る衣服。㊚ 平服。
【礼物】 一《レイブツ》 礼式のために用いるもの。二《レイモツ》 お礼の品物。
【礼法】《レイホウ》 儀式《ギシキ》における作法の決まり。
【礼砲】《レイホウ》 軍隊などが、儀礼《ギレイ》としてうつ空砲。
●一礼《イチレイ》・虚礼《キョレイ》・儀礼《ギレイ》・失礼《シツレイ》・巡礼《ジュンレイ》・洗礼《センレイ》・朝礼《チョウレイ》・答礼《トウレイ》・無礼《ブレイ》・黙礼《モクレイ》

示 3
【祁】8画 2323 7941 人名 音 キ㊥ ギ㊡
意味 地名に用いられる字。例 祁山《キザン》。
【祁山】《キザン》 三国時代、蜀《ショク》の諸葛孔明《ショカツコウメイ》が魏《ギ》と戦ったところ。甘粛《カンシュク》省礼県にある。

示 3
【祀】8画 6711 7940 音 シ㊥ ジ㊡ 訓 まつ-る・まつ-り・とし
意味 ❶(神として)まつる。また、まつり。例 合祀《ゴウシ》。祭祀《サイシ》。❷とし。〔殷《イン》の時代に「年」を「祀《シ》」といった〕例 載祀《サイシ》(＝「載」も、としの意)。

ネ 3
【社】7画 2850 793E 教育2 音 シャ㊥ ジャ㊡ 訓 やしろ

示 3
【社】
8画 1-8919 FA4C 人名

筆順 、 ラ ネ ネ 社 社

なりたち 社 [会意]「示(=かみ)」と「土(=つち)」とから成る。土地の神。

意味 ❶土地の神。くにつかみ。例社稷《シャショク》。❷土地の神をまつるところ。やしろ。例社殿《シャデン》。神社《ジンジャ》。❸人々の集まり。ある目的で集まった団体。例社会《シャカイ》。結社《ケッシャ》。

日本語での用法 《シャ》会社。また、会社の社屋。「社長《シャチョウ》・入社《ニュウシャ》・本社《ホンシャ》・社《シャ》に寄《よ》ってから帰《かえ》る」

難読 社《こそ》・村社《むらこそ》

人名 こそ・たか・たかし

【社印】《シャイン》 その会社が公的に用いる印判。

【社員】《シャイン》 ①会社に勤めている人。②社団法人の構成員。例日本赤十字社の―。

【社運】《シャウン》 会社の運命。例―をかける。

【社屋】《シャオク》 会社の建物。例―を移転する。

【社会】《シャカイ》 ①共同体を構成する人々の集まり。家族や国家など、大小さまざまな社会がある。例地域―。②世の中。世間。例―に出る。③同じ職業など、同類の人々のなかま。例上流―。④「社会科」の略。

【社会科】《シャカイカ》 小学校・中学校の教科の一つ。社会人として生活するのに必要な地理・歴史・公民などを学ぶ学科。

【社会科学】《シャカイカガク》 人間の社会的営みを研究の対象とする学問。経済学・法学など。対人文科学・自然科学。

【社会学】《シャカイガク》 社会の構造や移り変わり、さまざまな現象などを研究する学問。

【社会主義】《シャカイシュギ》 生産と配分を社会全体のものとし、貧富《ヒンプ》の差のない平等な世の中をつくろうとする考え。対共産主義《キョウサンシュギ》・資本主義《シホンシュギ》。

【社会性】《シャカイセイ》 ①社会いっぱんに広く通用する性質。例―のある問題。②集団生活にうまく適応する性質。類社交性。例―を養う。

【社会通念】《シャカイツウネン》 社会でふつうに通用している考え方。

【社会面】《シャカイメン》 新聞で、事故や犯罪など社会のできごとをのせた紙面。ふつう、「三面」と呼ばれる。

【社格】《シャカク》 神社の格式。

【社業】《シャギョウ》 会社の事業。例―が順調にのびる。

【社交】《シャコウ》 社会生活を営むうえで必要な、人とのつきあい。世間とのつきあい。例―上のたしなみ。

【社交辞令】《シャコウジレイ》 人とのつきあいをなめらかにするために用いる、決まり文句。例―だからそのつもりで聞いておく。

【社告】《シャコク》 会社が世の中に公表する知らせ。

【社寺】《シャジ》 神社とお寺。寺社。

【社主】《シャシュ》 会社や結社の持ち主。

【社▼稷】《シャショク》 ①土地の神と五穀の神。中国の古代国家で最も重要な守り神。②国家。例―の臣(=国家の重臣)。

【社説】《シャセツ》 新聞社などが、発行する紙面にその社の主張として発表する論説。

【社▼鼠】《シャソ》 〔社《やしろ》に巣くうネズミで、いぶし出そうとすると、社を焼いてしまうおそれがあることから〕君主に仕える悪臣のたとえ。例城狐《ジョウコ》―。

【社葬】《シャソウ》 会社が施主《セシュ》となっておこなう葬儀《ソウギ》。

【社則】《シャソク》 会社の規則。

【社宅】《シャタク》 会社が自社の社員のために建設・管理する住宅。

【社団】《シャダン》 共通の目的をもった人々の集合体。

【社団法人】《シャダンホウジン》 法律上の権利と義務の主体であることを認められた団体組織。

【社中】《シャチュウ》 ①社内。例―にひろく知らせる。②(邦楽《ホウガク》などの)同門のなかま。例―をあげて出演する。③結社のなかま。類同人。例―を結成する。

【社長】《シャチョウ》 会社の長。その会社の、経営の最高責任者。

【社殿】《シャデン》 神社の、神体をまつっておく建物。

【社日】《シャニチ》 〔「シャジツ」とも〕春分または秋分に最も近い、その前後の戊《つちのえ》の日。春は「春社《シュンシャ》」、秋は「秋社《シュウシャ》」と呼び、土の神をまつり、豊作をいのり、収穫《シュウカク》を感謝する。

【社費】《シャヒ》 会社や神社などの費用。

【社風】《シャフウ》 その会社の特色とする気風。例―を一新する。

【社務】《シャム》 ①神社の事務。例―所。②会社の事務。

【社名】《シャメイ》 神社や会社、また結社の名前。

【社命】《シャメイ》 会社の命令。

【社友】《シャユウ》 ①同じ会社や結社のなかま。②社員以外で、その会社と関係が深く、特定の待遇《タイグウ》を受けている人。例退職後―になる。

【社用】《シャヨウ》 会社の用務や用事。例―と私用とを区別せよ。

【社歴】《シャレキ》 ①会社に入社してからの経歴。例―三十年になる。②会社の歴史。

●御社《おんシャ》・会社《カイシャ》・貴社《キシャ》・帰社《キシャ》・結社《ケッシャ》・支社《シシャ》・寺社《ジシャ》・自社《ジシャ》・出社《シュッシャ》・小社《ショウシャ》・商社《ショウシャ》・神社《ジンジャ》・退社《タイシャ》・本社《ホンシャ》・末社《マッシャ》・来社《ライシャ》

ネ 4
【祈】
8画 2107 7948 常用

音 キ漢呉　訓 いの-る・いの-り

筆順 、 ラ ネ ネ 祈 祈

示 4
【祈】
9画 1-8923 FA4E 人名

なりたち 祈 [形声]「示(=かみ)」と、音「斤《キン》→キ」とから成る。神に福を求める。

意味 天や神仏に幸いをねがいもとめる。いのる。いのり。例祈願《キガン》。祈禱《キトウ》。祈念《キネン》。

難読 祈年祭《としごいのまつり》

人名 もとむ

【祈願】《キガン》 (名・する)あることの成功を願って、神や仏にいのること。例合格―。病気の全快を―する。

【祈誓】《キセイ》 (名・する)神や仏にいのって、心にちかいを立てること。願立て。

【祈請】《キセイ》 (名・する)神や仏にいのって、加護を願うこと。

【祈▼禱】《キトウ》 (名・する)神や仏にいのって、加護やめぐみを求めること。例―師。病魔《ビョウマ》退散を―する。

【祈念】《キネン》 (名・する)神や仏にいのって、目的がとげられるように願うこと。心をこめていのること。例勝利を―する。

示 4
【祇】
9画 2132 7947 人名

音 キ漢 ギ呉　訓 くにつかみ・ただ・まさ-に

意味 地の神。くにつかみ。例神祇《ジンギ》。地祇《チギ》。

難読 祇園《ギオン》・天神地祇《あまつかみくにつかみ》

人名 けさ・つみ・のり・まさ・もと・やす・やすし

【祇▽園】《ギオン》 ①「祇園精舎《ギオンショウジャ》」の略。②京都市東山区の祇園社(=八坂《やさか》神社)のあるあたりの地名。

【祇▽園精舎】《ギオンショウジャ》 〔仏〕古代インドの寺院。須達《シュダツ》長者が釈迦《シャカ》とその弟子《デシ》に寄進した。例―の鐘《かね》の声、諸行《ショギョウ》無常の響《ひび》きあり。〈平家物語《ヘイケものがたり》〉

ネ 4
【祉】
8画 2767 7949 常用

音 シ・チ漢　訓 さいわい

筆順 、ラネネ补补祉

示4
【祉】
9画 1-8920 FA4D 人名

たちなり 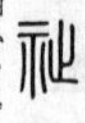 [形声]「示(＝かみ)」と、音「止《シ》」とから成る。神からの福。

意味 神からさずかる幸福。めぐみ。さいわい。例 福祉《フクシ》。

人名 とみ・よし

示5
【祠】
10画 6712 7960 音 シ漢 訓 ほこら・まつ-る

意味 ❶神をまつる。また、春のまつり。願いがかなえられたお礼のまつり。例 祠祀《シシ》(＝神をまつる)。❷神や祖先の霊《レイ》をまつってあるところ。やしろ。みたまや。ほこら。例 祠官《シカン》。祠堂《シドウ》。

【祠官】《シカン》 神をまつる職。類 神官・神職。

【祠堂】《シドウ》 ①祖先の霊《レイ》をまつったところ。みたまや。例 —金《キン》(＝先祖の供養《クヨウ》のための金銭)。②神仏をまつった小さなお堂。ほこら。

示5
【祇】
10画 6713 7957 音 シ漢 訓 つつし-む

意味 ❶うやまう。つつしむ。例 祇候《シコウ》。❷〔助字〕「ただ…(のみ)」と読み、ただ…(だけ)、の意。限定・強調をあらわす。例 祇自滅耳《ただみずからほろぶるのみ》(＝ただ自分から身をほろぼすだけだ)。

【祇候】《シコウ》 (名・する) ①身分の高い人のそば近くに仕えること。②ごきげんうかがいに上がること。例 社長の邸《やしき》に—する。表記 ▽「伺候」とも書く。

ネ5
【祝】
9画 2943 795D 教育4 音 シュウ慣 シク漢 シュク呉 訓 いわ-う・いわ-い 付表 祝詞《のりと》

筆順 、ラネネ初祁祝

示5
【祝】
10画 1-8927 FA51 人名

たちなり  [会意]「示(＝かみ)」と「儿(＝ひと)」と「口(＝くち)」とから成る。神のことばをつげる人。

意味 ❶神に仕える人。神官。かんなぎ。例 巫祝《フシュク》(＝神事をつかさどる人)。❷神に幸いをいのる。また、そのいのりのことば。例 祝詞《のりと》。❸よろこぶ。ことほぐ。いわう。例 祝儀《シュウギ》。祝賀《シュクガ》。慶祝《ケイシュク》(＝よろこび、いわう)。

難読 祝部《はふりべ》・祝言《ほぎごと》・祝子《はふりこ》

人名 とき・のり・はじめ・ほう・ほぎ・よし

【祝儀】《シュウギ》 ①おいわいの儀式。とくに、結婚式《ケッコンシキ》。例 —袋《ぶくろ》。②おいわいの気持ちをこめたおくりものやお金。③謝礼。心づけ。チップ。例 —をはずむ。

【祝言】《シュウゲン》 結婚式《ケッコンシキ》。例 —をあげる。

【祝意】《シュクイ》 喜びいわう気持ち。例 —をあらわす。

【祝宴】《シュクエン》 いわいの宴会。例 —を開く。

【祝歌】《シュクカ》 いわいのうた。

【祝賀】《シュクガ》 (名・する) いわい喜ぶこと。例 還暦《カンレキ》—会。

【祝祭】《シュクサイ》 ①あることをいわうためのまつり。②いわいとまつり。例 —日《ジツ》(＝祝日と祭日)。

【祝詞】 ㊀《シュクシ》 いわいのことば。祝辞。㊁《のりと》 神道《シントウ》で、神主《かんぬし》が神前で唱えることば。例 —をあげる。

【祝辞】《シュクジ》 (儀式《ギシキ》などのときに述べる)いわいのことば。例 来賓《ライヒン》の—。

【祝日】《シュクジツ》 いわいの日。とくに、国の定めた憲法記念日(＝五月三日)や文化の日(＝十一月三日)など。また、地方公共団体の定めた都民の日、市民の日など。例 国民の—。

【祝勝】《シュクショウ》 いくさや試合の勝利をいわうこと。例 —会。表記「祝▼捷」とも書く。

【祝典】《シュクテン》 いわいの儀式《ギシキ》。いわいの式典。例 —をあげる。

【祝電】《シュクデン》 いわいの電報。例 —を打つ。結婚式《ケッコンシキ》に多くの—が寄せられる。

【祝杯】《シュクハイ》 いわいのさかずき。いわいの酒。例 —をあげる。表記「祝▼盃」とも書く。

【祝福】《シュクフク》 (名・する) ①(他人の)幸福をいのり、いわうこと。例 結婚《ケッコン》を—する。前途《ゼント》を—する。②キリスト教で、神からさずけられる幸福。例 —をあたえられる。

【祝砲】《シュクホウ》 国家的行事などのとき、軍隊が祝意をあらわしてうつ空砲。例 —が鳴りひびく。

【祝融】《シュクユウ》 ①中国古代の伝説上の人物。名は重黎《チョウレイ》。火の神、夏の神、南方の神とされる。②火災。火事。例 —のわざわいにあう(＝火事にあうことのたとえ)。

● 慶祝《ケイシュク》・巫祝《フシュク》・奉祝《ホウシュク》

ネ5
【神】
9画 3132 795E 教育3 音 シン漢 ジン呉 訓 かみ・かん・こう 付表 お神酒《みき》・神楽《かぐら》

筆順 、ラネネ初祁神

示5
【神】
10画 1-8928 FA19 人名

たちなり  [形声]「示(＝かみ)」と、音「申《シン》」とから成る。天の神。

意味 ❶天の神。天地万物《テンチバンブツ》をつくり、支配する者。かみ。例 神霊《シンレイ》。海神《カイジン》。天神地祇《テンシンチギ》(＝天の神、地の神)。❷人知でははかり知れない不思議な力。例 神秘《シンピ》。神妙《シンミョウ》。❸たましい。こころ。例 神髄《シンズイ》。精神《セイシン》。❹きわめてすぐれているようす。例 神童《シンドウ》。神品《シンピン》。

県名 神奈川《かながわ》

難読 神子《みこ》・大神神社《おおみわジンジャ》

人名 か・かむ・きよ・しの・たる・みわ

【神風】《かみかぜ》 ①神の力によってふくという風。②〔太平洋戦争末期の神風特攻隊《トッコウタイ》から〕ものすごいスピードで乱暴に車を走らせること。例 —タクシー。

【神様】《かみさま》 ①神を尊敬して呼ぶことば。②ある分野ですぐれた能力・技術などをもつ人。

【神業】《かみわざ》 ①ふつうの人間の力ではできないような、すばらしいわざ。例 —のような身のこなし。②神のしわざ。神のする仕事。

【神無月】《かんなづき》 〔「かみなづき」とも〕もと、陰暦《インレキ》で十月のこと。太陽暦でもいう。〔出雲《いずも》に神々が集まり、よそは神が不在になるからという〕

【神▼嘗祭】《かんなめサイ》 〔「シンジョウサイ」とも〕天皇が、毎年十月十七日に、その年にとれた新米を、伊勢神宮《いせジングウ》に奉納《ホウノウ》するまつり。

【神主】《かんぬし》 〔「シンシュ」とも〕神社にいて、神に仕える人。神官。神職。

【神意】《シンイ》 神の意思。神の心。

【神域】《シンイキ》 神社の境内《ケイダイ》。

【神韻】《シンイン》 ①人の心の、すぐれてりっぱであること。②詩文や書画などが、おもむき深く美しいこと。例 —を帯びる。

【神▼苑】《シンエン》 神社の境内《ケイダイ》。また、そこにある庭園。

【神化】《シンカ》 (名・する) ①神になること。また、神としてあつかう

こと。例菅原道真《すがわらのみちざね》の―した天神さま。②神の徳で人を導くこと。

【神火】《シンカ》①不思議な火。②神域などでたく清浄《セイジョウ》な火。③神体としての火山の噴火《フンカ》。御神火《ゴジンカ》。

【神格】《シンカク》①神としての資格。例―化。②神の格式。神の階級。

【神学】《シンガク》ある宗教の教えや信仰《シンコウ》を研究する学問。とくにキリスト教についていう。

【神楽】[一]《シンガク》①霊妙《レイミョウ》な音楽。②神をまつる音楽。[二]《かぐら》神前でおこなわれる舞楽《ブガク》。例―を奉納《ホウノウ》する。

【神学校】《シンガッコウ》キリスト教の神学を研究し、伝道者を養成する学校。

【神官】《シンカン》「神主《かんぬし》」に同じ。

【神器】[一]《シンキ》神をまつるときに用いる器具。[二]《ジンギ》皇位のしるしとされた神聖な宝器。例三種の―。

【神機】《シンキ》霊妙《レイミョウ》なはたらき。人間わざとは思えないほどすぐれた機略。

【神技】《シンギ》神でなければできないような、すばらしいわざ。

【神▼祇】《ジンギ》天神と地祇《チギ》。天の神と地の神。

【神橋】《シンキョウ》神社の境内《ケイダイ》や神殿《シンデン》などにかけてある橋。

【神宮】《ジングウ》①格式のとくに高い神社。例明治―。鹿島《かしま》―。②神をまつるみや。やしろ。

【神君】《シンクン》①道家《ドウカ》の神。②賢明《ケンメイ》な地方長官を、ほめていうことば。③徳川家康《いえやす》を、うやまった言い方。

【神経】《シンケイ》①脳とからだの各部をつなぎ、脳からの指令をからだの各部に伝え、各部からの刺激《シゲキ》を脳に伝える糸状の器官。②ものごとを感じとったり、反応したりする心のはたらき。例―が太い(=何ごとにもおどろかない)。―をつかう。

【神経過敏】《シンケイカビン》(名・形動ダナ)わずかな刺激《シゲキ》に対しても、過度に感じる精神の不安定な状態。

【神経質】《シンケイシツ》(名・形動ダナ)ものごとに敏感《ビンカン》に反応し、感情が不安定で気分が変わりやすい性質。また、わずかなことにもこだわる性質。

【神経衰弱】《シンケイスイジャク》①疲労《ヒロウ》や心労のため精神が不安定になり、刺激《シゲキ》に対し過敏《カビン》になる症状《ショウジョウ》。神経症《シンケイショウ》のこと。ノイローゼ。②トランプ遊びの一つ。

【神経病】《シンケイビョウ》神経症《シンケイショウ》や精神病など、神経系の病気をまとめていうことば。

【神剣】《シンケン》①神に供える剣。また、神からさずかった剣。②日本で、天皇の位の象徴《ショウチョウ》である三種《サンシュ》の神器《ジンギ》の一つ。草薙《くさなぎ》の剣《つるぎ》(=天叢雲剣《あまのむらくものつるぎ》)のこと。

【神権】《シンケン》①神の権威《ケンイ》。②神からさずかった権力。例帝王《テイオウ》―説。

【神国】《シンコク》神がつくり、守護するという国。〔日本を美しくいうことばとしても用いた〕類神州。

【神算】《シンサン》人知のおよばない、すぐれた計略。例―鬼謀《キボウ》。

【神事】《シンジ》神をまつる行事。

【神式】《シンシキ》神道《シントウ》の決まりによっておこなわれる儀式《ギシキ》。例結婚式《ケッコンシキ》を―でおこなう。

【神社】《ジンジャ》神をまつってあるところ。また、その建物。お宮。やしろ。

【神酒】《シンシュ》〔「みき」とも〕神に供える酒。お神酒《みき》。御酒《みき》。

【神出鬼没】《シンシュツキボツ》(名・形動ダナ)〔鬼神《キシン》が出没する意〕鬼神ではないかと思われるほどに、自由自在にあらわれたり、かくれたりすること。

【神助】《シンジョ》神のたすけ。例天佑《テンユウ》―。

【神将】《シンショウ》①神のようにすぐれた将軍。②天・地・陰《イン》・陽・日・月・四時・兵の、それぞれの主である八神。③〔「ジンショウ」とも〕仏教の行者《ギョウジャ》を守護する神。例十二―。

【神職】《シンショク》「神主《かんぬし》」に同じ。

【神人】《シンジン》①神と人。②神のようにすぐれた人。③キリスト教で、イエス=キリスト。

【神髄】《シンズイ》〔精神と骨髄の意〕ものごとの本質。そのものの中心となる、最もたいせつなこと。例―をきわめる。表記「真髄」とも書く。

【神通力】《ジンズウリキ》〔「ジンツウリキ」とも〕何ごとも思いのままにできる、超人《チョウジン》的な、不思議な能力。例―を発揮する。

【神性】《シンセイ》①心。精神。②神としての性質。

【神聖】《シンセイ》(名・形動ダナ)清らかでけがれがなく、おかしがたいこと。例―な場所。

【神仙】《シンセン》神通力をもった仙人。例―譚《タン》。―思想。

【神泉】《シンセン》①霊験《レイゲン》な力をもつといわれるいずみ。神が住むといういずみ。②神社の境内《ケイダイ》にあるいずみ。

【神前】《シンゼン》神のまえ。例―結婚《ケッコン》。

【神体】《シンタイ》神社などで、神の霊《レイ》が宿るものとしてまつるもの。ご神体。みたましろ。御正体《みショウタイ》。

【神代】《ジンダイ》《かみよ》日本で、神々が国を治めていたという、神武《ジンム》天皇即位《ソクイ》までの神話の時代。

【神託】《シンタク》神のお告げ。ご託宣《タクセン》。例―をうける。

【神典】《シンテン》①神のことを書いた書物。②神道《シントウ》の聖典。

【神殿】《シンデン》神をまつってある建物。

【神道】《シントウ》日本固有の民族信仰《シンコウ》。天照大神《あまてらすおおみかみ》をはじめとする神々をまつり、祖先をとうとぶことを重んずる。

【神童】《シンドウ》なみはずれてすぐれた才能をもった子供。例十《とお》で―、十五で才子、二十《はたち》過ぎればただの人。

【神女】《シンニョ》女の神。めがみ。類天女。

【神農】《シンノウ》中国古代の伝説上の皇帝《コウテイ》。三皇五帝の一つ。火の徳があったので炎帝《エンテイ》ともいい、はじめて人民に農業を教え、薬をつくったといわれる。

【神拝】《シンパイ》(名・する)神をおがむこと。神社に参拝すること。

【神罰】《シンバツ》神から受ける罰。例―がくだる。

【神秘】《シンピ》(名・形動ダナ)人知でははかり知ることができないような、不思議なこと。例自然の―。

【神品】《シンピン》人間のつくったものとは思えないほどの、芸術作品などの品位。また、その作品。

【神父】《シンプ》カトリック教会や東方正教会で、司祭をうやまっていうことば。

【神仏】《シンブツ》①神とほとけ。例―に祈念《キネン》する。②神道《シントウ》と仏教。

【神仏混▼淆】《シンブツコンコウ》日本古来の神道《シントウ》と外来の仏教とを結びつけた信仰《シンコウ》。仏や菩薩《ボサツ》が衆生《シュジョウ》を救うために、日本では、神道の神々に姿を変えていると説く。神仏習合。表記「神仏混交」とも書く。

【神木】《シンボク》神社の境内《ケイダイ》にあって、神霊《シンレイ》が宿るとされる(古い大きな)樹木。

【神米】《シンマイ》神に供える、洗い清めた米。

【神妙】《シンミョウ》(名・形動ダナ)①人知をこえた不思議なはたらき。②殊勝《シュショウ》なこと。けなげなこと。③すなおで、感心なこと。例―な顔つき。

【神▽馬】《シンメ》〔「ジンメ」「シンバ」とも〕神の乗用のためのものとして神社に奉納《ホウノウ》されているウマ。

【神明】《シンメイ》神。例天地―にちかう。

【神▼佑】《シンユウ》神の助け。類天佑。表記「神▼祐」とも書く。

【神▼輿】《シンヨ》《みこし》祭礼のときに神体を安置して、おおぜいでかつぐ輿《こし》。類御輿《みこし》。例―《みこし》を上げる(=立ち上がる。事にとりかかる)。―《みこし》を据《す》える(=腰《こし》をおちつけて動かない。ゆった

りと構える）。

【神力】《シンリョク》〔「シンリキ」とも〕①不思議な力。②神の偉大《イダイ》な力。

【神霊】《シンレイ》①神の（みたま）。例 ―の加護。②たましい。霊魂《レイコン》。例 ―が感応《カンノウ》しあう。③霊妙《レイミョウ》な徳。

【神話】《シンワ》①その民族の神を中心とした、天地の創造、民族の起源と歴史などを伝える伝説や物語。例 出雲《いずも》―。ギリシャ―。②（実際にはなんの根拠《コンキョ》もないのに）いっぱんに絶対的なものと信じられている考え方やことがら。
●氏神《うじがみ》・祭神《サイジン|サイシン》・七福神《シチフクジン》・失神《シッシン》・守護神《シュゴシン》・精神《セイシン》・天神《テンジン》

示 5
【祟】10画 6714 795F
音 スイ（漢）
訓 たた-る・たた-り
意味 鬼神《キシン》（＝天地万物《バンブツ》の霊魂《レイコン》）が人にわざわいをくだすこと。また、そのわざわい。たたる。たたり。例 禍祟《カスイ》（＝わざわい。たたり）。

ネ 5
【祖】9画 3336 7956 教育5
音 ソ（漢）（呉）
筆順 、 ラ ネ ネ 礻 初 祖 祖

示 5
【祖】10画 1-8925 FA50 人名
なりたち 祖 ［形声］「示（＝かみ）」と、音「且《ショ》→ソ」とから成る。始祖の霊《レイ》をまつる廟《ビョウ》。

意味 ❶祖先をまつるみたまや。例 祖廟《ソビョウ》。❷父親の父母。例 祖父《ソフ》。祖母《ソボ》。❸一族や国を開いた人。また、家系を受けついだ人々。例 祖先《ソセン》。高祖《コウソ》（＝遠い先祖）。❹事業や宗教の一派をはじめた人。また、ものごとのはじめ。もと。もとにする。受けつぐ。例 祖述《ソジュツ》。元祖《ガンソ》。教祖《キョウソ》。始祖《シソ》。❺旅の道中の安全をいのる神。例 道祖神《ドウソジン》。

難読 道祖神《さえのかみ》
人名 おや・さき・のり・はじめ・ひろ・もと
【祖業】《ソギョウ》祖先が始めてから、代々受けついでいる事業や仕事。例 ―をうけて、さらに発展させた。

【祖語】《ソゴ》〔言〕同じ系統の二つ以上の言語の、もととなる言語。母語。たとえば、ラテン語はフランス語・イタリア語・スペイン語などの祖語である。

【祖考】《ソコウ》〔「考」は、亡父の意〕死んだ祖父。また、死んだ父。（対）祖妣《ソヒ》。

【祖国】《ソコク》（先祖から代々住んできて）自分の生まれた国。（類）母国。

【祖師】《ソシ》①一派の学問を始めた師。②〔仏〕一宗一派を開いた僧《ソウ》。開祖。

【祖述】《ソジュツ》（名・する）師や先人の学説を受けつぎ、補い発展させながら学説をのべること。例 師説の―に終始し、独自の説がない。

【祖神】《ソシン》祖先である神。神としてまつった祖先。

【祖先】《ソセン》①一族や一家の初代にあたる人。（類）始祖。②初代から先代までの人々。（類）先祖。（対）子孫。②生物が進化してきた、そのもとのもの。例 人類の―。

【祖宗】《ソソウ》①建国の祖と中興の祖。②初代から先代までの、代々の君主。

【祖▼妣】《ソヒ》〔「妣」は、亡母の意〕死んだ祖母。また、死んだ母。（対）祖考。

【祖▼廟】《ソビョウ》祖先をまつるみたまや。

【祖父】《ソフ》父母の父。おじいさん。

【祖父母】《ソフボ》父母の父と母。おじいさんとおばあさん。

【祖母】《ソボ》父母の母。おばあさん。
●開祖《カイソ》・元祖《ガンソ》・教祖《キョウソ》・始祖《シソ》・先祖《センゾ》・父祖《フソ》

示 5
【祚】10画 6715 795A
音 ソ（漢）（呉）
訓 さいわ-い
意味 ❶神のくださるしあわせ。さいわい。例 天祚《テンソ》。❷天子の位。（同）阼《ソ》。例 践祚《センソ》（＝皇位をつぐ）。重祚《チョウソ》（＝再び即位《ソクイ》する）。

示 5
【祓】10画 6717 7953
音 フツ（漢）
訓 はら-う・はら-い・はら-え
意味 ❶神仏にいのって、わざわいや心身のけがれをのぞくこと。はらう。はらい。例 夏越《なごし》の祓《はらえ》（＝六月末におこなう、はらえ。六月祓《みなづきばらえ》）。❷のぞきさる。あらいきよめる。

ネ 5
【祐】9画 4520 7950 人名
音 ユウ（漢）
訓 たす-け・たす-ける

示 5
【祐】10画 1-8924 FA4F 人名
なりたち 祐 ［形声］「示（＝かみ）」と、音「右《ユウ》」とから成る。たすける。
意味 天や神仏が助ける。たすけ。たすける。例 祐助《ユウジョ》。天祐《テンユウ》。
日本語での用法《ジョウ》律令制《リツリョウセイ》の四等官《シトウカン》で、神祇官《ジンギカン》の第三位。判官《ジョウ》。「神祇《ジンギ》の祐《ジョウ》」
人名 さち・じょう・すけ・たすく・ひろ・ひろし・まさ・ます・むら・よし
【祐助】《ユウジョ》天のたすけ。（類）天祐・神助。
【祐筆】《ユウヒツ》①貴人のそばに仕えた書記。記録係。②武家で、文書や記録をつかさどる役。表記 ▽「右筆」とも書く。

ネ 5
【祢】9画 ⇩【禰】《ネ》（729ページ）

示 5
【祕】10画 ⇩【秘】《ヒ》（733ページ）

示 6
【祭】11画 2655 796D 教育3
音 セイ（漢）サイ（呉）
訓 まつ-る・まつ-り
筆順 ノ ク タ 夕 夕又 夕又 祭 祭
なりたち 祭 ［会意］「示（＝かみ）」と、「又（＝手）」と「月（＝にく）」とから成る。手に肉を持って神に供える。まつる。
意味 神や祖先の霊《レイ》をまつる。また、その儀式《ギシキ》。例 祭祀《サイシ》。祭礼《サイレイ》。冠婚葬祭《カンコンソウサイ》。
日本語での用法《サイ・まつり》毎年定例の、また記念の日などにおこなう、にぎやかなもよおし。「前夜祭《ゼンヤサイ》・文化祭《ブンカサイ》・時代祭《ジダイまつり》」
【祭器】《サイキ》宗教上のまつりに用いる器具。（類）祭具。例 ―として用いた土器《ドキ》。
【祭儀】《サイギ》まつりの儀式。（類）祭礼。
【祭司】《サイシ》宗教上の行事をつかさどる人。
【祭▼祀】《サイシ》神や祖先などをまつること。（類）祭典。例 ―をとりおこなう。
【祭事】《サイジ》まつり。神事。例 宵祭り《よいまつり》の―。
【祭日】《サイジツ》①神社で、まつりをおこなう日。②日本で、明治時代から敗戦前まで、皇室や国がおおやけの祭事をおこなった日。③一九四八（昭和二十三）年制定の「国民の祝日」のこと。
【祭主】《サイシュ》①主《シュ》になってまつりを進めおこなう人。②伊勢神宮《いせジングウ》の神官の長。例 ―の宮《みや》。

【祭場《サイジョウ》】神や祖先などをまつる儀《ギ》式《シキ》をおこなうところ。祭祀場《サイシジョウ》。→【斎場《サイジョウ》】(1114ページ)

【祭神《サイジン》】〔「サイシン」とも〕まつってある神。例 春《かす》日《が》神社の—。

【祭政一致《サイセイイッチ》】祭(=神をまつること)と政(=政治)とは同一のものであるとする、古代社会の考え方。

【祭壇《サイダン》】宗教の儀《ギ》式《シキ》をおこなうために設ける、小高い場所。また、その設備。

【祭典《サイテン》】①まつり。また、その儀《ギ》式《シキ》。②まつりになぞらえておこなう、はなやかなもよおし。例 民族の—。

【祭殿《サイデン》】まつりをおこなうための建物。

【祭服《サイフク》】神官やキリスト教の司祭などが、儀《ギ》式《シキ》のときに着る衣服。

【祭文】[一]《サイブン》①中国で、まつりのとき神前で読み上げる文。②死者をとむらい、まつる文。[二]《サイモン》①〔「サイブン」とも〕日本で、神に告げる漢文風の文。②俗謡《ゾクヨウ》の一つ。三味線《しゃみせん》の伴奏《バンソウ》で歌う。歌《うた》祭文《ザイモン》。

【祭礼《サイレイ》】まつり。宗教上の儀《ギ》式《シキ》。

●司祭《シサイ》・葬祭《ソウサイ》・大祭《タイサイ》・例祭《レイサイ》

ネ 6
【祥】
10画 3045 7965 常用
音 ショウ 漢
訓 さいわい

筆順 、 ラ ネ ネ' ネ丷 ネ𦍌 祥

示 6
【祥】
11画 1-8929 FA1A 人名

なりたち 祥 [形声]「示(=かみ)」と、音「羊《ヨウ》→ショウ」とから成る。さいわい。

意味 ❶めでたいこと。よいこと。さいわい。例 吉祥《キッショウ》。❷(吉凶《キッキョウ》の)前ぶれ。きざし。例 嘉祥《カショウ》(=めでたいしるし)。瑞祥《ズイショウ》(=めでたい前ぶれ)。❸喪《も》が明けたときの祭り。例 小祥《ショウショウ》(=一年祭)。大祥《タイショウ》(=三年祭)。

人名 あき・あきら・きざし・さか・さき・さち・さむ・ただ・なか・なが・ひろ・ひろし・やす・やすし・よし・よしみ

【祥雲《ショウウン》】めでたいことが起こるきざしの雲。類 瑞雲《ズイウン》。

【祥気《ショウキ》】めでたいことが起こりそうな気配。

【祥▼瑞《ショウズイ》】めでたいことの起こる前ぶれ。類 瑞祥・吉兆《キッチョウ》。

【祥月《ショウつき》】一周忌《キ》後の、その人の亡《な》くなった月にあたる月。

【祥月命日《ショウつきメイニチ》】人の死後毎年めぐってくる、その人の亡《な》くなった月日と同じ月日。

●吉祥《キッショウ》・清祥《セイショウ》・発祥《ハッショウ》・不祥《フショウ》

示 6
【票】
11画 4128 7968 教育4
音 ヒョウ 漢
訓 ふだ

筆順 一 冖 襾 覀 覀 票 票

なりたち 㶾 [会意]本字は「㶾」で、「火(=ひ)」と「䙴(=高くのぼる)」の省略体とから成る。火が飛ぶ。

意味 ❶火の粉が飛び散るようす。また、軽くまい上がるようす。❷切手。てがた。ふだ。例 証票《ショウヒョウ》。伝票《デンピョウ》。❸選挙や採決に用いる用紙。また、それを数えることば。例 一票《イッピョウ》。投票《トウヒョウ》。

【票決《ヒョウケツ》】(名・する)投票で決めること。例 —を求める。

【票田《ヒョウデン》】選挙で、その候補者にとって得票の多い地域。

●開票《カイヒョウ》・伝票《デンピョウ》・投票《トウヒョウ》・得票《トクヒョウ》・満票《マンピョウ》

ネ 7
[祷]
11画 ⇩【禱《トウ》】(729ページ)

示 8
【祺】
13画 6718 797A
音 キ 漢
訓 さいわ-い・よ-し

意味 めでたい。さいわい。例 祺祥《キショウ》(=さいわい。めでたいこと)。

示 8
【禁】
13画 2256 7981 教育5
音 キン 漢 コン 呉
訓 とど-める

筆順 一 十 オ 木 林 林 埜 禁

なりたち 禁 [形声]「示(=かみ)」と、音「林《リン》→キン」とから成る。いみさける。

意味 ❶不吉《フキツ》なことをさける。いむ。例 禁忌《キンキ》。❷してはいけないこととして、やらせない。とどめる。きんじる。例 禁止《キンシ》。解禁《カイキン》。❸とじこめる。例 禁固《キンコ》。監禁《カンキン》。❹いっぱんの人がはいれない神聖なところ。天子のすまい。例 禁中《キンチュウ》。

【禁圧《キンアツ》】(名・する)力でおさえつけ、禁止すること。例 自由な行動を—する。

【禁煙《キンエン》】[一](名)①禁中のけむり。宮中から立ちのぼるけむり。②火を用いることをやめて、冷たい食事をとること。[二](名・する)タバコを吸うことを禁止すること。また、タバコを吸う習慣をやめること。例 —して養生《ヨウジョウ》する。

【禁戒《キンカイ》】禁じいましめること。おきて。

【禁忌《キンキ》】①忌《い》みはばかって、禁止されていること。タブー。②さしさわるとして、特定の薬や治療《チリョウ》をさけること。例 —をおかす。

【禁句《キンク》】①言ってはならないことば。また、使うことをさけることば。②和歌や俳句などで使ってはならない語句。止め句。

【禁固《キンコ》】①仕官の道をふさぎとめること。②一室に閉じこめて外に出さないこと。③〔法〕刑務所《ケイムショ》に入れておくだけで、強制労働をさせない刑罰《ケイバツ》。対 懲役《チョウエキ》。例 —刑。
表記 ▽「禁錮」とも書く。

【禁獄《キンゴク》】(名・する)牢獄《ロウゴク》に閉じこめておくこと。

【禁札《キンサツ》】禁止することをしるした立てふだ。たとえば、「花の枝を折るな」「立ち入り禁止」など。

【禁止《キンシ》】(名・する)差しとめること。命令や規則などによって発言や行為《コウイ》などを許さないこと。対 許可。例 遊泳—。入室を—する。

【禁酒《キンシュ》】(名・する)飲酒を禁止すること。また、飲酒の習慣をやめること。

【禁書《キンショ》】法律や命令で、特定の書物の出版や販売《ハンバイ》、あるいは閲覧《エツラン》を禁止すること。また、その書物。例 カトリック教会の—。

【禁制《キンセイ》】(名・する)〔古くは「キンゼイ」とも〕とり決めや規則によってある行為《コウイ》を禁じること。例 女人《ニョニン》—。

【禁足《キンソク》】(名・する)外出を禁止すること。足止め。

【禁帯出《キンタイシュツ》】外への持ち出しを禁止すること。例 —の貴重《キチョウ》な本。

【禁断《キンダン》】してはいけないと禁じること。類 禁止・禁制。例 殺生《セッショウ》—の地。

【禁断症状《キンダンショウジョウ》】タバコ・アルコール飲料・麻薬《マヤク》などの長い慣用から依存《イゾン》症になり、急にやめると起こる、異常な症状。例 —に苦しむ。

【禁断の木の実《キンダンのこのみ》】『旧約聖書』にある、神から食べることを禁じられていた、エデンの園《その》の知恵《チエ》の木の実。また、禁じられている快楽。

【禁治産】《キンチサン》〔「キンジサン」とも〕心神に欠陥《ケッカン》がある者を保護するために、後見人をつけて財産の管理をさせること。また、その制度。現在では成年後見制度が導入されている。

【禁中】《キンチュウ》天子の住居。類宮中・禁裏《キンリ》。

【禁鳥】《キンチョウ》法律によって、捕獲《ホカク》することが禁じられている鳥。保護鳥。

【禁転載】《キンテンサイ》出版物の文章や写真などを、他のものに掲載《ケイサイ》することを禁止すること。

【禁物】《キンモツ》してはいけないこと。さけるべきこと。例油断―。

【禁輸】《キンユ》輸出入を禁止すること。例武器―をゆるめる。

【禁欲】《キンヨク》（名・する）欲望、とくに性欲を禁じおさえること。例―生活。表記旧禁▼慾

【禁裏】《キンリ》天子の住居。類宮中・禁中。表記「禁▼裡」とも書く。

【禁猟】《キンリョウ》鳥やけものなどの捕獲《ホカク》を法律で禁止すること。例―区。

【禁漁】《キンリョウ》〔「キンギョ」とも〕魚介類《ギョカイルイ》や海藻《カイソウ》などの水産物をとることを、条例や規約によって禁じること。例―水域。

【禁令】《キンレイ》ある行為《コウイ》を禁止する法律や命令。類禁制・法度《ハット》。例―を破る。―にそむく。

●解禁《カイキン》・監禁《カンキン》・厳禁《ゲンキン》・国禁《コッキン》・失禁《シッキン》・軟禁《ナンキン》・発禁《ハッキン》

ネ 8

【禄】

12画 4729 7984 人名 音ロク漢呉 訓ふち・さいわい

示 8

【祿】

13画 6719 797F 人名

なりたち 祿 ［形声］「示（=かみ）」と、音「彔《ロク》」とから成る。さいわい。

意味 ❶天からあたえられた幸《さち》。さいわい。例美禄《ビロク》（=酒をさしていう）。福禄《フクロク》（=さいわい）。❷役人の俸給《ホウキュウ》。ふち。例禄米《ロクマイ》。俸禄《ホウロク》。

人名 さち・とし・とみ・よし

【禄位】《ロクイ》俸給《ホウキュウ》と官位。官職につくこと。

【禄仕】《ロクシ》（名・する）俸給《ホウキュウ》を受け、仕官すること。

【禄爵】《ロクシャク》〔「爵」は、公《コウ》・侯《コウ》・伯《ハク》・子・男の身分をあらわす位の意〕俸給《ホウキュウ》と爵位。

【禄高】《ロクだか》俸給《ホウキュウ》としてもらう扶持米《フチマイ》の量。

【禄米】《ロクマイ》俸給《ホウキュウ》としてもらう米。扶持米《フチマイ》。

●家禄《カロク》・貫禄《カンロク》・高禄《コウロク》・微禄《ビロク》・俸禄《ホウロク》・無禄《ムロク》

示 8 【禀】13画 ⇩【稟】《ヒン》（736ページ）

示 8 【祿】13画 ⇩【禄】《ロク》（728ページ）

ネ 9

【禍】

13画 1850 798D 常用 音カ漢 訓わざわい

筆順 ネ ネ 礻冂 礻冋 礻咼 禍 禍 禍

示 9

【禍】

14画 1-8931 FA52 人名

なりたち 禍 ［形声］「示（=かみ）」と、音「咼《カ》」とから成る。神のくだすわざわい。

意味 ❶神のとがめ。悪いできごと。わざわい。対福《フク》。例禍福《カフク》。惨禍《サンカ》。❷わざわいをあたえる。わざわいする。

難読 禍《まが》つ日《ひ》

人名 まが

【禍害】《カガイ》わざわい。類災難。

【禍根】《カコン》わざわいのもと。例―を残す。今こそ―を断《た》たねばならない。

【禍福】《カフク》わざわいとしあわせ。災難と幸福。

【禍福《カフク》はあざなえる縄《なわ》のごとし】禍福《カフク》はより合わせた縄のようにからみ合って、かわるがわるやってくるものだ。→【塞翁が馬】《サイオウがうま》（238ページ）

【▽禍《わざわい》は口《くち》より生《ショウ》ず】災難は、不用意なことばを言うのがもとで生じる。口には注意せよというい ましめ。

【▽禍《わざわい》を転《テン》じて福《フク》となす】わざわいをうまく処理して、逆に成功や幸福のきっかけとする。

●奇禍《キカ》・災禍《サイカ》・惨禍《サンカ》・水禍《スイカ》・舌禍《ゼッカ》・戦禍《センカ》・筆禍《ヒッカ》・輪禍《リンカ》

示 9

【禊】

14画 6720 798A 音ケイ漢 訓みそぎ・はら-う

意味 水浴びをして身のけがれや罪をはらいきよめる祭り。みそぎ。また、みそぎをする。きよめる。はらう。例禊宴《ケイエン》（=みそぎの日の宴会）。

ネ 9

【禅】

13画 3321 7985 常用 音セン漢ゼン呉 訓ゆず-る

筆順 ネ ネ ネ゛ 礻" 禅 禅 禅 禅

示12

【禪】

17画 6724 79AA 人名

なりたち 禪 ［形声］「示（=かみ）」と、音「單《タン→セン》」とから成る。天地をまつる。

意味 ❶天子がおこなう天地をまつる儀式《ギシキ》。例封禅《ホウゼン》。❷天子の位を有徳者にゆずる。ゆずる。例禅譲《ゼンジョウ》。❸心を静かにして真理をさとるための修行《シュギョウ》。例座禅《ザゼン》。参禅《サンゼン》。❹「禅宗《ゼンシュウ》」の略。例禅僧《ゼンソウ》。禅門《ゼンモン》。

人名 さと・さとる・しず・しずか・よし

【禅院】《ゼンイン》禅宗の寺。

【禅家】《ゼンケ》〔「ゼンカ」とも〕禅宗。また、禅宗の寺。

【禅語】《ゼンゴ》禅宗で用いることば。

【禅刹】《ゼンサツ》禅宗の寺。

【禅師】《ゼンジ》〔「ゼンシ」とも〕①禅の道をきわめた、徳の高い僧《ソウ》。例白隠《ハクイン》―。②中国および日本で、朝廷《チョウテイ》から高徳の僧におくられた尊号。③僧。法師。

【禅室】《ゼンシツ》①座禅をする部屋。②禅僧《ゼンソウ》の部屋。③禅宗で、住職や寺の主。

【禅宗】《ゼンシュウ》座禅によってさとりを開こうとする仏教の一宗派。文字によらず、理論を語らず、以心伝心（=ことばを使わなくても心の中が通じあえること）を重んじる。日本には臨済《リンザイ》宗・曹洞《ソウトウ》宗・黄檗《オウバク》宗の三派がある。

【禅▼杖】《ゼンジョウ》①座禅のとき、ねむる者をいましめるために打つ、つえ。警策。②禅僧《ゼンソウ》が持つ、つえ。

【禅定】《ゼンジョウ》座禅で、精神を統一して無我《ムガ》の境地にはいること。無念無想の状態になること。例―に入《い》る。

【禅譲】《ゼンジョウ》（名・する）天子の在世中に、天子となるにふさわしい人を得て、その位をゆずりわたすこと。理想的な政権交代とされた。対放伐《ホウバツ》。

【禅僧】《ゼンソウ》禅宗の僧。また、座禅をおこなう僧。

【禅寺】《ゼンでら》禅宗の寺。禅林《ゼンリン》。

【禅堂】《ゼンドウ》禅宗の寺の建物。また、座禅をするところ。

【禅尼】《ゼンニ》仏門にはいった女性。また、禅を修行《シュギョウ》する女性。対禅門。

【禅味】《ゼンミ》①座禅のときの静かですんだおもむき。例―を解する。②俗気《ゾッケ》をはなれた、さっぱりとしたおもむき。例老境にはいって―を加える。

【禅門《ゼンモン》】①禅宗。②仏門にはいった男性。また、禅を修行《シュギョウ》する男性。㊜禅尼《ゼンニ》。

【禅問答《ゼンモンドウ》】①禅宗の僧《ソウ》が道を求めさとりを開くためにおこなう問答。②論理をこえていて、わかりにくいことばのやりとり。

【禅林《ゼンリン》】禅宗の寺。禅寺《ゼンでら》。

【禅話《ゼンワ》】禅宗の講話。

●座禅《ザゼン》・参禅《サンゼン》・友禅《ユウゼン》

ネ 9

【禎】13画 3687 798E 人名 音テイ㊵ 訓さいわ-い

示 9

【禎】14画 1-8932 FA53 人名

たなちり 禎 [形声]「示(=かみ)」と、音「貞《テイ》」とから成る。さいわい。

意味 めでたいしるし。めでたい。また、さいわい。例禎祥《テイショウ》(=めでたいしるし)。

人名 さだ・さだむ・さち・ただ・ただし・ただす・つぐ・とも・よし

ネ 9

【福】13画 4201 798F 教育3 音フク㊵㊱ 訓さいわ-い

筆順 ラ ネ ネ ネ ネ 福 福 福

示 9

【福】14画 1-8933 FA1B 人名

たなちり 福 [形声]「示(=かみ)」と、音「畐《フク》」とから成る。すべてがうまくいく。

意味 ❶しあわせ。さいわい。㊜禍《カ》。例幸福《コウフク》。至福《シフク》。❷さいわいをあたえる。例祝福《シュクフク》。

人名 おさ・おさむ・さき・さち・たる・とし・とみ・とむ・ね・むら・めぐみ・めぐむ・やす・やすし・ゆたか・よし

【福音《フクイン》】①喜ばしい知らせ。例病人にとっての―。②神がキリストによって伝えた、人類救済の教え。例―書。

【福運《フクウン》】幸福になる運命。幸福と幸運。例―にめぐまれる。

【福祉《フクシ》】①さいわい。幸福。②老人・児童・病人・障害者などの、日常生活の安定と向上をはかること。例―国家。―事業。

【福寿《フクジュ》】幸福で長生きすること。例―の相。

【福寿草《フクジュソウ》】多年草の草花の一つ。早春に黄色の花をつける。めでたい花として正月のかざりに使われる。

【福神《フクジン》】福の神。幸福をさずける神。例七―。

【福助《フクすけ》】①ちょんまげを結《ゆ》い、かみしもを着て、正座している人形。頭が大きく顔がふっくらとしていて、福を招くという。②頭が大きく顔がふっくらとした人。

【福相《フクソウ》】幸運にめぐまれる人相。ふくぶくしい顔のようす。㊜貧相《ヒンソウ》。

【福地《フクチ》】①幸運をもたらす土地。また、肥沃《ヒヨク》な土地。②極楽《ゴクラク》。また、神仙《シンセン》の住むところ。

【福茶《フクチャ》】クロマメやコンブ、うめぼしなどをまぜた、せん茶。正月に長寿《チョウジュ》を祝って飲む。

【福徳《フクトク》】幸福と利益。よいおこないをして、幸運や財産にめぐまれていること。例―をさずかる。

【福引き《フクびき》】くじ引きで景品をあてさせること。また、そのくじ。

【福袋《フクぶくろ》】いろいろな品物を入れて封《フウ》をし、各人に選び取らせる、安く売り出すふくろ。正月の商店などで見られる。

【福豆《フクまめ》】節分にまく、いったマメ。

【福耳《フクみみ》】耳たぶの大きい耳。幸福になる相といわれる。

【福利《フクリ》】幸福と利益。例―厚生《コウセイ》。

【福▼禄《フクロク》】幸福。しあわせ。

【福▼禄寿《フクロクジュ》】①幸福と長寿。②七福神のひとり。背が低くて頭が長く、長いひげをたくわえ、経巻《キョウカン》を結びつけたつえを持ち、ふつう、ツルを従えている。福禄人。福禄神。

【福笑い《フクわらい》】正月の遊びの一つ。顔の輪郭《リンカク》を書いた紙の上に、眉《まゆ》・目・鼻・口の紙片を置き、できあがりを楽しむもの。

●禍福《カフク》・眼福《ガンプク》・口福《コウフク》・幸福《コウフク》・至福《シフク》・祝福《シュクフク》・招福《ショウフク》・冥福《メイフク》・裕福《ユウフク》

示10

【禝】15画 ⇩【稷】《ショク》(737ページ)

示 12

【禧】17画 6722 79A7 音キ㊵ 訓さいわ-い

意味 よろこばしく、めでたい。さいわい。例新禧《シンキ》(=新年のよろこび)。

示 12

【禦】17画 2190 79A6 音ギョ㊵ゴ㊱ 訓ふせ-ぐ

意味 くいとめる。ふせぐ。㊞御《ギョ》。例制禦《セイギョ》。防禦《ボウギョ》。

示12

【禪】17画 ⇩【禅】《ゼン》(728ページ)

示13

【禮】18画 ⇩【礼】《レイ》(722ページ)

示 14

【禱】19画 1-8935 79B1 人名 音トウ㊵㊱ 訓いの-る・いの-り

ネ 7

【祷】11画 3788 7977 人名 俗字

意味 神に告げて幸福をもとめる。いのる。いのり。例祈禱《キトウ》。默禱《モクトウ》。

示 14

【禰】19画 3909 79B0 人名 音ネ㊪デイ㊵

ネ 5

【祢】9画 3910 7962 人名 俗字

意味 父の霊《レイ》をまつるところ。父の廟《ビョウ》。例禰祖《デイソ》(=父や祖先をまつる、みたまや)。

日本語での用法 《ね》「ね」の音をあらわす万葉がな。「禰宜《ねぎ》・美禰子《みねこ》(=人名)」

【禰宜《ねぎ》】神社に奉職《ホウショク》する神職の階級で、宮司《グウジ》または神主《かんぬし》に次ぐ。

示 17

【禳】22画 6726 79B3 音ジョウ㊵ 訓はら-う・まつり

意味 神にいのって、わざわいをのぞき去る。はらう。例禳災《ジョウサイ》(=わざわいをはらう)。

【禳▼禱《ジョウトウ》】(名・する)神をまつってわざわいをはらい、幸いをいのること。

114 5画

内 じゅうのあし ぐうのあし 部

けものの足あとの形をあらわす。「内」の字の音は、ジュウ。「禺《グウ》」の字にある脚《あし》(=漢字の下がわの部分)であることから「ぐうのあし」ともいう。「内」をもとにしてできている漢字を集めた。

4 禹 禺 8 禽

この部首に所属しない漢字

離 ⇩ 隹 1047　鞠 ⇩ 黍 1110

内 4

【禹】 9画 6727 79B9 音 ウ 漢

意味 中国古代の伝説上の聖王。夏《カ》王朝の開祖とされる。例 夏禹《カウ》。

【禹域】《ウイキ》「中国」の別名。中国古代の夏《カ》の禹王が洪水《コウズイ》を治め、中国の国境を正したという伝説にもとづく。

【禹行▼舜▼趨】《ウコウシュンスウ》〔聖天子とされる、禹の歩き方と舜《シュン》の走り方〕聖人の表面的な動作を見習うだけで内容がともなわないこと。

内 4

【禺】 9画 6728 79BA 音 グウ 慣 グ 漢 訓 さる

意味 けものの名。オナガザル。

内 8

【禽】 13画 2257 79BD 人名 音 キン 漢 訓 とり

意味 ❶鳥類のこと。とり。例 禽獣《キンジュウ》。家禽《カキン》（＝食用などのため家で飼う鳥）。猛禽《モウキン》。〔古くは、鳥やけものをまとめていうことば。五禽《ゴキン》は、トラ・シカ・クマ・サル・鳥〕 ❷とりこ（にする）。同 擒《キン》。例 禽獲《キンカク》（＝とりこにする）。

【禽獣】《キンジュウ》 鳥やけもの。例 —に等しい行為《コウイ》。

【禽鳥】《キンチョウ》 とり。鳥類。

115 5画 禾 のぎ のぎへん 部

穂先《ほさき》のたれた穀物の形をあらわす。片仮名《かたかな》の「ノ」と漢字の「木《き》」を合わせた形に似ているので「のぎ・のぎへん」という。「禾」をもとにしてできている漢字と、「禾」の字形を目じるしにして引く漢字とを集めた。

禾 0

【禾】 5画 1851 79BE 人名 音 カ 漢 呉 訓 いね・のぎ

意味 穀物。アワ、また、イネを指す。例 禾穂《カスイ》（＝イネの穂《ほ》）。禾本科《カホンカ》。

日本語での用法《のぎ》イネやムギなどの穂《ほ》の先にある、細い針のような毛。

人名 いな・つとむ・ひいず・ひで

【禾本科】《カホンカ》 植物の分類上の名。「イネ科」のもとの言い方。イネ・ムギ・トウモロコシ・ススキ・タケ・ササなど。

禾 2

【私】 7画 2768 79C1 教育6 音 シ 漢 呉 訓 わたくし・わたし・ひそか

筆順 丿 二 千 禾 私 私

なりたち  ［形声］「禾（＝いね）」と、音「ム《シ》」とから成る。イネ。借りて「わたくし」の意。

意味 ❶〔公《おおやけ》に対して〕個人的な。自分の。わたくし。対 公《コウ》。例 私財《シザイ》。公私《コウシ》。❷自分かってな。わたくしする。かたよった。例 私心《シシン》。私利私欲《シリシヨク》。❸こっそりと。秘密の。ひそか。例 私語《シゴ》。私淑《シシュク》。私通《シツウ》。

日本語での用法《わたくし・わたし》自分を指すことば。「私《わたくし》の希望《キボウ》を申《もう》します・私《わたし》の家族《カゾク》」

難読 私語《ささめごと》・私市《きさいち》（＝地名・姓《せい》）

人名 とみ

【私案】《シアン》 個人的な、自分だけの考え。例 改革のための—。

【私意】《シイ》 自分の個人的な考えや意見。自分かってな心。例 —をさしはさむ。—によって改める。

【私営】《シエイ》 個人の経営。対 公営・官営・国営。

【私益】《シエキ》 個人の利益。私利。対 公益。

【私怨】《シエン》 個人的なうらみ。例 いつまでも—を捨てない。

【私家】《シカ》 ①自分（所有）の家。私宅。②個人。例 —集。

【私学】《シガク》 私立の学校。対 官学。

【私記】《シキ》 個人的な記録。例 方丈記《ホウジョウキ》—。

【私議】《シギ》 ㊀（名）自分ひとりの意見。㊁（名・する）かげで批判すること。ひそかにそしること。

【私刑】《シケイ》 法律によらないで、個人や群衆が、かってにおこなう制裁。リンチ。

【私見】《シケン》 自分の個人的な意見。例 —を発表する。

【私権】《シケン》 私法上認められる権利。身分権・財産権・人格権など。対 公権。例 —を制限する。

【私語】《シゴ》（名・する）ひそかに話すこと。また、その話。ひそひそ話。例 会議中に—する。—を禁止する。

【私行】《シコウ》 ①一個人としての、私生活上の行為《コウイ》。②自分かってな行為。

【私財】《シザイ》 個人の財産。例 —を寄付する。—を投じる。

【私史】《シシ》 個人の書いた歴史書。野史。対 正史。

【私事】《シジ》 ①個人的なことがら。わたくしごと。対 公事。例 —にわたってくわしく述べる。②私生活上の秘密。例 他人の—をあばく。

【私室】《シシツ》 自分の部屋。個人の使用する部屋。

【私淑】《シシュク》（名・する）直接に教えを受けないが、ひそかにその人を尊敬し、手本として学ぶこと。例 その作品を通じて—していた作家。

【私塾】《シジュク》 個人で経営する小さな学校。家塾。

【私書】《シショ》 個人的な手紙。私信。

【私書箱】《シショばこ》「郵便私書箱」の略。郵便局内に備えてあり、個人専用に有料で貸す、郵便受け取り箱。

【私傷】《シショウ》 公務中でないときに受けたきず。対 公傷。

【私情】《シジョウ》 ①自分の個人的な感情。例 —を述べる。②自分の利益を考える心。例 —をさしはさむ。

【私小説】《シショウセツ》 ①作者自身の生活を題材とし、その心境を告白していく小説。わたくし小説。②一人称《イチニンショウ》で書かれた小説。イッヒロマン。

【私心】《シシン》 ①自分の個人的な考え。②自分の利益やつごうだけをはかる心。例 —をもたない人。

【私信】《シシン》 個人的な手紙。

【私人】《シジン》 公的な地位や立場をはなれた個人。対 公人。例 —としての発言。

【私製】《シセイ》 個人や民間で作ること。また、作ったもの。対 官製。例 —はがき。

【私生活《シセイカツ》】おおやけの立場を別にした、日常における個人としての生活。

【私生児《シセイジ》】〔もと、法律では「私生子《シ》」といった〕「嫡出《チャクシュツ》でない子」の、もとのいっぱん的な言い方。法律上夫婦《フウフ》でない男女のあいだに生まれた子供。

【私設《シセツ》】(名・する)個人・民間で設立すること。また、そのもの。(対)公設・官設。例―の研究所。

【私▼撰《シセン》】勅命《チョクメイ》や官命によらず個人が作品をえらんで編集すること。また、そうしてできた本・作品集。(対)勅撰・官撰。例―の歌集。

【私選《シセン》】(名・する)個人がえらぶこと。(対)国選・公選・官選。例―弁護人。

【私蔵《シゾウ》】(名・する)個人が所蔵し、しまっておくこと。また、そのもの。例―の書物。

【私通《シツウ》】(名・する)夫婦《フウフ》でない男女が、ひそかに夫婦同様の親しい関係を結ぶこと。密通。

【私邸《シテイ》】個人の家屋敷《いえやしき》。私宅。(対)官邸・公邸。

【私的《シテキ》】(形動ダ)おおやけの立場ではなく、個人として関係するようす。個人的。プライベート。(対)公的。例―な話。

【私闘《シトウ》】(名・する)個人的な理由で争うこと。

【私道《シドウ》】私有地内につくった道路。(対)公道。

【私版《シハン》】①民間で出版すること。また、その出版物。(対)官版。②自費で出版すること。また、その出版物。私家版。

【私費《シヒ》】個人で支出する費用。(対)公費・官費。例―留学。―を投じる。

【私服《シフク》】①制服ではない、個人の服。(対)制服。②仕事の必要上、「①」を着て任務につく刑事《ケイジ》や巡査《ジュンサ》。

【私腹《シフク》】自分個人の利益や財産。自分のふところ。例―を肥やす。

【私物《シブツ》】個人の所有物。例―化する。―を持ちこむ。

【私憤《シフン》】個人的ないかり。(対)公憤。例―を晴らす。

【私文書《シブンショ》】①個人の立場でつくった文書。②公文書でない文書。例―を偽造《ギゾウ》する。▽(対)公文書。

【私兵《シヘイ》】個人が養成し、維持《イジ》している兵・軍隊。

【私法《シホウ》】〔法〕個人の権利や義務を規定した法律。民法・商法など。

【私有《シユウ》】(名・する)個人のものとして持っていること。(対)公有・国有。例―地。

【私用《シヨウ》】[一](名・する)おおやけの用ではなく、自分だけのために使うこと。例官費で買ったものを―する。[二](名)個人的な用事。例勤務中に―で外出する。▽(対)公用。

【私欲《シヨク》】自分だけの利益をのぞむ気持ち。例私利―。

表記 (旧)私▼慾
【私利《シリ》】自分だけの利益。例―私欲。

【私立《シリツ》】国や地方公共団体ではなく、個人または法人が設立し運営すること。また、そのもの。わたくしりつ。(対)公立・国立・官立。例―学校。

【私論《シロン》】自分だけの個人的な意見。例―を述べる。

【私話《シワ》】ひそひそ話。私語。

禾 2
【秀】
7画 2908 79C0 常用
音 シュウ(漢)
訓 ひい-でる

筆順 ノ ニ 千 禾 禾 禾ノ 秀

なりたち  [会意]「禾(=いね)」と「乃(=もみの中の実)」とから成る。イネがのびて実がなる。

意味 イネの穂《ほ》が高くのびる。転じて、すぐれている。ひいでる。
例 秀才《シュウサイ》。俊秀《シュンシュウ》。優秀《ユウシュウ》。
難読 秀倉《ほくら》
人名 さかえ・しげ・しげる・すえ・すぐる・すぐれ・ひいず・ひで・ひでし・ほ・ほず・みつ・みのる・よし

【秀逸《シュウイツ》】(名・形動ダ)とびぬけてすぐれていること。また、そのもの。例―な作品。文章も理念も―である。

【秀歌《シュウカ》】すぐれた和歌。例『古今集《コキンシュウ》』中の―を集める。

【秀吟《シュウギン》】すぐれた詩歌《シイカ》。例いっぱんから―を募《つの》る。

【秀句《シュウク》】①すぐれた詩歌《シイカ》・俳諧《ハイカイ》。(類)秀吟《シュウギン》。②たくみな言いかけの表現。じょうずなしゃれ。

【秀才《シュウサイ》】①すぐれた才能があって、学問のよくできる人。英才。例―のほまれ高い好青年。②漢代、州の長官から官吏《カンリ》として推薦《スイセン》された人。③科挙(=役人の採用試験)の試験科目の名。また、科挙の合格者。

【秀作《シュウサク》】すぐれた作品。(対)凡作《ボンサク》・愚作《グサク》・駄作《ダサク》。

【秀抜《シュウバツ》】(名・形動ダ)他よりぬきんでて、すぐれていること。例成績の―な学生。

【秀峰《シュウホウ》】高くそびえ立っているみね。例―津軽富士《つがるふじ》。

【秀麗《シュウレイ》】(名・形動ダ)すぐれて美しいこと。例眉目《ビモク》―な青年。

禾 2
【禿】
7画 3837 79BF
音 トク(漢)
訓 はげ・は-げる・かむろ

意味 ❶頭の毛がぬけてなくなる。はげる。はげ。例禿翁《トクオウ》(=頭のはげた老人)。禿頭《トクトウ》。❷山に草木のないこと。例禿山《トクザン》(=はげ山)。❸(筆の)先の部分がすりきれること。例禿筆《トクヒツ》。

日本語での用法《かぶろ・かむろ》頭髪《トウハツ》をおかっぱに切ること。また、その姿の女の子。「髪《かみ》を禿《かぶろ》に切《き》る・禿《かむろ》や下女《ゲジョ》」

難読 禿筆《ちびふで》

【禿頭《トクトウ》】かみの毛がぬけてなくなったあたま。また、その人。はげあたま。光頭。例―病。

【禿髪《トクハツ》】頭がはげること。また、はげ頭。

【禿筆《トクヒツ》】①先がすり切れたふで。ちびふで。②自分の書や文章をけんそんしていうことば。例―を呵《カ》して拙書《セッショ》をたてまつる(=ちびた筆で、つめたくこごえた指先に息を吹きかけつつ書いた下手《へた》な手紙をさしあげます、の意)。

禾 3
【秇】
8画 2-8280 79C7
音 [一]ゲイ(漢)(呉) [二]シュウ(漢)(呉)

意味 [一]❶草木を植え育てる。(同)芸《ゲイ》。❷わざ。(同)芸《ゲイ》。[二]とらえる。とる。(同)執《シュウ》。

禾 3
【秉】
8画 6729 79C9
音 ヘイ(漢)
訓 と-る

意味 手ににぎって持つ。とる。例秉燭《ヘイショク》。
【秉▼燭《ヘイショク》】①ともしびをかざすこと。②〔「燭(=あかり)」を「秉《と》る」意から〕火をともす時刻。火ともしごろ。夕刻のたとえ。

禾 4
【科】
9画 1842 79D1 教育2
音 カ(漢)(呉)
訓 とが・しな

筆順 ノ ニ 千 禾 禾 禾 禾 科

なりたち  [会意]「禾(=いね)」と「斗(=はかる)」とから成る。作物の品定めをする。

意味 ❶ものごとを程度や種類によって分けたもの。等級。しな。例科目《カモク》。学科《ガッカ》。❷法律の箇条《カジョウ》。法律。例科

条《カジョウ》。❸法によって罪や税を定める。また、罪。とが。例科料《カリョウ》。罪科《ザイカ》。前科《ゼンカ》。❹役者の動作。しぐさ。例科白《カハク》。

【科役】《カエキ—カヤク》 租税《ソゼイ》と夫役《ブヤク》（＝義務で公共の工事に労力を提供すること）。表記「課役」とも書く。

【科学】《カガク》 ①一定の目的・方法・原理によって、事物や現象について研究し、その結果を体系的に整理し、まとめあげる学問。自然科学・社会科学・人文科学など。サイエンス。例—技術。②とくに、自然科学。サイエンス。例—博物館。

【科挙】《カキョ》 〔科目によって人材を挙用する意〕中国で、清《シン》代までおこなわれていた、役人の採用試験。

【科条】《カジョウ》 ①法律や規則の条文。②法律や規則。

【科第】《カダイ》 ①試験によって優劣《ユウレツ》の順序を決めること。②「科挙」に同じ。

【科斗】《カト》 オタマジャクシ。表記「▼蝌▼蚪」とも書く。

【科斗文字】《カトモジ》 中国古代の文字。その文字の形がオタマジャクシに似ている。表記「▼蝌▼蚪文字」とも書く。

【科白】㊀《カハク》 役者のしぐさと、せりふ。㊁《せりふ》 ①役者が劇中人物として言うことば。台詞《せりふ》。例絶妙《ゼツミョウ》の—まわし。②ものの言い方。言いぐさ。例それが年長者に向かって言う—か。③きまり文句。例よく聞く—だ。

【科目】《カモク》 ①いくつかに区分したときの一つ一つの項目《コウモク》。②学問上または教育上、取りあつかう範囲《ハンイ》を分類するときの区分。表記「②」は「課目」とも書く。

【科料】《カリョウ》 刑罰《ケイバツ》の一つ。財産刑で、軽い犯罪に対してはらわせる少額（＝千円以上一万円未満）のお金。〔ふつう、「過料《カリョウ》」と区別して「とがリョウ」という〕

●医科《イカ》・学科《ガッカ》・家庭科《カテイカ》・教科《キョウカ》・外科《ゲカ》・工科《コウカ》・罪科《ザイカ》・歯科《シカ》・社会科《シャカイカ》・生活科《セイカツカ》・前科《ゼンカ》・内科《ナイカ》・百科《ヒャッカ》・分科《ブンカ》・法科《ホウカ》・薬科《ヤッカ》・理科《リカ》

禾4 **【秋】** 9画 2909 79CB 教育2 音シュウ漢 訓あき・とき

筆順 ノ 二 千 禾 禾 禾 秒 秋

禾4 【秌】 9画 2-8281 79CC 本字
禾11 【穐】 16画 1612 7A50 別体字
禾16 【龝】 21画 6752 9F9D 古字

〔禾部〕 4画 ●秋 秕 秒 秌

なりたち  [形声]「禾（＝いね）」と、音「龜《ショウ→シュウ》」の省略体とから成る。イネがみのる。

意味 ❶四季の第三。立秋から立冬までのあいだ。ほぼ九月・十月・十一月。陰暦《インレキ》では七月・八月・九月。穀物のみのるころ。あき。対春《シュン》。例秋分《シュウブン》。仲秋《チュウシュウ》。❷としつき。歳月《サイゲツ》。例春秋《シュンジュウ》。一日千秋《イチジツセンシュウ》。❸たいせつな時期。とき。例危急存亡之秋《キキュウソンボウのとき》。

参考 異体字「穐」「龝」は「千穐楽《センシュウラク》」「千龝楽《センシュウラク》」として用いることがある。〔めでたい言葉を書く場合に、「秋」の字に含まれる「火」の字を避けた表記〕

人名 あきら・おさむ・とし・みのり・みのる

【▽秋▽刀▽魚】《さんま》 サンマ科の魚。体長は約四〇センチメートル。背は青黒く、腹は銀白色。体は細長く、吻《フン》はとがる。秋に美味となる。

【秋雨】《シュウウ—あきさめ》 秋に降る冷たい雨。秋の雨。例—にけむる山。

【秋海▼棠】《シュウカイドウ》 シュウカイドウ科の多年草。九月ごろ、あわいうすべに色の花がさく。

【秋気】《シュウキ》 秋のけはい。例爽涼《ソウリョウ》の—。

【秋季】《シュウキ》 秋の季節。例—運動会。

【秋期】《シュウキ》 秋の期間。例—の景気の動き。

【秋月】《シュウゲツ》 ①秋の夜の月。例—天に高し。②秋の季節。

【秋▼毫】《シュウゴウ》 ①秋になって生え変わったばかりの、けものの細い毛。②わずか。少し。細いもの。例—の末（＝きわめて細かなもののたとえ）までも見落とさない。

【秋思】《シュウシ》 秋のころのものおもい。秋の悲しみ。例—の歌。

【秋日】《シュウジツ》 秋の日。

【秋色】《シュウショク》 秋の景色《けしき》。秋の気配《ケハイ》。例—蕭蕭《ショウショウ》。

【秋水】《シュウスイ》 ①秋のすみわたった水。②清らかなもののたとえ。③鏡や刀剣《トウケン》など、とぎすましたもののたとえ。例三尺の—（＝とぎすました刀のたとえ）。

【秋成】《シュウセイ》 秋の実り。農作物などが秋に実ること。

【秋声】《シュウセイ》 秋のこえ。秋風のものさびしい音や木の葉の散る音などをいう。例階前の梧葉《ゴヨウ》すでに—。

【秋扇】《シュウセン》 ①秋になって使わなくなったおうぎ。②男の愛情を失い、かえりみられない女性のたとえ。

【秋霜】《シュウソウ》 ①秋のしも。②〔秋のしもが草木を枯《か》らすことから〕激しい威力《イリョク》や強固な意志、厳しい刑罰《ケイバツ》のたとえ。③白髪《ハクハツ》のたとえ。

【秋霜烈日】《シュウソウレツジツ》 〔秋の冷たく厳しい霜《しも》と、夏の強く激しい日差しの意から〕刑罰《ケイバツ》や権威《ケンイ》の厳しさのたとえ。例非を憎むこと—の如《ごと》し。

【秋天】《シュウテン》 ①秋の空。例—一碧《イッペキ》。②秋の季節。

【秋波】《シュウハ》 ①秋のすみきった水の波。②美人のすずしい目もと。③異性の気を引くためにする色っぽい目つき。ながし目。いろ目。例—を送る。

【秋風】㊀《シュウフウ》 秋の風。例—が立つ。㊁《あきかぜ》 〔「秋」を「飽《あ》き」にかけて〕相手に対する愛情がさめること。

【秋分】《シュウブン》 二十四節気の一つ。九月二十三日ごろ。秋の彼岸《ヒガン》の中日にあたる。対春分。例—の日。

【秋夜】《シュウヤ》 秋の夜。例—歳《とし》のごとし（＝秋の長い一夜は、まるで一年ほどにも感じられる）。

【秋冷】《シュウレイ》 秋のひややかな空気・気配《ケハイ》。〔多く、「秋冷の候《コウ》」の形で手紙文に使う〕対春暖《シュンダン》。

●初秋《ショシュウ》・千秋《センシュウ》・中秋《チュウシュウ》・仲秋《チュウシュウ》・麦秋《バクシュウ》・晩秋《バンシュウ》・立秋《リッシュウ》

禾4 **【秕】** 9画 6730 79D5 音ヒ漢 訓しいな

意味 ❶皮だけで実のない、もみ。しいな。例秕糠《ヒコウ》（＝しいなと、ぬか。役に立たないもの）。❷けがれた。わるい。例秕政《ヒセイ》（＝悪い政治）。

禾4 **【秒】** 9画 4135 79D2 教育3 音ビョウ漢

筆順 ノ 二 千 禾 禾 利 秒 秒

なりたち  [形声]「禾（＝いね）」と、音「少《ショウ→ビョウ》」とから成る。イネのほさき。

意味 ❶イネやムギなどの穂《ほ》の先にある細い針のような毛。のぎ。❷かすかな。わずかな。すこしの。❸時間・角度・経緯度《ケイイド》の単位。一分《プン》の六十分の一。例秒針《ビョウシン》。秒速《ビョウソク》。

【秒針】《ビョウシン》 時計の、秒を示すはり。対分針・時針。

【秒速】《ビョウソク》 一秒間にどれだけ進むかであらわした速さ。対分速・時速。

【秒読み】《ビョウよみ》 秒単位で時間をかぞえること。例—の段階に入る。

禾4 【秌】 9画 ⇩【秋】《シュウ》（732ジペー）

禾 5

【秧】 10画 6731 79E7

音 ヨウ漢 オウ呉 訓 う-える・なえ

意味 ❶イネの苗《なえ》。なえ。例 秧稲《オウトウ》。挿秧《ソウオウ》(=田植え)。❷植物の苗。例 瓜秧《カオウ》(=ウリの苗)。❸幼魚や幼獣《ヨウジュウ》。例 魚秧《ギョオウ》。

【秧鶏】《オウケイ》《くいな》 鳥の名。クイナ。

【秧歌】《オウカ》《ヤンコ》 〔「ヤンコ」は、現代中国音〕①田植え歌。②中国の農村の田植え歌。

【秧稲】《オウトウ》 ①イネのなえ。②イネのなえを植えること。

禾 5

【秬】 10画 6732 79EC

音 キョ漢 訓 きび・くろきび

意味 黒いキビ。クロキビ。例 秬酒《キョシュ》(=クロキビでつくった酒)。

禾 5

【称】 10画 3046 79F0 常用

音 ショウ漢呉 訓 とな-える・たた-える・ほ-める

筆順 ニ 千 禾 秂 秎 秎 称

禾 9

【稱】 14画 *6742 *7A31

なりたち [形声]「禾(=いね)」と、音「爯《ショウ》」とから成る。重さをはかる。

意味 ❶ものの重さをはかる。また、その道具。はかり。例 称量《ショウリョウ》(=はかりやますで、はかる)。❷つりあう。かなう。例 相称《ソウショウ》。対称《タイショウ》。❸呼ぶ。名づける。となえる。呼び名。例 称号《ショウゴウ》。愛称《アイショウ》。名称《メイショウ》。❹ほめたたえる。たたえる。ほめる。例 称賛《ショウサン》。称揚《ショウヨウ》。→【秤】《ビン》参考(733ページ)

人名 あぐ・かみ・な・のり・みつ・よし

【称呼】《ショウコ》 一(名・する)となえること。二(名)となえ。呼び名。呼称。

【称号】《ショウゴウ》 ①呼び名。例 名誉《メイヨ》教授の―。②中国では、皇帝《コウテイ》や王などの呼び名。

【称賛】《ショウサン》 (名・する)ほめたたえること。表記 旧 称▼讃。また、「賞賛」とも書く。

【称名】《ショウミョウ》 仏の名をとなえること。例 ―念仏。表記「唱名」とも書く。

【称揚】《ショウヨウ》 (名・する)ほめること。ほめあげること。称賛。表記「賞揚」とも書く。

●敬称《ケイショウ》・公称《コウショウ》・自称《ジショウ》・総称《ソウショウ》・通称《ツウショウ》・略称《リャクショウ》

禾 5

【秤】 10画 3973 79E4 人名

音 ビン慣 ショウ漢呉 訓 はかり

参考「稱」の俗字《ゾクジ》として、「秤」と「称」とがある。いま、「はかり」の意味には「秤」を用い、「ほめる」の意味としてはもっぱら「称」を用いる。

意味 ❶重さをはかる道具。はかり。例 天秤《テンビン》。❷はかりではかる。計量する。はかる。例 秤量《ショウリョウ》。

【秤量】《ショウリョウ》 (名・する)〔「ヒョウリョウ」は、慣用的な読み方〕はかりにかけて重さをはかること。称量。

禾 5

【秦】 10画 3133 79E6 人名

音 シン漢呉 訓 はた

なりたち [会意]「禾(=いね)」と「舂(=うすでつく)」の省略体とから成る。国の名。

意味 ❶周代の諸侯《ショコウ》国で、のちに戦国七雄《センゴクシチユウ》の一つとなり、始皇帝《シコウテイ》のとき他の国々を征服《セイフク》して、前二二一年、中国全土を統一した王朝。三代十五年で漢にほろぼされる。(?―前二〇六) ❷「中国」の古い呼び名。しん。しな。❸陝西《センセイ》省の別の呼び名。

日本語での用法《はた》応神《オウジン》天皇のとき、機《はた》織りを伝えた漢人の子孫にあたえられた姓《セイ》。「秦氏《はたうじ》」

人名 ゆたか

禾 5

【租】 10画 3337 79DF 常用

音 ソ漢 訓 みつぎ

筆順 ニ 千 禾 利 和 和 租

なりたち [形声]「禾(=いね)」と、音「且《シ→ソ》」とから成る。田にわりあてられた年貢《ネング》。

意味 ❶税として取り立てられる田畑の収穫《シュウカク》の一部。年貢。みつぎ。例 租税《ソゼイ》。田租《デンソ》。❷契約《ケイヤク》して借りる。例 租界《ソカイ》。租借《ソシャク》。

人名 つみ・みつぐ・もと

【租界】《ソカイ》 清《シン》の末期から第二次世界大戦終結時まで中国にあった、外国人居留地。

【租借】《ソシャク》 (名・する)①かりること。②ある国が条約によって他国の領土の一部をかりて、一定期間、行政権をもつこと。例 英国は九十九年間の期限付きで香港《ホンコン》を―した。

【租税】《ソゼイ》 国や地方公共団体が、必要な経費をまかなうために、国民や住民から法律に従って取り立てるお金。税金。例 ―を課《カ》す。

【租庸調】《ソヨウチョウ》 中国唐《トウ》代の税法。租(=土地の税として穀物を取り立てる)・庸(=人民を一定期間の労役《ロウエキ》につかせる)・調(=家内生産の布などをおさめさせる)の三種。日本でも大化の改新(六四五年)以後、この税制を導入した。

禾 5

【秩】 10画 3565 79E9 常用

音 チツ漢

筆順 ニ 千 禾 禾 秆 秩 秩

なりたち [形声]「禾(=いね)」と、音「失《シ→チツ》」とから成る。イネを順序よくつみあげる。派生して「順序」の意。

意味 ❶順序。次第《シダイ》。ついで。例 秩序《チツジョ》。❷官職。くらい。例 官秩《カンチツ》(=官位)。❸位の順序に従って主君から受ける俸給《ホウキュウ》。ふち。例 秩禄《チツロク》(=官職に応じた、官吏《カンリ》の俸給)。

人名 きよ・きよし・さとし・ちち・つね

【秩序】《チツジョ》 ものごとの正しい順序と決まり。例 社会―。―を乱す。

禾 5

【秡】 10画 6733 79E1

音 ハツ漢 訓 ぬさ・はら-い・はら-え

意味 イネがいたむ。

日本語での用法《はらい・はらえ》神にいのって、けがれやわざわいをのぞき去ること。「御秡《おはらえ》《おはらい》・大秡《おおはらえ》・六月秡《みなづきばらえ》」

禾 5

【秘】 10画 4075 79D8 教育6

音 ヒ漢呉 訓 ひ-める

筆順 ニ 千 禾 禾 利 秘 秘 秘

示 5

【祕】 10画 6716 7955 人名

なりたち ［形声］「示(=かみ)」と、音「必《ヒツ》→ヒ」とから成る。神。

意味 ❶人間の知恵《チエ》でははかり知ることができない。おくふかい。例秘境《ヒキョウ》。神秘《シンピ》。❷人にかくして知らせない。ひめる。例秘伝《ヒデン》。秘密《ヒミツ》。❸通じがわるい。とじる。例秘結《ヒケツ》(=便秘)。便秘《ベンピ》。

人名 なし・なみ・み・やす

【秘奥】《ヒオウ》 ①おくふかいこと。例人生の―に貫徹《カンテツ》する力。②秘密。例結社の―をさぐる。

【秘境】《ヒキョウ》 外部から人々がはいったことがなく、よく知られていないおくふかいところ。例アマゾン上流の―。

【秘曲】《ヒキョク》 秘密にしていて特別な人にしか伝えない音楽。秘伝の曲。

【秘計】《ヒケイ》 ①秘密の計画。②不思議なはかりごと。例―をめぐらす。

【秘▼訣】《ヒケツ》 あることをうまくやるための、人に知られていないよい方法。例成功の―。

【秘策】《ヒサク》 秘密のはかりごと。例―を練る。

【秘史】《ヒシ》 人の知らない歴史。かくされた歴史。例『元朝《ゲンチョウ》―』〔モンゴルの史書の名〕

【秘事】《ヒジ》 秘密のことがら。ひめごと。例―は睫《まつげ》(=秘事というものは案外身近にある、ということわざ)。

【秘術】《ヒジュツ》 人に知らせないわざ。おくの手。類秘法。

【秘書】《ヒショ》 ①秘密の書物。秘蔵の書。②要職にある人に直属して、日常の用務を補助し、事務をとる人。例社長―。

【秘図】《ヒズ》 ①人に知られていない特別な絵や地図。②公開することができない絵や図。例―として世に出ない画《エ》。

【秘蔵】《ヒゾウ》 (名・する)たいせつにしまっておくこと。また、そのもの。例―の名刀を展示する。

【秘中の秘】《ヒチュウのヒ》 秘密のなかでも、とくに秘密のもの。最も秘密にしておくこと。

【秘▼帖】《ヒチョウ》 秘密のことがらを書きしるしたノート。

【秘伝】《ヒデン》 とくに秘密にしておいて、特別な人以外には伝えない技術・方法など。例―の巻物。―の味つけ。

【秘匿】《ヒトク》 (名・する)秘密にしてかくすこと。例経歴を―する。―された物資。

【秘仏】《ヒブツ》 たいせつにしていて、公開しない仏像。

【秘宝】《ヒホウ》 人に見せずに、たいせつにしまっておくたからもの。例ロマノフ家旧蔵の―。

【秘法】《ヒホウ》 ①秘密の方法。例―を伝える。②〔仏〕真言宗《シンゴンシュウ》でおこなう、秘密のいのり。

【秘本】《ヒホン》 人に見せずに、たいせつにしまっておく本。例『―玉くしげ』〔本居宣長《もとおりのりなが》が紀州侯《コウ》にたてまつった、門外不出の書の名〕

【秘密】《ヒミツ》 □一(名・形動《ダナ》)①人にかくして知らせないこと。例―がもれる。②人に知られないようにして、おこなうこと。□二(名)〔仏〕密教の教理。ことに真言《シンゴン》宗の教え。

【秘薬】《ヒヤク》 ①作り方を人に知らせない秘密のくすり。②すばらしくよく効くくすり。例ガンに特効のある―。

【秘▼鑰】《ヒヤク》 秘密のくらをあけるかぎ。秘密を明らかにする手段。例暗号解読の―となる覚え書き。

【秘録】《ヒロク》 いっぱんに公開されない記録。例日米外交の―。

【秘話】《ヒワ》 世間に知られていない話。

●極秘《ゴクヒ》・守秘《シュヒ》・神秘《シンピ》・便秘《ベンピ》・黙秘《モクヒ》

禾 5

【秫】

10画 6734 79E3

音 バツ漢 マツ呉 訓 まぐさ

意味 ウシやウマの飼料。かいば。まぐさ。例糧秫《リョウマツ》。

禾 6

【移】

11画 1660 79FB 教育5

音 イ漢呉 訓 うつ-る・うつ-す

筆順 ニ 千 禾 禾 秒 秒 移

なりたち ［形声］「禾(=いね)」と、音「多《タ》→イ」とから成る。イネが風になびき、ゆれる。

意味 ❶位置や時間がしだいにずれる。うごかす。うつる。うつす。例移転《イテン》。移動《イドウ》。推移《スイイ》。❷文書をつぎつぎに回す。まわしぶみ。

日本語での用法 《うつる》変化する。「山川《やまかわ》の移《うつ》ること・花《はな》の色《いろ》は移《うつ》りにけりな…」

人名 のぶ・ゆき・より・わたる

【移管】《イカン》 (名・する)管理を他にうつすこと。例寺の宝物として伝えられた文化財を国に―する。

【移行】《イコウ》 (名・する)他の場所、または別の状態に、うつること。例新しい制度に―する。

【移項】《イコウ》 (名・する)〔数〕等式や不等式で、一方の辺にある項を、記号を変えて他の辺にうつすこと。

【移住】《イジュウ》 (名・する)他の土地や場所に、うつり住むこと。例ブラジルに―する。

【移出】《イシュツ》 (名・する)①他へうつし出すこと。②一国内で、ある地方から他の地方へ物資を送ること。▽対移入。

【移植】《イショク》 (名・する)うつしうえること。例臓器の―。皮膚《ヒフ》の―手術。庭に―したリンゴの木。

【移籍】《イセキ》 (名・する)①戸籍を他にうつすこと。例養子縁組《エンぐみ》をして―する。②所属を変えること。例他の球団へ―する。

【移送】《イソウ》 (名・する)①うつし送ること。②〔法〕ある事件の取りあつかいを、ある機関から他の機関にうつし変えること。例別の裁判所に―する。

【移転】《イテン》 (名・する)場所が変わること。また、うつし変えること。例新社屋に―する。

【移動】《イドウ》 (名・する)他の場所へうつりうごくこと。位置が変わること。例集結地へ―する。

【移入】《イニュウ》 (名・する)①他からうつし入れること。②一国内で、ある地方から他の地方へ物資をうつし入れること。▽対移出。

【移付】《イフ》 (名・する)官公庁で、権限や物件を他の官公庁の管轄《カンカツ》下にうつすこと。

【移封】《イホウ》 (名・する)大名の領地をうつしかえること。くにがえ。例会津《あいづ》に―される。

【移民】《イミン》 (名・する)①他の土地にうつり住むこと。また、その人。②働くために外国にうつり住むこと。また、その人。例ブラジルへ―した人人。

【移用】《イヨウ》 (名・する)国の予算などの経費を他の部局や他の費用にうつして、たがいにゆうずうしあうこと。予算の流用。

禾 7

【稈】

12画 6735 7A08

音 カン漢 訓 わら

意味 イネやムギなどのくき。わら。例麦稈《バッカン》(=むぎわら)。

禾 7

【稀】

12画 2109 7A00 人名

音 キ漢 ケ呉 訓 まれ・まば-ら

なりたち ［形声］「禾(=いね)」と、音「希《キ》」とから成る。まばら。

意味 ❶まばらで少ない。また、めったにない。まれ。同希《キ》。例稀少《キショウ》。稀有《ケウ》。古稀《コキ》(=七十歳《サイ》のこと)。❷うすい。うすめる。同希。例稀釈《キシャク》(=成分をうすめる)。稀薄《キハク》。稀

硫酸《リュウサン》。

表記 現代表記では、「希《キ》」に書きかえることがある。熟語は「希」(338ページ)を参照。

【稀▼覯】《キコウ》 まれに見ること。さがしてもなかなか見られないこと。例 —本《ボン》。—の書に属する。表記 現希▼覯

【稀少】《キショウ》 (名・形動《ダナ》) 少ないこと。めったにないこと。表記 現希少

【稀少価値】《キショウカチ》 きわめて少ないことから生じる、特別な価値。表記 現希少価値

【稀代】《キタイ・キダイ》 (名・形動《ダナ》) めったになくてめずらしいこと。例 —《キダイ》の名作。—《キタイ》な話。表記 現希代

【稀薄】《キハク》 (名・形動《ダナ》) きわめてうすいこと。例 空気が—になる。熱意が—だ。表記 現希薄

【稀有】《ケウ》 (名・形動《ダナ》) まれにしかないこと。めずらしいこと。例 現代では—なプラトニックな愛。表記「▽希有」とも書く。

禾7 **【税】** 12画 3239 7A0E 教育5 音 ゼイ 慣 セイ 漢

筆順 ノ ニ 千 禾 禾' 禾'' 禾ロ 税

禾7 **【稅】** 12画 — 7A05

たちなり [形声]「禾(=いね)」と、音「兌《タイ→セイ》」とから成る。年貢《ネング》としておさめる、イネ。

意味 国家や政府が、そこに住む人からとりたてる産物やお金。年貢。みつぎ。例 税金《ゼイキン》。租税《ソゼイ》。納税《ノウゼイ》。

難読 主税《ちから》

人名 おさむ・ちか・ちから・みつ・みつぎ・みつぐ

【税額】《ゼイガク》 税金の額。

【税関】《ゼイカン》 港や空港、または国境で、国に出入りする船・車両・航空機・貨物などをとりしまったり、また、輸出品や輸入品、旅行者の持ち物などを検査して、税金を徴収《チョウシュウ》したりする役所。財務省に属する。

【税金】《ゼイキン》 国や地方公共団体に、その運営のための経費として、国民や住民が義務として納めるお金。

【税収】《ゼイシュウ》 税金としてはいる収入。例 —を予測する。

【税制】《ゼイセイ》 税金のかけ方や取り方などについての制度。例 —改革。

【税法】《ゼイホウ》 税金の割り当てや徴収《チョウシュウ》に関する法律。例 —に明るい人。

【税務】《ゼイム》 税金の割り当てや徴収《チョウシュウ》に関する行政事務。例 —署。

【税吏】《ゼイリ》 税務をおこなう役人。収税官吏。

【税理士】《ゼイリシ》 法律で定められた資格をもち、税務に関する相談を受けたり、納税手続きの代行をしたりする人。

【税率】《ゼイリツ》 収入や課税対象に対して税金をかける割合。

◐印税《インゼイ》・課税《カゼイ》・減税《ゲンゼイ》・重税《ジュウゼイ》・増税《ゾウゼイ》・脱税《ダツゼイ》・免税《メンゼイ》

禾7 **【稍】** 12画 6736 7A0D 音 ソウ 漢 ショウ 呉 訓 ようや-く・やや

意味 ❶少しばかり。やや。また、少しずつ。だんだんと。ようやく。例 稍稍《ショウショウ》(=だんだん。少しずつ)。❷小さい。ささいな。わずかな。例 稍事《ショウジ》(=ささいなこと)。

禾7 **【程】** 12画 3688 7A0B 教育5 音 テイ 漢 訓 ほど

筆順 ノ ニ 千 禾 和 和 秤 程

禾7 **【程】** 12画 — —

たちなり [形声]「禾(=いね)」と、音「呈《テイ》」とから成る。ものをはかる基準。

意味 ❶一定の分量。標準。めど。例 課程《カテイ》。日程《ニッテイ》。❷一定の長さ。みちのり。例 行程《コウテイ》。射程《シャテイ》。❸一定のきまり。さだめ。例 規程《キテイ》。❹ものごとの度合い。ほど。例 程度《テイド》。

日本語での用法 《ほど》①限度。「冗談《ジョウダン》にも程《ほど》がある」②およその数量や範囲《ハンイ》。ひと区切りの時間。「程《ほど》とおい・のち程《ほど》」③ようす。「真偽《シンギ》の程《ほど》・年《とし》の程《ほど》」

人名 しな・たけ・のり・みな

【程度】《テイド》 ①大小・強弱・優劣《ユウレツ》・善悪など、ものごとの度合い。また、適当だと思われる度合い。例 ものには—というものがある。②ものの状態。例 —の悪い被服《ヒフク》。

【程度問題】《テイドモンダイ》 程度の大小が問題であること。例 いくら甘い物が好きだといっても—だ。

◐音程《オンテイ》・過程《カテイ》・課程《カテイ》・規程《キテイ》・工程《コウテイ》・行程《コウテイ》・航程《コウテイ》・視程《シテイ》・射程《シャテイ》・道程《ドウテイ》・旅程《リョテイ》

禾7 **【稅】** 12画 ⇩【税】《ゼイ》(735ページ)

禾7 **【程】** 12画 ⇩【程】《テイ》(735ページ)

禾8 **【稘】** 13画 6737 7A18 音 キ 漢

意味 ひとめぐりの時間。同 期《キ》。例 稘月《キゲツ》(=ひと月)。稘歳《キサイ》(=一周年)。

禾8 **【稚】** 13画 3553 7A1A 常用 音 チ 漢 呉 訓 おさな-い・いとけな-い 付表 稚児《ちご》

筆順 ニ 千 禾 利 秆 秆 稚 稚

禾10 **【稺】** 15画 — 7A3A 本字 禾12 **【穉】** 17画 6748 7A49 別体字

たちなり [形声]「禾(=いね)」と、音「屖《セイ→チ》」とから成る。成長していない、イネ。派生して「おさない」の意。

意味 ❶年齢《ネンレイ》が低い。子供っぽい。いとけない。おさない。わかい。例 稚気《チキ》。稚拙《チセツ》。幼稚《ヨウチ》。❷おそい時期に植える穀物。対 稙《チョク》。

人名 ただ・ただし・のり・わか

【稚気】《チキ》 子供っぽい態度や気持ち。例 愛すべき—の持ち主。いつまでも—のぬけない人。

【稚魚】《チギョ》 たまごからかえって間もないさかな。対 成魚。

【稚蚕】《チサン》 たまごからかえったカイコで、第三齢《サンレイ》までのもの。

【稚児】 一《チジ》 あかご。こども。二《ちご》 ①武家や寺院などで、給仕《キュウジ》に使った少年。②祭りや法会《ホウエ》などの行列に、美しく着かざって出る子供。

【稚児輪】《ちごわ》 昔の少年や少女の髪型《かみがた》の一つ。頭上に高く輪を左右につくってゆい上げたもの。ちごまげ。

【稚拙】《チセツ》 (名・形動《ダナ》) 幼稚で、へたなこと。例 —きわまりない文章。

禾8 **【稠】** 13画 6739 7A20 音 チュウ 漢 呉 訓 しげ-る

意味 ❶イネがすきまなく生えしげる。しげる。❷まんべんなくびっしりつまっている。例 稠密《チュウミツ》。

【稠密】《チュウミツ》 (名・形動《ダナ》) 一か所に多く集まること。こみあうこと。例 —な人口。

禾 8
【稙】
13画 6738 7A19
[音] チョク漢 [訓] うーえる・わせのたね

[意味] 早い時期に植える穀物。わせ。㊊稚《チ》。[例] 稙禾《チョクカ》。

禾 8
【稔】
13画 4413 7A14 [人名]
[音] ネン慣 ジン漢 [訓] みのーり・みのーる

[なりたち]  [形声]「禾(＝いね)」と、音「念《デン→ジン》」とから成る。みのる。

[意味] ❶ 穀物が熟す。実がなる。みのる。[例] 稔歳《ジンサイ》(＝豊年)。❷ 穀物が一回成熟する期間。一年。とし。

[人名] とし・なり・なる・ゆたか

禾 8
【稗】
13画 4103 7A17
[音] ハイ漢呉 [訓] ひえ

[意味] ❶ イネよりも背が低くつぶの小さい穀物。イヌビエ。ヒエ。❷ ヒエのように小さいもの。こまかい。小さい。また、とるにたらぬ。[例] 稗官《ハイカン》。稗史《ハイシ》。

【稗官】《ハイカン》 古代中国の官名。民間の物語や評判などを集めることを任務とした。

【稗史】《ハイシ》 民間のこまごまとした話を記録した小説風の歴史。野史。㊊正史。

禾 8
【稟】
13画 6740 7A1F [人名]
[音] ■一 ヒン漢 ■二 リン漢 [訓] うーける

示 8
【禀】 13画 6741 7980 俗字

[意味] ■一《ヒン》 ❶ 俸給《ホウキュウ》としてもらう穀物《コクモツ》。❷ あたえられる。生まれつきの。うける。[例] 稟性《ヒンセイ》。天稟《テンピン》(＝天分)。❸ (目上に)申し上げる。[例] 稟議《ヒンギ》〔「リンギ」は、慣用読み〕。■二《リン》 米ぐら。㊐廩《リン》。[例] 倉稟《ソウリン》(＝穀物をたくわえておく倉)。

[人名] うくる

【稟質】《ヒンシツ》 生まれつきの性質。天性。[例] ―が他にすぐれる。

【稟性】《ヒンセイ》 生まれつきの性質。天性。[例] ―に美質を認める。

【稟賦】《ヒンプ》 生まれつきの性質。また、生まれつきの体質。

【稟議】《ヒンギ》 (名・する) [一]《リンギ》〔「ヒンギ」の慣用読み〕 官庁や会社などで、会議を開かないで、係が案を作って関係者に回して承認《ショウニン》を求めること。[例] ―書。[二]《ヒンギ》 天子や上司に、申し上げること。

【稟請】《リンセイ》 (名・する) 〔「ヒンセイ」の慣用読み〕 上役《うわヤク》に申し出て、請求すること。申請《シンセイ》。

禾 8
【稜】
13画 4639 7A1C [人名]
[音] リョウ慣 ロウ漢 [訓] かど

[なりたち]  [形声] 本字は「棱」で、「木(＝き)」と、音「夌《リョウ→ロウ》」とから成る。かどのある木。

[意味] ❶ とがったかど。すみ。かど。[例] 稜線《リョウセン》。❷ かどばって、いかめしい。[例] 稜威《リョウイ》。

[人名] いつ・すみ・たか・たる

【稜威】《リョウイ》 天子の威光。〔日本で、天皇の威光を「おおみいつ」といい、「大御稜威」の熟字をあてた〕

【稜線】《リョウセン》 峰《みね》から峰へ続く山の背。尾根《おね》。[例] ―をたどって次の峰へ移る。

禾 9
【穀】
14画 2582 7A40 [教育6]
[音] コク漢呉 [訓] こめ

[筆順] 

禾10
【穀】 15画 1-8945 FA54 [人名]

[なりたち]  [形声]「禾(＝いね)」と、音「殻《カク→コク》(＝もみがら)」とから成る。穀類をいう。

[意味] 人間が主食とする、コメ・ムギ・キビ・アワ・ヒエなどの作物。[例] 穀物《コクモツ》。穀類《コクルイ》。

[人名] たけ・たけし・よし・より

【穀雨】《コクウ》 〔穀物を育てる雨の意〕 二十四節気の一つ。太陽暦《タイヨウレキ》で、四月二十日ごろ。

【穀倉】《コクソウ》 ① 穀物を入れておく、くら。こめぐら。② 穀物が多くとれる地方。[例] ―地帯。

【穀象虫】《コクゾウむし》 オサゾウムシ科の昆虫《コンチュウ》。コメやムギを食いあらす害虫。頭部がゾウの鼻に似ている。米食い虫。

【穀物】《コクモツ》 コメ・ムギ・マメなど、主食とする作物。穀類。

【穀類】《コクルイ》 穀物の類。

○● 五穀《ゴコク》・雑穀《ザッコク》・脱穀《ダッコク》・米穀《ベイコク》

禾 9
【種】
14画 2879 7A2E [教育4]
[音] ショウ漢 シュ呉 [訓] たね

[筆順] 

[なりたち]  [形声]「禾(＝いね)」と、音「重《チョウ→ショウ》」とから成る。早く植えてもおくれて成熟するイネ。派生して「うえる」の意。

[意味] ❶ たねをまく。うえる。[例] 播種《ハシュ》。❷ 植物の芽のもと。たね。[例] 種子《シュシ》。種苗《シュビョウ》。❸ 動物の血すじを伝えるもの。こだね。[例] 種牛《たねうし》。種馬《たねうま》。❹ 同じもとから生まれたなかま。また、同じなかまの集まり。たぐい。[例] 種族《シュゾク》。種類《シュルイ》。品種《ヒンシュ》。

日本語での用法 [一]《たね》 ① 材料。もとになるもの。「話《はなし》の種《たね》・すしの種《たね》・命《いのち》あっての物種《ものだね》」 ② 手品などのしかけ。「種《たね》あかし」 [二]《くさ》 ことがら。材料。たね。「言種《ことくさ・ことぐさ》・思い種《おもいぐさ》」

[難読] 種種《くさぐさ》・千種《ちぐさ》

[人名] かず・くさ・しげ・ふさ・み・みのる

【種子】《シュシ》 ①(植物の)たね。② ものごとのもと。原因。

【種子植物】《シュシショクブツ》 「顕花《ケンカ》植物」の新しい呼び方。花を開き、実をつけ、たねを生じる植物。

【種種】《シュジュ》 (名・形動《ダナ》) いろいろ。さまざま。

【種種雑多】《シュジュザッタ》 (名・形動《ダナ》) いろいろな種類のものが入り交じっている状態。[例] ―な資料。―にわたる話題。

【種族】《シュゾク》 ① 同じ祖先から出て、言語や文化などを共通にする人々の集団。民族。② 同じ種類のもの。たぐい。

【種畜】《シュチク》 品種改良のためや、繁殖《ハンショク》させるための家畜。種牛《たねうし》・種馬《たねうま》など。

【種痘】《シュトウ》 天然痘《テンネントウ》の予防のために、ウシの疱瘡《ホウソウ》からつくったワクチンを、人体に接種して免疫《メンエキ》を得る方法。

【種皮】《シュヒ》 植物のたねの周囲をおおっている膜《マク》。

【種苗】《シュビョウ》 ① 草や木の、たねとなえ。② 養殖《ヨウショク》漁業で、魚のたまごや、かえったばかりの小さな魚や貝。

【種別】《シュベツ》 (名・する) いくつかの種類に区別すること。また、その種類。[例] 昆虫《コンチュウ》を―に分類する。

【種目】《シュモク》 種類によって分類した項目《コウモク》。[例] 競泳の―。

【種類】《シュルイ》 共通の性質をもつものを、他のものと区別して一つ一つまとめたもの。[例] ―を問わず貝の標本を集める。

【種本】《たねホン》 著作や講義・講演などの、もとになっている本。

○● 一種《イッシュ》・機種《キシュ》・業種《ギョウシュ》・雑種《ザッシュ》・新種《シンシュ》・人種《ジンシュ》・接種《セッシュ》・別種《ベッシュ》・変種《ヘンシュ》

禾 9
【稲】
14画 1680 7A32 常用 音 トウ㊥ 訓 いね・いな

筆順 ニ 千 禾 秆 秆 稲 稲 稲

禾10
【稻】
15画 6743 7A3B 人名

たなちり  [形声]「禾(=いね)」と、音「舀《ヨウ→トウ》」とから成る。もみがらのついたままのイネ。

意味 イネ。例 水稲《スイトウ》。陸稲《リクトウ》。

難読 稲熱病《いもちビョウ》・稲架《はさ》・早稲《わせ》・晩稲《おくて》・中稲《なかて》

人名 ね・み・みのる

【稲田】《いなだ》 イネを栽培《サイバイ》する田。イネの実った田。例 ―をわたる風。

【稲▽荷】《いなり》 ①五穀をつかさどる神をまつった神社。〔キツネは、その神の使いという〕例 正一位《ショウイチイ》―大明神《ダイミョウジン》。②〔キツネの好物とされることから〕あぶらあげ。③「稲荷鮨《いなりずし》」の略。

【稲▽荷▼鮨】《いなりずし》 あまく煮《に》たあぶらあげの中にすし飯をつめたもの。しのだずし。きつねずし。

●水稲《スイトウ》・晩稲《バントウ・おくて》・陸稲《リクトウ》

禾 9
【稱】
14画 ⇩【称】《ショウ》（733ページ）

禾 10
【稼】
15画 1852 7A3C 常用 音 カ㊥ ケ㊦ 訓 かせ-ぐ・かせ-ぎ

筆順 千 禾 秆 秆 稼 稼 稼

たなちり  [形声]「禾(=いね)」と、音「家《カ》」とから成る。よく実った、イネ。派生して「イネを実らせる」の意。

意味 穀物の種をまき、苗《なえ》を植える。例 稼穡《カショク》。

日本語での用法 [一]《カ》かせぐ。働く。「稼業《カギョウ》・稼働《カドウ》」[二]《かせぎ・かせぐ》①働いて収入を得る。「荒稼《あらかせ》ぎ・出稼《でかせ》ぎ・金《かね》を稼《かせ》ぐ」②自分の得になるようなことをする。「点数《テンスウ》を稼《かせ》ぐ」③時間をひきのばしてチャンスをうかがう。「時《とき》を稼《かせ》ぐ」

人名 たか・たね

【稼業】《カギョウ》 生活をささえる仕事。職業。

【稼▼穡】《カショク》 作物の植えつけと取り入れ。農業。

【稼働】《カドウ》（名・する）①かせぐために、はたらくこと。②機械などが動いていること。例 ―時間。

禾 10
【稽】
15画 2346 7A3D 常用 音 ケイ㊥ 訓 とど-める・かんが-える

筆順 千 禾 禾 秆 秸 稽 稽

禾11
[稽]
16画 ― 25874 俗字

たなちり  [形声]「禾(=頭部の曲がった木)」と「尤(=すぐれたもの)」と、音「旨《シ→ケイ》」から成る。とどめる。

意味 ❶よく考える。かんがえる。例 稽古《ケイコ》。❷一定のところまで届いてとまる。とどめる。例 稽止《ケイシ》。稽留《ケイリュウ》。

人名 とき・のり・よし

【稽古】《ケイコ》（名・する）①昔のことを考え、学ぶこと。②学習すること。練習すること。③芸ごとや武術などを練習すること。例 寒―《ゲイコ》。

【稽査】《ケイサ》（名・する）考え調査すること。

【稽首】《ケイシュ》（名・する）頭を地面につけて礼をすること。ぬかずくこと。最高の敬礼の一つ。

【稽留】《ケイリュウ》（名・する）長くとどまること。とどこおること。

●荒唐無稽《コウトウムケイ》・滑稽《コッケイ》

禾 10
【稿】
15画 2538 7A3F 常用 音 コウ㊥ 訓 わら

筆順 ニ 千 禾 秆 秆 秱 稿 稿

禾10
[稾]
15画 6744 7A3E 本字

たなちり  [形声]「禾(=いね)」と、音「高《コウ》」とから成る。イネのくき。

意味 ❶イネやムギなどのくき。わら。❷詩や文章の下書き。例 稿本《コウホン》。稿料《コウリョウ》。原稿《ゲンコウ》。

人名 たか・たかし

【稿本】《コウホン》 書物の下書き。類 草稿。例 ―で伝わる。

【稿料】《コウリョウ》 原稿料。例 少ない―をもらう。

●寄稿《キコウ》・原稿《ゲンコウ》・草稿《ソウコウ》・脱稿《ダッコウ》・投稿《トウコウ》

禾 10
【稷】
15画 6745 7A37 音 ショク㊥ 訓 きび

示10
[禝]
15画 6721 799D 俗字

意味 ❶キビ。ウルチキビ。例 稷黍《ショクショ》（=ウルチキビとモチキビ）。❷穀物をつかさどる神。また、それをまつるやしろ。例 社稷《シャショク》。

禾 10
【穂】
15画 4270 7A42 常用 音 スイ㊥㊦ 訓 ほ

筆順 千 禾 禾 秆 秱 秞 穂 穂

禾12
【穗】
17画 6747 7A57 人名

たなちり  [形声]「禾(=いね)」と、音「惠《ケイ→スイ》」とから成る。イネのほ。

意味 ❶イネやムギ、ススキなどのくきの先。ほ。❷筆の先やろうそくのともしびなど、穂《ほ》のような形をしたもの。

難読 十寸穂《ますほ》の薄《すすき》・空穂《うつほ・うつお》

人名 お・ひで・ひな・みず・みずほ・みのる

禾 10
【穃】
15画 6746 7A43 国字 音 ヨウ

意味 地名に用いられる字。例 穃原《ヨウばる》〔沖縄《おきなわ》県の地名。本来の用字は、「榕原」とされる〕

禾10 [稾] 15画 ⇩【稿】《コウ》（737ページ）

禾10 【穀】 15画 ⇩【穀】《コク》（736ページ）

禾10 [稺] 15画 ⇩【稚】《チ》（735ページ）

禾10 【稻】 15画 ⇩【稲】《トウ》（737ページ）

禾 11
【穎】
16画 1747 7A4E 音 エイ㊥ 訓 ほさき

頁 7
[頴]
16画 1748 9834 俗字

意味 ❶イネやムギなどの穂《ほ》の先。ほさき。例 禾穎《カエイ》（=イネの穂。穀類の穂）。❷ものの先のするどくとがったところ。筆や錐《きり》などの先。例 穎脱《ダツエイ》。❸知恵《チエ》が人よりすぐれている。さとい。例 秀穎《シュウエイ》（=才能のすぐれた人）。

難読 穎《い》せる・穎縫《ぬいせい》

【穎悟《エイゴ》】(名・形動ダナ)才知がすぐれてかしこいこと。

【穎才《エイサイ》】すぐれた才能。また、その人。例—雲のごとく輩出《ハイシュツ》する。表記 現英才

【穎脱《エイダツ》】(名・する)ふくろの中の錐《きり》の先が外につき出ること。才知がおのずから外にあらわれることのたとえ。例嚢中《ノウチュウ》より—する。

禾11
【穏】
16画 1826 7A4F 常用 音オン漢呉 訓おだ-やか

筆順 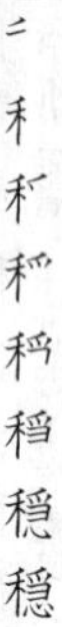

禾14
【穩】
19画 6751 7A69

なりたち  [会意]「禾(=いね)」と「隱(=おおいかくす)」の省略体とから成る。やすらか。

意味 しっかり安定して、おちついている。また、たしかで、ゆるぎない。例穏健《オンケン》。穏当《オントウ》。安穏《アンノン》。

人名 しず・とし・やす・やすき・やすし

【穏健《オンケン》】(名・形動ダナ)思想や性質などがおだやかで、しっかりしていること。対過激。例思想の—な人。

【穏当《オントウ》】(名・形動ダナ)おだやかで道理にかなっていること。例—な結論を出す。

【穏便《オンビン》】(名・形動ダナ)対応や処理などが、おだやかなこと。事をあらだてないこと。例事を—に済ませる。ひとつ、ここは—に願いたい。

●安穏《アンノン》・静穏《セイオン》・不穏《フオン》・平穏《ヘイオン》

禾11
【積】
16画 3249 7A4D 教育4 音セキ漢 シャク呉 シ漢呉 訓つ-む・つ-もる

筆順 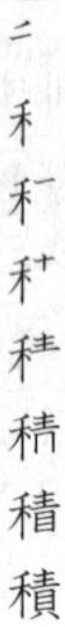

なりたち  [形声]「禾(=いね)」と、音「責《サク→セキ》」とから成る。あつめる。

意味 ❶あつめて、かさねておく。あつめる。つむ。つもる。例積善《セキゼン》。集積《シュウセキ》。❷だいじにためておく。たくわえる。例委積《イシ》(=たくわえる。みたす)。蓄積《チクセキ》。❸〔数〕二つ以上の数をかけあわせて得られる数。対商《ショウ》。例相乗積《ソウジョウセキ》。❹平面の広さや立体の大きさ。例体積《タイセキ》。面積《メンセキ》。容積《ヨウセキ》。

日本語での用法《つもり》心がまえ・予定・将来についての考え。「心積《こころづ》もり・見積《みつ》もり・必《かなら》ずする積《つ》もり」

難読 安積《あづみ・あさか》・積雨《ながあめ》

人名 あつ・あつむ・かず・かつ・さね・つみ・もち・もり

【積悪《セキアク》】つみ重ねてきた悪事。対積善。例—のむくい。

【積悪《セキアク》の家《いえ》には必《かなら》ず余▼殃《ヨオウ》あり】悪事をつみ重ねてきた家には、必ず子孫にまでわざわいがおよぶものだ。積悪の余殃。〈易経《エキキョウ》〉対積善の家には必ず余慶《ヨケイ》あり。

【積雲《セキウン》】①重なり合った雲。②夏の晴れた午後などに、むくむくと発達する、下部が平らで上部がドーム状の白い雲。

【積怨《セキエン》】長いあいだにたまったうらみ。例—の果ての復讐《フクシュウ》。

【積載《セキサイ》】(名・する)車や船などに荷物をつむこと。例—重量。

【積財《セキザイ》】財産をたくわえること。また、その財産。蓄財《チクザイ》。

【積雪《セキセツ》】降りつもった雪。例—量。

【積善《セキゼン》】善行をつむこと。つみ重ねた善行。対積悪。

【積善《セキゼン》の家《いえ》には必《かなら》ず余慶《ヨケイ》あり】善行をつみ重ねた家では、必ずそのおかげを得て福が子孫にまでおよぶ。積善の余慶。〈易経《エキキョウ》〉対積悪の家には必ず余殃《ヨオウ》あり。

【積年《セキネン》】多くの年月。長い年月。例—の努力がみのる。

【積分《セキブン》】(名・する)〔数〕あたえられた関数を、微分《ビブン》して得られる関数から求めること。対微分。

【積弊《セキヘイ》】長い間につみ重なった弊害。

【積乱雲《セキランウン》】夏に多く発生する、上空に向かって発達する塔《トウ》形の雲。下部が広がって雨雲《あまぐも》となる。入道雲。

【積極的《セッキョクテキ》】(形動ダナ)ものごとに対して、進んではたらきかけるようす。対消極的。例—に学ぶ。—な行動に出る。

●山積《サンセキ》・実積《ジッセキ》・集積《シュウセキ》・体積《タイセキ》・蓄積《チクセキ》・面積《メンセキ》・容積《ヨウセキ》・累積《ルイセキ》

禾11
【穆】
16画 4352 7A46 音ボク漢 モク呉 訓やわ-らぐ

意味 ❶静かなようす。おだやか。やわらぐ。例穆然《ボクゼン》(=しずか。また、やわらぎつつしむようす)。❷むつまじくする。むつむ。同睦《ボク》。❸中国古代の、祖先をまつるみたまやの順序をあらわすことばで、一世を「昭《ショウ》」というのに対して、二世のことをいう。

禾11 【稽】16画 ⇩【稽】《ケイ》(737ページ)

禾11 【穐】16画 ⇩【秋】《シュウ》(732ページ)

禾12 【穂】17画 ⇩【穂】《スイ》(737ページ)

禾12 【稺】17画 ⇩【稚】《チ》(735ページ)

禾13
【穢】
18画 6750 7A62 音アイ慣 ワイ漢 エ呉 訓けが-れる・けが-れ・けが-らわしい

意味 ❶田畑に雑草がはびこって、あれる。❷よごれる。きたない。よごれ。けがれ。けがらわしい。例穢土《エド》。汚穢《アイ|オワイ》。

【穢行《アイコウ|ワイコウ》】けがれたおこない。みにくいおこない。

【穢濁《アイダク|ワイダク》】けがれにごること。例—の世。

【穢土《エド》】〔仏〕けがれた世界。この世。現世。濁世《ジョクセ》。対浄土《ジョウド》。例厭離《エンリ》—(=けがれたこの世)。

禾13
【穫】
18画 1947 7A6B 常用 音カク漢 訓か-る・と-る

筆順 

なりたち  [形声]「禾(=いね)」と、音「蒦《ヤク→カク》」とから成る。穀物をかりとる。

意味 穀物をかりとる。とりいれる。かる。例収穫《シュウカク》。

人名 え・おさむ・みのる

禾13
【穣】
18画 3087 7A63 人名 音ジョウ漢 訓ゆた-か・わら

禾17
【穰】
22画 6753 7A70 人名

なりたち  [形声]「禾(=いね)」と、音「襄《ショウ→ジョウ》」とから成る。穀物のくきの表皮をとったもの。借りて「ゆたかに実る」の意。

意味 ❶穀物がゆたかに実る。ゆたか。例豊穣《ホウジョウ》。❷人が多く、さかんなようす。

人名 おさむ・しげ・しげる・みのり・みのる

【穣歳《ジョウサイ》】実りのよい年。類豊年。例今年も—にて、いとめでたし。

禾13
【穡】
18画 6749 7A61 音ショク漢

意味 農作物をとりいれる。例 穡事《ショクジ》(=農事)。穡夫《ショクフ》(=農夫)。

禾14 【穩】 19画 ⇩【穏】《オン》(738ページ)

禾16 【龝】 21画 ⇩【秋】《シュウ》(732ページ)

禾17 【穰】 22画 ⇩【穣】《ジョウ》(738ページ)

116 5画 穴 あな あなかんむり 部

あなの意をあらわす。「穴」をもとにしてできている漢字を集めた。

0 穴 2 究 3 穹 空 突 4 穽 窃 穿 突 5 窄 窈 6 窓 窒 窕 窑 7 窘 窖 窗 8 窟 9 窩 窪 10 窮 窯 窰 11 窺 窶 12 窿 竃 13 竅 竄 14 竆 15 竇 16 竈 18 竊

穴 0 【穴】 5画 2374 7A74 教育6 音 ケツ漢 訓 あな

筆順 丶 丷 宀 穴 穴

なりたち [形声]「宀(=上をおおう)」と、音「八《ハツ》→ケツ」とから成る。あなぐら式の住まい。

意味 ❶くぼんだところ。あな。例 穴居《ケッキョ》。虎穴《コケツ》。洞穴《ドウケツ》。❷鍼《はり》や灸《キュウ》で治療《チリョウ》するときの、からだのつぼ。例 経穴《ケイケツ》(=鍼を打ち、灸をすえるべき、つぼ)。

日本語での用法《あな》①金銭上の損失。「家計《カケイ》の穴《あな》をうめる」②必要な人員が欠けたための空白。「舞台《ブタイ》に穴《あな》をあける」③番くるわせ。「大穴《おおあな》が出《で》る」④あまり知られていない場所やことがら。「穴場《あなば》」

難読 穴賢《あなかしこ》(=ああ、ありがたい)

人名 これ・な

【穴蔵】《あなぐら》 ものをたくわえたり、かくれ住んだりするために、地面にほったあな。例 ―に野菜を貯蔵する。

【穴居】《ケッキョ》(名・する) ほらあなに住むこと。例 ―生活。

◐偕老同穴《カイロウドウケツ》・風穴《かざあな》・毛穴《けあな》・洞穴《ドウケツ》《ほらあな》・節穴《ふしあな》・墓穴《ボケツ》

穴 2 【究】 7画 2170 7A76 教育3 音 キュウ漢 ク呉 訓 きわ-める

筆順 丶 丷 宀 穴 究

なりたち [形声]「穴(=あな)」と、音「九《キュウ》」とから成る。きわめる。

意味 ❶ものごとを深くさぐる。本質をつきつめて明らかにする。きわめる。例 究明《キュウメイ》。研究《ケンキュウ》。❷行きつくところまで行く。きわまる。きわまり。例 究極《キュウキョク》。究竟《キュウキョウ》。

使い分け きわまる・きわめる【窮・極・究】 ⇩1168ページ

人名 きわみ・きわむ・きわめ・さだ・み

【究▼竟】(名・形動《ダナ》) 一《キュウキョウ》 つまるところ。結局。究極。例 ―の目的。 二《クッキョウ》《クキョウ》 ①きわめて強いこと。すぐれていること。屈強《クッキョウ》。例 ―の弓の名手。②たいへんつごうがよいこと。あつらえむき。例 ―な獲物《えもの》があった。

【究極】《キュウキョク》 ものごとをつきつめていって、最後に行き着くところ。類 極限。例 ―の目的。表記「窮極」とも書く。

【究明】《キュウメイ》(名・する) 道理や原因などをきわめ、あきらかにすること。例 異常気象の原因を―する。

【究問】《キュウモン》(名・する) 疑いのある者を問いただすこと。問いつめること。例 失敗の理由をきびしく―する。

【究理】《キュウリ》 ものごとの道理や法則をつきつめて知ること。例 ―学(=物理学)。表記「窮理」とも書く。

◐学究《ガッキュウ》・研究《ケンキュウ》・考究《コウキュウ》・探究《タンキュウ》・追究《ツイキュウ》・討究《トウキュウ》・論究《ロンキュウ》

穴 3 【穹】 8画 6754 7A79 人名 音 キュウ漢 訓 そら

意味 ❶弓形に盛り上がった形。ドーム状。例 穹窿《キュウリュウ》。❷おおぞら。天。そら。例 蒼穹《ソウキュウ》。❸おくふかい。きわまる。

同 窮《キュウ》。

難読 穹《あおぞら》

【穹▼蒼】《キュウソウ》〔「蒼」は、青い意〕おおぞら。あおぞら。蒼天《ソウテン》。蒼穹。

【穹天】《キュウテン》 おおぞら。

【穹▼窿】《キュウリュウ》 ①弓なりになっている空。②半球状の天井《テンジョウ》。アーチ形。ドーム。

【穹▼廬】《キュウロ》 弓なりに張った天幕《テンマク》の住居。中国の、北方遊牧民の住居。例 天は―に似て野は茫茫《ボウボウ》。

穴 3 【空】 8画 2285 7A7A 教育1 音 コウ漢 クウ・ク呉 訓 そら・あ-く・あ-ける・から・あ-き・う-つろ・むな-しい

筆順 丶 丷 宀 穴 空

なりたち [形声]「穴(=あな)」と、音「工《コウ》(=工具)」とから成る。(工具であける)あな。

意味 ❶中身がない。からっぽである。から。あき。例 空席《クウセキ》。空白《クウハク》。空腹《クウフク》。❷むだな。役に立たない。むなしい。例 空転《クウテン》。空費《クウヒ》。❸根拠《コンキョ》がない。事実でない。そらごと。例 空言《クウゲン》。空想《クウソウ》。❹地上はるか上方にひろがったところ。そら。例 空気《クウキ》。上空《ジョウクウ》。天空《テンクウ》。❺〔仏〕万物《バンブツ》はすべて因縁《インネン》によって生ずる仮の姿で、実体はないという考え。例 色即是空《シキソクゼクウ》。

日本語での用法《そら》①気持ち。状態。境遇《キョウグウ》。「上《うわ》の空《そら》・旅《たび》の空《そら》・生《い》きた空《そら》もなかった」②何という理由もあげがたいような。なんとなしの。関係のない。「空恐《そらおそ》ろしい・空頼《そらだの》み・他人《タニン》の空似《そらに》」

使い分け あく・あける【明・空・開】 ⇩1160ページ

難読 空車《むなぐるま》

人名 たか・ひろ・ひろし

【空き地】《あきチ》 あいている土地。利用されていない土地。

【空手形】《からてがた》 ①〔経〕商取引がないのに、一時的に資金をゆうずうするためにふり出す手形。②実行されない約束。例 再会の約束は―に終わった。

【空位】《クウイ》 ①その地位にだれもついていないこと。例 会長は―のまま。②実権のない地位。

【空域】《クウイキ》 航空機の安全飛行のために設定される、空の一定の範囲《ハンイ》。例 国防―。

【空間】《クウカン》 ①ものがなくて、あいているところ。類 空白。例 生活―。②上下・左右・前後すべての方向への、無限の広がり。対 時間。参考 平面だけの二次元空間、立体である三次元空間、それに時間を加えた四次元空間がある。

【空気】《クウキ》 ①地球をとりまく無色透明《トウメイ》で、無味無臭《ムシュウ》の気体。おもに酸素と窒素《チッソ》から成る。例 ―まくら。②その場のようす。雰囲気《フンイキ》。例 沈滞《チンタイ》した―が流れる。

【空虚《クウキョ》】（名・形動《ダナ》）①からっぽ。中に何もないこと。うつろ。②形だけで、内容や価値がないこと。むなしいこと。例―なことばを並べたてる。▽(対)充実。

【空軍《クウグン》】航空機による空の攻防《コウボウ》を受け持つ軍隊。

【空▼閨《クウケイ》】ひとりねの、さびしい寝室《シンシツ》。例ひとり―を守る。

【空隙《クウゲキ》】すきま。間隙。

【空拳《クウケン》】素手《スで》。（戦うのに）何も持たない、こぶしだけの手。例徒手―。

【空言《クウゲン／そらごと》】①根拠《コンキョ》のないうわさ。うそ。②実行のともなわない口先だけのことば。例―を吐《は》く。

【空港《クウコウ》】航空機が出発したり到着《トウチャク》したりするところ。旅行客の乗り降り、貨物の積みおろし、機体の整備、管制などをおこなう設備をもつ。飛行場。エアポート。

【空谷《クウコク》】人けのないさびしい谷。

【空谷の跫音《クウコクのキョウオン》】〔「跫音」は、足音の意〕人けのない谷に聞こえる人の足音。さびしく暮らしているときに、思いがけなく人が訪ねてきたり、うれしい便りをもらったりすることのたとえ。〈荘子《ソウジ》〉

【空際《クウサイ》】空のはるかかなた。天と地が接するあたり。天際。

【空撮《クウサツ》】空中からの撮影《サツエイ》。例ヘリコプターによる―。

【空山《クウザン》】だれもいない山。人けのない山。例―人を見ず。

【空車《クウシャ》】①客や貨物をのせていない営業用の車。タクシーについていうことが多い。(対)実車。②駐車場《チュウシャジョウ》にあきがあること。(対)満車。

【空手《クウシュ》】[一]手に何も持っていないこと。徒手。からて。てぶら。例―で帰る。[二]《からて》武道の一つ。沖縄《おきなわ》で発達した武術。つき・けり・受けを基本に、素手《スで》や素足《スあし》でたたかう。表記[二]は「唐手」とも書く。

【空襲《クウシュウ》】（名・する）航空機によって空から攻撃《コウゲキ》を加えること。例―警報発令。

【空所《クウショ》】何もなくて、あいている場所。

【空席《クウセキ》】人がいない席。また、あいている地位。例―が目だつ。―の役員を選任する。

【空説《クウセツ》】根拠《コンキョ》のないうわさや説。

【空前絶後《クウゼンゼツゴ》】今までにも例がなく、これからもないだろうと思われるほどのこと。ひじょうにまれでめずらしいこと。例―の売れ行きを記録する。

【空疎《クウソ》】（名・形動《ダナ》）内容がなくからっぽなこと。例―な議論が延延と続く。

［穴部］3画 突

【空想《クウソウ》】（名・する）現実からかけはなれたことを想像すること。例―にふける。

【空談《クウダン》】むだ話。無用の談議。例―に時を過ごす。

【空中《クウチュウ》】大空のなか。例―から攻撃《コウゲキ》する。

【空中分解《クウチュウブンカイ》】（名・する）①飛行中の航空機が空中でばらばらにこわれること。②計画などがとちゅうでくずれてしまうこと。例資金不足で建設計画が―した。

【空中楼閣《クウチュウロウカク》】①〔空中に築いた高い建物の意から〕根拠《コンキョ》のないこと、ありえないことのたとえ。例今回の事件はまったくの―だ。②蜃気楼《シンキロウ》のこと。

【空腸《クウチョウ》】回腸と十二指腸のあいだの、小腸の一部。

【空調《クウチョウ》】「空気調整」の略。室内の温度や湿度《シツド》を空気で調整すること。例―設備。

【空▼挺《クウテイ》】「空中挺進」の略。航空機で軍隊を敵地に送りこむこと。例―部隊。

【空転《クウテン》】（名・する）からまわりすること。なんの成果もないまま、先へ進まないこと。例国会の審議《シンギ》が―する。

【空洞《クウドウ》】①あながあいて、中がからっぽになっていること。②実質がなくなっていること。うつろ。例行政改革の―化。〔医〕病気のために体内に生じた、あな。例片方の肺《ハイ》に―がある。

【空白《クウハク》】①紙面などで、何も書いていない部分。(類)余白。②内容がないこと。からっぽ。例―ができる。

【空漠《クウバク》】（形動《トタル》）①果てしなく広く大きいようす。例―たる平原。②つかみどころのないようす。例―たる議論。

【空爆《クウバク》】（名・する）「空中爆撃《バクゲキ》」の略。航空機による空からの爆撃。

【空発《クウハツ》】（名・する）①ねらいを定めないうちに発射されること。②目標としたものを爆破《バクハ》できない、むだな爆発。例―におわる。

【空費《クウヒ》】（名・する）むだに消費すること。むだづかい。例いたずらに時間を―する。

【空腹《クウフク》】（名・形動《ダナ》）おなかがすくこと。すきばら。(対)満腹。例―を満たす。

【空文《クウブン》】現実とかけはなれた役に立たない文章。とくに、実行されない法律や規則についていう。例―化した法律。

【空母《クウボ》】「航空母《ボ》艦《カン》」の略。戦闘《セントウ》用の航空機を甲板《カンパン》から発着させる軍艦。

【空包《クウホウ》】（儀礼《ギレイ》または演習用に）実弾《ジツダン》の代わりに使用する、発射音だけがする弾薬。(対)実弾。

【空砲《クウホウ》】空包を用いて発射する銃《ジュウ》や大砲《タイホウ》。例歓迎《カンゲイ》の―をうつ。

【空名《クウメイ》】実質以上の高い評判・名声。(類)虚名《キョメイ》。例―におどらされる。

【空輸《クウユ》】（名・する）「空中輸送」の略。航空機で人や貨物を運ぶこと。例援助《エンジョ》物資を緊急《キンキュウ》に―する。

【空欄《クウラン》】（書きこむことになっているが）何も書き入れていない欄。例細枠《ほそわく》の欄は―のまま提出せよ。

【空理《クウリ》】実際の役に立たない理論。例―空論をもてあそぶ。

【空冷《クウレイ》】空気による冷却《レイキャク》。(対)水冷。例―式エンジン。

【空路《クウロ》】①飛行機の飛ぶコース。②飛行機を交通手段として使うこと。例―札幌《さっぽろ》にはいる。

【空論《クウロン》】現実ばなれしていて、内容のない議論や理論。例机上《キジョウ》の―。空理―をもてあそぶ。

【空似《そらに》】血のつながりがないのに、顔かたちがひじょうに似ていること。例他人の―。

【空寝《そらね》】（名・する）寝たふりをすること。たぬき寝いり。

【空念仏《そらネンブツ》】（名・する）信仰心《シンコウシン》をもたず、口先だけで念仏を唱えること。から念仏。

【空返事《そらヘンジ》】（名・する）相手の言うことを注意して聞かず、いいかげんな返事をすること。なま返事。から返事。

【空模様《そらモヨウ》】①空のようす。天気の状態。例―を見る。②事のなりゆき。例険悪な―になってきた。

◐青空《あおぞら》・架空《カクウ》・航空《コウクウ》・真空《シンクウ》・低空《テイクウ》・防空《ボウクウ》・領《リョウ》空《クウ》

穴3
【突】8画 3845 7A81 常用
音 トツ(漢)
訓 つ-く・つ-き
筆順 丶 丷 宀 穴 空 穾 突

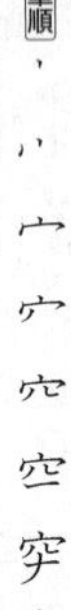

穴4
【突】9画 1-8949 FA55 人名
なりたち 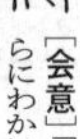 [会意]「犬（＝いぬ）」が「穴（＝あな）」の中からにわかに出る。
意味 ❶つきだす。つきでる。例突起《トッキ》。突進《トッシン》。❷いきおいよくぶつかる。つきあたる。例突撃《トツゲキ》。突破《トッパ》。激突《ゲキトツ》。❸だしぬけに。思いがけず急に。例突然《トツゼン》。突発《トッパツ》。

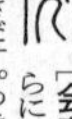

日本語での用法《つき》刀や槍でつくこと。剣道《ドウ》のわざ。相撲《すもう》のわざ。「胴《ドウ》と突《つ》きとで相討《あいう》ちとなる・速《はや》い突《つ》きの一《イッ》手《て》」

【突《トッ》角《カク》】つき出たかど。

【突《トッ》貫《カン》】（名・する）休まないで一気に完成させること。例―工事。

【突《トッ》起《キ》】（名・する）（表面から）ある部分がつき出ること。また、その部分。例―する岩角《いわかど》。

【突《トッ》撃《ゲキ》】（名・する）（敵に向かって）まっしぐらに進んでせめていくこと。例敵陣《テキジン》に―する。

【突《トッ》▼厥《ケツ》】〔「トックツ」とも〕六―八世紀ごろ、トルコの遊牧民がつくった国。モンゴル・中央アジアを支配し、突厥文字を使用した。

【突《トッ》▼兀《コツ》】（形動《タルト》）山や岩などが、険しくそびえ立っているようす。例―たる岩壁《ガンペキ》が前をふさぐ。

【突《トッ》出《シュツ》】（名・する）①つき出ること。例―した部分。②とくに目立っていること。例先月の利益が―している。③急にふきだすこと。例坑道《コウドウ》にガスが―する。

【突《トツ》如《ジョ》】（副）急に何かが起こるようす。不意に。突然。例―雷鳴《ライメイ》がとどろく。

【突《トッ》進《シン》】（名・する）目標に向かって一気につき進むこと。例ゴールめがけて―する。

【突《トツ》然《ゼン》】（副）思いがけないことが急に起こるようす。だしぬけに。例昔の友人が―訪ねてきた。

【突然変異《トツゼンヘンイ》】〔生〕遺伝子や染色体《センショクタイ》が急に変化し、親になかった形や性質が子にあらわれること。

【突端】一《トッタン|トッぱな》長くつき出たものの、先のほう。例岬《みさき》の―。二《トッぱな》ものごとの最初。冒頭《ボウトウ》。例会議の―からもめる。

【突《トッ》堤《テイ》】波や砂を防ぐために、岸から海や川につき出した堤防。例港の―。

【突《トツ》入《ニュウ》】（名・する）勢いよくつき進んではいりこむこと。例敵陣《テキジン》に―する。

【突《トッ》破《パ》】（名・する）①障害や困難をつきやぶって進むこと。例―口《コウ》。難関を―する。②ある一定の数量をこえること。例応募者《オウボシャ》が定員を―する。

【突《トッ》発《パツ》】（名・する）急に起こること。例―事故。

【突《トッ》飛《ピ》】（形動《ダナ》）ふつうでは考えられないほど、ひどく変わっているようす。例―な行動をする。

【突《トッ》拍子《ピョウシ》】（「突拍子もない」の形で）①調子はずれの。例―もない声をあげる。②常識では考えられない。とんでもない。例―もない計画。

【突《トッ》風《プウ》】急にふき起こる強い風。例―にあおられる。

○●煙突《エントツ》・激突《ゲキトツ》・衝突《ショウトツ》・追突《ツイトツ》・唐突《トウトツ》

穴4 【穽】9画 6755 7A7D 音セイ漢 訓おとしあな

意味 けものを生けどりにするための穴。わな。また、人をおとしいれるたくらみ。例陥穽《カンセイ》。

穴4 【窃】9画 3264 7A83 常用 音セツ漢 訓ぬす-む・ひそ-かに

筆順 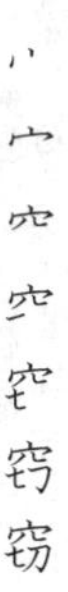

穴18 【竊】23画 6770 7ACA

なりたち  〔形声〕本字は「竊」で、「穴（＝あな）」と「米（＝こめ）」と、音「禼《セツ》」と「廿《シツ》」とから成る。穴の中にしまった米をぬすみ出す。

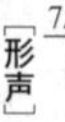

意味 ❶気づかれないようにこっそり取る。ぬすむ。例窃盗《セットウ》。剽窃《ヒョウセツ》。❷人に知られないように、こっそりおこなうようす。ひそかに。例窃視《セッシ》。❸自分の考えを述べるときに、へりくだっていうことば。ひそかに。

【窃《セッ》視《シ》】（名・する）そっとのぞき見ること。

【窃《セッ》取《シュ》】（名・する）こっそりぬすみ取ること。例他人の財物を―する。

【窃《セッ》盗《トウ》】（名・する）他人のものを、こっそりぬすむこと。また、その人。どろぼう。例―罪。

【窃▼鈇の疑い《セップのうたがい》】〔「鈇」は、斧《おの》の意〕人を疑いの心で見ると、そのことばや態度などがすべて疑わしく見えることのたとえ。あらぬ疑いをかけることについていう。類疑心《ギシン》暗鬼《アンキ》を生《ショウ》ず。〔斧をなくした人が、実際には無実であった隣人《リンジン》を疑いの目で見はじめたら、万事《バンジ》が盗人《ぬすびと》らしく見えたという話から〕〈列子《レッシ》〉

穴4 【穿】9画 3292 7A7F 人名 音セン漢呉 訓うが-つ・は-く

意味 ❶穴をあける。ほる。うがつ。例穿孔《センコウ》。❷こまかい点まできわめつくす。例穿鑿《センサク》。❸衣服を着る。身につける。例靴《くつ》を穿《うが》つ。

難読 穿山甲《センザンコウ》

【穿《セン》孔《コウ》】（名・する）穴をあけること。穴があくこと。また、その穴。例カード―機。胃―。

【穿《セン》▼鑿《サク》】（名・する）〔「鑿」も、穴をあける意〕①あれこれ調べて、細かいことまで知ろうとすること。例原因を―する。②小さなことまで、とやかく言いたてること。例何やかやとうるさく―する。

穴4 【突】9画 ⇩【突】《トツ》（740ページ）

穴5 【窄】10画 2685 7A84 人名 音サク漢 訓すぼ-む・すぼ-める・せま-い

意味 せばめる。すぼめる。せまい。対寛《カン》。例狭窄《キョウサク》。

難読 身窄《みすぼ》らしい・見窄《みすぼ》らしい

穴5 【窈】10画 6756 7A88 音ヨウ漢呉

意味 おくふかくて、うすぐらい。かすかにしか見えないようす。また、（女性が）おくゆかしく上品であるようす。例窈窕《ヨウチョウ》。

難読 窈窕《なまめか》しい

【窈《ヨウ》▼窕《チョウ》】（形動《タルト》）①上品で美しいようす。しとやかでおくゆかしいようす。例―たる淑女《シュクジョ》。②山水などのおくふかいようす。

穴6 【窓】11画 3375 7A93 教育6 音ソウ漢呉 訓まど

筆順 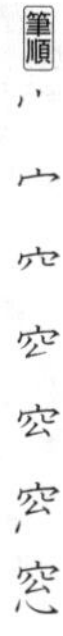

穴7 【窗】12画 6757 7A97 本字

なりたち  〔形声〕「穴（＝あな）」と、音「囱《ソウ》」とから成る。部屋のまど。

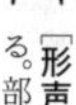

意味 ❶光をとりいれたり、風を通したりするための穴。まど。例窓外《ソウガイ》。車窓《シャソウ》。船窓《センソウ》。❷まどのある部屋。例学窓《ガクソウ》。深窓《シンソウ》。同窓《ドウソウ》。

【窓《ソウ》外《ガイ》】まどのそと。例―の風景。

【窓《まど》際《ぎわ》】まどのそば。例―族。―の席。

【窓口《まどぐち》】①(役所・銀行・駅・病院などで)書類の受け付けやお金の出し入れなどをするところ。また、その係。例支《シ》払《はら》い—。②直接、連絡《レンラク》をつけたり交渉《コウショウ》をしたりするところ。また、その役。例会社側の—に申し入れる。

【窓辺《まどべ》】窓のそば。窓の近く。例—の花。

●学窓《ガクソウ》・車窓《シャソウ》・深窓《シンソウ》・出窓《でまど》・天窓《てんまど》・同窓《ドウソウ》

穴6
【窒】
11画 3566 7A92 常用 音チツ漢 訓ふさ-がる・ふさ-ぐ

筆順 、 宀 穴 空 空 窒 窒 窒

なりたち 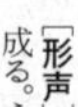 [形声]「穴(=あな)」と、音「至《シ→チツ》」とから成る。ふさぐ。

意味 あいている部分がつまる。すきまがなくなる。ふさがる。ふさぐ。例窒息《チッソク》。窒塞《チッソク》(=ふさがる)。

日本語での用法《チツ》「窒素《チッソ》」の略。元素の一つ。「窒化物《チッカブツ》」

難読 窒扶斯《チフス》

【窒素《チッソ》】色・味・においのない気体元素。空気の七八パーセントをしめる。肥料や火薬などの原料となる。元素記号 N 例—化合物。

【窒息《チッソク》】(名・する)息がつまったり、酸素が足りなくなったりして、呼吸ができなくなること。

穴6
【窕】
11画 6758 7A95 音チョウ漢 訓うつく-しい

意味 ❶おくふかく、ひろい。例窕窕《チョウチョウ》(=おくふかく、底しれないこと)。❷おくゆかしく、しとやかなようす。うつくしい。例窈窕《ヨウチョウ》(=うつくしく、しとやか)。

難読 窕《くつろ》ぐ

穴6
[窑]11画 ⇒【窯】《ヨウ》(743ページ)

穴7
【窘】
12画 6759 7A98 音キン漢 訓くる-しむ・たしな-める

意味 ❶行きづまる。追いつめられる。せっぱつまる。例窘困《キンコン》(=行きづまって苦しむ)。❷あわただしい。例窘歩《キンポ》(=急いで歩く)。

日本語での用法《たしなめる》悪い点について注意をあたえる。「友人《ユウジン》の言動《ゲンドウ》を窘《たしな》める」

穴7
【窖】
12画 6760 7A96 音コウ漢 訓あなぐら

意味 穀物をしまっておく穴。あなぐら。例窖廩《コウリン》(=あなぐらと倉庫)。

難読 窖《つちむろ》

穴7
[窗]12画 ⇒【窓】《ソウ》(741ページ)

穴8
【窟】
13画 2302 7A9F 常用 音コツ漢クツ呉 訓いわや

筆順 宀 宀 穴 穸 窟 窟 窟

なりたち [形声]「穴(=あな)」と、音「屈《クツ》」とから成る。鳥や獣がひそむ穴。

意味 ❶ほらあな。天然《テンネン》の岩にできたあなぐら。いわや。例岩窟《ガンクツ》。石窟《セックツ》。洞窟《ドウクツ》。❷同類のものの集まり住むところ。なかまのすみか。例阿片窟《アヘンクツ》。巣窟《ソウクツ》。魔窟《マクツ》。

穴9
【窩】
14画 6761 7AA9 音カ慣ワ漢 訓あな

意味 ❶鳥・けもの・昆虫《コンチュウ》などがすむ穴。例蜂窩《ホウカ》(=ハチの巣)。❷人が身をかくすところ。すみか。例賊窩《ゾクカ》。❸くぼんだところ。例眼窩《ガンカ》(=眼球がおさまっている顔の骨のくぼみ)。酒窩《シュカ》。❹かくす。かくまう。例窩蔵《カゾウ》。

【窩蔵《カゾウ》】(名・する)かくまうこと。かくすこと。

穴9
【窪】
14画 2306 7AAA 人名 音ワ漢呉 訓くぼ・くぼ-む

意味 まわりにくらべて低くへこんだところ。穴状に低くなっているところ。くぼみ。くぼ。くぼむ。例窪地《くぼチ》。

【窪地《くぼチ》】地面の一部が落ちこんで、低くなっている土地。

【窪目《くぼめ》】深く落ちくぼんだ目。奥目《おくめ》。

穴10
【窮】
15画 2171 7AAE 常用 音キュウ漢グ・グウ呉 訓きわ-める・きわ-まる

筆順 宀 宀 穴 穿 窮 窮 窮

穴14 [竆]19画 7AC6 本字

なりたち  [形声]「穴(=あな)」と、音「躳《キュウ》」とから成る。きわまる。

意味 ❶この上ないところまで行きつく。おわる。きわまる。例窮極《キュウキョク》。無窮《ムキュウ》。❷行きづまって苦しむ。こまりはてる。例困窮《コンキュウ》。貧窮《ヒンキュウ》。❸(学問や芸術などで)深いところまでつきつめる。きわめる。例窮理《キュウリ》。

使い分け きわまる・きわめる【窮・極・究】⇒1168ページ

難読 窮鬼《いきすだま》

人名 きわみ・み

【窮境《キュウキョウ》】困り果てた立場。ひじょうに苦しい境遇《キョウグウ》。

【窮極《キュウキョク》】つきつめて最後に行きつくところ。例—の目的。

表記「究極」とも書く。

【窮屈《キュウクツ》】(名・形動《ナダ》)①自由に動けないほど、せまく小さいこと。例この服は—だ。②考え方や雰囲気《フンイキ》などが、かたくるしくて気づまりなこと。例—な家庭に育つ。③お金などが不十分で、やりくりが苦しいこと。例—な予算。

【窮困《キュウコン》】(名・する)こまり苦しむこと。貧乏《ビンボウ》で苦しむこと。類困窮。

【窮策《キュウサク》】苦しまぎれに考え出した方法。窮余の策。

【窮死《キュウシ》】(名・する)貧乏《ビンボウ》や病気などで、苦しみぬいて死ぬこと。例—した作家。

【窮状《キュウジョウ》】ひどく困って苦しんでいるようす。

【窮《キュウ》すれば通《ツウ》ず】困ってどうにもならなくなると、かえって進むべき道が開けてくる。〈易経《エキキョウ》〉

【窮▼鼠《キュウソ》】追いつめられて、にげる場所のなくなったネズミ。

【窮▼鼠《キュウソ》猫《ねこ》を▼嚙《か》む】追いつめられて必死になると、弱い者でも強い者を負かすことがあるということのたとえ。

【窮措大《キュウソダイ》】〔「措大」は、学者や学生の意〕貧しい学者や学生。貧乏《ビンボウ》書生。例一介《イッカイ》の—にすぎない。

【窮達《キュウタツ》】〔困窮《コンキュウ》と栄達《エイタツ》の意〕貧しく生活に困ることと、金持ちで身分も高いこと。おちぶれることと、出世すること。例—にかかわりなく、自適の生活をおくる。

【窮地《キュウチ》】追いつめられて、どうすることもできない苦しい立場。例—に立たされる。

【窮鳥《キュウチョウ》】追いつめられて、にげ場を失った鳥。

【窮鳥《キュウチョウ》懐《ふところ》に入《い》る】にげ場を失った鳥が人間のふところに飛びこむ。追いつめられて救いを求めることのたとえ。

〈顔氏家訓《ガンシカクン》〉

【窮追《キュウツイ》】（名・する）にげ場がなくなるまで追いつめること。また、問いつめること。例敵兵を—する。

【窮迫《キュウハク》】（名・する）お金や物が不足するなどして、追いつめられ、どうにもならないこと。例生活が—する。

【窮乏《キュウボウ》】（名・する）お金や物が足りなくて、ひどく困ること。生活に苦しむこと。貧乏《ビンボウ》。例—生活にたえる。

【窮民《キュウミン》】生活に困っている人々。貧民《ヒンミン》。

【窮余《キュウヨ》】どうしようもなくなって困ったあげく。苦しまぎれ。例—の一策《イッサク》（=苦しまぎれの思いつき）。

【窮理《キュウリ》】ものごとの道理や法則を深く追究すること。表記「究理」とも書く。

●困窮《コンキュウ》・貧窮《ヒンキュウ》・無窮《ムキュウ》

穴10 【窯】 15画 4550 7AAF 常用 音ヨウ漢 訓かま

筆順

穴6 ［窑］11画 — 7A91 俗字　穴10 ［窰］15画 6763 7AB0 別体字

なりたち  ［形声］「穴（=あな）」と、音「羔《コウ→ヨウ》」とから成る。かわらを焼くかまど。

意味 ❶かわらや陶器《トウキ》を入れて焼く装置。かまど。かま。また、そこで焼いたもの。陶器。例窯業《ヨウギョウ》。窯変《ヨウヘン》。陶窯《トウヨウ》。❷かまや産地の名の下につけて、そこで焼いた陶器であることを示すことば。例景徳鎮窯《ケイトクチンヨウ》。民窯《ミンヨウ》。

使い分け かま【釜・窯】⇩1167ページ

【窯業《ヨウギョウ》】窯《かま》を用いて、れんが・ガラス・陶磁器《トウジキ》などを製造する工業。

【窯変《ヨウヘン》】（名・する）陶磁器《トウジキ》を窯《かま》で焼いたとき、炎《ほのお》や釉薬《ユウヤク》によって偶然《グウゼン》にできる、色や文様《モンヨウ》の変化。

穴10 ［窰］15画 ⇩【窯《ヨウ》】（743ページ）

穴11 【窺】 16画 1714 7ABA 人名 音キ漢 呉 訓うかが-う

意味 すきまからこっそりとようすを見る。機会をねらう。うかがう。例窺見《キケン》（=うかがい見る）。管窺《カンキ》（=くだの穴から見る。見識のせまいこと）。

【窺伺《キシ》】（名・する）そっとのぞいて、ようすをうかがうこと。

【窺知《チキ》】（名・する）そっとようすを知ること。うかがいさぐること。例敵の行動を—する。

穴11 【窶】 16画 6764 7AB6 音ク漢 訓いや-しい・まず-しい・やつ-す・やつ-れる

意味 礼にかなったしたくができないほど財力がない。まずしい。例窶困《クコン》。窶乏《クボウ》。窶貧《クヒン》。

日本語での用法 一《やつす》身のやせるほどになやむ。やつれるほどものごとに熱中する。「憂《う》き身《み》を窶《やつ》す・外出時《ガイシュツジ》の化粧《ケショウ》に二時間《ニジカン》もかけて窶《やつ》す」二《やつれる》貧しい姿をしている。やせおとろえる。「窶《やつ》れても上品《ジョウヒン》な趣《おもむき》がある・窶《やつ》れた身《み》を恥《は》じる」

穴12 【窿】 17画 6767 7ABF 音リュウ漢 訓たか-い

意味 ❶中央が高く盛り上がったようす。例穹窿《キュウリュウ》（=弓なりになっている空。また、アーチ形）。❷鉱山の坑道《コウドウ》。

穴12 ［竃］17画 ⇩【竈《ソウ》】（743ページ）

穴13 【竅】 18画 6765 7AC5 音キョウ漢 呉 訓あな・ひま

意味 ❶くぼんだところ。あな。❷人体にある穴。あな。目・耳・鼻・口など。例七竅《シチキョウ》（=耳・目・鼻それぞれ二つの穴と口と）。九竅《キュウキョウ》（=七竅と、大小便の出る穴二つと）。❸あなをあける。

穴13 【竄】 18画 6766 7AC4 音ザン慣 サン漢 呉 訓かく-す・かく-れる

意味 穴の中にもぐりこむ。かくれる。また、かくす。もぐりこませる。例竄入《ザンニュウ》。改竄《カイザン》（=つごうのいいように書き直す）。

【竄入《ザンニュウ》】（名・する）①にげこむこと。②原文の中に、のちの人が書いた語句や文、注などが誤ってまぎれこむこと。

穴14 ［竆］19画 ⇩【窮《キュウ》】（742ページ）

穴15 【竇】 20画 6769 7AC7 音トウ漢 訓あな・さぐ-る・むな-しい

意味 ❶あなぐら。あな。例竇窖《トウコウ》。❷水路。みぞ。❸姓《セイ》の一つ。

【竇▼窖《トウコウ》】〔「竇《トウ》」は楕円《ダエン》形のあな、「窖《コウ》」は方形のあなの意〕あなぐら。

穴16 【竈】 21画 6762 7AC8 音ソウ漢 訓かまど・かま・へっつい

火3 ［灶］7画 2-7958 7076 俗字　穴12 ［竃］17画 1986 7AC3 俗字

意味 ❶土・石・れんがなどで築き、鍋《なべ》や釜《かま》をかけ、下から火をたいて煮《に》たきをする設備。かまど。へっつい。例竈煙《ソウエン》（=生活のしるし）。❷かまどの神。例竈神《ソウシン》。

日本語での用法《かまど・かま》生計。「竈《かまど》を起《お》こす（=一家の主人となる）・竈《かま》を破《やぶ》る（=破産する）」

穴18 【竊】 23画 ⇩【窃《セツ》】（741ページ）

117 5画 立 たつ たつへん 部

地上にたつ人の形をあらわす。「立」をもとにしてできている漢字と、「立」の字形を目じるしにして引く漢字とを集めた。

0 立 2 竍 3 竏 4 竕 竓 竒 5 站 竚 竝 6 竟 章 竡 7 竢 竣 竦 童 9 竭 竪 竰 端 15 競 17 竸

この部首に所属しない漢字

辛⇩辛 959　妾⇩女 274　音⇩音 1061　竜⇩竜 1116
意⇩心 404　靖⇩青 1056　颯⇩風 1072　龍⇩龍 1116

立0 【立】 5画 4609 7ACB 教育1 音リツ慣 リュウ漢 呉 訓た-つ・た-てる・リットル 付表 立《た》ち退《の》く

筆順

なりたち  ［会意］「大（=ひと）」が「一（=地）」の上にいる。たつ。

意味 ❶両足を地につけてたつ。たつ。例立像《リツゾウ》。起立《キリツ》。直立《チョクリツ》。❷さだまる。例確立《カクリツ》。成立《セイリツ》。❸安定させてたてる。つくる。おこす。例立案《リツアン》。建立《コンリュウ》。設立《セツリツ》。❹位につかせる。位につく。例立太子《リッタイシ》。擁立《ヨウリツ》。❺季節の気配がたちおこる。例立夏《リッカ》。立春《リッシュン》。❻すぐ。ただちに。たちどころに。

日本語での用法《リットル》〔フランス語 litre の音訳「立突」の略〕メートル法の容量の単位。一リットルは一〇〇〇立方センチメートル。「一立《イチリットル》あたり」

参考 容量の単位をあらわす国字としては次のような字がある。重さについては【瓦】《ガ》(669ページ)を、長さについては【米】《ベイ》(760ページ)を参照。

竍《デカリットル》「立《リットル》」と「十(=十倍)」=10L
竡《ヘクトリットル》「立《リットル》」と「百(=百倍)」=100L
竏《キロリットル》「立《リットル》」と「千(=千倍)」=1000L
竕《デシリットル》「立《リットル》」と「分(=十分の一)」=0.1L
竰《センチリットル》「立《リットル》」と「厘(=百分の一)」=0.01L
竓《ミリリットル》「立《リットル》」と「毛(=千分の一)」=0.001L

使い分け たつ・たてる【立・建】⇩1172ページ

人名 たか・たかし・たつ・たつる・たて・はる

【立場】《たちば》①立っている場所。②その人の置かれている地位や境遇《キョウグウ》。例苦しい―。③考え方のよりどころ。観点。例科学者の―。―をはっきりさせよ。

【立案】《リツアン》(名・する)①計画をたてること。例記念行事の―にあたる。②文章の下書きを作ること。例―者。

【立花】《リッカ》①花や木を花びんにさしてかざること。たてばな。②生け花の形式の一つ。中心になる枝をまっすぐに立てた型を基本とする。表記▽「立華」とも書く。

【立夏】《リッカ》二十四節気の一つ。暦《こよみ》の上で夏が始まる日。太陽暦《タイヨウレキ》の五月六日ごろ。

【立願】《リツガン/リュウガン》(名・する)願いごとがかなうように神仏にいのること。願かけ。例病気回復を―する。

【立脚】《リッキャク》(名・する)考えなどの立場を決め、それをよりどころとすること。例現実に―した考え。

【立件】《リッケン》(名・する)裁判を起こす条件や証拠《ショウコ》がととのうこと。例詐欺《サギ》事件として―する。

【立憲】《リッケン》憲法を定めること。例―君主制。

【立憲政体】《リッケンセイタイ》憲法を定め、立法・行政・司法それぞれの機関を置いて、議会を通して国民が政治に参加する、政治の形態。

【立言】《リツゲン》(名・する)あるものごとについて、自分の考えをはっきり述べること。例外交問題について―する。

【立后】《リッコウ》皇后《コウゴウ》を正式に定めること。皇后冊立《サクリツ》。

【立候補】《リッコウホ》(名・する)選挙で、ある地位を得るために名のり出ること。候補者や候補地などとして、立つこと。例知事選に―する。大会開催《カイサイ》地として―する。

【立国】《リッコク》①新しく国をつくること。建国。例―の精神。②産業などによって国を繁栄《ハンエイ》させること。例工業―。

【立志】《リッシ》目標を定め、それをなんとしてもやりとげようと決心すること。例―伝(=志を実現させた人の伝記)。

【立秋】《リッシュウ》二十四節気の一つ。暦《こよみ》の上で秋が始まる日。太陽暦《タイヨウレキ》で、八月八日ごろ。

【立春】《リッシュン》二十四節気の一つ。暦《こよみ》の上で春が始まる日。太陽暦《タイヨウレキ》で、二月四日ごろ。節分の翌日。

【立証】《リッショウ》(名・する)証拠《ショウコ》をあげて、あることがらをはっきりさせること。例無実を―する。

【立食】《リッショク》(名・する)立ったままで食べること。とくに、洋式の宴会《エンカイ》などで、飲食物を客が自由に取って食べるようにした形式のもの。例―パーティー。

【立身】《リッシン》(名・する)高い地位について世間に認められること。出世。例努力を重ねて―した人物。

【立身出世】《リッシンシュッセ》(名・する)社会的に高い地位について有名になること。例―を夢見る。

【立《リッ》▼錐《スイ》の余地《ヨチ》もない】錐《きり》の先を立てるほどの空間もない。ほんのせまい場所もない。〈荘子《ソウジ》〉例会場は―ほどだ(=ひどい混雑ぶりである)。

【立像】《リツゾウ》〔「リュウゾウ」とも〕立っている姿の像。㊟座像・胸像。例観音菩薩《カンノンボサツ》の―。

【立体】《リッタイ》①三次元の広がりのあるもの。長さ・幅《はば》・厚さのあるもの。例―図形。②厚みや深みなどが感じられること。例―感。―放送。

【立体交差】《リッタイコウサ》(名・する)道路と道路、鉄道と道路などが交差するとき、一方が他方をまたいだり、くぐったりする形式にしてあるもの。表記「立体交▼叉」とも書く。

【立体的】《リッタイテキ》(形動《ダ》)①高さや奥行《おくゆき》などがあって立体の感じをあたえるようす。例―な作品。②ものごとを多方面から全体的にとらえるようす。㊟平面的。例―に見る。

【立体派】《リッタイハ》二十世紀初め、フランスでピカソやブラックなどが中心となって起こした絵画の一派。対象をさまざまな角度からとらえて、それを一つの画面にいっしょにえがこうとするもの。キュービズム。

【立太子】《リッタイシ》公式に皇太子と定めること。例―の礼。

【立地】《リッチ》(名・する)工業や商業などを営むとき、地形・交通・人口などを考えて土地を決めること。例駅前の―を計画する。―条件。

【立冬】《リットウ》二十四節気の一つ。暦《こよみ》の上で冬が始まる日。太陽暦《タイヨウレキ》で、十一月八日ごろ。

【立党】《リットウ》(名・する)政党や党派を新しくつくること。建党。例―の精神。

【立年】《リツネン》〔「而立《ジリツ》」の年の意から〕三十歳。

【立派】《リッパ》(形動《ダ》)申し分のないほど完全なようす。すぐれているようす。堂々としてみごとだ。完全だ。例―な成績。

【立腹】《リップク》(名・する)腹をたてること。おこること。例いたずらをされて―する。部下の無能に―する。

【立方】《リッポウ》①同じ数を三回かけあわせること。三乗。②体積の単位を作ることば。例八―メートル。③立方体の体積をあらわすことば。例一〇センチ―(=一辺一〇センチの、立方体の体積)。

【立方体】《リッポウタイ》六つの正方形の面で囲まれた立体。正六面体。

【立法】《リッポウ》(名・する)法律を定めること。㊟司法・行政。例―機関。

【立命】㊀《リツメイ》天命をまっとうすること。例安心《アンジン》―。㊁《リュウメイ》運を天にまかせ、心静かにしていること。

【立面図】《リツメンズ》物体の正面を水平に見た図。側面図。

【立礼】㊀《リツレイ》立ち上がって礼をすること。㊟座礼。㊁《リュウレイ》茶道で、道具を台の上に置き、いすにこしかけて茶をたてる方法。

【立論】《リツロン》(名・する)すじみちを立てて議論を組み立てること。また、その議論。例事実にもとづいて―する。しっかりした、―の根拠《コンキョ》。

●確立《カクリツ》・起立《キリツ》・区立《クリツ》・県立《ケンリツ》・公立《コウリツ》・国立《コクリツ》・木立《こだち》・孤立《コリツ》・献立《コンだて》・建立《コンリュウ》・出立《シュッたつ》・樹立《ジュリツ》・市立《シリツ／いちリツ》・私立《シリツ／わたくしリツ》・而立《ジリツ》・自立《ジリツ》・成立《セイリツ》・設立《セツリツ》・創立《ソウリツ》・存立《ソンリツ》・対立《タイリツ》・中立《チュウリツ》・町立《チョウリツ》・直立《チョクリツ》・倒立《トウリツ》・独立《ドクリツ》・都立《トリツ》・府立《フリツ》・並立《ヘイリツ》・夕立《ゆうだち》・擁立《ヨウリツ》・乱立《ランリツ》・両立《リョウリツ》・林立《リンリツ》・連立《レンリツ》

立 2
【竍】7画 6771 7ACD 国字 訓 デカリットル
意味 容量の単位。リットルの十倍。デカリットル。

立 3
【竏】8画 6772 7ACF 国字 訓 キロリットル
意味 容量の単位。リットルの千倍。キロリットル。

立 4
【竕】9画 6773 7AD5 国字 訓 デシリットル
意味 容量の単位。リットルの十分の一。デシリットル。

立 4
【竓】9画 6774 7AD3 国字 訓 ミリリットル
意味 容量の単位。リットルの千分の一。ミリリットル。

立 4
[竒] 9画 ⇩【奇】キ(265ジペー)

立 5
【站】10画 6775 7AD9 音 タン漢
意味 ❶立つ。立ちどまる。❷交通の要地で、宿泊《シュクハク》設備やウマなどの用意をしたところ。宿駅。例 駅站《エキタン》(=宿場)。❸ある業務をおこなうためにつくられた機構。例 兵站《ヘイタン》(=戦場の後方で、補給や連絡《レンラク》をおこなう機関)。

立 5
[竚] 10画 ⇩【佇】ヨチ(67ジペー)

立 5
【竝】10画 ⇩【並】イへ(25ジペー)

立 6
【竟】11画 8079 7ADF 音 ケイ漢 キョウ呉 訓 つい-に・お-わる
意味 ❶おしまいまで行きつく。つきる。おわる。例 終竟《シュウキョウ》。❷おわりまで。…じゅう。例 竟日《キョウジツ》(=一日じゅう)。竟夕《キョウセキ》(=ひと晩じゅう)。❸つまるところ。結局。ついに。例 畢竟《ヒッキョウ》(=つまり)。

立 6
【章】11画 3047 7AE0 教育3 音 ショウ漢呉 訓 あや・あき-らか
筆順 亠 亣 立 产 咅 音 音 章

なりたち  [会意]「音(=おと)」と「十(=数の終わり)」とから成る。楽曲のひとまとまり。
意味 ❶音楽や詩文のひと区切り。一段落。例 章句《ショウク》。楽章《ガクショウ》。序章《ジョショウ》。❷ひとまとまりの文や詩。文書。ふみ。例 憲章《ケンショウ》。文章《ブンショウ》。❸模様。しるし。あや。例 記章《キショウ》。紋章《モンショウ》。❹はんこ。例 印章《インショウ》。❺あきらかにする。あきらか。同 彰《ショウ》。例 表章《ヒョウショウ》(=表彰)。
難読 周章《あわてる・ふためく》・玉章《たまずさ》
人名 あき・あきら・き・たか・たかし・とし・のり・ふさ・ふみ・ゆき
【章句】《ショウク》 文章の大きな区切り(=章)と小さな区切り(=句)。また、その中のことば。文句《モンク》。
【章節】《ショウセツ》 論文や長い文章の、章や節のひと区切り。例 —ごとに訳す。
【章立て】《ショウだて》 論文や長い文章の、章の立て方やならべ方。
【章程】《ショウテイ》 きまり。規則。例 租税《ソゼイ》の—。
【▽章▽魚】《たこ》 海にすむ軟体《ナンタイ》動物。足が八本で吸盤《キュウバン》がある。表記「▼蛸・▼鮹」とも書く。
●印章《インショウ》・楽章《ガクショウ》・記章《キショウ》・徽章《キショウ》・勲章《クンショウ》・校章《コウショウ》・終章《シュウショウ》・序章《ジョショウ》・断章《ダンショウ》・文章《ブンショウ》・褒章《ホウショウ》・喪章《もショウ》・紋章《モンショウ》・腕章《ワンショウ》

立 6
【竡】11画 6778 7AE1 国字 訓 ヘクトリットル
意味 容量の単位。リットルの百倍。ヘクトリットル。

立 7
【竢】12画 6779 7AE2 音 シ漢 訓 ま-つ
意味 じっと立って待ちうける。まつ。同 俟《シ》。

立 7
【竣】12画 2955 7AE3 人名 音 シュン漢 訓 お-わる
なりたち 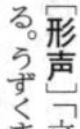 [形声]「立(=たつ)」と、音「夋《シュン》」とから成る。うずくまる。派生して「おわる」意。
意味 建物がたつ。工事が終わる。例 竣工《シュンコウ》。竣成《シュンセイ》。
【竣工】《シュンコウ》(名・する) 工事が終わること。建物などができあがること。類 竣成・落成。対 起工・着工。例 新校舎の—を祝う。表記「竣功」とも書く。
【竣成】《シュンセイ》(名・する) 工事が終わり、建物などが完成すること。類 竣工。例 大講堂が—する。

立 7
【竦】12画 6780 7AE6 音 ショウ漢 訓 すく-む
意味 ❶恐怖《キョウフ》や緊張《キンチョウ》のため棒立ちになって動けなくなる。ぞっとする。すくむ。例 竦然《ショウゼン》(=おそれ、すくんでぞっとするようす)。❷身をひきしめてかしこまる。つつしむ。例 竦心《ショウシン》(=つつしみ深くする)。❸高くそびえる。同 聳《ショウ》。

立 7
【童】12画 3824 7AE5 教育3 音 トウ漢 ドウ呉 訓 わらべ・わらわ
筆順 亠 亣 立 产 咅 音 音 章 童 童

なりたち  [形声]「辛(=法をおかす)」と、音「重《チョウ→トウ》」の省略体とから成る。罪をおかした男。
意味 ❶男の奴隷《ドレイ》・めしつかい。しもべ。例 童僕《ドウボク》。❷幼い子供。わらわ。わらべ。例 童顔《ドウガン》。学童《ガクドウ》。児童《ジドウ》。
難読 童《わっぱ》
人名 わか
【童画】《ドウガ》 ①(童話のさし絵など)子供向きにかいた絵。例 —展。②子供がかいた絵。児童画。
【童顔】《ドウガン》 ①子供の顔。②あどけない子供のような顔つき。例 —の青年。
【童形】《ドウギョウ》 子供の姿。とくに、まだ元服《ゲンプク》していない少年の姿。また、その少年。
【童子】《ドウジ・ドウシ》 ①幼い子。子供。例 三歳《サンサイ》の—。②死んだ男の子の戒名《カイミョウ》につけることば。
【童女】《ドウジョ・ドウニョ》 ①幼い女の子。幼女。例 —のようなあどけない笑顔《えがお》。②死んだ女の子の戒名《カイミョウ》につけることば。
【童心】《ドウシン》 ①子供の心。例 —を傷つける。②子供のような無邪気《ムジャキ》な心。例 —に返る。
【童体】《ドウタイ》 子供の姿。童形《ドウギョウ》。例 —の聖徳太子《ショウトクタイシ》像。
【童貞】《ドウテイ》 ①女性と性的な関係をもっていないこと。また、そういう人。対 処女。②カトリック教会の修道女。シスター。
【童僕】《ドウボク》 〔「僕」は、しもべの意〕めしつかい。表記「▼僮僕」とも書く。
【童▼蒙】《ドウモウ》 幼くて、ものごとの道理をよく知らないこと。また、子供。例 —を教えさとす。表記「▼僮▼蒙」とも書く。

【童幼《ドウヨウ》】おさない子供。幼児。例―のために配慮《ハイリョ》する。

【童謡《ドウヨウ》】①昔から子供たちに歌われてきた歌。わらべ歌。②子供のためにつくられた歌。「夕焼け小焼け」「鳩《はと》(ハトポッポ)」など。例―歌手。

【童話《ドウワ》】子供のためにつくられた物語。例―作家。大人《おとな》のための―。

◐悪童《アクドウ》・怪童《カイドウ》・学童《ガクドウ》・奇童《キドウ》・児童《ジドウ》・神童《シンドウ》・牧童《ボクドウ》

立9

【竭】14画 6781 7AED 音ケツ漢 訓つ-きる・つ-くす

意味 あるものをすべて出す。つくす。

立9

【竪】14画 3508 7AEA 人名 音シュ漢ジュ呉 訓たて・た-つ

なりたち [形声]本字は「豎」で、「臤(=かたい)」と音「豆《トウ》……→《シュ》」とから成る。しっかりと立つ。

意味 ❶しっかりと立つ。たてる。たつ。例竪立《ジュリツ》(=まっすぐに立つ)。❷まっすぐに立ったもの。また、縦《たて》になったもの。たて。例竪穴住居《たてあなジュウキョ》。

立9

【竰】14画 6782 7AF0 国字 訓センチリットル

意味 容量の単位。リットルの百分の一。センチリットル。

立9

【端】14画 3528 7AEF 常用 音タン漢呉 訓はし・は・はた・はな

筆順 亠 立 立 立' 竔 端 端 端

なりたち [形声]「立(=たつ)」と、音「耑《タン》」とから成る。まっすぐである。

意味 ❶きちんと整って、ただしい。例端正《タンセイ》。端然《タンゼン》。端麗《タンレイ》。❷ものごとのはじめ。きっかけ。いとぐち。例端緒《タンショ》。発端《ホッタン》。❸ものの中央から最も遠い部分。ものごとの一部。はし。はた。例極端《キョクタン》。先端《センタン》。末端《マッタン》。❹織物の長さの単位。周代の一端は二丈《ジョウ》(=約四・五メートル)。

日本語での用法 一《タン》織物の長さの単位。約一〇メートル。同反《タン》。「羽二重《はぶたえ》一端《イッタン》」二《は》①はんぱ。はした。「端切《はぎ》れ・端数《はスウ》・端物《はもの》」②へり。ふち。「山《やま》の端《は》」

難読 端折《はしょ》る

人名 さき・ただ・ただし・ただす・なお・はじめ・まさ・もと

【端渓《タンケイ》】①広東《カントン》省にある、硯石《すずりいし》の産地。また、そこで産出する硯石や、それで作った硯。

【端▼倪《タンゲイ》】一(名)ものごとのはじめと終わり。二(名・する)おしはかること。推測。例―すべからざる人物(=ちょっと想像できないほど奥行《おくゆき》のある人物)。

【端月《タンゲツ》】正月の別名。

【端厳《タンゲン》】(形動ダ)乱れたところがなく、おごそかなようす。威厳《ゲン》のあるようす。例―な姿。

【端午《タンゴ》】〔「端」は、初め。「午」は、五。五月の初めの五日の意〕五節句の一つ。五月五日の節句。日本では、とくに男の子の成長をいのる。

【端座《タンザ》】(名・する)姿勢を正してきちんとすわること。正座《セイザ》。例仏前に―する。表記 旧端▼坐

【端子《タンシ》】電気器具などの、電流の出入り口につけてある金具《かなグ》。ターミナル。

【端緒《タンショ／タンチョ》】ものごとのはじめ。いとぐち。手がかり。例―をにぎる。事件解決の―が開かれる。

【端正《タンセイ》】(名・形動ダ)姿やおこないなどが、きちんとしていること。乱れたところがなく整っていること。例容姿《ヨウシ》―。―なふるまい。表記「端整」とも書く。

【端然《タンゼン》】(形動タル)姿勢などが正しく、きちんとしているようす。例―とすわる。

【端直《タンチョク》】(名・形動ダ)心やおこないが、正しくまっすぐなこと。正直《ショウジキ》。

【端艇《タンテイ》】ボート。こぶね。表記「短艇」とも書く。

【端的《タンテキ》】(形動ダ)①はっきりしているようす。例この事実が―に物語る。②表現などがてっとりばやいようす。例―にいえば。

【端末《タンマツ》】①はし。すえ。例フィルムの―。②「端末装置」の略。例―につなぐ。

【端末装置《タンマツソウチ》】コンピューターとデータのやりとりをする装置。端末機。端末。

【端麗《タンレイ》】(名・形動ダ)姿や形が整っていて美しいこと。例容姿《ヨウシ》―。

【端唄《はうた》】三味線《しゃみせん》に合わせて歌う、短い俗謡《ゾクヨウ》。

【端境期《はざかいキ》】新しい収穫物《シュウカクブツ》の出まわる直前の時期。とくに、古米と新米の入れかわる時期。

【端居《はしい》】(名・する)縁側《エンがわ》など、家のはしに近いところにいること。例庭先近く―する。

【端近《はしぢか》】(名・形動ダ)縁側《エンがわ》や出入り口など、家や部屋のはしに近いこと。また、その場所。例―に席をとる。

【端数《はスウ》】はんぱなかず。切りのいい単位で切ったときの、余りのかず。例―を切り捨てる。

【端本《はホン》】全集などで、一部分が欠けていて全部そろっていない本。零本《レイホン》。

【端武者《はムシャ》】身分の低い武士。雑兵《ゾウヒョウ》。また、とるにたりない者。例―では相手にとって不足だ。表記「葉武者」とも書く。

【端役《はヤク》】演劇などで、重要でない、ちょっとした役。ちょい役。対主役。例―で顔を出す。

◐異端《イタン》・一端《イッタン》・極端《キョクタン》・先端《センタン》・多端《タタン》・途端《トタン》・突端《トッタン》・軒端《のきば》・半端《ハンぱ》・両端《リョウタン》

立15

【競】20画 2205 7AF6 教育4 音ケイ漢キョウ呉 訓きそ-う・せ-る・くら-べる

筆順 亠 立 产 音 音 竞 競

立17

【競】22画 4931 7AF8 別体字

なりたち [会意]「誩(=言いあらそう)」と「儿儿(=二人)」とから成る。二人が言いあらそう。

意味 勝つために、はりあう。きそう。せる。例競技《キョウギ》。競争《キョウソウ》。競馬《ケイバ》。

難読 競馬《くらべうま／きそいうま》

人名 きそお・つよし

【競泳《キョウエイ》】(名・する)水泳で、一定の距離《キョリ》を泳いで、その速さをきそいあうこと。また、その競技。例―種目。

【競演《キョウエン》】(名・する)同じ役を別の俳優が演じたり、同種の作品を別の劇団が公演したりして、優劣《ユウレツ》や人気をあらそめぐりあわせになること。例ハムレットを―する。

【競技《キョウギ》】(名・する)①わざの優劣《ユウレツ》をきそったり、勝ち負けを争ったりすること。例珠算《シュザン》の―会。②運動競技のこと。スポーツ。例―場。スキーの回転―。

【競合《キョウゴウ》】(名・する)①たがいに激しくきそいあうこと。せりあい。例―商品。利権をめぐって―する。②いろいろな要素が

からみあうこと。例いくつかの原因が—した脱線《ダッセン》。

【競作《キョウサク》】(名・する)作品などを、なん人かがきそいあってつくること。例同一テーマで三人が—する。

【競争《キョウソウ》】(名・する)勝ち負けや優劣《ユウレツ》などをあらそうこと。例生存—。

【競走《キョウソウ》】(名・する)一定の距離《キョリ》を走って、その速さを争うこと。かけっこ。レース。例—馬《バ》。障害物—。

【競▼漕《キョウソウ》】(名・する)ボートなどで、一定の距離《キョリ》をこいで速さをきそうこと。また、その競技。ボートレース。レガッタ。

【競艇《キョウテイ》】モーターボートで速さをきそうこと。モーターボートレース。また、その勝負を予想するかけごと。例—場。

【競売《キョウバイ｜ケイバイ》】(名・する)多くの買い手に競争で値段をつけさせて、いちばん高くつけた人に売ること。せり。オークション。〔法律では「ケイバイ」という〕例美術品を—にかける。

【競歩《キョウホ》】陸上競技の種目の一つ。どちらかのかかとが常に地面からはなれないようにして、歩く速さをきそうもの。

【競落《キョウラク｜ケイラク》】(名・する)競売でいちばん高い値をつけて手に入れること。せりおとすこと。〔法律では「ケイラク」という〕例一億円で—された絵。

【競馬《ケイバ》】騎手《キシュ》がウマに乗って一定の距離《キョリ》をいっせいに走り、その速さを争うこと。また、その勝負を予想するかけごと。例草《くさ》—。—で大穴をねらう。

【競輪《ケイリン》】一定の距離《キョリ》を自転車に乗って同時に一斉《イッセイ》に走り、その速さを争う競走。また、その勝負を予想するかけごと。例—選手。

立17

【競】22画 ⇩【競《キョウ》】(746ページ)

118
6画

竹 たけ たけかんむり 部

タケが並び生えている形をあらわす。「竹」をもとにしてできている漢字を集めた。

0 竹 2 竺 3 竽 笂 竿 笈 4 笈 笏 笑 笊 笆 笋 5 笳 笹 笥 笑 笙 笘 第 笞 笛 符 笨 笠 笵 6 筈 筐 筋 笄 策 筍 筌 筅 筑 答 等 筒 筏 筆 筝 7 筵 筥 筴 筧 筰 筬 筮 節 筺 筱 8 箇 管 箝 箕 箘 箍 箜 算 箋 箏 箔 箙 箟 箒 箚 箸 箆 9 篋 篁 篌 箴 箭 篆 箱 箸 範 篇 篏 節 箪 10 篝 篡 篩 築 篤 篦 篥 簑 篭 11 篶 簀 簓 篠 簇 篳 篷 簗 簍 簔 簒 12 簡 簣 簧 簪 簞 簟 簡 13 簷 簫 簽 籀 簸 簿 簾 簿 簾 14 籍 籌 籏 籍 15 籔 籐 籃 籖 籒 16 籟 籠 籘 17 籤 籥 籢 19 籬

この部首に所属しない漢字

纂⇩糸795

竹 0

【竹】

6画 3561 7AF9 教育1

音 チク漢呉 シツ唐

訓 たけ

付表 竹刀《しない》

筆順 ノ 𠂉 ケ ケ丿 ⺮ 竹

なりたち [象形] タケが並んで生えている形。

意味 ❶イネ科の多年生植物。タケ。例竹馬《チクバ》。竹林《チクリン》(=タケの林)。破竹《ハチク》の勢《いきお》い。❷竹製の管楽器。ふえ。例糸竹《シチク》(=管弦《カンゲン》。音楽)。❸紙のない時代に文字を書いたタケのふだ。また、書物。例竹帛《チクハク》。竹簡《チクカン》。

難読 竹篦《シッペイ》・弱竹《なよたけ》

人名 たか

【竹細工《たけザイク》】タケを使って、かごやざるなどを作ること。また、その作品。

【竹▼竿《たけざお》】物干しざおや、つりざおなど、タケで作ったさお。

【竹園《チクエン》】①タケを植えた庭園。竹やぶ。②皇帝《コウテイ》の一族。皇族。竹の園《その》。竹の園生《そのう》。〔前漢の時代、梁《リョウ》の孝王が庭園に多くのタケを植えた故事による〕〈史記《シキ》〉

【竹簡《チクカン｜チッカン》】紙が発明される以前、文字を書きしるすのに用いた細長いタケのふだ。なめし革《がわ》のひもなどでつなげて書物にした。類木簡《モッカン》。

【竹紙《チクシ》】①タケの繊維《センイ》で作った紙。おもに中国産で、書画などに用いる。唐紙《トウシ》。②タケの幹の内側のうすい皮。

【竹刀】㊀《チクトウ》演劇用の、竹製の刀。四つ割りにしたタケを合わせて作る。竹光《たけみつ》。㊁《しない》剣道《ケンドウ》で使う、タケの刀。

【竹馬《チクバ｜たけうま》】①二本の竹ざおの適当な高さのところにそれぞれ足をのせる台をつけ、それに乗って歩くようにした子供の遊び道具。②一本の竹ざおの上部をウマの首に見立てて、それにまたがって走りまわる子供の遊び道具。

【竹馬の友《チクバのとも》】〔子供のころ竹馬《たけうま》に乗って遊んだ友の意〕おさな友達。おさななじみ。

【竹▼帛《チクハク》】〔中国で、紙が発明されるまで文字を竹簡《チクカン》や帛(=絹)に書いたことから〕書物。記録。とくに、歴史書。転じて、歴史。例名を—に垂《た》る(=歴史に名を残す)。

【竹夫人《チクフジン》】夏、寝《ね》るときに涼《すず》しくするために抱《だ》いたり足を乗せたりする細長いタケのかご。

【竹林の七賢《チクリンのシチケン》】魏《ギ》・晋《シン》の時代、俗世間《ゾクセケン》をのがれて竹林にこもり、清談を楽しんだという七人の知識人。阮籍《ゲンセキ》・嵆康《ケイコウ》・山濤《サントウ》・向秀《ショウシュウ》・阮咸《ゲンカン》・劉伶《リュウレイ》・王戎《オウジュウ》。→【清談《セイダン》】(603ページ)・【白眼視《ハクガンシ》】(692ページ)

【竹輪《チクわ》】すりつぶした魚肉をタケや金属の細い棒のまわりにぬりつけて、筒《つつ》のような形にし、焼いたりむしたりして作った食品。

●青竹《あおだけ》・竿竹《さおだけ》・笹竹《ささだけ》・筮竹《ゼイチク》・爆竹《バクチク》・破竹《ハチク》・群竹《むらたけ》・若竹《わかたけ》

竹 2

【竺】

8画 2819 7AFA 人名

音 ㊀トク漢 ㊁チク漢 ジク呉

意味 ㊀《トク》ゆきとどいている。あつい。同篤《トク》。㊁《チク｜ジク》❶(太い)タケ。❷「天竺《テンジク》」は、インドの古い言い方。

人名 あつし・たけ

竹 3

【竽】

9画 1-8957 7AFD

音 ウ漢

意味 長短三十六本の、タケのくだをならべたと伝えられるふえ。

参考 竽《ウ》がふけないのに、合奏団にまぎれこんでいた者が独奏させられることになり、困ってにげ出したという故事がある。→【濫吹《ランスイ》】(625ページ)

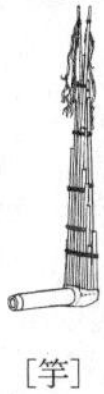

[竽]

竹 3
【笂】9画 6783 7B02 国字 訓 うつぼ
意味 地名に用いられる字。例 笂《うつぼ》井《い》(=群馬《ぐんま》県の地名)。

竹 3
【竿】9画 2040 7AFF 人名 音 カン 漢 呉 訓 さお
意味 まっすぐなタケの幹。たけざお。さお。例 竿頭《カントウ》。竹竿《たけざお》。釣り竿《ざお》。
【竿頭】《カントウ》 さおの先。例 百尺—一歩を進める(=長いさおの先のようなところに達したうえに、さらに一歩進める)。
【竿竹】《さおだけ》 枝や葉をはらって一本のさおにしたタケ。たけざお。
● 竹竿《たけざお》・旗竿《はたざお》

竹 3
［笈］9画 ⇩【笈】《キュウ》(748ページ)

竹 4
【笈】10画 2172 7B08 人名 音 キュウ 漢 訓 おい

竹 3
［笈］9画 俗字
意味 書物などを入れて背負うタケで編んだ箱。おいばこ。おい。例 負レ笈《キュウをおう》。
【笈《キュウ》を負《お》う】〔書物を箱に入れて背負って行く、の意〕学問をするために、故郷をはなれて他の土地へ行くこと。〈史記《シキ》〉

竹 4
【笏】10画 6784 7B0F 音 コツ 漢 訓 しゃく
意味 官位のある者が正装したとき、帯のあいだにはさんで君主の命令などを書きつけた、細長い板状のもの。タケや象牙《ゾウゲ》などで作られた。しゃく。〔日本では、「骨《コツ》」と同音になるのをきらい、「笏」の長さがほぼ一尺であることから、「尺」の音を借りて「シャク」といった〕

竹 4
【笑】10画 3048 7B11 教育4 音 ショウ 漢 呉 訓 わら-う・え-む・わら-い 付表 笑顔《えがお》
筆順
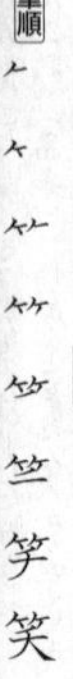

なりたち

［会意］本字は「笑」で、「竹(=たけ)」と「犬(=いぬ)」とから成る。わらう。
参考 唐《トウ》代までは「笑」と書かれ、宋《ソウ》代から「笑」と書かれるようになった。なお、「竹」と「犬」(あるいは「夭」)とで、なぜ「わらう」意になるのか、確かな説がない。
意味 ❶わらう。㋐喜んでわらう。例 笑声《ショウセイ》。大笑《タイショウ》。微笑《ビショウ》。㋑ばかにしてわらう。あざわらう。例 嘲笑《チョウショウ》。❷花がさく。例 笑花《ショウカ》(=さき乱れた花)。❸相手に受け取ってもらったり、読んでほしかったりするとき、へりくだって言うあいさつのことば。例 笑納《ショウノウ》。笑覧《ショウラン》。
日本語での用法 《えむ》果実などが熟《ジュク》して、自然にさけ目が入る。「栗《くり》の実《み》が笑《え》み割《わ》れてきた」
難読 笑窪《えくぼ》・笑壺《えつぼ》に入《い》る・可笑《おか》しい
人名 え・えみ・ふ
【笑顔】《えがお》 にっこりと笑った顔。
【笑劇】《ショウゲキ》 喜劇の一種。冗談《ジョウダン》やしゃれ、また卑俗《ヒゾク》なことなどを言って、観客を笑わせる劇。ファース。ファルス。
【笑語】《ショウゴ》 一(名・する)笑いながら話すこと。また、その話や声。談笑。例 なごやかに—する。二(名)笑いばなし。笑話。
【笑殺】《ショウサツ》 (名・する)〔「殺」は、強めの意をそえる語〕①大いに笑うこと。②笑ってばかにし、問題にしないこと。
【笑止】《ショウシ》 (名・形動《ナダ》)笑いをこらえきれないほど、おかしいこと。ばかばかしいこと。例 —の至《いた》り。—千万《センバン》な話。
【笑声】《ショウセイ》 笑いごえ。
【笑談】《ショウダン》 一(名・する)笑いながら話すこと。談笑。二(名)笑いばなし。
【笑納】《ショウノウ》 (名・する)〔笑っておおさめください、の意〕他人に物を贈《おく》るときに使う、へりくだった言い方。例 ご—ください。
【笑覧】《ショウラン》 (名・する)〔笑ってごらんください、の意〕他人に文章や絵画などを見てもらうときに使う、へりくだった言い方。例 拙著《セッチョ》を進呈《シンテイ》します、どうぞご—ください。
【笑話】《ショウワ》 おもしろくておかしい話。笑いばなし。
● 一笑《イッショウ》・失笑《シッショウ》・談笑《ダンショウ》・嘲笑《チョウショウ》・爆笑《バクショウ》・微笑《ビショウ》・冷笑《レイショウ》

竹 4
【笊】10画 6785 7B0A 音 ソウ 漢 訓 ざる
意味 ❶細く割ったタケで編んだかご。ざる。例 笊蕎麦《ざるそば》。❷鳥のすむ穴。
日本語での用法 《ざる》へたなこと。また、仕事が粗雑《ソザツ》なこと。「笊碁《ざるご》・何《なに》をやっても笊《ざる》だ」

竹 4
【笆】10画 6786 7B06 音 ハ 漢 訓 まがき・ませ
意味 ❶とげのあるタケ。刺竹《シチク》。❷竹ひごやヤナギの枝を編んで作った容器。また、タケやシバなどで作ったかきね。ませ。まがき。例 笆籬《ハリ》(=まがき)。

竹 4
［笋］10画 ⇩【筍】《ジュン》(750ページ)

竹 5
【笳】11画 6787 7B33 音 カ 漢 訓 あしぶえ・ふえ
意味 中国古代の北方民族の管楽器。アシの葉を笛にしてふくもの。あしぶえ。「胡笳《コカ》」ともいう。

竹 5
【笹】11画 2691 7B39 人名 国字 訓 ささ
なりたち ［会意］「竹(=たけ)」と「葉(=は)」の省略体とから成る。ささ。
意味 タケのうちで、背の低い小形のものをいう。葉は食品を包むのに利用する。ささ。例 笹鮨《ささずし》。笹団子《ささダンゴ》。笹笛《ささぶえ》。笹舟《ささぶね》。

竹 5
【笥】11画 3158 7B25 音 シ 漢 ス 唐 訓 はこ
意味 タケで編んだ四角いはこ。飯あるいは衣類を入れておく。け。はこ。例 簞笥《タンス》。
難読 麻笥《おけ》・麻小笥《おごけ》・碁笥《ゴけ》・玉櫛笥《たまくしげ》・文笥《ふみばこ》

竹 5
【笶】11画 6793 7B36 音 シ 漢 訓 たけ・や
意味 タケの矢。同 矢《シ》。

竹 5
【笙】11画 6789 7B19 人名 音 セイ 漢 ショウ 呉 訓 ふえ
なりたち

［会意］「竹(=たけ)」と「生《セイ》(=万物《バンブツ》が生まれる正月の音)」とから成る。ふえ。

意味 長短十九本または十三本のタケのくだを立て並べたふえ。しょうのふえ。例 笙鼓《ショウコ》。

【笙歌《ショウカ》】笙の笛と歌。また、笙の笛に合わせて歌うこと。

【笙鼓《ショウコ》】笙の笛と、つづみ。

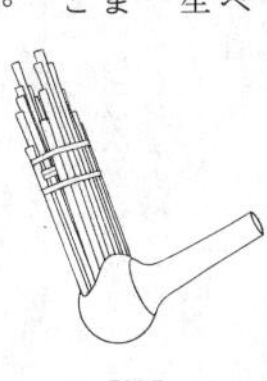

[笙]

竹 5 【笘】 11画 6788 7B18 音 セン(漢) 訓 とま

意味 ❶タケを折って作ったむち。❷子供の習字に用いたタケのふだ。

日本語での用法 《とま》カヤ・スゲなどを編み、上におおいとしてかけてある、の意。「苫《セン》」の字と同じに用いた。「笘屋《とまや》・笘舟《とまぶね》」

竹 5 【第】 11画 3472 7B2C 教育3 音 テイ(漢) ダイ(呉) 訓 ついで・やしき

筆順 ノ ⺈ ⺮ 竺 笃 笃 第 第

なりたち [会意]「竹(=たけ)」と「弟(=順序)」とから成る。タケのふだの順序。

意味 ❶ものごとの順序。ついで。例 次第《シダイ》。❷順序を決める。品定めをする。❸数字の上にそえて順番をあらわすことば。例 第三者《ダイサンシャ》。第六感《ダイロッカン》。❹やかた。やしき。同 邸《テイ》。例 門第《モンテイ》(=やしき)。❺(官吏登用《カンリトウヨウ》)試験。また、広く、試験に合格すること。例 及第《キュウダイ》。落第《ラクダイ》。

人名 くに・つぎ

【第一《ダイイチ》】一(名)①いちばんはじめ。最初。例 ―走者。―段階。②最もすぐれていること。③最もたいせつなこと。例 健康を―に考える。二(副)何よりも、まず。例 ―みんなが賛成するはずがない。

【第一印象《ダイイチインショウ》】人やものごとに接して、いちばんはじめに受ける感じ。例 ―がよくない。

【第一義《ダイイチギ》】いちばんたいせつなことがら。根本《コンポン》的な意義。対 第二義。例 平和を―とする考え方。

【第一人者《ダイイチニンシャ》】ある分野や社会の中で、最もすぐれた人。例 地震《ジシン》研究の―。

【第一線《ダイイッセン》】①戦場で、敵と向かい合っているいちばん前の場所。最前線。例 ―に兵士を送る。②ある社会で、最も働きがいのある、はなやかな立場。例 ―で活躍《カツヤク》する。

【第三国《ダイサンゴク》】問題となっていることがらに関係していない国。対 当事国。例 ―の調停を必要とする。

【第三者《ダイサンシャ》】そのことに関係のない人。対 当事者。例 ―を入れて監査《カンサ》にあずからせる。

【第二義《ダイニギ》】それほど重要でないこと。根本的でないこと。対 第一義。例 ―的な問題。

【第六感《ダイロッカン》】目・耳・鼻・口・皮膚《ヒフ》で感じる五感以外にあると思われる感覚。ものごとをすばやく感じとる心のはたらき。直感。勘《カン》。例 ―がはたらく。

【▽第宅《テイタク》】やしき。邸宅《テイタク》。

◐及第《キュウダイ》・次第《シダイ》・落第《ラクダイ》

竹 5 【笞】 11画 6790 7B1E 音 チ(漢) 訓 むち・むちう-つ

意味 ❶罪人などを打つタケでつくった細長い棒。むち。五刑《ゴケイ》(=笞・杖《ジョウ》・徒《ズ》・流《ル》・死《シ》)の一つ。むち打ちの刑。❷むちうつ。

難読 笞《しもと》

【笞撃《チゲキ》】(名・する)むちで打つこと。

【笞刑《チケイ》】罪人をむちで打つ刑。

【笞▼杖《チジョウ》】むちで打つ刑《ケイ》と、つえで打つ刑。

竹 5 【笛】 11画 3711 7B1B 教育3 音 テキ(漢) ジャク(呉) 訓 ふえ

筆順 ノ ⺈ ⺮ 𥫗 笜 笛 笛 笛

なりたち [形声]「竹(=たけ)」と、音「由《ユウ》→テキ」とから成る。七つの穴のある竹ぶえ。

意味 タケのくだに穴をあけてふき鳴らす管楽器。ふえ。例 横笛《オウテキ》。汽笛《キテキ》。警笛《ケイテキ》。

難読 横笛《ヨウジョウ》〔「オウテキ」が「王敵」に通じるのをきらって変えた読みという〕

◐汽笛《キテキ》・警笛《ケイテキ》・鼓笛《コテキ》・角笛《つのぶえ》・霧笛《ムテキ》

竹 5 【符】 11画 4168 7B26 常用 音 フ(漢) 訓 わりふ

筆順 ノ ⺈ ⺮ 𥫗 竹 符 符 符

なりたち [形声]「竹(=たけ)」と、音「付《フ》」とから成る。タケの割り符《フ》。

意味 ❶タケや木のふだに、文字を書きしるし、二つに割って両者が片方ずつを所有し、他日、二つ合わせて証拠《ショウコ》としたしるし。わりふ。例 符合《フゴウ》。符節《フセツ》。❷約束ごとをしるしたふだ。例 切符《きっプ》。免罪符《メンザイフ》。❸神仏のまもりふだ。例 護符《ゴフ》。神符《シンプ》。❹未来のことを予言して書いたもの。きざし。例 符命《フメイ》。❺記号。しるし。例 符号《フゴウ》。音符《オンプ》。

【符号《フゴウ》】あることがらをあらわす、しるし。記号。例 モールス―。プラスとマイナスの―。

【符合《フゴウ》】(名・する)割り符《フ》を合わせたようにぴったり合うこと。例 両者の話が―する。

【符節《フセツ》】木のふだなどに文字を書き、中央に印をおして二つに割ったもの。後で合わせてみて、正しいものであることの証拠《ショウコ》とする。割り符。

【符節《フセツ》を合《ガッ》するがごとし】割り符《フ》を合わせるように、ぴったり一致《イッチ》する。〈孟子《モウシ》〉

【符丁《フチョウ》】①商品の値段や等級などを示すのに用いる、ことばやしるし。②なかまにだけ通じる、ことばや記号。表記 ▽旧 符▼牒

◐音符《オンプ》・感嘆符《カンタンフ》・切符《きっプ》・疑問符《ギモンフ》・護符《ゴフ》・終止符《シュウシフ》・免罪符《メンザイフ》

竹 5 【笨】 11画 6792 7B28 音 ホン(漢) 訓 たけのうら

意味 ❶タケの内側の白いうす皮。❷そまつな。粗雑《ソザツ》な。例 粗笨《ソホン》。❸おろかな。例 笨人《ホンジン》。

【笨車《ホンシャ》】そまつなくるま。

【笨拙《ホンセツ》】①あらいようす。つたないようす。②おろかなようす。

竹 5 【笠】 11画 1962 7B20 人名 音 リュウ(漢) 訓 かさ

意味 頭にかぶって、雨や日光をさけるかさ。かぶりがさ。かさ。例 蓑笠《サリュウ》(=みのと、かさ)。

【笠木《かさぎ》】鳥居《とりい》・門・板塀《いたベイ》などの上部に横にわたした木。

竹 5 【笵】 11画 ⇩【範】《ハン》(756ページ)

竹 6
【筈】
12画 4006 7B48 人名 音 カツ漢 訓 はず・やはず

意味 弦《つる》にあてるための、矢の末端《マッタン》にある切れこみの部分。やはず。

日本語での用法《はず》①弓の両はしの、弦《つる》をかけるところ。「弓筈《ゆはず》」②期待や予想に合う、わけ。「わかる筈《はず》がない・そんな筈《はず》ではなかった」

竹 6
【筐】
12画 6794 7B50 音 キョウ漢 訓 かご・はこ

竹 7
[筺]
13画 6801 7B7A 俗字

意味 食料・衣服・書物などを入れておく、タケ製の四角いかご。かご。はこ。

難読 筐《かたみ》(=目の細かいかご)

【筐底】《キョウテイ》 箱の底。箱の中。篋底《キョウテイ》。例 —深く秘しておいた記録。

竹 6
【筋】
12画 2258 7B4B 教育6 音 キン漢 コン呉 訓 すじ

筆順 𠂉 ⺈ ⺮ ⺮ 筋 筋 筋

なりたち  [会意]「月(=にく)」と「力(=ちから)」と「竹(=竹のすじ)」とから成る。力のもとになる肉の中のすじ。

意味 ❶肉の中を通っている、すじ。例 筋肉《キンニク》。筋力《キンリョク》。❷線状の骨組み。例 鉄筋《テッキン》。

日本語での用法《すじ》①血統。素質。「筋目《すじめ》・学者《ガクシャ》の筋《すじ》・筋《すじ》がいい」②一貫《イッカン》して全体をつらぬくもの。「筋書《すじが》き・筋立《すじだ》て」③情報の流れ出た方面。「関係筋《カンケイすじ》・消息筋《ショウソクすじ》・その筋《すじ》の話《はなし》では」④細長く続くものを数えることば。「一筋《ひとすじ》の涙《なみだ》」⑤要点。要件。「御来社《ゴライシャ》の筋《すじ》は何《なん》ですか」

難読 筋斗《とんぼがえり|もんどり》・転筋《こむらがえり|こぶらがえり》・取次筋斗《しどろもどろ》

【筋骨】《キンコツ》 [一]〔筋肉と骨《ほね》の意〕からだの肉づきと骨格。からだつき。例 —隆隆《リュウリュウ》。—たくましい男性。[二]《すじぼね》 弾力性《ダンリョクセイ》のある、やわらかい骨。軟骨《ナンコツ》。

【筋斗】《キント》 とんぼがえり。宙《チュウ》がえり。

【筋肉】《キンニク》 動物がのびちぢみなどの運動をおこなうための、肉質の器官。例 —質(=筋肉が発達し、ひきしまって見える体質)。—労働(=肉体労働)。

【筋無力症】《キンムリョクショウ》 筋肉が異常におとろえ、軽い運動でもすぐにつかれて、力がはいらなくなってしまう病気。

【筋力】《キンリョク》 筋肉の力。

【筋書き】《すじがき》 ①事実のだいたいのすじみちを書いたもの。例 —を書いて検討《ケントウ》する。②演劇や小説などの、だいたいの内容を書いたもの。例 —を読む。③あらかじめ立てた計画。もくろみ。例 —どおりに進む。

【筋金】《すじがね》 ①弱い部分を補強するためにはめこんだ、細長い金属。②その人の考えなどをしっかりとささえているもの。例 —入《い》り(=しっかりした信念をもっていること・人)。

【筋子】《すじこ》 サケやマスのたまごを、かたまりのまま塩づけにしたもの。すずこ。

【筋道】《すじみち》 ①ものごとの道理。例 —の通らない意見。②順序。例 —を立てて話す。

【筋論】《すじロン》 道理にかなった論。また、理屈《リクツ》では正しいが、現実には無理な論。例 それは—にすぎない。

●川筋《かわすじ》・背筋《せすじ》・鉄筋《テッキン》・腹筋《フッキン》・本筋《ホンすじ》

竹 6
【笄】
12画 *6802 7B53 音 ケイ漢 訓 こうがい・かんざし

意味 たばねたかみの毛を留めるためにさすもの。男女とも用いた。また、男子が、かんむりを安定させるためにさすもの。かんざし。こうがい。例 笄年《ケイネン》(=女子の成年に達したこと。結婚《ケッコン》してよい年齢《ネンレイ》)。

竹 6
【策】
12画 2686 7B56 教育6 音 サク漢 訓 はかりごと

筆順 𠂉 ⺈ ⺮ ⺮ 策 策 策

なりたち  [形声]「竹(=たけ)」と、音「朿《シ→サク》」とから成る。ウマをたたくむち。

意味 ❶ウマを打つタケのむち。むち。例 策馭《サクギョ》(=むちを使ってウマを御《ギョ》する)。❷むちのような形のつえ。つえ。また、つえをつく。つえつく。例 散策《サンサク》。❸昔、紙のなかったころ、文字を書き記したタケのふだをつづり合わせたもの。ふだ。同 冊《サク》。例 策命《サクメイ》(=天子の下す辞令)。書策《ショサク》(=本)。❹〔タケのふだに書いたところから〕官吏《カンリ》登用試験の問題。また、答案。例 策問《サクモン》(=天子の試問)。対策《タイサク》。❺事をおこなうための手段や方法を考え出すこと。計略。たくらみ。はかりごと。例 策略《サクリャク》。方策《ホウサク》。

人名 かず・つか・はかる・もり

【策応】《サクオウ》 (名・する) ひそかに連絡《レンラク》をとり合って、共同で行動すること。しめし合わせること。例 —して敵をはさみうちにする。

【策士】《サクシ》 ①はかりごとがうまい人。②かけひきに長じた人。例 —策におぼれる(=策略のうまい人は、自分の策略をたよりにしすぎて、かえって失敗する)。

【策試】《サクシ》 天子の出題によって試問して役人をえらぶこと。策問《サクモン》。

【策定】《サクテイ》 (名・する) 計画や政策などを、あれこれ考えて決めること。例 新年度の基本方針を—する。

【策動】《サクドウ》 (名・する) ひそかに計画を立て、動きまわること。例 かげで—する。

【策謀】《サクボウ》 (名・する) ひそかに悪事をたくらむこと。また、そのたくらみ。策略。例 会社の乗っ取りを—する。

【策略】《サクリャク》 はかりごと。計略。例 —をめぐらす。

●画策《カクサク》・政策《セイサク》・対策《タイサク》・得策《トクサク》・万策《バンサク》・方策《ホウサク》

竹 6
【筍】
12画 6803 7B4D 音 ジュン慣 シュン漢 訓 たけのこ

竹 4
[笋]
10画 6804 7B0B 別体字

意味 ❶タケの地下茎《チカケイ》から出る若芽。たけのこ。例 筍羹《シュンカン》(=たけのこを用いた煮物《にもの》)。❷中国古代の打楽器の鐘《ショウ》や磬《ケイ》などをつるしてかける横木。

竹 6
【筌】
12画 6805 7B4C 音 セン漢呉 訓 うえ

意味 細いタケをつつ状に編んで作り、水中にしずめて魚をとらえる道具。ふせご。うえ。例 筌蹄《センテイ》。得レ魚而忘レ筌《うおをえてうえをわする》(=魚をとってしまえば、用のなくなった魚とりの道具を忘れてしまう。目的が達せられると、手段は忘れられることのたとえ)。〈荘子《ソウジ》〉

【筌▼蹄】《センテイ》 〔「蹄」は、ウサギをとらえるわな〕①目的達成のための手段。方便《ホウベン》。②手引き。案内。表記「▼荃▼蹄」と

も書く。参考『訳文筌蹄《ヤクブンセンテイ》』は、荻生徂徠《おぎゅうソライ》の著作の一つの名。漢文に用いる字の同訓異義・異訓同義についての手引き書。

竹 6
【筅】
12画 6806 7B45 音 セン(漢) 訓 ささら

意味 先端《センタン》を細かく割ったタケをたばねたもの。鍋《なべ》や釜《かま》を洗うときに用いる。ささら。例 茶筅《チャセン》(=抹茶《マッチャ》をあわだてる道具)。

竹 6
【筑】
12画 3562 7B51 人名 音 チク(漢)

意味 琴《キン》に似た弦楽器《ゲンガッキ》。竹で打ち鳴らす。五弦・十三弦・二十一弦の三種がある。

日本語での用法 《チク・つく》古く、地名の「チク」「つく」にあてた字。「筑豊《チクホウ》(=筑前《チクゼン》と豊前《ブゼン》)・筑摩《チクマ》(=長野県西部の旧郡名。また、旧県名)・筑紫《つくし》・筑波《つくば》」

難読 筑波嶺《つくばね》・都筑《つづき｜つづく》(=地名・姓《セイ》)

【筑後】《チクゴ》 旧国名の一つ。今の福岡《ふくおか》県南部。
【筑前】《チクゼン》 旧国名の一つ。今の福岡《ふくおか》県北部・西部。
【筑紫】《つくし》 九州の古い呼び名。九州の北半分、または九州全土を指した。
【筑波】《つくば》 大化の改新(六四五年)以前の国名で、今の茨城《いばらき》県筑波地方を指す。

竹 6
【答】
12画 3790 7B54 教育2 音 トウ(漢)(呉) 訓 こた-える・こた-え

筆順 ⺈ ⺈ ⺮ 竹 笒 笒 答

なりたち [形声]「竹(=たけ)」と、音「合《コウ→トウ》(=あう・こたえる)」とから成る。こたえる。

意味 ❶返事をする。むくいる。こたえる。例 答礼《トウレイ》。返答《ヘントウ》。❷質問に対する返事。こたえ。例 答案《トウアン》。解答《カイトウ》。

使い分け こたえる【答・応】⇩1169ページ

難読 加答児《カタル》

人名 さと・とし・とみ・とも・のり

【答案】《トウアン》 試験問題などの答え。例 ―用紙。
【答辞】《トウジ》 式などで、送ることばやお祝いのことばなどに対して、答えることば。(対) 送辞《ソウジ》。例 卒業式で―を読む。
【答申】《トウシン》(名・する) 官庁や上役《うわヤク》からの諮問《シモン》に対して、考えや意見を述べること。例 委員会の結論を文部科学大臣に―する。
【答弁】《トウベン》(名・する) 質問に答えて説明すること。例 国会で大臣が―する。表記 (旧) 答▼辯
【答礼】《トウレイ》(名・する) 相手の礼に対し、こちらから礼を返すこと。また、その礼。返礼。例 ―の使節を送る。
◐回答《カイトウ》・誤答《ゴトウ》・正答《セイトウ》・贈答《ゾウトウ》・名答《メイトウ》

竹 6
【等】
12画 3789 7B49 教育3 音 トウ(漢)(呉) 訓 ひと-しい・など・ら

筆順 ⺈ ⺈ ⺮ 竺 竺 笙 等 等

なりたち  [会意]「竹(=たけ)」と「寺(=ひとしい)」とから成る。文字を書いたタケのふだをひとしくそろえる。

意味 ❶同じようにそろっている。差がない。ひとしい。例 等分《トウブン》。対等《タイトウ》。平等《ビョウドウ》。❷段階や順序。ランク。くらい。例 等級《トウキュウ》。優等《ユウトウ》。劣等《レットウ》。❸ほかにも同じものがあることをあらわすことば。…ら。…など。例 等等《トウトウ》(=など。「等《トウ》」を重ねて強調する言い方)。我等《われら》。❹同じ集合のなかま。ともがら。たぐい。例 等輩《トウハイ》(=上位でも下位でもない、同じくらいのなかま)。郎等《ロウドウ》。

難読 等閑《なおざり》・等等力《とどろき》(=地名・姓《セイ》)

人名 しな・たか・とし・とも・ひとし

【等圧線】《トウアツセン》 天気図で、気圧の等しいところを結んだ線。
【等位】《トウイ》 ①順位などをあらわすくらい。等級。例 五―に分ける。②等しいくらい。同位。例 AとBとは―にある。
【等温】《トウオン》 等しい温度。例 ―線(=天気図などで、温度の等しいところを結んだ線)。
【等価】《トウカ》 価値や価格が等しいこと。例 ―で交換《コウカン》する。
【等外】《トウガイ》 決まった等級や順位にはいらないこと。例 ―に落ちる。
【等閑】《トウカン》 軽く考えて、いいかげんにしておくこと。なおざり。例 ―に付する(=ほうっておく)。
【等閑視】《トウカンシ》(名・する) ものごとを軽く見て、いいかげんにあつかうこと。例 問題を―する。
【等級】《トウキュウ》 順位や品質などの上下をあらわす区分。くらい。段階。例 生産物に―をつける。
【等号】《トウゴウ》〔数〕二つの数や式などのあいだにはさんで、両方が等しいことを示す記号。イコール。「=」(対) 不等号。例 ―で結ぶことができる。
【等高線】《トウコウセン》 地図で、標準海面から同じ高さの地点を結んだ線。
【等差】《トウサ》 ①等級のちがい。格差。②〔数〕差が等しいこと。例 ―数列。
【等式】《トウシキ》〔数〕二つの式や数を等号で結びつけて、両方が等しいことをあらわす式。(対) 不等式。
【等質】《トウシツ》 ①成分や性質が同じであること。同質。(対) 異質。例 同形―の物体。②成分や性質にむらのないこと。均質。例 ―の溶液《ヨウエキ》。
【等身】《トウシン》 人の身長と同じ高さ。例 ―大。―像。
【等親】《トウシン》 親族間のつながりの遠い近いをあらわす慣用的な言い方。親等。例 親子は一―(=一親等)。
【等比】《トウヒ》〔数〕二つ以上の比が等しいこと。例 ―数列。
【等分】《トウブン》 一(名) 同じ分量・程度。例 みんなの顔を―に見わたす。二(名・する) 等しく分けること。例 ―に分ける。
【等辺】《トウヘン》〔数〕多角形で、辺の長さが等しいこと。例 二―三角形。―の八角形。
【等量】《トウリョウ》 等しい分量。同量。例 砂糖と―の塩。
◐下等《カトウ》・均等《キントウ》・高等《コウトウ》・上等《ジョウトウ》・初等《ショトウ》・親等《シントウ》・対等《タイトウ》・同等《ドウトウ》・平等《ビョウドウ》・優等《ユウトウ》・劣等《レットウ》

竹 6
【筒】
12画 3791 7B52 常用 音 トウ(漢) 訓 つつ

筆順 ⺈ ⺈ ⺮ 竹 筒 筒 筒 筒

なりたち 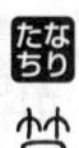 [形声]「竹(=たけ)」と、音「同《トウ》」とから成る。タケのふしをくりぬいたふえ。

意味 円柱状で、中がからになっているもの。くだ。つつ。例 円筒《エントウ》。煙筒《エントウ》。水筒《スイトウ》。

難読 喞筒《みずはじき｜ポンプ》・小作筒《ささえ》・筆筒《ふでたて》

人名 まる

◐円筒《エントウ》・気筒《キトウ》・水筒《スイトウ》・封筒《フウトウ》

竹 6
【筏】
12画 4021 7B4F 音 バツ(慣) ハツ(漢) 訓 いかだ

意味 タケや木を並べて組み、水上にうかべるもの。いかだ。例

筏《いかだ》師《シ》。筏《いかだ》乗《の》り。

竹 6
【筆】
12画 4114 7B46 教育3 音 ヒツ 漢 訓 ふで

筆順 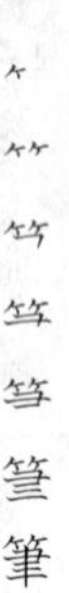

なりたち  会意「聿(=書きつける道具)」と「竹(=たけ)」とから成る。ふで。

意味 ❶文字や絵をかく道具。ふで。例 鉛筆《エンピツ》。毛筆《モウヒツ》。❷文字や絵をかく。かきしるす。例 筆記《ヒッキ》。筆削《ヒッサク》。❸ふででかいた文字や絵。例 筆禍《ヒッカ》。名筆《メイヒツ》。

難読 筆頭菜《つくし》・土筆《つくし》・禿筆《ちびふで》

【筆《ヒツ》意《イ》】①文字を書くときのふでの運び具合。ふでづかい。例 —に注意する。②書画や詩文などからにじみ出た作者の気持ち。おもむき。心組み。例 —をくみ取る。

【筆《ヒッ》架《カ》】使ったふでを横にして置く台。ふでかけ。

【筆《ヒッ》禍《カ》】発表した文章のために、うったえられたり非難を受けたりして、災難にあうこと。また、その災難。例 —をこうむる。

【筆《ヒッ》画《カク》】文字の画数。字画。例 —の多い漢字。

【筆《ヒッ》記《キ》】(名・する)①書きしるすこと。とくに話や文章などを書きとめること。また、そのもの。例 —試験。講演を—する。②六朝《リクチョウ》時代以来の短編小説。例 —小説。

【筆《ヒッ》▼硯《ケン》】①ふでと、すずり。②文字や文章を書くこと。例 —の業。表記 ▽「筆研」とも書く。

【筆《ヒッ》耕《コウ》】お金をもらって、文章や文字を書き写すこと。また、その人。例 —料。

【筆《ヒッ》削《サク》】(名・する)文章で、書き加えたりけずったりすること。添削《テンサク》。例 師の—を受ける。

【筆《ヒッ》算《サン》】(名・する)暗算などに対して、紙などに書いて計算すること。また、その計算。例 —で答えを確かめる。

【筆《ヒッ》紙《シ》】①ふでと、かみ。②文章を書くこと。例 —につくしがたい(=文章ではあらわすことができない)悲しみ。

【筆《ヒッ》写《シャ》】(名・する)書き写すこと。書写。例 珍本《チンポン》を—しておく。

【筆《ヒッ》者《シャ》】文章・書画をかいた人。例 —不明の大作。

【筆《ヒツ》順《ジュン》】文字を書くときの、ふでの運びの順序。書き順。例 この字の—は二通りある。

【筆《ヒツ》陣《ジン》】①〔「戦陣」にたとえて〕文章で議論を戦わせる構え。例 —を張る。②筆者の顔ぶれ。執筆者《シッピツシャ》陣。例 豪華《ゴウカ》な—。

【筆《ヒッ》勢《セイ》】①書画にあらわれた、ふでづかいの勢い。筆力。例 —のたくましさ。②文章の勢い。例 さかんな—。

【筆《ヒッ》跡《セキ》】書き残された文字。また、その書きぶり。例 —鑑定《カンテイ》。表記 旧筆▼蹟

【筆《ヒツ》舌《ゼツ》】〔筆《ふで》と舌《した》の意から〕書くことと話すこと。文章とことば。例 —につくしがたい(=とても表現できない)。

【筆《ヒッ》洗《セン》】使ったふでの穂《ほ》を洗うためのうつわ。ふであらい。例 —の水。

【筆《ヒッ》端《タン》】①ふでの先。②書画や文章の書きよう。ふではこび。例 —がにぶる。

【筆《ヒツ》談《ダン》】(名・する)口で話すかわりに、文字を書いて意思を伝え合うこと。例 病人と—する。

【筆《ヒッ》致《チ》】書画や文章のふでづかい。書きぶり。タッチ。例 軽妙《ケイミョウ》な—。

【筆《ヒッ》▼誅《チュウ》】(名・する)他人のあやまちを書きたてて、厳しく責めること。例 —を加える。

【筆《ヒッ》答《トウ》】(名・する)文字で書いて答えること。対 口答。例 —試験。

【筆《ヒッ》頭《トウ》】①名前などを書き並べたときの一番目。また、その人。例 前頭《まえがしら》—。②ふでの先。転じて、文章。

【筆《ヒッ》法《ポウ》】①書画をかくときのふでの動かし方。運筆《ウンピツ》。②文章のあらわし方。言い回し。例 春秋《シュンジュウ》(=歴史書『春秋』)の—。③ものごとのやり方。例 またいつもの—だ。

【筆《ヒッ》▼鋒《ポウ》】①ふでの先。②文字や文章の勢い。例 するどい—をもって論じる。

【筆《ヒツ》墨《ボク》】ふでと、すみ。また、それで書いたもの。例 —に親しむ。

【筆《ヒツ》名《メイ》】文章を発表するときに使う、本名とは別の名前。ペンネーム。

【筆《ヒツ》力《リョク》】①書や文章から感じとれる、勢い。筆勢。例 おとろえない—。②文章を書く能力。例 すぐれた—の持ち主。

【筆《ヒツ》録《ロク》】(名・する)書きとどめること。また、そのもの。筆記。例 話を—する。

【筆《ふで》不精《ブショウ》】(名・形動ダナ)手紙や文章を書くのをめんどうがること。また、その人。対 筆まめ。表記「筆無精」とも書く。

【筆《ふで》を▼擱《お》く】書くのをやめる。書き終わる。擱筆《カクヒツ》する。

【筆《ふで》を投《とう》ずる】〔筆を投げ捨てる意から〕書くことを(とちゅうで)やめる。文筆活動をやめる。筆を投げる。投筆する。

【筆《ふで》を曲《ま》げる】事実を曲げて書く。曲筆する。

●悪筆《アクヒツ》・一筆《イッピツ》・運筆《ウンピツ》・絵筆《エふで》・鉛筆《エンピツ》・加筆《カヒツ》・起筆《キヒツ》・直筆《ジキヒツ》・執筆《シッピツ》・自筆《ジヒツ》・随筆《ズイヒツ》・絶筆《ゼッピツ》・代筆《ダイヒツ》・達筆《タッピツ》・特筆《トクヒツ》・肉筆《ニクヒツ》・文筆《ブンピツ》・乱筆《ランピツ》

竹 6
[筝]
12画 ⇨【箏】《ソウ》(755ページ)

竹 7
【筵】
13画 6807 7B75 音 エン 漢 呉 訓 むしろ

意味 タケで編んだしきもの。また、しきものをまとめていう。むしろ。ござ。座席。例 筵席《エンセキ》。講筵《コウエン》(=講義をする席)。

【筵《エン》席《セキ》】〔「席」は、筵《むしろ》の上に敷《し》くしきもの〕①しきもの。座席。②宴会《エンカイ》の席。例 —に列する。

竹 7
【筥】
13画 6808 7B65 音 キョ 漢 訓 はこ

意味 米などを入れておく、タケで編んだつつ状のはこ。はこ。例 筥筐《キョキョウ》(=つつ状のはこと、四角いはこ)。

難読 柳筥《やないばこ》・筥狭子《はこせこ》

【筥▽迫《はこせこ》】女性が着物のふところに入れて持つ箱形の紙入れ。現在では、婚礼《コンレイ》や七五三などで使われる。

竹 7
【筴】
13画 6809 7B74 音 一 キョウ 漢 呉 二 サク 漢 訓 めどぎ

意味 一《キョウ》 ものをはさむ。また、箸《はし》。二《サク》 ❶うらないに使うタケでできた細い棒。めどぎ。❷文字を記すタケのふだ。同 策《サク》。

竹 7
【筧】
13画 6810 7B67 音 ケン 漢 訓 かけひ・かけい

意味 タケのつつを地上にかけわたして、水を通しみちびくもの。樋《とい》。かけひ。

竹 7
【筰】
13画 6811 7B70 音 サク 漢 ザク 呉

意味 ❶川をわたるときに用いるタケのなわ。❷中国古代、西南地方にいた異民族。

竹 7
【筬】 13画 *6813 *7B6C 音 セイ漢 訓 おさ
意味 ❶タケの名。❷機織《はたお》りの道具。たて糸をささえる、よこ糸を通しておくもの。おさ。例 筬虫《おさむし》。

竹 7
【筮】 13画 6814 7B6E 音 セイ漢 ゼイ呉 訓 うらな-う・めどぎ
意味 メドハギのくきで作った、うらないに使う棒。めどぎ。また、それを用いてうらなう。予言する。例 筮竹《ゼイチク》。卜筮《ボクゼイ》。
【筮竹】《ゼイチク》 易《エキ》のうらないに使う、五十本の細長いタケの棒。めどぎ。例 —をもむ。
【筮▼卜】《ゼイボク》 ①筮竹でうらなうことと、カメの甲《コウ》を焼いてうらなうこと。うらない。卜筮。②筮竹を使ってうらなうこと。

竹 7
【節】 13画 3265 7BC0 教育4 音 セツ漢 セチ呉 訓 ふし・よ・ノット
筆順
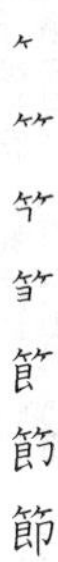

竹 9
【節】 15画 1-8968 FA56 人名
なりたち  [形声]「竹（＝たけ）」と、音「即《ショク》→セツ」とから成る。タケのふし。
意味 ❶タケなどのくきのつぎ目。ふくらんだ部分。また、動物の骨と骨との結合部分。ふし。よ。例 関節《カンセツ》。枝葉末節《シヨウマッセツ》。一節切《ひとよぎり》（＝ふしが一つの尺八）。❷音楽のふしまわし。例 音節《オンセツ》。曲節《キョクセツ》。❸詩歌《シイカ》や文章のひとくぎり。例 章節《ショウセツ》。文節《ブンセツ》。❹けじめをつける。ひかえめにする。例 節食《セッショク》。節電《セツデン》。節度《セツド》。❺志を守って変えない。みさお。例 節操《セッソウ》。礼節《レイセツ》。❻季節の変わり目。とき。おり。例 節会《セチエ》。節句《セック》。節分《セツブン》。❼だいじな祝祭日。例 国慶節《コッケイセツ》。天長節《テンチョウセツ》。❽二つに割ったタケのふだを両者が持ち、他日合わせて証拠《ショウコ》とするもの。てがた。わりふ。例 符節《フセツ》（＝割り符）。❾外国に使いする者が、君主からさずけられる、その資格を示す旗など。例 使節《シセツ》。
日本語での用法 《ノット》英語 knot の原義を直訳した字。昔、航行する船から縄《なわ》に結び目をつくって流し、速度を知る手がかりとした。船の速度の単位。一ノットは、一時間に一海里《カイリ》（＝一八五二メートル）進む速さ。「時速《ジソク》三五節《ノット》の船《ふね》」
難読 節季候《せきぞろ》・曲節《ふし》
人名 さだ・さだむ・たか・たかし・たけ・ただ・ただし・ただす・とき・とも・のり・ほど・まこと・みさ・みさお・よし

【節会】《セチエ》 昔、朝廷《チョウテイ》で公式の行事のときにおこなわれた宴会《エンカイ》。例 白馬《あおうま》の—。
【節煙】《セツエン》（名・する）タバコを吸う量をひかえめにすること。例 —禁煙のすすめ。
【節介】《セッカイ》 一（名）自分の考えや立場をかたく守って、世間に流されないようにすること。二（名・形動《ダ》）（「お節介」の形で）よけいな世話をやくこと。例 いらぬお—をやくな。
【節気】《セッキ》 陰暦《インレキ》で、季節の区分。また、その変わり目を示す日。立春・春分など二十四に分ける。↓【二十四節気《ニジュウシセッキ》】（40ページ）
【節季】《セッキ》 ①季節の終わり。②年の暮れ。年末。例 —大売り出し。③もと、商店などの決算の時期。多く、盆《ボン》と暮れ。例 —じまい。
【節義】《セツギ》 志を変えず、人としての正しい道をおこなうこと。節操と道義。みさお。例 —をつらぬく。
【節句】《セック》 季節の変わり目におこなわれる祝いの日。一月七日（＝人日《ジンジツ》）・三月三日（＝上巳《ジョウシ》）・五月五日（＝端午《タンゴ》）・七月七日（＝七夕《シチセキ》《たなばた》）・九月九日（＝重陽《チョウヨウ》）の五節句。今日では、ふつう三月三日（＝桃《もも》の節句）と五月五日（＝端午の節句）をいう。表記「節供」とも書く。
【節句働き】《セックばたらき》 他の人が休んでいるときに、ことさらいそがしそうに働くこと。例 なまけ者の—。
【節倹】《セッケン》（名・する）むだづかいをやめて、つつましく暮らすこと。節約と倹約。例 —につとめる。
【節減】《セツゲン》（名・する）切りつめて、むだを減らすこと。例 経費を—する。
【節士】《セッシ》 節義を守る人。おこないの正しい人。
【節酒】《セッシュ》（名・する）飲む酒の量をひかえめにすること。例 —禁煙のすすめ。
【節食】《セッショク》（名・する）食べる量をほどよく減らすこと。
【節水】《セッスイ》（名・する）水のむだづかいをやめて、使用量を減らすこと。
【節制】《セッセイ》（名・する）度をこさないようにひかえめにすること。欲をおさえて、つつしむこと。例 —に努める。
【節税】《セツゼイ》（名・する）納める税金の額をくふうして減らすこと。例 —対策。
【節操】《セッソウ》 自分の考えや意見などをかたく守って変えないこと。みさお。例 —がない（＝意見がころころ変わる）。
【節足動物】《セッソクドウブツ》 外皮がかたく、からだと足に多くの節《ふし》をもつ動物。からだは小さく、成長のとちゅうで脱皮《ダッピ》する。昆虫《コンチュウ》のほか、クモ・エビ・カニ・ムカデなど。
【節電】《セツデン》（名・する）使う電気の量を減らすこと。
【節度】《セツド》 ①ちょうどよい程度。いきすぎのない程度。適度。例 —をわきまえた態度。②きまり。法則。例 —を守る。
【節度使】《セツドシ》 ①唐《トウ》代に置かれた、軍政をつかさどる長官。②奈良《なら》時代に置かれた地方長官。軍事を担当し、外敵に備えた。
【節婦】《セップ》 みさおをかたく守る女性。道徳的に手本となるような女性。貞節《テイセツ》な婦人。
【節分】《セツブン》 ①季節の移り変わる分かれ目。立春・立夏・立秋・立冬の前日。②とくに、立春の前日。二月三日ごろ。豆まきをして悪鬼《アッキ》をはらう習慣がある。
【節目】 一《セツモク》 ①木の節《ふし》と木目《モクめ》。②規則などの、小さく区分された項目《コウモク》。細目。二《ふしめ》 ①竹や木材などの、節のあるところ。②ものごとのさかいめ。かわりめ。区切り。例 人生の—にあたる年。
【節約】《セツヤク》（名・する）むだづかいをやめること。切りつめること。例 水を—する。時間の—。
【節用】《セツヨウ》（名・する）①費用を節約すること。むだを省くこと。②『節用集』の略。日常使われることばを集め、その漢字を示した辞書。室町《むろまち》時代に成立し、江戸《えど》時代に広く使われた。
【節理】《セツリ》 ①ものごとの道理。すじみち。②表面にあらわれた模様。きめ。③岩石にできる規則正しい割れ目。柱状《チュウジョウ》節理・板状《バンジョウ》節理など。
【節穴】《ふしあな》 ①木の板などの節がとれてできた、あな。②ものごとを見ぬくことができない目のたとえ。例 おまえの目は—か。
○●音節《オンセツ》・関節《カンセツ》・季節《キセツ》・時節《ジセツ》・小節《ショウセツ》・忠節《チュウセツ》・調節《チョウセツ》・晩節《バンセツ》・末節《マッセツ》

竹 7
【筐】 13画 ⇩【筐《キョウ》】（750ページ）

竹 7
【筱】 13画 ⇩【篠《ショウ》】（757ページ）

竹 8
【箇】 14画 1853 7B87 常用 音 カ漢 コ唐

筆順 ⺈ ⺮ ⺮ 竹 竹 竹 笛 箇 箇

なりたち 〔形声〕「竹(=たけ)」と、音「固《コ→カ》」とから成る。タケを数えることば。

意味 ❶ものを数えることば。か。こ。同個《コ》。例一箇月《イッカゲツ》。箇条《カジョウ》。❷ものや場所を示すことば。それ。これ。その。この。同個《コ》。例箇《コ》小児《ショウジ》(=その子)。

人名 かず・とも

【箇所】《カショ》 その場所。ある区切られたところ。また、場所や部分を数えることば。例付箋《フセン》のついている—に注意。

【箇条】《カジョウ》 いくつかに分けて書き並べた、一つ一つのことがら。また、それを数えることば。例—書きにする。

竹 8 【管】 14画 2041 7BA1 教育4 音カン漢呉 訓くだ・ふえ

筆順 ⺈ ⺮ ⺮ 竺 笁 管 管

なりたち 〔形声〕「竹(=たけ)」と、音「官《カン》」とから成る。六つの穴のある竹ぶえ。

意味 ❶タケ製のふえ。また、ふえの類。例管楽器《カンガッキ》。金管《キンカン》。木管《モッカン》。❷筆のじく。例筆管《ヒッカン》。❸細長いつつ状のもの。くだ。例管見《カンケン》。気管《キカン》。血管《ケッカン》。❹一定の範囲《ハンイ》内のことがらをとりしまる。支配する。つかさどる。例管理《カンリ》。移管《イカン》。保管《ホカン》。

難読 管子《くだ》・火管《ひふきだけ》・只管《ひたすら》・煙管《キセル》

人名 うち・すず

【管下】《カンカ》 管轄《カンカツ》している地域や範囲《ハンイ》。管内。支配下。例—に発生した事件。当局の—にある。

【管楽】《カンガク》 管楽器で演奏する音楽。吹奏楽《スイソウガク》。

【管轄】《カンカツ》 (名・する)官公庁などが、その権限によってとりしまること。また、その力のおよぶ範囲《ハンイ》。例—区域。

【管楽器】《カンガッキ》 くだに息をふきこんで音を出す楽器。横笛・フルートなどの木管楽器と、トランペット・ホルンなどの金管楽器がある。対弦《ゲン》楽器・打楽器。

【管▼窺】《カンキ》 くだの穴からのぞくような、せまい見識。管見。例恐縮ながら—の私見を披露《ヒロウ》したい。

【管見】《カンケン》 〔くだの穴から見る意〕ものの見方がせまいこと。せまい見識。自分の意見などを、けんそんしていうことば。例—によれば。

【管弦】《カンゲン》 ①横笛などの管楽器と、琴《こと》や琵琶《ビワ》などの弦楽器。例詩歌《シイカ》—。②音楽を演奏すること。とくに、雅楽《ガガク》の演奏をいう。例—の遊び。表記▽旧管▼絃

【管弦楽】《カンゲンガク》 管楽器・弦楽器・打楽器を組み合わせた洋楽の大合奏。また、その楽曲。オーケストラ。表記旧管▼絃楽

【管財】《カンザイ》 財産の管理や財務の仕事をすること。例—課。

【管財人】《カンザイニン》 破産した人などの財産を管理する人。

【管掌】《カンショウ》 (名・する)仕事としてとりあつかうこと。例—事務。政府が—する保険。

【管制】《カンセイ》 (名・する)①非常時などに、国家が活動や使用を禁止したり制限したりすること。例報道—を敷《し》く。②空港で、航空機の離着陸《リチャクリク》などをコントロールすること。例—官。—塔《トウ》。

【管足】《カンソク》 ウニやヒトデなど棘皮《キョクヒ》動物の、体表からつき出ている細いくだ。呼吸や運動などのはたらきをする。

【管仲】《カンチュウ》 春秋時代、斉《セイ》の宰相《サイショウ》。名は夷吾《イゴ》。親友の鮑叔牙《ホウシュクガ》に推《お》されて桓公《カンコウ》に仕え、富国強兵策をすすめた。(?—前六四五)→【管鮑の交わり】《カンポウのまじわり》

【管長】《カンチョウ》 神道《シントウ》や仏教で、一つの宗派をとりしきる長。

【管▼鮑の交わり】《カンポウのまじわり》 友人同士の、一生のあいだ変わることのない友情。〔春秋時代、斉《セイ》の管仲《カンチュウ》と鮑叔牙《ホウシュクガ》との厚い友情についての故事による〕

【管理】《カンリ》 (名・する)そのもののはたらきがじゅうぶん保てるように気を配ること。責任をもってとりしきること。例品質—。マンションの—人。

【管理職】《カンリショク》 会社・官庁・学校などで、仕事をとりしきったり監督《カントク》したりする職。また、その人。

【管領】 一《カンリョウ》 (名・する)おさめとりしまること。支配すること。例四海を—する。 二《カンレイ》 (名)室町《むろまち》時代、将軍を助ける要職。また、その人。例関東—。

◐移管《イカン》・気管《キカン》・血管《ケッカン》・所管《ショカン》・真空管《シンクウカン》・手管《てくだ》・土管《ドカン》・配管《ハイカン》・保管《ホカン》

竹 8 【箝】 14画 6815 7B9D 音カン慣 ケン漢 訓はさ-む・くびかせ

意味 ❶はめて動きをおさえるわく。くびかせ。❷はさみこんで動かなくする。はめる。はさむ。❸口をとざす。つぐむ。

【箝口】《カンコウ》 〔本来は「ケンコウ」と読む〕①口をふさいでものを言わない。②ものを言わせないこと。口どめ。

【箝口令】《カンコウレイ》 他に発表することを禁じる命令。口どめの命令。例—がしかれる。表記「▼緘口令」とも書く。

竹 8 【箕】 14画 4407 7B95 人名 音キ漢 訓み

意味 ❶穀物のからやちりをふるい分ける、タケで編んだ道具。み。❷二十八宿の一つ。みぼし。例箕宿《キシュク》(=箕《き》という星座)。❸両足を投げ出して座る。例箕踞《キキョ》(=両足を前に出した、無作法なすわり方)。

難読 箕面《みのお》(=地名)・箕輪《みのわ》・箕《ちりとり・ごみとり》

人名 みる

【箕▼裘】《キキュウ》 先祖の仕事を受けつぐこと。〔弓作りの子は、まず、やわらかいヤナギの枝を曲げて箕《み》を作ることを学び、かじ屋の子は修繕《シュウゼン》のしかたを学ぶために動物の皮をつぎあわせて裘(=皮で作った着物)を作ることを学ぶ〕〈礼記《ライキ》〉

竹 8 【箘】 14画 6816 7B98 音キン漢 訓の・のだけ

竹 8 [箟] 14画 6817 7B9F 別体字

意味 ❶タケの名。細長くて節が少なく、矢がらにする。シノダケ。箘簬《キンロ》。❷たけのこ。

竹 8 【箍】 14画 6818 7B8D 音コ漢 訓たが

意味 おけやたるなどをしめつける、タケで編んだ輪。たが。また、たがをかける。例緊箍呪《キンコジュ》(=孫悟空《ソンゴクウ》の頭の輪をちぢめる呪文《ジュモン》)。箍《たが》がゆるむ。箍屋《たがや》(=おけ屋)。

竹 8 【箜】 14画 6819 7B9C 音コウ漢 ク呉

意味 「箜篌《クゴ》」は、ハープに似た弦楽器《ゲンガッキ》。

【箜▼篌】《クゴ》 古代、中国・朝鮮《チョウセン》・日本などで使われた弦楽器《ゲンガッキ》。ハープに似たものや、琴《こと》に似たものがある。くだらごと。〔日本には百済《ヒャクサイ・くだら》から伝来した〕

竹 8 【算】 14画 2727 7B97 教育2 音サン漢呉 訓かぞ-える

筆順 ⺊ ⺈ ⺮ 竹 筲 筲 笪 算

なりたち [会意]「竹(=たけ)」と「具(=数える)」とから成る。タケの棒をつかって数える。

意味 ❶数を数える。かぞえる。例 算出《サンシュツ》。算数《サンスウ》。計算《ケイサン》。❷数えたり、うらなうときに使う、細いタケや木の棒。さんぎ。また、そろばん。例 算《サン》を置《お》く。算《サン》を乱《みだ》す。珠算《シュザン》。❸損得をはかり考える。見つもる。例 算段《サンダン》。成算《セイサン》。

人名 かず・とも・はかる

【算木】《サンぎ》 ①易《エキ》で、うらないに使う、六本の小さな角棒。②和算に用いる角棒。

【算式】《サンシキ》 +・−・×・÷などの記号を使って、計算をあらわす式。計算式。

【算出】《サンシュツ》(名・する)計算して値《あたい》をだすこと。

【算術】《サンジュツ》 ①計算のしかた。計算すること。②初等教育で教える、やさしい数学。現在の算数。

【算数】《サンスウ》 ①計算すること。②小学校の教科の一つで、初歩の数学。算術。

【算段】《サンダン》(名・する)あれこれ方法を考えてくふうすること。とくに、金銭のつごうをつけること。くめん。例 借金の—がつく。

【算定】《サンテイ》(名・する)計算して決めること。例 —する。

【算入】《サンニュウ》(名・する)全体の計算の中に入れること。

【算法】《サンポウ》 ①計算の方法。算術。②江戸《えど》時代の数学の呼び名。

【算用】《サンヨウ》(名・する)数や量を計算すること。見つもること。勘定《カンジョウ》。例 支払《しはら》い額を—する。—合って銭《ぜに》足らず。

【算用数字】《サンヨウスウジ》 0・1・2・3・4・5・6・7・8・9の、数字。アラビア数字。洋数字。

【算《サン》を置《お》く】 算木《サンぎ》で計算する、また、うらなう。

【算《サン》を乱《みだ》す】 算木《サンぎ》を乱したように、ちりぢりばらばらになる。例 算を乱してにげていく。

【▽算盤】《そろバン》 ①日本や中国などで使われている、計算の道具。長方形のわくの中に、軸《ジク》に通した珠《たま》が並ぶ。例 —をはじく。②損得の計算。表記 ▽「▽十露盤」とも書く。

◐暗算《アンザン》・概算《ガイサン》・加算《カサン》・換算《カンサン》・逆算《ギャクサン》・誤算《ゴサン》・採算《サイサン》・勝算《ショウサン》・精算《セイサン》・打算《ダサン》・通算《ツウサン》

竹8 【箋】 14画 6821 7B8B 常用 音 セン漢 訓 ふだ

筆順 ⺊ ⺈ ⺮ 竺 笺 笺 笺 箋

片8 【牋】 12画 6416 724B 別体字

なりたち [形声]「竹(=たけ)」と、音「戔《セン》」とから成る。識別を表す書きつけ。

意味 ❶古典の注釈。例 箋注《センチュウ》。注釈《チュウシャク》。❷手紙や詩を書く美しい用紙。例 詩箋《シセン》。便箋《ビンセン》。用箋《ヨウセン》。❸気づいたことや注意すべきことを書きつける紙きれ。例 処方箋《ショホウセン》。付箋《フセン》。❹漢文の文体の一つ。公文書《コウブンショ》。例 箋疏《センソ》(=天子にたてまつる文書)。

【箋注】《センチュウ》 むずかしい語句に説明を加え、本文をわかりやすくすること。注釈《チュウシャク》。例『—和名類聚抄《ワミョウルイジュショウ》』〔狩谷棭斎《かりやエキサイ》の著作の名〕 表記 旧 箋▼註

竹8 【箏】 14画 6823 7B8F 音 ソウ漢 ショウ呉 訓 こと

竹6 【筝】 12画 6824 7B5D 俗字

意味 琴《こと》の一種でタケ製(のちに木製)の弦楽器《ゲンガッキ》。古くは五弦や十二弦、唐《トウ》以後は十三弦。しょうのこと。〔「琴」を「きんのこと」という〕

【箏曲】《ソウキョク》 箏《こと》で演奏する音楽。

竹8 【箔】 14画 3983 7B94 人名 音 ハク漢

意味 ❶日よけや部屋の仕切りとして使う、タケ製の道具。すだれ。❷金属をうすくたたきのばしたもの。例 金箔《キンパク》。箔《ハク》がつく。❸養蚕《ヨウサン》に用いるうすいすのこ。まぶし。

竹8 【箙】 14画 *6825 *7B99 音 フク漢 訓 えびら

意味 矢を入れて背負う武具。やなぐい。えびら。

竹8 【箟】 14画 ⇩【箘】《キン》(754ページ)

竹8 【箒】 14画 ⇩【帚】《ソウ》(338ページ)

竹8 【箚】 14画 ⇩【剳】《トウ》(143ページ)

竹8 【箸】 14画 ⇩【箸】《はし》(756ページ)

竹8 【箆】 14画 ⇩【篦】《ヘイ》(757ページ)

竹9 【篋】 15画 6826 7BCB 音 キョウ漢呉 訓 はこ

意味 書物や衣類をしまうタケ製のはこ。はこ。例 篋笥《キョウシ》。

難読 玉篋《たまくしげ》

【篋▼笥】《キョウシ》 書物や衣服などを入れる、タケで編んだはこ。

【篋底】《キョウテイ》 はこの底。はこの中。筐底《キョウテイ》。例 —に納める。

竹9 【篁】 15画 6827 7BC1 音 コウ漢 訓 たかむら

意味 たけやぶ。たかむら。例 幽篁《ユウコウ》(=静かなたけやぶ)。

竹9 【篌】 15画 6828 7BCC 音 コウ漢 ゴ呉

意味 ❶⇩【箜篌】《クゴ》(754ページ) ❷タケの名。篌竹《コウチク》。

竹9 【箴】 15画 6830 7BB4 音 シン漢 訓 はり・いまし-める

意味 ❶裁縫《サイホウ》や漢方の治療《チリョウ》に用いる、はり。同 針《シン》・鍼《シン》。例 箴石《シンセキ》(=石ばりの材料。また、石ばり)。❷人のあやまちを正し、教えさとす。いましめる。例 箴言《シンゲン》。

【箴言】《シンゲン》 人生の教訓となるようないましめのことば。格言。

竹9 【箭】 15画 3293 7BAD 音 セン漢呉 訓 や

意味 ❶矢の材料になる、かたくまっすぐなタケ。しのだけ。やだけ。❷弓で射る武器。や。例 弓箭《キュウセン》(=弓と矢。武器)。

竹9 【篆】 15画 6831 7BC6 音 テン漢

意味 漢字の書体の一つ。周の史籀《シチュウ》が作ったとされる大篆《ダイテン》と、秦《シン》の李斯《リシ》が作ったとされる小篆《ショウテン》とがある。現在、碑文《ヒブン》の題字や印章などに用いられる。例 篆刻《テンコク》。篆書《テンショ》。篆文《テンブン》。

【篆額】《テンガク》 石碑《セキヒ》の上部に篆書でほった題字。

【篆刻】《テンコク》(名・する)木や石などに文字をほりつけること。篆書体が多く用いられたことから、こう呼ぶ。

【篆字】《テンジ》 篆書の文字。

【篆書】《テンショ》 漢字の古書体の一つ。大篆《ダイテン》と小篆とがあり、隷

書《レイショ》のもとになった。現在、印章などに用いる。→【隷書】《レイショ》(1042ページ)・【楷書】《カイショ》(537ページ)・【行書】《ギョウショ》(884ページ)・【草書】《ソウショ》(850ページ)

【篆文】《テンブン》 篆書体の文字。

【篆隷】《テンレイ》 篆書と隷書。

【篆隷万象名義】《テンレイバンショウメイギ》 見出しを篆書と隷書で示した、現存する日本最古の漢字字書。空海の著。

竹 9
【箱】
15画 4002 7BB1 教育3 音 ショウ㊥漢 ソウ㊥呉 訓 はこ

筆順 ノ 𠂉 ⺮ … 箱

なりたち [形声]「竹(=たけ)」と、音「相《ショウ》」とから成る。荷をのせるために車につけるはこ。

意味 ❶車の、人やものをのせるところ。例 車箱《シャソウ》。❷ものを入れる四角いうつわ。はこ。例 重箱《ジュウばこ》。本箱《ホンばこ》。

【箱庭】《はこにわ》 浅い箱の中に山や川、庭などをかたちづくったもの。

【箱枕】《はこまくら》 箱形の木の台の上にくくりつけた、まくら。

○●私書箱《シショばこ》・巣箱《すばこ》・玉手箱《たまてばこ》・百葉箱《ヒャクヨウソウ|ヒャクヨウばこ》・筆箱《ふでばこ》

竹 9
【箸】
15画 4004 7BB8 常用 音 チョ㊥漢 訓 はし

筆順 ノ 𠂉 ⺮ … 箸

竹 8 【箸】 14画 —— 俗字

なりたち [形声]「竹(=たけ)」と、音「者《シャ→チョ》」とから成る。飯用のはし。

意味 タケや木でできた、ものをはさんで取る細長い二本の棒。はし。例 匕箸《ヒチョ》(=さじと、はし)。菜箸《サイばし》。火箸《ひばし》。

人名 あき・あきら・つく

竹 9
【範】
15画 4047 7BC4 常用 音 ハン㊥漢 訓 のり

筆順 ノ 𠂉 ⺮ … 範

竹 5 【笵】 11画 6791 7B35 本字

なりたち [形声]「竹(=竹簡《チクカン》に書かれた刑法《ケイホウ》の書)」と、音「氾《ハン》」とから成る。竹簡に書かれた法律。のり。

意味 ❶手本とすべき型。きまり。のり。例 範例《ハンレイ》。規範《キハン》。垂範《スイハン》。❷いがた。また、ある枠《わく》のなか。例 範囲《ハンイ》。範疇《ハンチュウ》。

人名 かた・すすむ・つね・のる・ひろ・ひろし

【範囲】《ハンイ》 ある広がりのなかの限られた広さ。例 試験に出題する—。勢力—。

【範▼疇】《ハンチュウ》 ものごとをいくつかに分けたとき、同じ性質のものが属する区分。カテゴリー。例 別の—に属する。

【範例】《ハンレイ》 見ならうべき例。手本。

【範《ハン》を垂《た》れる】 手本を示す。→【垂範】《スイハン》(229ページ)

○●軌範《キハン》・規範《キハン》・広範《コウハン》・師範《シハン》・垂範《スイハン》・典範《テンパン》・模範《モハン》

竹 9
【篇】
15画 4251 7BC7 人名 音 ヘン㊥漢

意味 ❶文字を書いたタケのふだを、意味のまとまりごとにひもでつづりあわせたもの。一つにまとまった詩歌《シイカ》や文章。書物。例 短篇《タンペン》。長篇《チョウヘン》。❷書物の全体をいくつかに分けた部分。例 後篇《コウヘン》。前篇《ゼンペン》。❸詩歌《シイカ》や文章を数えることば。例 詩三百篇《シサンビャッペン》。

表記 現代表記では、「編《ヘン》」に書きかえることがある。熟語は「編」(790ページ)を参照。

人名 あむ・かく

竹 9 【篏】 15画 ⇩【嵌】《カン》(330ページ)

竹 9 【節】 15画 ⇩【節】《セツ》(753ページ)

竹 9 【箪】 15画 ⇩【簞】《タン》(758ページ)

竹 10
【篝】
16画 6832 7BDD 音 コウ㊥漢 訓 かがり

意味 ❶火の上にかぶせ、衣服をかわかしたり、中に香炉《コウロ》をおいて香をたきしめたりするかご。ふせご。例 衣篝《イコウ》(=衣服に香をたきしめるためのかご)。❷ものを入れて背負うかご。❸照明のために火を燃やす鉄製のかご。かがりび。かがり。例 篝火《かがりび》。

【篝火】《かがりび》 照明や警備などのためにたく火。

竹 10
【篡】
16画 —— 7BE1 音 サン㊥漢 セン㊥呉 訓 うば-う

竹 11 【簒】 17画 5053 7C12 俗字

意味 よこどりする。うばいとる。うばう。とくに、臣下が君主の位をうばいとる。例 篡奪《サンダツ》。

【篡奪】《サンダツ》 (名・する) 臣下が君主の地位をうばいとること。例 王位を—する。

【篡立】《サンリツ》 (名・する) 臣下が君主の地位をうばって、自分が君主になること。

竹 10
【篩】
16画 6833 7BE9 音 シ㊥漢㊥呉 訓 ふるい

意味 網目《あみめ》を通して、細かいつぶとあらいつぶとをより分ける道具。ふるい。

竹 10
【築】
16画 3559 7BC9 教育5 音 チク㊥漢 訓 きず-く・つ-く 付表 築山《つきやま》

筆順 𠂉 ⺮ … 築

なりたち [形声]「木(=き)」と、音「筑《チク》」とから成る。土をつきかためるきね。

意味 ❶土をつく道具。きね。❷土をついてかためる。土台をつくる。つく。例 築地《ついじ》。版築《ハンチク》。❸建物・城・庭園などをつくる。きずく。例 築城《チクジョウ》。改築《カイチク》。建築《ケンチク》。

難読 杵築《きづき》(=地名)・都築《つづき》(=姓)

【築城】《チクジョウ》 (名・する) 城や陣地《ジンチ》をつくること。

【築造】《チクゾウ》 (名・する) 城・石垣《いしがき》・堤防《テイボウ》・ダムなどをつくること。

【築庭】《チクテイ》 (名・する) 庭園をつくること。類 造園。

【築堤】《チクテイ》 (名・する) 堤防をきずくこと。また、その堤防。例 —工事。

【築港】《チッコウ》 (名・する) 港をつくること。また、その港。

【▽築地】 一《ついジ》 柱を立て、板をしんにして泥《どろ》でかため、かわら屋根をつけた塀《へイ》。二《つきジ》 海や沼《ぬま》などをうめてきずいた土地。

【築山】《つきやま》 庭園などで、土や石を盛って山をかたどったもの。例 —のくずれから中を垣間見《かいまみ》る。

●移築《イチク》・改築《カイチク》・建築《ケンチク》・構築《コウチク》・修築《シュウチク》・新築《シンチク》・増築《ゾウチク》

竹10 【篤】16画 3838 7BE4 常用 音トク漢 訓あつ-い

筆順 ⺈ ⺮ ⺮ 竺 竺 篤 篤

なりたち  [形声]「馬(=うま)」と、音「竹《チク》→《トク》」とから成る。ウマがゆっくりおだやかに歩く。派生して「あつい」の意。

意味 ❶人情があつい。真心がこもっている。あつい。例篤志《トクシ》。篤実《トクジツ》。懇篤《コントク》(=親切、ていねい)。❷ものごとに熱心である。いちずに。ひたすら。例篤学《トクガク》。篤信《トクシン》。❸病気が重い。例危篤《キトク》。

人名 あつ・あつし・あつみ・あつむ・しげ・すみ・たか・たかし

【篤学《トクガク》】(名・形動ダ) 学問に熱心なこと。例—の士。

【篤志《トクシ》】社会のために熱心に協力しようとする気持ち。例—家《カ》の寄付。

【篤実《トクジツ》】(名・形動ダ) 人に対して思いやりがあって、誠実なこと。例温厚《オンコウ》—な人物。

【篤信《トクシン》】神仏を深く信仰《シンコウ》すること。例—家《カ》。—の人。

【篤農《トクノウ》】農業に熱心で、研究心に富んでいる農民。例—家《カ》。

【篤行《トッコウ》】誠実で真心のこもったおこない。例—をたたえる。

【篤厚《トッコウ》】(名・形動ダ) 思いやりがあって正直なこと。例—の士。

●危篤《キトク》・重篤《ジュウトク》

竹10 【篦】16画 6836 7BE6 音ヘイ漢 訓へら

竹8 【箆】14画 4247 7B86 俗字

意味 髪《かみ》をすく歯の細かい、くし。すきぐし。

日本語での用法《へら》タケなどを細長く平たくけずって作った、小刀形の道具。「靴篦《くつべら》・竹篦《たけべら》」

竹10 【篥】16画 6837 7BE5 音リキ慣リツ漢リチ呉

意味「篳篥《ヒチリキ》」は、古代西域《セイイキ》の異民族が使ったタケ製の縦笛。かん高い強い音を出す。

竹10 【簑】16画 ⇩【蓑】サ（861ページ）

竹10 【篭】16画 ⇩【籠】ロウ（759ページ）

竹11 【篶】17画 6846 7BF6 音エン漢 訓すず

意味 黒いタケ。スズタケ。スズ。篶竹《エンチク》。例美篶《みすず》・水篶《みすず》・三篶《みすず》(=いずれもスズタケの別の呼び名)。

竹11 【簀】17画 6839 7C00 音サク漢 訓す・すのこ

意味 タケやアシを編んだ、寝台《シンダイ》にしくしきもの。す。すのこ。例易簀《エキサク》。【簀《サク》を▽易《か》う】⇩【易簀】エキサク（484ページ）

竹11 【篰】17画 6841 7C13 国字 訓ささら

意味 タケの先を細かく割って、たばねたもの。田楽《デンガク》の伴奏楽器《バンソウガッキ》。また、鍋《なべ》などを洗う道具とする。例篰踊《ささらおど》り。篰子《ささらこ》(=ささらをこするために、きざみ目を入れた細長いタケ)。

竹11 【篠】17画 2836 7BE0 人名 音ショウ漢 訓しの

竹7 【筱】13画 6812 7B71 本字

意味 山野に群生する細いタケで、矢を作るのに用いられる。しのだけ。しの。

難読 篠懸《すずかけ》・篠蟹《ささがに》(=クモの別名)

【篠笛《しのぶえ》】シノダケで作った、穴が七つある横笛。民俗《ミンゾク》芸能などに用いる。

【篠懸《すずかけ》】①街路樹などにする落葉高木。葉は手のひら形で大きい。秋、鈴《すず》のような実がなる。プラタナス。②山伏《やまぶし》が衣服の上にまとう麻《あさ》のころも。

竹11 【簇】17画 6840 7C07 音ゾク慣ソウ・ソク漢 訓むら-がる

意味 タケがむらがって生える。むらがる。例簇生《ソウセイ》。簇簇《ソウソウ》(=むらがりあつまるようす)。

日本語での用法《しんし》布の洗い張りや染めたときに、布をのばして張っておくタケのくし。伸子《シンシ》。「簇張《しんしば》り」

【簇生《ソウセイ》】(名・する)〔「ゾクセイ」は慣用読み〕草木などがむらがってたくさんはえること。叢生《ソウセイ》。表記 現族生《ゾクセイ》

竹11 【篳】17画 6842 7BF3 音ヒツ漢ヒチ呉

意味 ❶タケで作った(そまつな)かきね。まがき。例篳門《ヒツモン》(=タケでつくったそまつな門)。❷「篳篥《ヒチリキ》」は、楽器の名。

【篳▼篥《ヒチリキ》】〔「ヒツリツ」とも〕タケ製の管楽器。九つの穴があり、ふくと大きなするどい音が出る。雅楽《ガガク》に用いる。觱篥《ヒチリキ》。

竹11 【篷】17画 6843 7BF7 音ホウ漢 訓とま・ふなやかた

意味 ❶小屋や舟《ふね》の上におおいとしてタケや布を張って、日光や風雨をさえぎるようにしたもの。とま。例篷窓《ホウソウ》。❷とまで屋根をふいた小船。例篷底《ホウテイ》(=ふなぐら)。

【篷窓《ホウソウ》】とまをかけた船のまど。

竹11 【簗】17画 6844 7C17 国字 訓やな

意味 川の流れにしかけをして魚の通り道をせばめ、そこに簀《す》を張って、魚をとらえるしかけ。例簗簀《やなす》。崩《くず》れ簗《やな》。簗《やな》を打《う》つ(=やなをしかける)。

竹11 【簍】17画 6845 7C0D 音ロウ漢ル呉

意味 タケで編んだかご。目のあらいかご。例魚簍《ギョロウ》。

難読『藤簍冊子《つづらぶみ》』〔上田秋成《うえだあきなり》の歌文集の名〕

竹11 【簑】17画 ⇩【蓑】サ（861ページ）

竹11 【篡】17画 ⇩【簒】サン（756ページ）

竹12 【簡】18画 2042 7C21 教育6 音カン漢ケン呉 訓ふだ・えら-ぶ

筆順 ⺮ 竺 竻 筒 筒 簡 簡

竹12 【簡】18画 — 25CD1

なりたち 簡 ［形声］「竹（＝たけ）」と、音「閒《カン》」とから成る。文字を書きつけるタケのふだ。

意味 ❶紙の発明以前、文字をしるしたタケのふだ。転じて、手紙や書物。例 書簡《ショカン》。竹簡《チクカン》。❷おおまか。てがるな。例 簡素《カンソ》。簡便《カンベン》。❸えらぶ。えり分ける。例 簡閲《カンエツ》。簡抜《カンバツ》。❹おこたる。おろそかにする。また、おごる。

人名 あきら・ひろ・ふみ・やすし

【簡易】《カンイ》（名・形動ダナ）手軽なこと。たやすいこと。例 ―保険。―な方法。

【簡易裁判所】《カンイサイバンショ》 簡単な事件をあつかう、いちばん下級の裁判所。

【簡閲】《カンエツ》（名・する）数を数え、状態を調べること。選び調べること。

【簡▼勁】《カンケイ》（名・形動ダナ）簡潔で力強いこと。例 筆勢が―で見るべき価値がある。

【簡潔】《カンケツ》（名・形動ダナ）簡単で要点をついていること。例 ―な表現。(対) 冗漫《ジョウマン》。

【簡出】《カンシュツ》（名・する）えらびだす。選出。

【簡▼捷】《カンショウ》（形動ダナ）手軽ですばやいようす。例 事務の―化。手続きを―にする。

【簡素】《カンソ》（名・形動ダナ）むだをはぶき、よけいなかざりのないこと。(対) 煩雑《ハンザツ》。例 ―な挙式。―な手続き。

【簡体字】《カンタイジ》 中国で制定され使用されている、字体を簡略化した漢字。「開」を「开」、「長」を「长」とするなど。「簡化字」の日本での呼び方。

【簡単】《カンタン》（名・形動ダナ）①こみいっていなくて、やさしいこと。(対) 複雑。例 ―明瞭《メイリョウ》。―な問題。②手軽なこと。手間のかからないこと。例 ―な食事。

【簡抜】《カンバツ》（名・する）（人などを）選んで用いること。選抜。抜擢《バッテキ》。例 適材を―する。

【簡便】《カンベン》（名・形動ダナ）楽にできて便利なこと。軽便。例 ―な方法。

【簡明】《カンメイ》（名・形動ダナ）手短でわかりやすいこと。簡単明瞭《メイリョウ》。例 ―直截《チョクセツ》。―な説明。

【簡約】《カンヤク》（名・する・形動ダナ）要点をつかんで、短くまとめること。要約。例 ―の英和辞典。

【簡要】《カンヨウ》（形動ダナ）簡単で要領を得ているようす。

【簡略】《カンリャク》（名・形動ダナ）簡単で手軽なこと。てみじか。例 ―化した開会式。―なあいさつ。

◐貴簡《キカン》・手簡《シュカン》・書簡《ショカン》・竹簡《チクカン》・繁簡《ハンカン》・木簡《モッカン》・了簡《リョウケン》・料簡《リョウケン》

竹 12

【簣】 18画 6847 7C23 音 キ 漢 訓 もっこ

意味 土を運ぶのに用いるタケのかご。あじか。もっこ。

竹 12

【簧】 18画 6848 7C27 音 コウ 漢 訓 した

意味 ❶笛にとりつけて、息をふきこむときに振動《シンドウ》させて音を出す、タケや金属の薄片《ハクヘン》。リード。舌《した》。❷笙《ショウ》の笛。転じて

【簧鼓】《コウコ》 笛の舌《した》をゆり動かして音をひびかせること。転じて民衆をまどわすことのたとえ。

竹 12

【簪】 18画 *6849 *7C2A 音 シン 漢 訓 かんざし

意味 冠《かんむり》をとめるために髪《かみ》にさすもの。のちに、女性の髪かざり。こうがい。かんざし。また、かんざしをさす。例 不レ勝レ簪《シンにたえず》（＝頭髪《トウハツ》がうすくてかんざしがさせない）。〈杜甫《トホ》・春望《シュンボウ》〉

竹 12

【箪】 18画 1-8973 7C1E 人名 音 タン 漢

竹 9

［箪］ 15画 3529 7BAA 俗字

意味 タケでできた丸いうつわ。わりご。例 箪食《タンシ》。箪瓢《タンピョウ》。

【箪▽食】《タンシ》 わりご（＝タケで編んだ丸い飯びつ）に入れた飯。弁当。

【箪▽食▼壺▼漿】《タンシコショウ》 飯をわりご（＝タケの丸いうつわ）に盛り、飲み物をつぼに入れる。人民が自分たちを救ってくれる軍隊を歓迎《カンゲイ》し、もてなすことの形容。〈孟子《モウシ》〉

【箪▽食▼瓢飲】《タンシヒョウイン》 わりご（＝タケの丸いうつわ）に入れた飯とひょうたんに入れた飲み物。「一箪《イッタン》の食《シ》、一瓢《イッピョウ》の飲《イン》」とも。〔質素な生活。孔子《コウシ》の弟子《デシ》の顔回《ガンカイ》が貧しい生活の中で学問にはげんだ故事から〕〈論語《ロンゴ》〉

【箪▼笥】 ㊀《タンシ》 飯を入れる、タケでできた箱。わりご。〔丸いのが箪、四角いのが笥〕 ㊁《タンス》〔「ス」は、唐音《トウオン》〕 衣服などを入れる家具。例 和―《ワダンス》。用―《ヨウダンス》。

【箪▼瓢】《タンピョウ》 飯を盛るうつわと、飲み物を入れるうつわ。

竹 12

【簟】 18画 6850 7C1F 音 テン 漢 訓 あじろ・たかむしろ

意味 ❶すわったり寝《ね》たりするための、タケで編んだしきもの。たかむしろ。例 簟席《テンセキ》（＝たかむしろ）。❷タケの名。簟竹《テンチク》。

竹12

【簡】 18画 ⇨【簡】《カン》（757ページ）

竹 13

【簷】 19画 6851 7C37 音 エン 漢 訓 のき

意味 ❶屋根のはしの、かべより外側に張り出した部分。のき。ひさし。(同) 檐《エン》。例 簷宇《エンウ》（＝のき。ひさし）。飛簷《ヒエン》（＝高い軒《のき》。また、反《そ》りをうってそびえる、たるき）。❷ひさしのようにつき出た部分。ひさし。(同) 檐《エン》。例 帽簷《ボウエン》（＝帽子《ボウシ》のつば）。

竹 13

【簫】 19画 6852 7C2B 音 ショウ 漢 呉 訓 ふえ

意味 細い竹管を横に並べて作ったふえ。例 簫鼓《ショウコ》（＝ふえとたいこ）。

竹 13

【簽】 19画 6853 7C3D 音 セン 漢

意味 ❶文書に署名したり、表題を書く。例 簽書《センショ》。❷かんたんな文で意見を示す。例 簽注《センチュウ》。❸表題や書名などを書く紙片やふだ。例 題簽《ダイセン》。

【簽書】《センショ》 ①署名する。②宋《ソウ》代の官名。

竹 13

【籀】 19画 6858 7C40 音 チュウ 漢

竹15

［籒］ 21画 ― 7C52 本字

意味 ❶よむ。❷漢字の書体の一つ。周の史籀《シチュウ》が作ったとされ、大篆《ダイテン》ともいう。例 籀文《チュウブン》（＝籀の文字。大篆）。

竹 13

【簸】 19画 4086 7C38 音 ハ 漢 呉 訓 ひ-る

意味 ❶箕《み》をふるって、穀物にまじっているぬかやちりを取り除く。あおる。ひる。例 簸揚《ハヨウ》（＝あおってもみがらを取り除く）。❷人をあおりたてる。おだてる。
難読 簸屑《ひくず》

竹13 【簿】 19画 4277 7C3F 常用 音 一 ホ漢 ボ呉 二 ハク漢
筆順 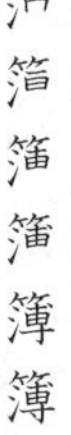

竹13 【簿】 19画 ー ー
なりたち 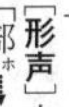 「形声」本字は「篰」で、「竹（＝たけ）」と、音「部《ホウ》→ホ」とから成る。ことがらを記載《キサイ》するための竹のふだ。
意味 一《ホ｜ボ》 書き物をするために紙をとじたもの。帳面。例 簿記《ボキ》。帳簿《チョウボ》。名簿《メイボ》。二《ハク》 カイコが育ってまゆを作るときに入れてやる、わらたばで作った巣《す》のようなもの。まぶし。
【簿記】《ボキ》 企業《キギョウ》のお金の出し入れや財産の増減などを一定の形式で整理し、帳簿に記入する方法。例 複式ー。
●原簿《ゲンボ》・帳簿《チョウボ》・名簿《メイボ》

竹13 【簾】 19画 4692 7C3E 人名 音 レン漢 訓 すだれ・す
竹13 【簾】 19画 ー ー 俗字
意味 タケやアシを編んで作った、日よけや部屋の仕切りにつるすもの。すだれ。す。例 簾中《レンチュウ》。暖簾《ノレン》。
難読 翠簾《みす》・御簾《みす》・珠簾《たますだれ》
人名 みす
【簾中】《レンチュウ》 ①すだれで仕切った内側。②〔いつもすだれをたらした部屋の中にいるので〕貴婦人。転じて、公卿《クギョウ》や諸侯《ショコウ》などの正妻を、うやまっていうことば。

竹13 【簿】 19画 ⇩【簿】ボ（759ページ）
竹13 【簾】 19画 ⇩【簾】レン（759ページ）

竹14 【籍】 20画 3250 7C4D 常用 音 セキ漢 ジャク呉 訓 ふみ
筆順 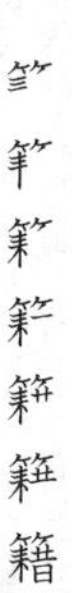

竹14 【籍】 20画 ー ー
なりたち  「形声」「竹（＝たけ）」と、音「耤《セキ》」とから成る。竹のふだに文字を書きつけたもの。
意味 ❶文書。書物。ふみ。例 漢籍《カンセキ》。書籍《ショセキ》。❷台帳として作る帳簿《チョウボ》。家族の名や人数、住所、割り当てられる税などをしるす。また、ある集団や組織に属していることを示す。例 移籍《イセキ》。戸籍《コセキ》。在籍《ザイセキ》。
人名 より
【籍甚】《セキジン》（名・する）評判が高いこと。類 嘖嘖《サクサク》。
【籍籍】《セキセキ》（形動《タルト》）①口やかましく言うようす。②あちこちに、乱れ散らばるようす。
●移籍《イセキ》・学籍《ガクセキ》・鬼籍《キセキ》・国籍《コクセキ》・除籍《ジョセキ》・入籍《ニュウセキ》・本籍《ホンセキ》

竹14 【籌】 20画 6854 7C4C 音 チュウ漢 訓 かずとり・はかりごと
意味 数を数えるためのタケの棒。転じて「はかりごと」の意。例 籌策《チュウサク》。算籌《サンチュウ》（＝算木《サンぎ》）。
【籌策】《チュウサク》 はかりごと。はかりごとをめぐらすこと。

竹14 【籏】 20画 6857 7C4F 国字 音 キ 訓 はた
意味 ❶「旗」と同じに用いる別体字。例 籏雲《はたぐも》（＝はたのようにたなびいた雲）。❷人名・地名に用いられる字。例 降籏《ふるはた》（＝姓《セイ》）。籏居《はたい》（＝埼玉《さいたま》県の地名）。
難読 酒籏《さかばやし》

竹14 【籍】 20画 ⇩【籍】セキ（759ページ）

竹15 【籔】 21画 6856 7C54 音 一 ソウ漢 二 ス漢 訓 ざる
意味 一《ソウ》 タケで作ったざる。二《ス》 容量の単位。一籔《ス》は十六斗《ト》。
日本語での用法 《やぶ》「籔《やぶ》」と混同したもので、誤用。「竹籔《たけやぶ》」

竹15 【籐】 21画 *6859 *7C50 音 トウ漢
竹16 【籐】 22画 *6860 *7C58 別体字
意味 ヤシ科のつる性の植物。くきは弾力《ダンリョク》があり、いすやかごなどを作る。例 籐椅子《トウイス》。籐細工《トウザイク》。
【籐椅子】《トウイス／トイス》 トウのくきで作った、いす。参考 日本語では短く「トイス」ともいう。

竹15 【籃】 21画 6855 7C43 音 ラン漢呉 訓 かご
意味 ❶手にさげて持つタケのかご。例 魚籃《ギョラン》。❷タケで編んだ大きなかご。例 籃輿《ランヨ》（＝タケで編んだ乗り物）。揺籃《ヨウラン》（＝ゆりかご）。

竹15 【籖】 21画 ⇩【籤】セン（760ページ）
竹15 【籀】 21画 ⇩【籀】チュウ（758ページ）

竹16 【籟】 22画 6861 7C5F 音 ライ漢 訓 ふえ
意味 ❶三つの穴のある笛。ふえ。また、簫《ショウ》の別名。❷穴から発する音。また、風がふいて鳴る自然界の音や、ひびき。例 松籟《ショウライ》（＝松風の音）。天籟《テンライ》（＝風の音）。風籟《フウライ》。

竹16 【籠】 22画 6838 7C60 常用 音 ロウ漢 訓 かご・こ-もる・こ-める
筆順 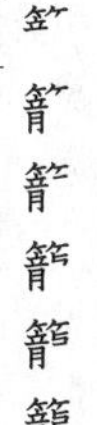

竹10 【篭】 16画 4722 7BED 俗字
なりたち  「形声」「竹（＝たけ）」と、音「龍《リョウ》→ロウ」とから成る。土を運ぶ用具。
意味 ❶土を盛って運ぶ道具。❷タケで作った、ものを入れたり、鳥や動物をとじこめたりする、かご。例 籠鶯《ロウオウ》（＝かごの中のウグイス。かごのとり）。灯籠《トウロウ》。薬籠《ヤクロウ》。❸つつみこむ。とりこむ。例 籠絡《ロウラク》。
日本語での用法 《ロウ・こもる》 とじこもる。外へ出ない。また、こもって神仏に祈願《キガン》する。「籠城《ロウジョウ》・参籠《サンロウ》・山荘《サンソウ》に籠《こ》もる・お籠《こも》り」
難読 駕籠《かご》・葛籠《つづら》・旅籠《はたご》・籠手《こて》・弓籠手《ゆごて》
【▽籠手】《こて》 ①よろいの付属品の一つ。肩先《かたさき》からうでをおおう布製の防具で、くさりや金具《かなグ》などがつけてある。②剣道

《ケンドウ》の防具で、ひじから手首までをおおうもの。③「②」をねらって攻撃する技《わざ》。④弓を射るとき、左の手首からひじのあたりにつける革《かわ》製のおおい。ゆごて。

【籠球】《ロウキュウ》「バスケットボール」の訳語。例―部。

【籠居】《ロウキョ》(名・する)家の中にとじこもっていること。

【籠城】《ロウジョウ》(名・する)①城に立てこもって、敵を防ぐこと。例―作戦。②引きこもって外出しないこと。

【籠絡】《ロウラク》(名・する)人をうまくまるめこんで、自分の思いどおりにあやつること。例あまいことばで―する。

●印籠《インロウ》・参籠《サンロウ》・灯籠《トウロウ》・鳥籠《とりかご》・虫籠《むしかご》・薬籠《ヤクロウ》

竹16 **【籐】** 22画 ⇩【籐】《トウ》(759ページ)

竹17 **【籤】** 23画 6862 7C64 音 セン漢 訓 くじ・ひご

竹15 **【籖】** 21画 6863 7C56 俗字

意味 ❶(吉凶《キッキョウ》をうらなう)おみくじ。また、くじ引きのくじ。例 竹籤《チクセン》。抽籤《チュウセン》。当籤《トウセン》。❷しるし。(書物の)標題。例 籤題《センダイ》(=書物の表紙にしるす題)。

日本語での用法《ひご》タケを細く割ってけずったもの。ちょうちんや、かごなどを作るのに用いる。「竹籤《たけひご》」

【籤札】《くじふだ》くじとして用いるふだ。

竹17 **【籥】** 23画 6864 7C65 音 ヤク漢呉 訓 ふえ・かぎ

意味 ❶習字に用いたタケのふだ。❷尺八に似た、穴が三つ、あるいは六つの短い竹笛。同 龠《ヤク》。❸錠前《ジョウまえ》。かぎ。同 鑰《ヤク》。

竹17 **【籢】** 23画 ⇩【匳】《レン》(157ページ)

竹19 **【籬】** 25画 6865 7C6C 音 リ漢 訓 まがき・かき

意味 タケやシバをあらく編んで作った、かきね。まがき。かき。例 籬垣《リエン》(=かきね)。採レ菊東籬下《キクをとるトウリのもと》(=東がわのかきねのあたりに咲《さ》いているキクの花をとる)。〈陶淵明《トウエンメイ》・飲酒《インシュ》〉

【籬下】《リカ》かきねの、そば。

---

119 6画 米 こめ こめへん 部

四方に散らばった「こめ」や「きび」の実の形で、穀物の意をあらわす。「米」をもとにしてできている漢字を集めた。

0 米 2 籵 3 粁 粂 籾 4 粋 粐 粃 粉 粍 5 粗 粘 粕 粒 6 粫 粤 粢 粥 粧 粭 粟 粡 粨 7 粳 糀 粲 粱 粮 8 精 粽 粹 精 9 糊 糅 糂 糎 10 糘 糖 糒 糢 糖 11 糠 糝 糟 糜 糞 12 糧 14 糯 糲 16 糴 19 糶

この部首に所属しない漢字

料⇩斗 471 鬻⇩鬲 1091

米0 **【米】** 6画 4238 7C73 教育2 音 ベイ漢 マイ呉 訓 こめ・よね・メートル

筆順 丶 丷 䒑 半 米 米

なりたち 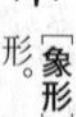 [象形] 四方に散らばったイネやキビの実の形。

意味 ❶穀物の皮を取り除いたもの。とくにイネの実。こめ。よね。例 米穀《ベイコク》。白米《ハクマイ》。❷フランス語 mètre の音訳「米突《メートル》」の略。メートル法の長さの基本単位。

日本語での用法《ベイ》「アメリカ」の音訳「亜米利加《アメリカ》」の略。「米国《ベイコク》・渡米《トベイ》・日米《ニチベイ》」

参考 長さの単位をあらわす国字としては次のような字がある。重さについては【瓦】《ガ》(669ページ)を、容量については【立】《リツ》(743ページ)を参照。

籵《デカメートル》「米《メートル》」と「十(=十倍)」=10m
粨《ヘクトメートル》「米《メートル》」と「百(=百倍)」=100m
粁《キロメートル》「米《メートル》」と「千(=千倍)」=1000m
粉《デシメートル》「米《メートル》」と「分(=十分の一)」=0.1m
糎《センチメートル》「米《メートル》」と「厘(=百分の一)」=0.01m
粍《ミリメートル》「米《メートル》」と「毛(=千分の一)」=0.001m

人名 みつ

【米粒】《こめつぶ》米のひとつぶ、ひとつぶ。ひじょうに小さいもののたとえ。例―のような細字《サイジ》。

【米▼糠】《こめぬか》玄米《ゲンマイ》を精白するときに取れる皮や胚《ハイ》の粉末。たんぱく質やビタミンB1に富む。こぬか。ぬか。

【米▼櫃】《こめびつ》①米を入れておく箱。②生活費の出どころ。また、生活費をかせぐ人。

【米塩】《ベイエン》米と、しお。生活していくうえで欠くことのできないもの。例―の資(=生活費)。

【米国】《ベイコク》アメリカ合衆国。〔「米」は、「亜米利加《アメリカ》」の略〕

【米穀】《ベイコク》こめ。また、穀物。例―年度(=十一月から翌年十月末まで)。

【米作】《ベイサク》①イネを植え育て、米を収穫《シュウカク》すること。米づくり。稲作《いなサク》。例―農家。―地帯。②米のとれぐあい。例今年も―は良好。

【米寿】《ベイジュ》八十八歳《サイ》。また、八十八歳の祝い。よねの祝い。〔「米」の字を分解すると八十八になるので〕

【米食】《ベイショク》米を主食とすること。

【米人】《ベイジン》アメリカ合衆国の国籍《コクセキ》をもつ人。アメリカ人。

【米飯】《ベイハン》米のめし。ごはん。

【米粉】㊀《ベイフン》米のこな。しんこ。㊁《ビーフン》うるち米のこなを原料とする麺《メン》。

●欧米《オウベイ》・玄米《ゲンマイ》・古米《コマイ》・新米《シンマイ》・精米《セイマイ》・日米《ニチベイ》

米2 **【籵】** 8画 6866 7C75 国字 訓 デカメートル

意味 長さの単位。一メートルの十倍。デカメートル。

米3 **【粁】** 9画 2246 7C81 国字 訓 キロメートル

意味 長さの単位。一メートルの千倍。キロメートル。

米3 **【粂】** 9画 2309 7C82 国字 訓 くめ

意味 万葉がな一字一音の、「久《ク》」と「米《メ》」とを合わせて「くめ」と読み、地名や人名などに用いられる字。

米3 **【籾】** 9画 4466 7C7E 人名 国字 訓 もみ

意味 からのついたままの米。また、穀物の実のかたい皮。もみ。例 籾殻《もみがら》。籾摺《もみす》り。籾糠《もみぬか》。
【籾殻】《もみがら》 米の外皮。また、もみ米をついて米をとったあとのから。

米 4 【粋】 10画 3172 7C8B 常用 音 スイ漢 訓 いき

筆順

米 8 【粹】 14画 6879 7CB9 人名

なりたち [形声]「米(=こめ)」と、音「卒《ソツ》→スイ」とから成る。まじりけがない米。派生して「まじりけがない」の意。

意味 ❶まじりけのないこと。例 粋白《スイハク》(=まじりけなし)。粋美《スイビ》(=まじりけなく美しい)。純粋《ジュンスイ》。❷最もすぐれているところ。質のよいところ。例 国粋《コクスイ》。精粋《セイスイ》。抜粋《バッスイ》。

日本語での用法 《スイ・いき》 あかぬけしていて、野暮《ヤボ》なところがない。花柳界《カリュウカイ》に通じている。「粋人《スイジン》・無粋《ブスイ》・粋筋《いきすじ》・粋《いき》なゆかた」

人名 きよ・きよし・ただ・ただし

【粋狂】《スイキョウ》(名・形動ダナ) ①ものずき。風変わりなことをすること。例 —な人。だてや—でやってるわけじゃない。②酒に酔《よ》ってうかれること。表記 ▽「酔狂」とも書く。また、①は「酔興」とも書く。
【粋人】《スイジン》 ①風流な人。いきな人。②世間や人情に通じて、ものわかりのいい人。さばけた人。類 通人《ツウジン》。③花柳界《カリュウカイ》や芸能界にくわしい人。類 通人。
○●生粋《きっスイ》・国粋《コクスイ》・純粋《ジュンスイ》・抜粋《バッスイ》・無粋《ブスイ》

米 4 【粐】 10画 6868 7C90 国字 訓 ぬか

意味 地名に用いられる字。例 粐蒔沢《ぬかまきざわ》(=秋田県の地名)。

米 4 【粃】 10画 6867 7C83 音 ヒ漢 訓 しいな・ぬか

意味 ❶皮ばかりで実のはいっていない、穀物などのもみ。しいな。例 粃糠《ヒコウ》。❷名ばかりで内容がない。わるい。例 粃政《ヒセイ》(=悪い政治)。
【粃▼糠】《ヒコウ》 しいなと、ぬか。役に立たないもののたとえ。表記「▼秕▼糠」とも書く。

米 4 【粉】 10画 4220 7C89 教育5 音 フン漢呉 訓 こ・こな

筆順

なりたち [形声]「米(=こめ)」と、音「分《フン》」とから成る。米をくだいたこな。おしろい。

意味 ❶穀物などを細かくくだいたもの。また、その状態のもの。おしろい・花粉など。パウダー。こ。こな。例 粉末《フンマツ》。花粉《カフン》。受粉《ジュフン》。❷細かくくだく。こなごなにする。また、くだける。例 粉骨砕身《フンコツサイシン》。粉砕《フンサイ》。身《み》を粉《こ》にする。

日本語での用法 《デシメートル》 長さの単位。一メートルの十分の一。

難読 白粉《おしろい》

【粉粉】《こなごな》(形動ダナ) 細かくくだけたようす。こなみじん。例 ガラスが—に割れた。
【粉▽微▼塵】《こなミジン》(名・形動ダナ) もとの形がわからなくなるほど細かくくだけること。こなごなになること。こっぱみじん。例 爆発《バクハツ》で岩が—になる。
【粉雪】《こなゆき》(「こゆき」とも) こなのように細かく、しめりけの少ない、さらさらの雪。
【粉骨砕身】《フンコツサイシン》(名・する) ほねをこにし、身をくだくようにして、力の限り努力すること。身を粉《こ》にする。例 国のために—する。
【粉砕】《フンサイ》(名・する) ①細かくくだくこと。こなごなにすること。例 —機。②相手を完全に打ち負かすこと。例 敵を—する。
【粉剤】《フンザイ》 こなにした薬剤。こなぐすり。こぐすり。
【粉状】《フンジョウ》 こなのような状態。
【粉食】《フンショク》 穀物をこなにして、食用とすること。対 粒食《リュウショク》。
【粉飾】《フンショク》(名・する) ①紅やおしろいでけしょうすること。②うわべをかざりつくろうこと。例 —決算(=利益がないのに、あるようにごまかした決算)。表記 ▽「▼扮飾」とも書く。
【粉▼塵】《フンジン》 こなのように細かい、ちり。岩やコンクリートなどをくだいたときに出る、細かいごみ。例 —公害。
【粉▼黛】《フンタイ》〔おしろいとまゆずみの意〕けしょう。また、けしょうをした美人。例 後宮《コウキュウ》の—。
【粉炭】《フンタン》 小さく、また、こなのようにくだいた石炭。こなずみ。
【粉乳】《フンニュウ》 牛乳を乾燥《カンソウ》して、こなにしたもの。こなミルク。ドライミルク。例 脱脂《ダッシ》—。
【粉本】《フンポン》 ①東洋画で、絵の下書き。〔昔、胡粉《ゴフン》で下書きをしたことから〕②絵や文章の手本。
【粉末】《フンマツ》 食品や薬品などを、こな状にしたもの。こな。例 —ジュース。微《ビ》—。
【粉▼瘤】《フンリュウ》〔「瘤」は、こぶの意〕皮膚《ヒフ》の毛穴や皮脂腺《ヒシセン》にできる良性のはれもの。アテローム。
○●金粉《キンプン》・銀粉《ギンプン》・骨粉《コップン》・受粉《ジュフン》・汁粉《しるこ》

米 4 【粍】 10画 4416 7C8D 国字 訓 ミリメートル

意味 長さの単位。千分の一メートル。ミリメートル。

米 5 【粗】 11画 3338 7C97 常用 音 ソ漢 訓 あら-い・ほぼ

筆順

なりたち [形声]「米(=こめ)」と、音「且《ショ》→ソ」とから成る。精白していない米。

意味 ❶精白されていない、あらづきの米。例 粗米《ソマイ》(=精米しない米)。❷細かくない。ざつな。質がわるい。あらい。対 精《セイ》。例 粗衣粗食《ソイソショク》。粗雑《ソザツ》。粗製《ソセイ》。❸あらあらしい。例 粗暴《ソボウ》。粗野《ソヤ》。❹おおよそ。だいたい。あらまし。ほぼ。例 粗描《ソビョウ》。粗方《あらかた》。❺他人に、ものをすすめるときにけんそんの気持ちをあらわすことば。例 粗酒《ソシュ》。

使い分け あらい【荒・粗】⇩1161ページ

【粗悪】《ソアク》(名・形動ダナ) 質がわるく、そまつなこと。例 —品。
【粗衣】《ソイ》 そまつな衣服。例 —粗食にあまんじる。
【粗衣粗食】《ソイソショク》 粗衣と粗食。質素な生活。
【粗菓】《ソカ》 そまつな菓子。また、人に菓子をすすめるときに、へりくだっていうことば。
【粗▼肴】《ソコウ》 そまつな酒のさかな。また、客に料理をすすめるときに、へりくだっていうことば。例 粗酒—。
【粗▼忽】《ソコツ》(名・形動ダナ) ①そそっかしいこと。軽はずみ。不注意。類 軽率《ケイソツ》。例 —者《もの》。—をわびる。②礼儀《レイギ》にそむいて、ぶしつけなこと。類 粗相。例 —な言動。

【粗雑】《ソザツ》（名・形動ダナ）大ざっぱで、いいかげんなこと。ぞんざい。例―な作品。

【粗▼餐】《ソサン》そまつな食事。また、人に食事をすすめるときに、へりくだっていうことば。類粗飯。例―を差し上げます。

【粗酒】《ソシュ》そまつな酒。また、人に酒をすすめるときに、へりくだっていうことば。例―粗肴《ソコウ》。

【粗食】《ソショク》（名・する）そまつな食事をすること。また、その食事。対美食。例粗衣―。―にあまんじる。

【粗製】《ソセイ》材料がそまつで、作り方が精巧《セイコウ》でないこと。対精製。例―品。

【粗製乱造】《ソセイランゾウ》（名・する）できの悪い製品をむやみに作り出すこと。表記「粗製濫造」とも書く。

【粗相】《ソソウ》（名・する）①不注意のために、あやまちをおかすこと。また、その失敗。しくじり。例―のないようにもてなす。②大小便をもらすこと。

【粗▼朶】《ソダ》〔「朶」は、枝の意〕たきぎなどにする、切り取った木の枝。しば。

【粗大】《ソダイ》（名・形動ダナ）①あらっぽくて大きいこと。例―ごみ。②大まかなこと。例ふるまいが―で気がきかない。

【粗茶】《ソチャ》そまつな茶。また、人に茶をすすめるときに、へりくだっていうことば。例―ですが一服どうぞ。

【粗糖】《ソトウ》精製していない砂糖。対精糖。

【粗飯】《ソハン》そまつな食事。また、人に食事をすすめるときに、へりくだっていうことば。類粗餐《ソサン》。

【粗描】《ソビョウ》（名・する）情景やものの配置、色合いなどを大まかにえがくこと。あらがき。

【粗品】㊀《ソヒン》粗悪なしなもの。㊁《ソしな》〔「ソヒン」とも〕人にものを贈《おく》るときに、けんそんしていうことば。例―進呈《シンテイ》。

【粗放】《ソホウ》（名・形動ダナ）大ざっぱで、しまりがないこと。おおまか。対集約。例管理が―で、おさまりがつかない。表記「疎放」とも書く。

【粗暴】《ソボウ》（名・形動ダナ）性質や態度があらあらしく、乱暴なこと。例―な性格。―にふるまう。

【粗朴】《ソボク》（名・形動ダナ）そまつでかざりけのないこと。例―で実用を旨《むね》とする。表記「粗▼樸」とも書く。

【粗末】《ソマツ》（名・形動ダナ）①品質がおとっていること。上等でないこと。例―な食事。②たいせつにしないで、あつかいが乱雑なこと。ぞんざい。例食べ物を―にする。

【粗密】《ソミツ》まばらなことと、ぎっしりつまっていること。例仕事の出来上がりに―の差が多い。表記「疎密」とも書く。

【粗野】《ソヤ》（名・形動ダナ）ことばや動作などがあらあらしく、品がないこと。がさつ。対優雅《ユウガ》。例―なふるまいが多い。―な人物。

【粗略】《ソリャク》（名・形動ダナ）人や、ものごとのあつかいがぞんざいでいいかげんなこと。粗雑。例客を―にあつかう。表記「疎略」とも書く。

【粗漏】《ソロウ》（名・形動ダナ）ものごとのあつかいが、いいかげんで、手落ちのあること。手ぬかり。例―のないように点検する。表記「疎漏」とも書く。
●精粗《セイソ》

米 5
【粘】
11画 3920 7C98 常用
音 デン漢 ネン呉
訓 ねば-る

筆順 

黍 5
【黏】 17画 8354 9ECF 本字

なりたち  [形声]「黍（＝きび）」と、音「占《セン》→《デン》」とから成る。ねばりつく。

意味 ねばりけがある。ねばる。例粘液《ネンエキ》。粘着《ネンチャク》。

難読 粘土《へな・へなつち》

【▽粘▽葉装】《デッチョウソウ》和本のとじ方で、二つ折りにした紙の外側にのりをつけて、貼《は》り合わせたもの。胡蝶装《コチョウソウ》。

【粘液】《ネンエキ》ねばりけのある液体。

【粘液質】《ネンエキシツ》人間の気質を分類したものの一つ。刺激《シゲキ》に対する反応がにぶく、活気にとぼしいが、意志が強くて忍耐力《ニンタイリョク》がある気質。→【多血質】《タケツシツ》（250ページ）

【粘菌】《ネンキン》菌類と原虫類の性質をもつ下等菌類。ムラサキホコリカビやカワホコリカビなど。変形菌。

【粘性】《ネンセイ》物質の、ねばる性質。ねばりけ。例―を強くする。

【粘体】《ネンタイ》固体と液体との中間の性質をもつ物体。飴《あめ》や糊《のり》など。

【粘着】《ネンチャク》（名・する）ねばりつくこと。例―力。―テープ。天然ゴムを使って―する。

【粘着質】《ネンチャクシツ》「粘液質《ネンエキシツ》」に同じ。

【粘着性】《ネンチャクセイ》ねばりつく性質。例―の強いテープ。

【粘▼稠】《ネンチュウ》（名・形動ダナ）ねばりけがあって濃《こ》いこと。例―剤《ザイ》（＝液体にねばりけを加えるためにまぜる物質）。

【粘土】《ネンド》岩石や鉱物が風化し、ごく細かくなった土。かべ材やかわら、陶磁器《トウジキ》などの原料。例―細工《ザイク》。原型を―でつくる。

【粘度】《ネンド》ねばりけの強さの度合い。

【粘膜】《ネンマク》鼻や口、内臓などの内側をおおっている、やわらかい組織。

米 5
【粕】
11画 3984 7C95
音 ハク漢
訓 かす

意味 酒をしぼって、こしたあとに残るもの。しぼりかす。かす。また、残り物。例油粕《あぶらかす》。酒粕《さけかす》。糟粕《ソウハク》（＝さけかす。また、よいところをとり去ったあとに残る、かす）。

米 5
【粒】
11画 4619 7C92 常用
音 リュウ漢
訓 つぶ

筆順 

なりたち  [形声]「米（＝こめ）」と、音「立《リュウ》」とから成る。こめつぶ。

意味 ❶穀物のつぶ。例粒食《リュウショク》。粒粒辛苦《リュウリュウシンク》。穀粒《コクリュウ》。❷米つぶのようにまるくて小さなもの。例粒子《リュウシ》。顆粒《カリュウ》。微粒子《ビリュウシ》。❸つぶ状のものを数えることば。例一粒《イチリュウ》。

【粒▼餡】《つぶアン》アズキのつぶが残るように作ったあん。

【粒▼揃い】《つぶぞろい》どれもみな同じようにすぐれていること。

【粒子】《リュウシ》①物質を形づくる細かいつぶ。砂つぶのようなものから、原子や分子などのごく小さなものまである。例微《ビ》―。②写真などの画面のきめの細かさ。例―があらい。

【粒状】《リュウジョウ》〔「つぶジョウ」とも〕つぶのような状態。

【粒食】《リュウショク》（名・する）穀物を粉末にしないで、つぶのまま食べること。多く、米を食べることをいう。対粉食。

【粒粒辛苦】《リュウリュウシンク》（名・する）〔米のひとつぶひとつぶが、作った人の苦労の結晶《ケッショウ》であることから〕長いあいだ苦労してこつこつと努力をすること。例―の末、今日《コンニチ》の大事業を成す。
●大粒《おおつぶ》・小粒《こつぶ》

米 6
【粫】
12画 6872 7CAB 国字
訓 うるち

意味 地名に用いられる字。例 粫田《うるちだ》（=福島県の地名。「糯田《もちだ》」であるともいう）。

米 6
【粤】12画 6869 7CA4 音 エツ漢 訓 ここ-に

意味 ❶〔助字〕「ここに」と読み、慎重《シンチョウ》に語り始める語気をあらわす。❷古代に百粤《ヒャクエツ》といった地の名から、広東《カントン》省の別の呼び方。例 両粤《リョウエツ》（=広東・広西《コウセイ》〈今の広西チワン族自治区〉）。

【粤犬《エッケン》雪《ゆき》に▼吠《ほ》ゆ】見識のせまい者がすぐれた人物の言行を疑いあやしんで非難することのたとえ。〔粤の国は南方に位置するため、たまたま雪が降るとイヌがあやしんでほえたてるということから〕類 蜀犬《ショッケン》日《ひ》に吠《ほ》ゆ。

米 6
【粢】12画 6871 7CA2 音 シ漢 訓 しとぎ

意味 ❶穀物の名。キビ。例 粢糲《シレイ》。❷穀物をまとめていう呼び名。例 六粢《リクシ》（=黍《ショ》《もちきび》・稷《ショク》《きび》・稲《トウ》《いね》・粱《リョウ》《あわ》・麦《バク》《むぎ》・苽《コ》《まこも》）。❸祭祀《サイシ》に用いる穀物。しとぎ。例 粢盛《シセイ》。

【粢盛《シセイ》】祭祀《サイシ》のときの供物《クモツ》となる、うつわに盛られた穀物。

【粢▼糲《シレイ》】キビや精白していない穀物の飯。また、そまつな食物。糲粢《レイシ》。

米 6
【粥】12画 2001 7CA5 人名 音 一 シュク漢呉 二 イク漢 訓 かゆ・ひさ-ぐ

鬲12
【鬻】22画 6888 9B3B 本字

意味 一《シュク》 水を多くして米をやわらかくたいたもの。かゆ。例 豆粥《トウシュク》。白粥《しらかゆ》。二《クイ》 売る。ひさぐ。〔「鬻」を用いる〕

難読 稀粥《おもゆ》

【粥腹《かゆばら》】おかゆで満たした腹。力のはいらないおなか。例 ―も一時《イットき》。

米 6
【粧】12画 3049 7CA7 常用 音 ショウ漢 ソウ呉 訓 よそお-う・よそお-い

筆順 丷 半 米 粁 粐 粧 粧

女 4
【妝】7画 5303 599D 本字

なりたち 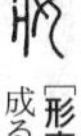 [形声]「女（=おんな）」と、音「爿《ショウ》」とから成る。かざる。

意味 おしろいをつけて顔を美しくする。また、美しく着かざる。よそおう。よそおい。例 化粧《ケショウ》。

難読 仮粧《けわい》《けはい》

米 6
【粭】12画 6870 7CAD 国字 訓 すくも

意味 地名に用いられる字。例 粭島《すくもじま》（=山口県の地名）。

米 6
【粟】12画 1632 7C9F 人名 音 ショク漢 ゾク呉 訓 あわ・もみ

意味 ❶コメ・キビ・アワなどの穀物をまとめていうことば。例 粟麦《ゾクバク》。❷穀物の一つ。アワ。実は小つぶで黄色。また、アワのような小さいつぶ。こあわ。〔大つぶのを「粱《リョウ》」という〕例 粟粒《ゾクリュウ》。❸穀物（とくに米）の外皮のついた実。もみ。❹主君からあたえられる食糧《ショクリョウ》。俸禄《ホウロク》。例 不レ食二周粟一《シュウのゾクをはまず》（=周からの俸禄は受けない）。〈史記《シキ》〉

【粟散《ゾクサン》】アワつぶをまいたように細かく散らばること。

【粟粒《ゾクリュウ》《あわつぶ》】アワの実のつぶ。また、そのようにひじょうに小さいもの。

米 6
【粡】12画 6873 7CA1 音 トウ漢 訓 あらごめ

意味 ❶ちまき。❷あらごめ。

米 6
【粨】12画 6874 7CA8 国字 訓 ヘクトメートル

意味 長さの単位。一メートルの百倍。ヘクトメートル。

米 7
【粳】13画 6875 7CB3 音 コウ漢 キョウ呉 訓 うるしね・うるち

意味 ねばりけの少ない、ふつうの米。うるち。例 粳米《うるち》《マイ》（=もち米に対していう、ふつうの米）。

参考 訓「うるしね」は、「うるち」の古語。

【粳稲《コウトウ》】うるち米のイネ。

米 7
【糀】13画 6881 7CC0 国字 訓 こうじ

意味 コメ・ムギ・ダイズなどをむして、コウジカビを繁殖《ハンショク》させたもの。酒・しょうゆ・みそなどの醸造《ジョウゾウ》に用いる。こうじ。同 麴《こうじ》。

米 7
【粲】13画 6876 7CB2 音 サン漢 訓 かが-やく

意味 ❶よくついて白くした米。❷明るく清らか。きらきらかがやく。あきらか。かがやく。同 燦《サン》。例 粲粲《サンサン》。粲然《サンゼン》（=あきらか。あざやか）。

【粲粲《サンサン》】（形動《タルト》）色美しく、あざやかなようす。

米 7
【粱】13画 6877 7CB1 音 リョウ漢呉 訓 あわ・おおあわ

意味 良質の穀物。つぶの大きな良質のアワ。おおあわ。〔「粟《ゾク》」は、こあわ〕例 粱米《リョウマイ》（=うまい米）。

難読 高粱《コーリャン》

米 7
【粮】13画 ⇩【糧】《リョウ》（766ページ）

米 8
【精】14画 3226 7CBE 教育5 音 セイ漢 ショウ呉 訓 くわ-しい

筆順 丷 半 米 米 粁 粁 精 精

米 8
【精】14画 — FA1D

なりたち  [形声]「米（=こめ）」と、音「青《セイ》」とから成る。選びぬいた米。

意味 ❶米をついて白くする。また、白くした米。しらげた米。例 精白《セイハク》。精米《セイマイ》。❷よごれやまじりけのないもの。えりすぐったもの。例 精鋭《セイエイ》。精華《セイカ》。精兵《セイヘイ》。❸こまかく行きとどいている。くわしい。対 粗《ソ》。例 精通《セイツウ》。精読《セイドク》。精密《セイミツ》。❹一心にうちこむ。まごころ。例 精進《ショウジン》。精勤《セイキン》。精励《セイレイ》。❺生命の根源。生命力。例 精気《セイキ》。精力《セイリョク》。❻人間のこころ。たましい。例 精魂《セイコン》。精神《セイシン》。❼自然界にすむあやしく不思議なもの。もののけ。例 精霊《セイレイ》。妖精《ヨウセイ》。

人名 あき・あきら・きよ・きよし・くわし・しげ・すぐる・ただ・ただし・つとむ・ひとし・ひとみ・まこと・まさ・まさし・もり・やす・やすし・よし

【精舎】《ショウジャ》〔仏〕寺。寺院。例祇園《ギオン》—。竹林《チクリン》—。

【精進】《ショウジン》(名・する)①〔仏〕ひたすら仏道修行《シュギョウ》にはげむこと。例勇猛《ユウミョウ》—。—の心。②身を清め、おこないをつつしむこと。斎戒《サイカイ》。③肉食せず、菜食すること。例—揚《あ》げ(=野菜の揚げもの)。④あることにいっしょうけんめいに努力すること。例学業に—する。

【精進潔斎】《ショウジンケッサイ》(名・する)肉や魚、また酒を口にせず、おこないをつつしんで心身を清浄《セイジョウ》にすること。物忌《ものい》み。

【精進料理】《ショウジンリョウリ》肉類を使わず、野菜やとうふなどで作った料理。〔殺生《セッショウ》を禁ずる仏教から生まれたもので、仏事のときなどに用いる〕

【精霊】㊀《ショウリョウ》〔仏〕死者のたましい。みたま。例—棚《だな》。—流し。㊁《セイレイ》①原始宗教において、動植物など自然界のすべてのものに宿るという、たましい。例木の—。②宇宙のすべてのものの根源を成すという不思議な気。精気。表記㊀は「聖霊」とも書く。

【精霊会】《ショウリョウエ》〔仏〕盂蘭盆会《ウラボンエ》。(陰暦《インレキ》)七月十五日に祖先の霊《レイ》をまつる行事。お盆。

【精一杯】《セイイッパイ》(名・副)力の限り。最大限。例—努力する。これで—だ。

【精鋭】《セイエイ》(名・形動《ダ》)勢いがよく、するどいこと。また、その人。とくに、えりぬきの兵士。例—部隊。少数—主義。

【精液】《セイエキ》おすの生殖器《セイショクキ》から分泌《ブンピツ》し精子をふくむ液。

【精華】《セイカ》①すぐれて美しいこと。②真価を示しているところ。なかでも最もすぐれたもの。例王朝文化の—。

【精解】《セイカイ》(名・する)くわしく解釈《カイシャク》すること。また、その解釈。類詳解《ショウカイ》。対略解。

【精確】《セイカク》(名・形動《ダ》)くわしくて、たしかなこと。例—な資料。—に調べる。

【精▼悍】《セイカン》(名・形動《ダ》)動作や顔つきが気力にあふれ、たくましくするどいこと。例—な顔つき。

【精気】《セイキ》①天地万物《バンブツ》のもととなる気。例天地の—。②精神と気力。精力。活動のもとになる力。例—がみなぎる。③すがすがしい空気。霊気《レイキ》。例深山の—。④純粋《ジュンスイ》の気。エキス。

米部 8画 精

【精義】《セイギ》くわしい意味。くわしい説明や解釈《カイシャク》。例いろいろの古典の—を著述した。

【精強】《セイキョウ》(名・形動《ダ》)すぐれて強いこと。また、その人。例—をもって聞こえる部隊。

【精勤】《セイキン》(名・する)休まずに勤務や学業に出て、はげむこと。例一年間—する。

【精巧】《セイコウ》(名・形動《ダ》)細かいところまで、よくできていること。精緻《セイチ》。精密。例—な機械。—をきわめる。

【精鋼】《セイコウ》鋼鉄を精錬《セイレン》すること。また、精錬した鋼鉄。

【精根】《セイコン》精力と根気。ものごとをやりとおす心身の力。気根。例—がつきる。

【精魂】《セイコン》ものごとにうちこむ気持ち。精神。例—こめる。

【精査】《セイサ》(名・する)細かく検査すること。例もう一度—する。

【精彩】《セイサイ》①美しくあざやかないろどり。例—をほどこす。②目立ってすぐれていること。例ひときわ—を放つ。

【精細】《セイサイ》(名・形動《ダ》)くわしくこまかいこと。類精密・詳細《ショウサイ》。例—をきわめる。—な調査。

【精察】《セイサツ》(名・する)くわしく視察や観察をすること。例—を加える。

【精算】《セイサン》(名・する)くわしく計算すること。金銭などを細かく計算して結果を出すこと。対概算《ガイサン》。例運賃—所。

【精子】《セイシ》おすの生殖細胞《セイショクサイボウ》。卵子《ランシ》と結合して個体を形成する。精虫。対卵子。

【精思】《セイシ》(名・する)じゅうぶんに考えること。

【精神】《セイシン》①考えたり感じたりする、人間の心。たましい。対肉体・物質。例—力。—労働。②ものごとの根本となる意義や目的。神髄《シンズイ》。例憲法の—。③根気。気力。精魂《セイコン》。例—を集中する。④心がけ。考え方。意識。例変革の—に燃える。

【精神《セイシン》一到《イットウ》何事《なにごと》か成《な》らざらん】精神を集中して事にあたれば、どんなむずかしいことでも成しとげられないことはない。〈朱子語類《シュシゴルイ》〉

【精神衛生】《セイシンエイセイ》精神の健康を促進《ソクシン》する活動・研究。また、精神の健康。メンタルヘルス。

【精神科】《セイシンカ》〔医〕精神疾患《シッカン》をあつかう医学・医療《イリョウ》の一部門。例—医。

【精神鑑定】《セイシンカンテイ》(名・する)〔法〕裁判官が、被告人《ヒコクニン》に責任能力があるかないかを判断するために、精神科医に被告人の精神状態を診察《シンサツ》させ、参考資料を作成・報告させること。

【精神疾患】《セイシンシッカン》精神のはたらきの異常によって生じる疾患。

【精神障害】《セイシンショウガイ》〔医〕精神のはたらきが正常でなくなる病気をまとめていうことば。

【精神的】《セイシンテキ》(形動《ダ》)精神に関するようす。対物質的・肉体的。

【精神年齢】《セイシンネンレイ》①心理学で、知能検査によって示される年齢。知能年齢。対暦《レキ》年齢。②精神の成熟の度合い。例—が若い。

【精神病】《セイシンビョウ》〔医〕精神障害の一つ。統合失調症・躁鬱病《ソウウツビョウ》など。

【精神分析】《セイシンブンセキ》夢や空想などを分析して、人の心のおく深くにある意識を明らかにしようとする研究。神経症《ショウ》の治療《チリョウ》のために、フロイトによって始められた。

【精粋】《セイスイ》まじりけのない、いちばんよいところ。えりぬき。例近代思想の—。

【精髄】《セイズイ》ものごとの最もすぐれていて、たいせつなところ。類神髄《シンズイ》・本質。例フランス文学の—。

【精製】《セイセイ》(名・する)①心をこめて、ていねいに作ること。念入りに作ること。対粗製《ソセイ》。例当店にて—した品。②まざりものを除いて純粋《ジュンスイ》な品質のものを作る。例石油の—。

【精精】《セイゼイ》(副)①力のおよぶかぎり。できるだけ。せいいっぱい。いっしょうけんめい。例—勉強させていただきます。②多く見積もっても。たかだか。多くても。最大限。例—二百円のもうけに過ぎない。

【精選】《セイセン》(名・する)とくにすぐれたものだけをえらぶこと。えりぬき。よりぬき。例作品を—して出展する。

【精粗】《セイソ》①細かいこととあらいこと。例粉末の—を選別する。②くわしいことと大まかなこと。例描写《ビョウシャ》のしかたに—の差が目立つ。

【精巣】《セイソウ》おすの生殖腺《セイショクセン》。精子をつくり、男性ホルモンを分泌《ブンピツ》するもの。睾丸《コウガン》。対卵巣《ランソウ》。

【精緻】《セイチ》(名・形動《ダ》)たいへん細かく綿密なこと。精密。緻密。精巧《セイコウ》。例—な技巧。—な研究。

【精通】《セイツウ》(名・する)くわしくよく知っていること。通暁《ツウギョウ》。例中国の絵画に—している。

【精度】《セイド》精密さの度合い。例—の高い計測。—を高める。

—が落ちる。

【精糖】《セイトウ》(名・する) 粗糖《ソトウ》を精製すること。また、精製した白砂糖。対粗糖。例—工場。

【精読】《セイドク》(名・する) 細かいところまでよく読むこと。熟読。例論文を—する。

【精肉】《セイニク》 よく選んだ上等な食肉。例—店。

【精白】《セイハク》(名・する) 米やムギをついてうす皮を取り、白くすること。例—米。玄米《ゲンマイ》を—する。

【精麦】《セイバク》(名・する) ムギを精白すること。また、精白したムギ。

【精美】《セイビ》(名・形動ダ) 精巧《セイコウ》で美しいこと。まじりけがなく美しいこと。例—な芸術作品。

【精微】《セイビ》(名・形動ダ) 細かいところまでくわしいこと。例—な設計図。

【精分】《セイブン》 ①精神や気力のもと。スタミナ。また、滋養《ジヨウ》分。例—を補う。②まじりけのない成分。エッセンス。例—を抽出《チュウシュツ》する。

【精兵】《セイヘイ》 一〔「セイビョウ」とも〕多くの中からよりすぐった兵士。強兵。例—をすぐる。二《セイビョウ》 弓をひく力の強いこと。また、その人。対小兵《こヒョウ》。

【精米】《セイマイ》(名・する) 玄米《ゲンマイ》をついてぬかを取り去り、白米にすること。また、その米。精白米。白米。例—機。—所。

【精密】《セイミツ》(名・形動ダ) ①細かい点まで行き届いて、くわしいこと。緻密《チミツ》。精細。例—検査。②誤差のひじょうに少ないこと。精巧《セイコウ》。精緻《セイチ》。例—な計器。

【精密機械】《セイミツキカイ》 製作するのに、とくに高い精度が必要とされる機械。たとえば、顕微鏡《ケンビキョウ》・カメラ・時計・計量器・測定器など。精機。

【精妙】《セイミョウ》(名・形動ダ) 細かいところまで、よくできていること。例—な技術。

【精明】《セイメイ》(名・形動ダ) くわしく明らかなこと。

【精油】《セイユ》 一(名・する) 石油を精製すること。また、精製した上等の石油。対原油《ゲンユ》。例—所。二(名) 植物の花や葉などから精製した、芳香油《ホウコウユ》や揮発油。

【精良】《セイリョウ》(名・形動ダ) すぐれてよいこと。例—な磁器《ジキ》。

【精力】《セイリョク》 ものごとを成しとげる心身の力。心身の原動力。根気。例—絶倫《ゼツリン》。—的に活躍《カツヤク》する。

【精励】《セイレイ》(名・する) 職務や学業などに努めはげむこと。力をつくして努めること。例—恪勤《カッキン》。学業に—する。

【精練】《セイレン》(名・する) ①動植物の繊維《センイ》からまじりものを取り除くこと。精錬《セイレン》。②じゅうぶんにきたえあげること。よくねりあげること。例じゅうぶんに—した文体。

【精錬】《セイレン》(名・する) ①鉱石などから取り出した金属を精製して、純度の高いものにすること。例金銀を—する。②じゅうぶんにねりあげること。よく訓練すること。精練。

●酒精《シュセイ》・受精《ジュセイ》・授精《ジュセイ》・丹精《タンセイ》・不精《ブショウ》・無精《ブショウ》・妖精《ヨウセイ》

米 8

【粽】

14画 6880 7CBD 音 ソウ漢 訓 ちまき

意味 〔日本で、茅《ち》の葉でまくので「ちまき」という〕もち米をササの葉やアシの葉などに包んでむしたもの。ちまき。五月五日の端午《タンゴ》の節句につくる。〔悲憤《ヒフン》のうちに入水《ジュスイ》した、楚《ソ》の政治家で詩人の屈原《クツゲン》の霊《レイ》をなぐさめるために、人々が水中に投げたことに始まるという〕

米 8

【粋】

14画 ⇩【粋】《スイ》(761ページ)

米 8

【精】

14画 ⇩【精】《セイ》(763ページ)

米 9

【糊】

15画 2450 7CCA 人名 音 コ漢 ゴ呉 訓 のり

意味 ❶米の粉《こ》や小麦粉を煮《に》てつくった、接着剤《セッチャクザイ》。のり。また、のりではる。❷かゆ。また、かゆをすることから、暮らしを立てる。例糊口《ココウ》。❸ぼんやりしたようす。例糊塗《コト》。模糊《モコ》。

【糊口】《ココウ》 〔「口《くち》を糊《のり》する」と訓読する。かゆをすする意〕なんとか生活すること。やっとのことで暮らしを立てること。くちすぎ。例—をしのぐ(=なんとか生活する)。—の道を絶たれる。

表記 「▼餬口」とも書く。

【糊塗】《コト》(名・する) あいまいにすること。うわべだけをとりつくろってごまかすこと。一時しのぎ。例失敗を—する。表面を—する。

【糊代】《のりしろ》 紙をはり合わせるときの、のりをつける部分。例一センチ幅《はば》の—をとる。

米 9

【糅】

15画 6882 7CC5 音 ジュウ漢 訓 か-てる・まじ-わる

意味 いろいろなものをまぜ合わせる。まじえる。まじる。かてる。例雑糅《ザツジュウ》。糅飯《かてめし》(=分量をふやすために、米に雑穀《ザッコク》やダイコンやイモなどをまぜて、たいためし)。

米 9

【糂】

15画 6883 7CC2 音 ジン慣 サン漢 訓 こなかき

意味 ❶米の粉《こ》をまぜて作るスープのような食品。こなかけ。こなかき。❷米のつぶ。めしつぶ。例糂粒《ジンリュウ》。

日本語での用法 《ジン》 ぬかみそ。「糂太《ジンダ》・糂汰《ジンダ》・糂粏《ジンダ》」

参考 「粏」は、「糂」の米偏《ヘン》にそろえて「太」に米偏をそえて作った国字か。未詳《ミショウ》。

米 9

【糎】

15画 3324 7CCE 国字 訓 センチメートル

意味 長さの単位。百分の一メートル。センチメートル。

米 10

【糘】

16画 6884 7CD8 国字 訓 すくも

意味 地名に用いられる字。例稼地《すくもじ》(=広島県の地名)。

米 10

【糖】

16画 3792 7CD6 教育6 音 トウ漢 訓 さとう・あめ

筆順

米10

【糖】

16画 FA03

なりたち

〔形声〕「米(=こめ)」と、音「唐《トウ》」とから成る。あめ。

意味 コメ・ムギ・サトウキビなどから製する、水にとけてあまい味のする炭水化物。さとう。また、あまい食品。あめ。例糖分《トウブン》。果糖《カトウ》。砂糖《サトウ》。

難読 浮石糖《カルメラ》

人名 あら

【糖衣】《トウイ》 飲みやすくするために、薬などの外側を包んだ砂糖のころも。例—錠《ジョウ》。

【糖化】《トウカ》(名・する) 炭水化物が、酵素《コウソ》や酸などのはたらきでぶどう糖や果糖などに変化すること。

【糖質】《トウシツ》 糖分をふくむ物質。〔「でんぷん質」を改めた呼び名〕

【糖度】《トウド》 (食品などにふくまれる)あまさの度合い。

【糖尿病】《トウニョウビョウ》 糖を多くふくんだ尿が継続《ケイゾク》して出る病

気。

【糖分】《トウブン》 あるものにふくまれている糖類の成分。あまみ。例 —をひかえる。

【糖類】《トウルイ》 ①あまみのある炭水化物。ぶどう糖・果糖・乳糖など。②炭水化物をまとめていうことば。

●砂糖《サトウ》・麦芽糖《バクガトウ》

米10 【糒】 16画 6885 7CD2 音 ヒ(漢) ビ(呉) 訓 ほしいい

意味 飯を干した保存食。かれい。かれいい。ほしいい。

米10 【糢】 16画 6887 7CE2 音 ボ(漢) モ(呉)

意味 ❶「模糊《モコ》」は、はっきりしないようす。模糊《モコ》。❷古代の重量の単位。ごくわずかな重さをあらわす。

米10 【糖】 16画 ⇩【糖】《トウ》(765ページ)

米11 【糠】 17画 2539 7CE0 音 コウ(漢)(呉) 訓 ぬか

意味 米やムギなどを精白するときに出る外皮の粉。例 糠粃《コウヒ》（＝ぬかと、しいな。つまらぬもの）。糠漬《ぬかづ》け。小糠《こぬか》。

難読 海糠魚《あみ》

【糠雨】《ぬかあめ》 ごく細かい雨。霧雨《きりさめ》。こぬかあめ。

【糠袋】《ぬかぶくろ》 ぬかを入れた布製のふくろ。入浴のとき、肌《はだ》を洗うのに用いる。また、ゆかなどのつや出しに使う。

【糠味▼噌】《ぬかミソ》 ぬかに塩などをまぜたもの。野菜を漬《つ》けるのに使う。また、それで漬けたもの。例 —くさい（＝生活の雑事に追われている）。

米11 【糝】 17画 1-8988 7CDD 音 シン・ジン(慣) サン(漢) 訓 こなかき・と-く

参考 【糂】《ジン》(765ページ)の古字。

意味 「糝粉《シンコ》」は、白米を干して石臼《いしうす》などでひいて粉にしたもの。例 糝粉餅《シンコもち》。上糝粉《ジョウシンコ》（＝精白米をひいた細かい粉）。

米11 【糟】 17画 3376 7CDF 音 ソウ(漢)(呉) 訓 かす

意味 ❶酒をこしたあとに残るもの。酒かす。かす。例 糟糠《ソウコウ》。糟粕《ソウハク》。❷こしていない、にごり酒。もろみ。❸酒や酒かすにつけた食品。例 糟漬《かすづ》け。

【糟▼糠】《ソウコウ》 ①酒のかすと米のぬか。②そまつな食事。また、貧しい暮らし。

【糟▼糠の妻】《ソウコウのつま》 貧苦《ヒンク》をともにしてきた妻。例 —は堂より下《くだ》さず（＝貧苦をともにしてきた妻は、出世してからもたいせつにする）。〈後漢書《ゴカンジョ》〉

【糟▼粕】《ソウハク》 ①酒のかす。②よいところを取った残りかす。例 古人の—をなめる（＝昔の人のつくったものを、その精神は学ばず、形だけまねる）。表記 ▽「糟▼魄」とも書く。

米11 【糜】 17画 6886 7CDC 音 ビ(漢) ミ(呉) 訓 かゆ・ただ-れる

意味 ❶濃《こ》いかゆ。❷くずれる。あれはてる。ただれる。例 糜爛《ビラン》。

【糜▼爛】《ビラン》（名・する） ただれること。ただれ。

米11 【糞】 17画 4221 7CDE 音 フン(漢)(呉) 訓 くそ

意味 ❶大便。くそ。また、きたないもの。例 糞土《フンド》。糞尿《フンニョウ》。馬糞《バフン》。❷肥料。こやし。例 糞壌《フンジョウ》。

日本語での用法 《くそ》 人をののしったり、意味を強めたりするときのことば。「くそ、とんでもない奴《やつ》だ」

【糞石】《フンセキ》 ①腸内に形成された結石。腸石。②地質時代の動物のふんが化石となったもの。石糞《セキフン》。

【糞土】《フンド》 ①くさってきたない土。例 —の牆《ショウ》は朽《ぬ》るべからず（＝くさってぼろぼろになった土塀《ドベイ》には上塗《うわぬ》りができない。くさりきったなまけ者は、教え導くことができないことのたとえ）。〈論語《ロンゴ》〉 ②きたなくけがらわしいもの。

【糞尿】《フンニョウ》 大便と小便。

【糞便】《フンベン》 くそ。大便。

米12 【糧】 18画 4640 7CE7 常用 音 ロウ(慣) リョウ(漢)(呉) 訓 かて

筆順 丷 米 … 糧

米7 【粮】 13画 6878 7CAE 別体字

なりたち 糧 ［形声］「米（＝こめ）」と、音「量《リョウ》」とから成る。食用の穀物。

意味 ❶食用の穀類。とくに、旅行や行軍のときに持っていく食べ物。かて。例 糧食《リョウショク》。食糧《ショクリョウ》。兵糧《ヒョウロウ》。❷租税《ソゼイ》として取りたてる穀物。ねんぐ。

【糧食】《リョウショク》 食物。食糧。とくに、ある目的のために貯蔵したり持参したりする食料。例 非常用の—。

【糧道】《リョウドウ》 （軍隊の）食糧を補給する通路。例 —を確保する。—を断《た》つ。

【糧米】《リョウマイ》 食糧としての米。例 —を配る。

【糧▼秣】《リョウマツ》 兵士の食糧と軍馬のえさ（＝まぐさ）。例 —の補給に完璧《カンペキ》を期す。

米14 【糯】 20画 6889 7CEF 音 ダ(漢) ナ(呉) 訓 もち・もちごめ

意味 餅《もち》や赤飯をつくるねばりけの多い米。もちごめ。例 糯米《もちごめ》。

【糯米】《もちごめ》 餅《もち》を作るのに適している、ねばりけの多い米。表記 「餅米」とも書く。

米14 【糲】 20画 6890 7CF2 音 レイ(漢) 訓 あら-い・くろごめ

意味 もみがらを取り去っただけで精白していない米。玄米《ゲンマイ》。くろごめ。例 糲粢《レイシ》。

【糲▼粢】《レイシ》 精白していない穀物やキビの飯。また、そまつな食物。粢糲《シレイ》。

米16 【糴】 22画 6891 7CF4 音 テキ(漢) 訓 かいよね

意味 穀物、とくに米を買い入れる。また、その穀物。かいよね。いりよね。対 糶《チョウ》。例 糴穀《テキコク》（＝穀物を買い入れる）。

米19 【糶】 25画 6892 7CF6 音 チョウ(漢) 訓 うりよね・せり・せ-る

意味 穀物、とくに米を売りに出す。また、その穀物。うりよね。対 糴《テキ》。例 糶米《チョウベイ》（＝米を売る）。

日本語での用法 《せり》 ①競売《キョウバイ》。「糶《せ》り売《う》り・糶《せ》りに出《だ》す・糶《せ》りにかける」 ②荷物を持って売り歩くこと。「糶商人《せりショウニン》」

120 6画 糸 いと いとへん 部

きぬいとをより合わせた形をあらわす。「糸」をもとにしてできている漢字を集めた。

[0] 糸 [1] 系 糺 [2] 糾 [3] 紆 紀 級 紏 紅 紂 約 約 [4] 紜 紘 紗 索 紙 純 素 紐 納 紕 紊 紛 紡 紋 級 納 [5] 経 絅 絃 紺 細 紮 終 紹 紳 紲 組 紿 紬 紵 絆 累 絋 終 [6] 絵 給 結 絢 絞 絳 絖 絎 紫 絨 絜 絶 統 絣 絡 絲 絏 絕 絮 [7] 綛 継 絹 絛 綏 続 綈 絽 經 綉 [8] 維 綺 緊 綣 綱 綵 緇 綽 綬 総 綜 綻 綢 緒 綴 綯 緋 綿 網 綾 緑 綸 綟 練 綰 緕 綫 絣 網 綠 [9] 縁 緘 緩 縅 緊 緝 縄 線 緞 締 緲 緡 編 緬 緯 緣 緩 緤 緒 編 緜 練 [10] 緯 縊 縕 縞 縡 縒 縦 縟 縉 緻 縋 縢 縛 繁 縫 縣 縛 [11] 繈 縮 績 繊 縻 繆 縹 繃 縵 縷 縲 縺 繫 繍 縱 總 繁 縫 [12] 繧 繝 繭 繖 繞 織 繕 繙 繚 繦 [13] 繹 繫 繡 繰 繪 繩 [14] 纂 纃 繻 繽 辮 繼 [15] 纈 纐 纊 纏 纉 纎 續 繿 纍 [16] 纒 [17] 纓 纔 纖 [18] 纛 [19] 纘 [22] 纜

糸 0

【糸】

6画 2769 7CF8

教育1

音 シ 漢 呉　訓 いと

筆順 く 幺 幺 糸 糸 糸

なりたち ［会意］二つの「糸（＝いと）」から成る。カイコがはきだす、きいと。

参考 本来、「絲」は「シ」と読み「きいと」の意、「糸」は「ベキ」と読んで「きぬいと（＝ねりいと）」の意。のちに、「きいと」と「きぬいと」との区別なく、「絲」の字がもっぱら使われた。いまの「糸《シ》」は「絲」を半分省略した形。

意味 ❶カイコのまゆから取った、いと。きいと。きぬいと。いと。例 絹糸《ケンシ》。製糸《セイシ》。❷いとのように細くて長いもの。例 菌糸《キンシ》。柳糸《リュウシ》（＝ヤナギの枝）。❸いとを張った楽器。弦楽器《ゲンガッキ》。例 糸竹《シチク》。糸管《シカン》（＝弦楽器と管楽器。いとたけ）。❹割合をあらわすことば。一の一万分の一。また、ごくわずかの数量。

人名 たえ・つら・より

【糸口】《いとぐち》 ①糸のはし。例 毛糸の—をさがす。②ものごとのはじまり。発端《ホッタン》。例 事件の—。—がほどける。③手がかり。例 話の—。出世の—になる。

【糸車】《いとぐるま》 まゆや綿花から糸を引き出して、つむぐための車。いとくり車。

【糸尻】《いとじり》 「糸底《いとぞこ》」に同じ。

【糸底】《いとぞこ》 陶磁器《トウジキ》の底の部分。器物を、ろくろから糸で切りはなすところからいう。糸切り。糸尻《いとじり》。

【糸目】《いとめ》 ①細い糸。糸すじ。例 —を引くような雨。②（器物などに文様《モンヨウ》としてつけた）線。③凧《たこ》の表面につけて、つりあいをとるための数本の糸。例 —の切れた凧。

【糸目《いとめ》を付けない】 〔「金《かね》に糸目を付けない」の形で〕おしみなくお金を使うこと。

【糸遊】 □一《いとユウ》 晩秋あるいは早春に、空中にうかんでいるクモの糸。あるかないかの、かすかなものにたとえる。□二《かげろう》 春や夏の日差しの強い日に、空気が地面からたちのぼり、ゆらゆらと動いて見える現象。遊糸《ユウシ》。野馬《ヤバ》。表記 □二は「▽陽▽炎」とも書く。

【糸竹】《シチク｜いとたけ》 〔「糸」は弦楽器《ゲンガッキ》、「竹」は管楽器の意〕①管弦。また、音楽をまとめていうことば。②邦楽《ホウガク》のこと。例 —の道を志す。

【糸▼帛】《シハク》 絹の糸と、絹の布。

【▽糸▼瓜】《へちま》 ①ウリ科の一年生つる草。果実は干してあかすりなどに、くきの液は化粧水《ケショウスイ》などに用いる。例 —水《スイ》。②役に立たない、つまらないもののたとえ。へちまの皮。例 このさい、親も—もない。—の皮とも思っていない。

●絹糸《ケンシ｜きぬいと》・製糸《セイシ》・抜糸《バッシ》・綿糸《メンシ》

糸 6

【絲】

12画 6915 7D72

糸 1

【系】

7画 2347 7CFB

教育6

音 ケイ 漢　訓 か-ける・すじ・つ-ぐ・つな-ぐ

筆順 ノ ⺈ 幺 玄 系 系 系

なりたち ［形声］「糸（＝いと）」と、音「ノ《エイ→ケイ》（＝引く）」とから成る。かける。

意味 ❶ひもでつなぎとめる。かける。つぐ。同 係《ケイ》。❷つながり。すじ。例 系統《ケイトウ》。直系《チョッケイ》。文科系《ブンカケイ》。

人名 いと・つぎ・とし

【系図】《ケイズ》 ①先祖から代々の家系をしるしたもの。類 系譜《ケイフ》。例 徳川家の—。②あることが過去から現在まで経てきた道筋。由来。来歴。例 国学者たちの—をたどる。

【系統】《ケイトウ》 ①順序正しくつながっている、ものごとの道筋。すじみち。例 —だてて説明する。インドヨーロッパ語の—。②一族の血統。血筋。例 平家の—。③一定の原理や主義などに属しているもの。例 神道《シントウ》の—に属する新興宗教。

【系統樹】《ケイトウジュ》 生物の進化の系統を、一本の木にたとえて図式化したもの。

【系譜】《ケイフ》 ①系図。②血縁《ケツエン》や師弟《シテイ》関係などの、つながり。系統。例 密教の—。③学問や芸術、また宗教などの系統関係を順序よく書きしるしたもの。例 和歌文学の—。

【系列】《ケイレツ》 つながりのあるものごとの順序や配列。例 —会社。

●家系《カケイ》・山系《サンケイ》・水系《スイケイ》・大系《タイケイ》・体系《タイケイ》・同系《ドウケイ》・日系《ニッケイ》・父系《フケイ》・傍系《ボウケイ》・母系《ボケイ》

糸 1

【糺】 7画 ⇩【糾】《キュウ》（768ページ）

糸 2

【糾】 8画 ⇩【糾】《キュウ》（768ページ）

糸 3

【紆】

9画 6894 7D06

音 ウ 漢　訓 ま-がる・めぐ-る

意味 ゆるやかにまがる。また、まがりくねる。例 紆回《ウカイ》。紆曲《ウキョク》。紆余曲折《ウヨキョクセツ》。

【紆回】《ウカイ》（名・する）まわり道をすること。例 —路。表記 「▼迂回」とも書く。

【紆曲】《ウキョク》（名・する）うねりまがること。例 このあたりは、とくに川が—している。表記 「▼迂曲」とも書く。

【紆余】《ウヨ》（名・する）①川筋や山道が、折れまがって長く続くこと。②才能がじゅうぶんあって、ゆったりしていること。③

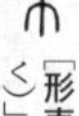

露骨《ロコツ》にあらわさないで、遠まわしにうまく表現すること。
【紆余曲折】《ウヨキョクセツ》（名・する）①（川や道が）まがりくねること。例―の多い山道。②事情がこみいっていて、いろいろと変わること。例―を経て決定した。

糸3
【紀】
9画 2110 7D00 教育5
音 キ漢呉 訓 おさ-める・き・のり・しる-す

筆順 く 幺 幺 糸 糸 紀 紀 紀

なりたち [形声]「糸（＝いと）」と、音「己《キ》」とから成る。多数の糸の端《はし》を一本ずつわけて、からまないようにする。派生して「すじだててととのえる」の意。

意味 ❶ものごとを順序よく整理する。おさめる。また、そのためのすじみち。きまり。のり。例紀綱《キコウ》。紀律《キリツ》。風紀《フウキ》。❷順を追って書きあらわす。しるす。例紀行《キコウ》。紀要《キヨウ》。❸帝王《テイオウ》の事績の年代記。例紀伝体《キデンタイ》。本紀《ホンギ》（＝帝王の伝記）。❹年代。とし。例紀元《キゲン》。世紀《セイキ》。芳紀《ホウキ》（＝妙齢《ミョウレイ》）。

日本語での用法《キ》①『日本書紀《ニホンショキ》』の略。「記紀《キキ》（＝『古事記《コジキ》』と『日本書紀』）・記紀歌謡《キキカヨウ》・記紀神話《キキシンワ》」②紀国《きのくに》（＝木の国の意。紀伊《きい》の古い呼び名）および旧国名「紀伊《きい》」の略。「紀州《キシュウ》・南紀《ナンキ》・紀淡海峡《キタンカイキョウ》」

人名 あき・あきら・いと・おさ・おさむ・かず・かなめ・こと・しるし・すみ・ただ・ただし・つぐ・つな・とし・はじめ・みち・もと・もとい・もとえ・よし

【紀伊】《きい》旧国名の一つ。今の和歌山県と三重《みえ》県の一部にあたる。「紀国《きのくに》」は、「紀伊《きい》」の古い呼び名。
【紀元】《キゲン》①国家ができた最初の年。建国の年。②キリスト生誕の年を元年とする年の数え方。西暦《セイレキ》。③神武《ジンム》天皇の即位《ソクイ》の年を元年とする年の数え方。皇紀。〔西暦に六六〇年を加えた年で、旧制度でおこなわれた〕④（新しい）時代。エポック。例新―を画《カク》する。
【紀行】《キコウ》旅の見聞や感想を書きしるしたもの。旅行記。道中記。『土左日記《とさニッキ》』『おくのほそ道』など。例―文。ヨーロッパ―。イタリア―。
【紀綱】《キコウ》〔「綱」は、人の守るべき決まりの意〕国家をおさめる制度や決まり。綱紀。
【紀伝体】《キデンタイ》歴史を記述する方法の一つ。『史記《シキ》』などのように、天子に関する「本紀《ホンギ》」と、その他の人に関する「列伝」などとに分けて記す。→【編年体】《ヘンネンタイ》（790ページ）
【紀年】《キネン》①紀元から数えた年数。例西暦《セイレキ》―。②年齢《ネンレイ》。年紀。
【紀要】《キヨウ》①ことがらの要点を記したもの。②大学や研究所などで発行する、研究論文などをのせた定期刊行物。
【紀律】《キリツ》①行動のよりどころとなる決まり。おきて。例―を守る。②決められた筋道どおりに、きちんとおこなわれること。順序。秩序《チツジョ》。例―正しい生活態度。表記▽「規律」とも書く。
●記紀《キキ》・軍紀《グンキ》・皇紀《コウキ》・綱紀《コウキ》・世紀《セイキ》・西紀《セイキ》・風紀《フウキ》・芳紀《ホウキ》

糸3
【級】
9画 2173 7D1A 教育3
音 キュウ漢呉 訓 しな・しるし

筆順 く 幺 幺 糸 糸 糸 級 級

糸4
【級】
10画 ―― ――

なりたち [形声]「糸（＝いと）」と、音「及《キュウ》」とから成る。つぎつぎとくり出される糸の順序。

意味 ❶順序。段階。ランク。しな。例階級《カイキュウ》。高級《コウキュウ》。等級《トウキュウ》。❷階段。きざはし。また、階段の段数を数えることば。❸戦場でうち取った敵のくび。しるし。〔秦《シン》で、敵の首を一つ取るごとに爵《シャク》一級を加えたことから〕例首級《シュキュウ》。

日本語での用法《キュウ》学校で、進度の同じものの集まり。組。クラス。「級友《キュウユウ》・学級《ガッキュウ》・同級生《ドウキュウセイ》」

【級数】《キュウスウ》①〔数〕数列の項《コウ》を和の記号で結んだもの。古くは数列も指した。例等比―。②印刷で、写真植字用の文字の大きさをあらわす単位。級。例文字の―を上げて見やすくする。
●下級《カキュウ》・学級《ガッキュウ》・上級《ジョウキュウ》・進級《シンキュウ》・中級《チュウキュウ》・低級《テイキュウ》・同級《ドウキュウ》

糸3
【糾】
9画 2174 7CFE 常用
音 キュウ漢呉 訓 あざな-う・ただ-す

筆順 く 幺 幺 糸 糸 糸 糸 糾 糾

糸2
【糾】
8画 ―― ――

糸1
【糺】
7画 6893 7CFA 俗字

なりたち [会意]「糸（＝なわ）」と「丩《キュウ》（＝くりあわせる）」とから成る。よりあわせたなわ。

意味 ❶糸をよりあわせる。あざなう。例糾纏《キュウテン》（＝よりあわせたなわ）。❷よせあつめる。あわせる。例糾合《キュウゴウ》。❸からみあう。もつれみだれる。例糾糾《キュウキュウ》。紛糾《フンキュウ》。❹（悪事を）とり調べて正しくする。ただす。例糾弾《キュウダン》。糾明《キュウメイ》。

参考 人名や地名では、とくに「糺」を用いることがある。例糺《ただす》の神《かみ》。糺《ただす》の森《もり》。

人名 ただ・ただし

【糾糾】《キュウキュウ》（形動《トタル》）①もつれあうようす。②ばらばらに乱れるようす。
【糾合】《キュウゴウ》（名・する）寄せ集めて一つにまとめること。例同志を―する。表記「▼鳩合・▼翕合」とも書く。
【糾弾】《キュウダン》（名・する）罪や責任などを問いただして、責めとがめること。類弾劾《ダンガイ》。例役所の責任を―する。表記旧▼糺弾
【糾明】《キュウメイ》（名・する）罪や悪事などを追及《ツイキュウ》して、はっきりさせること。類糾問。例罪状を―する。表記旧▼糺明
【糾問】《キュウモン》（名・する）罪や悪事などを問いただすこと。類糾明。例犯人を―する。表記旧▼糺問

糸3
【紅】
9画 2540 7D05 教育6
音 ク慣 コウ漢 グ呉 訓 べに・くれない・あか-い
付表 紅葉《もみじ》

筆順 く 幺 幺 糸 糸 糸 紅 紅 紅

なりたち [形声]「糸（＝きぬ）」と、音「工《コウ》」とから成る。白みのある赤色の絹。

意味 ❶うすい赤色。また、あざやかな赤色。くれない。例紅衣《コウイ》。紅潮《コウチョウ》。紅白《コウハク》。❷ベニバナからとった赤い顔料。べに。例紅脂《コウシ》（＝女性の化粧《ケショウ》）。紅粉《コウフン》（＝べにと、おしろい）。❸女性を指していう。例紅一点《コウイッテン》。紅涙《コウルイ》。

難読 紅裏《もみうら》

人名 あか・あかし・いろ・くれ・もみ

【▽紅▼蓮】《グレン》〔仏教語以外では「コウレン」とも〕①赤いハスの花。紅荷《コウカ》。②激しく燃え上がるほのおの色の形容。猛

火《カ》のたとえ。例—のほのお。③〔仏〕「紅蓮《グレン》地獄《ジゴク》」の略。八寒地獄の一つ。ここに落ちた罪人はひどい寒さで皮膚《ヒフ》が破れ、血で真っ赤になるという。

【紅一点《コウイッテン》】①異彩《イサイ》を放つもののたとえ。〔「万緑叢中《バンリョクソウチュウ》紅一点(=一面の緑の葉の中に赤い花がただ一輪さいている)」による〕〈『記纂淵海《キサンエンカイ》』に、王安石《オウアンセキ》が石榴《セキリュウ》を見て作った、という記述がある〉②多くの男性の中に、ただひとりの女性がまじることのたとえ。〔日本での俗用《ゾクヨウ》〕

【紅雨《コウウ》】①春、花にふりそそぐ雨。②赤い花が乱れ散ることのたとえ。

【紅雲《コウウン》】月光に、赤く照らされた雲。

【紅炎《コウエン》】真っ赤なほのお。例—万丈《バンジョウ》長し(=光りかがやくほのおは、一万丈の長さにもおよんでいる。詩文などがすぐれていて後世に長く伝わることのたとえ)。〈韓愈《カンユ》・調二張籍一《チョウセキにたわむる》〉表記(旧)紅▼焔

【紅顔《コウガン》】若々しく血色のよい顔。例—翠黛《スイタイ》(=美しい顔に緑のまゆずみ)。—の美少年。

【紅玉《コウギョク》】赤い色の宝石。ルビー。

【紅▼綬褒章《コウジュホウショウ》】人命を救助した人に、国からあたえられる赤いリボンのついた褒章。

【紅色《コウショク|くれないいろ|べにいろ》】赤い色。

【紅唇《コウシン》】べにをつけたくちびる。美しいくちびる。美人のたとえ。朱唇《シュシン》。絳唇《コウシン》。

【紅▼塵《コウジン》】①日に当たって赤く見える土ぼこり。とくに、にぎやかな町のほこり。繁華街《ハンカガイ》の雑踏《ザットウ》の形容。例—の巷《ちまた》に身をしずめる。②この世のわずらわしいことがら。俗塵《ゾクジン》。例—に交わる。—の外に遊ぶ。

【紅▼髯《コウゼン》】①赤いひげ。②西洋人のひげ。また、西洋人。

【紅藻《コウソウ》】根・くき・葉の区別がはっきりしない、やわらかい藻類。アサクサノリやテングサなど。

【紅茶《コウチャ》】茶の若葉を発酵《ハッコウ》させて干したもの。また、それに湯をさした、かおりのよい紅色の飲み物。ティー。(対)緑茶。

【紅潮《コウチョウ》】(名・する)①顔に赤みがさすこと。例—したほお。②朝日や夕日に照らされて赤く見える海の波。

【紅土《コウド》】熱帯や亜《ア》熱帯にある赤色の土。ラテライト。

【紅灯《コウトウ》】①赤いともしび。例—の巷《ちまた》(=花柳界《カリュウカイ》)。②ほおずきぢょうちん。赤いちょうちん。

【紅梅《コウバイ》】①べに色または濃《こ》いもも色の花のさくウメ。(対)白梅。②むらさきがかった赤色。例—色《いろ》。

【紅白《コウハク》】赤と白。例—試合。—の餅《もち》。

【紅斑《コウハン》】①赤色のまだら模様。②皮膚《ヒフ》の血管の充血《ジュウケツ》によってできた局部的な赤い斑紋《ハンモン》。

【紅毛《コウモウ》】①赤いかみの毛。②「紅毛人」の略。

【紅毛人《コウモウジン》】①〔ポルトガル人やスペイン人を南蛮《ナンバン》人といったのと区別して〕江戸《えど》時代、オランダ人を指していったことば。②西洋人。

【紅毛▼碧眼《コウモウヘキガン》】〔赤いかみの毛と青い目の意〕①オランダ人。②西洋人。

【紅葉《コウヨウ》】㊀(名・する)秋になって、木の葉が赤く色づくこと。また、その葉。例山の木木《きぎ》が—する。㊁《もみじ》(名)赤くなったカエデの木の葉。例—狩《が》り。—のような手。

【紅涙《コウルイ》】①悲しいときや、いきどおったときに出るなみだのたとえ。(類)血涙。②女性のなみだのたとえ。例—をしぼる。

【紅楼《コウロウ》】①朱塗《シュぬ》りのりっぱな家。②金持ちの家。

【紅楼夢《コウロウム》】清《シン》代の長編小説。別名、石頭記《セキトウキ》。全百二十回。曹雪芹《ソウセッキン》の作。賈宝玉《カホウギョク》と林黛玉《リンタイギョク》の悲恋《ヒレン》をえがく。

【紅殻《べにがら|ベンガラ》】〔オランダ語 Bengala の音訳〕酸化第二鉄を主成分とする赤色顔料。例—ぬりの格子戸《コウシど》。

●深紅《シンク》・真紅《シンク》・百日紅《ヒャクジツコウ|さるすべり》

糸 3

【紂】 9画 6901 7D02 音チュウ(漢)

意味 ❶ウマやウシのしりにかけて、くらを引きしめるひも。しりがい。❷殷《イン》王朝最後の王。夏《カ》の桀王《ケツオウ》とともに暴君の代表とされる。

糸 3

【約】 9画 4483 7D04 教育4 音ヤク(漢)(呉) 訓つづ-める・つづ-まる・つづ-まやか

筆順 く 幺 幺 糸 糸 糸 約 約

糸 3

【約】 9画

なりたち 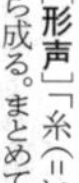 「形声」「糸(=いと)」と、音「勺《シャク→ヤク》」とから成る。まとめてたばねる。

意味 ❶たばねる。しばる。例約束《ヤクソク》(=たばねる)。❷とりきめる。ちかう。例約束《ヤクソク》(=きまり。とりきめ)。条約《ジョウヤク》。誓約《セイヤク》。❸小さく短くまとめる。しめくくる。ちぢめる。例約言《ヤクゲン》。要約《ヨウヤク》。節約《セツヤク》。❹きりつめる。ひかえめにする。例倹約《ケンヤク》。❺ほぼ。だいたい。例大約《タイヤク》。

人名 なり

【約音《ヤクオン》】文法で、連続する二つ以上の音節が母音《ボイン》の脱落《ダツラク》などで一音節になること。「にあり」が「なり」、「とあり」が「たり」になるなど。約言。約。

【約言《ヤクゲン》】㊀(名・する)①要点だけをまとめて言うこと。また、そのことば。要約。例今の話を—すると次のようになる。②約束のことば。㊁(名)「約音」に同じ。

【約定《ヤクジョウ》】(名・する)約束して取り決めること。また、その取り決め。契約《ケイヤク》。例—書。—済み。

【約数《ヤクスウ》】〔数〕ある整数または整式を、割り切ることのできる整数または整式。(対)倍数。例五は十の—。

【約束《ヤクソク》】〔「束」も、しばる意〕㊀(名・する)①つなやなわでしばる。たばねる。②たがいに(将来のことなどを)取り決め、それを守るようにちかうこと。また、その内容。例—を破る。㊁(名)①ある集団で、守ることを求められる決まり。(類)規定。例会の—ごと。②前から決まっている運命。因縁《インネン》。宿命。例前世からの—。

【約分《ヤクブン》】(名・する)〔数〕分数の分母と分子とを同じ公約数で割って簡単にすること。通約。たとえば、$\frac{6}{8}$を$\frac{3}{4}$にすること。

【約款《ヤッカン》】法令や条約、また契約《ケイヤク》などの取り決めを箇条《カジョウ》書きにしたもの。例—を守る。

●違約《イヤク》・解約《カイヤク》・確約《カクヤク》・契約《ケイヤク》・公約《コウヤク》・婚約《コンヤク》・集約《シュウヤク》・制約《セイヤク》・特約《トクヤク》・盟約《メイヤク》

糸 3

【約】 9画 ⇩【約】《ヤク》(769ページ)

糸 4

【紜】 10画 6902 7D1C 音ウン(漢)(呉) 訓まが-う・まと-う・みだ-れる

意味 「紜紜《ウンウン》」「紛紜《フンウン》」は、多くのものが入りまじって、区別できないようす。

糸 4

【紘】 10画 2541 7D18 人名 音コウ(漢) 訓おおづな・つな

なりたち  「形声」「糸(=ひも)」と、音「厷《コウ》」とから成る。かんむりのひも。

意味 ❶ひも。つな。❷つなぐ。つつみこむ。❸世界の果て。境界。例 八紘《ハッコウ》(=八方の果て。全世界)。❹大きい。広い。

人名 つぐ・つなぐ・ひろ・ひろし・ひろみ・ひろむ

糸 4

【紗】 10画 2851 7D17 人名 音 サ漢 シャ呉 訓 うすぎぬ

なりたち [会意]「糸(=きぬ)」と「少(=こまかい)」とから成る。うすいきぬ。

意味 うすい地の絹織物。うすぎぬ。例 金紗《キンシャ》。

人名 すず・たえ

糸 4

【索】 10画 2687 7D22 常用 音 サク漢呉 訓 なわ・もと-める

筆順 索

なりたち  [会意]「𡷈(=草木がさかんにしげる)」と「糸(=なわ)」とから成る。草木のくきや葉をよりあわせた、なわ。

意味 ❶なわ。つな。例 羂索《ケンサク》(=狩《か》りに用いるわなと、なわ)。❷なわをたぐり寄せるように、もとめる。さがす。例 索引・思索《シサク》・捜索《ソウサク》。❸ちりぢりになる。ものさびしい。例 索索《サクサク》(=さびしいようす。また、さらさらという音)。索漠《サクバク》。

難読 索麺《ソウメン》・索子《さし》(=穴あき銭に通すひも)

人名 もと・もとむ

【索引】《サクイン》 ①さがして引き出すこと。②書物の中の語句や事項《ジコウ》を一定の順序に並べ、そのページを示した表。インデックス。例 総―。音訓―。用語―。

【索隠】《サクイン》 ①かくれた事実をさがし求めること。②「索引《サクイン》①」に同じ。

【索条】《サクジョウ》 なん本かの針金をより合わせたもの数本を、さらにはがねなどのロープに巻きつけて作った、つな。ワイヤロープ。鋼索。例 ―鉄道(=ケーブルカー)。

【索然】《サクゼン》 (形動《タルト》) ①興味がつきて、おもしろくなくなるようす。興ざめ。例 興味―たる小説。②散らばるようす。散らばってなくなるようす。③なみだがはらはらとこぼれるようす。

【索敵】《サクテキ》 (名・する) 敵軍のいるところをさがし、敵の行動範囲《ハンイ》や兵力と配置をさぐること。例 ―機。

【索道】《サクドウ》 空中に鋼鉄のロープを張り、人やものをのせる箱をつるして運ぶ装置。架空《カクウ》索道。ロープウエー。

【索漠】《サクバク》 (形動《タルト》) ①あれはてて、ものさびしいようす。例 ―たる風景。②心が満たされず気がめいっているようす。例 ―とした気持ち。表記 ▽「索▼莫・索▼寞」とも書く。

●検索《ケンサク》・思索《シサク》・捜索《ソウサク》・探索《タンサク》・模索《モサク》

糸 4

【紙】 10画 2770 7D19 教育2 音 シ漢 訓 かみ

筆順 紙

巾 4

[帋] 7画 5467 5E0B 俗字

なりたち  [形声]「糸(=まわた)」と、音「氏《シ》」とから成る。古いまわたなどをすいて、平らにのばしたもの。かみ。

意味 植物の繊維《センイ》をすいて、平らにのばしたもの。もとは、生糸《きいと》の繊維を原料にした。かみ。例 紙筆《シヒツ》。紙幣《シヘイ》。用紙《ヨウシ》。

日本語での用法 《シ》「新聞紙」の略。「紙上《シジョウ》・紙面《シメン》・日刊紙《ニッカンシ》・機関紙《キカンシ》」

難読 紙鳶《いかのぼり・たこ》・紙縒《こより》

【紙▼礫】《かみつぶて》 紙をかたく丸めて、投げつけるもの。例 ―を打つ。

【紙一重】《かみひとえ》 うすい紙一枚の厚さほどの、わずかなちがいしかないこと。例 ―の差。実力は―なので勝敗は時の運だろう。

【紙吹雪】《かみふぶき》 祝賀や歓迎《カンゲイ》などの気持ちをあらわすために、色紙を細かく切って、まき散らすもの。

【紙型】《シケイ》 印刷用の鉛版《エンバン》を作るために、活字を組んだ版に特別に加工した紙をおしつけて取った型。

【紙質】《シシツ》 [「かみシツ」とも] 紙の性質や品質。

【紙上】《シジョウ》 ①紙の上。また、そこに書いたもの。例 心情が―にあふれる。②新聞や雑誌で、記事が書かれてある面。例 ―をにぎわす。

【紙▼燭】《シソク》 [「シショク」とも] 昔、宮中などで用いた小型の照明具の一つ。棒状のマツの枝の先に油をぬって火をつけ、もう一方は手で持つように紙を巻いた。また、こよりや布に油をしみこませて用いたものもある。表記 「脂▼燭」とも書く。

【紙背】《シハイ》 ①紙の裏。対 紙面。②文章の裏にふくまれる、言外の意味。例 眼光―に徹《テッ》す(=読解力がするどい)。

【紙筆】《シヒツ》 紙とふで。文章のこと。

【紙幅】《シフク》 ①紙のはば。②本や記事にするのに定められた原稿《ゲンコウ》の分量。例 ―がつきる。

【紙幣】《シヘイ》 紙でつくられたお金。さつ。対 硬貨《コウカ》。例 百ドル―。

【紙片】《シヘン》 かみきれ。例 ―にメモする。

【▽紙▽魚】《しみ》 本や衣類ののりを食いあらす害虫。細長くて魚に似ている。表記 「▽衣▽魚」とも書く。

【紙面】《シメン》 ①紙の表面。対 紙背。②新聞や雑誌で、記事の書いてある部分。紙上。例 多くの―をさく。―をかざる。③手紙。書面。例 ご―拝見しました。

●印紙《インシ》・型紙《かたがみ》・原紙《ゲンシ》・製紙《セイシ》・白紙《ハクシ》・半紙《ハンシ》・表紙《ヒョウシ》・方眼紙《ホウガンシ》・巻紙《まきがみ》・和紙《ワシ》

糸 4

【純】 10画 2967 7D14 教育6 音 シュン漢 ジュン呉 訓 もっぱ-ら

筆順 純

なりたち 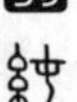 [形声]「糸(=いと)」と、音「屯《チュン→シュン》」とから成る。カイコがはきだしたきいと。

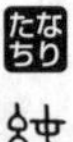

意味 ❶生糸《きいと》。また、一色の糸で織った織物。❷まじりけやかざりけがない。いつわりや、けがれがない。例 純粋《ジュンスイ》。純朴《ジュンボク》。単純《タンジュン》。

人名 あつ・あつし・あや・いたる・いと・きよし・すなお・すみ・ただ・ただし・ただす・つな・とう・まこと・やす・やすし・よし

【純愛】《ジュンアイ》 清らかでひたむきな愛情。例 ―物語の主人公。

【純一】《ジュンイツ》 (名・形動《ダナ》) ①まじりけがないこと。また、一つのことに打ちこむようす。例 ―無雑《ムザツ》。②かざりけやうそのないこと。例 ―な心。

【純益】《ジュンエキ》 総利益からかかった費用を差し引いた正味の利益。純利。例 ―金。―を上げる。

【純化】《ジュンカ》 (名・する) ①まじりけを取って、純粋《ジュンスイ》にすること。醇化《ジュンカ》。②心をこめて正しいほうに導くこと。淳化《ジュンカ》。醇化《ジュンカ》。③複雑なものを単純にすること。単純化。

【純金】《ジュンキン》 まじりけのない金。金むく。二十四金。例 ―のかたまり。

【純銀】《ジュンギン》 まじりけのない銀。銀むく。例 ―のスプーン。

【純血】《ジュンケツ》 別の種類の動物の血がまじらない、純粋《ジュンスイ》な血統。対 混血。例 ―種。

【純潔《ケツ》】(名・形動ダナ) ①心身にけがれがなく清らかなこと。いつわりがないこと。[例]—な精神。②異性との肉体的交わりをもたないこと。[例]—を保つ。

【純《ジュン》情《ジョウ》】(名・形動ダナ) 心が清らかでいつわりがなく、すなおなこと。また、その心。うぶ。[例]—可憐《カレン》な少年の物語。

【純《ジュン》真《シン》】(名・形動ダナ) 心が清らかで、けがれやいつわりのないこと。自然のままなこと。[類]純朴《ジュンボク》。[対]不純。[例]—無垢《ムク》—な子供。

【純《ジュン》粋《スイ》】(名・形動ダナ) ①まじりけがないこと。[例]—培養《バイヨウ》。②邪心《ジャシン》や打算がなく、いちずでひたむきなこと。[例]—な青年。▽[対]不純。

【純《ジュン》正《セイ》】(名・形動ダナ) ①まじりけがなく正しいこと。[類]醇正《ジュンセイ》。[例]—部品。②学問で、理論を中心とし、応用面や実用面にはふれないこと。[類]純粋《ジュンスイ》。[例]—経済学。

【純《ジュン》然《ゼン》】(形動トタル) ①まじりけのないようす。[類]純粋《ジュンスイ》。[例]—たる芸術作品。②まさにそれ以外の何ものでもないようす。[例]—たるまちがい。

【純《ジュン》度《ド》】品質の純粋《ジュンスイ》さの度合い。[例]—の高い金《キン》。

【純《ジュン》白《パク》】(名・形動ダナ) ①まじりけやよごれのない、まっしろ。[例]—のウエディングドレス。②けがれがなく清らかなこと。[例]乙女《おとめ》のような—な心。

【純《ジュン》文《ブン》学《ガク》】①純粋《ジュンスイ》な芸術性をめざす文芸作品。とくに、小説。[対]大衆文学・通俗《ツウゾク》文学。②歴史や哲学《テツガク》をふくむ広い意味での文学に対して、美的感動にうったえる文学。詩歌《シイカ》や小説、戯曲《ギキョク》など。

【純《ジュン》朴《ボク》】(名・形動ダナ) すなおでかざりけがないようす。[類]質朴。[例]—な青年。[表記]「▼淳朴・▼醇朴」とも書く。

【純《ジュン》綿《メン》】他の種類の繊維《センイ》がまじっていない木綿糸《もめんいと》。また、それで織った織物。[例]—の肌着《はだぎ》。

【純《ジュン》毛《モウ》】他の種類の繊維《センイ》がまじっていない毛糸。また、それで織った織物。[例]—のセーター。

【純《ジュン》利《リ》】「純益《ジュンエキ》」に同じ。

【純《ジュン》良《リョウ》】(名・形動ダナ) ①まじりけがなく、品質がよいこと。[例]—の牛乳。—なはちみつ。②性質が、いつわりがなく善良なこと。[例]—な人がら。

【純《ジュン》量《リョウ》】総量から入れ物や袋《ふくろ》などを除いた、正味の重量。

●至純《シジュン》・清純《セイジュン》・単純《タンジュン》・不純《フジュン》・芳純《ホウジュン》

糸 4

【素】

10画 3339 7D20 [教育5] [音]ソ㋕ス㋑ [訓]もと・しろ [付表]素人《しろうと》

[筆順]
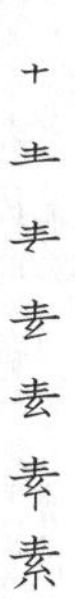

[なりたち]

[会意]「糸(=きぬ)」と「𡗗(=光沢《コウタク》があり なめらか)」とから成る。白くてきめ細かいきぬ。

[意味] ❶染める前の白いきぬ。転じて、白色。[例]素絹《ソケン》。素手《ソシュ》。❷ものごとのもととなるもの。[例]素材《ソザイ》。要素《ヨウソ》。元素《ゲンソ》。❸ありのままで、かざりけがない。[例]素朴《ソボク》。質素《シッソ》。❹ふだんの。前々からの。もとより。[例]素行《ソコウ》。素養《ソヨウ》。平素《ヘイソ》。❺実質はあるが、名目がともなわない。[例]素餐《ソサン》。素封《ソホウ》。

[日本語での用法] 一《しろ・しら》白。きじのまま。「素人《しろうと》・素面《しらふ》」二《さ》まじりけがない。「素湯《さゆ》」

[参考] 常用漢字表では「ス」「ソ」を字音とするので、そのあつかいとするが、日本語の接頭語「す」にこの字をあてることがあって、音・訓は区別しにくい。

[難読] 素面《しらふ》・素見《ひやかし》

[人名] しろし・すな・すなお・はじめ・ひろ・ひろし・もとい・もとし

【素人《しろうと》】〔「しろと」とも〕①ものごとについて、経験や知識の浅い人。[例]—くさい。②専門家でない人。職業でなく趣味《シュミ》としている人。アマチュア。[例]—のど自慢《ジマン》。③(芸者や遊女でなく)ふつうの女の人。▽[対]玄人《くろうと》。

【素《ス》足《あし》】①はきものをはいていない足。はだし。[例]—のままに逃げ出す。②たびやくつ下をはいていない足。

【素《ス》▼襖《オウ》】直垂《ひたたれ》の一種で、アサの布地に家紋《カモン》をつけたもの。室町《むろまち》時代に始まった武士の平服で、江戸《えど》時代には礼服となった。[表記]「素▼袍」とも書く。

【素《ス》顔《がお》】①けしょうをしていない顔。[類]地顔《ジがお》。②ありのままの姿や状態。ほんとうの姿。[例]—の日本。

【素《ス》見《ケン》】〔「ソケン」とも〕「素見物《スケンブツ》」の略。店などをただ見て通るだけで、買わないこと。ひやかし。

【素《ス》性《ジョウ》】①血筋や家がら。また、生まれや育ちと現在までの経歴。[例]—を明かす。②ものごとが伝えられてきたいわれ。由緒《ユイショ》。[例]—正しい名器。③生まれつきの性質。すじ。[例]—のいいうでまえ。[表記]▽「素姓・▽種姓」とも書く。

【素《す》敵《てき》】〔あて字〕(形動ダナ) すばらしくて心ひかれるようす。[例]—な出会い。—に好《よ》い話。

【素《ス》直《なお》】(形動ダナ) ①ひねくれたところがなく、また、人の言うことに逆らわず、受け入れるようす。[例]—な子供。—に忠告を聞く。②くせのないようす。のびのびしたようす。[例]—な字。

【素《ス》肌《はだ》】①けしょうをしていない、はだ。②衣服や下着、また、よろいをつけていない、はだ。[表記]▽「素▽膚」とも書く。

【素《ス》浪《ロウ》人《ニン》】ただの浪人。浪人をいやしめていうことば。

【素《ソ》案《アン》】もとになる案。会議などに前もって提出される大まかな案。原案。

【素《ソ》衣《イ》】模様のない白い着物。白衣。

【素《ソ》意《イ》】以前からもっていた考え。素志。

【素《ソ》因《イン》】①もともとの原因。ものごとの起こるもと。[例]地球温暖化の—。②〔医〕ある病気にかかりやすい素質。

【素《ソ》因《イン》数《スウ》】〔数〕ある数を素数ばかりをかけあわせた形にしたときの、それぞれの素数。たとえば、84の素因数は2・3・7。[例]—分解。

【素《ソ》懐《カイ》】ふだんから心にいだいている願い。素志。[例]大石良雄《おおいしよしお》が—をとげた史実。

【素《ソ》絹《ケン》】①白いきぬ。②練らないきぬ。生絹《きぎぬ》。③「②」でつくった白い僧衣《ソウイ》。

【素《ソ》行《コウ》】道徳的な見地からみたふだんのおこない。[類]操行。[例]—調査。—が悪い。

【素《ソ》材《ザイ》】①(手を加える前の)もとになる材料。[類]原料。[例]—のよさを生かす。②芸術作品の題材となるもの。[例]史実を—にする。③製材する前の丸太《まるタ》などの木材。

【素《ソ》▼餐《サン》】功績や才能がないのに高い地位にあり、むなしく禄《ロク》を受けること。[類]徒食。[例]尸位《シイ》—(=徳も才もないのに地位を得て俸給《ホウキュウ》をもらうこと)。

【素《ソ》子《シ》】〔物〕電気回路の中で、全体の機能に対して独立したはたらきをする構成要素。真空管やトランジスターなどの能動素子とコイルやコンデンサーなどの受動素子とがある。

【素《ソ》志《シ》】もともと、また、ふだんからもっている願いやこころざし。素懐《ソカイ》。[例]—をつらぬく。—をひるがえす。

【素《ソ》地《ジ》】一《ソジ》もとからあって、何かをするときのもとになるもの。下地《したジ》。[類]素質・素養。[例]音楽の—がある。二《きジ》①生まれつきの性質。地。[例]—が出る。②織物の布地。[例]花柄《はながら》の—。③陶磁器《トウジキ》で、うわぐすりをかける前のもの。[表記]二は「生地」とも書く。

【素《ソ》質《シツ》】(あるものごとに適した)生まれつきの性質。[例]絵の

—がある。

【素手】一《ソシュ》 白い手。白く美しい女性の手。二《スで》 ①手に何も持たず、何もつけていないこと。空手。徒手。例—で戦う。②お金やものを持たないこと。手ぶら。例—で家に帰る。

【素数】《ソスウ》〔数〕 1より大きくて1とその数以外では割り切れない正の整数。2・3・5・7・11・13など。

【素読】《ソドク》（名・する） 意味内容はわからないまま、文章を声に出して読み、ならい覚えること。そよみ。例『論語』の—。

【素描】《ソビョウ》（名・する） 木炭やえんぴつなどの単色で、下絵をかくこと。また、その絵。デッサン。例石膏《セッコウ》像の—。

【素封】《ソホウ》〔「封」は、領地の意〕 官位や領地はないが、多くの財産はもっていること。資産家。例—家。

【素朴】《ソボク》（名・形動《ナダ》） ①かざりけがなく、ありのままなこと。質朴。例—な青年。②考え方などが単純なこと。例—な疑問。表記 ▽「素▼樸」とも書く。

【素面】一《ソメン》 ①けしょうをしていない顔。素顔《スがお》。②白い顔。二《スメン》 ①能楽や剣道《ケンドウ》で、面をつけないこと。②酒によっていないときの顔。しらふ。

【素養】《ソヨウ》 ふだんから身につけた教養や学問、また、技術の基礎《ソキ》。たしなみ。例茶道の—。

【素粒子】《ソリュウシ》〔物〕 物質または電磁場を構成する基本的な最も細かい粒子。陽子・電子・中性子・中間子など。

●簡素《カンソ》・酸素《サンソ》・色素《シキソ》・水素《スイソ》・炭素《タンソ》・毒素《ドクソ》・平素《ヘイソ》

糸 4
【紐】
10画 4119 7D10 人名

音 チュウ慣 ジュウ漢 ニュウ呉
訓 ひも

意味 ❶糸で編んだひも。例紐帯《チュウタイ》。❷ひもや帯をむすぶ。また、むすび目。例解紐《カイチュウ》（=むすんだひもをとく）。

人名 くみ

【紐帯】《チュウタイ》〔「ジュウタイ」とも〕 結びつけるたいせつなもの。つなぎ。例地域社会の—。

【紐▽育】《ニューヨーク》〔New York の音訳〕 ニューヨーク州にある、アメリカ合衆国最大の都市。

【紐革】《ひもかわ》 ①かわで作ったひも。②「ひもかわうどん」の略。かわひものように平たく作ったうどん。きしめん。

糸 4
【納】
10画 3928 7D0D 教育6

音 ナ・ナン・ナッ・トウ慣 ドウ漢 ノウ呉
訓 おさ-める・おさ-まる

筆順 く 幺 糸 糸 糿 納 納

なりたち  ［形声］「糸（=いと）」と、音「内《ダイ→ドウ》」とから成る。糸がしめっているようす。借りて「いれる」の意。

意味 ❶なかにいれてしまう。例納経《ノウキョウ》。収納《シュウノウ》。出納《スイトウ》。❷とりいれる。うけいれる。例納得《ナットク》。❸役所などに差し出す。さしあげる。例納税《ノウゼイ》。奉納《ホウノウ》。

日本語での用法《ノウ》終わりにする。おさめる。「納会《ノウカイ》」

使い分け おさまる・おさめる【収・納・治・修】⇩1165ページ

人名 おさむ・おさめ・のり

【納所】《ナッショ》 ①古代から中世に、年貢《ネング》をおさめたところ。②禅宗《ゼンシュウ》の寺で金銭や食糧《ショクリョウ》などを取りあつかう事務所。③「納所坊主《ボウズ》」の略。寺の会計や雑務をとりおこなう下級の僧《ソウ》。

【納豆】《ナットウ》 ①ダイズをむして発酵《ハッコウ》させた食品。ねばって糸を引く。②ダイズをむして塩水などにつけて発酵させ、干した食品。浜《はま》納豆や塩辛《しおから》納豆など。

【納得】《ナットク》（名・する） 他人の言行をなるほどとよく理解し、もっともだと認めること。得心。例—がいく（=納得できる）。—ずく（=おたがいに納得する）。

【納屋】《ナや》 ①物置小屋。とくに農家で農具や作物をしまっておく建物。②海産物をしまうために港に設けた倉庫。

【納戸】《ナンど》 衣類や道具などをしまっておく部屋。例—色《いろ》（=ねずみ色がかった藍《あい》色）。

【納会】《ノウカイ》 ①一年の最後またはある行事の終わりに、しめくくりとしてもよおす会。おさめ会。例俳句の—。②〔経〕取引所で、各月の最後の株の取引をおこなう日。対発会《ハッカイ》。

【納棺】《ノウカン》（名・する） 遺体をひつぎに入れること。

【納期】《ノウキ》 お金や品物をおさめる期限。例税金の—。—に間に合わせる。

【納経】《ノウキョウ》（名・する）〔仏〕 現世の利益《リヤク》や来世の幸福を願って、または死者の冥福《メイフク》を祈願《キガン》する意味で、経文《キョウモン》を書き写して神社や寺院におさめること。また、その経文。〔実際には、米や銭《ぜに》を奉納《ホウノウ》にかえることをもいう〕 例厳島《いつくしま》神社の平家—。

【納金】《ノウキン》（名・する） 金銭をおさめること。また、そのお金。

【納言】一《ノウゲン》 古代中国で、天子のことばを下の者に伝え、下の者のことばを天子に奏する官。二《ナゴン》 太政官《ダイジョウカン》の官職で、大納言・中納言・少納言をいう。ものもうすつかさ。

【納骨】《ノウコツ》（名・する） 火葬《カソウ》にした遺骨を骨壺《コツつぼ》におさめること。また、それを墓などにおさめること。例—式。—堂。

【納采】《ノウサイ》 婚約《コンヤク》した男子が、女子の家にお礼の品物をおくること。結納《ゆいノウ》。例—の儀《ギ》。

【納札】《ノウサツ》（名・する） 神社や寺にお参りして、祈願《キガン》のためにおふだをおさめること。また、そのおふだ。おさめふだ。

【納車】《ノウシャ》 自動車を買い主《ぬし》におさめること。

【納税】《ノウゼイ》（名・する） 税金をおさめること。対徴税《チョウゼイ》。例—の義務。

【納入】《ノウニュウ》（名・する） 物品や金銭をおさめること。納付。例注文の品を—する。

【納品】《ノウヒン》（名・する） 品物を注文主《ぬし》に届けること。また、その品物。例—書。

【納付】《ノウフ》（名・する）（役所などに）物品や金銭をおさめること。納入。例—金。税金の—。

【納本】《ノウホン》（名・する） できあがった出版物を注文先におさめること。

【納涼】《ノウリョウ》 暑い季節に、川べりなどの風通しのよいところで、すずしさを味わうこと。例—船。—花火大会。

●完納《カンノウ》・帰納《キノウ》・笑納《ショウノウ》・怠納《タイノウ》・滞納《タイノウ》・返納《ヘンノウ》・未納《ミノウ》・結納《ゆいノウ》

糸 4
【紕】
10画 6903 7D15

音 ヒ漢
訓 あやま-る・くみ-する・く-む

意味 ❶ふちかざり。へりかざり。❷毛織物の一つ。❸織物などがほつれる。❹もつれて、乱れる。あやまる。あやまり。例紕繆《ヒビュウ》（=あやまり。錯誤《サクゴ》）。

糸 4
【紊】
10画 6904 7D0A

音 ビン慣 ブン漢
訓 みだ-れる

意味 糸がもつれるように、入り組んでみだれる。みだす。例紊乱《ビンラン》。

【紊乱】《ビンラン／ブンラン》（名・する）〔「ビンラン」は慣用読み〕（世の中の道徳や規則などが）みだれること。また、みだすこと。例風紀—。

糸 4

【紛】

10画 4222 7D1B 常用

音 フン漢呉
訓 まぎ-れる・まぎ-らす・まぎ-らわす・まぎ-らわしい・まが-う

筆順 く 幺 幺 糸 糸 糸 糸八 紛 紛

なりたち [形声]「糸(=ぬの)」と、音「分《フン》」とから成る。ウマの尾《お》をたばねて包むぬのぶくろ。派生して「みだれる」の意。

意味 ❶ものごとがまとまらず、入り乱れる。ごたごたともめる。例 紛糾《フンキュウ》。紛紛《フンプン》。内紛《ナイフン》。❷入りまじって区別がつかなくなる。まぎれる。まがう。まぎらわしい。例 紛失《フンシツ》。紛然《フンゼン》。❸多い。また、さかんではなやかなようす。例 紛華《フンカ》(=はなやかで美しい)。

人名 お・もろ

【紛議】《フンギ》 議論がもつれて、まとまらないこと。また、その議論。

【紛糾】《フンキュウ》(名・する) ものごとがもつれて、すんなりと運ばないこと。例 会議は―した。

【紛失】《フンシツ》(名・する) ものがどこかにまぎれて、なくなること。また、なくすこと。例 ―届。

【紛▼擾】《フンジョウ》(名・する) 乱れ、もめること。ごたごたすること。㊝ 紛争。例 ちょっとした―を起こす。

【紛▼塵】《フンジン》 わずらわしい俗世間《ゾクセケン》のことがら。例 ―をよそに自《みずか》ら楽しむ。

【紛然】《フンゼン》(形動《タルト》) ものごとが入り交じって、ごたごたしているようす。例 ―としてどう決着するか分からない。

【紛争】《フンソウ》(名・する) ものごとがもつれて、あらそいになること。もめごと。例 国際―。

【紛紛】《フンプン》(形動《タルト》) ①ものごとが入り交じって、まとまりのないようす。例 諸説―。②乱れて散るようす。例 落花―。

【紛乱】《フンラン》(名・する) ものごとがひどく乱れること。㊝ 混乱・紛糾《フンキュウ》。例 話し合いが―する。

糸 4

【紡】

10画 4334 7D21 常用

音 ボウ慣 ホウ漢
訓 つむ-ぐ

筆順 く 幺 幺 糸 糸 糸 糸亠 紡 紡 紡

なりたち [形声]「糸(=いと)」と、音「方《ホウ》」とから成る。細い糸をよりあわせる。

意味 ❶生糸《きいと》・麻《あさ》・絹などの繊維《センイ》をよりあわせて糸にする。つむぐ。例 紡織《ボウショク》。紡績《ボウセキ》。混紡《コンボウ》。❷つむいだ糸。例 紡毛《ボウモウ》。綿紡《メンボウ》。

人名 つむ

【紡車】《ボウシャ》 手で車を回して、糸をつむぐ機械。いとぐるま。つむぎぐるま。

【紡織】《ボウショク》 糸をつむぐことと、布を織ること。紡績。例 ―工場。

【紡▼錘】《ボウスイ》 原料から糸を引き出して、つむぎながら巻き取る道具。中央が太く先が細くなった棒。つむ。

【紡▼錘形】《ボウスイケイ》 紡錘に似た形。同じ二つの円錐《エンスイ》の底面を合わせたような形。レモン形。

【紡績】《ボウセキ》 ①糸をつむぐこと。②織物をつくること。例 ―産業。

【紡績糸】《ボウセキシ》 綿花・羊毛・カイコのまゆなどの繊維《センイ》を加工してつくった糸。ふつう、機械でつむいだ糸をいう。

【紡毛】《ボウモウ》 動物の短い毛をつむいで糸にすること。また、そのようにしてつくった毛羽《けば》のある糸。例 ―糸《シ》。

糸 4

【紋】

10画 4470 7D0B 常用

音 ブン漢 モン呉
訓 あや

筆順 く 幺 幺 糸 糸 糸亠 紋 紋

なりたち [会意]「糸(=きぬ)」と「文《ブン》(=もよう)」とから成る。絹織物のあやもよう。

意味 ❶織物のもよう。ずがら。あや。例 紋様《モンヨウ》。❷しわ。すじ。例 指紋《シモン》。波紋《ハモン》。

日本語での用法 《モン》家・団体のしるしとして定まっている図がら。「紋章《モンショウ》・紋付《モンつ》き・紋所《モンどころ》・定紋《ジョウモン》」

人名 あき

【紋章】《モンショウ》 家または団体に属することをあらわす図がらやしるし。例 菊《キク》の御《ゴ》―。ウィンザー家の―。

【紋付き】《モンつき》 背やそでに家紋のついた礼装用の和服。紋服《モンプク》。例 ―の羽織。―に袴《はかま》。

【紋所】《モンどころ》 家によって決まっている紋章。家系をあらわすしるし。定紋《ジョウモン》。例 葵《あおい》の―。

【紋服】《モンプク》 家紋のついた礼装用の和服。紋付き。

【紋様】《モンヨウ》 ①紋の模様。②(一定の形の模様が連続的にえがかれた)かざり模様。あや。例 唐草《からくさ》―。表記 ②は「文様」とも書く。

●家紋《カモン》・地紋《ジモン》・声紋《セイモン》・波紋《ハモン》・風紋《フウモン》

糸 4

【級】 10画 ⇩【級】キュウ(768ページ)

糸 4

【納】 10画 ⇩【納】ノウ(772ページ)

糸 5

【経】

11画 2348 7D4C 教育5

音 ケイ漢 キョウ呉 キン唐
訓 へ-る・た-つ・たていと・たて

付表 読経《どきょう》

筆順 幺 糸 糸 紀 経 経 経 経

糸 7

【經】 13画 6920 7D93

なりたち [形声]「糸(=いと)」と、音「巠《ケイ》」とから成る。織物を織るときのたて糸。

意味 ❶織物のたて糸。㊟ 緯《イ》。例 経緯《ケイイ》。❷地球の両極をとおって赤道と直角にまじわる南北の線。㊟ 緯。例 経度《ケイド》。東経《トウケイ》。❸いつもの。つねに変わらない。例 経常《ケイジョウ》。経費《ケイヒ》。月経《ゲッケイ》。❹つねに変わらないものごとの道理。法則。また、儒教《ジュキョウ》・仏教でそれを説いた書物。例 経書《ケイショ》。経典《キョウテン―ケイテン》。写経《シャキョウ》。❺道理にしたがっておさめる。ととのえる。例 経営《ケイエイ》。経世《ケイセイ》。経理《ケイリ》。❻とおりすぎる。時間がたつ。へる。例 経過《ケイカ》。経由《ケイユ》。経歴《ケイレキ》。❼人体のすじ。脈。例 経絡《ケイラク》。神経《シンケイ》。❽首をくくる。くびれる。例 自経《ジケイ》。

難読 経緯《たてよこ―たてぬき》

人名 おさむ・つね・のぶ・のり・はかる・ふ・ふる・みち・よし

【経巻】 一《キョウカン》〔仏〕経文《キョウモン》をしるした巻き物。また、仏教の書物。二《ケイカン》「経書《ケイショ》」に同じ。

【経木】《キョウぎ》 スギやヒノキなどの木材を、紙のようにうすくけずったもの。食べ物などを包むのに使う。へぎ。〔もと、経文《キョウモン》を書くのに用いたうすい板〕

【経師】 一《キョウジ》 ①〔仏〕経文《キョウモン》をよく読み、深く通じている僧《ソウ》。②経文や書画を巻き物やかけじくに仕立てたり、ふすまやびょうぶなどをはる職人。表具師。例 ―屋。二《ケイシ》 経書《ケイショ》を教える先生。

【経蔵】《キョウゾウ》 ①釈迦《シャカ》の教えを集めたもの。律蔵《リツゾウ》・論蔵《ロンゾウ》とともに仏典の三蔵《サンゾウ》の一つ。②寺で、経文《キョウモン》をしまっておく蔵《くら》。

【経机】《キョウづくえ》 経《キョウ》を読むとき、経の本や巻き物をのせる横長の低い机。経卓《キョウタク》。

【経典】㊀《キョウテン》①仏教の教えを説いた書物。経文《キョウモン》。お経。②一宗教上の教えや決まりを示した書物。(類)聖典。例イスラム教の―。㊁《ケイテン》①聖人や賢人《ケンジン》の言行や教えを書きしるした、儒教《ジュキョウ》の基本的な書物。経書《ケイショ》。②宗教や学問の根本になる書物。

【経堂】《キョウドウ》経文《キョウモン》をおさめておく堂。

【経文】㊀《キョウモン》経典《キョウテン》の文章。仏の教えを説いた文章。お経。例―を唱える。㊁《ケイブン》四書《シショ》・五経《ゴキョウ》など、儒教《ジュキョウ》の教えを説いた書物の文章。経書《ケイショ》の文章。

【経論】《キョウロン》仏典の三蔵《サンゾウ》のうちの、経蔵《キョウゾウ》と論蔵《ロンゾウ》。

【経緯】《ケイイ》①布のたて糸と、よこ糸。たてと、よこ。②経線と緯線。南北と東西。③事のなりゆき。ものごとのくわしい事情。例事の―を説明する。

【経営】《ケイエイ》（名・する）〔もと、土地を測って建物を建てること〕①組織を整え、基本的な目的を定めて事業をいとなむこと。また、その組織。例―者。多角―。②方針を決め、計画を立ててものごとをおこなうこと。例学級―。

【経過】《ケイカ》（名・する）①（時が）すぎていくこと。例五分《ゴフン》―。②ものごとのなりゆき。移り変わる状態。例―は良好だ。途中《トチュウ》―を報告する。

【経学】《ケイガク》経書《ケイショ》について研究する学問。儒学《ジュガク》。

【経穴】《ケイケツ》鍼《はり》を打ち、灸《キュウ》をすえるときに、効果のある場所。つぼ。

【経験】《ケイケン》（名・する）自分で実際に見たり聞いたりやってみたりすること。また、そこで得た知識や技術。例―を生かす。

【経口】《ケイコウ》薬を口から飲むこと。また、細菌《サイキン》などが口から体内にはいること。例―感染《カンセン》。

【経国】《ケイコク》国家を治め、経営すること。

【経済】《ケイザイ》〔「経世済民《ケイセイサイミン》」から〕㊀（名）〔英語 economy の訳語〕人間の生活に必要な物資の、生産から消費にいたる活動。例―学。国民―。㊁（名・形動ダ）費用や手間がかからないこと。節約。例不―なやり方。

【経済学】《ケイザイガク》経済現象や経済活動の原理・法則を研究する学問。例―部。―を専攻《センコウ》する。

【経史】《ケイシ》経書《ケイショ》と歴史書。また、経学《ケイガク》（＝経書を研究する学問）と史学。

【経史子集】《ケイシシシュウ》中国の書物の分類のしかた。経書《ケイショ》・歴史書（＝『史記』や『漢書《カンジョ》』など）・諸子（＝『荀子《ジュンシ》』や『荘子《ソウジ》』など）・詩文集（＝『文選《モンゼン》』や『白氏文集《ハクシブンシュウ》』など）の四部に分ける。

【経書】《ケイショ》中国で、聖人や賢人《ケンジン》の言行や教えを書きしるした、儒教《ジュキョウ》の基本的な書物。四書《シショ》・五経《ゴキョウ》など。経典《ケイテン》。経巻《ケイカン》。

【経常】《ケイジョウ》いつもの、決まったやり方。ふだん。つね日ごろ。(対)臨時。例―費（＝毎年決まって支出する費用）。

【経世】《ケイセイ》世の中を治めること。政治。例―家《カ》（＝世の中のために、具体的な政策を示す政治家）。

【経世済民】《ケイセイサイミン》①よい政治をおこない、人々を生活の苦しみから救うこと。儒学《ジュガク》の理想とされた。②「経済《ケイザイ》㊀」に同じ。

【経籍】《ケイセキ》聖人や賢人《ケンジン》の教えを書いた書籍。経書《ケイショ》。

【経線】《ケイセン》地球の表面の、北極と南極を結ぶ仮想の線。地球上の位置を示すのに使う。子午線。(対)緯線《イセン》。

【経伝】《ケイデン》①経書《ケイショ》とその解釈《カイシャク》書。②聖人の著（＝経《ケイ》）と賢人《ケンジン》の著（＝伝《デン》）。

【経度】《ケイド》経線によって地球上の位置を示すもので、ある地点の経線とイギリスの旧グリニッジ天文台を通る本初《ホンショ》子午線とが地球の中心に対してなす角度であらわす。東西を一八〇に分ける。(対)緯度《イド》。

【経費】《ケイヒ》いつも決まってかかる費用。また、あることをおこなうのに必要な費用。例必要―。―を削減《サクゲン》する。

【経文緯武】《ケイブンイブ》〔「文」をたて糸、「武」をよこ糸に見立て、その両者で織りなす意〕文（＝学問）と武（＝武芸）のどちらもかねそなえること。文武両道。

【経由】《ケイユ》（名・する）①通過すること。ある地点を通って目的地へ行くこと。例大阪《おおさか》―で広島へ行く。②あることをおこなうのに、中間の機関を通すこと。例―手続き。

【経絡】《ケイラク》①ものごとの筋道。脈絡。②漢方で、人体の血管のこと。動脈（＝経《ケイ》）と静脈《ジョウミャク》（＝絡《ラク》）。〔十二経脈・十五絡脈があるという〕

【経理】《ケイリ》㊀（名・する）筋道だてて治め整えること。㊁（名）会社や団体で、会計や給与《キュウヨ》に関する事務の管理や処理。例―課。―に明るい。

【経略】《ケイリャク》（名・する）四方の敵を平定して、天下を治めること。

【経▼綸】《ケイリン》国家を治め、整えること。また、そのための手だて。

【経歴】《ケイレキ》（名・する）①年月が過ぎること。②これまでに経験した学業・職業・賞罰《ショウバツ》などのことがら。履歴《リレキ》。例華麗《カレイ》な―。

【経路】《ケイロ》通り過ぎてきた道筋。また、筋道。事のしだい。例入手―を明らかにした。伝染《デンセン》―を調べる。

【▽経糸】《たていと》⇩【縦糸】《たていと》（791ページ）

●四書五経《シショゴキョウ》・写経《シャキョウ》・神経《シンケイ》・西経《セイケイ》

糸 5

【絅】

11画 6905 7D45

音 ケイ(漢)
訓 ひとえ

意味 ひとえの着物。ひとえ。例尚絅《ショウケイ|ケイをくわえる》（＝にしきを着たとき、その上にひとえの着物をはおり、はなやかさがあらわれないようにする）。

糸 5

【絃】

11画 2430 7D43 人名

音 ケン(漢)ゲン(呉)
訓 いと

なりたち［形声］「糸（＝いと）」と、音「玄《ケン》」とから成る。弦楽器《ゲンガッキ》の糸。

意味 弦楽器《ゲンガッキ》に張る糸。つる。いと。また、弦楽器（をひく）。例絃歌《ゲンカ》。管絃《カンゲン》。

表記 現代表記では、「弦《ゲン》」に書きかえることがある。熟語は「弦」（364ページ）を参照。

人名 お・つる

【絃歌】《ゲンカ》琴《こと》や三味線《しゃみせん》などをひきながらうたう歌。表記 (現)弦歌

糸 5

【紺】

11画 2616 7D3A 常用

音 カン(漢)コン(呉)

筆順 

なりたち ［形声］「糸（＝きぬ）」と、音「甘《カン》」とから成る。赤みがかった青色のきぬ。

意味 赤みがかった深い青色。また、こい青色。例紺青《コンジョウ》。紺碧《コンペキ》。濃紺《ノウコン》。

難読 紺搔《こうかき》

【紺屋】《コウヤ|コンや》染め物屋。例―の白袴《しろばかま|しらばかま》（＝他人のことでいそがしくて、自分のことをするひまのないことのたとえ）。―のあさって（＝約束の期限のあてにならないことのたとえ）。

【紺地】《コンジ》紺色の織り地。紺色の染め地。例―の着物。

【紺青】《コンジョウ》あざやかな藍《あい》色。例―の空と海。

【紺▼碧】《コンペキ》黒みがかったこい青色。例―の空の色。

(●紫紺・濃紺

糸 5

【細】

11画 2657 7D30 教育2

音 セイ漢 サイ呉　訓 ほそ-い・ほそ-る・こま-か・こま-かい

筆順 く 幺 糸 糸 糸 糸 細 細

なりたち  [形声]「糸(=いと)」と、音「田《シン→セイ》」とから成る。かぼそい。

意味 ❶はばや太さがない。また、力がなくよわよわしい。ほそい。例細声《サイセイ》(=小さなこえ)。細流《サイリュウ》。❷小さい。こまかい。例細雨《サイウ》。細目《サイモク》。微細《ビサイ》。❸行きとどいている。くわしい。例細心《サイシン》。詳細《ショウサイ》。明細《メイサイ》。❹ごくわずか。とるにたりない。例細説《サイセツ》。些細《ササイ》。零細《レイサイ》。❺こまごまとしてわずらわしい。例煩細《ハンサイ》。繁細《ハンサイ》。

難読 細雪《ささめゆき》・細石《さざれいし》

人名 くわし・ほそ

【細雨《サイウ》】こまかい雨。霧雨《きりさめ》。ぬかあめ。例—まじりの風。

【細▼瑕《サイカ》】①小さいきず。②わずかな欠点。例—を気にしない。

【細管《サイカン》】①細いくだ。②細いふえ。

【細菌《サイキン》】肉眼では見えないひじょうに小さい単細胞《タンサイボウ》の生物。発酵《ハッコウ》や腐敗《フハイ》を起こすもの、病気の原因になるものなどがある。バクテリア。

【細▼瑾《サイキン》】〔「瑾」は、美しい玉《ギョク》の意。「細謹《サイキン》」の誤記・誤解からできたことば〕①こまかいきず。②少しの欠点や過失。

【細謹《サイキン》】こまかいところまで気をくばること。例大行《タイコウ》は—を顧《かえり》みず(=大事業をなすには、こまかな点の気づかいにこだわらず断行すべきだ)。〈史記《シキ》〉

【細工《サイク》】(名・する)①手先を使ってこまかいものをつくること。また、そうしてつくったもの。例寄せ木—《ザイク》。②こまかいところに工夫《クフウ》すること。とくに、人をあざむくようなたくらみ。策略。例小—《こザイク》。へたな—をするな。

【細君《サイクン》】①自分の妻を、へりくだっていうことば。②同輩《ドウハイ》以下の人の妻。

【細見《サイケン》】(名・する)①くわしく見ること。くわしく示すこと。②くわしくつくった地図や案内書。例東海道—。

【細字《サイジ》】こまかい文字。また、ほそ字。例—用の筆。

【細事《サイジ》】こまかいこと。つまらないこと。例—にこだわる。

【細書《サイショ》】(名・する)①字をこまかく書くこと。また、その字。②くわしく書くこと。また、その文。

【細心《サイシン》】(名・形動《ナダ》)①こまやかな心づかいをすること。対放胆《ホウタン》。例—の注意をはらう。②気が小さいこと。小心。

【細雪《サイセツ》《ささめゆき》】こまかに降る雪。また、まばらに降る雪。

【細説《サイセツ》】(名・する)①くわしく説明すること。また、その説明。詳説《ショウセツ》。②とるに足りないつまらない説。

【細則《サイソク》】総則や通則などにもとづき、具体的なこまかい点について決めた規則。対総則。

【細大《サイダイ》】小さいことと大きいこと。小さいことも大きいこともすべて。一部始終《イチブシジュウ》。例—もらさず報告する。

【細緻《サイチ》】(名・形動《ナダ》)こまかく念入りなこと。細密。類緻密。例—な描写《ビョウシャ》。

【細注《サイチュウ》】①こまかに説いた注釈《チュウシャク》。②こまかい字で書いた注釈。表記▽旧細▼註

【細微《サイビ》】(名・形動《ナダ》)ごくこまかいこと。微細。例指摘《シテキ》は—にわたった。

【細筆《サイヒツ》】[一](名)穂《ほ》の細い筆。ほそふで。[二](名・する)①字をこまかく書くこと。細書。②こまごまと書くこと。くわしく書くこと。

【細部《サイブ》】こまかい部分。例—にわたり記述する。

【細分《サイブン》】(名・する)こまかく分けること。例学問の—化。

【細別《サイベツ》】(名・する)こまかく区別すること。対大別《タイベツ》。例資料を—する。

【細胞《サイボウ》】〔「サイホウ」とも〕①生物体を構成する最小単位。核《カク》をふくむ原形質のかたまり。例—分裂《ブンレツ》。②組織や団体を構成する基礎的《キソテキ》な単位。例共産党の—。

【細末《サイマツ》】①こまかいものごと。わずかなこと。②こまかい粉。類粉末・細粉。

【細密《サイミツ》】(名・形動《ナダ》)ごくこまかく、くわしいこと。細緻《サイチ》。類綿密・精密。例—画。—な描写《ビョウシャ》。

【細民《サイミン》】社会の下層の人々。貧しい人民。類貧民《ヒンミン》。

【細目】[一]《サイモク》(名)こまかい点に関して述べてある項目《コウモク》。[二]《ほそめ》(名)①少しだけあけた目。例—をあけて見る。②細く編んだ目。[三]《ほそめ》(形動《ナダ》)どちらかというと細いようす。いくぶん細い感じ。対太目《ふとめ》。例—に切る。

【細腰《サイヨウ》】①(女性の)ほっそりとしてしなやかな、こし。やなぎごし。②こしのほっそりとした美人。

【細流《サイリュウ》】〔「セイリュウ」とも〕ほそい川の流れ。小川。例河海《カカイ》は—を択《えら》ばず。

【細論《サイロン》】(名・する)こまかにくわしく論じること。詳論《ショウロン》。

【細腕《ほそうで》】①やせて細いうで。②かよわい力。力のとぼしいことのたとえ。例女の—で財をなす。

【細面《ほそおもて》】ほっそりとした顔だち。例—の美人。

【細細】(副)[一]《ほそぼそ》①たいそう細いようす。②どうにか続いているようす。例—と暮らす。[二]《こまごま》①こまかいようす。例—とした部品。②くわしく、ていねいなようす。例—と話す。

【細身《ほそみ》】①はばのせまいこと。例—のズボン。②はばのせまい刀。例—の造《づく》り。

●委細《イサイ》・子細《シサイ》・詳細《ショウサイ》・繊細《センサイ》・肉細《ニクぼそ》・微細《ビサイ》・明細《メイサイ》・零細《レイサイ》

糸 5

【紮】

11画 6907 7D2E

音 サツ漢　訓 から-げる

意味 ❶しばって、ひとまとめにする。からげる。例結紮《ケッサツ》(=血管などをしばる)。❷駐留《チュウリュウ》する。とどまる。例駐紮《チュウサツ》(=官吏《カンリ》が任地に滞在《タイザイ》する)。

糸 5

【終】

11画 2910 7D42 教育3

音 シュウ漢 シュ呉　訓 お-わる・お-える・お-わり・つい-に

筆順 く 幺 糸 糸 糸 糸 終 終

糸 5

【終】

11画

なりたち  [形声]「糸(=いと)」と、音「冬《トウ→シュウ》(=四季のおわり)」とから成る。おわる。

意味 ❶ものごとがしあがる。おわる。おわり。例終結《シュウケツ》。終了《シュウリョウ》。有終《ユウシュウ》。❷命がつきる。死ぬ。死。例終焉《シュウエン》。終身《シュウシン》。臨終《リンジュウ》。❸はじめからおわりまでずっと。例終日《シュウジツ》。❹ついに。とうとう。

難読 終日《ひねもす》《ひもすがら》・終夜《よもすがら》《よすがら》・終《つい》の栖《すみか》

人名 おさむ・すえ・つき・つぎ・のち

【終▼焉《シュウエン》】①息を引き取るまぎわ。死にぎわ。すべての終わり。類臨終《リンジュウ》・最期《サイゴ》。例冷戦の—を迎《むか》えた。②晩年を送ること。老後の生活を送ること。例—の地。

【終演《シュウエン》】(名・する)芝居《しばい》や演奏会などの、その日の上演が終わること。対開演。例—時間。

【終期《シュウキ》】ものごとの終わりの時期。期限の終わり。末期。

(対)始期。

【終▼竟】《シュウキョウ》（名・する）終わること。終わり。

【終業】《シュウギョウ》（名・する）①一日の仕事や業務を終えること。[例]—時刻。②学校で、学年または学期が終わること。[例]—式。▽(対)始業。

【終局】《シュウキョク》①囲碁《イゴ》や将棋《ショウギ》の打ち終わり。②事件の終わり。ものごとの終末。結末。[例]—をむかえる。

【終極】《シュウキョク》最後に行きつくところ。果て。終わり。[例]—の目的。

【終結】《シュウケツ》（名・する）ものごとが終わること。また、終わらせること。(類)終了《シュウリョウ》。[例]戦争が—する。抗争《コウソウ》を—する。

【終止】《シュウシ》（名・する）終わること。終わり。終了《シュウリョウ》。[例]攻撃《コウゲキ》が—した。

【終止形】《シュウシケイ》文法で、活用語（＝動詞・形容詞・形容動詞・助動詞）の活用形の一つ。文を言い切る場合に用いる。その語の基本の形。

【終止符】《シュウシフ》①欧文《オウブン》などで、文の終わりにつけるしるし。ピリオド。②ものごとの結末。しまい。終わり。[例]浪人《ロウニン》生活に—を打つ。

【終始】《シュウシ》[一]（名・する）始めから終わりまで同じ状態が続くこと。[例]裏方《うらかた》に—する。攻勢《コウセイ》に—した。[二]（副）始めから終わりまで。いつも。ずっと。[例]—笑顔《えがお》で接する。

【終始一貫】《シュウシイッカン》（名・する）始めから終わりまで態度や方法を変えないこと。[例]—まじめに取り組んだ。

【終日】《シュウジツ｜ひねもす》朝から晩まで。一日じゅう。[例]—《シュウジツ》好天にめぐまれる。春の海—《ひねもす》のたりのたりかな。〈与謝蕪村《ヨサブソン》〉

【終車】《シュウシャ》その日の最後の電車やバスなど。[例]—に間に合う。

【終章】《シュウショウ》小説や論文などの、最後の章。エピローグ。(対)序章。

【終助詞】《シュウジョシ》文法で、文や句の終わりについて、疑問・禁止・感嘆《カンタン》・命令・願望などの意味をあらわす助詞。「か」「な」「よ」など。

【終身】《シュウシン》一生涯《イッショウガイ》。命の終わるまで。終生。[例]—刑《ケイ》。—雇用制《コヨウセイ》。

【終審】《シュウシン》①最後の取り調べ。②〔法〕最終の裁判所（＝最高裁判所）の審理。

【終生】《シュウセイ》生きているあいだ。死ぬまで。一生。終身。[例]—忘れられないできごと。[表記]「終世」とも書く。

[糸部] 5画 紹 紳 紲 組

【終戦】《シュウセン》戦争が終わること。とくに、日本では太平洋戦争の敗戦をいう。(対)開戦。[例]—記念日。

【終息】《シュウソク》（名・する）終わりになること。やむこと。終わり。[例]混乱が—する。[表記](旧)終▼熄

【終着】《シュウチャク》①最後に到着《トウチャク》すること。[例]—列車。②交通路の終点であること。[例]—駅。

【終点】《シュウテン》①いちばん終わりのところ。②電車やバスなどの最終到着《トウチャク》地。[例]—で車庫に入る。▽(対)起点。

【終電】《シュウデン》「終電車」の略。その日の最後の電車。終車。

【終南山】《シュウナンザン》陝西《センセイ》省西安市にある山の名。史跡《シセキ》や名勝が多い。南山。秦嶺《シンレイ》。秦山。

【終発】《シュウハツ》その日の最後に発車すること。また、その列車・電車・バスなど。(対)始発。[例]間もなく—が出てしまう。

【終盤】《シュウバン》①囲碁《イゴ》や将棋《ショウギ》で、勝負が終わりに近づいたところ。②ものごとの終わりに近い時期。(対)序盤。[例]—戦。—をむかえる。

【終幕】《シュウマク》①芝居《しばい》などの最後の一幕または場面。(対)序幕。②芝居が終わること。(対)開幕。③事件の最後。おおづめ。[例]意外な—をむかえる。

【終末】《シュウマツ》ものごとの終わり。しまい。結末。[例]—の段階。—医療《イリョウ》。—をむかえる。

【終夜】《シュウヤ》夜どおし。ひと晩じゅう。[例]—運転。—営業。

【終了】《シュウリョウ》（名・する）ものごとが終わること。また、終えること。終止。(類)終結。(対)開始。[例]試合—。無事—する。

○●最終《サイシュウ》・始終《シジュウ》・臨終《リンジュウ》

糸 5

【紹】

11画 3050 7D39 [常用] [音]ショウ(漢) [訓]つ-ぐ

[筆順] く 幺 糸 糸 紀 紹 紹 紹

[なりたち]  [形声]「糸（＝いと）」と、音「召《ショウ》」とから成る。つなぐ。

[意味] ❶受けつぐ。引きつぐ。[例]紹述《ショウジュツ》（＝受けつぎ発展させる）。❷あいだに立ってひきあわせる。[例]紹介《ショウカイ》。

[人名] あき・あきら・たすく・つぎ

【紹介】《ショウカイ》（名・する）①知らない人どうしのあいだに立って引き合わせること。なかだち。[例]—状。自己—。②知られていないものについて、広く世間に知らせること。[例]新刊—。

【紹興】《ショウコウ》浙江《セッコウ》省の都市。紹興酒と茶の名産地。

糸 5

【紳】

11画 3134 7D33 [常用] [音]シン(漢)

[筆順] く 幺 糸 糸 糸 紳 紳 紳

[なりたち]  [形声]「糸（＝きぬ）」と、音「申《シン》」とから成る。絹糸で織った大帯。

[意味] 高位の人が礼装に用いた、はばの広い帯。おおおび。転じて、地位や教養のあるりっぱな人。[例]紳士《シンシ》。紳商《シンショウ》。

[人名] おな・おび

【紳士】《シンシ》①教養があり、上品で礼儀《レイギ》正しい男性。また、上流社会の男性。ジェントルマン。(対)淑女《シュクジョ》。②男性をほめていうことば。[例]—服。

【紳士協定】《シンシキョウテイ》①国際間の非公式な協定。②たがいに相手を信用して結ぶ、取り決め。

【紳士的】《シンシテキ》（形動ダ）紳士らしく上品で、礼儀《レイギ》正しいようす。[例]—な態度。

【紳士録】《シンシロク》社会で重要な地位にある人々の、住所・氏名・職業・経歴・家系・家族などをしるした名簿《メイボ》。

【紳商】《シンショウ》教養や品格があって、信義を守るりっぱな商人。

糸 5

【紲】

11画 6908 7D32 [音]セツ(漢) [訓]きずな

糸 6 [絏] 12画 6918 7D4F 別体字

糸 9 [緤] 15画 6942 7DE4 別体字

[意味] 動物や罪人をつなぐ、なわ。きずな。また、つなぐ。[例]紲食《セッシ》（＝動物などをとらえてつなぎ養うこと）。縲紲《ルイセツ》（＝罪人をしばる、なわ）。

糸 5

【組】

11画 3340 7D44 [教育2] [音]ソ(漢) [訓]く-む・くみ

[筆順] く 幺 糸 糸 糸 組 組 組

[なりたち] 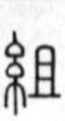 [形声]「糸（＝いと）」と、音「且《ショ→ソ》」とから成る。糸をよって作ったたくみひも。

[意味] ❶かんむりや印章につけるひも。くみひも。❷一つのまとまった形にする。くみたてる。くむ。[例]組織《ソシキ》。組成《ソセイ》。

[日本語での用法]《くみ・くむ》①仲間となる。「手《て》を組《く》んで仕事《しごと》をする・プロジェクトチームを組《く》む・組合《くみあい》・仲《なか》

よし三人組《サンニンぐみ》」②からませたり、交差させたりする。「—うでを組《く》む・かたを組《く》む」③現金を手形・小切手などにかえる。「為替《かわせ》を組《く》む」

【組合】《くみあい》①利害や目的を同じくする人々が集まって、出資し助け合う社会的な団体。信用組合や生活協同組合など。例青果物商の—。②労働組合のこと。

【組頭】《くみがしら》①組の長。②江戸《えど》時代、名主《なぬし》を助けて村の事務をあつかった役。また、その人。

【組曲】《くみキョク》いくつかの曲を組み合わせて一曲にまとめた、多楽章の器楽曲。例ムソルグスキーのピアノ—「展覧会の絵」。

【組子】《くみこ》昔の鉄砲組《テッポウぐみ》や徒組《かちぐみ》などの組頭《くみがしら》の配下の者。組下《くみした》。組衆《くみシュウ》。

【組長】《くみチョウ》集団の長。組の代表者。組がしら。例工場の—。

【組閣】《ソカク》（名・する）総理大臣が中心になって、内閣を組織すること。例多数党だけで—する。

【組織】《ソシキ》㊀（名・する）①組み立てること。構成。例実行委員会を—する。②ある目的のために人やものが集まって、それぞれが役割をにない、統一したはたらきをするしくみ。また、その団体やもの。例—票《ヒョウ》。—を運営する。—の一員となる。㊁（名）〔生〕同じ形やはたらきをする細胞《サイボウ》の集まり。例神経—。

【組成】《ソセイ》（名・する）いくつかの成分や要素を合わせて組み立てること。また、その組み立て。構成。例排気《ハイキ》ガスの—を調べる。

糸5
【紿】
11画 6909 7D3F
音 タイ㊅㊈ 訓 あざむ-く・うたが-う

意味 ❶使い古しの糸。❷あざむく。いつわる。同詒《タイ》。

糸5
【紬】
11画 3661 7D2C 人名
音 チュウ㊅ 訓 つむぎ・つむ-ぐ

なりたち   [形声]「糸(=いと)」と、音「由《ユウ》→チュウ」とから成る。つむぎおり。

意味 ❶太めの糸であらく織った絹織物。つむぎ。例絹紬《ケンチュウ》。❷カイコのまゆや真綿から繊維《センイ》をひきだして糸にする。つむぐ。❸ものごとのいとぐちをたぐりだす。ひきだす。同抽《チュウ》。例紬繹《チュウエキ》(=ひきだす)。

糸5
【紵】
11画 6910 7D35
音 チョ㊅ 訓 あさぬの

意味 ❶アサの一種のカラムシを織った布。あさぬの。例紵衣《チョイ》(=アサの衣《きぬ》)。❷カラムシのこと。同苧《チョ》。

糸5
【絆】
11画 6911 7D46 人名
音 バン㊅ ハン㊈ 訓 きずな・ほだし

意味 ❶ウマの足をつなぐ、なわ。❷つなぎとめる。きずな。また、人の行動を束縛《ソクバク》する。例絆拘《ハンコウ》(=つなぎとめる)。

【絆創▼膏】《バンソウコウ》傷口を保護したり包帯を固定するのに用いる、粘着剤《ネンチャクザイ》をぬった紙や布。

糸5
【累】
11画 4663 7D2F 常用
音 ルイ㊅㊈ 訓 かさ-ねる・しき-りに・わずら-わせる

筆順 

糸6
【絫】
12画 — 7D6B 本字

なりたち  [会意]「厽《ルイ》(=土を積み重ねる)」と「糸(=いと)」とから成る。糸を重ねて織物にする。

意味 ❶かさねて、ふやす。かさねる。例累加《ルイカ》。累積《ルイセキ》。❷かさねて、つぎつぎと。例累進《ルイシン》。❸つぎつぎとつながる。つなぐ。同纍《ルイ》。例係累《ケイルイ》(=つなぎとめる)。❹わずらわせる。例煩累《ハンルイ》(=わずらわしいこと)。累《ルイ》を及《およ》ぼす。

人名 たか

【累加】《ルイカ》（名・する）つぎつぎに重ねくわえること。また、重なりくわわること。例悪条件が—する。

【累計】《ルイケイ》（名・する）部分ごとに出した小計を、加え合わせること。また、そうして出た数。総合計。累算。例—赤字。

【累月】《ルイゲツ》月を重ねること。なんか月も。例—にわたる山林火災。

【累座】《ルイザ》（名・する）他人の犯罪にかかわって罰《バッ》せられること。まきぞえ。連座。例不正事件に—して失脚《シッキャク》する。表記 ㊐累▼坐

【累次】《ルイジ》たび重なること。たびたび。しばしば。例—の災害。

【累日】《ルイジツ》日を重ねること。いくにちも。連日。例—の会議。

【累乗】《ルイジョウ》（名・する）〔数〕同じ数をなん回も掛《か》け合わせること。二乗・三乗など。

【累進】《ルイシン》（名・する）①つぎつぎに上位にのぼること。例局長に—する。②数や量がふえるにしたがって、それに対する比率がふえること。例—税率。

【累進税】《ルイシンゼイ》所得などがふえるにつれて、かかる割合が高くなる税金。

【累世】《ルイセイ》「累代」に同じ。例—の家臣。

【累積】《ルイセキ》（名・する）だんだん積み重ねること。つぎつぎにつもり重なること。例—する赤字。—債務《サイム》。

【累増】《ルイゾウ》（名・する）しだいにふえること。しだいにふやすこと。㊉累減。例人口が—する。

【累代】《ルイダイ》なん代も続くこと。累世《ルイセイ》。代々。歴代。例先祖—の墓。

【累朝】《ルイチョウ》歴代の朝廷《チョウテイ》。代々の天子。歴朝。

【累年】《ルイネン》年を重ねること。年々。毎年。累歳《ルイサイ》。例—の実績。

【累犯】《ルイハン》①犯罪を重ねること。②〔法〕懲役《チョウエキ》に処せられた者が、刑期《ケイキ》を終えてから五年以内にまた罪をおかすこと。例—加重。

【累卵】《ルイラン》〔たまごを積み重ねる意から〕ひじょうに不安定で危険なことのたとえ。例危《あや》うきこと—のごとし。〈史記《シキ》〉

【累累】《ルイルイ》（形動《トタル》）①ものがたくさん重なり合うようす。例—たる死体。②つぎつぎとつながっているようす。

糸5【絋】11画 ⇒【纊】《コウ》(795ページ)

糸5【終】11画 ⇒【終】《シュウ》(775ページ)

糸6
【絵】
12画 1908 7D75 教育2
音 カイ㊅ エ㊈

筆順 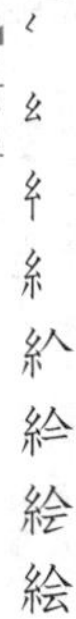

糸13
【繪】
19画 6973 7E6A

なりたち  [形声]「糸(=いと)」と、音「會《カイ》(=あわせる)」とから成る。五色の糸をあわせたしゅう。

意味 ものの形やありさまを、いろどりえがいたもの。え。また、えがく。例絵画《カイガ》。図絵《ズエ》。

【絵柄】《えがら》工芸品などの絵の模様や構図。がら。例—の美しい着物。

【絵心】《えごころ》①絵をかいたり鑑賞《カンショウ》したりする才能。例—

がある。②絵をかきたい気持ち。例—を動かす。

【絵師】《エシ》①絵かき。画工《ガコウ》。例町《まち》—。②昔、朝廷《チョウテイ》や幕府に絵かきとして仕えた人。また、絵画のことをつかさどった職。例狩野派《かのうハ》の—。表記▽「▽画師」とも書く。

【絵図】《エズ》①絵。絵画《カイガ》。②建物・庭園・土地などの平面図。絵図面。例城の—。

【絵姿】《エすがた》絵にかいた、人の姿。類肖像《ショウゾウ》。

【絵図面】《エズメン》「絵図《エズ》②」に同じ。

【絵面】《エづら》①絵や写真などの、見た感じ。②その場のようす。

【絵像】《エゾウ》①絵にかいた姿。画像。例聖母子の—。②絵にかいた仏像。例吉祥《キッショウ》天女の—。

【絵草紙】《エゾウシ》①江戸《えど》時代の通俗《ツウゾク》的な読み物。さし絵入りの草双紙《くさゾウシ》。②江戸時代、事件などを絵入りで印刷した、一、二枚の読み物。かわらばん。表記▽「絵双紙」とも書く。

【絵空事】《エそらごと》①画家が想像にまかせてかいた、現実ばなれしたこと。②現実には、ありもしないこと。実現のむずかしいこと。例—を並べたてる。すべての話は—だった。

【絵羽】《エば》「絵羽模様」の略。和服で、全体が一つの模様となってつながっている絵がら。

【絵葉書】《エはがき》絵や写真が刷ってある郵便はがき。

【絵日傘】《エひがさ》美しい絵がえがかれている、女性用の日傘。

【絵筆】《エふで》絵をかくのに使う筆。画筆《ガヒツ》。例—をとる。

【絵本】《エホン》①子供向けの、絵を主にした本。②江戸《えど》時代の通俗《ツウゾク》的絵入りの読み物。絵草紙《エゾウシ》。

【絵馬】《エま》願いごとをするときや、その願いがかなえられたとき、神社や寺に奉納《ホウノウ》する額。ウマを奉納する代わりに、ウマの絵をかいたからという。例合格祈願《キガン》の—。—を奉納する。

【絵巻】《エまき》「絵巻物《エまきもの》」の略。物語を絵であらわして、そのいくつかの絵に説明をそえた巻物。例源氏物語—。

【絵文字】《エモジ》ものの形を簡単な絵であらわして、文字のはたらきをさせたもの。ピクトグラム。

【絵物語】《エものがたり》絵入りの物語。例釈迦《シャカ》一代の—。

【絵模様】《エモヨウ》模様のような絵。例風に舞《ま》う花びらの—。

【絵画】《カイガ》色彩《シキサイ》や線で、ものの形やイメージをえがき出したもの。え。例—的表現。—展。

●油絵《あぶらエ》・影絵《かげエ》・口絵《くちエ》・下絵《したエ》・墨絵《すみエ》・水絵《みずエ》

糸 6
【給】 12画 2175 7D66 教育4
音 キュウ 漢 呉
訓 たま-う

6画

［糸部］6画 給 結

筆順 く 幺 糸 糸 紒 紒 給 給

なりたち  [形声]「糸(=いと)」と、音「合《コウ→キュウ》(=あわせる)」とから成る。足りないところに足す。

意味 ❶足りないものを足してじゅうぶんにする。また、じゅうぶんにある。例供給《キョウキュウ》。補給《ホキュウ》。❷上の者から下の者へあたえる。たまう。例給付《キュウフ》。支給《シキュウ》。❸世話をする。仕える。例給侍《キュウジ》(=そばに仕えて世話をする)。

日本語での用法《たまわる・たまう》自分や他人の動作にそえて、尊敬やけんそんの意をあらわすことば。「おほめのことばを給《たま》わる・もうやめ給《たま》え」

人名 たり・はる

【給金】《キュウキン》給料としてもらうお金。例—直し(=力士が勝ちこして、給金が上がること)。

【給仕】《キュウジ》一(名・する)食事のとき、そばにいて世話をすること。また、その人。例—人《ニン》。二(名)昔、会社・役所・学校などで雑用係として働いた若者。

【給食】《キュウショク》学校で、生徒にあたえる食事。例—当番。学校—。

【給水】《キュウスイ》(名・する)水を供給すること。また、その水。対排水《ハイスイ》。例—制限。—塔《トウ》。

【給湯】《キュウトウ》(名・する)(その建物の中で)お湯を供給すること。例—設備。全部の部屋に—する。

【給費】《キュウヒ》(名・する)(官公庁・会社・個人などが)費用や学費をあたえること。例—生。

【給付】《キュウフ》(名・する)お金や品物などを支給したり、交付したりすること。例保険金の—。—を受ける。

【給油】《キュウユ》(名・する)①自動車や飛行機などに燃料を補給すること。例—する地点。②機械類にあぶらをさすこと。

【給与】《キュウヨ》一(名・する)食料・衣服・こづかい銭・日用品などをあてがい、あたえること。二(名)勤め人の給料・俸給《ホウキュウ》・手当などをまとめた言い方。例—の明細を知らせる。

【給料】《キュウリョウ》労働に対して、やとう側がしはらう一定額の金銭。俸給《ホウキュウ》。給与《キュウヨ》。サラリー。例—日《び》。

●恩給《オンキュウ》・月給《ゲッキュウ》・自給《ジキュウ》・需給《ジュキュウ》・日給《ニッキュウ》・配給《ハイキュウ》・俸給《ホウキュウ》・無給《ムキュウ》・有給《ユウキュウ》

糸 6
【結】 12画 2375 7D50 教育4
音 ケツ 漢 ケチ 呉
訓 むす-ぶ・ゆ-う・ゆ-わえる・むす-び

筆順 幺 糸 糸 糸 紅 紶 結 結

なりたち  [形声]「糸(=いと)」と、音「吉《キツ→ケツ》」とから成る。糸をつなぎあわせる。

意味 ❶糸やひもをつなぐ。むすぶ。ゆう。例結束《ケッソク》。結髪《ケッパツ》。直結《チョッケツ》。❷ばらばらのものが一つにまとまる。まとめる。例結社《ケッシャ》。結集《ケッシュウ》。凝結《ギョウケツ》。❸しめくくる。おわる。例結着《ケッチャク》。結末《ケツマツ》。終結《シュウケツ》。

難読 結城《ゆうき》・結果《かくなわ》

人名 かた・ひとし・ゆい

【▽結縁】《ケチエン｜ケツエン》〔仏〕仏道に縁をむすぶこと。未来に成仏《ジョウブツ》する縁を得るために、写経《シャキョウ》したり法会《ホウエ》を営んだりすること。

【▽結願】《ケチガン｜ケツガン》(名・する)〔仏〕法会《ホウエ》を営む日数や、願をかけた日数が終わること。満願。例—の日。

【結果】《ケッカ》一(名)ある行為《コウイ》や原因から生じた結末の状態。対原因。例試験の—。予想外の—。二(名・する)植物が実をむすぶこと。結実《ケツジツ》。例サクランボが—する。

【結果論】《ケッカロン》結果が出たあとで「こうすればよかった」「あのようにすべきだった」と論じられる意見。例役に立たない—。

【結界】《ケッカイ》〔仏〕①仏道修行《シュギョウ》のさい、僧《ソウ》の衣食住について、戒律《カイリツ》を破ったことにはならないとする一定の範囲《ハンイ》。②仏道修行のさまたげとなるものがはいるのを許さないこと。また、その場所。例女人《ニョニン》—。③寺の中で、内陣《ナイジン》と外陣《ゲジン》を区切って、僧と俗《ゾク》を区別するのに設けた柵《サク》。

【結核】《ケッカク》結核菌《ケッカクキン》の感染《カンセン》によって起こる、慢性《マンセイ》の疾患《シッカン》。例肺—。

【結▼跏▼趺▼坐】《ケッカフザ》(名・する)〔「跏」はあぐらをかく、「趺」は足の甲《コウ》〕〔仏〕仏のすわり方の一種。左右の足を反対側のももの上にのせ、足の裏を上に向けてすわる形。座禅《ザゼン》を組むときの正しいすわり方とされる。結跏。→【半跏趺坐】《ハンカフザ》(161ページ)

【結球】《ケッキュウ》(名・する)ハクサイやキャベツなどのように、葉が重なりあって球状に生長すること。例みごとに—した野菜。

【結局】《ケッキョク》一(副)とどのつまり。とうとう。ついに。例—もの別れになる。二(名)①囲碁《ゴイ》や将棋《ショウギ》などの勝負が終わること。②最後に落ちつくところ。結末。例—を見る。—は元《もと》どおりになった。

【結句】《ケック》一(名)漢詩の絶句で、第四句目。一首の結びと

なる最後の句。→【起承転結】《キショウテンケツ》(943ページ) 三(副)つまるところ。結局。

【結語】《ケツゴ》 文章の最後に書く、むすびのことば。

【結構】《ケッコウ》 一(名)ものの構造や組み立て。例—のきいた小説。室町《むろまち》時代の—を残す寺院。二(形動《ダナ》)①ひじょうによいようす。例—なお茶。②同意するときのことば。例それで—です。③ていねいにことわるときのことば。例いえ、—です。三(副)かなり。相当に。類相当。例—喜んでいた。

【結婚】《ケッコン》(名・する) 夫婦《フウフ》になること。婚姻《コンイン》。対離婚《リコン》。例恋愛《レンアイ》—。見合い—。

【結▼紮】《ケッサツ》(名・する)〔医〕止血や避妊《ヒニン》などの目的で血管や卵管《ランカン》などをしばること。

【結実】《ケツジツ》(名・する)①植物が実《み》をむすぶこと。例—期の天候のぐあい。②よい結果が出ること。例努力が—する。

【結社】《ケッシャ》 共通の目的のためになん人かの人が集まって結成する団体。例政治—。—の自由。

【結集】《ケッシュウ》(名・する) 力などを一つに集めること。また、まとまり集まること。集結。例総力を—する。

【結晶】《ケッショウ》(名・する)①規則正しい平面にかこまれ、その内部の原子配列が一定な物質。また、そのような状態になること。例雪の—。②努力・苦心・愛情などが積みあげられて、できあがったもの。また、それができること。成果。例愛の—。

【結縄】《ケツジョウ》 文字のない社会で、なわのむすび方によって数をあらわしたり、意思を通じたりしたこと。

【結審】《ケッシン》(名・する) 裁判で事件の取り調べが終わること。

【結成】《ケッセイ》(名・する) 会や党などの組織をつくりあげること。例新党を—する。

【結石】《ケッセキ》 内臓のなかで分泌液《ブンピツエキ》の成分が、石のように固まったもの。例腎臓《ジンゾウ》—。

【結節】《ケッセツ》①ひもをむすんだときにできる節《ふし》(のようなもの)。②皮膚《ヒフ》や内臓にできる、豆つぶほどの大きさのかたまり。

【結束】《ケッソク》(名・する)①目的に向かって心を同じくする人々が、力を合わせること。団結。例—を固くする。②たばねること。例たきぎを—する。

【結滞】《ケッタイ》(名・する)〔医〕脈が乱れたり、少しの間打たなかったりする状態。例脈が—する。

【結託】《ケッタク》(名・する)(悪事をたくらんで)力を合わせること。ぐるになること。例業者と—して不正をはたらく。

【結団】《ケツダン》(名・する) ある目的をもって団体をつくること。対解団。例選手団の—式。

【結着】《ケッチャク》(名・する) いろいろなことがあったあとで、ものごとにきまりがつくこと。例—がつく。—をつける。表記ふつう「決着」と書く。

【結腸】《ケッチョウ》 大腸のなかで、盲腸《モウチョウ》・直腸以外の部分。大腸の大部分をしめる。

【結党】《ケットウ》(名・する)①仲間をつくること。徒党を組むこと。例同志と共に—する。②政党や党派を組織すること。対解党。

【結髪】《ケッパツ》(名・する) 日本髪《ニホンがみ》やちょんまげなど、かみをゆうこと。

【結氷】《ケッピョウ》(名・する) こおりが張ること。また、そのこおり。例湖面が—した。

【結膜】《ケツマク》 まぶたの裏や眼球の表面をおおう、うすい粘膜《ネンマク》。例—炎《エン》。

【結末】《ケツマツ》 最終的な結果。終わり。しめくくり。例話の—。意外な—。

【結盟】《ケツメイ》(名・する) 同盟をむすぶこと。ちかいをむすぶこと。例三国—。—の同志に告ぐ。

【結露】《ケツロ》(名・する) 空気中の水蒸気が冷たいものの表面にふれて水滴《スイテキ》ができること。また、その水滴。例窓ガラスの—。管の表面が—する。

【結論】《ケツロン》(名・する)①議論した結果、得られた判断や意見。また、それを述べること。②三段論法で、二つの前提からみちびかれる判断。たとえば、「サクラは植物である」「植物は生物である」「ゆえにサクラは生物である」の最後の部分。

【結納】《ゆいノウ》 婚約《コンヤク》成立のしるしとして、両家が金銭や品物をとりかわすこと。また、その金品。例—金。—の日どり。

●完結《カンケツ》・起承転結《キショウテンケツ》・集結《シュウケツ》・妥結《ダケツ》・団結《ダンケツ》・締結《テイケツ》・凍結《トウケツ》・連結《レンケツ》

糸 6

【絢】

12画 1628 7D62 人名 音ケン漢呉 訓あや

なりたち  〔形声〕「糸(=いと)」と、音「旬《シュン》→ケン」とから成る。織物の美しいようす。

意味 織物の美しい模様。あや。例絢爛《ケンラン》。

人名 しゅん・じゅん

【絢▼爛】《ケンラン》(形動《タル》) 美しくきらびやかなようす。例豪華《ゴウカ》—。—たる文章。

糸 6

【絞】

12画 2542 7D5E 常用 音コウ漢 キョウ呉 訓しぼ-る・し-める・し-まる・くび-る・しぼ-り

筆順 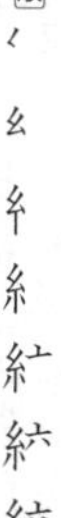

なりたち  〔会意〕「交《コウ》(=まじえる)」と「糸(=ひも)」とから成る。ひもをからませてしぼる。

意味 ❶ひもなどでしめつける。とくに、首をしめる。くびる。例絞殺《コウサツ》。絞首《コウシュ》。❷なわなどをなう。よる。

日本語での用法《しぼり・しぼる》①水分を除く。「水《みず》を絞《しぼ》る・てぬぐいを絞《しぼ》る」②責める。「呼《よ》び出《だ》して油《あぶら》を絞《しぼ》る」③範囲《ハンイ》をせばめる。「候補者《コウホシャ》を二人《ふたり》に絞《しぼ》る・的《まと》を絞《しぼ》る」④布地の一部分を糸でくくって模様を染め出す。「絞《しぼ》り染《ぞ》め・豆絞《まめしぼ》り」⑤光や音などの量を小さく調節する。「レンズを絞《しぼ》る・ボリュームを絞《しぼ》る」⑥無理に出す。「知恵《チエ》を絞《しぼ》る」

使い分け しぼる【絞・搾】⇩1170ページ

使い分け しまる・しめる【締・絞・閉】⇩1170ページ

【絞殺】《コウサツ》(名・する) 首をしめて殺すこと。例—死体。

【絞首】《コウシュ》(名・する)(死刑《シケイ》の執行《シッコウ》で)首をしめて死に至らしめること。例—刑。

【絞り染め】《しぼりぞめ》 模様をつける部分の布地を糸でしぼって、染料《センリョウ》にひたす染め方。糸の部分は染料がしみこまないため模様として残る。例—にする。

糸 6

【絳】

12画 6912 7D73 音コウ漢 訓あか-い

意味 濃《こ》い赤色の。あかい。例絳唇《コウシン》。

【絳河】《コウカ》 天《あま》の川《がわ》。銀河。

【絳▼裙】《コウクン》 赤いもすそ。また、転じて、女性のこと。

【絳▼闕】《コウケツ》①朱色《シュいろ》にぬられた城門。とくに、宮城の門。また、転じて、朝廷《チョウテイ》のこと。②寺院や道観《ドウカン》(=道教の寺院)の朱ぬりの門。

【絳▼幘】《コウサク》 あかいずきん。漢代、宮中に宿衛する者がかぶり、ニワトリの鳴き声を聞いて朝を知らせたという。あかいのは、ニワトリのとさかをまねたものともいわれる。

【絳▼紗】《コウサ|コウシャ》 赤いうすぎぬ。

【絳唇】《コウシン》 あかく美しいくちびる。美人のたとえ。

【絳帳】《コウチョウ》①あかい垂れ幕。②先生の講席。〔後漢《ゴカン》の

著名な学者馬融《バユウ》が、講義の際、つねに高堂にすわってあかい垂れ幕を張ったという故事による〕〈後漢書《ゴカンジョ》〉

糸 6
【絖】
12画 6913 7D56 音 コウ漢 訓 わた・ぬめ

意味 くず繭《まゆ》からつくった、きめのこまかいわた。きぬわた。
日本語での用法 《コウ・ぬめ》やわらかで光沢《コウタク》のある絹織物。絵絹《エぎぬ》や造花に用いる。「絖本《コウホン》（＝ぬめのある絵ぎぬ。また、それにかいた絵）・絖紗綾《ぬめサや》・絖地《ぬめジ》・絖張《ぬめば》り・絖綸子《ぬめリンズ》」

糸 6
【絎】
12画 6914 7D4E 音 コウ漢 ギョウ呉 訓 く-ける

意味 刺《さ》し縫《ぬ》いをする。ぬう。
日本語での用法 《くける》ぬい目が、おもてに出ないようにぬう。布の端《はし》をしまつするときのぬい方。「袖口《そでぐち》を絎《く》ける・絎台《くけダイ》・絎針《くけばり》」

糸 6
【紫】
12画 2771 7D2B 常用 音 シ漢呉 訓 むらさき

筆順 ｜ ト 止 止 止 此 紫 紫 紫

なりたち 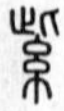 ［形声］「糸（＝きぬ）」と、音「此《シ》」とから成る。青と赤をまぜた色の絹。

意味 ❶青と赤をまぜあわせた色。むらさき。例紫煙《シエン》。紫外線《シガイセン》。紫紺《シコン》。❷王宮や天子に関する事物に使われる高貴な色。例紫衣《シエ》。紫禁城《シキンジョウ》。紫宸殿《シシンデン》。

日本語での用法 《むらさき》①ムラサキ科の多年草。紫色の染料や漢方薬に用いる。②「しょうゆ」の別の言い方。

人名 むら

【紫雲】《シウン》 むらさき色のめでたい雲。仏がこの雲に乗ってあらわれるという。例―がたなびく。

【紫雲英】《シウン／レンゲ エイ／ソウ》 マメ科の二年草。春にあかむらさきの花をつける。

【紫▽衣】《シエ》 〔「シイ」とも〕僧《ソウ》の着るむらさき色のころも。天子の許しによって高徳の僧が身につけた。

【紫煙】《シエン》 ①むらさき色のけむり・もや。②タバコのけむり。例―をくゆらす。

【紫▼苑】《シオン》 キク科の多年草。秋、茎《くき》の先にうすむらさき色の小花をたくさんつける。

【紫外線】《シガイセン》 日光がプリズムを通過したときにできる七色の帯で、むらさき色の外側にあって目に見えない光。日焼けの原因となり、また、医療《イリョウ》や殺菌《サッキン》に利用される。化学線。菫外線《キンガイセン》。

【紫禁城】《シキンジョウ》 明《ミン》・清《シン》時代の天子の住まい。明の永楽帝《エイラクテイ》が造営。北京《ペキン》にあり、現在は故宮博物院《コキュウハクブツイン》となっている。

【紫紺】《シコン》 むらさき色をおびた紺色。例―の優勝旗。

【紫▼宸殿】《シシンデン》 〔「シシイデン」とも〕①唐《トウ》代の天子の御殿《ゴテン》。②内裏《ダイリ》の正殿《セイデン》。政務や儀式《ギシキ》がおこなわれた。

【紫▼翠】《シスイ》 ①宝石の名。紫翠玉《シスイギョク》。②むらさきや、みどり。山の色合い。

【紫▼蘇】《シソ》 シソ科の一年草。葉は緑色とむらさき色の二種あり、葉と実を香味料《コウミリョウ》などとして用いる。

【紫▼檀】《シタン》 熱帯産の常緑高木。材は黒みがかったむらさき色で質はかたく、美しい木目があり、高級家具などを作る。例―の机《つくえ》。

【紫竹】《シチク》 ①中国・台湾《タイワン》原産のタケの一種。幹はしだいに黒色に変わる。細工物用。②ハチクの一品種。幹がやや細く、黒い。観賞用や器具用として使う。クロチク。

【紫斑】《シハン》 内出血などのために皮膚《ヒフ》にあらわれる、むらさき色の斑点。例―病。

【紫▼瘢】《シハン》 むらさき色になって皮膚《ヒフ》に残った傷のあと。

【紫陽花】《ショウカ／あじさい》 アジサイ科の落葉低木。六月ごろ、青むらさき色・白色などの小さな花が集まって球状にさく。

【紫▼蘭】《シラン》 ラン科の多年草。五、六月ごろ、紅紫色また、白色の花をつける。鱗茎《リンケイ》は薬用。ベニラン。

糸 6
【絨】
12画 6916 7D68 音 ジュウ漢

意味 厚地のやわらかい毛織物。例絨緞《ジュウタン》。
難読 天鵞絨《ビロード》

【絨▼緞】《ジュウタン》 床《ゆか》の敷物《しきもの》として使われる、毛や絹の厚地の織物。カーペット。表記「絨▼毯」とも書く。

【絨▼緞爆撃】《ジュウタンバクゲキ》 一定の地域をすみずみまで徹底的に爆撃すること。

【絨毛】《ジュウモウ》 〔生〕小腸や十二指腸などにある、細かい毛のような粘膜《ネンマク》の突起《トッキ》。養分を吸収する。

糸 6
【絮】
12画 6917 7D6E 音 ショ漢 ジョ呉 訓 わた

意味 ❶まゆからつくった、粗《あら》いわた。また、生糸《きいと》からつくった、ふるわた。❷ヤナギの種子についている白いわた毛。例柳絮《リュウジョ》。❸くどい。例絮説《ジョセツ》（＝くどくどと説明する）。

糸 6
【絶】
12画 3268 7D76 教育5 音 セツ漢 ゼツ呉 訓 た-える・た-やす・た-つ

筆順 幺 糸 糸 糸 糸 糸 絶 絶

糸 6
【絕】
12画 ― 7D55

なりたち  ［形声］「刀（＝かたな）」と「糸（＝いと）」と、音「巴《セツ》」とから成る。刃物《はもの》で糸をたちきる。

意味 ❶たちきる。たつ。例絶縁《ゼツエン》。絶交《ゼッコウ》。断絶《ダンゼツ》。❷とぎれる。なくなる。また、なくす。例絶望《ゼツボウ》。絶滅《ゼツメツ》。気絶《キゼツ》。❸こばむ。ことわる。例拒絶《キョゼツ》。謝絶《シャゼツ》。❹遠くはなれている。へだたる。例絶海《ゼッカイ》。隔絶《カクゼツ》。❺かけはなれてすぐれている。例絶景《ゼッケイ》。絶世《ゼッセイ》。絶妙《ゼツミョウ》。❻この上なく。まったく。はなはだ。例絶賛《ゼッサン》。絶大《ゼツダイ》。

使い分け たつ【断・絶・裁】⇩1172ページ《ジ》

人名 たえ・とう

【絶縁】《ゼツエン》 （名・する）①（親子・兄弟《キョウダイ》・夫婦《フウフ》・友人などの）縁を切ること。縁切り。例―状。②〔物〕電流や熱が伝わらないようにすること。例―材料。―がよくない。

【絶縁体】《ゼツエンタイ》 〔物〕電気や熱を伝えない物体。エボナイト・ゴム・ガラス・陶磁器《トウジキ》など。絶縁物。不導体。対導体。

【絶佳】《ゼッカ》 （名・形動《ダナ》）景色や味などがきわめてよいこと。美しいこと。すばらしいこと。絶美。例風景―。風味―。

【絶海】《ゼッカイ》 陸地から遠くはなれた海。例―の孤島《コトウ》。

【絶叫】《ゼッキョウ》 （名・する）出せるかぎりの大声でさけぶこと。また、そのさけび声。

【絶句】《ゼック》 ㊀（名・する）①話のとちゅうでことばにつまり、続けて言えなくなること。例相手の意外なことばに思わず―した。②大きな悲しみのために声がつまること。例―して涙《なみだ》をこらえる。㊁（名）漢詩の形式の一つ。起・承・転・結の四句から成り、各句の字数により、五言《ゴン》絶句と七言絶句

がある。例杜甫《ホト》の―。

【絶家《ゼッケ》】（「ゼッカ」とも）（名・する）あとをつぐ人がいないために、家系がたえてしまうこと。また、その家。例孫の代《ダイ》までであとは―した。

【絶景《ゼッケイ》】ひじょうに美しい景色。例日本三大―の一つ。

【絶弦《ゼツゲン》】親友の死をいたむこと。表記 旧絶▼絃 →【伯牙《ハクガ》】（70ページ）・【知音《チイン》】（711ページ）

【絶後《ゼツゴ》】①たいへんなできごとで、将来二度と起こらないと思われること。例空前―。②息がたえたあと。死後。

【絶交《ゼッコウ》】（名・する）つきあいをまったくやめること。絶縁《ゼツエン》。

【絶好《ゼッコウ》】（名・形動ダナ）この上なくよいこと。例―の機会。

【絶賛《ゼッサン》】（名・する）これ以上のほめ方はないほどほめること。例―を博する。表記 旧絶▼讃
【絶唱《ゼッショウ》】[一]（名）すべての人が感動するような、すぐれた詩歌《シイカ》。例古今の―。[二]（名・する）感情をこめて、歌うこと。また、その歌。

【絶勝《ゼッショウ》】この上なく景色のよい地。絶景。

【絶色《ゼッショク》】この上なくすぐれた美人。絶世《ゼッセイ》の美女。

【絶食《ゼッショク》】（名・する）食事をしないこと。食をたつこと。断食《ダンジキ》。例―療法《リョウホウ》。

【絶▼塵《ゼツジン》】①俗世間《ゾクセケン》と交際しないこと。②ちりをたてないこと。ひじょうに速く走ることのたとえ。

【絶世《ゼッセイ》】この世にくらべるものがないほど、すぐれていること。例―の美女。

【絶息《ゼッソク》】（名・する）息がたえること。死ぬこと。絶命。

【絶対《ゼッタイ》】[一]（名）①他からかけはなれて、くらべるものや対立するものがないこと。対相対。例―の真理。②他によって制限されないこと。無条件。対相対。例禁煙《キンエン》を―とする意見。[二]（副）①けっして。まったく。〔下に打ち消しのことばをともなう〕例そんなことは―にない。②かならず。まちがいなく。例―来る。

【絶対者《ゼッタイシャ》】どんな制約・制限も受けず、何ものにも依存《イゾン》せず、それ自身で独立し、一切の根本として存在するもの。神など。例―として君臨《クンリン》する。

【絶対主義《ゼッタイシュギ》】①十七、八世紀のヨーロッパでとられた政治形態。国王は神聖であり、国王がすべての権力をもって人民を支配した。②〔哲〕客観的な、何ものにもおかされない規準の存在を認める立場。

【絶対多数《ゼッタイタスウ》】議決などで、圧倒的《アットウテキ》に多数であること。全体のうちほとんど全部。大多数。例―の人が賛成。

【絶対値《ゼッタイチ》】〔数〕プラスやマイナスの符号《フゴウ》をとりさった数字の数。例-5の―は5。0の―は0。

【絶大《ゼツダイ》】（名・形動ダナ）この上なく大きいこと。例―な援助《エンジョ》を得る。

【絶体絶命《ゼッタイゼツメイ》】（名・形動ダナ）追いつめられてどうにもならない状態。進退きわまった状態。例―の窮地《キュウチ》に立たされる。

【絶頂《ゼッチョウ》】①山の頂上。いただき。例―を極《きわ》める。②調子や勢いの最もさかんなとき。ピーク。最盛期《サイセイキ》。例今、かれは人気の―にある。

【絶倒《ゼットウ》】（名・する）①感情がたかぶって、たおれること。②笑いくずれること。例抱腹《ホウフク》―する。

【絶版《ゼッパン》】（名・する）出版した書物の発行をやめること。

【絶筆《ゼッピツ》】生前の最後に書いた筆跡《ヒッセキ》や作品。例『明暗』は漱石《ソウセキ》の―である。

【絶品《ゼッピン》】めったに見られないほどよい品物や作品。逸品《イッピン》。

【絶壁《ゼッペキ》】けわしいがけ。切り立ったがけ。例断崖《ダンガイ》―。

【絶望《ゼツボウ》】（名・する）のぞみがまったくなくなること。例―感。―的。人生に―する。

【絶妙《ゼツミョウ》】（名・形動ダナ）ひじょうにすぐれていること。また、他にとって代わるものがないほど、ぴったりしていること。例―の演技。―のタイミング。

【絶無《ゼツム》】（名・形動ダナ）似たようなことがらやものが、まったくないこと。皆無《カイム》。例そんな例は―といってよい。

【絶命《ゼツメイ》】（名・する）いのちがたえること。死ぬこと。

【絶滅《ゼツメツ》】（名・する）たえ、ほろびること。また、ほろぼし、たやすこと。例森林の伐採《バッサイ》で貴重な生物が―した。

【絶倫《ゼツリン》】（名・形動ダナ）同類がないほど、とびぬけてすぐれていること。抜群《バツグン》。例精力―。勇気―の快男児。
●気絶《キゼツ》・拒絶《キョゼツ》・根絶《コンゼツ》・謝絶《シャゼツ》・壮絶《ソウゼツ》・卓絶《タクゼツ》・断絶《ダンゼツ》・中絶《チュウゼツ》・途絶《トゼツ》・廃絶《ハイゼツ》

糸 6
【統】
12画 3793 7D71 教育5
音 トウ漢 ツウ呉
訓 すーべる

筆順 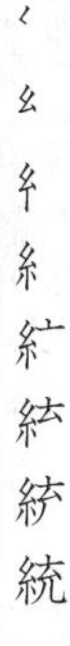

たなちり  [形声]「糸(=いと)」と、音「充《シュウ》→トウ」とから成る。糸のはし。いとぐち。

意味 ❶はじめ。もと。いとぐち。例統紀《トウキ》（=いとぐち。はじめ）。❷ひと続きのつながり。すじ。例系統《ケイトウ》。血統《ケットウ》。❸一つにまとめる。おさめる。すべる。例統一《トウイツ》。統合《トウゴウ》。

人名 おさ・おさむ・かね・すえ・すみ・すめる・つぎ・つぐ・つづき・つな・のり・はじめ・まとむ・むね・もと
【統一《トウイツ》】（名・する）ある規準をもった、まとまりのあるものにしあげること。対分裂《ブンレツ》。例天下―の野望。全体の―をとる。規格を―する。

【統括《トウカツ》】（名・する）いくつかに分かれているものを、一つにまとめること。例全体を―する部門。

【統轄《トウカツ》】（名・する）多くの人や組織を、中心の一か所でとりしまること。例支店全体を―する。

【統監《トウカン》】（名・する）政治や軍事などの全体をとりまとめて監督《カントク》すること。また、その人。例軍事演習を―する。

【統御《トウギョ》】（名・する）組織などの全体をまとめ動かすこと。例部下を―する能力や識見。

【統計《トウケイ》】（名・する）多くのものや人のうちから、同じ性質や状態のもの、また、賛成や反対の意見などを集め分類して、その数や割合を数字やグラフであらわすこと。また、そのもの。

【統合《トウゴウ》】（名・する）二つ以上のものを一つにまとめ合わせること。例市内の二つの学校を―する。

【統合失調症《トウゴウシッチョウショウ》】〔医〕精神障害の一つ。多くは青年期に発病。感情の鈍麻《ドンマ》・自閉症状・意志の減退・奇妙《キミョウ》な行動・幻覚《ゲンカク》・妄想《モウソウ》などを示す。

【統帥《トウスイ》】（名・する）軍隊を指揮し、まとめること。また、その人。例―権（=軍隊の最高指揮権）。

【統制《トウセイ》】（名・する）①ばらばらな動きや行動などを、まとめること。例―がとれる。②権力によって、思想・言論・経済活動などを指導し、制限すること。例言論―。

【統率《トウソツ》】（名・する）一つの集団全体を、まとめひきいること。例―力。部下を―する。

【統治《トウチ》】（「トウジ」とも）（名・する）国土や人民をおさめること。例国を―する。

【統領《トウリョウ》】古代ローマ共和制で、政治や軍事を支配する最高の官職。執政官《シッセイカン》。コンスル。
●系統《ケイトウ》・血統《ケットウ》・正統《セイトウ》・総統《ソウトウ》・伝統《デントウ》

糸 6
【絣】
12画 6919 7D63
音 ホウ漢
訓 かすり

糸8
[綁] 14画 2F96C 本字

意味 色の異なる糸を並べて織った布。

日本語での用法《かすり》かすったような模様のある織物。「久留米絣《くるめがすり》・紺絣《コンがすり》・白絣《しろがすり》」

糸6
【絡】 12画 4577 7D61 常用

音 ラク㊥㊉ 訓 から-む・から-まる・から-める

筆順 く 幺 糸 糸 紗 終 終 絡

たちなり [形声]「糸(=いと)」と、音「各《カク→ラク》」とから成る。糸がからまりあったわた。

意味 ❶まとわりつく。からむ。からまる。からめる。例纏絡《テンラク》(=まつわりからむ)。❷あみのようにとりまく。例籠絡《ロウラク》(=人をうまくまるめこむ)。❸つながる。つづく。例絡繹《ラクエキ》。連絡《レンラク》。❹すじみち。すじ。脈絡《ミャクラク》。

難読 絡繰《からくり》

人名 つら・なり

【絡繹】《ラクエキ》(形動《タル》) 人馬が行き来して、往来が絶えないようす。表記「駱駅」とも書く。

○●短絡《タンラク》・脈絡《ミャクラク》・連絡《レンラク》

糸6
【絲】 12画 ⇩【糸】《シ》(767ページ)

糸6
【絶】 12画 ⇩【絶】《ゼツ》(780ページ)

糸6
[絏] 12画 ⇩【紲】《セツ》(776ページ)

糸6
[絫] 12画 ⇩【累】《ルイ》(777ページ)

糸7
【綛】 13画 *6925 *7D9B 国字

訓 かせ

意味 ❶つむいだ糸を巻き取るH字型の道具。かせ。また、その巻き取った糸束。かせ糸。❷かせ糸を数えることば。

糸7
【継】 13画 2349 7D99 常用

音 ケイ㊥㊉ 訓 つ-ぐ・まま

筆順 く 幺 糸 糸 糸 絆 絆 継

糸14
【繼】 20画 6975 7E7C

たちなり [会意] 本字は「繼」で、「糸(=いと)」と「㡭(=断絶した糸)」とから成る。切れた糸をつなぐ。

意味 ❶とぎれずにつづく。あとをうけつぐ。つぐ。例継承《ケイショウ》。継続《ケイゾク》。継父《ケイフ》《ままちち》。後継者《コウケイシャ》。❷つぎ足す。

使い分け つぐ【次・継・接】⇩1173ページ

人名 つぎ・つぐる・つづく・つね・ひで

【継起】《ケイキ》(名・する) 続いておこること。例似たような事件が―する。

【継妻】《ケイサイ》 二度目のつま。のちぞい。後妻。継室。

【継子】《ケイシ》《ままこ》 親子ではあるが、血のつながっていない子。㊟実子《ジッシ》。

【継嗣】《ケイシ》 あととり。あとつぎ。例―を得たよろこび。

【継室】《ケイシツ》「継妻」に同じ。

【継承】《ケイショウ》(名・する) 先代や前任者の地位・身分・財産・仕事・技能などをうけつぐこと。例王位の―。伝統の―。

【継走】《ケイソウ》(名・する) リレー競走。例一六〇〇メートルを四人で―する。

【継続】《ケイゾク》(名・する) 前からの状態や活動が、ひきつづきおこなわれること。例―審議《シンギ》。

【継父】《ケイフ》《ままちち》 血のつながりのない父。㊟実父《ジップ》。

【継父母】《ケイフボ》 継父と継母。血のつながりのない父と母。

【継母】《ケイボ》《ままはは》 血のつながりのない母。㊟実母・生母。

○●後継《コウケイ》・中継《チュウケイ》

糸7
【絹】 13画 2408 7D79 教育6

音 ケン㊥ 訓 きぬ

筆順 く 幺 糸 糸 糸 絽 絹 絹

たちなり [形声]「糸(=きぬ)」と、音「肙《エン→ケン》」とから成る。ムギのくきのような色のきれ。きぎぬ。

意味 カイコのまゆからとった糸。また、その糸で織った布。きぬ。例絹糸《ケンシ》。絹布《ケンプ》。絹本《ケンポン》。

難読 生絹《すずし》

人名 まさ

【絹糸】《ケンシ》《きぬいと》 カイコのまゆからとった糸。

【絹素】《ケンソ》 書画をかくのに用いる白いきぬ。

【絹▼紬】《ケンチュウ》 きぬ織物の一つ。つむぎ。

【絹▼帛】《ケンパク》 きぬ織物。例引き出物に―を贈《おく》る。

【絹布】《ケンプ》 きぬ糸で織ったぬの。きぬ織物。

【絹本】《ケンポン》 書画をかくのに使うきぬ地。また、それにかいた書画。例―の掛《か》け軸《ジク》。

糸7
【條】 13画 6922 7D5B

音 ジョウ㊐トウ㊥ 訓 さなだ

意味 平たく編んだ組みひも。さなだ。例條虫《ジョウチュウ》(=サナダムシ)。馬條《バトウ》(=ウマの腹帯《はらおび》)。

糸7
【綏】 13画 6923 7D8F

音 スイ㊥ 訓 やす-い

意味 ❶車に乗るとき、つかまるひも。たれひも。❷ゆったりして、おちついている。やすらか。また、やすんじる。例綏靖《スイセイ》(=やすんじる。また、「スイゼイ」と読み、記紀の伝える日本の第二代天皇のおくり名)。綏撫《スイブ》(=やすんじ、いたわる)。

糸7
【続】 13画 3419 7D9A 教育4

音 ショク㊥ゾク㊉ 訓 つづ-く・つづ-ける

筆順 幺 糸 糸 紅 紆 結 続 続

糸15
【續】 21画 6984 7E8C

たちなり [形声]「糸(=いと)」と、音「賣《イク→ショク》」とから成る。つらなる。

意味 ❶とぎれないようにつながる。つづく。例続出《ゾクシュツ》。接続《セツゾク》。連続《レンゾク》。相続《ソウゾク》。❷あとをつぐ。うけつぐ。つづける。例継続《ケイゾク》。

人名 つぎ・つぐ・ひで

【続映】《ゾクエイ》(名・する) 映画の上映を予定期間より延長すること。例好評―中。

【続演】《ゾクエン》(名・する) 演劇などを予定期間より延長して上演すること。例好評につき十日間の―。

【続出】《ゾクシュツ》(名・する) つぎつぎとあらわれること。また、起こること。例病人が―する。

【続伸】《ゾクシン》(名・する) 相場がひき続いて高くなること。

【続投】《ゾクトウ》(名・する) ①野球で、投手がつづけて投げること。②俗《ゾク》に、仕事をつづけること。例首相《シュショウ》は次期も―するらしい。

【続騰】《ゾクトウ》(名・する) 物価や相場が、ひきつづいて値上がりすること。続伸《ゾクシン》。㊟続落。例株価の―。

【続発】《ゾクハツ》(名・する) 事件や事故などが、つづいて起こること。

【続編】続《ゾク》編《ヘン》 論文・書物・映画などで、前の編につづくもの。㊟本編《ホンペン》。例『金色《コンジキ》夜叉《ヤシャ》』の―。表記 ㊐続▼篇

【続報】続《ゾク》報《ホウ》（名・する）つづいて知らせること。また、その知らせ。㊟散発《サンパツ》。例凶悪《キョウアク》事件が―する。

例事件の―がはいる。

【続落】続《ゾク》落《ラク》（名・する）物価や相場が、ひきつづいて下落すること。㊟続騰《ゾクトウ》・続伸《ゾクシン》。例株価が―する。

【続刊】続《ゾッ》刊《カン》（名・する）ひきつづいて刊行すること。また、その刊行物。

【続行】続《ゾッ》行《コウ》（名・する）とちゅうでやめず、つづけておこなうこと。例雨のなか、試合を―する。

【続稿】続《ゾッ》稿《コウ》 以前に書いたもののつづきや、内容上の補いなどのために、原稿をつづけて書くこと。また、その原稿。例―を掲載《ケイサイ》する予定。

【続柄】続《つづき》柄《がら》〔「ゾクがら」とも〕親子や親族の関係。例世帯主《セタイぬし》との―。

●永続《エイゾク》・後続《コウゾク》・持続《ジゾク》・相続《ソウゾク》・存続《ソンゾク》・断続《ダンゾク》・陸続《リクゾク》・連続《レンゾク》

糸 7

【綈】

13画 2-8431 7D88

音 テイ㊥漢

意味 厚い絹織物。例綈袍《テイホウ》（＝厚い絹で作ったどてら）。

【綈▼袍恋恋】綈袍《テイホウ》恋恋《レンレン》〔「恋恋」は、なつかしがる意〕昔受けた恩をなつかしく思い起こすこと。友情の厚いことのたとえ。〔戦国時代、秦《シン》の宰相《サイショウ》范雎《ハンショ》は、魏《ギ》から使者として来た須賈《シュカ》に対し、身分を偽《いつわ》って破れごろもをまとった自分に絹の綿入れをくれたことに感じて、死罪としなかった故事から〕〈史記《シキ》〉

糸 7

【紹】

13画 6924 7D7D

音 リョ漢 ロ呉

意味 しま模様の織物。しまおり。

日本語での用法《ロ》糸目をすかして織った、夏用のうすい絹織物。「紹織《ロおり》・紹縮緬《ロちりめん》・紹《ロ》の羽織《はおり》」

糸 7

【經】13画 ⇩【経】（773ページ）

糸 7

【綉】13画 ⇩【繡】（795ページ）

糸 8

【維】

14画 1661 7DAD

常用

音 イ漢 ユイ呉

訓 つな・つな-ぐ・こ-れ

筆順 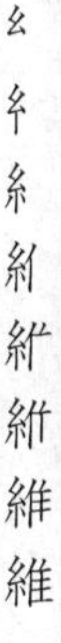

なりたち  〔形声〕「糸（＝ひも）」と、音「隹《スイ→イ》」とから成る。車のかさをつなぎとめるひも。

意味 ❶四すみをおさえるつな。また、大地をつりさげていると考えられた四本のおおづな。つな。例地維《チイ》。❷道徳のもとになるもの。国家・社会をささえるもとになるもの。すじみち。のり。例四維《シイ》（＝礼・義・廉《レン》・恥《チ》）。❸ささえる。むすびつける。つなぐ。例維持《イジ》。❹〔助字〕「これ」と読み、意味を強め、また、ことばの調子をととのえる。同惟《イ》。例維新《これあらたなり》（＝新しい）。

人名 しげ・すけ・すみ・ただ・ただし・たもつ・ふさ・まさ・ゆき

【維管束】維《イ》管《カン》束《ソク》〔生〕シダ類と種子植物の根・くき・葉の中を通っている組織。養分の通る師部《シブ》と水分の通る木部《モクブ》とから成る。

【維綱】維《イ》綱《コウ》 おおづな。法律や法度《ハット》のたとえ。

【維持】維《イ》持《ジ》（名・する）ある状態のままで、もちこたえること。例―費。現状―。

【維新】維《イ》新《シン》 ①政治体制が改まり、すべてが新しくなること。②明治維新のこと。「御一新《ゴイッシン》」とも。

【▽維摩】維《ユイ》摩《マ》〔仏〕「維摩詰《ユイマキツ》」の略。古代インド毘舎離《ビシャリ》城の富豪《フゴウ》で、釈迦《シャカ》の弟子《デシ》となり、在家《ザイケ》のまま仏道を修行《シュギョウ》し、大乗《ダイジョウ》仏教の奥義《オウギ》をきわめた。維摩経《ユイマギョウ》は、その説を述べたもの。

糸 8

【綺】

14画 6926 7DBA

人名

音 キ漢呉

訓 あや

なりたち  〔形声〕「糸（＝きぬ）」と、音「奇《キ》」とから成る。あや織りの絹。

意味 ❶美しい模様を織り出した絹。あやぎぬ。また、あや。例綺羅《キラ》。❷美しい。はなやかな。たくみな。例綺語《キゴ》。綺麗《キレイ》。

【綺語】綺《キ》語《ゴ》〔「キギョ」とも〕①詩文などで用いる美しいことば。②〔仏〕十悪の一つ。いつわり飾ったことば。例狂言《キョウゲン》―。

【綺羅】綺《キ》羅《ラ》 ①あや織りの絹とうすい絹。②美しい衣服。例―、星《ほし》のごとく並ぶ。参考「綺羅、星のごとく…」を、つづけて「綺羅星《キラぼし》のごとく…」ということがある。③ぜいたくではなやかなこと。例―を尽《つ》くす。―を競《きそ》う。

【綺麗】綺《キ》麗《レイ》（形動ダナ）①美しいようす。例―な花。②形がととのっているようす。例―な走り方。③清潔なようす。例―に洗う。④いさぎよいようす。例―な試合。⑤あとかたなく。さっぱり。例―に忘れる。表記 ▽「奇麗」とも書く。

糸 8

【綮】

14画 *6927 *7DAE

音 ケイ漢

意味 筋肉と骨とがつながるところ。例肯綮《コウケイ》（＝ウシなどの肉が骨についている部分。そこに刃をあてると、肉が切りほどけやすい。ものごとの急所のたとえ）。肯綮《コウケイ》に中《あ》たる（＝急所をつく）。

糸 8

【綣】

14画 6928 7DA3

音 ケン漢

訓 ちぢ-む・はは-き・へそ

意味 ❶まといついてはなれない。心がはなれられないようす。例綣繾《ケンケン》。❷権力や勢力にまけて、相手にしたがうこと。

日本語での用法《へそ》「綜麻《へそ》（＝引きのばして、織り糸の状態にした麻糸《あさいと》）」の意で、織機にかけるために、糸を巻いたもの。

【綣▼繾】綣《ケン》繾《ケン》（形動タルト）つきまとって、はなれがたいようす。

糸 8

【綱】

14画 2543 7DB1

常用

音 コウ漢呉

訓 つな

筆順 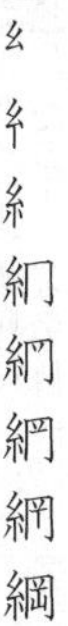

なりたち  〔形声〕「糸（＝つな）」と、音「岡《コウ》」とから成る。網《あみ》につけられた、つな。

意味 ❶（網《あみ》の目をしめくくる）太くてじょうぶな、つな。あみづな。おおづな。例綱維《コウイ》（＝おおづな。国のおきて）。❷ものごとのかなめとなるたいせつなもの。おおもと。例大綱《タイコウ》。要綱《ヨウコウ》。❸人の守るべき決まり。例綱紀《コウキ》。三綱《サンコウ》（＝君臣・父子・夫婦《フウフ》の秩序《チツジョ》）。❹分類上の大きな区分。例綱目《コウモク》。

人名 つね・つよし

【綱紀】綱《コウ》紀《キ》 国を治める根本の法律や秩序《チツジョ》。例―をただす。

【綱紀粛正】綱紀《コウキ》粛正《シュクセイ》 国の規律を厳正におこなうように、政治家や役人の態度をただすこと。例いっそうの―をうながす。

【綱目】綱《コウ》目《モク》 ものごとの大きな区分けと小さな区分け。大綱《タイコウ》と細目《サイモク》。

【綱要《コウヨウ》】ものごとの要点。基本的でたいせつな部分。例論理学—。

【綱領《コウリョウ》】①要点を簡潔にまとめたもの。②団体の根本方針・主義・立場などをまとめたもの。例政党の—。わが社の—。

◐大綱《タイコウ》・手綱《たづな》・横綱《よこづな》

糸 8
【綵】
14画 6929 7DB5 音サイ漢呉 訓いろど-る

意味 ❶美しいいろどりのある絹織物。あやぎぬ。例綵衣《サイイ》。❷彩色《サイシキ》の美しい。同彩《サイ》。例綵雲《サイウン》。綵籠《サイロウ》(=美しくいろどったかご)。

【綵衣《サイイ》】いろどりの美しい衣服。表記「彩衣」とも書く。

【綵雲《サイウン》】いろどりの美しい雲。五色の雲。彩雲《サイウン》。

【綵勝《サイショウ》】彩色《サイシキ》した絹布《ケンプ》で作られた女性の髪《かみ》かざり。立春に、新春を祝うものとして用いられた。

糸 8
【緇】
14画 6930 7DC7 音シ漢 訓くろ

意味 ❶黒色の絹。また、黒色の衣服。くろ。例緇衣《シイ》。緇素《シソ》(=黒と白。僧《ソウ》と俗《ゾク》)。緇布《シフ》。❷僧が着る墨染《すみぞ》めのころも。転じて、僧侶《ソウリョ》。例緇衣《シエ》。

参考「緇《シ》」の色は「玄《ゲン》」よりも黒い、とされる。

【緇衣】㊀《シイ》黒い衣服。㊁《シエ》〔「シイ」とも〕〔仏〕僧《ソウ》の着る黒衣。転じて、僧。

糸 8
【綽】
14画 6931 7DBD 音シャク漢呉 訓ゆる-やか・しな-やか

意味 ❶ゆったりとしているようす。ゆるやか。例綽綽《シャクシャク》。❷姿やようすが、やわらかく美しい。たおやか。しなやか。例綽約《シャクヤク》(=しなやかなようす)。

【綽名《あだな》】その人の特徴《トクチョウ》をとってつけた呼び名。表記「▼渾名・▼諢名」とも書く。

【綽綽《シャクシャク》】(形動《トタル》)あせらず、ゆっくりとおちついているようす。例余裕《ヨユウ》—。

糸 8
【綬】
14画 2890 7DAC 音シュウ漢ジュ呉 訓くみいと・ひも

意味 ❶佩玉《ハイギョク》や役所の印鑑《インカン》を帯びたり、垂れ幕や天幕をゆわえたりするときに用いた、くみひも。ひも。例綬《ジュ》を釈《と》く(=官職を辞す)。❷昔、礼服に結びたらした帯。また、勲章《クンショウ》や褒章《ホウショウ》などを身に帯びるときに用いる、ひも。例紫綬褒章《シジュホウショウ》(=むらさき色のひものついた記章)。

糸 8
【総】
14画 3377 7DCF 教育5 音ソウ漢呉 訓ふさ・す-べる・すべ-て

糸11
【總】
17画 6933 7E3D

筆順 く 幺 糸 糸 糸 糸 総 総

なりたち  [形声]「糸(=いと)」と、音「悤《ソウ》(=ちらばる)」とから成る。ちらばったものを糸でしばってたばねる。

意味 ❶あわせて一つにまとめる。すべる。例総括《ソウカツ》。総合《ソウゴウ》。総論《ソウロン》。❷まとめてひきいる。すべおさめる。例総裁《ソウサイ》。総督《ソウトク》。総理《ソウリ》。❸全部。すべて。例総会《ソウカイ》。総額《ソウガク》。総勢《ソウゼイ》。❹糸を束ねて垂らしたもの。ふさ。

日本語での用法《ソウ》旧国名の「上総《かずさ》(=房総《ボウソウ》半島中央部)」と「下総《しもうさ》(=茨城《いばらき》県南部と千葉県北部)」との両国の地の略。〔奈良《なら》時代以前は、上総・下総・安房《あわ》(=千葉県南部)をふくむ地域を「総国《ふさのくに》」といった〕「総州《ソウシュウ》・南総《ナンソウ》・房総半島《ボウソウハントウ》・総武《ソウブ》」

人名 あつむ・おさ・おさむ・さと・さとし・さとる・すぶ・すぶる・のぶ・みち

【▽総▽角《あげまき》】〔「ソウカク」とも〕昔の、子供の髪《かみ》のゆい方。頭の両側に二本の角《つの》のように束ねて結ぶ。

【総意《ソウイ》】全員の意志。例会員の—をたずねる。

【総員《ソウイン》】ある集団のメンバーすべて。例—集合。—百名。

【総会《ソウカイ》】①ある団体に所属する会員の、全員が集まって開かれる会合。例生徒—。株主—。②部会ではなく、関係者全員の会合。例役員—。

【総画《ソウカク》】その漢字を書くとき、その字を構成するすべての点や線の画数の合計。例—索引《サクイン》。

【総額《ソウガク》】全体の額。合計額。類全額。例予算の—。

【総括《ソウカツ》】(名・する)①全体を一つにまとめること。まとめてとりあつかうこと。例各部の予算を—する。②個々ではなく全体に関係すること。例—質問。③組合運動、また広く、ある行動が終わったあと、その成果や方針などについて、みんなで評価し、反省すること。例今期営業活動の—。

【総轄《ソウカツ》】(名・する)全体をまとめて、とりしまること。例全国の支店を—する部門。

【総柄《ソウがら》】布地などの全体が一つの絵柄で染めあげられていること。また、そのもの。総模様。例—の着物。

【総監《ソウカン》】警察や軍隊など、大きな組織の全体を監督《カントク》すること。また、その職。例警視—。

【総記《ソウキ》】①その書物の内容全体を、まとめて述べた部分。②図書の十進分類項目《コウモク》の一つ。百科事典・新聞・雑誌など、全分野にまたがる内容の図書や、どの分野にも属さない図書を集める。分類記号は「0」。

【総▼桐《ソウぎり》】全体が桐材でつくられていること。また、そのもの。例—のたんす。

【総軍《ソウグン》】すべての軍勢。全軍。

【総計《ソウケイ》】(名・する)すべての数や量を合わせて計算すること。また、その数量。対小計。例費用の—。

【総決算《ソウケッサン》】(名・する)①ある期間内の収入や支出のすべてを計算すること。②これまで続けてきたことのしめくくりをつけること。例長年の研究の—。

【総見《ソウケン》】(名・する)芝居《しばい》・相撲《すもう》などを、後援会《コウエンカイ》などの団体の会員が全員で見ること。例初日《ショニチ》の舞台《ブタイ》を—する。

【総合《ソウゴウ》】(名・する)別々のものを一つにまとめあげること。対分析《ブンセキ》。例—得点。情報を—する。表記旧▼綜合

【総攻撃《ソウコウゲキ》】(名・する)全軍がいっせいに攻撃をかけること。例—が失敗におわった。

【総裁《ソウサイ》】ある組織や団体の全体をとりまとめ、つかさどる人。例自民党—。日銀《ニチギン》の—。

【総菜《ソウザイ》】おかず。例お—を作る。表記旧▼惣菜

【総称《ソウショウ》】(名・する)別個のものを一つの類《ルイ》として、まとめていう言い方。たとえば、イワシはマイワシ・ウルメイワシ・カタクチイワシなどを、まとめていう言い方。

【総状《ソウジョウ》】ふさのような形。例—花序《カジョ》(=長いくきに柄《え》のある花を多数つける花のつき方)。

【総身《ソウシン》《ソウみ》】からだじゅう。全身。例—《ソウシン》の力をふりしぼる。大男《おおおとこ》—《ソウみ》に知恵《チエ》がまわりかね。

【総帥《ソウスイ》】全軍をひきいる人。総大将。例三軍の—。

【総数《ソウスウ》】全部のかず。全数。例生徒の—は千人をこえる。

【総勢《ソウゼイ》】軍勢や一団の全部の人数。例—十人で戦う。

【総説《ソウセツ》】(名・する)論文などで、全体の要旨《ヨウシ》を述べるこ

と。また、その部分。例著述内容の—。

【総則《ソウソク》】全体に共通している基本的な規則。対細則。例民法—。

【総体《ソウタイ》】一(名)ひとまとめにして考えた全体。全部。すべて。二(副)おしなべて。もともと。全体。例—むりな話だ。

【総代《ソウダイ》】なかまや関係者全員を代表する人。例卒業生—。氏子《うじこ》—。

【総高《ソウだか》】すべてを合計した金額。総額。例売上の—。

【総長《ソウチョウ》】①仕事全体をまとめて管理する役の人。例検事—。事務—。②一部の総合大学の長をいう。類学長。

【総出《ソウで》】全員そろって、とりかかること。例一家—の稲《いね》刈《か》り。

【総統《ソウトウ》】①全体を一つにまとめて治める人。また、その役。②中華民国《チュウカミンコク》の国家元首。③昔の、ナチス-ドイツの最高指導者。例ヒトラー—。

【総督《ソウトク》】植民地の政治や軍事などをつかさどる役。また、その人。例—府。

【総髪《ソウハツ》】男のかみのゆい方の一つ。かみ全体をのばし、後ろで束ねて垂らす。医師や山伏《やまぶし》などがゆった。

【総花《ソウばな》】①料理屋や花柳界《カリュウカイ》などで、客が使用人全員にくばる祝儀《シュウギ》。②関係者の全員に、まんべんなく利益が行きわたるようなやり方。〔広く浅いだけで、重点的ではないという意味で使われることもある〕例—式の予算。

【総評《ソウヒョウ》】(名・する)全体についての批評。例—は選者の代表がおこなう。

【総譜《ソウフ》】指揮者用の楽譜。合奏するすべての楽器の楽譜が、同時に見られるように書かれている。スコア。

【総別《ソウベツ》】(副)総じて。おおよそ。だいたい。

【総本家《ソウホンケ》】多くの分家が分かれ出た、そのいちばんのもとになっている本家。

【総本山《ソウホンザン》】〔仏〕一宗派の各本山をまとめる寺。

【総務《ソウム》】会社などで、組織の運営や人事などにかかわる仕事を分担するところ。例—部。

【総目《ソウモク》】書物全体の目録。総目録。

【総門《ソウモン》】①屋敷《やしき》のいちばん外側にある大門。②禅宗《ゼンシュウ》の寺の表門。

【総覧《ソウラン》】一(名・する)全体を見ること。例関係法令の—。二(名)あることがらに関係のあるものを、見やすく一つにまとめた本や表。表記▽「▼綜覧」とも書く。

【総理《ソウリ》】「内閣総理大臣」の略。

【総理大臣《ソウリダイジン》】「内閣総理大臣」の略。内閣を組織し、その長として閣議を主宰《シュサイ》し、行政部門を統轄《トウカツ》する国務大臣。国会の議決で国会議員の中から指名され、天皇が任命する。首相《シュショウ》。宰相《サイショウ》。

【総量《ソウリョウ》】重量や質量などの全体の量。例排気《ハイキ》ガスの—規制。

【総領《ソウリョウ》】①家のあとをつぐ者。あととり。例—息子《むすこ》。②長男または長女。例—の甚六《ジンロク》(=長男や長女はその弟妹《テイマイ》にくらべて、おっとりしているということ)。表記▽旧▼惣領

【総領事《ソウリョウジ》】〔英語 consul general の訳〕駐在《チュウザイ》する国との商取引、自国民の保護、他の領事の監督《カントク》などを仕事とする、最も階級が上の領事。

【総力《ソウリョク》】(ある組織や団体などが)もっている力のすべて。

【総論《ソウロン》】全体にわたる議論や説。大筋《おおすじ》。対各論。例—賛成、各論反対。

【総和《ソウワ》】すべてを加えた数。総計。例全員の力の—。

糸 8

【綜】

14画 3378 7D9C 人名 音ソウ漢 訓す-べる

なりたち  [形声]「糸(=いと)」と、音「宗《ソウ》」とから成る。はた織りの道具。

意味 ❶はた織りで、たて糸を上下させて、よこ糸の杼《ひ》の通る道をつくる道具。へ。❷あつめて一つにまとめる。また、まとめおさめる。ととのえる。同総《ソウ》。例綜合《ソウゴウ》。綜覧《ソウラン》。

人名 おさ・おさむ

【綜合《ソウゴウ》】⇩【総合《ソウゴウ》】(784ページ)

【綜覧《ソウラン》】⇩【総覧《ソウラン》】(785ページ)

糸 8

【綻】

14画 3530 7DBB 常用 音タン漢 訓ほころ-びる

筆順 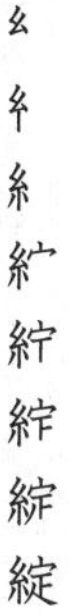

なりたち [形声]「糸(=いと)」と、音「定《テイ→タン》」とから成る。ほころびる。

意味 ❶ぬい目がほどける。花のつぼみがひらく。例綻花《タンカ》(=さいた花)。❷まとまった状態がやぶれる。成り立たない。例破綻《ハタン》。

糸 8

【綢】

14画 6934 7DA2 音チュウ漢 訓まと-う

意味 ❶細かくまきつける。まとう。例綢繆《チュウビュウ》(=まつわりつくこと)。❷細かくこみいっている。同稠《チュウ》。例綢密《チュウミツ》。

【綢密《チュウミツ》】(形動ダナ)〔「チョウミツ」は慣用読み〕人や人家などが多く集まって、こみあっているようす。例人口—。表記「▼稠密」とも書く。

糸 8

【緒】

14画 2979 7DD2 常用 音チョ慣 ショ漢 訓お・いとぐち

筆順 

糸 9

【緒】

15画 1-9012 7DD6 人名

なりたち  [形声]「糸(=いと)」と、音「者《シャ→ショ》」とから成る。糸の先端《センタン》。

意味 ❶糸のはし。転じて、ものごとのはじまり。いとぐち。例緒戦《ショセン》。端緒《タンショ》。❷糸のように長くつながるもの。また、心の思い。例情緒《ジョウショ》。由緒《ユイショ》。❸のこり。あまり。例緒余《ショヨ》(=のこり。重大とされないもの)。

日本語での用法《お》細いひも。また、長くつづくもの。「鼻緒《はなお》・玉《たま》の緒《お》」

人名 つぐ・はじめ

【緒言《ショゲン》】〔「チョゲン」は慣用読み〕書物の前書き。序文。

【緒戦《ショセン》】〔「チョセン」は慣用読み〕たたかいや試合の初め。序盤《ジョバン》戦。また、最初のたたかい。例—をかざる。

【緒論《ショロン》】〔「チョロン」は慣用読み〕本論の前置き。序論。

◐一緒《イッショ》・情緒《ジョウショ|ジョウチョ》・端緒《タンショ|タンチョ》・内緒《ナイショ》・鼻緒《はなお》・由緒《ユイショ》

糸 8

【綴】

14画 3654 7DB4 人名 音テツ慣 テイ漢 トツ唐 訓つづ-り・つづ-る・と-じる・と-じ

参考「綴」の音は、本来「テイ」だけで、「テツ」と読むのは、「輟《テツ》」の類推によるもの。

意味 ❶ぬいあわせる。つくろう。とじる。例補綴《ホテイ》。❷つづりあわせる。例綴集《テイシュウ》(=まとめてつづる)。❸つらなる。つらねる。❹ことばをつらねて文章などを書く。つづる。つづり。例綴字《テイジ》。綴《つづ》り方《かた》。

難読 直綴《ジキトツ》(＝僧《ソウ》のころも)・綴喜《つづキ》(＝地名・姓《セイ》)

【綴字】《テイジ・テツジ》 表音文字を使って、ことばを書きあらわすこと。例 —法。

糸 8

【綯】 14画 6935 7DAF 音 トウ漢 訓 な-う

意味 糸をよる。なわをなう。また、なわ。例 索《なわ》を綯《な》う。

糸 8

【緋】 14画 4076 7DCB 人名 音 ヒ漢 訓 あか

なりたち [形声]「糸(＝きぬ)」と、音「非《ヒ》」とから成る。赤い色のきぬぎれ。

意味 あか色のきぬ。また、火のようにあざやかな、あか。あけ。例 緋色《ヒいろ》(＝深紅《シンク》色)。緋鯉《ヒごい》。

人名 あけ

【緋▼縅】《ヒおどし》 赤い色でつづり合わせた、鎧《よろい》のおどし。

【緋▼鯉】《ヒごい》 ふつうの黒っぽい真鯉《まごい》に対して、赤を基調とする体色のコイ。観賞用。

糸 8

【綿】 14画 4442 7DBF 教育5 音 ベン漢 メン呉 訓 わた 付表 木綿《もめん》

筆順 幺 糸 糸 … 綿

糸 9

【緜】 15画 6936 7DDC 本字

なりたち [会意]「系(＝つらねる)」と「帛(＝きぬ)」とから成る。かぼそいものをつらねる。また、細い糸をつらねた、きぬわた。

参考 本来、「綿」は「きぬわた・まわた」、「棉《メン》」は「きわた・もめん」で、中国では使い分けるが、日本では区別せず、「もめん」にも「綿」の字を使う。

意味 ❶たえることなく長くつらねる。つらなる。例 綿綿《メンメン》。連綿《レンメン》。❷かぼそく小さい。こまかい。例 綿密《メンミツ》。❸きめのこまかい繊維《センイ》のかたまり。わた。同 棉《メン》。例 綿花《メンカ》。木綿《もめん》。

難読 木綿《もめん・ゆう・きわた》・木綿付鳥《ゆうつけどり》

人名 つら・まさ・ます・やす

【綿花】《メンカ》 ワタのたねを包んでいる白い繊維《センイ》。綿糸の原料。表記 ⑪▼棉花

【綿糸】《メンシ》 もめんいと。綿花の繊維《センイ》からつくった糸。

【綿実油】《メンジツユ》 ワタのたねからしぼったあぶら。

【綿布】《メンプ》 綿糸で織ったぬの。綿織物。

【綿棒】《メンボウ》 先にわたをまきつけた細い棒。耳や鼻などに薬をぬったりするために用いる。

【綿密】《メンミツ》 (名・形動《ダ》) 細かいところまで行きとどいてくわしいこと。やり方が細かく手ぬかりのないこと。緻密《チミツ》。例 —な調査。—に観察する。

【綿綿】《メンメン》 (形動《タルト》) (家系・伝統・気持ちなどが)絶えることなくいつまでも続くようす。連綿。例 —の恨《うら》みを述べた手紙。

【綿羊】《メンヨウ》 ウシ科の家畜《カチク》。からだをおおう灰色のやわらかいちぢれ毛は、毛糸や毛織物の原料となる。ヒツジ。表記 もと「▼緬羊」と書いた。

【綿毛】《わたげ》 わたのようなやわらかい毛。うぶげ。例 タンポポの—。

【綿津見】《わたつみ・わだつみ》 ①海の神。②海。大海原《おおうなばら》。例 —の沖《おき》つ白波。表記 ▽「▽海▽神」とも書く。

【綿雪】《わたゆき》 わたをちぎったような大きな雪。例 雨が—に変わる。

●海綿《カイメン》・浜木綿《はまゆう》・連綿《レンメン》

糸 8

【網】 14画 4454 7DB2 常用 音 ボウ漢 モウ呉 訓 あみ 付表 投網《とあみ》

筆順 幺 糸 糸 … 網

糸 8

【網】 14画

なりたち [形声]「糸(＝なわ)」と、音「罔《ボウ》」とから成る。なわを結んでつくった、魚などをとらえるあみ。

参考 「网・罔」は「網」の別体字。「綱《コウ》」は別の字。

意味 ❶魚・鳥・けものをとらえる、あみ。例 網羅《モウラ》。漁網《ギョモウ》。❷あみのように張りめぐらされたもの。例 網膜《モウマク》。交通網《コウツウモウ》。❸あみをはって残らずあつめる。とらえる。あみする。例 網羅《モウラ》。網絡《モウラク》(＝まとめる)。

難読 網引《あびき》・網代《あじろ》

【網▼襦▼袢】《あみジュバン・あみジバン》 ①レースなどで網の目につくった夏向きの下着。②芝居《しばい》で、武士や盗賊《トウゾク》の扮装《フンソウ》に用いる、鎖帷子《くさりかたびら》に似せた衣装《イショウ》。

【網▼杓子】《あみジャクシ》 水をきるために、すくいとる部分を網状に作った杓子《シャクシ》。網しゃもじ。

【網棚】《あみだな》 電車やバスなどで、手荷物を置くために座席の上方に(網を張って)作った棚。

【網版】《あみハン》 写真の製版法の一つ。画面が網の目のような細かい点からできており、点の大きさで原画の濃淡《ノウタン》をあらわす。

【網目】《あみめ》 網の糸と糸との間のすきま。例 —模様。—からもれる。

【網元】《あみもと》 漁船《ギョセン》や漁網《ギョモウ》を持ち、多くの漁師《リョウシ》をやとって漁業を営む人。漁師の親方。網主《あみぬし》。

【網膜】《モウマク》 〔生〕眼球の最もおくの内側にあって、視神経がつながっている膜。外からの光がここで像を結び、脳に伝わる。

【網羅】《モウラ》 (名・する) 〔「網」は魚を、「羅」は鳥をとるあみ〕そのことに関係する方面のものを残らず集めること。例 各界の代表者を—する委員会。

●漁網《ギョモウ》・鉄条網《テツジョウモウ》・法網《ホウモウ》

糸 8

【綾】 14画 1629 7DBE 人名 音 リョウ漢 リン唐 訓 あや

なりたち [形声]「糸(＝きぬ)」と、音「夌《リョウ》」とから成る。目の細かい絹織物。

意味 美しい模様がうき出るように織られた、うすい絹織物。あや。例 綾羅《リョウラ》。

日本語での用法 《あや》いきさつ。入り組んだ仕組み。「事件《ジケン》の綾《あや》・文章《ブンショウ》の綾《あや》・綾取《あやと》り」

難読 綾子《リンズ》

【綾錦】《あやにしき》 綾と錦。着物や紅葉《もみじ》などが、色とりどりで美しいようすにもいう。例 山のすそ野は—。

【綾羅】《リョウラ》 ①あやぎぬとうすぎぬ。②美しいぜいたくな着物。例 —錦繡《キンシュウ》のよそおい。—を身にまとう。

糸 8

【緑】 14画 4648 7DD1 教育3 音 リョク漢 ロク呉 訓 みどり

筆順 幺 糸 糸 … 緑

糸 8

【綠】 14画 1-9008 7DA0 人名

なりたち [形声]「糸(＝きぬ)」と、音「彔《ロク→リョク》」とから成る。青みがかった黄色のきぬ。

意味 ❶若葉や草のような色。青と黄の中間色。みどり。例緑茶《リョクチャ》。❷青々と葉のしげった草や木。例緑地《リョクチ》。新緑《シンリョク》。

難読 緑豆《ブンドウ》《やえなり》・緑毛亀《みのがめ》・緑礬《ロウハ》

人名 つか・つな・のり

【緑陰】《リョクイン》 青葉のしげったすずしい木のかげ。こかげ。例—で憩《いこ》う。—の昼寝《ひるね》。表記「緑▼蔭」とも書く。

【緑雨】《リョクウ》 新緑のころに降る雨。

【緑煙】《リョクエン》 ①夕方のもや。②春先の、若葉にかかる霧《きり》。

【緑眼】《リョクガン》 みどり色のまなこ。中国の西方に住む異民族を指していう。

【緑玉】《リョクギョク》 ①みどり色の宝玉《ホウギョク》。②エメラルド。

【緑酒】《リョクシュ》 みどり色にすんだ酒。上等な酒。例—の杯《ハイ》。

【緑樹】《リョクジュ》 青葉がしげった木。例—の多い市街。

【緑色】《リョクショク》《みどりいろ》 草や木の葉の色。青と黄の中間の色。例—《リョクショク》野菜。

【緑草】《リョクソウ》 みどり色の草。青草《あおくさ》。

【緑藻植物】《リョクソウショクブツ》 葉緑素をもち、みどり色に見える藻《も》。クロレラ・アオサ・アオノリなど。緑藻類。

【緑▼苔】《リョクタイ》 みどり色のこけ。あおごけ。青苔《セイタイ》。

【緑地】《リョクチ》 草木のしげっている土地。例—帯。

【緑茶】《リョクチャ》 茶の若葉を蒸《む》し、もみながら火を通してつくった、みどり色のお茶。玉露《ギョクロ》・煎茶《センチャ》など。㊈紅茶。

【緑土】《リョクド》 草木のしげった土地・国土。例豊かな—。

【緑内障】《リョクナイショウ》 眼球内の圧力が高くなり、視力がおとろえる病気。ひとみが青く見えるので、この名がある。あおそこひ。

【緑肥】《リョクヒ》 レンゲやウマゴヤシなどの青い草を、そのまま土中にすきこんでくさらせた肥料。草ごえ。

【緑風】《リョクフウ》 青葉をふきわたる、さわやかな初夏の風。例—かおる候。

【緑野】《リョクヤ》 草木のしげっている野原。

【緑葉】《リョクヨウ》 みどり色の葉。あおば。例—の深い陰《かげ》に憩《いこ》う。

【緑林】《リョクリン》 青葉のしげった林。

【緑化】《リョッカ》（名・する） 草木を植えて、みどりの多い土地にすること。例—運動。

【緑青】《ロクショウ》 ①銅や銅合金の表面にできる、青みどり色のさび。有毒。例—がふく。②酢酸《サクサン》と銅との化合物。みどり色の顔料に利用する。

◐深緑《シンリョク》・新緑《シンリョク》・濃緑《ノウリョク》・万緑《バンリョク》

糸8 【綸】 14画 6937 7DB8 人名 音リン㊊㊋ カン㊊ 訓いと

なりたち [形声]「糸(=ひも)」と、音「侖《リン》」とから成る。青糸をよりあわせたひも。

意味 ❶つり糸や弦楽器《ゲンガッキ》の糸。❷天子のことば。例綸言《リンゲン》。綸旨《リンジ》。❸つかさどる。おさめる。例経綸《ケイリン》。

人名 お

【綸巾】《カンキン》 青糸で作った、ずきん。諸葛孔明《ショカツコウメイ》が用いたことから諸葛巾ともいう。

【綸言】《リンゲン》 天子のことば。みことのり。綸旨《リンジ》。

【綸言汗《リンゲンあせ》の▽如《ごと》し】 天子が一度発したことばは、一度出た汗が元へもどらないように、取り消すことができない。〈漢書《カンジョ》〉

【綸旨】《リンジ》 〔「リンシ」とも〕 天子のことば。みことのり。綸言《リンゲン》。

【綸子】《リンズ》 しゅす織りの地に、地紋《ジモン》を織り出した絹織物。織り上げたのち、精練する。

糸8 【綟】 14画 *6938 *7D9F 音レイ・レツ㊊ 訓もじ

意味 黄色がかった緑色。もえぎ色。目のあらい麻《あさ》の織物。

日本語での用法《もじ・もじる》 有名な句や歌をよりどころとして言いかえること。「捩《レツ》」と通用する。「百人一首《ヒャクニンイッシュ》の名歌《メイカ》を綟《もじ》った川柳《センリュウ》」

糸8 【練】 14画 4693 7DF4 教育3 音レン㊊㊋ 訓ね-る

筆順 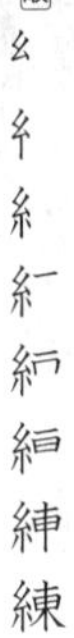

糸9 【練】 15画 1-9014 FA57 人名

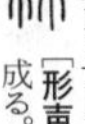

なりたち [形声]「糸(=きぬ)」と、音「柬《カン→レン》」とから成る。ねってやわらかくしたきぬ。また、ねる。

意味 ❶生糸《きいと》を煮《に》て白くやわらかくする。ねる。❷くりかえしおこなって、よくできるようにする。きたえる。また、手をかけてよいものにする。ねる。例練習《レンシュウ》。訓練《クンレン》。精練《セイレン》。❸経験を積んでなれている。例熟練《ジュクレン》。老練《ロウレン》。

人名 いさ・いさむ・ねり・よし

【練習】《レンシュウ》（名・する） 学問・技芸・運動などが上達するよう、くりかえしおこなうこと。例—問題。スポーツの—。

【練熟】《レンジュク》（名・する） 練習や経験を積んで、じゅうぶんに上達すること。熟練。例—を要する仕事。

【練達】《レンタツ》（名・する・形動《ナダ》） 練習や経験を積んだ結果、その技術がたいへん高いレベルに達していること。熟達。例—の士。

【練炭】《レンタン》 木炭や石炭の粉をねり固めた燃料。円柱形で、たてに多くの丸い穴を通してある。表記 ㊐▼煉炭

【練乳】《レンニュウ》 牛乳の水分を蒸発させて、こくしたもの。砂糖を加えたコンデンスミルクと、砂糖を加えないエバミルクとがある。表記 ㊐▼煉乳

【練▼嚢】《レンノウ》 ねりぎぬで作ったふくろ。

【練兵】《レンペイ》 兵士を訓練すること。例—場《ジョウ》。

【練磨】《レンマ》（名・する） ⇩【錬磨】《レンマ》（1014ページ）

◐訓練《クンレン》・修練《シュウレン》・熟練《ジュクレン》・手練《シュレン》《てだれ》・試練《シレン》・水練《スイレン》・精練《セイレン》・洗練《センレン》・鍛練《タンレン》・未練《ミレン》・老練《ロウレン》

糸8 【綰】 14画 6939 7DB0 音ワン㊊ 訓わが-ねる

意味 ❶つなぐ。むすぶ。かみの毛をむすんで、また、輪にしてゆいあげる。わがねる。例綰髪《ワンパツ》(=髪《かみ》をゆう)。❷一つにまとめておさめる。すべる。

糸8 ［綪］ 14画 ⇩【緇】《シ》（795ページ）

糸8 ［綫］ 14画 ⇩【線】《セン》（789ページ）

糸8 ［絣］ 14画 ⇩【絣】《ホウ》（781ページ）

糸8 【網】 14画 ⇩【網】《モウ》（786ページ）

糸8 【綠】 14画 ⇩【緑】《リョク》（786ページ）

糸9 【縁】 15画 1779 7E01 常用 音エン㊊㊋ 訓ふち・へり・えにし・ゆかり・よすが

筆順 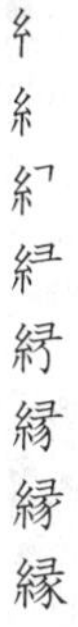

糸9 【緣】 15画 1-9013 7DE3 人名

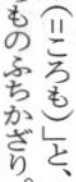

なりたち [形声]「糸(=ころも)」と、音「彖《タン→エン》」とから成る。ころものふちかざり。

意味 ❶もののまわりの部分。ふち。へり。例縁辺《エンペン》(=まわり)。外縁《ガイエン》。❷たよりにする。手がかりにする。よる。よすが。

例 縁由《エンユウ》。由縁《ユエン》。❸かかわりあいがあるもの。関係。ゆかり。例 縁故《エンコ》。血縁《ケツエン》。離縁《リエン》。❹〔仏〕ある原因からある結果を生じさせるはたらき。めぐり合わせ。例 縁起《エンギ》。因縁《インネン》。

日本語での用法《エン》（庭に面した）座敷《ざしき》の外側についている板じきの部分。「縁側《エンがわ》・縁先《エンさき》・縁《エン》の下《した》・濡《ぬ》れ縁《エン》」

人名 まさ・むね・やす・ゆか・よし・より

【縁家《エンカ》】結婚などの縁組みによって親類になっている家。例 妻のほうの—にやっかいになる。

【縁側《エンがわ》】日本の建築で、部屋の外側にあって庭などに面した板じきの部分。縁。例 —で日なたぼっこ。

【縁起《エンギ》】①これから、何かいいことが、または悪いことが起こることを予測させるようなちょっとしたできごと。前ぶれ。前兆。例 —がよい。—をかつぐ。②ものごとの起こり。とくに、神社や寺の起源や歴史、宝物の由来など。また、それをしるした文書。例 信貴山《シギサン》—。

【縁組み《エンぐみ》】（名・する）夫婦《フウフ》や養子などの関係を結ぶこと。例 養子—。—がととのった。

【縁故《エンコ》】①人と人との（特別な）つながり。つて。ゆかり。よしみ。例 —採用。—をたどって上京する。②血のつながりや婚姻《コンイン》でできた関係。縁続き。例 ひとりの—もない土地。

【縁語《エンゴ》】和歌などで、意味・発音の上からつながりのあることばを詠《よ》みこんで、表現の効果を上げる技法。また、そのことば。たとえば、「あおやぎの糸よりかくる春しもぞみだれて花のほころびにける」（紀貫之《きのつらゆき》）で、「より（＝縒《よ》り）」「かくる（＝掛《か》くる）」「みだれ（＝乱れ）」「ほころび（＝綻《ほころ》び）」が、ともに「糸」の縁語となる。

【縁先《エンさき》】縁側のはし。例 —の立ち話。

【縁者《エンジャ》】自分と血のつながりのある人や結婚《ケッコン》した相手の親族などをまとめていう。親類。親戚《シンセキ》。例 親類—が集まって祝う。

【縁戚《エンセキ》】結婚《ケッコン》や養子縁組みなどによって生じる親類。身内のもの。縁家《エンカ》。親戚。親類。例 —にあたる。

【縁台《エンダイ》】板や竹などで作った細長いこしかけ。屋外で夕すずみのときなどに使う。例 —将棋《ショウギ》。—で夕すずみ。

【縁談《エンダン》】結婚《ケッコン》（や養子縁組み）をすすめる話。例 —をもちこむ。

【縁日《エンニチ》】神社や寺で、ある特定の神や仏の供養《クヨウ》や祭りをおこなう日。参詣人《サンケイニン》目あての露店《ロテン》や屋台店《やタイみせ》などが出てにぎわう。例 —で買った花火。—の金魚売り。

【縁辺《エンペン》】①まわり。周辺。例 —諸国。②縁つづき。親類。例 —を結ぶ（＝結婚《ケッコン》する）。

【縁由《エンユウ》】〔「エンユ」とも〕①つながりや関係があること。②ものごとがそうなった理由。わけ。由来《ユライ》。

●因縁《インネン》・額縁《ガクぶち》・機縁《キエン》・金縁《キンぶち》・絶縁《ゼツエン》・地縁《チエン》・内縁《ナイエン》・復縁《フクエン》・無縁《ムエン》・良縁《リョウエン》

［糸部］9画 縅 緩 緘 緊

6画

糸 9

【縅】

15画 6947 7E05 国字

訓 おどし・おど-す

意味 〔「おどす」は「緒《お》を通す」の意〕鎧《よろい》の札《さね》（＝鉄や革《かわ》の細長い板）を糸や革ひもでつづり合わせる。また、それによってできる色合い。例 黒糸縅《くろいとおどし》。緋縅《ヒおどし》。

糸 9

【緩】

15画 2043 7DE9 常用

音 カン 漢 呉

訓 ゆる-い・ゆる-やか・ゆる-む・ゆる-める

筆順

糸 9 【緩】15画

なりたち  〔形声〕「糸（＝いと）」と、音「爰《エン》→カン」とから成る。ゆるやか。

意味 ❶きつくしめつけずに、ゆとりがある。ゆるい。ゆるやか。ゆるむ。例 緩慢《カンマン》。弛緩《シカン》（＝ゆるむ）。❷やわらげる。ゆるめる。例 緩衝《カンショウ》。緩和《カンワ》。

人名 のぶ・ひろ・ふさ・やす

【緩解《カンカイ》】（名・する）⇩【寛解《カンカイ》】（305ページ）

【緩急《カンキュウ》】①ゆるやかなことと、きついこと。例 —よろしきを得る。②おそいことと、速いこと。例 —自在に調節する。③〔「緩」の意味がなくなって〕危急のとき。さしせまっているとき。例 一旦《イッタン》—あれば。

【緩下剤《カンゲザイ》】急激でなく、ゆるやかにきく下剤。

【緩行《カンコウ》】（名・する）①ゆっくり進むこと。②電車が各駅に止まりながら進むこと。例 —電車。

【緩衝《カンショウ》】（名・する）二つの対立するものの間に起こる、衝突《ショウトツ》や衝撃《ショウゲキ》をやわらげること。また、そのもの。例 —地帯。—器（＝バンパー）。

【緩慢《カンマン》】（名・形動《ダ》）①ゆっくりしていること。例 —な動作。②手ぬるいこと。例 —な処置。

【緩和《カンワ》】（名・する）きびしさ・はげしさをやわらげること。また、やわらぐこと。例 規制—。痛みを—する。

糸 9

【緘】

15画 6940 7DD8

音 カン 漢

訓 と-じる

意味 ❶箱にかけてしばる、ひも。とじなわ。❷封《フウ》をする。とじる。また、手紙などの封。例 封緘《フウカン》。❸口をつぐんで何も言わない。とじる。例 緘口《カンコウ》。緘黙《カンモク》。

【緘口《カンコウ》】（名・する）口を閉じてものを言わないこと。例 —して語らない。→【箝口《カンコウ》】（754ページ）

【緘黙《カンモク》】（名・する）口を閉じてものを言わないこと。おしだまること。例 —症《ショウ》。石のように—したままであった。

糸 9

【緊】

15画 2259 7DCA 常用

音 キン 漢 呉

訓 きび-しい・し-める

筆順

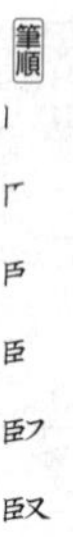

なりたち 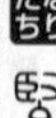 〔会意〕「臤（＝かたい）」と「糸（＝いと）」とから成る。糸をきつくまきつける。

意味 ❶きつくひきしめる。しめる。ゆるみがない。例 緊縮《キンシュク》。緊張《キンチョウ》。緊縛《キンバク》。❷さしせまる。例 緊急《キンキュウ》。緊迫《キンパク》。

人名 かたし・しまる

【緊急《キンキュウ》】（名・形動《ダ》）事が重大で、至急その対策をたてなければならないこと。例 —事態。—な用件。

【緊▼褌《キンコン》】ふんどしをしっかりしめること。例 —一番（＝決意を新たに気持ちをひきしめて事にあたること）。

【緊縮《キンシュク》】（名・する）①ひきしめること。例 —政策。②支出をきりつめること。節約すること。例 —財政。

【緊張《キンチョウ》】（名・する）①不安や期待などで気持ちをはりつめ、身をかたくすること。対 弛緩《シカン》。例 —感。②両者の関係が悪くなり、ちょっとしたきっかけで争いが起こりそうな状態になること。例 両国間の—が高まる。

【緊縛《キンバク》】（名・する）（ゆるまないように）かたくしばること。例 不思議な力に—されたかのように動けなかった。

【緊迫《キンパク》】（名・する）ひどくさしせまっていること。例 —感がただよう。対立がはげしく情勢が—する。

【緊密《キンミツ》】（名・形動《ダ》）おたがいの関係が密接なこと。結びつきがしっかりしていること。密接。例 —な関係。

【緊要】《キンヨウ》(名・形動ダ) さしせまって重要なこと。肝要《カンヨウ》。例—な課題。

糸 9
【緝】
15画 6941 7DDD 音シュウ漢 訓あつ-める・う-む・つむ-ぐ

意味 ❶アサをよりあわせて糸にする。つむぐ。うむ。❷つかまえる。とらえる。例緝捕《シュウホ》。❸光りかがやく。例緝熙《シュウキ》。同輯《シュウ》。❹やわらぐ。やわらげる。❺よせあつめて、まとめる。例緝合《シュウゴウ》(=あつめあわせる。つづりあわせる)。

【緝▼熙】《シュウキ》 光。光明。また、徳が光りかがやくこと。〈詩経《シキョウ》〉
【緝捕】《シュウホ》 罪人をさがし出してとらえること。また、その任に当たる役人。
【緝▼穆】《シュウボク》(名・する) 仲よくすること。むつまじくすること。また、仲よくさせること。

糸 9
【縄】
15画 3876 7E04 教育4 音ショウ漢 ジョウ呉 訓なわ

筆順 幺 糸 糸 紀 紀 絹 絹 縄

糸13
【繩】
19画 6974 7E69

なりたち [形声]「糸(=ひも)」と、音「蠅《ヨウ→ショウ》」の省略体とから成る。なわ。

意味 ❶わらやアサなどをより合わせてつくった、太いひも。なわ。例縄文《ジョウモン》。結縄《ケツジョウ》。❷直線を引くのに用いる道具。すみなわ。転じて、規準。のり。例縄墨《ジョウボク》。

人名 ただ・つぐ・つな・つね・なお・のり・まさ

【縄索】《ジョウサク》 なわ。つな。例—をわたして谷をこえる。
【縄墨】《ジョウボク》 ①墨《すみ》つぼにつけた糸。すみなわ。大工や石工などが直線を引くのに使う。②規則。また、ものごとの標準。例—に従う。
【縄文】《ジョウモン》 日本古代の土器の表面につけられた、なわの編み目のような模様。例—土器。—時代。
【縄▽暖▼簾】《なわノレン》 いく本ものなわをたらして作ったのれん。〔店先になわのれんを下げたことから、居酒屋《いざかや》などをもいう〕例—で飲む。
【縄▼梯子】《なわばしご》 なわで作ったはしご。縄梯《ジョウテイ》。
【縄目】《なわめ》 ①なわの結び目。②罪人としてなわをかけられること。例—の恥《はじ》を受ける。

◎荒縄《あらなわ》・結縄《ケツジョウ》・七五三縄《しめなわ》・注連縄《しめなわ》・準縄《ジュンジョウ》・泥縄《どろなわ》・火縄《ひなわ》

糸 9
【線】
15画 3294 7DDA 教育2 音セン漢 訓すじ 付表三味線《しゃみせん》

筆順 幺 糸 糸 約 約 綿 綿 線

糸 8
【綫】
14画 6932 7DAB 本字

なりたち [形声]「糸(=いと)」と、音「戔《セン》」とから成る。長いいと。

意味 ❶糸のように細長いもの。すじ。例線香《センコウ》。電線《デンセン》。❷細い道。みちすじ。鉄道などの交通路。例線路《センロ》。幹線《カンセン》。国際線《コクサイセン》。❸さかいめ。境界。例水平線《スイヘイセン》。生命線《セイメイセン》。戦線《センセン》。❹〔数〕連続的にうごく点のえがく図形。例曲線《キョクセン》。垂線《スイセン》。直線《チョクセン》。

【線区】《センク》 鉄道の全線を区間によって分けたもの。
【線形】《センケイ》 ①線のように細長いかたち。線状。②植物の葉のかたちの一つ。はばがせまく、両側のへりの線が平行しているかたち。リュウノヒゲ・シュンランの葉など。
【線香】《センコウ》 沈香《ジンコウ》や丁字《チョウジ》などの香料に、松やにやのりなどをまぜて、細長くねりかためたもの。火をつけて仏前に供える。また、蚊取《かと》り線香などもある。例—立て。—をあげる。
【線上】《センジョウ》 ①線の上。例白い—に並ぶ。②境目の状態にあること。例当落—にある候補者。
【線条】《センジョウ》 すじ。線。例表面にこまかい—が見える。
【線番】《センバン》 針金・電線などの太さをあらわす番号。番号が大きいほど細くなる。
【線描】《センビョウ》 ものの形を線だけでえがくこと。また、その絵。線がき。例—画。
【線路】《センロ》 電車などが通る道。軌道《キドウ》。レール。例—工事。

◎沿線《エンセン》・幹線《カンセン》・曲線《キョクセン》・琴線《キンセン》・光線《コウセン》・混線《コンセン》・支線《シセン》・視線《シセン》・斜線《シャセン》・前線《ゼンセン》・対角線《タイカクセン》・脱線《ダッセン》・単線《タンセン》・地平線《チヘイセン》・点線《テンセン》・導火線《ドウカセン》・導線《ドウセン》・内線《ナイセン》・配線《ハイセン》・複線《フクセン》・本線《ホンセン》・無線《ムセン》・有線《ユウセン》・路線《ロセン》

糸 9
【緞】
15画 6943 7DDE 音タン漢 ダン呉 ドン唐

意味 厚地でつやのある上等の絹織物。例緞子《ドンス》。絨緞《ジュウタン》。

【緞子】《ドンス》 繻子地《シュスジ》で厚く、つやのある絹織物。例金襴《キンラン》—。
【緞帳】《ドンチョウ》 ①劇場の舞台《ブタイ》正面で、上下に開閉する、ししゅうや織り模様のはいった厚地の幕。②下級の芝居《しばい》で用いる、そまつな垂《た》れ幕。例—芝居。—役者。

糸 9
【締】
15画 3689 7DE0 常用 音テイ漢 訓し-まる・し-める

筆順 糸 糸 紵 紵 綷 綷 締 締

なりたち [形声]「糸(=いと)」と、音「帝《テイ》」とから成る。ほどけないように結ぶ。

意味 かたく結んでとけない。約束を結ぶ。例締結《テイケツ》。締盟《テイメイ》。

日本語での用法 《しまる・しめ・しめる》①監督《カントク》する。「一斉《イッセイ》取《と》り締《し》まり・取締役《とりしまりヤク》」②合計する。「締《し》め高《だか》・帳簿《チョウボ》を締《し》める」③とざす。「戸締《とじ》まり」④おしまいにする。「締切《しめき》り」⑤たるんでいない。「気持《きも》ちをひき締《し》める・ひき締《し》まった顔《かお》つき」⑥倹約《ケンヤク》する。「家計《カケイ》を締《し》める・締《し》まり屋《や》」

使い分け しまる・しめる【締・絞・閉】⇩1170ページ

【締結】《テイケツ》(名・する) 条約・協定・契約《ケイヤク》などをむすぶこと。例条約を—する。
【締盟】《テイメイ》(名・する) 同盟や条約をむすぶこと。例—国。
【締約】《テイヤク》(名・する) 条約をむすぶこと。例攻守同盟《コウシュドウメイ》を—する。

糸 9
【緲】
15画 6945 7DF2 音ビョウ漢 ミョウ呉

意味 かすかでよく見えない。例縹緲《ヒョウビョウ》(=遠くかすんで、ぼんやりとしたようす)。

糸 9
【緡】
15画 6946 7DE1 音ビン漢 ミン呉 訓つりいと・ぜにさし

意味 ❶つりいと。❷穴あき銭の穴にさし通して、たくさんのぜにをたばねる、なわ。ぜにさし。また、ぜにさしで通したぜにのたば。一千枚を一緡《ひとさし》とした。例緡銭《ビンセン》(=穴に差し通してた

ばねたぜに)。

糸 9
【編】15画 4252 7DE8 [教育5] [音]ヘン(漢) [訓]あ-む
[筆順] … 編

糸 9
【編】15画
[なりたち] [形声]「糸(=いと)」と、音「扁《ヘン》」とから成る。竹のふだをならべて糸でとじる。
[意味] ❶ばらばらのものを、順序だててまとめる。あむ。[例]編次《ヘンジ》。編年体《ヘンネンタイ》。❷文章や詩歌《シイカ》などをあつめて書物にする。あむ。[例]編纂《ヘンサン》。編集《ヘンシュウ》。❸書物をとじる糸。[例]韋編《イヘン》(=なめし革《がわ》のほそひも。竹簡《チクカン》などをつなげて書物にした)。韋編三絶《イヘンサンゼツ》(=何度もくりかえし書物を読むこと)。❹書物。また、書物の、あるひとまとまりになった部分。(同)篇《ヘン》。[例]前編《ゼンペン》。短編《タンペン》。長編《チョウヘン》。❺書物・詩・文章を数えることば。(同)篇《ヘン》。[例]一編《イッペン》の書《ショ》。詩《シ》三百編《サンビャッペン》(=『詩経《シキョウ》』を指すこともある)。
[難読] 編木《びんささら｜ささら》
[人名] あみ・つら・よし

【編曲】《ヘンキョク》(名・する) ある楽曲を、他の演奏形態に合うようにつくりかえること。アレンジ。[例]クラシックの曲をコマーシャルソングに—する。
【編▼纂】《ヘンサン》(名・する) 多くの材料を集め、一定の方針によって手を加え、書物にまとめること。多くの資料と時間を要する、大がかりなものについていう。(類)編集。[例]史料の—。
【編次】《ヘンジ》 ①集めて順序をととのえ(並べ)ること。②書物の中の、各部分の順序。[表記]▽(旧)▼篇次
【編者】《ヘンシャ｜ヘンジャ》 辞典など大がかりな書物をつくるさい、編集の方針をたて、その方針にもとづいて原稿をととのえ、できあがった内容に責任をもつ人。〔出版社内で編集に従う編集者と区別する〕
【編首】《ヘンシュ》 一編の詩や文章の初めの部分。[表記](旧)▼篇首
【編修】《ヘンシュウ》(名・する) 資料を集め、精選し、検討を加えて書物をつくりあげること。辞典や歴史の本などについていうことが多い。(類)編集・編纂《ヘンサン》。[例]国史を—する企画《キカク》。
【編集】《ヘンシュウ》(名・する) 書籍《ショセキ》・新聞・雑誌などの原稿《ゲンコウ》を、一定の方針のもとに整理し構成すること。〔映画のフィルムやコンピューターのデータの手直しなどについてもいう〕(類)編修・編纂《ヘンサン》。[例]—者。—担当。[表記](旧)編▼輯
【編述】《ヘンジュツ》(名・する) 材料を集めてそれに手を加え、書物として述べあらわすこと。[例]創立百年史を—する。
【編成】《ヘンセイ》(名・する) それぞれのものを集めて一つの組織にまとめあげること。[例]予算—。クラス—。八両—の列車。番組を—する。
【編制】《ヘンセイ》(名・する) 団体や軍隊などの、個々の集団を組織すること。[例]師団の—。平時の—と戦時の—とでは大きな差がある。
【編隊】《ヘンタイ》 数機の飛行機が隊形をととのえて飛ぶこと。[例]—飛行。—を組む。
【編著】《ヘンチョ》 編集し、かつ著述すること。また、そのもの。[例]—者。
【編入】《ヘンニュウ》(名・する) すでにある組織の中に、あとから組み入れること。[例]—試験。第三学年に—する。
【編年史】《ヘンネンシ》 年代順に事件やことがらを記した歴史。編年体の歴史。
【編年体】《ヘンネンタイ》 歴史書を記述するさい、事件やことがらの起きた順に年月を追って記す方法。中国の場合、『春秋《シュンジュウ》』『資治通鑑《シジツガン》』などがこれにあたる。↓【紀伝体】《キデンタイ》(768ページ)
【編訳】《ヘンヤク》(名・する) 翻訳《ホンヤク》し、編集すること。[例]イプセンの戯曲《ギキョク》を—する。
◐改編《カイヘン》・後編《コウヘン》・詩編《シヘン》・全編《ゼンペン》・短編《タンペン》・断編《ダンペン》・中編《チュウヘン》・長編《チョウヘン》

糸 9
【緬】15画 4443 7DEC [音]ベン(漢) メン(呉)
[意味] ❶細い糸。❷はるか遠い。また、はるかに思う。はるか。[例]緬思《メンシ》(=はるかに思う)。緬然《メンゼン》(=はるかなようす)。❸「緬甸《メンデン》」の略。「緬甸」は、ビルマ(=現在のミャンマー)の音訳。[例]泰緬鉄道《タイメンテツドウ》(=タイ・ビルマ間に建設された鉄道)。
【緬羊】《メンヨウ》 ヒツジ。毛を織物などの材料にする。[表記]「綿羊」とも書く。

糸 9 【緯】15画 ⇩【緯】《イ》(790ページ)

糸 9 【縁】15画 ⇩【縁】《エン》(787ページ)

糸 9 【緩】15画 ⇩【緩】《カン》(788ページ)

糸 9 ［緤］15画 ⇩【紲】《セツ》(776ページ)

糸 9 【緒】15画 ⇩【緒】《チョ》(785ページ)

糸 9 【編】15画 ⇩【編】《ヘン》(790ページ)

糸 9 ［緜］15画 ⇩【綿】《メン》(786ページ)

糸 9 【練】15画 ⇩【練】《レン》(787ページ)

糸 10
【緯】16画 1662 7DEF [常用] [音]イ(漢) [訓]よこいと・ぬき
[筆順] … 緯

糸 9
【緯】15画
[なりたち] [形声]「糸(=いと)」と、音「韋《イ》」とから成る。はたおりのよこいと。
[意味] ❶織物のよこ糸。ぬき。(対)経《ケイ》。[例]経緯《ケイイ》(=たて糸とよこ糸)。❷地球の赤道に平行して地球を一周し、赤道から南北への距離《キョリ》の度合いを示す線。(対)経。[例]緯線《イセン》。緯度《イド》。南緯《ナンイ》。❸未来のことを予言した書物。未来記。[例]緯書《イショ》。
[難読] 経緯《たてぬき｜たてよこ｜いきさつ》
[人名] つかね

【緯書】《イショ》 漢代に、経書《ケイショ》に対してつくられた書物。占《うらな》いや予言を記したもので、現在は、他書に引用された部分だけが残っている。
【緯線】《イセン》 地球上のある地点の位置を示すため、地表の上にかりにもうけた横の線。赤道と平行で、経線と直角にまじわる。
【緯度】《イド》 地球上のある地点の位置を示すための座標の一つ。緯線により、赤道から北または南へどの程度はなれているかを示す。赤道より北を「北緯」、南を「南緯」という。
【▽緯糸】《よこいと》 ⇩【横糸】《よこいと》(544ページ)
◐経緯《ケイイ｜いきさつ》・南緯《ナンイ》・北緯《ホクイ》

糸 10
【縊】16画 6948 7E0A [音]イ・エイ(漢) [訓]くび-る・くび-れる
[意味] ❶首をしめて殺す。くびる。[例]縊殺《イサツ》。❷自分で首をくくって死ぬ。くびれる。[例]縊死《イシ》。

糸 10
【縕】16画 1-9018 7E15 [音]ウン(漢)

意味 ❶もつれた麻糸《あさいと》。転じて、綿入れなどに用いる綿。例 縕袍《ウンポウ》。❷おくぶかい。例 縕奥《ウンオウ》。

【縕奥】《ウンオウ／ウンノウ》 ⇩【蘊奥】《ウンノウ》（870ページ）

【縕▼袍】《ウンポウ／オンポウ／どてら》 防寒用の、綿入れの衣服。

糸 10

【縞】 16画 2842 7E1E 人名 音 コウ(漢) 訓 しま

意味 ❶白い絹。染めたり練ったりする前の絹。しろぎぬ。きぎぬ。例 縞衣《コウイ》。❷白色。しろい。しろ。例 縞羽《コウウ》（＝白い羽）。

日本語での用法 《しま》二色以上の糸を縦や横に織り出した模様。また、そのような柄《がら》の模様。「縞馬《しまうま》・縞織《しまおり》・縞柄《しまがら》・縦縞《たてじま》」

【縞織物】《しまおりもの》 しま模様を織り出した織物。しまおり。

【縞柄】《しまがら》 しま模様。例 ―のふだん着《ぎ》。

【縞物】《しまもの》 しま模様の織物。

● 格子縞《コウシじま》・縞縞《しまじま》・縦縞《たてじま》・横縞《よこじま》

糸 10

【綷】 16画 6950 7E21 音 ㊀サイ(漢)(呉) ㊁ソウ(漢)(呉) 訓 こと

意味 ㊀《サイ》 こと。ことがら。㊁《ソウ》 絹織物をまとめていうことば。きぬ。

日本語での用法 《こと》名詞「こと」の転じた意味に用いられる。「綷切《ことき》れる（＝事《こと》が切れる。命が終わる。息たえる）」

糸 10

【縒】 16画 6951 7E12 音 シ(漢) 訓 よ-る・よ-り

意味 「参縒《シンシ》」は、糸が長短ふぞろいなようす。また、みだれるようす。

日本語での用法 《よる・より》糸やひもなどを、ねじりあわせる。「縒《よ》り糸《いと》・紙縒《こより》・縒《よ》りをかける・糸《いと》を縒《よ》る・こよりを縒《よ》る」

糸 10

【縦】 16画 2936 7E26 教育6 音 ショウ(漢) ジュウ(呉) 訓 たて・ほしいまま

筆順 糸 糸 紒 紒 紒 紒 縦

糸11

【縱】 17画 6952 7E31 人名

なりたち  [形声]「糸（＝いと）」と、音「從《ショウ》」とから成る。ゆるめる。

意味 ❶ゆるめる。また、ゆるす。例 縦容《ショウヨウ》。❷気のむくまま。わがままにする。ほしいまま。例 縦覧《ジュウラン》。放縦《ホウジュウ》（＝わがまま）。❸南北の方向。また、垂直の方向。たて。例 縦横《ジュウオウ》。縦走《ジュウソウ》。縦断《ジュウダン》。❹〔助字〕「たとい（…とも）」と読み、かりに…としても、の意。仮定をあらわす。例 縦王レ我《たといわれをオウとすとも》（＝かりに私を王にしたとしても）。

人名 なお

【縦横】《ジュウオウ》 ㊀（名）たてとよこ。また、東西と南北。例 道路が―に通っている。㊁（名・形動《ダナ》）思うまま。自由自在。例 ―に活躍《カツヤク》する。

【縦横家】《ジュウオウカ》 ①諸子百家《ショシヒャッカ》の一つ。戦国時代、合従策《ガッショウサク》を主張した蘇秦《ソシン》や、連衡策《レンコウサク》を主張した張儀《チョウギ》など、外交政策を説いてまわった人々の一派。↓【合従連衡】《ガッショウレンコウ》（188ページ） ②はかりごとをめぐらす人。

【縦横無尽】《ジュウオウムジン》（名・形動《ダナ》）はたらきなどが自由自在であること。思う存分。例 ―の活躍《カツヤク》。

【縦貫】《ジュウカン》（名・する）たてにつらぬくこと。南北につらぬくこと。対 横断。例 ―道路。南北を―する鉄道。

【縦線】《ジュウセン》 たてに引いた線。たてせん。対 横線。

【縦走】《ジュウソウ》（名・する）①たてに地形をつらぬくように、山脈などが連なっていること。②尾根《おね》づたいに多くの山のいただきを通って行くこと。例 南アルプスを―する。

【縦隊】《ジュウタイ》 たてに並んでいる隊形。対 横隊。例 二列―。

【縦断】《ジュウダン》（名・する）①たての方向に切ること。例 ―面。②たてまたは南北の方向に広がるところを通ること。例 日本列島を―する。▽対 横断。

【縦覧】《ジュウラン／ショウラン》（名・する）（文書などを、見たい人が）自由に見ること。例 ―を許可する。選挙人名簿《メイボ》の―期間。

【▽縦放】《ショウホウ》 ①思いどおりに、かってにふるまうこと。また、かってにさせること。放縦《ホウジュウ／ホウショウ》。例 ―な生活。②自由自在。

【▽縦容】《ショウヨウ》（形動《トタル》）あせらず、ゆうゆうとしているようす。表記「従容」とも書く。

【縦糸】《たていと》 織物で、たての方向に長く通っている糸。対 横糸。表記「▽経糸」とも書く。

【縦軸】《たてジク》〔数〕グラフの原点で直角に交わる直線（＝座標軸）のうち、たてにのびているほう。対 横軸。

【縦笛】《たてぶえ》 たてにしてふく笛。ひちりき・尺八・クラリネット・リコーダーなど。対 横笛。表記「▼竪笛」とも書く。

【▽縦▽令】《たとい／たとえ》（副）よしんば。かりに…しても。例 ―負けても、くじけない。表記「▽縦・▽仮▽令」とも書く。

● 操縦《ソウジュウ》・放縦《ホウジュウ／ホウショウ》

糸 10

【縟】 16画 6953 7E1F 音 ジョク(漢) 訓 わずら-わしい

意味 ❶手のこんだ、はなやかないろどりのかざり。例 縟麗《ジョクレイ》（＝かざりたてて美しい）。❷数が多く、こみいってめんどうなようす。わずらわしい。例 縟礼《ジョクレイ》。

【縟礼】《ジョクレイ》 わずらわしい礼儀《レイギ》作法。例 繁文《ハンブン》―。

糸 10

【縉】 16画 6954 7E09 音 シン(漢) 訓 おび・さしはさ-む・ぬいめ

意味 ❶赤い絹織物。❷帯にさしこむ。さしはさむ。同 搢。例 縉紳《シンシン》。

【縉紳】《シンシン》〔「紳」は、上級官吏《カンリ》が礼装のときにつける大帯〕上級官吏が礼装で笏《しゃく》を大帯にさしはさむこと。転じて、身分の高い人。上流階級の人。士大夫《シタイフ》。

糸 10

【緻】 16画 6944 7DFB 常用 音 チ(漢)(呉) 訓 こま-かい

筆順 糸 糸 糸 紐 紐 緻 緻

なりたち  [形声]「糸（＝いと）」と、音「致《チ》」とから成る。密である。

意味 こまかいところまで行きとどく。きめこまかい。くわしい。例 緻密《チミツ》。精緻《セイチ》。

【緻密】《チミツ》（名・形動《ダナ》）①細工がこまかく、たくみなこと。例 ―な彫刻《チョウコク》。②こまかいところまで行きとどいていること。

糸 10

【縋】 16画 6955 7E0B 音 ツイ(漢) 訓 すが-る

意味 ぶらさがっている縄《なわ》によって下りたり、上がったりする。また、下ろしたり、ひき上げたりする。例 縋城《ツイジョウ》（＝たらした縄によって城壁《ジョウヘキ》を下りる）。

日本語での用法 《すがる》たよりにして、取りつく。「藁《わら》にも縋《すが》りたい思《おも》い・袂《たもと》に縋《すが》って止《と》めようとする・人《ひと》の情

―《ジョウ》―《なさけ》に縋《すが》る」

糸10
【縢】
16画 *6956 *7E22 音トウ㊥漢 訓から-げる・なわ・まと-う
意味 ❶ひもなどでしばって、たばにする。しばる。からげる。例金縢《キントウ》(=金のひもでしばった箱。『書経《ショキョウ》』の編名)。❷ひも。なわ。例縢履《トウリ》(=なわであんだくつ)。❸足首からひざの下にまく布。例行縢《コウトウ》《むかばき》(=旅行や狩《か》りなどのときに腰《こし》から下、または足をおおった布や革《かわ》)。

糸10
【縛】
16画 3991 7E1B 常用 音ハク漢バク呉 訓しば-る
筆順 糹 糸 絎 絙 縛 縛 縛 縛

糸10
【縛】
16画
なりたち  [形声]「糸(=ひも)」と、音「専《フ…→ハク》」とから成る。ひもで束ねる。
意味 なわやひもで束ねる。しばる。例束縛《ソクバク》。捕縛《ホバク》。

糸10
【繁】
16画 4043 7E41 常用 音ハン漢 訓しげ-る
筆順 𠂉 毎 毎 毎 敏 繁 繁

糸11
【繁】
17画 1-9019 FA59 人名
なりたち  [会意]本字は「緐」で、「糸(=ひも)」と「毎(=草がさかんにふえる)」とから成る。ウマのたてがみにつける、ふさふさしたかざり。派生して「ふえて多くなる」の意。
意味 ❶草木がさかんにそだち、ふえる。しげる。例繁殖《ハンショク》。繁茂《ハンモ》。❷さかんになる。さかえる。例繁栄《ハンエイ》。繁華《ハンカ》。❸くりかえしが多い。わずらわしい。ごたごたしている。いそがしい。例繁雑《ハンザツ》。頻繁《ヒンパン》。
難読 繁繁《しげしげ》・繁栲《しきたえ》(=寝床《ねどこ》にしく布)
人名 えだ・さかえ・しげし・しげみ・しげり・とし

【繁栄】《ハンエイ》(名・する)さかえ発展すること。㊟衰退《スイタイ》。

【繁華】《ハンカ》(名・形動ダナ)人が多く集まって、にぎやかなこと。

【繁閑】《ハンカン》繁忙《ハンボウ》と閑暇《カンカ》。いそがしいことと、ひまなこと。

【繁簡】《ハンカン》繁雑と簡略。こみいっていることと、あっさりしていること。例―よろしきを得る。

【繁劇】《ハンゲキ》(名・形動ダナ)きわめていそがしいこと。類繁忙《ハンボウ》・多忙。例―な事務。

【繁雑】《ハンザツ》(名・形動ダナ)ものごとが多くて、ごたごたしていること。類煩雑《ハンザツ》。㊟簡素・簡略。例―な規約。―をきらう。

【繁盛】《ハンジョウ》(名・する)町や商店が人の出入りが多くて、にぎわい栄えること。例商売―。表記「繁▼昌」とも書く。

【繁殖】《ハンショク》(名・する)動物や植物が、新しく生まれ出て、ふえていくこと。例生物の―する力。表記㊐▼蕃殖
【繁多】《ハンタ》(名・形動ダナ)用事が多くて、いそがしいこと。例職務―。

【繁文▼縟礼】《ハンブンジョクレイ》〔「文」は、かざり、「縟」は、わずらわしい意〕規則や礼儀《レイギ》作法などが細かすぎて、わずらわしいこと。繁縟《ハンジョク》。例―を簡素に改める。

【繁忙】《ハンボウ》(名・形動ダナ)仕事が多くて、いそがしいこと。煩忙《ハンボウ》。多忙。例公私ともに―な時期。

【繁茂】《ハンモ》(名・する)草木がおいしげること。例つる草が―する。表記「▼蕃茂」とも書く。

【繁用】《ハンヨウ》用事が多くて、いそがしいこと。多忙《タボウ》。例ご―でございましょう。諸事―な毎日の生活。
●農繁《ノウハン》・頻繁《ヒンパン》

糸10
【縫】
16画 4305 7E2B 常用 音ホウ漢ブ呉 訓ぬ-う
筆順 糹 糸 糸 紁 絳 縫 縫 縫

糸11
【縫】
17画
なりたち  [形声]「糸(=いと)」と、音「逢《ホウ》」とから成る。糸をつけたはりで、ころもをぬう。
意味 ❶糸でぬいあわせる。ぬう。例縫製《ホウセイ》。裁縫《サイホウ》。❷さけ目をぬいあわせる。つくろう。例弥縫《ビホウ》(=とりつくろう)。
人名 ぬい

【縫合】《ホウゴウ》(名・する)傷口や手術の切り口を、ぬいあわせること。例―糸《シ》。患部《カンブ》を―する。

【縫製】《ホウセイ》(名・する)ミシンなどでぬって、つくること。また、そのつくり方。例―工場。
●裁縫《サイホウ》・天衣無縫《テンイムホウ》

糸10
【縣】
16画 ⇩【県《ケン》】(703ページ)

糸10
【縛】
16画 ⇩【縛《バク》】(792ページ)

糸11
【繦】
17画 ― 7E48 音キョウ漢 訓ぜにさし・むつき

糸12
【繦】
18画 6958 7E66 別体字
意味 ❶ふしのある糸。ふしいと。❷ぜにの穴を通して束ねるひも。ぜにさし。また、なわ。つな。例繦属《キョウゾク》(=なわのように続く)。❸赤んぼうを背負う帯。同襁《キョウ》。例繦緥《キョウホ》。

【繦▼緥】《キョウホ》《キョウホウ》①幼児を背負う帯と、むつき。転じて、幼児のこと。②おしめ。むつき。例―の中につつまれる(=幼児としてくらす)。表記▽「▼襁▼褓」とも書く。

糸11
【縮】
17画 2944 7E2E 教育6 音シク漢シュク呉 訓ちぢ-む・ちぢ-まる・ちぢ-める・ちぢ-れる・ちぢ-らす・ちぢ-み
筆順 幺 糹 糸 紵 紵 紵 縮 縮
なりたち  [形声]「糸(=いと)」と、音「宿《シュク》」とから成る。ちぢむ。
意味 ❶小さくなる。短くなる。ひきしまる。ちぢまる。例縮小《シュクショウ》。縮図《シュクズ》。収縮《シュウシュク》。❷おそれかしこまる。ちぢこまる。例萎縮《イシュク》。恐縮《キョウシュク》。
日本語での用法《ちぢみ》布全体にこまかいしわを出した織物。「縮《ちぢみ》織《お》り・麻縮《あさちぢみ》・綿縮《メンちぢみ》」
難読 縮羅《しじら》・縮緬《ちりめん》
人名 おさむ・なお

【縮減】《シュクゲン》(名・する)規模を小さくしたり、へらしたりすること。例計画を―する。

【縮刷】《シュクサツ》(名・する)書物などの、もとの大きさを縮小して印刷すること。また、その印刷物や書物。例新聞の―版。

【縮尺】《シュクシャク》(名・する)地図や設計図などを、実物よりちぢめて書くこと。また、その比率。例五万分の一の―地図。

【縮小】《シュクショウ》(名・する)ちぢめて小さくすること。小規模のものにすること。㊟拡大・拡張。例軍備を―する。

【縮図】《シュクズ》①もとの大きさをちぢめて書いた図。例五分の一の―。②現実の複雑なことがらが、小さなところにまとまってあらわれたもの。例人生の―。

【▽縮▼緬】《ちりめん》 表面に細かいしわを出した絹織物。例―皺《じわ》。―の着物。

●圧縮《アッシュク》・恐縮《キョウシュク》・凝縮《ギョウシュク》・緊縮《キンシュク》・軍縮《グンシュク》・収縮《シュウシュク》・伸縮《シンシュク》・短縮《タンシュク》・濃縮《ノウシュク》

糸 11

【績】

17画 3251 7E3E 教育5 音 セキ 漢 訓 う-む・つむ-ぐ

筆順 糸 糸 糸 糸 絓 綪 績 績

なりたち [形声]「糸(=いと)」と、音「責《サク→セキ》」とから成る。糸をつむぐ。

意味 ❶まゆ・わた・アサの繊維《センイ》を引き出し、よりあわせて糸をつくる。つむぐ。うむ。例紡績《ボウセキ》。❷しごと。わざ。また、仕事をつみかさねた、りっぱな結果。てがら。いさお。例績功《セキコウ》(=てがら)。業績《ギョウセキ》。功績《コウセキ》。

人名 いさ・いさお・いさむ・つぐ・なり・のり

●業績《ギョウセキ》・功績《コウセキ》・事績《ジセキ》・実績《ジッセキ》・成績《セイセキ》・戦績《センセキ》・紡績《ボウセキ》・名績《メイセキ》

糸 11

【繊】

17画 3301 7E4A 常用 音 セン 漢 呉 訓 かよわ-い・こまか-い・しな-やか

筆順 糸 糸 糸 糸 糸 繊 繊 繊

糸17 【纖】 23画 6989 7E96 人名

糸15 【纎】 21画 6990 7E8E 俗字

なりたち [形声]「糸(=いと)」と、音「韱《セン》」とから成る。ほそい。

意味 ❶(糸や毛が)ほそい。また、小さい。こまかい。わずか。例繊維《センイ》。繊細《センサイ》。❷(女性が)ほっそりして美しい。しなやか。例繊手《センシュ》。繊腰《センヨウ》(=ほっそりした美人のこし)。

難読 繊蘿蔔《センロフ》(=千切り、いわゆる千六本《センロッポン》。「蘿蔔」は、ダイコンの意)

【繊維】《センイ》 ①動物や植物のからだをかたちづくっている、細い糸のような物質。②「①」からとった、紙や織物の材料となるもの。例―製品。天然―。合成―。

【繊細】《センサイ》 (名・形動《ナダ》) ①かぼそく優美なこと。ほっそりして品のよいこと。例―な指。②(感情が)こまやかで、感じやすいこと。デリケート。例―な神経。

【繊弱】《センジャク》 (名・形動《ナダ》) よわよわしいこと。かぼそくてきゃしゃ。例―な体質。

【繊手】《センシュ》 女性の、かぼそくしなやかな手。例蠟《ロウ》のように白い―。

【繊毛】《センモウ》 ①ひじょうに細く短い毛。②〔生〕細胞《サイボウ》の表面につき出している、細い毛のような突起《トッキ》。

●化繊《カセン》・巻繊《ケンセン》・合繊《ゴウセン》

糸 11

【縻】

17画 6959 7E3B 音 ビ 漢 ミ 呉 訓 つな-ぐ・はづな・まと-う

意味 ❶ウシのたづな。つなぐ。❷(たづなを引きしめるように)束縛《ソクバク》する。

糸 11

【繆】

17画 6957 7E46 音 一 ビュウ 漢 二 ボク 漢 訓 まと-う・あや-まる

意味 一《ビュウ》 道理に反する。あやまる。もとる。いつわる。同謬《ビュウ》。例繆言《ビュウゲン》(=事実とちがう内容のことば)。誤繆《ゴビュウ》(=誤謬《ゴビュウ》)。二《ボク》 つつしむ。やわらぐ。同穆《ボク》。例繆繆《ボクボク》(=やわらぎ美しいようす)。

糸 11

【縹】

17画 6961 7E39 音 ヒョウ 漢 呉 訓 はなだ

意味 ❶うすい藍色《あいいろ》(の絹)。そらいろ。はなだいろ。例縹絹《ヒョウケン》(=はなだ色の絹)。❷遠くぼんやりとかすかに見えるようす。例縹渺《ヒョウビョウ》。❸軽くひるがえるようす。同飄《ヒョウ》。例縹縹《ヒョウヒョウ》(=かるく風にひるがえる。また、舞《ま》い上がるようす)。

【縹▼渺】《ヒョウビョウ》 (形動《タルト》) ①かすかで、はっきりしないようす。例神韻《シンイン》―(=詩文などがすぐれていて、おもむき深いようす)。②広く果てしないようす。例―たる原野。表記▽「縹▼緲・縹▼眇」とも書く。

糸 11

【繃】

17画 *6962 *7E43 音 ホウ 漢 ヒョウ 呉 訓 つか-ねる・ま-く

意味 ❶たばねる。つかねる。また、巻いてつつむ。まく。例繃帯《ホウタイ》。❷赤んぼうをくるんで背負う帯。

【繃帯】《ホウタイ》 傷口や、はれものなどを保護するために巻く、ガーゼや綿布などの細長い布。例―で傷口を巻く。表記 現包帯

糸 11

【縵】

17画 6960 7E35 音 バン 漢 マン 呉 訓 いとくず・ぬめ

意味 ❶模様のない絹織物。例縵帛《マンパク》(=無地の絹地)。❷模様やかざりのない。例縵胡《バンコ》(=粗《あら》くて模様のない冠《かんむり》のひも。武官用)。❸ゆったりとしたようす。ゆるやかな。

難読 縵面《なめ》(=銭《ぜに》の裏がわ。文字のないなめらかな部分)

【縵縵】《マンマン》 (形動《タルト》) ①雲などがたなびくようす。②教化が広くゆきとどくようす。③生死を超越《チョウエツ》しているようす。一説に、元気のないようす。④長くのびるようす。

糸 11

【縷】

17画 6963 7E37 音 ル・ロウ 漢 呉 訓 いと

意味 ❶いとすじ。いと。また、糸のように細長いもののたとえ。例一縷《イチル》(=ひとすじの。かすかな)。❷くわしい。こまかい。例縷説《ルセツ》。縷縷《ルル》。❸ぼろ。やぶれごろも。同褸《ル》。例襤縷《ランル》(=ぼろの衣服)。

【縷言】《ルゲン》 (名・する) こまかい点までくわしく述べること。詳述《ショウジュツ》。縷述。縷陳《ルチン》。縷説。例事情を―する。

【縷述】《ルジュツ》 (名・する)「縷言」に同じ。

【縷説】《ルセツ》 (名・する)「縷言」に同じ。例事のなりゆきを―する。

【縷陳】《ルチン》 (名・する)「縷言」に同じ。

【縷縷】《ルル》 (副・形動《タルト》) ①こまごまと話すようす。例―事情を説明する。②糸のように細く長くつづくようす。例―として立ちのぼるけむり。

糸 11

【縲】

17画 6964 7E32 音 ルイ 漢

糸15 【纍】 21画 1-9024 7E8D 本字

参考 「累《ルイ》」は別の字だが、通じて用いられる。

意味 罪人をしばるなわ。例縲紲《ルイセツ》。

難読 縲紲《なわめ》の恥《はじ》(=罪人としてなわをうたれるはずかしめ)

【縲▼紲】《ルイセツ》 罪人をしばるなわ。また、牢《ロウ》に入れられること。例―のはずかしめを受ける。表記「縲▼絏」とも書く。

糸 11

【縺】

17画 6965 7E3A 音 レン 漢 訓 もつ-れる・もつ-れ

意味 糸がからまって、ほどけなくなる。もつれる。

日本語での用法《もつれる》からまった状態になる。混乱する。もめる。「足《あし》が縺《もつ》れる・縺《もつ》れた関係《カンケイ》」

糸11 ［繋］ 17画 ⇩【繫】《ケイ》(794ページ)

糸11 ［繍］ 17画 ⇩【繡】《シュウ》(795ページ)

糸11 【縱】 17画 ⇩【縦】《ジュウ》(791ページ)

糸11 【總】 17画 ⇩【総】《ソウ》(784ページ)

糸11 【繁】 17画 ⇩【繁】《ハン》(792ページ)

糸11 【縫】 17画 ⇩【縫】《ホウ》(792ページ)

糸12 【繧】 18画 6966 7E67 国字 音 ウン

意味 色調《シキチョウ》を段階的に変える。例 繧繝《ウンゲン》。

【繧▼繝】《ウンゲン》 同系統の色をしだいに濃《こ》く、あるいはあわく、段階的に帯状に彩色《サイシキ》すること。表記「▼暈▼繝《ウンゲン》」とも書く。

糸12 【繝】 18画 6967 7E5D 音 カン漢 ケン呉 訓 あや・にしき・ひだ

意味 にしきの模様。あや。にしき。例 繧繝《ウンゲン》。

糸12 【繭】 18画 4390 7E6D 常用 音 ケン漢 訓 まゆ

筆順 一 艹 芇 芇 萠 萠 萠 繭

なりたち  ［会意］「糸(=いと)」と「虫(=かいこ)」と「巿(=からだをおおう)」とから成る。カイコが糸でからだをおおってつくる、まゆ。

意味 カイコがさなぎになるとき、その中にこもるために、白い糸を吐《は》いてつくる、たわら形の殻《から》。生糸《きいと》の原料となる。まゆ。例 繭糸《ケンシ》。

【繭糸】《ケンシ》 まゆからとった糸。

【繭玉】《まゆだま》 もちや米の粉で作っただんごをまゆの形に丸めて、ヤナギやタケなどの枝にたくさんつけたもの。新年のかざりものとする。まゆだんご。餅花《もちばな》。

●生繭《セイケン・なままゆ》

糸12 【繖】 18画 6968 7E56 音 サン漢 訓 きぬがさ

意味 日光や雨などを防ぐ用具。かさ。きぬがさ。同 傘《サン》。例 繖蓋《サンガイ》(=かさ)。

糸12 【繞】 18画 6969 7E5E 音 ジョウ漢 ニョウ呉 訓 まと-う・めぐ-る

意味 ❶まとわりつく。まとう。❷ぐるりとまわる。とりかこむ。めぐる。例 囲繞《イニョウ》。

糸12 【織】 18画 3105 7E54 教育5 音 ショク漢 シキ呉 訓 お-る・お-り

筆順 糸 糸 紌 絲 結 織 織 織

なりたち  ［形声］「糸(=いと)」と、音「戠《ショク》」とから成る。布をつくる。

意味 ❶機《はた》で布をおる。はたおり。例 織布《ショクフ》。紡織《ボウショク》。❷くみたてる。例 組織《ソシキ》。

人名 り

【織女】《ショクジョ》 ①機《はた》をおる女性。②星の名。織女星《ショクジョセイ》のこと。

【織女星】《ショクジョセイ》 琴座《ことざ》の一等星ベガのこと。七月七日の七夕の晩に、天《あま》の川で牽牛星《ケンギュウセイ》(=ひこ星)と会うという伝説がある。たなばたつめ。おりひめ。

【織布】《ショクフ》 織って作ったぬの。

【織機】《ショッキ》 布をおる機械。はたおり機。はた。

【織工】《ショッコウ》 織物を製造する工員。

●組織《ソシキ》・羽織《はおり》・紡織《ボウショク》

糸12 【繕】 18画 3322 7E55 常用 音 セン漢 ゼン呉 訓 つくろ-う

筆順 糸 糸 紨 絆 繕 繕 繕 繕

なりたち 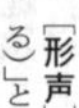 ［形声］「糸(=いと)」と、音「善《ゼン》(=よくする)」とから成る。よくなるようにおぎなう。

意味 こわれたもの、やぶれたものをなおす。また、おぎなう。ととのえる。つくろう。例 繕完《ゼンカン》(=完全になおす)。修繕《シュウゼン》。

人名 おさむ・つよし・よし

●営繕《エイゼン》・修繕《シュウゼン》

糸12 【繙】 18画 6970 7E59 音 ハン漢 ホン呉 訓 ひもと-く

意味 ❶糸がみだれる。❷書物をひらいて読む。ひもとく。例 繙読《ハンドク》(=書物をひもとく)。❸他の国のことばになおす。訳す。同 翻《ホン》。例 繙訳《ホンヤク》(=翻訳)。

糸12 【繚】 18画 6971 7E5A 音 リョウ漢呉 訓 めぐ-る・まと-う

意味 ❶まつわりつく。もつれる。からみついて自由をうばう。まとう。例 繚乱《リョウラン》。❷ぐるりとまわりをとりかこむ。めぐる。例 繚繞《リョウジョウ》(=ぐるりとまわりをかこむ)。

【繚乱】《リョウラン》 (形動《タル》) ①いりみだれるようす。②花がさきみだれるようす。例 百花—。表記 ▽「▼撩乱」とも書く。

糸12 ［繦］ 18画 ⇩【繈】《キョウ》(792ページ)

糸13 【繹】 19画 6972 7E79 音 エキ漢 ヤク呉 訓 ぬ-く・たず-ねる

意味 ❶(まゆの糸口から)糸をひき出す。ぬく。また、ものごとの糸口を引き出し、もとをたどり、明らかにする。たずねる。例 演繹《エンエキ》。❷絶えずにつづく。つらなる。例 繹繹《エキエキ》(=つながりつづく)。絡繹《ラクエキ》(=人馬の往来が絶えない)。

糸13 【繫】 19画 1-9494 7E6B 人名 音 ケイ漢 ケ呉 訓 つな-ぐ・つな-がる

糸11 ［繋］ 17画 2350 7E4B 俗字

意味 むすびつける。つなぎとめる。つなぐ。つながる。例 繫囚《ケイシュウ》。繫縛《ケイバク》。繫累《ケイルイ》。

難読 有繫《さすが》・繫爪《かけづめ》

【繫辞】《ケイジ》 ①古代の聖人、周の文王と周公旦《シュウコウタン》が占《うらな》いの結果について、その吉凶《キッキョウ》を解説したことば。〈易経《エキキョウ》〉 ②言語学で、主語と述語とを結合させる動詞のこと。

【繫囚】《ケイシュウ》 とらえられて牢《ロウ》に入れられた罪人。

【繫船】《ケイセン》 船をつなぎとめること。表記 現 係船

【繫属】《ケイゾク》 (名・する)〔法〕訴訟《ソショウ》が起こされ、判決の手続きがおこなわれていること。例 —中の事件。表記 現 係属

【繫縛】《ケイバク》 (名・する)〔古く「ケバク」とも〕つないだりしばったりして自由を束縛すること。

【繫▼纜】《ケイラン》 船のともづなをつなぐこと。船を岸につなぐこと。例 俗事《ゾクジ》に—される。

【繋留《ケイリュウ》】（名・する）つなぎとめること。例 小舟《こぶね》を―しておく。表記 現 係留

【繋累《ケイルイ》】①つなぎ止めること。②心身を束縛《ソクバク》するもの。③自分がめんどうをみてやらなければならない家族。また、親戚《シンセキ》。例 ―が多い。表記 ▽「係累」とも書く。

糸 13 【繡】 19画 1-9022 7E61 人名 音 シュウ漢 訓 ぬいとり

糸 7 ［綉］ 13画 6921 7D89 別体字

糸11 ［繍］ 17画 2911 7E4D 俗字

意味 布の上に色糸で模様をぬいあらわしたもの。ぬいとり。また、ぬいとりをする。例 繡衣《シュウイ》。刺繡《シシュウ》。

【繡衣《シュウイ》】ぬいとり模様のある美しい着物。

【繡《シュウ》を▽衣《き》て夜《よる》行《ゆ》く】富や名声を得ても故郷に帰らないのは、ぬいとり模様のある美しい衣服を着て夜歩くようなもので、意味のないことである。〈史記《シキ》〉「錦《にしき》を衣《き》て夜行く」とも。

●錦繡《キンシュウ》・刺繡《シシュウ》

糸 13 【繰】 19画 2311 7E70 常用 音 ソウ漢 訓 く-る・く-り

筆順 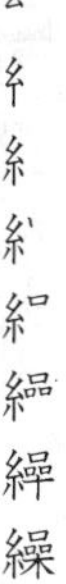

なりたち  ［形声］「糸（＝いと）」と、音「喿《ソウ》」とから成る。濃紺《ノウコン》の絹。借りて、「たぐる」。

意味 まゆから糸をひき出す。くる。例 繰糸《ソウシ》（＝まゆから糸をくる）。繰車《ソウシャ》（＝糸くり車）。

日本語での用法《くる》長く続くものを順に動かす。「ページを繰《く》る・雨戸《あまど》を繰《く》る・日《ひ》を繰《く》る」

【繰越金《くりこしキン》】次の会計年度に組み入れられる会計の勘定《カンジョウ》。例 前年度の―。

糸13 【繪】 19画 ⇩【絵】《カイ》（777ページ）

糸13 【繩】 19画 ⇩【縄】《ジョウ》（789ページ）

糸 14 【纂】 20画 2728 7E82 人名 音 サン漢 訓 あつ-める

意味 ❶赤い組みひも。例 纂組《サンソ》（＝印や玉《ギョク》などをとめる赤い色の組みひも）。❷文書や詩文をあつめて整理し、書物にまとめる。例 編纂《ヘンサン》。❸うけつぐ。例 纂業《サンギョウ》（＝遺業をうけつぐ）。

人名 あつ・あつむ

【纂修《サンシュウ》】（名・する）①資料を集めて書物を編集すること。②受けついで修めること。

【纂述《サンジュツ》】（名・する）文章や書物をあらわすこと。

【纂承《サンショウ》】（名・する）事業などを受けつぐ。

糸 14 【纃】 20画 6977 7E83 音 シ漢 訓 かすり

糸 8 ［緕］ 14画 6978 7DD5 俗字

意味 衣服のすそ。もすそ。同 斉《シ》。例 纃縗《シサイ》（＝喪《も》服《フク》の一つ。斉衰《シサイ》）。

日本語での用法《かすり》かすったような模様のある織物。また、染め物。

糸 14 【繻】 20画 6976 7E7B 音 シュ・ジュ漢

意味 目が細かく、やわらかな絹織物。うすぎぬ。例 繻子《シュス》。繻珍《シュチン》。

【繻子《シュス》】布の表面に、たて糸かよこ糸がうき出るように織った織物。絹《きぬ》・毛《け》・綿《メン》があるが、絹はつやがありなめらか。

【繻珍《シュチン》】（「シッチン」とも）繻子《シュス》の地に色糸で模様を織り出した布。帯地などに用いる。表記「朱珍」とも書く。

糸 14 【繽】 20画 6979 7E7D 音 ヒン漢呉

意味 多くさかんなようす。また、みだれるようす。例 繽紛《ヒンプン》。

【繽紛《ヒンプン》】（形動《タル》）雪や花びらなどが風にまい、乱れ散るようす。例 落花―。

糸 14 【辮】 20画 6980 8FAE 音 ヘン漢 ベン呉 訓 あ-む

意味 ❶糸などをたがいちがいに組む。あむ。同 編《ヘン》。例 辮線《ベンセン》（＝くみいと）。❷髪《かみ》をあむ。また、あんでたらした髪。例 辮髪《ベンパツ》。

【辮髪《ベンパツ》】頭髪《トウハツ》を後ろ中央部を残してまるくそり、残った部分の髪《かみ》を編んで長くたらした髪型《かみがた》。〔もと、中国北方民族の風習が、清朝《シンチョウ》のころ、中国全土に広くおこなわれた〕表記「弁髪」とも書く。

糸14 【繼】 20画 ⇩【継】《ケイ》（782ページ）

糸 15 【纈】 21画 6982 7E88 音 ケツ漢 ケチ呉 訓 しぼり

意味 しぼりぞめ（にする）。しぼり。例 纐纈《コウケチ｜コウケツ》（＝しぼりぞめ）。

難読 纈帯《いわたおび｜ゆはだおび》

糸 15 【纐】 21画 6986 7E90 国字 音 コウ

参考「夾纈《キョウケチ》」の「夾」を「交」とし、それを下の字「纈」に調和するようにした字。例 纐纈《コウケチ｜コウケツ》（＝しぼりぞめ）。

意味 しぼりぞめ。くくりぞめ。

糸 15 【纊】 21画 1-9023 7E8A 音 コウ漢呉 訓 わた

糸 5 ［絋］ 11画 6906 7D4B 俗字

意味 まわた。わた。例 纊衣《コウイ》（＝わた入れの衣服）。

糸 15 【纏】 21画 3727 7E8F 人名 音 テン漢 デン呉 訓 まと-う・まと-い・まつわ-る・まと-める

糸16 ［纒］ 22画 6985 7E92 俗字

意味 まとう。めぐらす。まつわる。また、たばねる。くくる。例 纏足《テンソク》。纏綿《テンメン》。

日本語での用法《まとい》町火消しのしるし。もと、大将の陣屋《ジンや》に立てたしるし。「纏奉行《まといブギョウ》・纏持《まといも》ち・め組《ぐみ》の纏《まとい》」

人名 まき・まとむ

【纏足《テンソク》】昔の中国で、女の子の第一指を除く足指を布でかたくしばり、大きくしないようにした風習。清《シン》代に禁止されたが清代末期までおこなわれた。

【纏頭《テントウ｜はな》】芸人にあたえる祝儀《シュウギ》。チップ。例 ―代《はなダイ》。

【纏綿《テンメン》】㊀（名・する）まつわりつくこと。㊁（形動《タル》）①いつまでも心にまつわりついてはなれないようす。②情愛がこまやかなようす。例 情緒《ジョウチョ》―。

糸15 【纉】21画 ⇩【纘】サン(796ページ)

糸15 【續】21画 ⇩【続】ゾク(782ページ)

糸15 【纍】21画 ⇩【縲】ルイ(793ページ)

糸15 【纎】21画 ⇩【繊】セン(793ページ)

糸15 【繿】21画 ⇩【襤】ラン(895ページ)

糸16 【纒】22画 ⇩【纏】テン(795ページ)

糸17 【纓】23画 6987 7E93 音 エイ漢 ヨウ呉 訓 くみ・ふさ

意味 ❶かんむりのひも。例 冠纓《カンエイ》。❷ウマのむねの前につけるかざり。むながい。例 馬纓《バエイ》。

日本語での用法《エイ》かんむりの後頭部から、後ろに垂れるかざりひも。「巻纓《ケンエイ》・垂纓《スイエイ》・立纓《リュウエイ》」

【纓絡】《ヨウラク》〔「エイラク」とも〕宝石や貴金属などをつないでつくったインドの首かざり。表記「▼瓔▼珞」とも書く。

糸17 【纔】23画 6988 7E94 音 サイ漢呉 訓 わず-か

意味 やっと。ようやく…したばかり。わずかに。例 纔通ㇾ人《わずかにひとをツウずるのみ》(=やっと人が通れるほどだ)。

糸17 【纖】23画 ⇩【繊】セン(793ページ)

糸18 【纛】24画 6991 7E9B 音 トウ漢 訓 おおがしら・おにがしら・はた・はたほこ

意味 ❶羽毛《ウモウ》で作ったきぬがさのような、舞《まい》の道具。❷ヤクの尾《お》やキジの羽などでかざった旗。例 左纛《サトウ》(=天子の車の左側に立てられた旗)。❸軍隊で用いた大きな旗。

糸19 【纘】25画 2-8463 7E98 音 サン漢 訓 つ-ぐ

糸15 [纉]21画 6983 7E89 俗字

意味 ❶うけつぐ。つぐ。❷あつめる。同 纂《サン》。

糸22 【纜】28画 6992 7E9C 音 ラン漢呉 訓 ともづな

意味 船をつなぎとめておくつな。ともづな。例 解纜《カイラン》(=ともづなを解《と》いて船出《ふなで》する)。収纜《シュウラン》(=ともづなを解く。解纜)。電纜《デンラン》(=ケーブル)。

[糸部] 15—22画 ● 纉纎續繿纍纒纓纔纖纛纘纜

[缶部] 0—17画 ● 缶缸缺缾罅罌罍罎罐

[网(罒・罓・⺳)部]

6画

121 6画 缶 ほとぎ ほとぎへん 部

水などを入れる、腹部のふくれた土器の形をあらわす。「缶」をもとにしてできている漢字を集めた。

0 缶 3 缸 4 缺 8 缾 11 罅 14 罌 15 罍 16 罎 17 罐

缶0 【缶】6画 2044 7F36 常用 音 Aカン慣 フウ漢 フ呉 Bカン漢呉 訓 ほとぎ・かま

筆順 ノ ⺈ 𠂉 午 缶 缶

A 缶0 【缶】6画 2044 7F36 B 缶17 【罐】23画 7005 7F50

なりたち A[缶]  [象形] 腹部のふくれた土器の形。

B[罐]  [形声]「缶(=かめ)」と、音「雚《カン》」とから成る。水などをくむ、うつわ。

参考「缶《フ》」と「罐《カン》」とは本来別字であるが、日本では「罐」の略字として「缶」を用いる。

意味 A[缶] ❶酒や酢《す》を入れる土器。ほとぎ。❷容量の単位。一缶《フ》は十六斗《ト》、一説に三十二斗。

日本語での用法《カン》アルミニウム・スチール・ブリキなどでつくった容器。「缶《カン》ジュース・空《あ》き缶《カン》・ドラム缶《カン》」

B[罐] 陶製《トウセイ》または金属製の、水をくんだり煮《に》たきに用いたりする、円形の容器。

日本語での用法《カン・かま》汽船のかまやふろがまなどの、湯をわかす装置や道具。「罐焚《かまた》き・汽罐《キカン》・薬罐《ヤカン》」

【缶詰】《カンづめ》 ①加工した食品を缶につめて加熱殺菌《サッキン》し、長く保存できるようにしたもの。②俗《ゾク》に、ある場所に詰めて仕事をしてもらうこと。例 著者をホテルに―にする。

◐汽缶《キカン》

缶3 【缸】9画 6993 7F38 音 コウ漢 訓 かめ

意味 首の長い大きなかめ。例 酒缸《シュコウ》。

缶4 【缺】10画 ⇩【欠】ケツ(552ページ)

缶8 【缾】14画 ⇩【瓶】ビン(670ページ)

缶11 【罅】17画 7001 7F45 音 カ漢 ケ呉 訓 ひび・すき

意味 土器にさけめがはいる。われる。また、ひび。すきま。

缶14 【罌】20画 7002 7F4C 音 オウ漢 訓 もたい

意味 腹部がふくらみ、口のつぼんだ、かめ。もたい。

【罌▼粟】《オウゾク｜ケシ》 ケシ科の二年草。五月ごろ、赤・むらさき・白などの花をつける。種はパンや和菓子《ワガシ》などのかざりに利用される。参考「芥子《ケシ》」とも書くが、本来「芥子」はナタネ・カラシナノタネの意。

缶15 【罍】21画 7003 7F4D 音 ライ漢 訓 さかずき・たる・もたい

意味 ❶雲雷紋《ウンライモン》のある青銅製あるいは陶製《トウセイ》の酒を盛る容器。さかだる。同 櫑《ライ》。例 罍尊《ライソン》。❷手を洗うための水を入れる、うつわ。

【罍尊】《ライソン》 雲雷紋《ウンライモン》の文様《モンヨウ》があり、黄金で装飾《ソウショク》された酒《さか》だる。のち、広く、酒だるのこと。罍樽《ライソン》。

【罍恥】《ライチ》 職責を果たせないことの恥《はじ》をいう。〔小さな酒器の酒がなくなっても、酒《さか》だるから新たに補給できないことは、酒だるの恥であることから〕〈詩経《シキョウ》〉

缶16 【罎】22画 ⇩【壜】タン(242ページ)

缶17 【罐】23画 ⇩【缶】カン(796ページ)

122 6画 网(罒・罓・⺳) あみがしら あみめ 部

鳥獣《チョウジュウ》や魚をとらえるためのあみの形をあらわす。楷書《カイショ》では「网(六画)」「罒(五画)」「罓(五画)」「⺳(四画)」などと書く。「网(罒・罓・⺳)」をもとにしてできている漢字を集めた。

0 网 3 罕 罔 4 罘 5 罟 罠 8 罨 罫 罪 署 罧 置 罩 9 罰 署 10 罵 罷

罸 11 罹 13 羂 羃 14 羆 羅 17 羇 19 羈

この部首に所属しない漢字

詈⇩言 911 買⇩貝 935 蜀⇩虫 877

网 0 **【网】** 6画 7006 7F51 音 ボウ漢 モウ呉 訓 あみ

意味 魚や鳥をとる、あみ。あみ。同 網《モウ》。

⺳ 3 **【罕】** 7画 7007 7F55 音 カン漢呉 訓 あみ・はた・まれ

意味 ❶柄《え》のついたあみ。あみ。例 罕罔《カンモウ》。❷ほとんどない。まれ。例 子罕言㆓利与㆑命与㆑仁㆒《シまれにリとメイとジンとをいう》(=先生は利益や運命や仁徳《ジントク》について語ることはまれであった)。〈論語《ロンゴ》・子罕《シカン》〉

【罕▼儔】《カンチュウ》〔「儔」は、たぐい・なかまの意〕たぐいまれなこと。めずらしいこと。

【罕▼罔】《カンモウ》 鳥などをとる、あみ。

円 3 **【罔】** 8画 7008 7F54 音 ボウ漢 モウ呉 訓 あみ・な-い

意味 ❶鳥やけものをとる、あみ。同 網《モウ》。❷罪人をとらえる法のあみ。例 法罔《ホウモウ》。❸無い。例 罔極《ボウキョク》(=限りがないこと)。❹道理にくらい。例 学而不㆑思則罔《まなびておもわざればすなわちくらし》(=学んだだけで自分で考えてみないと、ものごとはぼんやりしてはっきりしない)。〈論語《ロンゴ》〉

罒 4 **【罘】** 9画 7009 7F58 音 フ漢 フウ漢 訓 あみ・うさぎあみ

意味 ❶ウサギをとる、あみ。うさぎあみ。また、狩《か》りに用いるあみ。あみ。例 罘網《フモウ》(=鳥やけものをとるため車の上に張ったあみ)。❷「芝罘《シフ|チーフー》」は、山東省煙台《エンタイ》市北部の地名。また、山の名。古くは「之罘《シフ》」といった。

罒 5 **【罟】** 10画 7010 7F5F 音 コ漢 訓 あみ・さであみ

意味 ❶あみをまとめていうことば。あみ。例 罟網《コモウ》(=魚をとるあみ)。❷法のあみ。例 罪罟《ザイコ》(=法のあみ)。❸あみで漁をする。例 罟師《コシ》(=網で漁をする人。漁師《リョウシ》)。

罒 5 **【罠】** 10画 7011 7F60 音 ビン漢 ミン呉 訓 わな

意味 けものをとらえるためのあみ。わな。

日本語での用法 《わな》 人をだます、はかりごと。「罠《わな》にはまる」

罒 8 **【罨】** 13画 7012 7F68 音 アン慣 エン漢 訓 あみ

意味 ❶おおいかぶせて、魚や鳥をとらえる、あみ。❷おおう。かぶせる。例 罨法《アンポウ》。

【罨法】《アンポウ》 炎症《エンショウ》や充血《ジュウケツ》をやわらげるため、水・湯・薬などをつけた布で患部《カンブ》を冷やしたり、あたためたりする治療法《チリョウホウ》。例 冷—。温—。

罒 8 **【罫】** 13画 2351 7F6B 音 ケイ慣 カイ漢

意味 碁盤《ゴバン》の四角います目。方眼。

日本語での用法 《ケイ》 文字をまっすぐ書くための線。「罫線《ケイセン》・罫《ケイ》を引《ひ》く」

【罫紙】《ケイシ》 罫線の引いてある紙。

【罫線】《ケイセン》 紙に縦または横に、一定の間隔《カンカク》で引いた線。罫。

罒 8 **【罪】** 13画 2665 7F6A 教育5 音 サイ漢 ザイ呉 訓 つみ

筆順 

なりたち  [形声]「罒(=あみ)」と、音「非《ヒ…→サイ》」とから成る。魚をとらえるあみ。秦《シン》以後に「つみする」の意となる。

意味 ❶魚をとるあみ。❷法律や道徳に反したおこない。とがめ。とが。つみ。例 罪悪《ザイアク》。犯罪《ハンザイ》。❸つみにあてる。つみする。刑罰《ケイバツ》。例 死罪《シザイ》。断罪《ダンザイ》。❹ふつごうなこと。あやまち。例 功罪《コウザイ》。謝罪《シャザイ》。❺わざわい。

【罪悪】《ザイアク》 道徳や宗教の教えなどにそむくおこない。つみ。とが。例 —感がうすい。

【罪科】《ザイカ》 ①法律や道徳などにそむいたおこない。つみ。とが。②犯罪に対する罰《バツ》。しおき。刑罰《ケイバツ》。

【罪過】《ザイカ》 つみ。あやまち。例 犯《おか》した—を悔《く》い改める。

【罪業】《ザイゴウ》〔仏〕悪いおこない。また、そのむくい。例 —をつぐなう。

【罪証】《ザイショウ》 犯罪を犯《おか》したという証拠《ショウコ》。

【罪障】《ザイショウ》〔仏〕さとりをひらいたり、極楽往生《ゴクラクオウジョウ》したりするのにさまたげとなる、つみぶかいおこない。

【罪状】《ザイジョウ》 犯罪の内容や実情。例 —認否《ニンピ》(=起訴状《キソジョウ》にある公訴事実を被告《ヒコク》が認めるかどうかについての答弁)。

【罪人】《ザイニン》 つみをおかした人。つみびと。例 —を罰《バッ》する。

【罪名】《ザイメイ》 犯罪の種類をあらわす名称《メイショウ》。偽証罪《ギショウザイ》・窃盗罪《セットウザイ》・殺人罪など。

●功罪《コウザイ》・死罪《シザイ》・謝罪《シャザイ》・重罪《ジュウザイ》・同罪《ドウザイ》・犯罪《ハンザイ》・無罪《ムザイ》・有罪《ユウザイ》

罒 8 **【署】** 13画 2980 7F72 教育6 音 ショ漢 訓 しる-す

筆順 

罒 9 **【署】** 14画 1-9026 FA5A 人名

なりたち  [形声]「罒(=あみ)」と、音「者《シャ…→ショ》(=ことがらをわけることば)」とから成る。仕事をわりあてて配置する。

意味 ❶人に役をわりあてる。例 部署《ブショ》(=役目をきめて配置する)。❷役人がきめられた仕事をするところ。役所。例 官署《カンショ》。税務署《ゼイムショ》。❸きめられたところに書きしるす。例 署名《ショメイ》。

人名 つかさ

【署長】《ショチョウ》 税務署や警察署、また消防署など「署」のつく役所の最高責任者。

【署名】《ショメイ》(名・する) 書類や文書などに自分の姓名《セイメイ》を書くこと。サイン。例 —運動。合意文書に—する。

●自署《ジショ》・部署《ブショ》

罒 8 **【罧】** 13画 7014 7F67 音 シン漢 訓 あと・ふしづけ

意味 水中に枝を積んでおき、そこに入りこむ魚をとるしかけ。ふしづけ。

罒 8
【置】
13画 3554 7F6E 教育4 音 チ(漢)(呉) 訓 お-く

筆順 冂 罒 罒 罕 罟 罝 置

なりたち  [会意]「罒(=つみするためのあみ)」と「直《チョク》↓チ(=正しく見る)」とから成る。ゆるす。罰《バツ》せずそのままにしておく。

意味 ❶すえる。おく。例 位置《イチ》。安置《アンチ》。❷もうける。そなえつける。例 設置《セッチ》。装置《ソウチ》。❸とりはからう。始末する。例 処置《ショチ》。措置《ソチ》。❹すてる。やめる。例 放置《ホウチ》。

人名 おき・き・やす

【置換】《チカン》（名・する）①あるものを他のものにおきかえること。例 遺伝子の—。②〔化〕化合物のある原子または原子団を、別の原子または原子団にかえること。

【置酒】《チシュ》（名・する）酒宴《シュエン》をひらくこと。さかもり。また、その用意をすること。例 —高会《コウカイ》(=盛大《セイダイ》な酒宴)。

【置▼錐《チスイ》の地《チ》】錐《きり》を立てるほどのわずかな地。ほんの少しの余地。〈荘子《ソウジ》〉例 —もない。↓【立錐《リッスイ》の余地《ヨチ》もない】(744ページ)

●安置《アンチ》・位置《イチ》・拘置《コウチ》・処置《ショチ》・設置《セッチ》・装置《ソウチ》・措置《ソチ》・対置《タイチ》・倒置《トウチ》・配置《ハイチ》・放置《ホウチ》

罒 8
【罩】
13画 7013 7F69 音 トウ(漢) 訓 あみ・こ-める

意味 ❶魚をとるための竹かご。例 罩籠《トウロウ》。❷かごで魚をとる。❸かごをかぶせるように、おおう。例 籠罩《ロウトウ》(=つつみこむ)。❹おおいかぶせるもの。うわっぱり。例 罩衣《トウイ》。

日本語での用法 《こめる》いっぱいに広がって、おおう。「香《コウ》のにおいが立《た》ち罩《こ》める」

罒 9
【罰】
14画 4019 7F70 常用 音 ハツ(漢) バツ・バチ(呉)

筆順 冂 罒 罒 詈 詈 詈 詈 罰

罒10 [罸] 15画 7015 7F78 俗字

なりたち  [会意]「刂(=かたな)」と「詈(=しかる)」とから成る。刀を持ってしかるだけの小さな罪。

意味 罪に対するこらしめ。とがめ。しおき。しおきする。例 罰則《バッソク》。刑罰《ケイバツ》。処罰《ショバツ》。

日本語での用法 《バチ》神仏のこらしめ。悪事のむくい。「罰《バチ》当《あ》たり」

【罰金】《バッキン》罰として出させる金銭。

【罰則】《バッソク》法律や規則を破った者を罰する規定。例 —を規定する。

【罰点】《バッテン》否定やまちがいであることを示す「×」のしるし。ばつ。例 —をつける。

【罰杯】《バッパイ》詩会で詩ができない人、また、勝負ごとで負けた人、会合に遅刻《チコク》した人などに、罰としてむりに酒を飲ませること。また、その酒。

●刑罰《ケイバツ》・厳罰《ゲンバツ》・賞罰《ショウバツ》・処罰《ショバツ》・信賞必罰《シンショウヒツバツ》・体罰《タイバツ》・懲罰《チョウバツ》・天罰《テンバツ》

罒 9
【署】
14画 ⇩【署】《ショ》(797ページ)

罒 10
【罵】
15画 3945 7F75 常用 音 バ(漢) メ(呉) 訓 ののし-る

筆順 冂 罒 罒 罒 罒 罵 罵

なりたち  [形声]「罒(=あみ)」と、音「馬《バ》」とから成る。ののしる。

意味 悪口を言う。ののしる。また、ののしり。例 罵声《バセイ》。罵倒《バトウ》。痛罵《ツウバ》(=ひどくののしる)。

【罵言】《バゲン》ののしること。また、そのことば。例 —を発する。

【罵声】《バセイ》(相手を)ののしる声。例 —を浴びせる。

【罵倒】《バトウ》（名・する）口ぎたなくののしること。

【罵▼詈】《バリ》（名・する）ひどい悪口。口ぎたない、ののしり。

【罵▼詈雑言】《バリゾウゴン》ひどい、ののしりのことば。悪口雑言《アッコウゾウゴン》。

罒 10
【罷】
15画 4077 7F77 常用 音 ㊀ヒ(慣) ハイ(漢) ㊁ヒ(漢) 訓 や-める・まか-る

筆順 冂 罒 罒 罒 罒 罒 罷 罷

なりたち  [会意]「罒(=つみするためのあみ)」と「能(=すぐれた能力)」とから成る。すぐれた能力のある者は、特別にその罪をゆるす。罰《バツ》することをやめる。

意味 ㊀ヒ|ハイ ❶仕事を中止する。やめる。例 罷業《ヒギョウ》。❷役目をやめさせる。しりぞける。例 罷免《ヒメン》。㊁ヒ 体力や気力がなくなってだらりとする。つかれる。(同)疲《ヒ》。例 罷弊《ヒヘイ》(=つかれ、弱る)。

日本語での用法 《まかる》①参上する。「人前《ひとまえ》に罷《まか》り出《で》る」②退出する。「御前《ゴゼン》から罷《まか》る」③他のことばの上にそえて、語調を強める。「罷《まか》り通《とお》る・罷《まか》り間違《まちが》うと・罷《まか》り成《な》らぬ」

【罷業】《ヒギョウ》①仕事をしないこと。②「同盟罷業」の略。ストライキ。

【罷弊】《ヒヘイ》（名・する）①からだがつかれ、弱ること。②国力や経済状態などが弱って活動がにぶること。表記 ▽「疲弊」とも書く。

【罷免】《ヒメン》（名・する）役職を解くこと。免職。(対)任命。

罒 10
[罸]
15画 ⇩【罰】《バツ》(798ページ)

罒 11
【罹】
16画 5677 7F79 音 リ(漢) 訓 かか-る

意味 (あみにかかるように)病気になったり、災難にあう。かかる。例 罹患《リカン》。罹災《リサイ》。

【罹患】《リカン》（名・する）病気にかかること。罹病。例 —率。

【罹災】《リサイ》（名・する）地震《ジシン》・火災・水害などの災害にあうこと。被災《ヒサイ》。例 —者。—地。

【罹病】《リビョウ》（名・する）病気にかかること。罹患《リカン》。

罒 13
【羂】
18画 7016 7F82 音 ケン(漢) 訓 あみ・か-ける・わな

意味 鳥やけものをおびきよせて生けどりにする、あみ。わな。例 羂索《ケンサク|ケンジャク》。

【羂索】《ケンサク|ケンジャク》①〔仏〕不動明王が持つ仏具で、鳥獣《チョウジュウ》をとる、わな。仏や菩薩《ボサツ》が衆生《シュジョウ》をとらえて救うことを象徴《ショウチョウ》する。②ブランコ。また、ブランコの綱《つな》。

罒 13
[羃]
18画 ⇩【冪】《ベキ》(119ページ)

罒 14
【羆】
19画 7017 7F86 音 ヒ(漢) 訓 ひぐま

意味 クマの一種。アカグマ。ヒグマ。性質のあらい、大形のクマ。例 羆虎《ヒコ》(＝勇猛《ユウモウ》な者のたとえ)。

罒 14
【羅】 19画 4569 7F85 常用
音 ラ 漢 呉
訓 うすもの・あみ・つら-ねる・うすぎぬ

筆順 冂 罒 罖 罖 罗 羅

なりたち  [会意]「罒(＝あみ)」と「維(＝つなぐ)」とから成る。あみで鳥をとらえる。

意味 ❶あみをかけてとらえる。例 網羅《モウラ》。❷鳥をとる、あみ。例 雀羅《ジャクラ》(＝とりあみ)。❸あみの目のようにぎっしりと並ぶ。つらねる。例 羅列《ラレツ》。❹うすい絹織物。うすもの。例 羅衣《ライ》。綺羅《キラ》(＝あやぎぬと、うすぎぬ)。❺外国語の「ラ」「ロ」の音訳字。例 羅馬《ローマ》。阿修羅《アシュラ》。曼陀羅《マンダラ》。

人名 つら

【羅宇】《ラウ》 キセルの雁首《ガンくび》と吸い口をつなぐ竹の管。ラオ。〔ラオス産の節《ふし》の長い竹を使ったところからこの名があるという〕

【羅漢】《ラカン》〔仏〕〔梵語《ボンゴ》を音訳した「阿羅漢《アラカン》」の略〕完全にさとりをひらき、功徳《クドク》のそなわった修行者《シュギョウジャ》。

【羅▼紗】《ラシャ》〔ポルトガル語の音訳〕毛織物の一つ。織り上げたあと収縮させて地を厚く密にし、表面をけばだてたもの。

【羅針儀】《ラシンギ》「羅針盤《ラシンバン》」に同じ。

【羅針盤】《ラシンバン》 磁石《ジシャク》が南北をさす性質を利用して、船や航空機の位置・方向を知る器機。コンパス。羅針儀《ラシンギ》。羅盤。

【羅刹】《ラセツ》〔仏〕〔梵語《ボンゴ》の音訳〕足が速く怪力《カイリキ》で、空中を飛行し、人を食い、地獄《ジゴク》で罪人を責め苦しめるという悪鬼《アッキ》。例 悪鬼―。

【羅▼甸語】《ラテンゴ》〔「羅甸」は、Latin の音訳〕古代ローマで使われた言語。フランス語・スペイン語・イタリア語などのもととなった言語。現在は学術用語として使われる。表記「拉▽丁語」とも書く。

【羅列】《ラレツ》(名・する) 次から次へならべて、あげること。列挙。例 単なる文字の―にすぎない(＝内容のない文章である)。

【▽羅馬】《ローマ》〔Roma の音訳〕①イタリア半島中部に建設された都市国家。古代ローマ帝国《テイコク》。②現在のイタリア共和国の首都。市内にカトリック教会の中心バチカン市国がある。例 ―は一日にして成らず。すべての道は―に通ず。

● 一張羅《イッチョウラ》・甲羅《コウラ》・修羅《シュラ》・網羅《モウラ》

罒 17
【羇】 22画 7020 7F87
音 キ 漢
訓 たび・よ-せる

西17
【覉】 23画 2-8838 8989 別体字

意味 故郷をはなれてよその地に身を寄せる。たびをする。たび。同 羈《キ》。例 羇旅《キリョ》。

【羇留】《キリュウ》(名・する) 旅さきで泊《と》まること。また、遠いところにとどまること。表記「▼羈留」とも書く。

【羇旅】《キリョ》 ①たび。旅行。②たびびと。他国に身を寄せている人。③和歌・俳句の部立ての一つ。たびの気持ちをよんだ作品をまとめている。表記 ▽「▼羈旅」とも書く。

罒 19
【羈】 24画 7019 7F88
音 キ 漢
訓 おもがい・きずな・たづな・つな-ぐ・たび

西19
【覊】 25画 7511 898A 別体字

意味 ❶馬をつなぎとめるために、頭部にかけた組みひも。おもがい。また、たづな。❷束縛《ソクバク》する。つなぎとめる。例 羈絆《キハン》。不羈《フキ》。❸故郷をはなれてよその地に身を寄せる。たびをする。たび。同 羇《キ》。例 羈旅《キリョ》。

【羈恨】《キコン》 旅のうれい。旅愁《リョシュウ》。

【羈束】《キソク》(名・する) つなぎとめること。束縛《ソクバク》して自由にさせないこと。

【羈鳥《キチョウ》旧林《キュウリン》を恋《こ》う】 かごの中の鳥は生まれ育った林を恋《こい》しがるものだ。官吏《カンリ》をやめて田園に帰りたいという思いにたとえた。〈陶潜《トウセン》・帰二園田居一《エンデンのキョにかえる》〉

【羈▼絆】《キハン》〔「羈」も「絆」も、馬をつなぎとめるもの〕自由な行動をさまたげるもの。束縛《ソクバク》。ほだし。きずな。

【羈留】《キリュウ》(名・する) ①つなぎとめること。②旅さきで泊《と》まること。表記 ②は「▼羇留」とも書く。

【羈旅】《キリョ》 ⇩【羇旅】《キリョ》(799ページ)

123 6画
羊(⺶) ひつじ ひつじへん 部

角《つの》のあるヒツジの形をあらわす。「羊」をもとにしてできている漢字を集めた。

0 羊 2 羌 3 美 4 羔 5 羞 羝 羚 6 着 7 義 群 羨 羣 9 羯 羮 10 羲 13 羹 羶 羸

この部首に所属しない漢字

差⇩工 334 善⇩口 210 翔⇩羽 805 養⇩食 1076

羊 0
【羊】 6画 4551 7F8A 教育3
音 ヨウ 漢 呉
訓 ひつじ

筆順 丶 丷 䒑 䒑 兰 羊

なりたち  [象形]角《つの》と四本の足と尾のあるヒツジの形。

意味 家畜《カチク》の一つ。ヒツジ。毛を織物に、肉を食用にする。
例 羊毛《ヨウモウ》。綿羊《メンヨウ》。

難読 羊蹄花《ぎしぎし》・羊麻草《どくだみ》

人名 よし

【▽羊▽歯】《しだ》 シダ類に属する多年生植物。ワラビ・ゼンマイ・ウラジロなど。また、とくにウラジロ。表記「歯▼朶」とも書く。

【羊▼羹】㊀《ヨウカン》 あんに砂糖・寒天を加え、練ったりむしたりして固めた和菓子《ワガシ》。例 練り―。水―。㊁《ヨウコウ》 ヒツジの肉のスープ。

【羊水】《ヨウスイ》 子宮の中で、胎児《タイジ》を包むうすい膜《マク》の内部を満たし、胎児を保護する液。

【羊腸】《ヨウチョウ》 ㊀(名) ヒツジの腸。ガット。㊁(名・形動タル) 山道などがヒツジの腸のようにまがりくねっていること。例 ―たる小径《ショウケイ》。

【羊頭▼狗肉】《ヨウトウクニク》 看板にはヒツジのあたまを出しておきながら、じっさいにはイヌの肉を売ってごまかすこと。見せかけだけりっぱで、実質のともなわないことのたとえ。

故事のはなし 斉《セイ》の霊公《レイコウ》が側近《ソッキン》の女に男の服を着せるのを好んだため、斉の国の人民もみなそのまねをしはじめた。そこで霊公は役人に命じて男装禁止令を出したが、いっこうにききめがない。宰相《サイショウ》の晏子《アンシ》に意見を求めると、晏子は言った。「宮廷《キュウテイ》内で女に男装させておきながら、人民にはそれを禁じています。これはちょうど看板に牛の頭をかけておいて、店の中では馬の肉を売っているようなものです。宮廷内で男装を禁じれば、人民もそんなことはしなくなるでしょ

う」。霊公はもっともだと思ってそのとおりにすると、やがて男装する女はいなくなった。〔もともと「牛首馬肉」であったが、時代がくだると「羊頭狗肉」というようになり、現在ではこちらのほうが定着している〕〈晏子春秋《アンシシュンジュウ》〉

【羊肉《ヨウニク》】ヒツジの肉。マトン。

【羊皮紙《ヨウヒシ》】ヒツジやヤギの皮をなめして、文字などを書きつけるのに用いたもの。西洋で紙が広く使われるようになる中世の末ごろまで使われた。パーチメント。

【羊膜《ヨウマク》】哺乳《ホニュウ》類・鳥類・爬虫《ハチュウ》類の、胚《ハイ》を包む膜。

【羊毛《ヨウモウ》】綿羊の毛。ウール。

●亡羊《ボウヨウ》・綿羊《メンヨウ》

⺷ 2

【羌】

8画 7021 7F8C 音 キョウ漢 訓 えびす

意味 ❶(中国の西方に住んでいた)異民族。えびす。例 羌笛《キョウテキ》(=西方の異民族のふくふえ)。❷中国の少数民族の名。例 羌族《キョウゾク》。

⺷ 3

【美】

9画 4094 7F8E 教育3 音 ビ漢ミ呉 訓 うつく-しい

筆順 丶 丷 䒑 䒑 ⺷ 羊 𦍌 美 美

なりたち 美 [会意]「羊(=ひつじ)」と「大(=おおきい)」とから成る。あまい。うまい。よい。

意味 ❶おいしい。味がよい。例 美酒《ビシュ》。甘美《カンビ》。❷姿かたちがよい。うつくしい。例 美醜《ビシュウ》。美貌《ビボウ》。優美《ユウビ》(=上品で美しい)。❸すぐれている。りっぱ。例 美徳《ビトク》。美風《ビフウ》。❹ほめる。たたえる。例 賛美《サンビ》。褒美《ホウビ》。

日本語での用法 《び・み》「び」「み」の音にあてる万葉がな。「美穂《みほ》・恵美須《えびす》・渥美《あつみ》・宇佐美《うさみ》」

人名 うま・うまし・きよし・とみ・はし・はる・ふみ・みち・みつ・よし

【美意識《ビイシキ》】美しいと感じる心。美についての意識。

【美化《ビカ》】(名・する)①清潔できれいな状態にすること。例 駅構内の—運動。②実際よりもすばらしいものだとたたえること。例 死を—した表現。

【美学《ビガク》】①美の本質や原理を研究する学問。②あるものを美とする基準。また、その基準にもとづいた行為《コウイ》。〔趣味《シュミ》・好みの意をきどっていうことが多い〕例 男の—。

【美感《ビカン》】うつくしいと感じる気持ち。美に対する感覚。例 —を養う。

【美観《ビカン》】風景やながめのうつくしさ。例 —をそこなう。

【美顔《ビガン》】うつくしい顔。また、かおをうつくしくすること。

【美▽姫《ビキ》】うつくしい女性。美人。

【美▼妓《ビギ》】美しい芸者・舞妓《まいこ》。

【美技《ビギ》】みごとなわざ。すばらしい演技。妙技《ミョウギ》。

【美挙《ビキョ》】りっぱなおこない。例 歴史上の—。社会的—。

【美形《ビケイ》】①うつくしいかたち。とくに容貌《ヨウボウ》のうつくしいこと。②うつくしい人。美人。

【美辞《ビジ》】りっぱなことば。うつくしくかざったことば。例 —麗句《レイク》。—を弄《ロウ》する。

【美酒《ビシュ》】うまい酒。うまざけ。例 勝利の—に酔《よ》う。

【美醜《ビシュウ》】うつくしいこととみにくいこと。例 容貌《ヨウボウ》の—を言わない。

【美術《ビジュツ》】絵画・写真・彫刻《チョウコク》・建築など、色や形で美を表現する芸術。

【美術館《ビジュツカン》】美術品を集めて陳列《チンレツ》し、多くの人に見せる施設《シセツ》。

【美女《ビジョ》】顔かたちのきれいな、姿のよい女性。美人。対 醜女《シュウジョ》。

【美称《ビショウ》】ほめていうことば。

【美粧《ビショウ》】うつくしい化粧《ケショウ》。また、うつくしくよそおうこと。類 美容。例 —院。

【美少年《ビショウネン》】顔かたちや姿のうつくしい少年。例 紅顔の—。

【美食《ビショク》】(名・する)うまいもの、また、ぜいたくなものばかり食べること。対 粗食《ソショク》。例 —家《カ》。

【美神《ビシン》】美をつかさどる神。たとえば、ローマ神話のビーナス。

【美人《ビジン》】容姿のうつくしい女性。美女。

【美声《ビセイ》】耳にこころよくひびく、よい声。対 悪声。

【美▼髯《ビゼン》】りっぱなほおひげ。例 —をたくわえる。

【美装《ビソウ》】うつくしくよそおうこと。例 —本《ボン》。

【美俗《ビゾク》】好ましい風俗。よい風習。美風。例 淳風《ジュンプウ》—。

【美談《ビダン》】聞く人を感動させる話。うつくしくりっぱな話。

【美男子《ビダンシ》|《ビナンシ》】顔かたちがよく、姿のりっぱな男性。美男《ビナン》。

【美的《ビテキ》】(形動ダナ)美が感じられるようす。美に関係があるようす。例 —な表現。—感覚がすぐれている。

【美点《ビテン》】すぐれている点。よいところ。長所。対 欠点。

【美田《ビデン》】作物のよくそだつ肥えた田地。例 児孫《ジソン》のために—を買わず(=子孫に土地や財産を残してやらない)。

【美徳《ビトク》】①人の道にかなったすばらしい品性。②うつくしいおこない。対 悪徳。例 謙譲《ケンジョウ》の—。

【美男《ビナン》】顔かたちがよく、姿のりっぱな男性。美男子。

【美風《ビフウ》】よい風習。よいならわし。美俗《ビゾク》。対 悪風。例 この土地の—。

【美文《ビブン》】うつくしくかざった調子のいい文章。とくに、明治二十年から三十年に流行した文体。例 —調。

【美貌《ビボウ》】うつくしい顔かたち。

【美味《ビミ》】(名・形動ダナ)うまい食べ物や飲み物。例 —を味わう。

【美名《ビメイ》】①よい評判。名声。例 —を残す。②体裁《テイサイ》のいい名目。例 平和の—にかくれた侵略行為《シンリャクコウイ》。

【美容《ビヨウ》】①うつくしい顔かたち。②顔・髪型《かみがた》、また、うで・足・つめなどをうつくしく見せるようにすること。また、その技術。例 —体操。—師。

【美麗《ビレイ》】(名・形動ダナ)(容姿などが)ととのっていて、優雅《ユウガ》で気品があること。例 —な装飾《ソウショク》。

【美濃《みの》】旧国名の一つ。今の岐阜《ぎふ》県の中部・南部にあたる。濃州《ノウシュウ》。

【美作《みまさか》】旧国名の一つ。今の岡山《おかやま》県の北東部にあたる。作州《サクシュウ》。

●甘美《カンビ》・賛美《サンビ》・賞美《ショウビ》・褒美《ホウビ》・優美《ユウビ》

⺷ 4

【羔】

10画 7022 7F94 音 コウ漢 訓 こひつじ

意味 ヒツジの子。例 羔裘《コウキュウ》(=子ヒツジの皮でこしらえた衣服)。

⺷ 5
【羞】11画 7023 7F9E 常用 音シュウ(漢) 訓は-じる
筆順 丷 䒑 ⺷ 产 差 差 羞 羞
なりたち  [会意]「羊(=ひつじ)」と「丑(=手で進める)」とから成る。進めて献上《ケンジョウ》する。
意味 ❶ごちそうをそなえる。すすめる。ごちそう。例 羞膳《シュウゼン》(=ごちそう)。珍羞《チンシュウ》。❷はずかしく思う。はじらう。また、はずかしめる。はじ。例 羞悪《シュウオ》。羞恥《シュウチ》。含羞《ガンシュウ》。
【羞悪《シュウオ》】自分の不道徳な点をはじ、また他人の悪をにくむこと。例 —の心。
【羞恥《シュウチ》】はずかしく思うこと。はじらい。例 —心が強い。—の念。

羊 5
【羝】11画 7024 7F9D 音テイ(漢) 訓おひつじ
意味 おすのヒツジ。例 羝羊《テイヨウ》(=おひつじ)。

羊 5
【羚】11画 7025 7F9A 人名 音レイ(漢) リョウ(呉) 訓かもしか
意味 カモシカ。おす・めすともに角《つの》があり、高山や深山にすむ。例 羚羊《レイヨウ》(=カモシカ。また、ウシ科のシカに似た動物、アンテロープ)。

⺷ 6
【着】12画 3569 7740 教育3 音チャク(漢) ジャク(呉) 訓き-る・き-せる・つ-く・つ-ける
筆順 丷 䒑 ⺷ 产 羊 着 着 着
なりたち「著」の「艹」を「⺷」と書くことからできた字。
意味 ❶ぴったりついてはなれない。つく。例 執着《シュウチャク》。土着《ドチャク》。密着《ミッチャク》。❷身につける。きる。例 着衣《チャクイ》。着用《チャクヨウ》。❸くっつける。つける。例 着眼《チャクガン》。着手《チャクシュ》。❹(あるところに)いたる。例 着任《チャクニン》。先着《センチャク》。❺ものごとがおさまる。おちつく。例 決着《ケッチャク》。落着《ラクチャク》。
日本語での用法 一《チャク》衣服をかぞえることば。「洋服《ヨウフク》三着《サンチャク》」二《きる》身に受ける。身に負わせる。「恩《オン》に着《き》る・罪《つみ》を着《き》せる」三《つく》きまりがつく。触《ふ》れる。「話《はなし》が着《つ》く・足《あし》が地《チ》に着《つ》く」

使い分け つく・つける【付・着・就】⇩1172ページ

【着尺《きジャク》】おとな用の着物一枚に必要なだけの反物《タンもの》。対 羽尺《ハジャク》。例 —地《ジ》。

【着付け《きつけ》】①衣服(とくに、和服)をきちんと着せつけること。例 —教室。花嫁《はなよめ》に—をする。②着たぐあい。着こなし。例 —がいい。

【着道楽《きドウラク》】衣服にお金をかけて楽しむこと。また、その人。

【着流し《きながし》】和服で、はかまをはかない、ふだんの姿。

【着物《きもの》】①からだに着るもの。衣服。例 —を着る。②洋服に対して、和服のこと。例 —姿。

【着類《きルイ》】身にまとうもの。着物。衣服。

【着衣《チャクイ》】①衣服を着ていること。対 脱衣《ダツイ》。例 —のままで泳ぐ。②着ている衣服。例 —に乱れはない。

【着意《チャクイ》】(名・する)①気をつけること。注意すること。留意。②思いつくこと。着想。例 —のよい新案。

【着駅《チャクエキ》】到着《トウチャク》駅。対 発駅。例 —ばらいの運賃。

【着岸《チャクガン》】(名・する)岸や岸壁《ガンペキ》につくこと。例 大型客船が—する波止場《はとば》。

【着眼《チャクガン》】(名・する)(研究・創作などで)目をつけること。目のつけ方。着目。例 —点。—がいい。

【着座《チャクザ》】(名・する)座席につくこと。席にすわること。着席。例 定められた席に—しなさい。

【着実《チャクジツ》】(名・形動《ダ》)落ちついて確実にものごとをおこなうこと。あぶなげがないこと。手がたいこと。例 —に点を取る。

【着手《チャクシュ》】(名・する)(仕事などに)とりかかること。手をつけること。開始。例 編集に—する。

【着順《チャクジュン》】到着《トウチャク》した順番。席などについた順序。例 —を判定する。—に並ぶ。

【着床《チャクショウ》】(名・する)〔生〕受精卵《ジュセイラン》が子宮壁《シキュウヘキ》に定着すること。

【着色《チャクショク》】(名・する)色をつけること。色づけ。例 絵の具で—する。

【着信《チャクシン》】(名・する)通信が到着《トウチャク》すること。また、到着した通信。対 発信。

【着水《チャクスイ》】(名・する)鳥や航空機などが、降りて水面につくこと。対 離水《リスイ》。例 不時—。飛行艇《ヒコウテイ》が—する。

【着生《チャクセイ》】(名・する)他のものに付着して生育すること。例 —植物。ヤドリギが—している木。

【着席《チャクセキ》】(名・する)座席にすわること。着座。例 ご—ください。

【着船《チャクセン》】(名・する)船が港につくこと。また、その船。

【着装《チャクソウ》】(名・する)①身につけること。装着。例 シートベルトの—。②(器具・部品などを)取りつけること。

【着想《チャクソウ》】(名・する)①思いつくこと。思いつき。アイデア。例 奇抜《キバツ》な—。②文芸・芸術を創作するとき、その内容を頭の中で考えること。構想。例 —を練る。

【着帯《チャクタイ》】(名・する)妊娠《ニンシン》五か月めに腹帯《はらおび》(=岩田《いわた》帯)をしめること。また、その祝いの式。例 —を祝う。

【着脱《チャクダツ》】(名・する)着ることと、ぬぐこと。また、物をつけたりはずしたりすること。例 —自在。—式。

【着弾《チャクダン》】(名・する)発射された弾丸が目的物に達すること。また、その弾丸。例 —地。正確に—する。

【着地《チャクチ》】(名・する)①着陸すること。例 落下傘《ラッカサン》で—する。②スキーのジャンプや体操などの競技で、雪面や床《ゆか》面におり立つこと。例 —成功。③到着《トウチャク》する場所。例 代金—ばらい。

【着着《チャクチャク》】(副)ものごとが順序よくはかどるようす。例 —と準備を進める。

【着任《チャクニン》】(名・する)新しい任地・任務につくこと。類 赴任《フニン》。対 離任《リニン》。例 —した早早から。

【着発《チャクハツ》】①到着《トウチャク》と出発。発着。例 —便《ビン》。②弾丸《ダンガン》などが物に当たった瞬間《シュンカン》に爆発《バクハツ》すること。例 —信管。

【着服《チャクフク》】(名・する)①着物を着ること。②金品を不正な手段で自分のものにすること。類 横領。例 公金を—する。

【着帽《チャクボウ》】(名・する)帽子をかぶること。対 脱帽《ダツボウ》。例 ヘルメット—で工場内にはいる。

【着目《チャクモク》】(名・する)注意して見ること。着眼。注目。例 世論の変化に—する。

【着用《チャクヨウ》】(名・する)衣類やその付属品、装身具などを身につけること。例 制服を—する。

【着陸《チャクリク》】(名・する)(航空機が)空から陸上に降りること。対 離陸《リリク》。例 —地点。

【着荷《チャッカ|チャクに》】荷物がつくこと。また、ついた荷物。例 代金は—後のしはらいになる。

【着工《チャッコウ》】(名・する)工事にとりかかること。起工。対 竣工《シュンコウ》。例 —の期日を早める。
●横着《オウチャク》・決着《ケッチャク》・終着《シュウチャク》・先着《センチャク》・沈着《チンチャク》・定着

着《テイチャク》・到着《トウチャク》・土着《ドチャク》・必着《ヒッチャク》・漂着《ヒョウチャク》・付着《フチャク》・密着《ミッチャク》・癒着《ユチャク》

⺷ 7

【義】

13画 2133 7FA9 教育5 音 ギ 漢 呉 訓 よ-い

筆順 丷 ⺷ 𦍌 羊 羊 義 義 義

なりたち 義 [会意]「我(=自分)」と「羊(=よい)」とから成る。自分からする、よいおこない。

意味 ❶人としておこなうべき正しい道。社会道徳にかなった正しさ。例 義務《ギム》。義勇《ギユウ》。正義《セイギ》。仁《ジン》・義《ギ》・礼《レイ》・智《チ》・信《シン》。❷血のつながりのないものが恩や縁組《エングみ》によって結ぶ親族関係。例 義兄弟《ギキョウダイ》。義父《ギフ》。義母《ギボ》。❸かりの。実物の代わりの。例 義歯《ギシ》。義足《ギソク》。❹意味。わけ。例 意義《イギ》。疑義《ギギ》。

人名 あき・いさ・しげ・ただ・ただし・ちか・つとむ・とも・のり・みち・よし・より

【義▼捐《ギエン》】〔「捐」は、手ばなす意〕世の中のために役に立ち、意義があると感じてお金や品物を差し出すこと。例 ―金。表記「義援」とも書く。

【義解《ギカイ|ギゲ》】文字やことば、また文章などの意味をときあかすこと。〔書名に用いられた〕例『憲法―《ケンポウギゲ》』(伊藤博文《イトウひろぶみ》の著作)『令―《リョウのギゲ》』(平安時代の書名)

【義眼《ギガン》】病気や事故などで目を失った人が、代わりに入れる、形だけそっくりの目。入れ目。例 ―を入れる。

【義挙《ギキョ》】道理を立て、すじを通すために、あえて起こす行動。また、そのくわだて。〔他から批評し、ほめていうことば〕例 赤穂《あこう》四十七士の―をたたえる。

【義▼侠《ギキョウ》】不当に弱い者いじめをする者を、こらしめる勇気を示すこと。おとこぎ。おとこだて。例 ―心。

【義兄弟《ギキョウダイ》】①おたがいを兄弟としてつきあい、助け合おうとちかった仲間。例 ―の契《ちぎ》りを結ぶ。②妻または夫の兄弟、あるいは姉妹の夫、異父母の兄弟など。

【義兄《ギケイ》】①義理の兄。妻または夫の兄、あるいは姉の夫など。対 実兄。②おたがいを兄弟であるとちかい合ったどうしの、兄のほう。対 義弟。

【義士《ギシ》】①正しいと信ずる道理を立てて、行動によってその精神を示す人。類 義人・義民。②「赤穂《あこう》義士」の略。元禄《ゲンロク》十五年十二月十四日(新暦では一七〇三年一月三十日)、主君の仇《あだ》をうった、もと赤穂藩《ハン》の浪士《ロウシ》。

【義子《ギシ》】直接の血のつながりのない子。義理の子。養子または継子《ケイシ》、あるいは息子《むすこ》や娘《むすめ》の妻または夫など。対 実子《ジッシ》。

【義姉《ギシ》】義理の姉。妻または夫の姉、あるいは兄の妻など。対 実姉。

【義肢《ギシ》】〔「肢」は、手や足の意〕失われた手や足の部分を補う、義手や義足。例 ―装具士。

【義歯《ギシ》】入れ歯。例 ―を入れる。

【義手《ギシュ》】失った手の代わりにつける人工の手。

【義人《ギジン》】正しいと信ずる道理を立てて、行動によってその精神を示す人。類 義士・義民。例 ―大塩平八郎《おおしおヘイハチロウ》。

【義絶《ギゼツ》】(名・する) 親子や兄弟《キョウダイ》などの間で、親族としての関係を断《た》つこと。また、師弟、君臣、友人としての交わりを断つこと。例 兄弟と―する。

【義戦《ギセン》】正しい道理を守るため、また正義を通すためにおこなうたたかい。

【義足《ギソク》】失った足の代わりにつける人工の足。

【義賊《ギゾク》】自分なりの正義にもとづき、金持ちや権力者からぬすんだ金品を、貧しい者に分けあたえるどろぼう。例 鼠小僧《ねずみこゾウ》のような―。

【義太夫《ギダユウ》】「義太夫節《ぶし》」の略。江戸《えど》時代の中期に、竹本義太夫が始めた浄瑠璃《ジョウルリ》の一派。

【義弟《ギテイ》】①義理の弟。妻または夫の弟、あるいは妹の夫。対 実弟。②おたがいを兄弟であるとちかい合ったどうしの、弟のほう。対 義兄。

【義父《ギフ》】義理の父。妻または夫の父、あるいは継父《ケイフ》や養父など。対 実父《ジップ》。

【義憤《ギフン》】道理を立て筋をとおす気持ちから起こる、悪や不正をにくむいかり。例 ―を感じる。

【義兵《ギヘイ》】正しい道理を立てるために行動する兵、また、たたかい。例 ―を挙《あ》げる。

【義母《ギボ》】義理の母。妻または夫の母、あるいは継母《ケイボ》や養母など。対 実母・生母。

【義僕《ギボク》】主人との関係で、道理を立てて行動するしもべ。類 忠僕。

【義妹《ギマイ》】義理の妹。妻または夫の妹、あるいは弟の妻など。対 実妹。

【義民《ギミン》】世のため人のために行動する人。たとえば、村全体の苦しみを救うために命をかけた農民など。類 義人・義士。例 佐倉《さくら》―伝。

【義務《ギム》】①当然のつとめとしてしなければならないこと。例 ―を果たす。②とくに、憲法その他の法律・条例・規定で定められた、なすべきつとめ。対 権利。例 ―教育。国民の―。

【義勇《ギユウ》】正しい道理を立てるため、自分の意志で進んで戦いに加わる勇気。例 ―兵。―軍。

【義理《ギリ》】①人との関係や世の中の習慣に従っていると、いやだと思ってもしなければならないようなこと。恩義に対するお返しとしてのつとめ。例 ―がたい。―を欠く。②夫婦《フウフ》になることや養子縁組《ヨウシエングミ》などで生じる、血縁《ケツエン》関係に準じるあいだがら。例 ―の親子。③ものごとのすじみち。ものの道理。

【義烈《ギレツ》】正しい道理を守り、強い意志で行動すること。例 ―を明らかにする。

【義《ギ》を見《み》て▽為《せ》ざるは勇《ユウ》なきなり】当然すべきことと知っていながらしないのは、勇気がないのである。〈論語《ロンゴ》〉

● 意義《イギ》・奥義《オウギ|おくギ》・恩義《オンギ》・狭義《キョウギ》・広義《コウギ》・講義《コウギ》・主義《シュギ》・信義《シンギ》・仁義《ジンギ》・正義《セイギ》・忠義《チュウギ》・定義《テイギ》・律義《リチギ》

羊 7

【群】

13画 2318 7FA4 教育4 音 クン 漢 グン 呉 訓 む-れる・む-れ・むら

筆順 フ ヨ 尹 君 君 群 群

羊 7

【羣】

13画 7026 7FA3 本字

なりたち 羣 [形声]「羊(=ひつじ)」と、音「君《クン》」とから成る。ヒツジのむれ。

意味 ❶多くのものが集まる。むれる。むらがる。例 群居《グンキョ》。群集《グンシュウ》。群生《グンセイ》。❷集まったなかま。あつまり。むれ。例 群衆《グンシュウ》。大群《タイグン》。抜群《バツグン》。❸たくさんの。もろもろの。例 群臣《グンシン》(=多くの臣下)。群雄《グンユウ》。

難読 群雀《むらすずめ》・群鳥《むらがらす》・平群《へぐり》(=地名)

人名 あつむ・とも・もと

【群議《グンギ》】(名・する) 多くの人々が集まって相談すること。類 衆議。

【群居《グンキョ》】(名・する) むれをなして集まり住むこと。

【群衆《グンシュウ》】(一定の秩序《チツジョ》や組織がなく)一か所に集まった

おおぜいの人々。

【群集《グンシュウ》】(名・する) おおぜいの人が一か所に集まること。また、その人々。例 —がおし寄せる。

【群集心理《グンシュウシンリ》】個人が群集のなかにはいったときに生じる特殊《トクシュ》な心理。周囲にやたらに同調して興奮《コウフン》し、さわぎたてる心の状態。例 —をたくみについた演説。

【群書《グンショ》】さまざまな多くの書籍《ショセキ》。例 —一覧。

【群小《グンショウ》】多くの、小さくて力の弱いもの。例 —国家。

【群青《グンジョウ》】藍《あい》に近いあざやかな青色。群青色。

【群生《グンセイ》】(名・する) 同じ種類の植物が、一か所にむらがってはえること。例 サクラソウの—地。

【群▼棲《グンセイ》】(名・する) 同じ種類の動物が、一か所にむれをつくってすむこと。例 シマウマが—する広野。

【群像《グンゾウ》】多くの人物をいきいきとえがいた作品。例 青春の—。—劇。

【群体《グンタイ》】〔生〕出芽・分裂《ブンレツ》などで生じた多くの同種の個体が、組織的につらなり合って生活する生物の集まり。たとえば、植物では珪藻《ケイソウ》、動物ではサンゴなど。

【群島《グントウ》】一定の海域《カイイキ》にある島々。

【群発《グンパツ》】ある期間、同じ地域に集中的に起こること。例 —地震《ジシン》。

【群舞《グンブ》】(名・する) おおぜいの踊《おど》り手がむらがって踊ること。また、その踊り。例 無数のチョウが—している野原。

【群盲《グンモウ》】①多くの盲人。例 —象《ゾウ》を評す。②多くのおろかな人々。

【群盲《グンモウ》象《ゾウ》を▼撫《ブ》す】凡人《ボンジン》は大事業や大人物の全体を理解することはできないことのたとえ。群盲象を撫《な》ず。群盲象を模す。群盲象を評す。〔盲人たちがゾウをなでて、自分のさわったゾウのからだの一部分から、ゾウとは、このようなものだと言い合ったという仏典の説話で、人々が、仏の教えの真理を正しく理解することは難しいことをいったもの〕

【群雄《グンユウ》】多くの英雄。

【群雄割拠《グンユウカッキョ》】多くの英雄たちが、各地に勢力をもって立てこもり、きそって天下を取ろうとすること。

【群落《グンラク》】①多くの村落。②一つの地域内に、かたまって生育する植物のむれ。類 群生。例 カタクリの—。

【群雲《むらくも》】集まりむらがっている雲。例 月に—、花に風。

◐ 一群《イチグン》・岩群《いわむら》・魚群《ギョグン》・鶏群《ケイグン》・症候群《ショウコウグン》・大群《タイグン》・抜群《バツグン》・流星群《リュウセイグン》

⺷ 7

【羨】

13画 3302 7FA8 常用

音 セン(漢) ゼン(呉)
訓 うらや-む・うらや-ましい

筆順 丷 䒑 ⺷ 羊 ⺷ 羡 羨

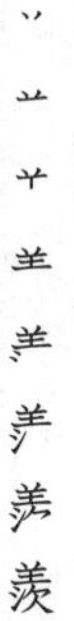

なりたち  [会意]「次(=よだれ)」と、「羑(=文王が捕《と》らわれた地である羑里)」の省略体とから成る。むさぼり欲する。

意味 ❶うらやましく思う。ほしがる。したう。例 羨望《センボウ》。❷あふれる。あまる。例 羨余《センヨ》(=あまり)。

人名 のぶ・ゆたか・よし

【羨望《センボウ》】(名・する) うらやましいこと。例 —の的《まと》。

羊 7 ［羣］13画 ⇩【群】グン(802ページ)

羊 9

【羯】

15画 7027 7FAF

音 カツ(慣) ケツ(漢)

意味 ❶去勢したヒツジ。例 羯羊《カツヨウ》。❷西方の異民族、匈奴《キョウド》の一種族。例 羯鼓《カッコ》。

【羯鼓《カッコ》】つづみの一種。二本のばちで両面を打って使う。〔羯の人々が用いた〕

⺷ 9 ［羮］15画 ⇩【羹】コウ(803ページ)

⺷ 10

【羲】

16画 7028 7FB2

音 ギ(慣) キ(漢)

意味 姓名《セイメイ》に用いられる字。例 伏羲《フッキ》(=中国古代の伝説上の帝王《テイオウ》)。王羲之《オウギシ》(=東晋《トウシン》の書家)。

⺷ 13

【羹】

19画 7029 7FB9

音 コウ(漢) カン(唐)
訓 あつもの

⺷ 9 ［羮］15画 7030 7FAE 俗字

意味 肉と野菜をあわせて煮《に》たスープ。あつもの。例 羹湯《コウトウ》(=あつもの)。

【羹《あつもの》に懲《こ》りて▼膾《なます》を吹《ふ》く】〔「膾」は、細かく切った、なま肉。原文は「韲」の字〕熱いスープをすすって口をやけどしたのにこりて、冷たいなますに息を吹きかけてさまそうとする。一度の失敗にこりて、用心しすぎることのたとえ。

故事のはなし

中国の戦国時代、楚《ソ》の国に屈原《クツゲン》という人がいた。祖国の楚の国運が思わしくなかったので、その回復《カイフク》のため王をいさめたが、逆に人々の讒言《ザンゲン》にあい、王にきらわれて追放されてしまう。そのときの悲しみや、祖国に対する変わらぬ気持ちをうたった、物語風の詩の一節にあるのがこの文句で、厲神《レイシン》(=悪神)が屈原に「お前は主君にも疎《うと》んぜられ、孤立《コリツ》している。他人の悪口のおそろしさをよく考えなさい。羹《あつもの》に懲《こ》りて韲《なます》を吹《ふ》くということばもある。そのように用心しなければならないのに、なんだっていつまでも気持ちを変えようとしないのだ」と述べているところ。屈原は総理大臣にあたる職にもついた楚の王族で、詩人としても有名。最後は祖国の運命をなげきつつ、汨羅《ベキラ》という淵《ふち》に身を投げて死んだという。〈楚辞《ソジ》〉→【粽】ソウ(765ページ)

◐ 軽羹《かるカン》・水羊羹《みずヨウカン》・羊羹《ヨウカン》

羊 13

【羶】

19画 7031 7FB6

音 セン(漢)
訓 なまぐさ-い

意味 ヒツジの肉のにおい。また、草木のにおい。なまぐさい。例 羶血《センケツ》。

【羶血《センケツ》】なまぐさい血。転じて肉食をする人のこと。

【羶▼腥《センセイ》】なまぐさい。

羊 13

【羸】

19画 7032 7FB8

音 ルイ(漢)(呉)
訓 つか-れる・や-せる・や-む・よわ-い・よわ-る

意味 ❶つかれる。例 羸師《ルイシ》。❷やせて、よわよわしい。よわい。例 羸弱《ルイジャク》。

【羸師《ルイシ》】よわい軍隊。疲弊《ヒヘイ》した軍隊。

【羸弱《ルイジャク》】①つかれ、よわること。やせおとろえること。②よわい人。転じて、人民。庶民《ショミン》。

【羸卒《ルイソツ》】つかれてよわった兵士。

【羸▼餒《ルイダイ》】(名・する) 飢《う》えてやせおとろえること。

124
6画

羽(羽) はね部

とりの両翼《リョウヨク》の形をあらわす。常用漢字では「羽」「ヨヨ」となる。「羽」をもとにしてできている漢字を集めた。

0 羽 羽 4 翁 翅 翁 翠 5 習 翌 翊 習 翌 6 翕 翔 翔 8 翠 翡 翠 9 翫 翦 翩 10 翰 11 翳 翼 翼 12 翹 翻 翻 14 耀 耀

羽 0

【羽】
6画 1709 7FBD 教育2

音 ウ 漢 呉　訓 は・はね

筆順

羽 0

【羽】
6画 FA1E

なりたち  [象形]二つならんだ鳥のつばさの形。

意味 ❶鳥や虫のはね。つばさ。例 羽化《ウカ》。羽毛《ウモウ》。❷鳥類のこと。例 羽鱗《ウリン》(=鳥類と魚類)。❸補佐《ホサ》する。たすけ。例 羽翼《ウヨク》。❹東洋音楽の五音《ゴイン》(=宮《キュウ》・商《ショウ》・角《カク》・徴《チ》・羽《ウ》)の一つ。

日本語での用法 ㊀《わ・ば・ぱ》鳥などを数えることば。「ウサギ一羽《イチわ》・カラス三羽《サンば》・小鳥《ことり》六羽《ロッぱ》」㊁《ウ》旧国名「出羽《でわ》(=今の山形県と秋田県)」の略。「羽前《ウゼン》・羽後《ウゴ》・羽州《ウシュウ》・奥羽《オウウ》・陸羽《リクウ》」

難読 羽衣《はごろも》

【羽衣】《ウイ》《はごろも》 鳥のはねで作った衣服。天人や仙女《センニョ》が空を飛ぶときに着るという。

【羽化】《ウカ》(名・する) 昆虫《コンチュウ》の幼虫またはさなぎが変態して成虫となること。例 セミの―。

【羽化登仙】《ウカトウセン》 中国の神仙術で、からだに羽が生えて天にのぼり、仙人になること。また、酒に酔《よ》ってよい気分になることもいう。

【羽▼觴】《ウショウ》 スズメがはねを広げた形に似せて作った杯《さかずき》。例 ―を飛ばす(=宴席《エンセキ》でさかんに杯をやりとりする)。

6画

【羽毛】《ウモウ》 ①鳥のふわふわしたやわらかいはね。例 ―のように軽いもの。②鳥のはねと、獣《けもの》の毛。例 ―を用いた暖かい衣服。

【羽翼】《ウヨク》 ①鳥のはねとつばさ。また、鳥のつばさ。②鳥の羽のように、左右から助けること。補佐《ホサ》すること。また、補佐する人。例 主君の―となってつとめる。

【羽織】《はおり》 和服で、着物の上に着る、丈《たけ》が短く、えりの折れた衣服。

【羽子板】《はごいた》 羽根をつく、柄《え》のついた長方形の板。

【羽尺】《はジャク》 おとなの羽織一枚分の反物《タンもの》。約八・四メートルから九・四メートル。対 着尺《きジャク》。表記「端尺」とも書く。

【羽根】《はね》 ①黒い小さな玉に鳥の羽をつけたもの。羽子板《はごいた》でついて遊ぶ。例 ―つき。②バドミントンのシャトル。③器具や機械にとりつける、鳥の羽のような形のうすい板。例 換気扇《カンキセン》の―。

【羽二重】《はぶたえ》 上質の絹糸で織った純白の絹織物。やわらかくて上品な光沢《コウタク》がある。

●尾羽《おは》・合羽《カッパ》・切羽《せっぱ》

羽 0

【羽】6画 ⇩【羽】《ウ》(804ページ)

羽 4

【翁】
10画 1807 7FC1 常用

音 オウ 漢　訓 おきな

筆順

羽 4

【翁】
10画

なりたち  [形声]「羽(=つばさ)」と、音「公《コウ》→《オウ》」とから成る。鳥のくびの毛。借りて「おじいさん」の意。

意味 ❶男性の年配者をうやまっていうことば。㋐男性の老人。おきな。対 媼《オウ》。例 翁媼《オウオウ》。老翁《ロウオウ》。塞翁《サイオウ》が馬《うま》。㋑男性の姓《セイ》や名につける。蕉翁《ショウオウ》(=松尾芭蕉《まつおバショウ》)。奈翁《ナオウ》(=ナポレオン)。沙翁《シャオウ》(=シェークスピア)。白翁《ハクオウ》(=白居易《ハクキョイ》)。❷父親。

日本語での用法《おきな》能楽で用いる老人の面。「翁《おきな》の面《おもて》」

人名 おい・おき・とし・ひと

【翁▼媼】《オウオウ》 おきなと、おうな。年老いた男と年老いた女。

●玄翁《ゲンノウ》・老翁《ロウオウ》

羽 4

【翅】
10画 7034 7FC5

音 シ 漢　訓 つばさ・はね

意味 ❶鳥や虫のはね。例 翅羽《シウ》(=はね。つばさ)。展翅《テンシ》(=標本にするために虫の羽を広げること)。❷魚のひれ。例 魚翅《ギョシ》。

羽 4

【翁】10画 ⇩【翁】《オウ》(804ページ)

羽 4

【翠】10画 ⇩【翠】《スイ》(805ページ)

羽 5

【習】
11画 2912 7FD2 教育3

音 シュウ 漢 ジュウ 呉　訓 なら-う・なら-い・なら-わし

筆順

羽 5

【習】
11画

なりたち  [形声]「羽(=つばさ)」と、音「白《シ→シュウ》」とから成る。くりかえして、はばたく。

意味 ❶くりかえしまねて、身につける。まなぶ。例 習得《シュウトク》。学習《ガクシュウ》。練習《レンシュウ》。❷くりかえされたやり方。しきたり。ならわし。例 習慣《シュウカン》。因習《インシュウ》。風習《フウシュウ》。

使い分け ならう【習・倣】⇩1176ページ

人名 しげ・まなぶ

【習慣】《シュウカン》 ①古くからのならわしや、やり方。風習。慣習。しきたり。例 正月に餅《もち》を食べるのは日本の―だ。②毎日の生活のなかでくりかえしている、その人のやり方。例 毎朝の散歩はわたしの―だ。

【習作】《シュウサク》(名・する) 音楽・文学・絵画・彫刻《チョウコク》・映像などで、練習としてつくった作品。エチュード。

【習字】《シュウジ》 文字を正しく美しく書くための学習。手習い。書き方。類 書写・書道。例 ペン―。―の先生。―の手本《てホン》。

【習熟】《シュウジュク》(名・する) あるものごとを、じゅうぶんに経験または練習してうまくなること。熟練。熟達。例 算盤《そろバン》に―して特技とする。

【習性】《シュウセイ》 ①動物それぞれにみられる、生まれつきの性質や行動の型《かた》。例 ネコは動くものに反応する―をもつ。②くりかえすことによって身についた性質やくせ。例 早起きの―。

【習俗《ゾク》】むかしからのならわしとなった世の中の生活様式。習慣や風俗。類風習。例田植え行事の—を調べる。

【習得《シュウトク》】(名・する) 学問や技術など、ならったことをよくおぼえて身につけること。例英会話を—する。

【習風《シュウフウ》】ならわし。風習。

【習癖《シュウヘキ》】習慣となっている(悪い)くせ。習性。性癖。

【習練《シュウレン》】(名・する) くりかえしよくならうこと。練習。
●因習《インシュウ》・演習《エンシュウ》・学習《ガクシュウ》・慣習《カンシュウ》・講習《コウシュウ》・実習《ジッシュウ》・常習《ジョウシュウ》・風習《フウシュウ》・補習《ホシュウ》・練習《レンシュウ》

羽 5 【翌】 11画 4566 7FCC 教育6 音ヨク漢

筆順

羽 5 【翌】 11画 — —

なりたち [形声]「羽(=つばさ)」と、音「立《リュウ》→ヨク」とから成る。飛ぶようす。借りて「明ける」の意。
意味 (夜やある期間が)明けたのち。次の。同翊《ヨク》。例翌日《ヨクジツ》(=あくる日)。翌年《ヨクネン》(=次の年)。
人名 あきら
【翌週《ヨクシュウ》】次の週。

羽 5 【翊】 11画 7036 7FCA 音ヨク漢 訓たす-ける・と-ぶ
意味 ❶鳥が飛ぶようす。例翊翊《ヨクヨク》。❷明くる。同翌《ヨク》。例翊日《ヨクジツ》(=あくる日)。❸補佐《ホサ》する。たすける。同翼《ヨク》。例翊佐《ヨクサ》(=補佐)。翊賛《ヨクサン》(=たすける)。

羽 5 【習】 11画 ⇩【習】《シュウ》(804ページ)

羽 5 【翌】 11画 ⇩【翌】《ヨク》(805ページ)

羽 6 【翕】 12画 7037 7FD5 音キュウ漢
意味 ❶鳥がいっせいに飛び立つ。すみやかに始まる。❷一つに集まる。例翕合《キュウゴウ》。
【翕合《キュウゴウ》】(名・する) 集めてまとめること。また、集まること。例チンギス=ハンはモンゴルの諸部族を—した。表記「糾合・▼鳩合」とも書く。
【翕然《キュウゼン》】(形動《タルト》) 多くのものや人が一つに集まるようす。

羽 6 【翔】 12画 7038 7FD4 人名 音ショウ漢 訓かけ-る・と-ぶ

羽 6 【翔】 12画 — —

なりたち
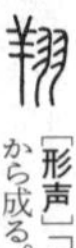
[形声]「羽(=つばさ)」と、音「羊《ヨウ》→ショウ」とから成る。まわるように飛ぶ。
意味 鳥がつばさを広げて飛びめぐる。例翔集《ショウシュウ》(=飛んで来て集まる)。飛翔《ヒショウ》。
難読 翔《ふるまい》

羽 6 【翔】 12画 ⇩【翔】《ショウ》(805ページ)

羽 8 【翠】 14画 3173 7FE0 人名 音スイ漢呉 訓かわせみ・みどり

羽 8 【翠】 14画 — —

羽 4 [翆] 10画 7035 7FC6 俗字

なりたち

[形声]「羽(=つばさ)」と、音「卒《ソツ》→スイ」とから成る。青い羽の鳥。

意味 ❶水べにすむ鳥の名。めすのカワセミ。〔おすは「翡《ヒ》」という〕例翠華《スイカ》(=カワセミの羽でつくった、天子の旗)。翡翠《ヒスイ》(=カワセミ。また、宝石)。❷あおみどり色。みどり。例翠玉《スイギョク》。翠嵐《スイラン》。

人名 あきら
【翠雨《スイウ》】①青葉に降りかかる雨。緑雨。②つややかな黒髪《くろかみ》にかかる水滴《スイテキ》。

【翠雲《スイウン》】①みどりの雲。青い雲。碧雲《ヘキウン》。②黒髪《くろかみ》のたとえ。

【翠玉《スイギョク》】みどり色の宝石で、エメラルド、または、翡翠《ヒスイ》。

【翠色《スイショク》】みどり色。緑色。蒼色《ソウショク》。碧色《ヘキショク》。

【翠▼黛《スイタイ》】①みどり色のまゆずみ。美人のまゆ。また、美人のこと。例—紅顔《コウガン》の色。②みどり色で、遠くにかすんで見える山の形容。例—の山。

【翠▽嵐《スイラン》】①青々とした木々のようす。②みどりにつつまれた山のけはい。例—をはらむ山路《やまみち》。

【翠柳《スイリュウ》】みどりのヤナギ。青々としげったヤナギ。類青柳《あおやなぎ》・翠楊《スイヨウ》。

【翠緑《スイリョク》】みどり色。例—玉《ギョク》(=エメラルド)。

羽 8 【翡】 14画 7039 7FE1 音ヒ漢呉 訓かわせみ
意味 水べにすむ鳥の名。おすのカワセミ。〔めすは「翠《スイ》」という〕例翡翠《ヒスイ》。
【翡▼翠《ヒスイ》】①カワセミの別名。水べにすむ青い羽の鳥。〔「翡」は、おす、「翠」は、めす〕②宝石の名。③青い羽。

羽 8 【翠】 14画 ⇩【翠】《スイ》(805ページ)

羽 9 【翫】 15画 2069 7FEB 音ガン漢呉 訓もてあそ-ぶ
意味 おもちゃにする。もてあそぶ。また、深く味わいたのしむ。同玩《ガン》。例翫弄《ガンロウ》。賞翫《ショウガン》。
【翫味《ガンミ》】(名・する) ①食物をよくかんであじわうこと。②意味・内容を深く考え、よく理解してあじわうこと。詩や文章についていう。例熟読—。表記▽「玩味・含味」とも書く。
【翫弄《ガンロウ》】(名・する) もてあそぶ。おもちゃにする。例—物《ブツ》。表記「玩弄」とも書く。

羽 9 【翦】 15画 7040 7FE6 音セン漢 訓き-る
意味 ❶きりそろえる。同剪《セン》。例翦定《センテイ》。❷ほろぼす。
【翦定《センテイ》】(名・する) ①討伐《トウバツ》し平定すること。②樹木の枝をかりこむこと。表記②はふつう「▼剪定」と書く。

羽 9 【翩】 15画 *7041 *7FE9 音ヘン漢 訓ひるがえ-る
意味 羽をひるがえして、速く飛ぶ。また、ひらひらする。例翩翻《ヘンポン》(=ひらりひらりする)。

羽 10 【翰】 16画 2045 7FF0 音カン漢 訓はね・ふで・ふみ
意味 ❶鳥の羽。とくに長くてかたいものをいう。❷高く飛ぶ。例翰音《カンオン》(=空高くひびくおと)。翰飛《カンピ》(=高く飛ぶ)。❸ふで。〔古くは鳥の羽で筆をつくった〕例翰墨《カンボク》。❹てがみ。ふみ。例貴翰《キカン》(=相手のてがみをうやまっていうことば)。書翰《ショカン》。❺文書をつかさどる官。例翰林《カンリン》。

【翰墨】《カンボク》①ふでとすみ。②書画や詩文をかくこと。また、そのもの。筆跡《ヒッセキ》。③文筆に関すること。文学。例—全書。

【翰林】《カンリン》①学者や文人の集まり。類文壇《ブンダン》。②「翰林院」の略。唐《トウ》代から清《シン》代まで置かれた役所。学者を集めて詔勅《ショウチョク》の文章や官撰《カンセン》史書などをつくった。③「翰林学士」の略。㋐翰林院に所属して詔勅の起草などをした官。㋑日本の文章博士《モンジョウはかせ》の中国風の呼び名。例—博士《ハクシ》。④〔「アカデミー」の訳語〕「学士院」の雅名《ガメイ》。例—主人《シュジン》。

羽11
【翳】
17画 7042 7FF3
音 エイ 漢 呉
訓 きぬがさ・かざ-す・かげ-る・かげ・くもり

意味 ❶頭上に差すかさの形のおおい。絹でつくり、羽でかざる。きぬがさ。❷さえぎりおおう。かざす。例掩翳《エンエイ》（＝おおいかくす）。❸くらい。また、くもり。かげ。例陰翳《インエイ》。

羽11
【翼】
17画 4567 7FFC 常用
音 ヨク 漢
訓 つばさ

筆順 ㇆ 习 羽 羽 翌 翼 翼

羽11
【翼】17画

なりたち ［形声］「羽（＝つばさ）」と、音「異《イ→ヨク》」とから成る。つばさ。

意味 ❶鳥や虫のはね。つばさ。例翼状《ヨクジョウ》。比翼《ヒヨク》。❷つばさに似て左右に広がったもの。魚のひれ。飛行機のはね。例銀翼《ギンヨク》。尾翼《ビヨク》。❸補佐《ホサ》する。たすける。また、たすけ。例翼佐《ヨクサ》。翼賛《ヨクサン》。❹二十八宿の一つ。たすきぼし。例翼宿《ヨクシュク》。

人名 しげ・しげし・しげる・すけ・すすむ・たすく・よし

【翼賛】《ヨクサン》（名・する）補佐《ホサ》すること。とくに天子の政治に力をそえること。例大政《タイセイ》を—する。

【翼状】《ヨクジョウ》鳥がつばさを広げた形。また、その形をしたもの。例—に布陣《フジン》する。

【翼翼】《ヨクヨク》（形動《トタル》）①つつしみぶかいようす。用心ぶかいようす。例小心—。②行列や、礼儀《レイギ》などが整ってりっぱに見えるようす。

●一翼《イチヨク》・右翼《ウヨク》・左翼《サヨク》・主翼《シュヨク》・比翼《ヒヨク》・尾翼《ビヨク》・両翼《リョウヨク》

羽11
【翼】17画 ⇩【翼】《ヨク》（806ページ）

羽12
【翹】
18画 7043 7FF9
音 キョウ 漢 ギョウ 呉
訓 あ-がる・あ-げる・くわだ-てる・つまだ-てる

意味 ❶鳥の尾《お》の長い羽毛《ウモウ》。鳥の尾。例翠翹《スイギョウ》（＝カワセミの羽。また、それをかたどった髪《かみ》かざり）。❷もち上げる。あげる。例翹首《ギョウシュ》。❸つまさき立つ。つまだつ。例翹企《ギョウキ》。❹ずばぬけてすぐれる。例翹材《ギョウザイ》（＝優秀《ユウシュウ》な人材）。

【翹企】《ギョウキ》（名・する）つまさき立つこと。転じて待ち望む。熱望すること。

【翹翹】《ギョウギョウ》（形動《トタル》）①群をぬいているようす。ぬきんでているようす。②あやういようす。また、おそれるようす。③高く上がっているようす。④多いようす。⑤待ち望むようす。

【翹首】《ギョウシュ》（名・する）首をのばして遠くを見ること。また、待ち望むこと。

【翹然】《ギョウゼン》（形動《トタル》）①群をぬいているようす。ぬきんでているようす。②待ち望むようす。③まっすぐなようす。

【翹望】《ギョウボウ》（名・する）首をのばして待ち望むこと。

羽12
【翻】
18画 4361 7FFB 常用
音 ハン 漢 ホン 呉
訓 ひるがえ-る・ひるがえ-す

筆順 ⺕ 平 釆 番 番 翻 翻 翻

羽12
【翻】18画

飛12
【飜】21画 7044 98DC 人名 別体字

なりたち ［形声］「羽（＝つばさ）」と、音「番《ハン》」とから成る。鳥が飛ぶ。

意味 ❶ひるがえる。ひらひらする。例翩翻《ヘンポン》。❷ひっくりかえす。うらがえしにする。例翻意《ホンイ》。翻弄《ホンロウ》。❸別の言語になおす。内容を変えず、書きあらためる。例翻案《ホンアン》。翻字《ホンジ》。翻訳《ホンヤク》。

【翻案】《ホンアン》（名・する）古典・小説・戯曲《ギキョク》などの原作の内容を借り、細部を作りかえること。例「七人《シチニン》の侍《さむらい》」を—した映画。

【翻意】《ホンイ》（名・する）考えを改めること。例—をうながす。

【翻刻】《ホンコク》（名・する）①すでにある写本や刊本の内容を、そのまま刊行すること。例『土左《とさ》日記』の—。②外国の刊本を再製すること。

【翻字】《ホンジ》（名・する）ある文字で書かれた文章を、他の種類の文字によって書き改めること。例ローマ字文を漢字かな交じり文に—する。

【翻心】《ホンシン》（名・する）決心をひるがえすこと。

【翻身】《ホンシン》（名・する）身をひるがえすこと。

【翻然】《ホンゼン》（形動《トタル》）①ものが風にひるがえるようす。例—とはためく旗。②急に心を改めるようす。例—と改心する。

【翻訳】《ホンヤク》（名・する）ある言語で書かれた文章を、他のちがった言語に言いかえる、または書きかえること。例—家。

【翻流】《ホンリュウ》⇩【奔流】《ホンリュウ》（267ページ）

【翻弄】《ホンロウ》（名・する）思うままにもてあそぶこと。てだまにとること。例人の心を—する。

羽12
【飜】18画 ⇩【翻】《ホン》（806ページ）

羽14
【耀】
20画 4552 8000 人名
音 ヨウ 漢 呉
訓 かがや-く

羽14
【耀】20画

なりたち［形声］「光（＝ひかり）」と、音「翟《テキ→ヨウ》」とから成る。かがやく。

参考 本字は「燿《ヨウ》」。

意味 光りかがやく。ひかり。例栄耀《エイヨウ》。光耀《コウヨウ》。

人名 あき・あきら・てる

羽14
【燿】20画 ⇩【耀】《ヨウ》（806ページ）

125 6画
老（耂）おいかんむり おいがしら 部

長い白髪《ハクハツ》をのばしたとしよりの意をあらわす。「耂（四画）」は省略した形。「老」をもとにしてできている漢字と、「耂」の字形を目じるしにして引く漢字とを集めた。

0 老 2 考 4 耆 者 耄 5 者 6 耋

この部首に所属しない漢字
孝⇩子 284　煮⇩灬 632

老 0

【老】

6画　4723 8001　教育4

音 ロウ 漢 呉
訓 お-いる・ふ-ける・お-い
付表 老舗《しにせ》

筆順 一 十 土 耂 耂 老

なりたち 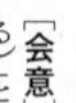 [会意]「耂(=長くのびた毛)」と「匕(=かわる)」とから成る。ひげや髪《かみ》が白く変わった、としより。七十歳《サイ》をいう。

意味 ❶(七十歳《サイ》の)としより。例 老夫婦《ロウフウフ》。敬老《ケイロウ》。❷年をとったり古くなったりして、おとろえる。例 老化《ロウカ》。老朽《ロウキュウ》。❸経験ゆたかな(人)。例 老練《ロウレン》。長老《チョウロウ》。❹古くからある。例 老舗《ロウホ》。❺年長者をうやまっていうことば。例 山田老《やまだロウ》。❻「老子《ロウシ》」の略。例 老荘思想《ロウソウシソウ》(=老子と荘子の思想)。

使い分け ふける【更・老】⇩1179ページ

難読 老海鼠《ほや》・海老《えび》・野老《ところ》

人名 おみ・おゆ・とし

【老▼嫗《ロウウ》】年とった女性。おうな。老女。老婆《ロウバ》。〔「ロウオウ」と読むことが多いが、「オウ」は慣用音〕

【老翁《ロウオウ》】年とった男性。おきな。老爺《ロウヤ》。

【老▼鶯《ロウオウ》】①春が過ぎても鳴いているウグイス。残鶯。晩鶯。②鳴き方のうまいウグイス。

【老化《ロウカ》】(名・する)年をとって肉体のはたらきがおとろえること。

【老▼獪《ロウカイ》】(名・形動ダナ)経験を積んでものごとに動じることがなく、ずるがしこいこと。例—に立ちまわる。

【老学《ロウガク》】年とってから学ぶこと。また、年おいた学者。例—では及《およ》びがたいことが多い。

【老眼《ロウガン》】老化のために近くのものが見えにくくなった目。

【老眼鏡《ロウガンキョウ》】①老眼を調節するための凸《トツ》レンズの眼鏡。②豊かな経験から、ものの真相や本質を見ぬく力。

【老▼妓《ロウギ》】年をとった芸妓。

【老朽《ロウキュウ》】(名・する)人が年をとったり物が古くなったりして、役に立たなくなること。また、その人や物。例—化した建物。—社屋。

【老境《ロウキョウ》】老人の境地・心境。老年。晩年。例—にはいったがまだ元気だ

【老▼軀《ロウク》】年とっておとろえたからだ。老身。老体。例—にむち打つようにして仕事を続ける。

【老後《ロウゴ》】年とってからの日々。年をとったあとのこと。例—の楽しみ。

【老公《ロウコウ》】年おいた貴人をうやまっていうことば。例 水戸《みと》のご—(=水戸黄門《コウモン》)。

【老巧《ロウコウ》】(名・形動ダナ)長年の経験や試練によって、ものごとに熟練していること。老熟。老練。例—な名人。

【老骨《ロウコツ》】年をとっておとろえたからだ。老体《ロウタイ》。老軀《ロウク》。例—にむち打つ。

【老妻《ロウサイ》】年をとった(自分の)つま。

【老残《ロウザン》】年おいてなお生きながらえていること。例—の身の上を悲しまない。

【老子《ロウシ》】春秋戦国時代の思想家。姓《セイ》は李《リ》、名は耳《ジ》。聃《タン》は字《あざな》といわれる。無為《ムイ》・自然(=あるがままの姿)を尊び、人為的な学問や道徳を否定した。道家《ドウカ》の祖といわれる。生没年《セイボツネン》未詳《ミショウ》。

【老死《ロウシ》】(名・する)病気や事故でなく、年をとって自然に死ぬこと。

【老師《ロウシ》】年とった僧《ソウ》または年とった師匠《シショウ》・先生。敬意をもって呼ぶことば。

【老実《ロウジツ》】(名・形動ダナ)ものごとによく慣れて、誠実なこと。

【老者《ロウシャ》】老人。

【老弱《ロウジャク|ロウニャク》】一(名)老人と子供。老幼。老若《ロウニャク》。例—を先に助ける。二(名・形動ダナ)年をとって、からだがよわること。例—な身をいたわる。

【老酒《ロウシュ》】①しこんでから長い年月のたった酒。古酒。②中国産の醸造酒《ジョウゾウシュ》をまとめていうことば。〔「ラオチュー」と読むのは、現代中国語にもとづく日本なまり〕

【老儒《ロウジュ》】①年をとった学者。老成した儒者。②儒者が自分をへりくだっていうことば。

【老樹《ロウジュ》】年数のたった木。老木。古木。

【老熟《ロウジュク》】(名・する)経験をつんで、ものごとに慣れてじょうずなこと。老巧《ロウコウ》。老練。例—した筆づかい。

【老女《ロウジョ》】①年をとった女性。老婆《ロウバ》。②武家の侍女《ジジョ》の長。

【老少《ロウショウ》】老人と若者。老若《ロウニャク》。例—不定《フジョウ》(=年をとっていようと、年が若かろうと、死は年齢《ネンレイ》にかかわりなく来る)。

【老松《ロウショウ》】マツの老木。古松《コショウ》。おいまつ。

【老▼嬢《ロウジョウ》】未婚《ミコン》のまま年をとった女性。ハイミス。オールドミス。表記「老▽娘」とも書く。

【老身《ロウシン》】年おいたからだ。老体。老軀《ロウク》。

【老臣《ロウシン》】①年をとった家来。②身分の高い家来。重臣。

【老親《ロウシン》】年おいたおや。

【老人《ロウジン》】年をとった人。年寄り。例—病(=老化がすすむにつれてあらわれ、進行していく病気)。

【老衰《ロウスイ》】(名・する)年をとって体力や気力がおとろえること。例—した身。

【老生《ロウセイ》】①年寄り。老人。②若い人に対して、年をとった男性が自分をさして、へりくだっていうことば。例—の言うところも耳にとめておかれよ。

【老成《ロウセイ》】(名・する)①ことば・しぐさ・性格などが年齢《ネンレイ》のわりにおとなびていること。例 若いのに—した話し方をする。②長い経験によってものごとに慣れていること。老熟。老練。例—した人物。

【老先生《ロウセンセイ》】①経験ゆたかですぐれた、年とった先生。老師。②親子、おじ・おいなど二代の先生がいる場合、年長のほうの先生をうやまって呼ぶことば。

【老壮《ロウソウ》】老人と若者。

【老荘《ロウソウ》】老子と荘子。例—思想。

【老僧《ロウソウ》】①年とった僧。老師。例 眉雪《ビセツ》の(=まゆ毛の白い)—。②年とった僧が自分をさしていうことば。愚僧《グソウ》。

【老措大《ロウソダイ》】〔「措大」は、書生の意〕年をとった書生。

【老体《ロウタイ》】①年とっておとろえたからだ。老軀《ロウク》。例 夏の暑さが—にはこたえる。②老人をうやまっていうことば。例 ご—。

【老大家《ロウタイカ》】深く経験を積み、その道にすぐれ、尊敬される人で、今は年をとった人。

【老大国《ロウタイコク》】今はおとろえて、さかんなときの国力を失っているが、外見だけは大きさを保っているかつての大国。

【老尼《ロウニ》】年をとった尼僧《ニソウ》。

【老若《ロウニャク》】〔「ロウジャク」とも〕老人と若者。老弱。老少。

【老年《ロウネン》】年をとって、心身のおとろえが目立ってくる年ごろ。例—男女《ナンニョ》。老齢《ロウレイ》。

【老農《ロウノウ》】①年をとった農夫。②経験を積んだ農夫。

【老婆《ロウバ》】年をとった女性。おうな。老嫗《ロウウ》。

【老婆心】《ロウバシン》 ていねいすぎる親切心。老婆心切《シンセツ》。例—ながら申し上げます。
【老梅】《ロウバイ》 ウメの老木。
【老馬の▼智】《ロウバのチ》〔老馬を放してそのあとについて行き、道に迷わずにすんだという故事から〕経験を積んでものごとに慣れ、よく知っていること。ものにはそれぞれの特長があることのたとえ。類老馬道を知る・老馬道を弁ず。〈韓非子《カンピシ》〉
【老▼婢】《ロウヒ》 年をとった女のめしつかい。
【老夫】《ロウフ》 ①年をとった男性。また、老人が自分をへりくだっていうことば。②年をとった(自分の)夫《おっと》。
【老父】《ロウフ》 年おいた父。対老母。
【老婦】《ロウフ》 年をとった女性。
【老兵】《ロウヘイ》 ①年をとった兵士。②経験の長い老練な兵士。
【老舗】《ロウホ》《しにせ》 古くからある店。昔から何代も続いている店。
表記「老▼鋪」とも書く。
【老母】《ロウボ》 年おいた母。対老父。
【老木】《ロウボク》 年数のたった木。古木。老樹。例境内《ケイダイ》に樟《くす》の—が立っている。
【老僕】《ロウボク》 年をとった男のめしつかい。例忠実な—。
【老▼耄】《ロウモウ》〔「老」は七十歳《サイ》、「耄」は八、九十歳の老人の意〕年をとって体力・気力がおとろえること。また、おとろえた老人。
【老▼爺】《ロウヤ》 年をとった男性。おきな。老翁《ロウオウ》。
【老幼】《ロウヨウ》 老人と年少者。老弱《ロウジャク》。例—の男女。
【老齢】《ロウレイ》 年をとっていること。高齢。例—を迎《むか》える。
【老練】《ロウレン》(名・形動《ダナ》)長い年月にわたって経験を積み、ものごとに慣れてじょうずなこと。老巧《ロウコウ》。老熟。例—なパイロットの操縦。
○●海老《カイロウ》《えび》・家老《カロウ》・敬老《ケイロウ》・元老《ゲンロウ》・古老《コロウ》・故老《コロウ》・初老《ショロウ》・早老《ソウロウ》・大老《タイロウ》・長老《チョウロウ》

耂 2
【考】
6画 2545 8003 教育2 音 コウ 漢 訓 かんが-える・かんが-え

筆順 一 十 土 耂 耂 考

なりたち  [形声]「老(＝としより)」の省略体と、音「丂《コウ》」とから成る。老いた人。借りて「かんがえる」の意。

意味 ❶としより。老人。また、なくなった父。例考妣《コウヒ》。先考《センコウ》(＝亡父)。❷思いめぐらす。かんがえる。例考慮《コウリョ》。思考《シコウ》。熟考《ジュッコウ》。❸しらべ明らかにする。例考査《コウサ》。考察《コウサツ》。

難読 定考《コウジョウ》(＝平安時代の儀式《ギシキ》の一つ。「上皇《ジョウコウ》」の読みと同じになるのを避《さ》けて、読みくせで字の順の逆に読む)
人名 たか・たかし・ただ・ちか・とし・なか・なり・なる・のり・はかる・やす・よし

【考案】《コウアン》(名・する)くふうして作りだすこと。類工夫《クフウ》・案出。例新しい機種を—する。

【考異】《コウイ》 同じ書物で本文がいくつもあるとき、その諸本のあいだで文字や語句の異同を調べ、解釈《カイシャク》などを考えること。また、その結果。例法華経《ホケキョウ》—。

【考課】《コウカ》 公務員・会社員の仕事ぶりや学生の成績を調べて優劣《ユウレツ》をつけること。例人事—。

【考究】《コウキュウ》(名・する)深く考え研究すること。類攻究《コウキュウ》。例歴史学を—する。

【考古学】《コウコガク》 主として、文献《ブンケン》のない古い時代の遺跡《イセキ》や遺物によって歴史を解明しようとする学問。〔歴史学は、主として、文字で書かれた史料によって研究する〕

【考査】《コウサ》(名・する)①考え調べること。考課。例人物—。②テストをして生徒の学力を調べること。例期末—。

【考察】《コウサツ》(名・する)考えたり調べたりして、ものごとを明らかにしたり見きわめたりすること。例水害の要因を—する。

【考試】《コウシ》 ①志願者の学力・資格を調べる試験。②役人を採用するための試験。例—に応じる。

【考証】《コウショウ》(名・する)昔のことについて、当時の文書から証拠《ショウコ》をさがして説明すること。例時代—。

【考証学】《コウショウガク》 古い書物からよりどころを得て経書《ケイショ》を研究する学問。儒学《ジュガク》のなかで、文字を重視する学。

【考▼妣】《コウヒ》 なくなった父と、なくなった母。

【考慮】《コウリョ》(名・する)あることについて、よく心にとめて深く考えること。例経験や能力を—して待遇《タイグウ》する。

【考量】《コウリョウ》(名・する)ものごとをいろいろ考えあわせて判断すること。例前後の事情を—して判断する。
○●一考《イッコウ》・愚考《グコウ》・再考《サイコウ》・参考《サンコウ》・思考《シコウ》・熟考《ジュッコウ》・先考《センコウ》・選考《センコウ》・長考《チョウコウ》・備考《ビコウ》・黙考《モッコウ》

老 4
【耆】
10画 7045 8006 音 一 キ 漢 ギ 呉 二 シ 漢 訓 お-いる

意味 一《キ｜ギ》(六十歳《サイ》の)としより。また、経験ゆたかで徳の高い人。おいる。例耆宿《キシュク》。耆老《キロウ》(＝徳の高い老人)。二《シ》このむ。ほしがる。同嗜《シ》。例耆欲《シヨク》(＝好み)。
【耆宿】《キシュク》 経験ゆたかで学識があり、人々に尊敬されている老人。宿老。例学界の—。

耂 4
【者】
8画 2852 8005 教育3 音 シャ 漢 呉 訓 もの 付表 猛者《もさ》

筆順 一 十 土 耂 耂 者 者 者

耂 5
【者】
9画 1-9036 FA5B 人名

なりたち  [形声]「白(＝いう)」と、音「耂《シャ》」とから成る。ことがらを分けることば。

意味 ❶人やものごとを指すことば。例学者《ガクシャ》。前者《ゼンシャ》。二者《ニシャ》。❷〔助字〕㋐「は」「もの」「こと」と読み、主語・主題をはっきり示すはたらきをする。例仁者人也《ジンはひとなり》(＝仁とは人のことである)。〈中庸《チュウヨウ》〉 滅レ国者五十《くにをほろぼすことゴジュウ》(＝国を滅《ほろ》ぼすことが五十たびにもなる)。㋑「…ば」と読み、場合や条件を示す。例不者《しからずんば》(＝そうでなければ)。㋒時をあらわすことばの下につく。例今者《いま》。昔者《むかし》。
難読 諜者《しのびのもの》
人名 ひさ・ひと
○●医者《イシャ》・縁者《エンジャ》・王者《オウジャ》・学者《ガクシャ》・患者《カンジャ》・記者《キシャ》・御者《ギョシャ》・後者《コウシャ》・作者《サクシャ》・識者《シキシャ》・死者《シシャ》・使者《シシャ》・従者《ジュウシャ》・勝者《ショウシャ》・信者《シンジャ》・聖者《セイジャ》・拙者《セッシャ》・選者《センジャ》・前者《ゼンシャ》・走者《ソウシャ》・打者《ダシャ》・達者《タッシャ》・長者《チョウジャ》・著者《チョシャ》・読者《ドクシャ》・忍者《ニンジャ》・敗者《ハイシャ》・筆者《ヒッシャ》・編者《ヘンシャ》・武者《ムシャ》・勇者《ユウシャ》・両者《リョウシャ》・悪者《わるもの》

老 4
【耄】
10画 7046 8004 音 ボウ 漢 モウ 呉 訓 おいぼ-れる・おいぼ-れ

意味 (八、九十歳《サイ》の)としより。年をとって体力や気力がおとろえる。おいぼれ。例耄碌《モウロク》。衰耄《スイモウ》(＝年老いて、おとろえること)。
【耄▼碌】《モウロク》(名・する)年をとって心身のはたらきがおとろえること。また、その人。例—して人の名前を忘れる。

耂 5
【者】
9画 ⇩【者】《シャ》(808ページ)

老 6
【耋】
12画 7047 800B
音 テツ 漢
意味 八十歳《サイ》の老人。としより。〔七十歳あるいは六十歳とする説もある〕 例 耋老《テツロウ》(=老いる。また、老人)。

126 6画 而 しこうして部
あごひげの形をあらわす。「而」と、「而」をもとにしてできている「耐」とを集めた。

0 而 3 耐

而 0
【而】
6画 2809 800C 人名
音 ジ 漢 ニ 呉
訓 しか-して・しこう-して・しか-も
意味 ❶相手を指すことば。なんじ。例 知二而無レ罪《なんじのつみなきをしる》(=おまえに罪のないことがわかった)。❷〔助字〕㋐「しかして」「しこうして」「…(し)て」と読み、そうして・それで、の意。順接をあらわす。例 学而時習レ之《まなびてときにこれをならう》(=学んでときどきおさらいをする)。〈論語《ロンゴ》〉 ㋑「しかも」「しかるに」「しかれども」と読み、けれども、の意。逆接をあらわす。例 而今安在哉《しかるにいまいずくにありや》(=けれども今はいったいどこにいるのか)。
難読 而已《のみ》・別而《べッして》・斯而《かくて》
人名 しか・なお・ゆき
【而後】《ジゴ》 これからのち。その後。以後。而来。例 而今《ジコン》—(=今より以後)。—故郷へ帰ることはなかった。
【而来】《ジライ》 「而後《ジゴ》」に同じ。
【而立】《ジリツ》 〔「三十而立《サンジュウにしてたつ》」から〕三十歳《サイ》の別名。〈論語《ロンゴ》〉

而 3
【耐】
9画 3449 8010 常用
音 タイ 漢 ダイ 呉
訓 た-える
筆順 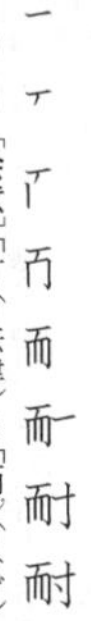 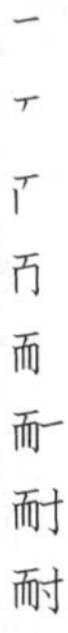
なりたち  〔会意〕「寸(=法律)」と「而《ジ》(=ひげ)」とから成る。ひげをそりおとす刑《ケイ》。借りて「たえる」の意。
意味 もちこたえる。がまんする。こらえる。例 耐久《タイキュウ》。耐熱《タイネツ》。忍耐《ニンタイ》。
使い分け たえる【耐・堪】⇩1171ページ
人名 しのぶ・たゆる・つよし・とう・とおる
【耐火】《タイカ》 高温の火や熱にたえ、焼けたりとけたりしないこと。例 —建築。
【耐寒】《タイカン》 寒さにたえること。例 —訓練。
【耐久】《タイキュウ》 (名・する)長い間の使用にたえること。長もちすること。例 —消費財。
【耐久消費財】《タイキュウショウヒザイ》 テレビ・エアコンなどの電気製品や自動車など、長いあいだ使用できる商品。
【耐震】《タイシン》 強度の地震にも、簡単にはくずれたり、こわれたりしないこと。例 —建築。
【耐水】《タイスイ》 水にぬれても、水分がしみとおったり、ぬれたものが変質したりしないこと。例 —性。
【耐性】《タイセイ》 病原菌《ビョウゲンキン》などの生物が、薬などに抵抗《テイコウ》して生きのびる性質。例 —が生じる。—をもった菌《キン》。
【耐熱】《タイネツ》 高熱に対しても変質しないこと。例 —ガラス。
【耐乏】《タイボウ》 (名・する)物質のとぼしさをたえしのぶこと。例 —生活。
【耐用】《タイヨウ》 使用にたえること。例 —年数(=施設《シセツ》や機器などの資産が、使用にたえうる期間)。

127 6画 耒(耒) らいすき すきへん部
田畑をたがやす「すき」の意をあらわす。「耒」をもとにしてできている漢字を集めた。

0 耒 4 耘 耕 耙 耗 耕 耗 5 耜 7 耡 9 耦 10 耨

耒 0
【耒】
6画 7048 8012
音 ライ 漢
訓 すき
意味 土をほりおこして、田畑をたがやす道具。すき。また、すきの柄《え》。

耒 4
【耘】
10画 7049 8018
音 ウン 漢
訓 くさぎ-る
意味 田畑の雑草をとりのぞく。また、悪いものをとりさる。例 耘艾《ウンガイ》。耕耘《コウウン》。
【耘▼艾】《ウンガイ》 (名・する)雑草をとりのぞくこと。

耒 4
【耕】
10画 2544 8015 教育5
音 コウ 漢
訓 たがや-す
筆順 

耒 4 【耕】 10画 — —
田 4 【畊】 9画 6525 754A 別体字

なりたち   〔会意〕「耒(=すき)」と、「井《セイ》…↓コウ」とから成る。すきで田畑をたがやす。
意味 ❶土をほりおこして田畑をととのえる。農業をおこなう。たがやす。例 耕作《コウサク》。農耕《ノウコウ》。❷働いて食を求める。ある仕事で生計を立てる。例 舌耕《ゼッコウ》。筆耕《ヒッコウ》。
人名 おさむ・すく・たか・たかし・つとむ・ひろ・ひろし・やす
【耕▼耘】《コウウン》 (名・する)田畑をたがやしたり雑草を取ったりすること。例 —機。
【耕具】《コウグ》 田畑をたがやす道具。
【耕作】《コウサク》 (名・する)土地をたがやして作物をつくること。例 農地を—する。
【耕種】《コウシュ》 田畑をたがやし、種をまいたり苗《なえ》を植えたりすること。
【耕人】《コウジン》 農夫。
【耕地】《コウチ》 農作物をつくるためにたがやした土地。例 —整理。
【耕田】《コウデン》 田をたがやすこと。また、たがやされた田。例 せまい—をたがやす。
【耕土】《コウド》 ①田畑の表層の土。作物の根がのびひろがる部分。②農業に適した土地。例 —地帯を背後にもつ都市。
●休耕《キュウコウ》・農耕《ノウコウ》・筆耕《ヒッコウ》

耒 4
【耙】
10画 7050 8019
音 ハ 漢
訓 こまざらい・まぐわ
意味 ❶土のかたまりをくだく農具。まぐわ。❷まぐわで土のかたまりをくだく。❸穀物をかき集めたり土地を平らにならす道具。こまざらい。❹こまざらいでかき集めたり平らにならしたりする。

耒 4

【耗】 10画 4455 8017 常用 音 モウ(慣) コウ(漢) 訓 へ-る

筆順 

耒 4

【耗】 10画

なりたち  ［形声］「禾（=いね）」と、音「毛《ボウ》…→《コウ》」とから成る。イネのなかま。借りて「減ってなくなる」の意。参考 のちに「禾」が「耒」に変形した。

意味 ❶使いはたす。すりへらす。また、なくなる。つきる。例 消耗《ショウモウ》。磨耗《マモウ》。❷たより。音信。

【耗損】《コウソン》（名・する）使って減らすこと。使いつぶすこと。消耗《ショウモウ》。損耗《ソンモウ》。

◐消耗《ショウモウ》・損耗《ソンモウ》・磨耗《マモウ》

耒 4 【耕】10画 ⇩【耕】《コウ》（809ページ）

耒 4 【耗】10画 ⇩【耗】《モウ》（810ページ）

耒 5

【耜】 11画 7051 801C 音 シ(漢) 訓 すき

意味 土をほりおこす農具。すき。

耒 7

【耡】 13画 7052 8021 音 ジョ(慣) ショ(漢) 訓 すき・す-く

意味 ❶殷《イン》の時代におこなわれたとされる税法。❷田畑をたがやす農具。すき。また、たがやす。すく。(同) 鋤《ジョ》。

耒 9

【耦】 15画 1-9038 8026 音 ゴウ(漢) グウ(呉) 訓 なら-ぶ

意味 ❶ふたり並んでたがやす。例 耦耕《グウコウ》（=並んで耕作《コウサク》する）。❷ふたりがいっしょに…する。(同) 偶《グウ》。例 耦語《グウゴ》。匹耦《ヒツグウ》（=つれあい。ともだち）。

【耦語】《グウゴ》（名・する）ふたりが向かいあって、ひそかに語りあうこと。表記「偶語」とも書く。

耒 10

【耨】 16画 7053 8028 音 ドウ(漢) 訓 くさぎ-る・すき・す-く

意味 ❶雑草をすきとる農具。くわ。すき。❷くわで除草する。くさぎる。例 耕耨《コウドウ》（=田畑の草を取り、たがやす）。

128 6画

耳 みみ みみへん 部

みみの形をあらわす。「耳」をもとにしてできている漢字を集めた。

0 耳 3 耶 4 耿 耽 耻 5 聊 聆 6 聒 7 聖 聘 聖 8 聢 聚 聡 聞 聟 9 聨 11 聳 聴 聯 聲 聰 12 聶 職 14 聹 16 聾 聽

この部首に所属しない漢字

取⇩又 177 恥⇩心 395 爺⇩父 645 叢⇩又 179

耳 0

【耳】 6画 2810 8033 教育1 音 ジ(漢) ニ(呉) 訓 みみ・のみ

筆順 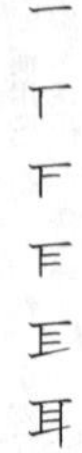

なりたち 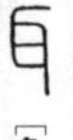 ［象形］みみの形。

意味 ❶音声を聞きとり、からだの平衡《ヘイコウ》をたもつ器官。みみ。例 耳朶《ジダ》。耳目《ジモク》。牛耳《ギュウジ》。❷器物の側面についている耳のような形をした、つまみ。例 耳杯《ジハイ》（=二つのつまみのあるさかずき）。❸〔助字〕「のみ」と読み、…だけ、の意。限定・強調をあらわす。例 法三章耳《ホウはサンショウのみ》（=法令は三条だけとする）。〈史記《シキ》〉

日本語での用法 《みみ》①聞くこと。聞きとり方。「耳学問《みみガクモン》・地獄耳《ジゴクみみ》」②食パンやお札《サツ》など平たいものの、はしの部分。「パンの耳《みみ》・耳《みみ》をそろえて返《かえ》す」

難読 耳語《ささやく》

【耳殻】《ジカク》 外耳の一部で貝がらの形をした部分。みみ。

【耳下腺】《ジカセン》 耳の下にある唾液腺《ダエキセン》。例 —炎《エン》。

【耳語】《ジゴ》（名・する）耳もとでひそひそと話すこと。耳うち。

【耳順】《ジジュン》〔「六十而耳順《ロクジュウにしてみみしたがう》」から〕六十歳《サイ》の別名。何を聞いてもすなおに理解できる年齢《ネンレイ》、ということによる。〈論語《ロンゴ》〉

【耳▼朶】《ジダ》 みみたぶ。みみ。例 —にふれる（=耳にはいる。聞こえる）。—を打つ（=よく耳にきこえる）。

【耳鼻】《ジビ》 みみと、はな。例 —咽喉《インコウ》科。

【耳目】《ジモク》 ①みみと、め。例 —にふれる。②聞くことと、見ること。例 —の欲（=聞きたい、見たいという欲望）。③人々の注意や関心。例 —をおどろかす。—をひく。—を集める。④見聞きしたことを知らせる者。手下《てした》。例 —となって働く。

【耳漏】《ジロウ》 みみだれ。

【耳《みみ》に逆《さか》らう】 忠告や親切で言ってくれることばを、すなおに聞けない。例 忠言—。—の言（=忠告）。

【耳▽環】《みみわ》 耳たぶにつけるかざりの輪。イヤリング。表記「耳輪」とも書く。

【耳《みみ》を▼掩《おお》いて鐘《かね》を盗《ぬす》む】 おろか者が自らをあざむくこと。他人に知られないようにしたと思っていても、実は知れ渡っている。（本来は、君主たる者は苦言に耳を傾けるべきであるということ）〔おろか者が鐘を手に入れ、大きすぎて運べないので小さくしようと、つちでたたいたら大きな音がした。その音をだれかが聞きつけて奪われることを恐れ、自分の耳をふさいだという故事から〕〈呂氏春秋《リョシシュンジュウ》〉

◐外耳《ガイジ》・牛耳《ギュウジ》・小耳《こみみ》・地獄耳《ジゴクみみ》・中耳《チュウジ》・内耳《ナイジ》・寝耳《ねみみ》・初耳《はつみみ》・福耳《フクみみ》

耳 3

【耶】 9画 4477 8036 人名 音 ヤ(漢)(呉) 訓 や・か

なりたち 「邪」の「牙」が「耳」のように変形してできた字。

意味 ❶父親のこと。(同) 爺《ヤ》。例 耶嬢《ヤジョウ》（=父と母）。❷梵語《ボンゴ》の音訳。例 摩耶夫人《マヤブニン》。❸〔助字〕「や」「か」と読み、疑問・反語・詠嘆《エイタン》をあらわす。例 雲耶山耶《くもかやまか》（=雲だろうか、山だろうか）。

難読 耶蘇《ヤソ》《デウス》

【耶▼蘇】《ヤソ》〔ラテン語 Jesus の音訳〕①イエス=キリスト。例 —の生誕。②キリスト教。例 —教。③キリスト教信者。

【耶馬台国】《ヤマタイコク》 ⇩【邪馬台国】《ヤマタイコク》（988ページ）

耳 4

【耿】 10画 7054 803F 音 コウ(漢) 訓 あき-らか

意味 ❶あかるい。ひかりかがやく。例 耿光《コウコウ》（=あかるい光）。❷こころざしがしっかりしている。おこないが正しい。例 耿介《コウカイ》（=かたく節操を守ること）。耿耿《コウコウ》。

【耿耿】《コウコウ》（形動《トタル》）①明るく光りかがやくようす。②かたく

心に思うことがあってうれえるようす。心が安らかでないようす。例 —たる反逆精神。

耳 4 【耽】 10画 3531 803D 人名 音 タン漢呉 訓 ふけ-る

意味 ❶耳が大きくたれ下がっている。❷度をこえて楽しむ。熱中する。ふける。例 耽溺《タンデキ》。耽美《タンビ》。

【耽溺《タンデキ》】(名・する)不健全なことに夢中になり、ぬけ出せなくなること。例 酒色《シュショク》に—する。

【耽読《タンドク》】(名・する)本に夢中になって読みふけること。例 推理小説を—する。

【耽美《タンビ》】美を追い求め、美しさにのめりこむこと。例 —的。—派。

【耽楽《タンラク》】(名・する)酒色などの楽しみにふけること。

耳 4 【耻】 10画 ⇩【恥】《チ》(395ページ)

耳 5 【聊】 11画 7056 804A 音 リョウ漢 訓 いささ-か

意味 ❶耳鳴りがする。例 聊啾《リョウシュウ》(=耳鳴り)。❷たよりにする。❸たのしむ。心なぐさめる。例 無聊《ブリョウ》。❹かりそめの。わずかの。例 聊爾《リョウジ》。❺いささか。ちょっと。ひとまず。例 聊《いささ》か驚《おどろ》いた。

【聊斎志異《リョウサイシイ》】清《シン》代の短編小説集。蒲松齢《ホショウレイ》の著。神仙《シンセン》や動物などにまつわる怪奇《カイキ》な話を収める。

【聊▼爾《リョウジ》】(名・形動《ダ》)①よく考えずにすること。かりそめ。②礼儀《レイギ》知らずなこと。ぶしつけ。失礼。例 —ながら。—を申した。

耳 5 【聆】 11画 7057 8046 音 レイ漢 訓 き-く

意味 ❶耳をかたむけてきく。例 側聆《ソクレイ》(=耳をそばだててきく)。❷あきらかになる。理解する。例 聆聆《レイレイ》(=はっきりさとるようす)。

耳 6 【聒】 12画 7058 8052 音 カツ漢 訓 かまびす-しい

意味 鳥や虫や馬などの声がやかましい。かまびすしい。例 聒聒《カツカツ》(=さわがしいようす)。

6画

耳 7 【聖】 13画 3227 8056 教育6 音 セイ漢 ショウ呉 訓 ひじり

筆順 丅 巨 耳 耳 耵 耵 聖 聖

耳 7 【聖】 13画

なりたち 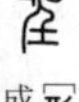 [形声]「耳(=みみ)」と、音「呈《テイ→セイ》」とから成る。ものごとに精通する。

意味 ❶最高の知性・徳性をそなえた人。ひじり。例 聖人《セイジン》。❷学問や技芸の道をきわめた人。例 楽聖《ガクセイ》。詩聖《シセイ》。❸天子に関することの上にそえることば。例 聖代《セイダイ》。聖聴《セイチョウ》。❹英語 saint の音訳語。例 聖《セイ》路嘉《ルカ》。聖《セイ》伯鐸羅《ペドロ》。❺キリスト教にかかわることがらにつけることば。例 聖書《セイショ》。聖母《セイボ》。聖《セイ》なる泉《いずみ》。

人名 あき・あきら・きみ・きよ・きよし・さと・さとし・さとる・たか・たかし・たから・ただ・ただし・とし・ひと・ひとし・ひろ・ひろし・まさ・まさし・まさる

【▽聖者】[一]《ショウジャ》〔仏〕さとりをひらいた人。[二]《セイジャ》その宗教で修行《シュギョウ》を積んだ、りっぱな信者。キリスト教では、偉大《イダイ》な信者や殉教者《ジュンキョウシャ》をうやまっていう。聖人。

【▽聖像】[一]《ショウゾウ》仏像。[二]《セイゾウ》天子の肖像《ショウゾウ》。また、聖人の肖像。孔子《コウシ》・キリストなど、その学派や宗教でたっとばれる人の像。

【▽聖人】[一]《ショウニン》①すぐれた僧《ソウ》をうやまっていうことば。類 上人《ショウニン》。例 親鸞《シンラン》—。日蓮《ニチレン》—。②知恵《チエ》と人徳があり慈悲《ジヒ》ぶかい人。[二]《セイジン》①知識や人格がすぐれた理想的な人。例 —君子《クンシ》。②「聖者[二]《セイジャ》」に同じ。

【▽聖霊】[一]《ショウリョウ》死者のたましい。例 —会《エ》。[二]《セイレイ》キリスト教で、父なる神、子なるキリストとともに三位《サンミ》一体をなし、人に宿って心の活動をおこさせるもの。例 父と子と—の御名《みな》において。表記 [二]は「精霊」とも書く。

【聖意《セイイ》】①聖人の考え。②天子の考え。聖慮《セイリョ》。

【聖王《セイオウ》】知恵《チエ》や人格のすぐれた王。また、天子をうやまっていうことば。聖帝《セイテイ》。

【聖恩《セイオン》】天子によるめぐみ。

【聖火《セイカ》】①神にささげる神聖な火。②オリンピック大会の開催《カイサイ》中、大会のしるしとして燃やし続ける神聖な火。例 —リレー。—台。

【聖歌《セイカ》】①神聖な歌。神をたたえる歌。②キリスト教で、典礼に用いられる歌。賛美歌。例 —隊。

【聖家族《セイカゾク》】幼児イエス・聖母マリア・養父ヨセフの三人。神聖家族。

【聖教《セイキョウ》】①聖人の教え。とくに儒教《ジュキョウ》での教え。②神聖な教え。とくにキリスト教での教え。

【聖句《セイク》】①神聖なことば。②聖書のなかの文句。

【聖賢《セイケン》】聖人と賢人。例 —の教え。

【聖祭《セイサイ》】カトリックの典礼。ミサ。

【聖▼餐《セイサン》】キリストの最後の晩餐《バンサン》を記念する儀式《ギシキ》。例 —式。

【聖寿《セイジュ》】天子の年齢《ネンレイ》。また、寿命《ジュミョウ》。

【聖獣《セイジュウ》】麒麟《キリン》のこと。聖人が世に出る前ぶれとされた想像上の動物。

【聖書《セイショ》】①キリスト教で聖典とする本。バイブル。例 旧約—。新約—。②聖人の書いた書物。聖典。

【聖女《セイジョ》】①知恵《チエ》や人格のすぐれた理想的な女性。②宗教的事業に生涯《ショウガイ》をささげた神聖な女性。

【聖上《セイジョウ》】天子をうやまっていうことば。主上。例 —陛下《ヘイカ》。

【聖職《セイショク》】①神聖な職業や役目。とうとい仕事。例 教職は—といわれる。②神や仏に仕える仕事。例 —者。

【聖心《セイシン》】①純粋《ジュンスイ》でとうとい心。聖人の心。②天子の心。聖意。

【聖跡《セイセキ》】①天子に関係のある遺跡や史跡。②神聖な遺跡や史跡。表記 ▽旧 聖▼蹟

【聖戦《セイセン》】神聖な目的のための戦争。

【聖俗《セイゾク》】①聖人と俗人。②宗教的なことと世俗的なこと。

【聖体《セイタイ》】①天子のからだ。玉体《ギョクタイ》。②カトリックで、パンとぶどう酒であらわしたキリストのからだと血のこと。例 —拝領。

【聖代《セイダイ》】すぐれた天子が治めた平和な世の中。また、その治世。聖世《セイセイ》。例 —の慶事《ケイジ》。

【聖断《セイダン》】天子による裁断・決定。聖裁。例 —を仰《あお》ぐ。—がくだる。

【聖壇《セイダン》】〔「壇」は、土を高く盛り固めた、まつりの場所の意〕神をまつるための壇。例 —に供物《クモツ》をささげる。

【聖▼譚曲《セイタンキョク》】おもに聖書から題材をとった物語風の音

楽劇。オラトリオ。

【聖地】《セイチ》 宗教に結びついて神聖化された土地。神聖な土地。例—巡礼《ジュンレイ》。イスラムの—メッカ。

【聖聴】《セイチョウ》（名・する）天子の耳に入ることや、天子が聞くことをうやまっていうことば。例—に達する。

【聖帝】《セイテイ》 人格のりっぱな天子。また、天子をとうとんだことば。聖王。聖天子。

【聖哲】《セイテツ》 聖人と哲人。また、知恵《チエ》・人格ともにすぐれ、道理をわきまえたりっぱな人。例ギリシャ・ローマの—のことば。

【聖典】《セイテン》 ①聖人の書いた本。また、聖人の言行録。②その宗教のもとになる書物。キリスト教の聖書、イスラム教のコーランなど。

【聖天子】《セイテンシ》 徳の高い天子。聖王。聖帝《セイテイ》。

【聖徒】《セイト》 ①キリスト教で、教会に所属する信者。②キリスト教の殉教者《ジュンキョウシャ》。

【聖堂】《セイドウ》 ①孔子《コウシ》をまつった建物。聖廟《セイビョウ》。例湯島の—。②キリスト教の教会堂。カテドラル。

【聖徳】《セイトク》 ①ひじょうにすぐれた人徳。高徳。②天子の徳。例「—記念絵画館《カイガカン》」

【聖▼廟】《セイビョウ》 聖人、とくに孔子《コウシ》をまつった廟。例曲阜《キョクフ》の—。

【聖母】《セイボ》 ①聖人の生母。②イエスの母。例—マリア。

【聖油】《セイユ》 カトリックで、洗礼などの儀式《ギシキ》に使う香油《コウユ》。

【聖林】《セイリン》 ①孔子《コウシ》の墓所の林。山東省曲阜《キョクフ》市にある。孔林。②「ハリウッド（＝米国カリフォルニア州の映画都市）」の訳語。

●楽聖《ガクセイ》・歌聖《カセイ》・詩聖《シセイ》・神聖《シンセイ》

耳7 【聘】 13画 7059 8058 音ヘイ漢 訓と-う・め-す

意味 ❶贈《おく》り物を持って訪問する。おとずれる。とう。例聘物《ヘイモツ》（＝訪問するときに持って行く贈り物）。聘問《ヘイモン》。❷礼をつくしてすぐれた人物をまねく。召《め》す。例聘用《ヘイヨウ》（＝召し用いる）。招聘《ショウヘイ》。❸結納《ゆいノウ》の金品をおさめ、妻としてむかえる。例聘金《ヘイキン》（＝結納金）。

【聘問】《ヘイモン》（名・する）礼物《レイモツ》を持って人を訪ねること。例旧師の宅を—する。

耳7 【聖】 13画 ⇩【聖】《セイ》（811ページ）

耳8 【聢】 14画 7062 8062 国字 訓しか-と

意味 まちがいなく。しっかりと。例聢《かし》と心得《こころえ》た。聢《かし》とは見えず。

耳8 【聚】 14画 7060 805A 音シュウ漢ジュ呉 訓あつ-まる・あつ-める

意味 ❶人や物をあつめる。たくわえる。また、あつまった人や物。例聚散《シュウサン》。聚楽《ジュラク》。類聚《ルイジュ》。❷人のあつまったところ。むらざと。例聚落《シュウラク》。

【聚散】《シュウサン》（名・する）集まったり、散ったりすること。また、集めることと、散らすこと。表記「集散」とも書く。

【聚落】《シュウラク》 人家が集まっているところ。村落。表記現集落

【聚▼斂】《シュウレン》（名・する）①集め収めること。②重い税をきびしく取り立てること。例—の臣あらんよりむしろ盗臣《トウシン》あれ（＝人民を苦しめる家来より主家の財を盗《ぬす》む家来のほうが支配者にとってましである）。〈大学《ダイガク》〉

【聚楽】《ジュラク》〔楽しみを聚《あつ》める意〕「聚楽第《ジュラクダイ》」の略。豊臣秀吉《とよとみひでよし》が京都に造った豪華《ゴウカ》な邸宅《テイタク》の名。

耳8 【聡】 14画 3379 8061 人名 音ソウ漢呉 訓さと-い

耳11 【聰】 17画 7066 8070

なりたち 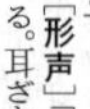 ［形声］「耳（＝みみ）」と、音「恖《ソウ》」とから成る。耳ざとい。

意味 耳がよくきこえる。ものごとをよく理解する。かしこい。例聡敏《ソウビン》。聡明《ソウメイ》。

人名 あき・あきら・さと・さとし・さとる・ただし・とき・とし・とみ

【聡敏】《ソウビン》（名・形動《ダナ》）頭がよくてさとりが早いこと。例生まれつき—な人。

【聡明】《ソウメイ》（名・形動《ダナ》）ものごとがよく理解でき、正しい判断ができること。賢明《ケンメイ》。例—な君主。

耳8 【聞】 14画 4225 805E 教育2 音ブン漢モン呉 訓き-く・き-こえる・き-こえ

筆順 丨 冂 户 門 門 門 門 閆 聞

なりたち  ［形声］「耳（＝みみ）」と、音「門《ボン→ブン》」とから成る。耳にはいった音をききわける。

意味 ❶音声を耳でとらえる。きく。例見聞《ケンブン》。聴聞《チョウモン》。伝聞《デンブン》。❷きいて知ったことがら。知識。評判。うわさ。きこえ。例聞達《ブンタツ》。風聞《フウブン》。❸においをかぎわける。例聞香《ブンコウ｜モンコウ》。

使い分け きく【聞・聴】 ⇩1168ページ

難読 聞食《きこしめす》

人名 か・ひろ

【聞▽道】《きくならく》「聞説《きくならく》」に同じ。

【聞▽説】《きくならく》（副）聞くところによれば。人の話によると。

【聞香】《ブンコウ｜モンコウ》 香をかいでその種類を当てること。また、香をたいて楽しむこと。例—道。

【聞達】《ブンタツ》 世間に名が知れ、官位が上がること。例—を求めず。

●外聞《ガイブン》・寡聞《カブン》・旧聞《キュウブン》・見聞《ケンブン｜ケンモン》・新聞《シンブン》・前代未聞《ゼンダイミモン》・相聞《ソウモン》・側聞《ソクブン》・他聞《タブン》・伝聞《デンブン》・百聞《ヒャクブン》・風聞《フウブン》・令聞《レイブン》

耳8 ［聟］ 14画 ⇩【婿】《セイ》（279ページ）

耳9 ［聯］ 15画 ⇩【聯】《レン》（813ページ）

耳11 【聳】 17画 7064 8073 音ショウ漢 訓そび-える

意味 ❶高くそびえる。そそり立つ。同竦《ショウ》。例聳然《ショウゼン》。聳立《ショウリツ》。❷おそれおののく。同悚《ショウ》。例聳動《ショウドウ》。❸はげましすすめる。同慫《ショウ》。

【聳然】《ショウゼン》（形動《タルト》）①高くそびえるようす。例—たるアルプスの威容《イヨウ》。②おそれつつしむようす。例監督《カントク》の訓示《クンジ》を—として聞く。

【聳動】《ショウドウ》（名・する）おどろいて動くこと。また、おどろかして動揺《ドウヨウ》させること。例世の中を—させる重大ニュース。

【聳立】《ショウリツ》（名・する）そびえ立つこと。例—する富士山。

耳11 【聴】 17画 3616 8074 常用 音テイ漢チョウ呉 訓き-く

筆順 一 丅 耳 耳 耳 耳 耳 聴

耳16 【聽】 22画 7069 807D 人名

なりたち [形声]「耳(=みみ)」と「㥁(=得る)」と、音「𡈼《テイ》」とから成る。耳できき とる。

意味 ❶注意してきく。例 聴講《チョウコウ》。傾聴《ケイチョウ》。❷ききいれる。きき したがう。例 聴許《チョウキョ》。❸きいて正しくさばく。例 聴診《チョウシン》。

使い分け きく【聞・聴】⇩1168ページ

人名 あき・あきら・さとし・さとる・とし・より

【聴音《チョウオン》】音を聞き分けること。例 ―機。

【聴覚《チョウカク》】音を感じ取る感覚。例 ―器。―が麻痺《ヒマ》する。

【聴許《チョウキョ》】(名・する) 聞きとどけて許すこと。聞き入れること。例 請願《セイガン》を―する。

【聴講《チョウコウ》】(名・する) 講義を聞くこと。例 ―生。

【聴罪《チョウザイ》】(名・する) カトリック教会で、司祭が信者の罪の告白をきき、指導や助言をすること。

【聴視《チョウシ》】(名・する) 聞くことと見ること。聞いたり見たりすること。視聴。例 ―者。―率。

【聴取《チョウシュ》】(名・する) 知りたいことを聞き取ること。例 事情を―する。

【聴衆《チョウシュウ》】㊀演説・講演・演奏などを聞く人々。㊁《チョウジュ》「チョウシュ」とも)〔仏〕説法・講説などを聞く人々。

【聴診《チョウシン》】(名・する) 体内で生じる音(呼吸音・心音など)を聞き取って診察すること。例 ―器。

【聴聞《チョウモン》】(名・する) ①行政機関が、国民の権利や利益にかかわる行為《コウイ》をおこなうとき、利害にかかわる人々の意見を聞くこと。例 ―会。②説教や演説などを聞くこと。例 ―者。表記 ①は「聴問」とも書く。

【聴力《チョウリョク》】音を聞き取る能力。例 ―障害。―を失う。

●謹聴《キンチョウ》・敬聴《ケイチョウ》・傾聴《ケイチョウ》・幻聴《ゲンチョウ》・視聴《シチョウ》・清聴《セイチョウ》・静聴《セイチョウ》・天聴《テンチョウ》・難聴《ナンチョウ》・拝聴《ハイチョウ》・吹聴《ふいチョウ》・傍聴《ボウチョウ》

耳11 【聯】 17画 4694 806F 音 レン漢 訓 つら-ねる・つら-なる

耳9 [聨] 15画 7063 8068 俗字

意味 ❶つながる。つづく。ならぶ。同 連《レン》。例 聯珠《レンジュ》(=珠《たま》をならべる。五目《ゴモク》ならべ)。❷律詩の、対《ツイ》になる二句。また、左右に一句ずつ掛《か》けるための対句《ツイク》。例 起聯《キレン》(=律詩の第一、二句)。柱聯《チュウレン》(=柱に一句ずつ掛けた対句)。

表記 現代表記では、「連《レン》」に書きかえることがある。熟語は「連」(972ページ)を参照。

【聯句《レンク》】漢詩で、なん人かの人が、一句ずつ作ってまとめた一編の詩。表記 現 連句

耳11 【聲】 17画 ⇩【声《セイ》】(244ページ)

耳11 【聰】 17画 ⇩【聡《ソウ》】(812ページ)

耳12 【聶】 18画 7067 8076 音 ショウ慣 ジョウ漢 訓 かた-る・ささや-く

意味 ❶耳もとでささやく。同 囁《ジョウ》。❷姓《セイ》の一つ。例 聶政《ジョウセイ》(=戦国時代の韓《カン》の刺客《シカク》)。

耳12 【職】 18画 3106 8077 教育5 音 ショク漢 シキ呉 訓 つと-め

筆順 丆 耳 耳 聀 聕 職 職 職

身12 [軄] 19画 ― 8EC4 別体字

なりたち [形声]「耳(=みみ)」と、音「戠《ショク》」とから成る。耳で聞いて、おぼえている役目。

意味 ❶ある仕事の全体に責任をもつ。つかさどる。また、仕事上の役目。つかさ。例 職掌《ショクショウ》。官職《カンショク》。❷生活するための仕事。つとめ。例 職業《ショクギョウ》。就職《シュウショク》。

日本語での用法 《シキ》①律令制《リツリョウセイ》で省に属する役所。「中宮職《チュウグウシキ》・東宮職《トウグウシキ》」②荘園制《ショウエンセイ》で荘官の仕事にともなう権益。「領家職《リョウケシキ》・守護職《シュゴシキ》」

人名 つね・もと・よし・より

【職域《ショクイキ》】①仕事の役割の範囲《ハンイ》。例 他の―をおかす。②仕事の場所の範囲。職場。例 ―ごとのサークル。

【職印《ショクイン》】仕事の上で使う、職名をしるした印。校長印・社長印など。例 ―のないものは無効。

【職員《ショクイン》】学校・官公庁・会社などに勤めている人。例 ―室。―会議。―録。

【職業《ショクギョウ》】生活のためにする仕事。例 ―に貴賤《キセン》はない。

【職業病《ショクギョウビョウ》】その職業に特有の環境《カンキョウ》やからだの使い方などによって、かかりやすい病気。

【職種《ショクシュ》】職業の種類。例 自分に適した―を選ぶ。

【職掌《ショクショウ》】自分が受け持っている仕事の役目。職務。例 ―がら毎日がいそがしい。

【職制《ショクセイ》】①仕事の分担や職場での地位についてのとりきめ。例 ―を変更《ヘンコウ》する。②職場での管理職。

【職責《ショクセキ》】担当している仕事に関する責任。例 ―を果たす。―を尽《つ》くす。

【職人《ショクニン》】手先の技術で生活に必要ないろいろのものを作る仕事の人。大工・左官・経師《キョウジ》・指物《さしもの》師・建具《たてグ》師など。例 ―気質《かたぎ》。

【職能《ショクノウ》】①仕事をする能力。例 ―給。②それぞれがもつ独自のはたらき。例 ―別組合。―代表。議会の―。文における―によって語を分類する。

【職分《ショクブン》】その職についている者としてしなければならないつとめ。例 ―を全《まっと》うする。

【職務《ショクム》】仕事上、受け持っている役目。例 ―にはげむ。―権限。

【職務質問《ショクムシツモン》】警察官が、犯罪防止や犯罪摘発《テキハツ》などのためにおこなう、職務上の質問。職質。

【職名《ショクメイ》】職務や職業の名前。

【職歴《ショクレキ》】今までにしてきた職業の経歴。例 学歴と―。

【職階《ショッカイ》】職務の種類と、責任の重さによって決められる階級。官庁・会社の部長・課長・係長など。

【職権《ショッケン》】公務員などがもつ職務上の権限。命令や処分ができる権限。例 ―濫用《ランヨウ》。議長の―によって議題としてとりあげる。

●汚職《オショク》・官職《カンショク》・閑職《カンショク》・休職《キュウショク》・現職《ゲンショク》・公職《コウショク》・在職《ザイショク》・辞職《ジショク》・失職《シッショク》・就職《シュウショク》・住職《ジュウショク》・殉職《ジュンショク》・退職《タイショク》・定職《テイショク》・天職《テンショク》・転職《テンショク》・内職《ナイショク》・奉職《ホウショク》・本職《ホンショク》・無職《ムショク》・免職《メンショク》・有職《ユウソク》

耳14 【聹】 20画 7068 8079 音 ネイ漢 訓 みみくそ・みみのあか

意味 「町聹《テイネイ》」は、耳あか。耳くそ。

耳16 【聾】 22画 4724 807E 音 ロウ漢

意味 ❶耳がきこえない。また、そういう人。例 聾啞《ロウア》。聾者《ロウシャ》。❷暗い。ものごとにくらい。例 聾味《ロウマイ》(=無知)。

【聾▼啞《ロウア》】耳の聞こえないことと、口のきけないこと。また、その人。例 ―者。―学校。

【聾者《ロウシャ》】耳の聞こえない人。

【聾盲】《ロウモウ》 耳が聞こえないことと、目が見えないこと。また、その人々。

耳16 【聽】22画 ⇩【聴】《チョウ》(812ページ)

129 6画 聿 ふでづくり部

ふでを手に持つ形をあらわす。「聿」をもとにしてできている漢字と、「聿」の字形を目じるしにして引く漢字とを集めた。

⓪聿 ⑦肄 肆 肅 ⑧肇 肈

この部首に所属しない漢字

書⇩曰499 粛⇩彐368 晝⇩日491 畫⇩田682

聿 0 【聿】 6画 7070 807F 音イツ漢 イチ呉 訓かざ-る・こ-れ・ここ-に・した-がう・つい-に・ふで・よ-り

意味 ❶筆《ふで》。例舌聿《ゼツイツ》(=したと、ふで。ことばと、文字)。❷〔助字〕「これ」「ここに」と読み、文のリズムをととのえる。

聿 7 【肄】 13画 7071 8084 音イ漢 訓なら-う

意味 学習する。訓練する。ならう。例肄業《イギョウ》(=ならう)。肄習《イシュウ》。

【肄習】《イシュウ》 (名・する) ならうこと。練習すること。

聿 7 【肆】 13画 7072 8086 音シ漢呉 訓いちぐら・つら-ねる・みせ・ほしいまま

意味 ❶列をなすようにならべる。つらねる。例肆列《シレツ》(=ならぶ。ならべる)。❷品物をならべて見せる、みせ。例書肆《ショシ》。❸思うとおりにふるまう。気ままな。ほしいまま。同恣《シ》。例肆意《シイ》。放肆《ホウシ》。❹「四」の大字《ダイジ》。商売や契約《ケイヤク》の文書で、数字を書きかえられないように使う。

【肆意】《シイ》 自分の気持ちのままに行動すること。わがまま。自分かって。表記「恣意」とも書く。

【肆行】《シコウ》 勝手気ままなふるまい。

【肆店】《シテン》 みせ。店舗《テンポ》。

聿 7 【肅】13画 ⇩【粛】《シュク》(368ページ)

聿 8 【肇】 14画 4005 8087 人名 音チョウ漢 訓はじ-め・はじ-める

聿 8 【肈】 14画

たちなり  [会意]「戸(=と)」と「聿(=はじめ)」とから成る。戸をはじめてひらく。

意味 はじめてひらく。はじめ。例肇国《チョウコク》。

人名 こと・ただ・ただし・ただす・とし・なが・はじむ・はつ

【肇国】《チョウコク》 (名・する) はじめて国を建てること。新しく国をおこすこと。建国。例—の大事業をなしとげる。

聿 8 【肈】14画 ⇩【肇】《チョウ》(814ページ)

130 6画 肉 にく(月 にくづき)部

すじのあるひと切れのにくの形をあらわす。「肉」が偏《へん》(=漢字の左がわの部分)になったり、下につくときは「月(にくづき)(四画)」となる。(「月《つきへん》・月《ふなづき》とは本来別であるが、常用漢字体ではすべて「月」の字形となった)。「肉」をもとにしてできている漢字を集めた。

⓪肉 ②肌 肋 肎 ③肝 肛 肓 肖 肚 肘 肖 ④育 肩 股 肯 肱 肴 肢 肭 肥 肪 肩 肺 冐 肬 ⑤胃 胤 胡 胛 胥 胙 胎 胆 胝 胄 背 肺 胚 胖 胞 胞 脉 ⑥胸 脅 胯 胱 脂 脆 脊 胴 能 脈 脇 脈 ⑦脚 脛 脩 脱 脳 脯 脣 脫 ⑧腋 腔 脹 腆 脾 腓 腐 腑 胼 腕 ⑨腱 腫 腎 腥 腺 腸 腹 腴 腰 腳 腮 腟 腦 ⑩膃 膈 膏 腿 膊 膀 膜 膂 ⑪膕 膠 膵 膣 膝 膚 膞 膓 ⑫膩 膳 膰 膨 [illegible] 臈 ⑬臆 膾 臀 膿 臂 膺 臉 膸 膽 ⑭臍 臑 ⑮臓 臘 ⑯臙 臚 ⑱臟 ⑲臠

この部首に所属しない漢字

明⇩日485 青⇩青1054 冑⇩冂117 前⇩刂137 骨⇩骨1086 豚⇩豕930 勝⇩力150 滕⇩氺615 謄⇩言924 鵬⇩鳥1103 騰⇩馬1084

肉 0 【肉】 6画 3889 8089 教育2 音ジク漢 ニク呉 訓しし

筆順 丨 冂 内 内 肉 肉

たちなり  [象形] すじのある切り肉。鳥獣《チョウジュウ》の肉。

意味 ❶鳥やけものの(食用の)にく。しし。例肉食《ニクショク》。獣肉《ジュウニク》。❷人間のからだ。生身《なまみ》のからだ。例肉体《ニクタイ》。肉欲《ニクヨク》。筋肉《キンニク》。❸(機械や道具を使わず)人間に備わっているままの。なまの。例肉眼《ニクガン》。肉声《ニクセイ》。❹血のつながりがある。例肉親《ニクシン》。骨肉《コツニク》。❺くだものや野菜の食べられる部分。例果肉《カニク》。

日本語での用法《ニク》①じかの。そのままの。「肉筆《ニクヒツ》」②にくに似たやわらかいもの。また、ものの厚み。「朱肉《シュニク》・肉池《ニクチ》(=朱肉を入れる容器)・肉《ニク》づけをする」

難読 肉《ししむら》・肉醤《ししびしお》・肉刺《まめ》・肉豆蔻《ニクズク》

【肉芽】《ニクガ》 ①ユリ・ヤマノイモなどの葉の付け根にできる丸い芽。地面に落ち、発芽する。②〔医〕傷が治るときに盛り上がってくる新しい肉。肉芽組織。

【肉塊】《ニクカイ／ニッカイ》 肉のかたまり。例一片《イッペン》の—。

【肉感】《ニクカン／ニッカン》 肉体によって起こる性的な感覚。例—的。

【肉眼】《ニクガン》 眼鏡などを使わない人間自身の視力。また、目そのもの。裸眼《ラガン》。例—で見えない微生物《ビセイブツ》。

【肉牛】《ニクギュウ》 食肉用に飼育しているウシ。対乳牛・役牛《エキギュウ》。

【肉交】《ニクコウ／ニッコウ》 肉体のまじわり。性交。

【肉▼叉】《ニクサ》 フォークのこと。肉刺し。

【肉山▼脯林】《ニクザンホリン》 〔肉の山と干し肉の林の意から〕ぜいたくな宴会《エンカイ》のたとえ。

【肉質】《ニクシツ》 ①肉の多い性質。例マグロは—の魚だ。②肉の

品質。例食用に適する—。③肉でできている組織。

【肉腫】《ニクシュ》〔医〕上皮以外の組織にできる悪性の腫瘍《シュヨウ》。

【肉汁】《ニクジュウ》①肉を煮《に》出してとる、しる。また、焼いたときに出る、しる。スープ。②なまの牛肉などからしぼり取った、しる。また、料理の間に出る、しる。肉漿《ニクショウ》。

【肉食】《ニクショク》（名・する）①〔「ニクジキ」とも〕人間が、鳥・けもの・魚の肉を食べること。㊊菜食。例戒律《カイリツ》で—妻帯を禁じる。②動物が、他の動物をえさとすること。㊊草食。例—動物。

漢字に親しむ ⑰ 「肉」は音読み？ 訓読み？

「山」の訓読みは「やま」で、音読みは「サン」「セン」——こんなふうに漢字には訓読みと音読みとがあり、訓読みは日本語として昔からあった言い方、音読みのほうは、中国から伝わった漢字の音をあらわしたものであることは、みなさんも知っているでしょう。では「肉」を「にく」と読むのは訓読みでしょうか、音読みでしょうか。正解は音読みです。古くは、「しし」ということばで、人体の肉づき、または、けものの「にく」を意味していましたが、現代語では「太《ふと》り肉《じし》」の「しし」や「ししむら」が使われるくらいで、もっぱら音読みの「ニク」が使われています。

このように今日の私たちの生活に完全にとけこんで音読みだけが通用している漢字には、「茶」「毒」「菊《キク》」「蘭《ラン》」などがあります。ちょっと意外なところでは、「梅」「馬」を「うめ」「うま」と読むのも、もとはずっと古い時代に日本に伝わった音「メ」「マ」にもとづくもので、つまり外来のものだったのです。

【肉親】《ニクシン》親子・きょうだいなど、血のつながりの近い者のあいだがら。また、その人。例たったひとりの—。

【肉声】《ニクセイ》機械を通さない、なまの人のこえ。例—を聞く。

【肉体】《ニクタイ》なま身の人間のからだ。㊊精神。例—労働。—の美しさ。

【肉体的】《ニクタイテキ》（形動《ダナ》）体や健康に関するようす。㊊精神的・物質的。

【肉▼袒】《ニクタン》（名・する）〔「袒」は、むち打ちの刑《ケイ》を受けるために着物をぬいで肩《かた》をあらわす意〕罰《バツ》を受ける気持ちを相手に示すこと。例—して荊《ケイ》を負う。

【肉弾】《ニクダン》弾丸の代わりに人間のからだごと敵にぶつかっていくこと。捨て身の攻撃《コウゲキ》。例—戦。

【肉薄】《ニクハク》（名・する）〔「薄」は、せまる意〕すぐそばまで近づくこと。例敵陣《テキジン》に—する。表記「肉迫」とも書く。

【肉筆】《ニクヒツ》版画・活字などの印刷や写真によるものではなく、人が直接かいた書画。直筆《ジキヒツ》。例—の浮世絵《うきよエ》。

【肉太】《ニクぶと》（名・形動《ダナ》）書いた文字の、線や点が太いもの。㊊肉細。例大きく—に書く。

【肉細】《ニクぼそ》（名・形動《ダナ》）書いた文字の、線や点が細いもの。㊊肉太。例—のペン。

【肉欲】《ニクヨク》（精神・霊性《レイセイ》とは別に起こる）肉体上の欲望。性欲。表記㊐肉▼慾

【肉▼桂】《ニッケイ》〔「ニッキ」とも〕クスノキ科の常緑高木。皮や根を薬や香料《コウリョウ》にする。香料としてはシナモンという。

●印肉《インニク》・果肉《カニク》・牛肉《ギュウニク》・魚肉《ギョニク》・筋肉《キンニク》・苦肉《クニク》・血肉《ケツニク》・骨肉《コツニク》・桜肉《さくらニク》・朱肉《シュニク》・食肉《ショクニク》・精肉《セイニク》・鳥肉《とりニク》・鶏肉《とりニク》・皮肉《ヒニク》・豚肉《ぶたニク》

月2

【肌】

6画 4009 808C 常用 音キ㊈ 訓はだ

筆順 丿 刀 月 月 肌 肌

なりたち  〔形声〕「月（＝にく）」と、音「几《キ》」とから成る。人の肉。

意味 からだの肉。また、人のからだの表面。ひふ。例肌膚《フキ》。玉肌《ギョッキ》（＝美しいはだ）。

日本語での用法《はだ》①ものの表面。「山肌《やまはだ》・木肌《きはだ》」②気質。「学者肌《ガクシャはだ》・職人肌《ショクニンはだ》」

【▽肌膚】《フキ》はだ。皮膚。

【▽肌▽理】《きめ》①皮膚《ヒフ》やものの表面にあらわれる網《あみ》の目のような細かい線。また、その手ざわり。例—の細かい肌《はだ》。—の粗《あら》い布。②ものごとをおこなうときや人とつきあうときの心づかい。例—の細かい調査。—細かな配慮《ハイリョ》。

【肌合い】《はだあい》①はだや表面の感じ。はだざわり。例なめらかな—。②その人の全体的な感じ。気風。例—が合わない。

【肌▼襦▼袢】《はだジバン／はだジュバン》はだに直接着る和装の下着。

【肌脱ぎ】《はだぬぎ》（名・する）衣服のそでからうでをぬいて、上半身をあらわすこと。

【肌身】《はだみ》はだ。からだ。例たいせつに—はなさず持っている。

●素肌《スはだ》・山肌《やまはだ》

月2

【肋】

6画 4730 808B 人名 音ロク㊈ 訓あばら

意味 内臓をまもるように胸をかこんでいる左右十二対《ツイ》の骨。例肋膜《ロクマク》。肋骨《ロッコツ》。

【肋木】《ロクボク》体操用具の一つ。なん本かの柱の間にたくさんの横木をわたしたもの。

【肋膜】《ロクマク》①肋骨《ロッコツ》の内側にあって肺をおおう膜。胸膜。②「肋膜炎《ロクマクエン》」の略。肋膜の炎症《エンショウ》。おもに結核菌《ケッカクキン》によって起こり、発熱をともない胸や背が痛む。

【肋間】《ロッカン》肋骨《ロッコツ》と肋骨のあいだ。あばらぼねのあいだ。

【肋骨】《ロッコツ》①胸をおおうように背ぼねから出た左右十二対《ツイ》のほね。あばらぼね。②船の外側をささえるための、あばらぼねのようなほね組み。

月2

【肎】6画 ⇩【肯】《コウ》（817ページ）

月3

【肝】

7画 2046 809D 常用 音カン㊈ 訓きも

筆順 丿 刀 月 月 肝 肝 肝

なりたち  〔形声〕「月（＝からだ）」と、音「干《カン》」とから成る。内臓の一つ。

意味 ❶内臓の一つ。肝臓《カンゾウ》。きも。例肝炎《カンエン》。❷こころのなか。まごころ。例肝胆《カンタン》。心肝《シンカン》。❸ものごとの中心となるたいせつなところ。例肝心《カンジン》。肝要《カンヨウ》。

【肝炎《カンエン》】ウイルスや薬物によって起こる、肝臓の炎症性《エンショウセイ》疾患《シッカン》。例B型―。

【肝心《カンジン》】(形動ダナ)たいせつで欠くことのできないもの。肝要《カンヨウ》。例毎日続けることが―だ。表記「肝腎」とも書く。

【肝腎《カンジン》】(形動ダナ)〔肝臓と腎臓の意〕「肝心」に同じ。

【肝臓《カンゾウ》】内臓の一つ。脂肪分《シボウブン》の消化をたすける胆汁《タンジュウ》をつくるとともに、栄養分の貯蔵や解毒《ゲドク》作用などの重要なはたらきをする。きも。

【肝胆《カンタン》】①肝臓と胆嚢《タンノウ》。②心の中。心の底。

【肝胆《カンタン》相《あい》照《て》らす】たがいに心の底まで深く理解しあって親しく交わる。

【肝脳《カンノウ》地《チ》に▽塗《まみ》る】〔肝臓や脳が地面でどろまみれになる意〕戦場などで、むごたらしく殺される。〈史記《シキ》〉

【肝銘《カンメイ》】(名・する)しっかりと心に刻んで覚えておくこと。表記「感銘」とも書く。

【肝油《カンユ》】魚などの肝臓からとった脂肪油《シボウユ》。ビタミンA・Dを多くふくむ。

【肝要《カンヨウ》】(名・形動ダナ)ひじょうにたいせつであること。
●荒肝《あらぎも》・心肝《シンカン》・肺肝《ハイカン》

月 3
【肛】
7画 7074 809B 音 コウ漢
意味 直腸の末端《マッタン》。しりのあな。例肛門《コウモン》。
【肛門《コウモン》】動物の消化器官の最末端《サイマッタン》で、大便を体外に出す部分。しりのあな。

月 3
【肓】
7画 7075 8093 音 コウ漢
意味 むなもと。横隔膜《オウカクマク》の上のおくふかい部分で、治療《チリョウ》しにくいとされたところ。例膏肓《コウコウ》。

月 3
【肖】
7画 3051 8096 常用 音 ショウ漢 訓 に-る・かた-どる・あやか-る
筆順 丨 ⺌ ⺌ 肖 肖 肖

月 3
【肖】
7画

たちなり  ［形声］「月(=からだ)」と、音「小《ショウ》」とから成る。からだつきが似る。

意味 形や性質が同じようである。かたどる。にる。あやかる。例肖像《ショウゾウ》。不肖《フショウ》。師《シ》に肖《あやか》る。肖《あやか》り者《もの》(=しあわせもの。果報者)。
人名 あえ・あゆ・あれ・すえ・たか・のり・ゆき
【肖像《ショウゾウ》】人の顔や姿をうつしとった絵や彫刻《チョウコク》や写真。

月 3
【肚】
7画 7076 809A 音 ト漢 訓 はら
意味 ❶おなか。はら。転じて、心。例肚裏《トリ》。❷いぶくろ。胃。
【肚裏《トリ》】はらのうち。心のなか。表記「肚▼裡」とも書く。

月 3
【肘】
7画 4110 8098 常用 音 チュウ漢 訓 ひじ
筆順 丿 刀 月 月 肘 肘
たちなり 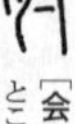 ［会意］「月(=にく)」と、「寸(=手の脈うつところ)」とから成る。腕の関節。
意味 うでの関節の部分。ひじ。例掣肘《セイチュウ》(=ひじを押さえて自由に動かせなくすること)。
【肘鉄《ひじテツ》】〔「肘鉄砲《ひじデッポウ》」の略〕①ひじで強くつきのけること。②さそいや要求などを、はっきりと強い調子でことわること。例―をくらわせる。

月 3
【肖】
7画 ⇩【肖】《ショウ》(816ページ)

月 4
【育】
8画 1673 80B2 教育3 音 イク漢呉 訓 そだ-つ・そだ-てる・はぐく-む
筆順 丶 亠 𠫔 云 𠫓 育 育 育

母 9
［毓］
14画 6158 6BD3 別体字
たちなり 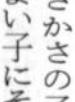 ［形声］「𠫓(=さかさの子)」と、音「月《ジク》↓《イク》」とから成る。よい子にそだてる。
意味 ❶子供をやしないそだてる。教えみちびく。そだてる。例育成《イクセイ》。教育《キョウイク》。❷大きくなる。成長する。そだつ。例生育《セイイク》。成育《セイイク》。発育《ハツイク》。
日本語での用法《そだち》家庭の状況《ジョウキョウ》や、そこでの教育・しつけ。「育《そだ》ちがいい」

人名 すけ・なり・なる・はぐみ・はぐむ・やす・やすし・ゆき・ゆく
【育英《イクエイ》】才能のある青少年を教育すること。例―資金。
【育児《イクジ》】(名・する)乳幼児をそだてること。
【育▼雛《イクスウ》】(名・する)ひなをそだてて成鳥とすること。
【育成《イクセイ》】(名・する)そだてあげること。例青少年の―。
●教育《キョウイク》・飼育《シイク》・生育《セイイク》・体育《タイイク》・知育《チイク》・徳育《トクイク》・発育《ハツイク》・保育《ホイク》・養育《ヨウイク》

月 4
【肩】
8画 2410 80A9 常用 音 ケン漢呉 訓 かた
筆順 一 ⺕ ⺕ 戸 戸 肩 肩 肩

月 4
【肩】
8画
たちなり  ［象形］かたの形。

意味 うでの付け根。かた。例肩甲骨《ケンコウコツ》。双肩《ソウケン》。

難読 肩衝《かたつき》(=茶入れの形で、かたの角張ったもの)

【肩入れ《かたいれ》】(名・する)①特別に応援《オウエン》すること。例大学の後輩《コウハイ》に―する。②衣服のかたの部分に別の布を入れてぬうこと。

【肩書き《かたがき》】①名刺《メイシ》などで、名前の右上に役職名や身分などを書いたもの。②人の所属・身分などをあらわすことば。

【肩幅《かたはば》】①人の左右の肩のはしからはしまで。②和服の背すじから肩のそで付けまでのはば。例―が広い体格。

【肩身《かたみ》】①肩と身。からだ。②世間に対してのめんぼく。

【肩甲骨《ケンコウコツ》】脊椎《セキツイ》動物で、両肩《リョウかた》の後ろにあって、うでと胴体《ドウタイ》とをつなぐ三角形のほね。かいがらぼね。表記「肩▼胛骨」とも書く。

【肩章《ケンショウ》】階級や身分を示すために、制服の肩《かた》につけるしるし。例軍服の―。

【肩摩《ケンマ》】(名・する)肩《かた》と肩がすれあうこと。混雑すること。

【肩▼輿《ケンヨ》】ふたりで肩《かた》にかつぐかご。
●強肩《キョウケン》・双肩《ソウケン》・比肩《ヒケン》・路肩《ロかた》

月 4
【股】
8画 2452 80A1 常用 音 コ漢 訓 また・もも
筆順 丿 刀 月 月 肌 股 股

なりたち  〔形声〕「月（＝からだ）」と、音「殳《シュ》→コ」とから成る。もも。

意味 ❶足のひざから上の部分。もも。また。例 股間《コカン》。股肱《ココウ》。❷ふたまたになっているもの。例 釵股《サイコ》。❸〔数〕直角三角形の直角をはさむ辺のうち長いほう。例 勾股《コウコ》。

【股間《コカン》】またぐら。またのあいだ。例 ボールが—をぬける。

【股関節《コカンセツ》】またの付け根のところにある関節で、骨盤《コツバン》と大腿骨《ダイタイコツ》をつなぐもの。例 —脱臼《ダッキュウ》。

【股▼肱《ココウ》】ももと、ひじ。転じて、信頼《シンライ》できる家来《ケライ》。例 臣は朕《チン》が—耳目《ジモク》たり（＝なんじらは、わしの手足や耳目となってはたらいてくれる者たちだ）。〈書経《ショキョウ》〉

【股上《またがみ》】ズボンなどの、またの分かれ目から上の部分（の長さ）。対 股下《またした》。

【股下《またした》】ズボンなどの、またの分かれ目からすそまでの長さ。対 股上《またがみ》。例 —が長い。

【股旅《またたび》】江戸《えど》時代、ばくち打ちなどが所を定めず足の向くままに旅をして歩くこと。例 —物《もの》。

【股《また》眼鏡《めがね》】両足をひらいてからだを前に曲げ、またの間から後ろのほうを見ること。例 天橋立《あまのはしだて》を—でながめる。

月 4

【肯】

8画 2546 80AF 常用

音 コウ 漢 呉
訓 うべ-なう・がえ-んじる・あ-えて

筆順 

月 2 【肎】 6画 — 808E 本字

なりたち 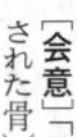 〔会意〕「月（＝にく）」と「冖（＝肉をそぎおとされた骨）」とから成る。骨の間に密着しているようす。派生して、ききいれる。

意味 ❶骨にくっついた肉。例 肯綮《コウケイ》。❷うなずき、聞き入れて、よしとする。うべなう。例 肯定《コウテイ》。❸〔助字〕「あえて」または「がえんず」と読み、…しようとする、の意をあらわす。〔「不二肯…一」の形をとることが多く、「あえて…ず」「…をがえんぜず」と読む〕例 不二肯立一《あえてたたず／たつをがえんぜず》（＝位につこうとしない）。

人名 さき・むね

【肯▼綮《コウケイ》】〔「綮《ケイ》」は、筋肉と骨との接するところ〕ものごとの急所。たいせつなところ。

【肯▼綮《コウケイ》に▽中《あ》たる】急所をつく。重要な点をおさえる。〈荘子《ソウジ》〉例 肯綮に中った意見。

【肯定《コウテイ》】（名・する）そのとおりであると認めること。対 否定。例 かれの言動を—する。—も否定もしない。

●首肯《シュコウ》

月 4

【肱】

8画 2547 80B1

音 コウ 漢
訓 ひじ

意味 かたからうでの関節までの部分。ひじ。例 股肱《ココウ》（＝もも と、うで。また、手足となる家来《ケライ》）。枕肱《チンコウ》（＝ひじまくら）。

月 4

【肴】

8画 2672 80B4 人名

音 コウ 漢
訓 さかな

意味 火にかけて調理した魚や肉。おかず。ごちそう。例 肴核《コウカク》。酒肴《シュコウ》。

日本語での用法 《さかな》酒を飲むときにいっしょに食べるもの。また、話のたねや舞《まい》など。「酒《さけ》の肴《さかな》・人《ひと》のうわさを肴《さかな》にする・肴《さかな》をいたせ」

【肴核《コウカク》】〔「核」は、果物のたねの意〕酒のさかなとくだもの。

月 4

【肢】

8画 2772 80A2 常用

音 シ 漢

筆順 

なりたち  〔形声〕「月（＝からだ）」と、音「支《シ》」とから成る。からだにある四本の手足。

意味 ❶人間や動物の手足。例 肢体《シタイ》。四肢《シシ》。❷分かれ出た部分。えだ。同 枝《シ》。例 分肢《ブンシ》。選択肢《センタクシ》。

【肢骨《シコツ》】両手両足をかたちづくっているほね。

【肢体《シタイ》】手足。また、手足と胴体《ドウタイ》。例 —の自由がきかない。

●下肢《カシ》・後肢《コウシ》・上肢《ジョウシ》・前肢《ゼンシ》

月 4

【肭】

8画 7077 80AD

音 トツ 慣 ドツ 漢

意味 ❶「膃肭《オットツ》」は、ふとってやわらかい。❷「膃肭臍《オットセイ》」は、北の海にすむ哺乳《ホニュウ》動物。

月 4

【肥】

8画 4078 80A5 教育5

音 ヒ 漢 ビ 呉
訓 こ-える・こえ・こ-やす・こ-やし

筆順 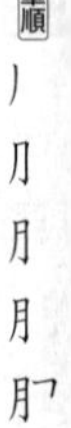

なりたち 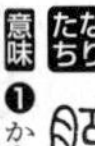 〔会意〕「月（＝にく）」と「巴（＝節度のある）」とから成る。肉がほどよく多い。

意味 ❶からだに肉がつく。こえる。例 肥大《ヒダイ》。肥満《ヒマン》。❷土地に栄養がある。また、土地をゆたかにする。こえる。こやす。例 肥沃《ヒヨク》。❸こえ。こやし。例 肥料《ヒリョウ》。堆肥《タイヒ》。

日本語での用法 《ヒ・ひ》旧国名「肥前《ひぜん》（＝今の佐賀《さが》・長崎《ながさき》の両県）・肥後《ひご》（＝今の熊本《くまもと》県）」の略。「薩長土肥《サッチョウドヒ》・肥州《ヒシュウ》」

難読 飫肥《おび》（＝地名）・土肥《とい／いど》（＝姓《セイ》・地名）

人名 うま・とし・とみ・とも・ふとる・みつ・ゆたか

【肥▼桶《こえおけ／こえたご》】こやしにする糞尿《フンニョウ》を運ぶおけ。

【肥▼溜め《こえだめ》】こやしにする糞尿《フンニョウ》をためておくところ。

【肥育《ヒイク》】（名・する）食用にする動物に、えさを多くあたえてふとるように育てること。例 肉牛の—にとりくむ。

【肥後《ひご》】旧国名の一つ。今の熊本《くまもと》県にあたる。

【肥厚《ヒコウ》】（名・する）皮膚《ヒフ》や粘膜《ネンマク》などがはれて厚《あつ》くなること。例 —性鼻炎《ビエン》。

【肥▼瘠《ヒセキ》】（からだや耕作地が）こえていることと、やせていること。

【肥前《ひぜん》】旧国名の一つ。今の佐賀《さが》県と、壱岐《いき》・対馬《つしま》をのぞく長崎《ながさき》県とにあたる。

【肥痩《ヒソウ》】ふとっていることとやせていること。

【肥大《ヒダイ》】（名・する・形動《ダ》）①ふとって大きくなること。例 心臓が—する。②会社などの組織が異常に大きくなること。例 行政組織の—化を防ぐ。

【肥立ち《ひだち》】〔「日立つ」の意で〕病気や出産のあとの経過。ひいて、しだいに体調が回復していくこと。例 産後の—がわるい。

【肥肉《ヒニク》】よくこえたブタなどの肉。

【肥培《ヒバイ》】（名・する）肥料をやって作物を育てること。

【肥満《ヒマン》】（名・する）まるまるとふとること。例 —児。—体。—体質。

【肥沃《ヒヨク》】（名・形動《ダ》）土地がこえていて作物がよくできること。対 不毛。例 —な土地。

【肥料《ヒリョウ》】植物がよく育つように土に加える栄養分。例 —をあたえる。—の足りない土地。

●寒肥《カンごえ》・下肥《しもごえ》・施肥《セヒ》・堆肥《タイヒ》・追肥《ツイヒ》・緑肥《リョクヒ》

月 4
【肪】
8画 4335 80AA 常用 音 ホウ漢 ボウ呉 訓 あぶら

筆順 丿 刀 月 月 月 肝 肪 肪

たちなり 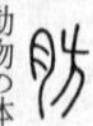 ［形声］「月(=にく)」と、音「方《ホウ》」とから成る。肉のあぶら。

意味 動物の体内の固まったあぶら。例 脂肪《シボウ》。

月 4 【肩】8画 ⇩【肩《ケン》】(816ページ)

月 4 【肺】8画 ⇩【肺《ハイ》】(820ページ)

月 4 【冐】8画 ⇩【冒《ボウ》】(705ページ)

月 4 【肬】8画 ⇩【疣《ユウ》】(684ページ)

月 5
【胃】
9画 1663 80C3 教育6 音 イ漢呉

筆順 丶 冂 冂 田 田 田 胃 胃

たちなり  ［象形］「月(=からだ)」と「田(=穀物のつまった内臓のかたち)」とから成る。穀物のつまった内臓。

意味 ❶内臓の一つ。いぶくろ。例 胃液《イエキ》。胃腸《イチョウ》。❷二十八宿の一つ。こきえぼし。例 胃宿《イシュク》。

【胃液《イエキ》】胃から出る酸性の消化液。たんぱく質などを分解する。例 ―が出すぎる。

【胃炎《イエン》】胃の粘膜《ネンマク》に起きる炎症《エンショウ》。胃カタル。

【胃潰瘍《イカイヨウ》】胃の粘膜《ネンマク》が傷つき、胃のかべがただれたり、くずれたりする病気。

【胃下垂《イカスイ》】胃が正常な位置よりも下へたれさがる状態。

【胃▼癌《イガン》】胃にできる癌。

【胃酸《イサン》】胃液の中にふくまれる酸。例 ―過多。

【胃腸《イチョウ》】胃と腸。例 ―薬。

【胃痛《イツウ》】胃のいたみ。

【胃病《イビョウ》】胃の病気。

【胃袋《イぶくろ》】胃のこと。

【胃壁《イヘキ》】胃をかたちづくるかべ。

●健胃《ケンイ》

月 5
【胤】
9画 1693 80E4 人名 音 イン漢 訓 たね・つ-ぐ

たちなり  ［会意］「月(=からだ)」と、「八(=分かれる)」と「幺(=かさなる)」とから成る。あとつぎとなる子孫。

意味 子孫が父祖の血統をうけつぐ。また、血統をうけついだ子孫。たね。例 胤子《インシ》(=子孫)。後胤《コウイン》(=子孫)。落胤《ラクイン》。

人名 かず・つぎ・つづき・み

月 5
【胡】
9画 2453 80E1 人名 音 コ漢 ゴ呉 ウ唐 訓 えびす・なん-ぞ

たちなり  ［形声］「月(=にく)」と、音「古《コ》」とから成る。ウシのあごの下の肉。派生して「えびす」の意。

意味 ❶古代中国で、北方や西方に住む異民族。えびす。例 胡人《コジン》(=北方や西域の異民族)。五胡《ゴコ》(=匈奴《キョウド》など五つの異民族)。❷胡人の土地の産物であることをあらわすことば。例 胡琴《コキン》。胡椒《コショウ》。❸ぼやけてあいまいである。いいかげんな。例 胡散《ウサン》。胡乱《ウロン》。❹〔助字〕「なんぞ」と読み、どうして、の意。疑問・反語をあらわす。例 胡不レ帰《なんぞかえらざる》(=どうして帰らないのか)。

難読 胡坐《あぐら》・胡床《あぐら》・胡頽子《ぐみ》・胡籙《やなぐい》・胡蘿蔔《ニンジン》

人名 ひさ

【胡散《ウサン》】(形動《ダナ》) うたがわしいようす。あやしいようす。不審《フシン》なようす。例 ―くさい人物。

【胡▽乱《ウロン》】(形動《ダナ》) ①うたがわしいようす。不審《フシン》なようす。例 ―な人物。②あやふやで確実ではない。例 なんの証拠《ショウコ》もない。

【胡▼瓜《きゅうり》】ウリ科の一年生つる性植物。また、その実。なま、または、つけものなどとして食用にする。

【胡▽桃《くるみ》】クルミ科の落葉高木。種の内部を食用にする。

【胡弓《コキュウ》】東洋の弦楽器《ゲンガッキ》の一つ。三味線《しゃみせん》に似た形で、弓でこすってひく。弦は三本または四本。表記「鼓弓」とも書く。

【胡琴《コキン》】東洋の弦楽器《ゲンガッキ》の一つ。琵琶《ビワ》に似た形で、二本の弦を弓でこすってひく。

【胡▼坐《コザ》《あぐら》】(名・する) こしをおろし、両ひざをこしのすぐ前に組み合わせるようにしてすわること。例 ―《あぐら》をかく。

【胡▼椒《コショウ》】コショウ科の常緑つる性低木。また、その実からとれた香辛料《コウシンリョウ》。ペッパー。

【胡▼蝶《コチョウ》】チョウのこと。表記「▼蝴▼蝶」とも書く。

【胡▼蝶の夢《コチョウのゆめ》】夢と現実とを区別しがたいこと、また、自他が一体となった境地のたとえ。蝴蝶《コチョウ》の夢。〈荘子《ソウジ》〉→【荘周の夢《ソウシュウのユメ》】(851ページ)

【胡▼狄《コテキ》】〔「狄」は、北方の異民族〕辺境の異民族。

【胡馬《コバ》】中国、北方のえびすの国のウマ。北方産のウマ。例 ―北風《ホクフウ》に依《よ》る(=北方生まれのウマは、北風がふくと故郷を恋《こい》しがってその風に身をよせる意で、故郷をなつかしむ気持ちの強いことのたとえ)。

【胡粉《ゴフン》】貝がらを焼いてつくった白い粉末。絵の具・塗料《トリョウ》に用いる。例 ―を塗《ぬ》る。

【胡麻《ゴマ》】ゴマ科の一年草。また、その種。種は食用で、また、油をとる。

【胡虜《コリョ》】中国の北方の、異民族。また、その異民族をののしっていうことば。

月 5
【胛】
9画 7080 80DB 音 コウ漢 訓 かいがね・かいがらぼね

意味 両肩《リョウかた》の後ろのあたり。例 肩胛骨《ケンコウコツ》(=肩の背面にある左右おのおの一個の逆三角形の平らな骨)。

参考 訓「かいがらぼね」は「かいがねぼね」のなまり。

月 5
【胥】
9画 7081 80E5 音 ショ漢

意味 下級の役人。例 胥吏《ショリ》(=小役人《こヤクニン》)。

月 5
【胙】
9画 7082 80D9 音 ソ漢 訓 ひもろぎ

意味 神にそなえる肉。ひもろぎ。例 胙肉《ソニク》(=ひもろぎ)。

参考 訓「ひもろぎ」は、もと、「神をまつる場所、また、そこにととのえる臨時の祭壇《サイダン》」の意。さらに、そこにそなえる肉をさすようになった。

月 5
【胎】
9画 3459 80CE 常用 音 タイ漢呉

筆順 丿 刀 月 月 月 肸 胎 胎

たちなり  ［形声］「月(=からだ)」と、音「台《イ→タイ》」とから成る。婦人がみごもって三か月のこと。

意味 ❶子を体内にやどす。みごもる。また、腹の中の子。例 胎児《タイジ》。懐胎《カイタイ》。❷子のやどるところ。子宮《シキュウ》。例 胎内《タイナイ》。母胎《ボタイ》。

人名 はら・み・もと

【胎衣《タイイ》】胎児をつつんでいる膜《マク》や胎盤《タイバン》。胞衣《えな》。

【胎教《タイキョウ》】胎児によい影響《エイキョウ》をあたえるように、妊婦《ニンプ》が精神の修養につとめること。例 ―のためによい音楽を聞く。

【胎児《タイジ》】母体内で育っている子。

【胎生《タイセイ》】子が母体内で、ある程度大きくなってから生まれること。対 卵生《ランセイ》。例 ―の魚。

【胎蔵界《タイゾウカイ》】〔仏〕大日如来《ダイニチニョライ》の慈悲《ジヒ》に包まれた理の世界。対 金剛界《コンゴウカイ》。

【胎中《タイチュウ》】腹のなか。胎内。

【胎動《タイドウ》】(名・する) ①母胎内で胎児が動くこと。例 ―を感じる。②内部の動きが少しずつ外にあらわれてくること。きざし。めばえ。

【胎内《タイナイ》】①(子をやどした)母親の腹の中。②仏像の腹の中。例 ―潜《くぐ》り。

【胎盤《タイバン》】母体と胎児とをつなぐ部分。栄養の供給や呼吸などをおこなう。

【胎便《タイベン》】胎内にたまった胎児の便。生後二、三日以内に排泄《ハイセツ》される。かにばば。かにくそ。

○●懐胎《カイタイ》・換骨奪胎《カンコツダッタイ》・受胎《ジュタイ》・堕胎《ダタイ》・母胎《ボタイ》

月 5

【胆】

9画 3532 80C6 常用

音 タン漢 ダン呉 訓 きも・い

筆順

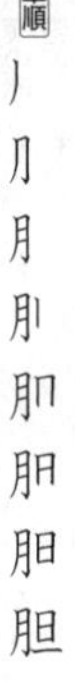

月13

【膽】

17画 7128 81BD

なりたち

［形声］「月(=からだ)」と、音「詹《セン→タン》」とから成る。肝《カン》に連なる内臓。

意味 ❶内臓の一つ。胆嚢《タンノウ》。例 肝胆《カンタン》。❷気力。度胸や決断力。きもだま。きもったま。例 胆力《タンリョク》。大胆《ダイタン》。❸本心。心の底。例 肝胆《カンタン》。魂胆《コンタン》。

難読 熊胆《くまのい》・竜胆《リンドウ／えやみぐさ》

【胆汁《タンジュウ》】肝臓《カンゾウ》から出る消化液。脂肪《シボウ》の消化を助ける。

【胆汁質《タンジュウシツ》】人間の気質を分類したものの一つ。刺激《シゲキ》に対する反応がはやくて強く、感情的になりやすい性質。→【多血質《タケツシツ》】(250ページ)

【胆石《タンセキ》】胆汁《タンジュウ》の成分が胆嚢《タンノウ》の中などでかたまり、石のようになったもの。

【胆大心小《タンダイシンショウ》】大胆であるとともに、細心の注意をはらうこと。〈旧唐書《クトウジョ》〉

【胆斗《タント》の▽如《ごと》し】〔「斗」は、一斗を量るいれものの意〕きもったまが大きいこと。〈三国志《サンゴクシ》〉

【胆▼嚢《タンノウ》】肝臓《カンゾウ》の下にあって、胆汁《タンジュウ》を一時たくわえておくふくろ状の器官。

【胆勇《タンユウ》】大胆で勇気があること。例 ―の士。

【胆略《タンリャク》】大胆で知略があること。例 すぐれた―をもつ。

【胆力《タンリョク》】物事におどろかない気力。度胸。例 ―に欠ける。

○●剛胆《ゴウタン》・豪胆《ゴウタン》・魂胆《コンタン》・心胆《シンタン》・大胆《ダイタン》・落胆《ラクタン》

月 5

【胝】

9画 7083 80DD

音 チ漢呉 訓 たこ

意味 手足の皮膚《ヒフ》が、おされたりこすれたりして厚く、かたくなったもの。まめ。たこ。例 胼胝《ヘンチ》(=たこ)。

月 5

【胄】

9画 7084 80C4

音 チュウ漢 訓 よつぎ・ちすじ

参考「冑《チュウ》(=かぶと)」は別の字。→【冑《チュウ》】(117ページ)

意味 ❶あとつぎ。あととり。よつぎ。例 胄裔《チュウエイ》(=子孫)。胄子《チュウシ》(=よつぎ)。❷子孫。ちすじ。

月 5

【背】

9画 3956 80CC 教育6

音 ハイ漢 訓 せ・せい・そむ-く・そむ-ける

筆順

なりたち

［形声］「月(=からだ)」と、音「北《ホク→ハイ》」とから成る。せなか。

意味 ❶せなか。せ。例 背筋《ハイキン》(=せなかの筋肉)。❷うしろ。うら。例 背景《ハイケイ》。紙背《シハイ》。❸せなかをむける。うらぎる。例 背信《ハイシン》。違背《イハイ》。

日本語での用法《せ・せい》①立っているものの、高さ。身長。「背丈《せたけ》・背《せい》くらべ」②古語で、女性が兄や夫、また、恋人《こいびと》をいうことば。「背《せ》の君《きみ》・妹背《いもせ》」

人名 しろ・のり

【背格好《せカッコウ》】〔「せいカッコウ」とも〕せいの高さとからだつき。表記「背▼恰好」とも書く。

【背革《せがわ》】洋装本の表紙の背に用いるかわ。例 ―の古ぼけた書物。表記「背皮」とも書く。

【背丈《せたけ》】身長。せい。例 ―がのびる。

【背戸《せど》】①家の裏門・裏口。②家の後ろのほう。例 ―の竹やぶ。

【背番号《せバンゴウ》】選手がユニホームの背中につけた番号。例 ―3をつける。

【背広《せびろ》】〔あて字〕男性が着る通常の洋服。正式には上着《うわぎ》・チョッキ・ズボンから成る。例 ―の三つぞろい。

【背▽美鯨《せみくじら》】ヒゲクジラの一種。大きな頭とあごをもつ。動物性プランクトンを主食とし、亜熱帯《アネッタイ》から亜寒帯の海に広く分布する。体長は約一二―一五メートルに達する。

【背泳《ハイエイ》】あおむけになって進む泳ぎ方。せおよぎ。バック(ストローク)。

【背逆《ハイギャク》】(名・する)そむくこと。そむきさからうこと。

【背教《ハイキョウ》】(おもにキリスト教で)信者が宗教のおしえにそむくこと。

【背筋】[一]《ハイキン》せなかの筋肉。例 ―力。―をきたえる。[二]《せすじ》①「[一]」に同じ。例 ―をのばす。―が寒くなる(=おそろしくてぞっとする)。②衣服のせなかの中央にあるぬい目。

【背景《ハイケイ》】①絵画や写真などで、中心となるものの後ろの光景。例 富士山を―に記念写真をとる。②舞台《ブタイ》の後ろにえがかれた景色。書割《かきわり》。例 ―は大都会のまちかど。③事件やものごとの背後にある事情。例 事件の―をさぐる。

【背後《ハイゴ》】①うしろ。例 ―から近づく。②目に見えないかくれた部分。例 ―関係を調査中。

【背向《ハイコウ》】そむくことと従うこと。向背。例 離合《リゴウ》―は世の常《つね》。

【背信《ハイシン》】(名・する)信頼《シンライ》・信用・信義にそむくこと。例 ―行為《コウイ》。

【背進《ハイシン》】(名・する)しりぞくこと。後退。例 ―して本隊に合流する。

【背水の陣《ハイスイのジン》】川など、水を後ろにして退くことのできない形で、決死の覚悟《カクゴ》で戦いにのぞむこと。例 ―をしく。

故事のはなし 秦《シン》はほろんだものの天下の形勢はまだ定まらず、楚《ソ》の項羽《コウウ》と漢の劉邦《リュウホウ》が戦いをくりひろげていたころの話。漢の韓信《カンシン》という名将が趙《チョウ》の国を攻撃《コウゲキ》

したとき、川を背にして陣《ジン》をしいた。そんな戦法があるものかと趙の軍では大笑いし、陣地を出て韓信軍を攻撃すると、韓信は負けたふりをしてにげだし、趙の全軍をおびきよせた。そして退路のない韓信軍が川を背に必死の防戦をしている間に、別のところにひそんでいた漢の伏兵《フクヘイ》が趙の陣地をさっと占領し、漢の赤旗をかかげた。趙軍はこれを見て大混乱におちいり、戦いは韓信の大勝利に終わったのである。〈史記《シキ》〉

【背走《ハイソウ》】(名・する)(野球などで)前を向いたまま後ろへ走ること。例打球を追って―する。

【背▼馳《ハイチ》】(名・する)①せなかを向けて走り去ること。②そむくこと。反対になること。例方針に―する。

【背徳《ハイトク》】道徳にそむくこと。例―行為《コウイ》。表記(旧)▼悖徳

【背任《ハイニン》】(名・する)任務にそむくこと。例―行為《コウイ》。

【背▼囊《ハイノウ》】兵士がせおう、革《かわ》やズック製の四角いかばん。

【背反《ハイハン》】(名・する)①規則などにそむくこと。違反《イハン》。例命令に―する。②たがいに相《あい》いれないこと。例二律―(=あちらを立てればこちらが立たぬこと)。表記▽「▼悖反」とも書く。

【背部《ハイブ》】せなか。また、後ろのほう。例―に痛みを感じる。

【背面《ハイメン》】①うしろ。後ろのほう。例―攻撃《コウゲキ》。②後ろ向き。例―とび。

【背理《ハイリ》】(名・する)道理にそむくこと。理屈《リクツ》にあわないこと。例―を証明する。表記「▼悖理」とも書く。

【背離《ハイリ》】(名・する)そむきはなれること。例感情が―する。

【背戻《ハイレイ》】(名・する)道理にそむくこと。表記「▼悖戻」とも書く。

◐妹背《いもせ》・光背《コウハイ》・猫背《ねこぜ》・腹背《フクハイ》

月 5 **【肺】** 9画 3957 80BA 教育6 音 ハイ 漢

筆順 丿 刀 月 月丶 月亠 月市 肺

月 4 **【肺】** 8画

なりたち [形声]「月(=からだ)」と、音「市《ハツ》→《ハイ》」とから成る。五臓の一つ。

意味 ❶内臓の一つで、左右一対《ツイ》の呼吸器。外界から酸素を取り入れ、二酸化炭素を排出《ハイシュツ》する。はい。例肺臓《ハイゾウ》。❷心の底。まごころ。例肺懐《ハイカイ》(=まごころ)。

難読 肺《ふくふくし》(=古語の「肺《ハイ》」)

【肺炎《ハイエン》】細菌《サイキン》などによって起こる肺の炎症《エンショウ》。高い熱やせきがでる。

【肺活量《ハイカツリョウ》】できるかぎり深く息をすいこんだあと、思いきりはき出すことのできる空気の量。

【肺肝《ハイカン》】①肺臓と肝臓。②こころ。心の中。例―をくだく(=ひじょうに苦心する)。

【肺患《ハイカン》】肺の病気。肺病。例―を病《や》む。

【肺▼癌《ハイガン》】肺にできる癌。

【肺結核《ハイケッカク》】結核菌《キン》によって起こる肺の感染症《カンセンショウ》。結核。肺疾《ハイシツ》。肺病。

【肺疾《ハイシツ》】肺の病気。肺病。とくに、肺結核《ハイケッカク》。例長い間―になやむ。

【肺▼尖《ハイセン》】肺の上部のとがった部分。例―カタル。

【肺病《ハイビョウ》】肺の病気。とくに、肺結核《ハイケッカク》。

【肺▼腑《ハイフ》】①肺臓。②心のおくそこ。例―をえぐられるような苦しみ。―をつく。

【肺胞《ハイホウ》】肺の内側にあって、血液と空気とのあいだでガスの交換《コウカン》をおこなう、小さなふくろ状の器官。

【肺門《ハイモン》】肺臓の内側で、気管支などがはいりこんでいる部分。例―リンパ節。

【肺葉《ハイヨウ》】肺を形づくっている部分の呼び名。例―の一部を切る。

月 5 **【胚】** 9画 7085 80DA 音 ハイ 漢 訓 はら-む

意味 体内に子をやどす。みごもる。はらむ。例胚胎《ハイタイ》。胚孕《ハイヨウ》(=はらむ)。

【胚芽《ハイガ》】植物の種子の中にあって、芽となって生長する部分。胚。例―米《マイ》。

【胚子《ハイシ》】生物で、孵化《フカ》・出産以前の段階のもの。胚。

【胚珠《ハイシュ》】植物の花の中にあって、受精後に種子となるもの。

【胚胎《ハイタイ》】(名・する)①みごもること。はらむこと。②ものごとの起こる原因が生じること。ものごとのはじまり。例かれの性格は少年時代に―していた。

【胚▼囊《ハイノウ》】種子植物の胚珠《ハイシュ》の中にあって、受精後に胚となるもの。

【胚葉《ハイヨウ》】動物の個体が発生する初期の段階にあらわれる細胞《サイボウ》の層。のちに種々の器官となるもの。

月 5 **【胖】** 9画 7086 80D6 音 ハン 漢 訓 ゆた-か

意味 ❶半分に切った、いけにえの肉。❷(肉体が)のびやかで大きい。ゆたか。例心広体胖《こころひろくタイゆたかなり》。〈大学《ダイガク》〉

月 5 **【胞】** 9画 4306 80DE 常用 音 ホウ 漢 訓 えな

筆順 丿 刀 月 月丿 肑 肑 胞

月 5 **【胞】** 9画

なりたち [会意]「月(=からだ)」と、「包《ホウ》(=みごもる)」とから成る。母親の腹の中で胎児《タイジ》をつつむ、ころものようなもの。

意味 ❶胎児をつつんでいる膜《マク》。えな。例胞衣《ホウイ》。❷母の胎内。はら。例同胞《ドウホウ》。❸生物体をつくりあげている基本の単位。原形質。例細胞《サイボウ》。

難読 同胞《はらから》

【胞衣《ホウイ》《えな》】母のからだの中にあるとき、胎児《タイジ》をつつむ膜《マク》や胎盤《タイバン》。胎衣《タイイ》。

【胞子《ホウシ》】コケ・シダ・キノコ・海藻《カイソウ》などが繁殖《ハンショク》するための粉のような細胞《サイボウ》。単独で芽を出して新しい個体になる。

月 5 **【胞】** 9画 ⇩【胞《ホウ》】(820ページ)

月 5 **【脉】** 9画 ⇩【脈《ミャク》】(822ページ)

月 6 **【胸】** 10画 2227 80F8 教育6 音 キョウ 漢 訓 むね・むな

筆順 丿 刀 月 肑 肑 胸 胸

なりたち  [形声]「勹(=つつむ)」と、音「凶《キョウ》」とから成る。むね。参考 のちに「月(=にく)」を加えて「胸」となった。

意味 ❶首の下、腹の上の部分。例 胸囲《キョウイ》。度胸《ドキョウ》。❷こころ。むねのうち。

【胸囲《キョウイ》】むねまわり。バスト。

【胸奥《キョウオウ》】むねのおく。心のうち。例 —に秘《ひ》めた思い。

【胸臆《キョウオク》】〔「臆」も、心の意〕心の中。心の中の思い。むねのうち。例 —を吐露《トロ》する。

【胸懐《キョウカイ》】むねのうち。心のうち。心にいだく思い。

【胸郭《キョウカク》】むねを形づくる骨組み。表記 ⓘ胸▼廓

【胸襟《キョウキン》】〔「襟」も、むねのうち、心の意〕むねのうち。心のうち。おもい。例 —を開いてすべてを語る(=心のうちのすべてを打ち明ける)。

【胸骨《キョウコツ》】むねの前側中央にあって肋骨《ロッコツ》をつなぎあわせているほね。

【胸像《キョウゾウ》】ある人物のむねから上の部分をかたどった像。例 創業者の—。

【胸中《キョウチュウ》】むねのうち。心のうち。例 —を察する。—を吐露《トロ》する。

【胸椎《キョウツイ》】脊椎《セキツイ》で、頸椎《ケイツイ》と腰椎《ヨウツイ》の間にある部分。

【胸痛《キョウツウ》】病気やけがによる、むねの部分のいたみ。例 激しい—におそわれる。

【胸底《キョウテイ》】むねのおくそこ。心のそこ。例 —に秘して語らず。

【胸部《キョウブ》】むねの部分。むねのあたり。また、呼吸器をいう。

【胸壁《キョウヘキ》】①むねの外側の肋骨《ロッコツ》・肋膜《ロクマク》・皮膚《ヒフ》などでできている部分。②胸の高さに土石などを積み、敵の射撃《シャゲキ》から身を守るもの。

【胸膜《キョウマク》】胸壁《キョウヘキ》の内面と肺の表面をおおっている膜。例 —炎《エン》。

【胸裏《キョウリ》】むねのうち。心のうち。例 いかりが—にこみあげる。表記「胸▼裡」とも書く。

【胸板《むないた》】①むねの平たい部分。例 —の厚い男。②よろいのむねの部分。例 —を射ぬく。

【胸▼糞《むなくそ》】〔「糞」は、不快感を強くあらわす〕気持ち。例 —が悪い(=不快で気持ちがすっきりしない)。

【胸倉《むなぐら》】むねの前の、着物のえりが合わさるあたり。例 —をつかむ。表記「胸▽座」とも書く。

【胸毛《むなげ》】むねのあたりに生える毛。例 —が生える。

【胸算用《むなザンヨウ・むねザンヨウ》】(名・する)心の中で見積もりをたてること。心づもり。

【胸突き八丁《むなつきハッチョウ》】①富士登山などで、頂上に近い、険しくて急な上り道。例 —にさしかかる。②目的を達成する直前の最も苦しい時期。正念場《ショウネンば》。例 この事業もちょうど—を通りこしたところだ。

【胸当て《むねあて》】①むねのところにあてる布。むねかけ。②むねのところにあてるよろい。

月 6

【脅】

10画 2228 8105 常用

音 キョウ漢 呉

訓 おびや-かす・おど-す・おど-かす

筆順 

なりたち  [形声]「月(=からだ)」と、音「劦《キョウ》」とから成る。両わきばら。

意味 ❶わきばら。わき。あばら。同 脇《キョウ》。❷力ずくでおどす。こわがらせる。例 脅威《キョウイ》。脅迫《キョウハク》。

【脅威《キョウイ》】相手をおびえさせるような力。また、おびえさせること。例 —をあたえる。—を感じる。

【脅迫《キョウハク》】(名・する)相手になにかをさせる目的で、相手の生命や名誉《メイヨ》などを害するとおどすこと。例 —電話。身に覚えのないことで—され続けた。

月 6

【胯】

10画 7088 80EF

音 コ漢

訓 また

意味 両もものあいだ。うちもも。またぐら。例 胯下《コカ》(=またの下)。胯間《コカン》(=またぐら)。参考「股《コ》」は、太ももの意。

月 6

【胱】

10画 7089 80F1

音 コウ漢

意味「膀胱《ボウコウ》」は、尿《ニョウ》をためる臓器。ゆばりぶくろ。

月 6

【脂】

10画 2773 8102 常用

音 シ漢

訓 あぶら・やに

筆順 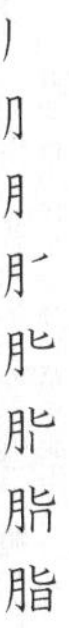

なりたち  [形声]「月(=にく)」と、音「旨《シ》」とから成る。つのをもつ動物のあぶら。

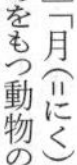

意味 ❶肉のあぶら。動植物性のあぶら。例 脂肪《シボウ》。油脂《ユシ》。❷樹木から出るねばねばした液。やに。例 樹脂《ジュシ》。❸あぶらをふくんだ化粧品《ケショウヒン》。例 脂粉《シフン》。

使い分け あぶら【油・脂】⇩1161ページ

難読 雲脂《ふけ》

【脂質《シシツ》】脂肪分《シボウブン》の新しい呼び名。たんぱく質・炭水化物とともに、生物のからだを構成する重要な物質。

【脂▼燭《シソク》】〔「シショク」とも〕⇩【紙燭《シソク》】(770ページ)

【脂粉《シフン》】①べにとおしろい。②化粧《ケショウ》。例 —の香《か》。

【脂肪《シボウ》】動植物の中にふくまれるあぶら。常温では固体。例 —分。

●樹脂《ジュシ》・脱脂《ダッシ》・油脂《ユシ》

[肉(月)部] 6画 ● 脅 胯 胱 脂 脆 脊 胴

月 6

【脆】

10画 3240 8106

音 セイ漢 ゼイ呉

訓 もろ-い

意味 ❶よわよわしい。よわい。もろい。例 脆弱《ゼイジャク》。❷やわらかい。例 脆味《ゼイミ》。甘脆《カンゼイ》(=うまくてやわらかい食べ物)。

【脆弱《ゼイジャク》】(名・形動《ダ》)もろくてよわいようす。例 —な構造。—なからだ。

【脆味《ゼイミ》】やわらかで、あじのよい食べ物。例 —に飽《あ》く。

月 6

【脊】

10画 3252 810A 常用

音 セキ漢

訓 せ

筆順 

なりたち  [会意]「巫(=背骨)」と「月(=からだ)」とから成る。背骨。

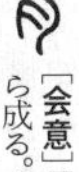

意味 せぼね。せ。例 脊椎《セキツイ》。脊梁《セキリョウ》。参考「脊」は「背」の一部をいう。「背」はからだの後ろ側。

【脊髄《セキズイ》】〔生〕背骨の中を通る、長い円柱のような器官。上は延髄に続き、下は腰椎《ヨウツイ》にいたる。脳とともに中枢《チュウスウ》神経系を形づくる。

【脊椎《セキツイ》】①背骨。脊柱《セキチュウ》。②背骨を形づくっている多くの骨。椎骨。

【脊▼梁《セキリョウ》】背骨。せすじ。例 —山脈。

月 6

【胴】

10画 3825 80F4 常用

音 トウ漢 ドウ呉

筆順 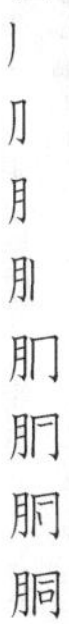

なりたち [形声]「月(=からだ)」と、音「同《トウ》」とから成る。大腸。

意味 大腸。

日本語での用法 《ドウ》①からだの頭と手足を除いた部分。「胴体《ドウタイ》・胴長《ドウなが》・救命胴衣《キュウメイドウイ》」②本体・中央の部分。「胴《ドウ》の間《ま》(=和船の中央にあって、人がすわるへや)・飛行機《ヒコウキ》の胴《ドウ》」③中がからっぽで、共鳴する部分。「三味線《しゃみせん》や太鼓《タイコ》の胴《ドウ》」

【胴上げ《ドウあげ》】(名・する) 優勝・合格などを祝って、おおぜいで、その人を空中にほうり上げること。例 監督《カントク》を—する。

【胴衣《ドウイ｜ドウぎ》】「胴着《ドウぎ》」に同じ。

【胴裏《ドウうら》】綿入れなどの裏地で、胴の部分に用いる布。

【胴着《ドウぎ》】①寒さを防ぐために上着《うわぎ》の下に着るそでなしの下着。②身を守るために着るそでなしの衣服。例 救命—(=ライフジャケット)。表記 ▽「胴▽衣」とも書く。

【胴体《ドウタイ》】からだや物体の胴の部分。例 —着陸。

【胴巻き《ドウまき》】たいせつなお金や書き付けを入れ、腹に巻きつける細長い(布製の)ふくろ。

【胴元《ドウもと》】①ばくちの場所を貸して、そこで動いた金額に応じてもうけを得る人。胴親《ドウおや》。②元締《もとじ》め。

【胴欲《ドウヨク》】(名・形動《ダ》) 欲が深くて、わがままかってなこと。例 —な男。表記 旧 胴▼慾

【胴乱《ドウラン》】①植物採集に用いる、トタン製の円筒《エントウ》状の入れもの。②こしにさげる、革《かわ》製のふくろ。タバコ・薬・印形《インギョウ》などを入れて持ち歩く。

月 6

【能】

10画 3929 80FD 教育5 音 ドウ漢 ノウ呉 訓 あた-う・よ-く

筆順 ム ム 台 育 育 能 能 能

なりたち  [形声]「㠯(=あし)」と「月(=からだ)」と、音「ム《イ→ドウ》」とから成る。クマの一種。派生して「よくできる」の意。

意味 ❶じょうずにできる。よくする。例 能書《ノウショ》。能吏《ノウリ》。可能《カノウ》。❷ものごとをなしとげる力。うでまえ。はたらき。例 能力《ノウリョク》。才能《サイノウ》。❸はたらきかける。例 能動《ノウドウ》。❹[助字]「よく」と読み、…できる、の意。可能をあらわす。例 能好レ人《よくひとをこのむ》(=人を好むことができる)。[「不能」は「あたわず」と読み、不可能の意をあらわす。例 不レ能レ知也《しるあたわざるなり》(=知ることができなかった)」

日本語での用法 一《ノウ》①日本の舞台《ブタイ》芸術の一つ。謡曲《ヨウキョク》とともに舞《ま》う。「能楽《ノウガク》・薪能《たきぎノウ》」②旧国名「能登《のと》(=石川県の北部、半島の部分)」の略。「加越能《カエツノウ》(=加賀《カガ》・越中《エッチュウ》・能登の略)・能州《ノウシュウ》」二《の》「の」の音をあらわす万葉がな。「能勢《のせ》・能登《のと》」

人名 たか・ちから・とう・のり・ひさ・むね・やす・よき・よし

【能楽《ノウガク》】日本の古典芸能の一つ。囃子《はやし》に合わせ、謡《うたい》をうたい、仮面をつけて舞《ま》う。能。

【能狂言《ノウキョウゲン》】①能楽と狂言。②歌舞伎《かぶき》狂言に対して、能楽の狂言。狂言。

【能事《ノウジ》】成すべきこと。例 —終われり(=やるべきことはすべてやった)。

【能書《ノウショ｜ノウジョ》】一 字を書くのがじょうずなこと。また、そのような人。能筆。例 —家。二【能書き《ノウがき》】①薬の効きめを書きしるしたもの。効能書き。②宣伝の文句。例 —を言う。—を並べる。—をたれる。

【能動《ノウドウ》】自分から他にはたらきかけること。対 受動。

【能動態《ノウドウタイ》】文法で、動作の主体の動きが、他におよぶことを示す動詞の様相。対 受動態。

【能動的《ノウドウテキ》】(形動《ダ》) 自分から他に積極的にはたらきかけるようす。類 積極的。対 受動的。

【能否《ノウヒ》】①できるか、できないか。例 実験の—をためす。②才能があるか、ないか。例 —を判断して仕事を選ぶ。

【能筆《ノウヒツ》】「能書一《ノウショ》」に同じ。例 —で世に聞こえた人。

【能文《ノウブン》】文章がじょうずなこと。例 —家。

【能弁《ノウベン》】(名・形動《ダ》) 話すのがじょうずなこと。雄弁《ユウベン》。対 訥弁《トツベン》。例 —家。表記 旧 能▼辯

【能面《ノウメン》】能楽に用いる面。例 —を打つ(=能面を作る)。—のよう(=一つの表情のまま、感情によって顔つきを変えないたとえ)。

【能役者《ノウヤクシャ》】能楽を演じることを職業としている人。

【能吏《ノウリ》】事務を手ぎわよく処理する役人。対 俗吏《ゾクリ》。

【能率《ノウリツ》】一定の時間にできる仕事の量。例 —を上げる。

【能力《ノウリョク》】ものごとを成しとげられる力。例 —をのばす。

【能登《のと》】旧国名の一つ。今の石川県の北部、半島の部分にあたる。能州《ノウシュウ》。

●可能《カノウ》・堪能《カンノウ｜タンノウ》・機能《キノウ》・技能《ギノウ》・芸能《ゲイノウ》・功能《コウノウ》・効能《コウノウ》・才能《サイノウ》・性能《セイノウ》・知能《チノウ》・万能《バンノウ》・不能《フノウ》・放射能《ホウシャノウ》・本能《ホンノウ》・無能《ムノウ》・有能《ユウノウ》

月 6

【脈】

10画 4414 8108 教育5 音 バク漢 ミャク呉 訓 すじ

月 6 【脈】 10画 —— ——

月 5 [脉] 9画 7087 8109 俗字

筆順 丿 刀 月 月 肵 肵 脈 脈

なりたち  [会意]「𠂢(=わかれて流れる)」と「月(=ち)」とから成る。体中を流れる血管。

意味 ❶血管。血のすじ。例 血脈《ケツミャク》。動脈《ドウミャク》。❷血管で感じられる心臓の鼓動《コドウ》。例 脈拍《ミャクハク》。脈《ミャク》を取《と》る。❸長いすじとなって続くもの。例 山脈《サンミャク》。水脈《スイミャク》。❹すじみち。つながりぐあい。例 脈絡《ミャクラク》。文脈《ブンミャク》。乱脈《ランミャク》。

日本語での用法 《ミャク》ものごとについての、みこみ。「まだ脈《ミャク》がある」

難読 水脈《みお》

【脈動《ミャクドウ》】(名・する) ①脈打つこと。②地震《ジシン》以外の原因で自然に地殻《チカク》が周期的にかすかに動くこと。

【脈所《ミャクどころ》】①手首など、おさえて脈拍《ミャクハク》を知ることのできるところ。②ものごとの急所。例 —をおさえる。

【脈拍《ミャクハク》】心臓から血液がおし出されるたびに動脈がふくれること。また、その回数。例 —をはかる。—が速い。表記「脈▼搏」とも書く。

【脈脈《ミャクミャク》】(形動《タル》) 絶えることなく続くようす。例 —と受けつがれてきた伝統。—と連なる山のみね。

【脈絡《ミャクラク》】つながっている筋道。一貫《イッカン》した筋。例 前後の—がない説明。

●鉱脈《コウミャク》・山脈《サンミャク》・静脈《ジョウミャク》・人脈《ジンミャク》・水脈《スイミャク》・動脈《ドウミャク》・文脈《ブンミャク》・命脈《メイミャク》・葉脈《ヨウミャク》・乱脈《ランミャク》

月 6

【脇】

10画 4738 8107 常用 音 キョウ漢 訓 わき

筆順 丿 刀 月 月 肋 脇 脇 脇

なりたち [形声]「月(=からだ)」と、音「劦《キョウ》」とから成る。両わきばら。

参考「脇」は「脅」の別体字で、もとの意味にちがいはなく、中国では「脇」と「脅」とを区別しない。しかし、日本では「脇」はもっぱら「わき」の意味に使われ、「脅」は多く「おどす」の意味に使われている。

意味 ❶左右のうでの付け根からむねの両側にかけての部分。わき。❷かたわら。そば。

日本語での用法《わき》能や狂言《キョウゲン》で、シテ(=主役)の相手役。ふつう、「ワキ」と書く。「脇座《わきザ》・脇師《わきシ》」

【▽脇侍】《キョウジ》《わきジ》 本尊《ホンゾン》の左右に立つ像。たとえば、釈迦如来《シャカニョライ》のわきに立つ文殊菩薩《モンジュボサツ》と普賢《フゲン》菩薩、阿弥陀《アミダ》如来のわきに立つ観世音《カンゼオン》菩薩と勢至《セイシ》菩薩など。脇立《わきだち》。表記「脇士・▼夾侍・挟侍」とも書く。

【▽脇息】《キョウソク》 すわったとき、ひじをかけて、からだをもたせかけるもの。ひじかけ。例—に身をよせる。

【脇句】《わきク》 連歌《レンガ》・俳諧《ハイカイ》の付句《つけク》の一種で、とくに、発句《ホック》の次に続ける七・七の句をさす。わき。

【脇毛】《わきげ》 わきの下に生える毛。表記「▼腋毛」とも書く。

【脇腹】《わきばら》 ①腹の横の部分。よこばら。例走っていて—が痛む。②本妻以外の女の人から生まれること。妾腹《ショウフク》。

【脇見】《わきみ》(名・する)前を見ないでわきを見ること。よそみ。

【脇目】《わきめ》 ①わきみ。よそみ。例—もふらずに(=一心不乱に)。②はたから見ること。よそめ。はため。

【脇役】《わきヤク》 主役を助ける役。対主役。例—として出演する。—にあまんじる。表記「▽傍役」とも書く。

月6【脈】10画 ⇩【脈】《ミャク》(822ページ)

月7【脚】11画 2151 811A 常用 音キャク漢 カク呉 キャ唐 訓あし

筆順 丿 月 月 月 月 肚 胠 脚 脚

月9【腳】13画 — 8173 本字

たちなり  [形声]「月(=からだ)」と、音「卻《キャク》」とから成る。すね。

意味 ❶ひざの下、くるぶしの上の部分。はぎ。すね。例脚絆《キャハン》。❷あし全体。例脚力《キャクリョク》。行脚《アンギャ》。❸ものの下にあってささえるもの。例橋脚《キョウキャク》。三脚《サンキャク》。❹ものの下部。例脚注《キャクチュウ》。山脚《サンキャク》。❺動きをあしにたとえたもの。あゆみ。例雲脚《ウンキャク》(=雲の動き)。❻身の置きどころ。立場。あしば。例失脚《シッキャク》。立脚《リッキャク》。

日本語での用法《キャク》あしのついた器物を数えることば。「机《つくえ》一脚《イッキャク》・いす五脚《ゴキャク》」

使い分け あし【足・脚】⇩1160ページ

難読 脚気《あしのけ》・鴨脚《イチョウ》

【▽脚気】《カッケ》 ビタミンB_1の不足で起こる病気。足がしびれたり、むくんだり、心臓の肥大を起こしたりする。

【脚韻】《キャクイン》 詩や文で、行や語句の終わりに、同じ、または似たひびきをもつ韻を置いて形式を整えること。対頭韻。例—をふんでいる詩。

【脚疾】《キャクシツ》「脚気《カッケ》」に同じ。

【脚色】《キャクショク》(名・する)①物語や事件、小説などを映画や演劇に作り直すこと。②事実を伝えるだけでなく、誇張《コチョウ》や強調のための虚構《キョコウ》をまじえること。例少し—して話をおもしろくする。

【脚注】《キャクチュウ》 書物で、本文のある部分に応じて、その下の欄《ラン》に示してある注釈《チュウシャク》。対頭注。表記旧脚▼註

【脚部】《キャクブ》 あし。あしの部分。例テーブルの—。

【脚本】《キャクホン》 映画や演劇などで、せりふやしぐさ、舞台《ブタイ》装置などを書いた本。シナリオ。台本。本。例小説を—に書き直す。

【脚力】《キャクリョク》 歩いたり走ったりする足の力。例—がおとろえる。

【脚立】《キャたつ》 ふみ台の一種。はしごを左右から合わせて上に台をのせ、たおれないようにしたもの。

【脚下】《キャッカ》 足もと。足のした。例—を照顧《ショウコ》す(=自分の足もとに心をとどめる)。

【脚光】《キャッコウ》 舞台《ブタイ》の、客席に近い縁《へり》の足もとから役者を照らし出す光。フットライト。例—を浴びる(=世間の注目を集める)。

【脚▼絆】《キャハン》 歩きやすいように、また、作業のとき足を保護するために、すねに当てる布。例巻《ま》き—(=ゲートル)。手甲《てっコウ》—で旅に出る。表記「脚半」とも書く。

○●行脚《アンギャ》・雲脚《ウンキャク》・健脚《ケンキャク》・三脚《サンキャク》・失脚《シッキャク》・船脚《センキャク》《ふなあし》・馬脚《バキャク》・飛脚《ヒキャク》・立脚《リッキャク》

月7【脛】11画 7090 811B 音ケイ漢 訓すね・はぎ

意味 ひざから下、くるぶしより上の部分。すね。はぎ。

【脛骨】《ケイコツ》 すねの内側の細長いほね。

【脛▽巾】《はばき》「脚絆《キャハン》」の古い言い方。

月7【脩】11画 7091 8129 人名 音シュウ漢 訓おさ-める・ほじし

たちなり  [形声]「月(=にく)」と、音「攸《ユウ》→《シュウ》」とから成る。ほし肉。

意味 ❶ほした肉。ほじし。例束脩《ソクシュウ》。❷身をおさめる。同修《シュウ》。❸ながい。例脩竹《シュウチク》(=長い竹)。

難読 脩竹《ながたけ》

人名 おさ・おさみ・おさむ・さね・すけ・なお・なが・ながし・のぶ・はる・ひさ・ひさし・もろ・よし

月7【脱】11画 3506 8131 常用 音タツ漢 ダツ呉 訓ぬ-ぐ・ぬ-げる・ぬ-ける

筆順 丿 月 月 月 月 月 月 脱

月7【脫】11画 — 812B

たちなり  [形声]「月(=にく)」と、音「兌《タイ》→《タツ》」とから成る。肉がおちてやせる。派生して「ぬぐ」「ぬげる」の意。

意味 ❶身につけているものをとり去る。例脱衣《ダツイ》。脱帽《ダツボウ》。❷しばられた状態からのがれる。ぬける。例脱出《ダッシュツ》。離脱《リダツ》。❸ぬけおちる。例脱字《ダツジ》。❹とりさる。例脱穀《ダッコク》。脱臭《ダッシュウ》。❺はずれる。例脱線《ダッセン》。逸脱《イツダツ》。

難読 脱殻《ぬけがら》

【脱衣】《ダツイ》(名・する)衣服をぬぐこと。対着衣。例—場。

【脱化】《ダッカ》(名・する)①昆虫《コンチュウ》などが殻《から》をぬいで形を変えること。②古い状態から新しい状態に変わること。例旧式からの—。

【脱会】《ダッカイ》(名・する)会をぬけること。退会。対入会。

【脱却】《ダッキャク》(名・する)のがれること。ぬけ出すこと。例窮地《キュウチ》を—する。

【脱臼】《ダッキュウ》(名・する)関節の骨がはずれること。例うでを—する。

【脱▼肛】《ダッコウ》(名・する)〔医〕直腸の粘膜《ネンマク》が肛門の外に出ること。

【脱稿】《ダッコウ》(名・する)原稿を書き上げること。対起稿。例長

い論文をやっと—する。

【脱穀】《ダッコク》（名・する）①穀物の実ったつぶを穂《ほ》から取りはずすこと。例—機。②穀物のつぶの外皮を取り去ること。もみがらを取ること。

【脱獄】《ダツゴク》（名・する）監獄《カンゴク》からにげだすこと。例—囚《シュウ》。

【脱脂】《ダッシ》（名・する）脂肪分《シボウブン》を取り去ること。例—乳。—綿。

【脱字】《ダツジ》 原稿《ゲンコウ》・印刷面などの、文章の中で、ぬけ落ちている字。誤ってぬけ落ちた文字。例誤字—に注意する。

【脱臭】《ダッシュウ》（名・する）においを取り除くこと。例—剤《ザイ》。

【脱出】《ダッシュツ》（名・する）にげだすこと。ぬけでること。例国外に—する。危険から—する。

【脱色】《ダッショク》（名・する）染まった色、本来の色などの、色を取り去ること。例—剤《ザイ》。—して染め直す。

【脱水】《ダッスイ》（名・する）①水分を取り除くこと。例—機。②体内の水分がひじょうに少なくなること。例—症《ショウ》。

【脱水症状】《ダッスイショウジョウ》〔医〕体内の水分が欠乏《ケツボウ》して起こる、けいれんなどの病的な状態。脱水症。

【脱税】《ダツゼイ》（名・する）納めなければならない税を納めないで、のがれること。

【脱線】《ダッセン》（名・する）①汽車や電車などの車輪が線路からはずれること。例—事故。②話が横道にそれること。また、行動がふつうの状態からはずれたりすること。例話が—する。

【脱▼疽】《ダッソ》〔医〕からだの組織の一部がくさって死滅《シメツ》すること。壊疽《エソ》。

【脱走】《ダッソウ》（名・する）軍隊・刑務所《ケイムショ》・収容所・合宿所などの、決められた地域・組織の中からにげだすこと。例—兵。

【脱俗】《ダツゾク》（名・する）世の中の人がふつうに認めている名誉《メイヨ》・権力・利益などを求めようとする気持ちをもたないこと。超俗《チョウゾク》。例若いうちから—の風《フウ》があった。

【脱退】《ダッタイ》（名・する）団体や組織からぬけ出ること。㊉加入・加盟。例クラブを—する。連盟を—する。

【脱腸】《ダッチョウ》 腸その他の内臓の一部が、腹壁《フクヘキ》のさけたすきまからぬけ出て、外にはみ出すこと。鼠蹊《ソケイ》ヘルニア。

【脱▼兎】《ダット》 にげ走るウサギ。にげていくウサギ。ひじょうにすばやいもののたとえ。例—のごとく逃《に》げ去る。—の勢い。

【脱皮】《ダッピ》（名・する）①昆虫《コンチュウ》やヘビなどが、成長のとちゅうで古い表皮をぬぐこと。②古い考えや習慣からぬけ出ること。例古い体制から—して新しい組織になる。

［肉（月）部］7—8画 ● 脳 脯 脣 脱 腋

【脱帽】《ダツボウ》（名・する）①帽子をぬぐこと。㊉着帽。②相手のりっぱさに敬意を表すること。例かれの努力に対しては—するのみ。

【脱毛】《ダツモウ》（名・する）①毛がぬけ落ちること。②いらない毛をぬくこと。例—処理。

【脱落】《ダツラク》（名・する）①なければならないものがぬけおちること。例一行分《イチギョウブン》—している。②いっしょに行動することができなくなること。落伍《ラクゴ》。例マラソンのとちゅうで—した。

【脱力】《ダツリョク》 からだの力がぬけること。例—感。

【脱漏】《ダツロウ》（名・する）あるべき文字や語句がぬけ落ちていること。不十分でぬけ落ちがあること。例ところどころに—がある。

●逸脱《イツダツ》・円転滑脱《エンテンカツダツ》・虚脱《キョダツ》・解脱《ゲダツ》・洒脱《シャダツ》・着脱《チャクダツ》・離脱《リダツ》

月7
【脳】
11画
3930
8133
教育6
音 ドウ(漢) ノウ(呉)

筆順

月9
【腦】
13画
7110
8166

なりたち

［会意］本字は「惱」で、「匕（＝ぴったりとならぶ）」と「巛（＝かみの毛）」と「囟（＝あたま）」とから成る。頭蓋骨《ズガイコツ》の中にぴったりとつまった、のうみそ。参考のちに「匕」が「月（＝にく）」となった。

意味 ❶のうみそ。のう。例脳髄《ノウズイ》。大脳《ダイノウ》。❷ものごとを考えたり感じたりするはたらき。例脳裏《ノウリ》。頭脳《ズノウ》。❸中心となるたいせつなもの。例首脳《シュノウ》。

【脳▼溢血】《ノウイッケツ》「脳出血《ノウシュッケツ》」に同じ。

【脳炎】《ノウエン》 脳の炎症《エンショウ》。

【脳梗塞】《ノウコウソク》 脳の血管がつまって意識がなくなったり、からだの自由がきかなくなる病気。

【脳死】《ノウシ》 脳のすべてのはたらきが停止して、もとにもどることがなくなった状態。

【脳出血】《ノウシュッケツ》 脳の血管が破れて出血すること。脳溢血《ノウイッケツ》。

【脳腫瘍】《ノウシュヨウ》 脳にできる、できもの。

【脳神経】《ノウシンケイ》 脳から出ておもに頭部・顔面につづく神経。運動・感覚を受け持つ。

【脳震▼盪】《ノウシントウ》 頭を強く打って、一時的に気を失う状態。表記「脳振▼蕩」とも書く。

【脳髄】《ノウズイ》 脳。

【脳性麻▼痺】《ノウセイマヒ》 胎児《タイジ》のときや生まれるとき、また、新生児の時期に、脳の運動中枢《チュウスウ》に異常が生じ、からだの自由がきかなくなること。

【脳脊髄】《ノウセキズイ》 脳と脊髄。

【脳卒中】《ノウソッチュウ》 脳の血管が破れたり、つまったりして意識がなくなったり、からだの自由がきかなくなったりする病気。脳出血と脳梗塞《ノウコウソク》をまとめた言い方。

【脳天】《ノウテン》 頭のてっぺん。例—を打つ。—にひびく。

【脳波】《ノウハ》 脳の活動にともなって脳から出る電位の変動。また、それを記録した図にあらわれる波の形。

【脳貧血】《ノウヒンケツ》 脳の血液量が一時的に減って起こる病気。めまいを起こし、たおれることもある。

【脳膜】《ノウマク》 脳をおおっている膜。例—炎《エン》。

【脳味▼噌】《ノウミソ》 脳。〔昔からの、日常の言い方〕例—が足りない（＝頭のはたらきがにぶい）。

【脳裏】《ノウリ》 頭の中。心の中。例—に刻む（＝しっかりと記憶《キオク》する）。不安が—をかすめる。表記「脳▼裡」とも書く。

●右脳《ウノウ》・間脳《カンノウ》・左脳《サノウ》・首脳《シュノウ》・小脳《ショウノウ》・頭脳《ズノウ》・洗脳《センノウ》・大脳《ダイノウ》・中脳《チュウノウ》・電脳《デンノウ》

月7
【脯】
11画
7093
812F
音 ホ(慣) フ(漢)(呉)
訓 ほじし

意味 ❶うすくさいてほした肉。ほじし。例脯林《ホリン》（＝たくさんのほし肉）。❷ほしたくだもの。

月7
［脣］11画 ⇩【唇】《シン》（205ページ）

月7
【脱】11画 ⇩【脱】《ダツ》（823ページ）

月8
【腋】
12画
7094
814B
音 エキ(漢)
訓 わき

意味 わきのした。わき。例腋下《エキカ》。腋汗《エキカン》（＝わきの下から出る、ひやあせ）。

日本語での用法《わき》衣服のそでから下の側面の部分。「腋詰《わきつ》め・腋開《わきあ》け」

難読 欠腋《ケッテキ》・闕腋《ケッテキ》の袍《ホウ》

【腋下】《エキカ》 わきのした。

【腋▼窩】《エキカ・エキワ》 わきの下のくぼんだところ。

【腋臭】《エキシュウ・わきが》 わきの下から出る汗《あせ》から発する（いやな）にお

い。類 狐《コ》臭《シュウ》。

【腋《わき》毛《げ》】 わきの下に生える毛。表記「脇毛」とも書く。

月 8
【腔】
12画 2548 8154 人名 音 クウ 慣 コウ 漢 呉

意味 ❶体内で、中がからっぽになっているところ。例 口腔《コウコウ》。鼻腔《ビコウ》。満腔《マンコウ》(＝胸いっぱい)。❷歌のふしまわし。曲調。

【腔腸動物《コウチョウドウブツ》】 クラゲ・イソギンチャクなど、口から体内までが大きな空所になっている下等動物。今は「刺胞《シホウ》動物」という。

月 8
【脹】
12画 3617 8139 人名 音 チョウ 漢 呉 訓 ふく-れる・ふく-らむ

なりたち [形声]「月(＝からだ)」と、音「長《チョウ》」とから成る。腹がふくれて、はる。

意味 ❶腹がはる。ふくれる。例 脹満《チョウマン》(＝ガスや液体がたまって腹がふくれる病気)。❷ものがふくれて大きくなる。例 膨脹《ボウチョウ》。❸はれる。例 腫脹《シュチョウ》。

難読 脹雀《ふくらすずめ》

人名 はる

【脹ら▼脛《ふくらはぎ》】 すねの後ろの、ふくれた肉の部分。こむら。

月 8
【腆】
12画 7102 8146 音 テン 漢 訓 あつ-い・おお-い

意味 ❶(料理などが)たっぷりとある。てあつい。あつい。例 腆厚《テンコウ》。不腆《フテン》(＝人に対して、手厚いもてなしをしないこと。自分の贈《おく》り物をけんそんしていう)。❷厚くする。あつかましい。例 腆顔《テンガン》(＝あつかましい。はじないようす)。

月 8
【脾】
12画 7103 813E 音 ヒ 漢

意味 ❶内臓の一つ。脾臓《ヒゾウ》。❷もも。同 髀《ヒ》。例 脾肉《ヒニク》(＝ももの肉)。

【脾臓《ヒゾウ》】 内臓の一つ。胃の左下にあって白血球をつくり、古くなった赤血球をこわすなどのはたらきをする。

月 8
【腓】
12画 7104 8153 音 ヒ 漢 訓 こむら

意味 足のすねの後ろの、筋肉がふくらんだ部分。ふくらはぎ。こむら。例 腓骨《ヒコツ》(＝すねの外側の細長い骨)。腓返《こむらがえ》り(＝ふくらはぎの筋肉の一時的けいれん)。

肉 8
【腐】
14画 4169 8150 常用 音 フ 漢 呉 訓 くさ-る・くさ-れる・くさ-らす

筆順 亠 广 府 府 腐 腐 腐

なりたち  [形声]「肉(＝にく)」と、音「府《フ》」とから成る。肉がただれてくさる。

意味 ❶肉がくずれ、ただれる。いたむ。例 腐敗《フハイ》。腐乱《フラン》。❷古くさくて役に立たない。例 腐儒《フジュ》。陳腐《チンプ》。❸昔の中国で、男子を去勢する刑罰《ケイバツ》。宮刑《キュウケイ》。例 腐刑《フケイ》(＝去勢の刑)。❹やわらかい肉のような加工食品。例 豆腐《トウフ》。

日本語での用法 《フ》 苦心する。「腐心《フシン》」

難読 卯《う》の花《はな》腐《くた》し(＝陰暦四月ころに降る長雨)

【腐朽《フキュウ》】(名・する) 木や金属・コンクリートが古くなって、もろく形がくずれ、役に立たなくなること。例 ―が進行して危険になった橋。

【腐儒《フジュ》】 役に立たない学者。軽蔑《ケイベツ》または、けんそんのことばとして用いる。

【腐臭《フシュウ》】 くさったもののにおい。例 魚の―がただよう。

【腐熟《フジュク》】(名・する) 発酵《ハッコウ》し、じゅうぶんに分解して有用になること。例 ―堆肥《タイヒ》。

【腐食《フショク》】(名・する) 金属などが古くなってくさること。また、薬品などで変化させること。表記 旧 腐▼蝕

【腐植《フショク》】 植物が土の中でくさってできた物質。例 ―土。

【腐心《フシン》】(名・する) いろいろ考え、心を痛めること。苦心。例 問題の解決に―する。

【腐▼鼠《フソ》】 〔くさったネズミの意から〕 とるにたりない、つまらないもののたとえ。

【腐肉《フニク》】 くさった肉。例 ―にハゲタカがむらがる。

【腐敗《フハイ》】(名・する) ①食品や有機物が菌《キン》によって分解し有毒な物質に変化すること。例 夏は食物が―しやすい。②表面上変わりがなく見えながら、組織・団体やその成員の精神・道義が堕落《ダラク》して、不正・悪事をおこなうことがふつうになってしまうこと。例 ―した政治家。官僚《カンリョウ》の―。

【腐葉土《フヨウド》】 落ち葉がくさってできた土。栄養や保水力に富み、園芸用に適している。

【腐乱《フラン》】(名・する) 生き物のからだがくさり、形がくずれること。例 ―死体。表記 旧 腐▼爛

●陳腐《チンプ》・豆腐《トウフ》・防腐《ボウフ》

月 8
【腑】
12画 7105 8151 音 フ 漢 訓 はらわた

意味 ❶胃・たんのう・ぼうこう・腸などの臓器をまとめていうことば。はらわた。例 腑《フ》分《わ》け(＝解剖《カイボウ》)。臓腑《ゾウフ》。五臓六腑《ゴゾウロップ》。❷心のなか。こころ。例 肺腑《ハイフ》。

月 8
【胼】
12画 *7106 *80FC 音 ヘン 漢 訓 たこ・あかぎれ

意味 手足の皮が厚くかたくなったもの。まめ。たこ。また、ひびやあかぎれ。例 胼胝《ヘンチ》。

【胼▼胝《ヘンチ》《たこ》】 〔「ベンチ」とも〕 絶えず刺激《シゲキ》したり、その部分だけをおさえつけたりするために、皮膚《ヒフ》の表面が厚くかたくなった部分。例 ペン―《だこ》。耳に―《たこ》ができる。

月 8
【腕】
12画 4751 8155 常用 音 ワン 漢 呉 訓 うで・かいな

筆順 丿 月 肸 肸 胺 腕 腕

なりたち [形声]「月(＝からだ)」と、音「宛《エン→ワン》」とから成る。手首。

意味 ❶手首。例 腕時計《うでどけい》。❷肩から手首までの部分。うで。例 腕力《ワンリョク》。❸うでまえ。手なみ。例 手腕《シュワン》。敏腕《ビンワン》。

【腕木《うでぎ》】 ものをささえるために、柱などから水平、または水平に近い方向につき出すような形に取り付けた木。

【腕相撲《うでずもう》】 向かい合ったふたりが同じ平面にひじをついて手をにぎりあい、ひじを支点にして相手のうでをたおす力くらべ。アームレスリング。

【腕▽貫《うでぬき》】 ①うでにはめるかざり。うでわ。②うでをおおい包む布。うでぶくろ。

【腕前《うでまえ》】 ものごとをたくみにこなす能力や技術。例 料理の―。―を上げる。

【腕輪《うでわ》】 うでにはめる装飾《ソウショク》用の輪《わ》。ブレスレット。

【腕章《ワンショウ》】 うでに巻きつける目じるし。例 当番の―。

【腕《わん》白《ぱく》】（名・形動《ダナ》）〔あて字〕元気で活発な子供がいたずらをすること。また、そういう子。例―坊主《ボウズ》。

【腕《ワン》力《リョク》】①うでの力。例―が強い。②力ずく。暴力。例―にうったえる。―沙汰《ザタ》。

●右腕《ウワン》・剛腕《ゴウワン》・豪腕《ゴウワン》・才腕《サイワン》・左腕《サワン》・手腕《シュワン》・凄腕《すごうで》・鉄腕《テツワン》・敏腕《ビンワン》・細腕《ほそうで》・辣腕《ラツワン》

月 9

【腱】

13画 7107 8171 音 ケン 漢

意味 筋肉があつまって骨にむすびつけるはたらきをする部分。例アキレス腱《ケン》。

【腱《ケン》▼鞘《ショウ》】腱の外がわを包む組織を入れるさや。例―炎。

月 9

【腫】

13画 2880 816B 常用 音 ショウ 漢 シュ 呉 訓 は-れる・は-らす・は-れ

筆順 月 月 肝 肝 脂 脂 腫 腫

なりたち [形声]「月(＝からだ)」と、音「重《チョウ》→《ショウ》」とから成る。はれもの。

意味 ❶はれもの。できもの。例腫瘍《シュヨウ》。❷皮膚《ヒフ》やからだのある部分がふくれる。むくむ。例腫脹《シュチョウ》。水腫《スイシュ》。

【腫《シュ》▼脹《チョウ》】（名・する）からだの一部がはれてふくれること。

【腫物《シュモツ|はれもの》】できもの。おでき。

【腫瘍《シュヨウ》】からだの中で細胞《サイボウ》が異常にふえたもの。例悪性―。

月 9

【腎】

13画 3153 814E 常用 音 シン 漢 ジン 呉

筆順 丨 ｢ 戸 臣 臣 臤 腎 腎

なりたち [形声]「月(＝にく)」と、音「臤《シン》」とから成る。(五行において)水にあたる臓器。

意味 ❶内臓の一つ。腎臓《ジンゾウ》。❷たいせつなところ。かなめ。例肝腎《カンジン》。

【腎臓《ジンゾウ》】内臓の一つ。左右一対《イッツイ》あり、血液をきれいにし、体内の老廃物《ロウハイブツ》を尿《ニョウ》として体外に排泄《ハイセツ》する。じん。

月 9

【腥】

13画 7109 8165 音 セイ 漢 ショウ 呉 訓 なまぐさ-い

意味 ❶なまの肉や魚。また、血のにおいがする。なまぐさい。例腥血《セイケツ》。❷みにくい。きたない。けがらわしい。例腥聞《セイブン》(＝みにくいうわさ)。

【腥血《セイケツ》】なまぐさい血。いきち。

月 9

【腺】

13画 3303 817A 常用 国字 音 セン

筆順 月 月 肑 肑 腺 腺 腺

なりたち [形声]「月(＝からだ)」と、音「泉《セン》」とから成る。体液を分泌する器官。

参考 国字であるが、中国でも使う。

意味 動物の体内で液体を分泌《ブンピツ》する器官。例汗腺《カンセン》。乳腺《ニュウセン》。扁桃腺《ヘントウセン》。

【腺腫《センシュ》】胃腸・子宮の粘膜《ネンマク》などの腺組織の上皮に発生する腫瘍《シュヨウ》。

【腺病質《センビョウシツ》】よわよわしいからだつきで、病気にかかりやすい子供の体質。また、虚弱《キョジャク》な体質。

月 9

【腸】

13画 3618 8178 教育6 音 チョウ 漢 訓 はらわた・わた

月11 【膓】15画 7122 8193 俗字

筆順 月 月 肛 肥 胆 腸 腸 腸

なりたち [形声]「月(＝からだ)」と、音「昜《ヨウ》→《チョウ》」とから成る。大腸と小腸。

意味 ❶内臓の一つ。胃から肛門《コウモン》につながる細長い消化器官(＝はらわた)。❷こころ。おもい。ものおもい。

【腸液《チョウエキ》】腸に分泌《ブンピツ》される消化液。

【腸炎《チョウエン》】腸の粘膜《ネンマク》の炎症《エンショウ》。食べすぎ・食中毒・細菌感染《サイキンカンセン》などで起こり、腹痛・下痢《ゲリ》などをともなう。

【腸管《チョウカン》】①食べ物を吸収・消化する器官をまとめていうことば。動物の口から肛門《コウモン》まで。消化管。②腸。

【腸断《チョウダン》】〔はらわたがちぎれる意〕ひじょうに強い悲しみのたとえ。断腸。

【腸詰め《チョウづめ》】ソーセージ。

●胃腸《イチョウ》・十二指腸《ジュウニシチョウ》・大腸《ダイチョウ》・脱腸《ダッチョウ》・断腸《ダンチョウ》・直腸《チョクチョウ》・盲腸《モウチョウ》・羊腸《ヨウチョウ》

月 9

【腹】

13画 4202 8179 教育6 音 フク 漢 呉 訓 はら

筆順 月 月 肝 肟 脂 脂 腹 腹

なりたち [形声]「月(＝からだ)」と、音「复《フク》」とから成る。からだの中央で、厚く張り出したところ。

意味 ❶おなか。はら。例腹痛《フクツウ》。空腹《クウフク》。❷心の中の思い。かんがえ。例腹案《フクアン》。腹心《フクシン》。❸度量。きもったま。❹ものの中央部。例山腹《サンプク》。中腹《チュウフク》。❺ものの前面。例腹背《フクハイ》。

【腹当て《はらあて》】①はらまき。はらがけ。②はらをおおうだけの簡単なよろい。もっぱら雑兵《ゾウヒョウ》用。

【腹▽癒せ《はらいせ》】いかりやうらみでいらだつ心を、他のことをしてまぎらすこと。例―にドアをける。

【腹芸《はらゲイ》】①俳優《ハイユウ》が、せりふや、めだった動作を使わずに気持ちを表現する演技。②りくつや決まったやり方ではなく、度胸や経験などでものごとを解決すること。例―で決着する。

【腹子《はらこ|はらご》】魚類の腹中にあるたまご。また、それを塩づけなどにした食品。はららご。表記「腹▼仔」とも書く。

【腹鼓《はらつづみ|はらづつみ》】はらを太鼓《タイコ》に見立てたことば。

【腹時計《はらどけい》】おなかのへりぐあいを時計に見立てていうことば。

【腹巻き《はらまき》】①おなかを冷やさないように腹部に巻きつける布や編み物。はらおび。例毛糸の―を編む。②腹部に巻き背中で引き合わせる、よろい。

【腹案《フクアン》】あらかじめ考えておいて心の中にしまってある思いつきや文章、計画など。例―を示す。―を練る。

【腹▼腔《フクコウ|フククウ》】脊椎《セキツイ》動物で横隔膜《オウカクマク》より下の内臓がはいっているところ。例―《フククウ》鏡。

【腹式呼吸《フクシキコキュウ》】はらに力を入れたりゆるめたりして深く息をすったりはいたりする呼吸のやり方。

【腹心《フクシン》】①心から信頼《シンライ》できる人。〔ふつう目下《めした》の人をいう〕例―の部下。②心のおくそこ。例―を開く。

【腹蔵《フクゾウ》】心の中にしまっておいて外に出さないこと。

【腹中《フクチュウ》】①はらのなか。②心のなか。例―をさぐる。

【腹痛《フクツウ|はらいた》】はらがいたむこと。

【腹背】《フクハイ》 ①はらと、せなか。②前と後ろ。例—に敵をうける。③心の中で逆らうこと。例面従《メンジュウ》—。

【腹壁】《フクヘキ》 腹腔《フクコウ》の内側のかべ。とくに前方。

【腹膜】《フクマク》 ①はらの内側にあって内臓を包んでいるうすい膜。②腹膜炎《エン》のこと。腹膜が炎症《エンショウ》を起こす病気。

【腹話術】《フクワジュツ》 人形をつかいながら、くちびるを動かさずに声を出して、人形が話すように見せる芸。

【腹筋】《フッキン》 腹壁《フクヘキ》をつくっている筋肉。腹部の筋肉。

【腹稿】《フッコウ》 前もって心の中で文章を考えておくこと。また、その文案。類腹案《フクアン》。

● 空腹《クウフク》・業腹《ゴウはら》・私腹《シフク》・船腹《センプク》・中腹《チュウフク》・満腹《マンプク》・水腹《みずばら》・立腹《リップク》

月 9

【腴】

13画 7111 8174 音 ユ 漢 呉 訓 こ-える

意味 ❶腹がふとる。こえる。❷土地がゆたかにこえている。

月 9

【腰】

13画 2588 8170 常用 音 ヨウ 漢 呉 訓 こし

筆順 

なりたち [会意]「月(=からだ)」と「要《ヨウ》(=こし)」とから成る。こし。

意味 ❶背ぼねと骨盤《コツバン》とをつなぐ部分。こし。例腰痛《ヨウツウ》。❷ものの中央から下の、こしにあたる部分。例山腰《サンヨウ》(=ふもと)。❸重要な部分のたとえ。かなめ。同要《ヨウ》。

日本語での用法 《こし》全体の中ほど。(乗りかけた)勢《いきお》い。調子。人に接する態度。「腰折《こしお》れ・腰《こし》を折《お》る・腰《こし》砕《くだ》け・腰《こし》が低《ひく》い・腰《こし》が強《つよ》い」

【腰板】《こしいた》 ①かべ・障子・垣根《かきね》の下の部分に張った板。②はかまのこしに当てる板。おもに松の板を布で包んで使う。

【腰巾着】《こしギンチャク》 ①こしにさげる巾着《キンチャク》。②勢力のある人のそばにいつもいて、その人に従う者。軽蔑《ケイベツ》の気持ちをこめていう。例社長の—。

【腰車】《こしぐるま》 柔道《ジュウドウ》のわざの一つ。相手のからだを自分のこしに引き付けることで宙にうかせてふりたおす。

【腰縄】《こしなわ》 ①必要なときにすぐ使えるように、こしにさげているなわ。②罪人のこしになわをかけること。また、そのなわ。例—を打つ。

【腰骨】《こしぼね》 ①こしのほね。②がまん強くものごとをやりとおす力。例—が強い。

【腰巻き】《こしまき》 ①室町《むろまち》時代以後、武家の女房《ニョウボウ》の夏の礼装、下級女官《ニョカン》の夏の正装。うちかけをこしに巻きつけたもの。②和服で、こしから足にかけてまとう、はだ着。

【腰元】《こしもと》 ①こしのあたり。②昔、身分の高い人に仕えてその人の身の回りの世話をした侍女《ジジョ》。

【腰湯】《こしゆ》 こしから下だけ湯につかること。また、その湯。座浴。例—を使う。

【腰弱】《こしよわ》 (名・形動《ダ》)①こしの力の弱いこと。また、その人。②がまんする力、おしとおす力の弱いこと。また、その人。例—な交渉《コウショウ》。

【腰間】《ヨウカン》 こしのあたり。こし。例—の秋水《シュウスイ》(=こしにさした、とぎすました刀)。

【腰椎】《ヨウツイ》 こしの部分をささえる椎骨《ツイコツ》。五個の骨から成る。

【腰痛】《ヨウツウ》 こしのいたみ。

【腰部】《ヨウブ》 こしの部分。例連山の—。

● 中腰《チュウごし》・強腰《つよごし》・本腰《ホンごし》・物腰《ものごし》・柳腰《やなぎごし》・弱腰《よわごし》

月 9 [腳] 13画 ⇩【脚】《キャク》(823ページ)

月 9 [腮] 13画 ⇩【顋】《サイ》(1068ページ)

月 9 [腟] 13画 ⇩【膣】《チツ》(828ページ)

月 9 [腦] 13画 ⇩【脳】《ノウ》(824ページ)

月 10

【膃】

14画 7112 8183 音 オツ 漢

意味 ❶ふとってやわらかい。例膃肭《オツドツ》(=肥えてやわらか)。❷「膃肭臍《オットセイ》」は、北の海にすむ哺乳《ホニュウ》動物。

月 10

【膈】

14画 7113 8188 音 カク 漢 訓 むね

意味 哺乳《ホニュウ》動物の胸と腹のあいだにある膜状《マクジョウ》の筋肉。横膈膜《オウカクマク》。例膈膜《カクマク》。

月 10

【膏】

14画 2549 818F 人名 音 コウ 漢 訓 あぶら

意味 ❶あぶら肉。あぶら。例膏味《コウミ》(=味のよいこと。また、美味のもの)。❷ともしびや化粧品《ケショウヒン》・薬などになるあぶら。例膏薬《コウヤク》。硬膏《コウコウ》(=常温では固形のぬり薬)。軟膏《ナンコウ》(=やわらかい、ぬり薬)。❸肥えて、うるおいがある。例膏沢《コウタク》(=めぐみ。うるおい)。❹むなもと。心臓の下の部分。例膏肓《コウコウ》。

【膏血】《コウケツ》 ①人のあぶらと血。②努力したり苦労したりして手に入れた利益や財産。例民《たみ》の—をしぼる。

【膏▼肓】《コウコウ》 〔「膏」は心臓の下、「肓」は横隔膜《オウカクマク》の上〕薬もはりも届かないおくふかいところ。そこの病気は治しにくいといわれる。→【病《やまい》膏肓《コウコウ》に入《い》る】(685ページ)

【膏薬】《コウヤク》 からだの外部に使用する、あぶらで練り合わせたくすり。あぶらぐすり。

月 10

【腿】

14画 3460 817F 音 タイ 漢 訓 もも

意味 ももとすねをまとめていうことば。もものつけねから、くるぶしまで。例下腿《カタイ》(=ひざから足首まで)。大腿《ダイタイ》(=ふともも)。上腿《ジョウタイ》。

月 10

【膊】

14画 7114 818A 音 ハク 漢 訓 かいな・かたぼね・ひじ

意味 ❶たたきのばして干した肉。ほしじし。ほじし。例膊魚《ハクギョ》(=魚の干物《ひもの》)。❷肢体《シタイ》を裂《さ》いてさらしものにする。❸肉の切り身。❹肩《かた》から手首までの部分。かいな。うで。例下膊《カハク》(=ひじから手首まで)。上膊《ジョウハク》(=ひじから肩まで)。

月 10

【膀】

14画 7115 8180 音 ホウ 漢 ボウ 呉

意味 ❶わきばら。❷「膀胱《ボウコウ》」は、尿《ニョウ》をたくわえておくふくろ状の器官。

月 10

【膜】

14画 4376 819C 常用 音 バク 漢 マク 呉

筆順 

なりたち 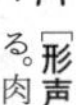 [形声]「月(=にく)」と、音「莫《バク》」とから成る。肉のあいだにある、まく。

意味 ❶生物の体内の臓器をおおっているうすい皮。まく。例粘膜《ネンマク》。❷ものの表面をおおっている膜状《マクジョウ》のもの。例被膜《ヒマク》。

● 横隔膜《オウカクマク》・角膜《カクマク》・骨膜《コツマク》・鼓膜《コマク》・粘膜《ネンマク》・皮膜

《ヒマク》・弁膜《ベンマク》・網膜《モウマク》

月 10
【膂】
14画 7116 8182 音 リョ漢 ロ呉

意味 ❶せぼね。同呂《リョ》。❷ちから。例膂力《リョリョク》。

【膂力】《リョリョク》ものを持ったりかついだり、受けとめたりする肉体の力。例—のすぐれた、たくましい男たち。

月 11
【膕】
15画 7118 8195 音 カク漢 訓 ひかがみ・よほろ

意味 ひざの後ろのくぼんでいるところ。ひかがみ。よほろ。よほろくぼ。

月 11
【膠】
15画 7117 81A0 音 コウ漢 訓 にかわ

意味 ❶動物の皮や骨からつくった接着剤《セッチャクザイ》。にかわ。例膠漆《コウシツ》。❷ねばりつく。固くついて動かない。例膠着《コウチャク》。

【膠原病】《コウゲンビョウ》皮膚《ヒフ》と筋肉、細胞《サイボウ》と血管などをつなぐ結合組織に炎症《エンショウ》と変性を起こす病気。

【膠漆】《コウシツ》①にかわと、うるし。②ひじょうに親交が深くてはなれにくいこと。例—の交わり。

【膠質】《コウシツ》ある物質が微細《ビサイ》な粒子《リュウシ》として液体中に分散している状態。コロイド。にかわ・寒天・卵白《ランパク》など。

【膠状】《コウジョウ》にかわのようにねばる状態。

【膠着】《コウチャク》(名・する)①ぴったりくっつき固まってはなれなくなること。②ある状態が続いていて少しも変わらないこと。

月 11
【膵】
15画 7125 81B5 国字 音 スイ

意味 内臓の一つ。膵臓《スイゾウ》。

【膵臓】《スイゾウ》内臓の一つ。胃の下にあり、消化のためのすい液とインシュリンを出す。

月 11
【膣】
15画 7120 81A3 音 チツ漢

月 9
［腟］13画 7121 815F 俗字

意味 子宮から体外へ通じる管状の器官。交接や産道の機能をもつ。

月 11
【膝】
15画 4108 819D 常用 音 シツ漢 訓 ひざ

筆順 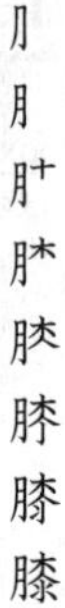

なりたち 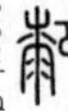 [形声]本字は「厀」で、「卩(=ふし)」と、音「桼《シツ》」とから成る。ひざ。

意味 ももとすねをつなぐ関節の部分。ひざがしら。ひざ。例膝下《シッカ》。膝行《シッコウ》。

【▽膝下】《シッカ》《ひざもと》①「膝元《ひざもと》」に同じ。②父母などへ出す手紙のわき付け。

【▽膝行】《シッコウ》(名・する)神前や貴人の前で、ひざをついたまま進んだり、しりぞいたりすること。例たたみの上を—する。

【膝掛け】《ひざかけ》冷えないようにひざにかける毛布など。

【膝頭】《ひざがしら》ひざの関節の前側の部分。ひざこぞう。

【膝枕】《ひざまくら》他人のひざをまくらにしてねること。

【膝元】《ひざもと》①ひざのそば。②身近。影響力《エイキョウリョク》がおよぶ範囲《ハンイ》。例親の—をはなれる。表記▽「膝下」とも書く。

月 11
【膚】
15画 4170 819A 常用 音 フ漢呉 訓 はだ

筆順 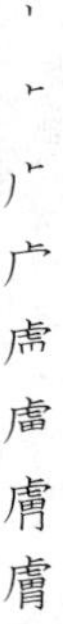

なりたち  [形声]「月(=からだ)」と、音「盧《ロ→フ》」の省略体とから成る。からだの表皮。

意味 ❶からだの表皮。はだえ。例皮膚《ヒフ》。❷うわべだけの。浅はかな。例膚浅《フセン》。

【膚学】《フガク》あさい、うわべだけの学問。例—の者。

【膚受】《フジュ》①皮膚《ヒフ》を切りつけられるように身にこたえること。例—の訴《うった》え(=さしせまった訴え)。②うわべだけの理解。

【膚浅】《フセン》(名・形動《ダ》)あさはか。浅薄《センパク》。

【膚理】《フリ》皮膚《ヒフ》のきめ。

●完膚《カンプ》・皮膚《ヒフ》・山膚《やまはだ》

月 11
【膤】
15画 7119 81A4 国字 訓 ゆき

意味 地名に用いられる字。例膤割《ゆきわり》(=熊本《くまもと》県の地名)。

月11
［膓］15画 ⇩【腸】《チョウ》(826ページ)

月 12
【膩】
16画 7123 81A9 音 ジ漢 ニ呉 訓 あぶら・あか・こ-える

意味 ❶脂《あぶら》がのってよく肥えている。こえる。例肥膩《ヒジ》。❷つやつやとなめらか。例膩理《ジリ》。❸(脂ぎって)きたならしい。また、よごれ。あか。例垢膩《コウジ》(=あか)。

【膩理】《ジリ》すべすべして、きめの細かい肌《はだ》。

月 12
【膳】
16画 3323 81B3 常用 音 セン漢 ゼン呉

筆順 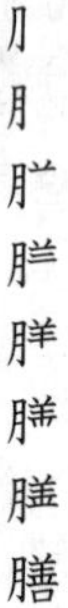

なりたち  [形声]「月(=にく)」と、音「善《セン》」とから成る。食物をそなえる。

意味 ❶食べ物をそなえならべる。また、食べ物をすすめる。❷料理。とくにりっぱなごちそう。例膳部《ゼンブ》。供膳《キョウゼン》。

日本語での用法《ゼン》①(一人前の)食器や食べ物をのせる台。「食膳《ショクゼン》・配膳《ハイゼン》・懐石膳《カイセキゼン》」②食器に盛った飯を数えることば。「一膳飯《イチゼンめし》」③箸《はし》一対《イッツイ》を数えることば。「箸《はし》一膳《イチゼン》」

難読 膳所《ぜぜ》(=地名)・膳部《かしわで》

人名 かしわで・よし

【膳立て】《ゼンだて》(名・する)①おぜんの上をそろえて食事の用意をすること。例夕ご飯の—。②(「お膳立て」の形で)準備すること。

【膳部】《ゼンブ》①おぜんにのせて出す料理。例五人前の—をととのえる。②食べ物を調理する人。料理人。

月 12
【膰】
16画 7124 81B0 音 ハン漢 訓 ひもろぎ

意味 祭祀《サイシ》のために焼いた肉。ひもろぎ。例膰俎《ハンソ》(=祭祀用の肉をのせる台。また、その肉)。膰肉《ハンニク》。

月 12
【膨】
16画 4336 81A8 常用 音 ホウ漢 ボウ呉 訓 ふく-らむ・ふく-れる

筆順 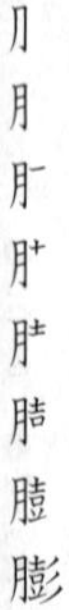

なりたち ［形声］「月(=からだ)」と、音「彭《ホウ》」とから成る。ふくらむ。

意味 外側に大きく張りだす。ふくらむ。ふくれる。例 膨張《ボウチョウ》。

【膨大《ボウダイ》】 一 (名・する) ふくれ上がり大きくなること。 二 (形動ナダ) 量や規模がひじょうに大きいこと。例 —な資料。 表記 ▽⑪▼厖大

【膨張《ボウチョウ》】 (名・する) ①ふくれること。例 気体の—。②大きくなること。量が増えること。例 予算が—する。都市の—。③〔物〕物体が、熱などによって体積や長さを増やすこと。例 熱—率の大きい物質。▽対 収縮。

月 12 【臈】 16画 1-9126 FA1F 音 ロウ漢

意味 年齢《ネンレイ》。年功。また、年功による身分や地位をあらわす。例 臈長《ロウた》けた(=上品で洗練された)美女《ビジョ》。上臈《ジョウロウ》。中臈《チュウロウ》。下臈《ゲロウ》。

参考 もと「臘」と同じ字だが、慣用で使い分けられている。

月12 ［臘］ 16画 ⇩【臘《ロウ》】(830ページ)

月 13 【臆】 17画 1818 81C6 常用 音 ヨク漢 オク呉 訓 むね

筆順 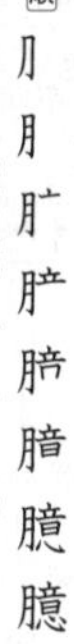

なりたち  ［形声］「月(=にく)」と、音「意《イ→ヨク》」とから成る。胸部の骨。

意味 ❶むね。こころ。また、こころの思い。かんがえ。例 胸臆《キョウオク》。❷おしはかる。同 憶《オク》。例 臆説《オクセツ》。臆測《オクソク》。

日本語での用法 《オク》 気おくれする。おどおどする。「気《キ》が臆《オク》して声《こえ》も出《で》ない・人《ひと》の前《まえ》で臆《オク》したようすがない」

【臆説《オクセツ》】 根拠《コンキョ》をもたぬ想像だけで考え出した意見。例 それは—にすぎない。表記「憶説」とも書く。

【臆測《オクソク》】 (名・する) 確実な根拠《コンキョ》もなく、自分の考えでこうではないかと思うこと。当て推量。例 —でものを言う。単なる—にすぎない。表記「憶測」とも書く。

【臆度《オクタク》】 (名・する) 自分の考えで推しはかる。憶測《オクソク》。

【臆断《オクダン》】 (名・する) 根拠《コンキョ》もなく、きっとこういうことなのだろうと自分で決めつけること。例 —を許さない。

【臆病《オクビョウ》】 (名・形動ナダ) こわがらなくてもいいことをこわがること。また、そのような性質。小心。表記「憶病」とも書く。

【臆面《オクメン》】 気おくれした顔つきやようす。例 —もなく。

月 13 【膾】 17画 7126 81BE 音 カイ漢 訓 なます

意味 細かく切ったなま肉。なます。同 鱠《カイ》。例 膾炙《カイシャ》。羹《あつもの》に懲《こ》りて膾《なます》を吹《ふ》く。

日本語での用法 《なます》 細かく切った野菜や魚肉などを酢《す》であえた日本料理。「膾《なます》あえ」

【膾▼炙《カイシャ》】 (名・する) 〔「膾《なます》」と「炙(=あぶり肉)」とは、美味で人々に好んで食べられることから〕広く世間の評判になること。例 人口《ジンコウ》に—する。

月 13 【臀】 17画 7129 81C0 音 デン慣 トン漢 訓 しり

意味 ❶しり。例 臀部《デンブ》(=しり。しりのあたり)。❷ものの底の部分。例 器臀《キデン》(=うつわの底)。

月 13 【膿】 17画 3931 81BF 音 ドウ漢 ノウ呉 訓 うみ・う-む

意味 ❶はれものや傷口から出る黄色い液。うみ。例 膿汁《ノウジュウ》。❷うみがたまる。うむ。例 化膿《カノウ》。

【膿血《ノウケツ》】 血のまじった膿汁《ノウジュウ》。うみち。

【膿腫《ノウシュ》】 うみをもったはれもの。

【膿汁《ノウジュウ》】 うみしる。うみ。

【膿瘍《ノウヨウ》】 からだの組織の内部に、うみがたまった状態。

月 13 【臂】 17画 7130 81C2 音 ヒ漢呉 訓 ひじ

意味 ❶肩《かた》から手首までの、うで全体。例 三面六臂《サンメンロッピ》。猿臂《エンピ》。❷動物の前足。

日本語での用法 《ひじ》 うでの関節の部分。肘《ひじ》。肱《ひじ》。「臂《ひじ》を曲《ま》げる」

月 13 【膺】 17画 7131 81BA 音 ヨウ漢 訓 う-ける・う-つ・むね

意味 ❶胸。胸のうち。むね。例 服膺《フクヨウ》(=心にとどめて忘れない)。❷受けつぐ。受ける。例 膺受《ヨウジュ》(=受ける。引き受ける)。❸攻撃《コウゲキ》する。打つ。例 膺懲《ヨウチョウ》(=打ちこらす)。

月 13 【臉】 17画 7132 81C9 音 一 レン漢 二 ケン漢 訓 ほお・まぶた

意味 一 ほお。かお。例 臉面《レンメン》(=顔。また、名誉《メイヨ》・体面)。紅臉《コウレン》。 二 まぶた。同 瞼《ケン》。例 睡臉《スイケン》(=ねむそうなまぶた)。

月13 ［膸］ 17画 ⇩【髄《ズイ》】(1087ページ)

月13 ［膽］ 17画 ⇩【胆《タン》】(819ページ)

月 14 【臍】 18画 7133 81CD 音 セイ漢 サイ呉 訓 ほぞ・へそ

意味 腹部の中央にある、へその緒《お》のとれたあと。胎児《タイジ》のとき母親のからだとつながって栄養をとっていたところ。また、ものの中央にあるへそのようなもの。例 噬臍《ゼイセイ》(=ほぞをかむ。後悔《コウカイ》する)。

【臍下《セイカ》】 へそのした。

【臍下丹田《セイカタンデン》】 へそのした五センチほどのあたり。東洋医学で、心身の活力のみなもととなり、気の集まるところとされる。例 —に力を入れる。

月 14 【臑】 18画 7134 81D1 音 一 ドウ漢 二 ジ・ジュ漢 訓 すね

意味 一 ブタやヒツジの前足。また、人では、肩《かた》からひじまでの部分。二のうで。例 臑骨《ドウコツ》(=うでの骨)。 二 肉をやわらかく煮《に》る。例 臑羔《ジコウ》(=やわらかく煮た子ヒツジの肉)。

日本語での用法 《すね》 ひざから足首までのあいだ。脛《すね》。「臑《すね》に疵《きず》もつ身《み》・親《おや》の臑《すね》をかじる・向《む》こう臑《ずね》」

月 15 【臓】 19画 3401 81D3 教育6 音 ソウ漢 ゾウ呉 訓 はらわた

筆順 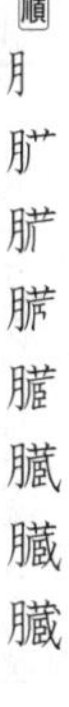

月18 【臟】 22画 7139 81DF 人名

なりたち ［形声］「月(=からだ)」と、音「藏《ゾウ》(=しまう)」とから成る。からだの中にしまってある器官。

意味 体内にあるいろいろな器官。はらわた。例 臓器《ゾウキ》。

【臓器《ゾウキ》】 内臓の器官。胃・腸・肝臓《カンゾウ》・腎臓《ジンゾウ》・心臓など。

例—移植。

【臓▼腑《ゾウフ》】五臓六腑《ロップ》。はらわた。心《シン》・肝《カン》・肺・腎《ジン》・脾《ヒ》の五臓と、胃・胆《タン》・大腸・小腸・膀胱《ボウコウ》・三焦《サンショウ》(=漢方で、消化・排泄《ハイセツ》をつかさどるとされる器官)の六腑。

【臓物《ゾウモツ》】はらわた。とくに、食用にする魚・鳥・ウシ・ブタなどの内臓。もつ。

● 肝臓《カンゾウ》・強心臓《キョウシンゾウ》・五臓《ゴゾウ》・心臓《シンゾウ》・腎臓《ジンゾウ》・膵臓《スイゾウ》・内臓《ナイゾウ》・肺臓《ハイゾウ》・脾臓《ヒゾウ》

月 15
【臘】
19画 7136 81D8 音 ロウ漢

月12
[臈]
16画 7137 81C8 俗字

意味 ❶冬至《トウジ》のあと、第三の戌《いぬ》の日におこなう、先祖や、神々をまつる祭り。例 臘祭《ロウサイ》(=十二月の、神々のまつり)。❷年末。年の暮れ。陰暦《インレキ》十二月の別名。例 臘月《ロウゲツ》。旧臘《キュウロウ》。❸〔仏〕僧《ソウ》が受戒《ジュカイ》してから修行《シュギョウ》をつんだ年数。年功。年齢《ネンレイ》。

【臘虎《ラッコ》】〔アイヌ語に、あてた字〕北の海にすむイタチ科の哺乳《ホニュウ》動物。表記「▽猟虎・▽海▼獺」とも書く。

【臘月《ロウゲツ》】もと、陰暦《インレキ》で、十二月のこと。太陽暦でもいう。

【臘梅《ロウバイ》】ロウバイ科の落葉低木。冬から早春のあいだに、葉にさきがけて黄色の花がさく。表記「▼蠟梅」とも書く。

【臘八《ロウハチ》】〔仏〕臘月八日。陰暦《インレキ》の十二月八日のこと。釈迦《シャカ》がさとりをひらいた日とされ、法会《ホウエ》が営まれる。例—会《エ》(=成道会《ジョウドウエ》)。—粥《がゆ》。

月 16
【臙】
20画 7135 81D9 音 エン漢呉

意味 ❶紅色の顔料。べに。例 臙脂《エンジ》。❷のど。

【臙脂《エンジ》】①紅色の顔料。化粧《ケショウ》に用いた。べに。②「臙脂色《エンジいろ》」の略。黒みをおびた赤色。表記 ▽「▼燕脂」とも書く。

月 16
【臚】
20画 7138 81DA 音 リョ漢 ロ呉

意味 ❶皮膚《ヒフ》。はだ。かわ。❷つらねる。ならべる。例 臚列《ロレツ》(=ならべる。ならぶ)。❸伝える。告げる。のべる。例 臚言《ロゲン》(=世間に広く伝えられていることば)。

月18
【臟】
22画 ⇩【臓】《ゾウ》(829ページ)

肉 19
【臠】
25画 7140 81E0 音 レン漢 訓 きりしし・ししなます

意味 ❶小さく切った肉。きりみ。例 臠肉《レンニク》(=ひと切れの肉)。❷切りきざむ。例 臠殺《レンサツ》(=体を切りきざんで殺す)。

131 6画
臣 しん部 ↓7画(1001ページ)

「臣」は、もと六画であるが、教育漢字では七画に数えるので七画に移動した。

132 6画
自 みずから部

鼻の形をあらわす。「自」と、「自」をもとにしてできている「臭」とを集めた。

0 自 3 臭 4 臭

この部首に所属しない漢字

首⇩首 1078　息⇩心 395　鼻⇩鼻 1113

自 0
【自】
6画 2811 81EA 教育2 音 シ漢 ジ呉 訓 みずか-ら・おのずか-ら・よ-り

筆順 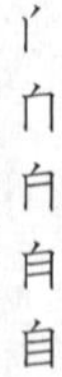

なりたち  〔象形〕鼻の形。鼻。派生して「おのれ」「おのずから」の意。

意味 ❶じぶん。おのれ。本人。例 自己《ジコ》。自身《ジシン》。❷じぶんから。じぶんでじぶんを。みずから。例 自給自足《ジキュウジソク》。自信《ジシン》。❸しぜんに。ひとりでに。おのずから。例 自然《シゼン》。自動《ジドウ》。自明《ジメイ》。❹〔助字〕「より」と読み、…から、の意。起点をあらわす。例 自㆓遠方㆒来《エンポウよりきたる》(=遠くから来る)。

人名 おの・これ・さだ

【▽自▼惚れ《うぬぼれ》】(実力以上に)自分をすぐれていると思いこむこと。例—が強い。表記「▽己▼惚れ」とも書く。

【自愛《ジアイ》】(名・する)①自分の健康を考え、からだをたいせつにすること。手紙文で、相手の健康を気づかって、「どうぞご自愛ください」と使う。②自分の利益だけを考えること。利己。例 人は皆《みな》、—の心がある。

【自慰《ジイ》】(名・する)①自分で自分をなぐさめること。②自分で自分を刺激して性的快感を得ること。オナニー。

【自意識《ジイシキ》】自分自身について、自分でもつ意識。例—過剰《カジョウ》。

【自営《ジエイ》】(名・する)独立して自分で生産や事業に従事すること。例—業。

【自衛《ジエイ》】(名・する)自分で自分を守ること。例—の方策を立てる。

【自衛隊《ジエイタイ》】日本の平和と独立を守り、国の安全をたもつことをおもな任務とする組織。航空・陸上・海上の自衛隊がある。例 被災者《ヒサイシャ》の救出に—が出動する。

【自火《ジカ》】自分の家から出した火事。

【自家《ジカ》】①自分の家。対 他家《タケ》。例—製。—用車。②自分自身。また、自分のところ。例 花の—受精。—発電。

【自家中毒《ジカチュウドク》】①自分の体内で生じた毒にあたること。②自律神経の不安定な小児《ショウニ》が、とくに原因がないのに急に元気がなくなって吐《は》く病気。

【自家▼撞着《ジカドウチャク》】(名・する)同じ人の言動が前と後でくいちがって、つじつまが合わないこと。自己矛盾《ジコムジュン》。例—におちいる。その理屈《リクツ》はすぐ—する。

【自我《ジガ》】①われ。自分。自己。②〔哲〕他のすべてのものとはっきり区別した自分。エゴ。例—に目覚める。—を主張する。

【自戒《ジカイ》】(名・する)自分のことばやおこないが、規則をはずれ道徳をふみはずさないように、自分で自分をいましめること。

【自害《ジガイ》】(名・する)〔自分で自分を傷つけることから〕自殺すること。自決。自刃《ジジン》。

【自覚《ジカク》】(名・する)①自分で自分の状態・立場・能力・責任などをよく承知していること。例—症状《ショウジョウ》。統率者《トウソツシャ》としての—が足りない。②〔仏〕自分で迷いを断《た》ってさとりをひらくこと。

【自画自賛《ジガジサン》】(名・する)①自分のかいた絵に自分で賛(=その絵についての詩文)を書きそえること。②自分で自分のしたことをほめること。例—するのはあまりよくない。表記 ▽(旧)自画自▼讃

【自画像】《ジガゾウ》 自分で、自分の顔や姿をかいた絵。

【自活】《ジカツ》（名・する）他人の力を借りないで自分の生活をしていくこと。自立。例 親にたよらずに—する。

【自記】《ジキ》（名・する）①自分で書きしるすこと。また、そのもの。手記。②機械などが自動的に書きしるすこと。例 —温度計。

【自棄】《ジキ》 自分で自分を見捨てること。すてばち。やけ。例 自暴—のふるまい。

【自虐】《ジギャク》（名・する）自分で自分を苦しめたり厳しくあつかうこと。例 —的な性格。

【自給】《ジキュウ》（名・する）自分に必要なものを自分自身でまかなうこと。例 食糧《ショクリョウ》を国内で—することはできない。

【自給自足】《ジキュウジソク》（名・する）必要なものを自分の力でつくり出して生活に間に合わせること。例 —の生活。—の経済。

【自供】《ジキョウ》（名・する）取り調べなどに対して、自分のしたことを自分で述べること。(類)自白。例 容疑者が—する。

【自軍】《ジグン》 味方の軍勢・チーム。

【自警】《ジケイ》（名・する）①自分をいましめること。(類)自戒《ジカイ》。例 —のことば。②警察などをたよらず自分たちの力で身のまわりを守ること。例 —団。災害のときの—組織。

【自決】《ジケツ》（名・する）①自分のことを自分で決め、他からの指示や支配を受けないこと。例 民族—。②自殺すること。(類)自裁・自害。

【自己】《ジコ》 おのれ。自分自身。(対)他者。例 —紹介《ショウカイ》。

【自己嫌悪】《ジコケンオ》 自分で自分がいやになること。例 —におちいる。

【自己批判】《ジコヒハン》（名・する）自分の思想・行動がまちがっていたとして、みずから批判すること。例 —を強制される。

【自己流】《ジコリュウ》 人に教わった伝統的なやり方ではなく、自分で考え出した自分だけのやり方。(類)我流《ガリュウ》。例 —の草書体では他の人には読めない。

【自後】《ジゴ》 そののち。こののち。以後。表記「▼爾後」とも書く。

【自業自得】《ジゴウジトク》 自分のしたおこないによって自分自身がそれに相当するむくいを受けること。〔仏教で、自分の行為《コウイ》のむくいは自分が受けねばならないという意〕例 —だからあきらめるがいい。

【自国】《ジコク》 自分の国。(対)他国。例 —の文化に誇《ほこ》りをもつ。

【自今】《ジコン》（副）いまよりのち。今後。以後。例 —お見知りおきください。表記「▼爾今」とも書く。

【自裁】《ジサイ》（名・する）みずから命を絶つこと。(類)自殺・自決。例 かれも—した作家のひとりである。

【自在】《ジザイ》 ㊀（名・形動《ダナ》）思いどおりにすること。また、思いのまま。例 自由—。—に英語を話す。㊁（名）自在鉤《かぎ》。

【自在画】《ジザイガ》 定規やコンパスなどを使わず、手で自由にえがく絵画。

【自在▼鉤】《ジザイかぎ》 囲炉裏《イロリ》の上につるして、なべ・鉄びんなどをかけ、上下に動かすことができるようにしたかぎ。自在。

【自作】《ジサク》 ㊀（名・する）自分でつくること。また、つくったもの。例 昔は、たいていおもちゃを—したものだ。㊁（名）「自作農」の略。自分の土地を耕作する人。(対)小《こ》作《サク》。

【自殺】《ジサツ》（名・する）自分で自分の命を絶つこと。(類)自決・自害。(対)他殺。例 —行為《コウイ》。—するほどなやんでいた。

【自賛】《ジサン》（名・する）自分のかいた絵にそえて自分でそれに関連する詩文を書くこと。また、自分で自分をほめること。例 自画《ジガ》—。表記 (旧)自▼讃
【自失】《ジシツ》（名・する）思いがけないできごとに出あって、ショックを受けわれを忘れること。例 家が焼けて茫然《ボウゼン》—した。

【自室】《ジシツ》 自分の部屋。例 —にとじこもる。

【自社】《ジシャ》 自分(たち)の会社。(対)他社。例 —の製品に誇《ほこ》りをもつ。

【自若】《ジジャク》（形動《タルト》）〔「若」は、状態をあらわす助字〕落ちついていてあわてないようす。例 泰然《タイゼン》—。危機にあっても—としている。

【自主】《ジシュ》 他から保護・干渉《カンショウ》・指示などを受けないで、自分で決めたり行動したりすること。例 —独立。—性。

【自首】《ジシュ》（名・する）〔「首」は、申す意〕犯人が、警察につかまる前に、自分から名乗り出ること。(類)自訴《ジソ》。

【自習】《ジシュウ》（名・する）①自分で練習する。自分で学習する。例 自学—をすすめる。②先生が教室に出ないで、生徒が自分たちだけで学習すること。例 国語の時間は—だった。

【自重】 ㊀《ジジュウ》（名）それ自身の重さ。例 —一トンの自動車。㊁《ジチョウ》（名・する）①軽率《ケイソツ》な言動をひかえたり、むりなことをしないよう自分で気をつけること。自戒《ジカイ》。例 —して冬山での強行軍をさける。②自分をたいせつにすること。自愛。例 好漢、—せよ。

【自粛】《ジシュク》（名・する）他からの強制やすすめによらないで、自分からすすんで行動や態度をひかえめにおさえること。例 華美《カビ》なもよおしを—する。

【自書】《ジショ》（名・する）自分で書くこと。また、書いたもの。自筆。例 —の履歴書《リレキショ》。住所を—する。

【自署】《ジショ》（名・する）自分の姓名《セイメイ》や花押《カオウ》を自分で書くこと。また、そのもの。(対)代署。例 証書に—を必要とする。

【自助】《ジジョ》 人にたすけてもらうのではなく、自分で自分の進歩・向上に努めること。例 —努力。

【自序】《ジジョ》 書物の著者が自分で書いた、その書物の序文。

【自称】《ジショウ》 ㊀（名・する）①自分だけで、自分の身分・職業・能力などを認めて、そのように名乗ること。例 —芸術家。②自分をほめること。㊁（名）文法で、「ぼく」「わたし」など、話し手自身を指すことば。第一人称。(対)他称・対称。

【自照】《ジショウ》（名・する）自分自身の内面をかえりみて考えること。例 —文学（＝日記・随筆《ズイヒツ》など、自分の反省・批判を主題にする作品）。

【自乗】《ジジョウ》（名・する）〔数〕一つの数または式に、それと同じものをかけ合わせること。平方。例 3の—は9です。表記「▽二乗」とも書く。〔この場合は「ニジョウ」とも〕

【自浄】《ジジョウ》 みずから不純なものをとり除き、きれいにすること。また、そのはたらき。例 自然界の—能力には限度がある。

【自縄自縛】《ジジョウジバク》 自分の信念や言動のために、その後の自由な思考・行動ができなくなること。例 —におちいる。

【自叙伝】《ジジョデン》 自分で書いた自分の伝記。自伝。例 フランクリンの—。

【自身】《ジシン》 ①自分。例 —の経験にたよりすぎる。②そのものみずから。自体。〔意味を強めた用語〕例 当人—の自覚の問題だ。自分—の考えをもつ。

【自信】《ジシン》 自分の価値・能力・正しさなどを信じる心。例 —満満。—がつく。—を失う。

【自刃】《ジジン》（名・する）刀で自殺すること。自害。

【自尽】《ジジン》（名・する）自殺。自決。

【自陣】《ジジン》 自分の陣地。味方の陣地。例 —を放棄《ホウキ》する。

【自炊】《ジスイ》（名・する）自分で自分のための食事を作ること。例 —生活。

【自生】《ジセイ》（名・する）植物が自然にはえること。例 カタクリの—地。

【自制】《ジセイ》（名・する）自分で自分の感情や欲望をおさえること。例 —心。いかりを—する。

【自省】《ジセイ》（名・する）自分の言動や心がけなどをみずからふり

かえり、よかったかどうか考えること。例—する気持ちが強い。

【自製《ジセイ》】(名・する)ものを自分で、また、自分のところで作ること。また、そのもの。手づくり。類手製《てセイ》・自家製《ジカセイ》。例—の洋菓子《ヨウガシ》。家具を—する。

【自責《ジセキ》】(名・する)自分のあやまちや失敗をみずから責めること。例—の念にかられる。—のあまり職を辞した。

【自説《ジセツ》】自分の考え・主張・意見。例けっして—を曲げない。—にこだわる。

【自然《シゼン》】一(名)①宇宙に存在するすべてのものごと。例—科学。②〔古くは「ジネン」とも〕人間や人工的につくられたもの以外のすべてのものごと。類天然《テンネン》。例—の猛威《モウイ》。—をたっとぶ。二(名・形動《ダナ》)人の手が加わらない、そのものが本来もっている性質や状態。また、ありのままのようす。類天然。対人為《ジンイ》・人工。例—なふるまい。三(副)〔古くは「ジネン」とも〕ひとりでに。例—に細る声。

【自然科学《シゼンカガク》】自然界の現象を研究する学問。天文学・物理学・化学・地学・生物学など。対人文《ジンブン》科学・社会科学。

【自然主義《シゼンシュギ》】①自然のままに生活することを最も重くみる考え方。②現実をありのままにえがこうとする文芸上の主義。例十九世紀のフランス—。日本の—。

【自然人《シゼンジン》】①〔法〕生まれてから死ぬまで、その権利・能力を認められた人間。法人に対する個人。②生まれついての本能で生活し、社会や文化の影響《エイキョウ》をまだ受けていない人間。自然児《シゼンジ》。

【自然数《シゼンスウ》】〔数〕一から順に一つずつ加えて得られる、それぞれの数。正の整数。一・二・三・四・五……。

【自然▼淘汰《シゼントウタ》】①〔生〕ダーウィンの説で、生活環境《カンキョウ》に適応する生物は生き残り、適応しない生物はほろびるという考え。自然選択《センタク》。②周囲の状況《ジョウキョウ》や社会の変化に適さない人やものがひとりでにふるい落とされること。例むりをしないで、—を待つ。

【自然▼薯《ジネンジョ》】山野に自然に生えているヤマノイモ。自然生《ジネンジョウ》。

【自▼撰《ジセン》】(名・する)自分の作品の中から自分でよいものをえらび出し、書物にまとめること。例—歌集。表記「自選」とも書く。

【自選《ジセン》】(名・する)①選挙などで自分で自分に投票すること。②「自撰《ジセン》」に同じ。

［自部］0画 自

【自薦《ジセン》】(名・する)自分で自分を推薦すること。対他薦。例応募《オウボ》は—他薦を問わない。

【自足《ジソク》】(名・する)①必要なものを自分で間に合わせること。例自給—。②自分の状態に自分で満足すること。例—感。

【自存《ジソン》】一(名)自分がそこに存在していること。二(名・する)他の力にたよらず自力で生きること。例独立—の精神。

【自尊《ジソン》】①自分の人格・名誉《メイヨ》・品位をたいせつにすること。例独立—。②自分をりっぱだと思い、うぬぼれること。

【自尊心《ジソンシン》】自分にほこりをもち、品位を保ちつづけようとする気持ち。プライド。例—を傷つけられる。—ばかりが強くて、他を認めようとしない。

【自他《ジタ》】①自分と他人。例—ともに許す(=自分も他人も、同じように存在・価値・効用などを認める)。②〔仏〕自力《ジリキ》と他力《タリキ》。③自動詞と他動詞。

【自体《ジタイ》】一(名)①それそのもの。自身。例計画—はよい。②自分のからだ。二(副)もともと。そもそも。元来。例—いいかげんな構想である。

【自大《ジダイ》】自分をえらいと思って、おごりたかぶること。尊大。例夜郎《ヤロウ》—(=自分の真の力を知らないままに、同じなかまの中でいばること)。〈史記《シキ》〉

【自宅《ジタク》】自分の家。自分の家族とともに住む家。

【自堕落《ジダラク》】(形動《ダナ》)生活に規律がないようす。例—な毎日を送る。

【自治《ジチ》】①自分のことを自分で決めておこなうこと。例—会。生徒の—活動。②都道府県・市町村などの団体が、その地域内の政治を自主的におこなうこと。例地方—体(=地方公共団体)。

【自注《ジチュウ》】自分の小説・詩歌《シイカ》・俳句などの作品または論文・著書に、自分で注釈《チュウシャク》を加えること。また、その注釈。表記旧自▼註

【自嘲《ジチョウ》】(名・する)自分で自分をあざけり軽蔑《ケイベツ》すること。例失恋《シツレン》した気持ちを—して作った詩。

【自沈《ジチン》】(名・する)乗組員みずからの手で自分たちの艦船《カンセン》をしずめること。

【自邸《ジテイ》】自分のやしき。類私邸。例官邸を使わずに—に住む。

【自適《ジテキ》】(名・する)思いのままにのびのびと楽しく暮らすこと。例月を友とし、花を賞《め》でて—の毎日を送る。

【自転《ジテン》】(名・する)①自分で回転すること。②地球などの天体が、その天体の中心をつらぬく直線を軸《ジク》として回転すること。対公転。

【自伝《ジデン》】自分で書いた自分の伝記。自叙伝《ジジョデン》。

【自動《ジドウ》】機械などで、人間が操作しなくてもひとりで動くこと。対手動。例—操縦。—ドア。

【自動詞《ジドウシ》】文法で、そのことばのあらわす動作・作用が直接に影響《エイキョウ》をおよぼす目的語をもたない動詞。たとえば、「花が咲《さ》く」「星が光る」「虫が鳴く」の「咲く」「光る」「鳴く」。対他動詞。

【自得《ジトク》】(名・する)①方法・技術・理論や、その成果を自分で手に入れること。自分でさとること。②自分だけで得意になること。例—の色をみせる。③自分自身にむくいを受けること。例自業《ジゴウ》—。

【自▼瀆《ジトク》】(名・する)「自慰《ジイ》②」に同じ。

【自任《ジニン》】(名・する)ある仕事・役割を自分にふさわしいと考えること。例リーダーをもって—する。天才を—する。

【自認《ジニン》】(名・する)たしかにそうだと自分でみとめること。〔良否・善悪など、どちらにもいう〕例失敗をいさぎよく—する。自分の貢献《コウケン》を—してはばからない。

【自白《ジハク》】(名・する)①自分から白状すること。例そのときの事実を—する。②〔法〕自分の罪や責任を認める供述《キョウジュツ》。類自供。例脅迫《キョウハク》による—は信用できない。

【自縛《ジバク》】(名・する)自分をしばること。自分の主張したことにしばられること。例自縄《ジジョウ》—。

【自発《ジハツ》】①自分からすすんでおこなうこと。例子供の—性を育てる。②意志に関係なく、自然にその状態になること。例—の助動詞(たとえば、「昔がしのばれる」の「れる」、「行く先の案じられる子」の「られる」など)。

【自腹《ジばら》】〔自分の腹の意〕自分のお金、自分のさいふ。例—を切る(=他人のふところをあてにせず、自分でお金をしはらう)。

【自費《ジヒ》】自分で費用を出すこと。また、その費用。例—出版。—で負担《フタン》する。

【自筆《ジヒツ》】自分で書くこと。また、本人が書いたもの。対代筆。例芭蕉《バショウ》—の『おくのほそ道《みち》』。

【自負《ジフ》】(名・する)自分の才能や仕事などに自信をもち、ほこりに思うこと。例—心。よい仕上がりだと—する作品。

【自▼刎《ジフン》】(名・する)自分で首を切って死ぬこと。例—して終わる。

【自噴《ジフン》】(名・する)地下から、石油・温泉などが自然にふき出ること。例—井《セイ》。

【自分《ジブン》】①その人自身。自己。例 だれでも—のことは—で始末するのがあたりまえだ。②わたくし。例—は、この責任が—にあると思っています。

【自閉《ジヘイ》】他と関係なしに、自分の世界にとじこもること。

【自閉症《ジヘイショウ》】〔医〕子どものときに発症する神経発達症の一つ。人への反応がとぼしく、ことばの発達がおくれるなどの症状がある。正式には「自閉スペクトラム症(ASD)」という。

【自弁《ジベン》】(名・する)自分で費用を出すこと。自己負担《フタン》。(類)自費。例 交通費は—のこと。表記 (旧)自▼辨
【自暴自棄《ジボウジキ》】(名・形動《ナダ》)思いどおりにならなくて、投げやりになること。すてばち。やけ。やぶれかぶれ。例 失恋《シツレン》して—になる。

【自前《ジまえ》】①費用や必要な分を自分の負担《フタン》とすること。例 この衣装《イショウ》は—だ。②独立の営業。例—で店をもつ。

【自慢《ジマン》】(名・する)自分で自分に関することを語って得意になること。例 のど—。うで—。

【自明《ジメイ》】(名・形動《ナダ》)わざわざ説明しなくてもわかりきっていること。例—の理。—のことを難しく説明する。

【自滅《ジメツ》】(名・する)①とくに何もしないでおいて、自然にほろびること。例 あとは敵の—を待つばかりだ。②自分のしていることがもとで、自分がほろびること。

【自問自答《ジモンジトウ》】(名・する)心の中で自分に問いかけ、自分でそれに答えること。例 毎日の日記で—をする習慣。

【自由《ジユウ》】(名・形動《ナダ》)①自分の思いどおりであること。すきなだけ。例—な筆づかい。ご—にお取りください。②他からの支配や束縛《ソクバク》などを受けないで、自分の責任で事をすること。例 言論の—。—とわがままとのちがいを知る。

【自由自在《ジユウジザイ》】(形動《ナダ》)思うとおりにする。また、そのようにできるようす。例—な空想を楽しむ。

【自由主義《ジユウシュギ》】個人の意思や行動の自由を尊重しようという近代社会の基本の考え方。リベラリズム。

【自由放任《ジユウホウニン》】思いのままにさせて口出しをしないこと。例 保護管理とは正反対の—。

【自余《ジヨ》】そのほか。それ以外。例 これらはまだしも、—はまったく問題外である。表記「▼爾余」とも書く。

【自力《ジリキ》】①自分の力。独力《ドクリョク》。例—で得た勝利。②〔仏〕自分の力で修行《シュギョウ》し、さとりをひらこうとすること。例—本願。▽(対)他力《タリキ》。

【自立《ジリツ》】(名・する)自分の力だけでものごとをやっていくこと。例 親からの—。

【自律《ジリツ》】(名・する)自分で規律をつくり、それに従って行動すること。(対)他律。例—神経(=意志とは無関係にはたらく神経)。

【自立語《ジリツゴ》】日本語の文法で、それだけで文節をつくることができる単語。助詞・助動詞以外の品詞に属することば。(対)付属語。

【自流《ジリュウ》】①自分の属する流派・流儀《リュウギ》。②自己流《ジコリュウ》。我流《ガリュウ》。
○●各自《カクジ》・出自《シュツジ》・独自《ドクジ》・刀自《トジ》

自 3
【臭】9画 2913 81ED 常用
音 [一]キュウ(漢) [二]シュウ(漢)
訓 くさ-い・にお-う・か-ぐ・にお-い
筆順 ′ 丨 冂 白 自 自 臭 臭

自 4
【臭】10画 1-9056 FA5C 人名
なりたち  [会意]「犬(=いぬ)」と「自(=鼻)」とから成る。犬が鼻を使って獣《けもの》のあとを追う。
意味 [一]《キュウ》においをかぐ。(同)嗅《キュウ》。[二]《シュウ》❶いやなにおいがする。くさい。におい。例 臭気《シュウキ》。悪臭《アクシュウ》。体臭《タイシュウ》。❷みにくい。悪いうわさ。
使い分け におい・におう【匂・臭】⇩1176ページ
難読 臭橘《からたち》・臭橙《だいだい》・臭水《くそうず》(=石油をさす古語)
人名 か
【臭覚《シュウカク》】においを感じる感覚。嗅覚《キュウカク》。〔「嗅《キュウ》」がかつての当用漢字表になく、「臭」にキュウの音《オン》を認めないために生じた言いかえ〕
【臭気《シュウキ》】くさいにおい。くさみ。悪臭。例—がただよう。
【臭素《シュウソ》】〔化〕液体元素の一つ。常温で赤茶色の重い液体。強いにおいがあり、揮発しやすく有毒。写真の感光材料・医薬品・染料《センリョウ》などに使う。元素記号 Br
【臭味《シュウミ》】①いやなにおい。②ある種の人・ものに共通する感じ。くさみ。〔よくない、不快な、または、いかにもそれらしいいやみを意味することが多い〕
【臭名《シュウメイ》】よくない評判。醜名《シュウメイ》。汚名《オメイ》。例—を後世《コウセイ》に残すはめになる。
○●悪臭《アクシュウ》・口臭《コウシュウ》・俗臭《ゾクシュウ》・銅臭《ドウシュウ》・無臭《ムシュウ》

自 4
【臭】10画 ⇩【臭《シュウ》】(833ページ)

133 6画
至 いたる いたるへん 部
鳥が高いところから地面に飛び下りる形をあらわす。「至」をもとにしてできている漢字を集めた。
0 至 3 致 4 致 8 臺 10 臻
この部首に所属しない漢字
到⇩刂136 屋⇩尸321 鵄⇩鳥1101

至 0
【至】6画 2774 81F3 教育6
音 シ(漢)(呉)
訓 いた-る・いた-り
筆順 一 ム 云 至 至 至
なりたち  [象形] 鳥が高いところから下へ向かって飛び、地面にとどく形。
意味 ❶あるところまで行きつく。とどく。いたる。例 必至《ヒッシ》。❷果てまで行きつく。これ以上ない。いたって。きわめて。例 至急《シキュウ》。至言《シゲン》。至高《シコウ》。❸太陽が南北それぞれの極点にまで達する。例 夏至《ゲシ》。冬至《トウジ》。
人名 たか・たかし・ちか・のり・まこと・みち・むね・ゆき・よし
【至楽】[一]《シガク》最高の音楽。[二]《シラク》最高のたのしみ。例 人生の—。親子・夫婦《フウフ》の円満こそ地上の—であろう。
【至急《シキュウ》】(名・副)おおいそぎ。特別にいそぐこと。火急。緊急《キンキュウ》。例 大—。—帰宅せよ。—の用事。
【至近《シキン》】ひじょうに近いこと。例—距離《キョリ》。
【至芸《シゲイ》】最高にすぐれた芸。例—をきわめる。
【至言《シゲン》】ものの道理や事情を、最も適切に言いあらわしたことば。名言。例 孔子《コウシ》は多くの—を残した。
【至公《シコウ》】(名・形動《ナダ》)きわめて公平なこと。例—至平。
【至公至平《シコウシヘイ》】(名・形動《ナダ》)この上なく公平であること。

例—をもって信頼《シンライ》された人。

【至行《シコウ》】①この上なくりっぱなおこない。例—を実践《ジッセン》したといわれる人。②人としておこなうべきこと。

【至幸《シコウ》】(名・形動ダナ)この上ないしあわせ。例—の生活を送る。

【至高《シコウ》】(名・形動ダナ)この上なく高いこと。最高。例—至善。—の目標。—の技術を用いる。

【至極《シゴク》】[一](副)きわめて。ひじょうに。例—もっともな意見だ。[二](名・形動ダナ)〔「…至極」の形で〕この上なく…である、まったく…だ、などの意をあらわす。例めいわく—だ。残念—なことです。

【至純《シジュン》】(名・形動ダナ)この上なく純粋《ジュンスイ》なこと。まったくまじりけがないこと。例—の心から出た子供の詩。表記「至▼醇」とも書く。

【至上《シジョウ》】いちばん上であること。また、この上なくすぐれていること。最上。例—の愛。

【至上命令《シジョウメイレイ》】どうしても従うべき絶対の命令。例新製品の開発が—である。

【至情《シジョウ》】①まごころ。例—を述べて説得する。②ごく自然な人情。例人間の—に従う。

【至心《シシン》】きわめて誠実な心。まごころ。至情。例—をもって親に仕える。

【至人《シジン》】最高の道をきわめた人。聖人。

【至仁《シジン》】(名・形動ダナ)ひじょうに情けぶかいこと。また、その心やその人。例—の天子。

【至正《シセイ》】この上なく正しいこと。

【至聖《シセイ》】この上なく徳のすぐれていること。また、その人。

【至誠《シセイ》】この上もないまごころ。例—天に通ず。

【至善《シゼン》】〔「シイゼン」とも〕道徳上の最高の理想である、この上ない善。例至高—の徳。

【至尊《シソン》】①きわめてたっといこと。②天子をうやまっていうことば。

【至大《シダイ》】(名・形動ダナ)限りなく大きいこと。例—至剛《シゴウ》の気(=ひじょうに大きく、また、つよい気性《キショウ》)。

【至当《シトウ》】(名・形動ダナ)①ごくあたりまえなこと。例—な言い分。②最も適切であること。例—なあつかい。

【至道《シドウ》】この上ない善のみち。まことのみち。

【至徳《シトク》】この上ないりっぱな徳。

【至難《シナン》】(名・形動ダナ)きわめてむずかしいこと。例—のわざ。—の事業にいどむ。

【至福《シフク》】この上ない幸せ。例山頂に達して、しばし—の時を味わう。

【至宝《シホウ》】この上なくたいせつなもの、または、人。例かれは柔道《ジュウドウ》界の—である。

【至要《シヨウ》】(形動ダナ)この上なくたいせつなこと。きわめて重要なこと。

【至理《シリ》】きわめてもっともな道理。

○●夏至《ゲシ》・冬至《トウジ》・必至《ヒッシ》

至3 【致】9画 ⇩【致《チ》】(834ページ)

至4 【致】10画 3555 81F4 常用 音チ漢呉 訓いた-す

筆順 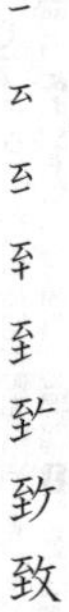

至3 【致】9画 — 26936

なりたち 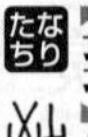 [会意]「夊(=歩いて送る)」と「至(=とどく)」とから成る。人を送りとどける。

意味 ❶送りとどける。いたす。例致意《チイ》(=意志を伝える)。❷まねきよせる。こさせる。いたす。例招致《ショウチ》。誘致《ユウチ》。❸あるところまで行きつかせる。また、きわめつくす。いたす。いたる。いたり。例致死《チシ》。致知《チチ》(=知識を極限まで広げる)。極致《キョクチ》。❹ゆだねる。あたえる。ささげる。いたす。例致命《チメイ》。❺もとにかえす。いたす。例致仕《チシ》。❻おもむき。ようす。あじわい。例雅致《ガチ》。筆致《ヒッチ》。風致《フウチ》。

日本語での用法《いたす》「する」の改まった言い方。「感謝《カンシャ》致《いた》します・ご案内《アンナイ》致《いた》します」

人名 いたる・おき・かず・きわむ・とも・のり・むね・ゆき・よし

【致士《チシ》】(名・する)すぐれた人物をまねきよせること。

【致仕《チシ》】[一](名・する)官職をやめること。退官。[二](名)七十歳《サイ》のこと。〔昔、中国の役人が七十歳で退官したことから〕

【致死《チシ》】死にいたらせること。例過失—。傷害—。

【致死量《チシリョウ》】(薬物などで)人間や動物が死ぬ最少の量。

【致知格物《チチカクブツ》】⇩【格物致知《カクブツチチ》】(525ページ)

【致命《チメイ》】①いのちを投げ出して努力すること。例—のときの至るを知る。②いのちにかかわること。例—的。

【致命傷《チメイショウ》】①いのちを落とす原因となったけが。例胸のさしきずが—となった。②取り返しのつかない重大な失敗や損害など。例不動産投資が会社の—となった。

○●一致《イッチ》・合致《ガッチ》・極致《キョクチ》・招致《ショウチ》・筆致《ヒッチ》・風致《フウチ》・誘致《ユウチ》

至8 【臺】14画 ⇩【台《ダイ》】(185ページ)

至10 【臻】16画 7143 81FB 音シン漢 訓いた-る

意味 到達《トウタツ》する。やって来る。いたる。およぶ。

134 6画 臼《うす》(𦥑《きょく》)部

木や石などをえぐった「うす」の形をあらわす。「臼」をもとにしてできている漢字と、「臼」と字形のよく似た「𦥑《キョク》(=向きあわせた両手)(七画)」をもとにしてできている漢字とを集めた。

0 臼 2 臾 3 舁 5 舂 6 與 7 舅 9 興 舉 11 舊

この部首に所属しない漢字

兒⇩儿104 鼠⇩鼠1113 輿⇩車958

臼0 【臼】6画 1717 81FC 常用 音キュウ漢 訓うす

筆順 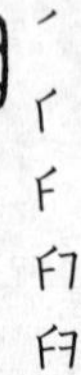

なりたち  [象形]中に米粒のある、うすの形。

意味 ❶木や石でできた、米などをつく道具。うす。また、うすでつく。うすづく。例臼杵《キュウショ》(=うすと、きね)。茶臼《チャうす》。❷うすの形をしたもの。例臼歯《キュウシ》。

【臼歯《キュウシ》】口のおくにある、食べ物をすりつぶすはたらきをする歯。うすば。おくば。

【臼砲《キュウホウ》】砲身の短い大砲。弾道《ダンドウ》が湾曲《ワンキョク》して、近距

離《キョリ》で遮蔽物《ブツ》のかけにあるものを攻撃《ゲキ》する。

臼 2
【臾】 9画 7144 81FE 音 ユ漢呉 訓 しばら-く
意味 しばらく。例 須臾《シュユ》(=しばし。しばらく)。

臼 3
【舁】 10画 *7145 *8201 音 ヨ漢呉 訓 か-く・かつ-ぐ
意味 二人が両手でかつぎあげる。かつぐ。かく。また、かご。例 舁夫《フヨ》(=駕籠《かご》舁《か》き)。
難読 舁夫《かごかき》

臼 5
【舂】 11画 7146 8202 音 ショウ漢 訓 うすづ-く・つ-く
意味 うすで穀物をつく。うすづく。つく。例 舂炊《ショウスイ》(=食事の用意をする)。

臼 6
【與】 13画 ⇩【与】《ヨ》(17ページ)

臼 7
【舅】 13画 7147 8205 音 キュウ漢 訓 しゅうと
意味 ❶夫の父。しゅうと。〔今は妻の父にも用いる〕対 姑《コ》。例 舅姑《キュウコ》。❷母の兄弟《キョウダイ》。おじ。❸妻の兄弟。
難読 外舅《しゅうと》(=妻の父)
【舅▼姑】《キュウコ》 しゅうとと、しゅうとめ。夫または妻の、父と母。

臼 9
【興】 16画 2229 8208 教育5 音 キョウ漢 コウ呉 訓 おこ-る・おこ-す
筆順 興
なりたち  [会意]「舁(=両手であげる)」と「同(=力をあわせる)」とから成る。おこす。
意味 ❶いきおいがさかんになる。おこる。例 興亡《コウボウ》。興隆《コウリュウ》。振興《シンコウ》。❷新しくはじめる。さかんにする。おこす。例 興業《コウギョウ》。❸おもしろいと感じる。たのしむ。たのしみ。例 興味《キョウミ》。余興《ヨキョウ》。❹『詩経《シキョウ》』の六義《リクギ》の一つ。自然界の事物にたとえて、自分の感興を述べる。
使い分け おこす・おこる【起・興】⇩1164ページ
人名 おき・おこし・おさ・おさむ・き・さかえ・さかる・さかん・さき・たか・たかし・とも・はじむ・はじめ・ひろ・ひろし・ふか・ふさ・よし

【興趣】《キョウシュ》 おもしろみ。あじわい。また、おもしろく感じること。興味。感興。例 ―がわく。

【興味】《キョウミ》 ①おもしろみ。興趣《キョウシュ》。例 ―が多い。―を感じる。②あるものごとに対して特別に注意をはらったり、おもしろくて心ひかれること。関心。例 ―津津《シンシン》。

【興味本位】《キョウミホンイ》(名・形動《ダ》) おもしろ半分で、本気で取り組んでいないこと。例 なんでも―で聞くのは感心しない。

【興行】《コウギョウ》(名・する) ①入場料を取って、見せ物・映画・スポーツなどを見せること。例 ―師《シ》(=興行を主催《シュサイ》する職業)。②儀式《ギシキ》や会合をもよおすこと。

【興業】《コウギョウ》(名・する) 事業を始めること。産業をさかんにすること。例 殖産《ショクサン》―。

【興国】《コウコク》 国の勢いをさかんにすること。例 ―のための事業。

【興廃】《コウハイ》(名・する) さかんになることと、おとろえほろびること。盛衰《セイスイ》。例 国も家も―をまぬかれない。

【興奮】《コウフン》(名・する) 気持ち・感情・神経が高ぶり、元気づいたり精神が不安定になったりすること。例 ―しないで他人の話を聞く。表記 旧▼昂奮・▼亢奮
【興亡】《コウボウ》 勢いがさかんになることと、ほろびること。興廃《コウハイ》。

【興隆】《コウリュウ》(名・する) あるものごとがおこり栄えること。また、さかんにおこること。例 独自の文化が―した。
●一興《イッキョウ》・再興《サイコウ》・座興《ザキョウ》・振興《シンコウ》・新興《シンコウ》・即興《ソッキョウ》・中興《チュウコウ》・不興《フキョウ》・復興《フッコウ》・余興《ヨキョウ》

臼 9
【舉】 16画 ⇩【挙】《キョ》(437ページ)

臼 11
【舊】 17画 ⇩【旧】《キュウ》(481ページ)

135 6画 舌 した したへん 部

「した」の意をあらわす。「舌」をもとにしてできている漢字と、「舌」および「舌」の字形を目じるしにして引く漢字とを集めた。

0 舌 舌 2 舍 4 舐 6 舒 9 舗 10 舘

この部首に所属しない漢字

乱⇩乚 35 甜⇩甘 671 辞⇩辛 959

舌 0
【舌】 6画 3269 820C 教育6 音 セツ漢 ゼツ呉 訓 した
筆順 ノ 二 千 千 舌 舌

舌 0
[舌] 6画 本字

なりたち 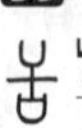 [会意]「干《カン》→《セツ》(=おかす・つく)」と「口(=くち)」とから成る。口をついて出ることばをあやつり、口にはいる食べ物を味わう器官。
意味 ❶口の中にあって味覚を感じたり、動かしたりして消化や発声をたすけたりする器官。した。例 舌根《ゼッコン》。舌頭《ゼットウ》。❷鐘《かね》などの内部に垂れている、したのような形をしたもの。❸ことば。ものを言うこと。例 舌禍《ゼッカ》。饒舌《ジョウゼツ》。
【舌禍】《ゼッカ》 ①自分が言ったことで自分が受けるわざわい。対 筆禍。例 ―をまねく。②他人の悪口や中傷を受けて、めいわくを受けること。
【舌耕】《ゼッコウ》 講義・講演・演説・講談など、弁舌によって生計を立てること。例 ―をもって世間《セケン》をわたる。
【舌根】《ゼッコン》 ①したのつけね。したのね。②〔仏〕六根《ロッコン》(=感覚・認識《ニンシキ》・迷いのもとになる六つのもの)の一つ。舌《ゼツ》。
【舌▼尖】《ゼッセン》 ①したの先。舌端《ゼッタン》。②話しぶり。弁舌。舌端。例 ―するどく論破する。
【舌戦】《ゼッセン》 文章ではなく、ことばに出して議論すること。論戦。例 ―をくりひろげる。
【舌▼苔】《ゼッタイ》 したの表面にできるコケのようなもの。消化器系の病気や熱病のときにできる。
【舌代】《ゼツダイ》 口頭によるあいさつのかわりに書いた、簡単な文章。口上書き。例 名産《メイサン》の説明をした―。
【舌端】《ゼッタン》 ①したの先。舌尖《ゼッセン》。②話しぶり。弁舌。舌尖。例 ―火をはく(=するどく論じたてる)。
【舌頭】《ゼットウ》 ①した。②語り方。話しぶり。例 ―のわざで人を説きふせる。
【舌▼鋒】《ゼッポウ》 (ほこさきのように)するどい言い方。例 ―するどく問いつめる。
●冗舌《ジョウゼツ》・長広舌《チョウコウゼツ》・毒舌《ドクゼツ》・猫舌《ねこじた》・筆舌《ヒツゼツ》・弁舌《ベンゼツ》・百舌《もず》

舌0 【舌】6画 ⇩【舌】《ゼツ》(835ページ)

舌2 【舍】8画 ⇩【舎】《シャ》(74ページ)

舌4 【舐】10画 7151 8210 音 シ漢 ジ呉 訓 な-める

意味 したでなめる。なめまわす。ねぶる。なめる。例 舐犢《シトク》。

【舐▼犢の愛】《シトクのアイ》 親牛が子牛をなめてかわいがるように、親がその子供をかわいがること。盲愛《モウアイ》。〈後漢書《ゴカンジョ》〉

舌6 【舒】12画 4816 8212 音 ショ漢 ジョ呉 訓 の-べる

意味 ❶ゆったりとのばす。のんびりとゆるやか。おもむろ。例 寛舒《カンジョ》(=心がひろい)。展舒《テンジョ》(=のべひろげる)。❷述べあらわす。のべる。例 舒懐《ジョカイ》(=心の思いを述べる)。舒情《ジョジョウ》。

【舒情】《ジョジョウ》 自分の気持ちを述べあらわすこと。叙情《ジョジョウ》。

舌9 【舗】15画 ⇩【舗】《ホ》(96ページ)

舌10 【舘】16画 ⇩【館】《カン》(1077ページ)

136 6画 舛(舛) ます まいあし 部

左右反対に向いた足の形をあらわす。「ます」は日本での読みで、漢字本来の意味ではない。「舞《まい》」の字にある脚《あし》(=漢字の下がわの部分)であることから「まいあし」ともいう。常用漢字・人名用漢字では「舛(七画)」となる。「舛」をもとにしてできている漢字を集めた。

0 舛 6 舜 舜 8 舞 舞

舛0 【舛】6画 3304 821B 音 セン漢 訓 そむ-く・たが-える

参考 日本では「升・升(=ます)」と同じように用いて「ます」と読む。

意味 くい違う。そむく。たがえる。例 舛錯《センサク》(=いりまじる)。

難読 舛添《ますぞえ》(=姓《セイ》)

舛6 【舜】13画 2956 821C 人名 音 シュン漢 訓 むくげ

舛6 【舜】12画

なりたち 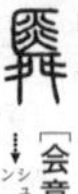

［会意］「爫(=花をつけたつる草)」と「舛《セン》(=そむく)」とから成る。借りて「俊《シュン》(=すぐれる)」の意から、伝説上の五帝《ゴテイ》のひとり。

意味 ❶中国古代の伝説上の聖天子。姓《セイ》は有虞《ユウグ》氏。徳があるとして尭《ギョウ》から帝位《テイイ》をゆずられた。❷アオイ科の落葉低木。夏から秋にむらさきや白の花をひらき、一日でしぼむ。ムクゲ。

人名 きよ・きよし・とし・ひとし・みつ・よし

【舜▼禹】《シュンウ》 中国古代の伝説上の聖天子である、舜帝《シュンテイ》と禹帝《ウテイ》。手本とすべきりっぱな皇帝とされる。

舛6 【舜】12画 ⇩【舜】《シュン》(836ページ)

舛8 【舞】15画 4181 821E 常用 音 ブ漢 ム呉 訓 ま-う・まい

筆順 

舛8 【舞】14画

なりたち 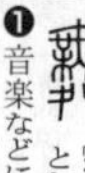
［形声］「舛(=そむきあう足)」と、音「無《ブ》」とから成る。音楽にあわせておどる。

意味 ❶音楽などにあわせて手足を動かす。おどる。まう。例 舞台《ブタイ》。歌舞《カブ》。❷ふるいたたせる。はげます。例 鼓舞《コブ》。❸かって気ままにつかう。例 舞文《ブブン》。

【舞楽】《ブガク》 ①まいをともなう音楽。②奈良《なら》時代に外国から習い伝えた、まいをともなう音楽。唐楽《トウガク》・高麗楽《コマガク》と、それにならって日本で制作したもの、の三種。

【舞▽姫】《ブキ》《まいひめ》 ①まいをまう女性。例 五節《ゴセチ》の—《まいひめ》。②ダンスを職業とする女性。おどり子。例 はかない—《まいひめ》の身の上。

【舞▼妓】《ブギ》《まいこ》 まいをまって酒席の客をもてなす職業。また、その少女。まいひめ。

【舞曲】《ブキョク》 ①まいと音楽。②まいに使われる音楽。また、そのリズムや形式をもつ曲。

【舞台】《ブタイ》 ①まいや芝居《しばい》などをするところ。また、演技する場所。例 りっぱに—をつとめる。—に上がる。②演技そのもの。例 あすの—の練習をする。③活躍《カツヤク》の場。例 晴れの—。独《ひと》り—。

【舞台裏】《ブタイうら》 ①舞台の裏側の、役者などが準備したり道具を用意したりする場所。②あるものごとに必ず存在し、しかも人々の目には見えない実情。例 政治の—。

【舞台劇】《ブタイゲキ》 〔放送劇や映画に対して〕舞台で演じて、その場で同時に観客に見せる劇。

【舞踏】《ブトウ》 (名・する) おどること。とくにダンス・バレエなど。

【舞文】《ブブン》 (名・する) ①(役人などが)法律をかってに解釈《カイシャク》して乱用すること。例 —弄法《ロウホウ》。②ことばをもてあそんで、かってな文章を書くこと。舞筆。例 —曲筆をもてあそぶ。

【舞踊】《ブヨウ》 からだの動作で感情などを表現する芸術。おどり。ダンス。例 —劇。日本—。民族—。

【舞扇】《まいおうぎ》 日本舞踊《ブヨウ》や能楽に用いるおうぎ。〔ふつうの扇子《センス》よりやや大形のもの〕

○●円舞《エンブ》・歌舞《カブ》・群舞《グンブ》・仕舞《しまい》・乱舞《ランブ》・輪舞《リンブ》

舛8 【舞】14画 ⇩【舞】《ブ》(836ページ)

137 6画 舟 ふね ふねへん 部

木をくりぬいたふねの形をあらわす。「舟」をもとにしてできている漢字を集めた。

0 舟 4 航 般 舫 舩 舮 5 舸 舷 船 舵 舳 舶 7 艇 艀 10 艙 艘 11 艚 艝 12 艟 13 艤 艨 艢 15 艦 艪 16 艫

舟0 【舟】6画 2914 821F 常用 音 シュウ漢 訓 ふね・ふな

筆順 

なりたち 
［象形］木をくりぬいてつくったふねの形。

意味 水上を行き来して人や荷物をはこぶ乗り物。ふね。こぶね。例 舟行《シュウコウ》。孤舟《コシュウ》。

日本語での用法 《ふね》水・湯など液体をたたえて入れておく容器。「湯舟《ゆぶね》」

使い分け ふね【船・舟】⇩1179ジベー

人名 のり

【舟行】《シュウコウ》 ①ふねで水上を進むこと。②ふなあそび。

【舟子】《シュウシ・ふなこ》 ふねに乗るのを仕事とする人。類 船方《ふなかた》・船頭《センドウ》。

【舟艇】《シュウテイ》 小型のふね。ボートなど。例 上陸用―。

【舟歌】《ふなうた》 ふねをこぐ調子を取るのにうたう歌。例 ベニスの―。表記「舟唄・船歌」とも書く。

【舟《ふね》に刻《コク》して剣《ケン》を求《もと》む】 時勢の移り変わりがわからず、古いしきたりをがんこに守ることのたとえ。刻舟《コクシュウ》。〔昔、楚《ソ》の国の人が、動いているふねから剣を落としたとき、ふなべりにしるしをつけて、あとで水底の剣をさがそうとした故事による〕〈呂氏春秋《リョシシュンジュウ》〉

●呉越同舟《ゴエツドウシュウ》・孤舟《コシュウ》・方舟《ホウシュウ・はこぶね》

舟 4

【航】

10画 2550 822A 教育5 音 コウ 漢 訓 わた-る

筆順 

なりたち  [形声]「方(=二そう並べたふね)」と、音「亢《コウ》」とから成る。二そうのふねを並べてわたる。参考 のちに「方」が「舟」となった。

意味 船で水上をわたる。また、飛行機で空中をとぶ。例 航海《コウカイ》。航空《コウクウ》。渡航《トコウ》。

人名 かず・つら

【航海】《コウカイ》(名・する) 船で海上をわたること。類 渡航《トコウ》・渡海・航行。例 ―日誌。

【航空】《コウクウ》 航空機で大気中や宇宙を飛ぶこと。類 飛行。

【航空機】《コウクウキ》 人が乗って空中を飛ぶもの。飛行機・飛行船・グライダー・ヘリコプター・気球など。

【航空券】《コウクウケン》 旅客機《リョカクキ》を利用するときの切符《きっぷ》。

【航空便】《コウクウビン》 ①「航空郵便」の略。飛行機で運ぶ郵便。エアメール。②飛行機でおこなう輸送。飛行便。

【航行】《コウコウ》(名・する) 船で水上をわたること。また、航空機で空を行くこと。例 安全な―を保つ。

【航跡】《コウセキ》 船が通ったあとに水面に残る波の筋。

【航程】《コウテイ》 船や航空機の行く距離《キョリ》。また、その所要時間。例 飛行機で東京から一時間の―だ。上海《シャンハイ》経由の―。

【航路】《コウロ》 船や航空機の通る道筋。例 ―標識。定期―。

6画

●運航《ウンコウ》・寄航《キコウ》・欠航《ケッコウ》・周航《シュウコウ》・就航《シュウコウ》・出航《シュッコウ》・渡航《トコウ》・難航《ナンコウ》・密航《ミッコウ》

舟 4

【般】

10画 4044 822C 常用 音 ハン 漢 バン 呉

筆順 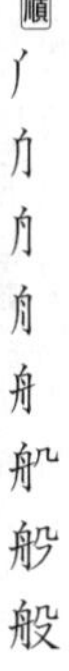

なりたち  [会意]「舟(=ふね)」と「殳(=ふねをめぐらせる)」とから成る。ふねがめぐる。

意味 ❶まわる。めぐる。めぐらす。❷ものごとの種類。ひとまとまりのことがら。例 一般《イッパン》。先般《センパン》。全般《ゼンパン》。

人名 かず・つら

【般▽若】《ハンニャ》〔梵語《ボンゴ》の音訳〕①〔仏〕すべての迷いを去ってさとりをひらく知恵《チエ》。②いかりや悲しみなどをあらわした、鬼女《キジョ》の能面。

【般▽若湯】《ハンニャトウ》 酒のこと。〔僧《ソウ》の隠語《インゴ》〕

●一般《イッパン》・諸般《ショハン》・先般《センパン》・全般《ゼンパン》

舟 4

【舫】

10画 7154 822B 音 ホウ 漢 呉 訓 もや-う

意味 二そうならべて、つなぎあわせたふね。もやいぶね。また、つなぎあわせる。もやう。例 舫舟《ホウシュウ》(=もやってある舟《ふね》)。

舟 4 【舩】10画 ⇩【船】《セン》(837ジベー)

舟 4 【舮】10画 ⇩【艫】《ロ》(839ジベー)

舟 5

【舸】

11画 7155 8238 音 カ 漢 訓 おおふね・はやふね・ふね

意味 大きな船。ふね。例 舸艦《カカン》(=大きな軍艦)。船舸《センカ》。走舸《ソウカ》(=速い軍船)。

舟 5

【舷】

11画 2431 8237 常用 音 ケン 漢 ゲン 呉 訓 ふなばた

筆順 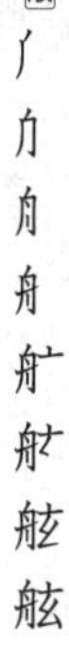

なりたち [形声]「舟(=ふね)」と、音「玄《ゲン》」とから成る。舟の両側。

意味 ふねの両わきの面。ふなべり。ふなばた。例 舷側《ゲンソク》。舷灯《ゲントウ》。右舷《ウゲン》。

【舷舷《ゲンゲン》相《あい》摩《マ》す】〔ふなべりとふなべりとが、たがいにすれ合う意〕海戦で、敵と味方とがたがいに接近して激しく戦う。

【舷窓】《ゲンソウ》 船の側面にある小さなまど。類 船窓。

【舷側】《ゲンソク》 船の側面。ふなばた。ふなべり。類 船側。

【舷▼梯】《ゲンテイ》 ふなばたに設けた乗り降り用のはしご。ふなばしご。タラップ。

【舷灯】《ゲントウ》 夜間に航行中の船の、両舷の外側にかかげる灯火。右舷は緑色、左舷は赤色を用いる。

[舟部] 4―5画 航 般 舫 舩 舮 舸 舷 船

舟 5

【船】

11画 3305 8239 教育2 音 セン 漢 呉 訓 ふね・ふな 付表 伝馬船《てんません》

筆順 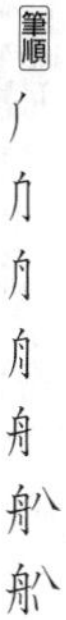

舟 4 【舩】10画 7153 8229 俗字

なりたち  [形声]「舟(=ふね)」と、音「㕣《エン→セン》」とから成る。ふね。

意味 水上を行き来して人や荷物を運ぶ乗り物。ふね。例 船長《センチョウ》。船舶《センパク》。汽船《キセン》。

使い分け ふね【船・舟】⇩1179ジベー

難読 船魂《ふなだま》

【船医】《センイ》 船に乗り組み、航海中の医務をおこなう医師。

【船員】《センイン》 船の乗組員。ふなのり。類 海員。例 ―手帳。

【船艦】《センカン》 民間の船と軍艦。

【船客】《センキャク》 船に乗っている旅客《リョカク》。

【船橋】《センキョウ》 ①多くの船を並べて上に板をわたして作ったはし。ふなはし。②船の上甲板《ジョウカンパン》にあって、船長が指揮をとるところ。ブリッジ。

【船室】《センシツ》 船の、旅客《リョカク》が使う部屋。キャビン。ケビン。

【船主】《センシュ》 ①船の持ちぬし。ふなぬし。②船長。ふなおさ。

【船首】《センシュ》 船のいちばん前の部分。へさき。対 船尾《センビ》。

【船籍】《センセキ》 船の所属地を示した籍。例 ―不明の貨物船。

【船倉】《センソウ》 船の甲板《カンパン》の下の、貨物を積みこむところ。ふなぐら。例 貨物を―いっぱいに積む。表記 旧 船▼艙

【船側】《センソク》 ①船のへり。ふなばた。類 舷側《ゲンソク》。②船のすぐそば。例 ―に寄る。

【船体】《センタイ》 船の積み荷や付属物を除いた、船そのものの部分。例 あらしのため―がきしむ。

【船隊】《センタイ》 同じ目的のために、数隻《スウセキ》の船でつくるグループ。

例輸送—。—を組んで漁場へ向かう。

【船長】《センチョウ》 ①船の乗組員の長で、航行の指揮、船員の監督《カントク》、積み荷などの責任をとる人。②船の長さ。

【船底】㊀《センテイ》 船のそこの部分。㊁《ふなぞこ》 船のそこのようにそり返ったもの。例—天井《テンジョウ》。

【船頭】《センドウ》 ①船長。例—多くして船《ふね》山に上《のぼ》る(=指図する人が多いと、ものごとが目的でない方向に進む)。②船をこぐ人。ふなかた。例わたし船の—。

【船舶】《センパク》 〔「舶」は、大きな船の意〕ふね。例—信号。

【船尾】《センビ》 船のいちばん後ろの部分。とも。(対)船首。

【船幅】《センプク》 船の胴体《ドウタイ》で、最大の部分のはば。

【船腹】《センプク》 ①船の胴《ドウ》の部分。②船の内部の、貨物を積みこむ空間。また、その積載量《セキサイリョウ》。

【船足】《ふなあし》 ①船体の水につかっている部分。(類)喫水《キッスイ》。例—が深い。②船の速さ。例—が速い。表記▽「船脚」とも書く。

【船路】《ふなじ》 ①船の通るコース。航路。海路。②船を利用した旅。ふなたび。例地中海一周の—を楽しむ。

【船大工】《ふなダイク》 木造船をつくる大工。船工。

【船霊】《ふなだま》 船内に祭ってある、船の守り神。たとえば、金毘羅《コンピラ》・住吉《すみよし》・水天宮《スイテングウ》など。例—様を祭る。表記「船玉・船▽魂」とも書く。

【船荷】《ふなに》 船に積む荷物。例—証券(=船に荷物を積んだことを証明する書類)。

【船便】《ふなビン》 〔「センビン」とも〕①船による交通の連絡《レンラク》。船の便《ビン》。②船でものを送ること。例大きいものは—で送る。

【船宿】《ふなやど》 舟遊《ふなあそ》びや魚つりなどの船を貸し出したり、世話をしたりすることを職業とする家。表記「舟宿」とも書く。

◐汽船《キセン》・客船《キャクセン》・漁船《ギョセン》・下船《ゲセン》・商船《ショウセン》・乗船《ジョウセン》・造船《ゾウセン》・宝船《たからぶね》・停船《テイセン》・難船《ナンセン》・帆船《ハンセン》・風船《フウセン》・母船《ボセン》

舟 5 【舵】 11画 3441 8235 人名 音タ(漢)ダ(呉) 訓かじ

木 5 【柁】 9画 3440 67C1 別体字

意味 ふねのうしろに取り付けて、その進む方向を定める装置。かじ。例舵手《ダシュ》。操舵《ソウダ》。

【舵手】《ダシュ》 船のかじをとる人。かじとり。

舟 5 【舳】 11画 7156 8233 音チク(漢)ジク(呉) 訓とも・へ・へさき

意味 船のうしろのほう。とも。また、船の前のほう。へさき。例舳艫《ジクロ》。

【舳▼艫】《ジクロ》 船のへさきと、とも。船首と船尾《センビ》。

【舳▼艫《ジクロ》相《あい》▼銜《ふく》む】 〔前を行く船のともと、後ろの船のへさきがかみ合う意〕多くの船が前後して連なって進むようす。

舟 5 【舶】 11画 3985 8236 常用 音ハク(漢) 訓おおぶね・ふね

筆順 ノ … 舶

なりたち 「形声」「舟(=ふね)」と、音「白《ハク》」とから成る。大きなふね。

意味 海をわたる大きなふね。おおぶね。例舶載《ハクサイ》。船舶《センパク》。

【舶載】《ハクサイ》 (名・する) ①船にのせて運ぶこと。②外国から船で運んでくること。また、そのもの。(類)舶来。例奈良《なら》時代に大陸から—した仏典や漢籍《カンセキ》。

【舶来】《ハクライ》 (名・する) 外国から船で運んでくること。また、そのもの。(類)舶載《ハクサイ》。例—品(=輸入品)。

舟 7 【艇】 13画 3690 8247 常用 音テイ(漢) 訓ふね

筆順 … 艇

なりたち 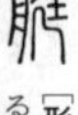 「形声」「舟(=ふね)」と、音「廷《テイ》」とから成る。こぶね。

意味 細長いこぶね。ボート。例艇身《テイシン》。舟艇《シュウテイ》。

【艇庫】《テイコ》 ボートをしまう倉庫。

【艇身】《テイシン》 ①ボートの船体。例—の手入れをする。②(とくにボート競技で)ボート一艇分の長さ。例半—リード。

◐艦艇《カンテイ》・競艇《キョウテイ》・舟艇《シュウテイ》

舟 7 【艀】 13画 7157 8240 音フウ(漢)フ(呉) 訓はしけ

意味 短くて底の深いふね。こぶね。

日本語での用法 《はしけ》 沖《おき》の本船と岸の間を行き来して人や荷物を運ぶ、こぶね。「艀船《はしけぶね》・艀渡《はしけわた》し」

舟 10 【艙】 16画 7158 8259 音ソウ(漢)(呉) 訓ふなぐら

意味 船などの内部をしきった部屋。また、貨物を積むところ。ふなぐら。例艙底《ソウテイ》(=船倉)。

舟 10 【艘】 16画 7159 8258 音ソウ(漢) 訓ふね

意味 ❶ふねをまとめていうことば。❷ふねを数えることば。例一艘《イッソウ》。

舟 11 【艚】 17画 7161 825A 音ソウ(漢) 訓うまふね・ふね

意味 運送用の船。ふね。

舟 11 【艝】 17画 7160 825D 国字 訓そり

意味 雪の上を進む乗り物。そり。

舟 12 【艟】 18画 7162 825F 音ドウ(慣)トウ(漢)ショウ(漢) 訓いくさぶね

意味 「艨艟《モウショウ／モウドウ》」は、敵の船にぶつかって相手をつきやぶる細長い軍船。いくさぶね。また、軍艦《グンカン》・艦隊の意味に用いる。

舟 13 【艤】 19画 7163 8264 音ギ(漢)(呉) 訓ふなよそおい

意味 船が出航できるように、船具などの準備をととのえて船を岸につけること。例艤装《ギソウ》。

【艤装】《ギソウ》 (名・する) 進水した船の本体に必要な設備や装置を取りつけること。貨物船にクレーンを、軍艦《グンカン》に大砲《タイホウ》をすえるなど。

舟 13 【艨】 19画 7165 8268 音モウ(漢) 訓いくさぶね

意味 「艨衝《モウショウ》」「艨艟《モウショウ／モウドウ》」は、敵の船にぶつかって、相手をつきやぶる細長い軍船。いくさぶね。また、軍艦《グンカン》・艦隊の意味に用いる。

舟13
【艢】19画 ⇩【檣《ショウ》】（550ページ）

舟15
【艦】21画 2047 8266 常用 音 カン 漢 訓 いくさぶね

筆順 ⺆ 舟 舟 舟 舟 舟 舟 艦

なりたち [形声]「舟（＝ふね）」と、音「監《カン》」とから成る。大型のいくさぶね。

意味 戦争につかう大型の船。いくさぶね。例 艦隊《カンタイ》。軍艦《グンカン》。戦艦《センカン》。

【艦橋】《カンキョウ》 軍艦で、全体の指揮をとるところ。ブリッジ。

【艦載】《カンサイ》 （名・する）軍艦にのせること。例 —機。

【艦首】《カンシュ》 軍艦のへさき。対 艦尾《カンビ》。

【艦上】《カンジョウ》 軍艦の上。例 —機。

【艦隊】《カンタイ》 二隻《セキ》以上の軍艦から成る部隊。例 無敵—。

【艦艇】《カンテイ》 大型・小型の、各種の軍用艦船。

【艦尾】《カンビ》 軍艦の後ろの部分。艦のとも。対 艦首。

【艦砲】《カンポウ》 軍艦に備え付けた火砲《カホウ》。例 —射撃《シャゲキ》。

●旗艦《キカン》・軍艦《グンカン》・戦艦《センカン》

舟15
【艪】21画 7166 826A 音 ロ 漢

意味 船をこいで、進めるのにつかう道具。同 櫓《ロ》。

舟16
【艫】22画 7167 826B 音 ロ 漢 訓 とも

意味 ❶船の前のほう。船首。へさき。みよし。例 舳艫《ジクロ》（＝ともと、へさき）。❷船の後ろのほう。船尾《センビ》。とも。例 艫綱《ともづな》（＝船尾から出して、船をつなぐためのつな）。

舟4
[舮] 10画 7168 822E 俗字

138 6画 艮 うしとら こんづくり 部

「目をいからせてにらみあう。さからう」意をあらわす。「艮」をもとにしてできている漢字と、「艮」の字形を目じるしにして引く漢字とを集めた。

0 艮 1 良 11 艱

艮0
【艮】6画 2617 826E 音 ゴン 慣 コン 漢 呉 訓 うしとら

意味 ❶そむく。さからう。❷易《エキ》の卦《カ》。八卦《ハッカ》の一つ。山をかたどり、止まって進まないようすをあらわす。❸方位の名。北東にあたる。うしとら。❹時刻の名。午前二時から午前四時のあいだ。うしとら。

艮1
【良】7画 4641 826F 教育4 音 リョウ 漢 呉 訓 よ-い 付表 野良《のら》

筆順 丶 ㇇ ⺕ ⺕ 㫐 良 良

なりたち 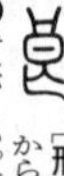 [形声]「白（＝満ちる）」と、音「亡《ボウ》→《リョウ》」とから成る。よい。

意味 ❶質がよい。すぐれている。よい。例 良好《リョウコウ》。善良《ゼンリョウ》。優良《ユウリョウ》。❷しばらく。やや。例 良久《リョウキュウ》（＝しばらくたって）。❸ほんとうに。まことに。たしかに。例 良有レ以也《まことにゆえあるなり》。

使い分け よい【良・善】⇩1181ページ

県名 奈良《なら》

難読 良人《おっと》《つれあい》

人名 あき・あきら・お・かず・かた・さだむ・さね・すけ・すなお・たか・たかし・ただ・ただし・つか・つかさ・つぎ・なおし・なか・ながし・はじめ・はる・ひさ・ひさし・ふかし・ふみ・まこと・まさ・まさる・み・よし・ら・ろ・ろう

【良案】《リョウアン》 よい思いつき・考え。類 名案。例 —を思いつく。

【良医】《リョウイ》 すぐれた医者。名医。例 —にめぐりあう。

【良縁】《リョウエン》 よい縁談。似合いの縁組み。例 —にめぐまれて結婚する。

【良貨】《リョウカ》 ①質のよい貨幣《カヘイ》。実際の値打ちと、表示された値打ちがつりあっているもの。対 悪貨。例 悪貨は—を駆逐《クチク》する。②よい品物。よい宝物。

【良器】《リョウキ》 ①よいうつわ。礼器・楽器・道具などのよいもの。②よい器量。すぐれた才能。例 部下に—を得る。

【良▼狗】《リョウク》 〔よい飼い犬の意から〕はかりごとがうまく、主人に忠実な家臣のたとえ。

【良家】《リョウケ》 〔「リョウカ」とも〕生活程度や社会的地位の低くない、教養のある家庭。例 —の子女。

【良月】《リョウゲツ》 ①よい月。②陰暦《インレキ》十月の別名。〔十は満ちてよい数であるということから〕

【良工】《リョウコウ》 技術のすぐれたよい職人。類 良匠《リョウショウ》。例 —は材を選ばず（＝良工は材料のよしあしを問題にしない）。

【良好】《リョウコウ》 （名・形動《ダ》）すぐれてよいこと。例 感度—。視界は—。

【良港】《リョウコウ》 あらしでも波が立たず、適当な広さで、航路沿いにあって利用しやすい、よいみなと。例 天然の—。

【良▼賈】《リョウコ》は深《ふか》く蔵《ゾウ》して▽虚《むな》しきがごとし】〔「賈」は商人の意〕よい商人は商品をおくにしまっておき、店頭をかざることをしない。かしこい者は、自分の能力をかくして表に出さないことのたとえ。〈史記《シキ》〉

【良才】《リョウサイ》 すぐれた才能。また、それをもつ人。類 良材。例 天下に—を求める。

【良妻】《リョウサイ》 夫にとって、よいつま。類 賢妻《ケンサイ》。対 悪妻。

【良妻賢母】《リョウサイケンボ》 おっとに対してよいつまであると同時に、子供に対してかしこい母であること。

【良材】《リョウザイ》 ①よい材木。質のよい材料。②すぐれた才能。また、それをもつ人。類 良才。

【良剤】《リョウザイ》 よく効く薬。類 良薬。例 —を求める。

【良策】《リョウサク》 よい計画やはかりごと。また、よい方法。類 良計・上策。例 —を講じる。

【良識】《リョウシキ》 自分自身の意見をもち、ものごとのよしあしを公正に判断する力。例 —にうったえる。

【良質】《リョウシツ》 （名・形動《ダ》）品質や材質がよいこと。類 上質。対 悪質。例 —の紙。

【良日】《リョウジツ》 ①よい日がら。類 吉日《キチジツ》。②陰暦《インレキ》七月七日の別名。

【良主】《リョウシュ》 よい主人。よい君主。

【良書】《リョウショ》 内容のすぐれた本。有益な本。対 悪書。

【良相】《リョウショウ》 すぐれた大臣。類 賢相《ケンショウ》・良宰《リョウサイ》。

【良将】《リョウショウ》 りっぱな大将。すぐれた将軍。

【良心】《リョウシン》 自分のおこないについて善悪を判断する心のはたらき。また、人がもともともっている善の心。例 —がとがめる。—の呵責《カシャク》にたえない（＝良心をせめ苦しめられることにたえきれない）。

【良心的】《リョウシンテキ》 （形動《ダ》）良心に従って考えたりおこなったりするようす。誠実におこなうようす。例 —な店。

【良▼辰】《リョウシン》〔「辰」は、日の意〕めでたい日。類吉日《キチジツ》。

【良臣】《リョウシン》よい臣下。

【良性】《リョウセイ》ものごとの性質や傾向《ケイコウ》がよいこと。対悪性。例—腫瘍《シュヨウ》。

【良俗】《リョウゾク》よい風俗。よい習わし。例公序—。—を守る。

【良知】《リョウチ》人間が生まれつきもっている知恵《チエ》。例—良能。

【良田】《リョウデン》米がよくとれる田地。類美田。

【良二千石】《リョウニセンセキ》〔「二千石」は、漢代の郡の太守《タイシュ》(=長官)の年俸《ネンポウ》〕すぐれた善良な地方長官。

【良能】《リョウノウ》人間が生まれつきもっている能力。

【良馬】《リョウバ》すぐれた馬。類駿馬《シュンメ》。

【良否】《リョウヒ》よいかよくないか。よしあし。例結果の—にかかわらず通知する。

【良品】《リョウヒン》見かけや形式にかかわりなく、実質のよい品物。例—を売る。形は悪いが—だ。

【良風】《リョウフウ》よい風習。対悪風。例—美俗《ビゾク》。

【良兵】《リョウヘイ》①すぐれた兵器。②すぐれた兵士。類精兵。例良民は—にならない。

【良木】《リョウボク》姿や実の付き方などがよい木。また、質のよい材木やよく燃えるたきぎ。

【良民】《リョウミン》①善良な人々。②いっぱんの人々。例—の生活をあやうくする政策。

【良夜】《リョウヤ》①(月の)美しいよる。②よふけ。深夜。

【良薬】《リョウヤク》たいへんによく効くくすり。類良剤《リョウザイ》。

【良薬《リョウヤク》は口《くち》に苦《にが》し】よく効くくすりは苦い。ためになる忠告は聞き入れにくいことのたとえ。〔「良薬は口に苦けれども病《やまい》に利あり。忠言は耳に逆らえども行いに利あり」による〕〈孔子家語《コウシケゴ》〉
●温良《オンリョウ》・改良《カイリョウ》・最良《サイリョウ》・純良《ジュンリョウ》・選良《センリョウ》・善良《ゼンリョウ》・不良《フリョウ》・優良《ユウリョウ》

艮 11

【艱】

17画 7169 8271 音カン漢 ケン呉 訓なや-む・かた-い

意味 ❶困難なことにあって、なやみ苦しむ。なやむ。例艱苦《カンク》。艱難《カンナン》。❷むずかしい。かたい。また、けわしい。

【艱苦】《カンク》つらく苦しいこと。例—にたえる。

【艱難】《カンナン》むずかしいことに出あって、なやんだり苦しんだりすること。類難儀《ナンギ》。

【艱難辛苦】《カンナンシンク》困難に直面して苦労すること。例同志たちは—の果てに本懐《ホンカイ》をとげた。

【艱難《カンナン》▼汝《なんじ》を玉《たま》にす】多くのなやみや苦しみを経験してこそりっぱな人物になれる、という教え。

139 6画
色 いろ いろづくり 部

かおいろの意をあらわす。「色」と、「色」をもとにしてできている「艶」とを集めた。

0 色 13 艶 18 艷

色 0

【色】

6画 3107 8272 教育2 音ショク漢 シキ呉 訓いろ 付表景色《けしき》

筆順 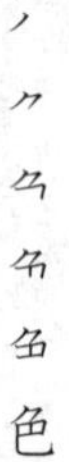

なりたち  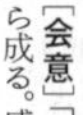 [会意]「人(=ひと)」と「巴(=わりふ)」とから成る。感情がわりふを合わせたように顔に出たもの。

意味 ❶顔の表情や顔かたち。かおいろ。とくに、美しい顔。例顔色《ガンショク》。容色《ヨウショク》。才色兼備《サイショクケンビ》。❷外がわにあらわれたようす。おもむき。例景色《けしき》。古色《コショク》。秋色《シュウショク》。❸いろあい。いろどり。いろ。例色彩《シキサイ》。染色《センショク》。❹男女間の情欲。例色欲《シキヨク》。好色《コウショク》。❺種類。たぐい。例色目《シキモク》。❻〔仏〕感覚でとらえられる形のあるものすべて。例色界《シキカイ》。色即是空《シキソクゼクウ》。

日本語での用法《いろ》おもしろみ・おもむき・活気・あでやかさ・なまめかしさ・美しさなどについていう。「色《いろ》よい返事《ヘンジ》・すこし色《いろ》をつける・色男《いろおとこ》・色事師《いろごとシ》・色物《いろもの》」

人名 くさ・しこ・しな

【色絵】《いろエ》①色をぬった絵。彩色画《サイシキガ》。②うわぐすりをつけて焼いた陶磁器《トウジキ》に絵をかいて焼き上げること。

【色香】《いろか》①色とかおり。例花の—。②女性のあでやかな美しさ。例—に迷う。

【色気】《いろケ》①色合い。例赤みがかった—。②性的な魅力《ミリョク》。また、性的な関心。例—づく。③異性の存在がかもし出す、はなやかな雰囲気《フンイキ》。例—ぬきの仕事場。④おもしろみ。あいそ。例—のない返事。—をそえる。⑤興味。関心。積極性。例商売に—を示す。

【色恋】《いろこい》恋愛《レンアイ》や情事。例—ぬきのつきあい。

【色事】《いろごと》①恋愛《レンアイ》に関すること。類情事。例—にうとい人。②芝居《しばい》で、なまめかしいしぐさ。ぬれごと。例—師。

【色眼鏡】《いろめがね》①色つきのレンズを使った眼鏡。サングラス。②ものごとのほんとうのすがたを見るのではなく、一方的に決めつけた見方。偏見《ヘンケン》。先入観。例—で人を見てはいけない。

【色模様】《いろモヨウ》①布などを色で染めた模様。また、美しい模様。②芝居《しばい》で、情事の場面。ラブシーン。

【色界】《シキカイ》〔仏〕三界《サンガイ》(=欲界・色界・無色界)の一つで、色《シキ》(=いろや形のあるもの)にとらわれた世界。

【色覚】《シキカク》色を識別する感覚。例動物は種類によって—が異なる。

【色感】《シキカン》①色(のよしあし)を判断する、感覚的能力。②色から受ける感じ。例暖かい—。

【色彩】《シキサイ》①いろどり。いろあい。例—感覚がいい。②それらしい特色・ようす。類傾向《ケイコウ》。例貴族的—をもった武将。

【色紙】㊀《シキシ》和歌や俳句、またサインなどを書く四角い厚紙。㊁《いろがみ》折り紙や紙細工に使う、さまざまな色の紙。

【色弱】《シキジャク》色覚のうち、ある系統の色覚が他の色覚に比べて弱い状態。

【色情】《シキジョウ》性的な欲情。類色欲。例—狂《キョウ》。

【色素】《シキソ》ものの色のもとになっている成分。例メラニン—。

【色相】《シキソウ》①〔仏〕肉眼で見える、ものの姿や形。②色の三要素(=色相・彩度《サイド》・明度)の一つで、赤や青など一つ一つの色のこと。③色合い。類色調。

【色即是空】《シキソクゼクウ》〔仏〕この世のあらゆるもの(=色)は、実体として存在するのではない(=空)ということ。〈般若心経《ハンニャシンギョウ》〉例—、空即是色《クウソクゼシキ》。

【色沢】《シキタク|ショクタク》①いろつや。光沢。②人の徳をたとえていうことば。

【色調】《シキチョウ》色の濃淡《ノウタン》や明暗などの調子。色合い。

【色魔】《シキマ》多くの女性をだまして、もてあそぶ男。女たらし。

【色盲】《シキモウ》色覚のうち、ある系統の色覚が欠けている状態。色覚特性。→【色弱】《シキジャク》

【色目】㊀《シキモク》①〔「ショクモク」とも〕種類ごとの名目。種目。②元《ゲン》代、西方系の諸民族の人々のこと。目の色のちがいからいう。色目人。㊁《いろめ》①衣服などのいろあい。②色っぽい目つき。例—を使う。

【色欲】《シキヨク》①性的な欲情。色情。例—よりも食欲の年ごろ。②性的欲情と利欲。表記▽旧色▼慾

●異色《イショク》・音色《オンショク|ねいろ》・褐色《カッショク》・寒色《カンショク》・顔色《ガンショク》・喜色《キショク》・気色《キショク|ケシキ》・脚色《キャクショク》・血色《ケッショク》・原色《ゲンショク》・金色《コンジキ|キンいろ》・彩色《サイシキ|サイショク》・地色《ジいろ》・十人十色《ジュウニンといろ》・出色《シュッショク》・声色《セイショク|こわいろ》・染色《センショク》・暖色《ダンショク》・着色《チャクショク》・特色《トクショク》・難色《ナンショク》・配色《ハイショク》・敗色《ハイショク》・旗色《はたいろ》・物色《ブッショク》・変色《ヘンショク》・無色《ムショク》・有色《ユウショク》・容色《ヨウショク》

色 13

【艶】

19画 1780 8276 常用 音 エン漢 訓 つや・なまめ-かしい

筆順 冂 曲 曲 豊 豊 豊 豊 艶

色18 【艷】 24画 7170 8277

豆21 【豔】 28画 2-8894 8C54 本字

なりたち 豔 [形声]「豐(=ゆたかに大きい)」と、音「盇《コウ》→《エン》」とから成る。立派で美しい。

意味 ❶あでやかで美しい。なまめかしい。例 艶姿《エンシ》。妖艶《ヨウエン》。❷はなやかさ。光彩《コウサイ》。いろ。つや。例 艶陽《エンヨウ》(=はなやかな晩春)。艶蕾《エンライ》(=美しいつぼみ)。

日本語での用法《エン・つや》男女の情事に関する意味をあらわす。「艶書《エンショ》・艶福《エンプク》・艶聞《エンブン》・艶事《つやごと》・艶話《つやばなし》・艶物《つやもの》の芝居《しばい》」

人名 よし

【艶歌】《エンカ》①なまめかしい歌。②明治・大正時代の流行歌。③歌謡曲《カヨウキョク》の一つで、もの悲しい調子の歌。愛や恋《こい》の情感を主題とする、はやりうた。演歌。例—調。

【艶姿】《エンシ》なまめかしい美しさのあるすがた。あですがた。艶容。

【艶書】《エンショ》恋慕《レンボ》の気持ちをつづった手紙。恋文《こいぶみ》。ラブレター。例—を送る。

【艶笑】《エンショウ》一(名)色けとおかしみのある文学や演芸。例—文学。二(名・する)あでやかにわらうこと。

【艶美】《エンビ》(名・形動《ダナ》)なまめかしく美しいこと。類 艶麗《エンレイ》。例—な女性。

【艶福】《エンプク》多くの異性にもてること。例—家《カ》。

【艶聞】《エンブン》恋愛《レンアイ》関係についてのうわさ。例—の多い人。

【艶冶】《エンヤ》(名・形動《ダナ》)〔「冶」も、なまめかしい意〕なまめかしく美しいこと。類 妖冶《ヨウヤ》。例 年たけてもなお—な姿。

【艶容】《エンヨウ》なまめかしく美しい容姿。艶姿。

【艶麗】《エンレイ》(名・形動《ダナ》)あでやかに美しいこと。類 艶美。例—なしぐさ。

●色艶《いろつや》・清艶《セイエン》・幽艶《ユウエン》・優艶《ユウエン》・妖艶《ヨウエン》

色18 【艷】 24画 ⇩【艶】《エン》(841ページ)

140 6画

艸 くさ(艹 くさかんむり そうこう)部

草が横に並んで生えている形をあらわす。「艸」が文字の一部になるときは「艹(四画)」となるが、常用漢字では「艹(三画)」となるので、この辞典ではすべて「艹(三画)」に統一した。「艸」をもとにしてできている漢字と、「艹」の字形を目じるしに引く漢字とを集めた。

0 艸 2 艾 3 芋 芝 芍 芒 4 花 芥
芹 芸 芫 芟 芯 芻 芭 芙 芬 芳 芽 苅
芦 5 苡 英 苑 苛 茄 芽 苣 苦 茎 苟
若 苴 苫 苒 苔 苧 苳 苺 范 苹 苗 苻
苞 茅 茆 苜 茉 茂 苙 苓 6 茨 茵 茴
茖 荊 荒 荇 茲 茱 荀 茹 茸 荏 茜 荐
荃 草 荘 茶 荅 茯 茫 茗 荔 荒 莽 7
莛 荷 華 莪 莞 莟 莢 莫 莎 莇 莵 荻
荼 荳 莫 莠 莉 莅 莨 莖 莊 莵 莓 莱
8 萎 菓 菅 萓 菊 菌 菫 菎 菜 菘 菽
菖 萃 萋 菁 著 萇 菟 萄 菠 菲 萍 菩
萌 莽 菹 萊 菱 菻 菴 華 葛 菜 菷 萠
9 葭 萪 萼 葛 蒄 葵 葷 萱 菰 葫 葹
萩 葺 葬 葱 葮 董 葩 葡 葆 葯 萸 葉
落 葎 萵 葦 葢 蒂 著 菟 萬 10 葦 蓊
蓋 蒹 蒿 蒟 蓑 蓙 蒜 蒔 蓍 蒻 蒐 蓚
蒸 蓐 蓁 蓆 蒼 蓄 蓖 蒲 蒡 蒙 蓉 蓮
蒋 蒭 11 蔭 蔚 蔡 蓿 蓴 蔗 蔣 蔘 蔟
蔕 蔦 蔔 蔑 蔀 蓬 蔓 蓼 蓨 蔆 蓮 12
蕎 蕀 蕨 蕣 蔬 蕉 蕘 蕈 蕁 蕊 蔵 蕩
蕃 蕪 蔽 蕕 蕚 蕋 13 薤 薑 薫 薊 薨
蕭 薔 薪 薛 薦 薙 薄 薇 薜 薬 蕷 蕾
蕗 薐 薈 薀 薗 薮 薄 薇 14 藁 薩 藉
薯 薺 薹 藐 薫 15 藕 藪 藤 藩 藍 藜
藝 藏 藤 藥 16 藹 蘊 藷 蘇 藻 蘋 藾
蘭 藺 蘆 蘢 蘂 蘓 17 蘰 蘗 蘚 蘯 蘖
蘭 19 蘿

この部首に所属しない漢字

募⇩力151 惹⇩心400 墓⇩土238 夢⇩夕253
幕⇩巾343 慕⇩小409 暮⇩日495 甍⇩瓦670
蟇⇩虫879 繭⇩糸794 驀⇩馬1084

艸 0

【艸】

6画 7171 8278 音 ソウ漢呉 訓 くさ

参考「草《ソウ》」の本字。

意味 ならんで生えている、くさ。

艹 2

【艾】

5画 7172 827E 音 ガイ漢 訓 よもぎ・もぐさ・か-る・おさ-める

意味 ❶キク科の多年草。ヨモギ。若葉は草もち・草だんごに、葉の裏のわた毛は「もぐさ」として灸《キュウ》に用いる。例 艾草《ガイソウ》(=ヨモギ)。❷(ヨモギのわた毛のように髪《かみ》が白い)年寄り。とくに、五十歳《サイ》(の人)。例 艾年《ガイネン》(=五十歳)。❸かりとる。かる。同 刈《ガイ》。❹悪い部分をかりとり、全体を整える。おさめる。例 艾安《ガイアン》。

【艾安】《ガイアン》世の中が治まっていて、やすらかである。

【艾老】《ガイロウ》五十歳を過ぎた老人。

艹 3

【芋】

6画 1682 828B 常用 音 ウ漢呉 訓 いも

筆順 一 十 卄 艹 芏 芋

なりたち [形声]「艹(=くさ)」と、音「于《ウ》(=大きい)」とから成る。根が実をつけたように大きくふくれる植物。

意味 イモ類をまとめていうことば。とくに、サトイモのこと。いも。例 芋《ウ》菽《シュク》(=イモとマメ)。子芋《こいも》。里芋《さといも》。

難読 芋魁《いもがしら》

人名 しげる

【芋頭】《いもがしら》 サトイモの根のかたまり。また、その中でいちばん大きいかたまり。親芋。

【芋▼粥】《いもがゆ》 サツマイモ・ヤマノイモなどをたきこんだかゆ。

【芋▼蔓式】《いもづるシキ》 一つのことが明らかになると、それに関連のある人やものが次々と明らかになること。例 —に共犯者がつかまる。

【芋名月】《いもメイゲツ》 中秋《チュウシュウ》の名月(=陰暦《インレキ》八月十五日の月)の別名。新しくとれたサトイモを供えるところからいう。↓【栗名月】《くりメイゲツ》(530ページ)・【豆名月】《まめメイゲツ》(929ページ)

【▽芋▽茎】《ずいき》 サトイモの葉柄《ヨウヘイ》。食用にする。いもがら。

艹3

【芝】

6画 2839 829D 常用 音 シ漢 訓 しば 付表 芝生《しばふ》

筆順 一 十 卄 艹 芝 芝

なりたち [形声]「艹(=くさ)」と、音「之《シ》」とから成る。めでたいしるしとされる植物。

意味 ❶きのこの一種。マンネンタケ。古くから、めでたいしるしとされる。例 霊芝《レイシ》。❷香草《コウソウ》の名。ヨロイグサ。例 芝蘭《シラン》。

日本語での用法 《しば》 イネ科の多年草。庭やグラウンドなどに植える。「芝草《しばくさ》・芝生《しばふ》」

難読 地芝《かもうり》

人名 しく・しげ・しげる・ふさ

【▽芝草】 一《シソウ》 きのこの名。マンネンタケの漢名。霊芝《レイシ》。 二《しばくさ》 イネ科の多年草。シバのこと。

【芝居】《しばい》 〔昔、猿楽《さるガク》の興行で、庶民《ショミン》の見物席には芝生《しばふ》が設けられていたことから〕①演劇。とくに歌舞伎《かぶき》のこと。例 —小屋。—がかかる。②演劇の中での演技。例 —がかったせりふをはく。—のうでをあげる。③他人をだますためにする動作や行動。例 ここはひとつ—を打つことにしよう。

【芝生】《しばふ》 シバが一面に生えているところ。また、一面に植えてあるところ。例 —の手入れ。

【▽芝▼蘭】《シラン》 ①ヨロイグサと蘭。かおりのよい草。②人格者や徳の高い人のこと。例 —の室《シツ》(=かおり高い草のある部屋。すぐれた人のたとえ)。〈孔子家語《コウシケゴ》〉

【▽芝▼蘭の化】《シランのカ》 すぐれた人と交わることは、かおり高い草のある部屋にはいったようなもので、自分も自然と同化される。〈孔子家語《コウシケゴ》〉→【鮑魚の肆】《ホウギョのシ》(1095ページ)

艹3

【芍】

6画 *7173 *828D 音 シャク漢

意味 「芍薬《シャクヤク》」は、ボタン科の多年草。

難読 芍薬《かおよぐさ》

【芍薬】《シャクヤク》 ボタン科の多年草。初夏、赤や白のボタンに似た花がさく。根は薬用にする。

艹3

【芒】

6画 7174 8292 音 ボウ漢 訓 のぎ・すすき

意味 ❶イネやムギなどの穂先《ほさき》にあるかたいとげのような毛。のぎ。のげ。例 芒種《ボウシュ》。麦芒《バクボウ》。❷「のぎ」のように先のとがったもの。きっさき。例 光芒《コウボウ》(=かがやき)。❸ひろびろとして果てしないようす。また、ぼんやりして、はっきりしないようす。
同 茫《ボウ》。

日本語での用法 《すすき》 イネ科の大形多年草。秋に、うす茶色の大きな穂《ほ》を出す。秋の七草の一つ。おばな。

【芒種】《ボウシュ》 ①イネ・ムギなど、穂先《ほさき》にとげのあるもの。②〔イネを植える時期の意〕二十四節気の一つ。太陽暦《タイヨウレキ》で六月五日ごろ。田植えどき。

【芒芒】《ボウボウ》 (形動《タルト》) ①ぼんやりするようす。②広々として果てしないようす。表記 ▽「▼茫▼茫」とも書く。

【芒洋】《ボウヨウ》 (形動《タルト》) ①果てしなく広がっているようす。例 —たる海原《うなばら》。②とりとめがないようす。つかみどころがないようす。例 —とした風貌《フウボウ》。表記 ▽「▼茫洋」とも書く。

艹4

【花】

7画 1854 82B1 教育1 音 カ漢 ケ呉 訓 はな

筆順 一 十 卄 艹 芢 花

なりたち [形声]「艹(=くさ)」と、音「化《カ》」とから成る。草木のはな。

意味 ❶植物のくきや枝の先にあって、あざやかな色や、よいかおりをもつ部分。はな。例 花弁《カベン》。開花《カイカ》。❷中国ではとくにボタンの花。日本ではとくにサクラの花。はな。〔奈良《なら》時代はウメの花、平安時代以後はサクラの花を指した〕例 花見《はなみ》。探花《タンカ》(=花の名所をたずねる)。❸はなのような形の。はなのように美しい。例 花押《カオウ》。火花《ひばな》。

日本語での用法 《はな》 ①華道《カドウ》。生け花。「お花《はな》の師匠《シショウ》」②とくにめだって人気のあるもの。「職場《ショクば》の花《はな》・花形役者《はながたヤクシャ》」③幸福な状態・時期。「知《し》らないうちが花《はな》だ」④花札《はなふだ》。「花《はな》を引《ひ》く」⑤祝儀《シュウギ》。揚《あ》げ代。「花代《はなダイ》」

使い分け はな【花・華】 ⇩1178ページ

難読 花押《かきハン》・花車《キャシャ》《だし》・花籠《けこ》・花鶏《あとり》・花櫚《カリン》・紫陽花《あじさい》・女郎花《おみなえし》・山茶花《サザンカ》・沈丁花《ジンチョウゲ》・浪花《なにわ》

人名 はる・みち・もと

【花▼筵】《カエン》《はなむしろ》 〔「筵」は、敷物《しきもの》の意〕色とりどりの模様を織り出したむしろ。花蓆《はなむしろ》。はなござ。

【花王】《カオウ》 ボタンの花のこと。

【花押】《カオウ》 署名の代わりに、または署名の下にしるす、その人特有の記号として用いる図案。書き判。

【花▼魁】 一《カカイ》 ①〔「魁」は、一番目、さきがけの意〕〔他の花より先にさくことから〕ウメの花。②ランの花。③ハスの花。④遊女。 二《おいらん》 最も位の高い遊女。太夫《タユウ》。また、遊女。

【花客】《カカク》 ①花を見物する人。花見客。②商売での、おとくいさま。顧客《コキャク》。

【花冠】《カカン》 ①美しいかんむり。②一つの花の花びらの全体。〔花びらのひとつひとつは花弁《カベン》という〕

【花▼卉】《カキ》 〔「卉」は、草の意〕花のさく草。また、くさばな。

【花期】《カキ》 花のさく時期。また、その花の見ごろ。例 —は初夏。

【花器】《カキ》 花を生けるうつわ。陶磁器《トウジキ》・ガラス器や竹のかごなど。花入れ。花生け。花瓶《カビン》。

【花▼筐】《カキョウ》《はながたみ》 花や若菜などをつんで、入れておくかご。はなかご。

【花茎】《カケイ》 スイセンやタンポポなどのように根から直接のびて葉をつけず、花だけさかせるくき。

【花月】《カゲツ》 ①花と月。また、月に照らされた花。②花や月を楽しむ風流。③陰暦《インレキ》二月の別名。

【花梗《カコウ》】枝から分かれ出て花をつけるくき。花柄《カヘイ》。

【花▼崗岩《カコウガン》】石英や雲母《ウンモ》などを主成分とする岩石。建造物、特に石碑《セキヒ》や墓石などに用いる。御影石《みかげいし》。

【花軸《カジク》】イネ・ススキなど、穂《ほ》の形の花をつける植物で、その中心になる太いくき。

【花実】㊀《カジツ》①花と実。②見かけと内容。㊁《はなみ》〔花と実の意から〕栄達や安楽のたとえ。例死んで—がさくものか(=死んでしまってはなんにもならない)。

【花序《カジョ》】くきについている、花の形や花の構造。例有限—。

【花心《カシン》】一つの花の、おしべとめしべ。表記「花芯」とも書く。

【花信《カシン》】(季節ごとの)花がさいた知らせ。花だより。例—風《フウ》(=花だよりをもたらす風)。

【花唇《カシン》】①花びら。②女性の口もとやくちびるのたとえ。

【花壇《カダン》】①いろいろな草花でかざる植えこみ。②別荘《ベッソウ》・寮《リョウ》・旅館など。また、その名につけることば。例吉野《よしの》の桜《さくら》—。

【花柱《カチュウ》】めしべで、柱頭と子房《シボウ》の間にある円柱状の部分。受精するとき、この中を花粉管がのびる。

【花鳥▼諷詠《カチョウフウエイ》】詩歌《シイカ》の中に、四季の移り変わりによる自然のさまざまな姿をよみこむこと。

【花鳥風月《カチョウフウゲツ》】花・鳥・風・月などに代表される、日本古来の自然の美。また、そのような自然美を楽しむ風流。例—を詠《エイ》ずる和歌。

【花道】㊀《カドウ》生《い》け花《ばな》。→【華道《カドウ》】(853ページ)㊁《はなみち》①劇場で、正面の舞台《ブタイ》へ通じる細長い通路。客席の中を通し、登場人物の出入りの演技に使う。②相撲《すもう》で、力士が控《ひか》え室を出て、土俵まで行く通路。③はなばなしく、多くの人に見られる場面。

【花瓶《カビン—はながめ》】〔「カヘイ」とも〕花を生ける陶磁器《トウジキ》やガラス製のうつわなど。

【花譜《カフ》】多くの花について、図を用いながら分類や解説をした書物。花の図鑑《ズカン》。

【花粉《カフン》】種子植物のおしべの中にあるこな。めしべに付いて、実を結ばせる。

【花弁《カベン—はなびら》】花びらのひとつひとつ。表記㊐花▼瓣
【花木《カボク》】①花と木。②観賞用の美しい花のさく木。

【花容《カヨウ》】花のように美しい姿かたち。顔ばかりでなく全身についていう。花態。表記「華容」とも書く。

6画

【花▼洛《カラク》】〔「洛」は、中国の古い都「洛陽《ラクヨウ》」の略〕①はなのみやこ。首都。②京都のこと。

【花柳《カリュウ》】①花と柳《やなぎ》。②「花街柳巷《カガイリュウコウ》」の略。芸者や遊女。また、遊郭《ユウカク》。例—界。

【花▽梨《カリン》】①マメ科の落葉高木。赤みをおびた木材を家具などにする。②バラ科の落葉高木。春に紅色の花がさく。実は果実酒やせき止めの薬などにする。

【花林糖《カリントウ》】小麦粉に卵・砂糖を加えてまぜ、適当な大きさの棒の形にして油であげ、黒砂糖などをつけた菓子《カシ》。

【花籠《はなかご》】花をつんだり、かざったりするときに用いる、かご。

【花形《はながた》】①花のかたち。とくにサクラの花のかたち。例ニンジンを—に切る。②人気があってもてはやされること。また、その人やもの。例オリンピックの—種目。

【花加留多《はなガルタ》】「花札《はなふだ》」に同じ。表記「花▽骨▼牌」とも書く。

【花言葉《はなことば》】花に、それにふさわしい意味をもたせていうことば。たとえば、ポピーの花言葉は「幸福」、キンセンカは「勤勉」など。

【花暦《はなごよみ》】花の名を、さく季節あるいは月の順にあげ、その名の由来や、花が美しくさく場所などをしるした案内書。

【花園《はなぞの》】花のたくさんさいている庭園。また、花のさき乱れている場所。

【花束《はなたば》】いろいろな花を一つにたばねたもの。例—を贈呈《ゾウテイ》する。

【花電車《はなデンシャ》】祝賀や記念の行事の一つとして、はなやかに美しくかざって、市中を運行する路面電車。

【花火《はなび》】火薬にいろいろのくふうをして紙や筒《つつ》に包み、火をつけると美しい火花が出るようにしたもの。例—大会。線香《センコウ》—。しかけ—。

【花房《はなぶさ》】①花がふさ状にさいているもの。例フジの—が垂れ下がる。②花の萼《ガク》。

【花札《はなふだ》】マツ・ウメ・サクラなど十二か月をあらわす植物をかいた四十八枚のふだ。また、それを使ってする遊び。花合わせ。花ガルタ。はな。

【花吹雪《はなふぶき》】花びらが、吹雪のように散ること。とくにサクラについていう。例吉野《よしの》の山の—。

【花婿《はなむこ》】自分の結婚《ケッコン》式や披露宴《ヒロウエン》に、新しい夫としてのぞむ男性。新郎《シンロウ》。㊊花嫁《はなよめ》。

【花▼蓆《はなむしろ》】「花筵《カエン》」に同じ。

［艸(艹)部］4画 ● 芥 芹 芸

【花文字《はなモジ》】①大文字のローマ字などで、線や点にかざりをつけて書いた文字。かざり文字。②花の色や形などでくふうして、文字をあらわした図形。例—で表紙をかざる。

【花嫁《はなよめ》】自分の結婚《ケッコン》式や披露宴《ヒロウエン》に、新しい妻としてのぞむ女性。新婦《シンプ》。㊊花婿《はなむこ》。
●桜花《オウカ》・尾花《おばな》・雄花《おばな》・開花《カイカ》・草花《くさばな》・生花《セイカ》・造花《ゾウカ》・彼岸花《ヒガンばな》・火花《ひばな》・百花《ヒャッカ》・風媒花《フウバイカ》・雌花《めばな》・綿花《メンカ》・六花《リッカ》

艹4
【芥】
7画 1909 82A5 人名
音カイ(漢)ケ(呉) 訓からし・あくた

意味❶アブラナ科の二年草。カラシナ。くきや葉を漬《つ》け物とし、実を粉にして香辛料《コウシンリョウ》とする。例芥子《カイシ》。❷ごく小さなもの。例繊芥《センカイ》(=細かい)。❸小さなごみ。とるにたりないもの。ちり。あくた。例塵芥《ジンカイ》。土芥《ドカイ》(=土と、ごみ)。
難読 芥川《あくたがわ》
人名 しな
【芥子】㊀《カイシ》カラシナのたね。薬用・香辛料《コウシンリョウ》などにする。㊁《ケシ》①ケシ科の一年草。ヨーロッパ原産。初夏、白・赤・むらさき色などの四弁の花をつける。たねは小さく多数あり、未熟の果実から阿片《アヘン》がとれる。②〔名詞の上につけて〕きわめて小さいの意をあらわす。例—粒《つぶ》。—人形《ニンギョウ》。㊂《からし》カラシナのたねからつくった香辛料。例—あえ。表記㊁①は「▼罌▼粟」、㊂は「辛子」とも書く。
【芥子粒《ケシつぶ》】ケシのたね。ひじょうに小さいもののたとえ。例高いビルの上からは、地上の人が—ほどにしか見えない。

艹4
【芹】
7画 2260 82B9 人名
音キン(漢) 訓せり

なりたち 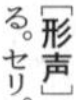 〔形声〕「艹(=くさ)」と、音「斤《キン》」とから成る。セリ。
意味❶湿地《シッチ》や水べに生えるセリ科の多年草。セリ。かおりがよく、食用になる。春の七草の一つ。❷人へのおくりものをへりくだっていうことば。例献芹《ケンキン》。

艹4
【芸】
7画 2361 82B8 教育4
音Aゲイ(漢)(呉) Bウン(漢) 訓くさぎ-る

筆順 一 十 艹 艹 芸 芸 芸

艹15 【藝】 18画 7326 85DD 人名

艹4 【芸】 7画 2361 82B8

なりたち A[藝]  [会意]「丸(=持つ)」と「坴(=土くれ)」とから成る。手で持って植える。

B[芸]  [形声]「艹(=くさ)」と、音「云《ウン》」とから成る。草の名。

参考「芸《ゲイ》」は、古くは「埶」のように書き、のちに「艹」や「云」が書き加えられて「藝」となった。常用漢字の「芸」は「藝」の「埶」の部分を省略したもの。

意味 A[藝] ❶種をまいたり草木を植えて育てる。例園芸《エンゲイ》。農芸《ノウゲイ》。❷学んで身につけた知識や技術。わざ。例芸術《ゲイジュツ》。芸能《ゲイノウ》。文芸《ブンゲイ》。

B[芸] ❶ミカン科の多年草。ヘンルーダ。書物の虫よけなどに使う。〔書籍《ショセキ》や書斎《ショサイ》に関する語にも用いられる〕例芸香《ウンコウ》。芸草《ウンソウ》。芸亭《ウンテイ》。❷草をかりとる。くさぎる。

人名 き・すけ・たくみ・のり・まさ・よし

【▽芸香】《ウンコウ》 かおりのよい草、とくにヘンルーダ。また、そのかおり。

【▽芸亭】《ウンテイ》 奈良《なら》時代に石上宅嗣《いそのかみのやかつぐ》が自宅にひらいた日本最古の図書館。

【芸界】《ゲイカイ》 芸能人の社会。芸能界。

【芸事】《ゲイごと》 音楽・おどりなど、芸能や趣味《シュミ》に関することがら。例—を習う。

【芸者】《ゲイシャ》 宴席《エンセキ》で芸を見せて客をもてなすことを職業とする女性。芸妓《ゲイギ》。例—をあげる。—をよぶ。

【芸術】《ゲイジュツ》 ①文学・音楽・絵画・演劇など、それぞれの様式で美を表現する活動。②技芸《ギゲイ》。習練しておぼえるべき技術。例—は長く人生は短し〔ヒポクラテスのことば〕。

【芸談】《ゲイダン》 芸術・芸道についての体験談。例—を聞く。

【芸当】《ゲイトウ》 ①演芸で、特別の技術習得が必要な芸。②はなれわざ。危険な仕事。例そんな—はできない。

【芸道】《ゲイドウ》 技芸や芸能のみち。例—ひと筋五十年。

【芸人】《ゲイニン》 ①芸を演じて見せることを職業としている人。例大道の—。②多芸な人。例かれはなかなかの—だ。

【芸能】《ゲイノウ》 演劇・音楽・舞踊《ブヨウ》など、人々を楽しませる演芸や技芸。例—人。伝統—。

【芸風】《ゲイフウ》 その人に独特な芸のやり方、持ち味。

【芸文】《ゲイブン》 ①学問と芸術。②芸術と文学。

【芸名】《ゲイメイ》 (本名ではなく)芸能人が仕事上で使う名前。

【芸林】《ゲイリン》 芸術家のなかま、社会。芸苑《ゲイエン》。

○●園芸《エンゲイ》・演芸《エンゲイ》・学芸《ガクゲイ》・曲芸《キョクゲイ》・工芸《コウゲイ》・手芸《シュゲイ》・腹芸《はらゲイ》・武芸《ブゲイ》・文芸《ブンゲイ》・民芸《ミンゲイ》

艹4 【芫】 7画 7175 82AB 音ゲン漢

意味 ジンチョウゲ科の落葉低木。フジモドキ。サツマフジ。有毒で、つぼみを芫華《ゲンカ》といい、薬用にする。

艹4 【芟】 7画 7176 829F 音サン漢 訓か-る・き-る・くさか-る

意味 ❶草を根元から切りとる。かる。例芟除《サンジョ》。❷とりのぞく。例芟正《サンセイ》。

【芟除】《サンジョ》 (名・する) ①草木を刈《か》って取りのぞくこと。②賊《ゾク》をうちほろぼすこと。

【芟正】《サンセイ》 悪い点をのぞき、正しくすること。

艹4 【芯】 7画 3136 82AF 常用 音シン漢

筆順 一 十 艹 艹 芯 芯 芯

なりたち [形声]「艹(=くさ)」と、音「心《シン》」とから成る。イグサの一種。

意味 ❶ともしびのしんに使う草。灯心草《トウシンぐさ》。❷ものの中央にある部分。中心。例鉛筆《エンピツ》の芯《シン》。

艸4 【芻】 10画 7177 82BB 音スウ慣 ス漢 訓かりくさ・くさかり・まぐさ・わら

艹10 [蒭] 13画 7258 84AD 別体字

意味 ❶草を刈《か》る。また、草を刈る人。例芻蕘《スウジョウ》。芻議《スウギ》。❷家畜《カチク》のえさとする草。まぐさ。例芻秣《スウマツ》。反芻《ハンスウ》。❸草食性の家畜。ウシやヒツジなど。例芻豢《スウカン》。

【芻▼豢】《スウカン》 ウシ・ヒツジなど草を食う家畜《カチク》と、イヌ・ブタなど穀物を食う家畜。祭祀《サイシ》用の動物のこと。

【芻議】《スウギ》 ①草刈《かり》人の議論。②自分の意見をけんそんしていうことば。

【芻▼蕘】《スウジョウ》 ①草を刈《か》る人と、きこり。身分のひくい者。②未熟《ミジュク》な考え。自分の意見をけんそんしていうことば。

【芻▼秣】《スウマツ》 まぐさ。牛馬の飼料。

艹4 【芭】 7画 3946 82AD 人名 音ハ漢 バ呉

意味 「芭蕉《バショウ》」は、バショウ科の多年草。

【芭▼蕉】《バショウ》 バショウ科の多年草。中国南方の原産。高さ四、五メートルで、一、二メートルほどの長円形の葉をつける。くきの繊維《センイ》を布や紙に利用する。例—布《フ》(=バショウの繊維で織った布。日本では沖縄《おきなわ》の名産)。

艹4 【芙】 7画 4171 8299 人名 音フ漢 訓はす

なりたち  [形声]「艹(=くさ)」と、音「夫《フ》」とから成る。ハス。

意味 「芙蓉《フヨウ》」は、ハスの花。→【蓮】《レン》参考(863ジ)

【芙▼蓉】《フヨウ》 ①アオイ科の落葉低木。夏から秋にかけ、うすべに色の大きな五弁の花をひらく。花は一日でしぼむ。②ハスの花の別名。例—のかんばせ(=ハスの花のように美しい顔)。

【芙▼蓉峰】《フヨウホウ》 富士山《ふじサン》をたたえていうことば。

艹4 【芬】 7画 7178 82AC 音フン漢呉 訓かお-る・かお-り

意味 ❶草が生え出て、かおりを発する。かおる。また、そのかおり。例芬芬《フンプン》(=かぐわしいようす)。❷よい評判。名声。

艹4 【芳】 7画 4307 82B3 常用 音ホウ漢呉 訓かんば-しい・かお-り

筆順 一 十 艹 艹 芏 芳 芳

なりたち  [形声]「艹(=くさ)」と、音「方《ホウ》」とから成る。よいかおりのするくさ。

意味 ❶花や草のよいかおり。かんばしい。また、かおりのよい草花。例芳香《ホウコウ》。芳草《ホウソウ》(=かおりのよい草)。❷(女性の)美しいようす。例芳紀《ホウキ》。❸徳があり、すぐれた名声のあるようす。例芳声《ホウセイ》(=よい評判)。❹わかい。青春。例芳年《ホウネン》。❺他人をうやまっていうときにつけることば。例芳志《ホウシ》。芳書《ホウショ》。芳名《ホウメイ》。

難読 芳宜《はぎ》の花《はな》・芳野《よしの》

人名 か・かおる・かんばし・はな・ふさ・みち・もと・よし

【芳《ホウ》意《イ》】「芳《ホウ》志《シ》」に同じ。

【芳《ホウ》▼翰《カン》】「芳《ホウ》書《ショ》」に同じ。

【芳《ホウ》紀《キ》】年若い女性の年齢《ネンレイ》。妙齢《ミョウレイ》。例 ―まさに十八歳《サイ》。

【芳《ホウ》香《コウ》】よいにおい。よいかおり。例 ―がただよう。

【芳《ホウ》志《シ》】相手の温かい心づかいや親切をうやまっていうことば。おこころざし。芳情。芳意。芳心。例 ご―かたじけない。

【芳《ホウ》▼醇《ジュン》】(名・形動《ダ》) 酒が、かおり高く美味なこと。例 ―な酒。―な香り。

【芳《ホウ》書《ショ》】相手の手紙をうやまっていうことば。貴簡。芳翰《ホウカン》。芳信。例 ご―を拝見いたしました。

【芳《ホウ》情《ジョウ》】「芳《ホウ》志《シ》」に同じ。

【芳《ホウ》心《シン》】「芳《ホウ》志《シ》」に同じ。

【芳《ホウ》信《シン》】①花がさいたことを知らせる便り。花信。花だより。②「芳書《ホウショ》」に同じ。

【芳《ホウ》声《セイ》】よい評判。名声。

【芳《ホウ》年《ネン》】①若い年ごろ。青春時代。②春の時節。

【芳《ホウ》墨《ボク》】①相手の手紙や筆跡《ヒッセキ》をうやまっていうことば。例 ―を拝読いたしました。②かおりのよいすみ。

【芳《ホウ》名《メイ》】①人の名前をうやまっていうことば。例 ―録。②ほまれ。名誉《メイヨ》。

【芳《ホウ》烈《レツ》】(名・形動《ダ》) かおりが、つよくただようこと。

艹 4 【芽】7画 ⇩【芽】《ガ》(846ページ)

艹 4 【莉】7画 ⇩【刈】《かる》(127ページ)

艹 4 【芦】7画 ⇩【蘆】《ロ》(870ページ)

艹 5 【苡】8画 7179 82E1 音 イ漢

意味 ❶「芣苡《フイ》」は、オオバコ科の多年草。オオバコ。葉と種は利尿《リニョウ》やせき止めの薬となる。車前草《シャゼンソウ》。❷「薏苡《ヨクイ》」は、イネ科の一年草。ハトムギ。じゅずだまのような種は薬用に、葉は茶に用いる。例 薏苡仁《ヨクイニン》(=ハトムギの種)。

艹 5 【英】8画 1749 82F1 教育4 音 エイ漢 訓 ひい-でる・はなぶさ・はな

筆順 一 十 卄 艹 芇 苎 英 英

なりたち   [形声]「艹(=くさ)」と、音「央《オウ→エイ》」とから成る。花がさいても実のならないくさ。

意味 ❶草木のはな。はなぶさ。例 落英《ラクエイ》(=散る花)。❷美しく、すぐれている。ひいでる。例 英才《エイサイ》。英雄《エイユウ》。育英《イクエイ》。❸「英吉利《イギリス》」の略。例 英国《エイコク》。渡英《トエイ》。

難読 英吉里《イギリス》

人名 あき・あきら・あや・しげ・しげる・すぐる・すぐれ・たか・たかし・たけ・たけし・つね・てる・とし・ひいず・ひで・ひでる・ひら・ひろ・ひろし・ふさ・まさ・まさる

【英《エイ》華《カ》】①もののすぐれた美しさ。②すぐれた詩や文章。③美しい花。④名誉《メイヨ》。

【英《エイ》学《ガク》】英語によって学ぶ学芸・技術、および、イギリスに関する学問。

【英《エイ》気《キ》】①ものごとに積極的に立ち向かっていく気力。やる気。元気。例 あすの仕事のために―を養う。②すぐれた気性《キショウ》。才気。例 ―に満ちた人物。

【英《エイ》傑《ケツ》】大事業を成しとげる才知と行動力をもった人物。英雄豪傑《エイユウゴウケツ》。例 維新《イシン》の―。

【英《エイ》語《ゴ》】イギリスやアメリカなどで話されている言語。現在は両国が支配した地域をはじめ、広く世界で用いられている。

【英《エイ》国《コク》】イギリス。

【英《エイ》才《サイ》】ひじょうにすぐれた才能。また、その持ち主。俊才《シュンサイ》。秀才《シュウサイ》。例 ―教育。多くの―を輩出《ハイシュツ》する。表記 旧▼穎才

【英《エイ》作《サク》文《ブン》】英語で文章を書くこと。また、その英文。

【英《エイ》詩《シ》】英語で書かれた詩。

【英《エイ》字《ジ》】①英語を書きあらわすための文字。ローマ字。②英語。例 ―新聞。

【英《エイ》書《ショ》】英語で書かれた書物。例 ―を講読する。

【英《エイ》断《ダン》】思いきりよくものごとを決めること。また、そのすぐれた決断。例 大―をたたえる。

【英《エイ》知《チ》】すぐれた知恵《チエ》。例 人人の―を集めた新技術。表記 旧▼叡▼智。また、「英▼智・▼叡知」とも書く。

【英《エイ》風《フウ》】①すぐれた徳の感化力。②すぐれた風姿。

【英《エイ》文《ブン》】英語で書かれた文章。例 ―和訳。

【英《エイ》文《ブン》学《ガク》】①イギリスの文学。例 ―の研究をしている。②英語で書かれた文学。③イギリスの言語・文学の研究。例 ―者。―科。

【英《エイ》▼邁《マイ》】(名・形動《ダ》) 才知がひじょうにすぐれていること。類 英明。例 ―な君主。

【英《エイ》名《メイ》】ひじょうにすぐれた評判。名声。

【英《エイ》明《メイ》】(名・形動《ダ》) 知恵《チエ》がひじょうにすぐれていること。例 ―果断。―な君主。

【英《エイ》訳《ヤク》】(名・する) 英語に訳すこと。また、その訳。例 和文―。『万葉集』を―する。

【英《エイ》雄《ユウ》】知恵《チエ》や行動力にすぐれた大人物。ふつうの人にはできない大事業を成しとげた人。ヒーロー。例 ―豪傑《ゴウケツ》。

【英《エイ》誉《ヨ》】栄《は》えあるかがやかしいほまれ。名誉。栄誉。例 ―をたたえる。

【英《エイ》霊《レイ》】①すぐれた人物の霊魂《レイコン》。例 先師の―に対して恥《は》じない仕事。②日本で、戦死した人の霊魂をうやまっていうことば。例 ―をまつる。

【英《エイ》和《ワ》】①英語と日本語。②イギリスと日本。日英。③「英和辞典」の略。英語の意味や用法を日本語で説明した辞典。

●育英《イクエイ》・俊英《シュンエイ》・和英《ワエイ》

艹 5 【苑】8画 1781 82D1 人名 音 エン漢 オン呉 訓 その

なりたち   [形声]「艹(=くさ)」と、音「夗《エン》」とから成る。禽獣《キンジュウ》を飼うところ。

意味 ❶囲いをつくって家畜《カチク》を放し飼いにするところ。まきば。例 鹿苑《ロクエン》(=シカを飼う園)。❷草木や花を植えるところ。にわ。その。例 苑池《エンチ》。御苑《ギョエン》。❸学者や文学者などの集まるところ。例 学苑《ガクエン》。文苑《ブンエン》。

人名 しげる

【苑《エン》池《チ》】庭園とそこにある、いけ。表記「園池」とも書く。

艹 5 【苛】8画 1855 82DB 常用 音 カ漢 訓 さいな-む・むご-い・いら-だつ

筆順 一 十 卄 艹 芐 苛 苛 苛

なりたち   [形声]「艹(=くさ)」と、音「可《カ》」とから成る。小さな草。

意味 ❶細かく、きびしくとがめたてるようす。むごい。わずらわしい。例 苛酷《カコク》。苛政《カセイ》。❷皮膚《ヒフ》などの組織をただれさせる。ひりひりする。例 苛性《カセイ》。

日本語での用法 ㊀《いらだつ》いらいらする。「神経《シンケイ》が

[艸(艹)部] 4―5画 芽莉芦苡英苑苛

6画

苛《いら》だつ」 二《いじめる》 故意に苦しめる。「弱《よわ》い者《もの》苛《いじ》め・苛《いじ》めっ子《こ》・苛《いじ》めつける」

【苛酷】《カコク》 (名・形動ダ) 無慈悲《ジムヒ》でむごいこと。例 —な労働を強《し》いられる。—な扱《あつか》いに苦しむ。

【苛性】《カセイ》 皮膚《フヒ》に激しく作用してただれさせる性質。

【苛政】《カセイ》 税や刑罰《ケイバツ》などのきびしい政治。

【苛政《カセイ》は虎《とら》よりも▽猛《たけ》し】 無慈悲《ジムヒ》できびしい政治は、トラよりも激しく害が大きい。〈礼記《ライキ》〉

【苛烈】《カレツ》 (形動ダ) きびしく激しいようす。例 —な戦い。

【苛▼斂】《カレン》 年貢《ネング》や税金のきびしい取り立て。

【苛▼斂▼誅求】《カレンチュウキュウ》 年貢や税金を一方的にきびしく取り立てること。

艹 5

【茄】 8画 1856 8304 人名 音 カ 漢 訓 なす

たちなり  [形声]「艹(=くさ)」と、音「加《カ》」とから成る。ハスのくき。

意味 ❶ハスのくき。→【蓮】《レン》 参考 (863ページ) ❷ナス科の一年草。ナス。なすび。例 茄子《なす》。

【茄子】《なす・なすび》 ナス科の一年草。食用に栽培《サイバイ》。たまご形や球形をした暗紫色《アンシショク》の実をつける。表記 「茄」とも書く。

艹 5

【芽】 8画 1874 82BD 教育4 音 ガ 漢 ゲ 呉 訓 め・きざ-す

筆順 一 十 艹 艹 芏 芐 芽 芽

艹 4

【芽】 7画 — 2F995

たちなり  [形声]「艹(=くさ)」と、音「牙《ガ》」とから成る。草木のめ。

意味 ❶草木が生え出るはじめの状態。め。例 新芽《シンめ》。発芽《ハツガ》。❷ものごとがはじまるきざし。めばえ。例 萌芽《ホウガ》。

人名 めい・めぐむ

◒出芽《シュツガ》・新芽《シンめ》・麦芽《バクガ》・発芽《ハツガ》

艹 5

【苣】 8画 *7180 *82E3 音 キョ 漢

意味 ❶草や木をたばねて火をつけたもの。たいまつ。例 束苣《たいまつ》。❷「萵苣《ワキョ》」は、レタスの一種。チシャ。チサ。

艹 5

【苦】 8画 2276 82E6 教育3 音 コ 漢 ク 呉 訓 くる-しい・くる-しむ・くる-しめる・にが-い・にが-る

筆順 一 十 艹 艹 芏 苎 苦 苦

たちなり  [形声]「艹(=くさ)」と、音「古《コ》」とから成る。にがい草の名。

意味 ❶にがい。また、こころよくないようす。にがにがしい。例 苦言《クゲン》。苦汁《クジュウ》。❷つらい。くるしい。くるしむ。例 苦痛《クツウ》。苦難《クナン》。困苦《コンク》。❸ものごとをなしとげるため骨を折ってはげむ。例 苦学《クガク》。苦心《クシン》。刻苦《コック》。

難読 苦汁《にがり》・苦竹《かわたけ・まだけ》・苦参《くらら》・苦塩《にがり》・苦酒《クシュ・からさけ》・苦《ねんごろ》

【▽苦▽力】《クーリー》 〔「クーリー」は、中国語音〕 一九世紀、アジア・アフリカ・インドの植民地で肉体労働に従事した、下層階級の中国人やインド人労働者。

【苦役】《クエキ》 ①苦しい肉体労働。例 —にかり出される。②刑罰《ケイバツ》として科される労役《ロウエキ》。強制労働の—に服する。

【苦海】《クカイ》 〔仏〕苦しみやなやみがつきないこの世を、深く果てしない海にたとえたことば。苦界《クガイ》。

【苦界】《クガイ》 ①〔仏〕苦しみやなやみが多く、救いのない世界。人間世界。苦海。②遊女のつらい境遇《キョウグウ》。例 —に身をしずめる。

【苦学】《クガク》 (名・する) 働いて学費をかせぎながら学校に通って学ぶこと。例 —生。

【苦学力行】《クガクリッコウ》 苦学しながら努力すること。

【苦髪楽爪】《クがみラクづめ》 「苦爪楽髪《クづめラクがみ》」に同じ。

【苦寒】《クカン》 ①ひどい寒さ。また、寒さに苦しむこと。②貧困《ヒンコン》に苦しむこと。

【苦▼艱】《クカン》 苦しみとなやみ。苦難。難儀《ナンギ》。

【苦境】《クキョウ》 苦しくつらい境遇《キョウグウ》。不幸な立場。例 —に立たされる。—を乗りこえる。

【苦行】《クギョウ》 (名・する) ①〔仏〕さとりをひらくために、つらく苦しい修行《シュギョウ》をすること。また、その修行。例 難行—を重ねる。②つらく苦しい仕事。

【苦吟】《クギン》 (名・する) 苦心して詩歌《シイカ》を作ること。また、その詩歌。

【苦言】《クゲン》 ためにはなるが耳に痛い忠告。対 甘言《カンゲン》。例 —を呈《テイ》する。

【苦▽患】《クゲン》 〔仏〕苦しみ。なやみ。苦悩《クノウ》。例 —を受ける。

【苦汁】 一《クジュウ》 にがいしる。例 —をなめる(=つらい経験をする)。二《にがり》 海水から塩をつくるときに残る、にがみのあるしる。とうふを固めるのに使う。にがしお。

【苦渋】《クジュウ》 (名・する) ものごとが順調にはかどらず、苦しくつらい思いをすること。例 顔に—の色がうかぶ。

【苦笑】《クショウ》 (名・する) にがわらい。例 —を禁じ得ない。

【苦情】《クジョウ》 他から受ける害や自分にとってふつごうなことに対する、不平や不満。例 —を処理する。

【苦心】《クシン》 (名・する) あることを成しとげるために考えたりくふうしたりして心をつかうこと。ほねおり。例 —のあとがみえる。

【苦心惨▼憺】《クシンサンタン》 (名・する) ひじょうに苦心すること。例 —して、やっと手に入れる。

【苦節】《クセツ》 苦しみや困難に負けず自分の考えや態度を守りとおすこと。例 —十年初志をつらぬく。

【苦戦】《クセン》 (名・する) (相手が強かったり不利な状況《ジョウキョウ》にあったりして)苦しみながらたたかうこと。また、そのたたかい。苦闘《クトウ》。例 —を強《し》いられる。—しながらも最後に勝った。

【苦衷】《クチュウ》 苦しい胸のうち。例 —をうったえる。

【苦痛】《クツウ》 からだのいたみや心のなやみ。例 —がやわらぐ。

【苦爪楽髪】《クづめラクがみ》 苦労しているときはつめののびが早く、楽をしているときはかみの毛ののびが早い、という言いならわし。苦髪楽爪《クがみラクづめ》。

【苦闘】《クトウ》 (名・する) 困難な状況《ジョウキョウ》で必死にたたかうこと。たいへんな努力をすること。苦戦。例 悪戦—する。

【苦難】《クナン》 苦しみや難儀《ナンギ》。例 —の連続。

【苦肉】《クニク》 敵をだますために自分の身を苦しめること。例 —の策。

【苦悩】《クノウ》 (名・する) なやみ苦しむこと。例 —の色がこい。

【苦杯】《クハイ》 〔にがいしるを入れたさかずきの意〕 にがい経験。つらく苦しい経験。例 —を喫《キッ》する。—をなめる。

【苦▼悶】《クモン》 (名・する) 痛みやなやみのために苦しみもだえること。苦悩《クノウ》。

【苦楽】《クラク》 苦しみと楽しみ。例 —をともにする。

【苦▽参】《くらら》 マメ科の多年草。クサエンジュ。根はにがく、健胃薬や駆虫薬《クチュウヤク》にする。

【苦慮】《クリョ》 (名・する) 苦心してあれこれ考えなやむこと。例 意見の調整に—する。

【苦労】《クロウ》(名・する・形動ダ) 心やからだを苦しめ、つかれさせること。ほねおり。例 取りこし━。━をかける。
【苦労性】《クロウショウ》(名・形動ダ) ささいなことまで気にかけてなやむ性質。心配性《シンパイショウ》。
【苦労人】《クロウニン》 いろいろな苦労を重ねて、世の中のことや他人の気持ちがよくわかる人。
【苦手】《にがて》(名・形動ダ) ①(あつかいにくくて)いやなようす。例 あの人はどうも━だ。②不得意なようす。例 ━な科目。
●刻苦《コック》・困苦《コンク》・四苦八苦《シクハック》・辛苦《シンク》・忍苦《ニンク》・病苦《ビョウク》・貧苦《ヒンク》・労苦《ロウク》

艹5 **【茎】** 8画 2352 830E 常用 音 ケイ慣 コウ漢 訓 くき
筆順 一 十 艹 サ 艾 芆 苤 茎

艹7 **【莖】** 10画 7219 8396
なりたち 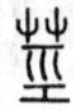 [形声]「艹(＝くさ)」と、音「巠《ケイ→コウ》」とから成る。草木の幹。
意味 ❶草の、地上にのびて水分や養分の通路となる部分。くき。例 地下茎《チカケイ》。❷ものの柄《え》や取っ手の形をしていて、太さがあって少し長いもの。例 陰茎《インケイ》。玉茎《ギョクケイ》(＝陰茎)。❸細長いものを数えることば。例 数茎《スウケイ》の白髪《ハクハツ》。
●球茎《キュウケイ》・根茎《コンケイ》・地下茎《チカケイ》

艹5 **【苟】** 8画 7181 82DF 音 コウ漢 ク呉 訓 いやし-くも
意味 ❶ほんのしばらくの間。ちょっと。例 苟且《コウショ》(＝一時のまにあわせ)。❷〔助字〕「いやしくも」「まことに」と読み、もしほんとうに・かりにも、の意。仮定をあらわす。例 苟有レ過《いやしくもあやまちあらば》(＝もしほんとうに過失があったならば)。
難読 苟且《なおざり・かりそめ・あからさま》
【苟安】《コウアン》(名・する) 一時しのぎの安楽をむさぼること。

艹5 **【若】** 8画 2867 82E5 教育6 音 ジャク漢 ニャク・ニャ呉 訓 わか-い・も-しくは・も-し・ご-とし・し-く 付表 若人《わこうど》
筆順 一 十 艹 サ 芀 芐 若 若

なりたち  [会意]「艹(＝くさ)」と「右(＝みぎて)」とから成る。くさをえらびとる。借りて、「しく」「ごとし」「もし」「なんじ」の意。
意味 ❶…におよぶ。おいつく。しく。例 不レ若二嵐山之景一《ランザンのケイにしかず》(＝嵐山の風光にはおよばない)。❷二人称《ニニンショウ》の代名詞。なんじ。❸〔助字〕㋐「もし」と読み、かりに…だとすれば、もし…したら、の意。仮定をあらわす。例 若反二晋国一《もしシンコクにかえらば》(＝もし晋の国に帰ったならば)。〈春秋左氏伝《シュンジュウサシデン》〉 ㋑「ごとし」「しく」と読み、このようである、の意をあらわす。例 浮生若レ夢《フセイはゆめのごとし》(＝人生は夢のようである)。心不レ若レ人《こころひとにしかず》(＝心が人におよばない)。㋒「何若」は「いかん」と読み、どのようか、どうであるか、の意。疑問をあらわし、状態や程度を問う。例 賢何若《ケンはいかん》(＝えらさはどのくらいか)。㋓「若何」は「いかん(せん)」と読み、どうするか、どうしたらよいか、の意。疑問・反語をあらわし、処置や方法を問う。㋔状態を示すときにそえることば。例 自若《ジジャク》(＝おちついて、あわてないようす)。
日本語での用法《ジャク・わかい・わか》年がすくない。おさない。できてから時がたっていない。中国でも「弱」と同音なので「わかい」の意に用いたことがあるという。「若年《ジャクネン》・若年寄《わかどしより》・常若《とこわか》・若《わか》い衆《シュ》」
難読 若干《そこばく・そくばく》
人名 なお・まさ・よし・より・わか・わかし・わく
【▽若▽何】《いかん》(副) どのように。いかにして。どうして。例 ━ともしがたい事態。
【若年】《ジャクネン》 年が若いこと。また、その人。例 ━労働者。表記「弱年」とも書く。
【若輩】《ジャクハイ》 年が若く未熟な者。青二才。〔自分についていうときはへりくだった言い方〕表記「弱輩」とも書く。
【若木】 一《ジャクボク》 中国から、日本をさしていうことば。〔中国の伝説で、太陽の出るところにあったという木〕 二《わかぎ》 生《は》えて、まもない木。
【若齢】《ジャクレイ》 年の若いこと。若年。表記「弱齢」とも書く。
【若干】《ジャッカン》(名・副)(数をはっきり言えないが)少量。わずか。少し。いくらか。例 ━名《メイ》募集《ボシュウ》する。━気になる。
【若狭】《わかさ》 旧国名の一つ。今の福井《ふくい》県西部。若州《ジャクシュウ》。
【若▽布】《わかめ》 褐藻《カッソウ》類コンブ目の海藻《カイソウ》。近海の海底に生え、しるの実などにして食べる。表記「▽和▽布」とも書く。
●自若《ジジャク》・般若《ハンニャ》・老若《ロウジャク・ロウニャク》

艹5 **【苴】** 8画 7183 82F4 音 ショ漢 訓 あさ・あらまき・くさづと・つと
意味 ❶くつの中じきにする草。❷アサの雌株《めかぶ》。アサの実。あさ。例 苴布《ショフ》(＝アサで織ったそまつな布)。❸わらなどで魚などの食品を包んだもの。つと。例 苞苴《ホウショ》(＝おくりもの)。❹そまつな。

艹5 **【苫】** 8画 3849 82EB 音 セン漢呉 訓 とま
意味 茅《かや》を編んで屋根をおおう、むしろ。とま。例 苫屋《とまや》。
【苫屋】《とまや》 とまで屋根をふいた、そまつな家。

艹5 **【苒】** 8画 *7182 *82D2 音 ゼン漢 訓 しげ-る・すす-む・めぐ-る・やわ-らか
意味 ❶草がしげるようす。例 苒苒《ゼンゼン》(＝草がさかんにしげる)。❷「荏苒《ジンゼン》」は、時がいたずらに過ぎるようす。月日がたって、のびのびになるようす。

艹5 **【苔】** 8画 3461 82D4 人名 音 タイ漢 訓 こけ
意味 湿地《シッチ》や古い木、また岩の表面をおおうように生える植物。こけ。例 蘚苔《センタイ》(＝こけ)。舌苔《ゼッタイ》(＝舌の表面にできるこけのようなもの)。
難読 海苔《のり》・布苔《ふのり》・青苔《あおのり》
【苔桃】《こけもも》 ツツジ科の常緑小低木。フレップ。高山に生え、小さな赤い実をつける。実は果実酒などにする。
【苔衣】 一《タイイ》 植物の、コケ。 二《こけごろも》 僧《ソウ》などの着るそまつな衣服。こけのころも。
【苔髪】《タイハツ》 長くのびたこけを、かみにたとえたもの。

艹5 **【苧】** 8画 3587 82E7 音 チョ漢 訓 からむし・お
意味 イラクサ科の多年草。カラムシ。アサの一種で、織物やロープの材料になる。例 苧麻《チョマ》(＝カラムシ)。
日本語での用法《お》つむいだ麻糸《あさいと》。「苧環《おだまき》」

艹5 **【苳】** 8画 7184 82F3 音 トウ漢 訓 ふき

意味 「苣苳《キョトウ》」は、冬に生える草の一種。

日本語での用法 《ふき》キク科の多年草。山野に生え、食用に栽培《サイバイ》もされる。蕗《ふき》。「苳《ふき》の煮物《にもの》」

艹5

【苺】

8画 7185 82FA **人名** 音 バイ(漢) マイ(呉) 訓 いちご

艹7

[莓]

10画 7186 8393 別体字

意味 バラ科の多年草。イチゴ。白い花をつけ、実は赤くてあまずっぱい。

艹5

【范】

8画 7187 8303 音 ハン(漢)

意味 ❶草の名。❷鋳型《いがた》。また、法則。同 範《ハン》。❸姓《セイ》の一つ。例 范蠡《ハンレイ》。

【范▼蠡】《ハンレイ》 春秋時代の越《エツ》の政治家。越王句践《コウセン》を助け、呉《ゴ》をほろぼす。別名、陶朱公《トウシュコウ》。

艹5

【苹】

8画 7189 82F9 音 ヒョウ(慣) ヘイ(漢) 訓 うきくさ

意味 ❶水草の一種。ウキクサ。❷シダ植物の一種。❸キク科の多年草。ヨモギ。❹「苹果《ヘイカ・ヒョウカ》」は、リンゴの実。

艹5

【苗】

8画 4136 82D7 **常用** 音 **ビョウ**(漢) ミョウ(呉) 訓 **なえ・なわ** 付表 早苗《さなえ》

筆順 一 十 艹 艹 苗 苗 苗 苗

なりたち  [会意]「艹(=くさ)」と、「田(=はたけ)」とから成る。田に生える草。

意味 ❶芽を出したばかりの植物。なえ。例 苗木《なえぎ》。苗床《なえどこ》。苗代《なわしろ》。❷子孫。例 苗裔《ビョウエイ》(=遠い子孫)。❸中国南西部に住む民族の名。例 苗族《ミャオゾク》。❹春または夏の狩《かり》。

人名 え・たね・なり・みつ

【苗木】《なえぎ》 樹木の幼い株。木のなえ。

【苗床】《なえどこ》 草花・野菜・樹木などのなえを育てるところ。

【苗物】《なえもの》 草花・野菜・樹木などのなえ。

【苗代】《なわしろ》 (水田に植えるまでの間)イネのたねをまいて、ある程度の大きさになるまでなえを育てるところ。苗代田。

【苗▼胤】《ビョウイン》 遠い子孫。末胤。苗裔《ビョウエイ》。

【苗族】 一《ビョウゾク》 遠い血縁《ケツエン》の子孫。一族。二《ミャオゾク》 中国南西部に住む少数民族。苗《ビョウ》。苗民《ビョウミン》。

【苗▼圃】《ビョウホ》 苗木を育てる畑。苗床。

【▽苗字】《ミョウジ》 その家の名。姓《セイ》。表記「名字」とも書く。

【▽苗字帯刀】《ミョウジタイトウ》 ⇩【名字帯刀】《ミョウジタイトウ》(192ページ)

○●種苗《シュビョウ》・痘苗《トウビョウ》

艹5

【苻】

8画 7188 82FB 音 フ(漢)

意味 ❶ナス科の多年草。山野に生え、実をヒヨドリが好むという。有毒で薬に利用する。❷アシの茎《くき》の中にある白いうすかわ。あまかわ。❸姓《セイ》の一つ。例 苻健《フケン》(=五胡《コ》十六国の前秦《ゼンシン》の王)。

艹5

【苞】

8画 7190 82DE 音 ホウ(漢) 訓 つと

意味 ぞうりにしたり、ものをつつむために用いる草やわら。また、つつんだもの。つと。例 苞苴《ホウショ》(=おくりもの)。

日本語での用法 《ホウ》草木の芽やつぼみをおおって保護する葉。「茗荷《ミョウガ》の苞《ホウ》を食《た》べる」

難読 苞《あらまき》・苞《はかま》(=ツクシの茎《くき》をつつんでいる葉のようなもの。どんぐりの実のわん状のから)

【苞▼苴】《ホウショ》 〔つつみ草と、しき草の意〕①おくりもの。②賄賂《ワイロ》。

艹5

【茅】

8画 1993 8305 **人名** 音 ボウ(漢)(呉) 訓 かや・ち・ちがや

なりたち  [形声]「艹(=くさ)」と、音「矛《ボウ》」とから成る。かや。ちがや。

意味 ❶屋根をふいたり、なわを作ったりするのに用いる草をまとめていうことば。かや。チガヤ。同 茆《ボウ》。例 茅茨《ボウシ》。❷かやでふいた屋根。かやぶき。例 茅屋《ボウオク》。茅舎《ボウシャ》(=かやぶきの家)。

難読 茅蕈《ころたけ》・茅蜩《ひぐらし》・茅台酒《マオタイシュ》・茅渟鯛《ちぬだい》

【茅屋】《ボウオク》 かやぶきの家。あばら家《や》。〔自分の家をけんそんしていうことば〕例 ―ですがお立ち寄りください。

【茅▽茨】《ボウシ》 チガヤと、いばら。また、それらで屋根をふいた、そまつなあばら家。

艹5

【茆】

8画 7191 8306 音 ボウ(漢) 訓 かや・こうほね・さか-ん・しげ-る・ぬなわ

意味 ❶ジュンサイ科(旧スイレン科)の多年生水草。ジュンサイ。ヌナワ。ぬめりがあり、若い芽や葉は食用。❷かや。同 茅《ボウ》。

艹5

【苜】

8画 7192 82DC 音 ボク(漢) モク(呉)

意味 「苜蓿《モクシュク》」は、マメ科の二年草。ウマゴヤシ。くきは地をはうものが多く、葉は小さい。むらさきまたは黄色の小さな花をつけ、古くは食用にもされた。

艹5

【茉】

8画 7193 8309 **人名** 音 マツ(慣) バツ(漢)

なりたち [形声]「艹(=くさ)」と音「末《バツ》」とから成る。木の名。

意味 「茉莉《マツリ》」は木の名。常緑低木で、白い花はかおりが高く、ジャスミン茶に用いる。

人名 ま

艹5

【茂】

8画 4448 8302 **常用** 音 ボ・ボウ(漢) **モ**(呉) 訓 **しげ-る**

筆順 一 十 艹 艹 芦 茂 茂 茂

なりたち  [形声]「艹(=くさ)」と、音「戊《ボ》」とから成る。草木がさかんにしげる。

意味 ❶草木がさかんにのびる。しげる。例 茂盛《モセイ》。❷さかんで豊かなさま。例 繁茂《ハンモ》。❸美しい。すぐれている。例 茂材《モザイ》(=すぐれた人材)。

人名 あり・しく・しげ・しげみ・たか・つとむ・とお・とも・とよ・もち・もと・ゆた・ゆたか

【茂盛】《モセイ》 ものごとがたいへんさかんなこと。

○●繁茂《ハンモ》

艹5

【苙】

8画 7194 82D9 音 リュウ(漢) 訓 おり・よろいぐさ

参考 日本では「笠《リュウ・かさ》」の俗字《ゾクジ》として用いる。

意味 ❶家畜《カチク》を入れる囲い。おり。❷セリ科の多年草。ヨロイグサ。ハナウド。若葉は食べられる。根は薬用。

艹 5

【苓】 8画 4674 82D3

音 レイ(漢) リョウ(呉)

意味 ❶薬草の名。苓耳《レイジ》。ミミナグサ。❷マメ科の多年草。カンゾウ。根があまく、薬として用いられる。❸香草《コウソウ》の名。❹おちる。おちぶれる。同 零《レイ》。例 苓落《レイラク》(=草木がしぼむ。また、おちぶれる)。

艹 6

【茨】 9画 1681 8328 教育4

音 シ(漢) 訓 いばら

筆順 一 十 艹 … 茨

なりたち [形声]「艹(=くさ)」と、音「次《シ》」とから成る。カヤで屋根をおおう。

意味 ❶茅《かや》で屋根をふくこと。かやぶき。例 茅茨《ボウシ》(=かやで屋根をふくこと)。❷とげのある低木をまとめていうことば。いばら。

県名 茨城《いばらき》

艹 6

【茵】 9画 7201 8335

音 イン(漢)(呉) 訓 しとね

意味 車中で、すわったり横になったりするときの敷物《しきもの》。また、しとね。例 茵席《インセキ》(=しとね)。

難読 茵蔯蒿《かわらよもぎ》

艹 6

【茴】 9画 7202 8334

音 カイ(漢) ウイ(唐) 訓 くれのおも

意味「茴香《ウイキョウ》」は、セリ科の多年草。特有の芳香《ホウコウ》があり、食用・薬用とされる。クレノオモ。

難読 茴麻《ささやきぐさ》

艹 6

【茖】 9画 7203 8316

音 カク(漢)

意味 ヒガンバナ科(旧ユリ科)の多年草。ギョウジャニンニク。深山に生え、若芽や根茎《コンケイ》は食べられる。茖葱《カクソウ》。

艹 6

【荊】 9画 2353 834A

音 ケイ(漢) 訓 いばら

意味 ❶バラやカラタチなど、とげのある低木をまとめていうことば。いばら。また、罪人を打つむちに使われた木。また、そのむち。例 荊冠《ケイカン》。荊棘《ケイキョク》。❷春秋戦国時代の楚《ソ》の国の別の呼び方。❸姓《セイ》の一つ。例 荊軻《ケイカ》(=戦国時代末の刺客《シカク》。秦《シン》の始皇帝《シコウテイ》を殺そうとして失敗した)。

難読 荊棘《いばら|いばら》・荊梨《いわなし》

【荊冠】《ケイカン》〔キリストが十字架《ジュウジカ》にかけられたときにかぶせられたかんむりから〕いばらのかんむり。受難をたとえていう。

【荊▼棘】《ケイキョク》 ①とげのある木。いばら。②いばらなどのしげるあれた土地。③困難なこと。障害となるもの。例 ―の道を歩む。

【荊妻】《ケイサイ》 自分のつまをへりくだっていうことば。愚妻《グサイ》。〔後漢《ゴカン》の梁鴻《リョウコウ》の妻が、そまつないばらのかんざしをさした故事から〕

艹 6

【荒】 9画 2551 8352 常用

音 コウ(漢)(呉) 訓 あら-い・あ-れる・あ-らす・すさ-む

筆順 一 十 艹 … 荒

艹 6

【荒】 9画

なりたち [形声]「艹(=くさ)」と、音「巟《コウ》」とから成る。雑草が一面に生えてあれはてる。

意味 ❶土地が草ぼうぼうでひらかれていないようす。あれる。例 荒地《コウチ》(=あれ地)。荒野《コウヤ》。❷天災のため穀物が実らないようす。例 荒歳《コウサイ》。凶荒《キョウコウ》(=飢饉《キキン》)。❸ものごとが乱れ、だめになる。あれる。すさむ。例 荒廃《コウハイ》。荒涼《コウリョウ》。❹あらあらしい。乱暴な。あらい。例 荒天《コウテン》。荒療治《あらリョウジ》。❺でたらめで、とりとめのないようす。例 荒誕《コウタン》。荒唐《コウトウ》(=でたらめ)。❻地の果て。辺境。例 荒遠《コウエン》(=はるか遠いところ)。八荒《ハッコウ》(=八方の地の果て)。

使い分け あらい【荒・粗】⇩1161ページ

難読 荒猿《あらまし》(=概略・予定・心算)・荒和布《あらめ》

人名 あら・ら

【荒▼磯】《あらいそ|ありそ》 あら波が打ち寄せる、岩の多い海岸。例 ―の松。

【荒馬】《あらうま》 気性《キショウ》のあらい馬。あばれ馬。悍馬《カンバ》。

【荒海】《あらうみ》 波のあらい海。困難や障害の多い環境《カンキョウ》にもたとえる。例 ―に乗り出してゆく。

【荒肝】《あらぎも》 ものごとに動じない強い心。度胸。きもったま。例 ―をひしぐ(=ひどくおどろかす)。

【荒行】《あらギョウ》 修行僧《シュギョウソウ》・修験者《シュゲンジャ》などが修行の一つとしておこなう激しく苦しい行。例 山伏《やまぶし》の―。

【荒事】《あらごと》 歌舞伎《かぶき》で、勇士・鬼神《キシン》などを主役とする勇壮《ユウソウ》な演目。また、その所作《ショサ》。対 和事《わごと》。

【荒▼砥】《あらと》 きめのあらい、といし。刃物《はもの》をざっととぐために使う。表記「粗▼砥」とも書く。

【荒縄】《あらなわ》 わらをなった太いなわ。例 ―でしばる。

【荒物】《あらもの》 ほうき・ざる・おけなどの台所用品。日用雑貨。

【荒療治】《あらリョウジ》 (名・する) ①(外科手術などの)手あらい治療をすること。②思い切った方法をとって変革すること。

【荒歳】《コウサイ》 穀物のできが悪い年。不作の年。

【荒神】《コウジン》「三宝荒神《サンボウコウジン》」の略。民俗信仰《ミンゾクシンコウ》の神の一つ。かまどの神。例 台所に―さまをまつる。

【荒誕】《コウタン》 (名・形動《ダナ》) でたらめで大げさなこと。荒唐《コウトウ》。

【荒天】《コウテン》 風雨が強くあれている天候。悪天候。例 ―をついて出発する。

【荒土】《コウド》 あれはてた土地。荒地。

【荒唐無稽】《コウトウムケイ》 (名・形動《ダナ》) 根拠《コンキョ》がなく、でたらめなこと。例 ―な話。

【荒廃】《コウハイ》 (名・する) あれてすたれること。あれはてること。

【荒漠】《コウバク》 (形動《トタル》) あれはててさびしいようす。例 ―たる原野。

【荒▼蕪】《コウブ》 (名・する) 土地があれて雑草がおいしげること。

【荒亡】《コウボウ》 (名・する) 遊びや酒におぼれて家庭や国をほろぼすこと。例 流連《リュウレン》―(=家も仕事も忘れて遊びにふけること)。

【荒野】《コウヤ》 あれはてた野原。あれの。

【荒涼】《コウリョウ》 (形動《トタル》) あれはてて、ものさびしいようす。例 ―たる景色が広がる。表記「荒▼寥」とも書く。

◐手荒《てあら》・破天荒《ハテンコウ》

艹 6

【荇】 9画 1-9082 8347

音 コウ(漢) 訓 あさざ

意味 ミツガシワ科の多年生水草。アサザ。ハナジュンサイ。若葉は食用になる。例 荇菜《コウサイ》(=アサザ)。

艹 6

【茲】 9画 7204 8332

音 ジ(慣) シ(漢)(呉) 訓 ここ

艹 6

【茱】

9画 7205 8331

音 シュ 漢

意味 「茱萸《シュユ》」は、ミカン科の落葉小高木。カワハジカミ。中国では陰暦《インレキ》九月九日の重陽《チョウヨウ》の節句に、この実を身に帯び、菊花酒《キクカシュ》を飲んで邪気《ジャキ》をはらう習慣があった。

日本語での用法 《ぐみ》グミ科の低木。山野に生え、赤い実をつける。実は食用になる。「茱萸《ぐみ》」

艹 6

【荀】

9画 7206 8340

音 ジュン 慣 シュン 漢 呉

意味 ❶赤い実をつける草の名。例 荀草《ジュンソウ》(=草の名)。❷姓《セイ》の一つ。例 荀況《ジュンキョウ》(=荀子《ジュンシ》)。

【荀子】《ジュンシ》 戦国時代末の儒学者《ジュガクシャ》。名は況《キョウ》。礼を重んじ、孟子《モウシ》の性善《セイゼン》説に対して性悪説をとなえた。

艹 6

【茹】

9画 7207 8339

音 ジョ 漢

訓 ゆだ-る・ゆ-でる・うだ-る・う-でる・く-う

意味 草や野菜を食べる。また、むさぼるように食う。例 茹草《ジョソウ》(=草を食べる)。茹素《ジョソ》(=野菜を食べる)。

日本語での用法 《ゆでる》熱湯で煮《に》る。「茹《ゆ》で小豆《あずき》・茹《ゆ》で蛸《だこ》・塩茹《しおゆ》で」

艹 6

【茸】

9画 3491 8338 人名

音 ジョウ 漢

訓 きのこ・たけ

意味 ❶生えはじめたばかりの草のように、細くてやわらかいようす。やわらかい毛。❷新しく生えたばかりの鹿《しか》のつの。例 鹿茸《ロクジョウ》。

日本語での用法 《きのこ・たけ》きのこ。多くはかさと柄《え》からなる生物。「椎茸《しいたけ》・松茸《まつたけ》・毒茸《ドクきのこ》」

艹 6

【荏】

9画 1733 834F

音 ジン 漢 ニン 呉

訓 え

意味 ❶シソの一種で、かおりがよく、実から油がとれる。荏胡麻《えゴマ》。例 荏油《ジンユ》(=荏胡麻の油)。❷「荏菽《ジンシュク》」は、ソラマメ、また、ダイズ。❸やわらかい。❹「荏苒《ジンゼン》」は、時が過ぎていくようす。

難読 荏柄《えがら》天神《テンジン》(=鎌倉《かまくら》にある神社の名)・荏桐《あぶらぎり》

【荏▼苒】《ジンゼン》 (形動《トタル》) 年月がいたずらに過ぎていくようす。例 ―として今日に至った。

艹 6

【茜】

9画 1611 831C 人名

音 セン 漢

訓 あかね

なりたち 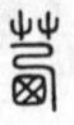 [形声]「艹(=くさ)」と、音「西《セイ→セン》」とから成る。草の名。

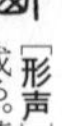

意味 ❶アカネ科の多年生つる草。アカネ。くきにとげがあり、根は赤色の染料《センリョウ》や薬用に用いる。例 茜草《センソウ》(=あかねぐさ)。❷黒みがかったこい赤色。あかね色。例 茜空《あかねぞら》。

艹 6

【荐】

9画 7208 8350

音 セン 漢

訓 かさ-なる・しき-りに・しばしば・むしろ

意味 ❶草の敷物《しきもの》。むしろ。同 薦《セン》。❷牧草。くさ。同 薦《セン》。❸さらに。重ねて。たびたび。しきりに。例 荐食《センショク》(=しきりに食べる。つぎつぎに侵略《シンリャク》する)。

艹 6

【荃】

9画 1-9081 8343

音 セン 漢

訓 うえ

意味 ❶香草《コウソウ》の一種。例 荃蕙《センケイ》(=かおりのよい草の名)。❷柴《しば》などを水中にしずめて、魚をとるしかけ。うえ。同 筌《セン》。例 荃蹄《センテイ》。

【荃▼蹄】《センテイ》 ⇩【筌蹄】《センテイ》(750ページ)

艹 6

【草】

9画 3380 8349 教育1

音 ソウ 漢 呉

訓 くさ

付表 草履《ぞうり》

筆順 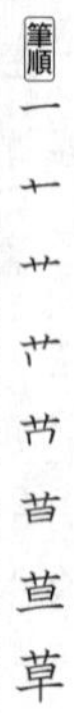

なりたち  [会意] 本字は「艸」で、「屮(=めばえた、くさ)」がならぶ。いろいろな、くさ。

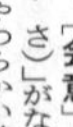

意味 ❶くきのやわらかい植物をまとめていうことば。くさ。例 草本《ソウホン》。雑草《ザッソウ》。❷こまかいところにこだわらない。おおまか。例 草草《ソウソウ》。草卒《ソウソツ》。❸おおまかな下書き(を作る)。例 草稿《ソウコウ》。起草《キソウ》。❹漢字の書体の一つ。隷書《レイショ》の筆画《ヒッカク》を簡略《カンリャク》にして速く書けるようにしたもの。例 草書《ソウショ》。草体《ソウタイ》。❺はじまり。はじめ。例 草創《ソウソウ》。

人名 かや・さ・しげ

【草相撲】《くさずもう》 素人《しろうと》のする相撲。

【草丈】《くさたけ》 草あるいはイネやムギなどの、のびた高さ。

【草葉】《くさば》 草の葉。例 ―の陰《かげ》(=墓の下、あの世)から見守る。庭の―におく露《つゆ》。

【草花】《くさばな》 花のさく草。草にさいている花。例 ―を育てる。

【草枕】《くさまくら》〔草をたばねてまくらとする意〕野宿《のジュク》。旅寝《たびね》。たびまくら。例 ―の数を重ねてはや三年《みとせ》。

【草▼鞋】一《ソウアイ｜ソウカイ》 わらぐつ。二《わらじ》 わらで編んだはきもの。ぞうりに似るが、緒《お》で足に結びつけてはく。例 ―をはく(=旅に出る)。二足の―をはく(=ひとりの人が二つの職業につく)。

【草案】《ソウアン》 文書・計画などの文案。下書き。草稿《ソウコウ》。対 成案。

【草▼庵】《ソウアン》 草ぶきの、そまつで小さな家。類 草屋《ソウオク》・草堂《ソウドウ》。例 ―を結ぶ。

【草屋】《ソウオク》 ①草ぶきのそまつな家。②自分の家のへりくだった言い方。例 ―に客を迎《むか》える。

【草原】《ソウゲン｜くさはら》 草の生えている広い平地。

【草稿】《ソウコウ》 下書きの原稿。草案。

【草根木皮】《ソウコンモクヒ》〔「ソウコンボクヒ」とも〕漢方薬として用いる植物の根や皮。

【草紙】《ソウシ》〔「冊子《サクシ》」の変化〕①とじた形式の本。②かな書きの物語・日記・随筆《ズイヒツ》などをまとめた言い方。③江戸《えど》時代の、さし絵を主体とした大衆的な読み物。絵草紙《えゾウシ》や草双紙《くさゾウシ》など。表記 ▽「草子・双紙」とも書く。

【草書】《ソウショ》 漢字の書体の一つ。筆画《ヒッカク》を最も簡略にしたもの。→【篆書】《テンショ》(755ページ)・【隷書】《レイショ》(1042ページ)・【楷書】《カイショ》(537ページ)・【行書】《ギョウショ》(884ページ)

【草食】《ソウショク》 (名・する) 動物が草をおもな食物とすること。対 肉食。例 ゾウは―動物である。

【草草】《ソウソウ》 一(形動《トタル》) あわただしいようす。二(名) 手紙文の末尾《マツビ》に書くことば。ぞんざいな走り書きで失礼いたしますという意味。〔「前略」に対して用いられることが多い〕類 不一《フイツ》。

【草創】《ソウソウ》 (名・する) ①ものごとをはじめること。事業を起こすこと。草分け。例 ―期に活躍《カツヤク》した人人。②寺や神社などをはじめて建てること。類 創建。

【草卒】《ソウソツ》 (名・形動《ダナ》) いそがしくあわただしいこと。例 ―の間《カン》に事業を拡大《カクダイ》する。表記 「倉卒・▼蒼卒・▼匆卒・▼怱卒」とも書く。

【草体】《ソウタイ》 草書の書体。草書体。

【草《ソウ》▼茅《ボウ》】〔くさと、チガヤの意〕①雑草。転じて、田舎《いなか》。②公職につかず民間にいること。

【草本】《ソウホン》木本《モクホン》に対して、草などの植物をいう。くきは、やわらかい。㊇木本《モクホン》。例一年生━。

【草▼莽】《ソウモウ》〔「莽」も、草の意〕①草むら。②公職につかず民間にいること。例━の臣(=民間の人)。

【草木】《ソウモク|くさき》草と木。植物。例山川《サンセン》━《ソウモク》。━《くさき》も眠《ねむ》る(=夜がふけてあたりが静まり返る)丑《うし》三《み》つ時《どき》。

【草履】《ぞうり》鼻緒《はなお》のついた平底のはきもの。例わら━。

【草▼廬】《ソウロ》①草ぶきの、そまつで小さな家。②自分の家をへりくだっていうことば。

漢字に親しむ ⓲ 草書は速く書けない

「草聖」とたたえられた後漢《ゴカン》の張芝《チョウシ》は草書の第一人者です。目にもとまらぬ速さで、さらさらさらと書ける人であったように想像されます。しかし、どうもそうではなかったようです。ある人にあてた手紙に「あわただしいので草書で書くひまがありません」というおわびのことばを書いています。草書で書くことは簡単ではなかったのです。

本来、草書は、筆画を省略して速く書けるようにした便利な書体だったはずですが、より美しく見せようと字の形や墨《すみ》つぎなど、入念にくふうされるようになり、かえってむずかしいものになってしまいました。それで、「臨池《リンチ》」(→「漢字に親しむ」⓮(579ページ))の努力が必要なのです。

【草▼廬三顧】《ソウロサンコ》⇩【三顧の礼】《サンコのレイ》(12ページ)

●煙草《エンソウ|タバコ》・海草《カイソウ》・起草《キソウ》・雑草《ザッソウ》・質草《シチぐさ》・除草《ジョソウ》・水草《スイソウ|みずくさ》・牧草《ボクソウ》・薬草《ヤクソウ》・野草《ヤソウ》

艹6 【荘】 9画 3381 8358 常用 音ソウ(漢) ショウ(呉) 訓おごそ-か

筆順 一 ⺾ 艹 芀 芢 荘 荘

艹7 【莊】 10画 7223 838A 人名

なりたち [形声]「艹(=くさ)」と、音「壯《ソウ》(=大きい)」とから成る。草がさかんにしげる。

意味 ❶草がさかんにしげるようす。❷重々しくいかめしいようす。おごそか。例荘厳《ソウゴン》。荘重《ソウチョウ》。❸むらざと。いなか。同庄《ショウ》。例荘家《ショウカ》(=いなかや。農家)。❹しもやしき。別宅《ベッタク》。例山荘《サンソウ》。別荘《ベッソウ》。❺皇室や貴族、また寺社などの私有地。例荘園《ショウエン》。❻店。例衣荘《イソウ》。茶荘《サソウ》。旅荘《リョソウ》。❼「荘子《ソウシ|ソウジ》」の略。例老荘思想《ロウソウシソウ》(=老子と荘子の思想)。

人名 これ・さかえ・さかり・さかん・しげ・しげる・たか・たかし・たけ・たけし・ただし・まさ・むら

【▽荘園】《ショウエン|ソウエン》①奈良《なら》時代におこり平安時代を最盛《サイセイ》期として室町《むろまち》時代まで続いた、貴族や社寺の広大な私有地。荘《ショウ》。②中国では唐《トウ》代から、ヨーロッパでは八世紀ごろから始まる、王室や貴族・領主の所有地。表記 ▽「▼庄園」とも書く。

【荘厳】㊀《ソウゴン》(名・形動《ダ》)おごそかで威厳《イゲン》のあること。例━な音楽。㊁《ショウゴン》(名・する)仏堂や仏像を、美しくおごそかにかざること。例壇《ダン》を設けて━する。

【荘子】《ソウシ|ソウジ》①戦国時代の思想家。名は周《シュウ》。老子の思想を受けついで人為《ジンイ》を否定し、自然と一体となることを主張し、孔子《コウシ》の思想を批判《ヒハン》した。②荘子の著とされる書。三十三編。道教では「南華真経《ナンカシンギョウ》」という。

【荘周の夢】《ソウシュウのゆめ》夢か現実かはっきりしないこと、また、自他が一体となった境地のたとえ。胡蝶《コチョウ》の夢。〔荘子はチョウがのびやかに花の上で遊んでいる夢を見た。夢から覚めた荘子は、はて自分がチョウになった夢を見たのか、それともチョウが自分になった夢を見ていたのかを疑ったという話から〕〈荘子《ソウジ》〉

【荘重】《ソウチョウ》(名・形動《ダ》)おごそかで、おもおもしいこと。例━な儀式《ギシキ》。

●山荘《サンソウ》・別荘《ベッソウ》

艹6 【茶】 9画 3567 8336 教育2 音チャ(慣) タ(漢) サ(唐)

筆順 一 ⺾ 艹 艾 苂 苶 茶 茶 茶

なりたち [形声]本字は「荼」で、「艹(=くさ)」と、音「余《ヨ→タ》」とから成る。にがな。のちに「チャ」の意。

意味 ツバキ科の常緑低木。葉を加工し、湯を注いで飲み物とする。また、その飲み物。例茶畑《チャばたけ》。喫茶《キッサ》。緑茶《リョクチャ》。

日本語での用法《サ・チャ》①黒みをおびた赤黄色。枯《か》れ葉色。「茶色《チャいろ》・赤茶色《あかチャいろ》」②客を招いて茶をたてて、もてなす作法。「茶道《サドウ|チャドウ》」③おどけや、いいかげんなこと。「茶番《チャバン》・お茶《チャ》をにごす」

【茶菓】《サカ|チャカ》茶と菓子。例来客に━を供する。

【茶会】《サカイ|チャカイ》客を招きお茶をたててもてなす会。茶の湯の会。

【茶道】《サドウ|チャドウ》茶の湯の作法。また、その作法を習得する過程で、精神修養をはかることを目的とする、けいこごと。例━の心得《こころえ》がある。

【茶飯】《サハン》毎日の食事やお茶。ごくありふれていること。例日常━のこと。

【茶飯事】《サハンジ》茶を飲み飯を食べること。ごくありふれたことがら。例日常━。

【茶房】《サボウ|チャボウ》飲み物を飲ませることを商売とする店。茶みせ。喫茶店《キッサテン》。

【茶話】《サワ|チャワ》茶を飲みながらする気楽な話。茶飲み話。例━会。

【茶臼】《チャうす》茶の葉をひいて抹茶《マッチャ》にするための石うす。

【茶園】《チャエン|サエン》①茶を栽培《サイバイ》している農園。茶畑《チャばたけ》。②製茶を売る店。茶舗《チャホ》。

【茶菓子】《チャガシ》茶を出すときにそえて出す菓子。茶うけ。

【茶釜】《チャがま》抹茶《マッチャ》をたてるための、湯をわかす鉄製のかま。上部がすぼまって、口が小さい。

【茶殻】《チャがら》茶をいれたあとの茶の葉。

【茶器】《チャキ》①薄茶《うすチャ》を入れるうつわ。薄茶器。②茶道に用いる道具のまとめた言い方。茶道具。

【茶巾】《チャキン》 茶道で、茶碗《チャワン》をぬぐい清めるための布。例—絞《しぼ》り。—ずし。

【茶▼匙】《チャさじ》 紅茶・コーヒーなどを飲むときに使う小さいさじ。ティースプーン。

【茶事】《チャジ・サジ》 客を招いておこなう正式な茶会。例口切りの—。

【茶室】《チャシツ》 茶道のための部屋・建物。数寄屋《すきや》。茶席。例—の作法。

【茶▼杓】《チャシャク》 ①茶道で、抹茶《マッチャ》をすくう細長いさじ。ちゃさじ。②「茶柄杓《チャビシャク》」のこと。茶道で、湯を茶釜《チャがま》からくみ出す竹製の柄杓《ヒシャク》。

【茶人】《チャジン》〔「サジン」とも〕①茶道に通じた人。茶道を趣味《シュミ》とする人。②風流な人。

【茶席】《チャセキ》 ①茶道をおこなう席。茶室。②茶会。

【茶▼筅】《チャセン》 抹茶《マッチャ》をたてるときに使う、あわを立てたり練ったりするための竹製の道具。

【茶代】《チャダイ》 旅館や料理屋などで出す心づけ。チップ。

【茶▼托】《チャタク》 湯飲み茶わんをのせる台。

【茶羽織】《チャばおり》〔茶人が着たのでいう〕腰《こし》までのたけの短い羽織。

【茶柱】《チャばしら》 番茶などを湯飲み茶わんについだとき、縦向きにうかんだ茶のくき。俗《ゾク》に吉兆《キッチョウ》とされる。例—が立つ。

【茶腹】《チャばら》 茶をたくさん飲んで満腹になった腹。

【茶腹《チャばら》も一時《イットキ》】 空腹時に茶を飲むと、しばらくは空腹感がしのげること。本質的な解決にはならないが、間に合わせのものでも急場をしのぐことはできる意。

【茶番】《チャバン》〔もと、茶の接待をする人の意。その茶番が楽屋で手近な物を用いてこっけいな寸劇などを演じたことから〕みえすいたばかばかしいふるまい。茶番劇。例とんだ—であきれた。

【茶盆】《チャボン》 茶器をのせる盆。

【茶店】《チャみせ》 ①客に茶や菓子《カシ》を出して休憩《キュウケイ》させる店。茶屋。②製茶を売る店。茶屋。

【茶目】《チャめ》（名・形動ダ） あいきょうがあって、いたずら好きなこと。また、その人。例お—な人。—っ気《ケ》。

【茶屋】《チャや》 ①製茶を売る店。②客に茶や菓子《カシ》などを出し休憩《キュウケイ》させる店。掛《か》け茶屋《ヂャや》。例峠《とうげ》の—。③客に酒や食べ物を出す店。例—遊び。

【茶▼碗】《チャワン》 飯を盛ったり茶をついだりする陶磁器《トウジキ》。例—蒸《む》し。湯飲み—《ヂャワン》。表記「茶▼椀」とも書く。

●喫茶《キッサ》・紅茶《コウチャ》・新茶《シンチャ》・番茶《バンチャ》・抹茶《マッチャ》・緑茶《リョクチャ》

艹6

【荅】

9画 7209 8345 音トウ漢 訓あずき・こた-える

意味 ❶マメ科の一年草。アズキ。❷こたえる。同答《トウ》。

艹6

【茯】

9画 7210 832F 音フク漢ブク呉 訓まつほど

意味「茯苓《ブクリョウ》」は、マツの根に寄生する担子菌《タンシキン》類タマチョレイタケ目のきのこ、ブクリョウタケの菌糸《キンシ》のかたまり。薬用とする。マツホド。

艹6

【茫】

9画 7211 832B 音ボウ漢

意味 ❶広々として果てしないようす。例茫茫《ボウボウ》。茫洋《ボウヨウ》。❷ぼんやりして、はっきりしないようす。例茫然《ボウゼン》。

難読 茫然《ぼんやり》

【茫然】《ボウゼン》（形動タルト） 気ぬけしたりあきれたりして、ものも言えず、ぼんやりしてしまうようす。例焼け跡《あと》に—と立ちつくす。表記「▼呆然」とも書く。

【茫然自失】《ボウゼンジシツ》（名・する） 急でまったく予期しないことにおどろいたり悲しんだりして、我を忘れること。例とつぜんの訃報《フホウ》に—する。表記「▼呆然自失」とも書く。

【茫漠】《ボウバク》（形動タルト） 広々として、とりとめのないようす。例—たる砂漠。

【茫茫】《ボウボウ》（形動タルト） ①広々として果てしないようす。例—たる原野。②ぼんやりとして、はっきりしないようす。例—として記憶《キオク》のかなたにある過去。③草やかみの毛がのびほうだいになっているようす。例草—の庭。表記①②は「▼芒▼芒」とも書く。

【茫洋】《ボウヨウ》（形動タルト） ①果てしなく広がっているようす。例—たる大海原《おおうなばら》。②つかみどころがないようす。例—とした風貌《フウボウ》。表記▽「▼芒洋」とも書く。

艹6

【茗】

9画 7212 8317 音メイ漢

意味 ❶茶の芽。また、おそくつんだ茶。❷茶の別名。例茗園《メイエン》。茗器《メイキ》（=茶の道具）。

【茗荷】《ミョウガ》 ショウガ科の多年草。独特のかおりがあり、開花前の苞《ホウ》を薬味などにして食べる。

【茗園】《メイエン》 茶畑《チャばたけ》。茶園。

【茗渓】《メイケイ》 東京都千代田区と文京区の間を流れる神田川（お茶の水）の谷のみやびな言い方。

艹6

【茘】

9画 7213 8318 音レイ漢

意味「茘枝《レイシ》」は、果樹の名。中国南方に産し、果実はあまくて美味。ライチー。

艹6 【荒】 9画 ⇩【荒】《コウ》（849ページ）

艹6 【莽】 9画 ⇩【莽】《ボウ》（856ページ）

艹7

【莚】

10画 7215 839A 音エン漢 訓むしろ

意味 草がのびる。はびこる。例蔓莚《マンエン》（=つる草などが、しげりはびこる）。

日本語での用法《むしろ》わらやいぐさなどを編んでつくった敷物《しきもの》。「莚織《むしろお》り・莚旗《むしろばた》」

艹7

【荷】

10画 1857 8377 教育3 音カ漢呉 訓に・にな-う・はす・はちす

筆順 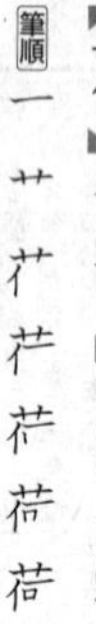

なりたち  ［形声］「艹（=くさ）」と、音「何《カ》」とから成る。大きな葉。ハスの葉。

意味 ❶ハス科（旧スイレン科）の多年生水草。ハス。とくにハスの葉をいう。→【蓮】《レン》参考（863ページ） 例荷風《カフウ》（=ハスの上をわたる風）。荷露《カロ》（=ハスの葉におくつゆ）。❷肩《かた》にかつぐ。になう。例荷担《カタン》。負荷《フカ》。

日本語での用法《カ・に》にもつ。「集荷《シュウカ》・出荷《シュッカ》・入荷《ニュウカ》・肩《かた》の荷《に》がおりる」

人名 もち

【荷重】《カジュウ》 構造物が外部から受ける力。また、構造物がたえうる限界の重量。例制限—をこえる。

【荷担】《カタン》（名・する）〔荷《に》を肩《かた》にかつぐ意〕陰謀《インボウ》やたくらみに加わること。例悪に—する。表記「加担」とも書く。

【荷電】《カデン》（名・する） 物体が電気を帯びること。帯電。また、物体が帯びている電気。

【荷車】《にぐるま》 人あるいは牛や馬が引く、荷物を運ぶ車。

【荷物】《にモツ》 ①持ち運んだり、送ったりするためにまとめた品物。

例—を作る。—を出す。②じゃまになるもの。負担になるやっかいなもの。例仲間のお—になる。

【荷《に》役《ヤク》】(名・する)船荷《ふなに》を積み下ろしすること。また、その人。例—作業。

●重荷《おもに》・出荷《シュッカ》・電荷《デンカ》・入荷《ニュウカ》・初荷《はつに》・負荷《フカ》・船荷《ふなに》

艹7 **【華】** 10画 1858 83EF 常用 音カ漢ケ・ゲ呉 訓はな・はな-やか

筆順 一 艹 艹 芏 芔 苹 苹 華

艹8 **【華】** 11画

なりたち  [会意]「艹(=くさ)」と「𠌶《カ》(=草木のはな)」とから成る。はな。

意味 ❶草木のはな。同花《カ》。例華道《カドウ》。散華《サンゲ》。❷目立って、うつくしい。はなやか。例華美《カビ》。華麗《カレイ》。豪華《ゴウカ》。❸さかえる。例栄華《エイガ》。繁華《ハンカ》。❹かみの毛の白いようす。例華髪《カハツ》(=白髪)。❺中国が自国を呼ぶことば。〔はなやかな文化をもつ国の意〕例華僑《カキョウ》。中華《チュウカ》。❻外国語の「ワ」の音訳。例華盛頓《ワシントン》・華沙《ワルシャワ》。

使い分け はな【花・華】⇩1178ページ

難読 華厳《ケゴン》・華足《ケソク》・華瓶《ケビョウ|カヒン》・華鬘《ケマン》・華表《とりい》・華客《トクイ》・華奢《キャシャ》・優曇華《ウドンゲ》・法華《ホッケ》

人名 てる・は・はる・みやこ

【華《カ》客《カク|キャク》】①花見の人。②とくい客。ひいき。

【華▼僑《カキョウ》】長い期間外国に住み、おもに商売をして、外国に生活の基盤《キバン》をおいている中国人。

【華甲《カコウ》】数え年で六十一歳《サイ》(=満六十歳)に、生まれた年の干支《カンシ》を再びむかえること。日本でいう還暦《カンレキ》。〔「華」の旧字体「華」を分けると「十」が六つと「一」になることから。「甲」は干支を代表させたもの〕

【華山《カザン》】陝西《センセイ》省華陰《カイン》県にある名山。西岳《セイガク》ともいう。五岳の一つ。

【華氏《カシ》】温度計で、水の氷点を三二度、沸点《フッテン》を二一二度としたもの。華氏の三二度は摂氏《セッシ》の〇度にあたる。カ氏。記号F〔華氏の「華」は、発明者のFahrenheit(ファーレンハイト)を音訳した「華倫海」による〕→【摂氏《セッシ》】(451ページ)

【華▼燭《カショク》】①美しいあかり。はなやかなともしび。②結婚《ケッコン》、また、結婚式のこと。例—の典《テン》をあげる。

【華▼胥の夢《カショのゆめ》】昼寝《ひるね》。〔昔、黄帝《コウテイ》が昼寝の夢の中で、華胥という自由な理想境に遊んだことによる〕〈列子《レッシ》〉

【華清宮《カセイキュウ》】唐《トウ》の玄宗皇帝《ゲンソウコウテイ》が楊貴妃《ヨウキヒ》のために建てた離宮《リキュウ》。陝西《センセイ》省驪山《リザン》のふもとにある。

【華族《カゾク》】①貴族。②明治時代に定めた家がらの格の一つ。公《コウ》・侯《コウ》・伯《ハク》・子・男のうちの一つの爵位《シャクイ》をもつ。一九四七(昭和二十二)年に廃止《ハイシ》された。

【華道《カドウ》】花を生ける技術や作法。生け花。表記「花道」とも書く。

【華美《カビ》】(名・形動ダナ)はなやかで美しいこと。対質素《シッソ》。例—な服装。—な建築。

【華麗《カレイ》】(名・形動ダナ)はなばなしく美しいこと。例氷上の—な演技。—なる一族。

【▽華▼奢《キャシャ》】(形動ダナ)人の体格や品物の構造などについて、美しく上品であるようす。また、かぼそくて弱い感じのするようす。例—なからだつき。—風流の人。表記「▽華車・▽花車」とも書く。

【華厳《ケゴン》】〔仏〕修行《シュギョウ》を積み功徳《クドク》を得ること。

【華足《ケソク》】①机や台の脚《あし》で、かざりに花や雲をかたどったもの。②〔仏〕仏前の供え物を盛るうつわ。また、その供えるもの。表記▽「華束・華▽飾」とも書く。

●栄華《エイガ》・豪華《ゴウカ》・香華《コウゲ|コウばな》・散華《サンゲ》・昇華《ショウカ》・精華《セイカ》・中華《チュウカ》・繁華《ハンカ》

艹7 **【莪】** 10画 7216 83AA 音ガ漢 訓よもぎ

意味 キク科の二年草。キツネアザミ。〔異説もある〕

艹7 **【莞】** 10画 2048 839E 人名 音カン漢 訓い

なりたち  [形声]「艹(=くさ)」と、音「完《カン》」とから成る。むしろにする草。

意味 ❶水べに生えるイグサ科の多年草。くきはむしろを編むのに用いられる。イ。イグサ。例莞席《カンセキ》(=イグサで織ったむしろ)。❷にっこりほほえむようす。例莞爾《カンジ》。

【莞▼爾《カンジ》】(形動タルト)にっこりと笑うようす。例—としてほほえむ。

艹7 **【萏】** 10画 7217 839F 音ガン慣カン漢 訓つぼみ

意味 ハスの花。

日本語での用法 《つぼみ》花がこれからさくという状態にあるもの。「萏《つぼみ》がふくらむ」

艹7 **【莢】** 10画 7218 83A2 音キョウ漢 訓さや

意味 マメ科の植物の実。また、豆を包んでいる皮。さや。例莢豌豆《さやエンドウ》。

艹7 **【茣】** 10画 7220 8323 音ゴ漢

意味 草の名。参考「茣蓙《ゴザ》(=イグサのくきなどで作った敷物《しきもの》)」は「御座《ゴザ》」のあて字かという。

艹7 **【莎】** 10画 7221 838E 音サ漢呉 訓かやつり・はたおり・はますげ

意味 ❶カヤツリグサ科の多年草。ハマスゲ。❷「莎鶏《サケイ》」は、クツワムシ。あるいは、キリギリス、スズムシ、クダマキなど諸説がある。

艹7 **【莇】** 10画 7222 8387 音ショ漢ジョ呉 訓あざみ

意味 ❶殷《イン》の時代におこなわれたとされる税法。同助《ジョ》。❷ナス科の落葉低木。クコ。

日本語での用法 《あざみ》「薊《ケイ》」の別体字。

艹7 **【荵】** 10画 *7227 *8375 音ジン漢ニン呉 訓しのぶ

意味 スイカズラ科のつる性植物。スイカズラ。葉・くき・根は薬用とされる。荵冬草《ニンドウソウ》。

日本語での用法 《しのぶ》シダ植物の一種。夏、軒下《のきした》につるして緑の葉を楽しむ。しのぶぐさ。「釣《つ》り荵《しのぶ》」

艹7 **【荻】** 10画 1814 837B 人名 音テキ漢 訓おぎ

意味 イネ科の多年草。オギ。水べや湿地《シッチ》に生える。葉は細

くて長く、秋にススキに似た花穂《カスイ》をつける。

艹 7
【荼】 10画 7224 837C 音 一 ト漢呉 二 タ漢 ダ呉 訓 にがな

意味 一 ト ❶キク科の多年草。ニガナ。また、雑草。例 荼蓼《トリョウ》(=ニガナとタデ。苦い草。また、苦しみ)。❷苦しみ。例 荼毒《トドク》(=苦しみ)。二 タ・ダ 梵語《ボンゴ》の音訳。例 荼毘《ダビ》。曼荼羅《マンダラ》。

【荼▼毘】《ダビ》〔梵語《ボンゴ》の音訳〕火葬《カソウ》。例 ―に付す(=火葬にする)。

艹 7
【荳】 10画 7226 8373 音 トウ漢 訓 まめ

意味 ❶「荳蔲《トウコウ》」は、ショウガ科の多年草。薬用とされる。❷まめ。同 豆《トウ》。

艹 7
【莫】 10画 3992 83AB 人名 音 一 ボ漢 モ呉 二 バク漢 マク呉 訓 くれ・な-し・なか-れ

参考 「暮」のもとの字。「莫」が、「日ぐれ」から「なかれ」などの意味に使われるようになり、新たに「日」を書き加えて「暮」の字が作られた。

意味 一 ボ・モ 日ぐれ。くれ。同 暮《ボ》。例 莫夜《ボヤ》(=よる)。二 バク・マク ❶むなしい。ひっそりしてさびしい。例 索莫《サクバク》。寂莫《セキバク》。❷はてしなく広い。大きい。同 漠《バク》。例 広莫《コウバク》。❸〔助字〕㋐「なし」と読み、ない、の意。否定をあらわす。例 莫二我知一《われをしるなし》(=私の理解者がいない)。㋑「なかれ」と読み、…してはいけない、の意。禁止をあらわす。例 君莫レ笑《きみわらうことなかれ》(=君よ、笑うな)。

難読 莫大小《メリヤス》

人名 さだ・さだむ・つとむ・とう・とし・なか・ひろ・ひろし

【莫逆】《バクギャク・バクゲキ》〔さからうことがない意〕ひじょうに親しいあいだがら。例 ―の友。

【莫大】《バクダイ》(形動ダ)〔これより大きなものがない意〕数量や程度がひじょうに大きいようす。類 多大。例 ―な遺産。―な費用。―な損失。

艹 7
【莠】 10画 7228 83A0 音 ユウ漢 訓 あし-い・はぐさ

意味 ❶イネ科の一年草。エノコログサ。はぐさ。❷(エノコログサのように)害をなす。わるい。例 莠言《ユウゲン》。稂莠《ロウユウ》(=イヌアワとエノコログサ。ともに雑草で穀物に害をあたえることから、害毒《ガイドク》を流す人のたとえ)。

【莠言】《ユウゲン》 よくないことば。

【莠民】《ユウミン》 悪事をはたらく人。

艹 7
【莉】 10画 7229 8389 人名 音 リ慣 レイ漢

なりたち [形声]「艹(=くさ)」と、音「利《リ→レイ》」とから成る。木の名。

意味 「茉莉《マツリ》」は、常緑低木で、かおりのよい白い花がさき、ジャスミン茶に用いる。

難読 莉蘆《リロ・おもと》

艹 7
【莅】 10画 7214 8385 音 リ漢 訓 のぞ-む

意味 現場に行って、治める。のぞむ。例 莅政《リセイ》(=政治をおこなう)。莅臨《リリン》(=臨席する)。

艹 7
【莨】 10画 7230 83A8 音 ロウ漢 訓 たばこ

意味 牛馬の飼料《シリョウ》となる草の名。チカラグサ。

日本語での用法 《たばこ》 タバコのあて字。

艹 7 【莖】 10画 ⇩【茎】《ケイ》(847ページ)

艹 7 【莊】 10画 ⇩【荘】《ソウ》(851ページ)

艹 7 [莵] 10画 ⇩【菟】《ト》(856ページ)

艹 7 [莓] 10画 ⇩【苺】《バイ》(848ページ)

艹 7 [莱] 10画 ⇩【萊】《ライ》(857ページ)

艹 8
【萎】 11画 1664 840E 常用 音 イ漢呉 訓 な-える・しお-れる・しぼ-む

筆順 一 艹 艹 芊 茉 茉 萎 萎

なりたち  [形声]「艹(=くさ)」と、音「委《イ》」とから成る。牛を飼育する。

意味 ❶草木がかれる。なえる。しおれる。❷おとろえる。活力がなくなる。例 萎縮《イシュク》。萎靡《イビ》。

【萎縮】《イシュク》(名・する) ①ちぢこまって小さくなること。例 気持ちが―する。②小さくしぼむこと。

【萎▼靡】《イビ》(名・する) なえて、しおれること。気力や力がなくなること。例 勢力が―する。

艹 8
【菓】 11画 1859 83D3 常用 音 カ漢呉 訓 きのみ・くだもの・このみ

筆順 一 艹 艹 苩 荁 莫 菓 菓

なりたち [形声]「艹(=くさ)」と、音「果《カ》」とから成る。くだもの。

意味 くだもの。木の実。同 果。

日本語での用法 《カ》 間食用のあまい食物。「茶菓《サカ》・銘菓《メイカ》・和菓子《ワガシ》」

難読 香菓《かくのこのみ》

【菓子】《カシ》 おやつとして、また、お茶にそえて客に出したりする食べもの。あまいものが多い。例 和―《ガシ》。洋―《ガシ》。お茶―《ガシ》。

艹 8
【菅】 11画 3191 83C5 人名 音 カン漢 訓 すげ・すが

意味 カヤツリグサ科の草。スゲ。スガ。笠《かさ》・蓑《みの》・縄《なわ》などをつくるのに用いる。例 菅笠《すげがさ》。菅畳《すがだたみ》(=スゲで編んだ畳)。

【菅▼笠】《すげがさ》 スゲの葉で編んだかさ。

艹 8
【萓】 11画 7232 8413 音 ギ漢 訓 かや・わすれぐさ

意味 ❶ススキノキ科(旧ユリ科)の多年草。ワスレグサ。〔「萱《ケン》」に同じ〕❷よろしい。〔俗語《ゾクゴ》で用いられる〕同 宜《ギ》。

艹 8
【菊】 11画 2138 83CA 常用 音 キク漢呉

筆順 一 艹 艹 芍 芍 芍 菊 菊

なりたち 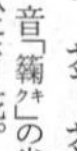 [形声]「艹(=くさ)」と、音「𥸨《キク》」の省略体とから成る。日の精で、秋にさく花。

参考 「菊」は、もと「ナデシコ」で、のちに「キク」の意に用いられるようになった。

意味 キク科の多年草。キク。秋に花をつけ古くから親しまれ、ウメ・タケ・ランとともに、四君子《シクンシ》の一つに数えられる。また、黄色や白色の花は薬用や食用にもなる。例 野菊《のギク》。

人名 あき・ひ

【菊花酒】《キクカシュ》 菊の花をひたした酒。「重陽《チョウヨウ》の節句(=菊の節句)」に飲む。菊酒《キクざけ》。

【菊月】《キクゲツ／キクづき》 陰暦《インレキ》九月の別名。

【菊人形】《キクニンギョウ》 たくさんの菊の花を衣装《イショウ》にかたどってかざりつけた人形。物語の主人公や英雄《エイユウ》などを題材としたものが多い。

【菊判】《キクバン》 ①紙の寸法の一つ。縦九三九ミリメートル、横六三六ミリメートル。菊全判。②書物の判型の一つ。縦横とも菊全判の四分の一の大きさ。A5判よりやや大きい。

●観菊《カンギク》・春菊《シュンギク》

艹8 【菌】 11画 2261 83CC 常用 音 キン漢 訓 きのこ・たけ

筆順 一 十 艹 芇 芇 菌 菌 菌

なりたち [形声]「艹(=くさ)」と、音「囷《キン》」とから成る。きのこ。

意味 ❶湿地《シッチ》や日かげの、岩や木の上に生える、かさとくきからなる生物。キノコ。タケ。例 菌糸《キンシ》。菌類《キンルイ》。❷害をもたらす、きん。ばいきん。例 細菌《サイキン》。

【菌糸】《キンシ》 かびやきのこのからだを構成している糸状の細胞《サイボウ》の列。

【菌類】《キンルイ》 からだが菌糸でできている、かび・きのこ・酵母《コウボ》などの生物の類。

●細菌《サイキン》・殺菌《サッキン》・雑菌《ザッキン》・病原菌《ビョウゲンキン》

艹8 【菫】 11画 7233 83EB 人名 音 キン漢 訓 すみれ

なりたち [形声] 本字は「蓳」で、「艹(=くさ)」と、音「堇《キン》」とから成る。草の名。

意味 ❶スミレ科の多年草。スミレ。山野に生え、春、うすいむらさき色の花をつける。例 菫色《すみれいろ》。❷毒草の名。トリカブト。例 菫茶《キント》(=トリカブトとニガナ)。

艹8 【菎】 11画 7234 83CE 音 コン漢 訓 かおりぐさ

意味 ❶香草《コウソウ》の名。菎蕗《コンロ》。菎麻《コンマ》。❷美しい玉《ギョク》。

日本語での用法 《コン》「蒟蒻《コンニャク》(=食品、またその原料のサトイモ科の多年草)」の「蒟」の代用。「菎蒻《コンニャク》」

艹8 【菜】 11画 2658 83DC 教育4 音 サイ漢呉 訓 な

筆順 一 十 艹 艹 苎 苹 菜

艹8 【菜】 11画

なりたち [形声]「艹(=くさ)」と、音「采《サイ》(=つみとる)」とから成る。草の食べられるもの。

意味 ❶葉・くき・根を食用にする植物をまとめていうことば。あおもの。例 菜園《サイエン》。野菜《ヤサイ》。❷野菜や肉・魚でつくったおかず。例 総菜《ソウザイ》。一汁一菜《イチジュウイッサイ》。

日本語での用法 《な》アブラナ・カラシナ・カブラナなどをまとめていう。また、地方特産の菜《な》につけることば。「菜《な》の花《はな》・菜種《なたね》・青菜《あおな》・野沢菜《のざわな》・広島菜《ひろしまな》」

【菜園】《サイエン》 野菜を育てる小さな畑。野菜畑。例 家庭—。

【菜根】《サイコン》 ①野菜の根。②粗食《ソショク》。

【菜食】《サイショク》 (名・する) 副食物としておもに野菜類を食べること。対 肉食。例 —主義。

【菜箸】《サイばし》 おかずを取り分けるときや料理を作るときに使う長いはし。

【菜種】《なたね》 ①アブラナの種子。しぼって菜種油をとる。②アブラナの別名。菜の花。

【菜畑】《なばたけ》 まだ花のさいていない菜の花の畑。また、菜っ葉類を植えた畑。

【菜飯】《なめし》 きざんだ青菜をたきこんだ飯。

●一汁一菜《イチジュウイッサイ》・山菜《サンサイ》・前菜《ゼンサイ》・総菜《ソウザイ》・野菜《ヤサイ》

艹8 【菘】 11画 7237 83D8 音 シュウ・スウ漢 訓 すずな

意味 野菜の名。つけものにする。

日本語での用法 《すずな》春の七草の一つ。カブ。

艹8 【菽】 11画 7235 83FD 音 シュク漢呉 訓 まめ

意味 ❶マメ類をまとめていうことば。例 菽粟《シュクゾク》(=豆とアワ)。菽麦《シュクバク》。❷大豆《ダイズ》。例 菽乳《シュクニュウ》(=とうふ)。

【菽麦】《シュクバク》 豆と麦。例 —を弁ぜず(=豆と麦との区別すらつかない。きわめておろかなこと)。〈春秋左氏伝《シュンジュウサシデン》〉

艹8 【菖】 11画 3052 83D6 人名 音 ショウ漢 訓 あやめ

なりたち [形声]「艹(=くさ)」と、音「昌《ショウ》」とから成る。草の名。

意味 「菖蒲《ショウブ》」は、水べに生える香草《コウソウ》。葉が細く剣《ケン》のようにとがっている。例 菖蒲湯《ショウブゆ》。

日本語での用法 《あやめ》水べに生え、初夏にハナショウブに似た白や青むらさき色の花をつける。「菖蒲刀《あやめがたな》・菖蒲《あやめ》の鬘《かずら》」

艹8 【萃】 11画 7236 8403 音 スイ漢 訓 あつ-まる・あつ-める

意味 ❶草がむらがって生えているようす。❷たくさん集まる。集める。例 萃聚《スイシュウ》(=集まる)。❸たくさん集まった人やもの。むれ。例 抜萃《バッスイ》(=群をぬいてすぐれている。抜粋《バッスイ》)。

艹8 【萋】 11画 7238 840B 音 セイ漢 訓 さか-り・しげ-る

意味 草がさかんにしげっているようす。例 萋萋《セイセイ》。

【萋萋】《セイセイ》 (形動《タル》) ①草木がしげるようす。②雲がたちこめているようす。

艹8 【菁】 11画 7239 83C1 音 セイ漢 訓 な・かぶ

意味 ❶ニラの花。❷カブ。カブラ。例 蕪菁《ブセイ》(=カブラ)。❸草のしげるようす。例 菁菁《セイセイ》(=草木がさかんに育つ)。

【菁▼莪】《セイガ》 ①人材を育成すること。〈詩経《シキョウ》〉②多くの人材。

艹8 【著】 11画 3588 8457 教育6 音 一チョ漢呉 二チャク漢 訓 あらわ-す・いちじる-しい・き-る・つ-く・つ-ける

筆順 一 十 艹 艹 芏 芝 著 著

艹9 【著】 12画 1-9107 FA5F 人名

なりたち [形声]「艹(=くさ)」と、音「者《シャ→チョ》」とから成る。あらわす。つく。

意味 ㊀チョ ❶書きしるす。あらわす。例著作《チョサク》。著述《チョジュツ》。名著《メイチョ》。❷目立って世に知られる。あらわれる。例著聞《チョブン》。著名《チョメイ》。❸あきらかである。いちじるしい。例著明《チョメイ》。顕著《ケンチョ》。㊁チャク 身につける。くっつく。きる。㊐着《チャク》。例著衣《チャクイ》（＝着るもの）。

使い分け あらわす・あらわれる【表・現・著】⇩1162ページ

人名 あき・あきら・つぎ・つぐ

【著作】《チョサク》（名・する）書物などを書きあらわすこと。また、その書物。著述。例—者。

【著作権】《チョサクケン》 著作者が自分の著作物の複製・翻訳《ホンヤク》・興行・放送などを独占《ドクセン》的に利用し利益を受ける権利。例—使用料。—侵害《シンガイ》。

【著作物】《チョサクブツ》 著作によって作り出されたもの。思想や感情を文章や、学術・美術・音楽・建築などにあらわしたもの。

【著者】《チョシャ》 その書物を書きあらわした人。著作者。筆者。例—自筆の原稿。

【著述】《チョジュツ》（名・する）文章・書物などに書いて述べること。また、書きあらわした書物。著作。例—業。

【著書】《チョショ》 書きあらわした書物。著作。

【著聞】《チョブン|チョモン》（名・する）世間によく知られること。

【著名】《チョメイ》（名・形動ダナ）世間によく知られていること。有名。例—な画家。—な場所。

【著明】《チョメイ》（名・形動ダナ）はっきりしていて明らかなこと。例—な事実。

●共著《キョウチョ》・顕著《ケンチョ》・原著《ゲンチョ》・主著《シュチョ》・拙著《セッチョ》・編著《ヘンチョ》・名著《メイチョ》

艹8 【萇】11画 7241 8407 音チョウ漢 訓いらくさ・いららぐさ・ずわえぐさ

意味「萇楚《チョウソ》」は、マタタビ科の落葉つる性植物、サルナシの一種。シナサルナシ。

艹8 【菟】11画 ――― 音ト漢 訓うさぎ

艹7 [莵] 10画 7225 83B5 俗字　艹9 [菟] 12画 3749 83DF 俗字

意味 ❶「菟糸《シト》」は、つる草の一種。ハマネナシカズラ。❷ウサギ。㊐兎《ト》。例玉菟《ギョクト》（＝天体の月の別名）。木菟《ボクト》（＝ミミズク）。❸「於菟《オト》」は、トラの別名。

難読 菟葵《いそぎんちゃく》・『菟玖波集《つくばシュウ》』〔連歌撰集《レンガセンシュウ》の名〕

艹8 【萄】11画 3826 8404 人名 音トウ漢ドウ呉

意味「葡萄《ブドウ》」は、つる性の果樹の名。

難読 葡萄《えび》（＝ブドウの古い名）・葡萄茶《えびチャ》

艹8 【菠】11画 7242 83E0 音ハ漢ホウ唐 訓からな

意味「菠菜《ハサイ》」「菠薐《ハロウ|ホウレン》」は、ヒユ科（旧アカザ科）の一、二年草。ホウレンソウ。

難読 菠薐草《ホウレンソウ》

艹8 【菲】11画 7243 83F2 音ヒ漢 訓うすーい

意味 ❶野菜の名。カブやダイコンの類。転じて、そまつな食物。例菲食《ヒショク》。❷少ししかない。うすい。例菲才《ヒサイ》。

【菲才】《ヒサイ》①才能のないこと。②取るに足らぬ才能。自分の才能をへりくだっていうことば。例浅学《センガク》—をかえりみず大役《タイヤク》を引き受ける。表記▽「非才」とも書く。

【菲食】《ヒショク》①そまつな食事。②食事を質素にすること。

【菲徳】《ヒトク》 徳がうすいこと。

【菲薄】《ヒハク》（名・形動ダナ）①うすいこと。②ものが少ないこと。貧しいこと。

艹8 【萍】11画 7244 840D 音ヘイ漢 訓うきくさ

意味 池や沼《ぬま》の水面にういて生える水草。うきくさ。例浮萍《フヘイ》（＝うきくさ）。

難読 萍蓬草《こうほね|かわほね》

【萍泊】《ヘイハク》（名・する）うきくさのように、あちらこちら流れさすらうこと。

艹8 【菩】11画 4278 83E9 人名 音ホ漢ボ呉

意味 梵語《ボンゴ》の「ボ」の音訳。例菩薩《ボサツ》。菩提《ボダイ》。

【菩▼薩】《ボサツ》〔仏〕「菩提薩埵《ボダイサッタ》」の略。さとりを求める者の意。①仏になろうと発心《ホッシン》して修行《シュギョウ》する修行者。例観世音《カンゼオン》—。地蔵《ジゾウ》—。②徳の高い僧《ソウ》をたっとんでいうことば。例行基《ギョウキ》—。③仏になぞらえて、日本の神をたっとんでいうことば。例八幡《ハチマン》大—。

【菩▽提】《ボダイ》〔仏〕〔梵語《ボンゴ》の音訳〕①煩悩《ボンノウ》をたちきって修行《シュギョウ》して得られるさとり。②極楽往生《ゴクラクオウジョウ》すること。

【菩▽提寺】《ボダイジ》〔仏〕先祖代々の位牌《イハイ》や墓があり、葬式《ソウシキ》や法事をする寺。檀那寺《ダンナでら》。菩提所。

【菩▽提樹】《ボダイジュ》①シナノキ科の落葉高木。中国原産。夏、うす黄色の小花をふさ状につける。リンデンバウムはこの一種。②クワ科の常緑高木。インド原産。釈迦《シャカ》がこの木の下でさとりをひらいたといわれる。インドボダイジュ。

【菩▽提心】《ボダイシン》 仏道にはいり、さとりを求める心。

艹8 【萌】11画 4308 840C 人名 音ホウ慣ボウ漢 訓きざーす・もーえる

艹8 [萠] 11画 7246 8420 人名 別体字

なりたち  [形声]「艹（＝くさ）」と、音「明《ベイ→ボウ》」とから成る。草木の芽。

意味 ❶植物の芽。また、植物が芽を出す。もえる。転じて、ものごとが起こる。きざす。きざし。例萌芽《ホウガ》。❷民《たみ》。農民。例萌隷《ボウレイ》（＝庶民《ショミン》）。

難読 萌黄《もえぎ|もよぎ》

人名 きざし・たみ・はじめ・め・めぐみ・めぐむ・めみ・もえ・もゆ

【萌芽】《ホウガ》（名・する）①芽が出ること。また、その芽。めばえ。②ものごとがきざすこと。きざし。例悪の—を断《た》つ。

【萌▼蘖】《ホウゲツ》①草木の新芽と、切り株から出たひこばえ。②ものごとの発端《ホッタン》のたとえ。

艹8 【莽】11画 ――― 音ボウ漢モウ呉 訓くさむら

艹6 [莽] 9画 7247 83BD 俗字

意味 ❶草ぶかいところ。くさむら。また、在野《ザイヤ》。民間。例草莽《ソウモウ》。莽莽《ボウボウ》。❷そそっかしくて、がさつ。

【莽莽】《ボウボウ|モウモウ》（形動トタル）①草ぶかいようす。例草木《ソウモク》—たり。②野原が広大なようす。

艹8
【菹】
11画 7245 8422 国字 訓やち
意味 ❶沼《ぬま》地《チ》。湿地帯《シッチタイ》。やち。〔谷《や》地《チ》の意。低地・湿地をさす〕❷人名・地名に用いられる字。例 前《まえ》菹《やち》。

艹8
【萊】
11画 1-9106 840A 人名 音ライ漢呉 訓あかざ

艹7
【莱】
10画 4573 83B1 俗字
意味 ❶ヒユ科(旧アカザ科)の一年草。アカザ。あれ地などに自生し、葉は食用となる。❷雑草のおいしげるあれ地。

艹8
【菱】
11画 4109 83F1 人名 音リョウ漢 訓ひし

艹11
[蔆]
14画 7249 8506 本字
意味 ミソハギ科(旧ヒシ科)の一年草。ヒシ。池や沼《ぬま》に自生し、夏に白い小さな花をつけ四角い実を結ぶ。実は食用になる。例 菱形《リョウケイ》。菱餅《ひしもち》。武田菱《たけだびし》。
難読 菱花台《リンカのダイ》(=茶托《チャタク》)
【菱餅】《ひしもち》 ヒシの粉で作った餅《もち》。また、三月の節句に用いる、三色で菱形の餅。
【菱形】《リョウケイ》—《ひしがた》 〔水草のヒシの実の形の意〕四辺の長さが等しく、四つの角が直角でない四角形。正方形をつぶした形。

艹8
【菻】
11画 7250 83FB 音リン漢
意味 キク科の二年草。キツネアザミ。

艹8 [菴] 11画 ⇩【庵】《アン》(355ページ)

艹8 【華】 11画 ⇩【華】《カ》(853ページ)

艹8 [葛] 11画 ⇩【葛】《カツ》(857ページ)

艹8 【菜】 11画 ⇩【菜】《サイ》(855ページ)

艹8 [菷] 11画 ⇩【帚】《ソウ》(338ページ)

艹8 [萠] 11画 ⇩【萌】《ホウ》(856ページ)

艹9
【葭】
12画 7251 846D 音カ漢 訓あし・はまおぎ・よし
意味 ❶(生えはじめたばかりの)アシ。ヨシ。例 葭葦《イカ》(=アシ)。葭牆《カショウ》(=アシで作ったかきね)。❷あしぶえ。同笳《カ》。
例 胡葭《コカ》(=あしぶえ)。
難読 葭原雀《よしわらすずめ》

艹9
【萪】
12画 7252 842A 音カ漢
意味 ❶マメ科のつる性落葉木本。フジの一種。❷草の名というが未詳《ミショウ》。

艹9
【萼】
12画 7253 843C 音ガク漢 訓うてな

艹12
[蕚]
15画 7254 855A 俗字
意味 花の外側にあって、つぼみを包んで守り、開いた花をささえる部分。うてな。はなぶさ。例 萼片《ガクヘン》(=萼を形づくる一枚一枚のひらひら)。

艹9
【葛】
12画 1975 845B 常用 音カツ漢 訓くず・かずら・つづら
筆順 一 艹 芇 苩 葛 葛 葛 葛

艹8
[葛]
11画 俗字

なりたち  [形声]「艹(=くさ)」と、音「曷《カツ》」とから成る。クズの布をつくる草。
参考 伝統的には「葛」と書くことが多い。
意味 ❶マメ科のつる性多年草。クズ。くきの繊維《センイ》で布を織る。根は薬用になるほか、くず粉がとれる。例 葛巾《カッキン》。葛根湯《カッコントウ》。葛餅《くずもち》。❷つる。かずら。ものごとがからみあい、もつれるようす。例 葛藤《カットウ》。
日本語での用法 《つづら》山野に生えるつる草の一種。ツヅラフジ。つるで籠《かご》などを編む。「葛籠《つづら》・葛笠《つづらがさ》」
参考 奈良《なら》県葛城《かつらぎ》市は「葛」と書く。
難読 葛城《かずらき》—《かつらぎ》・葛飾《かつしか》・葛野《かどの》・葛西《カサイ》
人名 かず・かつら・かど・さち・つた・ふじ
【葛▼裘】《カッキュウ》 ①夏に着る、クズの布で作ったかたびらと、冬に着る、皮ごろも。②夏と冬。また、一年間。
【葛巾】《カッキン》 クズの布で作った頭巾《ズキン》。
【葛根湯】《カッコントウ》 漢方薬の一つ。クズの根のせんじ汁《じる》を主成分とする。発汗作用《ハッカンサヨウ》があるので、かぜ薬として用いる。
【葛藤】《カットウ》 (名・する)〔クズやフジなどのつる草は、からまりあって解けにくいことから〕①もつれあって解決しにくいこと。入り組んだ対立や争い。紛争《フンソウ》。例 派閥《ハバツ》間の―に巻きこまれる。②心の迷い。例 内面の―に苦しむ。③〔仏〕煩悩《ボンノウ》。また、禅宗《ゼンシュウ》で、言語・文字・句。
【葛▼餡】《くずアン》 葛粉《くずこ》を加えてとろみをつけた汁《しる》。料理にかける。くずだまり。
【葛粉】《くずこ》 クズの根からとったでんぷん。
【葛布】《くずフ》 クズのくきの繊維《センイ》を織って作った目のあらい、じょうぶな布。
【葛湯】《くずゆ》 葛粉《くずこ》に砂糖を加え、熱湯を注いでかきまわした飲み物。
【▽葛▽籠】《つづら》 ツヅラフジのつるを編んで作った、衣服を入れるふたつきのかご。

艹9
【蒄】
12画 7255 8484 音カン漢
意味 草の名というが未詳《ミショウ》。

艹9
【葵】
12画 1610 8475 人名 音キ漢 訓あおい
なりたち  [形声]「艹(=くさ)」と、音「癸《キ》」とから成る。野菜の名。
意味 ❶野菜の名。例 冬葵《トウキ》(=フユアオイ)。❷タチアオイ・ハナアオイなど、アオイ科の草または低木。❸ヒマワリ。
例 向日葵《コウジツキ》(=ヒマワリ)。
日本語での用法 《あおい》①賀茂《かも》神社の紋《モン》。「葵鬘《あおいかずら》・葵祭《あおいまつり》」②紋所《モンどころ》の一つ。徳川家の家紋でもあった。「葵巴《あおいどもえ》・双葉葵《ふたばあおい》・丸《まる》に立葵《たちあおい》」
人名 はかる・まもる

艹9
【葷】
12画 7256 8477 音クン漢
意味 ネギ・ニンニク・タマネギなど辛味《からみ》と臭味《くさみ》のある野菜。また、なまぐさい食物。肉食。例 葷菜《クンサイ》(=においの強い野菜)。葷酒《クンシュ》。
【葷酒】《クンシュ》 ニラやネギなどの、においの強い野菜と、酒。仏教では忌《い》むべきものとされる。例 ―山門に入《い》るを許さず(=修

行《シュギョウ》のさまたげになる、においの強い野菜や酒は、寺門の内にはいることを許さない)。

艹 9
【萱】
12画 1994 8431 人名 音 ケン(漢) カン(呉) 訓 かや・すげ・わすれぐさ

意味 ススキノキ科(旧ユリ科)の多年草。ヤブカンゾウ。葉は細長くとがり、夏にだいだい色の花をつける。花や若芽は食用になり、食べると心配ごとが忘れられるという。忘れ草《ぐさ》。例 萱草《カンゾウ》(=忘れ草)。

日本語での用法 《かや》 屋根をふくのに用いるススキやスゲなど。「萱野《かやの》・萱席《かやむしろ》・刈萱《かるかや》」

【萱堂】《ケンドウ》 母親のこと。〔昔、中国で母親は北の部屋におり、その庭に、食べると憂《うれ》いを忘れるという萱草《カンゾウ》を植えたことから〕

艹 9
【菰】
12画 2454 83F0 音 コ(漢) 訓 こも・まこも

意味 イネ科の多年草。マコモ。沼《ぬま》や沢《さわ》に自生し、葉はアシに似て、秋に米に似た実を結ぶ。こも。例 菰米《コベイ》(=マコモの実)。

艹 9
【葫】
12画 7257 846B 音 コ(漢) 訓 おおひる・ひさご・ふくべ

意味 ❶ヒガンバナ科(旧ユリ科)の多年草。ニンニク。❷「葫蘆《コロ》」は、ウリ科の一年草。ヒョウタン。ひさご。ふくべ。

艹 9
【葹】
12画 7265 8479 音 シ(漢) 訓 おなもみ

意味 キク科の一年草。オナモミ。

艹 9
【萩】
12画 3975 8429 人名 音 シュウ(漢) 訓 はぎ

なりたち  [形声]「艹(=くさ)」と、音「秋《シュウ》」とから成る。ヨモギ。

意味 ❶キク科の多年草。河原に生えるヨモギの一種。❷トウダイグサ科の落葉高木。アカメガシワ。ヒサギ。

日本語での用法 《はぎ》 マメ科の、山野に生える落葉低木。秋に赤むらさきや白の花をつける。秋の七草の一つ。「萩《はぎ》の違《ちが》い棚《だな》」

[艸(艹)部] 9画 萱菰葫葹萩葺葬葱葮董葩葡葆葯

艹 9
【葺】
12画 4188 847A 人名 音 シュウ(漢) 訓 ふ-く

意味 ❶カヤなどの草を用いて屋根を作る。ふく。例 葺屋《シュウオク》(=草ぶきの家)。❷つくろう。修理する。

人名 ふき

艹 9
【葬】
12画 3382 846C 常用 音 ソウ(漢) 訓 ほうむ-る

筆順 艹 丗 苵 苵 莚 葬 葬 葬

なりたち  [会意]「死(=死者)」と「一(=敷物《しきもの》)」と「茻《ボウ》→《ソウ》(=くさむら)」とから成る。死んだ人を敷物にのせて、くさむらにかくす。

意味 儀式《ギシキ》をおこなって、死体を墓などにおさめる。ほうむる。例 葬儀《ソウギ》。埋葬《マイソウ》。

【葬儀】《ソウギ》 死者をほうむる儀式。葬式。葬礼。

【葬具】《ソウグ》 葬儀に使う道具。

【葬祭】《ソウサイ》 葬式と先祖のまつり。例 冠婚《カンコン》―。

【葬式】《ソウシキ》 死者をほうむる儀式《ギシキ》。葬儀。葬礼。

【葬場】《ソウジョウ》 葬儀《ソウギ》をおこなう式場。葬儀場。斎場《サイジョウ》。

【葬送】《ソウソウ》(名・する) 死者が長い旅に出るのを見送ること。野辺《のべ》の送り。送葬。例 ―の列。

【葬礼】《ソウレイ》 死者をほうむる儀式《ギシキ》。葬儀。葬式。例 ―の鐘《かね》が鳴る。

【葬列】《ソウレツ》 葬式・葬送の行列。例 ―が進む。

●会葬《カイソウ》・火葬《カソウ》・家族葬《カゾクソウ》・国葬《コクソウ》・自然葬《シゼンソウ》・水葬《スイソウ》・生前葬《セイゼンソウ》・送葬《ソウソウ》・鳥葬《チョウソウ》・土葬《ドソウ》・風葬《フウソウ》・本葬《ホンソウ》・埋葬《マイソウ》・密葬《ミッソウ》

艹 9
【葱】
12画 3912 8471 音 ソウ(漢) 訓 き・ねぎ

意味 ❶ヒガンバナ科(旧ユリ科)の多年草。ネギ。太さや大きさにより種類が多く、においが強い。例 玉葱《たまねぎ》。分葱《わけぎ》。❷草木が青々としげるようす。例 葱翠《ソウスイ》(=青々としたようす。緑色)。

難読 胡葱《あさつき》・葱花《ギボウシュ》(=擬宝珠《ギボウシュ》)

【葱花▼輦】《ソウカレン》 天皇が神事または行幸のときに乗る輿《こし》。屋根の頂にネギの花をかたどった金色のかざりがついている。なぎの花の御輿《みこし》。

艹 9
【葮】
12画 7259 846E 音 タン(漢) ダン(呉)

意味 アオイ科の落葉低木。ムクゲ。同 椴《ダン》。

艹 9
【董】
12画 3801 8463 人名 音 トウ(漢) 訓 ただ-す

意味 ❶全体をまとめおさめる。ただす。例 董正《トウセイ》(=ただす)。❷「骨董《コットウ》」は、珍蔵《チンゾウ》する古い道具類。

人名 しげ・しげる・ただ・ただし・なお・のぶ・まこと・まさ・よし

艹 9
【葩】
12画 7261 8469 音 ハ(漢) 訓 はな・はなびら

意味 ❶草木の花。はな。例 葩卉《ハキ》(=くさばな)。❷はなびら。❸はなやかで美しいようす。はなやかな。例 葩華《ハカ》(=はなやかなようす)。葩藻《ハソウ》(=華美、華麗《カレイ》な)。

難読 葩餅《はなびらもち》・四葩《よひら》(=アジサイの別の呼び名)

艹 9
【葡】
12画 4182 8461 人名 音 ホ(漢) ブ(呉)

意味 ❶「葡萄《ブドウ》」は、果樹の名。❷「葡萄牙《ポルトガル》」の略。例 日葡辞書《ニッポジショ》。

難読 葡萄染《えびぞめ》・葡萄茶《えびチャ》

【葡▼萄】《ブドウ》 ブドウ科のつる性果樹。西アジア原産。秋に黒・赤むらさき・黄緑色などの、ふさ状の実がなり、ワイン・ジュース・ジャムなどにする。例 ―酒。

艹 9
【葆】
12画 7262 8446 音 ホウ(漢) ホ(呉) 訓 おお-い・くさむら・しげ-る・つつ-む・むつき

意味 ❶草がしげるようす。❷おおいかくす。つつむ。例 葆光《ホウコウ》。❸保護する。まもる。たもつ。同 保《ホウ》。例 葆真《ホウシン》。❹うぶぎ。むつき。同 褓《ホ》。

【葆光】《ホウコウ》 光をおおいかくすこと。知恵《チエ》や才能を外にあらわさないことのたとえ。

【葆真】《ホウシン》 純真な本性をたもつこと。

艹 9
【葯】
12画 *7264 *846F 音 ヤク(漢) 訓 よろいぐさ

意味 ❶セリ科の多年草。ヨロイグサ。根を白芷《ビャクシ》といい、解熱剤《ゲネツザイ》や鎮痛剤《チンツウザイ》とする。❷おしべの先端《センタン》にあって、花粉を出す部分。やく。

艹 9

【萸】

12画 7248 8438 音 ユ 漢 訓 ぐみ

意味 「茱萸《シュユ》」は、グミ科の植物。

難読 茱萸《ぐみ》・芋萸《いもがら｜いものくき｜ずいき》

艹 9

【葉】

12画 4553 8449 教育3 音 一 ヨウ 漢 呉 二 ショウ 漢 呉 訓 は 付表 紅葉《もみじ》

筆順 艹 芏 芔 苷 苷 苷 華 葉

なりたち [形声]「艹(=くさ)」と、音「枼《ヨウ》」とから成る。草木の、は。

意味 一《ヨウ》 ❶植物が呼吸したり、光をうけて栄養分をつくり出したりする部分。は。例 葉脈《ヨウミャク》。紅葉《コウヨウ》。落葉《ラクヨウ》。❷葉の形に似て、うすくて平たいもの。例 肺葉《ハイヨウ》。前頭葉《ゼントウヨウ》(=大脳《ダイノウ》の、前のほうの部分)。❸書物のページや紙など、うすいものを数えることば。例 数葉《スウヨウ》の写真。❹時代。世。例 五世紀《ゴセイキ》中葉《チュウヨウ》。万葉《マンヨウ》。❺分かれたもの。すえ。子孫。例 末葉《マツヨウ》。枝葉《シヨウ》。二《ショウ》 人名に用いられる字。例 葉公《ショウコウ》(=春秋時代の楚《ソ》の人)。迦葉《カショウ》(=釈迦《シャカ》の十大弟子《デシ》の一人)。

日本語での用法《は》とるに足らぬ。「葉武者《はムシャ》・葉者《はもの》」

人名 くに・すえ・のぶ・ば・ふさ・よ・わ

【葉書】《はがき》「郵便葉書」の略。定められた規格の通信用紙。例 絵—。年賀—。往復—。表記「端書」とも書く。

【葉鶏頭】《はゲイトウ》 ヒユ科の一年草。観賞用で、葉の形はケイトウに似る。雁来紅《ガンライコウ》。かまつか。

【葉桜】《はざくら》 花が散って若葉の出たサクラ。

【葉▽煙▽草】《はタバコ》 葉の形のまま乾燥《カンソウ》させ、切りきざんでいないタバコ。

【葉月】《はづき》 もと、陰暦《インレキ》で八月のこと。太陽暦でもいう。

【葉巻】《はまき》「葉巻タバコ」の略。かわかしたタバコの葉を棒状にかたく巻いたもの。シガー。

【葉▼腋】《ヨウエキ》 植物の葉がくきについている部分で、新芽が出るところ。

【葉柄】《ヨウヘイ》 植物の葉の軸《ジク》の部分。葉をささえ、くきに付着する。

【葉脈】《ヨウミャク》 植物の葉の面に平行または網《あみ》状に走っているすじ。例 イチョウの—は平行脈である。

【葉緑素】《ヨウリョクソ》 植物の葉緑体にふくまれる緑色の色素。クロロフィル。

【葉緑体】《ヨウリョクタイ》 緑色植物の細胞《サイボウ》にある緑色の色素。クロロフィル(=葉緑素)とカロチノイドをふくめていう。光合成などをおこなう。

●一葉《イチヨウ》・枝葉《シヨウ｜えだは》・紅葉《コウヨウ｜もみじ》・言葉《ことば》・単葉《タンヨウ》・中葉《チュウヨウ》・複葉《フクヨウ》・落葉《ラクヨウ》

艹 9

【落】

12画 4578 843D 教育3 音 ラク 漢 呉 訓 お-ちる・お-とす

筆順 一 艹 艹 莎 莎 茖 落 落

なりたち [形声]「艹(=くさ)」と、音「洛《ラク》」とから成る。木の葉がおちる。

意味 ❶木の葉がかれておちる。おちる。例 落葉《ラクヨウ》。❷上から下へおちる。さがる。例 落下《ラッカ》。墜落《ツイラク》。❸ぬけおちる。例 脱落《ダツラク》。❹おくれる。例 落伍《ラクゴ》。❺おちぶれて、あれはてる。例 没落《ボツラク》。零落《レイラク》。❻できあがる。おちつく。例 落成《ラクセイ》。落着《ラクチャク》。落慶《ラッケイ》。❼思いがけなく得る。例 落手《ラクシュ》。落想《ラクソウ》(=思いつくこと)。❽人の集まり住むところ。むらざと。例 集落《シュウラク》。村落《ソンラク》。

日本語での用法《ラク・おち・おとす》①失う。うばわれる。「落城《ラクジョウ》・落命《ラクメイ》」②おとしいれる。はめる。「罪《つみ》に落《お》とす」③ついていたものをとりのぞく。「汚《けが》れを落《お》とす」④手ぬかり。もれ。「手落《てお》ち」⑤結末。「話《はなし》の落《お》ち」

難読 落人《おちうど》・落葉松《からまつ》・落霜紅《うめもどき》・落魄《おちぶ》れる

人名 おち・むら

【落▼胤】《ラクイン》 身分の高い男性が正妻以外の女性に、ひそかに生ませた子。落とし胤《だね》。例 将軍の—。

【落英】《ラクエイ》 散り落ちる花びら。落花。例 —繽紛《ヒンプン》たり(=花がさかんに散り乱れている)。

【落▼雁】《ラクガン》 ①空から舞《ま》いおりる雁《ガン》。②干菓子《ひガシ》の名。麦こがし・きな粉などに砂糖や水あめを混ぜ、型に入れて固めたもの。

【落▼伍】《ラクゴ》(名・する)仲間についていけなくなること。他の者におくれること。例 隊列から—する。表記「落後」と書くこともある。

【落語】《ラクゴ》 演芸の一つ。こっけいな話をたくみに語り、話の終わりに「おち」をつけて結ぶもの。おとしばなし。例 —家《カ》。

【落差】《ラクサ》 ①水面の高さの差。②高低の差。例 実力の—が激しい。

【落札】《ラクサツ》(名・する)競争入札で権利や目的の品物を手に入れること。例 ゴッホの絵を—した。

【落日】《ラクジツ》 しずみかけている太陽。入り日。落陽。例 雲間《くもま》に—が燃えている。

【落手】《ラクシュ》(名・する)①手紙などを受け取ること。落掌《ラクショウ》。例 貴簡—いたしました。②囲碁《イゴ》や将棋《ショウギ》で、見落とした手。悪い指し手。

【落首】《ラクシュ》 昔、作者名をかくして、政治や社会のできごとをするどく批判した狂歌《キョウカ》や狂句。

【落書】《ラクショ》(名・する)①政治や社会・人などを批判・風刺《フウシ》した匿名《トクメイ》の文書。道に落としたり塀《ヘイ》にはったりした。おとしぶみ。②いたずら書きをすること。また、その絵や字。落書《ラクが》き。例 机に—をする。—を消す。

【落掌】《ラクショウ》(名・する)受け取ること。落手《ラクシュ》。例 ご書状たしかに—いたしました。

【落城】《ラクジョウ》(名・する)①敵に城をせめ落とされること。②くどかれて承知すること。例 長期にわたる説得によってついに—した。

【落水】《ラクスイ》(名・する)①船から水に落ちること。例 —事故。②(滝《たき》などの)落ちてくる水。例 岩を打つ—。

【落成】《ラクセイ》(名・する)工事が完成すること。竣工《シュンコウ》。例 —式。新社屋が—する。

【落石】《ラクセキ》(名・する)山やがけの上から石が落ちてくること。また、その石。例 —に注意せよ。

【落籍】《ラクセキ》(名・する)①戸籍簿《コセキボ》に記載《キサイ》もれがあること。②名簿《メイボ》から取りのぞいて資格をなくすること。③お金をはらって、芸者・遊女などをやめさせること。ひかすこと。身請《みう》け。

【落雪】《ラクセツ》(名・する)(屋根などに)積もった雪がすべり落ちてくること。また、その雪。

【落選】《ラクセン》(名・する)①選挙に落ちること。対 当選。②選考や審査《シンサ》にもれて落ちること。対 入選。

【落第】《ラクダイ》(名・する)①試験に合格しないこと。不合格。対 及第《キュウダイ》・合格。例 —点。②成績が悪くて進級できないこ

と。留年。㊖及第。

【落胆】《ラクタン》（名・する）がっかりして気を落とすこと。気落ち。失望。例入試に失敗して―する。

【落着】《ラクチャク》（名・する）ものごとの決まりがつくこと。決着。例一件―。お家騒動《ソウドウ》も―した。

【落丁】《ラクチョウ》 書物の紙がなん枚かぬけ落ちて、ページが続かないこと。例―本。―や乱丁。

【落馬】《ラクバ》（名・する）乗っている馬から落ちること。例―してけがをする。

【落剥】《ラクハク》（名・する）ペンキなどがはげ落ちること。剥落《ハクラク》。

【落▼魄】《ラクハク》〔「ラクタク」とも〕（名・する）おちぶれること。零落《レイラク》。例―の身となる。

【落盤】《ラクバン》（名・する）坑内《コウナイ》やトンネル内で、天井《テンジョウ》や側面の岩石がくずれ落ちること。例炭坑の―事故。表記 ⓘ落▼磐
【落筆】《ラクヒツ》（名・する）筆をとって書や絵をかきはじめること。

【落命】《ラクメイ》（名・する）（事故などによって）命を落とすこと。死ぬこと。例遭難《ソウナン》現場で―した。

【落葉】《ラクヨウ》（名・する）植物の葉が枝から落ちること。また、その葉。落ち葉。例竹は春に―する。

【落葉樹】《ラクヨウジュ》 秋の終わりに葉を落とし、次の年に新しい葉を出す樹木。サクラやカエデなど。㊖常緑樹。

【落葉松】《ラクヨウショウ》《からまつ》 高冷地に多い、マツ科の落葉高木。

【落雷】《ラクライ》（名・する）かみなりが落ちること。例高圧線の鉄塔《テットウ》に―する。

【落落】《ラクラク》（名・形動《タルト》）①気持ちが大きいようす。例―として小事にこだわらない。②そびえ立つようす。③まばらでものさびしいようす。④人とうまくつきあえないようす。

【落涙】《ラクルイ》（名・する）なみだを流すこと。泣くこと。また、そのなみだ。例苦労話を聞いて思わず―した。

【落下】《ラッカ》（名・する）上から、また、高いところから落ちること。例―物。―する速度。

【落下傘】《ラッカサン》 航空機から人が落下したり、物資を投下するときに使う、傘《かさ》の形のもの。パラシュート。例―部隊。―をつけておりる。

【落花】《ラッカ》 花が散ること。また、散り落ちた花。例―繽紛《ヒンプン》。―流水。

【落花生】《ラッカセイ》 マメ科の一年草。地中にできた実の種を、いって食べる。南京豆《ナンキンまめ》。ピーナッツ。

【落花▼狼▼藉】《ラッカロウゼキ》 ①花が散り乱れていること。また、ものが散乱していること。例桜散り、―たるありさまである。②乱暴のあとのたとえ。
【落款】《ラッカン》（名・する）書画が完成したとき、作者が署名したり印をおしたりすること。また、その署名や印。例絵に―を入れて完成する。
【落慶】《ラッケイ》 神社や寺院の建物の完成を祝うこと。例本堂の―式。―法要。
●陥落《カンラク》・群落《グンラク》・下落《ゲラク》・集落《シュウラク》・村落《ソンラク》・脱落《ダツラク》・堕落《ダラク》・段落《ダンラク》・墜落《ツイラク》・転落《テンラク》・当落《トウラク》・部落《ブラク》・暴落《ボウラク》・没落《ボツラク》

艹9
【葎】 12画 4610 844E 音リツ漢 訓むぐら
意味 アサ科（旧クワ科）の一年草。カナムグラ。くきと葉にとげがあるつる草。むぐら。例葎生《むぐらふ》（＝むぐらのしげるところ）。

艹9
【萵】 12画 7266 8435 音ワ漢 訓ちさ
意味 「萵苣《ワキョ》」は、キク科の一、二年草。チシャ。チサ。レタスやサラダ菜。

艹9 【葦】12画 ⇩【葦】《イ》（860ページ）
艹9 ［葢］12画 ⇩【蓋】《ガイ》（860ページ）
艹9 ［蒂］12画 ⇩【蔕】《タイ》（863ページ）
艹9 【著】12画 ⇩【著】《チョ》（855ページ）
艹9 ［菟］12画 ⇩【菟】《ト》（856ページ）
艹9 【萬】12画 ⇩【万】《マン》（16ページ）

艹10
【葦】 13画 1617 8466 人名 音イ漢呉 訓あし・よし
意味 水べに生えるイネ科の多年草。アシ。ヨシ。くきはすだれなどを作るのに用いる。例葦原《あしはら》。

艹9
【葦】 12画

難読 葦雀《よしきり》
【葦毛】《あしげ》 馬の毛色。全体が白い毛に黒や茶色の差し毛のあるもの。例連銭《レンゼン》―。
【葦原】《あしはら》 アシがおいしげっている原。例―の中《なか》つ国《くに》。
【葦笛】《あしぶえ》 ①アシの葉を巻いて作った、ふえ。②アシのくきで作った、たてぶえ。

艹10
【蓊】 13画 7267 84CA 音オウ漢 訓さか-ゆる・しげ-る
意味 草木がさかんにしげるようす。例蓊鬱《オウウツ》（＝草木がしげる）。

艹10
【蓋】 13画 1924 84CB 常用 音カイ漢ガイ呉 訓ふた・けだ-し・おお-う
筆順 一 艹 芏 芸 菁 蕎 蓋

艹9
［葢］ 12画 7268 8462 本字
皿6
［盖］ 11画 6621 76D6 俗字

なりたち 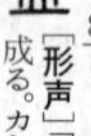  [形声]「艹（＝くさ）」と、音「盇《コウ→カイ》」とから成る。カヤのおおい。
意味 ❶うつわのふた。おおい。かさ。例天蓋《テンガイ》。頭蓋骨《ズガイコツ》。❷おおいかくす。かぶせる。例蓋世《ガイセイ》。❸思うに。けだし。
例蓋然性《ガイゼンセイ》。
【蓋世】《ガイセイ》 世をおおいつくすほど気力などがすぐれていること。
【蓋然性】《ガイゼンセイ》 ものごとの起こりうる度合い。公算。

艹10
【蒹】 13画 7269 84B9 音ケン漢 訓あし・おぎ・ほそあし
意味 たけの低いアシ。また、オギ。例蒹葦《ケンイ》。蒹葭《ケンカ》。

艹10
【蒿】 13画 7270 84BF 音コウ漢 訓みそはぎ・よもぎ
意味 ❶キク科ヨモギ属の多年草をまとめていう。ヨモギ。また特に青蒿《セイコウ》（＝カワラニンジン）を指す。例蒿艾《コウガイ》（＝ヨモギ）。❷穀類のくき。例蒿矢《コウシ》。
【蒿矢】《コウシ》 イネのくきで作った矢。邪気《ジャキ》をはらうとされた。
【蒿里】《コウリ》 ①山東省の泰山《タイザン》の南にあった山の名。死者をほうむる場所とされていた。②墓地。③ひつぎを引くときにうたう歌。挽歌《バンカ》。貴人のときには、「薤露《カイロ》」をうたう。

艹10
【蒟】 13画 7271 849F 音コン慣ク漢
意味 「蒟蒻《コンニャク》」は、サトイモ科の多年草。球茎《キュウケイ》をコンニャク玉という。

艹10
【蓑】
13画 4412 84D1 人名 音 サ(漢) 訓 みの

竹10 【簑】 16画 6834 7C11 別体字
竹11 【簔】 17画 6835 7C14 別体字

意味 カヤやスゲなどで編んだ雨具。例 蓑笠《サリュウ》。腰蓑《こしみの》。

【蓑▼笠】《サリュウ|みのかさ》 みのとかさ。みのを着てかさをかぶったいでたち。例 ―《サリュウ》の翁《おきな》。―《みのかさ》を着ける。

【蓑亀】《みのがめ》 甲羅《コウラ》に藻《も》などがついて、みのをつけたように見えるカメ。めでたいものとされる。

【蓑虫】《みのむし》 ミノガ科のガの幼虫。木の葉などで、ふくろ状の巣を作って中にすむ。巣は枝からぶら下がる。

艹10
【蓙】
13画 7272 84D9 国字 音 ザ 訓 ござ

意味 畳表《たたみおもて》にへりをつけた敷物《しきもの》。ござ。例 莫蓙《ゴザ》。

艹10
【蒜】
13画 4139 849C 音 サン(漢) 訓 ひる・のびる・にんにく

意味 ヒガンバナ科(旧ユリ科)の多年草で、ネギ類特有のにおいをもつ。ヒル。ノビル。例 野蒜《のびる》。大蒜《タイサン》(＝ニンニク)。

艹10
【蒔】
13画 2812 8494 人名 音 シ(漢) ジ(呉) 訓 ま-く

なりたち  [形声]「艹(＝くさ)」と「時《シ》」とから成る。あらためて別にうえる。

意味 苗《なえ》をうえる。うえかえる。例 蒔植《ジショク》(＝うえかえる)。

日本語での用法 《まき・まく》 ①植物の種を土にうめる。また、地面に散らす。「種《たね》を蒔《ま》く」 ②金銀の粉を散らし、いろいろの顔料を用いて装飾《ソウショク》する。「蒔絵《まきエ》」

人名 まき

【蒔絵】《まきエ》 漆《うるし》で模様をえがき、その上に金粉《キンプン》・銀粉などをつけてみがいたもの。例 ―のすずり箱。

艹10
【蓍】
13画 7273 84CD 音 シ(漢) 訓 めどぎ

意味 ❶あれ地などに低木状に生えるマメ科の多年草。メドハギ。❷メドハギのくきで作った、占《うらな》いに用いる細い棒。のちに竹の棒を用いた。筮竹《ゼイチク》。めどぎ。

艹10
【蒻】
13画 7274 84BB 音 ジャク(漢) ニャク(呉) 訓 おにいも・かま・こんにゃく

意味 ❶若くてやわらかなガマ(古くはカマ・カバ)。〔敷物《しきもの》とする〕例 蒻席《ジャクセキ》(＝ガマで作った敷物)。❷「蒻頭《ジャクトウ》」は、蒟蒻《コンニャク》の別の呼び名。

艹10
【蒐】
13画 2915 8490 人名 音 シュウ(漢) 訓 あかね・あつ-める・か-り

意味 ❶アカネ科の多年草。アカネ。赤色の染料《センリョウ》がとれ、薬用にもなる。❷あつめる。例 蒐集《シュウシュウ》。❸狩《か》り。春の狩り。

【蒐集】《シュウシュウ》 (名・する) 研究や趣味《シュミ》のために、ものを集めること。コレクション。例 切手の―家。表記 現 収集

艹10
【蓚】
13画 7275 84DA 音 シュウ(漢) チョウ(漢)

艹11 [蓨] 14画 ― 84E8 本字

意味 ❶タデ科の多年草。スイバ。ギシギシ。❷「蓚酸《シュウサン》」は、有機酸の一種。

艹10
【蒸】
13画 3088 84B8 教育6 音 ジョウ(慣) ショウ(漢)(呉) セイ(唐) 訓 む-す・む-れる・む-らす・ふか-す・ふ-ける・もろもろ

筆順 一 艹 艼 芓 茾 荥 蒸

なりたち  [形声]「艹(＝くさ)」と、音「烝《ショウ》」とから成る。皮をはいだ麻《あさ》のくき。おがら。

意味 ❶(立ちのぼる)熱気。例 蒸気《ジョウキ》。蒸発《ジョウハツ》。❷湯気《ゆげ》を通して食物を煮《に》る。ふかす。むす。例 蒸籠《ジョウロウ》(＝せいろう)。❸むしあつい。あつい。むす。例 蒸暑《ジョウショ》(＝むしあつさ)。❹人がおおぜいいるようす。もろもろ。例 蒸民《ジョウミン》。

人名 すすむ・つぐ・つまき

【蒸気】《ジョウキ》 ①液体が蒸発してできる気体。また、固体が直接に気体となるときの、その気体。②(とくに)水が蒸発してできる気体。水蒸気。湯気《ゆげ》。スチーム。例 ―機関。―機関車。③小型の蒸気船。

【蒸発】《ジョウハツ》 (名・する) ①〔物〕液体、または固体がその表面から気化すること。〔固体の場合、とくに昇華《ショウカ》ということが多い〕例 皿の水が―する。→【気化】《キカ》(571ページ)・【昇華】《ショウカ》(485ページ) ②人がなんの手がかりも残さないで行方《ゆくえ》をくらますこと。類 失踪《シッソウ》。

【蒸民】《ジョウミン》 多くの人民。

【蒸留】《ジョウリュウ》 (名・する) 液体を熱して蒸発させ、発生した蒸気を冷やして液体にもどすこと。〔混じり合っているものを取り除くためなどにおこなう〕表記 旧 蒸▼溜

【蒸留酒】《ジョウリュウシュ》 果実や穀類を発酵《ハッコウ》させてつくった酒を蒸留して、アルコール度を高くしたもの。ウイスキー・ブランデー・焼酎《ショウチュウ》など。

【蒸留水】《ジョウリュウスイ》 蒸留して、不純物を取り除いた純粋《ジュンスイ》な水。〔物理や化学の実験などに用いられる〕

【▽蒸籠】《セイロウ|セイロ》 木製のわくの底に、すのこをしいて上に食品を置き、釜《かま》の上にかけ、湯気《ゆげ》を通してむす道具。

艹10
【蓐】
13画 7276 84D0 音 ジョク(漢) ニク(呉) 訓 こも・しとね

意味 ❶敷物《しきもの》になる草。例 草蓐《ソウジョク》(＝草で作った敷物)。❷すわったりねたりするための敷物。しとね。例 蓐食《ジョクショク》。蓐母《ジョクボ|とりあげばば》。

【蓐食】《ジョクショク》 (名・する) ねどこで食事をすること。また、朝食の時刻が早いこと。

艹10
【蓁】
13画 7277 84C1 音 シン(漢) 訓 しげ-る

意味 草木や葉がさかんにしげるようす。例 蓁蓁《シンシン》(＝草木がさかんにしげるようす)。

艹10
【蓆】
13画 7278 84C6 音 セキ(漢) 訓 おお-い・くさむしろ

意味 ❶広く大きい。ひろい。❷アシやタケなどを編んだ敷物《しきもの》。むしろ。例 蓆薦《セキセン》(＝敷物)。

艹10
【蒼】
13画 3383 84BC 人名 音 ソウ(漢) 訓 あお・あお-い

なりたち  [形声]「艹(＝くさ)」と、音「倉《ソウ》」とから成る。草のあおい色。

意味 ❶草の色。黒みがかった深い青色。あお。あおい。例蒼海《ソウカイ》。蒼天《ソウテン》。❷草木がさかんにしげるようす。例鬱蒼《ウッソウ》。❸白髪《しらが》のまじっているようす。例蒼華《ソウカ》（＝ごましお頭）。❹あわただしいようす。同倉《ソウ》。例蒼惶《ソウコウ》。蒼卒《ソウソツ》。

難読 蒼朮《おけら》

人名 しげ・しげる・たみ

【蒼海《ソウカイ》】青い海。あおうなばら。また、大海《タイカイ》。表記「▼滄海」とも書く。

【蒼▼穹《ソウキュウ》】〔「穹」は、空の弓なりの形の意〕青空。類蒼天。例—を仰《あお》ぐ。

【蒼▼頡《ソウケツ|ソウキツ》】中国の伝説上の人物で、黄帝《コウテイ》の史官。目が四つあり、鳥の足あとを見て漢字を発明したという。表記「倉▼頡」とも書く。

【蒼古《ソウコ》】（名・形動タルト）古びておもむきがあること。例—たる杉林《すぎばやし》の参道。表記「蒼枯」とも書く。

【蒼▼惶《ソウコウ》】（形動タルト）あわてるようす。うろたえるようす。また、あわただしいようす。例—と出発の準備をする。表記現倉皇

【蒼生《ソウセイ》】多くのたみ。人民。〔草が青々としげるようすにたとえたことば〕類蒼氓《ソウボウ》。

【蒼然《ソウゼン》】（形動タルト）①青いようす。例—として死者のような顔色。②日暮れどきのうす暗いようす。例暮色—。③古びたようす。例古色—とした建物。

【蒼蒼《ソウソウ》】（形動タルト）①青々としたようす。例—たる大空。②草木が青々としげっているようす。

【蒼卒《ソウソツ》】（名・形動ダナ）あわただしいこと。また、いそがしいこと。例—の間《カン》。表記「草卒・倉卒・▼匆卒・▼忽卒」とも書く。

【蒼天《ソウテン》】①青空。大空。類蒼穹《ソウキュウ》。②春の空。

【蒼白《ソウハク》】（名・形動ダナ）顔色が青白いこと。血のけがないこと。例顔面—になる。

【蒼▼柏《ソウハク》】青々としげるコノテガシワ。

【蒼▼氓《ソウボウ》】〔「氓」は、民《たみ》（とくに他の国から移ってきた民）の意〕たみ。人民。類蒼生。

【蒼▼茫《ソウボウ》】（形動タルト）青々と、果てしなく広がっているようす。例—たる大海。

【蒼▼莽《ソウモウ》】〔「ソウボウ」とも〕①青々と広がって果てしないこと。②草木が青々としげっていること。草むら。③いなか。民間。在野。例—の志士。—の臣。

【蒼▼蠅《ソウヨウ》】①青黒い大形のハエ。あおばえ。②主君のそばにいて、人をおとしいれようと告げ口をする者。例—の声。

艹10

【蓄】

13画 3563 84C4 常用 音キク漢呉 チク漢呉 訓たくわ-える・たくわ-え

筆順 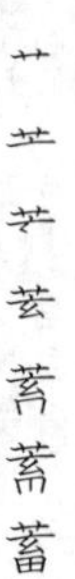

なりたち  ［形声］「艹（＝くさ）」と、音「畜《チク》」とから成る。積む。

意味 ためておく。たくわえる。たくわえ。例蓄財《チクザイ》。蓄積《チクセキ》。貯蓄《チョチク》。

人名 おき

【蓄音機《チクオンキ》】レコードを回転させて音を再生する装置。レコードプレーヤー。例電気—。表記「蓄音器」とも書く。

【蓄財《チクザイ》】（名・する）お金をためること。財産をたくわえること。また、その財産。例—の才がある。

【蓄積《チクセキ》】（名・する）ためて、だんだんに増やすこと。また、そのもの。たまってだんだんに増えること。また、そのもの。例資本を—する。疲労《ヒロウ》が—する。

【蓄電《チクデン》】（名・する）電気をためること。例—器。—池。

【蓄電器《チクデンキ》】向かい合わせた二つの金属板のあいだに誘電体《ユウデンタイ》をはさんで、電気をたくわえる装置。コンデンサー。

【蓄電池《チクデンチ》】充電《ジュウデン》してなん度でもくりかえし使える電池。バッテリー。

●含蓄《ガンチク》・貯蓄《チョチク》・備蓄《ビチク》

艹10

【蓖】

13画 7279 84D6 音ヒ慣 ヘイ漢

意味「蓖麻《ヒマ》」は、トウゴマ。その種から蓖麻子油《ヒマシユ》をとり、下剤《ゲザイ》などの薬用にする。

艹10

【蒲】

13画 1987 84B2 人名 音ホ漢 ブ呉 フ唐 訓かま・がま

意味 ❶水べに生えるガマ科の多年草。ガマ。葉は細長く、むしろやせんすなどを編み、また、円柱形の花穂《カスイ》はふとん綿に用いた。古くは、カマ。例蒲衣《ホイ》（＝そまつな衣服）。蒲団《フトン》。❷ショウブ。また、アヤメ。例蒲月《ホゲツ》。❸ヤナギの一種。カワヤナギ。例蒲柳《ホリュウ》。

難読 蒲公英《たんぽぽ|つづみぐさ》・蒲焼《かばやき》・蒲萄染《えびぞめ》・蒲萄酒《ブドウシュ》・蒲《がま》の穂綿《ほわた》

【蒲▽魚《かまとと》】だれもが知っている、わかりきったことをたずねること。また、知っているのに知らないふりをすること。また、そのような人。〔蒲鉾《かまぼこ》はとと（＝魚）からできているのかと聞いたことからといわれ、おもに女性の言動についていう〕

【蒲▼鉾《かまぼこ》】①白身の魚肉をすりつぶして味をつけ、板の上に半月形に盛り上げるなどして蒸《む》した食品。〔古く、現在のちくわのような形で、植物のガマの穂《ほ》に似ていたことから〕②宝石をはめこんでない中高《なかだか》の指輪。

【蒲団《フトン》】〔「トン」は、唐音《トウオン》〕①綿《わた》や羽毛《ウモウ》などを布でくるんで平らにした寝具《シング》。例掛《か》け—《ブトン》。敷《し》き—《ブトン》。②座ぶとん。〔もと、植物のガマの穂《ほ》を入れた座禅《ザゼン》用の円座〕表記▽「布団」とも書く。

【蒲月《ホゲツ》】もと、陰暦《インレキ》で五月のこと。〔菖蒲《ショウブ》で邪気《ジャキ》をはらうところから〕

【蒲公英《ホコウエイ|たんぽぽ》】キク科の多年草。春、黄色の花をひらく。種には白い毛があり、風に乗って飛ぶ。〔「ホコウエイ」はタンポポの漢名。また、タンポポの葉を乾燥《カンソウ》させた漢方薬〕

【蒲柳《ホリュウ》】ヤナギ科の落葉低木。カワヤナギ。春、葉を出す前に白い毛が細かくついた花穂《カスイ》をつける。

【蒲柳の質《ホリュウのシツ》】からだが弱く病気がちの体質。〔蒲柳（＝カワヤナギ）は秋になると、すぐに葉が散ることから〕

艹10

【蒡】

13画 7280 84A1 音ボウ慣 ホウ漢呉

意味「牛蒡《ゴボウ》」は、キク科の二年草。根は長くまっすぐにのび、食用に、また、種子は解熱《ゲネツ》などの薬用になる。

艹10

【蒙】

13画 4456 8499 人名 音モウ漢 訓こうむ-る・くら-い

意味 ❶おおいかくす。かぶさる。こうむる。例蒙塵《モウジン》（＝土ぼこりをかぶる）。❷おおわれてくらい。道理がわからない。ものごとがわからない（子供）。例蒙昧《モウマイ》。啓蒙《ケイモウ》。童蒙《ドウモウ》。❸「蒙古《モウコ》」の略。例外蒙《ガイモウ》。内蒙《ナイモウ》。

【蒙▽求《モウギュウ》】中国の、古人の逸話《イツワ》集。唐《トウ》の李瀚《リカン》の著。子供が記憶《キオク》しやすいように四字の標題を各話にかかげてある。

【蒙古《モウコ》】中国の北方、モンゴル高原を中心とした地域。モンゴル国と、中国の内《うち》モンゴル自治区がある。

【蒙古斑】《モウコハン》 おもに黄色《オウショク》人種の乳幼児のしりなどにある青いあざ。

【蒙▼塵】《モウジン》（名・する）〔塵《ちり》をかぶる意〕天子が変事に際して、難をさけるために宮殿《キュウデン》の外にのがれること。

【蒙昧】《モウマイ》（名・形動《ダナ》）〔「昧」は、まだ明るくない意〕おおわれてくらい。また、ものごとの道理がわからないこと。例 無知―。表記「▼曚昧」とも書く。

艹10
【蓉】
13画 4554 84C9 人名 音 ヨウ(漢) 訓 はす

なりたち  [形声]「艹(=くさ)」と、音「容《ヨウ》」とから成る。ハスの花。

意味 ❶「芙蓉《フヨウ》」は、ハスの花の別名。→【蓮】《レン》 参考（863ページ） ❷「木芙蓉《モクフヨウ》」は、アオイ科の落葉低木。夏から秋に、枝の上部に淡紅色《タンコウショク》の花をつける。

艹10
【蓮】
13画 4701 84EE 人名 音 レン(漢)(呉) 訓 はす・はちす

艹11
【蓮】 14画 ― F999

なりたち  [形声]「艹(=くさ)」と、音「連《レン》」とから成る。ハスの実。

意味 ハス科(旧スイレン科)の多年生水草。ハス。ハチス。池や沼《ぬま》などに生え、夏、紅色や白色の大きな花をひらく。根と種を食用にする。例 蓮華《レンゲ》。蓮根《レンコン》。白蓮《ビャクレン》。

参考 ハスの実は「蓮《レン》」、くきは「茄《カ》」、葉は「荷《カ》」、根は「藕《グウ》」、花は「芙蓉《フヨウ》」という。

【蓮華】《レンゲ》 ①ハスの花。②ハスの花びらに似ているところから、中華《チュウカ》料理で使う陶器《トウキ》のさじ。散り蓮華。③ゲンゲの別名。マメ科の二年草。春、赤むらさき色の花がさく。レンゲソウ。

【蓮根】《レンコン》 食用にするハスの地下茎《チカケイ》。はすね。はすのね。

【蓮座】《レンザ》「蓮台」に同じ。

【蓮台】《レンダイ》 仏像をのせるハスの花の形の台座。蓮華座《レンゲザ》。蓮座。はすのうてな。

【蓮歩】《レンポ》 ⇩【金蓮歩】《キンレンポ》（1004ページ）

【蓮葉】《レンヨウ|はすは》 ハスの葉。

艹10
[蒋] 13画 ⇩【蔣】《ショウ》（863ページ）

艹10
[蒭] 13画 ⇩【芻】《スウ》（844ページ）

艹11
【蔭】
14画 1694 852D 人名 音 イン(漢)オン(呉) 訓 かげ

意味 ❶草木のかげ。こかげ。かげ。同 陰《イン》。例 樹蔭《ジュイン》。緑蔭《リョクイン》。❷他から受けた助けや親切の結果。おかげ。例 庇蔭《ヒイン》(=助け守る。おかげ)。❸おおう。かくす。例 蔭蔽《インペイ》(=おおいかくす)。

艹11
【蔚】
14画 1722 851A 音 ウツ(慣)イ(漢)(呉) 訓 おとこよもぎ

意味 ❶キク科の多年草。オトコヨモギ。山野に生え、ヨモギに似ているが、やや大形。種子がひじょうに小さい。牡蒿《ボコウ》。❷草木がさかんにしげるようす。例 蔚然《ウツゼン》。

【蔚然】《ウツゼン》（形動《トタル》）①草木のしげっているようす。例 ―として茂《しげ》った森林。②さかんなようす。表記 ▽「鬱然」とも書く。

艹11
【蔡】
14画 7281 8521 音 サイ(漢)

意味 ❶草が乱れて生えているようす。❷姓《セイ》の一つ。例 蔡倫《サイリン》。

【蔡倫】《サイリン》 後漢《ゴカン》中期の宦官《カンガン》。初めて紙を発明した人。その紙は蔡侯紙《サイコウシ》と呼ばれた。（?―一〇七）

艹11
【蓿】
14画 7282 84FF 音 シュク(漢)

意味「苜蓿《モクシュク》」は、ウマゴヤシ。ヨーロッパ原産のマメ科の二年草。ウシやウマの飼料にする。

艹11
【蓴】
14画 *7283 *84F4 音 一 タン(漢) 二 シュン(漢)ジュン(呉) 訓 がまのほ・ぬなわ

意味 一《タン》 ガマのくさむら。また、ガマの穂《ほ》。二《ジュン》 ジュンサイ科(旧スイレン科)の多年生水草。ジュンサイ。ヌナワ。池や沼《ぬま》に自生し、若いくきや葉が粘質物《ネンシツブツ》でおおわれ、食用となる。蓴菜《ジュンサイ》。例 蓴羹《ジュンコウ》(=ジュンサイの吸い物)。

難読 石蓴《わかめ》

艹11
【蔗】
14画 7284 8517 音 ショ(慣)シャ(漢)(呉) 訓 さとうきび

意味 イネ科の多年草。サトウキビ。砂糖の原料作物として世界各地で栽培《サイバイ》される。例 蔗糖《ショトウ》。甘蔗《カンショ》。

難読 甘蔗《あまずら|あまかずら|サトウきび|カンシャ》

【蔗糖】《ショトウ》 サトウキビからつくった砂糖。甘蔗糖《カンショトウ》。

艹11
【蔣】
14画 1-9122 8523 人名 音 ショウ(漢) 訓 こも

艹10
[蒋] 13画 3053 848B 俗字

意味 水べに生えるイネ科の多年草。コモの一種。マコモ。例 蔣席《ショウセキ》(=マコモで作ったむしろ)。

難読 蔣草《まこも》

艹11
【蔘】
14画 7285 8518 音 シン(漢)

意味 ウコギ科の多年草。チョウセンニンジン。朝鮮原産で、根を薬用にする。

艹11
【蔟】
14画 7287 851F 音 一 ゾク(慣)ソク(漢) 二 ソウ(漢) 訓 あつ-める・あつ-まる・えびら

意味 一《ゾク|ソク》 ❶糸をはきはじめたカイコにまゆを作らせる場所。まぶし。参考 日本では、まぶしの意に「簇」の字を用いた例がある。例 蚕蔟《サンゾク》(=まぶし)。上蔟《ジョウゾク》(=カイコを、まぶしに入れる)。❷鳥の巣。❸むれ集まる。あつまる。例 蔟蔟《ゾクゾク》。二《ソウ》 十二律《ジュウニリツ》(=古楽の十二の音律)の第三。大蔟《タイソウ》。

艹11
【蔕】
14画 7288 8515 音 テイ(漢)タイ(呉) 訓 へた

艹9
[蒂] 12画 7260 8482 別体字

意味 果実を枝やくきに結びつけて、ささえる部分。へた。例 茄子《なす》の蔕《へた》。

艹11
【蔦】
14画 3653 8526 人名 音 チョウ(漢) 訓 つた

なりたち 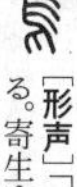 [形声]「艹(=くさ)」と、音「鳥《チョウ》」とから成る。寄生する草。

意味 ブドウ科のつる性落葉木本。ツタ。巻きひげでからみつ

き、はい上がる。紅葉が美しいので、石垣《いしがき》や家屋の外壁《ガイヘキ》にはわせて観賞する。
【蔦葛《つたかずら》】つる草をまとめて呼ぶことば。例 ―が生《お》いしげる。

艹11
【蔔】14画 7289 8514
音 フク・ホク漢
意味 アブラナ科の一年草または二年草。ダイコン。白い大きな根を食用にする。おおね。例 蘿蔔《ラフク》(＝ダイコン)。

艹11
【蔑】14画 4246 8511 常用
音 ベツ漢 訓 さげす-む・ないがし-ろ
筆順 艹 苎 芦 芦 芦 茂 蔑 蔑
なりたち  [会意]「(苜＝目が正常でない)」と「戍(＝辺境を守る)」とから成る。疲労して、視力がない。
意味 見くだして、かろんじる。ないがしろにする。さげすむ。例 蔑視《ベッシ》。軽蔑《ケイベツ》。侮蔑《ブベツ》。
【蔑視《ベッシ》】(名・する) さげすんだ目で見ること。類 軽視。
【蔑称《ベッショウ》】さげすんだ呼び方。

艹11
【蔀】14画 2835 8500
音 ホウ漢 訓 しとみ
意味 日光や風雨をさえぎるための、すだれやむしろ。しとみ。例 蔀屋《ホウオク》(＝しとみで囲った貧しい家)。

艹11
【蓬】14画 4309 84EC 人名
音 ホウ漢 訓 よもぎ
意味 ❶キク科の多年草。ムカシヨモギ。ヤナギヨモギ。葉はヤナギに似ていてぎざぎざがあり、小さな白い花がさく。❷アカザ科の植物。秋に枯《か》れると風にふかれてころがる。アザミの類ともいう。例 孤蓬《コホウ》。転蓬《テンポウ》。❸ヨモギでつくった、そまつな。例 蓬屋《ホウオク》(＝自宅をけんそんしていうことば)。蓬戸《ホウコ》。❹ヨモギのように乱れた。例 蓬頭《ホウトウ》。蓬髪《ホウハツ》。❺仙人《センニン》が住むという「蓬萊《ホウライ》」のこと。例 蓬山《ホウザン》(＝蓬萊の山)。
日本語での用法 《よもぎ》キク科の多年草。若葉を草もちにする。もちぐさ。また、葉を乾燥《カンソウ》して、灸《キュウ》のもぐさとする。「蓬餅《よもぎもち》」
難読 蓬萊洲《よもぎがしま》(＝蓬萊山《ホウライサン》。また、日本国)
【蓬戸《ホウコ》】(ヨモギを編んでつくった戸の意)①貧しい家。②自分の家をけんそんしていうことば。
【蓬髪《ホウハツ》】ヨモギのようにのびて乱れたかみの毛。
【蓬蓬《ホウホウ》】(形動《タルト》)①草や木が勢いよくしげっているようす。②かみの毛やひげなどがのびて、手入れされずに乱れているようす。③風の強くふくようす。
【蓬▼萊《ホウライ》】①中国の伝説上の山。東方の渤海《ボッカイ》にあり、仙人《センニン》が住んだという。蓬萊山《ホウライサン》。②松竹梅《ショウチクバイ》や鶴亀《つるかめ》などで蓬萊山をかたどった、祝い用のかざりもの。
【蓬《よもぎ》麻中《マチュウ》に生《ショウ》ずれば▽扶《たす》けずして直《なお》し】曲がって生えやすいヨモギも、まっすぐにのびるアサの中では自然にまっすぐに生える。善人と交わるとよい影響《エイキョウ》を受けて、自然に心のすなおな人間になることのたとえ。〈荀子《ジュンシ》〉

艹11
【蔓】14画 4402 8513 人名
音 マン漢呉 訓 つる・はびこ-る
意味 ❶くきが細く、地をはったり他のものにからまったりして生長するつる草。つる。例 蔓草《マンソウ》。❷(よくないことが)つるのようにのび広がる。はびこる。例 蔓延《マンエン》。
【蔓延《マンエン》】(名・する) ほうぼうに広がること。
【蔓草《マンソウ》《つるくさ》】くきが細くのびて、ものにからまる性質の草。

艹11
【蓼】14画 7290 84FC
音 リョウ漢呉 訓 たで
意味 タデ科の一年草。タデ。水べや湿地《シッチ》に生え、独特の辛《から》みがあり、さしみのつまや蓼酢《たでず》などにする。例 蓼《たで》食《く》う虫《むし》も好《す》き好《ず》き(＝人の好みはさまざまである)。
難読 木天蓼《またたび》
【蓼酢《たでず》】タデの葉をすってまぜた酢。アユの塩焼きにつける。

艹11 [蓨] 14画 ⇩【蓚《シュウ》】(861ページ)

艹11 【蓮】14画 ⇩【蓮《レン》】(863ページ)

艹11 [蔆] 14画 ⇩【菱《リョウ》】(857ページ)

艹12
【蕎】15画 2230 854E 人名
音 キョウ漢 訓 そば
意味 「蕎麦《キョウバク》」は、ソバ。
【蕎麦《キョウバク》《そば》】①中央アジア原産のタデ科の一年草。ソバ。初秋に白色の花がさく。種子をひいてそば粉とする。②そば粉をこねて細長く切り、ゆでて食べるもの。例 盛り―《そば》。

艹12
【蕀】15画 7291 8540
音 キョク漢
意味 ❶「蕀蒬《キョクエン》」は、ヒメハギ科の多年草。イトヒメハギ。根は薬用とする。❷「顛蕀《テンキョク》」は、キジカクシ科(旧ユリ科)のつる性多年草。クサスギカズラ。

艹12
【蕨】15画 4747 8568 人名
音 ケツ漢 訓 わらび
意味 山地に自生するシダ植物の一種。ワラビ。人のこぶしのように巻いた新芽を食べ、根からでんぷんをとる。例 蕨手《ケッシュ》(＝ワラビの若芽)。

艹12
【蕣】15画 7292 8563
音 シュン漢呉 訓 あさがお・むくげ
意味 アオイ科の落葉低木。ムクゲ。夏から秋に、うす紅色または白色の美しい花をつける。花は朝ひらき夕方にはしぼむ。木槿《モクキン》。例 蕣英《シュンエイ》(＝ムクゲの花)。
日本語での用法 《あさがお》朝ひらく花の意から、古くはムクゲの別名とされた。

艹12
【蔬】15画 7286 852C
音 ショ漢・ソ呉 訓 くさびら
意味 食用とする草や野菜をまとめていうことば。また、野菜。あおもの。例 蔬菜《ソサイ》。
【蔬菜《ソサイ》】野菜。あおもの。

艹12
【蕉】15画 3054 8549 人名
音 ショウ漢呉
なりたち   [形声]「艹(＝くさ)」と、音「焦《ショウ》」とから成る。加工していない麻《あさ》。
意味 ❶「芭蕉《バショウ》」は、バショウ科の多年草。くきから繊維《センイ》をとり、布や紙をつくるのに用いる。例 蕉布《ショウフ》(＝バショウの繊維でつくる布)。蕉葉《ショウヨウ》(＝バショウの葉)。❷バナナのこと。
日本語での用法 《ショウ》江戸《えど》時代の俳人「松尾芭蕉《まつおバショウ》」の略。「蕉風《ショウフウ》・蕉門《ショウモン》」

【蕉風《ショウフウ》】松尾芭蕉《まつおバショウ》の俳風。幽玄《ユウゲン》や閑寂《カンジャク》を重んじ、さび・しおり・細み・軽みをとうとぶ。正風《ショウフウ》。

艹12
【蕘】
15画 7293 8558 音ジョウ漢 訓きこ-る・くさかり・たきぎ

意味 ❶雑木の小枝やかれ草。たきぎ。しば。❷しばを刈《か》る。しば刈り。きこり。例芻蕘《スウジョウ》(=草刈りや、きこり)。

艹12
【蕈】
15画 7294 8548 音シン漢 訓くさびら・たけ

意味 キノコ。例菌蕈《キンシン》(=キノコ類をまとめていうことば)。

艹12
【蕁】
15画 7301 8541 音一タン漢 二シン漢ジン呉

意味 一《タン》キジカクシ科(旧ユリ科)の多年草。ハナスゲ。薬用や観賞用に栽培《サイバイ》される。二《シンジン》「蕁麻《ジンマ》」は、イラクサ。イラクサ科の多年草。くきにとげがあり、ふれると痛く、水疱《スイホウ》ができる。

【蕁麻▼疹《ジンマシン》】急にかゆくなって皮膚《ヒフ》がはれる病気。

艹12
【蕊】
15画 2841 854A 音ズイ漢 訓しべ

艹12 [蕋]15画 7303 854B 俗字 艹16 [蘂]19画 7302 8602 別体字

意味 花の中心部にあって実をつくる器官。しべ。例雌蕊《シズイ》(=めしべ)。雄蕊《ユウズイ》(=おしべ)。

艹12
【蔵】
15画 3402 8535 教育6 音ソウ漢ゾウ呉 訓くら・おさ-める・かく-す

筆順 艹 芦 芦 芦 蔵 蔵 蔵

艹15 【藏】18画 7322 85CF 人名

なりたち  [形声]「艹(=くさ)」と、音「臧《ソウ》(=かくす)」とから成る。かくす。

意味 ❶見えないところにしまっておく。おさめる。かくす。例所蔵《ショゾウ》。貯蔵《チョゾウ》。❷しまっておくところ。くら。例土蔵《ドゾウ》。宝蔵《ホウゾウ》。蔵出《くらだ》し(=倉庫から出したばかりの酒・ワイン・ウイスキーなど)。❸仏教や道教の経典《キョウテン》。例三蔵《サンゾウ》。大蔵《ダイゾウ》(=仏教経典の全集)。道蔵《ドウゾウ》(=道教経典の全集)。❹西蔵《チベット》の別名。

人名 おさむ・ただ・とし・まさ・よし

【蔵元《くらもと》】酒やしょうゆなどの醸造元《ジョウゾウもと》。

【蔵書《ゾウショ》】(個人や図書館などの)所蔵の書物。例—印。

【蔵版《ゾウハン》】版木《ハンぎ》や紙型を所蔵していること。類蔵板。

●愛蔵《アイゾウ》・死蔵《シゾウ》・地蔵《ジゾウ》・所蔵《ショゾウ》・貯蔵《チョゾウ》・土蔵《ドゾウ》・秘蔵《ヒゾウ》・埋蔵《マイゾウ》・無尽蔵《ムジンゾウ》・冷蔵《レイゾウ》

艹12
【蕩】
15画 3802 8569 音トウ漢 訓とろ-ける・とろ-かす

艹17 [蘯]20画 6628 862F 別体字

意味 ❶(水が)ゆれうごく。❷ひろびろと、ゆったりしているようす。例蕩蕩《トウトウ》。駘蕩《タイトウ》。❸しまりがなくなる。だらしないようす。とろける。とろかす。例放蕩《ホウトウ》。遊蕩《ユウトウ》。❹あらいながす。すっかりなくしてしまう。例蕩尽《トウジン》。掃蕩《ソウトウ》。

【蕩児《トウジ》】酒や女遊びにふけり、身持ちの悪い者。放蕩者《もの》。

【蕩尽《トウジン》】(名・する)使い果たして、すっかりなくすこと。

【蕩蕩《トウトウ》】(形動《トタル》)①広く大きいようす。例天地—として馬走る。②心がゆったりしているようす。

艹12
【蕃】
15画 4057 8543 人名 音バン慣ハン漢 訓かき・しげ-る

意味 ❶草がさかんに生える。ふえひろがる。しげる。同繁《ハン》。例蕃茂《ハンモ》。❷竹・柴《しば》などをあらく編んで作ったかきね。例蕃屏《ハンペイ》(=かきねとへい。転じて、中のものを守るもの)。❸異民族。外国。えびす。例蕃語《バンゴ》。蕃人《バンジン》。

難読 蕃椒《トウがらし》

人名 しく・しげ・しげし・しげみ・ふさ・みつ・もり

【蕃語《バンゴ》】未開の異民族のことば。表記「蛮語」とも書く。

【蕃殖《ハンショク》】(名・する)動植物が、生まれたり新しく生えたりして増えること。表記現繁殖

【蕃人《バンジン》】文化がまだ開けていない土地の住民。未開人。表記「蛮人」とも書く。

【蕃俗《バンゾク》】蕃人の風俗。未開の異民族の風俗。

【蕃族《バンゾク》】未開の異民族。野蛮《ヤバン》な部族。表記現蛮族

【蕃地《バンチ》】文化がまだ開けていない地方。蕃人の住む土地。表記「蛮地」とも書く。

【蕃茂《ハンモ》】(名・する)草や木がさかんにしげること。表記「繁茂」とも書く。

艹12
【蕪】
15画 4183 856A 人名 音ブ漢ム呉 訓かぶら・かぶ

意味 ❶雑草がしげってあれる。あれはてたようす。例荒蕪《コウブ》。❷みだれているようす。すさむ。例蕪雑《ブザツ》。蕪辞《ブジ》。❸「蕪菁《ブセイ》」は、アブラナ科の二年草。カブ。カブラ。根は球形で白色、または、赤むらさき色。野菜として栽培《サイバイ》される。

【蕪雑《ブザツ》】(名・形動《ダナ》)①雑草が生《お》いしげること。②ものごとが入り乱れて、整理されていないこと。例—な文章。

【蕪辞《ブジ》】①乱雑で整っていないことば。よくわからないことば。②自分のことばをけんそんした言い方。類蕪言《ブゲン》。

艹12
【蔽】
15画 4235 853D 常用 音ヘイ漢呉 訓おお-う・おお-い

筆順 一 艹 艹 芇 芇 蔽 蔽

なりたち  [形声]「艹(=くさ)」と、音「敝《ヘイ》」とから成る。「蔽蔽」は、小さな草。

意味 ❶上からかぶせて、かくす。おおう。おおい。例隠蔽《インペイ》。遮蔽《シャヘイ》。❷(目をおおいかくされて見えず)ものごとに通じていない。ものの道理にくらい。例蔽晦《ヘイカイ》(=道理にくらい)。

人名 さだむ

艹12
【蕕】
15画 7304 8555 音ユウ漢 訓くさ-い・くさな

意味 水べに生え、いやなにおいのする草。〔悪人のたとえとされる〕例蕕薫《ユウクン》。

【蕕薫《ユウクン》】悪臭《アクシュウ》がする草と、かおりのよい草。悪と善とのたとえ。

艹12 [蕚]15画 ⇩【萼《ガク》】(857ページ)

艹12 [蕋]15画 ⇩【蕊《ズイ》】(865ページ)

艹13
【薤】
16画 7306 85A4 音カイ漢 訓おおにら

意味 ヒガンバナ科(旧ユリ科)の多年草。ラッキョウ。ネギ類に属し、においが強い。地中に育つたまご形の鱗茎《リンケイ》は漬《つ》けて食用にする。おおにら。おおみら。例薤露《カイロ》。

【薤露《カイロ》】 難読 薤《ラッキョウ》 漢代におこなわれた、葬式《ソウシキ》の歌。人の命のはかないことは、ニラの上の露《つゆ》のようだと歌う。→【蒿里《コウリ》】(860ページ)

艹13
【薑】 16画 7308 8591 音 キョウ(漢) 訓 はじかみ・しょうが

意味 ショウガ科の多年草。ハジカミ。ショウガ。根はうす茶色のかたまりで、食用や薬用にする。ジンジャー。例 薑桂《キョウケイ》(=ショウガと肉桂《ニッケイ》。気性《キショウ》が強く激しいことのたとえ)。生薑《ショウキョウ|ショウガ》。

艹13
【薫】 16画 2316 85AB 常用 音 クン(漢)(呉) 訓 かお-る

筆順 一 艹 艹 芇 莤 萆 董 薫

艹14
【薫】 17画 1-9132 85B0 人名

なりたち  [形声]「艹(=くさ)」と、音「熏《クン》」とから成る。香草《コウソウ》。

意味 ❶かおりのよい草。❷よいにおいがする。かおる。かおり。例 薫風《クンプウ》。余薫《ヨクン》。❸けむりで、いぶす。くすべる。例 薫製《クンセイ》。❹かおりをしみこませるように、よい感化をあたえる。例 薫育《クンイク》。薫陶《クントウ》。

使い分け かおり・かおる【香・薫】⇩1166ページ

人名 かお・くる・しく・しげ・しげる・たき・ただ・ただし・ただす・つとむ・にお・のぶ・ひで・ふさ・まさ・ゆき

【薫育《クンイク》】(名・する)徳によって人を感化し、教育すること。類 薫陶《クントウ》。例 青年を―する。

【薫煙《クンエン》】よいかおりの香《コウ》のけむり。

【薫化《クンカ》】(名・する)徳によって人を感化し、よいほうに導くこと。例 先生に―されて研究の道に進む。

【薫香《クンコウ》】①よいかおり。芳香《ホウコウ》。②火にくべて用いる香料。たきもの。例 ―をたしなむ。

【薫製《クンセイ》】肉や魚などを、けむりでいぶして、かわかしたもの。表記 旧▼燻製

【薫陶《クントウ》】(名・する)徳によって人を感化し、教育すること。〔香《コウ》をたいて、ものにかおりを移し、また、土をこねて陶器を作る意から〕類 薫育。例 先生の―を受ける。

【薫風《クンプウ》】青葉のかおりをただよわせてふく風。さわやかな初夏の風をいう。例 ―に酔《よ》う。

艹13
【薊】 16画 7309 858A 音 ケイ(漢) 訓 あざみ

意味 ❶キク科の多年草。アザミ。葉のふちやくきにとげがあり、春から秋にうす紅色・赤むらさき色の花をつける。❷北京《ペキン》郊外《コウガイ》にある、戦国時代の燕《エン》の都。薊丘《ケイキュウ》。

艹13
【薨】 16画 7310 85A8 音 コウ(漢) 訓 し-ぬ・おわ-る

意味 身分の高い人が死ぬ。例 薨去《コウキョ》。薨《コウ》ずる。

【薨去《コウキョ》】(名・する)日本で、皇族や三位《サンミ》以上の人が死ぬことをうやまっていったことば。

艹13
【蕭】 16画 7311 856D 音 ショウ(漢) 訓 よもぎ・さび-しい

意味 ❶キク科の多年草。カワラヨモギ。海岸の砂地に生える。燃やすと芳香《ホウコウ》を発し、祭祀《サイシ》に用いられた。また、薬用にする。例 蕭艾《ショウガイ》(=雑草。小人物)。❷ひっそりとしてさびしいようす。例 蕭蕭《ショウショウ》。蕭条《ショウジョウ》。

【蕭殺《ショウサツ》】(形動《タルト》)〔「殺」は、意味を強めるためにそえる字〕秋風が草木をからすように、たいへんさびしいようす。

【蕭蕭《ショウショウ》】(形動《タルト》)風雨や落ち葉などの音の、ものさびしいようす。例 風は―として易水《エキスイ》(=河北《カホク》省にある小川)寒し。〈史記《シキ》〉

【蕭条《ショウジョウ》】(形動《タルト》)風景などがひっそりとして、ものさびしいようす。例 満目―たる枯《か》れ野。

【蕭然《ショウゼン》】(形動《タルト》)ひっそりして、ものさびしいようす。例 ―たる四囲。

艹13
【薔】 16画 7312 8594 音 一 ショク(漢) 二 ソウ(慣) ショウ(漢) 訓 みずたで

意味 一《ショク》 水べに生えるタデ科の一年草。ミズタデ。カワタデ。二 「薔薇《ソウビ|ショウビ》」は、バラ。バラ科の低木で、幹や枝にとげがある。観賞用に栽培《サイバイ》され、多くの園芸品種がある。

艹13
【薪】 16画 3137 85AA 常用 音 シン(漢)(呉) 訓 たきぎ・まき

筆順 艹 苙 莁 莘 莘 菥 薪 薪

なりたち  [形声]「艹(=くさ)」と、音「新《シン》(=たきぎ)」とから成る。たきぎ。

意味 燃料にする細い枝や割った木。たきぎ。まき。例 薪水《シンスイ》。薪炭《シンタン》。

【薪水《シンスイ》】①たきぎと、くみ水。②たきぎを拾い、水をくむこと。炊事《スイジ》をすること。

【薪水の労《シンスイのロウ》】〔炊事《スイジ》のために、たきぎを拾い水をくむ意から〕人に仕えて骨身をおしまず働くこと。例 ―をとる。

【薪炭《シンタン》】たきぎとすみ。燃料。例 ―商。

【薪能《たきぎノウ》】夜間の野外で、かがり火をたいておこなう能。

艹13
【薜】 16画 7313 859B 音 セツ(漢) 訓 よもぎ

意味 ❶キク科の多年草。ヨモギの一種。カワラヨモギ。❷山東省滕州《トウシュウ》市にあった周代の国。

艹13
【薦】 16画 3306 85A6 常用 音 セン(漢)(呉) 訓 すす-める・こも

筆順 艹 艹 芦 芦 芦 萬 薦 薦

なりたち 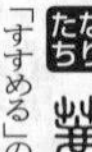 [会意]「廌(=一角のけもの)」と「艹(=くさ)」とから成る。けものが食う草。派生して「すすめる」の意。

意味 ❶けものが食べる草。❷マコモやわらで編んだむしろ。こも。例 薦席《センセキ》(=むしろ。しきもの)。❸よいと思う人やものが、えらばれるようにする。すすめる。例 自薦《ジセン》。推薦《スイセン》。他薦《タセン》。

使い分け すすめる【進・勧・薦】⇩1170ページ

人名 しく・しげ・すすむ・のぶ

艹13
【薙】 16画 3869 8599 人名 音 テイ(漢) チ(漢) 訓 な-ぐ

意味 ❶草をかる。刃物《はもの》で横から勢いよく切りたおす。なぐ。例 薙刀《なぎなた》。❷かみの毛をそる。同 剃《テイ》。例 薙髪《テイハツ》。

【薙髪《テイハツ》】(名・する)かみの毛をそること。剃髪《テイハツ》。

【薙▽刀《なぎなた》】長い柄《え》に、はばが広くてそり返っている長い刀身をつけた武器。表記「▽長▽刀」とも書く。

艹13

【薄】

16画 3986 8584 常用

音 ハク 漢
訓 うす-い・うす-める・うす-まる・うす-らぐ・うす-れる・すすき

筆順 艹 艹 茫 萓 蒲 蒲 薄 薄

艹13

【薄】

16画

なりたち [形声]「艹(=くさ)」と、音「溥《ホ》→《ハク》」とから成る。草木がすきまなく生えていて、はいりこめないようなせまいところ。派生して「うすい」の意。

意味 ❶厚みがすくない。うすい。例 薄様《うすヨウ》。薄氷《ハクヒョウ》。❷濃度《ノウド》がひくい。あわい。うすい。例 薄味《うすあじ》(=あっさりした味付け)。淡薄《タンパク》。❸程度がすくない。とぼしい。例 薄情《ハクジョウ》。薄幸《ハッコウ》。❹情愛や考えがたりない。あさはか。例 軽薄《ケイハク》。浅薄《センパク》。❺近づく。せまる。同 迫《ハク》。例 薄暮《ハクボ》。肉薄《ニクハク》。

日本語での用法《すすき》イネ科の多年草。山野に群生する。秋の七草の一つ。おばな。「薄《すすき》の穂《ほ》・枯《か》れ薄《すすき》・花薄《はなすすき》」

人名 いたる

【薄刃《うすば》】刃物《はもの》で、刃のうすいこと。例 ―包丁。

【薄様《うすヨウ》】①うすくすいた、鳥の子紙《がみ》や雁皮紙《ガンピシ》など。薄葉紙《うすヨウシ》。②染め物で、上から下にしだいにうすくぼかしていく染め方。

【薄志弱行《ハクシジャッコウ》】意志がよわくて、ものごとを実行する気力がないこと。

【薄謝《ハクシャ》】①わずかな謝礼。②人にあげる謝礼を、けんそんしていうことば。

【薄弱《ハクジャク》】(名・形動ダナ)①意志や体力などがよわよわしいこと。例 意志―。―なからだ。②しっかりしていないこと。たしかでないこと。例 根拠《コンキョ》が―だ。

【薄暑《ハクショ》】初夏のころの、まだしのぎやすい暑さ。例 ―の候。

【薄情《ハクジョウ》】(名・形動ダナ)人情や愛情がうすいこと。思いやりがなく、冷たいこと。例 ―者《もの》。―な男。

【薄氷】一《ハクヒョウ》うすく張ったこおり。例 ―をふむ思い(=ひじょうな危険をおかす思い)。二《うすごおり|うすらひ》うすいこおり。例 ―が張る。

【薄片《ハクヘン》】うすいかけらや切れはし。例 金属の―。

【薄暮《ハクボ》】夕暮れ。日暮れ。

【薄命《ハクメイ》】運命にめぐまれないこと。ふしあわせ。とくに、短命なこと。例 美人―。

【薄明《ハクメイ》】日の出前や日の入り後の、空のほの明るい現象。例 ―のおぼつかない光。

【薄利《ハクリ》】わずかの利益。例 ―多売。

【薄荷《ハッカ》】①シソ科の多年草。くきや葉から薄荷油をとり、薬用や食用にする。ミント。ペパーミント。②植物のハッカからとった、さわやかなかおりの香料《コウリョウ》。

【薄給《ハッキュウ》】少ない給料。例 ―にあまんじる。

【薄幸《ハッコウ》】(名・形動ダナ)しあわせにめぐまれないこと。ふしあわせ。例 ―な一生を終えた。表記 旧 薄▼倖

●希薄《キハク》・軽薄《ケイハク》・酷薄《コクハク》・品薄《しなうす》・浅薄《センパク》・肉薄《ニクハク》

艹13

【薇】

16画

音 ビ 漢
訓 ぜんまい

艹13

[薇]

16画 7315 8587 別体字

意味 ❶マメ科の二年草。スズメノエンドウ。山野に自生し、緑肥や牧草とする。一説に、カラスノエンドウ。〔ゼンマイとするのは誤りという〕❷「薔薇《ソウビ|ショウビ》」は、バラ。❸「紫薇《シビ》」は、サルスベリ。ミソハギ科の落葉高木。樹皮がひじょうになめらかなところからいう。百日紅《ヒャクジツコウ》。

艹13

【薜】

16画 7316 859C

音 一 ヘイ 漢 二 ハク 漢
訓 こけ・まさきのかずら

意味 一《ヘイ》「薜荔《ヘイレイ》」は、クワ科の常緑つる性植物。オオイタビ。薬用とされる。例 薜蘿《ヘイラ》(=かずら。つる性植物をまとめていうことば)。二《ハク》セリ科の多年草。

艹13

【薬】

16画 4484 85AC 教育3

音 ヤク 漢 呉
訓 くすり

筆順 一 艹 节 苩 萡 渁 薬 薬

艹15

【藥】

18画 7327 85E5 人名

なりたち [形声]「艹(=くさ)」と、音「樂《ガク》→《ヤク》」とから成る。病《やまい》を治す草。

意味 ❶病気やけがを治したり、健康を保つのにききめのあるもの。くすり。例 薬草《ヤクソウ》。薬品《ヤクヒン》。医薬《イヤク》。❷化学作用をする物質。例 火薬《カヤク》。農薬《ノウヤク》。爆薬《バクヤク》。

難読 薬袋《みない》(=姓《せい》)

人名 くす・くすし

【▽薬玉《くすだま》】①造花などで玉の形に作り、かざり糸を垂らしたもの。開店祝いなどに使う。例 ―を割る。②香料《コウリョウ》を玉にしてふくろに入れ、糸や造花で美しくかざったもの。端午《タンゴ》の節句などに柱やかべにかけ、長寿《チョウジュ》を願ったり邪気《ジャキ》をはらったりした。

【薬九層倍《くすりクソウバイ》】①くすりを売った利益は、原価にくらべてたいへん大きいということ。②転じて、暴利を得ること。

【薬指《くすりゆび》】〔こなぐすりをまぜるのに使うことから〕親指から四番めの指。無名指《ムメイシ》。紅《べに》さし指《ゆび》。

【▽薬▼罐《ヤカン》】〔「ヤクカン」の変化〕①湯をわかすための、銅やアルミなどでできた容器。もと、くすりを煮《に》つめるのに用いた。②「薬罐頭《ヤカンあたま》」の略。はげあたま。

【薬液《ヤクエキ》】くすりをとかした液体。液体のくすり。例 ―にひたす。

【薬害《ヤクガイ》】医薬品や農薬が、本来の目的以外に起こす有害な作用。例 ―訴訟《ソショウ》。殺虫剤《ザイ》の―で葉が落ちる。

【薬学《ヤクガク》】医薬品の開発や製造、また、管理などのために必要なことがらを研究する学問。例 ―部。

【薬剤《ヤクザイ》】医薬として、症状《ショウジョウ》に合わせて調合したくすり。例 ―師。

【薬殺《ヤクサツ》】(名・する)くすりを使って生き物を殺すこと。

【薬師】一《ヤクシ》〔仏〕「薬師如来《ニョライ》」の略。人々の病気や災難を救うという仏。左手にくすりのつぼを持っている像が多い。二《くすし》医者。〔古いことば〕

【薬餌《ヤクジ》】くすりと食べ物。例 ―療法《リョウホウ》。―に親しむ(=病気がちである)。

【薬酒《ヤクシュ》】生薬《ショウヤク》などを加え、健康増進に効果のある酒。

【薬種《ヤクシュ》】くすりの材料。とくに、漢方薬の材料。例 ―店。―問屋《どんや》。

【薬▼疹《ヤクシン》】内服薬や注射、また、吸入などによって引き起こされる発疹。

【薬石《ヤクセキ》】〔「石」は、治療《チリョウ》用の石針《いしばり》の意〕くすりと治療。病気の治療。

【薬石《ヤクセキ》効《コウ》無《な》し】治療《チリョウ》のききめがないこと。人の死を知らせるときに使われる。例 薬石効無く永眠《エイミン》いたしました。

【薬草】《ヤクソウ》 くすりとして使う植物。ゲンノショウコやセンブリなど。例 —を栽培《サイバイ》する。

【薬湯】《ヤクトウ》 ①くすりや薬草を入れたふろ。くすりゆ。②せんじぐすり。

【薬毒】《ヤクドク》 くすりにふくまれている有害な成分。

【薬品】《ヤクヒン》 ①くすり。医薬品。②化学変化を起こさせるためにつくった物質。例 化学—。

【薬物】《ヤクブツ》 ①くすり。例 —療法《リョウホウ》。②からだになんらかの変化を起こす化学的な物質。例 —中毒。

【薬舗】《ヤクホ》 くすりを売る店。くすりや。類 薬店・薬局。表記「薬▼鋪」とも書く。

【薬方】《ヤクホウ》 くすりの処方。くすりの調合。

【薬味】《ヤクミ》 食べ物にそえて、風味を出すための食品や香辛料《コウシンリョウ》。ワサビやきざみネギなど。例 —を入れる。

【薬用】《ヤクヨウ》 くすりとして使うこと。例 —植物。—せっけん。

【薬理】《ヤクリ》 薬品によって起こる生理的な変化。例 —作用。

【薬料】《ヤクリョウ》 ①くすりの代金。②くすりの材料。

【薬礼】《ヤクレイ》 医師にはらう謝礼。くすり代。例 —を持って行く。

【薬籠】《ヤクロウ》 昔の携帯用《ケイタイヨウ》のくすり入れ。

【薬籠中の物】《ヤクロウチュウのもの》 〔薬籠のなかのくすりのように、いつでも使えるものの意から〕自分の思うとおりに使える物や人。例 自家—とする。

【▽薬研】《ヤゲン》 おもに漢方で、くすりの材料をくだくための、金属製で舟《ふね》の形をした器具。例 —で粉にする。

【薬価】《ヤッカ》 くすりの値段。

【薬科】《ヤッカ》 くすりに関する学科。薬学部。例 —大学。

【薬禍】《ヤッカ》 くすりの誤用や副作用などで起こる障害などの災難。薬害。

【薬▼莢】《ヤッキョウ》 銃砲《ジュウホウ》で、弾丸《ダンガン》を発射させるため火薬をつめた金属製のつつ。

【薬局】《ヤッキョク》 ①病院などで、くすりを調合するところ。②薬剤師《ヤクザイシ》がいて調剤もおこなう、くすりや。類 薬店・薬舗《ヤクホ》。

【薬効】《ヤッコウ》 くすりのききめ。

●医薬《イヤク》・火薬《カヤク》・劇薬《ゲキヤク》・生薬《ショウヤク》・弾薬《ダンヤク》・毒薬《ドクヤク》・農薬《ノウヤク》・売薬《バイヤク》・爆薬《バクヤク》・麻薬《マヤク》・妙薬《ミョウヤク》

艹13

【蕷】 16画 7317 8577 音 ヨ 漢 訓 いも

意味 「薯蕷《ショヨ》」は、ナガイモ。ヤマノイモ科のつる性多年草。食用として畑で栽培《サイバイ》される。

艹13

【蕾】 16画 7318 857E 人名 音 ライ 漢 訓 つぼみ

意味 花のひらく前のすがた。つぼみ。例 花蕾《カライ》。蓓蕾《ハイライ》(=つぼみ)。

艹13

【蕗】 16画 4189 8557 人名 音 ロ 漢 呉 訓 ふき

なりたち [形声]「艹(=くさ)」と、音「路《ロ》」とから成る。カンゾウ。

意味 ❶マメ科の多年草。カンゾウ。根を薬用にする。❷ツルムラサキ科のつる性一年草。ツルムラサキ。若芽や葉は食用や薬用となる。また、鉢植《はちう》えなどにして観賞される。

日本語での用法 《ふき》キク科の多年草。くきと葉は食用や薬用となる。「蕗《ふき》の薹《とう》」

艹13

【薐】 16画 7319 8590 音 ロウ 漢 レン 唐

意味 「菠薐《ハロウ／ホウレン》」は、ホウレンソウ。

艹13

【薈】 16画 7307 8588 音 ワイ 漢 訓 あしのほ・しげ-る

意味 ❶草木がたくさんしげるようす。また、雲や霧《きり》がたちこめるようす。例 薈蔚《ワイウツ》(=草木がしげるようす)。❷たくさん集まる。あつめる。例 薈萃《ワイスイ》(=群れ集まる)。

艹13 ［蘊］16画 ⇩【蘊】《ウン》(869ページ)

艹13 ［薗］16画 ⇩【園】《エン》(224ページ)

艹13 ［薮］16画 ⇩【藪】《ソウ》(869ページ)

艹13 【薄】16画 ⇩【薄】《ハク》(867ページ)

艹13 ［薇］16画 ⇩【薇】《ビ》(867ページ)

艹14

【藁】 17画 4746 85C1 人名 音 コウ 漢 呉 訓 わら

意味 ❶かれる。同 槁《コウ》。例 枯藁《ココウ》。❷イネやムギなどのくきを干したもの。わら。例 藁人形《わらニンギョウ》。❸下書き。同 稿《コウ》。例 草藁《ソウコウ》(=草稿)。

艹14

【薩】 17画 2707 85A9 人名 音 サツ 漢 サチ・サツ 呉

意味 梵語《ボンゴ》の音訳。救う、助けるの意という。例 薩埵《サッタ》。菩薩《ボサツ》。

日本語での用法 《サツ》「薩摩《さつま》(=今の鹿児島《かごしま》県西部)」の略。「薩州《サッシュウ》・薩長《サッチョウ》」

【薩▼埵】《サッタ》 〔仏〕〔梵語《ボンゴ》の音訳〕①命のあるものすべてをまとめて呼ぶことば。衆生《シュジョウ》。②「菩提《ボダイ》薩埵」の略。菩薩《ボサツ》のこと。

【薩摩】《さつま》 旧国名の一つ。鹿児島《かごしま》県の西部。薩州《サッシュウ》。

艹14

【藉】 17画 7320 85C9 音 一 シャ 漢 二 セキ 漢 ジャク 呉 訓 し-く・か-りる・ふ-む

意味 一《シャ》 ❶草を編んだ敷物《しきもの》。❷敷物にする。しく。例 藉草《シャソウ》。枕藉《チンシャ》(=重なり合ってねむる)。❸たよりとする。かりる。同 借《シャ》。例 慰藉《イシャ》。❹貸す。あたえる。❺なぐさめる。例 藉口《シャコウ》。 二《セキ・ジャク》 ふみにじる。ふむ。例 狼藉《ロウゼキ》。

【藉口】《シャコウ》 (名・する) 言いわけの材料にすること。口実にすること。例 交通渋滞《ジュウタイ》に—して遅刻《チコク》する。

【藉草】《シャソウ》 草を、しきものとすること。

艹14

【薯】 17画 2982 85AF 音 ショ 漢 ジョ 呉 訓 いも

意味 広くイモ類をいう。イモ。例 甘薯《カンショ》(=サツマイモ)。自然薯《ジネンジョ》(=ヤマノイモ)。馬鈴薯《バレイショ》(=ジャガイモ)。

難読 薯蕷《とろろ／ジョヨ》(=山のいも)

艹14

【薺】 17画 7321 85BA 音 一 シ・セイ 漢 二 セイ 漢 訓 なずな

意味 一《シ・セイ》 海岸の砂地に生える、つる草。ハマビシ。果実にヒシの実のようなとげがある。根と種子は薬用。 二《セイ》 アブラナ科の二年草。ナズナ。畑や道ばたに自生。若菜を食べる。果実の形が三味線《しゃみせん》のばちに似ているので、ペンペングサともいう。春の七草の一つ。

艹14

【薹】 17画 7323 85B9 音 タイ 漢 ダイ 呉 訓 とう

意味 ❶カヤツリグサ科の多年草。カサスゲ。かさや、みのなど

を作るのに用いる。❷アブラナ科の二年草。ナタネナ。アブラナ。花は菜の花と呼ばれ、食用となり、種子からは菜種油をとる。❸アブラナやフキなどの、花をつけるくきがのびたもの。例 蕗《ふき》の薹《とう》。薹《とう》が立《た》つ(=さかりの時期を過ぎる)。

⁺⁺14
【藐】 17画 7324 85D0
音 一 バク漢 ミャク呉 二 ビョウ漢 ミョウ呉
訓 おろそ-か・すこ-し・とお-い・はる-か

意味 一《バク|ミャク》 ムラサキ科の多年草。ムラサキ。根から、むらさき色の染料《センリョウ》をとる。また、薬用とする。二《ビョウ|ミョウ》 ❶小さい。例 藐小《ビョウショウ》(=か弱く小さい)。❷かろんじる。例 藐視《ビョウシ》(=軽視する)。

参考 「三藐《サンミャク》三菩提《サンボダイ》」の「藐《ミャク》」は、梵語《ボンゴ》の音訳字。

【藐▼姑▽射▼之山】《バクコヤのやま|ハコヤのやま》 ①不老不死の仙人《センニン》が住むという想像上の山。〈荘子《ソウジ》〉 ②日本で上皇の御所《ゴショ》をうやまっていうことば。仙洞《セントウ》。

⁺⁺14
【薰】 17画 ⇩【薫】《クン》(866ページ)

⁺⁺15
【藕】 18画 7325 85D5
音 グウ慣 ゴウ漢
訓 はすのね

意味 ハスの地下茎《チカケイ》。ハスの根。蓮根《レンコン》。食用にする。↓
【蓮】《レン》 参考 (863ページ)

【藕花】《グウカ》 ハスの花。蓮花《レンカ》。

【藕糸】《グウシ》 ハスの葉や茎にふくまれる繊維《センイ》。ハスのいと。

⁺⁺15
【藪】 18画 7314 85EA
音 ソウ漢呉
訓 やぶ

⁺⁺13
[薮] 16画 4489 85AE 俗字

意味 ❶草木のむらがって、しげるところ。草木がしげって鳥やけもののすむ湿地《シッチ》。さわ。やぶ。例 藪沢《ソウタク》(=さわ)。❷ものごとの集まるところ。例 淵藪《エンソウ》。

日本語での用法 《やぶ》 ①野巫《ヤブ》(=いなか医者)のもじり。「藪医者《やぶイシャ》・藪井竹庵《やぶいチクアン》」 ②昔、奉公人《ホウコウニン》が、盆《ボン》や正月に実家に帰ることをいった。「藪入《やぶい》り」

【藪沢】《ソウタク》 〔やぶと沢《さわ》の意〕草木がたくさん生《お》いしげっているところ。また、人が大ぜい集まるところ。

【藪医者】《やぶイシャ》 診断《シンダン》や治療《チリョウ》がへたで、たよりにならない医者。藪医。やぶ。

【藪蛇】《やぶへび》 〔「やぶをつついてヘビを出す」という諺《ことわざ》の略〕よけいなことをして、思わぬわざわいを受けること。

⁺⁺15
【藤】 18画 3803 85E4 常用
音 トウ漢 ドウ呉
訓 ふじ

筆順 一 十 卄 芹 萨 蔣 蔣 藤 藤

⁺⁺15
【藤】 18画

なりたち [形声]「艹(=くさ)」と、音「滕《トウ》」とから成る。つるくさ。

意味 ❶つる性植物をまとめていうことば。つるくさ。かずら。例 藤蘿《トウラ》(=ふじかずら)。❷マメ科の落葉つる草。フジ。四月から六月ごろ、うすむらさき色の花がふさ状に垂れてさく。例 藤花《トウカ》(=フジの花)。

日本語での用法 《トウ》 四姓《シセイ》の一つ「藤原氏《ふじわらシ》」の略。「源平藤橘《ゲンペイトウキツ》・藤氏《トウシ》の四家《シケ》」

人名 かつら・つ・ひさ

⁺⁺15
【藩】 18画 4045 85E9 常用
音 ハン漢
訓 まがき

筆順 一 卄 艹 茳 莎 萍 蕃 藩 藩

なりたち [形声]「艹(=くさ)」と、音「潘《ハン》」とから成る。かきね。

意味 ❶まわりをとりかこんで守る、かきね。へい。まがき。❷地方を治めて、王室を守る諸侯《ショコウ》の国。例 藩屏《ハンペイ》。

日本語での用法 《ハン》 江戸《えど》時代の大名の領地・領民・組織など。「藩校《ハンコウ》・藩士《ハンシ》・廃藩置県《ハイハンチケン》」

人名 かき・まもる

【藩学】《ハンガク》 江戸《えど》時代に藩が藩士の子弟《シテイ》の教育のためにつくった学校。薩摩《さつま》藩の造士館《ゾウシカン》など。藩校。

【藩侯】《ハンコウ》 「藩主」に同じ。

【藩校】《ハンコウ》 「藩学」に同じ。

【藩士】《ハンシ》 江戸《えど》時代、それぞれの藩に仕えた武士。

【藩主】《ハンシュ》 藩の領主。大名。藩侯《ハンコウ》。

【藩邸】《ハンテイ》 江戸《えど》時代、江戸にあった各藩の藩主の屋敷《やしき》。

【藩閥】《ハンバツ》 明治維新《イシン》で中心的な役割をした藩の指導層が、その後も政府や軍部で出身藩ごとにつくった派閥。

【藩▼屏】《ハンペイ》 〔「屏《へイ》」は、ついたての意〕①かきね。②王室の守りとなる諸侯《ショコウ》。例 皇室の―。

●親藩《シンパン》・雄藩《ユウハン》・列藩《レッパン》

⁺⁺15
【藍】 18画 4585 85CD 常用
音 ラン漢呉
訓 あい

筆順 十 艹 苎 芦 苗 藍 藍 藍

なりたち [形声]「艹(=くさ)」と、音「監《カン→ラン》」とから成る。青く染める草。

意味 タデ科の一年草。タデアイ。アイ。葉から青色の染料《センリョウ》をとる。また、その染料の色。例 藍碧《ランペキ》。出藍《シュツラン》。

【藍玉】《あいだま》 アイの葉を加工して固めた染料《センリョウ》。

【藍田】《ランデン》 陝西《センセイ》省南部の県名。美しい玉《ギョク》を産出した。

【藍▼碧】《ランペキ》 青みがかった緑色。あおみどり。

⁺⁺15
【藜】 18画 7328 85DC
音 レイ漢
訓 あかざ

意味 ヒユ科(旧アカザ科)の一年草。アカザ。道ばたや畑地に生える。赤むらさき色の若葉は食用。例 藜藿《レイカク》(=アカザやマメの葉。粗食《ソショク》のたとえ)。藜杖《レイジョウ》(=アカザのくきで作った、つえ)。

⁺⁺15
【藝】 18画 ⇩【芸】《ゲイ》(843ページ)

⁺⁺15
【藏】 18画 ⇩【蔵】《ゾウ》(865ページ)

⁺⁺15
【藤】 18画 ⇩【藤】《トウ》(869ページ)

⁺⁺15
【藥】 18画 ⇩【薬】《ヤク》(867ページ)

⁺⁺16
【藹】 19画 7329 85F9
音 アイ漢

意味 草木や雲がこんもりと集まったようす。また、おだやかなようす。例 藹藹《アイアイ》。藹然《アイゼン》(=雲の集まるようす。また、草木のさかんにしげるようす)。

【藹藹】《アイアイ》 (形動《タルト》) ①草木がさかんにしげっているようす。②おだやかなようす。例 和気―。

⁺⁺16
【蘊】 19画 7330 860A
音 ウン漢
訓 つ-む

艹13 [薀] 16画 7305 8580 本字
意味 ❶つみたくわえる。つむ。例蘊蔵《ウンゾウ》(=たくわえ、しまっておく)。蘊蓄《ウンチク》。❷おくぶかい。例蘊奥《ウンノウ》。
【蘊蓄】《ウンチク》よく研究して学びたくわえた深い知識。例—をかたむける。
【蘊奥】《ウンノウ》〔「ウンオウ」の変化〕学問や芸術、技術などの最もおく深いところ。㊛奥義《オウギ》。例—をきわめる。

艹16 【藷】19画 2983 85F7 音ショ㊉ジョ㊍ 訓いも
意味 ❶「藷蔗《ショショ》」は、サトウキビ。❷広くイモ類をいう。イモ。㊂薯《ショ》。例甘藷《カンショ》(=サツマイモ)。

艹16 【蘇】19画 3341 8607 人名 音ソ㊉ス㊍ 訓よみがえ-る

艹16 [蘓] 19画 7331 8613 別体字
意味 ❶「紫蘇《シソ》」は、シソ科の一年草。葉と実はかおりがよく、食用にされる。❷生きかえる。失われていた活力をとりもどす。よみがえる。例蘇生《ソセイ》。❸江蘇《コウソ》省の別の呼び方。❹姓《セイ》の一つ。例蘇秦《ソシン》(=戦国時代の政客)。❺外国語の「ス」「ソ」の音訳。例蘇格蘭《スコットランド》。
人名 いき・はる
【蘇▽芳】《スオウ》①マメ科の落葉小高木。春、黄色の小さな花がさく。心材やさやの実は赤色染料《センリョウ》にする。②むらさきがかった赤色。表記▽「蘇▼枋・蘇▽方」とも書く。
【蘇▼軾】《ソショク》北宋《ホクソウ》の人。号は東坡《トウバ》。すぐれた詩人・文章家として、弟の蘇轍《ソテツ》、父の蘇洵《ソジュン》とあわせて三蘇《サンソ》と呼ばれ、唐宋八大家《トウソウハチダイカ》の一人に数えられた。(一〇三六—一一〇一)
【蘇生】《ソセイ》(名・する)生き返ること。よみがえること。㊛復活・回生。例—術。ふろをあびると—した思いがする。
【蘇鉄】《ソテツ》ソテツ科の常緑低木。暖かい地方に多い。幹は太く、頂上から羽のような形の大きな葉が四方に生える。雌雄
異株《シユウイシュ》。

艹16 【藻】19画 3384 85FB 常用 音ソウ㊉ 訓も
筆順
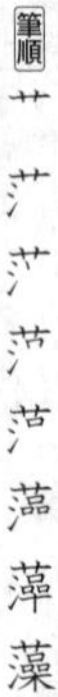
なりたち

[形声]「艹(=くさ)」と、音「澡《ソウ》」とから成る。みずくさ。
意味 ❶水中に生える植物や「も」などをまとめていうことば。も。例藻類《ソウルイ》。海藻《カイソウ》。❷美しい模様。かざり。詩歌《シイカ》や文章の美しくかざった表現。例詞藻《シソウ》。文藻《ブンソウ》。
【藻類】《ソウルイ》海藻や淡水《タンスイ》中の藻《も》をまとめていうことば。
【藻▼屑】《もくず》①藻の切れはし。②水の中のごみ。例海の—と消える(=海中にしずむ)。
【藻塩】《もしお》海水をそそいだ海藻《カイソウ》を焼いて、水にとかし、うわずみを煮出《にだ》して作った塩。
【藻場】《もば》海中で海藻のしげったところ。

艹16 【蘋】19画 7332 860B 音ヒン㊉ 訓うきくさ
意味 ❶大きなうきくさ。うきくさ。例蘋藻《ヒンソウ》(=水草をまとめていうことば)。❷池や沼《ぬま》に自生する四つ葉の水草。デンジソウ(田字草)。カタバミモ。

艹16 【藾】19画 7333 85FE 音ライ㊉ 訓かげ・よもぎ・よ-る
意味 ❶ヨモギの一種。❷かげに入る。かくれる。

艹16 【蘭】19画 4586 862D 人名 音ラン㊉㊍ 訓ふじばかま・あららぎ

艹17 【蘭】20画 — F91F
なりたち

[形声]「艹(=くさ)」と、音「闌《ラン》」とから成る。香草《コウソウ》の名。
意味 ❶キク科の多年草。フジバカマ。秋、うすむらさき色のかおりのよい花をつける。秋の七草の一つ。❷ラン科植物をまとめていう。❸美しいもの、よいもののたとえ。例蘭芷《ランシ》(=かおりのよいランとヨロイグサ。賢人《ケンジン》と佳人《カジン》とのたとえ)。❹「木蘭《モクラン》」は、モクレン科の落葉低木。モクレン。春に葉よりも先に、白またはむらさき色の大きな花をつける。
日本語での用法 ㈠《ラン》「和蘭(和蘭陀)《オランダ》」の略。「蘭医《ランイ》・蘭学《ランガク》」㈡《あららぎ》①植物のイチイの別名。②植物のノビルの古名。

艹16 【藺】19画 7334 85FA 音リン㊉ 訓い
人名 か
意味 ❶イグサ科の多年草。イグサ。イ。くきは一メートルにもなり、むしろや畳表《たたみおもて》の材料になる。灯心草《トウシンぐさ》。❷姓《セイ》の一つ。例藺相如《リンショウジョ》。
【藺相如】《リンショウジョ》戦国時代の趙《チョウ》の人。秦《シン》への使者として和氏《カシ》の璧《ヘキ》を守り、また将軍廉頗《レンパ》との深い友情で知られる。生没年《セイボツネン》未詳《ミショウ》。→【完璧】《カンペキ》(290ページ)・【刎頸の交わり】《フンケイのまじわり》(130ページ)

艹16 【蘆】19画 7335 8606 音ロ㊉ 訓あし

艹4 [芦] 7画 1618 82A6 人名 俗字
意味 ❶水べに生えるイネ科の多年草。アシ。むしろを編んだり紙を作ったりするのに用いられる。一説に「葦《イ》」のまだ穂《ほ》を出さないものを「蘆」という。例蘆花《ロカ》(=アシの花)。❷「蘆菔《ロフク》」は、ダイコンの別名。
【蘆辺】《あしべ》アシの生えている水辺。
【蘆▼荻】《ロテキ》アシとオギ。
【蘆笛】《ロテキ あしぶえ》①アシの葉を巻いた草笛《くさぶえ》。②アシのくきでつくった縦笛《たてぶえ》。

艹16 【蘢】19画 7336 8622 音リョウ・ロウ㊉ 訓あつ-まる・いぬたで
意味 ❶「蘢古《リョウコ ロウコ》」は、タデ科の一年草。オオケタデ。❷「蘢葛《リョウカツ》」は、ブドウ科のつる性植物。ヤブガラシ。❸草木が多くしげるようす。

艹16 [蘂] 19画 ⇩【蕊】《ズイ》(865ページ)

艹16 [蘓] 19画 ⇩【蘇】《ソ》(870ページ)

艹17 【蘰】20画 7338 8630 国字 訓かずら・かずら-く
参考 「縵」の字に「艹」を加えたもの。
意味 ❶少女の髪《かみ》かざり。はねかずら。はなかつら。かずら(鬘)。❷つる性植物をまとめていうことば。かずら(蔓)。❸髪かざりをつける。髪をかざる。かずらく。

艹17
【蘖】
20画 6117 8616 音ゲツ漢 訓ひこばえ

意味 切り株から出る芽。ひこばえ。例 萌蘖《ホウゲツ》(=新芽と、ひこばえ)。

艹17
【蘚】
20画 7337 861A 音セン漢 訓こけ

意味 湿地《シッチ》などに生える緑色の植物。こけ。例 蘚苔《センタイ》。

【蘚▼苔】《センタイ》 こけ。例 —類。

艹17 [蘯] 20画 ⇩【蕩】《トウ》(865ページ)

艹17 [蘗] 20画 ⇩【檗】《バク》(550ページ)

艹17 【蘭】 20画 ⇩【蘭】《ラン》(870ページ)

艹19
【蘿】
22画 7339 863F 音ラ漢 訓つた

意味 ❶広く、つる性植物をまとめていうことば。つたかずら。ツタ。例 蘿蔓《ラマン》(=つたかずら)。❷「蘿衣《ライ》・女蘿《ジョラ》」は、深山の針葉樹の幹や枝に着生するコケ類の一種。サルオガセ。❸「蘿蔔《ラフク》」は、ダイコンの別名。

難読 蘿蔔《すずしろ・おおね》・蘿蔦《ひかげのかずら・つたかずら》・蘿衣《こけごろも》

141 6画 虍 とらかんむり とらがしら 部

トラの皮の模様の形をあらわす。「虍」をもとにしてできている漢字を集めた。

⓪虍 ②虎 ③虐 虐 ④虔 ⑤虚 處 ⑥虛 虜 ⑦虞 虜 虞 號 ⑪虧

この部首に所属しない漢字

彪⇩彡370 慮⇩心412 膚⇩月828 盧⇩皿700

虍0
【虍】
6画 7340 864D 音コ漢呉

意味 トラの皮の模様。

虍2
【虎】
8画 2455 864E 常用 音コ漢呉 訓とら

筆順 ﾄ ト 广 广 卢 卢 虎 虎

丿6 [虒] 7画 7341 4E55 俗字

なりたち [会意]「虍(=トラの皮の模様)」と「儿(=トラのあし)」とから成る。山野にすむけものの王であるトラ。

意味 アジア産のネコ科の猛獣《モウジュウ》。トラ。〔強くておそろしいものや危険なものにもたとえる〕例 虎口《ココウ》。猛虎《モウコ》。

日本語での用法 《とら》よっぱらい。「虎《とら》になる」

難読 虎魚《おこぜ》・虎列刺《コレラ》・虎杖《いたどり》・虎落《もがり》・虎落笛《もがりぶえ》・虎耳草《ゆきのした》・魚虎《しゃちほこ》・水虎《かっぱ・かわっぱ》・壁虎《いもり》

人名 たけ・たけし

【虎威】《コイ》 トラの威勢。また、勇将の強い勢い。例 —をくじく。→【虎《とら》の威《イ》を仮《か》る】

【虎渓】《コケイ》 江西《コウセイ》省の廬山《ロザン》にある谷川。晋《シン》の慧遠《エオン》は、近くの寺にこもって修行《シュギョウ》に集中するため、この谷をわたるまいと、ちかいを立てていた。→【虎渓三笑】《コケイサンショウ》

【虎渓三笑】《コケイサンショウ》 何もかも忘れて話に熱中することのたとえ。晋《シン》の慧遠《エオン》が訪問客の陶潜《トウセン》と陸修静《リクシュウセイ》の帰りを送る道すがら、ついつい話に夢中になり、トラの鳴き声を聞いてはじめて、ちかいを破って虎渓まで来ていたことを知り、三人で大笑いをしたという故事。古来、画題として好まれてきた。→【虎渓】《コケイ》

【虎穴】《コケツ》 ①トラのすむ、ほらあな。②危険な場所のたとえ。

【虎穴《コケツ》に入《い》らずんば虎子《コシ》を得《え》ず】 トラのすみかに入らなければ、トラの子を生けどりにすることはできない。危険をおかさなければ大きな成功は望めないことのたとえ。

故事のはなし 中国の歴代王朝にとって、まわりの異民族とどううまくやっていくかということは、常に重要な問題だった。後漢《ゴカン》のとき、班超《ハンチョウ》という人が、中国の西方の鄯善《ゼンゼン》(楼蘭《ロウラン》ともいう)という国に外交使節としてつかわされた。鄯善王ははじめは班超らを手厚くもてなしていたが、中国北方の異民族、匈奴《キョウド》からも使者がやってきて、鄯善に圧力をかけてくると、鄯善は匈奴を恐れて、班超一行への待遇《タイグウ》が急に悪くなった。そこで班超は部下を集めて「トラの穴に入らなければトラの子をつかまえることはできない」と言い、夜、匈奴の使者の陣営《ジンエイ》をおそって使者や兵士の首三十あまりを切った。鄯善は国中がふるえあがって漢に服従するようになった。〈後漢書《ゴカンジョ》〉

【虎口】《ココウ》 ①トラのくち。②ひじょうに危険な場合や場所のたとえ。類危地。例 命からがら—を脱《ダッ》した。—の難《ナン》をのがれる。

【虎子】 ━《コシ》 トラの子。参考 日本では、「とらの子をはたく」「とらの子のはいった財布《サイフ》」などと使って、たいせつにしているもの、とくにお金をたとえていう。━《おまる・おかわ》〔その形が伏《ふ》したトラの形に似ていることから。「子」は接尾《セツビ》語〕持ち運びのできる便器。

【虎視▼眈▼眈】《コシタンタン》 (形動タルト) 〔「眈眈」は、するどい目つきでねらっているようすの意〕①トラが獲物《えもの》をじっと見張っているようす。②よい機会を油断なくうかがっているようす。例 役員のポストを—とねらう。

【虎斑】 ━《コハン》 ━《とらふ》 トラの背のような、まだら模様。また、その毛色。

【虎▼豹】《コヒョウ》 ①トラとヒョウ。②強いもの、また、強暴なもののたとえ。例 —はその爪《つめ》を外《そと》にせず(=強者はその実力を見せびらかさずに敵を破る)。〈淮南子《エナンジ》〉

【虎尾《コビ》を▽履《ふ》む】 トラの尾《お》を踏《ふ》む。大きな危険をおかすことのたとえ。例 —思いで切りぬけた。

【虎変】《コヘン》 (名・する) ①トラの皮の模様がはっきりと変化していること。②学問の修得が日に日に進むこと。③文化などが目に見えて進歩すること。④文章が変化に富んで味わい深いこと。

【虎▼狼】《コロウ》 ①トラやオオカミ。②残忍《ザンニン》で欲張りなもののたとえ。例 —の秦《シン》(=戦国時代の秦国の暴威《ボウイ》をいう)。—の心《こころ》(=残忍な気持ち)。

【虎《とら》の威《イ》を▽仮《か》る】〔「仮」は、借りる意〕自分には力がないのに強いものの権威をたのみにして、からいばりすることのたとえ。虎《コ》威《イ》。

故事のはなし トラがいろいろなけものをつかまえて食べていた。あるときキツネをつかまえたが、キツネはトラにこう言った。「あなたはわたしを食べたりしてはいけない。わたしは天の神からあらゆるけものの王に任命されたのです。わたしを食べるのは、天の神の命令にそむくことです。わたしの言うことが信用できないのなら、わたしの後について来てごらんなさい。わたしを見てにげないけものがいるものかどうか」。トラはそうかと思ってキツネの後についていくと、けものたちはみなにげだした。トラは、けものたちが自分を見てこわがってにげたのだということがわからず、キツネをこわがったのだと思ってしまった。〈戦国策《センゴクサク》〉

【虎《とら》は死《シ》して皮《かわ》を▽留《とど》む】トラは死んでも美しい毛皮を残すように、人は死後に名声や功績を残すべきである。(類)豹《ヒョウ》は死して皮を留む。

【虎《とら》を野《の》に放《はな》つ】①すぐれた人物を、才能が自由に発揮できる状態におくこと。②危険な者に自由をあたえ、わざわいをまねくこと。

虍3
【虐】
9画 2152 8650 常用 音ギャク(漢) 訓しいた-げる

筆順 丨 ト ト 丿 卢 卢 虍 虐 虐

虍3
【虐】
9画

なりたち  ［会意］「虍(=トラ)」と「彐(=つめ)」と「人(=ひと)」とから成る。トラがつめで人をきずつける。

意味 むごいあつかいをする。いじめる。しいたげる。また、むごい。例 虐待《ギャクタイ》。残虐《ザンギャク》。暴虐《ボウギャク》。

【虐《ギャク》殺《サツ》】(名・する)むごたらしい方法で殺すこと。残虐な殺し方をすること。

【虐《ギャク》政《セイ》】人民を苦しめる政治。例 —に抵抗《テイコウ》する。

【虐《ギャク》待《タイ》】(名・する)(弱いものに対して)ひどいあつかいをして苦しめること。いじめること。例 動物—。政治犯を—する。

●残虐《ザンギャク》・自虐《ジギャク》・暴虐《ボウギャク》

虍3
【虐】
9画 ⇨【虐《ギャク》】(872ページ)

虍4
【虔】
10画 7342 8654 音ケン(漢) 訓つつし-む・つま-しい

意味 ❶うやうやしくかしこまる。つつしむ。例 恭虔《キョウケン》。敬虔《ケイケン》。❷ころす。また、うばう。例 虔劉《ケンリュウ》(=ころす)。

虍5
【虚】
11画 2185 865A 常用 音キョ(漢)コ(呉) 訓むな-しい

筆順 丨 ト ト 丿 卢 虍 虍 虚 虚 虚

虍6
【虛】
12画 1-9146 865B 人名

なりたち  ［形声］「业(=おか)」と、音「虍《コ→キョ》」とから成る。大きな丘《おか》。派生して「むなしい」の意。

意味 ❶何もない。からっぽ。うつろ。むなしい。例 虚無《キョム》。虚空《コクウ》。空虚《クウキョ》。❷うわべだけで実《ジツ》がない。うそ。例 虚栄《キョエイ》。虚偽《キョギ》。虚構《キョコウ》。❸欲がない。すなお。例 虚心《キョシン》。謙虚《ケンキョ》。❹備えがない。すき。弱点。例 虚《キョ》に乗《ジョウ》ず(=弱みにつけこむ)。❺からだがよわい。例 虚弱《キョジャク》。虚脱《キョダツ》。虚労《キョロウ》(=からだが、つかれておとろえる)。❻二十八宿の一つ。とみてぼし。例 虚宿《キョシュク》。

難読 虚《うつお》舟《ぶね》・空《うつ》虚《け》・虚《むく》満《み》・虚《おお》空《ぞら》

【虚《キョ》栄《エイ》】①実質以上に大きい栄誉《エイヨ》。②むりに、実際よりよく見せようとすること。みえを張ること。例 —心。

【虚《キョ》偽《ギ》】真実でないことを、真実のように見せかけること。うそ。いつわり。(対)真実。例 —の申告《シンコク》。

【虚《キョ》虚《キョ》実《ジツ》実《ジツ》】〔「虚」は、備えのない弱い点、「実」は、備えのある強い点の意〕たがいに相手のすきをねらい、強いところはさけ、あらゆる計略を使って戦うこと。例 —のかけひき。

【虚《キョ》言《ゲン》】〔古くは「キョゴン」とも〕真実でないことば。うそ。例 —癖《ヘキ》。

【虚《キョ》構《コウ》】㊀(名・する)事実でないことを、事実であるようにつくりあげること。つくりごと。㊁(名)芸術作品の技法の一つ。作者の想像力によって、事実らしく組み立て、つくること。フィクション。例 —性の強い作品。

【虚《キョ》字《ジ》】漢文で、文章中の漢字(単語)を文法的なはたらきから実字・虚字に二分するとき、否定詞・接続詞・感動詞・前置詞・句末のことばなどにあたる文字。実質的な意味をあらわさない字。助字ともいう。(対)実字。

【虚《キョ》辞《ジ》】①真実でないことば。うそ。②「虚字」に同じ。

【虚《キョ》実《ジツ》】①うそとまこと。あることとないこと。例 —とりまぜた話。②備えのないことと備えのあること。例 —をうかがわせる。③いろいろの策略やかけひき。例 —をつくして戦う。

【虚《キョ》弱《ジャク》】(名・形動ナダ)①たくましさがなく、肉体がよわいこと。ひよわなこと。(対)強健・強《キョウ》壮《ソウ》。例 —体質。②権力や勢力がよわいこと。例 勢力の—な新党。

【虚《キョ》飾《ショク》】実質のない、うわべだけのかざり。例 —に満ちた生活。

【虚《キョ》心《シン》】(名・形動ナダ)先入観や、かたよった考えをもたないで、公平に受け入れること。例 —に耳をかたむける。

【虚《キョ》心《シン》▼坦《タン》懐《カイ》】(名・形動ナダ)こだわりがなく、さっぱりとしたすなおな心持ち。例 —に言う。

【虚《キョ》数《スウ》】〔数〕二乗して負になる数。負数の平方根。(対)実数。

【虚《キョ》勢《セイ》】実力のともなわない、うわべだけの威勢《イセイ》。からいばりをすること。から元気。例 —を張る。

【虚《キョ》説《セツ》】根拠《コンキョ》のないうわさ。作り話。虚談。(対)実説。例 —のまじった歴史物語。

【虚《キョ》像《ゾウ》】①〔物〕凹《オウ》レンズや鏡によってできる像。実際にはないのにあるように見え、そこにスクリーンを置いても像を結ばない。②実際とはかけはなれた、つくられた姿。見かけだけのもの。例 マスコミによってつくられた—。▽(対)実像。

【虚《キョ》脱《ダツ》】(名・する)体力や気力をなくして、何かをしようという意欲が出なくなること。例 —状態になる。

【虚《キョ》報《ホウ》】うその知らせ。根も葉もないうその情報。

【虚《キョ》無《ム》】①何もないこと。(類)空虚。②価値のあるものが存在せず、むなしいと考えること。例 —感。③老子《ロウシ》の思想の根本をなす、無為自然《ムイシゼン》の境地。人の手を加えない、

あるがままの状態。

【虚名】《キョメイ》 実力のともなわない、うわべだけの名声。例—におどらされる。

【虚妄】《キョモウ》 事実でないこと。うそ。いつわり。

【虚礼】《キョレイ》 まごころのない形式だけの礼儀《レイギ》。例—を廃止《ハイシ》する運動。

【虚空】《コクウ》 ①何もない空間。例—をつかんでたおれる。②おおぞら。例飛行機が—はるかに消え去る。

【虚空蔵】《コクウゾウ》 「虚空蔵菩薩《コクウゾウボサツ》」の略。大空のように広いところを倉庫として、人々を救うための知恵《チエ》や功徳《クドク》を無限にたくわえた菩薩。

【虚無僧】《コムソウ》 臨済《リンザイ》宗の一派であった普化《フケ》宗の僧。ふかあみがさをかぶり、尺八をふいて諸国を修行《シュギョウ》してまわった。こもそう。ぼろんじ。

虍5 【處】11画 ⇩【処】《ショ》(123ページ)

虍6 【虜】12画 ⇩【虜】《リョ》(873ページ)

虍6 【虛】12画 ⇩【虚】《キョ》(872ページ)

虍7 【虞】13画 2283 865E 常用

音 グ漢

訓 おそれ・うれ-える・おもんぱか-る

筆順 丶 ⺊ 广 虍 虐 虞 虞

虍7 【虞】13画

なりたち  [形声]「虍(=トラの皮の模様)」と、音「呉《ゴ→グ》」とから成る。伝説上の動物。白いトラで黒い模様があり、尾《お》はからだより長いという。借りて「おもんぱかる」の意。

意味 ❶先のことを考える。心配する。おそれる。うれえる。おもんぱかる。例不虞《フグ》(=思いがけない)。憂虞《ユウグ》(=心配してこまごま考える)。❷古代中国で、舜《シュン》が帝位《テイイ》にあった王朝。例虞舜《グシュン》。有虞氏《ユウグシ》。

使い分け おそれ・おそれる【恐・畏・虞】⇩1165ページ

人名 すけ・もち・やす

【▽虞犯少年】《グハンショウネン》 将来、犯罪をおかす虞《おそれ》のある未成年の男女。

【▽虞美人】《グビジン》 楚《ソ》の項羽《コウウ》に愛された女性。垓下《ガイカ》の戦いで敵の劉邦《リュウホウ》の軍に囲まれたとき、項羽のうたう詩にあわせて舞《ま》い、みずから命を絶った。↓【力《ちから》は山《やま》を抜《ぬ》き気《キ》は世《よ》を蓋《おお》う】(144ページ)

【▽虞美人草】《グビジンソウ》 ヒナゲシの別名。虞美人の墓の上に生えたという。

虍7 【虜】13画 4626 865C 常用

音 リョ慣 ロ漢

訓 とりこ

筆順 丶 ⺊ 广 虍 虍 虜 虜

虍6 【虜】12画 1-9147 F936 人名

なりたち 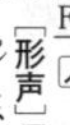 [形声]「毌(=つらぬきとめる)」と「力(=ちから)」と、音「虍《コ→ロ》」とから成る。力まかせにとらえる。

意味 ❶いけどりにする。また、いけどりにした人。とりこ。例虜囚《リョシュウ》。俘虜《フリョ》。捕虜《ホリョ》。❷めしつかい。どれい。例僕虜《ボクリョ》(=めしつかい)。❸敵や異民族をののしっていうことば。例虜醜《リョシュウ》(=敵のやつども)。胡虜《コリョ》。

【虜囚】《リョシュウ》 敵にとらえられた人。捕虜《ホリョ》。とりこ。例—の身となる。

虍7 【虞】13画 ⇩【虞】《おそれ》(873ページ)

虍7 【號】13画 ⇩【号】《ゴウ》(183ページ)

虍11 【虧】17画 7344 8667

音 キ漢呉

訓 か-ける

意味 ものの一部がうしなわれる。そこなわれる。かける。例虧欠《キケツ》(=不足する。一部がかける)。盈虧《エイキ》(=みちかけ)。

【虧▼盈】《キエイ》 ①月の欠けることと満ちること。みちかけ。また、三日月と満月。②事のじゅうぶんなことと不足していること。

【虧損】《キソン》 そこなう。欠ける。

142 6画 虫 むし むしへん 部

尾《お》を曲げて横たわるマムシの形をあらわす。「虫」をもとにしてできている漢字を集めた。

0 虫 2 虱 3 虹 虻 4 蚓 蚊 蚕 蚩 蚣 蚋 蚤 蚪 蚌 5 蚶 蚯 蛍 蛄 蛇 蛆 蛋 蚰 蛉 蚫 蛎 6 蛙 蛯 蛔 蛞 蛩 蛬 蛤 蛟 蛭 蛛 蛮 7 蜒 蛾 蜆 蜈 蜍 蛸 蜀 蜃 蜕 蜑 蜉 蜂 蛹 蜊 蜹 蜋 8 蜴 蜿 蜺 蜷 蜻 蜥 蜘 蜩 蜚 蜜 蝋 9 蝟 蝸 蝌 蝦 蝎 蝴 蝗 蝕 蝶 蝪 蝠 蝮 蝙 蝓 蝣 蝯 蝨 蝉 蟒 蝿 10 蟇 螟 融 螂 螢 蟆 11 螯 蟋 螽 蟀 螌 蟄 螳 蟒 蟐 螺 螻 蠎 12 蟯 蟬 蟠 蟲 13 蟹 蠖 蠍 蟻 蟾 蟶 蟷 蠅 蠏 14 蠑 蠕 蠣 15 蠢 蠡 蠟 16 蠧 17 蠱 18 蠹 蠶 19 蠻

この部首に所属しない漢字

風⇩風 1070 触⇩角 903

虫0 【虫】6画 3578 866B 教育1

音 A チュウ漢呉 B 一 キ漢呉 二 チュウ漢呉

訓 むし

筆順 丶 冂 口 中 虫 虫

A 虫12 【蟲】18画 7421 87F2

B 虫0 【虫】6画 3578 866B

なりたち A[蟲] 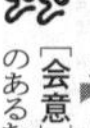 [会意]「虫《キ》(=むし)」が三びき。足のあるむしをまとめていうことば。

B[虫] 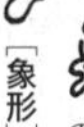 [象形]マムシが伏《ふ》した形。

意味 A[蟲] ❶昆虫《コンチュウ》類をまとめていうことば。例虫媒花《チュウバイカ》。益虫《エキチュウ》。幼虫《ヨウチュウ》。❷動物をまとめていうことば。例羽虫《ウチュウ》(=鳥)。毛虫《モウチュウ》(=獣《けもの》)。裸虫《ラチュウ》(=人間)。鱗虫《リンチュウ》(=魚)。

B[虫] 一《キ》マムシ。二《チュウ》むし。

日本語での用法 《むし》①その傾向《ケイコウ》をもった人を軽蔑《ケイベツ》して呼ぶときのことば。また、そのことに熱中する人。「泣《な》き虫《むし》・弱虫《よわむし》・芸《ゲイ》の虫《むし》」②人の体内にいて、さまざまな感情に影響《エイキョウ》すると考えられるもの。「虫《むし》がいい・虫《むし》の知《し》らせ・腹《はら》の虫《むし》がおさまらない・疳《カン》の虫《むし》」

【虫害】《チュウガイ》 農作物や山林、また建造物などが、虫のために受ける被害《ヒガイ》。

【虫垂】チュウスイ 盲腸《モウチョウ》の下部に出ている細い管状の突起《トッキ》。虫様突起。例—炎《エン》。
【虫媒花】チュウバイカ 昆虫《コンチュウ》によって花粉が運ばれて受粉する花。
●益虫《エキチュウ》・回虫《カイチュウ》・害虫《ガイチュウ》・甲虫《コウチュウ》・昆虫《コンチュウ》・条虫《ジョウチュウ》・鈴虫《すずむし》・水虫《みずむし》・幼虫《ヨウチュウ》・弱虫《よわむし》

虫 2
【虱】 8画 7345 8671 音 シツ(漢) 訓 しらみ

虫 9
【蝨】 15画 7392 8768 本字

意味 人や動物に寄生して血を吸う小さな昆虫《コンチュウ》。シラミ。例虱官《シッカン》(=シラミのような官吏《カンリ》。あくどい官吏)。

虫 3
【虹】 9画 3890 8679 常用 音 コウ(漢) 訓 にじ

筆順 ㄇ ロ 中 虫 虫 虫一 虫丅 虹

なりたち  [形声]「虫(=ヘビ)」と、音「工《コウ》」とから成る。にじ。

意味 雨上がりなどに空にかかる、七色で、アーチ形の帯状のもの。にじ。とくに、二本現れたにじのうち、色の濃《こ》い方を虹《コウ》(=おすのにじ。主虹)、色の淡《あわ》い方を蜺《ゲイ》・霓《ゲイ》(=めすのにじ。副虹)とした。例虹橋《コウキョウ》(=にじ。また、にじの形をした橋)。虹蜺《コウゲイ》。彩虹《サイコウ》。
【▽虹▼蜺】コウゲイ にじ。→【虹】意味
【▽虹彩】コウサイ (生)瞳孔《ドウコウ》のまわりにあって、光の量を調節するうすい膜《マク》。色素をもち、その色によって、目の色が決まる。
【虹▼鱒】にじます サケ目の淡水魚《タンスイギョ》。からだの側面にうすい紅色の線がある。

虫 3
【虻】 9画 1626 867B 音 ボウ(漢) 訓 あぶ

意味 アブ科の昆虫《コンチュウ》。アブ。ハエに似ているがやや大きく、めすは人や牛馬の血を吸う。種類が多い。例蚊虻《ブンボウ》。

虫 4
【蚓】 10画 7346 8693 音 イン(漢) 訓 みみず

意味「蚯蚓《キュウイン》」は、ミミズ。うす赤く、細長いからだの環形《カンケイ》動物で、土中にすむ。

虫 4
【蚊】 10画 1867 868A 常用 音 ブン(漢) 訓 か 付表 蚊帳《かや》

筆順 ㄇ ロ 中 虫 虫 虫亠 虫ナ 蚊

なりたち  [形声]「虫(=むし)」と、音「文《ブン》」とから成る。人をかむ、飛ぶ虫。

意味 カ科の昆虫《コンチュウ》。カ。幼虫はボウフラ。成虫のめすは、人や家畜《カチク》の血を吸う。種類が多い。例蚊睫《ブンショウ》。
【蚊柱】かばしら 夏の夕方など、カの飛びかう群れが柱のように見えるもの。例—が立つ。
【蚊帳】かや カを防ぐため、ねどこをおおう用具。あらい編み目の織物で作る。例—をつる。表記「蚊屋」とも書く。
【▽蚊▼虻】ブンボウ カとアブ。小さなこと、つまらないもののたとえ。

虫 4
【蚕】 10画 2729 8695 教育6 音 サン(漢) 訓 かいこ

筆順 二 チ 天 吞 吞 吞 蚕 蚕

虫18
【蠶】 24画 *7436 *8836

なりたち  [形声]「䖵(=むし)」と、音「朁《サン》」とから成る。きいとをつくり出す虫。

意味 まゆから絹糸をとるカイコガの幼虫の名。カイコ。クワの葉を食べ、白いまゆをつくる。例蚕蛾《サンガ》(=カイコの成虫)。天蚕《テンサン》(=ヤママユの別名)。養蚕《ヨウサン》。
【蚕業】サンギョウ 養蚕と、それにともなう製糸の産業。
【蚕糸】サンシ ①カイコのまゆからとった糸。生糸《きいと》。絹糸。②養蚕と製糸。例—業。
【蚕室】サンシツ ①カイコを飼う部屋。②宮刑《キュウケイ》に処せられた者が入る部屋《へや》。
【蚕食】サンショク (名・する)(カイコがクワの葉を食べるように)片はしから、ほかの領域を侵略《シンリャク》すること。例領土を—される。

虫 4
【蚩】 10画 7348 86A9 音 シ(漢)(呉) 訓 あざむ-く・おろ-か・みにく-い・わら-う

意味 ❶虫の名。❷海獣《カイジュウ》の名。❸みにくい。例妍蚩《ケンシ》(=美醜《ビシュウ》)。❹おろかな。おろか。❺あざわらう。わらう。同嗤《シ》。例蚩笑《シショウ》(=あざけり笑う)。

虫 4
【蚣】 10画 7347 86A3 音 一ショウ(漢) 二コウ(漢)ク・クウ(呉) 訓 むかで

意味 一「蚣蝑《ショウショ》」は、キリギリス科の昆虫《コンチュウ》。キリギリス。二「蜈蚣《ゴコウ》」は、ムカデ。

虫 4
【蚋】 10画 7350 868B 音 ゼイ(漢) 訓 ぶよ・ぶゆ・ぶと

虫 7
【蜹】 13画 — 8739 本字

意味 ブユ科の昆虫《コンチュウ》。ブユ。黒くてハエに似て、人や家畜《カチク》の血を吸う。ブヨ。ブト。

虫 4
【蚤】 10画 3934 86A4 音 ソウ(漢) 訓 のみ・はや-い・つと-に

意味 ❶ノミ目の昆虫《コンチュウ》。ノミ。人や動物のからだについて血を吸い、伝染病《デンセンビョウ》の菌《キン》などを運ぶこともある。❷はやい。朝はやい。つとに。同早《ソウ》。例蚤起《ソウキ》(=朝早く起きる)。蚤没《ソウボツ》(=わか死に)。❸つめ。同爪《ソウ》。例蚤甲《ソウコウ》(=つめの表面の固いところ)。

虫 4
【蚪】 10画 7349 86AA 音 ト(慣)トウ(漢)

意味「蝌蚪《カト》」は、オタマジャクシ。カエルの子。

虫 4
【蚌】 10画 7351 868C 音 ホウ(漢)ボウ(呉) 訓 どぶがい

意味 湖沼《コショウ》のどろの中などにすむ二枚貝。ドブガイ。カラスガイ。例鷸蚌《イツボウ》の争《あらそ》い。

虫 5
【蚶】 11画 7352 86B6 音 カン(漢) 訓 あかがい・うむき・はまぐり

意味 フネガイ科の二枚貝。アカガイ・ハイガイ・サルボウガイなど。
参考 訓の「うむき」は、ハマグリの類をいう古語。

虫 5
【蚯】 11画 7353 86AF 音 キュウ(漢) 訓 みみず

意味「蚯蚓《キュウイン》」は、ミミズ。細長いからだをした環形《カンケイ》動物。

虫 5
【蛍】
11画 2354 86CD 常用 音 ケイ漢 訓 ほたる

筆順 、 ⺍ 𭕄 𭕄 学 学 蛍 蛍

虫10
【螢】
16画 7405 87A2

なりたち [形声]「虫(=むし)」と、音「熒《ケイ》(=あかり)」の省略体とから成る。腹に光をともして飛ぶ虫。

意味 ホタル科の昆虫《コンチュウ》。ホタル。清流や川べの草むらにすみ、腹部のはしから青白い光を放つ。例 蛍雪《ケイセツ》。

【蛍光】《ケイコウ》 ①ホタルの光。②〔物〕ある物質が、光や電磁波、また放射線などを受けて発光する現象。また、その光。例—塗料《トリョウ》。

漢字に親しむ ⑲
虹《にじ》の正体は?

虹《にじ》はなぜ虫へんなのでしょうか。実は、古く中国では「虹」の正体は動物の一種、それも竜《リュウ》やヘビのような、ちょっと気持ちの悪い長い虫のようなものだと思われていたんですね。厳密にいうと「虹」はこの虫のおすで、めすのほうは「蜺《ゲイ》」と呼ばれ、あわせて「虹蜺《コウゲイ》」といいます。中国では、陰陽《インヨウ》の二つをものごとの基本とするので、動物は雌雄《シユウ》を分けて考えます。クジラの「鯨鯢《ゲイゲイ》」、オシドリの「鴛鴦《エンオウ》」は、それぞれ上がおす、下がめすをあらわします。想像上の動物ですが、「鳳凰《ホウオウ》」「麒麟《キリン》」なども同様です。

【蛍雪】《ケイセツ》 貧しいなか苦労して勉強にはげむこと。蛍窓。

【蛍雪の功】《ケイセツのコウ》 貧しいなかで、苦労して勉強にはげんだ成果。

故事のはなし 晋《シン》の孫康《ソンコウ》は、家が貧しくて、ともし火の油が買えなかったので、冬はいつも雪に反射した光で書物を読んでいた。また、晋の車胤《シャイン》も同じく家が貧しくて油に不自由していたので、夏にはうすい絹で作ったふくろにホタルをたくさん入れて書物を照らし、勉強した。そのかいあって、のちにふたりとも出世して一国の大臣になることができた。〈晋書《シンジョ》〉〈蒙求《モウギュウ》〉

【蛍狩り】《ほたるがり》 ホタルを追って、つかまえる遊び。

【蛍火】《ほたるび》 ホタルの出す、わずかな光。

虫 5
【蛄】
11画 7354 86C4 音 コ漢 訓 けら

意味「螻蛄《ロウコ》」は、ケラ。→【螻《ロウ》】(881ページ)

虫 5
【蛇】
11画 2856 86C7 常用 音 一 シャ・タ漢 ジャ・ダ呉 二 イ漢 訓 へび・くちなわ

筆順 口 口 中 虫 虫 虫 蛇 蛇 蛇

なりたち  [形声]「虫(=むし)」と、音「它《タ》(=へび)」とから成る。ヘビ。

意味 一《ジャ ダ》 爬虫類《ハチュウルイ》の一種。ヘビ。手足がなくて、うろこでおおわれた細長いからだを、くねらせて動く。くちなわ。二《イ》「透蛇《イイ》」は、うねうねと曲がりくねったようす。

【蛇口】《ジャぐち》 水道管などの先に取りつけた水を出すための口。

【蛇身】《ジャシン》 ヘビのからだ。ヘビの姿。

【蛇腹】《ジャばら》 ①布や皮などで作られた、中が空洞《クウドウ》でのびちぢみが自由にできるもの。写真機の側面やアコーディオンの胴《ドウ》など。②衣服のふちかざりやぼうしの装飾《ソウショク》に用いる、波形のテープ。③かべをめぐって水平に取り付ける、装飾のための突出《トッシュツ》部。

【蛇▼蝎】《ダカツ》 ヘビとサソリ。人にひどくおそれられ、きらわれるもののたとえ。例—のごとくきらう。表記「蛇▼蠍」とも書く。

【蛇行】《ダコウ》 (名・する) ヘビのようにS字形に曲がりくねっていくこと。例川の流れが—する。ボートが—する。

【蛇足】《ダソク》 本体を台なしにするような、よけいなつけ足し。例—を加える。—ではありますが…。

故事のはなし 楚《ソ》の国の、ある神官のしもべたちが、主人から酒をふるまわれた。酒はみんなで飲むには足りないが、一人で飲むならじゅうぶんの量だった。そこでしもべたちは相談した。「地面にヘビの絵をかいて、いちばん先にかきあげたものが、こいつを飲むことにしようじゃないか」。すると中の一人がまっさきにかきあげ、酒を手もとにひきよせて左手にさかずきを持ち、「おれはこいつに足だってつけられるぞ」と、ヘビの絵に足をつけ加えた。その足がかきあがらないうちに、別の一人が絵を完成させると、男からさかずきをうばい取り「ヘビにはもともと足がない。お前はなんだって足なんかつけるんだ」と言ってその酒を飲みほしてしまった。結局、ヘビに足をつけようとした男は、酒を飲みそこなってしまったのである。〈戦国策《センゴクサク》〉

●大蛇《ダイジャ》・長蛇《チョウダ》・毒蛇《ドクジャ》

虫 5
【蛆】
11画 7355 86C6 音 ショ漢 訓 うじ

意味 ❶ハエなどの幼虫。うじむし。うじ。例 蛆虫《ショチュウ》(=うじむし)。❷「蝍蛆《ショクショ》」は、ムカデ。多足類の節足動物で、か

らだにたくさんの節《ふし》があり、口から毒を出す。

虫 5
【蛋】 11画 3533 86CB 音 タン㊅ 訓 たまご

意味 ❶中国南部に住む水上生活者。蜑《タン》。今は「水上居民」と呼ばれる。❷鳥のたまご。例 蛋白《タンパク》。皮蛋《ピータン》(=アヒルの卵を殻《から》ごと石灰や塩につけたもの)。

【蛋白】《タンパク》 ①たまごの白身。②「蛋白質」の略。

【蛋白質】《タンパクシツ》 栄養素の一つ。窒素《チッソ》をふくむ化合物で、生物体の主要な構成成分。

虫 5
【蚰】 11画 7356 86B0 音 ユウ㊅

意味「蚰蜒《ユウエン》」は、ゲジ。ゲジ目の節足動物で、ムカデに似ていて、左右に十五対《ツイ》の長い足がある。ゲジゲジ。

虫 5
【蛉】 11画 7357 86C9 音 レイ㊅

意味 ❶「蜻蛉《セイレイ》」は、㋐トンボ。トンボ目の昆虫《コンチュウ》。㋑カゲロウ。カゲロウ目の昆虫。トンボに似ているが、小さくてよわよわしい。→【蜻蛉】《セイレイ》(878ページ) ❷「螟蛉《メイレイ》」は、チョウやガの幼虫。青虫。

虫 5
［蚫］ 11画 ⇩【鮑】《ホウ》(1094ページ)

虫 5
［蛎］ 11画 ⇩【蠣】《レイ》(882ページ)

虫 6
【蛙】 12画 1931 86D9 音 ア㊄ ワ㊅㊇ 訓 かえる・かわず

意味 ❶両生類の一種。カエル。オタマジャクシから成長して四本の足を生やすが、後足が発達してよくはねる。かわず。例 井蛙《セイア》。❷やかましい。みだらな。例 蛙声《アセイ》(=カエルの鳴く声。また、みだらな音楽)。

【蛙鳴▼蟬▼噪】《アメイセンソウ》〔カエルやセミが鳴きさわぐ意〕①うるさいしゃべり声。②へたな文章やくだらない議論のたとえ。

【蛙《かえる》の面《つら》に水《みず》】〔カエルの面に水をかけても平気でいることから〕どんな仕打ちを受けても、いっこうに平気でいること。鹿《しか》の角《つの》を蜂《はち》が刺《さ》す。

虫 6
【蛯】 12画 7366 86EF 国字 訓 えび

意味 甲殻《コウカク》類の一種。エビ。からだはからにつつまれ、十本の足と二対《ツイ》の長いひげがある。

虫 6
【蛔】 12画 7360 86D4 音 カイ㊅

意味 人や動物の消化器官にすむ寄生虫。はらのむし。例 蛔虫《カイチュウ》。

虫 6
【蛞】 12画 7361 86DE 音 カツ㊅ 訓 なめくじ

意味 ❶カエルの幼生。オタマジャクシ。❷「蛞蝓《カツユ》」は、ナメクジ。カタツムリに似るが、からのない、小さな軟体《ナンタイ》動物。

虫 6
【蛩】 12画 7362 86E9 音 キョウ㊅ 訓 こおろぎ

意味 ❶コオロギ科の昆虫《コンチュウ》。コオロギ。黒茶色で長い触角《ショッカク》をもち、秋に美しい声で鳴く。例 蛩声《キョウセイ》(=コオロギの鳴く声)。秋蛩《シュウキョウ》(=コオロギ)。❷バッタ科の昆虫。イナゴ。イネの害虫となる。❸セミのぬけがら。

難読 蛩《きりぎりす》(=コオロギの古名)

虫 6
【蛬】 12画 7363 86EC 音 キョウ㊅ 訓 きりぎりす

意味 コオロギ科の昆虫《コンチュウ》。コオロギ。〔近世以前、日本ではキリギリスと呼んでいた〕同 蛩《キョウ》。

虫 6
【蛤】 12画 4026 86E4 音 コウ㊅ 訓 はまぐり

意味 ❶浅い海の砂の中にすむ二枚貝。ハマグリ。❷カエルの一種。カジカ。清流にすみ、おすは美しい声で鳴く。

難読 蛤仔《あさり》・文蛤《いたやがい》・花蛤《いたやがい》

虫 6
【蛟】 12画 7364 86DF 音 コウ㊅ キョウ㊇ 訓 みずち

意味 竜《リュウ》に似た想像上の動物。大水を起こすという。みずち。例 蛟竜《コウリュウ》。

【蛟▽竜】《コウリュウ》〔「コウリュウ」とも〕①みずちと竜《リュウ》。一説に、うろこのある竜。〔つばさのあるものを応竜《オウリュウ》というのに対していう〕②まだ時を得ない英雄《エイユウ》や豪傑《ゴウケツ》のたとえ。

虫 6
【蛭】 12画 4140 86ED 音 シツ㊅ テツ㊅ 訓 ひる

意味 ヒル類の環形《カンケイ》動物。ヒル。池の中などにすんで人や家畜《カチク》の血を吸う。例 蛭螾《シツイン》(=ヒルとミミズ。小人物のたとえ)。

虫 6
【蛛】 12画 7365 86DB 音 チュ・シュ㊄ チュウ㊅ 訓 くも

意味 節足動物の一種。クモ。四対《ツイ》の足があり、大きな腹の先から糸を出して、あみを張る。蜘蛛《チチュ》。例 蛛糸《チュシ》(=クモの糸)。

虫 6
【蛮】 12画 4058 86EE 常用 音 バン㊅ 訓 えびす

筆順 亠 亣 亦 亦 峦 峦 蛮 蛮

虫19
【蠻】 25画 7439 883B

なりたち  [形声]「虫(=むし)」と、音「䜌《レン》→バン」とから成る。南方の人。

意味 ❶文明のひらけていない地に住む異民族。とくに南方の種族。また、外国人を見くだしていうことば。例 蛮夷《バンイ》。蛮語《バンゴ》。南蛮《ナンバン》。❷文明がひらけていない。あらあらしい。乱暴な。例 蛮行《バンコウ》。蛮勇《バンユウ》。野蛮《ヤバン》。

【蛮▼夷】《バンイ》 未開の異民族。表記「▼蕃▼夷」とも書く。

【蛮語】《バンゴ》 ①未開の異民族のことば。②外国のことば。表記 ▽「▼蕃語」とも書く。

【蛮行】《バンコウ》 野蛮なおこない。非人道的な行動。

【蛮習】《バンシュウ》 野蛮な風習。

【蛮人】《バンジン》 野蛮人。

【蛮声】《バンセイ》 下品で大きなこえ。例 —を張り上げる。

【蛮族】《バンゾク》 未開の異民族。野蛮な部族。表記 ㊐▼蕃族

【蛮風】《バンプウ》 粗野《ソヤ》であらっぽい習慣。

【蛮民】《バンミン》 野蛮人。未開人。表記「▼蕃民」とも書く。

【蛮勇】《バンユウ》 前後のことを考えないでする行為《コウイ》。また、思い切った暴力的行動。荒療治《あらリョウジ》。例 —をふるう。

【蛮力】《バンリョク》 ①腕力《ワンリョク》。②法や秩序《チツジョ》を無視した、乱暴な行動。

虫 7
【蜒】 13画 7367 8712 音 エン(漢)(呉) 訓 なめくじ

意味 ❶「蜒蚰《エンユウ》」は、ナメクジ。❷「蜒蚰螺《エンユウラ》」は、カタツムリ。❸うねうねと長いようす。例 蜒蜒《エンエン》。

虫 7
【蛾】 13画 1875 86FE 音 ［一］ガ(漢) ［二］ギ(漢)

意味 ［一］《ガ》❶ケムシ・イモムシの成虫。チョウに似た、夜行性の昆虫《コンチュウ》。ガ。❷美人のまゆげ。例 蛾眉《ガビ》。［二］《ギ》アリ科の小さい昆虫。アリ。土の中に巣をつくる。同 蟻《ギ》。例 蛾術《ギジュツ》（＝アリの子が親のやり方をまねて大きなアリ塚《づか》をつくることから、聖賢《セイケン》に学び大成すること）。

【蛾眉】《ガビ》 ①ガの触角《ショッカク》のように細長く美しいまゆ毛。美人のまゆのたとえ。②美人。表記 ▽「▼娥眉」とも書く。

虫 7
【蜆】 13画 7368 8706 音 ケン(漢) ゲン(呉) 訓 しじみ

意味 シジミ科の小さな二枚貝。シジミ。川などにすむ。

難読 蜆《びえ》

虫 7
【蜈】 13画 7369 8708 音 ゴ(漢)(呉) 訓 むかで

意味 「蜈蚣《ゴコウ》」は、ムカデ。

虫 7
【蜍】 13画 7375 870D 音 ショ(漢) ジョ(呉) 訓 ひきがえる

意味 「蟾蜍《センジョ》」は、ヒキガエル科の両生類の名。ヒキガエル。また、月にヒキガエルがすむという伝説から、月をいう。

虫 7
【蛸】 13画 3493 86F8 音 ショウ(漢)(呉) 訓 たこ

意味 ❶「螵蛸《ヒョウショウ》」は、カマキリが木などに産み付けた、たまごのかたまり。❷海にすむ八本足の軟体《ナンタイ》動物。タコ。やわらかいからだで、足にたくさんの吸盤《キュウバン》がある。

難読 蠨蛸《あしたかぐも》

虫 7
【蜀】 13画 7370 8700 音 ショク(漢) ゾク(呉) 訓 いもむし

意味 ❶ヤママユガ科のガ。ヤママユ。クヌギなどの葉を食べ、緑色のまゆをつくる。また、毛のない、チョウやガの幼虫。あおむし。いもむし。同 蠋《ショク》。❷四川《シセン》省の別の呼び方。❸三国時代、四川省を中心に劉備《リュウビ》が建てた国。蜀漢《ショッカン》。（二二一—二六三）

難読 蜀葵《たちあおい|からあおい》・蜀黍《もろこし|たまきび》・蜀漆《くさぎ》・蜀魂《ほととぎす》

【蜀犬《ショッケン》日《ひ》に▼吠《ほ》ゆ】 見識のせまい者が、すぐれた人物の言行を疑いあやしんで、非難するたとえ。〔蜀《ショク》の地方は四方の山が高く霧《きり》が多くて、太陽を見ることが少ない。たまに太陽が出るとイヌがあやしんでほえたてるということから〕類 粤犬《エッケン》雪《ゆき》に吠《ほ》ゆ。

【蜀江の錦】《ショッコウのにしき》 蜀《ショク》を流れる川で糸をさらして織ったにしき。蜀錦《ショッキン》。例 —、呉郡《ゴグン》の綾《あや》。

【蜀魂】《ショッコン》 ホトトギスの別名。蜀《ショク》の国王のたましいが、この鳥に化したという伝説による。〔昔、蜀の国に望帝《ボウテイ》という国王がいて、名を杜宇《トウ》といった。ひどい水害があったとき、宰相《サイショウ》の開明《カイメイ》が水をうまく処理したので、帝は位を宰相にゆずり山中に隠棲《インセイ》した。ちょうどホトトギスの来る季節で、人々はその鳴き声を聞くたびに帝をしのび、この鳥を帝の化身《ケシン》のように感じたという〕〈華陽国志《カヨウコクシ》〉

【蜀▼黍】《もろこし》 ①イネ科の一年草。夏から秋にかけて円錐《エンスイ》状の小花を穂《ほ》のようにつける。種子は粉にして食用にする。たかきび。とうきび。②トウモロコシ。表記 ▽「▽唐▼黍」とも書く。

虫 7
【蜃】 13画 7371 8703 音 シン(漢) ジン(呉)

意味 ❶大きな貝。おおはまぐり。❷竜《リュウ》に似た想像上の動物。みずち。息をはくと蜃気楼《シンキロウ》を起こすと考えられた。例 蜃気楼《シンキロウ》。

【蜃気楼】《シンキロウ》 海上や砂漠《サバク》で、熱や冷気のために光線が異常屈折《クッセツ》をして、見えないはずの遠くの風景などが、すぐ近くにあるように、空中にうかんで見える現象。海市《カイシ》。蜃楼《シンロウ》。

【蜃楼】《シンロウ》 「蜃気楼《シンキロウ》」に同じ。

虫 7
【蛻】 13画 7372 86FB 音 ゼイ(慣) セイ(漢) タイ(漢) 訓 ぬ-ぐ・ぬけがら・もぬ-ける

意味 ❶ヘビやセミなどの脱皮《ダッピ》したあとの殻《から》。ぬけがら。例 蟬蛻《センゼイ》（＝セミのぬけがら）。❷古い皮をぬぐ。新しいものに変わる。もぬける。例 蛻化《ゼイカ》。

虫 7
【蜑】 13画 7373 8711 音 タン(漢) 訓 あま

意味 中国南部の少数民族。→【蛋】《タン》意味❶（876ページ）

日本語での用法 《あま》漁師。また、女の漁師。「蜑《あま》の釣舟《つりぶね》・蜑人《あまびと》」

虫 7
【蜉】 13画 7374 8709 音 フ(漢)

意味 ❶「蜉蝣《フユウ》」は、カゲロウ。トンボに似た昆虫《コンチュウ》。小さくてよわよわしく、短命な虫。はかないもののたとえとされる。❷「蚍蜉《ヒフ》」は、大きなアリ。

虫 7
【蜂】 13画 4310 8702 常用 音 ホウ(漢) 訓 はち

筆順 ロ 口 中 虫 虫ク 虫夂 蜂 蜂

なりたち 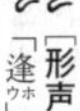 [形声]本字は「蠭」で、「䖵（＝むし）」と、音「逢《ホウ》」とから成る。飛ぶ虫で人を刺すもの。

意味 ❶四枚の羽をもつ昆虫《コンチュウ》。ハチ。めすには、しりの先に針がある。例 蜂腰《ホウヨウ》（＝女性のしなやかな細い腰《こし》のたとえ）。❷ハチのようにむらがる。例 蜂起《ホウキ》。

【蜂蜜】《はちミツ》 ミツバチが花から集めて巣にたくわえたみつ。

【蜂▼窩】《ホウカ》 〔「窩」は、あなの意〕ハチの巣。

【蜂起】《ホウキ》 （名・する）巣をつつかれたハチがいっせいに飛び立つように、おおぜいの人々が集まって、権力者をたおす行動を同時に起こすこと。例 武装—。農民が—する。

● 虻蜂《あぶはち》・女王蜂《ジョオウばち》・蜜蜂《ミツばち》・養蜂《ヨウホウ》

虫 7
【蛹】 13画 7376 86F9 音 ヨウ(漢) 訓 さなぎ

意味 昆虫《コンチュウ》の幼虫が成虫になるまでの発育段階の一つ。さなぎ。例 蛹化《ヨウカ》（＝さなぎになる）。蛹虫《ヨウチュウ》（＝さなぎ）。

虫 7
【蜊】 13画 7377 870A 音 リ(漢) 訓 あさり

意味 浅い海の砂地にすむ二枚貝。アサリ。

難読 浅蜊《あさり》

虫 7 [蛃] 13画 ⇩【蚋《ゼイ》】(874ページ)

虫 7 [蜋] 13画 ⇩【螂《ロウ》】(880ページ)

虫 8
【蜴】
14画 7378 8734 音 エキ漢

意味 トカゲ亜目の細長く小さなからだの爬虫《ハチュウ》類。トカゲ。四本の足は短い。同 易《エキ》。例 蜥蜴《セキエキ》(=トカゲ)。

虫 8
【蜿】
14画 7379 873F 音 エン漢 ワン漢 オン呉 訓 みみず・わだかま-る

意味 ヘビなどが身をくねらせる。曲がりくねったようす。例 蜿蜿《エンエン》(=くねくね曲がっているようす)。蜿転《エンテン》。

虫 8
【蜺】
14画 2-8758 873A 音 ゲイ漢 呉 訓 にじ

意味 ❶セミの一種。ヒグラシ、またはツクツクボウシ。❷にじ。「虹《コウ》(=おすのにじ)」に対して、「めすのにじ」とされる。副虹《フッコウ》。例 虹蜺《コウゲイ》(=にじ)。→【虹蜺《コウゲイ》】(874ページ)

虫 8
【蜷】
14画 7380 8737 音 ケン漢 訓 にな

意味 虫がからだを屈曲《クッキョク》させて動くようす。例 蜷局《ケンキョク》(=からだが曲がって進まないようす)。

日本語での用法 《にな》淡水《タンスイ》にすむタニシに似た巻き貝。古くは「みな」。「川蜷《かわにな》」

虫 8
【蜻】
14画 7381 873B 音 セイ漢

意味 ❶四枚の羽をもつ昆虫《コンチュウ》。トンボ。からだは細く、軽々と飛ぶ。例 蜻蜓《セイテイ》。蜻蛉《セイレイ》。❷「蜻蛚《セイレツ》」は、コオロギ。コオロギ科の昆虫。触角《ショッカク》が長い。秋におすは、きれいな声で鳴く。

【蜻▼蜓《セイテイ》】 トンボ。

【蜻▼蛉《セイレイ》】 ①トンボ。トンボ目の昆虫《コンチュウ》をまとめていうことば。からだは細長く、四枚の羽をもち、目は複眼。幼虫は水中にすむヤゴ。あきつ。②カゲロウ。カゲロウ目の昆虫をまとめていうことば。トンボに似た、小さなよわよわしく短命な昆虫。

【蜻▼蛉▼洲《あきつしま》】 大和国《やまとのくに》および日本国の古名。表記 「秋津島」とも書く。

虫 8
【蜥】
14画 7382 8725 音 セキ漢 訓 とかげ

意味 「蜥蜴《セキエキ》」は、トカゲ亜目の爬虫《ハチュウ》類。トカゲ。

虫 8
【蜘】
14画 3556 8718 音 チ漢 訓 くも

意味 「蜘蛛《チチュ》」は、クモ。四対《ツイ》の足で、腹の大きな節足動物。腹の先から糸を出して、あみを張る。

虫 8
【蜩】
14画 7383 8729 音 チョウ漢 訓 ひぐらし

意味 ❶セミ科の昆虫《コンチュウ》。セミ。おすは夏に木などに止まって大きな声で鳴く。蜩蟬《チョウセン》。例 蜩甲《チョウコウ》(=セミのぬけがら)。❷セミの一種。ヒグラシ。明け方と夕方に、カナカナとすんだ声で鳴く。かなかなぜみ。

難読 蜩蟬《ひぐらし|かなかなぜみ》

虫 8
【蜚】
14画 7384 871A 音 ヒ漢 訓 と-ぶ

意味 ❶イネを食う害虫。イナムシ。❷「蜚蠊《ヒレン》」は、ゴキブリ目の昆虫《コンチュウ》。ゴキブリ。からだは平たくて、黒茶色でつやがある。アブラムシ。❸とぶ。同 飛《ヒ》。例 蜚語《ヒゴ》。蜚鳥《ヒチョウ》(=飛ぶ鳥)。

【蜚語《ヒゴ》】 根拠《コンキョ》のないうわさ。デマ。例 流言―。表記 現 飛語

虫 8
【蜜】
14画 4410 871C 常用 音 ビツ漢 ミツ呉

筆順 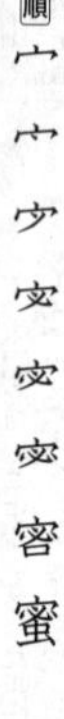

なりたち 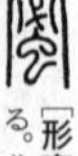 [形声]「虫(=むし)」と、音「宓《ビツ》」とから成る。ハチの甘いみつ。

意味 ❶ハチが花から集めて巣にたくわえたあまい液。はちみつ。みつ。例 蜜蜂《ミツばち》。❷みつのようにあまい。例 蜜柑《ミカン》。蜜語《ミツゴ》。❸梵語《ボンゴ》の音訳。例 六波羅蜜《ロクハラミツ》(=仏教で、菩薩《ボサツ》がおさめる六つの行《ギョウ》)。

【▽蜜▼柑《ミカン》】 ミカン科の常緑小高木。初夏にかおりのよい白い花がさき、秋に黄色い果実をつける。果実は食用になる。ウンシュウミカン。

【蜜月《ミツゲツ》】〔英語 honeymoon の訳語〕①結婚《ケッコン》後の一か月。また、結婚してまもない期間。ハネムーン。例 ―旅行(=新婚旅行。ハネムーン)。②ごく親しい関係の続く期間。

【蜜語《ミツゴ》】 仲のよい男女のあまいことば。むつごと。

【蜜蜂《ミツばち》】 ミツバチ科のハチの一種。一ぴきの女王蜂、数百ぴきのおす蜂、多数の働き蜂で、社会生活を営む。

【蜜▼蠟《ミツロウ》】 ミツバチの巣を加熱し、圧搾《アッサク》してとった、ろう。ろうそくや化粧《ケショウ》品、また、つや出しなどに利用する。

○●餡蜜《アンミツ》・黒蜜《くろミツ》・糖蜜《トウミツ》・蜂蜜《ハチみつ》

虫 8 [蝋] 14画 ⇩【蠟《ロウ》】(882ページ)

虫 9
【蝟】
15画 7386 875F 音 イ漢 訓 はりねずみ

意味 ❶ハリネズミ科の、小さいけもの。ハリネズミ。背中は針のような毛でおおわれている。❷ハリネズミの毛のようにむらがり集まる。例 蝟集《イシュウ》。蝟毛《イモウ》。

【蝟集《イシュウ》】(名・する) ハリネズミの毛のように、多数のものがむらがりあつまること。

虫 9
【蝸】
15画 7387 8778 音 カ漢 訓 かたつむり

意味 陸にすむ巻き貝。カタツムリ。うずまき状のからを背負い、頭に二対《ツイ》の触角《ショッカク》がある。マイマイ。デンデンムシ。例 蝸角《カカク》(=カタツムリの触角。小さなもののたとえ)。蝸牛《カギュウ》。

【蝸牛《カギュウ|かたつむり》】 マイマイ。マイマイツブロ。デンデンムシ。

【蝸牛角上の争い《カギュウカクジョウのあらそい》】 カタツムリの触角《ショッカク》の上でおこなわれる戦い。とるにたらぬつまらない争いのたとえ。白居易《ハクキョイ》の詩「酒に対す」の句「蝸牛《カギュウ》角上《カクジョウ》何事をか争う」にもとづく。

故事のはなし 戦国時代、魏《ギ》の国の王が斉《セイ》の国を攻撃《コウゲキ》しようとしたとき、魏の宰相《サイショウ》の恵施《ケイシ》が戴晋人《タイシンジン》という人物を魏王に目通りさせた。戴晋人は次のように述べた。「カタツムリの左の角《つの》に触氏《ショクシ》という者の国があり、右の角には蛮氏《バンシ》という者の国がありました。あるとき、両者は領土を争って戦い、死者数万、にげる敵を追うこと十五日にして引き返したということです。ところで王様、魏も斉も、

宇宙の広大さにくらべれば、とるにたりないちっぽけな存在です。いま王様がしようとしていることも、ちょうどこのカタツムリの角の上での戦いのようにつまらない争いではないでしょうか」。こうして魏王は説得された。〈荘子《ソウジ》〉

虫 9 【蝌】 15画 7388 874C 音 カ漢

意味「蝌《カ》蚪《ト》」は、オタマジャクシ。たまごからかえった、カエルの子。

虫 9 【蝦】 15画 1860 8766 人名 音 カ漢 ガ呉 訓 えび

意味 ❶甲殻《コウカク》類の一種。エビ。からだはからに包まれ、十本の足と二対《ツイ》の長いひげがある。例 魚蝦《ギョカ》。❷「蝦《が》蟇《ま》」は、ヒキガエル。ヒキガエル科の大形のカエル。足は短く、とぶ力が弱くて動きがにぶい。

難読 蝦《シャ》蛄《コ》・蝦《えび》錠《ジョウ》

【蝦《え》▼夷《ぞ》】①古代に、北関東や東北地方に住み、朝廷《チョウテイ》の支配に抵抗《テイコウ》した人々。えみし。②北海道の古名。例 —地。—松《まつ》。

【蝦《えび》錠《ジョウ》】門のかんぬきなどに差す、エビのように半円形に曲がった錠。表記「▽海▽老錠」とも書く。

【蝦《が》▼蟇《ま》口《ぐち》】大きくひらく口金のついた、ふくろ形の小銭《こぜに》入れ。あけた形がガマの口に似ている。

虫 9 【蝎】 15画 7389 874E 音 一カツ漢 二カツ慣 ケツ漢 訓 さそり

意味 一《カツ》 木を食いあらす昆虫《コンチュウ》。キクイムシ。二《カツ・ケツ》 節足動物の一種。サソリ。尾《お》の先に激しい毒の針がある。例 蛇蝎《ダカツ》(=ヘビとサソリ。きらわれもののたとえ)。

虫 9 【蝴】 15画 7390 8774 音 コ漢

意味「蝴蝶《コチョウ》」は、昆虫《コンチュウ》の名。花の蜜《ミツ》を吸う。チョウ。胡蝶《コチョウ》。

虫 9 【蝗】 15画 7391 8757 音 コウ漢 訓 いなご

意味 群れをなしてイネを食う害虫。イナゴ。例 蝗災《コウサイ》(=イナゴの大発生による害)。蝗虫《コウチュウ》(=イナゴ)。

虫 9 【蝕】 15画 3110 8755 音 ショク漢 訓 むしば-む

意味 ❶虫がものを食って、いためる。むしばむ。❷害する。おかす。例 侵蝕《シンショク》。腐蝕《フショク》。❸太陽や月が欠ける。例 蝕既《ショクキ》(=日食や月食で、太陽や月がすっかり欠ける)。月蝕《ゲッショク》。日蝕《ニッショク》。

【蝕害《ショクガイ》】(名・する) 害虫や鳥やけものなどが農作物や植物を食いあらすこと。また、その害。表記「食害」とも書く。

【蝕甚《ショクジン》】日食または月食で、太陽または月の欠けが最大限になった状態。表記 現 食尽

虫 9 【蝶】 15画 3619 8776 人名 音 チョウ漢

なりたち  [形声]本字は「蜨」で、「虫(=むし)」と、音「疌《ショウ》→《チョウ》」とから成る。チョウ。

意味 四枚のきれいな羽をもつ昆虫《コンチュウ》。チョウ。例 蝶舞《チョウブ》(=チョウが飛ぶようす)。胡蝶《コチョウ》。

難読 鳳蝶《あげは》

【蝶蝶《チョウチョウ》】チョウ。ちょうちょ。

【蝶《チョウ》▽番《つがい》】①ひらき戸やふたなどを開閉するために取り付ける金具《かなグ》。ちょうばん。②関節。例 あごの—がはずれる。

虫 9 【蝪】 15画 7403 876A 音 トウ漢 訓 つちぐも

意味「蛈蝪《テットウ》」は、ジグモ科のクモ。ジグモ。ツチグモ。

虫 9 【蝠】 15画 7385 8760 音 フク漢 訓 かわほり・こうもり

意味「蝙蝠《ヘンプク》」は、コウモリ。からだがネズミに似ていて、鳥のように飛べる小さなけもの。

参考 訓「かわほり」は、「こうもり」の古語。

虫 9 【蝮】 15画 7393 876E 音 フク漢 呉 訓 まむし

意味 湿地《シッチ》にすみ、三角の頭をした毒ヘビ。マムシ。蝮虺《フクキ》。例 蝮蠍《フクケツ》(=マムシとサソリ。おそれられ、きらわれるもののたとえ)。

虫 9 【蝙】 15画 *7394 *8759 音 ヘン漢 訓 かわほり・こうもり

意味「蝙蝠《ヘンプク》」は、コウモリ。からだがネズミに似ていて、鳥のように飛べる小さなけもの。

参考 訓「かわほり」は、「こうもり」の古語。

虫 9 【蝓】 15画 7401 8753 音 ユ漢 呉 訓 かたつむり・なめくじ

意味 ❶カタツムリ。❷「蛞蝓《カツユ》」は、ナメクジ科およびコウライナメクジ科の陸生巻き貝の名。ナメクジ。

虫 9 【蝣】 15画 7402 8763 音 ユウ漢

意味「蜉蝣《フユウ》」は、カゲロウ。カゲロウ目の昆虫《コンチュウ》をまとめていうことば。トンボに似た、小さくてよわよわしく、短命な虫。

虫 9 【蝯】 15画 ⇩【猿】《エン》(658ページ)

虫 9 【蝨】 15画 ⇩【虱】《シツ》(874ページ)

虫 9 【蝉】 15画 ⇩【蟬】《セン》(881ページ)

虫 9 【蟒】 15画 ⇩【蠎】《ボウ》(880ページ)

虫 9 【蝿】 15画 ⇩【蠅】《ヨウ》(882ページ)

虫 10 【蟇】 16画 7417 87C7 音 バ漢 マ呉 訓 ひき・ひきがえる

虫10 【蟆】 16画 7418 87C6 本字

意味 ヒキガエル科の大形のカエル。ヒキガエル。からだにいぼをもつ。足は短く、とぶ力は弱い。蝦蟇《がま》。ヒキ。

虫 10
【螟】 16画 7406 879F 音メイ漢 ミョウ呉 訓ずいむし
意味 イネのくきを食う害虫。ズイムシ。螟虫《メイチュウ》。例螟蛉《メイレイ》(=あおむし)。

虫 10
【融】 16画 4527 878D 常用 音ユウ漢 訓とお-る・と-ける・と-かす
筆順 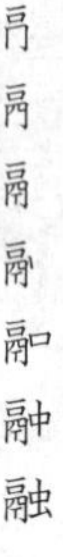
なりたち  [形声]「鬲(=かなえ)」と、音「蟲《チュウ》→ユウ」の省略体とから成る。かなえから蒸気がのぼり出る。派生して「とける」の意。
意味 ❶固体が液状になる。とける。とかす。例融解《ユウカイ》。融合《ユウゴウ》。溶融《ヨウユウ》。❷通じる。流通する。とおる。例融資《ユウシ》。金融《キンユウ》。❸調和する。やわらぐ。例融然《ユウゼン》。融和《ユウワ》。
人名 あき・あきら・あきらか・とお・ながし・みち・よし

【融化】《ユウカ》(名・する)とけて変化すること。ほかのものととけ合うこと。例—しがたい個性。
【融解】《ユウカイ》(名・する)①とけること。とかすこと。例氷が—する。②〔物〕固体が熱や圧力によって液体になる現象。類溶解《ヨウカイ》。例—点(=固体がとける温度)。▽対凝固《ギョウコ》。
【融合】《ユウゴウ》(名・する)一つにとけあうこと。対分裂《ブンレツ》。例核《カク》—。
【融資】《ユウシ》(名・する)金融機関が資金を融通して貸すこと。例公庫の—を受ける。
【融通】《ユウズウ》(名・する)〔古くは「ユズウ」とも〕①お金や品物などをやりくりして貸したり、借りたりすること。例資金を—する。②その場に応じてうまく処理すること。例—をきかせる。—のきかない性格。③とどこおることなく通じること。
【融通無▼碍】《ユウズウムゲ》(名・形動《ダナ》)考え方や行動が自由で、のびのびしていること。例—にふるまう。表記「融通無▼礙」とも書く。
【融雪】《ユウセツ》①雪がとけること。また、その雪。雪どけ。例—期。②雪をとかすこと。例—設備。
【融然】《ユウゼン》(形動《タルト》)気分がのびやかで、やわらぐようす。例さかずきを手に—とした態度で話しかける。
【融点】《ユウテン》固体がとけ始める温度。融解点。対凝固《ギョウコ》点。例—の低い金属。
【融和】《ユウワ》(名・する)気持ちが通じ合うこと。うちとけて仲よくなること。例隣国《リンゴク》との—をはかる。

虫 10
【螂】 16画 7407 8782 音ロウ漢呉 訓いぼじり・かまきり
虫 7
[蜋] 13画 1-9157 870B 本字
意味「螳螂《トウロウ》」は、カマキリ。カマキリ科の昆虫《コンチュウ》。頭は三角形で、えものをとらえる前足は鎌《かま》のような形をしている。

虫10
【螢】 16画 ⇩【蛍】《ケイ》(875ページ)

虫10
[蟆] 16画 ⇩【蟇】《バ》(879ページ)

虫 11
【螯】 17画 7408 87AF 音ゴウ漢 訓はさみ
意味 カニ・エビ・サソリなどの、ものをはさむ大きな前足。はさみ。例蟹螯《カイゴウ》(=カニのはさみ)。

虫 11
【蟋】 17画 7409 87CB 音シツ漢
意味「蟋蟀《シッシュツ》」は、コオロギ。コオロギ科の昆虫《コンチュウ》。長い触角《ショッカク》をもつ。秋におすは美しい声で鳴く。

虫 11
【螽】 17画 *7410 *87BD 音シュウ漢 訓いなご
意味 バッタ科の昆虫《コンチュウ》。イナゴ。イネの害虫となる。

虫 11
【蟀】 17画 7411 87C0 音シュツ漢
意味「蟋蟀《シッシュツ》」は、コオロギ。コオロギ科の昆虫《コンチュウ》。長い触角《ショッカク》をもつ。秋におすは美しい声で鳴く。

虫 11
【螫】 17画 7414 87AB 音セキ漢 訓さ-す
意味 毒虫がさす。さす。例螫刺《セキシ》(=毒でさす)。螫毒《セキドク》(=毒虫の毒)。

虫 11
【蟄】 17画 7415 87C4 音チツ慣 チュウ漢 訓かく-れる
意味 虫が冬眠《トウミン》のために土の中にかくれる。すごもる。とじこもる。例蟄虫《チッチュウ》(=土中にこもっている虫)。啓蟄《ケイチツ》。
難読 蟄石《かがみいし》
【蟄居】《チッキョ》(名・する)〔虫が地中にこもっている意〕①家にとじこもって外出しないこと。②江戸《えど》時代、武士の罪科の一つ。一室にこもって外に出ることを禁じること。例—を申し付ける。

虫 11
【螳】 17画 7416 87B3 音トウ漢 訓いぼじり・かまきり
意味「螳螂《トウロウ》」は、カマキリ。カマキリ科の昆虫《コンチュウ》。頭は三角形で、えものをとらえる前足は鎌《かま》のような形をしている。蟷螂《トウロウ》。
参考 カマキリの別名である「いぼじり」は、いぼむしり→いぼうじり→いぼじり、と変化したもの。
【螳▼螂の▼斧】《トウロウのおの》カマキリが前足をおののようにふり上げて、自分よりはるかに大きな車に向かっていくように、自分の力を考えないで、自分よりはるかに力の強いものに立ち向かうことのたとえ。〈韓詩外伝《カンシガイデン》〉

虫 11
【蟒】 17画 — — 音ボウ漢 モウ呉 訓うわばみ・おろち
虫 9
[蟒] 15画 7429 87D2 俗字
虫11
[蠎] 17画 7428 880E 別体字
意味 大蛇《ダイジャ》。おろち。うわばみ。

虫 11
【蟐】 17画 7412 87D0 国字 訓もみ・もむ
意味 アカガエル。もみ。もむ(=アカガエルをさす古語)。

虫 11
【螺】 17画 4570 87BA 人名 音ラ漢呉 訓にな・にし
意味 ❶うずまき状の巻き貝。ニナ。ニシ。例螺鈿《ラデン》。法螺貝《ホラがい》。❷巻き貝のような形をしたもの。例螺旋《ラセン》。螺髪《ラホツ》(=仏のかみの形)。
難読 田螺《たにし》・海螺《つぶ》・栄螺《さざえ》
【螺旋】《ラセン》巻き貝のからのように、うずまき形になっているもの。例—階段。
【螺▼鈿】《ラデン》漆器《シッキ》などの表面に、真珠《シンジュ》光を放つ貝がらの薄片《ハクヘン》をはめこんで、かざりとするもの。

虫 11
【螻】 17画 7419 87BB 音ロウ漢 ル呉 訓けら
意味「螻蛄《ロウコ》」は、ケラ。ケラ科の昆虫《コンチュウ》。地中にすみ、土をほるために前足が大きい。オケラ。

虫11
［蟒］ 17画 ⇩【蟒】《ボウ》（880ページ）

虫 12
【蟯】 18画 7420 87EF 音ギョウ漢
意味 人の腸に寄生する、白く小さい虫。蟯虫《ギョウチュウ》。

漢字に親しむ ⑳ **ハエの頭《あたま》のような**

豆粒《まめつぶ》・米粒・粟粒《あわつぶ》・芥子粒《ケシつぶ》・毛穴・針穴・針の目・鯨《くじら》の目・象の目・蚊《か》のまつげ・蚊の涙《なみだ》・蚤《のみ》の心臓・蟻《あり》の穴・箱庭・盆栽《ボンサイ》・兎《うさぎ》小屋・星くず。実際の大きさはそれぞれずいぶんちがいますが、みな小さなもののたとえに使われることばです。鯨や象は、その巨体《キョタイ》と比べるため、目がかわいらしく見えるということでしょうし、星くずなどは遠くはなれてながめればこそ、くずのようにも見えるわけです。

ところで、小さな字のことはなんと表現するのでしょうか。胡麻粒《ゴマつぶ》などにもたとえられますが、なぜか中国では蠅《はえ》の頭に見えたようです。小さく、しかもきちんと書かれた字を「蠅頭《ヨウトウ》の小楷《ショウカイ》」「蠅頭の細字《サイジ》」などといいます。

虫 12
【蟬】 18画 1-9166 87EC 人名 音セン漢 ゼン呉 訓せみ

虫 9
［蝉］ 15画 3270 8749 俗字
意味 セミ科の昆虫《コンチュウ》。セミ。おすは、夏に木の幹などにとまって、鳴く。例 蟬脱《センダツ》（=セミが殻《から》から出るように、旧習を脱する）。蟬翼《センヨク》（=セミの羽。うすいもののたとえ）。
【蟬時雨】《せみしぐれ》 多くのセミがいっせいに鳴いている音を、しぐれの降る音にたとえたことば。例 激しい―の音。
【蟬▼噪】《センソウ》 セミが鳴くように、多くの人が口やかましくものを言うこと。例 蛙鳴《アメイ》―。表記「蟬騒」とも書く。

虫 12
【蟠】 18画 7422 87E0 音ハン漢 バン呉 訓わだかま-る
意味 とぐろを巻いてうずくまる。わだかまる。例 蟠踞《バンキョ》。蟠竜《ハンリョウ》（=うずくまっていて、天にのぼらない竜《リュウ》）。
【蟠▼踞】《バンキョ》（名・する）①とぐろを巻いていて動かないこと。②ある地方に勢力をもって、立てこもっていること。例 軍閥《グンバツ》が―する。表記 ▽「盤▼踞」とも書く。

虫12
【蟲】 18画 ⇩【虫】《チュウ》（873ページ）

虫 13
【蟹】 19画 1910 87F9 人名 音カイ漢 訓かに

虫13
［蠏］ 19画 7423 880F 本字
意味 節足動物の一種。カニ。四対《ツイ》の足と一対のはさみがあり、横に歩く。海や川にすむものなど、種類が多い。例 蟹甲《カイコウ》（=カニの甲羅《コウラ》）。蟹行《カイコウ》。
【蟹行】《カイコウ》（名・する）カニのように横に歩くこと。例 ―文字（=横文字。欧米《オウベイ》の文字のこと）。
【蟹工船】《かにコウセン》 カニを漁獲《ギョカク》し、すぐにそれを缶詰《カンづめ》にする設備のある船。
【蟹座】《かにザ》 三月下旬《ゲジュン》の宵《よい》に南中する星座。ふたご座としし座のあいだにあり、中央にプレセペ星団がある。黄道《コウドウ》十二宮《キュウ》の一つ。キャンサー。
【蟹玉】《かにたま》 カニの身と野菜を卵でとじた料理。
【蟹股】《がにまた》 両足のつま先が外側にひらき、股がO字形に曲がっていること。

虫 13
【蠖】 19画 7431 8816 音カク慣 ワク漢 訓しゃくとりむし・つえつきむし
意味「尺蠖《セキカク》」は、シャクガ科のガの幼虫。シャクトリムシ。
【蠖屈】《カックツ》 シャクトリムシがからだをちぢめること。将来を期してじっと待つことのたとえ。

虫 13
【蠍】 19画 7424 880D 音カツ慣 ケツ漢 訓さそり
意味 節足動物の一種。サソリ。尾《お》の先の針には、激しい毒がある。同 蝎《ケツ》。例 蛇蠍《ダカツ》（=ヘビとサソリ。おそれきらわれるもののたとえ）。

虫 13
【蟻】 19画 2134 87FB 音ギ漢 訓あり
意味 アリ科の小さい昆虫《コンチュウ》。アリ。土の中などに巣を作る。例 蟻酸《ギサン》。蟻集《ギシュウ》（=アリがむらがるように集まる）。
【蟻塚】《ありづか》 アリやシロアリが巣を作るために地上に運び出した土が、山形に盛り上がったもの。蟻《あり》の塔《トウ》。
【蟻酸】《ギサン》 アリやハチの体内にある、しげき性の強い無色の酸。皮膚《ヒフ》にふれると痛みや、はれの原因となる。

虫 13
【蟾】 19画 7425 87FE 音セン漢 訓ひきがえる
意味 ❶ヒキガエル科の両生類の名。ヒキガエル。例 蟾蜍《センジョ》。❷〔月にヒキガエルがすむという伝説から〕月。月光。例 蟾影《センエイ》（=つきかげ。月光）。
【蟾▼蜍】《センジョ｜センショ》 ①ヒキガエル。②〔月の中にヒキガエルがいるという伝説から〕月の精。また、月のこと。

虫 13
【蟶】 19画 7426 87F6 音テイ漢 訓まて
意味 マテガイ科の二枚貝。マテガイ。浅い海の砂に垂直にもぐってすむ。食用とされる。蟶貝《まてがい》。マテ。
難読 真蟶《おうぎかい》・竹蟶《うみたけ》

虫 13
【蟷】 19画 7427 87F7 音トウ漢 訓いぼじり・かまきり

意味「蟷螂《トウロウ》」は、カマキリ科の昆虫《コンチュウ》。カマキリ。螳螂《トウロウ》。→【螳】《トウ》(880ページ)
参考 カマキリの別名である「いぼじり」は、いぼむしり→いぼうじり→いぼじり、と変化したもの。

虫 13
【蠅】 19画 7404 8805 音 ヨウ㊥ 訓 はえ

虫 9
［蝿］ 15画 3972 877F 俗字

意味 小形の昆虫《コンチュウ》。食べ物にたかって伝染病《デンセンビョウ》を広める害虫。ハエ。例 蠅頭《ヨウトウ》（＝小さなもののたとえ）。蒼蠅《ソウヨウ》（＝アオバエ。小人《ショウジン》のたとえ）。

虫13
［蠏］ 19画 ⇩【蟹】《カイ》(881ページ)

虫 14
【蠑】 20画 7430 8811 音 エイ㊥ 訓 いもり・とかげ

意味「蠑螈《エイゲン》」は、イモリ科の両生類。イモリ。

虫 14
【蠕】 20画 7432 8815 音 ジュ㊥ ゼン㊥ ネン㊦ 訓 うご-く・うごめ-く

意味 虫がうごめくように動くようす。うごめく。例 蠕動《ゼンドウ》。
【蠕動】《ゼンドウ》（名・する）虫がうごめくこと。また、消化にともなって胃腸が運動すること。

虫 14
【蠣】 20画 7358 8823 音 レイ㊥ 訓 かき

虫 5
［蛎］ 11画 1934 86CE 俗字

意味 浅い海の岩などにつく二枚貝。カキ。牡蠣《ボレイ》。例 蠣殻《レイカク》（＝カキの貝がら）。

虫 15
【蠢】 21画 7433 8822 音 シュン㊥㊦ 訓 うごめ-く

意味 ❶虫がもぞもぞと動く。うごめく。例 蠢動《シュンドウ》。❷無知でにぶい。おろか。
【蠢動】《シュンドウ》（名・する）①虫がうごめくこと。例 かたまって―する幼虫。②とるにたりないものが、かげでたくらみをしたり、さわいだりすること。例 不平分子が―する。

虫 15
【蠡】 21画 7434 8821 音 ㊀レイ㊥ ㊁リ㊥ 訓 はまぐり・ひさご

意味 ㊀《レイ》虫が木をかじる。また、器物がすりへってこわれる。㊁《リ》ヒョウタン。ひさご。例 蠡測《リソク》。
【蠡測】《リソク／レイソク》 ひさごで海水の量をはかること。おろかさのたとえ。

虫 15
【蠟】 21画 1-9171 881F 人名 音 ロウ㊥

虫 8
［蝋］ 14画 4725 874B 俗字

意味 動物や植物からとる、脂肪《シボウ》のかたまり。ろう。ワックス。例 蠟燭《ロウソク》。蜜蠟《ミツロウ》。
【蠟紙】《ロウがみ》 ろうをしみこませた紙。
【蠟細工】《ロウザイク》 ろうを材料に人形や模型などを作ること。また、作ったもの。例 ―の料理見本。
【蠟石】《ロウセキ》 印材や石筆などに用いる、ろうのような感じのやわらかい鉱物。
【蠟▼燭】《ロウソク》 糸やこよりをしんにして、まわりをろうで包んだ灯火用品。キャンドル。
【蠟梅】《ロウバイ》 ロウバイ科の落葉低木。早春、かおりのよい黄色い花がさく。中国原産。からうめ。なんきんうめ。表記「▼臘梅」とも書く。

虫16
［蠧］ 22画 ⇩【蠹】《ト》(882ページ)

虫 17
【蠱】 23画 7435 8831 音 コ㊥

意味 ❶人をのろうためのまじないに用いる毒虫。また、人をのろうまじない。例 巫蠱《フコ》（＝まじないをして人をのろい殺す）。❷まどわす。みだす。例 蠱惑《コワク》。
【蠱惑】《コワク》（名・する）なまめかしい魅力《ミリョク》で人を引きつけ、心をまどわすこと。例 ―的なまなざし。

虫 18
【蠹】 24画 7437 8839 音 ト㊥ 訓 しみ・むし・むしば-む

虫16
［蠧］ 22画 7438 8827 俗字

意味 ❶キクイムシ科の昆虫《コンチュウ》。キクイムシ。❷シミ科の昆虫。衣服や書物を食う虫。シミ。例 蠹魚《トギョ／しみ》。❸害悪をなす人やことがら。例 蠹賊《トゾク》（＝人々を害すること）。❹損害をおよぼす。そこなう。むしばむ。例 蠹蝕《トショク》（＝むしばむ）。蠹冊《トサツ》（＝むしくいのある書物）。
【蠹魚】《トギョ／しみ》 ①衣服や書物を食う虫。②本ばかり読む人を指していうことば。

虫18
【蠶】 24画 ⇩【蚕】《サン》(874ページ)

虫19
【蠻】 25画 ⇩【蛮】《バン》(876ページ)

143
6画
血 ち部

「ち」を皿に入れた形をあらわす。「血」をもとにしてできている漢字と、「血」の字形を目じるしにして引く漢字とを集めた。

0 血 3 衂 4 衄 6 衆

血 0
【血】 6画 2376 8840 教育3 音 ケツ㊥ ケチ㊦ 訓 ち

筆順 

なりたち  【象形】「皿（＝うつわ）」の中にはいった血の形。神にささげる、いけにえの血。

意味 ❶ちしお。ち。例 血液《ケツエキ》。血管《ケッカン》。流血《リュウケツ》。❷ちのつながり。ちすじ。例 血縁《ケツエン》。血統《ケットウ》。血脈《ケツミャク》。❸ちが出るほど激しいようす。いきいきしたようす。例 血気《ケッキ》。血戦《ケッセン》。熱血《ネッケツ》。

難読 瘀血《ふるち／オケツ》・悪血《オケツ》・泣血《しのびね》

【血圧】《ケツアツ》 血液が流れるとき血管のかべを内側からおしている圧力。心臓が収縮したときが最高血圧、拡張したときが最低血圧。例 ―が上がる。―を下げる。
【血液】《ケツエキ》 動物の体内をめぐっている液体。栄養分を運んだり、細菌《サイキン》を殺したりする。血《ち》。
【血縁】《ケツエン》 親子やきょうだいなど血筋のつながっている関係。また、その関係にある人。㊫ 血族・血脈。↓【地縁】《チエン》(227ページ)
【血管】《ケッカン》 からだの中をめぐり、血液が流れているくだ。
【血気】《ケッキ》 燃えさかるような活力。さかんな意気。例 ―の勇。

—にはやる。—さかんな年ごろ。
【血球】《ケッキュウ》 血液中の細胞《サイボウ》成分。赤血球・白血球・血小板がある。
【血行】《ケッコウ》 血液がからだの中をめぐること。血の循環《ジュンカン》。例—が悪い。
【血痕】《ケッコン》 血のついたあと。例—を残す。
【血腫】《ケッシュ》 体内の出血が、組織の中や、組織と組織のあいだにたまって、かたまりになったもの。
【血書】《ケッショ》 (名・する) 決意や誠意を示すため、自分の血で文字を書くこと。また、書いたもの。
【血▼漿】《ケッショウ》 血液成分から血球を除いた液体成分。
【血小板】《ケッショウバン》 血球成分の一つ。血球中最も小さい。血液凝固《ギョウコ》作用をもつ。
【血色】《ケッショク》 ①血の色。②健康状態を反映している顔のいろつや。例—がいい。
【血清】《ケッセイ》 血漿《ケッショウ》の中から血液を凝固《ギョウコ》する物質を除いた成分。黄色のすきとおった液体で、病気の診断《シンダン》や治療《チリョウ》に利用される。
【血税】《ケツゼイ》 ①血の出るような思いで納める税金。過酷《カコク》な税。②兵役《ヘイエキ》の義務。〔身血を税とする意。一八七二(明治五)年の徴兵告諭《チョウヘイコクユ》中のことば〕
【血栓】《ケッセン》 血管中にできて血液の流れをさまたげる血のかたまり。血管内皮の損傷や血流の変化などによって生じる。例脳—。
【血戦】《ケッセン》 (名・する) 血みどろになって激しく戦うこと。
【血相】《ケッソウ》 かおいろ。例—を変える。
【血族】《ケツゾク》 血のつながりのある一族。親子やきょうだいなど。類血縁《ケツエン》。例—結婚《ケッコン》。
【血▼痰】《ケッタン》 たんの中に血がまじったもの。
【血沈】《ケッチン》 「赤血球沈降速度」の略。赤血球が、決まった時間に細いガラス管を沈降する速度。種々の病気の判定に利用する。
【血統】《ケットウ》 代々続く血のつながり。血筋。例—が絶える。
【血糖】《ケットウ》 血液にふくまれるぶどう糖。例—値。
【血肉】《ケツニク》 ①血と肉。例学業を自分の—化する。②親子やきょうだい。肉親。骨肉。例—の争い。
【血尿】《ケツニョウ》 血がまじった尿。
【血判】《ケッパン》 (名・する) 誓約《セイヤク》や決意のかたさを示すため、自分の指先を切り、その血で、署名の下に判としておすこと。また、その判。例誓約書《セイヤクショ》に—する。
【血便】《ケツベン》 血がまじった大便。
【血脈】 一《ケツミャク》 ①血管。②血のつながり。類血縁《ケツエン》。例—をたどる。二《ケチミャク》〔仏〕師から弟子《デシ》へと仏法を相続していくこと。また、その相続のされ方をしるした系図。
【血盟】《ケツメイ》 (名・する) 血判《ケッパン》をおすなどして、同志のちかいをすること。
【血涙】《ケツルイ》 深い悲しみやひどい苦しみのために流すなみだ。血のなみだ。例—をしぼる。—をこらえる。
【血路】《ケツロ》 ①敵の包囲を破って、血まみれになってつくったにげ道。例—をひらく。②困難を切りぬける方法。例—を求めて苦心する。
【血煙】《ちけむり》 切られたときなどに飛び散る血を、けむりに見立てたことば。例—をあげてたおれる。
【血祭り】《ちまつり》 〔昔、中国で出陣《シュツジン》のとき、いけにえを殺して軍神を祭ったことから〕出陣にさいして気勢を上げるため、敵方のスパイや捕虜《ホリョ》などを殺すこと。例—に上げる。
●献血《ケンケツ》・混血《コンケツ》・採血《サイケツ》・止血《シケツ》・充血《ジュウケツ》・出血《シュッケツ》・純血《ジュンケツ》・貧血《ヒンケツ》・輸血《ユケツ》・流血《リュウケツ》・冷血《レイケツ》

血3 [衂] 9画 ⇩【衄】《ジク》(883ページ)

血4 【衄】 10画 7440 8844 音ジク漢 訓はなぢ

血3 [衂] 9画 7441 8842 俗字

意味 ❶鼻から血が出る。はなぢ。例衄血《ジクケツ》(=はなぢ)。❷挫折《ザセツ》する。くじける。くじく。例衄挫《ジクザ》(=くじく)。敗衄《ハイジク》(=負けてしまう)。

血6 【衆】 12画 2916 8846 教育6 音シュウ漢 シュ呉

筆順 

なりたち  [会意]「乑(=多くのひと)」と「血(=目)」とから成る。多い。

意味 人が多い。数が多い。多くの。また、ふつうの、世間いっぱんの人々。例衆人《シュウジン》。衆生《シュジョウ》。衆目《シュウモク》。群衆《グンシュウ》。民衆《ミンシュウ》。

難読 一切衆生《さしもぐさ》
人名 あつむ・とも・ひろ・もり・もろ
【衆寡】《シュウカ》 人数の多いことと少ないこと。多人数と少人数。例—敵せず(=多勢に無勢《ブゼイ》では勝負にならない。人数の少ないほうに勝ちめがない)。
【衆議】《シュウギ》 (名・する) 多くの人が相談や論議をすること。また、その相談や論議。例—一決する。
【衆議院】《シュウギイン》 日本の国会の二院制度で、参議院とともに国会を構成する議院。予算案の先議権や決議権、条約の承認《ショウニン》など、参議院に優先する権限をもち、解散の制度がある。衆院。対参議院。
【衆愚】《シュウグ》 多くのおろかもの。例大衆を、とかく—と見る政治家。
【衆口】《シュウコウ》 集まった人々がくちぐちにものを言うこと。例—調《ととの》えがたし。
【衆口《シュウコウ》金《キン》を▼鑠《と》かす】 多くの人のことばは、金をもとかすほどに強い力をもつ。かげぐちや中傷が、おそるべき力をもつことのたとえ。〈国語《コクゴ》〉
【衆庶】《シュウショ》 (権力者から見た)いっぱんの人々。庶民。
【衆人】《シュウジン》 多くの人々。おおぜいの人。例—環視《カンシ》の中。—の尊敬を受ける。
【衆知】《シュウチ》 多くの人々の知恵《チエ》。例—を集める。表記旧衆▼智
【衆望】《シュウボウ》 多くの人々の期待。例—をになう。
【衆目】《シュウモク》 多くの人々の見方。例—の認めるところ。—の一致《イッチ》するところ。
【衆生】《シュジョウ》 〔仏〕すべての生存するもの。とくに人間。例一切《イッサイ》—を救う。
【衆生済度】《シュジョウサイド》 〔仏〕仏や菩薩《ボサツ》が衆生を救済して彼岸《ヒガン》にわたすこと。人々を迷いから救い、さとりを得させること。
●観衆《カンシュウ》・群衆《グンシュウ》・公衆《コウシュウ》・大衆《タイシュウ》・聴衆《チョウシュウ》・民衆《ミンシュウ》

144 6画 行 ぎょうがまえ ゆきがまえ 部

人が歩く意をあらわす。「行」をもとにしてできている漢字を集めた。

0 行 3 衍 5 衒 術 6 街 7 衙 9 衝 10 衛 衡 衞 18 衢

この部首に所属しない漢字

鵆⇩鳥 1101

行 0

【行】

6画 2552 884C 教育2

音 コウ漢 ギョウ呉 アン唐
訓 い-く・ゆ-く・おこな-う
付表 行方《ゆくえ》

筆順 ノ ク 彳 彳 彳二 行

なりたち  [会意]「彳(=小またで歩く)」と、「亍(=歩みを止める)」とから成る。人が歩く。

参考 一説に、十字路の形。

意味 ❶すすむ。ある方向に向かっていく。うつる。うごく。ゆく。いく。例 行進《コウシン》。行程《コウテイ》。運行《ウンコウ》。❷うごかす。ゆかせる。やる。例 行軍《コウグン》。行舟《コウシュウ》(=舟を前進させる)。❸あることをする。おこなう。おこない。例 行為《コウイ》。遂行《スイコウ》。品行《ヒンコウ》。❹心身をきたえるおこない。例 行者《ギョウジャ》。修行《シュギョウ》。難行苦行《ナンギョウクギョウ》。❺たび。旅じたく。例 行客《コウカク》(=たびびと)。行脚《アンギャ》。行在所《アンザイショ》。紀行《キコウ》。❻ならんでいるもの。人や文字などのならび。例 行列《ギョウレツ》。行間《ギョウカン》。改行《カイギョウ》。❼問屋《とんや》。同業組合。大きな商店。例 銀行《ギンコウ》。行員《コウイン》。❽漢字の書体の一つ。例 行書《ギョウショ》。❾漢詩の形式の一つ。例 琵琶行《ビワコウ》。

使い分け いく・ゆく【行・逝】⇩1162ページ

難読 行《くだ》り《て》《だて》・行方《なめかた》(=地名・姓《せい》)・行器《ほかい》

人名 あき・あきら・すすむ・たか・つら・ひら・みち・やす・ゆき

【行火】《アンカ》炭火を入れて手足をあたためる小型の暖房《ダンボウ》具。

【行脚】《アンギャ》(名・する)〔「ギャ」も唐音《トウオン》〕①〔仏〕僧《ソウ》が仏道修行《シュギョウ》のために諸国をめぐり歩くこと。例 —の僧。②歩いてあちこち旅をすること。例 全国を—する。

【行宮】《アングウ》天子が旅のとちゅうで泊《と》まるときの、かりの御所《ゴショ》。行在所《アンザイショ》。

【行在所】《アンザイショ》旅先での天子の仮の御所《ゴショ》。行宮《アングウ》。

【行▽灯】《アンドン》〔「ドン」も唐音《トウオン》〕①昔の照明具。木や竹などのわくに紙をはり、中に油皿を置いて火をともす道具。例 昼《ひる》—(=ぼんやりとして気のきかない人)。②手に持っていけるようにした照明具。手燭《てショク》。

【行間】《ギョウカン》文章の行と行とのあいだ。例 —を読む(=文章の字句には書かれていない筆者の真意や意図を感じとること)。

【行儀】《ギョウギ》(礼儀にかなった)立ち居ふるまいの作法。例 —よくふるまう。

【行啓】《ギョウケイ》(名・する)皇太后や皇后、皇太子などが外出すること。

【行幸】《ギョウコウ》(名・する)天子が外出すること。みゆき。

【行司】《ギョウジ》相撲《すもう》で、取組を進行させたり、勝負を判定したりする人。例 —の差しちがえ。

【行事】《ギョウジ》もよおしごと。とくに、定期的におこなわれるもよおし。例 学校—。

【行者】《ギョウジャ》□一〔仏〕仏道や修験道《シュゲンドウ》などの修行《シュギョウ》をする人。□二《コウシャ》道を行く人。行人《コウジン》。

【行住▼坐▼臥】《ギョウジュウザガ》□一(名)〔仏〕〔ゆく、とどまる、すわる、横になるの四つの行動から〕日常のふるまい。起居動作。□二(副)ふだん。日常。例 —教育問題に心をくだく。

【行書】《ギョウショ》漢字の書体の一つ。隷書《レイショ》を少しくずした書体で、楷書よりも先に発生したもの。→【篆書】《テンショ》(755ページ)・【隷書】《レイショ》(1042ページ)・【楷書】《カイショ》(537ページ)・【草書】《ソウショ》(850ページ)

【行商】《ギョウショウ》(名・する)商品を持ち歩いて商売すること。例 —人。朝早く豆腐《トウフ》を—する。

【行状】《ギョウジョウ》①おこない。ふるまい。身持ち。例 —が悪い。②文体の一つ。人の一生の経歴や言動などをしるした文章。

【行水】《ギョウズイ》□一(名・する)①湯や水を入れたたらいにはいって、あせを流すこと。例 —をつかう。カラスの—(=入浴時間がたいへん短いこと)。②神事などの前に、水をあびて身を清めること。□二《コウスイ》(名)流れゆく水。流水。

【行政】《ギョウセイ》国を治める三権(=行政・立法・司法)の一つ。法律や政令に従って国や地方公共団体の政治をおこなうこと。例 —官庁。

【行政機関】《ギョウセイキカン》内閣の各省や地方公共団体などの、政治をおこなう官庁。

【行跡】《ギョウセキ》日々のおこない。例 —をさぐる。

【行草】《ギョウソウ》漢字の書体で、行書と草書。

【行年】《ギョウネン》|《コウネン》この世に生きた年数。また、死んだときの年齢《ネンレイ》。類 享年《キョウネン》。例 —八十四。

【行列】《ギョウレツ》(名・する)順々に列をつくって並ぶこと。また、その列。例 大名—。

【行為】《コウイ》目的意識をもったおこない。しわざ。例 裏切り—。

【行員】《コウイン》「銀行員」の略。銀行の職員。

【行雲流水】《コウウンリュウスイ》空を行く雲と流れる水のように、自然のなすがままに行動すること。ものごとにこだわらない態度をいう。

【行軍】《コウグン》(名・する)軍隊が隊列を組んで行進したり、移動したりすること。例 雪中—。

【行使】《コウシ》(名・する)権利や権力などを実際に使うこと。例 実力を—する。

【行▼尸走肉】《コウシソウニク》〔「行尸」は歩く死体、「走肉」は走る肉の意〕生きていても価値のないもののたとえ。

【行賞】《コウショウ》ほうびをあたえること。例 論功—(=てがらに応じて賞をあたえること)。

【行進】《コウシン》(名・する)おおぜいの人が列をつくってきちんと進んでいくこと。例 入場—。街頭を—する。

【行進曲】《コウシンキョク》隊列の行進に合うように作られた曲。マーチ。例 英雄《エイユウ》—。葬送《ソウソウ》—。

【行人】□一《コウジン》①旅人。道を行く人。②出征《シュッセイ》兵士。□二《ギョウニン》〔仏〕仏道修行者《シュギョウジャ》。行者《ギョウジャ》。

【行蔵】《コウゾウ》人の出処進退の時機を誤らずにふるまうことをいう。→【用舎行蔵】《ヨウシャコウゾウ》(674ページ)

【行程】《コウテイ》進むみちのり。道程。また、旅の日程。例 三時間の—。

【行程表】《コウテイヒョウ》目標とその過程を示した計画案。ロードマップ。

【行動】《コウドウ》(名・する)意志をもって事をおこなうこと。ふるまい。例 責任をもって—する。

【行▼嚢】《コウノウ》〔旅行用のふくろの意〕「郵袋《ユウタイ》」のもとの言い方。郵便物を入れて輸送したふくろ。

【行文】《コウブン》文章を作ること。また、その作り方。語句の使い方。言いまわし。例 たくみな—。

【行楽】《コウラク》①遊び楽しむこと。②外出や旅行をして遊ぶこと。例 夏の—地。

【行▼李】《コウリ》①衣類などを入れる、ヤナギやタケなどで編んだ箱形のいれもの。こり。②旅行用の荷物。表記 ▽「▼梱」とも書く。

【行旅】《コウリョ》□一(名・する)旅行すること。たび。□二(名)旅行者。行人《コウジン》。

【行旅病者】《コウリョビョウシャ》道路上でたおれた身元不明の病人。ゆきだおれ。行路病者。

【行路】《コウロ》①みち。通路。②道を行く人。③旅路。世わたり。例 波風のたえない人生—。

【行路難】《コウロナン》①道路が険しく困難なこと。②世わたり

の苦しみ。また、別離《ベツリ》の苦しみ。

【行路病者《コウロビョウシャ》】「行旅病者」に同じ。

【行き方《ゆきがた》】「行方《ゆくえ》」の少し古い言い方。例 —知れず。

【行き倒れ《ゆきだおれ》】飢《う》えや寒さ、病気などのため道ばたでたおれること。また、そのような人。行旅病者。行路病者。

【行平《ゆきひら》】「行平鍋《なべ》」の略。取っ手やつぎ口があり、ふたのついた、平たいなべ。

【行方《ゆくえ》】①進んでいく方向。行った先の所在。例 —不明。②これから先。将来。行く末。例 少年の—を見守ろう。

【行く末《ゆくすえ》】これから先。将来。行方《ゆくえ》。例 来《こ》し方《かた》—。—を案じる。

【行くに▽径《こみち》に▽由《よ》らず】道を行くのに小道を通らず、大道を堂々と歩く。おこないが公明正大であることをいう。〈論語《ロンゴ》〉

◒移行《イコウ》・横行《オウコウ》・刊行《カンコウ》・逆行《ギャッコウ》・強行《キョウコウ》・挙行《キョコウ》・決行《ケッコウ》・言行《ゲンコウ》・現行《ゲンコウ》・興行《コウギョウ》・航行《コウコウ》・執行《シッコウ》・実行《ジッコウ》・修行《シュギョウ》・徐行《ジョコウ》・進行《シンコウ》・随行《ズイコウ》・善行《ゼンコウ》・素行《ソコウ》・続行《ゾッコウ》・代行《ダイコウ》・直行《チョッコウ》・通行《ツウコウ》・発行《ハッコウ》・犯行《ハンコウ》・非行《ヒコウ》・尾行《ビコウ》・平行《ヘイコウ》・暴行《ボウコウ》・歩行《ホコウ》・夜行《ヤコウ》・流行《リュウコウ》・旅行《リョコウ》・連行《レンコウ》

行 3

【衍】

9画 6207 884D

音 エン 漢　訓 はびこ-る・し-く・あま-り

意味 ❶水があふれる。満ちひろがる。はびこる。例 衍漫《エンマン》(=広がりはびこる)。❷ことばの意味をおし広げて、明らかにする。ひろげる。しく。例 衍義《エンギ》。❸よけいなもの。あまり。例 衍字《エンジ》。

【衍義《エンギ》】意味をおし広めて説くこと。また、そのようにして説いたもの。例 大学—。

【衍字《エンジ》】文章や語句の中に誤ってはいりこんだ、よけいな文字。対 脱字《ダツジ》。

【衍文《エンブン》】文章中に誤ってはいりこんだ、よけいな文句。対 脱文《ダツブン》。

行 5

【衒】

11画 7442 8852

音 ケン 漢 ゲン 呉　訓 てら-う

意味 実際以上によく見せようとする。自分の才能や知識をひけらかす。てらう。例 衒学《ゲンガク》。衒気《ゲンキ》(=よく見せようとする気持ち)。衒売《ゲンバイ》(=価値以上に売りこむ)。

【衒学《ゲンガク》】学問や知識、また才能などを、それとなく見せびらかすこと。てらうこと。ペダントリー。例 —的態度。

【衒才《ゲンサイ》】自分の才能を見せびらかすこと。

行 5

【術】

11画 2949 8853 教育5

音 ジュツ 慣 シュツ 漢　訓 すべ・わざ

筆順 ノ 彳 … 術

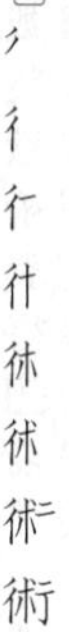

なりたち  [形声]「行(=いく)」と、音「朮《シュツ》」とから成る。村の中の道。派生して「わざ」の意。

意味 ❶長年かかって身につけた学問や技芸。わざ。例 学術《ガクジュツ》。芸術《ゲイジュツ》。技術《ギジュツ》。❷ふしぎなわざ。例 術《ジュツ》を使う。秘術《ヒジュツ》。魔術《マジュツ》。妖術《ヨウジュツ》。❸方法。手だて。すべ。例 話術《ワジュツ》。処世術《ショセイジュツ》。❹はかりごと。たくらみ。例 術策《ジュッサク》。術数《ジュッスウ》。

難読 術《て》《だて》—のり

人名 のり・みち・やす・やすし

【術後《ジュツゴ》】手術したあとの状態。例 —の経過。

【術語《ジュツゴ》】学問や技術の分野で、とくに意味を限定されて使われる語。専門用語。テクニカルターム。

【術策《ジュッサク》】はかりごと。たくらみ。例 —をめぐらす。

【術数《ジュッスウ》】〔「数」は、手段や方法〕①はかりごと。策略。例 権謀《ケンボウ》—。②うらないや天文で、吉凶《キッキョウ》を予測する術。

【術中《ジュッチュウ》】相手がしかけたわなのなか。例 敵の—にはまる。

◒奇術《キジュツ》・技術《ギジュツ》・芸術《ゲイジュツ》・仁術《ジンジュツ》・戦術《センジュツ》・忍術《ニンジュツ》・馬術《バジュツ》・美術《ビジュツ》・武術《ブジュツ》・魔術《マジュツ》

行 6

【街】

12画 1925 8857 教育4

音 ガイ 慣 カイ 漢　訓 まち

筆順 ノ 彳 … 街

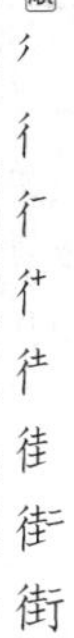

なりたち   [形声]「行(=いく)」と、音「圭《ケイ→カイ》」とから成る。四方に通じるみち。

意味 ❶まちの広い通り。大通り。例 街道《カイドウ》。街灯《ガイトウ》。❷まちなか。ちまた。まち。例 街頭《ガイトウ》。繁華街《ハンカガイ》。

使い分け まち【町・街】⇩1180ページ

難読 街《ちまた》

【街区《ガイク》】住宅地の、道路で囲まれた区画。ブロック。例 整然と区割りされた—。

【街▼衢《ガイク》】〔「衢」は、四つつじの意〕まち。まちなみ。

【街▼巷《ガイコウ》】〔「巷」は、曲がったせまい道〕まち。ちまた。

【街上《ガイジョウ》】人々が行き来するまちの中。街頭。道ばた。例 —を明るく照らす。

【街談▼巷語《ガイダンコウゴ》】世間のうわさ。まちかどや路地で語られるうわさ話。街談巷説《ガイダンコウセツ》。

【街道《カイドウ》】①昔から、まちとまちをつないでいた大きな道路。奥州《オウシュウ》街道・甲州《コウシュウ》街道や日光《ニッコウ》街道など。②大通り。まちの広い通り。

【街灯《ガイトウ》】道路を明るくするために道のわきに設置した電灯。街路灯。例 —がともるころ。

【街頭《ガイトウ》】人や車が通るまちなか。道ばた。路上。例 —演説。—録音。

【街路《ガイロ》】市街地の道路。まちなかの通り。

【街路樹《ガイロジュ》】市街地の道路に沿って植えておく樹木。

【街角《まちかど》】①まちの通りの曲がり角。②まちの中。街頭《ガイトウ》。

表記 ▽「町角」とも書く。

行 7

【衙】

13画 7443 8859

音 ガ 漢

意味 ❶天子のいる宮殿《キュウデン》。例 衙内《ガナイ》(=宮殿のかこいの中)。衙兵《ガヘイ》(=宮殿を守る兵)。❷役所。つかさ。例 官衙《カンガ》。国衙《コクガ》(=国司の役所)。

行 9

【衝】

15画 3055 885D 常用

音 ショウ 漢　訓 つ-く

筆順 ノ 彳 … 衝

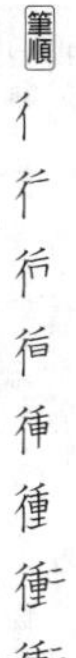

なりたち   [形声] 本字は「衝」で、「行(=いく)」と、音「童《トウ→ショウ》」とから成る。通りみち。

意味 ❶大通り。また、交通上たいせつなところ。例 要衝《ヨウショウ》。❷勢いよくぶつかる。つきあたる。つく。例 衝撃《ショウゲキ》。衝動《ショウドウ》。衝突《ショウトツ》。

難読 衝立《ついたて》・衝重《ついがさね》

人名 つぎ・みち

【衝撃《ショウゲキ》】一(名・する) 激しくつきあたって、はね返る強い力。ショック。例 衝突《ショウトツ》の—で投げ出される。二(名) 物体や精神に急に加えられる激しい力。ショック。例 —的な告白。—をあたえる。

【衝天】《ショウテン》（名・する）天をつくほど勢いのさかんなこと。例意気—（=元気がさかんで天をもつくほどである）。

【衝動】《ショウドウ》①強く心をつき動かすこと。例世に—をあたえた事件。②とつぜん何かをしたくなって理性ではどうにもおさえられない心の動き。例—買い。—にかられる。

【衝突】《ショウトツ》（名・する）①動いているものがぶつかること。例正面—をする。②立場や意見の異なる者が対立したり、争ったりすること。例意見の—（=くいちがい）はしかたがない。
●緩衝《カンショウ》・折衝《セッショウ》

行 10
【衛】
16画
1750
885B
教育5
音エイ漢 エ呉
訓まも-る・まも-り
筆順 衛

行10
【衞】
16画
7444
885E
人名
なりたち  [会意]「韋《イ》→エイ（=守る）」と「帀（=めぐりゆく）」と「行（=ならぶ）」とから成る。列を組んで巡回《ジュンカイ》しながらまもる。
意味 ❶外をとりまいて内側をまもる。まもり。例衛士《エイシ》。護衛《ゴエイ》。防衛《ボウエイ》。❷外側をまわる。例衛星《エイセイ》。❸周代、武王の弟、康叔《コウシュク》が封《ホウ》ぜられた国。（?—前二〇九）
人名 ひろ・まさ・まさる・もり・よし
【衛士】《エイシ・エジ》宮城を護衛する兵士。
【衛視】《エイシ》国会内で警護や監視《カンシ》に当たる職員。
【衛▼戍】《エイジュ》軍隊が一定の広い区域にとどまって警備すること。例—病院。
【衛生】《エイセイ》健康に注意し、病気の予防をはかること。清潔で健康な生活を維持《イジ》するように心がけること。例—学。
【衛星】《エイセイ》地球の周囲をまわる月のように、惑星《ワクセイ》の周囲をまわる星。〔地球は太陽の周囲をまわる惑星〕例人工—。
【衛兵】《エイヘイ》警備や監視《カンシ》のための兵士。番兵。
●後衛《コウエイ》・護衛《ゴエイ》・近衛《このえ》・自衛《ジエイ》・守衛《シュエイ》・親衛《シンエイ》・前衛《ゼンエイ》・直衛《チョクエイ》・防衛《ボウエイ》

行 10
【衡】
16画
2553
8861
常用
音コウ漢
訓はかり・はか-る
筆順 衡

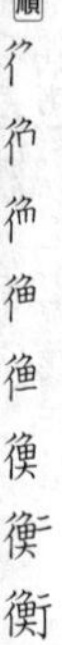

なりたち  [形声]「角（=つの）」と「大（=おおきい）」と、音「行《コウ》」とから成る。ウシが角《つの》で人を傷つけないように、横にわたす大木。

意味 ❶ウシの角《つの》に結びつけた横木《よこぎ》。❷はかりのさお。また、はかり。例度量衡《ドリョウコウ》。権衡《ケンコウ》（=はかりのおもりとさお）。❸重さをはかる。はかり。❹つりあいがとれていること。例均衡《キンコウ》。平衡《ヘイコウ》。❺よこ。同横《コウ》。例連衡《レンコウ》。

人名 たいら・ちか・ひで・ひとし・ひら・ひろ・まもる
【衡器】《コウキ》重さをはかる器具。秤《はかり》。

【衡権】《コウケン》さおばかりの、さおとおもり。

【衡度】《コウド》はかりと、ものさし。

【衡平】《コウヘイ》つりあうこと。平均すること。平衡。

行10
【衞】
16画
⇩【衛】《エイ》（886ページ）

行 18
【衢】
24画
7445
8862
音ク漢呉
訓ちまた
意味 四方に通じる大通り。四つつじ。例衢巷《クコウ》（=ちまた）。街衢《ガイク》。

145
6画
衣 ころも（衤 ころもへん）部

上半身をおおうころもの意をあらわす。「衣」が偏《ヘン》（=漢字の左がわの部分）になるときは「衤（ころもへん）（五画）」となる。「衣」をもとにしてできている漢字を集めた。

0 衣 2 表 3 衫 衷 4 袁 衿 衾 衵
衽 衰 衲 袂 衮 衷 5 袈 袞 袖 袗 袋
袒 袙 袢 被 袍 袤 袰 袮 6 裃 袿 袴
袷 裁 装 袱 裄 裂 袵 7 裔 裘 裙 裟
補 裕 裏 裝 裡 8 裹 褂 褐 裳 裾 製
裼 褄 裴 裨 裸 裲 9 褌 複 褊 褓 褒
褐 褝 10 褞 褥 褪 褫 11 襁 褶 襄 褻
褸 襃 12 襌 襆 13 襖 襟 襠 襞 14 襦
襪 15 襭 襤 16 襲 襯 17 襷 襴

この部首に所属しない漢字
初⇩刀131 哀⇩口201

衣 0
【衣】
6画
1665
8863
教育4
音イ漢 エ呉
訓ころも・きぬ
付表 浴衣《ゆかた》
筆順 衣

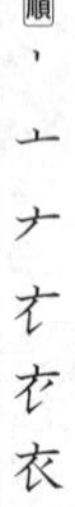

なりたち  [象形]二人をおおう形。上半身をおおうころも。

参考 一説に、着物のえりもとの形。

意味 ❶身にまとう着物。ころも。きぬ。とくに、腰《こし》から上の着物。対裳《ショウ》。例衣装《イショウ》。衣服《イフク》。❷身につける。きる。きせる。例衣錦《イキン》の栄《エイ》（=錦《にしき》を着て故郷に帰る名誉《メイヨ》）。

難読 衣通姫《そとおりひめ》・母衣《ほろ》
人名 そ・みそ
【衣冠】《イカン》①衣服とかんむり。②平安時代中期以後、朝廷《チョウテイ》で着用された略式の礼装。正式の束帯を簡略化したもの。③「②」を着用した人。官吏《カンリ》、また、貴人。

【衣魚】《イギョ》《しみ》シミ科の昆虫《コンチュウ》。シミ。体長一センチメートルほどの銀色の虫で、和紙や衣料を食いあらす。表記「紙魚」とも書く。

【衣▽桁】《イコウ》細い木をわくのように組んだ、着物をかけておく家具。衣紋《エモン》かけ。衣架《イカ》。例—にかけた着物。

【衣装】《イショウ》①衣服。とくに晴れ着。例—持ち。花嫁《はなよめ》—。②劇に出演する人が着る扮装《フンソウ》用の衣服。例—合わせ。表記▽旧衣▼裳
【衣食】《イショク》①着るものと食べるもの。衣類と食料。②生活。暮らし。例—足りて礼節を知る。

【衣帯】《イタイ》①おび。例一—水《イチイタイスイ》。②衣服とおび。

【衣鉢】《イハツ》〔「エハツ」「エハチ」とも〕①〔仏〕修行者《シュギョウジャ》のつねにたずさえるべき三衣《サンエ》（=三種の袈裟《ケサ》）と一鉢《イッパツ》（=食器）。②〔仏〕師の僧《ソウ》が仏法を伝えた弟子《デシ》にあたえる袈裟と鉢《ハチ》。例—をつぐ。③師が後継者《コウケイシャ》に伝える奥義《オウギ》。

【衣服】《イフク》身にまとい、着るもの。きもの。衣料。衣類。

【衣料】《イリョウ》①着るもの。衣服。衣類。例—品。②着物をつくる材料。

【衣糧】《イリョウ》 衣服と食糧。例被災地《ヒサイチ》に—を送る。
【衣類】《イルイ》 洋服や和服、シャツなど、着るものをまとめていうことば。衣服。衣料。例防虫剤《ボウチュウザイ》で—を虫から守る。
【▽衣紋】《エモン》 ①着物のえりの合わさるあたり。また、えりくびのあたり。えりもと。例—をつくろう。②衣服。例—かけ。③絵画や彫刻《チョウコク》で、人物像の着衣の線。
◐●産衣《うぶぎ》・直衣《のうし》・白衣《ハクイ》・単衣《ひとえ》・法衣《ホウエ》

衣2 【表】 8画 4129 8868 教育3 音ヒョウ漢呉 訓おもて・あらわ-す・あらわ-れる

筆順 一 十 キ 主 丰 表 表 表

なりたち  [会意]「衣(=ころも)」と「毛《ボウ→ヒョウ》(=け)」とから成る。皮ごろもの毛のある面。

意味 ❶ものごとの外側にあらわれた部分。おもて。対裏《リ》。例表紙《ヒョウシ》。表面《ヒョウメン》。地表《チヒョウ》。❷明らかにする。はっきりさせる。あらわす。あらわれる。例表現《ヒョウゲン》。表明《ヒョウメイ》。公表《コウヒョウ》。❸あらわし示したもの。めじるし。例表札《ヒョウサツ》。❹手本。のり。例師表《シヒョウ》。❺ことがらをわかりやすく整理して書きあらわしたもの。例図表《ズヒョウ》。統計表《トウケイヒョウ》。年表《ネンピョウ》。❻主君や上の者へ申しあげる文章。上奏文。例上表文《ジョウヒョウブン》。出師《スイシ》の表。

日本語での用法《おもて》①おおやけ。公式の。正式の。「表街道《おもてカイドウ》・表座敷《おもてザしき》・表沙汰《おもてザタ》」②たたみの外側。「畳表《たたみおもて》・備後表《ビンゴおもて》」③ある地点から見て、はなれたところの、おおやけの場所や地方。「江戸表《えどおもて》・国表《くにおもて》」④家の外。「表《おもて》で遊《あそ》ぶ」

使い分け あらわす・あらわれる【表・現・著】⇩1162ページ

使い分け おもて【表・面】⇩1165ページ

人名 あき・あきら・うわ・お・おも・きぬ・こずえ・すず・よし

【表沙汰】《おもてザタ》 ①事が表面に出て広く知れわたること。例いつのまにか—になってしまう。②是非《ゼヒ》や善悪などを、おおやけの場であつかう事件。例—にして黒白をつける。
【表意文字】《ヒョウイモジ》 一つ一つがそれぞれ単独でも、一定の意味をあらわしている文字。たとえば、漢字やヒエログリフ(=最古のエジプト文字)など。対表音文字。
【表音文字】《ヒョウオンモジ》 一つ一つが単独では、ふつう一定の音をあらわすだけの文字。ことばや意味をあらわすには、ふつう、二つもしくはそれ以上をつづり合わせて用いる。たとえば、ローマ字やかな文字、ハングル文字など。対表意文字。
【表記】《ヒョウキ》 (名・する) ①ことばを文字や記号で書きあらわすこと。例—法。②ものの表面に書くこと。例—の住所。
【表具】《ヒョウグ》 「表装」に同じ。例—師。—屋。
【表敬】《ヒョウケイ》 (名・する) 敬意をあらわすこと。例—訪問。
【表決】《ヒョウケツ》 (名・する) 議案に対する賛否の意思を明らかにして、決定すること。
【表現】《ヒョウゲン》 (名・する) 内面的・主観的な思想や感情を、表情・身ぶりやことば・音楽・絵画などの外面的・客観的な形のあるものとしてあらわすこと。また、そのあらわれた形。例造形的—。言語—。「—の自由」という武器。
【表号】《ヒョウゴウ》 一(名) めじるし。二(名・する) はっきり言うこと。例—する意志。表記▽「標号」とも書く。
【表札】《ヒョウサツ》 住んでいる人の名前を書いて、門や入り口にかかげておくふだ。表記「標札」とも書く。
【表紙】《ヒョウシ》 本など、紙をとじたもののいちばん外側につけた紙や布や革《かわ》などのおおい。
【表示】《ヒョウジ》 (名・する) ①あらわし示すこと。例意思—。②表の形で示すこと。例予算の推移を—する。
【表出】《ヒョウシュツ》 (名・する) 考えや気持ちを、ことばや表情・身ぶりなどで外にあらわすこと。例おりおりの感情を—した歌。
【表象】《ヒョウショウ》 一(名・する) 形にあらわすこと。また、その形。二(名) ①象徴《ショウチョウ》。シンボル。②〔哲〕知覚や想像、また記憶《キオク》によって、意識の中にあらわれる外界の像。感覚的で具体的なものであり、概念《ガイネン》や観念とはちがう。
【表彰】《ヒョウショウ》 (名・する) よいおこないやすぐれたはたらき、りっぱな成績などをほめたたえること。例—状。—台。
【表情】《ヒョウジョウ》 ①感情が顔つきや身ぶり・姿勢にあらわれたもの。とくに顔つき。例—にとぼしい人。②表面にあらわれる姿。例春の都会の—。
【表装】《ヒョウソウ》 (名・する) 紙や布にかかれた書画を、保存と鑑賞《カンショウ》のためにかけじく・額・びょうぶ・ふすまなどに仕立てること。表具。
【表層】《ヒョウソウ》 層がいくつにも重なっているとき、いちばん表面の層。対深層。例—なだれ。—の心理。
【表題】《ヒョウダイ》 ①表紙に書いてある書物の題。例—音楽。②講演や、演劇・作品などの題。表記▽「標題」とも書く。
【表徴】《ヒョウチョウ》 ①外にあらわれたしるし。②象徴。シンボル。
【表土】《ヒョウド》 層を成している土壌《ドジョウ》の表面の土。
【表白】 一《ヒョウハク》(名・する) 考えや感情をことばや文章にあらわして述べること。二《ヒョウビャク》(名)〔仏〕法会《ホウエ》のときに、その法会の趣旨《シュシ》をしるした文を講師《コウジ》が読み上げて、仏前に申すこと。また、その文。
【表皮】《ヒョウヒ》 動植物のからだの表面をおおっているかわ。
【表明】《ヒョウメイ》 (名・する) 意見などを人にはっきりと示すこと。例所信—。
【表面】《ヒョウメン》 ①ものの、おもての面。例月の—。②外から見える部分。外見。例—ではおちついて見える。▽対裏面。
【表面積】《ヒョウメンセキ》 立体の表面の面積。
【表裏】《ヒョウリ》 一(名) おもてと、うら。表面と裏面。例—一体。二(名・する) おもてとうらが逆になること。人に見せる面と実情がまったくちがっていること。例言動に—のある人。
◐●意表《イヒョウ》・辞表《ジヒョウ》・代表《ダイヒョウ》・発表《ハッピョウ》・別表《ベッピョウ》

衤3 【衫】 8画 7446 886B 音サン漢

意味 ❶(そで・すその短い)ひとえの着物。ころも。例青衫《セイサン》(=青い色のひとえの着物。転じて、わかもの。学生)。❷「汗衫《カンサン》」は、あせとり用の下着。ジバン。

衣3 【衷】 9画 3579 8877 常用 音チュウ漢 訓うち

筆順 一 冖 亩 声 声 衷 衷

衣4 【衷】 10画

なりたち 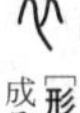 [形声]「衣(=ころも)」と、音「中《チュウ》」とから成る。内側に着るはだぎ。派生して「なかほど」の意。

意味 ❶なか。なかほど。かたよらずにちょうどよい。同中《チュウ》。例折衷《セッチュウ》。苦衷《クチュウ》。❷心のなか。まごころ。例衷情《チュウジョウ》。衷心《チュウシン》。

人名 あつ・ただ・ただし・まこと・よし

【衷情】《チュウジョウ》 心のおくそこにもっている、いつわりのない思い。衷心。例—を披瀝《ヒレキ》する。
【衷心】《チュウシン》 心のおくそこ。まごころ。衷情。例—よりお礼申し上げます。

●苦衷《クチュウ》・折衷《セッチュウ》・微衷《ビチュウ》

衣 4
【袁】 10画 7447 8881 音 エン漢

意味 ❶ころもが長いようす。❷姓《セイ》の一つ。例 袁世凱《エンセイガイ》(=清《シン》末の軍人・政治家)。

ネ 4
【衿】 9画 2262 887F 人名 音 キン漢 訓 えり

なりたち  ［形声］本字は「裣」で、「衤(=ころも)」と、音「金《キン》」とから成る。えり。

意味 (着物の)えり。同 襟《キン》。例 開衿《カイキン》。青衿《セイキン》(=青いえり。転じて、わかもの。学生)。

【衿芯】《えりシン》 衣服のえりの形を保つため、えりの中に入れるかたい布地。襟芯《えりシン》。

衣 4
【衾】 10画 7448 887E 音 キン漢 訓 ふすま

意味 ねるときにからだにかける夜具。かけぶとん。ふすま。例 同衾《ドウキン》(=同じねどこで、ともにねること)。鴛鴦《エンオウ》の衾《ふすま》(=仲むつまじい夫婦《フウフ》の寝所《シンジョ》)。

ネ 4
【衵】 9画 7450 8875 音 ジツ漢 訓 あこめ

意味 したぎ。はだぎ。例 衵服《ジップク》(=婦人用のはだぎ)。

日本語での用法 《あこめ》〔「衵」は、俗字《ゾクジ》〕①昔、男子が正装したとき、下着の上に重ねて着た衣服。②昔、婦人や童女が用いた、はだぎ。

ネ 4
【衽】 9画 7451 887D 音 ジン漢 ニン呉 訓 おくみ・えり

ネ 6
［袵］ 11画 7452 88B5 別体字

意味 ❶着物の前えりからすそまでにつける、はばのせまい布。おくみ。また、えり。例 左衽《サジン》。❷しきもの。ねどこ。例 衽席《ジンセキ》(=しきもの。また、ねどこ)。

衣 4
【衰】 10画 3174 8870 常用 音 一スイ漢呉 二サイ漢 訓 おとろ-える

筆順 

なりたち  ［象形］草で作った雨具《あまグ》の形。派生して「おとろえる」の意。

意味 一《スイ》 勢いや力が弱くなる。おとろえる。年をとる。例 衰弱《スイジャク》。盛衰《セイスイ》。老衰《ロウスイ》。二《サイ》 喪服《もフク》。例 斬衰《ザンサイ》(=裁《た》ったままで、ふちをぬわない喪服)。

【衰運】《スイウン》 おとろえていくなりゆき。くだり坂の運命。対 盛運《セイウン》。例 ―に向かう。

【衰残】《スイザン》 おちぶれてすっかり弱ってしまうこと。例 ―の姿。

【衰弱】《スイジャク》 (名・する) おとろえよわること。

【衰世】《スイセイ》 おとろえた時代。対 盛世《セイセイ》。

【衰勢】《スイセイ》 おとろえていく自然のなりゆき。衰運。

【衰退】《スイタイ》 (名・する) おとろえて活気がなくなること。例 国力が―した。表記 旧 衰▼頽

【衰年】《スイネン》 老いて、体力や知力のおとろえた年齢《ネンレイ》。老年。

【衰微】《スイビ》 (名・する) 勢力がおとろえて弱くなること。

【衰亡】《スイボウ》 (名・する) おとろえてほろびること。例 幕府の―。

【衰滅】《スイメツ》 (名・する) おとろえて絶滅すること。衰亡。

【衰老】《スイロウ》 (名・する) 年をとって、からだが弱ること。また、からだの弱った老人。老衰。

ネ 4
【衲】 9画 7453 8872 音 ドウ漢 ノウ呉 訓 おぎな-う・ころも・つづ-る・つづ-れ

意味 ❶衣服をつぎあわせる。❷僧衣《ソウイ》。〔端切《はぎ》れをつぎあわせて作ったことから〕例 衲衣《ノウエ》(=僧衣)。❸僧侶《ソウリョ》のこと。例 衲子《ノウス・ノッス》(=僧)。衲僧《ノウソウ》(=僧)。

ネ 4
【袂】 9画 7454 8882 音 ベイ漢 訓 たもと

意味 そで。たもと。例 袂別《ベイベツ》(=たもとを分かつ。わかれる)。

衣 4
［衮］ 10画 ⇩【袞】《コン》(888ページ)

衣 4
【衷】 10画 ⇩【衷】《チュウ》(887ページ)

衣 5
【袈】 11画 2322 8888 人名 音 カ漢 ケ呉

なりたち ［形声］「衣(=ころも)」と、音「加《カ》」とから成る。

意味 「袈裟《ケサ》」は、僧侶《ソウリョ》の衣服の上にかける布。

人名 けさ

【袈▼裟】《ケサ》 〔仏〕〔梵語《ボンゴ》の音訳〕僧《ソウ》が衣《ころも》の上に、左のかたから右のわきにかけてまとう長方形の布。

衣 5
【袞】 11画 7449 889E 音 コン漢 訓 もすそ

衣 4
［衮］ 10画 ― 886E 別体字

意味 天子が着る、竜《リュウ》の刺繍《シシュウ》をほどこした礼服。例 袞衣《コンイ》。袞冕《コンベン》。

【袞衣】《コンイ》 天子の礼服。

【袞▼冕】《コンベン》 天子の礼服と礼装用の冠《かんむり》。

ネ 5
【袖】 10画 3421 8896 常用 音 シュウ漢 訓 そで

筆順 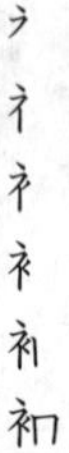

なりたち  ［形声］「衤(=ころも)」と、音「由《ユウ→シュウ》」とから成る。そで。

意味 ❶衣服の、かたからうでの部分。そで。例 鎧袖一触《ガイシュウイッショク》。❷そでの中にものを入れる。例 袖手《シュウシュ》。袖珍本《シュウチンボン》。

【袖手】《シュウシュ》 (名・する) 手をそでに入れて、何もしないでいること。ふところで。類 拱手《キョウシュ》。

【袖手傍観】《シュウシュボウカン》 (名・する) 何もしないで、そばで見ていること。なりゆきにまかせていること。類 拱手《キョウシュ》傍観。

【袖珍】《シュウチン》 「袖珍本」の略。そでやポケットにはいるほど小型の、便利な書物。

【袖垣】《そでがき》 門や建物の出入り口などの左右につくったかき。

●小袖《こそで》・筒袖《つつそで》・長袖《ながそで》・半袖《ハンそで》・領袖《リョウシュウ》

ネ 5
【衫】 10画 7455 8897 音 シン漢 訓 ひとえ・みどり

ネ 5
［袮］ 10画 7457 88AE 別体字

意味 ❶ひとえの着物。❷ぬいとりをする。また、ぬいとりをした、はなやかな衣服。例 衫衣《シンイ》(=ぬいとりをしてかざった衣服)。

参考 異体字「袮」は、「祢《ネ》」の誤字ともされる。〔示(礻)偏《しめすヘン》の「祢」とすべきところを、衣(衤)偏《ころもヘン》にしたもの〕

衣 5 【袋】 11画 3462 888B 常用 音 テイ(慣)タイ(漢) 訓 ふくろ 付表 足袋《たび》

筆順 亻 亻 代 代 代 袋 袋 袋

なりたち [形声] 本字は「帒」で、「巾(=ぬの)」と、音「代《タイ》」とから成る。ぬのぶくろ。

意味 布・皮・紙などでできたいれもの。ふくろ。例 香袋《コウぶくろ》。郵袋《ユウタイ》。

日本語での用法 《ふくろ》 片側だけあいていて、出口のない状態。「袋小路《ふくろこうじ》」

難読 薬袋《みない》

【袋▽小路】《ふくろこうじ》 ①行き止まりになっている小路。②ものごとが行きづまること。例 ―にはいって進退に苦しむ。

● 紙袋《かみぶくろ》・堪忍袋《カンニンぶくろ》・知恵袋《チエぶくろ》・手袋《てぶくろ》・天袋《テンぶくろ》・寝袋《ねぶくろ》・熨斗袋《のしぶくろ》・風袋《フウタイ》・福袋《フクぶくろ》・布袋《フタイ／ホテイ》

衤 5 【袒】 10画 7456 8892 音 ㊀タン(漢) ㊁タン(漢)ダン(呉) 訓 あらわ-す・かたぬ-ぐ・はだぬ-ぐ

意味 ㊀《タン》 ころもがほころびる。同 綻《タン》。㊁《タン／ダン》 ❶衣服をぬいで上半身はだかになる。はだぬぐ。例 袒露《タンロ》(=はだぬぎして、はだをあらわにする)。❷片方だけ、はだぬぎになる。かたぬぐ。例 右袒《ウタン》(=右の片はだをぬぐ)。左袒《サタン》(=左の片はだをぬぐ。同意すること)。

衤 5 【袙】 10画 7458 8899 音 ハ・バツ(漢) 訓 あこめ

意味 ❶室内をしきるたれ布。とばり。❷はちまき。また、武人がつけた頭巾《ズキン》。

日本語での用法 《あこめ》 「衵」の俗字《ゾクジ》として使う。

衤 5 【袢】 10画 7459 88A2 音 ハン(漢)

意味 夏に着る白い下着。はだぎ。あせとり。例 襦袢《ジュバン》。

衤 5 【被】 10画 4079 88AB 常用 音 ヒ(漢)(呉) 訓 こうむ-る・おお-う・かぶ-る・かぶ-せる

筆順 ラ ネ ネ ネ 衤 衤 衤 被

なりたち [形声] 「衤(=ころも)」と、音「皮《ヒ》」とから成る。ねるときにからだにかけるころも。

意味 ❶ねまき。また、かけぶとん。❷おおいかぶせる。おおう。かぶる。また、身につける。例 被服《ヒフク》。❸うける。こうむる。例 被災《ヒサイ》。被弾《ヒダン》。被爆《ヒバク》。❹かみの毛をゆわないで、ばらばらのままにする。例 被髪《ヒハツ》。❺〔助字〕「る」「らる」と読み、…されるの意。受け身をあらわす。例 頼朝被レ執《よりともとらえらる》(=頼朝はつかまった)。

人名 かず・けさ・ます

【被害】《ヒガイ》 ①自然災害によって害を受けること。例 台風による―。②他人にけがをさせられたり、損をさせられたりすること。

【被害者】《ヒガイシャ》 ①災害によって害を受けた人。②他人から危害や損害を受けた人。対 加害者。

【被告】《ヒコク》 民事訴訟《ソショウ》・行政事件訴訟などで裁判所にうったえられた側。対 原告。

【被告人】《ヒコクニン》 刑事《ケイジ》訴訟で裁判にかけられている人。

【被災】《ヒサイ》 (名・する) 災害にあうこと。地震《ジシン》・台風・火事・戦争などのため損害を受けること。例 地震の―者。

【被子植物】《ヒシショクブツ》 種子植物のうち、胚珠《ハイシュ》が子房《シボウ》に包まれているもの。対 裸子《ラシ》植物。

【被写体】《ヒシャタイ》 写真にうつされる対象となるもの。

【被弾】《ヒダン》 (名・する) 銃砲《ジュウホウ》のたまを受けること。例 機体に―する。

【被▼曝】《ヒバク》 (名・する) 放射線や有害な化学物質にさらされること。例 原子力研究所の―事故。

【被爆】《ヒバク》 (名・する) 爆撃《バクゲキ》を受けること。とくに、原子爆弾《バクダン》の害を受けること。例 ―者。広島で―した人人。

【被髪】《ヒハツ》 ばらばらに乱れた髪。ざんばら髪。野蛮《ヤバン》な風俗をいう。例 ―左衽《サジン》(=野蛮な風俗)。

【被風】《ヒフ》 和風のコート。前身ごろの左右の打ち合わせが深く、えりもとを四角にあけ、ひもでとめる。もと茶人や僧《ソウ》などが用いた。表記 「被布」とも書く。

【被服】《ヒフク》 衣類。衣服。例 ―費がかかる。

【被覆】《ヒフク》 〔「ヒフウ」とも〕 (名・する) おおいかぶせてあって、ものの表面が露出《ロシュツ》しないようにすること。例 ―線。

【被膜】《ヒマク》 表面をおおっている膜。例 フロントガラスに―ができる。

● 光被《コウヒ》・法被《ハッピ》

衤 5 【袍】 10画 7460 888D 音 ホウ(漢)ボウ(呉) 訓 わたいれ

意味 ❶中に綿のはいった、すその長い衣服。わたいれ。❷古くは、下着。❸うわぎ。例 袍衣《ホウイ》(=うわぎ)。竜袍《リュウホウ》(=天子の着るうわぎ)。闕腋《ケッテキ》の袍《ホウ》(=平安時代の男子が正装したときの、両わきをぬいつけてない、うわぎ)。

衣 5 【袤】 11画 7461 88A4 音 ボウ(漢) 訓 なが-い・ひろ-い

意味 南北の距離《キョリ》。長さ。対 広《コウ》。例 袤広《ボウコウ》(=南北の長さと東西の長さ)。延袤《エンボウ》(=延長)。広袤《コウボウ》(=土地のひろさ)。

衣 5 【袰】 11画 7462 88B0 国字 訓 ほろ

意味 よろいの上にかけて矢を防いだ布製の大きなふくろ。

衤 5 [袮] 10画 ⇩【袗】《シン》(888ページ)

衤 6 【裃】 11画 7465 88C3 国字 訓 かみしも

意味 江戸《えど》時代の武士の礼服で、肩衣《かたぎぬ》と袴《はかま》がひとそろいになったもの。

衤 6 【袿】 11画 7463 88BF 音 ケイ(漢) 訓 うちかけ・うちぎ

意味 婦人が礼服の上から着たうわぎ。

日本語での用法 《うちぎ》 〔「うちき」とも〕 平安時代の男子の狩衣《かりぎぬ》や直衣《のうし》の下に着た衣服。また、女性は唐衣《からぎぬ》の下に着た。「袿袴《うちぎはかま》」

衤 6 【袴】 11画 2451 88B4 人名 音 コ(漢) 訓 はかま

意味 ❶ゆったりとしたズボン。❷また。同 股《コ》。例 出二我袴下一《わがコカよりいでよ》(=おれの、またをくぐってみろ)。〈史記《シキ》〉

日本語での用法 《はかま》 ①着物の上にはいて、下半身をおおう、ひだのあるゆるい和服。「羽織袴《はおりはかま》の正装《セイソウ》」②植物のくきのつぎ目をおおう皮。「ツクシの袴《はかま》」③筒《つつ》状

—のものの下半部を入れて安定させるうつわ。「徳利《トクリ》の袴《はかま》・ビール瓶《ビン》の袴《はかま》」

ネ 6

【袷】

11画 1633 88B7

音 一 コウ漢呉 二 キョウ漢 訓 あわせ

意味 一《コウ》 裏地《うらジ》のついた着物。あわせ。例 袷衣《コウイ》（＝裏地をつけた着物）。二《キョウ》 着物の胸で合わせる、えり。衣紋《エモン》。

衣 6

【裁】

12画 2659 88C1 教育6

音 サイ漢 ザイ呉 訓 た-つ・さば-く

筆順 

なりたち  [形声]「衣（＝ころも）」と、音「𢦏《サイ》」とから成る。布をたちきって衣を仕立てる。

意味 ❶衣服を作るために布を切る。たつ。例 裁衣《サイイ》（＝布をたち衣服をつくる）。裁断《サイダン》。裁縫《サイホウ》。❷よしあしを決める。処置する。さばく。さばき。例 裁決《サイケツ》。裁判《サイバン》。制裁《セイサイ》。❸切りととのえた、かたち。ようす。例 体裁《テイサイ》。

使い分け たつ【断・絶・裁】⇩1172ページ

難読 裁尺《ものさし》

【裁可】《サイカ》（名・する）君主が臣下の提出する案を判断して許可すること。

【裁決】《サイケツ》（名・する）①いいか悪いかを判断してきめること。例 —流るるごとし。②行政機関が審査請求《シンサセイキュウ》に対し判断をくだすこと。

【裁断】《サイダン》（名・する）①型紙に合わせて布を切ること。カッティング。②ことがらの理非や善悪を決めること。

【裁定】《サイテイ》（名・する）当否を判断して決めること。例 仲裁《チュウサイ》—。

【裁判】《サイバン》（名・する）①ものごとの是非《ゼヒ》や善悪などを判定すること。例 課長に—してもらおう。②司法機関が、訴訟《ソショウ》について法律にもとづき判断し、意思を示すこと。例 —で争う。—沙汰《ザタ》にしなくてもよいのに。—員。

【裁判官】《サイバンカン》 裁判所で、裁判事務を担当する国家公務員。すべての権力から独立し、憲法・法律のみに拘束され、良心に従い職権を行使する。

【裁判所】《サイバンショ》 ①裁判をおこなう国家機関。最高裁判所・高等裁判所・地方裁判所・家庭裁判所・簡易裁判所をいう。②裁判をおこなう場所。

【裁縫】《サイホウ》（名・する）布をたち、ぬい合わせて衣服や寝具《シング》を仕立てること。

【裁量】《サイリョウ》（名・する）ものごとを判断し処理すること。

●決裁《ケッサイ》・制裁《セイサイ》・総裁《ソウサイ》・断裁《ダンサイ》・仲裁《チュウサイ》・体裁《テイサイ》・独裁《ドクサイ》・洋裁《ヨウサイ》・和裁《ワサイ》

衣 6

【装】

12画 3385 88C5 教育6

音 ソウ漢 ショウ呉 訓 よそお-う

衣 7

【裝】

13画 7470 88DD 人名

筆順 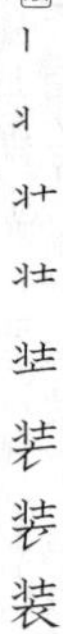

なりたち  [形声]「衣（＝ころも）」と、音「壯《ソウ》」とから成る。衣服でからだをつつむ。

意味 ❶身じたくをする。かざる。よそおう。よそおい。例 装束《ショウゾク》。衣装《イショウ》。服装《フクソウ》。❷とりつける。ととのえる。例 装置《ソウチ》。新装《シンソウ》。

【装束】《ショウゾク》〔古くは「ソウゾク」とも〕 一（名・する）衣服をととのえて着ること。二（名）儀式《ギシキ》や、もよおし物のための特別の服装。例 白《しろ》—。能—。

【装画】《ソウガ》 書物などの装丁《ソウテイ》用の絵。

【装具】《ソウグ》 ①武装や作業のために身につける道具。例 登山の—。②装飾《ソウショク》に用いる道具。例 室内—。

【装甲】《ソウコウ》（名・する）①よろいを着て身をかためること。②防弾《ボウダン》のため、車体や船体に鋼鉄板を張ること。例 —車が出動する。

【装飾】《ソウショク》（名・する）美しくかざること。例 —品。

【装弾】《ソウダン》（名・する）銃砲《ジュウホウ》に弾丸をこめること。

【装置】《ソウチ》（名・する）ある目的のための設備を取り付けること。また、その設備。例 安全—。舞台《ブタイ》—。

【装着】《ソウチャク》（名・する）①身につけること。例 防護マスクを—する。②付属品などを取り付けること。例 タイヤにチェーンを—する。

【装丁】《ソウテイ》（名・する）①本に表紙をつけること。②本の表紙やケースなどのデザインを考えること。また、そのデザイン。表記 ▽旧 装▼釘・装▼幀 参考「装▼幀《ソウテイ／ソウトウ》」は、本来、布地に絵をはりつけること。

【装▼幀】《ソウテイ／ソウトウ》「装丁」に同じ。

【装塡】《ソウテン》（名・する）①弾丸《ダンガン》を銃砲《ジュウホウ》にこめること。②カートリッジやフィルムを器械に入れること。

【装備】《ソウビ》（名・する）①兵器を取り付けること。また、兵器を身につけて持つこと。例 一六インチ砲《ホウ》を—した戦艦《センカン》。②登山などで、必要な衣服や用具を身につけること。例 重—で出かける。

●衣装《イショウ》・改装《カイソウ》・仮装《カソウ》・軍装《グンソウ》・正装《セイソウ》・塗装《トソウ》・服装《フクソウ》・武装《ブソウ》・変装《ヘンソウ》・包装《ホウソウ》・舗装《ホソウ》・洋装《ヨウソウ》・礼装《レイソウ》・和装《ワソウ》

ネ 6

【袱】

11画 7464 88B1

音 フク漢 訓 ふくさ

意味 ものを包んだりおおったりする布。ふくさ。例 袱紗《フクサ》。

【袱▼紗】《フクサ》 ①小形の絹やちりめんのふろしき。例 —で包む。②茶の湯で、道具をぬぐったり、茶器の下に敷《し》いたりする絹の小さい布。例 —さばき。表記 ▽「▼帛▼紗・服▼紗」とも書く。

ネ 6

【裄】

11画 7466 88C4 国字

訓 ゆき

意味 和服の背の中心のぬい目から袖口《そでぐち》までの長さ。例 裄丈《ゆきたけ》（＝和服のゆきと、たけ。また、ゆきの長さ）。

衣 6

【裂】

12画 4686 88C2 常用

音 レツ漢 訓 さ-く・さ-ける・きれ

筆順 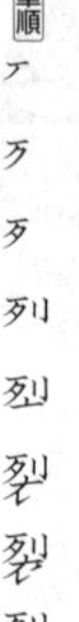

なりたち  [形声]「衣（＝ころも）」と、音「列《レツ》」とから成る。きぬおりものの切れはし。

意味 ❶布の切れはし。また、布地を引きさく。さく。例 裂帛《レッパク》。❷やぶれる。ばらばらになる。さける。また、さけめ。例 裂傷《レッショウ》。亀裂《キレツ》。支離滅裂《シリメツレツ》。

使い分け さく【裂・割】⇩1169ページ

【裂果】《レッカ》 熟すると果皮がはじけて種子を散らす果実。たとえば、ダイズ・エンドウ・アサガオなど。裂開果。

【裂傷】《レッショウ》 皮膚《ヒフ》がさけてできる、きず。

【裂▼帛】《レッパク》〔帛《きぬ》をさく意〕するどく高いさけび声や女性の悲鳴の形容。例 —の気合。—のさけび声。

●亀裂《キレツ》・決裂《ケツレツ》・炸裂《サクレツ》・四分五裂《シブンゴレツ》・支離滅裂《シリメツレツ》・断裂《ダンレツ》・爆裂《バクレツ》・破裂《ハレツ》・分裂《ブンレツ》

ネ 6 【衹】 11画 ⇩【衽】《ジン》(888ページ)

衣 7 【裔】 13画 7467 88D4 音 エイ(漢)(呉) 訓 すそ・すえ

意味 ❶衣服の下のへりの部分。すそ。❷あとつぎ。子孫。すえ。例 裔孫《エイソン》(=末の子孫)。後裔《コウエイ》。末裔《マツエイ》。❸中央から遠いところ。はて。辺境。

衣 7 【裘】 13画 7468 88D8 音 キュウ(漢) 訓 かわごろも

意味 けものの皮で作った衣服。かわごろも。例 裘葛《キュウカツ》(=冬服のかわごろもと、夏服のかたびら。夏と冬。転じて、一年間)。狐裘《コキュウ》。

【裘褐】《キュウカツ》 けものの毛皮で作る服と、あらい毛織りの衣服。防寒用の衣服。また、そまつな衣服。

ネ 7 【裙】 12画 7469 88D9 音 クン(漢) 訓 すそ・つま・はかま・も・もすそ

意味 ❶えりあて。えり。❷下半身をおおう衣服。下裳《カショウ》。もすそ。も。例 裙帯《クンタイ》。紅裙《コウクン》(=あかい色のもすそ。美女)。

【裙帯】《クンタイ》 もすその帯ひも。また、もすそと帯ひも。

衣 7 【裟】 13画 2632 88DF 人名 音 サ(漢) シャ(呉)

なりたち [形声]「衣(=ころも)」と、音「沙《サ》」とから成る。

意味 梵語《ボンゴ》の音訳。「袈裟《ケサ》」は、僧侶《ソウリョ》が衣服の上にかける布。

ネ 7 【補】 12画 4268 88DC 教育6 音 ホ(漢) フ(呉) 訓 おぎな-う

筆順 ラ ネ ネ ネ 袻 補 補 補

なりたち 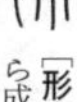 [形声]「ネ(=ころも)」と、音「甫《フ⋯▼ホ》」とから成る。衣服をつくろう。

意味 ❶足りない部分をうめる。つくろう。直す。おぎなう。例 補完《ホカン》。補欠《ホケツ》。補修《ホシュウ》。❷たすける。たすけ。例 補佐《ホサ》。補助《ホジョ》。❸官職をさずける。例 補任《ホニン》。

人名 さだ・すけ・たすく

【▽補▼陀落】《フダラク》〔梵語《ボンゴ》の音訳〕〔仏〕南インドの海岸にあって観世音菩薩《カンゼオンボサツ》の住むところと信じられた霊山《レイザン》。〔日本では那智《なち》の山や日光《ニッコウ》の二荒山《ふたらサン》、また足摺岬《あしずりみさき》などと考えられた〕表記「普▼陀落」とも書く。

【補遺】《ホイ》 書きもらしたことがらを、あとからおぎなうこと。また、おぎなったもの。例 辞典に―を付ける。

【補角】《ホカク》〔数〕ある角に加えると一八〇度になる角。たとえば、四〇度の補角は一四〇度。

【補完】《ホカン》(名・する)不十分なところをおぎなって完全にすること。

【補記】《ホキ》(名・する)あとからおぎなって書くこと。また、その文章。例 ―を加えて完結した。

【補給】《ホキュウ》(名・する)消費して不足するものを供給すること。例 生活物資を―する。

【補強】《ホキョウ》(名・する)弱い部分や足りない部分をおぎなって強化すること。例 堤防《テイボウ》を―する。

【補欠】《ホケツ》 欠員をおぎなうこと。また、欠員をおぎなう予定で選ばれた人。例 ―選挙。―入学。

【補語】《ホゴ》〔英語 complement の訳語〕英文法などで、動詞の叙述《ジョジュツ》をおぎなうはたらきをすることば。

【補講】《ホコウ》(名・する)正規の時間以外に、おぎなってする講義。例 休講の分を―する。

【補佐】《ホサ》(名・する)ある人の仕事の手助けをすること。また、その役の人。例 課長―。学長を―する。表記 (旧)▼輔佐

【補作】《ホサク》(名・する)完成したものに、さらに別の手でおぎなって、よりよいものをつくること。例 台座の部分を―する。

【補修】《ホシュウ》(名・する)こわれたところや不十分なところに、手入れして直すこと。例 ―工事。少し―した跡《あと》がある。

【補習】《ホシュウ》(名・する)学校で学習の不足をおぎなうため、正規の授業以外に特別に授業すること。また、その授業。

【補充】《ホジュウ》(名・する)足りなくなった分をおぎなってみたすこと。例 欠員を―する。

【補助】《ホジョ》(名・する)足りない分をおぎないたすけること。例 ―金。―席。表記 (旧)▼輔助

【補償】《ホショウ》(名・する)あたえた損害のうめあわせをすること。例 損害を―する。

【補色】《ホショク》 二つの色をまぜたとき、光では白色光、絵の具では灰色となる関係にある色。また、その二色の関係。赤に対する青・緑など。

【補正】《ホセイ》(名・する)不足をおぎなって、ふつごうな部分は直すこと。例 ―予算。

【補整】《ホセイ》(名・する)足りないところをおぎなって整備すること。例 画面のきずを―する。

【補説】《ホセツ》(名・する)説明をつけ加えること。また、その説明。例 前の著書を―する。

【補繕】《ホゼン》(名・する)足りない部分をおぎない、こわれた部分を直すこと。例 長い航海を終わって船体を―する。

【補足】《ホソク》(名・する)足りない部分をおぎなうこと。例 説明を―する。

【補注】《ホチュウ》 説明不足のところや、簡略に述べたことをおぎなって、つける注釈《チュウシャク》。表記 (旧)補▼註

【補聴器】《ホチョウキ》 聴覚に障害を生じた人が、音を大きくして聞くために使う器具。

【補訂】《ホテイ》(名・する)著作物を部分的におぎなったり、訂正したりすること。例 師の遺著を―する。

【補填】《ホテン》(名・する)不足分をおぎない、うめること。例 赤字を―する。

【補導】《ホドウ》(名・する)正しい方向に向かうようにみちびくこと。例 盛《さか》り場で深夜まで遊ぶ少年を―する。表記 (旧)▼輔導

【補任】《ホニン》〔「ブニン」とも〕官職をさずけること。

【補▼弼】《ホヒツ》(名・する)①君主を補佐《ホサ》すること。②明治憲法で、天皇の権限行使について国務大臣が助けること。表記 ▽(旧)▼輔▼弼

【補筆】《ホヒツ》(名・する)足りないところをおぎなって、あとから書き加えること。例 子の作文を親が―する。

●候補《コウホ》・増補《ゾウホ》・追補《ツイホ》

ネ 7 【裕】 12画 4521 88D5 常用 音 ユウ(漢) 訓 ゆた-か

筆順 ラ ネ ネ ネ 衤 衤 衤 裕

なりたち 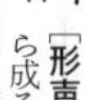 [形声]「ネ(=ころも)」と、音「谷《コク⋯▼ユウ》」とから成る。衣服がゆたかにある。

意味 ❶ものがじゅうぶんにある。ゆとりがある。ゆたか。例 裕福《ユウフク》。富裕《フユウ》。❷ゆったりとしている。心がひろい。例 寛裕《カンユウ》(=心がひろい)。

人名 すけ・たか・たかし・ひろ・ひろし・まさ・みち・やす・やすし

【裕福】《ユウフク》(名・形動《ナダ》)豊かで幸福そうであること。例 ―に

暮らす。

衣 7
【裏】
13画 4602 88CF 教育6
音 リ 漢 呉
訓 うら・うち
筆順 亠 亠 亩 亩 重 重 重 裏 裏

衤 7
[裡]
12画 4603 88E1 人名 別体字
なりたち [形声]「衣(=ころも)」と、音「里《リ》」とから成る。ころもの内側。
意味 ❶外にあらわれない、かくれたほうのがわ。うら。㊀表《ヒョウ》。例 裏側《うらがわ》。裏面《リメン》。表裏《ヒョウリ》。❷なか。心のうち。うち。例 胸裏《キョウリ》。脳裏《ノウリ》。❸ある状態のうちに。例 暗暗裏《アンアンリ》。秘密裏《ヒミツリ》。

日本語での用法 《うら》①一定の回数をきめて必ず攻守が交代する方式の試合で、あとのほう。「九回《キュウカイ》の裏《うら》の攻撃《コウゲキ》」②うらづけ。「申《もう》し立《た》ての裏《うら》を取《と》る」③反対。さかさま。「裏表《うらおもて》になる」

【裏方《うらかた》】①演劇で、舞台《ブタイ》うらで働く人。道具方や衣装方《イショウかた》など。②表面に出ない協力者。例 選挙戦の―を務める。③貴人の妻。とくに本願寺法主《ホッス》の夫人。

【裏金《うらがね》】商取引で、正規のしはらい以外に、内密に受けわたしするお金。例 ―が動く。

【裏側《うらがわ》】うらのほう。かくれている面。裏面《リメン》。

【裏声《うらごえ》】自然には出ない高音部を、特別な発声法で出す声。スイスのヨーデルなどの歌い方。ファルセット。

【裏作《うらサク》】主となる作物の収穫《シュウカク》のあと、次の作付けまでその耕地につくるほかの作物。例 ―に野菜をつくる。

【裏白《うらじろ》】①ウラジロ科のシダ植物。葉のうらが白く、正月のかざりに使う。②うらや底の白いこと。例 ―で印刷する。

【裏面《リメン》】①もののうらがわ。例 紙の―。②外部にあらわれない、ものごとのかげの部分。例 ―工作。▽㊀表面。
●禁裏《キンリ》・庫裏《クリ》・内裏《ダイリ》・表裏《ヒョウリ》・舞台裏《ブタイうら》

衣 7
【装】13画 ⇩【装】《ソウ》(890ページ)

衤 7
[裡] 12画 ⇩【裏】《リ》(892ページ)

衣 8
【裹】
14画 7471 88F9
音 カ 漢
訓 つつ-む
意味 すっぽりおおってくるむ。つつむ。例 裹頭《カトウ》(=あたまを布でつつむ)。
難読 家裏《いえづと》

衤 8
【褂】
13画 7472 8902
音 カイ 漢 ケ 呉
訓 うちかけ
意味 衣服の上にはおる上着《うわぎ》。清《シン》代の礼服の一つ。

衤 8
【褐】
13画 1976 8910 常用
音 カツ 漢
訓 ぬのこ
筆順 衤 衤 衤 衤 衵 衵 褐 褐 褐

衤 9
【褐】
14画 1-9179 FA60
なりたち [形声]「衤(=ころも)」と、音「曷《カツ》」とから成る。アサを編んで作った、たび。また、目のあらい布で作ったそまつな衣服。
意味 ❶あらい毛や、あらい繊維《センイ》で織った、そまつな衣服。ぬのこ。また、それを着るような身分の低い人。貧しい人。例 短褐《タンカツ》。❷黒ずんだ黄色。こげ茶色。例 褐色《カッショク》。

日本語での用法 《かち》濃《こ》い藍《あい》色。かちいろ。「褐《かち》の直垂《ひたたれ》」

【褐色《カッショク》】やや黒みをおびた茶色。例 ―の肌《はだ》。

【褐藻《カッソウ》】褐色をおびた海藻。コンブ・ワカメ・ヒジキなど。

衣 8
【裳】
14画 3056 88F3 人名
音 ショウ 漢
訓 も・もすそ
意味 ❶こしから下につける衣服。も。もすそ。㊀衣《イ》。例 衣裳《イショウ》(=着物のこしから上が「衣」で、こしから下が「裳」)。❷「裳裳《ショウショウ》」は、りっぱでさかんなようす。美しいようす。
難読 裳着《もぎ》・御裳濯川《みもすそがわ》・裳階《もこし》・裳層《もこし》
【裳裾《もすそ》】裳(=下半身につける衣服)のすそ。また、着物のすそ。例 ―をぬらす。

衤 8
【裾】
13画 3194 88FE 常用
音 キョ 漢
訓 すそ
筆順 衤 衤 衤 衤 衤 衤 裾 裾 裾
なりたち [形声]「衤(=ころも)」と、音「居《キョ》」とから成る。衣服の前襟。
意味 ❶衣服の前えり。また、後ろえり。❷衣服の下の部分。すそ。例 裾模様《すそモヨウ》。

日本語での用法 《すそ》ものの、下のほうの部分。「裾刈《すそがり》・裾野《すその》・山裾《やますそ》」

【裾▽濃《すそご》】上の方をあわく、下にいくにつれて濃《こ》くした染め方。

【裾野《すその》】大きな山のふもとの、ゆるやかに傾斜《ケイシャ》して遠くまでのびている野原。例 富士の―。

【裾模様《すそモヨウ》】婦人用の和服のすそにつけた模様。また、その和服。礼服や訪問着などに用いる。例 友禅《ユウゼン》の―。

【裾綿《すそわた》】和服のすその部分に綿を入れること。

衣 8
【製】
14画 3229 88FD 教育5
音 セイ 漢 呉
訓 つく-る
筆順 𠂉 𠂉 牛 制 制 製 製 製 製
なりたち [形声]「衣(=ころも)」と、音「制《セイ》」とから成る。布を切って衣服をつくる。
意味 ❶衣服をしたてる。❷ものをつくる。こしらえる。例 製紙《セイシ》。製鉄《セイテツ》。製本《セイホン》。官製《カンセイ》。土製《ドセイ》。❸文章をかく。例 製詩歌《シイカ》をつくる。例 御製《ギョセイ》。
人名 のり

【製材《セイザイ》】(名・する)原木を切って板や角材にすること。

【製剤《セイザイ》】(名・する)薬剤を製造すること。また、製品とした薬品。製薬。

【製作《セイサク》】(名・する)①道具や機械を使って品物をつくること。例 ―所。②書物や劇などをつくること。↓【制作《セイサク》】(136ページ)

【製糸《セイシ》】①糸をつくること。②まゆから生糸《きいと》をとること。

【製紙《セイシ》】紙をつくること。例 ―工場。

【製造《セイゾウ》】(名・する)物をつくること。とくに、原料を加工して多くの品物をつくること。例 ―過程。

【製鉄《セイテツ》】鉄鉱石《テッコウセキ》をとかして、銑鉄《センテツ》をつくること。

【製版《セイハン》】(名・する)活字を組んで版にすること。また、印刷用の版をつくること。

【製粉《セイフン》】(名・する)穀物をひいてこなにすること。とくに、小麦粉をつくること。例 小麦を―する。

【製法《セイホウ》】製造する方法。つくり方。例 ―に工夫《クフウ》がある。

【製本《セイホン》】(名・する)印刷物や紙などをとじて表紙をつけ、本

の形にすること。

【製錬《セイレン》】(名・する) 鉱石から金属を取り出して、まじりけのないものにすること。[例] 鋼鉄《コウテツ》を—する。[表記]「製▼煉」とも書く。
○●官製《カンセイ》・既製《キセイ》・作製《サクセイ》・上製《ジョウセイ》・精製《セイセイ》・粗製《ソセイ》・調製《チョウセイ》・手製《てセイ》・特製《トクセイ》・複製《フクセイ》・縫製《ホウセイ》

衤8 【裼】 13画 7473 88FC 音 [一]セキ(漢) [二]テイ(漢) 訓 かたぬ-ぐ・むつき

意味 [一]《セキ》 ❶衣服をぬいで上半身はだかになる。かたぬぐ。[例] 袒裼《タンセキ》(=上着《うわぎ》をぬぐ)。❷礼法で、上着を開いて内側のころもを露出《ロシュツ》する。[二]《テイ》 赤んぼうに着せる着物。うぶぎ。

衤8 【褄】 13画 7477 8904 国字 訓 つま

意味 〔「端《つま》」の意〕着物のすその左右のはしの部分。また、えり先から下の部分。[例] 褄先《つまさき》。辻褄《つじつま》を合《あ》わせる。

衣8 【裴】 14画 7474 88F4 音 ハイ(漢)

意味 ❶ころものすそを長く引くようす。すそが長い衣服。❷ぶらぶらあてもなく歩き回る。(同)徘《ハイ》。❸姓《セイ》の一つ。[例] 裴松之《ハイショウシ》(=南北朝の学者)。裴迪《ハイテキ》(=盛唐《セイトウ》の詩人)。

衤8 【裨】 13画 7475 88E8 音 ヒ(漢) 訓 おぎな-う・たす-ける

意味 つぎたす。おぎなう。[例] 裨益《ヒエキ》。

【裨益《ヒエキ》】(名・する) 役立って利益をあたえること。[例] 社会に—する。

【裨補《ヒホ》】(名・する) 助けおぎなうこと。[例] 脱落《ダツラク》した文章を—する。

衤8 【裸】 13画 4571 88F8 常用 音 ラ(漢)(呉) 訓 はだか

筆順 

なりたち  [形声]「衤(=ころも)」と、音「果《カ→ラ》」とから成る。衣服を身につけていない。

意味 何も身につけていない、むきだしの状態。はだか。また、はだかになる。[例] 裸体《ラタイ》。赤裸《セキラ》。全裸《ゼンラ》。

【裸一貫《はだかイッカン》】自分のからだ以外には、商売のもとでになるものは何もないこと。[例] —から大企業《ダイキギョウ》をつくりあげた。

【▽裸▽足《はだし》】①はきものをはかない足。また、それで歩くこと。[例] —でにげる。②〔「…はだし」の形で。…がはだしでにげ出す意から〕…以上にじょうずだ。顔まけ。[例] くろうと—。[表記] ▽「▼跣」とも書く。

【裸眼《ラガン》】めがねをかけないで、ものを見ること。また、その目。肉眼。〔視力についていうときのことば〕

【裸子植物《ラシショクブツ》】種子植物の一種。胚珠《ハイシュ》が子房《シボウ》で包まれずに、むき出しになっている植物。マツ・イチョウなど。(対)被子《ヒシ》植物。

【裸像《ラゾウ》】人体のはだかの彫像《チョウゾウ》。

【裸体《ラタイ》】はだか。裸身。[例] —画。—の美人。
○●赤裸《セキラ》・赤裸裸《セキララ》・全裸《ゼンラ》・半裸《ハンラ》

衤8 【裲】 13画 7476 88F2 音 リョウ(漢) 訓 うちかけ

意味 「裲襠《リョウトウ》」は、胸と背をおおう、そでのない上着《うわぎ》。うちかけ。

衤9 【褌】 14画 7478 890C 音 コン(漢) 訓 ふんどし

意味 男子の陰部《インブ》をおおいかくす、細長い布。ふんどし。[例] 犢鼻褌《トクビコン》(=ふんどし)。緊褌一番《キンコンイチバン》。褌《ふんどし》をしめる(=ふんどしをする。また、じゅうぶん用意してとりかかる)。

衤9 【複】 14画 4203 8907 教育5 音 フク(漢) 訓 ふた-たび

筆順 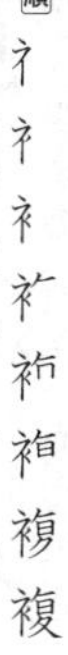

なりたち  [形声]「衤(=ころも)」と、音「复《フク》」とから成る。布を重ねた衣服。

意味 ❶裏地《うらジ》のついた衣服。あわせ。[例] 複衣《フクイ》(=あわせ)。❷かさねる。二重にする。また、かさなる。[例] 複数《フクスウ》。重複《ジュウフク・チョウフク》。❸こみいっている。[例] 複雑《フクザツ》。

【複眼《フクガン》】①昆虫《コンチュウ》や甲殻《コウカク》類で、小さな目が多数集まっている目。(対)単眼。②ものごとを単純な視点からでなく、多方面から観察すること。[例] —的な考察。

【複合《フクゴウ》】(名・する) 二つ以上のものが合わさって一つになること。[例] —汚染《オセン》。—競技。原因が—している事故。

【複合語《フクゴウゴ》】二つ以上の単語が合わさって一つの単語となったことば。「坂」と「道」で「坂道」、「取る」と「扱《あつか》う」で「取り扱う」など。

【複雑《フクザツ》】(名・形動《ダ》) ものごとがこみいっていること。(対)単純。[例] —骨折。—な気持ち。

【複式《フクシキ》】二つ以上から成る形式。(対)単式。[例] —火山。—学級。

【複写《フクシャ》】(名・する) ①一度うつしたものを、さらにうつすこと。②紙を二枚以上重ねて、一度に同じ文書のうつしをつくること。[例] 銀行の—伝票。③機械を使って、書類や図面などを複製すること。コピー。[例] —機。

【複数《フクスウ》】①二つ以上の数。[例] —の保証人を立てる。②(英・独・仏《フツ》語などの文法で)ものが二つ以上あることを示す語形と、それに応じた文法形式。[例] 一人称《イチニンショウ》—の代名詞。▽(対)単数。

【複姓《フクセイ》】中国で、二字以上の姓。たとえば、欧陽詢《オウヨウジュン》の「欧陽」、諸葛孔明《ショカツコウメイ》の「諸葛」、司馬遷《シバセン》の「司馬」など。

【複製《フクセイ》】(名・する) 図書や美術品の原作と同じものをつくること。また、そのつくられたもの。[例] 不許—。かってに—することはできない。

【複線《フクセン》】上り専用と下り専用が並行《ヘイコウ》してしいてある鉄道線路。(対)単線。

【複道《フクドウ》】上下二段につくられた道路や廊下《ロウカ》。

【複複線《フクフクセン》】ふた組みの複線を並行《ヘイコウ》してしいた線路。[例] —化の工事が進められている。

【複文《フクブン》】主語・述語の関係が成り立っている文で、さらにその構成部分にも主語・述語の関係が認められる文。(対)単文・重文。

【複本《フクホン》】原本の写し。副本。[例] —を作っておく。

【複葉《フクヨウ》】①一枚の葉が外見上では、二枚以上の小さな葉の集まりのように見える葉。[例] 羽状《ウジョウ》—。②飛行機の主翼《シュヨク》が上下二枚になっていること。[例] —機。▽(対)単葉。

【複利《フクリ》】一定期間ごとに利息を元金にくり入れ、その合計額を次の期間の元金として利息を計算する方法。(対)単利。[例] 半年ごとの—の貯金。

【複刻】《フッコク》 (名・する) ①木活字本《きカツジボン》や整版本を原本どおりに別の版木に彫《ほ》り直して作ること。また、その本。かぶせぼり。例—本。②書籍《ショセキ》を原物どおりに作りなおして出版すること。例古典を—する。表記 ▽「復刻」とも書く。また、①は正しくは「覆刻」。

衤 9
【褊】
14画 *7479 *890A 音 ヘン 漢 訓 せま-い・たちま-ち

意味 広がりが少ない。せまい。例 褊急《ヘンキュウ》(=度量がせまく、せっかち)。褊狭《ヘンキョウ》(=心や見識がせまい)。

衤 9
【褓】
14画 7480 8913 音 ホ 慣 ホウ 漢 呉 訓 むつき

意味 幼児に着せる衣服。うぶぎ。おくるみ。例 褓襁《ホウキョウ》。

【褓▼襁】《ホウキョウ》 ①うぶぎと、幼児を背負うおび。転じて、幼児のこと。②おむつ。おしめ。襁褓《キョウホウ》。繦緥《キョウホウ》。

衣 9
【褒】
15画 4311 8912 常用 音 ホウ 漢 訓 ほ-める

筆順 

衣11
【襃】 17画 7481 8943

なりたち  [形声]「衣(=ころも)」と、音「保《ホウ》」とから成る。ふところの大きい衣服。派生して「ほめる」の意。

意味 りっぱなおこないをほめる。ほめたたえる。ほめる。例 褒美《ホウビ》。過褒《カホウ》。毀誉褒貶《キヨホウヘン》。

難読 能褒野《のぼの》(=地名)

人名 あつむ・よし

【褒賜】《ホウシ》 (名・する) ほめて、ものをあたえること。

【褒章】《ホウショウ》 社会にとって有益な、りっぱなおこないや学問・文化・産業などで貢献《コウケン》した人に、政府が栄典としてあたえる記章。紅綬《コウジュ》・緑綬《リョクジュ》・黄綬《オウジュ》・紫綬《シジュ》・藍綬《ランジュ》・紺綬《コンジュ》の六種がある。

【褒奨】《ホウショウ》 (名・する) ほめて奨励《ショウレイ》すること。

【褒賞】《ホウショウ》 (名・する) ほめたたえること。また、ほめてあたえる金品。例—金。

【褒美】《ホウビ》 ①ほめること。②よいおこないをほめて、あたえるお金や品物。例ご—。

【褒▼貶】《ホウヘン》 (名・する) ほめることとけなすこと。例 毀誉《キヨ》—のさまざまな人物。

衤 9
【褐】 14画 ⇩【褐】《ツカ》(892ページ)

衤 9
[褝] 14画 ⇩【襌】《ンタ》(894ページ)

衤 10
【褞】
15画 7482 891E 音 ウン 漢 オン 漢 訓 ぬのこ

意味 そまつな着物。綿入れ。ぬのこ。例 褞袍《ウンポウ》。褞褐《オンカツ》(=ぬのこ。また、身分の低いもの)。

【褞▼袍】《ウンポウ・オンポウ・どてら》 防寒のため綿を入れた着物。丹前《タンゼン》。

衤 10
【褥】
15画 7483 8925 音 ジョク 漢 訓 しとね

意味 しきもの。しきぶとん。しとね。例 褥席《ジョクセキ》(=寝床《ねどこ》)。産褥《サンジョク》(=産婦が使う寝床)。褥瘡《ジョクソウ》(=とこずれ)。

衤 10
【褪】
15画 7484 892A 音 タイ 慣 トン 漢 呉 訓 あ-せる

意味 色がおちてうすくなる。あせる。例 褪紅色《タイコウショク》(=ときいろ。うすべに色)。褪色《タイショク》。

【褪色】《タイショク》 (名・する) 色がさめること。表記 現 退色

衤 10
【褫】
15画 7485 892B 音 チ 漢 ジ 呉 訓 うば-う・ぬ-ぐ・は-ぐ

意味 ❶衣服をうばいとる。衣服をぬぐ。❷力ずくでとりのぞく。うばう。例 褫奪《チダツ》(=官職などをうばう)。

衤 11
【襁】
16画 7486 8941 音 キョウ 漢 訓 むつき

意味 幼児を背負うおびひも。また、おぶったまま背にかけるもの。例 襁褓《キョウホウ》。

【襁▼褓】《キョウホウ・むつき》 ①幼児を背負う、おびとうぶぎ。転じて、幼児のこと。②おむつ。おしめ。表記 ▽「▼繦▼緥」とも書く。

衤 11
【褶】
16画 7489 8936 音 シュウ 漢 チョウ 漢 訓 ひだ

意味 衣服についた折り目。ひだ。また、そのような形状の地層。例 褶曲《シュウキョク》。褶襞《シュウヘキ》(=衣服のひだ)。

【褶曲】《シュウキョク》 (名・する) 水平に堆積《タイセキ》した地層が、地殻《チカク》変動による外力を受けて、波状に曲げられること。また、曲げられた状態。例—山脈。表記「▼皺曲」とも書く。

衣 11
【襄】
17画 7487 8944 音 ジョウ 慣 ショウ 漢 訓 のぼ-る・たす-ける

意味 ❶はらいのける。とりのぞく。同 攘《ジョウ》。❷高くあがる。あげる。高い。

衣 11
【褻】
17画 7488 893B 音 セツ 漢 訓 け・な-れる・けが-れる

意味 ❶はだぎ。ふだんぎ。ふだんの。日常の。け。例 褻衣《セツイ》(=ふだんぎ)。褻《け》にも晴《は》れにも(=ふだんの日でも特別の日でも)。❷なれなれしい。❸きたない。きたなくなる。けがれる。けがらわしい。例 褻器《セッキ》(=便器)。猥褻《ワイセツ》。

衤 11
【褸】
16画 7490 8938 音 ル 漢 訓 つづれ・ぼろ

意味 衣服がやぶれる。やぶれたところも。つづれ。ぼろ。例 襤褸《ランル》(=ぼろ)。

衣11
【襃】 17画 ⇩【褒】《ウホ》(894ページ)

衤 12
【襌】
17画 7491 894C 音 タン 漢 訓 ひとえ・ひとえぎぬ

衤 9
[褝] 14画 7492 891D 俗字

意味 裏地をつけない衣服。ひとえ。例 襌衣《タンイ》(=ひとえの衣服)。

衤12
[襍] 17画 ⇩【雑】《ツザ》(1044ページ)

衤 13
【襖】
18画 1808 8956 人名 音 オウ 漢 訓 ふすま

意味 うわぎ。また、わたいれ。例 襖衣《オウイ》(=うわぎ)。襖子《オウシ》(=わたいれの胴着《ドウぎ》)。

日本語での用法 □一《あお》両わきのあいた衣服。「「あお」とは、字音「アウ(現代の字音は『オウ』)」の転じたもの」「狩襖《かりあお》・素襖《すおう》」□二《ふすま》からかみ。「襖障子《ふすまショウジ》」

衤 13
【襟】
18画 2263 895F 常用 音 キン漢 訓 えり

筆順 ネ ネ ネ 衤 衤 衤 襟 襟

なりたち [形声]「衤(=ころも)」と、音「禁《キン》」とから成る。えり。参考 本字は、「衿」。

意味 ❶衣服の首のまわりや、前面の合わせる部分。えり。同 衿《キン》。例 衣襟《イキン》。開襟《カイキン》。❷むね。心のうち。ものおもい。例 襟懐《キンカイ》。胸襟《キョウキン》。

人名 ひも

【襟足】《えりあし》首の後ろの、かみの毛のはえぎわのあたり。例 —のきれいな女性。白い—。表記「▽領脚」とも書く。

【襟髪】《えりがみ》首すじにはえているかみの毛。また、えりくびのあたり。例 —をつかむ。

【襟首】《えりくび》首の後ろの部分。うなじ。首すじ。例 —をおさえる。

【襟章】《えりショウ》制服の襟につけて、階級や学科などを示す記章。

【襟懐】《キンカイ》心の中。胸のうち。例 —を開く。

【襟度】《キンド》広く受け入れる度量。心の広さ。例 —を示す。

衤 13
【襠】
18画 7493 8960 音 トウ漢 訓 まち・うちかけ

意味 ❶はだに、じかにつける下着。下ばかま。その、股《また》の部分。ふんどし。❷「裲襠《リョウトウ》」は、そでなしのころも。頭からかぶって背と胸に当てて着る。うちかけ。

日本語での用法《まち》衣服や袋物《ふくろもの》で、はばや厚みを出すために補った布や紙。「袴《はかま》の襠《まち》・襠《まち》を入《い》れる・襠《まち》のある封筒《フウトウ》」

衣 13
【襞】
19画 7494 895E 音 ヘキ漢 訓 ひだ

意味 ❶衣服や紙などを折りたたむ。❷折りたたんでつけた折り目。ひだ。例 襞褶《ヘキシュウ》(=ひだ)。

衤 14
【襦】
19画 7501 8966 音 ジュ漢 訓 はだぎ

意味 ❶短いころも。また、あせとりの下着。はだぎ。例 襦袴《ジュコ》(=はだぎと、ももひき)。❷赤んぼうのよだれかけ。

日本語での用法《ジ・ジュ》ポルトガル語「ジバン」にあてた字。「襦袢《ジバン／ジュバン》・長襦袢《ながジバン／ながジュバン》・肌襦袢《はだジバン／はだジュバン》」

【襦▼袢】《ジバン／ジュバン》〔ポルトガル語の音訳〕上半身に着る和服用の肌着《はだぎ》。例 長—。肌—。

衤 14
【襪】
19画 7504 896A 音 ベツ慣 バツ漢

意味 くつした。同 韈《ベツ》。

衤 15
【襭】
20画 7503 896D 音 ケツ漢

意味 ころもの褄《つま》を帯にはさんで、その中にものをつめる。

衤 15
【襤】
20画 7502 8964 音 ラン漢 訓 ぼろ

糸 15
【繿】
21画 6981 7E7F 別体字

意味 布のふちをぬいとめてないころも。転じて、やぶれたつぎはぎだらけのころも。つづれ。ぼろ。例 襤褸《ランル》(=ぼろ)。

衣 16
【襲】
22画 2917 8972 常用 音 シュウ漢 ジュウ呉 訓 おそ-う・かさ-ねる・かさね・つ-ぐ

筆順 音 音 音 音 龍 龍 龍 襲 襲

なりたち  [形声]「衣(=ころも)」と、音「龖《トウ→シュウ》」の省略体とから成る。死者に着せる、えりを左前にかさねた衣服。派生して「かさねる」の意。

意味 ❶かさねて着る。かさねぎ。例 襲衣《シュウイ》(=かさねぎ)。❷衣服のひとそろい。かさね。例 一襲《イッシュウ》。❸不意打ちをくわせる。おそいかかる。おそう。例 襲撃《シュウゲキ》。襲来《シュウライ》。奇襲《キシュウ》。❹前のとおりにする。うけつぐ。おそう。例 襲名《シュウメイ》。因襲《インシュウ》。踏襲《トウシュウ》。

日本語での用法《かさね》昔、重ねて着た着物の、色の組み合わせ。「菊襲《キクがさね》・桜襲《さくらがさね》」

難読 熊襲《くまそ》

人名 より

【襲撃】《シュウゲキ》(名・する) 計画して敵を激しく攻撃《コウゲキ》すること。例 夜間に—する。

【襲爵】《シュウシャク》(名・する) 爵位を受けつぐこと。例 父の死後—した。

【襲名】《シュウメイ》(名・する) 家長や店主、工芸家や芸能人などの、先代の名前を受けつぐこと。例 —披露《ヒロウ》。十五代目を—する。

【襲来】《シュウライ》(名・する) おそってくること。例 寒波が—する。

● 逆襲《ギャクシュウ》・急襲《キュウシュウ》・強襲《キョウシュウ》・世襲《セシュウ》・夜襲《ヤシュウ》

衤 16
【襯】
21画 7505 896F 音 シン漢 訓 はだぎ

意味 ❶からだにじかにつける下着。はだぎ。例 襯衣《シンイ》。❷親しむ。つく。ちかづく。例 襯染《シンセン》(=そば近くにいて影響《エイキョウ》を受ける)。

【襯衣】《シンイ》肌着《はだぎ》。シャツ。

衤 17
【襷】
22画 7507 8977 国字 訓 たすき

意味 ❶和服のそでをからげるために、両肩《かた》から両わきに背中でなめ十文字にしてくる、ひも。例 襷掛《たすきが》け。❷神をまつるとき、そでがふれないよう、一方の肩から、ななめにかける細長い布。

衤 17
【襴】
22画 7506 8974 音 ラン漢 訓 かたびら・したがさね・すそ・はかま

意味 上の衣《イ》と下の裳《ショウ》とがつながった形の服。例 襴袍《ランポウ》(=官吏《カンリ》の制服)。

146 6画
襾 おおいかんむり(覀 かなめのかしら・西 にし)部

上からおおいかぶせる意をあらわす。常用漢字では「覀」となる。「要《かなめ》」の字にある頭《かしら》(=漢字の上がわの部分)であることから「かなめのかしら」ともいう。「襾」をもとにしてできている漢字と、「覀」の字形を目じるしにして引く漢字とを集めた。

0 襾 西 3 要 6 覃 12 覆 覆 13 覈 覇 覇 17 覊 19 覉

この部首に所属しない漢字
栗⇩木 530 票⇩示 727 粟⇩米 763 賈⇩貝 936

襾 0
【襾】 6画 7508 897E 音 ア(漢)カ(漢) 訓 おお-う
意味 かぶさる。おおう。

西 0
【西】 6画 3230 897F 教育2 音 セイ(漢)サイ(呉) 訓 にし
筆順 一 丆 冂 丙 西 西
なりたち  [象形] 鳥が巣の上にいる形。太陽が西にかたむくと鳥は巣で休むことから、方角の「にし」の意。
意味 ❶太陽のしずむ方角。にし。例 西域《サイイキ》。西洋《セイヨウ》。東西《トウザイ》。❷「西洋」の略。例 西紀《セイキ》。西暦《セイレキ》。❸外国語の「シ」「ス」などの音をあらわす字。例 西班牙《スペイン》。墨西哥《メキシコ》。
難読 東風西風《あちこち》・東西《かなたこなた》
人名 あき・し

【西域】《サイイキ|セイイキ》 昔の中国で、甘粛《カンシュク》省の玉門関《ギョクモンカン》や陽関《ヨウカン》から西の地域の呼び名。今の新疆《シンキョウ》ウイグル自治区地方にあたるが、さらに中央アジアや西アジアなどをふくむ場合もある。
【西下】《サイカ》 (名・する) 都から西の地方へ行くこと。(対)東上。例 陸路《リクロ》を—する。
【西海】《サイカイ|セイカイ》 ①西のほうの海。②「西海道《サイカイドウ》」の略。
【西海道】《サイカイドウ》 五畿《ゴキ》七道の一つ。今の九州地方。
【西国】《サイゴク》 〔「サイコク」とも〕①西のほうの国。西洋。例『—立志編』②日本国内の関西より西の部分。とくに、九州地方。③西国三十三所。例 —巡礼《ジュンレイ》。
【西方】《サイホウ|セイホウ》 ①西のほう。(対)東方。②〔仏〕「西方浄土《サイホウジョウド》」の略。
【西方浄土】《サイホウジョウド》 〔仏〕阿弥陀仏《アミダブツ》のいる極楽浄土。
【西遊】《サイユウ|セイユウ》 (名・する) 西の方向、とくに西洋に旅行すること。例『—記《サイユウキ》』
【▽西▼瓜】《スイカ》 ウリ科のつる性一年草。実は大きな球形で水分が多く、あまい。
【▽西▽班▽牙】《スペイン》 〔スペイン語 España の音訳〕ヨーロッパ南西部の王国。イスパニア。
【西欧】《セイオウ》 ①欧州の西部。ヨーロッパの西部。②西洋。欧州。例 —文化。
【西王母】《セイオウボ》 中国の崑崙《コンロン》山に住む仙女《センニョ》。漢の武帝《ブテイ》に、三千年に一度花がさき実がなる、長寿《チョウジュ》のためのモモを献《ケン》じたという。
【西岳】《セイガク》 五岳の一つ。陝西《センセイ》省にある華山《カザン》のこと。
【西紀】《セイキ》 西洋紀元。→【西暦】《セイレキ》
【西経】《セイケイ》 西半球の経度。英国の旧グリニッジ天文台を通る子午線を〇度として西へ測った経度。一八〇度まである。(対)東経。
【西郊】《セイコウ》 西方の郊外。例 東京の—、八王子市。
【西高東低】《セイコウトウテイ》 日本付近の典型的な冬の気圧配置。西の大陸方面に高気圧があり、東方の太平洋上に低気圧がある気象状態。(対)東高西低。
【西山】《セイザン》 首陽山《シュヨウザン》の別名。周代の伯夷《ハクイ》・叔斉《シュクセイ》がかくれ住んだ山。
【西施】《セイシ》 春秋時代の越《エツ》の人。越王句践《コウセン》が呉王《ゴオウ》夫差《フサ》のもとに送った美女で、夫差はその容色におぼれて政治をおこたり、国をほろぼす原因をつくった。→【顰《ひそ》みに効《なら》う】(1070ページ)
【西▼戎】《セイジュウ》 西の蛮人《バンジン》。古代中国で、西方の異民族をいやしんで呼んだことば。〔東夷《トウイ》・南蛮《ナンバン》・北狄《ホクテキ》とならべていう〕
【西進】《セイシン》 (名・する) 西方へ進むこと。(対)東進。
【西漸】《セイゼン》 (名・する) しだいに西のほうへ移っていくこと。(対)東漸。
【西土】《セイド》 ①西方の国。②日本からみて、中国やインド、西洋諸国のこと。③〔「サイド」とも〕西方浄土《サイホウジョウド》。
【西南】《セイナン》 西と南の中間の方角。南西。
【西部】《セイブ》 ①ある地域の中の西の部分。②アメリカ合衆国の西寄りの地域。例 —劇。
【西風】《セイフウ|にしかぜ》 ①にしからふいてくる、かぜ。②秋風。
【西北】《セイホク》 西と北との中間の方角。北西。
【西北西】《セイホクセイ》 西と北西の中間の方角。
【西南西】《セイナンセイ》 西と南西の中間の方角。
【西洋】《セイヨウ》 日本や中国から、ヨーロッパとアメリカを指していうことば。(対)東洋。
【西暦】《セイレキ》 イエス=キリストが誕生したとされる年(実際は生後四年目ごろ)を元年として数えるこよみ。西紀。
●関西《カンサイ》・泰西《タイセイ》・東西《トウザイ》

襾 3
【要】 9画 4555 8981 教育4 音 ヨウ(漢)(呉) 訓 かなめ・い-る
筆順 一 丆 冂 襾 襾 覀 要 要 要
なりたち  [象形] 人がこしに両手をあてた形。人の、こし。
意味 ❶こし。(同)腰《ヨウ》。❷もとめる。いる。例 要求《ヨウキュウ》。需要《ジュヨウ》。必要《ヒツヨウ》。❸待ちうける。(同)邀《ヨウ》。例 要撃《ヨウゲキ》。❹ものごとをしめくくるたいせつな部分。かなめ。例 要点《ヨウテン》。肝要《カンヨウ》。重要《ジュウヨウ》。❺たいせつな点をかいつまんでまとめる。しめくくる。ようするに。例 要約《ヨウヤク》。
使い分け いる【入・要】⇩1162ページ
人名 とし・もとむ・もとめ

【要因】《ヨウイン》 おもな原因。ものごとが成立するために重要な因子。例 何が失敗の—となったのか。
【要員】《ヨウイン》 ある仕事に必要な人員。例 保安—。
【要害】《ヨウガイ》 地勢が険しく敵の攻撃《コウゲキ》を防ぐのに適したところ。例 天然—の地。
【要求】《ヨウキュウ》 (名・する) 必要なものをえんりょなく、強くもとめること。例 賃上げを—する。
【要撃】《ヨウゲキ》 (名・する) 敵を待ちぶせして攻撃《コウゲキ》すること。
【要件】《ヨウケン》 ①重要な用事や案件。例 —を先にする。②必要な条件。例 —を満たす。
【要港】《ヨウコウ》 ①交通や産業上で重要な、みなと。②もと、海軍が軍港に次ぐ重要な基地として警備した、みなと。
【要項】《ヨウコウ》 たいせつなことがら。また、それを書いたもの。例 募集《ボシュウ》—。
【要綱】《ヨウコウ》 ものごとの根本となるだいじなことがら。大綱《タイコウ》。
【要塞】《ヨウサイ》 ①要害の地に設けたとりで。②国防上重要な地点に築いた、砲台《ホウダイ》などを中心とする軍事施設《シセツ》。
【要旨】《ヨウシ》 言いあらわそうとしている内容の中心的なことがらを短くまとめたもの。主要な趣旨《シュシ》。例 —を述べる。
【要衝】《ヨウショウ》 重要な地位をしめる地点。例 交通の—。
【要人】《ヨウジン》 重要な地位にいる人。例 政府の—。
【要図】《ヨウズ》 必要なことがらだけを書いた、図面や地図。
【要請】《ヨウセイ》 (名・する) 希望を受け入れるようにたのむこと。例 協力を—する。
【要説】《ヨウセツ》 (名・する) 重要な部分を取り出して説明すること。例

書名などに用いる。例心理学—。
【要素】《ヨウソ》 ものごとの成立に必要とされる基本的なもの。例気に入らない—は捨てる。
【要談】《ヨウダン》（名・する）重要な話し合い。たいせつな相談。例社長は今、取引先と—中です。
【要諦】《ヨウテイ》〔「ヨウタイ」とも〕ものごとの肝心《カンジン》なところ。だいじな点。例社会的成功の—。
【要点】《ヨウテン》 ものごとのたいせつなところ。例—を述べる。
【要望】《ヨウボウ》（名・する）何かをしてほしいと、のぞむこと。例—にこたえる。
【要約】《ヨウヤク》（名・する）文章などの要点を短くまとめること。例交渉《コウショウ》の経緯《ケイイ》を—して報告する。
【要用】《ヨウヨウ》 だいじな用件。さしせまって必要な用事。例まずは取り急ぎ—のみ（＝手紙文のまとめとして書くことば）。
【要覧】《ヨウラン》 内容を要約して見やすい形にまとめた印刷物。例会社—。
【要略】《ヨウリャク》（名・する）必要な部分をとり、不要な部分を省略すること。
【要領】《ヨウリョウ》 ①ものごとのだいじなところ。類要点。例—を得ない話。②ものごとの処理のしかた。例—が悪い。—がよい。
【要路】《ヨウロ》 ①重要な道路。例交通の—。②職務上の重要な地位。例政府の—にある人。
●肝要《カンヨウ》・紀要《キヨウ》・強要《キョウヨウ》・主要《シュヨウ》・所要《ショヨウ》・枢要《スウヨウ》・大要《タイヨウ》・摘要《テキヨウ》・必要《ヒツヨウ》・不要《フヨウ》・法要《ホウヨウ》

襾 6

【覃】 12画 *7509 *8983

音タン(漢) 訓およ-ぶ・なが-い・ふか-い

意味 ❶おく深い。深く追究する。例覃思《タンシ》（＝深く考える）。❷長くのびる。およぶ。例覃及《タンキュウ》。❸広くおよぼす。

襾 12

【覆】 18画 4204 8986 常用

音一フク(漢)(呉) 二フク(慣)フウ(漢)

訓おお-う・くつがえ-す・くつがえ-る

筆順 

西12

【覆】 18画

なりたち  [形声]「襾（＝おおう）」と、音「復《フク》（＝かえす）」とから成る。上下をひっくりかえす。また、おおう。

意味 一《フク》 ❶くつがえる。くつがえす。例覆水《フクスイ》。❷ほろびる。ほろぼす。例覆滅《フクメツ》（＝ほろびる）。❸かえる。もとにもどる。くりかえす。ふたたび。同復《フク》。例反覆《ハンプク》。二《フクフウ》 かぶせる。かくす。おおう。おおい。例覆面《フクメン》。被覆《ヒフク》。
【覆車】《フクシャ》 ひっくりかえった車。また、車をくつがえすこと。
【覆車の戒め】《フクシャのいましめ》 前の人の失敗を見て、あとに続く人が気をつけること。
【覆水】《フクスイ》 いれものがひっくりかえってこぼれた水。
【覆水《フクスイ》盆《ボン》に返《かえ》らず】 ①離婚《リコン》した夫婦《フウフ》の仲はもとにはもどせない。②一度してしまった失敗は取り返しがつかない。〔漢の朱買臣《シュバイシン》が出世すると、かつてびんぼうだったころ、あいそをつかして去った妻が復縁《フクエン》を求めてきた。買臣は、盆の水を地に流し、こぼした水は再びもとにもどせないことを示したという故事による〕〈漢書《カンジョ》〉〔同様のことが『拾遺記《シュウイキ》』に太公望《タイコウボウ》の故事として出ている〕
【覆▼轍】《フクテツ》 ひっくりかえった車輪のあと。例—を踏《ふ》む（＝前の人と同じ失敗をする）。
【覆面】《フクメン》 一（名・する）だれだかわからないように、目だけ出して顔を布などでおおいかくすこと。また、そのための布。例—頭巾《ズキン》。二（名）本名や正体を明らかにしないこと。例—批評。
【覆輪】《フクリン》 ①馬具や陶磁器《トウジキ》などのふちに金や銀などをかぶせた装飾《ソウショク》。例金—《キンプクリン》の鞍《くら》。②女性の着物のそで口やすそを他の布で細くふちどったかざり。
●転覆《テンプク》・反覆《ハンプク》・被覆《ヒフク》

西12

【覆】 18画 ⇩【覆】《フク》（897ページ《ジ》）

西 13

【覈】 19画 7510 8988

音カク(漢) 訓あき-らか・かんが-える・しら-べる

意味 確かな証拠《ショウコ》にもとづいて考察する。しらべる。例覈考《カクコウ》（＝きびしくとりしらべる）。覆覈《フッカク》（＝しらべなおす）。

襾 13

【覇】 19画 3938 8987 常用

音ハ(漢)(呉)

筆順 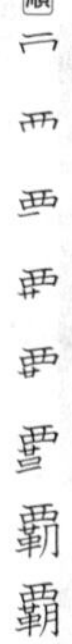

西13

【覇】 19画

雨13

[霸] 21画 5917 9738 本字

なりたち 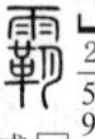 [形声]「月（＝つき）」と、音「䨣《ハク→ハ》」とから成る。陰暦《インレキ》で月初めに新月が白く光るようす。借りて「はたがしら」の意。

意味 封建《ホウケン》時代、諸国を武力で従えた者。はたがしら。転じて、競技などの優勝者。同伯《ハ》。例覇者《ハシャ》。制覇《セイハ》。

難読 覇王樹《サボテン》

人名 はる
【覇王】《ハオウ》 ①諸侯《ショコウ》を武力で従えて天下を治める者。②覇者と王者。
【覇気】《ハキ》 ①困難なことを打破して事を進めようとする意気。例—がない。—にとぼしい。②他を制して支配的地位に立とうとする意気。例—満満。
【覇業】《ハギョウ》 武力で天下を統一する業績。例—をとげる。
【覇権】《ハケン》 ①覇者としての権力。支配権。例—をにぎる。②競技などで優勝して得る栄誉《エイヨ》。例—をかける。
【覇者】《ハシャ》 ①武力で諸侯《ショコウ》の上に立ち、天下を取った人。覇道をもって天下を治める者。対王者。②競技などの優勝者。例リーグ戦の—となる。
【覇道】《ハドウ》 武力や謀略《ボウリャク》などによって天下を支配するやり方。対王道。
●制覇《セイハ》・連覇《レンパ》

西13

【覇】 19画 ⇩【覇】《ハ》（897ページ《ジ》）

西17

[覉] 23画 ⇩【羇】《キ》（799ページ《ジ》）

西19

[覊] 25画 ⇩【羈】《キ》（799ページ《ジ》）

(97) 6画

瓜 うり部

つるにぶらさがるウリの実の形をあらわす。画数は字形に合わせて六画とした。『康熙字典《コウキジテン》』が五画としたため、「瓜」のようにすることもある。なお、伝統的には「瓜」の字は「瓜」のように四画で書く。「瓜」をもとにしてできている漢字を集めた。

0 瓜 6 瓠 11 瓢 14 瓣

この部首に所属しない漢字
孤⇩子 286 弧⇩弓 364 狐⇩犭 654 觚⇩角 903

瓜 0
【瓜】 6画 1727 74DC 人名 音 カ漢 訓 うり

意味 ウリ科のキュウリ・マクワウリ・ヒョウタン・カボチャなどをまとめていう。とくに、シロウリ・マクワウリなど。ウリ。例 瓜田《カデン》に履《くつ》を納《い》れず。

難読 越瓜《しろうり》・匏瓜《ひさご|ゆうがお|ふくべ》・胡瓜《きゅうり》・甜瓜《まくわうり》・王瓜《からすうり》・冬瓜《トウガン|かもうり》・糸瓜《へちま》・南瓜《カボチャ》・木瓜《ボケ》・庵《いおり》に木瓜《モッコウ》（＝家紋《カモン》の一つ）

【瓜▽実顔《うりざねがお》】ウリの種の形に似て、色が白く鼻すじが通って、やや細長い顔。例 ―の美人。

【瓜田《カデン》に▽履《くつ》を▽納《い》れず】ウリ畑では、ウリをぬすむのかと疑われないように、くつがぬげてもはきなおさない。人から疑われるようなおこないをするな、という教え。〔「李下《リカ》に冠《かんむり》を正《ただ》さず」へと続く対《ツイ》の句〕〈楽府詩集《ガフシシュウ》〉→【李下《リカ》に冠《かんむり》を正《ただ》さず】(516ページ)

瓜 6
【瓠】 12画 6501 74E0 音 コ漢 訓 ひさご

意味 ❶ウリ科の一年草。ユウガオ。白い花が夕方に開く。果実は食用。また、容器として利用される。瓠瓜《コカ》。❷ヒョウタン。ひさご。例 瓠瓢《コヒョウ》（＝ひさご）。

【瓠尊《コソン》】ひさごの形をした酒つぼ。

瓜 11
【瓢】 17画 4127 74E2 人名 音 ヒョウ漢 訓 ふくべ・ひさご

意味 ヒョウタン。ふくべ。ひさご。また、ヒョウタンの実の中身をくりぬいて作った、いれもの。あるいは、二つに割って作ったひしゃく。例 瓢飲《ヒョウイン》。瓢簞《ヒョウタン》。

【瓢飲《ヒョウイン》】ひさごに入れた飲み物。つましい生活のたとえ。

【瓢▼簞《ヒョウタン》】①ウリ科の一年生つる植物。夏、白い花がさき、中央がくびれた形の実をつける。②ヒョウタンの実の中をくりぬいて乾燥《カンソウ》させた、酒や水のいれもの。ひさご。ふくべ。

【瓢▼簞《ヒョウタン》から駒《こま》が出《で》る】〔「駒」は、馬の意〕じょうだんで言ったことが、ほんとうになる。

瓜14
【瓣】 20画 ⇩【弁《ベン》】(359ページ)

147 7画 見 みる部

人の目にみえる意をあらわす。「見」をもとにしてできている漢字を集めた。

0 見 4 規 視 覓 5 覚 覗 覘 視 7 覡 9 親 覦 覩 10 覬 覯 覧 11 観 覲 13 覺 15 覿 覽 17 觀

見 0
【見】 7画 2411 898B 教育1 音 ケン漢呉 ゲン呉 訓 み-る・み-える・み-せる・まみ-える

筆順 

なりたち  〔会意〕「目（＝め）」と「儿（＝ひと）」とから成る。人が目をはたらかせる。

意味 ❶目でみる。ながめる。また、目にはいる。みえる。例 見学《ケンガク》。見聞《ケンブン》。拝見《ハイケン》。❷もののみかた。かんがえ。例 見解《ケンカイ》。見識《ケンシキ》。❸人に会う。まみえる。例 見参《ケンザン》。謁見《エッケン》。会見《カイケン》。❹あらわれる。同 現《ゲン》。例 隠見《インケン》。露見《ロケン》。❺〔助字〕「る」「らる」と読み、…される、の意。受け身をあらわす。例 是以見レ放《ここをもってはなたる》（＝こういうわけで追放された）。

日本語での用法 《みる》世話する。「面倒《メンドウ》を見《み》る・親《おや》の老後《ロウゴ》を見《み》る」

使い分け みる【見・診】⇩1180ページ

人名 あき・あきら・ちか・まみゆ・み

【見解《ケンカイ》】あるものごとに対する見方や考え方。例 ―の相違《ソウイ》。政府の―をただす。

【見学《ケンガク》】(名・する) 実際の状態を見て、学習したり知識を得たりすること。例 工場―。

【▽見参《ゲンザン》】〔「ゲザン」「ケンザン」などとも〕(名・する) 目上の人にお目にかかること。例 初めて―に入《い》る。

【見識《ケンシキ》】ものごとの本質を見きわめる力。また、ものごとについての、すぐれた判断力。例 ―がある。―を疑う。

【見所】一《ケンジョ》〔「ケンショ」とも〕能狂言《ノウキョウゲン》の舞台《ブタイ》を見る観客席。二《みどころ》①見る価値のあるところ。例 競技会の―。②将来が期待される能力が、見受けられること。例 ―のある若者。

【見台《ケンダイ》】書物を立てかけてのせる読書用の台。書見台。

【見地《ケンチ》】ものごとを観察したり、判断したりするときのよりどころ。類 観点・視点。例 人道的な―から見直す。

【見当《ケントウ》】①たぶんこうであろうと考えること。見こみ。類 予想。例 ―はずれ。②だいたいの方向。例 駅はこの―になる。③〔数をあらわすことばにつけて〕…ぐらい。…程度。例 千円―の品物。

【見物】一《ケンブツ》(名・する) 名所やもよおしものなどを見て楽しむこと。また、その人。例 芝居《しばい》―。―人。―席。二《みもの》(名)（よいにせよ悪いにせよ）見る価値のあるもの。例 この対決は―だ。

【見聞《ケンブン》】〔「ケンモン」とも〕(名・する) 見たり聞いたりすること。また、それによって得た経験や知識。例 ―を広める。外国で―した風物《フウブツ》。→「漢字に親しむ」㉑(899ページ)

【見幕《ケンマク》】激しいいかりをあらわした顔つきや態度。例 ものすごい―でまくしたてる。表記「剣幕・権幕」とも書く。

【見境《みさかい》】もののよしあしを判断すること。見分け。例 前後の―がなくなる。

【見世物《みせもの》】①料金を取ってめずらしいものや曲芸などを人に見せること。また、そのもの。例 ―小屋。②多くの人から興味本位で見られること。また、そのもの。例 ―あつかいされる。

【見場《みば》】外から見たようす。類 外見・外観。例 ―がよい。―は悪いが、とてもおいしい。

【見本《みホン》】①どんなものであるかをわからせるためのサンプル。例 実物―。②よい手本。適当な例。例 生活態度の―となる。

【見目形《みめかたち》】顔だちとからだつき。姿かたち。容姿。例 ―のうるわしい女性。

【見様《みヨウ》】見る方法。見方。例 ―によってはすばらしい。物は―によってちがう。

【見様見真▽似《みヨウみまね》】人の動作ややり方を見てまねること。例 ―でおどりを習う。

●意見《イケン》・一見《イッケン|イチゲン》・会見《カイケン》・外見《ガイケン》・形見《かたみ》・識見《シキケン》・私見《シケン》・下見《したみ》・所見《ショケン》・政見《セイケン》・月見《つきみ》・発見《ハッケン》・雪見《ゆきみ》・了見《リョウケン》

見 4
【規】 11画 2112 898F 教育5
音 キ 漢 呉
訓 のり・ただ-す・ぶんまわし

筆順 ニ キ 夫 知 規 規 規 規

なりたち [会意]「夫(=りっぱな男)」と「見(=見識)」とから成る。りっぱな男の見識には正しい基準のあることから、円をえがく基準となるコンパスの意。

意味 ❶円をえがく道具。コンパス。ぶんまわし。例規矩《キク》。定規《ジョウギ》。❷ものごとのもととなる決まり。のり。例規則《キソク》。規律《リツ》。法規《ホウキ》。❸正しく直す。ただす。例規正《キセイ》。

漢字に親しむ ㉑ 見聞《ケンブン》と視聴《シチョウ》

「見」と「視」とはどちらも「みる」、「聞」と「聴」とはどちらも「きく」と読みますが、意味はそれぞれ異なります。「見」は「(映像が)目に入ってくる。みえる」という受動的な意味なのに対して、「視」は「注意してこちらからみる」という能動的な意味なのです。同じように「聞」は「(音声が)耳に入ってくる。きこえる」という受動的な意味なのに対して、「聴」は「注意してこちらからきく」という能動的な意味です。テレビなどはふつう、こちらから注意してみたりきいたりしているのですから、テレビを見る人を「見聞者」とはいわず、「視聴者」というのは、まさに理にかなった言い方だといってよいでしょう。

難読 子規《ほととぎす》・外規《そとのり》・内規《うちのり》

人名 いさむ・さだむ・さだめ・ただ・ただし・ちか・なり・はかる・もと・み・よし

【規《キ》格《カク》】工業製品などの品質や形、また、寸法などについて、決められた標準。例—品。日本産業—。

【規《キ》格《カク》化《カ》】(名・する) 規格に合わせて統一すること。例封筒《フウトウ》の大きさを—する。

【規《キ》▼矩《ク》】①コンパスとさしがね(=L字形のものさし)。②ものごとの規準となるもの。

【規《キ》▼矩《ク》準《ジュン》縄《ジョウ》】①(「準」は水平をはかる計器、「縄」は線を引く墨縄《すみなわ》) ものを作り出すときの、規準となる計器。②人のおこないの標準。模範《モハン》。例—に従う。

【規《キ》準《ジュン》】判断や行動のよりどころ。例判断—。

【規《キ》正《セイ》】(名・する) 決まりにそって正しく直すこと。例政治資金—法。

【規《キ》制《セイ》】㊀(名・する) 規則によって制限すること。例交通—をする。—緩和《カンワ》。㊁(名) 決まり。おきて。規定。例—を設ける。

【規《キ》則《ソク》】人のおこないや組織の運営に、一定の秩序《チツジョ》が保たれるように定められた決まり。例交通—を守る。

【規《キ》則《ソク》的《テキ》】(形動ダナ) 一定の決まりに従っているようす。一定の状態が乱れることなく続いているようす。例歯車は—な運動をする。

【規《キ》定《テイ》】㊀(名・する) ものごとを決まった形に定めること。また、その定め。例考え方を—する。㊁(名) 法令の条文として定めること。また、その条文。例前項《ゼンコウ》の—により処理する。

【規《キ》程《テイ》】(役所などの)組織や事務、手続きなどに関する規則。例服務—。図書貸し出し—。

【規《キ》範《ハン》】行為《コウイ》や判断の手本となる規準。類模範。例社会—。表記「軌範」とも書く。

【規《キ》模《ボ》】仕組みや構造などの大きさや広がり。例—が小さい。全国—。

【規《キ》律《リツ》】(個人や団体の)生活や行動の正しいよりどころ。例集団行動の—。表記「紀律」とも書く。

●定《ジョウ》規《ギ》・新《シン》規《キ》・正《セイ》規《キ》・内《ナイ》規《キ》・法《ホウ》規《キ》

見 4
【視】 11画 2775 8996 教育6
音 シ 漢 ジ 呉
訓 み-る

見 5
【視】 12画 1-9189 FA61 人名

筆順 ラ ネ ネ ネ 初 祖 視 視

なりたち [形声]「見(=みる)」と、音「示《シ》」とから成る。目を向ける。

意味 ❶目を向ける。注意してよくみる。みる。例視察《シサツ》。注視《チュウシ》。直視《チョクシ》。❷…としてあつかう。みなす。例軽視《ケイシ》。重視《ジュウシ》。敵視《テキシ》。❸生きる。例長《チョウ》生《セイ》久《キュウ》視《シ》(=長生きする)。

人名 あき・のぞむ・のり・み・よし

【視《シ》界《カイ》】①目に見える範囲《ハンイ》。例—良好。—が開ける。②考えのおよぶ範囲。例—のせまい人。▽類視野。

【視《シ》角《カク》】①見ている物体の両はしと目とを結ぶ、二つの直線がつくる角度。類視点・観点。②ものごとについて、見たり考えたりする角度。例—を変える。

【視《シ》覚《カク》】①五感の一つ。目で物を見るとき起こる感覚。色や形などの知覚。例—がおとろえる。②目で見たときの感じ。例—的にとらえる。

【視《シ》覚《カク》言《ゲン》語《ゴ》】視覚で情報を伝える言語。文字言語や書きことば。また、広く手話や標識、映像などもふくむ。

【視《シ》差《サ》】①同じ物を異なる場所から見たときの、見え方のちがい。②カメラのファインダーで見る範囲《ハンイ》と、実際にフィルムに写る範囲とのちがい。パララックス。

【視《シ》座《ザ》】ものの見方のもとになる立場や姿勢。類視点・観点。例—を定める。

【視《シ》察《サツ》】(名・する) ①目で見て、推察する。②その場所へ実際に行き、目で見て状況《ジョウキョウ》を調べること。例海外—。

【視《シ》線《セン》】目と、見ている対象とを結ぶ線。目が見ている方向。例—をそらす。人の—を感じる。

【視《シ》聴《チョウ》】㊀(名・する) ①見ることと聞くこと。②テレビを見ること。例—率。㊁(名) 人々の注意。例世間の—を集める。→「漢字に親しむ」㉑(899ページ)

【視《シ》聴《チョウ》覚《カク》】視覚と聴覚。オーディオ・ビジュアル。例—教育。

【視《シ》点《テン》】ものごとを見る位置や立場。類観点・視座。例—を変える。子供と同じ—で見る。

【視《シ》野《ヤ》】①目に見える範囲《ハンイ》。例—が開ける。②カメラや望遠鏡、また顕《ケン》微《ビ》鏡などで見える範囲。例レーダーの—

から機影《キエイ》が消えた。③考え方や知識などのおよぶ範囲。例—の広い人。▽類視界。

【視力《シリョク》】目の、ものを見る能力。例—が落ちる。

◐遠視《エンシ》・監視《カンシ》・凝視《ギョウシ》・近視《キンシ》・巡視《ジュンシ》・正視《セイシ》・注視《チュウシ》・直視《チョクシ》・無視《ムシ》・黙視《モクシ》・乱視《ランシ》

見 4 【覓】 11画 7512 8993 音 ベキ漢 ミャク呉 訓 もと-める

意味 ❶さがし求める。もとめる。例 覓索《ベキサク》(=さがし求める)。❷横目で見る。

見 5 【覚】 12画 1948 899A 教育4 音 カク漢呉 コウ漢 訓 おぼ-える・さ-ます・さ-める・さと-る

筆順 、 ⺍ ⺍ 𫝀 𫝀 覚 覚 覚

見13 【覺】 20画 7520 89BA

なりたち 【形声】「見(=みえる)」と、音「學《ガク》」の省略体とから成る。はっきりみえる。さとる。

意味 ❶感じる。おぼえる。例 感覚《カンカク》。錯覚《サッカク》。味覚《ミカク》。❷はっと気づいて理解する。わかる。さとる。また、さとった人。さとり。例 覚悟《カクゴ》。自覚《ジカク》。先覚《センカク》。❸あらわれる。あらわす。例 発覚《ハッカク》。❹迷いがさめる。目をさます。例 覚醒《カクセイ》。

日本語での用法《おぼえ・おぼえる》①記憶《キオク》にとどめる。「覚《おぼ》え書《が》き・覚《おぼ》え帳《チョウ》」②信任・寵愛《チョウアイ》。「上役《うわヤク》の覚《おぼ》えがめでたい」

使い分け さます・さめる【覚・冷】⇩1169ページ

人名 あき・あきら・さだ・さとし・さむ・さめ・ただ・ただし・ひろ・ひろし・よし

【覚書《おぼえがき》】確認のためにとりかわす文書。

【覚悟《カクゴ》】(名・する)①(現実を正しくとらえて)心を決めること。類観念。例決死の—。②困難でも必ず実行しようと決心すること。例なんとしても合格する—です。

【覚者《カクシャ》】さとりを開き、人を導く人。

【覚醒《カクセイ》】(名・する)①目がさめること。目をさますこと。②迷いからさめること。迷いをさますこと。例修行《シュギョウ》の末にようやく—することができた。

◐感覚《カンカク》・才覚《サイカク》・錯覚《サッカク》・視覚《シカク》・触覚《ショッカク》・先覚《センカク》・知覚《チカク》・聴覚《チョウカク》・発覚《ハッカク》・不覚《フカク》・味覚《ミカク》

［見部］4—9画 覓覚覗覘視覡親

見 5 【覗】 12画 3933 8997 音 シ漢呉 訓 うかが-う・のぞ-く

意味 すきまからのぞくようにして、うかがい見る。うかがう。のぞく。同伺《シ》。例 覗《のぞ》き見《み》。

見 5 【覘】 12画 7513 8998 音 テン漢 訓 うかが-う・うかがいみ-る

意味 すきまからのぞくようにして見る。偵察《テイサツ》する。うかがう。うかがいみる。例 覘察《テンサツ》。

【覘察《テンサツ》】(名・する)ひそかにうかがい見る。

見 5 【視】 12画 ⇩【視《シ》】(899ページ)

見 7 【覡】 14画 7514 89A1 音 ゲキ慣 ケキ漢 訓 おのこかんなぎ・かんなぎ・みこ

意味 神がかりになり、神にいのることを職業とする人。かんなぎ。〔女の巫《フ|ブ》に対して、男を覡《ゲキ》という〕例 巫覡《フゲキ|ブゲキ》(=男女のかんなぎ。めかんなぎと、おかんなぎ)。

見 9 【親】 16画 3138 89AA 教育2 音 シン漢呉 訓 おや・した-しい・した-しむ・した-しみ

筆順 亠 立 立 辛 亲 新 親 親

なりたち 【形声】「見(=みえる)」と、音「亲《シン》」とから成る。まごころがとどく、みうち。

意味 ❶身近なみうち。とくに、父母のこと。おや。例 親子《シンシ》。親戚《シンセキ》。両親《リョウシン》。❷身近な。ちかい。したしい。したしむ。例 親交《シンコウ》。親疎《シンソ》。親友《シンユウ》。❸自分でじかに。みずから。したしく。例 親告《シンコク》。親書《シンショ》。

日本語での用法《おや》中心になるもの。もとになるもの。大きいもの。「親芋《おやいも》・親指《おやゆび》・始《はじ》めに親《おや》を決《き》めてゲームをする」

人名 いたる・ちか・ちかし・なる・ひと・ひとし・み・みる・むつ・もと・よしみ・より

【親方《おやかた》】①親代わりとなる人。②職人などのかしら。リーダー。③相撲《すもう》の年寄《としより》。例引退して—になる。

【親株《おやかぶ》】①草木を株分けするとき、もとになる株。②増資によって発行される新株に対し、それ以前の株式。

【親子《おやこ》】親とその子供。

【親御《おやゴ》】人の親をうやまっていうことば。〔やや古風な言い方〕例—さんはどんなに心配していることか。

【親孝行《おやコウコウ》】(名・する・形動ダナ)親をたいせつにすること。また、その人。孝行。対親不孝。

【親玉《おやだま》】なかまを統率《トウソツ》している人物。類頭目。例盗人《ぬすびと》の—。

【親時計《おやどけい》】駅などの施設《シセツ》内の電気時計で、すべてが同じ時刻を示すように設計された、もとになる時計。

【親不孝《おやフコウ》】(名・する・形動ダナ)親をたいせつにしなかったり、心配させたりすること。また、その人。不孝。対親孝行。

【親分《おやブン》】侠客《キョウカク》や博徒《バクト》などのかしら。対子分。

【親文字《おやモジ》】①ローマ字の大文字。頭《かしら》文字。②漢字字典の見出しになっている漢字。親字《おやジ》。

【親▽許《おやもと》】親のいる所。例—をはなれて暮らしはじめる。表記「親元」とも書く。

【親愛《シンアイ》】(名・形動ダナ)親しみ愛すること。好意をもつこと。例—の情を示す。

【親衛隊《シンエイタイ》】①帝王《テイオウ》や元首などの身辺を守る部隊。②権力者や芸能人などに付き従って行動する人々。

【親近《シンキン》】㊀(名・する)親しみ近づくこと。ごく親しくなること。例—感をもつ。㊁(名)①身近に仕える臣下。類側近。②身寄り。類近親。

【親権《シンケン》】〔法〕親が未成年の子に対してもつ、養育や監督《カントク》などのための権利と義務。

【親交《シンコウ》】親しく交際すること。例—を結ぶ。

【親告《シンコク》】(名・する)〔法〕被害者《ヒガイシャ》本人が告訴《コクソ》すること。例—罪(=被害者が告訴しなければ公訴を提起することができない犯罪)。

【親▼炙《シンシャ》】(名・する)尊敬する人に親しく接して、その感化を受けること。例老師に—して教えを請《こ》う。

【親書《シンショ》】①自分で書いた手紙。②元首や首相《シュショウ》が書いた、外交上の公式の手紙。

【親署《シンショ》】(名・する)身分の高い人が自分で署名すること。また、その署名。例天皇の—をいただく。

【親政《シンセイ》】(名・する)天子や君主がみずから政治をおこなうこと。また、その政治。例天皇—が幕を閉じた。

【親戚《シンセキ》】〔「戚」は、みうちの意〕親類。親族。みうち。

【親切《シンセツ》】(名・形動ダナ)〔「切」は、ねんごろの意〕①相手に対

7画

して、思いやりをもち、心をこめて接すること。例—心。②思いがいちずで深いこと。例憂国《ユウコク》の情が—であった。表記▽「深切」とも書く。

【親善《シンゼン》】国や団体などが、たがいに親しんで仲よくすること。例—使節。両国の—を深める。

【親疎《シンソ》】親密《シンミツ》と疎遠《ソエン》。関係が近いことと遠いこと。例—の別なく歓迎《カンゲイ》する。

【親族《シンゾク》】親類。近親者。みうち。

【親展《シンテン》】〔「展」は、開く意〕封書《フウショ》のわき付けの一つ。あて名の人に、自身で開封することをもとめることば。類直披《チョクヒ》・親披《シンピ》。

【親等《シントウ》】〔法〕親族の血縁《ケツエン》関係で、自分からみて近さや遠さを示す等級。父母と子は一親等、祖父母と孫、また、きょうだいは二親等、など。

【親日《シンニチ》】日本に友好的であること。また、日本と親しくつきあうこと。対排日《ハイニチ》・反日・抗日《コウニチ》。例—家。

【親任《シンニン》】(名・する)日本の古い制度で、天皇がみずから署名して、直接、高官を任命すること。例—官。

【親王《シンノウ》】①天子の兄弟《キョウダイ》や子。②天皇の、男の子供と男の孫。対内親王。

【親藩《シンパン》】江戸《えど》時代、将軍家と親類の関係にあった藩《ハン》。いわゆる御三家《ゴサンケ》など。対譜代《フダイ》・外様《とざま》。

【親筆《シンピツ》】(身分の高い人が)自分で書いた筆跡《ヒッセキ》。例尊円法親王《ソンエンホウシンノウ》—の書幅《ショフク》。

【親父《シンプ》《おやじ》】㊀父親。多く他人の父にいう。例御《ゴ》—様。㊁①自分の父親を、親しみをこめていうことば。②〔「さん」をつけて〕他人の父親をいうことば。③店の主人などを、親しみをこめていうことば。④中年以上の男性を、親しみ、あるいはからかいをこめていうことば。表記㊁は「親▽仁・親▼爺」とも書く。

【親米《シンベイ》】米国(=アメリカ合衆国)と友好的であること。対反米。例—派。

【親兵《シンペイ》】君主などを護衛する兵。

【親睦《シンボク》】(名・する)たがいに親しみ、仲よくすること。類親和。例—会。—を深める。

【親身《シンみ》】㊀(名)きわめて近い親族。類肉親。例—もおよばぬ看病。㊁(形動《ダナ》)肉親に対するような心づかいで接するようす。例—になって世話をする。

【親密《シンミツ》】(名・形動《ダナ》)人と人との関係が親しく密接なこと。対疎遠《ソエン》。例—な間がら。

【親友《シンユウ》】親しい友人。たがいに心を許し合えるような友人。例無二《ムニ》の—。

【親類《シンルイ》】血縁《ケツエン》や婚姻《コンイン》により、つながりのある人。家族はふくまない。親戚《シンセキ》。親族。例—縁者。—づきあい。

【親和《シンワ》】(名・する)①親しみ仲よくすること。類親睦《シンボク》。例社員の—会。②物質が、ほかの物質とよくなじむこと。

● 近親《キンシン》・懇親《コンシン》・里親《さとおや》・肉親《ニクシン》・両親《リョウシン》

見9 【覦】16画 7516 89A6 音ユ漢 訓うかがーう・おもーう・ねがーう・ほっーする

意味 なんとか手に入れたいと、分《ブン》に過ぎたことをのぞみねがう。欲《ホッ》する。例覬覦《キユ》(=分不相応な希望)。

見9 [覩]16画 ⇩【睹】《ト》(709ページ)

見10 【覬】17画 7517 89AC 音キ漢 訓のぞーむ

意味 分《ブン》に過ぎたことをのぞみねがう。のぞむ。例覬望《キボウ》(=のぞむ。また、のぞみ)。

見10 【覯】17画 *7518 *89AF 音コウ漢 訓あーう・みーる

意味 ❶思いがけなく出あう。でくわす。あう。例稀覯《キコウ》(=ふつうには見られないこと。まれに出あうの意)。奇覯《キコウ》(=思いがけない出あい。奇遇《キグウ》)。稀覯本《キコウボン》(=めずらしい本。数が少ない本)。❷見る。

見10 【覧】17画 4587 89A7 教育6 音ラン漢呉 訓みーる

筆順 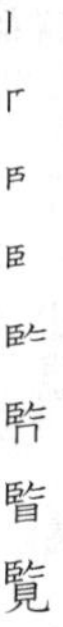

見15 【覽】22画 7521 89BD 人名

なりたち   [会意]「見(=みる)」と「監《カン》→《ラン》(=みおろす)」とから成る。みる。

意味 ❶みわたす。全体に目をとおす。みる。例閲覧《エツラン》。博覧《ハクラン》。便覧《ビンラン》。要覧《ヨウラン》。❷全体に目をとおせるようにまとめたもの。例一覧《イチラン》。

人名 かた・ただ・み

【覧箱《ランばこ》】高貴の人に見てもらう書類を入れてさし出すはこ。

● 一覧《イチラン》・回覧《カイラン》・観覧《カンラン》・御覧《ゴラン》・便覧《ビンラン》・遊覧《ユウラン》

見11 【観】18画 2049 89B3 教育4 音カン漢呉 訓みーる

筆順 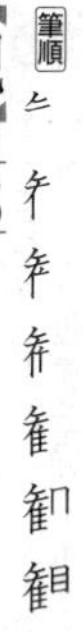

見17 【觀】24画 7523 89C0

なりたち 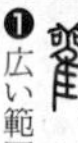  [形声]「見(=みえる)」と、音「雚《カン》」とから成る。くわしくみる。

意味 ❶広い範囲《ハンイ》をぐるりとながめる。みわたす。みる。例観光《カンコウ》。観覧《カンラン》。❷注意して、よくみる。みきわめる。例観察《カンサツ》。観照《カンショウ》。❸みせる。示す。例観兵《カンペイ》。展観《テンカン》(=ものを並べて、人に見せる)。❹ながめ。けしき。例奇観《キカン》。壮観《ソウカン》。❺ものの見方や考え方。例観点《カンテン》。楽観《ラッカン》。歴史観《レキシカン》。❻道教の寺院。例道観《ドウカン》(=道教の寺)。

人名 あき・あきら・しめす・すすむ・み

【観閲《カンエツ》】(名・する)調べ見ること。とくに、軍隊の士気や装備の状況《ジョウキョウ》などを、指揮官が検閲すること。例—式。

【観桜《カンオウ》】サクラの花を見て楽しむこと。花見。例—会。

【観艦式《カンカンシキ》】元首が自国の艦隊を観閲《カンエツ》する儀式《ギシキ》。

【観菊《カンギク》】キクの花を見て楽しむこと。例—会。

【観客《カンキャク》】演劇や映画などを見物する人。見物客。例—席。

【観劇《カンゲキ》】(名・する)演劇を見ること。芝居《しばい》見物。

【観光《カンコウ》】(名・する)旅に出て、風景や史跡《シセキ》、また風土、人情などを見聞すること。例—客。—名所。

【観察《カンサツ》】(名・する)①注意して、くわしく見ること。例時勢を—する。②ある目的に従って、ものごとや現象を客観的にくわしく見ること。例野鳥の生態を—する。

【観取《カンシュ》】(名・する)見て、それと知ること。類察知。例相手の意向を—する。表記「看取」とも書く。

【観衆《カンシュウ》】見ている人々。見物人。例—三万。—からおどろきの声があがる。

【観照《カンショウ》】(名・する)①先入観を交えずに冷静に見つめ、その真の意味を知ろうとすること。例人生を—する。②美学で、作品の美を直観的に認識《ニンシキ》すること。

[見部] 9—11画 ● 覦 覩 覬 覯 覧 観

【観賞《カンショウ》】（名・する）見て楽しむこと。例熱帯魚を—する。

【観世音《カンゼオン》】「観世音菩薩《ボサツ》」の略。

【観世音▼菩▼薩《カンゼオンボサツ》】〔仏〕大きな慈悲《ジヒ》の心をもって、人々をただちに救済する菩薩。観音《カンノン》。観世音。観自在菩薩。

【観戦《カンセン》】（名・する）①戦争の状態を、実際に行ってよく見ること。②スポーツや碁《ゴ》・将棋《ショウギ》、その他のゲームの試合を見物すること。例—記。名人戦を—する。

【観相《カンソウ》】人相や手相、骨相などを見て、その人の性格や運命などを判断すること。

【観測《カンソク》】（名・する）①（天体や気象など）自然現象の推移を観察したり、測定したりすること。例—気球。②状況《ジョウキョウ》をよく見て、今後を予測すること。例希望的—。

【観点《カンテン》】ものごとを見たり判断したりするときの、その人の立場。類見地。例第三者の—から論評する。

【観入《カンニュウ》】（名・する）心眼をもって対象を正しく把握《ハアク》すること。例実相—。

【観念《カンネン》】一（名）あるものごとについての意識を、頭の中でまとめた内容。類表象・概念《ガイネン》。例美の—。二（名・する）あきらめること。類覚悟《カクゴ》。例もはやこれまでと—した。

【観念的《カンネンテキ》】（形動《ダナ》）現実からはなれて、頭の中だけで考えるようす。類抽象《チュウショウ》的。例—なとらえ方。

【観音《カンノン》】「観世音菩薩《カンゼオンボサツ》」の略。

【観梅《カンバイ》】ウメの花を見て楽しむこと。

【観兵《カンペイ》】元首が軍隊を観閲《カンエツ》すること。例—式。

【観望《カンボウ》】（名・する）①景色をながめわたすこと。②なりゆきなどをながめること。例形勢を—する。

【観覧《カンラン》】（名・する）〔まのあたりに見る意〕演劇やスポーツ、また、風景などを見ること。類見物。例—席。—車。
●外観《ガイカン》・概観《ガイカン》・客観《キャッカン》・参観《サンカン》・主観《シュカン》・人生観・静観《セイカン》・直観《チョッカン》・悲観《ヒカン》・傍観《ボウカン》・楽観《ラッカン》

見 11
【覲】18画 7519 89B2 音キン（漢）ゴン（呉） 訓あ-う・まみ-える・み-る
意味 ❶天子や君主にお目にかかる。まみえる。例覲見《キンケン》。参覲交替《サンキンコウタイ》。❷会見する。あう。
【覲見《キンケン》】（名・する）天子にお目にかかること。

見13
【覺】20画 ⇩【覚】《カク》（900ページ）

見 15
【覿】22画 7522 89BF 音テキ（漢） 訓あ-う
意味 面会する。まみえる。あう。例覿見《テキケン》（＝まみえる）。覿面《テキメン》。
【覿面《テキメン》】（名・形動《ダナ》）〔まのあたりに見る、の意〕①面とむかうこと。あうこと。②効果や結果がただちにあらわれること。例天罰《テンバツ》—。—に効く。

見15
【覽】22画 ⇩【覧】《ラン》（901ページ）

見17
【觀】24画 ⇩【観】《カン》（901ページ）

148 7画 角 つの つのへん 部

けものの「つの」の形をあらわす。「角」をもとにしてできている漢字を集めた。

0 角 5 觝 6 解 觚 觜 触 觧 9 觱 11 觴 13 觸

角 0
【角】7画 1949 89D2 教育2 音カク（漢）（呉） 訓かど・つの・すみ

筆順
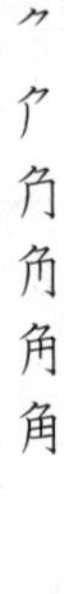

なりたち

［象形］けものの、つのの形。

意味 ❶動物の頭部からつき出た、つの。また、そのような形をしたもの。例頭角《トウカク》。触角《ショッカク》。総角《あげまき|ソウカク》。❷とがったところ。ものの周辺の一部。かど。すみ。例角材《カクザイ》。稜角《リョウカク》（＝とがった角）。❸〔数〕二つの直線や面が交わってできる図形。例角度《カクド》。直角《チョッカク》。❹二十八宿の一つ。すぼし。例角宿《カクシュク》。❺勝負をきそう。あらそう。くらべる。例角逐《カクチク》。角力《カクリョク》。❻東洋音楽の五音《ゴイン》（＝宮《キュウ》・商《ショウ》・角《カク》・徴《チ》・羽《ウ》）の一つ。例角声《カクセイ》（＝音階で、角にあたるもの）。

日本語での用法《カク》①「角力《すもう》」の意。「角界《カクカイ|カッカイ》・好角家《コウカクカ》」②将棋《ショウギ》の駒《こま》の一つ。「角行《カクギョウ|カッコウ》・飛車角《ヒシャカク》」

難読 角髪《みずら》

人名 ふさ

【角帯《カクおび》】帯地をほぼ約八センチメートルに二つ折りして、芯《シン》を入れて仕立てた男性用の帯。

【角界《カクカイ|カッカイ》】相撲《すもう》の社会。例—に名を残す。

【角行《カクギョウ|カッコウ》】将棋《ショウギ》の駒《こま》の一つ。ますのななめに動ける。角《カク》。

【角材《カクザイ》】切り口の四角な材木。

【角砂糖《カクザトウ》】小さな立方体に固めた砂糖。

【角質《カクシツ》】動物のつめ・ひづめ・つの・毛・羽毛《ウモウ》・表皮などの主成分である硬《コウ》たんぱく質の一種。ケラチン。

【角▼錐《カクスイ》】底面が多角形で、その各辺を底辺とした三角形が、みな共通の頂点をもつ立体。

【角袖《カクそで》】①和服のたもとの先が四角いそで。また、四角いそでの外套《ガイトウ》。②洋服に対して、和服。③明治時代、私服刑事《ケイジ》のこと。〔私服は、ふつう和服であったところから〕

【角逐《カクチク》】（名・する）たがいに競争すること。例石油資源をめぐって両国が激しく—する。

【角柱《カクチュウ》】①切り口が正方形のはしら。②両はしの面がたがいに平行で同一の多角形であるような、はしら状の立体。

【角度《カクド》】①線や面などが交わってできる角の大きさ。②ものごとを見る立場。類視点。例ちがう—から見る。

【角帽《カクボウ》】上部が四角い帽子。大学生用の制帽など。

【角膜《カクマク》】眼球前面の、黒目をおおう透明《トウメイ》な円形の膜。

【角力】一《カクリョク》力をくらべること。力くらべ。二《すもう》日本の国技とされる競技。土俵内でふたりが取り組み、相手を土俵の外に出すか、相手をたおすことで勝負を争う。表記二は「相撲」とも書く。

【角▼樽《つのだる》】二つの長い柄《え》をつののようにつけた、朱塗《シュぬ》りや黒塗りのたる。祝儀《シュウギ》として用いる。

【角笛《つのぶえ》】動物のつのでつくった笛。猟師《リョウシ》などが用いた。

【角《つの》を矯《た》めて牛《うし》を殺《ころ》す】〔「矯」は、曲げたりのばしたりして形を直す意〕欠点をむりに直そうとして、全体をだめにしてしまうことのたとえ。
●鋭角《エイカク》・外角《ガイカク》・互角《ゴカク》・三角《サンカク》・死角《シカク》・折角《セッカク》・多角《タカク》・頭角《トウカク》・鈍角《ドンカク》・内角《ナイカク》・方角《ホウガク》・街角《まちかど》

角 5
【觝】12画 7526 89DD 音テイ（漢） 訓ふ-れる
意味 つのがあたる。さわる。ふれる。同抵《テイ》。例觝触《テイショク》（＝さしさわる。抵触《テイショク》）。

角 6
【解】
13画 1882 89E3 教育5
音 カイ漢 ゲ呉
訓 と-く・と-かす・と-ける・ほど-く・わか-る

筆順 ク 角 角 角 解 解 解

角 6
【觧】 13画 7527 89E7 俗字

なりたち 【会意】「刀(=かたな)」で「牛(=ウシ)」の「角(=つの)」を切り分ける。わける。

意味 ❶ばらばらになる。分ける。ほどく。とく。とける。例解散《カイサン》。分解《ブンカイ》。溶解《ヨウカイ》。❷ゆるめる。ときはなす。例解禁《カイキン》。解除《カイジョ》。解放《カイホウ》。❸ときほぐしてわかる。ときあかす。例解説《カイセツ》。解明《カイメイ》。理解《リカイ》。❹意見。考え。例見解《ケンカイ》。❺仲よくする。例和解《ワカイ》。❻やめさせる。免《メン》じる。例解雇《カイコ》。解任《カイニン》。❼とりのぞく。なおす。例解毒《ゲドク》。解熱《ゲネツ》。

日本語での用法 《ゲ》昔、下の者から上の者に差し出した文書。「解状《ゲジョウ》・解文《ゲぶみ》」

使い分け とかす・とく・とける【解・溶】⇩1173ページ

人名 さとる・とき・ひろ

【解禁】《カイキン》(名・する) 法令で禁止していたことを解除すること。例アユ漁の—。

【解決】《カイケツ》(名・する) 事件や問題をうまく処理し、決着がつくこと。また、決着をつけること。例おたがいの努力で—した。

【解雇】《カイコ》(名・する) やとっていた人をやめさせること。雇用契約《コヨウケイヤク》を解除すること。類免職《メンショク》。対雇用。例不当—。懲戒《チョウカイ》—。

【解語の花】《カイゴのはな》 美人。とくに、楊貴妃《ヨウキヒ》のこと。〔唐《トウ》の玄宗《ゲンソウ》がビャクレンを見ていたとき、楊貴妃を指して「ここにいることばのわかる花よりも美しい花はあるまい」と言った故事による〕

【解散】《カイサン》(名・する) ①集会などが終わって、参加者が別々に去っていくこと。対集合。例現地で—する。②会社や団体などが活動をやめ、組織をとくこと。例合唱団を—する。③議会で、議員の任期満了《マンリョウ》前に、全員の資格をなくすこと。例衆議院の—。

【解字】《カイジ》 漢字の字形を分析《ブンセキ》して、意味の成り立ちを説明すること。

【解釈】《カイシャク》(名・する) ①文章やことばの意味や内容を理解し、説明すること。また、その説明。例英文—。②他人の言動の意図を判断し、理解すること。例善意に—する。

【解除】《カイジョ》(名・する) ①それまでに出された禁止や制約をやめること。とりのぞくこと。例大雨注意報—。②〔法〕契約《ケイヤク》を一方が取りやめ、契約前の状態にもどすこと。

【解消】《カイショウ》(名・する) ①それまでの関係や状態がすっかりなくなること。また、なくすこと。例契約《ケイヤク》—。不満が—する。②組織や団体を解散すること。例発展的—。

【解錠】《カイジョウ》(名・する) しまっているかぎをあけること。開錠。対施錠《セジョウ》。

【解職】《カイショク》(名・する) 職をやめさせること。類免職《メンショク》。例—を求める。

【解職請求】《カイショクセイキュウ》 地方公共団体の首長や助役、また議員などを、任期満了《マンリョウ》前に住民の意思でやめさせる制度。リコール。

【解析】《カイセキ》 一(名・する) ものごとを要素ごとに分け、理論的に研究すること。二(名)〔数〕「解析学」の略。代数学や幾何《キカ》学と並ぶ数学の一部門。

【解説】《カイセツ》(名・する) ものごとの内容やその影響《エイキョウ》などを、わかりやすく説明すること。また、その説明。例ニュース—。

【解像】《カイゾウ》(名・する) レンズが、ものの形のこまかい部分まで、はっきりと写し出すこと。例—力。

【解体】《カイタイ》(名・する) ①組み立ててあるものを、こわしてばらばらにすること。例ビルの—工事。②組織をこわして、ばらばらにすること。例財閥《ザイバツ》—。③解剖《カイボウ》。例『—新書』〔江戸《えど》時代後期の翻訳《ホンヤク》書〕

【解題】《カイダイ》(名・する) ①書物の筆者や内容、成立の由来などを解説すること。また、その解説。例図書—。漢籍《カンセキ》—。②問題をとくこと。

【解脱】(名・する) 一《カイダツ》 ときはなすこと。二《ゲダツ》〔仏〕迷いや欲望から解放されて、さとりの境地にはいること。例—して法悦《ホウエツ》をおぼえる。

【解党】《カイトウ》(名・する) 政党や党派を解散すること。対結党。

【解凍】《カイトウ》(名・する) 冷凍食品などの、こおったものをとかすこと。対冷凍。例夕食用に魚を—する。

【解答】《カイトウ》(名・する) 問題をといてこたえを出すこと。また、そのこたえ。例模範《モハン》—。

【解読】《カイドク》(名・する) 暗号や、読めない文字または文章などを読みとくこと。例古代文字を—する。

【解任】《カイニン》(名・する) 任務をとくこと。類免職《メンショク》。例議事運営をめぐり議長を—する。

【解放】《カイホウ》(名・する) 外からの力で、からだや精神の束縛《ソクバク》などをなくして、自由にすること。例奴隷《ドレイ》—。

【解剖】《カイボウ》(名・する) ①内部のしくみや状態などを調べるため、生物のからだを切り開くこと。類解体。例—学。司法—。②分析《ブンセキ》して研究すること。例事故を—する。

【解明】《カイメイ》(名・する) わからない点をはっきりさせること。例原因を—する。

【解約】《カイヤク》(名・する) 契約《ケイヤク》を取り消すこと。例定期預金を—する。

【解▼纜】《カイラン》(名・する) 〔「纜」は、ともづなの意〕船が出航すること。例横浜《よこはま》港を—して三日たつ。

【解毒】《ゲドク》(名・する) 体内にはいった毒物の毒性を消すこと。例—剤《ザイ》。—作用のある植物。

【解熱】《ゲネツ》(名・する) 病気で高くなった体温を下げること。例—剤《ザイ》。

◐見解《ケンカイ》・誤解《ゴカイ》・図解《ズカイ》・正解《セイカイ》・読解《ドッカイ》・難解《ナンカイ》・不可解《フカカイ》・分解《ブンカイ》・弁解《ベンカイ》・溶解《ヨウカイ》・理解《リカイ》・例解《レイカイ》・和解《ワカイ》

角 6
【觚】
13画 7524 89DA
音 コ漢
訓 さかずき

意味 ❶昔、儀式《ギシキ》に用いた大きなさかずき。四角・八角など、かどがあったという。さかずき。❷とがったところ。かど。❸文字を記すのに用いた木の札《ふだ》。とくに六角柱や八角柱のもの。ふだ。例觚牘《コトク》(=書物)。操觚《ソウコ》(=文章を作ること)。

角 6
【觜】
13画 7525 89DC
音 シ漢呉
訓 くちばし

意味 ❶ミミズクの頭の上にある、つののような毛。けづの。❷二十八宿の一つ。とろきぼし。例觜宿《シシュク》。❸くちばし。はし。同嘴《シ》。

角 6
【触】
13画 3108 89E6 常用
音 ショク漢 ソク呉
訓 ふ-れる・さわ-る

筆順 ク 角 角 角 触 触 触

角13
【觸】 20画 7529 89F8

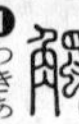

［形声］「角(=つの)」と、音「蜀《ショク》」とから成る。つのでふれる。

意味 ❶つきあたる。ふれる。例抵《テイ》触《ショク》(=さしさわる)。❷ふれて感じる。さわる。ふれる。例触《ショク》発《ハツ》。感《カン》触《ショク》。接《セッ》触《ショク》。❸罪をおかす。ふれる。例触《ショク》犯《ハン》(=禁をおかす)。

日本語での用法《ふれ》役所からの達し。知らせ。通報。「触《ふ》れ状《ジョウ》・触《ふ》れ文《ぶみ》・御触書《おふれがき》」

使い分け さわる【触・障】⇩1170ページ

人名 ふる

【触手《ショクシュ》】下等動物のからだの先端《センタン》や口の近くにある、ひものような器官。触覚《ショッカク》や嗅覚《キュウカク》、また捕食《ホショク》などのはたらきをし、自在にのびちぢみする。例—をのばす(=下心があって、はたらきかける)。

【触媒《ショクバイ》】〔化〕化学反応がおこるとき、それ自身は変化をしないが、他の物質の化学変化の速度を速めたり、おくらせたりする物質。

【触発《ショクハツ》】(名・する)①ものがふれるとすぐ爆発《バクハツ》すること。例—水雷《スイライ》。②あることがきっかけになって、他のことが起きること。例体験談に—されて、留学を決意する。

【触角《ショッカク》】昆虫《コンチュウ》などの頭にある、一対《イッツイ》または二対の細長いひげのような器官。触覚や嗅覚《キュウカク》の役目をする。

【触覚《ショッカク》】五感の一つ。手足や皮膚《ヒフ》がものにふれたときに起こる感覚。類触感。

【触感《ショッカン》】さわった感じ。手ざわりやはだざわりなど。類触覚。例—のちがう布《ぬの》地《ジ》。

●感触《カンショク》・接触《セッショク》・抵触《テイショク》

角6

【觧】13画 ⇩【解《カイ》】(903ページ)

角9

【觱】

16画 2-8847 89F1 音ヒツ漢 ヒチ呉

意味 西域《サイイキ》の異民族がふく角笛《つのぶえ》。中国のウマをおどろかすという。のちに、タケの管《くだ》とアシの舌《した》(=リード)をつけて楽器とした。

【觱▼篥《ヒチリキ》】雅楽《ガガク》に用いる管楽器。→【篳篥《ヒチリキ》】(757ページ)

角11

【觴】

18画 7528 89F4 音ショウ漢呉 訓さかずき

意味 さかずき。また、酒をすすめる。例濫觴《ランショウ》(=さかずきを浮かべるほどの細い流れの意から、ものごとのはじめのたとえ)。

角13

【觸】20画 ⇩【触《ショク》】(903ページ)

149 7画

言 げん ごんべん 部

口でものをいう意をあらわす。「言」をもとにしてできている漢字を集めた。

⓪言②計訂訃③記訖訓訐訌
訊託討④訛許訣訝訟設訥訪
訳⑤詠訶詘詁詐詞証詔診訴
詛詑詒註詆評詈評⑥詼該詭
詰詣誇詬詩試詢詳誠詮詫誅
誂誉誄話⑦誨誡誑語誤誥誌
誚誦誓説読認誣誘誤誠說誕
認⑧謁課誼諏諄諸諚請諍諾
誰誕談調諂誹諒論諫請調⑨
諳謂諧諤諫諱謔諠諺諢諮謚
諜諦諷諞謀諭諛謡謁諺諮諸
謎諭⑩譁謹謙謇講謝謏謄謎
謐謨謗謌諱謙講謚謄謠⑪謳
謦謫謾謬謹⑫譏警譎識譖譚
譜譌證譖⑬議護譲譫譟譬譱
譯譽⑭譴⑮讃讀⑯讌讐讎變
⑰讙讒讖讓⑲讚

言0

【言】

7画 2432 8A00 教育2 音ゲン漢 ゴン呉 訓い-う・こと

筆順

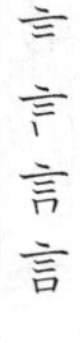

たなちり

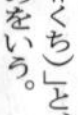

［形声］「口(=くち)」と、音「辛《ケン》→ゲン」とから成る。口でものをいう。

意味 ❶ことばに出していう。語る。話す。告げる。述べる。例言《ゲン》行《コウ》。言《ゲン》論《ロン》。断《ダン》言《ゲン》。❷ことば。こと。例言《ゲン》語《ゴ》。格《カク》言《ゲン》。金《キン》言《ゲン》。

難読 言種《ことぐさ・いいぐさ》・言伝《ことづて》

人名 あき・あや・とき・のぶ・のり・ゆう・ゆき

【言下《ゲンカ》】〔「ゴンカ」とも〕相手がものを言い終わったすぐあと。一言のもと。例—に否定する。

【言外《ゲンガイ》】ことばでは直接に言いあらわしていない部分。

【言語《ゲンゴ》】〔「ゴンゴ」とも〕音声または文字によって、考えていることや感情などを伝える行為《コウイ》。また、それに用いる音声や文字など。ことば。例—《ゴンゴ》道断《ドウダン》。—に絶する。

【言語道断《ゴンゴドウダン》】㊀(形動《ダナ》)(ことばでは言いあらわせないほど)ひどいようす。とんでもないようす。例規則を守らないとは—だ。㊁(名)〔仏〕教えのおくぶかさが、ことばでは表現しきれないほどすばらしいこと。

【言行《ゲンコウ》】言うこととおこなうこと。例—一致《イッチ》。

【言行録《ゲンコウロク》】ある人の言行を記録した書物。

【言志《ゲンシ》】①心に思うことを述べること。②漢詩のこと。

【言次《ゲンジ》】ことばのついで。話のついで。

【言辞《ゲンジ》】ことば。ことばづかい。例—を弄《ロウ》する(=誠意のない、かってなことを言う)。

【言責《ゲンセキ》】言ったことばについての責任。例—を負う。

【言説《ゲンセツ》】ことばで述べたてる意見。例—に注意する。

【言質《ゲンチ》】〔「ゲンシツ」とも〕あとで証拠《ショウコ》となることば。ことばじち。例—をとる。—をあたえる。

【言動《ゲンドウ》】言うこととおこなうこと。ことばと行動。類言行。

【言文《ゲンブン》】話しことばと書きことば。口頭語と文章語。

【言文一致《ゲンブンイッチ》】文章をできるだけ口語に近い文体で書くこと。また、そのような主張。例明治初期の—運動。

【言明《ゲンメイ》】(名・する)公式の発言として、はっきりと言うこと。明言。例—をさける。

【言容《ゲンヨウ》】①ことばと、人の姿やようす。類言貌《ゲンボウ》。②ことばつき。

【言論《ゲンロン》】意見や思想をことばや文章で発表し、論議すること。また、その意見や思想。例—の自由。

【言霊《ことだま》】古代に、ことばがもっていると信じられていた不思議な力。例大和《やまと》は—の幸《さき》わう国(=日本の国は言霊によって幸せがもたらされている国)。

【言葉《ことば》】①人が、自分の考えや感情を伝えようとするときに

発する音声や、書く文字など。言語。例日本の—。②単語や語句。また、ひとまとまりの文章。例—を豊かにする。③実際に言われたこと。ことばづかい。口ぶり。例—をかける。

【言上】《ゴンジョウ》(名・する)申し上げること。身分の高い人に申し述べること。例かしこまって—する。
●過言《カゴン》・甘言《カンゲン》・換言《カンゲン》・狂言《キョウゲン》・苦言《クゲン》・小言《こごと》・失言《シツゲン》・証言《ショウゲン》・助言《ジョゲン》・進言《シンゲン》・宣言《センゲン》・前言《ゼンゲン》・体言《タイゲン》・他言《タゴン》・伝言《デンゴン》・発言《ハツゲン》・方言《ホウゲン》・暴言《ボウゲン》・無言《ムゴン》・名言《メイゲン》・遺言《ユイゴン》・用言《ヨウゲン》・流言《リュウゲン》

言 2

【計】

9画 2355 8A08 教育2
音 ケイ漢 ケ呉
訓 はか-る・はか-らう
付表 時計《とけい》

筆順 、 ニ 亖 言 言 言 言 計 計

なりたち [会意]「言(=いう)」と「十(=数)」とから成る。声に出して数をかぞえる。

意味 ❶数をかぞえる。はかる。例計算《ケイサン》。合計《ゴウケイ》。❷数量をはかる器具。はかり。例温度計《オンドケイ》。晴雨計《セイウケイ》。❸くわだてる。はかる。はかりごと。例計画《ケイカク》。計略《ケイリャク》。早計《ソウケイ》。❹金銭の出入り。経営。例家計《カケイ》。生計《セイケイ》。

日本語での用法《ばかり》ぐらい。ほど。程度をあらわす。「五百円《ゴヒャクエン》計《ばか》り」「計り足《た》りない」

使い分け はかる【図・計・測・量・謀・諮】⇩1177ページ

難読 不入計《いりやまず》(=地名)・主計《かずえ・かぞえ》の頭《かみ》

人名 かず・かずい・かずえ・かずお・かずし

【計画】《ケイカク》(名・する)ものごとをおこなうやり方を、前もって考えること。また、その考え。くわだて。プラン。例—を立てる。

【計器】《ケイキ》重量や速度、距離《キョリ》など、数量をはかるための器械。メーター。

【計算】《ケイサン》(名・する)①足し算・引き算・かけ算・割り算などによって、求める数を出すこと。例—器。面積を—する。②あらかじめ見積もっておくこと。予想。例相手の出方を—に入れる。③損得を数えること。例—高い。—ずく。

【計上】《ケイジョウ》(名・する)必要な費用として、計算の中に入れておくこと。例資料費を予算に—する。

【計数】《ケイスウ》①(統計や経理などの)数字を計算すること。例—に明るい。②数をかぞえること。例—器。

【計測】《ケイソク》(名・する)ものさしや器械を使って、長さや速さ、また、分量などをはかること。類計量・測量・測定。

【計理】《ケイリ》会計と経理。例—士。

【計略】《ケイリャク》はかりごと。類策略。例—にかける。—を練る。

【計量】《ケイリョウ》(名・する)重量や分量をはかること。類計測・測量・測定。例—カップ。表記「計料」とも書く。
●一計《イッケイ》・会計《カイケイ》・家計《カケイ》・合計《ゴウケイ》・推計《スイケイ》・生計《セイケイ》・設計《セッケイ》・早計《ソウケイ》・総計《ソウケイ》・統計《トウケイ》・余計《ヨケイ》・累計《ルイケイ》

言 2

【訂】

9画 3691 8A02 常用
音 テイ漢 チョウ呉
訓 ただ-す

筆順 、 ニ 亖 言 言 言 言 訂 訂

なりたち [形声]「言(=ことば)」と、音「丁《テイ》」とから成る。評議する。

意味 ❶話し合ってきめる。はかる。また、約束する。例訂盟《テイメイ》(=同盟などを結ぶ)。❷文字や文章の誤りをあらためる。ただす。例訂正《テイセイ》。改訂《カイテイ》。

人名 ただ・ただし・ひとし

【訂正】《テイセイ》(名・する)文字やことば、また、文章の誤りを正しく直すこと。例前号の記事を—する。
●改訂《カイテイ》・校訂《コウテイ》

言 2

【訃】

9画 7530 8A03 常用
音 フ漢呉
訓 つ-げる

筆順 、 ニ 亖 言 言 言 言 訁 訃

なりたち [形声]「言(=いう)」と、音「卜《ホク→フ》」とから成る。死を知らせる。

意味 人の死を知らせる。死亡の知らせ。つげる。例訃音《フイン》。訃報《フホウ》。

【訃音】《フイン》(「フオン」とも)死亡を知らせる手紙。訃報《フホウ》。

【訃報】《フホウ》死亡の知らせ。訃音《フイン》。例—に接する。

言 3

【記】

10画 2113 8A18 教育2
音 キ漢呉
訓 しる-す・しるし

筆順 ニ 亖 言 言 言 言 言 記 記

なりたち [形声]「言(=ことば)」と、音「己《キ》」とから成る。整理してしるす。

意味 ❶書きとめる。しるす。例記述《キジュツ》。記録《キロク》。❷書きとめたもの。かきもの。文書。例手記《シュキ》。伝記《デンキ》。日記《ニッキ》。❸しるし。例記号《キゴウ》。記章《キショウ》。❹おぼえる。心にとどめる。例記憶《キオク》。記念《キネン》。

人名 なり・のり・ふさ・ふみ・よし

【記憶】《キオク》(名・する)経験したことや学んだことを、忘れないように覚えておくこと。例—力。

【記紀】《キキ》『古事記《コジキ》』と『日本書紀《ニホンショキ》』。例—の歌謡《カヨウ》。

【記号】《キゴウ》一定の内容を伝えるものとして通用する、しるし。文字や符号《フゴウ》などをふくむ。例発音—。

【記載】《キサイ》(名・する)本や書類に書いてのせること。例名簿《メイボ》に氏名を—する。

【記事】《キジ》できごとをありのままに書いた文章。例新聞—。

【記者】《キシャ》①文章を書く人。筆者。②新聞や雑誌・放送などの、記事を書くことを職業とする人。例—会見。新聞—。

【記述】《キジュツ》(名・する)文章に書くこと。とくにものごとを秩序《チツジョ》だてて書くこと。例簡潔に—する。

【記章】《キショウ》①記念のために関係者に授与《ジュヨ》する、しるし。メダル。例大会参加の—。②資格や身分・職業などを示した、衣服につけるしるし。バッジ。表記▽旧▼徽章
【記帳】《キチョウ》(名・する)①帳簿《チョウボ》や通帳に記入すること。②そこに来たしるしに、備えてある帳面に署名すること。

【記入】《キニュウ》(名・する)書き入れること。書きこむこと。例答案用紙に氏名を—する。

【記念】《キネン》(名・する)①思い出になるように残しておくこと。また、残すもの。例卒業—の植樹。②過去のできごとについての記憶《キオク》を新たにすること。例創立—日。

【記名】《キメイ》(名・する)書類や用紙などに自分の氏名を書き入れること。対無記名。例—投票。

【記録】《キロク》(名・する)①事実を書きとめておくこと。また、そのもの。例噴火《フンカ》の—。②競技などの成績・結果。とくに、それまででいちばんよい成績。レコード。例新—。
●暗記《アンキ》・手記《シュキ》・書記《ショキ》・速記《ソッキ》・追記《ツイキ》・転記《テンキ》・伝記《デンキ》・特記《トッキ》・日記《ニッキ》・筆記《ヒッキ》・表記《ヒョウキ》・風土記《フドキ》・併記《ヘイキ》・簿記《ボキ》・銘記《メイキ》・列記《レッキ》・連記《レンキ》

言 3

【訖】

10画 7531 8A16
音 キツ漢 コチ・コツ呉
訓 いた-る・おわ-る・つい-に

意味 ❶完結する。終了《シュウリョウ》する。やめる。おわる。とうとう。ついに。同迄《キツ》。❷結局。❸行きつく。いたる。およぶ。同迄

ツキ。例今《いま》に訖《いた》る。末《すえ》に訖《いた》る。

言 3
【訓】
10画 2317 8A13 教育4
音キン漢クン呉
訓おし-える・おし-え・よ-む・よ-み

筆順 ニ 亖 言 言 言 訁 訓 訓

なりたち [形声]「言(=ことば)」と、音「川《セン》→《クン》」とから成る。ことばで教えさとす。

意味 ❶おしえさとす。みちびく。いましめる。おしえる。いましめ。おしえ。例訓育《クンイク》。訓戒《クンカイ》。教訓《キョウクン》。❷字句の意味を明らかにする。よむ。また、よみ方。例訓詁《クンコ》。訓釈《クンシャク》。訓読《クンドク》。

日本語での用法《クン》漢字にあてた日本語の読み方。対音《オン》。「訓読《クンドク》・音訓《オンクン》・常用漢字《ジョウヨウカンジ》の訓《クン》」

人名 くに・さとし・さとす・さとる・しる・とき・のり・みち

【訓育《クンイク》】(名・する) ①教え育てること。②児童や生徒の品性などを、よい方向へのばすように養い育てること。

【訓戒《クンカイ》】(名・する) 事の善悪について教えさとし、これからはあやまちをおかさないよう注意をあたえること。類教訓。例―を垂れる。

【訓義《クンギ》】漢字の読み方と意味。

【訓▼詁《クンコ》】字句の解釈《カイシャク》。文字や語句の意味の説明。例―注釈。表記「訓故」とも書く。

【訓告《クンコク》】(名・する) ①いましめさとすこと。②いましめ告げること。落ち度をいましめること。

【訓示《クンジ》】(名・する) 上の人が下の人に対して、仕事上の心得などを教え示すこと。また、そのことば。例現場責任者の―。

【訓辞《クンジ》】上の人が下の人にあたえる、教えさとすことば。類訓話。例校長の―。

【訓釈《クンシャク》】(名・する) 漢文の字句の読み方と意味の解釈をすること。類訓詁《クンコ》。

【訓点《クンテン》】漢文を訓読するために漢字のまわりに書き加える、返り点やヲコト点の符号《ゴウフ》や送りがなをまとめていうことば。例―を付《フ》して読む。

【訓導《クンドウ》】㊀(名・する) 教えみちびくこと。㊁(名) 小学校の教諭《キョウユ》の古い言い方。

【訓読《クンドク》】(名・する) ①漢字を、その字の意味にあたる日本語で読むこと。「山」を「やま」、「川」を「かわ」と読むこと、など。対音読。②漢文を日本語として読むこと。語の順序を直し、助詞や助動詞などをおぎなって読む。例―の漢文。

【訓▼蒙《クンモウ》】〔古くは「キンモウ」とも〕子供や初学者に教えること。また、そのための本。

【訓令《クンレイ》】(名・する) ①訓示し命令すること。また、その命令。②内閣や各省が、下級の官庁に職務上の命令を出すこと。また、その命令。

【訓練《クンレン》】(名・する) 教えたことがうまくできるように、くりかえし練習すること。例避難《ヒナン》―。

【訓話《クンワ》】(名・する) 心構えや生き方などについて、教えさとすこと。また、その話。類訓辞。例社長の―。

●音訓《オンクン》・家訓《カクン》・字訓《ジクン》・特訓《トックン》・難訓《ナンクン》・和訓《ワクン》

言 3
【訏】
10画 7532 8A10
音ケイ漢呉ケツ漢
訓あば-く・ひら-く

意味 相手の誤ちや欠点などを明らかにしてせめる。あばく。例訏告《ケッコク》(=告発する)。

言 3
【訌】
10画 7533 8A0C
音コウ漢
訓つい-える・みだ-れる・やぶ-る

意味 ❶失敗して、すっかりだめになる。ついえる。例訌潰《コウカイ》(=ついえる)。❷混乱して、あらそいになる。もめる。おとしいれる。例内訌《ナイコウ》(=うちわもめ)。

言 3
【訊】
10画 3154 8A0A 人名
音シン漢ジン呉
訓たず-ねる・き-く

意味 ❶罪などを問いただす。とりしらべる。たずねる。とう。例訊問《ジンモン》。❷おとずれる。みまう。訪問する。例問訊《モンジン》(=安否《アンピ》をたずねる)。❸たより。てがみ。例音訊《オンジン》(=手紙)。

【訊問《ジンモン》】(名・する) ①強い調子で質問し、調べること。例不審《フシン》―。②〔法〕裁判所などが、証人や鑑定人《カンテイニン》などに質問し、答えさせること。例反対―。表記▽現尋問

言 3
【託】
10画 3487 8A17 常用
音タク漢
訓かこ-つ・かこつ-ける

筆順 亠 亖 言 言 言 訁 託 託

なりたち [形声]「言(=いう)」と、音「乇《タク》」とから成る。ことづけて、たよる。

意味 ❶たよる。身を寄せる。あずける。まかせる。例託児《タクジ》。委託《イタク》。嘱託《ショクタク》。❷あることにたとえて言う。かこつける。ことよせる。例託言《タクゲン》(=かこつけていうこと。また、ことづて)。仮託《カタク》。

日本語での用法《かこつ》不平を言う。「身《み》の不遇《フグウ》を託《かこ》つ」

人名 よし・より

【託児《タクジ》】(名・する) 幼児を預け、保育をたのむこと。例―所。

【託生《タクショウ》】⇩【托生《タクショウ》】(427ページ)

【託宣《タクセン》】㊀(名・する) 神が人にのりうつってお告げをすること。また、そのお告げ。類神託。㊁(名)〔多く「ご託宣」の形で〕目上の人の意見や命令を、からかっていうことば。例社長のご―がくだった。

【託送《タクソウ》】(名・する) 人にたのんで、物を送ること。

●委託《イタク》・寄託《キタク》・結託《ケッタク》・受託《ジュタク》・神託《シンタク》・付託《フタク》

言 3
【討】
10画 3804 8A0E 教育6
音トウ漢呉
訓う-つ

筆順 亠 亖 言 言 言 訁 討 討

なりたち [会意]「言(=ことば)」と「寸(=きまり)」とから成る。ことばときまりとでただす。

意味 ❶ものごとをくわしく調べ、ただす。たずねもとめる。例討究《トウキュウ》。討論《トウロン》。検討《ケントウ》。❷罪を言いとがめる。武力でせめる。うつ。例討伐《トウバツ》。追討《ツイトウ》。征討《セイトウ》。

使い分け うつ【打・討・撃】⇩1163ページ

【討議《トウギ》】(名・する) ある問題について、意見を出し合って議論すること。ディスカッション。例対策を―する。

【討究《トウキュウ》】(名・する) ①つきつめて研究すること。例長年の―の末、ついに結論が出た。②議論し合って研究すること。

【討尋《トウジン》】(名・する) 深くたずね調べること。

【討幕《トウバク》】(名・する) 幕府をうつこと。例ひそかに―のはかりごとが進められた。

【討伐《トウバツ》】(名・する) 軍隊を出して、反抗《ハンコウ》する者をせめうつこと。例すぐさま反乱を―した。

【討論《トウロン》】(名・する) ①事の是非《ゼヒ》を論じること。②意見をたたかわせて議論すること。例―会。

●検討《ケントウ》・掃討《ソウトウ》・追討《ツイトウ》

言 4
【訛】
11画 7534 8A1B 音ガ漢 カ呉 訓なま-り・なま-る・あやま-り・あやま-る

言12
【譌】
19画 7587 8B4C 本字

意味 ❶でたらめを言う。うそを言う。いつわる。いつわり。例 訛偽《カギ》(=いつわり)。訛言《カゲン》。❷文字やことばをまちがえる。あやまる。あやまり。例 訛字《カジ》(=まちがった文字)。❸ことばがなまる。なまり。例 訛音《カオン》。訛語《カゴ》。

難読 訛《よこなま》る・訛声《だみごえ》

【訛音《カオン》】〔「カイン」とも〕なまった発音。なまり。

【訛言《カゲン》】①なまったことば。②根拠《コンキョ》のないうそ。類 流言。

【訛語《カゴ》】なまったことば。

【訛伝《カデン》】あやまって伝わること。まちがった言い伝え。

言 4
【許】
11画 2186 8A31 教育5 音キョ漢 コ呉 訓ゆる-す・ばか-り・もと

筆順 ニ 亖 言 言 言 言 訁 訐 許

なりたち [形声]「言(=いう)」と、音「午《ゴ→キョ》」とから成る。相手のいうことをききいれる。

意味 ❶ききいれる。みとめる。ゆるす。ゆるし。例 許可《キョカ》。許容《キョヨウ》。免許《メンキョ》。❷だいたいの数をあらわす。ぐらい。ほど。ばかり。例 許多《キョタ》。幾許《いくばく》。❸ところ。もと。例 何許《いずこ》。親許《おやもと》。❹姓《セイ》の一つ。例 許慎《キョシン》。

難読 若許《そこばく》・許斐《このみ》(=姓《セイ》)・如何許《いかばかり》

人名 すすむ・ゆく

【許可《キョカ》】(名・する) 願いを聞き届けること。してもよいとゆるすこと。対 禁止。例 参加を—する。

【許嫁】㊀《キョカ》結婚《ケッコン》を許可すること。㊁《いいなずけ》婚約した相手の人。表記 ㊁は「▽許▽婚」とも書く。

【許婚】㊀《キョコン》結婚を許可すること。㊁《いいなずけ》婚約した相手の人。婚約者。フィアンセ。表記 ㊁は「▽許▽嫁」とも書く。

【許慎《キョシン》】後漢《ゴカン》の学者。六書《リクショ》の原理によって漢字を分類し、字形の構造を分析《ブンセキ》し、漢字の字書『説文解字《セツモンカイジ》』を著《あらわ》した。(三〇—?)

【許多《キョタ》】(名・形動《ダナ》) 数の多いこと。多数。あまた。例 —の富。表記「巨多」とも書く。

【許諾《キョダク》】(名・する) 許可し承諾すること。たのみを聞き入れること。例 —願い。

【許否《キョヒ》】ゆるすこととゆるさないこと。例 —を確かめる。

【許容《キョヨウ》】(名・する) 基準には合わないが、ゆるして受け入れること。大目に見ること。例 —範囲《ハンイ》。

● 特許《トッキョ》・身許《みもと》・免許《メンキョ》

言 4
【訣】
11画 2377 8A23 人名 音ケツ漢 訓わか-れる・わか-れ

意味 ❶いとまごいをする。(死者に)わかれをつげる。わかれる。わかれ。例 訣別《ケツベツ》。永訣《エイケツ》。❷とっておきの方法。おくの手。例 秘訣《ヒケツ》。要訣《ヨウケツ》(=必要な方法)。

日本語での用法 《わけ》①理由。いわれ。「この語《ゴ》の訣《わけ》・失敗《シッパイ》した訣《わけ》」参考 現代は、「訳」の字を用いるが、もとは「訣」を使用した。

人名 さとし・さとる

【訣別《ケツベツ》】(名・する) わかれを告げること。きっぱりとわかれること。例 —の辞。悪友たちと—する。表記 現 決別

言 4
【訝】
11画 7535 8A1D 音ゲン慣 ガ漢 ゲ呉 訓いぶか-る

意味 ❶出むかえる。むかえる。❷うたがいあやしむ。いぶかる。例 怪訝《ケゲン》。

言 4
【訟】
11画 3057 8A1F 常用 音ショウ漢 訓あらそ-う・うった-える・うった-え

筆順 ニ 亖 言 言 言 言 訁 訟 訟

なりたち [形声]「言(=いう)」と、音「公《コウ→ショウ》」(=おおやけにする)」とから成る。公式の場で言いあらそう。

意味 裁判であらそう。うったえる。うったえ。例 訟訴《ショウソ》。訴訟《ソショウ》。

【訟訴《ショウソ》】うったえること。訴訟。

言 4
【設】
11画 3263 8A2D 教育5 音セツ漢 訓もう-ける・しつら-える・もう-け

筆順 ニ 亖 言 言 言 訁 訂 設 設

なりたち [会意]「言(=ことば)」と「殳(=人を使う)」とから成る。ことばで人を使って、ならべる。

意味 こしらえる。立てる。並べる。もうける。しつらえる。例 設計《セッケイ》。設備《セツビ》。開設《カイセツ》。

難読 設楽《したら・しだら》(=地名・姓《セイ》)・設使《たとい》・設如《たとい》

人名 おき・のぶ

【設営《セツエイ》】(名・する) ①ある仕事のために、前もって施設《シセツ》をつくること。例 テントを—する。②会合などの準備をすること。例 祝賀会を—する。

【設計《セッケイ》】(名・する) ①建築や土木工事、また、機械の製作などについての計画を、くわしく図面などで示すこと。例 —図。②計画を立てること。例 生活—。

【設題《セツダイ》】(名・する) 問題をつくること。また、その問題。

【設置《セッチ》】(名・する) ①設備などをそなえつけること。例 火災報知器を—する。②機関などを新たにもうけること。例 大学—基準。

【設定《セッテイ》】(名・する) ある目的のために、新たにもうけ定めること。例 状況《ジョウキョウ》—。記者会見を—する。

【設備《セツビ》】(名・する) 目的に応じて必要なものを、そなえつけること。また、そのそなえつけられたもの。例 —投資。—のよいホテル。

【設問《セツモン》】(名・する) 問題をつくって出すこと。また、その問題。例 —に答える。

【設立《セツリツ》】(名・する) 組織や施設《シセツ》などを新たにつくること。例 新党—の会合。会社を—する。

● 移設《イセツ》・開設《カイセツ》・仮設《カセツ》・架設《カセツ》・既設《キセツ》・建設《ケンセツ》・公設《コウセツ》・私設《シセツ》・施設《シセツ》・常設《ジョウセツ》・新設《シンセツ》・創設《ソウセツ》・増設《ゾウセツ》・特設《トクセツ》・併設《ヘイセツ》

言 4
【訥】
11画 7536 8A25 音トツ慣 ドツ漢 訓ども-る

意味 ことばがなめらかに出ない。どもる。また、口が重い。口べた。例 訥訥《トツトツ》。訥弁《トツベン》。朴訥《ボクトツ》。

【訥言《トツゲン》】①なめらかでないことば。例 —敏行《ビンコウ》(=口べたであっても、実行は早い)。〈論語《ロンゴ》〉②どもることば。

【訥訥《トツトツ》】(形動《トタル》) つかえながら話すようす。口べたなようす。例 —と話す。

【訥弁《トツベン》】つかえがちで、口べたな話しぶり。対 能弁・雄弁《ユウベン》。例 —なのが、かえって奥ゆかしい。表記 旧 訥▼辯

[言部] 4画 訛 許 訣 訝 訟 設 訥

言 4

【訪】

11画 4312 8A2A 教育6

音 ホウ漢呉

訓 おとず-れる・たず-ねる・おとず-れ・と-う

筆順 ニ 三 三 言 言 言 言 訪 訪

なりたち [形声]「言(=ことば)」と、音「方《ホウ》」とから成る。いろいろとたずね問う。

意味 ❶意見をもとめる。たずね問う。聞く。たずねる。例訪議《ホウギ》(=相談する)。❷人のところに行く。人をたずねる。おとずれる。おとずれ。例訪問《ホウモン》。来訪《ライホウ》。歴訪《レキホウ》。❸さがし求める。たずねる。例訪求《ホウキュウ》(=さがしもとめる)。探訪《タンボウ》。

使い分け たずねる【尋・訪】

⇩1171ページ

難読 諏訪《すわ》(=地名・姓《せい》)

人名 こと

【訪欧】《ホウオウ》(名・する)欧州(=ヨーロッパ)をおとずれること。欧州へ行くこと。例—の旅に出る。

【訪日】《ホウニチ》(名・する)日本をおとずれること。外国人が日本に来ること。例アメリカ大統領の—。

【訪問】《ホウモン》(名・する)人の家やよその国などをたずねていくこと。例—客。

●再訪《サイホウ》・探訪《タンボウ》・来訪《ライホウ》・歴訪《レキホウ》

言 4

【訳】

11画 4485 8A33 教育6

音 エキ漢ヤク呉

訓 わけ・と-く

筆順 ニ 三 三 言 言 言 訂 訳

言13

【譯】

20画 7603 8B6F

なりたち [形声]「言(=ことば)」と、音「睪《エキ》」とから成る。異民族のことばを自分たちのことばに直して伝える。

意味 ❶ある(国の)ことばを、別の(国の)ことばにかえて意味を伝える。やくする。例通訳《ツウヤク》。翻訳《ホンヤク》。英文和訳《エイブンワヤク》。❷意味を解釈《カイシャク》する。

日本語での用法《わけ》①ものごとの道理や常識。「訳《わけ》のわかった人《ひと》」②いわれ。理由。「にげた訳《わけ》をきく・訳《わけ》もわからずに」③めんどうなこと。こみ入った事情。「訳《わけ》ありの仲《なか》・そんなこと訳《わけ》はない」

参考 現代は、「訳」を用いるが、もとは「訣」の字を使用した。

人名 つぐ・のぶ

【訳語】《ヤクゴ》ある言語を、別の言語に翻訳《ホンヤク》したことば。例辞書で—をさがす。

【訳詞】《ヤクシ》外国の歌を翻訳《ホンヤク》すること。また、その歌詞。例賛美歌の—。

【訳詩】《ヤクシ》外国の詩を翻訳《ホンヤク》すること。また、その詩。例上田敏《うえだびん》の—集。

【訳者】《ヤクシャ》翻訳《ホンヤク》する人。翻訳した人。翻訳者。

【訳出】《ヤクシュツ》(名・する)ある言語を他の言語に訳すこと。例数年がかりでダンテの『神曲《シンキョク》』を—した。

【訳述】《ヤクジュツ》(名・する)①翻訳《ホンヤク》して、その内容を述べること。②翻訳して文章にすること。

【訳書】《ヤクショ》翻訳《ホンヤク》した書物。類訳本。対原書。

【訳注】《ヤクチュウ》①翻訳《ホンヤク》と注釈《チュウシャク》。②翻訳者がつけた注釈。対原注。表記▽旧訳▼註

【訳読】《ヤクドク》(名・する)外国語を翻訳《ホンヤク》して読むこと。

【訳文】《ヤクブン》翻訳《ホンヤク》した文章。例—のまちがいをただす。

【訳本】《ヤクホン》翻訳《ホンヤク》した本。類訳書。例—にたよって作品を読む。

【訳名】《ヤクメイ》翻訳《ホンヤク》してつけた名前。

●意訳《イヤク》・内訳《うちわけ》・英訳《エイヤク》・誤訳《ゴヤク》・抄訳《ショウヤク》・新訳《シンヤク》・全訳《ゼンヤク》・直訳《チョクヤク》・通訳《ツウヤク》・点訳《テンヤク》・名訳《メイヤク》

言 5

【詠】

12画 1751 8A60 常用

音 エイ漢ヨウ呉

訓 よ-む・うた-う・なが-める・なが-め

筆順 ニ 三 三 言 言 訁 訂 詠 詠

口 5

[咏]

8画 5073 548F 別体字

なりたち [形声]「言(=ことば)」と、音「永《エイ》」とから成る。ことばを長く引いて歌う。

意味 ❶声を長くのばして詩や歌をうたう。例吟詠《ギンエイ》。朗詠《ロウエイ》。❷詩や歌をつくる。よむ。例詠歌《エイカ》。詠懐《エイカイ》。題詠《ダイエイ》。

使い分け よむ【読・詠】

⇩1182ページ

人名 え・かぬ・かね

【詠歌】《エイカ》①詩歌《シイカ》をよむこと。詩歌をつくること。また、その歌。②「御詠歌《ゴエイカ》」の略。修行《シュギョウ》のために寺をめぐる人が、仏をたたえてうたう歌。

【詠懐】《エイカイ》心の中の思いをよんだ詩歌《シイカ》。

【詠吟】《エイギン》(名・する)詩や和歌を、節《ふし》をつけてうたうこと。類吟詠《ギンエイ》。

【詠史】《エイシ》「詠物《エイブツ》」に同じ。

【詠出】《エイシュツ》(名・する)詩や和歌をつくりだすこと。例悲痛な胸のうちをみごとに—している。

【詠唱】《エイショウ》(名・する)①オペラなどで、感情をこめて独唱する部分。アリア。また、それを歌うこと。②おおぜいで節《ふし》をつけて歌うこと。例賛美歌を—する。

【詠▼誦】《エイショウ》(名・する)詩や和歌を、節《ふし》をつけて読みあげること。

【詠進】《エイシン》(名・する)和歌をよんで天皇や貴人、また、神仏にたてまつること。例—歌。

【詠草】《エイソウ》和歌の下書き。類歌稿《カコウ》。例和歌—。日頃《ひごろ》の—の中から選ぶ。

【詠嘆】《エイタン》(名・する)①感動して声やことばに出すこと。例—の声をあげる。②感動の気持ちを声にあらわしてうたうこと。例—調の文章。表記▽旧詠▼歎

【詠物】《エイブツ》(自然などの)事物に託《タク》して思いをよんだ詩歌《シイカ》。詠史。

●御詠《ギョエイ》・吟詠《ギンエイ》・雑詠《ザツエイ》・題詠《ダイエイ》・朗詠《ロウエイ》

言 5

【訶】

12画 7537 8A36

音 カ漢呉

訓 しか-る

意味 ❶大声でとがめる。どなりつける。しかる。例訶責《カセキ》(=しかりせめる)。❷梵語《ボンゴ》の音訳。例摩訶《マカ》(=大である。すぐれている)。訶梨帝母《カリテイモ》(=鬼子母神《キシモジン》)。

言 5

【詘】

12画 2-8860 8A58

音 クツ漢

意味 ❶ことばがつまる。❷つまって、まがる。同屈《クツ》。例詘指《クッシ》(=ゆびを折ってかぞえる)。詘伸《クッシン》。

【詘伸】《クッシン》(名・する)のびちぢみすること。かがむこととのびること。類屈伸《クッシン》。

言 5

【詁】

12画 7538 8A41

音 コ漢

訓 よ-み

意味 古いことばを、現代語でわかりやすく説明する。とく。よむ。よみ。例訓詁《クンコ》。

言 5
【詐】
12画 2630 8A50 常用 音 サ漢呉 訓 いつわ-る・いつわ-り

筆順 亠 亖 言 言 言 訂 許 詐

たちなり [形声]「言(=ことば)」と、音「乍《サ》」とから成る。あざむく。

意味 うそを言う。あざむく。いつわる。いつわり。例 詐欺《サギ》。詐取《サシュ》。巧詐《コウサ》(=たくみにいつわる)。

【詐偽】《サギ》 うそ。いつわり。例 —の方法。
【詐欺】《サギ》 人をたくみにだまして、お金やものを取ること。ペテン。例 —師にひっかかる。
【詐取】《サシュ》(名・する) 人のお金やものをだまし取ること。
【詐術】《サジュツ》 人をだますやり方。例 たくみな—にひっかかる。
【詐称】《サショウ》(名・する) 人をだますために、氏名・住所・職業・学歴などについて、うそを言うこと。例 弁護士を—する。

言 5
【詞】
12画 2776 8A5E 教育6 音 シ漢 ジ呉 訓 ことば 付表 祝詞《のりと》

筆順 亠 亖 言 言 言 訂 詞 詞 詞

たちなり [会意]「司(=支配する)」と「言(=ことば)」とから成る。心を支配する気持ちが、ことばとなってあらわれる。

意味 ❶いくつかのことばのつながり。言語。文章。詩文。ことば。例 詞章《シショウ》。詞藻《シソウ》。歌詞《カシ》。❷漢詩の形式の一つ。例 涼州詞《リョウシュウシ》。❸宋《ソウ》代にさかんになった韻文《インブン》の一様式。❹文法上のことばの分類をあらわすことば。例 動詞《ドウシ》。品詞《ヒンシ》。

人名 こと・つぐ・なり・のり・ふみ

【▽詞書】《ことばがき》 ①和歌の前書きとしての(短い)説明文。②絵巻物の説明文。例 源氏物語絵巻の—。
【詞華】《シカ》 美しく表現されたことば。すぐれた詩や文章。類 詩藻《シソウ》。例 —集。表記「詞花」とも書く。
【詞章】《シショウ》 ①詩歌《シイカ》や文章。②謡曲《ヨウキョク》や語り物、また、歌謡曲などの文句。例 よく知られている—。
【詞藻】《シソウ》 ①詩や文章の中の、美しくかざられたことば。また、すぐれた詩や文章。類 詞華《シカ》。②詩文をつくる才能。例 —豊かな才女。
【詞林】《シリン》 ①詩文を集めた書物。②詩人や文士のなかま。③辞書。
◐歌詞《カシ》・形容詞《ケイヨウシ》・作詞《サクシ》・祝詞《シュクシ｜のりと》・数詞《スウシ》・台詞《せりふ》・動詞《ドウシ》・品詞《ヒンシ》・副詞《フクシ》・名詞《メイシ》

言 5
【証】
12画 3058 8A3C 教育5 音 A ショウ漢 B セイ漢 ショウ呉 訓 あかし

筆順 亠 亖 言 言 言 訂 訐 証 証

A 言12 【證】 19画 7590 8B49
B 言5 【証】 12画 3058 8A3C

たちなり A[證] [形声]「言(=ことば)」と、音「登《トウ》→ショウ」とから成る。告げる。
B[証] [形声]「言(=ことば)」と、音「正《セイ》→ショウ」とから成る。いさめる。

意味 A[證] ❶事実を告げて、明らかにする。うらづける。あかしをたてる。例 証言《ショウゲン》。証明《ショウメイ》。実証《ジッショウ》。❷うらづけとなるしるし。あかし。例 確証《カクショウ》。保証《ホショウ》。学生証《ガクセイショウ》。
B[証] いさめる。

人名 あき・あきら・いさむ・さとり・さとる・つぐ・み

【証印】《ショウイン》(名・する) 証明のためにおす印。また、それをおすこと。
【証券】《ショウケン》 金額が表示されていて、財産として価値のある証書。株券・手形・小切手など。例 —会社。有価—。
【証言】《ショウゲン》(名・する) あることがらが事実であることを、ことばで証明すること。また、そのことば。例 目撃者《モクゲキシャ》の—。
【証拠】《ショウコ》 事実を裏付けて明らかにする根拠《コンキョ》。証左。例 のがれられぬ—をつきつける。
【証左】《ショウサ》 証拠《ショウコ》。あかし。例 事実の—が得られる。—となる。
【証紙】《ショウシ》 代金がしはらわれたことや、商品の質や量などを証明するためにはる、(切手のような)小さな紙。
【証書】《ショウショ》 一定の形式によって事実を証明する文書。例 借用—。卒業—。
【証人】《ショウニン》 ①事実を証明する人。例 歴史の生き—。②裁判所や国会などから、事実を証言するよう、特別に命じられた人。例 —尋問《ジンモン》。
【証票】《ショウヒョウ》 証明のためのふだ。
【証明】《ショウメイ》(名・する) ①あることがらが事実であることや、論理的に正しいことを、根拠《コンキョ》を示して明らかにすること。例 身分を—する。②〔数〕仮説から結論を論理的に導き出すこと。例 ピタゴラスの定理の—。
【証文】《ショウモン》 証拠《ショウコ》となる文書。とくに、金銭を借りた証拠の書きつけ。例 —を取る。
◐確証《カクショウ》・検証《ケンショウ》・査証《サショウ》・実証《ジッショウ》・心証《シンショウ》・認証《ニンショウ》・反証《ハンショウ》・保証《ホショウ》・立証《リッショウ》・論証《ロンショウ》

言 5
【詔】
12画 3059 8A54 常用 音 ショウ漢呉 訓 みことのり

筆順 亠 亖 言 言 言 訒 詔 詔 詔

たちなり [会意]「言(=ことば)」と、音「召《ショウ》(=よぶ)」とから成る。呼んでつげる。

意味 天子の命令。天子のことば。みことのり。例 詔書《ショウショ》。詔勅《ショウチョク》。大詔《タイショウ》。

人名 あき・あきら・つぎ・つぐ・つぐる・つとむ・のぶ・のり・みこと・みち・よし

【詔旨】《ショウシ》 みことのりの内容。類 勅旨《チョクシ》。
【詔書】《ショウショ》 天子のことばを書いた文書。日本の現制度では、国会の召集《ショウシュウ》や衆議院の解散のときなどに出される。類 勅書《チョクショ》。
【詔勅】《ショウチョク》 ①天子のことばを書いた文書。例 戦争終結を告げる—。②詔書と勅語。
【詔令】《ショウレイ》 みことのり。類 勅令《チョクレイ》。

言 5
【診】
12画 3139 8A3A 常用 音 シン漢 訓 み-る

筆順 亠 亖 言 言 言 訡 診 診 診

たちなり [形声]「言(=ことば)」と、音「㐱《シン》」とから成る。ことばでたずねて、みきわめる。

意味 病気のぐあいをしらべる。みる。例 診察《シンサツ》。診断《シンダン》。検診《ケンシン》。

使い分け みる【見・診】⇩1180ページ

人名 み

【診察】《シンサツ》(名・する) 医者が病気の状態を判断するために、からだを調べたり質問したりすること。例 —室。
【診断】《シンダン》(名・する) ①医師が患者《カンジャ》を診察して、病状につ

いて判断すること。例健康―。②ものごとのよしあしや問題点などを調べて、対策を決めること。例企業《キギョウ》―。

【診療】《シンリョウ》(名・する) 患者《カンジャ》を診察し、治療すること。例―所。

○●往診《オウシン》・回診《カイシン》・休診《キュウシン》・検診《ケンシン》・誤診《ゴシン》・再診《サイシン》・受診《ジュシン》・触診《ショクシン》・初診《ショシン》・代診《ダイシン》・打診《ダシン》・聴診《チョウシン》・問診《モンシン》・来診《ライシン》

言 5

【訴】 12画 3342 8A34 常用 音ソ漢呉 訓うった-える・うった-え

筆順 言 言 訂 訢 訴 訴

なりたち ［形声］「言(=いう)」と、音「斥《セキ》→ソ」とから成る。告げる。

意味 ❶上の者に申し出てさばきを求める。うったえる。うったえ。例訴訟《ソショウ》。起訴《キソ》。告訴《コクソ》。❷不満や苦しみを言いたてる。例哀訴《アイソ》。愁訴《シュウソ》。❸他人を悪く言う。つげぐちをする。例讒訴《ザンソ》。

日本語での用法《うったえる》①効果的な手段によって解決しようとする。「腕力《ワンリョク》に訴《うった》える・武力《ブリョク》に訴《うった》える」②人の心情を動かす。「大衆《タイシュウ》に訴《うった》える」

【訴因】《ソイン》 検察官が被告人《ヒコクニン》を起訴する原因として、起訴状に記入する犯罪の事実。

【訴願】《ソガン》(名・する) うったえ出て願うこと。例当局に―する。

【訴求】《ソキュウ》(名・する) 広告などによって、購買《コウバイ》意欲をかき立てること。例消費者に―するキャンペーン。

【訴訟】《ソショウ》(名・する) ①うったえること。②裁判所にうったえて、法律にもとづく判断を求めること。また、それに続く一連の審理《シンリ》や判決。例民事―。―を起こす。

【訴状】《ソジョウ》 裁判所にうったえを起こすとき提出する書類。例―を準備する。

【訴追】《ソツイ》(名・する) ①検察官が裁判所に、被告人《ヒコクニン》が有罪であるという判決を求めて、手続きをとること。類起訴。②裁判官をやめさせるための、裁判を求めること。

【訴人】《ソニン》(名・する) 奉行所《ブギョウショ》などにうったえ出た人。また、うったえ出ること。例町奉行に―におよぶ。

○●哀訴《アイソ》・起訴《キソ》・公訴《コウソ》・控訴《コウソ》・告訴《コクソ》・直訴《ジキソ》・勝訴《ショウソ》・上訴《ジョウソ》・提訴《テイソ》・敗訴《ハイソ》

言 5

【詛】 12画 7539 8A5B 音ソ漢ショ呉 訓のろ-う

意味 ❶他人にわざわいがくだるようにと神にいのる。のろう。のろい。例怨詛《エンソ》。呪詛《ジュソ》。❷ちかう。例詛盟《ソメイ》(=ちかい)。

言 5

【詑】 12画 3434 8A51 音一タ漢 二イ漢

意味 一《タ》あざむく。二《イ》うぬぼれる。自己満足する。

言 5

【詒】 12画 7540 8A52 音一タイ漢 二イ漢 訓あざむ-く・いつわ-る・おく-る・のこ-す

意味 一《タイ》あざむく。いつわる。同紿《タイ》。例欺詒《ギタイ》(=あざむく)。二《イ》❶のこして、つたえる。のこす。同貽《イ》。❷あたえる。おくる。同貽《イ》。

言 5

【註】 12画 *3580 *8A3B 人名 音チュウ漢呉

意味 字句の意味を明らかにする。本文のことばに説明を加える。同注《チュウ》。例註解《チュウカイ》。註釈《チュウシャク》。脚註《キャクチュウ》。

表記 現代表記では、「注《チュウ》」に書きかえることがある。熟語は「注」(585ページ)を参照。

【註解】《チュウカイ》(名・する) 字句に注を加えてその意味を明らかにし、全文を解釈《カイシャク》すること。また、その文。表記 現注解

【註釈】《チュウシャク》(名・する) 字句に注を加えて、本文を解釈すること。また、その注や解釈。表記 現注釈

【註▼疏】《チュウソ》 (「疏」は、註をさらにくわしく説明したものの意) 註と疏。本文中の注意すべき字句についてのくわしい説明。例論語―。表記「注▼疏」とも書く。

【註文】《チュウモン》 ⇩【注文】《チュウモン》(586ページ)

言 5

【詆】 12画 7541 8A46 音テイ漢 訓そし-る

意味 人の悪口を言う。とがめる。そしる。例詆訶《テイカ》(=そしりとがめる)。面詆《メンテイ》(=面と向かってそしる)。

言 5

【評】 12画 4130 8A55 教育5 音ヒョウ慣ヘイ漢 訓あげつら-う

筆順 言 言 訂 訐 訐 評

なりたち ［形声］「言(=ことば)」と、音「平《ヘイ》」とから成る。公平に決める。

意味 ものごとのよしあしを話し合って決める。しなさだめする。あげつらう。例評価《ヒョウカ》。評論《ヒョウロン》。品評《ヒンピョウ》。

人名 さだむ・ただ・はかる

【評価】《ヒョウカ》(名・する) ①ものごとや人物の価値を決めること。また、その価値。例―が高い。業績を―する。②価値を認めてほめること。また、その内容。例努力を―する。③ものの値段を決めること。また、その値段。例―額。

【評家】《ヒョウカ》 批評家。

【評議】《ヒョウギ》(名・する) 意見を出し合って相談すること。例―員。―一決。

【評決】《ヒョウケツ》(名・する) 集まって議論し、決定すること。例―が下る。

【評言】《ヒョウゲン》 批評のことば。評語。

【評者】《ヒョウシャ》 批評する人。批評家。また、その批評をした人。

【評釈】《ヒョウシャク》(名・する) 文章や詩歌《シイカ》を解釈し、批評を加えること。また、その解釈・批評。例『古今集《コキンシュウ》』の―。

【評定】(名・する) 一《ヒョウジョウ》 多くの人が集まり、意見を出し合って決めること。類審議《シンギ》。例小田原《おだわら》―(=長引いてなかなか決まらない相談。小田原城が豊臣秀吉《とよとみひでよし》にせめられたとき、城内で相談がなかなかまとまらなかったことから)。二《ヒョウテイ》 成績や品質の価値などを決めること。例勤務―。

【評説】《ヒョウセツ》 ①うわさ。②批評を加えながら説明すること。評論。

【評点】《ヒョウテン》 ①成績を示す点数。例―を出す。高い―を与える。②詩文についての批評のことばと、批評してつける記号。

【評伝】《ヒョウデン》 批評をまじえて書かれた伝記。例夏目漱石《なつめソウセキ》の―。

【評判】《ヒョウバン》(名・する) 世間の人々が話題にすること。世評。うわさ。とくに、よい悪いの評価や判定。例大―。―がいい。―の新刊書。

【評論】《ヒョウロン》(名・する) 学問や芸術、また社会現象などについて、批評して論じること。また、その文章。例―家。

◯●合評《ガッピョウ》・講評《コウヒョウ》・時評《ジヒョウ》・書評《ショヒョウ》・世評《セヒョウ》・定評《テイヒョウ》・批評《ヒヒョウ》・品評《ヒンピョウ》・不評《フヒョウ》・論評《ロンピョウ》

言 5
【詈】 12画 7542 8A48 [音]リ(漢)(呉) [訓]ののし-る

[意味] 悪態《アクタイ》をつく。ののしる。[例]罵詈雑言《バリゾウゴン》。

言 5
【評】 12画 ⇩【評】《ヒョウ》(910ページ)

言 6
【詼】 13画 7543 8A7C [音]カイ(漢) [訓]たわむ-れる

[意味] 真意をごまかして、わざとふざけたことを言う。おどける。[例]詼諧《カイギャク》。

【詼▼諧】《カイギャク》 ふざけておかしいことを言うこと。また、そのことば。(類)冗談《ジョウダン》。[表記]「諧▼謔《カイギャク》」とも書く。

言 6
【該】 13画 1926 8A72 常用 [音]カイ(漢)ガイ(呉) [訓]か-ねる・そ-の

[筆順] 亠 亖 言 言 言亠 言亡 言方 言亥 該

[なりたち] [形声]「言(=ことば)」と、音「亥《カイ》」とから成る。軍中でのきまり。派生して「かねる」の意。

[意味] ❶広く全体にいきわたる。あまねく、かねる。[例]該通《ガイツウ》(=広く通じる)。該博《ガイハク》。❷あたる。あてはまる。その。この。[例]該案《ガイアン》。該当《ガイトウ》。当該《トウガイ》。

[人名] かぬ・かね

【該案】《ガイアン》 今、話題にしている案。この案。[例]—について賛否《サンピ》を問う。

【該当】《ガイトウ》(名・する) 条件にあてはまること。[例]—者。

【該博】《ガイハク》(形動《ダナ》) 学問や知識が広い範囲《ハンイ》におよんでいるようす。[例]古今東西にわたる—な知識。

言 6
【詭】 13画 7544 8A6D [音]キ(漢) [訓]いつわ-る

[意味] ❶だます。あざむく。いつわる。[例]詭計《キケイ》。詭詐《キサ》(=いつわり)。詭弁《キベン》。❷ふつうと変わっている。あやしい。[例]詭怪《キカイ》(=ふしぎ。あやしい)。

【詭異】《キイ》(名・形動《ダナ》) あやしく、不思議なこと。奇異《キイ》。

【詭計】《キケイ》 人をあざむき、だます計略。[例]—にはまる。

【詭策】《キサク》 敵をあざむく策略。[例]—の名手。まんまと—にはまりこんだ。

【詭辞】《キジ》 いつわりのことば。うそ。[例]—をもって強弁《キョウベン》する。

【詭弁】《キベン》 こじつけの弁論。まったく道理に合わないことを、いろいろな理屈《リクツ》をつけて正当なことのように言いくるめること。[例]—を弄《ロウ》する。[表記](旧)詭▼辯

言 6
【詰】 13画 2145 8A70 常用 [音]キツ(漢) [訓]つ-める・つ-まる・つ-む・なじ-る

[筆順] 亠 亖 言 言 言一 言十 言士 詰 詰

[なりたち] [形声]「言(=いう)」と、音「吉《キツ》」とから成る。問う。

[意味] ❶問いつめる。せめとがめる。なじる。[例]詰問《キツモン》。難詰《ナンキツ》。❷まがりくねる。[例]詰屈《キックツ》。

[日本語での用法] 一《つまる》いっぱいになる。「導管《ドウカン》が詰まる・手詰《てづ》まり・気詰《きづ》まり」 二《つめる》①いっぱいにする。「箱《はこ》に詰める」②少なくする。「着丈《きたけ》を詰める・費用《ヒヨウ》を切《き》り詰める」

【詰屈】《キックツ》(名・する・形動《ダナ》) ①かがまっていて、のびないこと。②文章がごつごつした感じで、読みにくいこと。[例]—な文章をもてあそぶ。[表記]▽「▼佶屈」とも書く。

【詰屈▼聱牙】《キックツゴウガ》(名・形動《ダナ》) 文章がごつごつしてかたくるしく、理解しにくいこと。[例]—な表現。[表記]「▼佶屈▼聱牙」とも書く。

【詰責】《キッセキ》(名・する) 問いつめて責めること。

【詰問】《キツモン》(名・する) きびしく問いつめて、返答を要求すること。[例]使途《シト》不明金について—する。

◯●難詰《ナンキツ》・面詰《メンキツ》・論詰《ロンキツ》

言 6
【詣】 13画 2356 8A63 常用 [音]ケイ(慣)ゲイ(漢)(呉) [訓]もう-でる・まい-る

[筆順] 亠 亖 言 言 言丿 言ヒ 言旨 詣 詣

[なりたち] [形声]「言(=ことば)」と、音「旨《シ》…→《ゲイ》」とから成る。挨拶《アイサツ》するために至る。

[意味] ❶ゆく。おとずれる。いたる。❷学問や芸術などが深いところに達する。いきつく。[例]造詣《ゾウケイ》。

[日本語での用法]《ケイ・もうでる・まいる》神社・寺院などにおまいりする。「参詣《サンケイ》・初詣《はつもうで》・墓《はか》に詣《まい》る」

[人名] いたる・ゆき

言 6
【誇】 13画 2456 8A87 常用 [音]コ(慣)カ(漢) [訓]ほこ-る

[筆順] 亠 亖 言 言 言一 言大 言夸 誇 誇

[なりたち] [形声]「言(=いう)」と、音「夸《カ》」とから成る。大げさに言う。

[意味] 大げさなことを言う。じまんする。ほこる。ほこり。[例]誇示《コジ》。誇大《コダイ》。誇張《コチョウ》。

[人名] ほこり

【誇示】《コジ》(名・する) ほこらしげに示すこと。[例]成果を—する。

【誇大】《コダイ》(形動《ダナ》) 実際よりも大げさであるようす。

【誇大妄想】《コダイモウソウ》 自分の地位や能力などを、実際よりもはるかにすぐれていると信じこむこと。[例]—の気味がある。

【誇張】《コチョウ》(名・する) 実際より大げさに表現すること。

言 6
【詬】 13画 7545 8A6C [音]コウ(漢) [訓]ののし-る・はじ・は-じる・はずかし-める

[意味] ❶はじをかかせる。はずかしめる。ののしる。[例]詬辱《コウジョク》(=はずかしめる)。❷はじ。[例]詬恥《コウチ》(=はじ)。忍詬《ニンコウ》(はじをしのぶ。)

言 6
【詩】 13画 2777 8A69 教育3 [音]シ(漢) [訓]うた

[筆順] 亖 言 言 言一 言十 言土 詩 詩

[なりたち] [形声]「言(=ことば)」と、音「寺《シ》」とから成る。心情がことばにあらわれたもの。

[意味] ❶文体の一つ。韻文《インブン》の一様式。心の感動を一定のリズムにのせて、ことばであらわしたもの。うた。[例]詩歌《シイカ》。詩情《シジョウ》。散文詩《サンブンシ》。❷五経《ゴキョウ》の一つ。『詩経《シキョウ》』のこと。[例]詩書《シショ》(=『詩経』と『書経《ショキョウ》』)。

[難読] 詩《からうた》

[人名] たもつ・ゆき

【詩歌】《シイカ/シカ》 ①詩と歌。②漢詩と和歌。[例]—管弦《カンゲン》。

【詩韻】《シイン》 ①漢詩の中に使われている韻字。②詩のおもしろ

み。味わい。

【詩家《シカ》】詩、とくに漢詩を作る人。詩人。

【詩学《シガク》】詩の本質や表現法などについて研究する学問。

【詩経《シキョウ》】中国最古の詩集。

【詩境《シキョウ》】①詩を作るときの心境。②詩にうたわれた境地。③詩の巧拙《コウセツ》の段階。例―とみに進む。

【詩興《シキョウ》】①詩を作りたくなる気持ち。例―がわく。②詩のおもしろみ。

【詩吟《シギン》】漢詩を訓読し、節《ふし》をつけてうたうもの。

【詩句《シク》】詩の中の文句。詩の一節。

【詩形《シケイ》】(長短・韻律《インリツ》・定型の有無《ウム》などによる)詩の形式。表記「詩型」とも書く。

【詩劇《シゲキ》】韻文《インブン》で書かれた劇。たとえば、ギリシャ悲劇。

【詩魂《シコン》】詩を作ろうという熱情。例―のあらわれた名作。

【詩才《シサイ》】詩を作る才能。例―のある人。

【詩作《シサク》】(名・する)詩を作ること。また、その作品。作詩。

【詩趣《シシュ》】①詩として表現したいおもむき。②詩にうたわれたおもむき。例独自の―に達する。

【詩集《シシュウ》】詩を集めた書物。例恋愛《レンアイ》―。

【詩情《シジョウ》】①詩的な情趣《ジョウシュ》や味わい。例―あふれる映像。②詩を作りたい気持ち。例ふつふつと―がわく。

【詩人《シジン》】①詩を作る人。詩家。例宮廷《キュウテイ》―。②感受性がするどく、詩情豊かな発想をする人。

【詩聖《シセイ》】①古今に類のない、すぐれた詩人。ホメロス・ダンテなど。②とくに、杜甫《トホ》のこと。→【詩仙《シセン》】

【詩仙《シセン》】①世俗《セゾク》を超越《チョウエツ》した天才的な詩人。②とくに、李白《リハク》のこと。→【詩聖《シセイ》】

【詩想《シソウ》】①詩を生み出す着想。例―がわく。②詩の中にあらわされた思想。例―をくみとる。

【詩的《シテキ》】(形動ダ)詩にうたわれているような、おもむきがあるようす。(対)散文的。例―散文。

【詩▼囊《シノウ》】〔「囊」は、ふくろの意〕①詩の草稿《ソウコウ》を入れるふくろ。②詩作のもととなる思想や感情。例―を肥やす。

【詩文《シブン》】①詩と散文。②文学作品。例―の才がある。

【詩編《シヘン》】①詩。②詩の一編。③詩を集めた書物。詩集。表記▽(旧)詩▼篇
【詩話《シワ》】詩についての話や評論。

◒漢詩《カンシ》・劇詩《ゲキシ》・叙事詩《ジョジシ》・叙情詩《ジョジョウシ》・唐詩《トウシ》・名詩《メイシ》・訳詩《ヤクシ》・律詩《リッシ》

［言部］6画 試 詢 詳

言 6
【試】
13画 2778 8A66 教育4
音 シ(漢)(呉)

訓 こころ-みる・ため-す・こころ-み・ため-し
筆順 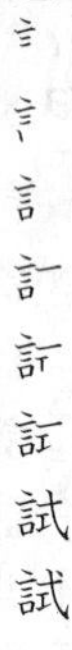

なりたち 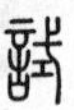 [形声]「言(=ことば)」と、音「式《ショク》→シ」とから成る。ためしに用いる。

意味 ものごとのよしあしをしらべる。やってみてたしかめる。こころみる。こころみ。ためす。例試験《シケン》。試行《シコウ》。考試《コウシ》。

人名 もち
【試合《しあい》】(名・する)競技や武術などで、たがいの技能やうでまえをきそうこと。例―にのぞむ。表記「仕合」とも書く。

【試案《シアン》】提案したり検討するために、ためしにつくってみる考えや計画。(対)成案。例A氏の―を検討する。

【試飲《シイン》】(名・する)(酒などの味のよしあしや、ちがいを知るために)ためしに飲んでみること。例新酒を―する。

【試運転《シウンテン》】(名・する)(新しく作った乗り物や機械、また、新しく敷設《フセツ》した線路の調子をみるために)ためしに動かしたり、走らせたりすること。例新型車の―。

【試演《シエン》】(名・する)(劇や音楽などの本格的な上演に先立って)演技や演奏をためしにおこなってみること。

【試技《シギ》】①三回まで演技をおこなえる重量挙げの、一回ごとのわざ。②投擲《トウテキ》競技や跳躍《チョウヤク》競技で、一種目に一回おこなえる予備の演技。

【試金石《シキンセキ》】①貴金属をこすりつけて純度を調べるための、緻密《チミツ》な黒色石英。②能力や価値を判定する基準となるもの。例新人俳優の―となる役がら。

【試掘《シクツ》】(名・する)地質の調査や鉱物をほり出すために、ためしにほってみること。例温泉開発のため―を重ねる。

【試験《シケン》】(名・する)①ものの性質や能力などを調べるために、ためしてみること。例リトマス―紙。②学力や能力の判定に、問題を出して、解答させること。考査。例入社―。

【試行《シコウ》】(名・する)ためしにおこなうこと。例―期間。

【試行錯誤《シコウサクゴ》】ためしにおこなってみては、失敗しながらも、うまくいく方法をさがし出そうとすること。例―を重ねる。

【試作《シサク》】(名・する)(機械などの)本格的な製作にかかる前に、ためしに作ってみること。また、そのもの。例―品。

【試算《シサン》】(名・する)①だいたいの見こみをつけるために、ためしに計算してみること。例費用を―する。②計算結果を確かめること。(類)検算。

【試写《シシャ》】(名・する)映画をいっぱんに公開する前に、一部の人に上映して見せること。例―会。小劇場で―する。

【試乗《シジョウ》】(名・する)乗り物にためしに乗って、乗りごこちをみること。例新車に―する。

【試食《シショク》】(名・する)味をみるために、ためしに食べてみること。例新製品を―する。

【試走《シソウ》】(名・する)①自動車などの性能を調べるため、ためしに走らせること。例―車。②実際の競走の前に、調子をみるため走ること。例マラソンコースを―する。

【試着《シチャク》】(名・する)服がからだに合うかどうかをみるために、ためしに着ること。例―室。仮縫《かりぬ》いを―する。

【試聴《シチョウ》】[一](名・する)録音したものをためしにきくこと。例―室。[二](名)歌手などの登用試験。オーディション。

【試筆《シヒツ》】(名・する)書きぞめ。例元旦《ガンタン》―。表記「始筆」とも書く。

【試問《シモン》】(名・する)学力や人物などを調べるために、出題して解答させること。例口頭―。

【試薬《シヤク》】化学分析《ブンセキ》で、ある物質を検出するためなどに使う薬品。

【試用《シヨウ》】(名・する)人やものを、ためしに使ってみること。

【試料《シリョウ》】検査や分析《ブンセキ》などの材料とする物質。また、見本。サンプル。

【試練《シレン》】決意や信仰《シンコウ》の強さ、力の程度をためすこと。また、その苦難。例厳しい―にたえる。表記(旧)試▼煉
【試論《シロン》】こころみに述べた論。

◒追試《ツイシ》・入試《ニュウシ》・模試《モシ》

言 6
【詢】
13画 7546 8A62 人名
音 ジュン(慣)シュン(漢)
訓 と-う・はか-る・まこと
なりたち  [形声]「言(=ことば)」と、音「旬《シュン》」とから成る。たずね、はかる。
意味 ❶意見をきく。相談する。とう。はかる。例諮詢《シジュン》(=相談する)。❷まことに。

言 6
【詳】
13画 3060 8A73 常用
音 ショウ(漢)(呉)
訓 くわ-しい・つまび-らか
筆順 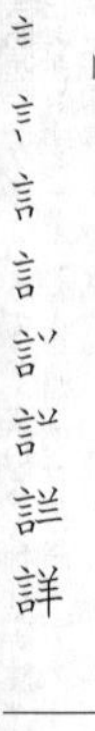

なりたち [形声]「言(=ことば)」と、音「羊《ヨウ→ショウ》」とから成る。細かく論じあう。

意味 細かいところまで明らかにする。つまびらか。くわしい。例 詳細《ショウサイ》。詳述《ショウジュツ》。未詳《ミショウ》。

人名 あき・あきら・くわし・つま・みつ・よし

【詳解】《ショウカイ》(名・する) くわしく解釈《カイシャク》や解説をすること。また、その解釈や解説。対 略解。例『徒然草《つれづれぐさ》』の―。

【詳細】《ショウサイ》(名・形動《ナダ》) 小さなことまで省かず、くわしいこと。類 委細。例 ―がわかりしだい報告する。

【詳察】《ショウサツ》(名・する) くわしく観察すること。くわしく調べること。例 この夏は夕顔の開花を―する。

【詳述】《ショウジュツ》(名・する) くわしく書いたり話したりすること。類 詳説。例 事件の状況《ジョウキョウ》を―した。

【詳説】《ショウセツ》(名・する) くわしく説明すること。また、その説明。類 詳述。対 略説。

【詳伝】《ショウデン》 くわしい伝記。対 略伝。

【詳報】《ショウホウ》 くわしい知らせ。例 ―を待つ。

【詳録】《ショウロク》(名・する) くわしく記録すること。また、その記録。

【詳論】《ショウロン》(名・する) くわしく論じること。また、その論説。

言 6

【誠】

13画 3231 8AA0 教育6

音 セイ 漢 ジョウ 呉

訓 まこと・まこと-に

筆順 言 言 訁 訂 訪 試 誠 誠

言 7

【誠】 14画

なりたち [形声]「言(=ことば)」と、音「成《セイ》」とから成る。いつわりのないことば。

意味 ❶いつわりのない心。まごころ。真実。まこと。例 誠意《セイイ》。誠実《セイジツ》。至誠《シセイ》。❷ほんとうに。まことに。例 誠惶誠恐《セイコウセイキョウ》(=この上なく、おそれかしこまる)。

人名 あき・あきら・さと・さとし・さとる・さね・しげ・すみ・たか・たかし・ただ・ただし・とも・なり・のぶ・のり・まさ・み・もと・よし

【誠意】《セイイ》 うそやかざりけがなく、心の底から相手のためにつくそうとする気持ち。まごころ。例 ―を示す。―がない。

【誠実】《セイジツ》(名・形動《ナダ》) まじめで、うそがないこと。心の底から相手のためを思って行動すること。例 ―な人がら。

【誠心】《セイシン》 うそもかざりけもない心。まごころ。

●赤誠《セキセイ》・丹誠《タンセイ》・忠誠《チュウセイ》

言 6

【詮】

13画 3307 8A6E 常用

音 セン 漢

筆順 言 言 言 訁 訟 訡 詮 詮

なりたち [形声]「言(=ことば)」と、音「全《セン》」とから成る。そなわる。

意味 ものごとの道理をくわしくときあかす。あきらかにする。例 詮議《センギ》。詮釈《センシャク》(=くわしく説明する)。

日本語での用法 《セン》 手段。方法。「詮《セン》ない・詮方《センかた》ない」

人名 あき・あきら・さと・さとし・さとる・とし・とも・のり・はかる・はる

【詮議】《センギ》(名・する) ①ものごとをつきつめて、はっきりさせるために、集まって相談すること。例 事件の原因を―する。②罪人を取り調べて裁くこと。例 奉行所《ブギョウショ》での―。

【詮索】《センサク》(名・する) ①細かいことまでつきつめて、さぐること。②小さなことまでとやかく言うこと。例 ―好き。

言 6

【詑】

13画 4745 8A6B 人名

音 タ 漢

訓 わ-び・わ-びる

意味 ❶じまんする。ほこる。例 誇詑《コタ》(=ほこる)。❷おどろきあやしむ。いぶかる。例 詑異《タイ》(=あやしむ)。

日本語での用法 《わびる・わび》 あやまる。謝罪する。「罪《つみ》を詑《わ》びる・詑《わ》び言《ごと》」

言 6

【誅】

13画 7547 8A85

音 チュウ 漢

訓 せ-める・ころ-す・う-つ

意味 ❶きびしく責める。責める。例 誅求《チュウキュウ》。筆誅《ヒッチュウ》。❷罪を責めて殺す。例 誅殺《チュウサツ》。❸うつ。うちほろぼす。例 誅伐《チュウバツ》。天誅《テンチュウ》。

【誅求】《チュウキュウ》(名・する) 年貢《ネング》や税金などを厳しく取り立てること。例 苛斂《カレン》―(=無慈悲《ムジヒ》な税金の取り立て)。

【誅殺】《チュウサツ》(名・する) 罪をとがめたり、敵とみなしたりして殺すこと。

【誅伐】《チュウバツ》(名・する) 罪をとがめてせめうつこと。例 反逆者を―する。

【誅滅】《チュウメツ》(名・する) 罪のある者をせめほろぼすこと。例 謀反人《ムホンニン》を―する。

言 6

【誂】

13画 7548 8A82

音 チョウ 漢

訓 あつら-え・あつら-える

意味 ❶さそいかける。いどむ。❷もてあそぶ。からかう。たわむれる。

日本語での用法 《あつらえる・あつらえ》 特別に注文してつくらせる。「誂《あつら》え向《む》き・制服《セイフク》を誂《あつら》える・ケーキを誂《あつら》える・特別《トクベツ》誂《あつら》え」

言 6

【誉】

13画 4532 8A89 常用

音 ヨ 漢 呉

訓 ほま-れ・ほ-める

筆順 丶 ⺍ 兴 兴 誉 誉 誉 誉

言13

【譽】

20画 7605 8B7D

なりたち [形声]「言(=ことば)」と、音「與《ヨ》」とから成る。ことばで、ほめたたえる。

意味 ❶ほめる。ほめたたえる。例 毀誉《キヨ》(=悪口とほめことば)。❷よい評判。ほまれ。例 栄誉《エイヨ》。名誉《メイヨ》。

難読 誉田《ほんだ》(=地名・姓《セイ》)

人名 しげ・しげる・たか・たかし・のり・もと・やす・よし

言 6

【誄】

13画 7549 8A84

音 ルイ 漢 呉

意味 ❶故人の生前のおこないや功績をたたえて、その死をいたむ文。しのびごと。例 誄歌《ルイカ》(=死者をいたむ歌)。誄詞《ルイシ》(=弔辞《チョウジ》)。❷神にいのってさいわいを求めることば。のりと。

言 6

【話】

13画 4735 8A71 教育2

音 カイ 漢 ワ 呉

訓 はな-す・はなし

筆順 言 言 言 言 訁 訐 話 話

なりたち [形声]「言(=ことば)」と、音「舌《カツ→カイ》」とから成る。よいことばをかわす。

意味 ❶いう。しゃべる。かたる。はなす。例 話術《ワジュツ》。話題《ワダイ》。談話《ダンワ》。❷ものがたり。ことば。はなし。例 神話《シンワ》。説話《セツワ》。童話《ドウワ》。

【話芸】《ワゲイ》 講談や落語、漫談《マンダン》などで、話しぶりや話題で楽

しませる芸。

【話術】《ワジュツ》話のしかた。また、じょうずに話す技術。例たくみな—。

【話題】《ワダイ》話の題材。話のたねになることがら。例—になる。

【話頭】《ワトウ》①話のいとぐち。②話の内容。類話題。例—を転じる。

【話柄】《ワヘイ》話すことがら。話の材料。話題。例—にこと欠かない。—にとぼしい。

【話法】《ワホウ》①話し方。話す方法。②文法で、他人のことばを引用するときの表現法。表現そのままを引用する直接話法と、その趣旨《シュシ》を筆者や話者のことばに移して表現する間接話法とがある。
●逸話《イッワ》・会話《カイワ》・訓話《クンワ》・講話《コウワ》・実話《ジッワ》・手話《シュワ》・神話《シンワ》・説話《セッワ》・世話《セワ》・挿話《ソウワ》・対話《タイワ》・通話《ツウワ》・電話《デンワ》・民話《ミンワ》

言 7
【誨】
14画 7550 8AA8
音 カイ漢
訓 おし-える

意味 人に言いきかせる。おしえさとす。おしえる。例教誨《キョウカイ》。訓誨《クンカイ》(=おしえさとす)。

言 7
【誡】
14画 7551 8AA1
音 カイ漢呉
訓 いまし-める・いまし-め

意味 ことばで注意して、さとらせる。いましめる。同戒《カイ》。例誡告《カイコク》。訓誡《クンカイ》(=事の善悪についておしえさとす。訓戒)。モーゼの十誡《ジッカイ》。
表記 現代表記では、「戒《カイ》」に書きかえることがある。熟語は「戒」(418ページ)を参照。
【誡告】《カイコク》(名・する)①過失や非行などをいましめ、注意すること。②〔法〕公務員に対する懲戒《チョウカイ》処分の一つ。例—処分にする。表記▽現戒告

言 7
【誑】
14画 7552 8A91
音 キョウ漢
訓 たぶら-かす・たら-す

意味 でたらめなことを言って人をだます。あざむく。たぶらかす。例誑誕《キョウタン》(=でたらめ)。人《ひと》を誑《たら》しこむ。女誑《おんなたら》し。

言 7
【語】
14画 2476 8A9E 教育2
音 ギョ漢 ゴ呉
訓 かた-る・かた-らう

筆順

なりたち ［形声］「言(=ことば)」と、音「吾《ゴ》→ギョ」とから成る。論じる。

意味 ❶話す。話し合う。かたる。かたらう。例語気《ゴキ》。豪語《ゴウゴ》。私語《シゴ》。❷ことば。かたられたことば。例語録《ゴロク》。言語《ゲンゴ》。口語《コウゴ》。❸『論語《ロンゴ》』のこと。例語孟《ゴモウ》(=『論語』と『孟子《モウシ》』)。

日本語での用法 《かたる》節《ふし》をつけて朗誦《ロウショウ》する。「義太夫《ギダユウ》を語《かた》る」

人名 かた・こと・つぐ

【語彙】《ゴイ》①個人やある分野などで使われる単語の総量や範囲《ハンイ》。ボキャブラリー。例—が豊富な人。漱石《ソウセキ》の—。②ことばを、種類によって分けたり、順に並べたりして集めたもの。語集。例—分類。③単語。〔誤用で使われている〕例—検索《ケンサク》。

【語意】《ゴイ》ことばがあらわす意味。類語義。

【語学】《ゴガク》①外国語の学習や習得。例—留学。—が達者な人。②ことばを研究する学問。言語学。

【語幹】《ゴカン》文法で、動詞・形容詞・形容動詞の活用において、語形に変化の起こらない部分。たとえば、「書く」の「か」、「美しい」の「うつくし」、「静かだ」の「しずか」など。対語尾《ゴビ》。

【語感】《ゴカン》①個々のことばから受ける感じ。ことばのニュアンス。例美しい—のことば。②ことばに対する感覚。例—がするどい。

【語気】《ゴキ》ことばを話すときの勢い。例—を強める。

【語義】《ゴギ》語の意義。ことばの意味。類語意。例—解説。

【語句】《ゴク》語と句。単語と単語がつながってできていることばの表現。例—の入れかえ。

【語形】《ゴケイ》ことばの形。例—変化。

【語源】《ゴゲン》ある単語のもとになった形と意味。たとえば、「源《みなもと》」の語源は「水《み》な(=の)もと」、「顧《かえり》みる」の語源は「返り見る」など。例民間—説。表記「語原」とも書く。

【語根】《ゴコン》単語の意味をあらわしている、最も小さく短い部分。たとえば、「ほのか」「ほの暗い」「ほの白い」「ほのぼの」「ほの見える」「ほのめく」に共通する「ほの」など。

【語釈】《ゴシャク》(名・する)ことばの意味をわかりやすく説明すること。また、その解釈や説明。例—と文法。

【語順】《ゴジュン》①文の中での、一つ一つの単語の、並ぶ順序。例中国語と英語の—は似ている。②辞典ごとに決まっている、見出し語の順序。例—が「いろは」引きの辞書。

【語数】《ゴスウ》ことばのかず。単語のかず。語彙数《ゴイスウ》。または文字数。例—調査。

【語調】《ゴチョウ》話をするときのことばの調子。類語気・語勢。例—を強める。—がしずんでいる。

【語頭】《ゴトウ》単語のいちばんはじめの文字や音《オン》。対語尾《ゴビ》。例—がラ行の外来語。

【語尾】《ゴビ》①単語の終わりの部分。語末。対語頭。例—がしり上がりになる方言。②文法で、動詞・形容詞・形容動詞の活用において、語形に変化のある部分。たとえば、「書く」は、「書か(ない)・書き(ます)・書く・書け(ば)」のように変化するが、その「か・き・く・け」にあたる部分。活用語尾。対語幹。例—変化。

【語弊】《ゴヘイ》言い方が適切でないために、誤解されること。また、それによって起きる弊害。例—がある。そこまで言っては—を生じる。

【語法】《ゴホウ》①文法。②ことばの使い方や表現。例俳句独特の—。

【語末】《ゴマツ》単語のいちばん終わりの部分の文字や音《オン》。語尾《ゴビ》。例—に「ぞね」のつく方言。

【語例】《ゴレイ》①ことばの用例。例形容詞の—をあげる。②単語が実際に文脈の中で用いられている例。例—をさがす。

【語呂】《ゴロ》ことばを発音したときの音《オン》の続きぐあい。例—あわせ。—がよい。表記「語路」とも書く。

【語録】《ゴロク》①学者・思想家・指導者などの説いたことばを収録した書物。②僧《ソウ》が俗語《ゾクゴ》で述べた教えの筆録。
●英語《エイゴ》・外来語《ガイライゴ》・漢語《カンゴ》・季語《キゴ》・敬語《ケイゴ》・国語《コクゴ》・古語《コゴ》・私語《シゴ》・熟語《ジュクゴ》・術語《ジュツゴ》・単語《タンゴ》・標語《ヒョウゴ》・母国語《ボコクゴ》・物語《ものがたり》・用語《ヨウゴ》・落語《ラクゴ》

言 7
【誤】
14画 2477 8AA4 教育6
音 ゴ漢呉
訓 あやま-る・あやま-り

筆順

言 7
【誤】
14画

なりたち ［形声］「言(=ことば)」と、音「呉《ゴ》」とから成る。(論理がもつれて)あやまる。

意味 くいちがう。まちがえる。あやまる。あやまり。例 誤解《ゴカイ》。誤認《ゴニン》。錯誤《サクゴ》。

使い分け あやまる【誤・謝】⇩1161ページ

【誤解《ゴカイ》】(名・する)事実や発言などをまちがえ、別の意味に受け取ること。例 ―を招く。―を解きたい。

【誤記《ゴキ》】(名・する)文字や事実などをまちがって書くこと。また、その語句。例 ―を改める。

【誤差《ゴサ》】①ちがい。くいちがい。例 ―が生じる。②実際に測定した数値や計算上の近似値《キンジチ》と、真の数値とのあいだに予想される差。例 ―の範囲《ハンイ》と見てよい。

【誤算《ゴサン》】(名・する)①あやまった計算をすること。②実際が、計算や予想どおりにならないこと。見こみちがい。例 ―続きの人生。

【誤字《ゴジ》】字形や用法のまちがった字。例 ―脱字《ダツジ》に気をつけて書く。

【誤写《ゴシャ》】(名・する)文字などをまちがえて書きうつすこと。うつしまちがい。

【誤射《ゴシャ》】(名・する)弓や銃《ジュウ》で、まちがえてうつこと。

【誤植《ゴショク》】文字原稿《ゲンコウ》を活字に組むとき、まちがった活字や記号で組んだり、並べそこなったりしたもの。また、それを印刷したもの。ミスプリント。例 誤字―。

【誤診《ゴシン》】(名・する)医師が診断をまちがえること。また、その診断。例 ―訴訟《ソショウ》。

【誤審《ゴシン》】(名・する)(スポーツや裁判で)まちがった判定をすること。ミスジャッジ。

【誤脱《ゴダツ》】文章中の誤字と脱字。

【誤伝《ゴデン》】㊀(名・する)まちがってつたわること。まちがってつたえること。㊁(名)真実ではない話やうわさ。

【誤答《ゴトウ》】(名・する)まちがった答えをすること。また、その答え。対 正答。

【誤読《ゴドク》】(名・する)文字や文意をまちがって読むこと。例 ―しやすい難読のことば。氏名を―する。

【誤認《ゴニン》】(名・する)まちがえて、別のものをそれとみとめること。例 事実を―する。民間機を軍用機と―する。

【誤爆《ゴバク》】(名・する)①目標をまちがえて爆撃《バクゲキ》すること。②取りあつかいをまちがえたため、爆発すること。

【誤▼謬《ゴビュウ》】〔「謬」も、あやまりの意〕まちがい。例 ―を正す。

【誤報《ゴホウ》】(名・する)あやまった報道をすること。まちがった内容を知らせること。また、その知らせ。例 被害者《ヒガイシャ》の氏名を―する。

【誤訳《ゴヤク》】(名・する)単語の意味や文章の内容を、まちがって翻訳《ホンヤク》すること。また、その翻訳。例 ―迷訳《メイヤク》。

【誤用《ゴヨウ》】(名・する)本来の用法からはずれた、まちがった使い方をすること。例 事故は機械の―による。

◐過誤《カゴ》・正誤《セイゴ》

言 7

【誥】

14画 7553 8AA5 音 コウ漢呉 訓 つ-げる

意味 ❶上位の者が下位の者に告げ知らせる。いましめる。例 誥告《コウコク》(=つげる)。❷天子が下す布告文。

言 7

【誌】

14画 2779 8A8C 教育6 音 シ漢 訓 しる-す

筆順 言 言 言 言 計 計 誌 誌 誌

なりたち  [形声]「言(=ことば)」と、音「志《シ》」とから成る。しるす。

意味 ❶書きとめる。記録する。しるす。例 誌心《シシン》(=記憶《キオク》する)。❷事実を書きとめた文書。記録。例 書誌《ショシ》。地誌《チシ》。墓誌《ボシ》。

日本語での用法 《シ》「雑誌」の略。「誌上《シジョウ》・誌面《シメン》・機関誌《キカンシ》・月刊誌《ゲッカンシ》」

人名 ふみ

【誌上《シジョウ》】雑誌の、記事をのせたところ。誌面。例 ―広告。

【誌面《シメン》】「誌上」に同じ。

◐雑誌《ザッシ》・地誌《チシ》・日誌《ニッシ》・本誌《ホンシ》

言 7

【誚】

14画 7555 8A9A 音 ショウ漢 訓 せ-める・そし-る

意味 ❶あざける。例 誚笑《ショウショウ》(=あざわらう)。❷非難する。しかる。せめる。そしる。例 誚責《ショウセキ》(=とがめて責める)。

言 7

【誦】

14画 7554 8AA6 音 ショウ漢 ジュ・ズ呉 訓 とな-える・よ-む・そら-んじる

意味 ❶声を出してよむ。節《ふし》をつけてよむ。となえる。例 吟誦《ギンショウ》。朗誦《ロウショウ》。❷記憶《キオク》によってよむ。そらんじる。例 誦詩《ショウシ》(=詩を暗唱する)。暗誦《アンショウ》。

【誦詠《ショウエイ》】(名・する)詩歌《シイカ》や文章などを、節《ふし》をつけて吟《ギン》じること。

【誦経《ショウケイ》】(名・する)㊀儒教《ジュキョウ》の経典《ケイテン》を声を出して読むこと。㊁《ズキョウ》〔「ジュキョウ」とも〕〔仏〕①声を出してお経を読むこと。類 読経《どきょう》。②供養《クヨウ》のため、僧《ソウ》にお経を読んでもらうこと。例 ―料。

【誦習《ショウシュウ》】(名・する)くりかえし読んで学ぶこと。

【誦読《ショウドク》】(名・する)文章などを大きな声を出して読むこと。また、暗唱すること。例 なんども―して名文に親しむ。

言 7

【誓】

14画 3232 8A93 常用 音 セイ漢 ゼイ呉 訓 ちか-う・ちか-い

筆順 扌 扌 扩 折 誓 誓 誓 誓

なりたち  [形声]「言(=ことば)」と、音「折《セツ→セイ》」とから成る。かたく約束する。

意味 きっぱりと約束する。ちかう。ちかい。例 誓願《セイガン》。誓約《セイヤク》。宣誓《センセイ》。弘誓《グゼイ》(=菩薩《ボサツ》が衆生《シュジョウ》を救おうというちかい)。

難読 誓約《うけい》(=古代のうらない)

人名 ちか

【誓願《セイガン》】(名・する)①神仏にちかいを立ててお願いすること。がんかけ。②仏や菩薩《ボサツ》が人々を救済しようと立てた、ちかい。例 弥陀《ミダ》の―。

【誓言《セイゴン》】〔「セイゲン」とも〕ちかいのことば。誓詞。

【誓詞《セイシ》】ちかいのことば。とくに結婚《ケッコン》式で、新郎新婦《シンロウシンプ》が神前や仏前で述べる、夫婦《フウフ》としてのちかいのことば。誓言。例 ―を読む。

【誓紙《セイシ》】「誓文《セイモン》」に同じ。

【誓文《セイモン》】〔「セイブン」とも〕ちかったことばを記した書きつけ。起請文《キショウモン》。誓紙《セイシ》。例 ―を交わす。―払《ばら》い(=年末におこなわれる呉服《ゴフク》類の安売り)。

【誓約《セイヤク》】(名・する)ちかって約束すること。必ず守るとかたく約束すること。また、その約束。例 ―書。

言 7

【説】

14画 3266 8AAC 教育4 音 ㊀エツ漢 ㊁セツ漢 ㊂ゼイ慣 セイ漢呉 訓 と-く

筆順 言 言 言 言 訁 訁 説 説 説

言 7
【說】
14画 ― 8AAA

なりたち [会意]「言(=ことば)」と、「兌《タイ》→《エツ》(=よろこぶ)」とから成る。うちとけて、よろこぶ。

意味 **一**《エツ》 よろこぶ。たのしむ。同 悦《エツ》。例 不㆓亦説㆒乎《またよろこばしからずや》(=いかにもうれしいことではないか)。〈論語《ロンゴ》〉 **二**《セツ》 ❶ことばで考えや意味をときあかす。とく。例 説教《セッキョウ》。説明《セツメイ》。解説《カイセツ》。❷かんがえ。理論。意見。例 異説《イセツ》。学説《ガクセツ》。論説《ロンセツ》。❸はなし。ものがたり。うわさ。例 説話《セツワ》。伝説《デンセツ》。風説《フウセツ》。 **三**《ゼイ》 人を説得して自分の考えにしたがわせる。例 遊説《ユウゼイ》。

人名 かぬ・かね・こと・つぐ・とき・ひさ

【説教《セッキョウ》】(名・する)①宗教の教えを、わかりやすく話して聞かせること。例―師。②目下《めした》の者に、かたくるしい注意や小言《こごと》を、くどくどと話して聞かせること。お説教。

【説経《セッキョウ》】(名・する)〔仏〕僧《ソウ》が経文の内容や意味を、わかりやすく説明して聞かせること。類 説法。

【説得《セットク》】(名・する)自分の考えをよく説明して、相手にもっともだと納得《ナットク》させること。例 反対派を―する。

【説伏《セップク》】(名・する)相手を説きふせて、自分の意見に従わせること。類 説得。

【説法《セッポウ》】(名・する)仏の教えを説いて聞かせること。例 辻《つじ》―(=道ばたに立って説法すること)。

【説明《セツメイ》】(名・する)あることがらの内容や意義や理由などを、よくわかるように述べること。また、その述べたこと。類 解説。例―書。提案の趣旨《シュシ》を―する。

【説諭《セツユ》】(名・する)悪いおこないを悔《く》い改めるように、言って聞かせること。

【説話《セツワ》】昔話や伝説、また、神話など、民間に語りつがれてきた物語を、まとめていうことば。例―文学。

●異説《イセツ》・一説《イッセツ》・演説《エンセツ》・解説《カイセツ》・学説《ガクセツ》・仮説《カセツ》・自説《ジセツ》・社説《シャセツ》・小説《ショウセツ》・新説《シンセツ》・俗説《ゾクセツ》・定説《テイセツ》・力説《リキセツ》

言 7
【読】
14画 3841 8AAD
教育2

音 **一** トク漢 ドク呉 **二** トウ漢
訓 よ-む・よ-み
付表 読経《どきょう》

筆順
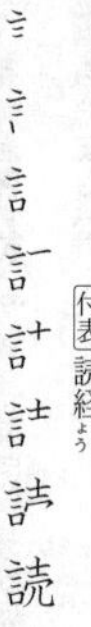

言15
【讀】
22画 7606 8B80

なりたち [形声]「言(=ことば)」と、音「賣《イク》→《トク》」とから成る。本をよむ。

意味 **一**《トク》《ドク》 文章の一語一句を目で追って理解する。また、声に出してよむ。よむ。例 読書《ドクショ》。熟読《ジュクドク》。朗読《ロウドク》。 **二**《トウ》 文章の区切り。例 読点《トウテン》。句読《クトウ》。

日本語での用法 《よみ・よむ》人の考えを、おしはかること。先を見通すこと。「読《よ》みが深《ふか》い・読《よ》みを誤《あやま》る・相手《あいて》の心《こころ》を―」

使い分け よむ【読・詠】⇩1182ページ

人名 おと・よし

【読点《トウテン》】文中の切れ目に打つ点。「、」対 句点。例 句―。

【読経《ドキョウ》】〔「ドッキョウ」とも〕(名・する)お経を声に出して読むこと。読誦《ドクジュ》。誦経《ズキョウ》。対 看経《カンキン》。

【読後《ドクゴ》】本や文章を読んだあと。例―感。

【読者《ドクシャ》】新聞や雑誌、本などを読む人。読み手。例―層。

【読▼誦】(名・する) **一**《ドクジュ》〔仏〕「読経《ドキョウ》」に同じ。 **二**《ドクショウ》 声に出して読むこと。例 名詩を―する。

【読書《ドクショ》】(名・する)本を読むこと。例―感想文。

【読書《ドクショ》百遍《ヒャッペン》義《ギ》▽自《おの》ずから▽見《あらわ》る】難しい本でも、なんべんもくりかえして読めば、自然に意味がわかってくる。

【読心術《ドクシンジュツ》】表情や動作を見て、その人の心の中を読み取る術。

【読唇術《ドクシンジュツ》】話し手のくちびるの動きを見て、言っていることばを判断する方法。類 読話。

【読破《ドクハ》】(名・する)冊数の多い本や、難しい本を終わりまで読み通すこと。例『平家物語《ヘイケものがたり》』全巻を―した。

【読譜《ドクフ》】楽譜を見て、曲を歌ったり演奏したりできるように理解すること。譜読み。

【読本】 **一**《トクホン》 ①小学校の国語科の教科書。〔古い言い方〕例 小学―《ドクホン》。②語学の教科書。テキスト。例 中国語―《ドクホン》。③いっぱんの人を対象とした入門書。例 文章―《ドクホン》。 **二**《よみホン》 江戸《えど》時代後期の小説の一種。長編の読み物が多い。『南総里見八犬伝《ナンソウさとみハッケンデン》』など。

【読了《ドクリョウ》】(名・する)すっかり読み終えること。

【読話《ドクワ》】相手の口の動きや表情から、言っていることばを読み取り理解すること。類 読唇術《ドクシンジュツ》。

【読解《ドッカイ》】(名・する)文章を読んで、その内容を理解すること。例 英文―。

●愛読《アイドク》・音読《オンドク》・解読《カイドク》・訓読《クンドク》・精読《セイドク》・多読《タドク》・通読《ツウドク》・必読《ヒツドク》・味読《ミドク》・黙読《モクドク》・乱読《ランドク》

言 7
【認】
14画 3907 8A8D
教育6

音 ジン漢 ニン呉
訓 みと-める・したた-める・みと-め

筆順

言 7
【認】
14画 ―

なりたち [形声]「言(=ことば)」と、音「忍《ジン》」とから成る。はっきり見わける。

意味 ❶見わける。見さだめる。みとめる。例 認識《ニンシキ》。認知《ニンチ》。確認《カクニン》。❷よいとみとめる。ゆるす。承知する。例 認可《ニンカ》。承認《ショウニン》。黙認《モクニン》。

日本語での用法 **一**《したためる》①手紙などを書く。「手記《シュキ》を認《したた》める・遺言《ユイゴン》を認《したた》める」②たべる。食事をする。「夕飯《ゆうハン》を認《したた》める」 **二**《みとめ》日常の署名。また、署名の意味でおす印。「認《みと》めを押《お》す・認《みと》め印《イン》」

人名 しのぶ・みとむ・もろ

【認可《ニンカ》】(名・する)国や地方公共団体が、民間からの申し出をみとめて許可すること。例―取り消し。

【認識《ニンシキ》】(名・する)ものごとをはっきりと見きわめ、判断すること。また、その心のはたらき。例―不足。―を深める。

【認証《ニンショウ》】(名・する)ある行為《コウイ》や文書が正当なものであるとみとめて、おおやけの機関が証明すること。例―式。

【認知《ニンチ》】(名・する)①あることがらを、はっきりとみとめること。②〔法〕自分の子であることをみとめること。

【認知症《ニンチショウ》】脳の障害のために記憶《キオク》力や判断力が低下する病気。〔もとは痴呆《チホウ》といった〕

【認定《ニンテイ》】(名・する)おおやけの機関が資格や事実について審査《シンサ》の上でみとめて、決定すること。例 公害と―する。

【認否《ニンピ》】みとめることと、みとめないこと。例 罪状―。

【認容《ニンヨウ》】(名・する)受け入れてみとめること。類 容認。

●公認《コウニン》・誤認《ゴニン》・自認《ジニン》・追認《ツイニン》・否認《ヒニン》・黙認《モクニン》・容認《ヨウニン》

言 7
【誣】
14画 7556 8AA3

音 フ慣 ブ漢 ム呉
訓 し-いる

意味 ないことをいかにもあるように言って、人をそしる。無実の人を罪におとしいれる。しいる。例 誣言《ブゲン》(=ないことをあるように言う)。誣告《ブコク》。

【誣告】《ブコク》〔「フコク」とも〕(名・する) 人を罪におとしいれるために、いつわって申し立てること。例 —罪。

言 7
【誘】
14画 4522 8A98 常用 音 ユウ漢 訓 さそ-う・いざな-う

筆順 … 誘

なりたち [形声]「言(=ことば)」と、音「秀《シュウ》→《ユウ》」とから成る。よびよせる。

意味 ❶自分のがわにひきよせようとすすめる。おしえみちびく。さそう。いざなう。例 誘致《ユウチ》。誘導《ユウドウ》。勧誘《カンユウ》。❷さそいこむ。おびきよせる。そそのかす。例 誘拐《ユウカイ》。誘蛾灯《ユウガトウ》(=害虫を光でおびきよせて取る灯火)。誘惑《ユウワク》。❸ひきおこす。例 誘因《ユウイン》。誘爆《ユウバク》。誘発《ユウハツ》。

人名 すすむ

【誘引】《ユウイン》(名・する) 引きつけること。さそいこむこと。例 —剤《ザイ》(=昆虫《コンチュウ》などをさそい集める薬剤)。

【誘因】《ユウイン》 何かを引き起こす原因。例 事故の—。

【誘拐】《ユウカイ》(名・する) 人をだましてさそい出し、連れ去ること。かどわかすこと。

【誘客】《ユウキャク》(名・する) 客を招き寄せること。

【誘致】《ユウチ》(名・する) 人や会社などを、その地に招き寄せること。例 工場—。

【誘導】《ユウドウ》(名・する) ①人やものを目的のところへ、さそいみちびくこと。例 客を非常口に—する。②〔物〕電気や磁気が物体におよぼす作用。

【誘導尋問】《ユウドウジンモン》(名・する) 取り調べや証言などで、尋問者が期待する答えを引き出すために、それを暗示しながら尋問すること。表記 ㊀誘導▼訊問

【誘爆】《ユウバク》(名・する) ある爆発が原因となって、他の爆発を引き起こすこと。例 —を起こす。

【誘発】《ユウハツ》(名・する) あることが原因となって、他のことをさそい起こすこと。例 余病を—する。参考 結果としてあまりよくないことについていうことが多い。

【誘惑】《ユウワク》(名・する) 人をまどわして、よくないことにさそいこむこと。例 —に打ち勝つ。

言 7 【誤】14画 ⇩【誤】《ゴ》(914ページ)
言 7 【誠】14画 ⇩【誠】《セイ》(913ページ)
言 7 【說】14画 ⇩【説】《セツ》(915ページ)
言 7 【誕】14画 ⇩【誕】《タン》(919ページ)
言 7 【認】14画 ⇩【認】《ニン》(916ページ)

言 8
【謁】
15画 1758 8B01 常用 音 エツ漢 訓 まみ-える

筆順 … 謁

言 9
【謁】
16画 1-9215 FA62 人名

なりたち [形声]「言(=いう)」と、音「曷《カツ》→《エツ》」とから成る。会って申し上げる。

意味 身分の高い人にお目にかかる。まみえる。例 謁見《エッケン》。拝謁《ハイエツ》。

人名 つく・ゆく

【謁見】《エッケン》(名・する) 許しを得て、身分の高い人にお目にかかること。例 外国大使が天皇に—する。

言 8
【課】
15画 1861 8AB2 教育4 音 カ漢呉

筆順 … 課

なりたち [形声]「言(=ことば)」と、音「果《カ》」とから成る。ためす。

意味 ❶割り当てられた仕事の成果を調べる。試験する。こころみる。例 考課《コウカ》。❷仕事や税金を義務として割り当てる。また、割り当てられた仕事や学業。例 課税《カゼイ》。課題《カダイ》。学課《ガッカ》。❸組織の事務上の区分。例 課長《カチョウ》。総務課《ソウムカ》。

人名 はかる

【課役】《カエキ・カヤク》 ①律令《リツリョウ》制で、税金と労役《ロウエキ》のこと。②仕事や労働の割り当て。例 —を果たす。—に苦しむ。

【課外】《カガイ》 ①学校で、時間割りで決まっている学科や授業以外のもの。例 —活動。②課の外部。よその課。

【課税】《カゼイ》(名・する) 税金を割り当てること。例 被《ヒ》—金額(=課税の対象となる金額)。

【課題】《カダイ》 ①するように割り当てられたことがらや問題。例 —曲。夏休みの—。②解決を求められている任務など。例 当面の—。

【課長】《カチョウ》 官庁や会社などで、一つの課の責任者。例 会計—。

【課徴】《カチョウ》 割り当てて取り立てること。例 輸入—金(=輸入品に対して徴収される特別な関税)。

【課程】《カテイ》 学校などで、ある一定期間に割り当てられ、修得しなければならない学習や研究の内容。例 教職—の科目を受講する。

【課目】《カモク》 学課の種類。修得するように課せられた項目《コウモク》。表記「科目」とも書く。

●日課《ニッカ》・賦課《フカ》

言 8
【誼】
15画 2135 8ABC 人名 音 ギ漢 訓 よ-い・よしみ

なりたち  [会意]「言(=いう)」と「宜《ギ》(=ただしい)」とから成る。人が、よいと認める。

意味 ❶道理にかなっている。ほどよい。よしとする。よい。同 義《ギ》。❷したしみ。よしみ。例 交誼《コウギ》。友誼《ユウギ》。

人名 こと・みち・よし

言 8
【諏】
15画 3159 8ACF 人名 音 シュ漢 ス呉 訓 はか-る

意味 集まって相談する。はかる。例 諏謀《シュボウ》(=相談する)。

難読 諏訪《すわ》(=地名・姓《セイ》)

言 8
【諄】
15画 7557 8AC4 人名 音 ジュン慣 シュン漢呉 訓 くど-い・ねんご-ろ

なりたち  [形声]「言(=いう)」と、音「享《シュン》」とから成る。ねんごろに教えさとす。

意味 ていねいで心がこもっている。てあつい。あつい。ねんごろ。例 諄諄《ジュンジュン》。

日本語での用法 《くどい》①同じようなことをなんどもくりかえし言うのでわずらわしい。「話《はなし》が諄《くど》い・まわり諄《くど》い」②しつこい。「諄《くど》い味《あじ》」

人名 あつ・あつし・いたる・さね・しげ・たすく・とも・のぶ・まこと

【諄諄】《ジュンジュン》(形動《トタル》) 相手がじゅうぶんに納得《ナットク》するように、くりかえし、くわしく話すようす。例 —と説く。

言 8
【諸】
15画
2984
8AF8
教育6
音 ショ漢呉
訓 もろもろ・もろ

筆順 諸 諸

言 9
【諸】
16画
1-9214
FA22
人名

なりたち 〔形声〕「言（＝ことば）」と、音「者《シャ→ショ》（＝ことがらを分ける）」とから成る。ことがらを分けることから「もろもろ」の意。

意味 ❶いろいろな。多くの。もろもろ。例 諸子《ショシ》。諸事《ショジ》。諸方《ショホウ》。❷〔助字〕「これ」と読み、ものごとを指示する。例 求二諸己一《これをおのれにもとむ》。

人名 つら・もり

【諸家《ショカ》】 多くの専門家。一家をなしている多くの人。
【諸葛▼亮《ショカツリョウ》】 三国時代の蜀《ショク》の軍師。字《あざな》は孔明《コウメイ》。劉備《リュウビ》に強くのぞまれて仕え、蜀の建国に力をつくした。（一八一―二三四）→【三顧の礼《サンコのレイ》】（12ページ）・【五丈原《ゴジョウゲン》】（42ページ）・【出師の表《スイシのヒョウ》】（126ページ）・【泣《な》いて馬謖《バショク》を斬《き》る】（583ページ）
【諸行無常《ショギョウムジョウ》】〔仏〕この世のすべてのものは絶えず移り変わり、ひとときも同じ状態にとどまらない、ということ。
【諸君《ショクン》】（おもに男性が）同輩《ドウハイ》または目下《めした》の、多くの者に親しみをこめて呼びかけることば。みなさん。きみたち。
【諸兄《ショケイ》】 多くの男性に、敬意をこめていうことば。みなさん。対 諸妹《ショマイ》・諸姉《ショシ》。〔文語的な言い方〕
【諸芸《ショゲイ》】 いろいろな芸道や芸ごと。例 ―に通じる。
【諸賢《ショケン》】〔多くの賢明な人々の意〕人々に敬意をこめていうことば。みなさま。〔文語的な言い方〕例 読者―。
【諸公《ショコウ》】〔身分のある人たちの意〕人々をうやまっていうことば。例 代議士―。
【諸侯《ショコウ》】 ①古代中国で、天子から封土《ホウド》（＝領土）を受け、そこを支配した君主。②日本で、封建《ホウケン》時代に領地をもち、領地内の人民を支配していた人。諸大名。
【諸国《ショコク》】 あちこちの国々。例 ―漫遊《マンユウ》。西欧《セイオウ》―。
【諸子《ショシ》】 ①同輩《ドウハイ》以下の人々に呼びかけるときにいうことば。みなの者。みなさん。例 生徒―。卒業生―。②春秋戦国時代に、一派の学説を立てた思想家たち。→【諸子百家】

【諸子百家《ショシヒャッカ》】 春秋戦国時代にあらわれ、それぞれに一派の学説を立てた多くの思想家たちと、その著書。孔子《コウシ》・孟子《モウシ》・老子《ロウシ》・荘子《ソウシ》・墨子《ボクシ》・韓非子《カンピシ》など。〔孔子や孟子などの儒家《ジュカ》を除いていう場合もある〕
【諸氏《ショシ》】 多くの人々を、うやまっていうことば。…のかたがた。類 諸公・諸賢《ショケン》。例 先輩《センパイ》―のご尽力《ジンリョク》を謝する。
【諸姉《ショシ》】 多くの女性に、敬意をこめていうことば。みなさん。諸妹《ショマイ》。対 諸兄。〔文語的な言い方〕
【諸事《ショジ》】 多くのことがら。例 ―万端《バンタン》。
【諸式《ショシキ》】 ①いろいろな品物。②品物の値段。物価。
【諸種《ショシュ》】 いろいろな種類。類 種種《シュジュ》。例 ―な問題。
【諸将《ショショウ》】 多くの武将たち。例 戦国時代の―。
【諸説《ショセツ》】（あるものごとについての）いろいろな学説や意見、また、うわさ。例 ―紛紛《フンプン》。
【諸相《ショソウ》】（あるものごとにあらわれる）いろいろなありさまや現象。類 種種相《シュジュソウ》。例 上方《かみがた》文化の―。
【諸点《ショテン》】 いろいろな点。多くのことがら。例 懸案《ケンアン》の―。
【諸島《ショトウ》】 ①多くの島。②一定の区域内にかたまってある、多数の島々。類 群島。例 小笠原《おがさわら》―。
【諸派《ショハ》】 ①いろいろな党派や流派。例 党内―。②国会の、議席が少数の政党を、まとめて呼ぶことば。例 ―連合。
【諸般《ショハン》】〔「般」は、ものごとの種類の意〕いろいろ。さまざま。類 各種。例 ―の事情。
【諸方《ショホウ》】 いろいろな方向や場所。あちこち。類 方方《ホウボウ》。
【諸法《ショホウ》】 ①〔仏〕個体を構成している、もろもろの要素。ありとあらゆるもの。②いろいろな法律。
【諸本《ショホン》】 写本などで、本文の性質や内容が異なる、いろいろな系統の異本。例『平家物語《ヘイケものがたり》』の―。
【諸流《ショリュウ》】 いろいろな流派。多くの流派。例 ―合同茶会。
【▽諸手《もろて》】 両手。表記「▽双手」とも書く。
【▽諸共《もろとも》】 いっしょに。例 死なば―。車―転落する。

言 8
【諚】
15画
7560
8ADA
音 ジョウ

意味 〔一説に、音「ヘン」とするが、義未詳《ギミショウ》〕貴人の命令・ことばの意、「御定《ゴジョウ》」「勅定《チョクジョウ》」の「定《ジョウ》」に言偏《ゴンベン》を増画した字。例 御諚《ゴジョウ》（＝ご命令）有らば。勅諚《チョクジョウ》（＝天子のご意向）まことに忝《かたじけ》なく。優諚《ユウジョウ》（＝天子の、めぐみぶかいおことば）をたまわる。

言 8
【請】
15画
3233
8ACB
常用
音 セイ漢 ショウ呉 シン唐
訓 こ-う・う-ける

筆順 請 請

言 8
【請】
15画

なりたち 〔形声〕「言（＝いう）」と、音「青《セイ》」とから成る。お目にかかって申しあげる。

意味 ❶心からねがいもとめる。たのむ。こう。例 請願《セイガン》。懇請《コンセイ》。❷来てくれるようにたのむ。まねく。例 招請《ショウセイ》。請《ショウ》じる。

日本語での用法 《うける》 引き受ける。「請《う》け合《あ》う・請《う》け負《お》う・建築《ケンチク》請負業《うけおいギョウ》」

使い分け うける【受・請】⇩1162ページ
使い分け こう【請・乞】⇩1168ページ

人名 うけ・もとむ

【請《うけ》負《おい》】 ①仕事をひきうけること。例 部品生産の―。②土木・建築工事などで、計画通りに仕上げる約束で、仕事をひきうけること。例 建売住宅の―仕事をする。
【▽請来《ショウライ》】（名・する）仏像や経典《キョウテン》などを、外国からもらい受けること。類 将来。例 弘法大師《コウボウダイシ》の―した経典。
【請願《セイガン》】（名・する）議会や官庁に、希望が実現するよう文書で願い出ること。例 ―書。
【請求《セイキュウ》】（名・する）当然するべきものとして、相手に要求すること。例 ―書。
【請託《セイタク》】（名・する）職権による特別なとりはからいを、内々にたのむこと。例 ―を受ける。
●懇請《コンセイ》・招請《ショウセイ》・申請《シンセイ》・普請《フシン》・要請《ヨウセイ》

言 8
【諍】
15画
7558
8ACD
音 ソウ漢 ショウ呉
訓 あらそ-う・いさか-う・いさ-める

意味 ❶あやまちをことばでただす。いさめる。例 諍臣《ソウシン》（＝主君のあやまちをいさめる臣下）。❷いいあらそう。いさかう。うったえる。同 争《ソウ》。例 諍訟《ソウショウ》（＝うったえごと）。諍論《ソウロン》（＝いいあらそい）。

言 8
【諾】
15画
3490
8AFE
常用
音 ダク漢
訓 うべな-う

筆順 言 言 言 言 訁 詳 諾 諾

なりたち [形声]「言(=ことば)」と、音「若《ジャク》→ダク」とから成る。ことばでこたえる。

意味 ❶「はい」「よろしい」というように、じっくり考えたうえでの返事のことば。〔「唯《イ》」は、すみやかな返事〕例 唯《イ》唯《イ》諾《ダク》諾《ダク》。❷承知する。ひきうける。うべなう。例 諾《ダク》否《ヒ》。快《カイ》諾《ダク》。承《ショウ》諾《ダク》。

難読 伊奘諾尊《いざなぎのみこと》

人名 つぐ

【諾《ダク》諾《ダク》】(形動タルト) はいはいと人の言いなりになるようす。例 唯《イ》唯《イ》—。

【諾《ダク》否《ヒ》】承諾することとしないこと。承知するかしないか。例 —を保留する。

●応《オウ》諾《ダク》・快《カイ》諾《ダク》・許《キョ》諾《ダク》・受《ジュ》諾《ダク》・承《ショウ》諾《ダク》・内《ナイ》諾《ダク》

言 8

【誰】

15画 3515 8AB0 常用 音 スイ漢呉 訓 だれ・たれ

筆順 言 言 言 計 計 計 誰 誰

なりたち [形声]「言(=ことば)」と、音「隹《スイ》」とから成る。だれか、と問う。

意味 ❶だれ。だれか。例 誰《スイ》何《カ》。❷〔助字〕「たれ」「た」と読み、いったいだれが…か、の意。疑問や反語をあらわす。例 功《コウ》名《ミョウ》誰《たれ》復《かまた》論《ロンぜん》(=名声などはいったいだれが問題にしようか)。

難読 誰彼時《たそかれどき》・彼誰時《かはたれどき》

【▽誰《スイ》何《カ》】(名・する)「だれか」「だれだ?」と呼びかけて、名前を問いただすこと。例 —すれども答えなし。

言 8

【誕】

15画 3534 8A95 教育6 音 タン漢 訓 いつわ-る

筆順 言 言 言 訁 訁 証 誕 誕

言 7

【誕】

14画

なりたち [形声]「言(=ことば)」と、音「延《エン》→タン」とから成る。大げさなことば。

意味 ❶でたらめを言う。むやみに大言をはく。いつわる。例 誕《タン》言《ゲン》(=大げさな話)。妄《モウ》誕《タン》(=いつわり)。❷うまれる。例 誕《タン》生《ジョウ》。降《コウ》誕《タン》。生《セイ》誕《タン》。

人名 のぶ・ひろ・ひろし

【誕《タン》生《ジョウ》】一(名・する)①生まれること。類 生誕。例 —日。②新しい制度や施設《シセツ》ができること。例 新政権の—。二(名)生まれて満一年目の日。例 —を過ぎる。

【誕▼辰《タンシン》】〔「辰」は、日の意〕人が生まれた日。誕生日。

言 8

【談】

15画 3544 8AC7 教育3 音 タン漢 ダン呉 訓 かた-る

筆順 言 言 言 言 訁 訁 談 談

なりたち [形声]「言(=ことば)」と、音「炎《エン》→タン」とから成る。おだやかにかたる。

意味 ❶相手に向かっておだやかに話す。かたる。例 談《ダン》判《パン》。美《ビ》談《ダン》。談《ダン》話《ワ》。相《ソウ》談《ダン》。❷ものがたり。はなし。例 怪《カイ》談《ダン》。

人名 かた・かたり・かぬ・かね

【談《ダン》義《ギ》】(名・する)①〔仏〕教義や道理をわかりやすく説明して聞かせること。また、その話。類 説法・説教。例 下手《へた》の長《なが》—。②話し合うこと。自由な議論をすること。例 教育—。表記 ②は「談議」とも書く。

【談《ダン》合《ゴウ》】(名・する)①相談すること。例 政治的—。②入札者どうしが相談して、自由競争をやめて入札価格をあらかじめ決めてしまうこと。違法《イホウ》である。

【談《ダン》笑《ショウ》】(名・する)笑いをまじえながらうちとけて話し合うこと。例 —裏《リ》に交渉《コウショウ》が進められる。

【談《ダン》判《パン》】(名・する)①争いや事件の始末をつけるために、おたがいに話し合うこと。また、外交交渉《コウショウ》。例 —を開く。②自分にとってふつごうな点を改めるよう、強く要求すること。例 直《ジカ》—。

【談《ダン》論《ロン》】(名・する)話をしたり議論をし合ったりすること。例 —風発(=話や議論がさかんにおこなわれること)。

【談《ダン》話《ワ》】(名・する)①うちとけて話をすること。また、その話。例 —室。—会。②責任ある地位の人が、あることについて述べる意見。例 総理大臣の—。

●縁《エン》談《ダン》・会《カイ》談《ダン》・歓《カン》談《ダン》・講《コウ》談《ダン》・懇《コン》談《ダン》・座《ザ》談《ダン》・雑《ザツ》談《ダン》・示《ジ》談《ダン》・冗《ジョウ》談《ダン》・相《ソウ》談《ダン》・対《タイ》談《ダン》・筆《ヒッ》談《ダン》・漫《マン》談《ダン》・密《ミツ》談《ダン》・面《メン》談《ダン》・余《ヨ》談《ダン》

言 8

【調】

15画 3620 8ABF 教育3 音 チョウ漢 訓 しら-べる・ととの-う・ととの-える・しら-べ

筆順 言 言 訂 訂 訂 調 調 調

言 8

【調】

15画

なりたち [形声]「言(=ことば)」と、音「周《シュウ》→チョウ」とから成る。ととのう。

意味 ❶ちょうどよくする。ととのえる。ととのう。例 調《チョウ》整《セイ》。調《チョウ》節《セツ》。調《チョウ》和《ワ》。❷動物をならす。訓練する。例 調《チョウ》教《キョウ》。調《チョウ》馬《バ》。❸ととのいぐあい。おもむき。しらべ。例 調《チョウ》子《シ》。快《カイ》調《チョウ》。格《カク》調《チョウ》。❹あれこれ見くらべてたしかめる。しらべる。例 調《チョウ》査《サ》。調《チョウ》書《ショ》。❺物納による税の一種。みつぎ。例 調《チョウ》布《フ》。租《ソ》庸《ヨウ》調《チョウ》。

日本語での用法《ととのう・ととのえる》①必要なものがそろう。「家財道具《カザイドウグ》が調《ととの》う・設備《セツビ》が調《ととの》っている」②交渉などがまとまる。「協議《キョウギ》が調《ととの》う」

使い分け ととのう・ととのえる【整・調】⇩1174ページ

難読 調所《ズショ》(=地名・姓《セイ》)

人名 しげ・つき・つぎ・つぐ・のり・みつぎ・みつぐ

【調《チョウ》印《イン》】(名・する)①協議が成立したことを確認《カクニン》して文書に印をおすこと。②条約などの文書に、その内容を認めたしるしとして、両方の代表者が署名すること。例 —式。

【調《チョウ》音《オン》】(名・する)①のど・口・舌・くちびるなどの発音器官の形を変えて音声を出すこと。②楽器の音色や高さをととのえること。

【調《チョウ》教《キョウ》】(名・する)ウマやイヌ、猛獣《モウジュウ》などの動物を訓練して、人の言うことをきかせること。例 —師。

【調《チョウ》弦《ゲン》】(名・する)弦楽器の演奏者が、弦の調子をととのえること。また、その方法。表記 旧 調▼絃

【調《チョウ》合《ゴウ》】(名・する)薬や調味料などをまぜあわせて、ちょうどよいものにすること。例 処方箋《ショホウセン》の通り—する。

【調《チョウ》査《サ》】(名・する)ものごとの実態や実情について、くわしくしらべること。例 世論—。学術—団。

【調《チョウ》剤《ザイ》】(名・する)治療《チリョウ》用の各種の薬をまぜあわせること。薬剤を調合すること。

【調《チョウ》子《シ》】①声や音の高低のぐあい。音調。例 高い—で話す。②話し方や表現のぐあい。類 口調・語調。例 強い—

で反論する。③動きやはたらきのぐあいや状態。例からだの—。④ものごとの進みぐあいや状態。例—よくいく。⑤はずみや勢い。例何かの—にうまくいく。—が出る。

【調書】《チョウショ》①調査した内容を書いた書類。②犯罪の容疑者を取りしらべた内容を書いた書類。例証言を—にとる。

【調進】《チョウシン》(名・する)注文の品物を取りそろえたり、作ったりして納めること。例開店記念の品を—する。

【調製】《チョウセイ》(名・する)注文に応じて作ること。こしらえること。例ふりそでを—する。

【調整】《チョウセイ》(名・する)①調子の悪いものに手を加えて、正しい状態にすること。例時計のくるいを—する。②うまくいかない部分を操作して、全体としてつりあいのとれた状態にすること。例生産を—する。対立した意見を—する。

【調節】《チョウセツ》(名・する)ちょうどよい状態になるように、条件を変えて操作し、ととのえること。例温度を—する。

【調達】《チョウタツ|チョウダツ》(名・する)必要なお金や品物を取りそろえること。例資金を—する。

【調停】《チョウテイ》(名・する)争っている両者のあいだに立って、争いを解決するようにまとめること。例労使間を—する。

【調度】《チョウド》日常生活で使う家具や道具。例—品。

【調馬】《チョウバ》(名・する)ウマを乗りならすこと。例—師。

【調髪】《チョウハツ》(名・する)かみの毛を刈《か》って、ととのえること。理髪や整髪。

【調布】《チョウフ》古代、調《チョウ|つき》(=税の一つ)として納めた手織りのぬの。

【調伏】《チョウブク》(名・する)①仏法の力によって悪魔《アクマ》などを降伏《ゴウブク》させること。例憑《つ》いた狐《きつね》を—する。②人をのろい殺すこと。

【調法】《チョウホウ》㊀(名・形動ダナ)便利で役に立つこと。例高い枝を切るのに—なはさみ。㊁(名・する)便利で役に立つのを喜んでいること。例—している。表記▽「重宝」とも書く。

【調味】《チョウミ》(名・する)食べ物にいい味をつけること。味つけ。

【調味料】《チョウミリョウ》食べ物にいい味をつけるために使うもの。塩・砂糖・しょうゆ・す・香辛料《コウシンリョウ》など。

【調理】《チョウリ》(名・する)料理すること。材料に手を加えて食べ物をつくること。例—師。

【調律】《チョウリツ》(名・する)正しい音が出るように楽器を調整すること。例ピアノの—師。


【調練】《チョウレン》(名・する)兵隊を訓練すること。類練兵。

【調和】《チョウワ》(名・する)二つ以上のものごとが、たがいにつりあいがとれて、全体としてととのっていること。例進歩と—。
●協調《キョウチョウ》・口調《クチョウ》・好調《コウチョウ》・語調《ゴチョウ》・色調《シキチョウ》・順調《ジュンチョウ》・新調《シンチョウ》・単調《タンチョウ》・短調《タンチョウ》・長調《チョウチョウ》・低調《テイチョウ》・同調《ドウチョウ》・不調《フチョウ》・変調《ヘンチョウ》・歩調《ホチョウ》

言 8
【諂】 15画 7559 8AC2
音テン漢呉 訓へつら-う・へつら-い
意味 気に入られようと、おべっかを使う。こびる。へつらう。例諂佞《テンネイ》(=へつらって取り入る)。諂諛《テンユ》(=こびへつらう)。

言 8
【誹】 15画 4080 8AB9
音ヒ漢呉 訓そし-る・そし-り
意味 他人の言動のよしあしをとりあげ、非難する。そしる。同非《ヒ》。例誹毀《ヒキ》(=人をわるく言う)。誹謗《ヒボウ》。
日本語での用法《ハイ》「誹諧」は、漢語として正しくは「ヒカイ」であるが、「誹」は「俳」の音に従って用いたもの。現代では「俳諧」とする。「誹諧《ハイカイ》(=「誹諧連歌《ハイカイレンガ》」の略)」
【誹▼謗】《ヒボウ》(名・する)他人を悪く言うこと。人をそしること。例—中傷。

言 8
【諒】 15画 4642 8AD2 人名
音リョウ漢 訓あき-らか・まこと・まこと-に
なりたち [形声]「言(=ことば)」と、音「京《ケイ》→リョウ」とから成る。まこととする。信じる。
意味 ❶ほんとうのこととして信じる。真実。まこと。例諒《リョウ》。❷もっともだとして友《とも》とす(=正直な人を友人にする)。例諒解《リョウカイ》(=事情を納得《ナットク》して認める)。諒承《リョウショウ》。❸まことに。実《ジツ》に。
表記 現代表記では、「了《リョウ》」に書きかえることがある。熟語は「了」(37ページ)を参照。
人名 あき・あきら・あさ・さとし・さとる・まさ
【諒▽闇】《リョウアン》〔まことに闇《くら》い意〕天子が父母の死によって、喪《も》に服する期間。
【諒▼恕】《リョウジョ》(名・する)相手の事情を思いやって許すこと。表記「諒▽陰・▼亮▽闇」とも書く。
【諒承】《リョウショウ》(名・する)事情がよくわかって承知すること。例—を乞《こ》う。—が得られる。表記現了承

言 8
【論】 15画 4732 8AD6 教育6
音ロン漢呉 訓あげつら-う
筆順 言 言 言 言 訁 訡 訡 論 論
なりたち [会意]「言(=いう)」と「侖《リン》→ロン(=すじが通る)」とから成る。筋道をたてて言う。

意味 ❶筋道を立てて述べる。あげつらう。例論証《ロンショウ》。議論《ギロン》。弁論《ベンロン》。❷罪をさばく。判決を下す。例論告《ロンコク》。❸意見。見解。学説。例詩論《シロン》。反論《ハンロン》。❹『論語《ロンゴ》』の略。例論孟《ロンモウ》(=『論語』と『孟子《モウシ》』)。

人名 さだむ・さとし・さとる・とき・のり・ゆう
【論外】《ロンガイ》(名・形動ダナ)①さしあたっての議論の対象としないこと。例理想論はこのさい—とする。②まともに論じる必要もないこと。問題外。例約束を破るとは—だ。

【論客】《ロンカク|ロンキャク》①議論をするのがうまい人。②議論をするのが好きな人。

【論議】《ロンギ》(名・する)①めいめいが意見を述べあって、問題点を明らかにすること。例—をつくす。②〔仏〕経文《キョウモン》の内容を問答によって説き明かすこと。

【論詰】《ロンキツ》(名・する)議論して相手をなじること。

【論及】《ロンキュウ》(名・する)そのことがらに論がおよぶこと。例すでに前著で—した問題。

【論究】《ロンキュウ》(名・する)問題や理論についてどこまでも論じて、はっきりさせること。

【論拠】《ロンキョ》議論が成り立つ根拠。例—にとぼしい。

【論功】《ロンコウ》功績について論じ、その程度を定めること。

【論功行賞】《ロンコウコウショウ》功績の程度について論じ、それにもとづいて賞やほうびをあたえること。

【論考】《ロンコウ》(名・する)意見を述べ、考察を加えること。また、その文章や著作。表記「論▼攷」とも書く。

【論告】《ロンコク》(名・する)刑事《ケイジ》裁判の最終段階で、検察官が被告人《ヒコクニン》の犯罪の事実および法律の適用について意見を述べること。例—求刑。

【論賛】《ロンサン》㊀(名・する)人の功績やよいおこないについて論じ、ほめること。㊁(名)ある人物の伝記のあとに、その事績について著者が付け加えた論評や賛辞。

【論旨】《ロンシ》議論に述べられたおもな内容。例—明快。

【論者《ロンシャ・ロンジャ》】①議論をする人。例—としては反対せざるをえない。②議論をしている本人。例賛成—。

【論集《ロンシュウ》】論文を集めた書物。論文集。

【論述《ロンジュツ》】(名・する)筋道を立ててのべること。例—式。

【論証《ロンショウ》】(名・する)ある結論が正しいことを、だれもが納得《ナットク》するような根拠《コンキョ》を示して、証明すること。例アリバイが成り立たないことを—する。表記もと「論▼證」とも書く。

【論陣《ロンジン》】(反論に必ず勝つように)自説を綿密に構成し、広く世間に主張していこうとする構え。例—を張る。

【論説《ロンセツ》】一(名・する)あることがらについて、筋道を立てて意見を述べること。また、その文章。例—文。二(名)新聞の社説。例—委員。

【論戦《ロンセン》】(名・する)意見を主張しあい、たたかわせること。例—を交《か》わす。

【論争《ロンソウ》】(名・する)たがいに自説の正しさを主張して、あらそうこと。例激しい—を展開する。

【論▼叢《ロンソウ》】論文を集めた書物。論文集。論集。

【論題《ロンダイ》】討論や論文などの題目。例—を決めて争う。

【論断《ロンダン》】(名・する)議論して判断を下すこと。例あざやかな—。

【論壇《ロンダン》】①評論家や批評家の社会。言論界。例—をにぎわす。②演説や講演をするための壇。演壇。

【論著《ロンチョ》】(名・する)考えを論じて、そのことについて著述すること。また、その著述。

【論調《ロンチョウ》】議論や論説の、内容や進め方の調子または傾向《ケイコウ》。例政府批判の—が色こい新聞記事。

【論敵《ロンテキ》】反対意見を発表し、議論のやり取りをする相手。

【論点《ロンテン》】ある論説や論争の中心になる問題点。例—を整理する。—があいまいだ。

【論難《ロンナン》】(名・する)相手の不正や誤りについて、問題として取り上げて非難すること。例昔の失敗を見つけて—する。

【論破《ロンパ》】(名・する)議論して相手を言い負かすこと。例反対意見を徹底的《テッテイテキ》に—する。

【論▼駁《ロンパク》】(名・する)相手からしかけられた議論に対し、激しく反論すること。例実証をあげて—する。

【論評《ロンピョウ》】(名・する)ものごとのよしあしを論じて、批評すること。また、その内容。例—をさける。—を加える。

【論文《ロンブン》】ある問題についての意見や、研究の結果について、まとめた文章。例学位—。

【論法《ロンポウ》】議論を進める方法。議論のしかた。例三段—。

【論▼鋒《ロンポウ》】①議論を進める勢い。例—するどくつめよる。②議論のほこさき。議論の攻撃《コウゲキ》目標。

【論理《ロンリ》】①議論や思考を正しく進めていく筋道。ことわり。例—学。②ものごとの間の関係や法則。例自然の—。

○●異論《イロン》・激論《ゲキロン》・結論《ケツロン》・言論《ゲンロン》・口論《コウロン》・持論《ジロン》・推論《スイロン》・正論《セイロン》・討論《トウロン》・評論《ヒョウロン》・理論《リロン》

言8 [諌] 15画 ⇩【諫】カン(921ページ)

言8 【調】15画 ⇩【調】チョウ(919ページ)

言8 【請】15画 ⇩【請】セイ(918ページ)

言9 【諳】16画 7562 8AF3 音アン漢 オン呉 訓そらん-じる

意味 知りつくす。そらでおぼえる。そら読みする。そらんじる。同暗《アン》。例諳記《アンキ》。諳誦《アンショウ》。

【諳記《アンキ》】(名・する)そらで覚えること。例丸—。表記「暗記」とも書く。

【諳算《アンザン》】(名・する)頭の中で計算すること。表記「暗算」とも書く。

【諳▼誦《アンショウ》】(名・する)文章をそらでとなえること。例好きな詩を—する。表記「暗▼誦・暗唱」とも書く。

言9 【謂】16画 1666 8B02 人名 音イ漢呉 訓い-う・いい

意味 ❶人に向かって話しかける。つげる。いう。例子謂二子貢一曰《シシコウにいいていわく》(=先生が子貢に言われた)。〈論語《ロンゴ》〉❷ある人やものごとについて話す。批評する。例子謂二子産一《シシサンをいう》(=先生は子産について言われた)。〈論語《ロンゴ》〉❸名づけていう。となえる。よぶ。例天命之謂レ性《テンのメイずるをこれセイという》(=天が人に命じあたえたものを性という)。〈中庸《チュウヨウ》〉❹呼び名。いい。例称謂《ショウイ》(=呼び名。名称)。❺意味。いわれ。例何謂也《なんのいいぞや》(=どういう意味ですか)。〈論語《ロンゴ》〉❻判断する。思うに。おもうことには。おもえらく。例愚謂《グおもえらく》(=わたくしが思うには)。

難読 以謂《おもえらく》

言9 【諧】16画 7563 8AE7 常用 音カイ漢

筆順 言 言 訁 訁 訿 諧 諧

なりたち  [形声]「言(=ことば)」と、音「皆《カイ》」とから成る。調和する。

意味 ❶しっくりと調和する。うちとける。やわらぐ。かなう。例諧調《カイチョウ》。諧和《カイワ》(=仲がうちとける。また、やわらぐ)。❷こっけい。たわむれ。ユーモア。例諧謔《カイギャク》。俳諧《ハイカイ》。

【諧▼謔《カイギャク》】おもしろい、じょうだん。ユーモア。例—性。表記「▼詼▼謔」とも書く。

【諧声《カイセイ》】①他の声と調和する声。②⇩【形声】《ケイセイ》(369ページ)

【諧調《カイチョウ》】音楽のリズムなどがよく調和していること。また、ものごとが調子よく運ぶこと。

言9 【諤】16画 7564 8AE4 音ガク漢

意味 正しいと思うことをはばからずに言う。直言する。例侃諤諤《カンカンガクガク》。

【諤諤《ガクガク》】(形動《タルト》)正しいと信じることを、えんりょしないで述べたてるようす。例侃侃《カンカン》—(=正しいと信じることをえんりょなく言う)。

言9 【諫】16画 7561 8AEB 音カン漢呉 訓いさ-める・いさ-め

意味 目上の人のあやまちをただすためにずばりと言う。いさめる。例諫言《カンゲン》。諫止《カンシ》。

難読 諫早《いさはや》(=地名)

【諫言《カンゲン》】(名・する)主君や上司の悪い点を指して、直すように言うこと。また、そのことば。例老臣の—を入れる。

【諫止《カンシ》】(名・する)目上の人に忠告して、思いとどまらせること。いさめてやめさせること。

【諫死《カンシ》】(名・する)①主君をいさめるために死ぬこと。②死ぬ覚悟《カクゴ》でいさめること。

言8 [諌] 15画 2050 8ACC 俗字

言9 【諱】16画 — — 音キ漢 訓いみな・い-む

言10 [諱] 17画 7565 8AF1 別体字

意味 ❶はばかってさける。いみきらう。いむ。例 諱忌《キキ》。諱言《キゲン》（＝口に出すのをはばかることば）。❷死者の生前の本名。いみな。〔死んでからは生前の名を諱《いみな》といってさけて用いず、死後につけた諡《おくりな》で呼ぶ〕例 避諱《ヒキ》（＝いみなをさける）。

【諱忌】《キキ》（名・する）いみきらうこと。忌諱。

言 9 **【謔】** 16画 7566 8B14 音 キャク漢 ギャク呉 訓 たわむ-れる

意味 おどけて、じょうだんを言う。たわむれる。例 謔笑《ギャクショウ》（＝ふざけて笑う）。諧謔《カイギャク》。

言 9 **【諠】** 16画 7567 8AE0 音 ケン漢 訓 かまびす-しい

意味 やかましい。かまびすしい。同 喧《ケン》。例 諠譁《ケンカ》。諠譟《ケンソウ》。

【諠▼譁】《ケンカ》（名・する）①やかましくさわぐこと。②たがいに言い争ったり、なぐりあったりすること。いさかい。例 ―を売る。表記 ▽「▼喧▼嘩」とも書く。

【諠▼譟】《ケンソウ》（名・形動ダ）（町や人ごみが）さわがしいこと。例 都会の―をはなれて生活する。表記 「▼喧▼噪・▼喧騒」とも書く。

言 9 **【諺】** 16画 2433 8AFA 人名 音 ゲン漢 訓 ことわざ

言 9 **［諺］** 16画 —— 俗字

意味 昔から言い伝えられてきた、教訓をふくむ短いことば。ことわざ。例 諺語《ゲンゴ》。俚諺《リゲン》。

人名 おう・こと・たけし

【諺文】《オンモン》〔朝鮮《チョウセン》語〕ハングルの古い呼び名。

【諺語】《ゲンゴ》①ことわざ。②俗語《ゾクゴ》。

言 9 **【諢】** 16画 7568 8AE2 音 コン慣 ゴン漢

意味 ことばをあいまいにして、おもしろく言う。冗談《ジョウダン》。例 諢名《コンメイ》（＝あだな。異名）。

言 9 **【諮】** 16画 2780 8AEE 常用 音 シ漢呉 訓 はか-る・と-う

筆順 亠 言 言 訁 訁 諮 諮

なりたち [形声]「言（＝ことば）」と、音「咨《シ》」とから成る。相談をもちかける。

意味 上位の者が下位の者に意見を求める。はかる。とう。同 咨《シ》。例 諮議《シギ》（＝下の者に相談する）。諮問《シモン》。

使い分け はかる【図・計・測・量・謀・諮】⇩1177ページ

【諮問】《シモン》（名・する）①臣下に意見をたずねること。②政策を立てるときの参考として、専門家や経験の深い人の意見を求めること。例 ―委員会の答申《トウシン》。

言 9 **【諡】** 16画 7575 8AE1 音 シ漢 訓 おくりな

言10 **［謚］** 17画 7574 8B1A 本字

意味 生前のおこないによってつける呼び名。追号《ツイゴウ》。おくりな。例 諡号《シゴウ》。

【諡号】《シゴウ》死者におくる名。多くは生前のおこないを反映させてつける。おくりな。例 徳川家康《いえやす》に東照大権現《トウショウダイゴンゲン》の―をたまわる。

言 9 **【諜】** 16画 3621 8ADC 音 チョウ漢 訓 うかが-う

意味 ❶敵のようすをさぐる(者)。うかがう。まわしもの。例 諜者《チョウシャ》。諜報《チョウホウ》。間諜《カンチョウ》。❷口が軽く、ことばかずが多い。しゃべる。同 喋《チョウ》。例 諜諜《チョウチョウ》（＝ことばかずが多い）。

難読 諜者《しのびのもの》・間諜《しのびのもの》

【諜者】《チョウシャ|チョウジャ》スパイ。間諜《カンチョウ》。

【諜報】《チョウホウ》相手の情勢をさぐって知らせること。スパイ活動をすること。また、その知らせ。例 ―機関。

言 9 **【諦】** 16画 3692 8AE6 常用 音 テイ漢 タイ呉 訓 あきら-める

筆順 亠 言 言 訁 訁 諦 諦

なりたち  [形声]「言（＝ことば）」と、音「帝《テイ》」とから成る。つまびらかにする。

意味 ❶明らかにする。つまびらかにする。あきらか。例 諦視《テイシ》（＝じっと見守る）。要諦《ヨウテイ》（＝ものごとの重要なところ）。❷〔仏〕真理。さとり。まこと。例 諦観《タイカン》。四諦《シタイ》（＝仏教で、四つの真理、また、根本的な教え）。真諦《シンタイ》（＝たいせつな真理）。

日本語での用法 《あきらめる》望みを捨ててしまう。「出世《シュッセ》を諦《あきら》める・計画《ケイカク》を諦《あきら》める」

人名 あき・あきら・さとる

【諦観】（名・する）一《タイカン|テイカン》①くわしく見ること。②〔仏〕本質を見通すこと。達観。二《テイカン》あきらめること。

【諦念】《テイネン》①ものの道理を見通す、さとった心。②あきらめの気持ち。

言 9 **【諷】** 16画 7569 8AF7 音 フウ漢 フ呉

意味 ❶そらで読む。また、声を上げて読む。そらんじる。例 諷詠《フウエイ》。諷誦《フウジュ》。❷遠まわしに言う。それとなく批評したり、いさめたりする。例 諷諫《フウカン》（＝遠まわしに言って、いさめる）。諷刺《フウシ》。諷喩《フウユ》。

【諷意】《フウイ》①それとなくほのめかして言う気持ち。例 政道批判の―をこめる。②あてこすりの意味。

【諷詠】《フウエイ》（名・する）①詩歌《シイカ》をそらで吟《ギン》じること。②詩歌を作ること。例 花鳥―。

【諷刺】《フウシ》（名・する）①遠まわしに非難すること。あてこすり。②社会や人物の欠陥《ケッカン》や罪悪などを批判するために、わざとおもしろおかしく表現すること。また、その作品。例 ―画。社会―。表記 ▽現 風刺

【諷▼誦】《フウジュ》〔「フウショウ・フジュ」とも〕（名・する）詩文、とくに経文《キョウモン》などを声をあげて読むこと。

【諷喩】《フウユ》（名・する）遠まわしにそれとなくさとすこと。例 ―詩。表記 「風諭」とも書く。

言 9 **【諞】** 16画 *7570 *8ADE 音 ヘン漢 訓 へつら-う

意味 ❶口先だけでうまく言う。へつらう。例 諞言《ヘンゲン》。❷ほらをふく。

言 9 **【謀】** 16画 4337 8B00 常用 音 ボウ漢 ム呉 訓 はか-る・はかりごと

筆順 言 言 言 計 計 諆 諆 謀

なりたち ［形声］「言（＝ことば）」と、音「某《ボウ》」とから成る。難しいことについてよく考える。

意味 ❶思いめぐらす。相談して計画をねる。はかる。例 遠謀《エンボウ》。深謀《シンボウ》。無謀《ムボウ》。❷人をあざむくようなことを計画する。たくらむ。はかりごと。例 謀反《ムホン》。陰謀《インボウ》。策謀《サクボウ》。

使い分け はかる【図・計・測・量・謀・諮】⇩1177ページ

人名 こと・のぶ

【謀議】《ボウギ》（名・する）ひそかに集まって、犯罪の計画や手段などを相談すること。例 共同―。

【謀計】《ボウケイ》はかりごと。計略。

【謀策】《ボウサク》はかりごと。策謀。

【謀殺】《ボウサツ》（名・する）計画的に人を殺すこと。

【謀主】《ボウシュ》はかりごとを立てる中心人物。首謀者。

【謀将】《ボウショウ》計略のうまい大将。

【謀臣】《ボウシン》はかりごとのたくみな臣下。

【謀略】《ボウリャク》人をおとしいれるための、はかりごと。策略。

【謀反】《ムホン》〔「ボウハン」とも〕（名・する）君主にそむいて兵をあげること。反乱を起こすこと。表記「謀▼叛」とも書く。

○●陰謀《インボウ》・遠謀《エンボウ》・共謀《キョウボウ》・権謀《ケンボウ》・策謀《サクボウ》・参謀《サンボウ》・主謀《シュボウ》・首謀《シュボウ》・深謀《シンボウ》・知謀《チボウ》・無謀《ムボウ》

言 9

【諭】

16画 4501 8AED 常用 音 ユ(漢)(呉) 訓 さと-す・さと-し

筆順 言 言 言 訟 訟 諭 諭 諭

言 9

【諭】

16画 2F9D0

なりたち ［形声］「言（＝いう）」と、音「兪《ユ》」とから成る。わかりやすく言う。

意味 ❶言いきかせる。教えさとす。さとす。例 諭旨《ユシ》。教諭《キョウユ》。説諭《セツユ》。❷たとえる。たとえ。同 喩《ユ》。例 比諭《ヒユ》。

人名 あき・いさむ・さと・さとる・つぐ

【諭告】《ユコク》（名・する）①目下《めした》の者にさとして聞かせること。②もと、官庁から民間に告げること。また、その文書。

【諭示】《ユシ》（名・する）口頭であるいは文書でさとすこと。

【諭旨】《ユシ》なぜそうするのかという理由を言い聞かせること。例 ―免職《メンショク》。

○●教諭《キョウユ》・告諭《コクユ》・説諭《セツユ》

言 9

【諛】

16画 *7571 *8ADB 音 ユ(漢)(呉) 訓 へつら-う・へつら-い

意味 ことばたくみに、きげんをとる。こびる。へつらう。例 諛言《ユゲン》（＝おせじ）。阿諛《アユ》（＝おもねりへつらう）。面諛《メンユ》（＝面と向かってへつらう）。

言 9

【謡】

16画 4556 8B21 常用 音 ヨウ(漢) 訓 うたい・うた-う

筆順 言 言 言 訟 諮 謡 謡 謡

言10

【謠】

17画 7579 8B20 人名

なりたち ［形声］本字は「䚻」で、「言（＝ことば）」と、音「月《ジク》↓《ヨウ》」とから成る。伴奏《バンソウ》なしで歌う。

意味 ❶楽器の伴奏なしで歌う。うたう。例 謡詠《ヨウエイ》（＝歌をうたう）。謡吟《ヨウギン》（＝歌を口ずさむ。うたう）。❷はやりうた。例 歌謡《カヨウ》。俗謡《ゾクヨウ》。民謡《ミンヨウ》。❸うわさ。デマ。例 謡言《ヨウゲン》（＝うわさ）。謡伝《ヨウデン》（＝うわさ）。

日本語での用法 ㊀《うたい》謡曲《ヨウキョク》。能《ノウ》で節《ふし》をつけてうたうことば。「謡《うたい》のけいこ・素《ス》謡《うたい》」㊁《うたう》謡曲《ヨウキョク》などをうたう。「結婚披露宴《ケッコンヒロウエン》で高砂《たかさご》を謡《うた》う」

使い分け うたう【歌・謡】⇩1163ページ

人名 うた

【謡曲】《ヨウキョク》能楽《ノウガク》の文句。また、それをうたうこと。うたい。

○●歌謡《カヨウ》・俗謡《ゾクヨウ》・童謡《ドウヨウ》・民謡《ミンヨウ》

言 9 【謁】16画 ⇩【謁】《エツ》（917ページ）

言 9 ［諺］16画 ⇩【諺】《ゲン》（922ページ）

言 9 【諮】16画 ⇩【諮】《シ》（922ページ）

言 9 【諸】16画 ⇩【諸】《ショ》（918ページ）

言 9 ［謎］16画 ⇩【謎】《なぞ》（925ページ）

言 9 【諭】16画 ⇩【諭】《ユ》（923ページ）

言 10

【譁】

17画 7586 8B4E 音 カ(漢) 訓 かまびす-しい

意味 やかましくさわぐ。かまびすしい。同 嘩《カ》。

言 10

【謹】

17画 2264 8B39 常用 音 キン(漢) 訓 つつし-む

筆順 言 言 言 訁 詳 詳 謹 謹

言11

【謹】

18画 1-9216 FA63 人名

なりたち ［形声］「言（＝ことば）」と、音「堇《キン》」とから成る。つつしむ。

意味 気をひきしめて、ていねいにおこなう。かしこまる。つつしむ。例 謹言《キンゲン》。謹慎《キンシン》。謹聴《キンチョウ》。

使い分け つつしむ【慎・謹】⇩1173ページ

人名 すすむ・ちか・つつむ・なり・のり・ひとし・もり

【謹賀】《キンガ》つつしんでお祝いすること。例 ―新年。

【謹啓】《キンケイ》〔つつしんで申し上げるの意〕手紙のはじめに書くあいさつのことば。

【謹言】《キンゲン》〔つつしんで言うの意〕手紙の終わりに書くあいさつのことば。例 恐惶《キョウコウ》―。

【謹厳】《キンゲン》（名・形動《ダナ》）言うことやおこないが、つつしみ深くて厳格であること。例 ―実直。―な態度。

【謹告】《キンコク》（名・する）〔つつしんでお知らせしますの意〕会社や商店などが、広く人々に知らせる文のはじめに使うことば。

【謹書】《キンショ》（名・する）つつしんで書くこと。

【謹慎】《キンシン》（名・する）過失を反省するため、自宅などに閉じこもって、おこないをつつしむこと。例 ―処分。

【謹製】《キンセイ》お客のために、とくに念を入れて品物を作る意。また、その品物。

【謹聴】《キンチョウ》（名・する）①人の話を敬意をもってきくこと。②（演説会などで）聴衆が、まじめにきいていない人々に「よくきけ」と注意をうながすことば。

【謹直】《キンチョク》（名・形動《ダナ》）つつしみ深く正直なこと。

【謹呈】《キンテイ》（名・する）つつしんで差し上げること。人にものをおくるときのへりくだった言い方で、贈《おく》り物の包み紙などに書く。例 拙作《セッサク》を―します。―著者と書く。

言 10

【謙】

17画 2412 8B19 常用 音 ケン(漢)(呉) 訓 へりくだ-る

筆順 言 言 言 詳 詳 謙 謙 謙

言10

【謙】17画

なりたち [形声]「言(=ことば)」と、音「兼《ケン》」とから成る。ことばをつつしんで相手をうやまう。

意味 自分のほうを低くあつかう。ひかえめにする。ゆずる。へりくだる。例 謙虚《ケンキョ》。謙譲《ケンジョウ》。謙遜《ケンソン》。

人名 あき・かた・かぬ・かね・しず・のり・ゆずる・よし

【謙虚《ケンキョ》】(形動ダ)へりくだって我《ガ》を張らないようす。ひかえめですなおなようす。対 傲慢《ゴウマン》。例 ―に反省する。

【謙辞《ケンジ》】けんそんしていうことば。へりくだったことば。

【謙称《ケンショウ》】自分に関係することを、相手にへりくだっていう言い方。たとえば、愚息《グソク》・拙宅《セッタク》・弊社《ヘイシャ》など。

【謙譲《ケンジョウ》】(名・形動ダ)へりくだって相手にゆずること。例 ―の美徳。―のことばづかい。

【謙譲語《ケンジョウゴ》】敬語の一種。話し手が、話している相手や話題になっている人に敬意を表して、自分や自分の側に立つもの・動作などをへりくだって表現する言い方。

【謙遜《ケンソン》】(名・する)へりくだってひかえめな態度をとること。対 不遜。

言10

【謇】17画 7573 8B07

音 ケン漢 訓 ことども-る・ども-る

意味 ❶ことばがすらすらと出ない。どもる。例 謇訥《ケントツ》(=どもる)。❷ごまかさずに言う。正直な。例 謇諤《ケンガク》(=ありのままに言う)。

言10

【講】17画 2554 8B1B 教育5

音 コウ漢呉

筆順 言 言 言 言 言 講 講 講

言10 【講】17画

なりたち [形声]「言(=ことば)」と、音「冓《コウ》」とから成る。和解する。

意味 ❶なかなおりする。例 講和《コウワ》。❷わかるようにときあかす。例 講義《コウギ》。講説《コウセツ》。❸学習する。訓練する。ならう。例 講習《コウシュウ》。講武《コウブ》(=武術をならう)。

日本語での用法《コウ》①信仰《シンコウ》するなかまとして、神仏や霊峰《レイホウ》などに参拝する団体。「大師講《ダイシコウ》・富士講《ふじコウ》」②金融《キンユウ》などでたがいに助け合う団体。「頼母子講《たのもしコウ》・無尽講《ムジンコウ》」

人名 つぐ・とく・のり・みち・みな

【講演《コウエン》】(名・する)聴衆《チョウシュウ》を前に、ある題目について、話をすること。また、その話。例 学術―会。

【講義《コウギ》】(名・する)①学説や研究方法、書物の内容などについて、専門家が学生に話して教えること。また、その内容。②大学の授業。

【講座《コウザ》】①大学で、研究や教育の組織。学部や学科の下にあり、教授を中心に構成される。②何人かが分担して、いっぱんの人向けにおこなわれる講義。例 公開―。③ある分野の体系的知識を学ぶために企画《キカク》された、講習会や出版物。例 ラジオ―。教養―。

【講師】[一]《コウシ》①大学の職名の一つ。准教授の下に位する教員。専任講師。②大学や高等学校などからたのまれて、講義を分担する人。非常勤講師。③講演をする人。[二]《コウジ》歌会で歌を読み上げる役。

【講釈《コウシャク》】[一](名・する)文章や字句の意味を説明して聞かせること。[二](名)「講談」に同じ。例 ―師。

【講習《コウシュウ》】(名・する)一定の期間、指導を受けて勉強したり、技術を覚えること。例 ―会。夏期―。

【講中《コウジュウ―コウチュウ》】講(=神仏に参詣《サンケイ》するための団体)にはいっている人々。

【講説《コウセツ》】(名・する)講義し説明すること。また、その講義。

【講談《コウダン》】大衆演芸の一つ。軍記・武勇伝・政談などを、調子をつけて語る話芸。〔江戸《えど》時代は講釈《コウシャク》と言い、明治以後、講談となった〕

【講壇《コウダン》】講義や講演をする壇。演壇。

【講堂《コウドウ》】①学校などで、式典や講演などをする、大きな部屋、または建物。②仏教寺院で、講義や説経《セッキョウ》をおこなう建物。

【講読《コウドク》】(名・する)書物を読み、意味内容がわかるように教えること。例『古事記』の―。

【講評《コウヒョウ》】(名・する)理由を説明しながら批評をすること。例 審査員《シンサイン》の―を聞く。

【講和《コウワ》】(名・する)戦争をやめ平和を回復すること。例 ―条約。表記 旧 ▼媾和

【講話《コウワ》】(名・する)あることがらについて、聴衆《チョウシュウ》にわかりやすく説明して聞かせること。また、その話。例 校長の―。

◐開講《カイコウ》・休講《キュウコウ》・聴講《チョウコウ》・補講《ホコウ》

言10

【謝】17画 2853 8B1D 教育5

音 シャ漢 訓 あやま-る

筆順 言 言 言 訂 詢 謝 謝

なりたち [形声]「言(=ことば)」と、音「射《シャ》」とから成る。ことわる。

意味 ❶いいわけをして、ことわる。辞退する。例 謝絶《シャゼツ》。辞謝《ジシャ》。❷わびを入れる。あやまる。例 謝罪《シャザイ》。陳謝《チンシャ》。❸お礼をする。お礼。例 謝礼《シャレイ》。感謝《カンシャ》。薄謝《ハクシャ》。❹おとろえる。しぼむ。また、新しいものに代わる。例 代謝《タイシャ》。

使い分け あやまる【誤・謝】⇩1161ページ

難読 与謝蕪村《ヨサブソン》

【謝意《シャイ》】感謝の気持ち。また、おわびの気持ち。

【謝恩《シャオン》】(名・する)受けた恩に感謝すること。

【謝金《シャキン》】謝礼として出すお金。礼金。

【謝罪《シャザイ》】(名・する)あやまちやめいわくをかけたことを、あやまってつぐなうこと。例 ―広告。

【謝辞《シャジ》】感謝のことば。お礼のことば。例 ―をのべる。

【謝状《シャジョウ》】①お礼の手紙。②おわびの手紙。

【謝絶《シャゼツ》】(名・する)人の申し出などを、辞退すること。

【謝礼《シャレイ》】(名・する)感謝をこめて、お礼のことばや金品をおくること。また、そのもの。

◐感謝《カンシャ》・月謝《ゲッシャ》・深謝《シンシャ》・代謝《タイシャ》・陳謝《チンシャ》・薄謝《ハクシャ》

言10

【謖】17画 7576 8B16

音 ショク慣 シュク漢 訓 た-つ

意味 まっすぐに立つ。立ちあがる。たつ。例 謖謖《ショクショク》(=高くぬきんでているようす)。

言10

【謄】17画 3805 8B04 常用

音 トウ漢 訓 うつ-す

筆順 月 月 月 月 朕 謄 謄 謄

言10 【謄】17画

なりたち [形声]「言(=ことば)」と、音「朕《チン→トウ》」とから成る。ことばや文字をかきうつす。

意味 原本をそのまま書きうつす。うつす。また、うつし。例 騰写《トウシャ》。騰本《トウホン》。

【騰写《トウシャ》】（名・する）原文どおりにうつしとること。例 —版《バン》。

【騰本《トウホン》】原本の内容をそのまま書きうつした文書。例 戸籍《コセキ》—。対 抄本《ショウホン》。

言10

【謎】

17画 3870 8B0E 常用 音 ベイ漢 メイ呉 訓 なぞ

言9

[謎]

16画 許容

筆順 言 言 言` 言" 言半 言米 言米 謎 謎 謎

なりたち  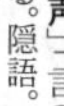 [形声]「言（＝ことば）」と、音「迷《メイ》」とから成る。隠語。

参考「しんにょう」は、手書きでは普通三画で書く。

意味 かくされた意味をもつことば。なぞ。例 謎語《メイゴ》（＝人を迷わすことば。なぞ）。

日本語での用法《なぞ》①遠まわしにそれとなく言うこと。「謎《なぞ》をかける」②正体不明なこと。「宇宙《ウチュウ》の謎《なぞ》・謎《なぞ》につつまれる」

言10

【謐】

17画 7577 8B10 音 ヒツ慣 ビツ漢 訓 しず-か

意味 しずかで平穏《ヘイオン》なようす。しずか。例 謐寧《ヒツネイ》（＝やすらかなようす）。静謐《セイヒツ》。

言10

【謨】

17画 7585 8B28 音 ボ漢 モ呉 訓 はか-る

意味 大規模な計画をくわだてる。大きなはかりごと。はかる。例 謨訓《ボクン》（＝手本となるような計画）。宏謨《コウボ》（＝大計画）。

言10

【謗】

17画 7578 8B17 音 ホウ漢 ボウ呉 訓 そし-る

意味 事実にもとづいて悪事を責める。また、悪口を言う。そしる。例 誹謗《ヒボウ》。讒謗《ザンボウ》。

言10 [謌] 17画 ⇩【歌】カ（555ページ）

言10 [諱] 17画 ⇩【諱】キ（921ページ）

言10 【謙】 17画 ⇩【謙】ケン（923ページ）

言10 【講】 17画 ⇩【講】コウ（924ページ）

言10 [謚] 17画 ⇩【諡】シ（922ページ）

言10 【謄】 17画 ⇩【謄】トウ（924ページ）

言10 【謠】 17画 ⇩【謡】ヨウ（923ページ）

言11

【謳】

18画 7580 8B33 音 オウ漢 ウ呉 訓 うた-う

意味 声をそろえてうたう。うたってほめたたえる。例 謳歌《オウカ》。謳頌《オウショウ》（＝徳をたたえるうた）。

日本語での用法《うたう》強調する。「条文《ジョウブン》に経済援助《ケイザイエンジョ》を謳《うた》う」

難読 謳《うた》い

【謳歌《オウカ》】（名・する）①いっせいにほめたたえること。②声をそろえて歌うこと。③よい思いを存分に味わい、それを喜ぶこと。例 青春を—する。

言11

【謦】

18画 7582 8B26 音 ケイ漢 訓 しわぶき

意味 話すときの軽いせき。せきばらい。しわぶき。例 謦咳《ケイガイ》。

【謦▼咳《ケイガイ》】①せきばらい。②ものを言ったり笑ったりすること。例 —に接する（＝かねて尊敬している人にお目にかかる）。

言11

【謫】

18画 7583 8B2B 音 タク漢 チャク呉 訓 せ-める

意味 ❶罪をとがめる。せめる。例 謫咎《タッキュウ》（＝とがめ）。❷官位を下げて遠方へ流す。例 謫居《タッキョ》。流謫《ルタク》。

【謫所《タクショ》】罪によって流された土地。配所。

【謫居《タッキョ》】（名・する）罪によって追放された土地で暮らすこと。また、その住まい。

言11

【謾】

18画 7584 8B3E 音 バン漢 マン呉 訓 あざむ-く・あなど-る

意味 ❶でたらめを言って、うそをほんとうと思わせる。あざむく。例 謾誕《マンタン》（＝いつわり）。欺謾《ギマン》（＝だます）。❷ばかにする。あなどる。例 謾易《マンイ》（＝あなどる）。謾侮《マンブ》（＝あなどる）。

言11

【謬】

18画 4121 8B2C 音 ビュウ漢 訓 あやま-る

意味 事実とくいちがった、でたらめなこと。まちがい。あやまる。あやまり。例 謬見《ビュウケン》。誤謬《ゴビュウ》。

【謬見《ビュウケン》】まちがった考え。まちがった意見。例 —を改める。

【謬誤《ビュウゴ》】まちがい。あやまり。誤謬。

【謬説《ビュウセツ》】まちがった説。

【謬論《ビュウロン》】まちがった議論。

言11 【謹】 18画 ⇩【謹】キン（923ページ）

言12

【譏】

19画 7588 8B4F 音 キ漢呉 訓 そし-る

意味 遠まわしにするどいことばでとがめる。風刺《フウシ》する。そしる。例 譏笑《キショウ》（＝そしり笑う）。譏諷《キフウ》（＝遠まわしにそしる）。譏謗《キボウ》（＝非難する）。

言12

【警】

19画 2357 8B66 教育6 音 ケイ漢 キョウ呉 訓 いまし-める・いまし-め

筆順 一 艹 芍 苟 苟攵 敬 敬 警 警 警

なりたち   [会意]「言（＝ことば）」と「敬《ケイ》（＝つつしむ）」とから成る。ことばでいましめる。

意味 ❶（ことばで）注意をよびおこす。いましめる。いましめ。例 警戒《ケイカイ》。警告《ケイコク》。警世《ケイセイ》。❷人をはっとさせる。感覚がするどい。例 警句《ケイク》。警抜《ケイバツ》（＝人の意表をついてすぐれている）。奇警《キケイ》。

人名 さとし・ただし

【警衛《ケイエイ》】（名・する）用心して守ること。

【警戒《ケイカイ》】（名・する）（起こる可能性がある犯罪や災害に対して）用心して、注意をおこたらないこと。例 —警報。

【警官《ケイカン》】①「警察官」の略。例 —隊。②巡査《ジュンサ》。

【警句《ケイク》】人生の真理をたくみに表現した短い語句。アフォリズム。例 —をはく。愚問《グモン》に—をもって答える。

【警固《ケイゴ》】（名・する）注意して守りをかためること。また、その役目の人や設備。例 —の武士。城門を—する。

【警護《ケイゴ》】（名・する）注意して守ること。また、その人。例 要人の身辺を—する。—の人員を増やす。

【警告《ケイコク》】（名・する）好ましくない、危険な目にあわないように、あらかじめ注意をあたえること。また、その注意。

【警策《ケイサク》】①ウマを走らせるために打つむち。例 —を入れる。②文章の中で、印象をきわだたせる語句。文章中の要所。

[言部] 10—12画 ● 謎謐謨謗謌諱謙講謚謄謠謳謦謫謾謬謹譏警

③〔「キョウサク」とも〕座禅《ザゼン》をしている人のねむけをはらったり、精神を集中させるために、肩《かた》を打つ細長い板。

【警察《ケイサツ》】①国民の生命や財産を守り、社会の混乱を防ぎ、安心して生活できるように、犯罪をとりしまるための組織。②「警察署」「警察官」の略。例—にとどける。—が来た。

【警察官《ケイサツカン》】警察の仕事をする公務員。警視総監《ソウカン》から巡査《ジュンサ》まで九つの階級がある。警官。

【警察署《ケイサツショ》】一定の地域の中の警察の仕事をする役所。

【警視《ケイシ》】警察官の階級の一つ。警部の上、警視正の下。

【警手《ケイシュ》】鉄道で、事故防止に当たる職員。例踏切《ふみきり》—。

【警鐘《ケイショウ》】①火事や出水のときに、危険を知らせるために鳴らすかね。②警告を発すること。例—を鳴らす。

【警世《ケイセイ》】(名・する)世の人に注意をあたえること。世間に対して警告すること。例—の書。

【警笛《ケイテキ》】電車や自動車が人々に注意をうながすために鳴らす、ふえやラッパ、クラクション。また、その音。例—を鳴らす。

【警備《ケイビ》】(名・する)非常の場合にそなえて、注意して守ること。例国境—隊。沿岸を—する。

【警部《ケイブ》】警察官の階級の一つ。警部補の上、警視の下。

【警報《ケイホウ》】災害が起こりそうなとき、警戒《ケイカイ》するように出す知らせ。例暴風—。

【警棒《ケイボウ》】警察官が勤務するときに持つ木の棒。

【警務《ケイム》】①警察の職務。②建物などの警備に当たる仕事。例—員。

【警▼邏《ケイラ》】(名・する)〔「邏」は、見まわる意〕警戒《ケイカイ》のために見まわること。パトロール。また、その人。

◐奇警《キケイ》・婦警《フケイ》・夜警《ヤケイ》

言 12
【譎】
19画 7589 8B4E
音 ケツ漢
訓 いつわーり・いつわーる

意味 あざむく。いつわる。例譎詐《ケッサ》。譎略《ケツリャク》。

【譎詐《ケッサ》】いつわること。だますこと。

【譎略《ケツリャク》】人をあざむくはかりごと。

言 12
【識】
19画 2817 8B58 教育5
音 一シキ慣 シ漢呉 二ショク漢 シキ呉
訓 しーる・しるーす

筆順 言 言 訁 諳 識 識 識

たなちり 識 [形声]「言(=ことば)」と、音「戠《ショク》」とから成る。心に知る。また、しるす。

意味 一《シキ｜シ》❶書きつける。しるす。例識語《シキゴ｜シゴ》(=写本などにその本の由来や書写の年月日などをしるしたもの)。❷目じるし。例標識《ヒョウシキ》。❸銅器などに刻まれた文字。例識文《シブン》(=銅器や印章に浮《う》き彫《ぼ》りにした文字)。二《ショク｜シキ》❶区別して知る。見分ける。しる。例識別《シキベツ》。鑑識《カンシキ》。認識《ニンシキ》。❷知っている内容。見解。例識見《シキケン》。知識《チシキ》。博識《ハクシキ》。❸知り合う。知り合い。例旧識《キュウシキ》(=昔からの知り合い)。相識《ソウシキ》。面識《メンシキ》。

人名 さと・さとし・さとる・つね・のり

【識見《シキケン》】〔「シッケン」とも〕ものごとに対する正しい知識と判断力。見識。例高い—をもつ人。

【識字《シキジ》】文字の読み書きができること。例—率。

【識者《シキシャ》】知識が豊富で、正しい判断力のある人。有識者。例—の意見をきく。

【識別《シキベツ》】(名・する)ちがいをはっきりと見分けること。例霧《きり》が深くて標識の—が困難だ。

◐意識《イシキ》・学識《ガクシキ》・見識《ケンシキ》・常識《ジョウシキ》・知識《チシキ》

言 12
【譖】
19画 7591 8B56
音 シン漢
訓 そしーる

言12
[譛]
19画 7592 8B5B 俗字

意味 うそのうったえをして、中傷する。そしる。例譖毀《シンキ》(=そしる)。譖言《シンゲン》(=罪をなすりつけて、うったえる)。

言 12
【譚】
19画 7593 8B5A
音 タン漢 ダン呉
訓 はなし

意味 ものがたる。ものがたり。はなし。同談《ダン》。例譚海《タンカイ》(=いろいろな物語を集めたもの)。譚論《タンロン》(=語り、論ずる)。奇譚《キタン》。

言 12
【譜】
19画 4172 8B5C 常用
音 ホ漢 フ呉

筆順 言 言 訁 詳 譜 譜 譜

たなちり 譜 [形声]「言(=ことば)」と、音「普《ホ》」とから成る。系統的にならべて書いた記録。

意味 ❶系統だてて記録した文書や系図。例系譜《ケイフ》。年譜《ネンプ》。❷音楽の曲節を符号《フゴウ》で書きしるしたもの。例音譜《オンプ》。楽譜《ガクフ》。

人名 つぐ

【譜代《フダイ》】①代々その主家に仕えること。また、その家臣。例伊達《だて》家—の家がら。②江戸《えど》時代、関ヶ原《せきがはら》の合戦《カッセン》前から徳川の家臣であった大名。例—大名。表記▽「譜第」とも書く。対親藩《シンパン》・外様《とざま》。

【譜表《フヒョウ》】音符《オンプ》などを記入する、五線のある用紙。

【譜面《フメン》】①楽譜。また、楽譜が書かれた大きめの紙面。例—台。②囲碁《イゴ》や将棋《ショウギ》で、勝負の進行を示した図。

◐暗譜《アンプ》・音譜《オンプ》・楽譜《ガクフ》・棋譜《キフ》・系譜《ケイフ》・年譜《ネンプ》

言12 [譌] 19画 ⇩【訛】《カ》(907ページ)

言12 [證] 19画 ⇩【証】《ショウ》(909ページ)

言12 [譛] 19画 ⇩【譖】《シン》(926ページ)

言 13
【議】
20画 2136 8B70 教育4
音 ギ漢呉
訓 はかーる

筆順 言 言 訁 詳 議 議 議

たなちり 議 [形声]「言(=ことば)」と、音「義《ギ》」とから成る。合意を得られるまで、語りあう。

意味 ❶意見を出しあい、すじの通った相談をする。はかる。例議論《ギロン》。会議《カイギ》。審議《シンギ》。❷意見。主張。例建議《ケンギ》。動議《ドウギ》。❸批評する。批判的な意見を言う。例抗議《コウギ》。

人名 かた・さだむ・のり

【議案《ギアン》】討議のための原案。例—を審議《シンギ》する。

【議員《ギイン》】議会を構成し、議決権をもつ人。例—立法。

【議院《ギイン》】①法律を制定し、国政を審議《シンギ》する機関。衆議院と参議院。例—内閣制。②国会議事堂。

【議会《ギカイ》】選挙でえらばれた議員で構成される、立法や議決の機関。国会や県議会など。例—民主制。

【議決《ギケツ》】(名・する)討議して決定すること。また、その決定。

【議事《ギジ》】会議で討議すること。また、そのことがら。例—録。例—機関。—権。

【議定《ギジョウ｜ギテイ》】(名・する)会議をして決めること。例—書《ギテイショ》。

【議場《ギジョウ》】 会議がおこなわれる場所。例 —を閉鎖《ヘイサ》する。
【議席《ギセキ》】 ①議場内の議員の座席。例 —に着く。②議員としての資格。例 —を失う。—を増やす。
【議題《ギダイ》】 会議にかけて審議《シンギ》することがら。
【議長《ギチョウ》】 会議で、議事の進行や採決などをおこなう人。例 —選出。
【議了《ギリョウ》】 (名・する) 審議《シンギ》し終えること。
【議論《ギロン》】 (名・する) (ある問題について)たがいに自分の説を述べ、他人の説に対して同意したり批判したりして、話しあうこと。また、その内容。例 先輩《センパイ》に—をふっかける。
●会議《カイギ》・閣議《カクギ》・決議《ケツギ》・抗議《コウギ》・衆議《シュウギ》・討議《トウギ》・動議《ドウギ》・評議《ヒョウギ》・不思議《フシギ》・物議《ブツギ》・論議《ロンギ》

言 13
【護】 20画 2478 8B77 教育5 音 コ漢 ゴ呉 訓 まも-る

筆順 言 言 言艹 言艹 言艹 言萑 護

なりたち [形声]「言(=ことば)」と、音「蒦《カク》→《コ》」とから成る。注意深くみまもる。

意味 傷つけないようにかばいまもる。まもる。例 護衛《ゴエイ》。愛護《アイゴ》。看護《カンゴ》。

人名 さね・まもり・もり

【護衛《ゴエイ》】 (名・する) 付きそって危険から守ること。例 —兵。—艦《カン》。
【護岸《ゴガン》】 水害が起こらないように、川岸《かわぎし》・海岸・堤防《テイボウ》などを石やコンクリートで補強すること。例 —工事。
【護憲《ゴケン》】 憲法を尊重し、その精神が完全に実現されるように努めること。例 —運動。
【護国《ゴコク》】 国家を守ること。国家の守護。例 —神社。
【護持《ゴジ》】 (名・する) たいせつにして守りとおすこと。例 仏法を—する。
【護身《ゴシン》】 危害からからだを守ること。例 —術。
【護送《ゴソウ》】 (名・する) ①付きそって、危険から守りながらおくり届けること。例 —船団。②犯人などをにがさないようにおくり届けること。
【護符《ゴフ》《ゴフウ》】 神仏の力によって、災難から身を守ってくれると信じられているおふだ。お守り。例 虫ふうじの—。表記「御符」とも書く。
【護法《ゴホウ》】 〔仏〕①仏法を守護すること。例 —童子。②魔物《マもの》や病気に打ち勝つ法力《ホウリキ》。
【護摩《ゴマ》】 〔仏〕〔梵語《ボンゴ》の音訳〕密教で、炉《ロ》の中に火をたいて、不動明王《フドウミョウオウ》や愛染《アイゼン》明王に、わざわいを除き幸福をもたらすことをいのる儀式《ギシキ》。例 —をたく。
【護▼謨《ゴム》】 〔オランダ語 gom の音訳〕ゴムの木の樹液から作った弾性《ダンセイ》のある物質。
●愛護《アイゴ》・援護《エンゴ》・加護《カゴ》・看護《カンゴ》・救護《キュウゴ》・警護《ケイゴ》・守護《シュゴ》・弁護《ベンゴ》・防護《ボウゴ》・保護《ホゴ》・養護《ヨウゴ》・擁護《ヨウゴ》

言 13
【譲】 20画 3089 8B72 常用 音 ジョウ漢呉 訓 ゆず-る

筆順 言 言亠 言六 言卉 言𦍌 言襄 譲

言17
【讓】 24画 7610 8B93 人名

なりたち [形声]「言(=ことば)」と、音「襄《ショウ》→《ジョウ》」とから成る。責める。借りて「ゆずる」の意。

意味 ❶りくつで相手をせめる。例 責譲《セキジョウ》(=せめる)。❷自分のものを人にあたえる。ゆずる。例 譲渡《ジョウト》。割譲《カツジョウ》。分譲《ブンジョウ》。❸人を先にし自分をあとにする。へりくだる。例 謙譲《ケンジョウ》。辞譲《ジジョウ》。礼譲《レイジョウ》。

人名 うや・せむ・のり・まさ・ゆずり・よし

【譲位《ジョウイ》】 (名・する) 帝王《テイオウ》がくらいをゆずること。例 皇太子に—する。
【譲渡《ジョウト》】 (名・する) 財産や権利をゆずりわたすこと。例 —所得。土地を—する。
【譲歩《ジョウホ》】 (名・する) 交渉《コウショウ》をまとめるために、自分の主張をゆずること。例 —を重ねる。—すべきいわれがない。
【譲与《ジョウヨ》】 (名・する) ものや権利を他に無償《ムショウ》でゆずりあたえること。
●委譲《イジョウ》・割譲《カツジョウ》・謙譲《ケンジョウ》・禅譲《ゼンジョウ》・分譲《ブンジョウ》

言 13
【譫】 20画 7594 8B6B 音 セン漢 訓 たわごと

意味 とりとめのないおしゃべり。うわごと。たわごと。例 譫言《センゲン》(=うわごと)。

言 13
【譟】 20画 7601 8B5F 音 ソウ漢 訓 さわ-ぐ

意味 やかましくする。さわぐ。同 噪《ソウ》。例 譟音《ソウオン》(=さわがしい音)。喧譟《ケンソウ》。

言 13
【譬】 20画 7602 8B6C 音 ヒ漢呉 訓 たと-える・たと-え

意味 例をあげて説明する。たとえる。たとえ。例 譬喩《ヒユ》。

【譬喩《ヒユ》】 わかりやすく説明するため、類似《ルイジ》のものを使って表現すること。たとえ。表記「比喩」とも書く。

言13
【譱】 20画 ⇩【善】《ゼン》(210ジ《ペー》)

言13
【譯】 20画 ⇩【訳】《ヤク》(908ジ《ペー》)

言13
【譽】 20画 ⇩【誉】《ヨ》(913ジ《ペー》)

言 14
【譴】 21画 7604 8B74 音 ケン漢呉 訓 せ-める

意味 ことばでとがめる。せめる。また、つみ。とが。例 譴譲《ケンジョウ》(=せめる。とがめる)。譴責《ケンセキ》。天譴《テンケン》(=天罰《テンバツ》)。

【譴責《ケンセキ》】 (名・する) ①せめ、とがめること。②公務員が、仕事上、法にそむくようなことをしたときに、それをいましめる申しわたし。例 —処分を受ける。

言 15
【讃】 22画 2730 8B83 人名 音 サン漢呉 訓 ほ-める・たた-える

言19
[讚] 26画 7613 8B9A 本字

意味 ❶ほめたたえる。ほめる。同 賛《サン》。例 讃美《サンビ》。賞讃《ショウサン》。礼讃《ライサン》。❷文体の一つ。人をほめたたえる文章。また、絵画に書きそえる詩文。同 賛《サン》。例 画讃《ガサン》。❸〔仏〕仏の徳をほめたたえる歌のことば。例 梵讃《ボンサン》(=仏の徳をたたえる歌)。

日本語での用法 《サン》 旧国名「讃岐《さぬき》(=今の香川《かがわ》県)」の略。「讃州《サンシュウ》・土讃《ドサン》・予讃《ヨサン》」

表記 現代表記では、「賛《サン》」に書きかえることがある。熟語は「賛」(937ジ《ペー》)を参照。

人名 あき・ささ・たたえ

【讃岐《さぬき》】 旧国名の一つ。今の香川《かがわ》県全域。讃州《サンシュウ》。
【讃歌《サンカ》】 ほめたたえてうたう歌。表記 現 賛歌
【讃辞《サンジ》】 ほめたたえることば。表記 現 賛辞
【讃▼歎】 一《サンタン》 (名・する) 深く感心してほめること。二《サンダン》

(名)〔仏〕仏の徳をたたえること。また、その歌謡《カヨウ》。表記 〔一〕は (現)賛嘆

【讃美】《サンビ》(名・する) ほめたたえること。表記 (現)賛美

【讃美歌】《サンビカ》 キリスト教で、神やキリストをたたえ、神を信じる気持ちをうたう歌。聖歌。表記 (現)賛美歌

言15 【讀】22画 ⇩【読】《ドク》(916ページ)

言16 【讌】23画 7607 8B8C 音 エン(漢) 訓 さかもり・の-む

意味 ❶集まって語らう。例 讌語《エンゴ》(=くつろいで語る)。❷集まって酒を飲む。さかもり。宴会。同 宴《エン》。例 讌会《エンカイ》(=さかもり)。

言16 【讐】23画 2918 8B90 音 シュウ(漢) 訓 むく-いる・あだ

言16 【讎】23画 7608 8B8E 本字

意味 ❶うけこたえをする。また、しかえしをする。むくいる。例 復讐《フクシュウ》。❷対等にうけこたえをする相手。また、しかえしをしたい相手。かたき。あだ。例 讐敵《シュウテキ》(=かたき)。仇讐《キュウシュウ》(=かたき)。❸相《あい》対して書物を読みくらべる。

言16 [讎] 23画 ⇩【讐】《シュウ》(928ページ)

言16 【變】23画 ⇩【変】《ヘン》(245ページ)

言17 【讙】24画 7612 8B99 音 カン(漢)(呉) ケン(漢) 訓 かまびす-しい・よろこ-ぶ

意味 ❶やかましく言う。かまびすしい。❷楽しみ、よろこぶ。同 歓《カン》。

言17 【讒】24画 7609 8B92 音 サン(漢) ザン(呉) 訓 そし-る

意味 人をおとしいれるために告げ口をする。密告して中傷する。そしる。例 讒言《ザンゲン》。讒謗《ザンボウ》。

【讒言】《ザンゲン》(名・する)(おとしいれるために)事実を曲げたり、ありもしないことを言って、悪く言うこと。中傷。告げ口。例 ―して人をおとしいれる。

【讒訴】《ザンソ》(名・する)(おとしいれるために)悪口やありもしない悪いうわさを人に言いつけること。

【讒▼佞】《ザンネイ》 目上の人に告げ口をしたり、へつらったりすること。また、その人。例 ―の徒《ト》。

【讒▼謗】《ザンボウ》(名・する)告げ口をしたり悪口を言ったりすること。例 罵詈《バリ》―してはずかしめる。

言17 【讖】24画 7611 8B96 音 シン(漢)

意味 未来の吉凶《キッキョウ》や禍福《カフク》をあらかじめしらせることば。予言。また、未来記。例 讖語《シンゴ》(=予言)。讖記《シンキ》(=未来記)。図讖《トシン》(=予言書)。

言17 【讓】24画 ⇩【譲】《ジョウ》(927ページ)

言19 【讚】26画 ⇩【讃】《サン》(927ページ)

150 7画 谷 たに たにへん 部

穴から流れ出した泉が川にそそいでつくる「たに」の意をあらわす。「谷」をもとにしてできている漢字を集めた。

0 谷 4 谺 10 豁 谿

この部首に所属しない漢字

欲⇩欠 554

谷0 【谷】7画 3511 8C37 教育2 音 コク(漢)(呉) 訓 たに・や・きわ-まる

筆順 ノ ハ ク 仌 仌 谷 谷

なりたち 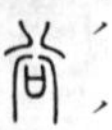 [会意]「口(=地面のあな)」から「水(=みず)」が流れ出ようとしている形。泉が流れ出て川にそそいでつくる「たに」の意。

意味 ❶山と山とのあいだの低いくぼみ。たに。例 峡谷《キョウコク》。渓谷《ケイコク》。幽谷《ユウコク》。❷進むこともしりぞくこともできなくなる。きわまる。例 進退《シンタイ》維《こ》れ谷《きわ》まる。

人名 ひろ

【谷風】《たにかぜ》 昼間、谷のほうから山の頂上に向かってふきあげる風。対 山風《やまかぜ》。

【谷川】《たにがわ》 谷の中を流れる川。

【谷間】《たにま》 ①山と山にはさまれた、せまくて低い地帯。たにあい。②まわりにくらべて極端《キョクタン》に低いところや、取り残されたところ。例 ビルの―。好景気の―。

谷4 【谺】11画 *7614 8C3A 音 カ(漢) 訓 こだま

意味 谷が広く深いようす。

日本語での用法 《こだま》やまびこ。「谺《こだま》がかえる」

谷10 【豁】17画 *7615 *8C41 音 カツ(漢) 訓 ひら-ける・ひろ-い

意味 ❶さまたげるものがなくなり、からっとひらけた状態となる。ひらける。例 豁然《カツゼン》。開豁《カイカツ》。❷心がひろい。度量が大きい。ひろい。例 豁達《カッタツ》。

難読 豁《ほが》らか

【豁然】《カツゼン》(形動タル)①迷いが去って、とつぜん、さとりをひらいたようす。例 ―とさとる。②目の前が急に広々と開けるようす。例 視界が―と開ける。

【豁達】《カッタツ》(形動ダ)心が広く、ものにこだわらないようす。例 ―大度《タイド》。―な性格。自由―。明朗―。表記「▼闊達」とも書く。

谷10 [谿] 17画 ⇩【渓】《ケイ》(600ページ)

151 7画 豆 まめ まめへん 部

足の長いうつわ「たかつき」の形をあらわす。のちに「マメ」の意をあらわすようになった。「豆」をもとにしてできている漢字と、「豆」の字形を目じるしにして引く漢字とを集めた。

0 豆 3 豈 6 豊 8 豌 9 豎 11 豐 21 豔

豆0 【豆】7画 3806 8C46 教育3 音 トウ(漢) ズ(呉) 訓 まめ 付表 小豆《あずき》

筆順 一 一 冂 口 戸 豆 豆

なりたち 豆 [象形] 足の長いうつわの形。肉を盛るうつわ。借りて「マメ」の意。

意味 ❶穀物の一種。マメ。同 荅《トウ》。㋐マメ科の植物の種子をまとめていうことば。例 大豆《ダイズ》。小豆《あずき》。㋑とくに、ダイズのこと。例 豆腐《トウフ》。納豆《ナットウ》。❷昔、食物や神への供え物をのせたうつわ。土製・青銅製・陶《トウ》製など。たかつき。例 俎豆《ソトウ》。

[豆❷]

日本語での用法 一《ず》「ず」の音をあらわす万葉がな。「宇豆《ず》の幣帛《みてぐら》(=尊い神にたてまつるささげ物)」 二《ズ・トウ》旧国名「伊豆《いず》(=今の伊豆半島と伊豆七島)」の略。「駿豆《スンズ》・豆州《トウシュウ｜ズシュウ》」 三《まめ》①こすれたりして手足にできる小さなふくらみ。「血豆《ちまめ》」②小型の。「豆電球《まめデンキュウ》・豆本《まめホン》」

難読 小豆島《しょうどしま》・刀豆《なたまめ》・大角豆《ささげ》・蚕豆《そらまめ》

【豆乳】《トウニュウ》 すりつぶしたダイズに水を加えて煮《に》て、牛乳のように飲むもの。

【豆腐】《トウフ》 ダイズをすりつぶして煮《に》た液をこして、にがり(=凝固剤《ギョウコザイ》)で固めた食品。

【豆板】《まめいた》 ①砂糖をとかしたものに、いったマメをまぜて板状にした菓子《カシ》。②江戸《えど》時代のまめつぶ状の銀貨。豆板銀。

【豆殻】《まめがら》 マメの実を取り去ったあとの、くきや、さや。表記「豆▽幹」とも書く。

【豆本】《まめホン》 趣味的《シュミテキ》に作られる、ごく小型の本。

【豆名月】《まめメイゲツ》 陰暦《インレキ》九月十三夜の月。栗《くり》名月。〔枝豆《えだまめ》を供えることから〕→【芋名月】《いもメイゲツ》(842ページ)

●大豆《ダイズ》・納豆《ナットウ》・南京豆《ナンキンまめ》

豆3

【豈】 10画 7617 8C48

音 一 ガイ 慣 カイ 漢 二 キ 漢 呉 訓 あに

意味 一《ガイ｜カイ》 たのしむ。やわらぐ。例 豈弟《ガイテイ》(=やわらぎ楽しむ)。 二《キ》〔助字〕「あに…(や)」と読んで、どうして…であろうか・なんと…ではないか、の意。反語や詠嘆《エイタン》をあらわす。例 豈能佩二六国相印一乎《あによくリッコクのショウインをおびんや》(=どうして六国の宰相《サイショウ》を兼務《ケンム》することができたであろうか)。

豆6

【豊】 13画 4313 8C4A 教育5

音 ホウ 漢 ブ・フウ 呉 訓 ゆた-か・とよ

筆順 冂 巾 曲 曲 曲 豊 豊 豊

豆11

【豐】 18画 7620 8C50

なりたち 豐 [象形] 大きな「豆(=たかつき)」が満たされている形。

意味 ❶たっぷりある。量が多い。ゆたか。例 豊潤《ホウジュン》。豊富《ホウフ》。豊漁《ホウリョウ》。❷肉づきがよい。ふっくらしている。例 豊満《ホウマン》。❸穀物の実りがよい。対 凶《キョウ》。例 豊作《ホウサク》。豊年《ホウネン》。

日本語での用法《ブ・ブン》「豊国《とよくに｜とよのくに》(=九州地方北東部、今の福岡《ふくおか》県と大分《おおいた》県にあたる地域の古い呼び方)」の意。「豊前《ブゼン》・豊後《ブンゴ》」

人名 あつ・あつし・かた・しげ・しげる・たか・たかし・て・と・のぼる・ひろ・ひろし・みつる・みのり・みのる・もり・ゆた・よし

【豊前】《ブゼン》 旧国名の一つ。今の福岡《ふくおか》県東部と大分《おおいた》県北部。

【豊後】《ブンゴ》 旧国名の一つ。今の大分《おおいた》県中部と南部。

【豊凶】《ホウキョウ》 ①豊作と凶作《キョウサク》。豊年と凶年。例 —をうらなう。②豊漁と凶漁。

【豊▽頬】《ホウキョウ》 美しくふっくらとしたほお。おもぶくら。

【豊作】《ホウサク》 農作物がよくできること。とくに、穀物がよく実ること。対 凶作《キョウサク》・不作。例 三年ぶりの—にめぐまれる。

【豊熟】《ホウジュク》 (名・する) 穀物がゆたかに実ること。例 作物《サクモツ》の—を待つ。

【豊潤】《ホウジュン》 (名・形動《ダナ》) ①あまい液などがたっぷりふくまれていること。例 —な果物。②ゆたかで、うるおいのあること。例 —な地。

【豊▼穣】《ホウジョウ》 (名・形動《ダナ》) 穀物のゆたかな実り。豊作。例 五穀—。

【豊▼饒】《ホウジョウ》 (名・形動《ダナ》) ①土地が肥えて、農作物がよくできること。例 —な土地。②ゆたかで多いこと。

【豊年】《ホウネン》 農作物の実りのよい年。豊作の年。対 凶年《キョウネン》。例 —満作。

【豊富】《ホウフ》 (名・形動《ダナ》) たっぷりあること。たくさんあって、ゆたかなこと。例 —な学識。家産—。

【豊満】《ホウマン》 (名・形動《ダナ》) ①女性の肉づきがたいへんよいこと。例 —な肉体。②ゆたかでじゅうぶんなこと。

【豊沃】《ホウヨク》 (名・形動《ダナ》) 土地が肥え、作物がよくできること。肥沃《ヒヨク》。例 —な平野。

【豊隆】《ホウリュウ》 雲の神。また、雷神《ライジン》。なるかみ。

【豊猟】《ホウリョウ》 狩猟《シュリョウ》で、えものがたくさんとれること。

【豊漁】《ホウリョウ》 魚がたくさんとれること。大漁。

【豊麗】《ホウレイ》 (名・形動《ダナ》) ゆたかで、うるわしいこと。

豆8

【豌】 15画 7618 8C4C

音 エン 慣 ワン 漢 呉

意味 「豌豆《エンドウ》」は、マメ科の二年草。また、その実。エンドウマメ。

豆9

【豎】 16画 7619 8C4E

音 シュ 漢 ジュ 呉 訓 たて・た-つ

意味 ❶しっかりと立つ。たてる。たつ。例 豎立《ジュリツ》(=まっすぐに立つ)。❷まっすぐに立ったもの。また、縦《たて》になったもの。たて。❸小役人。こもの。例 豎臣《ジュシン》(=身分の低い役人)。❹子供。また、人をいやしめていうことば。小僧《こゾウ》。例 豎子《ジュシ》。豎儒《ジュジュ》(=くだらない学者)。二豎《ニジュ》(=病気のたとえ)。

【豎子】《ジュシ》 ①子供。②未熟な人間や年少者を、いやしめて呼ぶことば。青二才。小僧《こゾウ》。

豆11 【豐】 18画 ⇩【豊】《ホウ》(929ページ)

豆21 【豔】 28画 ⇩【艶】《エン》(841ページ)

152 7画

豕 いのこ いのこへん 部

ブタやイノシシの形をあらわす。「豕」をもとにしてできている漢字と、「豕」の字形を目じるしにして引く漢字とを集めた。

0 豕 4 豚 5 象 6 豢 7 豪 9 豬 豫

豕0

【豕】 7画 7621 8C55

音 シ 漢 訓 いのこ・ぶた

意味 ブタやイノシシの類。いのこ。例 豕心《シシン》(=ブタのように欲張りで、はじ知らずの心)。豕牢《シロウ》(=便所)。

難読 山家《やまあらし》・家餅《いのこもち》

豕 4
【豚】 11画 3858 8C5A 常用 音 トン 漢 訓 ぶた

筆順

なりたち [会意]「月(=にく)」と「豕(=ぶた)」とから成る。こぶた。

意味 イノシシを改良した家畜《カチク》。ブタ。例 豚犬《トンケン》(=おろか者。また、自分の子をけんそんしていう)。豚児《トンジ》。養豚《ヨウトン》。

難読 海豚《いるか》・河豚《ふぐ》

【豚児】《トンジ》 自分の息子《むすこ》をけんそんしていうことば。愚息《グソク》。

【豚舎】《トンシャ》 ブタを飼う小屋。ぶたごや。

豕 5
【象】 12画 3061 8C61 教育5 音 ショウ 漢 ゾウ 呉 訓 かたち・かたど-る

筆順

なりたち [象形]長い鼻と大きな耳、四本の足と尾《お》のあるゾウの形。

意味 ❶熱帯地方にすむ草食の哺乳《ホニュウ》動物。大きな耳と長い鼻をもつ。ゾウ。例 象牙《ゾウゲ》。象皮病《ゾウヒビョウ》。❷かたち。ありさま。ようす。例 印象《インショウ》。気象《キショウ》。抽象《チュウショウ》。❸かたちを似せる。かたどる。例 象形《ショウケイ》。象徴《ショウチョウ》。

人名 かた・きさ・たか・のり

【象形】《ショウケイ》 ①ものの形をかたどること。ものの形に似せて形をつくること。②漢字の六書《リクショ》の一つ。ものの形をかたどって漢字をつくること。「日・月・山・川・木・女・子・母・魚・象」など。例 —文字。

【象徴】《ショウチョウ》 (名・する) 抽象《チュウショウ》的なことを、直観的に理解できるような具体的な形であらわすこと。また、そのもの。シンボル。例 ハトは平和を—する。天皇は、日本国の—であり日本国民統合の—である。

【象眼】《ゾウガン》 (名・する) 金属や陶磁器《トウジキ》や木材などの表面を刻んで金や銀などをはめこみ、文様などをうきたたせる工芸の技法。例 金で—した刀のつば。表記 ⑪象▼嵌

【象牙】《ゾウゲ》 ゾウのきば。各種の細工物や印材として珍重《チンチョウ》されてきた。例 —細工。

【象皮病】《ゾウヒビョウ》 寄生虫が原因で、リンパ液の流れがとどこおるため、一部の皮膚《ヒフ》が厚くなってゾウの皮のようになる病気。熱帯地方に多い。

●具象《グショウ》・形象《ケイショウ》・現象《ゲンショウ》・捨象《シャショウ》・心象《シンショウ》・対象《タイショウ》・表象《ヒョウショウ》

豕 6
【豢】 13画 7622 8C62 音 カン 漢 訓 やしな-う

意味 ❶家畜《カチク》を飼う。やしなう。例 豢畜《カンチク》(=家畜を飼う)。❷(穀物をえさとする)家畜。例 芻豢《スウカン》(=ウシやヒツジなどの草を食う家畜とイヌやブタなどの穀物を食う家畜)。

豕 7
【豪】 14画 2575 8C6A 常用 音 コウ 漢 ゴウ 呉

筆順

なりたち [形声]「豕(=ぶた)」と、音「高《コウ》」の省略体とから成る。強い毛のある、ヤマアラシ。派生して「つよい」の意。

意味 ❶能力がすぐれている。ひいでる。つよい。例 豪傑《ゴウケツ》。文豪《ブンゴウ》。豪《ゴウ》の者《もの》。❷なみはずれている。ものすごい。例 豪雨《ゴウウ》。豪華《ゴウカ》。豪放《ゴウホウ》。❸財産や勢力がある。例 豪勢《ゴウセイ》。豪族《ゴウゾク》。富豪《フゴウ》。

日本語での用法 《ゴウ》「濠太剌利《オーストラリア》」の「濠」の字の現代表記。「豪州《ゴウシュウ》」

難読 豪《えら》い人《ひと》

人名 おさ・かた・かつ・すぐる・たか・たかし・たけ・たけき・たけし・たける・つよ・つよし・とし・ひで

【豪雨】《ゴウウ》 激しく多量に降りそそぐ雨。大あめ。例 集中—。

【豪華】《ゴウカ》 (名・形動《ナダ》) ぜいたくで、はなやかなこと。例 —版。—絢爛《ケンラン》。

【豪快】《ゴウカイ》 (形動《ナダ》) 見ていて気持ちがいいほど力があふれているようす。例 —に笑う。

【豪気】 一《ゴウキ》 (名・形動《ナダ》) 大胆《ダイタン》な気性《キショウ》。人に屈《クッ》しない強い性質。例 そいつは—だ。二《ゴウギ》 (形動《ナダ》) 程度がはなはだしいようす。また、はででぜいたくなようす。例 世界一周の船旅とは—なものだ。表記 一は「剛気」、二は「強気・強儀・豪儀」とも書く。

【豪▼毅】《ゴウキ》 (名・形動《ナ》) 気性《キショウ》が強くて、意志がかたいこと。例 性質は—でこだわらない。表記「剛▼毅」とも書く。

【豪傑】《ゴウケツ》 ①力が強く武勇にすぐれて、きものすわった人。例 英雄《エイユウ》—。②いっぷう変わっていて、思い切ったことをする人。

【豪語】《ゴウゴ》 (名・する) えらそうなことを自信たっぷりに言うこと。大口をたたくこと。大言壮語《タイゲンソウゴ》。例 一年で成果をあげると—する。

【豪▼奢】《ゴウシャ》 (名・形動《ナダ》) ひじょうにはでで、ぜいたくなこと。例 —な生活。

【豪商】《ゴウショウ》 とびぬけて財力があり、手広く商売をしている商人。大商人。

【豪勢】《ゴウセイ》 (名・形動《ナダ》) ①おどろくほど、ぜいたくなこと。例 —な料理。②程度が、はなはだしいこと。例 雪が—に降った。

【豪雪】《ゴウセツ》 激しく大量に降り積もる雪。なみはずれた大雪。例 —地帯。

【豪壮】《ゴウソウ》 (形動《ナダ》) (建物などが)堂々としてりっぱなようす。例 —華麗《カレイ》。—な大邸宅《ダイテイタク》。

【豪族】《ゴウゾク》 ある地方で大きな勢力をもっている一族。例 古代の地方—。

【豪胆】《ゴウタン》 (名・形動《ナダ》) なみはずれた度胸があること。きもったまが大きいこと。表記「剛胆」とも書く。

【豪邸】《ゴウテイ》 大きくてりっぱな家。豪壮《ゴウソウ》な邸宅。例 —が建ち並ぶ一画。

【豪農】《ゴウノウ》 広大な農地や山林をもち、ずばぬけて勢力のある農家。大百姓《おおビャクショウ》。例 近在で一番の—。

【豪放】《ゴウホウ》 (名・形動《ナダ》) 気持ちが大きく、小さなことにこだわらないこと。例 —磊落《ライラク》。

【豪▼邁】《ゴウマイ》 (名・形動《ナダ》) 気持ちが大きく、人よりすぐれまさっていること。例 気性の—な人。

【豪毛】《ゴウモウ》 ①けものの、秋に生える細い毛。②きわめてわずかなこと。例 —も疑わない。

【豪勇】《ゴウユウ》 (名・形動《ナダ》) 強くていさましいこと。例 —無双《ムソウ》。表記「剛勇」とも書く。

【豪遊】《ゴウユウ》 (名・する) (料亭《リョウテイ》などで)大金を使ってぜいたくに遊ぶこと。例 店を貸し切りにして—する。

【豪力】《ゴウリキ》 力が強いこと。

●剣豪《ケンゴウ》・古豪《コゴウ》

豕 9
【豬】 16画 ⇩【猪】《チョ》(656ページ)

豕 9
【豫】 16画 ⇩【予】《ヨ》(37ページ)

153 7画 **豸** むじなへん部

けものがえものをねらって身がまえている形をあらわす。「貉《むじな》」の字にある偏《ヘン》(=漢字の左がわにある部分)であることから「むじなへん」という。「豸」をもとにしてできている漢字を集めた。

0 豸 3 豺 豹 4 豼 5 貂 6 貉 貊 貅 7 貌 貍 8 貎 10 貘 貔

豸 0 **【豸】** 7画 7624 8C78 音 チ(漢) タイ(漢) 訓 あしなしむし

意味 ❶猛獣《モウジュウ》の一種。❷足のない虫。ミミズなどの這《は》う虫。あしなしむし。

豸 3 **【豺】** 10画 7625 8C7A 音 サイ(漢) 訓 やまいぬ

犭 3 **[犲]** 6画 6428 72B2 別体字

意味 野生のイヌ。オオカミの類。ヤマイヌ。また、むごい人にたとえる。例 豺虎《サイコ》(=ヤマイヌやトラ。むごい人のたとえ)。

【豺▼狼《サイロウ》】①ヤマイヌやオオカミ。②残酷《ザンコク》で欲が深い人。例 ―の群れ。―路《みち》に当たる(=欲の深い悪人が政治の重要な地位にいて、勢力をほしいままにする)。

豸 3 **【豹】** 10画 4131 8C79 人名 音 ホウ(漢) ヒョウ(呉)

意味 トラに似るが、少し小さい猛獣《モウジュウ》。ヒョウ。例 豹変《ヒョウヘン》。

人名 はだら

【豹《ヒョウ》は死《シ》して皮《かわ》を▽留《とど》め人《ひと》は死《シ》して名《な》を▽留《とど》む】ヒョウは死んでも美しい毛皮を残すように、人も死後に美名を残すように心がけるべきである。類 虎《とら》は死して皮を留む。〈五代史《ゴダイシ》〉

【豹変《ヒョウヘン》】(名・する)(態度が)とつぜんがらりと変わること。例 君子は―す。参考 ヒョウの毛が秋にぬけ変わると、模様がきわだって美しくなることから、もとは良く変わることが本義であったが、現在では悪いほうに変わることにいうことが多い。

豸 4 **[豼]** 11画 ⇩【貔】ヒ(931ページ)

豸 5 **【貂】** 12画 7626 8C82 音 チョウ(漢) 訓 てん

意味 イタチに似た、すばしこいけもの。毛皮は珍重《チンチョウ》され、尾《お》はかんむりのかざりに用いられた。テン。例 貂裘《チョウキュウ》(=テンのかわごろも)。貂蝉《チョウセン》(=かざりのついたかんむりをかぶることから、高官のこと)。

豸 6 **【貉】** 13画 7627 8C89 音 ㊀バク(漢) ㊁カク(漢) 訓 えびす・むじな

犭 6 **[狢]** 9画 6434 72E2 別体字

意味 ㊀《バク》 昔、北方の異民族を呼んだ名。えびす。例 蛮貉《バンバク》(=南と北の異民族)。㊁《カク》 けものの名。タヌキの類。ムジナ。例 狐貉《コカク》(=キツネやムジナの皮で作った上等な衣服)。

豸 6 **【貊】** 13画 7629 8C8A 音 バク(漢) 訓 えびす

意味 ❶バク科の草食動物。❷昔、北方の異民族を呼んだ名。えびす。

豸 6 **【貅】** 13画 7628 8C85 音 キュウ(漢)

意味 猛獣《モウジュウ》の一種。貔《ヒ》のめすとされる。例 貔貅《ヒキュウ》(=猛獣の名)。

豸 7 **【貌】** 14画 4338 8C8C 常用 音 ボウ(漢) 訓 かたち・かたど-る

筆順

儿 5 **[皃]** 7画 6606 7683 本字

なりたち

【会意】「儿(=ひと)」と「白(=かお)」とから成る。かおの様子。籀文《チュウブン》は「貌」。

意味 人のかお。すがた。外見。かたち。また、ようす。ありさま。例 風貌《フウボウ》。容貌《ヨウボウ》。

難読 貌鳥《かおどり》

人名 かた・すがた・とお

豸 7 **[貍]** 14画 ⇩【狸】リ(655ページ)

豸 8 **[貎]** 15画 ⇩【猊】ゲイ(656ページ)

豸 10 **【貘】** 17画 7634 8C98 音 バク(漢) ミャク(呉)

犭 10 **[獏]** 13画 6451 734F 別体字

意味 ❶想像上の動物。歯が強く、銅や鉄やタケを食べ、また、鼻はゾウに、目はサイに、尾《お》はウシに、足はトラに似ている。日本では人の悪夢を食うとされる。例 貘枕《バクチン》。❷マレーや南アメリカなどにすむバク科の草食動物。

豸 10 **【貔】** 17画 7632 8C94 音 ヒ(漢)

豸 4 **[豼]** 11画 7633 8C7C 別体字

意味 ❶トラに似た猛獣《モウジュウ》。例 貔貅《ヒキュウ》(=「貅」も猛獣の名。貔のめすという)。❷勇猛な兵士のたとえ。例 貔武《ヒブ》。

154 7画 **貝** かい かいへん部

貨幣《カヘイ》の役目をはたした「かい」の形をあらわす。「貝」をもとにしてできている漢字を集めた。

0 貝 2 貞 負 貟 3 貢 財 4 貨 貫 責 貪 販 貧 貶 貭 貮 5 貽 賀 貴 貰 貸 貯 貼 買 費 賁 貿 貳 6 賈 資 貲 賊 賃 賂 賄 資 賎 賍 7 賑 賓 賔 8 賛 賜 質 賞 賤 賠 賓 賦 賚 賭 賣 9 賢 賭 賴 10 購 賽 賺 賻 購 11 贄 贅 贈 12 贇 贋 贊 贈 13 贏 贍 14 贐 贔 15 贖 贓

この部首に所属しない漢字

7画

則⇩刂 138　頁⇩頁 1063　員⇩口 204　敗⇩攵 463
鵙⇩鳥 1102

貝 0
【貝】 7画 1913 8C9D 教育1 音 ハイ(漢) バイ(呉) 訓 かい

筆順 丨 冂 冂 月 目 貝 貝

なりたち [象形]貨幣《カヘイ》の役目をはたした海にすむ、かいの形。

意味 ❶水中にすみ、かたい殻《から》をもつ軟体《ナンタイ》動物。アサリ・ハマグリ・サザエなど。かい。例 二枚貝《ニマイがい》。巻《ま》き貝《がい》。❷かいがら。例 貝塚《かいづか》。❸古代に使われたお金。たから。例 貝貨《バイカ》(=貝の貨幣《カヘイ》)。貝玉《バイギョク》(=たから)。

【貝殻】《かいがら》 貝の外側をおおっている、かたいもの。例 —細工。

【貝塚】《かいづか》 古代人が食べて捨てた貝がらなどが積み重なり、うずもれた遺跡《イセキ》。

【貝柱】《かいばしら》 ①二枚貝の貝がらを閉じるはたらきをする、柱状の筋肉。②ホタテガイなどの貝柱を干した食品。

【▽貝▽母】《バイモ》 ユリ科の多年草、アミガサユリの漢名。鱗茎《リンケイ》はせきどめになる。ははくり。

貝 2
【貞】 9画 3671 8C9E 常用 音 テイ(漢) ジョウ(呉) 訓 ただ-しい

筆順 丨 ⺊ ⺊ 占 占 貞 貞 貞 貞

なりたち [会意]「卜(=うらなう)」と「貝(=そなえもの)」とから成る。そなえものをして問いただす。

意味 ❶うらなう。例 貞人《テイジン》(=カメの甲羅《コウラ》などを用いてうらないをした人)。❷節操がかたい。誠実で正しい。例 貞潔《テイケツ》。貞操《テイソウ》。不貞《フテイ》。

人名 さだ・さだむ・ただ・ただし・ただす・つら・まさ・みさお

【貞潔】《テイケツ》 (名・形動《ダ》)(女性が)ひとりの男性を誠実に愛して、他の男性に対して潔癖《ケッペキ》であること。

【貞淑】《テイシュク》 (名・形動《ダ》)(女性が)ひとりの男性を誠実に愛し、しとやかであること。例 —な妻。

【貞女】《テイジョ》 夫への誠実な愛をつらぬく女性。例 —の鑑《かがみ》。

【貞節】《テイセツ》 (名・形動《ダ》)(女性が)ひとりの男性を誠実に愛し、折り目正しくふるまうこと。(対)不貞。例 —をつらぬく。

【貞操】《テイソウ》 ①(女性が)ひとりの男性を誠実に愛し、みだりに他に心を移さないこと。みさお。例 —を守る。②夫婦《フウフ》がおたがいだけを愛して、浮気《うわキ》しないこと。例 —義務。

【貞婦】《テイフ》 「貞女」に同じ。

【貞烈】《テイレツ》 (名・形動《ダ》)(女性が)ひとりの男性に対して、ひたすらに誠実な愛をささげようとすること。

[貝部] 0—3画 貝貞負貟貢財

貝 2
【負】 9画 4173 8CA0 教育3 音 フ(漢) ブ(呉) 訓 ま-ける・ま-かす・お-う・ま-け

筆順 ノ ⺈ ⺈ 仢 仢 負 負 負 負

なりたち [会意]「人(=ひと)」が「貝(=財力)」をたのみとする。たのむ。

意味 ❶たのみとする。たのむ。例 負託《フタク》。自負《ジフ》。❷荷物や人を背にのせる。また、身にひきうける。せおう。おう。例 負債《フサイ》。負傷《フショウ》。負担《フタン》。❸そむく。したがわない。うらぎる。例 負心《フシン》(=心にそむく。また、不本意)。欺負《フギ》(=あざむく)。❹たたかいにやぶれる。まける。まけ。例 勝負《ショウブ》。❺マイナス。㋐数学で、ゼロより小さい数。(対)正《セイ》。例 負号《フゴウ》。負数《フスウ》。㋑物理学で、電位の低いほう。(対)正《セイ》。

人名 え・おい・ひ・ます

【負荷】《フカ》 (名・する)①せおうこと。になうこと。②祖先の仕事を引きつぐこと。③任務をおわされること。例 —の大任。

【負極】《フキョク》 ①電気で、陰極《インキョク》。マイナスの極。②磁石《ジシャク》で、南を指す極。▽(対)正極。

【負号】《フゴウ》 負数をあらわす記号。マイナス。「−」。(対)正号。

【負債】《フサイ》 借り入れて、返さなければならない金銭や品物。借金。例 多額の—をかかえて倒産《トウサン》する。

【負傷】《フショウ》 (名・する)けがをすること。例 —者多数を出す。

【負数】《フスウ》 〔数〕0より小さい数。マイナスの数。(対)正数。

【負託】《フタク》 (名・する)他人にたのんで、まかせること。例 国民の—にこたえる。

【負担】《フタン》 一(名・する)仕事や責任などを引き受けること。また、その仕事や責任。例 費用を—する。—が重すぎる。二(名)仕事や責任が重すぎること。例 —に感じる。

●自負《ジフ》・勝負《ショウブ》・先負《センブ》・抱負《ホウフ》

貝 2
【貟】 9画 ⇩【員】《イン》(204ページ)

貝 3
【貢】 10画 2555 8CA2 常用 音 コウ(漢) ク(呉) 訓 みつ-ぐ・みつ-ぎ

筆順 一 丅 工 贡 贡 貢 貢 貢 貢 貢

なりたち [形声]「貝(=たから)」と、音「工《コウ》」とから成る。たからをさしあげる。

意味 ❶臣下や属国が朝廷《チョウテイ》に土地の産物をさしあげる。また、その産物。みつぐ。みつぎ。例 貢献《コウケン》。朝貢《チョウコウ》。❷(地方から中央政府に)すぐれた人材を推薦《スイセン》する。すすめる。例 貢士《コウシ》。

人名 すすむ・つぐ・みつ

【貢献】《コウケン》 (名・する)何かのために力をつくし、役に立つこと。例 優勝に—する。

【貢士】《コウシ》 ①昔の中国で、官吏《カンリ》にふさわしいとして、地方から推薦《スイセン》された、優秀《ユウシュウ》な人物。②⇩【進士】《シンシ》②(975ページ)

●朝貢《チョウコウ》・入貢《ニュウコウ》・年貢《ネング》

貝 3
【財】 10画 2666 8CA1 教育5 音 サイ(漢) ザイ(呉) 訓 たから

筆順 丨 冂 月 目 貝 貝 貝 貝 財 財

戈 7
【戝】 11画 7635 621D 俗字

なりたち [形声]「貝(=たから)」と、音「才《サイ》」とから成る。人がたからとするもの。

意味 ❶金銀や珠玉《シュギョク》など。また、金銭。たから。例 財貨《ザイカ》。財宝《ザイホウ》。財利《ザイリ》(=財物と利益)。❷ねうちのある物品。資産。例 財産《ザイサン》。文化財《ブンカザイ》。❸才知。才能。

人名 かね

【財貨】《ザイカ》 金銭や価値のある品物。例 多大の—をたくわえる。

【財界】《ザイカイ》 大会社の経営者の集まり。経済界。例 —の大立て者。

【財形】《ザイケイ》 「勤労者財産形成制度」の略。勤め人の積み立てる貯金を、税金の面で有利になるよう特別に計らう制度。例 —貯蓄《チョチク》。—年金。

【財源】《ザイゲン》 あることに必要な金銭の出どころ。例 特別定額

給付金の―。

【財産《ザイサン》】①個人や団体の所有する、金銭・有価証券・物品・土地・建物など。資産。身代。例―家。国有―。②その人にとって値打ちのあるもの。例健康がわたしの―だ。

【財政《ザイセイ》】①国や地方公共団体が仕事をするためにおこなう、資金の調達などの経済活動。例―投融資《トウユウシ》。②個人や家庭の経済状態。金回り。例今年のわが家の―は苦しい。

【財団《ザイダン》】「財団法人」の略。ある目的のために提供された財産をもとに設立され、管理・運営される法人組織。

【財▼嚢《ザイノウ》】①お金を入れるふくろ。財布《サイフ》。②持ち金。例―をはたく。

【財閥《ザイバツ》】①一族で大資本をもち、多くの分野の産業を支配する勢力。コンツェルン。例香港《ホンコン》の―。②金持ち。

【財布《サイフ》】革《かわ》や布で作ったお金を入れるいれもの。金入れ。〔もともと布製の財宝入れの意。ひもを巻きつけてふところにしまった〕例―のひもがかたい（＝お金をつかわない）。

【財物《ザイブツ》】①〔「ザイモツ」とも〕お金と品物。②財産権の目的となり、刑法《ケイホウ》上では、窃盗《セットウ》や詐欺《サギ》や横領などの対象となるもの。

【財宝《ザイホウ》】財産とたからもの。例金銀―。

【財務《ザイム》】お金の出し入れや運用に関する事務。例―管理。

【財務省《ザイムショウ》】国の財政・金融《キンユウ》などの事務をつかさどる中央官庁。もとの大蔵省《おおくらショウ》。

【財力《ザイリョク》】①財産があることから生じる力。金力。例―にものを言わせる。②費用を出せる能力。経済力。
●家財《カザイ》・散財《サンザイ》・私財《シザイ》・蓄財《チクザイ》・文化財《ブンカザイ》

貝 4
【貨】
11画 1863 8CA8 教育4 音 カ漢 ケ呉 訓 たから

筆順 亻 亻 化 化 貨 貨 貨 貨

なりたち 〔形声〕「貝（＝たから）」と、音「化《カ》（＝かわる）」とから成る。別のものにとりかえられるたから。

意味 ❶ねうちのある物品。たから。例貨宝《カホウ》（＝たからもの）。奇貨《キカ》。財貨《ザイカ》。❷しなもの。商品。例貨物《カモツ》。雑貨《ザッカ》。百貨店《ヒャッカテン》。❸金銭。おかね。例貨幣《カヘイ》。金貨《キンカ》。通貨《ツウカ》。

人名 たか
【貨財《カザイ》】貨幣《カヘイ》と財物。財貨。たから。

【貨車《カシャ》】貨物を運ぶための鉄道車両。対客車。

【貨殖《カショク》】（名・する）財産を増やすこと。利殖。例―の道を軽《かろ》んじない。

【貨幣《カヘイ》】硬貨《コウカ》や紙幣《シヘイ》。お金。通貨。例―価値が下がる。

【貨物《カモツ》】①〔「カブツ」とも〕価値のある財貨。例高価な―を輸入する。②貨車やトラックや船などで運ぶ荷物。例―列車。
●悪貨《アッカ》・外貨《ガイカ》・金貨《キンカ》・銀貨《ギンカ》・硬貨《コウカ》・雑貨《ザッカ》・正貨《セイカ》・滞貨《タイカ》・通貨《ツウカ》・銅貨《ドウカ》・邦貨《ホウカ》・良貨《リョウカ》

貝 4
【貫】
11画 2051 8CAB 常用 音 カン漢呉 訓 つらぬ-く

筆順 ㇄ 口 毌 毌 毌 貫 貫 貫

なりたち 〔会意〕「毌（＝つらぬき通す）」と「貝（＝銭《ぜに》）」とから成る。銭の穴にひもを通して、ひとまとめにしたもの。

意味 ❶穴のあいたお金をつなぐ、なわ。さし。ぜにさし。❷つきとおす。やりとおす。つらぬく。例貫通《カンツウ》。貫徹《カンテツ》。貫流《カンリュウ》。❸ものごとの筋道や道理。例一貫《イッカン》。条貫《ジョウカン》（＝すじみち）。❹本籍《ホンセキ》。戸籍《コセキ》。例郷貫《キョウカン》（＝本籍）。本貫《ホンカン｜ホンガン》（＝本籍）。

日本語での用法《カン》①尺貫法《シャッカンホウ》の重さの単位。一貫は、千匁《もんめ》。「体重《タイジュウ》十八貫《ジュウハッカン》」→「度量衡表《ドリョウコウヒョウ》」（1141ページ）②武家の知行高《チギョウだか》の単位。米十石。「三万貫《サンマンガン》の荘園《ショウエン》」

難読 指貫《さしぬき》

人名 つら・とおる・ぬき・ぬく・ひろ・みち・みつ・やす・よし
【貫首《カンジュ》】〔「カンシュ」とも〕①長となる人。統領。②〔仏〕天台宗《テンダイシュウ》の最高の僧職《ソウショク》。天台座主《ザス》。③〔仏〕各宗総本山や諸大寺の住職の呼び名。表記▽「貫主」とも書く。

【貫長《カンチョウ》】〔仏〕各宗派の本山や諸大寺の管主の呼び名。貫首。表記「貫頂」とも書く。

【貫通《カンツウ》】（名・する）①つきぬけること。例ピストルのたまが足を―する。②（トンネルなどが）つらぬきとおること。

【貫通銃創《カンツウジュウソウ》】銃弾《ジュウダン》がからだを完全につきぬけた傷。対盲管銃創《モウカンジュウソウ》。

【貫徹《カンテツ》】（名・する）志や要求などを、つらぬきとおすこと。例要求を―する。初志を―する。

【貫目《カンめ》】①目方。重さ。②貫の単位で量った目方。

【貫流《カンリュウ》】（名・する）川が、ある地域をつきぬけて流れること。例仙台《センダイ》市内を―する広瀬川《ひろせがわ》。

【貫▼禄《カンロク》】身にそなわった人間としての重み。威厳《イゲン》。例―が出る。―を示す。
●一貫《イッカン》・縦貫《ジュウカン》・突貫《トッカン》・指貫《ゆびぬき》

貝 4
【責】
11画 3253 8CAC 教育5 音 サク・セキ漢 シャク呉 訓 せ-める・せ-め

筆順 一 十 丰 丰 青 青 責 責

なりたち 〔形声〕「貝（＝たから）」と、音「朿《シ→サク》」とから成る。求める。

意味 ❶果たすべきことを求める。罪をとがめる。せめる。例呵責《カシャク》。自責《ジセキ》。叱責《シッセキ》。❷果たすべき仕事や役目。せめ。また、おいめ。例責任《セキニン》。重責《ジュウセキ》。免責《メンセキ》。

使い分け せめる【攻・責】⇩1171ページ

【責任《セキニン》】①引き受けて、しなければならないこと。責務。例―を果たす。②組織全体のするべきことを、代表して引き受けること。例―者。③自分のした失敗や、そのための損失を引き受けて、つぐなうこと。例―を取る。④違法行為《イホウコウイ》をした者に科せられる法律的制裁。例民事―。

【責務《セキム》】責任をもって成すべきつとめ。例―を果たす。

【責問《セキモン》】（名・する）①厳しく問いただすこと。詰問《キツモン》。②強くしかること。③〔苦痛をあたえて問いただす意〕江戸《えど》時代の拷問《ゴウモン》のこと。

【責了《セキリョウ》】「責任校了」の略。校正による訂正箇所《テイセイカショ》を、印刷所に責任をもたせて直させ、校了にすること。
●引責《インセキ》・自責《ジセキ》・重責《ジュウセキ》・職責《ショクセキ》・文責《ブンセキ》

貝 4
【貪】
11画 7637 8CAA 常用 音 タン漢 トン・ドン呉 訓 むさぼ-る

筆順 ノ 𠆢 今 今 含 貪 貪 貪

なりたち [形声]「貝(=たから)」と、音「今《キン→タン》」とから成る。物を欲しがる。

意味 よくばって、ほしがる。むさぼる。例 貪欲《ドンヨク》。貪婪《ドンラン》。

【▽貪《タン》汚《オ》】欲が深くて、心がきたないこと。

【貪《ドン》食《ショク》】(「タンショク」とも)(名・する)むさぼり食うこと。がつがつと食べること。例 ―の魚《うお》。

【貪《ドン》欲《ヨク》】(「タンヨク・トンヨク」とも)(名・形動《ダ》)ほしいものに強くこだわり、欲が深いこと。例 ―に知識を吸収する。
表記 旧 貪▼慾

【貪《ドン》▼婪《ラン》】(「タンラン・トンラン」とも)(名・形動《ダ》)ひじょうに欲の深いこと。よくばり。例 ―な好奇心。

【貪《ドン》吏《リ》】(「タンリ」とも)欲が深く、利益をむさぼる役人。

貝 4
【販】
11画 4046 8CA9 常用 音 ハン 漢 ホン 呉 訓 ひさ-ぐ

筆順 丨 冂 目 貝 貝 貝 貝 販 販

なりたち [形声]「貝(=たから)」と、音「反《ハン》(=行ってかえる)」とから成る。安く買って高く売る。

意味 ものを仕入れて売る。あきなう。ひさぐ。例 販売《ハンバイ》。販路《ハンロ》。市販《シハン》。

人名 ひさ

【販《ハン》売《バイ》】(名・する)品物を売りさばくこと。例 訪問―。

【販《ハン》路《ロ》】品物の売り先。売れ口。例 ―を広げる。

●再販《サイハン》・市販《シハン》・直販《チョクハン》

貝 4
【貧】
11画 4147 8CA7 教育5 音 ヒン 漢 ビン 呉 訓 まず-しい

筆順 八 分 分 分 貧 貧 貧 貧

なりたち [会意]「貝(=たから)」と「分《フン→ヒン》(=わける)」とから成る。たからが分散して少なくなる。

意味 ❶お金や品物が少ない。生活が苦しい。まずしい。対 富《フ》。例 貧困《ヒンコン》。貧富《ヒンプ》。貧乏《ビンボウ》。❷たりない。とぼしい。例 貧血《ヒンケツ》。貧弱《ヒンジャク》。❸自分のことをへりくだっていうことば。例 貧僧《ヒンソウ》(=僧が自分をへりくだっていうことば)。

【貧《ヒン》家《カ》】まずしい家。びんぼうな家。対 富家。

【貧《ヒン》寒《カン》】(形動《タルト》)いかにもまずしいようす。

【貧《ヒン》窮《キュウ》】(名・する)まずしくて生活に困っていること。

【貧《ヒン》苦《ク》】①まずしくて苦しいこと。②びんぼうの苦しみ。

【貧《ヒン》血《ケツ》】(名・する)①血液中の赤血球が正常よりも少なくなること。例 ―症《ショウ》。②ある臓器への血液の流れが少なくなった状態。例 脳―。

【貧《ヒン》困《コン》】(名・形動《ダ》)①びんぼうで生活にこまっていること。例 ―にあえぐ。②必要なものが、不十分なこと。

【貧《ヒン》者《ジャ》】まずしい人。対 富者《フシャ》。

【貧者の一灯《ヒンジャのイットウ》】金持ちが神仏に供えるたくさんのともしびよりも、まずしい人がとぼしい中から供える一つのともしびのほうが、とうといということ。類 貧女《ヒンニョ》の一灯。例 長者《チョウジャ》の万灯《マントウ》より―。

【貧《ヒン》弱《ジャク》】(名・形動《ダ》)①よわよわしくて見おとりがすること。例 ―なからだ。②まずしく、みすぼらしいこと。例 ―な家。③しっかりしたところがないこと。不十分。例 ―な思想。

【貧《ヒン》▼賤《セン》】(名・形動《ダ》)まずしくて身分も低いこと。対 富貴《フウキ》。例 ―より身を起こす。

【貧《ヒン》相《ソウ》】(名・形動《ダ》)みすぼらしいこと。びんぼうそうな顔つきや身なり。対 福相。例 見るからに―な顔だち。

【貧《ヒン》村《ソン》】まずしいむら。寒村。

【貧《ヒン》打《ダ》】野球で、打撃《ダゲキ》がふるわないこと。例 ―戦。

【貧《ヒン》土《ド》】土に養分が少なく、生産物がとぼしい土地。

【貧《ヒン》農《ノウ》】まずしい農家や農民。対 富農。例 ―の出身。

【貧《ヒン》富《プ》】まずしいことと、ゆたかであること。例 ―の差。

【貧《ビン》乏《ボウ》】(名・する・形動《ダ》)収入も財産も少なくて、生活が苦しいこと。例 ―ひまなし。器用―。

【貧《ヒン》民《ミン》】まずしくて、生活に困っている人々。例 ―街。

●極貧《ゴクヒン》・清貧《セイヒン》・赤貧《セキヒン》

貝 4
【貶】
11画 7642 8CB6 音 ヘン 漢 訓 おと-す・おとし-める・けな-す

意味 ❶へらす。例 貶損《ヘンソン》(=へらす。また、おとしめる)。❷官位を下げる。(値打ちを)おとす。例 貶黜《ヘンチュツ》(=官位を下げる)。貶斥《ヘンセキ》(=官位を下げ、役をかえる)。❸悪くいう。おとしめる。けなす。そしる。例 貶称《ヘンショウ》(=そしる)。毀誉褒貶《キヨホウヘン》(=ほまれやそしり)。

貝 4 [貭] 11画 ⇩【質】《シツ》(938ページ)

貝 4 [貮] 11画 ⇩【弐】《ニ》(361ページ)

貝 5
【貽】
12画 7638 8CBD 音 イ 漢 呉 訓 おく-る・のこ-す

意味 人にものをあたえる。おくる。のこす。例 貽訓《イクン》。

【貽《イ》訓《クン》】先祖から子孫への教訓。

貝 5
【賀】
12画 1876 8CC0 教育4 音 カ 漢 ガ 呉 訓 よろこ-ぶ

筆順 フ カ 加 賀 賀 賀 賀

なりたち [形声]「貝(=たから)」と、音「加《カ》」とから成る。おくりものをさしあげて祝う。

意味 (ことばや金品をおくって)めでたいことであると祝う。よろこぶ。例 賀状《ガジョウ》。慶賀《ケイガ》。祝賀《シュクガ》。

日本語での用法 《ガ》旧国名「伊賀《いが》(=今の三重《みえ》県西部)」の略。「賀州《ガシュウ》」

難読 賀来《かく》(=地名・姓《せい》)

人名 いわう・しげ・のり・まさ・ます・よし・より

【賀《ガ》意《イ》】お祝いの気持ち。祝意。例 いささかの―を示す。

【賀《ガ》宴《エン》】お祝いのさかもり。祝宴。例 新春の―。

【賀《ガ》詞《シ》】お祝いのことば。とくに、新年の祝賀のことば。例 ―交換会《コウカンカイ》。

【賀《ガ》辞《ジ》】お祝いのことば。賀詞。例 ―を述べる。

【賀《ガ》寿《ジュ》】長寿を祝うこと。寿賀。例 ―の催《もよお》し。

【賀《ガ》春《シュン》】新春を祝うこと。賀正。年賀状に用いることば。

【賀正《ガショウ・ガセイ》】正月を祝うこと。年賀状に用いることば。

【賀《ガ》状《ジョウ》】祝賀の書状。とくに年賀状。

●恭賀《キョウガ》・謹賀《キンガ》・慶賀《ケイガ》・祝賀《シュクガ》・年賀《ネンガ》

貝 5
【貴】
12画 2114 8CB4 教育6 音 キ 漢 呉 訓 たっと-い・とうと-い・たっと-ぶ・とうと-ぶ

筆順 冂 口 中 虫 貴 貴 貴 貴

なりたち [形声]「貝(=たから)」と、音「𠀐《キ》」とから成る。ねだんが、やすくない。

意味 ❶ねだんが高い。ねうちがある。例 貴金属《キキンゾク》。貴重品《キチョウヒン》。❷地位・身分が高い。たっとい。とうとい。あて。例 貴人《キジン》。貴賤《キセン》。高貴《コウキ》。❸うやまう。重んじる。たっとぶ。とうとぶ。例 貴尚《キショウ》(=たっとぶ)。❹相手に関することに

つけて敬意をあらわすことば。例 貴意《キイ》。貴国《キコク》。貴書《キショ》。

使い分け たっとい・たっとぶ・とうとい・とうとぶ【尊・貴】⇩1172ページ

難読 貴《あて》やか・貴女《あなた》・貴方《あなた》

人名 あつ・あて・たか・たかし・たけ・むち・もとむ・よし

【貴意《キイ》】相手の意志や意見をうやまっていうことばで、多く手紙文で用いる。例 ―を得たい(=どういうお考えか、うけたまわりたい)。

【貴下《キカ》】相手をうやまっていうことば。男性がおもに手紙などで用いる。あなた。貴殿《キデン》。

【貴家《キカ》】相手の家をうやまっていうことば。おもに手紙などで用いる。おたく。尊家。例 ―のご繁栄《ハンエイ》をいのります。

【貴▼翰《キカン》】相手の手紙をうやまっていうことば。表記「貴簡」とも書く。

【貴金属《キキンゾク》】さびたり、薬品におかされることが少なく、産出量も少ない金属。金・銀・プラチナなど。対 卑《ヒ》金属。

【貴君《キクン》】男性が、同輩《ドウハイ》以下の男性をうやまっていうことば。あなた。手紙などで用いる。例 ―のご活躍《カツヤク》を期待します。

【貴兄《キケイ》】男性が、親しい先輩《センパイ》や同輩《ドウハイ》の男性をうやまっていうことば。手紙などで用いる。

【貴顕《キケン》】身分が高く、名声のある人。身分も地位も高い人。例 ―紳士《シンシ》。

【貴公《キコウ》】男性が、同等または同等以下の相手を呼ぶことば。おまえ。貴様《キさま》。〔武士などが多く用いた〕

【貴公子《キコウシ》】貴族などの家の若い男子。例 銀幕の―。

【貴国《キコク》】相手の国をうやまっていうことば。

【貴様《キさま》】男性が同等または同等以下の、ごく親しい相手を呼ぶことば。また、相手をののしるときに呼ぶことば。貴公。〔もとは相手をうやまっていう言い方〕例 ―とは同期だ。

【貴紙《キシ》】相手の新聞や手紙をうやまっていうことば。

【貴所《キショ》】①相手の住んでいる土地をうやまっていうことば。②相手をうやまっていうことば。あなたさま。おもに男性が手紙で用いる。

【貴書《キショ》】相手の手紙や著書をうやまっていうことば。例 ―をいただき恐縮《キョウシュク》いたしました。

【貴女】一《キジョ》 身分の高い女性。貴婦人。二《あなた》 相手の女性をていねいに呼ぶことば。あなた。

【貴人《キジン＝キニン》】身分の高い人。とうとい家がらの人。

【貴▼賤《キセン》】身分のとうといことと、いやしいこと。また、身分のとうとい人と、いやしい人。例 職業に―はない。

【貴族《キゾク》】①社会の上流にあって、代々受けつがれる特権をもつ家がらの人々。②経済的にめぐまれた生活をしている人のたとえ。例 独身―。労働―。

【貴台《キダイ》】男性が、相手をうやまっていうことば。貴下。貴殿《キデン》。改まった手紙文などで用いる。

【貴重《キチョウ》】(名・形動《ダナ》)ひじょうにたいせつなこと。きわめて価値のあること。例 ―品。―な得点。

【貴殿《キデン》】相手の男性をうやまっていうことば。貴下。男性がとくに改まった手紙文などで用いる。

【貴妃《キヒ》】唐《トウ》代の女官《ニョカン》で、皇后に次ぐ地位。例 楊《ヨウ》―。

【貴賓《キヒン》】身分の高い客。例 ―席。―室。

【貴婦人《キフジン》】身分の高い女の人。上流婦人。

【貴方】一《キホウ》 相手のいる場所などをうやまっていうことば。貴君。貴女。二《あなた》 相手をうやまっていうことば。

●兄貴《あにキ》・高貴《コウキ》・騰貴《トウキ》・富貴《フウキ》

貝 5

【貰】

12画 4467 8CB0 人名 音 シャ・セイ(漢) 訓 もら-い・もら-う

意味 かけ買いする。つけで買う。かりる。例 貰酒《セイシュ》(=つけで酒を買う)。

日本語での用法《もらい・もらう》①人がくれるものを受け取る。「金《かね》を貰《もら》ってする仕事《しごと》・物貰《ものもら》い」②自分の側のものとして引き受ける。手中におさめる。「貰《もら》い子《ご》・貰《もら》い泣《な》き・このけんかはおれが貰《もら》った・この試合《シアイ》は貰《もら》った」

貝 5

【貸】

12画 3463 8CB8 教育5 音 タイ(漢) 訓 か-す・か-し

筆順 亻 仁 代 代 貸 貸 貸

なりたち 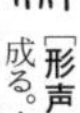 [形声]「貝(=たから)」と、音「代《タイ》」とから成る。人にほどこす。

意味 金品を一時的にかす。かしたもの。かす。かし。対 借《シャク》。

例 貸借《タイシャク》。貸与《タイヨ》。

【貸家《かしや》】家賃をとって人にかす家。対 借家《シャクや》。

【貸借《タイシャク》】(名・する)かすことと、かりること。かしかり。

【貸与《タイヨ》】(名・する)かすこと。かしあたえること。

貝 5

【貯】

12画 3589 8CAF 教育5 音 チョ(漢)(呉) 訓 たくわ-える

筆順 丨 冂 月 目 貝 貝 貯 貯

なりたち  [形声]「貝(=たから)」と、音「宁《チョ》(=つむ)」とから成る。たからを積む。

意味 しまっておく。ためる。たくわえる。また、たくわえ。例 貯金《チョキン》。貯蔵《チョゾウ》。貯蓄《チョチク》。

人名 おさむ・たまる・もる

【貯金《チョキン》】(名・する)①お金をためること。また、ためたお金。例 ―箱。②郵便局・協同組合・銀行などにお金を預けること。また、その預けたお金。例 ―通帳。

【貯水《チョスイ》】(名・する)(飲料・農業用・工業用・発電用などのために)水をたくわえること。例 ―量。

【貯水池《チョスイチ》】水道や発電や灌漑《カンガイ》などのために、水をたくわえておく、いけ。

【貯蔵《チョゾウ》】(名・する)お金や物資をたくわえておくこと。例 ―庫。―施設《シセツ》。

【貯蓄《チョチク》】(名・する)お金をたくわえること。お金をためること。また、そのお金。例 ―にはげむ。

貝 5

【貼】

12画 3729 8CBC 常用 音 テン(慣) チョウ(漢)(呉) 訓 は-る

筆順 丨 冂 目 貝 貝 貝 貼 貼

なりたち  [形声]「貝(=たから)」と、音「占《チョウ》」とから成る。質入れする。

意味 ❶借金のかたにおく。例 貼銭《チョウセン》(=借金のかた)。❷はりつける。はる。例 貼付《チョウフ》。貼用《チョウヨウ》(=はりつけて使う)。❸膏薬《コウヤク》などを数える単位。例 一貼薬《イッチョウヤク》。

使い分け はる【張・貼】⇩1178ページ

【貼付《チョウフ》】(名・する)〔「テンプ」は慣用読み〕はりつけること。例 願書に写真を―する。

貝 5

【買】

12画 3967 8CB7 教育2 音 バイ(漢) マイ(呉) 訓 か-う

筆順 丶 冖 罒 罒 罒 買 買 買

なりたち [会意]「罒(=あみでとる)」と「貝(=たから)」とから成る。品物をかう。

意味 ❶代金をはらってものを求める。かう。例 購買《コウバイ》。売買《バイバイ》。不買《フバイ》。❷さまざまな手段を使って求める。あさる。例 買名《バイメイ》(=名誉《メイヨ》を求める)。

日本語での用法《かう》①価値があるとする。「腕《うで》を買《か》う」②身に受ける。まねく。「恨《うら》みを買《か》う・不評《フヒョウ》を買《か》う・顰蹙《ヒンシュク》を買《か》う」

【買価】《バイカ》 品物を買うときの値段。買値《かいね》。対 売価。

【買収】《バイシュウ》(名・する)①(不動産などを)買い取ること。例 用地—をする。②ひそかに人に金品をあたえて、自分につごうのよいようなことをさせること。例 有権者を—する。

●購買《コウバイ》・故買《コバイ》・売買《バイバイ》・不買《フバイ》

貝 5

【費】

12画 4081 8CBB 教育5 音 ヒ 漢 呉 訓 つい-やす・つい-える

筆順 一 ニ 弓 弗 弗 弗 費 費

なりたち [形声]「貝(=金銭)」と、音「弗《フツ》→《ヒ》」とから成る。金銭をばらまくように使う。

意味 ❶使って減らす。ついえる。ついやす。例 空費《クウヒ》。消費《ショウヒ》。浪費《ロウヒ》。❷使われる金銭。ものいり。ついえ。例 費用《ヒヨウ》。経費《ケイヒ》。旅費《リョヒ》。

人名 もち

【費消】《ヒショウ》(名・する)(お金や品物を)使いへらすこと。使ってしまうこと。例 公金—。

【費途】《ヒト》 お金の使いみち。使途。例 —を明示する。

【費目】《ヒモク》 支出する費用の、目的による分類の名。経費の名目。人件費や通信費など。

【費用】《ヒヨウ》 ものを買ったり、何かをしたりするためにかかる、お金。例 旅行の—。

●会費《カイヒ》・学費《ガクヒ》・空費《クウヒ》・経費《ケイヒ》・公費《コウヒ》・国費《コクヒ》・歳費《サイヒ》・雑費《ザッピ》・実費《ジッピ》・私費《シヒ》・自費《ジヒ》・出費《シュッピ》・消費《ショウヒ》・冗費《ジョウヒ》・食費《ショクヒ》・乱費《ランピ》・旅費《リョヒ》・浪費《ロウヒ》

貝 5

【賁】

12画 7644 8CC1 音 一 ヒ 漢 二 フン 漢 三 ホン 漢

意味 一《ヒ》 模様がはなやかで美しい。あざやか。かざる。例 賁然《ヒゼン》(=はなやかで美しいようす)。二《フン》 おおきい。例 賁鼓《フンコ》(=おおきなつづみ)。三《ホン》 いきおいよくはしる。同 奔《ホン》。例 虎賁《コホン》(=トラが奔走《ホンソウ》してえものを追うことから、転じて、勇士)。

貝 5

【貿】

12画 4339 8CBF 教育5 音 ボウ 漢

筆順 ノ ㇾ ム 卯 留 留 貿

なりたち [形声]「貝(=たから)」と、音「卯《ボウ》」とから成る。たからをとりかえる。

意味 金銭と品物、品物と品物をとりかえる。売り買いする。あきなう。例 貿易《ボウエキ》。貿財《ボウザイ》(=金銭にかえる)。

【貿易】《ボウエキ》(名・する)外国とのあいだで品物の売り買いをすること。例 —商。—の自由化。

貝 5

【貳】

12画 ⇩【弐】《ニ》(361ページ)

貝 6

【賈】

13画 7643 8CC8 音 一 コ 漢 二 カ 漢 訓 あきな-う・あきな-い・う-る・か-う

意味 一《コ》 売り買いする。店をかまえて商売をする(商人)。あきなう。あきない。例 賈人《コジン》(=商人)。商賈《ショウコ》(=あきんど。商は行商人の意)。二《カ》 ねだん。あたい。同 価《カ》。

貝 6

【資】

13画 2781 8CC7 教育5 音 シ 漢 呉

筆順 冫 冫 次 次 资 資 資

なりたち [形声]「貝(=たから)」と、音「次《シ》」とから成る。たくわえたたから。

意味 ❶事業や商売をするのに必要なお金や原料や材料。もとで。例 資本《シホン》。学資《ガクシ》。物資《ブッシ》。❷もとで・金品をあたえて、たすける。例 産業《サンギョウ》の発展《ハッテン》に資《シ》する。❸生まれつき。たち。天からあたえられた性質。例 資質《シシツ》。資性《シセイ》。天資《テンシ》。

人名 かね・すけ・たか・たかし・たから・たすく・たすけ・ただ・ただし・つぎ・つぐ・とし・はかる・もと・やす・よし・より

【資益】《シエキ》(名・する)たすけ、ためになるようにする。

【資格】《シカク》 ①あることをする場合の、地位や立場。例 会社代表の—で出席する。②ある仕事をするために必要な条件。例 —試験。教員の—。

【資金】《シキン》 ①事業をおこなうための、もとになるお金。もとで。資本。例 運転—。②決まった目的のために使うことにしてあるお金。例 結婚《ケッコン》—。

【資源】《シゲン》 ①製品やエネルギーの原料となる、鉱物・水産物・水・山林などの天然の物資。例 地下—。②ある仕事をするために必要な人やもの。例 人的—。

【資材】《シザイ》 ものをつくる材料。例 建築—。

【資財】《シザイ》 財産。資産。例 大きな—。

【資産】《シサン》 ①個人または法人がもっている金銭・証券・土地・建物などの財産。例 固定—。②資本となる財産。

【資質】《シシツ》 生まれつきもっている性質や才能。天性。例 音楽的—にめぐまれる。

【資性】《シセイ》 生まれつきもっている性質や才能。天性。資質。例 すぐれた—の持ち主《ぬし》。

【資本】《シホン》 何かをするために必要な、もとになるお金。もとで。資金。例 —金。—主義。

【資本金】《シホンキン》 事業を運営する基礎となるお金。

【資本主義】《シホンシュギ》 資本を持っている人が、利益を求めて労働者をやとって生産をおこなう経済組織。また、そのような考え。対 共産主義《キョウサンシュギ》・社会主義《シャカイシュギ》。

【資料】《シリョウ》 調査や研究などの、基礎《キソ》となる材料。データ。例 会議の—をととのえる。

【資力】《シリョク》 お金を出すことのできる能力。資金力。財力。例 —にものを言わせて株を買い集める。

●外資《ガイシ》・学資《ガクシ》・出資《シュッシ》・増資《ゾウシ》・投資《トウシ》・物資《ブッシ》・融資《ユウシ》

貝 6

【貲】

13画 7639 8CB2 音 シ 漢 訓 あがな-う・たから

意味 ❶お金で罪のうめあわせをする。あがなう。❷財産。たから。同 資《シ》。例 貲財《シザイ》(=財産)。貲産《シサン》(=財産)。

貝 6

【賊】

13画 3417 8CCA 常用 音 ソク 漢 ゾク 呉 訓 そこな-う

筆順 冂 目 貝 貝 貯 賊 賊 賊

なりたち 賊 [会意]「戈(=武器)」と「則(=きまり)」とから成る。武器を使って、きまりをやぶる。

意味 ❶きずつける。害する。そこなう。例賊害《ゾクガイ》(=きずつける)。❷ぬすびと。どろぼう。例海賊《カイゾク》。盗賊《トウゾク》。❸ころす。例賊殺《ゾクサツ》(=ころす)。❹むほんする。乱を起こす。例賊心《ゾクシン》。賊臣《ゾクシン》。逆賊《ギャクゾク》。

難読 烏賊《いか》・木賊《とくさ》

【賊軍】《ゾクグン》 天子にはむかう軍勢。反乱軍。対官軍。

【賊子】《ゾクシ》 ①親を害するような不孝な子。例乱臣―。②謀反人《ムホンニン》。

【賊心】《ゾクシン》 ①謀反《ムホン》を起こそうと思う心。②人に害をあたえようと思う心。

【賊臣】《ゾクシン》 主君にはむかう臣下。例―に討《う》たれる。

【賊徒】《ゾクト》 反逆者のなかま。謀反人《ムホンニン》たち。例―の首領。

【賊兵】《ゾクヘイ》 賊軍の兵士。

●海賊《カイゾク》・山賊《サンゾク》・盗賊《トウゾク》・木賊《とくさ》

貝6 【賃】 13画 3634 8CC3 教育6 音チン慣ジン漢ニン呉 訓やと-う

筆順 亻 仁 仟 任 凭 賃 賃 賃

なりたち 賃 [形声]「貝(=金銭)」と、音「任《ジン》」とから成る。金銭をはらって、人を使う。

意味 ❶お金とひきかえに働く。やとわれる。やとう。例賃傭《チンヨウ》(=やとわれて働く)。❷働いた見返りにしはらわれるお金。例賃金《チンギン》。運賃《ウンチン》。工賃《コウチン》。❸お金を出して借りる、また、お金を取って貸す。例賃借《チンシャク》。賃貸《チンタイ》。

日本語での用法 《チン》使用料や損料。「賃《チン》を取《と》る・無賃《ムチン》」

人名 かぬ・とお

【賃金】《チンギン》 働いたことに対してしはらわれる報酬《ホウシュウ》。労賃。例労働―。最低―。表記「賃銀」とも書く。

【賃借】《チンシャク》(名・する)お金をはらって借りること。賃借り。対賃貸《チンタイ》。例―料。―人。

【賃銭】《チンセン》 働いたことに対してしはらわれるお金。賃金。

【賃貸】《チンタイ》(名・する)お金を取って貸すこと。賃貸し。対賃借《チンシャク》。例―マンション。―契約《ケイヤク》。

【賃労働】《チンロウドウ》 お金を得るために働くこと。賃金労働。

●運賃《ウンチン》・工賃《コウチン》・駄賃《ダチン》・船賃《ふなチン》・無賃《ムチン》・家賃《やチン》・宿賃《やどチン》・労賃《ロウチン》

貝6 【賂】 13画 4708 8CC2 常用 音ロ漢 訓まいない

筆順 冂 冃 目 貝 貝 貝 貝 賂

なりたち 賂 [形声]「貝(=たから)」と、音「各《カク↓ロ》」とから成る。贈り物。

意味 金品をおくる。また、金品をおくって、つごうのよいようにとりはからってもらう。わいろ。まいない。例貨賂《カロ》(=わいろ)。賄賂《ワイロ》。

貝6 【賄】 13画 4737 8CC4 常用 音ワイ慣カイ漢呉 訓まかな-う・まいない・まかな-い

筆順 冂 冃 目 貝 貝 貝 賄 賄

なりたち 賄 [形声]「貝(=たから)」と、音「有《ユウ↓カイ》」とから成る。たから。

意味 ❶たから。財貨。例賄貨《ワイカ》(=財貨。また、わいろ)。❷金品をおくる。金品をおくってつごうのよいようにとりはからってもらう。わいろ。まいない。例賄賂《ワイロ》。収賄《シュウワイ》。

日本語での用法 一《まかなう》限られた人数やお金などで、やりくりする。「万事《バンジ》をひとりの手《て》で賄《まかな》う・月《つき》十二万円《ジュウニマンエン》で賄《まかな》う」二《まかない》食事を用意して食べさせる。「病院《ビョウイン》の賄《まかな》い・賄《まかな》い付《つ》き」

【賄賂】《ワイロ》 特別に利益をはからってもらうためにおくる、不正な金品。そでの下。例―をおくる。

●収賄《シュウワイ》・贈収賄《ゾウシュウワイ》・贈賄《ゾウワイ》

貝6 【資】 13画 ⇩【資】《シ》(936ページ)

貝6 【賍】 13画 ⇩【贓】《ゾウ》(941ページ)

貝6 【賎】 13画 ⇩【賤】《セン》(938ページ)

貝7 【賑】 14画 3888 8CD1 人名 音シン漢呉 訓にぎ-わい・にぎ-わう・にぎ-わす・にぎ-やか

意味 ❶人やものが多く豊かである。栄える。にぎやか。にぎわう。にぎわい。例殷賑《インシン》。❷金品をほどこして救う。めぐむ。にぎわす。例賑恤《シンジュツ》(=貧困《ヒンコン》の者にめぐむ)。

日本語での用法 《にぎやか》さわがしい。陽気な。「賑《にぎ》やかな人《ひと》」

人名 とみ・とも

貝7 【賓】 14画 ⇩【賓】《ヒン》(939ページ)

貝7 【賔】 14画 ⇩【賓】《ヒン》(939ページ)

貝8 【賛】 15画 2731 8CDB 教育5 音サン漢呉 訓たた-える

筆順 = 扌 夫 夫夫 㚘 賛 賛 賛

貝12 【贊】 19画 7653 8D0A

なりたち 贊 [会意]「貝(=たから)」と「兟(=進み出る)」とから成る。君主の前に進み出るときに、手みやげとするたから。派生して「たすける」の意。

意味 ❶わきから力をそえる。たすける。例賛助《サンジョ》。賛成《サンセイ》。協賛《キョウサン》。❷たたえる。ほめる。同讃《サン》。例賛辞《サンジ》。賞賛《ショウサン》。礼賛《ライサン》。❸文体の一つ。人をほめたたえる文章。また、絵などに書きそえる詩文。同讃《サン》。例画賛《ガサン》。論賛《ロンサン》。

人名 あきら・すけ・すすむ・たすく・よし

【賛意】《サンイ》 賛成の意志。賛成の気持ち。例―を表する。

【賛歌】《サンカ》 神仏や人・ものごとをほめたたえる歌。例仏教―。雪山《ゆきやま》―。表記旧▼讃歌

【賛辞】《サンジ》 ほめことば。例―を呈《テイ》する。表記旧▼讃辞

【賛助】《サンジョ》(名・する)力をかすこと。例―出演。

【賛成】《サンセイ》(名・する)①たすけて、ものごとを完成させること。②人の意見や提案などに、同意すること。賛同。対反対。

【賛嘆】《サンタン》(名・する)深く感心してほめること。例―の声がもれる。表記旧▼讃▼歎

【賛同】《サンドウ》(名・する)賛成し同意すること。賛成。

【賛美】《サンビ》(名・する)ほめたたえること。例―歌(=キリスト教で、神やキリストの徳をたたえる歌)。自然を―する。表記旧▼讃美

【賛否】《サンピ》 賛成と不賛成(=反対)と。賛成か不賛成か。例―両論がある。―を問う。

●協賛《キョウサン》・自画自賛《ジガジサン》・称賛《ショウサン》・絶賛《ゼッサン》・翼賛《ヨクサン》・礼賛《ライサン》

貝8 【賜】 15画 2782 8CDC 常用 音シ漢呉 訓たまわ-る・たま-う・たまもの

筆順 冂 目 貝 貝 貝 貝 貝 賜 賜

なりたち [形声]「貝(=たから)」と、音「易《エキ→シ》」とから成る。あたえる。

意味 ❶目上の人からものをあたえられる。たまわる。たまう。例 賜与《シヨ》(=上の者から、くださる)。賞賜《ショウシ》。❷いただいたもの。めぐみ。たまもの。例 賜物《シブツ》。厚賜《コウシ》(=手厚いおくりもの)。

難読 置賜《おいたま・おきたま》(=地名)

人名 たま・ます・めぐむ

【賜暇《シカ》】 官吏《カンリ》などが休みをもらうこと。

【賜杯《シハイ》】 競技などの優勝者に、天皇や皇族が下賜《カシ》する意味であたえる、優勝カップ。

【賜物《シブツ・たまもの》】 ①たまわったもの。いただいたもの。例 自然の―。②手に入れることができた、いい結果。例 努力の―。

貝 8 【質】 15画 2833 8CEA 教育5

音 ㊀シチ(慣) チ(漢)(呉) ㊁シツ(漢) シチ(呉)

訓 ただ-す

筆順 ノ 厂 斤 斦 斦 斦 質 質 質

貝 4 【貭】 11画 7636 8CAD 俗字

なりたち [形声]「貝(=たから)」と、音「斦《ギン→シツ》」とから成る。物を抵当《テイトウ》にする。

意味 ㊀《シチ・チ》 借金や約束の保証として、相手にあずけるもの。抵当《テイトウ》。人質《ひとジチ》。例 質子《シチ》(=ひとじち)。言質《ゲンチ》(=あとで証拠《ショウコ》となることば)。㊁《シツ・シチ》 ❶ものの本来の内容。もとになるもの。実体。例 実質《ジッシツ》。本質《ホンシツ》。❷生まれつき。たち。例 気質《キシツ》。性質《セイシツ》。体質《タイシツ》。❸ありのまま。かざりけのない。例 質実《シツジツ》。質素《シッソ》。質朴《シツボク》。❹問いただす。たずねる。例 質疑《シツギ》。質問《シツモン》。

難読 質実《ジミ》

人名 かた・さだ・さだむ・すなお・ただ・ただし・まこと・み・もと

【質▽種《シチぐさ》】 質屋からお金を借りるとき、担保《タンポ》として預ける品物。質物《シチモツ》。例 ―を流す。表記「質草」とも書く。

【質物《シチモツ》】 質に入れる品物。しちぐさ。例 ―をうけ出す。―が流れる。

【質屋《シチや》】 品物を質(=担保《タンポ》)として預かり、お金を貸す職業。また、その店。

【質感《シツカン》】 材質から受ける感じ。例 やわらかい―の手ぶくろ。

【質疑《シツギ》】 (名・する)疑問に思うことを問いただすこと。質問。例 ―応答。

【質実《シツジツ》】 (名・形動)服装や行動にかざりけがなく、まじめなこと。例 ―剛健《ゴウケン》。―な生活を守る。

【質素《シッソ》】 (名・形動)①かざりけがないこと。対 華美《カビ》。例 ―な服装。②ぜいたくをしないこと。倹約《ケンヤク》。例 ―に暮らす。―をむねとする。

【質的《シツテキ》】 (形動)ものごとを内容や性質の面からみたようす。対 量的。例 ―なちがいを見分ける。

【質朴《シツボク》】 (名・形動)かざりけがなく、まじめなこと。例 ―な性格。表記「質▼樸」とも書く。

【質問《シツモン》】 (名・する)わからない点をたずね、問いただすこと。例 予算委員会の代表―。先生に―する。

【質量《シツリョウ》】 ①〔物〕物体がもっている物質固有の量。〔地球上での重量は、各物体の質量に比例する。また、質量は場所によって変わらない〕②質と量。内容の性質と分量。例 ―ともに満足できる料理。

◐悪質《アクシツ》・異質《イシツ》・気質《キシツ・かたぎ》・言質《ゲンチ》・材質《ザイシツ》・資質《シシツ》・上質《ジョウシツ》・素質《ソシツ》・同質《ドウシツ》・特質《トクシツ》・物質《ブッシツ》・変質《ヘンシツ》・本質《ホンシツ》・良質《リョウシツ》

貝 8 【賞】 15画 3062 8CDE 教育5

音 ショウ(漢)(呉)

訓 ほ-める

筆順 丨 丷 ⺌ 尚 尚 當 賞 賞

なりたち [形声]「貝(=たから)」と、音「尚《ショウ》」とから成る。功績に対してほうびをあたえる。

意味 ❶功労に対してあたえられる金品。ほうび。例 賞金《ショウキン》。恩賞《オンショウ》。懸賞《ケンショウ》。❷功績や美点をほめたたえる。ほめる。例 賞賛《ショウサン》。賞罰《ショウバツ》。激賞《ゲキショウ》。❸いつくしんでたのしむ。深く味わう。めでる。例 賞味《ショウミ》。鑑賞《カンショウ》。

人名 あき・あきら・すすむ・たか・たかし・ほむ・よし

【賞▼翫《ショウガン》】 (名・する)①もののめずらしさ、美しさ、よさをほめ、楽しみながらだいじにすること。例 花ふぶきを―する。②食べ物の味のよさをほめて味わうこと。賞味。例 山海の珍味《チンミ》を―する。表記 ▽「賞玩」とも書く。

【賞金《ショウキン》】 ほうびとしてあたえるお金。〔懸賞《ケンショウ》や抽選《チュウセン》についてもいう〕

【賞勲《ショウクン》】 国や社会に対して勲功のあった人を賞すること。

【賞賛《ショウサン》】 (名・する)(人のすぐれた行動や業績などを)ほめたたえること。表記 旧 賞▼讃。また、「称賛」とも書く。

【賞詞《ショウシ》】 功績などをほめることば。賞辞。

【賞賜《ショウシ》】 ほめて、ものをあたえること。また、そのもの。

【賞状《ショウジョウ》】 すぐれた業績や行為《コウイ》をたたえることばを書いた文書。例 ―授与《ジュヨ》式。

【賞嘆《ショウタン》】 (名・する)感心してほめること。嘆賞。表記 旧 賞▼歎。また、「称嘆」とも書く。

【賞杯《ショウハイ》】 優勝者などに賞としてあたえるさかずき。カップ。表記「賞▼盃」とも書く。

【賞▼牌《ショウハイ》】 優勝者などに賞としてあたえる記章。メダル。

【賞罰《ショウバツ》】 賞と罰。ほめることと罰すること。

【賞美《ショウビ》】 (名・する)ほめたたえること。称美《ショウビ》。賞賛。

【賞品《ショウヒン》】 賞としてあたえる品物。

【賞味《ショウミ》】 (名・する)味がおいしいとほめながら食べること。例 ―期間。

【賞与《ショウヨ》】 ①(業績をあげた人などに)ほうびをあたえること。また、その金品。②毎月の給与のほかに、六月や十二月などに勤務者に支給される金銭。ボーナス。一時金。

【賞揚《ショウヨウ》】 (名・する)ほめあげること。賞賛。例 功績を―することばを述べる。表記「称揚」とも書く。

◐観賞《カンショウ》・鑑賞《カンショウ》・金賞《キンショウ》・銀賞《ギンショウ》・激賞《ゲキショウ》・懸賞《ケンショウ》・受賞《ジュショウ》・授賞《ジュショウ》・推賞《スイショウ》・前後賞《ゼンゴショウ》・大賞《タイショウ》・銅賞《ドウショウ》・特賞《トクショウ》・入賞《ニュウショウ》・副賞《フクショウ》・褒賞《ホウショウ》

貝 8 【賤】 15画 7645 8CE4

音 セン(漢)(呉)

訓 いや-しい・しず

貝 6 【賎】 13画 3308 8CCE 俗字

意味 ❶ねだんが安い。例 賤価《センカ》(=やすね)。❷地位・身分が低い。いやしい。しず。例 貴賤《キセン》。下賤《ゲセン》。❸見さげる。さげすむ。いやしむ。例 賤称《センショウ》(=さげすんだ言い方)。

難読 賤男《しずのお》・賤女《しずのめ》・山賤《やまがつ》

【賤業《センギョウ》】 いやしい職業。いやしめられる職業。

【賤民《センミン》】 昔の身分制社会において、不当に差別されて、最下層とされた人々。

【賤劣《センレツ》】 (名・形動)いやしくおとっていること。例 ―な手段をとる。

貝 8
【賠】
15画 3969 8CE0 常用
音 ハイ㊉漢 バイ㊉呉
訓 つぐなう

筆順 賠

なりたち [形声]「貝(=たから)」と、音「音《ホウ》→ハイ」とから成る。つぐなう。

意味 他人にあたえた損害を金品でうめあわせる。つぐなう。例賠償《バイショウ》。

【賠償】《バイショウ》(名・する) 相手にあたえた損害を金銭などでつぐなうこと。例損害—。国家—。

貝 8
【賓】
15画 4148 8CD3 常用
音 ヒン㊉漢㊉呉
訓 まろうど

筆順 賓

貝 7
【賓】
14画 1-9224 FA64 人名

貝 7
[賔]
14画 — 8CD4 俗字

なりたち [形声]「貝(=たいせつなもの)」と、音「㝌《ベン》→ヒン」とから成る。うやまうべき人。

意味 ❶手あつくもてなすたいせつな客。まろうど。例賓客《ヒンキャク》。貴賓《キヒン》。来賓《ライヒン》。❷主に対して従う位置にあるもの。例賓格《ヒンカク》(=文法上の、目的格)。❸梵語《ボンゴ》の音訳。例賓頭盧《ビンズル》。

難読 賓客《まろうど》

人名 つぐ・つら

【賓客】《ヒンキャク》〔「ヒンカク」とも〕 たいせつな客。客人。例—をもてなす。—として招く。

【▽賓頭▼盧】《ビンズル》〔仏〕 釈迦《シャカ》の弟子《デシ》で、十六羅漢《ラカン》の第一。頭髪《トウハツ》が白く、まゆが長い。俗《ゾク》に、その像をなでると、その部位の病気が治るとされる。おびんずるさま。なでぼとけ。

●貴賓《キヒン》・国賓《コクヒン》・主賓《シュヒン》・来賓《ライヒン》

貝 8
【賦】
15画 4174 8CE6 常用
音 フ㊉漢
訓 みつぎ

筆順 賦

なりたち [形声]「貝(=たから)」と、音「武《ブ》→フ」とから成る。たからをとりたてる。

意味 ❶人民に金品や労役《ロウエキ》を割り当てて納めさせる。また、その割り当て。租税《ソゼイ》。みつぎもの。みつぎ。例賦役《フエキ》。賦課《フカ》。貢賦《コウフ》(=みつぎものと、租税)。❷さずかる。天からあたえられたもの。生まれつきの。例賦性《フセイ》。賦与《フヨ》。天賦《テンプ》。❸詩をつくる。よむ。例賦詠《フエイ》(=詩歌《シイカ》をつくる)。❹『詩経《シキョウ》』の六義《リクギ》の一つ。心に感じたことをありのままにうたう。❺漢文の文体の一つ。押韻《オウイン》して対句《ツイク》を多用した修辞的な文章。→【辞賦】《ジフ》(960ページ) 例子虚賦《シキョのフ》。赤壁賦《セキヘキのフ》。

人名 おさむ・たけ・たけし・ます・みつぐ

【賦役】《フエキ》 ①租税《ソゼイ》(=税金)と労役《ロウエキ》(=強制労働)。②古代に起源し、中世以後、耕作、運搬《ウンパン》、築城などのために、人民に課した強制労働。夫役《ブヤク》。例—に出る。—に苦しむ。

【賦課】《フカ》(名・する) 租税《ソゼイ》などの負担を割り当てて、納めさせること。例—金。—課税。厳しい税を—する。

【賦性】《フセイ》 天賦《テンプ》の性質。うまれつき。天性。例—のなせるわざ。

【賦与】《フヨ》(名・する) ①くばりあたえること。②生まれつきあたえられていること。例天の—した才能。

貝 8
【賚】
15画 7647 8CDA
音 ライ㊉漢㊉呉
訓 あた-える・たま-う・たまもの

意味 ほうびとしてあたえる。たまう。たまもの。例賚賜《ライシ》(=たまう)。恩賚《オンライ》(=神や天子などから受ける、めぐみ。加護《ゴカ》。恩頼《オンライ》)。

貝 8
[賭]
15画 ⇩【賭】《ト》(940ページ)

貝 8
【賣】
15画 ⇩【売】《バイ》(103ページ)

貝 9
【賢】
16画 2413 8CE2 常用
音 ケン㊉漢 ゲン㊉呉
訓 かしこ-い・まさ-る

筆順 賢

なりたち [形声]「貝(=たから)」と、音「臤《ケン》」とから成る。たからが多い。派生して「かしこい」の意。

意味 ❶才知がすぐれている。りこうな。かしこい(人)。㋧愚《グ》。例賢才《ケンサイ》。賢人《ケンジン》。聖賢《セイケン》。❷相手に関することにつけて敬意をあらわすことば。例賢兄《ケンケイ》。賢台《ケンダイ》(=あなた。同輩《ドウハイ》より上の人をうやまっていうことば)。賢慮《ケンリョ》。

難読 賢木《さかき》

人名 かた・かたし・かつ・さか・さかし・さと・さとし・さとる・すぐる・たか・たかし・ただ・ただし・とし・まさ・まさし・ます・やす・よし・より

【賢愚】《ケングウ》 かしこいことと、おろかなこと。例—のわかれ目。

【賢君】《ケンクン》 賢明な君主。賢主。㋜名君・明君。

【賢兄】《ケンケイ》 ①かしこい、あに。②(手紙などで)相手のあにや年長者・同輩《ドウハイ》の男性をうやまっていうことば。

【賢才】《ケンサイ》 すぐれた才知や才能。また、それをもった人。

【賢妻】《ケンサイ》 かしこくてしっかりした、つま。㋧愚妻《グサイ》。例外交官夫人として—ぶりを発揮する。

【賢察】《ケンサツ》(名・する) 相手が推察することを、うやまっていうことば。お察し。高察。例この点はご—を請《こ》う。

【賢士】《ケンシ》 かしこい人物。賢人。

【賢者】《ケンジャ》 かしこい人。賢人。㋧愚者《グシャ》。例—の石(=錬金術師がさがし求めた石。ものを金に化し万病を治すという)。

【賢主】《ケンシュ》 「賢君」に同じ。㋜名君・明君。

【賢臣】《ケンシン》 主君をもりたて、よき臣下として仕える家来《ケライ》。

【賢人】《ケンジン》 ①「賢者」に同じ。㋧愚人《グジン》。②聖人に次ぐ徳のある人。③〔清酒を聖人というのに対して〕にごり酒のこと。

【賢弟】《ケンテイ》 ①かしこいおとうと。例愚兄《グケイ》—。②(手紙などで)他人のおとうとや年下の男性をうやまっていうことば。

【賢哲】《ケンテツ》 ①賢人と哲人。例—のことば。②賢明で、ものの道理によく通じていること。また、その人。

【賢婦】《ケンプ》 ①「賢妻」に同じ。②女性としての人格やおこないのすぐれた人。

【賢夫人】《ケンプジン》 かしこくて、しっかりした夫人。

【賢母】《ケンボ》 かしこい、はは。例良妻—。

【賢明】《ケンメイ》(名・形動《ダ》) かしこくて道理に明るいこと。常識にかなっていて、正しい判断であること。㋧愚昧《グマイ》・暗愚。例—な判断。

【賢慮】《ケンリョ》 ①かしこい考え。②他人の考えをうやまっていうことば。お考え。例ご—をわずらわす。

【賢良】《ケンリョウ》 かしこくて善良なこと。また、その人。

●諸賢《ショケン》・先賢《センケン》・普賢《フゲン》

貝 9 **【賭】** 16画 3750 8CED 常用 音 ト漢 訓 か-ける・か-け

筆順 冂 目 貝 … 賭 賭

貝 8 **【賭】** 15画 俗字

なりたち [形声]「貝(=たから)」と、音「者《シャ》→ト」とから成る。かけごとをする。

意味 金品を出しあって勝負をきそう。かける。かけ。例 賭《ト》場《ば》。賭《ト》博《バク》。

使い分け **かかる・かける【掛・懸・架・係・賭】** ⇩1166ページ

【賭場】賭《ト》場《ば》 賭《ト》博《バク》をする場所。賭《ト》博《バク》場《ジョウ》。鉄《テッ》火《カ》場《ば》。

【賭博】賭《ト》博《バク》 お金や品物をかけて、勝負を争うこと。かけごと。ばくち。博《バク》奕《エキ》。

貝 9 **【頼】** 16画 ⇩【頼】《ライ》(1067ページ)

貝 10 **【購】** 17画 2556 8CFC 常用 音 コウ漢 訓 あがな-う

筆順 月 貝 貝 … 購 購

貝10 **【購】** 17画

なりたち [形声]「貝(=金銭)」と、音「冓《コウ》」とから成る。金銭でほしいものを手に入れる。

意味 代金をはらって買い求める。また、賞金をかけて求める。あがなう。例 購《コウ》求《キュウ》(=買い求める)。購《コウ》入《ニュウ》。購《コウ》買《バイ》。

【購読】購《コウ》読《ドク》 (名・する) 新聞や雑誌などを買って読むこと。

【購入】購《コウ》入《ニュウ》 (名・する) お金をはらって物品を買い入れること。例 ―予定の品。

【購買】購《コウ》買《バイ》 (名・する)「購入」に同じ。例 ―力。―部。

貝 10 **【賽】** 17画 7648 8CFD 音 サイ漢

意味 神仏にお礼参りをする。感謝のおまつりをする。例 賽《サイ》社《シャ》(=秋の収《シュウ》穫《カク》を終わって、神に感謝するまつり)。賽《サイ》銭《セン》。

日本語での用法 **《サイ》** さいころ(=すごろくやばくちに用いる道具)。「賽《サイ》の目《め》・賽《サイ》の六《ロク》が出《で》る」

【賽銭】賽《サイ》銭《セン》 社寺にお参りした人が、奉《ホウ》納《ノウ》する金銭。〔もと、願いがかなえられたお礼に奉納した金銭〕例 ―を上げる。

【賽の河原】賽《サイ》の河原《かわら》 〔「賽」は、賽する(=神仏にお礼参りをする)意〕①〔仏〕死んだ子供が行くという三《サン》途《ズ》の川の河原。この河原の石を積んで父母の供《ク》養《ヨウ》に塔《トウ》をつくろうとすると、鬼《おに》がたちまちそれをくずしてしまい、無限の修《シュ》行《ギョウ》をしいるという。②きりのない、むだな努力。

貝 10 **【賺】** 17画 7649 8CFA 音 タン漢 訓 う-る・すか-す

意味 利益を手に入れる。もうける。また、だましとる。例 賺《タン》銭《セン》(=金もうけをする)。

日本語での用法 **《すかす》** きげんをとる、なだめるの意。「子《こ》をなだめ賺《すか》す・脅《おど》したり賺《すか》したりして勉《ベン》強《キョウ》させる」

貝 10 **【賻】** 17画 7650 8CFB 音 フ漢 訓 おく-る・たす-ける

意味 金品をおくって葬《ソウ》儀《ギ》を助ける。また、その金品。例 賻《フ》贈《ゾウ》(=死者の家におくるもの)。

貝10 **【購】** 17画 ⇩【購】《コウ》(940ページ)

貝 11 **【贄】** 18画 7651 8D04 音 シ漢 訓 にえ

意味 君主や先生にはじめて会うときにたずさえるおくりもの。手みやげ。例 贄《シ》敬《ケイ》(=手みやげ。また、入門料)。

日本語での用法 **《にえ》** ①神に供える、ささげもの。「生《い》け贄《にえ》」②調理するための魚や鳥。また、保存用の食料。「贄《にえ》殿《どの》・モズの速《はや》贄《にえ》」

難読 歳《とし》贄《だま》

貝 11 **【贅】** 18画 7652 8D05 音 ゼイ慣 セイ漢 訓 むこ・むだ

意味 ❶質《シチ》に入れる。例 贅《ゼイ》子《シ》(=人質として預ける子)。❷いぼ。こぶ。例 贅《ゼイ》疣《ユウ》。❸よけいな。むだなもの。むだ。例 贅《ゼイ》言《ゲン》。贅《ゼイ》語《ゴ》。贅《ゼイ》肉《ニク》。❹むこ。入りむこ。例 贅《ゼイ》婿《セイ》(=結《ケッ》婚《コン》して女の家にはいったむこ)。

難読 贅肉《いぼ》

【贅言】贅《ゼイ》言《ゲン》 (名・する) 言わないでもよいことばを言うこと。また、そのことば。贅語。例 ―を要しない。

【贅語】贅《ゼイ》語《ゴ》「贅言」に同じ。

【贅沢】贅《ゼイ》沢《タク》 (名・する・形動《ダナ》) ①必要以上に金品が使えて、ゆとりがあること。例 ―品。―な暮らし。②必要の程度をこえて、不相応なおごりをすること。奢《シャ》侈《シ》。例 ―三《ザン》昧《マイ》。

【贅肉】贅《ゼイ》肉《ニク》 からだについた余分な脂《シ》肪《ボウ》。例 ―を落とす。

【贅物】贅《ゼイ》物《ブツ》 ①よけいなもの。むだなもの。②ぜいたく品。例 ―を始《シ》末《マツ》する。

【贅▼疣】贅《ゼイ》疣《ユウ》 ①こぶや、いぼなどの無用の肉。②無用のもの。

表記 ▽「贅▼肬」とも書く。

貝 11 **【贈】** 18画 3403 8D08 常用 音 ソウ漢 ゾウ呉 訓 おく-る

筆順 冂 目 貝 … 贈 贈

貝12 **【贈】** 19画 1-9229 FA65 人名

なりたち [形声]「貝(=たから)」と、音「曾《ソウ》」とから成る。めずらしい品物を人におくる。

意味 ❶金品や詩文をおくりあたえる。おくる。例 贈《ゾウ》詩《シ》(=詩をおくる)。贈《ゾウ》与《ヨ》。寄《キ》贈《ゾウ》。❷死後、官位・称号をおくる。例 贈《ゾウ》位《イ》。追《ツイ》贈《ゾウ》。❸おくりもの。プレゼント。

使い分け **おくる【送・贈】** ⇩1164ページ

人名 たま・ます

【贈位】贈《ゾウ》位《イ》 (名・する) 生前の功績により、故人に位階をおくること。また、その位階。

【贈号】贈《ゾウ》号《ゴウ》 (名・する) 死後に称《ショウ》号《ゴウ》をおくること。また、その称号。おくりな。

【贈収賄】贈《ゾウ》収《シュウ》賄《ワイ》 賄《ワイ》賂《ロ》をおくることと、うけとること。類 収《シュウ》賄《ワイ》・贈《ゾウ》賄《ワイ》。

【贈呈】贈《ゾウ》呈《テイ》 (名・する) 人にものをおくること。進呈。例 記念品を―する。

【贈答】贈《ゾウ》答《トウ》 (名・する) (和歌や手紙、おくりものなどを)人におくったりそのお返しをしたり、やりとりすること。例 ―品。

【贈与】贈《ゾウ》与《ヨ》 (名・する) 人に金品をおくること。また、その金品。例 ―税。生前に―しておく。

【贈賄】贈《ゾウ》賄《ワイ》 (名・する) 賄《ワイ》賂《ロ》をおくること。対 収賄。

貝 12

【贇】 19画 7654 8D07 音 イン漢 訓 うるわ-しい・よ-い

意味 上品で美しい。

貝 12

【贗】 19画 2070 8D0B 音 ガン漢 訓 にせ

意味 ほんものそっくりにつくること。また、そのもの。にせもの。にせ。例 贗作《ガンサク》。真贗《シンガン》。

【贗作】《ガンサク》 (名・する)(絵画や小説などの)にせものをつくること。また、そのにせもの。偽作《ギサク》。例 名画の―騒動《ソウドウ》。

【贗札】《ガンサツ》 ほんものに似せてつくったお札。にせさつ。

【贗造】《ガンゾウ》 (名・する)にせものをつくること。また、そのにせもの。贗作。偽造《ギゾウ》。例 ―紙幣《シヘイ》。

【贗物】《ガンブツ》 にせもの。まがいもの。

貝12 【贊】 19画 ⇩【賛】《サン》(937ページ)

貝12 【贈】 19画 ⇩【贈】《ゾウ》(940ページ)

貝 13

【贏】 20画 7655 8D0F 音 エイ漢 訓 あま-す・あま-る・か-つ・さか-ん・まさ-る

意味 ❶利益を得る。もうける。例 贏財《エイザイ》。贏余《エイヨ》。❷余分に手に入れる。ありあまる。あまる。あます。❸勝負に勝つ。かつ。対 輸《ユ|シュ》。例 輸贏《ユエイ|シュエイ》(=勝ち負け)。

【贏財】《エイザイ》 ありあまる財産。余分な物資。

【贏余】《エイヨ》 ありあまること。あまり。

【贏利】《エイリ》 もうけ。利益。

貝 13

【贍】 20画 7656 8D0D 音 セン漢 ゼン呉 訓 た-す・たす-ける・た-りる・ゆた-か

意味 ❶金品を供給して救済する。すくう。たす。例 贍救《センキュウ》(=救済する)。贍恤《センジュツ》。❷じゅうぶんにみたす。たりる。例 贍足《センソク》。贍富《センプ》(=満ち足りる)。

【贍▼恤】《センジュツ》 (名・する)金品をあたえて助けること。

【贍足】《センソク》 (名・する)充足《ジュウソク》させること。じゅうぶんにすること。

貝 14

【贐】 21画 7657 8D10 音 シン漢 ジン呉 訓 おく-る・はなむけ

意味 旅立つ人へのおくりもの。はなむけ。例 贐儀《シンギ》(=はなむけとしておくるもの)。贐銭《ジンセン》(=はなむけの金銭)。

貝 14

【贔】 21画 7661 8D14 音 ヒ漢呉

意味 大きい。力づよい。例 贔屓《ヒイキ》。贔然《ヒゼン》(=はげしいようす)。贔風《ヒフウ》(=はげしい風)。

難読 贔屓《ちからおこし》

【贔▼屓】《ヒイキ》 (「ヒキ」とも)(名・する)①伝説上のカメの一種。重い物を背負う力があるとされ、石碑《セキヒ》の台座に彫《ほ》られる。②気に入っている人に特別に目をかけて援助《エンジョ》したり、後援したりすること。また、そうする人。例 依怙《えこ》―。―の引きたおし(=ひいきすることが、かえって本人に不利益になること)。表記「贔▼屭」とも書く。

貝 15

【贖】 22画 7662 8D16 音 ショク漢 訓 あがな-う

意味 お金や品物を出して、刑罰《ケイバツ》をまぬがれる。あがなう。例 贖罪《ショクザイ》。

【贖罪】《ショクザイ》 (名・する)①金品を出すことで、罪を許してもらい、刑罰《ケイバツ》をまぬがれること。②よいおこないをすることで、罪のつぐないをすること。罪ほろぼし。例 ―のための寄付。③キリスト教で、キリストが人類の罪をあがなうために、十字架《ジュウジカ》にかかったこと。

貝 15

【贓】 22画 7659 8D13 音 ゾウ慣 ソウ漢呉

貝 6

[賍] 13画 7660 8CCD 別体字

意味 不正な手段で手に入れた財貨。例 贓品《ゾウヒン》。贓物《ゾウブツ》。

【贓品】《ゾウヒン》 「贓物」に同じ。

【贓物】《ゾウブツ|ゾウモツ》 ぬすんだり、だまし取ったりして得た物品。贓品。盗品《トウヒン》。

155 7画 赤 あか あかへん 部

あかい色の意をあらわす。「赤」をもとにしてできている漢字を集めた。

赤 0

【赤】 7画 3254 8D64 教育1 音 セキ漢 シャク呉 訓 あか・あか-い・あか-らむ・あか-らめる 付表 真っ赤《まっか》

筆順 一 十 土 … 赤

なりたち  [会意]「大(=大いに明らか)」と「火(=ひ)」とから成る。あか。

意味 ❶色の名。あか。あかくなる。あからめる。例 赤色《セキショク》。赤面《セキメン》。発赤《ハッセキ》。❷なにもない。むきだしの。例 赤貧《セキヒン》。赤裸裸《セキララ》。❸まこと。まごころ。例 赤心《セキシン》。赤誠《セキセイ》。

日本語での用法 一《セキ》〔ロシア革命の革命政府の旗の色から〕共産主義。左翼《サヨク》。「赤軍《セキグン》」 二《あか》①共産主義(者)の俗称《ゾクショウ》。②まったく。「赤《あか》の他人《タニン》」

使い分け あからむ【赤・明】⇩1160ページ

難読 赤魚《あこう》・赤目魚《めなだ》・赤棟蛇《やまかがし》・赤豆《あずき》・赤熊《シャぐま》

【赤絵】《あかエ》 陶磁器《トウジキ》の上絵《うわエ》付けで、赤が主調となっているもの。また、その陶磁器。例 ―の鉢《ハチ》。万暦《バンレキ》―。

【赤子】 一《あかご》(「セキシ」とも)生まれて間もない子。あかんぼう。二《セキシ》天子を親に見立てて、その子である、国民。人民。臣民。

【赤字】《あかジ》 ①〔不足額の数字を帳簿《チョウボ》に赤色で書くところから〕収入より支出が多いこと。欠損。対 黒字。例 ―を出す。②〔赤色で書くところから〕印刷物などの訂正《テイセイ》の書き入れ。校正の文字など。例 ―を入れる。

【赤土】《あかつち》 鉄分が多く赤茶色でねばりけのある土。ローム。

【赤▼螺】《あかにし》 アクキガイ科の食用の巻き貝。卵嚢《ランノウ》はナギナタホオズキといい、口で鳴らすおもちゃにする。

【赤恥】《あかはじ》 かくしようのない恥。ひどい恥。あかっぱじ。

【赤旗】《あかはた》 ①赤い旗。②平氏の旗。対 白旗《しらはた》。③革命派の旗。労働者の旗。共産党の旗。

【赤肌】《あかはだ》 ①表面をおおう羽や毛、うすい皮などがむけて、赤くなった皮膚《ヒフ》。②肌がむきだしの、まるはだか。あかはだか。表記 ▽「赤▽膚」とも書く。

【赤帽】《あかボウ》 ①赤い帽子。②駅で客の手荷物を運ぶ職業の人。ポーター。〔赤い帽子をかぶっていたところから〕

【赤本】《あかホン》 ①草双紙《くさゾウシ》の一つ。江戸《えど》時代、昔話を題材にした絵入りの赤い表紙の本。②俗悪《ゾクアク》で低級な本。

【赤味《あかみ》】赤いこと。赤さが感じられる程度。例―がさす。

【赤銅《シャクドウ》】①銅に微量《ビリョウ》の金や銀を加えた、日本古来の合金。美術工芸品に用いる。②「赤銅色《いろ》」の略。赤みをおびた褐色《カッショク》。日焼けした肌《はだ》のたとえ。

【赤口《シャック|シャッコウ》】「赤口日《シャッコウニチ》」の略。陰陽道《オンヨウドウ》でいう六曜の一つ。正午以外は何をするにも凶《キョウ》とされる日。

【赤外線《セキガイセン》】〔物〕目には見えない光の一種。ものをあたためる作用や大気を通す力があり、医療《イリョウ》や写真の撮影《サツエイ》などに使われる。熱線。

【赤軍《セキグン》】旧ソビエト社会主義共和国連邦《レンポウ》での正規軍。

【赤十字《セキジュウジ》】戦時には傷病者の手当てをし、平時にはいっぱんの人の災害救護・治療《チリョウ》・予防などを行う国際組織。

【赤縄《セキジョウ》】夫婦《フウフ》の縁《エン》。〔夫婦となるべき男女の足を結ぶ、あかい縄《なわ》を持つ老人の故事から〕〈続幽怪録《ゾクユウカイロク》〉

【赤色《セキショク》】①あかい色。例―リトマス試験紙。②革命や、共産主義を象徴《ショウチョウ》する色。例―革命。

【赤心《セキシン》】いつわりのない心。真心《まごころ》。赤誠。

【赤誠《セキセイ》】いつわりのない心。真心《まごころ》。赤心。丹誠《タンセイ》。例―をあらわす。

【赤道《セキドウ》】地球の南北両極からひとしい距離《キョリ》にある地点を結び、地球を東西に一周する線。緯度〇度の線。

【赤熱《セキネツ》】〔「シャクネツ」とも〕（名・する）物体が真っ赤になるまで熱すること。例―の色の鉄《テツ》。

【赤飯《セキハン》】アズキを煮《に》たしるで赤く染めたもち米を、アズキとともにむしたごはん。祝い用にする。おこわ。

【赤貧《セキヒン》】ひどい貧乏《ビンボウ》。例―洗うがごとし（=極端《キョクタン》な貧乏で、すべてを洗い流してしまったように何もない）。

【赤面《セキメン》】（名・する）①興奮《コウフン》したり、酒によったりして顔をあかくすること。②はずかしいこと。はずかしくて顔を赤くすること。例―恐怖症《キョウフショウ》。―の至《いた》り。

【赤裸《セキラ》】（名・形動《ダ》）何も身につけていないこと。まるはだか。あかはだか。赤裸裸《セキララ》。

【赤裸裸《セキララ》】㊀（名・形動《ダ》）「赤裸」に同じ。㊁（形動《ダ》）まったく包みかくさず、いつわりのないようす。あからさま。例―な告白。

【赤痢《セキリ》】感染症の一つ。赤痢菌《キン》で大腸がおかされる。おもな症状《ショウジョウ》は発熱と血便。

【赤血球《セッケッキュウ》】ヘモグロビンによって赤色をしている、血球の成分の一つ。おもに酸素をはこぶ。(対)白血球。

○●日赤《ニッセキ》・発赤《ハッセキ|ホッセキ》

[赤部] 4―9画 ● 赦 赧 赫 赭 [走部] 0画 ● 走

赤 4

【赦】

11画 2847 8D66 常用 音シャ漢呉 訓ゆる-す

筆順 一 十 土 キ 赤 赤 赦 赦

なりたち  【形声】「攵（=打つ）」と、音「赤《セキ》→《シャ》」とから成る。置く。ほうっておく。

意味 罪やあやまちをとがめないでおく。ゆるす。ゆるし。例赦免《シャメン》。恩赦《オンシャ》。容赦《ヨウシャ》。

【赦罪《シャザイ》】（名・する）罪をゆるすこと。

【赦免《シャメン》】（名・する）罪やあやまちをゆるすこと。赦罪。例―状。

○●恩赦《オンシャ》・大赦《タイシャ》・特赦《トクシャ》・容赦《ヨウシャ》

赤 5

【赧】

12画 7663 8D67 音タン慣 ダン漢 訓あか-らめる

意味 恥《は》じて顔を赤くする。あからめる。例赧愧《タンキ》（=顔を赤くして、恥じる）。

赤 7

【赫】

14画 1950 8D6B 音カク漢呉 訓あか-い・かがや-く

意味 ❶火があかくもえるようす。あかい。かがやく。いきおいがさかん。また、はっきりしたようす。例赫奕《カクエキ》（=ひかりかがやくようす）。赫赫《カッカク》。❷激しくいかるようす。同嚇《カク》。例赫怒《カクド》。

【赫怒《カクド》】（名・する）（顔を赤くして）激しくいかること。激怒。

表記「嚇怒」とも書く。

【赫赫《カッカク》】（形動《トタル》）①あかあかとかがやいているようす。強い日照りや激しい熱気。②だれの目にも明らかで、いちじるしいようす。例―たる戦果をあげる。

赤 9

【赭】

16画 7664 8D6D 音シャ漢 訓あかつち・あか

意味 あかい色の土。あかつち。また、あかい。例代赭《タイシャ》（=赤色の顔料）。

【赭顔《シャガン》】赤みをおびた顔色。あからがお。赭面。

【赭土《シャド》】あかつち。

156 7画 走 はしる そうにょう 部

はしる意をあらわす。「走」をもとにしてできている漢字を集めた。

0 走 赱 2 赴 赳 3 起 赳 起 5 越 超 趁 7 趙 8 趣 10 趨

走 0

【走】

7画 3386 8D70 教育2 音ソウ漢呉 訓はし-る 付表 師走《しわす|しはす》

筆順 一 十 土 キ 丰 走 走

走 0

[赱]

6画 7665 8D71 俗字

なりたち 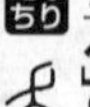 【会意】「夭（=まげる）」と「止（=あし）」とから成る。ひざをまげて、こばしりで行く。

意味 ❶はや足で行く。かける。はしる。例走破《ソウハ》。競走《キョウソウ》。暴走《ボウソウ》。❷にげる。例脱走《ダッソウ》。逃走《トウソウ》。敗走《ハイソウ》。❸はしりつかい。てさき。例走狗《ソウク》。

【走▼狗《ソウク》】①主人のために走り回る猟犬《リョウケン》。→【狡兎《コウト》死《シ》して走狗《ソウク》烹《に》らる】（654ページ）②人の手先になって使われる人を、さげすんでいうことば。例資本家の―となる。

【走行《ソウコウ》】（名・する）（自動車などが）走って動くこと。例―距離《キョリ》。―車線。

【走査《ソウサ》】（名・する）（テレビやファクシミリで）画像を点に分解し、それぞれの点の明暗を電流の強弱に変え、順に電気信号に変える操作。スキャン。スキャニング。例テレビの―線。

【走者《ソウシャ》】①陸上競技などで、走る人。ランナー。例リレーの第一―。②野球で、塁《ルイ》に出ているランナー。

【走破《ソウハ》】（名・する）最後まで走りぬくこと。完走。例一万メートルを―する。

【走法《ソウホウ》】陸上競技などの走り方。例ストライド―。

【走▽馬灯《ソウマトウ》】①外わくの紙や布に、内わくの影絵《かげエ》を映す見せ物。回り灯籠《ドウロウ》。例思い出が―のようにめぐる。②ものごとや月日の移ろいの早いことのたとえ。

【走力《ソウリョク》】走る力。走る能力。例抜群《バツグン》の―。

【走塁《ソウルイ》】（名・する）野球で、走者が次の塁へ走ること。

【走路《ソウロ》】①競走用のコース。例―妨害《ボウガイ》。②にげ道。血路。例―を断《た》つ。
●快走《カイソウ》・滑走《カッソウ》・疾走《シッソウ》・縦走《ジュウソウ》・独走《ドクソウ》

走0 [赱]6画 ⇩【走】《ソウ》（942ページ）

走2 【赴】9画 4175 8D74 常用 音 フ漢呉 訓 おもむ-く
筆順 一 十 土 キ キ 未 走 赴
なりたち  [形声]「走(=はしる)」と、音「卜《ホク》→フ」とから成る。こばしりで行く。
意味 ❶目的地に急いで行く。行きつく。おもむく。例赴任《フニン》。❷人の死を知らせる。同訃《フ》。例赴告《フコク》（=人の死や災難を知らせる）。
人名 たけ・たけし・はや・ゆき・ゆく
【赴任《フニン》】（名・する）公務員や会社員が勤務地へおもむくこと。例単身―。

走2 【赳】9画 ⇩【赳】《キュウ》（943ページ）

走3 【起】10画 2115 8D77 教育3 音 キ漢呉 訓 お-きる・お-こる・お-こす・た-つ
筆順 一 十 土 キ キ 走 起 起
走3 【起】10画
なりたち 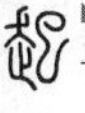 [形声]「走(=はしる)」と、音「巳《シ》→キ」とから成る。立ち上がる。

意味 ❶おきあがる。たつ。おきる。例起床《キショウ》。起立《キリツ》。隆起《リュウキ》。❷さかんにする。おこす。例起死回生《キシカイセイ》。喚起《カンキ》。奮起《フンキ》。❸ものごとをはじめる。おこす。例起工《キコウ》。提起《テイキ》。発起《ホッキ》。❹ものごとがはじまる。はじまり。おこる。おこり。例起源《キゲン》。縁起《エンギ》。生起《セイキ》。

使い分け おこす・おこる【起・興】⇩1164ページ
難読 起居《たちい》
人名 おき・かず・ゆき
【起案《キアン》】（名・する）文書や計画などの原案をつくること。例―者。

【起因《キイン》】（名・する）ものごとの起こること。また、その原因となること。例何に―する事故か。表記「基因」とも書く。

【起居《キキョ》】（名・する）①立ったりすわったりすること。たちい。挙動。②日常の生活。例―をともにする。―を問う手紙。

【起句《キク》】漢詩の絶句で、第一句目。最初の句。→【起承転結《キショウテンケツ》】

【起結《キケツ》】①はじめと終わり。②漢詩や漢文の起句と結句。

【起源《キゲン》】ものごとのおこり。例生命の―をさぐる。表記「起原」とも書く。

【起工《キコウ》】（名・する）工事を始めること。着工。対竣工《シュンコウ》。例―式。

【起稿《キコウ》】（名・する）原稿を書き始めること。類起草。対脱稿《ダッコウ》。

【起死回生《キシカイセイ》】①死にかかっている人を生きかえらせること。②崩壊《ホウカイ》寸前の状態から立ち直らせること。例―の一打をはなつ。

【起床《キショウ》】（名・する）ねどこから起き出ること。対就寝《シュウシン》。例毎朝六時に―する。

【起▽請《キショウ》】（名・する）約束を守ることを神仏にちかい、請願《セイガン》すること。また、その文書。

【起▽請文《キショウモン》】起請の内容を記した文書。誓紙《セイシ》。誓文《セイモン》。

【起承転結《キショウテンケツ》】①漢詩で、絶句の並べ方。起句で一首の感興《カンキョウ》をうたい始め、承句でこれを受け、転句で別のことに転換《テンカン》し、結句で全体をまとめる。②文章やものごとの構成の順序。

【起訴《キソ》】（名・する）検察官が被告人《ヒコクニン》の処罰《ショバツ》を求めて裁判所に公訴（=審理《シンリ》の申し立て）をすること。対不起訴。例―猶予《ユウヨ》。

【起草《キソウ》】（名・する）文案や下書きをつくること。草案や草稿《ソウコウ》を書くこと。例大会宣言を―する。

【起点《キテン》】ものごとの始まるところ。出発点。対終点。例東海道の―は日本橋だ。

【起動《キドウ》】（名・する）①行動をおこすこと。例―力。②エンジンや機械が運転を始めること。始動。

【起爆《キバク》】（名・する）火薬が爆発をおこすこと。例―装置。

【起爆剤《キバクザイ》】①起爆薬。②ものごとを起こすきっかけ。

【起筆《キヒツ》】（名・する）文字・文章・著作などを書き始めること。書きおこし。対擱筆《カクヒツ》。

【起伏《キフク》】（名・する）①土地や音などが、高くなったり低くなったりすること。高低。例―に富んだ地形。②さかんだったり、おとろえたりすること。例―の多い人生。

【起毛《キモウ》】織物や編み物の表面に、毛羽《けば》をかき立てること。例―素材。

【起用《キヨウ》】（名・する）とり立てること。引き上げて使うこと。例若手《わかて》を―する。

【起立《キリツ》】（名・する）席から立ち上がること。また、そのための号令。例―してむかえる。―、礼、着席《チャクセキ》。
●縁起《エンギ》・決起《ケッキ》・再起《サイキ》・想起《ソウキ》・提起《テイキ》・突起《トッキ》・躍起《ヤッキ》

走3 【赳】10画 7666 8D73 人名 音 キュウ漢
走2 【赳】9画
なりたち  [形声]「走(=はしる)」と、音「丩《キュウ》」とから成る。すばしこく、力強い。
意味 すばしこくつよい。勇ましい。たけだけしい。
人名 いさ・いさむ・たけ・たけし・つよし

走3 【起】10画 ⇩【起】《キ》（943ページ）

走5 【越】12画 1759 8D8A 常用 音 エツ漢 オチ呉 訓 こ-す・こ-える・こし
筆順 土 キ 走 走 赴 赵 越 越
なりたち 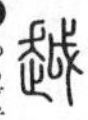 [形声]「走(=はしる)」と、音「戉《エツ》」とから成る。むこうがわへ行く。
意味 ❶ある区切り目を乗りこえる。わたる。こえる。こす。例越境《エッキョウ》。越年《エツネン》。二年越《ニネンご》し。箱根越《はこねご》え。❷順序や範囲《ハンイ》をこえる。例越権《エッケン》。僭越《センエツ》。❸他にぬきんでる。すぐれる。例卓越《タクエツ》。超越《チョウエツ》。❹春秋戦国時代、今の浙江《セッコウ》省あたりにあり、長く呉《ゴ》と争った国。戦国時代中ごろ、楚《ソ》にほろぼされた。（?―前三三四）例呉越同舟《ゴエツドウシュウ》。
日本語での用法 一《エツ・エチ》「越《こし》の国《くに》」の略。「越州

《エッシュウ》・越中《エッチュウ》・越後《エチゴ》・越前《エチゼン》・北越《ホクエツ》」㊁《こし》北陸地方(=福井《ふくい》・石川・富山《とやま》・新潟《にいがた》の四県)の古い呼び方。「越路《こしじ》・越《こし》の白雪《しらゆき》・越《こし》の国《くに》・越《こし》の白嶺《しらね》」

使い分け こえる・こす【越・超】⇩1168ページ

難読 越瓜《しろうり》・越天楽《エテンラク》

人名 お・こえ・こゆる・わたる

【越後】《エチゴ》 旧国名の一つ。佐渡《さど》をのぞいた今の新潟《にいがた》県。

【越前】《エチゼン》 旧国名の一つ。今の福井《ふくい》県北東部。

【越境】《エッキョウ》 (名・する) 国境や境界をこえて、他国領や他の境域にはいること。例 ―入学(=もともと属する学区域以外の公立学校に入学すること)。

【越権】《エッケン｜オッケン》 自分の権限以上に、立ち入って事をおこなうこと。例 ―行為《コウイ》。

【越訴】《エッソ｜オッソ》 (名・する) 順序をふまず、直接に上官や上司にうったえること。直訴《ジキソ》。例 ―におよぶ。

【越中】《エッチュウ》 旧国名の一つ。今の富山《とやま》県。

【越冬】《エットウ》 (名・する) 冬をこすこと。冬ごし。例 ―資金。

【越南】《エツナン》 ベトナム。安南《アンナン》。

【越年】《エツネン｜オツネン》 (名・する) 年をこし、新年をむかえること。としこし。例 ―草《ソウ》。平安に―する。

【▽越天楽】《エテンラク》 雅楽《ガガク》の曲名。舞《まい》のない管弦《カンゲン》(=器楽)の曲。

●激越《ゲキエツ》・卓越《タクエツ》・超越《チョウエツ》・優越《ユウエツ》

走 5

【超】

12画 3622 8D85 常用

音 チョウ(漢)(呉) 訓 こ-える・こ-す

筆順 土 キ 走 起 起 超 超

なりたち  [形声]「走(=はしる)」と、音「召《ショウ》→《チョウ》」とから成る。とびこえる。

意味 ❶ある限度をこえる。こす。例 超過《チョウカ》。出超《シュッチョウ》。❷ぬきんでている。はるかにすぐれる。例 超越《チョウエツ》。超人《チョウジン》。❸なみはずれている。とびきり。スーパー。シュール。例 超現実主義《チョウゲンジツシュギ》。超満員《チョウマンイン》。

使い分け こえる・こす【越・超】⇩1168ページ

人名 おき・たつ・とおる・まさ・まさる

【超越】《チョウエツ》 (名・する) ①ふつうの程度や一定の限度をこえること。例 人知を―する。②俗事《ゾクジ》からぬけ出て、一段高い立場にたつこと。例 世俗を―する。

【超音速】《チョウオンソク》 音が伝わる速度(=空気中で秒速約三四〇メートル)以上のはやさ。例 ―旅客機。

【超音波】《チョウオンパ》 人の耳には聞こえない、振動数《シンドウスウ》二万ヘルツ以上の音波。魚群探知、機械加工、医療《イリョウ》などに用いられる。例 ―診断《シンダン》。

【超過】《チョウカ》 (名・する) ①数や量が標準や限度をこえること。例 予算―。②比較《ヒカク》して他をこえること。例 輸入―。

【超自然】《チョウシゼン》 自然の法則では説明できないような、神秘なこと。例 ―現象。

【超人】《チョウジン》 ①ふつうの人とはかけはなれた能力をもった人。スーパーマン。②〔哲〕ニーチェの説く、あらゆる可能性をそなえた理想的人間像。

【超絶】《チョウゼツ》 (名・する) 他よりはるかに、すぐれていること。超越《チョウエツ》。例 ―技巧《ギコウ》。

【超然】《チョウゼン》 (形動《タルト》) ①世俗的《セゾクテキ》なことにこだわらないようす。例 金銭に―としている。②かけはなれているようす。例 雲上に―と立つ山頂。

【超俗】《チョウゾク》 世俗《セゾク》のことにはかかわらず、ゆうゆうとしていること。脱俗《ダツゾク》。

【超短波】《チョウタンパ》 周波数が三〇から三〇〇メガヘルツの電波。近距離《キンキョリ》の無線通信、FM放送、レーダーなどに用いる。

【超▼弩級】《チョウドキュウ》 ①〔「弩」は、イギリスの大型戦艦《センカン》ドレッドノート号の頭音の音訳〕ドレッドノート号を上回る大型戦艦。②けたちがいの大きさや勢力。

【超特急】《チョウトッキュウ》 ①特急よりもさらに速い列車。例 ―ひかり号。②非常にはやい状態のたとえ。例 会議を―ですませる。

【超能力】《チョウノウリョク》 人間の能力をこえた不思議な能力。透視《トウシ》やテレパシー、未来予知など。

●出超《シュッチョウ》・入超《ニュウチョウ》

走 5

【趁】

12画 7667 8D81

音 チン(漢) 訓 お-う

意味 ❶追いかける。追いもとめる。おう。❷機会を利用する。

走 7

【趙】

14画 7668 8D99

音 チョウ(漢)

意味 ❶とびこえる。速く行く。例 趙行《チョウコウ》(=ふつうの程度よりはるかに速く進む)。❷春秋時代末期、晋《シン》から韓《カン》・魏《ギ》とともに独立した国の一つ。このときから戦国時代が始まる。戦国の七雄《シチユウ》の一つにあげられたが、秦《シン》にほろぼされた。(前四〇三―前二二二)

走 8

【趣】

15画 2881 8DA3 常用

音 シュ(漢)(呉) 訓 おもむき・おもむ-く

筆順 土 キ キ 走 赶 趄 趣

なりたち  [形声]「走(=はしる)」と、音「取《シュ》」とから成る。すみやか。派生して「おもむく」の意。

意味 ❶急いで行く。おもむく。例 趣走《シュソウ》(=はやく走って行く)。❷心のむかうところ。考え。わけ。意味。例 趣意《シュイ》。趣旨《シュシ》。❸あじわい。おもしろみ。おもむき。例 趣味《シュミ》。興趣《キョウシュ》。情趣《ジョウシュ》。

人名 とし

【趣意】《シュイ》 ①あることをする動機や目的。例 ―書。②文章や話で、あらわそうとしている意味や内容。例 たくみに―を表現する。

【趣向】《シュコウ》 ①おもむき。味わい。例 せっかくの―がだいなしだ。②おもしろいものにするための、くふうや考え。例 ―をこらす。

【趣旨】《シュシ》 ①あることをしようとする目的や理由。例 提案の―を了解《リョウカイ》する。②文章や話で、おもに表現しようとしていることがら。要旨。例 ―を理解する。―がじゅうぶんに通らない。

【趣味】《シュミ》 ①専門ではなく楽しみとして、おこなう遊び。例 ―と実益をかねる。②美しさやおもしろさがわかる力。好み。例 ―人《ジン》。―がいい。③おもむきや味わい。風情《フゼイ》。

●意趣《イシュ》・雅趣《ガシュ》・興趣《キョウシュ》・情趣《ジョウシュ》・野趣《ヤシュ》

走 10

【趨】

17画 3186 8DA8

音 スウ(慣) シュ(漢)(呉) 訓 おもむ-く・はし-る

意味 ❶小走りに行く。足早に行く。貴人の前を通るときの礼。例 趨走《スウソウ》(=はやく走る)。❷ある方向にむかう。おもむく。同 趣《シュ》。例 趨向《スウコウ》。趨勢《スウセイ》。帰趨《キスウ》。

【趨向】《スウコウ》 ものごとのなりゆき。趨勢。

【趨勢】《スウセイ》 ものごとの進んでいく方向。動向。例 時代の―を見きわめる。

157
7画
足 あし（⻊ あしへん）部

あしの意をあらわす。「足」が偏《へん》（＝漢字の左がわの部分）になるときは「⻊（あしへん）」となる。「足」をもとにしてできている漢字を集めた。

0 足 4 跂 趾 趺 5 跏 距 跚 跖 跌 跛 跋 距 6 跪 跫 跨 跟 跡 践 跣 跳 跿 7 踊 踉 踈 8 踝 踞 踪 踟 路 践 9 踴 踵 踏 踰 踊 10 蹊 蹇 蹉 踏 蹌 蹐 蹈 蹏 蹋 11 蹙 蹠 蹤 蹕 蹣 蹟 12 蹶 蹴 蹲 蹼 蹻 躅 躄 14 躊 躋 躇 躍 15 躑 躓 躔 16 躙 躒 18 躡 19 躪 躓 躍 躍 躙 躡 躪

足 0
【足】
7画 3413 8DB3 教育1
音 ショク漢 ソク呉
訓 あし・た-りる・た-る・たす
付表 足袋《たび》

筆順 

なりたち  ［会意］「口（＝ひとのからだ）」と「止（＝あし）」とから成る。人体の下部にある、あし。

意味 ❶人や動物のあし。とくに、あしくびから先の部分。あし。例 足跡《ソクセキ》。蛇足《ダソク》。纏足《テンソク》。❷器物の下のささえる部分。あし。例 鼎足《テイソク》。❸あしであるく。あゆみ。例 遠足《エンソク》。禁足《キンソク》。❹じゅうぶんにある。たりる。たる。例 不足《フソク》。満足《マンゾク》。❺くわえる。たす。例 補足《ホソク》。

日本語での用法 一《ソク》一対《イッツイ》のはきものを数えることば。「靴《くつ》三足《サンゾク》・靴下《くつした》二足《ニソク》」二《あし》人や物の出入り、往来や交通、また通貨。「客《キャク》足《あし》がとだえる・足《あし》の便《べん》がわるい・お足《あし》がかかる」

使い分け あし【足・脚】⇩1160ページ

人名 たり・なり・みつ・ゆき

【足▼枷】あしかせ ①罰《バツ》として足にはめる刑具《ケイグ》。例 手かせ―。②自由な動きをさまたげるもののたとえ。足手まとい。

【足軽】あしがる 最も身分の低い武士。雑兵《ゾウヒョウ》。

【足癖】あしくせ ①すわるときや歩くときのくせ。例 ―が悪い。②相撲《すもう》で、外がけや内がけなど、足で相手をたおすわざ。

【足首】あしくび 足の、くるぶしより上の少し細くなっている部分。

【足▽蹴】あしげ 足でけること。ひどいあつかいをすることのたとえ。例 ―にする。

【足駄】あしダ 二枚歯の高いげた。高げた。

【足代】あしダイ 交通費。例 ―がかかる。

【足場】あしば ①足をかけるところ。足がかり。また、高いところでする仕事のために、組み立てた台。例 ―をさがす。―を組む。②何かをするための土台となるもの。例 立候補の―を固める。③歩いていくときの足もと。例 ぬかるんで―が悪い。④交通の便。また、立地条件。例 ―がよくない。

【足▽許】あしもと 「足下三」に同じ。

【足跡】ソクセキ・あしあと ①歩いたあとに残る足の形。例 恐竜《キョウリュウ》の―。②業績。例 学界に偉大《イダイ》な―《ソクセキ》を残す。

【足熱】ソクネツ からだの下のほうがあたたかいこと。また、足先をあたためること。例 頭寒《ズカン》―。

【足労】ソクロウ 〔多く、「ご足労」の形で〕足を運ばせること。例 ご―をおかけして申しわけありません。

【足下】一 ソッカ ①きみ。貴殿《キデン》。〔同等、あるいはそれ以下の人に用いた古い言い方〕②手紙で、わき付けの一つ。机下《キカ》。〔古い言い方〕③足のした。例 ―に広がる緑の平野。二 あしもと 足のしたの部分。例 ―にもおよばない。表記 二は「足元・足▽許」とも書く。

【足し算】たしザン 二つ以上の数または式を加えて和を求める計算。加法。対 引き算。

●遠足《エンソク》・客足《キャクあし》・自給自足《ジキュウジソク》・土足《ドソク》・補足《ホソク》

⻊ 4
【跂】
11画 7669 8DC2
音 キ漢
訓 あし・つまだ-つ・むつゆび

意味 ❶足に余分に生えた指。むつゆび。❷かかとを上げて立つ。つまだつ。同 企《キ》。例 跂踵《キショウ》。跂望《キボウ》。

【跂▼踵】キショウ つまさき立って望み見ること。

【跂望】キボウ （名・する）つまさき立って望むこと。待ち望むこと。

⻊ 4
【趾】
11画 7670 8DBE
音 シ漢
訓 あと

意味 ❶くるぶしから下の部分。あし。❷あしの指。❸あしあと。また、昔の建物などのあと。土台。同 址《シ》。例 遺趾《イシ》。城趾《ジョウシ》。

難読 交趾《コウシ・コーチ》（＝漢代以来の地名。今のベトナム北部）

⻊ 4
【趺】
11画 7671 8DBA
音 フ漢呉
訓 あし・あぐら

意味 ❶あしの甲《コウ》。あし。❷両足を組み、足の甲を片方の足のももにのせてすわる。あぐらをかく。例 趺坐《フザ》。

【趺▼坐】フザ （名・する）足を組んですわること。例 結跏《ケッカ》―（＝あぐらをかき、足の甲《コウ》を片方の足のももにのせる）。

⻊ 5
【跏】
12画 7672 8DCF
音 カ漢呉

意味 両足を組み、足の甲《コウ》を片方の足のももにのせてすわる。あぐらをかく。例 結跏《ケッカ》（＝あぐらをかき、足の甲《コウ》を片方の足のももにのせる）。半跏《ハンカ》（＝腰《こし》を台座《ダイザ》にかけ、左足をたらし、右足を左足のももの上にのせる）。

⻊ 5
【距】
12画 2187 8DDD 常用
音 キョ漢
訓 へだ-てる・へだ-たる

筆順 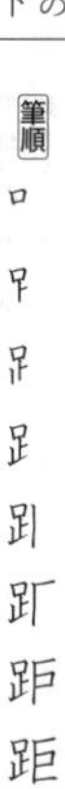

⻊ 5
【距】
12画

なりたち 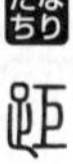 ［形声］「足（＝あし）」と、音「巨《キョ》」とから成る。ニワトリのけづめ。

意味 ❶ニワトリなどの足の後ろのつめ。けづめ。❷間をおく。へだてる。へだたる。例 距離《キョリ》。❸ふせぐ。こばむ。同 拒《キョ》。例 距絶《キョゼツ》（＝申し入れをはねつける）。

【距離】キョリ ①二つの地点間のへだたりの長さ。例 短―。②気持ちのへだたり。例 ふたりはきょうだいなのに―がある。

⻊ 5
【跚】
12画 7673 8DDA
音 サン漢

意味 「蹣跚《マンサン》」は、よろめき歩くようす。

⻊ 5
【跖】
12画 7674 8DD6
音 セキ漢
訓 あしうら

意味 ❶足のうら。あしうら。同 蹠《セキ》。❷春秋時代の魯《ロ》の大盗賊《ダイトウゾク》の名。「蹠」とも書く。例 盗跖《トウセキ》。

難読 鴨跖草《からあい・あおばな・つゆくさ》

⻊5
【趺】 12画 7675 8DCC 音 テツ漢 訓 つまず-く・あやま-つ
意味 つまずく。足をふみはずす。あやまつ。例 蹉跌《サテツ》(=つまずく。行きづまる)。

⻊5
【跛】 12画 7676 8DDB 音 ハ漢呉 訓 あしなえ
意味 片足が不自由なこと。例 跛行《ハコウ》。
【跛行】《ハコウ》(名・する) ①片足が不自由で、歩き方がぎくしゃくしていること。②進み方がちがうために、つりあいがとれないこと。不均衡《フキンコウ》。例—する景気の回復。

⻊5
【跋】 12画 7677 8DCB 音 ハツ漢 バツ呉 訓 ふ-む
意味 ❶ふむ。ふみつける。❷かってにふるまう。のさばる。例 跋扈《バッコ》。❸山野を歩きまわる。例 跋渉《バッショウ》(=山をあるき、川をわたる)。❹書物の終わりに書く文。あとがき。例 跋文《バツブン》。序跋《ジョバツ》。
【跋▼扈】《バッコ》(名・する) のさばり、はびこること。わがままかってにふるまうこと。例 妖怪《ヨウカイ》変化《ヘンゲ》が—した昔の話。
【跋文】《バツブン》 書物の終わりに書きしるす文。あとがき。対 序文。

⻊5
【距】 12画 ⇩【距】《キョ》(945ページ)

⻊6
【跪】 13画 7678 8DEA 音 キ漢呉 訓 ひざまず-く
意味 ❶両ひざを地につける。ひざまずく。例 跪行《キコウ》(=両ひざを地につけて進む)。跪坐《キザ》(=両ひざを地につけてすわる)。❷両ひざを地につけてする礼法。例 跪祝《キシュク》(=ひざまずいて、いのる)。
【跪居】《キキョ》(名・する) 両ひざをついてつま先を立て、尻《しり》をかかとの上に置く姿勢をすること。例 主人の前に—する。
【跪拝】《キハイ》(名・する) ひざまずいて、おがむこと。例—して命令をうけたまわる。

足6
【跫】 13画 7679 8DEB 音 キョウ漢 訓 あしおと

［足（⻊）部］5—6画 趺 跛 跋 距 跪 跫 跨 跟 跡 践 跣 跳

意味 あしおと。例 跫音《キョウオン》。跫然《キョウゼン》(=足音のするようす)。
【跫音】《キョウオン》 あしおと。例 空谷《クウコク》に—を聞く(=思いがけないおとずれを聞く。予想しない福音《フクイン》をうけることのたとえ)。

⻊6
【跨】 13画 2457 8DE8 人名 音 コ慣 カ漢 訓 また-ぐ・また-がる
意味 ❶乗る。またがる。例 跨鶴《コカク》(=ツルに乗って飛ぶ。仙人《センニン》になる。また、死去することのたとえ)。❷わたる。こえる。またぐ。例 跨年《コネン》(=年をこえる。次の年にまたがる)。跨線橋《コセンキョウ》。❸股《また》。またぐら。同 胯《コ》。例 跨下《コカ》。
【跨下】《コカ》 またの下。表記「▼胯下」とも書く。
【跨線橋】《コセンキョウ》 線路をまたいで、かかっている橋。渡線橋《トセンキョウ》。

⻊6
【跟】 13画 7680 8DDF 音 コン漢 訓 きびす・くびす
意味 かかと。きびす。くびす。例 脚跟《キャクコン》(=かかと)。

⻊6
【跡】 13画 3255 8DE1 常用 音 セキ漢 シャク呉 訓 あと
筆順 口 𠯁 ⻊ 𧾷 跡 跡 跡 跡

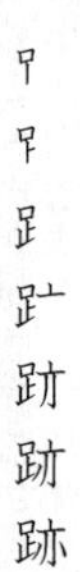

⻍6
【迹】 10画 7781 8FF9 本字
⻊11
【蹟】 18画 3256 8E5F 人名 別体字

なりたち  [形声]「⻍(=ゆく)」と、音「亦《エキ→セキ》」とから成る。歩いたあと。
意味 ❶歩いたあと。あしあと。あと。例 人跡《ジンセキ》。足跡《ソクセキ》。❷ものごとやおこないのあと。あとかた。例 史跡《シセキ》。筆跡《ヒッセキ》。
参考「跡・迹・蹟」は古くから同じように用いられているが、「迹門《シャクモン》」「本地垂迹《ホンジスイジャク》」などの仏教語では「迹」を使うことが多い。
日本語での用法 一《あと》家督《カトク》や財産。また、それを相続する人。「跡式《あとシキ》・跡継《あとつ》ぎ・跡取《あとと》り・跡目《あとめ》」二《と》「と」の音をあらわす万葉がな。「八間跡《やまと》」
使い分け あと【後・跡・痕】⇩1161ページ
人名 ただ・と・みち
【跡形】《あとかた》 前にそこに何かがあったというしるし。痕跡《コンセキ》。例 古い建物は地震《ジシン》で—もなくくずれ落ちた。
●遺跡《イセキ》・奇跡《キセキ》・軌跡《キセキ》・旧跡《キュウセキ》・形跡《ケイセキ》・航跡《コウセキ》・史跡《シセキ》・失跡《シッセキ》・定跡《ジョウセキ》・城跡《しろあと》・足跡《ソクセキ》・追跡《ツイセキ》・筆跡《ヒッセキ》

⻊6
【践】 13画 3309 8DF5 常用 音 セン漢呉 訓 ふ-む
筆順 口 𠯁 ⻊ 𧾷 𧿹 践 践 践

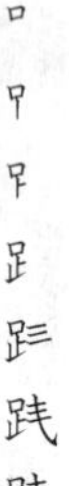

⻊8
【踐】 15画 7688 8E10

なりたち  [形声]「足(=あし)」と、音「戔《セン》」とから成る。くつで地をふむ。
意味 ❶足でものの上にのる。ふんづける。ふみ歩く。ふむ。例 践氷《センピョウ》(=氷をふむ。危険のたとえ)。❷実行する。ふみおこなう。例 実践《ジッセン》。❸位につく。例 践祚《センソ》。
人名 ふみ
【践▼祚】《センソ》(名・する) 天子の死後、あとつぎが皇位を受けつぐこと。

⻊6
【跣】 13画 7681 8DE3 音 セン漢呉 訓 はだし
意味 足に何もはかないこと。すあし。はだし。例 跣足《センソク》。
難読 徒跣《すあし》
【跣足】《センソク》 はだし。すあし。

⻊6
【跳】 13画 3623 8DF3 常用 音 チョウ漢 訓 は-ねる・と-ぶ・おど-る・は-ね
筆順 口 𠯁 ⻊ 𧾷 𧿹 𧿹 跳 跳

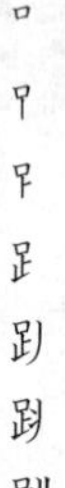

なりたち 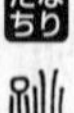  [形声]「足(=あし)」と、音「兆《チョウ》」とから成る。はねあがる。おどりあがる。
意味 ❶とびはねる。はねる。とぶ。例 跳馬《チョウバ》。跳躍《チョウヤク》。❷おどる。まう。例 跳舞《チョウブ》(=おどり、舞《ま》う)。❸かってにふるまう。横行《オウコウ》する。例 跳梁《チョウリョウ》。
日本語での用法《はねる》①とびちる。「泥《どろ》が跳《は》ねる」②その日の興行が終わる。「芝居《しばい》が跳《は》ねる」
使い分け とぶ【飛・跳】⇩1174ページ
【跳然】《チョウゼン》(形動《タルト》) とびあがるようす。
【跳馬】《チョウバ》 体操競技の種目の一つ。馬のからだに似た道具を、助走して手をつき、とびこえる。また、その用具。

【跳躍《チョウヤク》】(名・する) ①地面をけって、とびはねること。例—運動。②陸上競技で、高とびや幅《はば》とびなど。

【跳▼梁《チョウリョウ》】(名・する) わがもの顔にふるまうこと。わがままかってに動きまわること。例ゲリラが—する地域。

⻊6 **【路】** 13画 4709 8DEF 教育3 音ロ(漢)(呉) 訓じ・みち

筆順

たちなり [形声]「足(=あし)」と、音「各《カク》→ロ」とから成る。みち。

意味 ❶人や車が行き来するところ。通り道。みち。じ。例路上《ロジョウ》。道路《ドウロ》。旅路《たびじ》。❷道を行く。旅行。例路次《ロジ》。路費《ロヒ》(=旅行の費用)。❸すじみち。やり方。例路線《ロセン》。理路《リロ》。❹重要な地位。例当路《トウロ》。要路《ヨウロ》。

人名 のり・ゆき・ゆく

【路肩《ロかた》】道路のはしの部分。例—注意。〔「ロケン」とも〕

【路銀《ロギン》】旅行にかかる費用。〔「旅費」の古い言い方〕

【路次《ロジ》】〔古くは「ロシ」〕道中。みちすがら。例—の費用。

【路地《ロジ》】①家と家の間のせまい道。②茶室に通じる道など、敷《しき》地《チ》内の通路。表記 ②は「露地」とも書く。

【路上《ロジョウ》】道の上。また、道ばた。例—の放置自転車。

【路線《ロセン》】①電車やバスが定期的に走る二地点間の道筋。例—バス。②組織や団体などの基本方針。例平和—。

【路程《ロテイ》】道のり。行程。道程。例まる一日の—。

【路頭《ロトウ》】道ばた。道のほとり。例—に迷う(=生活に困る)。

【路傍《ロボウ》】道ばた。例—の草。—の人(=行きずりの他人)。

【路面《ロメン》】道路の表面。例—電車。雨ですべりやすい—。

【路用《ロヨウ》】旅にかかる費用。路銀。〔「旅費」の古い言い方〕

●家路《いえじ》・一路《イチロ》・遠路《エンロ》・回路《カイロ》・街路《ガイロ》・帰路《キロ》・空路《クウロ》・小路《こうじ|ショウジ》・航路《コウロ》・順路《ジュンロ》・進路《シンロ》・水路《スイロ》・線路《センロ》・通路《ツウロ》・販路《ハンロ》・末路《マツロ》・迷路《メイロ》・夢路《ゆめじ》・陸路《リクロ》

⻊7 **【跼】** 14画 7682 8DFC 音キョク(漢) 訓せぐくま-る

意味 足や背をまげて、かがむ。からだをちぢめる。せぐくまる。例跼天蹐地《キョクテンセキチ》。

【跼天▼蹐地《キョクテンセキチ》】〔天は高いのに背をかがめ、大地はしっかりしているのにそっとぬき足で歩く意〕おそれて、びくびくすること。肩《かた》身《み》のせまい思いで過ごすこと。跼蹐。

⻊7 **【跿】** 14画 7685 8DFF 音ト(漢) 訓すあし

意味 はだし。すあし。例跿跔《トク》(=はだし。跳《と》び上がる)。

⻊7 **【踊】** 14画 4557 8E0A 常用 音ヨウ(漢)ユ(呉) 訓おど-る・おど-り

筆順

⻊9 [踴] 16画 7693 8E34 別体字

たちなり [形声]「足(=あし)」と、音「甬《ヨウ》」とから成る。足でとびはねる。

意味 ❶とびあがる。はねあがる。また、足をあげてまう。おどる。例踊躍《ヨウヤク》。舞踊《ブヨウ》。❷喪礼《ソウレイ》の一つ。死者を哀悼《アイトウ》して、おどるようにするしぐさ。例哭踊《コクヨウ》(=死者をいたみ、もだえおどって深い悲しみをあらわす礼)。❸ものの値段があがる。例踊貴《ヨウキ》(=物価があがる)。

日本語での用法《おどる》①リズムに合わせて体を動かす。「音楽《オンガク》に乗《の》って踊《おど》る」②操《あやつ》られる。「人《ひと》に踊《おど》らされる」

使い分け おどる【踊・躍】⇩1165ジペー

【踊り子《おどりこ》】踊りをおどる人。とくに、踊りを職業としている若い女性。例伊豆《いず》の—。

【踊り場《おどりば》】①踊りをする場所。②階段のとちゅうにある、やや広くて平らな場所。

【▽踊躍《ユヤク|ヨウヤク》】(名・する) 喜びのあまり、おどりあがること。

⻊7 **【踉】** 14画 7684 8E09 音ロウ(漢) 訓ためら-う

意味「蹌踉《ソウロウ》」は、よろめくようす。

⻊7 [踈] 14画 ⇩【疎】ソ(682ジペー)

⻊8 **【踝】** 15画 7686 8E1D 音カ(漢) 訓くるぶし

意味 足首の関節の左右につき出た部分。くるぶし。

⻊8 **【踞】** 15画 7687 8E1E 音キョ(漢)コ(呉) 訓うずくま-る

意味 ❶ひざを立ててすわる。しゃがむ。うずくまる。例蹲踞《ソンキョ》。❷尊大にかまえる。おごる。同倨《キョ》。例踞傲《キョゴウ》(=おごりたかぶる)。

⻊8 **【踪】** 15画 7709 8E2A 常用 音ソウ(慣)ショウ(漢) 訓あと

筆順

たちなり [会意]本字は「⿰車従」で、「車(=くるま)」と「從(=したがう)」の省略体とから成る。車の跡。

意味 あしあと。あとかた。また、ゆくえ。例踪跡《ソウセキ》。失踪《シッソウ》。

参考 本来「蹤《ショウ》」の別体字だが、日本語では「ソウ」と読み、使い分けている。

【踪跡《ソウセキ》】足あと。また、あとかた。ゆくえ。例—をくらます。

●失踪《シッソウ》

⻊8 **【踟】** 15画 7689 8E1F 音チ(漢)

意味 数歩あるいて立ちどまる。ためらいとどまる。足ぶみして進まないこと。例踟躕《チチュウ》(=行くことをためらう)。

難読 踟躕《たたずむ|たちどまる|たちもとおる|たちやすらう》

⻊8 **【踏】** 15画 3807 8E0F 常用 音トウ(漢)(呉) 訓ふ-む・ふ-まえる

筆順

⻊10 [蹋] 17画 2-8944 8E4B 本字

たちなり [形声]「足(=あし)」と、音「昜《トウ》」とから成る。ふむ。

意味 ❶足ぶみする。足をふみならす。ふむ。例踏歌《トウカ》。❷ふみすすむ。ふみあるく。例踏査《トウサ》。踏青《トウセイ》。踏破《トウハ》。❸ふみおこなう。うけつぐ。例踏襲《トウシュウ》。

日本語での用法《ふみ・ふむ》①価値や値段について、おおよその見当をつける。「値踏《ねぶ》みをする」②一定のやり方

—をたどる。「手順《てジュン》を踏《ふ》む」

【踏歌】《トウカ》 難読 雪踏《セッタ》・踏雪《よつじろ》(=馬の四本の足先の白いもの) ①足で地をふみならして、歌をうたい舞《ま》うこと。②平安時代、正月に宮中でおこなわれた、祝い歌をうたい舞う行事。

【踏査】《トウサ》(名・する) 実際にその土地へ行って調査すること。例実地—。

【踏襲】《トウシュウ》(名・する) これまでのやり方をそっくりそのまま受けつぐこと。例前例を—する。表記 ㊐▼蹈襲

【踏青】《トウセイ》 青い草をふむ。春に郊外《コウガイ》に出かける行事。

【踏破】《トウハ》(名・する) 歩きぬくこと。けわしく長い道のりを歩きとおすこと。例北アルプスを—する。

【踏切】《ふみきり》 道路が鉄道線路を横切るところ。

◐高踏《コウトウ》・雑踏《ザットウ》・舞踏《ブトウ》・未踏《ミトウ》

⻊8 【踐】 15画 ⇩【践】《セン》(946ページ)

⻊9 【蹂】 16画 7690 8E42 音ジュウ㊉漢 訓ふ-む・ふみにじ-る

意味 ふみにじる。ふみあらす。ふむ。例蹂躙《ジュウリン》。

【蹂▼躙】《ジュウリン》(名・する) ふみにじること。また、暴力や権力によって他をふみつけにすること。例人権を—する。

⻊9 【踵】 16画 7691 8E35 音ショウ㊉漢 訓きびす・くびす・かかと

意味 ❶あとを追う。あとをつぐ。つぐ。❷いたる。例踵門《ショウモン》(=人の家を訪ねる)。❸足のかかと。きびす。くびす。かかと。例踵接《ショウセツ》(=次から次へと続く)。

【踵《きびす》を接《セッ》す】 人や、ものごとが次から次へと続くようす。

⻊9 【蹄】 16画 3693 8E44 人名 音テイ㊉漢 訓ひづめ

⻊10 [蹏] 17画 — 8E4F 本字

意味 ❶ウマやウシなどのつめ。ひづめ。例蹄鉄《テイテツ》。馬蹄《バテイ》。❷ウサギをとらえるわな。うさぎわな。例筌蹄《センテイ》。

【蹄形】《テイケイ》 馬のひづめの形。馬蹄形。

【蹄鉄】《テイテツ》 馬のひづめが減るのを防ぐために、ひづめに打ちつけるU字形の鉄。

［足(⻊)部］ 8—11画 ● 踐蹂踵蹄踰踴蹊蹇蹉蹌蹐蹈蹏蹋蹙蹠蹤蹕

⻊9 【踰】 16画 7692 8E30 音ユ㊉漢㊉呉 訓こ-える・こ-す

意味 ものや境界をのりこえる。時間や期限をこえる。こす。こえる。例踰越《ユエツ》。踰月《ユゲツ》。心《こころ》の欲《ほっ》する所《ところ》に従《したが》えども矩《のり》を踰《こ》えず。→【従心】《ジュウシン》(376ページ)

【踰越】《ユエツ》(名・する) のりこえること。

【踰月】《ユゲツ》 その月をこして、翌月となること。

⻊9 [踴] 16画 ⇩【踊】《ヨウ》(947ページ)

⻊10 【蹊】 17画 7694 8E4A 音ケイ㊉漢 訓みち

意味 細いみち。こみち。みち。例成蹊《セイケイ》。

足10 【蹇】 17画 7701 8E47 音ケン㊉漢 訓あしなえ

意味 ❶足がわるくて歩くのに不自由なこと。あしなえ。例蹇跛《ケンパ》(=足が不自由で、ふつうには歩けないこと)。❷すらすらと進まず、動きがわるい。例蹇吃《ケンキツ》(=ことばがすらすらと出ない)。❸苦しみ、思いなやむ。例蹇蹇《ケンケン》。

【蹇蹇】《ケンケン》(形動トタル) ①なやみ苦しむようす。難儀《ナンギ》するようす。例『—録《ケンケンロク》』〔陸奥宗光《むつむねみつ》の外交苦心録〕 ②家臣が主君に対して忠誠をつくすようす。

【蹇蹇▼匪▼躬】《ケンケンヒキュウ》〔「匪躬」は、自分の利害を考えない意〕臣下が心身ともに苦労して主君のためにつくす。

⻊10 【蹉】 17画 7702 8E49 音サ㊉漢 シャ㊉呉 訓つまず-く

意味 つまずく。つまずき。例蹉跌《サテツ》。

難読 蹉跎岬《サダみさき》(=足摺岬《あしずりみさき》)

【蹉▼跌】《サテツ》(名・する) つまずくこと。ものごとが思いどおりにいかず失敗すること。例計画が—する。

⻊10 【蹌】 17画 7703 8E4C 音ショウ㊉漢 ソウ㊉呉 訓よろめ-く

意味 ❶堂々と歩くようす。また、舞《ま》いおどるようす。例蹌蹌《ソウソウ》(=威儀《イギ》を正して進む)。❷「蹌踉《ソウロウ》」は、よろめくようす。

⻊10 【蹐】 17画 7704 8E50 音セキ㊉漢 訓ぬきあし-する

意味 音をたてないように、こまたで歩く。ぬきあし、さしあし。例跼蹐《キョクセキ》。跼天蹐地《キョクテンセキチ》(=おそれおののいて、びくびくすること)。

⻊10 【蹈】 17画 7705 8E48 音トウ㊉漢 訓ふ-む

意味 ❶足ぶみする。足をふみならす。ふむ。同踏《トウ》。例蹈歌《トウカ》。❷ふみすすむ。ふみあるく。同踏《トウ》。例蹈査《トウサ》。❸ふみおこなう。うけつぐ。同踏《トウ》。例蹈襲《トウシュウ》。

表記 現代表記では、「踏《トウ》」に書きかえることがある。熟語は「踏」(947ページ)を参照。

難読 蹈鞴《たたら》・蹈皮《たび》

⻊10 [蹏] 17画 ⇩【蹄】《テイ》(948ページ)

⻊10 [蹋] 17画 ⇩【踏】《トウ》(947ページ)

足11 【蹙】 18画 7706 8E59 音シュク㊉漢㊉呉 セキ㊉漢 訓せま-る・しか-める

意味 ❶さしせまる。ちぢまる。せまる。❷しわをよせる。しかめる。例顰蹙《ヒンシュク》。

⻊11 【蹠】 18画 7708 8E60 音ショ㊉慣 セキ㊉漢 訓あしうら

意味 ❶足のうら。あしうら。同跖《セキ》。例蹠骨《ショコツ》(=足のうらの、土ふまずの骨)。対蹠的《タイセキテキ》。❷春秋時代の魯《ロ》の大盗賊《ダイトウゾク》の名。「跖」とも書く。例盗蹠《トウセキ》。

参考 「蹠《セキ》」は、「とびはねる」が原義とされるが、古くから「跖《セキ》」と同じ意味に使われる。

⻊11 【蹤】 18画 7707 8E64 音ショウ㊉漢 訓あと

意味 ❶あしあと。あと。また、行方《ゆくえ》。例蹤跡《ショウセキ》(=あしあと。あと)。先蹤《センショウ》(=先人の通った道。前例)。❷人のあとについて行く。例追蹤《ツイショウ》。

⻊11 【蹕】 18画 7711 8E55 音ヒツ㊉漢 訓さきばら-い・はら-う

意味 ❶天子が外出するとき、他の通行を禁じて道路を清めること。さきばらいする。はらう。例 警蹕《ケイヒツ》(=貴人の先ばらい)。❷天子が外出するときの乗り物。

⻊11
【蹣】18画 7710 8E63 音 マン慣 ハン漢 バン呉 訓 よろめ-く
意味 ふらふら、よろよろと歩く。よろめく。例 蹣跚《マンサン》。
難読 蹣跚《よろめく|よろよろ|よろける|よろけ》

⻊11
[蹟] 18画 ⇩【跡】《セキ》(946ページ)

⻊12
【蹶】19画 7712 8E76 音 ケツ漢 訓 つまず-く・たお-れる
意味 ❶足が石などにひっかかってよろめく。たおれる。つまずく。例 蹶躓《ケッチ》(=つまずく)。❷勢いよく起きあがる。ふるいたつ。例 蹶起《ケッキ》。蹶然《ケツゼン》。
【蹶起】《ケッキ》(名・する) 決断して行動をおこすこと。表記 現 決起
【蹶然】《ケツゼン》(形動《トタル》) 勢いよく立ちあがるようす。

⻊12
【蹴】19画 2919 8E74 常用 音 シュウ慣 シュク漢 訓 け-る
筆順 𧾷 跕 跕 踪 踪 蹴 蹴 蹴
なりたち  [形声]「足(=あし)」と、音「就《シュウ→シュク》」とから成る。ふむ。
意味 ❶足でけとばす。ける。例 蹴鞠《シュウキク》。蹴球《シュウキュウ》。一蹴《イッシュウ》。❷不安で身がちぢまる。つつしむ。例 蹴然《シュクゼン》(=おそれ、つつしむようす)。
日本語での用法《ける》相手の申し入れや提案などを拒絶《キョゼツ》する。「要求《ヨウキュウ》を蹴《け》る」
人名 け
【蹴▼鞠】《シュウキク|けまり》 昔の遊びで、数人が輪になって、シカの皮でできたまりを地面に落とさないようにして、けり合うもの。中国から日本に伝わった。
【蹴球】《シュウキュウ》 ①サッカー・ラグビー・アメリカンフットボールなど、足でボールをけって、相手のゴールに入れて得点をきそう競技。フットボール。②とくに、サッカーのこと。
◐足蹴《あしげ》・一蹴《イッシュウ》

⻊12
【蹲】19画 7713 8E72 音 ソン漢呉 訓 つくば-う・うずくま-る
意味 しゃがみこむ。うずくまる。つくばう。例 蹲踞《ソンキョ》。
日本語での用法《つくばい》低く平らな姿に置いた庭石で、手水鉢《ちょうずバチ》をかねるもの。「蹲《つくばい》・蹲踞《つくばい》」
【蹲▼踞】《ソンキョ》(名・する) ①うずくまること。②相撲《すもう》や剣道で、競技に入る前に、相手に向かい合って上体を正し、両ひざをじゅうぶんに開いて、つま先立ちで尻《しり》をかかとにのせた姿勢。

⻊12
【躇】19画 7716 8E87 音 一 チョ漢 二 チャク漢
意味 一《チョ》二、三歩行ってはとまる。ものごとを決めかねる。ためらう。例 躊躇《チュウチョ》(=迷ってぐずぐずする)。二《チャク》とびこえる。こえる。例 躇階《チャッカイ》(=とちゅうの段をとびこえながら階を上る)。

⻊12
【蹼】19画 7714 8E7C 音 ボク慣 ホク漢呉 訓 みずかき
意味 水鳥などの足の指のあいだについている膜《マク》状のもの。みずかき。

⻊13
【躁】20画 7715 8E81 音 ソウ漢呉 訓 さわ-ぐ
意味 落ちつきがない。さわがしい。さわぐ。例 躁鬱病《ソウウツビョウ》。狂躁《キョウソウ》(=くるったようにさわぐこと)。
【躁鬱病】《ソウウツビョウ》 精神障害の一つ。興奮《コウフン》して愉快《ユカイ》にはしゃぐ気分と、憂鬱《ユウウツ》になってふさぎこむ気分とが、かわるがわるあらわれる。
【躁▼擾】《ソウジョウ》(名・する) さわぎ乱れること。また、さわいで社会の秩序《チツジョ》を乱すこと。
◐狂躁《キョウソウ》・軽躁《ケイソウ》・焦躁《ショウソウ》

⻊13
【躅】20画 7717 8E85 音 一 チョク漢 二 タク漢
意味 一《チョク》立ちどまる。行きなやむ。例 躑躅《テキチョク》。二《タク》あしあと。また、事跡《ジセキ》。
難読 躑躅《つつじ》

足13
【躄】20画 7718 8E84 音 ヘキ漢 訓 いざり
意味 両足が不自由で足が立たない。歩けない。例 躄歩《ヘキホ》(=いざって進む)。

⻊14
【躋】21画 7719 8E8B 音 セイ漢 サイ呉 訓 あ-がる・のぼ-る
意味 高いところに上がる。のぼる。例 躋升《セイショウ》(=のぼる。昇進《ショウシン》する)。躋攀《セイハン》(=よじのぼる)。

⻊14
【躊】21画 7720 8E8A 音 チュウ漢 訓 ためら-う
意味 まよって、ぐずぐずする。ためらう。例 躊躇《チュウチョ》。
難読 躊躇《ため》らう
【躊▼躇】《チュウチョ》(名・する) どうしようかと迷うこと。ためらうこと。例 発言を—する。

⻊14
【躍】21画 4486 8E8D 常用 音 ヤク漢呉 訓 おど-る
筆順 𧾷 跀 跙 跙 跙 躍 躍

⻊14
【躍】21画
なりたち  [形声]「足(=あし)」と、音「翟《テキ→ヤク》」とから成る。(飛び上がるように)はやい。
意味 ❶高くとびあがる。はねあがる。おどる。例 跳躍《チョウヤク》。飛躍《ヒヤク》。❷勢いがよい。活発な。例 躍進《ヤクシン》。躍動《ヤクドウ》。活躍《カツヤク》。
使い分け おどる【踊・躍】⇩1165ページ
難読 雀躍《こおどり》
人名 すすむ
【躍如】《ヤクジョ》(形動《トタル》) ありありと目の前に見えるようなようす。
【躍進】《ヤクシン》(名・する) 急激に進歩すること。目立って発展すること。例 業界上位に—する。
【躍動】《ヤクドウ》(名・する) 生き生きと勢いよく活動すること。例 筋肉が—する。—感あふれる。
【躍起】《ヤッキ》(名・形動《ダナ》) あせって、けんめいになること。
◐暗躍《アンヤク》・一躍《イチヤク》・活躍《カツヤク》・跳躍《チョウヤク》・飛躍《ヒヤク》・勇躍《ユウヤク》

⻊14 【躍《ヤク》】21画 ⇩【躍《ヤク》】(949ページ)

⻊15 【躓】22画 7721 8E93 音 チ漢 訓 つまず-く
意味 つまさきを何かにぶつけてよろける。つまずく。例 蹶躓《ケッチ》(=つまずく)。

⻊15 【躑】22画 7722 8E91 音 テキ漢 訓 たちもとお-る
意味 うろうろとさまよう。足ぶみする。行きつもどりつする。例 躑躅《テキチョク》(=たたずむ)。躑躅《テキチョク》。
【躑▼躅】一《テキチョク》足ぶみをすること。行きつもどりつすること。躊躇《チュウチョ》。二《テキチョク》《つつじ》ツツジ科の常緑または落葉低木。ツツジ。晩春に、赤・白などの花をつける。

⻊15 【躔】22画 7723 8E94 音 テン漢
意味 日・月・星が軌道《キドウ》をめぐる。へめぐる。めぐる。また、その位置を占《し》める。やどる。やどり。例 躔度《テンド》(=日・月・星などの動きを示す度数)。

⻊16 【躙】23画 7724 8E99 音 リン漢 訓 にじ-る
意味 ふみつけて、こなごなにする。ふみにじる。ふむ。例 蹂躙《ジュウリン》。
日本語での用法《にじる》①すわったまま、膝《ひざ》をするようにして進む。「側《そば》に躙《にじ》り寄《よ》る」②茶室で客が身をかがめて出入りする、小さな出入り口。「躙《にじ》り口《ぐち》」

⻊19 【躪】26画 7725 8EAA 別体字

⻊18 【躡】25画 7726 8EA1 音 ジョウ漢呉 訓 は-く・ふ-む
意味 ❶人の足をふむ。ふむ。例 躡足《ジョウソク》(=足をふみつける)。❷はきものをはく。例 躡屐《ジョウゲキ》(=げたをはく)。❸追跡《ツイセキ》する。後をつける。
【躡足附耳】《ジョウソクフジ》《あしをふみみみにつく》 他人に知られないよう、そっと足をふんで合図し、耳もとでささやくこと。〈史記《シキ》〉

⻊19 【躪】26画 ⇩【躙《リン》】(950ページ)

158 7画
身《み》 みへん部

人のからだの意をあらわす。「身」をもとにしてできている漢字を集めた。

0 身 3 躬 4 躯 5 躰 6 躲 7 躳 9 躾 11 軀 12 軃 13 軆 17 軈

この部首に所属しない漢字
射⇩寸 311

身0 【身】7画 3140 8EAB 教育3 音 シン漢呉 訓 み・みずから

筆順 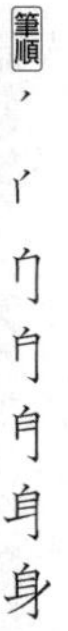

なりたち  [形声]「人(=ひと)」と、音「申《シン》」の省略体とから成る。人のからだ。

参考 一説に、みごもった人をかたどった象形文字。

意味 ❶人のからだ。肉体。み。例 身体《シンタイ》。身長《シンチョウ》。心身《シンシン》。❷ものの中心部やなかみ。み。例 銃身《ジュウシン》。刀身《トウシン》。❸自分(の生命)。わがみ。みずから。例 献身《ケンシン》。自身《ジシン》。❹世の中における境遇《キョウグウ》。みのうえ。例 身上《シンジョウ》。身分《みブン》。❺妊娠《ニンシン》する。みごもる。例 身重《みおも》。❻「身毒《シンドク》」は、中国でインドの古名。

日本語での用法《み》①魚などの肉。「赤身《あかみ》・白身《しろみ》」②心。まごころ。「身《み》を入《い》れる」③ふたのある容器で、ものを入れる本体の部分。「身《み》も蓋《ふた》もない」

人名 これ・ただ・ちか・のぶ・みる・もと・よし

【身幹】《シンカン》からだ。身体。

【身口意】《シンクイ》〔仏〕日常生活の根本である、身(=行動)・口(=言語)・意(=精神)のこと。

【身上】一《シンショウ》財産。資産。身代《シンダイ》。例 —を使い果たす。二《シンジョウ》①その人の経歴や家族、あるいは趣味《シュミ》などの個人的なことがら。みのうえ。例 —書。②とりえ。ねうち。価値。例 素直《すなお》なのがかれの—だ。


【身体】《シンタイ》人のからだ。肉体。例 —検査。

【身体髪膚】《シンタイハップ》かみの毛や皮膚《ヒフ》をふくめた、からだ全体。からだのすべて。例 —これを父母に受く。〈孝経《コウキョウ》〉

【身代】一《シンダイ》財産。資産。身上《シンショウ》。例 —をつぶす。—を築く。二【身の代】《みのしろ》「身の代金《みのしろキン》」の略。

【身中】《シンチュウ》からだのなか。例 獅子《シシ》—の虫(=内部からわざわいを生じさせるもの)。

【身長】《シンチョウ》背の高さ。身《み》のたけ。せたけ。例 —を測《はか》る。

【身毒】《シンドク》中国で、インドの古い呼び名。

【身辺】《シンペン》身《み》のまわり。例 —警護。—を整理する。

【身命】《シンメイ》[「シンミョウ」とも] からだと、いのち。例 —をなげうつ。—を賭《と》す(=いのちをかける)。

【身重】《みおも》(名・形動ダナ) 妊娠《ニンシン》していること。例 —の妻。

【身柄】《みがら》①その人のからだ。例 —を保護する。②身分の程度。身のほど。例 —をわきまえる。

【身軽】《みがる》(名・形動ダナ) ①動作がすばやいこと。例 —に飛びこえる。②着かざることもなく、持ち物も少ないこと。例 —な服装。③気をつかう対象がなく、自由であること。

【身支度】《みジタク》(名・する) 何かをするために、身なりを整えること。例 —をすませて出発する。

【身銭】《みぜに》自分の持っているお金。例 —を切る(=はらう)。

【身分】《みブン》①ある社会や団体の中での、地位や立場。例 —証明書。—を明らかにする。②境遇《キョウグウ》。身の上。例 いいご—だ。

【身元】《みもと》①名前・住所・育ち・経歴など、その人がどういう人かを示す、すべてのこと。素性《スジョウ》。例 —不明。②その人にかかわるすべてのこと。例 —保証人。—を引き受ける。

表記 ▽「身▽許」とも書く。
● 肩身《かたみ》・化身《ケシン》・終身《シュウシン》・出身《シュッシン》・親身《シンみ》・全身《ゼンシン》・単身《タンシン》・長身《チョウシン》・刀身《トウシン》・病身《ビョウシン》・変身《ヘンシン》・満身《マンシン》

身3 【躬】10画 7727 8EAC 音 キュウ漢 ク・クウ呉 訓 み
意味 ❶からだ。み。例 躬身《キュウシン》(=からだ。また、自身)。❷自分でおこなう。みずから。例 躬行《キュウコウ》(=みずからおこなう)。

身7 【躳】14画 2-8953 8EB3 本字

身4 【躯】11画・⇩【軀《ク》】(951ページ)

身5 【躰】12画 ⇩【体《タイ》】(67ページ)

身 6

【躱】13画 7730 8EB1 音 タ漢 訓 かわ-す

意味 からだを動かして避《さ》ける。身をかわす。のがれる。例 躱《タ》閃《セン》(=身をかわしてにげる)。

身 7

[躳] 14画 ⇩【躬《キュウ》】(950ページ)

身 9

【躾】16画 7731 8EBE 国字 訓 しつけ・しつ-ける

意味 身についた礼儀作法《レイギサホウ》。みだしなみ。しつける。しつけ。例 躾《しつけ》がいい。不躾《ブしつけ》。子供《こども》を躾《しつ》ける。

【躾糸《しつけいと》】衣服を仕立てるとき、形を保つために、要所をぬいおさえる糸。

身 11

【軀】18画 1-9242 8EC0 音 ク漢呉 訓 からだ・むくろ

身 4

[躯] 11画 2277 8EAF 俗字

意味 ❶頭・手・足など、部分として区別できる、からだ。全体を区分してみとめるときの身体。例 軀幹《クカン》。体軀《タイク》。❷仏像など、人体の形をしたものを数えることば。例 菩薩像《ボサツゾウ》一軀《イック》。

【軀幹《クカン》】①頭や手足をのぞいた、からだの主要な部分。胴体《ドウタイ》。②からだ。体格。

◯●巨軀《キョク》・体軀《タイク》・病軀《ビョウク》・老軀《ロウク》

身 12

【軅】19画 7732 8EC5 国字 訓 たか

意味 地名に用いられる字。たか。

身12

[軄] 19画 ⇩【職《ショク》】(813ページ)

身13

[軆] 20画 ⇩【体《タイ》】(67ページ)

身 17

【軈】24画 7733 8EC8 国字 訓 やが-て

意味 ❶まもなく。ほどなく。例 軈《や》がて来《く》るでしょう。❷かれこれ。だいたい。例 軈《や》がて一年《イチネン》になる。❸時間が少しずつたった後には。結局。ついに。例 日日《ひび》の努力《ドリョク》が軈《や》がて実《みの》る。

159 7画

車 くるま くるまへん 部

車輪のついた乗り物の形をあらわす。「車」をもとにしてできている漢字を集めた。

0 車 1 軋 2 軌 軍 3 軒 4 軛 転 軟 軎 5 軼 軻 軽 軸 軫 6 較 載 軾 輊 輅 輌 7 輒 輓 輔 輕 8 輝 輜 輟 輩 輛 輪 輦 輙 9 輯 輳 輻 輹 輸 輸 10 轅 轄 轂 輾 輿 轄 11 轌 轆 轉 12 轎 轍 13 轗 14 轟 轜 15 轡 轢 16 轣 轤

この部首に所属しない漢字

斬⇩斤 472

車 0

【車】7画 2854 8ECA 教育1 音 シャ漢呉 訓 くるま 付表 山車《だし》

筆順 一 𠀋 冂 亘 亘 亘 車

なりたち 車 [象形]両輪が車体をはさみ真ん中を車軸《シャジク》が通っている乗り物の形。

意味 ❶車輪の回転によってうごく乗り物。くるま。例 車両《シャリョウ》。汽車《キシャ》。自動車《ジドウシャ》。❷軸《ジク》を中心にくるくるまわる輪。例 車輪《シャリン》。滑車《カッシャ》。風車《フウシャ》。

日本語での用法 《くるま》①車の輪のようにまるい形。「車海老《くるまえび》・車座《くるまザ》」②人力車や乗用車をいう。「車引《くるまひ》き・車屋《くるまや》・車代《くるまダイ》・車《くるま》を転《ころ》がす」

難読 車前草《おおばこ》

人名 くら・のり

【車座《くるまザ》】多くの人が円形になってすわること。例 ―になって、弁当を広げる。

【車▼駕《シャガ》】①天子の乗るくるま。例 ―の行幸《ギョウコウ》をあおぐ。②くるま。乗り物。

【車外《シャガイ》】車両のそと。㊥車内。例 ―の空気を入れる。

【車庫《シャコ》】自動車や電車を入れておく建物など。ガレージ。

【車▼轂《シャコク》】車輪の輻《や》(=スポーク)が集まる中央の部分。こしき。

【車軸《シャジク》】くるまの心棒。

【車軸《シャジク》を流《なが》す】(雨のすじが)車軸のように太い雨が降る。雨が激しく降るようすにいう。例 ―ような豪雨《ゴウウ》。

【車掌《シャショウ》】電車やバスで、発車の合図や乗客との応対にあたる乗務員。

【車上《シャジョウ》】くるまの上。また、自動車に乗っていること。例 ―の人となる。

【車線《シャセン》】自動車が走る幅《はば》を、道路に引いた線。例 片側二―。

【車窓《シャソウ》】汽車や電車、自動車などのまど。例 ―の眺《なが》め。

【車体《シャタイ》】自動車や電車などで、人や荷物をのせる部分。ボディー。

【車台《シャダイ》】車体をささえている台。シャーシー。

【車中《シャチュウ》】「車内」に同じ。

【車▼轍《シャテツ》】車輪の通ったあとにできる土のくぼみ。わだち。

【車道《シャドウ》】自動車などが通る道。㊥歩道。

【車内《シャナイ》】列車や自動車などの中。㊥車外。例 ―放送。

【車馬《シャバ》】くるまとウマ。乗り物。

【車幅《シャはば・シャフク》】自動車などのはば。例 通行車の―規制。

【車夫《シャフ》】人力車を引く人。くるまひき。

【車両《シャリョウ》】①自動車。くるま。例 送迎《ソウゲイ》用の―。②鉄道で、客や貨物の輸送車。例 ―故障。表記 ▽旧 車▼輛

【車輪《シャリン》】①くるまのわ。例 ―の下じきになる。②いっしょうけんめいに事をおこなうこと。大車輪。

◯●貨車《カシャ》・機関車《キカンシャ》・牛車《ギッシャ》・救急車《キュウキュウシャ》・空車《クウシャ》・口車《くちぐるま》・下車《ゲシャ》・乗車《ジョウシャ》・水車《スイシャ》・戦車《センシャ》・駐車《チュウシャ》・停車《テイシャ》・荷車《にぐるま》・拍車《ハクシャ》・馬車《バシャ》・列車《レッシャ》

車 1

【軋】8画 7734 8ECB 音 アツ漢 訓 きし-む・きし-る

意味 車輪などが強くすれあって(いやな)音をたてる。きしむ。きしる。例 軋轢《アツレキ》。

【軋▼轢《アツレキ》】〔「轢」も、車輪がきしむ意〕人と人、国と国などのあいだの不和やもめごと。摩擦《マサツ》。例 官民のあいだの―。

車 2

【軌】9画 2116 8ECC 常用 音 キ漢呉 訓 わだち・みち

[身部] 6―17画 躱 躳 躾 軀 軅 軄 軆 軈

[車部] 0―2画 車 軋 軌

筆順 

なりたち  〔形声〕「車(=くるま)」と、音「九《キュウ》→キ(=空間)」とから成る。車体の下、車輪のあいだにある空間。

意味 ❶車の両輪の間隔《カンカク》。レールのはば。例狭軌《キョウキ》。広軌《コウキ》。❷車の通ったあと。車の通るみち。わだち。例軌跡《キセキ》。軌道《キドウ》。❸ふみはずしてはならない、すじみち。一定のわく。みち。例軌範《キハン》。常軌《ジョウキ》。

人名 のり

【軌条】《キジョウ》 電車などの車両を、ささえながらなめらかに走らせるために、地面に敷《し》いた長い鋼材。レール。軌道。

【軌跡】《キセキ》 ①車の通ったあと。わだち。②転じて、人やものごとのたどってきたあと。例心の―をたどる。③〔数〕ある条件を満たす、すべての点がつくる図形。

【軌道】《キドウ》 ①電車などの車両が通るための道。レール。線路。軌条《キジョウ》。②天体が動くみちすじ。例人工衛星が―に乗る。③ものごとの進んでいく、うつりかわり。例―を修正する。

【軌範】《キハン》 てほん。模範。例―を求める。―になる。表記「規範」とも書く。

【軌《キ》を一《イツ》にする】 ①(前の車のわだちを行くように)やり方や考え方などが同じである。②〔車の両輪間の軸《ジク》の長さを同じにすることから〕天下が統一される。揆《キ》を一《イツ》にする。

【軌《キ》を異《こと》にする】 〔車の両輪間の軸《ジク》の長さがちがうことから〕国や時代などによって規則や制度などが異なる。

○●狭軌《キョウキ》・広軌《コウキ》・常軌《ジョウキ》

車 2

【軍】

9画 2319 8ECD 教育4 音クン漢グン呉 訓いくさ

筆順 

なりたち   〔会意〕「勹(=つつむ)」と「車(=くるま)」とから成る。兵車をかこむ多くの兵士。

意味 ❶兵士の集団。例軍隊《グンタイ》。従軍《ジュウグン》。遊軍《ユウグン》。❷たたかい。いくさ。戦争。例軍艦《グンカン》。軍事《グンジ》。矢軍《やいくさ》。

人名 いく・いさ・いさお・いさむ・かこむ・すすむ・たむろ・むら

【軍医】《グンイ》 軍隊の医師として、医療《イリョウ》を職務とする士官。

【軍営】《グンエイ》 軍隊が宿泊《シュクハク》する場所。陣営《ジンエイ》。

【軍役】《グンエキ》 ①軍隊に勤務すること。例―に服する。②戦役《センエキ》。

【軍靴】《グンカ》 軍隊で兵士のはくくつ。例―でふみにじる(=軍隊が土地の平和な生活をみだす)。

【軍歌】《グンカ》 ①軍隊で士気を高めるためにうたう歌。②戦時に、軍隊生活や戦争を賛美する歌詞をもった流行歌。

【軍拡】《グンカク》 「軍備拡張」の略。対軍縮。

【軍楽隊】《グンガクタイ》 軍隊で、音楽の演奏を職務とする部隊。

【軍艦】《グンカン》 水上や水中の戦闘《セントウ》に従事する艦艇《カンテイ》。

【軍紀】《グンキ》 軍隊の風紀。例―が乱れる。

【軍規】《グンキ》 軍隊の規律。

【軍旗】《グンキ》 ①戦場で、一軍の指揮官の所在を示す旗。②旧日本陸軍で、歩兵や騎兵《キヘイ》の連隊ごとに一旒《イチリュウ》ずつ、天皇が授《さず》けた旗。

【軍議】《グンギ》 軍事に関する会議。例―で決する。

【軍記物語】《グンキものがたり》 平安時代末期から鎌倉《かまくら》・室町《むろまち》時代に作られ、合戦《カッセン》をおもな題材にした物語。『保元《ホウゲン》物語』『平治物語』『平家物語』『太平記』など。

【軍鶏】《グンケイ|シャモ》 ニワトリの一品種。つよい足と、するどいつめをもち、闘鶏《トウケイ》用に、また食用になる。参考「シャモ」は、江戸《えど》時代にシャム(=今のタイ国)から渡来《トライ》し、「シャムケイ」と呼ばれたことによる。

【軍鼓】《グンコ》 昔、戦場で用いた太鼓。陣太鼓《ジンダイコ》。例―を鳴らす。

【軍功】《グンコウ》 戦争で立てた功績。いくさのてがら。

【軍港】《グンコウ》 ①軍の使用する港。②艦隊《カンタイ》が活動の根拠地《コンキョチ》として使用するための設備をもつ港。旧海軍で、鎮守府《チンジュフ》の置かれた横須賀《よこスカ》・呉《くれ》・佐世保《サセボ》・舞鶴《まいづる》の四港。

【軍国】《グンコク》 軍事を優先して政策を立てる国家。例―主義。

【軍師】《グンシ》 ①大将をたすけて戦略や戦術を考える人。類参謀《サンボウ》。②ぬけめのない策略をめぐらす人。類策士。

【軍事】《グンジ》 軍備や戦争に関することがら。例―機密。

【軍資金】《グンシキン》 ①戦争のために必要なお金。②何かをおこなうのに必要なお金。例―を調達する。

【軍需】《グンジュ》 ①軍事上の需要。②軍事に必要な物資。また、その調達。対民需。例―産業。

【軍縮】《グンシュク》 「軍備縮小」の略。対軍拡。例―会議。

【軍神】《グンシン》 いくさの神。戦争を支配する神。例ローマの―マルス。

【軍人】《グンジン》 軍隊の組織に所属して軍務をつとめる人。例職業―。

【軍陣】《グンジン》 軍隊の陣営。軍営。戦陣。例―医学。

【軍政】《グンセイ》 ①軍事に関する政務。②軍人がおこなう統治。③〔軍令に対して〕軍事行政。

【軍勢】《グンゼイ》 軍隊。また、軍隊の人数。例およそ十万の―。

【軍籍】《グンセキ》 ①軍人としての地位や身分。兵籍《ヘイセキ》。例―に在《あ》る。②軍人としての身分を登録する帳簿《チョウボ》。兵籍簿。

【軍船】《グンセン》 水上で戦うための船。いくさぶね。例―に編入される。

【軍曹】《グンソウ》 もと、陸軍の下士官の階級の一つ。曹長の下、伍長《ゴチョウ》の上。

【軍装】《グンソウ》 軍人の服装。

【軍属】《グンゾク》 ①軍に所属して勤務する文官。陸軍教授や海軍教授など。②正規の軍人以外で軍務に従事する者。報道部の嘱託《ショクタク》、軍需《グンジュ》工場員、飛行場要員など。

【軍卒】《グンソツ》 兵卒。兵。

【軍隊】《グンタイ》 戦争を目的とし、一定の組織編制をもって活動する軍人の集団。

【軍団】《グンダン》 ①陸軍の編制上の単位の一つで、軍と師団の中間。②活動的な集団。

【軍刀】《グントウ》 軍人が戦闘《セントウ》に用いる刀。〔指揮刀に対していうことがある〕

【軍馬】《グンバ》 軍隊で使うウマ。

【軍配】《グンバイ|グンパイ》 「軍配団扇《うちわ》」の略。例―を上げる(=勝負で一方を勝ちと判定する)。

【軍配▽団▽扇】《グンバイうちわ》 ①相撲《すもう》で、行司《ギョウジ》が持つうちわ。②昔、武将が戦争の指揮に用いたうちわ。軍扇《グンセン》。

【軍閥】《グンバツ》 ①軍部を中心にした政治勢力。②軍人の党派。

【軍備】《グンビ》 戦争のための兵力・武器・設備などのそなえ。例―縮小。―の拡張《カクチョウ》。

【軍費】《グンピ》 ①軍事にかかる費用。軍事費。②戦時の軍隊にかかる費用。戦費。

【軍兵】《グンピョウ》 兵士。兵卒。つわもの。

【軍部】《グンブ》 〔政府や民間に対して〕軍の組織や勢力。例―独裁。

【軍服】《グンプク》 軍人の制服。

【軍帽】《グンボウ》 軍人の制帽。

【軍法】《グンポウ》 ①軍人や軍属、捕虜《ホリョ》などに適用する法律。例 —会議(=軍隊の特別裁判所)。②戦争をする方法。兵法。

【軍民】《グンミン》 軍部と民間。軍人といっぱん人。

【軍務】《グンム》 軍事に関する事務や職務。例 —にはげむ。

【軍門】《グンモン》 陣営《ジンエイ》の門。軍営の入り口。例 —に降《くだ》る(=降伏《コウフク》する)。

【軍容】《グンヨウ》 軍隊の装備。武装の状態。例 —をほこる。

【軍律】《グンリツ》 軍隊の規律。軍のおきて。軍規。例 厳しい—。

【軍略】《グンリャク》 軍事上の計略。戦略。

【軍旅】《グンリョ》 ①軍隊。例 —百万を動かす。②戦争。いくさ。例 —に疲弊《ヒヘイ》する人民。

【軍令】《グンレイ》 ①軍事上の法令。②戦場での命令。③〔軍政に対して〕軍の統帥《トウスイ》事務。

● 援軍《エングン》・海軍《カイグン》・官軍《カングン》・空軍《クウグン》・従軍《ジュウグン》・将軍《ショウグン》・進軍《シングン》・賊軍《ゾクグン》・大軍《タイグン》・友軍《ユウグン》・遊軍《ユウグン》・陸軍《リクグン》

車 3

【軒】

10画 2414 8ED2 常用 音 ケン漢 カン・コン呉 訓 のき

筆順 一 亓 百 亘 車 軒 軒 軒

なりたち  [形声]「車(=くるま)」と、音「干《カン》→《ケン》」とから成る。轅《ながえ》が上に曲がり、両わきにおおいのついた車。

意味 ❶轅《ながえ》が高く上がった、貴人の乗る車。例 軒轅《ケンエン》(=車のながえ。また、古代中国の伝説上の皇帝《コウテイ》である黄帝《コウテイ》をさす)。軒車《ケンシャ》(=大夫《タイフ》の乗る車)。❷屋根のはしの、そり上がってつき出た部分。ひさし。のき。例 軒先《のきさき》。軒灯《ケントウ》(=のきにかかげる灯火)。❸高く上がる。例 軒昂《ケンコウ》。❹雅号《ガゴウ》などにそえることば。例 深井志道軒《ふかいシドウケン》(=江戸《えど》時代の講釈《コウシャク》師)。

日本語での用法 《ケン》 家の数をかぞえることば。「軒数《ケンスウ》・一軒家《イッケンや》・十軒店《ジッケンだな》・百軒《ヒャッケン》」

人名 たか・たかし

【軒▼昂】《ケンコウ》 (形動ダ) 気持ちがふるいたって勢いがよいようす。例 意気—の態度。表記「軒高」とも書く。

【軒▼輊】《ケンチ》 上がり下がり。高低。類 優劣《ユウレツ》。

【軒端】《のきば》 のきに近いところ。軒先《のきさき》。例 —に遊ぶ子雀《こすずめ》。

車 4

【軛】

11画 7735 8EDB 音 アク漢 ヤク呉 訓 くびき

意味 車の轅《ながえ》のさきに取り付けて、牛馬の首にかける横木。くびき。転じて、自由な動きや考えをさまたげるもの。

車 4

【転】

11画 3730 8EE2 教育3 音 テン漢呉 訓 ころ-がる・ころ-げる・ころ-がす・ころ-ぶ・うた-た・ころ-ばす

筆順 一 亓 百 亘 車 転 転 転

車11

【轉】

18画 7759 8F49 人名

なりたち 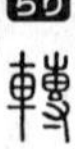 [形声]「車(=くるま)」と、音「專《セン》→《テン》」とから成る。めぐる。

意味 ❶くるくるまわる。めぐる。例 転回《テンカイ》。空転《クウテン》。反転《ハンテン》。❷たおれる。ひっくりかえる。ころがる。ころぶ。例 転倒《テントウ》。転落《テンラク》。横転《オウテン》。❸移す。移る。例 転移《テンイ》。転校《テンコウ》。移転《イテン》。❹(方向を)変える。変わる。例 転換《テンカン》。転義《テンギ》。好転《コウテン》。❺しだいに。いよいよ。うたた。例 転《うた》た凄然《セイゼン》たり(=いよいよ、ものさびしい)。

難読 転筋《こむらがえり》・転寝《うたたね》《ごろね》

人名 ひろ

【転位】《テンイ》 (名・する) 位置を変えること。位置が変わること。

【転移】《テンイ》 (名・する) ①場所がうつること。場所をうつすこと。移転。②〔医〕がんなどが他の場所にうつって同じものを作ること。例 がんが肺に—する。

【転化】《テンカ》 (名・する) ある状態から別の状態に変わること。例 熱愛が急に憎悪《ゾウオ》に—する。

【転▼訛】《テンカ》 (名・する) ことばの発音がなまって別の形に変わること。例「つごもり(晦日)」が—して「つもごり」の語形になる。

【転嫁】《テンカ》 (名・する) 自分の責任や罪を、他になすりつけること。例 責任を—する。

【転回】《テンカイ》 (名・する) 向きを変えること。向きが変わること。例 コペルニクス的—(=天動説から地動説に移行するような大転換《ダイテンカン》のたとえ)をとげる。

【転換】《テンカン》 (名・する) 方針や気分などを変えること。また、変わること。例 方針を—する。気分—に散歩をする。

【転記】《テンキ》 (名・する) 書かれたものを他に書き写すこと。例 原簿《ゲンボ》から—する。

【転機】《テンキ》 これまでとちがった状態になるきっかけ。変わり目。例 重大な—をむかえる。

【転義】《テンギ》 もとの意味から変わって生じた、別の意味。対 原義・本義。

【転居】《テンキョ》 (名・する) すまいを変えること。ひっこし。移転。例 —通知。

【転業】《テンギョウ》 (名・する) 職業・商売を変えること。

【転勤】《テンキン》 (名・する) (同じ組織の中で)勤務地が変わること。例 九州へ—する。

【転句】《テンク》 漢詩の絶句で、第三句。第一・二句とは趣《おもむき》を一転させる。→【起承転結】《キショウテンケツ》(943ページ)

【転向】《テンコウ》 (名・する) ①方向や態度や好みなどを、変えること。例 野球からサッカーに—する。②思想や信条や主義などを、変えること。例 極左から右翼《ウヨク》に—する。

【転校】《テンコウ》 (名・する) 児童や生徒が別の学校に変わること。例 —生。

【転載】《テンサイ》 (名・する) 一度刊行物にのった記事や作品などを、別の刊行物にのせること。例 無断—を禁ずる。

【転写】《テンシャ》 (名・する) 文章や絵などを別のものに書き写すこと。例 —の過程で書き落とした。

【転借】《テンシャク》 (名・する) 人が他から借りているものを借りること。またがり。対 転貸《テンタイ》。

【転住】《テンジュウ》 (名・する) すまいを変えること。転居。

【転出】《テンシュツ》 (名・する) 新しい住居や勤務地に移る。またそのために、住民登録などの手続きをとること。例 —届。

【転生】《テンショウ》《テンセイ》 (名・する) ①〔仏〕生まれ変わること。輪廻《リンネ》。②生活態度や環境《カンキョウ》を変える。例 —して新生活を始める。

【転職】《テンショク》 (名・する) 職業を変えること。例 —を希望する。

【転身】《テンシン》 (名・する) 身分・職業・主義・生き方などを変えること。例 体育教師から力士へ—する。

【転進】《テンシン》 (名・する) ちがった方面へ向きを変えて進むこと。〔第二次世界大戦中、日本軍が「退却《タイキャク》」の代わりに使ったことば〕

【転成】《テンセイ》 (名・する) ①性質のちがった別のものになること。②ある品詞の語が別の品詞に変わること。動詞「ひかる」の連用形「ひかり」が、名詞「光」になる、など。例 —名詞。

【転戦《テンセン》】(名・する) あちこちと場所を変えてたたかうこと。例大陸から南方の島に—した。世界各地を—するプロのテニス選手。

【転送《テンソウ》】(名・する) ①受取人がそこにいないなどのために、他の場所へそのまま送ること。例郵便物を—する。②一度受け取ったものや処理したものを他の場所へ送ること。例データを—する。二塁《ニルイ》から一塁へ—する。

【転属《テンゾク》】(名・する) 所属を変えること。ほかの管轄《カンカツ》に移ること。

【転貸《テンタイ》】(名・する) 人から借りているものを、ほかの人に貸すこと。またがし。てんがし。(対)転借《テンシャク》。例家主《やぬし》に無断《ムダン》で—する。

【転宅《テンタク》】(名・する) ひっこし。転居。

【転地《テンチ》】(名・する) 住む土地を変えること。例—して療養《リョウヨウ》する。

【転注《テンチュウ》】漢字の六書《リクショ》の一つ。漢字を、その本来の意義と似た、別の意義に変えて用いること。「音楽」の「楽《ガク》」を「楽しい」の意味に用い、それにともない音を「ラク」とするような場合をさすというが、別の説もあり、一定していない。

【転調《テンチョウ》】(名・する) 音楽の、曲のとちゅうで、ほかの調に変わること。また、変えること。例長調から短調に—する。

【転▼轍機《テンテツキ》】線路がなん本かに分かれているところで、列車を目的の方向へ導き入れるための開閉装置。ポイント。

【転倒《テントウ》】(名・する) ①さかさまになること。上と下が入れかわること。例本末—。②ひっくりかえること。ころぶこと。例石につまずいて—する。③うろたえること。動転。例気が—する。表記 ▽(旧)▼顚倒

【転入《テンニュウ》】(名・する) よそから新しくはいってくること。例—生。—届。

【転任《テンニン》】(名・する) 職業上の任務または任地が変わること。

【転売《テンバイ》】(名・する) 買ったものを、さらにほかに売ること。例土地を—する。

【転覆《テンプク》】(名・する) ひっくりかえること。ひっくりかえすこと。例列車の—。政府を—する陰謀《インボウ》。表記 (旧)▼顚覆

【転変《テンペン》】(名・する) うつりかわること。例有為《ウイ》—。—のはげしい業界。

【転用《テンヨウ》】(名・する) 本来とはちがった用途《ヨウト》や趣旨《シュシ》のために使うこと。例宅地に—した農地。

【転落《テンラク》】(名・する) ①ころげ落ちること。例がけから—する。②悪い状態に落ちていくこと。例—の道をたどる。

〔●暗転《アンテン》・運転《ウンテン》・栄転《エイテン》・回転《カイテン》・機転《キテン》・逆転《ギャクテン》・急転《キュウテン》・動転《ドウテン》・変転《ヘンテン》・陽転《ヨウテン》・流転《ルテン》〕

車 4

【軟】

11画 3880 8EDF 常用

音 ゼン(漢) ナン・ネン(呉)
訓 やわ-らか・やわ-らかい

筆順 一 冂 曰 亘 車 軟 軟 軟

なりたち [形声] 本字は「輭」で、「車(=くるま)」と、音「耎《ゼン》(=やわらかい)」とから成る。やわらかい。

意味 ❶力をくわえると、たやすく形がかわる。しなやか。やわらかい。例軟化《ナンカ》。柔軟《ジュウナン》。❷しっかりしていない。よわい。例軟弱《ナンジャク》。

使い分け やわらかい・やわらかだ【柔・軟】⇩1181ページ

【軟化《ナンカ》】(名・する) ①かたいものがやわらかくなること。②強い態度や主張などがやわらぐこと。例強硬《キョウコウ》な姿勢を—させる。▽(対)硬化。

【軟球《ナンキュウ》】野球やテニス、卓球《タッキュウ》の軟式に用いる、比較的《ヒカクテキ》やわらかいボール。(対)硬球《コウキュウ》。

【軟禁《ナンキン》】(名・する) 遠出《とおで》を禁じたり、外部との連絡《レンラク》を制限したりする、比較的《ヒカクテキ》ゆるい監禁《カンキン》。例—状態に置かれる。

【軟骨《ナンコツ》】弾力性《ダンリョクセイ》のある骨。人の鼻柱の骨など。(対)硬骨《コウコツ》。例—魚類。関節の—。

【軟式《ナンシキ》】野球やテニスで、軟球を使ってするもの。(対)硬式《コウシキ》。例—用のボール。

【軟質《ナンシツ》】質がやわらかいこと。(対)硬質《コウシツ》。例—ビニール。

【軟弱《ナンジャク》】(名・形動ダナ) ①やわらかくて、よわいこと。例—な地盤《ジバン》。②考えや態度がしっかりしていないこと。(対)強硬《キョウコウ》。例—外交。

【軟水《ナンスイ》】カルシウム分やマグネシウム分が少ない水。飲み水に適し、洗濯《センタク》や染色《センショク》にもよい。(対)硬水《コウスイ》。→【硬度《コウド》】(717ページ)

【軟性《ナンセイ》】やわらかい性質。(対)硬性《コウセイ》。

【軟体動物《ナンタイドウブツ》】動物の一門。からだがやわらかい動物。巻き貝・二枚貝やナメクジ・カタツムリ・タコ・イカなど。

【軟着陸《ナンチャクリク》】(名・する) 探査機や宇宙船などが逆噴射《ギャクフンシャ》などを用いて速度を落とし、天体にゆっくりと着陸すること。例探査機が月面に—する。

【軟調《ナンチョウ》】①やわらかい調子。②写真や絵などで、明暗の対照が強くないこと。③相場が下がりぎみであること。(対)堅調《ケンチョウ》。

【軟派《ナンパ》】㊀(名) ①おだやかな意見をもつ人々。②軟文学を好む人。③異性との交際やはでな流行ばかりに関心をもつ若者。▽(対)硬派《コウハ》。㊁(名・する) 俗《ゾク》に、異性をさそうこと。

【軟風《ナンプウ》】ゆるくふく風。そよ風。微風《ビフウ》。

【軟文学《ナンブンガク》】もっぱら情緒《ジョウチョ》や感性にうったえる文学。主題に恋愛《レンアイ》や情事を多くあつかう。

【軟便《ナンベン》】やわらかい大便。

〔●硬軟《コウナン》・柔軟《ジュウナン》〕

車 4

【軣】11画 ⇩【轟】《ゴウ》(958ページ)

車 5

【軼】

12画 7737 8EFC

音 イツ(漢)
訓 す-ぎる

意味 ❶後ろの車が前へぬけでる。❷ぬきんでる。すぐれる。(同)逸《イツ》。例軼材《イツザイ》。❸ぬけ落ちて、なくなる。見失われて、わからなくなる。(同)佚《イツ》・逸《イツ》。例軼事《イツジ》。

【軼材《イツザイ》】すぐれた才能。また、それをもつ人。表記「逸材」とも書く。

【軼事《イツジ》】世に知られていないかくれた事実。表記「逸事」とも書く。

車 5

【軻】

12画 7738 8EFB

音 カ(漢)(呉)

意味 ❶車軸《シャジク》が木をつぎ合わせた材でできている車。〔走りにくい車〕❷人名に用いられる字。例孟軻《モウカ》(=戦国時代の思想家、孟子の名)。荊軻《ケイカ》(=始皇帝《シコウテイ》を暗殺しようとした刺客《シカク》)。

車 5

【軽】

12画 2358 8EFD 教育3

音 ケイ(漢) キョウ(呉) キン(唐)
訓 かる-い・かろ-やか・かろ-んじる

筆順 冂 曰 亘 車 軒 軽 軽 軽

車 7

【輕】

14画 7743 8F15

たちなり 輕 [形声]「車(=くるま)」と、音「巠《ケイ》」とから成る。かるくて速いくるま。

意味 ❶重くない。かるい。例軽重《ケイチョウ》。軽量《ケイリョウ》。❷程度が小さい。かるい。例軽症《ケイショウ》。軽微《ケイビ》。❸すいすいと身がるに動く。すばやい。かるい。例軽快《ケイカイ》。軽舟《ケイシュウ》。❹手がるな。簡単な。かるい。例軽易《ケイイ》。軽食《ケイショク》。軽便《ケイベン》。❺かるはずみな。かるがるしい。例軽率《ケイソツ》。軽薄《ケイハク》。❻みくびる。あなどる。かろんじる。例軽視《ケイシ》。軽侮《ケイブ》。軽蔑《ケイベツ》。

難読 足軽《あしがる》・軽粉《はらや》・軽衫《カルサン》

人名 かる・とし

【軽業】《かるわざ》 つなわたりや空中ぶらんこ、玉乗りなど、からだを身がるに動かしてする曲芸。また、その見せ物。アクロバット。例—師。
【軽易】《ケイイ》 (名・形動ダナ) 簡単で、たやすいようす。例—な仕事。
【軽演劇】《ケイエンゲキ》 気軽に楽しめる大衆的な演劇。例風刺《フウシ》をきかせた—。
【軽音楽】《ケイオンガク》 ジャズ・シャンソン・流行歌など、かるい気分の大衆的な音楽。
【軽快】《ケイカイ》 一(形動ダナ) ①動作がかるく、すばやいようす。例—な足取り。②明るい気分で、うきうきとしているようす。例—なリズム。二(名・する) 病気や症状《ショウジョウ》がかるくなること。例やや—に向かう。もう少し—したら散歩もできる。
【軽気球】《ケイキキュウ》 水素やヘリウムなど、空気よりかるい気体をつめた気球。例—に乗って世界一周する物語。
【軽騎兵】《ケイキヘイ》 軽装で行動のすばやい、騎馬の兵隊。軽騎。
【軽挙】《ケイキョ》 (名・する) 軽率《ケイソツ》な行動。例—して失敗する。
【軽挙妄動】《ケイキョモウドウ》 (名・する) かるはずみで向こうみずの行動。例—を戒《いまし》める。
【軽金属】《ケイキンゾク》 アルミニウムやマグネシウムなど比重のかるい金属。対重金属。
【軽減】《ケイゲン》 (名・する) へらして、かるくすること。また、かるくなること。例税の負担を—する。
【軽工業】《ケイコウギョウ》 紙や繊維《センイ》、食品など、日常生活に消費するものを生産する工業。
【軽視】《ケイシ》 (名・する) かるくみること。かろんじること。対重視。例若い者を—するのはよくない。
【軽舟】《ケイシュウ》 かるくて速く進む舟《ふね》。例—に乗って湖水《コスイ》にうかぶ。
【軽少】《ケイショウ》 (名・形動ダナ) わずかであること。ほんの少し。例—な謝礼。被害《ヒガイ》は—であった。
【軽症】《ケイショウ》 病気の程度がかるいこと。対重症。例—だから心配しなくてよい。
【軽▼捷】《ケイショウ》 (名・形動ダナ) 身がるですばやいこと。例—な動作。
【軽傷】《ケイショウ》 かるいけが。対重傷。例さいわい—ですむ。
【軽食】《ケイショク》 かるい食事。簡単な食事。例—の用意がある。
【軽装】《ケイソウ》 身がるな服装。例夏山《なつやま》でも—は考えものだ。
【軽卒】《ケイソツ》 身がるな服装の兵。また、身分の低い兵卒。例—の身で大志をいだく。
【軽率】《ケイソツ》 (形動ダナ) よく考えずにものごとをおこなうようす。かるはずみ。対慎重《シンチョウ》。例—な判断。
【軽重】《ケイチョウ》 〔古くは「キョウジュウ」とも〕 かるいことと、おもいこと。つまらないことと、だいじなこと。けいじゅう。例鼎《かなえ》の—を問う(=能力を疑う)。事の—をわきまえる。
【軽▼佻浮薄】《ケイチョウフハク》 (名・形動ダナ) かるはずみで、落ちついたところがないこと。例—な行動。
【軽度】《ケイド》 程度がかるいこと。対重度。例—のやけど。
【軽輩】《ケイハイ》 地位や身分の低い人。
【軽薄】《ケイハク》 (名・形動ダナ) ①ことばや態度がかるがるしいこと。あさはか。例—な男。②ごきげんとりのことば。へつらい。例—を言っては顔色をうかがう。
【軽微】《ケイビ》 (名・形動ダナ) ごくわずかなこと。例—な損傷。
【軽侮】《ケイブ》 (名・する) 人をかるく見てばかにすること。例—の対象となる。
【軽蔑】《ケイベツ》 (名・する) 人を見さげること。ばかにすること。あなどること。例—のまなざし。あまりにも人を—した態度にだまっていられなかった。
【軽便】《ケイベン》 (名・形動ダナ) てがるで便利なこと。例—鉄道。—な器具。—に要用をすませる。
【軽妙】《ケイミョウ》 (名・形動ダナ) かろやかで、気がきいていること。例—なしゃれ。—なタッチでえがく。
【軽油】《ケイユ》 原油を蒸留したとき、ガソリンや灯油の次に得られる油。ディーゼルエンジンの燃料などに使う。重油に比べて沸点《フッテン》が低いことから軽油とよばれる。
【軽量】《ケイリョウ》 目方がかるいこと。対重量。例—鉄骨。
【軽労働】《ケイロウドウ》 体力をあまり使わないですむ労働。対重労働。例—ならば可能だ。

車 5
【軸】
12画 2820 8EF8 常用 音チク漢 ジク呉 訓まきもの

筆順 一 亓 百 亘 車 軒 軸 軸

たちなり 軸 [形声]「車(=くるま)」と、音「由《ユウ→チク》」とから成る。車輪をとりつける心棒。

意味 ❶回転するものの中心となる棒。例軸足《ジクあし》。車軸《シャジク》。地軸《チジク》。❷ものごとの中心となる重要な部分。かなめ。例機軸《キジク》。枢軸《スウジク》。中軸《チュウジク》。❸かけじく。まきもの。また、それを数えることば。例軸装《ジクソウ》(=書画を掛《か》け軸の形に表装《ヒョウソウ》する)。巻軸《カンジク》(=まきもの)。三万軸《サンマンジク》。❹数学で、座標や対称《タイショウ》図形の基準となる線。例軸線《ジクセン》。対称軸《タイショウジク》。

日本語での用法 《ジク》筆の柄《え》や、草のくき、マッチの棒などをいう。「筆軸《ふでジク》・ペン軸《ジク》」

【軸足】《ジクあし》 運動をするとき、からだを支えるはたらきをするほうの足。例—に体重をかけてバットをふる。
●車軸《シャジク》・新機軸《シンキジク》・枢軸《スウジク》・地軸《チジク》・中軸《チュウジク》

車 5
【軫】
12画 7739 8EEB 音シン漢 訓いた-む・よこぎ

意味 ❶車の後部の横木。よこぎ。例車軫《シャシン》。❷車。例還軫《カンシン》(=車で各国をめぐる)。❸心を痛める。かなしむ。例軫恤《シンジュツ》。❹多く集まるようす。さかんなようす。例殷軫《インシン》(=数が多い)。❺二十八宿の一つ。みつかけぼし。例軫翼《シンヨク》(=みつかけぼしと、たすきぼし)。

【軫▼恤】《シンジュツ》 いたみあわれむこと。
【軫軫】《シンシン》 (形動トタル) 万物《バンブツ》が、大きくさかんなようす。

車 6
【較】
13画 1951 8F03 常用 音カク慣 コウ漢 キョウ呉 訓くら-べる

筆順 一 亓 百 亘 車 軒 軗 較

たちなり 較 [形声] 本字は「較」で、「車(=くるま)」と、音「爻《コウ》」とから成る。車体の両側の板に曲がってついている横木。派生して「くらべる」の意。

意味 ❶二つ以上のものを照らし合わせる。くらべる。例較差《カクサ》。比較《ヒカク》。❷おおよそ。あらまし。例較略《コウリャク》(=だいた

いのところ。おおよそ)。❸はっきりしている。あきらか。例較著《コウチョ》(=あきらか)。
難読 大較《おおむね》
人名 あつ・とお
【較差】《カクサ・コウサ》 よいものと悪いもの、最高と最低、最大と最小などの差。

車 6
【載】 13画 2660 8F09 常用 音 サイ 漢 呉 訓 の-せる・の-る
筆順 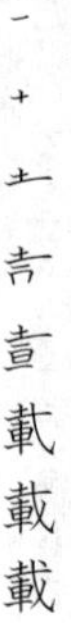
なりたち  〔形声〕「車(=くるま)」と、音「𢦏《サイ》」とから成る。のせる。
意味 ❶車・船・飛行機などにつみこむ。ものをのせる。例積載《セキサイ》。搭載《トウサイ》。❷書物や新聞などに文章をのせる。しるす。例載録《サイロク》。記載《キサイ》。掲載《ケイサイ》。❸とし。一年。例千載一遇《センザイイチグウ》。❹すなわち。例春日載陽《シュンジツすなわちあたたかなり》。
使い分け のせる・のる【乗・載】⇩1176ページ
人名 こと・とし・のり・はじめ
【載籍】《サイセキ》 書籍。文献《ブンケン》。また、書物に書きしるすこと。例典拠《テンキョ》を―に求めて得られない句。
【載録】《サイロク》(名・する) 書いてのせること。書きとどめること。
●記載《キサイ》・掲載《ケイサイ》・所載《ショサイ》・転載《テンサイ》・満載《マンサイ》・連載《レンサイ》

車 6
【軾】 13画 7740 8EFE 音 ショク 漢 シキ 呉
意味 ❶車の前部についている横木。立ったまま車に乗るとき、また、車の上から敬礼するときにつかまる。❷(軾に両手をそえてあいさつする)車上の礼。

車 6
【輊】 13画 7741 8F0A 音 チ 漢
意味 前部が低くなった車。対 軒《ケン》。例輊軒《チケン》(=ものごとの高低や軽重)。

車 6
【輅】 13画 7742 8F05 音 ロ 漢
意味 大きな車。天子の車。例輅車《ロシャ》(=大きな車。天子の車)。

車 6
【輌】 13画 ⇩【輛】《リョウ》(957ページ)

車 7
【輒】 14画 7744 8F12 音 チョウ 漢 呉 訓 すなわ-ち

車 8
【輙】 15画 7745 8F19 俗字
意味 ❶車の箱の両側のさきが前方に向かって、そり出ているもの。わきぎ。❷直立して動かないようす。例輒然《チョウゼン》(=まっすぐ立って動かないようす)。❸〔助字〕「すなわち」と読み、そのたびごとに、の意をあらわす。例飲少輒酔《のむことすくなくしてすなわちよう》(=少ししか飲まなかったのに、そのつど酔った)。

車 7
【輓】 14画 7746 8F13 音 バン 漢 訓 ひ-く
意味 ❶車や舟《ふね》をひっぱる。ひく。同挽《バン》。❷人をひきたてる。例推輓《スイバン》。❸人の死をいたむ。〔ひつぎの車をひくことから〕同挽《バン》。例輓歌《バンカ》。❹時代的におそい。同晩《バン》。例輓近《バンキン》(=ちかごろ。現代)。
【輓歌】《バンカ》 とむらいのとき、ひつぎをのせた車を引きながらうたう、死者をいたむ歌。表記「▼挽歌」とも書く。

車 7
【輔】 14画 4269 8F14 人名 音 ホ 慣 フ 漢 訓 たす-ける・たす-け・すけ
なりたち 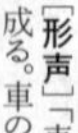 〔形声〕「車(=くるま)」と、音「甫《フ》」とから成る。車のそえ木。
意味 ❶車を補強するそえぎ。例輔車《ホシャ》。❷力をそえて助ける(人)。たすける。たすけ。同補《ホ》。例輔佐《ホサ》。輔弼《ホヒツ》。
日本語での用法《すけ》律令制《リツリョウセイ》の四等官《シトウカン》で、八省《ハッショウ》の第二位。大(=上位)と少(=下位)とがある。次官《すけ》。「大輔《おおいすけ》」
表記 現代表記では、「補《ホ》」に書きかえることがある。熟語は「補」(891ページ)を参照。
人名 たすく
【輔佐】《ホサ》(名・する) 人をたすけて、そのつとめを果たさせること。また、その役職。表記 現 補佐
【輔車】《ホシャ》〔車のそえ木と車。一説に、頬骨《ほおぼね》と下あごの骨〕たがいに助け合う関係にあるもの。例両国は唇歯《シンシ》―の関係にある。―相依《あいよ》る(=たがいに助け合う)。
【輔臣】《ホシン》 力をそえて助ける家臣。
【輔▼弼】《ホヒツ》(名・する) 天子を補佐《ホサ》すること。また、その人。とくに宰相《サイショウ》。例―の任にあたる。表記「補▼弼」とも書く。

車 7
【輕】 14画 ⇩【軽】《ケイ》(954ページ)

車 8
【輝】 15画 2117 8F1D 常用 音 キ 漢 訓 かがや-く・かがや-かしい・かがや-き・て-る
筆順 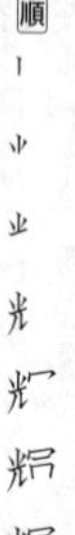
なりたち  〔形声〕本字は「煇」で、「火(=ひ)」と、音「軍《クン》→キ」とから成る。ひかり。
意味 光りかがやく。てる。かがやかしい。かがやく。かがやき。例光輝《コウキ》。
人名 あきら・ひかり・ひかる・みつ・みつる
【輝度】《キド》 発光体の表面の明るさの度合い。明度。

車 8
【輜】 15画 7747 8F1C 音 シ 漢 訓 ほろぐるま
意味 ❶ほろでおおった車。ほろぐるま。❷軍用品などの荷物を運ぶ車。例輜重《シチョウ》。
難読 輜重《こにだ》(=小荷駄《こにだ》。馬に負わせる荷物)
【輜重】《シチョウ》 ①旅の荷物を運ぶ幌車《ほろぐるま》。②軍隊で、糧食《リョウショク》・被服《ヒフク》・弾薬《ダンヤク》・武器などの荷物。例―兵。

車 8
【輟】 15画 7748 8F1F 音 テツ 漢 訓 や-める
意味 途中《トチュウ》でやめる。やめる。例輟耕《テッコウ》(=耕作をやめる)。

車 8
【輩】 15画 3958 8F29 常用 音 ハイ 漢 呉 訓 とも-がら・やから
筆順 
なりたち 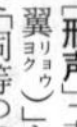 〔形声〕「車(=くるま)」と、音「非《ヒ》→ハイ(=両翼《リョウヨク》)」とから成る。軍隊の両翼をなす百両の車。派生して「同等のなかま」の意。
意味 ❶なかま。同類。やから。ともがら。例弱輩《ジャクハイ》。同輩

《ドウハイ》。❷列をなして並ぶ。ならび続く。例輩出《ハイシュツ》。❸順序。しだい。例輩行《ハイコウ》(=先輩・後輩の順序。また、排行《ハイコウ》)。後輩《コウハイ》。先輩《センパイ》。

人名 とも

【輩出】《ハイシュツ》(名・する) 並んで、次々と出ること。また、出すこと。例有為《ユウイ》の人材を—した学校。

●後輩《コウハイ》・若輩《ジャクハイ》・弱輩《ジャクハイ》・先輩《センパイ》・同輩《ドウハイ》・年輩《ネンパイ》・朋輩《ホウバイ》

車 8 【輛】 15画 7749 8F1B 音 リョウ漢

車 6 ［輌］ 13画 7750 8F0C 俗字

意味 ❶くるま。例車輛《シャリョウ》。❷くるまを数えることば。例三輛《サンリョウ》。〔「輛」は、古く「両(兩)」と書いた〕

表記 現代表記では、「両《リョウ》」に書きかえることがある。熟語は「両」(24ページ)を参照。

車 8 【輪】 15画 4656 8F2A 教育4 音 リン漢呉 訓 わ

筆順 一 亓 亘 車 軡 軡 輪

なりたち  ［形声］「車(=くるま)」と、音「侖《リン》」とから成る。輻《や》(=スポーク)のある車。

意味 ❶わ。㋐車のわ。また、自転車や自動車。例輪禍《リンカ》。車輪《シャリン》。㋑円形のもの。例月輪《ゲツリン》。光輪《コウリン》。日輪《ニチリン》。❷ものの外まわり。外形。例輪郭《リンカク》。❸ぐるぐるまわる。めぐる。かわるがわる。例輪作《リンサク》。輪唱《リンショウ》。輪廻《リンネ》。

日本語での用法 《リン》①花の大きさ。「大輪《タイリン》のバラ」②花を数えることば。「梅《うめ》一輪《イチリン》」

難読 釣輪《うけ》・月輪《つきのわ》・輪違《わちがい》・井輪《いどがわ》・曲輪《くるわ》

人名 もと

【輪禍】《リンカ》 車にひかれる災難。例—に遭《あ》う。

【輪郭】《リンカク》 ①ものの形をあらわす、まわりの線。例顔の—。②ものごとのだいたいのようす。例事件の—をつかむ。表記▽(旧)輪▼廓

【輪形】《リンケイ》 わのような丸い形。わがた。例—陣《ジン》。—動物。

【輪講】《リンコウ》(名・する) 数人が集まって、一つの書物を順番に講読すること。

【輪作】《リンサク》(名・する) 同じ畑に、異なる数種の作物を順番に作り、それをくりかえすこと。対連作。

【輪軸】《リンジク》 大きさのちがう円筒《エントウ》を一つの中心軸に固定した装置。てこと同様の原理によって、小さな力で重い物を動かすことができる。

【輪唱】《リンショウ》(名・する) 複数の各声部が、同じ旋律《センリツ》を等間隔《トウカンカク》をおいて、順次追いかけるようにうたう歌い方。

【輪状】《リンジョウ》 わのような丸い状態。輪形。例—の光。

【輪生】《リンセイ》(名・する) 植物で、茎《くき》の一つの節から三枚以上の葉が輪の形をなして出ること。対互生《ゴセイ》・対生。

【輪転】《リンテン》(名・する) わのようにくるくる回ること。

【輪転機】《リンテンキ》 印刷原版をとりつけた筒《つつ》を回転させて高速度で印刷する印刷機。

【輪読】《リンドク》(名・する) 数人が集まり、一つの書物を順番によんで研究すること。会読《カイドク》。

【輪▼廻】《リンネ》(名・する)〔仏〕〔「リンエ」の変化〕一切衆生《イッサイシュジョウ》が、死んでもまた別の世界に生まれ変わって、永久にそれをくりかえしていくこと。例—転生《テンショウ》。

【輪番】《リンバン》 多くの人が順番を決めてものごとをおこなうこと。また、わり番。例—制。

【輪舞】《リンブ》(名・する) 多くの人が、わになっておどること。また、そのようなおどり。

●面輪《おもわ》・銀輪《ギンリン》・競輪《ケイリン》・月輪《ゲツリン》・車輪《シャリン》・大輪《タイリン》・竹輪《チクわ》・動輪《ドウリン》・日輪《ニチリン》・年輪《ネンリン》・耳輪《みみわ》・指輪《ゆびわ》・両輪《リョウリン》

車 8 【輦】 15画 7751 8F26 音 レン漢呉 訓 てぐるま

意味 人が引いて進む車。てぐるま。とくに、天子の乗る車。例輦下《レンカ》。輦轂《レンコク》の下《もと》。

【輦下】《レンカ》 天子の車のもと。天子のおひざもと。皇居のある場所。

【輦▼轂の下】《レンコクのもと》〔「轂」は、こしきの意〕天子の乗り物のもと。転じて、天子のいる都。輦下《レンカ》。

車 8 ［輙］ 15画 ⇩【輒】《チョウ》(956ページ)

車 9 【輯】 16画 2920 8F2F 人名 音 シュウ漢 訓 あつ-める

意味 材料をあつめて整理する。あつめる。同集《シュウ》。例輯佚《シュウイツ》(=散らばったものを集める)。編輯《ヘンシュウ》。

表記 現代表記では、「集《シュウ》」に書きかえることがある。熟語は「集」(1043ページ)を参照。

人名 あつむ・むつ

車 9 【輳】 16画 7752 8F33 音 ソウ漢 訓 あつ-まる

意味 車輪の輻《や》が轂《こしき》にあつまるように、多くのものが一か所にあつまる。あつまる。例輻輳《フクソウ》。

車 9 【輻】 16画 7753 8F3B 音 フク漢呉 訓 や

意味 ❶車の中心から外輪に向かって放射状に支えている木。スポーク。車のや。や。例車輻《シャフク》(=車輪のスポーク)。❷車のやのように。例輻射《フクシャ》。輻輳《フクソウ》。

【輻射】《フクシャ》(名・する) 熱や光が一点からまわりに発散すること。放射。例—熱。

【輻▼輳】《フクソウ》(名・する) 四方から一か所に集まること。例用件が—して、さばききれない。表記「輻▼湊」とも書く。

車 9 【輹】 16画 7754 8F39 音 フク漢 訓 とこしばり

意味 車体の底板と車軸《シャジク》を固定する、ひも。とこしばり。

車 9 【輸】 16画 4502 8F38 教育5 音 ユ慣 シュ漢呉

筆順 亓 亘 亘 車 軡 輸 輸 輸

車 9 【輸】 16画 — 2F9DF

なりたち  ［形声］「車(=くるま)」と、音「兪《ユ》→《シュ》」とから成る。車でものをはこぶ。

意味 ❶ものをこちらからあちらへ移す。おくる。いたす。例輸出《ユシュツ》。輸送《ユソウ》。運輸《ウンユ》。❷勝負にやぶれる。例一籌《イッチュウ》を輸《ユ》する(=ややおとる)。

【輸▼贏】《ユエイ》〔「シュエイ」とも。「贏」は、勝ちの意〕負けと勝ち。勝負。勝敗。例—を争う。

【輸液】《ユエキ》(名・する) 水分や栄養分を注射器で体内に入れ

ること。また、その液体。

【輸血】《ユケツ》（名・する）けがや手術などで失血する人に血液をおぎなうため、健康な人の血液を血管内に入れること。

【輸出】《ユシュツ》（名・する）外国へ品物・技術・思想・制度などを送り出すこと。とくに産物を売り出すこと。対輸入。例自動車の—。—超過。

【輸出入】《ユシュツニュウ》 輸出と輸入。

【輸送】《ユソウ》（名・する）牛馬や車両・船・航空機などを使って、物や人などを運ぶこと。例—船。鉄道—。—しやすい荷。

【輸入】《ユニュウ》（名・する）外国から品物・技術・思想・制度などを取り入れること。とくに品物を買い入れること。対輸出。例米の—。外国の文化を—する。—超過。

●運輸《ウンユ》・禁輸《キンユ》・空輸《クウユ》・密輸《ミツユ》

車9 【輸】16画 ⇩【輸】《ユ》（957ページ）

車10 【轅】17画 7755 8F45 音 エン漢 訓 ながえ

意味 馬車や牛車《ギッシャ》の、車体の両側から前方に差し出た二本のかじ棒。その先に横木をつけ、牛馬にひかせる。ながえ。

車10 【轄】17画 1977 8F44 常用 音 カツ漢 訓 くさび

筆順 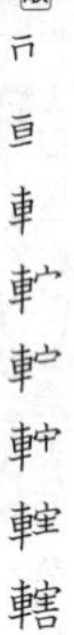

車10 【轄】17画

なりたち  [形声]「車（＝くるま）」と、音「害《カイ》→《カツ》」とから成る。車軸《シャジク》のくさび。

意味 ❶車輪が車軸《シャジク》からはずれないようにおさえとめる金具《かなグ》。くさび。❷はずれないようにおさえとめる。とりしまる。例管轄《カンカツ》。所轄《ショカツ》。直轄《チョッカツ》。

●管轄《カンカツ》・所轄《ショカツ》・直轄《チョッカツ》・統轄《トウカツ》

車10 【轂】17画 7756 8F42 音 コク漢呉 訓 こしき

意味 ❶車輪の中央の、車軸《シャジク》を通し、輻《や》（＝スポーク）を集める部分。こしき。例輦轂《レンコク》。❷車のこと。例轂下《コッカ》（＝天子の車のもと。おひざもと。帝都《テイト》）。

【轂撃肩摩】《コクゲキケンマ》 並んで走る車のこしきとこしきが接触《セッショク》し、人々のかたとかたとがふれあうこと。町がにぎわい混雑するようすの形容。肩摩轂撃《ケンマコクゲキ》。例大都会の—の雑踏《ザットウ》。

車10 【輾】17画 7757 8F3E 音 テン漢

意味 車でおしのばすように、ごろりところがる。とくに、ねがえりをうつ。例輾転《テンテン》。

【輾転】《テンテン》（名・する）ころがること。ねがえりをうつこと。例—反側《ハンソク》（＝思いなやんで、なんどもねがえりをうつ）。表記「展転」とも書く。

車10 【輿】17画 4533 8F3F 人名 音 ヨ漢呉 訓 こし

意味 ❶車のはこ。人やものをのせてかついで運ぶ乗り物。こし。例神輿《シンヨ》（＝みこし）。❷万物《バンブツ》をのせる大地。例坤輿《コンヨ》（＝大地。地球）。❸多くの人。たくさんの。例輿望《ヨボウ》。輿論《ヨロン》。

難読 駕輿丁《こしかき》

【輿望】《ヨボウ》 世間の人気や期待。例同窓の人々の—をになう。

【輿論】《ヨロン》 世間いっぱんの人々の考えや意見。例—調査。—にうったえる。表記「世論」とも書く。

●御神輿《おみこし》・神輿《みこし》《シンヨ》・御輿《みこし》

車10 【轄】17画 ⇩【轄】《カツ》（958ページ）

車11 【轌】18画 7758 8F4C 国字 訓 そり

意味 地名に用いられる字。そり。例轌町《そりまち》（＝秋田県の地名）。

車11 【轆】18画 7760 8F46 音 ロク漢

意味 ぐるぐるまわる滑車《カッシャ》。また、車が回転するときのきしる音。例轆轆《ロクロク》（＝車の走る音）。轣轆《レキロク》（＝ごろごろと車のまわる音）。

【轆▼轤】《ロクロ》 ①（物を上げたり下げたりする）滑車《カッシャ》。②円形の陶器《トウキ》をつくるための回転台。ろくろ台。③木工・金工で用いる旋盤《センバン》。例—でひく。④かさの中骨の集まったところにつける開閉装置。

車11 【轉】18画 ⇩【転】《テン》（953ページ）

車12 【轎】19画 7761 8F4E 音 キョウ漢 訓 かご・たごし

意味 山をこえるのに用いた乗り物。また、肩《かた》でかつぐ、かご。こし。例轎夫《キョウフ》。輿轎《ヨキョウ》（＝かご）。

【轎夫】《キョウフ》 かごをかつぐ人。かごかき。轎丁《キョウテイ》。

車12 【轍】19画 3718 8F4D 音 テツ漢 訓 わだち

意味 車の通ったあとに、道に残る車輪のあと。わだち。例車轍《シャテツ》。轍《テツ》を踏《ふ》む。

【轍跡】《テッセキ》 ①道に残った車輪のあと。わだち。②ものごとのあとかた。表記▽「轍▼迹」とも書く。

【轍▼鮒】《テップ》 〔「鮒」は、フナ〕車のわだちのあとにできた水たまりであえいでいるフナ。困窮《コンキュウ》している人のたとえ。

【轍▼鮒の急】《テップのキュウ》 今すぐに救わなければ命が危ないほどに緊急《キンキュウ》であること。〈荘子《ソウジ》〉

【轍《テツ》を踏《ふ》む】⇩【前車《ゼンシャ》の轍《テツ》を踏《ふ》む】（137ページ）

●前轍《ゼンテツ》・覆轍《フクテツ》

車13 【轗】20画 7762 8F57 音 カン漢

意味 車が進みにくいようす。「轗軻《カンカ》」は、道が平坦《ヘイタン》でなく、車が進みにくいようす。また、ものごとが思うようにならないようす。不遇《フグウ》。

車14 【轟】21画 2576 8F5F 人名 音 コウ漢 ゴウ呉 訓 とどろ-き・とどろ-く

意味 たくさんの車が音を立てる。また、雷鳴《ライメイ》や大砲《タイホウ》などが鳴りひびく。例轟音《ゴウオン》。轟轟《ゴウゴウ》。轟然《ゴウゼン》。

日本語での用法 《とどろく》 ①ひろく世間に知れわたる。「勇名《ユウメイ》が天下《テンカ》に轟《とどろ》く・名声《メイセイ》が轟《とどろ》く」②心臓が激しく打つ。どきどきする。「胸《むね》が轟《とどろ》く」

車4 [軣] 11画 7736 8EE3 俗字

【轟音《ゴウオン》】雷鳴《ライメイ》や砲撃《ホウゲキ》、機械などから出るすさまじい音。例ジェット機が―をとどろかして飛び去る。
【轟轟《ゴウゴウ》】（形動タルト）すさまじい音がひびきわたるようす。例―たる爆音《バクオン》。
【轟然《ゴウゼン》】（形動タルト）爆発《バクハツ》するような大きな音がひびきわたるようす。例―と走り去る特急列車。
【轟沈《ゴウチン》】（名・する）船が爆撃《バクゲキ》や砲撃《ホウゲキ》などで、一瞬《イッシュン》のうちに沈没《チンボツ》すること。また、沈没させること。

車 14
【轜】 21画 7763 8F5C 音ジ漢 訓ひつぎのくるま
意味 ひつぎを運ぶ車。霊柩車《レイキュウシャ》。ひつぎぐるま。例轜車《ジシャ》（=ひつぎぐるま）。

車 15
【轡】 22画 2305 8F61 音ヒ漢 訓くつわ・たづな
意味 ウマのくつわにつけて、ウマをあやつる綱《つな》。たづな。
日本語での用法 《くつわ》ウマの口にかませて、たづなを結ぶ金具《かなぐ》。

車 15
【轢】 22画 7764 8F62 音レキ漢 訓ひ-く・きし-る
意味 ❶車が人などを下じきにして通る。ふみにじる。ひく。例轢殺《レキサツ》。轢死《レキシ》。❷車輪がきしむ。また、人間関係がうまくいかなくなる。不和になる。例軋轢《アツレキ》。
【轢殺《レキサツ》】（名・する）車輪でひき殺すこと。
【轢死《レキシ》】（名・する）車輪にひかれて死ぬこと。
【轢断《レキダン》】（名・する）列車などが車輪でひいて物体を切断すること。

車 16
【轣】 23画 7765 8F63 音レキ漢
意味 ❶糸くり車。また、ごろごろとまわる車の音。例轣轆《レキロク》（=ごろごろと車のまわる音）。❷車でひく。同轢《レキ》。

車 16
【轤】 23画 7766 8F64 音ロ漢
意味 「轆轤《ロクロ》」は、回転運動を利用する器械や、滑車など。円形の器物を作ったり丸いあなをあけたりする器械や、滑車など。

160 7画
辛 しん からい 部

つみの意をあらわす。「辛」をもとにしてできている漢字を集めた。

0 辛 5 辜 6 辞 辟 7 辣 9 辦 辨 12 辭 14 辯

この部首に所属しない漢字
辮⇩糸 795 瓣⇩瓜 898

辛 0
【辛】 7画 3141 8F9B 常用 音シン漢呉 訓から-い・かのと・かろ-うじて・つら-い
筆順 、 亠 亠 立 立 辛
なりたち [会意]「辛(=つみ)」に「一」を加え、罪人の「痛くてつらい」という気持ちや、「なみだが出るほどからい」の意をあらわす。
意味 ❶身をさされるように心が痛む。苦しい。つらい。例辛苦《シンク》。辛酸《シンサン》。❷ワサビやトウガラシのように舌を刺激《シゲキ》する味。からい。例香辛料《コウシンリョウ》。❸十干《ジッカン》の八番目。かのと。方位では西、五行《ゴギョウ》では金にあてる。例辛亥《シンガイ》。
日本語での用法 《シン・からい》①きびしい。「世知辛《セチがら》い世《よ》の中《なか》・辛口《からくち》の批評《ヒヒョウ》」②やっとのことで。ようやく。「辛《から》くも脱出《ダッシュツ》した・辛《かろ》うじて助《たす》かった・辛勝《シンショウ》」
難読 辛菜《からしな》・辛螺《にし》
【▽辛▼夷《こぶし》】モクレン科の落葉高木。コブシ。春先、葉の出るより前に大きな白い花をつける。
【辛▼亥《シンガイ》《かのとい》】干支《カンシ》《えと》の四十八番目。参考「辛亥《シンガイ》革命」は、一九一一年辛亥の年に中国で起こった革命。
【辛気《シンキ》】（名・形動ナダ）心がはればれとしないこと。例―な人。―くさい。
【辛苦《シンク》】（名・する）つらいことや苦しいこと。また、つらく苦しい思いをすること。例艱難《カンナン》―。
【辛酸《シンサン》】さまざまの苦労。つらさや苦しみ。例―をなめる。
【辛勝《シンショウ》】（名・する）苦労の末、やっと勝つこと。〔「辛《から》くも勝つ」をちぢめていったことば〕対圧勝・楽勝。例延長十回、二対一で―した。
【辛辣《シンラツ》】（名・形動ナダ）①味がぴりりとからいこと。②批評やもの言いがきびしく、相手に痛い思いをさせること。痛烈《ツウレツ》。例―な批評。

辛 5
【辜】 12画 7767 8F9C 音コ漢 訓つみ
意味 ❶あやまち。とが。つみ。例無辜《ムコ》。❷そむく。さまたげる。例辜負《コフ》（=そむく）。
【辜月《コゲツ》】もと、陰暦《インレキ》で十一月のこと。しもつき。

辛 6
【辞】 13画 2813 8F9E 教育4 音シ漢ジ呉 訓や-める・ことば
筆順 ニ 千 千 舌 舌 舌 舌 辞

辛12
【辭】 19画 7770 8FAD
なりたち [会意]「𤔔(=おさめる)」と、「辛(=つみ)」とから成る。いいわけする。
意味 ❶言語。文章。ことば。例辞書《ジショ》。言辞《ゲンジ》。祝辞《シュクジ》。固辞《コジ》。❷しりぞく。やめる。また、ことわる。例辞職《ジショク》。辞退《ジタイ》。❸別れをつげる。いとまごいをする。例辞去《ジキョ》。辞世《ジセイ》。❹漢文の文体の一つ。叙情《ジョジョウ》性のある、韻文《インブン》的な文章。例帰去来辞《キキョライのジ》。→【辞賦《ジフ》】
人名 こと
【辞意《ジイ》】職務をやめたり、その地位をおりたいという気持ち。例―をもらす。
【辞彙《ジイ》】ことばを集めたもの。辞書。辞典。
【辞去《ジキョ》】（名・する）あいさつをして立ちさること。例先生宅を―する。
【辞謝《ジシャ》】（名・する）辞退すること。ことわること。例先生の厚意を―する。
【辞書《ジショ》】①ことばを集め一定の順序に並べて、解説したもの。発音や意味・用法・用例・語源などが書かれている。辞典。字引《じびき》。例国語―。―を引く。―にあたる。→【字書《ジショ》】（283ページ）②辞意を述べた文書。辞表。
【辞譲《ジジョウ》】（名・する）辞退して、ほかの人にゆずること。
【辞職《ジショク》】（名・する）職をやめること。例―勧告《カンコク》。
【辞世《ジセイ》】①世間の交際をことわって隠居《インキョ》すること。②こ

の世に別れをつげること。③死ぬときに残す和歌や俳句。例—の句。

【辞《ジ》退《タイ》】(名・する) えんりょしてことわること。例出場を—する。

【辞《ジ》典《テン》】「辞書《ジショ》」に同じ。→【字《ジ》典《テン》】(283ページ)・【事《ジ》典《テン》】(39ページ)

【辞《ジ》任《ニン》】(名・する) 役職を自分からやめること。対就任・着任。例—に追いこまれる。いさぎよく—する。

【辞《ジ》表《ヒョウ》】辞職するときに提出する文書。例—を書く。

【辞《ジ》賦《フ》】漢文の文体の一つ。『楚辞《ソジ》』の流れをくみ、押韻《オウイン》して対句《ツイク》を多用するなど、美文調の文章。

【辞《ジ》林《リン》】①ことばを多く集めて解説した書物。②多くの用語や文章。③文学者の社会。

【辞《ジ》令《レイ》】①役所や会社などで、採用・退職・異動、また、職務・身分・給与《キュウヨ》・契約期限《ケイヤクキゲン》などを、文章に明記して本人にわたす文書。例—書。—がおりる。②応対のことば。型どおりの言い方。例外交—。社交上の—。

●訓辞《クンジ》・式辞《シキジ》・謝辞《シャジ》・修辞《シュウジ》・祝辞《シュクジ》・世辞《セジ》・措辞《ソジ》・弔辞《チョウジ》・通辞《ツウジ》・答辞《トウジ》

辛 6

【辟】

13画 7768 8F9F 音 ヘキ漢

意味 ❶法律。おきて。また、重い刑罰《ケイバツ》。つみ。例大辟《タイヘキ》(=死刑)。❷人々をおさめる人。君主。例辟公《ヘキコウ》(=諸侯《ショコウ》)。❸まねいて役職につかせる。例辟除《ヘキジョ》(=人を召《め》し出して、官に任じる)。❹近づかないようにする。横へずれて、さける。〔「避《ヒ》」に通じる〕例辟易《ヘキエキ》。辟世《ヘキセイ》。

【辟《ヘキ》易《エキ》】(名・する) ①相手の勢いにおされて、しりごみすること。②困ること。例父親のがんこさには—する。

【辟《ヘキ》遠《エン》】都会から遠くはなれていること。また、その土地。

【辟《ヘキ》邪《ジャ》】①よこしまなこと。正しくないこと。邪悪。②古代中国の想像上の動物。シカに似た一角獣《イッカクジュウ》。

辛 7

【辣】

14画 7769 8FA3 常用 音 ラツ漢

筆順 亠 立 立 辛 辛 辛 辣 辣

なりたち [形声]「辛(=からい)」と、音「剌《ラツ》」の省略体とから成る。からい。

意味 ❶味がぴりっとからい。例辣油《ラーユ》。辣韮《ラッキョウ》。❷てきびしい。ひどい。また、すごい。例辣腕《ラツワン》。悪辣《アクラツ》。辛辣《シンラツ》。

【辣《ラッ》▼韮《キョウ》】野菜の一種。地下茎《チカケイ》がタマネギを細く小さくしたような形で、食用になる。

【辣《ラツ》腕《ワン》】(名・形動《ダ》) ものごとをすみやかに、適切に、支障なく処理するうでまえ。すごうで。例—をふるう。

辛 9

【辦】

16画 1-9250 8FA6 音 ハン漢 ベン呉

意味 問題や事務を処理する。おさめる。さばく。例辦事《ベンジ》。辦理《ベンリ》。

【辦《ベン》事《ジ》】事務を取りあつかうこと。また、その人。表記「弁事」とも書く。

【辦《ベン》理《リ》】(名・する) ものごとを正確にとらえ、処理すること。処理。表記「弁理」とも書く。

辛 9 【辨】16画 ⇩【弁《ベン》】(359ページ)

辛 9 ［辧］16画 ⇩【弁《ベン》】(359ページ)

辛12 【辭】19画 ⇩【辞《ジ》】(959ページ)

辛14 【辯】21画 ⇩【弁《ベン》】(359ページ)

161 7画

辰 たつ しんのたつ 部

農業によい時期の意をあらわす。「辰」をもとにしてできている漢字を集めた。

0 辰 3 辱 6 農

この部首に所属しない漢字

唇⇩口 205 晨⇩日 491 蜃⇩虫 877 震⇩雨 1051

辰 0

【辰】

7画 3504 8FB0 人名 音 シン漢呉 訓 たつ

なりたち 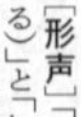 [形声]「乙(=春に草木が曲がりながら出る)」と「匕(=成長する)」と「二(=うえ)」と、音「厂《シン》」とから成り、農業に適した「とき」の意。

参考 一説に、貝が足を出している形、という。

意味 ❶とき。ひ。時節。例佳辰《カシン》。嘉辰令月《カシンレイゲツ》(=よい日とよい月)。❷十二支の五番目。方位では東南東、時刻では午前八時、およびその前後の二時間。月では陰暦《インレキ》の三月。動物では竜《リュウ》にあてる。たつ。例辰巳《シンシ》。戊辰《ボシン》。❸太陽と月と星とをまとめていうことば。例三辰《サンシン》。❹星。星座。また、とくに北極星。北辰《ホクシン》(=北極星)。

難読 辰《とき》

人名 とき・のぶ・のぶる・よし

【辰《シン》極《キョク》】北極星のこと。

【辰▼巳《シンシ|たつみ》】方角に十二支をあてはめたときの、東南。東と南との間。

【辰《シン》砂《シャ》】〔中国の辰州(=今の、湖南省)でとれる砂の意〕水銀と硫黄《いおう》の化合物。朱紅《シュコウ》色で、朱色の顔料としても用いる。丹砂《タンシャ》。

【辰《シン》宿《シュク》】〔本来の音は「シンシュウ」〕①北辰《ホクシン》(=北極星)と宿星(=そのほかの多くの星)。②星座。星宿。

辰 3

【辱】

10画 3111 8FB1 常用 音 ジョク漢 ニク呉 訓 はずかし-める・かたじけな-い・はずかし-め

筆順 一 厂 戸 戸 辰 辰 辱 辱

なりたち  [会意]「寸(=きまり)」が「辰(=農業に適したとき)」の下にある。耕すべき時をのがした者が受けるはずかしめ。

意味 ❶名誉《メイヨ》をきずつける。はずかしめる。はずかしめ。例屈辱《クツジョク》。雪辱《セツジョク》。恥辱《チジョク》。忍辱《ニンジョク|ニンニク》。❷ありがたい。もったいない。かたじけない。例辱知《ジョクチ》。辱臨《ジョクリン》(=ありがたい、ご訪問)。

【辱《ジョク》知《チ》】自分を知っていただいている、ということ。〔ある人と知り合いであることを、へりくだっていうことば〕例佐藤先生とは—の間がらです。—各位。

●汚辱《オジョク》・屈辱《クツジョク》・国辱《コクジョク》・雪辱《セツジョク》・恥辱《チジョク》・侮辱《ブジョク》・陵辱《リョウジョク》

辰 6

【農】

13画 3932 8FB2 教育3 音 ノウ漢呉

筆順 冂 冊 曲 曲 農 農 農 農

なりたち 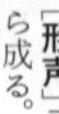 [形声]「晨(=早朝)」と、音「囟《ソウ→ノウ》」とから成る。(明るくなると、動き出して)耕す人。

参考 一説に、「農」の「曲」は「田」の変形で、「辰(=大きな貝がら)」を用いて「田(=た)」を耕す意、という。
意味 田畑を耕して作物をつくる。また、その仕事をする人。例 農耕《ノウコウ》。帰農《キノウ》。酪農《ラクノウ》。
人名 あつ・あつし・たか・たみ・つとむ・とよ・みのり・みのる

【農園《ノウエン》】 野菜・くだもの・花・樹木などを栽培《サイバイ》するところ。例 イチゴを栽培する—。
【農科《ノウカ》】 ①農業に関する学科。②大学の農学部。
【農家《ノウカ》】 生計の中心として農業をいとなむ家。
【農学《ノウガク》】 農業について研究する学問。
【農閑期《ノウカンキ》】 農作業のひまな時期。㊀農繁《ノウハン》期。
【農協《ノウキョウ》】 「農業協同組合」の略。農作物の集荷・出荷・加工・販売《ハンバイ》のほか、福利厚生《フクリコウセイ》・技術指導など広い範囲《ハンイ》で農業者の生活向上をめざす協同組合。
【農業《ノウギョウ》】 土地を利用して米や麦、野菜やくだものなどをつくり、また家畜《カチク》を飼うなどして、人間生活に直接必要なものをつくりだす産業。
【農具《ノウグ》】 農業に使う道具。昔からのすき・くわ・かまなどから大規模な農作業用の機械までをさす。農機具。
【農芸《ノウゲイ》】 ①農業と園芸。②農作物をつくる技術。
【農工《ノウコウ》】 ①農業と工業。②農民と工場労働者。
【農耕《ノウコウ》】 作物をつくるため田畑をたがやすこと。例 —民族。
【農作《ノウサク》】 田畑をたがやし、米や麦、野菜やくだものなどをつくること。例 —物。
【農事《ノウジ》】 農業に関することがら。例 —暦《レキ》。—試験場。
【農場《ノウジョウ》】 作物をつくるための設備をそなえた広い土地。
【農政《ノウセイ》】 農業についての行政や政策。例 —学。
【農村《ノウソン》】 農業を職業とする住民の多い村。例 —地帯。
【農奴《ノウド》】 中世ヨーロッパで、領主のもとにあって、自由を制限された農民。例 —を解放する。
【農繁期《ノウハンキ》】 農作業のいそがしい時期。㊀農閑《ノウカン》期。
【農夫《ノウフ》】 ①農業を職業とする男の人。㊀農婦。②農作業にやとわれる人。
【農婦《ノウフ》】 農業を職業とする女の人。㊀農夫。
【農牧《ノウボク》】 農業と牧畜《ボクチク》。例 —の国。
【農民《ノウミン》】 農業で生計をたてる人。
【農薬《ノウヤク》】 農業や林業で用いる、消毒・殺虫・除草などを目的としたくすり。例 —を散布する。
【農林《ノウリン》】 農業と林業。例 —学校。

○●営農《エイノウ》・帰農《キノウ》・豪農《ゴウノウ》・就農《シュウノウ》・篤農《トクノウ》・半農《ハンノウ》・貧農《ヒンノウ》・富農《フノウ》・酪農《ラクノウ》・離農《リノウ》

162 7画 辵(⻍・⻌) しんにょう しんにゅう 部

あるく意をあらわす。文字の一部になるときは「⻍(四画)」、常用漢字では、「遡《ソ》」「遜《ソン》」「謎《なぞ》」を除き、「⻌(三画)」となる。「辵」の音は、チャク。「⻌」が「之《シ》」に似ていることから「しにょう」、転じて「しんにょう・しんにゅう」という。「辵」をもとにしてできている漢字を集めた。

1 辷 2 込 込 辻 辺 3 迂 迄 迅 迅 辿 4 近 近 迎 迎 迚 返 返 5 迦 迥 述 迢 迪 迪 迭 迭 迫 迫 迩 述 迯 6 逆 逆 逅 送 退 退 迺 追 追 逃 逃 迷 迷 迴 迹 送 迸 7 逑 逧 這 逡 逍 逝 逝 造 速 速 逐 逐 通 通 逓 逞 逖 途 途 透 透 逗 逋 逢 連 連 逕 逎 造 8 逶 逸 逵 週 進 進 逮 逮 逬 逸 週 逵 9 遏 遖 運 運 過 過 遐 遇 遇 遑 遒 遂 達 達 遅 遉 道 道 遁 逼 遍 逾 遊 遊 遥 違 遂 遍 10 違 遠 遠 遣 遣 遘 遡 遜 遡 遜 遞 遙 11 遨 遮 遮 遭 遭 適 適 遯 遷 12 遺 遺 遵 遶 選 遷 邁 遼 遼 遵 選 遅 13 邂 還 還 遽 避 避 邀 邉 14 邇 邃 邈 15 邊 19 邏

この部首に所属しない漢字
巡⇩巛 332　導⇩寸 313

⻌1
【辷】
5画 7772 8FB7 国字 訓 すべ-る
意味 平らにはやく動く。なめらかに動く。(その位置を保つことができなくなって)動く。滑《すべ》る。例 地《ジ》辷《すべ》り。手《て》が辷《すべ》る。口《くち》が辷《すべ》る。試験《シケン》に辷《すべ》る。

⻌2
【込】
5画 2594 8FBC 常用 国字 訓 こ-む・こ-める・こ-み
筆順 ノ 入 入 込 込

⻌2
【込】
6画
なりたち [会意]「⻍(=ゆく)」と「入(=はいる)」とから成る。はいりこむ。こめる。
意味 ❶中へつめる。入れる。こめる。例 弾《たま》を込《こ》める。力《ちから》を込《こ》める。❷中にはいる。ぎっしりつまる。例 雨《あめ》が吹《ふ》き込《こ》む。教《おし》え込《こ》む。❸入り組んで複雑である。例 手《て》の込《こ》んだ料理《リョウリ》。❹中に入れること。ふくんでいること。こみ。例 税込《ゼイこ》み。送料《ソウリョウ》込《こ》み。申《もう》し込《こ》む。
使い分け こむ【混・込】⇩1169ページ

⻌2
【辻】
6画 3652 8FBB 国字 人名 訓 つじ
意味 道が十文字に交わっているところ。十字路。つじ。例 辻強盗《つじゴウトウ》。辻風《つじかぜ》(=つむじ風)。
【辻▽占《つじうら》】 昔、四つつじに立ち、通りかかった人のことばによって吉凶《キッキョウ》を判断したうらない。
【辻強盗《つじゴウトウ》】 道ばたで通行人をおそい、金品をうばい取る強盗。おいはぎ。
【辻説法《つじセッポウ》】 人通りの多い道ばたでおこなう説法。
【辻▼褄《つじつま》】 はじめと終わり。すじみち。道理。例 —が合う。—を合わせる。
【辻堂《つじドウ》】 道ばたに建てられた小さな仏堂。

⻌2
【辺】
5画 4253 8FBA 教育4 音 ヘン 漢 呉 訓 あた-り・べ・へ・ほとり
筆順 フ 刀 刀 辺 辺

⻌15
【邊】
19画 7820 908A

⻌13
【邉】
17画 7821 9089
別体字

成る。垂直ながけのへりをゆく。 ［形声］「辶(=ゆく)」と、音「臱《ベン》→ヘン」とから

意味 ❶はし。はて。かぎり。例 辺際《ヘンサイ》。広大無辺《コウダイムヘン》。❷中央から遠くはなれたところ。かたいなか。例 辺境《ヘンキョウ》。辺塞《ヘンサイ》(=国境のとりで)。辺地《ヘンチ》。❸そば。近く。あたり。ほとり。例 海辺《カイヘン》。身辺《シンペン》。周辺《シュウヘン》。❹数学で、多角形の外がわの線。例 一辺《イッペン》。四辺《シヘン》。底辺《テイヘン》。

日本語での用法《ヘン》数式で、等号や不等号の左右にある式。「右辺《ウヘン》・左辺《サヘン》」

【辺境】《ヘンキョウ》 国や文化の中心地から遠くはずれた地域。また、国ざかい。例 —の地。表記 ⑪辺▼疆

【辺際】《ヘンサイ|ヘンザイ》 果てるところ。はて。かぎり。

【辺地】《ヘンチ》 都会から遠くはなれた地域。交通の不便な土地。僻地《ヘキチ》。辺土。

【辺土】《ヘンド》 人里から遠くはなれたところ。辺地。例 日本は粟散《ゾクサン》—(=せまい国土)なり。

【辺▼鄙】《ヘンピ》 (名・形動ダナ) 都会から遠くはなれていること。例 —な雪深い村。

【辺幅】《ヘンプク》 ①織物のへりの部分。②うわべ。外観。身なり。例 —をかざる。

● 海辺《カイヘン|うみべ》・岸辺《きしべ》・近辺《キンペン》・周辺《シュウヘン》・身辺《シンペン》・底辺《テイヘン》・等辺《トウヘン》・炉辺《ロヘン》

辶3 **【迂】** 7画 1710 8FC2 人名 音 ウ 漢

意味 ❶遠まわりする。まがりくねる。例 迂遠《ウエン》。迂回《ウカイ》。迂曲《ウキョク》。❷(世間の事情に)うとい。にぶい。例 迂闊《ウカツ》。迂愚《グウ》(=世間のことに暗くておろか)。

人名 すすむ・とお・ゆき

【迂遠】《ウエン》 (形動ダ) まわりくどいようす。実際の役に立たないようす。例 —な方法。

【迂回】《ウカイ》 (名・する) 遠回りすること。例 道路工事のために—する。

【迂▼闊】《ウカツ》 (名・形動ダ) 注意が足りなくて、うっかりしていること。例 —にも約束を忘れた。

【迂曲】《ウキョク》 (名・する) まがりくねっていること。例 川が大きく—する。表記 「▼紆曲」とも書く。

【迂拙】《ウセツ》 □一 (名・形動ダ) 世間の事情にうとく、おろかであること。□二 (名) 自分をへりくだっていうことば。類 拙者《セッシャ》・迂生《ウセイ》。例 —の申す通りになされい。

【迂余曲折】《ウヨキョクセツ》 (名・する) ①まがりくねっていること。②事情がこみいっていて、たどる筋道がいろいろに変化していること。例 —をへる。表記 ▽「▼紆余曲折」とも書く。

【迂路】《ウロ》 まわり道。迂回路。

辶3 **【迄】** 7画 4388 8FC4 人名 音 キツ 漢 訓 まで・いた-る・およ-ぶ

意味 ❶行きつく。いたる。およぶ。例 今《いま》に迄《いた》る。❷ついに。とうとう。

日本語での用法《まで》経過があって行きつく場所、程度、時間などの限度をあらわす。「東京《トウキョウ》から京都《キョウト》迄《まで》の距離《キョリ》・来年《ライネン》迄《まで》待《ま》つ・それほど迄《まで》しなくても・親友《シンユウ》迄《まで》もそむく・とりいそぎお知《し》らせ迄《まで》」

辶3 **【迅】** 6画 3155 8FC5 常用 音 シン 漢 ジン 呉 訓 はや-い

筆順 

辶3 **【迅】** 7画

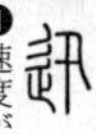る。はやい。 ［形声］「辶(=ゆく)」と、音「卂《シン》」とから成

意味 ❶速度がはやい。すみやか。例 迅速《ジンソク》。❷勢いが激しい。例 迅雷《ジンライ》。奮迅《フンジン》。

人名 とき・とし・はや・はやし

【迅速】《ジンソク》 (名・形動ダ) ものごとの進行や人の行動が、きわめてはやいこと。例 —に避難《ヒナン》する。

【迅雷】《ジンライ》 激しいかみなり。急に鳴りだしたかみなり。例 疾風《シップウ》—の勢いで進む。

辶3 **【辿】** 7画 3509 8FBF 人名 音 テン 漢 訓 たど-る

意味 ゆっくり歩く。

日本語での用法《たどる》①さがしながら進む。「跡《あと》を辿《たど》る・夜道《よみち》を辿《たど》る」②ある線にそって進む。一つの方向に進む。「下降線《カコウセン》を辿《たど》る・論理《ロンリ》を辿《たど》る」

辶4 **【近】** 7画 2265 8FD1 教育2 音 キン 漢 コン・ゴン 呉 訓 ちか-い・ちか-づく

筆順 

辶4 **【近】** 8画

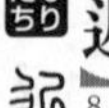る。ちかづく。 ［形声］「辶(=ゆく)」と、音「斤《キン》」とから成

意味 ❶そばによる。ちかづく。例 近迫《キンパク》(=近づく)。接近《セッキン》。❷関係がちかい。例 近縁《キンエン》。近親《キンシン》。卑近《ヒキン》。❸時間や距離《キョリ》のへだたりが小さい。ちかい。例 近況《キンキョウ》。近郊《キンコウ》。最近《サイキン》。

人名 ちか・ちかし・とも・もと

【近江】《おうみ》 旧国名の一つ。今の滋賀《しが》県にあたる。江州《ゴウシュウ》。

【近因】《キンイン》 直接の原因。対 遠因。

【近影】《キンエイ》 最近写した写真。

【近縁】《キンエン》 ①血のつながりがこいこと。対 遠縁《とおエン》。②生物の分類上で、近い関係にあること。例 —種。

【近火】《キンカ》 近所に起きた火事。例 —お見舞《みま》い。

【近海】《キンカイ》 陸地に近い海。対 遠海・遠洋・外海。例 —漁業。

【近懐】《キンカイ》 最近の心境。このごろの気持ち。例 —を述べた書簡。

【近刊】《キンカン》 (名・する) ①近いうちに出版すること。例 —予告。②近ごろ出版されたこと。また、その本。類 新刊。

【近眼】《キンガン》 「近視《キンシ》」に同じ。

【近畿】《キンキ》 [「畿」は、みやこの周辺の地域の意] ①みやこに近い地域。②「近畿地方」の略。京都・大阪《おおさか》・奈良《なら》・兵庫《ひょうご》・和歌山《わかやま》・滋賀《しが》・三重《みえ》の二府五県。

【近況】《キンキョウ》 最近のようす。例 手紙で—を知らせる。

【近近】《キンキン|ちかぢか》 (副) 近い将来に。近いうちに。例 —に工事を始める予定だ。

【近景】《キンケイ》 ①近くに見える景色。②絵画や写真などで、画面の手前に見える景色。例 —をていねいに描《えが》く。▽対 遠景。

【近県】《キンケン》 近くの県。

【近古】《キンコ》 ①あまり遠くない昔。②日本史の時代区分で、中古と近世のあいだ。鎌倉《かまくら》・室町《むろまち》時代。中世。

【近攻】《キンコウ》 (遠い国と同盟して)近い国をせめること。例 遠交—。

【近郊】《キンコウ》 都会の周辺部。都市に近い地域。例 —の住宅

地。

【近郷】《キンゴウ》都会に近い村ざと。例—近在から人が集まる。

【近在】《キンザイ》都会や町に近い村ざと。例近郷《キンゴウ》—。

【近作】《キンサク》最近の作品。例—を発表する個展。

【近視】《キンシ》網膜《モウマク》の前方に像を結ぶため、遠くのものがはっきり見えない目。凹《オウ》レンズで矯正《キョウセイ》する。ちかめ。近視眼。近眼《キンガン》。対遠視。

【近似】《キンジ》（名・する）よくにていること。類似。例形が—している。

【近似値】《キンジチ》〔数〕ある数の真のあたいにきわめて近く、実用的に使える数値。例—を求める。

【近侍】《キンジ》（名・する）主君のそば近くに仕えること。また、その人。近習《キンジュ》。

【近時】《キンジ》近ごろ。最近。

【近日】《キンジツ》近い将来。近いうち。例—発売。

【近習】《キンジュ—キンジュウ》主君のそば近くに仕える家来。小姓《こショウ》。近侍《キンジ》。

【近所】《キンジョ》その場所から近いところ。近くの家。例—づきあい。

【近称】《キンショウ》文法で、指示代名詞の一つ。話し手と聞き手に近い物・方向・場所などを指し示すことば。「これ」「ここ」「この」「こちら」など。「こ」で始まるのが特徴《トクチョウ》。対遠称・中称・不定称。

【近臣】《キンシン》主君のそば近くに仕える家来。近侍《キンジ》。近習《キンジュ》。

【近親】《キンシン》血縁《ケツエン》の近い親族。例—者。

【近世】《キンセイ》①近ごろの世の中。②歴史の時代区分の一つ。中世と近代のあいだ。日本史では、江戸《えど》時代。

【近接】《キンセツ》（名・する）①すぐ近くにあること。例空港に—したホテル。②接近すること。

【近体】《キンタイ》①近ごろの体裁《テイサイ》や様式。②漢詩の形式の一つ。唐《トウ》代の初期に完成した律詩と絶句とをいう。句数・韻律《インリツ》などに細かい規則がある。今体《キンタイ》。近体詩。今体詩。対古詩・古体詩。

【近代】《キンダイ》①現代に近い過去の時代。②歴史の時代区分の一つ。日本史では近世に続く時代で、明治維新《イシン》以後。

【近東】《キントウ》〔Near East の訳語〕ヨーロッパから見て、最も近い東洋の地域。エジプト・イラク・シリア・トルコなど。

【近年】《キンネン》現在に近い過去の数年。ここ数年。例—の世界情勢。

【近辺】《キンペン》そこに近いところ。近所。付近。例東京—。

【近傍】《キンボウ》その近く。そのあたり。近所。近辺。

【近未来】《キンミライ》現在に近い未来。〔過去を区分する考え方を未来にもあてはめたもの〕例—の社会をえがいた小説。

【近憂】《キンユウ》さしせまった心配ごと。身近な心配ごと。→【遠慮】《エンリョ》（982ページ）

【近来】《キンライ》ちかごろ。近時。例—まれにみる大事件。

【近隣】《キンリン》①となり近所。近所。例—の住民に聞く。②市町村や国などが境を接して近くにあること。例—諸国。

【▽近▽衛】《コノエ》①「近衛府」の略。昔、皇居の警固や行幸《ギョウコウ》の護衛を担当した役所。例—の大将《ダイショウ》（＝近衛府の長官）。②天皇のそば近く仕えて護衛したこと。例—兵。

【近目】《ちかめ》「近視《キンシ》」に同じ。
●遠近《エンキン》・最近《サイキン》・至近《シキン》・親近《シンキン》・接近《セッキン》・側近《ソッキン》・直近《チョッキン》・手近《てぢか》・卑近《ヒキン》・付近《フキン》・間近《まぢか》・身近《みぢか》

⻌4
【迎】
7画 2362 8FCE 常用
音ゲイ漢 ゴウ呉
訓むか-える

筆順
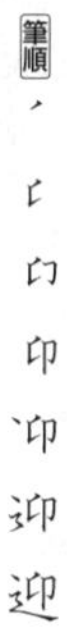

⻌4 【迎】8画

なりたち

[形声]「⻌（＝ゆく）」と、音「卬《ゴウ→ゲイ》」とから成る。であう。

意味 ❶来る人やものを待ち受ける。出むかえる。例迎撃《ゲイゲキ》。迎春《ゲイシュン》。歓迎《カンゲイ》。❷相手の意に合わせる。例迎意《ゲイイ》。迎合《ゲイゴウ》。

【迎意】《ゲイイ》〔人の心をむかえることから〕相手の思うところに合わせていく。

【迎撃】《ゲイゲキ》（名・する）せめてくる敵をむかえうつこと。邀撃《ヨウゲキ》。例—ミサイル。敵機を—する。

【迎合】《ゲイゴウ》（名・する）他人の気に入るように意見や行動をあわせること。おもねること。例大衆《タイシュウ》に—する意見。

【迎歳】《ゲイサイ》新年をむかえること。迎春。迎年。

【迎春】《ゲイシュン》新年をむかえること。〔年賀状などで、あいさつのことばとして用いる〕

【迎接】《ゲイセツ》（名・する）客を出むかえ、もてなすこと。

【迎賓】《ゲイヒン》客をむかえて接待すること。〔とくに、外国からの重要な客について用いる〕例—館。
●歓迎《カンゲイ》・送迎《ソウゲイ》・来迎《ライゴウ》

⻌4
【迌】
8画 7773 8FDA 国字
訓とて-も

意味 ❶〔「迌《とて》も斯《か》くても」の「とても」〕どんな方法でも。❷〔下に打ち消しのことばをともなって〕どんなにしたところで。例迌《とて》も行《い》けない。迌《とて》もかなわない。❸ひじょうに。たいそう。例迌《とて》もりっぱな作品《サクヒン》。❹〔「迌《とて》ものことに」の形で〕いっそのこと。同じことなら。ついでに。

⻌4
【返】
7画 4254 8FD4 教育3
音ハン漢 ヘン・ホン呉
訓かえ-す・かえ-る・かえ-し

筆順

⻌4 【返】8画

なりたち

[会意]「⻌（＝ゆく）」と、「反《ハン》（＝かえす）」とから成る。かえる。

意味 ❶もとにもどる。かえる。例返照《ヘンショウ》。往返《オウヘン》。❷もとにもどす。かえす。例返還《ヘンカン》。返却《ヘンキャク》。

使い分け かえす・かえる【返・帰】⇩1166ページ

人名 のぶ

【▽返魂香】《ハンゴンコウ》⇩【反魂香】《ハンゴンコウ》（176ページ）

【返歌】《ヘンカ》おくられた歌に答えて、詠《よ》んでかえす歌。かえしうた。

【返還】《ヘンカン》（名・する）いったん所有したものを、もとの持ち主にかえすこと。例優勝旗—。

【返却】《ヘンキャク》（名・する）借りたもの、預かったものなどをかえすこと。例図書館に本を—する。

【返金】《ヘンキン》（名・する）借りたおかね、または預かったおかねをかえすこと。また、そのおかね。

【返済】《ヘンサイ》（名・する）借りた金品をかえすこと。例借金を—する。

【返事】《ヘンジ》（名・する）①相手からの呼びかけや問いかけなどに対して答えること。また、そのことば。返辞。例大きな声で—をする。②手紙や文書で相手に答えること。また、その手紙や文書。返書。返辞。例—を書く。

【返書】《ヘンショ》返事の手紙。返信。例—が届く。

【返照】《ヘンショウ》（名・する）①光がてりかえすこと。てりかえし。②

夕日がさしてくること。また、夕日にてらされて、ものがかがやいて見えること。夕照《セキショウ》。

【返上《ヘンジョウ》】(名・する) あたえられたものを、おかえしすること。例 休日—で働く。汚名《オメイ》を—する。

【返信《ヘンシン》】返事の手紙や通信を出すこと。また、その手紙や通信。返書。対 往信。例 —用の切手を同封《ドウフウ》する。

【返送《ヘンソウ》】(名・する) おくりかえすこと。例 ちがう商品が届いたので—する。

【返電《ヘンデン》】返事の電報。例 ただちに—を打つ。

【返答《ヘントウ》】(名・する) 聞かれたことに対して答えること。返事。

【返納《ヘンノウ》】(名・する) 借りたものを、もとの場所や持ち主にかえすこと。

【返杯《ヘンパイ》】(名・する) 宴会《エンカイ》などで、ついでもらった酒を飲みほし、そのさかずきを相手にかえして、酒をつぎかえすこと。表記「返▼盃」とも書く。

【返品《ヘンピン》】(名・する) いったん買った品物をかえすこと。また、その品物。例 サイズがちがうので—する。

【返付《ヘンプ》】(名・する) お金や品物をかえしてわたすこと。

【返報《ヘンポウ》】(名・する) ①うらみを晴らすこと。報復。仕返し。②好意や親切に対して、おかえしをすること。返礼。③手紙や通信に対して返事を出すこと。返信。

【返本《ヘンポン》】(名・する) 小売りの書店が、売れ残った本を取次《とりつぎ》を通して、出版社などにもどすこと。また、その本。例 —率の高い雑誌《ザッシ》。

【返礼《ヘンレイ》】(名・する) 他人から受けたあいさつや好意に対して、おかえしのあいさつやおくりものをすること。また、その品物。おかえし。

【返戻《ヘンレイ》】(名・する) もとの場所や持ち主にかえすこと。返却《ヘンキャク》。例 貸し主に—する。

【迦】
⻌5 9画 1864 8FE6 人名 音 カ(漢)(呉)

意味 梵語《ボンゴ》の「カ」の音《オン》にあてる字。例 迦葉《カショウ》。釈迦《シャカ》。

【迦▽葉《カショウ》】〔仏〕〔梵語《ボンゴ》の音訳〕釈迦《シャカ》の十大弟子《デシ》のひとり。釈迦の死後、弟子たちの中心人物となった。摩訶《マカ》迦葉・大迦葉とも呼ばれる。

【迦陵▽頻▼伽《カリョウビンガ》】〔仏〕〔梵語《ボンゴ》の音訳〕極楽浄土《ゴクラクジョウド》にいて、美女の顔と美声をもつとされる鳥。迦陵頻。

[辵(⻌・⻍)部] 5画 迦 迥 述 迢 迪 迪 迭 迭 迫 迫

【迥】
⻌5 9画 7774 8FE5 音 ケイ(漢)ギョウ(呉) 訓 はる-か

意味 遠くへだたっている。はるか。例 迥遠《ケイエン》(=はるかにはなれている)。

【述】
⻌5 8画 2950 8FF0 教育5 音 シュツ(漢)ジュツ(呉) 訓 の-べる

筆順 一 十 オ ホ ボ ボ 述 述

【述】
⻍5 9画 — —

なりたち 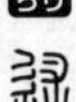 [形声]「⻌(=ゆく)」と、音「朮《シュツ》」とから成る。したがう。

意味 ❶筋道にしたがって話したり、書きあらわしたりする。のべる。例 述懐《ジュッカイ》。記述《キジュツ》。著述《チョジュツ》。❷(先人の教えなどを)そのまま受けつぎ伝える。例 祖述《ソジュツ》。

人名 あきら・とも・のぶ・のぶる・のり

【述懐《ジュッカイ》】(名・する) 心に思うことをのべること。例 当時の心境を—する。

【述語《ジュツゴ》】文法で、文の成分の一つ。主語を受けて、その動作や状態、性質などを説明することば。たとえば、「鳥が鳴く。」「花がさく。」の「鳴く」「さく」の部分。対 主語。

【述作《ジュッサク》】(名・する) 詩や文を作ったり本を書いたりすること。また、その作品。著作。著述。

【述部《ジュツブ》】文法で、文の構成部分の一つ。述語とそれにかかる修飾《シュウショク》語をあわせたもの。たとえば、「風が強くふく。」という文の、「強くふく」の部分。対 主部。

●既述《キジュツ》・記述《キジュツ》・供述《キョウジュツ》・口述《コウジュツ》・後述《コウジュツ》・詳述《ショウジュツ》・上述《ジョウジュツ》・叙述《ジョジュツ》・著述《チョジュツ》・陳述《チンジュツ》・論述《ロンジュツ》

【迢】
⻌5 9画 7775 8FE2 音 チョウ(漢) 訓 たか-い・とお-い・はる-か

意味 はるかなようす。例 迢空《チョウクウ》。迢迢《チョウチョウ》。迢逓《チョウテイ》。

【迢迢《チョウチョウ》】(形動《タル》) ①高いようす。②はるか遠いようす。例 —たる牽牛星《ケンギュウセイ》(=はるか遠い空にかがやくのは、ひこぼし)。〈古詩十九首〉③時間上、長くつづいているようす。

【迢逓《チョウテイ》】(形動《タル》) ①はるか遠いようす。②高くそびえるようす。

【迪】
⻌5 8画 7776 8FEA 人名 音 テキ(漢) 訓 みち

【迪】
⻍5 9画 — —

【廸】
廴5 8画 5515 5EF8 別体字

なりたち 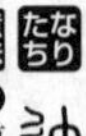 [形声]「⻌(=ゆく)」と、音「由《ユウ→テキ》」とから成る。みち。みちびく。

意味 ❶道理。みち。例 迪彝《テキイ》(=道のおきて。正しい法)。❷教えみちびく。みちびく。例 啓迪《ケイテキ》(=教えみちびく)。❸(道理に)従っておこなう。ふみおこなう。例 迪知《テキチ》(=実践《ジッセン》してみて、さとる)。

人名 いたる・すすむ・ただ・ただし・ただす・ひら・ふみ・ゆう

【迭】
⻌5 8画 3719 8FED 常用 音 テツ(漢) 訓 か-わる

筆順 ノ 𠂉 ⺧ 牛 失 失 迭 迭

【迭】
⻍5 9画 — —

なりたち  [形声]「⻌(=ゆく)」と、音「失《シツ→テツ》」とから成る。とりかえる。

意味 入れかわる。かわる。例 迭立《テツリツ》(=かわって立つ)。更迭《コウテツ》。

【迫】
⻌5 8画 3987 8FEB 常用 音 ハク(漢)(呉) 訓 せま-る

筆順 ノ 亻 白 白 白 白 迫 迫

【迫】
⻍5 9画 — —

なりたち  [形声]「⻌(=ゆく)」と、音「白《ハク》」とから成る。近づく。

意味 ❶近づく。さしせまる。せまる。例 迫真《ハクシン》。迫力《ハクリョク》。切迫《セッパク》。❷おいつめて苦しめる。おさえつける。おびやかす。例 迫害《ハクガイ》。圧迫《アッパク》。脅迫《キョウハク》。

難読 迫合《せりあい》・迫《さこ》(=姓《せい》)・筥迫《はこせこ》

人名 とお

【迫害《ハクガイ》】(名・する) 権力や暴力などでおどし、害を加えること。例戦時に自由主義者が—されたことがあった。

【迫撃《ハクゲキ》】(名・する) 敵陣《テキジン》に接近してうつこと。例—砲《ホウ》。

【迫真《ハクシン》】真実そのものであるかのように思えること。真にせまること。例—の演技。—の描写力《ビョウシャリョク》。

【迫力《ハクリョク》】見る者や聞く者の心を圧倒《アットウ》するような力。例—のある演奏。

【▽迫間《はざま》】①物と物との間のせまいすきま。②谷。谷間。③城のかべにあけてある、矢や銃《ジュウ》をうつための穴。銃眼。

表記 ▽「▽狭間」とも書く。
●圧迫《アッパク》・窮迫《キュウハク》・脅迫《キョウハク》・緊迫《キンパク》・切迫《セッパク》

⻍5 【迩】8画 ⇩【邇】《ジ》(987ページ)

⻍5 【述】9画 ⇩【述】《ジュツ》(964ページ)

⻍5 【逃】9画 ⇩【逃】《トウ》(968ページ)

⻍6 【逆】9画 2153 9006 教育5
音 ゲキ漢 ギャク呉
訓 さか・さか-らう・さか-さ・さか-さま

筆順 丷 䒑 䒑 屰 屰 逆 逆

⻍6 【逆】10画

なりたち [形声]「⻌(=ゆく)」と、音「屰《ゲキ》」とから成る。むかえる。

意味 ❶来るものをむかえる。でむかえる。例逆命《ギャクメイ》(=命令を受ける)。逆旅《ゲキリョ》。❷あらかじめ。まえもって。例逆睹《ギャクト》。逆料《ギャクリョウ》(=あらかじめ推察する)。❸そむく。はむかう。さからう。例逆臣《ギャクシン》。逆賊《ギャクゾク》。反逆《ハンギャク》。❹方向や順序、また位置などが反対である。さかさま。さかさ。例逆転《ギャクテン》。逆行《ギャッコウ》。逆効果《ギャクコウカ》。

【逆意《ギャクイ》】むほんの心。逆心。

【逆運《ギャクウン》】順調ではない運命。不運。ふしあわせ。

【逆縁《ギャクエン》】〔仏〕①悪事をはたらいたことが、仏道にはいるきっかけとなること。②親が子の、また、年長者が年少者の、供養《クヨウ》をすること。▽対順縁。

【逆効果《ギャクコウカ》】期待した効果とは反対の結果となること。例肥料のやりすぎは—をまねく。

【逆算《ギャクサン》】(名・する) 逆の順序で計算すること。終わりから前へとさかのぼって計算すること。例完成の予定日から—して計画を立てる。

【逆襲《ギャクシュウ》】(名・する) せめられていたほうが、逆にせめ返すこと。類反撃《ハンゲキ》。

【逆順《ギャクジュン》】①通常とは反対の順序。②さからうことと、したがうこと。順逆。

【逆上《ギャクジョウ》】(名・する) 激しいいかりや悲しみなどのために、興奮《コウフン》してとり乱すこと。頭に血がのぼること。例—して乱暴をはたらく。

【逆臣《ギャクシン》】主君にそむく臣下。

【逆数《ギャクスウ》】〔数〕0以外の数または式に対して、その数で1を割った商。たとえば、5の逆数は$\frac{1}{5}$、$\frac{2}{3}$の逆数は$\frac{3}{2}$など。

【逆接《ギャクセツ》】前の文や句と、あとに続く文や句との意味が逆であること。たとえば、「つかまえようとしたが、にげられた。」「花はさいた。しかし、すぐに散ってしまった。」など。対順接。

【逆説《ギャクセツ》】常識や真理にさからうような表現で強調される主張。パラドックス。たとえば、「負けるが勝ち。」「急がばまわれ。」など。

【逆送《ギャクソウ》】(名・する) おくり返すこと。

【逆賊《ギャクゾク》】主君にそむいた者。むほん人。例—の汚名《オメイ》を着せられる。

【逆探知《ギャクタンチ》】(名・する) 電波や電話の発信元を、受信側からつきとめること。例無言《ムゴン》電話の発信者を—する。

【逆手】㊀《ギャクて》 ①柔道《ジュウドウ》などで、相手の関節を逆の方向に曲げて痛めつけること。また、そのわざ。②器械体操で、手のひらを手前に向けてにぎる、鉄棒のにぎり方。さかて。対順手《ジュンて》。例鉄棒の—大車輪。③相手の攻撃《コウゲキ》や非難などを逆に利用して、反撃すること。さかて。例相手の論法を—に取る。㊁《さかて》 ①「㊀②」に同じ。②「㊀③」に同じ。③刀など、ふつうの持ち方と逆に、小指のほうが刃《は》に近くなるように柄《つか》をにぎること。例短刀を—に持つ。

【逆転《ギャクテン》】(名・する) 回転や進行の方向、上下の位置関係、勝敗の形勢などが、それまでと反対になること。例モーターを—させる。力関係が—する。八回の裏に—された。

【逆徒《ギャクト》】むほんを起こした者たち。

【逆▼睹《ギャクト/ゲキト》】(名・する) まえもって見通しをつけること。例形勢は—しがたい。

【逆比《ギャクヒ》】〔数〕比の前項《ゼンコウ》と後項《コウコウ》とを入れかえたもの。$a:b$ に対する $b:a$ など。反比。

【逆比例《ギャクヒレイ》】(名・する)〔数〕二つの数量で、一方が二倍、三倍になるとき、他方が二分の一、三分の一になるという関係にあること。反比例。対比例・正比例。

【逆風《ギャクフウ》】①(進むのをさまたげるように)進行方向からふいてくる、かぜ。向かい風。対順風。例—をついて走る。②活動や行動のさまたげになるような強い力。例今度の選挙では強い—にあったが善戦した。

【逆用《ギャクヨウ》】(名・する) ①本来の目的とは反対のことに利用すること。②相手かたのものを、つごうよく利用する。例相手のおしてくる力を—して勝つ。

【逆流《ギャクリュウ》】(名・する) 水などが、本来ながれる方向とは反対の方向にながれること。例満ち潮で川が—する。

【逆浪《ギャクロウ/ゲキロウ/さかなみ》】逆風にあおられ、流れや潮にさからって立つ波。さかまく波。

【逆境《ギャッキョウ》】能力や個性をうまくのばせない境遇《キョウグウ》。ふしあわせな境遇。対順境。例—にめげずに出世する。

【逆光《ギャッコウ》】「逆光線《ギャクコウセン》」の略。写真や絵画などで、えがきとろうとするものの後ろからさす光線。また、その状態。例—なのでフラッシュをたいて写真をとる。

【逆行《ギャッコウ》】(名・する) 反対の方向に進むこと。あともどり。例時代に—する考え方。

【▽逆旅《ゲキリョ》】旅人をむかえること。宿屋。旅館。また、旅。例天地は万物《バンブツ》の—。

【▽逆▼鱗《ゲキリン》に触《ふ》れる】天子のいかりをこうむる。また、目上の人のはげしいいかりを買う。

故事のはなし 全身鱗《うろこ》におおわれている竜《リュウ》には、のどの下に一枚だけさかさに生えた一尺ほどの鱗(逆鱗《ゲキリン》)があって、もしだれかがこれにふれようものなら、竜はおこってたちまちその人を殺してしまうという。天子もこれと同じで、逆鱗、つまりそのことにふれると天子のいかりを買うような急所があるものだ。だから天子に意見を言

う家来たちは、この逆鱗にふれないようによくよく気をつけないといけないのである。〈韓非子《カンピシ》〉

【逆《さか》毛《げ》】①さか立っている毛。②髪型《かみがた》をととのえるために、毛先から根元に向けて、さかさにとかして立たせた髪の毛。

【逆《さか》子《ご》】赤んぼうが、ふつうとは逆に、足のほうから生まれること。また、その赤んぼう。逆産《ギャクザン》。表記「逆▽児」とも書く。

【逆《さか》夢《ゆめ》】夢で見たこととは逆の結果になった夢。対 正夢《まさゆめ》。

◐悪《アク》逆《ギャク》・可《カ》逆《ギャク》・順《ジュン》逆《ギャク》・反《ハン》逆《ギャク》

辶 6
【逅】10画 7780 9005
音 コウ 漢 訓 あ-う

意味 思いがけなくであう。ぱったり会う。例 邂逅《カイコウ》。

辶 6
【送】9画 3387 9001 教育3
音 ソウ 漢 呉 訓 おく-る・おく-り

筆順 ソ ⺍ 兰 关 关 迗 送

辶 6
【送】10画

なりたち  [会意]「辶(=ゆく)」と「倂(=おくる)」の省略体とから成る。人をさしむける。

意味 ❶去って行く人につきそってみおくる。おくる。例 送迎《ソウゲイ》。送別《ソウベツ》。歓送《カンソウ》。❷ものをとどける。人をつかわす。おくる。例 送金《ソウキン》。送電《ソウデン》。輸送《ユソウ》。

日本語での用法《おくる》①次に移す。「順《ジュン》に席《セキ》を送《おく》る・申《もう》し送《おく》る」②送り仮名を付ける。「活用語尾《カツヨウゴビ》は仮名《かな》を送《おく》る」

使い分け おくる【送・贈】⇩1164ページ

人名 おく

【送《ソウ》還《カン》】(名・する)(捕虜《ホリョ》や密入国者を、本国へ)おくりかえすこと。例 強制—。

【送《ソウ》球《キュウ》】㊀(名・する)①球技で、ボールを味方の選手に投げわたすこと。パス。②野球で、野手がボールを捕《と》って、走者をアウトにするために投げること。例 —がそれる。参考「投球」は、投手が打者に対して投げること。㊁(名)ハンドボールのこと。

【送《ソウ》金《キン》】(名・する)お金をおくること。また、そのお金。例 実家に—する。

【送《ソウ》迎《ゲイ》】(名・する)去る人をおくることと、来る人をむかえること。おくりむかえ。例 —バス。客を—する。

【送《ソウ》検《ケン》】(名・する)〔法〕犯罪者や容疑者の身がら、あるいはその調査書類を、起《キ》訴《ソ》手続きのために警察から検察庁におくること。例 書類—。

【送《ソウ》稿《コウ》】(名・する)原稿を印刷所などにおくること。

【送《ソウ》受《ジュ》】(名・する)おくり出すこととうけ取ること。送信と受信。例 —器。

【送《ソウ》信《シン》】(名・する)信号をおくること。対 受信。例 メールを—する。—設備。

【送《ソウ》水《スイ》】(名・する)水道管や水路などに水を流すこと。例 —管。

【送《ソウ》電《デン》】(名・する)電力をおくること。例 —線(=発電所から変電所に電力をおくる電線)。

【送《ソウ》付《フ》】(名・する)(書類や品物を)おくり届けること。例 督促状《トクソクジョウ》を—する。

【送《ソウ》風《フウ》】(名・する)風を起こしておくりこむこと。例 —機。

【送《ソウ》別《ベツ》】(名・する)別れて行く人をおくり出すこと。例 —会。

【送《ソウ》料《リョウ》】物品を郵送や運送するさいの料金。おくり賃。

【送《ソウ》話《ワ》器《キ》】電話機で、相手に声を伝えるほうの装置。対 受話器。

◐運《ウン》送《ソウ》・回《カイ》送《ソウ》・歓《カン》送《ソウ》・護《ゴ》送《ソウ》・転《テン》送《ソウ》・電《デン》送《ソウ》・配《ハイ》送《ソウ》・発《ハッ》送《ソウ》・返《ヘン》送《ソウ》・放《ホウ》送《ソウ》・郵《ユウ》送《ソウ》

辶 6
【退】9画 3464 9000 教育6
音 タイ 漢 呉 訓 しりぞ-く・しりぞ-ける・の-く・ひ-く

付表 立《た》ち退《の》く

筆順 フ ヨ 艮 艮 艮 退 退

辶 6
【退】10画

なりたち 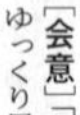 [会意]「辶(=ゆく)」と「日(=ひ)」と「夊(=ゆっくり足をひいてゆく)」とから成る。日ごとにおくれる。

意味 ❶うしろへひきさがる。あとずさる。しりぞく。例 退却《タイキャク》。退散《タイサン》。後退《コウタイ》。❷ある場所をたちさる。たちのく。のく。例 退出《タイシュツ》。退場《タイジョウ》。退席《タイセキ》。❸やめる。身をひく。例 退位《タイイ》。退職《タイショク》。引退《インタイ》。❹おとろえる。勢いがなくなる。例 退化《タイカ》。減退《ゲンタイ》。衰退《スイタイ》。❺おいはらう。しりぞける。例 退治《タイジ》。撃退《ゲキタイ》。

人名 のき

【退《タイ》位《イ》】(名・する)君主・天子がその地位からしりぞくこと。対 即位《ソクイ》。

【退《タイ》院《イン》】(名・する)患者《カンジャ》が病院での療養《リョウヨウ》を終えて自宅に帰ること。対 入院。

【退《タイ》▼嬰《エイ》】(名・する)〔「嬰」は、赤んぼうのように弱く、争わない意〕新しいことを取り入れる意気ごみがないこと。対 進取。例 —的。

【退《タイ》役《エキ》】(名・する)①軍人が兵役《ヘイエキ》をはなれること。例 —将校。②役務《エキム》からはなれること。例 老朽《ロウキュウ》して—した客船。

【退《タイ》化《カ》】(名・する)①生物のある器官や組織が、種《シュ》の進化や個体の成長のため、小さくなったりはたらかなくなったりすること。②進歩が止まって、以前の状態にあともどりすること。退行。

【退《タイ》会《カイ》】(名・する)ある会をやめて、会員でなくなること。対 入会。例 —届。

【退《タイ》学《ガク》】(名・する)学生や生徒が卒業前に学校をやめること。例 —処分(=学校側が罰《バツ》としてやめさせること)。

【退《タイ》官《カン》】(名・する)官職をしりぞくこと。対 任官。例 国立大学を定年で—する。

【退《タイ》却《キャク》】(名・する)戦いや経営が不利な状態になって、ひきさがること。対 進出《シンシュツ》。

【退《タイ》去《キョ》】(名・する)ある場所を立ちのくこと。また、立ちのかせること。例 —命令。

【退《タイ》勤《キン》】(名・する)一日の勤務を終えて、職場を出ること。対 出勤。

【退《タイ》屈《クツ》】(名・する・形動ダナ)①単調でおもしろみがなく、うんざりすること。例 —な仕事。②することもなく、ひまで困ること。例 —しのぎ。

【退《タイ》行《コウ》】(名・する)①あとにさがること。後退。②心理学で、障害に直面して精神が混乱したときなどに、すでに通過してきたはずの、未発達の状態にもどること。例 —現象。

【退《タイ》校《コウ》】(名・する)①退学。例 —処分を受ける。②学校の一日の授業を終えて、学校の外へ出ること。下校。例 児童の—する時間帯。

【退《タイ》座《ザ》】(名・する)座席をはなれて、その場を去ること。退

席。例話のとちゅうで—する。

【退散《タイサン》】（名・する）①にげるようにいなくなること。例敵が—する。②その場から立ちのくこと。例そろそろ—しよう。

【退治《タイジ》】（名・する）害をおよぼすものを、うちほろぼすこと。例鬼《おに》—。病気を—する。

【退室《タイシツ》】（名・する）部屋から出ること。対入室。

【退社《タイシャ》】（名・する）①会社をやめること。退職。②一日の仕事を終えて、会社を出ること。対出社。例—時間。

【退出《タイシュツ》】（名・する）（役所や目上の人の前などから）引き下がり、帰ること。例宮中を—する。

【退場《タイジョウ》】（名・する）①競技場や会場から出ること。対入場。例審判《シンパン》が—を命ずる。②舞台《ブタイ》・小説・映画などの、ある場面から人物や役者が引き下がること。対登場。

【退色《タイショク》】（名・する）色があせてうすくなること。例日に当たって—する。表記 旧▼褪色

例下手《しもて》に—する。

【退職《タイショク》】（名・する）それまで勤めていた仕事をやめること。対就職。例定年—。

【退陣《タイジン》】（名・する）①軍隊が、構えていた陣を後ろへさげること。②仕事上の地位や立場から身を引くこと。例責任をとって社長が—する。

【退勢《タイセイ》】勢いがだんだんおとろえていくこと。衰勢《スイセイ》。例—を挽回《バンカイ》する。表記 旧▼頽勢

【退席《タイセキ》】（名・する）集まりなどの場から立ち去ること。退座。

【退蔵《タイゾウ》】（名・する）物品や金銭を使わずに、ひそかにしまっておくこと。例—物資。

【退団《タイダン》】（名・する）劇団やチームなどの所属をやめること。対入団。

【退庁《タイチョウ》】（名・する）その日の仕事をおえて、役所を出ること。対登庁。例五時には—する。

【退朝《タイチョウ》】（名・する）朝廷《チョウテイ》から退出すること。

【退廷《タイテイ》】（名・する）裁判の関係者が、法廷から退出すること。対出廷・入廷。例裁判官が—する。

【退転《タイテン》】（名・する）①〔仏〕修行《シュギョウ》をおこたって、以前の悪い状態に落ちること。例不—。②悪いほうへ移り変わること。

【退任《タイニン》】（名・する）それまでの任務をやめること。対就任。例会長を—する。

【退廃《タイハイ》】（名・する）①くずれすたれること。例都会の—していく姿。②人が健全さを失い、乱れた生活を送ること。デカダン。例—的な生活。表記▽旧▼頽廃

【退避《タイヒ》】（名・する）危険をさけるために、一時的にその場所からはなれること。例—訓練。

【退歩《タイホ》】（名・する）発達が止まり、あともどりすること。対進歩。例文化が—する。

【退路《タイロ》】にげ道。対進路。例—を断《た》つ。

●一進一退《イッシンイッタイ》・引退《インタイ》・撃退《ゲキタイ》・減退《ゲンタイ》・後退《コウタイ》・辞退《ジタイ》・進退《シンタイ》・衰退《スイタイ》・早退《ソウタイ》・脱退《ダッタイ》・中退《チュウタイ》・撤退《テッタイ》・敗退《ハイタイ》・勇退《ユウタイ》

辶6

【迺】10画 7782 8FFA

音ダイ漢 ナイ呉 訓の・すなわ-ち

廴6

【廼】9画 3922 5EFC 別体字

意味 ❶なんじ。同乃《ダイ》。❷すなわち。同乃《ダイ》。

日本語での用法《の》「の」の音をあらわす万葉がな。「梅廼花《うめのはな》・春廼舎朧《はるのやおぼろ》〔坪内逍遥《つぼうちショウヨウ》の別号〕」

辶6

【追】9画 3641 8FFD

教育3 音ツイ漢呉 訓お-う

筆順

辶6

【追】10画

なりたち 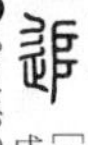 [形声]「辶（=ゆく）」と、音「自《タイ》→ツイ」とから成る。おう。

意味 ❶あとをおいかける。おいまわす。おいはらう。おう。例追求《ツイキュウ》。追撃《ツイゲキ》。追跡《ツイセキ》。❷あとについて行く。従う。例追従《ツイジュウ》。追随《ツイズイ》。❸あとから付け加える。例追加《ツイカ》。追記《ツイキ》。追伸《ツイシン》。❹過去にさかのぼる。例追憶《ツイオク》。追想《ツイソウ》。追悼《ツイトウ》。

【追憶《ツイオク》】（名・する）過ぎ去った日々やなくなった人を、なつかしく思い出すこと。追懐《ツイカイ》。追想。例—にふける。

【追加《ツイカ》】（名・する）あとから付けくわえること。例—予算。注文を—する。

【追懐《ツイカイ》】（名・する）過去をなつかしく思い出すこと。追憶《ツイオク》。追想。例幼時を—させるできごと。

【追記《ツイキ》】（名・する）あとから書き加えること。また、その文章。例筆者の経歴を—する。

【追及《ツイキュウ》】（名・する）①あとから追いつくこと。例次の走者の—をかわして優勝した。②（責任・原因・理由などを）徹底的《テッテイテキ》に明らかにしようとすること。例責任を—する。

【追求《ツイキュウ》】（名・する）目的のものを手に入れるために、とことん努力すること。例利益の—。幸福を—する。

【追究《ツイキュウ》】（名・する）（学問的に）不確かなことや不明なことを、どこまでも明らかにしようとすること。例真理を—する。

【追給《ツイキュウ》】（名・する）給与《キュウヨ》などの不足分や増加分を、あとから追加して支給すること。また、その給与。

【追撃《ツイゲキ》】（名・する）にげて行く敵を追いかけて攻撃《コウゲキ》すること。例敵の—をふりはらう。

【追号《ツイゴウ》】（名・する）人の死後に生前の功績をたたえておくる名。おくりな。例空海《クウカイ》に—して弘法大師《コウボウダイシ》という。

【追試《ツイシ》】㊀（名・する）他人がおこなった実験を、再びそのとおりにやって確かめること。㊁（名）「追試験」の略。

【追試験《ツイシケン》】試験を受けられなかった者やそれに不合格であった者のために、あとで改めておこなう試験。追試。

【追従】（名・する）㊀《ツイジュウ》人のするまま言うままに行動すること。追随《ツイズイ》。㊁《ツイショウ》おべっかを使ったり、こびへつらったりすること。例お—を言う。

【追熟《ツイジュク》】（名・する）果実を未熟なうちに収穫《シュウカク》し、その後の貯蔵や輸送の期間中に完熟させること。

【追▼蹤《ツイショウ》】（名・する）①あとをつけて行くこと。追跡《ツイセキ》。②昔のことを思い起こすこと。追懐《ツイカイ》。

【追伸《ツイシン》】（名・する）〔付け加えて申す、の意〕手紙を書き終えたあとに、書き加える文。また、その初めに書くことば。二伸。追而書《おってがき》。表記「追申」とも書く。

【追随《ツイズイ》】（名・する）人のあとからついて行き、同じようなことをすること。追従《ツイジュウ》。例他の—を許さない。

【追跡《ツイセキ》】（名・する）①にげ去る者のあとを追いかけること。追蹤《ツイショウ》。②ものごとの移り変わりを、ずっと続けて観察すること。例—調査。

【追善《ツイゼン》】（名・する）〔仏〕故人の冥福《メイフク》をいのり、遺族などが法要や寄進、ほどこしなどの善事をおこなうこと。追福。例—供養《クヨウ》。—興行。

【追訴《ツイソ》】（名・する）すでにうったえたことがらに、付け加えてうったえること。

【追走《ツイソウ》】（名・する）あとを追いかけて走ること。例前の走者

を—する。

【追送《ツイソウ》】(名・する) ①(出かける人を)見送ること。②あとからもう一度、ものを送ること。

【追想《ツイソウ》】(名・する) 過去のことやなくなった人を、しみじみと思い出すこと。追憶《ツイオク》。追懐《ツイカイ》。例故人を—する。

【追贈《ツイゾウ》】(名・する) 死後に官位や勲等《クントウ》をおくること。

【追弔《ツイチョウ》】(名・する) 死者の生前をしのんでとむらうこと。例—の会を開く。

【追徴《ツイチョウ》】(名・する) (税金などの)不足額を、あとから取り立てること。例—金。加算税額を—する。

【追討《ツイトウ》】(名・する) 追いかけて、または軍勢をさしむけて、賊《ゾク》をうちとること。例平家《ヘイケ》—。

【追悼《ツイトウ》】(名・する) 死者をしのび、その死をおしみ悲しむこと。例—の辞。

【追突《ツイトツ》】(名・する) 乗り物などが、後ろから前のものにつきあたること。

【追▼儺《ツイナ》】疫病神《ヤクビョウがみ》や悪鬼《アッキ》を追いはらう行事。おにやらい。〔古く中国から伝わり、宮中や社寺の大晦日《おおみそか》の行事だったが、後世は節分の豆まきとなった〕

【追認《ツイニン》】(名・する) 過去にさかのぼって、事実をあとからみとめること。例既成《キセイ》事実を—する。

【追納《ツイノウ》】(名・する) 不足額などをあとからおさめること。例料金を—する。

【追肥《ツイヒ》】植物の、生育のとちゅうにあたえる肥料。おいごえ。補肥。対基肥《キヒ》。例—をやる。—をあたえる。

【追尾《ツイビ》】(名・する) あとをつけること。追跡《ツイセキ》。尾行《ビコウ》。例敵を—する。

【追▽捕《ツイブ|ツイホ》】(名・する) 悪人や犯人を追いかけてとらえること。類逮捕《タイホ》。例—使。

【追福《ツイフク》】(名・する)「追善《ツイゼン》」に同じ。

【追慕《ツイボ》】(名・する) 死者や遠くへ去った人を、思い出してなつかしむこと。例故人を—する。

【追放《ツイホウ》】(名・する) ①有害となるものを追いはらって遠ざけること。例暴力—のキャンペーン。②不適格とされた人を、一定の地位や職業からしめ出すこと。例一九四五年の教職—、翌年《ヨクとし》の公職—。

【追録《ツイロク》】(名・する) あとから書き加えること。また、書き加えたもの。

●急追《キュウツイ》・訴追《ソツイ》

[辵(⻌・⻍)部] 6—7画 逃 逃 迷 迷 迴 迹 送 迸 逑 逧

⻌6 【逃】 9画 3808 9003 常用 音トウ漢 訓に-げる・に-がす・のが-す・のが-れる

筆順 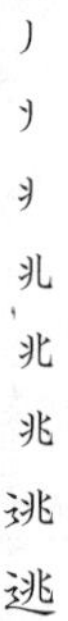

⻍6 【逃】 10画 — —

⻌5 [迯] 9画 7777 8FEF 俗字

なりたち  [形声]「⻌(=ゆく)」と、音「兆《チョウ→トウ》」とから成る。にげる。

意味 危険な場所からぬけだす。にげる。のがれる。例逃走《トウソウ》。逃避《トウヒ》。逃亡《トウボウ》。

【▽逃散】一《チョウサン》〔「チョウ」は、慣用読み〕中世や近世、領主の重税に反抗《ハンコウ》する農民が集団で逃亡《トウボウ》したこと。二《トウサン》おおぜいが、にげていなくなること。

【逃走《トウソウ》】(名・する) 走ってにげること。にげること。例犯人は駅の方へ—した。

【逃避《トウヒ》】(名・する) 困難に正面から取り組もうとしないで、さけて通ろうとすること。例現実から—する。

【逃避行《トウヒコウ》】世間からのがれ、人々の目をさけながら、各地を移り住むこと。

【逃亡《トウボウ》】(名・する) にげて行方《ゆくえ》をくらますこと。例犯人が—する。

⻌6 【迷】 9画 4434 8FF7 教育5 音ベイ漢 メイ呉 訓まよ-う・まよ-い 付表迷子《まいご》

筆順 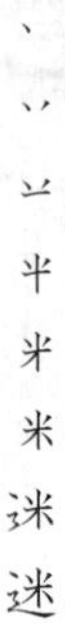

⻍6 【迷】 10画 — —

なりたち  [形声]「⻌(=ゆく)」と、音「米《ベイ》」とから成る。まどう。まよう。

意味 ❶道がわからなくなってさまよう。まよう。例迷宮《メイキュウ》。迷走《メイソウ》。迷路《メイロ》。❷どうしたらいいかわからなくなる。まどう。また、まどわす。まよわす。まよい。例迷信《メイシン》。迷妄《メイモウ》。混迷《コンメイ》。

日本語での用法《メイ》「名《メイ》」のもじり。風刺《フウシ》や笑い、からかいの意をこめる。「迷案《メイアン》・迷探偵《メイタンテイ》・迷文《メイブン》」

【迷子《まいご》】「まよいご」の略。親や連れにはぐれた子。

【迷宮《メイキュウ》】はいりこむと出口がわからなくなるように、複雑につくられた宮殿《キュウデン》。例—入り(=犯罪事件などの、解決の見こみが立たないこと)。

【迷彩《メイサイ》】敵の目をあざむくために、兵器や戦闘服《セントウフク》などに、まわりと区別しにくいようなまぎらわしい色をぬること。カムフラージュ。例—をほどこす。

【迷信《メイシン》】科学や理性が正しいと認めない、言い伝えやうらないなどを信じること。例—家《カ》。—を気にかけない。

【迷走《メイソウ》】(名・する) 目的地への道や、コースを見失って進むこと。

【迷鳥《メイチョウ》】台風の影響《エイキョウ》を受けたり、渡《わた》りのとちゅうで群れからはぐれたりして、ふつうには見られない土地にいる鳥。

【迷夢《メイム》】ゆめのように現実ばなれした考え。とりとめのない、心のまよい。例—からさめる。

【迷霧《メイム》】①方角を見失うほどの深く濃《こ》いきり。②心のまよいを深いきりにたとえていう。

【迷妄《メイモウ》】道理にくらく、正しくものを考えたり見たりできないこと。心のまよい。例—を破る。—から脱出《ダッシュツ》する。

【迷路《メイロ》】はいりこむと出口や方角もわからなくなるように、複雑につくられた道。まよいみち。メイズ。例—に立ち入る。希望のない—を歩く。

【迷惑《メイワク》】(名・する・形動《ダ》) 他人のために、不愉快《フユカイ》な思いやわずらわしい仕事をさせられること。例—をこうむる。—をかける。

●頑迷《ガンメイ》・混迷《コンメイ》・低迷《テイメイ》

⻌6 [迴] 10画 ⇩【廻】《カイ》(358ページ)

⻌6 [迹] 10画 ⇩【跡】《セキ》(946ページ)

⻌6 【送】 10画 ⇩【送】《ソウ》(966ページ)

⻌6 [迸] 10画 ⇩【迸】《ホウ》(976ページ)

⻌7 【逑】 11画 7783 9011 音キュウ漢 訓つれあい

意味 ❶あつまる。あつめる。❷夫婦《フウフ》の一方。つれあい。同仇《キュウ》。例好逑《コウキュウ》(=似合いの相手。よい配偶者《ハイグウシャ》)。

⻌7 【逧】 11画 7790 9027 国字 訓さこ・せこ

意味 山あいの小さな谷。さこ。せこ。おもに、人名・地名に用

いられる字。例 杉浴《すぎせこ》(=岡山《おかやま》県の地名)。

辶 7 **【這】** 11画 3971 9019 人名 音 シャ(漢) 訓 は-い・は-う

意味 近くの事物や時間、また場所を指すことば。これ。この。例 這箇《シャコ》(=これ。この)。這裏《シャリ》(=ここ)。

日本語での用法 《はい・はう》 地面やかべによりそってすすむ。「ヘビが這《は》う・ツタが這《は》う・横這《よこば》い」

難読 這入《はい》る・這般《これら》・這這《ほうほう》の体《テイ》

人名 これ・ちか

【這般】《シャハン》 ①これら。こういう。例 ―の事情。②このたび。

辶 7 **【逡】** 11画 7785 9021 音 シュン(漢) 訓 しりぞ-く

意味 ❶しりごみする。しりぞく。例 逡巡《シュンジュン》。❷すばやい。同 駿《シュン》。例 逡速《シュンソク》(=すばやい)。

【逡巡】《シュンジュン》 (名・する) ためらうこと。しりごみすること。例 しばらく―したあと、口を開いた。表記 「逡▼遁」とも書く。

辶 7 **【逍】** 11画 7786 900D 音 ショウ(漢)(呉)

意味 「逍遥《ショウヨウ》」は、ぶらぶらと歩くこと。また、のびのびと気ままなようす。

【逍▼遥】《ショウヨウ》 (名・する) ①気ままにぶらぶら歩くこと。類 散策・散歩。例 舟《ふな》―(=ふなあそび)。川沿いに―する。②ものごとにこだわらず、気ままに暮らすこと。例 ―自適。

辶 7 **【逝】** 10画 3234 901D 常用 音 セイ(漢)(呉) 訓 ゆ-く・い-く

筆順 一 才 扌 扩 折 浙 逝

辶 7 **【逝】** 11画

なりたち  [形声]「辶(=ゆく)」と、音「折《セツ》→《セイ》」とから成る。ゆく。

意味 行ったまままかえらない。(この世を)去る。ゆく。例 逝去《セイキョ》。急逝《キュウセイ》。夭逝《ヨウセイ》。

使い分け いく・ゆく【行・逝】 ⇩1162ページ

人名 ゆき

【逝去】《セイキョ》 (名・する) 死ぬこと。〔他人の死をうやまっていう〕 例 ご―の報に接し…。

●急逝《キュウセイ》・長逝《チョウセイ》

辶 7 **【造】** 10画 3404 9020 教育5 音 [一] ソウ(漢) ゾウ(呉) [二] ゾウ(慣) ソウ(漢) 訓 つく-る・つく-り

筆順 𠂉 ⺧ 生 牛 告 告 浩 造

辶 7 **【造】** 11画

なりたち 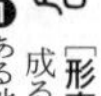 [形声]「辶(=ゆく)」と、音「告《コウ》→《ソウ》」とから成る。行きつく。

意味 [一]《ソウ》 ❶ある地点や段階まで行く。いたる。例 造詣《ゾウケイ》。深造《シンゾウ》(=おくぶかい意義をきわめる)。❷あわただしい。にわか。例 造次顛沛《ゾウジテンパイ》。[二]《ゾウ》 こしらえる。たてる。つくる。例 造園《ゾウエン》。建造《ケンゾウ》。製造《セイゾウ》。

日本語での用法 《みやつこ》 上代の姓《かばね》の一つ。「国造《くにのみやつこ》・伴造《とものみやつこ》」

使い分け つくる【作・造・創】 ⇩1173ページ

難読 造酒《みき》・造酒司《さけのつかさ》・造次《かりそめ|にわか》・造渠《さもあらばあれ》

人名 いたる・なり・なる・はじめ

【造営】《ゾウエイ》 (名・する) 寺社や宮殿《キュウデン》、邸宅《テイタク》などを建てること。例 新しく社殿を―する。

【造影剤】《ゾウエイザイ》 エックス線写真をはっきり写すために、飲ませたり注射したりする薬品。硫酸《リュウサン》バリウムなど。

【造園】《ゾウエン》 (名・する) (石を置いたり草木を植えたり、また築山《つきやま》や流れをつくったりして)庭園や公園などをつくること。例 ―家《カ》。―業。

【造化】《ゾウカ》 ①宇宙・天地・万物《バンブツ》をつくりだすこと。また、つくりだした神。造物主。例 ―のたわむれとでも言うべき風景や奇妙《キミョウ》な動物。②宇宙。天地。自然。例 ―の妙《ミョウ》。

【造花】《ゾウカ》 紙やプラスチックなどでつくった花。

【造形】《ゾウケイ》 (名・する) 芸術作品としての形をつくりあげること。例 ―美術。表記 「造型」とも書く。

【造詣】《ゾウケイ》 勉強や研究によって、その分野に関する深い知識やすぐれた考えをもっていること。例 教育に―が深い。

【造語】《ゾウゴ》 (名・する) 新しく単語をつくりだすこと。また、その単語。例 ―力。―成分。

【造作】《ゾウサ》 [一] (名) 手間《てま》。手数。めんどう。骨折り。例 ―をかける。[二]《ゾウサク》 (名・する) ①家を建てること。②家の中に、建具や装飾《ソウショク》を作り付けること。また、その建具や装飾。例 ―のりっぱな家。③俗《ゾク》に、顔のつくりとしての目鼻立ち。顔つき。表記 [二]は「雑作」とも書く。

【造次▼顛▼沛】《ゾウジテンパイ》 わずかな時間。〔急なとき(=造次)や危ないとき(=顛沛)の意〕〈論語《ロンゴ》〉 例 ―も忘れない。

【造成】《ゾウセイ》 (名・する) 原野や農地に手を加えて、新たに利用できるようにすること。例 宅地を―する。

【造船】《ゾウセン》 (名・する) 船舶《センパク》を設計し、建造すること。例 ―所。

【造物】《ゾウブツ》 ①天地にあるすべての物。万物《バンブツ》。自然。②「造物主《ゾウブツシュ》」の略。

【造物主】《ゾウブツシュ》 宇宙・天地・万物《バンブツ》をつくりだした神。造物者。

【造幣】《ゾウヘイ》 貨幣を鋳造《チュウゾウ》すること。例 ―局。

【造本】《ゾウホン》 印刷や製本や装丁《ソウテイ》など、本づくりに関すること。また、その作業。

●改造《カイゾウ》・偽造《ギゾウ》・急造《キュウゾウ》・建造《ケンゾウ》・構造《コウゾウ》・醸造《ジョウゾウ》・新造《シンゾウ》・人造《ジンゾウ》・製造《セイゾウ》・創造《ソウゾウ》・築造《チクゾウ》・鋳造《チュウゾウ》・密造《ミツゾウ》・木造《モクゾウ》・模造《モゾウ》・乱造《ランゾウ》

辶 7 **【速】** 10画 3414 901F 教育3 音 ソク(漢)(呉) 訓 はや-い・はや-める・はや-まる・すみ-やか

筆順 一 冂 日 申 束 束 涑 速

辶 7 **【速】** 11画

なりたち  [形声]「辶(=ゆく)」と、音「束《ソク》」とから成る。はやい。

意味 ❶はやい。すみやか。対 遅《チ》。例 速成《ソクセイ》。急速《キュウソク》。迅速《ジンソク》。❷はやさ。例 速度《ソクド》。時速《ジソク》。風速《フウソク》。

使い分け はやい・はやまる・はやめる【早・速】 ⇩1178ページ

難読 速水《はやみ》(=地名・姓《セイ》)

人名 すすむ・ちか・ちかし・つぎ・とし・はや・はやし・はやみ・はやむ

【速写】《ソクシャ》 (名・する) すばやく写真をうつすこと。

【速射】《ソクシャ》 (名・する) すばやく続けざまに発射すること。例 ―砲《ホウ》。

【速成】《ソクセイ》(名・する) 短期間で完成させること。例 英会話—法。

【速戦即決】《ソクセンソッケツ》(名・する) 戦争で、すぐさま勝敗を決めてしまうこと。転じて、すばやく決着をつけてしまうこと。

【速達】《ソクタツ》「速達郵便」の略。ふつうの郵便物より優先してはやく届ける郵便。

【速断】《ソクダン》(名・する) ①すばやく決断すること。また、その決断。例—をお願いする。②はやまって判断すること。例—は禁物《キンモツ》だ。

【速度】《ソクド》①移動や回転など、ものの動くはやさ。速力。スピード。例仕事の—がおそい。②〔物〕単位時間内に、ある方向に移動する距離《キョリ》。

【速答】《ソクトウ》(名・する) すばやく答えること。例—をさける。

【速読】《ソクドク》(名・する) ふつうよりもはやく本をよむこと。例—術を練習する。

【速筆】《ソクヒツ》文章を書き上げるのがはやいこと。

【速歩】《ソクホ》ふつうよりもはやく歩くこと。また、その歩き方。

【速報】《ソクホウ》(名・する) いちはやく知らせること。また、その知らせ。例開票—。

【速力】《ソクリョク》はやさ。スピード。

【速記】《ソッキ》(名・する) ①すばやく書きしるすこと。②符号《フゴウ》を用いて話などを書き取ること。また、その技術。速記法。例—者。—録。

【速球】《ソッキュウ》(野球で投手が投げる)特別にはやいたま。スピードボール。

【速決】《ソッケツ》(名・する) すみやかにきめること。例—して後悔《コウカイ》しない。

【速攻】《ソッコウ》(名・する) すばやく攻撃《コウゲキ》すること。例—で得点をあげる。

【速効】《ソッコウ》ききめがはやくあらわれること。例—性の肥料。

●音速《オンソク》・快速《カイソク》・加速《カソク》・急速《キュウソク》・減速《ゲンソク》・高速《コウソク》・早速《サッソク》・時速《ジソク》・迅速《ジンソク》・敏速《ビンソク》・風速《フウソク》

辶7 【逐】 10画 3564 9010 常用 音チク漢 ジク呉 訓お-う

筆順 一 ア 丆 豕 豕 豕 逐 逐

辶7 【逐】 11画

［辵（⻍・⻌）部］7画 逐 逐 通 通

なりたち 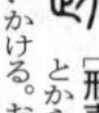 [形声]「⻌(=ゆく)」と、音「豖《チク》」の省略体とから成る。追う。

意味 ❶おいかける。おいはらう。おう。例逐斥《チクセキ》(=おいはらう)。駆逐《クチク》。放逐《ホウチク》。❷順をおう。順にしたがう。例逐一《チクイチ》。逐語《チクゴ》。❸あらそう。きそう。例角逐《カクチク》。

【逐一】《チクイチ》(名・副) ①一つ一つ順を追って。例—説明する。②くわしく。例—調査する。

【逐語】《チクゴ》原文の一語一語を忠実にたどること。例—訳《ヤク》。

【逐次】《チクジ》(副) 順々に。しだいに。順次。例—報告する。

【逐字】《チクジ》原文の一字一字をたどること。逐語。例—解釈《カイシャク》。

【逐条】《チクジョウ》箇条《カジョウ》の順に従うこと。箇条の順をたどること。例—審議《シンギ》。

【逐電】《チクデン・チクテン》(名・する)〔「テン」は漢音。電《いなずま》を逐《お》う意〕すばやくにげ出して、行方《ゆくえ》をくらますこと。出奔《シュッポン》。例公金を持ち出して—する。

【逐年】《チクネン》(副) 年を追って。年々。例—進学率がのびる。

【逐▽鹿】《チクロク》〔「鹿」は、天子など権力のある地位のたとえ〕①帝位《テイイ》をかけて争うこと。→【中原《チュウゲン》に鹿《しか》を逐《お》う】(26ページ) ②議員選挙などで、候補者が地位を得るために争うこと。例—戦(=選挙戦)。

●角逐《カクチク》・駆逐《クチク》・放逐《ホウチク》

辶7 【通】 10画 3644 901A 教育2 音トウ漢 ツ・ツウ呉 訓とお-る・とお-す・かよ-う・かよ-い・とお-り

筆順 フ マ マ 乃 甬 甬 涌 通

辶7 【通】 11画

なりたち 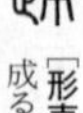 [形声]「⻌(=ゆく)」と、音「甬《ヨウ→トウ》」とから成る。行きついて、とどく。

意味 ❶つきぬける。とどく。とおる。とおす。例通過《ツウカ》。開通《カイツウ》。不通《フツウ》。❷行き来する。やりとりする。かよう。例通学《ツウガク》。通商《ツウショウ》。文通《ブンツウ》。❸男女がひそかに行き来する。例私通《シツウ》。密通《ミッツウ》。❹つたえる。しらせる。とりつぐ。例通告《ツウコク》。通信《ツウシン》。通訳《ツウヤク》。❺広くゆきわたる。例通貨《ツウカ》。通称《ツウショウ》。共通《キョウツウ》。❻はじめから終わりまで。すべてにわたって。例通算《ツウサン》。通史《ツウシ》。通読《ツウドク》。❼あることについてよく知っている人。人情やものの道理がよくわかっている人。例通暁《ツウギョウ》。通人《ツウジン》。精通《セイツウ》。❽書類や文書を数えることば。例一通《イッツウ》。

難読 通草《あけび》・木通《あけび》

人名 いたる・とお・とし・とる・なお・のぶ・ひらく・みち・みつ・やす・ゆき

【通院】《ツウイン》(名・する) 病院などに治療《チリョウ》を受けるために、かようこと。例かぜで—する。

【通運】《ツウウン》荷物をはこぶこと。運送。運搬《ウンパン》。例—業。

【通貨】《ツウカ》国内での通用を法律で決めている貨幣《カヘイ》。例—の安定をはかる。

【通過】《ツウカ》(名・する) ①ある場所を、止まらずにとおりすぎること。例—駅。②試験や検査に合格すること。例税関を—する。③議案などが承認《ショウニン》され、可決されること。例法案が衆議院を—する。

【通過儀礼】《ツウカギレイ》成人式や結婚《ケッコン》式など、社会的な立場が次のステップにはいるときの儀礼。イニシエーション。

【通解】《ツウカイ》(名・する) 全体にわたって解釈《カイシャク》すること。また、解釈したもの。通釈。例古典の—をこころみる。

【通学】《ツウガク》(名・する) 児童・生徒・学生として、学校へかようこと。例—路。—区域。

【通巻】《ツウカン》雑誌や叢書《ソウショ》などを、第一巻からとおして数えたときの番号。例—で二百号をこえる。

【通気】《ツウキ》空気をかよわせること。空気が出入りすること。例—孔《コウ》。—の悪い部屋。

【通義】《ツウギ》世間でふつうに通用する道理。

【通暁】《ツウギョウ》(名・する) ①ねむらずに朝をむかえること。徹夜《テツヤ》。②ある分野やことがらについて、きわめてくわしい知識をもっていること。例東北地方の民謡《ミンヨウ》に—している。

【通勤】《ツウキン》(名・する) つとめ先へかようこと。例電車—。—電車。

【通計】《ツウケイ》(名・する) 全体をとおして計算すること。通算。総計。

【通言】《ツウゲン》①世間いっぱんで使われていることば。通語。②通人の使う、いきなことば。

【通語】《ツウゴ》①「通言《ツウゲン》①」に同じ。②その社会や職業の人たちだけで通用することば。専門語。

【通行】《ツウコウ》(名・する) ①人がとおること。行ったり来たりすること。例—人。—禁止。②世間いっぱんにおこなわれること。例江戸《えど》時代に—していた説。

【通航】《ツウコウ》(名・する) 船舶《センパク》が通行すること。航行。例領海を―する。

【通告】《ツウコク》(名・する) 相手に公式に伝えること。通知。例最後―。

【通算】《ツウサン》(名・する) 全体をひとまとめにして計算すること。また、計算したもの。通計。総計。例ここ十年間を―する。

【通史】《ツウシ》 全時代、または全地域にわたって記述された歴史。

【通事】《ツウジ》 江戸《えど》時代、外国人とのあいだに立って通訳をした人。通訳。通弁。表記「通▽詞・通辞」とも書く。

【通式】《ツウシキ》 世間いっぱんにおこなわれている方式。

【通釈】《ツウシャク》(名・する) 全体にわたって解釈すること。また、解釈したもの。通解。

【通称】《ツウショウ》 ①正式な名前以外に、日常用いる呼び名。②いっぱんに通用する名前。通り名。俗称《ゾクショウ》。

【通商】《ツウショウ》(名・する) 外国とのあいだで売買取引をすること。類交易・貿易。例―条約。

【通常】《ツウジョウ》(名・副) ふつうであること。通例。並《なみ》。例―の手続き。―そのようには考えない。

【通信】《ツウシン》(名・する) 郵便や電子的な方法で、情報を伝えること。例―教育。―販売《ハンバイ》。情報―。

【通人】《ツウジン》 ①世間のことがらや人情の機微《キビ》をよく知っている人。②花柳界《カリュウカイ》の遊びになれていて、事情をよく知っている人。粋人《スイジン》。

【通水】《ツウスイ》(名・する) 水を水路や水道管などに流し送ること。例工事が終了《シュウリョウ》したので試験的に―する。

【通性】《ツウセイ》 同類のものに共通する性質。通有性。

【通説】《ツウセツ》 世間いっぱんに認められている説。対異説。例―に従う。

【通船】《ツウセン》 ㊀(名・する) 船が通過するのを認めること。例―料。㊁(名) 船着《ふなつ》き場と沖《おき》の船とのあいだで人や荷物を運ぶ小型の船。はしけ。

【通則】《ツウソク》 ①いっぱんに通用する規則。②法令や規定の中で、全体にわたって適用される規則。例―の精神によって細則《サイソク》を解釈《カイシャク》する。

【通俗】《ツウゾク》(名・形動《ダナ》) 世間いっぱんのだれにもわかりやすいこと。受け入れられやすいこと。例―的。―小説。

【通達】《ツウタツ》(名・する) ①告げ知らせること。通知。例本社からの―を待つ。②官庁がその管轄《カンカツ》する役所や職員に対して指示を出すこと。また、その文書。③あることがらについて深く、くわしく知っていること。例西洋美術史に―する。

【通知】《ツウチ》(名・する) 告げ知らせること。通告。例合格―。

【通帳】《ツウチョウ》 預貯金や掛《か》け売り・掛け買いなどの金額・数量・日付などを記録する帳面。例預金―。

【通▼牒】《ツウチョウ》(名・する) ①文書で知らせること。また、その文書。②官庁がその管轄《カンカツ》する役所に対して文書で通知すること。また、その文書。通達。③相手国に対して、一方的に意思を通告すること。また、その文書。例最後―。

【通電】《ツウデン》(名・する) 電流をとおすこと。例―試験。

【通読】《ツウドク》(名・する) はじめから終わりまで読みとおすこと。また、ひととおり目をとおすこと。例報告書を―する。

【通年】《ツウネン》 一年をとおしてすること。一年間をとおして数えること。例―営業。―で四単位がもらえる。

【通念】《ツウネン》 ある時代や社会で、大多数の人々が共通してもっている考え。例社会―。現代の―に反する作法。

【通風】《ツウフウ》(名・する) 風をとおすこと。かぜとおし。例窓をあけて―する。

【通分】《ツウブン》(名・する)〔数〕分母の異なる二つ以上の分数について、それぞれの値《あたい》を変えないで分母を同じ数にすること。

【通弊】《ツウヘイ》 全般《ゼンパン》に共通して見られる、よくない点。例省益優先は官僚《カンリョウ》社会の―だ。

【通謀】《ツウボウ》(名・する) たがいに示し合わせて悪事をたくらむこと。類共謀。例敵と―する。

【通夜】《ツウヤ》 ㊀ 夜どおし。ひと晩じゅう。夜もすがら。㊁《ツヤ》〔「ツウヤ」とも〕①寺社にこもって夜どおし祈願《キガン》すること。②葬式《ソウシキ》の前に近親者が夜どおしお棺《カン》を守って過ごすこと。夜伽《よとぎ》。おつや。例―の席。―に来た客。

【通約】《ツウヤク》(名・する)〔数〕約分すること。

【通訳】《ツウヤク》(名・する) 言語がちがうために話の通じない人のあいだに立って、それぞれの言語を翻訳《ホンヤク》して伝えること。また、その人。例同時―。現地のガイドが―する。

【通用】《ツウヨウ》(名・する) ①世間いっぱんに広く認められ、用いられること。例そのやり方はここでは―しない。②一定の期間、効力をもつこと。例―期間。③別々のものにも用いることができること。例遊園地のどの乗り物にも―するチケット。④正式・正面のものでなく、日常の出入りに使用すること。例―口。―門。

【通覧】《ツウラン》(名・する) はじめから終わりまで目をとおすこと。

【通力】《ツウリキ》 なんでも自由自在におこなうことのできる不思議な力。神通力《ジンズウリキ》。

【通例】《ツウレイ》 ㊀(名) 世間のしきたり。いっぱんのならわし。例祭りの日には仕事を休むのがこのあたりの―だ。㊁(副) いっぱんに。ふつう。例―総務部があつかう仕事。

【通路】《ツウロ》 とおりみち。例―をふさぐ放置自転車。

【通論】《ツウロン》 ①世間いっぱんに通用する論。②ある分野全般《ゼンパン》にわたって論じること。類概論《ガイロン》。例経済学―。

【通話】《ツウワ》 ㊀(名・する) 電話で話をすること。また、その話。例―料金。㊁(名) 電話を利用するときの時間の単位。例一―三分以内。

●開通《カイツウ》・貫通《カンツウ》・共通《キョウツウ》・交通《コウツウ》・精通《セイツウ》・直通《チョクツウ》・不通《フツウ》・普通《フツウ》・文通《ブンツウ》・便通《ベンツウ》・融通《ユウズウ》

辶7

【逓】

10画 3694 9013 常用 音テイ漢 訓たが-いに・か-わる

筆順

辶10

【遞】

14画 7810 905E

なりたち

[形声]「辶(=ゆく)」と、音「虒《シ→テイ》」とから成る。いれかわる。

意味 ❶かわるがわる(する)。たがいに。例逓代《テイダイ》(=次々にかわる)。❷次から次へとつたえ送る。例逓信《テイシン》。逓送《テイソウ》。駅逓《エキテイ》(=宿場から宿場へと次々に送り届けること)。❸だんだんと。しだいに。例逓減《テイゲン》。逓次《テイジ》(=順に)。

【逓減】《テイゲン》(名・する) だんだんに減らすこと。また、減ること。対逓増。例給付金を―する。

【逓信】《テイシン》 郵便物や通信を順々に伝え送ること。例―事業。

【逓送】《テイソウ》(名・する) 郵便物や荷物などを、順送りに伝え送ること。例航空便で―する。

【逓増】《テイゾウ》(名・する) だんだんに増やすこと。また、増えること。対逓減。例―する援助額《エンジョガク》。

辶7

【逞】

11画 7787 901E 人名 音テイ漢 訓たくま-しい

意味 ❶とおる。とどく。❷こころよい。思いのまま。ほしいままにする。例逞意《テイイ》(=思いのままにふるまう)。逞志《テイシ》(=思いどおりにする)。不逞《フテイ》。❸勢いがさかん。たくましい。例逞

兵《ヘイ》（=たくましい兵）。
人名 たく・たくま・たくみ・とし・ゆき・ゆた・よし

辶 7
【逖】 11画 7788 9016 音テキ漢 訓とお-い・はる-か

意味 はるかに遠い。とおい。はるか。例 逖遠《テキエン》（=はるかに遠い）。

辶 7
【途】 10画 3751 9014 常用 音ト漢 ズ呉 訓みち

筆順 ノ 入 亼 今 全 余 余 涂 途

辶 7
【途】 11画

なりたち ［形声］「辶（=みち）」と、音「余《ヨ→ト》」とから成る。みち。

意味 みちすじ。みちのり。みち。例 途中《トチュウ》。一途《イチズ》。帰途《キト》。

人名 とお

【途次《トジ》】どこかへ行く道のとちゅう（で）。道すがら。例 帰国の—、ハワイに立ち寄る。

【途上《トジョウ》】①目的地に向かうとちゅう。例 イギリス訪問の—、パリをおとずれる。②ものごとの発展しつつある段階や状態。例 発展の—にある国。

【途絶《トゼツ》】（名・する）続いてきたものがたち切れること。例 音信が—する。山くずれで道路が—する。表記 旧▼杜絶

【途端《トタン》】〔多く「途端に」の形で〕ちょうどそのとき。例 スイッチを入れた—にショートした。

【途中《トチュウ》】①目的地へ向かって、行き着くまでの間。例 —下車。②ものごとのまだ終わらないうち。例 試合の—で雨が降り出す。勉強を—で投げ出す。

【途▼轍《トテツ》】すじみち。道理。例 —もない（=常識はずれの）大きさ。

【途方《トホウ》】①ものごとのやり方。方法。例 —に暮れる（=どうしたらよいかわからなくなる）。②すじみち。道理。例 —もない（=常識では考えられない）計画。

●一途《イチズ・イット》・官途《カント》・帰途《キト》・使途《シト》・先途《センド》・前途《ゼント》・壮途《ソウト》・中途《チュウト》・長途《チョウト》・別途《ベット》・方途《ホウト》・目途《モクト》・雄途《ユウト》・用途《ヨウト》

辶 7
【透】 10画 3809 900F 常用 音トウ漢 訓す-く・す-かす・す-ける・す-かし・とお-す・とお-る

筆順 ニ 千 千 禾 禾 秀 秀 透 透

辶 7
【透】 11画

なりたち  ［形声］「辶（=ゆく）」と、音「秀《シュウ→トウ》」とから成る。通りぬける。

意味 ❶とおりぬける。つきぬける。とおる。とおす。例 透過《トウカ》。透水《トウスイ》（=水をとおす）。❷あるものをとおしてはっきり見える。すきとおる。すかす。すける。例 透視《トウシ》。透写《トウシャ》。

日本語での用法《すき・すく》つまっているものの一部に間ができる。「透《す》きをうかがう・透《す》き間《ま》風《かぜ》」

難読 透垣《すいがき・すいがい》・透頂香《トウチンコウ》（=小田原《おだわら》の外郎《ウイロウ》薬）

人名 すき・ゆき

【透過《トウカ》】（名・する）①すきとおること。②光や放射能などが物体の内部を通りぬけること。

【透視《トウシ》】（名・する）①ものをすかして見ること。例 —画法。②ふつうには見ることのできない物体の内部や背後にあるものを、特殊《トクシュ》な能力によって感知すること。例 —力《リョク》。意中を—される。③〔医〕エックス線を使って、からだの内部の状態を写して見ること。

【透写《トウシャ》】（名・する）図面や書画などの上にうすい半透明の紙を置き、すかして写し取ること。トレース。

【透析《トウセキ》】（名・する）①半透膜《ハントウマク》を利用して、分子やイオンを分離《ブンリ》すること。②「人工透析」の略。半透膜を利用して、血液中の有害物質をとりのぞくこと。

【透徹《トウテツ》】（名・する）①にごりがなく、すきとおっていること。例 —した秋の空。②あいまいなところがなく、筋が通っていること。例 —した理論。

【透明《トウメイ》】（名・形動ナダ）すきとおっていること。例 —度。

辶 7
【逗】 11画 3164 9017 人名 音トウ漢 ズ呉 訓とど-まる

意味 たちどまる。しばらく宿にとまる。とどまる。とどめる。例 逗留《トウリュウ》。

【逗留《トウリュウ》】（名・する）同じところにしばらくのあいだ、宿泊《シュクハク》すること。類 滞在《タイザイ》・滞留。例 山のホテルに—する。

辶 7
【逋】 11画 7789 900B 音ホ漢 訓に-げる・のが-れる

意味 ❶逃亡《トウボウ》する。にげる。のがれる。例 逋逃《ホトウ》（=罪をおかして逃亡する）。❷滞納《タイノウ》する。例 逋欠《ホケン》。逋租《ホソ》。

【逋客《ホカク》】①逃亡者《トウボウシャ》。②世をのがれた人。隠者《インジャ》。③流れ者。さすらい人。

【逋▽欠《ホケン》】租税《ソゼイ》や負債《フサイ》を滞納《タイノウ》すること。

【逋租《ホソ》】租税を滞納《タイノウ》すること。また、滞納している租税。

辶 7
【逢】 11画 1609 9022 人名 音ホウ漢 ブ呉 訓あ-い・あ-う

意味 ❶思いがけなく出あう。あう。例 逢着《ホウチャク》。遭逢《ソウホウ》（=であう）。❷相手の気持ちに自分をあわせる。意をむかえる。例 逢迎《ホウゲイ》（=人のきげんをとる）。

難読 逢瀬《おうせ》

【逢着《ホウチャク》】（名・する）思いがけず出あうこと。出くわすこと。例 研究を進めるうち、新たな問題点に—した。

辶 7
【連】 10画 4702 9023 教育4 音レン漢呉 訓つら-なる・つら-ねる・つ-れる・つ-れ

筆順 一 丅 冂 百 亘 車 連 連

辶 7
【連】 11画 F99A

なりたち 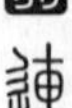 ［会意］「辶（=ゆく）」と「車（=くるま）」とから成る。人が引く車。派生して「つらなる」の意。

意味 ❶一列につづく。つらなる。つらねる。例 連続《レンゾク》。連峰《レンポウ》。❷くっつける。あわせる。あわさる。例 連結《レンケツ》。連邦《レンポウ》。❸ひきつづいて。しきりに。例 連呼《レンコ》。連戦連勝《レンセンレンショウ》。❹かかわりあいになる。まきぞえ。例 連座《レンザ》。❺つれる。ひきつれる。例 連行《レンコウ》。❻なかま。つれ。例 連中《レンジュウ》。常連《ジョウレン》。

日本語での用法 [一]《レン》①つらなったものを数えることば。「数珠《ジュズ》一連《イチレン》・ほしがき一連《イチレン》」②連歌《レンガ》。「連衆《レンジュウ》（=連歌をよむなかま）・連俳《レンパイ》」③欧米語《オウベイゴ》の「レ」「レン」にあてる字。「伴天連《バテレン》（=ポルトガル語で父の意をあらわすパードレ《padre》の、なまり）・紙《かみ》一連《イチレン》（=リー

ム《ream》から。洋紙全紙千枚の単位)」 [二]《**むらじ**》上代の姓《かばね》の一つ。「大連《おおむらじ》」

[難読] 注連《しめ》・注連縄《しめなわ》・連銭草《つぼくさ》・連翹《いたちぐさ》

[人名] つぎ・つぐ・つづき・つづく・つら・つらね・まさ・むらじ・やす

【連歌】《レンガ》 詩歌《シイカ》の形式の一つ。ふたり以上の人が五・七・五の長句と、七・七の短句を、かわるがわるに続けて詠《よ》んでいくもの。和歌の用語・素材をうけついで、中世にさかんにおこなわれた。

【連関】《レンカン》（名・する）かかわりがあること。つながり。関連。[例]気候と収穫高《シュウカクだか》は―している。[表記](旧)▼聯関

【連環】《レンカン》（名・する）輪を二つ以上つなぐこと。また、そのもの。くさり。

【連記】《レンキ》（名・する）名前を二つ以上ならべて書くこと。(対)単記。[例]三名―。全員の名を―する。

【連木】《レンぎ》〔西日本の方言〕すりこぎ。[例]―で腹を切る（＝できるはずがないことのたとえ）。

【連休】《レンキュウ》 休みの日が続くこと。また、連続した休日。[例]三―。

【連句】《レンク》 詩歌《シイカ》の形式の一つ。連歌《レンガ》と同じ形式だが、表現や題材が俳諧《ハイカイ》風で、日常的なことばを用いる。[表記]「▼聯句」とも書く。

【連係】《レンケイ》（名・する）ものごとや人と人とを結びつけること。また、そのつながり。[例]―プレー。―をたもつ。[表記](旧)連▼繫

【連携】《レンケイ》（名・する）〔「連絡《レンラク》提携《テイケイ》」の意〕連絡を取り合って一つの目的のために協力すること。[例]―を密にする。

【連結】《レンケツ》（名・する）つないでひと続きのものにすること。[例]―器。

【連呼】《レンコ》（名・する）同じ名前や文句を、なんどもくりかえして呼んだりさけんだりすること。[例]公職選挙法にある―行為《コウイ》の禁止。

【連語】《レンゴ》 二つ以上の単語が結びついて、ひとまとまりの語となったもの。「ほかならない」「人知れず」など。

【連行】《レンコウ》（名・する）①強制的に連れて行くこと。[例]犯人を署へ―する。②つらなって歩く。〔「連れ行く」の音読〕

【連衡】《レンコウ》（名・する）〔「衡」は、横（東西）の意〕戦国時代、秦《シン》の張儀《チョウギ》が主張した外交政策。東方の韓《カン》・魏《ギ》・趙《チョウ》・楚《ソ》・燕《エン》・斉《セイ》の六か国のそれぞれと同盟を結び、結果的に秦に仕えさせようとしたもの。(対)合従《ガッショウ》。→【合従連衡】《ガッショウレンコウ》（188ページ）

【連合】《レンゴウ》（名・する）二つ以上の組織や軍隊、また国などが、共通の目的のために力を合わせること。[例]―軍。労働組合が―してたたかう。[表記](旧)▼聯合

【連鎖】《レンサ》 [一]（名）つながっているくさり。[二]（名・する）くさりのように次々とつらなること。[例]―反応（＝一つの反応や事件がきっかけとなって、同じような反応や事件が次々に起こること）。食物《ショクモツ》―。

【連座】《レンザ》（名・する）①同じ場所にいっしょにいること。②犯罪者とかかわりのある人が連帯責任を問われて、ともに罰《バツ》せられること。[例]―制。[表記]▽(旧)連▼坐

【連載】《レンサイ》（名・する）新聞や雑誌などに、記事や読み物などを、続き物としてのせること。[例]―小説。

【連作】《レンサク》（名・する）①前の年と同じ作物を、同じ田畑に栽培《サイバイ》すること。(対)輪作。[例]―障害。②ひとりの人が同じ主題や素材で、いくつもの作品を作ること。また、その一群の作品。③なん人かの人が受け持ちの部分を書きついで、一編の小説などを作ること。また、その作品。

【連山】《レンザン》 ひとつづきになって並んで見える山々。[例]雪をいただいた―をのぞむ。

【連枝】《レンシ》 ①つらなっている枝。②身分の高い人の兄弟《ケイテイ》や姉妹《シマイ》。[例]本願寺法主《ホッス》の―。

【連子】《レンジ》 窓や欄間《ランま》などに、細長い角材や竹を縦または横に、一定の間隔《カンカク》で並べた格子《コウシ》。[例]―窓。[表記]「▼櫺子」とも書く。

【連日】《レンジツ》 なん日も続くこと。来る日も来る日も。毎日。[例]―連夜。―の暑さで体調をくずす。

【連珠】《レンジュ》〔珠《たま》をつなぎ並べる意〕①五目並べ。②（対句《ツイク》や比喩《ヒユ》でかざった）美しい詩文の形容にいうことば。[表記]▽(旧)▼聯珠

【連中】《レンジュウ｜レンチュウ》 ①仕事や遊びなどをするなかま。つれ。[例]職場の―。②音曲《オンギョク》や演芸などの一座。[例]おはやし―。

【連勝】《レンショウ》（名・する）続けて勝つこと。(対)連敗。[例]連戦―。

【連声】《レンジョウ》 漢字音の末尾《マツビ》の子音《シイン》m・n・tに、ア・ヤ・ワ行の音《オン》が続くとき、マ・ナ・タ行の音に変化する現象。「因縁《インエン→インネン》」「陰陽《オンヨウ→オンミョウ》」「観音《カンオン→カンノン》」「雪隠《セツイン→セッチン》」「天皇《テンオウ→テンノウ》」など。

【連城の璧】《レンジョウのヘキ｜レンジョウのたま》〔「璧」は、輪の形をした平らな玉《ギョク》〕天下の名玉の名。また、貴重な宝。〔戦国時代、趙《チョウ》の恵文王《ケイブンオウ》が持っていた「和氏《カシ》の璧（＝もとは、楚《ソ》の卞和《ベンカ》が荊山《ケイザン》で得た璧）」を、秦《シン》の昭王が十五の城市（＝都市）と交換《コウカン》しようとした故事による〕→【完璧】《カンペキ》（290ページ）・【和氏の璧】《カシのヘキ》（200ページ）

【連接】《レンセツ》（名・する）つながっていること。また、つなぐこと。[例]―都市。―式の台車。

【連戦】《レンセン》（名・する）続けて戦うこと。[例]―連勝。一週間に六―。

【連銭▼葦毛】《レンゼンあしげ｜レンセンあしげ》 馬の毛色の名。葦毛に灰色の銭形《ぜにがた》の斑点《ハンテン》がまじっているもの。

【連想】《レンソウ》（名・する）あるものごとをきっかけとして、それとなんらかの点で関連する他のものごとを思いうかべること。[例]―をはたらかせる。[表記](旧)▼聯想

【連続】《レンゾク》（名・する）同じようなものごとが続くこと。同じようなものごとを続けること。[例]失敗の―。―した五つの○印。

【連打】《レンダ》（名・する）続けざまにうつこと。続けざまにうち鳴らすこと。[例]太鼓《タイコ》を―する。強力打線に―される。

【連体】《レンタイ》 文法で、体言に続くこと。[例]―修飾《シュウショク》語。

【連体形】《レンタイケイ》 文法で、活用語（＝動詞・形容詞・形容動詞・助動詞）の活用形の一つ。体言（＝名詞・代名詞）に続くときの形。たとえば、「飛ぶ鳥」の「飛ぶ」、「赤い花」の「赤い」など。

【連体詞】《レンタイシ》 品詞の一つ。自立語で活用はしない。体言（＝名詞・代名詞）だけを修飾《シュウショク》する。「この・その・あの・どの」「あらゆる」「我《わ》が」「大きな・小さな」など。

【連帯】《レンタイ》（名・する）①ふたり以上の者が、共同の責任を負うこと。[例]―保証人。②人と人、集団と集団とが、共同して何かをすること。[例]―感。労働者の―を強める。

【連濁】《レンダク》（名・する）二語が複合するとき、あとの語の最初の清音が濁音になること。「会社」が「株式会社」では「ガイシャ」、「月」が「三日月」では「づき」となるなど。

【連覇】《レンパ》（名・する）同一名の競技会で、前回に引き続き優勝すること。また、複数の別々の競技会で次々と優勝すること。[例]五―をとげる。県大会を―する。

【連敗】《レンパイ》（名・する）続けて負けること。(対)連勝。[例]―からぬけ出す。

【連発】《レンパツ》（名・する）①同類のものごとが立て続けに発生すること。[例]―する犯罪。②銃《ジュウ》や花火などを、続けざまに発射したり打ち上げたりすること。(対)単発。[例]―銃。③

質問やお世辞などを意図的に続けて言うこと。例「変だ、変だ」を—する。
【連判】《レンパン》〔「レンパン」とも〕（名・する）一つの文書に、ふたり以上の人が名前をつらねて、印をおすこと。例—状。
【連邦】《レンポウ》 法律や制度などの自主制定権をもつ二つ以上の国や州などが、共通の理念や目的のために結びついて構成する統一国家。アメリカ合衆国やスイス連邦・アラブ首長国連邦など。例—政府。表記 (旧)▼聯邦
【連峰】《レンポウ》 つらなり続くみね。つらなり続く山々。例北アルプスの—を縦走する。
【連名】《レンメイ》 ふたり以上の者が氏名を並べて書くこと。例—で申し入れる。
【連盟】《レンメイ》（名・する）多数の団体や国家が、同一の目的のために協力すること。また、その組織体。例国際—。表記 (旧)▼聯盟
【連綿】《レンメン》（形動《タルト》）長く続いてとぎれないようす。例—と続く家がら。
【連夜】《レンヤ》 いく晩も続くこと。毎夜。例連日—。—の残業。
【連用】《レンヨウ》 [一]（名・する）同じものを引き続き、またはくりかえして使うこと。例薬物の—をさける。[二]（名）文法で、おもに用言に続くこと。例—修飾《シュウショク》語。
【連用形】《レンヨウケイ》 文法で、活用語（＝動詞・形容詞・形容動詞・助動詞）の活用形の一つ。用言（＝動詞・形容詞・形容動詞）に続くときの形。たとえば、「飛び上がる」の「飛び」、「居《い》並《なら》ぶ」の「居」、「大きくなる」の「大きく」、「きれいに咲《さ》く」の「きれいに」など。
【連絡】《レンラク》（名・する）①つながりをつけること。また、つながりがあること。例地下鉄に—している駅。②意思や情報を知らせること。例—をとる。表記 ▽(旧)▼聯絡
【連理】《レンリ》 ①〔「理」は、木目《モクめ》の意〕二本の別々の木の枝がくっついて、木目もつながること。②仲むつまじい夫婦《フウフ》や、深く愛し合っている男女のたとえ。例比翼《ヒヨク》—。
【連理の枝】《レンリのえだ》 仲むつまじい夫婦《フウフ》や、深く愛し合っている男女のたとえ。類比翼の鳥《ヒヨクのとり》。例地にありては願わくは—とならん。〈白居易《ハクキョイ》・長恨歌《チョウゴンカ》〉
【連立】《レンリツ》（名・する）性質のちがういくつかのものが、いっしょに成り立っていること。例—政権。—方程式。表記 (旧)▼聯立
【連累】《レンルイ》 他人の犯罪にかかわること。また、いっしょに罰《バッ》せられること。まきぞえ。連座。
●一連《イチレン》・関連《カンレン》・注連《しめ》・常連《ジョウレン》

辶7 ［逕］11画 ⇩【径】《ケイ》（372ページ）

辶7 ［逎］11画 ⇩【遒】《シュウ》（977ページ）

辶7 【造】11画 ⇩【造】《ゾウ》（969ページ）

辶8 【逶】12画 7791 9036 音イ漢呉
意味 まがりくねってつづくようす。例逶蛇《イイ》。逶迤《イイ》。
【逶▽蛇】《イイ》（形動《タルト》）うねうねと曲がって長く続くようす。例逶蛇録《イイロク》（＝森鷗外《もりオウガイ》の晩年の日記の名）。

辶8 【逸】11画 1679 9038 常用 音イツ漢 イチ呉 訓そ-れる・そ-らす・はや-る
筆順 ノ ク 名 各 缶 免 逸 逸

辶8 【逸】12画 1-9257 FA67 人名
なりたち 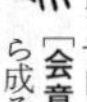 [会意]「辶（＝ゆく）」と「兔（＝ウサギ）」とから成る。ウサギがにげていなくなる。
意味 ❶すりぬける。にげさる。はしる。また、にがす。例奔逸《ホンイツ》（＝走ってにげる）。❷世間からかくれる。なくなる。うしなう。例逸文《イツブン》。隠逸《インイツ》。散逸《サンイツ》。❸はずれる。それる。例逸脱《イツダツ》。❹気ままに楽しむ。例逸楽《イツラク》。安逸《アンイツ》。❺わがまま。ほしいまま。例放逸《ホウイツ》。❻ひときわすぐれる。ぬきんでる。例逸材《イツザイ》。逸品《イッピン》。秀逸《シュウイツ》。
難読 逸見《へんみ》（＝地名・姓《セイ》）・都都逸《どどいつ》
人名 いつし・すぐる・とし・はつ・はや・はやし・まさ・まさる・やす・やすし
【逸興】《イッキョウ》 特別におもしろいこと。ことさらおもむきが深いこと。例月見に酒もまた—。
【逸才】《イッサイ》 すぐれた才能。また、それをもつ人。逸材。例多くの—を世に送り出す。
【逸材】《イツザイ》 すぐれた才能。また、それをもつ人。逸才。例かくれた—。表記「▼軼材」とも書く。
【逸散】《イッサン》 ①ちるようににげること。②〔「逸散に」の形で〕わき目もふらず。一目散。例—に走りだす。表記 ②は「一散」とも書く。
【逸史】《イッシ》 正史に取り上げられることのなかった史実。また、それを記録した歴史書。
【逸事】《イツジ》 世間に知られていない事実やことがら。逸話。例戦争中の—を発掘《ハックツ》する。表記「▼軼事」とも書く。
【逸書】《イッショ》 書名だけが伝わり、内容のほとんどが失われてしまった書物。散逸書。例—として名のみ伝わる。表記「▼佚書」とも書く。
【逸走】《イッソウ》（名・する）①わきへそれて走ること。例脱輪《ダツリン》して—したトロッコ。②にげ走ること。例列外に—する。
【逸足】《イッソク》 ①走るのがはやいこと。また、そういう馬や人。駿足《シュンソク》。例良駿—。②すぐれた人材。逸材。例門下の—。
【逸脱】《イツダツ》（名・する）決まりや筋道《すじみち》から、ずれること。例ルールを—した行動。職務の範囲《ハンイ》を—している。
【逸品】《イッピン》 すぐれた品物。絶品。例まれにみる—。
【逸物】《イツブツ｜イチモツ》 群をぬいてすぐれているもの。〔もとは牛馬やイヌ・タカなどについていったが、のちに刀剣《トウケン》や人物などにも使った〕
【逸文】《イツブン》 ①すぐれた文章。名文。②ばらばらになって、大部分が失われた文章。例古本《コホン》玉篇《ギョクヘン》の—。書物の引用から—を集める。③世間いっぱんに知られていない文章。表記 ▽「▼佚文」とも書く。
【逸聞】《イツブン》 世間いっぱんに知られていない話。逸話。例—を書きとめてまとめる。
【逸民】《イツミン》 ①気ままに暮らす人。例泰平《タイヘイ》の—。②俗世間《ゾクセケン》をのがれ、かくれて暮らす人。表記 ▽「▼佚民」とも書く。
【逸遊】《イツユウ》（名・する）気ままにあそぶこと。例—に時をすごす。
【逸楽】《イツラク》（名・する）気ままに遊びたのしむこと。例—にふける。—の日々《ひび》。表記「▼佚楽」とも書く。
【逸話】《イツワ》 世間にはあまり知られていない、ちょっとした話。おもしろい話。エピソード。例人がらをしのばせる—。

辶8 【逵】12画 7792 9035 音キ漢 訓おおじ・ちまた・みち
意味 九方に通じる道。同馗《キ》。例逵路《キロ》（＝四方八方に通じる大きな道路）。

辶8 【週】11画 2921 9031 教育2 音シュウ漢 訓めぐ-る

筆順 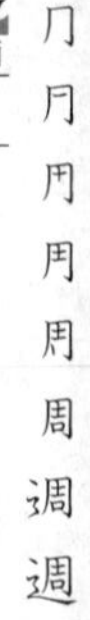

⻌8 【週】12画

なりたち [形声]「⻌(=ゆく)」と、音「周《シュウ》(=めぐる)」とから成る。めぐる。

意味 ❶ひとまわりする。めぐる。同周《シュウ》。例週期《シュウキ》。❷ひとまわりする時間の単位。同周《シュウ》。例週甲《シュウコウ》(=満六十年)。週年《シュウネン》(=満一年)。

日本語での用法《シュウ》日曜から土曜までの七日間をひとまわりとした時間の単位。「週間《シュウカン》・今週《コンシュウ》・毎週《マイシュウ》・週刊《シュウカン》」

【週刊《シュウカン》】〔日刊・月刊などに対して〕新聞や雑誌を毎週一回ずつ発行すること。また、その刊行物。例—誌。

【週間《シュウカン》】①連続した七日間。一週間。例—天気予報。②特別の行事をする七日間。例読書—。交通安全—。

【週休《シュウキュウ》】一週間のうちに定期的な休日があること。また、その休日。例—二日制。

【週給《シュウキュウ》】〔日給・月給などに対して〕一週間ごとの給料。

【週日《シュウジツ》】一週間のうち、土曜・日曜以外の日。平日。ウイークデー。〔土曜をふくめる場合もある〕

【週番《シュウバン》】一週間ごとに交替《コウタイ》して仕事をすること。また、その人。

【週報《シュウホウ》】一週間ごとに発行する報告・案内など。

【週末《シュウマツ》】一週間の終わり。ウイークエンド。〔金曜と土曜、または土曜から日曜にかけていう〕

◐隔週《カクシュウ》・今週《コンシュウ》・来週《ライシュウ》

⻌8 【進】11画 3142 9032 教育3 音シン漢呉 訓すす-む・すす-める

筆順 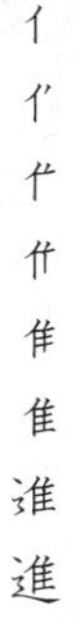

⻌8 【進】12画

なりたち 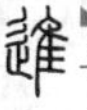 [形声]「⻌(=ゆく)」と、音「閵《リン→シン》」の省略体とから成る。すすむ。

意味 ❶前へ出る。先へ行く。すすむ。例進行《シンコウ》。進退《シンタイ》。前進《ゼンシン》。❷程度や技術が高くなる。例進化《シンカ》。進歩《シンポ》。❸階級や地位があがる。例進学《シンガク》。進級《シンキュウ》。昇進《ショウシン》。❹さしあげる。たてまつる。すすめる。例進呈《シンテイ》。進物《シンモツ》。寄進《キシン》。

日本語での用法《ジョウ》律令制《リツリョウセイ》で四等官《シトウカン》のうち、「職《シキ》」とよぶ官庁の第三位の官。「中宮《チュウグウ》の進《ジョウ》」

使い分け すすめる【進・勧・薦】⇩1170ページ

人名 すす・すすみ・つとむ・のぶ・のぼる・みち・ゆき

【進化《シンカ》】(名・する) ①生物が、長い年月をかけて変化しながら、より環境《カンキョウ》に適した状態になること。例環境に適応して—した。②ものごとがよりよいほうへ変わっていくこと。例世の中はどんどん—している。

【進化論《シンカロン》】生物はすべて原始的なものから現在のものへと進化してきたとする、イギリスの生物学者ダーウィンの唱えた学説。ダーウィニズム。

【進学《シンガク》】(名・する) 上級の学校にすすむこと。例医学部に—した。—を断念する。

【進級《シンキュウ》】(名・する) 学年や等級が上へすすむこと。例—試験。

【進境《シンキョウ》】進歩した程度やようす。例—いちじるしい。

【進軍《シングン》】(名・する) 軍隊がすすむこと。軍隊をすすめること。例国境へ向けて—する。

【進撃《シンゲキ》】(名・する) 敵陣《テキジン》へとすすみ、攻撃《コウゲキ》すること。例反乱軍が首都へ向かって—する。

【進言《シンゲン》】(名・する) 目上の人に自分の意見を申し述べること。例改革の必要性を—する。

【進行《シンコウ》】(名・する) ①目的地に向かってすすんで行くこと。②ものごとがはかどること。例計画は着着《チャクチャク》と—している。

【進攻《シンコウ》】(名・する) 軍をすすめて、せめこむこと。例—作戦。国境をこえて—する。

【進士《シンシ|シンジ》】①中国で、科挙《カキョ》(=官吏《カンリ》登用試験)の科目。また、その合格者。②日本の律令制《リツリョウセイ》で、式部省がおこなった官吏登用試験の科目。また、その合格者。貢士。

【進取《シンシュ》】すすんでものごとに取り組むこと。対退嬰《タイエイ》。例—の気性に富む(=性格が意欲的である)。

【進出《シンシュツ》】(名・する) 新しい分野や地域にすすみ出ていくこと。対後退《コウタイ》・退却《タイキャク》。例海外に—する。全国大会に—した。

【進水《シンスイ》】(名・する) 新しくつくった船を、はじめて水上にうかべること。例—式。

【進退《シンタイ》】(名・する) ①すすむことと、しりぞくこと。例—きわまる(=窮地《キュウチ》におちいる)。②日常的な動作。立ち居ふるまい。③その職にとどまるか、やめるか。身のふり方。去就。例—伺《うかがい》(=職務上に過失があったとき、責任の取り方を上司にたずねること)。

【進駐《シンチュウ》】(名・する) 軍隊が他国の領土内に進入し、そこにとどまること。例—軍。

【進捗《シンチョク》】(名・する) 仕事が進みはかどること。

【進呈《シンテイ》】(名・する) さしあげること。進上。例著書を—する。

【進展《シンテン》】(名・する) 進歩発展すること。新しい境地や段階にすすむこと。例事態の—を見守る。

【進度《シンド》】ものごとのすすみぐあい。進行の度合い。例学科の—表。—がおくれている。

【進入《シンニュウ》】(名・する) ある区域や地域の中にはいること。例工事に関係する車両以外の—を禁ずる。

【進歩《シンポ》】(名・する) ものごとがよい方向へとすすんでいくこと。例うでまえが格段に—する。対退歩。

【進歩的《シンポテキ》】(形動ダ) 社会を改革し、よりよくしようとするようす。対保守的。例—な考え方。

【進物《シンモツ》】さしあげる品物。おくりもの。

【進路《シンロ》】①すすんでいく方向。ゆくて。対退路。例台風の—。②人が将来に向けてすすんでいく方面。例—指導。

◐行進《コウシン》・後進《コウシン》・新進《シンシン》・増進《ゾウシン》・促進《ソクシン》・直進《チョクシン》・突進《トッシン》・発進《ハッシン》・躍進《ヤクシン》

⻌8 【逮】11画 3465 902E 常用 音タイ漢呉 訓いた-る・およ-ぶ

筆順 

⻌8 【逮】12画

なりたち   [形声]「⻌(=ゆく)」と、音「隶《タイ》(=およぶ)」とから成る。およぶ。

意味 ❶おいつく。とどく。およぶ。例逮及《タイキュウ》(=およぶ)。❷つかまえる。おいかけてとらえる。例逮捕《タイホ》。

【逮捕《タイホ》】(名・する) 警察が犯人や容疑者をとらえること。対釈放《シャクホウ》。例—状。

【逮夜《タイヤ》】〔仏〕葬儀《ソウギ》の前の日の夜。また、命日《メイニチ》の前夜。

辶 8 【迸】12画 902C 音 ホウ漢 ヒョウ呉 訓 はし-る・ほとばし-る・しりぞ-ける

辶 6 [迸] 10画 7794 8FF8 俗字

意味 ❶ちりぢりになって逃《に》げる。はしる。例 迸散《ホウサン》。迸走《ホウソウ》(=走って逃げる)。❷飛び散るようにふき出す。ほとばしる。❸おしのける。しりぞける。

【迸散】《ホウサン》(名・する)ちりぢりになって逃《に》げること。四方にとびちること。

辶 8 【逸】12画 ⇩【逸】《イツ》(974ページ)

辶 8 【週】12画 ⇩【週】《シュウ》(974ページ)

辶 8 [逹] 12画 ⇩【達】《タツ》(978ページ)

辶 9 【遏】13画 7801 904F 音 アツ漢 訓 とど-める・さえぎ-る

意味 (徹底的《テッテイテキ》に)おしとどめる。さえぎる。例 遏悪《アツアク》(=悪をとどめる)。遏雲《アツウン》。

【遏雲】《アツウン》〔無心の行く雲も聞きほれてとどまる意〕すぐれた音楽をほめることば。〈列子《レッシ》〉例 —の曲。

辶 9 【遖】13画 7808 9056 国字 訓 あっぱれ

意味 あっぱれ。あっぱれな。ほめたり、おどろいたりしたときのことば。でかした。天晴《あっぱれ》。例 遖《あっぱれ》、よくぞやった。遖《あっぱれ》な勝ちっぷり。

辶 9 【運】12画 1731 904B 教育3 音 ウン漢呉 訓 はこ-ぶ・めぐ-る

筆順 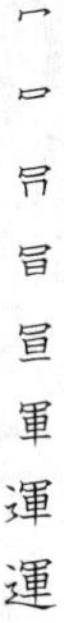

辶 9 【運】13画

なりたち  [形声]「辶(=ゆく)」と、音「軍《クン→ウン》」とから成る。めぐり、うつる。

意味 ❶うごく。めぐりゆく。まわる。めぐる。例 運行《ウンコウ》。運動《ウンドウ》。運用《ウンヨウ》。❷うごかす。はたらかせる。例 運営《ウンエイ》。運転《ウンテン》。運用《ウンヨウ》。❸ものをほかのところに持っていく。はこぶ。例 運送《ウンソウ》。運輸《ウンユ》。海運《カイウン》。❹めぐりあわせ。例 運命《ウンメイ》。幸運《コウウン》。不運《フウン》。

難読 運否天賦《ウンプテンプ》(=運にまかせること)

人名 かず・やす・ゆき

【運営】《ウンエイ》(名・する)組織や機構をはたらかせて、仕事がうまく進むようにすること。例 新事業の—委員。

【運河】《ウンガ》船を通したり、水を利用したりするために、陸地をほって人工的につくった水路。例 スエズ—。

【運気】《ウンキ》自然界の現象にあらわれるという、人間の運勢。

【運休】《ウンキュウ》(名・する)「運転休止」「運航休止」の略。バスや電車が運転を、船や飛行機が運航を休むこと。

【運行】《ウンコウ》(名・する)天体や交通機関が決まったコースを周期的にめぐって行くこと。例 天体の—。バスの—時刻表。

【運航】《ウンコウ》(名・する)船や飛行機が所定の航路を進むこと。

【運算】《ウンザン》(名・する)数式の示すとおりに計算し、答えを出すこと。類 計算・演算。

【運上】《ウンジョウ》㊀(名・する)室町《むろまち》時代の末、年貢《ネング》を京都にはこび、朝廷《チョウテイ》に納めたこと。㊁(名)江戸《えど》時代、商工業や運送業などに課した営業税。例 —金。

【運針】《ウンシン》和裁で、ぬいばりのはこび方。とくに、基本のぐしぬい(=ぬい目をそろえてぬう、ふつうのぬい方)についていう。

【運勢】《ウンセイ》これからの運の向きぐあい。幸・不幸のめぐりあわせ。例 —を見る。

【運送】《ウンソウ》(名・する)荷物を目的地へはこぶこと。また、その仕事。例 —業。—屋。

【運賃】《ウンチン》乗客や貨物をはこぶ料金。例 —の値上げ。

【運転】《ウンテン》(名・する)①自動車・電車や機械などを動かすこと。例 —手。休日—。②組織や団体、また資金などをうまく動かし活用すること。類 運用・回転。例 —資金。

【運動】《ウンドウ》(名・する)①〔物〕物体が時間の経過とともに位置を変えること。例 振《ふ》り子の—。②(健康や鍛錬《タンレン》のために)からだを動かすこと。例 —不足。③(社会的な目的を達成するために)人々にはたらきかけること。例 選挙—。公害防止—。

【運動会】《ウンドウカイ》学校や職場などで、多くの人が集まって運動競技や遊戯《ユウギ》をする会。

【運搬】《ウンパン》(名・する)物をはこぶこと。例 車で—できる荷物。

【運筆】《ウンピツ》文字を書くときの、ふでのうごかし方。ふでづかい。ふではこび。例 自由でのびのびとした—。

【運命】《ウンメイ》人の意志や努力とかかわりなくめぐってくる生と死、運と不運、幸と不幸など。また、それをあたえる、人間をこえた力。類 命運・宿命。例 —のいたずら。—に従う。

【運輸】《ウンユ》陸路や水路や空路によって、旅客《リョカク》や貨物を送りはこぶこと。

【運用】《ウンヨウ》(名・する)資金や規則などを実際の場面に合わせてうまく使いこなすこと。例 —の面で工夫《クフウ》がいる。

●悪運《アクウン》・海運《カイウン》・開運《カイウン》・家運《カウン》・気運《キウン》・強運《キョウウン》・幸運《コウウン》・国運《コクウン》・水運《スイウン》・悲運《ヒウン》・不運《フウン》・武運《ブウン》・命運《メイウン》・陸運《リクウン》

辶 9 【過】12画 1865 904E 教育5 音 カ漢呉 訓 す-ぎる・す-ごす・あやま-つ・あやま-ち・とが・よ-ぎる

筆順 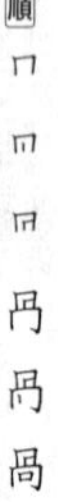

辶 9 【過】13画

なりたち 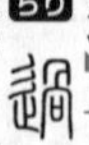 [形声]「辶(=ゆく)」と、音「咼《カ》」とから成る。とおりすぎる。

意味 ❶とおる。とおりすぎる。わたる。すぎる。よぎる。例 過客《カカク》。一過《イッカ》。通過《ツウカ》。❷時がたつ。すぎる。例 過去《カコ》。過日《カジツ》。経過《ケイカ》。❸度をこえる。ゆきすぎる。例 過大《カダイ》。過度《カド》。過不足《カフソク》。❹まちがえる。あやまつ。また、あやまち。例 過失《カシツ》。過怠《カタイ》。罪過《ザイカ》。

【過客】《カカク》通りすぎて行く人。旅人。例 月日は百代の—にして…。〈芭蕉《バショウ》・奥の細道《おくのほそみち》〉

【過激】《カゲキ》(名・形動ダ)考え方や行動がはげしいこと。また、程度がはなはだしいこと。対 穏健《オンケン》。例 —派。—な思想。

【過現未】《カゲンミ》〔仏〕過去・現在・未来。前世《ゼンセ》と現世《ゲンセ》と来世《ライセ》。三世《サンゼ》。

【過去】《カコ》①すぎさった時。むかし。以前。対 現在・未来。例 —の人。②前歴。経歴。例 暗い—がある。

【過去帳】《カコチョウ》(寺で、檀家《ダンカ》の)死者の法名《ホウミョウ》・俗名《ゾクミョウ》・死亡年月日などを記録しておく帳面。点鬼簿《テンキボ》。

【過誤】《カゴ》あやまち。あやまり。類 過失。例 —をおかす。論理の筋道に—がある。

【過酷】《カコク》(名・形動ダ)きびしすぎること。類 苛酷《カコク》。例 —な訓練。

【過言】《カゴン》〔「カゲン」とも〕言いそこない。大げさな言い方。言いすぎ。例—をつつしむ。…と言っても—ではない。

【過失】《カシツ》不注意や見通しのあまさから生じる失敗。あやまち。しくじり。対故意。例—をおかす。—を許す。

【過日】《カジツ》先日。このあいだ。例—はお世話になりました。

【過重】《カジュウ》（名・形動《ナダ》）おもさや負担が大きすぎること。例—な労働。責任が—になる。

【過小】《カショウ》（名・形動《ナダ》）評価や見積もりなどが、実際よりも小さすぎること。対過大。例—評価。—に見積もる。

【過少】《カショウ》（名・形動《ナダ》）数量が実際よりも少なすぎること。対過多。例—な資金。費用を—に見積もる。

【過剰】《カジョウ》（名・形動《ナダ》）①（数量が）多すぎて、あまっていること。例生産—。②必要以上であること。例自信—。

【過食】《カショク》（名・する）食べすぎること。例好物《コウブツ》なのでつい—する。

【過信】《カシン》（名・する）実際以上に評価し、それにたよりすぎること。例自分の力を—する。

【過疎】《カソ》人口や住宅などがまばらであること。対過密。例—地帯。—化。

【過多】《カタ》（名・形動《ナダ》）必要以上に多いこと。対過少。例胃酸—症《ショウ》。栄養—。

【過怠】《カタイ》①あやまち。てぬかり。②あやまちをつぐなうための金品。例—金。

【過大】《カダイ》（名・形動《ナダ》）評価や期待などが、実際よりも大きすぎること。対過小。例—評価。—な期待。—視。

【過程】《カテイ》ものごとの進行・変化・発展の道すじ。プロセス。類経過。例生産—。結論もたいせつだが、その—が問題だ。

【過度】《カド》（名・形動《ナダ》）度がすぎること。ふつうの程度をこえること。対適度。例—の緊張《キンチョウ》。

【過当】《カトウ》（名・形動《ナダ》）ほどよい程度をこえていること。例—競争（＝度をこえたはげしい競争）。

【過渡期】《カトキ》ものごとが、ある状態から次の状態へと移り変わる不安定な時期。

【過熱】《カネツ》（名・する）①温度が限度をこえて上がること。オーバーヒート。例エンジンの—。②〔物〕液体を沸騰《フットウ》させないで、沸点以上に熱すること。例—蒸気。③競争や人気などが、異常にはげしくなること。例景気が—する。

【過半】《カハン》半分以上。半数以上。例—を占《し》める。

【過半数】《カハンスウ》全体の半分をこえる数。マジョリティー。例—に達する。

【過般】《カハン》さきごろ。せんだって。先般《センパン》。例—通知したとおりに実施《ジッシ》する。

【過敏】《カビン》（名・形動《ナダ》）ひじょうに感じやすいこと。しげきに対する反応が並はずれて強いこと。例—な神経。

【過不及】《カフキュウ》多すぎることと足りないこと。類過不足。例—なし（＝適度である）。

【過不足】《カフソク》多すぎることと足りないこと。類過不及《カフキュウ》。例—のない解説。

【過分】《カブン》（名・形動《ナダ》）身分などにふさわしい程度をこえていること。対応分。例—のお祝いをいただく。

【過褒】《カホウ》ほめすぎ。過賞。例—のことばをいただいて恐縮《キョウシュク》する。

【過飽和】《カホウワ》〔化〕飽和状態以上に、溶液《ヨウエキ》中の溶質あるいは空気中の蒸気が、ふくまれている状態。

【過保護】《カホゴ》（名・形動《ナダ》）子供を育てるとき、必要以上にだいじにし、子供の自主性や自立性をそこなうこと。例—なあつかい。

【過密】《カミツ》（名・形動《ナダ》）集中し、こみすぎていること。対過疎《カソ》。例—ダイヤ。—なスケジュール。

【過料】《カリョウ》行政処分の一種で、軽い禁令に違反《イハン》した者に、はらわせるお金。〔刑罰《ケイバツ》の一種の「科料（「とがリョウ」ともいう）」と区別して「あやまちリョウ」ということがある〕

【過労】《カロウ》働きすぎて心身がひどくつかれること。例—で倒れる。—死。

【過《す》ぎたるは▽猶《なお》及《およ》ばざるがごとし】ゆきすぎているのは、達していないのと同じようなものだ（どちらも、ちょうどよいとはいえない）。〈論語《ロンゴ》〉
○●一過《イッカ》・看過《カンカ》・経過《ケイカ》・大過《タイカ》・超過《チョウカ》・通過《ツウカ》・黙過《モッカ》

辶9
【遐】
13画 7802 9050
音カ漢 訓とお-い・はる-か

意味 ❶はるかに遠い。とおい。はるか。対邇《ジ》。例遐行《カコウ》（＝遠方へゆく）。遐邇《カジ》（＝遠いところと近いところ）。❷期間が長い。ひさしい。例遐年《カネン》。遐齢《カレイ》（＝長寿《チョウジュ》）。

【遐観】《カカン》（名・する）遠くをながめること。見わたすこと。

【遐想】《カソウ》（名・する）遠くはなれた人やものに思いをはせること。

【遐登】《カトウ》（名・する）天上にのぼって仙人《センニン》になること。また、死ぬことの婉曲《エンキョク》表現。

【遐年】《カネン》①長生き。長寿《チョウジュ》。高齢《コウレイ》。②長い年月。

【遐福】《カフク》大きな幸福。〔世界を、広くながくおおうような幸福という意〕

辶9
【遇】
12画 2288 9047 常用
音グウ慣 グ漢呉 訓あ-う・もてな-す・たまたま

筆順 

辶9
【遇】
13画

なりたち 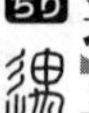 〔形声〕「辶（＝ゆく）」と、音「禺《グ》」とから成る。出くわす。

意味 ❶思いがけなく出あう。出あい。あう。例奇遇《キグウ》。遭遇《ソウグウ》。千載一遇《センザイイチグウ》。❷よい機会にめぐりあう。世に認められ用いられる。例知遇《チグウ》。不遇《フグウ》。❸接待する。もてなす。もてなし。例待遇《タイグウ》。優遇《ユウグウ》。冷遇《レイグウ》。❹思いがけず。たまたま。同偶《グウ》。

人名 はる

○●奇遇《キグウ》・境遇《キョウグウ》・厚遇《コウグウ》・千載一遇《センザイイチグウ》・遭遇《ソウグウ》・待遇《タイグウ》・知遇《チグウ》・不遇《フグウ》・優遇《ユウグウ》・礼遇《レイグウ》・冷遇《レイグウ》

辶9
【遑】
13画 7803 9051
音コウ漢 訓いとま・ひま

意味 ❶あわただしい。いそがしい。例遑遑《コウコウ》（＝おちつきがなくうろうろする）。❷することがなくのんびりしたようす。ひま。いとま。

難読 不遑《いとまあらず》

辶9
【遒】
13画 7804 9052
音シュウ漢 訓かた-い・せま-る・たちま-ち・つ-くす

辶7
〔逎〕
11画 7805 900E 本字

意味 ❶さしせまる。せまる。例遒迫《シュウハク》（＝さしせまる）。❷力強く、すぐれている。つよい。例遒勁《シュウケイ》。

参考 字音を「ユウ」とし、「遒勁《ユウケイ》」「遒美《ユウビ》」などと読むのは誤り。

【遒▼勁】《シュウケイ》文章や書画などが力強くすぐれていること。

辶9
【遂】
12画 3175 9042 常用 音スイ漢 ズイ呉 訓と-げる・つい-に

筆順 丷 䒑 ⺷ 豕 豕 㒸 遂 遂

辶9
【遂】
13画 ― ―

なりたち [形声]「辶(=ゆく)」と、音「㒸《イス》」とから成る。いきおいのままに進む。例遂行《スイコウ》。完遂《カンスイ》。

意味 ❶なしとげる。やりおえる。例進歩《シンポ》を遂《と》げる。❷最終的にそのような結果になる。❸順調に成長する。例六畜遂、五穀殖《リクチクとげ、ゴコクふゆ》(=家畜《カチク》は成長し、穀物はふえる)。〈韓非子《カンピシ》〉❹〔助字〕「ついに」と読む。㋐その勢いでそのまま、の意をあらわす。例衛士仆レ地、噲遂入《エイシチにたおれ、カイついにいる》(=番兵がたおれたので、樊噲《ハンカイ》はその勢いで中にはいった)。〈史記《シキ》〉㋑その結果こうして、の意をあらわす。例随レ馬遂得レ道《うまにしたがいついにみちをえたり》(=馬についていって、その結果、道が見つかった)。

日本語での用法《ついに》〔下に打ち消しのことばをともなって〕いまだにない。ついぞ…ない。「遂《つい》に見《み》たこともない巨大《キョダイ》な熊《くま》」

人名 かつ・すすむ・つぐ・とおる・なり・なる・みち・もろ・やす・ゆき・より

【遂古】《スイコ》おおむかし。〔文語風の言い方〕

【遂行】《スイコウ》(名・する)(任務や計画を)なしとげること。〔「ツイコウ」と読むのは誤り〕例任務を―する。

【遂事】《スイジ》すでにやり始めていることがら。遂行中のことがら。例―は諫《いさ》めず(=やり始めたことについては忠告しない)。〈論語《ロンゴ》〉

○●完遂《カンスイ》・未遂《ミスイ》

辶9
【達】
12画 3503 9054 教育4 音タツ漢 ダチ呉 訓たち 付表友達《ともだち》

筆順 一 十 土 圭 幸 達 達

辶9
【達】
13画 ― ―

辶8
【逹】
12画 7793 9039 俗字

[辵(辶・辶)部] 9画 遂 達 達 遅

なりたち [形声]「辶(=ゆく)」と、音「幸《タツ》」とから成る。何にもぶつからずに行きつく。

意味 ❶道が通じている。とおる。例四通八達《シツウハッタツ》。❷とどく。ゆきつく。なしとげる。例達成《タッセイ》。到達《トウタツ》。発達《ハッタツ》。❸ものごとや道理に深く通じている。すぐれている。例達見《タッケン》。達人《タツジン》。熟達《ジュクタツ》。❹伝える。とどける。例通達《ツウタツ》。伝達《デンタツ》。配達《ハイタツ》。

日本語での用法《たち》複数または多数をあらわす。ひいて、仲間や同類を示す。「公達《きんだち》・子供達《こどもたち》・友達《ともだち》」

難読 伊達《だて》・手達《てだれ》

人名 いたる・かつ・さだむ・さと・さとし・さとる・すすむ・ただ・ただし・たつし・たて・とお・とおる・のぶ・ひろ・みち・みつ・よし

【達意】《タツイ》自分の考えや気持ちが相手によくわかるように、述べること。例―の文章。

【達観】《タッカン》(名・する)①広く全体を見通すこと。②細かいことがらにこだわらず、ものごとの道理を見通すこと。また、超越《チョウエツ》すること。例人生を―する。

【達見】《タッケン》ものごとの道理を見ぬいた、すぐれた意見。達識。例あの時の反対論は今にして思えば―であった。

【達士】《タッシ》道理に通じている人。また、あることがらにとくに通じている人。例世に―というべき人はとぼしい。

【達識】《タッシキ》ものごとの道理を見ぬいた、すぐれた意見。達見。

【達者】《タッシャ》㊀(名)ある分野に深く通じている人。達人。㊁(名・形動《ダ》)①手なれていて、たくみであること。すぐれていること。例芸―。口が―。英語を―に話す。②からだがじょうぶであること。健康であること。例―で暮らす。

【達人】《タツジン》学問や技芸などに深く通じた人。名人。例剣《ケン》の―。児童教育の―。

【達成】《タッセイ》(名・する)ものごとを完全にやり終えること。なしとげること。類成就《ジョウジュ》。例目標を―する。

【達筆】《タッピツ》(名・形動《ダ》)字がのびのびとして勢いがあり、じょうずなこと。また、その字。類能筆。対悪筆。例―でしたためる。

【達文】《タツブン》筋道がよく通っていて、わかりやすい文章。また、たくみな表現を用いている文章。

【達弁】《タツベン》(名・形動《ダ》)話し方が、よどみがなくみごとであること。類能弁。例―だが、内容が平凡《ヘイボン》だ。表記旧達▼辯

【▽達磨】《ダルマ》〔梵語《ボンゴ》の音訳〕①五世紀の末にインドで生まれ、中国にわたって禅宗《ゼンシュウ》の始祖となった高僧《コウソウ》。壁《かべ》に向かって九年間の座禅をし、さとりを開いたという。達磨大師《ダルマダイシ》。②達磨大師の座禅姿をまねて作った張り子の人形。開運・出世・商売繁盛《ハンジョウ》の縁起物《エンギもの》とされる。例―に目を入れる。

○●上意下達《ジョウイカタツ》・速達《ソクタツ》・調達《チョウタツ》・発達《ハッタツ》

辶9
【遅】
12画 3557 9045 常用 音チ漢 訓おく-れる・おく-らす・おそ-い

筆順 フ コ 尸 尸 屖 犀 遅 遅

辶12
【遲】
16画 7815 9072

なりたち [形声]「辶(=ゆく)」と、音「犀《セイ→チ》」とから成る。ゆっくり行く。

意味 ❶ゆっくりしている。のろい。おそい。例遅速《チソク》。遅鈍《チドン》。巧遅《コウチ》。❷決まった時刻に間に合わない。おくれる。例遅刻《チコク》。遅参《チサン》。

使い分け おくれる【遅・後】⇩1164ページ

難読 遅遅《うらうら》・遅稲《なかて》

人名 まつ

【遅延】《チエン》(名・する)定刻や期日におくれ、後にのびること。例―証明書。列車の―。しはらいが―する。

【遅疑】《チギ》(名・する)ぐずぐずといつまでもうたがい迷い、決断しないこと。例―逡巡《シュンジュン》(=ためらってしりごみすること)。

【遅刻】《チコク》(名・する)決められた時刻や、約束した時刻におくれること。例会合に―してしまう。

【遅参】《チサン》(名・する)定められた時刻におくれて来ること。遅刻。

【遅日】《チジツ》昼が長く、日の暮れるのがおそい春の日。

【遅進児】《チシンジ》「学業遅進児」の略。学習の進歩が標準よりもおくれている児童。学業不振児《ガクギョウフシンジ》。

【遅速】《チソク》おそいか、はやいか。例作業の―で評価する。

【遅滞】《チタイ》(名・する)期日におくれて、はかどらないこと。のびのびになること。例作業が―する。―なく実施《ジッシ》する。

【遅遅】《チチ》(形動《タルト》)①じれったいほど、進行がおそいようす。例作業は―として進まない。②日の暮れるのがおそく、のどかなようす。例春日《シュンジツ》―。

【遅鈍】《チドン》(名・形動《ダ》)頭のはたらきや動作がのろくてにぶいこと。また、その人。例意識がぼんやりして、頭のはたらきが―に

なった。

【遅配】《チハイ》（名・する）配達や支給などが予定よりもおくれること。例 業績不振《フシン》で給料が—になる。

【遅筆】《チヒツ》 文章を書く速度がおそいこと。文章を書き上げるのに時間がかかること。例—で編集者泣かせの作家。

辶9 【遉】 13画 7806 9049 音 テイ漢 訓 うかが-う・さすが

意味 ひそかにさぐる。うかがう。同 偵《テイ》。

日本語での用法《さすが》それはそうだが、の意。または、いかにもふさわしく、の意。「遉《さすが》にあまり無理《ムリ》を言《い》えなかった・遉《さすが》は名人業《メイジンわざ》だ」

辶9 【道】 12画 3827 9053 教育2 音 トウ漢ドウ呉 訓 みち・い-う

筆順 丷 䒑 产 首 首 首 道 道

辶9 【道】 13画

なりたち  [会意]「辶（＝ゆく）」と「首《シュウ→トウ》（＝ゆきつくところ）」とから成る。人の行くみち。

意味 ❶人が行き来する地面。みち。例 道路《ドウロ》。街道《カイドウ》。鉄道《テツドウ》。❷人として守りおこなうべき決まり。ことわり。例 道義《ドウギ》。道徳《ドウトク》。❸学問や技芸のわざ。やりかた。例 華道《カドウ》。芸道《ゲイドウ》。書道《ショドウ》。❹老子《ロウシ》や荘子《ソウシ》を祖とする教え。また、その学派。例 道家《ドウカ》。❺釈迦《シャカ》の教え。仏教。仏道。❻述べる。となえる。いう。例 道破《ドウハ》。唱道《ショウドウ》。報道《ホウドウ》。❼教えみちびく。みちびく。同 導《ドウ》。例 道レ之以レ徳《これをみちびくにトクをもってす》（＝道徳で教えみちびく）。〈論語《ロンゴ》〉

日本語での用法《ドウ》①昔の地域区分の名。「五畿七道《ゴキシチドウ》・四道将軍《シドウショウグン》・東海道《トウカイドウ》・北海道《ホッカイドウ》」②地方行政機関の一つとしての「北海道」の略。「道庁《ドウチョウ》・道民《ドウミン》・道立《ドウリツ》」

難読 道祖神《さえのかみ》

人名 おさむ・おさめ・じ・ただし・つね・なお・なおし・のり・まさ・ゆう・ゆき・より・わたる

【道化】 一《ドウカ》（名・する）道徳によって人々を感化すること。二《ドウケ》（名）①滑稽《コッケイ》な言語や動作をして、人を笑わせること。また、その人。おどけ。例—芝居《しばい》。②歌舞伎《かぶき》の役《ヤク》柄《がら》の一つ。道化方《がた》。道化役。例—役者《ヤクシャ》。

【道家】《ドウカ／ドウケ》 中国古代の思想家である老子《ロウシ》と荘子《ソウシ》や、その説を受けついだ人々。無為《ムイ》自然の道をたっとび、人為的な文化を否定する学派。例—の説。

【道学】《ドウガク》 ①道徳について考え、人々を教え導こうとする学問。②儒学《ジュガク》。とくに、中国の宋《ソウ》代のもの。③道家の学問。④心学《シンガク》。例 江戸《えど》時代末期の—者。

【道学先生】《ドウガクセンセイ》 道徳や学問を研究し実践《ジッセン》しようとしていながら、現実の社会生活には適応できない人。学者をあざけっていうことば。

【道義】《ドウギ》 人として守りおこなうべき、正しいすじみち。例—的。—をふみはずす。—にそむく。

【道教】《ドウキョウ》 中国の固有の宗教。道家の思想と不老長生を求める古来の神仙信仰《シンセンシンコウ》とが結びつき、仏教の影響《エイキョウ》なども受けて成長、発展したもの。

【道具】《ドウグ》 ①物を作ったり、仕事をしたりするときに使う器具。また、日常生活で使う家具や日用品。例 大工—。嫁入《よめい》り—。②演劇で用いる大道具や小道具。例—方《かた》（＝舞台《ブタイ》の大道具をあつかう職人）。③他の目的のために利用されるもの。手段。例 出世の—に利用する。

【道産】《ドウサン》 ①北海道の産物。例—のジャガイモ。②〔「ドサン」とも〕北海道生まれ。例—子《ドサンこ》。

【道士】《ドウシ》 ①道義を身につけた人。②仏道を修行《シュギョウ》する人。僧侶《ソウリョ》。③道教を修行する人。④仙人《センニン》。例 あやしい術をつかう—。

【道術】《ドウジュツ》 ①道徳と学術。②道教でおこなう術。また、仙人《センニン》のおこなう術。

【道場】《ドウジョウ》 ①仏道を修行《シュギョウ》するところ。②武芸を伝授したり練習したりするところ。例 空手《からて》の—に通う。

【道心】《ドウシン》〔仏〕①仏道を信じ、さとりを求める心。例—を起こす。②仏道に志し、十三歳《サイ》（または十五歳）以上で仏門にはいった人。例 青《あお》—（＝未熟な僧《ソウ》）。

【道人】《ドウジン》 ①道教を修行《シュギョウ》する人。道士。②神仙《シンセン》の術を修めた人。方士。③仏道にはいった人。僧《ソウ》。④俗世間《ゾクセケン》を超越《チョウエツ》しようとする人。

【道俗】《ドウゾク》 僧《ソウ》と俗人。出家《シュッケ》と在家《ザイケ》。

【道祖神】《ドウソシン／ドウソジン》 悪霊《アクリョウ》から旅行中の人を守ってくれる神。村境や峠《とうげ》や橋のたもとなどに、石像として祭られることが多い。さいのかみ。さえのかみ。例—の招きにあひて。〈芭蕉《バショウ》・奥の細道《おくのほそみち》〉

【道断】《ドウダン》 言うことばがないこと。もってのほか。例 言語《ゴンゴ》—。

【道中】《ドウチュウ》 旅行。また、旅行のとちゅう。例—記（＝旅日記や紀行文《キコウブン》）。—の無事をいのる。

【道聴塗説】《ドウチョウトセツ》 〔「塗」は「途《ト》」と同じく、道の意〕道で聞きかじったことを、すぐその道で他人に話すこと。受け売りの話をすること。塗説。〈論語《ロンゴ》〉

【道程】《ドウテイ》 ①目的地までの距離《キョリ》。道のり。行程。例 全—を歩き通す。②過程。道のり。例 結論に達した—を聞きたい。

【道徳】《ドウトク》 人が守らなければならない社会的な決まり。例—心。交通—。—観念のうすい人。

【道念】《ドウネン》 ①道徳を実践《ジッセン》しようとする心。道義心。例—をかたく心にもつ。②道理を求めようとする心。正しい道を求めようとする心。③仏道を求める心。

【道破】《ドウハ》（名・する）はっきりと言い切ること。断言すること。例 考えの未熟なことを—する。

【道標】《ドウヒョウ／みちしるべ》 道の方向・距離《キョリ》・地名などを示すために、分岐《ブンキ》点などの要所に立てた板や柱。

【道楽】《ドウラク》（名・する）〔道を理解し、みずから楽しむ意から〕①本業以外のことで楽しむこと。趣味《シュミ》。例 釣《つ》りがただ一つの—だ。②酒色やかけごとなどの悪い遊びにふけること。

【道理】《ドウリ》 ①ものごとが当然そうなる、すじみち。正しいすじみち。ことわり。例—にかなう。②人として守らなければならない、すじみち。例—に外れたおこない。

【道路】《ドウロ》 人や車の通行のために用意された道。往来。例—標識。高速—。

【道端】《みちばた》 道路のはしのほうの部分。路傍《ロボウ》。例—に寄る。

【道火】《みちび》 火薬を糸でまいてひも状にしたもの。火なわ。導火線。

●沿道《エンドウ》・軌道《キドウ》・旧道《キュウドウ》・剣道《ケンドウ》・国道《コクドウ》・参道《サンドウ》・邪道《ジャドウ》・神道《シンドウ》・人道《ジンドウ》・水道《スイドウ》・筋道《すじみち》・赤道《セキドウ》・伝道《デンドウ》・武道《ブドウ》・報道《ホウドウ》・歩道《ホドウ》・夜道《よみち》

辶9 【遁】 13画 3859 9041 人名 音 一トン漢呉 二シュン漢 訓 のが-れる

意味 一《トン》にげて、かくれる。のがれる。例 遁走《トンソウ》。遁逃《トントウ》。二《シュン》しりごみする。ためらう。同 逡《シュン》。例 遁巡《シュンジュン》（＝しりごみする）。

【遁《トン》辞《ジ》】言いのがれ。にげ口上。例いまさら—は無用だ。

【遁《トン》世《セイ》】（名・する）①俗世間《ゾクセケン》との関係を絶って生きること。隠遁《イントン》。例山中に—する。②出家し仏門にはいること。例出家—する。表記▽「▼遯世」とも書く。

【遁《トン》走《ソウ》】（名・する）にげ走ること。類逃走《トウソウ》。

【遁《トン》逃《トウ》】（名・する）にげること。類逃走《トウソウ》・遁走。

辶 9
【逼】13画 4115 903C 音ヒョク漢 ヒツ呉 訓せま-る
意味 ひたひたと、さしせまる。せまる。例逼迫《ヒッパク》。
【逼《ヒッ》塞《ソク》】（名・する）①追いつめられ、打開策がなくなること。例—して手も足も出ない。②落ちぶれて、世間からかくれて生きること。③江戸《えど》時代の武士や僧侶《ソウリョ》に対する刑罰《ケイバツ》の一つで、門を閉め昼間の外出を禁じるもの。
【逼《ヒッ》迫《パク》】（名・する）①さしせまること。例事態が一段と—する。②経済的に行きづまること。例家計が—する。

辶 9
【遍】12画 4255 904D 常用 音ヘン漢呉 訓あまね-し・たび
筆順 コ ヨ 戸 肩 肩 扁 遍 遍

辶 9
【遍】13画
なりたち［形声］「辶（=ゆく）」と、音「扁《ヘン》」とから成る。ゆきわたる。
意味 ❶ひろくゆきわたる。まんべんなく。あまねし。あまねく。例遍在《ヘンザイ》。遍歴《ヘンレキ》。普遍《フヘン》。❷回数を数えることば。例三遍《サンベン》。百万遍《ヒャクマンベン》。
人名 とお
【遍《ヘン》在《ザイ》】（名・する）広くゆきわたり、どこにでもあること。例県内の各地に—する。
【遍《ヘン》照《ジョウ》】「ヘンショウ」とも〔仏〕仏の光明が世界をすみずみまでてらすこと。例—金剛《コンゴウ》（=大日如来《ダイニチニョライ》）。
【遍《ヘン》満《マン》】（名・する）至るところに、広くいきわたること。
【遍《ヘン》歴《レキ》】（名・する）①諸国をめぐり歩くこと。周遊。例諸国—の旅に出る。②いろいろな経験をすること。例人生—。
【遍《ヘン》路《ロ》】〔仏〕弘法大師《コウボウダイシ》（=空海）の修行《シュギョウ》の遺跡《イセキ》といわれる四国の八十八か所の霊場《レイジョウ》を巡礼《ジュンレイ》すること。また、その人。例お—さん。

辶 9
【逾】13画 7807 903E 音ユ漢呉 訓いよいよ・こ-える・すぐ-れる・すす-める
意味 ❶ものや境界をのりこえる。時間や期限をこえる。こす。こえる。同踰《ユ》。例逾月《ユゲツ》。❷さらに。ますます。いよいよ。同愈《ユ》。例江碧鳥逾白《コウはみどりにしてとりいよいよしろし》（=川の水は深い緑色をたたえ、水面を飛ぶ鳥は白さがいっそう目にしみる）。〈杜甫《トホ》・絶句《ゼック》〉
【逾《ユ》月《ゲツ》】月をこえること。翌月になること。
【逾《ユ》▼邁《マイ》】（名・する）①月日が過ぎ去っていくこと。②のりこえて進んでいくこと。

辶 9
【遊】12画 4523 904A 教育3 音ユウ漢 ユ呉 訓あそ-ぶ・あそ-ばす・あそ-び
筆順 ユ ウ カ 㫃 斿 斿 遊 遊

辶 9
【遊】13画
なりたち  ［形声］本字は「游」で、「㫃（=旗がなびくようす）」と、音「汓《シュウ→ユウ》」とから成る。旗につけるふき流し。派生して「ただよう」の意。
意味 ❶水上や空中にうかびただよう。およぐ。例遊泳《ユウエイ》。浮遊《フユウ》。❷（根拠地《コンキョチ》をはなれて）出かける。旅行する。動きまわる。例遊学《ユウガク》。遊子《ユウシ》。遊牧《ユウボク》。❸つきあう。まじわる。例交遊《コウユウ》。❹気の向くままにたのしむ。あそぶ。例遊戯《ユウギ》。❺仕事につかない。職がない。例遊民《ユウミン》。
難読 筆《ふで》の遊《すさ》び・口遊《くちずさみ》・遊牝《さかる|つるむ》・遊侠《うでこき》
人名 なが・ゆき
【遊《ユウ》泳《エイ》】（名・する）①水泳。例—禁止。—するのに適した海岸。②泳ぐように動くこと。例宇宙—。③あたえられた境遇《キョウグウ》の中で生きていくこと。世渡《よわた》り。表記▽「▼游泳」とも書く。
【遊《ユウ》宴《エン》】酒盛《さかも》りをしてあそぶこと。宴会。酒宴。
【遊《ユウ》園《エン》】あそび場として設けられた施設《シセツ》。遊園地。
【遊客《ユウカク|ユウキャク》】①仕事をしないで、あそび暮らす人。②名所などを遊覧している人。③遊郭《ユウカク》で、遊女とあそぶ人。
【遊《ユウ》郭《カク》】かつて遊女が集まっていた一定の区域。表記「遊▼廓」とも書く。

【遊《ユウ》学《ガク》】（名・する）他の土地や外国へ出かけていって、学問をすること。例江戸《えど》に—する。—先はパリだった。

【遊《ユウ》技《ギ》】娯楽《ゴラク》としておこなうあそび。例—場。

【遊《ユウ》戯《ギ》】（名・する）①あそびたわむれること。②幼稚園《ヨウチエン》などで、娯楽《ゴラク》と運動をかねておこなうあそびやおどり。

【遊《ユウ》休《キュウ》】施設《シセツ》や資金などが、活用されずに放置されていること。例—施設を活用する。

【遊《ユウ》▼侠《キョウ》】仁義を重んじることを男の生きがいとすること。また、その人。侠客《キョウカク》。おとこだて。例—伝。

【遊《ユウ》興《キョウ》】（名・する）あそび楽しむこと。とくに、料理屋などで飲食しながらあそぶこと。例—に明け暮れる。

【遊《ユウ》吟《ギン》】（名・する）あちこち歩きまわりながら、短歌や俳句などを作ること。

【遊《ユウ》具《グ》】（子供の）あそびに用いる道具。おもちゃの類や、公園のぶらんこ、すべり台など。

【遊《ユウ》軍《グン》】待機していて、必要に応じて、出動する軍隊。遊撃隊《ユウゲキタイ》。〔軍隊以外の組織でも、比喩《ヒユ》的に使う〕例—の到来《トウライ》を待つ。

【遊《ユウ》芸《ゲイ》】趣味《シュミ》やあそびとしての芸能。謡曲《ヨウキョク》・茶の湯・生け花・舞踊《ブヨウ》・琴《こと》・三味線《しゃみせん》など。

【遊《ユウ》撃《ゲキ》】①待機していて、必要に応じて、攻撃《コウゲキ》に出かけること。また、その部隊。②野球で、二塁《ニルイ》と三塁の間を守る内野手。遊撃手。ショート。→「漢字に親しむ」㉒（981ページ）

【遊《ユウ》子《シ》】故郷をはなれて、他郷にいる人。旅人。旅客。例浮雲《フウン》—の意。〈李白《リハク》・送二友人《ユウジン》一《をおくる》〉雲白く—悲しむ。〈島崎藤村《しまざきトウソン》・小諸《こもろ》なる古城《コジョウ》のほとり〉

【遊《ユウ》糸《シ》】春や夏の晴れた日に、ほのおのようにゆらゆらと地面からたちのぼるもの。かげろう。陽炎《ヨウエン》。糸遊《いとゆう》。

【遊女《ユウジョ|あそびめ》】①昔、宿場《シュクば》で歌やおどりで客を楽しませ、また売春を職業とした女性。うかれめ。②売春婦。

【遊《ユウ》人《ジン》】①定職につかないで、あそび暮らしている人。あそびにん。②物見遊山《ものみユサン》に出かける人。

【遊《ユウ》星《セイ》】⇩【惑星《ワクセイ》】（403ページ）

【遊《ユウ》説《ゼイ》】（名・する）おもに政治家などが、各地へ出向いて、自分の意見を説くこと。例関西地方の各地で—する。

【遊《ユウ》仙《セン》窟《クツ》】唐《トウ》代の小説。作者は張鷟《チョウサク》。仙人の世界にまよいこみ、仙女と楽しくすごした一夜をえがく。奈良《なら》時代に日本に伝わる。

【遊《ユウ》惰《ダ》】（名・形動ダナ）仕事や勉強をしないで、ぶらぶらと暮

らすこと。怠惰《タイダ》。例夏休み中も—に過ごしてはならない。

【遊底《ユウテイ》】銃《ジュウ》で、発射のときの爆風《バクフウ》を受けとめ、薬莢《ヤッキョウ》を出し、次の銃弾《ジュウダン》をこめる部分。

【遊▼蕩《ユウトウ》】(名・する) 仕事をおろそかにして、酒や女におぼれること。例—に身をもちくずす。

【遊歩《ユウホ》】(名・する) 一か所に定住せず、ぶらぶらと歩きまわること。散歩。例—道。

【遊牧《ユウボク》】(名・する) 水や牧草を求めて、移動しながら家畜《カチク》を飼うこと。例—民。

【遊民《ユウミン》】とくに決まった職業をもたないで暮らしている人。例高等—(=高等教育を受けていながら就職しない人)。

漢字に親しむ ㉒ 遊撃手《ユウゲキシュ》は遊んでる?

野球で、ピッチャーを投手、キャッチャーを捕手《ホシュ》、というように、ショートを遊撃手といいますが、ではこの遊撃とはどういう意味なのでしょうか。ショートには一塁手《イチルイシュ》・二塁手のように守るべき自分のベースがありません。遊撃とか遊軍《ユウグン》の「遊」は、「出かける、一か所に固定しないで自由に動きまわる」という意味です。遊撃手とはベースにこだわらず、そのときどきに相手に応じてたたかう選手のことなのです。「遊学」ということばも、学問のために他の国に行くという意味で、遊ぶということではありません。全国各地を演説してまわることを「遊説《ユウゼイ》」、旅人のことを「遊子《ユウシ》」というのも同じ意味です。「遊牧民」とは一か所に定住せず、牧草を求めて移動する民《たみ》のことなのです。

【遊治郎《ユウヤロウ》】酒や女あそびにおぼれ、身をもちくずした男。道楽者《ドウラクもの》。放蕩児《ホウトウジ》。

【遊▼弋《ユウヨク》】(名・する) 艦船《カンセン》などが海上を行きつもどりつして、警戒《ケイカイ》または待機すること。

【遊覧《ユウラン》】(名・する) あちこちを見物してまわること。例—バス。船で湖を—する。

【遊里《ユウリ》】遊郭《ユウカク》。いろざと。例—に身をしずめる。

【遊離《ユウリ》】(名・する) ①他と関係しないで、かけはなれていること。例政治が国民から—する。②〔化〕物質が他の物質と化合しないで、単体としてあること。また、化合物から単体を取り出すこと。

【遊歴《ユウレキ》】(名・する) 各地をめぐり歩くこと。例東欧《トウオウ》を—する。諸国を—して師を求める。

【遊行《ユギョウ》】(名・する) 僧《ソウ》が各地をめぐり歩いて、修行《シュギョウ》や教化をすること。行脚《アンギャ》。例山中で—の僧に会う。

【遊山《ユサン》】①野山に出かけてあそぶこと。②あそびに出かけること。行楽。例物見《ものみ》—。

●回遊《カイユウ》・交遊《コウユウ》・周遊《シュウユウ》・清遊《セイユウ》・浮遊《フユウ》・漫遊《マンユウ》

⻌9 【遥】 12画 4558 9065 人名 音ヨウ漢呉 訓はる-か

⻌10 【遙】 14画 8403 9059 人名

たちなり [形声]「⻌(=ゆく)」と、音「䍃《ヨウ》」とから成る。さまよう。

意味 ❶ぶらぶらする。さまよう。例逍遥《ショウヨウ》。❷距離《キョリ》や時間が遠くはなれている。はるか。例遥遠《ヨウエン》。遥拝《ヨウハイ》。❸長く続く。長い。例遥夜《ヨウヤ》(=長い夜)。

難読 遥遥《はるばる》

人名 すみ・とお・のぶ・のり・はる・みち

【遥遠《ヨウエン》】(形動《ダ》) はるかで、遠いようす。例—の地。

【遥拝《ヨウハイ》】(名・する) はるか遠くから神仏などをおがむこと。例皇居を—する。

【遥遥《ヨウヨウ》】(名・形動《タル》) ①時間も空間もはるかに遠いこと。②心の落ちつかないこと。

⻌9 【違】 13画 ⇩【違】《イ》(981《ページ》)

⻌9 【逺】 13画 ⇩【遂】《スイ》(978《ページ》)

⻌9 【遍】 13画 ⇩【遍】《ヘン》(980《ページ》)

⻌10 【違】 13画 1667 9055 常用 音イ漢呉 訓ちが-う・ちが-える・たが-う・たが-える

筆順

⻌9 【違】 13画

たちなり [形声]「⻌(=ゆく)」と、音「韋《イ》」とから成る。はなれる。

意味 ❶同じでない。ちがう。まちがえる。たがう。例違算《イサン》。差違《サイ》。相違《ソウイ》。❷したがわない。さからう。そむく。また、道理にそむいたこと。よこしま。例違反《イハン》。違法《イホウ》。非違《ヒイ》。

【違憲《イケン》】憲法に違反すること。対合憲。例—訴訟《ソショウ》。

【違算《イサン》】①計算ちがい。②見こみちがい。誤算。

【違背《イハイ》】(名・する) 規則や命令、約束などにそむくこと。例父の遺言《ユイゴン》に—する。

【違反《イハン》】(名・する) 法令や約束などに従わないこと。例選挙—。ルール—。

【違犯《イハン》】(名・する) 法令にそむき、罪をおかすこと。

【違法《イホウ》】(名・形動《ダ》) 法令にそむくこと。例—行為《コウイ》。

【違約《イヤク》】(名・する) 約束や契約《ケイヤク》にそむくこと。

【違例《イレイ》】①いつもとちがうこと。前例に反すること。②〔いつものようすとちがうことから〕病気。不例。

【違和《イワ》】①心身の調和が失われ、不快感があること。病気。例からだに—をうったえる。②周囲のふんいきや人間関係になじめないこと。

【違和感《イワカン》】①周りが自分としっくりしない感じ。例着かざった人人《ひとびと》の間にいると—を覚える。②体調がおかしく感じられること。例胃のあたりに—がある。

●相違《ソウイ》・非違《ヒイ》

⻌10 【遠】 13画 1783 9060 教育2 音エン漢オン呉 訓とお-い・おち・とお-ざかる・とお-ざける

筆順

⻌10 【遠】 14画

たちなり [形声]「⻌(=ゆく)」と、音「袁《エン》」とから成る。はるかにはなれている。

意味 ❶距離《キョリ》や時間のへだたりが大きい。とおい。例遠近《エンキン》。永遠《エイエン》。久遠《クオン》。❷はるかかなたに広がっている。スケールが大きい。おくぶかい。例遠大《エンダイ》。高遠《コウエン》。深遠《シンエン》。❸親しくない。うとい。例疎遠《ソエン》。❹ひきはなす。とおざける。とおざかる。例遠心力《エンシンリョク》。敬遠《ケイエン》。

日本語での用法《エン》旧国名「遠江《とおとうみ》（＝今の静岡《しずおか》県西部）」の略。「遠州《エンシュウ》」

難読 遠近《おちこち》・遠方《おちかた》・遠志《オンジ》（＝漢方薬の一つ）

人名 とお・とおし・とおる・はるか・ひろ

【遠因】《エンイン》 間接的な原因。対近因。例事件の―。

【遠泳】《エンエイ》 （名・する）（多く、海で）長い距離《キョリ》を泳ぐこと。

【遠海】《エンカイ》 陸地から遠くはなれた海。遠洋。対近海。

【遠隔】《エンカク》 遠くはなれていること。例―地。―操作。

【遠忌】《エンキ｜オンキ》 〔仏〕死者に対する十三年忌・三十三年忌・五十年忌などの、年月を経てからの法要。また、宗祖などの遺徳をたたえ、五十年おきにいとなむ大規模《ダイキボ》な法要。

【遠近】《エンキン》 遠いところと近いところ。遠いことと近いこと。例―法（＝絵画で距離《キョリ》や奥行《おくゆき》の感じを表現する技法）。

【遠計】《エンケイ》 遠い将来に対する計画。

【遠景】《エンケイ》 ①遠くに見える景色。②絵画や写真などで、画面の遠くに見える景色。▽対近景。

【遠見】《エンケン》 （名・する）①遠くに見えること。また、遠くをながめること。例公園から富士《ふじ》を―する。②遠い将来を見通すこと。例世の動きを―して事にあたる。

【遠交近攻】《エンコウキンコウ》 遠い国と仲よくし、近くの国をせめる策。〔戦国時代、范雎《ハンショ》が説いた外交政策で、秦《シン》はこれによって他の六か国をほろぼした〕

【遠国】《エンゴク｜オンゴク》 ①遠くはなれた国。②都から遠くはなれた地方。

【遠山】《エンザン》 遠くにある山。例―の眉《まゆ》（＝遠くに見える山の稜線《リョウセン》のように、なだらかに引いた、美しい眉）。

【遠視】《エンシ》 ①遠くを見ること。②網膜《モウマク》より後方に像を結ぶため、近くのものがはっきりと見えない目。凸《トツ》レンズによって矯正《キョウセイ》する。とおめ。遠視眼。遠眼《エンガン》。対近視。

【遠称】《エンショウ》 文法で、指示代名詞の一つ。話し手と聞き手の両方から遠くはなれた物・方向・場所などを指し示すことば。「あれ」「あそこ」「あの」「あちら」など。「あ」で始まるのが特徴《トクチョウ》。対近称・中称・不定称。

【遠心力】《エンシンリョク》 回転する物体が、回転軸《ジク》から遠ざかってゆく力。

【遠水近火】《エンスイキンカ》 遠方にある水では近所の火事を消すことができない。遠くにあるものは急ぎの役には立たないことのたとえ。〔「遠水は近火を救わず」による〕〈韓非子《カンピシ》〉

【遠征】《エンセイ》 （名・する）征伐《セイバツ》や探検、試合などのために、遠くまで出かけて行くこと。例新しいチームで大阪《おおさか》へ―する。

【遠足】《エンソク》 一（名・する）遠い道のりを歩くこと。二（名）学校で児童・生徒の運動や見学などのために、教師が引率《インソツ》して遠くへ出かける日帰りの校外活動。

【遠大】《エンダイ》 （形動ダ）計画の規模がたいへん大きく、遠い将来まで見通しているようす。例―な計画。

【遠島】《エントウ》 ①陸地から遠くはなれた島。②江戸《えど》時代、罪人を遠くはなれた島に送った刑罰《ケイバツ》。島流し。

【遠望】《エンボウ》 一（名・する）はるか遠くをながめること。例階上から海を―する。二（名）はるか遠くへと広がる景色。

【遠謀】《エンボウ》 遠い将来までを見通した計略や計画。

【遠方】《エンポウ》 遠くのほう。遠いところ。例朋《とも》（＝友）有り―より来たる。〈論語《ロンゴ》〉

【遠洋】《エンヨウ》 陸地から遠くはなれた海。遠海。対近海。

【遠来】《エンライ》 遠くから来ること。例―の客。

【遠雷】《エンライ》 遠くで鳴っているかみなり。

【遠慮】《エンリョ》 （名・する）①遠い将来を見通して深く考えること。例深謀《シンボウ》―。人―無ければ必ず近憂《キンユウ》有り（＝遠い将来のことを考えておかないと、必ず身近にさしせまった心配ごとが起こる）。〈論語《ロンゴ》〉②ことばや行動をひかえること。例御《ゴ》―なさらずに、おあがりください。③辞退し、断ること。

【遠路】《エンロ》 遠い道のり。例―ご苦労でした。

【遠流】《オンル》 律令制《リツリョウセイ》の刑罰《ケイバツ》の一つで、罪人を都から遠い佐渡《さど》・隠岐《おき》・土佐《とさ》などの離島《リトウ》や辺地に流すこと。

【遠縁】《とおエン》 遠い血縁。対近縁《キンエン》。

【遠江】《とおとうみ》 旧国名の一つ。今の静岡《しずおか》県の西部。

【遠目】《とおめ》 ①遠くから見ること。例―に見ても姿のよい人。②遠視。→【夜目】《よめ》（253ページ）

●以遠《イエン》・永遠《エイエン》・久遠《クオン》・敬遠《ケイエン》・高遠《コウエン》・深遠《シンエン》

［辵（辶・辶）部］10画 ● 遣 遣 遘 遡

辶10
【遣】
13画 2415 9063 常用
音 ケン 漢 呉
訓 つか-う・つか-わす・つか-い・や-る

筆順
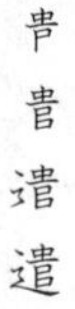

辶10
【遣】
14画

なりたち 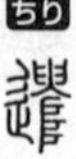 ［形声］「辶（＝ゆく）」と、音「𠳋《ケン》」とから成る。ときはなつ。

意味 ❶命令して行かせる。つかわす。やる。例遣唐使《ケントウシ》。派遣《ハケン》。❷追いはらう。うさなどを晴らす。はらい除く。例遣懐《ケンカイ》（＝心のうちを思う存分に述べる）。❸〔助字〕「（…をして）…（せ）しむ」と読み、…に…させる、の意。使役《シエキ》をあらわす。例遣二使至一レ趙《つかいをしてチョウにいたらしむ》（＝使者を趙の国に行かせる）。

日本語での用法 一《つかう》技・心・方法などをじゅうぶんにはたらかせる。使用する。「心《こころ》を遣《つか》う・気《き》を遣《つか》う・安否《アンピ》を気遣《きづか》う・仮名遣《かなづか》い・金遣《かねづか》い・小遣《こづか》い」二《つかわす》上位の者が下位の者にしてやる。「ほめて遣《つか》わす」

使い分け つかう【使・遣】⇩1172ページ

難読 遣水《やりみず》・遣戸《やりど》

【遣欧】《ケンオウ》 （名・する）欧州（＝ヨーロッパ）へ派遣すること。

【遣▼隋使】《ケンズイシ》 日本の朝廷《チョウテイ》から隋につかわされた使節。隋の滅亡後、遣唐使として継承された。〔六〇七年、小野妹子《おののいもこ》が最初の派遣〕

【遣唐使】《ケントウシ》 遣隋使のあとをうけ、日本の朝廷《チョウテイ》から唐につかわされた使節。〔六三〇年、犬上御田鍬《いぬかみのみたすき》が最初の派遣〕

●先遣《センケン》・派遣《ハケン》・分遣《ブンケン》

辶10
【遘】
14画 *7809 *9058
音 コウ 漢 呉
訓 あ-う・かま-える・まみ-える

意味 ❶思いがけず出あう。めぐりあう。まみえる。あう。同覯《コウ》。例遘禍《コウカ》（＝わざわいにあう）。遘会《コウカイ》（＝出あう）。❷かたちづくる。かまえる。同構《コウ》。

辶10
【遡】
14画 3344 9061 常用
音 ソ 漢
訓 さかのぼ-る

辶10
［遡］
13画 許容

筆順
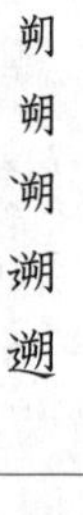

参考「しんにょう」は、手書きでは普通三画で書く。

氵10 **［遡］** 13画 6274 6EAF 別体字

たちなり 遡(篆文) ［形声］「辶(=ゆく)」と、音「朔《サク》→ソ」とから成る。さかのぼる。

意味 流れにさからってすすむ。さかのぼる。例 遡行《ソコウ》。

人名 のぼる

【遡及《ソキュウ》】(名・する) さかのぼって、ある時点あるいはある地点にいたること。

【遡源《ソゲン》】(名・する) 〔「サクゲン」は慣用読み〕 川の源にさかのぼること。また、根本にさかのぼって明らかにすること。

【遡行《ソコウ》】(名・する) 川の流れをさかのぼって行くこと。遡上。例 利根《とね》の流れを―する。

【遡江《ソコウ》】(名・する) 大きな川、とくに長江をさかのぼること。

【遡航《ソコウ》】(名・する) 船で川をさかのぼって行くこと。

【遡上《ソジョウ》】(名・する) 川の流れをさかのぼって行くこと。遡行。

辶10 **【遜】** 14画 3429 905C 常用 音 ソン 漢 呉 訓 ゆず-る・へりくだ-る

辶10 **［遜］** 13画 許容

筆順 了 孑 孫 孫 孫 遜 遜

参考 「しんにょう」は、手書きでは普通三画で書く。

たちなり 遜(篆文) ［形声］「辶(=ゆく)」と、音「孫《ソン》」とから成る。にげる。

意味 ❶自分をさしおいて、人を先にする。ゆずる。例 遜位《ソンイ》(=しりぞいて、位をゆずる)。遜譲《ソンジョウ》。 ❷自分を低くする。へりくだる。例 謙遜《ケンソン》。不遜《フソン》。 ❸およばない。おとる。例 遜色《ソンショク》。

人名 やす

【遜辞《ソンジ》】へりくだったことば。へりくだったものの言い方。

【遜譲《ソンジョウ》】(名・する) 人にゆずること。例 ―の気持ち。

【遜色《ソンショク》】他にひけをとるようす。見おとりすること。

○●謙遜《ケンソン》・不遜《フソン》

辶10 **［遡］** 13画 ⇩【遡】《ソ》(982ページ)

辶10 **［遜］** 13画 ⇩【遜】《ソン》(983ページ)

辶10 **【遞】** 14画 ⇩【逓】《テイ》(971ページ)

辶10 **【遙】** 14画 ⇩【遥】《ヨウ》(981ページ)

辶11 **【遨】** 15画 7811 9068 音 ゴウ 漢 訓 あそ-ぶ

意味 あちこち歩きまわる。あそぶ。例 遨遊《ゴウユウ》。

【遨▼嬉《ゴウキ》】(名・する) あそびたのしむこと。

【遨遊《ゴウユウ》】(名・する) ①あそぶこと。また、気のむくままにあちらこちらをまわること。 ②行ったり来たりして世話をやくこと。

辶11 **【遮】** 14画 2855 906E 常用 音 シャ 漢 呉 訓 さえぎ-る

筆順 亠 广 广 庐 庐 庶 遮 遮

辶11 **【遮】** 15画

たちなり 遮(篆文) ［形声］「辶(=ゆく)」と、音「庶《ショ》→シャ」とから成る。行くことをさまたげる。

意味 ❶とちゅうでじゃまして行く手をふさぐ。さえぎる。また、おおいかくす。例 遮光《シャコウ》。遮断《シャダン》。遮蔽《シャヘイ》。 ❷梵語《ボンゴ》の音訳。例 遮那王《シャナオウ》(=源九郎義経《ゲンクロウよしつね》の幼名)。毘盧遮那《ビルシャナ》(=大日如来《ダイニチニョライ》)。

【▽遮▼莫《さもあらばあれ》】①〔不本意ではあるが、そのようにしかならないのならば、そのようにしておこうの意〕どうにでもなれ。ままよ。 ②それはそうとして。ともかく。

【遮光《シャコウ》】(名・する) 光をさえぎること。例 ―カーテン。

【遮断《シャダン》】(名・する) さえぎり止めること。例 ―機(=鉄道の踏切《ふみきり》などで、人や車の通行を一時的に止める機械)。―器(=電気回路の開閉を行う装置。ブレーカー)。

【遮二無二《シャニムニ》】(副) がむしゃらに。むやみに。例 ―働く。

【遮蔽《シャヘイ》】(名・する) 見られたり光に当たったりしないように、おおいさえぎること。例 窓を―する。

辶11 **【遭】** 14画 3388 906D 常用 音 ソウ 漢 呉 訓 あ-う

筆順 一 冂 冊 曲 曹 曹 遭 遭

辶11 **【遭】** 15画

たちなり 遭(篆文) ［形声］「辶(=ゆく)」と、音「曹《ソウ》」とから成る。でくわす。

意味 思いがけず出あう。めぐりあう。あう。例 遭遇《ソウグウ》。遭難《ソウナン》。

使い分け あう【会・合・遭】⇩1159ページ

【遭遇《ソウグウ》】(名・する) 人や事件に出あうこと。例 とちゅうで突発《トッパツ》事故に―した。

【遭難《ソウナン》】(名・する) 船・飛行機・登山者が生死にかかわる災難にあうこと。例 冬山登山中に―する。

辶11 **【適】** 14画 3712 9069 教育5 音 テキ 慣 セキ 漢 訓 かな-う・たまたま

筆順 亠 亠 产 产 商 商 適 適

辶11 **【適】** 15画

たちなり 適(篆文) ［形声］「辶(=ゆく)」と、音「商《ショウ》→セキ」とから成る。(目的へ向かって)ゆく。

意味 ❶向かってゆく。身をよせる。例 適帰《テキキ》(=行って、身をよせる。帰属する)。 ❷あてはまる。ぴたりとあう。かなう。例 適応《テキオウ》。適確《テキカク》。適材適所《テキザイテキショ》。 ❸心にかなう。思いのままになる。例 快適《カイテキ》。自適《ジテキ》。 ❹〔助字〕「たまたま」と読み、ちょうど・折よく、の意をあらわす。例 秦軍適入レ斉《シングンたまたまセイにいる》(=秦軍はちょうど斉に侵入《シンニュウ》した)。

人名 あつ・あり・いたる・かのう・まさ・ゆき・ゆく・ゆた・より

【適応《テキオウ》】(名・する) ①周囲の状況《ジョウキョウ》やいろいろな条件によくあてはまること。例 新しい時代への―性がない。 ②〔生〕生物が環境《カンキョウ》にあうように、形態や習性を変化させること。例 砂漠《サバク》に―したトカゲ。

【適格《テキカク》】(名・形動《ダナ》) 資格や規格にあてはまること。対 欠格。例 教員として―である。

【適確《テキカク・テッカク》】(名・形動《ダナ》) よくあてはまっていて、確実であるようす。類 適格。例 ―な配置。表記 「的確」とも書く。

【適宜《テキギ》】(形動《ダナ》・副) ①状況《ジョウキョウ》にうまくかなっているようす。例 ―な処置だった。 ②各自がよいと思うようにするようす。例 ―休憩《キュウケイ》をとる。

【適合《テキゴウ》】(名・する) よくあてはまること。例 時勢に―した商品開発。

【適材《テキザイ》】その仕事に適した能力をもった人。例 ―を適所に使う。

【適材適所《テキザイテキショ》】その仕事や地位にふさわしい人を配置

することと。例—を考えて部下を配置する。

【適作《テキサク》】その土地に合った作物。例適地—。

【適者生存《テキシャセイゾン》】その環境《カンキョウ》に適している生物だけが生き残ること。

【適所《テキショ》】その人の才能や人柄《ひとがら》にみあった地位や仕事。例適材—。

【適職《テキショク》】その人にふさわしい職業や職務。例自分にとって何が—か。

【適正《テキセイ》】(名・形動ナダ)正しいとされる規準や条件にかなっていること。例—な価格。—に処理する。

【適性《テキセイ》】あるものごとに向いている素質や性格。例—検査。—を欠く。

【適切《テキセツ》】(形動ナダ)その場面やそのことがらなどに、ぴったりあてはまっているようす。例—な助言。

【適地《テキチ》】そのことやものに向いている土地。例—適作。

【適度《テキド》】(名・形動ナダ)ちょうどよい程度であること。(対)過度・極度。例—な運動が必要だ。

【適当《テキトウ》】[一](名・する・形動ナダ)ほどよいこと。ちょうどよくあてはまること。例—な明るさ。—することばがうかばない。[二](名・形動ナダ)いいかげんなこと。例—にごまかす。

【適任《テキニン》】①その任務によくかなっていること。例—を探している。②その人の才能や性格にかなった任務。例チームのキャプテンは君に—だと思う。

【適否《テキヒ》】適することと適さないこと。適不適。例議論の—は、今は論じない。

【適評《テキヒョウ》】まさにそのとおりだと納得《ナットク》できる批評。適切な批評。例—を下《くだ》す。

【適不適《テキフテキ》】適することと適さないこと。適否。

【適役《テキヤク》】その役目・役柄《ヤクがら》によく合っていること。また、その人。例—を得て、仕事がはかどる。

【適訳《テキヤク》】原文によくかなっている翻訳《ホンヤク》。また、原語にぴったりあてはまる訳語。例—を考えつかない。

【適用《テキヨウ》】(名・する)規則や方法などを、事物にあてはめて使うこと。例今回は法規を—しない。

【適量《テキリョウ》】ちょうどよい分量。例—の塩を加える。

【適例《テキレイ》】ふさわしい例。例—をさがす。

【適齢《テキレイ》】そのことにふさわしい年齢。

【適齢期《テキレイキ》】(結婚するのに)適している年齢の時期。例結婚《ケッコン》—。むすめが—をむかえている。

●快適《カイテキ》・最適《サイテキ》・自適《ジテキ》

[辵(辶・辶)部] 11—12画 遯 遷 遺 遺

辶11
【遯】
15画 7812 906F 音トン漢 ドン呉 訓のが-れる

意味 にげる。のがれる。例遯世《トンセイ》。

【遯世《トンセイ》】(名・する)①俗世間《ゾクセケン》とのかかわりをたち切って生活すること。隠遁《イントン》。②出家して仏門にはいること。
表記 ▽「▼遁世」とも書く。

辶11
【遷】
15画 ⇩【遷《セン》】(985ページ)

辶12
【遺】
15画 1668 907A 教育6 音イ漢 ユイ呉 訓のこ-す・のこ-る

筆順 口 中 虫 冉 書 貴 遺 遺

辶12
【遺】
16画

なりたち  [形声]「辶(=ゆく)」と、音「貴キ→イ」とから成る。なくす。

意味 ❶なくす。おとす。おきわすれる。また、おとしたもの。手おち。例遺失《イシツ》。遺漏《イロウ》。補遺《ホイ》。❷すてさる。おきざりにする。例遺棄《イキ》。❸あとにのこす。のこる。例遺産《イサン》。遺族《イゾク》。遺言《ユイゴン》。❹小便などをもらす。例遺尿《イニョウ》(=寝《ね》小便)。❺ものをおくる。やる。例遺贈《イゾウ》(=物をおくる。遺言《ユイゴン》によって財産を人におくること)。

人名 おく

【遺愛《イアイ》】死んだ人が生前に愛用していたもの。例亡父—の万年筆。

【遺影《イエイ》】葬儀《ソウギ》のときなどにかざられる、故人の写真や肖像《ショウゾウ》画。例—に生花を供える。

【遺骸《イガイ》】死体。なきがら。遺体。例—にひざまずく。

【遺家族《イカゾク》】一家の中心であった人の死後にのこされた家族。例戦死者の—。

【遺憾《イカン》】(名・形動ナダ)(ものごとのなりゆきや結果に対して)心残りがすること。残念であること。例—なく(=じゅうぶんに)。—の意を表する。

【遺棄《イキ》】(名・する)置き去りにして、かえりみないこと。例死体—の罪。

【遺業《イギョウ》】故人が成しとげて、この世にのこした事業。また、やりかけてこの世にのこしていった事業。例父の—をつぐ。

【遺訓《イクン》】死んだ人が言いのこした教え。例先君の—をかかげる。

【遺賢《イケン》】主君に用いられずに民間にうずもれている、すぐれた人材。例野《ヤ》に—なし(=すぐれた人物はすべて公務について、民間にうずもれている人はいない)。〈書経《ショキョウ》〉

【遺言】[一]《イゲン》(名)昔の人がのこしたりっぱなことば。[二]《ユイゴン》(名・する)〔法律では「イゴン」ということが多い〕自分の死後のことについて、言いのこすこと。また、そのことば。

【遺稿《イコウ》】死後にのこされた原稿。例—集。

【遺骨《イコツ》】死者の骨。例—収拾《シュウシュウ》。

【遺恨《イコン》】いつまでものこる、うらみ。例—を晴らす。

【遺作《イサク》】死後にのこされた作品。例—展。

【遺産《イサン》】①死後にのこされた財産。例—を相続する。②昔の人がのこした業績。例文化—。世界—。人類の—。

【遺子《イシ》】親に死なれた子供。わすれがたみ。遺児。

【遺志《イシ》】死んだ人が生前に実現できなかった、願いや望み。例—をつぐ。—を重んじる。

【遺児《イジ》】①親に死なれた子供。わすれがたみ。遺子。例—をたくされる。②捨て子。

【遺失《イシツ》】(名・する)落としたり忘れたりして、物をなくすこと。例—物(=落とし物。忘れ物)。

【遺書《イショ》】自分の死後のことについて書きのこした手紙や文書。書きおき。例妻子にあてた—。

【遺臣《イシン》】①ほろびた王朝や諸侯《ショコウ》などに仕えていた家来。②先代からの家来。例明《ミン》の—朱舜水《シュシュンスイ》。

【遺跡《イセキ》】古代の建造物のあとや貝塚《かいづか》など、昔の人の生活や歴史的事件などがしのばれる場所。例多くの土器が—から出土する。表記 (旧)遺▼蹟
【遺族《イゾク》】死んだ人の、あとにのこされた家族。例—年金。

【遺体《イタイ》】死んだ人のからだ。なきがら。遺骸《イガイ》。例—を安置する。

【遺著《イチョ》】著者の死後にのこされた著書。また、著者の死後に刊行された著書。

【遺徳《イトク》】死後または後世《コウセイ》にのこる、すぐれた人格やりっぱなおこない。例—をしのぶ。

【遺髪《イハツ》】死んだ人の形見の、かみの毛。例戦死者の—が遺族の手にわたる例は多くはなかった。

【遺品《イヒン》】死んだ人がのこした品物。例—を整理する。

【遺風《イフウ》】①のちのちまでのこっている前代の風習。例 封建《ホウケン》時代の—。②先人がのこした教え。例 祖父の—。

【遺物《イブツ》】①死んだ人があとにのこした品物。かたみ。遺品。例 父の—を整理する。②(石器や土器など)昔の人がのこしたもの。例 前世紀の—。

【遺聞《イブン》】伝えのこされた話。いっぱんに知られていない、めずらしい話。

【遺墨《イボク》】死んだ人がのこした書画。例 良寛《リョウカン》の—という作品。

【遺留《イリュウ》】(名・する)①死後にのこすこと。②置き忘れること。例 犯人の—品。③〔法〕遺産の一部を、一定の相続人が必ず受け取れるように、法律で確保すること。例 —分。

【遺漏《イロウ》】(名・する)不注意などから生じた見落とし。手落ち。例 万《バン》—なきを期する。
●拾遺《シュウイ》・補遺《ホイ》

辶12
【遵】
15画 2969 9075 常用 音 ジュン(慣) シュン(漢)(呉) 訓 したが-う

筆順 

辶12 【遵】16画

なりたち  [形声]「辶(=ゆく)」と、音「尊《ソン》→シュン」とから成る。したがう。

意味 決まりや教えを守り、そのとおりにする。したがう。例 遵行《ジュンコウ》(=決まりどおりに実行する)。遵守《ジュンシュ》。(同)順《ジュン》。

人名 たか・たかし・ちか・のぶ・まもる・ゆき・より

【遵守《ジュンシュ》】(名・する)規則や命令に従って、それに違反《イハン》しないこと。例 服務上の規律を—する。表記「順守」とも書く。

【遵法《ジュンポウ》】法律や規則に従って行動し、違反《イハン》しないこと。例 —闘争《トウソウ》(=労働組合で、かたくなに規則どおりに勤務して、かえって業務をおくらせる戦術)。表記「順法」とも書く。

辶12
【遶】
16画 7813 9076 音 ジョウ(漢) ニョウ(呉) 訓 めぐ-る

意味 まわりをとりまく。かこむ。めぐる。(同)繞《ニョウ》。例 囲遶《イニョウ》。

辶12
【選】
15画 3310 9078 教育4 音 セン(漢)(呉) 訓 えら-ぶ・え-る

筆順 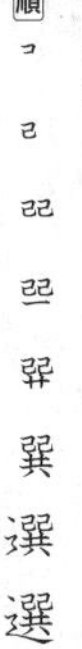

辶12 【選】16画

なりたち  [会意]「辶(=ゆく)」と、音「巺《ソン》→セン(=遣《や》る)」とから成る。遣《つか》わす。また、えらぶ。

意味 ❶多くの中からよいものをとり出す。えりぬく。よりわける。えらぶ。例 選挙《センキョ》。選択《センタク》。当選《トウセン》。❷よい詩文をえらんで書物を作る。例 選集《センシュウ》。『文選《モンゼン》』『唐詩選《トウシセン》』❸えらばれた人やもの。例 選手《センシュ》。選良《センリョウ》。

難読 小選《しばらく》

人名 かず・すぐる・のぶ・ひとし・より

【選科《センカ》】学校が提供した一定の科目の中から、一部を選択《センタク》して学習する、略式の課程。(対)本科。

【選歌《センカ》】(名・する)歌をえらぶこと。また、そのえらばれた歌。

【選外《センガイ》】選にもれて、えらばれないこと。例 —の佳作《カサク》。

【選球《センキュウ》】(名・する)野球で、打者が相手投手の投げるボールがボールかストライクか、直球か変化球かなどを見分けること。例 —眼がよい。

【選挙《センキョ》】(名・する)ある地位や任務につく人を、候補者の中から投票などでえらび出すこと。例 —権。会長を—する。

【選曲《センキョク》】(名・する)多くの楽曲の中から、ある条件にかなった曲目をえらぶこと。例 —に迷う。

【選句《センク》】(名・する)俳句・川柳《センリュウ》などをえらぶこと。また、そのえらばれたもの。

【選考《センコウ》】(名・する)じゅうぶんに調べたうえで、適当な人やすぐれた作品などをえらび出すこと。例 書類—。代表選手の—委員。表記「▼銓衡・▼銓考」とも書く。

【選鉱《センコウ》】(名・する)ほり出した鉱石を質の良否、用不用によって、より分けること。例 —夫。

【選者《センジャ》】多くの作品の中から、すぐれたものをえらび出す人。

参考「撰者《センジャ》」は、作者・編者の意。

【選手《センシュ》】①団体や組織からえらばれて、また、すぐれた能力をもち一定の基準に達している者と認められて、競技に出場する人。例 —宣誓《センセイ》。②スポーツを職業とする人。例 プロ野球の—。


【選集《センシュウ／センジュウ》】①ある個人の著作の中から、代表的なものをえらんでまとめた書物。②多くの詩文の中で、すぐれたものをえらんで集めること。また、集めたもの。

【選出《センシュツ》】(名・する)えらび出すこと。例 学長を—する。

【選書《センショ》】㊀(名・する)多くの書物の中から、一定の基準にかなったものをえらび出すこと。㊁(名)あるテーマを基準にまとめられた、書物のシリーズ。

【選奨《センショウ》】(名・する)すぐれたものとしてえらび出し、表彰《ヒョウショウ》すること。例 芸術祭—作品。

【選択《センタク》】(名・する)(適・不適、要・不要、良否、善悪、当否などを考えて)えらび取ること。例 —肢《シ》。取捨—を誤る。

【選定《センテイ》】(名・する)多くの中からえらんで、適切なものを決めること。例 調査の項目《コウモク》を—する。

【選任《センニン》】(名・する)多くの人の中からえらび出して、ある任務につかせること。例 書記に—される。

【選抜《センバツ》】(名・する)多数の中から、すぐれているものをえらび出すこと。例 —試験。—チーム。

【選評《センピョウ》】(名・する)選者がえらんだものについて、批評すること。また、その批評。例 文学賞の—。

【選別《センベツ》】(名・する)多くのものをある基準でより分けること。例 品質によって三つの区分に—する。

【選民意識《センミンイシキ》】他民族を神に導くように、神によってえらばれた民族だと自任する信念。選民思想。

【選良《センリョウ》】①人々の中から、とくにえらび出された人物。②「国会議員」をほめていうことば。〔古い言い方〕例 —にあるまじき行為《コウイ》。
●改選《カイセン》・官選《カンセン》・厳選《ゲンセン》・公選《コウセン》・互選《ゴセン》・再選《サイセン》・人選《ジンセン》・精選《セイセン》・当選《トウセン》・特選《トクセン》・入選《ニュウセン》・予選《ヨセン》・落選《ラクセン》

辶12
【遷】
15画 3311 9077 常用 音 セン(漢)(呉) 訓 うつ-る・うつ-す

筆順 

辶11 【遷】15画

なりたち 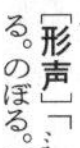 [形声]「辶(=ゆく)」と、音「䙴《セン》」とから成る。のぼる。派生して「うつる」「移動する」の

意。
意味 ❶他の場所にうつす。うつる。うつす。例 遷都《セント》。左遷《サセン》。孟母三遷《モウボサンセン》の教《おし》え。❷うつりかわる。あらためる。例 変遷《ヘンセン》。❸追放する。例 遷客《センカク》(=罪によって流された人)。

人名 のぼる

【遷化】(名・する) 一《センカ》うつり変わること。二《センゲ》〔仏〕人が死ぬこと。〔今は、多く高僧《コウソウ》が死ぬことをいう〕

【遷宮】《セングウ》(名・する) 神社の社殿《シャデン》の改築や移転のために、神体をうつすこと。また、その儀式《ギシキ》。例 伊勢《いせ》神宮の二十年ごとの—。

【遷幸】《センコウ》(名・する) 天子が宮城《キュウジョウ》を出てよそにうつること。また、天子がみやこをうつすこと。

【遷都】《セント》(名・する) みやこを別のところにうつすこと。また、みやこが別のところにうつること。例 東京に—して約百五十年になる。

●左遷《サセン》・三遷《サンセン》・変遷《ヘンセン》・奉遷《ホウセン》

辶12 【邁】 16画 7818 9081 音 バイ(漢) マイ(呉) 訓 ゆ-く

意味 ❶どんどん進む。(月日が)すぎ去る。ゆく。例 邁進《マイシン》。❷すぐれる。まさる。例 英邁《エイマイ》。高邁《コウマイ》。❸年をとる。例 老邁《ロウマイ》(=年をとっておとろえる)。

【邁進】《マイシン》(名・する) さきに進むこと。例 勇往—。

辶12 【遼】 15画 4643 907C 人名 音 リョウ(漢) 訓 はる-か

辶12 【遼】 16画 — F9C3

なりたち  [形声]「辶(=ゆく)」と、音「尞《リョウ》」とから成る。遠くはなれる。

意味 ❶距離《キョリ》や年月が遠くはなれている。はるか。例 遼遠《リョウエン》。遼遼《リョウリョウ》(=はるかにはなれているようす)。❷契丹《キッタン》族が二代皇帝《コウテイ》太宗《タイソウ》のときに建てた国。(九一六—一一二五) ❸遼河《リョウガ》。中国、東北地方を流れる川。例 遼東《リョウトウ》。❹「遼寧《リョウネイ》省」の略。

人名 とお

【遼遠】《リョウエン》(名・形動ダ) 距離《キョリ》や時間が遠くはなれていること。はるか。例 前途《ゼント》—。

【遼東の▼豕】《リョウトウのいのこ》 世間知らず、ひとりよがりのたとえ。〔遼東(=今の遼寧《リョウネイ》省)の人が、めずらしい白頭のブタを献上《ケンジョウ》しようと河東《カトウ》(=今の山西《サンセイ》省)へ行ったが、そこでは少しもめずらしくなく、恥《は》じて帰ったという故事による〕〈後漢書《ゴカンジョ》〉

辶12 【遵】 16画 ⇩【遵】《ジュン》(985ページ)

辶12 【選】 16画 ⇩【選】《セン》(985ページ)

辶12 【遅】 16画 ⇩【遅】《チ》(978ページ)

辶13 【邂】 17画 7816 9082 音 カイ(漢)(呉) 訓 あ-う

意味 思いがけずめぐりあう。あう。例 邂逅《カイコウ》(=めぐりあう。期せずして会う)。

難読 邂逅《たまさか・わくらば》

辶13 【還】 16画 2052 9084 常用 音 一 カン(漢) ゲン(呉) 二 セン(漢) 訓 かえ-る・かえ-す・めぐ-る

筆順 

辶13 【還】 17画 — —

なりたち 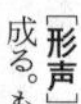 [形声]「辶(=ゆく)」と、音「睘《ケイ→カン》」とから成る。もとへ返る。

意味 一《カン・ゲン》 ❶もとにもどる。かえる。かえす。例 還元《カンゲン》。還俗《ゲンゾク》。返還《ヘンカン》。❷また。ふたたび。二《セン》 ❶ぐるりと向きを変える。まわる。同 旋《セン》。例 還風《センプウ》(=ぐるぐるまわる風。つむじ風)。❷すぐに。すなわち。例 王業還起《オウギョウすなわちおこる》(=王者の大業がすぐさま起こる)。〈荀子《ジュンシ》〉

難読 還城楽《ゲンジョウラク》

【還御】《カンギョ》(名・する) 天子が外出先から皇居にもどること。対 出御《シュツギョ》。→【還幸】《カンコウ》

【還元】《カンゲン》(名・する) ①もとにかえること。または、かえすこと。例 利益を社会に—する。②〔化〕酸化された物質から酸素をうばい、もとにもどすこと。対 酸化。

【還幸】《カンコウ》(名・する) 天子が外出先から皇居にもどること。→【還御】《カンギョ》

【還送】《カンソウ》(名・する) 送りかえすこと。送還。

【還付】《カンプ》(名・する) ①もとにもどすこと。かえすこと。②税務署や裁判所などが徴収《チョウシュウ》または押収《オウシュウ》した金品を、事情によって本来の持ち主にかえすこと。例 —金。

【還流】《カンリュウ》 一(名・する) 流れがもとの方向へもどること。二(名) 大気や海流、または血液の、循環《ジュンカン》。

【還暦】《カンレキ》 数え年で六十一歳《サイ》。本卦《ホンケ》がえり。〔六十年たつと、生まれた年の干支《えと》が再びめぐってくることから〕例 —を祝う。→【干支】《カンシ》(344ページ)

【▽還俗】《ゲンゾク》(名・する) 出家して僧《ソウ》や尼《あま》になった者が、もとの俗人《ゾクジン》にもどること。

●往還《オウカン》・帰還《キカン》・召還《ショウカン》・償還《ショウカン》・生還《セイカン》・送還《ソウカン》・奪還《ダッカン》・返還《ヘンカン》

辶13 【遽】 17画 7817 907D 音 キョ(漢) 訓 すみ-やか・にわ-か・あわただ-しい

意味 ❶急に。とつぜん。にわか。あわただしい。すみやか。例 急遽《キュウキョ》。❷あわてる。おそれうろたえる。例 遽色《キョショク》(=あわてた顔の表情)。

【遽卒】《キョソツ》(名・副・形動ダ) あわただしく行き来すること。不意であること。

辶13 【避】 16画 4082 907F 常用 音 ヒ(漢) ビ(呉) 訓 さ-ける

筆順 

辶13 【避】 17画 — —

なりたち 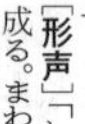 [形声]「辶(=ゆく)」と、音「辟《ヘキ→ヒ》」とから成る。まわり道をする。

意味 わきへよける。のがれる。さける。例 避暑《ヒショ》。避難《ヒナン》。逃避《トウヒ》。

【避寒】《ヒカン》(名・する) 暖かな土地に移って、寒さをさけること。対 避暑。例 南国の海岸に—する。

【避暑】《ヒショ》(名・する) すずしい土地に移って、暑さをさけること。対 避寒。

【避難】《ヒナン》(名・する) (よその土地に移ったり非常手段をとったりして)災難をさけること。例 —訓練。

【避雷針】《ヒライシン》 落雷《ラクライ》を地面へみちびいて被害《ヒガイ》をさけるために、屋根や塔《トウ》などの高所に設ける金属の棒《ボウ》。

●回避《カイヒ》・忌避《キヒ》・退避《タイヒ》・逃避《トウヒ》・不可避《フカヒ》

辶 13
【邀】
17画 7819 9080
音 ヨウ(漢)
訓 むか-える・もと-める
意味 ❶来るものを待ち受ける。むかえる。例 邀撃《ヨウゲキ》。❷待ち受けて、もとめる。例 邀求《ヨウキュウ》(=もとめる)。
【邀撃】《ヨウゲキ》(名・する) 待ち受けてうつこと。迎撃《ゲイゲキ》。要撃。

辶 13
【邉】17画 ⇩【辺】《ヘン》(961ページ)

辶 14
【邇】
18画 7778 9087
音 ジ(漢) ニ(呉)
訓 ちか-い
意味 身近である。ちかいところ。ちかい。(対)遐《カ》。例 邇来《ジライ》(=ちかごろ。また、その時以来)。
日本語での用法 《に》「に」の音をあらわす万葉がな。「久邇《くに》の京《みやこ》・弖邇乎波《てにをは》」

辶 5
【迩】8画 3886 8FE9 俗字

辶 14
【邃】
18画 *6768 *9083
音 スイ(漢)(呉)
訓 おくぶか-い・ふか-い
意味 ❶おくまで続いている。深くとおい。おくぶかい。例 邃古《スイコ》。幽邃《ユウスイ》(=景色などがおくぶかく静か)。❷学問や道理にくわしい。例 邃暁《スイギョウ》(=よく知ってその方面に明るい)。
【邃古】《スイコ》 遠い昔。大昔。太古《タイコ》。

辶 14
【邈】
18画 1-9258 9088
音 バク(漢) マク(呉)
訓 はる-か
意味 かすむほど、とおくはるか。はるか。例 邈然《バクゼン》(=はるか)。
【邈志】《バクシ》 遠大なこころざし。

辶 15
【邊】19画 ⇩【辺】《ヘン》(961ページ)

辶 19
【邏】
23画 7822 908F
音 ラ(漢)(呉)
訓 めぐ-る
意味 見まわる。めぐる。例 邏卒《ラソツ》。警邏《ケイラ》(=見まわること)。巡邏《ジュンラ》(=見まわって警備すること)。
【邏卒】《ラソツ》 ①見まわりの兵士。②「巡査《ジュンサ》」の古い言い方。明治初期に、警察の仕事をした役人。

163 7画 邑 むら(阝(右) おおざと)部

城壁《ジョウヘキ》にかこまれたまちの意をあらわす。「邑」が旁《つくり》(=漢字の右がわの部分)になるときは「阝(おおざと=大きな村里)(三画)」となる。「邑」をもとにしてできている漢字を集めた。

0 邑 4 那 邦 邪 邨 那 5 邯 邱 邪 邵 邸 6 郁 郊 郎 7 郢 郡 郤 郛 郎 8 郭 郷 都 部 郵 9 鄂 都 10 鄒 鄕 11 鄙 12 鄲 鄭 鄧 鄭 鄰

この部首に所属しない漢字
耶⇩耳 810 扈⇩戸 422 爺⇩父 645

邑 0
【邑】
7画 4524 9091 人名
音 ユウ(漢) オウ(呉)
訓 くに・さと・むら
なりたち [会意]「口(=囲い)」と「巴(=王命をしるしたふだ)」とから成る。王にみとめられた国。
意味 ❶人が集まり、住むところ。みやこ。くに。また、領地。例 都邑《トユウ》(=みやこ)。大邑《タイユウ》(=大きなみやこ。大きな国)。❷地方の町やむらざと。むら。例 邑長《ユウチョウ》(=村長)。邑里《ユウリ》。❸心がふさいで楽しくない。うれえる。例 邑邑《ユウユウ》。
人名 さとし・すみ
【邑里】《ユウリ》 むらざと。村落。

阝 4
【那】
7画 3865 90A3 常用
音 ダ(漢) ナ(呉)
訓 なん-ぞ・いか-ん
筆順 フ ヨ ヨ 刃 刃 那 那

阝 4
【那】
7画
なりたち [形声]「阝(=くに)」と、音「冄《ゼン》→《ダ》」とから成る。地名。借りて「どれ」の意。
意味 ❶どれ。どの。どこ。例 那辺《ナヘン》。❷梵語《ボンゴ》の「ナ」の音訳。例 那落《ナラク》。刹那《セツナ》。
人名 とも・ふゆ・やす
【那辺】《ナヘン》 どのあたり。どのへん。どの点。例 真意は―にあるか。表記「奈辺」とも書く。
【那落】《ナラク》 ⇩【奈落】《ナラク》(266ページ)

阝 4
【邦】
7画 4314 90A6 常用
音 ホウ(漢)
訓 くに
筆順 一 二 三 手 丰 丰了 邦
なりたち [形声]「阝(=くに)」と、音「丰《ホウ》」とから成る。大きなくに。
意味 国家。領土。くに。例 邦国《ホウコク》。連邦《レンポウ》。
日本語での用法 《ホウ》日本の国の、わが国の、の意。「邦楽《ホウガク》・邦人《ホウジン》・邦文《ホウブン》・邦訳《ホウヤク》」
人名 さかえ
【邦域】《ホウイキ》 国の領地の限界。国境。
【邦家】《ホウカ》 国家。邦国。例 ―にとっての慶事《ケイジ》。
【邦貨】《ホウカ》 日本の貨幣《カヘイ》。例 ―に換算《カンザン》する。
【邦画】《ホウガ》 ①日本画。②日本で作られる映画。▽(対)洋画。
【邦楽】《ホウガク》 日本の伝統的な音楽。雅楽《ガガク》や三味線《しゃみせん》音楽など。(対)洋楽。
【邦国】《ホウコク》 ①国家。邦家。②諸国。
【邦人】《ホウジン》 ①その国の人。②日本人。とくに外国に出ている日本人。
【邦題】《ホウダイ》 〔外国の作品に〕日本でつけた題名。
【邦土】《ホウド》 一国の領土。国土。
【邦文】《ホウブン》 日本語の文字や文章。和文。
【邦訳】《ホウヤク》 (名・する) 外国語の単語や、外国語で書かれた文章を日本語に翻訳《ホンヤク》すること。また、翻訳したもの。
●異邦《イホウ》・万邦《バンポウ》・本邦《ホンポウ》・盟邦《メイホウ》・友邦《ユウホウ》・隣邦《リンポウ》・連邦《レンポウ》

阝 4
【邪】7画 ⇩【邪】《ジャ》(988ページ)

阝 4
【邨】7画 ⇩【村】《ソン》(515ページ)

阝 4
【那】7画 ⇩【那】《ナ》(987ページ)

阝 5
【邯】
8画 7824 90AF
音 カン(漢)
意味 「邯鄲《カンタン》」は、❶春秋時代から知られ、戦国時代の

趙《チョウ》の都になった地。現在の河北《カホク》省南部の都市。❷カンタン科の昆虫《コンチュウ》。ルルルル…と美しく鳴く。

【邯▼鄲の歩み】《カンタンのあゆみ》 本来の姿を見失って、他人のまねばかりしていると、どちらも身につかないということのたとえ。〔趙《チョウ》の都、邯鄲《カンタン》へ都会ふうの歩き方を身につけようとして行った若者が、覚える前に本来の自分の歩き方も忘れてしまい、はって帰国したという故事による〕〈荘子《ソウジ》〉

【邯▼鄲の夢】《カンタンのゆめ》 ⇩【黄粱一炊の夢】《コウリョウイッスイのゆめ》（1109ページ）

阝5
【邱】
8画 7825 90B1
音キュウ漢 訓おか

意味 おか。〔清《シン》代に、孔子《コウシ》の名である「丘」をさけてこの字が多く用いられた〕同丘《キュウ》。

阝5
【邪】
8画 2857 90AA 常用
音㊀シャ漢ジャ呉 ㊁ヤ漢呉
訓よこしま・ななめ
付表 風邪《かぜ》

筆順 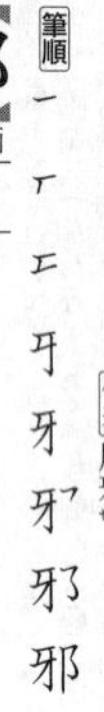

阝4
【邪】7画

なりたち 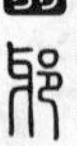 [形声]「阝(=まち)」と、音「牙《ガ…▼ヤ》」とから成る。地名。借りて「よこしま」の意。

意味 ㊀シャ｜ジャ ❶正道からはずれて、ねじまがっている。正しくない。よこしま。例邪悪《ジャアク》。邪心《ジャシン》。邪道《ジャドウ》。❷害をおよぼすもの。わるもの。例邪鬼《ジャキ》(=悪神。また、もののけ)。邪神《ジャシン》。邪魔《ジャマ》。㊁ヤ〔助字〕「や」「か」と読み、…かどうか、の意。疑問・反語・詠嘆《エイタン》をあらわす。例天道是邪非邪《テンドウぜかヒか》(=天道は正しいものなのか、そうではないのか)。〈史記《シキ》〉

【邪悪】《ジャアク》(名・形動ダナ) 正義をきらい、悪をわるいと思わないこと。例—な心。

【邪淫】《ジャイン》 ①道徳を守らず、性関係が乱れていること。②〔仏〕五悪の一つ。社会的に認められない男女関係。

【邪気】《ジャキ》 ①古来、わざわいをもたらすとされる悪い気。例—をはらう。②不正を好む悪い心。悪意。対正気《セイキ》。例—のあることば。—をふくんだ表情。

【邪教】《ジャキョウ》 人の心をまどわし、害悪をあたえる宗教。邪宗。

【邪見】《ジャケン》 ㊀(名)〔仏〕因果《インガ》の道理を否定するあやまった考え。正しくない見解。㊁(形動ダナ) 思いやりがなく、意地の悪いしうちをするようす。例—なとりあつかい。→【邪険】《ジャケン》

【邪険】《ジャケン》(形動ダナ) 意地が悪く、思いやりに欠けるようす。〔「邪見」から派生したことば〕例—にする。表記「邪▼慳」とも書く。

【邪宗】《ジャシュウ》「邪教」に同じ。〔江戸《えど》時代に、とくにキリスト教を指した〕例—門。

【邪心】《ジャシン》 正義を好まない、正しくない心。例—を起こす。

【邪臣】《ジャシン》 主君に忠実でない家臣。二心《ふたごころ》をもつ家来。姦臣《カンシン》。例—を切り捨てる。

【邪神】《ジャシン》 人の心をたぶらかし、わざわいをあたえる神。

【邪推】《ジャスイ》(名・する) 悪意をもって疑うこと。例かぜで欠席したら、仮病《ケビョウ》だと—された。

【邪説】《ジャセツ》 まちがった主張。正しくない説。例気付かないで—を信じる。

【邪知】《ジャチ》 よくないことをたくらむ知恵《チエ》。わるぢえ。例—にたけた悪人。表記㊐邪▼智

【邪道】《ジャドウ》 ①人の道からはずれたおこない。対正道《セイドウ》。②正当でないやり方や考え方。例—をさける。

【邪念】《ジャネン》 正しくない考え。不純な思い。類雑念《ザツネン》。例—をいだく。—をはらう。—を起こす。

【邪法】《ジャホウ》 ①正しくない方法。邪道。また、正しくない教え。例—を広める。②魔法《マホウ》。

【邪魔】《ジャマ》 ㊀(名)〔仏〕人をそそのかし、仏道修行《シュギョウ》をさまたげる悪魔。㊁(名・する・形動ダナ) ①さまたげること。妨害《ボウガイ》すること。また、そうするもの。例—者《もの》。—がはいる。②人の家を訪問すること。例お—します。

【邪欲】《ジャヨク》 人の道にはずれた欲望。みだらな欲望。表記㊐邪▼慾

【▽邪馬台国】《ヤマタイコク｜ヤバタイコク》 二、三世紀ごろ日本にあった国の一つ。女王卑弥呼《ヒミコ》が支配していたという。その場所については諸説ある。表記「▼耶馬台国」とも書く。

阝5
【邵】
8画 7826 90B5
音ショウ漢

意味 ❶春秋時代、晋《シン》の国の地名。現在の河南《カナン》省にあった。❷姓《セイ》の一つ。

阝5
【邸】
8画 3701 90B8 常用
音テイ漢 訓やしき

筆順 

なりたち  [形声]「阝(=くに)」と、音「氐《テイ》」とから成る。諸侯《ショコウ》が都にのぼったときの宿。

意味 ❶みやこにある諸侯の住まい。また、高級官吏《カンリ》の住まい。例官邸《カンテイ》。公邸《コウテイ》。❷大きくりっぱな家。やしき。例邸内《テイナイ》(=やしきの中)。別邸《ベッテイ》。❸やどや。

人名 いえ

【邸第】《テイダイ》 大きな家。りっぱな家。邸宅《テイタク》。

【邸宅】《テイタク》 大きな家。りっぱな家。やしき。邸第《テイダイ》。

●官邸《カンテイ》・公邸《コウテイ》・豪邸《ゴウテイ》・御用邸《ゴヨウテイ》・私邸《シテイ》・自邸《ジテイ》・藩邸《ハンテイ》・別邸《ベッテイ》・本邸《ホンテイ》

阝6
【郁】
9画 1674 90C1 人名
音イク漢呉

なりたち  [形声]「阝(=まち)」と、音「有《ユウ…▼イク》」とから成る。地名。借りて「かぐわしい」の意。

意味 ❶香気《コウキ》がつよい。かおりたかい。かぐわしい。例郁郁青青《イクイクセイセイ》(=花のかおりがあふれ、木々が青くしげるようす)。馥郁《フクイク》(=かぐわしいようす)。❷文化のさかんなようす。例郁郁《イクイク》。郁文《イクブン》。

難読 郁芳門《ユウホウモン》・郁子《むべ｜うべ》

人名 あきら・あや・か・かおる・たかし・ふみ・よし

【郁郁】《イクイク》(形動トタル) ①文化が栄えているようす。郁文《イクブン》。②香気《コウキ》あふれるようす。例—たる梅花《バイカ》。③おくが深いようす。

【郁文】《イクブン》(形動トタル)「郁郁①」に同じ。

阝6
【郊】
9画 2557 90CA 常用
音コウ漢

筆順 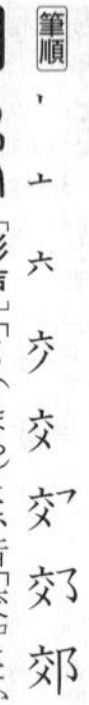

なりたち  [形声]「阝(=まち)」と、音「交《コウ》」とから成る。まちの周辺部。

意味 ❶都の外。町はずれ。例郊外《コウガイ》。近郊《キンコウ》。❷天地をまつる祭礼。例郊祀《コウシ》。郊社《コウシャ》。

人名 おか・さと・ひろ・ひろし

【郊外】《コウガイ》 都市の外側に隣接《リンセツ》した地域。町はずれ。例—の住宅地。

【郊▼祀《コウシ》】古代中国で、天子がおこなった祭り。冬至《トウジ》には南の郊外で天を、夏至《ゲシ》には北の郊外で地をまつった。郊祭。

【郊社《コウシャ》】「郊祀《コウシ》」に同じ。

阝6

【郎】

9画 4726 90CE 常用 音 ロウ 漢

筆順 丶 ゥ ョ 自 良 良 郎 郎

阝7

【郎】

10画 1-9271 90DE 人名

たちなり ［形声］「阝(=まち)」と、音「良《リョウ→ロウ》」とから成る。地名。借りて「男子」の意。

意味 ❶若い男子を呼ぶことば。また、妻が夫を呼ぶことば。おとこ。おのこ。例 郎君《ロウクン》。新郎《シンロウ》。❷秦《シン》・漢代以後の官名。例 郎中《ロウチュウ》。侍郎《ジロウ》。

日本語での用法《ロウ》男の子の名につけることば。多く、順序をあらわす数字とともに用いる。「太郎《タロウ》・次郎《ジロウ》・三郎《サブロウ》・金太郎《キンタロウ》・桃太郎《ももタロウ》・源九郎《ゲンクロウ》」

難読 郎子《いらつこ》・郎女《いらつめ》

人名 あき・あきら・お

【郎君《ロウクン》】①若い男子や身分の高い男子をうやまっていうことば。郎子《ロウシ》。②妻が夫を親しんで呼ぶことば。あなた。わがきみ。

【郎中《ロウチュウ》】中国古代の官名。秦《シン》・漢代は宮中の宿直。唐《トウ》代以後は、各役所の高級官僚《カンリョウ》を指す。

【郎等《ロウトウ|ロウドウ》】武家の家臣。とくに「家の子」に対して、主君と血縁《ケツエン》関係にない家来。例 一族―。表記「郎党」とも書く。

●外郎《ウイロウ》・女郎《ジョロウ》・新郎《シンロウ》・野郎《ヤロウ》

阝7

【郢】

10画 7827 90E2 音 エイ 漢

意味 春秋戦国時代、楚《ソ》の国の都。例 郢曲《エイキョク》(=楚の国の歌。低俗《テイゾク》な歌)。

【郢書▼燕説《エイショエンセツ》】こじつけて、もっともらしく説明すること。〔郢の人が燕の宰相《サイショウ》に送った手紙の中で誤って書いた部分を、宰相がこじつけてかってに解釈《カイシャク》したために、かえって燕の国によい結果をもたらしたという故事による〕〈韓非子《カンピシ》〉

阝7

【郡】

10画 2320 90E1 教育4 音 クン 漢 グン 呉 訓 こおり

筆順 フ ヨ ヨ 尹 尹 君 君 郡 郡

たちなり ［形声］「阝(=まち)」と、音「君《クン》」とから成る。行政単位の一つ。

意味 行政区画の単位の一つ。周代では県の下、秦《シン》代以後は県の上の区画。例 郡県制度《グンケンセイド》。郡守《グンシュ》。

日本語での用法《グン・こおり》昔の地方行政区画の一つ。今は、郡役所その他を置かない、地理上の区画。「郡司《グンジ|こおりのつかさ》・郡代《グンダイ》・郡奉行《こおりブギョウ》・豊多摩郡《とよたまグン》・静岡県《しずおかケン》田方郡《たがたグン》」

人名 くに・とも

【郡下《グンカ》】①郡の区画の中にある土地。②郡の行政機関のある場所。参考「郡」は、中国では宋《ソウ》代まであった行政区画の一つ。

【郡県《グンケン》】郡と県。地方行政区画の一つ。郡県制度。

【郡県制度《グンケンセイド》】中央集権制度の一環《イッカン》として、全国を郡と県とに分け、中央で任命された長官が、その地を統治する制度。秦《シン》の始皇帝《シコウテイ》によって始められ、郡の長官を郡守、県の長官を県令といった。

【郡守《グンシュ》】秦《シン》代の郡県制度において、郡を統治する長官。〔漢代は太守《タイシュ》といった〕

【郡部《グンブ》】日本の近代で、郡に属する地域。転じて、都市化されていない地域。対 市部《シブ》。例 ―に転出する。―の中学にはいった。

●国郡《コクグン》

阝7

【郤】

10画 7828 90E4 音 ケキ 漢 ゲキ 呉

意味 すきま。あいだ。同 隙《ゲキ》。例 郤穴《ゲキケツ》(=あな)。郤地《ゲキチ》(=国境の地)。

阝7

【郛】

10画 7830 90DB 音 フ 漢 訓 くるわ・しろ

意味 城壁《ジョウヘキ》の、さらに外がわにもうけた囲い。外城。くるわ。例 郛郭《フカク》。

【郛郭《フカク》】①城壁《ジョウヘキ》のまわりを囲む、かこい。くるわ。②防壁のたとえ。

阝7

【郎】10画 ⇩【郎】ロウ(989ページ)

阝8

【郭】

11画 1952 90ED 常用 音 カク 漢 呉 訓 くるわ

筆順 亠 亠 古 亨 享 享 郭 郭

たちなり ［形声］「阝(=くに)」と、音「享《カク》」とから成る。国名。借りて「外囲い」の意。

意味 ❶中国で、都市やとりでのまわりをかこむ、へい。くるわ。同 廓《カク》。例 郭外《カクガイ》。城郭《ジョウカク》。五稜郭《ゴリョウカク》(=城壁《ジョウヘキ》が星のように五つの角のある洋式の平城《ひらじろ》。箱館《はこだて》の奉行所《ブギョウショ》)。❷ものの外まわり。同 廓《カク》。例 外郭《ガイカク》。輪郭《リンカク》。❸姓《セイ》の一つ。例 郭沫若《カクマツジャク》(=近代中国の学者・政治家)。

日本語での用法《カク・くるわ》まわりがへいで囲まれていて、遊女屋の集まっているところ。いろまち。いろざと。「遊郭《ユウカク》・郭通《くるわがよ》い」

人名 ひろ・ひろし

【郭外《カクガイ》】①中国で、城壁《ジョウヘキ》で囲まれた都市などの、外壁。転じて、その外。②遊郭の外。表記 ▽「▼廓外」とも書く。

【郭門《カクモン》】都市などを囲んでいる城郭の出入り口。

【郭公《カッコウ》】①カッコウ科のわたり鳥。春、日本にわたって来る。鳴き声が「カッコー」と聞こえるところから、この名がある。自分では巣を作らず、モズやホオジロの巣にたまごを産んで、その鳥に育ててもらう。閑古鳥《カンコどり》。呼子鳥《よぶこどり》。②ホトトギスの異名。

●外郭《ガイカク》・胸郭《キョウカク》・城郭《ジョウカク》・遊郭《ユウカク》・輪郭《リンカク》

阝8

【郷】

11画 2231 90F7 教育6 音 キョウ 漢 ゴウ 呉 訓 さと・ふるさと

筆順 ㄑ 乡 乡 乡 郷 郷 郷 郷

阝10

【鄕】

13画 1-9276 9115

たちなり ［形声］「𨛜(=となりあったまち)」と、音「皀《キョウ》」とから成る。むらざと。

意味 ❶周代の行政区画で、一万二千五百戸ある地。漢

［邑(阝(右))部］6—8画 郎 郢 郡 郤 郛 郎 郭 郷

代で、県の下の行政単位。さと。また、むらざと。いなか。例郷校《キョウコウ》。郷党《キョウトウ》。近郷《キンゴウ》。❷生まれ育った地。ふるさと。例郷愁《キョウシュウ》。郷里《キョウリ》。故郷《コキョウ》。❸ところ。場所。例水郷《スイゴウ》。桃源郷《トウゲンキョウ》。理想郷《リソウキョウ》。

人名 あき・あきら・のり・むら

【郷学】《キョウガク》 ㊀ 地方に設ける学校。郷校。㊁《ゴウガク》 江戸《えど》時代、藩校《ハンコウ》にならって地方に設置された、庶民《ショミン》のための教育機関。たとえば、備前《ビゼン》(=今の岡山《おかやま》県の南東部)の閑谷《しずたに》学校など。

【郷関】《キョウカン》 ふるさと。郷里。故郷。〔古い言い方〕例男子志を立てて—を出《い》ず(=ふるさとを出る)。

【郷原】《キョウゲン》 いなかの偽善者《ギゼンシャ》。教養がなく文化的でないのに、うわべだけ徳のあるようによそおう者。

【郷校】《キョウコウ》 地方に設ける学校。郷学《キョウガク》。

【郷国】《キョウコク》 生まれ故郷。ふるさと。

【郷愁】《キョウシュウ》 ①遠くはなれた故郷をなつかしむ気持ち。②過去のものをなつかしむ気持ち。ノスタルジア。例—をさそう。例今も小学校時代の唱歌に—を感じる。

【郷人】《キョウジン》 ①村の人。里人《さとびと》。例幼なじみの—。②いなか者。野人《ヤジン》。不《ブ》風流《フウリュウ》な人。例—の訪問を好まない。

【郷土】《キョウド》 ①ふるさと。生まれ故郷。郷里。例—をなつかしむ。②地方。いなか。例—芸能。

【郷党】《キョウトウ》 ①中国古代の制度で、村里《むらざと》。②郷里の人々。郷人。例—の期待にこたえる。

【郷里】《キョウリ》 ①村里《むらざと》。また、そこに住む人々。例—を重んじる。②生まれ故郷。ふるさと。例—で余生を送る。

【郷士】《ゴウシ》 江戸《えど》時代、農村に住み農業に従事した武士。また、武士として待遇《タイグウ》された農人。例—の出《で》で、江戸に遊学した。

【郷《ゴウ》に入《い》っては郷《ゴウ》に▽随《したが》え】〔「郷」は「キョウ」とも読み、「随」は「従」とも書く〕ある村に初めてはいるときは、その土地の風俗《フウゾク》や習慣などをまずたずね、わきまえるべきものである。〈童子教《ドウジキョウ》〉

●異郷《イキョウ》・帰郷《キキョウ》・他郷《タキョウ》・同郷《ドウキョウ》・望郷《ボウキョウ》

阝8

【都】

11画 3752 90FD 教育3 音ト漢ツ呉 訓みやこ

筆順 一 十 土 耂 者 者 都 都

阝9

【都】

12画 1-9274 FA26 人名

なりたち [形声]「阝(=まち)」と、音「者《シャ》→ト」とから成る。君主の先祖をまつる建物がある大きなまち。

意味 ❶天子のいる地。国の政府のある地。みやこ。例都人士《トジンシ》。首都《シュト》。遷都《セント》。❷大きな町。人口が多くにぎやかな町。例都会《トカイ》。都市《トシ》。❸みやびやか。上品で美しい。例都雅《トガ》(=上品でうるわしい)。❹ひとつに集めてまとめる。すべる。例都督《トトク》。❺合計。すべて。例都合《ツゴウ》。

日本語での用法《ト》日本の地方公共団体の一つ。「東京都」の略。「都営《トエイ》・都庁《トチョウ》・都道府県《トドウフケン》」

人名 いち・くに・さと・ひろ・よし

【都合】《ツゴウ》 ㊀(副)合わせて。全部で。例—百人になる。㊁(名)事情。わけ。例—が悪い。㊂(名・する)お金や時間などをやりくりすること。例金を—する。

【都度】《ツド》 そのたびごと。毎回。例出張の—、土産《みやげ》を買ってくる。

【都下】《トカ》 ①都《みやこ》のうち。都の範囲《ハンイ》。②「東京都下」の略。東京都の二十三区以外の地域。対都内。例—一円に生じた現象。

【都会】《トカイ》 ①人が多く集まり、活気があって消費のさかんな土地。都市。例大—。②「東京都議会」の略。

【都議】《トギ》 「東京都議会議員」の略。

【都市】《トシ》 人口が多く、政治・経済・文化などで地域の中心になる土地。都会。例—計画。研究学園—。

【都心】《トシン》 都市または東京都の中心部。例副—。—のにぎわい。

【都人士】《トジンシ》 都《みやこ》に住む人。都会人。都人。例—の耳目《ジモク》をおどろかす事件。

【都政】《トセイ》 東京都の行政。

【都電】《トデン》 東京都が管理し、経営する路面電車。

【都道府県】《トドウフケン》 日本の地方公共団体の最も大きな区分をまとめていうことば。一都一道二府四十三県のこと。

【都督】《トトク》 ①指揮し監督《カントク》すること。また、その任にある者。②中国古代の官職で、地方の軍司令官。③大宰《ダザイ》の帥《ソチ／ソツ》(=大宰府の長官)の中国風の呼び名。

【都内】《トナイ》 ①「東京都内」の略。二十三区を指す。対都下。②東京都の中。

【都▼鄙】《トヒ》 ①都会といなか。②風雅《フウガ》と卑俗《ヒゾク》。

【都府】《トフ》 ①みやこ。都会。②唐《トウ》代の節度使(=辺境警備の軍隊の長官)。

【都民】《トミン》 東京都の住民。

【都立】《トリツ》 東京都が設立し、経営管理すること。例—高校。

【都大路】《みやこおおじ》 都のにぎやかな大通り。

【都鳥】《みやこどり》 ①ミヤコドリ科のわたり鳥。背は黒、腹は白、くちばしと脚《あし》は赤。冬に日本に飛来するが、今は数が少ない。②カモメ科の鳥、ユリカモメの別名。体は白、くちばしと脚は赤。冬に日本に飛来する。例名にし負《お》はばいざ言《こと》問はんわが思ふ人はありやなしやと。〈伊勢物語《いせものがたり》〉

●学都《ガクト》・楽都《ガクト》・古都《コト》・遷都《セント》・帝都《テイト》・南都《ナント》

阝8

【部】

11画 4184 90E8 教育3 音ホ漢ブ呉 訓べ 付表部屋《へや》

筆順 亠 立 立 咅 咅 咅 部 部

なりたち [形声]「阝(=まち)」と、音「咅《ホウ》→ホ」とから成る。地名。借りて「わける」の意。

意味 ❶分ける。また、区分けしたものの一つ。例部品《ブヒン》。部分《ブブン》。一部《イチブ》。❷官庁や役所などの区分の一つ。例部局《ブキョク》。❸軍隊の編制単位。例部隊《ブタイ》。❹一民族の集落。また、生活共同体としての人々の集まり。例部族《ブゾク》。部落《ブラク》。❺区分けされたものを数えることば。例第一部《ダイイチブ》。昼《ひる》の部《ブ》。

日本語での用法《べ》上代に、ある職務を専門に朝廷《チョウテイ》や豪族《ゴウゾク》に仕えた氏族。「語部《かたりべ》・物部《もののべ》」

人名 きつ・もと

【部位】《ブイ》 全体の中での、部分の位置。例がんの発生した—。

【部員】《ブイン》 部のつく名の団体や組織に所属する人。例新入—。写真—。

【部下】《ブカ》 ある人の下で、命令を受けて行動する者。てした。

【部会】《ブカイ》 部門を分けておこなう会議。例国語—。

【部外】《ブガイ》 ある組織や団体などに属していないこと。対部内。

【部曲】 ㊀《ブキョク》 中国の、軍隊の編制単位。㊁《かきべ》 日本古代の豪族《ゴウゾク》の私有民。民部《かきべ》。

【部局】《ブキョク》 官庁や会社などで、事務を分けてあつかう局・部・課などをまとめていうことば。例—ごとの研究チーム。

【部首】《ブシュ》 漢字の字典で、漢字を分類し、配列するときの基準となる、いくつかの漢字に共通する字形の一部。偏《へん》・旁《つくり》・冠《かんむり》・脚《あし》・構《かまえ》など。もと、いくつかの部に分類された漢字群の先頭(=首)にある文字。例—分類の字書。
【部署】《ブショ》 役割を決め、それぞれに受け持つものを分けておくこと。また、割り当てられたその役。
【部将】《ブショウ》 軍の一部隊の指揮官。
【部数】《ブスウ》 雑誌や新聞などの数。とくに一種を一回に発行する総数。例発行—。売り上げの—を増やす。
【部族】《ブゾク》 特定の地域に住み、人種・言語・文化などを共有する集団。例少数民族だが多くの—から成る。
【部属】《ブゾク》 ①部に分けて、配属すること。例—を替《か》える。②部下。配下。例某《ボウ》将軍の—となった。
【部隊】《ブタイ》 ①軍隊のなかの集団。例歩兵—。②ひとつの目的のもとにまとまった集団。例食糧《ショクリョウ》の買い出し—。
【部長】《ブチョウ》 部のつく名の集団や組織の責任者。まとめ役。例テニス部—。総務—。
【部内】《ブナイ》 ある組織や団体に属し、その一員であること。対部外。例—だけの約束。
【部品】《ブヒン》 機械や道具などの一部分で、交換《コウカン》して使えるもの。部分品。
【部分】《ブブン》 全体を構成する、小さい一つ一つ。例—を生かす全体。
【部面】《ブメン》 ものごとをいくつかに分けた場合の、一つの部分。一つの側面。
【部門】《ブモン》 全体を区分した、その一つ一つの部類。例芸術祭の演劇—。
【部落】《ブラク》 少数の家が集まり、生活共同体として機能しているところ。集落。村落。
【部類】《ブルイ》 種類によって、別々に分けること。また、分けたもの。例—を分ける。まだましな—に属する。
【部屋】《へや》 ①家の中を区切って、人が居住するための場所。例子供—《べや》。②大相撲《おおずもう》の年寄《としより》が親方となって管理経営する、力士の養成所。すもうべや。例同じ—の者は本場所で対戦しない。
◒一部《イチブ》・外部《ガイブ》・各部《カクブ》・幹部《カンブ》・局部《キョクブ》・後部《コウブ》・細部《サイブ》・支部《シブ》・上部《ジョウブ》・全部《ゼンブ》・大部《タイブ》・頭部《トウブ》・内部《ナイブ》・本部《ホンブ》

漢字に親しむ 23 部首とは?

「部首」とは、本文の説明にあるように、いくつかの漢字に字形のうえで共通する部分のことです。では、部首の「首」とはなんでしょうか。首には「首席で卒業する」のように、第一、一番という意味があります。つまり、「部首」の文字どおりの意味は、その部のトップということです。たとえば、弓 引 弔 弘 弗 弛 弟 弦 弩 弥 弧 弱 強…と、弓の部の漢字をならべたときのトップの字が「弓」で、これがこの部の全体を代表するものとなって、部首は、「ゆみ」「ゆみへん」といわれるわけです。

阝8
【郵】
11画 4525 90F5 教育6 音 ユウ 漢

筆順 

なりたち 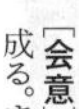 [会意]「阝(=まち)」と「垂(=へり)」とから成る。まちはずれにある、文書を伝達する施設《シセツ》。

意味 ❶手紙や荷物を運ぶ人馬の中継《なかつ》ぎ場《ば》。宿場《シュクば》。例郵亭《ユウテイ》。❷手紙や荷物などを送る制度。ゆうびん。例郵政《ユウセイ》。郵送《ユウソウ》。郵便《ユウビン》。

【郵政】《ユウセイ》 郵便・郵便貯金などの事業に関する行政。
【郵船】《ユウセン》 郵便物を運ぶ船。郵便船。例—会社。
【郵送】《ユウソウ》 (名・する)郵便で、手紙や品物などを送ること。
【郵袋】《ユウタイ》 郵便物を運送するためのふくろ。〔古くは「郵便行嚢《ユウビンコウノウ》」といった〕
【郵亭】《ユウテイ》 ①宿場《シュクば》。宿駅。郵置。②宿場の旅館。郵館。
【郵便】《ユウビン》 ①はがき・封書《フウショ》・小包などを集配する制度。②郵便物のこと。
【郵便切手】《ユウビンきって》 配送の料金として郵便物にはる証紙。切手。
【郵便局】《ユウビンキョク》 郵便・貯金・保険などをあつかう事業所。
【郵便番号】《ユウビンバンゴウ》 郵便作業を合理化するために、全国を多くの小地域に分けてつけた、七けたの一連の番号。

阝9
【鄂】
12画 7831 9102 音 ガク 漢 訓 ただ-す

意味 ❶湖北《コホク》省鄂州《ガクシュウ》市にあった県の名。❷湖北省の別の呼び方。❸はばからずに言う。同諤《ガク》。例鄂鄂《ガクガク》。

【鄂鄂】《ガクガク》 (形動タルト) ①はばからずに発言して議論するようす。②しゃべり続けてさわがしいようす。

阝9
【都】
12画 ⇩【都】《ト》(990ページ)

阝10
【鄒】
13画 7832 9112 音 スウ 漢

意味 ❶戦国時代の国の名。山東省鄒《スウ》県のあたりにあった。孟子《モウシ》の生地。例鄒魯《スウロ》。❷姓《セイ》の一つ。例鄒衍《スウエン》(=戦国時代の思想家)。

【鄒▼魯】《スウロ》 鄒国と魯国。鄒は孟子《モウシ》の生国であり、魯は孔子《コウシ》の生国であることから、転じて、孔子と孟子、あるいはその教えを指す。また、文化や礼儀《レイギ》がさかんな土地を指すこともある。

阝10
【鄕】
13画 ⇩【郷】《キョウ》(989ページ)

阝11
【鄙】
14画 7833 9119 音 ヒ 漢 呉 訓 ひな・いや-しい

意味 ❶都からはなれた土地。いなか。ひな。例都鄙《トヒ》。辺鄙《ヘンピ》。❷いやしい。同卑《ヒ》。㋐下品な。ぞくっぽい。例鄙俗《ヒゾク》。鄙猥《ヒワイ》。㋑つまらない。とるにたりない。自分のことをへりくだっていうことば。例鄙見《ヒケン》。鄙人《ヒジン》。

【鄙近】《ヒキン》 品《ヒン》のよくない、日常の身近なこと。鄙浅《ヒセン》。
【鄙見】《ヒケン》 とるにたりないつまらない意見。転じて、自分の意見をへりくだっていうことば。表記「卑見」とも書く。
【鄙言】《ヒゲン》 世俗《セゾク》のことば。いやしいことば。鄙語。
【鄙語】《ヒゴ》 いなかじみたことば。下品なことば。鄙言《ヒゲン》。表記「卑語」とも書く。
【鄙事】《ヒジ》 とるにたりないこと。下品なこと。
【鄙人】《ヒジン》 いなか者。身分のいやしい人。転じて、自分をへりくだっていうことば。
【鄙▼賤】《ヒセン》 (名・形動ダナ) 下品なこと。身分が低いこと。例—の身。表記「卑▼賤」とも書く。
【鄙俗】《ヒゾク》 (名・形動ダナ) 品《ヒン》がなく、いやしいこと。低俗。例—な映画。表記「卑俗」とも書く。
【鄙老】《ヒロウ》 いやしい老人。転じて、老人が自分をへりくだっていうことば。例—の言うことは聞き流して下さい。
【鄙▼陋】《ヒロウ》 (名・形動ダナ) いやしいこと。下品なこと。例—な人格。表記「卑▼陋」とも書く。
【鄙▼猥】《ヒワイ》 (名・形動ダナ) つつしみがなく下品なこと。例—な表現をつつしむ。表記「卑▼猥」とも書く。
◯●都鄙《トヒ》・辺鄙《ヘンピ》・野鄙《ヤヒ》

阝12
【鄲】
15画 7834 9132 音タン漢

意味 「邯鄲《カンタン》」は、❶戦国時代の趙《チョウ》の都。❷カンタン科の昆虫《コンチュウ》。→【邯】《カン》(987ページ)

阝12
【鄭】
15画 3702 912D 人名 音テイ漢 ジョウ呉

阝12
【鄭】
15画 俗字

意味 ❶春秋時代、周の宣王が弟の桓公《カンコウ》を封《ホウ》じて建てた国。今の河南《カナン》省鄭州《テイシュウ》市のあたり。戦国時代、韓《カン》にほろぼされた。(前八〇六—前三七五) 例鄭声《テイセイ》。❷ていねいで、ゆきとどいている。ねんごろ。例鄭重《テイチョウ》。❸姓《セイ》の一つ。例鄭成功《テイセイコウ》(=明《ミン》末・清《シン》初の武将。国姓爺《コクセンヤ》)。鄭玄《ジョウゲン》(=後漢の儒学者《ジュガクシャ》)。
【鄭声】《テイセイ》 鄭の国の音楽。みだらで人心を乱す音楽、また、国をほろぼすような音楽の意に用いる。例耳に—を聴くを好まない。
【鄭重】《テイチョウ》 (名・形動ダナ) ていねいで心のこもっていること。例—なあいさつ。—にことわる。表記 現丁重

阝12
【鄧】
15画 1-9280 9127 音トウ漢

意味 ❶春秋時代の国名。また、地名。❷姓《セイ》の一つ。

阝12 【鄭】 15画 ⇩【鄭】《テイ》(992ページ)

阝12 【鄰】 15画 ⇩【隣】《リン》(1041ページ)

164 7画 酉 とりへん ひよみのとり さけづくり 部

酒をつくるつぼの形をあらわす。十二支で「とり」にあて、暦《こよみ》に十二支を用いて日をよむ(数える)ことから「ひよみのとり」ともいう。また、「酒《さけ》」の字にある旁《つくり》(=漢字の右がわの部分)であることから「さけづくり」ともいう。「酉」をもとにしてできている漢字を集めた。

0 酉 2 酋 酊 3 酌 酒 酎 配 酌 4 酔 酖 酘 5 酣 酢 酥 6 酬 酪 酪 7 酳 酵 酷 酸 酲 酷 8 醋 醇 醂 醉 9 醐 醒 醍 醗 10 醢 醜 醤 11 醬 醪 醫 12 醯 醱 13 醵 醸 醴 14 醺 17 釀 18 釁

酉0
【酉】
7画 3851 9149 人名 音ユウ漢 訓とり

なりたち  [象形]酒をつくるときに用いるつぼの形。

意味 十二支の十番目。方位では西。時刻では午後六時、およびその前後の二時間。月では陰暦《インレキ》の八月。動物では鶏《にわとり》にあてる。とり。例乙酉《イツユウ》。

日本語での用法 《とり》十一月の、とりの日におこなう、鷲《おおとり》神社の縁日《エンニチ》で、商家の縁起物《エンギもの》として熊手《くまで》を売る。「酉《とり》の市《いち》・一《イチ》の酉《とり》・お酉《とり》さま」

人名 あき・なが・みのる

酉2
【酋】
9画 2922 914B 音シュウ漢 訓おさ

意味 ❶よく熟した酒。また、酒の醸造《ジョウゾウ》をつかさどる役人。❷なかまや部族のかしら。おさ。例酋長《シュウチョウ》。酋領《シュウリョウ》(=部族のかしら)。
【酋長】《シュウチョウ》 ①かしら。頭目。②部族の長。例南の島の部族の—。

酉2
【酊】
9画 7836 914A 音テイ漢 訓よ-う

意味 「酩酊《メイテイ》」は、ひどく酒によって、ふらつく。よう。

酉3
【酌】
10画 2864 914C 常用 音シャク漢 訓く-む

筆順 一 丅 丌 襾 西 酉 酌 酌

酉3
【酌】
10画

なりたち  [形声]「酉(=さけ)」と、音「勺《シャク》(=ひしゃく)」とから成る。酒をくみかわす。

意味 ❶酒をくむ。また、酒をついで飲む。くむ。例独酌《ドクシャク》。晩酌《バンシャク》。❷他人の意見や事情を考えて加減する。気持ちをくみとる。例酌量《シャクリョウ》。参酌《サンシャク》。斟酌《シンシャク》。
【酌婦】《シャクフ》 下級の宿や料理店で客を接待する女性。
【酌量】《シャクリョウ》 (名・する) ①米や穀物などをはかること。②気持ちや事情をくみとって、同情を示すこと。斟酌《シンシャク》。例情状を—する。
◯●対酌《タイシャク》・独酌《ドクシャク》・媒酌《バイシャク》・晩酌《バンシャク》

酉3
【酒】
10画 2882 9152 教育3 音シュウ漢 シュ呉 訓さけ・さか 付表お神酒《みき》

筆順 丶 冫 氵 汀 沂 洒 酒 酒

なりたち  [会意]「氵(=みず)」と「酉《ユウ》→《シュウ》(=熟す)」とから成る。熟成させた、さけ。

意味 さけ。さけをのむ。さかもり。例酒宴《シュエン》。酒池肉林《シュチニクリン》。飲酒《インシュ》。

難読 酒匂《さかわ》

【人名】み

【酒蔵】《さかぐら》 酒をたくわえておく、くら。造り酒屋《ざかや》の倉庫。表記「酒倉・酒▽庫」とも書く。

【酒手】《さかて》 ①酒の代金。②感謝の気持ちを伝えるための金銭。心づけ。チップ。酒代《さかダイ》。例—をはずむ。—をねだる。

【酒は百薬の長】《さけはヒャクヤクのチョウ》 適量の酒は、どんな薬よりもすぐれた効果がある。〈漢書《カンジョ》〉

【酒宴】《シュエン》 酒の出る宴会。さかもり。酒席。

【酒家】《シュカ》 ①酒を売る店。酒屋《さかや》。酒店。酒舗《シュホ》。②酒食《シュショク》を売る店。③酒好きの人。酒飲み。酒客《シュカク》。

【酒客】《シュカク》 酒好きの人。酒飲み。

【酒気】《シュキ》 ①酒のにおい。酒を飲んだあとの酒くさいにおい。例—がただよう。②酒を飲んだようす。例—を帯びる。

【酒旗】《シュキ・さかばた》 酒屋が看板として立てる旗。酒旆《シュハイ》。例水村山郭—風《スイソンサンカクシュキのかぜ》。〈杜牧《トボク》・江南春《コウナンのはる》〉

【酒器】《シュキ》 酒をつぐときに用いるうつわと、それを受けて飲むうつわ。ちょうしやさかずきなど。例正月用の—をととのえる。

【酒▼肴】《シュコウ》 酒と、酒を飲むときのごちそう。酒とさかな。例—料(=酒とさかなをふるまう代わりに出すお金)。

【酒豪】《シュゴウ》 大量に酒を飲む人。大酒飲み。

【酒債】《シュサイ》 酒の代金の借り。酒屋や飲み屋の借金。例—がかさむ。

【酒▼肆】《シュシ》 酒を売る店。酒屋《さかや》。酒舗《シュホ》。例一軒《イッケン》の—もない。

【酒色】《シュショク》 酒と女色《ジョショク》。飲酒と女遊び。例—にふける。

【酒食】《シュショク》 (名・する)酒と食事。酒を飲んだり、食事をしたりすること。例—の接待を受ける。

【酒精】《シュセイ》 アルコール。例—飲料を禁じる。

【酒税】《シュゼイ》 酒類にかかる税。

【酒席】《シュセキ》 さかもりの席。酒宴《シュエン》の場。例—での失敗。

【酒仙】《シュセン》 大酒飲み。〔酒を飲むことを楽しみとするようすを、仙人《センニン》にたとえていうことば〕

【酒造】《シュゾウ》 酒をつくること。例—業。—家《カ》。

【酒池肉林】《シュチニクリン》 ぜいたくで盛大《セイダイ》な宴会のたとえ。〔殷《イン》の紂《チュウ》王は、酒をたたえて池をつくり、木の枝に肉をつり下げて林のようにし、ぜいたくな酒宴《シュエン》をはったという故事による〕〈史記《シキ》〉

【酒毒】《シュドク》 酒という毒。また、飲酒による害。例—に中《あ》たる。

【酒杯】《シュハイ》 酒を飲むうつわ。さかずき。例—をかたむける。表記「酒▼盃」とも書く。

【酒癖】《シュヘキ》 酒を飲んだときのくせ。さけぐせ。例—が悪い。

【酒舗】《シュホ》 酒を売る店。酒屋《さかや》。酒店。

【酒母】《シュボ》 酒を醸造《ジョウゾウ》するときの種《たね》となるもの。

【酒乱】《シュラン》 酒によって正気を失い暴力的になること。また、その習慣のある人。

【酒量】《シュリョウ》 飲む酒の量。例—を減ずる。

【酒楼】《シュロウ》 酒を飲ませる飲食店。料理屋。料亭《リョウテイ》。

◯●甘酒《あまざけ》・禁酒《キンシュ》・清酒《セイシュ》・美酒《ビシュ》・洋酒《ヨウシュ》

酉 3

【酎】

10画 3581 914E 常用 音チュウ漢

筆順 一 冂 丙 两 酉 酉 酎 酎 酎

なりたち  [形声]「酉(=さけ)」と、音「肘《チュウ》」の省略体とから成る。何度もかもした芳醇《ホウジュン》な酒。

意味 よくかもした濃《こ》い酒。例醇酎《ジュンチュウ》(=濃厚《ノウコウ》でうまい酒)。

日本語での用法 《チュウ》「焼酎《ショウチュウ》」の略。「酎《チュウ》ハイ(=焼酎と炭酸水で作った飲み物)」

酉 3

【配】

10画 3959 914D 教育3 音ハイ漢呉 訓くば-る

筆順 一 冂 丙 两 酉 酉 酉 酉コ 配

なりたち  [形声]「酉(=さけ)」と、音「妃《ヒ→ハイ》」の省略体とから成る。さけの色。借りて「つれあい・ならぶ・くばる」の意。

意味 ❶つれそわせる。つれあい。例配偶《ハイグウ》。交配《コウハイ》。❷とりあわせる。例配合《ハイゴウ》。配列《ハイレツ》。配《ハイ》する。❸わりあてる。行きわたるようにする。くばる。例配当《ハイトウ》。配布《ハイフ》。分配《ブンパイ》。❹島流しにする。例配所《ハイショ》。配流《ハイル》。❺てくばりする。とりしまる。例差配《サハイ》。支配《シハイ》。

難読 下配《すそわけ》

人名 あつ・とも

【配下】《ハイカ》 部下。子分《こブン》。手下《てした》。表記「輩下」とも書く。

【配管】《ハイカン》 (名・する)水道管やガス管などを、建物の内部に設置すること。例—工事。

【配球】《ハイキュウ》 (名・する)野球で、打者に対する投手の投球の組み合わせ。球種やコース、球速などを変えて投げること。

【配給】《ハイキュウ》 (名・する)数量を割り当てて、くばること。例食糧《ショクリョウ》の—制。

【配偶】《ハイグウ》 夫婦《フウフ》の一方。つれあい。また、つれそわせること。

【配合】《ハイゴウ》 (名・する)複数のものを取り合わせること。また、まぜ合わせること。例—肥料。色の—を考える。

【配剤】《ハイザイ》 (名・する)①薬を調合すること。②うまく組み合わせること。また、調和のとれた配合。例天の—。

【配車】《ハイシャ》 (名・する)必要な時刻や場所へ車をわりふること。

【配所】《ハイショ》 流罪《ルザイ》の罪人を送る、遠隔《エンカク》の地。

【配色】《ハイショク》 色の取り合わせ。また、組み合わされた色。

【配水】《ハイスイ》 (名・する)水を配給すること。例—管。

【配線】《ハイセン》 (名・する)①電線や電話線をはりめぐらすこと。例—工事。屋内—。②電気器具や部品などを、コードで接続すること。例—をまちがえる。

【配膳】《ハイゼン》 (名・する)食事の膳を、客の前にくばること。また、食事のために食卓《ショクタク》をととのえること。例—台。

【配送】《ハイソウ》 (名・する)荷物の配達や発送をすること。例—料。野菜を—する。

【配属】《ハイゾク》 (名・する)人をそれぞれ適当な部署にふりわけて、所属させること。例新人を地方支店に—する。

【配達】《ハイタツ》 (名・する)品物をくばって、受け取り先に送り届けること。また、その人。例一軒《イッケン》一軒—する。

【配置】《ハイチ》 (名・する)人や物を、必要な場所に割り当てて置くこと。例—転換《テンカン》。案内係を—する。

【配転】《ハイテン》 (名・する)「配置転換《ハイチテンカン》」の略。仕事の持ち場をかえること。

【配電】《ハイデン》 (名・する)電力を必要とする場所へくばること。例—盤《バン》。

【配当】《ハイトウ》 (名・する)①割り当てること。配分。例時間—。②銀行・会社などが、益金の中から、出資した株主にお金を分けること。また、分けたお金。例—金。

【配備】《ハイビ》 (名・する)人や物を必要な場所にわりふって、用意をととのえること。例警護の人を—する。

【配付】《ハイフ》 (名・する)個々の人にくばってわたすこと。例学生証を—する。

【配布】《ハイフ》 (名・する)広く行きわたるようにくばること。例ポスターを—する。

【配分】《ハイブン》 (名・する)分けてくばること。分配。例公平に—す

る。

【配本】《ハイホン》（名・する）発行元が、書籍《ショセキ》や雑誌などを契約《ケイヤク》してある書店や客に、発行のつど届けること。また、その本。例文学全集を定期的に―する。

【配役】《ハイヤク》映画や演劇などで、俳優を登場人物の役に割り当てること。また、その役。キャスティング。キャスト。

【配慮】《ハイリョ》（名・する）いろいろと気をくばること。心くばり。例特別の―をする。

【配流】《ハイル》（名・する）罪人を流罪《ルザイ》に処すること。島流し。例昔、佐渡《さど》に―された人。

【配列】《ハイレツ》（名・する）一定の順序で並べること。また、その並べ方。例五十音順の―。部首およびその―は『康熙字典《コウキジテン》』による。表記「排列」とも書く。

○●気配《ケハイ》・軍配《グンバイ》・交配《コウハイ》・支配《シハイ》・集配《シュウハイ》・心配《シンパイ》・宅配《タクハイ》・手配《てハイ》・年配《ネンパイ》・分配《ブンパイ》

酉3 【酌】10画 ⇩【酌】《シャク》（992ページ）

酉4 【酔】11画 3176 9154 常用 音スイ漢呉 訓よ-う・よ-い

筆順 一 丆 襾 酉 酉丿 酉九 酉卆 酔

酉8 【醉】15画 7845 9189 人名

なりたち ［会意］「酉（=さけ）」と「卒《ソツ》⇢《スイ》（=つくす）」とから成る。酒をのみつくして乱れない。

意味 ❶酒を飲んで、よう。よい。例酔顔《スイガン》。泥酔《デイスイ》。❷ものごとに夢中になって、われを忘れる。心をうばわれる。例心酔《シンスイ》。陶酔《トウスイ》。❸薬物により感覚を失う。例麻酔《マスイ》。

日本語での用法 《よう》乗り物に乗って気分が悪くなる。「バスに酔よう・船酔《ふなよ》い」

【酔漢】《スイカン》酒によった男。よっぱらい。例―には近よるな。

【酔眼】《スイガン》酒によったときの、しっかり定まらない目つき。例―朦朧《モウロウ》。

【酔顔】《スイガン》酒によってほてった顔。

【酔客】《スイキャク》〔「スイカク」とも〕酒によった人。よっぱらい。類酔漢。例―にからまれる。

【酔狂】《スイキョウ》（名・形動ダナ）①酒によって正気をなくすこと。②ものずき。例だてや―でできることでない。表記②は「粋狂・酔興」とも書く。

【酔郷】《スイキョウ》酒を飲んで、ようことのできるところ。〔酒によって快い気持ちであることを、別世界にたとえていう〕例―に帰る。―に遊ぶ。

【酔興】《スイキョウ》（名・形動ダナ）①酒によった楽しい心持ち。②ものずき。酔狂《スイキョウ》。

【酔吟】《スイギン》（名・する）酒によって歌をうたうこと。酔歌。

【酔生夢死】《スイセイムシ》一生涯《イッショウガイ》を酒によっているような気持ちでむだにすごすこと。例―というべき生涯。

【酔態】《スイタイ》酒にひどくよったときのようす。例―を子供にまでさらす。

【酔夢】《スイム》酒のよいにまかせてねむりこんで見るゆめ。〔なんの心配もせず気楽にすごす状態のたとえ〕例ただ―をむさぼって暮らす。

【酔余】《スイヨ》酒によったあげく。例―の不始末《フシマツ》。

○●心酔《シンスイ》・泥酔《デイスイ》・陶酔《トウスイ》・麻酔《マスイ》

酉4 【酖】11画 7837 9156 音[一]タン漢 [二]チン漢 訓ふけ-る

意味 [一]《タン》❶酒を楽しむ。例酖酖《タンタン》（=酒をのんで楽しむようす）。❷酒におぼれる。ふける。同耽《タン》。例酖沈《タンチン》（=酒に心をうばわれて酒びたりになる）。[二]《チン》鴆《チン》（=毒鳥の名）の毒を入れた酒。例酖殺《チンサツ》（=毒酒をのませて殺す）。酖毒《チンドク》。

【酖毒】《チンドク》鴆《チン》という毒をもつ鳥の羽を、酒にひたして作る猛毒《モウドク》。表記「▼鴆毒」とも書く。

酉4 【酘】11画 7838 9158 音トウ漢 訓さけ

意味 ❶酒を二度かもす。例酘酒《トウシュ》（=かもし直した酒）。❷二日酔《ふつかよ》いの悪い気分をなくすために酒をのむ。

酉5 【酣】12画 7839 9163 音カン漢 訓たけなわ

意味 ❶酒を飲んで楽しむ。たのしむ。例酣飲《カンイン》（=さかんに酒を飲む）。酣楽《カンラク》（=酒を飲んで楽しむ）。❷酒宴《シュエン》がもっともさかんである。また、ものごとのまっさかり。たけなわ。例酣宴《カンエン》（=酒盛《さかも》りの真っ最中）。酣春《カンシュン》（=春たけなわ）。

【酣▼觴】《カンショウ》（名・する）〔「觴」は、さかずきの意〕さかずきを重ねること。酒をさかんに飲むこと。例―して詩を賦《フ》す。

【酣酔】《カンスイ》（名・する）酒にひどくようこと。

酉5 【酢】12画 3161 9162 常用 音[一]サク慣 ソ漢呉 [二]サク漢 訓す

筆順 一 丆 襾 酉 酉𠂉 酉乍 酢

なりたち ［形声］「酉（=さけ）」と、音「乍《サ》⇢《ソ》」とから成る。す。

意味 [一]《サク・ソ》すっぱい味のする液体の調味料。す。例酢酸《サクサン》。木酢《モクサク》。[二]《サク》主人にさされたさかずきを、客がさしかえす。例酬酢《シュウサク》（=酒のくみかわし）。

参考 本来、[一]は「酢」、[二]は「醋」であったが、古くから混用される。

難読 酢酸草《かたばみ》・酢漿草《かたばみ》

【酢酸】《サクサン》無色で刺激臭《シゲキシュウ》のある酸性の液体。酢《す》の主成分。表記 旧▼醋酸

【酢▼蛸】《すだこ》タコをゆでて酢にひたした食物。

【酢味▼噌】《すミソ》酢や砂糖などを加えて、よくすったみそ。例うどの―あえ。

○●梅酢《うめず》・三杯酢《サンバイず》・食酢《ショクず》・木酢《モクサク》

酉5 【酥】12画 7840 9165 音ソ漢呉

意味 ❶ウシやヒツジなどの乳からつくった食品。例酥酪《ソラク》（=乳製品）。❷酒の別名。❸点心《テンシン》の一種。もろくて、くずれやすい食品。❹もろくて、よわい。例酥軟《ソナン》（=力なくぐったりしたようす）。❺白くてなめらかなようす。例酥胸《ソキョウ》（=白くなめらかな胸）。

【酥灯】《ソトウ》①酥油（=ウシやヒツジの乳でつくった油）を用いてともすあかり。②仏前の灯火。

酉6 【酬】13画 2923 916C 常用 音シュウ漢呉 訓むく-いる・むく-い

筆順 丆 襾 酉 酉 酉丿 酉刂 酉州 酬

なりたち ［形声］「酉（=さけ）」と、音「州《シュウ》」とから成る。客の返杯《ヘンパイ》を主人が飲んでから、さらに客に酒をすすめる。

意味 ❶客からさかずきを返された主人が、ふたたび客にさか

7画

ずきをさしだす。すすめる。〔はじめに主人が客に酒をすすめるのが「献《ケン》」、つぎに客が主人に返杯《ヘンパイ》するのが「酢《サク》」、さらに主人が客に返すのが「酬《シュウ》」〕例 酬酢《シュウサク》（＝酒をくみかわす）。献酬《ケンシュウ》。❷返す。お返しする。むくいる。例 応酬《オウシュウ》。報酬《ホウシュウ》。❸手紙の返事。例 貴酬《キシュウ》（＝あなたへのお返事）。

人名 あつ

●応酬《オウシュウ》・報酬《ホウシュウ》

酉6 【酩】 13画 7841 9169 音 メイ漢

意味 酒によって目がくらむ。ひどくよう。例 酩酊《メイテイ》。

【酩▼酊】《メイテイ》（名・する）酒にひどくようこと。泥酔《デイスイ》すること。例 ―して前後不覚になる。

酉6 【酪】 13画 4579 916A 常用 音 ラク漢

筆順 冂 西 酉 酉ク 酉夂 酪 酪

なりたち 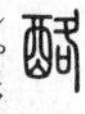 [形声]「酉（＝さけ）」と、音「各《カク》→《ラク》」とから成る。乳からつくった飲みもの。

意味 ウシやヒツジなどの乳を発酵《ハッコウ》させてつくった飲料。また、ミルク・バター・チーズなどの乳製品。例 酪農《ラクノウ》。乾酪《カンラク》（＝チーズ）。牛酪《ギュウラク》（＝バター）。

【酪農】《ラクノウ》 ウシやヒツジなどを飼育し、乳をとり、また、チーズ・バターなどの乳製品をつくる農業。

酉7 【酭】 14画 7842 9173 音 イン漢 訓 くちすす-ぐ

意味 礼儀作法《レイギサホウ》として、食後に酒で口をすすぐ。

酉7 【酵】 14画 2558 9175 常用 音 コウ漢呉

筆順 冂 西 酉 酉一 酉十 酉耂 酵 酵

なりたち [形声]「酉（＝さけ）」と、音「孝《コウ》」とから成る。酒をつくるもと。こうぼ。

意味 ❶酒をつくるときのもとになるもの。こうじかび。例 酵素《コウソ》。酵母《コウボ》。❷酒がかもされてあわだつ。例 発酵《ハッコウ》。

【酵素】《コウソ》 生物のからだの中で作られ、消化・吸収《キュウシュウ》・代謝《タイシャ》など体内の化学反応を助けるはたらきをする物質。例 消化―。

【酵母】《コウボ》 菌類《キンルイ》の一種。糖分を分解して、アルコールと二酸化炭素にするはたらきがある。パンを作ったりビールや酒の醸造《ジョウゾウ》などに用いられる。例 ―菌《キン》。

酉7 【酷】 14画 2583 9177 常用 音 コク漢 訓 きび-しい・むご-い・ひど-い

筆順 冂 西 酉 酉𠂉 酉牛 酷 酷

酉7 【酷】 14画

なりたち  [形声]「酉（＝さけ）」と、音「告《コク》」とから成る。酒の味がこい。

意味 ❶酒の味や、かおりがきつい。あじわいに深みがある。❷情け容赦《ヨウシャ》なくしめつける。むごい。きびしい。例 酷使《コクシ》。酷刑《コッケイ》（＝きびしい刑罰《ケイバツ》）。残酷《ザンコク》。❸程度のひどいこと。はなはだしい。例 酷似《コクジ》。酷暑《コクショ》。

人名 あつ

【酷使】《コクシ》（名・する）限度をこえるほど激しく使うこと。こき使うこと。例 肉体を―する。

【酷似】《コクジ》（名・する）ひじょうによく似《に》ていること。例 筆跡《ヒッセキ》が―している。

【酷暑】《コクショ》 夏の、きびしい暑さ。対 酷寒。例 ―の季節。

【酷熱】《コクネツ》 きびしい熱さ。例 ―の砂漠《サバク》。―のガラス工場。

【酷薄】《コクハク》（形動ダ）冷酷で薄情なようす。例 ―な復讐《フクシュウ》。残忍で―な性格。表記「刻薄」とも書く。

【酷評】《コクヒョウ》（名・する）思いやりのない、手きびしい批評をすること。また、その批評。例 まったく否定的な―。

【酷法】《コクホウ》 ひどくきびしい法律。苛法《カホウ》。例 ―をおこなう。

【酷吏】《コクリ》 情け容赦《ヨウシャ》のないきびしい役人。例 ―としておそれられた男。

【酷烈】《コクレツ》（形動ダ）きびしくてむごいようす。例 ―な戦争。

【酷寒】《コッカン》 冬の、きびしい寒さ。厳寒。対 酷暑。例 ―零下《レイカ》三十度。―の季節。

●過酷《カコク》・残酷《ザンコク》・冷酷《レイコク》

酉7 【酸】 14画 2732 9178 教育5 音 サン漢呉 訓 す-い・す-っぱい

筆順 冂 西 酉 酉厶 酉允 酸 酸

なりたち 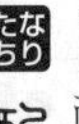 [形声]「酉（＝さけ）」と、音「夋《シュン》→《サン》」とから成る。酢《す》。

意味 ❶すっぱい。すい。辛《シン》（＝からい）・酸《サン》（＝すっぱい）・鹹《カン》（＝塩からい）・苦《ク》（＝にがい）・甘《カン》（＝あまい）という五味《ゴミ》の一つ。例 酸味《サンミ》。乳酸《ニュウサン》。❷鼻をつくようなつらい感じ。つらい。いたましい。例 酸鼻《サンビ》。辛酸《シンサン》。❸水にとけたときに水素イオンを生ずる物質。さん。例 酸性《サンセイ》。塩酸《エンサン》。硫酸《リュウサン》。

日本語での用法 《サン》「酸素《サンソ》」の略。「酸化《サンカ》・酸欠《サンケツ》（＝酸素欠乏《サンソケツボウ》）」

難読 酸模《すかぽ・すかんぽ・すいば》・酸漿草《かたばみ》

【酸化】《サンカ》（名・する）物質が空気中の酸素と化合すること。対 還元《カンゲン》。例 ―物《ブツ》。―炎《エン》。

【酸欠】《サンケツ》（空気中や体内の）酸素が足りなくなること。

【酸性】《サンセイ》 物質が酸の性質をもっていること。リトマス試験紙の青色を赤色に変える性質。例 ―雨。―紙。―食品。

【酸素】《サンソ》 元素の一つ。無色・無臭《ムシュウ》の気体で、空気の約五分の一をしめる。元素記号O 例 ―吸入。―不足。

【酸鼻】《サンビ》 むごくいたましいこと。例 ―の極に達する。

【酸味】《サンミ》 ①すっぱい味。例 リンゴの―。―の少ないミカン。②つらさ。苦しさ。例 浮《う》き世の―に慣れる。

【▽酸▼漿】《ほおずき》 ナス科の多年草。夏に赤い実をつける。実は、中身を取り出し口にふくんでふき鳴らして遊ぶ。表記「▽鬼▽灯」とも書く。

●胃酸《イサン》・塩酸《エンサン》・核酸《カクサン》・硝酸《ショウサン》・辛酸《シンサン》・炭酸《タンサン》

酉7 【酲】 14画 7843 9172 音 テイ漢 訓 さかやまい

意味 悪酔《わるよ》いする。酔う。例 酲酔《テイスイ》（＝泥酔《デイスイ》する）。

酉7 【酷】 14画 ⇩【酷】《コク》（995ページ）

酉8 【醋】 15画 7844 918B 音 一サク漢 二サク慣 ソ漢呉 訓 す

意味 一《サク》 主人にさされたさかずきを、客がさしかえす。同 酢《サク》。二《ソ》 強い酸性のにおいのする液体。す。同 酢《サク》。例 醋酸《サクサン》。

［酉部］8—11画 醇醂酔醐醒醍醗醢醜醤醬

西 8 【醇】 15画 2970 9187 人名 音 シュン漢 ジュン呉

なりたち  [形声]「酉(=さけ)」と、音「享《シュン》」とから成る。できたままの酒。

意味 ❶水でうすめていない、こってりとした味のこい酒。例 醇酒《ジュンシュ》。芳醇《ホウジュン》。❷まじりけがない。同 純《ジュン》。例 醇化《ジュンカ》。醇正《ジュンセイ》(=純粋《ジュンスイ》で正しい)。❸あつみを感じさせるよさがある。人情みがある。あつい。同 淳《ジュン》。例 醇厚《ジュンコウ》。

人名 あつ・あつし

【醇化】《ジュンカ》(名・する)①まじりけを取って、純粋《ジュンスイ》にすること。純化。例 すぐれた詩を読んで心を—する。②心をこめて正しいほうに導くこと。淳化《ジュンカ》。純化。例 外貌《ガイボウ》の整備より内面についての—を尊ぶ。

【醇▼乎】《ジュンコ》(形動《タルト》)まじりけのないようす。

【醇厚】《ジュンコウ》(名・形動《ナダ》)真心があって人情にあついこと。醇篤《ジュントク》。例—な人がら。表記「▼淳厚」とも書く。

【醇酒】《ジュンシュ》まじりけのない、こい酒。

【醇醇】《ジュンジュン》(形動《タルト》)心をこめて誠実に教えさとすようす。

【醇美】《ジュンビ》(名・形動《ナダ》)①純粋《ジュンスイ》で美しいこと。純美。例—な少女の気持ち。人情—にして素朴《ソボク》。②味がこくて、おいしいこと。例—な味を楽しむ。

【醇朴】《ジュンボク》(名・形動《ナダ》)かざることなくすなおで善良なこと。例—な青年。表記「純朴・▼淳朴」とも書く。

【醇良】《ジュンリョウ》(名・形動《ナダ》)①誠実で善良なこと。例—な官吏《カンリ》。②まじりけがなく品質がよいこと。純良。例—な銘酒《メイシュ》。表記①は「▼淳良」とも書く。

○●雅醇《ガジュン》・至醇《シジュン》・濃醇《ノウジュン》・芳醇《ホウジュン》

西 8 【醂】 15画 7846 9182 音 リン慣 ラン漢呉 訓 さわ-す

意味 (水や酒につけて)柿《かき》の実の渋《しぶ》をぬく。さわす。例 醂柿《リンシ》《さわしがき》(=渋《しぶ》ぬきしたカキ)。

日本語での用法 《リン》調理用のあまい酒。「味醂《ミリン》」

西 8 【醉】 15画 ⇩【酔】《イス》(994ページ)

西 9 【醐】 16画 2479 9190 人名 音 コ漢 ゴ呉

意味「醍醐《ダイゴ》」は、乳製品の一種。→【醍】《ダイ》(996ページ)

西 9 【醒】 16画 3235 9192 常用 音 セイ漢 ショウ呉 訓 さ-める・さ-ます

筆順 冂 西 酉 酊 酲 醒 醒 醒

なりたち  [形声]「酉(=さけ)」と、音「星《セイ》」とから成る。酔いがさめる。

意味 ❶酒のよいからさめ、頭がすっきりする。さめる。例 醒酔《セイスイ》(=酒によっていないことと、よっていること)。❷夢からさめる。心の迷いがとける。めざめる。例 醒悟《セイゴ》。覚醒《カクセイ》。

人名 さむる・さめ

【醒悟】《セイゴ》(名・する)迷いからめざめて、さとること。例 ある日、卒然として—する。

○●覚醒《カクセイ》・警醒《ケイセイ》・半醒《ハンセイ》

西 9 【醍】 16画 3473 918D 人名 音 テイ漢 ダイ呉

意味 乳製品の一種で、最高においしいとされるもの。例 醍醐味《ダイゴミ》。

【醍▼醐】《ダイゴ》①ウシまたはヒツジの乳でつくった、ヨーグルトのようなあまい飲みもの。栄養豊富で、貴重なものとされた。②〔仏〕仏の最上の教えのたとえ。

【醍▼醐味】《ダイゴミ》①「醍醐①」のこの上もないおいしさ。②仏の最上の教えのありがたさ。転じて、ものごとの真のおもしろさ、深いあじわい。例 読書の—を味わう。

西 9 【醗】 16画 ⇩【醱】《ハツ》(997ページ)

西 10 【醢】 17画 7847 91A2 音 カイ漢 訓 ししびしお

意味 ❶肉のしおから。ししびしお。例 醢脯《カイホ》。❷殺して、しおからにする処刑《ショケイ》法。

【醢▼脯】《カイホ》肉のしおからと干し肉。

西 10 【醜】 17画 2925 919C 常用 音 シュウ漢 訓 みにく-い・しこ

筆順 冂 西 酉 酌 酌 酣 醜 醜

なりたち  [形声]「鬼(=死者の霊《レイ》)」と、音「酉《ユウ》→《シュウ》」とから成る。にくい。派生して「みにくい」の意。

意味 ❶かおかたちがよくない。みにくい。例 醜貌《シュウボウ》。❷心やおこないが見苦しい。けがらわしい。みにくい。例 醜行《シュウコウ》。醜態《シュウタイ》。美醜《ビシュウ》。

人名 むね

【醜悪】《シュウアク》(名・形動《ナダ》)みにくいこと。見苦しいこと。例—な政権争い。

【醜怪】《シュウカイ》(名・形動《ナダ》)不気味《ブキミ》なほどみにくいこと。例—な容貌《ヨウボウ》。

【醜行】《シュウコウ》みにくく、はずかしいおこない。不正な行為《コウイ》。例—が次次《つぎつぎ》に露見《ロケン》する。

【醜態】《シュウタイ》見苦しい姿、ありさま。例 酔《よ》って—を演じる。表記「醜体」とも書く。

【醜美】《シュウビ》みにくいことと美しいこと。美醜。

【醜聞】《シュウブン》(ある人のおこないなどについての)よくないうわさ、評判。スキャンダル。醜名。例 失脚《シッキャク》をねらって—を流す。—が立つ。

【醜貌】《シュウボウ》みにくい顔。

【醜名】㊀《シュウメイ》はじとなるようなうわさ。醜聞。醜声。例—が伝わる。—が残る。㊁《しこな》①あだ名。また、自分の名をへりくだっていうことば。②力士の名乗り。表記②は「四股名」とも書く。

【醜虜】《シュウリョ》〔「虜」は、野蛮人《ヤバンジン》の意〕①みにくい野蛮人。異民族をいやしんで呼んだことば。②捕虜《ホリョ》。〔いやしめていうことば〕

○●美醜《ビシュウ》・老醜《ロウシュウ》

西10 【醤】 17画 ⇩【醬】《ショウ》(996ページ)

西 11 【醬】 18画 1-9289 91AC 人名 音 ショウ漢 訓 ひしお

西10 【醤】 17画 3063 91A4 俗字

意味 ❶肉を塩やこうじなどにつけて発酵《ハッコウ》させた食品。しおから。❷コムギやダイズなどを発酵させて塩をまぜた食品。みその類。ひしお。例 醤油《ショウユ》。

難読 醤蝦《あみ》・魚醤《たたき》《しおから》・豆醤《たまり》

【醬油】ショウユ 大豆《ダイズ》・小麦・こうじ・塩などを材料にして発酵《ハッコウ》させてつくる調味料。したじ。

酉 11
【醪】
18画 7850 91AA 音 ロウ㊤漢 訓 もろみ・にごりざけ

意味 かすをこさないどろどろした酒。もろみ。にごりざけ。例 醪醴《ロウレイ》（＝にごりざけ）。濁醪《ダクロウ》（＝にごりざけ）。

酉11
【醫】
18画 ⇩【医】イ（156ページ）

酉 12
【醯】
19画 7849 91AF 音 ケイ漢呉 訓 す・す-い

意味 ❶かゆと酒とからつくる調味料。す。例 醯醬《ケイショウ》（＝すと味噌《ミソ》）。❷「醯鶏《ケイケイ》」は、小さな虫の名。

酉 12
【醱】
19画 1-9290 91B1 音 ハツ漢 訓 かも-す

酉 9
【醗】
16画 4016 9197 俗字

意味 酒をもう一度かもす。かもす。例 醗酵《ハッコウ》。

【醗酵】ハッコウ（名・する）酵母菌《コウボキン》・細菌などの微生物が有機物を分解し、アルコールや二酸化炭素などを生成すること。表記 現 発酵

酉 13
【醵】
20画 7851 91B5 音 キョ漢

意味 ❶金銭を出し合い、集まって酒を飲む。❷ある目的のために、みんなで金銭を出し合う。例 醵金《キョキン》。醵出《キョシュツ》。

【醵金】キョキン（名・する）事業や援助《エンジョ》、また、飲食などの目的で、お金を出し合うこと。また、そのお金。例 ―を求める。会員の―で会をもよおす。表記「拠金」とも書く。

【醵出】キョシュツ（名・する）事業や援助《エンジョ》などの目的で、お金や品物を出し合うこと。例 ―の金額が目標に達する。表記「拠出」とも書く。

酉 13
【醸】
20画 3090 91B8 常用 音 ジョウ漢 訓 かも-す

筆順 酉 … 醸

酉17
【釀】
24画 7854 91C0 人名

なりたち 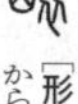 [形声]「酉（＝さけ）」と、音「襄《ショウ》→《ジョウ》」とから成る。酒をかもす。

意味 ❶蒸《む》した穀物の中にコウジカビを入れて発酵《ハッコウ》させ、酒・みそ・しょうゆなどをつくる。かもす。例 醸成《ジョウセイ》。醸造《ジョウゾウ》。吟醸《ギンジョウ》。❷じわじわと時間をかけてつくりあげる。例 醞醸《ウンジョウ》（＝時間をかけてつくりだす）。

【醸成】ジョウセイ（名・する）①「醸造①」に同じ。②しだいに、ある雰囲気《フンイキ》をかもし出すこと。気運を高めること。醸造。例 法を改正する気運を―する。

【醸造】ジョウゾウ（名・する）①発酵《ハッコウ》・熟成などによって、酒・みそ・しょうゆなどをつくること。例 ―酒。日本酒―のさかんな土地。②「醸成②」に同じ。

● 吟醸《ギンジョウ》

酉 13
【醴】
20画 7852 91B4 音 レイ漢 ライ呉 訓 あまざけ

意味 ❶ひと晩だけ発酵《ハッコウ》させてつくった、あまい酒。あまざけ。例 醴酒《レイシュ》（＝あまざけ）。醪醴《ロウレイ》（＝にごりざけ）。❷うまい水。また、うまい水がわく泉。例 醴泉《レイセン》。

難読 醴酒《あまざけ|ひとよざけ》

【醴泉】レイセン あまみのある水がわくという、いずみ。

酉 14
【醺】
21画 7853 91BA 音 クン漢 訓 よ-う

意味 ❶酒のにおいがする。❷酒によう。例 微醺《ビクン》を帯《お》びる（＝ほろよい気分である）。

酉17
【釀】
24画 ⇩【醸】ジョウ（997ページ）

酉 18
【釁】
25画 7855 91C1 音 キン漢 ギン呉 訓 ちぬ-る・ちまつり

意味 ❶いけにえの血を（器物のつぎ目などに）ぬって祭る。ちぬる。❷つぎ目。すきま。ひび。例 釁隙《キンゲキ》。❸争いのきっかけ。例 釁端《キンタン》。

【釁隙】キンゲキ ①すきま。つけいるすき。②両者の間にみぞができること。不和。仲たがい。

【釁端】キンタン 争いのいとぐち。争いのはじまり。

165 7画
釆 のごめ のごめへん 部

けものの爪《つめ》がわかれている形で、わける意をあらわす。片仮名《かたかな》の「ノ」と漢字の「米《こめ》」を合わせた形に似ているので「のごめ・のごめへん」という。「釆」をもとにしてできている漢字を集めた。

0 釆 1 采 4 釈 5 釉 13 釋

この部首に所属しない漢字

采⇩爫 644 悉⇩心 398 番⇩田 681

釆 0
【釆】
7画 4048 91C6 音 ハン漢 訓 わか-つ

意味 分ける。〔「辨」の古字とされる〕

釆 1
【采】
8画 ⇩【采】サイ（644ページ）

釆 4
【釈】
11画 2865 91C8 常用 音 セキ漢 シャク呉 訓 と-く

筆順 ノ … 釈

釆13
【釋】
20画 7857 91CB

なりたち 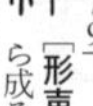 [形声]「釆（＝わける）」と、音「睪《エキ》→《セキ》」とから成る。解《と》きほぐす。

意味 ❶わからないところをときあかす。とく。例 釈義《シャクギ》。解釈《カイシャク》。❷言いわけをする。例 釈言《シャクゲン》。釈明《シャクメイ》。❸疑いや迷いがとける。理解する。例 釈然《シャクゼン》。❹着ているものをぬぐ。例 釈甲《シャクコウ》（＝よろいをぬぐ）。❺消えてなくなる。とける。例 氷釈《ヒョウシャク》（＝氷がとける）。❻水でうすめる。とかす。例 希釈《キシャク》（＝溶液《ヨウエキ》を水でうすめる）。❼束縛《ソクバク》をのぞいて自由にする。ゆるす。ときはなつ。例 釈放《シャクホウ》。保釈《ホシャク》。❽供え物を置く。例 釈奠《セキテン》。❾「釈迦《シャカ》」のこと。例 釈尊《シャクソン》。釈教《シャッキョウ》。

人名 さとる・とき

【▽釈▼迦】シャカ ①インド古代の、王族の名。②「釈迦牟尼《シャカムニ》（＝牟尼は、聖者の意）」の略。仏教の開祖。姓《セイ》はガウタ

マ、名はシッダールタ。紀元前五、六世紀ころ王子として生まれたが、城を捨て二十九歳《サイ》で出家《シュッケ》、三十五歳のときさとりをひらき、八十歳で入滅《ニュウメツ》するまで教化《キョウケ》の旅を続けた。釈尊《シャクソン》。仏陀《ブッダ》。→【天上天下唯我独尊《テンジョウテンゲユイガドクソン》】(262ページ)

【釈義《シャクギ》】文章や語句の意味を説きあかすこと。また、その内容。

【釈言《シャクゲン》】(名・する)言いわけをすること。また、そのことば。

【釈然《シャクゼン》】(形動タル)疑問や不満、うらみなどが消えて、さわやかなようす。〔ふつう、打ち消しの形で用いる〕例気持ちが—としない。疑惑《ギワク》が—と解けたわけではない。

【釈尊《シャクソン》】釈迦《シャカ》をうやまっていうことば。例—の教え。

【釈放《シャクホウ》】(名・する)解きはなつこと。とらえていた者の身がらを自由にすること。例被疑者《ヒギシャ》を—する。

【釈明《シャクメイ》】(名・する)批判や誤解などに対して、自分の正当性を説明すること。例—を許す。事情を—する。—を求める。

【釈門《シャクモン》】仏《ほとけ》の道。仏門。また、仏門にはいった人。僧《ソウ》。例—にはいる。

【釈教《シャッキョウ》】①釈迦《シャカ》の教え。仏教のこと。②和歌・連歌《レンガ》・俳諧《ハイカイ》で、仏教の思想・言語をふくむもの。例—歌《カ》。

【▽釈▼奠《セキテン》】〔「シャクテン」とも〕孔子《コウシ》をまつる儀式《ギシキ》。ウシやヒツジなどのいけにえを供えてまつる。

○●会釈《エシャク》・解釈《カイシャク》・講釈《コウシャク》・語釈《ゴシャク》・注釈《チュウシャク》・評釈《ヒョウシャク》・保釈《ホシャク》

釆5

【釉】

12画 7856 91C9 人名 音ユウ漢 訓うわぐすり

意味 陶磁器《トウジキ》の表面にぬり、つやをだすくすり。うわぐすり。

例 釉薬《ユウヤク》(=うわぐすり)。

釆13

【釋】

20画 ⇩【釈】《シャク》(997ページ)

166 7画 里 さと さとへん 部

人の住むさとの意をあらわす。「里」をもとにしてできている漢字と、「里」の字形を目じるしにして引く漢字とを集めた。

0 里 2 重 4 野 5 量 11 釐

この部首に所属しない漢字

黒⇩黒 1110 童⇩立 745 墨⇩土 240

里0

【里】

7画 4604 91CC 教育2 音リ漢呉 訓さと

筆順 

なりたち  〔会意〕「田(=はたけ)」と「土(=土地)」とから成る。人が住むところ。

意味 ❶むらざと。ふるさと。さと。例郷里《キョウリ》。村里《ソンリ》。❷民間の。同俚《リ》。例里語《リゴ》。里謡《リヨウ》。❸長さの単位。隋《ズイ》代までの一里は三〇〇歩。唐《トウ》以降は三六〇歩。→「度量衡表《ドリョウコウヒョウ》」(1141ページ) ❹周代の行政区画で、一里は二十五戸。漢・唐《トウ》代では百戸。

日本語での用法 一《リ》距離《キョリ》の単位。一里は三十六町。「一里《イチリ》」→「度量衡表《ドリョウコウヒョウ》」(1141ページ) 二《さと》①いなか。「山《やま》から里《さと》へ」②養育料を出して育ててもらっている家。「里親《さとおや》・里子《さとご》」

難読 万里小路《までのこうじ》

人名 さとし・さとる・のり

【里芋《さといも》】イモの一種。がさがさした皮をかぶり、白くてねばりけのある地下茎と葉柄を食用にする。

【里親《さとおや》】他人の子を親がわりとなって育てる人。育ての親。対里子。例—になる。

【里神楽《さとかぐら》】各地の神社で行われる民間の神楽。

【里子《さとご》】他人の家に預けて、育ててもらう子供。対里親。例—に出す。

【里心《さとごころ》】故郷や実家、また、もと居た所などを恋《こい》しく思う気持ち。例—がつく。

【里山《さとやま》】人里近くにある、人々の生活とかかわりの深い雑木林《ゾウきばやし》や低い山。

【里言《リゲン》】①いなか風のひなびたことば。さとことば。里語《ゴリ》。②共通語にはない、いかにも方言らしい単語。表記②は「▼俚言」とも書く。

【里▼諺《リゲン》】民間でよく言うことわざ。表記「▼俚▼諺」とも書く。

【里語《リゴ》】「里言《リゲン》①」に同じ。表記「▼俚語」とも書く。

【里▼巷《リコウ》】むらざと。

【里俗《リゾク》】いなかでの風俗・習慣。村のならわし。

【里程《リテイ》】「里《リ》」ではかった道のり。また、単に道のり。例—標《ヒョウ》(=起点からの距離《キョリ》を示した標示)。

【里謡《リヨウ》】民間で歌いつがれている歌。民謡。俗謡《ゾクヨウ》。表記旧▼俚謡

○●郷里《キョウリ》・三里《サンリ》・千里《センリ》・村里《ソンリ—むらざと》・万里《バンリ》・人里《ひとざと》・古里《ふるさと》・村里《むらざと》・山里《やまざと》

里2

【重】

9画 2937 91CD 教育3 音チョウ漢ジュウ呉 訓え・おも-い・かさ-ねる・かさ-なる

付表 十重二十重《とえはたえ》

筆順 

なりたち  〔形声〕「𡈼(=高くつき出る)」と、音「東《トウ》→チョウ」とから成る。厚くおもい。

意味 ❶ぶあつくかさなった量がある。おもい。おもさ。例重荷《おもに》。重量《ジュウリョウ》。体重《タイジュウ》。❷どっしりと、おもおもしい。例重厚《ジュウコウ》。慎重《シンチョウ》。❸程度が大きい。はなはだしい。例重傷《ジュウショウ》。重税《ジュウゼイ》。重病《ジュウビョウ》。❹おもんじる。てあつい。例重視《ジュウシ》。尊重《ソンチョウ》。丁重《テイチョウ》。❺かさなる。かさねる。え。例重畳《チョウジョウ》。重複《ジュウフク》。二重《ニジュウ—ふたえ》。

日本語での用法 《しげ》目がつんで、すきまがない。「重籐《しげドウ》(=弓の作りの一種)・重山《しげやま》・重野《しげの》」

難読 重波《しきなみ》(=次々と打ちよせる波)・重石《おもし》・重吹《しぶく》・重籐《しげドウ》

人名 あつ・あつし・おも・おもし・かさぬ・かず・かたし・しげ・しげし・しげる・ただ・ただし・のぶ・ふさ

【重荷《おもに》】おもい荷物。おもい負担。例—を負う。

【重圧《ジュウアツ》】強くおさえつけること。また、その力。例—をはねのける。

【重囲《ジュウイ》】いくえにもとりかこむこと。また、そのかこみ。例—のうちにおちいる。

【重営倉《ジュウエイソウ》】旧陸軍の刑罰《ケイバツ》で、営倉にとじこめるもののうち、おもいほうのもの。〔「営倉」は、規律に反した兵を拘束《コウソク》する、牢《ロウ》に似た施設《シセツ》。また、その罰〕

【重恩《ジュウオン—チョウオン》】深いめぐみ。大恩。

【重科《ジュウカ》】①おもい罪。重罪。②おもい罰《バツ》。重罰。

【重加算税《ジュウカサンゼイ》】 脱税《ダツゼイ》の目的で税金の申告《シンコク》をいつわった者に、制裁として課せられる通常より率を引き上げた税金。
【重過失《ジュウカシツ》】 過失の程度がおもいこと。
【重患《ジュウカン》】 おもい病気。重病。また、その患者。
【重機《ジュウキ》】 ①建設・造船など重工業用の機械。②「重機関銃《ジュウキカンジュウ》」の略。数人であつかう、重量のある機関銃。
【重金属《ジュウキンゾク》】 比重が四以上の金属。金・銀・銅・鉛《なまり》・鉄など。対軽金属。
【重苦《ジュウク》】 ひどい苦しみ。たえがたい苦しみ。例—を味わう。
【重刑《ジュウケイ》】 おもい刑罰《ケイバツ》。重罰。
【重厚《ジュウコウ｜チョウコウ》】 (名・形動ダナ) おもおもしく堂々としていて、おちついていること。例—な交響曲《コウキョウキョク》。
【重婚《ジュウコン》】 (名・する) すでに結婚している者が、さらに別の人と結婚すること。法律で禁じられている。
【重罪《ジュウザイ》】 おもい罪《つみ》。重科。対微罪《ビザイ》。
【重刷《ジュウサツ》】 (名・する) 出版物を増し刷《ず》りすること。
【重殺《ジュウサツ》】 (名・する) 野球で、一度に二つのアウトをとること。ダブルプレー。
【重視《ジュウシ》】 (名・する) たいせつなものとしておもくみること。重要視。対軽視。例内申書《ナイシンショ》を—する。
【重重《ジュウジュウ》】 (副) かさねがさね。じゅうぶんに。よくよく。例失礼は—承知の上で。
【重出《ジュウシュツ》】 〔「チョウシュツ」とも〕(名・する) 同じものがかさねて出ること。くりかえし出ること。また、出すこと。例—を省《はぶ》いて数える。
【重症《ジュウショウ》】 ①症状がおもいこと。対軽症。例—患者《カンジャ》。②(趣味《シュミ》などの)程度がはなはだしいこと。
【重唱《ジュウショウ》】 (名・する) 音の高さによって一人ずつの分担を決めて合唱すること。例三—。
【重傷《ジュウショウ》】 おもい傷。ひどいけが。深手《ふかで》。対軽傷。例—を負う。
【重職《ジュウショク》】 責任のおもい職務。重要な職。例—を歴任する。
【重心《ジュウシン》】 物体のおもさのつりあいがとれる中心点。例—をとる。
【重臣《ジュウシン》】 おもく用いられる臣下。
【重税《ジュウゼイ》】 負担の大きい、おもい税金。苛税《カゼイ》。酷税《コクゼイ》。例—にあえぐ。
【重責《ジュウセキ》】 おもい責任。例—を果たす。
【重奏《ジュウソウ》】 (名・する) 二つ以上の独奏楽器によって合奏すること。アンサンブル。例四《シ》—。
【重曹《ジュウソウ》】 「重炭酸曹達《ジュウタンサンソーダ》」の略。炭酸水素ナトリウムの別名。白色の粉末で、弱アルカリ性。医薬品・ふくらし粉などに用いる。
【重層《ジュウソウ》】 いくつもの層になって、かさなること。例—的な文化。
【重体《ジュウタイ》】 (名・形動ダナ) 病気やけがが、命にかかわるほどおもいこと。例やけどで—におちいる。表記「重態」とも書く。
【重態《ジュウタイ》】 (名・形動ダナ) 「重体」に同じ。
【重大《ジュウダイ》】 (形動ダナ) ただごとでないようす。ひじょうにたいせつなようす。例—な発表。
【重鎮《ジュウチン》】 〔兵をひきいて重要な場所をかためている者の意〕ある分野で重要な位置にあり、強い影響力《エイキョウリョク》をもつ者。例政界の—。
【重訂《ジュウテイ｜チョウテイ》】 (名・する) 書物などの内容をかさねて直すこと。再訂。例—版。
【重点《ジュウテン》】 ①重要な点。かなめ。例—的に調査する。②〔物〕てこで物体を動かすとき、そのおもさのかかる点。
【重度《ジュウド》】 症状《ショウジョウ》・障害の程度のおもいこと。対軽度。例—障害。—のやけど。
【重篤《ジュウトク》】 病状がかなりおもいこと。
【重任《ジュウニン》】 [一](名) 重要な任務。例—を帯びて外国へ行く。[二]〔「チョウニン」とも〕(名・する) 任期が満了《マンリョウ》した後、また同じ職務につくこと。再任。
【重箱読み《ジュウばこよみ》】 「重箱」のように上の字を音読み、下の字を訓読みにする二字熟語の読み方。対湯桶《ゆトウ》読み。
【重罰《ジュウバツ》】 おもい刑罰《ケイバツ》。重科。例—を科する。
【重犯《ジュウハン》】 ①おもい犯罪。重罪。②罪をかさねること。また、その人。例—は罰《バツ》も重い。
【重版《ジュウハン》】 (名・する) 一度出版した書物を、かさねて出版すること。また、その書物。対初版。
【重病《ジュウビョウ》】 命にかかわるほどの、おもい病気。重患《ジュウカン》。
【重複《ジュウフク｜チョウフク》】 (名・する) 同じものが二つ以上かさなること。ダブること。例名簿《メイボ》の名前が—する。
【重文《ジュウブン》】 ①文法で、主語・述語を構成する部分が二つ以上並列《ヘイレツ》されている文。たとえば、「花が咲《さ》き、鳥が鳴く。」など。対単文・複文。②「重要文化財」の略。文化財保護法に従って、重要なものとして指定されたもの。
【重弁《ジュウベン》】 花弁がいくえにもかさなったもの。八重《やえ》。対単弁。表記(旧)重▼瓣
【重宝《ジュウホウ》】 [一](名) たいせつな宝物。例先祖伝来の—。[二]《チョウホウ》(名・する・形動ダナ) 便利なこと。使いやすいこと。例—な道具。表記[二]は「調法」とも書く。
【重砲《ジュウホウ》】 口径が大きく砲弾《ホウダン》が遠くまでとどく大砲。
【重役《ジュウヤク》】 ①おもい役目。②会社の運営を任されるような重要な役職。取締役《とりしまりヤク》・監査役《カンサヤク》のこと。例—会。
【重油《ジュウユ》】 原油から灯油・軽油などをとった残りの黒い油。燃料に用いる。
【重用《ジュウヨウ｜チョウヨウ》】 (名・する) おもく用いること。重要な仕事・役職などを任せること。
【重要《ジュウヨウ》】 (名・形動ダナ) きわめてたいせつであること。例—な書類。—な立場。
【重量《ジュウリョウ》】 ①もののおもさ。例総—。②ものの目方のおもいこと。対軽量。例—感。—級。—がかかる。
【重力《ジュウリョク》】 地球上の物体を地球の中心へ引きつける力。
【重労働《ジュウロウドウ》】 力のいる、はげしい仕事。対軽労働。
【重畳《チョウジョウ》】 [一](名・する・形動タルト) いくえにもかさなること。例—する山なみ。[二](名・形動ダナ) この上もなく満足なこと。例—に思う。
【重陽《チョウヨウ》】 〔易《エキ》で陽をあらわす数である九がかさなる意〕五節句の一つ。陰暦《インレキ》九月九日の節句。中国では、茱萸《シュユ》(=カワハジカミ)の実を身に帯び、菊花酒《キクカシュ》を飲んで厄除《ヤクよ》けをした。日本では、宮中などで菊花を観賞した。菊《キク》の節句。
●貴重《キチョウ》・軽重《ケイチョウ》・厳重《ゲンジュウ》・自重《ジチョウ》・慎重《シンチョウ》・荘重《ソウチョウ》・尊重《ソンチョウ》・体重《タイジュウ》・珍重《チンチョウ》・丁重《テイチョウ》・鈍重《ドンジュウ》・比重《ヒジュウ》・身重《みおも》

里 4
【野】 11画 4478 91CE 教育2 音ヤ漢呉 訓の 付表野良《のら》
筆順

土 8
【埜】 11画 3924 57DC 人名 古字

たなちり

形声「里(=むらざと)」と、音「予ヨ……→ヤ」とから成る。郊外《コウガイ》。

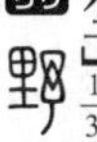

意味 ❶広々とした大地。のはら。の。例野外《ヤガイ》。広野《コウヤ》。山野《サンヤ》。平野《ヘイヤ》。❷はたけ。例田野《デンヤ》。❸朝廷《チョウテイ》に対して、民間のこと。例野党《ヤトウ》。在野《ザイヤ》。朝野《チョウヤ》。❹いなかびた。下品な。文化がひらけていない。未開の。例野人《ヤジン》。野蛮《ヤバン》。粗野《ソヤ》。❺動植物で、自然のまま。例野生《ヤセイ》。野鳥《ヤチョウ》。❻従順でない。あらっぽい。かってな。例野心《ヤシン》。野望《ヤボウ》。❼区域。区分したそれぞれの範囲《ハンイ》。例視野《シヤ》。分野《ブンヤ》。

難読 上野《こうずけ》・下野《しもつけ》・野干《きつね》・野宮《ののみや》・野老《ところ》・野山瓜《あけび|むべ》・野茨菰《おもだか》

人名 とお・なお・ぬ・ひろ

【野▼晒し《のざらし》】①野外に放置されて、風雨にさらされること。また、そのもの。例―にして捨てておく。②されこうべ。しゃれこうべ。どくろ。

【野路《のじ》】野原の中をいく小道。野道。例―にさく菊《キク》。

【野宿《のジュク》】(名・する)野外でねて夜を明かすこと。野営《ヤエイ》。例―して星の観察をする。

【野天《のテン》】屋根のないところ。露天《ロテン》。例―風呂《ブロ》。

【野原《のはら》】草の生えた広々とした平地。

【野辺《のべ》】①野原。例―にさく花。②火葬場《カソウば》。また、墓地。例―の送り。

【野放図《のホウズ》】(名・形動《ダナ》)①かって気ままにふるまうこと。例―に育つ。②きりがないこと。しまりがないこと。例―な生活。表記▽「野放▽途」とも書く。

【野分き《のわき》】秋、二百十日、二百二十日前後にふく強い風。台風。また、秋から初冬にかけてふく強い風。野分け。例―して盥《たらい》に雨を聞く夜かな。〈芭蕉《バショウ》〉

【野営《ヤエイ》】(名・する)①野外で夜を明かすこと。キャンプ。野宿《のジュク》。②軍隊が野外に陣《ジン》を張って休んだり泊《と》まったりすること。露営《ロエイ》。対舎営《シャエイ》。

【野猿《ヤエン》】野生の猿《さる》。

【野火《ヤカ|のび》】①夜、野外にただようあやしげな火。鬼火《おにび》。②春、野山や土手《ドて》のかれ草を焼きはらう火。野焼きの火。例若草山《わかくさやま》の―《の び》。

【野外《ヤガイ》】①野原。郊外《コウガイ》。例中学の―活動。②建物の外。屋外《オクガイ》。例―コンサート。

【野▽鶴《ヤカク》】①野にすむ鶴《つる》。②宮仕えをしないで、俗世間《ゾクセケン》からはなれて暮らす人のたとえ。例―鶏群《ケイグン》に在り(＝おおぜいの人の中で、ひとりだけぬきんでていることのたとえ)。

［里部］5画 量

【野球《ヤキュウ》】球技の一つ。二チームが攻撃《コウゲキ》と守備とに分かれ、守備側の投手の投げるボールを打って得点をきそう。一チームは九人で、一試合はふつう、九回。ベースボール。

【野牛《ヤギュウ》】北アメリカやヨーロッパにすむ野生の牛。バイソン。

【野▼禽《ヤキン》】野生の鳥。野鳥。対家禽。

【野犬《ヤケン》】飼い主のいないイヌ。野良犬《のらいぬ》。

【野合《ヤゴウ》】(名・する)正式な手続きなしで、夫婦《フウフ》となること。また、秘密に協定して、党派などが手を結ぶことのたとえ。

【野▼狐禅《ヤコゼン》】禅の修行《シュギョウ》をまだじゅうぶんに積んでいないのに、さとりをひらいたといって他をあざむきたぶらかす者を、野生のキツネにたとえてさげすんでいうことば。

【野菜《ヤサイ》】食用にするために育てる植物。あおもの。〔本来、食用の野生の草の意〕

【野史《ヤシ》】国の命令によらずに、民間の人がまとめた歴史。外史。私史。稗史《ハイシ》。野乗《ヤジョウ》。対正史。

【野師《ヤシ》】縁日《エンニチ》や祭りなどで、芸を見せたり露店《ロテン》で品物を売ったりするのを仕事とする人。てきや。表記「▽香▽具師」とも書く。

【野次《やじ》】〔あて字〕①相手の気をそぐように、からかったり非難したりすること。やじること。また、そのことば。②「野次馬《やじうま》」の略。表記▽「弥次」とも書く。

【野次馬《やじうま》】自分にはかかわりのない事件なのに人のあとについて、見物したりさわぎたてたりする人。例火事で多くの―が集まる。

【野趣《ヤシュ》】人の手が加わらない自然なおもむき。素朴《ソボク》なあじわい。例―に富む。

【野獣《ヤジュウ》】野生のけもの。例美女と―。

【野心《ヤシン》】①謀反《ムホン》を起こそうとする心。②だいそれた望み。野望。例―家。

【野人《ヤジン》】①いなかの人。素朴《ソボク》で気さくな人。例田夫《デンプ》―。②民間人。庶民《ショミン》。③粗野《ソヤ》な人。

【野生《ヤセイ》】一(名・する)動植物が山野で自然のままに成長・生育していること。例―動物。―のサル。―のムギ。二(名)自分をへりくだっていうことば。小生《ショウセイ》。

【野性《ヤセイ》】野生動物の、生まれたままの本能むきだしの性質。

【野戦《ヤセン》】山野でおこなう戦闘《セントウ》。例―病院。

【野草《ヤソウ》】自然のままに野山に生える草。

【野▼猪《ヤチョ》】いのしし。

【野鳥《ヤチョウ》】野生の鳥。野禽《ヤキン》。例―を観察する。

【野党《ヤトウ》】政党政治で、政権の座にいない政党。対与党《ヨトウ》。

【野《ヤ》に遺賢《イケン》無《な》し】賢者はことごとく登用されて、民間には残っていない。世の中がよく治まっていることのたとえ。〈書経《ショキョウ》〉

【野蛮《ヤバン》】(名・形動《ダナ》)①文化程度の低いこと。未開。例―人。②無作法《ブサホウ》で礼節の感じられないこと。例―なふるまいをたしなめられる。

【野卑《ヤヒ》】(名・形動《ダナ》)下品なこと。例―で乱暴な悪習。表記「野▼鄙」とも書く。

【野夫《ヤフ》】いなかもの。田夫《デンプ》。野人。

【野暮《やぼ》】(名・形動《ダナ》)〔あて字〕①人の気持ちや人間関係に無神経で気のきかないこと。また、その人。例―なせんさくはやめよう。②いなかくさくて洗練されていないこと。また、その人。

【野望《ヤボウ》】他人から見れば身のほど知らずと思われるような、だいそれた望み。野心。例―をいだく。

【野老《ヤロウ》】①いなかに住む老人。また、老人が自分をへりくだっていうことば。②植物のトコロの別名。

【野郎《ヤロウ》】俗《ゾク》に、男をいう。また、男性をののしっていうことば。例―歌舞伎《かぶき》。とんでもない―だ。この―!

●外野《ガイヤ》・下野《ゲヤ|しもつけ》・原野《ゲンヤ》・広野《コウヤ》・在野《ザイヤ》・山野《サンヤ》・視野《シヤ》・粗野《ソヤ》・朝野《チョウヤ》・内野《ナイヤ》・分野《ブンヤ》・平野《ヘイヤ》・林野《リンヤ》

里 5

【量】

12画 4644 91CF 教育4

音 リョウ 漢 呉 訓 はか-る・かさ

筆順 冂 日 旦 昌 量 量 量 量

なりたち  [形声]「重(＝おもい)」の省略体と、音「曏《キョウ→リョウ》」の省略体とから成る。めかたをはかる。

意味 ❶重さやかさ、また、大きさなどをしらべる。はかる。例量刑《リョウケイ》。量検《リョウケン》(＝はかりしらべる)。測量《ソクリョウ》。❷心で想像する。おしはかる。例量知《リョウチ》(＝推定して知る)。思量《シリョウ》。❸もののかさや重さ、また、大きさ。例重量《ジュウリョウ》。分量《ブンリョウ》。容量《ヨウリョウ》。❹能力の大きさや心の広さ。例雅量《ガリョウ》。度量《ドリョウ》。力量《リキリョウ》。❺限度。例無量《ムリョウ》。

使い分け はかる【図・計・測・量・謀・諮】 ⇩1177ジペー

人名 かず・とも・はかり・ます

【量感《リョウカン》】重さや量などがどっしりと感じられること。また、物の重さや厚み。ボリューム。

【量器《リョウキ》】①量をはかる道具。ます。例—を用いて正確にはかる。②人の才能。器量。

【量刑《リョウケイ》】裁判所が刑の軽重を決めること。例—について不満のある判決。

【量産《リョウサン》】(名・する)「大量生産《タイリョウセイサン》」の略。同じ製品を大量につくること。

【量子《リョウシ》】〔物〕物質において、それ以上分割《ブンカツ》できない最小の単位。例—力学。

【量的《リョウテキ》】(形動ダナ) 量の面からものごとをみるようす。例—には満足だ。対質的。

【量目《リョウめ》】はかりではかった、ものの重さ。めかた。りょうもく。例—が不足している。

●音量《オンリョウ》・器量《キリョウ》・技量《ギリョウ》・計量《ケイリョウ》・軽量《ケイリョウ》・質量《シツリョウ》・重量《ジュウリョウ》・小量《ショウリョウ》・少量《ショウリョウ》・水量《スイリョウ》・推量《スイリョウ》・数量《スウリョウ》・声量《セイリョウ》・測量《ソクリョウ》・大量《タイリョウ》・多量《タリョウ》・定量《テイリョウ》・適量《テキリョウ》・度量《ドリョウ》・熱量《ネツリョウ》・分量《ブンリョウ》・容量《ヨウリョウ》・力量《リキリョウ》

里 11

【釐】

18画 7858 91D0

音 一キ漢 二リ漢　訓 おさ-める・さいわ-い

意味 一《キ》幸福。さいわい。同禧《キ》。例釐福《キフク》。二《リ》❶整理する。改める。おさめる。例釐改《リカイ》。釐正《リセイ》。❷未亡人。やもめ。例釐婦《リフ》。❸割合の単位。一釐《リ》は十毫《ゴウ》。同厘《リ》。❹わずか。ほんの少し。同厘《リ》。例釐毫《ゴウリ》(=きわめて少ない数量)。

日本語での用法《リ》「リ」の音にあてる字。「毘舎釐《ビシャリ》国・吠舎釐《ビシャリ》国・銚釐《ちろり》(=酒にかんをつけるときに用いる金属製のいれもの)」

難読 陟釐《あおのり》

【釐改《リカイ》】(名・する)ものごとをただして、あらためること。改正。改革。例制量《セイリョウ》を—す(=法制・度量衡《ドリョウコウ》を改正する)。〈国語《コクゴ》〉

【釐正《リセイ》】(名・する)ただすこと。改正すること。

【釐婦《リフ》】夫に死別した女性。寡婦《カフ》。未亡人。対鰥夫《カンプ》。

【釐▽等具《レイテン—グ》】金銀など貴重なものの重量を精密にはかる秤《はかり》。

(131) 7画 臣 しん部

君主につかえるけらいがひれふす形をあらわす。「臣」をもとにしてできている漢字を集めた。「臣」はもと六画であるが、教育漢字では七画に数えるので、これにしたがった。

0 臣 2 臥 卧 8 臧 11 臨

臣 0

【臣】

7画 3135 81E3 教育4

音 シン漢 ジン呉　訓 おみ

筆順 

なりたち  [象形]君主に仕える者がひれふす形。けらい。

意味 ❶主君に仕える人。けらい。おみ。例臣下《シンカ》。逆臣《ギャクシン》。忠臣《チュウシン》。❷けらいとしてのつとめをはたす。例臣事《シンジ》。臣服《シンプク》。❸臣下が主君に対してへりくだっていうことば。

日本語での用法《おみ》上代の氏族社会で、八色《やくさ》の姓《かばね》の一つ。「山上臣憶良《やまのうえのおみおくら》・大臣《おおおみ》」

難読 朝臣《あそみ・あそん》・大臣《おとど》

人名 う・お・おか・おん・かたし・きみ・きん・しく・しげ・たか・たかし・とみ・み・みる

【臣下《シンカ》】君主に仕える者。家来。

【臣事《シンジ》】(名・する)臣下として仕えること。例忠誠をもって—する。

【臣従《シンジュウ》】(名・する)臣下となってしたがうこと。例家康《いえやす》は秀吉《ひでよし》に—した。

【臣籍《シンセキ》】明治憲法下で、皇族以外の臣民としての身分。例—に降下する。

【臣服《シンプク》】(名・する)臣下となって服従すること。

【臣民《シンミン》】君主の臣下である人民。とくに、明治憲法下の日本の国民。例忠良なる—。—の道。

●遺臣《イシン》・家臣《カシン》・奸臣《カンシン》・逆臣《ギャクシン》・近臣《キンシン》・君臣《クンシン》・功臣《コウシン》・重臣《ジュウシン》・人臣《ジンシン》・大臣《ダイジン》・忠臣《チュウシン》・寵臣《チョウシン》・陪臣《バイシン》

臣 2

【臥】

9画 1873 81E5 人名

音 ガ漢呉　訓 ふ-す

臣 2 [卧] 9画 2-0352 5367 俗字

意味 うつぶせになる。よこたわる。ふせる。例横臥《オウガ》。

難読 臥待月《ふしまちづき》(=陰暦《インレキ》十九日夜の月)・草臥《くたびれる》

【臥牛《ガギュウ》】ねそべっている牛。横になってふしている牛。

【臥床《ガショウ》】一(名)ねどこ。二(名・する)とこで横になること。例病気のため—中。

【臥薪▼嘗胆《ガシンショウタン》】(名・する)〔薪《たきぎ》の上に臥《ふ》す(=寝《ね》る)ことと、にがい胆《きも》を嘗《な》めること。ともに、苦労にたえる意〕目的をなしとげるために、つらい苦労をたえしのぶことのたとえ。

故事のはなし 春秋時代、長江《チョウコウ》下流にあった呉《ゴ》の国と越《エツ》の国とは、たがいに生き残りをかけて激しく争い合った。呉王の闔廬《コウリョ》(=闔閭《コウリョ》)は越との戦いに傷ついて死んだが、その子である夫差《フサ》は薪《たきぎ》の上に寝《ね》て自分の身を苦しめ、父の仇《あだ》をうとうと心をふるいたたせた。そのかいあって、ついに越を会稽山《カイケイザン》でうちやぶり、越王の句践《コウセン》を捕虜《ホリョ》にした。一方、やっと一命を助けられた句践は、いつも動物の苦い胆《きも》を嘗《な》めては捕虜になった屈辱《クツジョク》を忘れまいとし、呉をうつはかりごとに専念して、二十年ののち、ついに呉をほろぼしてうらみを晴らした。〈十八史略《ジュウハッシリャク》〉

【臥病《ガビョウ》】(名・する)病気のため床《とこ》につくこと。病臥。

【臥▽竜《ガリョウ》】①地に横たわっている竜《リュウ》。②機会を得ないで民間にかくれ住んでいる英雄《エイユウ》。類伏竜《フクリョウ》。

【臥▽所《ふしど》】ねどこ。寝所《シンジョ》。臥床《ガショウ》。

臣 2 【卧】9画 ⇨【臥】ガ(1001ページ)

臣 8

【臧】 15画 7141 81E7

音 一ゾウ㊉慣 ソウ㊉漢 二ソウ㊉漢 ゾウ㊉呉

訓 あつ-い・おさ-める・かく-す・よ-い

意味 一《ゾウ ソウ》 ❶善良な。りっぱな。よい。例 臧否《ゾウヒ》。臧貶《ゾウヘン》（＝よしあしを品評《ヒンピョウ》する）。❷奴隷《ドレイ》。しもべ。〔いやしんだ呼び方〕例 臧獲《ゾウカク》。❸不正な手段で手に入れた財貨。例 臧罪《ゾウザイ》（＝収賄《シュウワイ》罪）。二《ゾウ ソウ》 ❶おさめる。かくす。同 贓《ゾウ》。例 臧匿《ゾウトク》。❷くら。同 蔵《ゾウ》。例 府臧《フゾウ》（＝くら）。❸はらわた。同 臓《ゾウ》。

【臧獲】《ゾウカク》 めしつかいの男女をいやしんでいうことば。下男と下女。しもべ。めしつかい。

【臧匿】《ゾウトク》（名・する）かくすこと。かくれること。

【臧否】《ゾウヒ》 一（名）よしあし。善悪。例 小子《ショウシ》未《いま》だ—を知らず（＝年若き者はまだ事の善悪をわきまえていない）。〈詩経《シキョウ》〉 二（名・する）善悪の評価をおこなうこと。

臣 11

【臨】 18画 4655 81E8 教育6

音 リン㊉漢㊉呉

訓 のぞ-む

筆順 一 丅 戸 臣 臣 臥 臨 臨

なりたち 〔形声〕「臥（＝ふす）」と、音「品《ヒン→リン》」とから成る。見おろす。

意味 ❶高いところから見おろす。❷おさめる。統治する。例 君臨《クンリン》。❸身分の高い人が姿をあらわす。貴人がある場所に出向く。例 光臨《コウリン》。降臨《コウリン》。❹まのあたりにする。直面する。例 臨機応変《リンキオウヘン》。臨時《リンジ》。臨終《リンジュウ》。❺手近において見る。例 臨画《リンガ》。

使い分け のぞむ【望・臨】 ⇩1176ページ

人名 み

【臨画】《リンガ》（名・する）手本を見ながら絵をかくこと。また、かいた絵。

【臨海】《リンカイ》 海に面していること。海のすぐそばであること。例 —工業地帯。—学校。

【臨界】《リンカイ》 物理や化学で、物質が、ある状態から別の状態に変化する境界。例 —温度。

【臨機応変】《リンキオウヘン》〔「機に臨《のぞ》み変に応ず」と訓読する〕時と場合や状況《ジョウキョウ》の変化に応じて、適切に対応すること。例 —の処置をとる。

【臨御】《リンギョ》（名・する）会場や式場に天子が出席すること。

【臨月】《リンゲツ》 出産予定の月。うみづき。

【臨検】《リンケン》（名・する）管轄《カンカツ》する役人などが、その場へ行って調べること。

【臨幸】《リンコウ》（名・する）天子が行幸《ギョウコウ》してその場に出席すること。

【臨港】《リンコウ》 港に面していること。例 —地帯。—線。

【臨時】《リンジ》 ①決まっているときにではなく、そのときの必要に応じておこなわれること。対 定例《テイレイ》。例 —ニュース。—休業。②長く続くのではなくて、一時的なこと。例 —列車。

【臨終】《リンジュウ》 命が終わるまぎわ。いまわのきわ。最期《サイゴ》。

【臨書】《リンショ》（名・する）書道で、手本を見ながら字を書くこと。また、書いた字。

【臨床】《リンショウ》 ①研究ではなく、実際に病人の診察《シンサツ》・治療《チリョウ》に従事すること。例 —医学。—検査技師。②病床まで出向くこと。例 —尋問《ジンモン》。

【臨場】《リンジョウ》（名・する）その場に出ること。その場に居合わせること。例 —感。

【臨席】《リンセキ》（名・する）会合や式に出席すること。例 皇太子殿下《デンカ》のご—をたまわる。

【臨戦】《リンセン》 戦争を始める状態にあること。例 —態勢。

【臨地】《リンチ》 現地に出向くこと。例 —調査。

【臨池】《リンチ》 習字。書道。〔後漢《ゴカン》の張芝《チョウシ》が池のそばで習字のけいこをし、池の水が真っ黒になったという故事による〕→「漢字に親しむ」⑭（579ページ）

【臨模】《リンモ・リンボ》（名・する）手本を見てそのとおりに書き写したり、手本を透《す》き写したりすること。表記 ㊉旧臨▼摸。また、「臨▼摹」とも書く。

【臨本】《リンポン》 書画の手本。

167 8画

金 かね かねへん 部

金属の意をあらわす。「金」をもとにしてできている漢字を集めた。

0 金 2 釜 釛 針 釘 釟 釡 釖 3 釦 釵 鉇 釧 釣 鈒 鈞 4 鈎 釿 鈔 鈕 鈍 鈑 鈇 鈎 鈬 鈩 5 鉞 鉛 鉗 鉅 鉉 鉆 鉱 鉤 鉈 鉦 鉐 鉄 鈿 鉢 鉋 鉚 鈴 6 銜 銀 銖 銃 銭 銑 銓 銛 銚 銅 鉾 鋌 銘 銕 7 鋭 錺 鋏 銹 鋤 銷 鋳 錵 鋲 鋒 鋭 鋪 8 錏 鋺 鋸 錦 錮 鋼 錯 錙 錫 錠 錘 錐 錆 錚 錣 錨 錻 鍄 錬 録 錢 錄 9 鍜 鍔 鍵 鍠 鍬 鍾 鍼 鍛 鍖 鍍 鍮 鍋 鍊 10 鎰 鎧 鎹 鎌 鎬 鎖 鎗 鎮 鎚 鎔 鎌 鎖 鎭 11 鏖 鏡 鏨 鏘 鏃 鏑 鏝 鏐 鏈 鏤 鏥 12 鏢 鏗 鐘 鐔 鐫 鐓 鐙 鐃 鐇 鐐 鐵 13 鐶 鐸 鐺 鐖 鐵 14 鑓 鑄 15 鑑 鑠 鑢 鑯 鑒 鑛 鑚 16 鑪 17 鑵 鑰 18 鑷 19 鑽 鑼 鑾 20 钁 鑿

金 0

【金】 8画 2266 91D1 教育1

音 キン㊉漢 コン㊉呉

訓 かね・かな

筆順 ノ 八 亼 今 仐 全 余 金

なりたち 〔形声〕「土（＝つち）」と「ソ（＝そこにあるもの）」と、音「今《キン》」とから成る。土中の金属。

意味 ❶金・銀・銅などの鉱物をまとめていうことば。例 金属《キンゾク》。合金《ゴウキン》。白金《ハッキン》。❷きん。こがね。例 金塊《キンカイ》。黄金《オウゴン》。❸ぜに。おかね。貨幣《カヘイ》。例 金銭《キンセン》。資金《シキン》。❹金属製の楽器や器物《キブツ》。例 金鼓《キンコ》（＝鐘《かね》と太鼓《タイコ》）。金石文《キンセキブン》。❺こがね色にきらきらとかがやく。例 金波《キンパ》。金髪《キンパツ》。❻こがねのように美しい。りっぱな。たいせつな。例 金言《キンゲン》。金科玉条《キンカギョクジョウ》。❼かたい。堅固《ケンゴ》なもののたとえ。例 金城鉄壁《キンジョウテッペキ》。❽五行《ゴギョウ》の一つ。方位では西、季節では秋をあらわす。❾女真《ジョシン》族が北宋《ホクソウ》をほろぼして建てた国。元《ゲン》にほろぼされた。（一一一五—一二三四）

日本語での用法 《キン》将棋《ショウギ》の駒《こま》の一つ。「金将《キンショウ》」

人名 か

【金▼釘】《かなくぎ》 ①金属製のくぎ。②字がたどたどしくて、へたなこと。例 —流《リュウ》。—のようで読みにくい。

【金▼鎚】《かなづち》 ①物をたたくための工具で頭部が鉄でできたも

の。とんかち。②まったく泳げないことのたとえ。また、その人。表記▽「金▼槌」とも書く。

【金▼壺眼】《かなつぼまなこ》くぼんで丸い目。

【金仏】《かなブツ|かなぼとけ》①金属製の仏像。②心の冷たい人。

【金棒】《かなボウ》①鉄製の棒。例鬼《おに》に―。②頭部に鉄の輪をつけた鉄製の棒。つき鳴らして音を立てる。表記▽「▽鉄棒」とも書く。

【▽金▽糸▼雀】《カナリア|カナリヤ》スズメ目の小鳥。鳴き声が美しいので愛玩《アイガン》用として飼われる。

【金位】《キンイ》金製品にふくまれる金《キン》の割合。純金(二十四金)に対して、十八金、十四金などとあらわす。

【金一封】《キンイップウ》ひと包みのお金。報奨《ホウショウ》金・賞金・祝儀《シュウギ》などで、金額をはっきりさせない言い方。

【金印】《キンイン》金でできている印。

【金印紫▼綬】《キンインシジュ》金でできた印と、むらさきのかざりひも。昔、中国で身分の高いことのあかしであった。転じて、高位高官の意。

【金▼烏】《キンウ》太陽の別名。太陽に三本足の烏《からす》がすむという伝説による。金鴉《キンア》。

【金運】《キンウン》お金にめぐまれるかめぐまれないか、というめぐりあわせ。例―がない。―にめぐまれる。

【金▼甌無欠】《キンオウムケツ》①まったく傷のない金でできたかめ。②ものごとが完全で不備のないことのたとえ。とくに、外からの侵略《シンリャク》を受けたことのない確固とした独立国家のたとえ。〈南史《ナンシ》〉

【金貨】《キンカ》金をおもな成分としてつくられた貨幣《カヘイ》。

【金塊】《キンカイ》金のかたまり。

【金科玉条】《キンカギョクジョウ》①金や玉のようにたいせつな、法律や規則。②きびしく守っていることがら。例先生の教えを―として、毎日を過ごす。

【金閣】《キンカク》①黄金でかざった宮殿《キュウデン》。美しいたかどの。②京都の「金閣寺(=鹿苑寺《ロクオンジ》)」を略した呼び名。

【金額】《キンガク》いくらと示されたお金の数量。値段。金高《キンだか》。

【金紙】《キンがみ》①金粉や金箔《キンパク》をおした紙。②金色に染めた箔《ハク》をおした紙。③金箔。

【金側】《キンがわ》金でつくった外側。例―の腕時計《うでどけい》。

【金冠】《キンカン》①金でできているかんむり。②歯の治療《チリョウ》で、金を歯の形にかたどってかぶせるもの。例―をかぶせる。

【金環】《キンカン》金でできている輪。指輪・腕輪《うでわ》など。

【金環食】《キンカンショク》日食の一種で、月が太陽の中央をおおい、太陽の外側だけが輪のようにかがやいて見えるもの。表記「金環▼蝕」とも書く。

【金管楽器】《キンカンガッキ》金属製の管楽器。俗《ゾク》にいう、らっぱのなかまの吹奏《スイソウ》楽器。ホルン・トランペット・トロンボーン・チューバ・ユーフォニウムなど。対木管楽器。

【金看板】《キンカンバン》①金色で文字を書いた看板。また、金色の看板。②周囲に目立たせたい意見や主義主張。例「行政改革」という―。

【金魚】《キンギョ》フナの変種から、観賞用として改良された魚。例―すくい。

【金玉】㊀《キンギョク》①黄金と宝玉《ホウギョク》。②貴重で手に入れがたいもの。例―の作品。㊁《キンたま》睾丸《コウガン》。

【金銀】《キンギン》①金と銀。②金貨と銀貨。また、いっぱんに金銭。おかね。

【金欠】《キンケツ》お金が足りないこと。お金がないこと。〔「貧血《ヒンケツ》」のもじり〕例―病。

【金▼闕】《キンケツ》①道教で、天の神の住む宮殿《キュウデン》。②天子の住む宮殿。皇居。③黄金でかざった門。

【金券】《キンケン》①漢の高祖(=劉邦《リュウホウ》)が、諸侯《ショコウ》を任ずるときにあたえた黄金のふだ。②一定の地域や一定の商品について、お金の代わりとして使える券。商品券やビール券など。③金貨と交換《コウカン》できる紙幣《シヘイ》。

【金権】《キンケン》お金や財産を持つことによって生ずる権力。例―政治を一掃《イッソウ》する。

【金言】《キンゲン》人の世の真理やいましめを短く的確に言いあらわしたことば。類箴言《シンゲン》。例―は耳に逆《さか》らう(=金言は、人の弱点や欠点をいいあてているので、すなおには聞きにくい)。

【金庫】《キンコ》①現金や証券などの財産を、火災や盗難《トウナン》などから守るための、がんじょうな箱。例耐火《タイカ》―。②国や公共団体が現金を出し入れするための機関。また、特定の会員のための金融《キンユウ》機関。例信用―。

【金工】《キンコウ》金属を細工して作る工芸品。彫金《チョウキン》・鋳金《チュウキン》・鍛金《タンキン》などがある。また、その職人。

【金坑】《キンコウ》金をとるために鉱山にほったあな。

【金鉱】《キンコウ》金をとる鉱石。また、その鉱石を産出する鉱山。金山。例カリフォルニアの―に人人がおし寄せた。

【金婚式】《キンコンシキ》結婚後五十年目の祝い。

【金座】《キンザ》江戸《えど》幕府の開設した金貨の鋳造《チュウゾウ》所。江戸のほか駿府《スンプ》(=今の静岡《しずおか》市)・佐渡《さど》・京都に設置され、のち江戸だけに残された。

【金策】《キンサク》(名・する)必要なお金を苦労して用意すること。金の工面《クメン》。例―に奔走《ホンソウ》する。

【金山】《キンザン》金のとれる鉱山。例佐渡島《さどがしま》の―。

【金糸】《キンシ》①金色の糸。②金箔《キンパク》をはった紙を細く切ってより合わせた糸。例―の刺繡《シシュウ》の帯。

【金▼鵄】《キンシ》金色のトビ。日本神話で、神武《ジンム》天皇が東征《トウセイ》したとき、天皇の弓の先に止まり、全身から放つ光で敵をこまらせたという。例―勲章《クンショウ》(=明治・大正・昭和の、軍功にすぐれた軍人にあたえられた勲章)。

【金地】《キンジ》金糸や金箔《キンパク》、また金泥《キンデイ》で、金色にかがやく布や紙。

【金枝玉葉】《キンシギョクヨウ》〔金の枝や宝玉《ホウギョク》の葉にたとえて〕天子の一族。皇族。王族。

【金字塔】《キンジトウ》①〔「金」の字に形が似ているところから〕ピラミッド。②後世《コウセイ》にながく残る、すぐれた業績。例―を打ち立てる。

【金砂】《キンシャ》①金箔《キンパク》を細かくしたもの。日本画や蒔絵《まきエ》に用いる。金砂子《キンすなご》。②金粉《キンプン》。③砂金《サキン》。

【金▼紗】《キンシャ》〔「紗」は、織り目のあらい、軽くてうすい生糸《きいと》の織物〕紗の地に金糸で模様を織り出した絹織物。例―縮緬《ちりメン》。表記「錦▼紗」とも書く。

【金将】《キンショウ》将棋《ショウギ》の駒《こま》の一つ。ななめ後ろ以外の方向へ一ますずつ動ける。金《キン》。

【金城】《キンジョウ》①〔金で造った城の意〕守りのかたい城。転じて、ものごとの堅固《ケンゴ》なこと。また、城の本丸(=中心部)。②〔天守閣に金の鯱《しゃちほこ》があることから〕名古屋城《なごやジョウ》の別名。

【金城鉄壁】《キンジョウテッペキ》〔「鉄壁」は、鉄の城壁の意〕守りがかたく、容易に落ちない城。転じて、ひじょうに堅固《ケンゴ》なことのたとえ。類金城湯池《トウチ》。

【金城湯池】《キンジョウトウチ》〔「湯池」は、熱湯の満ちた堀《ほり》の意〕ひじょうに守りのかたい城(と堀)。転じて、他の勢力が容易には入りこめない地域。類金城鉄壁《テッペキ》。

【金子】《キンス》お金。金銭。例路用《ロヨウ》の―(=旅費)。

【金星】㊀《キンセイ》太陽に二番目に近い惑星《ワクセイ》。明けの明星《ミョウジョウ》。宵《よい》の明星。㊁《キンぼし》大相撲《おおずもう》で、平幕《ひらマク》力士が横綱《よこづな》に勝つこと。転じて、予想もしない大勝利。おおてがら。

【金製】《キンセイ》金でできていること。また、金製品。例—の置物。

【金石】《キンセキ》①金属と岩石。鉱物。②金属や石でつくられたもの。金属器と石器。③堅固《ケンゴ》なこと、不変であることのたとえ。④金や石でつくった打楽器。

【金石学】《キンセキガク》①「金石文」を研究する学問。②「鉱物学」の古い呼び名。

【金石文】《キンセキブン》金属器や石碑《セキヒ》などに刻まれた、文字。

【金扇】《キンセン》地色が金色のおうぎ。金箔《キンパク》を使ったおうぎ。

【金銭】《キンセン》お金。貨幣《カヘイ》。通貨。例—にかえられないだいじなもの。—感覚。

【金▼盞花】《キンセンカ》キク科の二年草。花の形が金色の盞《さかずき》に似ている。

【金属】《キンゾク》金属元素と合金とをまとめていうことば。金・銀・銅・アルミなど。例—探知器。

【金丹】《キンタン》昔、道士が金を使ってつくったという不老長寿《フロウチョウジュ》の薬。

【金▼鍔】《キンつば》①金でかざった刀のつば。②「金鍔焼き」の略。あんの周囲に水でこねた小麦粉をうすくつけて、刀のつばの形に焼いた和菓子《ワガシ》。

【金的】《キンテキ》①金色で小さな円形の弓のまと。②あこがれのまと。例—を射とめる。

【金殿玉楼】《キンデンギョクロウ》黄金や宝玉《ホウギョク》でかざった御殿《ゴテン》。豪勢《ゴウセイ》でりっぱな建物。

【金時】《キンとき》①坂田金時《さかたのきんとき》のこと。説話などでの金太郎の成人後の名前。例—の火事見舞《カジみまい》い（=酒のために顔が真っ赤なこと）。②アズキやササゲ、またサツマイモの品種の一つ。③あまく煮《に》たアズキ、また、それをかき氷にかけたもの。

【金団】《キントン》やわらかく煮《に》た豆やイモをつぶしてクリなどを入れ、あまく味つけした食べ物。例栗《くり》—。

【金納】《キンノウ》（名・する）税などをお金でおさめること。対物納。

【金波】《キンパ》月などの光が映って美しく見える波。例—銀波の打ち寄せる浜辺《はまべ》。

【金杯】《キンパイ》①金製または金メッキ製のさかずき。②金色の賞杯《ショウハイ》。表記▽「金▼盃」とも書く。

【金▼牌】《キンパイ》金製または金メッキ製の賞牌《ショウハイ》。金メダル。

【金▼箔】《キンパク》金をたたいて、うすくのばしたもの。転じて、外形をかざること。例—をおした障壁画《ショウヘキガ》。—がはげる。

【金髪】《キンパツ》金色のかみの毛。ブロンド。例—の少女。

【金▼屏風】《キンビョウブ》全面に金箔《キンパク》をおいた屏風。また、金色の屏風。例—の前に並ぶ。

【金品】《キンピン》金銭と品物。例—の供与《キョウヨ》。

【金風】《キンプウ》〔中国の五行《ゴギョウ》思想で、「金」は秋にあたることから〕秋風。

【金覆輪】《キンプクリン》鍔《つば》・鞍《くら》・茶碗《チャワン》などを金でふちどったもの。例—の鞍。

【金縁】《キンぶち》眼鏡や額などで、金製、または、金色のふち。例—眼鏡。

【金文】《キンブン》①金泥《コンデイ》で書かれた文字。金文字。②金属に刻んだ文字。③古代の鐘《かね》や器物、また貨幣《カヘイ》などの金属器に刻まれた文字や文章。→【金石文】《キンセキブン》

【金粉】《キンプン》金のこな。また、金色のこな。書画などに用いる。金砂《キンシャ》。金砂子《キンすなご》。例—を散らす。

【金▽瓶梅】《キンペイバイ》明《ミン》代の長編口語体小説。作者未詳《ミショウ》。十六世紀末の成立とされる。豪商《ゴウショウ》の西門慶《セイモンケイ》とその愛人を中心としたみだらな生活ぶりを通して、当時の腐敗《フハイ》した世相を風刺《フウシ》的にえがいた。

【金▼鳳▽花】《キンポウゲ》キンポウゲ科の多年草。ウマノアシガタ。晩春から初夏にかけて黄色の花をつける。有毒。表記「▽毛▼茛」とも書く。

【金歩揺】《キンホヨウ》歩くとゆれる、黄金のかんざし。

【金本位】《キンホンイ》貨幣《カヘイ》の価値を、一定の量の金をもとにして決め、金を一国の通貨の基準とする貨幣制度。対銀本位。

【金満家】《キンマンカ》金持ち。類富豪《フゴウ》・資産家。

【金脈】《キンミャク》①金の鉱脈。例地下の—を発見する。②利害関係で結びついていて、資金を提供してくれる人。かねづる。類金主《キンシュ》。例政治家の—。—をもっている。

【金無▼垢】《キンムク》まじりけのない、純粋《ジュンスイ》の黄金。純金。例—の茶釜《チャがま》。

【金木▼犀】《キンモクセイ》モクセイ科の常緑小高木。秋、かおりの強い赤黄色の小花をつける。

【金融】《キンユウ》金銭を融通《ユウズウ》すること。また、貸借《タイシャク》や仲介《チュウカイ》など、資金の動き。例—機関。

【金曜】《キンヨウ》日曜からかぞえて、週の六番目の曜日。金曜日。

【金▼蘭】《キンラン》〔金のようにかたく、蘭のようにかぐわしい意から〕親密な交友。例—の契《ちぎ》り。

【金▼襴】《キンラン》金糸で模様を織り出した錦《にしき》の一つ。高級絹織物の代表。例—緞子《ドンス》。

【金利】《キンリ》貸したり借りたりするときの、お金の利息。また、その割合。利率。例借金の—がかさむ。

【金力】《キンリョク》（社会的な圧力や権力となるほどの）お金の威力《イリョク》。類財力・経済力。例—にものを言わせる。

【金輪】［一］《キンリン》①金でかざった車輪。②満月。［二］《コンリン》〔仏〕四輪《シリン》の一つ。世界の地層は上から「金輪・水輪・風輪・空輪」であるとする。［三］《かなわ》①鉄製の輪。②三本足の鉄の輪で、なべなどを火にかけるときに用いる。五徳《ゴトク》。表記［三］は「▽鉄輪」とも書く。

【金輪際】《コンリンザイ》［一］（名）〔仏〕金輪（=大地）の最も深い所。世界の果て。［二］（副）決して。断じて。〔下に打ち消しのことばをともなう〕例—ゆずるつもりはない。

【金▼蓮歩】《キンレンポ》美人のあでやかな歩き方のたとえ。蓮歩。〔昔、斉《セイ》の東昏侯《トウコンコウ》が道に黄金のハスの花をいくつも置いて、お気に入りの潘妃《ハンピ》にその上を歩かせ、「歩くたびにハスの花がさく」とおもしろがった故事による〕〈南史《ナンシ》〉

【金剛】《コンゴウ》〔仏〕ひじょうにかたく、こわれにくいもの。例—力《リキ》。—石《セキ》。

【金剛界】《コンゴウカイ》〔仏〕煩悩《ボンノウ》を打ち砕《くだ》く大日如来《ダイニチニョライ》の智慧《チエ》の世界。対胎蔵界《タイゾウカイ》。

【金剛砂】《コンゴウシャ》ざくろ石を粉末にしたすな。ダイヤモンドに次いでかたく、水晶《スイショウ》や大理石の研磨《ケンマ》に用いる。エメリー。あかずな。

【金剛心】《コンゴウシン》〔仏〕金剛のようにかたく、何ものにも動じない信仰心《シンコウシン》。また、そのような精神力。

【金剛石】《コンゴウセキ》ダイヤモンド。

【金剛不▽壊】《コンゴウフエ》〔仏〕仏のからだなどが金剛石のようにかたく、こわれないこと。例—の志《こころざし》。

【金剛力】《コンゴウリキ》金剛力士のようなひじょうに強い力。大力。

【金剛力士】《コンゴウリキシ》〔仏〕仏法を守護する神。あらあらしい表情をし、金剛杵《コンゴウショ》（=煩悩《ボンノウ》を打ちくだく法具）を持つ。多く寺に、左右一対《イッツイ》の像がある。金剛神《ジン》。仁王《ニオウ》。二王。

【金色】《コンジキ|キンいろ》黄金の色。こがね色。

【金泥】《コンデイ》〔「キンデイ」とも〕金粉をにかわと水でといたもの。絵や文字をかくのに用いる。例紺地《コンジ》—の経文《キョウモン》。

【金堂】《コンドウ》寺の本尊《ホンゾン》を安置する建物。本堂。

【金銅】《コンドウ》銅に金メッキしたもの。例法隆《ホウリュウ》寺の—仏。

【金▼毘羅《コンピラ》】〔仏〕もとガンジス河のワニを神格化した仏法を守護する神。十二神将の一つ。また、航海の安全を守る神として、信仰《シンコウ》が厚い。表記「金比羅」とも書く。

●基金《キキン》・献金《ケンキン》・現金《ゲンキン》・砂金《サキン》・残金《ザンキン》・資金《シキン》・借金《シャッキン》・集金《シュウキン》・純金《ジュンキン》・賞金《ショウキン》・筋金《すじがね》・税金《ゼイキン》・送金《ソウキン》・大金《タイキン》・代金《ダイキン》・貯金《チョキン》・賃金《チンギン》・年金《ネンキン》・罰金《バッキン》・針金《はりがね》・募金《ボキン》・前金《まえキン》・料金《リョウキン》

金 2

【釜】

10画 1988 91DC 常用 音 フ(漢) 訓 かま

筆順 ノ ハ グ 父 斧 斧 斧 釜

金 2

「釜」

10画 7861 91E1 俗字

なりたち [形声]「金(=かね)」と、音「父《フ》」とから成る。かまの類。

意味 ❶かま。火にかけて飲食物を煮《に》たきする金属のなべ。例釜中魚《フチュウのうお》。❷春秋戦国時代、斉《セイ》の国の容量の単位。一釜《プ》は、六十四升《ショウ》(=約一二リットル)。

日本語での用法《かま》茶道に使う、湯わかしのかま。「芦屋釜《あしやがま》・茶釜《チャがま》・初釜《はつがま》」

使い分け かま【釜・窯】⇩1167ページ

【釜飯】《かまめし》一人前ずつ小さな釜で具とともにたきこむご飯。

【▽釜中の魚】《フチュウのうお》〔かまの中で、今にも煮《に》られようとしている魚の意〕死の危険が目前にせまっていることのたとえ。

金 2

【釛】

10画 7862 91DB 音 コク(漢) 訓 かね・きがね・こがね

意味 金。こがね。

金 2

【針】

10画 3143 91DD 教育6 音 シン(漢)(呉) 訓 はり

筆順 ノ 𠆢 ㇒ 牟 余 金 金 針

なりたち 鍼 [形声]本字は「鍼」で、「金(=かね)」と、音「咸《カン→シン》」とから成る。ぬいばり。

参考「針」と「鍼」は、ともに「はり」の意だが、慣用で、治療用のはりは「鍼」を用い、そのほかは「針」を用いる。

意味 ❶はり。㋐ぬいばり。例運針《ウンシン》。㋑漢方で、治療《チリョウ》用のはり。からだにさして病気を治す。例針灸《シンキュウ》。針術《シンジュツ》。㋒注射のはり。㋓方向を示すはり。針路。例指針《シシン》。方針《ホウシン》。❷はりのように先のとがったもの。例針葉樹《シンヨウジュ》。避雷針《ヒライシン》。

【▽針▽魚】《さより》ダツ目の硬骨《コウコツ》魚。細長い体形で、下顎《したあご》が長くつき出ている。表記「▽細▽魚」とも書く。

【針▼灸】《シンキュウ》漢方で、身体各部のつぼに針《はり》を打ち、灸をすえる治療《チリョウ》法。例—師。表記「▼鍼▼灸」とも書く。

【針術】《シンジュツ》金や銀、また鉄などの針《はり》を、身体各部のつぼに打つ、中国伝来の医術。はり。表記「▼鍼術」とも書く。

【針小棒大】《シンショウボウダイ》(名・形動《ダナ》)〔針《はり》ほどに小さいことを棒のように大きくする意〕ものごとをおおげさに言うことのたとえ。例うわさが—に伝わる。—に言う。

【針葉樹】《シンヨウジュ》針《はり》のようにかたく細長い葉をもつ樹木。マツやスギなど。対広葉樹。例—林《リン》。

【針路】《シンロ》①(羅針盤《ラシンバン》が指示した)船や飛行機の進むべき方角。例北西に—をとる。②めざす方向。進路。

【針医】《はりイ》針術《シンジュツ》の治療《チリョウ》をする人。表記「▼鍼医」とも書く。

【針▼槐】《はりえんじゅ》マメ科の落葉高木。ニセアカシア。

【針金】《はりがね》鉄や銅などの金属を、ひも状に細長くのばしたもの。

【針山】《はりやま》裁縫用の針をさしておく道具。針さし。

●運針《ウンシン》・検針《ケンシン》・指針《シシン》・磁針《ジシン》・短針《タンシン》・長針《チョウシン》・秒針《ビョウシン》・方針《ホウシン》・棒針《ボウばり》・羅針盤《ラシンバン》

金 2

【釘】

10画 3703 91D8 人名 音 テイ(漢) チョウ(呉) 訓 くぎ

意味 ❶黄金ののべ板。のべがね。❷(鉄でできた)くぎ。また、くぎをうつ。くぎうつ。例釘鞋《テイアイ》(=底にくぎを打った靴《くつ》)。釘子《テイシ》(=くぎ)。釘頭《テイトウ》(=くぎのあたま)。

金 2

【釟】

10画 7860 91DF 音 ハツ(漢) 訓 きた-える

意味 金属を加工する。

金 2

「釜」

10画 ⇩【釜】《かま》(1005ページ)

金 2

「釖」

10画 ⇩【刀】《トウ》(127ページ)

金 3

【釦】

11画 4353 91E6 音 コウ(漢) ク(呉)

意味 ❶金銀などをちりばめて、うつわの口やへりをかざる。例釦器《コウキ》(=口やへりをかざったうつわもの)。❷衣服の合わせ目をとめるもの。ボタン。例紐釦《チュウコウ》(=ボタン)。

金 3

【釵】

11画 7864 91F5 音 サ(漢) サイ(漢) 訓 かんざし

意味 髪《かみ》にさすかざり。金属でできた、ふたまたのもの。かんざし。例釵釧《サイセン》(=かんざしと、うでわ)。金釵《キンサイ》(=黄金のかんざし)。

金 3

【鉈】

11画 7865 91F6 音 シ(漢) 訓 ほこ

意味 短い矛《ほこ》。ほこ。同鉇《シ》。

金 3

【釧】

11画 2292 91E7 人名 音 セン(漢) 訓 くしろ・うでわ

意味 古代の装飾品《ソウショクヒン》。うでわ。くしろ(=「うでわ」の古語)。例玉釧《ギョクセン》(=玉《ギョク》のうでわ)。腕釧《ワンセン》(=うでわ)。

人名 たまき

金 3

【釣】

11画 3664 91E3 常用 音 チョウ(漢) 訓 つ-る・つ-り

筆順 𠆢 ㇒ 牟 余 金 釒 釣 釣

金 3

【釣】

11画

なりたち 𨥁 [形声]「金(=かね)」と、音「勺《シャク→チョウ》」とから成る。はりで魚をとる。

意味 ❶魚をはりで引っかけてとる。つる。つり。例釣果《チョウカ》。釣魚《チョウギョ》。❷たくみにさそい出して、利益を手に入れる。求める。例釣名釣利《チョウメイチョウリ》(=名誉《メイヨ》や利益をあさる)。

日本語での用法 ㊀《つる》つりさげる。つるす。「釣瓶《つるべ》・棚《たな》を釣《つ》る・釣《つ》り鐘《がね》・釣《つ》り行灯《アンドン》」㊁《つり》差額の金銭。おつり。「釣《つ》り銭《セン》・釣《つ》りがない」

【釣果】《チョウカ》魚つりで、どれだけつれたかという成果。また、その魚。例—をきそう。

【釣魚】《チョウギョ》魚をつること。また、つった魚。さかなつり。うおつり。

【釣人】《チョウジン》つりをする人。つりびと。釣客《チョウカク》。

[金部] 2—3画 釜釛針釘釟釜釖釦釵鉈釧釣

金 3 【釵】11画 ⇩【剣《ケン》】（139ページ）

金 3 【釣】11画 ⇩【釣《チョウ》】（1005ページ）

金 4 【鈞】12画 7866 921E 音キン漢 訓ひと-しい

意味 ❶重さの単位。一鈞は三十斤《キン》。→「度量衡表《ドリョウコウヒョウ》」（1141ページ） ❷まるい陶器《トウキ》をつくるときの回転台。ろくろ。例鈞《キン》陶《トウ》（＝ろくろをまわして陶器をつくる。すぐれた人物をつくりだすこと）。❸つりあいがとれている。ひとしい。同均《キン》。例鈞《キン》衡《コウ》（＝公平を保つ）。

金 4 【釿】12画 7867 91FF 音キン漢 訓おの・ちょうな

意味 おの。同斤《キン》。

金 4 【鈔】12画 7868 9214 音ソウ漢 ショウ呉 訓かす-める

意味 ❶金属の道具をさしこんで、取る。指でつまんで取る。かすめる。同抄《ショウ》。例鈔《ショウ》掠《リャク》（＝かすめとる）。❷文字をうつし取る。うつす。同抄《ショウ》。例鈔《ショウ》写《シャ》（＝書物をうつし取る）。鈔本《ショウホン》。❸紙に印刷したお金。紙幣《シヘイ》。例交鈔《コウショウ》（＝金《キン》・元《ゲン》代の紙幣）。

【鈔本】《ショウホン》①原本の書類から必要な部分を写した文書。対謄本《トウホン》。例戸籍《コセキ》―。②ぬき書きした書物。写本。表記▽「抄本」とも書く。

金 4 【鈕】12画 7870 9215 音チュウ慣 ジュウ漢 訓つまみ・とって

意味 ❶印章のつまみ。つまんだり、ひもをかけたりする部分。つまみ。例印鈕《インチュウ》（＝印章のつまみ）。❷衣服のボタン。同紐《チュウ》。例鈕釦《チュウコウ》（＝ボタン）。

金 4 【鈍】12画 3863 920D 常用 音トン漢 ドン呉 訓にぶ-い・にぶ-る

筆順 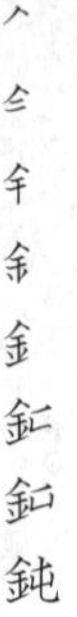

なりたち  ［形声］「金（＝かね）」と、音「屯《チュン→トン》」とから成る。にぶい。

意味 ❶刃物《はもの》の切れあじが悪い。なまくら。にぶい。例鈍器《ドンキ》。鈍刀《ドントウ》。利鈍《リドン》（＝するどいことと、にぶいこと）。❷動作や理解力がおそい。のろい。にぶい。おろか。例鈍感《ドンカン》。鈍才《ドンサイ》。愚鈍《グドン》。❸するどくない。とがっていない。例鈍角《ドンカク》。❹にぶらせる。にぶる。例鈍化《ドンカ》。鈍磨《ドンマ》。

日本語での用法《にび》こい灰色。「鈍色《にびいろ》・青鈍《あおにび》・薄鈍《うすにび》」

【鈍化】《ドンカ》（名・する）にぶくなること。するどさがなくなったり、勢いが弱まったりすること。例物価の上昇率《ジョウショウリツ》が―する。

【鈍角】《ドンカク》〔数〕九〇度より大きく一八〇度より小さい角。対鋭角《エイカク》。

【鈍感】《ドンカン》（名・形動《ダ》）感じ方がにぶいこと。感受性にとぼしいこと。〔古くは「鈍漢《ドンカン》」〕対敏感《ビンカン》。例味覚が―になる。

【鈍器】《ドンキ》①よく切れない刃物《はもの》。対利器。②刃がなく、かたくて重い、人を殺傷できるほどのもの。対利器。例―のようなもので打たれた。

【鈍行】《ドンコウ》各駅に停車する列車を、俗《ゾク》にいうことば。対急行・快速。

【鈍才】《ドンサイ》才知がにぶく能力にとぼしいこと。また、その人。

【鈍重】《ドンジュウ》（形動《ダ》）反応がにぶくて、のろいようす。例―だが細心。

【鈍痛】《ドンツウ》にぶく重苦しいいたみ。対激痛。例発熱後で頭部にまだ―が残る。

【鈍刀】《ドントウ》切れあじの悪いかたな。なまくら。

【鈍物】《ドンブツ》鈍感な人。反応がにぶい人。対才物《サイブツ》。

【鈍麻】《ドンマ》（名・する）〔医〕感覚がにぶくなること。例神経が―する。

【鈍磨】《ドンマ》（名・する）刃《は》などがすりへって鋭利《エイリ》でなくなること。例刃物《はもの》が―していて、仕事がはかどらない。

●愚鈍《グドン》・遅鈍《チドン》・利鈍《リドン》

金 4 【鈑】12画 7871 9211 音バン慣 ハン漢 訓いたがね

意味 うすくのばした金属の板。いたがね。例鈑金《バンキン》（＝いたがね。また、金属をうすく板の形にのばす）。

金 4 【鈇】12画 1-9304 9207 音フ漢 訓おの

意味 腰斬《ヨウザン》（＝こしの部分でからだを切断する刑罰《ケイバツ》）に用いる斧《おの》。おの。同斧《フ》。例鈇鉞《フエツ》。

【鈇▼鉞】《フエツ》①おのと、まさかり。②〔おのやまさかりは刑罰《ケイバツ》の道具であることから〕重い刑罰。③文章に手を入れること。添削《テンサク》。例―を加える（＝添削する）。表記▽「▼斧▼鉞」とも書く。

金 4 【鈎】12画 ⇩【鉤《コウ》】（1007ページ）

金 4 【鈬】12画 ⇩【鐸《タク》】（1018ページ）

金 4 【鈩】12画 ⇩【鑪《ロ》】（1019ページ）

金 5 【鉞】13画 7872 925E 音エツ漢 訓まさかり

意味 大きなおの。まさかり。例斧鉞《フエツ》。

金 5 【鉛】13画 1784 925B 常用 音エン漢呉 訓なまり

筆順 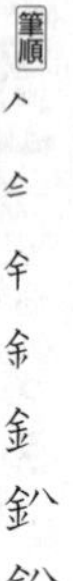

なりたち  ［形声］「金（＝かね）」と、音「㕣《エン》」とから成る。青みをおびた金属。

意味 ❶金属の一つ。なまり。例鉛管《エンカン》。鉛毒《エンドク》。❷なまりからとった白い顔料。おしろい。例鉛黛《エンタイ》（＝おしろいと、まゆずみ。化粧《ケショウ》）。

【鉛華】《エンカ》〔原料になまりを使ったことから〕おしろい。鉛粉《エンプン》。鉛白《エンパク》。

【鉛管】《エンカン》なまりでできた管《くだ》。水道などの給水管として用いた。例古い―を取り替える。

【鉛直】《エンチョク》（名・形動《ダ》）水平面に直角であること。また、その方向。類垂直。例―線。

【鉛刀】《エントウ》切れあじの悪い、なまくら刀。

【鉛刀一割】《エントウイッカツ》①〔なまくらな鉛刀でも一度は切れる意から〕自分の力がそれほどでもないことを、へりくだっていうことば。②一度きりで二度と使えないことのたとえ。

【鉛毒】《エンドク》なまりにふくまれている毒。また、なまりによる中毒。精錬所《セイレンジョ》などの排煙《ハイエン》や、おしろいによる中毒など。

【鉛白】《エンパク》なまりからつくられる白色の粉末顔料。塗料《トリョウ》に用いる。有毒だがかつては、おしろいにも使われた。

【鉛筆】《エンピツ》黒鉛と粘土《ネンド》をまぜて焼いたしんを、細い木の軸《ジク》

に入れた筆記用具。例―けずり。色―。◯●黒鉛《コクエン》・水鉛《スイエン》

金 5
【鉗】13画 7873 9257 音カン慣ケン漢 訓かなばさみ・くびかせ・はさ-む
意味 ❶首をはさんで、自由に動けなくする刑具《ケイグ》。くびかせ。❷首かせをはめる。自由をうばう。例鉗制《ケンセイ》。❸とじる。ふさぐ。例鉗口《カンコウ｜ケンコウ》。❹かなばさみ。また、かなばさみではさむ。例鉗子《カンシ｜ケンシ》。鉗鎚《ケンツイ》（＝かなばさみと、かなづち。鉄をきたえる道具）。
【鉗口】《カンコウ｜ケンコウ》（名・する）口を閉じてものを言わないこと。
【鉗子】㊀《ケンシ》①首かせをはめられた罪人。②くぎぬき。毛ぬき。㊁《カンシ》はさみのような形をした医療《イリョウ》器具で、外科《ゲカ》医療の際に人体の部位をはさむのに用いるもの。
【鉗制】《ケンセイ》（名・する）おさえつけて自由をうばうこと。弾圧《ダンアツ》。

金 5
【鉅】13画 7874 9245 音キョ漢
意味 ❶かたい金属。はがね。❷大きい。多い。同巨《キョ》。例鉅費《キョヒ》（＝多額の費用）。鉅万《キョマン》（＝きわめて多い数）。

金 5
【鉉】13画 7875 9249 音ケン漢ゲン呉 訓つる
意味 ❶銅の鉤《かぎ》で、鼎《かなえ》の耳にかけて鼎を持ち上げる器具。❷三公などの重臣のたとえ。例鉉席《ゲンセキ》。鉉台《ゲンタイ》（＝三公の地位。三公）。
【鉉席】《ゲンセキ》三公の地位。

金 5
【鈷】13画 2458 9237 音コ漢
意味 ❶ひしゃくの形をした、昔のアイロン。ひのし。例鈷鉧《コボ》（＝ひのし）。❷仏教で、金剛杵《コンゴウショ》（＝煩悩《ボンノウ》を打ちくだく法具）の先端。もと、古代インドの武器。例五鈷《ゴコ》（＝杵《ショ》の末端《マッタン》が五つの爪《つめ》のもの）。三鈷《サンコ》。独鈷《トッコ》。

金 5
【鉱】13画 2559 9271 教育5 音コウ漢呉 訓あらがね
筆順 ノ 亼 今 余 金 釒 鉱 鉱

金15【鑛】23画 7942 945B
石12【磺】17画 2-8256 78FA 本字
石5【砿】10画 2560 783F 俗字
石15【礦】20画 6672 7926 別体字

なりたち 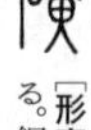 [形声]「石（＝いし）」と、音「黃《コウ》」とから成る。銅や鉄などをふくむ、ほり出したままの石。
意味 役に立つ金属などをふくんだ天然の石。あらがね。例鉱山《コウザン》。鉱石《コウセキ》。炭鉱《タンコウ》。
人名 かね・ひろ・ひろし
【鉱業】《コウギョウ》鉱物をほり出して、製錬《セイレン》する産業。表記旧▼鑛業
【鉱▼滓】《コウサイ》〔「コウシ」の慣用的な読み方〕鉱石を精錬《セイレン》するときに出るかす。れんがやセメントの原料とする。スラグ。
【鉱山】《コウザン》鉱物をほり出す山。また、その設備。
【鉱床】《コウショウ》（ほり出そうとする）鉱物が多くふくまれた岩石の集まっている場所。
【鉱水】《コウスイ》①鉱物質を多くふくむ水。ミネラルウオーター（＝鉱泉水）。②鉱山から出る、鉱毒をふくむ水。
【鉱石】《コウセキ》精錬《セイレン》して金属をとるための、鉱物をふくんだ岩石。表記旧▼鑛石
【鉱泉】《コウセン》鉱物成分などを多くふくんだいずみ。浴用や飲用にする。〔日本では、ふつう、セ氏二五度未満を冷泉、それ以上を温泉とする〕
【鉱毒】《コウドク》鉱物の採掘《サイクツ》や精錬《セイレン》のときに、けむりや汚水《オスイ》となって出る有毒物質。例―訴訟《ソショウ》。
【鉱物】《コウブツ》地中や岩石中で天然自然にある無機物。表記旧▼鑛物
【鉱脈】《コウミャク》岩石のすきまに鉱物が帯や板のように集まってできた場所（＝鉱床《コウショウ》）の広がり。例―を発見する。
【鉱油】《コウユ》石油などの鉱物性の油。
◯●炭鉱《タンコウ》・鉄鉱《テッコウ》

金 5
【鉤】13画 7876 9264 音コウ漢ク呉 訓かぎ・はり
金4【鈎】12画 1935 920E 俗字
意味 ❶ものをひっかけるための、先がおれ曲がった金具《かなグ》。つりばり・とめがねなど。はり。かぎ。例鉤餌《コウジ》（＝つり針につけたえさ）。❷直角におれ曲がった形。例鉤形《かぎがた》。鉤《かぎ》の手《て》（＝直角に曲がるかどの形）。❸ひっかけて、とり出す。さぐる。例鉤索《コウサク》（＝かくれたものを探し出す）。
【鉤縄】《かぎなわ》先のほうにかぎ金具《かなグ》をつけたなわ。
【鉤鼻】《かぎばな》①かぎのように曲がった鼻の形。わしばな。②平安時代の画法で、鼻をくの字形のかぎ形に描写《ビョウシャ》したもの。例引き目―。
【鉤針】《かぎばり》先がかぎ形に曲がった編み針。
◯●擬餌鉤《ギジばり》・毛鉤《けばり》・自在鉤《ジザイかぎ》・手鉤《てかぎ》

金 5
【鉈】13画 7877 9248 音シ漢 訓なた
意味 短い矛《ほこ》。ほこ。同鈚《シ》。
日本語での用法《なた》まき割りや、樹木の枝打ちなどに使う刃物《はもの》。「予算編成《ヨサンヘンセイ》に大鉈《おおなた》を振《ふ》るう（＝ある部分を思い切ってけずることのたとえ）・鉈豆《なたまめ》」

金 5
【鉦】13画 3064 9266 音セイ漢ショウ呉 訓かね
意味 ❶軍隊で、停止《テイシ》の合図などに打ち鳴らした楽器。かね。例鉦鼓《ショウコ》。❷ふせておいてたたき鳴らす仏具。ふせがね。たたきがね。
【鉦鼓】《ショウコ》〔「ショウゴ」とも〕①〔「鉦」は、停止や退却《タイキャク》の合図に鳴らすかね。「鼓」は、出陣《シュツジン》のときに打つ太鼓《タイコ》〕軍事・いくさに関すること。②青銅製の皿をつるして、ばちでたたく打楽器。雅楽《ガガク》や寺院で用いる。

金 5
【鉐】13画 7881 9250 音セキ漢ジャク呉
意味「鍮鉐《チュウセキ》」は、真鍮《シンチュウ》のこと。鍮石《チュウセキ》。

金 5
【鉄】13画 3720 9244 教育3 音テツ漢 訓くろがね
筆順 ノ 亼 今 余 金 釒 鉄 鉄

金13【鐵】21画 7936 9435

8画

[金部] 5画 鉗 鉅 鉉 鈷 鉱 鉤 鉈 鉦 鉐 鉄

金6 【銕】 14画 7878 9295 古字 金12 【鐵】 20画 7937 9421 俗字

なりたち 鐵 [形声]「金(=かね)」と、音「戴《チツ→テツ》」とから成る。黒みをおびた金属。

意味 ❶金属の一つ。かね。くろがね。[例]鉄器《テッキ》。鉄橋《テッキョウ》。製鉄《セイテツ》。❷かたい。つよい。かわらない。[例]鉄拳《テッケン》。鉄則《テッソク》。鉄壁《テッペキ》。❸はもの。武器。[例]寸鉄《スンテツ》。

難読 鉄槌《かなづち》・鉄鎚《かなづち》・鉄梃《かなてこ》・鉄棒《かなボウ》・鉄漿《かね》

人名 かね・とし・まがね

【鉄亜鈴】《テツアレイ》 両端《リョウタン》に鉄球のついた、片手で持って筋肉をきたえる体操道具。ダンベル。

【鉄火】《テッカ》 ㊀(名)①熱して真っ赤になった鉄。焼きがね。②刀剣《トウケン》と鉄砲《テッポウ》。また、銃撃《ジュウゲキ》で、弾丸《ダンガン》とともに銃身の先から出る火。③生《なま》のマグロの赤身。とくに「鉄火巻き」「鉄火丼《どんぶり》」の略。④「鉄火打ち」の略。ばくち。また、ばくち打ち。[例]─場《ば》。㊁(名・形動ダナ)気性《キショウ》がはげしく、また、義侠心《ギキョウシン》に富むこと。[例]─肌《はだ》。歯切《はぎ》れのいい─な啖呵《タンカ》を切る。

【鉄管】《テッカン》 (ガスや水道用の)鉄製のくだ。

【鉄器】《テッキ》 鉄製の器具。[例]─時代。

【鉄騎】《テッキ》 鉄のよろいとかぶとで身をかためた騎兵。また、強く勇ましい騎兵。

【鉄脚】《テッキャク》 ①塔《トウ》や橋の、鉄でできた脚《あし》。②じょうぶで強い足。㊎健脚。

【鉄橋】《テッキョウ》 鉄でつくった橋。とくに、鉄道用の橋。

【鉄琴】《テッキン》 打楽器の一つ。長さの異なる鉄の板を音階順に並べたもの。丸い玉のついたばちで打ち鳴らす。グロッケンシュピール。

【鉄筋】《テッキン》 ①補強のために、コンクリートの骨組みとして入れる鉄の棒。②「鉄筋コンクリート造り」の略。また、その建物。[例]─五階建てのビル。

【鉄血】《テッケツ》 武器と、兵士の流す血。武力・軍備のたとえ。[例]─宰相《サイショウ》(=プロイセン首相ビスマルクの別名)。

【鉄拳】《テッケン》 鉄のように、かたくにぎったこぶし。げんこつ。[例]─制裁。─を振《ふ》るう。

【鉄工】《テッコウ》 鉄を主材料にして、さまざまな機器をつくる工作。[例]─所。

【鉄鉱】《テッコウ》 鉄の原料にする鉱石。鉄鉱石。

【鉄鋼】《テッコウ》 鉄とはがね。銑鉄《センテツ》・鋳鉄《チュウテツ》・鋼鉄など、鉄材をまとめていうことば。

【鉄格子】《テツゴウシ》 鉄の格子《コウシ》。刑務所《ケイムショ》・牢屋《ロウや》の窓のたとえ。[例]犯人は─の中だ。

【鉄骨】《テッコツ》 建造物の鉄で作った骨組み。

【鉄鎖】《テッサ》 鉄で作ったくさり。[例]─のような束縛《ソクバク》。

【鉄材】《テツザイ》 鉄で作った製品材料。建築・土木や工業などに使う鉄の材料。

【鉄剤】《テツザイ》 鉄を主成分とする薬。おもに増血のために用いる。

【鉄柵】《テッサク》 鉄で作った垣根《かきね》や柵。

【鉄索】《テッサク》 太い針金をより合わせて作ったつな。鋼索《コウサク》。ケーブル。

【鉄▼漿】㊀《テッショウ》 鉄を水にひたして作る黒色の液体。染め物の染料《センリョウ》や御歯黒《おはぐろ》に用いる。㊁《かね》 御歯黒の液。[例]紅《べに》─(=化粧《ケショウ》)。

【鉄条網】《テツジョウモウ》 とげのある針金(=有刺鉄線《ユウシテッセン》)を張りめぐらした障害物のさく。[例]─を張って防ぐ。

【鉄心】《テッシン》 ①鉄製のしん。[例]コイルの─。②鉄のようにかたく強い意志。

【鉄心石腸】《テッシンセキチョウ》 心が鉄や石のようにかたく強いこと。意志堅固《ケンゴ》なこと。鉄腸石心。鉄石心腸。

【鉄人】《テツジン》 鉄のようにがんじょうな人。不死身《フジみ》。[例]─レース(=トライアスロン)。

【鉄製】《テッセイ》 鉄でできていること。[例]─のとびら。

【鉄石】《テッセキ》 〔鉄と石の意から〕かたいこと。堅固《ケンゴ》なものや心のたとえ。[例]─の忠臣。

【鉄扇】《テッセン》 (昔、武士が戦場で用いた)骨を鉄で作ったおうぎ。

【鉄線】《テッセン》 ①鉄製の針金。②キンポウゲ科のつる性の多年草。クレマチス。初夏、白やむらさき色の花をつける。鉄線花。かざぐるま。

【鉄則】《テッソク》 変えることのできない根本規則。必ず守るべき厳しい規則。[例]民主主義の─を守る。

【鉄腸】《テッチョウ》 かたい決心。[例]─石心。

【鉄▼鎚】《テッツイ》 頭部を鉄で作ったつち。かなづち。ハンマー。[例]─をくだす(=厳しく懲罰《チョウバツ》などの処分をする)。[表記]「鉄▼槌」とも書く。

【鉄▼蹄】《テッテイ》 ①馬のひづめの下に打ちつける金具《かなグ》。蹄鉄。②名馬のひづめ。また、その名馬。

【鉄塔】《テットウ》 鉄で作った塔。[例]高圧送電線の─。

【鉄道】《テツドウ》 レールの上に車両を走らせ、旅客や貨物を輸送する交通機関。[例]─唱歌。─マニア。─網《モウ》。

【鉄鉢】《テッパツ》 〔「テッパチ」とも〕托鉢《タクハツ》の僧《ソウ》が、ほどこしの食物を受ける鉄製の鉢《ハチ》。

【鉄板】《テッパン》 鉄の板。[例]─焼き。─で囲む。

【鉄筆】《テッピツ》 ①印を彫《ほ》るのに用いる小刀。印刀。②謄写版《トウシャバン》の原紙に字を書くのに用いる、鉄のしんをつけたペン。

【鉄瓶】《テツビン》 鋳鉄《チュウテツ》でできた湯わかし。[例]南部《ナンブ》(=今の岩手県)の─。

【鉄分】《テツブン》 物にふくまれる鉄の成分。[例]─の多い水。─を補給する。

【鉄粉】《テップン》 鉄のこな。

【鉄壁】《テッペキ》 ①鉄の城壁《ジョウヘキ》。②ひじょうに守りのかたいこと。[例]金城─。

【鉄棒】㊀《テツボウ》 ①鉄製の棒。②器械体操の器具。また、それを使う体操種目。㊁《かなボウ》⇩【金棒】《かなボウ》(1003ジ)

【鉄砲】《テッポウ》 ①火薬の爆発力《バクハツリョク》で弾丸《ダンガン》を発射する兵器。とくに、小銃《ショウジュウ》。[例]─玉《だま》(=小銃の弾丸。また一度行ったら帰ってこないことのたとえ)。②ふろの火をたく金属製の筒《つつ》。[例]─風呂《ブロ》。③相撲《すもう》で、両手でつっぱること。もろてづき。また、同じ側の手足を同時につき出すけいこ。④〔あたると死ぬことから〕ふぐ。⑤かんぴょうをしんにした、細巻きののり巻き。

【鉄砲水】《テッポウみず》 山間部の豪雨《ゴウウ》で、土砂《ドシャ》とともに大量に流れ出る水。

【鉄面皮】《テツメンピ》 (名・形動ダナ)〔つらの皮が鉄のように強い意〕はじ知らずなこと。あつかましいこと。㊎厚顔無恥《コウガンムチ》。[例]─なやつ。

【鉄路】《テツロ》 鉄道の線路。鉄道。

【鉄腕】《テツワン》 鉄のようにじょうぶで、強いうで。[例]─投手。

(●鋼鉄《コウテツ》・砂鉄《サテツ》・私鉄《シテツ》・寸鉄《スンテツ》・鍛鉄《タンテツ》・鋳鉄《チュウテツ》)

[金部] 5画 鈿 鉢

金5 【鈿】 13画 7879 923F [音]テン漢 デン呉 [訓]かんざし

意味 ❶黄金を平らにのばして作ったかざり。かんざし。[例]花鈿《カデン》(=花の形をしたかんざし)。❷青貝《あおがい》細工。[例]螺鈿《ラデン》(=うすく切った貝がらをはめこんだ細工)。

金5 【鉢】 13画 4013 9262 常用 [音]ハツ漢 ハチ呉

筆順 亼 仐 余 金 釒 針 鉢 鉢

なりたち [形声]「金(=かね)」と、音「本《ホン》→《ハツ》」とから成る。僧侶《ソウリョ》が食べ物を入れるうつわ。

意味 僧侶《ソウリョ》の用いる食器。修行《シュギョウ》のため家々をめぐって喜捨を受けるときにも用いる。はち。例 衣鉢《イハツ》。托鉢《タクハツ》。

日本語での用法《ハチ》①皿より深く瓶《かめ》より浅いうつわ。また、それに似た形のもの。「鉢肴《ハチざかな》・皿鉢料理《さわちリョウリ》・擂《す》り鉢《バチ》・丼鉢《どんぶりバチ》・火鉢《ひバチ》・鉢植《ハチう》え・植木鉢《うえきバチ》」②かぶとの頭部をおおう部分。「鉢金《ハチがね》・兜鉢《かぶとバチ》」③人の頭(のまわり)。「鉢合《ハチあ》わせ・鉢巻《ハチま》き」

人名 ほ

●衣鉢《イハツ・エハツ》・鉄鉢《テッパツ》

金 5 【鉋】 13画 7880 924B 音 ホウ㊥ 訓 かんな

意味 木の表面を平らにけずる大工道具。かんな。例 鉋花《ホウカ》(=かんなくず)。

金 5 【鉚】 13画 7886 925A 音 リュウ㊥ 訓 うるわしきかね

意味 美しい金。

金 5 【鈴】 13画 4675 9234 常用 音 レイ㊥ リョウ㊦ リン㊧ 訓 すず

筆順 ノ 亼 仐 余 金 釒 鈴 鈴

なりたち [形声]「金(=かね)」と、音「令《レイ》」とから成る。すず。

意味 ふって鳴らす小さな鐘《かね》。内部にたれ下がった金属が当たって音を出すものや、球形で中に球を入れてふり鳴らすものがある。すず。例 鈴鐸《レイタク》。風鈴《フウリン》。

【鈴虫】《すずむし》 コオロギ科の昆虫《コンチュウ》。秋に、おすが鈴を鳴らすように鳴く。古語では「松虫」をさすことがある。

【鈴▼蘭】《すずラン》 キジカクシ科の多年草。初夏、かおりの強い白い小さな釣《つ》り鐘《がね》のような花をつける。

【鈴▼鐸】《レイタク》 〔「鐸」は、大きいすずの意〕 宮殿《キュウデン》や楼閣《ロウカク》などの軒下《のきした》の四方にさげる、すず。風鐸《フウタク》。

●亜鈴《アレイ》・電鈴《デンレイ》・風鈴《フウリン》

金 6 【銜】 14画 7882 929C 音 ガン㊖ カン㊥ 訓 くつわ・ふく-む・くわ-える

口 9 【啣】 12画 5118 5563 別体字

意味 ❶ウマに手綱《たづな》をつけるため口にくわえさせる金具《かなグ》。くつわ。例 銜轡《ガンピ》(=くつわと、たづな)。❷口にくわえる。例 銜枚《カンバイ》。❸(感情を)心の中におさめる。ふくむ。くわえる。例 銜怨《カンエン》(=うらみをいだく)。

【銜▽枚】《カンバイ・バイをふくむ》 夜討《ようち》ちや奇襲《キシュウ》のときに、兵士やウマの口に木片《モクヘン》をかませて、声を立てないようにしたこと。

金 6 【銀】 14画 2268 9280 教育3 音 ギン㊥ ゴン㊦ 訓 しろがね

筆順 亼 仐 金 釒 釕 鈤 銀 銀

なりたち [形声]「金(=かね)」と、音「艮《コン》→《ギン》」とから成る。白みをおびた金属。

意味 ❶白色でつやのある貴金属。しろがね。例 銀器《ギンキ》。銀山《ギンザン》。金銀《キンギン》。❷しろがねのような、白くてつやのある色。例 銀河《ギンガ》。銀世界《ギンセカイ》。銀髪《ギンパツ》。❸お金。貨幣《カヘイ》。例 銀行《ギンコウ》。賃銀《チンギン》。

日本語での用法《ギン》将棋《ショウギ》の駒《こま》の一つ。「銀将《ギンショウ》」

人名 かね

【▽銀▼杏】 一《いちょう》 イチョウ科の落葉高木。葉はおうぎ形で、秋に黄色に色づく。実はギンナンと呼ぶ。二《ギンナン》〔「ギンアン」の変化〕イチョウの実。食用にする。表記 一は「▽公▽孫▽樹・▼鴨▽脚▽樹」とも書く。

【銀貨】《ギンカ》 銀をおもな成分としてつくられた貨幣《カヘイ》。

【銀河】《ギンガ》 ①天《あま》の川。銀漢。天漢。②太陽系をふくむ銀河系やそれと同じくらい大規模な星の集団。小宇宙。島宇宙。例 アンドロメダ—。

【銀器】《ギンキ》 銀でできたうつわ。

【銀行】《ギンコウ》 ①金融《キンユウ》機関の一つ。預金・貸付などをおこなう。例 普通《フツウ》—。②血液・眼球・人材などを必要に応じて確保・調達する機関。例 血液—。

【銀鉱】《ギンコウ》 銀をふくむ鉱石。また、それを産出する鉱山や鉱脈。銀山。

【銀婚式】《ギンコンシキ》 結婚後二十五年目の祝い。

【銀座】《ギンザ》 ①江戸《えど》幕府の開設した、銀貨の鋳造《チュウゾウ》所。②現在の東京都中央区の町名。繁華街《ハンカガイ》として知られる。〔かつて「①」がおかれたことから〕③〔「②」から〕各地の地域名・町名の下につけて繁華街の意に用いることば。

【銀山】《ギンザン》 銀を産出する鉱山。例 石見《いわみ》—。

【銀将】《ギンショウ》 将棋《ショウギ》の駒《こま》の一つ。左右と真後ろ以外の方向に一ますずつ動ける。銀《ギン》。

【銀子】《ギンス》 ①銀貨。②お金。貨幣《カヘイ》。金銭。

【銀製】《ギンセイ》 銀でできていること。また、銀製品。例 —の食器。

【銀世界】《ギンセカイ》 雪が降り積もって白一色になったようすをいうことば。例 一面の—。

【銀扇】《ギンセン》 銀色のおうぎ。銀箔《ギンパク》をはったおうぎ。

【銀▼鍔】《ギンつば》 ①銀でかざった刀のつば。②「銀鍔焼き」の略。米の粉を練ってあんを包み焼いた和菓子《ワガシ》。

【銀泥】《ギンデイ》 銀粉をにかわと水でといたもの。絵や文字をかくのに用いる。白泥。例 紺地《コンジ》—の経文《キョウモン》。

【銀波】《ギンパ》 月などの光が映って美しく見える波。例 金波《キンパ》—。

【銀杯】《ギンパイ》 銀製のさかずき。表記「銀▼盃」とも書く。

【銀▼牌】《ギンパイ》 銀製の賞牌《ショウハイ》。銀メダル。

【銀▼箔】《ギンパク》 銀をたたいて、紙のようにうすくのばしたもの。

【銀髪】《ギンパツ》 銀色のかみの毛。しらが。白髪《ハクハツ》。

【銀盤】《ギンバン》 ①月。②銀でできた皿や盆《ボン》。③雪や氷の原野。また、スケートリンクのたとえ。例 —の女王。

【銀粉】《ギンプン》 銀のこな。また、銀色のこな。

【銀本位】《ギンホンイ》 貨幣《カヘイ》の価値を、一定の量の銀をもとにして決め、銀を一国の通貨の基準とする貨幣制度。対 金本位。

【銀幕】《ギンマク》 ①映画の映写用の幕。スクリーン。②映画。映画界。例 —の女王(=人気映画女優)。

【銀翼】《ギンヨク》 銀色にかがやく、飛行機のつばさ。例 —を連ねて飛ぶ。

【銀輪】《ギンリン》 ①銀で作った輪《わ》。銀色に光る輪。②自転車の車輪。また、自転車。

【銀▼鱗】《ギンリン》 銀色に光る魚のうろこ。転じて、魚。例 流れに—が光る。

【銀鈴】《ギンレイ》 銀のすず。また、すんだ美しい声の形容。

【銀▼嶺】《ギンレイ》 雪で、銀色にかがやく山。

●金銀《キンギン》・水銀《スイギン》・日銀《ニチギン》・白銀《ハクギン》・路銀《ロギン》

金 6
【銖】
14画 7883 9296
音 シュ(漢)(呉) 訓 にぶ-い・わず-か

意味 ❶重さの単位。一両の二十四分の一。約〇・六七グラム。→「度量衡表《ドリョウコウヒョウ》」(1141ページ) ❷わずかなもののたとえ。例 銖分《シュブン》。銖両《シュリョウ》。

【銖分《シュブン》】[一](名)一銖と一分。また、わずかなことのたとえ。[二](名・する)細かく識別すること。

【銖両《シュリョウ》】一銖と一両。わずかな分量。また、わずかなことのたとえ。

金 6
【銃】
14画 2938 9283 常用
音 シュウ(漢)ジュウ(呉) 訓 つつ

筆順 亼 仐 余 金 釒亠 釒云 釒㐬 銃

なりたち [形声]「金(=かね)」と、音「充《シュウ》」とから成る。柄《え》をとりつけるために斧《おの》にあけた穴。

意味 ❶斧《おの》の、柄《え》をさしこむ穴。❷たまをつめてうつ小型の火器。てっぽう。つつ。例 銃撃《ジュウゲキ》。銃声《ジュウセイ》。猟銃《リョウジュウ》。

人名 かね

【銃火《ジュウカ》】銃をうったとき、銃口から出る火。また、その弾丸《ダンガン》や射撃《シャゲキ》。例 ―を浴びせる。

【銃眼《ジュウガン》】敵を見張り、あるいは銃撃《ジュウゲキ》するために、防壁《ボウヘキ》にあける穴。

【銃器《ジュウキ》】拳銃《ケンジュウ》・小銃・機関銃などをまとめていうことば。

【銃撃《ジュウゲキ》】(名・する)銃でねらいうって攻撃すること。例 ―戦。

【銃剣《ジュウケン》】①銃と剣。②小銃の先につける短い剣。また、その銃。例 ―術。

【銃後《ジュウゴ》】直接戦闘《セントウ》には加わらない、いっぱんの国民。また、戦場になっていない国内。例 ―の守り。

【銃口《ジュウコウ》】銃で、弾丸《ダンガン》の飛び出す筒先《つつさき》。例 敵に―を向ける。

【銃座《ジュウザ》】射撃《シャゲキ》のときに銃を安定させる台。

【銃殺《ジュウサツ》】(名・する)銃で射殺すること。また、その刑罰《ケイバツ》。例 ―刑。―に処する。

【銃床《ジュウショウ》】銃で、銃身をささえる部分。

【銃身《ジュウシン》】銃で、弾丸《ダンガン》の飛び出す筒《つつ》の部分。

【銃声《ジュウセイ》】銃をうつときの音。

【銃創《ジュウソウ》】銃弾《ジュウダン》にうたれて受けるきず。例 貫通《カンツウ》―。

【銃弾《ジュウダン》】銃の弾丸。例 ―を受ける。―のあと。

【銃把《ジュウハ》】銃の、引き金を引くときににぎる部分。

【銃砲《ジュウホウ》】①小銃と大砲。②銃器。例 ―店。

●機関銃《キカンジュウ》・機銃《キジュウ》・空気銃《クウキジュウ》・拳銃《ケンジュウ》・小銃《ショウジュウ》・短銃《タンジュウ》・火縄銃《ひなわジュウ》・猟銃《リョウジュウ》

金 6
【銭】
14画 3312 92AD 教育6
音 セン(漢)ゼン(呉) 訓 ぜに

筆順 亼 仐 余 金 釒彡 銭 銭 銭

金 8
【錢】
16画 7902 9322

なりたち  [形声]「金(=かね)」と、音「戔《セン》」とから成る。農具のすき。また、ぜに。

意味 おかね。貨幣《カヘイ》。ぜに。〔「ぜに」は、呉音《ゴオン》「ゼン」の変化したものという〕例 銭貨《センカ》(=ぜに。お金)。金銭《キンセン》。賽銭《サイセン》。

日本語での用法 《セン》通貨の単位。円の百分の一。「日歩《ひぶ》三銭《サンセン》」

【銭形《ぜにがた》】①銭のかたち。②紙を銭のかたちに切りぬいたもの。神前に供える。紙銭《ぜにかみ》。

【銭金《ぜにかね》】お金。金銭《キンセン》。

【銭刀《セントウ》】〔「刀」は、古代中国で、なたの形をした貨幣《カヘイ》〕ぜに。お金。貨幣。銭貨。

【銭湯《セントウ》】料金をはらって入浴する湯。公衆浴場。風呂屋《フロや》。湯屋《ゆや》。表記「洗湯」とも書く。

【銭▼帛《センパク》】ぜにと絹織物。

●悪銭《アクセン》・泡銭《あぶくぜに》・木戸銭《きどセン》・金銭《キンセン》・小銭《こぜに》・古銭《コセン》・賽銭《サイセン》・日銭《ひぜに》・身銭《みぜに》・無銭《ムセン》

金 6
【銑】
14画 3313 9291 人名
音 セン(漢) 訓 ずく

なりたち  [形声]「金(=かね)」と、音「先《セン》」とから成る。つやのある金属。

意味 精錬《セイレン》されて、つやのある金属。

日本語での用法 《セン》鋳物《いもの》や鋼《はがね》の原料となる鉄。ずく。「銑鉄《センテツ》」

参考 鉄は炭素の含有量《ガンユウリョウ》によって性質が異なり、炭素を約二パーセント以上ふくむ「銑」と、それ以下の「鋼」とに分けられる。

人名 さね・てつ

【銑鉄《センテツ》】鉄鉱石を溶鉱炉《ヨウコウロ》などでとかして作った、不純物をふくんだままの鉄。製鋼《セイコウ》の材料とする。ずくてつ。

金 6
【銓】
14画 7884 9293
音 セン(漢) 訓 はかり・はか-る

意味 ❶はかりの分銅《フンドウ》。はかり。❷くらべて選ぶ。はかる。例 銓考《センコウ》(=選考)。銓衡《センコウ》。

【銓衡《センコウ》】〔「衡」は、はかりのさおの意〕[一](名)はかり。[二](名・する)内容をよく吟味《ギンミ》し、すぐれたもの、あるいはすばらしい人材をよりすぐること。審査《シンサ》。表記 [二]は(現)選考。また、「銓考」とも書く。

金 6
【銛】
14画 7885 929B
音 セン(漢) 訓 すき・もり

意味 ❶土をほりおこす農具。すき。❷投げつけて魚をさす道具。もり。❸するどい。例 銛鋭《センエイ》(=刀の切れ味がよい)。銛鍔《センガク》(=よく切れるやいば)。

金 6
【銚】
14画 3624 929A
音 チョウ(漢)ヨウ(漢)(呉)

意味 ❶土をたがやす農具。すき。例 銚耨《チョウドウ》(=すきと、くわ)。❷とってのついたなべの類。飲食物を温めるうつわ。例 銅銚《ドウチョウ》。

日本語での用法 《チョウ》柄《え》の長い、酒をつぐ容器。また、酒を入れてあたためる容器。「銚子《チョウシ》」

難読 銚釐《ちろり》(=酒をあたためる道具)

【銚子《チョウシ》】①酒を入れるうつわ。細長く口がすぼんでいる。徳利《トクリ》。例 お―一本をつける。②昔、酒をさかずきにつぐための、長い柄《え》をつけたうつわ。現代では神前結婚式《シンゼンケッコンシキ》の三三九度《サンサンクド》で見られる。

金 6
【銅】
14画 3828 9285 教育5
音 トウ(漢)ドウ(呉) 訓 あかがね・あか

筆順 亼 仐 余 金 釒冂 銅 銅 銅

なりたち [形声]「金(=かね)」と、音「同《トウ》」とから成る。赤みをおびた金属。

意味 ❶やわらかく、熱や電気をよく伝える金属。あかがね。あか。例 銅器《ドウキ》。銅像《ドウゾウ》。❷お金。貨幣《カヘイ》。例 銅臭《ドウシュウ》。

難読 青銅《からかね》

人名 かね

【銅《ドウ》貨《カ》】銅で作った貨幣《カヘイ》。銅銭。

【銅《ドウ》器《キ》】銅や青銅などで作ったうつわや道具。例 —時代。

【銅《ドウ》鏡《キョウ》】青銅で作ったかがみ。

【銅《ドウ》剣《ケン》】青銅で作った剣。例 古墳《コフン》から—が出土した。

【銅《ドウ》▼壺《コ》】①銅で作った水時計。漏刻《ロウコク》。②長火鉢《ながひばち》などの灰にうめて湯をわかす、銅や鉄で作ったつぼ。

【銅《ドウ》山《ザン》】銅のとれる山。例 足尾《あしお》—。

【銅《ドウ》臭《シュウ》】〔銅銭のいやなにおいの意〕金《かね》にものをいわせて出世した人、財産をほこる人や、金銭にかかわることがらをさげすんでいうことば。例 —のある俗人《ゾクジン》。

【銅《ドウ》像《ゾウ》】銅や青銅で作った像。

【銅《ドウ》▼鐸《タク》】弥生《やよい》時代に作られたつりがね形の青銅器。祭りに用いられたといわれる。

【銅《ドウ》▼牌《ハイ》】(賞としてあたえる)銅製のメダル。銅製の賞牌《ショウハイ》。例 第三位の—。

【銅《ドウ》板《バン》】板にのばした銅。銅の板。

【銅《ドウ》版《バン》】銅を使った印刷用の原版。銅板に直接ほりこんだり、薬品で腐食《フショク》させたりして作る。例 —画。

【銅《ドウ》盤《バン》】銅で作った、たらい。

【▽銅《ド》▼鑼《ラ》】青銅で作った円盤状《エンバンジョウ》の打楽器。つるしてばちで打つ。法会《ホウエ》や出帆《シュッパン》の合図に打ち鳴らす。例 —焼き(=銅鑼の形の二枚の皮であんをはさんだ和菓子《ワガシ》)。

●赤銅《シャクドウ》・青銅《セイドウ》・分銅《フンドウ》

金 6 【鉾】 14画 4340 927E 音 ボウ漢 ム呉 訓 ほこ

意味 刀のきっさき。ほこさき。

日本語での用法 《ほこ》柄《え》の先に両《リョウ》刃《ば》の剣《ケン》をつけた武器。ほこ。矛《ボウ》。「鉾《ほこ》を収《おさ》める(=たたかいをやめる)・山鉾《やまぼこ》(=祭礼の山車《だし》)」

金 6 【鋩】 14画 7890 92E9 音 ボウ漢 訓 きっさき

意味 刃物《はもの》などのさき。きっさき。例 鋒鋩《ホウボウ》。

金 6 【銘】 14画 4435 9298 常用 音 メイ漢 ミョウ呉 訓 しる-す

筆順

なりたち [形声]「金(=かね)」と、音「名《メイ》」とから成る。金属に刻んでしるす。

意味 ❶器物や刀剣《トウケン》に刻まれた作者名や製作のいわれなどの記述。例 刀銘《トウメイ》。無銘《ムメイ》。❷漢文の文体の一つ。人の功徳《コウトク》をしるした韻文《インブン》で、石板《セキバン》や石碑《セキヒ》などに刻んで死者をたたえる。例 墓誌銘《ボシメイ》。墓碑銘《ボヒメイ》。❸深く心にとどめて忘れない。心に刻む。例 銘記《メイキ》。肝銘《カンメイ》。感銘《カンメイ》。❹いましめのことば。例 座右《ザユウ》の銘《メイ》。

日本語での用法 《メイ》上質で有名な品物。「銘菓《メイカ》・銘柄《メイがら》・銘酒《メイシュ》・銘茶《メイチャ》」

人名 あき・かた・な

【銘《メイ》菓《カ》】名の知れわたった上等の菓子。類 名菓。例 京—。

【銘《メイ》柄《がら》】①他と区別するために、商品につける名前。商標。ブランド。また、品質のよい商品。例 —品。米の—。②〔経〕市場で取り引きされる商品や株式などの名前。例 —売買。

【銘《メイ》記《キ》】(名・する)①石碑《セキヒ》や金属器に刻みつけた文字。また、ことばや文章。類 銘文。例 造像《ゾウゾウ》—。②深く心に刻みつけ、決して忘れないこと。類 感銘・肝銘《カンメイ》・銘肝。例 心に—する。

【銘《メイ》酒《シュ》】名の知れわたった上等の酒。類 名酒。

【銘《メイ》仙《セン》】絹織物の一つ。ふだん着・布団地《フトンジ》などに用いる。

【銘《メイ》茶《チャ》】名の知れわたった上等の茶。

【銘《メイ》刀《トウ》】作者の名(=銘)を刻みつけてある刀。

【銘《メイ》板《バン》】文字を刻みつけた金属や石の板。

【銘《メイ》文《ブン|モン》】石碑《セキヒ》や金属器に刻みつけた文章。

【銘《メイ》木《ボク》】質が高い、あるいは、色や形、模様などがめずらしい上等の材木。床《とこ》の間《ま》の柱などに用いる。

【銘《メイ》銘《メイ》】おのおの。ひとりひとり。各自。例 —皿。

●肝銘《カンメイ》・感銘《カンメイ》・正真正銘《ショウシンショウメイ》

金 6 【銕】 14画 ⇩【鉄】《テツ》(1007ページ)

金 7 【鋭】 15画 1752 92ED 常用 音 エイ漢呉 訓 するど-い

筆順

金 7 【銳】 15画 — 92B3

なりたち [形声]「金(=かね)」と、音「兌《タイ→エイ》」とから成る。草の葉のとがった先。

意味 ❶先が細くとがっている。また、刃物《はもの》がよく切れる。するどい。例 鋭角《エイカク》。鋭利《エイリ》。先鋭《センエイ》。❷動きがすばやい。勢いがよい。はやい。かしこい。例 鋭敏《エイビン》。気鋭《キエイ》。新鋭《シンエイ》。❸強い兵士・軍隊。例 鋭兵《エイヘイ》。精鋭《セイエイ》。

人名 さとき・さとし・すすむ・とき・とし・はや・はやし

【鋭《エイ》意《イ》】(副)熱心に。懸命《ケンメイ》に。例 —努力します。

【鋭《エイ》角《カク》】直角より小さい角。対 鈍角《ドンカク》。例 —三角形。

【鋭《エイ》気《キ》】①するどい気性《キショウ》。②元気な勢い。例 相手の—をくじく。

【鋭《エイ》敏《ビン》】(名・形動)①頭の回転がはやく、かしこいこと。類 鋭利。②感覚・感受性のするどいこと。類 敏感。例 —な感覚をもつ。

【鋭《エイ》兵《ヘイ》】①勇敢《ユウカン》で強い兵士。②するどい武器。

【鋭《エイ》▼鋒《ホウ》】①攻撃《コウゲキ》などのするどいほこ先。きびしい攻撃。②言論などによりきびしくせめたて、批判すること。例 —をかわす。

【鋭《エイ》利《リ》】(名・形動)①刃物《はもの》の切れあじがよく、するどいこと。例 —な刃物。②思考力や判断力などがするどいこと。類 鋭敏《エイビン》。例 —な判断力。

●気鋭《キエイ》・新鋭《シンエイ》・精鋭《セイエイ》・先鋭《センエイ》

金 7 【錺】 15画 7905 933A 国字 訓 かざ-り

意味 かんざしなどの装身具や家具などの、金属製のかざり細工。例 錺《かざ》り師《シ》。錺《かざ》り職《ショク》。錺《かざ》り屋《や》。

金 7 【鋏】 15画 7887 92CF 音 キョウ漢呉 訓 はさみ

意味 ❶(かじ屋が)熱した金属をはさむ工具。かなばさみ。かなばし。❷つるぎ。刀。また、刀のつか。例 剣鋏《ケンキョウ》(=刀のつ

か)。長鋏《チョウキョウ》(=長い剣)。

日本語での用法《はさみ》紙や布など、ものをはさんで切る各種の道具。「糸切《いときり》り鋏《ばさみ》・紙鋏《かみばさみ》・裁《た》ち鋏《ばさみ》・爪切《つめき》り鋏《ばさみ》・握《にぎ》り鋏《ばさみ》・花鋏《はなばさみ》」

金 7 **【銹】** 15画 7888 92B9 音 シュウ漢 訓 さび

金11 **[鏥]** 19画 7921 93E5 別体字

意味 鉄の表面が酸化してできるもの。さび。さびる。例 鉄銹《テッシュウ》(=鉄さび)。

金 7 **【鋤】** 15画 2991 92E4 音 ショ漢 ジョ呉 訓 す-く・すき

意味 ❶田畑をたがやす農具。また、たがやすこと。すき。すく。例 鋤穀《ジョコク》(=田をたがやして穀物をつくる)。鋤耨《ジョドウ》(=すき)。鋤理《ジョリ》(=たがやす)。❷除き去る。ねだやしにする。例 鋤除《ジョジョ》(=悪いものを除く)。

金 7 **【銷】** 15画 7889 92B7 音 ショウ漢 訓 き-える・け-す・と-ける

意味 ❶金属をとかす。とかす。とける。例 銷金《ショウキン》(=かねをとかす)。銷鑠《ショウシャク》(=とける)。❷つきる。つくす。きえる。けす。同 消《ショウ》。例 銷失《ショウシツ》(=きえうせる)。銷暑《ショウショ》。

表記 現代表記では、「消《ショウ》」に書きかえることがある。熟語は「消」(595ページ)を参照。

【銷夏】《ショウカ》 暑さをしのぐこと。暑さよけ。銷暑。表記 現 消夏

【銷暑】《ショウショ》 暑さをしのぐこと。銷夏。表記 現 消暑

金 7 **【鋳】** 15画 3582 92F3 常用 音 チュウ慣 シュ漢呉 訓 い-る

筆順 

金14 **【鑄】** 22画 7941 9444 人名

なりたち  [形声]「金(=かね)」と、音「壽《シュウ》→《シュ》」とから成る。金属をとかす。

意味 ❶金属をとかして型に流しこみ、器物をつくる。いる。例 鋳型《いがた》。鋳造《チュウゾウ》。鋳鉄《チュウテツ》。❷人材を養成する。例 鋳人《チュウジン》(=人材を養成する)。

人名 い

【鋳型】《いがた》 ①とかした金属を流しこんで鋳物《いもの》をつくるための型《かた》。②ものごとをはめこむ、一定の型。例 ―にはめる画一的《カクイツテキ》な教育。

【鋳物】《いもの》 高熱でとかした金属を鋳型《いがた》に流しこんでつくる道具や、うつわ。対 打ち物。例 ―師。

【鋳金】《チュウキン》 高熱でとかした金属を鋳型《いがた》に流しこんで器物をつくること。類 鋳造。例 ―家《カ》。

【鋳銭】《チュウセン》 貨幣《カヘイ》を鋳造すること。また、その貨幣。鋳貨。

【鋳造】《チュウゾウ》(名・する) 高熱でとかした金属を鋳型《いがた》に流しこんでものをつくること。例 ―貨幣《カヘイ》。活字を―する。

【鋳鉄】《チュウテツ》 鋳造の材料にする、炭素を約二パーセント以上ふくむ鉄。

○●改鋳《カイチュウ》・新鋳《シンチュウ》

[金部] 7―8画 銹鋤銷鋳錵鋲鋒鋭鋪錏鋺鋸錦

金 7 **【錵】** 15画 7906 9335 国字 訓 にえ

意味 日本刀の焼きを入れたときに、刀身にあらわれる、細かい銀砂子《ギンすなご》のような模様。沸《にえ》(=「煮《に》え」の意)。におい。

金 7 **【鋲】** 15画 4138 92F2 国字 音 ビョウ

意味 頭部が丸くて大きい金属製の留《と》め具。リベット。例 鋲釘《ビョウくぎ》。画鋲《ガビョウ》。

金 7 **【鋒】** 15画 4315 92D2 人名 音 ホウ漢 訓 ほこさき・ほこ

意味 ❶刃物《はもの》の先のとがった部分。きっさき。ほこさき。また、ほこ。例 鋒鋩《ホウボウ》。❷もののするどくとがった先。勢いのするどいもののたとえ。例 鋒起《ホウキ》。舌鋒《ゼッポウ》。筆鋒《ヒッポウ》。❸軍隊の先頭。さきて。例 先鋒《センポウ》。

難読 鋒矢《とがりや》・先鋒《さきや》

人名 さき

【鋒起】《ホウキ》(名・する) ほこの先のように、するどく勢いよく起こること。類 鋒出。例 ―する。表記「蜂起」とも書く。

【鋒▼鋩】《ホウボウ》 ①刀や槍《やり》の先。きっさき。ほこさき。②議論・話しぶりや、気性《キショウ》・気迫《キハク》のするどいこと。▽類 鋭鋒《エイホウ》。

金 7 **【鋭】** 15画 ⇩【鋭】《エイ》(1011ページ)

金 7 **[鋪]** 15画 ⇩【舗】《ホ》(96ページ)

金 8 **【錏】** 16画 7891 930F 音 ア漢 訓 しころ

意味 かぶとの左右や後方に垂らした、首すじをおおう防具。しころ。同 鐚《ア》。例 錏鍜《アカ》(=しころ)。

金 8 **【鋺】** 16画 7892 92FA 音 一 エン漢 二 ワン漢 訓 かなまり

意味 一《エン》 はかりの皿。二《ワン》 金属製のまるい食器。かなまり。例 金鋺《キンワン》。銀鋺《ギンワン》。仏具《ブツグ》の鋺《ワン》。

金 8 **【鋸】** 16画 2188 92F8 人名 音 キョ漢 コ呉 訓 のこぎり・のこ

意味 ❶木をひき切る道具。のこ。のこぎり。例 鋸牙《キョガ》(=のこぎりの歯。きば)。鋸歯《キョシ》。❷のこぎりでひき切る。ひく。❸昔の刑罰《ケイバツ》の道具で、足をひき切るのこぎり。また、その刑罰。

難読 大鋸《おが》・大鋸屑《おがくず》・大鋸挽《おがひき》

【鋸歯】《キョシ》 ①のこぎりの歯。②植物の葉のふちなどで、ぎざぎざしているもの。

【鋸▼屑】《キョセツ》 ①のこぎりで木を切るときに出るくず。おがくず。②ことばや文章がすらすらと出るたとえ。

金 8 **【錦】** 16画 2251 9326 常用 音 キン漢 訓 にしき

筆順 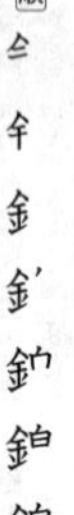

なりたち  [形声]「帛(=きぬおりもの)」と、音「金《キン》」とから成る。美しい織物。

意味 ❶さまざまな色の糸を織りこんだ美しい模様の絹織物。にしき。例 錦衣《キンイ》。錦旗《キンキ》。錦繡《キンシュウ》。❷にしきのように美しい。例 錦雲《キンウン》(=美しいいろどりの雲)。錦地《キンチ》。

人名 あや・かね

【錦衣】《キンイ》 にしきの着物。りっぱな生活。

【錦衣玉食】《キンイギョクショク》 ①美しい衣服と上等の食事。②ぜいたくな生活。例 ―を好む。

【錦旗】《キンキ》 ①にしきで作った旗。②赤地のにしきに金銀で日

月あるいは菊《キク》の花をかたどった旗。天皇の旗、また、官軍のしるしとして用いられた。にしきのみはた。

【錦▼繡《キンシュウ》】①にしきと刺繡《シシュウ》をした織物。また、豪華《ゴウカ》で美しい織物や着物。例綾羅《リョウラ》―をまとう。②美しい花・紅葉《コウヨウ》・詩文などのたとえ。

【錦上《キンジョウ》に花《はな》を添《そ》う】美しいにしきの上に、さらに美しい花をおく。美しくりっぱなものに、さらにみがきをかけること。

【錦心▼繡口《キンシンシュウコウ》】すばらしい考えと美しいことば。詩や文章の才能をたたえていうことば。〈王安石《オウアンセキ》・即事詩《ソクジシ》〉

【錦地《キンチ》】〔美しい土地の意〕相手の住む土地をうやまっていうことば。類貴地。

【錦絵《にしきエ》】多色刷りの木版による浮世絵《うきよエ》。

【錦▼鯉《にしきごい》】美しく色あざやかなコイの観賞用改良品種。

【錦《にしき》を▽衣《き》て郷《キョウ》に▽還《かえ》る】出世し金持ちになって、晴れやかに故郷へ帰る。故郷に錦をかざる。

【錦《にしき》を▽衣《き》て夜《よる》▽行《ゆ》くが▽如《ごと》し】〔りっぱな錦を着ても、夜歩いたのでは目立たない意〕せっかく立身出世しても、富貴《フウキ》になっても、故郷に帰らなければ人に認められない。〈漢書《カンジョ》〉

金 8

【錮】

16画 7894 932E 常用 音コ漢 訓ふさ-ぐ

筆順

なりたち [形声]「金(=かね)」と、音「固《コ》」とから成る。金属を溶かして補修する。

意味 ❶とかした金属を流しこんで、すきまをふさぐ。鋳掛《いかけ》をする。ふさぐ。❷とじこめる。例禁錮《キンコ》。

金 8

【鋼】

16画 2561 92FC 教育6 音コウ漢 訓はがね

筆順

なりたち [形声]「金(=かね)」と、音「岡《コウ》」とから成る。焼きを入れて、きたえた鉄。

意味 かたくきたえた鉄。はがね。スチール。例鋼材《コウザイ》。鋼鉄《コウテツ》。製鋼《セイコウ》。

人名 かた・たけ・たけし

【鋼玉《コウギョク》】酸化アルミニウムから成る鉱物。赤いものをルビー、青いものをサファイアという。コランダム。

【鋼材《コウザイ》】工業・建築・機械などの材料としての鋼鉄。

【鋼索《コウサク》】はりがね状のはがねをより合わせて作った、つな。ワイヤロープ。例―鉄道(=ケーブルカー)。

【鋼鉄《コウテツ》】①炭素を二パーセント以下におさえ、強くかたくした鉄。はがね。スチール。鋼《コウ》。②強く、かたいもののたとえ。例―のような精神。

【鋼板《コウハン》】鋼鉄の板。

●精鋼《セイコウ》・鋳鋼《チュウコウ》・鉄鋼《テッコウ》

金 8

【錯】

16画 2688 932F 常用 音一サク漢シャク呉 二ソ漢 訓あやま-る・ま-じる

筆順

なりたち [形声]「金(=かね)」と、音「昔《セキ→サク》」とから成る。めっきする。借りて「まじる、おく」の意。

意味 一《サク・シャク》❶ふぞろいにかさなる。入り乱れる。まざる。まじる。例錯雑《サクザツ》。錯乱《サクラン》。交錯《コウサク》。❷くいちがう。まちがえる。あやまる。例錯覚《サッカク》。二《ソ》考えて配置する。おく。同措《ソ》。例錯置《ソチ》(=うまく処置する)。

【錯誤《サクゴ》】①あやまり。まちがい。例試行―の末《すえ》に完成した。重大な―をおかす。②一致《イッチ》しないこと。くいちがい。

【錯雑《サクザツ》】(名・する・形動《タル》)まとまりなく入りまじって複雑なこと。類錯綜《サクソウ》。例―した世の中。―な事実関係。

【錯視《サクシ》】目の錯覚《サッカク》。ある図形の大きさ・長さ・方向などを、実際とは異なるものに見まちがうこと。

【錯節《サクセツ》】①入りくんだ木の節《ふし》。②こみいっていて解決のむずかしいこと。例盤根《バンコン》―。

【錯▼綜《サクソウ》】(名・する)複雑に入りまじり混乱すること。類錯雑《サクザツ》。例指示が―する。

【錯乱《サクラン》】(名・する)入りまじって混乱すること。とくに、心のバランスについていう。例精神―の状態。

【錯角《サッカク》】〔数〕一本の直線が他の二本の直線と交わるとき、二直線の間にできる内側の四つの角のうち、はすむかいに位置する二つの角。

【錯覚《サッカク》】(名・する)①実際とはちがうように見えたり聞こえたりすること。②思いちがい。勘《カン》ちがい。例―を起こす。

【錯簡《サッカン》】①書物の紙が順番どおりでないこと。乱丁《ランチョウ》。例製本のときの―。②文字や文章が前後して、意味の通らないこと。例―を直す。

●介錯《カイシャク》・交錯《コウサク》・失錯《シッサク》・倒錯《トウサク》

金 8

【錙】

16画 7901 9319 音シ漢

意味 重さの単位。六銖《シュ》。ただし、異説がある。転じて、ごくわずかな。例錙銖《シシュ》(=わずか)。

金 8

【錫】

16画 2866 932B 人名 音セキ漢シャク呉 訓すず

意味 ❶銀白色でつやのある金属。やわらかでさびにくい。ブリキ・はんだ・すず箔《ハク》などに用いる。すず。❷僧侶《ソウリョ》や道士が手に持つつえ。例錫杖《シャクジョウ》。巡錫《ジュンシャク》(=僧侶が各地をまわって布教すること)。

難読 錫蘭《セイロン》(=国名。今のスリランカ)

人名 あたう・たまう・ます・やす

【錫▼杖《シャクジョウ》】僧侶《ソウリョ》や修験者《シュゲンジャ》の持つつえ。頭部の環《カン》にいくつかの小環をつけたもの。ふって音を出す。

金 8

【錠】

16画 3091 9320 常用 音テイ漢ジョウ呉

筆順

なりたち [形声]「金(=かね)」と、音「定《テイ》」とから成る。たかつき。

意味 ❶神前に供える足のある祭器。たかつき。❷銀貨の一つ。銀銭。また、それを数えることば。例銀錠《ギンテイ》。銀《ギン》一錠《イッテイ》。❸薬などを小さく固めたもの。例錠剤《ジョウザイ》(=小さく固めた薬)。

日本語での用法 《ジョウ》①とびら・戸・かばんなどに取り付ける金具《かなグ》。「錠前《ジョウまえ》・施錠《セジョウ》・手錠《てジョウ》・南京錠《ナンキンジョウ》・錠《ジョウ》をおろす」②錠剤《ジョウザイ》を数えることば。「食後《ショクゴ》に二錠《ニジョウ》」

●海老錠《えびジョウ》・手錠《てジョウ》・南京錠《ナンキンジョウ》

金 8

【錘】

16画 3178 9318 人名 音スイ慣ツイ漢 訓つむ・おもり

なりたち [形声]「金(=かね)」と、音「垂《スイ→ツイ》(=たれさがる)」とから成る。つるして重さをはかるための金属のおもり。
意味 はかりにつりさげるおもり。分銅《フンドウ》。おもり。例 鉛錘《エンスイ》(=なまりのおもり)。
日本語での用法《つむ》綿《わた》やまゆから繊維《センイ》を引き出し、より合わせて糸にして巻き取る道具。先端《センタン》がやや細い鉄製の丸棒。錘《つむ》。紡錘《ボウスイ》。

金 8
【錐】
16画 3177 9310 人名 音 スイ漢 訓 きり
意味 ❶板などに小さな穴をあける、先のとがった工具。きり。例 錐指《スイシ》。錐刀《スイトウ》(=とがった小さな刀。また、わずか)。❷数学で、「錐体《スイタイ》」の略。先がとがった形。例 円錐《エンスイ》。角錐《カクスイ》。
【錐《きり》の▼嚢中《ノウチュウ》に▽処《お》るが▽如《ごと》し】〔錐がふくろの中にあれば必ず先が外につき出るように〕すぐれた人物は、かくれていても必ず頭角をあらわすことのたとえ。嚢中《ノウチュウ》の錐《きり》。〈史記《シキ》〉
【錐指】《スイシ》〔「錐《きり》を用《もち》いて地《チ》を指《さ》す」から〕せまい視野で大きいことを観察しようとすること。見識がせまいことのたとえ。〈荘子《ソウジ》〉

金 8
【錆】
16画 2712 9306 人名 音 セイ慣 ショウ漢 訓 さび・さ-びる
意味 くわしい。同 精《セイ》。
日本語での用法《さび・さびる》金属の表面が酸化して生じるもの。「錆色《さびいろ》・錆止《さびど》め・赤錆《あかさび》」参考 日本では多く「錆」を使い、中国ではほとんど「銹」を使う。

金 8
【錚】
16画 7903 931A 音 ソウ漢
意味 金属が当たる音。例 錚錚《ソウソウ》。
【錚錚】《ソウソウ》(形動《タルト》) ①金属や玉《ギョク》のたてる音。また、楽器の音のさえているようす。②多くの人の中でもとくにすぐれた人のようす。例 ―たる顔ぶれ。

金 8
【錣】
16画 7904 9323 音 テイ漢呉 テツ漢 訓 しころ
意味 ウマやウシを打つ、むちの先についている鉄の針。
日本語での用法《しころ》かぶとやずきんの、左右や後方に垂らして首すじをおおう防具。「錣板《しころいた》・錣頭巾《しころズキン》・錣葺《しころぶ》き」

金 8
【錨】
16画 4137 9328 音 ビョウ漢 訓 いかり
意味 船をとめておくために水底におろす、鉄のおもり。いかり。例 投錨《トウビョウ》。抜錨《バツビョウ》。

金 8
【錻】
16画 7907 933B 国字 音 ブ
意味 オランダ語「ブリク(=錫《すず》めっきをしたうすい鉄板)」から生じた外来語「ブリキ」を表記するのに用いる字。例 錻力《ブリキ》。

金 8
【鍄】
16画 7893 9344 音 リョウ漢
意味 打楽器の一種。
日本語での用法《かすがい》地名に用いられる字。参考「鎹《かすがい》」がくずれて生じた字、とされる。

金 8
【錬】
16画 4703 932C 常用 音 レン漢 訓 ね-る
筆順 錬

金 9
【鍊】
17画 1-9327 934A 人名
なりたち [形声]「金(=かね)」と、音「柬《カン→レン》(=えらぶ)」とから成る。不純物をとりのぞく。
意味 ❶金属を火にとかして不純物をよりわけ、良質にする。ねる。同 煉《レン》。例 錬金《レンキン》。精錬《セイレン》。❷くすりなどをねり合わせる。ねる。同 煉《レン》。例 錬丹《レンタン》(=道士が不老不死の薬を作ること)。❸きたえて純粋《ジュンスイ》なよいものにする。心身・技術をみがきあげる。ねる。同 練《レン》。例 錬成《レンセイ》。修錬《シュウレン》。
人名 きたえ
【錬金術】《レンキンジュツ》①黄金や不老不死の薬を作り出そうとした技術。近代化学以前の化学技術。②たくみに必要な資金をひねり出すこと。例 ―にすぐれた政治家。
【錬成】《レンセイ》(名・する) ねり上げてりっぱに仕上げること。心身や人格をきたえる意にも用いる。例 ―道場。―会。
【錬磨】《レンマ》(名・する) 肉体・精神・技術などをきたえ、みがきあげること。類 鍛練《タンレン》。例 百戦―。からだを―する。表記「練磨」とも書く。
●修錬《シュウレン》・精錬《セイレン》・製錬《セイレン》・鍛錬《タンレン》

金 8
【録】
16画 4731 9332 教育4 音 リョク漢 ロク呉 訓 しる-す
筆順 録

金 8
【錄】
16画 1-9321 9304 人名
なりたち [形声]「金(=かね)」と、音「彔《ロク→リョク》」とから成る。金の色。借りて「しるす」の意。
意味 ❶文字を書きしるして残す。また、書きしるしたもの。しるす。例 記録《キロク》。登録《トウロク》。目録《モクロク》。❷うつしとる。収めておく。例 録音《ロクオン》。録画《ロクガ》。収録《シュウロク》。
人名 とし・ふみ
【録音】《ロクオン》(名・する) ディスク・テープなどの記憶媒体《バイタイ》に音や声を記録すること。また、記録した音や声。例 ―をとる。―機。
【録画】《ロクガ》(名・する) 映像を磁気的・光学的に記録すること。また、記録した映像。例 ―を再生する。ビデオに―した映像を再生する。
【録録】《ロクロク》(形動《タルト》) 主体的でなく、役に立たないようす。例 ―として従う。
●記録《キロク》・言行録《ゲンコウロク》・語録《ゴロク》・採録《サイロク》・収録《シュウロク》・図録《ズロク》・登録《トウロク》・備忘録《ビボウロク》・付録《フロク》・目録《モクロク》

金 8
【錢】
16画 ⇩【銭】《セン》(1010ページ)

金 8
【錄】
16画 ⇩【録】《ロク》(1014ページ)

金 9
【鍜】
17画 7908 935C 音 カ漢 訓 かぶと
意味「錏鍜《アカ》」は、首すじを守る防具。しころ。

金 9
【鍔】
17画 3655 9354 音 ガク漢 訓 つば
意味 刀の刃《は》。また、きっさき。やいば。例 銛鍔《センガク》。

日本語での用法《つば》①刀の柄《つか》と刀身の間にはさむ、平たい鉄の板。「刀《かたな》の鍔《つば》・鍔師《つばシ》・鍔《つば》迫《ぜ》り合《あ》い・鍔元《つばもと》」②帽子や釜《かま》のまわりに、ひさしのようにさし出た部分。「帽子《ボウシ》の鍔《つば》・鍔釜《つばがま》・鍔広帽子《つばびろボウシ》」

金 9

【鍵】

17画 2416 9375 常用 音ケン漢 ゲン呉 訓かぎ

筆順 

なりたち  [形声]「金(=かね)」と、音「建《ケン》」とから成る。鼎《かなえ》を持ち上げる器具。

意味 ❶かんぬきなどのとめ金。くさび。❷錠前《ジョウまえ》の内部のぬきさしされる部分。ばね。〔錠前の管の部分が「閉《つつ》」、「閉」にはめこまれる部分が「鍵《ばね》」、「鍵」をおし出してあける道具が「鑰《かぎ》」〕例鍵鑰《ケンヤク》。❸錠前。また、重要な手がかり。かぎ。例関鍵《カンケン》。事件《ジケン》の鍵《かぎ》。❹ピアノやオルガン、タイプライターやパソコンなどの、指先でおしたりたたいたりする部分。キー。例鍵盤《ケンバン》。黒鍵《コッケン》。白鍵《ハッケン》。

日本語での用法《かぎ》錠前をあけたりしめたりするための道具。鑰《かぎ》。「合《あ》い鍵《かぎ》」

【鍵盤】《ケンバン》楽器やタイプライターなどで、多数の鍵が並んでいる部分。キーボード。例—楽器。

金 9

【鍠】

17画 7909 9360 音コウ漢 訓かねのこえ・まさかり

意味 ❶鐘《かね》の音。例鍠鍠《コウコウ》。❷武器の名。儀仗《ギジョウ》に用いられた。まさかり。

金 9

【鍬】

17画 2313 936C 人名 音シュウ慣 ショウ漢呉 訓くわ・すき

意味 土をほりおこしたり、すくいとったりするシャベル・スコップのような道具。

日本語での用法《くわ》地をほりおこし、土をくだきならす農具。「鋤《すき》と鍬《くわ》・黒鍬《くろくわ》」

金 9

【鍾】

17画 3065 937E 音ショウ漢 訓あつ-める

意味 ❶金属製のさかつぼ。また、さかずき。❷容量の単位。一鍾は、約一三〇リットル。例万鍾《バンショウ》(=一万鍾。多くの穀物・俸禄《ホウロク》)。❸あつまる。あつめる。例鍾愛《ショウアイ》。❹かね。つりがね(状の)。同鐘《ショウ》。例鍾乳石《ショウニュウセキ》。

【鍾愛】《ショウアイ》(名・する)特定の人をこの上なく愛すること。

【鍾▼馗】《ショウキ》疫病《エキビョウ》を追いはらう鬼神。唐《トウ》の玄宗皇帝《ゲンソウコウテイ》の夢にあらわれて、病気を治したとされる。大きな目と濃いあごひげに黒装束《くろショウゾク》で剣を持ち、日本では五月人形に作ったり護符《ゴフ》などとした。

【鍾乳石】《ショウニュウセキ》鍾乳洞《ショウニュウドウ》の天井《テンジョウ》から氷柱《つらら》のように垂れた石灰石《セッカイセキ》。

【鍾乳洞】《ショウニュウドウ》雨水や地下水が石灰岩《セッカイガン》をとかし、長い年月の間にできた地下の空洞。石灰洞。

金 9

【鍼】

17画 7910 937C 音シン漢呉 訓はり

意味 漢方医術の治療《チリョウ》用のはり。また、衣服をぬうはり。〔いま、治療用以外のはりには「針」の字を用いる〕例鍼灸《シンキュウ》。鍼薬《シンヤク》。

【鍼▼灸】《シンキュウ》漢方で治療《チリョウ》に使うためのはりと、きゅう。例—院。—術。表記「針▼灸」とも書く。

【鍼薬】《シンヤク》①はりによる治療《チリョウ》と、くすり。②病気の治療。

金 9

【鍛】

17画 3535 935B 常用 音タン漢呉 訓きた-える 付表鍛冶《かじ》

筆順 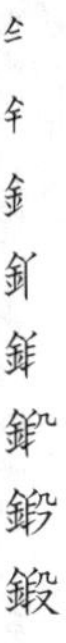

なりたち  [会意]「金(=かね)」と「段《タン》(=ものをうつ)」とから成る。金属を打ってきたえる。

意味 金属を熱して打ちたたき質をよくする。きたえる。例鍛鉄《タンテツ》。鍛冶《タンヤ》(=かじ)。鍛錬《タンレン》。

人名 かじ・きたう・きたえ

【鍛冶】《タンヤ》《かじ》(名・する)熱した金属を打ちきたえて、さまざまな形を作ること。また、それを仕事とする人。鍛冶屋《かじや》。

【鍛工】《タンコウ》金属を熱して打ちきたえること。また、その作業をする人。鍛冶《タンヤ》。例—場。

【鍛造】《タンゾウ》(名・する)金属を熱し、打ちのばして加工すること。例—品。—工程。

【鍛鉄】《タンテツ》①鉄をたたいて、よくきたえること。②よくきたえた鉄。類錬鉄《レンテツ》。

【鍛錬】《タンレン》(名・する)①金属をきたえること。②一心にはげんで、学問や技術をみがくこと。また、からだや意志をきたえること。③詩や文章を推敲《スイコウ》すること。例文章の—。

金 9

【鍖】

17画 7912 9356 音チン漢

意味 ❶「鍖鉎《チンジン》」は、ゆるやかなようす。❷不満なようす。❸きぬたを打つときのたたき台。同椹《チン》・砧《チン》。

金 9

【鍍】

17画 3753 934D 音ト漢

意味 金・銀・クロームなどのうすい層を金属の表面に付着させる。めっきをする。例鍍金《トキン》。

【鍍金】《トキン》《めっき》(名・する)①金属の表面を別の金属のうすい皮膜《ヒマク》でおおうこと。また、そのうすい膜。例—工場。金《キン》—。②見せかけをかざってよく見せようとすること。

金 9

【鍮】

17画 7911 936E 音トウ漢 チュウ呉

意味 ❶「鍮石《チュウセキ》《チュウジャク》」は、真鍮《シンチュウ》のこと。鍮鉐《チュウセキ》。❷「真鍮《シンチュウ》」は、銅と亜鉛《アエン》との合金。黄銅《オウドウ》。

金 9

【鍋】

17画 3873 934B 常用 音カ漢呉 訓なべ

筆順 

なりたち [形声]「金(=かね)」と、音「咼《カ》」とから成る。まる底のなべ。

意味 食物を煮《に》たきする、まるくて底の浅い(金属製の)うつわ。なべ。例鍋台《カダイ》(=かまど)。

金 9

【錬】

17画 ⇩【錬】《レン》(1014ページ)

金 10

【鎰】

18画 7913 93B0 音イツ漢 訓かぎ

意味 重さの単位。二十両あるいは二十四両。同溢《イツ》。例万鎰《バンイツ》の玉《ギョク》。

日本語での用法《ヤク・かぎ》「鑰《ヤク》《かぎ》」の代用に、略字として「金偏《かねヘン》」に「益《ヤク》」を合わせて、かぎの意に用いるもの。「秘鎰《ヒヤク》(=秘密をとくかぎ)」

金 10
【鎧】
18画 1927 93A7 人名 音 カイ漢 ガイ呉 訓 よろい

意味 からだをおおいまもる、金属製の武具。よろい。例 鎧甲《ガイコウ》(=よろい)。

【鎧袖一触《ガイシュウイッショク》】(名・する)〔よろいの袖《そで》が少し触《ふ》れる意〕敵を簡単に打ち負かすこと。

【鎧▼冑《ガイチュウ》】よろいと、かぶと。

【鎧戸《よろいど》】①細長い板を少しななめにし、すきまをあけて水平に並べた戸。通風や日よけ、外からの視線をさえぎる。②細長い鉄板をなん枚も組みつないだ戸。シャッター。例 表《おもて》の—を下ろす。

金 10
【鎹】
18画 7917 93B9 国字 訓 かすがい

意味 二つの材木をつなぎとめるコの字形の大きなくぎ。かすがい。例 子は鎹《かすがい》(=夫婦《フウフ》仲《なか》をつなぎとめるもの)。豆腐《トウフ》に鎹《かすがい》(=まるで手ごたえがなく、ききめがないこと)。

金 10
【鎌】
18画 1989 938C 常用 音 レン漢 訓 かま

筆順

金10
【鎌】
18画

なりたち [形声]「金(=かね)」と、音「兼《ケン→レン》」とから成る。草をかる、かま。

意味 草をかりとる農具。三日月形の内側に刃《は》があり、木の柄《え》をつけたもの。かま。例 利鎌《リレン》《とがま》。

人名 かね

【鎌▼鼬《かまいたち》】とつぜん皮膚《ヒフ》に切り傷ができる現象。つむじ風などで空気中にできる小さな真空の部分によるものとされる。かつてはイタチのしわざとされた。

【鎌首《かまくび》】鎌のように曲がった首。例 ヘビが—をもたげる。

金 10
【鎬】
18画 7914 93AC 音 コウ漢 訓 しのぎ

意味 ❶食物を煮《に》たきするなべ。❷「鎬京《コウケイ》」は、周の武王の都。陝西《センセイ》省西安市南西の地。

日本語での用法《しのぎ》刀身の両面の、峰《みね》にそって高く盛り上がった部分。「鎬《しのぎ》を削《けず》る(=たがいにはげしく争う)」

金 10
【鎖】
18画 2631 9396 常用 音 サ漢呉 訓 くさり・とざ-す・さ-す

筆順

金10
【鎖】
18画

なりたち [形声]「金(=かね)」と、音「𧴪《サ》」とから成る。門をとざす鉄のくさり。

意味 ❶金属の小さい輪をつなぎ合わせて、綱《つな》のようにしたもの。くさり。例 鉄鎖《テッサ》。連鎖《レンサ》。❷しめる。とじる。さす。とざす。例 鎖国《サコク》。封鎖《フウサ》。閉鎖《ヘイサ》。❸錠前《ジョウまえ》。かぎ。例 鎖鑰《サヤク》(=錠前とかぎ)。

難読 鎖帷子《くさりかたびら》

【鎖港《サコウ》】(名・する)港を閉鎖し船の出入りを禁じること。とくに、外国船との交易を禁じること。

【鎖国《サコク》】(名・する)外国との貿易や交通を禁じること。とくに、江戸《えど》時代に、幕府が中国・朝鮮《チョウセン》・オランダ以外の国との交易を認めず、日本人の海外渡航《トコウ》を禁じたこと。対 開国。例 —政策。—令。

【鎖骨《サコツ》】胸の上部から肩《かた》の前へとつながる左右一対《イッツイ》の骨。

●鉄鎖《テッサ》・封鎖《フウサ》・閉鎖《ヘイサ》・連鎖《レンサ》

金 10
【鎗】
18画 3389 9397 音 ショウ漢 ソウ呉 訓 やり

意味 ❶金属のふれあう音。例 鎗鎗《ソウソウ》。❷長い柄《え》の先に細長い刃物《はもの》をつけて、つきさす武器。やり。同 槍《ソウ》。例 長鎗《チョウソウ》(=長いやり)。

金 10
【鎮】
18画 3635 93AE 常用 音 チン漢 訓 しず-める・しず-まる

筆順

金10
【鎭】
18画 7915 93AD 人名

なりたち [形声]「金(=かね)」と、音「眞《シン→チン》」とから成る。博(=すごろく)の親。派生して「おさえ」の意。

意味 ❶おさえ。例 重鎮《ジュウチン》。文鎮《ブンチン》。❷しずめる。しずまる。㋐やすらかにする。おちつかせる。例 鎮魂《チンコン》。鎮静《チンセイ》。鎮痛《チンツウ》。㋑おさえつける。例 鎮圧《チンアツ》。鎮定《チンテイ》。❸一地方の中心となる町。例 景徳鎮《ケイトクチン》(=江西《コウセイ》省にある陶磁器《トウジキ》の生産地)。

使い分け しずまる・しずめる【静・鎮・沈】⇩1170ページ

人名 おさむ・しげ・しげる・しず・しずか・しずむ・しずめ・たね・つね・まこと・まさ・まもる・やす・やすし

【鎮圧《チンアツ》】(名・する)反乱や暴動を力ずくでしずめること。おさえつけること。例 警官隊がデモを—した。

【鎮火《チンカ》】(名・する)火事で、火の勢いが弱まって消えること。また、火事を消すこと。対 出火。

【鎮▼咳剤《チンガイザイ》】せきをしずめる薬。せきどめ。鎮咳薬。

【鎮▼痙剤《チンケイザイ》】痙攣《ケイレン》をしずめる薬。鎮痙薬。

【鎮護《チンゴ》】(名・する)外敵や天災などをしずめて国を守ること。例 —国家。

【鎮魂《チンコン》】(名・する)死者のたましいをしずめなぐさめること。たましずめ。例 —歌。—ミサ曲。—の意味をこめた作品。

【鎮座《チンザ》】(名・する)①神霊《シンレイ》が、一定の場所にとどまっていること。例 神が—する宮。②俗《ゾク》に、人や物がある場所に長くおちついていること。例 床《とこ》の間《ま》に置物が—する。

【鎮子《チンシ》《チンス》】敷物《しきもの》や掛《か》け軸《ジク》などが風にあおられないようにおさえ、または下げる、おもし。文鎮《ブンチン》・風鎮《フウチン》など。

【鎮守《チンジュ》】①軍隊を置いてその地域の治安を守ること。②その地域の守り神。また、それをまつった社《やしろ》。例 村の—さま。—の森。

【鎮守府《チンジュフ》】①古代日本で、東北地方を鎮圧するため陸奥国《むつのくに》に置かれた役所。例 —将軍。②旧海軍で、主要軍港に置かれ、担当区の警備や監督《カントク》をした役所。例 呉《くれ》—司令長官。横須賀《よこスカ》—。

【鎮静《チンセイ》】(名・する)しずまりおちつくこと。また、しずかにおちつかせること。例 —剤《ザイ》。暴動が—化した。

【鎮台《チンダイ》】①その地方を治める軍隊。また、その長官。②明治初期、各地方に置かれた軍隊の単位。のちに「師団」に改められた。例 熊本《くまもと》—。

【鎮痛《チンツウ》】いたみをしずめおさえること。例 解熱《ゲネツ》—剤《ザイ》。

【鎮定】《チンテイ》（名・する）反乱や暴動などをしずめ、治安を回復すること。また、しずまりおちつくこと。類平定。例反乱を—する。

【鎮討】《チントウ》（名・する）反乱や暴動などを、武力でおさえしずめること。

【鎮▼撫】《チンブ》（名・する）反乱や暴動などをしずめて、人々をおちつかせること。例農民の不満を—する方策。

◐重鎮《ジュウチン》・風鎮《フウチン》・文鎮《ブンチン》

金10 【鎚】 18画 3642 939A 音ツイ漢 訓つち

意味 ものを打ちつけたり、たたいたりする道具。かなづち。つち。例鉄鎚《テッツイ》（＝かなづち）。

金10 【鎔】 18画 7916 9394 音ヨウ漢 訓いがた・と-かす・と-ける

意味 ❶鋳物《いもの》をつくるための型。いがた。例鎔範《ヨウハン》（＝鋳型《いがた》）。❷金属を熱して液状にする。とかす。とける。同熔《ヨウ》。例鎔解《ヨウカイ》。鎔鋳《ヨウチュウ》（＝金属をとかして、いる）。

表記 現代表記では、「溶《ヨウ》」（616ページ）に書きかえることがある。

【鎔解】《ヨウカイ》（名・する）金属が加熱によって液体状にとけること。また、金属をとかすこと。表記 現溶解

【鎔鉱炉】《ヨウコウロ》 高熱で金属の鉱石をとかし、鉄や銅などをとりだす炉。表記 現溶鉱炉

金10 【鎌】 18画 ⇩【鎌】《かま》（1016ページ）

金10 【鎖】 18画 ⇩【鎖】《サ》（1016ページ）

金10 【鎮】 18画 ⇩【鎮】《チン》（1016ページ）

金11 【鏖】 19画 7918 93D6 音オウ漢 訓ころ-す・みなごろし

意味 みなごろしにするほど、激しく戦う。ころす。みなごろし。例鏖戦《オウセン》（＝全滅《ゼンメツ》させるほどの激戦）。

【鏖殺】《オウサツ》（名・する）みなごろしにすること。

金11 【鏡】 19画 2232 93E1 教育4 音ケイ漢 キョウ呉 訓かがみ 付表 眼鏡《めがね》

筆順 

なりたち  ［形声］「金（＝かね）」と、音「竟《ケイ》」とから成る。光を反射し、映す金属。

意味 ❶姿かたちを映して見る道具。かがみ。昔は青銅を用いた。例鏡影《キョウエイ》（＝鏡に映るかげ・すがた）。銅鏡《ドウキョウ》。明鏡《メイキョウ》。❷てほん（とする）。かんがみる。例鏡戒《キョウカイ》（＝いましめ）。❸レンズ。めがね。例眼鏡《ガンキョウ—めがね》。顕微鏡《ケンビキョウ》。望遠鏡《ボウエンキョウ》。

人名 あき・あきら・かね・てる・とし・み

【鏡文字】《かがみモジ》 鏡に映したような、左右が逆に書かれた文字。鏡映文字。

【鏡餅】《かがみもち》 円く平らにつくったもち。正月や祭り、祝いのとき、大小二つを重ねて神に供える。おそなえ。おかがみ。

【鏡花水月】《キョウカスイゲツ》 ①鏡に映った花と水面に映った月のように、見ることはできても手にすることのできないもののたとえ。②表現できないほどの深い情趣《ジョウシュ》。例—の趣《おもむき》。

【鏡像】《キョウゾウ》 鏡に映したような、左右が逆になった像。

【鏡台】《キョウダイ》 ①鏡を立てかける台。②鏡と、化粧品《ケショウヒン》や小物入れの引き出しを組み合わせた家具。ドレッサー。

◐拡大鏡《カクダイキョウ》・眼鏡《ガンキョウ—めがね》・顕微鏡《ケンビキョウ》・三面鏡《サンメンキョウ》・潜望鏡《センボウキョウ》・双眼鏡《ソウガンキョウ》・天眼鏡《テンガンキョウ》・万華鏡《マンゲキョウ》・明鏡《メイキョウ—メイケイ》

金11 【鏨】 19画 7920 93E8 音サン漢 ザン呉 訓きざ-む・のみ・たがね

意味 金属や岩石をきざむために用いる、はがねでできたのみ。たがね。

金11 【鏘】 19画 7922 93D8 音ショウ漢 ソウ呉

意味 金属や玉石などが当たる音。美しくすんだ音。例鏘然《ソウゼン》。

【鏘然】《ソウゼン》（形動タル）金属や玉《ギョク》がふれあって音が出るようす。

金11 【鏃】 19画 7923 93C3 音ソク漢 ゾク呉 訓やじり

意味 矢の先につけた、とがったもの。矢の根。やじり。例石鏃《セキゾク》（＝石のやじり）。

金11 【鏑】 19画 3713 93D1 音テキ漢 訓かぶらや

意味 ❶矢の先のとがった部分。やじり。❷矢の先につけるもの。カブ（＝かぶら）の形をした中空のものにいくつかの穴をあけ、射ると風を切って高い音を立てる。なりや。かぶらや。例鳴鏑《メイテキ》（＝かぶら矢）。

金11 【鏝】 19画 7924 93DD 音バン漢 マン呉 訓こて

意味 左官などが、かべをぬる道具。こて。

金11 【鏐】 19画 7925 93D0 音リュウ漢 訓こがね

意味 純度が高く美しい黄金。

金11 【鏈】 19画 7926 93C8 音レン漢 訓くさり

意味 ❶銅の一種。❷金属の輪をつらねたもの。くさり。❸海上の距離《キョリ》をあらわす単位。十分の一海里《カイリ》。一八五・二メートル。

金11 【鏤】 19画 7927 93E4 音ロウ漢 ル呉 訓え-る・きざ-む・ちりば-める

意味 金属にほりつける。える。きざむ。ちりばめる。〔金属にほりつけるのが「鏤」、木にほりつけるのが「刻」〕例鏤刻《ルコク》。鏤骨《ルコツ》。

【鏤刻】《ルコク—ロウコク》（名・する）①文字や絵をきざみつけること。②詩や文章の語句に手を入れて直すこと。例—して完成した序文。

【鏤骨】《ルコツ—ロウコツ》（名・する）①骨にきざみこむこと。心に忘れないたとえ。②文章を書くときなどに、ひじょうに苦心すること。例彫心《チョウシン》—（＝苦労してつくりあげる）。

金11 【鏥】 19画 ⇩【銹】《シュウ》（1012ページ）

金12 【鐚】 20画 7928 941A 音ア漢 訓びた

意味 かぶとの左右や後方に垂らして首すじをおおう防具。し

ころ。(同)鉦《ア》。

日本語での用法 《びた》「鐚銭《びたセン》」の略。質のわるいぜに。「鐚一文《びたイチモン》出《だ》そうとしない」

金 12
【鏗】 20画 7919 93D7 音 コウ漢 訓 う-つ・かた-い

意味 金属などのかたいものが当たる音。例 鏗鏗《コウコウ》。鏗爾《コウジ》。

【鏗鏗】《コウコウ》(形動《トタル》) ①金属や石などをたたいたときに音が出るようす。②声がよく通ってひびくようす。

【鏗▼爾】《コウジ》(形動《トタル》)〔「爾」は、「然」の意〕金属や石・玉《ギョク》・木などをたたいたときに音が出るようす。

金 12
【鐘】 20画 3066 9418 常用 音 ショウ漢 シュ呉 訓 かね

筆順 

なりたち  [形声]「金(=かね)」と、音「童《トウ→ショウ》」とから成る。金属の楽器。

意味 ❶青銅製の楽器。また、時を知らせるかね。つりがね。かね。例 鐘鼓《ショウコ》。警鐘《ケイショウ》。晩鐘《バンショウ》。❷時計。例 自鳴鐘《ジメイショウ》(=とけい)。

人名 あつ・あつむ

【鐘鼓】《ショウコ》①(合図や音楽のための)かねと、つづみや太鼓。②楽器。音楽。

【鐘声】《ショウセイ》つりがねの鳴る音。かねの音《ね》。例 夜半の―を聞く。

【鐘▼鼎文】《ショウテイブン》殷《イン》や周の時代の鐘《かね》や鼎《かなえ》(=三本足の底の深い金属器)に刻みつけられた銘文《メイブン》の文字。

【鐘鳴▼鼎食】《ショウメイテイショク》楽器を鳴らし、鼎《かなえ》(=三本足の底の深い金属器)を並べて豪華《ゴウカ》な食事をとること。ぜいたくで豊かな生活のたとえ。例 ―の家。

【鐘楼】《ショウロウ》〔「シュロウ」とも〕つりがねをつった建物。かねつき堂。

◓警鐘《ケイショウ》・時鐘《ジショウ》・自鳴鐘《ジメイショウ》・早鐘《はやがね》・半鐘《ハンショウ》・晩鐘《バンショウ》

金 12
【鐔】 20画 7929 9414 音 シン・タン漢 訓 つば

意味 刀の柄《つか》と刀身の間にはめこんで、手をまもる平たい鉄の板。刀のつば。

金 12
【鐫】 20画 7935 942B 音 セン漢 訓 のみ・え-る・き-る・ほ-る

意味 ❶木に穴をあける工具。のみ。❷彫刻《チョウコク》する。える。きる。ほる。例 鐫刻《センコク》(=金属や石に刻みしるす)。

金 12
【鐓】 20画 7930 9413 音 タイ漢 訓 いしづき・ほこ

意味 矛《ほこ》の柄《え》の端《はし》につける金具《かなグ》。いしづき。

金 12
【鐙】 20画 3810 9419 音 トウ漢 訓 あぶみ

意味 ❶供え物をのせる祭器。たかつき。❷火をともす皿。また、燭台《ショクダイ》。ひともしざら。転じて、ともしび。例 華鐙《カトウ》(=美しい模様のある燭台)。❸鞍《くら》の両わきにさげ、乗馬のとき足をかける馬具。あぶみ。例 馬鐙《バトウ》(=あぶみ)。

金 12
【鐃】 20画 7931 9403 音 ドウ漢 ニョウ呉 訓 どら

意味 ❶軍隊で使う小さな鐘《かね》。じんがね。どら。例 鐃歌《ドウカ》(=軍楽。軍歌)。❷銅製の鉢《はち》形の打楽器。二枚を打ち合わせて鳴らす。例 鐃鈸《ニョウハチ》。

【鐃▼鈸】《ニョウハチ・ニョウバツ》仏教寺院で、儀式《ギシキ》のときに用いるシンバルに似た打楽器。

金 12
【鐇】 20画 7932 9407 音 ハン漢

意味 ❶おの。かんな。❷けずりとる。きりとる。

金 12
【鐐】 20画 7933 9410 音 リョウ漢 訓 しろかね

意味 美しい銀。例 鐐金《リョウキン》(=銀。しろがね)。

金12
[鐵] 20画 ⇩【鉄】《テツ》(1007ページ)

金 13
【鐶】 21画 7934 9436 音 カン漢 訓 わ

意味 ドーナツ形の金属製の、輪。かなわ。わ。例 指鐶《シカン》(=ゆびわ)。耳鐶《ジカン》(=みみわ)。箪笥《タンス》の鐶《カン》(=引き出しの取っ手)。蚊帳《かや》の釣手《つりて》の鐶《カン》。

金 13
【鐸】 21画 3488 9438 音 タク漢 ダク呉 訓 すず・おおすず

金 4
[釈] 12画 7869 922C 俗字

意味 ❶昔、政令を発布するときにふり鳴らした大きなすず。文事には木舌《ボクゼツ》、武事には金舌《キンゼツ》のものを用いた。おおすず。例 金鐸《キンタク》(=金舌のおおすず)。木鐸《ボクタク》(=木舌のおおすず)。転じて、社会を教えみちびく人。❷のきにつるす、すず。風鈴《フウリン》。例 鐸鈴《タクレイ》。風鐸《フウタク》。

【鐸鈴】《タクレイ》〔「鈴」も、すずの意〕大小のすず。

金 13
【鐺】 21画 7938 943A 音 一トウ漢 二ソウ漢 ショウ呉 訓 こじり

意味 一《トウ》「鋃鐺《ロウトウ》」は、囚人《シュウジン》をつなぐくさり。二《ソウ|ショウ》三本足の、なべや、かまの類。例 鼎鐺《テイソウ》(=かなえと、なべ)。

日本語での用法 《こじり》刀のさやの末端。また、そこにつける、かざりの金具《かなグ》。「刀《かたな》の鐺《こじり》・鐺《こじり》とがめ(=武士が往来で、こじりが触《ふ》れ合うのを無礼だとしてとがめること)」

金 13
【鑁】 21画 7939 9441 音 バン漢

意味 梵語《ボンゴ》バン vam (=ことばでとらえられないものの意)の音訳。密教の種子《シュジ》(=仏・菩薩《ボサツ》などを一字で象徴的《ショウチョウテキ》に標示したもの)の一つで、金剛界《コンゴウカイ》の大日如来《ダイニチニョライ》をあらわす。

参考「覚鑁《カクバン》」は、平安時代末期の僧《ソウ》。新義真言宗の宗祖。興教大師《コウギョウダイシ》。

金13
【鐵】 21画 ⇩【鉄】《テツ》(1007ページ)

金 14
【鑓】 22画 4490 9453 国字 訓 やり

意味 長い柄《え》の先に細長い刃《は》をつけた武器。やり。例 手鑓《てやり》。鑓ケ岳《やりがたけ》(=山の名。白馬鑓《しろうまやり》とも)。

金14
【鑄】 22画 ⇩【鋳】《チュウ》(1012ページ)

金 15

【鑑】

23画 2053 9451 常用 音 カン漢 ガン呉 訓 かんが-みる・かがみ

筆順 

金15

［鑒］

23画 7940 9452 別体字

なりたち  ［形声］「金(=かね)」と、音「監《カン》」とから成る。金属製の大きな口のはち。

意味 ❶大きな盆《ボン》。水を入れるうつわで、水かがみとしても用いられた。❷青銅のかがみ。〔おもに化粧《ケショウ》用や魔《マ》よけにした〕❸模範《モハン》や手本となるもの。かがみ。例殷鑑《インカン》。亀鑑《キカン》。人《ひと》の鑑《かがみ》となる。❹よくよく見る。かんがみる。例鑑査《カンサ》。鑑賞《カンショウ》。鑑別《カンベツ》。❺資料を集めた書物。例図鑑《ズカン》。年鑑《ネンカン》。名鑑《メイカン》。

人名 あき・あきら・かた・かね・てる・のり・み・みる

【鑑査】《カンサ》(名・する)展覧会などで、作品の優劣《ユウレツ》や価値などをよく調べること。例出品作品を—する。

【鑑札】《カンサツ》営業・採集・狩猟《シュリョウ》などについて、国や地方公共団体などが発行する許可証。例イヌの—。—を受ける。

【鑑識】《カンシキ》(名・する)①もののよしあしや真偽《シンギ》などを見きわめること。また、その力。目きき。例—眼。②犯罪捜査《ハンザイソウサ》で、薬品・血液・指紋《シモン》など証拠《ショウコ》の鑑定をすること。例—班。—を要する。

【鑑賞】《カンショウ》(名・する)芸術作品のよさを味わい楽しむこと。例映画—。—批評。

【鑑定】《カンテイ》(名・する)もののよしあしやほんものかどうか、などを調べて見きわめること。目きき。例刀剣《トウケン》を—する。—書《ショ》。DNA—。

【鑑別】《カンベツ》(名・する)ものの種類や善悪、真偽《シンギ》などの性質を観察して見分けること。

○●印鑑《インカン》・図鑑《ズカン》・年鑑《ネンカン》・名鑑《メイカン》

金 15

【鑠】

23画 7943 9460 音 シャク漢 訓 け-す・と-かす

意味 ❶金属をとかす。とかす。例鑠金《シャッキン》。❷勢力をおとろえさせる。よわる。❸光りかがやく。同爍《シャク》。❹「矍鑠《カクシャク》」は、年老いてなお元気なようす。

【鑠金】《シャッキン》「キンをとかす」①金属をとかすこと。②熱せられてとけた金属。③人の讒言《ザンゲン》がはげしいことのたとえ。例衆口《シュウコウ》金《キン》を鑠《と》かす(=多くの人々の言いつのることばは、金属をとかすほどはげしい)。〈国語《コクゴ》〉

金 15

【鑢】

23画 7944 9462 音 リョ漢 ロ呉 訓 やすり

意味 金属などをこすり、みがく道具。やすり。

金 15

【鑞】

23画 7945 945E 音 ロウ漢呉 訓 すず・なまり

意味 錫《すず》と鉛《なまり》との合金で、金属の接合に用いるもの。はんだ。

金15

［鑒］

23画 ⇩【鑑】《カン》(1019ページ)

金15

【鑛】

23画 ⇩【鉱】《コウ》(1007ページ)

金15

［鑚］

23画 ⇩【鑽】《サン》(1019ページ)

金 16

【鑪】

24画 7946 946A 音 ロ漢 訓 いろり

金 4

［鈩］

12画 7947 9229 俗字

意味 火を入れて手をあたためたりするもの。ひばち。ひどこ。いろり。同炉《ロ》。例火鑪《カロ》(=ひばちや、いろり)。香鑪《コウロ》(=香《コウ》をたくためのうつわ)。

金 17

【鑵】

25画 7949 9475 音 カン漢呉

意味 水をくむうつわ。つるべ。同罐《カン》。

金 17

【鑰】

25画 7948 9470 音 ヤク漢呉 訓 かぎ

意味 ❶錠前《ジョウまえ》をあける道具。かぎ。例鑰匙《ヤクシ》(=かぎ)。❷出入り口のしまり。かけがね。じょう。例関鑰《カンヤク》(=かんぬきと錠前)。❸ものごとの重要なところ。例秘鑰《ヒヤク》(=秘密を解くかぎ)。▽同籥《ヤク》。

金 18

【鑷】

26画 7950 9477 音 ジョウ漢 訓 けぬき

意味 ❶毛などをぬきとる道具。けぬき。❷毛ぬきでぬきとる。ぬく。例鑷白《ジョウハク》(=しらがをぬく)。

金 19

【鑽】

27画 7951 947D 音 サン漢呉 訓 きり・き-る

金15

［鑚］

23画 7952 945A 俗字

意味 ❶小さい穴をあける先のとがった道具。きり。また、きりで穴をあける。きりもみする。きる。例鑽孔《サンコウ》。❷深くきわめる。研究する。例鑽仰《サンギョウ》。研鑽《ケンサン》。

【鑽仰】《サンギョウ》(名・する)学問や人徳の高さをほめ、うやまうこと。〔顔淵《ガンエン》が師の孔子《コウシ》をたたえたことば、「これを仰《あお》げばいよいよ高く、これを鑽《き》ればいよいよ堅《かた》し」から〕〈論語《ロンゴ》〉 表記「賛仰」とも書く。

【鑽孔】《サンコウ》(名・する)〔「孔」は、あなの意〕①(きりで)あなをあけること。例—機。②カードや紙テープにあなをあけて、データを記録すること。穿孔《センコウ》。パンチ。例—テープ。

金 19

【鑼】

27画 7953 947C 音 ラ漢 訓 どら

意味 銅製の盆《ボン》のような形の楽器。ばちでたたいて鳴らす。どら。例銅鑼《ドラ》。

金 19

【鑾】

27画 7954 947E 音 ラン漢 訓 すず

意味 ❶天子の車をひくウマのくつわにつける鈴《すず》。❷天子の馬車。例鑾駕《ランガ》。鑾輿《ランヨ》。

【鑾▼駕】《ランガ》天子の乗る馬車。鑾輿《ランヨ》。

金 20

【钁】

28画 7955 9481 音 カク漢 訓 おおすき・くわ

意味 ❶農具の名。大きな鋤《すき》。くわ。❷くわを使う。くわで土を起こす。

金 20

【鑿】

28画 7956 947F 音 サク漢 訓 のみ・うが-つ

意味 ❶木に穴をあける工具。のみ。例斧鑿《フサク》。❷穴をあける。うがつ。例鑿井《サクセイ》。穿鑿《センサク》。❸ひらく。きりひらく。例開鑿《カイサク》。

【鑿岩機】《サクガンキ》土木工事や鉱山で、岩に穴をあけ、くだく機

械。表記「削岩機」とも書く。

【鑿鑿《サクサク》】(形動トタル)あざやかなようす。また、論旨《ロンシ》が明らかなようす。

【鑿井《サクセイ》】(名・する)地下水や石油などをとるために、井戸《いど》をほること。ボーリング。

168
8画
長 ながい部

ながい意をあらわす。「長」の字だけをここに入れた。

0 長

長 0

【長】

8画
3625
9577
教育2
音 チョウ漢 ジョウ呉
訓 なが-い・おさ・た-ける
付表 八百長《やおちょう》

筆順 

なりたち  [形声]「兀(=高く遠い)」と「匕(=変わる)」と、音「亡《ボウ→チョウ》」とから成る。大きく変わってしまうほど、久しくながい。参考 一説に、髪《かみ》の長い人の形。

意味 ❶へだたりが大きい。ながい。遠い。対 短《タン》。㋐空間的にながい。例 長身《チョウシン》。長蛇《チョウダ》。長途《チョウト》。㋑時間的にながい。ひさしい。例 長期《チョウキ》。長久《チョウキュウ》。長寿《チョウジュ》。❷ながさ。例 身長《シンチョウ》。全長《ゼンチョウ》。体長《タイチョウ》。❸すぐれる。まさる。たける。例 長所《チョウショ》。特長《トクチョウ》。一日《イチジツ》の長《チョウ》。❹むだな。よけいな。例 長物《チョウブツ》。❺いちばん上の地位にある人。かしら。おさ。例 会長《カイチョウ》。校長《コウチョウ》。❻いちばんとしうえ。例 長子《チョウシ》。長女《チョウジョ》。❼としうえ。めうえ。例 長幼《チョウヨウ》。長老《チョウロウ》。年長《ネンチョウ》。❽のびる。そだつ。例 生長《セイチョウ》。成長《セイチョウ》。

日本語での用法《チョウ》旧国名「長門《ながと》(=今の山口県の西部・北部)」の略。「長州《チョウシュウ》・薩長《サッチョウ》・防長《ボウチョウ》」

使い分け ながい【長・永】⇩1175ページ

難読 長柄《ながら》(=地名)・長田《おさだ》・長曽我部《チョウソかべ》・長押《なげし》・長谷川《はせがわ》・長谷《はせ|はっせ》

人名 すすむ・たか・たかし・たけ・たけし・つかさ・つね・とこし・とこしえ・なが・ながし・のぶ・ひさ・ひさし・まさ・まさる・ます・みち

[長部] 0画 長

【長安《チョウアン》】陝西《センセイ》省西安市の古い呼び名。前漢・隋《ズイ》・唐《トウ》の都があった。

【長円《チョウエン》】よこまたはたてに長い円。小判形《こバンがた》。楕円《ダエン》。

【長煙《チョウエン》】①長くたなびくけむり。②長くたなびくもや。例 —一空《イックウ》(=もやがからりと晴れわたる。また、長いもやが空にたなびく)。

【長音《チョウオン》】長く引きのばして発音する音。「ア」に対する「アー」など。対 短音。例 —符号《フゴウ》。

【長音階《チョウオンカイ》】西洋音楽で、ドを主音としてドレミファソラシドであらわされる音階。明るい感じがする。対 短音階。

【長靴《チョウカ|ながぐつ》】ひざのあたりまである長めのくつ。雨や雪のときや作業時、乗馬の際などにはく。対 短靴《タンぐつ》。

【長歌《チョウカ|ながうた》】和歌の形式の一つ。五音七音の句をくりかえして、五・七・七で終わりにするのが基本的な形。対 短歌。

【長官《チョウカン》】①官庁を統率する長。特に、「庁」と名のつく官庁で最上位の官職。また、その地位にある人。例 文化庁—。②軍隊の最高指揮官。また、役人などの最高責任者。例 司令—。地方—。大宰府《ダザイフ》の—。

【長期《チョウキ》】長い期間。対 短期。例 天候の—予報。—にわたる。

【長久《チョウキュウ》】長く続くこと。長く栄えること。例 武運—をいのる。

【長▼鋏《チョウキョウ》】刀身の長い剣《ケン》。また、長い剣の柄《つか》。例 —よ帰らんか、食らうに魚無し(=待遇《タイグウ》に対する不平不満をあらわすことば)。〈史記《シキ》〉

【長吟《チョウギン》】(名・する)声を長く引いて吟じること。また、続けて吟じること。

【長句《チョウク》】字数の多い句。とくに、連歌や連句などで、七・七の句に対して五・七・五の句。

【長駆《チョウク》】(名・する)①長い距離《キョリ》を(ウマに乗って)走ること。例 山野を—する。②遠くまで敵を追いかけること。例 —して敵都に至る。

【長▼軀《チョウク》】背たけが高いこと。また、その人。長身。対 短軀。例 痩身《ソウシン》(=やせたからだ)—。

【長兄《チョウケイ》】①いちばん上の兄。対 末弟《マッテイ|バッテイ》。②年上の人を、うやまっていうことば。大兄《タイケイ》。

【長径《チョウケイ》】長円の長いほうの径。長軸《チョウジク》。対 短径。

【長▼頸▼烏▼喙《チョウケイウカイ》】首が長く口がとがっている人相。鋭敏《エイビン》で忍耐《ニンタイ》強いが、残忍でうたぐりぶかい性格のあらわれ。苦労はともにできても安楽をともにはできない越王《エツオウ》句践《コウセン》の性質を、范蠡《ハンレイ》が言ったことば。〈史記《シキ》〉

【長欠《チョウケツ》】(名・する)「長期欠席」「長期欠勤」の略。例 —児童。病気で—している。

【長剣《チョウケン》】長い剣。対 短剣。

【長江《チョウコウ》】①長い大きな川。②中国で最長の大河。揚子江《ヨウスコウ》。江《コウ》。大江《タイコウ》。例 —下り。

【長考《チョウコウ》】(名・する)長い時間をかけて考えること。例 —一番。—ののち決断した。

【長講《チョウコウ》】長時間にわたる講演や講談。例 —一席。

【長広舌《チョウコウゼツ》】①ながながとしゃべること。また、その話。例 —をふるう。②すぐれた弁舌。雄弁《ユウベン》。〔仏の舌が顔をおおい、髪《かみ》の生えぎわにとどくほどだという「広長舌」から生じたことば〕

【長恨《チョウコン》】長く忘れることのできない、うらみやなげき。終生のうらみ。

【長恨歌《チョウゴンカ》】〔「チョウコンカ」とも〕唐《トウ》の白居易《ハクキョイ》の長編叙事詩《ジョジシ》。玄宗皇帝《ゲンソウコウテイ》と楊貴妃《ヨウキヒ》との恋愛《レンアイ》を題材とする。

【長座《チョウザ》】(名・する)人の家を訪ねて長時間いること。長居《ながい》。表記 ㊐長▼坐

【長子《チョウシ》】①(男女を問わず)最初に生まれた子。総領。第一子。対 末子《マッシ|バッシ》。②長男。例 —相続。

【長姉《チョウシ》】いちばん上の姉。

【長日《チョウジツ》】①昼の時間の長い、夏の日。例 —植物(=日照時間が長くなると花をつける植物)。②長い時日。多くの日数をついやすこと。▽対 短日《タンジツ》。

【長者《チョウジャ》】〔「チョウシャ」とも〕①大金持ち。富豪《フゴウ》。例 億万—。—の万灯より貧者《ヒンジャ》の一灯(=貧しい人の心がこもった寄進は、金持ちの寄進よりもとうとい)。②氏《うじ》の統率者《トウソツシャ》。例 藤原氏《ふじわらシ》の氏《うじ》の—。③年上の人。年長者。例 —をうやまう習慣。④徳のあるすぐれた人。位が高くて名声のある人。例 —の教えを守る。

【長寿《チョウジュ》】①寿命《ジュミョウ》が長いこと。長生き。長命。例 不老—。—を保つ。②俗《ゾク》に、長持ちすること。長く続くこと。例 —番組。▽対 短命。

【長袖《チョウシュウ|ながそで》】①長いそで(の衣類)。また、そでの長い着物を着ている人。舞妓《まいこ》など。②公家・僧《ソウ》・神官・学者などを、武士があざけっていうことば。例 —者流《チョウシュウシャリュウ》。

【長所】《チョウショ》 よいところ。すぐれているところ。(対)欠点・短所。例—を生かす。

【長女】《チョウジョ》 いちばん上のむすめ。最初に生まれた女の子。

【長▼殤】《チョウショウ》 (名・する)(十六歳《サイ》から十九歳で)若死にすること。例—を悼《いた》む。

【長▼嘯】《チョウショウ》 (名・する)①声を長く引いて詩歌《シイカ》を吟《ギン》じること。②(口笛のように)口をすぼめて、息を長くはいて音を出すこと。

【長上】《チョウジョウ》 ①年上。年長者。②目上。人の上に立つ人。例—の言《ゲン》に従う。

【長城】《チョウジョウ》 ①長く続く城壁《ジョウヘキ》。②万里《バンリ》の長城のこと。

【長身】[一]《チョウシン》 背たけが高いこと。また、その人。長軀《チョウク》。(対)短身。例—痩軀《ソウク》。[二]《ながみ》 刀や槍《やり》などの長い刃《は》。

【長針】《チョウシン》 時計で、分を示す長いほうの針。分針。(対)短針。

【長生】《チョウセイ》 (名・する)長生きすること。長命。

【長生殿】《チョウセイデン》 唐《トウ》の玄宗皇帝《ゲンソウコウテイ》が建てた、華清宮《カセイキュウ》の中にある宮殿。

【長征】《チョウセイ》 (名・する)①遠方に軍隊を進め動かすこと。とくに、一九三四年から三六年にかけて、中国共産党軍が江西《コウセイ》省から陝西《センセイ》省・甘粛《カンシュク》省まで一万二千キロ余を戦いながら行軍したこと。②遠方にスポーツの試合に行くこと。遠征。

【長逝】《チョウセイ》 (名・する)〔遠くへ行って永久に帰らない意〕死を遠まわしにいう言い方。

【長舌】《チョウゼツ》 ①舌《した》の長いこと。長い舌。②おしゃべり。多弁。饒舌《ジョウゼツ》。長広舌《チョウコウゼツ》。

【長足】《チョウソク》 ①速く歩くこと。はやあし。②ものごとの進み方の早いこと。例—の進歩をとげる。

【長息】《チョウソク》 (名・する)ため息をつくこと。長大息《チョウタイソク》。

【長打】《チョウダ》 (名・する)物を打って遠くまで飛ばすこと。野球で、ロングヒット。ゴルフで、ロングショット。

【長蛇】《チョウダ》 大きく長いヘビ。また、それに似た形のたとえ。例—の列。—を逸《イッ》する(=おしいところで大物をのがす)。

【長大】《チョウダイ》 (名・形動《ダ》)①長くて大きいこと。例—な計画。②背が高くて大きいこと。また、その人。▽(対)短小。

【長大息】《チョウタイソク》 (名・する)大きなため息。また、それをつくこと。長息。例天をあおいで—する。

【長短】《チョウタン》 ①長いこと(もの)と短いこと(もの)。例—さまざま。—の詩。②長いか短いか。長さ。例—を測る。③長所と短所。例—相《あい》半ばする。—両面から考える。④余ることと足りないこと。例—相補う。

【長嘆】《チョウタン》 (名・する)長いため息をついて、なげくこと。長嘆息。例友の訃報《フホウ》に—する。表記 (旧)長▼歎

【長調】《チョウチョウ》 長音階でつくられた曲。また、その調子。(対)短調。例ハ—。ニ—。

【長▼汀】《チョウテイ》 長く続くみぎわ。長い水ぎわ。

【長▼汀曲▽浦】《チョウテイキョクホ》 〔長く続くみぎわと陸地に入り組んだ海岸〕曲がりくねって長く続く(景色のよい)浜辺《はまべ》。

【長弟】《チョウテイ》 弟の中でいちばん年上の者。自分のすぐ下の弟。

【長堤】《チョウテイ》 長い堤《つつみ》。長い土手《どて》。

【長途】《チョウト》 遠い道のり。長い旅。例—の旅行。

【長刀】[一]《チョウトウ》 長い刀。(対)短刀。[二]《なぎなた》 はばが広くて先がそり返った長い刃《は》を、長い柄《え》につけた武器。表記 [二]は「▼薙▽刀」とも書く。

【長男】《チョウナン》 最初に生まれた男の子。いちばん上の息子《むすこ》。

【長年】《チョウネン》 ①〔「ながネン」とも〕長い年月。多年。永年。例—にわたって奉仕《ホウシ》活動をする。②長生きすること。長寿《チョウジュ》。③年上。年寄り。

【長波】《チョウハ》 慣用的電波区分の一つ。波長が一—一〇キロメートル、周波数が三〇—三〇〇キロヘルツの電波。航空通信などに用いる。(対)短波。

【長髪】《チョウハツ》 長くのばした髪《かみ》。例—を校則で禁止する学校がある。

【長物】《チョウブツ》 長いもの。また、長すぎて役に立たないもの。例無用の—。

【長文】《チョウブン》 長い文。また、長い文章。(対)短文。例—読解。

【長辺】《チョウヘン》 長方形の長いほうの辺。

【長編】《チョウヘン》 詩歌《シイカ》や小説、映画などで、長いもの。(対)短編。例—時代小説。表記 (旧)長▼篇

【長方形】《チョウホウケイ》 四つの角がみな直角の四角形。数学では、正方形をふくむ。長《なが》四角。矩形《クケイ》。

【長命】《チョウメイ》 (名・形動《ダ》)①長生き。長寿《チョウジュ》。(対)短命。例—の家系。—の人。②俗《ゾク》に、長もち・長つづきすること。例—な器械。

【長目飛耳】《チョウモクヒジ》 広く情報を集め、観察力にすぐれていること。また、書物のこと。飛耳長目。〔昔のことや遠方のできごとを、居ながらにして見聞きする目や耳〕〈管子《カンシ》〉

【長夜】《チョウヤ｜ジョウヤ》 ①(冬の)長い夜。夜長《よなが》。(対)短夜。②夜どおし。ひと晩じゅう。例—の飲《イン》(=夜が明けても戸をあけずに酒盛りを続けること。夜どおし酒を飲むこと)。③死んで埋葬《マイソウ》されること。いつまでも夜が明けないことをたとえる。例—の室《シツ》(=墓)。④煩悩《ボンノウ》に迷って、さとりが開けないこと。例無明《ムミョウ》—《ジョウヤ》。—《ジョウヤ》の眠《ねむ》り(=一生を夢のように暮らすこと。また、煩悩のために生死の苦境を脱《ダッ》することができないこと)。

【長幼】《チョウヨウ》 年上と年下。大人と子供。

【長幼《チョウヨウ》序《ジョ》有《あ》り】 年長者と年少者のあいだにある秩序《チツジョ》。年上の者をうやまい、先に立ててよという儒教《ジュキョウ》の教え。

【長吏】《チョウリ》 中国で、地位の高い役人。県の役所の長官。

【長流】《チョウリュウ》 川の長い流れ。

【長老】《チョウロウ》 ①年をとった人。とくに、ある分野で経験を積み、学識も豊かで人々に尊敬される、指導的立場の人。先輩《センパイ》。例財界の—。②学識が高く徳もすぐれた僧《ソウ》。

【長《チョウ》を▽以《もっ》て短《タン》を補《おぎな》う】 他人の長所を見ならって、自分の短所を改める。

【長雨】《ながあめ》 いく日も降り続く雨。霖雨《リンウ》。例秋の—。

【長居】《ながい》 (名・する)訪問先に長時間いること。長いあいだ同じ所にいること。長座。例—は無用。思わぬ—をした。

【長唄】《ながうた》 邦楽《ホウガク》の一つ。江戸《えど》時代に歌舞伎《かぶき》舞踊《ブヨウ》の伴奏《バンソウ》として発展した音楽。三味線《しゃみせん》に合わせて長い歌曲をうたう。

【長柄】《ながえ》 柄《え》が長いこと。また、柄の長い道具や武器。例—の傘《かさ》。—の槍《やり》。

【長▼襦▼袢】《ながジュバン》 着物と同じ長さの襦袢。

【長旅】《ながたび》 長い旅行。長い旅。例—のつかれが出る。

【長談義】《ながダンギ》 いやになるほど長い話。とりとめのない長話。例へたの—。

【長丁場】《ながチョウば》 ①宿場と宿場との距離《キョリ》が長いこと。②時間がかかる場面。仕事や交渉《コウショウ》などが長く続くこと。例—を乗りきる。—にかかる。

【長月】《ながつき》 〔古く「ながづき」とも〕もと、陰暦《インレキ》で九月のこと。太陽暦でもいう。菊月《キクづき》。

【長門】《ながと》 旧国名の一つ。今の山口県の西部と北部にあたる。長州《チョウシュウ》。

【長屋】《ながや》 細長い一棟《ひとむね》の建物をいくつかに区切って、いく

世帯も住めるようにした建物。棟割《むねわ》り長屋。例—住《ず》まい。表記「長家」とも書く。

【長湯】《ながゆ》（名・する）長い時間入浴すること。

【▽長▽押】《なげし》 日本建築で、かもいの上などにとりつける横木。

【▽長▽閑】《のどか》（形動ダナ）①おだやかで、ゆったりしているようす。例—な生活。—な風景。②天気がよく、風も気温もおだやかなようす。例—な春の午後。

●駅長《エキチョウ》・延長《エンチョウ》・気長《きなが》・最長《サイチョウ》・市長《シチョウ》・助長《ジョチョウ》・深長《シンチョウ》・船長《センチョウ》・増長《ゾウチョウ》・悠長《ユウチョウ》・夜長《よなが》

169 8画 門 もん もんがまえ 部

二つのとびらが左右にある入り口の形をあらわす。「門」をもとにしてできている漢字と、「門」の字形を目じるしにして引く漢字とを集めた。

0 門 1 閂 2 閃 3 閊 閉 閇 4 開 間 閑 閏 閖 閒 閔 5 閘 閠 閙 6 閣 関 閨 閤 閧 閥 7 閲 閭 閱 8 閼 閻 閹 閾 9 闊 闃 闍 闇 闌 10 闕 闔 闖 闘 11 關 12 闡 13 闥 闢

この部首に所属しない漢字

問⇩口 208　悶⇩心 402　聞⇩耳 812

門 0

【門】 8画 4471 9580 教育2 音モン漢呉 訓かど

筆順 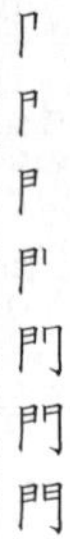

なりたち 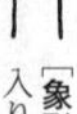 [象形]二つの「戸(=とびら)」が左右にある入り口の形。

意味 ❶建物の出入り口。かど。例門限《モンゲン》。門前《モンゼン》。正門《セイモン》。❷ものの出入りや経由するところ。例関門《カンモン》。肛門《コウモン》。登竜門《トウリュウモン》。❸みうち。家がら。例一門《イチモン》。名門《メイモン》。破門《ハモン》。❹同じ先生に教えを受けた、なかま。例門下生《モンカセイ》。❺学問や宗教などの系統。例専門《センモン》。仏門《ブツモン》。❻分類上の区別。例部門《ブモン》。脊椎動物門《セキツイドウブツモン》。❼大砲《タイホウ》を数えることば。例砲一門《ホウイチモン》。

難読 水門《みと》・由良《ゆら》の門《と》

人名 かな・と・ひろ・まもる・ゆき

【門口】《かどぐち》 家の出入り口。門。例—まで見送る。

【門出】《かどで》（名・する）①旅や戦いに出かけるために、家を後にすること。旅立ち。②新しい世界や生活・仕事にはいること。例人生の—。表記▽「▽首▽途」とも書く。

【門松】《かどまつ》 新年に歳神《としがみ》をむかえるために、家の門口に立てる松かざり。

【門衛】《モンエイ》 門や建物の出入り口にいて、門を守る人。門番。

【門下】《モンカ》 特定の専門的なことで、その先生について教えを受けること。また、その人。門人。門弟《モンテイ》。例—生《セイ》。芭蕉《バショウ》—の俳人たち。

【門外】《モンガイ》 ①門の外。対門内。②専門でないこと。専門外。

【門外漢】《モンガイカン》〔「漢」は、男の意〕①専門家でない人。しろうと。はたけちがいの人。例—でよくわからない。②直接には関係のない人。第三者。局外者。例—が口を出すな。

【門外不出】《モンガイフシュツ》 だれにも家の外に持ち出しを許さないほどたいせつにすること。例—の宝。

【門鑑】《モンカン》 門を出入りするときに見せる許可証。

【門限】《モンゲン》 夜、門を閉める時刻。帰宅しなければならない刻限。例—におくれる。—を守る。

【門戸】《モンコ》 ①門と戸。家の出入り口。また、外部と交流するための口。例—を開く。②一家。家。例—を構える。③自分の流儀《リュウギ》。一派。例—を成《な》す。

【門戸開放】《モンコカイホウ》 ①出入り口をあけはなつこと。②性別や人種などの制限を取り除くこと。③諸外国に、貿易や経済活動を自由にさせること。例—をせまられる。

【門札】《モンサツ》 家の門にかける名札《なふだ》。門標《モンピョウ》。表札。

【門歯】《モンシ》 口の前面中央に生えている上下四本ずつの歯。前歯《まえば》。

【門主】《モンシュ》 ①門跡《モンゼキ》寺院の住職。②教団・教派の長。

【門人】《モンジン》 その先生の教えを受ける人。門下の人。門下生。門弟《モンテイ》。弟子《デシ》。

【門生】《モンセイ》 門人。門下生。弟子《デシ》。

【門跡】《モンゼキ》 ①一門の仏法を受けついでいる寺または僧《ソウ》。②皇族や上流貴族の子が出家して住まう、特定の格式のある寺院。また、その住職。③本願寺の管長。

【門前】《モンゼン》 門の前。家の前。例—町《まち》(=寺院などを中心にして発達した町)。

【門前市《いち》を成《な》す】〔市が立ったように門前に人がたくさん集まる意〕訪問客の絶《た》え間《ま》がないこと。また、人がおおぜい集まってくること。〈漢書《カンジョ》〉

【門前《モンゼン》▼雀羅《ジャクラ》を張《は》る】〔門前にスズメをつかまえるための網《あみ》が張れる意〕おとずれる人はだれもなく、さびしいことのたとえ。門外雀羅を設くべし。

【門前《モンゼン》の小僧《こゾウ》習《なら》わぬ経《キョウ》を読《よ》む】正式に教えてもらわなくとも、常に見聞きしていれば知らず知らずのうちに身につけてしまう。

【門前払い】《モンゼンばらい》〔江戸《えど》時代、奉行所《ブギョウショ》の門前から追放するという刑《ケイ》〕①訪ねてきた人に会わずに、追い返すこと。②実質的な検討をせずに、受け付けをこばむこと。

【門地】《モンチ》 家がら。家格。例—にこだわる。

【門柱】《モンチュウ》 門のはしら。

【門弟】《モンテイ》 師の教えを受ける人。門下。門人。弟子《デシ》。

【門徒】《モント》 ①門人たち。例—三千人。②宗門の信徒。とくに、浄土真宗《ジョウドシンシュウ》の信徒。

【門灯】《モントウ》 門にとりつけた明かり。

【門内】《モンナイ》 門の内。対門外。例—立ち入り禁止。

【門閥】《モンバツ》 ①家がら。門地。例—を問わない。②いい家がら。名門。例—の出《で》。

【門番】《モンバン》 門の番人。門衛。

【門扉】《モンピ》 門のとびら。例—をとざす。

【門流】《モンリュウ》 一門の(中の)流派。

●開門《カイモン》・関門《カンモン》・山門《サンモン》・水門《スイモン》・入門《ニュウモン》・仏門《ブツモン》

門 1

【閂】 9画 7957 9582 音サン漢 訓かんぬき

意味 門を閉めるための横棒。かんぬき。例閂《かんぬき》をかける。

門 2

【閃】 10画 3314 9583 人名 音セン漢 訓ひらめ-く

意味 ❶ちらっと見える。ひらめく。例閃影《センエイ》(=ちらりと見えた姿)。❷ぴかっと光る。ひらめく。例閃光《センコウ》。

【閃光】《センコウ》 一瞬《イッシュン》光って消える光。例—電球(=フラッシュ)。強烈《キョウレツ》な—の後に爆音《バクオン》と爆風がおそってきた。

【閃閃】《センセン》（形動タルト）①きらきらと光りかがやくようす。例—

と雷電《ライデン》が光る。②ひらめき動くようす。

門 3
【閊】 11画 7959 958A 国字
訓 つか-える
意味 ひっかかって、うまく通らない。つかえる。例 天井《テンジョウ》に閊《つか》える。道路《ドウロ》が閊《つか》えている。

門 3
【閉】 11画 4236 9589 教育6
音 ヘイ 漢 呉
訓 と-じる・と-ざす・し-める・し-まる・た-てる
筆順 丨 ｢ 戸 門 門 門 閂 閉 閉

門 3
【閇】 11画 7958 9587 俗字

なりたち [会意]「門(=もん)」と「才(=とめ木)」とから成る。入り口をとざす。
意味 ❶入り口をふさぐ。戸をたてる。とじる。とざす。しめる。しまる。対 開《カイ》。例 閉鎖《ヘイサ》。閉塞《ヘイソク》。開閉《カイヘイ》。❷おわりにする。しまう。対 開《カイ》。例 閉会《ヘイカイ》。閉業《ヘイギョウ》。

使い分け しまる・しめる【締・絞・閉】⇩1170ページ

【閉院】《ヘイイン》(名・する)①病院など「院」と呼ばれるところが、一日の仕事を終えること。例 ―時刻。本日は―しました。②「院」と呼ばれるところが、業務をやめて閉鎖《ヘイサ》すること。例 今月末で―する。▽対 開院。

【閉園】《ヘイエン》(名・する)①遊園地や動物園など「園」と名のつくところが、その日の営業を終えること。②「園」と名のつくところが、活動をやめて閉鎖《ヘイサ》すること。▽対 開園。

【閉架】《ヘイカ》図書館で、利用者が読みたい本を書庫から取り出してもらう方法。対 開架。例 ―式図書館。

【閉会】《ヘイカイ》(名・する)①会議や集会などが終わること。例 ―の辞。②国会の会期を終えること。▽対 開会。

【閉館】《ヘイカン》(名・する)①図書館など「館」と名のつくところが、その日の業務を終えること。②「館」と名のつくところが、業務をやめて閉鎖《ヘイサ》すること。▽対 開館。

【閉居】《ヘイキョ》(名・する)家にとじこもること。また、その家。類 蟄居《チッキョ》・籠居《ロウキョ》。表記「▼屏居」とも書く。

【閉業】《ヘイギョウ》(名・する)今まで続けてきた営業をやめること。対 開業。例 当店は本日をもって―いたします。

【閉経】《ヘイケイ》女性が年をとって月経がなくなること。例 ―期。

【閉口】《ヘイコウ》(名・する)こまり果てること。自分の力ではどうにもならず、まいること。例 今年の暑さには―した。

【閉校】《ヘイコウ》(名・する)学校の経営をやめて閉鎖《ヘイサ》すること。廃校《ハイコウ》。対 開校。例 児童数が減少して小学校が―した。

【閉講】《ヘイコウ》(名・する)講義や講習会を終えること。対 開講。

【閉鎖】《ヘイサ》(名・する)①入り口をしめて出入りできないようにすること。とざすこと。とじること。例 門はすべて―した。―的(=心をとざし他人を受け入れない)な性格。②それまでの活動を停止すること。例 学級―。倒産《トウサン》で工場も―された。

【閉山】《ヘイザン》(名・する)①登山期間を終わりにすること。②鉱山や炭鉱で、採掘《サイクツ》事業をやめること。▽対 開山。

【閉止】《ヘイシ》(名・する)はたらきが止まること。また、止めること。例 機能が―する。

【閉場】《ヘイジョウ》(名・する)①行事や催《もよお》しで、会場をとじて人を入れないようにすること。例 六時に―の予定だ。②劇場など「場」と名のつくところが営業をやめること。▽対 開場。

【閉塞】《ヘイソク》(名・する)開いているところを、とじてふさぐこと。また、とじふさがれること。例 腸―。時代―の現状。

【閉廷】《ヘイテイ》(名・する)法廷をとじること。対 開廷。

【閉店】《ヘイテン》(名・する)①店をしめて商売をしないこと。例 本日は―しました。②それまで続けていた商売をやめること。店じまい。例 ―のため在庫一掃《イッソウ》セール。▽対 開店。

【閉幕】《ヘイマク》(名・する)①劇などで、幕がおりて演目が終わること。②ものごとが終わること。例 ―試合。▽対 開幕。

【閉門】《ヘイモン》一(名・する)門をとじること。対 開門。例 日没《ニチボツ》―。二(名)江戸《えど》時代の武士や僧《ソウ》などに対する刑罰《ケイバツ》の一つ。門をしめて出入りを禁じ、謹慎《キンシン》させたもの。
●開閉《カイヘイ》・自閉《ジヘイ》・密閉《ミッペイ》・幽閉《ユウヘイ》

門 3
【閇】 11画 ⇩【閉】《ヘイ》(1023ページ)

門 4
【開】 12画 1911 958B 教育3
音 カイ 漢 呉
訓 ひら-く・ひら-ける・あ-く・あ-ける・ひら-き
筆順 丨 ｢ 戸 門 門 門 閂 開 開

なりたち [形声]「門(=もん)」と、音「幵《ケン》→《カイ》」とから成る。門をひらく。
意味 ❶とじているものをひらく。ひらく。あける。あく。対 閉《ヘイ》。例 開口《カイコウ》。開閉《カイヘイ》。開門《カイモン》。❷きりひらく。ひらける。例 開墾《カイコン》。開拓《カイタク》。開発《カイハツ》。❸ひらいてはじめる。もよおす。ひらく。対 閉。例 開会《カイカイ》。開催《カイサイ》。開始《カイシ》。❹数学で、平方根《ヘイホウコン》・立方根《リッポウコン》を求める。例 開平《カイヘイ》。

日本語での用法 《ひらき》①へだたり。ちがい。「実力《ジツリョク》の開《ひら》きがある」②魚を切りさいて干したもの。「アジの開《ひら》き」③「閉会」の言いかえ。「お開《ひら》きにする」

使い分け あく・あける【明・空・開】⇩1160ページ

人名 あき・あけ・さく・さとる・とおる・のぶ・はじめ・はる・ひら

【開院】《カイイン》(名・する)①病院・美容院など「院」と名のつくところが、その日の仕事を始めること。例 ―時刻。②「院」と名のつくところが新しくできること。▽対 閉院。

【開運】《カイウン》運がひらけること。運がよいほうに向かうこと。例 ―祈願《キガン》。―のお守り。

【開園】《カイエン》(名・する)①遊園地・動物園・幼稚《ヨウチ》園など「園」と名のつくところが、その日の仕事を始めること。客を入場させること。例 ―前から行列ができる。②「園」と名のつくところが新しくできること。例 ―式。▽対 閉園。

【開演】《カイエン》(名・する)演劇・演奏会・講演などが始まること。また、始めること。対 終演。例 ―のブザーが鳴る。

【開化】《カイカ》(名・する)人の知恵《チエ》が発達して思想・文化・風俗《フウゾク》が進歩すること。文化がひらけること。例 文明―。

【開花】《カイカ》(名・する)①花がさくこと。例 サクラの―予想。②成長したり努力したりしたことが、よい結果となってあらわれること。例 才能が―する。③ものごとがさかんになること。

【開架】《カイカ》図書館で、本や雑誌を利用者が棚《たな》から自由に取り出して利用できること。対 閉架。例 ―式図書館。

【開会】《カイカイ》(名・する)①会議や競技会などが始まること。例 ―宣言。②国会の会期が始まること。▽対 閉会。

【開学】《カイガク》(名・する)大学を新しくつくること。大学を創設すること。例 ―記念日。―以来百年。

【開▼豁】《カイカツ》(形動ダナ)①心が広くおおらかなようす。豁達《カッタツ》。例 ―な気性《キショウ》。―に笑う。②前が広くひらけていて、見晴らしがいいようす。例 ―の地。

【開巻】《カイカン》①書物をひらくこと。ひらいて読むこと。②書物の初めの部分。書きだし。巻頭。例 ―第一ページ。

【開館】《カイカン》(名・する)①図書館など「館」と名のつくところが、その日の業務を始めること。②「館」と名のつくところが新しくできること。▽対 閉館。

【開眼】(名・する)一《カイガン|カイゲン》①目をひらく。②見識をひろめ

8画

[門部] 3―4画 閊 閉 閇 開

る。③ものごとの本質をさとること。学芸や技能で、こつを会得《エトク》すること。[例]彫金の技術に—する。[二]《カイゲン》〔仏〕仏像や仏画が完成したとき、仏の霊《レイ》をむかえるためにおこなう式。入眼《ジュゲン》。[例]大仏—。

【開基】《カイキ》(名・する)①事業を始め、基礎《キソ》をつくること。また、その人。[例]当家の先祖が—した店。②寺を新しくつくること。また、つくった僧《ソウ》。開山。[例]室町《むろまち》時代—の寺。

【開業】《カイギョウ》(名・する)①鉄道・会社・商店などが新しく事業・商売を始めること。開店。店開き。(対)閉業・廃業《ハイギョウ》。②医者が医院をひらいて、仕事をしていること。[例]—医。

【開局】《カイキョク》(名・する)郵便局や放送局など「局」と名のつくものをつくって、仕事を始めること。

【開襟】《カイキン》[一](名・する)襟《えり》をひらくこと。また、ひらいた襟。[二](名)①「開襟シャツ」の略。襟のひらいた形のシャツ。②心をひらくこと。[表記]▽「開▼衿」とも書く。

【開元】《カイゲン》基礎《キソ》を築くこと。とくに、国の基《もとい》をつくること。

【開口】《カイコウ》(名・する)①口をひらくこと。ものを言うこと。[例]—一番(=口をひらいて最初に発したこと。話しはじめ)。②外に向かって口があいていること。[例]部屋の—部。

【開校】《カイコウ》(名・する)学校を新しくつくって運営を始めること。(対)閉校・廃校《ハイコウ》。[例]—記念日。

【開港】《カイコウ》(名・する)①港や空港をつくって、仕事を始めること。②貿易のために、港に外国船が出入りするのを認めること。[例]—場。

【開講】《カイコウ》(名・する)講義や講習会などが始まること。(対)閉講。[例]—式。四月に—する。

【開国】《カイコク》(名・する)①外国と行き来したり通商を始めること。(対)鎖国《サコク》。[例]—して貿易をする。②一つの国として独立すること。新しく国を建てること。[例]—の祖。

【開墾】《カイコン》(名・する)山や野などを切りひらいて田畑とすること。[例]—地。

【開催】《カイサイ》(名・する)集会や催《もよお》し物などをひらくこと。[例]バザーを—する。

【開削】《カイサク》(名・する)土木工事をして道路・トンネル・運河などをつくること。[例]地下鉄の—工事。[表記](旧)開▼鑿

【開山】《カイサン》[一](名)①仏教で、山をひらいて寺院を新しくつくること。また、つくった僧《ソウ》。開基。②その宗派を新しくつくった人。開祖。宗祖。③技術・芸能・武道などで、第一人者。[二]《カイザン》(名・する)①山びらき。夏に登山ができるようになること。(対)閉山。②鉱山や炭鉱で、採掘《サイクツ》事業を始めること。(対)閉山。

【開始】《カイシ》(名・する)ものごとを始めること。また、始まること。(対)終了。[例]試合—。操業を—する。

【開所】《カイショ》(名・する)研究所など「所」と名のつくところを新しくつくり、仕事を始めること。(対)閉所。[例]—記念。

【開城】《カイジョウ》(名・する)降伏《コウフク》して城を敵にあけわたすこと。[例]江戸《えど》城《ジョウ》の無血—。

【開場】《カイジョウ》(名・する)①会場をひらいて人を入れること。[例]—は開演の三十分前。②劇場など「場」と名のつくところを新しくつくって、活動を始めること。▽(対)閉場。

【開成】《カイセイ》「開物成務《カイブツセイム》」の略。占《うらな》いによって吉《キチ》を知り、事業を成功に導くこと。また、人知を開発して、なすべきことを完成させること。〈易経《エキキョウ》〉

【開設】《カイセツ》(名・する)施設《シセツ》や設備などを新しくつくったり整えたりすること。新設。(対)閉鎖《ヘイサ》。[例]支店を—する。

【開戦】《カイセン》(名・する)戦争を始めること。(対)終戦。

【開祖】《カイソ》①仏教で、新しく宗派をひらいた僧《ソウ》。宗祖。②芸道や学問などで一派をひらいた人。

【開題】《カイダイ》①お経《キョウ》の解説。題の意味や内容の大意《タイイ》を書くこと。また、書いたもの。②書物の題・作者・書いた年・内容などについて解説したもの。解題。

【開拓】《カイタク》(名・する)①山林や原野などを田畑や居住用の土地にすること。[例]未開地を—する。②新しい分野や、運命などを切りひらくこと。[例]—精神。市場の—をはかる。

【開帳】《カイチョウ》(名・する)①寺院で、ふだんは公開しない仏像などを、一定期間だけ信者やいっぱんの人に拝ませること。[例]七年に一度の本尊《ホンゾン》ご—。②ふだんは見せないものを見せること。③とばくの座をひらくこと。開張《カイチョウ》。

【開張】《カイチョウ》[一](名・する)①いっぱいにひらくこと。②とばくの座をひらくこと。開帳。[二](名)チョウ・ガ・トンボなどが羽をひらいたとき、はしからはしまでの長さ。

【開陳】《カイチン》(名・する)自分の意見を公式の場で述べること。[例]所信を—する。

【開通】《カイツウ》(名・する)鉄道・道路・電話・トンネルなどが完成して、利用され始めること。

【開廷】《カイテイ》(名・する)法廷で裁判を始めること。裁判をおこなうために法廷をひらくこと。(対)閉廷。

【開店】《カイテン》(名・する)①店をあけて一日の商売を始めること。[例]—休業(=店をあけていても客がこないので、休みと変わらない状態)。②初めて店をひらいて商売を始めること。開業。店びらき。オープン。[例]—祝い。新規—。▽(対)閉店。

【開発】《カイハツ》(名・する)①山林や原野などを切りひらいて、資源や土地を人間が利用すること。[例]都市—。②人間の、かくれた才能などを引き出すこと。[例]能力—。③新しいものを考え、作り出し、実際に役立つものにすること。[例]新製品を—する。

【開▼闢】《カイビャク》〔「闢」も、ひらく意〕天地のはじまり。世界のはじめ。また、ものごとのはじまり。[例]天地—(=世界のはじまり)。—以来のできごと。

【開票】《カイヒョウ》(名・する)投票箱をひらいて投票の結果を調べること。[例]即日《ソクジツ》—。—の結果を速報する。

【開封】《カイフウ》(名・する)①封や封印をひらくこと。[例]手紙を—する。②封筒《フウトウ》の一部分をあけた郵便物。ひらきふう。

【開腹】《カイフク》(名・する)手術のために腹を切りひらくこと。[例]—手術。

【開平】《カイヘイ》(名・する)平方根《ヘイホウコン》を求めること。また、平方根を求める計算方法。[例]—法。十六を—すると四になる。

【開閉】《カイヘイ》(名・する)あけたりしめたりすること。あけたて。[例]—機(=踏切《ふみきり》の遮断機《シャダンキ》)。戸の—は静かに。

【開放】《カイホウ》(名・する)①あけはなすこと。[例]—厳禁。窓を—する。②制限をなくして自由に利用できるようにすること。[例]施設《シセツ》—。日曜日に校庭を—する。▽(対)閉鎖《ヘイサ》。

【開幕】《カイマク》(名・する)①幕があいて演劇などが始まること。[例]—時間。②ものごとが始まること。[例]プロ野球—。▽(対)閉幕・終幕。

【開明】《カイメイ》(名・する)①文明がひらけてくること。文化が進んでくること。[例]—途上《トジョウ》の国。②時代の大勢は古くておくれているのに、先見の明《メイ》があって自由に発想すること。[例]—的な英主(=すぐれた君主)。

【開門】《カイモン》(名・する)門をひらくこと。(対)閉門。

◯●公開《コウカイ》・再開《サイカイ》・散開《サンカイ》・切開《セッカイ》・全開《ゼンカイ》・疎開《ソカイ》・打開《ダカイ》・展開《テンカイ》・半開《ハンカイ》・満開《マンカイ》・未開《ミカイ》

門 4

【間】

12画
2054
9593

[教育2]

[音]カン(漢)ケン(呉)

[訓]あいだ・ま・あい

[筆順]

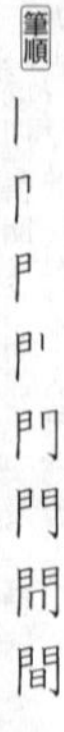

門 4

【間】

12画
9592

なりたち 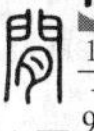 [会意]「門(=もん)」と「月(=つき)」とから成る。月の光が見える、門のすきま。

意味 ❶すきま。へだたり。あいだ。あい。例 間隔《カンカク》。間隙《カンゲキ》。間断《カンダン》。離間《リカン》。❷すきまをあける。へだてる。例 間接《カンセツ》。❸すきをうかがう。スパイ。例 間者《カンジャ》。間諜《カンチョウ》。❹まぜる。まじる。例 間色《カンショク》。❺うちがわ。なか。ま。例 空間《クウカン》。時間《ジカン》。間《カン》、髪《ハツ》を容《い》れず。❻へやを数えることば。❼ひまがある。ひま。同 閑《カン》。例 間暇《カンカ》。

日本語での用法 一《ケン》長さの単位。一間は、曲《かね》尺《ジャク》で六尺(=約一・八メートル)。「一間《イッケン》・三十三間堂《サンジュウサンゲンドウ》」二《ま》①へや。室。「間数《まかず》・貸間《かしま》・茶《チャ》の間《ま》・床《とこ》の間《ま》」②その場のようす。ぐあい。また、邦楽《ホウガク》で、テンポやリズム。「間《ま》に合《あ》う・間《ま》がわるい・間《ま》がぬける・間《ま》のとりかたがうまい・間《ま》をはずす」

人名 ちか・はし

【▽間着《あいぎ》】①上着と下着とのあいだに着る衣服。合い服。合い着。②「間服《あいフク》」に同じ。

【▽間狂言《あいキョウゲン》】一曲の能の中で、狂言方《キョウゲンかた》が受け持つ部分。

【間柄《あいだがら》】①人と人とがどんなつながりをもっているか、の関係。例 お二人は? いとこの—です。②つきあいや仲のよさの程度。交際関係。例 親密な—。

【▽間服《あいフク》】(寒暑のきびしくない)春や秋に着る洋服。間着《あいぎ》。合い着。合い服。

【間一髪《カンイッパツ》】〔かみの毛一本を入れるほどのすきまの意〕時間・距離《キョリ》・ことがらについて、事態がさしせまっていること。例 —で間《ま》に合った。—の差。

【間暇《カンカ》】ひま。いとま。閑暇《カンカ》。例 —を得る。

【間隔《カンカク》】二つのもののあいだのへだたり。例 三分—。

【間関《カンカン》】(形動《タルト》)①鳥がなごやかにさえずるようす。例 —たるウグイスの声。②道がけわしくて行きなやむようす。人生に困難や苦労の多いことのたとえ。

【間居《カンキョ》】(名・する)することもなくひまなこと。また、のんびりと、したいことをして暮らすこと。例 —を楽しむ。表記「閑居」とも書く。→【小人《ショウジン》間居《カンキョ》して不善《フゼン》を為《な》す】(315ページ)

【間隙《カンゲキ》】あいだ。すきま。例 —をぬって進む。—が生じる。

【間欠《カンケツ》】一定の時間をおいて、起こったりやんだりすること。例 —泉《セン》(=ふき出したりやんだりする温泉)。表記 旧 間▼歇

【間歳《カンサイ》】一年おき。隔年《カクネン》。

【間作《カンサク・あいサク》】(名・する)①作物をつくっている畑の、畝《うね》と畝のあいだに他の作物もつくること。また、その作物。②ある作物を収穫《シュウカク》した田畑に、次に同じ作物をつくるまでのあいだに別の作物をつくること。また、その作物。

【間事《カンジ》】むだなこと。不必要なこと。

【間日《カンジツ》】①一日おいた次の日。②ひまな日。閑日《カンジツ》。

【間者《カンジャ》】しのびの者。スパイ。間諜《カンチョウ》。

【間色《カンショク》】原色と原色をまぜあわせてできる色。また、原色と原色の中間の、やわらかい感じの色。中間色。

【間食《カンショク》】(名・する)食事と食事とのあいだに何かを食べること。また、その食べ物。あいだぐい。

【間接《カンセツ》】あいだに物や人をおいておこなうこと。じかにかかわりをもたないこと。対 直接。例 —照明(=光をいったんかべや天井《テンジョウ》に当て、その反射光を明かりとする照明)。

【間然《カンゼン》】(名・する)欠点を指摘《シテキ》して非難すること。例 —するところがない。

【間奏曲《カンソウキョク》】オペラや劇の幕間《マクあい》などに演奏する曲。また、大曲の間にはさむ器楽曲。インテルメッツォ。

【間断《カンダン》】とぎれること。切れ目。絶《た》え間《ま》。例 —なく降り続く雨。

【間▼諜《カンチョウ》】ひそかに敵の中にはいって、ようすや情報をさぐる者。スパイ。間者《カンジャ》。

【間道《カンドウ》】わきみち。ぬけみち。近みち。対 本道。例 —をぬける。町に通じる—。

【間投詞《カントウシ》】感動・応答・呼びかけなどをあらわす自立語。感動詞。

【間投助詞《カントウジョシ》】助詞の一つ。文節の切れ目について語調をととのえ、感動・余情・念おし・強調などをあらわす。口語では、「ね」「さ」「な」など。

【間脳《カンノウ》】脳の一部で、大脳と中脳とのあいだにあり、感覚神経や自律神経にかかわる中枢《チュウスウ》がある。

【間八《カンパチ》】アジ科の海魚。ブリに似ており、体長一メートル前後。さしみなどにする。

【間伐《カンバツ》】(名・する)林業で、木がこんでいる状態をさけるために余分の木を切ること。すかしぎり。例 —材。

【間《カン》、髪《ハツ》を▽容《い》れず】間《ま》をおくことなく、ただちに。ほとんど同時に。例 —立ち上がる。

【間話《カンワ》】むだばなし。閑話《カンワ》。例 —休題(=さて)。

【間合い《まあい》】①ちょうどよい間隔《カンカク》。例 —をとる。—をつめる。②ちょうどよいタイミング。ころあい。例 —を見はからう。

【間数《まかず》】部屋の数。例 —の多い家。

【間際《まぎわ》】事が起こる、あるいは、事がおこなわれる、すぐ前。寸前。直前。例 発車—にかけこむ。表記「真際」とも書く。

【間口《まぐち》】①家屋や土地などを正面から見たときの、横はばの長さ。対 奥行《おくゆき》。例 —が広い。②知識や、事業・仕事などの範囲《ハンイ》。例 —の広い人だ。あの会社は—を広げすぎた。

【間尺《まシャク》】①建築物の寸法。②損得の計算。割。例 —に合わない(=割が悪い。損である)。

【間遠《まどお》】(形動《ダナ》)時間や間隔《カンカク》がへだたっているようす。例 バスは—にしか来ない。音がだんだん—になる。

●合間《あいま》・居間《いま》・期間《キカン》・客間《キャクま》・区間《クカン》・週間《シュウカン》・瞬間《シュンカン》・世間《セケン》・谷間《たにま》・中間《チュウカン》・幕間《マクあい》・民間《ミンカン》・夜間《ヤカン》・洋間《ヨウま》・欄間《ランま》

門 4

【閑】

12画
2055
9591

常用 音 カン 漢 ゲン 呉 訓 しず-か・ひま

筆順 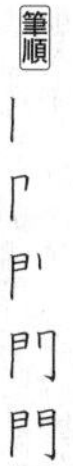

なりたち 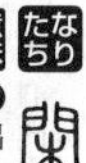 [会意]「門(=もん)」の中に「木(=き)」がある。しきり。派生して「ふせぐ」の意。

意味 ❶出入りをさまたげる。ふせぐ。例 閑邪《カンジャ》(=邪悪をふせぐ)。❷することがない。ひま。例 閑暇《カンカ》。閑職《カンショク》。❸ひっそりとして、おちついている。しずか。例 閑静《カンセイ》。安閑《アンカン》。森閑《シンカン》。❹たいせつでない。なおざり。例 閑却《カンキャク》。等閑《トウカン》。

難読 等閑《なおざり》・長閑《のどか》

人名 しず・のり・まもる・もり・やす・より

【閑雲野▽鶴《カンウンヤカク》】〔静かにうかぶ雲と野原に遊ぶツルの意〕なんの拘束《コウソク》も受けずに悠々《ユウユウ》と暮らしていること。

【閑暇《カンカ》】静かでひまなこと。ひま。間暇。例 —を得る。

【閑雅《カンガ》】(名・形動《ダナ》)①もの静かでしとやかなこと。おくゆかしく、みやびやかなこと。例 風姿—。—なふるまい。②土地や景色が静かで、おもむきのあること。例 —な別荘地《ベッソウチ》。

【閑閑《カンカン》】(形動《タルト》)静かにおちついているようす。のんびりして

いるようす。例悠悠《ユウユウ》—としている。

【閑却《カンキャク》】（名・する）捨てておく。なおざりにする。ほうっておく。例今や—を許さない事態。

【閑居《カンキョ》】一（名）閑静な住居。例山中の—。二（名・する）①することもなく、ひまなこと。例小人《ショウジン》—して不善を為《な》す（＝つまらない人間は、ひまだとよくないことをする）。②のんびり過ごすこと。例—を楽しむ。表記▽「間居」とも書く。

【閑吟《カンギン》】（名・する）静かに詩歌《シイカ》を口ずさむこと。

【閑古鳥《カンコどり》】カッコウ（＝郭公《カッコウ》）の別名。例—が鳴く（＝商売などが、はやらないこと。さびれて、ひまなこと）。

【閑散《カンサン》】（名・形動タルト）①人けがなくて、ひっそりしていること。例—とした町。②ひまなこと。売買や取り引きの少ないこと。例商売—。

【閑寂《カンジャク》】（名・形動ダナ）ひっそりと静かなこと。例—の境《キョウ》。

【閑職《カンショク》】重要でない職。仕事のひまな職。例—にまわされる。

【閑日《カンジツ》】ひまな日。用のない日。間日。例—を送る。

【閑日月《カンジツゲツ》】①ひまな月日。例—を楽しむ。②心にゆとりのあること。ゆったりしていること。例英雄《エイユウ》—あり。

【閑人《カンジン｜ひまジン》】ひまな人。用のない人。例—の寝言《ねごと》。無欲《ムヨク》の—。表記「ひまジン」は「暇人」とも書く。

【閑静《カンセイ》】（形動ダナ）ひっそりしているようす。もの静かなようす。例—な住宅街。—な住まい。

【閑談《カンダン》】（名・する）①静かに話をすること。閑話。②のんびりと話をすること。むだばなし。例友人と一夜—する。

【閑中《カンチュウ》】ひまなとき。用事のないあいだ。

【閑話《カンワ》】（名・する）①静かに話をすること。閑談。②むだばなしをすること。雑談。間話。例無用の—に時を移す。

【閑話休題《カンワキュウダイ》】〔むだばなしはそれくらいにしての意〕本題とはちがう話をしていたのを、もとの本題にもどすときに使うことば。それはさておき。さて。

◐深閑《シンカン》・清閑《セイカン》・等閑《トウカン》・長閑《のどか》・有閑《ユウカン》

門 4
【閏】
12画 1728 958F 人名 音ジュン漢 訓うるう

門 5
［閠］
13画 7964 95A0 俗字

意味 ❶暦《こよみ》のうえで、一年の日数がふつうの年よりも多いこと。うるう。例閏月《ジュンゲツ》（＝うるうづき）。閏年《ジュンネン》（＝うるうどし）。❷正統からはずれた。対正《セイ》。例正閏《セイジュン》。
人名 うる

門 4
【閖】
12画 7961 9596 訓ゆり

意味〔一説に、音「ロウ」とするが、義未詳《ミショウ》〕地名に用いられる字。例閖上《ゆりあげ》（＝宮城《みやぎ》県名取《なとり》市の地名）。

門 4
【閒】
12画 ⇩【間】カン（1024ページ）

門 4
［閔］
12画 ⇩【憫】ビン（413ページ）

門 5
【閘】
13画 7962 9598 音一オウ漢 二コウ漢

意味 一《オウ》門をあけたりしめたりする。二《コウ》川などの水の流れを調節するための門。水門。例閘門《コウモン》。
【閘門《コウモン》】水面の高さや水量を調節する、河川《カセン》の水門。

門 5
［閠］
13画 ⇩【閏】ジュン（1026ページ）

門 5
［閙］
13画 ⇩【鬧】トウ（1090ページ）

門 6
【閣】
14画 1953 95A3 教育6 音カク漢呉 訓たかどの

筆順 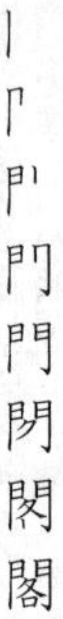

なりたち  ［形声］「門（＝もん）」と、音「各《カク》」とから成る。とびらを止めるもの。

意味 ❶門のとびらを止めるくい。❷やめる。おく。同擱《カク》。例閣筆《カクヒツ》。❸ものを置く、たな。例高閣《コウカク》。❹高い建物。たかどの。例仏閣《ブッカク》。楼閣《ロウカク》。❺役所。行政の最高機関。例閣議《カクギ》。閣僚《カクリョウ》。内閣《ナイカク》。

人名 はる
【閣員《カクイン》】「閣僚《カクリョウ》」に同じ。

【閣外《カクガイ》】内閣の外部。対閣内。例—から協力する。

【閣議《カクギ》】内閣の会議。内閣総理大臣がそれぞれの国務大臣を集めて開く会議。例—にはかる。

【閣道《カクドウ》】①二階づくりの廊下《ロウカ》。②険しい谷の道につくったかけ橋。桟道《サンドウ》。

【閣内《カクナイ》】内閣の内部。対閣外。例—不一致《フイッチ》。

【閣筆《カクヒツ》】（名・する）筆をおいて書くことをやめること。文章を書き終えること。擱筆《カクヒツ》。対起筆。

【閣僚《カクリョウ》】内閣を構成するそれぞれの国務大臣。閣員。例—会議。

【閣下《カッカ》】〔たかどのの下の意〕役人や軍人などの、身分の高い人をうやまっていう呼び方。例大統領—。

◐組閣《ソカク》・天守閣《テンシュカク》・倒閣《トウカク》・入閣《ニュウカク》

門 6
【関】
14画 2056 95A2 教育4 音カン漢 ケン呉 訓せき・かか-わる

筆順 

門11
【關】
19画 7980 95DC

なりたち  ［形声］「門（＝もん）」と、音「𢇇《カン》」とから成る。かんぬき。

意味 ❶門の戸をとざす横木。かんぬき。例関鍵《カンケン》。❷交通の要所や国境に設けて、人などの出入りをしらべるところ。せきしょ。せき。例関東《カントウ》。函谷関《カンコクカン》。難関《ナンカン》。❸ものを動かすしかけ。からくり。例機関《キカン》。❹つながる。あずかる。かかわる。例関係《カンケイ》。関与《カンヨ》。関連《カンレン》。

日本語での用法《せき》十両以上の力士。また、しこ名にそえてうやまうことば。「関取《せきとり》・大関《おおぜき》・双葉山《ふたばやま》関《ぜき》」

難読 機関《からくり》
人名 とおる・み・もり
【関関《カンカン》】（形動タルト）鳥がのどかに鳴くようす。例—たる雎鳩《ショキュウ》（＝水鳥のミサゴ）。〈詩経《シキョウ》〉→【関雎《カンショ》】

【関係《カンケイ》】一（名・する）①二つ以上のものごとが、つながっていること。かかわりあうこと。例—者。—が深い。②性的交渉《コウショウ》をもつこと。また、その交渉。例—をもつ。二（名）〔名詞の後につけて、少しぼかしていう〕その方面。例営業—の仕事。

【関鍵《カンケン》】①門のかんぬきと扉《とびら》のかぎ。②戸じまり。③ものごとの重要なところ。

【関西《カンサイ》】一①京阪神《ケイハンシン》地方。上方《かみがた》。例—弁。②箱根《はこね》より西の地方。③昔、鈴鹿《すずか》・不破《フワ》・愛発《あらち》の各関《カクカン》所より西。また逢坂《おうさか》の関より西の諸国。▽対関東。二《カンセイ》中国で、函谷関《カンコクカン》より西の地。

【関塞《カンサイ》】〔「塞」は、とりでの意〕①関所ととりで。②国境のとりで。

【関▼雎《カンショ》】仲のよい夫婦《フウフ》。〔関関たる雎鳩《ショキュウ》（＝のどかに

鳴き交わす雎雄《シユウ》のミサゴ)から」〈詩経《シキョウ》〉

【関心《カンシン》】心をひかれること。気にとめること。例―を示す。

【関数《カンスウ》】〔数〕二つの変数 x と y があるとき、x が変わるとそれにつれて y も変わるという対応関係にある数。例三角―。二次―。表記「▼函数」とも書く。

【関税《カンゼイ》】品物の輸出入のときに課せられる税。〔現在、日本には輸入税しかない〕

【関節《カンセツ》】ひじや手首・足首のように、骨と骨とが、動くようにつないでいる部分。例―炎《エン》。―がはずれる。

【関知《カンチ》】(名・する)かかわりがあって、事情をよく知っていること。〔下に打ち消しのことばをともなって用いることが多い〕例この件については、いっさい―しない。当局は―しておりません。

【関東《カントウ》】①関東地方。東京・神奈川《かながわ》・千葉・埼玉《さいたま》・群馬《ぐんま》・栃木《とちぎ》・茨城《いばらき》の一都六県。対関西《カンサイ》。②箱根《はこね》より東の関東平野を中心とする諸国。坂東《バンドウ》。対関西《カンサイ》。③昔、鈴鹿《すずか》・不破《フワ》・愛発《あらち》の各《カク》関所より東。また、逢坂《おうさか》の関より東の諸国。対関西《カンサイ》。④中国で、函谷関《カンコクカン》より東の地。また、山海関より東の地。

【関白《カンパク》】①重臣に意見を言う。②通知する。報告する。③平安時代以後、天皇を補佐して政治をとりしきった職。例―藤原基経《ふじわらのもとつね》。④実権をにぎっている人。例亭主《テイシュ》―。

【関八州《カンハッシュウ》】関東八州。昔の、相模《さがみ》・武蔵《むさし》・安房《あわ》・上総《かずさ》・下総《しもうさ》・常陸《ひたち》・上野《こうずけ》・下野《しもつけ》の八か国。

【関門《カンモン》】①関所。また、関所の門。②通過するのが難しく、そこをこえないと先へ進めない、だいじなところ。例第一の―を突破《トッパ》する。③下関《しものせき》と門司《もじ》。例―トンネル。

【関与《カンヨ》】(名・する)あるものごとにかかわりがあること。また、かかわりをもつこと。例国政に―する。

【関連《カンレン》】(名・する)かかわりあい。つながり。連関。例―性。―産業。表記 ㊐関▼聯

【関所《せきショ》】①国境やおもな道路の要所に設けて、通行者や荷物を調べたところ。せき。例―破り。箱根《はこね》の―。②通りにくいところ。難関。関門。

【関取《せきとり》】①相撲《すもう》で、十両以上の力士。②「①」を呼ぶときに敬意をもっていうことば。

【関▽脇《せきわけ》】相撲《すもう》の番付で、大関《おおぜき》の下、小結《こむすび》の上。また、その力士。

○●機関《キカン》・玄関《ゲンカン》・税関《ゼイカン》・相関《ソウカン》・通関《ツウカン》・難関《ナンカン》・連関《レンカン》

門 6

【閨】14画 7965 95A8 音 ケイ㊆ ケ㊇ 訓 ねや

意味 ❶宮中の小門。❷婦人のへや、寝室《シンシツ》。ねや。例閨房《ケイボウ》。❸婦人。女性。例閨秀《ケイシュウ》。

【閨怨《ケイエン》】夫とはなれている女性の、ひとりねのうらみ。また、そのさびしい気持ち。例―詩。

【閨室《ケイシツ》】①寝室《シンシツ》。ねや。閨房《ケイボウ》。②妻。奥方《おくがた》。内室。

【閨秀《ケイシュウ》】学問や芸術方面にすぐれた女性。才媛《サイエン》。例―作家。―画家。

【閨中《ケイチュウ》】寝室《シンシツ》のなか。ねどこのなか。

【閨閥《ケイバツ》】妻の親類で勢力のある家。例―政治。

【閨房《ケイボウ》】①寝室《シンシツ》。とくに、夫婦《フウフ》の寝室。②婦人の居間《いま》。

門 6

【閤】14画 2562 95A4 人名 音 コウ㊆

意味 ❶大門のかたわらにある小門。くぐりど。❷ごてん。宮殿《キュウデン》。

門 6

【閧】14画 7966 95A7 音 コウ㊆ 訓 とき・かちどき・たたか-う

意味 ❶村の中の小道。㊐巷《コウ》。❷たたかう。また、戦いのときにあげるさけび声。とき。例勝閧《かちどき》をあげる。

参考 ❷は「鬨《コウ》」が正しいが、「閧」と書かれることが多い。

門 6

【閥】14画 4022 95A5 常用 音 ハツ㊆ バツ㊇

筆順
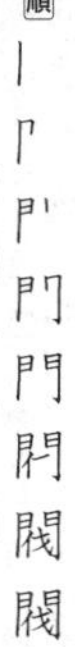

なりたち

[形声]「門(=もん)」と、音「伐《ハツ》」とから成る。功績を書いた門の柱。

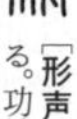

意味 ❶功績。てがら。❷家格。いえがら。例閥族《バツゾク》。門閥《モンバツ》。

日本語での用法 《バツ》出身や利害を同じくする者の、排他《ハイタ》的な集まり。「学閥《ガクバツ》・軍閥《グンバツ》・派閥《ハバツ》・藩閥《ハンバツ》・閥《バツ》を作《つく》る」

人名 いさお

【閥族《バツゾク》】①身分の高い家がら。名門。例―の出ではない高官。②閥をつくっている一族。

○●学閥《ガクバツ》・軍閥《グンバツ》・財閥《ザイバツ》・派閥《ハバツ》・門閥《モンバツ》

門 7

【閲】15画 1760 95B2 常用 音 エツ㊆ 訓 けみ-する

筆順
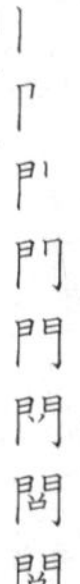

門 7

【閱】15画 ― 95B1

なりたち

[形声]「門(=もん)」と、音「兌《タイ→エツ》」とから成る。門のところで数える。

意味 ❶一つ一つよく見てしらべる。例検閲《ケンエツ》。校閲《コウエツ》。❷しらべ見る。よむ。例閲読《エツドク》。閲覧《エツラン》。❸年月がたつ。経過する。例閲歴《エツレキ》。

人名 かど・み

【閲歳《エッサイ》】一年経過すること。一年以上にわたること。

【閲読《エツドク》】(名・する)内容に注意しながら、書物や書類を読むこと。例卒業論文を―する。

【閲兵《エッペイ》】(名・する)元首や司令官などが、整列した軍隊を巡視《ジュンシ》し、検閲すること。例―式。

【閲覧《エツラン》】(名・する)書物や新聞・雑誌などを調べたり見たりすること。例―室。

【閲歴《エツレキ》】㊀(名)経歴。履歴《リレキ》。㊁(名・する)年月が経過すること。過ぎ去ること。

○●検閲《ケンエツ》・校閲《コウエツ》・内閲《ナイエツ》

門 7

【閭】15画 7967 95AD 音 リョ㊆ ロ㊇

意味 むらざと(の門)。例閭巷《リョコウ》。閭門《リョモン》(=むらざとの入り口の門)。

【閭▼巷《リョコウ》】村里《むらざと》。町の中。また、民間。例―無名の人。

【閭里《リョリ》】村里《むらざと》。また、郷里《キョウリ》。

門 7

【閲】15画 ⇩【閲】《エツ》(1027ページ)

門 8

【閼】16画 7968 95BC 音 ア㊫ アツ㊆ 訓 ふさ-ぐ・とど-める

意味 ❶入り口をとじる。とどめる。ふさぐ。例 閼塞《アッソク》(=ふさがる)。❷梵語《ボンゴ》の音訳。例 閼伽《アカ》。

【閼▼伽】《アカ》〔梵語《ボンゴ》の音訳。水の意〕仏や墓に供える水。また、その水を入れるうつわ。例 ―桶《おけ》。

【閼▼伽棚】《アカだな》 仏に供える水や花などを置く棚。

門 8

【閻】 16画 7969 95BB 音 エン(漢)(呉)

意味 ❶むらざとの中の門。❷美しい。同 艶《エン》。例 閻妻《エンサイ》(=美しい妻)。❸梵語《ボンゴ》の音訳。例 閻浮《エンブ》。閻魔《エンマ》。

【閻王】《エンオウ》「閻魔《エンマ》」に同じ。

【閻浮▽提】《エンブダイ》〔梵語《ボンゴ》の音訳。閻浮樹《エンブジュ》(=想像上の大木)の繁る島(陸地)の意〕人間がすむ世界。この世。仏教の宇宙観で、世界の中心には須弥山《シュミセン》がそびえ、そのまわりに四大洲《シダイシュウ》(=東西南北四つの島)がある。そのうちの南にある島で、南贍部洲《ナンセンブシュウ》ともいう。

【閻浮▼檀金】《エンブダンゴン|エンブダゴン》 閻浮樹《エンブジュ》(=想像上の大木)の林のなかを流れる川からとれる砂金。最も良質の黄金。

【閻魔】《エンマ》〔梵語《ボンゴ》の音訳〕①死者の霊魂《レイコン》を支配して死者の生前のおこないを裁く地獄《ジゴク》の王。閻魔大王。閻王。閻羅《エンラ》。②大形のくぎぬきのこと。〔うそをつくと閻魔に舌をぬかれるという俗信《ゾクシン》による〕

【閻魔帳】《エンマチョウ》 地獄《ジゴク》の閻魔王が死者の生前の罪を書きしるすという帳面。

門 8

【閹】 16画 7970 95B9 音 エン(漢) 訓 かどもり

意味 ❶宮殿《キュウデン》の門を守る(去勢された)役人。門番。宦官《カンガン》。例 閹官《エンカン》。❷去勢する。例 閹割《エンカツ》(=生殖器《セイショクキ》を切りとる)。

【閹▼尹】《エンイン》 宦官《カンガン》を管理する長。

【閹官】《エンカン》 宦官《カンガン》。

【閹然】《エンゼン》(形動タル) 自己の意思・信念をまげて、こびへつらうようす。

門 8

【閾】 16画 7971 95BE 音 ヨク(漢) イキ(呉) 訓 しきい・しきみ

意味 ❶門の内部と外部とをわける、境の横木。しきみ。しきい。例 行不レ履レ閾《ゆくにしきみをふまず》(=通るときに、しきいをふまない)。〈論語《ロンゴ》〉❷しきり。くぎり。境界。

門 9

【闊】 17画 7972 95CA 音 カツ(漢) 訓 ひろ-い

氵14

【濶】 17画 7973 6FF6 別体字

意味 ❶ひろびろとしている。ひろい。例 闊然《カツゼン》(=からりとひらけて、広々としている)。闊達《カッタツ》。❷まわり遠い。世の中のことにうとい。例 迂闊《ウカツ》。❸あいだが遠い。久しく会わない。例 久闊《キュウカツ》。

【闊達】《カッタツ》(形動ダナ) 心が広くて小さなことにこだわらないようす。例 自由―。―な性格。表記 「▼豁達」とも書く。

【闊歩】《カッポ》(名・する) ①ゆったりと歩くこと。例 大通りを―する。②いばって歩くこと。堂々と大またに歩くこと。周囲に気がねしないで行動すること。

【闊葉樹】《カツヨウジュ》「広葉樹」のもとの言い方。

○●迂闊《ウカツ》・寛闊《カンカツ》・久闊《キュウカツ》・広闊《コウカツ》

門 9

【闃】 17画 7974 95C3 音 ゲキ(慣) ケキ(漢) 訓 さび-しい・しず-か

意味 空虚《クウキョ》なようす。また、静かなようす。しずか。例 闃寂《ゲキセキ》(=ひっそりと静まりかえっているようす)。幽闃《ユウゲキ》(=さびしい)。闃《ゲキ》として声《こえ》なし(=静まりかえって、人の声もなんの物音も聞こえない)。

門 9

【闍】 17画 7975 95CD 音 一ト(漢)(呉) 二シャ(漢) ジャ(呉)

意味 一ト ❶城門の上の物見台《ものみダイ》。❷城の外ぐるわの内側にある町。外城《とジョウ》の町。二シャ|ジャ 梵語《ボンゴ》の音訳。例 阿闍梨《アジャリ》。

門 9

【闇】 17画 1639 95C7 常用 音 アン(漢) オン(呉) 訓 やみ・くら-い・くらがり

筆順 

なりたち  [形声]「門(=もん)」と、音「音《アン》」とから成る。門を閉じる。

意味 ❶門をとじる。くらい。やみ。同 暗《アン》。❷暗くて見えない。道理がわからない。例 闇愚《アングウ》。闇夜《アンヤ》。

日本語での用法 《やみ》不正な。「闇取引《やみとりひき》・闇市《やみいち》」

表記 現代表記では、「暗《アン》」(493ページ)に書きかえることがある。

【▽闇黒】《アンコク》(名・形動ダナ) 真っ暗。暗やみ。くらがり。表記 現 暗黒

【闇雲】《やみくも》(形動ダナ) 見通しもなく、理由もなくするようす。

【闇夜】《やみよ》 真っ暗な夜。暗夜。

門 9

【闌】 17画 7976 95CC 音 ラン(漢)(呉) 訓 た-ける・たけなわ

意味 ❶門のさく。❷てすり。おばしま。同 欄《ラン》。例 闌干《ランカン》。❸かってに。みだりに。例 闌入《ランニュウ》。❹終わりに近づく。たける。たけなわ。〔「まっさかり」の意の「たけなわ」は「酣《カン》」〕例 闌暑《ランショ》(=暑さも終わりに近づくころ)。

【闌干】《ランカン》 一(形動タル) ①縦横に散り乱れるようす。②なみだがたくさん出るようす。例 なみだ―として流る。③星の光がきらめくようす。例 星斗《セイト》―たり。二(名) てすり。表記 ▽「欄干」とも書く。

【闌入】《ランニュウ》(名・する) 許可を得ないまま、はいりこむこと。

門 10

【闕】 18画 7977 95D5 音 ケツ(漢) 訓 か-ける

意味 ❶宮殿《キュウデン》の門。また、天子のいる宮城《キュウジョウ》。例 闕掖《ケツエキ》。禁闕《キンケツ》(=宮城)。❷あるべきものが足りない。かける。同 欠《ケツ》。例 闕画《ケッカク》。闕如《ケツジョ》。闕漏《ケツロウ》。

【闕▼掖】《ケツエキ》〔「掖」は、正門の左右の小門〕宮中。御所《ゴショ》。禁掖。

【闕画】《ケッカク》 ①文字の線や点を省くこと。②皇帝《コウテイ》や身分の高い人の名と同じ字を書くとき、はばかってその字の最後の一画を書かずにおくこと。「玄」を「玄」とするなど。闕筆《ケッピツ》。表記 ▽「欠画」とも書く。

【闕字】《ケツジ》 ①文章の中の脱字《ダツジ》。欠け字。②文章の中で、皇帝《コウテイ》や身分の高い人の名や称号《ショウゴウ》の上を一字分あけて書き、敬意をあらわすこと。表記 ▽「欠字」とも書く。

【闕如】《ケツジョ》(名・する) 必要なものが欠けていること。足りないこと。例 公共心の―。表記 「欠如」とも書く。

【闕▼腋】《ケッテキ》〔「ケツエキ」の転じた読み〕①衣服の両わきの下をぬい合わせないで、あけておくこと。②「闕腋の袍《ホウ》」のこと。平安時代、武官が節会《セチエ》や行幸《ギョウコウ》の儀式のときに着た礼服。わきあけのころも。

【闕漏】《ケツロウ》（名・する）欠けてもれる。また、もれたもの。もれ。おち。例 重要な部分が―している。表記「欠漏」とも書く。

門 10
【闔】
18画 7978 95D4 音 コウ漢 訓 とびら・と-じる

意味 ❶門のとびら。とびら。❷とざす。とじる。例 闔門《コウモン》（=門をとじる）。❸残らず、すべて。例 闔国《コウコク》（=くにをあげて、みな）。

難読 開闔《あけたて》

門 10
【闖】
18画 7979 95D6 音 チン漢

意味 急にあらわれる。とつぜんはいってくる。例 闖入《チンニュウ》。

【闖入】《チンニュウ》（名・する）許しも得ずに、とつぜんはいりこむこと。乱入。例 ―者。

門 10
【闘】
18画 3814 95D8 常用 音 トウ漢呉 訓 たたか-う・たたか-い

筆順 

門10 【鬪】20画 8212 9B2A

門14 【鬭】24画 1-9431 9B2D 本字

なりたち 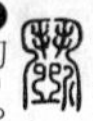［形声］「鬥（=たたかう）」と、音「斲《トウ》」とから成る。出あって、たたかう。

意味 ❶切りあい・なぐりあいをする。たがいに争う。きそう。たたかう。たたかい。例 闘争《トウソウ》。決闘《ケットウ》。戦闘《セントウ》。❷争わせる。たたかわせる。例 闘牛《トウギュウ》。闘鶏《トウケイ》。

使い分け たたかう【戦・闘】⇩1171ページ

難読 闘鶏《シャモ》

【闘技】《トウギ》 力やわざをくらべ合い、優劣《ユウレツ》をきそうこと。例 ―場。

【闘牛】《トウギュウ》 ①ウシとウシとをたたかわせること。牛合わせ。また、そのウシ。例 宇和島《うわじま》の―。②人間とウシとがたたかう競技。また、そのウシ。スペインの国技。例 ―場。―士。

【闘魚】《トウギョ》 キノボリウオ科の熱帯性淡水魚《タンスイギョ》。おすは他のおすに出会うと闘争する習性がある。観賞用に飼う。

【闘鶏】《トウケイ》 ニワトリをたたかわせて、勝負を争う遊び。鶏《とり》合わせ。また、そのニワトリ。

【闘犬】《トウケン》 イヌをたたかわせて、勝負を争う遊び。犬合わせ。また、そのイヌ。

【闘魂】《トウコン》 たたかいぬこうとする激しい意気ごみ。闘志。例 不屈《フクツ》の―。―をみなぎらせる。

【闘士】《トウシ》 ①戦争やたたかいをする人。戦士。②主義や主張のために活発に行動する人。例 労働運動の―。

【闘志】《トウシ》 たたかおうとする意志。闘魂《トウコン》。例 ―満満。―がわく。

【闘将】《トウショウ》 ①力が強く闘争心のさかんな武将。また、スポーツで主将や主力選手。②政治運動などで、人の先頭に立ち積極的、精力的に活動する人。

【闘争】《トウソウ》（名・する）①相手に勝とうとして、たたかいあらそうこと。あらそい。例 ―本能。―心。②使用者と労働者などが、たがいの利益のためにあらそうこと。例 ―資金。

【闘病】《トウビョウ》（名・する）病気を治そうという意志をもって、療養《リョウヨウ》すること。例 ―生活。―記。

●悪戦苦闘《アクセンクトウ》・暗闘《アントウ》・格闘《カクトウ》・共闘《キョウトウ》・苦闘《クトウ》・激闘《ゲキトウ》・決闘《ケットウ》・健闘《ケントウ》・死闘《シトウ》・戦闘《セントウ》・熱闘《ネットウ》・奮闘《フントウ》・乱闘《ラントウ》

門11 【關】19画 ⇩【関】《カン》（1026ページ）

門 12
【闡】
20画 7981 95E1 音 セン漢呉 訓 ひら-く

意味 ❶あける。ひらく。❷ひらいて明らかにする。例 闡明《センメイ》。

【闡明】《センメイ》（名・する）今まではっきりしなかった道理や意義を明らかにすること。例 本義を―する。

【闡揚】《センヨウ》（名・する）はっきりとあらわすこと。

門 13
【闥】
21画 7982 95E5 音 タツ漢 ダツ呉

意味 宮中の小門。くぐり門。

難読 柴《しば》の闥《とぼそ》

門 13
【闢】
21画 7983 95E2 音 ヘキ漢 ビャク呉 訓 ひら-く

意味 ❶あける。ひらく。例 闢闔《ヘキコウ》（=ひらくことと、とじること）。開闢《カイビャク》。❷しりぞける。同 辟《ヘキ》。例 闢邪《ヘキジャ》（=悪いものをしりぞける）。

●開闢《カイビャク》・天地開闢《テンチカイビャク》

170 8画 阜 おか（阝（左）こざとへん）部

なん層にも重なった高い土地の形をあらわす。「阜」が偏《ヘン》（=漢字の左がわの部分）になるときは「阝（こざとへん）（三画）」となる。「こざと」の名は「阝」が旁《つくり》（=漢字の右がわの部分）にある「おおざと」と区別していう。「阜」をもとにしてできている漢字を集めた。

0 阜 3 阡 4 阨 阮 阪 防 阬 阯 5 阿 阻 陀 陂 附 6 限 陏 陌 陋 降 7 院 陥 降 除 陞 陣 陜 陟 陛 陝 陦 8 陰 険 陲 陬 陳 陶 陪 陸 隆 陵 陷 9 階 隅 隍 随 隋 隊 陽 隈 隊 隆 10 隘 隕 隗 隔 隙 隖 11 隠 際 障 隙 12 隣 13 隧 隣 險 隨 14 隰 隯 隱 隲 16 隴

阜 0
【阜】
8画 4176 961C 教育4 音 フウ漢 フ呉 訓 おか

筆順 

なりたち 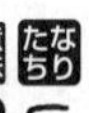［象形］高く大きくて石のない陸地の形。

意味 ❶高くもりあがった土地。おか。例 阜陵《フリョウ》（=大きなおか）。❷おおきい。おおい。ゆたかな。例 阜財《フザイ》。❸「曲阜《キョクフ》」は、孔子《コウシ》の生誕地。現在の山東省曲阜市。

県名 岐阜《ぎふ》

人名 あつ・あつし・たか・たかし・とおる・ゆたか

阝 3
【阡】
6画 7984 9621 音 セン漢呉 訓 みち

意味 南北に通るあぜみち。例 阡陌《センパク》。

【阡▼陌】《センパク》 あぜ道。耕地と耕地とのあいだの道。〔陌は東西に通るあぜみち〕表記「▼仟▼佰・▼仟伯」とも書く。

阝 4

【阨】

7画 7985 9628

音 一 アク漢 ヤク呉 二 アイ漢 訓 けわ-しい・せま-い・ふさ-がる・ふさ-ぐ

意味 一《アク・ヤク》 ❶ふさぐ。ふさがる。例 咽喉《インコウ》部《ブ》を阨《ヤク》する（=要地・要点を支配する）。❷苦しめられる。なやむ。例 阨窮《ヤクキュウ》。 二《アイ》 ❶せまい。同 隘《アイ》。❷地勢のけわしい場所。同 隘《アイ》。例 阨塞《アイサイ》。

【阨塞《アイサイ》】けわしい土地。要害の地。

【阨▼僻《アイヘキ》】せまくてかたよっていること。せまくて小さいこと。

【阨窮《ヤクキュウ》】（名・する）行きづまること。苦しむこと。

阝 4

【阮】

7画 7986 962E

音 ゲン漢

意味 ❶中国古代の諸侯国《ショコウコク》の名。❷弦楽器《ゲンガッキ》の一種。「阮咸《ゲンカン》②」のこと。❸姓《セイ》の一つ。例 阮咸《ゲンカン》。

【阮▼咸《ゲンカン》】①人名。字《あざな》は仲容《チュウヨウ》。西晋《セイシン》の文人で、竹林の七賢《シチケン》の一人。阮籍《ゲンセキ》のおいで、琵琶《ビワ》の名手であった。（生没年《セイボツネン》未詳《ミショウ》）②楽器名。琵琶の一種。四弦《シゲン》で十二柱。「阮」ともいう。〔阮咸が製作し、演奏《エンソウ》も上手だったことからつけられた名といわれる〕

【阮籍《ゲンセキ》】三国時代の魏《ギ》の文人。字《あざな》は嗣宗《シソウ》。竹林の七賢《シチケン》の一人。老荘《ロウソウ》思想を好み、酒と琴《こと》を愛し、清談をおこなった。形式的な礼法、世俗《セゾク》的な慣習をきらい、同好の士には青眼で、礼教の士（=形式的な礼法にこだわる人）には白眼でむかえたという。（二一〇—二六三）→【白眼視《ハクガンシ》】（692ページ）

阝 4

【阪】

7画 2669 962A 教育4

音 バン慣 ハン漢 訓 さか

筆順 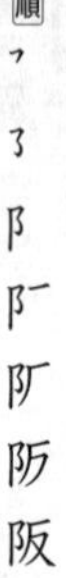

なりたち  [形声]「阝(=おか)」と、音「反《ハン》」とから成る。傾斜した土地。

意味 傾斜《ケイシャ》した土地や道。さか。同 坂《ハン》。

日本語での用法《ハン》「大阪《おおさか》」の略。「阪神《ハンシン》・京阪《ケイハン》」

府名 大阪《おおさか》

【阪神《ハンシン》】大阪《おおさか》と神戸《こうべ》。また、大阪と神戸を中心とする地方。例 —工業地帯。

阝 4

【防】

7画 4341 9632 教育5

音 ホウ漢 ボウ呉 訓 ふせ-ぐ

筆順 

なりたち  [形声]「阝(=おか)」と、音「方《ホウ》」とから成る。水があふれ出るのをふせぐ堤《つつみ》。

意味 ❶つつみ。どて。土をもりあげて、水があふれるのをふせぐもの。例 堤防《テイボウ》。❷災害や敵から守る。ふせぐ。そなえる。例 防衛《ボウエイ》。防火《ボウカ》。予防《ヨボウ》。

日本語での用法《ボウ》旧国名「周防《すおう》（=今の山口県東部）」の略。「防長《ボウチョウ》・防州《ボウシュウ》」

難読 防人《さきもり》

人名 ふせ・まもる・もり

【▽防▽人《さきもり》】〔崎守《さきもり》の意〕古代、東国などから派遣《ハケン》されて北九州の防備にあたった兵士。

【防▼遏《ボウアツ》】（名・する）ふせぎとめること。防止。

【防衛《ボウエイ》】（名・する）攻撃《コウゲキ》から、あるいは、うばわれないように、ふせぎ守ること。例 正当—。国境を—する。

【防疫《ボウエキ》】（名・する）感染症《カンセンショウ》をふせぐこと。

【防炎《ボウエン》】火災《カサイ》などで、もえ広がるのをふせぐこと。

【防音《ボウオン》】（名・する）外部の音が部屋の中にはいらないように、また、部屋の中の音が外部に出ないようにすること。例 —装置。—壁《ヘキ》。

【防火《ボウカ》】火災が発生するのをふせぐこと。また、燃え広がるのをふせぐこと。例 —設備。—シャッター。

【防寒《ボウカン》】寒さをふせぐこと。例 —具。—対策。

【防御《ボウギョ》】（名・する）敵の攻撃《コウゲキ》をくいとめること。ふせぎ守ること。例 —体制。攻撃は最大の—。表記 ⑮防▼禦

【防具《ボウグ》】剣道《ケンドウ》・フェンシング・アメリカンフットボールなどの武道やスポーツで、身に着けて、からだを守る道具。

【防空《ボウクウ》】ミサイルなどによる、空からの攻撃《コウゲキ》をふせぐこと。

【防護《ボウゴ》】（名・する）災害を受けないように準備し、ふせぎ守ること。例 —壁《ヘキ》。—服。—装置。

【防災《ボウサイ》】災害をふせぐこと。被害《ヒガイ》をくいとめる対策を講じること。例 —訓練。—センター。

【防止《ボウシ》】（名・する）ふせぎとめること。起きてほしくないことが起こる可能性のある場合に、それが起こらないようにすること。例 危険—。事故を—する。

【防湿《ボウシツ》】（名・する）湿気をふせぐこと。例 —剤《ザイ》。

【防臭《ボウシュウ》】（名・する）いやなにおいをふせぎ消すこと。

【防縮《ボウシュク》】（名・する）布などが縮《ちぢ》むのをふせぐこと。

【防暑《ボウショ》】暑さをふせぐこと。例 —服。

【防除《ボウジョ》】（名・する）予防して害を受けないようにすること。被害《ヒガイ》の原因となるものを、取り去っておくこと。例 虫害—。イネの病害を—する。

【防▼塵《ボウジン》】ちりやほこりのはいるのをふせぐこと。例 —マスク。

【防水《ボウスイ》】（名・する）①水が流入しないようにすること。例 —壁《ヘキ》。②水がしみこまないようにすること。例 —加工。

【防雪《ボウセツ》】雪による被害《ヒガイ》をふせぐこと。例 —林。

【防戦《ボウセン》】（名・する）敵の攻撃《コウゲキ》をふせぎたたかうこと。また、そのたたかい。例 —に徹《テッ》する。ただ—につとめるだけの戦い。

【防弾《ボウダン》】銃弾《ジュウダン》が通らないようにすること。例 —チョッキ。

【防虫《ボウチュウ》】衣服や書物などに虫がつくのをふせぐこと。また、家の中に虫がとびこむのをふせぐこと。例 —剤《ザイ》。—網《モウ》。

【防潮《ボウチョウ》】高潮《たかしお》や津波《つなみ》などの被害《ヒガイ》をふせぐこと。例 —堤《テイ》。

【防▼諜《ボウチョウ》】スパイ（=間諜）の活動によって情報がもれるのをふせぐこと。

【防毒《ボウドク》】毒ガスをふせぐこと。例 —マスク。—衣《イ》。

【防熱《ボウネツ》】熱が伝わらないようにすること。外からの熱をふせぐこと。例 —材。—服。

【防犯《ボウハン》】犯罪をふせぐこと。犯罪が起こらないように、ふだんから気をつけること。例 —ベル。—灯。

【防備《ボウビ》】（名・する）敵や災害などをふせぎ守ること。また、そのためのそなえ。例 —をかためる。

【防腐《ボウフ》】ものがくさらないようにすること。例 —剤《ザイ》。

【防風《ボウフウ》】①風による害を防ぐこと。風をふせぐこと。例 —林。②セリ科の多年草。シベリア・中国・朝鮮《チョウセン》半島にかけて分布する。根を、風邪《かぜ》や関節痛などの治療《チリョウ》に用いる。③ハマボウフウの別名。

【防壁《ボウヘキ》】敵の侵入《シンニュウ》や風雨・火事などをふせぎとめるためのかべ。例 —を設ける。

【防塁《ボウルイ》】とりで。例 —を築く。

●海防《カイボウ》・国防《コクボウ》・砂防《サボウ》・消防《ショウボウ》・堤防《テイボウ》・備防《ビボウ》・予防《ヨボウ》

阝 4

【阬】7画 ⇩【坑】コウ（228ページ）

阝 4

【阯】7画 ⇩【址】シ（229ページ）

阝5

【阿】

8画 1604 963F 人名

音 ア漢呉 訓 くま・おもね-る

なりたち  [形声]「阝（=おか）」と、音「可《カ⋯▼ア》」とから成る。おれまがって入りくんだおか。

意味 ❶川や道などが、おれまがって、入りこんだところ。すみ。くま。❷人のごきげんをとる。おもねる。へつらう。例 阿《ア》世《セイ》。阿《ア》諛《ユ》。❸家の、のき。ひさし。例 四《シ》阿《ア》（=家の四周にめぐらした、ろうか）。❹語の上につけて、親しみをあらわすことば。例 阿《ア》父《フ》（=父を親しんで呼ぶことば）。阿《ア》母《ボ》。『阿Q正伝《アキューセイデン》』〔魯《ロ》迅《ジン》の小説〕 ❺梵《ボン》語《ゴ》の音訳。例 阿《ア》修《シュ》羅《ラ》。阿《ア》鼻《ビ》。

日本語での用法 ㊀《ア》旧国名「阿波《あわ》（=今の徳島県）」の略。「阿《ア》州《シュウ》」㊁《お》女性や子供の名前の上につけて親しみをあらわすことば。「阿《お》国《くに》・阿《お》千《せん》」

人名 お

【阿▼吽】《アウン》①（密教で）万物《バンブツ》の始めと終わり。②吐《は》く息と吸う息。例 ―の呼吸（=二人以上で何かをして、気持ちが一致《イッチ》するときの、微妙《ビミョウ》な一瞬《イッシュン》を見はからうこと）。

【阿▽含】《アゴン》〔梵語《ボンゴ》の音訳〕釈迦《シャカ》の教えを後世《コウセイ》に伝えたもの。例 ―経《キョウ》。

【阿▼闍▽梨】《アジャリ》〔「アザリ」とも〕〔仏〕〔梵語《ボンゴ》の音訳〕①弟子《デシ》を教え導く、徳の高い師の僧《ソウ》。軌範師《キハンシ》。②天台宗や真言宗で、修行《シュギョウ》を積んだ僧を、うやまっていうことば。

【阿従】《アジュウ》（名・する）へつらい従うこと。阿付《アフ》。

【阿修羅】《アシュラ》〔梵語《ボンゴ》の音訳〕戦いを好むというインドの鬼神《キシン》。修羅。例 ―のごとき形相《ギョウソウ》。

【阿世】《アセイ》世間にこびへつらうこと。例 曲学―（=正しくない学問をもって世間にこびる）。

【阿▼堵】《アト》「阿堵物《アトブツ》」の略。銭《ぜに》。

【阿▼堵物】《アトブツ》銭《ぜに》。お金。〔晋《シン》の王衍《オウエン》が「銭」という語をきらって、「このもの（=阿堵物）」と言った故事による〕〈晋書《シンジョ》〉

【阿▼媚】《アビ》こびへつらうこと。人の気にいるようなことを言って、きげんをとること。

【阿鼻】《アビ》〔梵語《ボンゴ》の音訳。無間《ムゲン》と訳され、苦しみが絶え間なくおそう意〕阿鼻地獄《アビジゴク》。

【阿鼻叫喚】《アビキョウカン》①阿鼻地獄《アビジゴク》と叫喚地獄。〔このほか六つの地獄とともに八大地獄・八熱地獄という〕②地獄の苦しみにさいなまれ、にげまどい泣きさけぶむごたらしい状態。例 事故現場は―の巷《ちまた》と化した。

【阿鼻地獄】《アビジゴク》〔仏〕八大地獄の一つ。大罪《ダイザイ》をおかした人が落ちるところ。火に焼かれたり剣《つるぎ》の山などで絶え間なく苦しみを受ける、最も苦しい地獄。無間《ムゲン》地獄。阿鼻叫喚《アビキョウカン》地獄。阿鼻。

【阿付】《アフ》（名・する）人の言うことをそのまま、まねすること。阿従。例 ―迎合《ゲイゴウ》。

【阿片】《アヘン》〔英語 opium の音訳〕ケシの未熟な実の液汁《エキジュウ》を乾燥《カンソウ》して作った物質。鎮痛《チンツウ》・麻酔《マスイ》の作用がある。例 ―窟《クツ》（=阿片を吸わせる秘密の場所）。―戦争（=一八四〇―四二年、清《シン》の阿片輸入禁止に対して、イギリスが起こした戦争）。

【阿▼呆】《アホウ》おろかなこと。また、その人。例 ―くさい。―なことを言うな。表記「阿▽房」とも書く。

【阿▼呆▼陀羅経】《アホダラキョウ》江戸《えど》時代中期、お経《キョウ》の文句をまねして作った、社会風刺《フウシ》のこっけいな俗謡《ゾクヨウ》。

【阿▽弥▼陀】《アミダ》〔梵語《ボンゴ》の音訳。無量寿《ムリョウジュ》あるいは無量光と訳す〕①西方極楽浄土《サイホウゴクラクジョウド》の主とされる仏。浄土教（=日本では浄土宗や浄土真宗など）の本尊《ホンゾン》。衆生《シュジョウ》もその名をとなえると極楽浄土に往生《オウジョウ》できると説いた。阿弥陀仏《アミダブツ》。阿弥陀如来《ニョライ》。弥陀。②「阿弥陀被《かぶ》り」の略。帽子《ボウシ》を後ろにかたむけて、額《ひたい》が見えるかぶり方。例 ―にかぶる。③「阿弥陀くじ」の略。数本のたて線のあいだに、よこ線を段ちがいに書き入れ、上から線をたどって当たりはずれを決める、くじ。例 ―を引く。

【阿▽弥▼陀仏】《アミダブツ》「阿弥陀①」に同じ。例 南無《ナム》―。

【阿▼諛】《アユ》（名・する）人のきげんをとること。おべっかを使うこと。例 ―追従《ツイショウ》。上司に―する。

【阿羅漢】《アラカン》〔梵語《ボンゴ》の音訳〕修行《シュギョウ》の最高の段階に達し、さとりを得た人。羅漢。

【阿波】《あわ》旧国名の一つ。今の徳島県にあたる。阿州《アシュウ》。

阝5

【阻】

8画 3343 963B 常用

音 ショ漢 ソ呉 訓 はば-む・けわ-しい

筆順 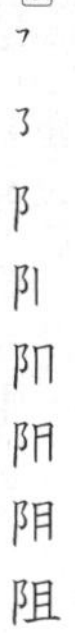

「阜（阝（左））部」5画 阿 阻 陀 陂 附

なりたち   [形声]「阝（=おか）」と、音「且《ショ》」とから成る。けわしい。

意味 ❶山や道路が、けわしい。例 険阻《ケンソ》。❷じゃまする。へだてる。はばむ。例 阻害《ソガイ》。阻止《ソシ》。

難読 阻《うじはや》し（=情勢がさしせまっている）

人名 たか

【阻害】《ソガイ》（名・する）さまたげること。じゃますること。類 妨害《ボウガイ》。例 発育を―する有害物質。表記「阻▼碍・阻▼礙」とも書く。

【阻隔】《ソカク》（名・する）へだてること。じゃまをして引きはなすこと。また、へだたること。例 感情の―をきたす。

【阻却】《ソキャク》（名・する）さまたげること。しりぞけること。

【阻止】《ソシ》（名・する）はばみとめること。これからおこなわれようとすることを、力ずくでやめさせること。例 実力で―する。表記 旧▼沮止

【阻喪】《ソソウ》（名・する）元気がすっかりなくなること。気落ちすること。例 意気―する。勇気が―する。表記 旧▼沮喪

阝5

【陀】

8画 3443 9640 人名

音 タ漢 ダ呉

意味 ❶（土地が）傾斜《ケイシャ》して、平らでないようす。❷梵語《ボンゴ》の音訳。例 阿弥陀《アミダ》。仏陀《ブッダ》。

【陀羅尼】《ダラニ》〔仏〕〔梵語《ボンゴ》の音訳〕教えの最もたいせつなところをふくんでいることば。梵語のままで経文《キョウモン》をとなえる。

阝5

【陂】

8画 7988 9642

音 ㊀ヒ漢呉 ㊁ハ漢 訓 いけ・かたむ-く・つつみ

意味 ㊀《ヒ》❶山の斜面《シャメン》。さか。❷堤防《テイボウ》。つつみ。❸池や湖沼《コショウ》。いけ。例 陂池《ヒチ》（=ため池）。❹かたむく。❺かたよっていて、正しくない。㊁《ハ》「陂陀《ハタ》」は、ななめになっているようす。また、けわしいようす。

阝5

【附】

8画 4177 9644 常用

音 フ漢 ブ呉

筆順 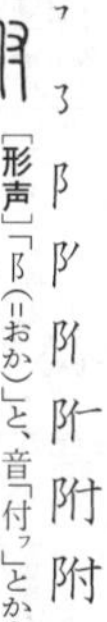

なりたち   [形声]「阝（=おか）」と、音「付《フ》」とから成る。小さなおか。借りて「つく」の意。

意味 ❶つく。くっつく。つける。例 附言《フゲン》。附属《フゾク》。寄附《キフ》。

❷したしむ。つきしたがう。例 親附《プシン》(＝したしみ、なつく)。❸ことづける。例 附《フす》レ書《ショを》(＝手紙をたくす)。

人名 ちか・ます・より・よる

【附会《フカイ》】(名・する) ①自分につごうのいいように、こじつけること。②つなぎ合わせること。表記 ▽「付会」とも書く。

【附記《フキ》】(名・する) つけ足して書くこと。また、そのことば。例 末尾《マツビ》に—する。表記「付記」とも書く。

【附近《フキン》】ある場所の近く。表記「付近」とも書く。

【附言《フゲン》】(名・する) つけ加えて言うこと。また、そのことば。表記「付言」とも書く。

【附合《フゴウ》】一 所有者を異《こと》にするものが結合して分離《ブンリ》不能の状態になること。二《つけあい》 連歌《レンガ》などで、次の句を内容がつながるように、詠《よ》み連ねていくこと。三【▽附き合い《つきあい》】人とつきあうこと。四【▽附け合わせ《つけあわせ》】他のものにつけ足すこと。とくに、主となる料理にそえる料理。表記 ▽「付合」とも書く。

【附載《フサイ》】(名・する) 本文のつけ足しとしてのせること。表記「付載」とも書く。

【附図《フズ》】付属する地図や図表。表記「付図」とも書く。

【附随《フズイ》】(名・する) つき従うこと。表記「付随」とも書く。

【附設《フセツ》】(名・する) おもなものにつき従って設置すること。表記「付設」とも書く。

【附説《フセツ》】(名・する) つけ加えて説明すること。また、その説明。表記「付説」とも書く。

【附箋《フセン》】用件や疑問点などを書いたり、目じるしのためにはりつけたりする、小さな紙きれ。表記「付箋」とも書く。

【附属《フゾク》】一 (名・する) 主となるものについているもの。二 (名)「附属学校」の略。大学などにつけて設けた学校。表記 ▽「付属」とも書く。

【附帯《フタイ》】(名・する) おもなものごとにともなって、あること。表記「付帯」とも書く。

【附置《フチ》】(名・する) 付属して設置すること。例 大学に図書館を—する。表記「付置」とも書く。

【附着《フチャク》】(名・する) くっついて、はなれないこと。表記「付着」とも書く。

【附▼註《フチュウ》】注をつけること。また、その注。表記「付注」とも書く。

【附表《フヒョウ》】本体にあわせてつけられている表。表記「付表」とも書く。

[阜(阝(左))部] 6—7画 限 陏 陌 陋 降 院

【附与《フヨ》】(名・する) さずけあたえること。任せること。例 権限を—する。表記「付与」とも書く。

【附録《フロク》】本体につけ加えてあるもの。例 巻末—。別冊《ベッサツ》—。表記「付録」とも書く。

【附和雷同《フワライドウ》】(名・する) しっかりとした考えもなしに、他人の言動にむやみに同調すること。表記「付和雷同」とも書く。

●還附《カンプ》・寄附《キフ》・交附《コウフ》・送附《ソウフ》・添附《テンプ》

阝6

【限】

9画 2434 9650 教育5 音 カン漢 ゲン呉 訓 かぎ-る

筆順 ㇇ 了 阝 阝 阝 阝 阝 阝 限

なりたち 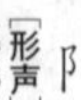 [形声]「阝(＝おか)」と、音「艮《コン→カン》」とから成る。さえぎる。派生して「かぎる」の意。

意味 ❶くぎりをつける。さかいをもうける。しきりをする。かぎる。例 限界《ゲンカイ》。限定《ゲンテイ》。❷くぎり。しきり。範囲《ハンイ》。例 期限《キゲン》。際限《サイゲン》。

日本語での用法《かぎり・かぎる》「…だけ」「…がいちばん」の意味をあらわす。「その場《ば》限《かぎ》り・今年《ことし》限《かぎ》り・夏《なつ》は海《うみ》に限《かぎ》る」

【限界《ゲンカイ》】この先はない、これ以上はできないという、ぎりぎりのところ。例 —をこえる。体力の—。

【限定《ゲンテイ》】(名・する) 数量や範囲《ハンイ》などを、ある条件でくぎること。限り定めること。例 —版《バン》。—販売《ハンバイ》。

【限度《ゲンド》】それ以上はできない、こえることは認められないという程度。類 限界。例 予算の—内でまかなう。

●極限《キョクゲン》・権限《ケンゲン》・刻限《コクゲン》・時限《ジゲン》・制限《セイゲン》・日限《ニチゲン》・年限《ネンゲン》・無限《ムゲン》・門限《モンゲン》・有限《ユウゲン》

阝6

【陏】

9画 7990 964F 音 一 タ漢 ダ呉 二 ズイ漢

意味 一《タ/ダ》 ❶ウリ科の植物の果実。❷おちる。同 堕《ダ》。二《ズイ》 周代の国の名。→【随《ズイ》】(1038ページ)・【隋《ズイ》】(1038ページ)

阝6

【陌】

9画 7989 964C 音 バク漢 ハク呉 訓 あぜみち・ちまた

意味 東西に通るあぜみち。例 阡陌《センパク》(＝あぜみち)。

【陌▼阡《ハクセン》】縦横に通じる田畑のあぜ道。南北に通じる道を阡、東西に通じる道を陌といったり、またその逆の場合もある。阡陌《センパク》。

阝6

【陋】

9画 7991 964B 音 ロウ漢 訓 いや-しい

意味 ❶場所がせまい。例 陋屋《ロウオク》。陋巷《ロウコウ》。❷心がせまい。見識がひくい。例 陋見《ロウケン》(＝せまい考え。自分の意見をけんそんしていうことば)。固陋《コロウ》。❸品性がいやしい。身分がひくい。例 陋劣《ロウレツ》。

【陋屋《ロウオク》】せまくてむさ苦しい家。また、自分の家をけんそんしていうことば。陋居。陋宅。

【陋▼巷《ロウコウ》】①裏通りの、せまくてきたない町。裏町。②せまい小路《こうじ》。例 —に朽《く》ち果てる(＝才能を認められないまま死んでしまう)。

【陋習《ロウシュウ》】悪い習慣。いやしい風習。因習。例 旧来の—をうち破る。

【陋宅《ロウタク》】せまくてきたない住まい。また、自分の家をけんそんしていうことば。陋屋《ロウオク》。

【陋劣《ロウレツ》】(名・形動《ナダ》) 心がいやしくて見苦しいこと。下劣《ゲレツ》。卑劣《ヒレツ》。例 —な手段。—きわまりない。

阝6

【降】

9画 ⇩【降】《コウ》(1033ページ)

阝7

【院】

10画 1701 9662 教育3 音 イン慣 エン漢呉

筆順 ㇇ 了 阝 阝 阝 阝 阝 阝 院

なりたち 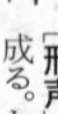 [形声]「宀(＝いえ)」と、音「阮《ゲン→エン》」とから成る。かきねをめぐらした建物。

意味 ❶かきね。へい。また、かきねをめぐらした建物。❷役所の名。例 翰林院《カンリンイン》。❸人が集まるところ。また、その施設《シセツ》など。例 寺院《ジイン》。書院《ショイン》。病院《ビョウイン》。

日本語での用法《イン》上皇《ジョウコウ》・法皇《ホウオウ》・女院《ニョウイン》を、うやまっていうことば。また、その住まい。「院《イン》の庁《チョウ》・院政《インセイ》・後鳥羽《ゴとば》院《イン》」

難読 院《まる》本《ホン》(＝浄瑠璃《ジョウルリ》の台本)

【院画《インガ》】宋《ソウ》代、朝廷《チョウテイ》の翰林図画院《カンリントガイン》でかかせた絵。十四、五世紀、日本にも影響《エイキョウ》をあたえた。

【院外《インガイ》】(病院・衆議院・参議院など)「院」と名のつくとこ

ろの外部。例—処方箋《セン》。

【院号《インゴウ》】①上皇や皇太后などの、「院」の字のつく尊号。たとえば、後白河院など。②法名《ホウミョウ》や戒名《カイミョウ》で「院」の字のついたもの。

【院主《インシュ|インジュ》】寺院のあるじである僧《ソウ》。住持。住職。

【院生《インセイ》】①大学院の学生。②少年院など「院」と名のつくところに属している少年や学生。

【院政《インセイ》】①天皇が退位後、上皇《ジョウコウ》や法皇《ホウオウ》となって御所《ゴショ》(=院)で政治をおこなうこと。一〇八六年に白河《しらかわ》上皇が始めた。②引退した政界や財界の実力者、また、先代の社長などが、引き続き実権をにぎっていることのたとえ。

【院宣《インゼン》】上皇《ジョウコウ》や法皇《ホウオウ》が命令して出させる公式文書。院の宣旨《センジ》。

【院長《インチョウ》】学士院・芸術院・病院・修道院・少年院など「院」と名のつくところの最高責任者。

【院内《インナイ》】「院」と名のつくところの内部。例—感染《カンセン》(=病院の中で病原体《ビョウゲンタイ》に感染すること)。

【院本《インポン》】①浄瑠璃《ジョウルリ》の台本。丸本《まるホン》。②中国の金《キン》代の芝居《しばい》の一つ。また、その脚本。

●医院《イイン》・下院《カイン》・学院《ガクイン》・議院《ギイン》・参議院《サンギイン》・寺院《ジイン》・衆議院《シュウギイン》・書院《ショイン》・上院《ジョウイン》・退院《タイイン》・入院《ニュウイン》・病院《ビョウイン》・両院《リョウイン》

阝7

【陥】

10画 2057 9665 常用

音 カン漢呉

訓 おちい-る・おとしい-れる

筆順 ㇇ 了 阝 陥

阝8

【陷】

11画 7992 9677 人名

なりたち  [形声]「阝(=おか)」と、音「臽《カン》」とから成る。おちいる。

意味 ❶くぼみに落ちこむ。おちいる。また、せめおとされる。例陥入《カンニュウ》。陥没《カンボツ》。陥落《カンラク》。❷だます。計略にかける。おとしいれる。例陥穽《カンセイ》。❸あやまち。また、不足する。例欠陥《ケッカン》。❹突きとおす。つらぬく。とおす。

【陥▼穽《カンセイ》】①落とし穴。けものなどをとらえるために、ほった穴。②人をだますための、はかりごと。わな。計略。例相手の—にはまる。敵が—を設けて待つ。

【陥入《カンニュウ》】(名・する)落ちこむこと。はまりこむこと。

【陥没《カンボツ》】(名・する)落ちこむこと。表面がくぼんだ状態になること。例地面が—する。

【陥落《カンラク》】(名・する)①地面などが落ちこむこと。陥没《カンボツ》。例道路が—する。②城や都市などがせめおとされること。例ベルリンの—。③熱心に説得されて、承知すること。くどきおとされること。④下の位に落ちること。例王座—。

阝7

【降】

10画 2563 964D 教育6

音 ㊀コウ漢呉 ㊁コウ漢ゴウ呉

訓 お-りる・お-ろす・ふ-る・くだ-る・くだ-す

筆順 ㇇ 了 阝 降

阝6

【降】

9画

なりたち 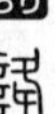 [形声]「阝(=おか)」と、音「夅《コウ》(=おりる)」とから成る。くだる。

意味 ㊀《コウ》❶上から下へ動く。くだる。おりる。例降下《コウカ》。降誕《コウタン》。昇降《ショウコウ》。❷おちる。ふる。例降雨《コウウ》。降水《コウスイ》。霜降《ソウコウ》。❸過去から現在に向かう。…からのち。…からあと。例以降《イコウ》。㊁《コウ|ゴウ》❶負けて敵に従う。くだる。また、負かす。くだす。例降参《コウサン》。降伏《コウフク》。投降《トウコウ》。❷〔仏〕法力《ホウリキ》によって悪魔《アクマ》をおさえこむ。例降伏《ゴウブク》。降魔《ゴウマ》。

日本語での用法《おりる・おろす》「主役《シュヤク》から降《お》ろされる」辞《や》める。辞めさせる。

使い分け おりる・おろす【降・下・卸】⇩1165ページ

【降雨《コウウ》】雨がふること。また、その雨。例異常気象による記録的な—。

【降下《コウカ》】(名・する)①高いところからより低いところへおりること。また、おろすこと。例急—。②地位の高い人から命令などをもらうこと。例大命《タイメイ》—。

【降嫁《コウカ》】(名・する)皇女や王女が臣下と結婚《ケッコン》すること。例臣籍《シンセキ》に—する。

【降海型《コウカイがた》】産卵《サンラン》・繁殖《ハンショク》を川や湖でおこない、海へ下って成長する魚。陸封型《リクフウがた》に比べて大きく、産卵数も多い。サケ・チョウザメなど。→【陸封《リクフウ》】(1037ページ)

【降格《コウカク》】(名・する)格式や階級・資格・地位などを下げること。また、下がること。格下げ。対昇格《ショウカク》。例—人事。

【降参《コウサン》】(名・する)①戦争や議論など、争いごとに負けて相手に従うこと。降伏《コウフク》。②こまった事態などに対して、負けて閉口すること。お手上げ。まいる。例この暑さには—だ。

【降車《コウシャ》】(名・する)電車や自動車などからおりること。対乗車。例—口《ぐち》。—専用ホーム。

【降職《コウショク》】(名・する)職員を、それまでより下の位の役職にうつすこと。降任。

【降水《コウスイ》】空から地上へふってくる水。雨・雪・雹《ヒョウ》・霰《あられ》などをまとめていう。例—確率(=天気予報で、一ミリメートル以上の降水がある可能性を、百分率で示す方法)。

【降水量《コウスイリョウ》】雨がどれだけふったかを示す量。一定時間内にふった雨水をミリメートルの単位であらわす。

【降雪《コウセツ》】雪がふること。また、その雪。例—量。

【降誕《コウタン》】(名・する)神仏・聖人・高僧《コウソウ》・帝王《テイオウ》・貴人などが生まれること。例キリスト—。—祭。

【降壇《コウダン》】(名・する)壇から降りること。対登壇。

【降伏】(名・する)㊀《コウフク》戦いに負けて敵に従うこと。降参。例無条件—。全面—。㊁《ゴウブク》神仏や仏法などの力によって仏敵、悪魔《アクマ》などをおさえ鎮《しず》めること。調伏《チョウブク》。例—法。表記㊀は「降服」とも書く。

【降服《コウフク》】(名・する)「降伏《コウフク》㊀」に同じ。

【降▼冪《コウベキ》】〔数〕多項式《タコウシキ》で、次数の高い項から低い項へと並べること。

【▽降魔《ゴウマ》】〔仏〕悪魔や煩悩《ボンノウ》を降伏《ゴウブク》させること。例—の剣《ケン》(=悪魔を降伏させる剣。不動明王《ミョウオウ》が持つ剣)。

【降臨《コウリン》】(名・する)神仏が天から降りてきて、この世に姿をあらわすこと。例天孫—。

●下降《カコウ》・滑降《カッコウ》・乗降《ジョウコウ》・投降《トウコウ》

阝7

【除】

10画 2992 9664 教育6

音 ジ慣 チョ漢 ジョ呉

訓 のぞ-く・の-ける・よ-ける

筆順 ㇇ 了 阝 除

なりたち  [形声]「阝(=おか)」と、音「余《ヨ→チョ》」とから成る。(いつも清らかな)宮殿《キュウデン》のきざはし。派生して「清める」の意。

意味 ❶清める。はらう。例掃除《ソウジ》。❷とり去る。とりのぞく。例除外《ジョガイ》。排除《ハイジョ》。❸古いものをとり去って新しくする。例除夜《ジョヤ》。❹新しい官職につける。例除官《ジョカン》(=官吏《カンリ》に任命する)。除目《ジモク》。❺割り算。例除法《ジョホウ》。加減乗除《カゲンジョウジョ》。

人名 きよ・さる・のき
【除目《ジモク》】平安時代、大臣以外の官職を任命した儀式《ギシキ》。例県召《あがためし》の—。

【除外《ジョガイ》】（名・する）取りのけてあつかうこと。例—例。適用を—する。

【除去《ジョキョ》】（名・する）取りのぞくこと。例障害を—する。

【除湿《ジョシツ》】（名・する）湿気を取りのぞくこと。例—器。

【除数《ジョスウ》】割り算で、割るほうの数。たとえば、$a \div b$ の b。

【除籍《ジョセキ》】（名・する）名簿《メイボ》や戸籍《コセキ》などにのっている名前を消して、その人の身分をなくすこと。例—処分。

【除雪《ジョセツ》】（名・する）積もった雪を取りのぞくこと。雪かき。例—作業。—車。

【除染《ジョセン》】（名・する）①汚染《オセン》を取りのぞくこと。②放射性物質を取りのぞくこと。例—作業。

【除草《ジョソウ》】（名・する）雑草を取りのぞくこと。草取り。例—剤《ザイ》。

【除霜《ジョソウ》】（名・する）①農作物が霜《しも》に当たってかれるのを防ぐため、何かで囲うこと。②冷蔵庫の霜取り。

【除隊《ジョタイ》】（名・する）兵としての服役《フクエキ》を解除されて、軍隊から帰ること。対入隊・入営。

【除法《ジョホウ》】割り算。対乗法。

【除幕《ジョマク》】（名・する）銅像や記念碑《キネンヒ》などの完成時に、おおいの幕を取り去り、正式に公開すること。例—式。

【除名《ジョメイ》】（名・する）団体や会などから脱退《ダッタイ》させること。仲間からはずすこと。例—処分。

【除夜《ジョヤ》】おおみそかの夜。例—の鐘《かね》。

◐解除《カイジョ》・駆除《クジョ》・削除《サクジョ》・切除《セツジョ》・免除《メンジョ》

阝7
【陞】
10画 7994 965E 音ショウ漢呉 訓のぼ-る

意味 高いところへあがる。のぼる。同升《ショウ》・昇《ショウ》。例陞降《ショウコウ》（＝のぼることと、くだること）。
【陞任《ショウニン》】（名・する）上の地位や上級の役職にのぼること。また、のぼらせること。例理事長に—する。表記現昇任

阝7
【陣】
10画 3156 9663 常用 音チン漢ジン呉

筆順 ﾌ 了 阝 阝 阝 阝 阝 陣

なりたち  [形声]「攵（＝うつ）」と、音「陳《チン》」とから成る。つらねる。派生して「戦いのための隊列」の意。

意味 ❶軍隊の隊列の配置。戦うときの構え。じんだて。例陣営《ジンエイ》。陣中《ジンチュウ》。布陣《フジン》。❷戦場《センジョウ》。いくさ。たたかい。例大坂夏《おおさかなつ》の陣《ジン》。❸みじかい時間。ひとしきり。例陣痛《ジンツウ》。一陣《イチジン》の風《かぜ》（＝ひとしきり強くふく風）。

人名 つら
【陣営《ジンエイ》】①軍隊が陣どっているところ。陣屋《ジンや》。陣所《ジンショ》。②階級や党派などの、組織や勢力をいうことば。例保守—。

【陣▼笠《ジンがさ》】①足軽《あしがる》や雑兵《ゾウヒョウ》などが、戦場でかぶとの代わりにかぶった笠《かさ》。②俗《ゾク》に、政党などで、幹部でない人、役についていない代議士。したっぱ。

【陣形《ジンケイ》】戦闘《セントウ》するときの隊形。囲碁《イゴ》や将棋《ショウギ》などの石や駒《こま》の構えについてもいう。例—を整える。

【陣太鼓《ジンダイコ》】陣中や戦場で、合図に打ち鳴らす太鼓。

【陣地《ジンチ》】戦いのために軍隊を配置してあるところ。陣を構えた場所。例—を構築する。

【陣中《ジンチュウ》】陣地の中。また、戦場。例—日誌。

【陣中見舞い《ジンチュウみまい》】仕事にはげむ人などを慰問《イモン》することや慰問品。

【陣痛《ジンツウ》】①出産のときに、くり返して起こる腹部の痛み。②ものごとができあがるまでの、ひとしきりの困難や苦労。

【陣頭《ジントウ》】部隊の先頭。また、活動や行動する集団の第一線。最前線。例—指揮。—に立つ。

【陣羽織《ジンばおり》】陣中で鎧《よろい》や具足の上に着る、そでなしの羽織。具足羽織。

【陣風《ジンプウ》】急に強くふく風。疾風《はやて》。

【陣没《ジンボツ》】（名・する）戦地で死ぬこと。戦死や戦病死。表記「陣▼歿」とも書く。

【陣門《ジンモン》】陣屋の出入り口。軍門。例敵の—にくだる。

【陣屋《ジンや》】①軍隊の陣営。②代官などの役人の詰《つ》め所《ショ》。

【陣容《ジンヨウ》】①陣の構え方。部隊の配置。陣立て。例—を整えて決戦に臨《のぞ》む。②会社や団体など組織を構成する人とその配置。顔ぶれ。例—を一新する。新内閣の—。

【陣列《ジンレツ》】軍勢の配置の列。陣立て。例—を組む。

◐初陣《ういジン》・円陣《エンジン》・殺陣《サツジン》・出陣《シュツジン》・先陣《センジン》・敵陣《テキジン》・布陣《フジン》・本陣《ホンジン》

阝7
【陝】
10画 8001 965D 音セン漢

意味 ❶中国古代の地名。❷「陝西《センセイ》省」の略。例陝甘《センカン》（＝陝西省と甘粛《カンシュク》省）。

阝7
【陟】
10画 8002 965F 音チョク漢 訓すす-む・たか-い・のぼ-る

意味 高いところへ歩いていく。のぼる。対降《コウ》。例陟降《チョクコウ》（＝のぼり、おり）。陟升《チョクショウ》（＝高いところにのぼる）。
難読 陟釐《あおのり》
【陟罰《チョクバツ》】（名・する）官位を昇進《ショウシン》させて賞することと、官位を落として罰すること。

阝7
【陛】
10画 4237 965B 教育6 音ヘイ漢呉 訓きざはし

筆順 ﾌ 了 阝 阝 阝 阝 阝 陛

なりたち 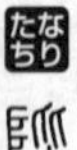 [形声]「阝（＝おか）」と、音「坒《ヘイ》」とから成る。きざはし。
意味 天子の宮殿《キュウデン》の階段。きざはし。転じて、天子に関することがらについていう。例陛衛《ヘイエイ》（＝天子の側近を警備する兵）。陛下《ヘイカ》。
人名 のぼる・のり・より
【陛下《ヘイカ》】①天子をうやまって呼ぶことば。②天皇・皇后・上皇・上皇后・皇太后・太皇太后《タイコウタイゴウ》や、皇帝《コウテイ》・国王を、うやまって呼ぶことば。例女王—。

阝7 ［陜］10画 ⇩【狭】《キョウ》（653ページ）

阝7 ［陦］10画 ⇩【隝】《トウ》（1041ページ）

阝8
【陰】
11画 1702 9670 常用 音イン漢オン呉 訓かげ・かげ-る・かく-す・くも-る

筆順 ﾌ 了 阝 阝 阝 阝 陰 陰 陰

なりたち  [形声]「阝（＝おか）」と、音「侌《イン》」とから成る。かげ。
意味 ❶日の当たらないところ。何かにおおわれているところ。かげ。例陰影《インエイ》。緑陰《リョクイン》。❷山の北側。川の南側。例山陰《サンイン》。淮陰《ワイイン》。❸表面に出ない。かくれた。ひそかな。例

陰徳《イントク》。陰謀《インボウ》。❹くらく重い。例 陰鬱《インウツ》。陰気《インキ》。陰湿《インシツ》。❺易《エキ》で、陽に対して、消極的・受動的なものをあらわす。地・女・月・柔《ジュウ》など。(対)陽《ヨウ》。例 陰陽《インヨウ》。❻〔移り行く日影《ひかげ》から〕時間。例 光陰《コウイン》。❼男女の生殖《セイショク》器。例 陰部《インブ》。

使い分け かげ【陰・影】⇩1167ページ

難読 陰《きた》

【陰陰】《インイン》(形動《タルト》)①うす暗く、さびしいようす。例 —たる廃墟《ハイキョ》。②陰気なようす。例 —滅滅《メツメツ》(=陰気で気のめいるようす)。

【陰雨】《インウ》降り続く陰気な雨。例 —の季節。

【陰鬱】《インウツ》(形動《ナダ》)気持ちがはればれしないようす。暗くてうっとうしい感じ。例 —な顔。

【陰雲】《インウン》暗く空をおおう雲。暗雲。例 空をおおう—。

【陰影】《インエイ》①うす暗いかげ。かげり。くもり。②ふくみのある微妙《ビミョウ》な、あじわい。例 —に富む文章。表記 ▽(旧)陰▼翳

【陰火】《インカ》幽霊《ユウレイ》や妖怪《ヨウカイ》などがあらわれるときに燃えるという火。鬼火《おにび》。きつね火《び》。

【陰画】《インガ》写真のフィルムを現像したときできる画像。明暗や色相が被写体《ヒシャタイ》とは逆になる。ネガ。(対)陽画。

【陰気】《インキ》㊀(形動《ナダ》)気持ち・雰囲気《フンイキ》・天候などが暗くしずんでいて、はればれしないようす。例 —くさい。㊁(名)万物《バンブツ》が消滅《ショウメツ》しようとする陰の気。▽(対)陽気。

【陰鬼】《インキ》①死者の霊《レイ》。亡霊。幽霊《ユウレイ》。②化け物。もののけ。

【陰極】《インキョク》電位の低いほうの電極。マイナスの極。(対)陽極。例 —線。

【陰茎】《インケイ》男性の外部生殖《セイショク》器。男根。ペニス。

【陰険】《インケン》(形動《ナダ》)見かけはものやわらかだが、内心はねじけていて悪意をもっているようす。かげではひどいことをしているようす。例 やり方が—だ。

【陰刻】《インコク》印をおしたとき文字などが白くなるように、その部分をへこませて彫《ほ》ること。(対)陽刻。

【陰惨】《インサン》(形動《ナダ》)むごたらしさで、気がめいっているようす。例 —な事件。

【陰事】《インジ》秘密のこと。かくしごと。密事。秘事。例 他人の—をあばく。表記「隠事」とも書く。

【陰湿】《インシツ》(形動《ナダ》)①暗くてしめっているようす。日が当たらず、じめじめしているようす。例 —なくぼ地。②性質や行動などが陰険で、しつこいようす。例 —ないじめ。

【陰性】《インセイ》㊀(名・形動《ナダ》)陰気で消極的な性質。暗くて内にこもりがちな性質。例 —の人。㊁(名)検査をした結果、反応があらわれないこと。例 —反応。▽(対)陽性。

【陰電気】《インデンキ》絹の布でガラス棒をこすったとき、布に生じる電気。また、これと同じ性質の電気。マイナスの電気。負電気。(対)陽電気。

【陰徳】《イントク》人に知られない、よいおこない。例 —あれば陽報(=よいむくい)あり。—を積む。

【陰▼嚢】《インノウ》陰茎《インケイ》のつけ根にあって、睾丸《コウガン》を包んでいる皮膚《ヒフ》のふくろ。ふぐり。

【陰部】《インブ》体外にあらわれている男女の生殖《セイショク》器。恥部《チブ》。かくしどころ。

【陰謀】《インボウ》ひそかにくわだてる悪だくみ。謀反《ムホン》の計画。例 —をたくらむ。—をめぐらす。表記「隠謀」とも書く。

【陰毛】《インモウ》外部生殖《セイショク》器に生える毛。恥毛《チモウ》。ヘア。

【陰陽】㊀《インヨウ|オンミョウ|オンヨウ》中国古代の易《エキ》でいう、陰と陽の二種の気。万物《バンブツ》を形づくる二つの相《あい》反するもの。積極的なほうを陽、消極的なほうを陰と呼ぶ。日月・男女・火水など。例 —《オンヨウ》道。㊁《インヨウ》電気・磁極の、陰極と陽極。正負。

【陰陽家】《インヨウカ》中国で、戦国時代、陰陽五行説をもとにして、吉凶《キッキョウ》をうらなうことを説いた学派。また、この派の人。

【陰陽五行説】《インヨウゴギョウセツ》中国古代の思想で、万物《バンブツ》は陰陽の二気によってでき、万物の現象は木《モク》・火《カ》・土《ド》・金《ゴン》・水《スイ》の五行の移動や盛衰《セイスイ》によって起こるという説。↓

【陰陽道】《オンヨウドウ》

【▽陰陽師】《オンヨウジ》〔「オンミョウジ」とも〕陰陽寮《オンヨウリョウ》に所属して、陰陽道に関する仕事をした職員。

【▽陰陽道】《オンヨウドウ》〔「オンミョウドウ」とも〕中国古代の陰陽《インヨウ》五行説にもとづく、天文・暦《こよみ》・うらないなどについての学問。吉凶《キッキョウ》を判断してわざわいをさけ、福を求めることを目的とする。日本でも陰陽寮《オンヨウリョウ》が置かれたが、平安時代には俗信《ゾクシン》化した。

【陰暦】《インレキ》月の満ち欠けをもとにして作った、こよみ。太陰暦。旧暦。(対)陽暦。

【陰口】《かげぐち》当人のいないところで言う、その人の悪口。例 —をきく。

【陰膳】《かげぜん》家を長くはなれている人の無事をいのって、食事のたびに供えるその人の分の膳。例 —をすえる。

【陰日▽向】《かげひなた》〔日の当たらないところと、日の当たるところの意〕人の見ているところと見ていないところとで、言うことや態度がちがうこと。うらおもて。例 —なく働く。

【陰弁慶】《かげベンケイ》かげでは強がりを言っても表面に出ると弱いこと。自分の家や仲間の前では、いばっているのに、人の前では意気地《イクジ》がないこと。また、そのような人。内《うち》弁慶。表記 (旧)陰▼辨慶

●光陰《コウイン》・山陰《サンイン》・夜陰《ヤイン》・緑陰《リョクイン》

阝8

険

11画 2417 967A 教育5

音 ケン(漢)(呉)
訓 けわ-しい

筆順 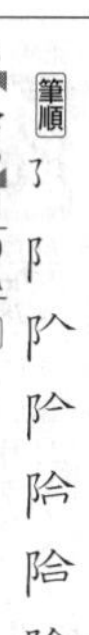

阝13

險

16画 8010 96AA 人名

なりたち 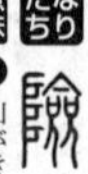 [形声]「阝(=おか)」と、音「僉《ケン》」とから成る。けわしい。

意味 ❶山がきり立ってけわしい。例 険峻《ケンシュン》。険阻《ケンソ》。天険《テンケン》。❷はらぐろい。例 陰険《インケン》。❸あやうい。例 危険《キケン》。冒険《ボウケン》。

日本語での用法 《ケン》表情やことばがとげとげしい。けわしい。「顔《かお》に険《ケン》がある・険《ケン》のあることば」

人名 たか・たかし・のり

【険悪】《ケンアク》(形動《ナダ》)①よくないことが起こりそうで、油断できないようす。例 —なムードがただよう。情勢が—になる。②顔つきや態度がけわしく、とげとげしいようす。例 —な表情。

【険▼峻】《ケンシュン》(名・形動《ナダ》)山などが高くけわしいこと。また、そのようなところ。例 —な岩壁《ガンペキ》。表記「▼嶮▼峻」とも書く。

【険阻】《ケンソ》(名・形動《ナダ》)山や道などが、けわしいこと。また、けわしい場所。例 —な山岳《サンガク》地帯。表記 (旧)▼嶮▼岨

【険相】《ケンソウ》(名・形動《ナダ》)顔つきがけわしく、おそろしいこと。また、その顔つき。例 —な顔つき。すごい—でどなりこむ。

【険難】《ケンナン》㊀(名)けわしく、通るのにあぶないところ。例 —を乗り越《こ》える。㊁(名・形動《ナダ》)けわしくて困難なこと。例 —な世をわたる。表記 ▽「▼嶮難」とも書く。

【険要】《ケンヨウ》(名・形動《ナダ》)地形がけわしく、敵を防ぐのに適していること。例 —の地。

【険路】《ケンロ》けわしい道。表記「▼嶮路」とも書く。

●陰険《インケン》・危険《キケン》・邪険《ジャケン》・探険《タンケン》・保険《ホケン》

阝8 **【陲】** 11画 8004 9672 音 スイ(漢) 訓 あや-うい・ほとり

意味 遠い地のはて。ほとり。辺地。例 辺陲《ヘンスイ》(=国境のあたり)。

阝8 **【陬】** 11画 8005 966C 音 スウ(漢) 訓 すみ・むつき

意味 ❶へんぴなところ。片いなか。すみ。例 僻陬《ヘキスウ》(=片いなか)。❷陰暦《インレキ》正月の別の言い方。むつき。例 陬月《スウゲツ》。❸春秋時代の魯《ロ》の地名。例 陬邑《スウユウ》。

【陬月《スウゲツ》】 陰暦《インレキ》正月の別の言い方。むつき。孟陬《モウスウ》。

【陬▼邑《スウユウ》】 ①片いなか。へんぴな村里。②春秋時代の魯国《ロコク》の邑《ユウ》。孔子《コウシ》の生地。現在の山東省曲阜《キョクフ》市にある。

阝8 **【陳】** 11画 3636 9673 常用 音 チン(漢) ジン(呉) 訓 の-べる

筆順 了 阝 阝一 阝丆 陌 陣 陳

なりたち  [形声]「阝(=おか)」と「木」と、音「申《シン→チン》」とから成る。地名。借りて「つらねる」の意。

意味 ❶列をなしてならぶ。ならべる。つらねる。例 陳列《チンレツ》。出陳《シュッチン》。❷ことばをならべる。述べる。申し述べる。例 陳述《チンジュツ》。陳情《チンジョウ》。開陳《カイチン》。❸長い時間がたっている。古い。対 新《シン》。例 陳腐《チンプ》。新陳代謝《シンチンタイシャ》。

日本語での用法 《ひね・ひねる》 古い。また、子供らしさがなく、おとなびている。「陳《ひね》大根《ダイコン》・陳《ひね》た子供《こども》」

人名 かた・つら・のぶ・のぶる・のり・ひさ・むね・よし

【陳言《チンゲン》】 [一](名) 言いふるされたことば。陳腐《チンプ》なことば。[二](名・する) ことばを述べること。

【陳謝《チンシャ》】(名・する) 公式にあやまること。例 失言を―する。

【陳述《チンジュツ》】(名・する) 意見や考えなどを申しのべること。例 くわしく―する。

【陳情《チンジョウ》】(名・する) 行政機関や政治家などに実情をうったえて、対策の実現を要望すること。例 国会に―する。

【陳皮《チンピ》】 ミカンの皮を干したもの。漢方で、せきどめや薬味などとして用いる。

【陳腐《チンプ》】(名・形動《ダナ》) 古くさいこと。ありふれていて、新しさがないこと。例 ―な意見。

【陳弁《チンベン》】(名・する) わけを話して弁解すること。申しひらき。例 懸命《ケンメイ》に―する。表記 旧 陳▼辯

【陳列《チンレツ》】(名・する) 人に見せるために、品物を並べておくこと。例 ―ケース。作品を―する。

【▽陳▽者《のぶれば》】 候文《そうろうブン》の手紙の、本文のはじめに使うことば。申し上げますと。さて。例 拝啓《ハイケイ》、―…。

阝8 **【陶】** 11画 3811 9676 常用 音 [一] トウ(漢) [二] ヨウ(漢) 訓 すえ・すえもの・よろこ-ぶ

筆順 了 阝 阝勹 阝勺 陶 陶 陶

なりたち  [形声]「阝(=おか)」と、音「匋《トウ》」とから成る。二重になった丘《おか》。派生して「窯《かま》(で焼いた器《うつわ》)」の意。

意味 [一]《トウ》 ❶やきもの。せともの。すえ。例 陶器《トウキ》。陶芸《トウゲイ》。❷人を教えみちびく。やしなう。例 陶冶《トウヤ》。薫陶《クントウ》。❸こころよい。うっとりする。例 陶酔《トウスイ》。陶然《トウゼン》。❹「鬱陶《ウットウ》」は、心が晴れないようす。[二]《ヨウ》「皐陶《コウヨウ》」は、古代中国の聖王《セイオウ》とされる舜《シュン》の臣下の名。

人名 と・よし

【陶▼淵明《トウエンメイ》】「陶潜《トウセン》」に同じ。

【陶画《トウガ》】 陶器や陶板(=陶製の板。タイル)にかいた絵。

【陶器《トウキ》】 ①粘土《ネンド》で形をつくり、うわぐすりをぬって低温で焼きあげたもの。②陶磁器。やきもの。せともの。

【陶芸《トウゲイ》】 陶磁器の工芸。例 ―家。

【陶工《トウコウ》】 陶磁器をつくるのを職業とする人。

【陶酔《トウスイ》】(名・する) ①気持ちよく酒にようこと。②心をうばわれ、うっとりすること。例 自然の美しさに―する。

【陶製《トウセイ》】 陶器でできていること。また、そのもの。例 ―の皿。

【陶潜《トウセン》】 六朝《リクチョウ》時代、東晋《トウシン》の詩人。字《あざな》は淵明《エンメイ》。五柳《ゴリュウ》先生と自称《ジショウ》した。八十余日で役人をやめて帰郷後、自然を愛し自適の生活を送った。田園詩人といわれる。(三六五―四二七)

【陶然《トウゼン》】(形動《タル》) ①酒を飲んで、気持ちよく楽しむようす。例 ―たる気分。②うっとりするようす。例 美しい調べに―とする。

【陶▽枕《トウチン》】 陶器でできたまくら。

【陶土《トウド》】 陶磁器の原料となる、質のよい、白色の粘土《ネンド》。

【陶冶《トウヤ》】(名・する) 〔陶器や鋳物《いもの》をつくる意〕性質や才能をりっぱに育てあげること。例 人格を―する。

【陶窯《トウヨウ》】 陶磁器を焼く、かま。

阝8 **【陪】** 11画 3970 966A 常用 音 ハイ(漢) バイ(呉) 訓 したが-う

筆順 了 阝 阝亠 阝立 阝立 陪 陪 陪

なりたち  [形声]「阝(=おか)」と、音「咅《トウ→ハイ》」とから成る。土をかさねる。

意味 ❶かさねて、ふやす。ます。加える。同 培《バイ》・倍《バイ》。❷お供をする。つき従う。例 陪食《バイショク》。陪席《バイセキ》。

人名 すけ・とも・ます・みつ

【陪乗《バイジョウ》】(名・する) 高貴な人のお供をして、同じ乗り物に乗ること。

【陪食《バイショク》】(名・する) 高貴な人といっしょに食事をすること。相伴《ショウバン》。伴食《バンショク》。例 ―の栄《エイ》を賜《たまわ》る。

【陪臣《バイシン》】 ①臣下の臣下。家来の家来。またげらい。②江戸《えど》時代、将軍からみて、諸大名の家臣。▽対 直参《ジキサン》。

【陪審《バイシン》】 裁判にいっぱんの人を参加させて、罪の有無《ウム》を判断する制度。アメリカなどでおこなわれている。例 ―員。

【陪席《バイセキ》】(名・する) 身分の高い人と同席すること。

阝8 **【陸】** 11画 4606 9678 教育4 音 リク(漢) ロク(呉) 訓 おか・くが・みち

筆順 了 阝 阝一 阝十 阝土 阝圥 陸 陸

なりたち  [形声]「阝(=おか)」と、音「坴《リク》(=土が重なる)」とから成る。高く平らな土地。

意味 ❶水面より高く平らな土地。おか。くが。例 陸地《リクチ》。水陸《スイリク》。❷「陸続《リクゾク》」は、続いて絶えないようす。❸「陸離《リクリ》」は、光などがまばゆいようす。❹「六」の大字《ダイジ》。商売や契約《ケイヤク》の文書で、数字を書きかえられないように使う。

日本語での用法 《リク》「陸奥《みちのく・むつ》」の略。「陸前《リクゼン》・陸中《リクチュウ》」

難読 陸湯《おかゆ》・陸稲《おかぼ》

人名 あつ・あつし・たか・たかし・ひとし・む・むつ・むつし・むつみ

【陸奥】《みちのく》㊀〔「みちのおく」の意〕陸前《リクゼン》・陸中《リクチュウ》・陸奥《むつ》・磐城《いわき》・岩代《いわしろ》の五か国の地の古名。今の福島・宮城《みやぎ》・岩手・青森の四県と秋田県の一部にあたる。みちのくに。㊁《むつ》旧国名の一つ。「㊀」の地域。明治以後、陸前・陸中・陸奥・磐城・岩代に分かれ、陸奥は、今の青森県と岩手県の一部にあたる。みちのく。むつのくに。奥州《オウシュウ》。

【陸運】《リクウン》鉄道や自動車など、陸上の交通機関を使った運送。陸送。例―業。

【陸海】《リクカイ》①陸と海。海陸。例―の交通の要衝《ヨウショウ》。②陸軍と海軍。例―軍。

【陸海空】《リクカイクウ》①陸と海と空。②陸軍・海軍・空軍。

【陸軍】《リクグン》陸上での戦闘《セントウ》を任務とする軍隊。

【陸上】《リクジョウ》①陸の上。陸地。(対)海上。②「陸上競技」の略。例―の選手。

【陸上競技】《リクジョウキョウギ》トラックやフィールド、道路などでおこなう、歩く・走る・とぶ・投げるの運動競技。

【陸生】《リクセイ》(名・する) 陸地にすむこと。また、陸地に生じること。(対)水生。例―動物。表記「陸▼棲」とも書く。

【陸戦】《リクセン》陸上での戦い。

【陸前】《リクゼン》旧国名の一つ。明治以後の制度で、今の宮城《みやぎ》県北部と岩手県の南東部。

【陸送】《リクソウ》(名・する) 陸上の輸送。陸運。例―業。

【陸続】《リクゾク》(形動トタル) ひっきりなしに、つづくようす。続々。例観客が―とつめかける。

【陸棚】《リクだな|リクホウ》海岸から深さ二〇〇メートルくらいまでの、傾斜《ケイシャ》がゆるやかになっている海底。大陸棚《タイリクだな》。

【陸地】《リクチ》陸である土地。地球の表面で、水におおわれていないところ。りく。

【陸中】《リクチュウ》旧国名の一つ。明治以後の制度で、今の岩手県と秋田県の一部。

【陸稲】《リクトウ》〔「おかぼ」とも〕畑でつくるイネ。(対)水稲。

【陸封】《リクフウ》(名・する) 産卵《サンラン》のため川をさかのぼる習性の魚が、なんらかの原因で淡水《タンスイ》中に閉じこめられ、そこで繁殖《ハンショク》するようになること。たとえば、ヤマメはサクラマスの陸封型。→【降海型】《コウカイがた》(1033ページ)

【陸風】《リクフウ|リクかぜ》海岸地方で、夜間、陸地から海へ向かってふく風。陸軟風《リクナンプウ》。(対)海風。

【陸離】《リクリ》(形動トタル) 光や色が美しくかがやくようす。例光彩《コウサイ》―たるものがある。

【陸路】《リクロ》陸上のみち。また、陸上の交通手段を使って旅をすること。例―京都に向かう。

【陸橋】《リッキョウ》道路や鉄道線路の上をまたいでかけられた橋。

【陸行】《リッコウ》(名・する) 陸上のみちをいくこと。

◎海陸《カイリク》・空陸《クウリク》・上陸《ジョウリク》・水陸《スイリク》・大陸《タイリク》・着陸《チャクリク》・内陸《ナイリク》・揚陸《ヨウリク》・離陸《リリク》

阝 8

【隆】

11画 4620 9686 常用

音 リュウ(漢)
訓 たか-い・なかだか

筆順 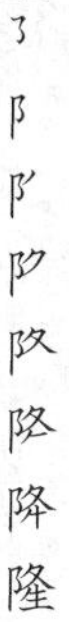

阝 9

【隆】

12画 1-9361 F9DC

なりたち 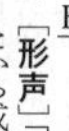 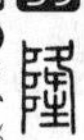 [形声]「生(=うまれる)」と、音「降《コウ→リュウ》」とから成る。大きく、ゆたか。

意味 ❶さかん。盛大《セイダイ》。例隆盛《リュウセイ》。興隆《コウリュウ》。❷中央がもりあがって、高い。例隆起《リュウキ》。隆鼻《リュウビ》。❸身分や位が高い。

人名 おき・さかえ・さかり・たか・たかし・とき・なが・みち・もり・ゆたか

【隆運】《リュウウン》勢いがさかんになっていく運命。栄えていく機運。盛運《セイウン》。例―に向かう。

【隆起】《リュウキ》(名・する) 土地などが高く盛り上がること。例海底が―する。

【隆▼昌】《リュウショウ》勢いのさかんなこと。隆盛《リュウセイ》。例国運の―。

【隆盛】《リュウセイ》(名・形動ダナ) 勢いのさかんなこと。大いに栄えること。隆昌《リュウショウ》。例味方が―に向かう。

【隆然】《リュウゼン》(形動トタル) 高く盛り上がるようす。

【隆替】《リュウタイ》(名・する) さかんになったり、おとろえたりすること。盛衰《セイスイ》。例一国の―。

【隆隆】《リュウリュウ》(形動トタル) ①勢いがさかんなようす。例―たる勢い。②筋肉などがたくましく盛り上がっているようす。例筋骨―とした、すぐれた体格。

阝 8

【陵】

11画 4645 9675 常用

音 リョウ(漢)(呉)
訓 みささぎ・しの-ぐ・おか

筆順 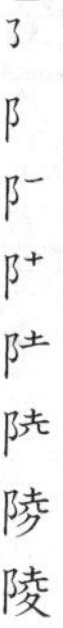

なりたち 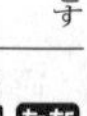  [形声]「阝(=おか)」と、音「夌《リョウ》」とから成る。大きなおか。

意味 ❶大きなおか。例丘陵《キュウリョウ》。❷天子の墓。みささぎ。例陵園《リョウエン》(=天子の墓)。陵墓《リョウボ》。御陵《ゴリョウ》。宮内庁書陵部《クナイチョウショリョウブ》。❸他を圧倒《アットウ》する。しのぐ。(同)凌《リョウ》。例陵雲《リョウウン》。陵駕《リョウガ》。❹おかす。あなどる。(同)凌《リョウ》。例陵辱《リョウジョク》。

人名 たか・たかし

【陵雲】《リョウウン》①雲を高くこえて、そびえること。②俗世間《ゾクセケン》を超越《チョウエツ》することのたとえ。表記▽「▼凌雲」とも書く。

【陵雲の志】《リョウウンのこころざし》①俗世間《ゾクセケン》を超越《チョウエツ》した、高いこころざし。②高い地位にのぼろうとする大きな望み。表記▽「▼凌雲の志」とも書く。

【陵▼駕】《リョウガ》(名・する) 他をこえて、上に立つこと。例弟子《デシ》が師を―する力をもつ。表記「▼凌▼駕」とも書く。

【陵辱】《リョウジョク》(名・する) ①人にはじをかかせること。侮辱《ブジョク》。例人前で―を受ける。②女性を暴力でおかすこと。表記▽「▼凌辱」とも書く。

【陵墓】《リョウボ》①天子や諸侯《ショコウ》の、はか。②天皇や皇后など皇族のはか。みささぎ。山陵。〔「陵」は天皇・皇后・皇太后のはか、「墓」はその他の皇族のはか〕

阝 8

【陥】

11画 ⇩【陷】《カン》(1033ページ)

阝 9

【階】

12画 1912 968E 教育3

音 カイ(漢)(呉)
訓 きざはし・はしご・しな

筆順 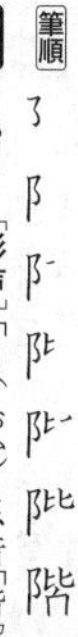

なりたち 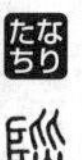  [形声]「阝(=おか)」と、音「皆《カイ》」とから成る。きざはし。

意味 ❶のぼりおりするための、だんだん。きざはし。例階段《カイダン》。階梯《カイテイ》。❷官位や身分の上下の等級。例階級《カイキュウ》。位階《イカイ》。❸いとぐち。手引き。例階梯《カイテイ》。

日本語での用法《カイ》建物の床《ゆか》の重なり。それぞれの層。また、それをかぞえることば。「三階《サンガイ》・五階建《ゴカイだ》てのビル」

難読 階子《はしご》

人名 すすむ・とも・のぼる・はし・より

【階位】《カイイ》官位の等級。くらい。位階。(類)階級。

【階下】《カイカ》①二階以上の建物で、したの階。例―で物音が

する。②階段のした。▽(対)階上。

【階級】《カイキュウ》 ①地位や身分などの順序づけ。くらい。等級。[例]—制度。—が上がる。②社会で、地位や財産などがほぼ同じ程度とされる集団。[例]上流—。—闘争《トウソウ》。

【階上】《カイジョウ》 ①二階以上の建物で、うえの階。[例]受付は—にあります。②階段のうえ。▽(対)階下。

【階乗】《カイジョウ》 〔数〕1からある自然数 n までの、連続するすべての自然数の積。$n!$であらわす。たとえば、5の階乗は、$1\times2\times3\times4\times5=120$

【階前】《カイゼン》 階段のまえ。[例]—の梧葉《ゴヨウ》すでに秋声《シュウセイ》。〈朱熹《シュキ》の作といわれる詩「偶成《グウセイ》」〉

【階層】《カイソウ》 ①社会を構成している人々を、財産・地位・職業・年齢《ネンレイ》などによって分けたもの。(類)階級。②建物の上下の階のかさなり。

【階段】《カイダン》 ①高さの異なる場所をつなぐ、段々になった上《のぼ》り下《お》り用の通路。②地位などの、順をおって進む階級。[例]出世の—をのぼる。

【階▼梯】《カイテイ》 ①階段。はしご段。②学問や芸能などの手引き。入門書。[例]茶道《サドウ》—。『蘭学《ランガク》—』〔大槻《おおつき》玄沢《ゲンタク》の著書。オランダ語の入門書〕

【階名】《カイメイ》 音楽で、音階の一つ一つの音を呼ぶ名前。ド・レ・ミ・ファ・ソ・ラ・シ。(対)音名。

◐位階《イカイ》・音階《オンカイ》・現段階《ゲンダンカイ》・上階《ジョウカイ》・職階《ショッカイ》・全階《ゼンカイ》・段階《ダンカイ》・地階《チカイ》

阝9

【隅】

12画 2289 9685 常用 音 グウ(慣) グ(漢)(呉) 訓 すみ

筆順 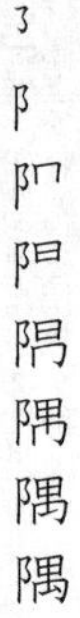

なりたち 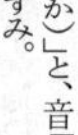 [形声]「阝(=おか)」と、音「禺《グ》」とから成る。かどのところ。すみ。

意味 かたすみ。はし。はずれ。すみ。[例]隅奥《グウオウ》(=おくまったへや)。一隅《イチグウ》。

日本語での用法 《グウ》旧国名「大隅《おおすみ》(=今の鹿児島《かごしま》県東部)」の略。「隅州《グウシュウ》」

人名 ふさ

【隅隅】《すみずみ》 あちらこちらのすみ。また、すべての方面。[例]—まで掃除《ソウジ》してある。

◐一隅《イチグウ》・片隅《かたすみ》・四隅《よすみ》

阝9

【隍】

12画 8006 968D 音 コウ(漢) 訓 ほり・みぞ

意味 城壁《ジョウヘキ》を囲む水のない、ほり。からぼり。[例]城隍《ジョウコウ》。

阝9

【随】

12画 3179 968F 常用 音 スイ(漢) ズイ(呉) 訓 したが-う

筆順 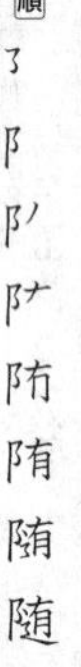

阝13

【隨】

16画 7814 96A8

なりたち 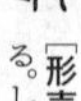 [形声]「辶(=いく)」と、音「隋《スイ》」とから成る。したがう。

意味 ❶ついていく。つきしたがう。[例]随行《ズイコウ》。追随《ツイズイ》。夫唱婦随《フショウフズイ》。❷さからわない。なりゆきにまかせる。…のままに。[例]随意《ズイイ》。随時《ズイジ》。随筆《ズイヒツ》。❸周代の国の名。→【隋】《ズイ》

難読 随神《かんながら》(1038ページ)

人名 あや・みち・ゆき・より

【随意】《ズイイ》 (名・形動ダナ) 制限がなく、思いのままであること。心のまま。[例]どうぞご—に。

【随意筋】《ズイイキン》 意識的に動かすことのできる筋肉。手足や顔の筋肉など。

【随一】《ズイイチ》 多くのなかで、いちばんであること。また、そのもの。[例]県内—の観光地。

【随員】《ズイイン》 地位や身分の高い人に、つきしたがって行く人。お供。[例]使節団の—として加わる。

【随感】《ズイカン》 感じるまま。また、その感想。随想。[例]—録。

【随喜】《ズイキ》 (名・する) ①〔仏〕他人の善行を見て、よろこぶこと。②心からありがたく思うこと。[例]—のなみだを流す。

【随行】《ズイコウ》 (名・する) 身分や地位の高い人につきしたがって行くこと。随伴《ズイハン》。[例]—員。首相《シュショウ》に—する。

【随時】《ズイジ》 (名・副) ①(必要に応じて)いつでも。[例]—受け付ける。②(適当なときに)ときどき。[例]検査を—おこなう。

【随従】《ズイジュウ》 (名・する) ①身分の高い人につきしたがうこと。また、その人。お供。②人の言いなりになること。

【随順】《ズイジュン》 (名・する) したがって逆らわないこと。[例]命令に—する。

【随所】《ズイショ》 あちこち。どこでも。いたるところ。[例]日本各地で—に見られる植物。[表記]「随処」とも書く。

【随身】 [一]《ズイシン》(名・する) 人につきしたがって行くこと。また、その人。[二]《ズイジン》(名) 平安時代、貴人の外出に護衛としてつきしたがった近衛府《コノエフ》の武官。

【随想】《ズイソウ》 折にふれて心にうかんでくる感想。また、それを書きしるした文章。随感。[例]—録。

【随伴】《ズイハン》 (名・する) ①人につきしたがって行くこと。随行。[例]社長に—する。②あるものごとにともなって生じること。[例]—する諸問題。

【随筆】《ズイヒツ》 体験や感想など、心にうかぶままに自由に書いた文章。随想。エッセー。

【随分】《ズイブン》 [一](副) ①思ったよりずっと。かなり。[例]—(と)大きくなったね。②できるだけ。じゅうぶん。〔古い言い方〕[例]—おたいせつに。[二](形動ダナ) 人に対する態度があまりにひどいようす。〔「ずいぶんひどい」の意〕[例]一時間もおくれて来るなんて—だ。

◐追随《ツイズイ》・夫唱婦随《フショウフズイ》・不随《フズイ》・付随《フズイ》

阝9

【隋】

12画 7101 968B 音 スイ(漢) ズイ(呉)

意味 ❶周代の国の名。隋《ズイ》。随。❷北周の楊堅《ヨウケン》(文帝《ブンテイ》)が天下を統一して建てた国。三代で唐《トウ》にほろぼされた。(五八一—六一八) [例]『隋書《ズイショ》』〔隋のことを書いた歴史書〕遣隋使《ケンズイシ》。

阝9

【隊】

12画 3466 968A 教育4 音 [一]ツイ(漢) [二]タイ(漢)

筆順 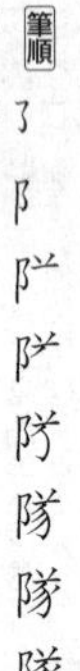

阝9

【隊】

12画 — —

なりたち  [形声]「阝(=おか)」と、音「㒸《ツイ》」とから成る。高いところから、おちる。

意味 [一]《ツイ》 おちる。(同)墜《ツイ》。[二]《タイ》 ❶兵士の集団。また、その単位。[例]隊伍《タイゴ》。軍隊《グンタイ》。兵隊《ヘイタイ》。❷列をなす人々のむれ。まとまった集団。[例]隊商《タイショウ》。楽隊《ガクタイ》。縦隊《ジュウタイ》。

【隊員】《タイイン》 隊を構成する人。隊のメンバー。[例]探検隊の—。

【隊形】《タイケイ》 軍隊などが目的に応じて並んだかたち。横隊・縦隊など。[例]—を整える。

【隊▼伍《タイゴ》】隊を組んできちんと並んだ兵士の列。隊列。例—を組む。

【隊商《タイショウ》】ウマ・ラクダ・馬車・自動車などに荷を積み、隊を組んで遠い地方との間を行き来する商人。キャラバン。例砂漠《サバク》を行く—。

【隊長《タイチョウ》】隊をひきいる、かしら。

【隊列《タイレツ》】人が集まって、きちんと並んだ列。隊を組んだ列。例—を乱す。—をはなれる。

●横隊《オウタイ》・楽隊《ガクタイ》・艦隊《カンタイ》・帰隊《キタイ》・軍隊《グンタイ》・鼓笛隊《コテキタイ》・縦隊《ジュウタイ》・除隊《ジョタイ》・入隊《ニュウタイ》・部隊《ブタイ》・兵隊《ヘイタイ》・編隊《ヘンタイ》・連隊《レンタイ》

阝 9

【陽】

12画 4559 967D 教育3 音ヨウ漢呉 訓ひ

筆順 了 阝 陽 陽 陽

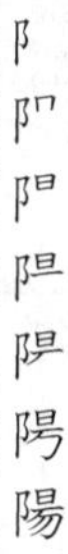

なりたち  [形声]「阝(=おか)」と、音「昜《ヨウ》」とから成る。高く明らか。

意味 ❶日のあたる側。山の南側。川の北側。対陰《イン》。例山陽《サンヨウ》。洛陽《ラクヨウ》。❷日。日の光。例陽光《ヨウコウ》。夕陽《セキヨウ》。太陽《タイヨウ》。❸うわべ。表面に出た。例陽報《ヨウホウ》(=目に見えるむくい)。陰《イン》に陽《ヨウ》に。❹明るくあたたかい。例陽気《ヨウキ》。陽春《ヨウシュン》。陽和《ヨウワ》。❺易《エキ》で、陰に対して、男性的・積極的・能動的なものをあらわす。天・男・日・剛《ゴウ》など。対陰《イン》。例陰陽《インヨウ》。❻いつわる。だます。ふりをする。例陽言《ヨウゲン》。陽動《ヨウドウ》。

難読 陽木《はるき》・陽《みなみ》

人名 あき・あきら・おき・きよ・きよし・たか・たかし・なか・のぼる・はる・ひかる・や

【陽炎《ヨウエン》《かげろう》】春や夏の好天下で、野原などの地表近くに見られる、透明《トウメイ》なほのおのようなゆらめき。暖められた地表の空気の密度が不均一になり、そこを通る光が不規則に屈折《クッセツ》するために起こる。例—《かげろう》が立つ。

【陽画《ヨウガ》】写真で、明暗や色彩《シキサイ》が実物と同じに見えるもの。とくに、ネガを感光紙に焼き付けたもの。ポジ。対陰画《インガ》。

【陽関《ヨウカン》】甘粛《カンシュク》省敦煌《トンコウ》県の西南にあった関所《せきショ》。西域《セイイキ》との交通の要所として、玉門関《ギョクモンカン》とともに有名。例西の方《かた》—を出《い》ずれば故人(=ふるくからの友人)無からん。〈王維《オウイ》・元二《ゲンジ》の安西《アンセイ》に使いするを送る〉

【陽気《ヨウキ》】㊀(名)①気候。時候。例いい—になる。②万物《バンブツ》を活動させる気。陽の気。対陰気《インキ》。㊁(形動《ナダ》)ほがらかで明るいようす。にぎやかなようす。対陰気。例—な性格。

【陽狂《ヨウキョウ》】狂人のふりをすること。また、その人。表記「▼佯狂」とも書く。

【陽極《ヨウキョク》】電池などで、電位が高いほうの電極。正の電極。プラス。対陰極《インキョク》。

【陽光《ヨウコウ》】太陽の光。日光。例—を浴びる。

【陽刻《ヨウコク》】印判や版などを、文字や絵の部分が高く、地《ジ》が低くなるように彫《ほ》ること。うきぼりにすること。対陰刻《インコク》。

【陽子《ヨウシ》】正の電気をおびた素粒子《ソリュウシ》の一つ。中性子とともに原子核《ゲンシカク》をつくる。プロトン。

【陽春《ヨウシュン》】①暖かく生気あふれる春。例—の候。②陰暦《インレキ》正月の別の言い方。

【陽性《ヨウセイ》】㊀(名・形動《ナダ》)ほがらかで明るいこと。陽気な性質。例かれはどちらかというと—だ。㊁(名)検査で、反応がはっきりあらわれること。例—反応。▽対陰性《インセイ》。

【陽転《ヨウテン》】(名・する)〔医〕ツベルクリン反応で、陰性《インセイ》から陽性に変わること。

【陽電気《ヨウデンキ》】絹の布でガラス棒をこすったときに、ガラス棒に生じる電気。また、これと同じ性質の電気。プラスの電気。正電気。対陰電気《インデンキ》。

【陽動作戦《ヨウドウサクセン》】真の作戦意図をかくすために、別の行動をして、敵の注意をそらす作戦。

【陽徳《ヨウトク》】①万物《バンブツ》を活動させる気。陽気。②太陽。また、太陽の光。陽光。

【陽物《ヨウブツ》】陰《イン》と陽のうち、陽に属するもの。

【陽暦《ヨウレキ》】地球が太陽のまわりを一周する時間を一年(=約三百六十五日)とする、こよみ。太陽暦。新暦。対陰暦《インレキ》。

●陰陽《インヨウ》・山陽《サンヨウ》・斜陽《シャヨウ》・太陽《タイヨウ》・重陽《チョウヨウ》

阝 9

【隈】

12画 2308 9688 人名 音ワイ漢 エ呉 訓くま

意味 山や川、また道が曲がって、はいりこんだところ。おくまったところ。かくれたところ。すみ。くま。例隈曲《ワイキョク》(=山や川が湾曲《ワンキョク》しているところ)。界隈《カイワイ》(=さかい)。

日本語での用法《くま》色やかげが濃《こ》く、黒ずんだ部分。「隈取《くまど》り・目《め》に隈《くま》ができる」

人名 たかし

阝 9

【隊】

12画 ⇩【隊《タイ》】(1038ページ)

阝 9

【隆】

12画 ⇩【隆《リュウ》】(1037ページ)

阝 10

【隘】

13画 8007 9698 音アイ漢呉 訓せま-い

意味 地形がせまくけわしい。せまい。同阨《アイ》。例隘巷《アイコウ》。隘路《アイロ》。

【隘▼巷《アイコウ》】せまくて、きたない町。例—にかくれ住む。

【隘路《アイロ》】①せまい道。せまくて通りにくい道。②ものごとをなしとげるのに、さまたげとなるもの。支障。例生産上の—。

阝 10

【隕】

13画 8008 9695 音イン漢呉 訓お-ちる・おと-す

意味 ❶高いところからおちる。おとす。おちる。例隕石《インセキ》。❷うしなう。(命を)おとす。死ぬ。例隕命《インメイ》(=命をおとす)。

【隕星《インセイ》】「隕石《インセキ》」に同じ。

【隕石《インセキ》】燃えつきないで、地上に落ちてきた流星の破片《ハヘン》。隕星。

阝 10

【隗】

13画 8009 9697 音カイ慣 ガイ漢 訓たか-い

意味 ❶高くけわしいようす。❷くずれ落ちるように、たおれる。❸姓《セイ》の一つ。また、人名。例郭隗《カクカイ》。

【隗《カイ》より始《はじ》めよ】大きなものごとを成しとげるには、まず身近なことから始めよ。先《ま》ず隗《カイ》より始《はじ》めよ。〔戦国時代、燕《エン》の昭王に郭隗《カクカイ》が言ったことば。もし燕王が賢者《ケンジャ》を得たいならば、まず最初にわたくし郭隗を優遇《ユウグウ》しなさい。そうすれば、「郭隗程度の人物でさえあれだけ重く用いられるのだから、自分ならもっと優遇されるにちがいない」と考えて、すぐれた人物が集まってきますよ、という進言〕〈戦国策《センゴクサク》〉

阝 10

【隔】

13画 1954 9694 常用 音カク漢 キャク呉 訓へだ-てる・へだ-たる・へだ-たり

筆順 了 阝 隔 隔 隔

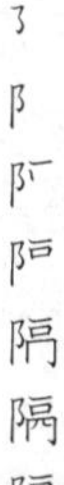

なりたち   [形声]「阝(=おか)」と、音「鬲《レキ→カク》」とから成る。ふさぎ、へだてる。

意味 ❶さえぎる。遠ざける。へだてる。また、あいだがはなれてい

る。へだたる。例隔世《カクセイ》。隔絶《カクゼツ》。遠隔《エンカク》。❷しきり。また、はなれている程度。へだたり。例間隔《カンカク》。❸一つおきの。例隔月《カクゲツ》。隔日《カクジツ》。隔週《カクシュウ》。

【隔意】《カクイ》（えんりょや警戒《ケイカイ》などのため）心がうちとけないこと。隔心。例―なく話し合う。

【隔月】《カクゲツ》一か月おき。例―刊行。

【隔日】《カクジツ》一日おき。例―勤務。

【隔週】《カクシュウ》一週間おき。例―土曜休日。

【隔心】《カクシン｜キャクシン》うちとけない心。隔意。

【隔世】《カクセイ》①時代をへだてること。時代が大きく異なること。例―の感がある。②世代を一つ、またはそれ以上へだてること。例―遺伝。

【隔絶】《カクゼツ》（名・する）遠くはなれて、他との関係がたたれること。例世間から―した世界。

【隔年】《カクネン》一年おき。例調査を―におこなう。

【隔壁】《カクヘキ》仕切りとなるかべ。例防火―。

【隔膜】《カクマク》生物体の内部を仕切る膜状のもの。横隔膜など。

【隔離】《カクリ》（名・する）①他からへだて、はなすこと。へだたりはなれること。例世間から―する。②〔医〕感染症《カンセンショウ》の患者を、他からはなして、一定の場所におくこと。

【隔靴▼掻▼痒】《カッカソウヨウ》〔はいているくつの上から、中のかゆいところをかく意〕いらいらすること。じれったいこと。

●遠隔《エンカク》・間隔《カンカク》

阝10

【隙】13画 2368 9699 常用 音ケキ漢ゲキ呉 訓すき・ひま

筆順 了 阝 … 隙

阝11

［隙］14画 28EF6 俗字

なりたち [形声]「阝（=おか）」と、音「㡭《キケ》（=壁の接する部分の上下が見えるさま）」とから成る。すきま。

意味 ❶物と物とのあいだの小さなすきま。例間隙《カンゲキ》。❷あいた時間。ひま。❸仲たがい。いざこざ。

人名 ま

【隙▽駒】《ゲキク》戸のすきまから、走りすぎるウマの姿をちらりと見ること。またたくまに、月日が過ぎ去ることのたとえ。駒隙《クゲキ》。

【隙間】《すきま》①物と物とのあいだの、あいている部分。あき。すき。例―風《かぜ》。②あいた時間。ひま。例―もなく客が来る。

表記「透き間」とも書く。

●間隙《カンゲキ》・空隙《クウゲキ》・手隙《てすき》

［阜（阝（左））部］10―11画 隙 隝 隠 際

阝10

［隝］13画 ⇩【塢】オ（237ページ）

阝11

【隠】14画 1703 96A0 常用 音イン漢オン呉 訓かく-す・かく-れる

筆順 了 阝 … 隠

阝14

【隱】17画 8012 96B1

なりたち [形声]「阝（=おか）」と、音「㥯《イン》」とから成る。おおい、かくす。

意味 ❶外から見えない。かくれる。例隠顕《インケン》。隠然《インゼン》。隠微《インビ》。❷おおって見えないようにする。かくす。例隠匿《イントク》。隠蔽《インペイ》。隠密《オンミツ》。❸世の中とのかかわりをたつ。身をかくす。例隠者《インジャ》。隠棲《インセイ》。❹あわれむ。親身になって心配する。例隠恤《インジュツ》（=いたみあわれむ）。惻隠《ソクイン》。

日本語での用法《イン》旧国名「隠岐《おき》（=今の島根県隠岐郡）」の略。「隠州《インシュウ》」

難読 雪隠《セッチン》

人名 やす

【隠逸】《インイツ》わずらわしい世間をのがれ、かくれること。また、その人。例―を好み世に出ない。

【隠花植物】《インカショクブツ》〔「胞子《ホウシ》植物」の古い呼び名〕花も種子もつけないで、胞子や分裂《ブンレツ》などによってふえる植物。菌《キン》類・コケ類・シダ類など。対顕花《ケンカ》植物。

【隠居】《インキョ》㊀（名・する）社会的な活動から身を引き、世間をはなれて静かに暮らすこと。気楽に暮らすこと。また、そのような人。例楽《ラク》―。㊁（名）老人のこと。例ご―さん。

【隠見】《インケン》（名・する）かくれたり、見えたりすること。見えかくれ。例湖面が―する長い山道。表記「隠顕」とも書く。

【隠語】《インゴ》特定の仲間だけに通じることば。

【隠士】《インシ》世間からのがれて静かに暮らす人。隠者《インジャ》。

【隠者】《インジャ》わずらわしい世間をさけ、ひっそりとかくれ住む人。隠士。例長明《チョウメイ》や兼好《ケンコウ》ら―の文学。

【隠▼棲】《インセイ》（名・する）世間をはなれて静かに住むこと。例山里に―する。表記「隠▼栖」とも書く。

【隠然】《インゼン》（形動《タトル》）表面にあらわれないが、かげで強い力をもっているようす。例―たる勢力をもつ。

【隠退】《インタイ》（名・する）社会的な活動や世間の雑事から身を引いて静かに暮らすこと。例故郷に―する。

【隠退蔵】《インタイゾウ》（名・する）「隠匿《イントク》退蔵」の略。かくして、役立てないでしまっておくこと。例―物資。

【隠宅】《インタク》①かくれて住む家。かくれが。②隠居した人の住む家。隠居所。

【隠匿】《イントク》（名・する）人や品物などをかくすこと。秘密にすること。〔ふつう、かくしてはいけない人や品物についていう〕例―物資。犯人を―した罪。

【隠▼遁】《イントン》（名・する）世間をのがれて、静かにかくれ住むこと。例山おくに―する。

【隠忍】《インニン》（名・する）苦痛や不満を表面に出さず、じっとがまんをすること。例―するにも限度がある。

【隠忍自重】《インニンジチョウ》（名・する）軽はずみな行動をとらず、苦しみやいかりを、たえしのぶこと。例助言に従って―する。

【隠微】《インビ》（名・形動《ダナ》）表にはっきりあらわれず、かすかでわかりにくいこと。例人間心理の―な面。

【隠蔽】《インペイ》（名・する）見えないように、おおいかくすこと。

【隠謀】《インボウ》かげで、よくないことをたくらむこと。また、その計画。わるだくみ。例―をくわだてる。表記「陰謀」とも書く。

【隠滅】《インメツ》（名・する）①かくれて見えなくなること。②あとかたもなく消すこと。例証拠《ショウコ》を―する。表記②は「▼湮滅・▼堙滅」とも書く。

【隠約】《インヤク》①ことばは簡単であるが、意味はおくふかいこと。②はっきりしないこと。かすかなこと。

【隠喩】《インユ》「…のようだ」などのことばを使わないで、たとえを表現する方法。「真珠《シンジュ》の涙《なみだ》」「人生は旅だ」など。暗喩。対直喩。

【隠岐】《おき》旧国名の一つ。今の島根県の隠岐郡にあたる。隠州《インシュウ》。

【▽隠密】《オンミツ》㊀〔「インミツ」とも〕（名・形動《ダナ》）他に知られないように、ものごとをかくれてすること。例―に事を進める。㊁（名）江戸《えど》時代、幕府や諸大名が使ったスパイ。しのびのもの。かくし目付《めつけ》。例幕府方の―。

阝11

【際】14画 2661 969B 教育5 音セイ漢サイ呉 訓きわ

筆順 了 阝 阝 阝 阝 阝 際

なりたち [形声]「阝(=おか)」と、音「祭《セイ》」とから成る。かべとかべとのさかいめ。

意味 ❶二つのものが接するさかいめ。ほとり。きわ。例天際《テンサイ》。瀬戸際《せとぎわ》。❷ものごとのかぎり。はて。例際限《サイゲン》。辺際《ヘンサイ》。❸(何かが起ころうとしている)とき。機会。場合。例今際《いまわ》。間際《まぎわ》。❹(ある機会に)であう。いきあう。例際会《サイカイ》。際遇《サイグウ》(=であう)。❺まじわる。まじわり。例学際的《ガクサイテキ》。交際《コウサイ》。国際《コクサイ》。

日本語での用法《きわ》①身のほど。身分。「やんごとなき際《きわ》」②才能や実力の程度。「手際《てぎわ》」

【際物】《きわもの》①ある時期に集中して売れる品物。ひな人形・こいのぼりなど。②流行や社会的事件など、人々の一時的な関心をあてこんで作った商品や作品。例—の小説。

【際会】《サイカイ》(名・する)事件や時機にたまたま出くわすこと。例好運に—する。

【際涯】《サイガイ》広い土地などのはて。かぎり。例—のない大草原。

【際限】《サイゲン》ものごとが終わるところ。かぎり。きり。はて。例—がない。

●往生際《オウジョウぎわ》・学際《ガクサイ》・業際《ギョウサイ》・交際《コウサイ》・国際《コクサイ》・金輪際《コンリンザイ》・実際《ジッサイ》・瀬戸際《せとぎわ》・手際《てぎわ》・土俵際《ドヒョウぎわ》・不手際《フてぎわ》・分際《ブンザイ》・間際《まぎわ》・窓際《まどぎわ》・山際《やまぎわ》

阝11 【障】14画 3067 969C 教育6 音ショウ(漢)(呉) 訓さわ-る・さわ-り

筆順 了 阝 阝 阝 阝 阝 障

なりたち [形声]「阝(=おか)」と、音「章《ショウ》」とから成る。へだて、さえぎる。

意味 ❶あいだにじゃまなものをおいて通れないようにする。さえぎる。さわる。じゃま。さわり。例障害《ショウガイ》。故障《コショウ》。支障《シショウ》。❷へだて。しきり。さかい。例障子《ショウジ》。障蔽《ショウヘイ》。障壁《ショウヘキ》。❸ふせぐ(もの)。まもり。とりで。例障塞《ショウサイ》(=とりで)。保障《ホショウ》。

使い分け さわる【触・障】⇩1170ページ

難読 気障《キザ》

【障害】《ショウガイ》①何かをするときに、じゃまになるものごと。さまたげ。例多くの—をのりこえる。②身体の器官がなんらかの原因でじゅうぶんに機能を果たさないこと。例胃腸—。表記 ▽旧障▼碍

【障子】《ショウジ》和室を仕切る建具《たてグ》の一つ。格子《コウシ》に組んだ木のわくに和紙をはったもの。明かり障子。〔古くは、ふすまやついたてなど、室内の仕切りをするものすべてをいった〕

【障蔽】《ショウヘイ》①さえぎり、おおうこと。②仕切り。へだて。類障屏《ショウヘイ》。

【障壁】《ショウヘキ》①仕切りのかべ。また、仕切りにするもの。②じゃまになるもの。さまたげ。障害。例両国友好の—を取り除く。表記 旧▼牆壁

【障壁画】《ショウヘキガ》ふすま・ついたて・びょうぶなどや、壁《かべ》にえがかれた絵画。

●故障《コショウ》・支障《シショウ》・白内障《ハクナイショウ》・万障《バンショウ》・保障《ホショウ》・緑内障《リョクナイショウ》

阝11 【隙】14画 ⇩【隙《ゲキ》】(1040ページ)

阝12 【隣】15画 ⇩【隣《リン》】(1041ページ)

阝13 【隧】16画 8011 96A7 音スイ(漢)ズイ(呉)

意味 ❶ななめにほりさげた、墓への通路。例隧道《スイドウ》。墓隧《ボスイ》(=地中の柩《ひつぎ》を納めてあるへやに通じる道)。❷地下をほってつくった通路。トンネル。例隧道《スイドウ》。

【隧道】《スイドウ》①〔鉄道関係では「ズイドウ」とも〕トンネル。②平地からななめに墓室に通じる通路。

阝13 【隣】16画 4657 96A3 常用 音リン(漢)(呉) 訓とな-る・となり

筆順 了 阝 阝 阝 阝 阝 隣

阝12 【隣】15画 —— ——

阝12 [鄰] 15画 7835 9130 本字

なりたち [形声]「阝(=むら)」と、音「粦《リン》」とから成る。となりあった五つの家。

意味 ❶最も近くに接している家、土地、国など。となり。例隣家《リンカ》。隣国《リンゴク》。近隣《キンリン》。❷となりあう。となる。例隣接《リンセツ》。

人名 さと・ただ・ちか・ちかし・なが

【隣家】《リンカ》となりの家。

【隣交】《リンコウ》となりとのまじわり。隣人や隣国とのつきあい。

【隣好】《リンコウ》となり近所と親しくすること。隣家や隣国との親しいつきあい。例—を尊重する外交方針。

【隣国】《リンゴク》となりの国。隣邦《リンポウ》。例—との国境地帯。

【隣人】《リンジン》となりの人。となり近所の人。例—愛。—とうまくつきあう。

【隣席】《リンセキ》となりの席。例—の客。

【隣接】《リンセツ》(名・する)となりあっていること。すぐとなりに続いていること。例公園に—する住宅地。

【隣村】《リンソン》となりのむら。となりむら。

【隣邦】《リンポウ》となりの国。隣国。

●近隣《キンリン》・四隣《シリン》・善隣《ゼンリン》

阝13 【険】16画 ⇩【険《ケン》】(1035ページ)

阝13 【随】16画 ⇩【随《ズイ》】(1038ページ)

阝14 【隰】17画 8014 96B0 音シツ(慣)シュウ(漢) 訓さわ

意味 低くてしっけの多い土地。さわ。例隰皐《シッコウ》(=さわ)。

阝14 【隯】17画 2-9176 96AF 音トウ(漢) 訓しま

阝7 [陦] 10画 8003 9666 俗字

意味 まわりを海や湖にかこまれた陸地。なかす。しま。同島《トウ》。

阝14 【隠】17画 ⇩【隠《イン》】(1040ページ)

阝14 [隲] 17画 ⇩【騭《シツ》】(1084ページ)

阝16 【隴】19画 8015 96B4 音ロウ(慣)リュウ(漢) 訓おか

意味 ❶甘粛《カンシュク》省の別名。例得レ隴望レ蜀《ロウをえてショクをのぞむ》。❷おか。同壟《ロウ》。例隴断《ロウダン》(=おかの高くきり立ったところ)。❸うね。同壟《ロウ》。例隴畝《ロウホ》(=はたけ)。

【隴《ロウ》を得《え》て▼蜀《ショク》を望《のぞ》む】隴の地を平定したうえ、さらに蜀の地を取ろうと望む。一つのものに満足しないで、さらにそれ以上のものを求めること。人の欲の限りないことのたとえ。望蜀《ボウショク》。〔後漢《ゴカン》の光武帝《コウブテイ》が隴の国を得て、さらに蜀の国を望んだ故事から〕〈後漢書《ゴカンジョ》〉

171
8画
隶《たい》 れいづくり 部

追いついてつかまえる意をあらわす。「隷《レイ》」の字にある旁《つくり》(=漢字の右がわの部分)であることから「れいづくり」ともいう。「隶」と、「隶」をもとにしてできている「隷」とを集めた。

0 隶 8 隷 9 隸

隶 0
【隶】
8画 8016 96B6
音 タイ㊇ 訓 およ-ぶ
意味 おいつく。およぶ。つかまえる。同 逮《タイ》。

隶 8
【隷】
16画 4676 96B7 常用
音 レイ㊇ 訓 しもべ
筆順 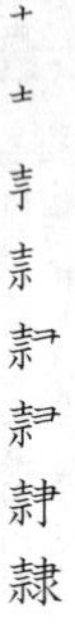

隶 9
【隸】
17画 8017 96B8
なりたち  [形声]「隶(=おいつく)」と、音「奈《ダイ》→《レイ》」とから成る。つく。
意味 ❶つき従う。付属する。つく。例 隷従《レイジュウ》。隷属《レイゾク》。❷身分の低いめしつかい。下僕《ゲボク》。しもべ。例 隷僕《レイボク》(=しもべ。下男《ゲナン》)。奴隷《ドレイ》。❸漢字の書体の一つ。例 隷書《レイショ》。篆隷《テンレイ》。

【隷下《レイカ》】その人に従属すること。配下。例 ―の部隊。

【隷従《レイジュウ》】(名・する) 手下となってしたがうこと。また、その人。隷属。従属。例 英雄《エイユウ》に―する騎士《キシ》たち。

【隷書《レイショ》】漢字の書体の一つ。篆書《テンショ》の字画を略して、直線的にしたもの。→【篆書《テンショ》】(755ジペー)・【楷書《カイショ》】(537ジペー)・【行書《ギョウショ》】(884ジペー)・【草書《ソウショ》】(850ジペー)

【隷人《レイジン》】①めしつかい。しもべ。また、奴隷《ドレイ》。②罪人。

【隷属《レイゾク》】(名・する) ①他の支配を受けて言いなりになること。隷従。従属。例 大国に―する。②手下として従うこと。部下。

隶 9
【隸】
17画 ⇩【隷《レイ》】(1042ジペー)

172
8画
隹 ふるとり 部

尾《お》の短い鳥の形をあらわす。部首名の「ふるとり」は、「旧(=ふるい)」の旧字体「舊」の字の中の、「とり」の意という。「隹」をもとにしてできている漢字を集めた。

0 隹 2 隼 隻 3 雀 隺 4 雁 雇 集 雋 雄 雅 雇 5 雅 雎 雉 雍 6 雑 雌 8 雕 9 雖 10 雛 難 雞 雜 雙 11 離 難 20 雥

この部首に所属しない漢字
焦 ⇩ 灬 633 霍 ⇩ 雨 1052 讎 ⇩ 言 928

隹 0
【隹】
8画 8018 96B9
音 スイ㊇㊉ 訓 とり・ふるとり
意味 尾《お》の短い鳥。とり。

隹 2
【隼】
10画 4027 96BC 人名
音 シュン㊇ ジュン㊉ 訓 はやぶさ
なりたち  [会意]「隹(=とり)」と「一(=ひとつ)」とから成る。鳥の名。
意味 ハヤブサ科の鳥。空中を高速で飛び、たか狩《が》りに使う。ハヤブサ。例 隼鷹《ジュンヨウ》(=ハヤブサ)。
難読 隼人《はやと・はいと》(=古代の薩摩《さつま》地方に住んだ、勇敢《ユウカン》な人々)・小隼《さしば》
人名 たか・たかし・とし・はや・はやし・はやと

隹 2
【隻】
10画 3241 96BB 常用
音 セキ㊇ 訓 ひと-つ
筆順 
なりたち  [会意]「又(=て)」で「隹(=一羽のとり)」をもつ。鳥一羽。
意味 ❶ただ一つ。ただひとり。例 隻影《セキエイ》。隻身《セキシン》(=自分ひとり)。❷二つひと組みのものの一方。かたほう。例 隻眼《セキガン》。隻手《セキシュ》。❸わずかな。ほんの少し。例 隻語《セキゴ》。片言隻句《ヘンゲンセック》。❹船などを数えることば。
人名 うく・かた

【隻影《セキエイ》】ただ一つのものの姿。片影《ヘンエイ》。例 ―もない。

【隻眼《セキガン》】①かため。独眼。②〔「一隻眼」の形で〕一つの見方の意。その人独特の、すぐれた見識。例 一―を有する。

【隻語《セキゴ》】①ちょっとしたことば。わずかなことば。隻句《セック》。例 片言《ヘンゲン》―。②子供のかたこと。

【隻手《セキシュ》】片方の手。かたて。対 双手《ソウシュ》。

【隻句《セック》】一つの文句。ちょっとしたことば。例 片言《ヘンゲン》―。

隹 3
【雀】
11画 3193 96C0 人名
音 ジャク㊀ シャク㊇ サク㊉ 訓 すずめ
意味 ハタオリドリ科の鳥。スズメ。また、小さな存在のたとえ。例 燕雀《エンジャク》。欣喜雀躍《キンキジャクヤク》。孔雀《クジャク》。
難読 雀部《ささべ》(=姓《セイ》)・四十雀《シジュウから》・雀子斑《そばかす》・雀麦《からすむぎ》・

【雀斑《ジャクハン・そばかす》】顔などにできる、茶色のこまかい斑点。

【雀躍《ジャクヤク》】(名・する) (スズメがとびはねるように)こおどりして喜ぶこと。例 欣喜《キンキ》―(=喜びの気持ちをおさえることができず、こおどりして喜ぶ)。

【雀羅《ジャクラ》】スズメをとらえるあみ。例 門前―を張る(=門前にスズメをとるあみが張れるほど、おとずれる人がない)。

隹 3
〔隺〕
11画 ⇩【鶴《つる》】(1104ジペー)

隹 4
【雁】
12画 2071 96C1 人名
音 ガン㊇ 訓 かり・かりがね

鳥 2
〔鳫〕
13画 8279 9CEB 別体字

鳥 4
〔鴈〕
15画 8278 9D08 別体字

意味 カモ科の水鳥。ガン。秋、北方からきて、春、北に帰る代表的なわたり鳥。隊列《タイレツ》をつくって飛ぶ。かりがね。カリ。例 過雁《カガン》。雁行《ガンコウ》。帰雁《キガン》。
難読 雁来紅《もみじぐさ・はゲイトウ・かまつか》

【雁首《ガンくび》】①キセルの頭部。②人の首。例 ―をそろえる。

【雁行《ガンコウ》】㊀(名) 空を飛ぶガンの列。㊁(名・する) (ガンが飛んでいくように)ななめに並んでいくこと。また、優劣《ユウレツ》なく同じように並んでいること。例 両者は―している。

【雁書《ガンショ》】手紙。たより。〔前漢の蘇武《ソブ》が匈奴《キョウド》にとらえら

れたとき、ガンの足に手紙を結びつけて、故郷に送ったという故事による〕〈漢書《カンジョ》〉

【雁皮】《ガンピ》 ①ジンチョウゲ科の落葉低木。夏、黄色の花をつける。②ガンピの樹皮からつくった良質の和紙。雁皮紙。

【雁来紅】《ガンライコウ》 ハゲイトウの別名。〔秋、ガンがわたってくるころ、紅色になるところから〕

隹 4

【雇】 12画 2459 96C7 常用 音 コ漢 呉 訓 やと-う・やと-い

筆順 ヨ ヨ 戸 戸 戸 戸 雇 雇

隹 4

【雇】 12画 ――

なりたち 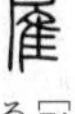 [形声]「隹(=とり)」と、音「戸《コ》」とから成る。鳥の名。借りて「やとう」の意。

意味 賃金をはらって、人を働かせる。やとう。例 雇用《コヨウ》。解雇《カイコ》。

【雇用】《コヨウ》（名・する）人をやとうこと。対 解雇。例 終身―制度。―の拡大をはかる。表記 旧 雇▼傭

隹 4

【集】 12画 2924 96C6 教育3 音 シュウ漢 ジュウ呉 訓 あつ-まる・あつ-める・つど-う・あつ-まり

筆順 亻 亻 什 仹 隹 隹 隼 集

隹20

【雧】 28画 ―― 96E7 本字

なりたち  [会意]「雥(=鳥のむれ)」と「木(=き)」とから成る。たくさんの鳥が木にむらがる。

意味 ❶多くのものが寄りあう。あつまる。つどう。例 集合《シュウゴウ》。雲集《ウンシュウ》。群集《グンシュウ》。❷よせあわせる。あつめる。同 輯《シュウ》。例 集録《シュウロク》。収集《シュウシュウ》。編集《ヘンシュウ》。❸詩文などをあつめた書物。例 歌集《カシュウ》。詩集《シシュウ》。全集《ゼンシュウ》。

難読 物集《もず》・物集女《もずめ》

人名 あい・あつむ・ため・ち・ちか・つどい・やす・やすし

【集印】《シュウイン》 寺や神社の御朱印《ゴシュイン》や観光地のスタンプを、記念にあつめること。例 ―帳。

【集荷】《シュウカ》（名・する）荷物《にモツ》を各地から一か所にあつめること。また、その荷物。例 農産物の―場。表記 旧 ▼蒐荷

【集貨】《シュウカ》（名・する）貨物や商品をあつめること。また、あつまること。また、その貨物や商品。

【集会】《シュウカイ》（名・する）多くの人がある目的であつまること。また、そのあつまり。例 ―場。憲法を考える―を開く。

【集解】《シュウカイ|シッカイ》 多くの解釈《カイシャク》を一つにあつめて、注釈書を作ること。また、その書物。例 何晏《カアン》(=魏《ギ》の学者の名)の『論語―《ロンゴシッカイ》』。

【集義】《シュウギ》 よいおこないを積みかさねること。また、積みかさねた善行。積善。

【集議】《シュウギ》（名・する）あつまって相談すること。

【集魚灯】《シュウギョトウ》 夜、海上を照らして、魚をさそいあつめてとるための、明かり。

【集金】《シュウキン》（名・する）代金や会費などをあつめること。また、あつめたお金。例 ―係。―人《ニン》。

【集計】《シュウケイ》（名・する）いくつかの数を寄せあつめて計算すること。合計。例 売り上げを―する。

【集結】《シュウケツ》（名・する）散らばっていたものを、一か所にあつめること。また、あつまること。結集。例 艦隊《カンタイ》が―する。

【集権】《シュウケン》（名・する）権力を一か所にあつめること。対 分権。例 中央―。

【集合】《シュウゴウ》 一（名・する）一か所にあつまること。また、あつめること。また、そのあつまり。対 解散。例 三時に正面玄関《ゲンカン》に―すること。二（名）〔数〕ある条件や範囲《ハンイ》にあてはまるものを、ひとまとまりとして考えたもの。例 三の倍数の―。

【集散】《シュウサン》（名・する）①あつまることと、ちらばること。あつめることと、ちらすこと。例 離合《リゴウ》―をくり返す。②産地からあつめた生産物を、各地へ送り出すこと。例 ―地。表記 ▽「▼聚散」とも書く。

【集成】《シュウセイ》（名・する）同種のものを多くあつめ、一つにまとめあげること。また、そのもの。集大成。例 判例を―した書物。

【集積】《シュウセキ》（名・する）多くのものがあつまって、つみかさなること。あつめてつみかさねること。例 ―回路。木材を―する。

【集大成】《シュウタイセイ》（名・する）多くのものをあつめて、一つのものにまとめあげること。また、そのもの。集成。例 物語研究の―。

【集団】《シュウダン》 多くの人やものなどのあつまり。例 ―生活。

【集中】《シュウチュウ》（名・する）一か所にあつめること。また、あつまること。例 ―豪雨《ゴウウ》。権力を―する。

【集注】《シュウチュウ》（名・する）①（「シッチュウ」とも）多くの注釈《チュウシャク》をあつめた書物。とくに、朱子の四書集注を指す。例『論語―《ロンゴシッチュウ》』②すべてを、ただ一点にあつめること。類 集中。例 心を―する。表記 ①は「集▼註」とも書く。

【集配】《シュウハイ》（名・する）郵便物や貨物などをあつめたり、くばったりすること。例 ―局。

【集約】《シュウヤク》（名・する）寄せあつめて一つにまとめること。例 全員の意見を―する。

【集落】《シュウラク》 ①人家のあつまっているところ。例 山間に―が散在する。②バクテリアなどが培養基《バイヨウキ》の上に作った集団。コロニー。表記 ▽旧 ▼聚落

【集録】《シュウロク》（名・する）いくつかの文章をあつめて記録すること。また、そのもの。

●画集《ガシュウ》・結集《ケッシュウ》・採集《サイシュウ》・参集《サンシュウ》・召集《ショウシュウ》・招集《ショウシュウ》・選集《センシュウ》・文集《ブンシュウ》・募集《ボシュウ》・密集《ミッシュウ》

隹 4

【雋】 12画 8020 96CB 音 一 セン漢 二 シュン慣 シン漢 訓 こ-える・すぐ-れる

意味 一《セン》 ❶鳥の肉が肥えている。❷文章などが味わい深い。二《シュン|シン》 才知がぬきんでてすぐれている(人)。すぐれる。同 俊《シュン》。例 雋才《シュンサイ》。雋秀《シュンシュウ》。

隹 4

【雄】 12画 4526 96C4 常用 音 ユウ漢 オウ呉 訓 お・おす

筆順 一 ナ 厷 厷 厷 厷 雄 雄

なりたち  [形声]「隹(=とり)」と、音「厷《コウ→ユウ》」とから成る。鳥のおす。

意味 ❶動植物のおす。お。おん。対 雌《シ》。例 雄鶏《ユウケイ|おんどり》(=おすのニワトリ)。雄蕊《ユウズイ》。雌雄《シユウ》。❷はたがしら。例 英雄《エイユウ》。群雄《グンユウ》。❸力強い。おおしい。武力や知力にすぐれた者。例 雄大《ユウダイ》。雄叫《おたけ》び(=勇ましい、さけび声)。

人名 いさみ・いさむ・かず・かた・かつ・すぐる・たか・たかし・たけ・たけお・たけし・たける・つよし・のり・まさ・まさる・よし

【雄滝】《おだき》 滝が一対《イッツイ》あるとき、大きくて水流の激しいほうの滝。対 雌滝《めだき》。表記「▽男滝」とも書く。

【雄花】《おばな》 おしべだけあって、めしべがないか、あるいは退化した花。カボチャ・キュウリなど。対 雌花。

【雄▼勁】《ユウケイ》（名・形動《ダ》）張りがあって、力づよいこと。例 ―な筆法。漢文調の―な文章。

【雄傑】《ユウケツ》 才知や武勇がすぐれている人。英傑。例 ―の士。

【雄▼渾】《ユウコン》（名・形動《ダ》）文字や文章などが、力づよくて勢い

がよいこと。例—な筆致《ヒッチ》。

【雄才《ユウサイ》】すぐれた才能。また、それをもつ人。雄材《ユウサイ》。

【雄志《ユウシ》】大いに何かをやりとげようとする気持ち。例—をいだく。

【雄姿《ユウシ》】堂々としたすがた。例—をあおぐ。

【雄俊《ユウシュン》】すぐれた才能をもつこと。また、その人。英俊。例天下の—が集まる。

【雄将《ユウショウ》】強く勇ましい大将や将軍。類勇将。例戦国の—。

【雄心《ユウシン》】何か大きいことをしようとする気持ち。例—勃勃《ボツボツ》として(=さかんに)起こる。

【雄▼蕊《ユウズイ》《おしべ》】花の器官の一つ。花粉をつくるところ。対雌蕊《シズイ》。

【雄壮《ユウソウ》】(名・形動ダ)おおしく意気さかんなこと。勇壮。

【雄大《ユウダイ》】(名・形動ダ)堂々として、規模《キボ》が大きいこと。例山頂からの—ながめ。

【雄図《ユウト》】規模《キボ》の大きい計画。壮図《ソウト》。例—むなしく中途で挫折《ザセツ》する。

【雄途《ユウト》】(大きな計画を果たすための)力づよい出発。壮途《ソウト》。例—につく。

【雄藩《ユウハン》】勢力の強大な藩。例西国《サイゴク》の—島津《しまづ》。

【雄飛《ユウヒ》】(名・する)意気さかんに活躍《カツヤク》すること。対雌伏《シフク》。例海外に—する。

【雄編《ユウヘン》】構想が大きく、堂々とした著作。例—大作。表記旧雄▼篇
【雄弁《ユウベン》】(名・形動ダ)①力づよく、よどみなく話すこと。能弁。対訥弁《トツベン》。例—をふるう。②〔「雄弁にものがたる」の形で〕ある内容をはっきりとあらわしている。例はずんだ声が喜びを—にものがたっている。表記▽旧雄▼辯
【雄▼邁《ユウマイ》】(名・形動ダ)性質がおおしくすぐれていること。

【雄略《ユウリャク》】大きくりっぱな、はかりごと。雄大な計略。

【雄烈《ユウレツ》】(名・形動ダ)いさましく、はげしいこと。例—な戦功《センコウ》をたてる。
●英雄《エイユウ》・群雄《グンユウ》・雌雄《シユウ》・両雄《リョウユウ》

隹4【雅】12画 ⇩【雅】ガ(1044ページ)

隹4【雇】12画 ⇩【雇】コ(1043ページ)

隹5【雅】13画 1877 96C5 常用 音ガ漢 ゲ呉 訓みやび-やか

［隹部］4—6画 ● 雅雇雅睢雉雍雑

筆順 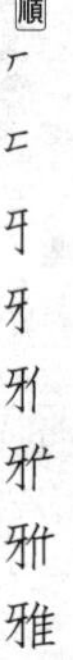

隹4【雅】12画

なりたち  〔形声〕「隹(=とり)」と、音「牙《ガ》」とから成る。鳥の名。借りて「ただしい」の意。

意味 ❶正しく品のある。規範《キハン》的な。例雅楽《ガガク》。雅言《ガゲン》。❷上品で味わいがある。洗練されている。みやび。みやびやか。対俗《ゾク》。例雅趣《ガシュ》。優雅《ユウガ》。❸『詩経《シキョウ》』の六義《リクギ》の一つ。宮中の儀式《ギシキ》のための詩。小雅《ショウガ》と大雅《タイガ》に分かれる。❹他人に関することを、うやまっていうことば。例雅兄《ガケイ》。❺つねづね。平素。例雅意《ガイ》。

人名 ただ・ただし・つね・なり・のり・ひとし・まさ・まさし・まさる・みやび・もと

【雅意《ガイ》】①上品で優美なおもむき。②平素の心。

【雅懐《ガカイ》】みやびやかな心。風流な思い。

【雅楽《ガガク》】①伝統的で上品な音楽。②奈良《なら》・平安時代に宮中でおこなわれた音楽と、それにともなう舞《まい》。現在でも、宮中や社寺などでおこなわれる。

【雅兄《ガケイ》】男の友人を、うやまっていう呼び方。男性が手紙文などで用いる。

【雅言《ガゲン》】①みやこの正しい発音。②優雅なことば。雅語。③平安時代の和歌などに用いられた、みやびやかなことば。▽対俗言《ゾクゲン》・俚言《リゲン》。

【雅語《ガゴ》】みやびやかなことば。雅言。

【雅号《ガゴウ》】書家や画家、文人などが、本名以外にもつ、風流な名前。ペンネーム。号。筆名。雅名。

【雅趣《ガシュ》】上品で風流なおもむき。みやびやかなおもむき。例—に富む庭園。

【雅称《ガショウ》】(詩や歌などで用いる)風流な呼び方。日本を「瑞穂《みずほ》の国」、富士山を「芙蓉峰《フヨウホウ》」というなど。

【雅俗《ガゾク》】①優雅なことと、俗っぽいこと。上品と下品。②雅語と俗語。

【雅致《ガチ》】みやびやかなおもむき。風流で上品な味わい。例—のある作品。

【雅文《ガブン》】上品でみやびやかな文章。とくに、江戸《えど》時代にいわれた平安時代のかな文や、それをまねた文章。例—体。

【雅味《ガミ》】風流で上品なおもむき。例—豊かな文章。

【雅名《ガメイ》】①風流な呼び名。②雅号。

【雅量《ガリョウ》】人を受け入れる、広くゆったりとした心。例—にとぼしい人間。
●温雅《オンガ》・高雅《コウガ》・典雅《テンガ》・風雅《フウガ》・優雅《ユウガ》

隹5【睢】13画 8019 96CE 音ショ漢 訓みさご

意味「睢鳩《ショキュウ》」は、ミサゴ。トビに似た大きな鳥。

隹5【雉】13画 8021 96C9 音チ漢 ジ呉 訓きじ

意味 ❶キジ科の鳥。キジ。きぎす。例雉子《キジ》。❷城壁《ジョウヘキ》の大きさを示す単位。一雉《イッチ》は、高さ一丈《ジョウ》(=二・二五メートル)、長さ三丈。例雉門《チモン》(=五つの天子の宮門のうち、南の第二門)。百雉《ヒャクチ》。

難読 雉子《きぎす》・山雉《やまどり》

隹5【雍】13画 8022 96CD 音ヨウ漢 訓むつ-まじい・やわ-らぐ

意味 ❶鳥の名。❷おだやかに、なごむようす。例雍睦《ヨウボク》。雍容《ヨウヨウ》。❸だきかかえる。だく。同擁《ヨウ》。

【雍樹《ヨウジュ》】〔「雍」は「擁」に同じで、だきかかえる意〕小児をだきかかえること。おとなの首にしがみついている小児の姿が、木にしがみついているように見えることからいう。

【雍睦《ヨウボク》】なごやかでむつまじいこと。親しみあうこと。

【雍容《ヨウヨウ》】(形動タルト)おだやかなようす。ゆったりと落ちついているようす。

隹6【雑】14画 2708 96D1 教育5 音ザツ慣 ソウ漢 ゾウ呉 訓ま-じる・ま-ざる 付表雑魚《ざこ》

筆順 

隹10【雜】18画 8024 96DC 人名

衤12【襍】17画 8023 894D 別体字

なりたち  〔形声〕「衣(=ころも)」と、音「集《シュウ→ソウ》」とから成る。青・黄・赤・白・黒の色をまぜて作ったころも。

意味 ❶いろいろなものがいっしょになる。入り交じる。例雑

居《ザッキョ》。混雑《コンザツ》。乱雑《ランザツ》。❷純一《ジュンイツ》でない。どの分類にもはいらない。例雑家《ザッカ》。雑費《ザッピ》。雑収入《ザッシュウニュウ》。❸ていねいでない。いいかげんな。例粗雑《ソザツ》。雑《ザツ》にあつかう。

難読 雑賀《サイガ》(=地名・姓《セイ》)・雑魚寝《ざこね》・雑煮《ゾウに》

人名 かず・とも

【雑魚】《ざこ》 ①いろいろな小ざかな。②小者《こもの》。したっぱ。

【雑詠】《ザツエイ》 和歌や俳句で、題を決めずに自由によむこと。また、その和歌や俳句。対題詠。

【雑役】《ザツエキ》 こまごました雑多な肉体労働。例—に従事する。

【雑音】《ザツオン》 ①不快に感じる、さわがしいおと。類騒音《ソウオン》。例この音楽は—にしか聞こえない。②ラジオや電話などで、通信のさまたげとなる、おと。ノイズ。例—がはいる。③直接に関係がない人の、無責任な意見。例世間の—が多過ぎる。

【雑家】《ザッカ》 漢代の九学派の一つ。儒家《ジュカ》・道家《ドウカ》・法家《ホウカ》などの諸説を取り入れて、一つの説を立てた。

【雑貨】《ザッカ》 毎日の生活に使う、こまごまとした品物。なべ・洗面器・ほうきなど。例日用—を売る店。

【雑学】《ザツガク》 系統だっていない、多方面にわたる知識。

【雑感】《ザッカン》 まとまりのない感想。例世相についての—を記す。

【雑記】《ザッキ》 いろいろ書きしるすこと。また、その書いたもの。

【雑技】《ザツギ》 ①いろいろな芸。とくに、手品や曲芸など。例中国の—団。②つまらない芸。表記▽「雑▽伎」とも書く。

【雑居】《ザッキョ》 (名・する) ①同じ場所に、いろいろな人がまじって住むこと。例さまざまな外国人が—する地区。②一つの建物に種類のちがう店や会社がはいっていること。例—ビル。

【雑菌】《ザッキン》 いろいろな細菌。とくに、ある細菌を培養《バイヨウ》するときに、外部からはいる別の種類のよけいな細菌。

【雑件】《ザッケン》 あまり重要でない、こまごました事件や用件。例—をかたづける。

【雑言】 一《ザツゲン》 とりとめのない話。雑談。二《ゾウゴン》 〔「ゾウゲン」とも〕いろいろな、ひどいことば。わるくち。例悪口—《アッコウゾウゴン》。

【雑穀】《ザッコク》 コメとムギ以外の、さまざまな穀類。アワ・ヒエ・マメ・キビ・ソバなど。

【雑婚】《ザッコン》 原始社会で、男女が特定の相手を決めずに夫婦《フウフ》の関係を結ぶこと。乱婚。

【雑誌】《ザッシ》 ①雑多なことがらについて、しるした本。②毎号同じ書名で定期的に出す本。例婦人—。

【雑事】《ザツジ》 本来の仕事以外の、こまごまとした用事。類雑務・雑用。例—に追われる。

【雑種】《ザッシュ》 ①いろいろな種類。②種の異なるめすとおすとの間に生まれた動物や植物。例—のイヌ。

【雑▼糅】《ザツジュウ》 (名・する) いろいろなものが入り交じること。

【雑収入】《ザツシュウニュウ》 おもな収入以外の、いろいろなこまかい収入。例給料以外の—がある。

【雑色】 一《ザッショク》 いろいろな色。また、たくさんの色がまじりあった色。二《ゾウシキ》 昔、宮中や武家などで、雑役《ザツエキ》をつとめた、身分の低い役人。

【雑食】《ザッショク》 (名・する) (動物が)動物性と植物性の食物を、両方食べること。なんでも食べること。

【雑然】《ザツゼン》 (形動タル) まとまりなく入り交じるようす。ごちゃごちゃしているようす。対整然。例—と並べた品物。

【雑草】《ザッソウ》 農作物以外の、自然に生えた、いろいろな草。また、生命力の強いもののたとえ。例—のように生きる。

【雑則】《ザッソク》 (法令などで)主要な規則以外の規則。

【雑多】《ザッタ》 (形動ナダ) いろいろ入り交じっているようす。例種種—な品物。

【雑談】《ザツダン》 (名・する) とくに目的もなく、いろいろな話を気楽に話すこと。また、そのとりとめのない話。世間話。

【雑踏】《ザットウ》 (名・する) 多くの人でこみあうこと。また、こみあっている場所。人ごみ。例—にまぎれる。表記旧雑▼沓

【雑肉】《ザツニク》 ①すね肉など、上等でない部分の肉。ひき肉などに用いる。②牛肉・ぶた肉・とり肉以外の肉。

【雑念】《ザツネン》 精神を集中するのに、じゃまになる考え。気を散らすよけいな考え。例—をはらう。

【雑▼嚢】《ザツノウ》 いろいろなものを入れて持ち歩く、ふくろ。

【雑▼駁】《ザッパク》 (名・形動ナダ) いろいろな考えなどが入り交じっていて、まとまりのないこと。例—な知識。

【雑費】《ザッピ》 こまごまとしたことにあてる費用。例日用の—。

【雑物】《ザツブツ》 いろいろな、こまごまとしたもの。つまらないもの。

【雑文】《ザツブン》 軽い内容の文章。論文や小説などとちがって、気楽に書き流した文章。

【雑木】《ザツボク｜ゾウき》 いろいろな種類の木。また、材木としては役に立たない木。例—《ゾウき》林《ばやし》。

【雑務】《ザツム》 おもな業務以外の、こまごまとした仕事。類雑事・雑用。例—に追われる。

【雑用】《ザツヨウ》 いろいろなこまかい用事。つまらない用事。類雑事・雑務。例—が多い。

【雑録】《ザツロク》 いろいろなことを、とりとめなく書きとめること。また、その記録。例身辺—。

【雑話】《ザツワ》 まとまりのない、いろいろなはなし。雑談。例—集。

【雑巾】《ゾウキン》 ゆかや家具などをふく布きれ。例—がけ。

【雑作】《ゾウサ》 ①手間のかかること。例—もない仕事。②もてなし。例ご—にあずかる。表記▽「造作」とも書く。

【雑炊】《ゾウスイ》 野菜などの具を入れて、しょうゆなどで味つけをしたおかゆ。おじや。

【雑煮】《ゾウに》 野菜や肉などとともに、餅《もち》を入れて煮《に》た汁《しる》料理。新年を祝う正月料理の一つ。

【雑兵】《ゾウヒョウ》 ①身分の低い兵卒。②地位が低く、責任のない人。例—相手では交渉《コウショウ》にならない。

●交雑《コウザツ》・混雑《コンザツ》・粗雑《ソザツ》・煩雑《ハンザツ》・繁雑《ハンザツ》・複雑《フクザツ》

隹 6 【雌】 14画 2783 96CC 常用 音シ漢呉 訓め・めす

筆順 

なりたち  [形声]「隹(=とり)」と、音「此《シ》」とから成る。鳥のめす。

意味 ❶動植物の、めす。め。めん。対雄《ユウ》。例雌蕊《シズイ》。雌雄《シユウ》。❷よわよわしい。ひかえめな。力のない。例雌声《シセイ》(=力の弱い声)。雌伏《シフク》。

【雌▼蕊】《シズイ｜めしべ》 花の器官の一つ。花の中央にあり、おしべから花粉を受けて、実を結ぶもの。対雄蕊《ユウズイ》。

【雌伏】《シフク》 (名・する)〔めす鳥がおす鳥に服従する意〕人の下に従い、がまんをして実力を養いながら、機会がくるのを待つこと。対雄飛《ユウヒ》。例十年—して、やっと世に出た。

【雌雄】《シユウ》 ①めすとおす。例—の区別。②勝ち負け。優劣《ユウレツ》。例—を決する。

【雌竹】《めだけ》 タケの一種。幹が細く、節《ふし》と節のあいだが長い。つりざおやキセルなどに用いる。なよたけ。表記「女竹」とも書く。

【雌花】《めばな》 めしべだけあって、おしべがないか、あるいは退化した花。キュウリ・カボチャなど。対雄花。

隹 8 【雕】 16画 8026 96D5 音チョウ漢呉 訓わし・きざ-む

鳥 8 【鵰】 19画 1-9462 9D70 別体字

意味 ❶大形のタカ。ワシ。例雕悍チョウカン（＝ワシのようにたけだけしい）。❷きざむ。ほる。同彫チョウ。例雕琢チョウタク。❸しぼむ。おとろえる。同凋チョウ。

【雕▼琢】チョウタク（名・する）①宝石などを刻んでみがくこと。②文章や詩を、なん度も直してよくすること。例—をきわめた文章。表記▽「彫▼琢」とも書く。

【雕虫▼篆刻】チョウチュウテンコク 虫の形や篆刻をこまかくほるように、こまかい技巧ギコウで文章の字句をかざりたてること。雕虫小技ショウギ。表記「彫虫▼篆刻」とも書く。

隹 9

【雖】

17画 7413 96D6 音スイ漢呉 訓いえど-も

意味 〔助字〕「（…と）いえども」と読む。❶…であっても・…ではあるが、の意。譲歩ジョウホをあらわす。例雖レ有甚稀いえどもはなはだまれなり（＝あるにはあるが、ひじょうにまれだ）。❷かりに…だとしても・たとえ…であっても、の意。仮定の譲歩をあらわす。例雖レ不レ中不レ遠矣あたらずといえどもとおからず（＝たとえ、ぴったり当たっていないにしても、そう大きな見当ちがいはない）。〈大学ダイガク〉

隹 10

【雛】

18画 3187 96DB 人名 音スウ漢 訓ひな・ひよこ

なりたち [形声]「隹（＝とり）」と、音「芻スウ」とから成る。ニワトリの子。

意味 ❶鳥の子。ひよこ。ひな。例雛禽スウキン（＝ひなどり）。❷幼い子。一人前でないもの。例雛僧スウソウ（＝小坊主ボウズ）。

日本語での用法《ひな》①ひな人形。「雛飾ひなかざり・雛祭ひなまつり」②小さなもの。小形の。「雛菊ひなギク・雛罌粟ひなげし」

【雛▼鳳】スウホウ 将来性のある、すぐれた素質をもった少年。

【雛形】ひながた ①ほんものを小さくかたどったもの。模型。例百分の一の—。②書き方などの見本。書式。例書類の—。

【雛壇】ひなダン ①ひな祭りで、ひな人形をかざる壇。②議場や舞台ブタイなどで、一段ずつ高く作った席。例国会の—。舞台正面の長唄ながうたの—。

【雛鳥】ひなどり ①鳥のひな。ひよこ。②ニワトリのひな。

隹 10

【難】

18画 3881 96E3 教育6 音ダン漢ナン呉 訓かた-い・むずか-しい

筆順 一 艹 苎 荳 蓒 蘄 蘄 難

[隹部] 9—10画 雖雛難

隹11

【難】

19画 1-9367 FA68 人名

なりたち [形声]「隹（＝とり）」と、音「堇キン→ダン」とから成る。鳥の名。借りて「むずかしい」の意。

意味 ❶なしとげるのがたやすくない。かたい。むずかしい。むつかしい。対易イ。例難解ナンカイ。難関ナンカン。困難コンナン。❷つらく苦しいこと。わざわい。例難儀ナンギ。苦難クナン。難ナンを避ける。❸欠点・あやまち（を責める）。そしる。とがめる。例難詰キツ。非難ヒナン。難ナンを言えば。

難読 難波なにわ・なんば・難寝いねがて・難面つれない（＝思いやりがない）

【難易】ナンイ むずかしいことと、やさしいこと。また、その程度。例—度。事の—がよくわからない。

【難解】ナンカイ（名・形動ダ）むずかしく、わかりにくいこと。例—な文章。

【難関】ナンカン（たやすくこえられない関所の意）通るのが、また切りぬけるのが、むずかしいこと。例—を突破トッパする。

【難儀】ナンギ（名・する・形動ダ）①苦しむこと。困ること。例雪道に—する。②むずかしく、めんどうなこと。困難。迷惑メイワク。例—な仕事をかかえる。親に—をかける。

【難詰】ナンキツ（名・する）きびしく非難すること。欠点を取り上げて、問いつめること。例責任者を—する。

【難行】ナンギョウ たいそうつらい修行シュギョウ。〔本来は仏教で用いられたことば〕例—苦行クギョウ。

【難曲】ナンキョク 歌いにくい、また、演奏しにくい、むずかしい曲。例—をこなす。

【難局】ナンキョク むずかしい事態や局面。例—を切りぬける。

【難句】ナンク むずかしい文句。（俳句などで）わかりにくい句。

【難癖】ナンくせ 悪いところ。欠点。例—をつける（＝何かと欠点を見つけて責める）。

【難訓】ナンクン 漢字で書かれた、読み方のむずかしいことば。「飛鳥あすか」「土産みやげ」など。例—索引サクイン。

【難件】ナンケン かたづけるのにむずかしい事件やことがら。例—をかかえる。やっと—を一つ解決した。

【難語】ナンゴ むずかしく、わかりにくいことば。例—集。

【難航】ナンコウ（名・する）①悪天候などのために、船や飛行機がたやすく進まないこと。例濃こい霧きりのため—した。②ものごとがうまく進まないこと。例交渉コウショウが—する。

【難攻不落】ナンコウフラク ①城などがせめにくくて、なかなか落ちないこと。②こちらの思いどおりにならないことのたとえ。例—の交渉コウショウ相手。

【難産】ナンザン（名・する）①通常より困難な出産。対安産アンザン。②ものごとがなかなか成立しないこと。例—の末の組閣ソカク。

【難事】ナンジ 解決や処理が困難な事件。難件。例—に直面する。

【難治】ナンジ・ナンチ ①病気がなおりにくいこと。例—の病やまい。②国などをおさめにくいこと。

【難渋】ナンジュウ（名・する）①ものごとがすんなり進まないこと。例審議シンギが—する。②苦しむこと。なやむこと。難儀ナンギ。例山道に—する。

【難所】ナンショ 通りぬけるのに危険な場所。例—にさしかかる。

【難色】ナンショク 賛成できない顔つきやようす。例—を示す。

【難船】ナンセン（名・する）船がこわれたり、ひっくりかえったりすること。また、その船。難破。例暴風で—する。

【難題】ナンダイ ①解くのにむずかしい問題。難問ナンモン。例—に取り組む。②相手を困らせるような注文。言いがかり。例—をふっかける。③詩歌シイカや文章の、作りにくい題。

【難聴】ナンチョウ ①耳がよく聞こえないこと。②放送などの音が、聞きとりにくいこと。例—地域。

【難敵】ナンテキ てごわい敵や相手。例—をたおす。

【難点】ナンテン ①むずかしいところ。困難な点。例—を克服コクフクする。②よくないところ。欠点。例運びにくいのが—だ。

【難度】ナンド むずかしさの度合い。例—の高い技術。

【難読】ナンドク 読むのがむずかしいこと。例—文字。

【難破】ナンパ（名・する）暴風雨などで、船がこわれたり、しずんだりすること。難船。例—船。

【難病】ナンビョウ 治りにくい病気。原因も治療法チリョウホウも、まだよくわかっていない病気。例—とたたかう。

【難物】ナンブツ とりあつかいにくい物や人。例相手は—だ。

【難民】ナンミン 生活に困っている人。とくに、天災・戦争・政治上の圧迫アッパクなどにあって、安全なところににげてきた人々。避難民ヒナンミン。例—を救済する。

【難問】ナンモン むずかしい問題や質問。難題。例—をかかえる。

【難役】ナンヤク むずかしい役割や仕事。例—を引き受ける。

【難路】ナンロ けわしい道や危険な道など、通るのにむずかしい道。例山中の—を行く。

●一難イチナン・海難カイナン・火難カナン・救難キュウナン・苦難クナン・剣難ケンナン・国難コクナン・困難コンナン・至難シナン・受難ジュナン・水難スイナン・遭難ソウナン・多難タナン・盗難トウナン・非難ヒナン・避難ヒナン・無難ブナン・論難ロンナン

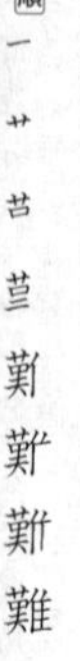

隹10【雞】18画 ⇩【鶏】ケイ(1102ページ)

隹10【雙】18画 ⇩【双】ソウ(175ページ)

隹10【雜】18画 ⇩【雑】ザツ(1044ページ)

隹11【離】19画 4605 96E2 常用 音リ漢呉 訓はな-れる・はな-す

筆順 文 亠 离 离 离 離 離 離

なりたち 【形声】「隹(=とり)」と、音「离リ」とから成る。鳥の名。借りて「はなれる」の意。

意味 ❶わける。あいだをあける。遠ざかる。はなす。はなれる。例離散リサン。分離ブンリ。別離ベツリ。❷ならぶ。つらなる。❸かかる。とりつかれる。同罹リ。例離憂リユウ(=心配ごとに出あう)。❹易エキの卦カ。八卦ハッカの一つ。自然では火、方位では南をあらわす。

人名 あきら・つら

使い分け はなす・はなれる【離・放】⇩1078ページ

【離縁】リエン（名・する）夫婦または養子の関係を取り消すこと。

【離間】リカン（名・する）たがいの仲をひきさくようにすること。例—策。

【離宮】リキュウ 皇居や王宮のほかに建てられた別邸。

【離京】リキョウ（名・する）都をはなれること。とくに、東京または京都をはなれること。例今月末に—の予定。

【離郷】リキョウ（名・する）ふるさとをはなれること。出郷。対帰郷。

【離合】リゴウ（名・する）はなれたり合わさったりすること。例政党が—集散をくりかえす。

【離婚】リコン（名・する）夫婦の関係を取り消して、他人になること。離縁。対結婚。

【離散】リサン（名・する）ちりぢりになること。はなればなれになること。例一家が—する。

【離愁】リシュウ 別れの悲しみ。別離のさびしさ。例—にたえる。

【離床】リショウ（名・する）目がさめたり、病気が治ったりして、寝床をはなれること。例全快して—する。

【離職】リショク（名・する）①職務をはなれること。②つとめをやめ職場をはなれること。類退職・失業。対就職。例—者。

【離水】リスイ（名・する）水上飛行機などが、水面をはなれて飛び立つこと。対着水。

【離籍】リセキ（名・する）属している家庭や団体などから、正式にはなれること。例夫の死後—する。協会を—する。

【離船】リセン（名・する）乗組員や乗客などが、乗っている船をはなれること。例座礁したので全員—する。

【離俗】リゾク（名・する）世間のわずらわしいことから、はなれること。脱俗。

【離村】リソン（名・する）住んでいた村をはなれて、他の土地に移ること。例—する一家。

【離脱】リダツ（名・する）自分が属しているところから、ぬけ出すこと。はなれて行くこと。例戦線を—する。

【離着陸】リチャクリク（名・する）飛行機などの離陸と着陸。例—の多い空港。

【離党】リトウ（名・する）属していた政党や党派をはなれること。対入党。例—して無所属となる。

【離島】リトウ 一（名）陸から遠くはなれた島。はなれ島。例—の小学校に赴任する。二（名・する）住んでいた島をはなれること。例近いうちに—する。

【離日】リニチ（名・する）滞在していた外国人が、日本をはなれ去ること。対来日。例大統領は明日—する予定。

【離乳】リニュウ（名・する）赤んぼうが母乳やミルク以外の食べ物をとりはじめること。ちばなれ。例—食。—がおそい。

【離任】リニン（名・する）官職などの任務をはなれること。また、任地をはなれること。対着任・就任。例—式をおこなう。

【離農】リノウ（名・する）農業をやめて、ほかの職業につくこと。例不作続きで—する。

【離反】リハン（名・する）今までついていたものからはなれ、そむくこと。例人心が—する。表記旧離▼叛

【離別】リベツ（名・する）①人とわかれること。別離。例—の悲しみ。②夫婦の関係を解消して、わかれること。離婚。

【離弁花】リベンカ 花びらが一つ一つはなれている花。ウメ・サクラ・スミレなど。表記旧離▼瓣花

【離陸】リリク（名・する）飛行機などが、地をはなれて飛び立つこと。対着陸。例—まで時間がある。—する準備。

【離▼婁】リロウ 昔、中国にいたといわれる、視力のたいへんすぐれた人。百歩はなれたところからでも、毛の先が見えたという。例—の明(=視力のすぐれていること)。

●乖離カイリ・隔離カクリ・距離キョリ・電離デンリ・別離ベツリ・遊離ユウリ・流離リュウリ

隹11【難】19画 ⇩【難】ナン(1046ページ)

隹20【雧】28画 ⇩【集】シュウ(1043ページ)

173 8画 雨 あめ あめかんむり 部

空から水滴の落ちる形で、あめの意をあらわす。「雨」をもとにしてできている漢字を集めた。

0 雨 3 雪 雫 雪 4 雲 雰 5 電 雹 雷 零 6 需 7 霄 震 霆 霈 霊 8 霙 霍 霓 霎 霑 霏 霖 9 霞 霜 10 霤 11 霪 霧 [illegible] 12 霰 13 霹 露 霸 14 霽 霾 16 靄 靆 靂 靈 17 靉

雨0【雨】8画 1711 96E8 教育1 音ウ漢呉 訓あめ・あま 付表五月雨さみだれ・時雨しぐれ・梅雨つゆ

筆順 一 冂 帀 帀 雨 雨 雨 雨

なりたち 【象形】「一(=天)」の「冂(=雲)」から水のつぶが落ちてくる形。

意味 ❶あめ。あめふり。例雨天ウテン。雨量ウリョウ。降雨コウウ。❷あめのようにふる。ふらす。例雪を雨らす(=雪をふらせる)。❸あめがすべてをうるおすことから、めぐみや恩沢オンタクのたとえ。例雨露ウロ。❹ふるもの。または、雨のふるようなもののたとえ。例弾雨ダンウ。

難読 雨雪みぞれ・白雨ゆうだち・急雨むらさめ・黴雨つゆ・暴雨にわかあめ

人名 ふる

【雨傘】あまがさ 雨をよけるためにさすかさ。

【雨合羽】あまガッパ 衣服の上に着て雨にぬれるのを防ぐ、マント風のコート。

【雨靴】あまぐつ 雨や雪のときにはく、くつ。レインシューズ。

【雨雲】あまぐも 雨を降らせる雲。雨を降らせそうな感じの雲。例—が広がる。

【雨戸】あまど 風雨や寒気、盗難などを防ぐため、ガラス戸などの外側にとりつける戸。例—をあけたてする。

【雨▼霰】あめあられ （雨やあられのように）弾丸などが激しく飛ん

でくるようすのたとえ。例—のような敵の砲弾《ホウダン》。
【雨風】《あめかぜ》 雨と風。雨まじりの風。例—をしのぐ。
【雨下】《ウカ》 (名・する) ①雨が降ること。②弾丸《ガンダン》などが激しく落ちてくることのたとえ。例砲弾《ホウダン》が—する。
【雨季】《ウキ》 熱帯地方などで、一年のうちで雨のとくに多く降る季節。㊟乾季《カンキ》。
【雨期】《ウキ》 一年のうちで雨が多く降る時期。日本では梅雨《つゆ》の時期をいうことが多い。例—にはいる。
【雨奇晴好】《ウキセイコウ》 雨のときも晴れたときも、景色がすばらしいこと。晴好雨奇。
【雨脚】《ウキャク|あまあし》 ①降りそそぐ雨が、白い線のように見えること。例—が激しい。②雨が降り過ぎていくこと。雨の移動の速さ。例—が速い。
【雨月】《ウゲツ》 ①雨のために中秋の名月が見られないこと。雨《あめ》名月。②陰暦《インレキ》五月の別名。
【雨後】《ウゴ》 雨の降ったあと。雨あがり。例—の筍《たけのこ》(=雨の降ったあとのタケノコのように、次々と出てくることのたとえ)。
【雨水】 一《ウスイ|あまみず》 雨が降って、たまった水。二《ウスイ》 二十四節気の一つ。太陽暦《タイヨウレキ》で、二月十八、九日ごろ。
【雨雪】《ウセツ》 ①雨と雪。②雪が降ること。また、降る雪。
【雨足】《ウソク|あまあし》 「雨脚《ウキャク》」に同じ。
【雨中】《ウチュウ》 雨の降るなか。例—の熱戦。
【雨滴】《ウテキ》 雨のしずく。あまだれ。例—の音をきく。
【雨天】《ウテン》 雨が降る天気。雨の日。例—順延《ジュンエン》。
【雨飛】《ウヒ》 (名・する) 弾丸《ダンガン》などが雨のように激しく飛んでくること。例砲弾《ホウダン》—の中。
【雨氷】《ウヒョウ》 〇度以下になった雨のつぶが、地面や木などにふれた瞬間《シュンカン》に氷となったもの。
【雨量】《ウリョウ》 地表に降った雨や雪などの量。降雨量。降水量。雨量計にたまった水の高さを、ミリメートルであらわす。
【雨露】《ウロ》 ①雨とつゆ。あめつゆ。例—をしのぐ。②〔雨やつゆが万物《バンブツ》をうるおすことから〕大きなめぐみ。例—の恩を受ける。
◯●大雨《おおあめ》・霧雨《きりさめ》・降雨《コウウ》・豪雨《ゴウウ》・小雨《こさめ》・時雨《ジウ|しぐれ》・慈雨《ジウ》・晴雨《セイウ》・長雨《ながあめ》・梅雨《バイウ|つゆ》・氷雨《ひさめ》・風雨《フウウ》・村雨《むらさめ》・雷雨《ライウ》

雨 3
【雪】 11画 3267 96EA 教育2
音 セツ㊥ セチ㊤
訓 ゆき・すす-ぐ・そそ-ぐ
付表 雪崩《なだれ》・吹雪《ふぶき》

［雨部］ 3—4画 ● 雪雫雪雲

筆順 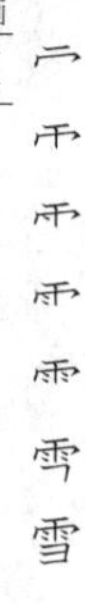

雨 3 【雪】 11画
雨11 【䨮】 19画 4A2E 本字

なりたち 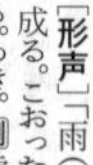 [形声]「雨(=あめ)」と、音「彗《セイ》→《セツ》」とから成る。こおった雨。

意味 ❶ゆきがふる。ゆき。例雪原《セツゲン》。新雪《シンセツ》。積雪《セキセツ》。❷ゆきのように白い。また、清い。例雪肌《セッキ》(=白いはだ)。❸洗い清めるように、汚名《オメイ》をのぞき去る。そそぐ。すすぐ。例雪辱《セツジョク》。

難読 雪踏《セッタ》・雪花菜《きらず》・丸雪《あられ》・沫雪《あわゆき》・細雪《ささめゆき》
人名 きよ・きよし・きよみ・きよむ・すすむ

【雪案】《セツアン》 〔「案」は、机《つくえ》の意〕雪の明かりで、苦労して勉強することのたとえ。→【蛍雪の功】《ケイセツのコウ》(875ページ)
【雪花】《セッカ》 ①雪を花にたとえていうことば。ゆきのはな。②雪のように白い花。表記▽「雪華」とも書く。
【雪害】《セツガイ》 雪のために、交通機関や農作物などが受ける被害《ヒガイ》。例大雪による—。
【雪渓】《セッケイ》 高山の谷あいなどに、夏でも雪がとけずに残っているところ。例—を登る。
【雪景】《セッケイ》 雪の降り積もったけしき。ゆきげしき。例—をえがいた水墨画《スイボクガ》。
【雪月花】《セツゲッカ》 雪と月と花。日本の季節の代表的な自然美をいう。つきゆきはな。例—の世界に遊ぶ。
【雪原】《セツゲン》 ①雪が一面に積もった平地。例—が広がる。②高山や極地などで、一年じゅう雪におおわれている広い平地。
【雪山】 一《セツザン|ゆきやま》 ①雪の積もっている山。②一年じゅう雪におおわれている山。二《セッセン》 ヒマラヤ山脈の別名。
【雪上車】《セツジョウシャ》 雪や氷の上を走れるようにした自動車。はばの広いキャタピラーを装備している。
【雪辱】《セツジョク》 (名・する) 以前に受けたはじをそそぐこと。失った名誉《メイヨ》をとりもどすこと。例—を果たす。
【雪▽駄】《セッタ》 竹の皮のぞうりの裏に革《かわ》を張り、かかとの部分に鉄片《テッペン》をうちつけた、はきもの。表記「雪▽踏」とも書く。
【雪中】《セッチュウ》 雪の降る中。雪の積もった中。例—行軍《コウグン》。
【雪▽隠】《セッチン》 〔「セツイン」とも〕便所。かわや。〔古い言い方〕
【雪洞】 一《セツドウ》 雪をほって作った穴。雪山での露営《ロエイ》などに使う。二《セットウ》 茶の湯で、風炉《フロ》の上のおおいに用いるもの。木や竹のわくに白い紙をはり、小さな窓をあけてある。三《ぼんぼり》 木のわくに紙をはった照明器具。小型のあんどん。
【雪白】《セッパク》 (名・形動《ダナ》) ①雪のように白いこと。まっしろ。純白《ジュンパク》。②うしろぐらいところがなく、気持ちやおこないがけがれていないこと。潔白《ケッパク》。
【雪▼庇】《セッピ|ゆきびさし》 山の尾根《おね》などの片側に、積もった雪がひさしのようにつき出たもの。例—がくずれ落ちる。
【雪片】《セッペン》 降ってくる雪のひとひら。例—が舞う。
【雪▼嶺】《セツレイ》 雪の積もっている山。雪をかぶった山頂。
【雪崩】《なだれ》 積もっていた雪が、山の斜面《シャメン》を急速度でくずれ落ちること。例—注意報。敵陣《テキジン》に—を打ってせめ入る。
【雪▼沓】《ゆきぐつ》 雪の中を歩くときにはく、わらで編んだくつ。
【雪国】《ゆきぐに》 雪がたくさん降る地方。
【雪雲】《ゆきぐも》 雪を降らす雲。雪の降りそうな雲。例灰色の—。
【雪景色】《ゆきげしき》 雪が降っている、また、降り積もった景色。
【雪化粧】《ゆきゲショウ》 (名・する) 雪が降り積もって、化粧したように白く美しく見えること。例—した街路樹。
【雪煙】《ゆきけむり》 雪が風などで煙のようにまい上がったもの。例—を上げてすべる。
【雪見】《ゆきみ》 雪の積もった景色をながめること。また、その宴会《エンカイ》。例—灯籠《ドウロウ》(=笠《かさ》の平らな三本足の低い石灯籠)。
◯●淡雪《あわゆき》・豪雪《ゴウセツ》・残雪《ザンセツ》・除雪《ジョセツ》・根雪《ねゆき》・氷雪《ヒョウセツ》

雨 3
【雫】 11画 2822 96EB 人名
音 ダ・ダン㊥
訓 しずく

意味 字義未詳《ミショウ》。
日本語での用法 《しずく》 したたる水のつぶ。「雫《しずく》が垂《た》れる・朝露《あさつゆ》の雫《しずく》」

雨 3
【雪】 11画 ⇩【雪】《セツ》(1048ページ)

雨 4
【雲】 12画 1732 96F2 教育2
音 ウン㊥㊤
訓 くも

筆順 

なりたち  [会意]「雨(=あめ)」と「云(=うずまく、くも)」とから成る。山や川の気。くも。

意味 ❶空にうかぶ、くも。例雲雨《ウンウ》。暗雲《アンウン》。❷くものよ

うに、集まり、散り、ただよい、定まらないこと。例雲散《ウンサン》。雲集《ウンシュウ》。行雲流水《コウウンリュウスイ》。❸そら。天。例雲漢《ウンカン》。青雲《セイウン》。❹高いことをたとえる。例雲桟《ウンサン》（＝高いところにかけた桟道《サンドウ》）。❺品性や心境が高いことをたとえる。日本では、朝廷《チョウテイ》・宮中を指すことがある。例雲客《ウンカク》（＝仙人《センニン》・隠者《インジャ》。また日本で、殿上人《テンジョウびと》）。雲上《ウンジョウ》。

日本語での用法《ウン》旧国名「出雲《いずも》（＝今の島根県の東部）」の略。「雲州《ウンシュウ》」

難読 東雲《しののめ》・雲呑《ワンタン》・雲脂《ふけ》

人名 も・ゆく

【▽雲▽丹】《うに》 ウニ（＝海胆《うに》）の卵巣《ランソウ》を食用にするために加工したもの。例粒《つぶ》―。→【海胆】《うに》（589ページ）

【雲雨】《ウンウ》 ①雲と雨。②〔雲のように広くおおい、雨のように降りそそぐ意から〕めぐみ。恩恵《オンケイ》。③〔竜《リュウ》が雲や雨に乗って天に昇《のぼ》ると考えられたことから〕大事をなす、ちょうどよい機会。④男女のちぎり。例―の情。→【巫山の夢】《フザンのゆめ》（334ページ）

【雲影】《ウンエイ》 雲のすがた。雲のかたち。例一片《イッペン》の―もない。

【雲煙】《ウンエン》 ①雲とけむり。また、雲とかすみ。②書や山水画の、あざやかな墨《すみ》の色。転じて、みごとな書や山水画。表記▽「雲▼烟」とも書く。

【雲煙過眼】《ウンエンカガン》 雲やけむりが目の前を過ぎ去るように、ものごとを深く心にとめないこと。また、執着《シュウチャク》しないこと。例もはや何事も―、遠くに感じる。表記「雲▼烟過眼」とも書く。

【雲▼霞】《ウンカ》 ①雲とかすみ。②人などがたくさん集まることのたとえ。例―のごとき大軍。

【雲海】《ウンカイ》 高い山や飛行機から見おろすと、海のように見える雲の群れ。例―が広がる。

【雲漢】《ウンカン》 ①天《あま》の川。銀河。天漢。銀漢。②はてしなく広がる大空。

【雲▼翰】《ウンカン》 美しい手紙。他人の手紙を、うやまっていうことば。雲箋《ウンセン》。

【雲脚】《ウンキャク｜くもあし》 ①雨雲《あまぐも》など、低く広がった雲。②雲の動いていく速さ。

【雲級】《ウンキュウ》 形や高さによる雲の分類。層雲・積雲など。

【雲形】《ウンケイ｜くもがた》 ①雲のかたち。例―による分類。②雲のたなびいたかたちの、模様や彫刻《チョウコク》。例―定規《くもがたジョウギ》。

【雲▼霓】《ウンゲイ》 雲と虹《にじ》。また、虹。例大旱《タイカン》（＝ひどい日照り）の―（＝心から待ち望むことのたとえ）。表記「雲▼蜺」とも書く。

【雲斎】《ウンサイ》 「雲斎織《お》り」の略。太いもめん糸で、地をあらく目をななめに織った、厚い布。足袋《たび》の底などに用いる。

【雲際】《ウンサイ》 雲のはて。はるか空のかなた。

【雲散】《ウンサン》 （名・する）雲がちりぢりになって消えるように、消えてなくなること。対雲集。例疑惑《ギワク》が―する。

【雲散霧消】《ウンサンムショウ》 （名・する）雲が散り霧《きり》が消えるようにあとかたもなく消えうせること。雲消霧散。例疑いが―する。

【雲集】《ウンシュウ》 （名・する）雲のようにたくさん集まること。対雲散。例やじ馬が―する。

【雲上】《ウンジョウ》 ①雲の上。（雲がかかっている）高空。例ロケットは―に消えた。②宮中。皇居。

【雲壌】《ウンジョウ》 ①雲と土《つち》。天と地。②二つのもののちがいが、はなはだしいことのたとえ。雲泥《ウンデイ》。天地。例―の差。

【雲水】《ウンスイ》 ①雲や水の景色。②行く雲や流れる水のように諸国をめぐり歩いて修行《シュギョウ》する僧《ソウ》。類行脚《アンギャ》僧。

【雲▼梯】《ウンテイ》 〔雲にとどくはしごの意〕①昔、中国で、城をせめるときに用いた高いはしご。②運動用具の一つ。金属製のはしご状のものを横たえて、両はしを支柱でささえたもの。ぶらさがって移動したりする。

【雲泥】《ウンデイ》 ①雲と、どろ。②二つのもののちがいが、はなはだしいことのたとえ。雲壌《ウンジョウ》。天地。例―の差。

【雲表】《ウンピョウ》 雲の上。雲の外。例―にそびえる山山《やまやま》。

【雲▼鬢】《ウンビン》 〔「鬢」は、耳ぎわのかみの毛の意〕①雲のようにふさふさして、美しいかみ。②美しい女性。

【雲母】《ウンボ｜ウンモ｜きらら》 珪酸塩《ケイサンエン》鉱物。六角板状の結晶《ケッショウ》で、うすくはがれる性質がある。熱や電気を通しにくいので、絶縁体《ゼツエンタイ》などに用いる。

【雲霧】《ウンム》 雲ときり。例―がたちこめる。

【雲居】《くもい》 ①雲のあるところ。空。例―を鳴きわたる雁《かり》のむれ。②はるかに高いところ。遠くはなれたところ。例―のかなた。③宮中。皇居。例―の庭。

【雲路】《くもじ》 （鳥や月などが通る）空中のみち。雲居路《くもいじ》。例―はるかに飛び去る。

【▽雲▼雀】《ひばり》 ヒバリ科の小鳥。スズメぐらいの大きさで、畑や河原などにすみ、空高く舞《ま》い上がって、よくさえずる。

下 雨雲《あまぐも》・暗雲《アンウン》・星雲《セイウン》・積乱雲《セキランウン》・白雲《ハクウン》・風雲《フウウン》・浮雲《フウン》・雪雲《ゆきぐも》・雷雲《ライウン》・乱層雲《ランソウウン》

雨 4

【雰】

12画 4223 96F0 常用 音フン漢

筆順 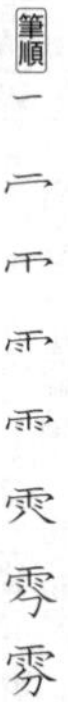

なりたち  [形声]「雨（＝あめ）」と、音「分《フン》」とから成る。もやもやとたちこめる気。

意味 ❶霧《きり》のようにたちこめる香《かお》りや空気。きり。❷「雰雰《フンプン》」は、雪が乱れとぶように降るようす。❸けはい。その場の空気。例雰囲気《フンイキ》。

【雰囲気】《フンイキ》 ①その場やそこにいる人々が、自然に作り出す気分。その場にただよう独特の感じ。ムード。例楽しい―。②地球をとりまく空気。大気。アトモスフィア。

雨 5

【電】

13画 3737 96FB 教育2 音テン漢 デン呉 訓いなずま

筆順 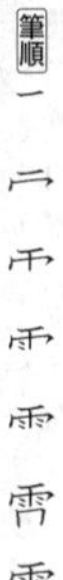

なりたち  [会意]「雨（＝あめ）」と「申《シン→テン》（＝のびる）」とから成る。いなずま。

意味 ❶いなずま。いなびかり。また、いなずまのようにはやい。例電影《デンエイ》。電撃《デンゲキ》。電光石火《デンコウセッカ》。❷明るく照らす意から、その人が見ることを、うやまっていうことば。例電覧《デンラン》（＝高覧《コウラン》。また、天子が見ること）。

日本語での用法《デン》「電気」「電信」「電報」の略。「電力《デンリョク》・祝電《シュクデン》・打電《ダデン》」

人名 あきら・ひかり

【電圧】《デンアツ》 二点間を電気が流れるときの、両方の電気の強さの差。単位はボルト。記号V 例―計。

【電位】《デンイ》 二点間を電気が流れるのに必要なエネルギー。電流は電位の高いほうから低いほうへ流れる。

【電影】《デンエイ》 ①いなずま。電光。②現代中国語で、映画のこと。

【電化】《デンカ》 （名・する）熱や光、動力などに、電力を利用すること。とくに、家庭生活や鉄道についていう。例―製品。

【電荷】《デンカ》 ある物体が帯びている電気（量）。正と負の二種類があり、同種のものは反発し、異種のものは引き合う。

【電解】《デンカイ》 （名・する）「電気分解」の略。

【電気】《デンキ》 ①絹の布でこすったガラス棒が、軽いものをひきつけ

る現象の、もとになっている力。光や熱、動力などのエネルギーとして用いる。例—回路。静—。②電灯。例—をつける。

【電気分解】《デンキブンカイ》（名・する）電流を通すことによって、物質を分解すること。電解。例食塩水を—する。

【電器】《デンキ》 電力を用いて動かす器具。電気器具。例—店。

【電機】《デンキ》 電力を用いて動かす機械。電気機械。例—工業。

【電球】《デンキュウ》 電気によって発光する光源体を、ガラスでおおったもの。電灯のたま。例—が切れる。

【電極】《デンキョク》 電池や発電機などで、電流が出入りするところ。出るほうを陽極《ヨウキョク》（=プラス）、はいるほうを陰極《インキョク》（=マイナス）という。例—をつなぐ。

【電撃】《デンゲキ》 ①いなずまのように、すばやく激しく敵をうつこと。また、急に行動すること。例—作戦。②からだに強い電流が流れたときの衝撃《ショウゲキ》。例—を感じる。

【電源】《デンゲン》 ①発電機など、電気を供給するもと。また、動力源となる電気。例—を入れる。②発電所など、大量の電気を作り出すところ。例—開発。

【電工】《デンコウ》 ①電気工事の仕事をする人。②「電気工業」の略。会社名などにつける。

【電光】《デンコウ》 ①いなびかり。いなずま。例—がきらめく。②電気による光。電灯の光。例—掲示板《ケイジバン》。

【電光石火】《デンコウセッカ》〔いなびかりと、火打ち石を打ち合わせたときの火の意〕ひじょうに短い時間のたとえ。また、たいへんすばやく行動すること。例—の早わざ。

【電光朝露】《デンコウチョウロ》〔いなずまと、朝おりているつゆの意〕すぐ消えてしまうことから、人生のはかないことのたとえ。

【電子】《デンシ》 原子をつくっている素粒子《ソリュウシ》の一つで負の電気を帯びた最も小さいつぶ。電気の本体。エレクトロン。例—工学。

【電子計算機】《デンシケイサンキ》 電子回路を使って、複雑な計算やデータ処理などを、自動的に高速度でおこなう機械。電算機。コンピューター。

【電磁気】《デンジキ》 ①電気と磁気。②電流によって起こる磁気。

【電磁石】《デンジシャク》 鉄のしんにコイルを巻いたもの。コイルに電流を流すと磁石になる。

【電視台】《デンシダイ》 現代中国語で、テレビ局のこと。

【電磁波】《デンジハ》 電場と磁場の周期的な振動《シンドウ》によって起こる波動。電波・光・エックス線・ガンマ線など。

【電車】《デンシャ》 客や貨物を運ぶための、電力でモーターを動かしてレールの上を走る車両。例—賃。路面—。

【電飾】《デンショク》 たくさんの電灯をともして建物や樹木などをかざった照明。イルミネーション。電灯装飾。

【電信】《デンシン》 文字や映像などを電気信号に変え、電線や電波を利用して送る通信。例—機。

【電線】《デンセン》 電流を通すための金属線。例高圧—。

【電送】《デンソウ》（名・する）電流や電波を用いて、文字や写真などを遠くはなれたところに送ること。例—写真。

【電卓】《デンタク》「電子式卓上計算機」の略。電子計算機の技術を応用して作られた、小型の計算機。

【電池】《デンチ》 化学反応などによって、電流を起こさせる装置。乾電池《カンデンチ》・蓄電池《チクデンチ》・太陽電池など。

【電蓄】《デンチク》「電気蓄音機」の略。電気を用いて、レコードの音を再生させる装置。

【電柱】《デンチュウ》 電線を支えるために立てたはしら。電信柱《デンシンばしら》。

【電鉄】《デンテツ》「電気鉄道」の略。電車を走らせる鉄道。会社名などに使われる。

【電灯】《デントウ》 電気を用いてともす明かり。例—をつける。

【電動】《デンドウ》 機械などを電気で動かすこと。例—工具。

【電熱】《デンネツ》 電気抵抗《テイコウ》のあるところを電流が流れるときに生じる熱。例—器。

【電場】《デンば》 電気の力が作用している場所。

【電波】《デンパ》 ①電磁波《デンジハ》のうち、周波数が三〇〇〇ギガヘルツ以下、波長が〇・一ミリメートル以上のもの。例—を発する。②ラジオやテレビの放送のこと。例歌声を—にのせる。

【電文】《デンブン》 電報の文句。例祝電の—を考える。

【電報】《デンポウ》 電信によって送る知らせ。また、その文書。例—を打つ。

【電離層】《デンリソウ》 大気圏《タイキケン》の上層部にある、電波を反射する領域。これによって無線通信が可能となる。電離圏。

【電流】《デンリュウ》 二点間を流れる電気。単位はアンペア。記号A

【電力】《デンリョク》 ①一定の時間に、電流がする仕事の量。電流と電圧の積であらわす。単位はワット。記号W ②電気の力。エネルギーとしての電気。例—の需要《ジュヨウ》。

【電鈴】《デンレイ》 電磁石《デンジシャク》を用いて鳴らすようにしたベル。

【電話】《デンワ》（名・する）音声を電気信号に変えて、はなれたところと話をすること。また、その装置。例公衆—。携帯《ケイタイ》—。

●外電《ガイデン》・感電《カンデン》・終電《シュウデン》・充電《ジュウデン》・節電《セツデン》・送電《ソウデン》・帯電《タイデン》・弔電《チョウデン》・停電《テイデン》・発電《ハツデン》・放電《ホウデン》・無電《ムデン》・漏電《ロウデン》

［雨部］5画 雹 雷

雨 5

【雹】

13画 8027 96F9

音 ハク漢 訓 ひょう

意味 雨のつぶがこおって地上に降るもの。ひょう。例雹霰《ハクセン》（=ひょうと、あられ）。

雨 5

【雷】

13画 4575 96F7 常用

音 ライ漢呉 訓 かみなり・いかずち

筆順 一 冖 帀 帀 雨 雫 雷

なりたち 靁 〔会意〕本字は「靁」で、「雨（=あめ）」と「畾（=回転する）」とから成る。かみなり。

意味 ❶空中の電気の放電によって生じる音。かみなり。いかずち。例雷雨《ライウ》。雷鳴《ライメイ》。❷爆薬《バクヤク》をつめこんだ兵器。例魚雷《ギョライ》。地雷《ジライ》。❸名声などが知れわたることのたとえ。例雷名《ライメイ》。

難読 雷丘《いかずちのおか》（=地名）・雷公《なるかみ》・雷神《なるかみ》・雷鳴《かみなり》の壺《つぼ》

【雷雨】《ライウ》 かみなりや、いなずまをともなって激しく降る雨。

【雷雲】《ライウン|かみなりぐも》 かみなりを起こし、雨を降らす雲。多く、積乱雲《セキランウン》をいう。例—が発生する。

【雷火】《ライカ》 ①いなびかり。②落雷による火災。

【雷管】《ライカン》 金属製の点火薬をつめた、火薬や爆薬《バクヤク》に点火する装置。例導火線の先に—をつけて爆薬にうめこむ。

【雷魚】《ライギョ》 淡水魚《タンスイギョ》のカムルチーやタイワンドジョウのこと。

【雷撃】《ライゲキ》（名・する）①かみなりにうたれること。例—を受ける。②魚雷で敵の艦船《カンセン》を攻撃《コウゲキ》すること。例—されて沈没《チンボツ》する。

【雷公】《ライコウ》 かみなりのこと。かみなりさま。

【雷獣】《ライジュウ》 想像上の怪物《カイブツ》。落雷とともに地上にあらわれ、樹木をさき、人や家畜《カチク》に害をあたえるという。

【雷神】《ライジン》 かみなりを起こすと考えられた神。なるかみ。

【雷鳥】《ライチョウ》 ライチョウ科の鳥。ハトぐらいの大きさで、羽毛《ウモウ》が夏は茶、冬は白になる。国の特別天然記念物。

【雷▼霆】《ライテイ》〔「霆」も、かみなりの意〕激しいかみなり。例たちまちに—を聞く。

【雷電】《ライデン》 かみなりと、いなずま。雷鳴と電光。

【雷同《ライドウ》】（名・する）自分の考えをはっきりともたないで、すぐ他人の意見に同調すること。〔かみなりが鳴ると万物《バンブツ》が応じてひびくことから〕例付和—（＝考えもなく他人の言動にしたがう）。なんの見識もなく—するだけの人。

【雷名《ライメイ》】①世間に広く知れわたっている名声や評判。例—をとどろかす。②相手の名前を、うやまっていうことば。例ご—はうけたまわっております。

【雷鳴《ライメイ》】かみなりの鳴りひびく音。また、それに似た大きな音の形容。例—がとどろく。

【雷文《ライモン》】いなずまのような折れ曲がった線でえがいた模様。表記「雷紋」とも書く。

●遠雷《エンライ》・春雷《シュンライ》・迅雷《ジンライ》・万雷《バンライ》・落雷《ラクライ》

雨 5

【零】

13画 4677 96F6 常用

音 レイ漢 リョウ呉

訓 ゼロ・お-ちる・こぼ-れる・こぼ-す

筆順 零

なりたち ［形声］「雨（＝あめ）」と、音「令《レイ》」とから成る。静かに降る雨。

意味 ❶雨が静かに降る。例零雨《レイウ》（＝小雨《こさめ》。こぬか雨）。❷おちぶれる。おちる。例零落《レイラク》。❸規模《キボ》の小さい。わずか。はんぱ。例零細《レイサイ》。零本《レイホン》。

日本語での用法 一《レイ》ゼロ。何もないこと。「零時《レイジ》・零点《レイテン》」二《こぼす・こぼれる》外に出す。すてる。また、あふれ出る。「水《みず》を零《こぼ》す・涙《なみだ》が零《こぼ》れる・零《こぼ》れ幸《ざいわい》（＝思いがけない幸運）」

【零下《レイカ》】温度や気温がセ氏〇度以下のこと。氷点下。

【零細《レイサイ》】（名・形動《ダナ》）規模《キボ》がひじょうに小さいこと。ごくわずかなこと。例—企業《キギョウ》の保護。—な土地。

【零歳《レイサイ》】年齢《ネンレイ》の数え方で、生まれて一年未満をさす。ゼロ歳。例—児保育。

【零時《レイジ》】午前十二時、または午後十二時。

【零点《レイテン》】①点数がないこと。②セ氏温度計の、氷点。

【零度《レイド》】度数をはかるときに、もとになる点。例経度—。

【零敗《レイハイ》】（名・する）俗《ゾク》にスポーツで、得点がなくて、勝負に負けること。ゼロ敗。例—を喫《キッ》する。

【零墨《レイボク》】書の切れはし。筆跡《ヒッセキ》の断片《ダンペン》。例断簡—（＝切れはしだけの文書）。

【零本《レイホン》】全巻そろっていない、書物のひと組み。端本《はホン》。例一冊欠けた—。

【零余《レイヨ》】わずかばかりの残り。はした。例—の残金。

【零落《レイラク》】（名・する）〔草木がかれて葉が落ちる意〕おちぶれること。例商売にしくじり—する。

雨 6

【需】

14画 2891 9700 常用

音 ジュ慣 シュ漢

訓 もと-める

筆順 需

なりたち ［会意］「雨（＝あめ）」と「而（＝待つ）」とから成る。雨やどり。派生して「もとめる」の意。

意味 必要とする。欠くことのできないものとして、もとめる。また、もとめ。例需給《ジュキュウ》。需要《ジュヨウ》。必需《ヒツジュ》。

人名 まち・みつ・もと・もとむ・もとめ

【需給《ジュキュウ》】需要と供給。例—のバランスがくずれる。

【需用《ジュヨウ》】電気やガスなどを消費すること。例電力—。

【需要《ジュヨウ》】①物を必要とすること。②〔経〕商品を買いたいという要求。対供給。例—を満たす。

●軍需《グンジュ》・特需《トクジュ》・内需《ナイジュ》・必需《ヒツジュ》・民需《ミンジュ》

雨 7

【霄】

15画 8028 9704

音 ショウ漢

訓 そら

意味 ❶雨まじりの雪。みぞれ。❷高く遠いそら。例霄壌《ショウジョウ》。❸夜。同宵《ショウ》。例霄明《ショウメイ》（＝よあけ）。

難読 凌霄花《のうぜんかずら》

【霄壌《ショウジョウ》】天と地。雲泥《ウンデイ》。例—の差。

雨 7

【震】

15画 3144 9707 常用

音 シン漢呉

訓 ふる-う・ふる-える

筆順 震

なりたち ［形声］「雨（＝あめ）」と、音「辰《シン》」とから成る。とどろくかみなり。

意味 ❶激しくゆれる。ふるう。ふるえる。例震天動地《シンテンドウチ》。震動《シンドウ》（＝ふるえ動く）。激震《ゲキシン》。❷身ぶるいさせる。ふるえおののく。ふるえる。例震駭《シンガイ》。震怖《シンプ》（＝ふるえおののく）。❸易《エキ》の卦《カ》。八卦《ハッカ》の一つ。自然では雷《ライ》《かみなり》、方位では東をあらわす。

使い分け ふるう【振・震・奮】⇩1179ページ

人名 おと・なり・なる・のぶ

【震域《シンイキ》】地震のとき、ゆれを感じる区域。例—が広い。

【震央《シンオウ》】地震で、震源の真上の地点。

【震▼駭《シンガイ》】（名・する）おそれおどろいて、ふるえること。類震撼《シンカン》。例全世界を—させた事件。

【震▼撼《シンカン》】（名・する）①ふるえ動くこと。ふるわして動かすこと。例大地を—させる。②おどろかせて、ふるえあがらせること。類震駭《シンガイ》。例世間を—させた事件。世を—する。

【震恐《シンキョウ》】（名・する）ふるえ、おそれること。

【震驚《シンキョウ》】（名・する）ふるえおどろくこと。また、ふるえあがらせること。

【震▼懼《シンク》】（名・する）ふるえおそれること。

【震源《シンゲン》】地下の、地震が発生した場所。例—地。

【震災《シンサイ》】地震による災害。例—復興。

【震旦《シンタン》】〔古くは「シンダン」とも〕中国のこと。

【震天動地《シンテンドウチ》】（天地をゆり動かすほど）世間がおどろきさわぐこと。驚天《キョウテン》動地。例—の大事件。

【震度《シンド》】地震のときに感じられる、ゆれの程度。

【震幅《シンプク》】地震計にあらわれた、震動のはば。ゆれはば。例—の変化。

●地震《ジシン》・耐震《タイシン》・余震《ヨシン》

雨 7

【霆】

15画 8029 9706

音 テイ漢

訓 いかずち

意味 激しいかみなり。いかずち。例震霆《シンテイ》（＝激しく鳴るかみなり）。

難読 霆《はため》く

雨 7

【霈】

15画 8030 9708

音 ハイ漢

訓 おおあめ

意味 ❶雨や雪がはげしく降るようす。同沛《ハイ》。例霈然《ハイゼン》。❷ふりそそぐ雨。また、恩沢《オンタク》（＝天子のめぐみ）のたとえ。例霈沢《ハイタク》（＝恩沢）。

【霈然《ハイゼン》】（形動《タル》）雨や雪がさかんに降るようす。

雨 7

【霊】

15画 4678 970A 常用

音 レイ漢 リョウ呉

訓 たま

筆順 霊

雨16 【靈】 24画 8045 9748

なりたち [形声]「巫(=みこ)」と、音「霝《レイ》」とから成る。(雨ごいする)みこ。

意味 ❶神。精気。例 神霊《シンレイ》。精霊《セイレイ》。❷死者のたましい。たま。例 霊界《レイカイ》。幽霊《ユウレイ》。怨霊《オンリョウ》。❸神秘。不思議なはたらき。例 霊異《レイイ》。霊感《レイカン》。霊妙《レイミョウ》。

人名 よし

【霊安室】《レイアンシツ》 (病院などの)遺体を一時置いておく部屋。

【霊威】《レイイ》 (神仏の)不思議な力。例 神の―。

【霊異】《レイイ》 人間にははかれない、不思議なこと。例 神の―にふれる。

【霊域】《レイイキ》 (社寺の敷地《しきチ》など)神聖なところ。類 霊場・霊地。例 ―をけがす。

【霊園】《レイエン》 墓地。とくに、計画的に設計した共同墓地の名につける。霊苑《レイエン》。例 染井《そめい》―。

【霊界】《レイカイ》 ①現世とは別にあるという、霊魂《レイコン》の世界。死者の魂《たましい》の住む世界。あの世。②精神の世界。

【霊感】《レイカン》 ①神仏が、人間のいのりに応じて示す、不思議なはたらき。神仏のお告げ。例 ―を受ける。②急にものをさとったり、気づいたりする、頭のはたらき。ひらめき。例 ―を得る。

【霊気】《レイキ》 神秘的なものにつつまれたような気分。

【霊亀】《レイキ》 不思議な霊力をもったカメ。長寿《チョウジュ》の縁起《エンギ》をもつカメ。

【霊▼柩】《レイキュウ》 死者のからだを納めた棺《カン》。ひつぎ。例 ―車。

【霊剣】《レイケン》 不思議な力をもっている剣。

【霊験】《レイゲン》 〔「レイケン」とも〕神仏が、人間の祈願《キガン》に対して示す、不思議なはたらき。例 ―あらたかな観音様《カンノンさま》。
表記「霊現・霊顕」とも書く。

【霊魂】《レイコン》 人間のからだに宿り、精神の活動をつかさどると考えられているもの。肉体がほろんでも存在しつづけるとされる。たましい。例 ―の不滅《フメツ》。

【霊▼犀】《レイサイ》 人の心が通じ合うことのたとえ。例 心に―の一点通ずる有り(=私の心は、霊が宿ったサイの角《つの》に根もとから先まで走っている筋があるように、あなたに通じている)。〈李商隠《リショウイン》・無題《ムダイ》〉

【霊山】《レイザン》 神や仏をまつった神聖な山。

【霊▽芝】《レイシ》 担子菌《タンシキン》類タマチョレイタケ目のキノコの一種。かさはかたくて、つやがある。マンネンタケ。

[雨部] 8画 ● 霙 霍 霓 霎 霑 霏

【霊室】《レイシツ》 神仏などをまつってある部屋。

【霊獣】《レイジュウ》 神聖で、めでたいけもの。麒麟《キリン》や竜《リュウ》など。

【霊場】《レイジョウ》 神仏の霊験《レイゲン》あらたかなところ。社寺のある神聖なところ。類 霊地・霊域。例 ―めぐり。

【霊神】《レイジン》 不思議な力をもつ神。

【霊水】《レイスイ》 病気やけがが治るなど、不思議なききめのある水。

【霊性】《レイセイ》 ひじょうにすぐれた性質。

【霊泉】《レイセン》 病気やけがなどに不思議なききめのある泉。

【霊前】《レイゼン》 死者のみたまをまつってあるところの前。例 御《ゴ》―(=霊前に供える供物《クモツ》や香典《コウデン》などに書くことば)。

【霊台】《レイダイ》 ①たましいのあるところ。②天体や気象を観測して、うらなう物見台。

【霊地】《レイチ》 神仏がまつってある神聖な土地。類 霊場・霊域。

【霊知】《レイチ》 はかりしれないほど不思議で、すばらしい知恵《チエ》。
表記 旧霊▼智

【霊長】《レイチョウ》 はかりしれないほどのすばらしい能力をもった、最もすぐれたもの。例 人間は万物《バンブツ》の―である。

【霊長類】《レイチョウルイ》 大脳が最も発達した哺乳《ホニュウ》動物をまとめていうことば。人間や類人猿《ルイジンエン》など。

【霊鳥】《レイチョウ》 神聖でめでたい鳥。鳳凰《ホウオウ》など。例 ―があらわれたので改元《カイゲン》した。

【霊的】《レイテキ》 (形動《ダ》) たましいや精神に関するようす。例 ―世界。―な体験。

【霊殿】《レイデン》 先祖などの霊をまつった建物。霊廟《レイビョウ》。

【霊徳】《レイトク》 すぐれてたっとい徳。

【霊肉】《レイニク》 たましいと肉体。例 ―一致《イッチ》。

【霊能】《レイノウ》 不思議で、すぐれた能力。例 ―者。―をもつ人。

【霊▼牌】《レイハイ》 先祖の位牌《イハイ》。

【霊媒】《レイバイ》 死者のたましいや神仏と人間との意思の仲立ちができるといわれている人。口寄せ。巫女《みこ》。

【霊▼廟】《レイビョウ》 祖先の霊をまつった建物。みたまや。霊殿《レイデン》。

【霊宝】《レイホウ》 たっとい宝物《ホウモツ》。神社や寺の宝物。例 ―館。

【霊峰】《レイホウ》 神聖でおごそかな山。神仏のまつってある山。例 ―富士の山。

【霊木】《レイボク》 神の霊が宿っている、神聖な木。神木。

【霊妙】《レイミョウ》 (名・形動《ダ》) 人間の知恵《チエ》でははかれないほど、すぐれていること。たっとく神秘的なこと。例 ―な仏像。

【霊夢】《レイム》 神仏がお告げをする、不思議なゆめ。

【霊薬】《レイヤク》 治りにくい病気やけがを治す、不思議なききめのある薬。妙薬《ミョウヤク》。例 ―と称《ショウ》する水。

【霊力】《レイリョク》 人間の知恵《チエ》でははかれない、不思議な力。神秘的な力。例 ―を得た不思議な体験。

●慰霊《イレイ》・言霊《ことだま》・心霊《シンレイ》・亡霊《ボウレイ》

雨8 【霙】 16画 8036 9719 音 エイ漢 ヨウ呉 訓 みぞれ

意味 ❶雨まじりの雪。みぞれ。❷花の散るように降る雪。

雨8 【霍】 16画 8025 970D 音 カク漢 訓 にわ-か

意味 ❶はやい。すみやか。にわか。例 霍然《カクゼン》(=たちまち)。霍乱《カクラン》。❷姓《セイ》の一つ。例 霍去病《カクキョヘイ》(=前漢の将軍)。霍光《カクコウ》(=前漢の政治家)。

【霍乱】《カクラン》 長時間炎天《エンテン》にいたため、頭痛や下痢《ゲリ》、はきけなどを起こす病気。日射病。暑気あたり。例 鬼《おに》の―。

雨8 【霓】 16画 8031 9713 音 ゲイ漢呉 訓 にじ

意味 にじ。めすのにじ。虹《コウ》(=おすのにじ)に対して用いられるときは、主虹《シュコウ》の外側の色のうすいにじをいう。同 蜺《ゲイ》。例 霓裳羽衣《ゲイショウウイ》(=天女などのまとう、美しい衣《ころも》。また、舞曲《ブキョク》の名)。虹霓《コウゲイ》(=にじ)。

雨8 【霎】 16画 8032 970E 音 ソウ漢 ショウ漢 訓 こさめ

意味 ❶さっとふるわずかな雨。こさめ。❷一瞬《イッシュン》の。例 霎時《ショウジ》(=しばし。少時)。

雨8 【霑】 16画 8033 9711 音 テン漢呉 訓 うるお-う・うるお-い

意味 ❶水分をふくんで、しめる。うるおす。うるおう。❷恩恵《オンケイ》を受ける。また、ほどこす。例 均霑《キンテン》(=平均にほどこす)。

雨8 【霏】 16画 8034 970F 音 ヒ漢 訓 もや

意味 雨や雪の降るようす。例 霏霏《ヒヒ》。

【霏霏】《ヒヒ》 (形動《タルト》) 雪や雨などがさかんに降るようす。例 ―として降りしきる細雨《サイウ》。白雪《ハクセツ》―として降《くだ》る。

雨 8

【霖】

16画 8035 9716 音 リン 漢 訓 ながあめ

意味 降り続く雨。ながあめ。例 秋霖《シュウリン》(=秋の長雨)。

【霖雨】《リンウ》 なん日も降り続く雨。長雨。例 ―川をなす。

【霖▼瀝】《リンレキ》 長雨が降ること。例 いつやむともなき―。

雨 9

【霞】

17画 1866 971E 人名 音 カ 漢 呉 訓 かすみ・かす-む

なりたち [形声]「雨(=あめ)」と、音「叚《カ》」とから成る。赤い雲気。

意味 ❶日の出や日暮れどきに、東や西の空が赤く染まって見える現象。あさやけ。ゆうやけ。例 霞光《カコウ》。夕霞《セッカ》(=ゆうやけ)。朝霞《チョウカ》(=あさやけ)。❷はるか。とおく。おくふかいところ。例 霞洞《カドウ》(=仙人《センニン》のすみか。また、上皇の御所《ゴショ》)。

日本語での用法《かすみ・かすむ》春、野や、山のすそに、うす雲がかかったように帯状にたなびいて見えるもの。また、そのように、ぼんやりして見えること。「霞《かすみ》が深《ふか》い・月《つき》が霞《かす》んだ夜景《ヤケイ》・目《め》が霞《かす》む」

【霞光】《カコウ》 朝焼けや夕焼けの、美しいかがやき。

【霞網】《かすみあみ》 小鳥をとらえるために林や山の中に張る、ひじょうに細い糸で作ったあみ。

雨 9

【霜】

17画 3390 971C 常用 音 ソウ 漢 呉 訓 しも

筆順 霜

なりたち [形声]「雨(=あめ)」と、音「相《ソウ》」とから成る。露《つゆ》がこおって固まったもの。

意味 ❶空気中の水蒸気が冷やされて、こまかい氷となったもの。しも。例 霜露《ソウロ》。❷しものように、白い。また、冷たく、厳しいもののたとえ。例 霜鬢《ソウビン》。秋霜烈日《シュウソウレツジツ》。❸冬の季節のたとえ。また、としつき。とし。例 星霜《セイソウ》(=としつき)。

【霜柱】《しもばしら》 地中の水分がこおって、細い氷の柱が集まったようになり、表面の土を持ち上げるもの。例 ―が立つ。

【霜降り】《しもふり》 ①霜がおりること。②白い点を織りこんだ布地。③脂肪《シボウ》が白い点のようにまじっている牛肉。

【霜《しも》を▽履《ふ》みて堅氷《ケンピョウ》至《いた》る】 霜をふんで歩く季節になると、やがて堅《かた》い氷《こおり》の張る真冬がやってくる。ものごとは、まず小さなきざしから始まってだんだんと大きくなるので、用心せよ、ということのたとえ。〈易経《エキキョウ》〉

【霜害】《ソウガイ》 しもによって農作物が受ける害。例 ―の注意報。

【霜月】《ソウゲツ》 一 ①しものおりる寒い冬の夜の月。②中国で、陰暦《インレキ》七月の別の呼び名。二《しもつき》 日本で、陰暦十一月のこと。太陽暦でもいう。

【霜降】《ソウコウ》 二十四節気の一つ。太陽暦《タイヨウレキ》で十月二十三、四日ごろ。

【霜雪】《ソウセツ》 ①しもと雪《ゆき》。例 ―にたえて花をさかせる(=苦労が実を結ぶ)。②心が清く正しいことのたとえ。例 ―の志。

【霜天】《ソウテン》 しものおりた寒い冬の日の空。

【霜▼鬢】《ソウビン》 ①しものように白い鬢の毛。②白髪《ハクハツ》。霜髪。

【霜烈】《ソウレツ》 (名・形動ダ) しもがおりるころのような、厳しい寒さ。例 ―のようなきびしい修練。

○●秋霜《シュウソウ》・星霜《セイソウ》・晩霜《バンソウ》

雨 10

【霤】

18画 8037 9724 音 リュウ 漢 訓 あまだれ

意味 ❶軒《のき》から流れ落ちる雨水《あまみず》。あまだれ。例 霤《あまだれ》、石《いし》を穿《うが》つ。❷あまだれを受ける、うつわ。

雨 11

【霪】

19画 8038 972A 音 イン 漢 訓 ながあめ

意味 ながく降りつづく雨。ながあめ。例 霪雨《インウ》。

【霪雨】《インウ》 ながあめ。例 禹《ウ》―に沐浴《モクヨク》す(=禹は長雨で髪《かみ》とからだを洗った)。〈淮南子《エナンジ》〉

雨 11

【霧】

19画 4424 9727 常用 音 ブ 漢 ム 呉 訓 きり

筆順 霧

なりたち [形声]「雨(=あめ)」と、音「敄《ブ》」とから成る。地から発生した気で、天が応じないために雨とならないもの。

意味 ❶大気中の水蒸気が、地表近くで細かい水滴《スイテキ》となって、ただよっているもの。きり。例 五里霧中《ゴリムチュウ》。濃霧《ノウム》。❷きりのように細かい。また、きりのように集まり、消える。例 霧雨《きりさめ》(=細かい雨)。霧散《ムサン》。霧集《ムシュウ》。

【霧海】《ムカイ》 一面にきりのかかった海。

【霧散】《ムサン》 (名・する) ①きりがはれること。②きりがはれるように、あとかたもなく消えさること。霧消。例 嫌疑《ケンギ》が―する。

【霧集】《ムシュウ》 (名・する) きりのように多く集まること。

【霧消】《ムショウ》 (名・する) きりがはれるように、あとかたもなく消えてしまうこと。霧散。例 雲散―(=あとかたもなく消える)。

【霧鐘】《ムショウ》 きりが深くて見通しの悪いとき、船舶《センパク》の事故を防ぐために灯台や船などで鳴らす鐘《かね》。例 ―を鳴らす。

【霧中】《ムチュウ》 ①きりのなか。例 ―の音響《オンキョウ》信号。②きりのなかにいるように、前後の事情がまったくつかめず、見通しが立たないで、どうしようか迷うこと。→【五里霧中】《ゴリムチュウ》(42ページ)

【霧笛】《ムテキ》 きりが深くて見通しの悪いとき、船舶《センパク》の事故を防ぐために灯台や船などで鳴らす汽笛。例 ―信号。

【霧氷】《ムヒョウ》 氷点下のきりが、木の枝などにこおりついたもの。

○●煙霧《エンム》・狭霧《さぎり》・濃霧《ノウム》

雨 11

【霻】

19画 ⇩【雪】《セツ》(1048ページ)

雨 12

【霰】

20画 8039 9730 音 サン 慣 セン 漢 呉 訓 あられ

意味 秋や冬に、大気中の水分が氷結して降ってくるもの。あられ。例 霰雪《サンセツ》(=あられ交じりの雪)。

日本語での用法《あられ》あられのような、小さな角《かど》だった球形。「霰小紋《あられこもん》・霰《あられ》に刻《きざ》む・雛霰《ひなあられ》」

雨 13

【霹】

21画 8040 9739 音 ヘキ 漢 ヒャク 呉 訓 いかずち

意味 急に激しく鳴りわたるかみなり。いかずち。例 霹靂《ヘキレキ》。

【霹▼靂】《ヘキレキ》 激しく鳴り出すかみなり。雷鳴《ライメイ》。また、大きな音。例 青天の―(=とつぜん起こった思いがけないできごと)。

雨 13

【露】

21画 4710 9732 常用 音 ロウ 慣 ロ 漢 呉 訓 つゆ・あらわ-れる・あら-わ

筆順 露

なりたち [形声]「雨(=あめ)」と、音「路《ロ》」とから成る。万物《バンブツ》をうるおすもの。

意味 ❶空気が冷えて、草の上などにできる、しずく。つゆ。例 雨露《ウロ》。甘露《カンロ》。❷(朝には消えるつゆのように)はかないもののたとえ。例 露命《ロメイ》。朝露《チョウロ》。❸むきだし。屋根などの

おおいがない。さらす。例露座《ロザ》。露台《ロダイ》。露店《ロテン》。❹あらわになる。むきだしにする。あらわ。例露見《ロケン》。露骨《ロコツ》。暴露《バクロ》。

日本語での用法 ㊀《ロ》「露西亜《ロシア》」の略。「日露《ニチロ》・米露《ベイロ》」 ㊁《つゆ》少しも。まったく。「そうとは露《つゆ》知《し》らず…」

人名 あきら

【露草《つゆくさ》】ツユクサ科の一年草。夏、あい色の小さな花がさく。ホタルグサ。

【露霜《つゆじも》】①つゆと、しも。②晩秋につゆがこおって、しものようになったもの。水霜《みずしも》。例―にすがれゆく残菊《ザンギク》。

【露悪《ロアク》】自分の欠点などを、わざとさらけ出すこと。例―趣味《シュミ》。―で自分の存在を示す。

【露営《ロエイ》】(名・する)軍隊などが野外に陣《ジン》を張って、休養や宿泊《シュクハク》をすること。野営《ヤエイ》。㊉舎営。例―の夢。

【露見《ロケン》】(名・する)かくしていた秘密や悪事がばれること。例裏工作が―する。表記「露顕」とも書く。

【露語《ロゴ》】「露西亜《ロシア》語」の略。

【露光《ロコウ》】㊀(名)つゆの光。㊁(名・する)「露出③」に同じ。例―が不足する。

【露骨《ロコツ》】(名・形動ダナ)感情やかくすべきものごとなどを、かくそうとしないで、ありのままにあらわすこと。例―な表現。

【露座《ロザ》】(名・する)屋根のないところにすわること。とくに、仏像などが野外に置かれることについていう。例鎌倉《かまくら》の―の大仏。表記(旧)露▼坐

【露地《ロジ》】①屋根におおわれていない土地。例トマトの―栽培《サイバイ》。②茶室に付属した庭。茶庭。表記②は「路地」とも書く。

【露宿《ロシュク》】(名・する)屋根のないところにねて、夜をすごすこと。野宿《のジュク》。例山の中で―する。

【露出《ロシュツ》】(名・する)①内部にあるものが外にあらわれること。②ふつうなら人に見せないでかくしているものを、むき出しにすること。例はだを―する服。③写真をとるとき、カメラのシャッターを開いてフィルムに光をあてること。露光。例―計。―オーバーになる。

【露台《ロダイ》】建物の外側にはり出した、手すりのついた屋根のない台。バルコニー。例月の夜の―に歌う。

【露呈《ロテイ》】(名・する)かくしていたことをさらけ出すこと。また、それがおもてにあらわれ出ること。例未熟さを―する。

【露天《ロテン》】屋根のないところ。野天《のテン》。野外《ヤガイ》。例―ぶろ。

【露店《ロテン》】道ばたで商品を売る、屋台のみせ。例―商。

【露頭《ロトウ》】(名・する)①あたまに何もかぶらず、むき出しにすること。②地表にあらわれている、岩石や鉱脈《コウミャク》の一部。例鉱脈の―。

【露盤《ロバン》】五重の塔《トウ》などの屋根の上にある四角い台。仏塔の最上部にある相輪《ソウリン》の基部を受ける。

【露仏《ロブツ》】野外に置かれ、雨《あま》ざらしになっている仏像。ぬれぼとけ。例野道の―。

【露文《ロブン》】〔「露」は「露西亜《ロシア》」の略〕①ロシア語の文章。②「露西亜文学(科)」の略。

【露命《ロメイ》】つゆのようにはかないいのち。例―をつなぐ(=なんとか生活している)。

◯●玉露《ギョクロ》・結露《ケツロ》・松露《ショウロ》・吐露《トロ》・発露《ハツロ》・披露《ヒロウ》

[雨部] 13—17画 霸 霽 霾 靄 靆 靂 靈 靉

雨13 【霸】21画 ⇩【覇】ハ(897ページ)

雨14 【霽】 22画 8041 973D 音セイ漢 サイ呉 訓は-れる

意味 ❶雨や雪がやむ。きりなどが消え去る。はれる。例霽日《セイジツ》(=晴天)。❷いかりがおさまり、気がはれる。きげんを直す。例霽威《セイイ》(=いかりがとけ、きげんが直る)。

【霽月《セイゲツ》】①雨があがったあとに出る、すみきった月。②はればれとした、さわやかな心境のたとえ。例光風―のような心境。

雨14 【霾】 22画 8042 973E 音バイ漢 マイ呉 訓うず-む・かく-す・つちふ-る

意味 風で土ぼこりがおこり、雨のようにふる。また、空が土ぼこりにおおわれて暗くなる。つちふる。

雨16 【靄】 24画 8043 9744 音アイ漢 訓もや

意味 ❶低く立ちこめた気。深いきり。もや。例山靄《サンアイ》(=山のもや)。暮靄《ボアイ》(=夕暮れのもや)。❷雲やかすみがたなびくようす。例靄靄《アイアイ》。

【靄靄《アイアイ》】(形動タルト)①雲がさかんに集まるようす。②もややかすみがかかっているようす。③なごやかなようす。藹藹《アイアイ》。例和気―として歓談《カンダン》する。

[靑(青)部] 0画 青

雨16 【靆】 24画 8044 9746 音タイ漢呉

意味「靉靆《アイタイ》」は、雲のたなびくようす。

雨16 【靂】 24画 8046 9742 音レキ漢

意味「霹靂《ヘキレキ》」は、急に激しく鳴りわたるかみなり。

雨16 【靈】24画 ⇩【霊】レイ(1051ページ)

雨17 【靉】 25画 8047 9749 音アイ漢呉

意味「靉靆《アイタイ》」は、雲のたなびくようす。

【靉靉《アイアイ》】(形動タルト)①雲がさかんにわき起こるようす。②樹木がしげっているようす。

【靉▼靆《アイタイ》】(名・形動タルト)①雲がさかんにたなびくようす。例青雲―としてたなびく。②暗いようす。例なんとなく―とした妖気《ヨウキ》がただよう。③眼鏡《めがね》の古い言い方。

174 8画
靑(青) あお部

あおい色の意をあらわす。新字体では「青」となる。「靑」をもとにしてできている漢字を集めた。

0 青 靑 5 靖 靖 6 静 8 靜

青0 【青】 8画 3236 9752 教育1 音セイ漢 ショウ呉 チン唐 訓あお・あお-い 付表 真《ま》っ青《さお》

筆順 一 十 キ 龶 龶 青 青 青

青0 【靑】 8画 ― 9751

なりたち  [会意]「生(=うむ)」と「丹(=赤い石)」とから成る。あお。参考 五行《ゴギョウ》思想で「木(=青)」は「火(=赤)」を生むことによる。

意味 ❶あお。あおい。また、藍《あい》・緑・水色などの系統の色。例青磁《セイジ》。群青《グンジョウ》。緑青《ロクショウ》。❷草木がしげる。草木の

色。例青山《セイザン》。青松《セイショウ》。青嵐《セイラン》。❸五行説《ゴギョウセツ》で、東方・春・年少などをあらわす。例青春《セイシュン》。青年《セイネン》。青竜《セイリュウ》。

日本語での用法《あお》①青みがかった黒毛のウマ。また、いっぱんにウマのことをいう。「青毛《あおげ》の馬《うま》」②未熟の意。「青侍《あおざむらい》・青二才《あおニサイ》・青臭《あおくさ》い議論《ギロン》」

難読 万年青《おもと》・青魚《さば》・青面金剛《ショウメンコンゴウ》・冬青樹《もちのき》

人名 きよ・しげ・しげる・はる

【青息吐息《あおいきトいき》】苦しいときや困りはてたときにつく、ため息。また、困りはてて、苦しんでいる状態。

【青▼黴《あおかび》】青緑色をしたかび。もちやパンなどに多く生える。抗生物質《コウセイブッシツ》のペニシリンは、このかびの一種から作られる。

【青▼桐《あおぎり》】アオイ科(旧アオギリ科)の落葉高木。幹は緑色で葉は大きく、初夏にうす黄色の小さい花をつける。梧桐《ゴトウ》。

【青侍《あおざむらい》】①まだ若くて身分の低いさむらい。②公卿《クギョウ》に仕えた六位のさむらい。〔青い衣《ころも》を着たことから〕

【青写真《あおジャシン》】①複写に用いる写真の一種。青地に白で図面や文字が写し出され、おもに設計図などに用いられる。②将来の計画や予定のたとえ。例人生の―をえがく。

【青筋《あおすじ》】①青色のすじ。②皮膚《ヒフ》をとおして、すけて見える静脈《ジョウミャク》。例―を立てる(=はげしくおこる)。

【青空《あおぞら》】①よく晴れた青い空。碧空《ヘキクウ》。蒼空《ソウクウ》。②屋外。野外。例―駐車《チュウシャ》。―市場。

【青田《あおた》】イネが実る前の、まだ青々としている田。例―買い(=青田のうちに、米を買う約束をすること)。

【青大将《あおダイショウ》】ヘビの一種。体長は二メートル近くになり、くすんだ緑色をしている。毒はない。

【青畳《あおだたみ》】新しくて、青々とした畳。

【青天井《あおテンジョウ》】①青空。例―のように晴れた空。②株価などが、どこまでも高く上がること。

【青道心《あおドウシン》】修行《シュギョウ》が、まだじゅうぶんでない、若い僧《ソウ》。

【青菜《あおな》】緑色の葉の野菜。例―に塩(=青菜に塩をかけるとしおれるように、元気がなくなるたとえ)。

【青二才《あおニサイ》】若くて経験などが未熟な男。例私がまだ―のころ。

【青葉《あおば》】(初夏のころの)若々しい緑色の木の葉。若葉。例目には―山ほととぎす初鰹《はつがつお》。

【青《あお》は藍《あい》より▽出《い》でて藍《あい》より青《あお》し】青色の染料《センリョウ》は、アイという草からとるが、それで染めた色はアイよりも青い。

故事のはなし

古代中国に、人間の生まれながらの性質はいったい善なのか悪なのか、という議論があった。その中で「人間の本性は悪だ」ということを主張したのが荀子《ジュンシ》という人で、その人の書いた本の冒頭《ボウトウ》が、この「青は藍より出でて……」である。人間は努力すればするほど向上するものだ。人間は、ほうっておくとだめになってしまうもので、学問は中断してはいけない、というのが荀子の性悪説《セイアクセツ》の趣旨《シュシ》である。現在、いっぱんには「出藍《シュツラン》の誉《ほま》れ」という形で、弟子《デシ》(=青)が先生(=藍)をこえること(=誉れ)の意味に用いられる。〈荀子《ジュンシ》〉

【青▼瓢▼箪《あおビョウタン》】①まだ青くて、じゅうぶんに熟していないヒョウタン。②やせて顔色の青白い人に対する悪口。例うらなりの―。

【青虫《あおむし》】チョウやガなどの幼虫で、緑色をしているもの。とくに、モンシロチョウの幼虫を指すことが多い。

【青物《あおもの》】①緑色をしている野菜。②野菜類のこと。例―市場。③皮の青い魚。イワシやサバなど。

【青▽柳《あおやぎ》】①青々としたヤナギ。例―の糸(=アオヤギの枝)。②バカガイのむき身。

【青▼蛙《セイア》】背が緑色で、腹が白いカエル。あおがえる。

【青雲《セイウン》】①よく晴れた、高く青い空。②高い地位。すぐれた人格。

【青雲の志《セイウンのこころざし》】立身出世を願う気持ち。例―をいだいて国を出る。

【青雲の士《セイウンのシ》】①人格や学問のすぐれている人。②立身出世した人。③俗世間《ゾクセケン》からぬけだしている人。

【青果《セイカ》】野菜とくだもの。例―市場。

【青▼娥《セイガ》】〔「娥」は、美人の意〕若く美しい女性。

【青▼蛾《セイガ》】①まゆずみでかいた、青くて美しいまゆ。②若くて美しい女性。美人。

【青海《セイカイ》】①青々とした海。②中国西部にある省の名。

【青海波《セイガイハ》】①舞楽《ブガク》の曲名。また、その曲に合わせて二人でまう舞《まい》の名。②「①」の舞に着る衣装《イショウ》の、波形の模様。

【青眼《セイガン》】①好きな人や親しい人をむかえるときの目つき。〔晋《シン》の阮籍《ゲンセキ》は、気に入らない客は白眼《ハクガン》でむかえ、好きな客は青眼でむかえたという故事から〕〈晋書《シンジョ》〉→【白眼視《ハクガンシ》】(692ページ) ②⇩【正眼《セイガン》】②(557ページ)

【青宮《セイキュウ》】①皇太子の御殿《ゴテン》。②皇太子をうやまっていうことば。東宮《トウグウ》。

【青玉《セイギョク》】鋼玉《コウギョク》の一種。透明《トウメイ》で青いもの。

【青襟《セイキン》】①青いえりの衣服。②学生。〔昔、中国で、学生が青いえりの服を着ていたことから〕表記▽「青▼衿」とも書く。

【青玄《セイゲン》】大空。青空。

【青酸《セイサン》】シアン化水素の水溶液《スイヨウエキ》。無色で酸性の、猛毒《モウドク》の液体。例―カリ。

【青山《セイザン》】①草木が青々としげっている山。②死んで骨をうずめる地。墓地。例人間《ジンカン》到《いた》る処《ところ》―あり(=世間にはどこで死んでも骨をうずめるところはあるのだから、故郷を出て大いに活躍《カツヤク》すべきだ)。

【青山一髪《セイザンイッパツ》】遠くにかすむ青い山が、地平線のかなたに一本のかみの毛のように細く横たわって見える景色のたとえ。

【青山《セイザン》骨《ほね》を▽埋《うず》むべし】男子はどこにでも骨をうずめることができる。必ずしも故郷で死ぬことには、こだわらない。

【青史《セイシ》】記録。また、歴史書。〔昔、紙のない時代に、青竹を火であぶってあぶらけをぬき、その竹簡《チクカン》に記したことから〕例―に名をとどめる。

【青磁《セイジ》】うわぐすりをかけて、青緑色に焼いた磁器。

【青春《セイシュン》】①春。〔四季について、朱夏《シュカ》・白秋《ハクシュウ》・玄冬《ゲントウ》とならべていう〕②若い時代。例―時代。

【青松《セイショウ》】青々としたマツ。例白砂《ハクシャ》―。

【青壮年《セイソウネン》】青年と壮年。十代後半から四十歳《サイ》代くらいまでの年齢《ネンレイ》。また、その年齢の人。

【青▼苔《セイタイ》《あおごけ》】青い色のコケ。

【青《セイ》▼黛《タイ》】①青い色のまゆずみ。また、それでかいた美しいまゆ。②こい青色。

【青《セイ》天《テン》】よく晴れた青空。

【青《セイ》天《テン》の▼霹《ヘキ》▼靂《レキ》】〔青空にとつぜん鳴りひびくかみなりの意〕急に起こる、思いがけない大事件や異変。

【青《セイ》天《テン》白《ハク》日《ジツ》】①よく晴れた青空と、かがやく太陽。②心にやましいところがないこと。例—のごとき心境。③無罪が明らかになること。例—の身となる。

【青《セイ》▼鞜《トウ》】女流文学者のこと。また、婦人解放を主張した女性たち。〔十八世紀、ロンドンのあるサロンの常客に青いくつ下(=ブルーストッキング)をはいて出席する男性がいて、そこに女性の文学者や解放運動家がつどったことから〕→【鞜《トウ》】日本語での用法(1060ページ)

【青《セイ》銅《ドウ》】銅とすずの合金。ブロンズ。例—器。

【青《セイ》年《ネン》】若者。十代後半から二十代の人。対幼年・少年・壮年《ソウネン》・老年。

【青《セイ》▼旆《ハイ》】酒屋《さかや》の目じるしの青い旗。

【青《セイ》白《ハク》眼《ガン》】好きな人をむかえるときの目つき(=青眼)と、気に入らない人をむかえるときの目つき(=白眼)。→【青《セイ》眼《ガン》】(1055ページ)・【白《ハク》眼《ガン》視《シ》】(692ページ)

【青《セイ》票《ヒョウ》】国会などで採決のとき、反対の意思を示すのに用いる青色の票。対白票。

【青《セイ》▼蕪《ブ》】①青くしげった草むら。②草が青々としげった土地。

【青《セイ》▼蠅《ヨウ》】①からだが青みをおびたハエ。あおばえ。②(君子の)悪口を言う、にくむべき小人のたとえ。

【青《セイ》▽嵐《ラン》】㊀青葉をふく風。また、青々とした山の気。㊁《あおあらし》新緑のころ、青葉をわたる風。

【青《セイ》竜《リュウ|リョウ》】①青色の竜《リュウ》。②漢代のころ、東西南北の四方に配した神の一つ。東方を守る。〔白虎《ビャッコ》(=西)・朱雀《スザク》(=南)・玄武《ゲンブ》(=北)とならべていう〕

【青《セイ》竜《リュウ》刀《トウ》】「青竜偃月刀《エンゲツトウ》」の略。刀のはばが広く、なぎなたのようにそっている中国の刀。柄《つか》に青い竜のかざりがある。

【青《セイ》楼《ロウ》】①美人が住む、青くぬった美しい高殿《たかどの》。②花柳界《カリュウカイ》の建物。遊女屋。妓楼《ギロウ》。

◐群青《グンジョウ》・紺青《コンジョウ》・刺青《シセイ》・緑青《ロクショウ》

青 0
【靑】8画 ⇩【青】《セイ》(1054ページ)

[青(青)部] 0—8画 青靖靖静静

青 5
【靖】13画 4487 9756 人名
音 セイ漢 ジョウ呉
訓 やす・やす-い・やす-んじる

青 5
【靖】13画 — FA1C
なりたち
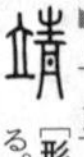
[形声]「立(=たつ)」と、音「青《セイ》」とから成る。立つ姿がやすらか。
意味 やすらかにする。やすらか。やすんじる。例靖国《セイコク》。
人名 おさむ・きよし・しず・しずか・のぶ・はかる・やすし
【靖国《セイコク|やすくに》】国をやすらかに治めること。例—《やすくに》神社(=国難におもむいて死んだ人をまつる社)。

青 5
【靖】13画 ⇩【靖】《セイ》(1056ページ)

青 6
【静】14画 3237 9759 教育4
音 セイ漢 ジョウ呉
訓 しず・しず-か・しず-まる・しず-める
筆順 一 十 青 青 静 静 静 静

青 8
【靜】16画 8048 975C 人名
なりたち
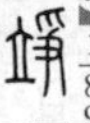
[形声] 本字は「竫」で、「立(=たつ)」と、音「争《ソウ→セイ》」とから成る。安定している。

意味 ❶動かない。じっとしている。しずまる。対動《ドウ》。例静止《セイシ》。静物《セイブツ》。安静《アンセイ》。❷音がしない。ひっそりとしている。例静寂《セイジャク》。静粛《セイシュク》。閑静《カンセイ》。❸心を落ちつける。しずめる。例静座《セイザ》。鎮静《チンセイ》。冷静《レイセイ》。

使い分け しずまる・しずめる【静・鎮・沈】⇩1170ページ
人名 きよ・きよし・ちか・やす・やすし・よし
【静《ジョウ》脈《ミャク》】からだの各部分から、よごれた血を心臓にはこぶ血管。対動脈。例—注射。

【静《セイ》穏《オン》】(名・形動ダ)しずかでおだやかなこと。世の中が平和で落ちついていること。平穏。例—な毎日。—な社会。

【静《セイ》閑《カン》】(名・形動ダ)ものしずかなこと。閑静。例—な田園地帯。

【静《セイ》観《カン》】(名・する)事のなりゆきをしずかに見守ること。例事態を—する。

【静《セイ》座《ザ》】(名・する)心を落ちつけて、しずかにすわること。例—して一日をかえりみる。表記 旧静▼坐
【静《セイ》止《シ》】(名・する)じっとしていて動かないこと。対運動。例—画像。—して目をつぶる。

【静《セイ》思《シ》】(名・する)心を落ちつけて、しずかに考えること。例—黙考《モッコウ》。

【静《セイ》寂《ジャク》】(名・形動ダ)しんとしてしずかなこと。例—を破る物音。—な夜の森。

【静《セイ》粛《シュク》】(名・形動ダ)物音や声を出さず、しずかにしてつつしんでいること。例ご—に願います。—にして待つ。

【静《セイ》態《タイ》】物がしずかに止まっている状態。また、つりあいを保って動かない状態。対動態。

【静《セイ》聴《チョウ》】(名・する)しずかにきくこと。例講演を—する。

【静《セイ》的《テキ》】(形動ダ)しずかで動かないようす。対動的。例—な描写《ビョウシャ》。

【静《セイ》電《デン》気《キ》】化学繊維《センイ》などをこすり合わせたときに発生し、表面または内部にとどまっている電気。例—の放電。

【静《セイ》▼謐《ヒツ》】(名・形動ダ)(世の中などが)しずかで、おだやかなこと。例—を保つ。

【静《セイ》物《ブツ》】静止したまま動かないもの。とくに、絵の題材としての花やくだものなど。例—画。—を写生する。

【静《セイ》養《ヨウ》】(名・する)からだや心をしずかに休めて、病気やつかれをなおすこと。例病後の—。学校を休んで—する。

◐安静《アンセイ》・閑静《カンセイ》・沈静《チンセイ》・鎮静《チンセイ》・動静《ドウセイ》・平静《ヘイセイ》・冷静《レイセイ》

青 8
【靜】16画 ⇩【静】《セイ》(1056ページ)

[非部] 0画 非

175 8画
非 あらず部
鳥のそむきあったつばさの形で、そむく意をあらわす。「非」をもとにしてできている漢字を集めた。

0 非 7 靠 11 靡

この部首に所属しない漢字
韭⇩韭1061 悲⇩心402 斐⇩文470 罪⇩罒797
翡⇩羽805 蜚⇩虫878 裴⇩衣893 輩⇩車956

非 0
【非】8画 4083 975E 教育5
音 ヒ漢呉
訓 あら-ず

筆順 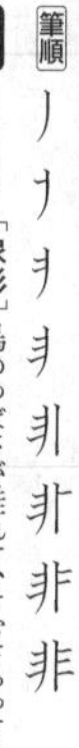

なりたち  〔象形〕鳥のつばさが垂れて、そむきあっている形。そむく。

意味 ❶道理に合わない。道にそむく。あやまち。㊟対 是《ゼ》。例 非行《ヒコウ》。非道《ヒドウ》。❷せめる。そしる。同 誹《ヒ》。例 非議《ヒギ》。非難《ヒナン》。❸〔助字〕「あらず」と読み、「…でない・…とちがう」の意。否定をあらわす。例 非レ人也《ひとにあらざるなり》（＝人間ではない）。非常《ヒジョウ》〔「つねにあらず」と訓読する〕。

難読 似非《せえ》

【非意】《ヒイ》 思いもよらないこと。だしぬけ。不意。

【非違】《ヒイ》 法にそむき道徳にはずれていること。また、その行為《コウイ》。例 ―をとがめる。

【非運】《ヒウン》 運が悪いこと。不運。例 身の―をなげく。

【非核】《ヒカク》 核兵器を持たないこと。例 ―三原則（＝核兵器を作らない、持たない、持ちこませない、という日本の政策）。

【非議】《ヒギ》 （名・する） 議論して非難すること。悪口を言うこと。表記 「▼誹議」とも書く。

【非業】《ヒギョウ》 一 自分がすべきでないこと。しなくてもよいこと。二 《ヒゴウ》 〔仏〕 前世の報《むく》いによるのではなく、現世の思いがけない災難によってそうなること。例 ―の死をとげる。

【非金属】《ヒキンゾク》 金属としての性質をもたない元素。非金属元素。

【非行】《ヒコウ》 青少年の、社会的にみてよくないおこない。例 ―に走る。―少年を補導する。

【非公式】《ヒコウシキ》 （名・形動《ダナ》） 正式でないこと。表向きでないこと。例 ―発表。―に折衝《セッショウ》をくりかえす。

【非公認】《ヒコウニン》 正式にみとめられていないこと。例 ―記録。

【非合法】《ヒゴウホウ》 （名・形動《ダナ》） 法律や規則に合っていないこと。例 ―組織。―な活動。

【非合理】《ヒゴウリ》 （名・形動《ダナ》） 考え方が論理や道理に合っていないこと。論理的でないこと。例 ―主義。―な推論。

【非国民】《ヒコクミン》 国民として果たさねばならないつとめを、果たしていない者。国家を裏切るような行為《コウイ》をする者。

【非才】《ヒサイ》 才能がないこと。〔自分の才能をへりくだっていうことば〕 例 浅学―（＝学問や知識が浅く、才能がない）。表記 「▼菲才」とも書く。

【非次】《ヒジ》 順序どおりでないこと。不次。

【非常】《ヒジョウ》 一 （名） 危険などがさしせまっている状態。例 ―階段。二 （形動《ダナ》） 程度がふつうでないようす。はなはだしいようす。例 ―に大きい。―な熱意。

【非常時】《ヒジョウジ》 戦争や災害などの、危険や困難のともなう状態に直面している時。㊟対 平時《ヘイジ》。

【非常手段】《ヒジョウシュダン》 さしせまった状態に追いつめられて、やむなくとる手段。〔暴力行為《コウイ》など、ふつうはあまり使わない手段を使う場合に用いられる〕 例 ―にうったえる。

【非情】《ヒジョウ》 （名・形動《ダナ》） ①喜び・悲しみ・やさしさなどの、人間らしい感情がなく、心が冷たいこと。例 ―なしうち。②〔仏〕 木や石などのように、心をもたないこと。

【非常勤】《ヒジョウキン》 正式にやとわれたのではなく、限られた日数や時間だけ勤務すること。また、その人。例 ―講師。

【非常識】《ヒジョウシキ》 （名・形動《ダナ》） 世間いっぱんの常識とかけはなれていること。例 ―な人間。

【非条理】《ヒジョウリ》 ものの道理にかなっていないこと。筋道がとおっていないこと。例 ―を許さない。

【非職】《ヒショク》 公務員などが、その地位はありながら、実際に受け持つ任務がないこと。また、その人。

【非戦闘員】《ヒセントウイン》 ①戦争のとき、実際の戦闘に加わらない者。民間人。②戦場で、戦闘以外の任務につく者。軍医・看護人・従軍記者など。

【非戦論】《ヒセンロン》 戦争に反対する主張。例 ―をとなえる。

【非俗】《ヒゾク》 俗人《ゾクジン》でないこと。出家した僧《ソウ》など。

【非道】《ヒドウ》 （名・形動《ダナ》） 人として守るべき道理や人情にはずれていること。例 極悪《ゴクアク》―な犯人。

【非難】《ヒナン》 （名・する） 他の人のおこないのあやまりや欠点などを強く責めて、とがめること。例 ―をあびせる。―の的になる。表記 「批難」とも書く。

【非人】《ヒニン》 〔仏〕 人間でないもの。夜叉《ヤシャ》・竜神《リュウジン》・悪鬼《アッキ》など。

【非人情】《ヒニンジョウ》 （名・形動《ダナ》） ①人に対する思いやりや、やさしさがないこと。不人情。例 ―なしうち。②義理や人情を超越《チョウエツ》して、それらにわずらわされないこと。〔夏目漱石《なつめソウセキ》が『草枕《くさまくら》』の中で説いた〕

【非番】《ヒバン》 交代ですることになっている仕事で、当番にあたっていないこと。また、その人。㊟対 当番。

【非法】《ヒホウ》 法にはずれること。不法。非合法。

【非凡】《ヒボン》 （名・形動《ダナ》） 平凡ではなく、とくにすぐれていること。㊟対 平凡。例 ―な才能。

【非命】《ヒメイ》 天命を全《まっと》うしないこと。思いがけない災難で死ぬこと。㊟対 正命《セイメイ》。

【非役】《ヒヤク》 現職でないこと。名義だけで実務についていないこと。例 ―になって、あとは退職の日が来るだけ。

【非理】《ヒリ》 道理にはずれたこと。非道。

【非力】《ヒリキ》 〔「ヒリョク」とも〕 （名・形動《ダナ》） 力が弱いこと。実力がないこと。例 ―な自分を責める。

【非礼】《ヒレイ》 （名・形動《ダナ》） 礼儀《レイギ》にはずれること。また、そのおこない。無礼《ブレイ》。例 ―をわびる。

◐是非《ゼヒ》・先非《センピ》・前非《ゼンピ》・理非《リヒ》

非 7

【靠】 15画 8049 9760 音 コウ漢 訓 よりか-かる・よ-る

意味 信用して、よりどころとする。たよる。よる。

非 11

【靡】 19画 8351 9761 音 ビ漢 ミ呉 訓 なび-く

意味 ❶したがう。一面に広がる。なびく。例 風靡《フウビ》。❷ぜいたくをする。例 奢靡《シャビ》（＝ぜいたく）。❸ほろびる。くずれる。例 萎靡《イビ》。淫靡《インビ》。❹ただれる。例 靡爛《ビラン》。

【靡然】《ビゼン》 （名・形動《トタル》） （草木が風になびくように）勢いになびき従うこと。例 ―として大勢《タイセイ》のおもむくところに従う。

【靡▼爛】《ビラン》 （名・する） ただれること。例 ―した皮膚《ヒフ》。表記 「▼糜▼爛」とも書く。

176 9画

面 めん おもて 部

人の顔の形をあらわす。「面」をもとにしてできている漢字を集めた。

0 面 5 靤 7 靦 14 靨

面 0

【面】 9画 4444 9762 教育3 音 ベン漢 メン呉 訓 おも・おもて・つら・も 付表 真面目《まじめ》

筆順 

なりたち  〔象形〕「百（＝あたま）」と人の顔の輪郭《リンカク》の形。正面を向いた人の顔。

意味 ❶かお。つら。おもて。例面識《メンシキ》。面相《メンソウ》。顔面《ガンメン》。❷顔につけるかぶりもの。マスク。例仮面《カメン》。能面《ノウメン》。鬼《おに》の面《メン》。❸物のおもてがわ。うわべ。例面積《メンセキ》。断面《ダンメン》。表面《ヒョウメン》。❹ものごとの一方の側。向き。方向。例側面《ソクメン》。方面《ホウメン》。あらゆる面《メン》ですぐれている。❺顔を向ける。向く。例面壁《メンペキ》。直面《チョクメン》。海《うみ》に面《メン》した丘《おか》。❻あう。向かいあう。例面会《メンカイ》。面談《メンダン》。❼平らな広がり。また、平らなものを数えることば。例三面鏡《サンメンキョウ》。図面《ズメン》。帳面《チョウメン》。

使い分け おもて【表・面】⇩1165ページ

難読 面皰《にきび》・難面《つれない》

【面▼繋《おもがい》】 ウマの頭の上から轡《くつわ》にかける、かざりひも。

【面影《おもかげ》】 ①目の前にうかんでくる人の顔かたち。おもざし。例亡《な》き母の—。②昔のことを思い出させるものごとのようす。例昔の—をとどめた街並み。表記▽「▼俤」とも書く。

【面▼舵《おもかじ》】 ①船首を右へ向けるときの、かじのとり方。例—いっぱい。②船の、船首に向かって右側の部分。右舷《ウゲン》。

【面長《おもなが》】 (名・形動ダ)顔が少し長めであること。

【面輪《おもわ》】 顔の輪郭《リンカク》。顔。

【面魂《つらだましい》】 強い心や激しい性質が、顔にあらわれていること。また、その顔つき。例不敵な—。

【面会《メンカイ》】 (名・する)訪ねてきた人と会うこと。また、訪ねていって人と会うこと。例—謝絶。—時間を制限する。

【面詰《メンキツ》】 (名・する)面と向かって、相手の悪いところなどを責めとがめること。面責。例責任者を厳しく—する。

【面▼晤《メンゴ》】 (名・する)〔「晤」も、会う意〕面会すること。

【面語《メンゴ》】 (名・する)会って話すこと。面談。

【面識《メンシキ》】 会ったことがあって、たがいに顔を見知っていること。顔見知り。例一—もない。—がある。

【面従腹背《メンジュウフクハイ》】 (名・する)表面では服従しているように見せかけながら、実は内心では反抗《ハンコウ》していること。例—の奸悪者《カンアクもの》。

【面色《メンショク》】 顔いろ。例—を失う。

【面責《メンセキ》】 (名・する)面と向かってせめること。面詰《メンキツ》。例部下を厳しく—する。

【面積《メンセキ》】 平面や曲面の広さ。例ゆかの—をはかる。

【面接《メンセツ》】 (名・する)(その人の能力や人がらなどを知るために)直接会うこと。例—試験。—を受ける。

【面前《メンゼン》】 人の見ている前。目の前。例公衆の—で大声でさけぶ。

【面相《メンソウ》】 顔のようす。顔つき。〔多く、ふつうでない顔つきの場合にいう〕類面体《メンテイ》。例百—。—が変わる。

【面談《メンダン》】 (名・する)会って話をすること。例委細—。

【面▼疔《メンチョウ》】 顔にできる、急性で悪性のはれもの。

【面▽子《メンツ》】 〔中国語音〕体面。例—がつぶれる。

【面体《メンテイ》】 (いかにもあやしいふんいきをもった)顔つき。類面相《メンソウ》。例異様な—の男。

【面倒《メンドウ》】 (名・形動ダ)①手数がかかって、わずらわしいこと。例—な仕事。—をおこす。②世話をすること。例—をみる。

【面《メン》に唾《つば》す】 相手の顔につばをはきかける。相手を侮辱《ブジョク》する。

【面罵《メンバ》】 (名・する)面と向かって、ひどくののしること。例衆人の前で—する。

【面皮《メンピ》】 つらの皮。例—を剝《は》ぐ(=顔色も変えず平然としている者の、真の姿をあばき出す)。鉄—。

【面部《メンブ》】 顔の部分。顔面。

【面壁《メンペキ》】 かべに向かって座禅《ザゼン》をくむこと。例—九年(=達磨大師《ダルマダイシ》が九年間かべに向かって座禅を続けたこと)。

【面目】 ㊀《メンボク》世間に対する体裁《テイサイ》。世間に合わせる顔。例—ない。—を一新する。㊁《メンモク》世間の人から受ける、すぐれた評価。世間の人に対する名誉《メイヨ》。例—をほどこす。

【面目躍如《メンモクヤクジョ》】 〔「メンボクヤクジョ」とも〕(形動タルト)その人らしい姿が生き生きとよくあらわれているようす。例作者の—とした作品。

【面面《メンメン》】 おのおの。めいめい。多くの人々の中のひとりひとり。例同志の—。一座の—。

【面妖《メンヨウ》】 (形動ダ)〔古い言い方〕あやしいようす。不思議なようす。ぶきみなようす。例—な事件。はて—な。

【面容《メンヨウ》】 顔つき。顔のようす。例こっけいな—。

●一面《イチメン》・画面《ガメン》・局面《キョクメン》・地面《ジメン》・正面《ショウメン》・赤面《セキメン》・洗面《センメン》・体面《タイメン》・直面《チョクメン》・内面《ナイメン》・背面《ハイメン》・反面《ハンメン》・文面《ブンメン》・壁面《ヘキメン》・満面《マンメン》・路面《ロメン》

面 5

【靤】

14画 8050 9764

音 ホウ漢　訓 にきび・もがさ

意味 顔面にできるふきでもの。もがさ。同皰《ホウ》・疱《ホウ》。

面 7

【靦】

16画 8051 9766

音 テン漢　訓 はじる

意味 ❶面と向かって平気で人を見る、あつかましいようす。例靦然《テンゼン》(=平気で人の顔を見つめるようす)。❷はずかしく思う。面目《メンボク》ないと、はじるようす。例靦顔《テンガン》(=はじる顔つき)。

面 14

【靨】

23画 8052 9768

音 ヨウ漢　訓 えくぼ

意味 笑うと、ほおにできる小さいくぼみ。えくぼ。例靨笑《ヨウショウ》(=えくぼをつくって笑う)。片靨《かたえくぼ》(=片方のほおにだけできるえくぼ)。

177 9画

革 つくりがわ かわへん 部

毛を取り去ってひろげた皮の形をあらわす。皮《かわ》で作った物をさすことから「つくりがわ」という。「革」をもとにしてできている漢字と、「革」の字形を目じるしにして引く漢字とを集めた。

0 革 3 靫 靭 靮 靱 4 靴 靹 5 鞅 靼 鞆 靺 鞁 鞄 6 鞋 鞍 鞏 鞐 7 鞘 8 鞠 鞜 9 鞨 鞫 鞦 鞣 鞳 鞭 10 鞴 13 韃 14 韈 15 韆

この部首に所属しない漢字

勒 ⇩力 150

革 0

【革】

9画 1955 9769 教育6

音 ㊀カク漢呉 ㊁キョク漢　訓 かわ・あらた-まる・あらた-める

筆順 

なりたち  [象形]毛をとりさった、けものの皮をひろげた形。

意味 ㊀《カク》❶獣皮《ジュウヒ》の皮を取りのぞいたもの。かわ。例牛革《ギュウカク》。皮革《ヒカク》。❷かわでつくった武具や楽器。例革木《カクボク》(=かわを張った楽器と、木の楽器)。金革《キンカク》(=刀やよろい)。❸古いものを新しくかえる。あらためる。あらたまる。例革新《カクシン》。革命《カクメイ》。改革《カイカク》。㊁《キョク》病気がひじょうに重い。危篤《キトク》になる。例病《やまい》革《あらた》まる。

使い分け かわ【皮・革】⇩1167ページ

【革質】《カクシツ》植物の表面の皮などに見られる、革《かわ》のような固さをもつ性質。例—層《ソウ》。

【革新】《カクシン》（名・する）古い制度や組織や方法などを改めて、新しいものにすること。対保守《ホシュ》。例—政党。技術—。

【革命】《カクメイ》①王朝が代わること。〔昔、中国で、天命を受けて、新たな天子が位につく（＝命《メイ》を革《あらた》める）と考えられていたところから〕→【易姓革命】《エキセイカクメイ》（484ページ）②支配されている人々が、力によって権力をうばいとって、国家や社会の組織を変えること。例社会主義—。—を起こす。③急激で根本的な変革。例産業—。

【革緒】《かわお》太刀《たち》などにつける、革のひも。

【革帯】《かわおび》革で作った帯。ベルト。バンド。

【革細工】《かわザイク》革で作った製品。

◐沿革《エンカク》・帯革《おびかわ》・改革《カイカク》・行革《ギョウカク》・皮革《ヒカク》・変革《ヘンカク》・保革《ホカク》

革 3

【靫】

12画 8054 976B 音 サ・サイ漢 訓 うつぼ・ゆぎ

意味 矢を入れる道具。うつぼ。ゆぎ。

【靫▽負】《ゆげい》平安時代、靫《ゆぎ》を背負って皇居の警護にあたった、衛門府《エモンフ》の武官。

革 3

【靭】

12画 —— 音 ジン漢 訓 しな-やか・うつぼ

革 3 [靭] 12画 3157 976D 俗字

革 3 [靱] 12画 8055 9771 俗字

意味 しなやかでつよい。やわらかでつよい。しなやか。例靭帯《ジンタイ》。靭皮《ジンピ》。強靭《キョウジン》。

日本語での用法《うつぼ》「靫《うつぼ》」の誤用。「靭猿《うつぼざる》（＝狂言《キョウゲン》の曲の一つ）・靭蔓《うつぼかずら》」

【靭帯】《ジンタイ》関節の骨をつなぐ、弾力《ダンリョク》性のある繊維質《センイシツ》の筋。関節の動きが、なめらかで自由になるように調節する。

【靭皮】《ジンピ》植物の外皮の下の、やわらかい繊維質《センイシツ》の皮。

革 3 [靭] 12画 ⇩【靭】《ジン》（1059ページ）

革 3 [靱] 12画 ⇩【靭】《ジン》（1059ページ）

革 4

【靴】

13画 2304 9774 常用 音 カ漢 訓 くつ

筆順 一 廾 廿 苦 革 靪 靪 靴

なりたち 鞾 [形声] 本字は「鞾」で、「革（＝かわ）」と、音「華《カ》」とから成る。かわぐつ。

意味 かわ製のはきもの。かわぐつ。くつ。例軍靴《グンカ》。

◐雨靴《あまぐつ》・軍靴《グンカ》・短靴《タンぐつ》・長靴《チョウカ》

革 4

【靹】

13画 8056 9779 音 ドウ漢

意味 やわらかな土壌《ドジョウ》。

革 5

【鞅】

14画 8057 9785 音 オウ漢呉 訓 むながい

意味 ❶ウマの首にめぐらしてかける、かわひも。むながい。例羈鞅《キオウ》（＝おもがいと、むながい）。❷不平や不満がある。楽しくない。同怏《オウ》。例鞅鞅《オウオウ》。❸名前に用いられる字。例商鞅《ショウオウ》（＝戦国時代、秦《シン》の政治家）。

【鞅鞅】《オウオウ》（形動タル）心に不平や不満があって、楽しくないようす。心がはればれしないようす。例—として楽しまない。

表記「▼怏▼怏」とも書く。

革 5

【靼】

14画 8058 977C 音 タツ漢タン漢 訓 なめしがわ

意味 ❶毛を取りのぞいて、やわらかくしたかわ。なめしがわ。❷「韃靼《ダッタン》」は、蒙古《モウコ》にいた部族。

革 5

【鞆】

14画 8061 9786 国字 訓 とも

意味 弓を射るとき、弦《つる》にふれるのを防ぐため左の手首につける、丸いかわ製の道具。例鞆絵《ともエ》（＝もと、鞆《とも》の形にかいた絵。水のうず巻きの形の模様）。

革 5

【靺】

14画 8060 977A 音 バツ漢マツ呉 訓 えびす

意味「靺鞨《マッカツ》」は、中国古代の少数民族の名。

革 5

【鞁】

14画 8059 9781 音 ヒ漢 訓 くらお-く

意味 ❶馬具をまとめていうことば。❷馬具をつける。

革 5

【鞄】

14画 1983 9784 人名 音 ホウ漢 訓 かばん

意味 かわをやわらかくする職人。また、なめしがわ。

日本語での用法《かばん》ものを入れて持ち運ぶための、かわやズックで作った用具。〔日本の用法が中国でも俗用《ゾクヨウ》として使われる〕「旅行鞄《リョコウかばん》・手提《さて》げ鞄《かばん》・鞄持《かばんも》ち」

革 6

【鞋】

15画 8062 978B 音 アイ慣カイ漢 訓 わらじ・くつ

意味 かわでつくった、はきもの。くつ。例鞋底《アイテイ》（＝くつのそこ）。

難読 草鞋《わらぐつ|わろうず|わらじ》・糸鞋《シガイ》

革 6

【鞍】

15画 1640 978D 人名 音 アン漢呉 訓 くら

意味 人が乗ったり物をのせたりするために、ウマの背に置く道具。くら。例鞍馬《アンバ》。

【鞍上】《アンジョウ》ウマにつけたくらの上。例—の人となる。—人無く鞍下《アンカ》馬無し（＝たくみにウマを乗りこなしていることのたとえ）。

【鞍馬】《アンバ》①くらをつけたウマ。②体操競技の用具の一つ。ウマの背の形をした台の上に、二つの取っ手をつけたもの。また、それを使っておこなう男子の体操競技。

【鞍部】《アンブ》山の尾根《おね》の中ほどが低くくぼんでいるところ。コル。〔中央部がやや低くなって、くらの形に似ているところから〕

【鞍替え】《くらがえ》職業や場所を取り替えること。

革 6

【鞏】

15画 8063 978F 音 キョウ漢 訓 かた-い

意味 かわでしばって、かたくする。かたい。例鞏固《キョウコ》。

【鞏固】《キョウコ》（形動ナ）かたくしっかりしているようす。例—な意志。 表記 現強固

革 6

【鞐】

15画 8064 9790 国字 訓 こはぜ

意味 足袋《たび》や脚絆《キャハン》、また、書物を包む帙《チツ》などの合わせ目を留める、つめ。金属や象牙《ゾウゲ》などでできている。

革 7
【鞘】 16画 3068 9798 人名 音 一 ショウ漢 二 ソウ漢 ショウ呉 訓 さや

意味 一《ショウ》 刀身を入れる、細長いつつ状のもの。さや。例 刀鞘《トウショウ》(=刀のさや)。二《ソウショウ》 むち。また、むちの先。

難読 素鞘《しらさや》・海鞘《ほや》

●逆鞘《ぎゃくざや》・値鞘《ねざや》・利鞘《りざや》

革 8
【鞠】 17画 2139 97A0 人名 音 キク漢 訓 まり

なりたち  [形声]「革(=かわ)」と、音「匊《キク》」とから成る。けまり。

意味 ❶なめしがわでつくった、けまり。まり。例 蹴鞠《シュウキク》。❷そだてる。やしなう。例 鞠育《キクイク》。❸年がわかい。おさない。例 鞠子《キクシ》(=おさなご)。❹からだを折り曲げる。かがむ。かがめる。例 鞠躬《キッキュウ》。❺きわめる。とりしらべる。ただす。例 鞠訊《キクジン》(=罪をたずね、取り調べる)。

人名 つぐ・みつ

【鞠《キク》育《イク》】(名・する) 養い育てること。養育。

【鞠《キッ》▼躬《キュウ》】 ①おそれつつしむこと。②腰《こし》を曲げてする礼。

【鞠《キッ》▼躬《キュウ》如《ジョ》】(形動《タル》) からだをかがめて、おそれつつしむようす。例 ―として仕える役人。

●蹴鞠《けまり》・手鞠《てまり》

革 8
【鞜】 17画 8065 979C 音 トウ漢 訓 くつ

意味 かわ製のはきもの。かわぐつ。例 革鞜《カクトウ》(=かわのくつ)。

日本語での用法 《トウ》「鞜」を、足袋《たび》やくつ下と考えたところから出た、ブルーストッキングの誤訳。「青鞜《セイトウ》」→【青鞜《セイトウ》】(1056ページ)

革 9
【鞨】 18画 8066 97A8 音 カツ漢 訓 えびす

意味 「靺鞨《マッカツ》」は、中国古代の少数民族の名。

革 9
【鞫】 18画 7581 97AB 音 キク漢 訓 きび-しい・きわ-まる・きわ-める・つ-くす

意味 ❶きびしく問いただす。きわめる。例 鞫獄《キクゴク》(=裁判する)。鞫訊《キクジン》(=尋問《ジンモン》する)。❷困窮《コンキュウ》したようす。きわまる。

革 9
【鞦】 18画 8067 97A6 音 シュウ漢 訓 しりがい

意味 ❶ウマのしりにかける、かわひも。しりがい。❷「鞦韆《シュウセン》」は、ぶらんこ。

革 9
【鞣】 18画 8068 97A3 音 ジュウ漢 訓 なめしがわ・なめ-す

意味 動物の毛皮から、毛や脂肪《シボウ》をとりのぞいて、やわらかくした皮。なめしがわ。

革 9
【鞳】 18画 8069 97B3 音 トウ漢

意味 鐘《かね》や太鼓《タイコ》の音。例 鏜鞳《トウトウ》(=ドンドンという太鼓の音)。

革 9
【鞭】 18画 4260 97AD 人名 音 ヘン漢 ベン呉 訓 むち・むち-うつ

意味 人やウマなどを打つための、かわでつくったむち。ものをさし示すのにも用いる。また、むちで打つ。むちうつ。例 鞭撻《ベンタツ》。鞭笞《ベンチ》。教鞭《キョウベン》。

【鞭《ベン》声《セイ》】 ウマをむちうつ音。例 ―粛粛《シュクシュク》(=静かなようす)夜《よる》河《かわ》を過《わた》る。

【鞭《ベン》▼撻《タツ》】(名・する) ①むちうって、こらしめること。②(なまけたりしないように)はげますこと。例 自ら―して働く。

【鞭《ベン》▼笞《チ》】 ①革のむちと、竹のむち。②むちで打つこと。

【鞭《むち》の長《なが》きといえども馬腹《バフク》に及《およ》ばず】 たとえ勢力があり余っていたとしても、なお力のおよばないところがあることのたとえ。〔長すぎたり大きすぎたりして、かえって役に立たないことのたとえともいう〕

●教鞭《キョウベン》・先鞭《センベン》

革 10
【鞴】 19画 8070 97B4 音 ヒ漢 ビ呉 訓 ふいご

意味 ❶鞍《くら》や手綱《たづな》などをウマにつける。例 鞴馬《ヒバ》(=馬具をつけたウマ)。❷火をおこすために風を送るかわ製の道具。ふいご。ふいごう。

難読 踏鞴《たたら》・手鞴《てふき|てふいご》

革 13
【韃】 22画 8071 97C3 音 ダツ慣 タツ漢 訓 むち

意味 ❶むちで打つ。むちうつ。同 撻《タツ》。❷「韃靼《ダッタン》」は、蒙古《モウコ》にいた部族。

革14
［韈］ 23画 ⇩【韤《ベツ》】(1061ページ)

革 15
【韆】 24画 8072 97C6 音 セン漢

意味 「鞦韆《シュウセン》」は、ぶらんこ。ぶらここ。

178 9画
韋(韋) なめしがわ部

やわらかくなめした皮の意をあらわす。「偉・違・緯」など常用漢字の構成部分となるときは「韋(十画)」の形になる。「韋」をもとにしてできている漢字を集めた。

0 韋 1 韋 8 韓 韓 10 韜 14 韤

韋 0
【韋】 9画 — *97CB 音 イ漢呉 訓 なめしがわ

韋 1
［韋］ 10画 8074 97CB 別体字

意味 ❶加工してやわらかくした皮。なめしがわ。例 韋編三絶《イヘンサンゼツ》。❷姓《セイ》の一つ。例 韋応物《イオウブツ》(=中唐《チュウトウ》の詩人)。

【韋《イ》弦《ゲン》の▼佩《ハイ》】〔「佩」は、身につける意〕やわらかいなめしがわ(=韋)を身につけて自分のきつい性格をやさしく改め、ぴんと張ったゆみづる(=弦)を身につけておっとりとした性格を厳しいものに改めること。気質を改めることのたとえ。

【韋《イ》駄《ダ》天《テン》】 ①〔仏〕仏法を守護する神。ひじょうに足が速いといわれる。②駆《か》けるのがひじょうに速い人のたとえ。

【韋《イ》編《ヘン》三《サン》絶《ゼツ》】 なん度もくりかえして熱心に書物を読むことのたとえ。〔孔子《コウシ》が『易経《エキキョウ》』を精読し、なん度もひもといたので、竹簡《チクカン》をとじていたなめしがわが三度も切れたという故事による〕〈史記《シキ》〉

韋1 ［韋］10画 ⇩【韋】《イ》（1060ページ）

韋8 【韓】 18画 2058 97D3 常用 音カン漢 訓から

筆順 韓

韋8 【韓】 17画 ——

なりたち ［形声］「韋（＝なめしがわ）」と、音「倝《カン》」とから成る。井げた。

意味 ❶戦国の七雄《シチユウ》の一つ。春秋時代、晋《シン》から独立した三晋（＝魏《ギ》・趙《チョウ》・韓）の一国。秦《シン》にほろぼされた。（前四〇三—前二三〇） ❷古代、朝鮮《チョウセン》半島南部（＝今の大韓民国《ダイカンミンコク》）にあった馬韓《バカン》・辰韓《シンカン》・弁韓《ベンカン》の三つの国。三韓《サンカン》。 ❸「大韓民国」の略。例日韓会談《ニッカンカイダン》。韓非子《カンピシ》。韓愈《カンユ》（＝中唐《チュウトウ》の詩人・文章家）。 ❹姓《セイ》の一つ。例韓信《カンシン》（＝前漢の名将）。

難読 韓衣《からころも》・韓紅《からくれない》・韓櫃《からびつ》

【韓非子】《カンピシ》 韓非をたっとんだ言い方。戦国時代の思想家。法家思想を集大成した。『韓非子』二十巻を著《あらわ》す。（？—前二三三）

韋8 【韓】17画 ⇩【韓】《カン》（1061ページ）

韋10 【韜】 19画 *8075 97DC 音トウ漢 訓ふくろ・かく-す

意味 ❶剣《ケン》や弓を入れる、かわのふくろ。例弓韜《キュウトウ》。 ❷（ふくろの中に入れるように）つつみかくす。例韜晦《トウカイ》。

【韜晦】《トウカイ》（名・する）①自分の身分や才能などをかくすこと。②行方《ゆくえ》をくらますこと。例—戦術。

【韜略】《トウリャク》 ①兵法書の『六韜《リクトウ》』と『三略《サンリャク》』。②兵法。

韋14 【韤】 23画 —— 97E4 音ベツ慣バツ漢 訓したぐつ・たび

革14 ［韈］ 23画 8073 97C8 別体字

意味 くつした。たび。

参考 訓「したぐつ」は、靴《くつ》の下に用いる布製のはきもの。

---

179 9画 韭 にら部

地上に生えたニラの形をあらわす。「韭」と、「韭」をもとにしてできている漢字を集めた。

0 韭 3 韮 10 韲

この部首に所属しない漢字

齏 ⇩ 齊 1114

韭0 ［韭］9画 ⇩【韮】《キュウ》（1061ページ）

韭3 【韮】 12画 3903 97EE 音キュウ漢ク呉 訓にら

韭0 ［韭］ 9画 8076 97ED 本字

意味 ヒガンバナ科（旧ユリ科）の多年草。ニラ。葉を食用とする。

難読 韮《みら・かみら・ふたもじ》（＝ニラの古名）

韭10 【韲】 19画 8078 97F2 音セイ漢サイ呉 訓なます・あえもの

齊9 ［齏］ 23画 8077 9F4F 別体字

意味 野菜を細かくきざみ、調味料や香辛料《コウシンリョウ》であえた料理。あえもの。なます。例韲塩《セイエン》（＝野菜の料理。そまつな食事のたとえ）。

参考 「韲」は本来、あえもの。のちに、「なます（膾・鱠）」と混同されるようになった。

180 9画 音 おと おとへん 部

節《ふし》をつけて言う意をあらわす。「音」をもとにしてできている漢字を集めた。

0 音 4 韵 5 韶 10 韻 11 響 13 響

この部首に所属しない漢字

章 ⇩ 立 745
意 ⇩ 心 404
黯 ⇩ 黒 1111

音0 【音】 9画 1827 97F3 教育1 音イン漢オン呉 訓おと・ね

筆順 音

なりたち ［指事］「言（＝いう）」に「一（＝ふし）」を加えた形。心に生じた声が節度をもって外にあらわれたもの。

意味 ❶空気などの振動《シンドウ》が聴覚《チョウカク》に伝わり、聞こえるもの。こえ。おと。例音声《オンセイ》。音波《オンパ》。雑音《ザツオン》。 ❷調子のついた、おと。ふし。うた。ね。例音楽《オンガク》。音色《オンショク》。 ❸文字の発音。例音韻《オンイン》。音義《オンギ》。 ❹たより。通信。しらせ。おとずれ。例音信《オンシン》。無音《ブイン》。福音《フクイン》。

日本語での用法 《オン》中国語としての発音にもとづいた、日本での漢字の読み方。対訓《クン》。「音訓《オンクン》・字音《ジオン》」

人名 お・と・なり

【音沙汰】《おとサタ》 たより。知らせ。例まったく—がない。

【音域】《オンイキ》 声や楽器の、出すことのできる音の範囲《ハンイ》。

【音韻】《オンイン》 ①漢字の声母《セイボ》と韻母《インボ》。②言語を形成している音声の要素で、ことばの意味の区別をしている音《オン》。

【音階】《オンカイ》 音楽に用いられる音を、一定の基準に従って高さの順に並べたもの。例長—。短—。

【音楽】《オンガク》 人の声や楽器で表現する、音による芸術。例—家。—会。

【音感】《オンカン》 ①音の高低や音色などを聞きわける能力。例—がするどい。絶対—をもつ。②音から受ける感じ。

【音義】《オンギ》 ①漢字の字音（＝発音）と意味。②経典や古典などで用いられている漢字の、音と意味とを説明したもの。

【音響】《オンキョウ》 音のひびき。ひびいてくる音。例—効果。

【音曲】《オンギョク》 日本風の楽器の演奏や、うた。とくに、三味線《しゃみせん》などに合わせてうたう俗曲《ゾッキョク》。例歌舞《カブ》—。

【音訓】《オンクン》 ①漢字の音（＝中国の発音をもとにした漢字の読み方）と訓（＝その漢字の意味に対して日本語をあてた読み方）。例—索引《サクイン》。②漢字のもつ音と、そのあらわす意味。

【音源】《オンゲン》 音を発するもとになる物体や装置。

【音叉】《オンサ》 U字形の金属の棒に柄《え》をつけた道具。たたくとつねに一定の振動数《シンドウスウ》の音を出すので、物理の実験や楽

器の調音などに用いる。

【音質】《オンシツ》音や声の特徴《トクチョウ》や性質。音のよしあし。

【音色】《オンショク―ねいろ》その楽器独特の、音の感じ。例豊かな―。

【音信】《オンシン》〔「インシン」とも〕手紙や電話などによる知らせ。たより。通信。消息。例―不通。―がとだえる。

【音数】《オンスウ》ことばの音《オン》や音節の数。例―律（＝音節の数によって組み立てられる、ことばのリズム。たとえば、短歌は五・七・五・七・七）。

【音声】《オンセイ》①〔「オンジョウ」とも〕人の声。例―による伝達。大―《ダイオンジョウ》を張り上げる。②ラジオやテレビなどから聞こえてくる声や音。例―と映像。―が消える。

【音声言語】《オンセイゲンゴ》話しことば。対文字言語。

【音節】《オンセツ》ことばを発音するときの、音声のいちばん小さい単位。日本語では、ふつう、かな一字。シラブル。例―文字（＝日本のかなのように、一字で一音節をあらわす文字）。

【音速】《オンソク》音が伝わる速さ。空気中では、秒速約三四〇メートル。例超《チョウ》―。―を超《こ》える。

【音痴】《オンチ》①音に対する感覚がにぶくて、音程がはずれてうまく歌えないこと。また、そういう人。②俗《ゾク》に、ある特定の感覚がにぶいこと。また、そういう人。例方向―（＝方向がわからず道にまようこと。また、その人）。

【音調】《オンチョウ》①音の高低。音の調子。②音楽の調子。ふし。③詩や歌のリズム。④話をするときの、アクセントやイントネーション。

【音程】《オンテイ》二つの音の高低の差。例―がくるう。

【音吐】《オント》詩歌《シイカ》をうたったり、文章を朗読したりするときの、声の出し方。声音《こわね》。例―朗朗《ロウロウ》と詩を吟《ギン》じる。

【音頭】《オンド》①多人数で歌うとき、先に歌ったり調子をとったりして、リードすること。例―をとる。②あることのリードをすること。例乾杯《カンパイ》の―。③多人数で、はやしに合わせて歌ったりおどったりすること。また、その歌やおどり。例東京―。

【音読】《オンドク》（名・する）①声を出して文章などを読むこと。対黙読《モクドク》。②漢字を字音で読むこと。「草木」を「くさき」ではなく「ソウモク」と読むなど。対訓読。

【音波】《オンパ》物体の振動《シンドウ》によって生じ、空気中や水中を伝わる音の波動。

【音標文字】《オンピョウモジ》文字自体が決まった意味をもたず、音だけをあらわす文字。かなやローマ字など。表音文字。

【音便】《オンビン》日本語で、単語がつながった場合に発音しやすいように、ある部分の発音が別の音に変化すること。イ音便（＝「泣きて」が「泣いて」など）・ウ音便（＝「美しくございます」が「美しゅうございます」など）・撥《ハツ》音便（＝「呼びて」が「呼んで」など）・促《ソク》音便（＝「行きて」が「行って」など）の四種類がある。

【音符】《オンプ》①楽譜《ガクフ》で、音の長短を示す記号。♩・♪など。②文字の補助記号。濁《ダク》音符「゛」、半濁音符「゜」や、反復音符「〳〵」など。③漢字で、形声文字の発音をあらわす部分。「紙」では「氏」の部分。

【音譜】《オンプ》一定の記号を用いて、楽曲を書きあらわしたもの。楽譜《ガクフ》。例―を読む。

【音訳】《オンヤク》（名・する）①漢字の音を用いて、外国語の音を書きあらわすこと。「倶楽部《クラブ》」「亜米利加《アメリカ》」「伯林《ベルリン》」「巴里《パリ》」など。②目の不自由な人に伝えるため、文字などを音声化すること。例―ボランティア。③ある言語の音を、別の言語の文字で書き写すこと。音写。例梵語《ボンゴ》を漢字で―する。

【音律】《オンリツ》音や音楽の調子。メロディーやリズムなど。

【音量】《オンリョウ》音の大きさ。ボリューム。例ステレオの―をしぼって聞く。

●擬音《ギオン》・高音《コウオン》・声音《こわね》・雑音《ザツオン》・清音《セイオン》・騒音《ソウオン》・促音《ソクオン》・低音《テイオン》・同音《ドウオン》・発音《ハツオン》・半音《ハンオン》・鼻音《ビオン》・防音《ボウオン》・録音《ロクオン》

［音部］4―13画 韵 韶 韻 響 響

音4 【韵】13画 ⇩【韻】《イン》（1062ページ）

音5 【韶】14画 8080 97F6 音ショウ漢

意味 ❶中国の伝説上の聖王、舜《シュン》が作ったといわれる音楽。❷美しい。明るく、うららかな。

音10 【韻】19画 1704 97FB 常用 音イン漢 ウン漢 訓ひび-き

筆順 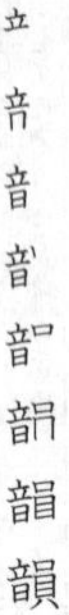

音4 【韵】13画 8081 97F5 別体字

なりたち  [形声]「音（＝おと）」と、音「員《ウン》」とから成る。音が調和する。

意味 ❶こころよいととのった音や、こえ。例松韻《ショウイン》（＝松風の音）。余韻《ヨイン》。❷漢字の音韻《オンイン》で、一音節中の初めの子音《シイン》をのぞいた残りの部分。韻母《インボ》。❸漢詩などで、同一または類似《ルイジ》の韻を文中の定まった位置にくりかえして用いること。例韻律《インリツ》。押韻《オウイン》。❹あじわい。おもむき。また、風流。みやびなこと。例神韻《シンイン》。風韻《フウイン》（＝みやびなおもむき）。

人名 おと

【韻脚】《インキャク》漢詩などで、調子をととのえるために句の終わりに用いる韻。例―をそろえる。

【韻語】《インゴ》漢詩などで、韻をふんでいる語。

【韻字】《インジ》漢詩などで、韻をふむために置かれる文字。

【韻文】《インブン》①韻をふんだ漢詩や漢文。②特別のリズムや調子をもった文。とくに詩や短歌や俳句など。対散文。

【韻母】《インボ》漢字の音韻《オンイン》学で、一つの音節のうちの声母《セイボ》をのぞいた部分。対声母。

【韻律】《インリツ》詩や短歌や俳句の、ことばのリズムや調子。例―のあることば。―を正す。

●押韻《オウイン》・音韻《オンイン》・気韻《キイン》・脚韻《キャクイン》・神韻《シンイン》・頭韻《トウイン》・百韻《ヒャクイン》・風韻《フウイン》

音11 【響】20画 2233 97FF 常用 音キョウ漢 コウ呉 訓ひび-く・ひび-き

筆順 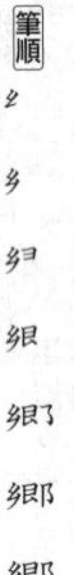

音13 【響】22画 1-9386 FA69 人名

なりたち 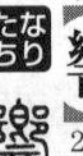 [形声]「音（＝おと）」と、音「鄕《キョウ》」とから成る。こだま。

意味 音が何かにぶつかってはねかえる。こだま。また、音がひろがって伝わる。ひびく。ひびき。例響応《キョウオウ》。反響《ハンキョウ》。

難読 動響《どよむ―どよみ―とどろく》・玉響《たまゆら》

人名 おと・なり

【響応】《キョウオウ》（名・する）（声に応じてひびきが起こるように）人の言動に応じて、すぐ行動を起こすこと。

●悪影響《アクエイキョウ》・影響《エイキョウ》・音響《オンキョウ》・好影響《コウエイキョウ》・交響《コウキョウ》・残響《ザンキョウ》・反響《ハンキョウ》・余響《ヨキョウ》

音13 【響】22画 ⇩【響】《キョウ》（1062ページ）

181 9画 頁 おおがい いちのかい 部

人のあたまの意をあらわす。「貝(かい・かいへん)」と区別して「大貝(おおがい)」といい、漢字の「一《イチ》」と片仮名の「ノ」と漢字の「貝《かい》」を合わせた形に似ているので「いちのかい」ともいう。「頁」をもとにしてできている漢字を集めた。

0 頁 2 頃 頂 3 項 順 須 4 頑 頏 頌 頓 頒 預 5 頗 領 頚 6 頤 頡 頬 7 頷 頸 頹 頭 頼 頼 頴 頽 頻 8 顆 頻 9 額 顎 顔 顕 顋 題 類 顔 10 願 顛 顚 類 12 顧 顧 13 顫 14 顯 15 顰 16 顱 17 顴 18 顳

この部首に所属しない漢字

煩⇩火 639 潁⇩水 616 穎⇩禾 737 囂⇩口 215

頁 0

【頁】 9画 4239 9801 人名

音 ❶ケツ㊥ ❷ヨウ㊥㊦ 訓 かしら・ページ

意味 ❶《ケツ》あたま。かしら。❷《ヨウ》書物を開いたときの、左右の紙の面。ページ。〔「葉」の字音「ヨウ」と通じるところから〕

頁 2

【頃】 11画 2602 9803 常用

音 ケイ㊥ キョウ㊦ 訓 ころ

筆順 ノ 匕 匕一 匕ア 匕万 匕百 頃 頃

なりたち [会意]「匕(=ひと)」と「頁(=あたま)」とから成る。頭がまっすぐでないさま。

意味 ❶このごろ。ここのところ。例 頃日《ケイジツ》。頃年《ケイネン》(=ここ数年の間)。❷短い時間。しばらくの間。例 頃刻《ケイコク》。少頃《ショウケイ》(=しばらく)。❸面積の単位。一頃《イッケイ》は百畝《ホ》。

日本語での用法《ころ》ある一定の条件にかなう時刻や時間。ころあい。「年《とし》の頃《ころ》・食《た》べ頃《ごろ》・頃《ころ》は好《よ》しと決断《ケツダン》する」

難読 頃日《このごろ》・先頃《さいつころ》

【▽頃刻】《ケイコク》しばらく。ちょっとの間。例 ―の情勢。

【▽頃日】《ケイジツ》近ごろ。このごろ。

●少頃《ショウケイ》・日頃《ひごろ》・身頃《みごろ》

頁 2

【頂】 11画 3626 9802 教育6

音 テイ㊥ チョウ㊦ 訓 いただ-く・いただき

筆順 丁 丁丆 丁丆 丁丙 丁百 頂 頂

なりたち [形声]「頁(=あたま)」と、音「丁《テイ》」とから成る。頭のいちばん上。

意味 ❶頭の最上部。あたま。例 丹頂鶴《タンチョウづる》。❷もののいちばん高いところ。てっぺん。いただき。また、これ以上がないというところ。最高の。例 頂上《チョウジョウ》。山頂《サンチョウ》。絶頂《ゼッチョウ》。❸ものを頭の上にのせる。高くさし上げる。例 頂戴《チョウダイ》。

日本語での用法《いただく》ありがたく受ける。「賞状《ショウジョウ》を頂《いただ》く・食事《ショクジ》を頂《いただ》く」

人名 かみ

【頂角】《チョウカク》〔数〕三角形の底辺に対する頂点の角。

【頂上】《チョウジョウ》①山のいちばん高いところ。いただき。てっぺん。また、もののいちばん上。トップ。例 ―をきわめる。―会談。②それより上がないこと。最高。絶頂。例 今が人気の―だ。

【頂戴】《チョウダイ》(名・する)①頭にいただくこと。目上の人から物をもらうことの、へりくだった言い方。②人から物をもらったり、人に何かをしてもらうときの、親しみをこめた言い方。

【頂点】《チョウテン》①いちばん高いところ。てっぺん。②ものごとの最もさかんな状態。絶頂。ピーク。例 人気の―。―に立つ。③〔数〕角をつくる二本の直線が交わる点や、多面体で三つ以上の平面が交わる点。例 三角形の―。

【頂門の一針】《チョウモンのイッシン》〔「頂門」は、頭の上の意〕(頭のてっぺんに針をさして病気を治療《チリョウ》するように)痛いところをずばりとついた、厳しいいましめ。例 ―として受けとめる。

【頂礼】《チョウライ》頭を相手の足につけて拝むこと。仏や賢者《ケンジャ》・貴人に対する最高の礼拝。例 帰命《キミョウ》―。

●山頂《サンチョウ》・真骨頂《シンコッチョウ》・丹頂《タンチョウ》・天頂《テンチョウ》

頁 3

【項】 12画 2564 9805 常用

音 コウ㊥ コウ・キョウ㊦ 訓 うなじ

筆順 項

なりたち [形声]「頁(=あたま)」と、音「工《コ》」とから成る。頭のうしろ。

意味 ❶くびすじのうしろ。うなじ。例 項領《コウリョウ》(=くびすじ。また、要害)。❷ものごとを分類した一つ一つの部分。例 項目《コウモク》。条項《ジョウコウ》。要項《ヨウコウ》。❸数学で、式を組み立てている要素。例 多項式《タコウシキ》。❹姓《セイ》の一つ。例 項羽《コウウ》(=秦《シン》末の武将。劉邦《リュウホウ》と覇《ハ》を争って敗れた)。

難読 項垂《うなだ》れる

人名 うじ・のぞく

【項目】《コウモク》①ものごとをある基準に従って区分けした一つ一つの部分。例 分類―。②辞書などの見出し。例 ―数。

●移項《イコウ》・後項《コウコウ》・前項《ゼンコウ》

頁 3

【順】 12画 2971 9806 教育4

音 シュン㊥ ジュン㊦ 訓 したが-う

筆順 順

なりたち [会意]「頁(=頭の上から、かかとまで)」と「川《セン→シュン》(=川の流れ)」とから成る。したがう。

意味 ❶さからわない。すなお。したがう。例 順守《ジュンシュ》。順応《ジュンノウ》。従順《ジュウジュン》。❷ものごとが筋道にそっている。思いどおりにすすむ。例 順境《ジュンキョウ》。順調《ジュンチョウ》。順風《ジュンプウ》。❸ものごとのあとさきの関係。ことの次第《シダイ》。例 順位《ジュンイ》。順次《ジュンジ》。

人名 あや・あり・おさ・おさむ・かず・しげ・すなお・ただ・ただし・つぎ・つぐ・とし・なお・のぶ・のり・はじめ・まさ・まさし・みち・むね・もと・やさし・やす・ゆき・よし・より

【順位】《ジュンイ》ある基準にもとづいて決められた、全体における位置づけ。順序。順番。例 優先―。―に従って並べる。

【順延】《ジュンエン》(名・する)予定していた日程を順ぐりに延ばすこと。くり延べ。例 雨天―。予定を一日ずつ先に―する。

【順縁】《ジュンエン》〔仏〕①年老いた者から順に死んでいくこと。②よいことをしたことがきっかけとなって、仏道にはいること。▽㊟逆縁。

【順化】《ジュンカ》(名・する)①他の場所に移された生物が、その土地の気候や風土に適するように変化すること。例 乾燥《カンソウ》した土地に―する。②野生の動物を、人間に役立てるために飼いならすこと。表記 ▽「▼馴化」とも書く。

【順逆】《ジュンギャク》①正しい順序と逆の順序。②道理にかなって

いることと、そむいていること。例—の理。—をわきまえる。③従うことと、さからうこと。例—の道を誤る。

【順境】《ジュンキョウ》 ものごとがぐあいよく運ぶ境遇《キョウグウ》。対逆境。

【順行】《ジュンコウ》 (名・する) 順序どおりに進むこと。

【順次】《ジュンジ》 (副) 順をおって次々に。例—報告する。

【順守】《ジュンシュ》 (名・する) 法律や命令などをよく守ること。例法を—する。表記「遵守」とも書く。

【順序】《ジュンジョ》 ①一定のきまりに従った並べ方。順。例—不同。②決まった手順。段取り。例—をふむ。

【順正】《ジュンセイ》 ものの道理に従っていて、正しいこと。

【順接】《ジュンセツ》 (名・する) 前の文や句と後の文や句が、意味の上で予測通りにつながること。「A。だからB」「AなのでB」など。対逆接。例—の句をつくる接続助詞。

【順調】《ジュンチョウ》 (名・形動ダナ) ものごとが調子よく運ぶこと。例病気が—に回復する。工事が—にはかどる。

【順当】《ジュントウ》 (名・形動ダナ) そうなるのがあたりまえであること。

【順応】《ジュンノウ》 〔「ジュンオウ」とも〕(名・する) 環境《カンキョウ》になれて、その中でうまく生きられるようになること。例—性がある。

【順番】《ジュンバン》 ものごとをおこなうときの順序。順。例—を待つ。

【順風】《ジュンプウ》 (船が)進む方向にふく風。追い風。対逆風。

【順風満帆】《ジュンプウマンパン》 船が帆《ほ》に順風を受けて快調に進むように、すべてのことがうまく運んでいくこと。

【順奉】《ジュンポウ》 (名・する) 道徳・法律・教えなどを尊重して守ること。例師の教えを—する。表記「遵奉」とも書く。

【順法】《ジュンポウ》 法律や規則を正しく守ること。例—精神。表記「遵法」とも書く。

【順流】《ジュンリュウ》 (名・する) ①水が水路に従って流れること。②水の流れに従って下ること。

【順良】《ジュンリョウ》 (名・形動ダナ) すなおで性質のよいこと。

【順礼】《ジュンレイ》 (名・する) 聖地や寺社などをめぐり歩いて、参拝すること。また、その人。表記「巡礼」とも書く。

【順列】《ジュンレツ》 〔数〕いくつかのものの中から順番に取り出して、一列に並べる並べ方。また、その並べ方の総数。

【順路】《ジュンロ》 順序よく進んで行ける道すじ。例見学—。

●温順《オンジュン》・帰順《キジュン》・語順《ゴジュン》・柔順《ジュウジュン》・席順《セキジュン》・手順《てジュン》・筆順《ヒツジュン》・不順《フジュン》

頁 3

【須】

12画 3160 9808 常用

音シュ漢 ス呉 訓すべから-く…べし・もち-いる・ま-つ

筆順 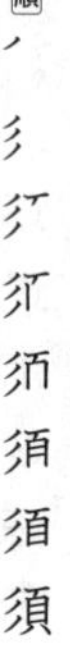

なりたち 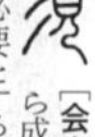 [会意]「頁(=あたま)」と「彡(=ひげ)」とから成る。あごひげ。借りて「もとめる」の意。

意味 ❶必要とする。もとめる。もちいる。同需《シュ》。例須要《シュヨウ》。必須《ヒッス》。❷(相手が来るのを)まつ。例須待《シュタイ》(=まつ)。❸すこしの時間。しばらく。例須臾《シュユ》。❹梵語《ボンゴ》の音訳。例須弥山《シュミセン》。恵比須《エビス》。❺〔助字〕「すべからく…(す)べし」と読む再読文字。…する必要がある・ぜひとも…すべきである、の意。例君須ㇾ記《きみすべからくしるすべし》(=君はぜひとも覚えておく必要がある)。

難読 須臾《しばし|しばらく|たちまち》

人名 もち・もとむ

【▽須▽弥▽山】《シュミセン|スミセン》 〔梵語《ボンゴ》の音訳〕仏教の宇宙観で世界の中心にそびえる高い山。香木《コウボク》がしげり、四方に四天王がひかえ、頂上には帝釈天《タイシャクテン》が住むという。

【▽須▽弥壇】《シュミダン|スミダン》 仏像を安置する台座。須弥山《シュミセン》をかたどったものという。

【▽須▼臾】《シュユ》 ほんのわずかの間。例—にして雷雨《ライウ》やむ。

【▽須要】《シュヨウ》 (名・形動ダナ) 必ずなくてはならないこと。ぜひ必要なこと。必須《ヒッス》。例—な条件。学問上—とする研究題目。

頁 4

【頑】

13画 2072 9811 常用

音ガン漢 ゲン呉 訓かたくな

筆順 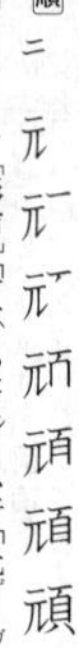

なりたち 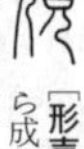 [形声]「頁(=あたま)」と、音「元《ゲン→ガン》」とから成る。かたくなな頭。

意味 ❶ゆうずうがきかない。かたいじ。かたくな。例頑固《ガンコ》。頑迷《ガンメイ》。❷道理にくらい。才知のはたらきがじゅうぶんでない。おろか。例頑愚《ガング》(=物の道理がわからない)。❸よくばる。むさぼる。例頑夫《ガンプ》(=貪欲《ドンヨク》なだけで物のわからない男)。❹強い。かたい。例頑健《ガンケン》。頑丈《ガンジョウ》。

【頑強】《ガンキョウ》 (形動ダナ) ①がんこで、簡単には負けないようす。手ごわいようす。例—に抵抗《テイコウ》する。②からだがじょうぶなこと。頑健。

【頑健】《ガンケン》 (形動ダナ) からだがきわめてじょうぶなようす。頑強。例—な生まれつき。

【頑固】《ガンコ》 (名・形動ダナ) ①他人の言うことに耳を貸さず、かたくなに自分の考えをおし通すこと。例—一徹《イッテツ》。②しつこくて、悪い状態がよくならないこと。例—なよごれ。

【頑丈】《ガンジョウ》 (形動ダナ) (人や物が)がっしりとしていて、非常にじょうぶなようす。

【頑迷】《ガンメイ》 (名・形動ダナ) かたくなで、自分の考えをおし通すこと。頑冥《ガンメイ》。例—固陋《コロウ》。—に自説に固執《コシツ》する。

【頑▼陋】《ガンロウ》 (名・形動ダナ) がんこで、心がいやしいこと。

頁 4

【頏】

13画 8082 980F

音コウ漢 訓くび・のど

意味 ❶人のくび。くび。のど。同亢《コウ》。例頏顙《コウソウ》(=のど)。❷鳥が飛び上がる。対頡《ケツ》。例頏頡《コウケツ》。

頁 4

【頌】

13画 8083 980C 人名

音ショウ漢 ジュ呉 訓ほ-める・たた-える

なりたち  [形声]「頁(=あたま)」と、音「公《コウ→ショウ》」とから成る。容貌《ヨウボウ》。借りて「ほめたたえる」の意。

意味 ❶人格や功績をほめたたえる。ほめる。たたえる。例頌歌《ショウカ》。頌徳《ショウトク》。頌美《ショウビ》。❷『詩経《シキョウ》』の六義《リクギ》の一つ。祖先をまつり、その徳をたたえる詩。

人名 うた・おと・つぐ・のぶ・よむ

【頌歌】《ショウカ》 神仏の栄光、君主の徳行、英雄《エイユウ》の偉業《イギョウ》などを、ほめたたえるうた。賛歌。

【頌辞】《ショウジ》 人徳や偉業《イギョウ》などをほめたたえることば。頌詞《ショウシ》。賛辞。例—をささげる。

【頌春】《ショウシュン》 新春をたたえること。〔年賀状に用いることば〕

【頌徳】《ショウトク》 人徳や功績をほめたたえること。例—碑《ヒ》。

頁 4

【頓】

13画 3860 9813 常用

音㊀トン漢呉 ㊁トツ漢呉 訓とみ-に

筆順 

なりたち 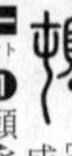 [形声]「頁(=あたま)」と、音「屯《トン》」とから成る。頭を下げる。

意味 ㊀《トン》 ❶頭を地につけて礼をする。ぬかずく。例頓首《トンシュ》。❷急に。すぐに。例頓死《トンシ》。頓知《トンチ》。❸とどまる。やどる。同屯《トン》。例頓舎《トンシャ》(=とどまる。やどる)。❹順調に進まずつかえる。とどこおる。つまずく。例頓挫《トンザ》。❺くるしむ。例困頓《コントン》(=くるしみつかれる)。❻ととのえる。例整頓《セイトン》。

❼一度。一回。ひとたび。例頓服《トンプク》。二トツ「冒頓《ボクトツ》」は、秦《シン》末から漢初のころの匈奴《キョウド》の王(=単于《ゼンウ》)の名。
人名 はや
【頓狂】《トンキョウ》(名・形動《ダナ》)とつぜん調子はずれなことをすること。すっとんきょう。例―な声を出す。

【頓悟】《トンゴ》(名・する)〔仏〕段階的な修行を積むことなく、にわかにさとりを開くこと。

【頓挫】《トンザ》(名・する)調子よく運んでいたものごとが、急にうまくいかなくなること。例計画も―をきたす。

【頓才】《トンサイ》時と場合に応じて、すばやく適切にはたらく才知。機転。例―をもって急場《キュウば》をしのぐ。

【頓死】《トンシ》(名・する)元気だった人が、急にあっけなく死ぬこと。急死。

【頓着】《トンジャク|トンチャク》(名・する)気にかけること。心配すること。例無―。他人の気持ちに―しない。

【頓首】《トンシュ》(名・する)①中国の礼法で、頭を地面につけて、ていねいにおじぎをすること。②手紙の終わりに書いて、相手に敬意をあらわすことば。例―再拝。草草《ソウソウ》―。

【頓証▼菩▽提】《トンショウボダイ》〔仏〕修行をつむことなく、ただちにさとりを開くこと。

【頓知】《トンチ》時と場合に応じて、とっさに気のきいた対応のできる知恵《チエ》。機知。ウイット。例―のきく人。表記 旧頓▼智
【頓服】《トンプク》一日になん回と分けて飲むのではなく、一回飲むだけの分量の薬。例痛み止めの―薬。

頁 4
【頒】
13画 4050 9812 常用
音 ハン漢
訓 わ-ける・わ-かつ

筆順 ハ 分 分 分 頒 頒 頒 頒

なりたち  [形声]「頁(=あたま)」と、音「分《フン→ハン》」とから成る。頭の大きいようす。借りて「わける」の意。

意味 ❶ほうびとして、分けあたえる。たまう。わかつ。わける。例頒賜《ハンシ》(=上の者から分けあたえる)。❷広く行きわたらせる。公布する。例頒布《ハンプ》。❸まだら。同斑《ハン》。例頒白《ハンパク》。

【頒白】《ハンパク》しらがまじりの髪《かみ》。斑白《ハンパク》。半白。

【頒布】《ハンプ》(名・する)(物品などを)広く行きわたるよう、配ること。例―会。無料で―する。

頁 4
【預】
13画 4534 9810 教育6
音 ヨ漢呉
訓 あず-ける・あず-かる・あらかじ-め

筆順 マ ヌ 予 予 預 預 預 預

なりたち  [形声]「頁(=かお)」と、音「予《ヨ》」とから成る。安らかにする。借りて「あらかじめ」の意。

意味 ❶前もって準備する。あらかじめ。同予《ヨ》。例預言《ヨゲン》。❷かかわる。あずかる。同与《ヨ》。例干預《カンヨ》(=関与)。参預《サンヨ》(=参与)。

日本語での用法《あずける・あずかり》預金する。まかせる。保管する。「銀行《ギンコウ》にお金《かね》を預《あず》ける・げたを預《あず》ける・一時預《イチジあず》かり」

人名 さき・まさ・やす・よし
【預金】《ヨキン》(名・する)銀行にお金をあずけること。また、そのお金。例普通《フツウ》―。定期―。
【預言】《ヨゲン》(名・する)①未来のことをあらかじめ言うこと。予言。②神の霊感《レイカン》をうけた者が、神のお告げを人々に伝えること。また、そのことば。例―者。
【預託】《ヨタク》(名・する)お金などを一時あずけること。例―金。株券《かぶケン》を―する。

頁 5
【頗】
14画 3192 9817 人名
音 ハ漢呉
訓 すこぶ-る

意味 ❶正しい位置や向きを失って、かたむく。かたよる。例偏頗《ヘンパ》(=かたよる)。❷いささか。すこし。

日本語での用法《すこぶる》かなり。ひじょうに。きわめて。「頗《すこぶ》るおもしろい・頗《すこぶ》る都合《ツゴウ》のいい話《はなし》・頗《すこぶ》る付《つ》きの別嬪《ベッピン》さん」

頁 5
【領】
14画 4646 9818 教育5
音 レイ漢 リョウ呉
訓 うなじ・えり

筆順 𠆢 今 令 令 令 領 領 領 領

なりたち  [形声]「頁(=あたま)」と、音「令《レイ》」とから成る。くびまわり。

意味 ❶くび。衣服のえり。例領巾《リョウキン》。項領《コウリョウ》(=くびすじ。また、要害)。❷だいじなところ。かなめ。例綱領《コウリョウ》。要領《ヨウリョウ》。❸ひきいる。おさめる。例首領《シュリョウ》。統領《トウリョウ》。❹受ける。受けとる。例領収《リョウシュウ》。受領《ジュリョウ》。❺支配下におく。占有《センユウ》する。しめる。例領域《リョウイキ》。領土《リョウド》。占領《センリョウ》。❻さとる。理解する。例領解《リョウカイ》(=さとる)。❼衣類や甲冑《カッチュウ》など、ひとそろい。ひとかさね。例具足《グソク》一領《イチリョウ》。

人名 おさ・おさむ・かなめ・さとし・さとる・むね
【領域】《リョウイキ》①国家の主権がおよぶ範囲《ハンイ》。領土と領海と領空をあわせたもの。例自国の―。②学問や研究の分野。例化学の―。

【領海】《リョウカイ》国家の主権がおよぶ範囲《ハンイ》の海洋。対公海。

【領空】《リョウクウ》国家の主権がおよぶ範囲《ハンイ》の上空。例―をおかす。―に達したところで機内で逮捕《タイホ》した。

【領国】《リョウゴク》①国家が領土として所有している土地。国土。②大名などが所有していた領地。

【領事】《リョウジ》外国に駐在《チュウザイ》し、自国との貿易の促進《ソクシン》や、その国にいる自国民を保護し、監督《カントク》する仕事の役人。例―館(=領事が職務をおこなう役所)。総―。

【領主】《リョウシュ》①荘園《ショウエン》の所有者。②江戸《えど》時代、城のない領地を支配していた大名。

【領収】《リョウシュウ》(名・する)お金などを受け取ること。例―書。

【領袖】《リョウシュウ》①えりとそで。②人の上に立つ人。集団のリーダー。例党の―。

【領掌】《リョウショウ》(名・する)聞き入れること。例命令を―する。

【領地】《リョウチ》大名や貴族、また寺社などが所有し、支配していた土地。

【領土】《リョウド》国家の主権がおよぶ範囲《ハンイ》の土地。

【領分】《リョウブン》①所有している土地。領地。②勢力のおよぶ範囲《ハンイ》。なわばり。例他人の―をおかす。

【領有】《リョウユウ》(名・する)土地や物を自分のものとして所有すること。例―権。資源の―を争う。
●横領《オウリョウ》・大統領《ダイトウリョウ》・天領《テンリョウ》・本領《ホンリョウ》

頁 5
[頚]
14画 ⇩【頸】《ケイ》(1066ページ)

頁 6
【頤】
15画 8085 9824
音 イ漢
訓 おとがい

意味 ❶下あご。おとがい。例頤使《イシ》。❷やしないそだてる。例頤育《イイク》(=やしなう)。
【頤使】《イシ》(名・する)人をあごで使うこと。えらそうに人にさしずすること。表記「頤指」とも書く。

頁6 【頡】 15画 8086 9821 音 キッ慣 ケツ漢

意味 ❶くびをまっすぐにする。人に屈《クッ》しないようす。例 頡頏《キッコウ／ケッコウ》。❷鳥がまい下りる。対 頏《コウ》。❸人名に用いられる字。例 蒼頡《ソウキツ／ソウケツ》(＝中国の伝説上の、文字の発明者)。

【頡▼頏】《キッコウ／ケッコウ》 一 (名) 鳥が飛び上がったり、まい下りたりすること。二 (名・する) ①たがいに優劣《ユウレツ》がつかず、張り合うこと。②首筋が強いこと。転じて、気が強くて人に屈《クッ》しないこと。表記 二①は「▼拮抗」とも書く。

頁6 [頬] 15画 ⇩【頰】《おほ》(1067ページ)

頁7 【頷】 16画 8087 9837 音 カン漢 ガン呉 訓 あご・うなず-く

意味 ❶下あご。あご。あぎと。おとがい。例 燕頷《エンガン》。❷承知する。うなずく。例 頷首《ガンシュ》。

【頷首】《ガンシュ》 (名・する) うなずいて承知すること。

【頷▼聯】《ガンレン》 漢詩で、律詩の第三・第四の句。

頁7 【頸】 16画 8084 9838 音 ケイ漢 キョウ呉 訓 くび

頁5 [頚] 14画 2359 981A 俗字

意味 首。のどくび。例 頸椎《ケイツイ》。

【頸▼枷】《くびかせ》 ①昔、罪人のくびにはめた刑具《ケイグ》。②行動の自由をさまたげるもの。足手まとい。例 子は三界《サンガイ》の—(＝親は、子を思う心のために、一生自分の自由を束縛《ソクバク》される)。表記 ▽「首▼枷」とも書く。

【頸木】《くびき》 ①牛車《ギッシャ》や馬車などの車のながえの先の横木。車を引く牛馬の首に当てる部分。②自由をさまたげるもののたとえ。例 旧来の—を脱《ダッ》して思想の自由を得る。表記 ▽「▼軛」とも書く。

【頸骨】《ケイコツ》 くびの骨。例 —骨折の重傷。

【頸静脈】《ケイジョウミャク》 くびにある静脈。血液を頭部から心臓に送るはたらきをする。

【頸飾】《ケイショク／くびかざり》 首にかける、宝石や貴金属などをつないだ装飾品。例 真珠《シンジュ》の—。大勲位《ダイクンイ》菊花章《キッカショウ》—《ケイショク》。

【頸椎】《ケイツイ》 脊椎《セキツイ》の上部にある七個の骨。

【頸動脈】《ケイドウミャク》 くびの左右にある太い動脈。血液を心臓から頭部に送るはたらきをする。

【頸部】《ケイブ》 くびの部分。

【頸▼聯】《ケイレン》 漢詩で、律詩の第五・第六の句。

頁7 【頽】 16画 — 9839 音 タイ漢呉 訓 くず-れる

頁7 [頹] 16画 8088 983D 俗字

意味 ❶くずれ落ちる。くずれる。❷おとろえる。例 頽勢《タイセイ》。衰頽《スイタイ》(＝おとろえる)。

難読 胡頽子《ぐみ》・頽風《わきの》・雪頽《なだれ》

【頽勢】《タイセイ》 おとろえていく傾向《ケイコウ》。また、衰退《スイタイ》するいきおい。例 —を挽回《バンカイ》する。表記 現退勢

【頽唐】《タイトウ》 くずれおとろえること。デカダン。頽廃《タイハイ》。例 —期。

【頽廃】《タイハイ》 (名・する) ①くずれて、あれはてること。例 —した都市。②健全な気風や道徳がくずれて乱れること。デカダン。例 男女間の倫理《リンリ》の—。—した生活。表記 ▽現退廃

頁7 【頭】 16画 3812 982D 教育2 音 ト慣 トウ漢 ズ呉 チュウ唐 訓 あたま・かしら・かみ・こうべ

筆順 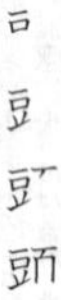

なりたち  [形声]「頁(＝あたま)」と、音「豆《トウ》」とから成る。あたま。

意味 ❶人のからだの最上部や動物のからだの最前部。あたま。かしら。例 頭蓋《ズガイ》。頭部《トウブ》。竜頭蛇尾《リュウトウダビ》。❷はじめの部分。例 初頭《ショトウ》。先頭《セントウ》。年頭《ネントウ》。❸いちばん上に立つ人。かしら。おさ。例 頭目《トウモク》。頭領《トウリョウ》。教頭《キョウトウ》。❹接尾語《セツビゴ》。そのあたり、その場所、の意味をあらわす。例 駅頭《エキトウ》。口頭《コウトウ》。店頭《テントウ》。❺ウシやウマなどを数えることば。例 四頭立《シトウだ》ての馬車《バシャ》。

人名 あき・あきら・はじめ

【頭数】《あたまかず》 人の数。人数。例 —をそろえる。

【頭金】《あたまキン》 契約《ケイヤク》が成立したときに、代金の一部としてはらう一定額のお金。例 ローンの—を用意する。

【頭文字】《かしらモジ》 ①欧文《オウブン》で、文の初めや固有名詞の最初などに用いる大文字。キャピタル。②姓名《セイメイ》をローマ字で書くときの、姓および名の最初の大文字。イニシャル。

【頭蓋骨】《ズガイコツ／トウガイコツ》 頭を形づくり、脳をおおっている骨。

【頭寒足熱】《ズカンソクネツ》 頭が冷えて足が暖かいこと。また、そういう状態にすること。健康によいとされる。

【頭巾】《ズキン》 防寒や頭部の保護、また、人目をさけるために、頭や顔をおおう、布でつくったふくろ状のかぶりもの。

【頭▼陀】《ズダ》 〔仏〕〔梵語《ボンゴ》の音訳〕僧《ソウ》が欲望を捨てて修行《シュギョウ》にはげむ。とくに、托鉢《タクハツ》して歩くこと。例 —の行《ギョウ》。

【頭▼陀袋】《ズダぶくろ》 ①托鉢《タクハツ》する僧《ソウ》がお経《キョウ》や布施《フセ》などを入れて、首からさげるふくろ。②だぶだぶの大きな布のふくろ。

【頭痛】《ズツウ／トウツウ》 ①頭がいたむこと。例 —、発熱に苦しむ。②気がかりなこと。例 子供の素行《ソコウ》が—《ズツウ》のたねだ。

【頭脳】《ズノウ》 ①(人間の)脳。②頭のはたらき。知力。判断力。例 —労働。③頭のはたらきのすぐれた人。例 世界的な—。④集団の中心になって働く人。首脳。例 会社の—。

【頭韻】《トウイン》 押韻《オウイン》法の一つ。語句の初めに同じ韻をくりかえして用い、快いリズムを生み出す表現法。対 脚韻《キャクイン》。

【頭角】《トウカク》 頭に生えた、つの。ものごとの始まるきっかけ、若者の意気ごみ、ばつぐんの才知などにたとえる。例 —をあらわす(＝すぐれた才能を発揮して目立つようになる)。

【頭首】《トウシュ》 かしら(に立つ人)。頭領《トウリョウ》。

【頭書】《トウショ》 文書の初めに書いてあること。例 —の成績を収めたので表彰《ヒョウショウ》する。

【頭注】《トウチュウ》 本文の上の欄《ラン》につける注釈《チュウシャク》。対 脚注《キャクチュウ》。表記 旧頭▼註

【頭頂】《トウチョウ》 (頭の)てっぺん。脳天。例 —骨。

【頭童歯▼豁】《トウドウシカツ》 年老いて、頭がはげ歯がぬけたようす。〈韓愈《カンユ》・進学解《シンガクカイ》〉

【頭取】《トウどり》 〔もと、音頭《オンド》を取る人の意〕代表者として、さしずをする人。銀行などのとりしまりの責任者。

【頭髪】《トウハツ》 頭に生える毛。

【頭髪《トウハツ》上指《ジョウシ》す】 (激しいいかりのあまり)かみの毛が逆立つ。怒髪《ドハツ》天を衝《つ》く。〈史記《シキ》〉

【頭部】《トウブ》 頭の部分。

【頭目】《トウモク》 ①頭と目。②先頭に立つ指導者。リーダー。〔日本では「悪者のかしら」をいうことが多い〕例 山賊《サンゾク》の—。

【頭領】《トウリョウ》 (ある集団の)かしら。親分。首領。類 統領・棟梁《トウリョウ》。例 一味の—。

●音頭《オンド》・巨頭《キョトウ》・出頭《シュットウ》・船頭《センドウ》・台頭《タイトウ》・塔頭《タッチュウ》・

念頭《ネントウ》・旗頭《はたがしら》・筆頭《ヒットウ》・冒頭《ボウトウ》・没頭《ボットウ》・毛頭《モウトウ》

頁 7
【頰】
16画 1-9390 9830 常用 音 キョウ漢呉 訓 ほお・ほほ

筆順 一 厂 ア 双 夾 夾 頰 頰

頁 6
[頬]
15画 4343 982C 俗字

なりたち [形声]「頁(=あたま)」と、音「夾《キョウ》」とから成る。顔面の両わき。

意味 顔の両横。ほほ。ほお。例 豊頰《ホウキョウ》。

人名 つら・ほ

【▽頰骨】《キョウコツ・ほおぼね》 ほおの上部の、少し高く出ている骨。

【頰▼杖】《ほおづえ》 手のひらをほおに当て、ひじをついて頭部をささえること。考えごとなどをするポーズ。例 —をつく。

漢字に親しむ ㉔ 「頭」は、あたま?

「口頭で述べる」「念頭におく」「店頭で販売《ハンバイ》する」「怒《いか》り心頭に発す」「路頭に迷う」——これらに共通する「頭」は「あたま」とどう関係するのでしょうか。

実はこのような場合の「頭」は、名詞の後について場所をあらわす語をつくる接尾語《セツビゴ》で、「あたま」の意味ではありません。このほか「駅頭」「街頭」「埠頭《フトウ》」なども同じです。意味を考える場合に、「あたま」にとらわれないようにすることがたいせつです。

【頰▼髯】《ほおひげ》 ほおに生えるひげ。例 —をたくわえる。

頁 7
【頼】
16画 4574 983C 常用 音 ライ漢呉 訓 たの-む・たの-もしい・たよ-る・たよ-り

筆順 一 㠯 申 束 束 頼 頼 頼

貝 9
[賴]
16画 1-9226 8CF4 人名

なりたち [形声]「貝(=たから)」と、音「剌《ラツ→ライ》」とから成る。もうけ。

意味 ❶利益。もうけ。例 無頼《ブライ》(=なんの利益にもならない)。❷よりかかる。たのみにする。たよる。また、たより。たのみ。例 頼庇《ライヒ》(=たよりになるもの)。依頼《イライ》。信頼《シンライ》。

日本語での用法 一《たのみ・たのむ》ねがう。請《こ》う。「頼《たの》みを聞《き》いてやる・家政婦《カセイフ》を頼《たの》む」 二《たのもしい》たよりになる。たのむに足る。「頼《たの》もしい少年《ショウネン》」

人名 のり・よし・より

【頼▽母子講】《たのもしコウ》 〔「母子」は、あて字であろう〕かけ金を出し合って、一定期日に、くじや入札によってお金をゆうずうしあう集まり。頼母子。無尽《ムジン》。

●依頼《イライ》・信頼《シンライ》・無頼《ブライ》

頁 7
[頴]
16画 ⇩【穎】エイ(737ページ)

頁 7
【頻】
16画 ⇩【頻】ヒン(1067ページ)

頁 7
[頽]
16画 ⇩【頹】タイ(1066ページ)

頁 8
【顆】
17画 8089 9846 音 カ漢 訓 つぶ

意味 ❶小さくて丸いかたまり。つぶ。例 顆顆《カカ》(=ひとつぶひとつぶ)。顆粒《カリュウ》。❷ミカンなどのくだものや、宝石・真珠《シンジュ》など、丸いものを数えることば。

【顆粒】《カリュウ》 小さいつぶ。つぶ。例 —の飲み薬。

頁 8
【頻】
17画 4149 983B 常用 音 ヒン漢 ビン呉 訓 しき-りに

筆順 丨 ト 止 屮 步 頻 頻 頻

頁 7
【頻】
16画 1-9391 FA6A

なりたち [会意] 本字は「瀕」で、「頁(=あたま)」と「渉(=わたる)」とから成る。さしせまる。派生して「しきりに」の意。

意味 ❶しばしば。しきりに。例 頻出《ヒンシュツ》。頻発《ヒンパツ》。頻繁《ヒンパン》。❷顔をしかめる。ひそめる。同 顰《ヒン》。例 頻蹙《ヒンシュク》。

参考 「瀕」は、さしせまる、「頻」は、しきりに、の意に使い分けられている。

人名 かず・しげ・つら・はや

【頻▼蹙】《ヒンシュク》 ⇩【顰蹙】《ヒンシュク》(1070ページ)

【頻出】《ヒンシュツ》 (名・する) なん度もくりかえし、あらわれること。

【頻度】《ヒンド》 (あることが)くりかえして起こる度合い。例 —数。

【頻発】《ヒンパツ》 (名・する) なん度もくりかえし、続けざまに起こること。例 事件が—する。地震《ジシン》の—する地域。

【頻繁】《ヒンパン》 (名・形動ダ) なん度もおこなわれたり、たびたび起こること。例 —に訪問する。

【頻頻】《ヒンピン》 (形動タルト) なん度もくりかえし起こるようす。

頁 9
【額】
18画 1959 984D 教育5 音 ガク漢 カク呉 訓 ひたい・ぬか

筆順 宀 ク 夂 客 客 額 額 額

なりたち [形声] 本字は「頟」で、「頁(=あたま)」と、音「各《カク→ガク》」とから成る。ひたい。

意味 ❶まゆ毛から、かみの毛の生えぎわまでの部分。ぬか。ひたい。❷規定の数量。金銭の量。例 金額《キンガク》。総額《ソウガク》。定額《テイガク》。❸書画を書いて、門や部屋などにかけておくもの。がく。例 題額《ダイガク》(=がくに文字を書く)。扁額《ヘンガク》。

難読 月額《さかやき》・額田《ぬかた》(=地名・姓《セイ》)

【額装】《ガクソウ》 (名・する) 絵画や書・写真などを表装して額縁《ガクぶち》に入れること。

【額縁】《ガクぶち》 ①絵画などを入れて、かざるためのわく。フレーム。例 —をつける。②窓のまわりなどにはめる、かざりのわく。

【額面】《ガクメン》 ①貨幣《カヘイ》や証券などに書かれている金額。例 —価格。②ものごとの表面上の意味。例 —どおり。

●巨額《キョガク》・減額《ゲンガク》・高額《コウガク》・残額《ザンガク》・全額《ゼンガク》・増額《ゾウガク》・多額《タガク》・低額《テイガク》・半額《ハンガク》

頁 9
【顎】
18画 1960 984E 常用 音 ガク漢 訓 あご

筆順 丶 口 吅 罒 咢 咢 顎 顎

なりたち ［形声］「頁(＝あたま)」と、音「咢《ガク》」とから成る。いかめしい顔。

意味 顔つきがいかめしいようす。

日本語での用法 《ガク・あご》人や動物の口の上下にある器官。上あごと下あご。「顎骨《ガッコツ—あごぼね》・下顎《カガク—したあご》・上顎《ジョウガク—うわあご》」

頁 9

【顔】

18画 2073 9854 教育2 音 ガン漢 ゲン呉 訓 かお 付表 笑顔《えがお》

筆順 亠 立 产 彦 彦 彦 顔 顔 顔

頁 9

【顏】

18画 8090 984F

なりたち ［形声］「頁(＝あたま)」と、音「彦《ゲン→ガン》」とから成る。まゆの間。

意味 ❶まゆとまゆとの間。みけん。例 竜顔《リュウガン》(＝まゆの骨の丸く高い人相。また、天子の顔)。❷かお。かおつき。かおかたち。かおいろ。例 顔色《ガンショク》。顔貌《ガンボウ》。童顔《ドウガン》。❸いろどり。例 顔料《ガンリョウ》。❹姓《セイ》の一つ。例 顔回《ガンカイ》(＝孔子《コウシ》の弟子《デシ》)。

日本語での用法 《かお》信望や権威《ケンイ》をもつ人のたとえ。「顔役《かおヤク》・顔《かお》をきかせる」

難読 花の顔《はなのかんばせ》

【顔役】《かおヤク》 一定の地域やグループの中で勢力のある人。ボス。例 町の—。

【顔色】《ガンショク—かおいろ》 ①(体調のよしあしがうかがえるような)かおの色つや。類 血色。例 —《かおいろ》がいい。②(感情の動きがうかがえるような)かおのようす。類 気色。例 —《かおいろ》をうかがう。—《ガンショク》なし(＝すっかり圧倒《アットウ》されてしまうこと)。

【顔貌】《ガンボウ》 かおかたち。容貌。例 柔和《ニュウワ》な—。

【顔面】《ガンメン》 かお(の表面)。例 —蒼白《ソウハク》(＝恐怖《キョウフ》などのために血のけがひいて、顔が青白く見えること)。

【顔容】《ガンヨウ》 かおかたち。容貌《ヨウボウ》。

【顔料】《ガンリョウ》 ①ものに一定の色をつける物質。水や油にとけない着色料で、塗料《トリョウ》やインクなどの原料。②絵の具。

●朝顔《あさがお》・汗顔《カンガン》・紅顔《コウガン》・新顔《シンがお》・素顔《スがお》・尊顔《ソンガン》・拝顔《ハイガン》・目顔《めがお》・夕顔《ゆうがお》

頁 9

【顕】

18画 2418 9855 常用 音 ケン漢呉 訓 あき-らか・あらわ-れる

筆順 ㄇ 日 旦 显 显 顕 顕 顕

頁14

【顯】

23画 8093 986F 人名

なりたち ［形声］「頁(＝あたま)」と、音「㬎《ケン》」とから成る。頭の飾《かざ》り。派生して「あきらか」の意。

意味 ❶はっきりと目立つ。あきらか。例 顕著《ケンチョ》。明顕《メイケン》(＝あきらか)。❷おもてに出る。あらわれる。例 顕現《ケンゲン》。表顕《ヒョウケン》(＝はっきりと公表する)。露顕《ロケン》。❸たかくあげて明らかにする。ほめたたえる。あらわす。例 顕彰《ケンショウ》。顕揚《ケンヨウ》。❹名高い。身分が高い。例 顕学《ケンガク》(＝世に名高い学派)。顕官《ケンカン》。貴顕《キケン》。❺高貴なものや祖先を、うやまっていうことば。例 顕考《ケンコウ》(＝すぐれた先祖・亡父をうやまっていうことば)。

人名 あき・あきら・たか・てる

【顕位】《ケンイ》 高い地位。

【顕花植物】《ケンカショクブツ》 花がさいて、たねをつける植物。〔「種子植物」のもとの言い方〕対 隠花《インカ》植物。

【顕官】《ケンカン》 地位の高い官職。また、その職についている人。高官。

【顕教】《ケンキョウ—ケンギョウ》 〔仏〕〔明らかに説かれた教えの意〕真言宗や天台宗の一部で、他の、仏教の宗派を指していうことば。究極の教えとしての密教に対し、ことばによって具体的に説かれた、仮の教えをいう。対 密教。

【顕顕】《ケンケン》 (形動《タルト》) はっきりと明らかなようす。例 —たる令徳《レイトク》。

【顕現】《ケンゲン》 (名・する) 姿かたちなどが、はっきりとあらわれること。例 神が—する。

【顕在】《ケンザイ》 (名・する) はっきりと目に見える形で存在すること。対 潜在《センザイ》。例 影響《エイキョウ》が—化する。

【顕示】《ケンジ》 (名・する) はっきりと目立つように示すこと。例 自己—欲。正当性を—する。

【顕彰】《ケンショウ》 (名・する) (人に知られていない)よいことを表彰して、世間に広く知らせること。例 —碑《ヒ》。功績を—する。

【顕職】《ケンショク》 地位の高い重要な官職。例 —につくことを願う。

【顕然】《ケンゼン》 (形動《タルト》) はっきりと明らかなようす。例 結果が—とする。

【顕達】《ケンタツ》 (名・する) 高い地位にのぼること。栄達。例 —を望むのは人の常である。

【顕著】《ケンチョ》 (名・形動《ダナ》) はっきりと目立っているようす。例 —な功績。

【顕微鏡】《ケンビキョウ》 きわめて小さなものを、レンズなどで拡大して見えるようにする器械。例 電子—。—下の手術。

【顕要】《ケンヨウ》 (名・形動《ダナ》) 地位が高くて重要なこと。また、その人やようす。

【顕揚】《ケンヨウ》 (名・する) 世間に広く知らせて、名声などをほめたたえること。例 先祖を—する。

●隠顕《インケン》・貴顕《キケン》・露顕《ロケン》

頁 9

【顋】

18画 8091 984B 音 サイ漢 訓 あぎと・えら

月 9

【腮】

13画 7108 816E 別体字

意味 ❶ほお(の下のあたり)。あぎと。あご。例 顋《えら》が張《は》る。❷魚の呼吸器。えら。例 顋呼吸《えらコキュウ》。

難読 顋門《ひよめき》(＝乳児の頭の前頂部の、やわらかい部分)

頁 9

【題】

18画 3474 984C 教育3 音 テイ漢 ダイ呉

筆順 ㄇ 日 早 早 是 是 題 題 題

なりたち ［形声］「頁(＝あたま)」と、音「是《シ→テイ》」とから成る。ひたい。

意味 ❶ひたい(のつき出ているところ)。例 彫題《チョウダイ》(＝ひたいに入れずみをする)。❷(内容を短くまとめて)はしのところにあらわしたことば。タイトル。例 題名《ダイメイ》。表題《ヒョウダイ》。❸文や話の内容。解決を求められていることがら。テーマ。例 課題《カダイ》。議題《ギダイ》。主題《シュダイ》。❹(詩や文を)書きしるす。例 題画《ガダイ》。題署《ダイショ》(＝額《ガク》などに書きつける)。題壁《ダイヘキ》(＝かべに詩文を書きつける)。❺しなさだめをする。例 題評《ダイヒョウ》(＝しなさだめ)。品題《ヒンダイ》(＝しなさだめ)。

人名 みつ

【題意】《ダイイ》 表題や問題の意味。例 —をくわしく説く。

【題詠】《ダイエイ》 決められた題によって詩や歌を作ること。また、その

詩や歌。(対)雑詠。

【題画】《ダイガ》 絵画に詩や文を書きそえること。また、詩や文を書きそえた絵画。

【題言】《ダイゲン》 「題辞《ダイジ》」に同じ。

【題号】《ダイゴウ》 書物や新聞・雑誌などの題目。タイトル。

【題材】《ダイザイ》 作品の主題となる材料。例湖を―にした絵。

【題詩】《ダイシ》 感興をもよおして作った詩句を、その場でかべや書画などに書き付けること。また、その詩。

【題字】《ダイジ》 記念のために文字を書き付けること。また、そうして書かれた文字。

【題辞】《ダイジ》 ①(編著者以外が)書物の初めに内容や評価を述べ、ほめたたえる文章。例孟子《モウシ》―。②書物のはじめや石碑の上部などに書き記すことば。題詞。題言。

【題▼簽】《ダイセン》 (和本や唐本《トウホン》の)表紙に書名を書いてはる、細長い紙や布。

【題▼跋】《ダイバツ》 ①題辞と跋文(=巻末などに書く批評や感想の文)。②跋文を書くこと。

【題名】《ダイメイ》 書物・絵画・映画・音楽などの作品につけられた名前。タイトル。

【題目】《ダイモク》 ①書物や講義・講演などの内容を簡潔なことばで示したもの。②研究などのテーマ。③〔仏〕日蓮宗《ニチレンシュウ》で、表題としての「妙法蓮華経《ミョウホウレンゲキョウ》」とその経《キョウ》に帰依《キエ》する意の「南無《ナム》妙法蓮華経」のこと。例お―をとなえる。

◐演題《エンダイ》・宿題《シュクダイ》・出題《シュツダイ》・難題《ナンダイ》・表題《ヒョウダイ》・副題《フクダイ》・放題《ホウダイ》・本題《ホンダイ》・話題《ワダイ》

頁9

【類】

18画 4664 985E 教育4

音 ルイ漢呉 訓 たぐ-い

筆順 丷 半 米 米 类 类 類 類

頁10

【類】

19画 1-9404 F9D0 人名

なりたち  [形声]「犬(=いぬ)」と、音「頪《ライ→ルイ》(=わかりにくい)」とから成る。イヌどうしのように、たがいに似ている。

意味 ❶共通する性質をもつもの。なかま。たぐい。例魚類《ギョルイ》。同類《ドウルイ》。❷共通点によってものを分ける。例類別《ルイベツ》。分類《ブンルイ》。❸共通点がある。例類語《ルイゴ》。類似《ルイジ》。類推《ルイスイ》。❹ならべくらべる。例比類《ヒルイ》。無類《ムルイ》。

人名 とも・なお・なし・よし

【類縁】《ルイエン》 ①血筋や結婚《ケッコン》などによって、つながりのある人々。親類縁者。身うち。例―関係。②形や性質が似ていて、近い関係にあること。例―種。

【類火】《ルイカ》 よそから燃え移った火事。もらい火。類焼《ルイショウ》。

【類義語】《ルイギゴ》 意味が似通っている関係にあることば。類語。たとえば、「いえ」と「うち」、「準備」と「支度《シタク》」と「用意」など。

【類句】《ルイク》 ①意味が似通っている語句。②表現や意味が似ている俳句や川柳《センリュウ》。③和歌や俳句を五十音順、いろは順などに並べて、引きやすくした書物。例万葉集―。

【類型】《ルイケイ》 ①似たものの間に共通して認められる型《かた》。例―学。―化する。②ありふれて個性のないもの。例―的。

【類語】《ルイゴ》 「類義語《ルイギゴ》」に同じ。

【類▼纂】《ルイサン》 (名・する)種類ごとに集めて、まとめること。また、そうして編集した書物。

【類字】《ルイジ》 形の似ている文字。「己《キ》」「已《イ》」「巳《シ》」など。

【類似】《ルイジ》 (名・する)よく似通っていること。まぎらわしいこと。例―品。―の問題。

【類▼聚】《ルイジュ|ルイジュウ》 同じ種類のものを集めること。また、集めた書物。類集。例芸文《ゲイモン》―(=中国の「類書②」の一つ)。

【類書】《ルイショ》 ①内容や形式が似ている書物。同じ種類の書物。例―がない。②語句や故事を分類整理して編集した書物。例―を使って出典を調べる。

【類焼】《ルイショウ》 (名・する)ほかからの出火が燃え移って、焼けること。もらい火。類火。例―をまぬがれる。

【類人猿】《ルイジンエン》 サルの中で人類に最も近い種類。オランウータン・チンパンジー・ゴリラ・テナガザルなど。

【類推】《ルイスイ》 (名・する)似ている点をもとにして、ほかのものごとをおしはかること。例―の域を出ない。―して結論を導く参考にする。

【類同】《ルイドウ》 (名・する・形動《ナ》)似通っていること。同じ種類であること。

【類比】《ルイヒ》 (名・する)①似通ったものをくらべてみること。比較《ヒカク》。②「類推《ルイスイ》」に同じ。

【類別】《ルイベツ》 (名・する)種類ごとに分けること。分類。

【類本】《ルイホン》 同種類の本。類似した本。類書。

【類例】《ルイレイ》 似通った例。例―がない。―の多い著作。

◐菌類《キンルイ》・穀類《コクルイ》・種類《シュルイ》・書類《ショルイ》・親類《シンルイ》・人類《ジンルイ》・藻類《ソウルイ》・鳥類《チョウルイ》・部類《ブルイ》

頁9

【顔】

18画 ⇩【顔】《ガン》(1068ページ)

頁10

【願】

19画 2074 9858 教育4

音 ゲン漢 ガン呉 訓 ねが-う・ねが-い

筆順 一 厂 厈 原 原 原 願 願

なりたち  [形声]「頁(=あたま)」と、音「原《ゲン》」とから成る。大きな頭。借りて「ねがう」の意。

意味 ❶のぞむ。ねがう。例願望《ガンボウ》。宿願《シュクガン》。❷神仏にいのる。例願主《ガンシュ》。祈願《キガン》。誓願《セイガン》。❸たのむ。こう。例請願《セイガン》。嘆願《タンガン》。

【願意】《ガンイ》 こうなってほしいと願う強い思い。例―を述べる。

【願主】《ガンシュ》 神仏に願をかけた当人。願人。例―となって仏塔《ブットウ》を建てる。

【願書】《ガンショ》 入学などの許可を得るために出す書類。例―を受け付ける。

【願人】《ガンニン》 神仏に願をかけた人。願主。

【願望】《ガンボウ|ガンモウ》 強く思うこと。また、その思い。例―が聞き入れられる。

【願文】《ガンモン》 神仏への願いごとをしるした文。発願文《ホツガンモン》。

【願力】《ガンリキ》 ①〔仏〕阿弥陀仏《アミダブツ》が人々の救済を願う力。②神仏にいのって、願いをとげようとする意気ごみ。

◐哀願《アイガン》・依願《イガン》・懇願《コンガン》・志願《シガン》・出願《シュツガン》・大願《タイガン》・念願《ネンガン》・悲願《ヒガン》・満願《マンガン》

頁10

【顚】

19画 1-9403 985A 人名

音 テン漢呉 訓 いただき・たお-れる

頁10

【顛】

19画 3731 985B 俗字

意味 ❶頭のてっぺん。例顚毛《テンモウ》(=頭の毛)。❷山のいただき。例山顚《サンテン》(=山頂)。❸もと。はじめ。例顚末《テンマツ》。❹さかさまになる。ひっくりかえる。例顚倒《テントウ》。顚覆《テンプク》。❺落ちる。例顚落《テンラク》(=ころがり落ちる)。❻つまずく。たおれる。例顚沛《テンパイ》。❼正常でない。同癲《テン》。例顚狂《テンキョウ》。瘋顚《フウテン》(=精神状態が正常ではない人。また、決まった仕事をもたずぶらぶらしている人)。

人名 かみ

【顚狂《テンキョウ》】精神疾患。

【顚倒《テントウ》】(名・する) ①順序がさかさまになること。例本末—。②たおれること。例雪道で—する。③平常心を失い、うろたえること。例気が—する。表記 ▽(現)転倒

【顚▼沛《テンパイ》】(名・する) ①つまずいてたおれること。危急の時。とっさの時。例造次—(=急な時)。〈論語《ロンゴ》〉②失敗すること。挫折《ザセツ》すること。

【顚覆《テンプク》】(名・する) ①ひっくりかえること。例電車が—する。②打ちたおすこと。ほろぼすこと。例幕府の—をはかる。

表記 ▽(現)転覆

【顚末《テンマツ》】ものごとのはじめから終わりまで。一部始終。例—書。事故の—。

頁10【顚】19画 ⇩【顛《テン》】(1069ページ)

頁10【類】19画 ⇩【類《ルイ》】(1069ページ)

頁12

【顧】

21画 2460 9867 常用 音 コ(漢)(呉) 訓 かえり-みる

筆順 ヨ 戸 戸 戸 戸 雇 雇 顧

頁12【顧】21画

なりたち 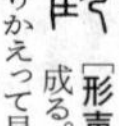 [形声]「頁(=あたま)」と、音「雇《コ》」とから成る。かえりみる。

意味 ❶ふりかえって見る。見まわす。かえりみる。例顧眄《コベン》(=ふりかえって見る)。一顧《イッコ》。❷目をかける。かわいがる。いつくしむ。例愛顧《アイコ》。恩顧《オンコ》。❸おとずれる。たずねる。例顧客《コキャク》。三顧《サンコ》の礼《レイ》。❹姓《セイ》の一つ。例顧炎武《コエンブ》(=清《シン》代の学者)。

使い分け かえりみる【顧・省】⇩1166ページ

人名 み

【顧《かえり》みて他《タ》を言《い》う】横を向いてほかの話をする意。返答に窮《キュウ》するさま。本題をごまかすこと。〈孟子《モウシ》〉

【顧客《コキャク》】「「コカク」とも」ひいきにしてくれる客。おとくい。とくい客。例—名簿《メイボ》。

【顧問《コモン》】会社や学校、団体などで、相談を受けて指導や助言をする人。例会社の—。部活動—の先生。

【顧慮《コリョ》】(名・する) 気配りすること。心にとめること。例周囲への—が足りない。

●愛顧《アイコ》・恩顧《オンコ》・回顧《カイコ》

頁12【顧】21画 ⇩【顧《コ》】(1070ページ)

頁13

【顫】

22画 8092 986B 音 セン(漢) 訓 ふる-える

意味 ❶手足が振動《シンドウ》する。わななく。❷鼻がよくきく。

【顫動《センドウ》】(名・する) こきざみにふるえ動くこと。例空気の—。

頁14【顯】23画 ⇩【顕《ケン》】(1068ページ)

頁15

【顰】

24画 8094 9870 音 ヒン(漢) ビン(呉) 訓 しか-める・ひそ-める・ひそ-み

意味 まゆのあたりにしわをよせる。(顔を)しかめる。(まゆを)ひそめる。ひそみ。(同)頻《ヒン》。例顰蹙《ヒンシュク》。顰《ひそ》みに効《なら》う。

【顰《ひそ》みに▽効《なら》う】考えもなく人のまねをすること。また、人にならって自分もそうすることをへりくだっていうことば。〔春秋時代、越《エツ》の国の絶世の美女、西施《セイシ》が胸を病《や》んで顔をしかめていた。ところが、それがたいそう美しく見えたので、あるみにくい女が、さっそくまねをしたが、それを見た人々はみなにげ出したという〕〈荘子《ソウジ》〉表記「顰みに倣う」とも書く。

【顰▼蹙《ヒンシュク》】(名・する)〔「蹙」も、顔をしかめる意〕不快に感じて顔をしかめること。まゆをひそめること。例—を買う。

表記「頻▼蹙」とも書く。

頁16

【顱】

25画 8101 9871 音 ロ(漢) 訓 かしらのほね・ひたい

意味 ❶頭蓋骨《ズガイコツ》。顱骨《ロコツ》。❷頭。かしら。❸ひたい。ぬか。

【顱頂骨《ロチョウコツ》】頭蓋骨《ズガイコツ》の一部で、頭頂部を形成する平たくて四角形の骨。頭頂骨《トウチョウコツ》。

頁17

【顴】

26画 8102 9874 音 カン(慣) ケン(漢) 訓 つらぼね

意味 ほおぼね。顴骨《カンコツ》。

頁18

【顳】

27画 8103 9873 音 ショウ(慣) ジョウ(漢)

意味「顳顬《ショウジュ》」は、こめかみ。

182 9画

風 かぜ部

かぜの意をあらわす。「風」をもとにしてできている漢字を集めた。

0 風 3 凧 5 颯 颱 8 颶 11 飄 飂 12 飆 飇

風0

【風】

9画 4187 98A8 教育2 音 フウ(漢) フ(呉) 訓 かぜ・かざ 付表 風邪《かぜ》

筆順 丿 几 凡 凡 凧 凬 風 風 風

なりたち 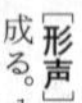 [形声]「虫(=むし)」と、音「凡《ハン→フウ》」とから成る。八方からふく(季節ごとの)かぜ。

参考 かぜによって虫(=生き物)が発生するので、「風」の字形には「虫」がふくまれている。

意味 ❶ゆれ動く大気の流れ。かぜ。例風雨《フウウ》。微風《ビフウ》。暴風《ボウフウ》。❷自然(=かぜの広がる空間)のながめ。例風景《フウケイ》。風光《フウコウ》。風致《フウチ》。❸しきたり。ならわし。例風習《フウシュウ》。風俗《フウゾク》。❹人がらや様式。ありさま。おもむき。例風格《フウカク》。気風《キフウ》。風采《フウサイ》。作風《サクフウ》。❺(かぜが草木をなびかせるように)人に影響《エイキョウ》をあたえる。例風教《フウキョウ》。風靡《フウビ》。❻(かぜのように)それとなく広がるうわさ。例風説《フウセツ》。風評《フウヒョウ》。風聞《フウブン》。❼さかりがつく。例風馬牛《フウバギュウ》。❽びょうき。例風邪《フウジャ》。風疹《フウシン》。痛風《ツウフウ》。❾『詩経《シキョウ》』の六義《リクギ》の一つ。地方の歌謡《カヨウ》。❿それとなく言う。ほのめかす。(同)諷《フウ》。例風刺《フウシ》。風諭《フウユ》。

難読 風巻《しまき》・風采《みなり》・風俗《くにぶり・ならわし》・風信子《ヒヤシンス》・風聴《ふいちょう》・風疹《かざほろし》・風流《おもしろ》し・風聞《ほのき》く

人名 のり

【風花《かざはな・かざばな》】①空は晴れているのに、ちらつく雪。また、風上《かざかみ》で積もった雪が、風で舞《ま》い上がって降るもの。②発熱による発疹《ハッシン》。かざほろし。

【風窓《かざまど》】①風通しをよくするための窓。例—を開ける。②家のゆか下や天井裏《テンジョウうら》などに、通風のためにあけた穴。

【風見《かざみ》】風の方向を調べるための器具。矢やニワトリの形をしているものが多い。例—鶏《どり》。

[頁部] 10—18画 顚 類 顧 顧 顫 顯 顰 顱 顴 顳

[風部] 0画 風

【風圧《フウアツ》】物体に加わる風の圧力。

【風位《フウイ》】風のふく方位。かざむき。風向《フウコウ》。[例]多くの―の称呼《ショウコ》がある。

【風雨《フウウ》】①風と雨。②風とともに降る雨。[例]―にさらされる。

【風雲《フウウン》】①風と雲。②今しも天下が乱れ、異常が起こりそうなようす。[例]―急を告げる。③竜《リュウ》が風と雲に乗って天にのぼるように、英雄《エイユウ》が機会を得て世に出ることのたとえ。[例]―の志。―を望む。

【風雲児《フウウンジ》】世の中が大きく変わろうとするときにあらわれて、活躍《カツヤク》する人。[例]戦国の―織田信長《おだのぶなが》。

【風化《フウカ》】(名・する)①地表の岩石が、水や熱や風などでしだいにくずれ、土になること。[例]―作用。②年月がたつにつれて、なまなましい経験や記憶《キオク》や印象がうすれ、忘れ去られること。[例]戦争体験の―。③徳や業績の影響《エイキョウ》があって人心が変化すること。[例]郷土の偉人《イジン》の―による新人の成長。

【風雅《フウガ》】[一](名・形動《ナダ》)俗《ゾク》でなく、上品で優雅《ユウガ》なおもむき。[例]―を好む。―な茶室。[二](名)漢詩や和歌、文章の道。とくに俳諧《ハイカイ》を指す。[例]―をたしなむ。

【風害《フウガイ》】強い風による被害《ヒガイ》。[例]―を受けた森林。

【風格《フウカク》】①おのずとにじみでる人格や人がら。[例]横綱《よこづな》の―。②ものの味わいや、おもむき。[例]―のある書体。

【風紀《フウキ》】風俗《フウゾク》習慣に関する規律。社会生活上の決まり。とくに、異性との交遊の節度。[例]―の乱れ。―を正しく守る。

【風儀《フウギ》】①しきたり。ならわし。(類)風習。[例]いなかの―。②行儀作法《ギョウギサホウ》。しつけ。[例]生徒の―。③ようす。身なり。容姿。

【風狂《フウキョウ》】①気がくるっていること。また、その人。②度をこして風流に熱中すること。また、その人。[例]―の人。

【風教《フウキョウ》】上に立つ者が、人々をよい方向へ教え導くこと。

【風琴《フウキン》】①オルガン。②「手風琴《てフウキン》」の略。アコーディオン。[例]―を鳴らす辻《つじ》芸人。

【風景《フウケイ》】①自然の景色《けしき》。ながめ。(類)風光。[例]田園―。②その場の光景。ようす。[例]年末―。ほほえましい―。

【風穴】[一]《フウケツ》山腹などにあり、夏でも冷たい風をふき出すあな。[二]《かざあな》風通しをよくするためのあな。[例]―をあける。

【風月《フウゲツ》】①さわやかな風と明るい月。転じて、美しい景観。(類)風光。[例]花鳥―。②風流を楽しむこと。詩歌《シイカ》などを作ること。[例]―を友とする。

【風光《フウコウ》】自然の景色《けしき》。(類)風景。[例]―明媚《メイビ》。

【風向《フウコウ》】風のふく方角。かざむき。(類)風位。[例]―計。

【風骨《フウコツ》】からだつき。ようす。体格や風采《フウサイ》。

【風災《フウサイ》】強風による災害。風害。

【風采《フウサイ》】人の顔つきや身なりなど、外見から受ける印象。(類)風姿・風体《フウテイ》。[例]りっぱな―の人。―が上がらない。

【風刺《フウシ》】(名・する)政治や社会的な事件、人物などを、遠まわしに、からかったり、批判したりすること。[例]―画。社会―。[表記](旧)▼諷刺
【風姿《フウシ》】すがたかたち。身なり。(類)風体《フウテイ》・風采《フウサイ》。

【風車】[一]《フウシャ》風で羽根車を回し、動力として利用する装置。[例]―小屋。―発電。[二]《かざぐるま》風で回るおもちゃ。

【風邪《フウジャ》《かぜ》】からだをぬれたままにしたり、寒いのにむりをしたりして起こる症状《ショウジョウ》を、まとめていったことば。感冒《カンボウ》。[例]―《フウジャ》発熱。―《かぜ》をひく。

【風趣《フウシュ》】上品な味わい。おもむき。[例]―のある庭園。

【風習《フウシュウ》】その土地に根づいている、生活上のならわしやしきたり。風俗《フウゾク》習慣。[例]日本古来の―。

【風樹の嘆《フウジュのタン》】親孝行しようと思うときには、親はすでになくなっていてできない、というなげき。〔「樹《き》静かならんと欲《ほっ》すれど風止《や》まず、子養わんと欲すれども親待たず」による〕〈韓詩外伝《カンシガイデン》〉[表記](旧)風樹の▼歎
【風食《フウショク》】(名・する)風にふき飛ばされ、砂が岩石を浸食《シンショク》すること。[表記]「風▼蝕」とも書く。

【風▼疹《フウシン》】高熱や発疹《ハッシン》をともなう、はしかに似た感染病。子供に多く、二、三日で治る。みっかばしか。

【風神《フウジン》】①風の神。(類)風伯《フウハク》。[例]―雷神《ライジン》。②人がら。人品《ジンピン》。

【風▼塵《フウジン》】①風に舞《ま》い立つ砂やほこり。②ごく軽いもののたとえ。[例]命―より軽し。③人の世のこまごまとしたわずらわしさ。また、その俗世間《ゾクセケン》。④戦乱。兵乱。

【風水《フウスイ》】①風と水。②陰陽《インヨウ》思想をもとに、方位や地形などをみて、建築物や墓などの位置を決める、うらない。[例]―による、うらない。

【風水害《フウスイガイ》】強風と洪水《コウズイ》による被害《ヒガイ》。

【風勢《フウセイ》】風のいきおい。風力や風圧。[例]―とみに加わる。

【風声▽鶴▼唳《フウセイカクレイ》】風のふく音とツルの鳴き声。わずかな物音にも、びくびくとこわがることのたとえ。〔昔、前秦《ゼンシン》の軍勢が戦いに敗れてにげるとき、風の音やツルの声にも敵が追いついたかと、こわがったという故事による〕〈晋書《シンジョ》〉

【風雪《フウセツ》】①風と雪。また、強い風をともなう雪。②苦労のたとえ。[例]―にたえる。

【風説《フウセツ》】世間に伝わるうわさ。(類)風評・風聞。[例]―に迷わされる。

【風船《フウセン》】紙やゴムなどで作り、中に空気やヘリウムガスを入れてふくらませ、飛ばしたりして遊ぶもの。風船玉。

【風前の▽灯《フウゼンのともしび》】〔「風前」は、風にさらされていることの意〕風でいつ消えるかわからない灯。転じて、危険な状態にあって、命があやういこと。また、人の命のはかないことのたとえ。

【風葬《フウソウ》】死者のほうむり方の一つ。死体を風雨にさらして、自然にまかせる。(対)火葬・水葬・土葬。

【風霜《フウソウ》】①風としも。[例]―にたえてさく梅の花。②世の中の、つらい苦難や試練のたとえ。[例]―を乗りきる。③年月の移り変わり。(類)星霜。[例]短《みじか》からぬ―を経る。

【風速《フウソク》】風のはやさ。一秒間に進む距離《キョリ》で表示する。[例]最大―三〇メートル。

【風俗《フウゾク》】ある一定の地域や時代に広まっている、衣・食・住など生活のしきたりやならわし。[例]―習慣。

【風袋《フウタイ》】①はかりで重さをはかるときの、品物を包んでいるふくろやうつわなど。また、その重さ。[例]―とともに重さを量る。②うわべ。みかけ。

【風▼鐸《フウタク》】寺の堂や塔《トウ》などの軒《のき》の角《かど》ごとにつるす、鐘《かね》の形をした風鈴《フウリン》。

【風致《フウチ》】自然の景色《けしき》などのおもむき。(類)風趣《フウシュ》。[例]―地区。

【風潮《フウチョウ》】時代によって移り変わる、世の中のふんいきや傾向《ケイコウ》。[例]なげかわしい―。現代の―。

【風調《フウチョウ》】①おもむき。ようす。②(音楽の)調子。(詩歌《シイカ》などの)しらべ。

【風鎮《フウチン》】風のためにゆれ動かないように、かけ軸《ジク》の両下端《カタン》につるす、おもり。

【風体《フウテイ》】〔「フウタイ」とも〕人のようす。身なり。(類)風采《フウサイ》・風姿《フウシ》。[例]あやしい―の男がうろついている。

【風土《フウド》】そこに住む人々の慣習や文化に影響《エイキョウ》をあたえる要素である、気候・地質・地形など。[例]―病(=特定の地域に持続的に発生する病気)。

【風土記】《フドキ》①日本の上代の地理書。各地の土地の状態・産物・伝説などをまとめてある。[例]出雲《いずも》—。②地方ごとに風土・産物・文化・伝説などを書いた本。[例]人物—。

【風▼濤】《フウトウ》①風と波。②風によって立つ波。

【風洞】《フウドウ》物体が風によってどんな影響《エイキョウ》を受けるかを調べるための、トンネル形の装置。[例]—実験。

【風波】《フウハ》①風と波。また、風によって起こる荒波《あらなみ》。かざなみ。[例]—が高い。②争いやもめごとなどの、おだやかでないことのたとえ。[例]会社内に—が立つ。—の絶えない家庭。

【風媒花】《フウバイカ》〔「媒」は、媒介《バイカイ》の意〕風によって運ばれた花粉が、めしべの柱頭について受粉する花。マツ・スギなど。(対)水媒花・虫媒花・鳥媒花。

【風馬牛】《フウバギュウ》さかりのついたウマやウシは、遠く離れていても誘い合うが、それもできないほどに遠くはなれていること。また、まったく無関係なことのたとえ。〔「風《フウ》する馬牛も相《あい》及《およ》ばず」による〕〈春秋左氏伝《シュンジュウサシデン》〉

【風発】《フウハツ》(名・する)風がふき起こるように、勢いがさかんなこと。雄弁《ユウベン》なことのたとえ。[例]談論—。

【風▼靡】《フウビ》(名・する)多くの人々をなびき従わせること。もてはやされること。流行すること。〔風がふいて草木をなびかせることから〕[例]一世を—する。

【風評】《フウヒョウ》うわさ。評判。(類)風説・風聞。[例]あまり—がよくない。

【風物】《フウブツ》①目にうつる景色《けしき》やながめ。[例]夕暮れの湖畔《コハン》の—。②その季節のものとして特色づけられているもの。[例]四季折折の—。

【風物詩】《フウブツシ》①風景や季節を詠《よ》んだ詩。②俗《ゾク》に、その季節をよく感じさせるもの。[例]風鈴《フウリン》は夏の—。

【風聞】《フウブン》(名・する)どこからともなく伝わるうわさ。また、あることをとりざたすること。(類)風説・風評。

【風防】《フウボウ》風をふせぐこと。かざよけ。[例]—ガラス。

【風貌】《フウボウ》身なりや顔かたちのようす。[例]仙人《センニン》の—。

【風味】《フウミ》その食べ物の味や舌ざわりなど、上品な味わい。[例]—のいい和菓子《ワガシ》。—をそこなう。

【風紋】《フウモン》風がふいて砂の上にできた模様。[例]風と共に変わりゆく—。

【風諭】《フウユ》(名・する)たとえなどを引いて、遠回しにそれとなく教えさとすこと。[例]—詩。[表記]「▼諷喩」とも書く。

【風来坊】《フウライボウ》風にふき動かされるようにあらわれ、定まった住まいや決まった仕事をもたず、気ままに生きている人。

【風流】《フウリュウ》(名・形動ダナ)①上品でしみじみとしたおもむきのあること。(類)風雅《フウガ》。[例]—な庭。②詩歌《シイカ》や、書画・茶道など、俗《ゾク》をはなれた、みやびな世界。[例]—を解する。

【風流韻事】《フウリュウインジ》自然を友とし、詩歌《シイカ》を作るなどして楽しむこと。[例]—をたしなむ。

【風力】《フウリョク》①風の力。風の強さ。[例]—発電。—計。②風力階級のこと。風の強さを0から12までの段階に分けたもの。[例]南南西の風—3。

【風鈴】《フウリン》軒下《のきした》などにつるし、風がふくとゆれて鳴る鈴《すず》。金属・ガラス・陶器《トウキ》などで作る。[例]—のすずしげな音。

【風浪】《フウロウ》風と波。また、風によって起こる波。風波。

【風情】《フゼイ》①上品なおもむき。みやびで、おもむきのあるようす。(類)情趣《ジョウシュ》。[例]—のある庭。②ありさま。ようす。[例]町の—。③自分をへりくだったり、他人をおとしめたりする意をそえることば。[例]私—が申しても役に立たない。

【風呂】《フロ》からだをきれいにしたり、中にはいったりする湯。また、その湯を入れた湯ぶね。[例]—をたてる。

【風呂敷】《フロしき》物を包んで持ち運ぶための正方形の布。[例]大《おお》—《ブロしき》を広げる(=大言壮語《ソウゴ》する)。

【風炉】《フロ》茶道で、茶席に置き、釜《かま》をかけて湯をわかすための炉。五月から十月ごろまで使う。

●海風《カイフウ》・家風《カフウ》・寒風《カンプウ》・逆風《ギャクフウ》・古風《コフウ》・順風《ジュンプウ》・新風《シンプウ》・台風《タイフウ》・無風《ムフウ》・和風《ワフウ》

風3
【颪】
12画 8104 98AA [国字] [訓]おろし

[意味]高いところからふきおろす風。おろし。[例]赤城颪《あかぎおろし》。伊吹颪《いぶきおろし》。

風5
【颯】
14画 8105 98AF [人名] [音]サツ(慣)ソウ(漢)(呉)

[なりたち]

[形声]「風(=かぜ)」と、音「立《リュウ》→《ソウ》」とから成る。風の音。

[意味]❶風がさっとふく音。[例]颯颯《サッサツ》。❷きびきびしたようす。[例]颯爽《サッソウ》。

【颯颯】《サッサツ》(形動トタル)風のふくようす。また、風の音を立てるようす。[例]—とした松風の音がわたってくる。

【颯爽】《サッソウ》(形動トタル)姿や行動がきびきびとして、さわやかなようす。[例]—と歩く。—たる雄姿《ユウシ》を見せる。

風5
【颱】
14画 8106 98B1 [音]タイ(漢)

[意味]「颱風」は、台風。また、おおかぜ。〔「颶風《グフウ》」よりも強い季節風を指し、英語 typhoon の音《オン》をもとに大風の意で「颱」を用いたという〕

風8
【颶】
17画 8107 98B6 [音]ク(漢)グ(呉)

[意味]海上に発生する暴風。台風。つむじかぜ。[例]颶風《グフウ》。

【颶風】《グフウ》①大きなつむじ風。②台風やハリケーンなど、熱帯性の暴風雨のこと。

風11
【飄】
20画 8108 98C4 [音]ヒョウ(漢)(呉) [訓]つむじかぜ・ひるがえ-る

風11
［飃］
20画 8109 98C3 別体字

[意味]❶旋回《センカイ》する風。つむじかぜ。[例]飄風《ヒョウフウ》(=つむじかぜ)。❷風にふかれて、まいあがる。ひるがえる。[例]飄揚《ヒョウヨウ》(=風にふかれて、まいあがる)。❸(風にふかれたように)ふらふらとさすらう。俗《ゾク》世間からはなれた。[例]飄逸《ヒョウイツ》。飄然《ヒョウゼン》。

[難読]飄石《ずんばい》《ふりずんばい》(=つぶて。つぶてを打つ遊び)

【飄逸】《ヒョウイツ》(形動ダナ)世間ばなれしていて、細かいことにこだわらないようす。[例]—な表情。

【飄客】《ヒョウカク》酒色に遊びほうける男。放蕩者《ホウトウもの》。遊冶郎《ユウヤロウ》。[表記]「▼嫖客」とも書く。

【飄然】《ヒョウゼン》(形動トタル)①ふらりとやって来ては、ふらりと去るようす。[例]—として去る。②世間のわずらわしさにこだわらないようす。[例]—たる暮らしぶり。

【飄泊】《ヒョウハク》(名・する)ふるさとをはなれ、他国を流れさすらうこと。漂泊《ヒョウハク》。(類)放浪・流浪《ルロウ》。

【飄飄】《ヒョウヒョウ》(形動トタル)①風にふかれてひるがえるようす。[例]落花《ラッカ》—。②行くあてもなくさまようようす。[例]—とただよう小舟《こぶね》。③(人がらや態度について)小さなことにはこだわらず、大らかで、とらえどころのないようす。[例]—とした人。—と語る。

風11
［飃］
20画 ⇩【飄】《ヒョウ》(1072ページ)

風 12
【飆】 21画 8110 98C6 音 ヒョウ(漢) 訓 つむじかぜ

風12
【飇】 21画 2-9241 98C7 別体字
意味 下から巻きあげるようにふく強い風。つむじかぜ。(同)飄《ヒョウ》。例 飆塵《ヒョウジン》(=風のふきあげるちり)。

風12
【飈】 21画 ⇩【飆《ヒョウ》】(1073ページ)

183 9画 飛 とぶ部

とりがつばさをひろげてとぶ形をあらわす。「飛」と、「飛」をもとにしてできている「飜」とを集めた。

0 飛 12 飜

飛 0
【飛】 9画 4084 98DB 教育4 音 ヒ(漢) 訓 と-ぶ・と-ばす

筆順 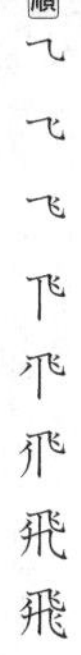

なりたち  [象形] 鳥が首をのばし羽をひろげてとぶ形。

意味 ❶鳥のように空中を進む。また、高くとびあがる。とぶ。例 飛行《ヒコウ》。飛翔《ヒショウ》。雄飛《ユウヒ》。❷とぶように速い。例 飛脚《ヒキャク》。飛流《ヒリュウ》(=はやい流れ)。❸高くそびえる。たかい。例 飛橋《ヒキョウ》(=高いかけ橋)。飛軒《ヒケン》(=高くそびえる建物ののき)。❹架空《カクウ》の。根拠《コンキョ》のない。例 飛語《ヒゴ》。

日本語での用法 [一]《ヒ》①「飛騨《ひだ》(=今の岐阜《ぎふ》県の北部)」の略。「飛州《ヒシュウ》」②将棋《ショウギ》の駒《こま》の一つ。「飛車《ヒシャ》」[二]《とぶ》①広まる。「うわさが飛《と》ぶ」②順序どおりでなく先に進む。「途中《トチュウ》を飛《と》ばして読《よ》む・飛《と》び石《いし》」

使い分け とぶ【飛・跳】⇩1174ページ

難読 飛竜頭《ヒリュウズ|ヒリョウズ》・飛沫《しぶき》・飛礫《つぶて》・飛泉《たき》

人名 たか

【飛宇】《ヒウ》 高い軒《のき》。飛軒《ヒケン》。

【飛雨】《ヒウ》 風にあおられて飛ぶように降る雨。

【飛▼燕】《ヒエン》 空を飛ぶツバメ。例 ―のような身のこなし。

【飛花】《ヒカ》 風に飛び散る花びら。例 ―落葉。

【飛脚】《ヒキャク》 ①急な事件や用事などを、遠方へ知らせるための使者。②昔、手紙や金品などの配達を仕事とした人。

【飛球】《ヒキュウ》 野球で、高く上がった打球。フライ。

【飛言】《ヒゲン》 根も葉もないうわさ。デマ。飛語。

【飛語】《ヒゴ》 根拠《コンキョ》のないうわさ。デマ。飛言。例 流言―。表記 (旧)▼蜚語

【飛行】 (名・する) [一]《ヒコウ》 空を飛ぶこと。例 ―距離《キョリ》。低空―。[二]《ヒギョウ》〔仏〕空を自由にかけめぐること。例 ―の術。

【飛行機】《ヒコウキ》 プロペラやジェットエンジンなどの推進力によって空を飛ぶ、翼《つばさ》のある乗り物。(類)航空機。

【飛行場】《ヒコウジョウ》 航空機が離着陸《リチャクリク》する設備のある場所。(類)空港。

【飛行船】《ヒコウセン》 ヘリウムガスなど、空気より軽い気体を詰《つ》めた大きなふくろに、動力をつけて推進する航空機。

【飛行艇】《ヒコウテイ》 胴体《ドウタイ》が船のような構造で、水面で発着できる大型の水上飛行機。

【飛散】《ヒサン》 (名・する) 飛び散ること。例 ガラス片《ヘン》が―する。

【飛耳長目】《ヒジチョウモク》 ①遠方のことをよく聞き分ける耳と、よく見分ける目。②するどい観察力のたとえ。

【飛車】《ヒシャ》 ①空を飛ぶという車。②将棋《ショウギ》の駒《こま》の一つ。ますの縦と横に動ける。飛《ヒ》。例 竜王《リュウオウ》に成った―。

【飛章】《ヒショウ》 急ぎの手紙。例 ―故郷より来たる。

【飛▼翔】《ヒショウ》 (名・する) 大空を飛ぶこと。(類)飛行。例 ―力。―する大ワシ。

【飛信】《ヒシン》 急ぎの手紙。例 ―こもごもいたる。

【飛泉】《ヒセン》 ①滝《たき》。②ほとばしるようにわき出る泉《いずみ》。

【飛騨】《ひだ》 旧国名の一つ。今の岐阜《ぎふ》県の北部。飛州《ヒシュウ》。

【飛弾】《ヒダン》 飛んでくる弾丸。

【飛鳥】 [一]《ヒチョウ》 空を飛ぶ鳥。例 ―のような早わざ。[二]《あすか》 奈良盆地《ならボンチ》南部の飛鳥川流域で、飛鳥時代の都の地。

【飛白】 [一]《ヒハク》 漢字の書風の一つ。かすれたような字にする書き方。例 ―体。[二]《かすり》 白くかすれたように見える模様。また、その織物や染め物。表記 [二]は「▼絣」とも書く。

【飛報】《ヒホウ》 急ぎの知らせ。(類)急報。例 突如《トツジョ》として―至《いた》る。

【飛▼沫】《ヒマツ》 はね散る液体。しぶき。例 ―を浴びる。

【飛躍】《ヒヤク》 (名・する) ①高く飛びはねること。②急速に進歩や発展をすること。例 大企業《ダイキギョウ》に―する。③順序立った進展でないこと。例 論理に―がある。

【飛揚】《ヒヨウ》 (名・する) 空高く舞《ま》い上がること。

【飛来】《ヒライ》 (名・する) 飛んで来ること。例 白鳥の―する湖。

【飛竜】《ヒリュウ|ヒリョウ》 ①空飛ぶ竜。②聖人や英雄《エイユウ》のたとえ。

【飛竜《ヒリュウ》雲《くも》に乗《の》る】 竜が空を飛び雲に乗る。英雄《エイユウ》が所を得て、活躍《カツヤク》することのたとえ。〈韓非子《カンピシ》〉

【飛竜《ヒリュウ》天《テン》に在《あ》り】 竜が空を飛び天にのぼる。聖人が天子として国をよく治めることのたとえ。〈易経《エキキョウ》〉

【飛輪】《ヒリン》 太陽の別名。

●雨飛《ウヒ》・突飛《トッピ》・雄飛《ユウヒ》

飛12
【飜】 21画 ⇩【翻《ホン》】(806ページ)

184 9画 食 しょく(𩙿・飠 しょくへん)部

たべものの意をあらわす。「食」が偏《ヘン》(=漢字の左がわの部分)になるときは「𩙿(しょくへん)」、常用漢字では、「餌《ジ》」と「餅《ヘイ》」を除き、「飠(八画)」となる。「食」をもとにしてできている漢字を集めた。

0 食 食 2 飢 飢 4 飲 飲 飭 飩 飯
飯 飫 5 飴 飼 飼 飾 飾 飽 飽 6 餃
餌 餉 餅 養 餌 餅 養 7 餓 餓 餐 餒
餔 餝 餘 8 館 館 餡 餞 餤 餅 9 餬
餮 10 饂 餽 餼 餾 11 饉 饅 饗 12 饐
饋 饑 饒 饌 13 饗 饕

この部首に所属しない漢字
蝕 ⇩ 虫 879

食 0
【食】 9画 3109 98DF 教育2 音 [一]ショク(漢)ジキ(呉) [二]シ(漢)(呉) 訓 く-う・く-らう・た-べる・は-む・け・めし

食 0
【食】 9画

筆順 

なりたち  [会意]「亼(=あつめる)」と「皀(=かんばしい穀物)」とから成る。あつめた穀物。

意味 一《ショク・ジキ》 ❶たべもの。例 食餌《ショクジ》。食糧《ショクリョウ》。断食《ダンジキ》。❷たべる。くらう。くう。例 食事《ショクジ》。食前《ショクゼン》。飲食《インショク》。❸給与《キュウヨ》としてのたべもの。扶持《フチ》。例 食禄《ショクロク》(=食い扶持《ブチ》)。❹(たべられたように)日や月が欠ける。同 蝕《ショク》。例 月食《ゲッショク》。日食《ニッショク》。❺(たべてしまったようにして)なかったことにする。例 食言《ショクゲン》。二《シ》 ❶たべさせる。やしなう。同 飼《シ》。❷めし。例 一箪《イッタン》の食《シ》(=竹のわりご一ぱいのめし。そまつな食事)。

人名 あき・あきら・うけ・くら・みけ

【食育《ショクイク》】心身の健康な生活のための、食生活に関するさまざまな教育。

【食塩《ショクエン》】食用に精製した、しお。

【食言《ショクゲン》】(名・する)〔一度言ったことばを食べてしまう意〕うそをつくこと。約束を破ること。例 ―しても平然としている。

【食後《ショクゴ》】食事をしたあと。対 食前。例 ―のデザート。

【食材《ショクザイ》】料理の材料となる食品。

【食指《ショクシ》】ひとさし指。例 ―が動く(=食欲がわく。ある物がほしくなる)。―を動かす(=求めようと思う)。

【食事《ショクジ》】(名・する)ごはんを食べること。また、その食べ物。

【食餌《ショクジ》】(病気を治すものとしての)食べ物。

【食餌療法《ショクジリョウホウ》】治療《チリョウ》の一つとして食事の内容や食事法を改善すること。表記「食事療法」とも書く。

【食傷《ショクショウ》】(名・する)①食あたり。食中毒。②同じ食べ物が続いて、あきること。転じて、同じものごとがくりかえされて、うんざりすること。例 ―ぎみ。

【食性《ショクセイ》】食べ物についての動物の習性。肉食・草食など。

【食生活《ショクセイカツ》】日常生活のうちの、とくに食事に関する部分。例 豊かな―をする。

【食前《ショクゼン》】食事をする前。対 食後。例 ―酒。―に飲む薬。

【食膳《ショクゼン》】食べ物を並べる食事用の台。例 ―に供《キョウ》する(=料理して食卓《ショクタク》に出す)。

【食前方丈《ショクゼンホウジョウ》】席の前に一丈四方も並ぶような豪華《ゴウカ》なごちそう。はなはだしいぜいたくをいう。〈孟子《モウシ》〉

【食卓《ショクタク》】食事をするためのテーブル。例 ―を囲む。

【食虫植物《ショクチュウショクブツ》】小さな虫をつかまえ、それを栄養分として生きる植物。

【食中毒《ショクチュウドク》】細菌《サイキン》や毒物などのまじった食物による中毒。食あたり。

【食通《ショクツウ》】食べ物のこと、とくに材料や味、あるいは店などについてくわしいこと。また、そういう人。グルメ。

【食堂】一《ショクドウ》 ①食事をするための部屋。②食事を提供する店。例 大衆―。学生―。二《ジキドウ》 寺院で、僧《ソウ》が食事をする部屋。

【食道《ショクドウ》】①消化器官の一つ。のどから胃につながる管。例 ―癌《ガン》。②食糧《ショクリョウ》を運ぶ道。糧道《リョウドウ》。

【食肉《ショクニク》】①動物の肉を食べること。肉食。②食用の肉。例 ―販売業《ハンバイギョウ》。

【食費《ショクヒ》】食事にかかる費用。例 ―がかさむ。

【食品《ショクヒン》】食べ物。食料品。例 ―添加物《テンカブツ》。

【食分《ショクブン》】日食や月食で、太陽や月の欠ける割合。表記「▼蝕分」とも書く。

【食封《ショクホウ》】封建時代、諸侯《ショコウ》や家臣にあたえられた領地。知行所《チギョウショ》。

【食俸《ショクホウ》】俸禄。扶持《フチ》。食禄《ショクロク》。

【食味《ショクミ》】食べ物の味。例 京の―をさぐる。―を落とす。

【食物《ショクモツ》】食べ物。食品。例 ―をあたえる。

【食物連鎖《ショクモツレンサ》】自然界で、生物が食う・食われるという関係でできる一つのつながり。たとえば、プランクトンをミジンコが食べ、ミジンコを小魚が食べ、小魚を鳥が食べる、など。

【食用《ショクヨウ》】食べ物として適していること。例 ―がえる。

【食欲《ショクヨク》】食べたいという欲求。くいけ。表記 旧 食▼慾
【食料《ショクリョウ》】①食べ物。調理して食べる材料。例 ―品。非常用―。②食事の費用。食事料。

【食糧《ショクリョウ》】食べ物。とくに、主食となるもの。例 ―不足。

【食貨《ショッカ》】①食べ物と貨幣《カヘイ》や財産。②経済《ケイザイ》。

【食客《ショッカク|ショッキャク》】①客としてむかえられた人。②厚意で他人の家に養われている人。居候《いそうろう》。

【食間《ショッカン》】食事と食事とのあいだ。例 ―に服用する薬。

【食器《ショッキ》】食事に用いる器具。うつわ。例 ―戸棚《とだな》。

【食▽頃《ショッケイ》】食事をとるほどの、わずかな時間。

【食券《ショッケン》】食べ物との引きかえ券。例 ―売り場。
●衣食《イショク》・会食《カイショク》・外食《ガイショク》・間食《カンショク》・給食《キュウショク》・試食《シショク》・主食《シュショク》・少食《ショウショク》・常食《ジョウショク》・侵食《シンショク》・浸食《シンショク》・寝食《シンショク》・草食《ソウショク》・粗食《ソショク》・美食《ビショク》・副食《フクショク》・腐食《フショク》・夜食《ヤショク》・立食《リッショク》・和食《ワショク》

飠 2
【飢】
10画 2118 98E2 常用
音 キ漢 ケ呉
訓 う-える・う-え

筆順 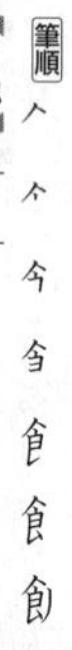

𩙿 2
【飢】
11画

なりたち  [形声]「食(=たべもの)」と、音「几《キ》」とから成る。食べ物がなくて苦しむ。

意味 ❶食べ物がなくて、空腹で苦しむ。うえる。うえ。同 饑《キ》。例 飢饉《キキン》。飢餓《ガキ》。❷穀物が実らない。同 饑《キ》。例 飢歳《キサイ》(=不作の年)。

【飢餓《キガ》】食べ物がなくなり、空腹にたえられなくなること。うえ。例 ―に苦しむ。表記 旧 ▼饑餓
【飢渇《キカツ》】〔「ケカツ」「ケカチ」とも〕食べ物や飲み水がなく、ひどく空腹でのどがかわくこと。表記「▼饑渇」とも書く。

【飢寒《キカン》】うえと寒さ。また、ひどく空腹で、こごえること。表記「▼饑寒」とも書く。

【飢▼饉《キキン》】①天候不順や虫害などで農作物が不作となり、人々がうえに苦しむこと。例 天明《テンメイ》の大―。②必要とするものが、はなはだしく不足すること。例 水―。表記 ▽「▼饑▼饉」とも書く。

【飢色《キショク》】食べ物にうえている顔つきや、ようす。例 民《たみ》に―あり。

【飢凍《キトウ》】(名・する)飢えこごえること。例 道塗《ドウト》に―する。〈中島敦《なかじまあつし》・山月記〉

飠 4
【飲】
12画 1691 98F2 教育3
音 イン漢 オン呉
訓 の-む

筆順 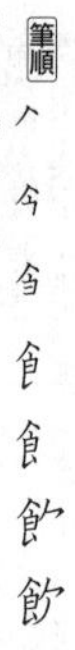

𩙿 4
【飲】
13画 6127 98EE

なりたち  [形声]本字は「㱃」で、「欠(=口をあける)」と、音「酓《イン》」とから成る。のむ。

意味 ❶酒や水などをのむ。のむ。のみもの。例 飲酒《インシュ》。飲料《インリョウ》。鯨飲《ゲイイン》。❷さかもり。例 宴飲《エンイン》。長夜《チョウヤ》の飲《イン》。❸のみこむ。こらえる。例 飲恨《インコン》(=うらみをのむ)。

【飲酒《インシュ》】(名・する)酒を飲むこと。例 ―運転。

【飲食《インショク》】(名・する) 飲んだり食べたりすること。飲み食い。例—店。無銭—。

【飲用《インヨウ》】(名・する) 飲むために用いること。例—水。常に—する薬。

【飲料《インリョウ》】㊀飲み物。例清涼《セイリョウ》—。㊁【飲み料《のみリョウ》】飲む酒の代金。飲みしろ。

⊖痛飲《ツウイン》・暴飲《ボウイン》

飠4 【飭】13画 5012 98ED 音チョク漢 訓いまし-める

意味 しっかりとかため、きちんと、ととのえる。また、きちんとさせる。いましめる。同勅《チョク》。例飭励《チョクレイ》(=いましめ、はげます)。戒飭《カイチョク》(=謹慎《キンシン》させる)。

飠4 【飩】13画 8111 98E9 音トン漢ドン呉

意味 ❶「餛飩《コントン》(=ワンタン)」は、小麦粉をこねて作った生地《ジき》で肉などを包んだ食品。❷「饂飩《ウドン》」は、小麦粉をこねてのばし、細長く切った食品。

食4 【飯】12画 4051 98EF 教育4 音ハン漢ボン呉 訓めし・いい

筆順 ノ 今 今 食 飣 飯 飯

飠4 【飯】13画 FA2A

なりたち [形声]「食(=たべもの)」と、音「反《ハン》」とから成る。食べる。派生して「めし」の意。

意味 ❶めし。ごはん。例飯米《ハンマイ》。炊飯《スイハン》。米飯《ベイハン》。❷食べさせる。くらわす。くわせる。やしなう。例飯牛《ハンギュウ》(=牛を飼う。また、牛飼い)。

【飯▼盒《ハンゴウ》】野外で飯《めし》をたくための、アルミニウム製の深い容器。例—炊爨《スイサン》。

【飯台《ハンダイ》】食事をするための台。食卓《ショクタク》。ちゃぶ台。

【飯店《ハンテン》】①日本で、中国料理店の名につけることば。②中国語で、ホテル。例北京《ペキン》—。

【飯米《ハンマイ》】飯《めし》にたく米。食用の米。自家用の米。例—農家(=自分の家で食べる量の米を作る農家)。

【飯粒《めしつぶ》】ごはんの一つぶ一つぶ。ごはんつぶ。

【飯▼櫃《めしびつ》】ごはんを保存するための容器。おひつ。おはち。

⊖朝飯《あさハン・あさめし》・御飯《ゴハン》・残飯《ザンパン》・炊飯《スイハン》・赤飯《セキハン》・菜飯《なめし》・麦飯《バクハン・むぎめし》・晩飯《バンめし》

飠4 【飫】13画 8112 98EB 音ヨ漢 訓あ-きる・いと-う

意味 ❶さかもり。宴会《エンカイ》。例飫足《ヨソク》(=食事に満足する)。❷じゅうぶんに食べる。あきる。

日本語での用法《お》地名の場合、「お」の音にあてる万葉がな。「飫肥《おび》(=宮崎《みやざき》県の地名)」

【飫賜《ヨシ》】あきるほどの酒食をたまわること。

【飫聞《ヨブン》】(名・する) あきるほど聞くこと。聞きあきること。

飠5 【飴】14画 1627 98F4 音イ漢 訓あめ

意味 でんぷんを糖化した食品。あめ。例飴蜜《イミツ》(=あめと、はちみつ)。

【飴色《あめいろ》】べっこうあめのような、透明《トウメイ》な黄色。

食5 【飼】13画 2784 98FC 教育5 音シ漢ジ呉 訓か-う

筆順 ノ 今 今 食 飣 飼 飼 飼

飠5 【飼】14画 FA2B

なりたち [形声]「食(=たべもの)」と、音「司《シ》」とから成る。食べ物をあたえて、育てる。

意味 食わせて育てる。やしなう。かう。例飼育《シイク》。

難読 飼面《かすも》(=そばかす)

【飼育《シイク》】(名・する) 生き物を飼い育てること。例—係。

【飼養《シヨウ》】(名・する) 動物にえさをあたえて育てること。

【飼料《シリョウ》】家畜《カチク》にやるえさ。例牛や馬の—にする。

食5 【飾】13画 3094 98FE 常用 音ショク漢シキ呉 訓かざ-る・かざ-り

筆順 ノ 今 今 食 飠 飭 飾 飾

飠5 【飾】14画

飠7 【餝】16画 8119 991D 別体字

なりたち [形声]「巾(=ぬの)」と「人(=ひと)」と、音「食《シヨク》」とから成る。よごれをぬぐい、きれいにする。

意味 ❶人やものの表面に美しさを加える。かざる。また、かざり。例修飾《シュウショク》。装飾《ソウショク》。落飾《ラクショク》(=かざりをおろす。出家)。❷うわべをつくろい、ごまかす。あざむく。例虚飾《キョショク》。粉飾《フンショク》。

難読 飾磨《しかま》・葛飾《かつしか》(=地名・姓《セイ》)・華飾《ケソク》

人名 あきら・よし

【飾言《ショクゲン》】(名・する) ことばをうまくとりつくろうこと。また、かざりたてた、うそのことば。飾辞。飾説。

⊖虚飾《キョショク》・修飾《シュウショク》・装飾《ソウショク》・服飾《フクショク》・粉飾《フンショク》・落飾《ラクショク》

食5 【飽】13画 4316 98FD 常用 音ホウ漢ボウ呉 訓あ-きる・あ-かす・あ-き

筆順 ノ 今 今 食 飣 飽 飽 飽

飠5 【飽】14画

なりたち [形声]「食(=たべもの)」と、音「包《ホウ》」とから成る。食べあきる。

意味 ❶食べて腹がふくれる。あきる。例飽食《ホウショク》。飽満《ホウマン》。❷じゅうぶんに満ち足りる。いっぱいになる。例飽和《ホウワ》。

難読 飽浦《あくら》(=地名)・塩飽《しわく・しあく》(=地名)

人名 あき・あきら・あく

【飽食《ホウショク》】(名・する) あきるほど、じゅうぶんに食べること。例暖衣《ダンイ》—。—して無為《ムイ》の生活。

【飽満《ホウマン》】(名・する) あきるほど、腹いっぱい食べること。

【飽和《ホウワ》】(名・する) ①ある量をふくむことができる、最大限度になった状態。例—溶液《ヨウエキ》。過—。②これ以上入れられないほど、いっぱいになっていること。例—状態。

飠5 【飽】14画 ⇩【飽《ホウ》】(1075ページ)

飠6 【餃】15画 8113 9903 音ギョウ慣コウ漢キョウ呉

「食(飠・食)部」4—6画 飭 飩 飯 飯 飫 飴 飼 飼 飾 飾 飽 飽 餃

意味❶⇩【餃子《ギョウザ》】 ❷飴《あめ》。

【餃《ギョウ／チャオ》▽子《ザ／ズ》】〔「チャオズ」は中国語音〕中華《チュウカ》料理の点心の一つ。小麦粉をこねた皮に、ひき肉・野菜・にんにくなどを包み、焼いたり、煮《に》たり、むしたりして食べる。

飠6 **【餌】** 15画 1734 990C 常用 音ジ(漢) 訓えさ・え

飠6 [餌] 14画 許容

筆順 𠆢 今 今 食 食 飣 飷 餌

参考「しょくへん」は、手書きでは普通八画で書く。

なりたち  〔形声〕「食(=たべもの)」と、音「耳《ジ》」とから成る。米の粉をこねて作った食べ物。

意味❶粉食の一種。コメ・キビ・アワ・マメなど、ムギ以外の穀物を粉にして加工した食品。団子《ダンご》の類。〔これに対し、「餅《ヘイ》」はムギ粉を原料とする〕❷たべもの。とくに、嗜好品《シコウヒン》や薬になるような食物。例食餌《ショクジ》。薬餌《ヤクジ》。❸(人を誘惑《ユウワク》するための)えさ。え。また、えさでつる。〔古くは「えば」とも〕例餌敵《ジテキ》(=えさで敵をさそいだす)。好餌《コウジ》。

【餌食《えジキ》】①動物のえさになって食われる生き物。例ライオンの—になったシマウマ。②他人の欲望《ヨクボウ》などのために犠牲《ギセイ》となるもの。例悪者の—となる。

飠6 **【餉】** 15画 8114 9909 音ショウ(漢) 訓かれいい

意味❶(食べ物などを)おくる。プレゼントする。❷(持ち運びに便利なように)ほした飯。兵糧《ヒョウロウ》。かれいい。かれい。

難読 朝餉《あさがれい》

飠6 **【餅】** 15画 4463 9905 常用 音ヘイ(漢) ピン(唐) 訓もち

飠6 [餅] 14画 許容

筆順 𠆢 今 今 食 食 飠 餅 餅

参考「しょくへん」は、手書きでは普通八画で書く。

飠8 **【餠】** 17画 8122 9920

なりたち  〔形声〕「食(=たべもの)」と、音「并《ヘイ》」とから成る。小麦粉をこねて作った食べ物。

意味❶小麦粉をこねて焼いたり、むしたり、にたり、油であげたりした食品。例餅餌《ヘイジ》(=麦もちと、米もち)。画餅《ガベイ》。焼餅《ショウヘイ》。❷(もちのような)まるくて平たい形のもの。例餅金《ヘイキン》(=丸く平たい金のかたまり)。

日本語での用法《もち》もち米をむしてついた食品。「鏡餅《かがみもち》・草餅《くさもち》」

【餅肌《もちはだ》】つきたてのもちのように、なめらかな白い肌。

食6 **【養】** 15画 4560 990A 教育4 音ヨウ(漢)(呉) 訓やしな-う・やしな-い

筆順 䒑 羊 美 羔 养 養 養 養

食6 **【養】** 15画

なりたち  〔形声〕「食(=たべもの)」と、音「羊《ヨウ》」とから成る。食べ物をあたえる。

意味❶そだてる。成長させる。やしなう。やしない。例養育《ヨウイク》。養子《ヨウシ》。養父《ヨウフ》。養分《ヨウブン》。栄養《エイヨウ》。❷動物をかい、そだてる。例養蚕《ヨウサン》。養殖《ヨウショク》。飼養《シヨウ》。❸おしえる。心をゆたかにする。例涵養《カンヨウ》。教養《キョウヨウ》。修養《シュウヨウ》。❹生活のめんどうをみる。例養老《ヨウロウ》。扶養《フヨウ》。❺病気をなおす。からだをだいじにする。例静養《セイヨウ》。療養《リョウヨウ》。❻炊事《スイジ》をする。まかなう。まかない。また、目上の者につかえる。例廝養《シヨウ》。

難読 犬養《いぬかい》(=姓《せい》)

人名 おさ・かい・きよ・のぶ・まもる・やす・よし

【養育《ヨウイク》】(名・する)めんどうをよくみて、そだてること。

【養家《ヨウカ》】養子としてむかえてくれた家。養子先の家。

【養魚《ヨウギョ》】魚を飼い育てて、繁殖《ハンショク》させること。例—場。

【養鶏《ヨウケイ》】たまごや肉を利用するために、ニワトリを飼い育てること。例—場。

【養護《ヨウゴ》】(名・する)①特別な保護を加え、助けること。例—施設《シセツ》。②子供を保護し、健全な成長を助けること。例児童—施設。

【養蚕《ヨウサン》】まゆから絹糸をつむぐために、カイコを飼い育てること。例—業。

【養子《ヨウシ》】血縁《ケツエン》関係はないが、法律上の手続きにより、子としてむかえた者。(対)実子。例—縁組《エンぐみ》。婿《むこ》—。

【養嗣子《ヨウシシ》】家をつぐ者として認められた養子。

【養女《ヨウジョ》】法的な手続きにより、子としてむかえられた女子。

【養生《ヨウジョウ》】(名・する)①健康に気をくばること。摂生《セッセイ》。例ふだんの—がだいじ。②病気などが早く回復するようにつとめること。例温泉で—する。

【養殖《ヨウショク》】(名・する)魚や貝などを、人工的に増やすために飼い育てること。例—真珠《シンジュ》。ハマチの—。

【養親《ヨウシン》】養子縁組《エンぐみ》をして親となった者。養父母。

【養成《ヨウセイ》】(名・する)めんどうをみて、一人前に育てあげること。例俳優の—所。後継者《コウケイシャ》を—する。

【養▼鱒《ヨウソン》】マスを養殖《ヨウショク》すること。例—場。

【養豚《ヨウトン》】肉などを利用するために、ブタを飼い育てること。

【養父《ヨウフ》】養子をむかえた家の父。義理の父。(対)実父。

【養父母《ヨウフボ》】養子をむかえた家の父と母。養い親。養親。

【養分《ヨウブン》】生物体の成長に必要な成分。栄養分。例—をとる。

【養母《ヨウボ》】養子をむかえた家の母。義理の母。(対)実母。

【養蜂《ヨウホウ》】蜜《ミツ》をとるために、ミツバチを飼い育てること。

【養▼鯉《ヨウリ》】食用や観賞《カンショウ》用とするために、コイを飼い育てること。コイの養殖《ヨウショク》。

【養老《ヨウロウ》】老人をいたわり世話すること。また、老後を平穏《ヘイオン》に過ごすこと。例—施設《シセツ》。—年金。

○●休養《キュウヨウ》・教養《キョウヨウ》・孝養《コウヨウ》・滋養《ジヨウ》・素養《ソヨウ》・保養《ホヨウ》

飠6 [餌] 14画 ⇩【餌《ジ》】(1076ページ)

飠6 [餅] 14画 ⇩【餅《ヘイ》】(1076ページ)

飠7 **【餓】** 15画 1878 9913 常用 音ガ(漢)(呉) 訓う-える

筆順 今 今 食 飠 飣 餓 餓 餓

飠7 **【餓】** 16画

なりたち  〔形声〕「食(=たべもの)」と、音「我《ガ》」とから成る。食べ物がなくて苦しむ。

意味食べ物がなく、腹がへって苦しむ。ひどくひもじい。うえる。うえ。例餓死《ガシ》。飢餓《キガ》。凍餓《トウガ》(=こごえ、うえる)。

【餓鬼《ガキ》】①〔仏〕生前の悪業《アクゴウ》のむくいで、餓鬼道に落ちた亡者《モウジャ》。いつもうえとかわきに苦しむという。例—のようにやせた男。②子供。例—大将《ダイショウ》。③かわいげのないものと

して子供をいやしめていうことば。例 悪《わる》―。
【餓鬼道】《ガキドウ》〔仏〕人が死後に行くとされる世界の一つ。飲食が自由にならず、うえに苦しむという。
【餓死】《ガシ》（名・する）食べるものがなくなり、うえて死ぬこと。例 ―に落ちる。
【餓▼狼】《ガロウ》うえたオオカミ。転じて、強欲《ゴウヨク》な人のたとえ。

食 7
【餐】16画 2733 9910 音 サン漢呉
意味 ❶たべる。飲食する。例 餐食《サンショク》（＝食う。また、食事）。❷ごちそう。たべもの。食事。例 加餐《カサン》。晩餐《バンサン》。

飠 7
【餒】16画 8115 9912 音 タイ慣 ダイ漢 訓 う-える・くさ-る
意味 ❶食べ物がなくて、空腹で苦しむ。うえる。うえ。例 餒飢《ダイキ》（＝うえる）。凍餒《トウタイ|トウダイ》（＝こごえて、うえること）。❷魚などがくさる。例 餒敗《ダイハイ》（＝くさる）。
【餒▼饉】《ダイキン》うえ死にすること。

飠 7
【餔】16画 8116 9914 音 ホ漢 訓 く-う・く-らわす
意味 ❶申《さる》のとき（＝午後四時ごろ）の食事。夕食。❷夕方。例 餔時《ホジ》。❸食べる。くう。例 餔食《ホショク》。❹人に食べさせる。くらわす。
【餔時】《ホジ》夕暮れどき。申《さる》のとき。午後四時ごろをいう。
【餔▼啜】《ホセツ》（名・する）ものを食べ、すすること。飲食すること。

飠 7
［餝］16画 ⇩【飾】《ショク》（1075ページ）

飠 7
【餘】16画 ⇩【余】《ヨ》（70ページ）

飠 8
【館】16画 2059 9928 教育3 音 カン漢 訓 やかた・たて・たち
筆順 今 今 食 飠 飠 飠 飠 館

飠 8
【館】17画 ― FA2C

舌10
［舘］16画 2060 8218 俗字

なりたち  ［形声］「食（＝たべもの）」と、音「官《カン》」とから成る。客のための宿舎。
意味 ❶使者や賓客《ヒンキャク》などをとめる建物。やど。例 迎賓館《ゲイヒンカン》。大使館《タイシカン》。❷公共の建物。例 館長《カンチョウ》。図書館《トショカン》。博物館《ハクブツカン》。❸大きな邸宅《テイタク》。やかた。例 洋館《ヨウカン》。❹飲食を提供するみせ。例 菜館《サイカン》（＝料理店）。
人名 いえ
【館長】《カンチョウ》図書館・博物館・美術館など「館」という名をもつ機関の、いちばん上の人。
●会館《カイカン》・旧館《キュウカン》・新館《シンカン》・別館《ベッカン》・本館《ホンカン》

飠 8
【餡】17画 8118 9921 音 カン漢 アン唐
意味 まんじゅうやギョーザなどの中に入れる、肉や野菜などの中身。あん。あんこ。
日本語での用法 《アン》①くず粉やかたくり粉で作り、料理にかけるとろみのある食べ物。「餡《アン》かけ料理《リョウリ》・葛餡《くずアン》」②アズキやインゲンマメなどをあまく煮《に》つめ、練った食品。あんこ。「餡《アン》ころ餅《もち》・餡《アン》パン・漉《こ》し餡《アン》」

飠 8
【餞】17画 8120 991E 音 セン漢 ゼン呉 訓 はなむけ
意味 ❶酒や食べ物を用意して旅立つ人を送る。また、別れて行く人への贈《おく》りもの。うまのはなむけ。はなむけ。例 餞筵《センエン》（＝送別の宴席《エンセキ》）。餞別《センベツ》。❷おくる。また、贈《おく》り物をおくる。例 餞春《センシュン》（＝行く春をおしむ宴会）。
【餞別】《センベツ》旅立つ人や引っこしなどで別れていく人に贈《おく》る、お金や品物。はなむけ。

飠 8
【餤】17画 8121 9924 音 タン漢
意味 ❶くう。くらう。同 啖《タン》。❷くわせる。食事をすすめる。同 啗《タン》。❸小麦粉を練って作った食べ物。うすいもちで、中に肉を巻いて切って食べる。❹進む。増す。

飠 8
【餠】17画 ⇩【餅】《ヘイ》（1076ページ）

飠 9
【餬】18画 8123 992C 音 コ漢 訓 かゆ・のり・もら-う
意味 ❶人にたよって生活する。わずかなかゆで満足する。のりす。同 糊《コ》。例 餬口《ココウ|くちをのりす》（＝どうにか食物にありつく）。❷濃《こ》いかゆ。また、のり。同 糊《コ》。

食 9
【餮】18画 8124 992E 音 テツ漢呉 訓 むさぼ-る
意味 むさぼり食う。むさぼる。例 饕餮《トウテツ》（＝むさぼる）。

飠 10
【饂】19画 8127 9942 国字 音 ウン・ウ
意味 「饂《ウ》飩《ドン》」は、小麦粉をこね、のばして細長く切った食品。

飠 10
【餽】19画 8125 993D 音 キ漢 訓 おく-る・まつ-る
意味 ❶死者の霊《レイ》を祭る。まつる。❷食料などを贈《おく》る。おくる。同 饋《キ》。例 餽運《キウン》（＝食料を運送する）。

飠 10
【餼】19画 2-9267 993C 音 キ漢 ケ呉 訓 おく-る
意味 ❶食物を贈《おく》る。❷いけにえ。例 餼羊《キヨウ》。
【餼羊】《キヨウ》神にささげる、いけにえの羊。

飠 10
【餾】19画 8126 993E 音 リュウ漢
意味 食品を蒸《む》しなおす。

飠 11
【饉】20画 8128 9949 音 キン漢呉 訓 う-える
意味 ❶農作物がとれない。例 饑饉《キキン》（＝一説に、穀物がとれないことを「饑《キ》」というのに対して、野菜がとれないことを「饉《キン》」という）。❷食物がない。うえる。例 餓饉《ガキン》（＝うえる）。飢饉《キキン》。

飠 11
【饅】20画 8129 9945 音 バン漢 マン呉
意味 ❶「饅頭《マントウ》」は、中国の食品で、一種のむしパン。❷「饅頭《マンジュウ》」は、和菓子《ワガシ》の一つ。
【饅頭】㊀《マントウ》〔「マントウ」は中国語音〕小麦粉などを練って丸い形にし、むした食べ物。中に餡《アン》は入れず、主食となる。㊁《マンジュウ》小麦粉などをこねた皮で、餡《アン》などを包んでむした菓子《カシ》。例 栗《くり》―。そば―。

食11 ［饗］20画 ⇩【饗《キョウ》】(1078ページ)

飠 12
【饐】 21画 8130 9950 音 ㊀イ漢 ㊁エツ漢 訓 す-える・むせ-ぶ
意味 ㊀《イ》 食べ物がくさる。すえる。例 食饐《イシ》(=飯《めし》がくさる)。饐《す》えた飯。㊁《エツ》 食物がのどにつまる。むせぶ。同 噎《エツ》。

飠 12
【饋】 21画 8131 994B 音 キ漢 訓 おく-る
意味 ❶食料などを贈《おく》る。おくる。同 餽《キ》。例 饋遺《キイ》。❷調理する。
【饋遺《キイ》】(名・する) おくりものをすること。
【饋歳《キサイ》】年末におくりものをすること。歳暮《セイボ》。

飠 12
【饑】 21画 8132 9951 音 キ漢 訓 う-える
意味 ❶農作物(とくに穀物)がとれない。同 飢《キ》。例 饑饉《キキン》。❷食物がない。うえる。同 飢《キ》。例 饑餓《キガ》。饑渇《キカツ》。
【饑餓《キガ》】食べ物がなくなり、空腹にたえきれなくなること。うえ。表記 現 飢餓
【饑渇《キカツ》】うえと、のどのかわき。表記「飢渇」とも書く。
【饑▼饉《キキン》】①凶作《キョウサク》で人々がうえ苦しむこと。②必要なものが極度に不足すること。例 水—。表記 ▽「飢▼饉」とも書く。→【饉《キン》】(1077ページ)

飠 12
【饒】 21画 8133 9952 音 ジョウ漢 ニョウ呉 訓 ゆた-か
意味 ❶たっぷりとあまるほど、たくさんある。多い。ゆたか。例 饒舌《ジョウゼツ》。豊饒《ホウジョウ》。❷心を広くしてゆるす。例 寛饒《カンジョウ》(=寛大に許す)。
【饒舌《ジョウゼツ》】(名・形動《ダナ》) 口かずが多いこと。よくしゃべること。おしゃべり。例 —な人。表記「冗舌」とも書く。

飠 12
【饌】 21画 8134 994C 音 セン漢 ゼン呉 訓 そな-える
意味 ごちそうをととのえて、さしあげる。ごちそう。そなえもの。例 佳饌《カセン》(=よいごちそう)。盛饌《セイセン》(=たくさんのごちそう)。
日本語での用法 《セン》神へのお供え。「神饌《シンセン》」
難読 撤饌《おさがり》

食 13
【饗】 22画 2234 9957 人名 音 キョウ漢 訓 もてな-す・あえ

食11
［饗］ 20画 俗字

意味 ❶酒や食べ物を用意してごちそうする。もてなす。例 饗宴《キョウエン》。饗応《キョウオウ》。❷神に飲食物をそなえる。神がそなえ物を受ける。例 饗告《キョウコク》(=神にそなえ物をして告げる)。❸うける。例 饗福《キョウフク》(=幸福をうける)。
難読 饗庭《あいば》《あえば》(=姓《セイ》)・早苗饗《さなぶり》
【饗宴《キョウエン》】人をもてなす盛大な宴会。例 —を開く。
【饗応《キョウオウ》】(名・する) ごちそうや酒で、人をもてなすこと。例 —を受ける。表記 現 供応

食 13
【饕】 22画 8135 9955 音 トウ漢呉 訓 むさぼ-る
意味 ❶ひじょうに欲深く、食物や財貨を求める。むさぼる。例 貪饕《ドントウ》(=むさぼる)。❷猛烈《モウレツ》なことのたとえ。
【饕▼餮《トウテツ》】①伝説上の悪獣《アクジュウ》の名。古代の青銅器の模様によく用いられた。②ひどく貪欲《ドンヨク》なこと。また、貪欲な者。③尭《ギョウ》・舜《シュン》の時代の蛮族《バンゾク》の名。

185 9画 首 くび部

かみの毛の生えたあたまの形をあらわす。「首」をもとにしてできている漢字を集めた。

0 首 2 馗 8 馘

首 0
【首】 9画 2883 9996 教育2 音 シュウ漢 シュ呉 訓 くび・こうべ・かしら
筆順 

なりたち  ［象形］かみの毛の生えているあたまの形。

意味 ❶あたま。かしら。こうべ。くび。例 首級《シュキュウ》。首尾《シュビ》。頓首《トンシュ》。❷いちばん上の地位にある人。かしら。おさ。例 首長《シュチョウ》。首領《シュリョウ》。元首《ゲンシュ》。❸いちばん上の。例 首位《シュイ》。首席《シュセキ》。❹いちばんはじめ(に)。例 首唱《シュショウ》。巻首《カンシュ》。部首《ブシュ》。❺罪を申し出る。例 自首《ジシュ》。❻詩歌《シイカ》を数えることば。例 唐詩《トウシ》三百首《サンビャクシュ》。

日本語での用法 《くび》①頭と胴《ドウ》の間の、細くなった部分。「首《くび》かざり・首《くび》をしめる」②解雇《カイコ》。免職《メンショク》。「首《くび》にする・首《くび》がつながる」

難読 首環《くびたま》
人名 おびと・かみ・さき・はじめ
【首実検《くびジッケン》】(名・する) ①昔、討《う》ち取った敵の首を、ほんものかどうか調べたこと。②実際に見て、本人かどうかをたしかめること。例 容疑者《ヨウギシャ》の—をする。

【首位《シュイ》】第一位。例 —の座を守る。—に立つ。

【首巻《シュカン》】㊀ なん巻にもわたる著作の第一巻。㊁【首巻《くびまき》き】首に巻く防寒具。えりまき。

【首級《シュキュウ》《しるし》】討《う》ち取った敵の首。〔古代中国で、敵の首を一つとれば位が一級上がる決まりがあったことによる〕例 —をあげる。

【首肯《シュコウ》】(名・する) うなずくこと。同意すること。例 その件は—しがたい。

【首相《シュショウ》】〔いちばん上位の大臣の意〕内閣総理大臣。総理。

【首唱《シュショウ》】(名・する) 考えや意見などを、まっさきに主張すること。例 —者。新政策を—する。

【首席《シュセキ》】成績や地位などが第一位であること。また、その人。対 次席。例 —全権大使。—で卒業する。

【首足《シュソク》】①首と足。②首から足まで。からだ全体。

【首足《シュソク》▽処《ところ》を異《こと》にす】首と足とが別々になる。死刑《シケイ》になる。〈史記《シキ》〉

【首▼鼠両端《シュソリョウタン》】どちらかに態度を決めかねていること。〔ネズミが巣の穴から首を出して、あたりのようすをうかがうことから〕〈史記《シキ》〉例 —の態度。—を持《ジ》す。

【首題《シュダイ》】文書の最初にある題目。例 —の件。

【首長《シュチョウ》】①組織を統率《トウソツ》する人。かしら。リーダー。首領。②地方自治体の長。例 —選挙。全国—会議。

【首途《シュト》《かどで》】旅立つこと。かどいで。門出《かどで》。

【首都《シュト》】国の中央政府の所在地。首府。

【首脳《シュノウ》】組織などをまとめる最高責任者。例 —部。

【首班《シュハン》】①第一位の席次や地位。首席。②内閣総理大

臣。例 ―に指名する。

【首尾《シュビ》】①〔頭としっぽの意〕初めから終わりまで。例 ―の整わない文章。②ものごとのなりゆき。例 ―は上上《ジョウジョウ》。

【首尾一貫《シュビイッカン》】（名・する）初めから終わりまで一つの態度や方針でおこなうこと。例 矛盾《ムジュン》が多くて論旨《ロンシ》が―していない。

【首府《シュフ》】「首都《シュト》」に同じ。

【首部《シュブ》】あたまの部分。はじめの部分。

【首謀《シュボウ》】中心になって、事変を計画したり、実行したりすること。また、その人。例 事件の―者。表記「主謀」とも書く。

【首領《シュリョウ》】集団を統率《トウソツ》する長。親分。ボス。ドン。

◐襟首《えりくび》・元首《ゲンシュ》・絞首《コウシュ》・船首《センシュ》・党首《トウシュ》・部首《ブシュ》

首 2

【馗】

11画 8136 9997 音 キ(漢)

意味 ❶みち。九方に通じるみち。❷「鍾馗《ショウキ》」は、疫病《ヤクビョウ》をはらうという鬼神《キシン》の名。大きな眼《め》と濃《こ》いあごひげに黒装束《くろショウゾク》で剣《つるぎ》を持ち、日本では五月人形としてかざられる。

首 8

【馘】

17画 8137 9998 音 カク(漢) 訓 くびき-る

意味 ❶耳を切りとる。また、切りとった耳。例 馘耳《カクジ》（=耳を切る）。❷首を切る。くびきる。例 馘首《カクシュ》。

【馘首《カクシュ》】（名・する）①首を切ること。②俗《ゾク》に、従業員をやめさせること。くびきり。解雇《カイコ》。

186 9画 香 かおり部

よいかおりの意をあらわす。「香」をもとにしてできている漢字を集めた。

0 香 9 馥 11 馨

香 0

【香】

9画 2565 9999 教育4

音 キョウ(漢) コウ(呉)
訓 か・かお-り・かお-る・こう-ばしい

筆順 ノ 二 千 禾 禾 禾 香 香

たちなり  ［会意］「黍（=きび）」と「甘（=うまい）」とから成る。キビがうまそうにかおる。

意味 ❶よいにおい（がする）。かおり。かおる。か。こうばしい。例 香気《コウキ》。芳香《ホウコウ》。❷よいかおりがする（ように作った）もの。こう。例 香炉《コウロ》。焼香《ショウコウ》。線香《センコウ》。

日本語での用法《キョウ》将棋《ショウギ》の駒《こま》の一つ。「香車《キョウシャ》」

使い分け かおり・かおる【香・薫】⇩1166ページ

難読 香魚《あゆ》・香港《ホンコン》

人名 かぐ・たか・よし

【香雲《コウウン》】①むらがってさく花が、雲のように見えること。花がすみ。②たいた香のけむりが、雲のようになびくこと。

【香気《コウキ》】よいにおい。かおり。例 ―の強い花。

【香魚《コウギョ》】アユの別名。

【香具師】㊀《コウグシ》香料や香道に用いる道具を作る人。また、売る人。㊁《やし》祭りや縁日《エンニチ》などで、見せ物をしたり露店《ロテン》で品物を売ったりする人。てきや。表記㊁は「野師」とも書く。

【香華《コウゲ｜コウばな》】仏前に供える香と花。例 ―を手向《たむ》ける。表記「香▽花」とも書く。

【香香《コウコウ》】〔「コウコ」とも〕キュウリ・ナス・ハクサイなどを塩やぬかみそにつけこんだ食品。こうのもの。つけもの。おこうこ。

【香合《コウゴウ》】香を入れる箱。表記「香▼盒」とも書く。

【香車】㊀《コウシャ》香木で作った、ぜいたくな車。美しい車。㊁《キョウシャ》将棋《ショウギ》の駒《こま》の一つ。まっすぐ前に進める。香《キョウ》。香子《キョウス》。やり。

【香辛料《コウシンリョウ》】胡椒《コショウ》・生姜《ショウガ》・山椒《サンショウ》・芥子《からし》など、料理にかおりやからみをつける調味料。スパイス。

【香水】㊀《コウスイ》香料をアルコールにとかした、けしょう品。からだや衣服につける。㊁《コウズイ》〔仏〕仏前に供える水。いろいろな香を入れて作る。閼伽《アカ》。

【香典《コウデン》】香の代わりとして、死者の霊前《レイゼン》に供えるお金や品物。香料。例 ―返し。表記「香▼奠」とも書く。

【香道《コウドウ》】香をたいてその香の名をあてたり、かおりを味わったりする芸道。香合わせ。

【香箱《コウばこ》】香を入れておく容器。香合《コウゴウ》。例 ―を作る（=ネコが背をまるめて、うずくまる）。

【香木《コウボク》】よいかおりのする木。沈香《ジンコウ》や白檀《ビャクダン》など。

【香味《コウミ》】かおりと味わい。例 ―料。

【香油《コウユ》】よいかおりのする油。からだやかみの毛につける。

【香料《コウリョウ》】①たき物の材料。香具。②香典《コウデン》。③食品やけしょう品などに、かおりをつけるための物質。

【香炉《コウロ》】香をたくための、うつわ。例 青磁《セイジ》の―。

【香炉峰《コウロホウ》】江西《コウセイ》省廬山《ロザン》の北方の、景勝として名高い山。形が香炉に似ている。

◐色香《いろか》・焼香《ショウコウ》・線香《センコウ》・芳香《ホウコウ》・抹香《マッコウ》

香 9

【馥】

18画 8138 99A5 音 フク(漢)(呉) 訓 かお-る・かお-り

意味 ふくよかなよいにおい。かおり。かおる。例 馥郁《フクイク》。馥気《フッキ》（=よいかおり）。芳馥《ホウフク》。

【馥▼郁《フクイク》】（形動タルト）よいかおりのするようす。例 ―とした梅のかおり。

香 11

【馨】

20画 1930 99A8 人名 音 ケイ(漢) キョウ(呉) 訓 かお-り・かお-る・か

たちなり  ［形声］「香（=かおる）」と、音「殸《ケイ》」とから成る。遠くまでかおる。

意味 ❶よいにおいが遠くまでとどく。かおる。かおり。か。例 馨香《ケイコウ》（=よいかおり）。❷よい感化や名声が遠くまでおよぶ。例 馨徳《ケイトク》（=すぐれた徳。りっぱな人格）。

人名 きよ・よし

187 10画 馬 うま うまへん部

たてがみと尾《お》と四本足のある馬の形をあらわす。「馬」をもとにしてできている漢字を集めた。

0 馬 2 馭 馮 3 馴 馳 駄 4 駅 駆 駄 駁 駃 5 駕 駒 駟 駛 駝 駘 駐 駑 駈 6 駭 駲 駮 駱 駢 7 駻 駸 駿 騁 8 騎 騏 験 騅 騒 騈 9 騙 騨 10 騫 騖 騰 驀 騷 騰 11 驂 驃 騾 驅 12 驚 驕 驍 驒 驎 13 驛 驗 14 驟 16 驥 驢 17 驩 驤 19 驪 20 驫

この部首に所属しない漢字
罵⇩罒 798　隲⇩阝 1041

馬 0
【馬】
10画 3947 99AC 教育2
音 バ漢 メ呉 マ唐
訓 うま・ま
付表 伝馬船《てんません》

筆順 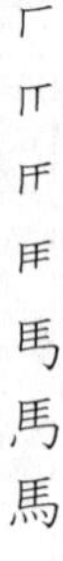

なりたち 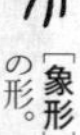 [象形]たてがみ、尾《お》、四本の足のあるウマの形。

意味 ❶ウマ科の哺乳《ホニュウ》動物。ウマ。例軍馬《グンバ》。乗馬《ジョウバ》。牝馬《ヒンバ》。❷(いたずらに)大きい。多い。例馬食《バショク》。馬齢《バレイ》。馬路《バロ》(=大通り)。❸勝負ごとで数取りに使う道具。例籌馬《チュウバ》(=数をかぞえる道具)。❹姓《セイ》の一つ。例馬謖《バショク》(=三国時代の蜀《ショク》の武将)。

日本語での用法《うま》①競馬のこと。「馬《うま》で一山《ひとやま》当《あ》てる」②将棋《ショウギ》の桂馬《ケイマ》や竜馬《リュウマ》の略。

難読 馬勃《おにふすべ》

人名 かず・たけし

【馬方】《うまかた》 ウマに人や荷物を乗せて運ぶのを職業とした人。馬子《まご》。

【馬鹿】《バカ》(名・形動ダナ)①おろかなこと。また、その人。②不合理なこと。無益なこと。例—をみる。③はたらきが悪くなること。例ねじが—になる。④度をこしていること。例—でかい。—正直。表記▽「▼莫▼迦」とも書く。古くは「馬嫁」「破家」とも書いた。

【馬脚】《バキャク》 ウマのあし。例—をあらわす(=包みかくしていた本性《ホンショウ》や真相があらわれる。化けの皮がはがれる)。

【馬具】《バグ》 ウマを使うとき、ウマにつける用具。鞍《くら》・鐙《あぶみ》・轡《くつわ》・手綱《たづな》など。

【馬▼喰】《バクロウ》 ウシやウマの売買や仲介《チュウカイ》をする人。例—家業。表記「▽博労・▽伯▽楽」とも書く。

【馬耳東風】《バジトウフウ》 人の意見や忠告をまったく気にしないこと。馬の耳に念仏。

【馬車】《バシャ》 ウマに引かせて、人や荷物を運ぶ車。例荷—。

【馬術】《バジュツ》 ウマをうまく乗りこなす技術。例—競技。

【馬上】《バジョウ》 ①ウマの背の上。例—の人となる(=ウマに乗る)。②ウマに乗っていること。乗馬。例—豊かな勇姿。

【馬食】《バショク》(名・する) ウマのようにたくさん食べること。例牛飲—。

【馬▼謖】《バショク》 ⇩【泣《な》いて馬謖《バショク》を斬《き》る】(583ページ)

【馬身】《バシン》〔ウマ一頭分の長さの意〕競馬で、ウマとウマの距離《キョリ》をあらわすことば。例一—の差で勝つ。

【馬酔木】《バスイボク》《あしび》《あせび》 ツツジ科の常緑低木。春、スズランに似た白い花をふさ状につける。葉は有毒。〔ウマが食べると酔《よ》ったような状態になるというので「馬酔木」と書く〕

【馬前】《バゼン》 ウマの前。ウマに乗っている人の前。例殿《との》の—。

【馬賊】《バゾク》 清朝《シンチョウ》末期、中国東北部を騎馬《キバ》であらし回った盗賊《トウゾク》集団。例満州—。

【馬丁】《バテイ》 ①ウマをあつかったり、乗馬の世話をすることを仕事とする人。〔厩務員《キュウムイン》のもとの言い方〕②ウマの口を取って引く人。

【馬▼蹄】《バテイ》 ウマのひづめ。例—のひびき。

【馬▼蹄形】《バテイケイ》 ウマのひづめの形。U字形。例—磁石。

【馬頭観音】《バトウカンノン》「馬頭観世音菩薩《カンゼオンボサツ》」の略。頭上にウマの頭《かしら》をいただいた観音。ウマの守護神ともなった。

【馬肉】《バニク》 ウマの肉。さくら肉。

【馬場】《ばば》 乗馬の練習や、競馬をするところ。例—先《さき》。

【馬匹】《バヒツ》 ウマ。例—の改良。

【馬腹】《バフク》 ウマの腹の部分。

【馬▼糞】《バフン》《まぐそ》 ウマのくそ。

【馬勃】《バボツ》 ウマのくそ。価値のないもの。例牛溲《ギュウシュウ》—(=価値のないもののたとえ)。

【馬力】《バリキ》 ①〔英語 horsepower の訳語〕〔物〕仕事率の単位。国によって定義が異なる。②精力的な力。活力。体力。例—をかける。③荷馬車。

【馬料】《バリョウ》 ウマの飼料。ウマのえさ。表記「馬糧」とも書く。

【馬齢】《バレイ》 ①ウマの年齢。例—四歳《サイ》。②自分の年齢をへりくだっていうことば。犬馬の齢《よわい》。例—を重ねる。

【馬鈴▼薯】《バレイショ》 ジャガイモの別名。

【馬▼櫪】《バレキ》 ウマの飼い葉おけ。また、うまや。

【馬▼楝】《バレン》 版画を刷るとき、版木に当てた紙の上をこする道具。表記「馬連」とも書く。

【馬▼簾】《バレン》 纏《まとい》の下部に垂れ下げる、細長いかざり。

【馬子】《まご》「馬方《うまかた》」に同じ。

【▽馬手】《めて》 ウマの手綱《たづな》を持つ手。みぎて。また、右の方角。対弓手《ゆんで》。表記「▽右手」とも書く。

●絵馬《エマ》・河馬《カバ》・騎馬《キバ》・出馬《シュツバ》・竹馬《チクバ》《たけうま》・跳馬《チョウバ》・天馬《テンバ》《テンマ》・早馬《はやうま》・木馬《モクバ》・落馬《ラクバ》

馬 2
【馭】
12画 8139 99AD
音 ギョ漢

意味 ❶ウマをうまくあやつる。のりこなす。同御《ギョ》。例馭者《ギョシャ》。駕馭《ガギョ》。騎馭《キギョ》。❷人をうまくあやつる。おさめる。同御《ギョ》。例馭民《ギョミン》(=民《たみ》をおさめる)。制馭《セイギョ》(=相手を思いどおりにあやつる。また、操作《ソウサ》する)。統馭《トウギョ》(=統御)。

表記 現代表記では、「御《ギョ》」に書きかえることがある。熟語は「御」(377ページ)を参照。

【馭者】《ギョシャ》 ウマをあやつって馬車を動かす人。表記 現御者

馬 2
【馮】
12画 8140 99AE
音 一ヒョウ漢 二フウ漢
訓 よ-る・たの-む

意味 一《ヒョウ》❶ウマが速く走る。❷よりかかる。よる。同凭《ヒョウ》。例馮几《ヒョウキ》(=脇息《キョウソク》)。❸たよりにする。たのむ。同憑《ヒョウ》。例馮依《ヒョウイ》(=たよりにする)。❹舟を使わずに、歩いて川をわたる。かちわたりする。例馮河《ヒョウガ》。二《フウ》姓《セイ》の一つ。例馮諼《フウケン》(=戦国時代の斉《セイ》の人)。馮道《フウドウ》(=唐《トウ》代の末から五代の政治家)。

【馮河】《ヒョウガ》〔「ヒョウカ」とも〕黄河《コウガ》を歩いてわたること。向こう見ずで命知らずの行動のたとえ。例暴虎《ボウコ》—。

馬 3
【馴】
13画 3875 99B4 人名
音 シュン漢 ジュン呉
訓 な-れ・な-れる・な-らす

意味 ❶(ウマが)すなおにしたがう。(動物が人に)なれる。ならす。例馴致《ジュンチ》。馴養《ジュンヨウ》(=動物を飼いならす)。❷すなお。よい。例馴良《ジュンリョウ》(=すなお)。

難読 水馴棹《みなれざお》

人名 すなお・よし

【馴致】《ジュンチ》(名・する) ある状態になるように、少しずつ慣れさせること。例民心を—する。

【馴▽鹿】《ジュンロク》《トナカイ》 寒帯にすむシカ科の哺乳《ホニュウ》動物。

馬 3
【馳】
13画 3558 99B3 人名
音 チ漢呉
訓 は-せる

意味 ❶馬車をはやく走らせる。はせる。例馳駆《チク》。馳走《チソウ》。奔馳《ホンチ》(=ウマに乗って勢いよくかける)。❷つたえる。ひろめる。例馳名《チメイ》。

人名 とし・はやし

【馳駆《チク》】(名・する) ①ウマを走らせること。例戦場を—する。②走り回って力をつくすこと。奔走《ホンソウ》。例—の労。

【馳走《チソウ》】(名・する) ①ウマを走らせること。②食事などのもてなしをすること。また、おいしい料理や酒。ごちそう。〔用意のためにかけまわることから〕類奔走《ホンソウ》。例ご—にあずかる。

【馳名《チメイ》】名声が遠くまで広まること。

馬 3 [駄] 13画 ⇩【駄《ダ》】(1081ページ)

馬 4

【駅】

14画 1756 99C5 教育3 音エキ漢 ヤク呉 訓うまや

筆順 丨 厂 𠃌 馬 馬 馬 駅 駅

馬13

【驛】 23画 8167 9A5B

なりたち 驛 [形声]「馬(=うま)」と、音「睪《エキ》」とから成る。乗りつぐための馬を置いてあるところ。

意味 ❶公用の文書を伝達する人が、とちゅうで休んだり、ウマや車などをとりかえたりしたところ。うまや。例駅站《エキタン》(=宿場)。宿駅《シュクエキ》。❷乗りつぐためのウマや車。つぎうま。はやうま。例駅伝《エキデン》。駅馬《エキバ》(=宿駅で用意するウマ)。

日本語での用法 《エキ》電車や列車が発着するところ。「駅弁《エキベン》・東京駅《トウキョウエキ》」

【駅員《エキイン》】駅の仕事をする係の人。

【駅舎《エキシャ》】駅の建物。例—を改築する。

【駅長《エキチョウ》】①古代の、宿駅の長。②駅の仕事を運営し、指揮する最高責任者。例東京駅—。

【駅亭《エキテイ》】①宿場。宿駅。②宿場の建物。宿駅の旅館。

【駅逓《エキテイ》】宿場から宿場へ荷物などを送ること。

【駅程《エキテイ》】宿駅と宿駅の間の道のり。

【駅伝《エキデン》】①古代、各宿駅にウマを用意して宿駅間をつなぎ、役人や文書などを運んだ制度。例—の御者《ギョシャ》。②「駅伝競走」の略。道路でおこなわれる長距離《チョウキョリ》のリレー競走。

【駅頭《エキトウ》】駅。また、駅の近く。例新宿駅の—で演説する。例箱根《はこね》—。

【駅馬車《エキバシャ》】昔の欧米《オウベイ》で、都市間の交通に使われた乗合馬車。アメリカの西部開拓《カイタク》時代のものなど。

【駅弁《エキベン》】「駅売り弁当」の略。駅や列車内で売る弁当。

表記 旧駅▼辨

【駅前《エキまえ》】駅を出たすぐのあたり。例—広場。

【駅鈴《エキレイ》】律令制《リツリョウセイ》で、朝廷《チョウテイ》が宿駅のウマの使用を許可したしるしとしてあたえた、すず。これを鳴らして、人やウマを徴発《チョウハツ》した。

【駅路《エキロ》】宿駅のある道路。街道《カイドウ》。例—の鈴《すず》の音《ね》。

●宿駅《シュクエキ》・着駅《チャクエキ》・発駅《ハツエキ》

馬 4

【駆】

14画 2278 99C6 常用 音ク漢呉 訓か-ける・か-る

筆順 丨 厂 𠃌 馬 馬 馬 馭 駆

馬11

【驅】 21画 8160 9A45

馬 5

[駈] 15画 2279 99C8 人名 俗字

なりたち 驅 [形声]「馬(=うま)」と、音「區《ク》」とから成る。ウマを走らせる。

意味 ❶ウマにむち打ち、はやく走らせる。かる。はやく走る。例駆馬《クバ》(=ウマを走らせる)。疾駆《シック》。馳駆《チク》。❷追う。追いはらう。例駆除《クジョ》。駆逐《クチク》。

【駆使《クシ》】(名・する) ①追い立てて使うこと。例馬車馬《バシャうま》を—する。②自在に使いこなすこと。例伝統のわざを—して仕上げる。

【駆除《クジョ》】(名・する)(虫やネズミなどの小動物を)追いはらったり殺したりして、とりのぞくこと。例害虫を—する。

【駆逐《クチク》】(名・する) 追いはらうこと。例鬼神《キシン》を—する。

【駆逐艦《クチクカン》】魚雷やミサイルなどを装備《ソウビ》して高速で進み、敵艦を攻撃《コウゲキ》する小型の軍艦。

【駆虫《クチュウ》】(名・する) 寄生虫や害虫を、薬などを使ってとりのぞくこと。例—剤《ザイ》。

【駆動《クドウ》】(名・する) 機械や装置の回転部分に動力を伝えて、うごかすこと。例前輪—。四輪《よんリン》—。

●疾駆《シック》・先駆《センク》・前駆《ゼンク》

馬 4

【駄】

14画 3444 99C4 常用 音タ漢 ダ呉

筆順 丨 厂 𠃌 馬 馬 馬 駄 駄

馬 3

[馱] 13画 — 99B1 本字

なりたち 馱 [形声]「馬(=うま)」と、音「大《タイ》…▸タ」とから成る。ウマに物を負わせる。

意味 ❶ウマに荷を負わせる。のせる。例駄載《ダサイ》(=ウマの背に荷をのせる)。❷荷物を運送するウマ。例駄馬《ダバ》。❸ウマ一頭に負わせる荷物の量。また、それを数えることば。例一駄《イチダ》。千駄《センダ》。

日本語での用法 一《ダ》つまらない。くだらない。「駄菓子《ダガシ》・駄作《ダサク》・駄洒落《ダじゃれ》」二《タ》はきもの。「下駄《ゲタ》・雪駄《セッタ》」

【駄菓子《ダガシ》】雑穀や黒砂糖などで作った、安くて大衆的な菓子。例—屋。

【駄句《ダク》】へたで、つまらない俳句。

【駄犬《ダケン》】雑種の、たいしたことのないイヌ。雑犬。

【駄作《ダサク》】取るに足らない、つまらない作品。愚作《グサク》。凡作《ボンサク》。対秀作《シュウサク》・傑作《ケッサク》。

【駄▼洒▽落《ダじゃれ》】つまらないしゃれ。例—を飛ばす。

【駄駄《ダダ》】子供などが、すねたりあまえたりして、わがままを言うこと。また、人の言うことを聞かないこと。例—をこねる。

【駄賃《ダチン》】〔荷を運ぶ駄馬の運賃の意〕使い走りや子供の手伝いなどに対してあたえる、ささやかなお金や物。

【駄馬《ダバ》】①荷物を運ぶウマ。②〔荷物を運ぶだけで、競走に使えないウマの意〕役に立たないウマ。例—にもおとる。

【駄文《ダブン》】①へたで、つまらない文章。②自分の書いた文章をへりくだっていうことば。例書き飛ばした—。

【駄弁《ダベン》】くだらないおしゃべり。むだぐち。例愚《グ》にもつかぬ—を弄《ロウ》する。表記 旧駄▼辯

●下駄《ゲタ》・雪駄《セッタ》・無駄《ムダ》

馬 4

【駁】

14画 3993 99C1 音バク慣 ハク漢 訓まだら・ま-じる

意味 ❶ウマの毛の色が入り交じっているようす。ぶち。まだら。例駁馬《ハクバ》(=ぶちのウマ)。❷純正でない。入り交じっている。まじる。例駁錯《ハクサク》(=入り交じって純正でない)。雑駁《ザッパク》。❸相手の説に反論する。例駁論《バクロン》。反駁《ハンバク》。弁駁《ベンバク》。

【駁撃《バクゲキ》】(名・する) 他人の言論を攻撃《コウゲキ》すること。

【駁説《バクセツ》】(名・する) 他人の意見を非難し、攻撃《コウゲキ》すること。

また、その説。駁論。

【駁論】《バクロン》（名・する）「駁説《バクセツ》」に同じ。

馬 4 【馼】 14画 8141 99BC 音 ブン漢

意味 ❶赤いたてがみでからだは白く目は黄金のようなウマ。❷毛に美しいもようのあるウマ。

馬 5 【駕】 15画 1879 99D5 人名 音 ガ慣 カ漢呉 訓 の-る・しの-ぐ

意味 ❶車に牛馬をつけてあやつる。馬車などに乗る。例 駕御《ガギョ》（＝ウマを自由にのりこなす）。❷乗り物。とくに天子の乗り物。例 駕幸《ガコウ》（＝天子の外出。行幸）。車駕《シャガ》。駕《ガ》を枉《ま》げる（＝貴人の来訪をうやまっていうことば）。❸…にまさる。こえる。しのぐ。例 凌駕《リョウガ》。

人名 のり

【駕▽籠】《かご》 江戸《えど》時代に普及《フキュウ》した乗り物。人の乗る部分の上に棒をわたして、前後をかついで運ぶ。例 —かき。

馬 5 【駒】 15画 2280 99D2 常用 音 ク漢 訓 こま

筆順 丨 「 Ⅱ 馬 馬 駒 駒 駒

なりたち 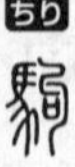 「形声」「馬（＝うま）」と、音「句《ク》」とから成る。二歳《ニサイ》のウマ。

意味 元気さかんな若いウマ。二歳馬《ニサイバ》。また、元気な若者や子供にたとえる。例 白駒《ハック》（＝白毛のウマ）。駒《こま》の、いななき。

日本語での用法 《こま》小さなもの。盤《バン》上で動かしたり、楽器の弦《ゲン》を支えたりするもの。「将棋《ショウギ》の駒《こま》・バイオリンの駒《こま》」

【▽駒隙】《クゲキ》 月日が早く過ぎることのたとえ。隙駒《ゲキク》。〔「白駒《ハック》の隙《ゲキ》を過ぐるがごとし」による〕〈荘子《ソウジ》〉

【駒下▽駄】《こまゲタ》 台と歯がつながった形で、材木をくりぬいて作ったはきもの。

馬 5 【駟】 15画 8142 99DF 音 シ漢呉

意味 四頭立ての馬車。はやいもののたとえ。例 駟不レ及レ舌《シもしたにおよばず》。

【駟馬】《シバ》 四頭立ての馬車。また、その四頭のウマ。

【駟《シ》も舌《した》に及《およ》ばず】 一度口に出したことばは、たちまちに伝わって、四頭立ての馬車で追っても追いつくことができない。ことばはつつしむべきであることのたとえ。〈論語《ロンゴ》〉

馬 5 【駛】 15画 8143 99DB 音 シ漢 訓 は-せる・はや-い

意味 ❶（ウマが）はやく走る。はせる。例 駛走《シソウ》（＝はやく走る）。❷（はげしく）はやい。例 駛雨《シウ》（＝にわか雨）。

馬 5 【駝】 15画 8144 99DD 音 タ漢 ダ呉

意味 ❶大形の哺乳《ホニュウ》動物。ラクダ。例 駝馬《ダバ》（＝ラクダ）。橐駝《タクダ》。駱駝《ラクダ》。❷南国産の大形の鳥。例 駝鳥《ダチョウ》。

【駝鳥】《ダチョウ》 ダチョウ科の鳥。アフリカのサバンナなどに生息する。鳥類の中では最も大きい。速く走れるが、飛べない。

馬 5 【駘】 15画 8145 99D8 音 タイ漢

意味 ❶ウマのくつわをはずす。例 駘銜《タイカン》（＝くつわをはずす）。❷のろのろした、にぶいウマ。例 駑駘《ドタイ》（＝のろいウマ）。❸のびのびとしたようす。例 駘蕩《タイトウ》。

【駘▼蕩】《タイトウ》（形動《タル》）①大きくのびのびとしているようす。②春ののどかなようす。例 春風《シュンプウ》—。

馬 5 【駐】 15画 3583 99D0 常用 音 チュウ漢呉 訓 とど-まる・とど-める

筆順 丨 「 Ⅱ 馬 馬 馬ニ 馬亍 駐

なりたち 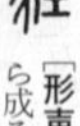 「形声」「馬（＝うま）」と、音「主《シュ》→《チュウ》」とから成る。ウマをとどめる。

意味 ❶車馬がとまる。とめておく。とどまる。とどめる。例 駐駕《チュウガ》（＝乗り物をとめる）。駐車《チュウシャ》。❷（軍隊などが）一定の地にとどまる。例 駐屯《チュウトン》。駐留《チュウリュウ》。進駐《シンチュウ》。

人名 とどむ

【駐在】《チュウザイ》 一（名・する）任務のために派遣《ハケン》された土地に、とどまっていること。例 米国ワシントン—の日本大使。二（名）「駐在所」「駐在巡査《ジュンサ》」の略。例 拾った財布《サイフ》を—に届ける。

【駐在所】《チュウザイショ》 巡査《ジュンサ》がとまりこみで、受け持ち区域内の警察事務を処理するところ。

【駐車】《チュウシャ》（名・する）自動車を一定時間以上とめておくこと。例 —違反《イハン》。

【駐屯】《チュウトン》（名・する）軍隊がある地域にとどまっていること。例 —地。満州《マンシュウ》に—した陸軍。

【駐日】《チュウニチ》 外国から派遣《ハケン》されて、仕事のため日本に滞在《タイザイ》すること。例 —イギリス大使。

【駐留】《チュウリュウ》（名・する）軍隊がある期間、一定の地域にとどまること。例 —軍。

●常駐《ジョウチュウ》・進駐《シンチュウ》

馬 5 【駑】 15画 8146 99D1 音 ド漢

意味 ❶のろくてにぶいウマ。例 駑馬《ドバ》。❷能力がおとっている。おろか。例 駑材《ドザイ》（＝おとっている才能）。駑鈍《ドドン》。

難読 駑馬《おそうま》

【駑鈍】《ドドン》（名・形動《ダ》）才能がとぼしく、動作がにぶいこと。愚鈍《グドン》。

【駑馬】《ドバ》 ①速く走れない、のろまなウマ。対 駿馬《シュンメ》。②才能のおとっている者のたとえ。例 —にむち打つ（＝能力のない者に能力以上のことをさせる。自分の努力をへりくだっていう）。

【駑馬十▼駕】《ドバジュウガ》 駑馬が十日間馬車を引くこと。才能のない者も努力を重ねれば、才能のある者に追いつける、ということのたとえ。〈荀子《ジュンシ》〉

馬 5 ［駈］ 15画 ⇩【駆】《ク》（1081ページ）

馬 6 【駭】 16画 8147 99ED 音 カイ漢 ガイ呉 訓 おどろ-く

意味 びっくりする。おどろく。おどろかす。例 駭世《ガイセイ》（＝世の中をびっくりさせる）。駭目《ガイモク》（＝見ておどろく）。震駭《シンガイ》。

馬 6 【駲】 16画 8150 99F2 国字 音 シュウ

意味 字義未詳《ミショウ》。〔一説に、「州《シュウ》」の俗字《ゾクジ》。また、「馴《ジュン》」の俗字という〕

馬 6
【駮】
16画 8148 99EE 音 ハク(漢) 訓 ぶちうま・まだら

意味 ❶伝説上の猛獣《モウジュウ》の名。ウマに似て、トラやヒョウを食らう。❷ウマの毛の色が入り交じっているようす。まだら。同 駁《ハク》。❸純正でない。入り交じっている。まじる。同 駁《ハク》。例 駮雑《ハクザツ》(=入り交じっている)。❹相手の説に反論する。同 駁《ハク》。例 駮議《ハクギ》。

【駮議】《ハクギ》 ①漢代、皇帝《コウテイ》に対しておこなう上書の一つ。群臣の討議による決定に対して、異議をとなえる者がある場合におこなった。②異議をとなえること。

馬 6
【駱】
16画 8149 99F1 音 ラク(漢)(呉)

意味 ❶黒いたてがみのある白馬。例 駱馬《ラクバ》(=黒いたてがみの白馬)。❷「駱駝《ラクダ》」は、背中にこぶのある動物。

【駱駅】《ラクエキ》 (形動《タルト》) 人馬の往来が絶えないようす。例 行人《コウジン》—たる街道《カイドウ》。表記「絡▼繹」とも書く。

【駱▼駝】《ラクダ》 ①北アフリカや西アジアにすむ、ラクダ科の哺乳《ホニュウ》動物。背中に一つまたは二つのこぶがある。例 —に乗ったキャラバン。②ラクダの毛で織った布。例 —のシャツ。

馬 6
【駢】
16画 ⇩【騈】ベン(1084ページ)

馬 7
【駻】
17画 8151 99FB 音 カン(漢) 訓 はねうま

意味 気性《キショウ》のあらいウマ。はねうま。例 駻馬《カンバ》。

【駻馬】《カンバ》 気性《キショウ》があらくて御《ギョ》しにくいウマ。あらうま。例 —をたくみに御する。表記「▼悍馬」とも書く。

馬 7
【駸】
17画 8152 99F8 音 シン(漢) 訓 か-ける

意味 ウマが速く走るようす。例 駸駸《シンシン》。

馬 7
【駿】
17画 2957 99FF 人名 音 スン(慣) シュン(漢)(呉)

なりたち  [形声]「馬(=うま)」と、音「夋《シュン》」とから成る。すぐれたウマ。

意味 ❶足の速い、すぐれたウマ。例 駿足《シュンソク》。駿馬《シュンメ》。❷すぐれている。また、才能のある人。同 俊《シュン》。例 駿逸《シュンイツ》。駿才《シュンサイ》。

日本語での用法《スン》旧国名「駿河《するが》(=今の静岡《しずおか》県東部・中部)」の略。「駿州《スンシュウ》・駿豆《スンズ》(=駿河《するが》と伊豆《いず》)・駿府《スンプ》」

人名 すぐる・たかし・とし・はや・はやお・はやし

【駿逸】《シュンイツ》 ①(ウマの)足がきわめて速いこと。②才能がすぐれていること。また、その持ち主。俊逸《シュンイツ》。

【駿才】《シュンサイ》 すぐれた才能。また、その持ち主。例 幼少のころは—をもって鳴らした。表記 現 俊才

【駿足】《シュンソク》 ①すぐれたウマ。②走るのが速いこと。俊足《シュンソク》。例 —をほこる。③すぐれた才能。また、その持ち主。

【駿▽馬】《シュンメ》 「「シュンバ」とも」すぐれたウマ。対 駑馬《ドバ》。

【駿河】《するが》 旧国名の一つ。今の静岡《しずおか》県東部・中部にあたる。駿州《スンシュウ》。

●優駿《ユウシュン》

馬 7
【騁】
17画 8153 9A01 音 テイ(漢) チョウ(呉) 訓 は-せる

意味 ❶(ウマを)走らせる。はせる。例 馳騁《チテイ》(=ウマを走らせる)。❷(力・才能などを)思う存分に発揮する。ほしいままにする。例 騁懐《テイカイ》。

参考 しばしば「ヘイ」と誤読される。

【騁懐】《テイカイ》 胸のうちを思うままに述べること。また、奔走《ホンソウ》する)」は、正しくは「チテイ」。

【騁望】《テイボウ》 (名・する) ①はるか遠くをながめること。見わたすこと。②ウマで出かけて見物してまわること。

馬 8
【騎】
18画 2119 9A0E 常用 音 キ(漢) ギ(呉) 訓 の-る

筆順 

なりたち  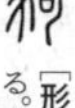 [形声]「馬(=うま)」と、音「奇《キ》」とから成る。ウマにまたがる。

意味 ❶ウマに乗る。のる。またがる。例 騎射《キシャ》(=ウマに乗りながら弓を射る)。騎乗《キジョウ》。❷くらを置き、たづなをつけたウマ。また、それに乗った兵士。例 騎士《キシ》。騎兵《キヘイ》。

人名 のり

【騎虎の勢い】《キコのいきおい》 トラに乗って走り出したら降りられないように、いったん始めたことがとちゅうでやめられなくなること。

【騎士】《キシ》 ①ウマに乗った兵士。②中世ヨーロッパの武人。ナイト。例 円卓《エンタク》の—の物語。

【騎士道】《キシドウ》 中世ヨーロッパの騎士階級(=ナイト)が守るべき道徳。敬神・忠誠・武勇・名誉《メイヨ》・婦人への奉仕《ホウシ》などを重んじた。例 —精神。

【騎手】《キシュ》 競馬や競技のときのウマの乗り手。ジョッキー。

【騎乗】《キジョウ》 (名・する) ウマに乗ること。例 —で遠出する。

【騎馬】《キバ》 ①ウマに乗ること。例 —武者。②人が乗るウマ。例 —の列が通る。

【騎馬戦】《キバセン》 ①騎兵どうしのたたかい。②ひと組み二、三人でウマの形を作って、一人が騎手となってその上に乗り、相手方の騎手を落としたり、帽子《ボウシ》またははち巻きを取ったりしたほうを勝ちとする遊戯《ユウギ》。例 運動会の—。

【騎兵】《キヘイ》 ウマに乗って戦う兵士。例 —隊。

●軽騎《ケイキ》・単騎《タンキ》・鉄騎《テッキ》

馬 8
【騏】
18画 8154 9A0F 音 キ(漢)

意味 ❶青黒い色のウマ。❷足の速い、すぐれたウマ。例 騏驥《キキ》。騏驎《キリン》。

【騏▼驥】《キキ》 足の速いすぐれたウマ。

【騏▼驎】《キリン》 一日に千里を走るという、すぐれたウマ。例 —も老いては駑馬《ドバ》におとる(=どんなにすぐれた人でも年をとればおとろえて、凡人《ボンジン》にもおよばなくなる)。〈戦国策《センゴクサク》〉

馬 8
【験】
18画 2419 9A13 教育4 音 ケン(慣) ゲン(漢)(呉) 訓 しるし・あかし・ため-す・ため-し

筆順 

馬13
【驗】
23画 8168 9A57 人名

なりたち  [形声]「馬(=うま)」と、音「僉《セン→ゲン》」とから成る。ウマの名。借りて「ためす」の意。

意味 ❶ためす。しらべる。例 験算《ケンザン》。試験《シケン》。体験《タイケン》。❷証拠《ショウコ》となるもの。しるし。また、効果。ききめ。例 修験《シュゲン》。霊験《レイゲン》。

日本語での用法《ゲン》えんぎ。前兆《ゼンチョウ》。「験《ゲン》をかつぐ・験《ゲン》が悪《わる》い」

人名 とし

【験▽者】《ゲンザ》〔「ゲンジャ」とも〕修験道《シュゲンドウ》の行者《ギョウジャ》。いのりによって霊験《レイゲン》(=神仏の利益《リヤク》)をあらわす僧《ソウ》。

【験算】《ケンザン》(名・する) 計算の数値が、正しいかどうか確かめるためにする計算。ためし算。表記「検算」とも書く。

●経験《ケイケン》・試験《シケン》・実験《ジッケン》・受験《ジュケン》・体験《タイケン》・治験《チケン》・霊験《レイゲン》

馬 8

【騅】 18画 8155 9A05 音 スイ 漢 訓 あしげ

意味 青白色の毛のまじるウマ。葦毛《あしげ》。楚《ソ》の項羽《コウウ》の愛馬の名。例 時不レ利兮騅不レ逝《ときにりあらずスイゆかず》(=時の運は悪く、騅も進まない)。〈史記《シキ》〉

馬 8

【騒】 18画 3391 9A12 常用 音 ソウ 漢 訓 さわ-ぐ・さわ-がしい

筆順 丨 冂 馬 馬 馭 駱 騂 騒

馬10

【騷】 20画 8159 9A37 人名

なりたち  [形声]「馬(=うま)」と、音「蚤《ソウ》」とから成る。馬を搔《か》く。派生して「さわぐ」の意。

意味 ❶ 秩序《チツジョ》なくあばれる。さわぐ。さわがしい。例 騒音《ソウオン》。騒然《ソウゼン》。喧騒《ケンソウ》。❷ 漢文の文体の一つ。戦国時代、楚《ソ》の屈原《クツゲン》の「離騒《リソウ》」にはじまる韻文《インブン》風の文章。転じて、詩歌《シイカ》や文芸の趣味《シュミ》をいう。例 騒客《ソウカク》(=詩人。文人)。

難読 潮騒《しおさい》

【騒音】《ソウオン》 耳ざわりなおと。雑音。例 ―になやまされる。

【騒▼擾】《ソウジョウ》(名・する) 多数の者が集団でさわぎを起こし、社会の秩序《チツジョ》を乱すこと。例 ―罪。

【騒然】《ソウゼン》(形動タル) ざわざわとさわがしいようす。また、不穏《フオン》なようす。例 物情―たる世の中。

【騒動】《ソウドウ》 ①統制《トウセイ》がとれず、多くの人がさわぐようなもめごと。例 米《こめ》―。②うちわでのもめごと。あらそい。例 お家―。

【騒乱】《ソウラン》 事件が起こって社会の秩序《チツジョ》がみだれること。また、そのさわぎ。例 ―をしずめる。

●風騒《フウソウ》・物騒《ブッソウ》

馬 8

【駢】 18画 ― 9A08 音 ヘン 漢 ベン 呉 訓 なら-ぶ・なら-べる

馬 6

［駢］ 16画 8156 99E2 俗字

意味 二つのものを対《ツイ》にする。ならべる。ならぶ。例 駢偶《ベングウ》(=詩句を対《ツイ》にすること)。駢儷《ベンレイ》。

【駢死】《ヘンシ》(名・する) 首を並べて死ぬこと。例 槽櫪《ソウレキ》の間《カン》に―す(=馬小屋の中で、ほかの平凡《ヘイボン》な馬と首をならべて死ぬ)。〈韓愈《カンユ》・雑説《ザッセツ》〉

【駢▼儷体】《ベンレイタイ》〔「駢儷」は、二つ並べて対《ツイ》にする意〕漢文の文体の一つ。四字と六字とから成る対句《ツイク》を多用し、故事をふまえ、音調を整えた装飾《ソウショク》的な文体。六朝《リクチョウ》時代に流行した。四六《シロク》駢儷体。駢儷文。駢文。

馬 9

【騙】 19画 8157 9A19 音 ヘン 漢 訓 かた-る・だま-す

意味 だます。かたる。例 騙取《ヘンシュ》(=だまし取る)。欺騙《キヘン》。

馬 9

［騨］ 19画 ⇩【驒】《タ》(1085ページ)

馬 10

【騫】 20画 8158 9A2B 音 ケン 漢 呉

意味 ❶ 高く上がる。とぶ。例 騫騰《ケントウ》(=とびあがる)。❷ かかげる。あげる。❸ 欠ける。

馬 10

【騭】 20画 1-9415 9A2D 音 シツ 漢

阝14

［隲］ 17画 8013 96B2 別体字

意味 ❶ おすのウマ。❷ 安定させる。さだめる。例 陰騭《インシツ》(=天が人に知られることなく世の中を安定させる。また、陰徳)。

馬 10

【騰】 20画 3813 9A30 常用 音 トウ 漢 呉 訓 あ-がる・のぼ-る

筆順 丿 月 月 朕 朕 勝 䲢 騰

馬10

【騰】 20画

なりたち 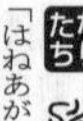 [形声]「馬(=うま)」と、音「朕《チン→トウ》」とから成る。(ウマを走らせて)つたえる。派生して「はねあがる」の意。

意味 ❶ ウマが高くはねあがる。例 騰馬《トウバ》(=あばれウマ)。❷ 物価などが高くなる。のぼる。あがる。例 騰貴《トウキ》。高騰《コウトウ》。沸騰《フットウ》。

難読 行騰《むかばき》

人名 たか・たかし

【騰貴】《トウキ》(名・する) ものの値段や値打ちがはね上がること。対 下落《ゲラク》。例 地価が―する。

【騰勢】《トウセイ》 物価が上がるいきおい。

【騰落】《トウラク》 ものの値段の上がり下がり。

●急騰《キュウトウ》・高騰《コウトウ》・沸騰《フットウ》・暴騰《ボウトウ》・奔騰《ホントウ》

馬 10

【驀】 20画 8162 9A40 音 バク 漢

意味 たちまち。にわかに。また、まっしぐら。例 驀進《バクシン》。驀然《バクゼン》(=にわかに。不意に)。驀地《バクチ》。

【驀進】《バクシン》(名・する) まっしぐらに進むこと。例 ―する列車。

【驀地】《バクチ／まっしぐら》(形動ダナ) 目標に向かって、激しい勢いで進むようす。例 馬車が―に走る。

馬10

【騷】 20画 ⇩【騒】《ソウ》(1084ページ)

馬10

【騰】 20画 ⇩【騰】《トウ》(1084ページ)

馬 11

【驂】 21画 8161 9A42 音 サン 漢 訓 そえうま・なら-ぶ

意味 ❶ 三頭のウマを一台の車につなぐ。例 載驂載駟《すなわちサンすなわちシ》(=あるいは三頭、あるいは四頭のウマをつける)。〈詩経《シキョウ》〉❷ 四頭立ての馬車の外側の二頭のウマ。そえうま。❸ 馬車を御《ギョ》する。乗る。例 驂御《サンギョ》。驂乗《サンジョウ》。

【驂御】《サンギョ》 そえのり。驂乗。表記 ⑪驂▼馭

【驂乗】《サンジョウ》(名・する) 護衛として貴人の馬車に同乗すること。また、その者。そえのり。貴人は左がわに、御者《ギョシャ》は中央に、護衛は右がわに乗る。

【驂《サン》を脱《ダッ》す】 手厚い香典《コウデン》をおくることのたとえ。〔孔子《コウシ》が衛の国へ行った際、以前にとまったことのある宿屋の主人が亡《な》くなった。孔子は弔問《チョウモン》に行って声を上げて泣き、帰ってから馬車のそえ馬をはずさせて香典《コウデン》としておくったという故事による〕〈礼記《ライキ》〉

馬 11
【驃】
21画 8163 9A43 音 ヒョウ（漢） 訓 すみ-やか

意味 ❶白いまだらのある栗毛《くりげ》のウマ。❷ウマが速く走るようす。❸勇猛《ユウモウ》な。いさましい。例 驃悍《ヒョウカン》。

【驃▼悍】《ヒョウカン》（名・形動ダナ）あらあらしく、すばしこいようす。

馬 11
【騾】
21画 8164 9A3E 音 ラ（漢）

意味 動物のラバ。

【騾馬】《ラバ》めすのウマと、おすのロバとをかけ合わせた動物。ロバより大きく、力も強く、性質はおとなしい。

馬11 【驅】 21画 ⇩【駆】《ク》（1081ページ）

馬 12
【驚】
22画 2235 9A5A 常用 音 ケイ（漢）キョウ（呉） 訓 おどろ-く・おどろ-かす

筆順 一 艹 芍 苟 敬 敬 驚 驚

なりたち 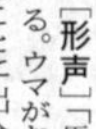 [形声]「馬（=うま）」と、音「敬《ケイ》」とから成る。ウマがおどろく。

意味 ❶意外なことに出合ってびっくりする。あわて、おそれる。おどろく。おどろき。例 驚愕《キョウガク》。驚喜《キョウキ》。❷はっとさせる。おそれさせる。例 驚天動地《キョウテンドウチ》。❸激しく速いようす。例 驚湍《キョウタン》（=流れの急な川の瀬《せ》）。驚風《キョウフウ》。

難読 驚破《すわ・すわや・そよ》

人名 とし

【驚異】《キョウイ》①はっとして不思議に思うこと。②びっくりするほどすばらしいこと。例 —的な記録を達成する。

【驚▼愕】《キョウガク》（名・する）ひじょうにおどろくこと。例 訃報《フホウ》に—する。

【驚喜】《キョウキ》（名・する）思いがけない、よいことにおどろき、喜ぶこと。例 とつぜんの再会に—する。

【驚嘆】《キョウタン》（名・する）すばらしさにおどろき、感心すること。例 成果は—に値《あたい》する。表記 (旧)驚▼歎

【驚天動地】《キョウテンドウチ》（天地をゆりうごかすほど）世間をおどろかせ、おそれさせること。例 —の大事件。

【驚倒】《キョウトウ》（名・する）おどろいて、たおれそうになること。びっくりぎょうてん。例 太平の世を—させる大事件。

【驚怖】《キョウフ》（名・する）身に危険がありそうで、ひじょうに不安なこと。例 —すべき事件が起こる。

【驚風】《キョウフウ》①激しい風。②小児病《ショウニビョウ》の一つ。脳膜炎《ノウマクエン》。

馬 12
【驕】
22画 8165 9A55 音 キョウ（漢） 訓 おご-る

意味 いい気になる。ほしいままにする。おごりたかぶる。おごる。例 驕傲《キョウゴウ》。驕肆《キョウシ》。驕慢《キョウマン》。

【驕傲】《キョウゴウ》（名・形動ダナ）えらそうにふるまうこと。例 —な態度。

【驕▼肆】《キョウシ》（名・形動ダナ）おごりたかぶって、わがままなこと。表記「驕恣」とも書く。

【驕児】《キョウジ》わがままな子供。だだっ子。また、勝手で、うぬぼれの強い人。

【驕▼奢】《キョウシャ》（名・形動ダナ）ひじょうにおごって、ぜいたくなこと。奢侈《シャシ》。例 —をきわめた生活。

【驕暴】《キョウボウ》えらそうにしていて、乱暴であること。

【驕慢】《キョウマン》（名・形動ダナ）おごりたかぶって、かって気ままにふるまうこと。例 —な態度。

馬 12
【驍】
22画 8166 9A4D 人名 音 ギョウ（慣）キョウ（漢）（呉）

意味 ❶すぐれたウマ。例 驍騰《ギョウトウ》（=良馬。また、勇ましく強い）。❷すぐれて、強い。例 驍名《ギョウメイ》。驍勇《ギョウユウ》（=強くていさましい）。

人名 いさ・いさむ・すぐる・たかし・たけ・たけし

【驍名】《ギョウメイ》勇ましくて強いという評判。例 —をはせる。

馬 12
【驒】
22画 1-9420 9A52 音 タ・タン（漢）ダ（呉）

馬 9 〔騨〕 19画 3445 9A28 俗字

意味 ❶白い銭形《ぜにがた》の模様のある黒馬。連銭葦毛《レンゼンあしげ》。❷「驒驒《タンタン》」は、つかれあえぐようす。

難読 飛驒《ひだ》（=旧国名）

馬 12
【驎】
22画 1-9419 9A4E 音 リン（漢）

意味 ❶まだらうま。❷くちびるの黒い白馬。❸「騏驎《キリン》」は、一日に千里を走るという、すぐれたウマ。

馬13 【驛】 23画 ⇩【駅】《エキ》（1081ページ）

馬13 【驗】 23画 ⇩【験】《ケン》（1083ページ）

馬 14
【驟】
24画 8169 9A5F 音 シュウ（漢） 訓 は-せる・にわ-か

意味 ❶ウマが速く走る。はせる。❷はやい。とつぜん。にわか。例 驟雨《シュウウ》。

【驟雨】《シュウウ》急に強く降りだして、すぐにやむ雨。にわかあめ。例 —沛然《ハイゼン》としていたる。

馬 16
【驥】
26画 8171 9A65 音 キ（漢）（呉）

意味 ❶一日に千里を走る名馬。すぐれたウマ。例 騏驥《キキ》（=一日千里を行く良馬）。❷すぐれた才能（の人）。例 驥足《キソク》。驥尾《ビキ》。

【驥足】《キソク》〔一日に千里を走る名馬の足の意〕すぐれた才能。例 —を展《の》ばす（=ゆたかな才能を発揮する）。

【驥尾】《キビ》〔足の速いすぐれたウマの尾《お》の意〕すぐれた人の後ろ。例 —に付す（=すぐれた人に従って、自分一人ではできないことを成しとげる）。

【驥▼櫪】《キレキ》すぐれた人は年老いても高い志を失わないことのたとえ。〔「老驥伏レ櫪志在二千里一《ロウキレキにふするもこころざしセンリにあり》（=驥は年老いても、千里をかけようと志《こころざ》す）」による語〕〈曹操《ソウソウ》〉

馬 16
【驢】
26画 8170 9A62 音 リョ（漢）ロ（呉）

意味 ロバ。ウマより小さく、耳が長い。ウサギウマともいう。例 驢鳴犬吠《ロメイケンバイ》。

【驢馬】《ロバ》ウマ科の哺乳《ホニュウ》動物。ウマより小さく、耳は長い。古くから家畜《カチク》として飼われる。ウサギウマ。

【驢鳴犬▼吠】《ロメイケンバイ》（ロバやイヌの鳴き声のような）つまらない文章のこと。

馬 17
【驩】
27画 8173 9A69 音 カン（漢） 訓 よろこ-ぶ・よろこ-び

意味 ❶ウマの名。❷よろこぶ。よろこび。(同)歓《カン》。例 驩喜《カンキ》（=よろこぶ）。

馬 17

【驤】 27画 8172 9A64 音 ジョウ漢 ショウ漢 訓 あ-がる・はし-る

意味 ❶ウマなどが首をもち上げる。❷上にあがる。高くあがる。❸(ウマが首を上げて)全力を発揮する。はしる。

馬 19

【驪】 29画 8175 9A6A 音 リ漢呉 レイ漢 訓 くろうま・なら-ぶ

意味 ❶黒いウマ。純黒色の毛色のウマ。また、黒い。例 驪駒《リク》(=黒いウマ)。❷ウマを並べる。また、ウマを並べてつないだ(二頭立ての)馬車。例 駢驪《ベンレイ》。❸驪山《リザン》のこと。

【驪山】《リザン》 陝西《センセイ》省西安にある山。ふもとに唐《トウ》の玄宗皇帝《ゲンソウコウテイ》が楊貴妃《ヨウキヒ》のために建てた華清宮《カセイキュウ》がある。

馬 20

【驫】 30画 8174 9A6B 音 ヒョウ漢 訓 はし-る

意味 多くのウマが走るようす。例 驫驫《ヒョウヒョウ》。

188 10画 骨 ほね ほねへん 部

肉の中にあるほねの意をあらわす。「骨」をもとにしてできている漢字を集めた。

0 骨 3 骭 4 骰 6 骸 骼 8 髀 9 髄 11 髏 13 髑 髓 體

骨 0

【骨】 10画 2592 9AA8 教育6 音 コツ漢 訓 ほね

筆順 丨 冂 冂 冎 冎 冎 骨 骨

なりたち  [会意]「冎(=ほね)」と「月(=にく)」とから成る。肉のついた、ほね。

意味 ❶人や動物のほね。例 骨格《コッカク》。遺骨《イコツ》。獣骨《ジュウコツ》。❷ものごとを組み立てる中心となるもの。例 骨子《コッシ》。鉄骨《テッコツ》。❸からだ。例 心骨《シンコツ》(=精神と肉体)。老骨《ロウコツ》。❹人がら。気質。精神。風格。例 気骨《キコツ》。仙骨《センコツ》。反骨《ハンコツ》。

日本語での用法《ほね》努力や、力をつくすことにたとえる。「骨《ほね》の折《お》れる仕事《しごと》・なかなか骨《ほね》だ」

難読 骨牌《カルタ》

【骨格】《コッカク》 ①動物のからだのほねぐみ。また、からだつき。例 がっちりした―の人。②ものごとを支えて、形づくっている部分。例 事業の―が決まる。表記 ▽旧骨▼骼

【骨柄】《コツがら》 ①からだつき。骨格。②からだつきから感じられる人がら。例 人品《ジンピン》―いやしからず。

【骨幹】《コッカン》 ①からだの主要なほねぐみ。②全体の基本となる重要な部分。例 政党の―となる人物。

【骨材】《コツザイ》 モルタルやコンクリートをつくるときに、セメントにまぜる砂や砂利《じゃり》。

【骨子】《コッシ》 考えや計画の中心となる、ほねぐみ。要点。

【骨髄】《コツズイ》 ①ほねの中心部にある、やわらかい組織。赤血球・白血球・血小板をつくる。例 ―移植。②心のおくふかいところ。例 うらみ―に徹《テッ》す。

【骨折】《コッセツ》 (名・する) 外の力が加わったり、ほね自体がもろくなったりして、ほねが折れること。例 ころんで足を―する。

【骨相】《コッソウ》 骨格の形にあらわれた、その人の性格や運命。

【骨頂】《コッチョウ》 (名・形動《ダ》) この上ない状態にあること。程度が最もはなはだしいこと。例 真《シン》―(=本領《ホンリョウ》。本来のすがた)。愚《グ》の―。表記 「骨張」とも書く。

【骨▼董】《コットウ》 ①古くて価値があり、収集や鑑賞《カンショウ》の対象となる道具や器物。例 ―品。―屋。②古いばかりで、役に立たないもののたとえ。例 ―的人物。

【骨肉】《コツニク》 親子や兄弟《キョウダイ》など、血縁《ケツエン》関係にある者。

【骨▼牌】《コッパイ》 ①カルタ。②けもののほねで作ったマージャンのパイ。

【骨盤】《コツバン》 腰部《ヨウブ》を形づくっているほね。

【骨粉】《コップン》 ウシやウマのほねをくだいて乾燥《カンソウ》させ、粉末にした肥料や飼料。

【骨法】《コッポウ》 ①からだのほねぐみ。骨格。②芸術や芸道などの活動で、最もたいせつな要領。こつ。例 舞《まい》の―をのみこむ。

【骨膜】《コツマク》 ほねの表面をおおっている膜。ほねの成長や保護、再生などにかかわる。例 ―炎《エン》。

【骨立】《コツリツ》 (名・する) やせて、ほねが目立つほどになること。

【骨組】《ほねぐみ》 ①からだの骨の構造。②根本の構造。例 建物の―。文章の―。

【骨身】《ほねみ》 ①ほねと肉。②からだ全体。からだ。例 北風が―にしみる。③心とからだ。心身。例 やさしさが―にしみる。

○● 遺骨《イコツ》・気骨《キコツ―キぼね》・筋骨《キンコツ》・鎖骨《サコツ》・人骨《ジンコツ》・接骨《セッコツ》・軟骨《ナンコツ》・納骨《ノウコツ》・白骨《ハッコツ》・武骨《ブコツ》・埋骨《マイコツ》

骨 3

【骭】 13画 8176 9AAD 音 カン漢 訓 はぎ

意味 ❶すねの骨。❷すね。例 骭毛《カンモウ》(=すね毛)。

骨 4

【骰】 14画 8177 9AB0 音 トウ漢 訓 さい

意味 すごろくやばくちなどに用いる、小さい立方体。各面に数などが示される。さいころ。さい。例 骰子《トウシ》(=さいころ)。

難読 骰子《さい》の目《め》・骰子《さいころ》

骨 6

【骸】 16画 1928 9AB8 常用 音 カイ漢 ガイ呉 訓 かばね・むくろ

筆順 冂 冂 冎 骨 骨 骨 骨 骸

なりたち  [形声]「骨(=ほね)」と、音「亥《カイ》」とから成る。すねの骨。

意味 ❶人の骨。例 骸筋《ガイキン》(=骨と、すじ。からだ)。骸骨《ガイコツ》。❷死者のからだ。なきがら。むくろ。例 遺骸《イガイ》。死骸《シガイ》。

難読 骸炭《コークス》

【骸▼軀】《ガイク》 からだ。身体。

【骸骨】《ガイコツ》 ①からだの骨組み。骨格。例 ―の標本。②骨だけになった死体。例 ―と化す。③からだ。身体。

【骸骨《ガイコツ》を乞《こ》う】 官職を辞する。辞職を願い出る。〔仕官のとき君主に差し上げた自分のからだを、今は返してほしいと願い出る意から〕〈史記《シキ》〉

○● 遺骸《イガイ》・形骸《ケイガイ》・残骸《ザンガイ》・死骸《シガイ》

骨 6

【骼】 16画 8178 9ABC 音 カク漢 訓 ほね

意味 ほねぐみ。ほね。例 骨骼《コッカク》。

骨 8

【髀】 18画 8179 9AC0 音 ヒ漢 訓 もも

意味 足の、ひざより上の部分。もも。また、ももの骨。例 髀骨《ヒコツ》(=ももの骨)。髀肉《ヒニク》。

【髀肉の嘆】《ヒニクのタン》 実力を発揮して活躍する機会がないのをなげくこと。〔三国時代、蜀《ショク》の劉備《リュウビ》が、長いあいだウマ

に乗って戦うことがなかったため、内ももにむだな肉がついてしまったのをなげいたという故事による」〈三国志《サンゴクシ》〉 表記 旧髀肉の▼歎

骨9 【髄】 19画 3181 9AC4 常用 音 スイ漢 ズイ呉

筆順 冂 冂 冎 骨 骨 骨 骨 髄

骨13 【髓】 23画 8182 9AD3

月13 [膸] 17画 7127 81B8 別体字

なりたち [形声]「骨(=ほね)」と、音「隓《キ…▼イス》」とから成る。骨の中の脂《あぶら》。

意味 ❶骨のしんにある、あぶらのようなもの。例 骨髄《コツズイ》。脊髄《セキズイ》。❷ものごとの中心となる要点。欠くことのできない主要部分。例 神髄《シンズイ》。精髄《セイズイ》。

人名 あや・すね・ゆき・より

【髄脳】《ズイノウ》 ①脳。脳髄。②ものごとの最もたいせつなところ。奥義《オウギ》や秘説。また、それを書いた書物。例 和歌の—。

【髄膜】《ズイマク》 脳と脊髄《セキズイ》をおおっている膜。硬膜《コウマク》・蜘蛛膜《くもマク》・軟膜《ナンマク》の三層から成る。例 —炎《エン》。

●延髄《エンズイ》・骨髄《コツズイ》・神髄《シンズイ》・真髄《シンズイ》・精髄《セイズイ》・脊髄《セキズイ》・脳髄《ノウズイ》

骨11 【髏】 21画 8180 9ACF 音 ロウ漢 ロ呉

意味 風雨にさらされた頭の骨。されこうべ。しゃれこうべ。例 髑髏《ドクロ》。

骨13 【髑】 23画 8181 9AD1 音 トク漢 ドク呉

意味 風雨にさらされて肉がとれ、白くなった頭の骨。されこうべ。しゃれこうべ。のざらし。例 髑髏《ドクロ》。

難読 髑髏《されこうべ|しゃりこうべ|しゃれこうべ|ひとがしら》

【髑▼髏】《ドクロ》 風雨にさらされた頭蓋骨《ズガイコツ》。されこうべ。しゃれこうべ。しゃりこうべ。ひとがしら。のざらし。

骨13 【髓】 23画 ⇩【髄】《ズイ》(1087ページ)

骨13 【體】 23画 ⇩【体】《タイ》(67ページ)

189 10画 **高** たかい部

ものみやぐらの形をあらわす。「高」と、「高」をもとにしてできている「髞」とを集めた。

0 高 1 髙 13 髞

この部首に所属しない漢字

嵩⇩山330 敲⇩攴466 稾⇩禾737

高0 【高】 10画 2566 9AD8 教育2 音 コウ漢呉 訓 たか-い・たか・たか-まる・たか-める

筆順 亠 亠 亡 古 古 高 高 高

高1 [髙] 11画 — 9AD9 俗字

なりたち [象形] ものみやぐらの形。たかくそびえる。

意味 ❶人の背たけや、ものの位置がたかい。対 低《テイ》。例 高山《コウザン》。高所《コウショ》。高度《コウド》。❷数値や程度が大きい。等級が上だ。対 低。例 高音《コウオン》。高価《コウカ》。高級《コウキュウ》。❸格調がたかい。けだかい。すぐれた。例 高潔《コウケツ》。高尚《コウショウ》。崇高《スウコウ》。❹相手の行為《コウイ》や言説をうやまっていうことば。例 高配《コウハイ》。高評《コウヒョウ》。高覧《コウラン》。❺思いあがる。おごる。たかぶる。例 高言《コウゲン》。高慢《コウマン》。

日本語での用法 《たか》数量や程度をあらわす。「今日《きょう》の水揚《みずあ》げ高《だか》・高《たか》の知《し》れた奴《やつ》」

難読 高天原《たかまがはら|たかまのはら》・高市《たけち》・高砂《たかさご》・高麗鼠《こまねずみ》・高麗人《こまびと》・高麗芝《こうらいしば》・高粱《コーリャン》

人名 あきら・うえ・すけ・たかし・たけ・ほど・まさ・まさる

【高圧】《コウアツ》 ①気圧・水圧・電圧などが強い、または、高いこと。対 低圧。例 —線(=高電圧の送電線)。②上からおさえつけること。おおいかぶさること。例 —的な態度を見せる。

【高位】《コウイ》 高い地位。また、高い地位の人。対 低位。例 —高官。—にのぼる。

【高遠】《コウエン》(名・形動《ダナ》) 志や思想がけだかく、すぐれてりっぱなこと。例 —な理想を述べる。

【高音】《コウオン》 ①高い音や声。②音楽で、ソプラノ。例 —部。—がよくひびく。▽対 低音。

【高恩】《コウオン》 ひじょうに深い恩。相手から受けた恩をうやまっていうことば。例 ご—にむくいるよう努力します。

【高温】《コウオン》 高い温度。対 低温。例 —多湿《タシツ》の風土。

【高価】《コウカ》(名・形動《ダナ》) 値段や価値が高いこと。また、高い価格。対 安価・廉価《レンカ》。例 —な宝石。

【高架】《コウカ》 高くかけわたされていること。また、そうなっている橋・線路・電線など。例 —線の下。駅が—になっている。

【高歌】《コウカ》(名・する) 大きな声で歌うこと。例 —放吟《ホウギン》。

【高▼臥】《コウガ》(名・する) ①まくらを高くしてねること。平穏《ヘイオン》な生活のたとえ。②俗世間《ゾクセケン》のわずらわしさをさけて、かくれ住むこと。

【高雅】《コウガ》(名・形動《ダナ》) けだかく、みやびやかなこと。例 —なふるまい。

【高閣】《コウカク》 ①高い建物。高楼《コウロウ》。たかどの。②高い棚《たな》。例 —に束《つか》ねる(=書物をたばねて高い棚にのせたまま読まない)。

【高額】《コウガク》 大きい金額。多額。大きな額面。対 低額・小額。例 —所得者。—紙幣《シヘイ》。

【高官】《コウカン》 地位の高い官職。また、その職の人。例 高位—。

【高貴】《コウキ》(名・形動《ダナ》) ①身分が高く、とうといこと。また、そのような人。対 下賤《ゲセン》・卑賤《ヒセン》。例 —な家の出。②価値があること。値段が高いこと。例 —な品物を贈《おく》る。

【高▼誼】《コウギ》 親しい交わり。なみなみならぬよしみ。〔多く手紙文で、相手から受けた好意に感謝していう〕例 ご—をたまわる。

【高議】《コウギ》 一(名) すぐれた議論。また、相手の議論をうやまっていうことば。二(名・する) さかんに議論すること。

【高気圧】《コウキアツ》 大気中で、まわりよりも気圧の高いところ。中心区域は天気がよい。対 低気圧。例 移動性—。

【高級】《コウキュウ》(名・形動《ダナ》) 等級や品質・性能・程度などが高いこと。対 低級。例 —官僚《カンリョウ》。—車を乗り回す。

【高給】《コウキュウ》 高い給料。例 —取り。

【高吟】《コウギン》(名・する) 声高らかに詩などを吟ずること。例 放歌—する。

【高空】《コウクウ》 空の高いところ。対 低空。例 —を飛行する。

【高句▽麗】《コウクリ》〔「コグリョ」とも〕古代、中国東北部から朝鮮《チョウセン》半島北部にかけてあった国。紀元前後に建国され、唐《トウ》と新羅《シンラ|しらぎ》にほろぼされた。狛《こま》。高麗《コマ》。(?—六六八)

表記「高▽勾▽麗」とも書く。

【高《コウ》下《ゲ》】㊀（名）（身分や価格の）高いことと低いこと。高低。㊁（名・する）（価格などが）上がり下がりすること。上下。例相場の乱—。—の動きがはげしい。

【高《コウ》潔《ケツ》】（名・形動ダナ）心がけだかく清らかなこと。例—の士。

【高《コウ》血《ケツ》圧《アツ》】血圧が標準より高いこと。対低血圧。

【高《コウ》見《ケン》】すぐれた意見。また、相手の意見を、うやまっていうことば。例ご—をうかがいたい。先生が—を披露《ヒロウ》された。

【高《コウ》言《ゲン》】（名・する）えらそうに、大きなことを言うこと。また、そのことば。大言。壮語《ソウゴ》。例自分が第一人者だと—する。

【高《コウ》原《ゲン》】高地にある平原。例—野菜。

【高《コウ》校《コウ》】「高等学校」の略。

【高《コウ》座《ザ》】①寄席《よせ》などで、演芸をおこなうために、一段高く設けられた席。例—に上がる。②高い位置の座席。上席。

【高《コウ》裁《サイ》】「高等裁判所」の略。

【高《コウ》札《サツ》】①昔、布告や命令などを書いて、人通りの多い場所に高くかかげたふだ。制札。例—場《ば》。辻《つじ》に—が立つ。②相手の手紙をうやまっていうことば。例ご—拝見。

【高《コウ》山《ザン》】高い山。例—植物。

【高《コウ》山《ザン》病《ビョウ》】高い山に登ったとき、気圧の低下や酸素不足で起こる、頭痛やはき気などの症状《ショウジョウ》をいうことば。

【高《コウ》士《シ》】人格のすぐれた人。また、官に仕えない脱俗《ダツゾク》の人。例市井《シセイ》に—あり。

【高《コウ》志《シ》】①けだかいこころざし。りっぱな心。②相手のこころざしを、うやまっていうことば。例ご—をありがたくお受けします。

【高《コウ》次《ジ》】①程度が高いこと。例—の技術。②〔数〕式の次数が三次以上であること。例—方程式。

【高直《コウジキ｜コウチ》】（名・形動ダナ）〔「直」は、値段の意〕①値段の高いこと。たかね。高価。例諸式—な時節。②値打ちのあること。

【高《コウ》姿《シ》勢《セイ》】（名・形動ダナ）相手に対して威圧《イアツ》的な態度をとること。高飛車《たかビシャ》。対低姿勢。例—に出る。

【高《コウ》周《シュウ》波《ハ》】周波数（＝音波や電波などの振動数《シンドウスウ》）の高い波。対低周波。

【高《コウ》所《ショ》】①高いところ。対低所。例—恐怖症《キョウフショウ》。②高い見地。例大所《タイショ》—から論じる。

【高《コウ》尚《ショウ》】（名・形動ダナ）品がよく、程度が高いこと。対低俗《テイゾク》。例—な趣味《シュミ》。

【高《コウ》唱《ショウ》】（名・する）大きな声で歌ったり、となえたりすること。例寮歌《リョウカ》を—する。お題目を—して歩く。

【高《コウ》説《セツ》】①すぐれた意見。卓説《タクセツ》。例卓論—。②相手の意見をうやまっていうことば。例ご—拝聴《ハイチョウ》しました。

【高《コウ》専《セン》】「高等専門学校」の略。中学校教育の基礎《キソ》の上に、専門の学芸と職業に必要な能力を育成するための教育機関。

【高《コウ》祖《ソ》】①遠い先祖。②四代前の先祖。曽祖父《ソウソフ》の両親。③古代中国で、王朝の初代皇帝《コウテイ》。例漢の—劉邦《リュウホウ》。④〔仏〕宗派や宗義を始めた高僧《コウソウ》。

【高《コウ》僧《ソウ》】①知徳のすぐれた僧。②地位の高い僧。

【高《コウ》層《ソウ》】①空の高いところ。空の上層。高空。例—の気流。②層がいくつも重なっていること。建物などで階数の多いこと。例—建築。

【高《コウ》足《ソク》】㊀①弟子《デシ》の中で、とくにすぐれた者。高弟《コウテイ》。例一門の—。②足の速いウマ。駿馬《シュンメ》。㊁《たかあし》①（膳《ゼン》などの）脚《あし》の高いもの。例—のお膳。②竹馬。

【高《コウ》速《ソク》】①速度がひじょうにはやいこと。高速度。対低速。例—回転。②「高速道路」の略。例名神《メイシン》—。

【高《コウ》祖《ソ》父《フ》】祖父母の祖父。三代前の人の父。

【高《コウ》祖《ソ》母《ボ》】祖父母の祖母。三代前の人の母。

【高《コウ》大《ダイ》】（名・形動ダナ）高く大きいこと。また、ひじょうにすぐれていること。例—な理想。

【高《コウ》台《ダイ》】㊀①高い建物。たかどの。②茶碗《チャワン》などの外側の底にある、輪状の台。いとぞこ。いときり。③相手をうやまっていうことば。あなたさま。貴台。㊁《たかダイ》周囲の土地よりも高い台地。例—の住宅地。

【高《コウ》段《ダン》】武道・囲碁《イゴ》・将棋《ショウギ》などで、段位が高いこと。ふつう五段以上をいう。例—者。

【高《コウ》地《チ》】①まわりにくらべて高い土地。対低地。②標高の高い土地。例—に生きる動物。

【高《コウ》著《チョ》】相手の著書を、うやまっていうことば。

【高《コウ》潮《チョウ》】㊀（名・する）ものごとの程度や調子が最もさかんになること。また、その状態。絶頂。ピーク。例議論が—する。最—に達する。㊁《たかしお》（名）満潮や台風などで、海面が最も高くなった状態。例—にさらわれる。

【高《コウ》低《テイ》】①高いことと低いこと。例気圧の—。②上がることと下がること。上がり下がり。例気温の—。

【高《コウ》弟《テイ》】弟子《デシ》の中でとくにすぐれた者。高足。

【高《コウ》度《ド》】㊀（名）①地面や海面からの高さ。例—一万メートルを飛行する。②地平面から天体までの角距離《カクキョリ》。例地平から—を増していく月。㊁（名・形動ダナ）程度が高いこと。例—な技術。

【高《コウ》等《トウ》】（名・形動ダナ）程度や等級が高いこと。対下等・初等。例—教育。—植物。—な内容の本。

【高等学校《コウトウガッコウ》】中学校教育のあとに、高等普通教育または専門教育をおこなう学校。

【高等裁判所《コウトウサイバンショ》】最高裁判所の下位に置かれ、地方裁判所（＝地裁）・家庭裁判所（＝家裁）・簡易裁判所（＝簡裁）の上にある裁判所。高裁。

【高等動物《コウトウドウブツ》】進化の程度が進んで、複雑な器官を備えた動物をまとめて呼ぶことば。脊椎《セキツイ》動物など。

【高《コウ》踏《トウ》】俗世《ゾクセ》の欲を超越《チョウエツ》して、自分を高く保つこと。例—的な生活。

【高《コウ》騰《トウ》】（名・する）ものの値段が上がること。騰貴。例地価が—する。表記旧▼昂騰

【高《コウ》徳《トク》】徳が高いこと。また、徳の高い人。例—の僧《ソウ》。

【高《コウ》熱《ネツ》】①温度が高いこと。高温。②体温が平常にくらべて高いこと。例風邪《かぜ》で—が出る。

【高《コウ》年《ネン》】年齢《ネンレイ》が高いこと。高齢。例—での再就職は難しい。

【高《コウ》配《ハイ》】①相手の心くばりをうやまっていうことば。例ご—を感謝いたします。②「高配当」の略。配当率の高いこと。

【高《コウ》▼庇《ヒ》】①相手があたえてくれる庇護《ヒゴ》を、うやまっていうことば。おかげ。例ご—をいただく。②高い木や建物のかげ。

【高《コウ》批《ヒ》】相手の批評をうやまっていうことば。高評。例ご—をたまわりたい。

【高《コウ》評《ヒョウ》】①相手の批評をうやまっていうことば。高批。例乞《こ》うご—。②評判が高いこと。例—を受けている品。

【高《コウ》峰《ホウ》】高くそびえているみね。高い山。高嶺《たかね》。

【高《コウ》木《ボク》】①たけの高い木。②一本の太い幹が高くのびる木。スギやヒノキの類。〔高さが三メートル以上になるもの。もと喬木《キョウボク》といった〕対低木。

【高《コウ》▼邁《マイ》】（名・形動ダナ）人格や見識がひじょうにすぐれていること。例—な精神を秘めた作品。

【高《コウ》慢《マン》】（名・形動ダナ）自分だけがえらいと思い上がって、他人を見くだすこと。驕慢《キョウマン》。例—な態度。

【高名《コウメイ》】㊀〔「コウミョウ」とも〕（名・形動ダナ）評判の高いこと。有名なこと。例—な小説家。㊁（名）①他人の名前を、うやまっていうことば。例ご—はうかがっております。②〔「コウミョウ」とも〕いくさでてがらを立てること。功名。例関ケ原《せきがはら》の合戦《カッセン》で—を上げた。

【高明《コウメイ》】㊀（名）高くて明るい場所。天や高殿《たかどの》をいう。㊁（名・形動ダナ）①地位が高く、富んでいること。また、その人。②徳が高く賢明《ケンメイ》であること。

【高野豆腐《コウヤドウフ》】豆腐をこおらせて乾燥《カンソウ》した食品。もと、高野山《コウヤサン》で僧《ソウ》が作っていた。こおり豆腐。しみ豆腐。

【高揚《コウヨウ》】（名・する）精神や気分などが、高まること。また、高めること。例士気が—する。表記 旧▼昂揚

【高▽麗】㊀《コウライ》〔「コリョ」とも〕①王建が建てた朝鮮《チョウセン》の王朝。朝鮮半島を統一して栄えたが、李朝《リチョウ》をおこした李成桂《リセイケイ》にほろぼされた。（九一八—一三九二）②朝鮮半島のこと。㊁《コマ》①「高句麗《コウクリ》」に同じ。②「㊀①」に同じ。

【高覧《コウラン》】他人が見ることを、うやまっていうことば。例ご—に供する。

【高欄《コウラン》】建物の縁《ふち》（＝周り）や、階段・橋などに設けた、伝統模様をもつ欄干《ランカン》。表記「勾欄」とも書く。

【高利《コウリ》】①利率（＝利息のつく割合）が高いこと。対低利。例—貸し。②大きな利益。巨利《キョリ》。例—を手に入れる。

【高率《コウリツ》】（名・形動ダナ）割合が高いこと。対低率。例—の利息。

【高▼粱《コウリョウ／コーリャン》】〔「コーリャン」は中国語音〕中国で栽培《サイバイ》されるモロコシの一種。食料や飼料とする。

【高齢《コウレイ》】年齢が高いこと。高年。例—化社会。

【高炉《コウロ》】鉄鉱石から銑鉄《センテツ》をつくる、大きな高い炉。溶鉱炉《ヨウコウロ》。

【高楼《コウロウ》】高く重ねてつくった建物。高殿《たかどの》。例—の宴《エン》。

【高▼禄《コウロク》】多額の俸禄《ホウロク》。例—を食《は》む。

【高論《コウロン》】①すぐれた論。卓論《タクロン》。例—卓説。②相手の論をうやまっていうことば。例ご—をうかがう。

【高話《コウワ》】他人の話を、うやまっていうことば。例ご—を拝聴したい。

【高瀬《たかせ》】川の瀬の浅いところ。浅瀬。例—をわたる。

【高瀬舟《たかせぶね》】浅瀬を通るために舟底《ふなぞこ》を浅く平らにした、川舟。

【高▼坏《たかつき》】食物を盛るのに用いた、長い足のついた台。例—に神饌《シンセン》をのせて神前に供える。

【高手小手《たかてこて》】両手を後ろにまわし、首から手首や二のうでになわをかけて、厳重にしばり上げること。

【高飛車《たかビシャ》】（名・形動ダナ）相手をおさえつけるようにすること。高圧的なこと。〔将棋《ショウギ》で、前面に出た飛車が相手をおさえつけるはたらきをすることから〕例—な発言。

○●孤高《ココウ》・最高《サイコウ》・座高《ザコウ》・残高《ザンだか》・至高《シコウ》・標高《ヒョウコウ》・禄高《ロクだか》・割高《わりだか》

高 1

【髙】11画 ⇩【高】《コウ》（1087ページ）

高 13

【髞】23画 8184 9ADE 音 ソウ漢 訓 たか-い

意味「髝髞《ロウソウ》」は、高いようす。また、せっかちなようす。

190 10画 髟 かみがしら かみかんむり 部

かみの毛が長くたれている意をあらわす。「髟」をもとにしてできている漢字を集めた。

0 髟 3 髢 4 髪 髣 髦 5 髯 髫 髴 髱 髮 6 髷 髻 髭 8 鬆 11 鬘 12 鬚 13 鬟 14 鬢 15 鬣

髟 0

【髟】10画 8185 9ADF 音 ヒョウ漢 訓 ながきかみ

意味 かみの毛が長くたれているようす。

髟 3

【髢】13画 8186 9AE2 音 テイ漢 訓 かもじ

意味 少ないかみの毛に、加えて入れるかみ。そえがみ。入れがみ。かもじ。

髟 4

【髪】14画 4017 9AEA 常用 音 ハツ漢 ホツ呉 訓 かみ 付表 白髪《しらが》

筆順 丨 厂 F 镸 髟 髟 髟 髪

髟 5

【髮】15画 8191 9AEE 人名

なりたち  〔形声〕「髟（＝かみ）」と、音「犮《ハツ》」とから成る。頭の上の毛。

意味 ❶頭部に生える毛。かみの毛。かみ。例整髪《セイハツ》。頭髪《トウハツ》。白髪《ハクハツ》。❷〔地上の毛の意で〕草木。例窮髪《キュウハツ》（＝草木の生えないこと。不毛）。

難読 髪文字《かもじ》・御髪《みぐし／おぐし》・髪搔《こうがい》・髪際《こうぎわ／はえぎわ》

【髪型《かみがた》】ゆい上げたり整えたりした髪のかっこう。ヘアスタイル。表記「髪形」とも書く。

【髪結い《かみゆい》】（日本髪や丁髷《ちょんまげ》などの）髪をゆうこと。また、それを職業にした人。

【髪膚《ハップ》】〔かみの毛と、はだの意〕からだ。例身体—これを父母に受く。〈孝経《コウキョウ》〉

○●間一髪《カンイッパツ》・間髪《カンパツ》・危機一髪《キキイッパツ》・散髪《サンパツ》・長髪《チョウハツ》・前髪《まえがみ》・毛髪《モウハツ》・螺髪《ラホツ》・理髪《リハツ》

髟 4

【髣】14画 8187 9AE3 音 ホウ漢 訓 ほの-か

意味「髣髴《ホウフツ》」は、よく似ていること。ぼうっとしていること。

【髣▼髴《ホウフツ》】（名・する・形動タトル）①姿や形がよく似ていること。また、ありありと心にうかぶこと。例息子《むすこ》は亡夫を—させる。当時の記憶《キオク》が—としてよみがえる。②ぼんやりと見えること。例遠くに島影《しまかげ》が—とうかぶ。表記▽「▼彷▼彿」とも書く。

髟 4

【髦】14画 8188 9AE6 音 ボウ漢 訓 たてがみ

意味 ❶長いかみの毛。❷ウマのたてがみ。❸子供の、眉《まゆ》まで垂れたかみの毛。❹すぐれた人物。例髦秀《ボウシュウ》（＝才知のすぐれた人）。

髟 5

【髯】15画 *8189 *9AEF 音 ゼン漢 訓 ひげ

意味 ほおに生えるひげ。ほおひげ。例鬚髯《シュゼン》（＝あごひげと、ほおひげ）。美髯《ビゼン》。

髟 5

【髫】15画 8190 9AEB 音 チョウ漢 訓 うない

意味 子供の(うなじのあたりまで)たれた髪型《かみがた》。うない。また、子供。幼児。例 髫齔《チョウシン》。

【髫▼齔】チョウシン たれがみをしていて、歯のぬけかわるころの七、八歳《サイ》の子供。また、幼いころ。齠齔《チョウシン》。

髟 5 【髴】 15画 8192 9AF4 音 フツ漢

意味 「髣髴《ホウフツ》」は、似かよって区別がつかないようす。

髟 5 【髱】 15画 8193 9AF1 音 ホウ漢 訓 たぼ

意味 ひげがこい。ひげが多い。

日本語での用法 《たぼ》 日本髪《ニホンがみ》で、ゆい髪の後方に張り出した部分。たぼがみ。また、若い女性のこと。「髱《たぼ》をふっくらと出《だ》す」

髟 5 【髮】 15画 ⇩【髪】ハツ(1089ページ)

髟 6 【髷】 16画 8194 9AF7 音 キョク漢 訓 まげ・わげ

意味 「髷髷《キョクキョク》」は、かみの毛がちぢれているようす。

日本語での用法 《まげ》 昔の髪型《かみがた》で、折り返したり、曲げたりして整えた、かみの毛の束。なまって「わげ」ともいう。「髷《まげ》を結《ゆ》う・丁髷《ちょんまげ》・丸髷《まるまげ》」

髟 6 【髻】 16画 8201 9AFB 音 ケイ漢呉 訓 もとどり・たぶさ・みずら

意味 かみの毛を頭の上で束ねる。また、その束ねた部分。たぶさ。もとどり。例 椎髻《ツイケイ》(=後ろにたれた髪《かみ》を一束ねにしたまげ。さいづちまげ)。

日本語での用法 《みずら》 古代の男子の髪型《かみがた》。かみの毛を頭のいただきから左右に分け、それぞれ耳のあたりで輪の形に結んだもの。

難読 髻華《うず》(=かんむりや髪《かみ》にさした飾《かざ》り。かざし)

髟 6 【髭】 16画 4106 9AED 音 シ漢 訓 ひげ

意味 口の上方に生えるひげ。くちひげ。例 髭鬚《シシュ》。

【髭▼鬚】シシュ くちひげと、あごひげ。また、ひげ。

【髭面】ひげづら ひげが生えた顔。例 むさくるしい―。

髟 8 【鬆】 18画 8202 9B06 音 ショウ・ソウ漢 訓 す

意味 ❶かみの毛が乱れているようす。❷まばらである。あらい。例 骨粗鬆症《コツソショウショウ》(=骨がもろくなった症状)。大根《ダイコン》に鬆《す》があく。鬆《す》のはいった豆腐《トウフ》。

髟 11 【鬘】 21画 8203 9B18 音 バン漢 マン呉 訓 かつら・かずら

意味 花やつる草などをかみのかざりにしたもの。花かんざし。かみかざり。かずら。例 華鬘《ケマン》(=花をひもに通して首などにかけるかざり。転じて、仏殿の内陣をかざる仏具)。

日本語での用法 《かつら・かずら》 演劇の扮装《フンソウ》や、おしゃれなどのためにかぶる、頭髪《トウハツ》をうえたもの。「鬘《かつら》をつける・鬘師《かずらシ》・鬘髭《かずらひげ》」

髟 12 【鬚】 22画 8204 9B1A 音 シュ漢 ス呉 訓 ひげ

意味 ❶あごに生えるひげ。あごひげ。例 鬚髯《シュゼン》。❷動物のひげや、植物のひげ状になった部分をいう。例 虎鬚《コシュ》(=トラのひげ)。

【鬚▼髯】シュゼン あごひげと、ほおひげ。例 ―をたくわえた紳士《シンシ》。

髟 13 【鬟】 23画 8205 9B1F 音 カン漢 訓 わげ・みずら

意味 かみの毛を束ねて丸く輪にしたもの。わげ。みずら。例 翠鬟《スイカン》(=つやのあるまげ・美人の髪《かみ》)。

髟 14 【鬢】 24画 8206 9B22 音 ヒン漢 ビン呉

意味 耳ぎわのかみの毛。びん。びんずら。例 鬢糸《ビンシ》。鬢髪《ビンパツ》(=頭の左右両側の毛)。

【鬢糸】ビンシ 白くなって、ばらばらに乱れたびんの毛。

【鬢糸茶▼烟の感】ビンシサエンのカン 年老いて静かな生活の中で、青春の日々をしのぶ感慨《カンガイ》。〈杜牧《トボク》・酔後題二僧院一《スイゴソウインにダイす》〉

【鬢霜】ビンソウ びんの毛の白くなったようす。年老いたようす。類 鬢雪《ビンセツ》。

髟 15 【鬣】 25画 8207 9B23 音 リョウ漢 訓 たてがみ

意味 ❶動物の首すじの毛。たてがみ。例 馬鬣《バリョウ》(=ウマのたてがみ)。❷ひげ。

難読 鬣《うながみ・たつがみ・たちがみ》

191 10画 門 たたかいがまえ とうがまえ 部

武器を持った二人がたたかう形をあらわす。「門」をもとにしてできている漢字を集めた。

0 門 5 鬧 6 鬨 8 鬩 10 鬪 14 鬭 16 鬮

門 0 【門】 10画 8208 9B25 音 トウ漢 ツ呉 訓 たたか-う

意味 あらそう。たたかう。同 闘《トウ》。

門 5 【鬧】 15画 8209 9B27 音 トウ慣 ドウ漢 訓 さわ-ぐ・さわ-がしい

門 5 [閙] 13画 7963 9599 俗字

意味 ❶にぎやかなようす。さわがしい。例 鬧熱《ドウネツ》。❷さわがしくする。さわぐ。

【鬧熱】ドウネツ 〔「トウネツ」とも〕 こみあって、さわがしいこと。にぎやかで活気のあること。

門 6 【鬨】 16画 8210 9B28 音 コウ漢 訓 とき・かちどき・たたか-う

意味 ❶いくさをする。たたかう。例 鄒与レ魯鬨《スウとロとたたかう》。❷戦うときに発する声。ときのこえ。例 鬨声《コウセイ》(=戦いのとき、志気を鼓舞《コブ》するために出すかけ声)。鬨《とき》の声《こえ》。勝鬨《かちどき》。❸集まり、さわぐ。さわがしい。例 喧鬨《ケンコウ》(=がやがやとさわぐ)。

門 8 【鬩】 18画 8211 9B29 音 ゲキ慣 ケキ漢 訓 せめ-ぐ・たたか-う

意味 仲たがいする。いいあらそう。せめぐ。仲たがい。例 鬩牆《ゲキショウ—かきにせめぐ》。

【鬩▼牆《ゲキショウ—かきにせめぐ》】同じ垣《かき》の中で争うこと。きょうだいげんかをすること。また、内輪もめ。→【兄弟《ケイテイ》牆《かき》に鬩《せめ》げども外《そと》その務《あなど》りを禦《ふせ》ぐ】（99ページ）

門10【鬪】20画 ⇩【闘《トウ》】（1029ページ）

門14【鬭】24画 ⇩【闘《トウ》】（1029ページ）

門16【鬮】26画 8213 9B2E 音 キュウ 漢 訓 くじ

意味 くじを引く。くじ。

漢字に親しむ ㉕ ひげの話

『三国志《サンゴクシ》』に出てくる蜀《ショク》の武将関羽《カンウ》のことを美髯公《ビゼンコウ》ともいいますが、これは関羽が、りっぱなひげをたくわえていたからです。「髯《ゼン》」とはひげのことですが、実は漢字でひげをあらわす字には、このほかにも「髭《シ》」と「鬚《シュ》」とがあり、それぞれ「髯」はほおひげ、「髭」は口ひげ、「鬚」はあごひげを指します。

おもしろいのは英語にもそれぞれに対応する単語があって、「髯」は whiskers、「髭」は mustache、「鬚」は beard といいます。「ひげ」の一語をもとに「ほおひげ」「口ひげ」「あごひげ」などと複合語で表現し、別の単語を作らなかった日本人にとっては、「ひげ」は興味の対象ではなかったのでしょうか？

192 10画 鬯 ちょう においざけ 部

祭りで神を呼び降ろすのに用いる香りの強い酒の意をあらわす「鬯」と、「鬯」をもとにしてできている「鬱」とを集めた。

0 鬯 19 鬱

鬯 0【鬯】10画 8214 9B2F 音 チョウ 漢 訓 かおりぐさ・の-びる・ゆぶくろ

意味 ❶祭祀《サイシ》に用いられた、かおりのよい酒。例 鬱鬯《ウッチョウ》（＝香草《コウソウ》を用いてつくった、かおりのよい酒）。❷香草の名。鬱金《ウコン》。例 鬯草《チョウソウ》（＝うこん草）。❸のびのびとする。さかんなようす。同 暢《チョウ》。例 鬯浹《チョウショウ》。鬯茂《チョウモ》（＝繁茂《ハンモ》する）。❹弓を入れるふくろ。ゆぶくろ。

【鬯▼浹《チョウショウ》】（名・する）のびやかに広く行きわたること。

鬯 19【鬱】29画 6121 9B31 常用 音 ウツ 漢 訓 ふさ-ぐ

筆順 鬱

木21【欝】25画 1721 6B1D 俗字

なりたち [形声]「林（＝はやし）」と、音「鬱《ウツ》」の省略体とから成る。木が群がり生える。

意味 ❶樹木がこんもりとしげる。しげる。例 鬱蒼《ウッソウ》。❷とどこおって通じない。気がふさがる。ふさぐ。例 鬱屈《ウックツ》。鬱積《ウッセキ》。憂鬱《ユウウツ》。❸バラ科の落葉低木。果実は小球形で食べられる。郁李《イクリ》。❹「鬱金《ウコン》」は、ショウガ科の多年草。

【▽鬱金《ウコン》】ショウガ科の多年草。根やくきを健胃薬《ケンイヤク》や黄色の染料《センリョウ》とする。また、その染料や色。

【▽鬱金香《ウコンコウ—ウッコンコウ》】チューリップの別名。

【鬱鬱《ウツウツ》】（形動《トタル》）①気分がふさぐようす。例 —として楽しまない。②樹木がこんもりとしげっているようす。鬱蒼《ウッソウ》。

【鬱気《ウッキ》】気分がはればれしないこと。気鬱。

【鬱屈《ウックツ》】（名・する）①気分がはればれせず、ふさぎこむこと。鬱結。②地勢などが曲がりくねっていること。

【鬱血《ウッケツ》】（名・する）静脈《ジョウミャク》の血液の流れがさまたげられて、からだの一部に異常なほど集まること。

【鬱結《ウッケツ》】（名・する）気がふさぐこと。鬱屈《ウックツ》。

【鬱積《ウッセキ》】（名・する）①ものがとどこおり、ふさがること。②不満やいかりが心にたまること。例 不平が—する。

【鬱然《ウツゼン》】（形動《トタル》）①草木がこんもりとしげっているようす。例 昼なお暗い—たる森にはいる。②ものごとが勢いよくさかんなようす。例 賛成の気運が—として起こる。③気分がふさぎこむようす。例 被災《ヒサイ》後—とした日日を送る。

【鬱▼蒼《ウッソウ》】（形動《トタル》）樹木がこんもりしげって、うす暗いようす。例 —とした森。

【鬱陶《ウットウ》】気分が重くて、はればれしないこと。例 —を晴らす。

【鬱病《ウツビョウ》】精神障害の一つ。気分の抑鬱《ヨクウツ》、意欲や生命感の低下など鬱《ウツ》状態を特徴とする。

【鬱憤《ウップン》】心にたまっているいかりや不満。腹立ち。

【鬱勃《ウツボツ》】（形動《トタル》）意気がさかんにわき起ころうとするようす。例 —たる闘志《トウシ》。—として怒《いか》りが燃えあがる。

193 10画 鬲 れき れきのかなえ 部

腹部に模様のある三本足のかなえの形をあらわす。「鬲」と、「鬲」をもとにしてできている「鬻」とを集めた。

0 鬲 12 鬻

鬲 0【鬲】10画 8215 9B32 音 レキ 漢 訓 あしがなえ・かなえ・もたい

意味 中国古代の炊事《スイジ》に用いられた、うつわ。鼎《かなえ》の一種で、三本の足が空洞《クウドウ》になっているもの。かなえ。もたい。

鬲12【鬻】22画 ⇩【粥《シュク》】（763ページ）

194 10画 鬼 おに きにょう 部

死者のたましいの意をあらわす。「鬼」をもとにしてできている漢字を集めた。

0鬼 4魁魂 5魄魃魅 8魏魍魎 11魑魔魔 14魘

鬼 0

【鬼】

10画 2120 9B3C 常用 音キ(漢) 訓おに

筆順 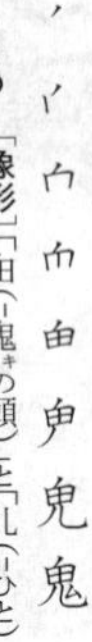

なりたち  [象形]「由(=鬼《き》の頭)」と「儿(=ひと)」と「ム(=陰《イン》の気)」とから成る。人が死ぬと鬼《キ》となる。

意味 ❶死者のたましい。霊魂《レイコン》。とくに、祖先のたましいをいう。例 鬼神《キシン》。鬼籍《キセキ》。幽鬼《ユウキ》。❷草や木、鳥やけものなど、いろいろなものが変化した妖怪《ヨウカイ》。例 悪鬼《アッキ》。百鬼夜行《ヒャッキヤコウ》。❸人間わざとは思えない、すぐれたしわざのたとえ。例 鬼才《キサイ》。鬼謀《キボウ》。❹二十八宿の一つ。たまおのぼし。例 鬼宿《キシュク》。

日本語での用法 《おに》①想像上の生き物。人の形をして、頭に角、口には、きばがあり、人を食うという。「青鬼《あおおに》・赤鬼《あかおに》・鬼《おに》に金棒《かなボウ》」②無慈悲《ムジヒ》な者の形容。「鬼検事《おにケンジ》・鬼婆《おにばば》」③すぐれて勇猛《ユウモウ》な者の形容。「鬼将軍《おにショウグン》・鬼武者《おにムシャ》」④ふつうよりとくに大きいものの形容。「鬼海星《おにひとで》・鬼百合《おにゆり》」

難読 鬼首《おにこうべ》(=地名)・鬼灯《ほおずき》・鬼虎魚《おにおこぜ》

人名 さとし

【鬼瓦】《おにがわら》 屋根の棟《むね》のはしに置く、大きなかざりのかわら。魔除《マよ》けのため、おにやけものの顔にする。

【鬼子】《おにご》 〔「おにっこ」とも〕①親に似ていない子。例 親に似ぬ子は—。②歯が生えて生まれた子。

【鬼火】《キカ・おにび》 夜、墓地や、しめった土地でゆれ動く、青白い火。きつね火。例 墓地に—が飛ぶ。

【鬼気】《キキ》 身の毛がよだつような、ひじょうにおそろしい気配。例 —せまる熱演。

【鬼▼哭】《キコク》 霊魂《レイコン》が泣くこと。亡霊の泣き声。

【鬼▼哭▼啾▼啾】《キコクシュウシュウ》 (形動《トタル》)霊魂《レイコン》がしのび泣くようす。おそろしい気配がただようようす。例 —たる闇《やみ》。

【鬼才】《キサイ》 人間のものとは思われない、すぐれた才能。また、その持ち主。例 映画界の—。

【鬼子▽母神】《キシモジン》 〔「キシボジン」とも〕〔仏〕安産と保育の女神《めがみ》。もと、人の子を食う悪女であったが、仏に自分の末子をかくされ、親のなげきを知って仏教に帰依《キエ》した。

【鬼手】《キシュ》 (囲碁《イゴ》・将棋《ショウギ》で)大胆《ダイタン》できびしい打ち方。

【鬼手仏心】《キシュブッシン》 鬼のような恐ろしい手と、仏のような心。外科医が手術するときなどのたとえ。

【鬼女】《キジョ》 ①女の姿をしたおに。②おにのように冷酷《レイコク》な女。

【鬼神】《キシン》 〔「キジン」とも〕①死者の霊魂《レイコン》と天地の神霊。天地万物《バンブツ》の霊魂。②あらあらしく、おそろしい力をもつ神。おにがみ。例 断じておこなえば—もこれを避《さ》く。

【鬼籍】《キセキ》 死んだ人の名前、戒名《カイミョウ》、命日などを記入しておく帳面。過去帳。点鬼簿《テンキボ》。例 —に入《い》る(=死ぬ)。

【鬼畜】《キチク》 おにや畜生《チクショウ》。人間らしい感情をもたず、むごいことをする人をいう。例 —のしわざ。敵国を—とののしる。

【鬼謀】《キボウ》 人が思いつかないような、すぐれたはかりごと。例 神算《シンサン》—(=ひじょうにたくみなはかりごと)。

【鬼面】《キメン》 おにの顔。おにの仮面。例 —人をおどす(=見せかけの威勢《イセイ》のよさで人をこわがらせる)。

【鬼門】《キモン》 ①陰陽道《オンヨウドウ》で、悪鬼が出入りするとされる艮《うしとら》(=東北)の方角。②その人にとって、にが手な人物やことがら、場所など。例 数学は—だ。

○● 餓鬼《ガキ》・疑心暗鬼《ギシンアンキ》

鬼 4

【魁】

14画 1901 9B41 人名 音カイ(漢) ケ(呉) 訓かしら・さきがけ

なりたち  [形声]「斗(=ひしゃく)」と、音「鬼《キ》→カイ」とから成る。スープをくむ大きなひしゃく。

意味 ❶北斗七星《ホクトシチセイ》のひしゃくの頭部にあたる四つの星。とくに、その第一星をいう。❷首領。首長。おさ。かしら。例 巨魁《キョカイ》(=かしら)。首魁《シュカイ》(=かしら)。❸まっさき。第一。さきがけ。例 花魁《カカイ》。❹堂々としている。大きくすぐれている。おおきい。例 魁偉《カイイ》。魁傑《カイケツ》。

難読 花魁《おいらん》

人名 いさお・いさむ・おさ・さき・つとむ・はじめ・やす・やすし

【魁偉】《カイイ》 (形動《ダナ》)顔やからだが並はずれて大きく、りっぱなようす。例 —な紳士《シンシ》。容貌《ヨウボウ》—な人物。

【魁傑】《カイケツ》 ①からだつきがすぐれて、大きくりっぱなこと。②すぐれた人物。

【魁首】《カイシュ》 集団のかしら。類 頭目《トウモク》・首魁。

【魁然】《カイゼン》 (形動《トタル》)大きくて堂々としているようす。

鬼 4

【魂】

14画 2618 9B42 常用 音コン(漢) ゴン(呉) 訓たましい・たま

筆順 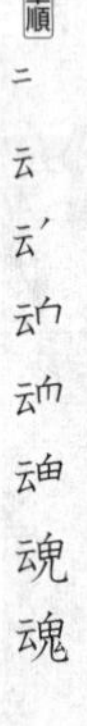

なりたち  [形声]「鬼(=たましい)」と、音「云《ウン》→コン」とから成る。陽の気。たましい。

意味 ❶(人間の)心のはたらきをつかさどり、死ぬと肉体をはなれて天に帰ると考えられているもの。たましい。たま。例 魂魄《コンパク》。商魂《ショウコン》。鎮魂《チンコン》。闘魂《トウコン》。人魂《ひとだま》。❷こころ。おもい。精神。例 魂胆《コンタン》。

難読 魂消《たまげる》

人名 もと

【魂胆】《コンタン》 ①たましいと、きも。心のこと。②たくらみ。計画。〔好ましくない意味で使う〕例 見えすいた—だ。

【魂▼魄】《コンパク》 死者のたましい。類 霊魂《レイコン》。〔「魂」は心に、「魄」は肉体に宿るたましいで、「魂」は死ぬと天にのぼり、「魄」は骨となって地に帰るという。また「魂」は雄《お》たましい、「魄」は雌《め》たましい、という〕

○● 詩魂《シコン》・招魂《ショウコン》・霊魂《レイコン》

鬼 5

【魄】

15画 8216 9B44 音 一 ハク(漢)(呉) 二 タク・ハク(漢)(呉) 訓たましい

意味 一《ハク》 ❶人の肉体に宿り、その人が死ぬと地に帰るとされるもの。精神。たましい。例 気魄《キハク》。魂魄《コンパク》。❷月の細いときのかげの部分。例 死魄《シハク》(=陰暦《インレキ》のついたち)。二《タク ハク》「落魄《ラクタク ラクハク》」は、こころざしを得ず落ちぶれたようす。〔ふつう「ラクハク」と読む〕

難読 落魄《おちぶ》れる

鬼 5

【魃】

15画 8217 9B43 音ハツ(漢) バツ(呉) 訓ひでり

意味 ❶日照りをおこす神。❷干害。ひでり。例 旱魃《カンバツ》。

鬼 5

【魅】

15画 4405 9B45 常用 音ビ(漢) ミ(呉)

筆順 

なりたち [形声]「鬼(=たましい)」と、音「未(ビ)」とから成る。年老いたものの精。
意味 ❶もののけ。ばけもの。すだま。例 鬼魅《キミ》(=ばけもの)。魑魅《チミ》。❷人の心をひきつける。まどわす。みいる。例 魅了《ミリョウ》。魅力《ミリョク》。魅惑《ミワク》。

【魅了《ミリョウ》】(名・する) 人の心をひきつけ夢中にさせること。例 演奏は聴衆《チョウシュウ》を―した。

【魅力《ミリョク》】人の心をよくひきつける力。例 えくぼが―だ。音楽の―。

【魅力的《ミリョクテキ》】(形動ダ) 魅力のあるようす。

【魅惑《ミワク》】(名・する) 人の心をひきつけ迷わすこと。例 霧《きり》が流れる―の宵《よい》。

鬼 8
【魏】
18画 8218 9B4F 音 ギ漢呉 訓 たか-い

意味 ❶高く大きい。たかい。例 魏魏《ギギ》(=高く大きい)。❷戦国の七雄《シチユウ》の一つ。春秋時代、晋《シン》から独立した三晋(=魏・趙《チョウ》・韓《カン》)の一国。秦《シン》の始皇帝《シコウテイ》にほろぼされた。(前四〇三―前二二五) ❸三国時代、三国(=魏・呉《ゴ》・蜀《ショク》)の一つ。曹操《ソウソウ》の子の曹丕《ソウヒ》が建てた。(二二〇―二六五)。❹姓《セイ》の一つ。例 魏徴《ギチョウ》(=唐《トウ》の名臣)。

【魏▼闕《ギケツ》】〔高大な門の意〕宮城の正門。また、朝廷《チョウテイ》。

鬼 8
【魍】
18画 8219 9B4D 音 ボウ漢 モウ呉

意味 山川《サンセン》木石の精。もののけ。すだま。例 魍魎《モウリョウ》(=すだま)。

鬼 8
【魎】
18画 8220 9B4E 音 リョウ漢呉

意味 山川《サンセン》木石の精。もののけ。すだま。例 魍魎《モウリョウ》。

鬼 11
【魑】
21画 8221 9B51 音 チ漢呉 訓 すだま

意味 山林にいるといわれる化け物。もののけ。すだま。例 魑魅《チミ》。魑魅魍魎《チミモウリョウ》。

【魑魅▼魍▼魎《チミモウリョウ》】〔「魑魅」は山林の、「魍魎」は山川《サンセン》木石の精気から生じるという妖怪《ヨウカイ》〕いろいろな化け物。さまざまな妖怪変化《ヨウカイヘンゲ》。

鬼 11
【魔】
21画 4366 9B54 常用 音 バ漢 マ呉

筆順

鬼11 【魔】 21画

なりたち [形声]「鬼(=たましい)」と、音「麻《バ》」とから成る。まもの。

意味 ❶人の心を乱し、仏道修行《シュギョウ》をさまたげる者。例 魔界《マカイ》。魔障《マショウ》。魔道《マドウ》。❷人をまどわし、害をあたえるもの。転じて、そのような力をもつもの。例 魔性《マショウ》。魔神《マジン》。悪魔《アクマ》。

【魔王《マオウ》】①悪魔の王。②〔仏〕天魔の王。衆生《シュジョウ》が仏道にはいるのをさまたげる悪鬼《アッキ》。

【魔界《マカイ》】悪魔がいる世界。心を迷わすところ。

【魔境《マキョウ》】①悪魔がいる世界。魔界。②何がいるかわからないような、神秘《シンピ》的なところ。例 アマゾンの―。

【魔窟《マクツ》】悪魔がいるところ。魔界。また、悪人などが集まっていて、人を堕落《ダラク》させるようなところ。例 大都市によくある―。

【魔手《マシュ》】悪魔の手。人に危害を加える者や、悪の道に引きこむ者のたとえ。例 誘惑《ユウワク》の―がのびる。―にかかる。

【魔術《マジュツ》】①人の心を迷わす不思議な術。類 魔法。②大がかりな手品。例 ―師。

【魔女《マジョ》】魔術を使って人を迷わす女性。例 ―狩《が》り。

【魔性《マショウ》】悪魔の性質。人を迷わす力があること。例 ―をあらわす。

【魔障《マショウ》】〔仏〕悪魔の障害。仏道修行《シュギョウ》のさまたげとなるもの。

【魔神《マジン》】わざわいを起こす魔の神。

【魔道《マドウ》】①〔仏〕悪魔のすむ世界。②不正な道。堕落《ダラク》の道。類 邪道《ジャドウ》。

【魔法《マホウ》】人間がすることとは思えない、不思議なことをおこなう術。類 魔術・妖術《ヨウジュツ》。例 ―使い。―にかかる。

【魔法瓶《マホウビン》】中に入れた湯などがさめないように、まわりに真空の層をつくった容器。ポット。

【魔物《マもの》】①化け物。妖怪《ヨウカイ》。例 ―のすむ森。②人を迷わせ堕落《ダラク》させるもの。例 お金は―だ。

【魔羅《マラ》】①〔仏〕心を迷わし、修行《シュギョウ》のさまたげとなるもの。②俗《ゾク》に、男性の性器。

【魔力《マリョク》】〔「マリキ」とも〕魔法の力。また、魔法をかけたように人を迷わせる不思議な力。例 かけごとの―に負ける。

● 邪魔《ジャマ》・断末魔《ダンマツマ》・病魔《ビョウマ》・夢魔《ムマ》

鬼11
【魔】
21画 ⇩【魔】《マ》(1093ページ)

鬼 14
【魘】
24画 8222 9B58 音 エン漢 訓 うな-される

意味 おそろしい夢を見ておびえる。うなされる。悪夢。例 夢魘《ムエン》(=夢にうなされる)。

195 11画
魚 うお うおへん 部

さかなの形をあらわす。「魚」をもとにしてできている漢字を集めた。

0 魚 4 魴 魯 5 魹 鮗 鮓 鮎 鮒 鮃 鮑 6 鮟 鮠 鮨 鮭 鮫 鮴 鮮 鮪 7 鯏 鯑 鯁 鯒 鯀 鯊 鮹 鯆 鯉 8 鯣 鯨 鯢 鯱 鯤 鯔 鯖 鯛 鯲 鯰 鯡 鯵 鯝 9 鰄 鰕 鰐 鰔 鰉 鰓 鰍 鰌 鰆 鰈 鰒 鰊 鰛 10 鰯 鰮 鰥 鰭 鰤 鰰 鰡 11 鱇 鱆 鱈 鰺 鰻 鰾 鰲 12 鱚 鰹 鱏 鱒 鱗 13 鱠 鱗 鱧 15 鱶 16 鱸

魚 0
【魚】
11画 2191 9B5A 教育2 音 ギョ漢 ゴ呉 訓 うお・さかな 付表 雑魚《ざこ》

筆順

なりたち [象形] さかなの形。

意味 ❶海や川をおよぐ、うろこやひれのある動物をまとめていうことば。うお。さかな。例 魚介《ギョカイ》。魚腹《ギョフク》。鮮魚《センギョ》。❷魚のかたちをしたもの。例 魚雷《ギョライ》。木魚《モクギョ》。

難読 魚《いお・とと》・魚《なな》子《こ》・魚狗《かわせみ》・魚虎《はりセンボン》・雑魚《ざこ・じゃこ》

人名 お・な

【魚河岸《うおがし》】①魚市場《うおいちば》のある港や川の岸。例仕入れには自分で—に行く。②江戸《えど》時代、江戸の日本橋にあった魚市場。また、東京の築地《つきジ》にあった中央卸売市場《おろしうりシジョウ》をいう。

【魚影《ギョエイ》】水中を泳ぐさかなの姿。〔つりなかまのことば〕例—が濃《こ》い(=魚がたくさんいる)。まだ—はうすい。

【魚介《ギョカイ》】〔「介」は、こうらや貝がらの意〕魚類やエビ・カニ・貝類などの海産動物をまとめていうことば。表記「魚貝」とも書く。

【魚眼《ギョガン》】①さかなの目。②「魚眼レンズ」の略。一八〇度以上の写角をもつ特殊《トクシュ》なレンズ。〔さかなのように広い視界があるところから〕

【魚群《ギョグン》】水中のさかなの群れ。例—探知機。

【魚信《ギョシン》】さかながえさをつついている感じが、竿《さお》を持つ手に伝えられること。当たり。〔つりなかまのことば〕例—がある。

【魚水《ギョスイ》】さかなと水のように、人どうしが切っても切れない関係にあること。例—の契《ちぎ》りをかわす。→【水魚の交わり《スイギョのまじわり》】(573ページ)

【魚拓《ギョタク》】つったさかなに墨《すみ》をぬって紙をあて、その形を写し取ったもの。例鯛《たい》の—。—を取る。

【魚田《ギョデン》】「魚田楽《うおデンガク》」の略。さかなの田楽《デンガク》(=みそをつけて焼いた料理)。

【魚灯《ギョトウ》】夜間、漁をするときに舟《ふね》にともす明かり。いさり火。集魚灯《シュウギョトウ》。表記「漁灯」とも書く。

【魚肉《ギョニク》】さかなの肉。例—のソーセージ。

【魚板《ギョバン》】さかなの形にほった木の板。禅寺《ゼンでら》などで、時刻を知らせるのにたたく。

【魚腹《ギョフク》】さかなのはら。例—に葬《ほうむ》られる(=水死する)。

【魚粉《ギョフン》】さかなの頭や骨を干して粉にしたもの。飼料や肥料などにする。

【魚▼鼈《ギョベツ》】〔さかなとスッポンの意〕魚類。また、水産動物をまとめていうことば。

【魚網《ギョモウ》】漁のときに用いる網《あみ》。表記「漁網」とも書く。

【魚目《ギョモク》】①さかなの目。魚眼。②まがいもの。にせもの。〔さかなの目が珠玉《シュギョク》に似ているところから〕

【魚目▼燕石《ギョモクエンセキ》】にせもの。〔さかなの目も燕山の石も、ともに玉《ギョク》に似ているが、ほんものではないところから〕

【魚紋《ギョモン》】①さかなの模様。また、うろこの模様。②さかなが泳ぐとき、水面にできる波の模様。例池のコイが—をえがく。

【魚油《ギョユ》】魚類からとった油。せっけんなどに利用する。

【魚雷《ギョライ》】「魚形水雷」の略。水中を走り艦船《カンセン》に当たって爆発《バクハツ》する兵器。例—艇《テイ》(=魚雷などを装備した小型高速艇)。

【魚▼籃《ギョラン》】つった魚を入れておくかご。魚籠《びく》。

【魚▼鱗《ギョリン》】①さかなのうろこ。例水面に—が光る。②昔の兵法で、中央がつき出た陣形《ジンケイ》をとること。→【鶴翼《カクヨク》】②(1104ページ)

●秋刀魚《さんま》・紙魚《しみ》・大魚《タイギョ》・稚魚《チギョ》・釣魚《チョウギョ》・人魚《ニンギョ》・木魚《モクギョ》・養魚《ヨウギョ》

11画

[魚部] 4—5画 ● 魴 魯 鮖 鮗 鮓 鮎 鮒 鮃 鮑

魚 4

【魴】

15画 8223 9B74 音 ホウ漢

意味 ❶淡水魚《タンスイギョ》。からだは平たく青白色。魴魚《ホウギョ》。❷「魴鮄《ホウボウ》」は、海にすむ魚。

【魴魚▼赬尾《ホウギョテイビ》】〔「赬」は、赤色の意〕魴魚の尾《お》は白いが、疲労《ヒロウ》で赤くなる。人民がつかれ苦しんでいることのたとえ。〈詩経《シキョウ》〉

魚 4

【魯】

15画 4705 9B6F 人名 音 ロ漢呉 訓 おろ-か

意味 ❶おろか。にぶい。例魯鈍《ロドン》。❷周代、山東省曲阜《キョクフ》を都とした国。武王の弟、周公旦《タン》を始祖とする。孔子《コウシ》の出身地。春秋時代末期、楚《ソ》にほろぼされた。(前一〇五五?—前二四九) ❸姓《セイ》の一つ。例魯粛《ロシュク》(=三国時代、呉《ゴ》の将軍)。

【魯魚の誤り《ロギョのあやまり》】〔「魯」と「魚」の字が似ているところから〕文字の誤り。魯魚。類焉馬《エンバ》の誤り。亥豕《ガイシ》の誤り。

【魯鈍《ロドン》】(名・形動《ダ》)おろかで頭のはたらきがにぶいこと。類愚鈍《グドン》。例—の性《ショウ》。

【魯迅《ロジン》】現代中国を代表する文学者。本名、周樹人。日本に留学し、帰国後に『狂人日記』『阿Q正伝《アキューセイデン》』などを書いた。(一八八一—一九三六)

魚 5

【鮖】

16画 8227 9B96 国字 訓 かじか

意味 魚の名。カジカ。同鰍《かじか》。〔おもに地名に用いられる字〕例鮖谷《かじかだに》(=新潟《にいがた》県の地名)。

魚 5

【鮗】

16画 *8228 *9B97 国字 訓 このしろ

意味 ニシン目の近海魚。コノシロ。背は青く黒い斑点《ハンテン》があり、腹は銀白色。体長二—三〇センチメートルで、小形のものはコハダと呼ぶ。

魚 5

【鮓】

16画 8224 9B93 音 サ漢 訓 すし

意味 塩とこうじや酢《す》などにつけこんだ、食品用の魚。

日本語での用法 《すし》寿司《すし》。同鮨《すし》。「鮓種《すしだね》・鮎鮓《あゆずし》・鮓屋《すしや》」

魚 5

【鮎】

16画 1630 9B8E 人名 音 デン漢ネン呉 訓 あゆ

なりたち 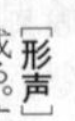 [形声]「魚(=うお)」と、音「占《セン→デン》」とから成る。ナマズ。

意味 ナマズ目の淡水魚《タンスイギョ》。ナマズ。からだは長く、頭が平たくて、口が大きく口ひげがある。鯰《なまず》。

日本語での用法 《あゆ》川魚の一種で、姿やかおりを賞する。「鮎釣《あゆつ》り・鮎《あゆ》の姿鮓《すがたずし》・落《お》ち鮎《あゆ》・若鮎《わかあゆ》」

魚 5

【鮒】

16画 4211 9B92 音 フ漢ブ呉 訓 ふな

意味 コイに似た小形の淡水魚《タンスイギョ》。フナ。例轍鮒《テップ》の急《キュウ》(=さしせまった危機)。紅葉鮒《もみじぶな》(=琵琶湖《ビワコ》産の、ひれの紅《あか》くなったフナ)。

難読 池鯉鮒《チリフ》(=東海道の宿駅。今の愛知県知立《チリュウ》市)

魚 5

【鮃】

16画 8225 9B83 音 ヘイ漢 訓 ひらめ

意味 海にすむ魚。ヒラメ。ふつうは平たいからだの左側に両眼があり、左側は灰色、右側は白い。比目魚《ヒモクギョ》。

魚 5

【鮑】

16画 8226 9B91 音 ホウ漢 訓 あわび

虫 5

[蚫]

11画 7359 86AB 別体字

意味 ❶魚を開いて塩づけにしたもの。ひもの。例 鮑魚《ホウギョ》。❷磯《いそ》の岩にはりついている大形の巻き貝。アワビ。例 のし鮑《あわび》。鮑《あわび》の片思《かたおも》い。❸姓《セイ》の一つ。例 鮑叔牙《ホウシュクガ》(=春秋時代の斉《セイ》の人)。

【鮑魚《ホウギョ》】①身を開いて塩づけにした魚。また、干し魚。においが強い。②アワビ。

【鮑魚の▼肆《ホウギョのシ》】(「ホウギョのいちぐら」とも)①「鮑魚①」を売る店。②悪人や小人《ショウジン》などの集まる場所のたとえ。例 ―に入《い》るがごとし(=鮑魚を売る店の強いにおいも、慣れると感じなくなるように、悪人とつきあっていると気づかぬうちにかれらに染まってしまう)。〈孔子家語《コウシケゴ》〉→【芝蘭の化《シランのカ》】(842ページ)

魚 6 【鮟】 17画 8229 9B9F 音 アン 漢

意味 「鮟鱇《アンコウ》」は、海底にすむ魚で、頭が大きくて平たく、口がひじょうに大きい。からだは琵琶《ビワ》に似た形をしている。

参考 本来は「華臍魚《カセイギョ》」というもの。アンコウは、もともと漢語か和語か不明。また日本で、アンコ、アンゴウというのは、川にすむ山椒魚《サンショウうお》を指したので、拡大して転用されたものか。

魚 6 【鮠】 17画 8230 9BA0 音 ガイ 漢 訓 はや

意味 ナマズに似て、白くうろこのない魚。

日本語での用法 《はや》 小形の淡水魚《タンスイギョ》。ウグイ、オイカワの別名。

魚 6 【鮨】 17画 8231 9BA8 音 一 キ 漢 二 ゲイ 漢 訓 すし

意味 一《キ》 塩づけにした魚。うおびしお。二《イゲ》 古代の伝説上の魚。鯢《ゲイ》(=サンショウウオ)に似るという。

日本語での用法 《すし》 酢《す》で味つけした飯に、魚や貝のさしみ・たまご焼きなどをそえた食べ物。寿司《すし》。「押《お》し鮨《ずし》・散《ち》らし鮨《ずし》・握《にぎ》り鮨《ずし》」

魚 6 【鮭】 17画 2690 9BAD 音 一 ケイ 漢 二 カイ 漢 訓 さけ・しゃけ

意味 一《イケ》 海にすむ魚。フグ。丸い体形で口が小さく、しげきをうけると腹をふくらませる。河豚《カトン》。二《イカ》 魚の料理。例 鮭菜《カイサイ》(=料理した、酒のさかな)。

日本語での用法 《さけ・しゃけ》 北の海にすむ魚。全長一メートルほどで、川にうまれ海で成長し、秋に産卵《サンラン》のため川にもどってくる。「荒《あら》巻《ま》き鮭《じゃけ》・塩鮭《しおざけ｜しおじゃけ》・紅鮭《べにざけ｜べにじゃけ》」

魚 6 【鮫】 17画 2713 9BAB 音 コウ 漢 訓 さめ

意味 ❶海にすむ魚。サメ。からだは円錐《エンスイ》形で長く、尾《お》びれが大きい。性格はあらく、するどい歯をもつ。❷竜《リュウ》に似た伝説中の怪物《カイブツ》。みずち。同 蛟《コウ》。

難読 鮫函《さめざや》(=サメの皮でかざった、刀のさや)

【鮫人《コウジン》】中国で、人魚のこと。南海にすみ、水中で機《はた》を織り、真珠《シンジュ》のなみだをこぼすという。

【鮫肌《さめはだ》】サメのはだのように、ざらざらした皮膚《ヒフ》。

魚 6 【鮴】 17画 8232 9BB4 国字 訓 ごり・めばる

意味 魚の名。㋐ゴリ。人名にも用いられる字。例 鮴谷《ごりや》(=姓《セイ》)。㋑メバル。地名にも用いられる字。例 鮴崎《めばるざき》(=広島県の地名)。

魚 6 【鮮】 17画 3315 9BAE 常用 音 セン 漢 呉 訓 あざ-やか・すくな-い

筆順 ⺈ 各 角 角 魚 魚' 鮓 鮮

なりたち  [形声]「魚(=うお)」と、音「羴《セン》」の省略体とから成る。魚の名。借りて「新しい、すくない」の意。

意味 ❶なまのさかな。なまぐさ。例 小鮮《ショウセン》(=こざかな)。❷とりたての食料。あたらしいもの。例 鮮魚《センギョ》。鮮度《センド》。新鮮《シンセン》。❸色がはっきりしていて美しい。あざやか。例 鮮紅《センコウ》。鮮明《センメイ》。❹まれである。すくない。例 鮮少《センショウ》。巧言令色鮮矣仁《コウゲンレイショクすくなしジン》(=口ではうるさいことを言い、うわべだけとりつくろうようでは仁の心はなくなるものだ)。〈論語《ロンゴ》〉

人名 あき・あきら・あらた・き・まれ・よし

【鮮鋭《センエイ》】(形動《ダナ》) あざやかで、するどいようす。ハイコントラスト。例 ―な写真。

【鮮魚《センギョ》】食用にする新鮮なさかな。類 生魚《セイギョ》。例 ―がうりもので繁盛《ハンジョウ》している店。

【鮮血《センケツ》】からだから流れ出たばかりの、真っ赤な血液。生き血。例 ―がほとばしる。

【鮮紅《センコウ》】あざやかな赤色。例 ―色。

【鮮少《センショウ》】(名・形動《ダナ》) ひじょうに少ないこと。例 利に敏《さと》く、徳義心は―。

【鮮度《センド》】魚介《ギョカイ》類・肉類・野菜類などの新鮮さの度合い。例 ―のいい魚。

【鮮明《センメイ》】(名・形動《ダナ》) あざやかで、はっきりしていること。例 旗幟《キシ》―。記憶《キオク》が―によみがえる。

【鮮烈《センレツ》】(名・形動《ダナ》) 印象が強烈で、はっきりしていること。例 ―な印象をあたえる作品。

○●新鮮《シンセン》・生鮮《セイセン》

魚 6 【鮪】 17画 4378 9BAA 音 ユウ 漢 イ 漢 呉 訓 まぐろ・しび

意味 寒帯の海にすむ魚。チョウザメ。体長一・五メートルぐらい。背と腹にひし形のかたいうろこが並ぶ。たまごの塩づけをキャビアと呼ぶ。

日本語での用法 《まぐろ・しび》 海にすむ体長三メートルにおよぶ大形の魚。さしみなどにして食べる。「黄肌鮪《きはだまぐろ｜きわだまぐろ》・鮪節《しびぶし》」

魚 7 【鯏】 18画 8237 9BCF 音 リ 訓 あさり・うぐい

意味 魚の名。

日本語での用法 一《あさり》 浅い海の砂地にすむ二枚貝。二《うぐい》 コイ目の淡水魚《タンスイギョ》。

魚 7 【鯑】 18画 8238 9BD1 国字 訓 かずのこ

意味 ニシンのたまごを乾燥《カンソウ》したり、塩づけにしたりした食べ物。かずのこ。

魚 7 【鯁】 18画 1-9442 9BC1 音 コウ 漢

意味 ❶魚の骨。❷骨がのどにつかえる。❸正しい。まっすぐ。例 鯁骨《コウコツ》。

【鯁骨】《コウコツ》 信念や意志がかたく、正義感の強いこと。また、その人。表記 現 硬骨

魚 7
【鯒】 18画 8239 9BD2 国字 訓 こち
意味 近海にすむ魚。コチ。ハゼに似て頭が大きくて平たい。

魚 7
【鯀】 18画 8233 9BC0 音 コン漢 訓 おおうお
意味 ❶大魚の名。❷伝説上の人物。夏《カ》の禹王《ウオウ》の父。尭帝《ギョウテイ》の命を受け、治水工事に尽力《ジンリョク》した。

魚 7
【鯊】 18画 8234 9BCA 音 サ漢 シャ呉 訓 はぜ
意味 ❶沿岸や河口の水底にすむ小魚。ハゼ。〔分字して「沙魚」とも〕❷サメ。鮫《コウ》。

魚 7
【鮹】 18画 8235 9BB9 音 ショウ漢 訓 たこ
意味 海底にすむ魚で、からだは管のように細長い。
日本語での用法 《たこ》海底の岩の間などにすむ軟体《ナンタイ》動物。蛸《たこ》。「鮹壺《たこつぼ》・鮹坊主《たこボウズ》」

魚 7
【鯆】 18画 8236 9BC6 音 ホ漢 フ呉 訓 いるか
意味 海にすむ哺乳《ホニュウ》動物。イルカ。体長は一メートルから四メートル。先のとがった口をもつ。例 鯆䱐《ホフ》(=イルカ)。

魚 7
【鯉】 18画 2481 9BC9 人名 音 リ漢 訓 こい
なりたち  〔形声〕「魚(=うお)」と、音「里《リ》」とから成る。コイ。
意味 ❶コイ科の淡水魚《タンスイギョ》。コイ。黒色のほか、赤や白などの交じった観賞用のものもある。例 鯉魚《リギョ》(=コイ)。緋鯉《ヒごい》。❷手紙。例 鯉素《リソ》(=手紙。鯉の腹から素《=白いきぬ》に書かれた手紙が出てきた故事による)。
【鯉口】《こいぐち》 刀のさやの口。〔形がコイの口に似ているところから〕例 ―を切る(=刀がすぐぬけるように鯉口をゆるめておく)。
【鯉▼幟】《こいのぼり》 布や紙でコイの形をつくり、青や赤に彩色《サイショク》したのぼり。端午《タンゴ》の節句に立てる。鯉の吹《ふ》き流し。
【鯉庭】《リテイ》 子が父の教えを受けるところ。家庭教育の場。〔孔子《コウシ》が自分の子の鯉《リ》(=字《あざな》は伯魚《ハクギョ》)を庭で諭《さと》した故事による〕〈論語《ロンゴ》〉→【庭訓】《テイキン》(354ページ)

魚 8
【鯣】 19画 8240 9BE3 音 エキ漢 訓 するめ
意味 ウナギ。→【鰻】《マン》(1098ページ)
日本語での用法 《するめ》イカを開き、内臓を取って干した食品。「鯣烏賊《するめいか》」

魚 8
【鯨】 19画 2363 9BE8 常用 音 ゲイ慣 ケイ漢 訓 くじら
筆順 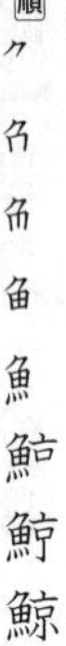
なりたち  〔形声〕「魚(=うお)」と、音「京《ケイ》」とから成る。海の大きな魚。
意味 ❶海にすむ大形の哺乳《ホニュウ》動物。クジラ。大きなものは全長三〇メートルにもなる。また、大きなもののたとえ。例 鯨波《ゲイハ》。捕鯨《ホゲイ》。❷とくに、おすのクジラを指す。対 鯢《ゲイ》。例 鯨鯢《ゲイゲイ》。❸つりがねの音。例 鯨音《ゲイイン》(=つりがねのひびき)。
難読 鯨取《いさなとり》・鯨波《ときのこえ》
【鯨幕】《くじらマク》 黒と白の布を交互《コウゴ》にぬい合わせた幕。葬式《ソウシキ》などの不祝儀《ブシュウギ》に用いる。
【鯨飲】《ゲイイン》 (名・する) クジラが海水を飲みこむ。酒などを一度にたくさん飲むことのたとえ。類 牛飲。
【鯨飲馬食】《ゲイインバショク》 (名・する) 大量に飲み食いすること。類 牛飲馬食。
【鯨▼鯢】《ゲイゲイ》 〔古くは「ケイゲイ」〕①おすのクジラとめすのクジラ。小さな魚を食いつくす大魚のたとえ。②悪党の首領。
【鯨▼呑】《ゲイドン》 (名・する) ①大きな口で一気に飲みこむこと。②強いものが弱いものを併合《ヘイゴウ》すること。
【鯨波】《ゲイハ》 ①大波。②津波《つなみ》。③戦場であげる、鬨《とき》の声。鯢波《ゲイハ》。
◐白鯨《ハクゲイ》・捕鯨《ホゲイ》・山鯨《やまくじら》(=イノシシの肉のこと)

魚 8
【鯢】 19画 8241 9BE2 音 ゲイ漢 訓 くじら
意味 ❶山中の谷川にすむ、イモリに似た両生類。サンショウウオ。例 鯢魚《ゲイギョ》(=サンショウウオ)。❷めすのクジラ。対 鯨《ゲイ》。例 鯨鯢《ゲイゲイ》。❸小魚。例 鯢鮒《ゲイフ》(=小さな魚類)。
難読 鯢波《ときのこえ》(=鯨波《ゲイハ》)

魚 8
【鯱】 19画 8247 9BF1 国字 音 コ 訓 しゃち・しゃちほこ
意味 ❶海にすむ哺乳《ホニュウ》動物で、イルカのなかま。シャチ。体長九メートルほどで、するどい歯をもち、群れをなしてクジラなどをおそう。❷想像上の魚。シャチホコ。城などの屋根の両はしにかざる。例 鯱立《しゃちほこだ》ち。金《キン》の鯱《しゃちほこ》。金鯱《キンコ》(=金色のシャチホコ)。

魚 8
【鯤】 19画 8242 9BE4 音 コン漢
意味 ❶魚のたまご。❷北の海にいるという伝説上の巨大《キョダイ》な魚の名。例 北冥有レ魚、其名為レ鯤《ホクメイにうおあり。そのなをコンとなす》。〈荘子《ソウジ》〉

魚 8
【鯔】 19画 8243 9BD4 音 シ漢 訓 ぼら・いな
意味 ボラ目の魚。ボラ。河口や浅い海にすみ、淡水《タンスイ》と海水を行き来する。たまごの塩づけを、からすみと呼ぶ。日本では、幼魚から成長するにつれて、オボコ、スバシリ、イナ、ボラ、トドと名が変わる、出世魚《シュッセうお》の一つ。

魚 8
【鯖】 19画 2710 9BD6 音 セイ漢 ショウ呉 訓 さば
意味 ❶鳥などの肉と魚とをあわせて煮《に》た料理。例 五侯鯖《ゴコウセイ》(=多くの珍味《チンミ》を集めた料理。また、珍味)。❷コイ科の淡水魚《タンスイギョ》。青魚。
日本語での用法 《さば》サバ科の海魚。体長三〇―五〇センチメートル。背は青緑色で、まだらがある。「鯖雲《さばぐも》・鯖鮓《さばずし》・秋鯖《あきさば》・しめ鯖《さば》」

魚 8
【鯛】 19画 3468 9BDB 人名 音 チョウ漢 訓 たい

魚 8
【鯛】 19画

魚 8
【鯲】 19画 8246 9BF2 国字 訓 どじょう
意味 ドジョウ科の淡水魚《タンスイギョ》。ドジョウ。川や沼《ぬま》のどろの中にすみ、体長一五センチメートルほどで、細長い。

魚 8
【鯰】 19画 8248 9BF0 国字 音 ネン 訓 なまず
意味 ナマズ目の淡水魚《タンスイギョ》。ナマズ。

魚 8
【鯡】 19画 8244 9BE1 音 ヒ(漢) 訓 にしん
意味 ❶魚のたまご。❷海魚。ニシン。体長は三〇—四〇センチメートル。たまごは、かずのこ。鰊《にしん》。

魚 8
[鯵] 19画 ⇩【鰺】《ソウ》(1098ページ)

魚 8
【鯛】 19画 ⇩【鯛】《チョウ》(1096ページ)

魚 9
【鰄】 20画 8258 9C04 音 イ(漢) 訓 かいらぎ
意味 魚の名。
日本語での用法 《かいらぎ》 刀の鞘《さや》・柄《つか》の装飾《ソウショク》に用いる魚の皮。東南アジアに産する、エイに似た魚の皮の、梅花形の粒々《つぶつぶ》したかたい突起《トッキ》を用いる。また、茶道で、茶碗《チャワン》の釉薬《ユウヤク》が十分にとけきらず、ちぢれたようすをいう。「鰄作《かいらぎづくり》・鰄柄《かいらぎづか》の太刀《たち》」

魚 9
【鰕】 20画 8249 9C15 音 カ(漢) 訓 えび
意味 ❶池や大河にすむ節足動物。エビ。からにおおわれ、長い触角《ショッカク》と十本の足がある。同 蝦《カ》。❷サンショウウオ。鯢《ゲイ》。

魚 9
【鰐】 20画 4744 9C10 音 ガク(漢) 訓 わに
意味 熱帯の水中にすむ爬虫《ハチュウ》類の動物。ワニ。トカゲを大きくしたような形で、体長二メートルから一〇メートルにもなり、全身かたいうろこにおおわれている。するどい歯をもち、水辺にいる動物をとらえて食う。例 鰐魚《ガクギョ》(=ワニ)。鰐口《わにぐち》。鰐皮《わにがわ》。
【鰐口】《わにぐち》 ①神社の正面の軒《のき》下に、縄《なわ》とともにつりさげてある円形で中空のもの。参詣人《サンケイニン》が縄をあてて打ち鳴らす。②がま口。

魚 9
【鰔】 20画 8250 9C14 音 カン(漢) 訓 かわはぎ・きりきり・さより
意味 魚の名。カレイの一種。

魚 9
【鰉】 20画 8251 9C09 音 コウ(漢) 訓 ひがい
意味 魚の名。チョウザメ科の一種。
日本語での用法 《ひがい》 コイ科の淡水魚《タンスイギョ》。〔明治天皇が琵琶湖《ビワコ》産の、この魚を好んだことから、魚偏《うおヘン》に「皇」の、この字をあてたという〕

魚 9
【鰓】 20画 8252 9C13 音 一サイ(漢) 二シ(漢) 訓 えら
意味 一《サイ》 魚類の呼吸器官。えら。例 鰓裂《サイレツ》(=えらあな)。 二《シ》 「鰓鰓《シシ》」は、おそれるようす。

魚 9
【鰍】 20画 1966 9C0D 音 シュウ(漢) 訓 かじか
意味 どろの中にすむ淡水魚《タンスイギョ》。ドジョウ。同 鰌《シュウ》。
日本語での用法 《かじか》 カジカ科の淡水魚。「川鰍《かわかじか》・鰍沢《かじかざわ》(=地名)」

魚 9
【鰌】 20画 8253 9C0C 音 シュウ(漢) 訓 どじょう
意味 池や水田などのどろの中にすむ淡水魚《タンスイギョ》。ドジョウ。例 泥鰌《デイシュウ》。

魚 9
【鰆】 20画 8254 9C06 音 シュン(漢) 訓 さわら
意味 サメの一種。
日本語での用法 《さわら》 スズキ目の近海魚。体長一メートルに達し、背は青緑色。

魚 9
【鰈】 20画 8255 9C08 音 チョウ(漢) 訓 かれい
意味 海にすむ魚。カレイ。ふつうは平たいからだの右側に両眼があり、左側は白い。比目魚《ヒモクギョ》。

魚 9
【鰒】 20画 8256 9C12 音 フク(漢) 訓 あわび・ふぐ
意味 磯《いそ》の岩にはりついている巻き貝。アワビ。石決明《セッケツメイ》。鮑《あわび》。
日本語での用法 《ふぐ》 フグ科の海魚。河豚《ふぐ》。「鰒毒《ふぐドク》」

魚 9
【鰊】 20画 8257 9C0A 音 レン(漢) 訓 にしん
意味 ❶小魚。❷北太平洋や北大西洋に産する海魚。ニシン。体長は三〇—四〇センチメートル。たまごは、かずのこ。

魚 9
[鰛] 20画 ⇩【鰮】《オン》(1097ページ)

魚 10
【鰯】 21画 1683 9C2F 国字 人名 訓 いわし
意味 海にすむ魚。イワシ。からだは銀白色。体長一五—三〇センチメートル。群れをなして泳ぐ。食用のほか、飼料や肥料にもする。鰮《いわし》。
参考 国字だが、『倭玉篇《ワゴクヘン》』〔室町《むろまち》時代初期に成立したといわれる字書〕には「ジャク」の音を示す。広く用いられたらしく、現在は中国でも使われる。

魚 10
【鰮】 21画 8259 9C2E 音 オン(漢) 訓 いわし

魚 9
[鰛] 20画 8260 9C1B 俗字
意味 ニシン目の海水魚。イワシ。

魚 10
【鰥】 21画 8261 9C25 音 カン(漢) 訓 おとこやもめ・やもお
意味 ❶大きな魚の名。❷年をとって妻のない男子。やもお。例 鰥寡孤独《カンカコドク》。鰥居《カンキョ》。

【鰥鰥《カンカン》】寝ようとしても眠れないようす。〔魚が水中でいつも目を開いていることにたとえたもの〕
【鰥寡孤独《カンカコドク》】〔妻のない男と、夫のいない女と、みなし子と、子供のない人〕身寄りのない人のこと。
【鰥居《カンキョ》】年老いて妻のない、ひとり暮らし。また、その人。
【鰥夫《カンプ》】妻のいない男。男やもめ。やもお。㊇嫠婦《リフ》。

魚 10
【鰭】21画 4141 9C2D 音キ㊥ 訓ひれ・はた
意味 魚の背や胸、腹や尾《お》にあって、泳いだりバランスをとったりするための運動器官。ひれ。古語で、はた。
難読 鰭《はた》板《いた》

魚 10
【鰤】21画 8262 9C24 音シ㊥ 訓ぶり
意味 ❶毒のある魚、また、老魚ともいう。❷近海にすむブリ科の魚。ブリ。体長約一メートル。背は濃《こ》い青色、腹は銀白色。日本では代表的な出世魚《シュッセうお》とされ、イナダ、ワラサ、ブリと、呼び名が変わる。例 塩《しお》鰤《ぶり》。巻《ま》き鰤《ぶり》。

魚 10
【鰰】21画 8264 9C30 国字 訓はたはた
意味 海にすむ魚。ハタハタ。体長約二〇センチメートル。冬に、青森・秋田・山形県などの沿岸でとれる。カミナリウオ。鱩《はたはた》。〔「はたはた」は雷鳴《ライメイ》の音。雷《かみなり》が鳴る時期にとれることから〕

魚 10
【鰡】21画 8263 9C21 音リュウ㊥ 訓ぼら
意味 ❶ハゼの一種。❷サメの一種。
日本語での用法《ぼら》ボラ目の海にすむ魚。いわゆる出世魚《シュッセうお》の一つで、大きくなるにつれてオボコ・スバシリ・イナ・ボラ・トドなどの順に名がかわる。

魚 11
【鰊】22画 8265 9C47 国字 音コウ
意味 「鮟鱇《アンコウ》」は、海底にすむ魚。→【鮟《アン》】(1095ページ)
参考 もと魚の「アンコウ」を示すのに「鮟鱇」とした国字だが、現在は中国でも使われる。

魚 11
【鱆】22画 8267 9C46 音ショウ㊥ 訓たこ
意味 海中にすむ軟体《ナンタイ》動物。タコ。章魚《ショウギョ》。〔日本では「鮹」「蛸」「章魚」と書く〕

魚 11
【鱈】22画 *3513 *9C48 国字 音セツ 訓たら
意味 北洋の深海にすむ魚。タラ。体長約七〇センチメートル。肝臓《カンゾウ》から油がとれる。例 干《ひ》鱈《だら》。棒《ボウ》鱈《だら》。
参考 もと国字だが、現在は中国でも使われる。

魚 11
【鰺】22画 8245 9C3A 音ソウ㊥ 訓あじ

魚 8
［鯵］19画 1619 9BF5 俗字
意味 ❶なまぐさい。❷熱帯の海にすむ大形の魚。
日本語での用法《あじ》アジ科の近海魚で、体長二〇—三〇センチメートル。干物《ひもの》などにもする。「鰺《あじ》の塩焼《しおや》き・鰺《あじ》のたたき」

魚 11
【鰻】22画 1723 9C3B 音バン㊥マン㊦ 訓うなぎ
意味 ウナギ目の淡水魚《タンスイギョ》。ウナギ。深海で産まれ、成魚となってからは川や湖沼《コショウ》にすむ。からだは細長い。
日本語での用法《うな》「うなぎ」の略。「鰻《うな》重《ジュウ》・鰻丼《うなどん》」

魚 11
【鰾】22画 8268 9C3E 音ヒョウ㊥ 訓ふえ・うきぶくろ
意味 魚の腹中にあって、うきしずみの調節や肺《ハイ》の役割をするふくろ。ふえ。うきぶくろ。例 鰾膠《ヒョウコウ》(＝魚のうきぶくろを煮《に》つめた、にかわ。にべ)。

魚11
［鰲］22画 ⇩【鼇《ゴウ》】(1112ページ)

魚 12
【鱚】23画 8269 9C5A 国字 音キ 訓きす
意味 近海にすむ魚。キス。からだは細長く、体長二〇—二五センチメートル。

参考 もと国字だが、現在は中国でも使われる。

魚 12
【鰹】23画 1979 9C39 音ケン㊥ 訓かつお
意味 ❶ウナギの大きいもの。雷魚《ライギョ》。❷温帯や熱帯の海にすむサバ科の魚。カツオ。マグロに似ているが、からだに青い線がある。干しても食べる。例 鰹節《かつおぶし》。
参考 「❷」は、日本での用法だったが、現在は中国でも使われる。
難読 学鰹《まながつお》

魚 12
【鱏】23画 1-9450 9C4F 音シン㊥ジン㊦ 訓えい
意味 長江《チョウコウ》・黄河《コウガ》に産する淡水魚《タンスイギョ》。シナヘラチョウザメ。
日本語での用法《えい》海にすむ軟骨《ナンコツ》魚類。ひし形の平たいからだに、長い尾《お》をもつ。

魚 12
【鱒】23画 4380 9C52 人名 音ソン㊥ 訓ます
意味 海にすむサケ科の魚。マス。サケに似ているが、やや小さい。初夏に産卵《サンラン》のため川をさかのぼる。

魚12
【鱗】23画 ⇩【鱗《リン》】(1098ページ)

魚 13
【鱠】24画 8270 9C60 音カイ㊥ 訓なます
意味 細く切った魚肉。なます。㊐膾《カイ》。

魚 13
【鱗】24画 4658 9C57 人名 音リン㊥ 訓うろこ

魚12
【鱗】23画
意味 ❶魚類や爬虫《ハチュウ》類などのからだをおおい、身を保護する、かたい小片《ショウヘン》状のもの。うろこ。こけら。例 魚鱗《ギョリン》。逆鱗《ゲキリン》。片鱗《ヘンリン》。❷魚類やうろこのある動物をまとめていうことば。古語で、いろくず。例 鱗介《リンカイ》。鱗甲《リンコウ》。
【鱗羽《リンウ》】魚類と鳥類。
【鱗雲《リンウン》《うろこぐも》】うろこ状の雲。

【鱗介《リンカイ》】〔「介」は、こうらや貝がらの意〕魚類と甲殻《コウカク》類や貝類。(類)魚介。

【鱗形《リンケイ》】うろこに似たかたち。[例]—のつぼみ。

【鱗茎《リンケイ》】地下茎の一種。短いくきのまわりに養分をたくわえた葉が、球形に密生したもの。ユリ根・タマネギなど。

【鱗甲《リンコウ》】①〔うろこと、こうらの意〕魚類と甲殻《コウカク》類。②うろこ状の、かたいこうら。③心の中のわだかまり。④金属や革《かわ》の小片《ショウヘン》を魚鱗のように配置してつくった、よろい。また、よろいの小札《こざね》。

【鱗比《リンピ》】うろこのように連なり並ぶこと。

【鱗布《リンプ》】うろこのようにびっしりしきつめること。

【鱗粉《リンプン》】チョウやガのはねの表面をおおう、うろこ状のこな。

【鱗片《リンペン》】うろこの一片。また、うろこ状をしたもの。

魚 13

【鱧】

24画 8271 9C67 [音]レイ(漢) [訓]はも

[意味] スズキ目の淡水魚《タンスイギョ》。ライギョ。

[日本語での用法]《はも》ウナギに似た細長い海魚。肉は白身で小骨が多く、骨切りをして吸いものや、かば焼きなどにする。「鱧《はも》の骨切《ほねぎ》り」

魚 15

【鱶】

26画 8272 9C76 [音]ショウ(漢) [訓]ふか

[意味] 干した魚。ひもの。

[日本語での用法]《ふか》大形のサメ。ワニザメ。「鱶鰭《ふかひれ》のスープ」

魚 16

【鱸】

27画 8273 9C78 [音]ロ(漢) [訓]すずき

[意味] 浅海《センカイ》にすむ魚。スズキ。夏に川にのぼる。日本では出世《シュッセ》魚《うお》の一つで、セイゴ、フッコ、スズキと、呼び名が変わる。[例]鱸膾《ロカイ》(=スズキのなます)。

196 11画

鳥 とり とりへん 部

尾《お》の長いとりの形をあらわす。「鳥」をもとにしてできている漢字を集めた。

[0] 鳥 [2] 鳩 鳰 鳧 鳫 [3] 鳶 鳳 鳴 [4]
鴉 鴃 鴆 鴇 鴎 鴈 [5] 鴪 鴛 鴨 鴣 鴟
鴫 鴕 鴦 鴒 鴥 鴬 [6] 鴻 鵁 鴿 鴴 鵄
鵆 鵈 鴾 [7] 鵞 鵃 鵑 鵤 鵠 鵜 鵐 鵝
[8] 鶏 鵲 鶉 鶇 鵯 鵩 鵡 鵺 鵰 鵬 [9]
鶚 鶤 鶩 鶫 [10] 鶯 鷂 鶬 鶻 鶸 鶴 鶴
鷆 鶲 鷄 鶼 [11] 鷗 鷙 鷓 [12] 鷸 鷲 鷭
鷁 鷀 [13] 鷽 鷹 鷺 [14] 鸎 [17] 鸚 鸛 [19]
鸞

この部首に所属しない漢字

鳧⇩几 123　烏⇩灬 631　嶌⇩山 330　蔦⇩艹 863

鳥 0

【鳥】

11画 3627 9CE5 [教育2] [音]チョウ(漢)(呉) [訓]とり

[筆順]

[なりたち]

[象形]長い尾《お》と足のあるとりの形。

[意味] つばさをもち空をとぶ動物をまとめていうことば。とり。[例]鳥獣《チョウジュウ》。野鳥《ヤチョウ》。不死鳥《フシチョウ》。

[県名] 鳥取《とっとり》

[難読] 鳥飼《とりかい》・鳥養《とりかい》・鳥屋《とや》・鳥羽《とば》・鳥居《とりい》・鳥甲《とりかぶと》

【鳥▼喙《チョウカイ》】とりのくちばし。鳥嘴《チョウシ》。

【鳥▼瞰図《チョウカンズ》】高いところから見下ろした視点でかいた絵図面や地図。俯瞰《フカン》図。〔英語 bird's-eye view の訳語〕[表記]「鳥観図」とも書く。

【鳥▼嘴《チョウシ》】とりのくちばし。鳥喙《チョウカイ》。

【鳥獣《チョウジュウ》】とりやけもの。[例]—戯画《ギガ》。—保護。

【鳥人《チョウジン》】飛行家や、スキーのジャンプなど、飛ぶ競技にすぐれた選手などを、飛ぶ鳥にたとえていうことば。

【鳥声《チョウセイ》】とりの鳴きごえ。さえずり。

【鳥跡《チョウセキ》】①とりの足あと。②漢字のこと。〔黄帝《コウテイ》の時代に、蒼頡《ソウキツ/ソウケツ》がとりの足あとを見て、文字を作ることを思いついたという伝説による〕[表記]▽「鳥▼迹」とも書く。

【鳥葬《チョウソウ》】遺体を山野に置いて鳥についばませる、ほうむり方。チベットや内陸アジアなどの風習。

【鳥媒花《チョウバイカ》】鳥をなかだちとして、花粉をめしべにつける花。ツバキなど。

【鳥目】[一]《チョウモク》①中央に穴のあいた昔のお金。〔中央の穴が鳥の目に似ていることから〕②わずかなお金。[例]お—を頂いて生活のたしにする。[二]《とりめ》暗くなると、あたりが見えなくなる病気。ビタミンAの不足で起こる。夜盲症《ヤモウショウ》。

【鳥類《チョウルイ》】脊椎《セキツイ》動物の一つ。全身に羽毛《ウモウ》があり、かたいくちばし、二つのつばさ、二本の足をもつ。卵生《ランセイ》。多くは空を飛ぶ。

【鳥居《とりい》】神社の入り口に立ててある、二本柱の門。[例]稲荷《いなり》社の赤い—。

【鳥貝《とりがい》】海にすむ二枚貝の一種。肉は黒色で、うすい。

【鳥籠《とりかご》】鳥を入れて飼うためのかご。

【鳥▼竿《とりざお》】小鳥をつかまえるために、鳥もち(=ねばりけのある物質)を先につけたさお。鳥刺《さ》し竿。

【鳥の子紙《とりのこがみ》】〔「鳥の子」は、「ニワトリの卵」の意〕雁皮《ガンピ》を主原料とした、厚手の上質な和紙。色はうすい黄色。

【鳥▽膚《とりはだ》】(寒さやおそろしさで)鳥の皮膚《ヒフ》のように、ぶつぶつになった、はだ。[例]—が立つ。[表記]「鳥肌」とも書く。

●益鳥《エキチョウ》・海鳥《カイチョウ》・害鳥《ガイチョウ》・小鳥《ことり》・千鳥《ちどり》・白鳥《ハクチョウ》・冬鳥《ふゆどり》・保護鳥《ホゴチョウ》・留鳥《リュウチョウ》

鳥 2

【鳩】

13画 4023 9CE9 [人名] [音]キュウ(漢)ク(呉) [訓]はと

[なりたち]

[形声]「鳥(=とり)」と、音「九《キュウ》」とから成る。ハト。

[意味] ❶ハト科の鳥。ハト。[例]鳩居《キュウキョ》。鳩舎《キュウシャ》。伝書鳩《デンショばと》。❷あつまる。あつめる。(同)糾《キュウ》。[例]鳩合《キュウゴウ》。鳩首《キュウシュ》。

[難読] 斑鳩《いかるが/まめうまし》・鳩尾《みずおち/みぞおち/むなほね》・鳩《あつ》める

[人名] あつむ・やす

【鳩居《キュウキョ》】婦人が自分の家をもてず、夫の家にいること。また、かりずまいやそまつな家のたとえ。〔ハトはカササギの巣にすむということから〕〈詩経《シキョウ》〉

【鳩合《キュウゴウ》】(名・する)集めること。また、集まること。鳩集。[例]同志の者を—する。[表記]「糾合」とも書く。

【鳩舎《キュウシャ》】伝書バトを飼うための小屋。

【鳩首《キュウシュ》】(名・する)みんなが集まって相談すること。[例]—

協議する。

【鳩▼杖】《キュウジョウ》《はとづえ》 上部にハトのかざりがついた、つえ。長寿《チョウジュ》の功臣の慰労《イロウ》のため、天子からあたえられた。〔ハトは飲食のとき、むせないということによる〕

【鳩尾】《キュウビ》 ①胸と腹のあいだの、くぼんでいるところ。みずおち。みぞおち。心窩《シンカ》。②「鳩尾の板」の略。よろいの左の肩《かた》ひもの上をおおう鉄板。ハトの尾《お》の形をしている。

【鳩《はと》に三枝《サンシ》の礼《レイ》あり】⇩【三枝の礼】《サンシのレイ》（12ジペー）

【鳩派】《はとハ》 ものごとをおだやかに解決しようとする人々。穏健派《オンケンハ》。㊊鷹派《たかハ》。例同じ党の中でも—に属する議員。

【鳩笛】《はとぶえ》 ハトの鳴き声に似た音を出す、また、ハトの形をした、素焼《すや》きの笛。

【鳩麦】《はとむぎ》 イネ科の一年草。実や種は食用や薬用となる。種子は薏苡仁《ヨクイニン》。

【鳩胸】《はとむね》 （ハトの胸のように）前につき出ている胸。

【鳩目】《はとめ》 ひもを通す円い穴。また、そこにつけた円い金《かな》具《グ》。

鳥 2

【鳰】

13画 8276 9CF0 国字 訓 にお

意味 カイツブリ科の水鳥。ニオ。カイツブリの古名。例鳰《にお》の海《うみ》（＝琵琶湖《ビワコ》の別名）。

鳥 2

【鳧】

13画 8274 9CE7 音 フ漢 訓 けり・かも

几 7

〔鳬〕

9画 8275 9CEC 別体字

意味 カモに似た水鳥。野ガモ。

日本語での用法《けり》①水辺にすむチドリ科の鳥。〔『万葉集《マンヨウシュウ》』や『和名抄《ワミョウショウ》』では、カモ〕②詠嘆《エイタン》の助動詞「けり」のあて字。また、文末によく用いられるので、ものごとの結末や決着の意をあらわす。「鳧《けり》がつく・鳧《けり》をつける・鳧鴨《けりかも》（＝助動詞「けり」と助詞「かも」が多く使われることから、和歌や歌人をひやかしていうことば）」

鳥 2

〔鳫〕

13画 ⇩【雁】《ガン》（1042ジペー）

鳥 3

【鳶】

14画 3848 9CF6 人名 音 エン漢 訓 とび・とんび

意味 タカ科の鳥。トビ。くちばしの先端《センタン》が、とがって下に曲がる。ピーヒョロロと鳴いて輪をえがいて飛ぶ。とんび。例鳶肩《エンケン》（＝トビのような、いかった肩《かた》）。紙鳶《シエン》（＝凧《たこ》）。

日本語での用法《とび》「鳶《とび》の者」の略。江戸《えど》時代の火消し。また、現在では大がかりな組み立て作業で、高いところで仕事をする人をいう。「鳶職《とびショク》・加賀鳶《かがとび》」

【鳶色】《とびいろ》 トビの羽の色のような茶褐色《チャカッショク》。こげ茶色。例—の大きな瞳《ひとみ》。

【鳶《とび》飛《と》んで魚《うお》躍《おど》る】 君子の徳が天下に行きわたっていることのたとえ。〔鳥や魚がのびのびと満足しているようすから〕〈詩経《シキョウ》〉

鳥 3

【鳳】

14画 4317 9CF3 人名 音 ホウ漢 訓 おおとり

なりたち 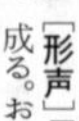 ［形声］「鳥（＝とり）」と、音「凡《ハン》→《ホウ》」とから成る。おおとり。

意味 ❶昔の中国で、めでたいときにあらわれると考えられた、想像上の鳥。おおとり。「鳳」はおす、めすは「凰《オウ》」。例鳳凰《ホウオウ》。瑞鳳《ズイホウ》（＝めでたいしるしとしてあらわれた、オオトリ）。❷天子に関する事物につけることば。例鳳輦《ホウレン》。

人名 たか

【鳳▼凰】《ホウオウ》 クジャクに似た、中国の想像上のめでたい鳥。昔、すぐれた天子の世になるとあらわれるといわれた。「鳳」はおす、「凰」はめす、とされる。鳳鳥。

【鳳▼駕】《ホウガ》 ①（屋根に黄金の鳳凰《ホウオウ》のかざりがついている）天子の乗り物。②仙人《センニン》の乗り物。

【鳳▼雛】《ホウスウ》 ①鳳凰《ホウオウ》のひな。②大人物になる資質をもった子供。例—の教育に尽力《ジンリョク》する。③まだ世にあらわれていない英雄《エイユウ》。臥竜《ガリョウ》。伏竜《フクリョウ》。例—の出現を待つ。

【鳳声】《ホウセイ》 ①鳳凰《ホウオウ》の鳴き声。②手紙の用語で、他人にたのむ伝言を、うやまっていうことば。鶴声《カクセイ》。例お父上にもご—のほど願い上げます。

【鳳仙花】《ホウセンカ》 ツリフネソウ科の一年草。夏に赤・白・むらさきなどの花がさく。実が熟すると種がはじけ出る。

【鳳▼輦】《ホウレン》 ①行幸のときに天子が乗った輿《こし》。屋根の上に黄金の鳳凰《ホウオウ》のかざりがついている。鳳輿《ホウヨ》。②天子の乗り物。例—を迎《むか》え奉《たてまつ》る。③仙人《センニン》の乗る車。

鳥 3

【鳴】

14画 4436 9CF4 教育2 音 メイ漢 ミョウ呉 訓 な-く・な-る・な-らす

筆順 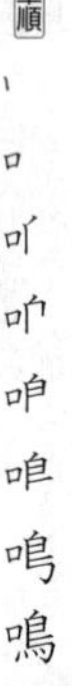

なりたち  ［会意］「鳥（＝とり）」と「口（＝くち）」とから成る。鳥の声。また、（鳥が）声を出す。

意味 ❶鳥やけものが声を出す。なく。例鶏鳴《ケイメイ》。鹿鳴《ロクメイ》（＝賓客《ヒンキャク》をもてなす宴会《エンカイ》）。❷音が出る。音を出す。なる。ならす。例鳴弦《メイゲン》。共鳴《キョウメイ》。雷鳴《ライメイ》。

【鳴神】《なるかみ》 かみなり。いかずち。〔古い言い方〕

【鳴子】《なるこ》 田畑をあらす鳥を追いはらう道具。なわに下げた板に細い竹を並べてつけ、なわを引くと音が出るしかけ。例—の音におどろくスズメ。

【鳴▽門】《なると》 ①潮の干満のとき、大きなうずを巻き、音を立てる海峡《カイキョウ》。②「鳴門巻き」の略。切り口がうず巻き状になっている、かまぼこ。表記▽「鳴戸」とも書く。

【鳴弦】《メイゲン》 （病気やもののけを追いはらうまじないとして）弓のつるを鳴らすこと。表記「鳴▼絃」とも書く。

【鳴虫】《メイチュウ》 秋にいい声でなく虫。

【鳴動】《メイドウ》 （名・する）山々や大地が大きな音を立てて、ゆれ動くこと。例大山《タイザン》—して鼠《ねずみ》一匹《イッピキ》（＝おおさわぎをしたのに、実際はつまらない結果だったこと）。

◐共鳴《キョウメイ》・鶏鳴《ケイメイ》・悲鳴《ヒメイ》・百家争鳴《ヒャッカソウメイ》・雷鳴《ライメイ》・鹿鳴《ロクメイ》

鳥 4

【鴉】

15画 8277 9D09 音 ア漢 訓 からす

意味 ❶カラス科の鳥。カラス。例鴉鷺《アロ》。❷カラスの羽のように黒い。例鴉鬢《アビン》（＝女性の黒い鬢《ビン》の毛）。

【鴉▼鷺】《アロ》 黒いカラスと白いサギ。黒と白。烏鷺《ウロ》。

鳥 4

【鴃】

15画 8280 9D03 音 ゲキ慣 ケキ漢 訓 もず

意味 モズ科の鳥。モズ。同鶪《ゲキ》。例鴃舌《ゲキゼツ》。

【鴃舌】《ゲキゼツ》 （モズの鳴き声のように）やかましく聞こえてくるが、意味のわからない、異民族のことば。例南蛮《ナンバン》—（＝うるさいだけで意味の通じない外国語）。

鳥 4

【鴆】

15画 8281 9D06 音 チン漢

意味 毒へびを食う、伝説上の毒鳥。羽を酒にひたして飲む

と、たちどころに死ぬという。例 鴆毒《チンドク》。

【鴆毒】《チンドク》 ①チンの羽にある毒。羽を酒にひたして毒酒にする。②猛毒《モウドク》。表記 ▽「▼酖毒」とも書く。

鳥 4 **【鴇】** 15画 3830 9D07 音 ホウ(漢) 訓 とき

意味 ❶ガンに似た鳥。❷遊女のこと。例 鴇母《ホウボ》(=遊女を取りしきる、やりて婆《ばばあ》)。

日本語での用法 《とき》トキ科の鳥。全身は白く、つばさはうすもも色をおび、くちばしが長く前に曲がっている。特別天然記念物。国際保護鳥。朱鷺《シュロ》。

鳥 4 **【鴎】** 15画 ⇩【鷗】《オウ》(1104ページ)

鳥 4 **【鴈】** 15画 ⇩【雁】《ガン》(1042ページ)

鳥 5 **【鴪】** 16画 8282 9D2A 音 イツ(漢) 訓 と-ぶ

鳥 5 **[鴥]** 16画 — 9D25 別体字

意味 鳥が速く飛ぶようす。

鳥 5 **【鴛】** 16画 1785 9D1B 音 エン(漢) オン(呉) 訓 おしどり

意味 カモ科の水鳥。オシドリのおす。例 鴛鴦《エンオウ》。

【鴛▼鴦】《エンオウ》《おしどり》 カモ科の水鳥。雌雄《シユウ》の仲がよい。「鴛」は、おす、「鴦」は、めすのオシドリ。また、おすの冬羽はひじょうに美しいことでも知られる。例 —《おしどり》夫婦《フウフ》。

【鴛▼鴦の契り】《エンオウのちぎり》 (オシドリのつがいのように)夫婦仲《フウフなか》がよいこと。例 —を結ぶ(=夫婦になる)。

鳥 5 **【鴨】** 16画 1991 9D28 人名 音 オウ(漢) 訓 かも

意味 カモ科の水鳥。カモ。アヒルに似ているが、やや小さい。例 家鴨《カオウ》(=アヒル)。野鴨《のがも》(=カモ)。

日本語での用法 《かも》古代の和歌の中で、感動の助詞「かも」を示す。「妹《いも》に鴨《かも》あらむ」

人名 まさ

【鴨脚】《オウキャク》 イチョウの木の別名。〔葉の形がカモのあしに似ていることから〕

【鴨居】《かもい》 ふすまや障子を立てるところの、上の横木。みぞがあり、下の横木(=敷居《しきい》)と対《ツイ》になる。対 敷居。

【鴨南蛮】《かもナンバン》 カモの肉を入れた、うどん・そば。

鳥 5 **【鴣】** 16画 8285 9D23 音 コ(漢)

意味 「鷓鴣《シャコ》」は、キジ科の鳥。→【鷓】《シャ》(1105ページ)

鳥 5 **【鴟】** 16画 8286 9D1F 音 シ(漢)(呉) 訓 とび・ふくろう

意味 ❶トビに似た鳥。❷ネコに似た頭をもつ、肉食で夜行性の鳥。ミミズク。フクロウ。例 鴟梟《シキョウ》(=フクロウ)。

【鴟尾】《ビシ》 城や仏殿《ブツデン》などの屋根の両はしに取りつける、魚の尾《お》の形のかざり。しゃちほこなど。とびのお。沓形《くつがた》。

鳥 5 **【鴫】** 16画 2818 9D2B 国字 訓 しぎ

意味 シギ科の水鳥。長いくちばしと長い足をもち、海岸や湿地《シッチ》、たんぼなどに群れをなしてすむ。イソシギ・ハマシギ・タシギなど。例 磯鴫《いそしぎ》。

鳥 5 **【鴕】** 16画 8288 9D15 音 タ(漢) ダ(呉)

意味 熱帯の草原にすむ大きな鳥。ダチョウ。首と足が長く、飛べないが、走るのは速い。

鳥 5 **【鴦】** 16画 8283 9D26 音 ヨウ(漢) オウ(呉) 訓 おしどり

意味 カモ科の水鳥。オシドリのめす。例 鴛鴦《エンオウ》。

鳥 5 **【鴒】** 16画 8289 9D12 音 レイ(漢) リョウ(呉)

意味 「鶺鴒《セキレイ》」は、スズメに似た小鳥。→【鶺】《セキ》(1104ページ)

鳥 5 **[鴥]** 16画 ⇩【鴪】《イツ》(1101ページ)

鳥 5 **[鴬]** 16画 ⇩【鶯】《オウ》(1104ページ)

鳥 6 **【鴻】** 17画 2567 9D3B 人名 音 コウ(漢) ゴウ(呉) 訓 おおとり

なりたち  [形声]「鳥(=とり)」と、音「江《コウ》」とから成る。オオハクチョウ。

意味 ❶ガン類の大きな鳥。また、ハクチョウの類。おおとり。例 鴻鵠《コウコク》。鴻毛《コウモウ》。❷大きい。すぐれた。さかんな。同 洪《コウ》。例 鴻業《コウギョウ》(=大きな事業)。

人名 つよし・とき・ひろ・ひろし

【鴻恩】《コウオン》 大きなめぐみ。大恩。表記「洪恩」とも書く。

【鴻▼鵠】《コウコク》 ①大きな鳥。②大人物や英雄《エイユウ》のこと。

【鴻▼鵠の志】《コウコクのこころざし》 大人物がいだいている大志。→【燕雀《エンジャク》安《いずく》んぞ鴻鵠《コウコク》の志《こころざし》を知《し》らんや】(642ページ)

【鴻儒】《コウジュ》 偉大《イダイ》な儒学者。大儒《タイジュ》。

【鴻大】《コウダイ》 (名・形動《ダナ》)ひじょうに大きいこと。巨大。広大。

【鴻図】《コウト》 ①大きな計画。洪図《コウト》。②広い領土。

【鴻毛】《コウモウ》 おおとりの羽。また、ひじょうに軽いものをたとえていう。例 死は或《ある》いは泰山《タイザン》より重く或は—より軽《かろ》し。〈司馬遷《シバセン》・報二任少卿一書《ジンショウケイにホウずるのショ》〉

【鴻門】《コウモン》 今の陝西《センセイ》省にある地名。前二〇六年、劉邦《リュウホウ》(=漢の高祖《コウソ》)と楚《ソ》の項羽《コウウ》が会見した場所。殺されそうになった劉邦が臣下の奇略によって虎口《ココウ》を脱した「鴻門の会」の故事で名高い。〈史記《シキ》〉

鳥 6 **【鵁】** 17画 8290 9D41 音 コウ(漢)

意味 サギ科の水鳥。アカガシラサギ。また、ゴイサギ。鵁鶄《コウセイ》。

鳥 6 **【鵃】** 17画 8291 9D3F 音 コウ(漢) ゴウ(呉) 訓 いえばと・はと・やまばと

意味 ハト科の鳥をまとめていうことば。ハト。

鳥 6 **【鴴】** 17画 — 9D34 音 コウ(漢) 訓 ちどり

意味 チドリ科の鳥。チドリ。

鳥 6 **【鵄】** 17画 8287 9D44 音 シ(漢)(呉) 訓 とび

意味 タカ科の鳥。トビ。例 金鵄《キンシ》(=日本の建国説話に見える金色のトビ)。

鳥 6 **【鵆】** 17画 8293 9D46 国字 訓 ちどり

意味 チドリ科の鳥。チドリ。

鳥 6 **【鵈】** 17画 8294 9D48 国字 訓 とび・ひえどり

意味 トビ。ヒエドリ(=ヒヨドリ)。ミサゴ。

鳥 6 **【鴾】** 17画 8292 9D3E 音 ボウ漢 訓 つき・とき

意味 「鴾母《ボウ》」は、ウズラの一種。中国に夏に来るわたり鳥。

日本語での用法 《つき・とき》「鴇《とき》」に同じ。「鴾毛《つきげ》」

【鴾毛《つきげ》】赤みをおびたウマの毛色。また、そのウマ。月毛。

鳥 7 **【鵞】** 18画 8302 9D5E 音 ガ漢

鳥 7 **【鵝】** 18画 8301 9D5D 別体字

意味 カモ科の水鳥。ガチョウ。例 鵞鳥《ガチョウ》。鵞毛《ガモウ》。

難読 鵞腸草《はこべ》・天鵞《くぐい》・天鵞絨《ビロード》

【鵞口▼瘡《ガコウソウ》】口内炎《コウナイエン》のように、口の中にたくさんの白い斑点《ハンテン》ができる病気。幼児に多い。

【鵞鳥《ガチョウ》】野生のガンを飼いならして家畜《カチク》とした鳥。

【鵞毛《ガモウ》】①ガチョウの羽。②雪やヤナギのわたなど、ごく軽いもののたとえ。〔ガチョウの羽が白くて軽いことから〕例 身の軽きこと—の如《ごと》し。

鳥 7 **【鵤】** 18画 8303 9D64 音 カク漢 訓 いかる・いかるが

意味 字義未詳《ミショウ》。〔一説に、音「サン」〕

日本語での用法 《いかる・いかるが》アトリ科の小鳥。イカル。〔おもに地名や人名に用いられる字〕「鵤《いかるが》(=兵庫《ひょうご》県の地名)・鵤木町《いかるぎチョウ》(=栃木《とちぎ》県の地名)」

鳥 7 **【鵙】** 18画 8306 9D59 音 ゲキ慣 ケキ漢 訓 もず

意味 モズ科の鳥。モズ。スズメに似ているが、尾《お》が長い。性質はあらく、昆虫《コンチュウ》やカエルなどの小動物をとって食べる。

鳥 7 **【鵑】** 18画 8304 9D51 音 ケン漢 訓 ほととぎす

意味 カッコウ科の鳥。ホトトギス。杜鵑《トケン》。

11画

［鳥部］6―8画 鵈鴾鵞鵤鵙鵑鵠鵜鵐鵝鶏

鳥 7 **【鵠】** 18画 2584 9D60 音 コク漢 訓 くぐい

意味 ❶湖沼《コショウ》にすむ大形の水鳥。白鳥。くぐい。からだは白く、首は長く、天高く飛ぶ。例 鴻鵠《コウコク》。❷弓を射る的《まと》の中心。例 正鵠《セイコク》(=弓を射る的の中心)。

難読 鵠沼《くげぬま》(=地名)

【鵠志《コクシ》】鴻鵠《コウコク》の志。大人物のいだいている志。→【燕雀《エンジャク》安《いずく》んぞ鴻鵠《コウコク》の志《こころざし》を知《し》らんや】(642ページ)

鳥 7 **【鵜】** 18画 1713 9D5C 人名 音 テイ漢 訓 う

意味 「鵜鶘《テイコ》」は、ペリカン。伽藍鳥《ガランチョウ》。

日本語での用法 《う》黒色の水鳥。長いくちばしで魚をとらえ、のどのふくろにたくわえる。「鵜匠《うショウ》・鵜飼《うかい》い・鵜養《うかい》・鵜呑《うの》み」

【鵜匠《うショウ｜うジョウ》】ウを飼いならして魚をとらせる人。鵜飼い。

【鵜▼呑み《うのみ》】①食べ物をかまずに、そのままのみこむこと。丸のみ。例 飯を—にしてしゃっくりを直す。②人のことばやものごとを疑ってもみず、そのまま受け入れること。〔ウが魚をそのままのみこむことから〕例 規則を—にする。

【鵜の目▼鷹の目《うのめたかのめ》】〔ウやタカが、えものをねらうような目の意〕するどい目つきで何かをさがしたり、機会をとらえたりすること。また、その目つき。例 —でさがす。

鳥 7 **【鵐】** 18画 8305 9D50 音 ブ漢 訓 しとど

意味 ホオジロ科の小鳥をまとめていうことば。シトド。

鳥 7 **【鵝】** 18画 ⇩【鵞】ガ(1102ページ)

鳥 8 **【鶏】** 19画 2360 9D8F 常用 音 ケイ漢呉 訓 にわとり・とり

鳥10 **【鷄】** 21画 8317 9DC4 人名

隹10 **【雞】** 18画 1-9366 96DE 本字

筆順 ノ 爫 爫 奚 奚 奚 鶏 鶏

なりたち ［形声］「隹(=とり)」と、音「奚《ケイ》」とから成る。ニワトリ。

意味 肉やたまごを食用にするために飼われる鳥。ニワトリ。例 鶏卵《ケイラン》。闘鶏《トウケイ》。養鶏《ヨウケイ》。

難読 鶏冠木《かえでのき》・軍鶏《しゃも》・水鶏《くいな》

【鶏冠】㊀《ケイカン｜とさか》ニワトリの頭の上についている、赤いかんむりのような部分。㊁《ケイカン》ケイトウの花。鶏頭《ケイトウ》。

【鶏群の一▽鶴《ケイグンのイッカク》】おおぜいの平凡《ヘイボン》な人々の中に、ただひとり非凡な人物がいること。〈晋書《シンジョ》〉

【鶏犬《ケイケン》相《あい》聞《き》こゆ】ニワトリやイヌの鳴き声が聞こえ合う、平和な村里のようす。〈老子《ロウシ》〉

【鶏口《ケイコウ》】ニワトリの口。小さな組織の中の最高位のたとえ。

【鶏口《ケイコウ》となるとも牛後《ギュウゴ》となるなかれ】小さな組織でもその長となるほうが、大きな組織の中で人々のうしろに従っているよりもよい。寧《むし》ろ鶏口《ケイコウ》となるとも牛後《ギュウゴ》となるなかれ。

故事のはなし 斉《セイ》・楚《ソ》・秦《シン》・燕《エン》・韓《カン》・魏《ギ》・趙《チョウ》の七強国がたがいに争いあう戦国時代、諸国をまわって軍事や外交の政策を進言する遊説家《ユウゼイカ》といわれる人々がいた。その一人、蘇秦《ソシン》という人が諸国の王に説いてまわったときに使ったのが、このことわざである。当時最も強大で、おそれられていたのが秦で、蘇秦は秦に対抗《タイコウ》する他の六か国に同盟を結ばせようとして、「諸侯《ショコウ》の兵を全部あわせれば秦の十倍になります。秦を打ち破ることもできるでしょう。今こそ連合すべきです」と趙の王を説得すると、すぐさま同じように各国を説いてまわった。「鶏口」とは小さくても一国の王、「牛後」とは大国の秦に従属することをいう。〈史記《シキ》〉

【鶏舎《ケイシャ》】ニワトリを飼うための小屋。とり小屋。

【鶏頭《ケイトウ》】ヒユ科の一年草。夏から秋にかけて、ニワトリのとさかに似た、赤や黄色の花がさく。

【鶏▼糞】《ケイフン》 ニワトリのふん。乾燥《カンソウ》させて肥料にする。

【鶏鳴】《ケイメイ》 ①ニワトリの鳴き声。②一番どりの鳴き声。③夜明け。鶏晨《ケイシン》。

【鶏鳴▼狗盗】《ケイメイクトウ》 ①ものをぬすんだり、ものまねをしたり、つまらない特技をもつ者。いやしい者。例 —のたぐい。②要領がよく、ちょっとばかり気がきくこと。また、そのような人。

故事のはなし 戦国時代、斉《セイ》の国の王族、孟嘗君《モウショウクン》が西方の強国、秦《シン》の王に招かれて、やがて気が変わった秦王にとらえられてしまったときのこと、このままでは殺されてしまうと、秦王お気に入りの女に救いを求めた。女は見返りとして、白狐《しろぎつね》の毛皮のコートを要求してきた。ところが、それはすでに秦王に献上《ケンジョウ》ずみである。困った孟嘗君が食客(=客分としての家来)に相談すると、中の一人にイヌ(=狗)をまねて泥棒《どろボウ》する(=盗)のが得意な者がいた。すぐさまこの者にコートをぬすみ出させ女に贈《おく》ったので、孟嘗君は首尾《シュビ》よく釈放《シャクホウ》された。一行は急いでにげ出し、国境の函谷関《カンコクカン》まで来たが、関所《せきショ》のきまりで一番鶏《イチバンどり》が鳴かないと門は開かない。孟嘗君は、秦王の追っ手がせまることをおそれて、もう一度食客に相談した。今度はニワトリの鳴きまねのうまい者がいて、その者が鳴いてみせると(=鶏鳴)、あたりのニワトリがあちこちで鳴きだした。関所の門は開けられ、一行は無事に斉に帰りつくことができた。〈史記《シキ》〉

【鶏卵】《ケイラン》 ニワトリのたまご。

【鶏▼肋】《ケイロク》 ①ニワトリのあばら骨。食べるほどの肉はついていないが、捨ててしまうにはおしいもののこと。②あまり役には立たないが、捨ててしまうにはおしいもの。例 昔書いた文章や詩は—として一冊にまとめておく。③からだの骨組みが弱く、やせていること。

【鶏《にわとり》を割《さ》くに▼焉《いずく》んぞ牛刀《ギュウトウ》を用《もち》いん】 ニワトリを料理するのには、ウシを切り分けるための大きい刀を必要としない。小さいことをおこなうのに、大人物や大きな手段を用いる必要はないということのたとえ。牛刀をもって鶏《にわとり》を割《さ》く。〈論語《ロンゴ》〉

鳥 8

【鵲】

19画 8307 9D72 音 ジャク慣 シャク漢呉 訓 かささぎ

意味 カラス科の鳥。カササギ。からだ全体は黒く、肩《かた》と腹は白色で、尾《お》の長い鳥。その鳴き声はめでたい知らせを告げると言われ、七夕《たなばた》の夜には天の川に橋をかけるという伝説がある。例 鵲語《ジャクゴ》。烏鵲《ウジャク》(=カササギ)。

難読 烏鵲《かささぎ》

【鵲語】《ジャクゴ》 カササギの鳴き声。喜びごとの前兆とされる。

鳥 8

【鶉】

19画 8308 9D89 音 シュン漢 ジュン呉 訓 うずら

意味 キジ科の小さくて、ずんぐりした鳥。ウズラ。からだは赤茶色で黒白のまだらがある。例 鶉衣《ジュンイ》。鶉色《うずらいろ》(=ウズラの羽の色)。

難読 鶉斑《うずらふ》

【鶉豆】《うずらまめ》 インゲンマメの一種。色はウズラに似て、うすい白地に赤みがかった斑点《ハンテン》がある。煮豆《にまめ》などにする。

【鶉衣】《ジュンイ・うずらごろも》 短くてつぎはぎの、みすぼらしい衣服のたとえ。鶉服《ジュンプク》。〔ウズラの尾《お》が短く切れていることから〕

鳥 8

【鶇】

19画 8309 9D87 音 トウ漢 ツ呉 訓 つぐみ

鳥 9

[鶫]

20画 8310 9DAB 別体字

意味 ❶ツグミ科の鳥。ツグミ。スズメに似た、黒っぽい茶色の鳥で、美しい声で鳴く。冬のわたり鳥。〔日本では「鶫」と書くことが多い〕 ❷「鶇鳱《トウカン》」は、鳥の名。美しい姿をしているという。

鳥 8

【鵯】

19画 8311 9D6F 音 ヒ漢 ヒツ漢 訓 ひよどり

意味 「鵯鵊《ヒッキョ》」は、ミヤマガラス。大群をなして飛んで来る冬のわたり鳥。

日本語での用法 《ひよどり》 全身が暗い灰色の鳥。おもに山林にすみ、やかましい声で鳴く。ひえどり。「鵯上戸《ひよどりジョウゴ》(=つる性の多年草。赤く丸い実をヒヨドリが好む)・鵯越《ひよどりごえ》(=地名)」

鳥 8

【鵬】

19画 4318 9D6C 人名 音 ホウ漢 訓 おおとり

鳥 8

【鵬】

19画

なりたち  [形声]「鳥(=とり)」と、音「朋《ホウ》」とから成る。おおとり。参考「鳳」の古字。

意味 想像上の巨大《キョダイ》な鳥。背は数千里にもおよび、つばさは天をおおう雲のようだという。おおとり。転じて、すぐれたもの、大きなもののたとえ。例 鵬図《ホウト》。鵬翼《ホウヨク》。

人名 とも・ゆき

【鵬雲】《ホウウン》 おおとりのつばさのように大きな雲。

【鵬程】《ホウテイ》 おおとりが飛んでいくほどの、はるかに遠い道のり。例 —万里《バンリ》。

【鵬図】《ホウト》 大きな計画。大事業。〔おおとりが膨大《ボウダイ》な距離《キョリ》をひと息に飛ぼうとくわだてた話から〕〈荘子《ソウジ》〉

【鵬翼】《ホウヨク》 ①おおとりのつばさ。②飛行機のつばさ。例 —を連ねる。③大きな計画。大事業のくわだて。

鳥 8

【鵡】

19画 4425 9D61 音 ブ漢 ム呉

意味 「鸚鵡《オウム》」は、オウム科の鳥をまとめていう呼び名。

鳥 8

【鵺】

19画 8312 9D7A 音 ヤ漢 訓 ぬえ

意味 「白鵺《ハクヤ》」は、キジに似た尾《お》の長い鳥。ヌエドリ。トラツグミ。

日本語での用法 《ぬえ》 源三位頼政《ゲンザンミよりまさ》が退治した正体不明の怪物《カイブツ》。頭はサル、からだはタヌキ、手足はトラ、尾《お》はヘビに似る。「頼政《よりまさ》の鵺《ぬえ》退治《タイジ》・鵺的《ぬえテキ》(=正体不明のようす)・鵺式《ぬえシキ》の文章《ブンショウ》(=首尾《シュビ》統一のない文)」

鳥 8

[鵰]

19画 ⇩【雕】《チョウ》(1045ページ)

鳥 8

【鵬】

19画 ⇩【鵬】《ホウ》(1103ページ)

鳥 9

【鶚】

20画 8313 9D9A 音 ガク漢 訓 みさご

意味 海岸や湖沼《コショウ》にすむ鳥。ミサゴ。頭・首・腹が白く、背

は茶色、くちばしはタカのように曲がり、つめはするどく、魚を見つけると急降下して足でつかみ取る。例 鶚鮨《みさごずし》(=ミサゴが岩かげなどにたくわえた魚が、自然に発酵《ハッコウ》し酢漬《すづ》けのようになったもの)。

鳥 9
【鶤】 20画 8314 9DA4 音 コン 漢 訓 とうまる・にわとり
意味 ❶(ツルに似た)大きな水鳥。❷「鶤鶏《コンケイ》」は、㋐大きな水鳥の一種。㋑鳳凰《ホウオウ》の別名。㋒大きなニワトリ。トウマル。

鳥 9
【鶩】 20画 8315 9DA9 音 ブ・ボク 漢 ム 呉 訓 あひる
意味 ❶カモを飼いならした鳥。アヒル。例 鶩列《ボクレツ》(=アヒルのように並ぶこと)。❷はやくはしる。例 鶩馳《ブチ》(=疾走《シッソウ》)。

鳥 9
[鶫] 20画 ⇩【鶇】《トウ》(1103ページ)

鳥 10
【鶯】 21画 8284 9DAF 音 オウ 漢 訓 うぐいす

鳥 5
[鴬] 16画 1809 9D2C 俗字

鳥14
[鸎] 25画 ― 9E0E 別体字

意味 ウグイス科の小鳥。コウライウグイス。ウグイス。例 鶯囀
晩鶯《バンオウ》(=春の終わりに鳴くウグイス)。老鶯《ロウオウ》。
【鶯色】《うぐいすいろ》 ウグイスの羽の色に似た、緑に茶のまじった色。
【鶯張り】《うぐいすばり》 ふむとウグイスの鳴き声に似た音を出すように作った板張りの廊下《ロウカ》。
【鶯豆】《うぐいすまめ》 青エンドウを、あまくやわらかく煮《に》た食べ物。
【鶯▼囀】《オウテン|オウデン》 ウグイスがさえずること。また、その声。

鳥 10
【鶲】 21画 8316 9DB2 音 オウ 漢 訓 ひたき
意味 ヒタキ科の小鳥をまとめていうことば。ヒタキ。

鳥 10
【鷁】 21画 8318 9DC1 音 ゲキ 漢 訓 ふね
意味 ❶サギに似た大形の水鳥の一種。❷船首に鷁《ゲキ》をえがいた船。例 鷁舟《ゲキシュウ》。
【鷁首】《ゲキシュ|ゲキス》 ⇩【竜頭鷁首】《リュウトウゲキシュ》(1116ページ)

鳥 10
【鶻】 21画 8319 9DBB 音 コツ 漢 訓 はやぶさ
意味 ❶「鶻鵃《コッチョウ》」は、ハトの一種。❷ハヤブサ科の鳥。ハヤブサ。隼《はやぶさ》。
【鶻突】《コットツ》 (形動タル) はっきりしないようす。ぼんやりしているようす。〔「糊塗《コト》(=はっきりしない。あいまいにする)」に通じる〕

鳥 10
【鶸】 21画 8320 9DB8 音 ジャク 漢 訓 ひわ
意味 ニワトリの一種。トウマル。
日本語での用法 《ひわ》 アトリ科の小鳥。「鶸色《ひわいろ》・鶸茶色《ひわチャいろ》」

鳥 10
【鶺】 21画 8321 9DBA 音 セキ 漢
意味 「鶺鴒《セキレイ》」は、セキレイ科の小鳥。水べにすみ、ほっそりした美しいからだつきをしている。石をたたくように長い尾羽《おばね》を上下にふり動かす。
難読 鶺鴒《いしたたき|にわたたき|とつぎおしえ|いしくなぎ|にわくなぎ|にわくなぶり》

鳥 10
【鶴】 21画 3665 9DB4 常用 音 カク 漢 訓 つる

隹 3
[隺] 11画 5369 5BC9 俗字

筆順
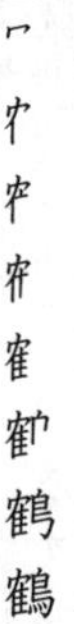

なりたち

[形声]「鳥(=とり)」と、音「隺《カク》」とから成る。ツル。

意味 ツル科の鳥。ツル。足と首が長い。からだは白く、つばさを広げて飛ぶ姿は美しい。長生きをするので、昔からめでたい鳥とされている。例 鶴首《カクシュ》。鶴翼《カクヨク》。
難読 田鶴《たず》
人名 ず・たず
【▽鶴首】《カクシュ》 (名・する) 首を長くして待ち望むこと。〔ツルの首が長いことから〕例 ―して待つ。
【▽鶴髪】《カクハツ》 しらが。白髪《ハクハツ》。鵠髪《コクハツ》。
【▽鶴望】《カクボウ》 首を長くのばし、つま先立って、待ちのぞむこと。しきりに待つこと。例 計画の実現を心より―します。
【▽鶴翼】《カクヨク》 ①ツルのつばさ。②ツルがつばさを広げたように、軍隊をV字形に配置する陣形《ジンケイ》。中央部分に敵を入れ、左右から取り囲む。例 ―の陣。→【魚鱗】《ギョリン》②(1094ページ)
【▽鶴林】《カクリン》 〔仏〕①沙羅双樹《サラソウジュ》の林のこと。つるのはやし。〔釈迦《シャカ》が入滅《ニュウメツ》したとき、常緑の沙羅双樹がすべてツルの羽のように白く枯《か》れたといわれる〕②釈迦の死。
【鶴《つる》九▼皐《キュウコウ》に鳴《な》いて声《こえ》天《テン》に聞《き》こゆ】 すぐれた君子は、うもれていても名声は世に知れる、ということのたとえ。〔「鶴」は、人格のすぐれた人のたとえ、「九皐」は、山深い沼沢《ショウタク》。ツルは山深い沢《さわ》で鳴いても、その声は天まで聞こえる、の意〕〈詩経《シキョウ》〉

鳥 10
【鷆】 21画 8322 9DC6 音 テン 漢 訓 よたか

鳥10
[鷏] 21画 8323 9DCF 俗字
意味 ヨタカ科の鳥。ヨタカ。鷆鳥《テンチョウ》。

鳥 10
【鷂】 21画 8324 9DC2 音 ヨウ 漢 訓 はいたか
意味 ❶タカ科の鳥。ハイタカ。❷キジ科の鳥の一種。鷂雉《ヨウチ》。

鳥10
【鷄】 21画 ⇩【鶏】《ケイ》(1102ページ)

鳥10
[鷏] 21画 ⇩【鷆】《テン》(1104ページ)

鳥 11
【鷗】 22画 1-9469 9DD7 人名 音 オウ 漢 訓 かもめ

鳥 4
[鴎] 15画 1810 9D0E 俗字
意味 カモメ科の水鳥。カモメ。からだは灰色または白色で、海や川にすみ、魚や虫をとらえて食べる。例 白鷗《ハクオウ》(=白いカモメ)。

鳥 11
【鷙】 22画 8325 9DD9 音 シ 漢
意味 ❶ワシやタカなど、凶暴《キョウボウ》な鳥。鷙鳥《シチョウ》。❷凶暴な。あらあらしい。
【鷙鳥】《シチョウ》 ①どうもうな鳥。ワシやタカなどの猛禽《モウキン》をいう。②ツバメの別名。

【鷙戾】《シレイ》 凶暴《キョウボウ》でねじけていること。

鳥 11
【鷓】 22画 8326 9DD3 音 シャ(漢)

意味 「鷓鴣《シャコ》」は、キジ科の鳥。ウズラ類よりも大形でキジ類よりも小形の種類をいう。

鳥 12
【鷸】 23画 8327 9DF8 音 イツ(漢) 訓 しぎ

意味 ❶水べにすむ鳥。シギ、また、カワセミ。例 鷸蚌《イツボウ》の争い《あらそい》。❷はやく飛ぶことの形容。

【鷸▼蚌の争い】《イツボウのあらそい》 ⇩【漁父の利】《ギョフのリ》（617ページ）

鳥 12
【鷲】 23画 4741 9DF2 人名 音 シュウ(漢) ジュ(呉) 訓 わし

意味 タカ科の大形の鳥。ワシ。するどいつめを使って、他の鳥やけものをおそう。例 鷹鷲《ヨウシュウ》（＝タカとワシ）。

【鷲▽山】《ジュセン》 〔仏〕「霊鷲山《リョウジュセン》」の略。インドの山で、釈迦《シャカ》が説法をしたところ。霊山《リョウゼン》。鷲嶺《ジュレイ》。〔山頂の形がワシに似ていることから〕

【鷲▼嶺】《ジュレイ》 「鷲山《ジュセン》」に同じ。

【鷲▼摑み】《わしづかみ》 （ワシが獲物《えもの》をつかむように）乱暴につかむこと。

【鷲鼻】《わしばな》 ワシのくちばしのように、鼻の先が下向きに曲がっている鼻。かぎ鼻。

鳥 12
【鷦】 23画 8328 9DE6 音 ショウ(漢) 訓 みそさざい

意味 ミソサザイ科の小鳥。ミソサザイ。鷦鷯《ショウリョウ》。例 鷦枝《ショウシ》（＝ミソサザイが巣を作る一本の枝。人は、その分《ブン》にふさわしい境遇《キョウグウ》に満足すべきであることのたとえ）。

鳥 12
【鷭】 23画 8329 9DED 音 ハン(漢) バン(呉) 訓 もず

意味 クイナ科の水鳥。バン。

日本語での用法 《もず》 モズ科の小鳥。百舌鳥《もず》も。

鳥 12
【鷯】 23画 8330 9DEF 音 リョウ(漢) 訓 みそさざい

意味 ❶「鷦鷯《ショウリョウ》」は、ミソサザイ。❷ウズラの別名。

鳥 13
【鷽】 24画 8331 9DFD 音 カク(漢) ガク(呉) 訓 うそ

意味 ❶カササギに似た鳥。くちばしと足が赤く、尾《お》は長い。山鵲《サンジャク》。❷小鳩《こばと》。ジュズカケバト。例 鷽鳩《カッキュウ》（＝小鳩。また、小人物）。

日本語での用法 《うそ》 アトリ科の小鳥。スズメに似ているが、少し大きい。ウソドリ。コトヒキドリ。「鷽替《うそかえ》・鷽姫《うそひめ》」

鳥 13
【鷹】 24画 3475 9DF9 人名 音 ヨウ(漢) オウ(呉) 訓 たか

なりたち  [形声]「鳥（＝とり）」と、音「應《オウ→ヨウ》」の省略体とから成る。タカ。

意味 タカ科の鳥。タカ。くちばしとつめがするどく、性格はあらあらしい。例 鷹狩《たかが》り。鷹匠《たかジョウ》。

【鷹揚】《オウヨウ》 （形動《ダ》）落ちついて、ゆったりとしているようす。こせこせしないようす。大様《おおヨウ》。例 ―にかまえる。

【鷹匠】《たかジョウ》 タカを飼いならし、鷹狩《たかが》りをする人。

【鷹派】《たかハ》 相手の主張を受け入れず、自分たちの意見を強硬《キョウコウ》に主張する人々。〔武力行使による解決をする場合にもいう〕対 鳩派《はとハ》。

鳥 13
【鷺】 24画 2677 9DFA 人名 音 ロ(漢) 訓 さぎ

意味 サギ科の水鳥。サギ。足・首・くちばしが長く、ツルに似ているがからだは小さく、頭部にかんむり状の毛がある。例 烏鷺《ウロ》（＝カラスとサギ。白と黒）。白鷺《ハクロ》（＝しらさぎ）。

鳥14
[鸎] 25画 ⇩【鶯】《オウ》（1104ページ）

鳥 17
【鸚】 28画 8332 9E1A 音 オウ(漢) ヨウ(呉) イン(唐)

意味 ❶「鸚鵡《オウム》」は、オウム目の南方産の鳥。人によく慣れ、ことばをまねることができる。❷「鸚哥《インコ》」は、小形のオウム目の鳥。

鳥 17
【鸛】 28画 8333 9E1B 音 カン(漢) 訓 こうのとり

意味 コウノトリ科の大形のわたり鳥。コウノトリ。ツルに似ているが、頭が赤くない。多くは樹上に巣をつくる。こうづる。例 鸛雀《カンジャク》（＝コウノトリ）。鸛鵲《カンジャク》（＝コウノトリ）。

鳥 19
【鸞】 30画 8334 9E1E 音 ラン(漢)(呉)

意味 ❶想像上の霊鳥《レイチョウ》。鳳凰《ホウオウ》の一種。太平の世にあらわれるという。例 鸞鳳《ランホウ》。❷天子の乗る車につける鈴《すず》。また、その車。例 鸞駕《ランガ》。鸞車《ランシャ》（＝天子の乗る車）。❸天子が使用する事物の名にそえて、うやまっていうことば。例 鸞旗《ランキ》（＝鸞のぬいとりのある、天子の旗）。

【鸞▼駕】《ランガ》 天子の乗り物。鸞輿《ランヨ》。鳳駕《ホウガ》。

【鸞▼鳳】《ランホウ｜ランポウ》 ①想像上の霊鳥《レイチョウ》。鳳凰《ホウオウ》の一種で、すぐれた天子の世にあらわれるという。②徳の高い天子やすぐれた人物のたとえ。③仲のいい夫婦《フウフ》のたとえ。

197 11画 鹵《ろ しお》部

岩塩を産する中国西方の土地の意をあらわす。「鹵」をもとにしてできている漢字を集めた。

0 鹵 8 鹸 9 鹹 13 鹼 14 鹽

鹵 0
【鹵】 11画 8335 9E75 音 ロ(漢)

意味 ❶塩分をふくんだ土地。作物が育たない、やせた土地。しおつち。しおち。例 鹵地《ロチ》（＝塩を産する土地）。❷〔海からとれる塩に対して〕海以外からとれる塩。岩塩。しお。例 塩鹵《エンロ》（＝しお）。❸おろか。にぶい。また、あらく雑なようす。同 魯《ロ》。例 鹵鈍《ロドン》（＝おろか）。❹矢を防ぐ大きな盾《たて》。同 櫓《ロ》。例 鹵簿《ロボ》。❺うばいとる。かすめる。うばう。例 鹵獲《ロカク》。

【鹵獲】《ロカク》 （名・する）戦闘《セントウ》の結果、敵の兵器・軍用品などをぶんどること。例 ―兵器。―品を後送する。

【鹵簿】《ロボ》 天子が外出するときの行列。例 自動車―。

鹵 8
[鹸] 19画 ⇩【鹼】《ケン》（1106ページ）

鹵 9
【鹹】 20画 8336 9E79 音 カン(漢) 訓 から-い・しおから-い

意味 しおからい。塩分の多い。例 鹹苦《カンク》(=塩からく、にがい)。鹹湖《カンコ》。鹹水《カンスイ》。

【鹹湖】《カンコ》 塩分をふくんだ湖。鹹水湖。対 淡水湖《タンスイコ》。

【鹹水】《カンスイ》 塩分をふくんだ水。塩水《しおみず》。対 淡水《タンスイ》。

【鹹味】《カンミ》 塩からい味。塩け。

鹵 13

【鹼】

24画 1-9474 9E7C 音 カン漢ケン呉 訓 あく

鹵 8

【鹸】

19画 2420 9E78 俗字

意味 ❶地中にふくまれる塩分やアルカリ分。しおけ。例 鹼化《ケンカ》。❷アルカリ分からつくった洗剤《センザイ》。例 石鹼《セッケン》。

鹵14

【鹽】

25画 ⇩【塩】《エン》(237ページ)

198 11画 鹿 しか部

シカの形をあらわす。「鹿」をもとにしてできている漢字を集めた。

この部首に所属しない漢字

塵⇩土 239

鹿 0

【鹿】

11画 2815 9E7F 教育4 音 ロク漢呉 訓 しか・か・しし

筆順 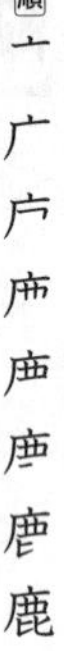

なりたち  [象形]頭に角のある四本足のシカの形。

意味 ❶シカ科の哺乳《ホニュウ》動物。シカ。おすには角がある。性質はおとなしい。例 鹿角《ロッカク》。❷王位のたとえ。例 逐鹿《チクロク》。

→【鹿《しか》を逐《お》う】

【鹿《しか》を▽逐《お》う】(26ページ) 政権を手に入れようと争う。→【中原《チュウゲン》に鹿《しか》を逐《お》う】

【鹿《しか》を▽逐《お》う者《もの》は山《やま》を見《み》ず】〔シカを追いかけて夢中になっている者は、シカのすむけわしい山全体のことを考えない意〕何かに熱中すると他のことに気が回らず、全体が見えなくなる。また、目先の欲にとらわれている者は、道理を忘れる。鹿を追う猟師《リョウシ》山を見ず。

【鹿《しか》を指《さ》して馬《うま》となす】〔秦《シン》の趙高《チョウコウ》が、シカをウマであると言い張り、臣下に同調させた故事から〕権勢によって無理を押し通すこと。また、人をばかにすること。馬《うま》を鹿《しか》。鷺《さぎ》を烏《からす》。

【▽鹿▼苑】 一《ロクエン》シカを放し飼いにしてある庭園。二《ロクオン》釈迦《シャカ》が悟りをひらいたのち、初めて説法をしたというところ。

【▽鹿▼砦】《ロクサイ》 木や竹をシカの角のように組んで、敵の侵入《シンニュウ》を防ぐもの。逆茂木《さかもぎ》。鹿角《ロッカク》。例 —で道路をふさぐ。

表記 「▽鹿▼柴」とも書く。

【▽鹿▼茸】《ロクジョウ》 生えて間もない、まだ皮をかぶっているシカの角。取ってかげ干しにし、漢方薬とする。

【▽鹿鳴】《ロクメイ》 賓客《ヒンキャク》をもてなす宴会《エンカイ》。〔『詩経《シキョウ》』の詩「鹿鳴」を歌ったことにもとづく〕

【▽鹿鳴館】《ロクメイカン》 明治時代、東京にあった、れんが造りの洋風建物。舞踏会《ブトウカイ》などが開かれていた。例 —時代。

【▽鹿▼盧】《ロクロ》 物を引っ張ったり、つり上げたりするのに使う滑車《カッシャ》。轆轤《ロクロ》。

【▽鹿角】《ロッカク》 ①シカの角。②敵の侵入《シンニュウ》を防ぐため、地上に木・竹を植えて垣《かき》のようにめぐらすもの。

鹿 2

【麁】

13画 ⇩【麤】《ソ》(1107ページ)

鹿 5

【麇】

16画 — 9E87 音 一キン漢 二クン漢グン呉 訓 くじか・のろ

鹿 8

【麕】

19画 8343 9E95 別体字

意味 一《キン》シカ科の哺乳《ホニュウ》動物。シカより小形で角がなく、きばがある。ノロ。ノロジカ。二《クン グン》群れをなす。むれる。同 群《グン》。

鹿 5

【麈】

16画 8339 9E88 音 シュ漢ス呉

意味 ❶シカの一種で大きなもの。❷シカの尾《お》で作った払子《ホッス》(=ちりをはらう道具)。例 麈尾《シュビ》(=払子《ホッス》。もとはハエやカをはらうもの。僧《ソウ》の身の飾《かざ》り)。

難読 麈尾《はい はらい》

鹿 6

【麋】

17画 8340 9E8B 音 ビ漢 訓 かもしし

意味 シカ科の哺乳《ホニュウ》動物。シカの一種。シフゾウ。〔角はシカに、尾《お》はロバに、ひづめはウシに、首はラクダに似るが、全体はどれにも似ていないことから「四不像《シフゾウ》」と名づけられたという〕例 麋鹿《ビロク》。

【麋▽鹿】《ビロク》 ①シフゾウとシカ。②山野や、いなかのたとえ。例 —の志《こころざし》(=俗世《ゾクセ》をはなれて山野にかくれ住むという願い)。—の姿《すがた》(=粗野《ソヤ》な服装)。

鹿 7

【麌】

18画 8341 9E8C 音 グ漢ゴ漢 訓 おくじか・めくじか

意味 ❶シカ科の哺乳《ホニュウ》動物、ノロの雄《おす》。一説に、ノロの雌《めす》とも。❷むらがり集まるようす。

鹿 8

【麒】

19画 8342 9E92 人名 音 キ漢ギ呉

意味 「麒麟《キリン》」は、中国の想像上の霊獣《レイジュウ》。

【麒▼麟】《キリン》 ①中国古代の想像上の霊獣《レイジュウ》。からだはシカ、尾《お》はウシ、ひづめはウマに似て、頭に一本の角がある。聖人が世に出たときにあらわれる。「麒」がおす、「麟」がめす。騏驎《キリン》。②聖人や才能のすぐれた人のたとえ。例 —児《ジ》(=将来が期待される子供)。③アフリカ産のキリン科の哺乳《ホニュウ》動物。首と足が長く、あざやかな斑紋《ハンモン》がある。ジラフ。

鹿 8

【麑】

19画 8344 9E91 音 ゲイ漢 訓 かのこ

意味 ❶シカの子。かのこ。例 麑鹿《ゲイロク》。❷「狻麑《サンゲイ》」は、想像上の猛獣《モウジュウ》の名。また、獅子《シシ》。ライオン。同 猊《ゲイ》。

日本語での用法 《ゲイ》「鹿児島」に「麑」の字の意味をあてて用いたもの。「麑城《ゲイジョウ》(=鹿児島《かごしま》城)」

【麑▽鹿】《ゲイロク》 シカの子。こじか。古代、卿大夫《ケイタイフ》がおくりものとして用いた。

鹿 8

【麗】

19画 4679 9E97 常用 音 一レイ漢ライ呉 二リ漢呉 訓 うるわ-しい・うら-らか

筆順 丆 丽 麗

なりたち  [会意]「鹿(=しか)」と「丽(=ならんで行く)」とから成る。シカがならんで行く。

意味 一《レイ・ライ》 ❶ならぶ。対《ツイ》になる。同 儷《レイ》。例 麗馬《レイバ》(=対のウマ)。❷連続する。つらなる。例 麗沢《レイタク》。❸はなやかで美しい。あでやか。うるわしい。例 麗人《レイジン》。華麗《カレイ》。妙麗《ミョウレイ》。❹明るくほがらか。うららか。例 麗日《レイジツ》。二《リ》「高句麗《コウクリ》」は、昔の朝鮮《チョウセン》半島北部の国。

日本語での用法《うらら・うららか》晴れて風もなく、おだやかな天気。また、晴れ晴れとした表情や気持ち。「春《はる》麗《うら》ら・麗《うら》らかな気分《キブン》」

難読 高麗《コウライ／コマ》

人名 あき・あきら・うらら・かず・つぐ・つら・よし・より

【麗句】《レイク》 美しい語句。例 美辞—。

【麗姿】《レイシ》 美しくあでやかな姿。例 —をあらわす。

【麗質】《レイシツ》 生まれつき備わった美しさ。例 天然の—。

【麗日】《レイジツ》 うららかな日。のどかな日。例 陽春の—。

【麗色】《レイショク》 ①美しい色。美しい景色《けしき》。②美しい顔色。

【麗人】《レイジン》 美しい女の人。美人。例 男装の—。

【麗沢】《レイタク／リタク》 ①連なる二つの沢《さわ》。②友人どうし、はげまし合って学問に努めること。〔二つの沢が、たがいにうるおし合うことから〕〈易経《エキキョウ》〉

【麗筆】《レイヒツ》 ①美しく書かれた字。②美しい詩や文章。例 —をふるう。

【麗妙】《レイミョウ》 すぐれて、うつくしい。

【麗容】《レイヨウ》 美しい姿。うるわしい姿。例 富士山《ふじサン》の—。

○●華麗《カレイ》・奇麗《キレイ》・秀麗《シュウレイ》・壮麗《ソウレイ》・端麗《タンレイ》・美麗《ビレイ》・豊麗《ホウレイ》・流麗《リュウレイ》

鹿 8 【麓】 19画 4728 9E93 常用 音 ロク漢 訓 ふもと

筆順 十 木 林 麓

なりたち  [形声]「林(=はやし)」と、音「鹿《ロク》」とから成る。山林を守る役人。

意味 山すそ。ふもと。例 山麓《サンロク》。

鹿 8 【麕】 19画 ⇩【麇】《キン》(1106ページ)

鹿 10 【麝】 21画 8345 9E9D 音 シャ漢 ジャ呉

意味 小形で、角のないシカ。ジャコウジカ。腹部から香料《コウリョウ》の麝香《ジャコウ》が採れる。

【麝香】《ジャコウ》 麝香鹿《ジャコウじか》から採れる香料。

【麝香鹿】《ジャコウじか》 ジャコウジカ科の動物。おすの腹部に香嚢《コウノウ》があり、そこから香料の麝香が採れる。

鹿12 【麟】 23画 ⇩【麟】《リン》(1107ページ)

鹿 13 【麟】 24画 4659 9E9F 人名 音 リン漢

鹿12 【麟】 23画

なりたち  [形声]「鹿(=シカ)」と、音「粦《リン》」とから成る。大きな、おすのシカ。

意味 ❶「麒麟《キリン》」は、中国古代の想像上の霊獣《レイジュウ》。例 獲麟《カクリン》。→【麒麟】《キリン》(1106ページ) ❷「麟麟《リンリン》」は、ひかりかがやくようす。

鹿 22 【麤】 33画 1-9476 9EA4 音 ソ漢呉 訓 あら-い・おろ-か・ふと-い

鹿 2 【麁】 13画 8338 9E81 俗字

意味 ❶シカがばらばらにはなれる。❷おおまかなようす。あらい。同 粗《ソ》。例 麤密《ソミツ》(=密度のあらいことと、こまかいこと)。❸あらあらしい。同 粗《ソ》。例 麤暴《ソボウ》(=あらあらしくて、乱暴なこと)。

199 11画 麥(麦) むぎ むぎへん 部

ムギの意をあらわす。常用漢字では、「麦(七画)」となる。「麥」をもとにしてできている漢字を集めた。

0 麦 麥 4 麩 麸 麪 5 麭 8 麴 麹 9 麵 麺

麦 0 【麦】 7画 3994 9EA6 教育2 音 バク漢 訓 むぎ

筆順 一 十 キ 主 麦

麥 0 【麥】 11画 8346 9EA5

なりたち  [会意]「來(=穂《ほ》のある穀物)」と「夂(=足でふむ)」とから成る。ムギ。

意味 イネ科の穀物。ムギ。オオムギ・コムギなど。例 麦芽《バクガ》。麦秋《バクシュウ》。米麦《ベイバク》(=コメとムギ)。

難読 麦麩《ふすま》・麦麨《むぎこがし》・瞿麦《なでしこ／とこなつ》

【麦芽】《バクガ》 ①ムギの芽。②オオムギを発芽させて干したもの。ビールや水あめの原料になる。

【麦芽糖】《バクガトウ》 麦芽の酵素《コウソ》が、でんぷんに作用してできる糖分。水あめの原料になる。

【麦酒】《バクシュ》 ムギを原料とした酒。ビール。

【麦秀】《バクシュウ》 ムギの穂《ほ》がのびること。

【麦秀の▽詩】《バクシュウのうた》 箕子《キシ》が、廃墟《ハイキョ》となってしまった殷《イン》の都にムギが穂《ほ》を出しているのを見て、故国の滅亡《メツボウ》をなげいて作った詩。麦秀の嘆《タン》。〈史記《シキ》〉

【麦秋】《バクシュウ／むぎあき》 ムギが熟するころ。初夏。むぎの秋。

【麦飯】《バクハン／むぎめし》 ムギをたいたごはん。また、米にオオムギをまぜてたいたごはん。

【麦▼稈】《バッカン／むぎわら》 「麦藁《むぎわら》」に同じ。例 —真田《さなだ》(=麦わらを真田紐《ひも》のように編んだもの)。

【麦▼藁】《むぎわら》 ムギの実を取ったあとの、くき。表記「麦▼稈」とも書く。

麥 0 【麥】 11画 ⇩【麦】《バク》(1107ページ)

麥 4 【麩】 15画 8347 9EA9 音 フ漢 訓 ふすま

麦 4 【麸】 11画 8348 9EB8 俗字

意味 コムギをひいて粉にするときに出る、皮のかす。ふすま。例 麩皮《フヒ》(=ふすま)。

日本語での用法《フ》小麦粉のたんぱく質でつくった食品。「焼《や》き麩《フ》・生麩《なまフ》」

麦4 【麸】11画 ⇩【麩】《フ》(1107ページ)　麥4 【麪】15画 ⇩【麺】《メン》(1108ページ)

麥5
【麭】
16画 8350 9EAD
音 ホウ(漢)　訓 こなもち

意味 ❶もち。だんご。❷「麺麭《メンポウ》」は、パン。

麥8
【麴】
19画 1-9479 9EB4
音 キク(漢)　訓 こうじ

麦8 【麹】15画 2577 9EB9 俗字

意味 コメ・ムギ・ダイズなどをむして、こうじ菌《キン》を繁殖《ハンショク》させたもの。酒・しょうゆ・みそなどの原料。こうじ。例 麴塵《キクジン》。
難読 鼠麴草《ははこぐさ》

【麴▼塵】《キクジン》 ①「塵」は、ちりの意）ちりのようにこうじに生える、かび。②こうじのかびのような、青みがかった黄色。例 —の袍《ホウ》（＝天子の着る、うすい黄色に青みがかった色の袍）。

【麴▼黴】《こうじかび》 かびの一種。でんぷんをぶどう糖に変え、たんぱく質を分解するはたらきがある。酒・しょうゆ・みそなどを作るのに用いる。麴菌《こうじキン》。

麦8 【麹】15画 ⇩【麴】《キク》(1108ページ)

麦9
【麺】
16画 4445 9EBA 常用
音 ベン(漢) メン(呉)　訓 むぎこ

筆順 十 主 麦 麦 麺 麺 麺

麥9 【麵】20画 1-9480 9EB5
麥4 【麪】15画 8349 9EAA 本字

なりたち  [形声]「麥（＝むぎ）」と、音「丏《ベン》」とから成る。ムギの粉末。

意味 ❶ムギの粉。むぎこ。また、むぎこを練って、細長く切った食品。例 麺類《メンルイ》。拉麺《ラーメン》。❷「麺麭《メンポウ》」は、パン。

【麺棒】《メンボウ》 粉などをこねた生地《きじ》を、広げのばすのに使う棒。のべ棒。

【麺類】《メンルイ》 うどん・そば・そうめん・スパゲッティなどを、まとめていうことば。

麥9 【麵】20画 ⇩【麺】《メン》(1108ページ)

200 11画
麻（麻） あさ あさかんむり 部

アサの意をあらわす。常用漢字では「麻」となる。「麻」をもとにしてできている漢字を集めた。

0 麻 麻 3 麼 麽 4 麾 7 麿 麿

この部首に所属しない漢字
摩⇩手453　磨⇩石720　糜⇩米766　靡⇩非1057
魔⇩鬼1093

麻0
【麻】
11画 4367 9EBB 常用
音 バ(漢) マ(呉)　訓 あさ・お

筆順 一 广 广 庁 床 床 府 麻

麻0
【麻】
11画

なりたち  [会意]「𣏟（＝あさをつむぐ）」と「广（＝やね）」とから成る。やねの下でつむぐアサ。

意味 ❶アサ科の一年草。アサ。また、そのくきの皮の繊維《センイ》から作った糸や布。あさぬの。お。例 麻布《マフ》。❷感覚がなくなる。しびれる。同 痲《マ》。例 麻酔《マスイ》。麻痺《マヒ》。麻薬《マヤク》。
難読 麻生《あそう》・麻実《おのみ》・麻笥《おごけ》・胡麻《ゴマ》・黄麻《つなそ》
人名 ぬさ

【▽麻▽幹】《おがら》 皮をはいだアサのくき。例 迎え火に—を焚《た》く。

【▽麻▼雀】《マージャン》〔中国語音〕中国で始まったゲーム。四人で一つの卓《タク》を囲み、一三六枚の牌《パイ》を使って遊ぶ。例 —を打つ。

【麻黄】《マオウ》 マオウ科の常緑低木。くきは、せき止めや解熱《ゲネツ》の漢方薬にする。

【麻▼姑】《マコ》 爪《つめ》が長かったという仙女《センニョ》。例 —搔痒《ソウヨウ》（＝背中のかゆいところを麻姑にかかせたら気持ちがよいだろうということから、思いのままになること）。—の手（＝孫の手）。

【麻紙】《マシ》 アサの繊維《センイ》から作った紙。古代、貴重品とされ、詔勅《ショウチョク》や経巻《キョウカン》に用いた。

【麻▼疹】《マシン｜はしか》 子供がかかることが多い感染症《カンセンショウ》。熱が高く、赤い発疹《ハッシン》ができる。表記「▼痲▼疹」とも書く。

【麻酔】《マスイ》（名・する）薬で、全身またはからだの一部の知覚を一時的に失わせること。表記「▼痲酔」とも書く。

【麻中の▼蓬】《マチュウのよもぎ》 環境《カンキョウ》によって悪いものも正しい方向に自然に向かうこと。〔曲がりやすいヨモギも、まっすぐのびるアサの中に生えれば、まっすぐ育つことから〕〈荀子《ジュンシ》〉

【麻▼痺】《マヒ》（名・する）①しびれること。感覚がなくなること。例 心臓—。②正常なはたらきをしなくなること。例 交通が—する。表記 ▽「▼痲▼痺」とも書く。

【麻布】《マフ｜あさぬの》 アサの繊維《センイ》で織ったぬの。例 —に絵をかく。

【麻薬】《マヤク》 麻酔《マスイ》や鎮痛《チンツウ》に使うくすり。中毒になりやすい。モルヒネ・アヘン・コカインなど。表記「▼痲薬」とも書く。

麻0 【麻】11画 ⇩【麻】《マ》(1108ページ)

麻3
【麼】
14画 5487 9EBC
音 バ(漢) マ(呉) モ(唐)

麻3 【麽】14画 2-9457 9EBD 俗字

意味 ❶こまかい。かすか。例 麼虫《マチュウ》（＝小さい虫）。❷疑問をあらわす語にそえて、語調をととのえる。いかに。なに。どんな。か。や。例 什麼《ジュウマ》。作麼生《ソモサン》（＝どうだ。いかに）。恁麼《インモ》。

麻3 【麽】14画 ⇩【麼】《モ》(1108ページ)

麻4
【麾】
15画 6164 9EBE
音 キ(漢)(呉)　訓 さしまね-く

意味 さしずするための旗。例 麾下《キカ》。

【麾下】《キカ》 ①将軍直属の兵士。旗本《はたもと》。例 —の精鋭《セイエイ》。②指揮下にある者。部下。例 司令長官—の艦隊《カンタイ》。

麻7
【麿】
18画 4391 9EBF 人名 国字
訓 まろ

麻7
【麿】
18画

なりたち [会意]日本語で「まろ」をあらわす二字の万葉がな「麻呂」を一字にした合字。

意味 ❶自分を指していうことば。わたし。例 麿《まろ》が父《ちち》（＝わたしの父）。❷男子の名の下につける字。例 柿本人麿《かきのもとのひとまろ》。❸動物名の下につける字。例 稲子麿《いなごまろ》。

麻 7 【麿】18画 ⇩【麿】《まろ》（1108ページ）

201 12画 黄（黃） き きいろ 部

きいろの意をあらわす。常用漢字では「黄（十一画）」となる。「黄」と、「黃」の字形を目じるしにして引く「黌」とを集めた。

0 黄 黃 13 黌

黄 0 【黄】 11画 1811 9EC4 教育2 音 コウ漢 オウ呉 訓 き・こ 付表 硫黄《いおう》

筆順 一 艹 丗 芇 昔 帯 苗 黄

黄 0 【黃】 12画 1-9481 9EC3 人名

なりたち ［形声］「田（＝土地）」と、音「炗《コウ》」とから成る。地の色。

意味 ❶きいろ。き。五方（＝東・西・南・北・中央）の中央の色として、たっとばれる。皇帝《コウテイ》の色。例 黄金《オウゴン》。黄土《コウド》（＝大地）。天地玄黄《テンチゲンコウ》。❷きいろになる。きばむ。例 黄熟《オウジュク》（＝植物の実が黄色に熟《う》れる）。黄葉《コウヨウ》。❸三歳《サイ》以下のおさない子。例 黄口《コウコウ》（＝口先が黄色い。未熟）。

難読 黄昏《たそがれ》・黄精《ささゆり|あまどころ》・黄牛《あめうし|あめうじ》・黄楊《つげ》・黄鳥《うぐいす》・黄櫨《はぜ|はじのき》・黄蘗《きはだ》・黄鶏《かしわ》・黄蜀葵《とろろ|とろろあおい》・黄麻《つなそ》

人名 かつみ

【黄金】 ㊀《オウゴン》 ①金《キン》。例 —のかんむり。②金銭《キンセン》。貨幣《カヘイ》。③ひじょうに価値のあるもののたとえ。例 —のうで。㊁《こがね》 ①金《キン》。②金貨。

【黄麻】《オウマ|コウマ》 シナノキ科の一年草。くきの皮からとれるジュートという繊維《センイ》からは、穀物用のふくろを作る。つなそ。

【黄身】《きみ》 たまごのなかみの黄色い部分。卵黄《ランオウ》。対 白身《しろみ》。

【黄口】《コウコウ》 ①ひな鳥の黄色いくちばし。また、ひなどり。②幼い子ども。また、経験の浅い未熟な者。黄吻《コウフン》。対 二毛《ニモウ》。

【黄泉】《コウセン|よみ》 死者が行くといわれているところ。よみのくに。よみじ。冥土《メイド》。例 —に旅立つ。

【▽黄▽泉路】《よみじ》 ①死者が行くところまでの道。あの世へ行く道。②「黄泉《コウセン》」に同じ。

【黄土】 ㊀《コウド》 ①黄色がかった土。中国では北部の土地の表面を厚くおおっている細かい土。おうど。②あの世。よみの世界。黄泉《コウセン》。㊁《オウド》 赤土からつくった赤黄色の顔料。オークル。例 —色《いろ》。

【黄道】《コウドウ》 〔「オウドウ」とも〕 地球から見て、一年をかけて太陽が天球上を一周するように見える、そのみちすじ。

【黄▼吻】《コウフン》 「黄口《コウコウ》②」に同じ。

【黄門】《コウモン》 ①日本の官名「中納言《チュウナゴン》」を、中国の官職制度にあてはめて呼んだもの。②〔中納言の官職にあったことから〕とくに、水戸藩主《ミトハンシュ》徳川光圀《みつくに》（＝水戸黄門）のこと。例 —さま。

【黄葉】《コウヨウ|もみじ》 （名・する） 秋に木の葉が黄色になること。また、黄色になった葉。

【黄▼粱】《コウリョウ》 アワの一種。オオアワ。

【黄▼粱一炊の夢】《コウリョウイッスイのゆめ》 栄枯盛衰《エイコセイスイ》のはかないことのたとえ。一炊の夢。邯鄲《カンタン》の夢。盧生《ロセイ》の夢。

故事のはなし 邯鄲《カンタン》という町の宿屋で、盧生《ロセイ》という青年が呂翁《リョオウ》という道士《ドウシ》（＝道教の僧《ソウ》）に出会った。盧生はみずからの貧しい境遇《キョウグウ》をうったえているうち、ねむくなってきた。呂翁はふくろからまくらをとりだして盧生に貸してくれた。夢の中で盧生はとんとん拍子《ヒョウシ》に出世して、最後は一国をあたえられる大名にまでのぼりつめ、子孫も繁栄《ハンエイ》し、天寿《テンジュ》をまっとうして死んだ。夢はそこで終わり、あくびを一つして盧生は目をさました。見れば自分は宿屋の店先でねていて、そばには呂翁がいる。盧生がねる前、宿屋の主人が黄粱をたきかけていたが、まだそれもたきあがっていない。呂翁は笑って盧生に言った。「世の中のことはみんなこんなものだよ」。盧生もまったくそのとおりだと思った。そして「わたしの欲心を消そうとして、こんな夢を見せてくださったのでしょう。この夢を忘れないようにします」と礼を言って立ち去ったという。〈枕中記《チンチュウキ》〉

【▽黄▼昏】《たそがれ》 ①夕ぐれどき。夕方。〔「誰《た》そ彼《かれ》（＝あの人はだれ？）」と聞く意から〕 例 —せまる町。②人生の盛りを過ぎたころ。人生の終わりに近いころ。例 人生の—。

黄 0 【黃】12画 ⇩【黄】《コウ》（1109ページ）

黄 13 【黌】 25画 8352 9ECC 音 コウ漢 訓 まなびや

意味 学校。まなびや。例 黌校《コウコウ》（＝学校）。昌平黌《ショウヘイコウ》（＝江戸《えど》の湯島《ゆしま》にあった、幕府の学校）。

202 12画 黍 きび部

キビの意をあらわす。「黍」をもとにしてできている漢字を集めた。

0 黍 3 黎 5 黏 11 黐

黍 0 【黍】 12画 2148 9ECD 音 ショ漢 訓 きび

意味 イネ科の一年草。キビ。モチキビ。例 黍稷《ショショク》（＝モチキビと、ウルチキビ）。黍団子《きびダンご》（＝キビの粉で作っただんご）。

黍 3 【黎】 15画 8353 9ECE 人名 音 レイ漢 ライ呉 訓 くろ-い

なりたち ［形声］「黍（＝きび）」と、音「秎《リ→レイ》」の省略体とから成る。くつ作りに使う、のり。借りて「くろい、おおい」の意。

意味 ❶うすぐらい。くろい。例 黎黒《レイコク》（＝色が黒い）。黎明《レイメイ》。❷たくさんの。例 黎民《レイミン》（＝多くの人民）。

人名 あき・あきら・あけ・たみ

【黎元】《レイゲン》 多くの人民。民衆。庶民《ショミン》。黎民《レイミン》。

【黎明】《レイメイ》 ①〔「ひきあけ」とも〕 夜明け。例 —を告げる鳥の

声。②ものごとがさかんに始まろうとするころ。例 近代日本の—期。

黍 5
【黏】17画 ⇨【粘】《ネン》(762ページ)

黍 11
【黐】23画 8355 9ED0 音 チ漢 訓 もち
意味 モチノキの樹皮から採る、ねばりけの強い物質。鳥をとらえるのに用いる。とりもち。もち。例 黐木《チボク》(=モチノキ)。

203 12画 黑(黒) くろ部

くろい色の意をあらわす。常用漢字では「黒(十一画)」となる。「黑」をもとにしてできている漢字を集めた。

0 黒 黑 4 黔 默 黙 5 黛 黜 黝 黛 點 6 黠 8 黥 黨 9 黯 11 黴 14 黶 15 黷

この部首に所属しない漢字
墨⇨土 240

黒 0
【黒】11画 2585 9ED2 教育2 音 コク漢呉 訓 くろ・くろ-い
筆順 丶 冂 曰 甲 甲 里 里 黒

黑 0
【黑】12画 1-9482 9ED1 人名
なりたち  [会意]「炎(=ほのお)」と「罒(=まど)」とから成る。いぶされた窓の色。
意味 ❶色がくろい。くろ。くろい。五方(=東・西・南・北・中央)の、北の色。例 黒衣《コクイ》。漆黒《シッコク》。❷くらい。やみの。例 暗黒《アンコク》。❸わるい。正しくない。例 黒白《コクビャク》。
日本語での用法《くろい》よごれている。「襟《えり》が黒《くろ》い」

【黒潮《くろしお》】日本列島付近で、太平洋を南から北へ流れる暖流。塩分が多く、流れが速い。日本海流。対 親潮。

【黒星《くろぼし》】①黒い丸い点。②相撲《すもう》で、負けたとき取組表につける黒い丸じるし。また、勝負での敗戦。例 開幕第一戦は—。③失敗。落ち度。例 警察の—。▽対 白星。

【黒幕《くろマク》】①黒い色の幕。②かげでさしずする実力者。例 政界の—。

【黒山《くろやま》】おおぜいの人が集まっていること。例 —の人だかりができる。

【黒枠《くろわく》】①黒いわく。②黒いわくのついた、死亡通知や死亡広告など。例 —の通知が来た。

【黒衣《コクイ|コクエ》】①黒い色の衣服。②黒の僧服《ソウフク》。墨染《すみぞめ》の衣《ころも》。

【黒鉛《コクエン》】黒い光沢《コウタク》のある、やわらかい鉱物。炭素でできていて、えんぴつのしんや電極などに使う。石墨《セキボク》。

【黒子】一《コクシ》きわめて小さなもの。せまい土地。例 弾丸《ダンガン》—の地(=ひじょうにせまい土地)。二《ほくろ》皮膚《ヒフ》にできる黒い点状のもの。三《くろこ|くろご》①芝居《しばい》で、役者の後見役をする人。また、その人が身につける黒い頭巾《ズキン》と衣服。②かげで人をあやつる者。例 —に徹《テッ》して表面には出ない。

【黒死病《コクシビョウ》】ペストのこと。

【黒色《コクショク》】黒いいろ。例 —火薬。

【黒人《コクジン》】皮膚《ヒフ》の色が黒色または黒褐色《コッカッショク》をしている人々。黒色人種。

【黒炭《コクタン》】石炭の一種。黒くて光沢《コウタク》があり、やわらかい。瀝青《レキセイ》炭。

【黒▼檀《コクタン》】カキノキ科の常緑高木。材はかたく黒色で光沢《コウタク》がある。上質の家具や装飾品《ソウショクヒン》などに使われる。

【黒鳥《コクチョウ》】ハクチョウに似たカモ科の水鳥。全体がほぼ黒色で、くちばしが赤い。ブラックスワン。

【黒点《コクテン》】①黒い色の点。黒星《くろぼし》。②太陽の表面の、黒い点のように見える部分。

【黒土《コクド|くろつち》】腐敗《フハイ》した植物質を多くふくみ、植物の生育に適した豊かな土。例 —《コクド》地帯。

【黒髪《コクハツ|くろかみ》】黒いかみの毛。例 みどりの—《くろかみ》(=つやがある美しい黒い髪)。

【黒板《コクバン》】チョークで字や絵を書き示す、黒または深緑色の板。

【黒白《コクビャク》】①黒色と白色。②ものごとの善と悪。正と不正。例 —を明らかにする。

【黒表《コクヒョウ》】〔英語 black list の訳語〕要注意人物や危険人物の一覧表。例 —に載《の》せる。

【黒曜石《コクヨウセキ》】火山岩の一種。黒色または灰色で光沢《コウタク》がある。装飾品《ソウショクヒン》などに利用する。
●暗黒《アンコク》・漆黒《シッコク》・大黒《ダイコク》

黑 0
【黑】12画 ⇨【黒】《コク》(1110ページ)

黑 4
【黔】16画 8356 9ED4 音 キン・ケン漢 訓 くろ-い
意味 ❶(冠《カン》をつけない、黒い頭の)人民のこと。くろい。例 黔愚《ケング》(=人民)。黔首《ケンシュ》。❷黄色がかった黒色。くろずむ。あさぐろい。❸貴州省の別名。
【黔首《ケンシュ》】人民。民衆。黔庶《ケンショ》。

黑 4
【黙】15画 4459 9ED9 常用 音 ボク漢 モク呉 訓 だま-る・もだ-す
筆順 冂 日 甲 里 里 默 默 黙

黑 4
【默】16画 6452 9ED8 人名
なりたち 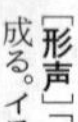 [形声]「犬(=イヌ)」と、音「黑《コク》→《ボク》」とから成る。イヌがひそかに人のあとを追う。借りて「しずかにする、だまる」。
意味 ❶声を出さない。ものを言わない。だまる。例 黙読《モクドク》。黙礼《モクレイ》。沈黙《チンモク》。❷しずか。しずまる。

【黙劇《モクゲキ》】せりふを言わず、からだの動きや表情で演じる劇。無言劇。パントマイム。

【黙座《モクザ》】(名・する)何も言わず静かにすわっていること。表記 旧 黙▼坐
【黙殺《モクサツ》】(名・する)相手の存在や言動を無視すること。何も反応せず相手にしない。例 人の話を—して返事もしない。

【黙止《モクシ》】(名・する)何も言わず、そのままにさせておくこと。例 —して動かない。

【黙示《モクシ|モクジ》】①ことばに出さず、それとなく気持ちを知らせること。例 —の同意。②キリスト教などで、神が人に真理を知らせること。類 啓示《ケイジ》。例 —録。

【黙思《モクシ》】(名・する)何も言わず、じっと考えること。類 黙考《モッコウ》・黙想。例 来《こ》し方《かた》行《ゆ》く末《すえ》を—する。

【黙視《モクシ》】(名・する)何も言わずに、ただ見ていること。口出ししないこと。例 —することはできない。

【黙▼誦】《モクショウ》 (名・する) ①暗記して口に出して言うこと。暗誦。②声を出さないで読むこと。類 黙読。
【黙然】《モクゼン—モクネン》 (形動《トタル》) 何も言わず、じっとしているようす。例 —とながめている。
【黙想】《モクソウ》 (名・する) 何も言わずに、じっと何かを考えこむこと。類 黙思・黙考《モッコウ》。例 熟思—する。
【黙▼禱】《モクトウ》 (名・する) 目を閉じ、声を出さず、心の中でいのること。例 —をささげる。
【黙読】《モクドク》 (名・する) 声を出さないで読むこと。対 音読。
【黙認】《モクニン》 (名・する) 気づかないふりをして見のがすこと。公式には何も言わないまま許可すること。類 黙許《モッキョ》・黙諾《モクダク》。例 この際だから—しよう。
【黙秘】《モクヒ》 (名・する) 内容をかくして何も言わないこと。例 —権。—して不利な証言をしない。
【黙黙】《モクモク》 (形動《トタル》) ①だまって、自分の考えに従って仕事をするようす。例 —と働く。②静かで声の聞こえないようす。
【黙約】《モクヤク》 公的にではないが、おたがいの了解のもとにとりきめた約束。
【黙礼】《モクレイ》 (名・する) 何も言わずにおじぎをすること。声を出さずに敬礼すること。例 ただ—の頭を下げるのみ。
【黙過】《モッカ》 (名・する) 気づかないふりをして、そのままにしておくこと。見のがすこと。例 —しがたいできごと。不正を—する。
【黙許】《モッキョ》 (名・する) 公然と認めるわけではないが、気づかないふりをして見のがすこと。めこぼし。類 黙認・黙諾《モクダク》。例 一度部下のおちどを—すると、しめしがつかない。
【黙契】《モッケイ》 たがいに口に出さなくても、気持ちが通じあうこと。考えが一致《イッチ》すること。例 あの人との間には—がある。
【黙考】《モッコウ》 (名・する) 何も言わず、じっと考えつづけること。類 黙想・黙思。例 沈思《チンシ》—する。
●暗黙《アンモク》・寡黙《カモク》・沈黙《チンモク》

黑4 【默】 16画 ⇩【黙】《クモ》(1110ページ)

黑5 【黛】 16画 3467 9EDB 人名 音 タイ漢 訓 まゆずみ

黑5 【黛】 17画

たなちり  [形声] 本字は「黱」で、「黑(=くろ)」と、音「朕《チン》→《タイ》」とから成る。眉《まゆ》を画《か》く墨《すみ》。

意味 ❶眉《まゆ》を画《か》くために用いる青黒色の墨《すみ》。まゆずみ。例 黛眉《タイビ》(=まゆずみで画いた眉)。粉黛《フンタイ》。❷(遠くに見える山や樹木の)青黒い色。例 翠黛《スイタイ》。
【黛色】《タイショク》 まゆずみのような、青みがかった黒い色。遠くに見える山の色をいう。
【黛青】《タイセイ》 まゆずみのような、濃《こ》い青い色。

黑5 【黜】 17画 8357 9EDC 音 チュツ漢 訓 しりぞ-ける
意味 官位を下げる。おとす。しりぞける。例 黜免《チュツメン》。
【黜免】《チュツメン》 (名・する) 官職をやめさせること。類 免職。
【黜斥】《チュッセキ》 (名・する) しりぞけて、用いないこと。

黑5 【黝】 17画 8359 9EDD 音 ユウ漢 訓 あおぐろ-い
意味 ❶青みがかった黒色。あおぐろい。例 黝牛《ユウギュウ》(=あおぐろい色の牛)。❷木がしげって暗い。例 黝黝《ユウユウ》(=木がしげって、うすぐらい)。

黑5 【黛】 17画 ⇩【黛】《タイ》(1111ページ)

黑5 【點】 17画 ⇩【点】《テン》(630ページ)

黑6 【黠】 18画 8360 9EE0 音 カツ漢 訓 かしこ-い・さと-い
意味 ❶ずるがしこい。悪がしこい。例 黠猾《カッカイ》。黠吏《カツリ》(=悪がしこい役人)。❷かしこい。さとい。例 黠児《カツジ》(=かしこい子)。慧黠《ケイカツ》(=かしこい)。
【黠▼猾】《カッカイ》 悪がしこいこと。ずるがしこいこと。

黑8 【黥】 20画 8361 9EE5 音 ゲイ慣 ケイ漢 訓 いれずみ
意味 罪人の顔に墨《すみ》をさしいれる、古代の刑罰《ケイバツ》。いれずみ。例 黥罪《ゲイザイ》。黥首《ゲイシュ》。
【黥罪】《ゲイザイ》 いれずみの刑《ケイ》になる罪。
【黥首】《ゲイシュ》 刑罰《ケイバツ》で、顔にいれずみをすること。また、その顔。

黑8 【黨】 20画 ⇩【党】《トウ》(104ページ)

黑9 【黯】 21画 8363 9EEF 音 アン漢 訓 くろ-い・くら-い
意味 (気持ちがしずんで)くらい。また、くろい。例 黯然《アンゼン》。
【黯然】《アンゼン》 (形動《トタル》) ①悲しくて気がはれないようす。例 —たる毎日を送る。②真っ黒なようす。また、真っ暗なようす。
表記 ▽「暗然」とも書く。

黑11 【黴】 23画 8364 9EF4 音 バイ・ビ漢 ミ呉 訓 かび・かび-る
意味 ❶飲食物や衣類などの表面に生える菌《キン》。かび。例 黴菌《バイキン》。❷かびがはえる。黒くよごれる。かびる。
【黴雨】《バイウ》 六月から七月にかけて降りつづく、かびが生えるような雨。また、その時期。つゆ。表記「梅雨」とも書く。
【黴菌】《バイキン》 腐敗《フハイ》をおこしたり、病原になったりする微生物《ビセイブツ》の、俗《ゾク》な言い方。バクテリア。類 細菌。
【黴毒】《バイドク》 ⇩【梅毒】《バイドク》(529ページ)

黑14 【黶】 26画 8365 9EF6 音 エン漢 訓 ほくろ
意味 皮膚《ヒフ》の表面にある黒い斑点《ハンテン》。ほくろ。

黑15 【黷】 27画 8366 9EF7 音 トク漢 ドク呉 訓 くろ-い・けが-れる・けが-す・にご-る
意味 ❶清らかなもの、おかしてはならないものをそこなう。けがす。けがれる。同 瀆《トク》。例 黷職《トクショク》。❷乱用する。みだりにする。例 黷武《トクブ》。❸色が黒い。くろい。
【黷職】《トクショク》 (名・する) 役人がその地位・権限を利用して不正をおこなうこと。汚職《オショク》。
【黷武】《トクブ》 みだりに武力を用いて武徳をけがすこと。理由もなくいくさをすること。

204 12画 黹 ち ぬいとり 部

ぬいとりをしたきものの意をあらわす。「黹」をもとにしてできている漢字を集めた。

0 黹 5 黻 7 黼

黹0 【黹】 12画 8367 9EF9 音 チ漢 訓 かざ-り・ぬ-う
意味 ししゅうをほどこした衣《ころも》。ぬいとり。

黹 5
【黻】17画 8368 9EFB 音 フツ漢 訓 くろあお

意味 中国古代の礼服の模様。黒と青とで「亞」の形を連ねたもの。また、(大夫《タイフ》の)礼服。例 黼黻《フフツ》(=礼服の模様)。

黹 7
【黼】19画 8369 9EFC 音 フ漢 訓 しろくろ

意味 中国古代の礼服の模様。白と黒とで斧《おの》の形を連ねたもの。また、(諸侯《ショコウ》の)礼服。例 黼衣《フイ》(=礼服)。黼黻《フフツ》。

【黼▼黻】《フフツ》 一(名)①天子や貴族の礼服に用いられる美しいししゅうの模様。また、その礼服。②美しい文章のたとえ。二(名・する)天子を補佐《ホサ》すること。

205 13画 黽 べんあし かえる 部

カエルの形をあらわす。「黽」をもとにしてできている漢字を集めた。

0 黽 4 黿 11 鼇 12 鼉 鼈

黽 0
【黽】13画 8370 9EFD 音 一ボウ漢 二ビン漢 三ベン漢メン呉 訓 かえる・つと-める

意味 一《ボウ》 カエルの一種。例 黽窟《ボウクツ》(=カエルのすみか)。二《ビン》 努力する。つとめる。例 黽勉《ビンベン》。三《ベン メン》 地名に用いられる字。例 黽池《ベンチ・メンチ》。→【澠池】《ベンチ》(623ページ)

【黽勉】《ビンベン》(名・する)①つとめはげむこと。例 —して心を同じくす(=つとめはげんで心を合わせる)。〈詩経《シキョウ》〉②いやいやながら、むりやりすること。

黽 4
【黿】17画 2-9462 9EFF 音 ゲン漢ガン呉 訓 おおがめ

意味 大きなカメの一種。あおすっぽん。例 黿鼉《ゲンダ》。

【黿▼鼉】《ゲンダ》 大きなスッポンとワニ。

黽 11
【鼇】24画 8371 9F07 音 ゴウ漢 訓 おおがめ

魚11
［鰲］22画 8266 9C32 俗字

意味 海の中にすみ、蓬莱《ホウライ》山を背負うといわれる、大きなカメ。おおうみがめ。例 鼇頭《ゴウトウ》。

【鼇頭】《ゴウトウ》 ①科挙(=官吏《カンリ》登用試験)で第一位の合格者。②書物の頭注。

黽 12
【鼉】25画 — 9F09 音 タ漢ダ呉

意味 ワニの一種。例 黿鼉《ゲンダ》(=大きなスッポンとワニ)。

黽 12
【鼈】25画 8372 9F08 音 ヘツ漢ベツ呉 訓 すっぽん

意味 淡水《タンスイ》にすむカメの一種。スッポン。肉は美味で栄養がある。どろがめ。

【鼈甲】《ベッコウ》 ①カメの、とくにスッポンの甲羅《コウラ》。漢方薬にする。②タイマイ(=ウミガメの一種)の甲羅に熱を加えて加工したもの。黄褐色《オウカッショク》で、装飾品《ソウショクヒン》や櫛《くし》などにする。例 —色《いろ》(=黄褐色)。—あめ。—細工《ザイク》のかんざし。

206 13画 鼎 かなえ部

二つのとってがある三本足のかなえの意をあらわす。「鼎」の字だけをここに入れた。

0 鼎

鼎 0
【鼎】13画 3704 9F0E 人名 音 テイ漢 訓 かなえ

意味 ❶三本の足と、二つの耳(=とって)のある青銅器。方形で四本足のものもある。かなえ。〔もとは、食物を煮《に》たりするうつわで、のちに君主や権威《ケンイ》のシンボルとされた〕例 鼎《かな》の軽重《ケイチョウ》を問《と》う。❷三本の足のように、三者がならび立つ。また、三つの高位(=三公)のたとえ。例 鼎談《テイダン》。鼎立《テイリツ》。

[鼎❶]

人名 かな・かない・かね

【鼎《かなえ》の軽重《ケイチョウ》を問《と》う】①(為政者《イセイシャ》の)権威《ケンイ》や実力を疑う。②相手をほろぼしてその地位をうばおうとする。〔周の定王のとき、楚《ソ》の荘王《ソウオウ》が周王室の宝となっている鼎の大小軽重をたずねた。これは、荘王が周をかろんじて、その王位をねらおうという野心があったからだ、という故事による〕〈春秋左氏伝《シュンジュウサシデン》〉

【鼎座】《テイザ》(名・する)三人が、かなえの足のように、向き合ってすわること。例 旧友三人と—して歓談《カンダン》した。表記 旧 鼎▼坐

【鼎臣】《テイシン》 王位を支える、三人の大臣。

【鼎足】《テイソク》 ①かなえの三本の足。②三人が三方に分かれて対立すること。③三人が協力して助け合うこと。

【鼎談】《テイダン》(名・する)三人で話し合うこと。〔かなえの足が三本であることから〕例 —会。国際問題について—する。

【鼎沸】《テイフツ》 ①かなえの湯がわき立つように、さわぎが起こること。議論がふっとうすること。②天下が乱れること。

【鼎立】《テイリツ》(名・する)かなえの三本の足のように、三つに分かれて対立すること。例 —する三党。

207 13画 鼓 つづみ部

つづみの意をあらわす。「鼓」と、「鼓」をもとにしてできている「鼕」とを集めた。

0 鼓 5 鼕

鼓 0
【鼓】13画 2461 9F13 常用 音 コ漢ク呉 訓 つづみ

筆順 一 十 士 吉 壴 鼓

皮 9
［皷］14画 8373 76B7 俗字

なりたち  [会意]「壴(=楽器をならべたてる)」と「屮(=かざり)」と「又(=手でうつ)」とから成る。つづみ。

14画

意味 ❶打楽器の一つ。たいこ。つづみ。例 鼓笛《コテキ》。鐘鼓《ショウコ》。❷(たいこなどを)うちならす。たたく。例 鼓吹《コスイ》。鼓腹《コフク》。❸ふるいたたせる。例 鼓舞《コブ》。勇《ユウ》を鼓《コ》す。

【鼓弓《コキュウ》】小形の弦楽器《ゲンガッキ》。弦を弓でこすってひく。表記「▼胡弓」とも書く。

【鼓吹《コスイ》】(名・する)①たいこをたたき笛をふくこと。②はげまし勇気づけること。鼓舞《コブ》。③意見や思想などをさかんに宣伝すること。例 民族主義を―する。

【鼓笛《コテキ》】たいこと、ふえ。例 ―隊(＝打楽器や管楽器を中心とした、行進しながら演奏する音楽隊)。

【鼓動《コドウ》】(名・する)①心臓が脈打つこと。また、そのひびき。例 心臓の―がはげしい。②なんらかの活力によって、ものなどがふるえ動くこと。また、そのひびき。例 春の―が聞こえる。

【鼓舞《コブ》】(名・する)①つづみを打って舞《まい》をまうこと。②はげまし勇気づけること。激励《ゲキレイ》。鼓吹《コスイ》。例 士気を―する。

【鼓腹《コフク》】腹つづみを打つこと。満腹してたのしむようす。

【鼓腹撃壌《コフクゲキジョウ》】〔「撃壌」は、地を打つこと。一説に遊びの一種〕帝尭《テイギョウ》の時、一人の老人が腹つづみを打ち地を打って、歌の拍子《ヒョウシ》をとっていた。平和で満ち足りた生活を楽しむようすをいう。

【鼓膜《コマク》】耳のおくにある膜。震動《シンドウ》して音を伝えるはたらきをする。例 ―が破れる。

鼓 5

【鼕】18画 8374 9F15 音 トウ(漢)

意味 太鼓《タイコ》の音。また、そのようす。鼕鼕《トウトウ》。

208 13画 鼠 ねずみ ねずみへん 部

ネズミの形をあらわす。「鼠」をもとにしてできている漢字を集めた。

0 鼠 5 鼬 7 鼯

鼠 0

【鼠】13画 3345 9F20 音 ショ(漢) ソ(呉) 訓 ねずみ

ツ 5

【鼡】8画 8375 9F21 俗字

意味 ❶齧歯《ゲッシ》目の小動物。ネズミ。人家やその周辺にすみ、よく増える。例 鼠害《ソガイ》(＝ネズミによる害)。窮鼠《キュウソ》(＝追いつめられたネズミ)。❷こそこそと悪事をはたらく者や、つまらぬ人物にたとえる。例 鼠賊《ソゾク》(＝こそどろ)。城狐社鼠《ジョウコシャソ》(＝奸臣《カンシン》。また、それをとり除きがたいこと)。

難読 栗鼠《りす》・田鼠《もぐらもち》・天鼠《こうもり》

【鼠▼蹊部《ソケイブ》】もものつけ根の部分。

【鼠盗《ソトウ》】〔ネズミのようにこそこそぬすむ意〕こそどろ。

【鼠輩《ソハイ》】①ネズミの群れ。②つまらない、たいしたことのない人間。例 取るに足りぬ―ども。

【鼠算《ねずみザン》】ネズミが子を産み増やすように、短期間に急速に数量が増えていくこと。また、その計算。

鼠 5

【鼬】18画 8376 9F2C 音 ユウ(漢) ユ(呉) 訓 いたち

意味 イタチ科の哺乳《ホニュウ》動物。イタチ。赤茶色で太い尾《お》があり、活発に動きまわる。敵に追いつめられると、くさいにおいを放つ。例 鼬《いたち》ごっこ。鼬《いたち》の最後《サイゴ》っ屁《ペ》。鎌鼬《かまいたち》。

鼠 7

【鼯】20画 2-9468 9F2F 音 ゴ(漢) 訓 むささび

意味 リス科の小動物。ムササビ。また、モモンガ。例 鼯鼠《ゴソ》。

【鼯▼鼠《ゴソ|むささび》】リス科の、夜行性の小動物。前後の足の間にある皮膜《ヒマク》を使い、木から木へと飛び移る。のぶすま。例 ―五技《ゴギ》(＝わざは多いが、役に立つものがないことのたとえ)。

209 14画 鼻(鼻) はな はなへん 部

はなの意をあらわす。常用漢字では「鼻」となる。「鼻《ビ》」と、「鼻」をもとにしてできている「鼾《カン》」とを集めた。

0 鼻 鼻 3 鼾

鼻 0

【鼻】14画 4101 9F3B 教育3 音 ヒ(漢) ビ(呉) 訓 はな

筆順 ′ 白 自 鳥 帛 畠 畠 鼻

鼻 0

【鼻】14画

なりたち 𦣻 〔会意〕空気を「自(＝みずから)」に「畀(＝あたえる)」。空気を吸う、はな。

意味 ❶はな。呼吸をしたり、においをかいだり、声を出すときの助けをする器官。例 鼻音《ビオン》。鼻孔《ビコウ》。❷はじめ。例 鼻祖《ビソ》。❸梵語《ボンゴ》の音訳。例 阿鼻地獄《アビジゴク》。

【鼻緒《はなお》】げたやぞうりについている、足の指を入れるための、ひも。例 ―をすげる。―が切れる。

【鼻風邪《はなかぜ》】鼻がつまったり、くしゃみや鼻水が出たりする風邪。例 ―をひく。

【鼻薬《はなぐすり》】①鼻の病気につける薬。②子供をなだめるためのおかし。例 ―をほしがる。③賄賂《ワイロ》に使う、ちょっとした金品。例 ―がきく。

【鼻輪《はなわ》】牛の鼻に通す輪。

【鼻炎《ビエン》】鼻の粘膜《ネンマク》が炎症《エンショウ》を起こし、くしゃみ・鼻水がさかんに出る病気。鼻《ビ》カタル。

【鼻音《ビオン》】鼻腔《ビコウ》に息が共鳴して出る音。日本語ではナ行・マ行と、ガ行の鼻濁音《ビダクオン》の子音《シイン》など。

【鼻下長《ビカチョウ》】〔鼻の下がながい意〕男性が女性にあまいこと。また、女好きな男性。

【鼻孔《ビコウ》】鼻のあな。

【鼻▼腔《ビコウ》】鼻のあなの、おくのほうの空間。

【鼻骨《ビコツ》】鼻を形成しているほね。

【鼻祖《ビソ》】あるものごとを最初に始めた人。元祖。始祖。〔動物は胎内《タイナイ》で最初に鼻ができると考えられていたことから〕例 わが国の西洋医学の―。

【鼻息《ビソク|はないき》】①鼻から出す息。例 ―《はないき》があらい(＝言動に意欲があふれ威勢《イセイ》がいい)。②他人の意向や機嫌《キゲン》。例 ―をうかがう。

【鼻濁音《ビダクオン》】鼻にかけて発音する、やわらかい感じのガ行の子音《シイン》。共通語では、語中や語尾《ゴビ》にあらわれる。「ハガキ」のガ、「サンゴ」のゴなど。ガ行鼻音。

【鼻端《ビタン》】鼻の先。鼻頭。例 ―火を出す(＝勢いがさかんなことのたとえ)。

【鼻柱】㊀《ビチュウ|はなばしら》鼻の真ん中を通る骨。はなすじ。鼻梁《ビリョウ》。㊁《はなばしら》負けずぎらいで妥協《ダキョウ》しない、強い気性《キショウ》。はなっぱしら。はなっぱし。例 ―が強い。

【鼻翼《ビヨク》】鼻の両側のふくらんだ部分。小鼻《こばな》。

[鼓部]5画 鼕 [鼠部]0—7画 鼠 鼬 鼯 [鼻(鼻)部]0画 鼻

【鼻▼梁】《ビリョウ》 鼻の真ん中を通る骨。はなすじ。鼻柱。例 端正《タンセイ》な—。
○●酸鼻《サンビ》・耳鼻科《ジビカ》

鼻 0
【鼻】14画 ⇩【鼻】ビ（1113ページ）

鼻 3
【鼾】17画 8377 9F3E 音 カン漢 訓 いびき
意味 ねいき。いびき。例 鼾声《カンセイ》。鼾息《カンソク》（＝いびき）。
【鼾声】《カンセイ》 いびき。

210 14画 齊（斉） せい部

穀物がはえそろう形をあらわす。常用漢字では「斉（八画）」となる。「斉」と、「齊」の字形を目じるしにして引く漢字とを集めた。

0 斉 齊 3 斎 齋 7 齎 9 齏

斉 0
【斉】8画 3238 6589 常用 音 一 セイ漢 ザイ呉 二 サイ漢呉 三 シ漢 訓 ひと-しい・ととの-う
筆順 、 亠 ナ 文 产 产 斉 斉

齊 0
【齊】14画 8378 9F4A 人名
なりたち  ［象形］イネやムギが土地の高低に応じて同じように穂《ほ》を出した形。ひとしく、そろう。
意味 一《セイ|ザイ》 ❶きちんとそろえる。ととのう。そろう。例 斉家《セイカ》。整斉《セイセイ》（＝ととのっていること）。❷同じにする。ひとしい。ひとしく。みな。例 斉唱《セイショウ》。均斉《キンセイ》（＝つりあいがとれていること）。❸周代、太公望《タイコウボウ》呂尚《リョショウ》が、今の山東省に封《ホウ》ぜられた国。桓公《カンコウ》のとき、最初の春秋の覇者《ハシャ》となる。のち、重臣の田《デン》氏にほろぼされる。（?—前三七九）❹戦国の七雄《シチユウ》の一つ。春秋時代の斉をうばって田氏がおこした国。戦国時代末、秦《シン》にほろぼされる。田斉《デンセイ》。（前三八六—前二二一） 二《サイ》 飲食などをつつしみ、心身をきよめる。物忌《ものい》み。同 斎《サイ》。例 斉戒《サイカイ》（＝斎戒）。 三《シ》 衣服のすそ。もすそ。例 斉衰《シサイ》。

人名 あき・あきら・きよ・きよし・ただ・ただし・とき・とし・なお・なり・のぼる・ひとし・ひろ・ひろし・まさ・むね・よし
【▽斉▽衰】《シサイ》 喪《も》服《フク》の一つ。一年の喪に着るもので、アサのすそがぬいそろえてある。
【斉一】《セイイツ》（名・形動ダ）①等しいこと。同一。例 —な条件。②一つにそろえること。そろっていること。
【斉家】《セイカ》 家庭をきちんと、整えおさめること。例 修身《シュウシン》—治国平天下《チコクヘイテンカ》（＝儒教の基本的な実践《ジッセン》倫理。自分の行いを正しくし、家庭をととのえ、国家を治め、天下を平らかにする）。〈大学《ダイガク》〉
【斉唱】《セイショウ》（名・する）①声をそろえて同じメロディーを歌うこと。例 校歌—。②いっせいに同じことばをとなえること。
【斉東野人の語】《セイトウヤジンのゴ》 おろかな、いなか者のことばは、信用できないということ。〔斉の国、東方の人々についていった〕〈孟子《モウシ》〉
○●一斉《イッセイ》・均斉《キンセイ》・整斉《セイセイ》

齊 0
【齊】14画 ⇩【斉】セイ（1114ページ）

斉 3
【斎】11画 2656 658E 常用 音 サイ漢呉 訓 ものいみ・とき・いつ-き・い-む
筆順 亠 ナ 文 产 产 斉 斉 斎

齊 3
【齋】17画 6723 9F4B
なりたち  ［形声］「示（＝かみ）」と、音「齊《セイ→サイ》」の省略体とから成る。物忌《ものい》みする。
意味 ❶一定の期間、食事や行動を制限して、心身をきよめる。物忌《ものい》み。例 斎戒《サイカイ》。潔斎《ケッサイ》。❷物忌みのための部屋。また、静かに学問などをするための部屋。例 山斎《サンサイ》（＝山中の居室）。書斎《ショサイ》。❸〔仏〕仏事のときの食事。とき。例 斎食《サイジキ》（＝法会《ホウエ》のときの食事）。
人名 いつ・いつく・きよ・きよし・ただ・よし
【斎院】《サイイン》 ①祭りの前に、関係者が心身を清めるところ。②京都の賀茂《かも》神社で、神に仕えた未婚《ミコン》の皇女。また、その女性がいるところ。いつきのみや。かものいつき。例 野の宮にこもる—。
【斎戒】《サイカイ》（名・する） 神を祭るときなどに、心身を清め飲食や言動をつつしむこと。
【斎戒▼沐浴】《サイカイモクヨク》（名・する） 神を祭ったり神仏にいのったりするとき、飲食や言動をつつしみ、かみの毛やからだを洗って、心身を清めること。
【斎宮】 一《サイキュウ》 天子が祖先の霊《レイ》を祭るとき、物忌《ものい》みをする建物。 二《サイグウ|いつきのみや》 伊勢《いせ》神宮で神に仕えた未婚《ミコン》の皇女。また、その女性のいたところ。〔天皇の即位《ソクイ》ごとに選び出された〕例 —《サイグウ》の忌《い》みことば。
【斎日】《サイジツ|サイニチ》 心身を清め、物忌《ものい》みをする日。精進日《ショウジンび》。
【斎場】《サイジョウ》 ①神や祖先を祭るために清めた場所。祭場。いつきの庭。②葬式《ソウシキ》をおこなう場所。葬儀《ソウギ》場。

齊 3
【齋】17画 ⇩【斎】サイ（1114ページ）

齊 7
【齎】21画 7658 9F4E 音 シ漢呉 セイ漢 サイ呉 訓 もたら-す
意味 ❶もってくる。もってゆく。あたえる。もたらす。例 齎送《セイソウ》（＝持っていってわたす）。❷もちもの。金品。

齊 9
【齏】23画 ⇩【韲】セイ（1061ページ）

211 15画 齒（歯） は はへん部

はの意をあらわす。常用漢字では「歯（十二画）」となる。「齒」をもとにしてできている漢字を集めた。

0 歯 齒 2 齔 5 齣 齟 齠 齡 齢 6 齦 齧 7 齬 齪 9 齷 齲 齶

歯 0
【歯】12画 2785 6B6F 教育3 音 シ漢呉 訓 は・よわい
筆順 丨 ト 止 歨 歨 歯 歯

齒 0
【齒】15画 8379 9F52
なりたち  ［形声］「𠚕（＝口のなかの、は）」と、音「止《シ》」とから成る。は。
意味 ❶口のなかにならび、食物をかみくだく器官。は。例 歯

牙《シガ》。歯列《シレツ》。犬歯《ケンシ》。❷はの形をしたもの。はに似たはたらきをするもの。例歯車《はぐるま》。鋸歯《キョシ》。❸とし。年齢《ネンレイ》。よわい。例尚歯《ショウシ》。年歯《ネンシ》。❹一列にならぶ。仲間に加わる。例共に歯《シ》する(=同列にならぶ。なかまに加わる)。

人名 かた・とし

【歯科】《シカ》 歯の診断《シンダン》や治療《チリョウ》をおこなう、医学の一部門。例—医師。

【歯牙】《シガ》 ①歯と、きば。また、歯。②口の端《は》。口先。ことば。例—にもかけない(=相手にしない。とりあわない)。

【歯▼齦】《シギン》 歯ぐき。歯肉。例—炎《エン》。

【歯▼垢】《シコウ》 歯の表面につく黄色い、かす。歯くそ。

【歯根】《シコン》 歯ぐきにうもれている、歯の根の部分。

【歯髄】《シズイ》 歯の真ん中のやわらかい部分。血管や神経が多く集まっている。

【歯石】《シセキ》 歯の表面についた歯垢《シコウ》が石灰質《セッカイシツ》に変わったもの。歯槽膿漏《シソウノウロウ》や歯周病の原因になる。例—を取り除く。

【歯槽】《シソウ》 歯の根がはまりこんでいる、上下のあごの骨の穴。

【歯槽▼膿漏】《シソウノウロウ》 歯ぐきがはれて、うみが出たり歯がぐらついたりする病気をまとめていうことば。

【歯▼朶】《シダ》 〔あて字〕①ワラビやゼンマイなど、シダ類の植物。花がさかず胞子《ホウシ》で増える多年生植物。②葉の裏が白いシダ科の植物。ウラジロ。表記▽「▽羊▽歯」とも書く。

【歯肉】《シニク》 歯の根もとをささえる肉の部分。歯ぐき。歯齦《シギン》。例—炎《エン》。

【歯列】《シレツ》 歯のならび方。歯ならび。例—を矯正《キョウセイ》する。

【歯▼軋り】《はぎしり》 (名・する) ねむっているときや、くやしいときなど、歯を強くかみ合わせて音を立てること。

【歯車】《はぐるま》 ①周囲に凹凸《オウトツ》(=歯)をきざみつけて、動力を伝えるようにした装置。ギア。例—がかみ合わない。②全体を構成している一つ一つの部分。例組織の—。

○●齲歯《ウシ》・永久歯《エイキュウシ》・奥歯《おくば》・義歯《ギシ》・臼歯《キュウシ》・犬歯《ケンシ》・年歯《ネンシ》・門歯《モンシ》

齒 0

【齒】 15画 ⇩【歯】《シ》(1114ページ)

齒 2

【齔】 17画 8380 9F54 音シン漢

意味 ❶乳歯がぬけかわる。例齔歯《シンシ》(=子供の歯が生えかわること。また、ぬけ落ちた乳歯)。❷歯が生えかわるころの子供。例齔童《シンドウ》(=歯がぬけかわる年ごろの子供)。

齒 5

【齣】 20画 8381 9F63 音セキ漢呉 訓こま・くぎり

意味 戯曲《ギキョク》や小説などの場面のひと区切り。また、映画や写真のフィルムの画面のひと区切り。一場面。また、それを数えることば。こま。例映画の一齣《ひとこま》。

齒 5

【齟】 20画 8382 9F5F 音ショ漢ソ呉 訓か-む

意味 ❶上下の歯をかみあわせる。かむ。例齟嚼《ソシャク》。❷歯がかみあわない。くいちがう。例齟齬《ソゴ》。

【齟▼齬】《ソゴ》 (名・する) ①上下の歯がうまくかみあわないこと。②ものごとが食いちがい、うまくいかないこと。例計画に—をきたす。

【齟▼嚼】《ソシャク》 (名・する) 食べ物をよくかむこと。表記「▼咀▼嚼」とも書く。

齒 5

【齠】 20画 8383 9F60 音チョウ漢

意味 ❶乳歯がぬけかわる。例齠歯《チョウシ》(=歯が生えかわること)。❷子供の(うなじのあたりまで)垂れた髪型《かみがた》。うない。❸おさない子供。同髫《チョウ》。

【齠▼齔】《チョウシン》 〔「齔」は、歯が生えかわる意〕垂れがみをしていて、歯が生えかわる年ごろ。七、八歳《サイ》の年ごろ。幼年。また、その年ごろの子供。髫齔《チョウシン》。

歯 5

【齢】 17画 4680 9F62 常用 音レイ漢 訓よわい

筆順

齒 5

【齡】 20画 8384 9F61

たちり

〔形声〕「齒(=は)」と、音「令《レイ》」とから成る。とし。

意味 人の生きてきた年数。とし。よわい。例高齢《コウレイ》。年齢《ネンレイ》。妙齢《ミョウレイ》。

人名 とし・よ

【齢級】《レイキュウ》 樹木《ジュモク》の年齢を五年で一単位とする数え方。

○●学齢《ガクレイ》・月齢《ゲツレイ》・弱齢《ジャクレイ》・樹齢《ジュレイ》・適齢《テキレイ》・馬齢《バレイ》・老齢《ロウレイ》

齒 5

【齡】 20画 ⇩【齢】《レイ》(1115ページ)

齒 6

【齦】 21画 8385 9F66 音一ギン漢 二コン漢 訓はぐき

意味 一《ギン》歯の根を包んでいる肉。歯ぐき。例歯齦《シギン》。二《コン》かむ。例齦割《コンカツ》(=かんで割《さ》く)。

齒 6

【齧】 21画 8386 9F67 音ゲツ漢 訓かじ-る・か-む

口21

［囓］ 24画 5187 56D3 別体字

意味 歯でかみ切る。かじる。かむ。例齧歯《ゲッシ》類(=ネズミやウサギなど、哺乳《ホニュウ》類の一種)。

齒 7

【齬】 22画 8387 9F6C 音ギョ漢ゴ呉

意味 上下の歯がくいちがって、かみあわない。例齟齬《ソゴ》(=くいちがう)。

齒 7

【齪】 22画 8388 9F6A 音セク慣サク漢

意味 ❶歯と歯との間がせまい。❷「齷齪《アクセク｜アクサク》」は、度量がせまく、こせこせしたようす。

齒 9

【齷】 24画 8389 9F77 音アク漢

意味 「齷齪《アクセク｜アクサク》」は、度量がせまく、こせこせしたようす。

齒 9

【齲】 24画 8390 9F72 音ウ慣ク漢 訓むしば

意味 むしば。例齲歯《ウシ》(=むしば)。

齒 9

【齶】 24画 8391 9F76 音ガク漢 訓あご・はぐき

意味 ❶うわあご。例上齶《ジョウガク》。❷歯ぐき。

212 16画

龍（竜） りゅう部

リュウの意をあらわす。常用漢字では「竜（十画）」となる。「竜」と、「龍」の字をもとにしてできている「龕」とを集めた。

0 竜 龍 6 龕

この部首に所属しない漢字

壟⇩土 242 聾⇩耳 813 襲⇩衣 895

竜 0 【竜】 10画 4621 7ADC 常用 音リョウ漢リュウ呉 訓たつ

筆順 

龍 0 【龍】 16画 4622 9F8D 人名

なりたち   [形声]「月(=にく)」と「𦐇(=飛ぶ)」と、音「童《トウ→リョウ》」の省略体とから成る。うろこのある生き物の長。りゅう。

意味 ❶想像上の動物。からだは大蛇《ダイジャ》のようで、四本の足と、角《つの》、長いひげがあり、雲をおこし雨をふらせるという。りゅう。たつ。例竜虎《リュウコ》。竜頭蛇尾《リュウトウダビ》。❷天子に関するものごとについていうことば。例竜顔《リュウガン》。竜車《リュウシャ》。❸英雄《エイユウ》や豪傑《ゴウケツ》のたとえ。例臥竜《ガリョウ》。❹高さ八尺以上のウマ。名馬のたとえ。例竜駿《リュウシュン》(=すぐれた馬)。竜馬《リュウバ》。❺細長くうねる山脈。

難読 竜胆《えやみぐさ》・竜眼木《さかき》・土竜《もぐら》

人名 かみ・きみ・しげみ・しげる・たか・たかし・とおる・めぐむ

【竜巻】《たつまき》 空気の大きなうずまき。水や砂を激しい勢いで巻き上げる。つむじ風。

【竜王】《リュウオウ》 ①〔「リョウオウ」とも〕竜のなかの王。雨や水をつかさどる。竜神。②将棋《ショウギ》で、飛車《ヒシャ》が成った駒《こま》。成り飛車。竜。

【竜▼駕】《リュウガ｜リョウガ》 ①竜に乗ること。②天子が用いる乗り物。竜車。竜馭《リュウギョ》。

【竜眼】《リュウガン》 ①〔「リョウガン」とも〕天子の目をうやまっていうことば。②ムクロジ科の常緑高木。果実は球形であまく、竜眼肉といい、食用や薬用にする。

【竜▼頷】《リュウガン｜リョウガン》 竜のあご。例—を探《さぐ》る(=竜のあごの下にある玉を手に入れる。たいせつなものを得るのに危険をおかすことのたとえ)。

【竜顔】《リュウガン｜リョウガン》 天子のかおを、うやまっていうことば。例—に咫尺《シセキ》する(=ごく近くで天子の顔を拝する)。

【竜旗】《リュウキ｜リョウキ》 天子のはた。上り竜と下り竜がえがかれている。

【竜騎兵】《リュウキヘイ》 昔のヨーロッパで、よろいを着て銃《ジュウ》を持ち騎馬に乗った兵士。

【竜宮】《リュウグウ》 竜王が住んでいるという、海中の宮殿《キュウデン》。竜宮城。例—のおとひめ。

【竜虎】《リュウコ｜リョウコ》 ①竜とトラ。②天子の気。天子となるしるし。③優劣《ユウレツ》のつけられない二人の英雄《エイユウ》や豪傑《ゴウケツ》など。

【竜虎《リュウコ》相《あい》▼搏《う》つ】 二人のすぐれた強者が勝敗を争う。

【竜骨】《リュウコツ》 ①太古の巨大《キョダイ》な動物の骨の化石。②船底の中央を背骨のようにわたしてある力材。キール。

【竜車】《リュウシャ｜リョウシャ》 天子の乗る車。竜駕《リュウガ》。竜馭《リュウギョ》。

【竜女】《リュウジョ｜リュウニョ》 ①竜宮に住む竜王のむすめ。おとひめ。②竜宮にいるという女の仙人《センニン》。③かしこい女。

【竜▼驤虎視】《リュウジョウコシ｜リョウジョウコシ》 〔「驤」は、おどりあがる意〕竜のように勢いよく天に登り、トラのようにするどい目で相手をにらみすえること。威勢《イセイ》を示して、意気さかんに天下をねらうようすのたとえ。〈三国志《サンゴクシ》〉

【竜▼攘虎▼搏】《リュウジョウコハク》 〔「攘」は、はらいのける、「搏」は、打つ、の意〕互角《ゴカク》の二人の英雄《エイユウ》や豪傑《ゴウケツ》が激しく戦うこと。竜虎《リュウコ》相《あい》搏《う》つ。

【竜神】《リュウジン｜リョウジン》 竜の姿をした水の神。竜王。

【竜▼涎香】《リュウゼンコウ》 マッコウクジラの胆嚢《タンノウ》にある物質からつくった香料。麝香《ジャコウ》に似たかおりがある。

【竜図】《リュウト｜リョウト》 ①伝説で、黄河《コウガ》から出た竜馬《リュウバ》が背負っていた図。うらないの易《エキ》のもとになったという。河図《カト》。②天子が立てた計画。また、すぐれた計画。

【竜灯】《リュウトウ》 ①竜の絵がえがかれているともし火。②海上に遠くあらわれ、ちらちら見える光。鬼火《おにび》。③神社に納める明かり。また、神前にともす火。ご神灯《シントウ》。

【竜頭】 一《リュウトウ｜リョウトウ》 ①竜のあたま。②グループの中のリーダー。③科挙(=役人の採用試験)に第一位で合格した人。二《リュウズ》 ①竜のかざりがある、つり鐘《がね》のつり手の部分。②うで時計などの、針を動かしたりするつまみ。

【竜頭▼鷁首】《リュウトウゲキシュ｜リョウトウゲキシュ｜リョウトウゲキス》 〔「鷁」は、大形の水鳥。水難よけの力があるという〕天子が用いた、船首に竜の頭と鷁の首のかざりのある、二隻《セキ》でひと組みの船。日本では平安時代の貴族が、庭の池で管弦《カンゲン》などの遊びをするときに乗った。例—の船をうかべて遊ぶ。

【竜頭蛇尾】《リュウトウダビ》 初めは勢いがあるが、終わりに近づくと弱まること。〔頭は竜のようにりっぱだが、しっぽはヘビのようにみすぼらしいことから〕例政治改革も—だ。

【竜脳】《リュウノウ》 熱帯産のフタバガキ科の竜脳樹の樹液から採った香料《コウリョウ》。樟脳《ショウノウ》に似たかおりがする。竜脳香。

【竜馬】 一《リュウバ｜リュウメ｜リョウマ》 ①すぐれたウマ。駿馬《シュンメ》。②健康な老人のたとえ。二《リュウマ｜リュウメ》 将棋《ショウギ》で、角《カク》が成った駒《こま》。

【竜文】《リュウブン｜リュウモン》 ①竜の模様。②詩文を作る力がすぐれていること。また、勢いのある筆跡《ヒッセキ》。

【竜▼鳳】《リュウホウ｜リョウホウ》 ①竜と鳳凰《ホウオウ》。②すぐれた人物。③名馬。④神童。

【竜▼鳳の姿】《リュウホウのすがた》 すぐれた顔かたち。また、天子となるべき相。

【竜門】《リュウモン》 ①山西《サンセイ》・陝西《センセイ》両省の境にある、黄河《コウガ》の激流の地。ここを無事に登った魚は竜になると伝えられた。→【登竜門】《トウリュウモン》(691ページ) ②河南《カナン》省洛陽《ラクヨウ》市の南の地。多くの洞窟《ドウクツ》と仏像で有名な石窟《セックツ》寺院がある。

【▽竜▽胆】《リンドウ》 リンドウ科の多年草。秋に、むらさき色または白色の、筒《つつ》形の花をつける。根は薬用になる。

●恐竜《キョウリュウ》・昇竜《ショウリュウ》・青竜《セイリュウ｜セイリョウ》・独眼竜《ドクガンリュウ》・飛竜《ヒリュウ｜ヒリョウ》・翼竜《ヨクリュウ》

龍 0 【龍】 16画 ⇩【竜】《リュウ》(1116ページ)

龍 6 【龕】 22画 8392 9F95 音カン漢ガン呉

意味 神仏の像をおさめる容器。例龕灯《ガントウ》。仏龕《ブツガン》(=仏像をおさめる厨子《ズシ》)。

【龕灯】《ガントウ｜ガンドウ》 ①仏壇《ブツダン》にともす明かり。灯明《トウミョウ》。②「龕灯提灯《ガンドウヂョウチン》」の略。つりがね形で中にろうそくを立て、前だけを照らす提灯《チョウチン》。

213 16画 龜(亀) かめ部

カメの形をあらわす。常用漢字では「亀(十一画)」となる。「亀(龜)」の字だけをここに入れた。

0 亀 龜

亀 0

【亀】

11画 2121 4E80 常用

音 一キ漢呉 二キン漢
訓 かめ

龜 0

【龜】

16画 8393 9F9C

筆順

なりたち

[象形]ヘビのような頭で、足と甲羅《コウラ》と尾《お》のあるカメの形。

意味 一《キ》 ❶爬虫《ハチュウ》類の動物。カメ。古代にその甲羅《コウラ》をうらないや貨幣《カヘイ》に利用した。例亀甲《キッコウ》。❷カメの甲羅。甲羅を焼いてできるひび割れによって、うらないをおこなった。例亀鑑《キカン》。亀卜《キボク》。二《キン》 ひび。あかぎれ。例亀裂《キレツ》。

難読 亀茲《キュウジ》(=古代中国の地名。西域地方)

人名 あや・すすむ・たか・たかし・たから・ながし・ひさ・ひさし

【亀節】《かめぶし》 カメの甲羅《コウラ》に似た、小さいかつおぶし。

【亀鑑】《キカン》 (「亀」は、うらないに使うもの、「鑑」は、鏡《かがみ》で、映し出すもの)行動や判断の基準となるもの。手本。亀鏡《キキョウ》。模範《モハン》。例世人の―となるような人物。

【亀甲】《キッコウ》 ①カメの甲羅《コウラ》。②カメの甲羅に似た六角形。また、六角形がつながっている模様。例―形《がた》。

【亀甲獣骨】《キッコウジュウコツ》 (カメの甲羅《コウラ》と、けものの骨の意)殷《イン》の時代に、これを焼いてうらないに用い、その結果を文字にきざんだ。例―文字(=甲骨文字。甲骨文)。

【亀頭】《キトウ》 陰茎《インケイ》の先端《センタン》部分。

【亀卜】《キボク》 カメの甲羅《コウラ》を焼き、そのひび割れの形によって吉凶《キッキョウ》を判断する古代のうらない。

【亀裂】 一《キレツ》 割れ目。裂け目。例かべに―がはいる。人間関係に―が生じる。二《キンレツ》 ひび。あかぎれ。

龜 0

【龜】 16画 ⇩【亀】《キ》(1117ページ)

214 17画 龠 やく やくのふえ部

三つの孔《あな》のある竹のふえの意をあらわす。「龠」の字だけをここに入れた。

0 龠

龠 0

【龠】

17画 8394 9FA0

音 ヤク漢
訓 ふえ

意味 ❶中国古代の竹笛。ふえ。同籥《ヤク》。❷容量の単位。キビ千二百つぶの量で、一合の二分の一、あるいは十分の一とされる。

17画

[龜(亀)部] 0画 亀 龜 [龠部] 0画 龠

付録一覧

漢字の基礎知識

一　はじめに

漢字は「漢」の字です。「漢」とは川の名。それから、その川の流れる土地の名、さらにその土地を領土とした者が建てた王朝名となり、その王朝に代表される一つの民族名となりました。つまり、漢字とは、漢民族の文字。漢民族の言語である漢語を表記するために作り出された文字が漢字です。

二　漢字の特徴《トクチョウ》

漢語を表記するために作り出された漢字は、今日も用いられている表意文字です。表意文字とは、一字がある音をあらわす表音文字に対して、一字がある意味をあらわす文字です。漢字はその形から、その意味がわかる。「魚」「牛」「馬」などがその例である、とされています。

しかし、漢字は表語文字であるとしたほうがよいようです。「日」は、古い字形ではたしかに太陽のように見えないこともありませんが、現在の字形から意味を推測するのは難しいでしょう。「日」は、日本語としては「ひ」という語をあらわしている文字で、この「ひ」という日本語の意味が太陽にあたる、というふうに考えられます。

漢字は一字で一語をあらわします。そうすると、どういうことになるでしょうか。一つの字が一つの語をあらわすということは、一つの語に一つの字、別の語にはまた別の字、ということで、語の数だけ字が必要になります。そうして、字の数がどんどん増えました。五万字ほど作られたとされ、もっと多くの字数を収めた辞典もあり、それでもまだ足りないという意見もあります。

三　漢字の分類

漢字は現在ではどれだけあるのかわからないほどの数になっていますが、そのおおもとをたどって行くと、もっとも初めにできた文字として甲骨文字《コウコツモジ》があります。甲骨文字とは、甲（＝亀《かめ》の甲羅《コウラ》）や骨（＝獣《けもの》の骨）に刻まれた文字です。約三千字あるとされ、そのうちの半数ほどが解読されているようです。最近では、より古い文字らしき史料も報告されていますが、文字であるのか、文字とはいえない何かの符号《フゴウ》であるのか、解明されるのはまだこれからのようです。

甲骨文字に次ぐ古い文字資料としては、金文《キンブン》があります。金とは金属器、殷《イン》周《シュウ》時代の青銅器のことで、青銅器に鋳《い》られた文字が金文です。また、石に刻まれた文字を石文《セキブン》といい、金文とあわせて金石文《キンセキブン》といいます。

甲骨文字や金石文というのは、文字が記された対象による名称《メイショウ》です。その後、帛《ハク》（＝絹）・竹簡（＝竹のふだ）・木簡（＝木のふだ）に書かれた時代を経て、紙に書かれるようになりました。

漢の時代に、文字を整理する試みがなされ、そのときにさまざまに書かれてきた漢字をいくつかのグループに分けて整理する原理として、六《リク》書《ショ》というものが考え出されました。

◇六書＝漢字整理の原理

六書とは、どんなものか。わからないところがいろいろありますが、おおよそのところは次のようです。

①指事《シジ》＝一見して意味がわかるように、ことがらを示したもの。たとえば「上」「下」など。

②象形《ショウケイ》＝絵を描《えが》くような方法で物の形の特徴をとらえてかたどったもの。たとえば「日」「月」など。

③形声《ケイセイ》＝声を標準にしたもの。ことがらによって区別し、発音を示したもの。たとえば「江」「河」など。

④会意《カイイ》＝いくつかの字形を組み合わせて新しい意味を示したもの。たとえば「信」「武」など。

⑤転注《テンチュウ》＝ある文字を、それがあらわした語と同じ意味、あるいは意味の上で関係のある他の語をあらわすのに用いたもの。「老」で

「考」の意味をあらわすなど。

⑥仮借《カシャ》＝その字の示した語の音と同じ音、もしくはそれに近い音をもつ他の語に適用したもの。「求」は本来「かわごろも」だが、「もとめる」の意味にするなど。

◇『説文解字《セツモンカイジ》』

この六書の原理によって漢字を分類し、字形の構造を分析《ブンセキ》した初めての辞書が許慎《キョシン》（三〇?—一二四?）の『説文解字』です。

許慎は、誤った字形によるでたらめな解釈がおこなわれているのを見て、それをただすために『説文解字』を作りました。文字は学問や政治の根本となる重要なものであると考えたからです。

それでは、許慎はどのようにして『説文解字』を作ったのでしょうか。許慎が利用したと考えられる書物として、『史籀《シチュウ》』十五篇《ヘン》、『蒼頡《ソウケツ》』一篇、『凡将《ハンショウ》』一篇、『急就《キュウシュウ》』一篇、『元尚《ゲンショウ》』一篇、『訓纂《クンサン》』一篇などがありました。

現在では大半が無くなってしまいましたが、遺《のこ》されたものなどから類推して、いずれも文字を覚えるための教科書だったようです。このような書物を材料にしながら、それを六書の原理によって整理総合して、『説文解字』は作られたと考えられます。

その序文によれば、『説文解字』は漢字を五百四十部に分類し、九三五三字、および、その異体字一一六三字を収め、その解説は一三万三四四一字である、ということです。ところが現在に伝わる版本で数えてみると、収録文字は一九四字多く、解説文は一万七四二二字少なくなっているとされています。なにしろ古い書物ですから、そっくり元のままというわけにはいきません。ちなみに、「右」の字は「口」の部と「又」の部とに、「吹」の字は「口」の部と「欠」の部とに重複して収められています。

この『説文解字』の九三五三字は小篆《ショウテン》という字体で示されました。そして異体字の一一六三字は籀文《チュウブン》あるいは古文や奇字《キジ》と呼ばれる漢字です。

小篆は、許慎の時代にもっとも整えられた字体です。たとえば「水」は「氵（さんずい）」や「氺（したみず）」になると、今ではずいぶん違《ちが》った形に書かれてしまいますが、小篆ではある一字が単独のままでも、その字が偏《ヘン》などになったときでも、すべて同じ形のまま一貫《イッカン》しています。小篆はそのように字形が整備された文字です。

この小篆を基本として雑多な文字の分類整理に一貫した法則を立て、その構造の分析を根源までさかのぼっておこなった辞書が『説文解字』です。

◇いろいろな書体

さて、ここで「小篆」「籀文」「古文」「奇字」ということばが出てきましたが、それぞれどんなものでしょうか。実は、あまりよくはわかりません。次に紹介《ショウカイ》する資料は、唐《トウ》の張懐瓘《チョウカイカン》の『書断《ショダン》』の一部です。張懐瓘は漢字の形を十種に分類しました。

①古文《コブン》…黄帝《コウテイ》の史官の蒼頡《ソウケツ》がつくったもの。蒼頡には目が四つあったという。秦《シン》が小篆《ショウテン》を用いるようになると、古文は廃絶《ハイゼツ》された。

②大篆《ダイテン》…周の史籀《シチュウ》がつくったもの。文書をつかさどる役人が古文を変えたものともいう。

③籀文《チュウブン》…周の史籀がつくったもの。古文・大篆とは少しの違いがある。史籀の名をとって籀文という。また、奇字ともいう。

④小篆《ショウテン》…秦の李斯《リシ》がつくったもの。大篆・籀文を改良してできた。秦《シン》篆《テン》ともいう。李斯が秦の文字に合わないものをやめるように上奏して制定された。

⑤八分《ハップン》…秦の王次仲《オウジチュウ》がつくったもの。もとは楷書《カイショ》といった。しだいに「八」の字が左右に分かれているような姿になったので八分と名づけたのであろう。

⑥隷書《レイショ》…秦の程邈《テイバク》がつくったもの。秦では隷書をつくったが、役所で

のみ用い、いっぱんには小篆を用いた。

⑦章草《ショウソウ》…漢の史游《シユウ》がつくったもの。隷書を簡単にしてすばやく書けるようにした。章奏（上奏）に用いられたことから章草という。

⑧行書《ギョウショ》…後漢の劉徳昇《リュウトクショウ》がつくったもの。正書を少しくずして流れるように書いたもの。

⑨飛白《ヒハク》…後漢の蔡邕《サイヨウ》がつくったもの。

⑩草書《ソウショ》…後漢の張芝《チョウシ》がつくったもの。

漢代には、すでにこのようにさまざまな書体があった、と伝えられています。それぞれにいろいろな伝説があり、混乱もあるようです。八分と隷書との関係、章草と草書との違い、飛白とはどんなものかなど、疑問がのこされています。⑤に見える「楷書」も、明らかに現在の楷書ではありません。「楷書」とは、とくに整えられた書体というほどの意味で、特定の書体を指すことばではありませんでした。「楷隷」「楷篆」ということばもあり、それぞれきちんと整った形の隷書や篆書のことのようです。

字形が複雑な漢字は、実際の用途に応じて書き方が工夫されました。さまざまに工夫された書き方の一定の様式が書体です。

今、漢字の書体というと、楷書・行書・草書の三体、さらに篆書・隷書を加えて五体に分類され、篆書がもっとも古く、篆書から隷書ができ、隷書から草書や行書や楷書ができたというように説明されています。

この五体の分類は比較《ヒカク》的新しいものです。楷書は唐の時代に完成したとされていますが、唐の時代にはその書体を「楷書」とは呼ばず「隷書」と呼んでいました。草書は古くからあり、行書をさらにくずしたものではありません。実は楷書がもっとも新しい書体です。

印刷に用いられる活字体としてもっとも普通に使われる明朝《ミンチョウ》体は、楷書をもとにしてデザインされたものです。デザインの字形はよく整えられていますが、それでもよく見ると不統一になっている部分もあります。手で書く文字が人さまざまになるのは当然のことです。

字形の違いについて、「活字の字形と筆写の字形」（1154ページ）に代表的な例が示されています。

◇異体字

漢字はいろいろな書体で、また、いろいろな書きぶりによって書かれます。さらに、発音の同じものを借りたり、意味の類推などによったりして、変形が生じました。さまざまな形の字が複雑な関連をもつようになり、一つの字に対して、それと同じ意味に用いられながら形の異なる字が増えていったわけです。標準的な形以外のさまざまな形の字を異体字といいます。

この辞典では、異体字を旧字体・本字・古字・別体字・俗字の五種に分けて示しました。

漢字が何万字もあるのは、異体字がたくさん増えたためです。この異体字を整理すれば、漢字は実際に使われる字数としては五千字程度であろうと言われています。

◇日本の漢字音

漢字はもともと中国語を表記する文字で、中国語で読まれたはずですが、日本語のなかへ取り入れられる過程で、日本語風の読み方が定着していきました。その過程の違いに応じて、漢音《カンオン》・呉音《ゴオン》・唐音《トウオン》の区別があります。

漢音は、奈良《なら》時代から平安時代初期にかけて、遣唐使《ケントウシ》などによって伝えられた音です。隋《ズイ》・唐時代の洛陽《ラクヨウ》や長安などの発音に基《もと》づくとされています。平安時代には、それ以前に伝えられていた音に対して、正式な音の意味で正音とも呼ばれました。

呉音は、漢音が渡来《トライ》する前に朝鮮《チョウセン》半島を経由して伝来した音です。中国南方地方の字音に基づくと言われます。漢音を正音と呼ぶのに対して、なまった南の地方の音という意味で、平安中期以降になって、

呉音と呼ばれるようになりました。
唐音は、平安時代中期から江戸《えど》時代までに日本に伝来した音の総称です。
この三つのほかに、現在いっぱんに使われている音を、慣用音と呼んでいます。

◇国字

以上の「音」に対して、漢字があらわす意味に相当する日本語を当てた読み方が、「訓」です。そして、この訓と漢字との結びつきを利用して、日本で作り出された漢字が国字であると言えます。「働」「榊《さかき》」「峠《とうげ》」などをはじめとして、数百字が知られています。

四 漢字の現在

現在、漢字は世界中で使われるようになっています。インターネットの普及《フキュウ》によるものです。かつて、漢字は難しい、多すぎる、コンピューターであつかえないとして、なるべく易しく改めよう、使う漢字を減らそう、いっそ漢字は廃止《ハイシ》してローマ字にしようとまで言われました。ところが今では手軽に漢字が使えるようになり、書けない漢字、読めない漢字まで指先だけで操作できるようにもなりました。

日本産業規格（ＪＩＳ）に定められた漢字だけでも一万字以上あり、さらに国際的な規格であるユニコードなどを利用すれば、パソコンやスマートフォンなどの情報機器で使用できる漢字は格段に増えています。

多くの漢字が使用できるようになったということは、どういうことでしょうか。豊富な資源も活用されなければ意味がありません。漢字を正しく使いこなすためには、正確な知識が必要です。まずは、漢字についてよく知ることが大事です。

漢字についてあらためて確認してみましょう。現在の漢字は、情報機器で使用するために、すべて規格化されています。標準の字形が定められ、あらゆる漢字にコードが付けられました。コードは複数あり、この辞典ではＪＩＳの区点コードとユニコードとを示してあります。

たとえば、【一】（1ページ）では、

一 0
【一】 1画 1676 4E00 教育1 音 イツ漢 イチ呉 訓 ひと・ひと-つ・はじめ 付表 一日《ついたち》・一人《ひとり》

筆順 一

弋 1
【弌】 4画 4801 5F0C 古字

【一】の見出しの下の［1676］がＪＩＳ区点コード、［4E00］がユニコードです。ユニコードで［4E00］を指定すれば、漢字の「一」を呼び出すことができ、同様にユニコード［5F0C］なら「弌」です。

ユニコードは、世界のあらゆる文字の表現を目指した規格で、平《ひら》仮名《がな》・片仮名《かたかな》はもちろん、変体《ヘンタイ》仮名《がな》も二八五字が登録されています。十分な知識を身につけて、条件が整えば、今やパソコンで表示できない文字はほとんど無くなりました。使えない文字が無いとはどういうことでしょう。

日本語で使われる基本的な漢字として、常用漢字二一三六字があります。そのうちの一〇二六字が教育漢字として小学校六年間で学習されます。常用漢字以外に八六三字が人名用漢字として定められ、二〇二〇年十月現在、二九九九字の漢字が人名に使える漢字として公認されています。人名として用いることのできる漢字に制限があることについては議論が続き、さらに増える可能性があります。漢字が減ることはなさそうです。

情報機器の性能向上と通信技術の進歩発展によって、新たな考え方や能力が求められるようになりました。しかし、どれほど社会が変化しても、日本語で考えるためには、漢字の知識は欠かせません。

新しい時代の漢字をよりよく活用するための手がかりとして、この辞典が役立つことを願います。

漢文とは

漢文は、もともと中国人が漢字を用いて書いた文語体の文や詩です。漢文は中国語で書かれたものですから、日本語とは文法も語彙《ゴイ》も発音も全く異なるものでした。私たちの祖先は、漢文を中国音に近い**音**《オン》で読んだり、日本語の意味にあたる**訓**《クン》をつけたりするなどの工夫を重ねて解読しながら、中国の文学・歴史・思想などを受容し、日本の文化を発展させていきました。さらに日本人は、漢文をまねて自らの考えや事件の記録などを書き残すようになりました。日本人が漢字のみを用いて書いた文や詩も広い意味で漢文といいます。

こうして漢文は元来は中国の古典でありながら、日本の古典ともなっていったのです。

◇訓読《クンドク》について

日本人は、漢文を原文の形を残したまま、日本語として翻訳《ホンヤク》しながら読む方法を考えだしました。これを**訓読**《クンドク》といいます。

例えば次のような文があります。

寧為鶏口無為牛後

このように漢字以外何も書かれていない中国語の原文を**白文**《ハクブン》といいます。この文を日本語として「寧《むし》ろ鶏口《ケイコウ》と為《な》るとも、牛後《ギュウゴ》と為《な》る無《な》かれ。」と読むために、「㆑」や「㆒・㆓」など読む順番を示す符号《フゴウ》である**返《かえ》り点**《テン》、片仮名《かたかな》の**送《おく》り仮名**《がな》、「。」「、」といった**句読点**《クトウテン》をつけたものが、次の文です。

寧ロ為㆓ルトモ鶏口㆒ト、無㆑カレ為㆓ル牛後㆒ト。

1 4 2 3 8 7 5 6

（1 2…の順で読んでいきます）

レ点《レテン》は、すぐ下の一字から返って読むための符号、**一**《イチ》**・二点**《ニテン》は、二字以上隔《へだ》てた文字に返って読むための符号です。

㆒・㆓点をつけた句をはさんで、さらに上に返って読むための符号として、**上**《ジョウ》**・中**《チュウ》**・下点**《ゲテン》があり、これで足りないときは**甲**《コウ》**・乙**《オツ》**・丙点**《ヘイテン》、**天**《テン》**・地**《チ》**・人点**《ジンテン》などがあります。

返り点・送り仮名・句読点をまとめて**訓点**《クンテン》といい、右のような文を**訓**《クン》**点文**《テンブン》と呼ぶことがあります。

また、次のように訓点に従って漢字仮名《かな》交じり文に書き改めたものを**書《か》き下《くだ》し文**《ブン》といいます。

寧《むし》ろ鶏口《ケイコウ》と為《な》るとも、牛後《ギュウゴ》と為《な》る無《な》かれ。

この辞典では、漢文を引用する際には、送り仮名を省いた訓点文・すべて仮名に直した書き下し文・現代語訳を付してあります。

寧為㆓鶏口㆒、無㆑為㆓牛後㆒ むしろケイコウとなるとも ギュウゴとなるなかれ （＝いっそニワトリの口となっても、ウシの尻《しり》となってはならない）。

熟語の構造

熟語とは、二字以上の漢字が結びついてできたことばです。

寧《ロ》為《ルトモ》二鶏口《ト》一、無《カレ》レ為《ル》二牛後《ト》一。

という文では、「鶏口」と「牛後」が熟語です。漢文中の熟語は音読することが多く、中国語の語順になっています。

いま二字の熟語についてその組み立てを分類すると次の五通りになります。これは漢文の基本的構造になっています。

（以下、二字の熟語の上の漢字をA、下の漢字をBとします。）

一、主述関係《シュジュツカンケイ》（AがBする）

年長（年が長《た》ける）　人造（人が造る）

地震《ジシン》（地が震《ふる》える）　雷鳴《ライメイ》（雷《かみなり》が鳴る）

二、修飾関係《シュウショク》（AがBを修飾する）

鶏口《ケイコウ》（鶏《にわとり》の口）　牛後《ギュウゴ》（牛の後《しり》）

老人《ロウジン》（老いた人）　善行《ゼンコウ》（善い行い）

激動（激しく動く）　速成（速く成る）

三、並列《ヘイレツ》関係（AとBとが並列している）

左右（左と右）　遠近（遠いと近い）　貧賤《ヒンセン》（貧しいと賤《いや》しい）

動静（動くと静まる）　昇降《ショウコウ》（昇《のぼ》ると降りる）

四、補足《ホソク》関係（Aだけでは何をそうしたか不明なのでBで補足する）

読書（書を読む）　求人（人を求める）〈対象《タイショウ》を示す〉

登山（山に登る）　帰郷（郷《さと》に帰る）〈場所を示す〉

有徳（徳が有る）　無実（実が無い）　多才（才が多い）

〈存在の有無や多少を述べる〉

降雨（雨が降る）　立春（春が立つ）〈一部の自然現象を述べる〉

五、認定《ニンテイ》関係（Aで否定したり判定したりし、Bでその内容を述べる）

不正（正しから不《ず》↓正しくない）〈否定を示す〉

非常（常に非《あら》ず↓常ではない）〈否定を示す〉

未来（未《いま》だ来たらず↓まだ来ない）〈否定を示す〉

当然（当《まさ》に然《しか》るべし↓当然そうすべきだ）〈当然性の認定〉

可動（動く可《べ》し↓動ける）〈可能性の認定〉

難聴（聴《き》き難《がた》し↓聴きづらい）〈難易の認定〉

＊補足・認定関係（再読文字は除く）は、日本語とは語順が逆になります。

＊再読文字とは、訓読する際、一字で二度読む文字のことです。

前の例では、「未」と「当」が再読文字です。

未（いまだ…ず）↓まだ…ない　未来（未だ来たらず）

当（まさに…べし）↓当然…すべきだ　当然（当に然るべし）

ほかにも、

将（まさに…す）↓いまにも…しそうだ　将来（将《まさ》に来たらんとす）

などがあります。

〔本稿は、藤堂明保『漢文要説―漢文学習者のために』（秀英出版、昭和四十二年）を参考に作成しました。〕

助字について／助字一覧表

この辞典では、漢文にでてくることばのうち、実質的な事物や具体的な状態をあらわす名詞・動詞・形容詞などを**実字**《ジツジ》とし、実字の前や後に付いて文の意味を規定したり、おぎなったりすることばを**助字**《ジョジ》と呼んでいます。

寧《ロ》為《ルトモ》二鶏口《ト》一、無《カレ》レ為《ル》二牛後《ト》一。

という文では、「為」（動詞）「鶏・口・牛・後」（名詞）が実字で、「寧・無」が助字です。

助字には、文末に置いて断定・疑問・反語・詠嘆《エイタン》・限定などの意味を示す「也・乎・哉・耳」など、文中で助詞的機能を果たす「之・於・者・而」など、受け身・使役などの動詞の態《タイ》を示す「被・見・令・使・教」などのほか、さまざまなものがあります。

この辞典に採用した助字は以下のようなものです。（ここに挙げた助字には、実字用法をもつ字も含まれています）

［助字一覧表］

・助字の上には本文のページ、下には訓読の際の読み方や語法を示しました。

17 与 と、…と…と
22 且 かつ、まさに…(せ)んとす
30 之 これ、この、の
32 乃 すなわち
33 乎 か、や、かな、よ
35 也 なり、や、か
41 于 …に、…を、…より
45 亦 …(も)また
51 仍 よりて、また、なお、すなわち、しばしば、しきりに

53 以 もって、もってす
57 令 (…をして)…(せ)しむ
65 何 なに、なんぞ、いずれ
67 但 ただ…(のみ)
74 使 (…をして)…(せ)しむ
80 便 すなわち
86 俾 (…をして)…(せ)しむ
98 儻 もし
108 兮 〔語調をととのえたり詠嘆の意をあらわす〕

112 其 その、それ
138 則 すなわち
153 勿 …(こと)なかれ、…(こと)なし
157 匪 あらず
169 即 すなわち
172 厥 その、それ
181 可 べし
184 只 ただ…(のみ)
203 哉 かな、や、か

206 唯 ただ…(のみ)
210 啻 「不二啻…一」ただに…のみならず、「何啻…」なんぞただ(に)…のみならんや
263 夫 それ、かの
266 奈 「奈何」いかん(せん)、いかんぞ
268 奚 なんぞ
271 如 もし、「如何」いかん(せん)、いかんぞ
287 孰 たれ(か)、いずれ(か)
288 安 いずくにか、いずくんぞ
292 宜 よろしく…べし

306	寧	むしろ、なんぞ、いずくんぞ
311	将	まさに…す、はた
316	当	まさに…べし
335	已	のみ
363	弗	ず
376	徒	ただ(…のみ)
377	得	…(を)う
380	復	また、「不復」また…ず
384	必	「不必」かならずしも…ず
385	応	まさに…べし
396	悪	いずくに(か)、いずくんぞ
399	惟	これ、ただ…(のみ)
418	或	あるいは
421	所	…(する)ところ、…(する)ところ(となる)
431	抑	そもそも
459	攸	…(する)ところ
462	教	(…をして)…(せ)しむ
464	敢	「不二敢…一」あえて…(せ)ず、「敢不二…一」あえて…(せ)ざらんや
473	斯	この、これ、ここ、すなわち、ここに
475	方	まさに、…にあたる、はじめて
476	於	…(に)おいて、…に、…を、…より
479	既	すでに
488	是	これ
499	曷	なに、なんぞ
511	未	いまだ…ず
515	来	〔語調をととのえる〕
554	欲	ほっす
556	歟	や、か
558	此	これ、ここ、この、かく
566	毋	なかれ、なし
584	況	いわんや(…をや)
630	為	(…の)ために
631	烏	いずくんぞ
632	焉	いずくんぞ、いずくにか、ここ、これ
633	然	しからば、しかれども、しかるに、しかり
633	無	なし、なかれ
646	爾	のみ
654	独	ひとり
657	猶	なお…のごとし
698	盍	なんぞ…ざる
701	直	ただ…(のみ)
711	矣	〔断定の気持ちや動作の完了などをあらわす〕
712	矧	いわんや…(をや)
724	祇	ただ…(のみ)
763	粤	ここに
791	縦	たとい(…とも)
808	者	は、もの、こと、…ば
809	而	しかして、しこうして、…(し)て、しかも、しかるに、しかれども
810	耳	のみ
810	耶	や、か
814	聿	これ、ここに
817	肯	あえて、がえんず、〔「不二肯…一」あえて…ず、…をがえんぜず〕
818	胡	なんぞ
822	能	よく、〔「不能」あたわず〕
830	自	より
847	苟	いやしくも、まことに
847	若	もし、ごとし、しく、「何若」いかん、「若何」いかん(せん)
854	莫	なし、なかれ
889	被	る、らる
898	見	る、らる
918	諸	これ
919	誰	たれ、た
929	豈	あに…(や)
956	輒	すなわち
978	遂	ついに
982	遣	(…をして)…(せ)しむ
983	適	たまたま
988	邪	や、か
1046	雖	(…と)いえども
1056	非	あらず
1064	須	すべからく…(す)べし

漢詩について

漢文のうち、韻《イン》を踏《ふ》み、ほぼ一句の字数が定まっているものを漢詩といいます。

中国のもっとも古い詩は、その多くが前七七〇年から始まる東周時代に、黄河《コウガ》流域で生まれたもので、一句が四字からなる素朴《ソボク》で開放的な詩でした。これらは『詩経《シキョウ》』という書物にまとめられ、現在まで伝わっています。

一例を挙げれば、

桃夭《トウヨウ》
桃之夭夭タル　灼灼タル其ノ華
之ノ子于キ帰グ　宜シカラン二其ノ室家ニ一
桃之夭夭タル　有リ二蕡タル其ノ実一
之ノ子于キ帰グ　宜シカラン二其ノ家室ニ一
桃之夭夭タル　其ノ葉蓁蓁タリ
之ノ子于キ帰グ　宜シカラン二其ノ家人ニ一

桃夭《トウヨウ》
桃《もも》之《の》夭夭《ヨウヨウ》たる　灼灼《シャクシャク》たる其《そ》の華《はな》
之《こ》の子《こ》于《ゆ》き帰《とつ》ぐ　其《そ》の室家《シッカ》に宜《よろ》しからん
桃《もも》之《の》夭夭《ヨウヨウ》たる　蕡《フン》たる其《そ》の実《み》有《あ》り
之《こ》の子《こ》于《ゆ》き帰《とつ》ぐ　其《そ》の家室《カシツ》に宜《よろ》しからん
桃《もも》之《の》夭夭《ヨウヨウ》たる　其《そ》の葉《は》蓁蓁《シンシン》たり
之《こ》の子《こ》于《ゆ》き帰《とつ》ぐ　其《そ》の家人《カジン》に宜《よろ》しからん

〔現代語訳〕
若々しい桃
桃の若々しさよ　美しく咲《さ》くその花よ
この娘《むすめ》が嫁《とつ》ぎ行く　嫁入《よめい》り先の家にふさわしかろう
桃の若々しさよ　ふっくらと実をつけている
この娘が嫁ぎ行く　嫁入り先の家にふさわしかろう
桃の若々しさよ　葉が盛んに茂《しげ》っている
この娘が嫁ぎ行く　嫁入り先の家の人々《ひとびと》にふさわしかろう

嫁入りする娘を桃にたとえて、結婚を祝福する詩です。

句末に同じ響《ひび》きの音（＝韻《イン》）をもつ字を用いて、歌うときの響きを美しく調和させる。これを**押韻《オウイン》**あるいは**韻を踏む**といいます。この詩では「華《カ》」と「家《カ》」、「実《ジツ》」と「室《シツ》」、「蓁《シン》」と「人《ジン》」がそれぞれ韻を踏んでいます。「室家」と「家室」とは同義ですが、押韻するために順序を逆転させているのです。

唐《トウ》の時代（六一八年―九〇七年）、詩は空前の活況《カッキョウ》を呈《テイ》しました。なかでも李白《リハク》（七〇一年―七六二年）と杜甫《トホ》（七一二年―七七〇年）は中国最高の詩人として名高い二人です。

李白《リハク》
早ニ発ス二白帝城ヲ一
朝ニ辞ス白帝彩雲ノ間
千里ノ江陵一日ニシテ還ル
両岸ノ猿声啼イテ不ルニレ住マ
軽舟已ニ過グ万重ノ山

早《つと》に白帝城《ハクテイジョウ》を発《ハッ》す
朝《あした》に辞《ジ》す白帝彩雲《ハクテイサイウン》の間《カン》
千里《センリ》の江陵《コウリョウ》一日《イチジツ》にして還《かえ》る
両岸《リョウガン》の猿声《エンセイ》啼《な》いて住《や》まざるに
軽舟《ケイシュウ》已《すで》に過《す》ぐ万重《バンチョウ》の山《やま》

〔現代語訳〕
早朝に白帝城を出発する
朝焼けで彩《いろど》りの美しい雲がたなびく白帝城に別れを告げ
長江《チョウコウ》の急流に乗って千里も離れた江陵《コウリョウ》まで一日で帰る
両岸から聞こえる猿《さる》の声が啼《な》きやまず続くうち
軽やかな舟《ふね》は幾重《いくえ》にも重なった山の間を通り過ぎた

杜甫《トホ》

春望《シュンボウ》

国破レテ　山河在リ
城春ニシテ　草木深シ
感ジテハレ時ニ　花ニモ濺ギレ涙ヲ
恨ンデハレ別レヲ　鳥ニモ驚カスレ心ヲ
烽火連ナリ二三月一ニ
家書抵ル二万金一ニ
白頭搔ケバ　更ニ短ク
渾テ欲スレ不ラントレ勝エレ簪ニ

春望《シュンボウ》

国破《くにやぶ》れて山河《サンガ》在《あ》り
城春《しろはる》にして草木《ソウモク》深《ふか》し
時《とき》に感《カン》じては花《はな》にも涙《なみだ》を濺《そそ》ぎ
別《わか》れを恨《うら》んでは鳥《とり》にも心《こころ》を驚《おどろ》かす
烽火《ホウカ》三月《サンゲツ》に連《つら》なり
家書《カショ》万金《バンキン》に抵《あた》る
白頭《ハクトウ》搔《か》けば更《さら》に短《みじか》く
渾《すべ》て簪《シン》に勝《た》えざらんと欲《ほっ》す

〔現代語訳〕

春のながめ

国都の長安《チョウアン》は破壊《ハカイ》されてしまったが山や河《かわ》はもとの姿をとどめている
この長安の町にも春がおとずれ草木は青々と茂《しげ》っている
戦乱の時勢を嘆《なげ》いて花を見るにつけても涙をこぼし
家族との離別を恨《うら》んで鳥の声を聞いてさえ心が不安におののく
敵の来襲《ライシュウ》を告げるのろしは三か月も続き
家族からの手紙は万金に値《あたい》するほど得難《えがた》い
白髪《ハクハツ》はかけばかくほど短くなり
すっかり冠《かんむり》をとめるピンもさせなくなってしまった

◇唐詩の形式ときまり

前出の李白《リハク》の詩のように四句からできているものを**絶句《ゼック》**といいます。一句が五字のものを**五言絶句《ゴゴンゼック》**、一句が七字のものを**七言絶句《シチゴンゼック》**といいます。「早《つと》に白帝城《ハクテイジョウ》を発《ハッ》す」と題する詩は七言絶句です。また杜甫《トホ》の詩のように八句からできているものを**律詩《リッシ》**といいます。一句が五字のものを**五言律詩《ゴゴンリッシ》**、一句が七字のものを**七言律詩《シチゴンリッシ》**といいます。「春望《シュンボウ》」と題する詩は五言律詩です。

絶句は、第一句から順に、起句《キク》・承句《ショウク》・転句《テンク》・結句《ケック》と呼び、おおむね以下のような構成を取ります。

起句（第一句）……情景を歌い起こす。
承句（第二句）……起句を承《う》けて詩想を広げる。
転句（第三句）……詩想を転換《テンカン》して変化をつける。
結句（第四句）……全体の詩想をまとめて結ぶ。

律詩は、二句ずつ組み合わせたものを順に、首聯《シュレン》・頷聯《ガンレン》・頸聯《ケイレン》・尾聯《ビレン》と呼び、それぞれの聯《レン》は、絶句の起・承・転・結と同じ構成になっています。

五言の詩では偶数《グウスウ》句の句末に押韻し、七言の詩では第一句も押韻します。「早に白帝城を発す」では「間《カン》・還《カン》・山《サン》」が、「春望」では「深《シン》・心《シン》・金《キン》・簪《シン》」がそれぞれ韻を踏んでいます。

また、並んだ二句において、文法的はたらきが同じ語を同じ順序で配列したものを**対句《ツイク》**といいます。律詩では、必ず第三句と第四句（頷聯《ガンレン》）、第五句と第六句（頸聯《ケイレン》）は文法的はたらきが同じ語を同じ順序で配列しなければなりません。「時《とき》に感《カン》じては花《はな》にも涙《なみだ》を濺《そそ》ぎ」と「別《わか》れを恨《うら》んでは鳥《とり》にも心《こころ》を驚《おどろ》かす」、「烽火《ホウカ》三月《サンゲツ》に連《つら》なり」と「家書《カショ》万金《バンキン》に抵《あた》る」が対句です。また第一句と第二句（首聯《シュレン》）、第七句と第八句（尾聯《ビレン》）を対句にすることも可能です。「国破《くにやぶ》れて山河《サンガ》在《あ》り」と「城春《しろはる》にして草木《ソウモク》深《ふか》し」も対句になっています。

日中文化史年表

西暦	前一六〇〇	前一一〇〇	前八〇〇	前七〇〇	前六〇〇

中国

時代

- 伝説時代：五帝・三皇／夏
- 殷（前約1600―前約1100）
- 西周（前約1100―前770）
- （前770―前256）
- 春秋時代（前770―前403）

歴史的事項

- ▼黄《コウ》帝《テイ》
- ▼尭《ギョウ》・舜《シュン》
- ▼夏《カ》の禹《ウ》王《オウ》即位《ソクイ》
- ▼殷《イン》の湯《トウ》王《オウ》、夏《カ》の桀《ケツ》王《オウ》を倒《たお》して即位《ソクイ》
- ▼前一一〇〇年ころ周《シュウ》の武《ブ》王《オウ》、殷《イン》の紂《チュウ》王《オウ》を滅《ほろ》ぼして即位《ソクイ》
- ▼前七七〇…平王、都を洛邑《ラクユウ》にうつす（東周）
- ▼春秋《シュンジュウ》の五覇《ゴハ》（斉《セイ》の桓公《カンコウ》・晋《シン》の文公・秦《シン》の穆公《ボクコウ》・宋《ソウ》の襄公《ジョウコウ》・楚《ソ》の荘王《ソウオウ》）
- ▼呉越《ゴエツ》の争い―呉王夫差《フサ》・越王句践《コウセン》
- ▼前四七九…孔子《コウシ》没《ボツ》す

文化的事項（文学・思想）

- 蒼頡《ソウケツ》（文字の発明）
- ◎甲骨《コウコツ》文字
- 周の文王・周公旦《シュウコウタン》
- 伯夷《ハクイ》・叔斉《シュクセイ》
- 『詩経《シキョウ》』
- 管仲《カンチュウ》
- 晏嬰《アンエイ》
- 子路《シロ》・子貢《シコウ》・顔回《ガンカイ》・曽参《ソウシン》
- 『春秋《シュンジュウ》』『論語』

日本

時代

縄　文　時　代

歴史的事項

- ▼竪穴《たてあな》住居・環状《カンジョウ》集落・文様《モンヨウ》のある大型土器

文化的事項（文学・思想）

前三〇〇

東周

戦国時代(前403－前221)

▼前四〇三…晋《シン》が韓《カン》・魏《ギ》・趙《チョウ》に分裂《ブンレツ》

▼戦国七雄《シチユウ》(秦《シン》・楚《ソ》・斉《セイ》・燕《エン》・韓《カン》・魏《ギ》・趙《チョウ》)の争い

▼合従連衡《ガッショウレンコウ》―蘇秦《ソシン》・張儀《チョウギ》

▼前二五六…秦《シン》、周を滅《ほろ》ぼす

▼前二二一…秦《シン》の始皇帝《シコウテイ》、天下を統一

▼焚書坑儒《フンショコウジュ》・万里《バンリ》の長城

秦(前221－前206)

▼前二〇九…陳勝《チンショウ》・呉広《ゴコウ》の乱

▼前二〇六…秦《シン》の滅亡《メツボウ》

▼楚《ソ》・漢の争い―項羽《コウウ》・劉邦《リュウホウ》

前二〇〇

前漢(前202－後8)

▼前二〇二…漢の高祖(＝劉邦《リュウホウ》)即位《ソクイ》

▼前一五四…呉楚《ゴソ》七国の乱

▼前一四〇…武帝《ブテイ》即位《ソクイ》　初めて年号を制定　五経博士《ゴキョウハクシ》を置き、儒教《ジュキョウ》を尊ぶ

▼前一三九…張騫《チョウケン》、西域に使いする

◎諸子百家《ショシヒャッカ》の活躍《カツヤク》

墨翟《ボクテキ》『墨子』

孫武《ソンブ》『孫子』

孟軻《モウカ》『孟子』

荘周《ソウシュウ》『荘子《ソウジ》』

荀況《ジュンキョウ》『荀子』

韓非《カンピ》『韓非子《カンピシ》』

『楚辞《ソジ》』(屈原《クツゲン》)

『礼記《ライキ》』

劉安《リュウアン》『淮南子《エナンジ》』

董仲舒《トウチュウジョ》

司馬相如《シバショウジョ》

弥　生　時　代

▼北九州に稲作《いなサク》と金属器をともなう文化が成立

▼農耕技術と弥生《やよい》文化が西日本に波及《ハキュウ》する

▼弥生文化が関東地方に波及する

前一〇〇　紀元元年　一〇〇　二〇〇　三〇〇

前漢(前202−後8)　新(8−23)　後漢(25−220)　三国時代(220−280) 魏(220−265)蜀(221−263)呉(222−280)　西晋(265−316)

▼蘇武《ソブ》、匈奴《キョウド》に使いする

▼前九九…李陵《リリョウ》、匈奴《キョウド》に捕《と》らえられる

▼前三三…王昭君《オウショウクン》、匈奴《キョウド》に嫁《とつ》ぐ

▼八…王莽《オウモウ》、新《シン》を建国

▼二五…光武帝《コウブテイ》、漢を再建

▼仏教伝来

▼一〇五…蔡倫《サイリン》、紙を発明

▼一六六…党錮《トウコ》の獄《ゴク》

▼一八四…黄巾《コウキン》の乱

▼二〇八…赤壁《セキヘキ》の戦い

▼二二〇…魏《ギ》の文帝即位《ソクイ》

▼魏《ギ》(曹操《ソウソウ》)・呉《ゴ》(孫権《ソンケン》)・蜀《ショク》(劉備《リュウビ》)の三国分立

諸葛亮《ショカツリョウ》

▼二六五…晋《シン》の武帝《ブテイ》(＝司馬炎《シバエン》)即位《ソクイ》

▼二八〇…呉《ゴ》を滅《ほろ》ぼし、天下を統一

▼三〇四…五胡《ゴコ》十六国の乱

司馬遷《シバセン》『史記』

劉向《リュウキョウ》『戦国策《センゴクサク》』

◎陰陽五行説《インヨウゴギョウセツ》流行

許慎《キョシン》『説文解字《セツモンカイジ》』

班固《ハンコ》『漢書《カンジョ》』

◎建安《ケンアン》の文学—曹操《ソウソウ》・曹丕《ソウヒ》・曹植《ソウショク》・王粲《オウサン》ら

◎清談《セイダン》の流行　竹林《チクリン》の七賢《シチケン》—嵆康《ケイコウ》・阮籍《ゲンセキ》ら

陳寿《チンジュ》『三国志《サンゴクシ》』

弥　生　時　代

▼このころ倭《ワ》に百余国あり

▼漢の楽浪郡《ラクロウグン》に朝貢《チョウコウ》

▼五七…倭奴国《ワのナコク》、使者を後漢《ゴカン》に送る

▼一八八…倭国《ワコク》の大乱

▼二三九…邪馬台国《ヤマタイコク》の女王卑弥呼《ヒミコ》、使者を魏《ギ》に送る

◎王仁《ワニ》、百済《くだら》から『論語』『千字文』を伝える

四〇〇　五〇〇　六〇〇　七〇〇

東晋(317−420)　北朝(386−581)　南朝(420−589)　隋(581−618)　唐(618−907)

▼三一七…晋《シン》、建康《ケンコウ》(＝南京《ナンキン》)に遷都《セント》

▼四二〇…武帝(＝劉裕《リュウユウ》)宋《ソウ》建国

▼南北朝の対立

▼五八一…隋《ズイ》の文帝即位《ソクイ》

▼五八九…隋《ズイ》、南朝の陳《チン》を滅《ほろ》ぼし天下を統一

▼科挙《カキョ》の制度を創設

▼煬帝《ヨウダイ》大運河建設

▼六一八…隋《ズイ》滅《ほろ》び、唐《トウ》の高祖(＝李淵《リエン》)即位《ソクイ》

▼太宗(＝李世民《リセイミン》)の貞観《ジョウガン》の治

▼六二九…玄奘《ゲンジョウ》インドに向かう

▼六九〇…則天武后《ソクテンブコウ》、国号を周とする

▼七一三…玄宗《ゲンソウ》即位《ソクイ》　開元《カイゲン》の治　楊貴妃《ヨウキヒ》

▼七五五…安禄山《アンロクザン》の乱　玄宗、蜀《ショク》に亡命

王羲之《オウギシ》『蘭亭序《ランテイジョ》』

法顕《ホッケン》『仏国記《ブッコクキ》』

鳩摩羅什《クマラジュウ》

陶潜《トウセン》・謝霊運《シャレイウン》

『世説新語《セセツシンゴ》』『後漢書《ゴカンジョ》』

蕭統《ショウトウ》『文選《モンゼン》』

◎四六駢儷文《シロクベンレイブン》流行

◎道教成立　◎仏教流行

劉希夷《リュウキイ》

陳子昂《チンスゴウ》・宋之問《ソウシモン》

◎唐詩全盛

孟浩然《モウコウネン》・王之渙《オウシカン》

王昌齢《オウショウレイ》・王維《オウイ》

李白《リハク》・高適《コウテキ》

杜甫《トホ》・岑参《シンシン》

古墳時代　飛鳥時代(592−710)　奈良時代(710−793)

▼三九一…朝鮮《チョウセン》を攻《せ》め、新羅《しらぎ》・百済《くだら》を破る

▼四七八…倭王《ワオウ》武(＝雄略《ユウリャク》天皇)宋《ソウ》に使者を送る

▼百済《くだら》から五経博士《ゴキョウはかせ》来訪

▼仏教伝来

▼五六二…任那《みまな》日本府滅亡《メツボウ》

▼五九三…聖徳太子《ショウトクタイシ》、摂政《セッショウ》となる

▼六〇三…冠位《カンイ》十二階制定

▼六〇四…十七条憲法制定

▼六〇七…第一回遣隋使《ケンズイシ》

▼法隆寺《ホウリュウジ》建立《コンリュウ》

▼六三〇…第一回遣唐使《ケントウシ》

▼六四五…大化の改新《タイカのカイシン》

▼六六三…白村江《ハクソンコウ》の戦い

▼六七二…壬申《ジンシン》の乱

▼七〇一…大宝律令《タイホウリツリョウ》制定

▼七一〇…平城京(奈良《なら》)遷都《セント》

▼七一七…吉備真備《きびのまきび》・阿倍仲麻呂《アベのなかまろ》ら渡唐《トトウ》

▼七五二…東大寺大仏開眼《カイゲン》

太安万侶《おおのやすまろ》『古事記』

『風土記《フドキ》』

舎人親王《とねりシンノウ》『日本書紀』

『懐風藻《カイフウソウ》』

『万葉集』

柿本人麻呂《かきのもとのひとまろ》

山上憶良《やまのうえのおくら》

大伴家持《おおとものやかもち》

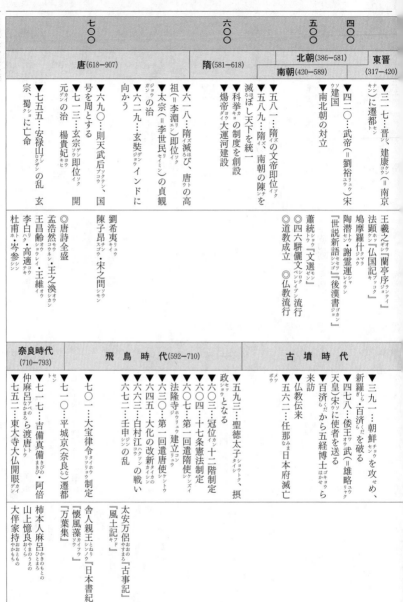

八〇〇　九〇〇　一〇〇〇

唐(618–907)
五代(907–960)
(916–1125)
(960–1127)

▼八七五…黄巣《コウソウ》の乱

▼九〇七…朱全忠《シュゼンチュウ》、唐《トウ》を滅《ほろ》ぼす

▼五代(後梁《コウリョウ》・後唐・後晋《コウシン》・後漢《コウカン》・後周)十国の興亡

▼九一六…契丹《キッタン》(＝遼《リョウ》)建国

▼九六〇…宋《ソウ》の太祖(＝趙匡胤《チョウキョウイン》)即位《ソクイ》

▼一〇〇四…澶淵《センエン》の盟

◎古文復興運動

柳宗元《リュウソウゲン》・韓愈《カンユ》

『蒙求《モウギュウ》』

元稹《ゲンシン》・賈島《カトウ》

白居易《ハクキョイ》

◎伝奇《デンキ》小説

『枕中記《チンチュウキ》』

『杜子春伝《トシシュンデン》』

杜牧《トボク》・李商隠《リショウイン》

◎木版印刷の発明

平安時代(794–1185)

▼七九四…平安京(京都)遷都《セント》

▼八五七…藤原良房《ふじわらのよしふさ》、太政大臣《ダイジョウダイジン》となる

▼八九四…遣唐使《ケントウシ》を中止

▼九三五…平将門《たいらのまさかど》の乱

▼藤原《ふじわら》氏全盛

▼一〇五一…前九年の役《エキ》

最澄《サイチョウ》・空海《クウカイ》

『凌雲集《リョウウンシュウ》』

在原業平《ありわらのなりひら》

菅原道真《すがわらのみちざね》

紀貫之《きのつらゆき》『古今和歌集《コキンワカシュウ》』

『土佐《とさ》日記』

『竹取物語』『伊勢《いせ》物語』

『蜻蛉《かげろう》日記』

◎女流文学全盛

清少納言《セイショウナゴン》『枕草子《まくらのソウシ》』

紫式部《むらさきシキブ》『源氏《ゲンジ》物語』『紫式部日記』

『和漢朗詠集《ワカンロウエイシュウ》』

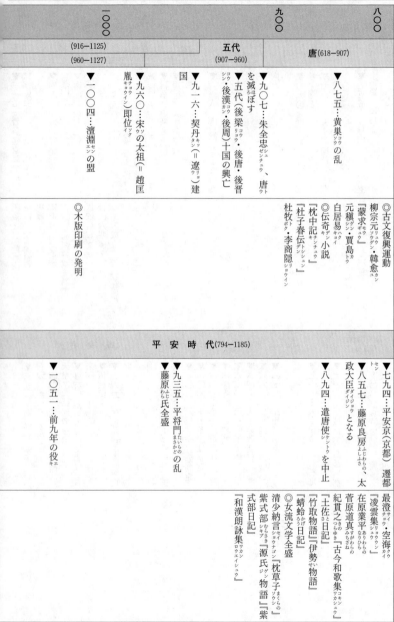

一一〇〇　一二〇〇　一三〇〇

遼　金(1115−1234)　元(1271−1368)

北宋　南宋(1127−1279)

▼一〇六九…王安石《オウアンセキ》、新法を施行《シコウ》
新法・旧法党の争い

▼一一一五…金《キン》の建国

▼一一二七…徽宗《キソウ》ら金に捕《と》らえられる(北宋《ホクソウ》の滅亡《メツボウ》)

▼一二〇六…チンギス＝ハン蒙古《モウコ》を統一し即位《ソクイ》

▼一二三四…金《キン》の滅亡《メツボウ》

▼一二七五…マルコ＝ポーロ元《ゲン》に来る

▼一二七九…宋《ソウ》滅亡《メツボウ》　元《ゲン》の世祖(＝フビライ)中国を統一し、即位《ソクイ》

蘇洵《ソジュン》・欧陽脩《オウヨウシュウ》
周敦頤《シュウトンイ》・曽鞏《ソウキョウ》
司馬光《シバコウ》『資治通鑑《シジツガン》』
◎宋学《ソウガク》の興隆《コウリュウ》
程顥《テイコウ》・程頤《テイイ》
蘇軾《ソショク》・黄庭堅《コウテイケン》・蘇轍《ソテツ》
陸象山《リクショウザン》
朱熹《シュキ》
楊万里《ヨウバンリ》
『三体詩《サンタイシ》』
『文章規範《ブンショウキハン》』
『古文真宝《コブンシンポウ》』
『十八史略《ジュウハッシリャク》』

平安時代(794−1185)　鎌倉時代(1185−1336)

▼一〇八六…白河《しらかわ》上皇、院政開始

▼一一五六…保元《ホウゲン》の乱

▼一一五九…平治《ヘイジ》の乱

▼一一八五…平氏滅亡《メツボウ》

▼一一九二…鎌倉《かまくら》幕府開く

▼一二二一…承久《ジョウキュウ》の乱

▼一二三二…貞永式目《ジョウエイシキモク》制定

▼一二七四…蒙古襲来《モウコシュウライ》(文永《ブンエイ》の役《エキ》)

▼一二八一…蒙古襲来《モウコシュウライ》(弘安《コウアン》の役)

▼一三三三…鎌倉幕府滅亡《メツボウ》

▼一三三四…建武《ケンム》の中興

『更級《さらしな》日記』
『今昔《コンジャク》物語』
『大鏡《おおかがみ》』
西行《サイギョウ》『山家集《サンカシュウ》』
藤原定家《ふじわらのテイカ》『新古今和歌集《シンコキンワカシュウ》』『小倉《おぐら》百人一首』
法然《ホウネン》
源実朝《みなもとのさねとも》『金槐《キンカイ》和歌集』
『平家《ヘイケ》物語』
鴨長明《かものチョウメイ》『方丈記《ホウジョウキ》』
道元《ドウゲン》・親鸞《シンラン》・日蓮《ニチレン》・一遍《イッペン》
金沢文庫《かなざわブンコ》
吉田兼好《よしだケンコウ》『徒然草《つれづれぐさ》』

一四〇〇　一五〇〇　一六〇〇

明(1368—1644)

▼一三三五…科挙制度廃止《ハイシ》
▼一三五一…紅巾《コウキン》の乱
▼一三六八…明《ミン》の洪武帝《コウブテイ》(＝朱元璋《シュゲンショウ》)即位《ソクイ》
▼一三八五…科挙制度復活
▼一三九九…靖難《セイナン》の変
▼一四〇二…永楽帝《エイラクテイ》即位《ソクイ》
▼一四二一…北京《ペキン》に都をうつす
▼一五八二…マテオ＝リッチ来る
▼東林党《トウリントウ》の政争
▼一六一六…ヌルハチ、後金《コウキン》を建国
▼一六四四…清《シン》、北京《ペキン》を都とし中国を支配
▼一六六一…鄭成功《テイセイコウ》台湾《タイワン》に拠《よ》る
▼一六六二…明《ミン》滅《ほろ》ぶ　康熙帝《コウキテイ》即位《ソクイ》

◎元曲《ゲンキョク》・小説流行
『水滸伝《スイコデン》』
『三国志演義《サンゴクシエンギ》』
◎陽明学隆盛《リュウセイ》——王陽明《オウヨウメイ》
『唐詩選《トウシセン》』
『西遊記《サイユウキ》』
『金瓶梅《キンペイバイ》』
『菜根譚《サイコンタン》』
『本草綱目《ホンゾウコウモク》』

室町時代(1336—1573)

南北朝時代(1336—1392)

戦国時代

安土桃山時代(1573—1603)

(1603—1867)

▼一三三六…足利尊氏《あしかがたかうじ》、幕府を開く
▼一三六八…足利義満《あしかがよしみつ》、将軍となる
▼一三九二…南北朝合体
▼一四〇一…足利義満《あしかがよしみつ》、明《ミン》と国交を開く
▼土一揆《つちイッキ》さかん
▼一四六七…応仁《オウニン》の乱
▼一五四三…鉄砲《テッポウ》伝来
▼一五四九…キリスト教伝来
▼一五七三…室町《むろまち》幕府滅亡《メツボウ》
▼一五八二…本能寺の変
▼一五八五…豊臣秀吉《とよとみひでよし》、関白となる
▼一五九二…朝鮮《チョウセン》出兵(慶長《ケイチョウ》の役《エキ》)
▼一六〇〇…関ヶ原《せきがはら》の戦い
▼一六〇三…徳川家康《トクがわいえやす》、幕府を開く
▼一六三七…島原《しまばら》の乱
▼一六三九…鎖国令《サコクレイ》

二条良基《ニジョウよしもと》『菟玖波集《つくばシュウ》』
『太平記《タイヘイキ》』
宗祇《ソウギ》『水無瀬三吟百韻《みなせサンギンヒャクイン》』
世阿弥《ゼアミ》『花伝書《カデンショ》』
◎五山文学隆盛《リュウセイ》
絶海中津《ゼッカイチュウシン》・義堂周信《ギドウシュウシン》
『新撰菟玖波集《シンセンつくばシュウ》』
『閑吟集《カンギンシュウ》』
『日葡辞書《ニッポジショ》』
『伊曽保《イソホ》物語』
林羅山《はやしラザン》
徳川光圀《トクがわみつくに》『大日本史』
◎元禄《ゲンロク》文化
井原西鶴《いはらサイカク》
松尾芭蕉《まつおバショウ》
近松門左衛門《ちかまつモンザエモン》

一七〇〇　一八〇〇　一九〇〇

清(1644—1911)

▼一六八九…ロシアとネルチンスク条約を結ぶ
▼一八四〇…阿片《アヘン》戦争
▼一八五〇…太平天国の乱
▼一八六二…洋務運動
▼一八九四…日清《ニッシン》戦争　孫文《ソンブン》の興中会《コウチュウカイ》発足
▼一八九八…戊戌《ボジュツ》の政変
▼一八九九…義和団《ギワダン》の乱

◎白話《ハクワ》小説流行
『聊斎志異《リョウサイシイ》』
『康熙字典《コウキジテン》』
『四庫全書《シコゼンショ》』
『紅楼夢《コウロウム》』
◎考証学隆盛《リュウセイ》
顧炎武《コエンブ》・黄宗羲《コウソウギ》
戴震《タイシン》・段玉裁《ダンギョクサイ》
王念孫《オウネンソン》・王引之《オウインシ》

中華民国(1912—)

▼一九〇五…科挙制度廃止《ハイシ》
▼一九一一…辛亥《シンガイ》革命
▼一九一二…中華民国成立
▼一九一九…五四運動
▼一九三二…満州国成立
▼一九三七…盧溝橋《ロコウキョウ》事件《ジケン》

魯迅《ロジン》『阿Q正伝《アキューセイデン》』

中華人民共和国(1949—)
(台湾)

▼一九四九…中華人民共和国成立

老舎《ロウシャ》
郭沫若《カクマツジャク》

江戸時代

▼一七一六…享保《キョウホウ》の改革
▼一七八七…寛政《カンセイ》の改革
▼一八三七…大塩平八郎《おおしおヘイハチロウ》の乱
▼一八四一…天保《テンポウ》の改革
▼一八五三…ペリー来航
▼一八五八…安政の大獄《タイゴク》

伊藤仁斎《イトウジンサイ》・荻生徂徠《おぎゅうソライ》
貝原益軒《かいばらエキケン》・新井白石《あらいハクセキ》
賀茂真淵《かものまぶち》・本居宣長《もとおりのりなが》
◎化政《カセイ》文化
上田秋成《うえだあきなり》
与謝蕪村《ヨサブソン》・小林一茶《こばやしイッサ》
滝沢馬琴《たきざわバキン》
塙保己一《はなわホキイチ》『群書類従《グンショルイジュウ》』
頼山陽《ライサンヨウ》

明治(1868—1912)

▼一八六八…明治維新《イシン》
▼一八七一…廃藩置県《ハイハンチケン》
▼一八九四…日清《ニッシン》戦争
▼一九〇四…日露《ニチロ》戦争
▼一九一〇…韓国併合《カンコクヘイゴウ》

福沢諭吉《ふくざわユキチ》『西洋事情』『学問ノスヽメ』
中村正直《なかむらまさなお》『西国立志編《サイゴクリッシヘン》』
幸田露伴《コウだロハン》
森鷗外《もりオウガイ》
夏目漱石《なつめソウセキ》
島崎藤村《しまざきトウソン》

大正(1912—1926)

▼一九一四…第一次世界大戦
▼一九二三…関東大震災《ダイシンサイ》

芥川龍之介《あくたがわリュウのすけ》

昭和(1926—1989)

▼一九三一…満州事変
▼一九三七…日中戦争始まる
▼一九三九…第二次世界大戦始まる
▼一九四五…第二次世界大戦終わる

平成(1989—2019)

令和(2019—)

十干十二支／時刻・方位

時刻や方位をとらえるときには、「十干《ジッカン》」「十二支《ジュウニシ》」という考え方を利用します。

中国では、自然界の中から、木・火・土・金・水の五つの要素を選んで「五行《ゴギョウ》」と呼び、ものごとの根本にすえました。この「五行」の一つ一つを、陽《ヨウ》（また、「兄《え》」にあてる）と陰《イン》（また、「弟《と》」にあてる）とに分けて、十に分類して考えるとき、これを「十干」といいます（**図1**）。このとき、その読み方は、音読みでは、「コウ・オツ・ヘイ・テイ…」となりますが、訓読みでは、「木の兄」つまり「きのえ」、「木の弟」つまり「きのと」というようになります。

図1　五行と十干

五行《ゴギョウ》		十干《ジッカン》
木《モク》《き》	陽（兄）	甲《コウ》《きのえ》
	陰（弟）	乙《オツ》《きのと》
火《カ》《ひ》	陽（兄）	丙《ヘイ》《ひのえ》
	陰（弟）	丁《テイ》《ひのと》
土《ド》《つち》	陽（兄）	戊《ボ》《つちのえ》
	陰（弟）	己《キ》《つちのと》
金《ゴン》《か》	陽（兄）	庚《コウ》《かのえ》
	陰（弟）	辛《シン》《かのと》
水《スイ》《みず》	陽（兄）	壬《ジン》《みずのえ》
	陰（弟）	癸《キ》《みずのと》

図2　十二支

子《シ》《ね》	ねずみ
丑《チュウ》《うし》	うし
寅《イン》《とら》	とら
卯《ボウ》《う》	うさぎ
辰《シン》《たつ》	たつ
巳《シ》《み》	へび
午《ゴ》《うま》	うま
未《ビ》《ひつじ》	ひつじ
申《シン》《さる》	さる
酉《ユウ》《とり》	にわとり
戌《ジュツ》《いぬ》	いぬ
亥《ガイ》《い》	ぶた（いのしし）

次に「十二支」ですが、これは、子《シ》・丑《チュウ》・寅《イン》・卯《ボウ》・辰《シン》・巳《シ》・午《ゴ》・未《ビ》・申《シン》・酉《ユウ》・戌《ジュツ》・亥《ガイ》のことです。これは、時刻（**図3**）や方位（**図4**）をあらわすものです。この「十二支」が、「ね・うし・とら…」のように、動物の名にあてられるようになりました。

さて、「五行」を基本にすえる「十干」と、この「十二支」とを組み合わせると、「十干」をたとえば「きのえ・きのと」のように二つずつを一組みとして考えるので、五の十二倍で六十通りになります（**図5**）。つまり、「木」の「きのえ」と「子《ね》」の組み合わせからはじまり、十二番目まできたら、次は「火」の「ひのえ」と「子《ね》」の組み合わせではじめるようにしていきます。これを「十干」と「十二支」の「干」と「支」をとって「干支《カンシ》《えと》」と呼びます。この「干支」を用いて年月日や暦《こよみ》をあらわすのです。

図3　時刻

＊日没《ニチボツ》から夜明けまでを五等分して、初更《ショコウ》・二更《ニコウ》・三更《サンコウ》・四更《シコウ》・五更《ゴコウ》とする示し方もあります。

図4　方位

＊北東・南東・南西・北西は、となり合う名称《メイショウ》を時計まわりにつないで「うしとら」「たつみ」「ひつじさる」「いぬい」と呼びます。

図5　干支表

① 甲子《カッシ》《コウシ》《きのえね》	⑬ 丙子《ヘイシ》《ひのえね》	㉕ 戊子《ボシ》《つちのえね》	㊲ 庚子《コウシ》《かのえね》	㊾ 壬子《ジンシ》《みずのえね》	① 甲子《カッシ》《コウシ》《きのえね》
② 乙丑《イッチュウ》《オッチュウ》《きのとうし》	⑭ 丁丑《テイチュウ》《ひのとうし》	㉖ 己丑《キチュウ》《つちのとうし》	㊳ 辛丑《シンチュウ》《かのとうし》	㊿ 癸丑《キチュウ》《みずのとうし》	② 乙丑《イッチュウ》《オッチュウ》《きのとうし》
③ 丙寅《ヘイイン》《ひのえとら》	⑮ 戊寅《ボイン》《つちのえとら》	㉗ 庚寅《コウイン》《かのえとら》	㊴ 壬寅《ジンイン》《みずのえとら》	51 甲寅《コウイン》《きのえとら》	③ 丙寅《ヘイイン》《ひのえとら》
④ 丁卯《テイボウ》《ひのとう》	⑯ 己卯《キボウ》《つちのとう》	㉘ 辛卯《シンボウ》《かのとう》	㊵ 癸卯《キボウ》《みずのとう》	52 乙卯《イツボウ》《オツボウ》《きのとう》	……
⑤ 戊辰《ボシン》《つちのえたつ》	⑰ 庚辰《コウシン》《かのえたつ》	㉙ 壬辰《ジンシン》《みずのえたつ》	㊶ 甲辰《コウシン》《きのえたつ》	53 丙辰《ヘイシン》《ひのえたつ》	
⑥ 己巳《キシ》《つちのとみ》	⑱ 辛巳《シンシ》《かのとみ》	㉚ 癸巳《キシ》《みずのとみ》	㊷ 乙巳《イッシ》《オッシ》《きのとみ》	54 丁巳《テイシ》《ひのとみ》	
⑦ 庚午《コウゴ》《かのえうま》	⑲ 壬午《ジンゴ》《みずのえうま》	㉛ 甲午《コウゴ》《きのえうま》	㊸ 丙午《ヘイゴ》《ひのえうま》	55 戊午《ボゴ》《つちのえうま》	
⑧ 辛未《シンビ》《かのとひつじ》	⑳ 癸未《キビ》《みずのとひつじ》	㉜ 乙未《イツビ》《オツビ》《きのとひつじ》	㊹ 丁未《テイビ》《ひのとひつじ》	56 己未《キビ》《つちのとひつじ》	
⑨ 壬申《ジンシン》《みずのえさる》	㉑ 甲申《コウシン》《きのえさる》	㉝ 丙申《ヘイシン》《ひのえさる》	㊺ 戊申《ボシン》《つちのえさる》	57 庚申《コウシン》《かのえさる》	
⑩ 癸酉《キユウ》《みずのととり》	㉒ 乙酉《イツユウ》《オツユウ》《きのととり》	㉞ 丁酉《テイユウ》《ひのととり》	㊻ 己酉《キユウ》《つちのととり》	58 辛酉《シンユウ》《かのととり》	
⑪ 甲戌《コウジュツ》《きのえいぬ》	㉓ 丙戌《ヘイジュツ》《ひのえいぬ》	㉟ 戊戌《ボジュツ》《つちのえいぬ》	㊼ 庚戌《コウジュツ》《かのえいぬ》	59 壬戌《ジンジュツ》《みずのえいぬ》	
⑫ 乙亥《イツガイ》《オツガイ》《きのとい》	㉔ 丁亥《テイガイ》《ひのとい》	㊱ 己亥《キガイ》《つちのとい》	㊽ 辛亥《シンガイ》《かのとい》	60 癸亥《キガイ》《みずのとい》	

＊音読みをするときもありますが、同音のものもあるので、多くの場合、訓読みをします。

＊「十干」は、「五行」にしたがって、甲と乙、丙と丁のように二つずつで一組みとしてとらえるので、はじめの①〜⑫は甲（きのえ）からはじまり、⑬〜㉔は丙（ひのえ）から組み合わせる、というようになります。

＊六十番目でひとまわりしたことになりますから、六十一番目は、もとへかえって①となり、くりかえすことになります。

二十四節気（二十四気・二十四節）

一年を季節によって二十四等分し、その時期にふさわしい名称をつけたもの。旧暦では、月の前半を節《セツ》、後半を中《チュウ》という。

［春］

立《リッ》春《シュン》 二月四日ごろ。太陽の黄経三一五度。節分の翌日で、この日から春が始まる。旧暦では正月節。

雨《ウ》水《スイ》 二月十八日ごろ。太陽の黄経三三〇度。地上があたたかくなって雪や氷が雨に変わる。旧暦では正月中。

啓《ケイ》蟄《チツ》 三月六日ごろ。太陽の黄経三四五度。地中があたたかくなって虫類がはい出る。旧暦では二月節。

春《シュン》分《ブン》 三月二十一日ごろ。太陽の黄経〇度。昼と夜の時間がほぼ等しくなる。春の彼岸の中日。旧暦では二月中。

清《セイ》明《メイ》 四月五日ごろ。太陽の黄経一五度。草木が芽ぶき万物が明らかになる。旧暦では三月節。

穀《コク》雨《ウ》 四月二十日ごろ。太陽の黄経三〇度。百穀に春雨がそそぎ、農作物が盛んに成長する。旧暦では三月中。

［夏］

立《リッ》夏《カ》 五月六日ごろ。太陽の黄経四五度。日差しや草木の色に夏の気配《ケハイ》があらわれる。旧暦では四月節。

小《ショウ》満《マン》 五月二十一日ごろ。太陽の黄経六〇度。穀物や草木が、盛んな陽気を受けて成長する。旧暦では四月中。

芒《ボウ》種《シュ》 六月五日ごろ。太陽の黄経七五度。穀物の種まき、田植えの時期。旧暦では五月節。

夏《ゲ》至《シ》 六月二十二日ごろ。太陽の黄経九〇度。一年のうちで昼が最も長く、夜が最も短い日。旧暦では五月中。

小《ショウ》暑《ショ》 七月七日ごろ。太陽の黄経一〇五度。真夏の前の梅雨あけの前後のころ。暑くなり始める。旧暦では六月節。

大《タイ》暑《ショ》 七月二十三日ごろ。太陽の黄経一二〇度。一年中で最も暑さのきびしい時期。旧暦では六月中。

［秋］

立《リッ》秋《シュウ》 八月八日ごろ。太陽の黄経一三五度。吹く風に秋の立つ気配が感じられるが、残暑はまだきびしい。旧暦では七月節。

処《ショ》暑《ショ》 八月二十三日ごろ。太陽の黄経一五〇度。暑さがやむ意。朝夕、秋の訪れを感じるころ。旧暦では七月中。

白《ハク》露《ロ》 九月八日ごろ。太陽の黄経一六五度。秋の気配が増し、草や葉に露を結ぶころ。旧暦では八月節。

秋《シュウ》分《ブン》 九月二十三日ごろ。太陽の黄経一八〇度。昼と夜の時間がほぼ等しくなる。秋の彼岸の中日。旧暦では八月中。

寒《カン》露《ロ》 十月八日ごろ。太陽の黄経一九五度。冷気が増し、露が霜に変わるころ。旧暦では九月節。

霜《ソウ》降《コウ》 十月二十三日ごろ。太陽の黄経二一〇度。霜が降《お》り、冬の近づくのが感じられるころ。旧暦では九月中。

［冬］

立《リッ》冬《トウ》 十一月八日ごろ。太陽の黄経二二五度。まだ冬のきびしさはないが、日差しは日ごとに短くなる。旧暦では十月節。

小《ショウ》雪《セツ》 十一月二十二日ごろ。太陽の黄経二四〇度。寒い土地ではそろそろ里雪が舞い始めるころ。旧暦では十月中。

大《タイ》雪《セツ》 十二月八日ごろ。太陽の黄経二五五度。根雪となる雪が降りつもるころ。旧暦では十一月節。

冬《トウ》至《ジ》 十二月二十二日ごろ。太陽の黄経二七〇度。一年のうちで夜が最も長く、昼が最も短い日。旧暦では十一月中。

小《ショウ》寒《カン》 一月六日ごろ。太陽の黄経二八五度。寒の入りにあたる。本格的な寒さが始まるころ。旧暦では十二月節。

大《ダイ》寒《カン》 一月二十日ごろ。太陽の黄経三〇〇度。一年中で最も寒さのきびしい時期。旧暦では十二月中。

度量衡表／数の単位

[中国の度量衡] 度量衡については不明確な点が多い。出土文物と従来の説とを考え合わせて、およその値を示した。

《歴代度量衡表》

時代	**尺**(cm)	**升**(L)	**斤**(g)
戦国	23.1	0.2	250
秦	23.1	0.2	253
前漢・新	23.1	0.2	248
後漢	23.75	0.2	220
三国・晋	24.2	0.205	220
南北朝	24.5	0.2/0.6	220/660
隋	29.6	0.2/0.6	220/661
唐	30/36	0.2/0.6	661
宋	31.2	0.67	633
元	31.2	0.95	633
(建築用)	32.0	1.0	590
明(測量用)	32.7		
(裁縫用)	34.0		
(建築用)	32.0	1.0	596.8
清(測量用)	34.5		
(裁縫用)	35.5		

《度量衡単位換算表》

度(ながさ)	量(かさ)	衡(めかた)
		厘・釐 (0.001両) 0.0000625斤
毫 0.0001尺		分 0.000625斤
厘・釐 0.001尺		銖 0.0026斤
分 0.01尺	勺 0.01升	
	龠 0.05升/0.01升	両 (24銖) 0.0625斤
寸 0.1尺	合 0.1升	
咫 0.8尺(8寸)		
尺	**升**	**斤** (16両)
歩 6尺(唐以後は5尺)		
仞 7尺/8尺		
尋 8尺		
丈 10尺	斗 10升	
常 16尺		鈞 30斤
引 100尺	斛 100升/50升	
	石 100升	石 (4鈞) 120斤
里 1800尺	籔 160升	
	缶 160升/320升	

[日本の度量衡]

度(ながさ)		量(かさ)		衡(めかた)	
毛 0.0001尺	(約0.003cm)				
厘 0.001尺	(約0.03cm)			毛 0.001匁	(0.00375g)
分 0.01尺	(約0.3cm)	勺 0.01升	(約0.018L)	厘 0.01匁	(0.0375g)
寸 0.1尺	(約3.03cm)	合 0.1升	(約0.18L)	分 0.1匁	(0.375g)
尺 (曲尺)	約30.3cm	**升**	約1.8L	**匁**	3.75g
間 6尺	(約181.8cm)	斗 10升	(約18L)	斤 160匁	(600g)
丈 10尺		石 100升	(約180L)	貫 1000匁	(3750g)
町・丁 360尺(60間)	(約109m)				
里 12960尺(36町)	(約3.9km)				

[数の単位] ＊吉田光由『塵劫記(ジンコウキ)』寛永11(1634)年版を参考にした。

10^{-23}	浄《ジョウ》	10^{-11}	渺《ビョウ》	10^{1}	十《ジュウ》	10^{40}	正《セイ》
10^{-22}	清《セイ》	10^{-10}	埃《アイ》	10^{2}	百《ヒャク》	10^{44}	載《サイ》
10^{-21}	空《クウ》	10^{-9}	塵《ジン》	10^{3}	千《セン》	10^{48}	極《ゴク》
10^{-20}	虚《キョ》	10^{-8}	沙《シャ》	10^{4}	万《マン》	10^{52}	恒河沙《ゴウガシャ》
10^{-19}	六徳《リットク》	10^{-7}	繊《セン》	10^{8}	億《オク》	10^{56}	阿僧祇《アソウギ》
10^{-18}	刹那《セツナ》	10^{-6}	微《ビ》	10^{12}	兆《チョウ》	10^{60}	那由多《ナユタ》
10^{-17}	弾指《ダンシ》	10^{-5}	忽《コツ》	10^{16}	京《ケイ》	10^{64}	不可思議《フカシギ》
10^{-16}	瞬息《シュンソク》	10^{-4}	糸《シ》	10^{20}	垓《ガイ》	10^{68}	無量大数《ムリョウタイスウ》(無量数)
10^{-15}	須臾《シュユ》	10^{-3}	毛《モウ》	10^{24}	秭《シ》		
10^{-14}	逡巡《シュンジュン》	10^{-2}	厘《リン》	10^{28}	穣《ジョウ》		
10^{-13}	模糊《モコ》	10^{-1}	分《ブ》	10^{32}	溝《コウ》		
10^{-12}	漠《バク》			10^{36}	澗《カン》		

親族関係表

我〔わたし〕から見た親族の関係をあらわします。漢語の名称《メイショウ》を主とし、日本での表記と呼び名は〔　〕に入れました。

表1　父系

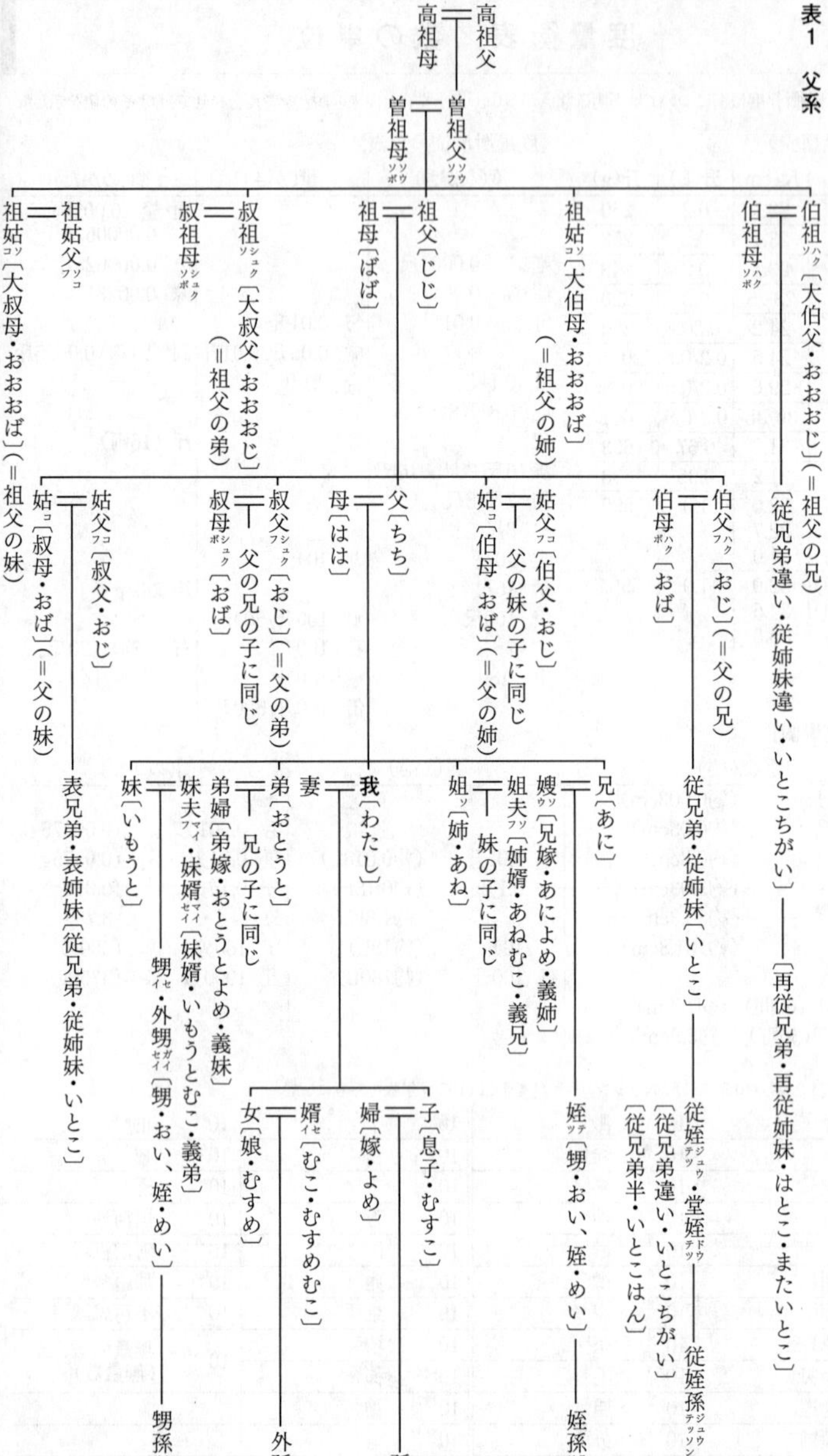

表2　母系

外祖父＝外祖母
- 舅《キュウ》・舅父《キュウフ》〔伯父・おじ〕（＝母の兄）＝舅母《キュウボ》〔伯母・おば〕
  - 舅兄弟・内兄弟〔いとこ〕
  - 舅姉妹・内姉妹〔いとこ〕
- 姨《イ》・姨母《イボ》・従母〔伯母・おば〕（＝母の姉）＝姨父《イフ》〔伯父・おじ〕
  - 姨（母の妹）の子に同じ
- 母
  - **我**〔わたし〕
- 舅《キュウ》・舅父《キュウフ》〔叔父・おじ〕（＝母の弟）＝舅母《キュウボ》〔叔母・おば〕
  - 舅（母の兄）の子に同じ
- 姨《イ》・姨母《イボ》・従母〔叔母・おば〕（＝母の妹）＝姨父《イフ》〔叔父・おじ〕
  - 姨兄弟・従母兄弟〔いとこ〕
  - 姨姉妹・従母姉妹〔いとこ〕

表3　妻系

岳父《ガクフ》・外舅《ガイキュウ》〔義父・しゅうと〕＝岳母《ガクボ》・外姑《ガイコ》〔義母・しゅうと・しゅうとめ〕
- 大舅《タイキュウ》〔義兄・こじゅうと〕（＝妻の兄）
- 姨《イ》・大姨《タイイ》〔義姉・こじゅうと・こじゅうとめ〕（＝妻の姉）
- 妻＝**我**〔わたし〕
- 小舅《ショウキュウ》〔義弟・こじゅうと〕（＝妻の弟）
- 姨《イ》・小姨《ショウイ》〔義妹・こじゅうと・こじゅうとめ〕（＝妻の妹）

表4　夫系

舅《キュウ》〔義父・しゅうと〕＝姑《コ》〔義母・しゅうと・しゅうとめ〕
- 大伯《タイハク》〔義兄・こじゅうと〕（＝夫の兄）
- 大姑《タイコ》〔義姉・こじゅうと・こじゅうとめ〕（＝夫の姉）
- 夫＝**我**〔わたし〕
- 小叔《ショウシュク》〔義弟・こじゅうと〕（＝夫の弟）
- 小姑《ショウコ》〔義妹・こじゅうと・こじゅうとめ〕（＝夫の妹）

表5

①**我**―②子―③孫―④曽孫《ソウソン》〔ひまご〕―⑤玄孫《ゲンソン》〔やしゃご〕―⑥来孫《ライソン》―⑦昆孫《コンソン》―⑧仍孫《ジョウソン》―⑨雲孫《ウンソン》〔つるのこ〕

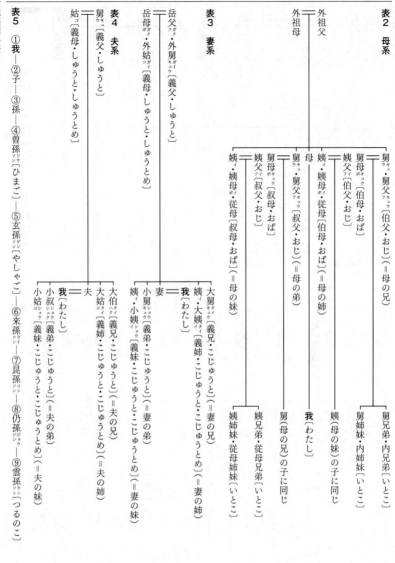

旧国名・都道府県名対照表

●五畿《ゴキ》七道《シチドウ》の、旧国名・州のつく呼び名・都道府県名とを示しました。
●読みは、和語は平《ひら》仮名《がな》、漢語は片《かた》仮名《かな》としました。

1 蝦夷地(えぞチ)

天塩(てしお)		北海道
北見(きたみ)		
石狩(いしかり)		
後志(しりべし)		
渡島(おしま)		
胆振(いぶり)		
日高(ひだか)		
十勝(とかち)		
釧路(くしろ)		
根室(ねむろ)		
千島(ちしま)		

2 東海道(トウカイドウ)

伊賀(いが)	伊州(イシュウ) 賀州(ガシュウ)	三重
伊勢(いせ)	勢州(セイシュウ)	三重
志摩(しま)	志州(シシュウ)	三重
尾張(おわり)	尾州(ビシュウ)	愛知
三河(みかわ)	三州・参州(サンシュウ)	愛知
遠江(とおとうみ)	遠州(エンシュウ)	静岡
駿河(するが)	駿州(スンシュウ・シュンシュウ)	静岡
甲斐(かい)	甲州(コウシュウ)	山梨
伊豆(いず)	豆州(ズシュウ・トウシュウ)	静岡
相模(さがみ)	相州(ソウシュウ)	神奈川
武蔵(むさし)	武州(ブシュウ)	埼玉・東京・神奈川
安房(あわ)	房州(ボウシュウ)	千葉
上総(かずさ)	総州(ソウシュウ)	千葉
下総(しもうさ)	総州(ソウシュウ)	茨城・千葉
常陸(ひたち)	常州(ジョウシュウ)	茨城

3 東山道(トウサンドウ・トウセンドウ)

近江(おうみ)	江州(ゴウシュウ) 近州(キンシュウ)		滋賀
美濃(みの)	濃州(ノウシュウ・ジョウシュウ)		岐阜
飛驒(ひだ)	飛州(ヒシュウ) 驒州(ダンシュウ)		岐阜
信濃(しなの)	信州(シンシュウ)		長野
上野(こうずけ)	上州(ジョウシュウ)		群馬
下野(しもつけ)	野州(ヤシュウ)		栃木
出羽(でわ)	羽州(ウシュウ)	羽前(ウゼン)	山形
		羽後(ウゴ)	秋田・山形
陸奥(むつ・みちのく)	奥州(オウシュウ)	磐城(いわき)	宮城・福島
		岩代(いわしろ)	福島
		陸前(リクゼン)	岩手・宮城
		陸中(リクチュウ)	岩手・秋田
		陸奥(むつ)	青森・岩手

4 北陸道(ホクリクドウ・ホクロクドウ)

若狭(わかさ)	若州(ジャクシュウ)	福井
越前(エチゼン)	越州(エッシュウ)	福井
加賀(かが)	加州(カシュウ) 賀州(ガシュウ)	石川
能登(のと)	能州(ノウシュウ)	石川
越中(エッチュウ)	越州(エッシュウ)	富山
越後(エチゴ)	越州(エッシュウ)	新潟
佐渡(さど)	佐州(サシュウ) 渡州(トシュウ)	新潟

5 畿内(キナイ)

山城(やましろ)	城州(ジョウシュウ) 山州(サンシュウ) 雍州(ヨウシュウ)	京都
大和(やまと)	和州・倭州(ワシュウ)	奈良
河内(かわち)	河州(カシュウ)	大阪
和泉(いずみ)	泉州(センシュウ)	大阪
摂津(セッつ)	摂州(セッシュウ)	大阪・兵庫

6 山陰道（サンインドウ・センオンドウ）		
丹波（たんば）	丹州（タンシュウ）	京都・兵庫
丹後（タンゴ）	丹州（タンシュウ）	京都
但馬（たじま）	但州（タンシュウ）	兵庫
因幡（いなば）	因州（インシュウ）	鳥取
伯耆（ほうき）	伯州（ハクシュウ）	鳥取
出雲（いずも）	雲州（ウンシュウ）	島根
石見（いわみ）	石州（セキシュウ）	島根
隠岐（おき）	隠州（インシュウ・オンシュウ）	島根
7 山陽道（サンヨウドウ・センヨウドウ）		
播磨（はりま）	播州（バンシュウ）	兵庫
美作（みまさか）	作州（サクシュウ）	岡山
備前（ビゼン）	備州（ビシュウ）	岡山
備中（ビッチュウ）	備州（ビシュウ）	岡山
備後（ビンゴ）	備州（ビシュウ）	広島
安芸（あき）	芸州（ゲイシュウ）	広島
周防（すおう）	防州（ボウシュウ）周州（シュウシュウ）	山口
長門（ながと）	長州（チョウシュウ）	山口
8 南海道（ナンカイドウ）		
紀伊（きい）	紀州（キシュウ）	和歌山・三重
淡路（あわじ）	淡州（タンシュウ）	兵庫
阿波（あわ）	阿州（アシュウ）	徳島
讃岐（さぬき）	讃州（サンシュウ）	香川
伊予（いよ）	予州（ヨシュウ）	愛媛
土佐（とさ）	土州（ドシュウ・トシュウ）	高知
9 西海道（サイカイドウ）		
筑前（チクゼン）	筑州（チクシュウ）	福岡
筑後（チクゴ）	筑州（チクシュウ）	福岡
豊前（ブゼン）	豊州（ホウシュウ）	福岡・大分
豊後（ブンゴ）	豊州（ホウシュウ）	大分
肥前（ひゼン）	肥州（ヒシュウ）	佐賀・長崎
肥後（ひゴ）	肥州（ヒシュウ）	熊本
日向（ひゅうが）	日州（ニッシュウ）向州（コウシュウ）	宮崎
大隅（おおすみ）	隅州（グウシュウ・グシュウ）	鹿児島
薩摩（さつま）	薩州（サッシュウ）	鹿児島
壱岐（いき）	壱州（イッシュウ・イシュウ）	長崎
対馬（つしま）	対州（タイシュウ）	長崎
琉球（リュウキュウ）		沖縄

旧国名（州名）地図

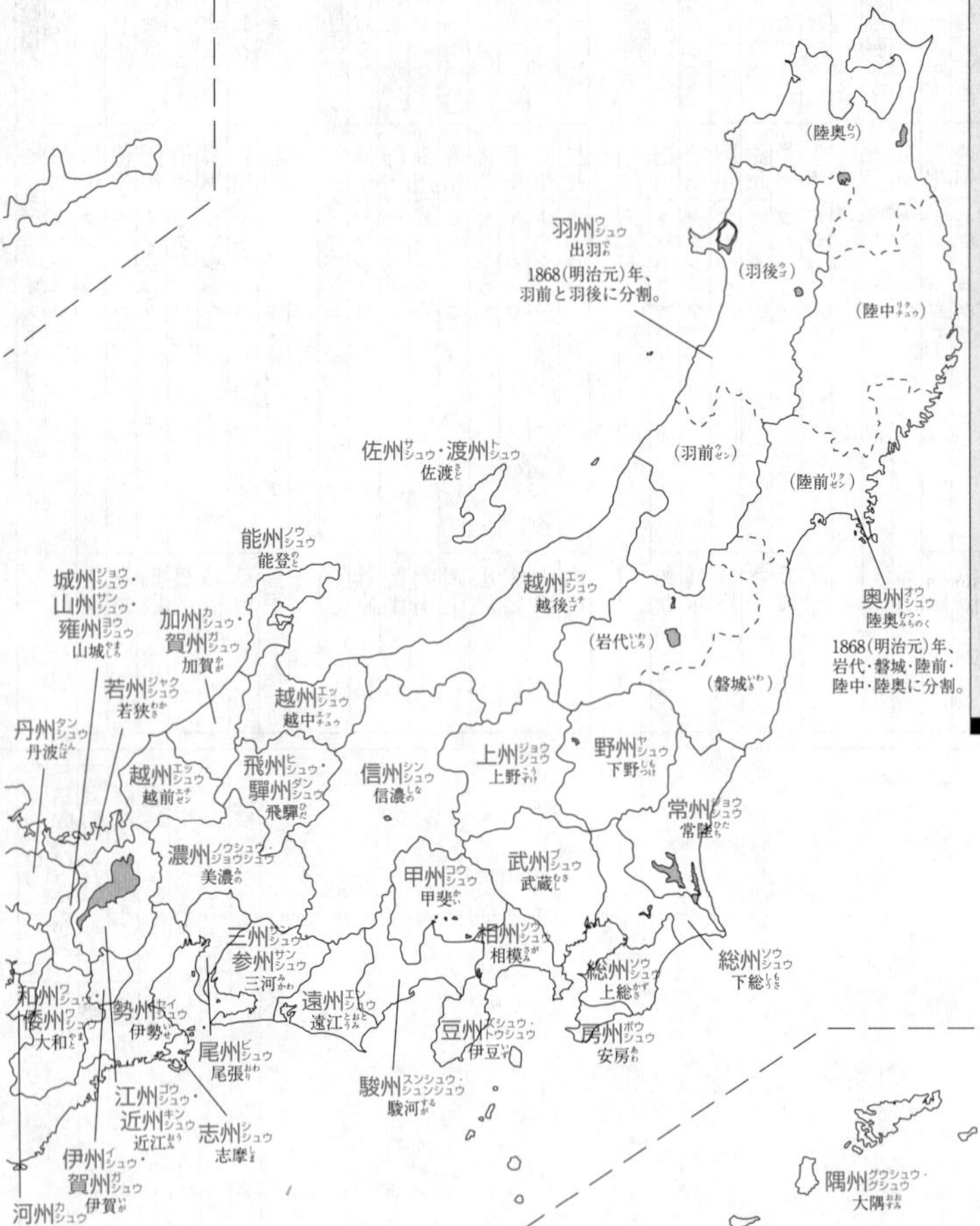
（陸奥《むつ》）
羽州《ウシュウ》
出羽《でわ》
1868（明治元）年、
羽前と羽後に分割。
（羽後《ウゴ》）
（陸中《リクチュウ》）
佐州《サシュウ》・渡州《トシュウ》
佐渡《さど》
（羽前《ウゼン》）
（陸前《リクゼン》）
能州《ノウシュウ》
能登《のと》
城州《ジョウシュウ》・
山州《サンシュウ》・
雍州《ヨウシュウ》
山城《やましろ》
加州《カシュウ》・
賀州《ガシュウ》
加賀《かが》
越州《エッシュウ》
越後《エチゴ》
奥州《オウシュウ》
陸奥《むつ・みちのく》
1868（明治元）年、
岩代・磐城・陸前・
陸中・陸奥に分割。
（岩代《いわしろ》）
（磐城《いわき》）
若州《ジャクシュウ》
若狭《わかさ》
越州《エッシュウ》
越中《エッチュウ》
丹州《タンシュウ》
丹波《たんば》
越州《エッシュウ》
越前《エチゼン》
飛州《ヒシュウ》・
騨州《ダンシュウ》
飛騨《ひだ》
信州《シンシュウ》
信濃《しなの》
上州《ジョウシュウ》
上野《こうずけ》
野州《ヤシュウ》
下野《しもつけ》
常州《ジョウシュウ》
常陸《ひたち》
濃州《ノウシュウ・ジョウシュウ》
美濃《みの》
甲州《コウシュウ》
甲斐《かい》
武州《ブシュウ》
武蔵《むさし》
三州《サンシュウ》・
参州《サンシュウ》
三河《みかわ》
相州《ソウシュウ》
相模《さがみ》
総州《ソウシュウ》
下総《しもうさ》
総州《ソウシュウ》
上総《かずさ》
和州《ワシュウ》・
倭州《ワシュウ》
大和《やまと》
勢州《セイシュウ》
伊勢《いせ》
遠州《エンシュウ》
遠江《とおとうみ》
豆州《ズシュウ・トウシュウ》
伊豆《いず》
房州《ボウシュウ》
安房《あわ》
尾州《ビシュウ》
尾張《おわり》
駿州《スンシュウ・シュンシュウ》
駿河《するが》
江州《ゴウシュウ》・
近州《キンシュウ》
近江《おうみ》
志州《シシュウ》
志摩《しま》
伊州《イシュウ》・
賀州《ガシュウ》
伊賀《いが》
隅州《グウシュウ・グシュウ》
大隅《おおすみ》
河州《カシュウ》
河内《かわち》
琉球《リュウキュウ》
1609（慶長14）年、薩摩藩に服属。
1871（明治4）年に鹿児島県の管轄となったが、
翌年には琉球藩が設置され、
1879（明治12）年に沖縄県となる。

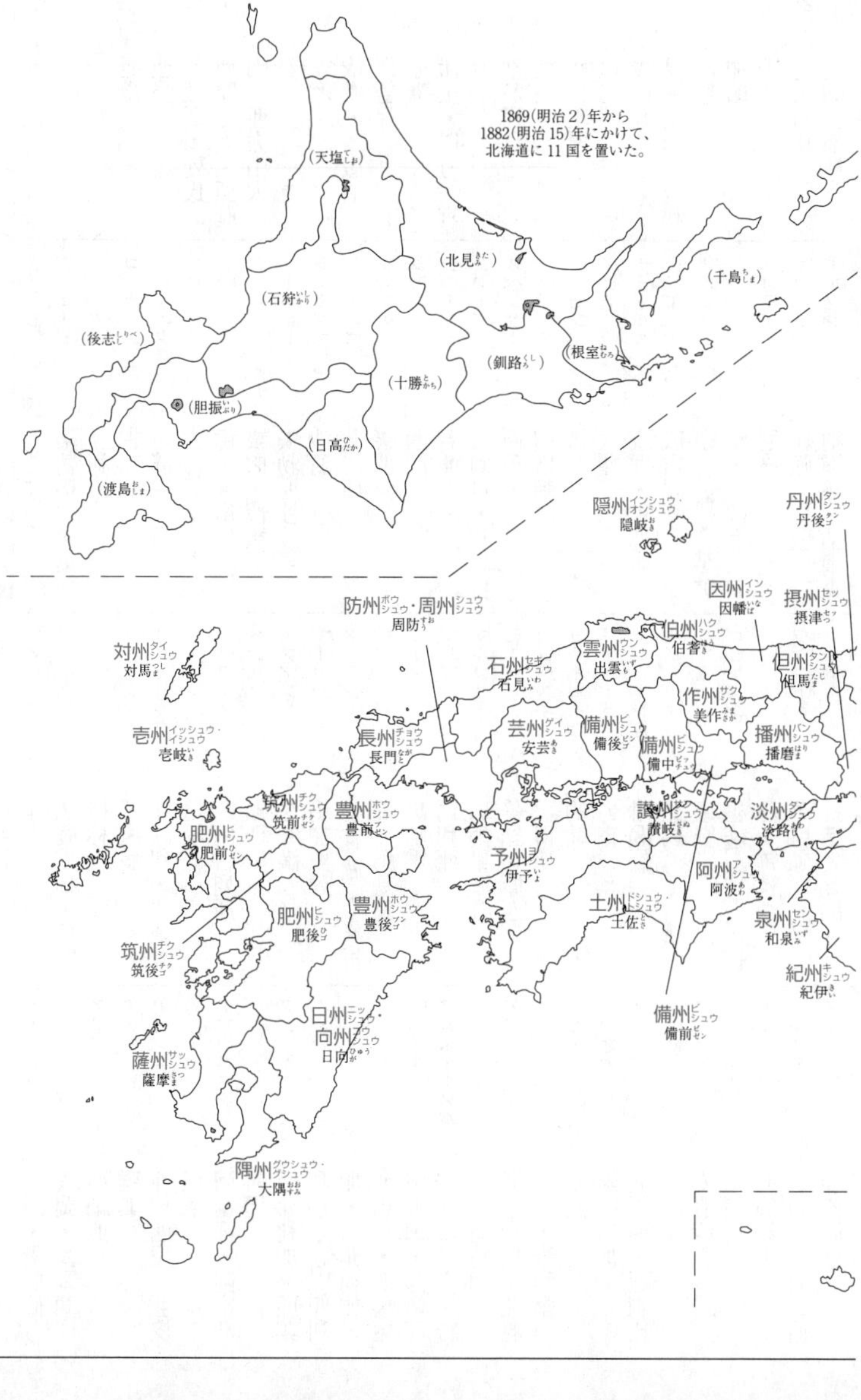
1869(明治２)年から
1882(明治15)年にかけて、
北海道に11国を置いた。
（天塩《てしお》）
（北見《きたみ》）
（千島《ちしま》）
（石狩《いしかり》）
（後志《しりべし》）
（根室《ねむろ》）
（釧路《くしろ》）
（十勝《とかち》）
（胆振《いぶり》）
（日高《ひだか》）
（渡島《おしま》）
隠州《インシュウ・オンシュウ》
隠岐《おき》
丹州《タンシュウ》
丹後《タンゴ》
因州《インシュウ》
因幡《いなば》
摂州《セッシュウ》
摂津《セッツ》
防州《ボウシュウ》・周州《シュウシュウ》
周防《すおう》
伯州《ハクシュウ》
伯耆《ほうき》
対州《タイシュウ》
対馬《つしま》
雲州《ウンシュウ》
出雲《いずも》
石州《セキシュウ》
石見《いわみ》
但州《タンシュウ》
但馬《たじま》
作州《サクシュウ》
美作《みまさか》
壱州《イッシュウ・イシュウ》
壱岐《いき》
芸州《ゲイシュウ》
安芸《あき》
備州《ビシュウ》
備後《ビンゴ》
長州《チョウシュウ》
長門《ながと》
備州《ビシュウ》
備中《ビッチュウ》
播州《バンシュウ》
播磨《はりま》
筑州《チクシュウ》
筑前《チクゼン》
豊州《ホウシュウ》
豊前《ブゼン》
讃州《サンシュウ》
讃岐《さぬき》
淡州《タンシュウ》
淡路《あわじ》
肥州《ヒシュウ》
肥前《ひぜん》
予州《ヨシュウ》
伊予《いよ》
阿州《アシュウ》
阿波《あわ》
肥州《ヒシュウ》
肥後《ひご》
豊州《ホウシュウ》
豊後《ブンゴ》
土州《ドシュウ・トシュウ》
土佐《とさ》
泉州《センシュウ》
和泉《いずみ》
筑州《チクシュウ》
筑後《チクゴ》
紀州《キシュウ》
紀伊《きい》
日州《ニッシュウ》・
向州《コウシュウ》
日向《ひゅうが》
備州《ビシュウ》
備前《ビゼン》
薩州《サッシュウ》
薩摩《さつま》
隅州《グウシュウ・グシュウ》
大隅《おおすみ》

主要外国人名・地名の漢字表記

日本で用いられた外国人名・地名の漢字表記の一例をまとめました。

【人名】

アーサー　亜撒
アダム　亜当
アリストテレス　亜理斯多列氏
アレキサンダー　亜歴山大・亜歴山・亜力山大
アン　安
アントニウス　安敦
イサベラ　依撒・依撒伯
イソップ　伊曽保
イブ　厄機
イワン　伊王・以万・宜万
ヴィクトリア　維多利
ウィリアム　維廉
ウェブスター　威仏士児
エドモント　以徳門
エドワード　義徳瓦
エリザベス　易利薩伯・以利沙伯
カイン　加印
カント　干徳
グーテンベルク　哥天百格
クレオパトラ　克勒巴都拉
グレゴリー　格勒格力・業列互利
コッホ　古弗
コペルニクス　可辟児・可白尼
コロンブス　古論武士・閣竜・閣竜比
シーザー　該撒・愷撒
シーボルト　失勃児杜
シェークスピア　沙翁
ジェームズ　惹迷斯
ジェンナー　善那
シモン　西門
ジョアンナ　若亜納
ジョージ　若爾日・惹爾日
スペンサー　斯辺瑣
ソクラテス　瑣格刺底
ソロモン　撒門
ダビデ　大闢
チャールズ　査理・査列斯
チンギス＝ハン　成吉思汗
ナポレオン　奈破崙・拿破倫・拿破侖
ニコライ　尼格来
ニュートン　紐頓・紐敦
ネルソン　納爾孫・納爾森
パウロ　保羅
ビクトリア　維多利
フィリップ　非立
フランクリン　仏蘭克林・仏蘭格林
ブルータス　不盧多
フレデリック　非的利・非徳黎
ベーコン　培根
ヘラクレス　歇爾古列斯
ヘンリー　顕理
ホフマン　法夫満
マーガレット　馬加里達
マゼラン　墨瓦蘭・麦折倫・馬基蘭
マホメット　馬哈黙
マリア　瑪利亜
マルコ＝ポーロ　瑪爾哥波羅
モーゼ　美瑟・摩西
モンテスキュー　孟得斯咎
ヨハネ　約翰
リチャード　力査
リンカーン　琳閣倫
ルイ　路易
ルソー　盧騒
ロビンソン　魯敏孫・羅賓孫・羅賓森
ワシントン　華盛頓
ワット　瓦徳・瓦的

【地名】

アイスランド　氷州・愛撒倫
アイルランド　愛蘭・愛耳蘭
アジア　亜細亜
アテネ　雅典
アビシニア　亜比西尼・亜皮西尼
アフガニスタン　阿富汗・阿富汗斯坦
アフリカ　亜弗利加・亜非利加・阿弗利加・阿非利加
アマゾン　亜馬孫・亜馬生
アムール　阿模爾・黒竜江
アムステルダム　安特坦・安特堤・俺特坦
アメリカ　亜米利加・亜墨利加・米利堅
アモイ　廈門
アラスカ　阿拉斯加
アラビア　亜剌伯・亜剌比亜
アルザス　安撒西
アルジェリア　阿爾及
アルゼンチン　亜爾然丁
アルプス　亜力伯・亜爾伯
アルメニア　亜爾弥亜

アンデス	安的斯
イギリス	英吉利
イスラエル	以色列
イタリア	伊太利・以太利・意太利
イラン	伊蘭
イングランド	英倫・英蘭
インダス	印度河
インド	印度
ウィーン	維納・維也納
ウェールズ	威爾斯
ウラジオストック	浦塩斯徳
ウラル	烏拉
ウルグアイ	烏拉乖・烏拉怪
エクアドル	厄瓜多
エジプト	埃及
エジンバラ	以丁堡・壱丁堡
エチオピア	越日於比亜
エルサレム	耶路撒冷
オークランド	奥克蘭
オーストラリア	濠太剌利亜・墺太利亜
オーストリア	墺地利
オセアニア	阿西亜尼亜
オックスフォード	阿斯福
オランダ	和蘭・阿蘭陀
カイロ	改羅
カナダ	加那太・加拿佗
カナリア	加内黎・加拿列・加拿利
カムチャツカ	堪察加
カリブ	加里比安
カリフォルニア	加利福尼・加里福尼
カルカッタ	加爾各搭
ガンジス	恒河
カンボジア	柬埔寨
ギニア	幾内亜・畿内亜
キューバ	吉巴・玖馬
ギリシャ	希臘
グアテマラ	瓜地馬拉
グリーンランド	臥児狼徳・哥里蘭
グリニッジ	緑威
ケープタウン	岌朴敦・喜望峰
ケンタッキー	建徳基
ケンブリッジ	剣橋・堪比日
コーカサス	高加索
コペンハーゲン	哥木哈牙・哥卑合給
コロンビア	哥倫比・閣竜比
コンゴ	公果
コンスタンチノープル	君士但丁
サイゴン	柴棍
サハラ	撒哈拉
サンチアゴ	三的牙疴
サンフランシスコ	桑港・桑方西斯哥・桑弗蘭失西哥
シシリー	西西里・細細里
シドニー	悉徳尼・雪特尼
ジブラルタル	日巴拉大
シベリア	西伯利・西比利亜
ジャマイカ	牙買加
シャム	暹羅
ジャワ	爪哇
ジュネーブ	寿府・日内瓦
シリア	叙利亜・西里亜
シンガポール	新嘉坡
スイス	瑞西・瑞士
スウェーデン	瑞典
スーダン	蘇丹
スエズ	蘇士・蘇葉士
スコットランド	蘇格蘭
ストックホルム	士篤恒
スパルタ	斯巴爾達
スペイン	西班牙
スマトラ	蘇門答剌・蘇門答臘
セイロン	錫蘭
セーヌ	塞納
セネガル	塞内加
セントヘレナ	三厄里那
ダブリン	都伯林
ダマスカス	大馬士革
チグリス	底格里・地革利斯
チベット	西蔵
チュニス	突尼斯
チリ	智利
チロル	地羅利・的羅里
テキサス	得撒
テヘラン	徳黒蘭・第希蘭
テムズ	達迷斯・達迷塞
デンマーク	丁抹・嗹馬
ドイツ	独逸・独乙
トスカーナ	多加納
ドナウ	多悩・多脳
トルコ	土耳古・都爾格
ドレスデン	徳勒斯達
ナイアガラ	尼亜吉拉
ナイル	尼羅
ナポリ	那波里・那不勒
ニカラグア	尼加拉瓜
ニュージーランド	新西蘭
ニューヨーク	紐育・紐約克
ノルウェー	那威・諾威
ノルマンディー	諾曼的
ハーグ	海牙
ハイチ	海地

バグダッド	巴古達・巴格達都
パタゴニア	巴他義尼
パナマ	巴那馬・巴拿馬
バビロン	巴比倫
パラグアイ	巴拉圭
パリ	巴里・巴理・巴勒・巴黎
パレスチナ	巴勒士底納
ハワイ	布哇・哈維
ハンガリー	匈加利・匈牙利
バンコク	万谷・邦哥・盤谷
ハンブルク	旱堡・漢堡
ヒマラヤ	喜馬拉
ビルマ	緬甸
フィリピン	比律賓・非利比納
フィレンツェ	仏稜・仏稜斯
フィンランド	芬蘭
ブータン	不丹
ブエノスアイレス	不宜塞利・不塞阿利・伯英諾愛斯
ブラジル	伯剌西爾・伯西爾・巴西
フランクフルト	仏朗仏
フランス	仏蘭西・法蘭西
ブリュッセル	比律悉
ブルガリア	勃牙利・捕拉加里亜
プロシア	普魯西・普魯士
フロリダ	仏勒里達
ベーリング	白令
ペテルブルク	彼得堡
ベニス	威内斯・威尼斯
ベネズエラ	委内瑞拉
ペルー	秘露・秘魯
ベルギー	白耳義・比利時
ペルシャ	波斯・比耳西亜
ベルリン	伯林・伯霊
ベンガル	孟加拉・榜葛剌
ポーランド	波羅泥亜・波蘭
ボストン	波士敦
ホノルル	花瑠瑠・合諾魯路
ポリネシア	波里尼西亜
ポルトガル	葡萄牙
ボンベイ	孟買
マカオ	澳門・阿媽港
マダガスカル	馬達加斯加
マドリード	馬徳里
マニラ	馬尼剌
マラッカ	満剌加・麻剌加・馬剌加
マルセイユ	馬耳塞・馬塞里
マレー	馬来
マレーシア	馬来西亜
ミシガン	米詩干
ミシシッピ	密士失比・密士失必
ミラノ	米蘭
メキシコ	墨西哥・墨是哥
メソポタミア	米所波大米・米索波大迷
メッカ	黙加・麦加
モザンビーク	莫三鼻給
モスクワ	馬斯高・墨斯科・莫斯科
モロッコ	摩洛哥
モンゴル	莫臥児・蒙古
ユーフラテス	幼発拉的
ヨーロッパ	欧羅巴
ライン	来因・莱尼
ラオス	老檛
ラサ	拉薩
リオデジャネイロ	来約熱内盧・里痾徳蘭徳
リスボン	里斯本
リビア	利未亜・利比亜
リマ	利馬
ルイジアナ	魯西安納
ルーマニア	羅馬尼亜
ルクセンブルク	盧森堡
ルソン	呂宋
レバノン	黎巴嫩
ローマ	羅馬
ロシア	露西亜・魯西亜・俄羅斯・峩羅斯
ロッキー	落機
ロレーヌ	羅来内
ロンドン	倫敦・竜動
ワシントン	華盛頓

人名用漢字一覧

子供の名前に用いることのできる文字は、戸籍法と戸籍法施行規則によって定められています。このうち、漢字は、常用漢字と人名用漢字別表(「別表第二」)の漢字に制限されています。

人名用漢字別表の漢字は、常用漢字表の改定(平成二二年一一月三〇日内閣告示)に伴い、常用漢字表に追加された一二九字を削除、常用漢字表から削除された五字を加え、八六一字となりました。その後、平成二七年一月に「巫」、平成二九年九月に「渾」が追加され、常用漢字二一三六字と合わせて、合計二九九九字の漢字を子供の名前に用いることができます。以下、「戸籍法」第五十条、「戸籍法施行規則」第六十条および、「別表第二　漢字の表」を掲げました。

戸籍法　第五十条

①子の名には、常用平易な文字を用いなければならない。

②常用平易な文字の範囲は、法務省令でこれを定める。

戸籍法施行規則　第六十条

戸籍法第五十条第二項の常用平易な文字は、次に掲げるものとする。

一　常用漢字表(平成二十二年内閣告示第二号)に掲げる漢字(括弧書きが添えられているものについては、括弧の外のものに限る。)

二　別表第二に掲げる漢字

三　片仮名又は平仮名(変体仮名を除く。)

別表第二　漢字の表(第六十条関係)

一

丑 丞 乃 之 乎 也 云 亘－亙 些 亦 亥 亨
亮 仔 伊 伍 伽 佃 佑 伶 侃 侑 俄 俠 俣
俐 倭 倶 倦 倖 偲 傭 儲 允 兎 兜 其 冴
凌 凜－凛 凧 凪 凰 凱 函 劉 劫 勁 勺 勿
匁 匡 廿 卜 卯 卿 厨 厩 叉 叡 叢 叶 只
吾 呑 吻 哉 哨 啄 哩 喬 喧 喰 喋 嘩 嘉
嘗 噌 噂 圃 圭 坐 尭－堯 坦 埴 堰 堺 堵
塙 壕 壬 夷 奄 奎 套 娃 姪 姥 娩 嬉 孟
宏 宋 宕 宥 寅 寓 寵 尖 尤 屑 峨 峻 崚
嵯 嵩 嶺 巌－巖 巫 已 巳 巴 巷 巽 帖 幌
幡 庄 庇 庚 庵 廟 廻 弘 弛 彗 彦 彪 彬
徠 忽 怜 恢 恰 恕 悌 惟 惚 悉 惇 惹 惺
惣 慧 憐 戊 或 戟 托 按 挺 挽 掬 捲 捷
捺 捧 掠 揃 摑 摺 撒 撰 撞 播 撫 擢 孜
敦 斐 斡 斧 斯 於 旭 昂 昊 昏 昌 昴 晏
晃－晄 晒 晋 晟 晦 晨 智 暉 暢 曙 曝 曳
朋 朔 杏 杖 杜 李 杭 杵 杷 枇 柑 柴 柘
柊 柏 柾 柚 桧－檜 栞 桔 桂 栖 桐 栗 梧

梓梢梛梯桶梶椛梁棲椋椀楯楚
楕椿楠楓椰楢楊榎樺榊榛槙－槇
槍槌樫槻樟樋橘樽橙檎檀櫂櫛
櫓欣欽歎此殆毅毘毬汀汝汐汲
沌沓沫洸洲洵洛浩浬淵淳渚－渚
淀淋渥渾湘湊湛溢滉溜漱漕漣
澪濡瀕灘灸灼烏焔焚煌煤煉熙
燕燎燦燭燿爾牒牟牡牽犀狼猪－
猪獅玖珂珈珊珀玲琢－琢琉瑛琥
琶琵琳瑚瑞瑶瑳瓜瓢甥甫畠畢
疋疏皐皓眸瞥矩砦砥砧硯碓碗
碩碧磐磯祇祢－禰祐－祐祷－禱禄－祿
禎－禎禽禾秦秤稀稔稟稜穣－穰穹
穿窄窪窺竣竪竺竿笈笹笙笠筈
筑箕箔篇篠簞簾籾粥粟糊紘紗
紐絃紬絆絢綺綜綴緋綾綸縞徽
繫繡纂纏羚翔翠耀而耶耽聡肇
肋肴胤胡脩腔脹膏臥舜舵芥芹
芭芙芦苑茄苔苺茅茉茸茜莞荻

莫莉菅菫菖萄菩萌－萠萊菱葦葵
萱葺萩董葡蓑蒔蒐蒼蒲蒙蓉蓮
蔭蔣蔦蓬蔓蕎蕨蕉蕃蕪薙蕾蕗
藁薩蘇蘭蝦蝶螺蟬蟹蠟衿袈袴
裡裟裳襖訊訣註詢詫誼諏諄諒
謂諺讃豹貰賑赳跨蹄蹟輔輯輿
轟辰辻迂迄辿迪迦這逞逗逢遥－
遙遁遼邑祁郁鄭酉醇醐醍醬釉
釘釧銑鋒鋸錘錐錆錫鍬鎧閃閏
閤阿陀隈隼雀雁雛雫霞靖鞄鞍
鞘鞠鞭頁頌頗顚颯饗馨馴馳駕
駿驍魁魯鮎鯉鯛鰯鱒鱗鳩鳶鳳
鴨鴻鵜鵬鷗鷲鷺鷹麒麟麿黎黛
鼎

注「－」は、相互の漢字が同一の字種であることを示したものである。

二

亞(亜) 惡(悪) 爲(為) 逸(逸) 榮(栄) 衞(衛)
謁(謁) 圓(円) 緣(縁) 薗(園) 應(応) 櫻(桜)
奧(奥) 橫(横) 溫(温) 價(価) 禍(禍) 悔(悔)
海(海) 壞(壊) 懷(懐) 樂(楽) 渴(渇) 卷(巻)
陷(陥) 寬(寛) 漢(漢) 氣(気) 祈(祈) 器(器)
僞(偽) 戲(戯) 虛(虚) 峽(峡) 狹(狭) 響(響)
曉(暁) 勤(勤) 謹(謹) 驅(駆) 勳(勲) 薰(薫)
惠(恵) 揭(掲) 鷄(鶏) 藝(芸) 擊(撃) 縣(県)
儉(倹) 劍(剣) 險(険) 圈(圏) 檢(検) 顯(顕)
驗(験) 嚴(厳) 廣(広) 恆(恒) 黃(黄) 國(国)
黑(黒) 穀(穀) 碎(砕) 雜(雑) 祉(祉) 視(視)
兒(児) 濕(湿) 實(実) 社(社) 者(者) 煮(煮)
壽(寿) 收(収) 臭(臭) 從(従) 澁(渋) 獸(獣)
縱(縦) 祝(祝) 暑(暑) 署(署) 緖(緒) 諸(諸)
敍(叙) 將(将) 祥(祥) 涉(渉) 燒(焼) 奬(奨)
條(条) 狀(状) 乘(乗) 淨(浄) 剩(剰) 疊(畳)
孃(嬢) 讓(譲) 釀(醸) 神(神) 眞(真) 寢(寝)
愼(慎) 盡(尽) 粹(粋) 醉(酔) 穗(穂) 瀨(瀬)
齊(斉) 靜(静) 攝(摂) 節(節) 專(専) 戰(戦)
纖(繊) 禪(禅) 祖(祖) 壯(壮) 爭(争) 莊(荘)
搜(捜) 巢(巣) 曾(曽) 裝(装) 僧(僧) 層(層)
瘦(痩) 騷(騒) 增(増) 憎(憎) 藏(蔵) 贈(贈)
臟(臓) 卽(即) 帶(帯) 滯(滞) 瀧(滝) 單(単)
嘆(嘆) 團(団) 彈(弾) 晝(昼) 鑄(鋳) 著(著)
廳(庁) 徵(徴) 聽(聴) 懲(懲) 鎭(鎮) 轉(転)
傳(伝) 都(都) 嶋(島) 燈(灯) 盜(盗) 稻(稲)
德(徳) 突(突) 難(難) 拜(拝) 盃(杯) 賣(売)
梅(梅) 髮(髪) 拔(抜) 繁(繁) 晚(晩) 卑(卑)
祕(秘) 碑(碑) 賓(賓) 敏(敏) 冨(富) 侮(侮)
福(福) 拂(払) 佛(仏) 勉(勉) 步(歩) 峯(峰)
墨(墨) 飜(翻) 每(毎) 萬(万) 默(黙) 埜(野)
彌(弥) 藥(薬) 與(与) 搖(揺) 樣(様) 謠(謡)
來(来) 賴(頼) 覽(覧) 欄(欄) 龍(竜) 虜(虜)
凉(涼) 綠(緑) 淚(涙) 壘(塁) 類(類) 禮(礼)
曆(暦) 歷(歴) 練(練) 鍊(錬) 郞(郎) 朗(朗)
廊(廊) 錄(録)

注 括弧内の漢字は、戸籍法施行規則第六十条第一号に規定する漢字であり、当該括弧外の漢字とのつながりを示すため、参考までに掲げたものである。

活字の字形と筆写の字形

漢字は数が多く、一つの漢字にもさまざまな形があります。ある文字が書き方によって違う字に見えては、ことばとして意味が通じなくなるので、標準となる字形を決める必要が生じます。印刷に用いられる字形の標準は明朝体《ミンチョウタイ》活字であり、手で書くときの字形の標準は楷書《カイショ》です。活字の形は楷書をもとにしてデザインされたものなので、活字と楷書とはだいたい同じ形です。しかし、よく見ると多少の違いが見つかり、気になることがあります。

常用漢字表の(付)「字体についての解説」の「第2 明朝体と筆写の楷書との関係について」にはつぎのような説明と、例があります。

第2 明朝体と筆写の楷書との関係について

常用漢字表では、個々の漢字の字体(文字の骨組み)を、明朝体のうちの一種を例に用いて示した。このことは、これによって筆写の楷書における書き方の習慣を改めようとするものではない。字体としては同じであっても、1、2に示すように明朝体の字形と筆写の楷書の字形との間には、いろいろな点で違いがある。それらは、印刷文字と手書き文字におけるそれぞれの習慣の相違に基づく表現の差と見るべきものである。

さらに、印刷文字と手書き文字におけるそれぞれの習慣の相違に基づく表現の差は、3に示すように、字体(文字の骨組み)の違いに及ぶ場合もある。

以下に、分類して、それぞれの例を示す。いずれも「明朝体—手書き(筆写の楷書)」という形で、上(原文は左側)に明朝体、下(原文は右側)にそれを手書きした例を示す。

1 明朝体に特徴的な表現の仕方があるもの

(1) 折り方に関する例

衣—衣　去—去　玄—玄

(2) 点画の組合せ方に関する例

人—人　家—家　北—北

(3) 「筆押さえ」等に関する例

芝—芝　史—史

入—入　八—八

(4) 曲直に関する例

子—子　手—手　了—了

(5) その他

辶・辶—辶　⺮—⺮　心—心

2 筆写の楷書では、いろいろな書き方があるもの

(1) 長短に関する例

雨—雨雨　戸—戸戸戸

無—無無

(2) 方向に関する例

風—風風　比—比比

仰—仰仰

糹—糹糹　礻—礻礻　礻—礻礻

主—主主　言—言言

年—年年年

(3) つけるか、はなすかに関する例

又—又又　文—文文

月—月月

(4) はらうか、とめるかに関する例

条—条条　保—保保

奥—奥奥　公—公公

(5) はねるか、とめるかに関する例

角—角角　骨—骨骨

切—切切切　改—改改改

酒—酒酒　陸—陸陸陸

穴—穴穴穴

木—木木　来—来来

糸—糸糸　牛—牛牛

環—環環

(6) その他

令—令令　外—外外外

女—女女　叱—叱叱叱

3

筆写の楷書字形と印刷文字字形の違いが、字体の違いに及ぶもの

以下に示す例で、括弧内は印刷文字である明朝体の字形に倣って書いたものであるが、筆写の楷書ではどちらの字形で書いても差し支えない。なお、括弧内の字形の方が、筆写字形としても一般的な場合がある。

(1) 方向に関する例

淫—淫（淫）　恣—恣（恣）

煎—煎（煎）　嘲—嘲（嘲）

溺—溺（溺）　蔽—蔽（蔽）

(2) 点画の簡略化に関する例

葛—葛（葛）　嗅—嗅（嗅）

僅—僅（僅）　餌—餌（餌）

箋—箋（箋）　填—填（填）

賭—賭（賭）　頬—頬（頬）

(3) その他

惧—惧（惧）　稽—稽（稽）

詮—詮（詮）　捗—捗（捗）

剝—剥（剝）　喩—喩（喩）

「異字同訓」の漢字の使い分け例

●平成二六年二月二一日文化審議会国語分科会が報告し、文化庁から発表されたものです。

●前書き2にあるとおり、昭和四七年に参考資料として配布された「「異字同訓」の漢字の用法」と、平成二二年の「常用漢字表」改定により表内で新たに生じた異字同訓を整理した「「異字同訓」の漢字の用法例(追加字種・追加音訓関連)」を一体化するために作成されました。

●これは現代日本における漢字の使い分けであり、必ずしも漢字本来の意味・用法と一致するわけではありません。

前書き

1 この「「異字同訓」の漢字の使い分け例」(以下「使い分け例」という。)は、常用漢字表に掲げられた漢字のうち、同じ訓を持つものについて、その使い分けの大体を簡単な説明と用例で示したものである。

2 この使い分け例は、昭和47年6月に国語審議会が「当用漢字改定音訓表」を答申するに際し、国語審議会総会の参考資料として、同審議会の漢字部会が作成した「「異字同訓」の漢字の用法」と、平成22年6月の文化審議会答申「改定常用漢字表」の「参考」として、文化審議会国語分科会が作成した「「異字同訓」の漢字の用法例(追加字種・追加音訓関連)」を一体化し、現在の表記実態に合わせて一層使いやすく分かりやすいものとなるよう作成したものである。作成に当たっては、簡単な説明を加えるとともに必要な項目の追加及び不要な項目の削除を行い、上記の資料に示された使い分けを基本的に踏襲しつつ、その適切さについても改めて検討した上で必要な修正を加えた。

3 同訓の漢字の使い分けに関しては、明確に使い分けを示すことが難しいところがあることや、使い分けに関わる年代差、個人差に加え、各分野における表記習慣の違い等もあることから、ここに示す使い分け例は、一つの参考として提示するものである。したがって、ここに示した使い分けとは異なる使い分けを否定する趣旨で示すものではない。また、この使い分け例は、必要に応じて、仮名で表記することを妨げるものでもない。

4 常用漢字表に掲げられた複数の同訓字の使い分けの大体を示すものであるから、例えば、常用漢字表にある「預かる」と、常用漢字表にない「与(あずか)る」とのような、同訓の関係にあっても、一方が常用漢字表にない訓である場合は取り上げていない。

また、例えば、「かたよる」という語の場合に、「偏る」と表記するか、「片寄る」と表記するか、「ひとり」という語の場合に、「独り」と表記するか、「一人」と表記するかなど、常用漢字1字の訓同士でない場合についても取り上げていない。

使い分け例の示し方及び見方

1 この使い分け例は、常用漢字表に掲げる同訓字のうち、133項目について示した。それぞれの項目は五十音順に並べてある。

2 項目に複数の訓が並ぶ場合は、例えば、「あがる・あげる」「うまれる・うむ」のように、五十音順に並べてある。

3 それぞれの項目ごとに、簡単な説明と用例を示すことで、使い分けの大体を示した。簡単な説明には、主として、その語の基本となる語義を挙げてある。また、そこで示した語義と用例とがおおむね対応するように、それぞれの順序を考慮して配列してある。例えば、項目「あてる」のうち、「当てる」は、

【当てる】触れる。的中する。対応させる。
胸に手を当てる。ボールを当てる。くじを当てる。
仮名に漢字を当てる。

と示してある。この例では、「当てる」の語義「触れる」の用例として「胸に手を当てる。」、語義「的中する」の用例として「ボールを当てる。くじを当てる。」、語義「対応させる」の用例として「仮名に漢字を当てる。」がそれぞれ対応している。全ての項目の語義と用例は、このような考え方に基づいて並べてある。

なお、この使い分け例では、同訓字の使い分けの大体を示すことが目的であるので、語義の示し方やその取上げ方についても、当該の目的に資する限りにおいて便宜的に示すものである。したがって、例えば、見出し語の「変える・変わる」の場合、それぞれの語に対応させて、語義を「前と異なる状態にする。前と異なる状態になる」とはせず、2語の共通語義という扱いで、「前と異なる状態になる」だけを示してある。

4 使い分けを示すのに、対義語を挙げることが有効である場合には、

のぼる　【上る】(⇕下る)。**【昇る】**(⇕降りる・沈む)。

というように、「⇕」を用いてその対義語を示した。

また、各項目の用例の中には、

小鳥が木の枝に止(留)まる*。　末永(長)く契る*。

というように、括弧を付して示したものがある。これは、例えば、「括弧外の漢字」である「止」に代えて「括弧内の漢字」である「留」を用いることもできるということを示すものである。なお、このことは、括弧の付いていない漢字について、その漢字に代えて別の漢字を用いることを否定しようとする趣旨ではない。

5 必要に応じて使い分けの参考となる補足説明を示した。当該の補足説明が何に対する補足説明であるのかを明示するために、

①**【有る*】**(⇕無い)。備わる。所有する。ありのままである。
②**【足】**足首から先の部分*。歩く、走る、行くなどの動作に見立てたもの。
③**【会う】**主に人と人が顔を合わせる。
客と会う時刻。人に会いに行く。駅でばったり友人と会った*。
投票に立ち会う。二人が出会った場所**。

というように、対象となる部分（①は「見出し語」、②は「語義」、③は「用例」）に「*」を付した。また、③のように、1項目の中に、補足説明の対象となるものが二つある場合には、「*」と「**」を付して示した。

補足説明には、

* 「勧める」と「薦める」の使い分けについては、例えば、「読書」といった行為（本を読む）をするように働き掛けたり、促したりする場合に「勧める」を用い、「候補者」や「良書」といった特定の人や物がそれにふさわしい、望ましいとして推薦する場合に「薦める」を用いる。

* 「校長をはじめ、教職員一同……」などという場合の「はじめ」については、多くの人や物の中で「主たるもの」の意で「始」を当てるが、現在の表記実態としては、仮名で書かれることも多い。

というように、使い分けの要点や、一般的な表記の実態などを必要に応じて示した。上記の「はじめ」の補足説明のように、常用漢字表にある訓であっても、漢字より仮名で書く方が一般的である場合などについても示した。

なお、上記4で述べた用例中に括弧が付いているものについては、その全てに、「括弧外の漢字」と「括弧内の漢字」の使い分けに関わる補足説明を示した。

本表

あう　001

【会う】主に人と人が顔を合わせる。

客と会う時刻。人に会いに行く。駅でばったり友人と会った*。投票に立ち会う。二人が出会った場所**。

【合う】一致する。調和する。互いにする。

意見が合う。答えが合う。計算が合う。目が合う。好みに合う。部屋に合った家具。割に合わない仕事。会議で話し合う。幸運に巡り合う**。

【遭う】思わぬことや好ましくない出来事に出くわす。

思い掛けない反対に遭う。災難に遭う。にわか雨に遭う。

* 「駅でばったり友人とあった」の「あう」については、「思わぬことに出くわす」という意で「遭」を当てることもあるが、「友人と顔を合わせる」という視点から捉えて、「会」を当てるのが一般的である。

** 「出会う」は、「人と人が顔を合わせる」意だけでなく、「生涯忘れられない作品と出会う」のように、「その人にとって強い印象を受けたもの、価値あるものなどに触れる」意でもよく使われる。また、「事故の現場に出合う」や「二つの道路が出合う地点」のように、「思わぬことや好ましくない出来事に出くわす。合流する」意では「出合う」と表記することが多い。

「巡りあう」の「あう」についても、「互いに出くわす」意で「合」を当てるが、「出くわす」ものが人同士の場合には「人と人が顔を

合わせる」という視点から捉えて、「会」を当てることもできる。

あからむ 002

【赤らむ】 赤くなる。

顔が赤らむ。夕焼けで西の空が赤らむ。

【明らむ】 明るくなる。

日が差して部屋の中が明らむ。次第に東の空が明らんでくる。

あがる・あげる 003

【上がる・上げる】 位置・程度などが高い方に動く。与える。声や音を出す。終わる。

二階に上がる。地位が上がる。料金を引き上げる。成果が上がる。腕前を上げる。お祝いの品物を上げる。歓声が上がる。雨が上がる。

【揚がる・揚げる】 空中に浮かぶ。場所を移す。油で調理する。

国旗が揚がる。花火が揚(上)がる*。たこ揚げをして遊ぶ。船荷を揚げる。海外から引き揚げる。天ぷらを揚げる。

【挙がる・挙げる】 はっきりと示す。結果を残す。執り行う。こぞってする。捕らえる。

例を挙げる。手が挙がる。勝ち星を挙げる。式を挙げる。国を挙げて取り組む。全力を挙げる。犯人を挙げる。

＊「花火があがる」は、「空中に浮かぶ」花火の様子に視点を置いて「揚」を当てるが、「空高く上がっていく(高い方に動く)」花火の様子に視点を置いた場合には「上」を当てることが多い。

あく・あける 004

【明く・明ける】 目が見えるようになる。期間が終わる。遮っていたものがなくなる。

子犬の目が明く。夜が明ける。年が明ける。喪が明ける。らちが明かない。

【空く・空ける】 からになる。

席が空く。空き箱。家を空ける。時間を空ける。

【開く・開ける】 ひらく。

幕が開く。ドアが開かない。店を開ける。窓を開ける。そっと目を開ける。

あし 005

【足】 足首から先の部分*。歩く、走る、行くなどの動作に見立てたもの。

足に合わない靴。足の裏。足しげく通う。逃げ足が速い。出足が鋭い。客足が遠のく。足が出る。

【脚】 動物の胴から下に伸びた部分。また、それに見立てたもの。

キリンの長い脚。脚の線が美しい。机の脚(足)*。

＊「足」は、「脚」との対比においては「足首から先の部分」を指すが、「足を組む」「足を伸ばす」「手足が長い」など、「胴から下に伸びた部分」を指して用いる場合もある。「机のあし」に「足」を当てることができるのは、このような用い方に基づくものである。

あたい 006

【値】 値打ち。文字や式が表す数値。

千金の値がある。称賛に値する。未知数xの値を求める。

【価】 値段。価格。

手間に見合った価を付ける。

あたたかい・あたたかだ・あたたまる・あたためる 007

【温かい・温かだ・温まる・温める】 冷たくない。愛情や思いやりが感じられ

る。

温かい料理。スープを温める。温かな家庭。心温まる話。温かい心。温かい人柄。温かいもてなし。

【暖かい・暖かだ・暖まる・暖める】寒くない（主に気象や気温で使う）。

日ごとに暖かくなる。暖かい日差し。暖かな毛布。暖まった空気。室内を暖める。

あつい 008

【熱い】温度がとても高く感じられる。感情が高ぶる。

お茶が熱くて飲めない。熱い湯。熱くなって論じ合う。熱い声援を送る。熱い思い。

【暑い】不快になるくらい気温が高い。

今年の夏は暑い。暑さ寒さも彼岸まで。日中はまだまだ暑い。暑い部屋。暑がり屋。

あてる 009

【当てる】触れる。的中する。対応させる。

胸に手を当てる。ボールを当てる。くじを当てる。仮名に漢字を当てる。

【充てる】ある目的や用途に振り向ける。

建築費に充てる。後任に充てる。地下室を倉庫に充てる。

【宛てる】手紙などの届け先とする。

本社に宛てて送られた書類。手紙の宛先。

あと 010

【後】（⇔先・前）。順序や時間などが遅いこと。次に続くもの。

後の祭り。後から行く。後になり先になり。事故が後を絶たない。社長の後継ぎ。

【跡】通り過ぎた所に残された印。何かが行われたり存在したりした印。家督。

車輪の跡。船の通った跡。苦心の跡が見える。縄文時代の住居の跡。立つ鳥跡を濁さず。父の跡を継ぐ。旧家の跡継ぎ。

【痕】傷のように生々しく残る印。

壁に残る弾丸の痕。手術の痕。台風の爪痕。傷痕が痛む。

あぶら 011

【油】常温で液体状のもの（主に植物性・鉱物性）。

事故で油が流出する。ごま油で揚げる。火に油を注ぐ。水と油。

【脂】常温で固体状のもの（主に動物性）。皮膚から分泌される脂肪。

牛肉の脂。脂の多い切り身。脂ぎった顔。脂汗が出る。脂が乗る年頃。

あやしい 012

【怪しい】疑わしい。普通でない。はっきりしない。

挙動が怪しい。怪しい人影を見る。怪しい声がする。約束が守られるか怪しい。空模様が怪しい。

【妖しい】なまめかしい。神秘的な感じがする。

妖しい魅力。妖しく輝く瞳。宝石が妖しく光る。

あやまる 013

【誤る】間違う。

使い方を誤る。誤りを見付ける。言い誤る。

【謝る】わびる。

謝って済ます。落ち度を謝る。平謝りに謝る。

あらい 014

【荒い】勢いが激しい。乱暴である。

波が荒い。荒海。金遣いが荒い。気が荒い。荒療治。


【粗い】細かくない。雑である。

網の目が粗い。きめが粗い。粗塩。粗びき。仕事が粗い。

あらわす・あらわれる 015

【表す・表れる】思いが外に出る。表現する。表に出る。

喜びを顔に表す。甘えが態度に表れる。言葉に表す。不景気の影響が表れる。


【現す・現れる】隠れていたものが見えるようになる。

姿を現す。本性を現す。馬脚を現す。太陽が現れる。救世主が現れる。


【著す】本などを書いて世に出す。

書物を著す。

ある 016

【有る*】(⇔無い)。備わる。所有する。ありのままである。

有り余る才能。有り合わせの材料で作った料理。有り金。有り体に言えば。


【在る*】存在する。

財宝の在りかを探る。教育の在り方を論じる。在りし日の面影。

* 「財源がある」「教養がある」「会議がある」「子がある」などの「ある」は、漢字で書く場合、「有」を、また、「日本はアジアの東にある」「責任は私にある」などの「ある」は「在」を当てるが、現在の表記実態としては、仮名書きの「ある」が一般的である。

あわせる 017

【合わせる】一つにする。一致させる。合算する。

手を合わせて拝む。力を合わせる。合わせみそ。時計を合わせる。調子を合わせる。二人の所持金を合わせる。


【併せる】別のものを並べて一緒に行う。

両者を併せ考える。交通費を併せて支給する。併せて健康を祈る。清濁併せのむ。

いく・ゆく 018

【行く】移動する。進む。過ぎ去る。

電車で行く。早く行こう。仕事帰りに図書館に行った。仕事がうまく行かない。行く秋を惜しむ。


【逝く】亡くなる。

彼が逝って3年たつ。安らかに逝った。多くの人に惜しまれて逝く。

いたむ・いためる 019

【痛む・痛める】肉体や精神に苦痛を感じる。

足が痛む。腰を痛める。今でも胸が痛む。借金の返済に頭を痛める。


【傷む・傷める】傷が付く。壊れる。質が劣化する。

引っ越しで家具を傷める。家の傷みがひどい。髪が傷む。傷んだ果物。


【悼む】人の死を嘆き悲しむ。

故人を悼む。友人の死を悼む。

いる 020

【入る】中にはいる。ある状態になる。

念入りに仕上げる。仲間入り。気に入る。恐れ入る。悦に入る。


【要る】必要とする。

金が要る。保証人が要る。親の承諾が要る。何も要らない。

うける 021

【受ける】 与えられる。応じる。好まれる。

注文を受ける。命令を受ける。ショックを受ける。保護を受ける。相談を受ける。若者に受ける。

【請ける】 仕事などを行う約束をする。

入札で仕事を請ける。納期を請け合う。改築工事を請け負う。下請けに出す。

うた 022

【歌】 曲の付いた歌詞。和歌。

小学校時代に習った歌。美しい歌声が響く。古今集の歌。

【唄】 邦楽・民謡など。

小唄の師匠。長唄を習う。馬子唄が聞こえる。

うたう 023

【歌う】 節を付けて声を出す。

童謡を歌う。ピアノに合わせて歌う。

【謡う】 謡曲をうたう。

謡曲を謡う。結婚披露宴で「高砂《たかさご》」を謡う。

うつ 024

【打つ】 強く当てる。たたく。あることを行う。

くぎを打つ。転倒して頭を打つ。平手で打つ。電報を打つ。心を打つ話。碁を打つ。芝居を打つ。逃げを打つ。

【討つ】 相手を攻め滅ぼす。

賊を討つ。あだを討つ。闇討ち。義士の討ち入り。相手を討ち取る。

【撃つ】 鉄砲などで射撃する。

拳銃を撃つ。いのししを猟銃で撃つ。鳥を撃ち落とす。敵を迎え撃つ。

うつす・うつる 025

【写す・写る】 そのとおりに書く。画像として残す。透ける。

書類を写す。写真を写す。ビデオに写る*。裏のページが写って読みにくい。

【映す・映る】 画像を再生する。投影する。反映する。印象を与える。

ビデオを映す*。スクリーンに映す。壁に影が映る。時代を映す流行語。鏡に姿が映る。彼の態度は生意気に映った。

* 「ビデオに写る」は、被写体として撮影され、画像として残ることであるが、その画像を再生して映写する場合は「ビデオを映す」と「映」を当てる。「ビデオに映る姿」のように、再生中の画像を指す場合は「映」を当てることもある。また、防犯ビデオや胃カメラなど、撮影と同時に画像を再生する場合も、再生する方に視点を置いて「ビデオに映る」と書くこともできる。

うまれる・うむ 026

【生まれる・生む】 誕生する。新しく作り出す。

京都に生まれる。子供が生まれる*。下町の生まれ。新記録を生む。傑作を生む。

【産まれる・産む】 母の体外に出る。

予定日が来てもなかなか産まれない。卵を産み付ける。来月が産み月になる。

* 「子供がうまれる」については、「母の体外に出る（出産）」という視点から捉えて、「産」を当てることもあるが、現在の表記実態としては、「誕生する」という視点から捉えて、「生」を当てるのが一般的である。

うれい・うれえる 027

【憂い*・憂える】心配すること。心を痛める。

後顧の憂い。災害を招く憂いがある。国の将来を憂える。

【愁い*・愁える】もの悲しい気持ち。嘆き悲しむ。

春の愁い。愁いに沈む。友の死を愁える。

＊「うれい（憂い・愁い）」は、「うれえ（憂え・愁え）」から変化した言い方であるが、現在は、「うれい」が一般的である。

おかす 028

【犯す】法律や倫理などに反する。

法を犯す。過ちを犯す。罪を犯す。ミスを犯す。

【侵す】領土や権利などを侵害する。

国境を侵す。権利を侵す。学問の自由を侵す。

【冒す】あえて行う。神聖なものを汚す。

危険を冒す。激しい雨を冒して行く。尊厳を冒す。

おくる 029

【送る】届ける。見送る。次に移す。過ごす。

荷物を送る。声援を送る。送り状。卒業生を送る。順に席を送る。楽しい日々を送る。

【贈る】金品などを人に与える。

お祝いの品を贈る。感謝状を贈る。名誉博士の称号を贈る。

おくれる 030

【遅れる】時刻や日時に間に合わない。進み方が遅い。

完成が遅れる。会合に遅れる。手遅れになる。開発の遅れた地域。出世が遅れる。

【後れる】後ろになる。取り残される。

先頭から後（遅）れる＊。人に後（遅）れを取る＊。気後れする。後れ毛。死に後れる。

＊「先頭からおくれる」については、「先頭より後ろの位置になる」という意で「後」を当てるが、「先頭より進み方が遅い」という視点から捉えて、「遅」を当てることもできる。

また、「人におくれを取る」についても、このような考え方で、「後」と「遅」のそれぞれを当てることができる。

おこす・おこる 031

【起こす・起こる】立たせる。新たに始める。発生する。目を覚まさせる。

体を起こす。訴訟を起こす。事業を起こす＊。持病が起こる。物事の起こり。やる気を起こす。事件が起こる。朝早く起こす。

【興す・興る】始めて盛んにする。

産業を興す。国が興る。没落した家を興す。

＊「事業をおこす」の「おこす」については、「新たに始める」意で「起」を当てるが、その事業を「（始めて）盛んにする」という視点から捉えて、「興」を当てることもできる。

おさえる 032

【押さえる】力を加えて動かないようにする。確保する。つかむ。手などで覆う。

紙の端を押さえる。証拠を押さえる。差し押さえる。要点を押さえる。耳を押さえる。

【抑える】勢いを止める。こらえる。

物価の上昇を抑える。反撃を抑える。要求を抑える。怒りを抑える。

おさまる・おさめる 033

【収まる・収める】中に入る。収束する。手に入れる。良い結果を得る。

博物館に収まる。目録に収める。争いが収まる。丸く収まる。手中に収める。効果を収める。成功を収める。

【納まる・納める】あるべきところに落ち着く。とどめる。引き渡す。終わりにする。

国庫に納まる。税を納める。社長の椅子に納まる。胸に納める。注文の品を納める。歌い納める。見納め。

【治まる・治める】問題のない状態になる。統治する。

痛みが治まる。せきが治まる。領地を治める。国内がよく治まる。

【修まる・修める】人格や行いを立派にする。身に付ける。

身を修める。学を修める。ラテン語を修める。

おす 034

【押す】上や横などから力を加える。

ベルを押す。印を押す。横車を押す。押し付けがましい。

【推す】推薦する。推測する。推進する。

会長に推す。推して知るべしだ。計画を推し進める。

おそれ・おそれる 035

【恐れ・恐れる】おそろしいと感じる。

死への恐れが強い。報復を恐れて逃亡する。失敗を恐れるな。

【畏れ・畏れる】おそれ敬う。かたじけなく思う。

神仏に対する畏れ。師を畏れ敬う。畏(恐)れ多いお言葉*。

【虞】**心配・懸念。

* 「おそれ多いお言葉」の「おそれ」については、「かたじけなく思う」という意で「畏」を当てるが、「恐れ入る」「恐縮」などの語との関連から、「恐」を当てることも多い。

** 「公の秩序又は善良の風俗を害する虞がある……(「日本国憲法」第82条)」というように、「心配・懸念」の意で用いる「おそれ」に対して「虞」を当てるが、現在の表記実態としては、「恐れ」又は「おそれ」を用いることが一般的である。

おどる 036

【踊る】リズムに合わせて体を動かす。操られる。

音楽に乗って踊る。盆踊り。踊り場。踊らされて動く。甘言に踊らされる。

【躍る】跳び上がる。心が弾む。

吉報に躍り上がって喜ぶ。小躍りする。胸が躍る思い。心躍る出来事。

おもて 037

【表】(⇔裏)。表面や正面など主だった方。公になること。家の外。

表と裏。表玄関。表参道。畳の表替え。表向き。不祥事が表沙汰になる。表で遊ぶ。

【面】顔。物の表面や外面。

面を伏せる。湖の面に映る山影。批判の矢面に立つ。

おりる・おろす 038

【降りる・降ろす】乗り物から出る。高い所から低い所へ移る。辞めさせる。

電車を降りる。病院の前で車から降ろす。高所から飛び降りる。月面に降り立つ。霜が降りる。主役から降ろされる。

【下りる・下ろす】上から下へ動く。切り落とす。引き出す。新しくする。

幕が下りる。肩の荷を下ろす。腰を下ろす。錠が下りる。許可が下りる。

枝を下ろす。貯金を下ろす。下ろし立ての背広。書き下ろしの短編小説。

【卸す】問屋が小売店に売り渡す。

小売りに卸す。定価の6掛けで卸す。卸売物価指数。卸問屋を営む。卸値。

かえす・かえる 039

【返す・返る】元の持ち主や元の状態などに戻る。向きを逆にする。重ねて行う。

持ち主に返す。借金を返す。恩返し。正気に返る。返り咲き。手のひらを返す。言葉を返す。とんぼ返り。読み返す。思い返す。

【帰す・帰る】自分の家や元の場所に戻る。

親元へ帰す。故郷へ帰る。生きて帰る。帰らぬ人となる。帰り道。

かえりみる 040

【顧みる】過ぎ去ったことを思い返す。気にする。

半生を顧みる。家庭を顧みる余裕がない。結果を顧みない。

【省みる】自らを振り返る。反省する。

我が身を省みる。自らを省みて恥じるところがない。

かえる・かわる 041

【変える・変わる】前と異なる状態になる。

形を変える。観点を変える。位置が変わる。顔色を変える。気が変わる。心変わりする。声変わり。

【換える・換わる】物と物を交換する。

物を金に換える。名義を書き換える。電車を乗り換える。現金に換わる。

【替える・替わる】新しく別のものにする。

頭を切り替える。クラス替えをする。振り替え休日。図表を差し替える*。入れ替わる。日替わり定食。替え歌。

【代える・代わる】ある役割を別のものにさせる。

書面をもって挨拶に代える。父に代わって言う。身代わりになる。投手を代える。余人を持って代え難い。親代わり。

＊「差しかえる」「入れかえる」「組みかえる」などの「かえる」については、「新しく別のものにする」意で「替」を当てるが、別のものと「交換する」という視点から捉えて、「換」を当てることもある。

かおり・かおる 042

【香り・香る】鼻で感じられる良い匂い。

茶の香り。香水の香り。菊が香る。梅の花が香る。

【薫り・薫る】主に比喩的あるいは抽象的なかおり。

文化の薫り。初夏の薫り。菊薫る佳日。風薫る五月。

かかる・かける 043

【掛かる・掛ける】他に及ぶ。ぶら下げる。上から下に動く。上に置く。作用する。

迷惑が掛かる。疑いが掛かる。言葉を掛ける。看板を掛ける。壁掛け。お湯を掛ける。布団を掛ける。腰を掛ける。ブレーキを掛ける。保険を掛ける。

【懸かる・懸ける】宙に浮く。託す。

月が中天に懸かる。雲が懸かる。懸(架)け橋*。優勝が懸かった試合。賞金を懸ける。命を懸けて戦う。

【架かる・架ける】一方から他方へ差し渡す。

橋が架かる。ケーブルが架かる。鉄橋を架ける。電線を架ける。

【係る】関係する。

本件に係る訴訟。名誉に係る重要な問題。係り結び。

【賭ける】賭け事をする。

大金を賭ける。賭けに勝つ。危険な賭け。

＊「かけ橋」は、本来、谷をまたいで「宙に浮く」ようにかけ渡した、つり橋のようなもので、「懸」を当てるが、「一方から他方へ差し渡す」という視点から捉えて、「架」を当てることも多い。

かく 044

【書く】文字や文章を記す。

漢字を書く。楷書で氏名を書く。手紙を書く。小説を書く。日記を書く。

【描く】絵や図に表す。

油絵を描く。ノートに地図を描く。漫画を描く。設計図を描く。眉を描く。

かげ 045

【陰】光の当たらない所。目の届かない所。

山の陰。木陰で休む。日陰に入る。陰で支える。陰の声。陰口を利く。

【影】光が遮られてできる黒いもの。光。姿。

障子に影が映る。影も形もない。影が薄い。月影。影を潜める。島影が見える。

かた 046

【形】目に見える形状。フォーム。

ピラミッド形の建物。扇形の土地。跡形もない。柔道の形を習う。水泳の自由形。

【型】決まった形式。タイプ。

型にはまる。型破りな青年。大型の台風。２０１４年型の自動車。血液型。鋳型。

かたい 047

【堅い】中身が詰まっていて強い。確かである。

堅い材木。堅い守り。手堅い商売。合格は堅い。口が堅い。堅苦しい。

【固い】結び付きが強い。揺るがない。

団結が固い。固い友情。固い決意。固く信じる。頭が固い。

【硬い】（⇔軟らかい）。外力に強い。こわばっている。

硬い石。硬い殻を割る。硬い表現。表情が硬い。選手が緊張で硬くなっている。

かま 048

【釜】炊飯などをするための器具。

鍋と釜。釜飯。電気釜。風呂釜。釜揚げうどん。

【窯】焼き物などを作る装置。

炭を焼く窯。窯元に話を聞く。登り窯。

かわ 049

【皮】動植物の表皮。本質を隠すもの。

虎の皮。木の皮。面の皮が厚い。化けの皮が剝がれる。

【革】加工した獣の皮。

革のバンド。革製品を買う。革靴。なめし革。革ジャンパー。革細工。

かわく 050

【乾く】水分がなくなる。

空気が乾く。干し物が乾く。乾いた土。舌の根の乾かぬうちに。

【渇く】 喉に潤いがなくなる。強く求める。

喉が渇く。渇きを覚える。心の渇きを癒やす。親の愛情に渇く。

きく 051

【聞く】 音が耳に入る。受け入れる。問う。嗅ぐ。

話し声を聞く。物音を聞いた。うわさを聞く。聞き流しにする。願いを聞く。親の言うことを聞く。転居した事情を聞く。駅までの道を聞く。香を聞く。

【聴く】 身を入れて耳を傾けて聞く。

音楽を聴く。国民の声を聴く。恩師の最終講義を聴く。

きく 052

【利く】 十分に働く。可能である。

左手が利く。目が利く。機転が利く。無理が利く。小回りが利く。

【効く】 効果・効能が表れる。

薬が効く。宣伝が効く。効き目がある。

きる 053

【切る】 刃物で断ち分ける。つながりを断つ。

野菜を切る。切り傷。期限を切る。電源を切る。縁を切る。電話を切る。

【斬る】 刀で傷つける。鋭く批判する。

武士が敵を斬(切)り捨てる*。世相を斬る。

＊「武士が敵をきり捨てる」の「きり捨てる」については、「刀で傷つける」意で「斬」を当てるが、「刃物で断ち分ける」意で広く一般に使われる「切」を当てることもできる。

きわまる・きわめる 054

【窮まる・窮める】 行き詰まる。突き詰める。

進退窮まる。窮まりなき宇宙。真理を窮(究)める*。

【極まる・極める】 限界・頂点・最上に至る。

栄華を極める。不都合極まる言動。山頂を極める。極めて優秀な成績。見極める。

【究める】 奥深いところに達する。

学を究(窮)める*。

＊「突き詰める」意で用いる「窮」と、「奥深いところに達する」意で用いる「究」については、「突き詰めた結果、達した状態・状況」と「奥深いところに達した状態・状況」とがほぼ同義になることから、この意で用いる「窮」と「究」は、どちらを当てることもできる。

こう 055

【請う】 そうするように相手に求める。

認可を請う。案内を請(乞)う*。紹介を請(乞)う*。

【乞う】 そうするように強く願い求める。

乞うご期待。命乞いをする。雨乞いの儀式。慈悲を乞う。

＊「案内をこう」「紹介をこう」などの「こう」は、「そうするように相手に求める」意で「請」を当てるが、相手に対して「そうするようにお願いする」という意味合いを強く出したい場合には、「乞」を当てることもできる。

こえる・こす 056

【越える・越す】 ある場所・地点・時を過ぎて、その先に進む。

県境を越える。峠を越す。選手としてのピークを越える。年を越す。

度を越す。困難を乗り越える。勝ち越す。

【超える・超す】 ある基準・範囲・程度を上回る。

現代の技術水準を超える建築物。人間の能力を超える。想定を超える大きな災害。10万円を超える額。1億人を超す人口。

こたえる 057

【答える】 解答する。返事をする。

設問に答える。質問に対して的確に答える。名前を呼ばれて答える。

【応える】 応じる。報いる。

時代の要請に応える。期待に応える。声援に応える。恩顧に応える。

こむ 058

【混む】 混雑する。

電車が混(込)む*。混(込)み合う店内*。人混(込)みを避ける*。

【込む】 重なる。入り組む。

負けが込む。日程が込んでいる。仕事が立て込む。手の込んだ細工を施す。

* 「混雑する」意では、元々、多くの人や物が重なるように1か所に集まる様子から「込む」と書かれてきたが、現在は、「混雑」という語との関連から「混む」と書く方が一般的である。

さがす 059

【探す】 欲しいものを尋ね求める。

貸家を探す。仕事を探す。講演の題材を探す。他人の粗を探す。

【捜す】 所在の分からない物や人を尋ね求める。

うちの中を捜す。犯人を捜す。紛失物を捜す。行方不明者を捜す。

さく 060

【裂く】 破る。引き離す。

布を裂く。生木を裂く。二人の仲を裂く。岩の裂け目。切り裂く。

【割く】 一部を分け与える。

時間を割く。事件の報道に紙面を割く。警備のために人手を割く。

さげる 061

【下げる】 低くする。下に垂らす。

値段を下げる。室温を下げる。問題のレベルを下げる。等級を下げる。軒に下げる。

【提げる】 つるすように手に持つ。

大きな荷物を手に提げる。手提げかばんで通学する。手提げ金庫。

さす 062

【差す】 挟み込む。かざす。注ぐ。生じる。

腰に刀を差す。抜き差しならない状況にある。傘を差す。日が差す。目薬を差す。差しつ差されつ。顔に赤みが差す。嫌気が差す。魔が差す。

【指す】 方向・事物などを明らかに示す。

目的地を指して進む。名指しをする。授業中に何度も指された。指し示す。

【刺す】 とがった物を突き入れる。刺激を与える。野球でアウトにする。

針を刺す。蜂に刺される。串刺しにする。鼻を刺す嫌な臭い。本塁で刺される。

【挿す】 細長い物を中に入れる。

花瓶に花を挿す。髪にかんざしを挿す。一輪挿し。

さます・さめる 063

【覚ます・覚める】 睡眠や迷いなどの状態から元に戻る。

太平の眠りを覚ます。迷いを覚ます。目が覚める。寝覚めが悪い。

【冷ます・冷める】 温度を下げる。高ぶった感情などを冷やす。

湯冷まし。湯が冷める。料理が冷める。熱が冷める。興奮が冷める。

さわる 064

【触る】 触れる。関わり合う。

そっと手で触る。展示品に触らない。政治的な問題には触らない。

【障る】 害や妨げになる。不快になる。

激務が体に障る。出世に障る。気に障る言い方をされる。

しずまる・しずめる 065

【静まる・静める】 動きがなくなり落ち着く。

心が静まる。嵐が静まる。騒がしい場内を静める。気を静める。

【鎮まる・鎮める】 押さえ付けて落ち着かせる。鎮座する。

内乱が鎮まる。反乱を鎮める。痛みを鎮める。せきを鎮める薬。神々が鎮まる。

【沈める】 水中などに没するようにする。低くする。

船を沈める。ベッドに身を沈める。身を沈めて銃弾をよける。

しぼる 066

【絞る】 ねじって水分を出す。無理に出す。小さくする。

手拭いを絞る。知恵を絞る。声を振り絞る。範囲を絞る。音量を絞る。

【搾る】 締め付けて液体を取り出す。無理に取り立てる。

乳を搾る。レモンを搾った汁。ゴマの油を搾る。年貢を搾り取られる。

しまる・しめる 067

【締まる・締める】 緩みのないようにする。区切りを付ける。

ひもが締まる。帯を締める。ねじを締める。引き締まった顔。心を引き締める。財布のひもを締める。羽交い締め。売上げを月末で締める。申し込みの締め切り。

【絞まる・絞める】 首の周りを強く圧迫する。

ネクタイで首が絞まって苦しい。柔道の絞め技。自らの首を絞める発言。

【閉まる・閉める】 開いているものを閉じる。

戸が閉まる。カーテンが閉まる。蓋を閉める。店を閉める。扉を閉め切りにする。

すすめる 068

【進める】 前や先に動かす。物事を進行させる。

前へ進める。時計を進める。交渉を進める。議事を進める。

【勧める*】 そうするように働き掛ける。

入会を勧める。転地を勧める。読書を勧める。辞任を勧める。

【薦める*】 推薦する。

候補者として薦める。良書を薦める。お薦めの銘柄を尋ねる。

＊「勧める」と「薦める」の使い分けについては、例えば、「読書」といった行為(本を読む)をするように働き掛けたり、促したりする場合に「勧める」を用い、「候補者」や「良書」といった特定の人や物がそれにふさわしい、望ましいとして推薦する場合に「薦める」を用いる。

する 069

【刷る】 印刷する。

名刺を刷る。新聞を刷る。版画を刷る。社名を刷り込む。刷り物。

【擦る】 こする。

転んで膝を擦りむく。マッチを擦る。擦り傷。洋服が擦り切れる。

すわる 070

【座る】 腰を下ろす。ある位置や地位に就く。

椅子に座る。上座に座る。社長のポストに座る。

【据わる】 安定する。動かない状態になる。

赤ん坊の首が据わる。目が据わる。腹の据わった人物。

せめる 071

【攻める】 攻撃する。

敵の陣地を一気に攻める。積極的に攻め込む。兵糧攻めにする。質問攻めにする。

【責める】 非難する。苦しめる。

過失を責める。無責任な言動を責める。自らを繰り返し責める。拷問で責められる。

そう 072

【沿う】 長く続いているものや決まりなどから離れないようにする。

川沿いの家。線路に沿って歩く。決定された方針に沿(添)って行動する*。希望に沿(添)う*。

【添う】 そばに付いている。夫婦になる。

母に寄り添って歩く。病人の付き添い。仲むつまじく添い遂げる。連れ添う。

* 「沿う」は「決まりなどから離れないようにする」、「添う」は「そばに付いている」の意で、どちらも「その近くから離れない」という共通の意を持つため、「方針」や「希望」に「そう」という場合には、「沿」と「添」のどちらも当てることができる。

そなえる 073

【備える】 準備する。具備する。

台風に備える。老後の備え。各部屋に消火器を備える。防犯カメラを備えた施設。

【供える】 神仏などの前に物をささげる。

お神酒を供える。霊前に花を供える。鏡餅を供える。お供え物。

たえる 074

【耐える】 苦しいことや外部の圧力などをこらえる。

重圧に耐える。苦痛に耐える。猛暑に耐える。風雪に耐える。困苦欠乏に耐える。

【堪える】 その能力や価値がある。その感情を抑える。

任に堪える。批判に堪える学説。鑑賞に堪えない。見るに堪えない作品。憂慮に堪えない。遺憾に堪えない。

たずねる 075

【尋ねる】 問う。捜し求める。調べる。

道を尋ねる。研究者に尋ねる。失踪した友人を尋ねる。尋ね人。由来を尋ねる。

【訪ねる】 おとずれる。

知人を訪ねる。史跡を訪ねる。古都を訪ねる旅。教え子が訪ねてくる。

たたかう 076

【戦う】 武力や知力などを使って争う。勝ち負けや優劣を競う。

敵と戦う。選挙で戦う。優勝を懸けて戦う。意見を戦わせる。

【闘う】 困難や障害などに打ち勝とうとする。闘争する。

病気と闘う。貧苦と闘う。寒さと闘う。自分との闘い。労使の闘い。

たつ 077

【断つ】つながっていたものを切り離す。やめる。

退路を断つ。国交を断（絶）つ＊。関係を断（絶）つ＊。快刀乱麻を断つ。酒を断つ。

【絶つ】続くはずのものを途中で切る。途絶える。

縁を絶つ。命を絶つ。消息を絶つ。最後の望みが絶たれる。交通事故が後を絶たない。

【裁つ】布や紙をある寸法に合わせて切る。

生地を裁つ。着物を裁つ。紙を裁つ。裁ちばさみ。

＊「国交をたつ」や「関係をたつ」の「たつ」については、「つながっていたものを切り離す」意で「断」を当てるが、「続くはずのものを途中で切る」という視点から捉えて、「絶」を当てることもできる。

たつ・たてる 078

【立つ・立てる】直立する。ある状況や立場に身を置く。離れる。成立する。

演壇に立つ。鳥肌が立つ。優位に立つ。岐路に立つ。使者に立つ。席を立つ。見通しが立つ。計画を立てる。手柄を立てる。評判が立つ。

【建つ・建てる】建物や国などを造る。

家が建つ。ビルを建てる。銅像を建てる。一戸建ての家。国を建てる。都を建てる。

たっとい・たっとぶ・とうとい・とうとぶ 079

【尊い・尊ぶ】尊厳があり敬うべきである。

尊い神。尊い犠牲を払う。神仏を尊ぶ。祖先を尊ぶ。

【貴い・貴ぶ】貴重である。

貴い資料。貴い体験。和をもって貴しとなす。時間を貴ぶ。

たま 080

【玉】宝石。円形や球体のもの。

玉を磨く。玉にきず。運動会の玉入れ。シャボン玉。玉砂利。善玉悪玉。

【球】球技に使うボール。電球。

速い球を投げる。決め球を持っている。ピンポン球。電気の球。

【弾】弾丸。

拳銃の弾。大砲に弾を込める。流れ弾に当たって大けがをする。

つかう 081

【使う】人や物などを用いる。

通勤に車を使う。電力を使う。機械を使って仕事をする。予算を使う。道具を使う。人間関係に神経を使う。頭を使う。人使いが荒い。大金を使う。体力を使う仕事。

【遣う】十分に働かせる。

心を遣（使）う＊。気を遣（使）う＊。安否を気遣う。息遣いが荒い。心遣い。言葉遣い。仮名遣い。筆遣い。人形遣い。上目遣い。無駄遣い。金遣い。小遣い銭。

＊現在の表記実態としては、「使う」が広く用いられる関係で、「遣う」を動詞の形で用いることは少なく、「○○遣い」と名詞の形で用いることがほとんどである。特に、心の働き、技や金銭などに関わる「○○づかい」の場合に「遣」を当てることが多い。

つく・つける 082

【付く・付ける】付着する。加わる。意識などを働かせる。

墨が顔に付く。足跡が付く。知識を身に付(着)ける*。利息が付く。名前を付ける。条件を付ける。味方に付く。付け加える。気を付ける。目に付く。

【着く・着ける】 達する。ある場所を占める。着る。

手紙が着く。東京に着く。船を岸に着ける。車を正面玄関に着ける。席に着く。衣服を身に着ける。

【就く・就ける】 仕事や役職、ある状況などに身を置く。

職に就く。役に就ける。床に就く。緒に就く。帰路に就く。眠りに就く。

* 「知識を身につける」の「つける」は、「付着する」意で「付」を当てるが、「知識」を「着る」という比喩的な視点から捉えて、「着」を当てることもできる。

つぐ 083

【次ぐ】 すぐ後に続く。

事件が相次ぐ。首相に次ぐ実力者。富士山に次いで高い山。次の日。

【継ぐ】 後を受けて続ける。足す。

跡を継ぐ。引き継ぐ。布を継ぐ。言葉を継ぐ。継ぎ目。継ぎを当てる。

【接ぐ】 つなぎ合わせる。

骨を接ぐ。新しいパイプを接ぐ。接ぎ木。

つくる 084

【作る】 こしらえる。

米を作る。規則を作る。新記録を作る。計画を作る。詩を作る。笑顔を作る。会社を作る。機会を作る。組織を作る。

【造る】 大きなものをこしらえる。醸造する。

船を造る。庭園を造る。宅地を造る。道路を造る。数寄屋造りの家。酒を造る。

【創る*】 独創性のあるものを生み出す。

新しい文化を創(作)る。画期的な商品を創(作)り出す。

* 一般的には「創る」の代わりに「作る」と表記しても差し支えないが、事柄の「独創性」を明確に示したい場合には、「創る」を用いる。

つつしむ 085

【慎む】 控え目にする。

身を慎む。酒を慎む。言葉を慎む。

【謹む】 かしこまる。

謹んで承る。謹んで祝意を表する。

つとまる・つとめる 086

【勤まる・勤める】 給料をもらって仕事をする。仏事を行う。

この会社は私には勤まらない。銀行に勤める。永年勤め上げた人。勤め人。本堂でお勤めをする。法事を勤める。

【務まる・務める】 役目や任務を果たす。

彼には主役は務まらない。会長が務まるかどうか不安だ。議長を務める。親の務めを果たす。

【努める】 力を尽くす。努力する。

完成に努める。解決に努める。努めて早起きする。

とかす・とく・とける 087

【解かす・解く・解ける】 固まっていたものが緩む。答えを出す。元の状態に戻る。

結び目を解く。ひもが解ける。雪解け*。相手の警戒心を解かす。問

題が解ける。緊張が解ける。誤解が解ける。包囲を解く。会長の任を解く。

【溶かす・溶く・溶ける】液状にする。固形物などを液体に入れて混ぜる。一体となる。

鉄を溶かす。雪や氷が溶（解）ける＊。チョコレートが溶ける。砂糖が水に溶ける。絵の具を溶かす。小麦粉を水で溶く。地域社会に溶け込む。

＊「雪や氷がとける」の「とける」については、「雪や氷が液状になる」意で「溶」を当てるが、「固まっていた雪や氷が緩む」と捉えて「解」を当てることもできる。「雪解け」はこのような捉え方で「解」を用いるものである。

ととのう・ととのえる 088

【整う・整える】乱れがない状態になる。

体制が整う。整った文章。隊列を整える。身辺を整える。呼吸を整える。

【調う・調える】必要なものがそろう。望ましい状態にする。

家財道具が調う。旅行の支度を調える。費用を調える。味を調える。

とぶ 089

【飛ぶ】空中を移動する。速く移動する。広まる。順序どおりでなく先に進む。

鳥が空を飛ぶ。海に飛び込む。アメリカに飛ぶ。家を飛び出す。デマが飛ぶ。うわさが飛ぶ。途中を飛ばして読む。飛び級。飛び石。

【跳ぶ】地面を蹴って高く上がる。

溝を跳ぶ。三段跳び。跳び上がって喜ぶ。跳びはねる＊。うれしくて跳び回る。縄跳びをする。跳び箱。

＊「跳」は、常用漢字表に「とぶ」と「はねる」の二つの訓が採られているので、「跳び跳ねる」と表記することができるが、読みやすさを考えて「跳びはねる」と表記することが多い。

とまる・とめる 090

【止まる・止める】動きがなくなる。

交通が止まる。水道が止まる。小鳥が木の枝に止（留）まる＊。笑いが止まらない。息を止める。車を止める。通行止め。止まり木。

【留まる・留める】固定される。感覚に残る。とどめる。

ピンで留める。ボタンを留める。目に留まる。心に留める。留め置く。局留めで送る。

【泊まる・泊める】宿泊する。停泊する。

宿直室に泊まる。友達を家に泊める。船が港に泊まる。

＊「小鳥が木の枝にとまる」の「とまる」については、小鳥が飛ぶのをやめて「木の枝に静止する（動きがなくなる）」意で「止」を当てるが、「木の枝にとどまっている（固定される）」という視点から捉えて「留」を当てることもできる。

とらえる 091

【捕らえる】取り押さえる。

逃げようとする犯人を捕らえる。獲物の捕らえ方。密漁船を捕らえる。

【捉える】的確につかむ。

文章の要点を捉える。問題の捉え方が難しい。真相を捉える。聴衆の心を捉える。

とる 092

【取る】手で持つ。手に入れる。書き記す。つながる。除く。

本を手に取る。魚を取(捕)る*。資格を取る。新聞を取る。政権を取る。年を取る。メモを取る。連絡を取る。着物の汚れを取る。疲れを取る。痛みを取る。

【採る】採取する。採用する。採決する。

血を採る。きのこを採る。指紋を採る。新入社員を採る。こちらの案を採る。会議で決を採る。

【執る】手に持って使う。役目として事に当たる。

筆を執る。事務を執る。指揮を執る。政務を執る。式を執り行う。

【捕る】つかまえる。

ねずみを捕る。鯨を捕る。外野フライを捕る。生け捕る。捕り物。

【撮る】撮影する。

写真を撮る。映画を撮る。ビデオカメラで撮る。

* 「魚をとる」の「とる」は「手に入れる」という意で「取」を当てるが、「つかまえる」という視点から捉えて、「捕」を当てることもできる。

ない 093

【無い*】(⇔有る・在る)。存在しない。所有していない。

有ること無いこと言い触らす。無くて七癖。無い袖は振れぬ。無い物ねだり。

【亡い】死んでこの世にいない。

今は亡い人。友人が亡くなる。亡き父をしのぶ。

* 「今日は授業がない」「時間がない」「金がない」などの「ない」は、漢字で書く場合、「無」を当てるが、現在の表記実態としては、仮名書きの「ない」が一般的である。

なおす・なおる 094

【直す・直る】正しい状態に戻す。置き換える。

誤りを直す。機械を直す。服装を直す。故障を直す。ゆがみが直る。仮名を漢字に直す。

【治す・治る】病気やけがから回復する。

風邪を治す。けがが治る。傷を治す。治りにくい病気。

なか 095

【中】(⇔外)。ある範囲や状況の内側。中間。

箱の中。家の中。クラスの中で一番足が速い。嵐の中を帰る。両者の中に入る。

【仲】人と人との関係。

仲がいい。仲を取り持つ。仲たがいする。話し合って仲直りする。犬猿の仲。

ながい 096

【長い】(⇔短い)。距離や時間などの間隔が大きい。

長い髪の毛。長い道。長い年月。気が長い。枝が長く伸びる。長続きする。長い目で見る。

【永い】永久・永遠と感じられるくらい続くさま。

永い眠りに就く。永の別れ。永くその名を残す。永のいとまを告げる。末永(長)く契る*。

* 時間の長短に関しては、客観的に計れる「長い」に対して、「永い」は主観的な思いを込めて使われることが多い。「末ながく契る」は、その契りが「永久・永遠と感じられるくらい続く」ようにという意で「永」を当てるが、客観的な時間の長さという視点か

ら捉えて、「長」を当てることもできる。

ならう　097

【習う】教わる。繰り返して身に付ける。

先生にピアノを習う。英語を習う。習い覚えた技術。習い性となる。見習う。

【倣う】手本としてまねる。

前例に倣う。西洋に倣った法制度。先人のひそみに倣う。右へ倣え。

におい・におう　098

【匂い・匂う】主に良いにおい。

梅の花の匂い。香水がほのかに匂う。

【臭い・臭う】主に不快なにおいや好ましくないにおい。

魚の腐った臭い。生ごみが臭う。ガスが臭う。

のせる・のる　099

【乗せる・乗る】乗り物に乗る。運ばれる。応じる。だます。勢い付く。

バスに乗る。タクシーに乗せて帰す。電車に乗って行く。電波に乗せる。風に乗って飛ぶ。時流に乗る。相談に乗る。口車に乗せられる。図に乗る。

【載せる・載る】積む。上に置く。掲載する。

自動車に荷物を載せる。棚に本を載せる。机に載っている本。新聞に載った事件。雑誌に広告を載せる。名簿に載る。

のぞむ　100

【望む】遠くを眺める。希望する。

山頂から富士を望む。世界の平和を望む。自重を望む。多くは望まない。

【臨む】面する。参加する。対する。

海に臨む部屋。式典に臨む。試合に臨む。厳罰をもって臨む。難局に臨む。

のばす・のびる・のべる　101

【伸ばす・伸びる・伸べる】まっすぐする。増す。そのものが長くなる。差し出す。

手足を伸ばす。旅先で羽を伸ばす。伸び伸びと育つ。勢力を伸ばす。輸出が伸びる。学力が伸びる。草が伸びる。身長が伸びる。救いの手を差し伸べる。

【延ばす・延びる・延べる】遅らす。つながって長くなる。重複も認め合計する。広げる。

出発を延ばす。開会を延ばす。支払いが延び延びになる。地下鉄が郊外まで延びる。寿命が延びる。終了時間が予定より10分延びた。延べ1万人の観客。金の延べ棒。

のぼる　102

【上る】(⇔下る)。上方に向かう。達する。取り上げられる。

階段を上る。坂を上る*。川を上る。出世コースを上る。上り列車。損害が1億円に上る。話題に上る。うわさに上る。食卓に上る。

【登る】自らの力で高い所へと移動する。

山に登る。木に登る。演壇に登る。崖をよじ登る*。富士山の登り口。

【昇る】(⇔降りる・沈む)。一気に高く上がる。

エレベーターで昇る*。日が昇(上)る*。天に昇(上)る*。高い位に昇る。

* 「坂を上る」「崖をよじ登る」「エレベーターで昇る」の「上る」

「登る」「昇る」は、「上の方向に移動する」という意では共通している。この意で使う「上る」は、広く一般に用いるが、「登る」は急坂や山道などを一歩一歩確実に上がっていく様子、「昇る」は一気に上がっていく様子を表すのに用いることが多い。また、「日がのぼる」「天にのぼる」の「のぼる」に「昇」と「上」のどちらも当てることができるのは、このような捉え方に基づくものである。

なお、ケーブルカーなどで山にのぼる場合にも「登」を当てるのは、「登山」という語との関係やケーブルカーなどを自らの足に代わるものとして捉えた見方による。

はえ・はえる 103

【映え・映える】光を受けて照り輝く。引き立って見える。

夕映え。紅葉が夕日に映える。紺のスーツに赤のネクタイが映える。


【栄え・栄える】立派に感じられる。目立つ。

栄えある勝利。見事な出来栄え。見栄えがする。栄えない役回り。

はかる 104

【図る】あることが実現するように企てる。

合理化を図る。解決を図る。身の安全を図る。再起を図る。局面の打開を図る。便宜を図る。


【計る】時間や数などを数える。考える。

時間を計る。計り知れない恩恵。タイミングを計る。頃合いを計って発言する。


【測る】長さ・高さ・深さ・広さ・程度を調べる。推測する。

距離を測る。標高を測る。身長を測る＊。水深を測る。面積を測る。血圧を測る。温度を測る。運動能力を測る。測定器で測る。真意を測りかねる。


【量る】重さ・容積を調べる。推量する。

重さを量る。体重を量る＊。立体の体積を量る。容量を量る。心中を推し量る。


【謀る】良くない事をたくらむ。

暗殺を謀る。悪事を謀る。会社の乗っ取りを謀る。競争相手の失脚を謀る。


【諮る】ある問題について意見を聞く。

審議会に諮る。議案を委員会に諮る。役員会に諮って決める。

＊　「身長と体重をはかる」という場合の「はかる」は、「測定する」と言い換えられることなどから、「量る」よりも「測る」を用いる方が一般的である。

はじまる・はじめ・はじめて・はじめる 105

【初め・初めて】ある期間の早い段階。最初。先の方のもの。

初めはこう思った。秋の初め。年の初め。初めて聞いた話。初めてお目に掛かる。初めての経験。初めからやり直す。初めの曲の方がいい。


【始まる・始め・始める】開始する。始めたばかりの段階。物事の起こり。主たるもの。

懇親会が始まる。仕事を始める。書き始める。手始め。仕事始め。始めと終わり。国の始め。人類の始め。校長を始め、教職員一同……＊。

＊　「校長をはじめ、教職員一同……」などという場合の「はじめ」については、多くの人や物の中で「主たるもの」の意で「始」を当

てるが、現在の表記実態としては、仮名で書かれることも多い。

はな 106

【花】植物の花(特に桜の花)。花のように人目を引くもの。

花が咲く。花を生ける。花も実もない。花道を飾る。両手に花。花の都。花形。

【華】きらびやかで美しい様子。本質を成す最も重要な部分。

華やかに着飾る。華やかに笑う。華々しい生涯。国風文化の華。武士道の華。

はなす・はなれる 107

【離す・離れる】距離や間隔が広がる。離脱する。

間を離す。ハンドルから手を離す。切り離す。駅から遠く離れた町。離れ島。離れ離れになる。戦列を離れる。職を離れる。

【放す・放れる】拘束や固定を外す。放棄する。

鳥を放す。魚を川に放す。違法駐車を野放しにする。放し飼い。手放しで褒める。矢が弦を放れる。見放す。

はやい・はやまる・はやめる 108

【早い・早まる・早める】時期や時刻が前である。時間が短い。予定よりも前になる。

時期が早い。早く起きる。気が早い。早変わり。早口。矢継ぎ早。早まった行動。順番が早まる。出発時間が早まる。開会の時刻を早める。

【速い・速まる・速める】スピードがある。速度が上がる。

流れが速い。投手の球が速い。テンポが速い。改革のスピードが速まる。回転を速める。脈拍が速まる。足を速める。

はる 109

【張る】広がる。引き締まる。取り付ける。押し通す。

氷が張る。根が張る。策略を張り巡らす。気が張る。張りのある声。テントを張る。テニスのネットを張る。板張りの床。論陣を張る。強情を張る。片意地を張る。

【貼る】のりなどで表面に付ける。

ポスターを貼る。切手を貼り付ける。貼り紙。貼り薬。壁にタイルを貼(張)る*。

＊「タイルをはる」の「はる」については、「タイルをのりなどで表面に付ける」という意で「貼」を当てるが、「板張りの床」などと同様、「タイルを壁や床一面に取り付ける(敷き詰める)」意では、「張」を当てることが多い。

ひく 110

【引く】近くに寄せる。線を描く。参照する。やめる。注意や関心などを向けさせる。

綱を引く。水道を引く。田に水を引く。引き金を引く。風邪を引く。けい線を引く。設計図を引く。辞書を引く。例を引く。身を引く。人目を引く。同情を引く。

【弾く】弦楽器や鍵盤楽器を奏でる。

ピアノを弾く。バイオリンを弾く。ショパンの曲を弾く。ギターの弾き語り。弾き手。

ふえる・ふやす 111

【増える・増やす】(⇕減る・減らす)。数や量が多くなる。

人数が増える。体重が増える。出資が増える。資本金を増やす。仲間を増やす。

【殖える*・殖やす*】財産や動植物が多くなる。
資産が殖える。財産を殖やす。ねずみが殖える。家畜を殖やす。株分けで殖やす。
＊「利殖・繁殖」という語との関係を意識して「殖える・殖やす」と「殖」を当てるが、現在の表記実態としては、「利殖・繁殖」の意で用いる場合も「資産が増える」「家畜を増やす」など、「増」を用いることが多い。

ふく 112

【吹く】空気が流れ動く。息を出す。表面に現れる。
そよ風が吹く。口笛を吹く。鯨が潮を吹(噴)く*。干し柿が粉を吹く。吹き出物。不満が吹(噴)き出す*。汗が吹(噴)き出る*。

【噴く】気体や液体などが内部から外部へ勢いよく出る。
火山が煙を噴く。エンジンが火を噴く。石油が噴き出す。火山灰を噴き上げる。
＊「鯨が潮をふく」は、鯨が呼気とともに海水を体外に出すところに視点を置いた場合は「吹」を、体内から体外に勢いよく出るところに視点を置いた場合は「噴」を当てる。
また、「不満」や「汗」が「表面に現れる」とき、その現れ方の激しさに視点を置いた場合には「噴」を当てることもできる。

ふける 113

【更ける】深まる。
深々と夜が更ける。秋が更ける。夜更かしする。

【老ける】年を取る。
年の割には老けて見える。老け込む。この1、2年で急に老けた。

ふね 114

【船*】比較的大型のもの。
船の甲板。船で帰国する。船旅。親船。船乗り。船賃。船荷。船会社。船出。船酔い。釣り船(舟)**。渡し船(舟)**。

【舟】主に小型で簡単な作りのもの。
舟をこぐ。小舟。ささ舟。丸木舟。助け舟(船)を出す**。
＊「船」は「舟」と比べて、「比較的大型のもの」に対して用いるが、「船旅。船乗り。船賃。船会社。船出」など、「ふね」に関わる様々な語についても広く用いられる。
＊＊「釣り船」「渡し船」は、動力を使わない小型の「ふね」の場合は、「釣り舟」「渡し舟」と表記することが多い。また、「助けぶね」は救助船の意で使う場合は「助け船」、比喩的に助けとなるものという意で使う場合は「助け舟」と表記することが多い。

ふるう 115

【振るう】盛んになる。勢いよく動かす。
士気が振るう。事業が振るわない。熱弁を振るう。権力を振るう。

【震う】小刻みに揺れ動く。
声を震わせる。決戦を前に武者震いする。思わず身震いする。

【奮う】気力があふれる。
勇気を奮って立ち向かう。奮って御参加ください。奮い立つ。奮い起こす。

ほか 116

【外】ある範囲から出たところ。
思いの外うまく事が運んだ。想像の外の事件が起こる。もっての外。

【他】それとは異なるもの。

他の仕事を探す。この他に用意するものはない。他の人にも尋ねる。

まざる・まじる・まぜる 117

【交ざる・交じる・交ぜる】主に、元の素材が判別できる形で一緒になる。

芝生に雑草が交ざっている。漢字仮名交じり文。交ぜ織り。カードを交ぜる。白髪交じり。子供たちに交ざって遊ぶ。小雨交じりの天気。


【混ざる・混じる・混ぜる】主に、元の素材が判別できない形で一緒になる。

酒に水が混ざる。異物が混じる。雑音が混じる。コーヒーにミルクを混ぜる。セメントに砂を混ぜる。絵の具を混ぜる。

まち 118

【町】行政区画の一つ。人家が多く集まった地域。

町と村。○○町。町役場。町ぐるみの歓迎。城下町。下町。町外れ。


【街】商店が並んだにぎやかな通りや地域。

街を吹く風。学生の街。街の明かりが恋しい。街の声。街角に立つ。

まるい 119

【丸い】球形である。角がない。

丸いボール。地球は丸い。背中が丸くなる。角を丸く削る。丸く収める。


【円い】円の形である。円満である。

円(丸)い窓*。円(丸)いテーブル*。円(丸)く輪になる*。円い人柄。

* 窓やテーブル、輪の形状が円形である場合に「円い」と「円」を当てるが、現在の漢字使用においては、球形のものだけでなく、円形のものに対しても、「丸」を当てることが多い。

まわり 120

【回り】回転。身辺。円筒形の周囲。

モーターの回りが悪い。回り舞台。時計回り。身の回り。胴回り。首回り。


【周り】周囲。周辺。

池の周り。周りの人。周りの目が気になる。学校の周りには自然が残っている。

みる 121

【見る】眺める。調べる。世話する。

遠くの景色を見る。エンジンの調子を見る。顔色を見る。面倒を見る。親を見る。


【診る】診察する。

患者を診る。脈を診る。胃カメラで診る。医者に診てもらう。

もと 122

【下】影響力や支配力の及ぶ範囲。…という状態・状況で。物の下の辺り。

法の下に平等。ある条件の下で成立する。一撃の下に倒した。花の下で遊ぶ。真実を白日の下にさらす。灯台下暗し。足下(元)が悪い*。


【元】物事が生じる始まり。以前。近くの場所。もとで。

口は災いの元。過労が元で入院する。火の元。家元。出版元。元の住所。元首相。親元に帰る。手元に置く。お膝元。元が掛かる。


【本】(⇔末)。物事の根幹となる部分。

生活の本を正す。本を絶つ必要がある。本を尋ねる。


【基】基礎・土台・根拠。

資料を基にする。詳細なデータを基に判断する。これまでの経験に基づく。

* 「足もと」の「もと」は、「足が地に着いている辺り」という意で

「下」を当てるが、「足が着いている地面の周辺（近くの場所）」という視点から捉えて、「元」を当てることもできる。

や　123

【屋＊】建物。職業。屋号。ある性質を持つ人。

長屋に住む。小屋。屋敷。酒屋。八百屋。三河屋。音羽屋。頑張り屋。照れ屋。

【家＊】人が生活する住まい。

貸家を探す。狭いながらも楽しい我が家。借家住まいをする。家主。家賃。空き家。

＊「屋」も「家」もどちらも「建物」という意では共通するが、「屋」は、主として、外側から捉えた建物の形状に視点を置いて用い、「家」は、主として、建物を内側から捉えたときの生活空間に視点を置いて用いる。

やさしい　124

【優しい】思いやりがある。穏やかである。上品で美しい。

優しい言葉を掛ける。誰にも優しく接する。気立ての優しい少年。物腰が優しい。

【易しい】（⇔難しい）。**たやすい。分かりやすい。**

易しい問題が多い。誰にでもできる易しい仕事。易しく説明する。易しい読み物。

やぶれる　125

【破れる】引き裂くなどして壊れる。損なわれる。

障子が破れる。破れた靴下。均衡が破れる。静寂が破れる。

【敗れる】負ける。

大会の初戦で敗れる。勝負に敗れる。人生に敗れる。選挙に敗れる。敗れ去る。

やわらかい・やわらかだ　126

【柔らかい・柔らかだ】ふんわりしている。しなやかである。穏やかである。

柔らかい毛布。身のこなしが柔らかだ。頭が柔らかい。柔らかな物腰の人物。物柔らかな態度。

【軟らかい・軟らかだ】（⇔硬い）。**手応えや歯応えがない。緊張や硬さがない。**

軟らかい肉。軟らかな土。地盤が軟らかい。軟らかく煮た大根。軟らかい表現。

よ　127

【世】その時の世の中。

明治の世＊。世の中が騒然とする。この世のものとは思えない美しさ。世渡り。世が世ならば。

【代】ある人や同じ系統の人が国を治めている期間。

明治の代＊。２６０年続いた徳川の代。武家の代。

＊「明治のよ」については、「明治時代の世の中」という意では「明治の世」、「明治天皇の治世下にある」という意では「明治の代」と使い分ける。

よい　128

【良い】優れている。好ましい。

品質が良い。成績が良い。手際が良い。発音が良い。今のは良い質問だ。感じが良い。気立てが良い。仲間受けが良い。良い習慣を身に付ける。

【善い】道徳的に望ましい。

善い行い。世の中のために善いことをする。人に親切にするのは善いことである。

よむ 129

【読む】声に出して言う。内容を理解する。推測する。

大きな声で読む。子供に読んで聞かせる。秒読み。この本は小学生が読むには難しい。人の心を読む。手の内を読む。読みが浅い。読みが外れる。

【詠む】詩歌を作る。

和歌や俳句を詠む。一首詠む。歌に詠まれた名所。題に合わせて詠む。

わかれる 130

【分かれる】一つのものが別々の幾つかになる。違いが生じる。

道が二つに分かれる。敵と味方に分かれる。人生の分かれ道。勝敗の分かれ目。意見が分かれる。評価が分かれる。

【別れる】一緒にいた身内や友人などと離れる。

幼い時に両親と別れる。家族と別れて住む。けんか別れになる。物別れに終わる。

わく 131

【沸く】水が熱くなったり沸騰したりする。興奮・熱狂する。

風呂が沸く。湯が沸く。すばらしい演技に場内が沸く。熱戦に観客が沸きに沸いた。

【湧く】地中から噴き出る。感情や考えなどが生じる。次々と起こる。

温泉が湧く。石油が湧き出る。勇気が湧く。疑問が湧く。アイデアが湧く。興味が湧かない。雲が湧く。拍手や歓声が湧く。

わざ 132

【技】技術・技芸。格闘技などで一定の型に従った動作。

技を磨く。技を競う。技に切れがある。柔道の技。技を掛ける。投げ技が決まる。

【業】行いや振る舞い。仕事。

人間業とも思えない。神業。至難の業。軽業。業師。物書きを業とする。

わずらう 133

【煩う】迷い悩む。

卒業後の進路のことで思い煩う。心に煩いがない。

【患う】病気になる。

胸を患う。3年ほど患う。大病を患う。長患いをする。

同音異義語の使い分け

- 音読みが同じで意味が異なるために、使い分けに迷ったり、間違ったりすると思われる語を集めて、五十音順に配列しました。
- 中段に意味や使い分けのヒントを、下段にその用例を示しました。＊印は「常用漢字表」外の漢字です。

哀惜	悲しむ	哀惜の念に堪えない
愛惜	大切にする	愛惜の品々を手放す
異義	異なる意味	同音で異義の言葉
異議	異なる意見	異議はありませんか
偉業	立派な仕事	偉業を成し遂げる
遺業	死者が残した仕事	父の遺業を継ぐ
意思	考え	本人の意思　意思表示
意志	強い気持ち	意志の強い人　意志薄弱
遺志	生前の考え	故人の遺志を生かす
異状	変化・変調	身体には異状がない
異常	アブノーマル	異常な事態　異常気象
一律	一様	一律に扱う　千編一律
一率	同じ率	一率に増額する
移動	一般的	机を移動させる
異動	人事	人事異動　営業部に異動
引退	職や地位から退く	社長を引退する
隠退	俗世から身を引く	郷里に隠退する
運行	一般的	列車の運行　天体の運行
運航	船舶・航空機	連絡船の運航
営利	金もうけ	営利を目的とする
栄利	名誉と利益	栄利をむさぼる
温情	思いやり	温情あるはからい
恩情	いつくしみ	先生の恩情　恩情を謝す
回顧	顧みる	幼時を回顧する　回顧録
懐古	懐しむ	懐古の情　懐古趣味
会席料理	日本式の宴会で出す料理	
懐石料理	茶の湯の席で出す料理	
開帳	寺院	秘仏を開帳する　出開帳
開張	ばくち	とばく場を開張する
改定	改正	運賃を改定する
改訂	訂正	辞書を改訂する
改締	結び直し	条約を改締する
回答	返事	アンケートに回答する
解答	答え	正しい解答　模範解答
外灯	屋外の電灯	外灯をつける
街灯	街路灯	街灯がともる
回復	一般的	元気回復　失地の回復
快復	病気が治る	御快復を祈る
解放	自由にする	奴隷解放　民族解放運動
開放	開け放す	校庭の開放　門戸開放
科学	サイエンス	自然科学　科学技術
化学	ケミストリー	物理と化学　化学反応
夏季	季節・一般的	夏季特別大廉売
夏期	期間	夏期休暇　夏期講習会
家業	家の職業	家業に精出す　家業専従
稼業	仕事	豆腐屋稼業は朝が早い
格差	格付けの差・一般的	格差是正　賃金格差
較差	最高と最低の差	業種間較差　年較差
学習	一般的	語学の学習　学習指導
学修	修得	学修単位　学修した課程
加重	加え重ね	刑を加重する　加重平均
過重	重すぎる	過重な労働　責任過重
荷重	限界の重量	荷重に耐える
過小	小さすぎる	過小評価　過小な資本
過少	少なすぎる	所得を過少に申告する
寡少	少ない	寡少勢力
仮説	物理学・化学	仮説を立てる
仮設	数学・論理学	命題の仮設
仮設	仮に設ける	仮設の小屋　仮設停留場
架設	敷設	鉄橋の架設　電話架設費
過程	プロセス・一般的	事件の過程　製造過程

課程	教育	中学の課程　教科課程
科料	刑の名	科料または拘留
過料	行政処分	過料に処する
観	見える	別人の観がある
感	感じる	隔世の感がある
監査	監督検査	会計監査　定期監査
鑑査	美術	出品を鑑査する　無鑑査
観察	注意深く見る	生態を観察する　保護観察
監察	監督検査	行政監察
幹事	世話役	旅行の幹事　同窓会幹事
監事	監査役	学会の監事
観賞	見て楽しむ	景色を観賞する
鑑賞	芸術品を味わう	映画を鑑賞する
感心	感服	出来栄えに感心する
関心	興味	なりゆきに関心を持つ
歓心	喜び	上役の歓心を買う
寒心	憂慮	寒心に堪えない非行問題
歓声	喜びの声	記録達成に歓声をあげる
喚声	叫び声	喚声を上げて突進する
感知	知る	計画を相手に感知された
関知	関係する	当社の関知しないことだ
議員	人	議員の特典　市議会議員
議院	国会	議院の意思　議院規則
機械	複雑なしくみ	工作機械　精密機械
器械	道具	測定器械　器械体操
帰還	任務を終えて	本国に帰還する
帰館	自宅や旅館へ	連日深夜の御帰館

寄港	途中で寄る	横浜に寄港する
帰航	帰る	帰航の途につく
帰港	出発港に戻る	任務を終えて帰港する
規制	統制	営業を規制する　交通規制
規正	公正に	政治資金を規正する
既製	製品	既製の洋服　既製品
既成	存在	既成の事実　既成の概念
期成	やり遂げようとする	反対期成同盟
規定	個々の条項	前項の規定による
規程	規則(の題名)	退職金規程　出張規程
起点	始まる点	起点と終点　鉄道の起点
基点	距離の原点	…を基点として五キロ
急迫	差し迫る	事態が急迫する　情勢急迫
窮迫	困る	生活が窮迫する　財政窮迫
究明	明らかにする	原因を究明する　真相究明
糾明	ただす	犯人を糾明する　罪状糾明
狂喜	夢中で喜ぶ	優勝に狂喜乱舞する
驚喜	驚いて喜ぶ	思わぬ出会いに驚喜する
競争	一般的	販売競争　生存競争
競走	レース	駅伝競走　百メートル競走
共同		共同で行う　共同作業
協同		協同して行う　協同組合
脅迫	刑法	暴行脅迫　脅迫状
強迫	心理	強迫観念に悩む
局限	限る	範囲を局限して考える
極限	限界	極限に達する
極言	極端な言い方	…とまで極言する

局地	限られた土地	局地交渉　局地的な大雨
極地	南北両極の地	極地を探検する　極地法
極致	最上	快楽の極致　美の極致
訓示	職務上・書面	幹部に訓示する　訓示伝達
訓辞	教え・口頭	校長の訓辞を聞く
群集	集まる	群集する大衆　群集心理
群衆	人々	数千の群衆　群衆整理
係数	数学・物理	係数を掛ける　微分係数
計数	算用・数字	計数に明るい人　計数管理
決済	精算	現金で決済する　手形決済
決裁	裁定	部長が決裁する　未決裁
原形	元の形	原形をとどめない
原型	元になる型	胸像の原型　原型を作る
現状	現在の状態	現状を打破する　現状維持
現場	行われた場所	殺人の現場に急行する
原状	元の状態	原状に復する　原状回復
好意	友好心	好意を持つ　好意的
厚意	親切心	厚意を謝す　厚意に甘える
向学	学問に志す	向学心に燃える
好学	学問を好む	好学の士が集まる
後学	後輩・将来	後学のために聞く
交換	取り換える	部品の交換　ちり紙交換
交歓	懇親	留学生との交歓　交歓試合
好機	チャンス	好機を逸する　好機到来
好期	よい時期	登山の好期になる
広言	相手構わず	無遠慮に広言する
公言	表立って言う	公言した手前　天下に公言

巧言	うまい口先	巧言に惑う　巧言令色
広告	宣伝	雑誌の広告　求人広告
公告	公示	官報に公告する　競売公告
考察	一般的	原因を考察する
高察	尊敬して	御高察願います
厚情	親切心	御厚情を感謝いたします
交情	交際	今後とも御交情のほどを
厚生	生活を豊かに	福利と厚生　厚生施設
更生	再起・再建	自力で更生　会社更生法
購読	買って読む	雑誌を購読する　購読料
講読	書物の講義	万葉集の講読
広報	PR	広報活動　広報車
公報	官庁からの報告	選挙公報　政府公報
紅葉	赤くなる	カエデが紅葉する
黄葉	黄色くなる	イチョウが黄葉する
勾留	未決	被疑者を勾留する
拘留	刑の名	三十日未満の拘留に処す
五官	器官―目　耳　鼻　皮膚　舌	五官に感じる
五感	感覚―視　聴　嗅　触　味	五感が鋭い
固持	しっかり持つ	信念を固持する
固辞	辞退	固辞して引き受けない
今期	決算期	今期の売上げ
今季	シーズン	今季の首位打者
採決	可否の決定	採決の結果　強行採決
裁決	処分の決定	申請に裁決　裁決に従う
債券	借金の証書	債券の発行
債権	貸し手の権利	債権と債務　債権者

最後	おしまい	最後を飾る　最後の願い
最期	死ぬ	壮烈な最期　最期の地
作為	つくりごと	作為の跡がある　無作為
作意	作品の意図	作意がよくわからない
作成	内容を作る	計画を作成　予算案の作成
作製	具体物を作る	受信機を作製する
試案	一般的	試案を作成する　一試案
私案	自分の案	私案にすぎない
思案	考える	思案に余る　思案顔
死角	届かない所	死角に入る　ライトの死角
視角	見える範囲	視角が広い
時期	一般的	紅葉の時期　時期尚早
時機	チャンス	時機を失する　時機到来
志向	意図	志向するところに従う
指向	向かう	一点に指向する　指向性
指示	示す	指示を与える　指示に従う
支持	支える	支持する政党
時世	時代	ありがたい御時世
時勢	成り行き	時勢に順応する
実体	実物	実体がない
実態	実際の状態	使用の実態　実態調査
辞典	ことばが主	国語辞典　英和辞典
字典	文字が主	常用漢字字典　康熙《こうき》字典
事典	事柄が主	百科事典　音楽事典
試問	試験・質問	口頭試問　試問に答える
諮問	意見を聞く	審議会に諮問する
秋季	季節・一般的	秋季大運動会

秋期	期間	秋期講習会
就業	仕事をする	就業規則　就業時間
修業	身に着ける	修業年限　修業証書
終業	終わる	終業と始業　終業時刻
修正	一般的	原文を修正する　修正案
修整	写真	原板を修整する　修整液
周知	知れ渡る	周知の事実　周知徹底させる
衆知	みんなの知恵	衆知を集める
収容	一般的	負傷者を収容する　収容能力
収用	法律・強制的	土地収用法　収用権
終了	一般的	会期を終了する　試合終了
修了	学業	課程を修了する　修了証書
修業	一般的	住み込みで修業中　花嫁修業
修行	仏教・武芸	仏道を修行する　武者修行
粛正	事態が対象	綱紀を粛正する　粛正選挙
粛清	人物が対象	反対派を粛清する　血の粛清
主催	開催	市の主催　展覧会の主催者
主宰	運営管理	会議を主宰・俳誌の主宰者
主席	最高責任者	政府主席　故毛沢東主席
首席	第一位	首席で卒業　代表団首席
主題	テーマ	小説の主題　主題歌
首題	標題	首題の件について…
需要	要求	需要と供給　潜在需要
需用	入用	電力の需用者　需用者負担
春季	季節・一般的	春季大特売　春季攻勢
春期	期間	春期休暇　春期補講
紹介	引き合わせ	友人を紹介する　自己紹介

照会	問い合わせ	残高を照会する　照会中
障害	妨げ	障害の排除　障害物競走
傷害	負傷	傷害致死　傷害事件
少額	額が少ない	多額と少額　少額の貯蓄
小額	額面が小さい	小額紙幣　小額公債
招集	一般的	総会を招集する　休日招集
召集	天皇が	国会を召集する　召集令状
条令	一般的	条令に違反する
条例	法規名	東京都条例　公安条例
初期	初めの時期	初期の症状が表れる
所期	期待	所期の目的を達成する
食料	食べ物	食料品店　生鮮食料品
食糧	主食	食糧不足　食糧の確保
所用	用事	所用のため外出する
所要	入用	所要の金額　所要時間
新規	新しい	新規に始める　新規採用
新奇	珍しい	新奇をてらう　新奇な型
信書	書状	信書の秘密　信書を開く
親書	自筆の書面	親書を携える　親書を頂く
侵食	一般的	隣国が国境を侵食する
浸食	自然が侵す	川の浸食作用
心身	精神と身体	心身鍛錬　心身ともに疲れる
心神	精神	心神耗弱者　心神喪失
人身	からだ	人身事故　人身売買
人心	こころ	人心を惑わす　人心一新
深長	深い	意味深長　深長なニュアンス
慎重	じっくり	慎重に構える　慎重審議
進入	中へ	列車が進入する　進入路
侵入	無理に	敵国に侵入
浸入	水がしみる	濁水が浸入
進路	一般的	将来の進路　進路指導
針路	船舶・航空機	船の針路
推奨	勧める	新製品の推奨　推奨銘柄
推賞	ほめる	推賞に値する業績
制圧	一般的	反対派を制圧する
征圧	病菌	ガンを征圧する
成育	一般的	わが子の成育を見守る
生育	植物	稲の生育　苗が生育する
生気	活気	生気にあふれる　生気回復
正気	正しい気風	天地の正気　正気の歌
精気	魂	万物の精気　精気を集中
生業	職業	生業に励む　農を生業とする
正業	正当な職業	正業に就く　正業に戻る
成型	型で作る	合成樹脂の成型　成型加工
成形	形を作る	陶器の成形　プレスで成形
整形	形や機能を整える	整形外科　整形手術
精根	根気	精根が尽きる　精根不足
精魂	精神	精魂を傾ける　不屈の精魂
正座	上座・正しく座る	正座に着く　正座を崩す
静座	修養	仏前に静座する
製作	一般的	家具を製作する　製作費
制作	芸術	制作に没頭　絵画の制作
精算	詳しい差引計算	概算と精算　運賃の精算
清算	結末をつける	借金の清算　過去の清算
正装	正式な服装	正装の軍人　正装して臨席
盛装	晴れ着	盛装で外出　盛装を凝らす
成長	動物・一般的	子供が成長する　経済成長
生長	植物	木が生長する
正当	正しく当然	正当な理由　正当防衛
正統	正しい系統	正統を継ぐ　正統派
成年	二十歳	成年に達する　未成年
青年	若者	青年団　青年学級
勢力	勢い	勢力を伸ばす　勢力範囲
精力	活動力	精力を傾ける　精力絶倫
節制	控えめ	節制を保つ　酒を節制する
摂生	養生	病後の摂生　不摂生
潜行	一般的	地下に潜行する　敵地潜行
潜航	水中に	深海に潜航する　急速潜航
専有	一人で	専有と共有　専有する土地
占有	所持	他人の占有する物　占有権
専用	その人だけ	専用と共用　社長専用車
占用	占拠使用	道路を占用する　占用料
壮図	壮大な計画	壮図を抱く　壮図空しく
壮途	壮図の門出	壮途に就く　壮途に上る
阻害	妨げる	計画を阻害する　阻害行為
疎外	退ける	自己を疎外する　人間疎外
速成	早く仕上げる	速成を期する　速成講座
促成	成長を促す	促成栽培　促成教育
即製	その場で作る	即製のうどん　即製販売
即断	その場で	即断を下す　即断できない
速断	早まって	速断を戒める　速断するな

即決	その場で	面談の上即決　速戦即決
速決	早まって	速決を避ける
即効	一般的	特に即効がある　即効薬
速効	すぐ	速効と遅効　速効肥料
大系	シリーズ	世界文学大系　化学大系
体系	システム	学問の体系　体系的知識
体形	フォーム	体形が崩れる
体型	タイプ	体型に合わせる　標準体型
対象	オブジェクト	調査の対象　学生を対象に
対照	コントラスト	色の対照　原文と対照する
対称	シンメトリー	左右対称　対称の位置
体制	システム	資本主義体制　非常体制
態勢	身構え	決戦の態勢　協力態勢
体勢	フォーム	崩れた体勢　不利な体勢
退避	一般的	校庭に退避する　退避訓練
待避	交通	急行列車の待避　待避線
探究	きわめる	原因を探究　真理を探究
探求	求める	平和を探求　犯人の探求
丹精	心を込める	丹精したかいがある
丹誠	真心	丹誠込めて育てる
***坦々**	平たい	坦々とした道路　平々坦々
淡々	あっさり	淡々たる心境　淡々と語る
徴収	取り立てる	会費を徴収する　税の徴収
徴集	集める	物資を徴集する　馬の徴集
調製	作る	靴を調製する　特別調製品
調整	整える	機械の調整　意見の調整
著名	有名	著名な学者　著名な場所
著明	はっきり	著明な事実　著明な意図
沈静	落ち着く	景気が沈静する
鎮静	落ち着かせる	神経を鎮静させる　鎮静剤
沈痛	心を痛める	沈痛な顔
鎮痛	痛みを鎮める	鎮痛剤を飲む
追究	きわめる	真理を追究する
追求	求める	利潤の追求　幸福の追求
追及	追い詰める	犯人を追及する　責任追及
定形	一定の形	定形を保つ　定形郵便物
定型	一定の型	定型どおり　定型詩
適正	正しい	適正な価格　適正に配置
適性	適した性質	適性のない人　適性検査
転化	変わる	糖分がブドウ糖に転化する
転嫁	他に負わせる	責任を転嫁する
伝染	病気	はしかが伝染する　伝染病
伝線	繊維	ほつれの伝線　靴下の伝線
伝道	宗教	キリスト教の伝道　伝道師
伝導	物理	熱の伝導　電気の伝導
伝動	機械	動力の伝動装置
冬季	季節・一般的	冬季オリンピック
冬期	期間	冬期休暇　冬期特別練成会
同形	形が同じ	同形の車両　同形の窓
同型	型が同じ	同型の器具　同型の靴
同系	系統が同じ	同系の会社　同系に属する
同士	仲間	女同士の集まり　同士打ち
同志	同じ考えの人	同志を募る　同志の人々
動静	様子	動静を探る　最近の動静
動勢	動き方	人口の動勢　世界の動勢
内向	性格	内向性の人　内向型
内攻	病気	病気が内攻する　内攻症状
配水	配る	各戸に配水する　配水管
排水	外へ出す	排水をよくする　排水溝
廃水	汚水	廃水を川へ流す　工場廃水
反抗	手向かう	先生に反抗する　反抗期
反攻	攻め返す	反攻に転じる　反攻作戦
半切	半分に切る	カードを半切にする
半折	書画用紙	半折に書き初めを書く
反面	反対の面	安い反面劣悪だ　反面教師
半面	半分	物の半面だけ見る
微小	小さい	微小な生物　微小な傷
微少	少ない	微少な金額　微少な量
必死	全力で	必死の努力　必死に走る
必至	必ず	成功は必至だ　必至の情勢
表記	書き表す・表書き	漢字表記　表記の住所
標記	見出し・しるし	標記の件につき…
表決	議決権の行使	表決に加わる　表決権
票決	投票で決定	票決に入る　票決の結果
表示	一般的・明示	価格表示　添加物の表示
標示	交通機関	標示に従う　道路標示
標題	題目	書類の標題　講演の標題
表題	書名・作品名	本の表題　詩の表題
不純	純粋でない	不純物　不純な動機
不順	順調でない	不順な気候　生理不順
不信	信用しない	不信の念　不信を抱く

不審	疑わしい	不審な行動　不審な点あり
夫人	妻	夫人同伴　賢夫人
婦人	女性	婦人参政権　貴婦人
敷設	一般的	鉄道を敷設する　機雷敷設
布設	水道	水道を布設する
不断	断えざる	不断の努力　不断の香
普段	平素の	普段からの努力　普段着
不用	用いない	不用品　予算の不用額
不要	いらない	不要の買い物　不急不要
並行	並んで	並行して行う　並行路線
平行	交わらない	平行する直線　平行棒
平衡	つりあい	平衡を保つ　平衡感覚
別条	変わったこと	別条のない毎日
別状	変わった様子	命に別状はない
偏在	一部だけにある	西日本に偏在する
遍在	どこにでもある	全国に遍在する
編集	一般的	雑誌を編集する　編集後記
編修	史書・辞書等	古代史の編修　辞典の編修
編成	一般的	番組の編成　五両編成
編制	集め組織する	学級の編制　戦時編制
変体	異なった形	変体仮名
変態	異常・変わる	変態的　昆虫の変態
報償	償う	報償金　役務に対する報償
報奨	奨励	報奨金　売上げ増の報奨
報賞	賞品	功労者の報賞
褒章	栄典制度	紫綬褒章　紺綬褒章
法令	法律・命令	法令で定める　法令の施行
法例	法令の適用例	商法の法例　適用法例
保険	損害補償制度	火災保険　生命保険
保健	健康保持増進	保健衛生　保健所　保健師
補習	学習	放課後の補習　補習授業
補修	修理	屋根を補修する　補修工事
保証	請け合う	身元を保証する　保証人
保障	守る	身分を保障する　社会保障
補償	償う	損害を補償する　補償金
未到	到達しない	前人未到の記録
未踏	足を入れない	人跡未踏の地
民族	人間集団	民族意識　少数民族
民俗	風俗習慣	民俗芸能　民俗語彙
無常	はかない	無常の人生　諸行無常
無情	情け心がない	無情の雨　ああ無情
夢想	種々考える	夢想にふける　夢想家
無想	何も考えない	無念無想　無想の境地
明快	筋道が明らか	明快に答える　論旨明快
明解	解釈が明らか	明解を与える　明解な注釈
名答	優れた答え	御名答　名答でなく迷答
明答	明確な答え	明答が得られない
野生	自然のままに育つ	野生の馬　野生の植物
野性	自然のままの性質	野性に返る　野性的
遊戯	一般的	室内遊戯　幼稚園の遊戯
遊技	営業許可の娯楽	遊技場
優生	素質改善	優生学
優性	遺伝因子	優性と劣性　優性遺伝
優勢	勢力	優勢な相手　優勢を保つ
雄図	計画	雄図空しく引き返す
雄途	雄図の門出	雄途に就く　雄途に上る
用件	用事	用件を話す　山ほどの用件
要件	重要・必要	要件の処理　成功の要件
要項	必要な事項	要項をメモする　募集要項
要綱	要約した大綱	国語学要綱　講演の要綱
幼児	五、六歳の子供	幼児を預かる　幼児教育
幼時	幼年時代	幼時を回想する
用談	用事の話	用談を済ませる
要談	重要な相談	役員室で要談中　要談あり
用地	一般的	用地を買収する　住宅用地
要地	重要な土地	交通の要地　軍事上の要地
用務	仕事	会社の用務　用務員
要務	重要な任務	要務を帯びて出張する
来期	決算期	来期の売上げ目標
来季	シーズン	来季期待の選手
両用	使い道	切削研磨両用　水陸両用
両様	様式・やり方	両様の解釈　和戦両様
劣性	遺伝因子	優性と劣性　劣性遺伝
劣勢	勢力	劣勢を盛り返す
連係	一般的	連係を保つ　連係動作
連携	連絡提携	連携して事に当たる
労使	労働者と使用者	労使の交渉　労使の代表
労資	労働者と資本家	労資の対立　労資協調
路次	途中	出張の路次　都への路次
路地	狭い道	路地で遊ぶ　路地裏
露地	露天	露地栽培

1998 年 4 月 10 日　初　版　発　行
2002 年 1 月 10 日　第　二　版　発　行
2006 年 1 月 10 日　第　三　版　発　行
2012 年 1 月 10 日　第　四　版　発　行
2016 年 1 月 10 日　第四版増補新装版発行
2021 年 2 月 10 日　第五版シロクマ版発行

例解新漢和辞典 第五版 シロクマ版

二〇二一年二月一〇日　第一刷発行

編著者　山田俊雄（やまだ・としお）〔編修代表〕
戸川芳郎（とがわ・よしお）
影山輝國（かげやま・てるくに）

発行者　株式会社 三省堂　代表者 北口克彦
印刷者　三省堂印刷株式会社
発行所　株式会社 三省堂
〒一〇一-八三七一
東京都千代田区神田三崎町二丁目二十二番十四号
電話　編集 （〇三） 三二三〇-九四一二
営業 （〇三） 三二三〇-九四一三
https://www.sanseido.co.jp/

〈5 版例解新漢和（特）・1,344 pp.〉

落丁本・乱丁本はお取り替えいたします。

ISBN978-4-385-13681-3